Pourquoi activer mon Code en ligne :

Selon mon édition, l'activation de mon Code me permet d'accéder aux enrichissements suivants, sur ordinateur, tablette et smartphone :

	CODE ÉDITION LIMITÉE*	CODE ÉDITION CLASSIQUE
Lettre d'actualité du Code	✓	
Accès aux codes officiels secs	✓	
Mise à jour en continu		
Liens vers la jurisprudence		✓
Accès aux commentaires et textes complémentaires		✓
Accès aux articles des revues Dalloz		✓

www.activation-dalloz.fr

La clé d'activation se trouve sous l'étiquette de couverture

* Disponible pour les titres suivants :
Code civil, Code de procédure civile, Code pénal, Code de procédure pénale, Code de commerce et Code du travail.

Une base documentaire numérique dédiée
et un service d'information juridique par téléphone
en accès illimité

Une documentation à la fois doctrinale et pratique

- Organisation et fonctionnement
- Animation et loisirs
- Économie et emploi
- Gestion et aménagement du territoire
- Politiques immobilières
- Protection des personnes
- Services à la population

44e édition

CODE RURAL
ET DE LA PÊCHE MARITIME
CODE FORESTIER

Annoté & commenté

LES CODES DALLOZ

Lefebvre Dalloz

DALLOZ

44e édition

Commentaires et annotations jurisprudentielles et bibliographiques
rédigés par

ISABELLE COUTURIER
Magistrat honoraire

Coordination éditoriale par

EDITH DEJEAN
Éditrice aux Codes Dalloz

Lefebvre Dalloz

DALLOZ

ÉDITIONS DALLOZ
Tour Lefebvre Dalloz - 10, place des Vosges
92072 Paris La Défense Cedex - CS 90358

ISBN 978-2-247-22976-5

Avant-propos

Le droit rural était originellement contenu dans deux codifications officielles successives, l'une résultant de deux décrets des 16 avril et 27 septembre 1955, l'autre commencée en 1980 et poursuivie année par année, livre par livre, par pans législatifs et réglementaires. Cette deuxième codification est arrivée à son terme avec la publication en 2005 du livre VII consacré aux dispositions sociales.

Entre-temps, avec la publication d'un code de l'environnement par l'ordonnance n° 2000-914 du 18 septembre 2000, une redistribution des matières s'était opérée : tout le livre II relatif à la protection de la nature, comprenant la chasse, la pêche, la protection de la faune et de la flore, et les espaces naturels, a quitté le code rural et trouvé place dans le code de l'environnement, qui fait l'objet d'un autre volume de la collection des Codes Dalloz.

Désormais, l'ouvrage, devenu « **Code rural et de la pêche maritime** *» depuis l'ordonnance n° 2010-462 du 6 mai 2010 créant un livre IX intitulé Pêche maritime et aquaculture marine, est organisé de la façon suivante : après cet avertissement, la liste des abréviations et la* **table des matières**, *viennent les parties codifiées,* **partie Législative** *d'abord et* **partie Réglementaire** *ensuite, du* **Code rural et de la pêche maritime**, *puis du* **Code forestier**. *Suit un* **Appendice** *composé de rubriques alphabétiques où sont classés par ordre chronologique les textes de droit interne et de droit européen indispensables à l'intelligibilité de la codification. En fin d'ouvrage, on trouvera successivement une* **table chronologique** *des textes modificatifs et des textes complémentaires, et une* **table alphabétique**.

LISTE DES ABRÉVIATIONS

Hyperlien vers la décision intégrale accessible sur le Code en ligne

Hyperlien vers l'article de revue accessible sur le Code en ligne

Hyperlien vers un texte complémentaire accessible sur le Code en ligne

A Décision du Conseil d'État publiée au *Lebon* (Dalloz)
AAEXA Assurance accident des exploitants agricoles
ACOFA Agence centrale des organismes d'intervention dans le secteur agricole
Adde Ajouter
Administrer Revue Administrer
AJ Actualité jurisprudentielle du Recueil Dalloz
AJDA Actualité juridique, Droit administratif (Dalloz)
AJDI Actualité juridique, Droit immobilier (Dalloz, à partir de 1998)
AJ fam. Actualité juridique famille (Dalloz)
AJPI Actualité juridique, Propriété immobilière (jusqu'à décembre 1997)
al. Alinéa
ALD Actualité législative Dalloz (années 1993-1995)
AMEXA Assurance maladie des exploitants agricoles
anc. Ancien
Ann. loyers Annales des loyers
AOC Appellation d'origine contrôlée
AOP Appellation d'origine protégée
App. Appendice
Arr. Arrêté
art. Article
Ass. Assemblée
Ass. plén. Assemblée plénière de la Cour de cassation
Assoc. Association
Aud. sol. Audience solennelle
Aut. conc. Autorité de la concurrence

B Décision du Conseil d'État mentionnée aux Tables du *Lebon* (Dalloz)
B Arrêt publié au *Bulletin civil* (depuis mi-juin 2021) ou au *Bulletin criminel* (depuis fin juin 2021) de la Cour de cassation
BIBL. Bibliographie
BIBL. GÉN. Bibliographie générale
BICC Bulletin d'information de la Cour de cassation

BJS Bulletin Joly Sociétés
BLD Bulletin législatif Dalloz (jusqu'à 1982)
BOME Bulletin officiel du ministère de l'environnement, de l'écologie et du développement durable
Bull. civ. Bulletin des arrêts des chambres civiles de la Cour de cassation
Bull. crim. Bulletin des arrêts de la chambre criminelle de la Cour de cassation

---

C. Code
c/ Contre
CAA Cour administrative d'appel
CADA Commission d'accès aux documents administratifs
Cah. dr. eur. Cahiers de droit européen
CASF Code de l'action sociale et des familles Dalloz
C. assur. Code des assurances Dalloz
C. baux Code des baux Dalloz
CCC Contrats Concurrence Consommation
CCH Code de la construction et de l'habitation Dalloz
C. civ. Code civil Dalloz
C. com. Code de commerce Dalloz
C. consom. Code de la consommation Dalloz
CE Conseil d'État
CEDH Cour européenne des droits de l'Homme
C. éduc. Code de l'éducation Dalloz
C. énergie Code de l'énergie Dalloz
C. envir. Code de l'environnement Dalloz
C. expr. Code de l'expropriation pour cause d'utilité publique Dalloz
C. for. Code forestier
CGCT Code général des collectivités territoriales Dalloz
CGI Code général des impôts Dalloz
Ch. Chambre
Chap. Chapitre
Ch. mixte Chambre mixte de la Cour de cassation
Ch. réun. Chambres réunies de la Cour de cassation
Chron. Chronique
Circ. Circulaire
Civ. Chambre civile de la Cour de cassation
CJA Code de justice administrative Dalloz
CJCE Cour de justice des Communautés européennes (1957 à nov. 2009)
CJUE Cour de justice de l'Union européenne (à partir de déc. 2009)
C. mon. fin. Code monétaire et financier Dalloz
CMSA Caisse de mutualité sociale agricole
CNASEA Centre national pour l'aménagement des structures des exploitations agricoles
Cne Commune
COJ Code de l'organisation judiciaire
Com. Chambre commerciale de la Cour de cassation

Comm.	Commentaire
Comp.	Comparer
concl.	Conclusions
conf.	Solution conforme
Cons. conc.	Conseil de la concurrence
Cons. const.	Conseil constitutionnel
Contra	Solution contraire
Conv. EDH	Convention européenne de sauvegarde des droits de l'Homme et des libertés fondamentales
C. pén.	Code pénal Dalloz
CPI	Code de la propriété intellectuelle Dalloz
C. pr. civ.	Code de procédure civile Dalloz
C. pr. exéc.	Code des procédures civiles d'exécution Dalloz
C. pr. fisc.	Code de procédure fiscale Dalloz
C. pr. pén.	Code de procédure pénale Dalloz
Crim.	Chambre criminelle de la Cour de cassation
CRPA	Code des relations entre le public et l'administration Dalloz
C. rur.	Code rural et de la pêche maritime Dalloz
C. sociétés	Code des sociétés Dalloz
CSI	Code de la sécurité intérieure Dalloz
CSP	Code de la santé publique Dalloz
CSS	Code de la sécurité sociale Dalloz
C. trav.	Code du travail Dalloz
CUMA	Coopérative d'utilisation de matériel agricole
C. urb.	Code de l'urbanisme Dalloz

D.	Recueil Dalloz
D. actu.	Dalloz actualité sur Dalloz.fr
D. Affaires	Dalloz Affaires (de 1995 à 1999)
DC	Recueil critique de jurisprudence et de législation Dalloz (années 1941 à 1944)
DDAF	Direction départementale de l'agriculture et de la forêt
Décis.	Décision
Décr.	Décret
Décr.-L.	Décret-loi
Defrénois	Répertoire du notariat Defrénois
DH	Recueil hebdomadaire de jurisprudence Dalloz (années antérieures à 1941)
Dir.	Directive
DMF	Droit maritime français
Doctr.	Doctrine
DP	Recueil périodique et critique mensuel Dalloz (années antérieures à 1941)
DP entr. agric.	Dictionnaire permanent Entreprise agricole
DP Environnement et nuisances	Dictionnaire permanent Environnement et nuisances
Dpt	Département
DPU	Droits à paiement unique
Dr. adm.	Droit administratif

Dr. envir. Droit de l'environnement (Annales de la voirie et de l'environnement)
Dr. et patr. Droit et patrimoine
Dr. et pr. Droit et procédures (ancienne Revue des huissiers)
Dr. fisc. Droit fiscal, puis Revue de droit fiscal
Dr. pénal Droit pénal
Dr. soc. Droit social
Dr. sociétés Droit des sociétés

EARL Exploitation agricole à responsabilité limitée
EEI Revue Énergie-Environnement-Infrastructures (à partir de janvier 2015)
Envir. Revue Environnement (devenue Environnement et développement durable depuis janvier 2010)
eod. loc. Au même endroit
esp. Espèce
Ét. fonc. Études foncières

Féd. Fédération
Féd. nat. Fédération nationale
FNSEA Fédération nationale des syndicats d'exploitants agricoles

---

GAEC Groupement agricole d'exploitation en commun
Gaz. Pal. Gazette du Palais
GFA Groupement foncier agricole
GIE Groupement d'intérêt économique

---

ibid. Au même endroit
IGP Indication géographique protégée
INAO Institut national de l'origine et de la qualité
IR Informations rapides (du Recueil Dalloz)

J. Jurisprudence
JCP Juris-Classeur périodique (Semaine juridique), édition générale
JCP E Juris-Classeur périodique, édition Entreprise
JCP N Juris-Classeur périodique, édition Notariale
JO Journal officiel de la République française
JOAN Q Journal officiel, Assemblée nationale, Questions écrites
JOCE Journal officiel des Communautés européennes
JONC Journal officiel, numéro complémentaire
JOUE Journal officiel de l'Union européenne (depuis le 1er févr. 2003)
Journ. not. et av. Journal des notaires et des avocats

L. Loi
Lebon Recueil des décisions du Conseil d'État (Dalloz)
Lebon T. Recueil des décisions du Conseil d'État (Dalloz), Tables
Liv. Livre
LOA Loi d'orientation agricole

Loyers et copr.	Loyers et copropriété
LPA	Les Petites Affiches
LPF	Livre des procédures fiscales
Min.	Ministre
mod.	Modifié
MSA	Mutualité sociale agricole
n°	Numéro
NDLR	Note de la rédaction
Nouv.	Nouveau
obs.	Observations
ONIC	Office national interprofessionnel des céréales
ONIFLHOR	Office national interprofessionnel des fruits, des légumes et de l'horticulture
ONILAIT	Office national interprofessionnel du lait et des produits laitiers
Ord.	Ordonnance
P	Arrêt publié au *Bulletin civil* (avant mi-juin 2021) ou au *Bulletin criminel* (avant fin juin 2021) de la Cour de cassation
p.	Page
PAC	Politique agricole commune
Pan.	Panorama
PCP	Politique commune de la pêche
POS	Plan d'occupation des sols
préc.	Précité
QPC	Question prioritaire de constitutionnalité
Quot. jur.	Le Quotidien juridique
R.	Rapport annuel de la Cour de cassation
Rapp.	Rapport
Rappr.	Rapprocher
RDC	Revue des contrats
RDI	Revue de droit immobilier (Dalloz)
RD rur.	Revue de droit rural
Rec. CJCE	Recueil des arrêts de la Cour de justice et du tribunal de première instance des Communautés européennes (I : Cour de justice - II : Tribunal de première instance)
Recomm.	Recommandation
Rect.	Rectificatif
Règl.	Règlement
RÉP. CIV.	Répertoire de droit civil Dalloz
RÉP. EUR.	Répertoire de droit européen Dalloz
Rép. min.	Réponse ministérielle
RÉP. PÉN.	Répertoire de droit pénal et de procédure pénale Dalloz
RÉP. SOCIÉTÉS	Répertoire de droit des sociétés Dalloz

req.	Requête
Req.	Chambre des requêtes de la Cour de cassation
Rev. crit. DIP	Revue critique de droit international privé (Dalloz)
Rev. fermages	Revue des fermages
Rev. huiss.	Revue des huissiers de justice
Rev. loyers	Revue des loyers et des fermages
Rev. sociétés	Revue des sociétés (Dalloz)
RFDA	Revue française de droit administratif (Dalloz)
RGDA	Revue générale du droit des assurances (depuis 1996)
RJ envir.	Revue juridique de l'environnement
RJF	Revue de jurisprudence fiscale
RPC	Revue des procédures collectives
RSC	Revue de science criminelle et de droit pénal comparé (Dalloz)
RSDA	Revue semestrielle de droit animalier
RTD civ.	Revue trimestrielle de droit civil (Dalloz)
RTD com.	Revue trimestrielle de droit commercial (Dalloz)
RTD eur.	Revue trimestrielle de droit européen (Dalloz)

s.	Et suivants
S.	Recueil Sirey
SAFER	Société d'aménagement foncier et d'établissement rural
SARL	Société à responsabilité limitée
SDDS	Schéma départemental des structures agricoles
Sect.	Section
SICA	Société d'intérêt collectif agricole
SMI	Surface minimum d'installation
Soc.	Chambre sociale de la Cour de cassation
sol. impl.	Solution implicite
Somm.	Sommaires
ss.	Sous
Sté	Société

t.	Tome
TA	Tribunal administratif
T. confl.	Tribunal des conflits
T. corr.	Tribunal, chambre correctionnelle
TGI	Tribunal de grande instance
TI	Tribunal d'instance
Tit.	Titre
T. par. baux rur.	Tribunal paritaire des baux ruraux
TPICE	Tribunal de première instance des Communautés européennes (jusqu'en nov. 2009)
TPIUE	Tribunal de première instance de l'Union européenne
T. pol.	Tribunal de police
Trib. UE	Tribunal de l'Union européenne (à partir de déc. 2009)

V.	Voir
v° ou v^is	Mot ou mots

TABLE DES MATIÈRES

CODE RURAL ET DE LA PÊCHE MARITIME

LIVRE PRÉLIMINAIRE

OBJECTIFS DE LA POLITIQUE EN FAVEUR DE L'AGRICULTURE, DE L'ALIMENTATION ET DE LA PÊCHE MARITIME

LIVRE I

L'AMÉNAGEMENT ET L'ÉQUIPEMENT DE L'ESPACE RURAL

LIVRE II
ALIMENTATION, SANTÉ PUBLIQUE VÉTÉRINAIRE ET PROTECTION DES VÉGÉTAUX

L. 201-1 – L. 275-15
R. 200-1 – D. 275-1

LIVRE IV

BAUX RURAUX

LIVRE VI

PRODUCTION ET MARCHÉS

LIVRE VII
DISPOSITIONS SOCIALES

LIVRE VIII

ENSEIGNEMENT, FORMATION PROFESSIONNELLE ET DÉVELOPPEMENT AGRICOLES – RECHERCHE AGRONOMIQUE

LIVRE IX

PÊCHE MARITIME ET AQUACULTURE MARINE

CODE FORESTIER

LIVRE I

DISPOSITIONS COMMUNES À TOUS LES BOIS ET FORÊTS

LIVRE II

BOIS ET FORÊTS RELEVANT DU RÉGIME FORESTIER

L. 211-1 – L. 277-5
D. 212-1 – R. 277-1

LIVRE III

BOIS ET FORÊTS DES PARTICULIERS

CODE RURAL ET DE LA PÊCHE MARITIME

PREMIÈRE PARTIE : LÉGISLATIVE

LIVRE PRÉLIMINAIRE OBJECTIFS DE LA POLITIQUE EN FAVEUR DE L'AGRICULTURE, DE L'ALIMENTATION ET DE LA PÊCHE MARITIME

(L. n° 2014-1170 du 13 oct. 2014, art. 1er-I)

COMMENTAIRE

Le législateur en 2014 a rédigé un livre préliminaire du code rural et de la pêche maritime regroupant l'ensemble des nombreux objectifs poursuivis par la politique agricole dans un article L. 1 du code rural et de la pêche maritime et dans un article L. 2 beaucoup plus bref.

L'article L. 1 pose des finalités générales telles que l'autosuffisance alimentaire, la contribution à la lutte contre la faim et à l'aide alimentaire. Ensuite est posé un programme politique qui s'articule en trois branches :

– économique, qui prévoit la nécessaire performance des filières, la réponse aux besoins du consommateur, avec le souci de partage de la valeur ajoutée, à penser dans un contexte international qui intègre l'exportation.

– sociale, avec le souci du développement de l'emploi, dans des conditions de haut niveau de protection sociale, en veillant à la santé des producteurs, à la qualité de leur vie.

– territoriale et environnementale : il doit être veillé à la protection de l'environnement, des paysages, de la terre, du climat ; il doit être contribué à la transition énergétique et écologique tout en organisant un aménagement territorial équilibré.

Ces objectifs sont à associer entre eux, et en particulier dans le soutien de l'installation et de la transmission. Il est notable que l'objectif de performance agricole et de développement des exploitations n'est plus ouvertement poursuivi.

C'est une exploitation familiale, un entrepreneur autonome et responsable qui sont privilégiés, dans un équilibre économique, social et environnemental, et il est particulièrement souhaité le développement des « systèmes de production agroécologiques » dans un souci d'innovation et de diversité. Ceci amène à prévoir recherche et formation en conséquence.

Enfin, sont énoncés les objectifs de la politique de l'alimentation.

L'énumération vise à dessiner un projet global d'équilibre entre des objectifs dont la conciliation ne relève pas de l'évidence. L'absence de priorité annoncée suppose un développement durable économique, social et environnemental qui repose désormais sur « un modèle agricole diversifié » qui invite à « produire autrement ». ❑

Art. L. 1 **I. — La politique en faveur de l'agriculture et de l'alimentation, dans ses dimensions internationale, européenne, nationale et territoriale, a pour finalités :**

(L. n° 2021-1104 du 22 août 2021, art. 264) « **1° A De sauvegarder et, pour les filières les plus à risque, de reconquérir la souveraineté alimentaire de la France et de promouvoir l'indépendance alimentaire de la France à l'international, en préservant son modèle agricole ainsi que la qualité et la sécurité de son alimentation et en préservant**

les agriculteurs de la concurrence déloyale de produits importés issus de systèmes de production ne respectant pas les normes imposées par la réglementation européenne ; »

1° Dans le cadre de la politique de l'alimentation définie par le Gouvernement, d'assurer à la population l'accès à une alimentation sûre, saine, diversifiée, de bonne qualité et en quantité suffisante, produite dans des conditions économiquement et socialement acceptables par tous, favorisant l'emploi, la protection de l'environnement et des paysages et contribuant à l'atténuation et à l'adaptation aux effets du changement climatique ;

2° De développer des filières de production et de transformation alliant performance économique, sociale, notamment à travers un haut niveau de protection sociale, environnementale et sanitaire, capables de relever le double défi de la compétitivité et de la transition écologique, dans un contexte de compétition internationale ;

3° De soutenir le revenu, de développer l'emploi et d'améliorer la qualité de vie des agriculteurs et des salariés ainsi que de préserver le caractère familial de l'agriculture et l'autonomie et la responsabilité individuelle de l'exploitant ;

4° De soutenir la recherche, l'innovation et le développement, en particulier des filières de produits biosourcés et de la chimie végétale ;

5° De contribuer à la protection de la santé publique et de la santé des agriculteurs et des salariés du secteur agricole, de veiller au bien-être et à la santé des animaux, à la santé des végétaux et à la prévention des zoonoses ;

6° De développer la valeur ajoutée dans chacune des filières agricoles et alimentaires et de renforcer la capacité exportatrice de la France ;

7° De rechercher l'équilibre des relations commerciales, notamment par un meilleur partage de la valeur ajoutée ;

8° De participer au développement des territoires de façon équilibrée et durable, en prenant en compte les situations spécifiques à chaque région ;

9° D'encourager l'ancrage territorial de la production, de la transformation et de la commercialisation des produits agricoles, y compris par la promotion de circuits courts, et de favoriser la diversité des produits et le développement des productions sous signes d'identification de la qualité et de l'origine ;

10° De promouvoir l'information des consommateurs quant aux lieux et modes de production et de transformation des produits agricoles et agro-alimentaires ;

(L. n° 2021-1104 du 22 août 2021, art. 262) « 10° *bis* De reconnaître et mieux valoriser les externalités positives de l'agriculture, notamment en matière de services environnementaux et d'aménagement du territoire ; »

11° De promouvoir la conversion et le développement de l'agriculture et des filières biologiques, au sens de l'article L. 641-13 *(L. n° 2018-938 du 30 oct. 2018, art. 45)* « , et d'atteindre, au 31 décembre 2022, l'objectif d'affectation de 15 % de la surface agricole utile à l'agriculture biologique, au sens du même article L. 641-13 » ;

12° De concourir à la transition énergétique, en contribuant aux économies d'énergie, au développement des énergies renouvelables et à l'indépendance énergétique de la nation, notamment par la valorisation optimale et durable des sous-produits d'origine agricole et agroalimentaire dans une perspective d'économie circulaire *(L. n° 2018-938 du 30 oct. 2018, art. 45)* « et de retour de la valeur aux agriculteurs » ;

13° De concourir à *(L. n° 2018-938 du 30 oct. 2018, art. 45)* « la lutte contre la précarité alimentaire telle que définie à l'article L. 266-1 du code de l'action sociale et des familles » ;

14° De répondre à l'accroissement démographique, en rééquilibrant les termes des échanges entre pays dans un cadre européen et de coopération internationale fondé sur le respect du principe de souveraineté alimentaire permettant un développement durable et équitable, en luttant contre la faim dans le monde et en soutenant l'émergence et la consolidation de l'autonomie alimentaire dans le monde ;

15° De contribuer à l'organisation collective des acteurs ;

16° De développer des dispositifs de prévention et de gestion des risques ;

17° De protéger et de valoriser les terres agricoles ;

(L. n° 2018-938 du 30 oct. 2018, art. 45) « 18° De promouvoir l'autonomie de la France et de l'Union européenne en protéines *(L. n° 2021-1104 du 22 août 2021, art. 261)* « , notamment en portant la surface agricole utile française cultivée en légumineuses à 8 % d'ici le 1er janvier 2030 » ;

« 19° De veiller dans tout nouvel accord de libre-échange au respect du principe de réciprocité et à une exigence de conditions de production comparables pour ce qui concerne l'accès au marché, ainsi qu'à un degré élevé d'exigence dans la coopération en matière de normes sociales, environnementales, sanitaires, phytosanitaires et relatives au bien-être animal, en vue d'une protection toujours plus forte des consommateurs et d'une préservation des modèles agricoles européens ;

« 20° De favoriser l'acquisition pendant l'enfance et l'adolescence d'une culture générale de l'alimentation soulignant les enjeux culturels, environnementaux, économiques et de santé publique liés aux choix alimentaires. » *— Le 18° est abrogé, les 19° à 21° deviennent les 18° à 20° (L. n° 2021-1104 du 22 août 2021, art. 264-2° à 5°).*

La politique d'aménagement rural définie à l'article L. 111-2 et les dispositions particulières aux professions agricoles en matière de protection sociale et de droit du travail prévues au livre VII contribuent à ces finalités.

II. — Les politiques publiques visent à promouvoir et à pérenniser les systèmes de production agroécologiques, dont le mode de production biologique, qui combinent performance économique, sociale, notamment à travers un haut niveau de protection sociale, environnementale et sanitaire.

Ces systèmes privilégient l'autonomie des exploitations agricoles et l'amélioration de leur compétitivité, en maintenant ou en augmentant la rentabilité économique, en améliorant la valeur ajoutée des productions et en réduisant la consommation d'énergie, d'eau, d'engrais, de produits phytopharmaceutiques et de médicaments vétérinaires, en particulier les antibiotiques. Ils sont fondés sur les interactions biologiques et l'utilisation des services écosystémiques et des potentiels offerts par les ressources naturelles, en particulier les ressources en eau, la biodiversité, la photosynthèse, les sols et l'air, en maintenant leur capacité de renouvellement du point de vue qualitatif et quantitatif. Ils contribuent à l'atténuation et à l'adaptation aux effets du changement climatique.

L'État encourage le recours par les agriculteurs à des pratiques et à des systèmes de cultures innovants dans une démarche agroécologique. A ce titre, il soutient les acteurs professionnels dans le développement des solutions de biocontrôle et veille à ce que les processus d'évaluation et d'autorisation de mise sur le marché de ces produits soient accélérés.

L'État facilite les interactions entre sciences sociales et sciences agronomiques pour faciliter la production, le transfert et la mutualisation de connaissances, y compris sur les matériels agricoles, nécessaires à la transition vers des modèles agroécologiques, en s'appuyant notamment sur les réseaux associatifs ou coopératifs.

(L. n° 2021-1104 du 22 août 2021, art. 263) « L'État veille à la promotion de la préservation et de l'implantation des haies et des alignements d'arbres intraparcellaires, en prenant en compte les besoins constatés dans les territoires, dans le but de stocker du carbone, de préserver les abris des auxiliaires de cultures, de lutter contre l'érosion des sols et d'améliorer la qualité et l'infiltration de l'eau dans le sol.

« L'État veille à la promotion de la préservation des surfaces agricoles en prairies permanentes et de leur gestion durable, associant production agricole et externalités positives en termes de stockage de carbone et de biodiversité. »

III. — L'État veille, notamment par la mise en œuvre de ses missions régaliennes, à la sécurité sanitaire de l'alimentation.

(L. n° 2021-1104 du 22 août 2021, art. 265, en vigueur le 1er juill. 2023) « La stratégie nationale pour l'alimentation, la nutrition et le climat détermine les orientations de la politique de l'alimentation durable, moins émettrice de gaz à effet de serre, respectueuse de la santé humaine, davantage protectrice de la biodiversité, favorisant la résilience des systèmes agricoles et des systèmes alimentaires territoriaux et garante de la souveraineté alimentaire, mentionnée au 1° du I, ainsi que les orientations de la politique de la nutrition, en s'appuyant sur le programme national pour l'alimentation et sur le programme national relatif à la nutrition et à la santé défini à l'article L. 3231-1 du code de la santé publique.

« Le programme national pour l'alimentation prend en compte notamment la souveraineté alimentaire, la justice sociale, l'éducation alimentaire de la jeunesse, notamment la promotion des savoir-faire liés à l'alimentation et la lutte contre le gaspillage alimentaire. Pour assurer l'ancrage territorial de cette politique, il précise les modalités permettant d'associer les collectivités territoriales à la réalisation de ces objectifs. Il propose des catégories d'actions dans les domaines de l'éducation et de l'information pour promouvoir l'équilibre et la diversité alimentaires, l'achat de produits locaux et de saison ainsi que la qualité nutritionnelle et organoleptique de l'offre alimentaire, dans le respect des orientations du programme national relatif à la nutrition et à la santé défini au même article L. 3231-1. »

Le programme national pour l'alimentation encourage le développement des circuits courts et de la proximité géographique entre producteurs agricoles, transformateurs et consommateurs. Il prévoit notamment des actions à mettre en œuvre pour l'approvisionnement de la restauration collective, publique comme privée, en produits agricoles de saison ou en produits sous signes d'identification de la qualité et de l'origine, notamment issus de l'agriculture biologique. *(L. n° 2021-1104 du 22 août 2021, art. 265, en vigueur le 1er juill. 2023)* « Il favorise la diversité des cultures, afin de renforcer la richesse agronomique et la biodiversité cultivée et élevée en France, en priorité pour les cultures pour lesquelles la consommation alimentaire est majoritairement assurée par des produits importés, notamment en raison d'un défaut de compétitivité. »

Les actions répondant aux objectifs du programme national pour l'alimentation et aux objectifs des plans régionaux de l'agriculture durable, définis à l'article L. 111-2-1 du présent code, peuvent prendre la forme de projets alimentaires territoriaux. Ces derniers visent à rapprocher les producteurs, les transformateurs, les distributeurs, les collectivités territoriales et les consommateurs et à développer l'agriculture sur les territoires et la qualité de l'alimentation.

Le Conseil national de l'alimentation *(L. n° 2018-938 du 30 oct. 2018, art. 46)* « , qui comprend un député et un sénateur, désignés respectivement par le Président de l'Assemblée nationale et par le Président du Sénat, » participe à l'élaboration du programme national pour l'alimentation, notamment par l'analyse des attentes de la société et par l'organisation de débats publics, et contribue au suivi de sa mise en œuvre. *(L. n° 2018-938 du 30 oct. 2018, art. 46)* « Il remet chaque année au Parlement et au Gouvernement son rapport d'activité dans lequel il formule des propositions d'évolution de la politique de l'alimentation. » Des débats sont également organisés, dans chaque région, par le conseil économique, social et environnemental régional, mentionné à l'article L. 4134-1 du code général des collectivités territoriales. — *Sur le Conseil national de l'alimentation, V. C. consom., art. D. 824-1 s.*

IV. — La politique d'installation et de transmission en agriculture a pour objectifs :

1° De contribuer au renouvellement des générations en agriculture ;

2° De favoriser la création, l'adaptation et la transmission des exploitations agricoles dans un cadre familial et hors cadre familial ;

3° De promouvoir la diversité des systèmes de production sur les territoires, en particulier ceux générateurs d'emplois et de valeur ajoutée et ceux permettant de combiner performance économique, sociale, notamment à travers un haut niveau de protection sociale, environnementale et sanitaire, notamment ceux relevant de l'agro-écologie ;

4° De maintenir sur l'ensemble des territoires un nombre d'exploitants agricoles permettant de répondre aux enjeux d'accessibilité, d'entretien des paysages, de biodiversité et de gestion foncière ;

5° D'accompagner l'ensemble des projets d'installation ;

6° D'encourager des formes d'installation progressive permettant d'accéder aux responsabilités de chef d'exploitation tout en développant un projet d'exploitation, et de favoriser l'individualisation des parcours professionnels.

Dans le cadre de cette politique, l'État facilite l'accès au foncier agricole dans des conditions transparentes et équitables. Il assure la formation aux métiers de l'agriculture, de la forêt, de l'aquaculture, de la transformation et de la commercialisation des produits agricoles et aux métiers qui leur sont liés, de façon adaptée aux évolutions économiques, sociales, environnementales et sanitaires ainsi qu'au développement des territoires.

V. — La politique en faveur de l'agriculture et de l'alimentation tient compte des spécificités des outre-mer ainsi que de l'ensemble des enjeux économiques, sociaux et environnementaux de ces territoires. Elle a pour objectif de favoriser le développement

des productions agricoles d'outre-mer, en soutenant leur accès aux marchés, la recherche et l'innovation, l'organisation et la modernisation de l'agriculture par la structuration en filières organisées compétitives et durables, l'emploi, la satisfaction de la demande alimentaire locale par des productions locales, le développement des énergies renouvelables, des démarches de qualité particulières et de l'agriculture familiale, ainsi que de répondre aux spécificités de ces territoires en matière de santé des animaux et des végétaux.

VI. — La politique en faveur de l'agriculture et de l'alimentation tient compte des spécificités des territoires de montagne, en application de l'article 8 de la loi n° 85-30 du 9 janvier 1985 relative au développement et à la protection de la montagne. Elle reconnaît la contribution positive des exploitations agricoles *(L. n° 2016-1888 du 28 déc. 2016, art. 60)* **« au développement économique et au maintien de l'emploi dans les territoires de montagne, ainsi qu' » à l'entretien de l'espace et à la préservation des milieux naturels montagnards, notamment en termes de biodiversité. Elle concourt au maintien de l'activité agricole en montagne, en pérennisant les dispositifs de soutien spécifiques qui lui sont accordés pour** *(L. n° 2016-1888 du 28 déc. 2016, art. 60)* **« compenser les handicaps naturels, pour tenir compte des surcoûts inhérents à l'implantation en zone de montagne, pour lutter contre l'envahissement par la friche de l'espace pastoral et pour préserver cette activité agricole des préjudices causés par les actes de prédation, qui doivent être régulés afin de préserver l'existence de l'élevage sur ces territoires ». Aux fins de réaliser ce dernier objectif, les moyens de lutte contre les actes de prédation d'animaux d'élevage sont adaptés, dans le cadre d'une gestion différenciée, aux spécificités des territoires, notamment ceux de montagne.**

VII. — La politique en faveur de l'agriculture et de l'alimentation tient compte des spécificités des zones humides, en application de l'article L. 211-1 du code de l'environnement.

BIBL. ▶ Guillou et Hervieu, Le Projet agroécologique : vers des agricultures doublement performantes pour concilier compétitivité et respect de l'environnement, *Rapport au ministre de l'Agriculture juin 2013.* - Lebel, *RD rur. 2011. Alerte 132* (le programme national pour l'alimentation). - Grimonprez, *RD rur. 2015. Focus 73* (rapport annuel 2014 sur l'agro-écologie). - Mandeville et Soyer, *RD rur. 2010. Étude 14* (l'avènement de la politique publique de l'alimentation).

Art. L. 2 **La politique des pêches maritimes, de l'aquaculture et des activités halioalimentaires définie à l'article L. 911-2 du présent code concourt à la politique de l'alimentation et au développement des régions littorales, en favorisant la compétitivité** *(L. n° 2016-816 du 20 juin 2016, art. 73-1° à 3°)* **« des filières des pêches maritimes, de l'aquaculture et des activités halioalimentaires, le développement de leur valeur ajoutée, la mise sur le marché de produits de qualité ainsi que le renforcement de la place de ces filières sur le marché national et de la capacité exportatrice de la France », dans le cadre d'une exploitation durable de la ressource.**

(L. n° 2016-816 du 20 juin 2016, art. 73-4°) **« Cette politique vise à soutenir le revenu, à développer l'emploi et à améliorer la qualité de vie des pêcheurs, des aquaculteurs et des salariés de ces filières ainsi qu'à soutenir la recherche, l'innovation et le développement, en particulier dans la filière aquacole. »**

Art. L. 3 *(L. n° 2014-1170 du 13 oct. 2014, art. 83)* **Outre celles définies à l'article L. 1, la politique en faveur de l'agriculture, de l'alimentation et de la forêt** *(Ord. n° 2016-391 du 31 mars 2016, art. 2, en vigueur le 1er juill. 2016)* **« en Guadeloupe, en Guyane, en Martinique, à la Réunion, à Mayotte, à Saint-Barthélemy, à Saint-Martin et à Saint-Pierre-et-Miquelon » a pour finalités :**

1° D'assurer, à l'échelle des territoires, la définition et la cohérence des politiques de développement agricole, en concertation avec les chambres consulaires, les organismes professionnels, les collectivités territoriales et l'État ;

2° De consolider les agricultures traditionnelles d'exportation, de renforcer le développement des filières de diversification et de soutenir l'agriculture vivrière ;

3° De soutenir le développement économique agricole, agro-industriel, halio-industriel et de l'aquaculture ;

4° D'aider l'installation des jeunes agriculteurs en favorisant leur accès au foncier et aux financements bonifiés et en facilitant les transmissions d'exploitation ;

5° De favoriser la satisfaction de la demande alimentaire territoriale par les productions locales et d'assurer la coordination des actions de communication et de promotion relatives aux productions locales ;

6° D'encourager la mise à disposition de solutions ou méthodes de lutte contre les ennemis des cultures adaptées aux contextes phytosanitaires ultramarins ;

7° De promouvoir et de moderniser les productions agricoles traditionnelles grâce à la recherche et à l'innovation ;

8° De contribuer à la protection et à la mise en valeur des bois et forêts, ainsi qu'à la valorisation des produits forestiers ligneux et non ligneux dans des conditions de gestion durable. — *L'art. L. 181-1 A devient l'art. L. 3 du livre préliminaire à compter du 1er juill. 2016 (Ord. no 2016-391 du 31 mars 2016, art. 2, JO 1er avr.).*

Art. L. 4 *(L. no 2021-1104 du 22 août 2021, art. 274)* Les objectifs figurant dans les documents de programmation stratégique nationale prévus par le droit de l'Union européenne et élaborés en vue de la mise en œuvre de la politique agricole commune sont compatibles, dans le respect des dispositions applicables à ce document, avec la stratégie bas-carbone prévue à l'article L. 222-1 B du code de l'environnement, avec la stratégie nationale pour la biodiversité prévue à l'article L. 110-3 du même code, avec le plan national de prévention des risques pour la santé liés à l'environnement prévu à l'article L. 1311-6 du code de la santé publique, ainsi qu'avec la stratégie nationale de lutte contre la déforestation importée mentionnée à l'article L. 110-6 du code de l'environnement. Le dispositif de suivi des actions prévues pour atteindre ces objectifs intègre des indicateurs de performance en matière de climat et de biodiversité et l'atteinte de ces objectifs fait l'objet d'évaluations régulières.

Le rapport de performance, y compris les indicateurs prévus dans le cadre du dispositif de suivi mentionné au premier alinéa du présent article, fait l'objet d'une transmission annuelle au Parlement et au Conseil économique, social et environnemental et est rendu public. Le document de programmation, les modifications qui y sont éventuellement apportées, les plans d'action mis en œuvre pour atteindre les objectifs mentionnés au même premier alinéa ainsi que les évaluations prévues par le droit de l'Union européenne sont également transmis au Parlement et au Conseil économique, social et environnemental et rendus publics.

LIVRE I L'AMÉNAGEMENT ET L'ÉQUIPEMENT DE L'ESPACE RURAL

(L. n° 92-1283 du 11 déc. 1992)

Le livre I du code rural et de la pêche maritime est applicable à Mayotte, sous réserve des dispositions particulières prévues à l'art. 3 (Ord. n° 2012-789 du 31 mai 2012, art. 1er, JO 1er juin).

BIBL. GÉN. ▶ DEBOUY, *AJDA 2011. 1419* (les outils de la protection des terres agricoles en milieu périurbain). – GILARDEAU, *RD rur. avr. 2005. 10 et 12* (loi n° 2005-157 relative au développement des territoires ruraux). – HUDAULT, *RD rur. 2011. Étude 4* (protection juridique du territoire rural) ; *RD rur. 2013. Étude 16* (affectation et protection du territoire rural). – JÉGOUZO, *AJDA 2005. 1266* (développement rural durable). – LACHAUD, *Ann. loyers 2005. 593.* – GAIN, *JCP N 2005. 1317, p. 1175.* – PEIGNOT, *Gaz. Pal. 10-11 août 2005, p. 10* (exploitation agricole). – MAKOWIAK, *AJDA 2005. 1268* (espaces ruraux naturels). – SAVARIT-BOURGEOIS, *RD rur. 2013. Étude 2* (préservation des espaces naturels et agricoles, utopie ou réalité ?). – SOUSSE, *AJDA 2005. 2051* (ZRR, SIDER et aides aux entreprises). – XXIIe congrès AFDR, *RD rur. déc. 2005. 17 s.* (agriculture et territoires ruraux). – XXIVe congrès AFDR, *RD rur. janv. 2008, p. 9 s.* (la protection de l'espace agricole face aux changements d'affectation). – XXVIIIe congrès AFDR, *RD rur. 2012. Dossiers 1 à 9* (l'espace rural : vers un espace de conciliation et d'équilibre ?). – FNSAFER, *JCP N 2008. Actu. 551 ; RD rur. août-sept. 2008, n° 159* (grandes tendances du marché foncier de l'espace rural). – *DP entr. agric., Bull. n° spécial 501-1* (loi 8 août 2016, activité agricole et aménagements ruraux dans la durabilité). – PETIT, *RD rur. 2018. Dossier 19* (préservation du foncier agricole et droit de l'Union européenne). – RIVIER, *RD rur. 2019. Étude 25* (protection et régulation du foncier agricole, 30e Congrès du Comité européen de droit rural).

RÉP. CIV. v° *Aménagement foncier rural,* par GAONACH.

TITRE I LE DÉVELOPPEMENT ET L'AMÉNAGEMENT DE L'ESPACE RURAL

COMMENTAIRE

L'aménagement du territoire rural vise à rationaliser l'utilisation de l'espace entre les différents usages que sont l'agriculture, le commerce, l'artisanat, la forêt, l'habitat, les loisirs et les grands travaux. La variété des intérêts en présence est de nature à créer des tensions qui doivent être harmonisées. La politique à mener s'inscrit de plus en plus souvent dans un contexte de déprise et d'exode agricole, et suppose en conséquence le rééquilibrage des fonctions et l'encouragement de nouveaux liens entre activités et milieux. L'objectif de cette politique a été modifié par les lois n° 99-574 du 9 avril 1999, n° 2000-1208 du 13 décembre 2000 et n° 2005-157 du 23 février 2005.

Il s'agit de promouvoir le développement des espaces par le déploiement d'activités, parmi lesquelles l'agriculture et l'exploitation forestière. Chacune de ces activités est conçue dans sa multifonctionnalité, c'est-à-dire en fonction de ses effets économiques, sociaux et environnementaux. En même temps, cette politique d'aménagement doit déterminer des coexistences harmonieuses entre les différents usagers de l'espace rural, veiller à protéger l'environnement des pollutions et nuisances, prévenir les risques naturels, préserver les équilibres biologiques, le sol, les eaux, le patrimoine rural et les paysages. Il s'agit d'organiser un développement durable en aménageant un équilibre ville-campagne et une répartition harmonieuse des activités rurales.

La loi de programmation relative à la mise en œuvre du Grenelle de l'environnement a fixé des objectifs qualitatifs et quantitatifs à l'action de l'État dans le domaine de l'environnement. Parmi ceux-ci, il est prévu de « préserver les surfaces agricoles notamment en limitant leur consommation et leur artificialisation ». Il est en effet apparu que la consommation des terres agricoles était en progression constante. La perte s'évaluait aux alentours de 30 000 ha par an de 1960 à 1990, et elle atteint en 2010 une moyenne de 60 000 ha par an. L'urbanisation, le développement de réseaux routiers, l'implantation de canalisations d'eau, de gaz, d'électricité, de panneaux photovoltaïques ont pour conséquence la disparition de terres agricoles, parfois d'excellente qualité, en zone périurbaine, sur le littoral ou en montagne. Il y a aussi l'effet de l'abandon des cultures et le développement de la forêt qui contribuent à la réduction des surfaces agricoles. Des outils existent pour permettre une protection spécifique des terres agricoles, tels que les zones agricoles protégées (loi du 9 juillet 1999) et les périmètres d'intervention visant la protection et la mise en valeur des espaces agricoles (loi du 23 février 2005). Cependant, leur utilisation est restée réduite. C'est pourquoi la loi de modernisation du 27 juillet 2010 a créé de nouveaux outils pour développer des politiques d'aménagement territorial rural permettant d'éviter cette réduction des terres agricoles, en inscrivant cet objectif dans la stratégie plus globale du développement durable.

Cependant, malgré ces dispositifs, la perte des espaces agricoles continuait à un rythme soutenu. Il a été alors voulu une limitation de l'expansion urbaine avec un encadrement plus strict des projets de construction dans les espaces agricoles et forestiers. La loi du 24 mars 2004 (ALUR) et celle du 14 octobre 2014 (d'avenir agricole) ont ainsi posé différents nouveaux dispositifs pour y parvenir, dans le code de l'urbanisme et dans le code rural et de la pêche maritime. ❑

CHAPITRE I DISPOSITIONS GÉNÉRALES

BIBL. GÉN. ▶ Barbier, *RD rur. 2012. Dossier 4* (le territoire rural dans les documents d'urbanisme : quelles difficultés pour l'exercice des activités agricoles ?). – Benoit-Cattin, *Constr.-Urb. 2005, n° 89* (loi 23 févr. 2005). – Billet, *RD rur. mars 2006. 8* (loi 5 janv. 2006). – Chauvin, *RD rur. 2001. 211* (vers un droit de l'urbanisme rural ?). – Demouveaux, *RD rur. 2004. 574* (droit de l'urbanisme en zones rurales ; chronique jurispr.) ; *RD rur. déc. 2005. 11* (idem). – Dorison, *RD rur. 2007. Étude 32* (changement de destination des bâtiments agricoles). – Dutrieux, *JCP N 2005. 176* (loi 23 févr. 2005 et droit de l'urbanisme) ; *JCP N 2010. 646* (modifications apportées par la loi du 27 juill. 2010 au droit de l'urbanisme). – Gillig, *Envir. juin 2005. 24* (assouplissement du principe de réciprocité) ; *Envir. mars 2006. 29* (loi 5 janv. 2006) ; *Envir. 2006. Étude 10* (permis de construire et règlement sanitaire départemental) ; *RD rur. 2010. Étude 23* et *Envir. 2010. Étude 30* (le droit de l'urbanisme après la loi du 27 juill. 2010). – Godfrin, *RD rur. août-sept. 2006. 55* (l'art. L. 111-3). – Grimonprez, *DP entr. agric., Bull. n° 447, p. 1* (protection des terres agricoles : mesures sans effet ?). – Hermon, La diversification de l'activité agricole, *L'Harmattan 2006, p. 185* (la diversification face au juge de l'urbanisme). – Lachaud, *Ann. loyers 2001. 1432* (urbanisme et agriculture). – Pagnoux, *RD rur. 2011. Dossier 20* (la protection du territoire face à la montée de l'urbanisme). – Rouhaud, *RD rur. 2012. Dossier 3* (la protection des espaces ruraux par les documents d'urbanisme : quelle efficacité pour l'exercice des activités agricoles ?). – Des difficultés engendrées par les dérogations aux règles de distances entre les exploitations agricoles et les tiers, *Rapport n° 1749 du Conseil général de l'agriculture, de l'alimentation et des espaces ruraux, févr. 2009, Envir. 2009, n° 107*. – Espaces agricoles et naturels périurbains, *DP entr. agric.*

SECTION 1 Politique d'aménagement et de développement durable de l'espace rural *(L. n° 2021-1104 du 22 août 2021, art. 266).*

Art. L. 111-1 **L'aménagement et le développement** *(L. n° 99-574 du 9 juill. 1999)* **« durable » de l'espace rural constituent une priorité essentielle de l'aménagement du territoire.**

(L. n° 99-574 du 9 juill. 1999) **« La mise en valeur et la protection de l'espace agricole et forestier prennent en compte ses fonctions économique, environnementale et sociale. »** — *[L. n° 80-502 du 4 juill. 1980, art. 72, al. 1er.]*

Art. L. 111-2 **Pour parvenir à la réalisation des objectifs définis en ce domaine par le présent titre, la politique d'aménagement rural devra notamment :**

1° *(L. n° 99-574 du 9 juill. 1999)* **« Favoriser la mise en valeur durable des potentialités et des caractéristiques locales de l'espace agricole et forestier » ;**

2° Améliorer l'équilibre démographique entre les zones urbaines et rurales ;

3° *(L. n° 2006-11 du 5 janv. 2006, art. 43-I)* **« Maintenir et développer les productions agricole et forestière, tout en organisant leur coexistence avec les activités non agricoles et en intégrant les fonctions sociales et environnementales de ces activités, notamment dans la lutte contre l'effet de serre grâce à la valorisation de la biomasse, au stockage durable du carbone végétal et à la maîtrise des émissions de gaz à effet de serre » ;**

(L. n° 2014-1170 du 13 oct. 2014, art. 1er-II) **« 3° *bis* Maintenir et développer les secteurs de l'élevage et du pastoralisme en raison de leur contribution essentielle à l'aménagement et au développement des territoires ; »**

4° Assurer la répartition équilibrée des diverses activités concourant au développement du milieu rural ;

5° Prendre en compte les besoins en matière d'emploi ;

6° Encourager en tant que de besoin l'exercice de la pluriactivité dans les régions où elle est essentielle au maintien de l'activité économique ;

7° Permettre le maintien et l'adaptation de services collectifs dans les zones à faible densité de peuplement ;

(L. n° 2005-157 du 23 févr. 2005, art. 78 et 95) « 8° Contribuer à la prévention des risques naturels ;

« 9° Assurer la mise en valeur et la protection du patrimoine rural et des paysages ; »

(L. n° 2010-874 du 27 juill. 2010, art. 59-1°) « 10° Préserver les ressources en eau, notamment par une politique de stockage de l'eau, la biodiversité sauvage et domestique et les continuités écologiques entre les milieux naturels. » — *[L. n° 80-502 du 4 juill. 1980, art. 72, al. 2.]*

SECTION 2 **Politique alimentaire territoriale** *(L. n° 2021-1104 du 22 août 2021, art. 266).*

Art. L. 111-2-1 *(L. n° 2010-874 du 27 juill. 2010, art. 51-I)* Un plan régional de l'agriculture durable fixe les grandes orientations de la politique agricole, agroalimentaire et agro-industrielle *(Abrogé par L. n° 2014-1170 du 13 oct. 2014, art. 24)* « *de l'État* » dans la région en tenant compte des spécificités des territoires ainsi que de l'ensemble des enjeux économiques, sociaux et environnementaux.

Le plan précise les actions qui feront l'objet prioritairement des interventions de l'État *(L. n° 2014-1170 du 13 oct. 2014, art. 24)* « et des régions ». Dans les régions qui comprennent des territoires classés en zone de montagne au titre de l'article 3 de la loi n° 85-30 du 9 janvier 1985 relative au développement et à la protection de la montagne, le plan régional détaille les actions spécifiques ou complémentaires *(L. n° 2014-1170 du 13 oct. 2014, art. 24)* « que l'État et les régions mènent » pour l'agriculture de montagne, en tenant compte des orientations fixées en ce domaine par le schéma interrégional d'aménagement et de développement de massif, et en indiquant lesquelles ont vocation à être contractualisées dans le cadre des conventions interrégionales de massif. La commission permanente des comités de massif concernés peut donner son avis sur le projet de plan régional de l'agriculture durable.

Al. 3 abrogé par L. n° 2014-1170 du 13 oct. 2014, art. 84-I.

(L. n° 2014-1170 du 13 oct. 2014, art. 24) « Le représentant de l'État dans la région et le président du conseil régional conduisent conjointement » la préparation du plan en y associant les collectivités territoriales et les chambres d'agriculture concernées ainsi que l'ensemble des organisations syndicales agricoles représentatives ; *(L. n° 2014-1170 du 13 oct. 2014, art. 24)* « ils prennent » en compte, dans cette préparation, les dispositions des schémas directeurs d'aménagement et de gestion des eaux mentionnés à l'article L. 212-1 du code de l'environnement et des schémas régionaux de cohérence écologique mentionnés à l'article L. 371-3 du même code ainsi que les orientations découlant des directives territoriales d'aménagement et de développement durables définies à l'article *(Ord. n° 2015-1174 du 23 sept. 2015, art. 9-XIV-1°, en vigueur le 1er janv. 2016)* « L. 102-4 » du code de l'urbanisme.

Après avoir été mis pendant une durée minimale d'un mois à la disposition du public sous des formes, notamment électroniques, de nature à permettre sa participation, *(L. n° 2014-1170 du 13 oct. 2014, art. 24)* « le projet de plan régional de l'agriculture durable est soumis à l'approbation du conseil régional, après avis du comité de massif compétent. Le plan est ensuite arrêté par le représentant de l'État dans la région, dans des conditions fixées par décret en Conseil d'État ».

Lors de l'élaboration ou de la révision des documents d'urbanisme, le plan régional de l'agriculture durable est porté à la connaissance des communes ou des établissements publics de coopération intercommunale compétents par le préfet conformément à l'article *(Ord. n° 2015-1174 du 23 sept. 2015, art. 9-XIV-1°, en vigueur le 1er janv. 2016)* « L. 132-2 » du code de l'urbanisme.

Au plus tard à l'issue d'un délai fixé par décret, un bilan de la mise en œuvre de ce plan est effectué.

Le présent article ne s'applique pas en Corse. — *V. art. D. 111-1 s.*

COMMENTAIRE

Le plan régional d'agriculture durable est un document d'orientation qui a été créé par la loi de modernisation agricole du 27 juillet 2010 dans le but d'éviter la perte d'espaces agricoles. Ce plan élaboré au niveau régional, selon les caractéristiques territoriales, devait fixer les orientations de la politique agricole et agroalimentaire de l'État dans la région. Ce document a remplacé le document de gestion de l'espace agricole et forestier et visait à trouver une meilleure coordination entre l'action de l'État au niveau régional et celle des autres acteurs locaux.

La loi d'avenir agricole a adapté en 2014 la procédure d'élaboration de ce plan, en conséquence du renforcement de la région qui apparait désormais comme l'autorité de gestion du second pilier de la PAC. Le PRAD est donc élaboré par l'État et la région : le préfet de région et le président du conseil régional apparaissent coauteurs conjoints et fixent, en fonction de la politique agricole, agroalimentaire et agroindustrielle nationale, les orientations pour la région selon ses particularismes territoriaux et en cohérence avec les autres politiques locales. ❑

Art. L. 111-2-2 *(L. nº 2014-1170 du 13 oct. 2014, art. 39-I)* **Les projets alimentaires territoriaux mentionnés au III de l'article L. 1 sont élaborés de manière concertée avec l'ensemble des acteurs d'un territoire et répondent à l'objectif de structuration de l'économie agricole et de mise en œuvre d'un système alimentaire territorial. Ils participent à la consolidation de filières territorialisées** *(L. nº 2018-938 du 30 oct. 2018, art. 64)* **« , à la lutte contre le gaspillage et la précarité alimentaires » et au développement de la consommation de produits issus de circuits courts, en particulier relevant de la production biologique** *(L. nº 2021-1104 du 22 août 2021, art. 266)* **« , ou dans le cadre d'une démarche collective de certification environnementale prévue à l'article L. 611-6. Ils favorisent la résilience économique et environnementale des filières territorialisées pour une alimentation saine, durable et accessible et contribuent à la garantie de la souveraineté alimentaire nationale.**

« A l'initiative de l'État et de ses établissements publics, des collectivités territoriales, des associations, des groupements d'intérêt économique et environnemental définis à l'article L. 315-1, des agriculteurs et d'autres acteurs du territoire, ils sont formalisés sous la forme d'un contrat entre les partenaires engagés.

« Le porteur de projet peut, le cas échéant, engager une démarche collective de certification environnementale prévue à l'article L. 611-6 pour l'ensemble des exploitations agricoles contractantes.

« Les projets alimentaires territoriaux sont compatibles avec les objectifs définis dans le plan régional de l'agriculture durable et prennent en compte la stratégie mentionnée à l'article L. 1.

« Dans les espaces densément peuplés, ils participent au renforcement de l'autonomie alimentaire locale et concourent au développement de l'agriculture urbaine.

« Un réseau national des projets alimentaires territoriaux suit le déploiement de ces projets alimentaires territoriaux, met en avant les bonnes pratiques et construit des outils méthodologiques au service des collectivités territoriales. »

Ils s'appuient sur un diagnostic partagé de l'agriculture et de l'alimentation sur le territoire et la définition d'actions opérationnelles visant la réalisation du projet.

Ils peuvent mobiliser des fonds publics et privés. Ils peuvent également générer leurs propres ressources.

SECTION 3 **Dispositions diverses** *(L. nº 2021-1104 du 22 août 2021, art. 266).*

Art. L. 111-3 *(L. nº 2000-1208 du 13 déc. 2000, art. 204)* **Lorsque des dispositions législatives ou réglementaires soumettent à des conditions de distance l'implantation ou l'extension de bâtiments agricoles vis-à-vis des habitations et immeubles habituellement occupés par des tiers, la même exigence d'éloignement doit être imposée à ces derniers à** *(L. nº 2006-11 du 5 janv. 2006, art. 19)* **« toute nouvelle construction et à tout changement de destination précités à usage non agricole nécessitant un permis de construire », à l'exception des extensions de constructions existantes.**

(L. nº 2005-157 du 23 févr. 2005, art. 79 et 95, en vigueur le 1er janv. 2006) **« Dans les parties actuellement urbanisées des communes, des règles d'éloignement différentes de**

celles qui résultent du premier alinéa peuvent être fixées pour tenir compte de l'existence de constructions agricoles antérieurement implantées. Ces règles sont fixées par le plan local d'urbanisme ou, dans les communes non dotées d'un plan local d'urbanisme, par délibération du conseil municipal, prise après avis de la chambre d'agriculture et enquête publique *(L. n° 2010-788 du 12 juill. 2010, art. 240-XI-1°)* **« réalisée conformément au chapitre III du titre II du livre I du code de l'environnement ».**

« Dans les secteurs où des règles spécifiques ont été fixées en application de l'alinéa précédent, l'extension limitée et les travaux rendus nécessaires par des mises aux normes des exploitations agricoles existantes sont autorisés, nonobstant la proximité de bâtiments d'habitations.

« Par dérogation aux dispositions du premier alinéa, une distance d'éloignement inférieure peut être autorisée par l'autorité qui délivre le permis de construire, après avis de la chambre d'agriculture, pour tenir compte des spécificités locales. Une telle dérogation n'est pas possible dans les secteurs où des règles spécifiques ont été fixées en application du deuxième alinéa. »

(L. n° 2006-11 du 5 janv. 2006, art. 19) **« Il peut être dérogé aux règles du premier alinéa, sous réserve de l'accord des parties concernées, par la création d'une servitude grevant les immeubles concernés par la dérogation, dès lors qu'ils font l'objet d'un changement de destination ou de l'extension d'un bâtiment agricole existant dans les cas prévus par l'alinéa précédent. »**

BIBL. ▶ GÖREN, *RD rur. 2004. 389* (réciprocité des distances et PLU). – LAHALLE et ROUHAUD, *RD rur. 2004. 18* (permis de construire en zone agricole). – GILLIG, *Envir. oct. 2008. n° 150* (proposition de modification de l'art. L. 111-3 C. rur.).

COMMENTAIRE

Le code de l'urbanisme (art. R. 111-2) prévoit une limite à l'implantation des constructions dès que celles-ci peuvent porter atteinte à la salubrité ou à la sécurité publique. La jurisprudence a donné une interprétation élargie de cet article en empêchant non seulement que la construction nouvelle crée un risque d'atteinte à la salubrité, mais aussi que le choix de l'implantation expose la nouvelle construction à un risque existant. Ce principe de réciprocité a été confirmé par la loi du 9 juillet 1999 puis celle du 13 décembre 2000, et il figure désormais à l'article L. 111-3 du code rural pour les habitations et les bâtiments agricoles. Cette règle est de nature à protéger l'exploitant en place contre toute contestation d'un nouveau venu mais il n'est pas certain qu'elle ne soit pas susceptible de constituer une entrave à ses propres projets. Il pourrait en être ainsi s'il souhaite construire une habitation proche de l'exploitation, ou s'il entend réaliser un projet immobilier nécessaire à la diversification de ses activités dans le cadre de son exploitation, comme par exemple la construction ou le changement de destination d'un bâtiment non agricole pour créer un local d'hébergement touristique.

La loi n° 2005-157 du 23 février 2005 relative au développement des territoires ruraux a apporté des précisions aux dérogations susceptibles d'être admises, dans le souci d'adapter les textes aux conditions du développement actuel du monde rural ; d'une part il a été voulu que l'extension des zones urbaines qui tend à rapprocher les habitations et les tiers des constructions agricoles en place ne soit pas entravée. D'autre part, il a été tenu compte du caractère évolutif de la réglementation impérative qui pèse sur les conditions de production, et en conséquence il a été voulu que les travaux résultant de la mise aux normes des exploitations puissent être autorisés. Cependant, la loi prévoit des conditions de contrôle des exceptions, en principe par l'énonciation des distances dans le plan local d'urbanisme ou à défaut d'un tel document, dans une délibération du conseil municipal après avis de la chambre d'agriculture et enquête publique ; à défaut une dérogation ponctuelle peut encore être autorisée.

La loi d'orientation agricole n° 2006-11 du 5 janvier 2006 a de nouveau modifié le système : d'une part, en étendant la règle de réciprocité puisque désormais le changement de destination d'un bâtiment non agricole soumis à permis de construire est soumis à la règle de distance ; d'autre part, en créant un nouvel assouplissement puisque, par convention, il peut être prévu une dérogation aux règles de distance sous la forme d'une servitude grevant les immeubles concernés s'ils font l'objet d'un changement de destination ou s'il s'agit de l'extension d'un bâtiment agricole. ❑

1. Les règles relatives aux installations classées pour la protection de l'environnement imposées aux bâtiments agricoles sont également applicables par effet de réciprocité à la délivrance du permis de construire une habitation près d'un bâtiment agricole. • CE 24 févr. 2016, n° 380556 : *AJDA 2016. 413* et *1766, note Wiernasz ; DP entr. agric., Bull. n° 495, p. 12, note Inserguet-Brisset ; RD rur. 2016, n*^{os} *103 et 122.* ♦ Eu égard au parallélisme des exigences d'implantation des bâtiments d'élevage existants, les dispositions d'un arrêté prévoyant une application différée des règles de distance pour les bâtiments d'élevage existants sont sans incidence sur l'application des règles de l'art. L. 111-3 aux nouvelles constructions à usage non agricole. • CE 8 juin 2016, n° 383638 : *AJDA 2016. 1204 ; RD rur. 2016, n° 230 ; DP entr. agric., Bull. n° 499, p. 25, note Inserguet-Brisset ; Gaz. Pal. 2016.1950.*

2. *Antériorité de l'élevage.* La construction de 49 logements à usage locatif à proximité immédiate d'installations d'élevage a été interdite. • CE 16 juin 1999, *Cne de la Chevrolière et a.*, n°s 188816 et 188924 : *RD rur. 1999. 443.* ♦ Est régulier le permis de construire une maison dès lors que l'étable et les écuries implantées à proximité n'abritent aucune activité d'élevage. • CAA Nancy, 26 nov. 2009, n° 08NC01362 : *RD rur. 2010, n° 40, note Gillig.* ♦ Est irrégulier le permis de construire une habitation à moins de 100 mètres d'un bâtiment de stockage de récoltes agricoles constituant des annexes d'un bâtiment d'élevage. • TA Strasbourg, 5 janv. 2012, n° 0803510 : *RD rur. 2012, n° 47, note Gillig.*

3. *Reconstruction.* Les dispositions de l'art. L. 111-3 ne s'appliquent pas pour la reconstruction d'un bâtiment sinistré. • CAA Versailles, 15 mars 2007, *EARL Franquet*, n° 03VE02338 : *Envir. 2007, n° 166, note Gillig.*

4. *Bâtiment d'élevage irrégulier.* Est légal le permis de construire délivré pour un bâtiment d'habitation à distance inférieure à celle imposée pour l'implantation à proximité d'un bâtiment d'élevage dès lors que ce bâtiment est en infraction avec les règles d'urbanisme et la réglementation des installations classées. • CAA Bordeaux, 4 mai 2006, *Min. équipement c/ Touchard GAEC Mongazon : RD rur. août-sept. 2006. 54 ; Envir. déc. 2006. 24 ; Envir. 2007, n° 166, note Gillig* • CAA Lyon, 14 juin 2011, *Préfet de la Côte-d'Or*, n° 09LY02243 : *RD rur. 2011, n° 131, obs. Gillig.*

5. Est nul le permis d'extension d'un bâtiment d'élevage qui autorisait l'implantation d'un tel bâtiment à moins de cinquante mètres d'une habitation en méconnaissance du règlement sanitaire départemental. • CE 1er mars 2006, *Prigent*, n° 272507. ♦ Il en est de même si le bâtiment d'élevage est vétuste, n'abrite qu'une dizaine d'animaux et n'est affecté à l'usage agricole qu'une partie de l'année, l'élevage en cause ne pouvant être qualifié d'élevage familial au sens du règlement départemental. • CAA Lyon, 17 août 2010, n° 08LY00795 : *RD rur. 2010, n° 139, obs. Gillig.* ♦ Est justifiée le permis de construire fondé sur les conditions d'utilisation effectives du bâtiment et l'absence de preuve de la présence d'un bâtiment à usage agricole à moins de 50 mètres. • CE 9 juill. 2010, *Cts C.*, n° 304254 : *LPA 2011, n° 33, p. 9, note Rocheteau.* ♦ Est nul le permis de construire autorisant le changement de destination partiel d'une ancienne étable en bâtiment d'habitation, dès lors que ce bâtiment était à quinze mètres d'une exploitation agricole. • TA Besançon, 14 oct. 2010 : *AJDA 2011. 181, concl. Poitreau ; RD rur. 2011, n° 45, note Gillig.*

6. Est nulle l'autorisation de lotir un terrain situé à moins de cinquante mètres d'un centre d'équitation hébergeant une centaine d'équidés ayant pour activité principale l'enseignement et la préparation aux concours hippiques. • CE 31 juill. 2009, *SARL Centre d'équitation de Soisy-Val-de-Seine*, n° 296197 : *RD rur. 2009, n° 184, note Gillig.*

7. *Spécificités locales.* La seule circonstance que le terrain d'assiette du projet en litige soit situé en zone constructible du POS ne permet pas de caractériser une spécificité locale justifiant qu'il puisse être dérogé aux distances minimales d'éloignement du règlement sanitaire. • TA Strasbourg, 6 nov. 2007, *Schmeltz : Envir. 2008, n° 40, note Gillig.*

8. *Tiers.* L'exploitant agricole qui obtient un permis de construire une maison d'habitation n'est pas un tiers par rapport au bâtiment agricole qu'il exploite. • CAA Douai, 14 déc. 2012, n° 12DA00041 : *Envir. 2013, n° 21, obs. Gillig.*

9. *Appréciation de la distance.* V. Rép min. n° 07957, *JO Sénat Q 9 avr. 2015.826.* ♦ La distance s'apprécie par rapport… aux bâtiments destinés à abriter les animaux et non à partir de la maison d'habitation. • CE 10 oct. 2001, n° 208663. ♦ … A la totalité de l'emprise au sol des bâtiments agricoles. • CAA Douai, 6 nov. 2003, n° 02DA00188.

Art. L. 111-4 *Abrogé par L. n° 2010-874 du 27 juill. 2010, art. 78-III, à compter du 1er janv. 2011.*

Art. L. 111-5 *(Ord. n° 2000-550 du 15 juin 2000, art. 9-I ; L. n° 2003-591 du 2 juill. 2003, art. 31 ; Ord. n° 2006-1547 du 7 déc. 2006, art. 1er)* **Le fonds de valorisation et de communication est destiné à valoriser les spécificités et les savoir-faire de l'agriculture et à communiquer sur ses métiers et ses terroirs.** *(Abrogé par Ord. n° 2010-461 du 6 mai 2010, art. 5)* ***« Un décret en Conseil d'État précise les modalités d'application de ces***

***dispositions.* »** *(L. n° 2010-874 du 27 juill. 2010, art. 1er-IV)* **« Il peut également contribuer au financement d'actions relevant du programme national pour l'alimentation prévu »** *(L. n° 2014-1170 du 13 oct. 2014, art. 39-II)* **« au III de l'article L. 1 ».** – *[L. n° 99-574 du 9 juill. 1999, art. 88.] – Anc. art. L. 640-5.*

CHAPITRE II L'AMÉNAGEMENT RURAL

COMMENTAIRE

L'aménagement rural détermine précisément l'affectation des sols entre les différents usagers. Il doit ainsi permettre un équilibre de l'usage des richesses, une coexistence favorable des activités et des catégories sociales afin de déterminer le maintien mais aussi le développement des activités en zone rurale. Dans cette logique, il est parfois nécessaire d'établir des priorités et donc de favoriser certaines activités ; de même, il convient de relever les fragilités et les handicaps d'une zone rurale, afin d'accorder des protections et des aides de nature à rétablir l'égalité des citoyens qui y habitent.

L'agriculture n'est pas tenue pour la seule et principale activité rurale, mais il lui est reconnu une place majeure en raison de sa portée économique, de ses effets sur le tissu social rural et de son rôle pour la gestion et la protection de l'environnement. L'agriculture doit ainsi occuper la place qui découle de sa multifonctionnalité, caractère que la loi du 9 juillet 1999 lui avait reconnu. La modernisation a eu tendance à abstraire l'agriculture de son milieu. L'évolution du contexte commercial et politique suppose aujourd'hui que l'exploitation agricole sache développer des relations avec son environnement économique, social et naturel.

La loi n° 2005-157 du 23 février 2005 propose des dispositions variées et transversales pour soutenir le développement des territoires ruraux, en tenant compte d'une part de la diversité des espaces ruraux allant du plus dynamique au plus dévitalisé, et d'autre part en considérant la pluralité des usages qui s'y développent souvent en concurrence, l'agriculture se trouvant souvent menacée par le déploiement d'autres activités.

Ce souci de compatibilité des politiques d'aménagement et d'utilisation des espaces par les différents acteurs se retrouve dans la loi de modernisation agricole du 27 juillet 2010, qui a créé de nouveaux outils pour connaître l'évolution des utilisations de l'espace et tenter de concilier ces usages, en contenant la consommation des terres agricoles. ❑

SECTION 1 L'affectation de l'espace agricole et forestier *(L. n° 99-574 du 9 juill. 1999).*

Art. L. 112-1 *(L. n° 2018-699 du 3 août 2018, art. 65)* **« I. – »** *(L. n° 2014-1170 du 13 oct. 2014, art. 25-I-1°)* **« L'observatoire des espaces naturels, agricoles et forestiers élabore des outils pertinents pour mesurer le changement de destination des espaces naturels, forestiers et à vocation ou à usage agricole. Il évalue, en coopération avec les observatoires régionaux des espaces naturels, agricoles et forestiers, la consommation de ces espaces et apporte son appui méthodologique aux collectivités territoriales et aux commissions prévues à l'article L. 112-1-1 pour l'analyse de la consommation desdits espaces. Il homologue des indicateurs d'évolution des espaces naturels, agricoles et forestiers en coopération avec les observatoires régionaux des espaces naturels, agricoles et forestiers. L'observatoire effectue ses missions en s'appuyant sur les travaux et outils de l'Institut national de l'information géographique et forestière. »**

(L. n° 2018-699 du 3 août 2018, art. 65) **« L'observatoire comprend parmi ses membres un député et un sénateur.**

« II. – » *(L. n° 2010-874 du 27 juill. 2010, art. 51-I)* **Les conditions d'application du présent article, notamment la composition de l'observatoire et les modalités de désignation de son président, sont précisées par décret.** – *V. art. D. 112-1-12 s.*

COMMENTAIRE

L'observatoire de la consommation des espaces agricoles a changé de dénomination en 2014, marquant l'extension de son champ de compétences aux espaces naturels et forestiers. Sa mission a été précisée en réponse aux difficultés d'évaluation exactes exposées dans le premier rapport de l'observatoire remis le 15 mai 2014 au ministre. La prochaine base de données préparée par l'Institut géographique national doit contribuer à l'efficacité des mesures réalisées. ❑

Art. L. 112-1-1 *(L. nº 2014-1170 du 13 oct. 2014, art. 25-I-2º)* **Dans chaque département, il est créé une commission départementale de la préservation des espaces naturels, agricoles et forestiers, présidée par le préfet, qui associe des représentants de l'État, des collectivités territoriales et de leurs groupements, des professions agricole et forestière, des chambres d'agriculture et des organismes nationaux à vocation agricole et rurale, des propriétaires fonciers, des notaires, des associations agréées de protection de l'environnement et des fédérations départementales ou interdépartementales des chasseurs.**

(L. nº 2022-217 du 21 févr. 2022, art. 60) **« Dans chaque commission, les représentants des collectivités territoriales comptent au moins un représentant des communes de moins de 3 500 habitants. »**

Dans les départements dont le territoire comprend des zones de montagne, les représentants des collectivités territoriales comptent au moins un représentant d'une commune ou d'un établissement public de coopération intercommunale situé, en tout ou partie, dans ces zones. *(L. nº 2022-217 du 21 févr. 2022, art. 60)* **« Dans les départements dont le territoire comprend l'une des métropoles créées en application du titre I du livre II de la cinquième partie du code général des collectivités territoriales, les représentants des collectivités territoriales comptent au moins un représentant élu des métropoles. Dans les départements ne comprenant ni zone de montagne ni métropole, les représentants des collectivités territoriales ou de leurs groupements se voient attribuer, le cas échéant, ce ou ces sièges. »**

Cette commission peut être consultée sur toute question relative à la réduction des surfaces naturelles, forestières et à vocation ou à usage agricole et sur les moyens de contribuer à la limitation de la consommation des espaces naturels, forestiers et à vocation ou à usage agricole. Elle émet, dans les conditions définies par le code de l'urbanisme, un avis sur l'opportunité, au regard de l'objectif de préservation des terres naturelles, agricoles ou forestières, de certaines procédures ou autorisations d'urbanisme. Elle peut demander à être consultée sur tout autre projet ou document d'aménagement ou d'urbanisme *(Abrogé par L. nº 2021-1104 du 22 août 2021, art. 196)* ***« , à l'exception des projets de plans locaux d'urbanisme concernant des communes comprises dans le périmètre d'un schéma de cohérence territoriale approuvé après la promulgation de la loi nº 2014-1170 du 13 octobre 2014 d'avenir pour l'agriculture, l'alimentation et la forêt ».***

(L. nº 2022-217 du 21 févr. 2022, art. 60) **« La commission entend, à leur demande, les représentants des collectivités territoriales ou de leurs groupements concernés par les délibérations inscrites à son ordre du jour. Les personnes ainsi entendues ne participent pas au vote. »**

Lorsqu'un projet ou un document d'aménagement ou d'urbanisme a pour conséquence une réduction de surfaces affectées à des productions bénéficiant d'un signe d'identification de la qualité et de l'origine, le directeur de l'Institut national de l'origine et de la qualité ou son représentant participe, avec voix délibérative, à la réunion de la commission au cours de laquelle ce projet ou ce document est examiné.

Lorsqu'un projet d'élaboration, de modification ou de révision d'un plan local d'urbanisme, d'un document d'urbanisme en tenant lieu ou d'une carte communale a pour conséquence, dans des conditions définies par décret, une réduction substantielle des surfaces affectées à des productions bénéficiant d'une appellation d'origine protégée ou une atteinte substantielle aux conditions de production de l'appellation, l'autorité compétente de l'État saisit la commission du projet. Celui-ci ne peut être adopté qu'après avis conforme de cette commission. – *V. art. D. 112-1-23 s.*

Lorsque le représentant de l'État n'a pas considéré comme substantielle la réduction des surfaces agricoles concernant des terres à vignes classées en appellation d'origine contrôlée ou l'atteinte aux conditions de production mais que la commission a néanmoins rendu un avis défavorable, l'autorité administrative compétente qui approuve le projet est tenue de faire connaître les motifs pour lesquels elle décide de ne pas suivre cet avis dans l'acte d'approbation.

Le *(L. n° 2022-217 du 21 févr. 2022, art. 60)* **« septième » alinéa du présent article ne s'applique pas dans le cadre** *(Ord. n° 2015-1174 du 23 sept. 2015, art. 9-XIV-2°, en vigueur le 1er janv. 2016)* **« d'une procédure de révision du plan local d'urbanisme selon les modalités de l'article L. 153-34 du code de l'urbanisme ou d'une procédure de mise en compatibilité du plan local d'urbanisme ».**

Lorsque le projet ou le document sur lequel la commission est consultée donne lieu à l'enquête publique mentionnée au chapitre III du titre II du livre I du code de l'environnement, l'avis de la commission est joint au dossier d'enquête publique.

(L. n° 2014-1170 du 13 oct. 2014, art. 25-II) **« Le représentant de l'État dans le département charge, tous les cinq ans, la commission départementale de la préservation des espaces naturels, agricoles et forestiers de procéder à un inventaire des terres considérées comme des friches, qui pourraient être réhabilitées pour l'exercice d'une activité agricole ou forestière. »**

BIBL. ▸ Talau, *RD rur. 2013. Étude 5* (documents d'urbanisme, préservation des terres agricoles et CDCEA).

COMMENTAIRE

La commission départementale de la consommation des espaces agricoles a changé de dénomination en 2014, marquant l'extension de son champ de compétences aux espaces naturels et forestiers. Il lui a été conféré un pouvoir lorsqu'un projet affecte substantiellement une aire de production bénéficiant d'une AOP ou les conditions de production de l'appellation, puisque dans ce cas, l'autorité ne peut adopter le projet que sur avis conforme de la commission (V. aussi le rôle consultatif de la commission aux art. L. 122-11 et L. 161-4 C. urb.). ❑

Art. L. 112-1-2 *(L. n° 2014-1170 du 13 oct. 2014, art. 25-I-3°)* **En Corse, une commission territoriale de la préservation des espaces naturels, agricoles et forestiers, présidée conjointement par le représentant de l'État dans la collectivité de Corse et par le président du conseil exécutif ou leurs représentants, et composée en application des** *(L. n° 2022-217 du 21 févr. 2022, art. 60)* **« trois » premiers alinéas de l'article L. 112-1-1, exerce, dans les mêmes conditions, les compétences dévolues par ce même article à la commission départementale de la préservation des espaces naturels, agricoles et forestiers.** — *V. art. D. 112-1-11-3.*

Art. L. 112-1-3 *(L. n° 2014-1170 du 13 oct. 2014, art. 28-I)* **Les projets de travaux, d'ouvrages ou d'aménagements publics et privés qui, par leur nature, leurs dimensions ou leur localisation, sont susceptibles d'avoir des conséquences négatives importantes sur l'économie agricole** *(L. n° 2023-175 du 10 mars 2023, art. 54)* **« , ainsi que les projets d'installations agrivoltaïques au sens de l'article L. 314-36 du code de l'énergie, » font l'objet d'une étude préalable comprenant au minimum une description du projet, une analyse de l'état initial de l'économie agricole du territoire concerné, l'étude des effets du projet sur celle-ci, les mesures envisagées pour éviter et réduire les effets négatifs notables du projet ainsi que des mesures de compensation collective visant à consolider l'économie agricole du territoire.**

L'étude préalable et les mesures de compensation sont prises en charge par le maître d'ouvrage.

Un décret détermine les modalités d'application du présent article, en précisant, notamment, les projets de travaux, d'ouvrages ou d'aménagements publics et privés qui doivent faire l'objet d'une étude préalable. — *Entrée en vigueur à une date fixée par décret, et au plus tard le 1er janv. 2016 (L. n° 2014-1170 du 13 oct. 2014, art. 28-II, JO 14 oct.).*

BIBL. ▸ Hernandez-Zakine et Durand, *RD rur. 2017. Étude 3* (compensation collective agricole : un dispositif juridique inachevé). – Le Guyader et Treffot, *JCP N 2018. 1177* (compensations sectorielles aux atteintes aux milieux naturels).

COMMENTAIRE

La loi d'avenir agricole du 13 octobre 2014 tente d'empêcher ou de limiter toute artificialisation ou consommation de terres agricoles : pour cela, elle a notamment prévu l'obligation, pour les porteurs de projets susceptibles d'avoir d'importantes conséquences négatives sur l'économie agricole, de réaliser une étude préalable mesurant ces effets et prévoyant des remèdes (art. D. 112-1-18 s.). Ce principe doit être appliqué en même temps que le principe de compensation écologique posé à l'article L. 110-1 du code de l'environnement. Il est prévu de concilier les objectifs (V. art. D. 112-1-20), ce qui peut concrètement se révéler complexe. ❑

Art. L. 112-2 *(L. n° 99-574 du 9 juill. 1999)* **Des zones agricoles dont la préservation présente un intérêt général en raison soit de la qualité de leur production, soit de leur situation géographique** *(L. n° 2014-1170 du 13 oct. 2014, art. 25-I-4°)* **« , soit de leur qualité agronomique » peuvent faire l'objet d'un classement en tant que zones agricoles protégées. Celles-ci sont délimitées par arrêté préfectoral pris sur proposition ou après accord du conseil municipal des communes intéressées,** *(L. n° 2006-11 du 5 janv. 2006, art. 36)* **« ou, le cas échéant »** *(L. n° 2014-1170 du 13 oct. 2014, art. 25-I-4°)* **« , et après avis du conseil municipal des communes intéressées, sur proposition de l'organe délibérant de l'établissement public compétent en matière de plan local d'urbanisme ou de schéma de cohérence territoriale, après avis de la chambre d'agriculture, de l'Institut national de l'origine et de la qualité dans les zones d'appellation d'origine contrôlée et de la commission départementale d'orientation de l'agriculture et après enquête publique réalisée dans les conditions prévues au chapitre III du titre II du livre I du code de l'environnement ». L'existence de parcelles boisées de faible étendue au sein d'une telle zone ne fait pas obstacle à cette délimitation.**

Tout changement d'affectation ou de mode d'occupation du sol qui altère durablement le potentiel agronomique, biologique ou économique d'une zone agricole protégée doit être soumis à l'avis de la chambre d'agriculture et de la commission départementale d'orientation de l'agriculture. En cas d'avis défavorable de l'une d'entre elles, le changement ne peut être autorisé que sur décision motivée du préfet. – *Le silence gardé par l'administration pendant quatre mois vaut décision de rejet (Décr. n° 2014-1296 du 23 oct. 2014, JO 1er nov.).*

Le changement de mode d'occupation n'est pas soumis aux dispositions de l'alinéa précédent lorsqu'il relève d'une autorisation au titre du code de l'urbanisme et lorsque le terrain est situé à l'intérieur d'un ***plan d'occupation des sols rendu public ou approuvé*** *[plan local d'urbanisme approuvé]* **ou d'un document d'urbanisme en tenant lieu.**

La délimitation des zones agricoles protégées est annexée au *(Ord. n° 2015-1174 du 23 sept. 2015, art. 9-XIV-3°, en vigueur le 1er janv. 2016)* **« plan local d'urbanisme dans les conditions prévues à l'article L. 153-60 » du code de l'urbanisme.**

Les modalités d'application du présent article sont fixées par décret en Conseil d'État.
– *V. art. R. 112-1-4 s.*

COMMENTAIRE

Il a été prévu une technique de zonage particulier aux fins de protéger certaines zones agricoles spéciales, menacées par le développement de l'urbanisation, des structures de loisirs, des unités de tourisme ou par les grands travaux. Certaines parcelles peuvent ainsi être classées comme zones agricoles protégées. Le respect de cette protection est assuré par l'annexion de leur délimitation au plan local d'urbanisme. De plus, il existe la procédure de contrôle de tout changement d'affectation de ces zones dès qu'il en résulte des conséquences sur leur potentiel agronomique, biologique ou économique. De telles dispositions sont de nature à permettre un contrôle sur les évolutions de mode d'exploitation agricole de ces zones. ❑

Un jardin d'agrément dépourvu de constructions a pu être inclus dans la zone agricole protégée, mais un espace boisé de 17 hectares ne saurait être regardé comme de faible étendue, alors même que la surface totale de la zone est de 600 ha. • CAA Nantes, 10 juill. 2015, n° 14NT01126 : *AJDA 2015. 2052, rapp. Delesalle*.

Art. L. 112-3 *(L. n° 99-574 du 9 juill. 1999)* **Les schémas directeurs** *[schémas de cohérence territoriale]*, **les plans d'occupation des sols** *[plans locaux d'urbanisme]* **ou les documents d'urbanisme en tenant lieu et les documents relatifs au schéma départemental des carrières** *(L. n° 2014-366 du 24 mars 2014, art. 129-XI)* **« ou au schéma régional des carrières » prévoyant une réduction des espaces agricoles ou forestiers ne peuvent être rendus publics ou approuvés qu'après avis de la chambre d'agriculture, de l'Institut national de l'origine et de la qualité dans les zones d'appellation d'origine contrôlée et, le cas échéant, du** *(Ord. n° 2009-1369 du 6 nov. 2009, art. 2-V)* **« Centre national**

de la propriété forestière ». Il en va de même en cas de révision ou de modification de ces documents.

Ces avis sont rendus dans un délai de *(L. nº 2014-1170 du 13 oct. 2014, art. 25-I-5º)* **« trois » mois à compter de la saisine. En l'absence de réponse à l'issue de ce délai, l'avis est réputé favorable.**

Ces dispositions s'appliquent aux opérations d'aménagement dont l'enquête publique n'a pas encore été prescrite à la date de publication de la loi nº 99-574 du 9 juillet 1999 d'orientation agricole *[JO 10 juill. 1999.]*

Sur la protection des aires d'appellation d'origine, V. art. L. 643-4 s.

Les chambres d'agriculture sont associées à l'élaboration des schémas de cohérence territoriale et des plans locaux d'urbanisme ; elles assurent la liaison avec les organisations professionnelles intéressées (C. urb., art. L. 132-7). — ***C. urb.***

BIBL. ▶ Bouyssou, Mél. P. Montané de la Roque, *Presse IEP Toulouse, t. 1, 1986, p. 345* (décentralisation de l'urbanisme et protection de l'espace rural). - Hocreitère, *RD rur. 1990. 31* (prise en compte de l'agriculture). - Larrouy-Castera, *RD rur. 2000. 146* (L. 9 juill. 1999). - Pitaud, *JCP N 1999. 1379* (L. 9 juill. 1999). - Thiébault, *Ét. fonc., nº 32, sept. 1986, p. 35* (environnement dans les cartes agricoles). - Yousry, *RD rur. 1990. 38* (zones agricoles dans les POS).

1. Documents soumis à l'avis des organismes agricoles. Un schéma de mise en valeur d'un bassin maritime est soumis à l'avis des organismes agricoles en cas de réduction « sensible » des terres agricoles. • CE 7 juill. 1997, *Mme Madaule*, nos 170375 et 176414.

2. La consultation préalable de la chambre d'agriculture ne s'impose pas quand la zone agricole du PLU se trouve réduite s'il est aussi créé une zone agricole de même surface susceptible de faire l'objet d'exploitation agricole. • CAA Nantes, 28 oct. 2011 : *DP entr. agric., Bull. nº 449, p. 14, obs. Inserguet-Brisset ; RD rur. 2012, nº 8, note Gillig.*

3. Est irrégulière la délibération approuvant une carte communale comportant une réduction des espaces agricoles dès lors que la chambre d'agriculture n'a pas été préalablement consultée. • CAA Bordeaux, 12 mai 2009, *Cne de Lahosse*, nº 08BX01091 : *RD rur. 2009, nº 149, note critique Gillig.* ♦ L'avis de la chambre d'agriculture doit être regardé comme ayant été régulièrement recueilli lorsque aucun avis n'a été exprimé dans le délai imparti et qu'il a été établi que la chambre d'agriculture a été rendue destinataire du projet de PLU et invitée à faire connaître ses observations. • CAA Marseille, 20 nov. 2009, nº 07MA04934 : *RD rur. 2010, nº 20.*

4. Conditions d'application. Les prescriptions de l'art. L. 112-3 ont été jugées applicables même dans le cas où la carte des terres agricoles n'a pas été établie dans le département. • CE 3 nov. 1995, *Cne de Cuers c/ Ch. d'agric. du Var : D. 1996. Somm. 271, obs. Charles.*

SECTION 2 Les chartes intercommunales de développement et d'aménagement

Art. L. 112-4 *(L. nº 96-142 du 21 févr. 1996, art. 3)* **Les chartes intercommunales de développement et d'aménagement sont régies par les dispositions des articles L. 5223-1 à L. 5223-3 et L. 5822-1 du code général des collectivités territoriales. — CGCT.**

BIBL. ▶ Champagne, *RD rur. 1987. 357.* - Gentil, *RD rur. 1990. 69.* - Journées d'étude d'Angoulême, *Cah. dr. publ. 1987.*

Art. L. 112-5 à L. 112-7 *Abrogés par L. nº 96-142 du 21 févr. 1996, art. 3.*

V. art. R. 112-2-1 s.*

SECTION 3 Les organismes de développement et d'aménagement rural

SOUS-SECTION 1 Les sociétés d'aménagement régional

Art. L. 112-8 Lorsque la mise en valeur de régions déterminées nécessite la réalisation de travaux concernant plusieurs départements ministériels et mettant en œuvre diverses sources de financement, l'étude, l'exécution et éventuellement l'exploitation ultérieure des ouvrages peuvent faire l'objet d'une mission générale définie par décret *(Abrogé par Ord. nº 2010-461 du 6 mai 2010, art. 2) « en Conseil d'État »* **ou d'une concession unique,** *(L. nº 2004-809 du 13 août 2004, art. 36-II)* **« consentie par décret** *(Abrogé par Ord. nº 2010-461 du 6 mai 2010, art. 2) « en Conseil d'État »* **ou, lorsque la région bénéficie du transfert de compétence prévu à l'article 36 de la loi nº 2004-809 du 13 août 2004 relative aux libertés et aux responsabilités locales, par délibération du**

conseil régional » à un établissement public doté de l'autonomie financière, à une société d'économie mixte ou à toute autre forme d'organisme groupant l'ensemble des personnes publiques et privées intéressées, à condition que la majorité des capitaux appartienne à des personnes publiques. — *V. art. 36, ci-dessous.*

Ces dispositions peuvent être étendues à l'étude, la construction et, éventuellement, la gestion d'un ouvrage isolé présentant un intérêt général, par la valorisation d'une production, pour diverses catégories d'utilisateurs.

Les conditions d'application des alinéas précédents, et notamment les modalités d'organisation et de fonctionnement des organismes qui y sont mentionnés, sont fixées par décret *(Abrogé par Ord. nº 2010-461 du 6 mai 2010, art. 2)* **« en Conseil d'État ».** — *[L. nº 51-592 du 24 mai 1951, art. 9.]*

Territoire d'activité. Une lettre du ministre de l'Économie et des Finances, du ministre délégué au budget et du ministre de l'Agriculture qui autorise la Compagnie d'aménagement des coteaux de Gascogne à intervenir sur le territoire national en dehors de la région précédemment déterminée par le Décr. 6 janv. 1959 approuvant ses statuts est entachée d'incompétence et doit être annulée. • CE 14 mars 1997, *Cie d'aménagement des coteaux de Gascogne*, nº 119055.

Loi nº 2004-809 du 13 août 2004, *relative aux libertés et responsabilités locales (JO 17 août).* **Art. 36** I. — Les biens de l'État dont l'exploitation est concédée aux sociétés d'aménagement régional mentionnées à l'article L. 112-8 du code rural sont transférés dans le patrimoine de la région sur le territoire de laquelle ils sont situés, à la demande de son assemblée délibérante.

La région est substituée à l'État, dans l'ensemble des droits et obligations attachés à ces biens, afin d'en assurer l'aménagement, l'entretien, la gestion et, le cas échéant, l'extension.

Les concessions en cours à la date du transfert se poursuivent dans leurs conditions antérieures jusqu'à leur échéance, sauf accord contraire entre la région et son concessionnaire.

Les transferts sont réalisés à titre gratuit et ne donnent lieu au paiement d'aucune indemnité, droit, taxe, *(Ord. nº 2010-638 du 10 juin 2010, art. 10-XXXI, en vigueur le 1er janv. 2013)* « contribution prévue à l'article 879 du code général des impôts » ou honoraires.

Une convention conclue entre l'État et la région ou, à défaut, un arrêté du ministre chargé de l'agriculture fixe les modalités du transfert.

Pour l'application du présent I, lorsque la région sollicite le transfert, le représentant de l'État dans la région lui communique toutes les informations permettant le transfert en connaissance de cause des biens concernés.

Art. L. 112-9 *(L. nº 2002-1 du 2 janv. 2002, art. 16 ; L. nº 2004-809 du 13 août 2004, art. 36-III)* **Les dispositions des articles L. 300-4 et L. 300-5 du code de l'urbanisme et des articles L. 1522-4, L. 1522-5, L. 1523-2 et L. 1523-7 du code général des collectivités territoriales sont applicables aux sociétés d'aménagement régional créées en application de l'article L. 112-8.** — *Cet art. reprend sans changement le texte de l'anc. art. L. 112-9-1 ; l'anc. art. L. 112-9 est abrogé.*

V. art. R. 112-6 s.

SOUS-SECTION 2 Les offices de Corse

Art. L. 112-10 *(L. nº 96-142 du 21 févr. 1996, art. 3)* **Les compétences de la collectivité de Corse en matière de développement agricole et rural de l'île sont régies par les dispositions de l'article L. 4424-22 du code général des collectivités territoriales ci-après reproduites :** — *Aux termes de l'art. 3-II-E-5 de la L. nº 2002-92 du 22 janv. 2002, l'art. L. 4424-22 CGCT est devenu l'art. L. 4424-33 du même code, ci-dessous reproduit, avec les modifications issues de la même loi.*

Art. L. 4424-33 *(L. nº 2002-92 du 22 janv. 2002, art. 20-I)* « La collectivité de Corse détermine, dans le cadre du plan d'aménagement et de développement durable, les grandes orientations du développement agricole, rural et forestier, de la pêche et de l'aquaculture de l'île. Une convention passée entre l'État et la collectivité de Corse prévoit les conditions de mise en œuvre par la collectivité de Corse de ses orientations dans le domaine agricole. » A cette fin, elle dispose de l'office du développement agricole et rural de Corse et de l'office d'équipement hydraulique de Corse, établissements publics régis par les articles L. 112-11 à L. 112-15 du code rural et de la pêche maritime et sur lesquels la collectivité territoriale exerce son pouvoir de tutelle.

(L. nº 2002-92 du 22 janv. 2002, art. 20-II et 45-III) « Une convention passée entre l'État et la collectivité de Corse prévoit les conditions de mise en œuvre en Corse de la politique forestière.

« L'office du développement agricole et rural de Corse et l'office d'équipement hydraulique de Corse cessent d'exister lorsque la collectivité de Corse reprend l'exercice de leurs missions. »

Art. L. 112-11 Sous la forme d'un établissement public de la collectivité de Corse à caractère industriel et commercial, l'office du développement agricole et rural de Corse est chargé, dans le cadre des orientations définies par la collectivité de Corse, de la mise en œuvre d'actions tendant au développement de l'agriculture et à l'équipement du milieu rural.

L'office est présidé par un conseiller exécutif désigné par le président du conseil exécutif.

Le représentant de l'État dans la collectivité de Corse assiste de plein droit aux réunions du conseil d'administration et est destinataire de ses délibérations.

La gestion de l'office est assurée par un directeur nommé sur proposition du président de l'office par arrêté délibéré en conseil exécutif. *(L. nº 2002-92 du 22 janv. 2002, art. 20-III et 46-I)* « Le conseil d'administration de l'office est composé à titre majoritaire de représentants élus de l'Assemblée de Corse.

« L'office du développement agricole et rural de Corse cesse d'exister lorsque la collectivité de Corse reprend l'exercice de ses missions. » – *[L. nº 91-428 du 13 mai 1991, art. 65.]*

Art. L. 112-12 Sous la forme d'un établissement public de la collectivité de Corse à caractère industriel et commercial, l'office d'équipement hydraulique de Corse a pour mission, dans le cadre des orientations définies par la collectivité de Corse, l'aménagement et la gestion de l'ensemble des ressources hydrauliques de la Corse, sous réserve des dispositions du 1° de l'article 77 de la loi nº 91-428 du 13 mai 1991 portant statut de la collectivité de Corse pour ce qui concerne les aménagements hydroélectriques. Il assure, en liaison avec l'office du développement agricole et rural, les actions d'accompagnement liées à la mise en valeur des terres irriguées. Il est présidé par un conseiller exécutif désigné par le président du conseil exécutif.

Le représentant de l'État dans la collectivité de Corse assiste de plein droit aux réunions du conseil d'administration et est destinataire de ses délibérations.

La gestion de l'office est assurée par un directeur nommé sur proposition du président de l'office par arrêté délibéré en conseil exécutif. *(L. nº 2002-92 du 22 janv. 2002, art. 20-IV et 46-II)* « Le conseil d'administration de l'office est composé à titre majoritaire de représentants élus de l'Assemblée de Corse.

« L'office d'équipement hydraulique de Corse cesse d'exister lorsque la collectivité de Corse reprend l'exercice de ses missions. » – *[L. nº 91-428 du 13 mai 1991, art. 66.]*

Les biens de l'État mis à la disposition de l'office d'équipement hydraulique de Corse mentionné à l'art. L. 112-12 C. rur. sont transférés dans le patrimoine de la collectivité de Corse qui en assure l'aménagement, l'entretien, la gestion et, le cas échéant, l'extension (CGCT, art. L. 4424-25).

Art. L. 112-13 Les organisations professionnelles agricoles sont associées à l'organisation et à la gestion des deux offices. Elles sont représentées à leur conseil d'administration, deux tiers des sièges au moins qui leur sont attribués revenant aux représentants des organisations représentatives des exploitants et des salariés agricoles.

Les sièges revenant aux représentants des organisations représentatives des exploitants et des salariés agricoles sont répartis proportionnellement aux voix obtenues par ces organisations lors des élections aux chambres d'agriculture.

Le conseil d'administration des deux offices comprend des représentants des organisations syndicales représentatives du personnel. – *[L. nº 91-428 du 13 mai 1991, art. 67.]*

Art. L. 112-14 L'office du développement agricole et rural de la Corse et l'office d'équipement hydraulique de la Corse répartissent, dans le cadre des orientations arrêtées par la collectivité de Corse, les crédits qui leur sont délégués par cette dernière.

Les crédits de subventions versés par l'État à ces offices sont *(L. n° 2002-92 du 22 janv. 2002, art. 41)* « inclus » dans la dotation générale de décentralisation prévue au III de l'article 78 de la loi n° 91-428 du 13 mai 1991 précitée, à la date de réalisation des transferts de compétences mentionnés au II *[codifié au CGCT, art. L. 4425-2]* du même article. — *[L. n° 91-428 du 13 mai 1991, art. 68.]*

Art. L. 112-15 *Abrogé par Ord. n° 2010-461 du 6 mai 2010, art. 5.*

SECTION 4 Fonds de gestion de l'espace rural

(L. n° 95-115 du 4 févr. 1995)

Art. L. 112-16 *(L. n° 98-546 du 2 juill. 1998)* « Le Fonds de gestion de l'espace rural contribue au financement de tout projet d'intérêt collectif concourant à l'entretien ou à la réhabilitation de l'espace rural, en priorité ceux auxquels les agriculteurs ou leurs groupements sont parties prenantes. »

(L. n° 96-1181 du 30 déc. 1996, art. 123) Sa mise en œuvre s'inscrit dans le cadre d'orientations générales pluriannuelles arrêtées au niveau de chaque département par le préfet en association avec le président du conseil départemental *(Abrogé par L. n° 2020-1525 du 7 déc. 2020, art. 2) « , après consultation d'une commission associant, dans des conditions définies par décret, des représentants des services de l'État, du département, des communes concernées et de leurs groupements, de la profession agricole, des autres partenaires économiques et du milieu associatif »*.

Art. L. 112-17 Les crédits du fonds de gestion de l'espace rural sont répartis entre les départements, dans des conditions fixées par décret et sur la base de critères prenant notamment en compte la superficie dont sont déduites les surfaces consacrées au bâti, aux infrastructures, à un usage forestier essentiellement productif ainsi que les surfaces consacrées à un usage agricole autres que celles toujours en herbe.

SECTION 5 Sociétés d'investissement pour le développement rural

(L. n° 2005-157 du 23 févr. 2005, art. 17)

Art. L. 112-18 Les sociétés d'investissement pour le développement rural ont pour objet de favoriser dans les zones *(L. n° 2023-1322 du 29 déc. 2023, art. 73)* « France ruralités revitalisation mentionnées aux II et III de l'article 44 *quindecies* A » du code général des impôts :

1° L'investissement en immobilier destiné aux activités à caractère économique et à l'accueil de services collectifs d'intérêt économique général, de tourisme et de loisirs ;

2° L'acquisition et la réhabilitation de logements dégradés ou vacants en vue de leur remise sur le marché ;

3° L'acquisition et la transformation en logements de bâtiments à vocation agricole qui ne sont plus exploités, dès lors que l'emprise foncière sur laquelle est implanté le bâtiment concerné a fait l'objet d'un plan d'ensemble précisant les conditions d'utilisation du sol et le type de construction ou de réhabilitation réalisé. Ce projet peut être engagé, notamment, *(Ord. n° 2012-11 du 5 janv. 2012, art. 13)* « dans le cadre de la procédure prévue » *(Ord. n° 2015-1174 du 23 sept. 2015, art. 9-XIV-4°, en vigueur le 1er janv. 2016)* « à l'article L. 153-34 du code de l'urbanisme » à l'initiative de la collectivité ou du propriétaire concerné ;

4° La réalisation ou la rénovation d'équipements touristiques, culturels, de loisirs et sportifs.

A cet effet, elles interviennent par la prise de participation dans le capital de sociétés réalisant des opérations d'aménagement et de développement et par l'octroi de garanties sur prêts ou la dotation de fonds de garantie en fonds propres ou quasi-fonds propres notamment par la prise de participation dans le capital de sociétés ou l'attribution de prêts participatifs.

Les sociétés d'investissement pour le développement rural revêtent la forme soit de sociétés anonymes, soit de sociétés par actions simplifiées régies par le livre II du code de commerce.

Leur capital est détenu par une ou plusieurs régions en association avec une ou plusieurs personnes morales de droit public ou privé.

Les collectivités territoriales ainsi que leurs groupements qui ne participent pas au capital de ces sociétés peuvent également leur verser des subventions. Dans ce cas, les collectivités et groupements intéressés passent une convention avec la société d'investissement pour le développement rural déterminant notamment l'affectation et le montant des subventions ainsi que les conditions et les modalités de restitution des subventions versées en cas de modification de l'objet social ou de cessation d'activité de la société d'investissement pour le développement rural.

Chaque région ou groupement de régions a droit au moins à un représentant au conseil d'administration ou au conseil de surveillance, désigné en son sein par l'assemblée délibérante.

Un tiers au moins du capital des sociétés d'investissement pour le développement rural et des voix dans les organes délibérants de ces sociétés est détenu par une région ou, conjointement, par plusieurs régions.

Les organes délibérants de la ou des régions actionnaires, ainsi que, le cas échéant, des autres collectivités ou groupements actionnaires, se prononcent sur le rapport écrit qui leur est soumis au moins une fois par an par le conseil d'administration ou le conseil de surveillance de la société.

BIBL. ▸ Sousse, *AJDA 2005. 2051* (loi du 23 févr. 2005 et aides régionales aux entreprises dans les zones rurales).

COMMENTAIRE

Une nouvelle société d'investissement a été créée par la loi n° 2005-157 du 23 février 2005 relative au développement des territoires ruraux, pour les seules zones de revitalisation rurale (art. 1465 A CGI). Elle est dotée d'un vaste domaine de compétence ; il s'agit de favoriser toute activité économique ainsi que les services d'intérêt économique général (art. 16 et 86-2 du traité CE), d'améliorer l'habitat rural notamment par les opérations de réhabilitation, et de contribuer à la réalisation d'équipement touristiques et sportifs (*via ferrata* et parcours forestiers ont été cités comme des exemples d'opérations envisagées dans ce contexte). Ces sociétés sont susceptibles d'avoir un but lucratif. Une ou plusieurs régions doivent participer au capital pour un tiers aux fins notamment de permettre l'attribution d'aides directes aux entreprises (CGCT, art. L. 4211-1). Leurs moyens sont ceux des sociétés d'investissement régional de la loi n° 2000-1208 de solidarité et de renouvellement urbains du 13 décembre 2000 : prise de participation dans le capital de sociétés réalisant les opérations de développement et d'aménagement, attribution de prêts participatifs et octroi de garanties. De plus, les sociétés d'investissement pour le développement rural ouvrent droit aux avantages fiscaux prévus pour les sociétés d'investissement régional. ❑

CHAPITRE III **AGRICULTURE DE MONTAGNE ET MISE EN VALEUR PASTORALE** *(L. n° 2005-157 du 23 févr. 2005, art. 120-I).*

BIBL. GÉN. ▸ Colloque « La loi montagne en région PACA : 20 ans après », *Université d'Aix-Marseille III, RFDA 2005. 498*. – Billet, *Envir. mai 2005. 14* (la loi territoires ruraux et le droit de la montagne). – Carraud et Davignon, *AJDA 2005. 1279* (la loi territoires ruraux et la montagne). – Yolka, *RD rur. févr. 2006. 65* (art. 79 de la loi du 5 janv. 2006). – Mambrini et Inserguet-Brisset, *DP entr. agric., Bull. n° 503, p. 5 et 7* (loi du 28 déc. 2016 pour dynamiser les territoires de montagne). – Dossier Loi Montagne II, *AJDA 2017. 780*.

COMMENTAIRE

La montagne, dans les années 1960, à l'heure du développement du productivisme, a été reconnue comme une zone dont la mise en valeur agricole était difficile, en raison de l'éloignement des sites de production, du climat, du relief, de l'altitude, de la pauvreté des sols, facteurs se conjuguant pour engendrer des coûts d'exploitation élevés. On constatait alors l'abandon et la désertification de ces zones, et une dégradation de l'environnement non entretenu. Parallèlement, naissait une conscience de l'intérêt naturel et culturel de ces zones. Pour mettre en œuvre cette volonté de soutien des zones de montagne, des politiques sectorielles et principalement agricoles ont été menées aux fins de permettre le maintien de cette activité dans ce contexte difficile. Puis une politique de développement élargie devait valoriser toutes les aptitudes de la zone, encourager toutes les activités et leur diversification, tout en organisant leur juxtaposition : c'est ainsi que la loi n° 85-30 du 9 janvier 1985, apparue comme une charte de développement de ces zones prenant en compte tous leurs aspects et toutes les activités qui s'y déploient, parmi lesquelles l'agriculture, activité de base de l'économie montagnarde, devait assurer le maintien de l'environnement et des paysages, la préservation d'un équilibre territorial, et la parité des revenus des habitants de ces zones avec ceux du reste du territoire (V. App., v° *Montagne* 🏛). La loi n° 2005-157 du 23 février 2005 relative au développement des territoires ruraux a indiqué que les activités pastorales et forestières, au même titre que l'agriculture, constituent les activités essentielles du développement économique, social et environnemental de la montagne. Cette loi a réformé les institutions compétentes pour le développement de la montagne, en précisant leur compétence pour permettre une meilleure conception des programmes, avec une plus grande concertation et davantage de coordination entre les acteurs publics concernés. A alors été réaffirmée la volonté d'agir à la fois pour l'aménagement de l'espace, le développement de l'activité économique et la protection de l'environnement, en soutenant toutes les initiatives des populations en ce sens.

La loi n° 2006-11 du 5 janvier 2006 d'orientation agricole a ajouté la nécessité d'adapter la politique pour compenser les handicaps de ces zones et développer leur rôle environnemental, et prévu des outils ponctuels pour mener à bien cette politique en élargissant le domaine d'application du droit de préemption de la SAFER en montagne et en augmentant le droit d'user de la dénomination Montagne comme signe de qualité.

La loi n° 2010-874 du 27 juillet 2010 de modernisation de l'agriculture et de la pêche a prévu que le plan régional de l'agriculture durable préciserait les actions de l'État pour l'agriculture de montagne en tenant compte du schéma interrégional d'aménagement et de massif, dans un souci de coordination de tous les acteurs de la zone.

La loi n° 2016-1888 du 28 décembre 2016 de modernisation, de développement et de protection des territoires de montagne est venue modifier la loi du 9 janvier 1985 en redéfinissant les objectifs sans les modifier véritablement, en adaptant la gouvernance des institutions des territoires de montagne et les services publics, en ajustant les règles visant à maîtriser l'urbanisme en montagne. Par ailleurs, des mesures sont posées pour l'emploi et le dynamisme économique, au travers notamment du tourisme et des activités agricoles, pastorales et forestières pour lesquelles sont pérennisés un soutien spécifique et la compensation des handicaps. ☐

SECTION 1 L'agriculture de montagne

Art. L. 113-1 *(L. n° 2005-157 du 23 févr. 2005, art. 181-I et II)* **« Par leur contribution à la production, à l'emploi, à l'entretien des sols, à la protection des paysages, à la gestion et au développement de la biodiversité, l'agriculture, le pastoralisme et la forêt de montagne sont reconnus d'intérêt général comme activités de base de la vie montagnarde et comme gestionnaires centraux de l'espace montagnard.** – ***NDLR :*** *La modification de l'al. 1er de l'art. L. 113-1 par l'art. 181 de la L. n° 2005-157 rend impossible la modification du même al. prévue par l'art. 199 de la même loi (V. ces textes au JO 24 févr. 2005).*

« En conformité avec les dispositions des traités instituant la Communauté économique européenne, le Gouvernement, reconnaissant ces rôles fondamentaux de l'agriculture, du pastoralisme et de la forêt de montagne, s'attache à :

« 1° Encourager des types de développement » adaptés à la montagne, notamment en consentant un effort particulier de recherche appropriée aux potentialités, aux contraintes et aux traditions de la montagne et en diffusant les connaissances acquises ;

2° Mettre en œuvre une politique agricole différenciée favorisant l'élevage et l'économie laitière dans les secteurs qui n'ont pas la possibilité de productions alternatives ;

3° Promouvoir les productions de qualité et faire prendre en compte leurs spécificités dans le cadre de l'organisation et de la gestion des marchés agricoles *(L. n° 2005-157 du 23 févr. 2005, art. 181-III à V)* **« et forestiers, notamment dans le cadre des organisations interprofessionnelles reconnues ;**

« 4° Assurer la préservation des terres agricoles, pastorales et forestières ;

« 5° » *(L. n° 2006-11 du 5 janv. 2006, art. 80)* **« Prendre en compte les handicaps naturels de l'agriculture par des mesures particulières visant notamment à compenser financièrement les surcoûts qu'ils génèrent, ainsi qu'à financer les investissements et le fonctionnement des services collectifs d'assistance technique aux exploitations et à leurs groupements ; »**

6° Faciliter, en tant que de besoin, la pluriactivité par la complémentarité des activités économiques ;

(L. n° 2006-11 du 5 janv. 2006, art. 81) « 7° Conforter la fonction environnementale de l'activité agricole en montagne, notamment par la voie contractuelle ; »

(L. n° 2010-874 du 27 juill. 2010, art. 41) « 8° Assurer la pérennité des exploitations agricoles et le maintien du pastoralisme, en particulier en protégeant les troupeaux des attaques du loup et de l'ours dans les territoires exposés à ce risque. » – *[L. n° 85-30 du 9 janv. 1985, art. 18.]*

SECTION 2 La mise en valeur pastorale

Art. L. 113-2 *(L. n° 2005-157 du 23 févr. 2005, art. 120-II et III)* « L'espace pastoral est constitué par les pâturages d'utilisation extensive et saisonnière. Dans les régions où la création ou le maintien d'activités agricoles à prédominance pastorale est, en raison de la vocation générale du territoire, de nature à contribuer à la protection du milieu naturel, des sols et des paysages ainsi qu'à la sauvegarde de la vie sociale, des dispositions adaptées aux conditions particulières de ces régions sont prises pour assurer ce maintien.

« Ces dispositions comportent les mesures prévues aux articles L. 113-3, L. 113-4, L. 135-1 à L. 135-11 et L. 481-1 et L. 481-2, qui sont applicables : »

1° Dans les communes classées en zone de montagne ;

2° *(L. n° 95-95 du 1er févr. 1995)* « Dans les communes comprises dans les zones délimitées par l'autorité administrative après avis » *(L. n° 2005-157 du 23 févr. 2005, art. 120-IV)* « de la chambre d'agriculture ». – *[L. n° 72-12 du 3 janv. 1972, art 1er.]*

Art. L. 113-3 Dans les régions délimitées en application de l'article L. 113-2, des groupements dits "groupements pastoraux" peuvent être créés dans les formes prévues par les lois et règlements en vigueur pour la constitution de sociétés, associations, syndicats et groupements d'intérêt économique, en vue de l'exploitation de pâturages. Si une personne morale autre que les sociétés d'intérêt collectif agricole, groupements agricoles d'exploitation en commun *(L. n° 2014-1170 du 13 oct. 2014, art. 12)* « , exploitations agricoles à responsabilité limitée » ou coopératives agricoles adhère au groupement pastoral, celui-ci ne peut être constitué que sous la forme d'une société dans laquelle les exploitants agricoles locaux doivent détenir la majorité du capital social.

Les groupements pastoraux sont soumis à l'agrément du préfet et doivent avoir une durée minimale de neuf ans.

Lorsque les pâturages *(L. n° 2016-1888 du 28 déc. 2016, art. 58)* « exploités dans les conditions mentionnées à l'article L. 481-1 » sont situés principalement en zone de montagne, une priorité d'utilisation est accordée, sous réserve des dispositions de l'article L. 411-15, aux groupements pastoraux comptant le plus d'agriculteurs locaux ou, à défaut, comptant le plus d'agriculteurs installés *(L. n° 2016-1888 du 28 déc. 2016, art. 58)* « en zone de montagne ». – *[L. n° 72-12 du 3 janv. 1972, art. 11.]*

BIBL. ▶ Groupement pastoral, *DP entr. agric.*

1. Compétence judiciaire. Les groupements pastoraux sont des organismes de droit privé et les litiges qui les opposent à leurs membres ne relèvent pas de la compétence du juge administratif. • CE 3 oct. 1990, *Assoc. foncière pastorale de la vallée de l'Aston c/ Cougul*, n° 46533 : *RD rur. 1992. 377, obs. Lavialle.*

2. Exclusion. Est fondé le rejet de la demande de réintégration d'un GAEC dans un groupement pastoral dès lors que justifier des conditions d'adhésion ne suffit pas à fonder une telle demande après exclusion, qu'il est justifié de nombreuses difficultés entre les parties imputables au GAEC qui a toujours contesté les statuts et le règlement intérieur du groupement, et que la gestion rationnelle du territoire n'est devenue effective que depuis son exclusion. • Civ. 1re, 24 janv. 2006, n° 03-19.378 : *JCP 2006. IV. 1326 ; Dr. sociétés 2006, inf. 72, note F.-X. L. ; Gaz. Pal. 25-29 août 2006. 18.*

3. Sociétaire. Pour la contestation de la qualité de membre d'un groupement pastoral constitué sous la forme d'une association, fondée sur la condition de détention de parts de bergers, V. • Pau, 20 mai 2008 : *BJS 2008. 765, note Lecourt.*

Art. L. 113-4 *Abrogé par Ord. n° 2010-459 du 6 mai 2010, art. 8.*

Art. L. 113-5 Les conditions d'application de la présente section sont fixées par décret en Conseil d'État. – *[L. nº 72-12 du 3 janv. 1972, art. 15.]*

V. art. R. 113-1 s.

CHAPITRE IV L'AGRICULTURE DE CERTAINES ZONES SOUMISES À DES CONTRAINTES ENVIRONNEMENTALES

(L. nº 2003-699 du 30 juill. 2003, art. 49-II et 50)

Art. L. 114-1 Le préfet délimite les zones dites "zones d'érosion" dans lesquelles l'érosion des sols agricoles peut créer des dommages importants en aval.

En concertation avec les collectivités territoriales et leurs groupements et les représentants des propriétaires et des exploitants des terrains, il établit un programme d'actions visant à réduire l'érosion des sols de ces zones.

Ce programme précise les pratiques à promouvoir pour réduire les risques d'érosion ainsi que les moyens prévus pour favoriser leur généralisation. Certaines de ces pratiques peuvent être rendues obligatoires. Ces pratiques peuvent bénéficier d'aides lorsqu'elles induisent des surcoûts ou des pertes de revenus.

Lorsque le programme prévoit des plantations de haies, il peut prévoir une dérogation aux distances de plantation prévues par l'article 671 du code civil, après avis de la chambre d'agriculture et du conseil départemental.

Art. L. 114-2 Les modalités d'application du présent chapitre sont définies par décret en Conseil d'État. – *V. art. R. 114-1 à R. 114-17.*

Art. L. 114-3 En cas de destruction des plantations de haies qui ont bénéficié de financements publics, la collectivité qui a attribué les subventions peut en demander le remboursement pendant une période de quinze années à compter de leur attribution.

TITRE II L'AMÉNAGEMENT FONCIER RURAL

BIBL. GÉN. ▶ RIVIER, PEIGNOT et DUTORDOIR, L'aménagement foncier agricole, forestier et environnemental, *Éditions France agricole 2018.*

▶ Aménagement foncier rural, *DP entr. agric.* – ASTIÉ, *RD rur., oct. 2005. 15* (incidence de la loi sur le remembrement). – RIVIER, *RD rur. 2016. Études 18 et 20* (rétrospective sur le contentieux de l'aménagement foncier depuis 2006) ; *RD rur. 2023. Chron. 2* (panorama 2019-2022 de l'aménagement foncier, agricole et forestier). – STRUILLOU, *AJDA 2005. 1284* (la réforme de l'aménagement foncier rural).

COMMENTAIRE

L'aménagement foncier a d'abord eu un objet principalement agricole ; il s'agissait de faciliter la mise en œuvre de l'activité agricole ou forestière. Des techniques ont été conçues pour permettre la modernisation de l'agriculture ; celle-ci supposait un parcellaire adapté au machinisme et une amélioration de la qualité des sols. Ainsi, il a été permis des regroupements de fonds ainsi que leur aménagement ; il a aussi été procédé à l'amélioration de leur desserte, à leur irrigation ou au drainage.

Progressivement, l'aménagement foncier est devenu rural et a organisé l'ensemble des opérations d'amélioration de l'exploitation des fonds dans un souci d'aménagement territorial local, communal ; en même temps, après qu'un bilan eut été fait des conséquences des opérations menées dans le passé, il a été davantage conçu dans le respect des équilibres environnementaux, du patrimoine rural et des paysages.

L'objectif de l'aménagement foncier rural a été réexprimé par la loi nº 2005-157 du 23 février 2005 relative au développement des territoires ruraux, pour affirmer un caractère résolument rural, intégrant ces procédures dans les logiques du développement durable. Il s'agit toujours d'améliorer la mise en valeur des conditions d'exploitation des propriétés agricoles ou forestières, mais en considérant la protection de l'environnement et des paysages, en tenant compte des risques naturels, en prenant en considération la mise en valeur du patrimoine rural. Cette nouvelle expression souligne une évolution déjà largement engagée. Mais il a été souhaité que ces procédures apparaissent davantage désormais comme des outils d'aménagement global du territoire plutôt que comme le soutien du développement de la productivité agricole.

Il a été confirmé la volonté de décentralisation de l'aménagement foncier, projet qui avait été engagé en 1983 dans l'organisation du financement des opérations. Aujourd'hui, les procédures sont entièrement décentralisées. Le département dirige les opérations, ce qui doit lui permettre de mener une véritable politique d'aménagement, en concertation avec les communes. L'État maintient une intervention pour le seul contrôle de la dimension environnementale des opérations.

Le nombre de procédures a été réduit pour abroger celles qui apparaissaient obsolètes, et elles ont fait l'objet d'un regroupement pour souligner la volonté de cohérence rurale ; ainsi, les procédures du code forestier sont intégrées au code rural.

Les procédures d'échanges amiables ont été modifiées et sont favorisées parce qu'elles ont un faible impact sur l'environnement. Elles apparaissent comme d'utiles alternatives aux procédures plus lourdes. ❑

CHAPITRE I DISPOSITIONS COMMUNES AUX DIVERS MODES D'AMÉNAGEMENT FONCIER

COMMENTAIRE

La loi du 23 février 2005 a modifié l'aménagement foncier rural. Elle a, dans un souci de simplification et de rationalisation, réduit le nombre des procédures d'aménagement qui était de sept à aujourd'hui trois. Ont été ainsi abrogées les procédures jugées trop lourdes et celles devenues désuètes. Le terme « remembrement » a été écarté pour souligner la volonté législative d'élargir l'objectif de l'aménagement foncier rural pour viser non seulement l'amélioration des conditions d'exploitation agricole et forestière et l'aménagement territorial, communal et intercommunal, mais désormais aussi la mise en valeur des espaces naturels et des paysages, ainsi que plus globalement le développement durable rural.

Enfin la loi du 23 février 2005 a décentralisé ces procédures pour les placer sous la responsabilité du département.

L'initiative appartient aux communes pour les procédures d'aménagement ou d'échanges dans le cadre de périmètres, et aux propriétaires lorsque ceux-ci envisagent de procéder à des échanges ou à des cessions amiables. Et c'est la commission communale ou intercommunale constituée de plein droit après l'arrêté d'ouverture d'enquête publique qui prend l'initiative de réaliser une procédure d'aménagement autour de grands travaux publics.

Si le conseil général décide de donner suite à la demande des communes ou des propriétaires, il fait alors réaliser une étude précisant la situation foncière et environnementale afin que les opérations d'aménagement retenues soient les plus adaptées à leur contexte territorial. Si la commission communale a indiqué qu'un aménagement foncier à l'occasion de grands travaux publics était souhaitable, le président du conseil général doit ordonner l'étude d'aménagement. ❑

Art. L. 121-1 *(L. n° 2005-157 du 23 févr. 2005, art. 80-III et 95, en vigueur le 1er janv. 2006)* **L'aménagement foncier rural a pour but d'améliorer les conditions d'exploitation des propriétés rurales agricoles ou forestières, d'assurer la mise en valeur des espaces naturels ruraux et de contribuer à l'aménagement du territoire communal ou intercommunal défini dans les plans locaux d'urbanisme, les cartes communales ou les documents en tenant lieu, dans le respect des objectifs mentionnés aux articles L. 111-1 et L. 111-2.**

Les différents modes d'aménagement foncier rural sont les suivants :

1° L'aménagement foncier agricole et forestier régi par les articles L. 123-1 à L. 123-35 ;

2° Les échanges et cessions amiables d'immeubles ruraux régis par les articles L. 124-1 à L. 124-13 ;

3° La mise en valeur des terres incultes régie par les articles L. 125-1 à L. 125-15 et L. 128-3 à L. 128-12, et la réglementation et la protection des boisements régies par les articles L. 126-1 à L. 126-5.

Les procédures sont conduites par des commissions communales, intercommunales ou départementales d'aménagement foncier, sous la responsabilité du département.

Les projets d'aménagement foncier, à l'exception des procédures mentionnées au 3° et aux articles L. 124-3 et L. 124-4, sont réalisés à la demande de l'une au moins des communes intéressées et font l'objet d'une étude d'aménagement comportant une analyse de l'état initial du site et de son environnement, notamment paysager, ainsi que toutes recommandations utiles à la mise en œuvre de l'opération d'aménagement.

Pour les échanges et cessions d'immeubles ruraux régis par les articles L. 124-5 à L. 124-12, cette étude comporte à titre principal les éléments nécessaires pour déterminer et justifier le choix de ces aménagements fonciers et de leur périmètre.

Les dispositions de l'article L. 126-1 du code de l'environnement ne sont pas applicables aux opérations d'aménagement foncier.

V. art. R. 121-1 s.*

Les opérations d'aménagement foncier sont conduites par des commissions d'aménagement foncier qui peuvent prendre en considération les exigences de protection de l'environnement. • CE 9 févr. 2005, *Bonnette Dupont : Gaz. Pal. 29-30 juill. 2005. 17.*

SECTION 1 Les commissions d'aménagement foncier

COMMENTAIRE

La commission communale ou intercommunale d'aménagement foncier est l'autorité administrative qui a pour mission de conduire les opérations d'aménagement sous la responsabilité du département en commençant par en proposer le périmètre et la procédure à retenir, ainsi que le programme des travaux connexes. Ses décisions sont soumises à un recours devant la commission départementale avant de pouvoir faire l'objet d'un recours pour excès de pouvoir.

La commission départementale d'aménagement foncier est une autorité administrative appelée à statuer sur les contestations des décisions de la commission communale. Cette commission n'est désormais plus appelée à former des avis et autorisations à différentes étapes des procédures. Ses décisions sont soumises à recours pour excès de pouvoir. En cas d'annulation par le tribunal d'une décision de la commission départementale, celle-ci doit prendre une nouvelle décision dans un délai d'un an (C. rur., art. L. 121-10).

La commission nationale, qui intervenait en cas de carence de la commission départementale et lorsque deux décisions de cette dernière relatives aux apports avaient été annulées pour un même motif, a été supprimée par la loi du 23 février 2005 ; elle subsiste pour connaître des affaires dont elle a été saisie avant cette date. ❑

Art. L. 121-2 *(L. n° 2005-157 du 23 févr. 2005, art. 83 et 95, en vigueur le 1er janv. 2006)* **Le conseil départemental peut instituer une commission communale ou intercommunale d'aménagement foncier :**

1° A la demande du ou des conseils municipaux des communes intéressées lorsqu'il est envisagé un aménagement foncier agricole et forestier ou une opération d'échanges et cessions de parcelles dans le cadre d'un périmètre d'aménagement foncier ;

2° A la demande des propriétaires ou exploitants de la commune lorsque ceux-ci envisagent de procéder à des échanges et cessions amiables dans les conditions prévues à l'article L. 124-3.

Dans le cas prévu à l'article L. 123-24, la constitution d'une commission communale ou intercommunale d'aménagement foncier est de droit à compter de la publication de l'arrêté d'ouverture d'enquête publique.

1. Pouvoir. Ayant un pouvoir de décision s'imposant aux personnes, la commission communale possède la qualité d'autorité administrative. • CE 4 janv. 1960, *Min. agric. c/ Simus : Lebon 900.*

2. Le pouvoir du juge d'annuler ou suspendre l'acte instituant la commission d'aménagement foncier ou celui qui a ordonné les opérations et en a fixé le périmètre prend fin à la date du dépôt du plan en mairie. • CE 16 janv. 2008, n° 276482 : *AJDA 2008. 118.*

Art. L. 121-3 La commission communale d'aménagement foncier est présidée *(Ord. n° 2004-637 du 1er juill. 2004, art. 5 ; Ord. n° 2019-964 du 18 sept. 2019, art. 35)* **« par un commissaire enquêteur désigné par le président du tribunal judiciaire dans le ressort duquel la commission a son siège, dans les conditions fixées par décret en Conseil d'État ».**

La commission comprend également :

1° *(L. n° 2005-157 du 23 févr. 2005, art. 82 et 95, en vigueur le 1er janv. 2006)* « Le maire et un conseiller municipal, ainsi que deux conseillers municipaux suppléants désignés par le conseil municipal » ;

2° Trois exploitants, propriétaires ou preneurs en place exerçant sur le territoire de la commune ou, à défaut, sur le territoire d'une commune limitrophe ainsi que deux suppléants, désignés par la chambre d'agriculture ;

3° Trois propriétaires de biens fonciers non bâtis dans la commune ainsi que deux propriétaires suppléants, élus par le conseil municipal ;

4° *(L. n° 93-24 du 8 janv. 1993)* « Trois personnes qualifiées en matière de faune, de flore et de protection de la nature et des paysages, désignées par le *(L. n° 2005-157 du 23 févr. 2005, art. 83 et 95, en vigueur le 1er janv. 2006)* « président du conseil départemental », dont une sur proposition du président de la chambre d'agriculture » ;

5° Deux fonctionnaires désignés par le *(L. n° 2005-157 du 23 févr. 2005, art. 83 et 95, en vigueur le 1er janv. 2006)* « président du conseil départemental » ;

6° Un délégué du directeur *(Ord. n° 2010-420 du 27 avr. 2010, art. 117)* « départemental des finances publiques » ;

(L. n° 93-24 du 8 janv. 1993) « 7° Un représentant du président du conseil départemental désigné par le président de cette assemblée. »

A défaut de désignation des exploitants par la chambre d'agriculture ou d'élection des propriétaires par le conseil municipal, dans un délai de trois mois après leur saisine respective, le *(L. n° 2005-157 du 23 févr. 2005, art. 83 et 95, en vigueur le 1er janv. 2006)* « président du conseil départemental » procède à leur désignation.

La commission peut appeler à titre consultatif toute personne dont il lui paraît utile de provoquer l'avis.

(L. n° 95-95 du 1er févr. 1995) « Lorsque le périmètre de l'aménagement foncier comprend une aire d'appellation d'origine contrôlée, la composition de la commission est complétée par un représentant de l'Institut national de l'origine et de la qualité. »

(L. n° 2005-157 du 23 févr. 2005, art. 83 et 95, en vigueur le 1er janv. 2006) « Lorsque le périmètre d'aménagement foncier comprend des terrains situés sur le territoire des communes d'un parc naturel régional, la composition de la commission est complétée par un représentant de ce parc désigné par le président de l'organisme de gestion du parc. » – *[Anc. art. 2-1.]*

SAFER. Si elle est propriétaire de terres dans la commune, la SAFER peut être membre de la commission communale d'aménagement foncier. • CE 8 mars 1991, *Assoc. des propriétaires fonciers et exploitants agricoles de Luzarches et Viarmes : RD rur. 1991. 308.*

Art. L. 121-4 *(L. n° 2005-157 du 23 févr. 2005, art. 83 et 95, en vigueur le 1er janv. 2006)* « Lorsque l'aménagement foncier concerne le territoire de plusieurs communes limitrophes, les terres peuvent être comprises dans un même périmètre d'aménagement foncier. Dans ce cas, le conseil départemental peut créer une commission intercommunale dotée des mêmes pouvoirs que la commission communale et associant des représentants de la commune principalement intéressée par l'aménagement ainsi que de chacune des communes dont le vingtième du territoire au moins est compris dans les limites territoriales de celui-ci. Cette création est de droit lorsque l'une de ces communes le demande, ou si plus du quart du territoire de l'une des communes autres que la commune principalement intéressée par l'aménagement est inclus dans ces limites. »

Al. 2 abrogé par L. n° 93-24 du 8 janv. 1993, art. 10-III.

Le président et le président suppléant de la commission intercommunale d'aménagement foncier sont désignés dans les mêmes conditions que le président et le président suppléant de la commission communale.

La commission intercommunale comprend également :

1° Le maire de chaque commune intéressée ou l'un des conseillers municipaux désignés par lui ;

2° Deux exploitants titulaires et un suppléant, ainsi que deux propriétaires titulaires et un suppléant, pour chaque commune, désignés ou élus dans les conditions prévues pour la commission communale ;

3° *(L. n° 93-24 du 8 janv. 1993)* « Trois personnes qualifiées en matière de faune, de flore et de protection de la nature et des paysages, désignées par le *(L. n° 2005-157 du 23 févr. 2005, art. 83 et 95, en vigueur le 1er janv. 2006)* « président du conseil départemental », dont une sur proposition du président de la chambre d'agriculture » ;

4° Deux fonctionnaires désignés par le *(L. n° 2005-157 du 23 févr. 2005, art. 83 et 95, en vigueur le 1er janv. 2006)* « président du conseil départemental » ;

5° Un délégué du directeur *(Ord. n° 2010-420 du 27 avr. 2010, art. 117)* « départemental des finances publiques » ;

(L. n° 93-24 du 8 janv. 1993) « 6° Un représentant du président du conseil départemental désigné par le président de cette assemblée. »

La commission peut appeler à titre consultatif toute personne dont il lui paraît utile de provoquer l'avis.

(L. n° 93-24 du 8 janv. 1993) « Si le périmètre d'aménagement foncier s'étend sur plusieurs départements, les compétences attribuées au *(L. n° 2005-157 du 23 févr. 2005, art. 83 et 95, en vigueur le 1er janv. 2006)* « conseil départemental ou son président » et à la commission départementale d'aménagement foncier par le présent titre sont exercées par le *(L. n° 2005-157 du 23 févr. 2005, art. 83 et 95, en vigueur le 1er janv. 2006)* « conseil départemental ou son président » et la commission du département où se trouve la plus grande superficie de terrains inclus dans le périmètre. Dans ce cas, la composition de la commission intercommunale est complétée pour permettre la désignation d'une personne qualifiée en matière de faune, de flore et de protection de la nature et des paysages sur proposition de chaque président de chambre d'agriculture et d'un représentant de chaque président de conseil départemental du ou des départements également concernés par l'opération d'aménagement foncier. »

(L. n° 95-95 du 1er févr. 1995) « Lorsque le périmètre de l'aménagement foncier comprend une aire d'appellation d'origine contrôlée, la composition de la commission est complétée par un représentant de l'Institut national de l'origine et de la qualité. »

(L. n° 2005-157 du 23 févr. 2005, art. 83 et 95, en vigueur le 1er janv. 2006) « Lorsque le périmètre d'aménagement foncier comprend des terrains situés sur le territoire des communes d'un parc naturel régional, la composition de la commission est complétée par un représentant de ce parc désigné par le président de l'organisme de gestion du parc. » — *[Anc. art. 2-2.]*

Communes limitrophes. Dans le cas où des opérations de remembrement ne s'effectuent pas simultanément dans deux communes limitrophes et où, par suite, la constitution d'une commission intercommunale est impossible, la commission communale de la commune où le remembrement s'opère peut néanmoins englober dans ses opérations des terres situées sur le territoire d'une commune limitrophe à condition qu'il s'agisse de terres contiguës aux limites de la commune où siège cette commission. • CE 5 juin 1981, *Ménard*, n° 17225 B • CE 19 avr. 2000, *Min. agric. c/ M. et Mme Noire*, n° 172133.

Art. L. 121-5 La commission communale ou intercommunale d'aménagement foncier est complétée par deux propriétaires forestiers de la commune désignés par la chambre d'agriculture sur proposition du *(Ord. n° 2009-1369 du 6 nov. 2009, art. 2-V)* « Centre national de la propriété forestière », deux suppléants étant en outre désignés suivant la même procédure, et par deux propriétaires forestiers de la commune désignés par le conseil municipal qui désigne en outre deux suppléants, lorsque la commission :

1° Dresse l'état des fonds incultes ou manifestement sous-exploités en vertu de l'article L. 125-5 ;

2° Donne son avis sur les interdictions ou réglementations des plantations et semis d'essences forestières en vertu de l'article L. 126-1 ;

3° *(L. n° 2005-157 du 23 févr. 2005, art. 83 et 95, en vigueur le 1er janv. 2006)* « Intervient au titre de l'aménagement foncier agricole et forestier en zone forestière » ;

4° Intervient au titre de la réorganisation foncière chaque fois que l'opération peut inclure des terrains boisés ou à boiser.

A défaut de propriétaires forestiers en nombre suffisant, les membres titulaires ou suppléants sont désignés selon les modalités prévues au premier alinéa du présent arti-

cle parmi des personnalités qualifiées en raison de leur expérience en matière d'aménagement forestier.

En outre, lorsque des parcelles relevant du régime forestier sont intéressées par l'une des opérations mentionnées ci-dessus, le représentant de l'Office national des forêts fait partie de droit de la commission communale ou intercommunale. – *[Anc. art. 2-3.]*

Art. L. 121-5-1 *(L. n° 2001-602 du 9 juill. 2001, art. 8)* **La procédure des échanges et cessions d'immeubles forestiers visés au** *(L. n° 2005-157 du 23 févr. 2005, art. 83 et 95, en vigueur le 1er janv. 2006)* **« 2° » de l'article L. 121-1 est conduite par une commission communale ou intercommunale d'aménagement foncier spécifique ainsi composée :**

a) **La commission communale d'aménagement foncier est présidée** *(Ord. n° 2004-637 du 1er juill. 2004, art. 5 ; Ord. n° 2019-964 du 18 sept. 2019, art. 35)* **« par un commissaire enquêteur désigné par le président du tribunal judiciaire dans le ressort duquel la commission a son siège, dans les conditions fixées par décret en Conseil d'État ».**

La commission comprend également :

1° Le maire et un conseiller municipal désigné par le conseil municipal ;

2° Un exploitant agricole exerçant sur le territoire de la commune ou, à défaut, sur le territoire d'une commune limitrophe ainsi qu'un suppléant, désignés par la chambre d'agriculture ;

3° Une personne qualifiée en matière de faune, de flore et de protection de la nature et des paysages désignée par le *(L. n° 2005-157 du 23 févr. 2005, art. 83 et 95, en vigueur le 1er janv. 2006)* **« président du conseil départemental » ;**

4° Un fonctionnaire désigné par le *(L. n° 2005-157 du 23 févr. 2005, art. 83 et 95, en vigueur le 1er janv. 2006)* **« président du conseil départemental » ;**

5° Un délégué du directeur *(Ord. n° 2010-420 du 27 avr. 2010, art. 117)* **« départemental des finances publiques » ;**

6° Un représentant du président du conseil départemental désigné par le président de cette assemblée ;

7° Quatre propriétaires forestiers de la commune désignés par la chambre d'agriculture sur proposition du *(Ord. n° 2009-1369 du 6 nov. 2009, art. 2-V)* **« Centre national de la propriété forestière », quatre suppléants étant en outre désignés suivant la même procédure et quatre propriétaires forestiers de la commune désignés par le conseil municipal qui désigne en outre quatre suppléants.**

A défaut de désignation d'un exploitant par la chambre d'agriculture dans un délai de trois mois après sa saisine, le *(L. n° 2005-157 du 23 févr. 2005, art. 83 et 95, en vigueur le 1er janv. 2006)* **« président du conseil départemental » procède à sa désignation.**

La commission peut appeler à titre consultatif toute personne dont il lui paraît utile de provoquer l'avis.

b) *(L. n° 2005-157 du 23 févr. 2005, art. 83 et 95, en vigueur le 1er janv. 2006)* **« Lorsque l'aménagement foncier visé au 2° de l'article L. 121-1 concerne le territoire de plusieurs communes limitrophes, la procédure des échanges et cessions d'immeubles forestiers visés au 2° de l'article L. 121-1 » est conduite par une commission intercommunale d'aménagement foncier spécifique qui a les mêmes pouvoirs que la commission communale visée au *a*. La commission intercommunale est ainsi composée :**

La commission intercommunale d'aménagement foncier est présidée *(Ord. n° 2004-637 du 1er juill. 2004, art. 5 ; Ord. n° 2019-964 du 18 sept. 2019, art. 35)* **« par un commissaire enquêteur désigné par le président du tribunal judiciaire dans le ressort duquel la commission a son siège, dans les conditions fixées par décret en Conseil d'État ».**

La commission comprend également :

1° Le maire de chaque commune intéressée ou l'un des conseillers municipaux désignés par lui ;

2° Un exploitant agricole titulaire et un suppléant désignés dans les conditions prévues pour la commission communale ;

3° Une personne qualifiée en matière de faune, de flore et de protection de la nature et des paysages désignée par le *(L. n° 2005-157 du 23 févr. 2005, art. 83 et 95, en* *vigueur le 1er janv. 2006)* « président du conseil départemental » sur proposition du président de la chambre d'agriculture ;

4° Un fonctionnaire désigné par le *(L. n° 2005-157 du 23 févr. 2005, art. 83 et 95, en vigueur le 1er janv. 2006)* « président du conseil départemental » ;

5° Un délégué du directeur *(Ord. n° 2010-420 du 27 avr. 2010, art. 117)* « départemental des finances publiques » ;

6° Un représentant du président du conseil départemental désigné par le président de cette assemblée ;

7° Quatre propriétaires forestiers de chaque commune désignés par la chambre d'agriculture sur proposition du *(Ord. n° 2009-1369 du 6 nov. 2009, art. 2-V)* « Centre national de la propriété forestière », quatre suppléants étant en outre désignés suivant la même procédure, et quatre propriétaires forestiers de chaque commune désignés par le conseil municipal qui désigne en outre quatre suppléants.

La commission peut appeler à titre consultatif toute personne dont il lui paraît utile de provoquer l'avis.

(L. n° 2005-157 du 23 févr. 2005, art. 83 et 95, en vigueur le 1er janv. 2006) « Lorsque le périmètre d'aménagement foncier comprend des terrains situés sur le territoire des communes d'un parc naturel régional, la composition de la commission est complétée par un représentant de ce parc désigné par le président de l'organisme de gestion du parc. »

Art. L. 121-6 La désignation des membres propriétaires et exploitants des commissions communales ou intercommunales d'aménagement foncier a lieu six mois au plus tard après les élections des conseillers municipaux organisées en application de l'article L. 227 du code électoral, dans les conditions définies respectivement aux articles L. 121-3, L. 121-4 et L. 121-5. — *[Anc. art. 2-3-1.]*

Art. L. 121-7 Les décisions prises par la commission communale ou intercommunale peuvent être portées par les intéressés ou par le préfet *(L. n° 2005-157 du 23 févr. 2005, art. 83 et 95, en vigueur le 1er janv. 2006)* « ou le président du conseil départemental » devant la commission départementale d'aménagement foncier. — *[Anc. art. 2-4.]*

1. Saisine du directeur départemental de l'agriculture et de la forêt. Aux termes de l'art. 7 du décret n° 83-1025 du 28 nov. 1983, toute autorité de l'État saisie d'une demande dont l'examen relève d'une autre autorité, est tenue de transmettre la demande à l'autorité compétente. Un DDAF, recevant une demande d'un propriétaire pour qu'il saisisse la commission départementale d'aménagement foncier de sa réclamation qui tendait à la rectification de ses apports dans un remembrement, qui refuse de donner suite à cette demande et de saisir ladite commission, s'est ainsi substitué à la commission pour statuer sur la réclamation, et le tribunal administratif peut à bon droit annuler cette décision explicite. • CE 8 déc. 1989, *Min. agric.*, n° 87434 B.

2. Saisine de la commission. L'exercice d'une réclamation par le propriétaire devant la commission communale ou intercommunale n'est pas un préalable obligatoire au recours devant la commission départementale. • CE 2 févr. 2011, n° 332454 : *AJDA 2011. 248 ; Gaz. Pal. 16-17 févr. 2011.* ♦ Le locataire ne peut saisir la commission départementale sans justifier auprès de celle-ci, avant qu'elle ne statue, d'un mandat du propriétaire des terres qu'elle exploite. • CE 10 janv. 2000, n° 169084 : *RD rur. 2000. 492.*

3. Intérêt à agir. Les auteurs d'une réclamation devant les commissions départementales ne sont pas recevables à demander l'annulation de l'ensemble des opérations de remembrement de la commune mais des seules décisions concernant leurs attributions et le programme des travaux connexes. • CAA Nancy, 17 janv. 2002, *M. Jean Rémy : RFDA 2002. 637*. ♦ Une association de défense de l'environnement qui n'est pas propriétaire de parcelles dans le périmètre ne peut contester une décision de la commission communale devant la commission départementale. • CAA Nantes, 3 févr. 1999 : *RD rur. 2001. 293, concl. Lalauze.* ♦ Une association qui a présenté des observations lors de l'enquête publique portant sur le projet de remembrement est recevable à contester la décision de la commission de remembrement. • CAA Nancy, 10 mai 2004, n° 01NC00332 : *RJDA 2004. 839 ; RD rur. 2004. 44, note Boyer.*

4. Saisine directe du tribunal administratif. Les contestations relatives aux attributions décidées par une commission communale d'aménagement foncier doivent, avant tout recours contentieux, faire l'objet d'une réclamation auprès de la commission départementale, réclamation qui constitue un recours administratif préalable obligatoire, en l'absence duquel le tribunal administratif doit déclarer une demande d'annulation irrecevable. • CE 22 févr. 1995, n° 147860. ♦ Même sens : • CE 19 avr. 2000, n° 172133 : *Gaz.*

Pal. 11-13 févr. 2001. 48 • CAA Douai, 31 janv. 2002 : *RD rur. 2002. 371* • CAA Bordeaux, 14 oct. 2004, n° 00BX02365 • CAA Nancy, 10 déc. 2007, n° 06NC00315.

5. Remise en cause de la règle de l'irrecevabilité. BIBL. Rivier, *RD rur. 2008. Étude 11.* ♦ Le moyen seulement relatif à la régularité de la procédure ayant conduit à l'établissement du plan de remembrement est recevable alors même qu'il n'a pas été présenté devant la commission départementale d'aménagement foncier. • CE 20 févr. 2008, n° 272058 : *AJDA 2008. 381*. ♦ Les requérants peuvent présenter pour la première fois devant le juge tout moyen de droit nouveau dès lors qu'il est relatif au même litige que celui dont avait été saisie la commission lors du recours administratif contre la décision contestée. • CE 29 nov. 2022, n° 451257 B : *RD rur. 2023, n° 24, note Rocheteau.*

6. Expertise. Aucune disposition législative ou réglementaire n'oblige les commissions à faire réaliser contradictoirement les expertises qu'elles ordonnent. • CE 13 nov. 1996, n° 143463 B.

7. Procédure. V. art. R. 121-6.

Art. L. 121-8 **La commission départementale d'aménagement foncier est ainsi composée :**

1° *(Ord. n° 2004-637 du 1er juill. 2004, art. 5 ; Ord. n° 2019-964 du 18 sept. 2019, art. 35)* **« Un commissaire enquêteur désigné par le président du tribunal judiciaire dans le ressort duquel la commission a son siège, dans les conditions fixées par décret en Conseil d'État », président ;**

2° Quatre conseillers départementaux et deux maires de communes rurales ;

3° *(L. n° 2005-157 du 23 févr. 2005, art. 83 et 95, en vigueur le 1er janv. 2006)* **« Six personnes qualifiées désignées par le président du conseil départemental » ;**

4° Le président de la chambre d'agriculture ou son représentant désigné parmi les membres de la chambre d'agriculture ;

5° Les présidents ou leurs représentants de la fédération ou de l'union départementale des syndicats d'exploitants agricoles et de l'organisation syndicale départementale des jeunes exploitants agricoles les plus représentatives au niveau national ; — *Sur les organisations syndicales d'exploitants agricoles les plus représentatives au niveau national, V. art. R. 514-37 s. et les textes ci-dessous.*

6° Les représentants des organisations syndicales d'exploitants agricoles représentatives au niveau départemental ;

7° Le président de la chambre départementale des notaires ou son représentant ;

8° Deux propriétaires bailleurs, deux propriétaires exploitants, deux exploitants preneurs, désignés par le président du conseil départemental, sur trois listes comprenant chacune six noms, établies par la chambre d'agriculture ;

(L. n° 93-24 du 8 janv. 1993) **« 9° Deux représentants d'associations agréées en matière de faune, de flore et de protection de la nature et des paysages désignés par le président du conseil départemental. »**

Le *(L. n° 2005-157 du 23 févr. 2005, art. 83 et 95, en vigueur le 1er janv. 2006)* **« président du conseil départemental » choisit, en outre, sur ces listes, six suppléants, à raison d'un par membre titulaire, appelés à siéger, soit en cas d'absence du titulaire, soit lorsque la commission départementale est appelée à délibérer sur des réclamations concernant une opération dans le périmètre de laquelle l'un des membres titulaires est propriétaire.**

La désignation des conseillers départementaux et des représentants des maires a lieu à chaque renouvellement du conseil départemental et des conseils municipaux.

La désignation des représentants de la profession agricole a lieu après chaque renouvellement partiel de la chambre d'agriculture.

La commission peut appeler à titre consultatif toute personne dont il lui paraît utile de recueillir l'avis.

(L. n° 95-95 du 1er févr. 1995) **« Dans le cas où la commission départementale d'aménagement foncier est appelée à statuer sur une opération dans le périmètre de laquelle est comprise une aire d'appellation d'origine contrôlée, sa composition est complétée par un représentant de l'Institut national de l'origine et de la qualité. »** — *[Anc. art. 2-5.]*

1. Nature. La commission départementale d'aménagement foncier n'est pas une instance juridictionnelle. • CE 4 nov. 1959, *Bodin : Lebon 574.* ♦ Même sens au regard de l'art. 6, § 1, Conv. EDH. • CE 28 juill. 2000, n° 189033 A : *RD rur. 2001. 110* • CE 10 avr. 2002, n° 209476 B : *RD rur. 2003. 188 ; Gaz. Pal. 5-6 mars 2003 24.* ♦ Elle est une autorité administrative sans caractère paritaire. • CE 24 mars 1955, *Bolleret : Lebon 153* • 4 janv. 1960, *Min. Agric. c/ Simus : Lebon 900.*

2. *Composition.* Les dispositions du code du travail sont inapplicables quand il s'agit d'apprécier la représentativité des syndicats agricoles déléguant des membres à la commission départementale d'aménagement foncier. • CE 26 mars 1993, n° 73600 A : *D. 1993. IR 125* . ♦ Est irrégulière la décision de la commission départementale prise en l'absence des représentants des associations agréées en matière de faune, flore et de protection de la nature. • CAA Nantes, 6 janv. 2004, n° 01NT01032 : *RD rur. 2004. 638.*

Loi n° 99-574 du 9 juillet 1999,

D'orientation agricole (JO 10 juill.).

Art. 2 I. — L'ensemble des organisations syndicales d'exploitants agricoles qui remplissent les conditions fixées par décret en Conseil d'État ont vocation à être représentées au sein des commissions ainsi que dans les comités professionnels ou organismes de toute nature investis d'une mission de service public, ou assurant la gestion de fonds publics ou assimilés, où siègent des représentants des exploitants agricoles. — *V. Arr. du 19 juill. 2019, ss. art. R. 514-39.*

(L. n° 2014-1170 du 13 oct. 2014, art. 17-IV) « La présente disposition n'est pas applicable aux établissements et organismes dont les compétences s'exercent exclusivement dans le secteur des produits sous signe d'identification de la qualité et de l'origine. »

II. — Les dispositions du I prennent effet au 1er janvier 2000.

Loi n° 2001-1275 du 28 décembre 2001,

De finances pour 2002 (JO 29 déc.).

Art. 124 I. — Il est institué un financement public des organisations syndicales d'exploitants agricoles habilitées au plan départemental au sens de l'article 2 de la loi n° 99-574 du 9 juillet 1999 d'orientation agricole. — *V. cet art. supra.*

II. — Le montant des crédits inscrits sur le budget du ministère de l'agriculture et de la pêche pour être affectés au financement des organisations syndicales habilitées mentionnées à l'article 1er de la loi n° 99-574 du 9 juillet 1999 précitée est réparti au prorata du nombre de suffrages et de sièges obtenus dans l'ensemble des départements par chacune d'elles lors des dernières élections aux chambres d'agriculture, rapporté au total des suffrages et des sièges obtenus par l'ensemble de ces organisations, selon des modalités définies par décret. — *V. Décr. n° 2002-451 du 2 avr. 2002 (JO 4 avr.), mod. par Décr. n° 2003-406 du 2 mai 2003 (JO 3 mai), Décr. n° 2013-306 du 11 avr. 2013 (JO 12 avr.).*

Pour l'application de l'alinéa précédent, les suffrages et les sièges obtenus par des organisations syndicales habilitées ayant présenté une liste d'union sont répartis à parts égales entre ces organisations.

III. — Les organisations syndicales bénéficiaires *(L. n° 2014-1170 du 13 oct. 2014, art. 1er-V)* « d'un financement public » sont tenues de tenir une comptabilité retraçant l'utilisation des crédits ainsi attribués. Au titre de chaque année civile, elles établissent un compte rendu qu'elles communiquent dans le premier semestre de l'année suivante au ministère chargé de l'agriculture.

Art. L. 121-9 *(L. n° 2001-602 du 9 juill. 2001, art. 8)* **« Lorsque les décisions prises par la commission communale ou intercommunale dans l'un des cas prévus aux articles L. 121-5 et L. 121-5-1 sont portées devant la commission départementale d'aménagement foncier, celle-ci complétée par : »**

1° Le *(Ord. n° 2009-1369 du 6 nov. 2009, art. 2-V)* **« président du conseil du centre régional » de la propriété forestière ou son représentant ;**

2° Un représentant de l'Office national des forêts ;

3° Le président du syndicat départemental des propriétaires forestiers sylviculteurs ou son représentant ;

4° Deux propriétaires forestiers et deux suppléants choisis par le *(L. n° 2005-157 du 23 févr. 2005, art. 83 et 95, en vigueur le 1er janv. 2006)* **« président du conseil départemental » sur une liste d'au moins six noms, présentée par la chambre d'agriculture**

(Ord. nº 2009-1369 du 6 nov. 2009, art. 2-V) « sur proposition du Centre national » de la propriété forestière ;

5º Deux maires ou deux délégués communaux élus par les conseils municipaux représentant les communes propriétaires de forêts relevant du régime forestier en application *(Ord. nº 2012-92 du 26 janv. 2012, art. 4-1º)* « du 2º du I de l'article L. 211-1 » du code forestier, désignés par la réunion des maires ou des délégués communaux de ces communes dans le département.

Les propriétaires forestiers désignés comme membres suppléants siègent soit en cas d'absence des membres titulaires, soit lorsque la commission départementale est appelée à délibérer sur des réclamations concernant une opération dans le périmètre de laquelle l'un des membres titulaires est propriétaire. — *[Anc. art. 2-6.]*

Art. L. 121-10 La commission départementale d'aménagement foncier a qualité pour modifier les opérations décidées par la commission communale ou intercommunale d'aménagement foncier. Ses décisions peuvent, à l'exclusion de tout recours administratif, faire l'objet d'un recours pour excès de pouvoir par les intéressés ou par le préfet *(L. nº 2005-157 du 23 févr. 2005, art. 83 et 95, en vigueur le 1er janv. 2006)* « ou le président du conseil départemental » devant la juridiction administrative.

En cas d'annulation par cette juridiction d'une décision de la commission départementale, la nouvelle décision de la commission doit intervenir dans le délai d'un an à compter de la date à laquelle cette annulation est devenue définitive. — *[Anc. art. 2-7.]*

1. Compétence. Saisie d'une contestation relative au droit de propriété, la commission doit trancher le litige sans surseoir jusqu'à ce que les juges judiciaires statuent. • CE 9 févr. 2000, nº 154679.

2. Décisions. La commission départementale dispose, à l'égard des décisions prises au niveau communal, d'un pouvoir de substitution. • CE 19 nov. 1965, *Épx Delattre-Forny : Lebon 623.* ♦ Ses décisions doivent être motivées. • CE 4 nov. 1988, nº 67792 : *Dr. adm. 1988, nº 615* • TA Toulouse, 25 juin 2014 : *Dr. adm. 2016. 7, note Bras.* ♦ La commission départementale doit examiner séparément chaque compte de propriété. • CE 21 oct. 1998, nº 168696 : *RD rur. 1999. 306.*

3. Recours. Les décisions portent sur l'ensemble des biens d'un même propriétaire. Indivisibles, elles ne peuvent faire l'objet d'un recours en annulation partielle. • CE 23 déc. 1994, nº 77703 : *RD rur. 1995. 358* • CAA Bordeaux, 19 mai 2011, nº 10BX00613 : *RD rur. 2011, nº 108, note Rivier.* ♦ Pour une opération d'échange de terrains, V. • CE 20 nov. 1989, nº 61233 A : *D. 1990. IR 21*. ♦ Il n'appartient pas au juge administratif d'apprécier la conformité à des dispositions ayant valeur constitutionnelle ou à d'autres dispositions de valeur législative, des règles édictées par les dispositions législatives du code rural et sur le fondement desquelles le tribunal administratif a rejeté une demande tendant à l'annulation d'une décision d'une commission d'aménagement rural. • CE 31 juill. 1996, nº 135071 : *D. 1997. 287, note Wagdi Sabete*. ♦ Le juge administratif peut statuer sur les contestations des limites de propriété retenues par la commission départementale si celles-ci ne posent pas de difficultés sérieuses sur l'étendue du droit de propriété. • CE 1er mars 2000, nº 168509 : *RD rur. 2001. 357, obs. Astie.* ♦ Le décret déclarant les travaux d'utilité publique et la décision de la commission départementale d'aménagement foncier ne forment pas une opération complexe, et les moyens d'illégalité contre la déclaration d'utilité publique ne peuvent servir à contester l'inclusion de parcelles dans le périmètre de remembrement. • CAA Bordeaux, 14 oct. 2004, nº 00BX02365.

4. Tout moyen de droit nouveau peut être présenté pour la première fois devant le juge pour contester la décision de la commission départementale d'aménagement foncier dès lors que ce moyen est relatif au même litige que celui dont avait été saisie cette commission. • CE 29 nov. 2022, nº 451257 B : *Gaz. Pal. 13 déc. 2022, p. 29 ; RD rur. 2023, nº 24, note Rocheteau.*

5. Sur l'absence d'intérêt à agir : du fermier contre la décision portant sur les terres qu'il met en valeur : • CAA Douai, 31 janv. 2002, *J. Graux*, nº 99DA01405 : *RD rur. 2002. 637.* ♦ ... D'associations de chasseurs ne possédant aucune parcelle dans le périmètre : • CAA Douai, 31 janv. 2002 : *RD rur. 2002. 371.* ♦ ... D'une association de protection de la nature pour des opérations concernant un périmètre auquel était étranger l'espace dont elle assurait la défense : • CAA Nantes, 5 févr. 2002 : *RD rur. 2002. 372.* ♦ Une association de protection de l'environnement a intérêt à agir contre la décision de la commission départementale qui arrête le programme des travaux connexes du remembrement. • TA Dijon, 16 déc. 2003 : *Envir. mai 2004, inf. 41, obs. Boyer.*

6. Le ministre de l'Agriculture souligne l'opportunité d'informer le conservateur des hypothèques de l'existence de recours contre les décisions des commissions départementales d'aménagement foncier afin que les futurs acquéreurs de parcelles issues d'une procédure de remembrement soient informés des risques affectant leur acquisition. * Rép. min. nº 73099, *JOAN Q 2 mai 2006, p. 4648.*

7. Recours. La cour d'appel est mal fondée à rejeter la tierce opposition des personnes qui ont vu annuler par la cour la décision de la commission départementale leur attribuant des parcelles, alors qu'elles n'étaient pas présentes, ni appelées à l'audience. • CE 5 déc. 2008, n° 293560 A : *RD rur. 2009, n° 64 ; JCP 2009. IV. 1066.*

8. Annulation des décisions. Doit être réparé le préjudice résultant de la perte de plants subi par le fermier, directement lié aux décisions de la commission départementale qui a illégalement attribué au propriétaire des terres de moindre valeur sur lesquelles l'activité de pépiniériste s'est révélée impossible. • CE 28 juill. 2000, n° 189033 A : *D. 2002. Somm. 532 ; JCP 2001. IV. 1559 ; RFDA 2001. 901, concl. Bergeal ; Gaz. Pal. 22-23 juin 2001. 41.*

9. Exécution des décisions. L'État est condamné sous astreinte à nommer un géomètre expert, cette carence rendant impossible l'exécution d'une décision judiciaire annulant les opérations de remembrement prises par la commission départementale. • CE 8 mars 2004, n° 191158 : *RD rur. mars 2005. 46.*

10. Nouvelle décision. Automatiquement saisie par l'annulation de sa précédente décision, la commission départementale statue dans le délai d'un an à compter de la date à laquelle l'annulation est définitive. • CE 15 oct. 1982, n° 23962 A. ♦ Elle statue alors sur l'ensemble de la réclamation initiale. • CE 16 avr. 1975, n° 88400 B. ♦ ... En l'état de l'instruction à la date de sa première décision, examinant les réclamations initiales et le cas échéant les nouvelles réclamations formulées par les propriétaires intéressés. • CE 10 févr. 1999, n° 150898 : *RD rur. 1999. 546.* ♦ ... En respectant le dispositif et la motivation du jugement d'annulation. • CE 9 juin 1989, n° 54635 A : *JCP 1989. IV. 310* • 8 déc. 2000, n°s 154508 et 176670.

Art. L. 121-11 *(L. n° 2005-157 du 23 févr. 2005, art. 83-X et 95)* **Lorsque la commission départementale, saisie à nouveau à la suite d'une annulation par le juge administratif, constate que la modification du parcellaire nécessaire pour assurer par des attributions en nature le rétablissement dans leurs droits des propriétaires intéressés aurait des conséquences excessives sur la situation d'autres exploitations, elle peut, par décision motivée, prévoir que ce rétablissement sera assuré par une indemnité à la charge du département, dont elle détermine le montant.**

COMMENTAIRE

La Commission nationale ayant été supprimée, il appartient désormais à la commission départementale dont la décision a été judiciairement annulée de fixer le principe et le montant de l'indemnité due aux propriétaires pour rétablir leurs droits si une réparation en nature lui apparaît excessivement dommageable pour les exploitations.

1. Les dispositions de l'art. L. 121-11 issues de la L. du 23 févr. 2005 permettant aux commissions départementales de verser une indemnité à la charge du département sont d'application immédiate, mais leurs décisions sur des contestations portant sur des remembrements décidés avant l'entrée en vigueur de cette loi sont prises au nom de l'État. • CE 1er juin 2011, n° 337722 B : *Gaz. Pal. 2011. 1822 ; AJDA 2011. 1648.*

2. La juridiction administrative connaît des recours contre les décisions de la commission sur le principe de l'action d'une indemnité ou sur son montant qu'elle a pouvoir de modifier. • CE 1er juin 2011, n° 337722 B : *préc. note 1.*

3. Indemnisation. Jurisprudence antérieure à la loi du 23 févr. 2005. La décision d'attribution d'une indemnité par la commission nationale doit être motivée. • CE 19 oct. 2001, n° 211987 : *RD rur. 2002. 637, obs. Astie.* ♦ La commission nationale ne peut fonder sa décision d'allouer une indemnité pour le défaut de réattribution d'un terrain à bâtir en se référant à la qualité de la parcelle sans préciser pourquoi les autres exploitations empêchaient les modifications parcellaires nécessaires au rétablissement des droits. • CE 29 juill. 1998, n° 171089 : *RD rur. 1999. 239.* ♦ Même sens : • CE 16 juin 2000, n° 187607 • 10 oct. 2001, n° 213768 A : *Gaz. Pal. 10-11 juill. 2002. 35.* ♦ L'indemnisation ne peut être accordée sans que soient précisées la base de calcul retenue, la date de référence et l'éventuelle prise en compte d'intérêts moratoires. • CE 29 mars 2002, n° 228637 : *RD rur. 2002. 514.* ♦ Doit être annulée la décision de la commission nationale qui n'a pas satisfait à son obligation de motivation en indiquant que l'indemnisation se justifie par le fait que les modifications parcellaires qui seraient nécessaires pour assurer le respect intégral de la règle d'équivalence seraient de nature à troubler l'ordre public. • CE 27 oct. 1999, n° 190333. ♦ La commission nationale est fondée à décider d'accorder une indemnité lorsque la modification du parcellaire nécessaire au maintien d'équivalence en nature suppose la remise en cause de l'équilibre résultant des opérations de remembrement 30 ans après la clôture des opérations. • CE 18 oct. 2002, n° 234077.

4. Lorsque les propriétaires ne peuvent être rétablis dans leurs droits du fait de l'impossibilité de reconstituer avec certitude le parcellaire d'origine en fonction des natures de cultures en raison des modifications intervenues depuis les opérations initiales, la commission départementale est fondée à accorder une indemnité à la charge de l'État. • CE 30 août 2006, n° 275978 : *RD rur. nov. 2006. 53 ; Gaz. Pal. 5-6 janv. 2007. 39.* ♦ La commission a pu sans méconnaître le principe de l'unicité de parcelles accorder une indemnité correspondant au déplacement d'une haie pour constituer un seul lot. • CE 10 sept. 2007, n° 274667. ♦ Est fondée la décision mettant à la charge du département une indemnité au terme d'une appréciation souveraine et régulière. • CE 31 juill. 2015, n° 370878 : *RD rur. 2016, n° 8, note Robbe.*

Art. L. 121-12 **Au cas d'annulation par le juge administratif d'une décision de la commission départementale** *(Abrogé par L. n° 2005-157 du 23 févr. 2005, art. 83 et 95, à compter du 1er janv. 2006)* **« *ou nationale* » d'aménagement foncier, les bénéficiaires du transfert de propriété intervenu à la suite de l'affichage en mairie de la décision** *(L. n° 2005-157 du 23 févr. 2005, art. 83 et 95, en vigueur le 1er janv. 2006)* **« du président du conseil départemental » ordonnant la clôture des opérations d'aménagement foncier demeurent en possession jusqu'à l'affichage en mairie consécutif à la nouvelle décision prise par la commission départementale** *(Abrogé par L. n° 2005-157 du 23 févr. 2005, art. 83 et 95, à compter du 1er janv. 2006)* **« *ou nationale* » en exécution de ladite annulation. Ils sont dans l'obligation, pendant cette période, de conserver l'assolement en vigueur au moment où la décision d'annulation leur a été notifiée.** — *[Anc. art. 3.]*

V. art. R. 121-1 s.*

1. Action des propriétaires. Les propriétaires invoquant une modification de l'assolement en place au moment où la décision d'annulation avait été notifiée aux attributaires, en l'espèce une plantation de vignes, justifient d'un intérêt né et actuel à agir en justice contre les possesseurs auteurs de la modification, avant même que n'ait été réalisé l'affichage en mairie de la nouvelle répartition des terres, consécutive à l'annulation. • Civ. 3e, 20 déc. 1994, n° 93-20.339 P : *D. 1995. IR 21*.

2. Action des possesseurs. Il n'appartient pas au juge administratif de se prononcer sur les litiges relatifs aux droits de l'attributaire attachés à la possession des parcelles après annulation de la décision lui attribuant cette parcelle. • CE 28 juill. 2000, n° 189033 A : *D. 2002. Somm. 532 ; JCP 2001. IV. 1559 ; RFDA 2001. 901, concl. Bergeal ; Gaz. Pal. 22-23 juin 2001. 41.*

3. Travaux connexes. L'annulation de la décision de la commission départementale ou nationale ne suspend pas l'exécution des travaux connexes au remembrement décidés par l'association foncière. • CE 14 mars 2001, n° 204073 B : *Gaz. Pal. 28-29 déc. 2001. 21.* ♦ Est mal fondée la cour d'appel qui retient comme voie de fait l'intervention d'une commune sur un chemin au motif que la décision de la commission départementale d'aménagement foncier prévoyant ce chemin avait été annulée, dès lors qu'aucune décision définitive n'était intervenue sur la demande d'annulation et que les travaux litigieux étaient connexes aux opérations de remembrement en cours. • Civ. 1re, 28 mai 2002, n° 99-17.442 P : *RJDA mai 2002, p. 1028, inf. 1212 ; Gaz. Pal. 14-15 août 2002. 23 ; RD rur. 2002. 643.*

SECTION 2 Choix du mode d'aménagement foncier et détermination du périmètre

COMMENTAIRE

Le conseil général a désormais le pouvoir de décider de poursuivre une procédure d'aménagement sur proposition des communes ou des propriétaires. Lorsque le conseil général décide de poursuivre un tel projet, il ordonne l'étude d'aménagement, et le préfet doit communiquer toute information utile, notamment environnementale.

Puis la commission communale ou intercommunale, au vu de l'étude qui lui est transmise, propose un mode d'aménagement, le périmètre et les travaux connexes. Le conseil général peut alors renoncer ou ordonner une enquête publique sur le projet. Puis le conseil général décide d'ordonner l'opération et fixe le périmètre au vu de l'enquête publique, de l'avis de la commission locale et de l'avis des communes. Désormais la commission départementale n'a plus à formuler d'avis. Le préfet notifie les prescriptions à caractère environnemental. Une procédure spécifique est prévue dans le cas où il s'agit de la réalisation de grands ouvrages publics.

Art. L. 121-13 **Le département fait établir, sur proposition de la commission communale ou intercommunale, tous documents nécessaires à la détermination du ou des modes d'aménagement foncier à mettre en œuvre.**

(L. n° 2005-157 du 23 févr. 2005, art. 84 et 95, en vigueur le 1er janv. 2006) **« Lorsque le conseil départemental entend donner une suite favorable à une demande présentée**

en application du 1° de l'article L. 121-2, ou à une demande d'une commission communale ou intercommunale d'aménagement foncier tendant à la mise en œuvre d'un aménagement agricole et forestier ou d'une opération d'échanges et cessions de parcelles dans le cadre d'un périmètre d'aménagement foncier, il décide de diligenter l'étude d'aménagement prévue à l'article L. 121-1.

« Le président du conseil départemental en informe le préfet qui porte à sa connaissance dans les meilleurs délais les informations nécessaires à l'étude d'aménagement, notamment les dispositions législatives et réglementaires pertinentes, les servitudes d'utilité publique affectant l'utilisation des sols, les informations relatives aux risques naturels qui doivent être prises en considération lors de l'opération d'aménagement foncier ainsi que les études techniques dont dispose l'État.

« Dans le cas prévu à l'article L. 123-24, la commission se prononce, dans un délai de deux mois à compter de sa constitution, sur l'opportunité de procéder ou non à des opérations d'aménagement foncier. Lorsque la commission envisage un aménagement foncier, le président du conseil départemental est tenu de diligenter une étude d'aménagement. »

BIBL. ▶ Rivier, *RD rur. 2008. Étude 11* (le porter à connaissance).

Art. L. 121-14 *(L. n° 2005-157 du 23 févr. 2005, art. 84 et 95, en vigueur le 1er janv. 2006)* I. — Au vu de l'étude d'aménagement, la commission communale ou intercommunale d'aménagement foncier propose au conseil départemental le ou les modes d'aménagement foncier qu'elle juge opportun d'appliquer et le ou les périmètres correspondants ainsi que les prescriptions que devront respecter le plan du nouveau parcellaire et les travaux connexes, notamment en vue de satisfaire aux principes posés par l'article L. 211-1 du code de l'environnement.

Au vu de cette proposition et de l'étude d'aménagement, le conseil départemental soit renonce à l'opération d'aménagement foncier envisagée, soit soumet le projet d'opération d'aménagement et les prescriptions à enquête publique *(L. n° 2010-788 du 12 juill. 2010, art. 240-XI-2°)* « réalisée conformément au chapitre III du titre II du livre I du code de l'environnement ». L'avis d'enquête publique mentionne que les propriétaires doivent signaler au conseil départemental, dans un délai d'un mois, les contestations judiciaires en cours. Cet avis doit être notifié aux auteurs de ces contestations judiciaires, qui pourront intervenir dans les procédures d'aménagement foncier, sous réserve de la reconnaissance ultérieure de leurs droits.

II. — A l'issue de l'enquête publique et après avoir recueilli l'avis de la commission communale ou intercommunale d'aménagement foncier, puis celui de la ou des communes concernées, le conseil départemental décide d'ordonner l'opération d'aménagement foncier envisagée ou d'y renoncer.

III. — Si le conseil départemental a décidé d'ordonner l'opération, ou si la commission constituée en application de l'article L. 123-24 s'est prononcée en faveur d'un aménagement foncier agricole et forestier, le préfet fixe la liste des prescriptions que devront respecter les commissions dans l'organisation du plan du nouveau parcellaire et l'élaboration du programme de travaux, en vue de satisfaire aux principes posés notamment par l'article L. 211-1 du code de l'environnement, et la notifie au président du conseil départemental. Lorsque l'opération envisagée concerne un ouvrage linéaire, le préfet veille à la cohérence entre les mesures environnementales figurant dans l'étude d'impact de grand ouvrage et les prescriptions ainsi notifiées.

IV. — Dans le cas prévu à l'article L. 123-24, si la commission se prononce en faveur d'un aménagement foncier agricole et forestier, le président du conseil départemental ordonne l'opération d'aménagement proposée par la commission, fixe le ou les périmètres d'aménagement foncier correspondants et conduit l'opération à son terme. Lorsque la commission s'est prononcée en faveur de l'inclusion de l'emprise d'un ouvrage linéaire dans le périmètre d'aménagement, le président du conseil départemental est tenu d'ordonner cette opération dans un délai d'un an à compter de la demande qui lui est faite par le maître d'ouvrage ; à défaut, le maître d'ouvrage peut engager la procédure d'expropriation de l'emprise nécessaire à la réalisation de l'ouvrage ou de certaines de ses parties et proposer l'expropriation des terrains concernés. Dans ce cas, les terrains expropriés sont exclus du périmètre d'aménagement.

V. — Sauf dans le cas mentionné au IV, l'opération est ordonnée par délibération du conseil départemental.

La délibération du conseil départemental ou l'arrêté de son président ordonnant l'opération fixent le ou les périmètres correspondants, comportent la liste des prescriptions susmentionnées et mentionnent la décision du président du conseil départemental prévue à l'article L. 121-19.

VI. — Les périmètres d'aménagement foncier peuvent être modifiés jusqu'à la clôture des opérations, conformément à la procédure prévue pour leur délimitation. Toutefois, si la modification représente moins de 5 % du périmètre fixé dans la décision ordonnant l'opération, elle est décidée par le conseil départemental après avis de la commission communale ou intercommunale d'aménagement foncier. Lorsqu'une décision de la commission départementale a été annulée par le juge administratif, le ou les périmètres peuvent être modifiés pour assurer l'exécution de la chose jugée.

V. art. R. 121-20 s.

BIBL. ▶ Rivier, *RD rur. 2008. Étude 11, p. 18* (les prescriptions environnementales).

1. L'arrêté préfectoral délimitant le périmètre du remembrement n'est pas un acte réglementaire ; il ne peut être excipé de l'illégalité d'un tel arrêté devenu définitif. • CE 15 oct. 1999, n° 164263.

2. Demandeur. L'arrêté préfectoral ordonnant le remembrement et fixant le périmètre peut être déféré au tribunal administratif par une association dont l'objet statutaire est « la sauvegarde du patrimoine collectif de l'environnement, des haies et des chemins et la préservation de la qualité de la vie ». • CE 16 juin 1999, n° 162022 B : *RD rur. 2000. 173.*

3. Recours. Le pouvoir du juge d'annuler ou suspendre l'acte instituant la commission d'aménagement foncier ou celui qui a ordonné les opérations et en a fixé le périmètre prend fin à la date du dépôt du plan en mairie. • CE 16 janv. 2008, n° 276482 B : *AJDA 2008. 118.* ♦ Statuant après la date de transfert de propriété sur un recours dirigé contre un acte pris dans le cadre des opérations d'aménagement foncier, le juge ne peut faire droit à une exception tirée de l'illégalité de l'acte ordonnant ces opérations que si celui-ci a fait l'objet d'une annulation ou d'une suspension avant le transfert de propriété. • CE 6 avr. 2007, n° 266913 A : *RFDA 2007. 736, concl. Chauvaux ; AJDA 2007. 1988, note Chrétien ; ibid. 2007. 774 ; JCP 2007. IV. 1998 ; RD rur. 2007, n° 221, obs. Rouault* • 6 avr. 2007, n° 265702 A : *JCP 2007. IV. 1997 ; Dr. adm. 2007, n° 91 ; RFDA 2007. 736 ; Gaz. Pal. 2007. Somm. 3480* • 18 févr. 2009, n° 285715 B : *RD rur. 2009. 55 ; Gaz. Pal. 18-19 sept. 2009. 23* • 18 févr. 2009, n° 286267 B : *Gaz. Pal. 18-19 sept. 2009. 22.* ♦ Cette solution est étendue aux actes modifiant le périmètre de remembrement. • CE 17 mars 2010, n° 310987 B. ♦ Cette solution est jugée proportionnée à la nécessité de préserver les droits de propriétaires acquis après la clôture des opérations de remembrement et à la sécurité juridique. • CEDH 21 déc. 2010, *Blondeau c/ France,* n° 48000/07.

4. Portée. L'annulation de l'arrêté préfectoral ordonnant le remembrement est susceptible d'entraîner par voie de conséquence l'annulation des actes postérieurs qui n'étaient pas définitifs, soit parce qu'ils font application de l'arrêté annulé, soit parce qu'ils sont pris sur son fondement. • CAA Paris, 8 juill. 2004, n° 04PA00323.

SECTION 3 Financement et exécution des opérations

COMMENTAIRE

Depuis la loi du 7 janvier 1983, les opérations d'aménagement foncier sont engagées et payées par le département. Certaines collectivités publiques sont appelées à contribuer à l'aménagement foncier par l'intermédiaire de la section investissement du budget départemental selon le type de travaux réalisés. Les travaux connexes sont par contre désormais à la charge des propriétaires, mais le département peut décider d'y contribuer par une subvention. Enfin, si l'opération vient à être renouvelée sur les mêmes territoires, le département peut exiger une participation, qui peut être de la totalité des charges engagées, de tous les propriétaires ou exploitants concernés, lorsqu'une majorité qualifiée de propriétaires est d'accord pour s'engager financièrement. ❑

Art. L. 121-15 **Le département engage et règle les dépenses relatives aux opérations d'aménagement foncier.**

Il est créé à la section "Investissement du budget du département" un fonds de concours destiné à recevoir la participation des communes, de la région, de tous établissements publics, des maîtres d'ouvrages mentionnés à l'article L. 123-24 ainsi que des particuliers.

Dans les communes dont tout ou partie du territoire a déjà fait l'objet *(L. n° 2005-157 du 23 févr. 2005, art. 85 et 95, en vigueur le 1er janv. 2006)* « de l'un des modes d'aménagement foncier prévus au 1° de l'article L. 121-1 ou aux 1°, 2°, 5° et 6° de l'article L. 121-1 dans leur rédaction issue de la loi n° 92-1283 du 11 décembre 1992 relative à la partie Législative du livre I (nouveau) du code rural » et lorsque les deux tiers des propriétaires, représentant les trois quarts de la surface, ou les trois quarts des propriétaires, représentant les deux tiers de la surface situés dans les nouveaux périmètres proposés par la commission communale ou intercommunale d'aménagement foncier, sont d'accord pour s'engager financièrement dans de nouvelles opérations d'aménagement foncier utilisant l'un de ces modes, le département peut exiger une participation de l'ensemble des propriétaires ou des exploitants concernés. La participation des intéressés, qui peut aller jusqu'à la prise en charge de la totalité des frais engagés, est calculée sur les bases de répartition fixées par le département. *(L. n° 2005-157 du 23 févr. 2005, art. 85 et 95, en vigueur le 1er janv. 2006)* « Elle est recouvrée par le département après le transfert de propriété, dans les délais et, éventuellement, selon l'échéancier fixés par délibération du conseil départemental et versée au fonds de concours qui en aura fait l'avance. Les modalités de cette participation font l'objet d'une consultation préalable des propriétaires intéressés organisée par le conseil départemental dans des conditions fixées par décret en Conseil d'État. Le conseil départemental peut confier à l'association foncière d'aménagement agricole et forestier l'exécution, sous son contrôle, du recouvrement de ces participations, dans les conditions prévues pour le recouvrement des créances du département. » Au moment de la consultation, l'exploitant peut se substituer au propriétaire pour prendre en charge la participation ou la totalité des frais engagés. L'aménagement foncier est alors assimilé aux travaux d'amélioration exécutés par le preneur. Aucune participation des intéressés ne peut être exigée lorsque l'aménagement foncier est réalisé en application de l'article L. 123-24. Les résultats de la consultation accompagnent les propositions de la commission communale ou intercommunale mentionnées à l'article L. 121-14.

(L. n° 2005-157 du 23 févr. 2005, art. 85 et 95, en vigueur le 1er janv. 2006) « Dans les communes mentionnées à l'alinéa précédent, la consultation préalable n'est pas requise lorsque le conseil départemental décide de ne pas demander de participation financière aux propriétaires. » — *[Anc. art. 5.]*

BIBL. ▶ Hubrecht et Melleray, *RD rur. 1983. 277* (modification des modes de financement résultant de la loi du 7 janv. 1983).

Art. L. 121-16 *(L. n° 2005-157 du 23 févr. 2005, art. 85 et 95, en vigueur le 1er janv. 2006)* La préparation et l'exécution des opérations d'aménagement foncier agricole et forestier, des échanges et cessions d'immeubles ruraux et des échanges et cessions d'immeubles forestiers sont mises en œuvre par des géomètres-experts désignés par le président du conseil départemental dans les conditions prévues par le code des marchés publics, choisis sur la liste des géomètres-experts agréés établie par le ministre chargé de l'agriculture. Le géomètre-expert peut être assisté, le cas échéant, *(L. n° 2014-1170 du 13 oct. 2014, art. 27-1°)* « par un expert foncier et agricole, » par un expert forestier inscrit sur la liste mentionnée à l'article L. 171-1 du présent code ou par un *(Ord. n° 2012-92 du 26 janv. 2012, art. 4-2°)* « homme de l'art agréé d'un organisme de gestion et d'exploitation forestière en commun défini à l'article L. 332-6 du code forestier ». Toutefois, les opérations d'échanges et cessions amiables d'immeubles ruraux, en l'absence de périmètres d'aménagement foncier, peuvent être mises en œuvre par des techniciens rémunérés par le département et désignés par le président du conseil départemental.

Les études nécessaires à la préparation et à l'exécution des opérations et l'étude d'aménagement prévue par l'article L. 121-1 du présent code, dès lors qu'elles n'entrent pas dans le champ de l'article 1er de la loi n° 46-942 du 7 mai 1946 instituant l'ordre des géomètres-experts, peuvent être réalisées par des techniciens ne figurant pas sur la liste des géomètres-experts et dont les qualifications sont fixées par décret.

V. art. R. 121-26.

1. Désignation irrégulière. Lorsque le géomètre agréé chargé de l'exécution des opérations de remembrement a été désigné par la commission communale et non par le président du conseil général et que l'irrégularité de cette désignation a été invoquée devant la commission départementale d'aménagement foncier, la décision par laquelle cette commission a statué sur la situation des biens remembrés est entachée d'illégalité. • CE 17 mars 1997, ♎ n° 155394.

2. Incompatibilités. Le géomètre propriétaire de terres dans la commune, fussent-elles d'une surface réduite, ne peut être désigné. • CE 13 nov. 1970, *Moreau : Lebon 661, concl. Braibant ; D. 1971. 70, note Dumas.* ♦ La décision de la commission départementale est nulle pour vice de procédure dès lors qu'un employé du géomètre était propriétaire de parcelles dans le périmètre de remembrement et a joué un rôle significatif dans la préparation des opérations de classement et de rétrocession. • CAA Paris, 7 déc. 2006 : *Gaz. Pal. 2007. Somm. 2787.*

SECTION 4 Modifications de la voirie

Art. L. 121-17 La commission communale, au cours des opérations de délimitation des ouvrages faisant partie du domaine communal, propose à l'approbation du conseil municipal l'état :

1° Des chemins ruraux susceptibles d'être supprimés, dont l'assiette peut être comprise dans le périmètre d'aménagement foncier, au titre de propriété privée de la commune ;

2° Des modifications de tracé et d'emprise qu'il convient d'apporter au réseau des chemins ruraux et des voies communales.

De même, le conseil municipal indique à la commission communale les voies communales ou les chemins ruraux dont il juge la création nécessaire à l'intérieur du périmètre d'aménagement foncier.

Le classement, l'ouverture, la modification de tracé et d'emprise des voies communales effectués dans le cadre des dispositions du présent article sont prononcés sans enquête. Sont, dans les mêmes conditions, dispensées d'enquête toutes les modifications apportées au réseau des chemins ruraux.

Les dépenses d'acquisition de l'assiette, s'il y a lieu, et les frais d'établissement et d'entretien des voies communales ou des chemins ruraux modifiés ou créés dans les conditions fixées par le présent article sont à la charge de la commune. *(L. n° 2005-157 du 23 févr. 2005, art. 85 et 95, en vigueur le 1er janv. 2006)* « L'emprise nécessaire à la création ou à la modification de tracé ou d'emprise des voies communales ou des chemins ruraux peut être attribuée à la commune, à sa demande, en contrepartie de ses apports dans le périmètre d'aménagement foncier, à la condition que ceux-ci couvrent l'ensemble des apports nécessaires à cette création ou modification et que la surface des emprises nécessaires ne dépasse pas 5 % de la surface du périmètre. » Si le chemin est en partie limitrophe de deux communes, chacune d'elles supporte par moitié la charge afférente à cette partie. Le conseil municipal peut charger l'association foncière de la réorganisation d'une partie ou de la totalité des chemins ruraux, ainsi que de l'entretien et de la gestion de ceux-ci.

Les servitudes de passage sur les chemins ruraux supprimés sont supprimées avec eux.

Le conseil municipal, lorsqu'il est saisi par la commission communale d'aménagement foncier de propositions tendant à la suppression de chemins ruraux ou à la modification de leur tracé ou de leur emprise, est tenu de se prononcer dans le délai de deux mois à compter de la notification qui en sera faite au maire et qui devra reproduire le texte du présent article. Ce délai expiré, le conseil municipal est réputé avoir approuvé les suppressions ou modifications demandées.

La suppression d'un chemin inscrit sur le plan départemental des itinéraires de promenade et de randonnée ne peut intervenir que sur décision expresse du conseil municipal, qui doit avoir proposé au conseil départemental un itinéraire de substitution approprié à la pratique de la promenade et de la randonnée.

La création de chemins ruraux, la création et les modifications de tracé ou d'emprise des voies communales ne peuvent intervenir que sur décision expresse du conseil municipal. – *[Anc. art. 6.]*

BIBL. ▸ DE MALAFOSSE-NOTTÉ, *RD rur. 1984. 74* (chemins ruraux et randonnées pédestres).

1. Consultation des exploitants. Le conseil municipal n'est pas tenu de se concerter avec les exploitants lorsqu'il prend une décision relative aux chemins ruraux puisque, aux termes du code rural, les décisions sont en cette matière prononcées sans enquête. • CE 9 nov. 1990, n° 86508.

2. Décisions du conseil municipal. Le fait que le conseil municipal n'ait pas modifié les propositions de la commission communale et n'ait pas créé de nouveaux chemins ruraux ne prouve pas qu'il s'est abstenu d'exercer ses pouvoirs légaux. • CE 20 juill. 1988, n° 57749. ♦ Après que le conseil municipal a statué sur proposition de la commission communale, ou de sa propre initiative, sur la création, la suppression ou la modification du tracé et de l'emprise des chemins ruraux, la commission est tenue d'exécuter cette décision. • CE 28 sept. 1984, n° 21352 B : *Dr. adm. 1984, n° 494.*

3. Chemin rural. La création d'un chemin rural est justifiée lorsque le réseau existant ne satisfait pas les besoins réels et que la gêne occasionnée au propriétaire dont la propriété est coupée en deux n'est pas excessive au regard de l'intérêt de la circulation et de la desserte des autres exploitations. • CE 9 nov. 1990, n° 86508 : *préc. note 1.* ♦ V. aussi • CE 27 févr. 1995, n° 132241 B. ♦ ... Lorsqu'elle est fondée par un motif d'intérêt général et ne porte pas une atteinte excessive au droit de propriété et aux conditions d'exploitation des parcelles de la société requérante. • TA Dijon, 18 avr. 2017, n° 1602553 : *RD rur. 2017, n° 257, note Bonnefont.* ♦ La commission communale a pu supprimer la partie d'un chemin incluse dans le périmètre du remembrement, s'agissant d'une voie affectée à l'usage du public, propriété du domaine privé de la commune, non classée comme voie du domaine public communal. • CE 21 oct. 1998, n° 172853 : *RD rur. 1999. 536, obs. Astié.*

4. Chemin d'exploitation. Les commissions d'aménagement foncier sont compétentes pour décider la création, la suppression ou la modification des chemins d'exploitation. • CE 29 déc. 1995, n° 124341 B.

Art. L. 121-18 La commission communale d'aménagement foncier peut proposer au conseil départemental les modifications de tracé et d'emprise qu'il conviendrait d'apporter au réseau des chemins départementaux.

Ces modifications de tracé et d'emprise sont prononcées sans enquête spécifique après délibération du conseil départemental. *(L. n° 2005-157 du 23 févr. 2005, art. 85 et 95, en vigueur le 1er janv. 2006)* **« L'emprise nécessaire à la modification de tracé ou d'emprise des routes départementales peut être attribuée au conseil départemental, à sa demande, en contrepartie de ses apports dans le périmètre d'aménagement foncier, à la condition que ceux-ci couvrent l'ensemble des apports nécessaires à cette modification et que la surface des emprises nécessaires ne dépasse pas 5 % de la surface du périmètre. »** — *[Anc. art. 6-1.]*

SECTION 5 Dispositions conservatoires et clôture des opérations

COMMENTAIRE

Dispositions conservatoires

Afin de garantir les meilleures conditions de mise en œuvre des mesures d'aménagement foncier, il peut être posé certaines limites aux droits des propriétaires ainsi qu'à ceux des exploitants. D'une part, le président du conseil départemental peut prévoir une liste de travaux interdits, ainsi que le principe d'autorisation des travaux forestiers. Les autres travaux modifiant l'état des lieux sont soumis à son autorisation. Des sanctions précises sont prévues pour garantir le respect de ces prescriptions et la loi du 23 février 2005 en a alourdi le quantum. D'autre part, la cession des immeubles dans le périmètre est portée à la connaissance de la commission communale qui peut décider que l'autorisation de la commission départementale est obligatoire. Les textes ne prévoient pas de sanction à cette obligation.

Clôture

Il appartient désormais au président du conseil départemental d'ordonner le dépôt en mairie du nouveau parcellaire, clôturant ainsi les opérations à la date de ce dépôt, ordonnant l'exécution des éventuels travaux connexes. Le dépôt rend le plan définitif et opère transfert de propriété. ❑

Art. L. 121-19 *(L. n° 2005-157 du 23 févr. 2005, art. 85 et 95, en vigueur le 1er janv. 2006)* **« Le président du conseil départemental fixe la liste des travaux dont la préparation et l'exécution sont interdites jusqu'à la clôture des opérations. Il peut interdire la destruction de tous les espaces boisés mentionnés à l'article** *(Ord. n° 2012-92 du*

26 janv. 2012, art. 4-3°) « L. 342-1 » du code forestier, ainsi que de tous boisements linéaires, haies et plantations d'alignement et arbres isolés.

« Les travaux forestiers, y compris les travaux d'exploitation forestière et les plantations, peuvent être soumis par le président du conseil départemental à son autorisation, après avis de la commission communale ou intercommunale d'aménagement foncier. Les autres travaux de nature à modifier l'état des lieux sont soumis par le président du conseil départemental à son autorisation, après avis de la commission communale ou intercommunale d'aménagement foncier. En l'absence d'une décision de rejet émise par le président du conseil départemental dans le délai de quatre mois à compter de la réception par celui-ci de la demande d'autorisation, celle-ci est considérée comme accordée. »

(L. n° 93-24 du 8 janv. 1993) « Les interdictions ou refus d'autorisation prononcés en application des *(L. n° 95-95 du 1er févr. 1995)* « alinéas précédents » n'ouvrent droit à aucune indemnité. »

Les travaux exécutés en violation des dispositions ci-dessus ne sont pas retenus en plus-value dans l'établissement de la valeur d'échange des parcelles intéressées et ne peuvent donner lieu au paiement d'une soulte. La remise en état pourra être faite aux frais des contrevenants dans les conditions fixées par décret en Conseil d'État. – *[Anc. art. 7, al. 1er, 3 et 4.]*

Jurisprudence antérieure à la loi du 23 févr. 2005

1. Interdictions. Les dispositions de l'art. L. 121-19 ne peuvent s'appliquer aux plantations d'un pépiniériste qui n'ont pas vocation à modifier l'état des lieux mais constituent une activité normale de l'exploitation. • CE 28 juill. 2000, n° 189033 A : *D. 2002. Somm. 532 ; JCP 2001. IV. 1559 ; RFDA 2001. 901, concl. Bergeal.*

2. Sanction. En cas de violation de l'interdiction d'abattage d'arbres : le fautif ne peut se voir condamné à payer une indemnité équivalente à la valeur du bois coupé. • CE 9 juill. 1986, n° 45026 A : *RD rur. 1987. 44.* ♦ ... Et le préfet n'est pas tenu de mettre en demeure le fautif de les replanter. • CE 21 oct. 1998, n° 163583 : *JCP 1999. IV. 1375 ; RD rur. 1999. 302.*

Art. L. 121-20 A dater de la *(L. n° 2005-157 du 23 févr. 2005, art. 85 et 95, en vigueur le 1er janv. 2006)* « délibération du conseil départemental ou, en cas d'application de l'article L. 123-24, de la décision de son président » fixant le périmètre de l'opération d'aménagement foncier, tout projet de mutation de propriété entre vifs doit être sans délai porté à la connaissance de la commission communale ou intercommunale.

Si cette commission estime que la mutation envisagée est de nature à entraver la réalisation de l'aménagement foncier, la demande de mutation doit être soumise pour autorisation à la commission départementale d'aménagement foncier.

La mutation sur laquelle la commission départementale n'a pas statué dans un délai de trois mois à compter de la demande est considérée comme autorisée.

Les conditions de présentation et d'instruction des demandes d'autorisation de mutation, ainsi que la date à partir de laquelle ces demandes ne sont plus recevables, sont fixées par décret en Conseil d'État. – *[Anc. art. 7-1.]*

Sanction. Lorsqu'une mutation n'a pas été portée à la connaissance de la commission départementale, l'acte juridique qui l'a produite n'est pas automatiquement invalidé. • Pau, 21 avr. 1980 : *JCP N 1983. II. 136.* ♦ ... Et celle-ci peut ne pas tenir compte de la donation pour apprécier l'éloignement des centres d'exploitation. • CAA Douai, 18 janv. 2022, n° 20DA01182 : *RD rur. 2023. Chron. 2, obs. Rivier.* ♦ En l'absence de disposition légale expresse en ce sens, la commission départementale ne peut déclarer inopposable une telle mutation et attribuer à un propriétaire une parcelle qu'il a acquise sans en avertir la commission. • CE 24 avr. 1985, n° 52935 B. ♦ La commission peut ne pas tenir compte d'une donation-partage qui n'a pas fait l'objet des mesures d'information légale lorsqu'elle apprécie les distances des terres au centre d'exploitation. • CE 29 mars 1989, nos 67789 B et 83488 B.

Art. L. 121-21 *(L. n° 2005-157 du 23 févr. 2005, art. 85 et 95, en vigueur le 1er janv. 2006)* Lorsque les travaux connexes sont soumis à un régime d'autorisation au titre d'une autre législation, leur approbation, ainsi que celle du nouveau parcellaire correspondant, ne peuvent intervenir qu'avec l'accord de l'autorité compétente et valent autorisation au titre de cette législation.

Lorsqu'un aménagement foncier agricole et forestier ou une opération d'échanges et cessions de parcelles dans le cadre d'un périmètre d'aménagement foncier a été décidé dans les conditions prévues à l'article L. 121-14, le président du conseil départemental ordonne le dépôt en mairie du plan du nouveau parcellaire, constate la clôture des opérations à la date de ce dépôt et ordonne, le cas échéant, l'exécution des travaux connexes.

Il assure la publicité du plan du nouveau parcellaire dans les conditions prévues par décret en Conseil d'État.

Le dépôt en mairie du plan du nouveau parcellaire vaut transfert de propriété.

V. art. R. 121-27 s.*

V. notes ss. art. L. 123-12.

SECTION 6 Dispositions pénales

Art. L. 121-22 Les infractions en matière d'aménagement foncier peuvent être constatées par *(L. nº 93-24 du 8 janv. 1993)* « les agents assermentés appartenant aux services de l'État *(L. nº 2005-157 du 23 févr. 2005, art. 85 et 95, en vigueur le 1er janv. 2006)* « ou aux services du département » chargés de l'agriculture, de la forêt ou de l'environnement » dont les procès-verbaux font foi jusqu'à preuve contraire. – *[Anc. art. 8-1.]*

Art. L. 121-23 *(Ord. nº 2012-92 du 26 janv. 2012, art. 4-4º)* Le fait d'exécuter des travaux en méconnaissance des dispositions de l'article L. 121-19 est puni d'une amende de 3 750 euros.

Le fait de procéder à une coupe en méconnaissance des dispositions du même article est puni des peines prévues à l'article L. 362-1 du code forestier.

V. art. R. 121-31 s.*

SECTION 7 Cas de certaines petites parcelles

(L. nº 95-95 du 1er févr. 1995)

Art. L. 121-24 *(L. nº 96-314 du 12 avr. 1996, art. 67)* « Lorsqu'un propriétaire ne possède, *(L. nº 2005-157 du 23 févr. 2005, art. 85 et 95, en vigueur le 1er janv. 2006)* « au sein d'un périmètre d'aménagement foncier agricole et forestier ou d'échanges et cessions amiables d'immeubles ruraux », qu'une parcelle ou un ensemble de parcelles de même nature de culture d'une superficie totale inférieure à un seuil fixé par la commission départementale d'aménagement foncier dans la limite d'un hectare et demi et d'une valeur inférieure à *(L. nº 99-574 du 9 juill. 1999)* « 1 500 euros » et que cette parcelle ou cet ensemble de parcelles ne fait pas partie des catégories d'immeubles visées aux articles L. 123-2 et L. 123-3, ce propriétaire peut vendre cette parcelle ou cet ensemble de parcelles dans les conditions définies ci-après. »

(L. nº 2005-157 du 23 févr. 2005, art. 85 et 95, en vigueur le 1er janv. 2006) « Au sein d'un périmètre d'un aménagement foncier d'échanges et cessions amiables d'immeubles forestiers » *(L. nº 2001-602 du 9 juill. 2001, art. 8)* « et lorsque ces cessions améliorent la structure des fonds forestiers, les propriétaires peuvent céder, dans les conditions prévues aux trois alinéas suivants et dans la limite de 7 500 € par propriétaire au cours de l'ensemble de la procédure d'aménagement foncier, toute parcelle boisée ne faisant pas partie des catégories d'immeubles visées aux articles L. 123-2 et L. 123-3. »

Le projet de cession, passé par acte sous seing privé, est adressé pour autorisation à la commission communale ou intercommunale qui s'assure que la mutation envisagée n'est pas de nature à entraver la réalisation de l'aménagement foncier. En cas de refus, le projet peut être transmis à la commission départementale qui statue.

Lorsqu'elle est autorisée, la cession est reportée sur le procès-verbal des opérations d'aménagement foncier.

(L. nº 2001-602 du 9 juill. 2001, art. 8) « Le prix de la cession est assimilé à une soulte. Il est versé et recouvré dans les conditions définies à l'avant-dernier alinéa de l'article L. 123-4 par l'association foncière et, en l'absence de celle-ci, par la commune. »

Art. L. 121-25 *(L. n° 99-574 du 9 juill. 1999)* **Pour les parcelles d'une superficie et d'une valeur inférieures aux seuils définis au premier alinéa de l'article L. 121-24, le président de la commission départementale d'aménagement foncier est habilité à constater l'usucapion par acte administratif de notoriété.**

SECTION 8 Dispositions d'application

(L. n° 95-95 du 1er févr. 1995)

Art. L. 121-26 **Les conditions d'exécution des articles L. 121-1 à** *(L. n° 99-574 du 9 juill. 1999)* **« L. 121-25 » sont fixées par décret en Conseil d'État.** – *Anc. art. L. 121-25 (L. n° 99-574 du 9 juill. 1999, art. 119-II).*

V. art. R. 121-1 s.*

CHAPITRE II *[ABROGÉ]* LA RÉORGANISATION FONCIÈRE

(Abrogé par L. n° 2005-157 du 23 févr. 2005, art. 86-I et 95, à compter du 1er janv. 2006)

Art. L. 122-1 à L. 122-12 *Abrogés par L. n° 2005-157 du 23 févr. 2005, art. 86-I et 95, à compter du 1er janv. 2006.*

CHAPITRE III L'AMÉNAGEMENT FONCIER AGRICOLE ET FORESTIER

(L. n° 2005-157 du 23 févr. 2005, art. 87 et 95).

BIBL. GÉN. ▸ ATIAS et LINOTTE, Le remembrement rural, *Litec, 1980.* – VALLÉRY-RADOT, Remembrement rural et jurisprudence du Conseil d'État, *éd. OCEP, Coutances, 1981.* – ASTIÉ, *Chron. annuelle à la RD rur. ; J.-Cl. Rur., fasc. 20, 30 et 60.* – DU BOIS DE GAUDUSSON, Études offertes à J.-M. Auby, *Dalloz 1992, p. 17* (cinquantenaire du remembrement). – PEIGNOT, *RD rur. 1996. 304* (remembrement en zone viticole AOC). – STRUILLOU, *RD rur. 2002. 340* (vers un remembrement environnement ?). – RIVIER, *RD rur. 2008. Étude 1* (contentieux du remembrement).

COMMENTAIRE

L'application des principes du partage successoral a eu pour conséquence la dislocation des exploitations agricoles en une multitude de parcelles de petite taille dispersées. Il en est résulté un double inconvénient. D'une part, les unités économiques sont devenues de moins en moins rentables au fil des partages successifs jusqu'à devenir parfois non viables. D'autre part, le parcellaire obtenu a rendu l'exploitation des fonds difficile, tout particulièrement lorsqu'il s'est agi de mettre en œuvre les techniques de l'agriculture moderne. La réalisation de grands ouvrages publics en zone rurale a encore contribué à l'aggravation du morcellement et à l'incohérence parcellaire des exploitations.

Le remembrement a été organisé par la loi du 27 novembre 1918 et le décret du 5 juillet 1920 ; mais la loi du 9 mars 1941 l'a profondément modifié pour en faire une procédure administrative à caractère impératif. Depuis, il a été modifié à plusieurs reprises, en particulier par la loi n° 75-621 du 11 juillet 1975.

La loi du 23 janvier 2005 a abrogé les procédures de remembrement pour créer une procédure unifiée et simplifiée d'aménagement foncier agricole et forestier. Cette procédure vise à organiser une restructuration des propriétés foncières en réunissant l'ensemble des fonds d'un périmètre donné pour procéder à une nouvelle distribution entre les propriétaires. Ainsi s'opère un transfert forcé de droit de propriété d'une parcelle à une autre. Il s'agit d'une procédure administrative à caractère contraignant dans un but d'intérêt général. Il est organisé des enquêtes et procédé à une publicité des différentes étapes de la procédure aux fins de garantir les droits des propriétaires et les intérêts mis en cause. ❑

SECTION 1 La nouvelle distribution parcellaire

COMMENTAIRE

L'objectif de la redistribution parcellaire est désormais triple. Il s'agit d'abord d'améliorer l'exploitation agricole. Pour cela, l'aménagement foncier agricole et forestier doit rationaliser les conditions d'exploitation en diminuant le morcellement et la dispersion géographique des parcelles. Il s'agit ensuite de favoriser l'aménagement du territoire rural, non seulement en ce qui concerne l'espace agricole, mais plus largement pour l'ensemble du territoire communal. Enfin, le remembrement est apparu comme un important facteur du devenir des paysages et des équilibres environnementaux, en particulier au travers des erreurs commises dans le passé. Dès lors, les opérations d'aménagement foncier sont désormais réalisées en prenant en considération l'impact environnemental des restructurations opérées. ❑

Art. L. 123-1 **L'aménagement foncier agricole** *(L. n° 2016-1087 du 8 août 2016, art. 80-1°)* **« , forestier et environnemental », applicable aux propriétés rurales non bâties, se fait au moyen d'une nouvelle distribution des parcelles morcelées et dispersées.**

Il a principalement pour but, par la constitution d'exploitations rurales d'un seul tenant ou à grandes parcelles bien groupées, d'améliorer l'exploitation agricole des biens qui y sont soumis. Il doit également avoir pour objet l'aménagement rural du périmètre dans lequel il est mis en œuvre *(L. n° 2016-1087 du 8 août 2016, art. 80-2°)* **« et peut permettre, dans ce périmètre, une utilisation des parcelles à vocation naturelle, agricole ou forestière en vue de la préservation de l'environnement ».**

Sauf accord des propriétaires et exploitants intéressés, le nouveau lotissement ne peut allonger la distance moyenne des terres au centre d'exploitation principale, si ce n'est dans la mesure nécessaire au regroupement parcellaire. — *[Anc. art. 19, al. 1er à 3.]*

COMMENTAIRE

Le critère de l'amélioration des conditions de l'exploitation agricole des fonds remembrés s'apprécie globalement sur l'ensemble du périmètre. Le remembrement n'apparaît illégal que lorsqu'il aggrave les conditions d'exploitation de certaines propriétés et non pas lorsqu'il se révèle sans aucune utilité pour l'exploitation de certains comptes par rapport aux situations antérieures à la procédure. De plus, l'aggravation des conditions d'exploitation s'apprécie au regard de chaque compte de propriété et non par rapport aux parcelles d'une même exploitation. La loi n° 2016-1087 du 8 août 2016 pour la reconquête de la biodiversité, de la nature et des paysages a étendu l'objectif de l'aménagement foncier agricole pour permettre la poursuite de finalités environnementales. Ainsi, pourront être élaborés des projets visant à préserver l'environnement incluant des mesures de protection de l'eau, d'arbres, de haies et de boisements. ❑

I. PROPRIÉTÉS RURALES NON BÂTIES

1. Bâtiment. V. art. L. 123-2 C. rur.

II. BUTS DU REMEMBREMENT

A. AMÉLIORATION DE L'EXPLOITATION

1° NATURE DE L'AMÉLIORATION

2. Caractère global. Le moyen par lequel les requérants soutiennent que les dispositions de l'art. L. 123-1 C. rur. auraient été méconnues pour l'ensemble des terres constituant leur exploitation ne saurait être accueilli, dès lors que les règles relatives au remembrement rural s'apprécient compte par compte et non pour l'ensemble des parcelles constituant une exploitation. • CE 30 mars 1998, n° 169024. ♦ L'aggravation s'apprécie au regard de l'ensemble des terres appartenant au même compte d'un propriétaire. • CE 5 mars 1999, n° 171787 • 27 oct. 1999, n° 157135. ♦ L'amélioration s'apprécie au regard des conditions d'exploitation de l'ensemble des biens composant, d'une part, le compte de communauté et, d'autre part, le compte des biens propres des époux. • CE 29 juin 1998, *Épx Berger,* n° 145448. ♦ Elle s'apprécie non parcelle par parcelle mais pour l'ensemble d'un compte de propriété. • CE 17 juin 1998, n° 147526. – Même sens : • CE 3 juill. 2000, n° 158545 • 10 janv. 2000, n° 168619 • 12 janv. 2011, n° 337470 : *RD rur. 2011, n° 78.* ♦ Le requérant ne peut se prévaloir de la situation plus favorable qui aurait été faite à un tiers. • CE 17 juin 1998, n° 147526 : *préc.*

3. Agriculture biologique. Il doit être tenu compte du mode d'exploitation en agriculture biologique et de ses contraintes pour apprécier le respect par les opérations d'aménagement des dispositions de l'art. L. 123-1. • CE 21 sept. 2007, n° 285062 B : *AJDA 2007. 2222* . ♦ V. art. L. 123-4.

4. Caractère agricole. Le regroupement de parcelles ne peut profiter à des activités non agricoles, telles que l'exploitation d'un restaurant. • CE 17 mai 1972, *Amat : Lebon 370.* ♦ ... Ou d'une source d'eau minérale. • CE 16 oct. 1981, n° 19733 B : *RD rur. 1982. 145.* ♦ Le fait que l'attributaire d'une parcelle n'exerce pas la profession agricole ne suffit pas à rendre la décision de la commission départementale irrégulière. • CE 9 juin 1999, n° 164188 : *RD rur. 2000. 173.*

5. *Caractère environnemental.* La commission départementale peut justifier ses décisions en matière de remembrement par référence à des considérations environnementales. • CAA Douai, 20 juin 2002, n° 99DA11662.

2° *MESURE DE L'AMÉLIORATION*

6. *Bénéfice apporté.* L'amélioration de l'exploitation agricole des biens s'entend du défaut d'aggravation des conditions antérieures d'exploitation, et le propriétaire dont les conditions d'exploitation ne sont pas aggravées est mal fondé à demander l'annulation des opérations. • CE 2 juin 1961, *Bruchet : Lebon 924 ; AJDA 1961. 725, note Paulin.* ♦ Constitue une aggravation des conditions d'exploitation la perte de parcelles humides par un éleveur lui permettant la culture de plantes dont l'ensilage participait à l'alimentation de son bétail. • CE 5 mai 1999, n° 156238 : *RD rur. 2000. 110.* ♦ Un attributaire ne peut demander la modification de son lot au motif qu'il a été constaté une augmentation du montant de l'impôt. • CAA Douai, 25 avr. 2002, *Frémaux et Montois : RD rur. 2002. 577.*

7. *Présence d'eau.* Les conditions d'exploitation d'une terre utilisée pour l'élevage des bovins sont aggravées quand la nouvelle attribution entraîne la suppression de l'accès à des points d'eau indispensables. • CE 2 févr. 1983, *Coutellec,* n° 22447. ♦ ... Ou la privation de terres qui bordent un ruisseau sur environ 300 mètres. • CE 1er déc. 1976, n° 95506 B. ♦ ... Ou l'attribution d'une parcelle à forte pente traversée d'un « coulant d'eau » en provenance d'un fonds supérieur. • CE 28 oct. 1998, n° 140271. ♦ La suppression d'un point d'eau ne constitue pas à elle seule une cause d'aggravation. • CE 15 janv. 1992, n° 97792. ♦ ... Ni la perte de trois points d'eau, dont deux étaient situés sur des parcelles enclavées, compensée par le raccordement d'une parcelle au réseau de distribution d'eau décidé par la commission départementale. • CE 29 juin 1998, n° 156794.

8. *Drainage.* Les conditions d'exploitation ne sont pas aggravées lorsque la commission départementale prend en compte l'inconvénient que représente la perte d'un terrain drainé en décidant de procéder à la rectification du fossé intercommunal afin d'assurer un meilleur drainage des terres riveraines. • CE 29 juin 1998, n° 140792.

9. *Reliefs difficiles.* L'aggravation des conditions d'exploitation peut résulter de l'attribution d'un terrain en très forte pente et de surcroît de mauvaise qualité agronomique. • CE 10 févr. 1982, *Prieur,* n° 10663. ♦ ... D'un terrain coupé par la présence d'un talus marquant un important dénivellement. • CE 26 nov. 1982, *Min. agric. c/ Rabergeau,* n° 34279.

10. *Coupure des accès.* Constituent une aggravation des conditions d'exploitation : la disparition de l'accès à une parcelle. • CE 4 févr. 1981, *Min. agric. c/ Festuot-Mauclaire,* n° 23009. ♦ ... Le fait qu'une servitude de passage ne puisse plus être effectivement exercée depuis le remembrement, que l'accès par le nord obligerait au prélèvement d'un passage, au détriment des cultures, sur toute la longueur d'une parcelle déjà étroite et que celui par le sud contraindrait à un détour de 3 kilomètres. • CE 17 févr. 1989, n° 70324. ♦ ... Le remplacement d'un chemin rural donnant un accès correct aux parcelles par un sentier sinueux à forte déclivité rendant impossible le passage d'engins agricoles ou de remorques. • CAA Bordeaux, 19 juin 2008, n° 06BX00477.

11. *Forme des parcelles.* Ne constituent pas une aggravation : l'attribution d'une parcelle difficilement cultivable en raison de sa faible largeur qui n'entraîne pas une aggravation des conditions d'exploitation de l'ensemble des terres appartenant au requérant. • CE 29 juill. 1998, n° 150612. ♦ ... L'amputation d'une bande de terrain sur une parcelle, consécutive à la création d'un chemin d'exploitation dans le cadre des opérations de remembrement. • CE 26 juin 1998, n° 165182. ♦ En revanche, aggrave les conditions d'exploitation d'un bien de communauté l'attribution d'une parcelle qui présente une configuration irrégulière et comporte à chacune des extrémités des parties étroites. • CE 17 févr. 1989 : *préc. note 10.*

B. *REGROUPEMENT PARCELLAIRE*

12. *Notion.* Les modifications d'assiette des parcelles ne sont pas contraires à la directive de regroupement parcellaire. • CE 5 févr. 1982, *Mme Lestin : RD rur. 1982. 341.* ♦ Le démembrement d'une exploitation d'un seul tenant est en principe impossible. • CE 26 mai 1978, *Dlles Harcoury,* n° 94790. ♦ Le propriétaire qui avait apporté 94 parcelles dispersées et s'est vu attribuer dix parcelles constituant sept îlots de culture bénéficie ainsi d'un regroupement parcellaire. • CE 29 juin 1998, n° 140392. ♦ Il en est de même pour un regroupement de 28 parcelles en 8 lots. • CAA Bordeaux, 7 nov. 2006, *Denieau,* n° 04BX01220. ♦ La division d'une parcelle résultant de la construction d'une déviation routière indépendante des opérations de remembrement ne peut être prise en considération. • CE 31 mars 1989, *De La Motte,* n° 64932.

13. *Appréciation par compte.* N'est pas fondée la demande d'annulation lorsque l'examen du compte de remembrement des biens propres du requérant fait apparaître un regroupement important des propriétés de ce compte. • CE 11 févr. 1998, n° 128469. ♦ Les conditions d'exploitation s'apprécient compte par compte et non pour l'ensemble des parcelles constituant l'exploitation. • CE 16 mai 2007, n° 274209. ♦ La règle d'équivalence s'apprécie compte par compte, sans considérer une propriété familiale. • CAA Nancy, 10 déc. 2007, n° 06NC00315.

14. Situation des parcelles. Seules peuvent être prises en compte les parcelles situées dans le périmètre de remembrement. • CE 10 juill. 1996, n° 137328.

C. AMÉNAGEMENT RURAL

15. Le prélèvement de parcelles inscrites à l'inventaire supplémentaire des monuments historiques pour attribution à la commune pour l'aménagement touristique d'un site ne saurait être regardé comme un aménagement rural du périmètre de remembrement. • TA Rennes, 26 août 2004 : *AJDA 2004. 2120*.

III. DISTANCE AU CENTRE D'EXPLOITATION

16. Notion. Le centre d'exploitation est constitué des bâtiments affectés au logement du personnel ainsi qu'à l'abri du cheptel, des récoltes et du matériel, au service de l'exploitation des terres. • CE 8 févr. 1963, *Vve Pinon : Lebon 79.* ♦ L'affectation est vérifiée objectivement. Ainsi, sont écartés : des bâtiments vétustes. • CE 14 oct. 1981, *Corrard : RD rur. 1982. 447.* ♦ ... Des bâtiments en ruine même s'ils ont fait l'objet d'un commencement de rénovation. • CE 17 févr. 1999, *Mme Le Brun,* n° 178862. ♦ ... Le domicile du propriétaire, sans utilisation agricole. • CE 7 janv. 1986, *Min. agric. c/ Lory : RD rur. 1986. 91.* ♦ La volonté du propriétaire peut être prise en compte lorsqu'il possède plusieurs exploitations dans le périmètre de remembrement. • CE 1er juill. 1974, *Épx Binger : Lebon 385.* ♦ Ainsi, il peut être tenu compte de la volonté du propriétaire de maintenir plusieurs centres d'exploitation ou de n'en retenir qu'un seul. • CE 1er oct. 1965, *Min. agric. c/ Elie : Lebon 874.* ♦ Lorsque des terres sont louées à plusieurs fermiers, il existe autant de centres que d'exploitations louées. • CE 18 mai 1984, *Danion,* n° 24740. ♦ Les bâtiments du propriétaire ont été reconnus centre d'exploitation, même si une partie des terres était louée à un preneur qui disposait de bâtiments. • CAA Bordeaux, 17 févr. 2005, n° 01BX01379. ♦ Il peut être tenu compte de la volonté exprimée par le propriétaire de reprendre son exploitation louée. • CE 27 févr. 1981, *Min. agric. c/ Garsmeur,* n° 21615.

17. Appréciation de la modification. Le rapprochement des terres par rapport au centre d'exploitation s'apprécie pour l'ensemble des parcelles et non pour une seule. • CE 30 mars 1998, n° 180345. ♦ Même sens : • CE 22 mars 1999, *Cts Guiho,* n° 140576 • 28 juill. 2000, n° 170547. ♦ La distance prise en compte est une distance moyenne. • CE 1er févr. 1980, *Berregar : RD rur. 1980. 159.* ♦ Le calcul de la distance se réfère à l'itinéraire praticable par des engins modernes. • CE 27 févr. 2002, n° 208357 B : *RD rur. 2002. 637, obs. Astie.*

18. Allongement autorisé. Un léger allongement constaté pour un compte n'est pas de nature à entacher une attribution dès lors que ce compte a bénéficié d'un bon regroupement parcellaire. • CE 29 avr. 1998, n° 160776. ♦ Même sens : • CE 15 oct. 1999, n° 164426 • CAA Nancy, 5 juin 2003, *Schutz,* n° 98NC01339 : *RD rur. 2004. 116.* ♦ V. déjà : • CE 23 sept. 1981, *Huguet : Lebon 361.*

Art. L. 123-2 **Les bâtiments, ainsi que les terrains qui en constituent des dépendances indispensables et immédiates, peuvent être inclus dans le périmètre d'aménagement foncier agricole et forestier. Toutefois, à l'exception des bâtiments légers ou de peu de valeur qui ne sont que l'accessoire du fonds, ainsi que de leurs dépendances, ces bâtiments et terrains doivent, sauf accord exprès de leur propriétaire, être réattribués sans modification de limites.** — *[Anc. art. 20, al. 1er.]*

1. Qualité des bâtiments. Sont des bâtiments légers ou de peu de valeur des cabanes et abris aisément démontables. • CE 14 oct. 1966, *Mme Massoteau,* n° 66501 • 7 oct. 1981, *Chemin : RD rur. 1982. 115.* ♦ L'existence d'une construction en pierre exclut cette qualification. • CE 9 janv. 1980, *Murail : RD rur. 1980. 159* • CAA Bordeaux, 6 mars 2003, n° 99BX02773.

2. Terrain contigu. Ne doit pas être réattribué le terrain qui reçoit seulement les canalisations d'évacuation d'eau. • CE 8 juin 1977, n° 94342 B : *JCP N 1978. II. 77, note Linotte.* ♦ ... Ni la parcelle séparée du bâtiment par une voie communale. • CE 24 févr. 1982, *Le Méhauté,* n° 21419. ♦ Lorsqu'une parcelle appartenait aux requérants avant le remembrement et était séparée de leurs bâtiments d'exploitation par un chemin rural, elle ne saurait être considérée comme une dépendance indispensable et immédiate des bâtiments, à supposer même que ce chemin n'était plus utilisé, et alors même qu'il a été supprimé à l'occasion du remembrement. • CE 25 avr. 1997, n° 147623. ♦ Ne constitue pas une dépendance immédiate et indispensable de ces bâtiments : ... une parcelle contiguë à la parcelle supportant les bâtiments d'exploitation • CE 12 janv. 1996, n° 128914. ♦ ... Une partie d'un apport communal que le requérant louait et où il avait coutume de garer son matériel agricole • CE 23 déc. 1994, n° 105274. ♦ ... Un terrain planté d'arbres fruitiers. • CAA Nancy, 26 juin 2003, n° 98NC00858. ♦ ... Une parcelle de trente ares plantée en oliviers. • CAA Marseille, 19 juin 2003, n° 99MA00962 : *RD rur. 2004. 195.*

3. Terrain loué. Le locataire d'une parcelle contiguë à un bâtiment dont il est propriétaire n'a aucun droit à l'attribution de cette parcelle et n'a pas, non plus, qualité pour contester la décision de la commission départementale de ne pas réattribuer cette parcelle à la commune. • CE 23 déc. 1994, n° 105274 : *préc. note 2.*

4. Accord du propriétaire. L'accord du propriétaire pour qu'un bien bâti ne lui soit pas réattribué lie la commission, qui doit tenir compte des conditions de cet accord, telles que l'attribution audit propriétaire d'un terrain désigné apporté par un tiers. • CE 29 sept. 1982, n° 32346 B. ♦ Lorsque le propriétaire a donné son accord à une modification de forme de la parcelle, la modification des limites de cette parcelle n'intervient pas en violation des dispositions de l'art. 20 (devenu C. rur., art. L. 123-2). • CE 17 déc. 1997, n° 122138.

5. Obligation de réattribution. En l'absence d'accord du propriétaire d'une parcelle supportant un bâtiment d'exploitation à usage de cellier et quatre caves avant le remembrement, les commissions de remembrement ne peuvent légalement créer un chemin d'exploitation traversant cette parcelle. • CE 10 juin 1977, n° 00343 B.

Art. L. 123-3 **Doivent être réattribués à leurs propriétaires, sauf accord contraire, et ne subir que les modifications de limites indispensables à l'aménagement :**

1° Les terrains clos de murs qui ne sont pas en état d'abandon caractérisé ;

2° Les immeubles où se trouvent des sources d'eau minérale, en tant qu'ils sont nécessaires à l'utilisation convenable de ces sources ;

3° Les mines et les carrières dont l'exploitation est autorisée au sens du code minier, ainsi que les terrains destinés à l'extraction des substances minérales sur lesquels un exploitant de carrières peut se prévaloir d'un titre de propriété ou d'un droit de foretage enregistré depuis au moins deux ans à la date *(L. n° 2005-157 du 23 févr. 2005, art. 87 et 95, en vigueur le 1er janv. 2006)* **« de la délibération du conseil départemental ou de l'arrêté de son président fixant le périmètre, pris » dans les conditions de l'article L. 121-14 ;**

4° Les immeubles présentant, à la date *(L. n° 2005-157 du 23 févr. 2005, art. 87 et 95, en vigueur le 1er janv. 2006)* **« de la délibération du conseil départemental ou de l'arrêté de son président » fixant le périmètre d'aménagement foncier agricole et forestier, les caractéristiques d'un terrain à bâtir** *(Ord. n° 2014-1345 du 6 nov. 2014, art. 5-XIII-1°, en vigueur le 1er janv. 2015)* **« au sens de l'article L. 322-3 du code de l'expropriation pour cause d'utilité publique » ;**

5° De façon générale, les immeubles dont les propriétaires ne peuvent bénéficier de l'opération d'aménagement foncier agricole et forestier, en raison de l'utilisation spéciale desdits immeubles. — *[Anc. art. 20, al. 2.]*

1° TERRAIN CLOS DE MURS

1. Notion. La clôture doit entourer le terrain, ce que ne fait pas un amas de pierres sèches sans fondations. • CE 25 mars 1983, *Ferro : RD rur. 1984. 53* • 5 oct. 1990, n° 60135 : *RD rur. 1991. 47.*

2. État d'abandon. L'état d'abandon doit caractériser les murs et non le terrain enclos. • CE 12 juill. 1993, n° 86393 B. ♦ L'état d'abandon existe lorsqu'il frappe l'un des murs de clôture. • Même arrêt.

2° SOUS-SOLS PARTICULIERS

3. Source d'eau minérale. Une source d'eau minérale doit fournir une eau de qualité particulière et ne pas consister en un simple point d'eau. • CE 20 mars 1998, n° 128865 • 8 avr. 1994, n° 130333. ♦ Une simple source ferrugineuse ne peut être assimilée à une source d'eau minérale. • CE 6 nov. 1981, *Mme Munier,* n° 25006.

4. Terrains destinés à l'extraction de substances minérales. Le propriétaire d'un terrain présentant une vocation à être exploité en carrière à usage de gravière peut en demander la réattribution, même si c'est après l'ouverture du remembrement qu'un entrepreneur de travaux publics a exprimé son intention d'en assurer l'exploitation. • CE 5 juill. 1993, n° 95359 : *RD rur. 1993. 505.* ♦ En revanche, le propriétaire d'un terrain ne peut en demander la réattribution en invoquant l'exploitation ancienne d'une carrière et son intention de la reprendre. • CE 10 juill. 1996, n° 153587.

3° TERRAINS À BÂTIR

5. BIBL. Le Moal, *RD rur. 1982. 372* (qualification des terrains agricoles en terrains à bâtir). – Lepetit, *Gaz. Pal. 1986. 1. 56* (nouvelle définition des terrains à bâtir dans la loi n° 85-729 du 18 juill. 1985).

6. Obligation de réattribution. Les terrains présentant tous les caractères définis à l'art. L. 13-15 (II-1°) C. expr. doivent être réattribués à leur propriétaire. • CE 18 mai 1998, n° 160435. ♦ Les conditions doivent être remplies à la date de l'arrêté préfectoral fixant le périmètre de remembrement. • CE 23 juin 1999, n° 161657. ♦ Une délibération du conseil municipal postérieure à l'ouverture des opérations de remembrement ne peut fonder une modification des limites des parcelles réattribuées à leur propriétaire. • CE 9 déc. 2005, n° 267652.

7. Absence de desserte. N'est pas un terrain à bâtir obligatoirement réattribué à son propriétaire : le terrain présentant tous les caractères définis à l'art. L. 13-15 (II-1°) C. expr., mais n'étant pas doté d'une desserte au jour de l'arrêté fixant le périmètre de remembrement. • CE 29 avr. 1998, n° 150886. ♦ ... Le terrain qui n'est desservi par aucun réseau électrique, d'eau ou d'assainissement. • CE 28 juill. 2000, n° 170547.

8. POS. Une parcelle située en zone non constructible au plan d'occupation des sols ne peut être considérée comme un terrain à bâtir. • CE 3 juin 1998, n° 145846.

4° TERRAINS À UTILISATION SPÉCIALE

a. Utilisation non agricole

9. Activité de loisir. Une parcelle comprenant une partie boisée et une partie non boisée, ne comportant aucun aménagement particulier, ne saurait être regardée comme présentant le caractère d'un « jardin d'agrément » qui justifierait sa réattribution à son propriétaire. • CE 3 juin 1998, n° 145846 : *préc. note 8.* ♦ Une parcelle à laquelle est attaché un droit de pêche doit être réattribuée à son propriétaire. • CE 5 oct. 1960, *Min. agric. c/ Rousset.*

10. Terrain de sport. Une parcelle louée à l'union sportive de la commune et dotée des équipements correspondant à cette affectation (buts, marquage du sol aux dimensions réglementaires, adduction d'eau, drainage et nivellement du terrain, pelouse entretenue, clôtures, installation d'un vestiaire) présente le caractère d'un immeuble affecté à une utilisation spéciale. • CE 6 mars 1987, n° 53876 A. ♦ Dans le même sens, pour un terrain de ball-trap, V. • CE 3 oct. 1980, n° 10231 B.

11. Utilisation industrielle ou commerciale. La circonstance qu'une parcelle serait destinée aux besoins de l'activité industrielle et commerciale ne suffit pas à la faire regarder comme un immeuble à utilisation spéciale. • CE 3 juin 1998, n° 145846 : *préc. note 8.*

12. Équipement. Ne présentent pas le caractère d'immeuble à utilisation spéciale les parcelles jouxtant un château d'eau, même si la commune fait valoir un projet d'agrandissement et les règles sur la protection des sources. • CE 21 oct. 1998, n° 172853 : *RD rur. 1999. 302.*

13. Chemin. L'attribution d'un chemin privé à l'association foncière pour créer un chemin d'exploitation n'a pas été jugée illégale dès lors qu'il ne s'agissait pas d'un terrain à utilisation spéciale et que les propriétaires pouvaient continuer d'emprunter ce chemin pour accéder aux terres adjacentes qu'ils conservaient. • CE 14 mars 2001, n° 169249 B.

14. Réserve foncière. Fait obstacle à la réattribution la circonstance que le terrain soit inclus dans le périmètre d'une réserve foncière constituée en application de l'art. L. 123-27. • CE 16 mars 2011, n° 332604 B : *Gaz. Pal. 30-31 mars 2011, p. 1170.*

15. Parcelles boisées. Ne constituent pas un immeuble à utilisation spéciale : une parcelle portant 40 chênes, certains plus que centenaires. • CE 28 juill. 1999, n° 146292 : *RD rur. 2000. 296.* ♦ ... Ni une parcelle plantée d'une quinzaine d'arbres de haute futaie. • CE 13 oct. 1999, n° 158306 : *RD rur. 2000. 296.*

16. Valeur historique. La valeur historique d'une parcelle pour la famille du propriétaire ne justifie pas sa réattribution. • CE 31 mars 1989, n° 67932.

b. Utilisation agricole

17. QPC. Au regard de l'ensemble des garanties qui encadrent les opérations d'aménagement foncier pour les parcelles exploitées selon un mode de culture biologique, l'art. L. 123-3 ne porte pas une atteinte excessive au droit de propriété et ne constitue pas une question de constitutionnalité nouvelle ou sérieuse. • CE 14 sept. 2011, n° 348394 : *JCP 2011. 1054 ; DP entr. agric., Bull. n° 445, p. 5, note Inserguet-Brisset ; Gaz. Pal. 2011. 3129.*

18. Cultures spécialisées. Ne suffisent pas à faire considérer une parcelle comme un immeuble à utilisation spéciale : la culture d'une variété particulière de plante (courge muscade). • CE 29 avr. 1998, n° 160694. ♦ ... La plantation d'un verger non clos de murs. • CE 30 mars 1998, n° 180345. ♦ ... Un jardin potager. • CE 10 févr. 1999, n° 148780. ♦ ... La présence de pommiers. • CE 12 janv. 1996, n° 128914. ♦ L'utilisation de méthodes particulières de culture pour l'exploitation agricole de parcelles ne saurait conférer à celles-ci le caractère de terrain à utilisation spéciale. • CE 1er févr. 1993, n° 82102 B • CAA Paris, 10 févr. 2011, n° 09PA05289 • CE 25 juill. 2013, n° 348394 : *DP entr. agric., Bull. n° 466, p. 11, note Inserguet-Brisset ; RD rur. 2014, n° 6, note Robbe.* ♦ V. sur l'attribution de parcelles certifiées en agriculture biologique par équivalence prioritairement et à défaut sur l'attribution d'une soulte : art. L. 123-4.

19. Élevages spécialisés. Doivent être réattribués : un étang aménagé avant le remembrement pour l'élevage piscicole. • CE 24 juill. 1981, n° 25261 B : *RD rur. 1982. 38.* ♦ ... Une parcelle supportant des ruches. • CE 27 mars 2000, n° 172289.

20. Appellation d'origine. Il ne ressort pas des pièces du dossier que la parcelle litigieuse soit comprise dans l'aire délimitée d'appellation « champagne », elle ne présente donc pas les caractéristiques d'un terrain à utilisation spéciale. • CE 2 déc. 1998, n° 160887.

21. Point d'eau. L'aménagement propre s'entend d'un ensemble de moyens techniques suffisants et permanents. • CE 12 janv. 1996, n° 128914 : *préc. note 18.* ♦ N'ont pas le caractère d'immeubles à utilisation spéciale : ... une excavation à usage de point d'eau, qui n'avait pas fait l'objet d'un aménagement propre. • CE 11 févr. 1998, n° 128469 • CAA Nancy, 26 juin 2003 : *RD rur. 2004. 195.* ♦ Une parcelle longée par un ruisseau. • CE 27 mars 2000, n° 172289 : *préc. note 19.* ♦ ... Une parcelle sur laquelle se trouve un drain alimentant un réservoir destiné à abreuver le bétail. • CE 8 déc. 2000, n° 154508. ♦ ... Un puits non effectivement utilisable lors de l'ouverture du remembrement. • CE 5 janv. 2005, n° 256360 B. ♦ ... Les parcelles portant des canalisations souterraines d'irrigation et des points de sortie d'eau. • CE 6 avr. 2007, n° 265702 A. ♦ ... Une parcelle disposant d'une source non aménagée. • CE 16 mai 2007, n° 274209. ♦ En revanche, la présence d'un puits constitué de buses de ciment alimentant en eau quatre auges et un abreuvoir confère le caractère d'immeuble à utilisation spéciale. • CE 5 mai 1999, n° 156238 : *RD rur. 2000. 110* • 6 avr. 2007, n° 265702 : *préc.* ♦ Il en est de même pour : une parcelle portant une mare alimentant un abreuvoir et un point d'eau. • CE 23 juin 1999, n° 172249. ♦ ... Une parcelle portant une auge. • CE 13 oct. 1999, n° 149992. ♦ ... Une parcelle longeant une rivière. • CE 26 nov. 1999, n° 172948.

22. Aménagements divers. Doit être réattribuée une parcelle servant, à proximité d'une ferme, d'accessoire à une plate-forme à fumier cimentée couvrant une fosse à purin. • CE 17 janv. 1962, *Dlle Faivre : Lebon 876.*

Art. L. 123-4 **Chaque propriétaire doit recevoir, par la nouvelle distribution, une superficie globale équivalente, en valeur de productivité réelle, à celle des terrains qu'il a apportés, déduction faite de la surface nécessaire aux ouvrages collectifs mentionnés à l'article L. 123-8 et compte tenu des servitudes maintenues ou créées.**

(L. n° 2005-157 du 23 févr. 2005, art. 89 et 95, en vigueur le 1er janv. 2006) **« Lorsque des terrains visés aux articles L. 123-2 et L. 123-3 ou situés dans les zones urbanisées ou d'urbanisation future identifiées par les documents d'urbanisme visés à l'article L. 121-1 et ne bénéficiant pas des éléments de viabilité** *(Ord. n° 2014-1345 du 6 nov. 2014, art. 5-XIII-2°, en vigueur le 1er janv. 2015)* **« mentionnés à l'article L. 322-3 du code de l'expropriation pour cause d'utilité publique » sont attribués à la commune en vue de la réalisation des projets communaux ou intercommunaux visés à l'article L. 123-27 du présent code, il peut être attribué au propriétaire une valeur d'échange tenant compte de la valeur vénale résultant des caractéristiques desdits terrains.**

« L'attribution d'une soulte en espèces, fixée le cas échéant comme en matière d'expropriation, peut être mise à la charge de la commune. Cette soulte est recouvrée dans les conditions définies au dernier alinéa de l'article L. 121-24. »

Sauf accord exprès des intéressés, l'équivalence en valeur de productivité réelle doit, en outre, être assurée par la commission communale dans chacune des natures de culture qu'elle aura déterminées. Il peut toutefois être dérogé, dans les limites qu'aura fixées la commission départementale pour chaque région agricole du département, à l'obligation d'assurer l'équivalence par nature de culture.

La commission départementale détermine, à cet effet :

1° Après avis de la chambre d'agriculture, des tolérances exprimées en pourcentage des apports de chaque propriétaire dans les différentes natures de culture et ne pouvant excéder 20 p. 100 de la valeur des apports d'un même propriétaire dans chacune d'elles ;

2° *(L. n° 95-95 du 1er févr. 1995)* **« La surface au-dessous de laquelle les apports d'un propriétaire pourront être compensés par des attributions dans une nature de culture différente ; cette surface ne peut excéder 80 ares. »**

La dérogation prévue au 2° ci-dessus n'est pas applicable, sans leur accord exprès, aux propriétaires dont les apports ne comprennent qu'une seule nature de culture.

(L. n° 95-95 du 1er févr. 1995) **« Tout propriétaire de parcelles situées dans une aire délimitée d'appellation d'origine contrôlée ne couvrant qu'une partie du périmètre d'aménagement foncier agricole et forestier peut demander à la commission communale ou intercommunale d'aménagement foncier qu'une superficie équivalente lui soit attribuée dans cette aire. »**

(L. n° 2010-788 du 12 juill. 2010, art. 113) **« Tout propriétaire de parcelle ayant fait l'objet d'une certification en agriculture biologique conformément aux articles 27 et 28 du règlement (CE) n° 834/2007 du Conseil du 28 juin 2007 relatif à la production biologique et à l'étiquetage des produits biologiques et abrogeant le règlement (CEE) n° 2092/91 ou en cours de conversion depuis au moins un an est prioritaire pour l'attribution nouvelle d'une superficie équivalente de terrains ayant fait l'objet d'une même certification. »**

Le paiement d'une soulte en espèces est autorisé lorsqu'il y a lieu d'indemniser le propriétaire du terrain cédé des plus-values transitoires qui s'y trouvent incorporées et qui sont définies par la commission. Le montant de la soulte n'est versé directement au bénéficiaire que si l'immeuble qu'il cède est libre de toute charge réelle, à l'exception des servitudes maintenues. La dépense engagée par le département au titre de l'aménagement foncier agricole et forestier de la commune comprend, dans la limite de 1 p. 100 de cette dépense, les soultes ainsi définies.

Le paiement de soultes en espèces est également autorisé lorsqu'il y a lieu d'indemniser les propriétaires de terrains cédés des plus-values à caractère permanent. Dans ce cas, le montant des soultes fixé par la commission communale est versé à l'association foncière par l'attributaire des biens comprenant la plus-value. Le recouvrement des soultes auprès de cet attributaire s'effectue comme en matière de contributions directes. Le versement des soultes aux propriétaires des terrains cédés est assuré par le président de l'association foncière sur décision de la commission communale.

(L. n° 2010-788 du 12 juill. 2010, art. 115) **« Le paiement d'une soulte est mis à la charge du département lorsqu'il y a lieu d'indemniser les propriétaires exploitants qui, en contrepartie de parcelles d'apport certifiées en agriculture biologique conformément aux articles 27 et 28 du règlement (CE) n° 834/2007 du Conseil du 28 juin 2007 précité, reçoivent des parcelles en agriculture conventionnelle ou en conversion ou qui, en contrepartie d'apport de parcelles en conversion, reçoivent des parcelles en agriculture conventionnelle ou à un stade de conversion différent. Les conditions de paiement de cette soulte sont fixées par la délibération du conseil départemental ordonnant l'opération d'aménagement foncier. »**

Exceptionnellement, une soulte en nature peut être attribuée avec l'accord des propriétaires intéressés. – *[Anc. art. 21, al. 1er et 3 s.]*

BIBL. ▶ RIVIER, *RD rur. 2011, n° 78* (appréciation de la règle d'équivalence).

COMMENTAIRE

A. PRINCIPE D'ÉQUIVALENCE

La procédure d'aménagement foncier doit garantir à chaque propriétaire une équivalence entre ses apports et les parcelles attribuées. Il s'agit d'une équivalence en productivité réelle et non en valeur productive. Celle-ci se détermine au terme d'une double opération menée par la commission communale. Il doit être constitué des catégories par masses de répartition, c'est-à-dire des zones géographiques délimitées par leurs caractéristiques naturelles, leurs voies de communication, les constructions qui y figurent, les conditions d'exploitation, la nature des cultures et les traditions de culture. Puis dans chaque catégorie, il doit être procédé à un classement des terres selon leur valeur culturale. Chaque parcelle apportée reçoit en conséquence un nombre de points selon sa productivité réelle. En principe, chaque propriétaire doit recevoir une parcelle par masse de répartition aux fins de ne pas bouleverser l'exploitation, et cette attribution doit être équivalente en points à son apport par nature de culture. Ce principe d'équivalence n'est pas d'ordre public, ce qui a été confirmé par la loi du 23 février 2005 qui a multiplié les exceptions (V. aussi art. L. 123-4-1). Ainsi, dans le cas où certains terrains sont attribués à la commune pour la réalisation d'ouvrages communaux, équipements collectifs ou projet pour la protection de l'environnement et la prévention des risques naturels, s'il s'agit de terrains ou bâtiments qui par nature devaient être réattribués à leur propriétaire ou s'il s'agit de terrains en zone d'urbanisation actuelle ou future sans équipement de viabilité, alors les propriétaires peuvent recevoir une valeur d'échange tenant compte de la valeur vénale de ces parcelles et la commune peut se voir contrainte au paiement d'une soulte en espèces.

Par ailleurs, il peut être imposé aux propriétaires une dérogation à l'équivalence en valeur de productivité réelle par nature de culture dans les limites fixées par la commission départementale. Toute autre dérogation peut encore être organisée sous réserve de l'accord exprès de l'intéressé.

Enfin, les attributions s'opèrent après les prélèvements non indemnisés des terres nécessaires à la réalisation des ouvrages collectifs (V. art. L. 123-8).

B. SOULTES

Les plus-values transitoires ouvrent droit par exception au paiement au propriétaire d'une soulte, sous réserve de trois conditions. D'abord les éléments justifiant la demande ont dû être effectivement incorporés au terrain cédé, sans qu'il soit possible de les récupérer. Ensuite, la perte desdits éléments doit créer un préjudice au propriétaire. Enfin, l'immeuble doit être laissé libre de toute charge réelle sauf servitude. La soulte indemnise la perte et non pas la reconstruction d'un même élément. Il en est de même pour la soulte consentie au titre d'une plus-value permanente versée à l'association foncière par l'attributaire ; le propriétaire obtient cette soulte du président de l'association.

La loi du 12 juillet 2010 a posé le principe d'une attribution prioritaire des parcelles certifiées en agriculture biologique pour tout propriétaire d'une telle parcelle ou d'une parcelle en cours de conversion depuis au moins un an. A défaut, le département est tenu de verser une soulte. L'apporteur de terres situées dans une aire AOC incluse dans le périmètre du remembrement peut demander l'attribution de terres dans cette même aire. L'équivalence doit être trouvée dans cette zone. Cette différence de traitement résulte du fait que la certification perdue peut être reconstituée sur un autre fonds, et le préjudice est alors temporaire, tandis que si le signe de qualité est perdu le préjudice est définitif. ❑

1. QPC. L'art. L. 123-4 ne méconnaît pas le droit de propriété ni ne porte une atteinte excessive à ce dernier. • CE, QPC, 22 oct. 2010, n° 341869 A : *Gaz. Pal. 17-18 nov. 2010 ; Gaz. Pal. 2011. 986, note Peignot et Millard.* ♦ Au regard de l'ensemble des garanties qui encadrent les opérations d'aménagement foncier pour les parcelles exploitées selon un mode de culture biologique, l'art. L. 123-4 ne porte pas une atteinte excessive au droit de propriété et ne justifie pas une question de constitutionnalité nouvelle ou sérieuse. • CE 14 sept. 2011, n° 348394 A : *JCP 2011. 1054 ; DP entr. agric., Bull. n° 445, p. 5, note Inserguet-Brisset.*

A. PRINCIPE D'ÉQUIVALENCE

1° SUPERFICIE GLOBALE

2. Principe. La loi ne garantit aux propriétaires ni une égalité absolue entre la surface qui leur est attribuée et celle de leurs apports, ni une équivalence parcelle par parcelle ou classe par classe entre ces terres et les commissions de remembrement sont seulement tenues d'attribuer des lots équivalents en valeur de productivité réelle aux apports de chaque propriétaire après déduction de la surface nécessaire aux ouvrages collectifs. • CE 29 juin 1998, n° 140792 • CAA Nantes, 17 juill. 2020, n° 18NT02970. ♦ Au regard de l'objectif d'aménagement foncier agricole qui répond à un besoin d'intérêt général, le critère d'appréciation de la valeur des terres selon leur rendement cultural apparaît pertinent. • CE, QPC, 22 oct. 2010, n° 341869 A : *préc. note 1.*

3. Catégories. En décidant de réunir l'ensemble des parcelles remembrées dans une seule nature de culture, dite « terres à vocation herbagère », une commission départementale d'aménagement foncier méconnaît les dispositions de la loi lorsque, compte tenu de la nature des sols et des traditions de culture à la date de l'arrêté préfectoral fixant le périmètre de remembrement, les terrains boisés inclus dans ce périmètre et les terres de labour utilisables en prairies artificielles ne pouvaient être rangés dans la même catégorie que les prairies naturelles car ces deux utilisations du sol n'avaient pas un caractère marginal par rapport à l'ensemble de la superficie soumise à remembrement. • CE 10 juill. 1987, n° 75320. ♦ La création d'une catégorie distincte est admise pour des parcelles de production de récoltes servant à l'élaboration de produits AOC. • CE 2 févr. 1983, n° 22489 B • CAA Nancy, 8 févr. 2001, *Cts Antoine : Gaz. Pal. 31 mai-1er juin 2002. 40* • CE 30 avr. 1975, n° 90477 A. ♦ La nature des sols et les traditions culturales peuvent conduire à considérer que, dans une commune déterminée, les parcelles boisées, d'une part, et les terres consacrées à des pépinières d'autre part, constituent des catégories distinctes de la catégorie « terres ». • CE 25 avr. 1986, n° 46987. ♦ Rien ne s'oppose à la création d'une catégorie unique. • CE 19 juin 1992, n° 98124. ♦ En ne créant qu'une seule catégorie de cultures et en rangeant les herbages naturels dans la même catégorie que les terres labourables, la commission intercommunale d'aménagement foncier a méconnu la loi lorsque les terres étaient, traditionnellement, majoritairement exploitées en herbages naturels, mais qu'une tendance à l'exploitation en terres labourables était constatée depuis plusieurs années et que les deux modes d'exploitation étaient couramment pratiqués dans la commune. • CE 17 déc. 1997, n° 145480.

4. Classes. A l'intérieur de chaque catégorie, les commissions peuvent établir des classes ou retenir une classe unique. • CE 30 nov. 1979, *Min. Agric. c/ Pargon*, n° 9275. ♦ Elles doivent se placer à la date de l'arrêté préfectoral fixant le périmètre de remembrement. • CE 21 juin 1968, *Henryon : Lebon 379.* ♦ Et il ne peut être retenu la nature de culture modifiée après exécution des travaux connexes du remembrement. • CE 28 juill. 2017, n° 395140 B : *DP entr. agric., Bull. n° 510, p. 12,* *note Inserguet-Brisset ; RD rur. 2017, n° 229, note Rivier ; Gaz. Pal. 2017. 3013.*

5. Erreur de classement. Si le juge administratif peut rectifier une erreur de classement, il ne peut annuler une décision de la commission départementale lorsque les requérants invoquent un rapport d'expertise élaboré à leur initiative de façon non contradictoire. • CE 30 juill. 1997, n° 161798. ♦ L'erreur de classement s'établit au regard des caractéristiques des parcelles étalons utilisées en référence et de la méthode employée par la commission. • CAA Nancy, 5 avr. 2022, n° 19NC02489.

6. Égalité en points. Lorsque le compte en points, en valeur de productivité réelle, pour les biens propres d'un requérant présente un excédent en sa faveur, le fait que certaines parcelles attribuées contiennent des terrains d'une qualité inférieure à celle des apports est sans influence sur la légalité de la décision contestée dès lors que la productivité de l'ensemble des lots équivaut à celle de l'ensemble desdits apports sans entraîner de bouleversement des conditions d'exploitation. • CE 29 juin 1998, n° 140792. ♦ Même sens : • CE 7 déc. 2001, n° 200060 : *RD rur. 2002. 248.* ♦ L'équivalence entre les apports réduits et les attributions dans la catégorie de culture « terre » n'est pas assurée lorsqu'un compte présente un déficit de plus de 6 % des points attribués. • CE 17 déc. 1997, n° 126286. ♦ Même sens pour un déficit moindre de points. • CE 14 avr. 1999, n° 160010. ♦ Mais une légère différence entre apports et attribution doit être tolérée. • CE 22 mars 1999, n° 140576 • 22 nov. 1999, n° 190583 ♦ L'équivalence a été jugée respectée lorsque l'apporteur reçoit une superficie moindre de 10 % de celle apportée représentant un nombre de points distinct de 1 % (en plus de son apport). • CAA Bordeaux, 28 nov. 2002, n° 98BX01068. – V. aussi • CAA Bordeaux, 14 oct. 2004, n° 00BX02808 : *RD rur. 2023. Chron. 2, p. 13, obs. Rivier.*

7. Déséquilibre des conditions d'exploitation. Quand un compte présente un déficit très important, tant en points qu'en surface, dans l'ensemble des classes de valeurs culturales comparables, alors que la valeur de productivité des attributions est pratiquement égale à celle des apports mais que l'augmentation totale de superficie est de 9, 2 %, l'importance des modifications apportées à la répartition des biens de ce compte entre les classes de terrains entraîne un grave déséquilibre des conditions d'exploitation. • CE 29 avr. 1998, n° 150886. ♦ Quand les requérants ont reçu moins de terres dans certaines classes et plus de terres dans des classes inférieures qu'ils n'en avaient apportées, alors que ni le glissement ainsi réalisé dans la répartition des terres, ni le faible accroissement en superficie des attributions ne révèlent un grave déséquilibre dans les conditions d'exploitation, ils ne peuvent obtenir l'annulation des décisions des commissions de remembrement. • CE 29 avr. 1998, n° 160776. ♦ Les conditions d'exploitation ont été jugées aggravées par une importante diminution de superficie malgré le maintien du nombre de points. • CE 8 déc. 2000, n° 154508. ♦ Pour un exemple d'équilibre en valeur de productivité réelle obtenu par compensation entre surfaces et points, V. • CE 5 mars 1999, n° 171394.

2° ÉQUIVALENCE PAR NATURE DE CULTURE

a. Principe

8. Rôle des catégories. L'équivalence se mesure pour chaque nature de culture. • CE 23 janv. 1980, *Cros : RD rur. 1980. 159.* ♦ Même sens : • CE 10 févr. 1999, n° 148780 • 28 juill. 1999, n° 146805. ♦ Un fort déficit dans la catégorie « terre » ne peut être compensé par un avantage dans la catégorie « pré ». • CE 31 juill. 1996, n° 110016. ♦ Dès lors qu'elle avait reconnu le déséquilibre existant entre les apports et les attributions d'un propriétaire, la commission départementale est tenue de rechercher les modifications du parcellaire susceptibles de réaliser l'équivalence prescrite par catégorie de culture. • CE 11 oct. 1978, n° 03157 A. ♦ Peut être refusé l'échange de terres labourables contre des parcelles plus proches constitutives de prés sur le fondement de l'équivalence par nature de culture. • CE 10 sept. 2007, n° 274667.

9. Grands travaux. V. art. L. 123-26, al. 3, et • CE 7 juill. 1997, n° 133271.

10. Absence d'équivalence par classe. Si l'examen d'un compte fait apparaître un déficit relativement important en superficie dans les classes 1 et 2, compensé par un fort excédent dans la classe 3, les modifications apportées à la répartition des biens du requérant dans la catégorie « terres » n'ayant pas entraîné, eu égard notamment à la faible différence relative de valeurs culturales entre les classes dans cette catégorie, un déséquilibre dans les conditions d'exploitation, la règle de l'équivalence n'est pas méconnue. • CE 29 juill. 1998, n° 150612.

b. Dérogations

11. Publication de la décision de la commission départementale. En l'absence de publication au recueil des actes administratifs de la préfecture, la décision de la commission départementale est inopposable aux propriétaires. • CE 11 févr. 1998, n° 128469 • 17 déc. 1997, n° 126286 • 25 mars 1994, n° 132277.

B. PAIEMENT DE SOULTES

1° OUVRAGES COLLECTIFS COMMUNAUX

12. Conditions d'attribution. Une commune peut recevoir, en raison des droits qu'elle tient de ses apports, les terrains nécessaires à la réalisation ultérieure d'équipements communaux sans que soit maintenue par l'ordonnance n° 67-809 du 22 sept. 1967 l'exigence d'une déclaration d'utilité publique. • CE 17 oct. 1994, n° 77342 B. ♦ La commission départementale d'aménagement foncier attribue les parcelles à une commune dans le but de lui permettre de s'assurer l'assiette foncière nécessaire à l'exécution ultérieure des équipements communaux prévus et si une requérante soutient que d'autres parcelles auraient été mieux adaptées à la réalisation des équipements projetés par la commune, il n'appartient pas au juge de l'excès de pouvoir d'examiner l'opportunité d'un tel choix. • CE 17 oct. 1994, n° 77342 : *préc.*

2° PLUS-VALUES TRANSITOIRES

13. Montant de la soulte. La soulte en espèces dont le paiement est autorisé « lorsqu'il y a lieu d'indemniser le propriétaire du terrain cédé des plus-values transitoires qui s'y trouvent incorporées » doit être fixée à une somme correspondant à la perte subie par l'intéressé. • CE 13 juin 1980, n° 15707 A. ♦ Même si les arbres dont une parcelle était plantée n'ont pas fait l'objet, de la part de leur propriétaire, des soins propres à en assurer le meilleur rendement, une soulte très faible attribuée au requérant ne correspond pas à la perte qu'il a subie. • Même arrêt. ♦ La soulte doit couvrir la plus-value transitoire résultant des investissements réalisés pour convertir les parcelles à l'agriculture biologique. • CE 25 juill. 2013, n° 348394 : *DP entr. agric., Bull. n° 466, p. 11, note Inserguet-Brisset ; RD rur. 2014, n° 6, note Robbe ; Gaz. Pal. 18-19 sept. 2013.*

14. Paiement d'une soulte. Ne peut justifier une soulte la présence d'un équipement vétuste. • CE 11 janv. 1980, *Ponsin*, n° 8148. ♦ ... Ou d'arbres fruitiers en mauvais état. • CE 20 oct. 1989, n° 71721. ♦ L'association foncière ne peut avoir la charge de plus-values transitoires pour un ensemencement antérieur au remembrement faute d'accord de la majorité des propriétaires. • CE 17 mai 1999 n° 165405 : *RD rur. 2000. 110.* ♦ La commission nationale d'aménagement foncier a pu prescrire au département de payer une soulte au propriétaire d'un terrain situé dans l'emprise de l'autoroute au titre de la plus-value transitoire. • CE 10 déc. 2001, n° 181482 A : *RD rur. 2002. 252 ; Gaz. Pal. 4-5 sept. 2002. 44 ; RFDA 2002. 172.*

3° PLUS-VALUES PERMANENTES

15. Drainages. Une commission départementale d'aménagement foncier peut, sans commettre d'erreur de droit, décider que la perte des dispositifs de drainage que le propriétaire avait installés sur certaines de ses parcelles d'apport justifiait l'attribution d'une soulte. • CE 29 juin 1998, n° 145448. ♦ *Contra* : • CAA Nantes, 27 déc. 2002, *Jouanneau*, n° 00NT01577 : *RD rur. 2003. 398.* ♦ La soulte doit couvrir la perte de valeur réelle du drainage présent sur la parcelle apportée sans pour autant devoir financer la reconstitution de cet aménagement sur la parcelle attribuée. • CE 27 févr. 2002, n° 208357 B. ♦ Les propriétaires ayant reçu des terres marécageuses, bois et friches en échange de parcelles drainées céréalières peuvent légalement recevoir une soulte au titre de la perte des plus-values incorporées au sol. • CE 15 janv. 2003, *M. et Mme Bourges*, n° 242545 : *RD rur. 2003. 476.*

Art. L. 123-4-1 *(L. n° 2005-157 du 23 févr. 2005, art. 89 et 95, en vigueur le 1er janv. 2006)* **Lorsque la commission communale ou intercommunale d'aménagement foncier le propose, le conseil départemental peut décider d'ordonner une opération d'aménagement foncier agricole et forestier en dérogeant aux dispositions de l'article L. 123-4. Sauf accord exprès de l'intéressé, chaque propriétaire doit recevoir des attributions d'une valeur vénale équivalente à celle de ses apports et d'une superficie qui ne doit être ni inférieure ni supérieure de plus de 10 % à celle desdits apports, déduction faite de la surface nécessaire aux ouvrages collectifs mentionnés à l'article L. 123-8 et compte tenu des servitudes maintenues ou créées.**

Tout propriétaire de parcelles situées dans une aire d'appellation d'origine contrôlée ne couvrant qu'une partie du périmètre d'aménagement foncier agricole et forestier peut demander à la commission communale ou intercommunale d'aménagement foncier qu'une superficie équivalente lui soit attribuée dans cette aire.

Lorsque des réclamations portant sur la valeur vénale des terrains émanent de propriétaires n'ayant pas donné leur accord exprès prévu au premier alinéa et qu'il n'est pas possible d'établir l'égalité de valeur sans bouleverser le plan des échanges, la commission prévoit, au besoin par expertise, le paiement d'une soulte pour rétablir l'égalité. Les soultes sont supportées par les propriétaires bénéficiaires des échanges et sont recouvrées dans les conditions définies au dernier alinéa de l'article L. 121-24.

Lorsque des terrains visés aux articles L. 123-2 et L. 123-3 ou situés dans les zones urbanisées ou d'urbanisation future identifiées par les documents d'urbanisme visés à l'article L. 121-1 et ne bénéficiant pas des éléments de viabilité *(Ord. n° 2014-1345 du 6 nov. 2014, art. 5-XIII-2°, en vigueur le 1er janv. 2015)* **« mentionnés à l'article L. 322-3 du code de l'expropriation pour cause d'utilité publique » sont attribués à la commune**

en vue de la réalisation des projets communaux ou intercommunaux visés à l'article L. 123-27 du présent code, la commune verse au propriétaire une soulte en espèces, fixée le cas échéant comme en matière d'expropriation, afin d'indemniser la perte de plus-value vénale résultant des caractéristiques desdits terrains. Cette soulte est recouvrée dans les conditions définies au dernier alinéa de l'article L. 121-24.

Les dispositions du présent article ne sont pas applicables aux opérations d'aménagement foncier réalisées en application des dispositions des articles L. 123-24 à L. 123-26.

COMMENTAIRE

La loi du 23 février 2005 a ajouté un nouveau principe d'équivalence pour les procédures d'aménagement foncier que le conseil général peut décider d'imposer sur proposition de la commission communale ou intercommunale. L'échange doit alors s'opérer en équivalence de valeur vénale, les surfaces attribuées devant être égales à celles apportées avec une possible variation de plus ou moins 10 % des apports. Toute dérogation est possible à ces limites sur accord exprès du propriétaire intéressé.

En cas de contestation par les propriétaires de la valeur vénale retenue, une soulte peut être prévue pour rétablir l'égalité en valeur si le rétablissement nécessaire bouleversait le plan des échanges.

Voir notre commentaire sous l'article L. 123-4 (A).

Art. L. 123-4-2 *(L. n° 2014-1170 du 13 oct. 2014, art. 27-2°)* **Le projet de nouveau parcellaire et de programme de travaux connexes de l'aménagement foncier agricole et forestier établi par la commission communale ou intercommunale d'aménagement foncier est soumis par le président du conseil départemental à une enquête publique organisée dans les conditions prévues au chapitre III du titre II du livre I du code de l'environnement, selon des modalités définies par décret en Conseil d'État.**

Art. L. 123-5 **Lorsque les nécessités de l'aménagement foncier agricole et forestier justifient la modification de la circonscription territoriale des communes, cette modification est prononcée par le préfet, sans qu'il y ait lieu de faire application des dispositions de l'article 2, alinéa 2, et de l'article 3 de l'ordonnance n° 45-2604 du 2 novembre 1945 et des dispositions du premier alinéa de l'article L. 112-20 du code des communes** *[CGCT, art. L. 2112-12]*.

La décision du préfet est publiée en même temps que *(L. n° 2005-157 du 23 févr. 2005, art. 87 et 95, en vigueur le 1er janv. 2006)* **« la décision du président du conseil départemental » ordonnant le dépôt et l'affichage du plan définitif d'aménagement foncier agricole et forestier.** – *[Anc. art. 22.]* – *V. CGCT, art. L. 2112-13.*

Art. L. 123-6 **Sauf exception justifiée, il n'est créé qu'une seule parcelle par propriétaire dans une masse de répartition.** – *[Anc. art. 23.]*

1. Commet une erreur d'appréciation la commission départementale qui attribue deux parcelles non contiguës dans une masse sans qu'il soit établi que des circonstances particulières auraient fait obstacle à ce que la nouvelle parcelle attribuée soit contiguë à l'autre. • CE 20 déc. 2006, *Thouet*, n° 271054.

2. La commission a pu sans méconnaître le principe de l'unicité de parcelles accorder une indemnité correspondant au déplacement d'une haie pour constituer un seul lot. • CE 10 sept. 2007, *Deloge-Poure*, n° 274667.

3. L'irrespect du principe d'unicité des parcelles qui n'a pas été évoqué devant ou par la commission départementale d'aménagement foncier est ensuite irrecevable. • CAA Nancy, 10 déc. 2007 : *Gaz. Pal. 12 juill. 2008, p. 21.*

Art. L. 123-7 **A l'intérieur du périmètre d'aménagement foncier agricole et forestier, la commission peut décider la destruction des semis et plantations existant sur des parcelles de faible étendue et isolées lorsqu'elle estime que leur maintien est gênant pour la culture.**

Elle fixe l'indemnité à verser aux propriétaires de ces parcelles pour reconstitution de semis ou plantations équivalents dans les zones de boisement et pour perte d'avenir.

Les frais de destruction et les indemnités sont pris en charge par le département. – *[Anc. art. 21-1.]*

V. art. R. 123-1 s.

SECTION 2 Les chemins d'exploitation et les travaux connexes d'amélioration foncière

COMMENTAIRE

Les travaux connexes ont pour but de permettre les meilleures conditions d'exploitation et de desserte de l'ensemble des terres remembrées. Il s'agit d'ouvrages collectifs ayant la nature de travaux publics, qui constituent les accessoires nécessaires du remembrement. Ils doivent être réalisés dans le souci du respect de l'environnement et des données topographiques et pour la sauvegarde des équilibres naturels, la protection des sols ou la remise en bon état des continuités écologiques. La commission communale a pouvoir de les engager sous réserve d'une part d'une demande préalable au conseil municipal concernant les travaux visés à l'article L. 123-8 du code rural aux fins de savoir si la commune décide d'assurer la maîtrise d'œuvre de ces ouvrages. De plus s'il s'agit de modifier le tracé ou supprimer la voirie communale, la commission ne forme qu'une proposition au conseil municipal qui garde pouvoir de décision ; le conseil général est compétent s'il s'agit de modification de la voirie départementale. Si le conseil municipal n'a pas décidé de prendre en charge les travaux, l'exécution, la gestion et l'entretien de ces ouvrages sont confiés à une association foncière : association syndicale regroupant les propriétaires des parcelles remembrées. ❑

Art. L. 123-8 *(L. n° 2010-874 du 27 juill. 2010, art. 59-2°)* **La commission communale d'aménagement foncier a qualité, dans le respect des équilibres naturels, pour décider à l'occasion des opérations et dans leur périmètre :**

1° L'établissement de tous chemins d'exploitation nécessaires pour desservir les parcelles ;

2° Tous travaux affectant les particularités topographiques lorsque ces travaux présentent un caractère d'intérêt collectif pour l'exploitation du nouvel aménagement parcellaire dans le respect de ces particularités topographiques prévues par les exploitants agricoles en application des règles relatives aux bonnes conditions agricoles et environnementales ;

3° Tous travaux d'amélioration foncière connexes à l'aménagement foncier agricole et forestier, tels que ceux qui sont nécessaires à la sauvegarde des équilibres naturels, à la protection des sols ou à la remise en bon état des continuités écologiques ;

4° Les travaux d'aménagement hydraulique rendus indispensables au bon écoulement des eaux, en raison de l'exécution de travaux mentionnés au 3° ;

5° L'exécution de tous travaux et la réalisation de tous ouvrages nécessaires à la protection des forêts ;

6° L'exécution de travaux de nettoyage, remise en état, création et reconstitution d'éléments présentant un intérêt pour les continuités écologiques et les paysages tels que les haies, plantations d'alignement, talus, fossés et berges. La commission communale d'aménagement foncier identifie les emprises foncières correspondant à ces éléments.

L'assiette des ouvrages et des travaux mentionnés aux 1°, 3°, 4° et 5° est prélevée sans indemnité sur la totalité des terres à aménager.

1. Travaux autorisés. Les frais d'édification d'une clôture n'entrent dans aucune des catégories prévues par l'art. 25 (devenu art. L. 123-8) C. rur. • CE 8 févr. 1980, *Min. agric. c/ Cts Yver-Verrier*, n° 12356. ♦ La création de retenues de laminage des crues d'un ruisseau dans le but de réduire les risques d'inondations de l'agglomération et la détérioration des douves du château qu'alimente ladite rivière, ainsi que d'assainir en même temps la vallée de ce cours d'eau, ne peut être regardée ni comme l'un des travaux d'amélioration foncière connexes au remembrement, ni comme l'un des travaux de rectification ou de régularisation d'un cours d'eau exécutés pour des fins et dans les conditions que prévoient les dispositions de l'art. 25 (devenu art. L. 123-8) C. rur. • CE 28 avr. 1989, ⚖ n° 78845. ♦ Est nulle la décision de la commission ordonnant des travaux de déviation d'un ruisseau qui ont pour conséquence l'assèchement d'une parcelle constituant un bief alimentant un moulin réattribué au propriétaire pour son utilisation spéciale. • CE 17 mai 2000, ⚖ n° 159582 : *RD rur. 2001. 53.*

2. Ne constituent pas des travaux connexes aux opérations de remembrement de la compétence de la commission départementale : ... la création de « gares à betteraves ». • CE 24 févr. 1999, ⚖ n° 170891 : *RD rur. 1999. 203 et 546* ♦ ... Le transfert des végétaux d'une parcelle exploitée par un pépiniériste. • CE 15 janv. 2003, *Sté nouvelle des pépinières de Bernay*, n° 241104 : *RD rur. 2003. 476.* ♦ ... Les travaux visant à modifier la nature de culture des parcelles attribuées. • CE 28 juill. 2017, n° 395140 B : *DP entr. agric., Bull. n° 510, p. 12, note Inserguet-Brisset ; RD rur. 2017, n° 229, note Rivier ; Gaz. Pal. 2017. 3013.*

3. Constituent des travaux connexes au remembrement : ... la création d'une bande boisée dans le projet paysage d'une autoroute. • CAA Nantes, 26 mars 2002, *M. Vallier : RD rur. 2002. 643.* ♦ ... La plantation d'une haie bocagère le long d'une route départementale. • CAA Nantes, 9 avr. 2002, *Mme Marguerite : RD rur. 2002. 643.* ♦ ... La mise en place d'une canalisation destinée à l'irrigation des parcelles d'un GFA en compensation de l'apport par celui-ci de parcelles dotées d'un système d'irrigation, en réponse au besoin de préserver les conditions d'exploitation et permettre l'échange des parcelles prévues au plan de remembrement. • CE 15 oct. 2004, n° 248289 : *RD rur. 2005, inf. 338.*

4. Eaux nuisibles. Une commission communale peut légalement décider de faire exécuter des travaux de rectification d'un cours d'eau dans le but d'améliorer l'écoulement des eaux nuisibles, alors même qu'une partie de ces eaux provenait de fonds supérieurs situés en dehors du périmètre de remembrement de la commune. • CE 9 oct. 1987, n° 37556.

5. Chemins d'exploitation. BIBL. A. Robert, *RDI 1994. 389* (notion de chemin d'exploitation). ♦ V. notes ss. art. L. 123-14 et L. 123-2. ♦ Le prélèvement de terrains inclus dans le périmètre de remembrement ne constitue pas une atteinte au droit de propriété protégé par l'art. 1er du premier protocole de la Convention européenne des droits de l'homme. • CE 20 févr. 2008, n° 264533.

6. Pouvoirs de la commission. La commission communale, nonobstant les dispositions de l'art. L. 162-3 C. rur., peut déplacer l'assiette d'un chemin d'exploitation sans recueillir l'assentiment des propriétaires. • CE 14 oct. 1994, n° 122137 B. ♦ Elle peut décider la suppression des chemins d'exploitation. • CE 28 nov. 1990, n° 61976 : *RD rur. 1991. 190.* ♦ Les pouvoirs de la commission communale lui permettent de décider la création de chemins d'exploitation, mais non de servitudes de passage. • CE 7 janv. 1977, n° 99364 B. ♦ Est illégale la taxe de reconversion prévue par la commission d'aménagement à la charge des propriétaires de parcelles boisées classées qui demandaient une attribution équivalente en terre, correspondant au coût du défrichement et reboisement d'une parcelle identique. • CAA Nancy, 7 juin 2007, n° 03NC00217.

7. Est mal fondée la cour qui refuse d'imputer à l'État ou à la commune la responsabilité de l'inexécution des travaux incombant à l'association foncière d'aménagement. • CE 29 oct. 2012, n° 342716 B : *RD rur. 2013, n° 64, note Rivier.*

Art. L. 123-9 **Dès que la commission communale s'est prononcée en application de l'article L. 123-8, il est constitué entre les propriétaires des parcelles** *(L. n° 2005-157 du 23 févr. 2005, art. 87 et 95, en vigueur le 1er janv. 2006)* **« à aménager » une association foncière, dans les conditions prévues aux articles L. 133-1 à L. 133-6.**

Cette association a pour objet la réalisation, l'entretien et la gestion des travaux et ouvrages mentionnés aux articles *(L. n° 2005-157 du 23 févr. 2005, art. 87 et 95, en vigueur le 1er janv. 2006)* **« L. 123-8 et L. 133-3 ».** — *[Anc. art. 27, al. 1er et 3.]*

V. art. R. 123-16.

1. Pouvoirs du préfet. Les aménagements apportés à la tutelle sur les communes par la loi du 2 mars 1982 n'enlèvent pas au préfet le pouvoir de faire exécuter des travaux aux frais d'une association syndicale autorisée ainsi que celui de procéder à l'inscription d'office au budget d'une telle association des crédits nécessaires à la couverture des dépenses afférentes à ces travaux. • CE 4 mars 1996, *Ballaud,* n° 083087. ♦ Le préfet peut prescrire l'exécution d'office par l'association foncière des seuls travaux connexes au remembrement et des opérations prévues par la commission communale d'aménagement foncier en application de l'art. 25 (devenu art. L. 123-8) C. rur. ou par l'association foncière en application de l'art. 28 (devenu art. L. 133-5) du même code, sans pouvoir prétendre qu'il n'est pas juge de l'opportunité des décisions de l'association foncière. • Même arrêt.

2. Qualité à agir. Les associations foncières de remembrement sont des établissements publics administratifs qui ont pour mission exclusive de réaliser, entretenir, et gérer les travaux ou ouvrages décidés conformément aux dispositions du code rural par les commissions d'aménagement foncier et n'ont pas pour vocation de défendre en justice les intérêts des propriétaires concernés par le remembrement. • CE 30 juill. 1997, *Assoc. foncière de remembrement de Willems,* n° 153750.

SECTION 3 **Les effets de l'aménagement foncier agricole et forestier** *(L. n° 2005-157 du 23 févr. 2005, art. 87 et 95).*

Art. L. 123-10 **La commission départementale peut, à la demande de la commission communale ou intercommunale, proposer l'envoi en possession provisoire des nouvelles parcelles avant l'intervention de sa décision sur les réclamations.**

Cet envoi en possession fait l'objet *(L. n° 2005-157 du 23 févr. 2005, art. 87 et 95, en vigueur le 1er janv. 2006)* **« d'une décision du conseil départemental » qui doit être publiée à la mairie et notifiée aux intéressés.** – *[Anc. art. 23-1.]*

1. Procédures alternatives. L'arrêté ordonnant le dépôt en mairie du plan définitif de remembrement ne peut rétroactivement valider des décisions de la commission communale prévoyant un envoi en possession modulé selon les modes de culture, alors que seule la procédure de l'envoi en possession provisoire eût pu organiser un tel transfert anticipé des droits d'exploiter. • CE 17 déc. 1993, n° 143610. ♦ Est illégal l'arrêté qui a procédé à une modification du plan arrêté par la commission départementale sans que cette modification ait été décidée par la commission elle-même. • CE 18 févr. 2009, n° 285715 B : *RD rur. 2009. 55 ; Gaz. Pal. 18-19 sept. 2009. 23.*

2. La commission départementale peut délibérer lors de plusieurs séances et ne pas donner suite à la demande d'envoi en possession avant de décider d'y procéder à condition que ce soit avant toute décision sur les réclamations. • CE 23 avr. 2008, n° 310350 B : *Gaz. Pal. 29 nov. 2008. 25.*

3. Moment. L'envoi en possession provisoire peut être ordonné avant l'expiration du délai dont les propriétaires disposent pour saisir la commission départementale et le préfet peut prescrire l'envoi en possession provisoire des parcelles remembrées, alors que la juridiction administrative ne s'est pas encore prononcée sur la légalité de l'arrêté d'ouverture du remembrement et de fixation du périmètre. • CE 22 févr. 1995, n° 110322. ♦ La proposition de la commission départementale ne peut être faite alors qu'elle a déjà statué sur l'ensemble des réclamations des propriétaires concernés par le remembrement. • CE 28 mai 1984, n° 39137 B. ♦ Même sens : • CAA Nancy, 7 févr. 2002 : *RFDA 2002. 638*. ♦ Sauf mention contraire dans l'arrêté préfectoral, la date d'effet de l'envoi en possession provisoire est fixée au jour de la notification de la décision aux intéressés. • CE 16 déc. 1970, n° 75825 A.

4. Recours. L'appréciation de la légalité de l'arrêté préfectoral envoyant en possession provisoire les propriétaires lors d'un remembrement ne relève pas de la compétence des juridictions judiciaires. • Civ. 3e, 10 nov. 1999, n° 97-12.513 P : *RD rur. 2000. 359.* ♦ Lorsque le dépôt en mairie du plan de remembrement et donc le transfert de propriété définitif sont intervenus, le recours contre l'arrêté d'envoi en possession provisoire devient irrecevable. • CE 22 juin 1994, n° 91755. ♦ Le juge des référés ne peut suspendre un arrêté de clôture de l'aménagement dès lors que les transferts de propriété sont intervenus. • CE 16 oct. 2009, n° 326524.

5. Portée. Le propriétaire d'une parcelle concernée par un projet de remembrement reste titulaire des droits réels sur celle-ci et donc des actions relatives à son exploitation jusqu'au transfert de propriété, malgré l'envoi en possession provisoire au profit d'un attributaire. • Civ. 3e, 31 janv. 2001, n° 99-11.330 P.

Art. L. 123-11 Les résultats de l'aménagement foncier agricole et forestier sont incorporés dans les documents cadastraux après mise à jour de ces résultats au point de vue fiscal.

Si l'aménagement foncier agricole et forestier est important et s'il s'agit d'une commune dont le cadastre n'a pas été renouvelé, il peut être procédé, aux frais du département, à la réfection du cadastre de la commune, soit concurremment avec les opérations d'aménagement foncier agricole et forestier, soit postérieurement. – *[Anc. art. 29.]*

Rectification. Les mentions du procès-verbal des opérations de remembrement dont les résultats ont été incorporés dans les documents cadastraux s'imposent au service du cadastre qui n'a pas le pouvoir de les rectifier et si un propriétaire soutient que cette attribution est erronée, il lui appartient de poursuivre la rectification des mentions des documents de remembrement dans les conditions prévues à l'art. L. 123-16 C. rur., le service du cadastre ne pouvant que rejeter les demandes dont il est saisi. • CE 29 nov. 1972, *Min. économie et finances c/ Thibaud*, n° 82087.

Art. L. 123-12 Du jour du transfert de propriété résultant de la clôture des opérations d'aménagement foncier agricole et forestier, les immeubles qui en sont l'objet ne sont plus soumis qu'à l'exercice des droits et actions nés du chef du nouveau propriétaire.

La date de clôture des opérations est celle du dépôt en mairie du plan définitif de l'aménagement foncier agricole et forestier ; ce dépôt étant constaté par un certificat délivré par le maire.

Les contestations sur la propriété d'un immeuble compris dans l'aménagement foncier agricole et forestier ou sur les droits ou actions relatifs à cet immeuble ne font pas obstacle à l'application des décisions, même juridictionnelles, statuant en matière d'aménagement foncier agricole et forestier. – *[Anc. art. 30.]*

1. Date d'effet. Les transferts de propriété ont été opérés dès la date du dépôt en mairie du plan définitif de remembrement, et les formalités de publicité nécessaires pour l'ouverture du délai de recours contre l'arrêté ordonnant le dépôt sont sans effet sur les transferts de propriété. • CE 10 oct. 2012, n° 337376 B : *DP entr. agric., Bull. n° 457, p. 11, note Inserguet-Brisset ; RD rur. 2013, n° 46, note Rivier.* ♦ Le juge civil ne peut, dans une instance en bornage, affirmer que la limite séparative de deux fonds a été établie par l'arrêté fixant le périmètre de remembrement, incluant l'une des parcelles et excluant l'autre, sans préciser si les opérations de remembrement avaient été clôturées. • Civ. 3e, 8 janv. 1992, n° 89-12.470 P.

2. Portée. Le plan de remembrement devenu définitif constitue un titre de propriété pour chaque attributaire que le juge judiciaire ne saurait remettre en cause. • Civ. 3e, 21 juin 2000, n° 98-21.930 : *RD rur. 2000. 384 et 2001. 57 ; JCP N 2000. 1859* • 23 mai 2002, n° 00-20.983 : *AJDI 2003. 49*. ♦ Le juge ne peut faire abstraction du plan de remembrement pour trancher un litige relatif à l'identification de la propriété d'un immeuble. • Civ. 3e, 17 déc. 2002, n° 01-15.200 : *RD rur. 2003. 399.* ♦ Le juge judiciaire ne peut remettre en cause les limites définies dans le cadre d'un aménagement foncier agricole et forestier dont les opérations ont été clôturées, la clôture emportant transfert des droits de propriété de la parcelle comprise dans le périmètre de l'aménagement. • Civ. 3e, 16 juin 2010, n° 09-14.969 P : *Gaz. Pal. 1er juill. 2010 ; LPA 2010, n° 167, p. 11, note Burgard.*

3. Le juge judiciaire ne peut : ordonner un nouveau bornage pour des parcelles ayant fait l'objet d'un remembrement devenu définitif et à l'occasion duquel avaient été posées des bornes délimitant lesdites parcelles. • Civ. 3e, 29 nov. 2000, n° 99-10.866 : *RD rur. 2001. 233.* ♦ ... Remettre en cause les limites d'un remembrement dont les opérations ont été clôturées. • Civ. 3e, 22 mars 2018, n° 17-11.874 : *Defrénois 2018, n° 16, p. 9.* ♦ Est mal fondé l'arrêt qui ordonne l'implantation de bornes selon une ligne distincte de celle résultant des bornes posées lors d'un remembrement, le juge judiciaire ne pouvant remettre en cause les limites d'un remembrement dont les opérations ont été clôturées. • Civ. 3e, 19 oct. 2005, n° 04-12.158 P : *JCP 2005. IV. 3440 ; Gaz. Pal. 5-6 avr. 2006. 28, et 19-20 mai 2006. 40.* ♦ Cependant, si la délimitation de propriété n'a pas été adoptée pendant le remembrement en raison du différend déjà né, l'action en bornage peut être retenue après clôture des opérations de remembrement. • Civ. 3e, 2 oct. 2002, n° 00-14.493 : *AJDI 2002. 786*.

4. Recours. Les illégalités du plan de remembrement ne peuvent être invoquées à l'encontre de l'arrêté ordonnant le dépôt du plan en mairie. • CE 16 janv. 2008, n° 276482 B : *AJDA 2008. 118 ; RD rur. 2008, n° 44 ; Gaz. Pal. 28-29 mai 2008.* ♦ Un arrêté de clôture est validé même si un recours pour excès de pouvoir a été formé contre la décision de la commission départementale d'aménagement foncier. • CE 30 nov. 2007, n° 292202 : *RD rur. 2008, n° 28* • 10 oct. 2012, n° 337376 : *préc. note 1.* ♦ L'arrêté préfectoral ordonnant le dépôt en mairie du plan de remembrement peut être contesté à raison de ses vices propres ou d'un défaut de conformité du plan déposé en mairie par rapport au plan définitivement établi par les commissions de remembrement, alors que les éventuelles illégalités dont auraient pu être entachées les opérations de ces commissions ne sauraient être utilement invoquées à son encontre. • CE 17 déc. 1993, n° 143610 • CAA Paris, 24 juin 2004, *Min. agric. c/ Clouzeau.* ♦ L'arrêté de clôture ne peut être contesté devant le juge sur le fondement d'illégalités de la procédure des travaux connexes au titre de la loi sur l'eau, lesdites illégalités pouvant faire l'objet de contestations avant la clôture du remembrement. • CE 22 sept. 2003, n° 254841 B : *AJDA 2004. 107 ; RD rur. 2004. 187, note Boyer ; Gaz. Pal. 25-27 avr. 2004. 19.*

5. Effets du dépôt. Statuant après la date de transfert de propriété sur un recours dirigé contre un acte pris dans le cadre des opérations d'aménagement foncier, le juge ne peut faire droit à une exception tirée de l'illégalité de l'acte ordonnant ces opérations que si celui-ci a fait l'objet d'une annulation ou d'une suspension avant le transfert de propriété. • CE 6 avr. 2007, n° 266913 A : *RFDA 2007. 736, concl. Chauvaux ; AJDA 2007. 1988, note Chrétien ; ibid. 2007. 774 ; JCP 2007. IV. 1998 ; RD rur. 2007, n° 221, obs. Rouault* • 6 avr. 2007, n° 265702 A : *JCP 2007. IV. 1997 ; Dr. adm. 2007, n° 91 ; RFDA 2007. 736* • 30 janv. 2008, n° 294658 : *RD rur. 2008, n° 71.* ♦ Cette solution est jugée proportionnée à la nécessité de préserver les droits des propriétaires acquis après la clôture des opérations de remembrement et la sécurité juridique. • CEDH 21 déc. 2010, *Blondeau c/ France,* n° 48000/07. ♦ L'exception tirée de l'annulation de l'arrêté ordonnant le remembrement postérieurement au dépôt du plan en mairie ne peut être soutenue à l'appui du recours contre l'arrêté ordonnant le dépôt de ce plan. • CE 28 mars 2008, n° 283908. ♦ Il ne peut être prononcé une annulation de l'arrêté modifiant la composition de l'association foncière sur le fondement de l'annulation de l'arrêté ordonnant le remembrement, celle-ci étant postérieure à la date du dépôt en mairie du nouveau plan parcellaire. • CE 14 avr. 2008, n° 283283.

6. Suspension. Ne peut être suspendu l'arrêté de clôture du préfet au motif qu'un recours a été introduit devant le tribunal administratif pour demander l'annulation des décisions de la commission départementale rejetant les réclamations dont elle a été saisie dès lors que ce recours n'est pas de nature à faire obstacle au caractère définitif du plan d'aménagement foncier. • CE 27 sept. 2004, n° 265233.

7. Est mal fondée la cour d'appel qui rejette une demande de sursis à statuer formée par la partie dont l'expulsion est demandée alors que la juridiction administrative ne s'est pas prononcée définitivement sur le recours de cette partie contre la décision administrative opérant transfert de propriété du fonds en cause. • Civ. 3e, 8 déc. 2004, n° 03-16.496 P : *Gaz. Pal. 7-8 oct. 2005. 11 ; RD rur. sept. 2005. 50.*

8. L'ancien propriétaire ne peut plus abattre d'arbres du jour du transfert de propriété. • Crim. 23 mai 1967 : *Bull. crim. n° 157.*

Art. L. 123-13 **Les droits réels, autres que les servitudes, grevant les immeubles** *(L. n° 2005-157 du 23 févr. 2005, art. 87 et 95, en vigueur le 1er janv. 2006)* **« aménagés » s'exercent sur les immeubles attribués par l'aménagement foncier agricole et forestier.**

Les effets de la publicité foncière légale faite avant le transfert de propriété mentionné à l'article L. 123-12 sont, en ce qui concerne les droits réels autres que les privilèges et les hypothèques, conservés à l'égard des immeubles attribués si cette publicité est renouvelée dans le délai et dans les conditions qui sont fixés par voie réglementaire.

Les créances privilégiées et hypothécaires ne conservent leur rang antérieur sur les immeubles attribués par l'aménagement foncier agricole et forestier que si la publicité est elle-même renouvelée dans les conditions et le délai fixés par voie réglementaire.

Les mesures d'exécution prises avant le transfert de propriété sont reportées sans frais sur les immeubles attribués dans les conditions qui sont fixées dans l'acte prévu au deuxième alinéa du présent article.

Si l'aménagement foncier agricole et forestier donne lieu au versement d'une soulte, les droits des titulaires de droits réels et des créanciers sont reportés, à due concurrence, sur le montant de celle-ci. – *[Anc. art. 31.]*

Le créancier qui omet de renouveler les inscriptions hypothécaires après le remembrement engage sa responsabilité envers les cautions privées du bénéfice de leur sûreté. • Civ. 3e, 14 nov. 2002, n° 01-10.841 : *RD rur. 2003. 137 et 263.*

Art. L. 123-14 **Subsistent sans modification les servitudes existant au profit ou à l'encontre des fonds compris dans l'aménagement foncier agricole et forestier et qui ne sont pas éteintes par application de l'article 703 du code civil ci-après reproduit :**

Art. 703 Les servitudes cessent lorsque les choses se trouvent en tel état qu'on ne peut plus en user.

Il en est tenu compte pour la fixation de la valeur d'échange du fonds dominant et du fonds servant. – *[Anc. art. 32.]*

1. Compétence judiciaire. Il n'appartient pas au juge administratif de statuer sur l'existence ou le maintien d'une servitude. • CE 26 janv. 1996, *Roy,* n° 121438 • T. confl. 18 mars 1991 : *RD rur. 1991. 309.*

2. La commission communale peut créer un chemin d'exploitation, en tout ou en partie à l'emplacement d'une servitude de passage. • CE 26 mars 2004, *Min. agric. c/ Guiho : Gaz. Pal. 31 oct.-4 nov. 2004. 29.*

3. Les servitudes subsistent sans modification après le remembrement, même si elles n'ont pas été reportées au procès-verbal de remembrement. • Civ. 3e, 27 mars 2013, n° 11-28.559 : *D. 2013. 2123, note Mallet-Bricout ; RD rur. 2013, n° 66, note Crevel ; D. actu. 25 avr. 2013, note Prigent ; DP entr. agric., Bull. n° 463, p. 12 ; JCP N 2013. 469 ; Gaz. Pal. 24-25 avr. 2013.*

Art. L. 123-15 **Le locataire d'une parcelle atteinte par l'aménagement foncier agricole et forestier a le choix ou d'obtenir le report des effets du bail sur les parcelles acquises en échange par le bailleur, ou d'obtenir la résiliation totale ou partielle du bail, sans indemnité, dans la mesure où l'étendue de sa jouissance est diminuée par l'effet de l'aménagement foncier agricole et forestier.**

(Abrogé par L. n° 2009-526 du 12 mai 2009, art. 10-III) ***« Il en est de même pour le métayer ou colon partiaire. »***

(L. n° 2010-788 du 12 juill. 2010, art. 114) **« Lorsqu'il met en valeur une parcelle ayant fait l'objet d'une certification en agriculture biologique conformément aux articles 27 et 28 du règlement (CE) n° 834/2007 du Conseil du 28 juin 2007 précité ou en cours de conversion depuis au moins un an le locataire est prioritaire pour toute attribution nouvelle de parcelle certifiée. Le paiement d'une soulte en espèces, ou exceptionnellement en nature avec l'accord du locataire intéressé, est mis à la charge du département lorsqu'il y a lieu d'indemniser ce locataire. Les conditions de paiement**

de cette soulte sont fixées par la délibération du conseil départemental ordonnant l'opération d'aménagement foncier. » – *[Anc. art. 33.]*

1. Portée. Le report des effets du bail doit s'effectuer sur l'ensemble de la parcelle réattribuée au propriétaire en échange des terres louées, quelle que soit la différence de superficie. • Civ. 3e, 11 déc. 1996, no 94-21.758 P : *AJPI 1997. 304, note Giraudel ; JCP N 1997. II. 1116, obs. Moreau ; JCP 1997. II. 22801, concl. Weber.* ♦ Le report ne joue pas sur les superficies restituées sans modification de limites au propriétaire qui les mettait en valeur directement. • Civ. 3e, 19 févr. 1997, no 94-22.083 P : *Gaz. Pal. 1998. 1. Somm. 173, obs. Lachaud ; Rev. huiss. 1997. 1191 ; RD rur. 1997. 371.* ♦ Le preneur ne peut se voir imposer par le propriétaire l'emplacement du report des effets du bail ; de plus, les critères à retenir pour une division d'exploitation entre propriétaire exploitant et fermier ne sont pas ceux pris en compte lors d'un remembrement. • Civ. 3e, 27 juin 2001, no 99-19.819 : *RD rur. 2001. 457 et 564 ; AJDI 2002. 44, obs. Giraudel.* ♦ Le preneur ne peut exiger sauf accord établi du bailleur le report de son bail sur une parcelle distincte de celle qui a été attribuée au propriétaire dans le remembrement. • Nancy, 28 sept. 2007 : *RD rur. nov. 2008, no 205, note Crevel.*

2. Option tacite. Est considérée comme une résiliation tacite le fait pour le preneur de laisser en friche pendant un an une terre réattribuée à son propriétaire et que celui-ci lui a proposée en remplacement de celle qu'il exploitait. • Civ. 3e, 24 mars 1988 : *RD rur. 1988. 364 ; JCP N 1988. II. 270, obs. Moreau.* ♦ La cour a souverainement déduit que le preneur a tacitement mais nécessairement opté pour la résiliation du bail du fait qu'il ne justifiait ni d'avoir pris possession des nouvelles parcelles après remembrement, ni les avoir exploitées ni d'avoir informé les bailleurs d'un choix en faveur du report des effets du bail. • Civ. 3e, 31 mai 2011, no 10-19.847 : *RD rur. 2011, no 127, note Roustan de Péron.* ♦ Est mal fondée la cour qui rejette le report du bail alors même que le preneur avait pris possession de la parcelle et l'exploitait depuis plus de six mois après la prise d'effet du remembrement. • Civ. 3e, 2 oct. 2013, no 12-20.892 : *RD rur. 2013, no 191, note Crevel ; JCP 2013. 1097 ; AJDI 2014. 220, note Prigent ; JCP N 2013. Actu. 103 ; DP entr. agric., Bull. no 468, p. 7, note Roussel ; Rev. loyers 2014, no 943, note Peignot.*

3. Fermage. Sur le mode de calcul, V. • Civ. 3e, 26 juin 1991, no 89-19.535 : *RD rur. 1991. 393 ; JCP N 1991. II. 294, obs. Moreau.* ♦ Le fermier peut obtenir une réduction du fermage si les terres qui lui sont réattribuées sont de moindre superficie ou de qualité inférieure. • Civ. 3e, 8 déc. 1976 : *Bull. civ. III, no 452 ; D. 1977. Somm. 146.* ♦ Un preneur ayant opté après remembrement pour le report de ses droits sur une parcelle d'une superficie supérieure aux parcelles initialement louées, le propriétaire ne peut autoriser un autre preneur à cultiver une partie de cette parcelle, même si la surface louée au second preneur a été réduite par le remembrement. • Civ. 3e, 13 juill. 2005, no 04-17.727 P : *JCP 2005. IV. 3056 ; Gaz. Pal. 2006. Somm. 1269 et 2658 ; Rev. loyers 2005. 578, obs. Peignot.*

4. Information du preneur. L'échange est opposable au preneur puisque informé par lettre simple du notaire, il n'a pas formé d'opposition au tribunal de grande instance. • Civ. 3e, 19 mars 2008, no 07-11.359 : *RD rur. 2008, no 80, note Crevel ; D. 2008. 1061 ; JCP N 2008. 363 ; JCP 2008. IV. 1751 ; Rev. loyers 2008. 277, note Peignot ; Defrénois 2009. 71, obs. Gelot.* ♦ Le preneur est fondé à demander la poursuite du bail sur la parcelle reçue par le propriétaire au terme d'un échange réalisé sans que le preneur ait consenti à l'absence de transfert de ses droits locatifs. • Reims, 5 oct. 2022, no 21/02109 : *Rev. loyers 2022, no 1031, obs. Bories.*

Art. L. 123-16 Sous réserve des droits des tiers, tout propriétaire ou titulaire de droits réels, évincé du fait qu'il n'a pas été tenu compte de ses droits sur des parcelles peut, pendant une période de cinq années à compter de l'affichage en mairie prévu à l'article L. 121-12, saisir la commission départementale d'aménagement foncier aux fins de rectification des documents de l'aménagement foncier agricole et forestier.

Si la commission estime impossible de procéder à ladite rectification, elle attribue à l'intéressé une indemnité correspondant à l'intégralité du préjudice subi par lui. La charge de cette indemnité incombe au département sous réserve, le cas échéant, de l'action récursoire de ce dernier contre les personnes ayant bénéficié de l'erreur commise. Les contestations relatives aux indemnités sont jugées comme en matière d'expropriation pour cause d'utilité publique. – *[Anc. art. 32-1.]*

1. Compétence. Lorsque la demande en rectification des documents de remembrement est portée devant la juridiction administrative, elle doit surseoir à statuer jusqu'à ce que les tribunaux judiciaires tranchent la question d'un droit de propriété contesté sur une parcelle, puis doit tenir compte de la décision judiciaire, ayant acquis la force de chose jugée, qui s'impose à elle. • CE 20 oct. 1997, *Min. agric. c/ Jeanneney,* no 125481.

2. Droit des tiers. Est cassé l'arrêt qui accueille une demande de revendication d'une parcelle incluse dans le plan de remembrement, alors que le procès-verbal n'a pas été contesté pendant le délai de cinq ans, en retenant la réserve du droit des tiers tenus être ceux qui ne sont pas propriétaires dans la commune. • Civ. 3e, 7 janv. 1998, *Mme Beynette c/ Mme Vissange : JCP 1998. IV. 1365 ; JCP N 1998. 1096.*

3. Domaine. Le requérant qui soutient qu'une erreur a été commise à son détriment lors de la fixation de la limite séparative, ne peut être regardé comme ayant été évincé du fait qu'il n'aurait pas été tenu compte de ses droits sur des parcelles, au sens des dispositions de l'art. 32-1 (devenu art. L. 123-16) C. rur. • CE 1er mars 1996, *Birou,* no 143518. ♦ Des erreurs relatives à la transcription sur le plan définitif de remembrement des dispositions arrêtées par la commission communale, pour la fixation des limites séparatives entre les parcelles lors d'un remembrement devenu définitif avant l'introduction de la demande de rectification, ne peuvent être regardées comme des faits par lesquels les requérants ont été « évincés » du fait qu'il n'aurait pas été « tenu compte de leurs droits sur des parcelles ». La commission départementale est dès lors tenue de rejeter la demande tendant à la rectification des documents du remembrement, même si la juridiction judiciaire était saisie par les nouveaux propriétaires de la question de l'étendue de leurs droits respectifs. • CE 4 nov. 1994, *Mme Vitton,* no 125749 • 4 nov. 1994, *Hars,* no 121440. ♦ Un propriétaire est irrecevable à contester la délimitation réalisée par des piquets et non des bornes à l'issue d'un remembrement dès lors que cette contestation ne tendait qu'à remettre en cause le périmètre d'un remembrement à l'encontre duquel aucun recours n'avait été formé dans le délai de cinq ans. • Civ. 3e, 24 janv. 2006, no 05-13.972. ♦ Le juge judiciaire ne peut, à l'occasion d'une action en bornage entre deux fonds, remettre en cause le périmètre d'un plan de remembrement dont les opérations ont été clôturées. • Reims, 8 nov. 2006 : *RD rur. 2007, no 163.*

4. Impossibilité. La commission peut estimer impossible de procéder à la rectification demandée par un propriétaire, dont il n'a pas été tenu compte des droits sur une petite parcelle (273 m²), au motif que cela aurait entraîné la modification de plusieurs comptes de propriétaires. • CE 15 sept. 1995, *Joslet,* no 105956.

Art. L. 123-17 *(L. no 2011-525 du 17 mai 2011, art. 96)* **« En vue de conserver les effets des opérations d'aménagement foncier prévues au 1° de l'article L. 121-1 ou au 2° du même article dans sa rédaction antérieure à la loi no 2005-157 du 23 février 2005 relative au développement des territoires ruraux, tout projet de division de parcelles comprises dans le périmètre de ces opérations doit être soumis, pendant les dix années qui suivent la clôture de celles-ci, à la commission départementale d'aménagement foncier ». La commission départementale procède au lotissement, sur les parcelles à diviser, des droits résultant du partage, de telle manière que les nouvelles parcelles créées se trouvent dans des conditions d'exploitation comparables à celles de l'immeuble divisé, notamment en ce qui concerne les accès.**

Tous actes contraires aux dispositions de l'alinéa précédent sont nuls.

(L. no 99-574 du 9 juill. 1999) **« Tout propriétaire d'une parcelle au sein du périmètre d'un des aménagements fonciers** *(L. no 2005-157 du 23 févr. 2005, art. 87 et 95, en vigueur le 1er janv. 2006)* **« mentionnés au 1° de l'article L. 121-1 ou aux 1°, 2° et 6° de l'article L. 121-1 dans sa rédaction issue de la loi no 92-1283 du 11 décembre 1992 relative à la partie Législative du livre I (nouveau) du code rural » réalisé depuis moins de dix ans peut, dans le cas où un changement d'affectation d'une parcelle agricole est prévu dans le cadre d'une procédure d'élaboration ou de révision d'un document d'urbanisme, saisir la commission départementale d'aménagement foncier. Le président de cette commission est entendu, à sa demande, par l'autorité chargée de l'élaboration ou de la révision du document d'urbanisme. »** — *[Anc. art. 35.]*

V. art. R. 123-17 s.

BIBL. ▸ Rivier, *RD rur. 2011, no 109* (loi du 17 mai 2011, art. 96).

1. Notion de division. L'art. 35 (devenu art. L. 123-17) C. rur. n'est pas applicable lorsque le propriétaire exerce un droit de reprise sur une parcelle d'un seul tenant qui ne doit donc subir aucun morcellement et doit être remise dans son intégralité. • Civ. 3e, 26 oct. 1965, no 64-10.788. ♦ Comp. : • Soc. 25 juin 1964, no 63-10.065.

2. Remembrement urbain. Les dispositions de l'art. 35 (devenu art. L. 123-17) C. rur. sont inapplicables à un remembrement urbain du fait de l'indépendance des dispositions de droit rural et de droit de l'urbanisme. • CE 13 mai 1996, no 90586 A : *AJDA 1996. 794, concl. Maugüé.*

SECTION 4 Dispositions particulières

COMMENTAIRE

La procédure d'aménagement foncier agricole et forestier présente des particularités dans quatre cas. Ceci correspond à la réécriture par la loi du 23 février 2005 des dispositions organisant l'aménagement foncier, avec abrogation des procédures de réorganisation foncière et de remembrement aménagement, et avec le transfert depuis le code forestier vers le livre I du code rural des dispositions qui prévoyaient l'aménagement foncier forestier. Il est désormais prévu une procédure d'aménagement foncier en zone forestière, des dispositions particulières pour la réalisation de grands ouvrages publics, des dispositions particulières relatives aux aménagements communaux et d'autres pour un aménagement foncier en zone viticole.

SOUS-SECTION 1 L'aménagement foncier agricole et forestier en zone forestière

(L. nº 2005-157 du 23 févr. 2005, art. 87 et 95, en vigueur le 1er janv. 2006)

COMMENTAIRE

La procédure d'aménagement foncier en zone forestière est ordonnée par le conseil général sur proposition de l'association communale ou intercommunale (dont la composition dans cette hypothèse est ajustée ; V. art. L. 121-5-1). Cette procédure présente des dispositions spécifiques visant à assouplir la mise en œuvre des principes d'aménagement foncier dans un souci d'adaptation au contexte forestier.

La première particularité est une exception relative à la distance moyenne des lots attribués à un propriétaire avec les voies de desserte qui en principe ne doit pas être supérieure à la distance des lots apportés par le propriétaire avec les voies de desserte. En effet, toute autre distance peut être acceptée par les intéressés. De plus, il peut être imposé une augmentation de distance d'au plus 10 % sous réserve que soit établie la nécessité de l'exception pour le regroupement parcellaire. Enfin, il peut être imposé une plus grande distance entre les parcelles forestières et les voies de desserte ou les centres d'exploitation par rapport à la distance qui existait entre les parcelles agricoles apportées avec les voies de desserte ou centres d'exploitations.

La seconde particularité est relative à l'équilibre des échanges. Les échanges de parcelles forestières doivent être équivalents en surface, en valeur de productivité et en valeur d'avenir. Des exceptions sont posées pour assouplir ces principes rigoureux qui ne sont pas d'ordre public. Ainsi, les propriétaires peuvent accepter toute autre équivalence. Des échanges dérogatoires peuvent également être organisés dans les limites posées par la commission départementale sans que les écarts puissent être supérieurs à 20 % de productivité et 5 % de valeur d'avenir.

Par ailleurs, des attributions de terres agricoles peuvent être prévues en échange de terrains forestiers sous réserve parfois du paiement d'une soulte. Ce dernier type de compensation peut être imposé dans les limites fixées par la commission départementale d'aménagement foncier, limites qui peuvent encore être écartées si les propriétaires intéressés y consentent.

Art. L. 123-18 **Par dérogation aux dispositions du troisième alinéa de l'article L. 123-1, la distance moyenne entre les lots attribués à un propriétaire et leurs voies de desserte ne peut être plus longue que la distance moyenne entre les lots apportés par ce propriétaire et leurs voies de desserte initiales, sauf accord de l'intéressé. Toutefois, cette distance peut être majorée de 10 % au maximum dans la mesure nécessaire au regroupement parcellaire.**

Dans le cas d'une compensation entre parcelles forestières et parcelles agricoles, les parcelles forestières attribuées peuvent être plus éloignées des centres d'exploitation ou des voies de desserte existantes que les parcelles agricoles apportées.

Art. L. 123-19 **La commission communale ou intercommunale détermine les différents types de peuplements forestiers compris dans la zone forestière du périmètre de l'aménagement.**

Pour chacun de ces types de peuplement, chaque propriétaire doit recevoir dans la nouvelle distribution, d'une part, des terrains dont la surface est équivalente, en valeur

de productivité, à celle des terrains apportés, compte tenu de la surface nécessaire aux ouvrages collectifs prévus par l'article L. 123-8, ainsi que des servitudes maintenues ou créées, les dispositions du troisième alinéa de l'article L. 123-4 étant en outre applicables, et, d'autre part, des peuplements dont la valeur d'avenir est équivalente à celle des peuplements apportés.

Il peut toutefois être dérogé à l'obligation d'assurer l'une ou l'autre des équivalences prévues ci-dessus soit en vertu d'un accord exprès des intéressés, soit dans les limites fixées, pour chaque région forestière du département, par la commission départementale. Celle-ci détermine à cet effet, après avis du *(Ord. nº 2009-1369 du 6 nov. 2009, art. 2-V)* « Centre national de la propriété forestière » :

1º Les écarts en pourcentage qui, pour chaque type de peuplement, peuvent être tolérés entre apports et attributions de chaque propriétaire en ce qui concerne la valeur de productivité réelle des terrains et la valeur d'avenir des peuplements ; cette tolérance ne peut excéder 20 % de la valeur de productivité réelle des terrains et 5 % de la valeur d'avenir des peuplements ;

2º La surface en dessous de laquelle les apports d'un propriétaire dans un certain type de peuplement peuvent être compensés par des attributions dans un type différent. Cette surface ne peut excéder 4 hectares.

Les peuplements forestiers situés sur les parcelles apportées ou attribuées font l'objet d'une évaluation qui donne lieu, le cas échéant, au paiement d'une soulte en espèces dans les conditions prévues à l'article L. 123-4. Une soulte en nature peut également être prévue avec l'accord des propriétaires intéressés.

Art. L. 123-20 Par dérogation aux articles L. 123-4 et L. 123-19, des apports de terrains forestiers peuvent être compensés par des attributions de terrains agricoles et inversement, sous réserve, le cas échéant, du paiement d'une soulte dans les conditions prévues au dernier alinéa de l'article L. 123-19. Cette compensation est possible, sans limitation, avec l'accord des intéressés. En l'absence de cet accord et à condition que cette mesure soit nécessaire à l'aménagement foncier, la compensation entre parcelles forestières et parcelles agricoles est possible dans la limite d'une surface maximum par propriétaire fixée, pour chaque secteur d'aménagement, par la commission départementale, après avis de la chambre d'agriculture et du *(Ord. nº 2009-1369 du 6 nov. 2009, art. 2-V)* « Centre national de la propriété forestière ». Elle ne peut excéder, pour chaque propriétaire, la surface de 4 hectares de parcelles agricoles apportées ou attribuées en échange de parcelles forestières.

Art. L. 123-21 A l'issue des opérations d'aménagement foncier rural en zone forestière, la commission communale ou intercommunale peut proposer au conseil départemental la délimitation, d'une part, de terres agricoles, d'autre part, de terres forestières. Dans les terres agricoles ainsi délimitées, la commission peut proposer les mesures d'interdiction ou de réglementation des boisements prévues à l'article L. 126-1 qui lui paraissent nécessaires.

Équivalence. Lorsque deux remembrements sont ordonnés sur le territoire d'une même commune, la règle d'équivalence en valeur de productivité réelle posée par l'art. 21 (devenu art. L. 123-4) C. rur. doit être respectée pour chacun des comptes relatifs aux apports et aux attributions situés dans chacun des périmètres (annulation des attributions du compte pour les parcelles situées dans le périmètre du remembrement-aménagement). • CE 10 févr. 1992, ⚖ *Min. agric. c/ Cts Gravier : RD rur. 1993. 7, concl. Le Chatellier.*

Art. L. 123-22 En cas de moins-value résultant de l'exécution de travaux en méconnaissance de l'article L. 121-19 ou de l'inexécution de travaux correspondant à une bonne gestion forestière, une indemnité compensatrice est fixée par la commission communale ou intercommunale, mise en recouvrement par l'association foncière ou, en l'absence de celle-ci, par la commune auprès du contrevenant comme en matière de contributions directes et versée à l'attributaire de la parcelle.

Art. L. 123-23 Dans les zones forestières, le conseil départemental peut ordonner, sur proposition de la commission communale d'aménagement foncier dans sa formation définie à l'article L. 121-5, une opération d'aménagement foncier agricole et

forestier organisée dans les conditions prévues aux articles L. 123-1 à L. 123-17 et L. 123-24 à L. 123-35.

V. art. R. 123-20 s.

SOUS-SECTION 2 Les opérations liées à la réalisation de grands ouvrages publics

COMMENTAIRE

La réalisation de grands ouvrages publics tels qu'autoroutes, voies ferrées, canaux, aéroports, est susceptible de créer des conséquences dommageables pour les structures agricoles qui perdent une partie de leurs terres et pour celles qui enregistrent, du fait de la nouvelle implantation, de réels déséquilibres d'exploitation. Les superficies nécessaires à l'implantation de l'ouvrage peuvent être fournies au maître d'ouvrage par une simple procédure d'expropriation, à charge pour lui d'indemniser l'ensemble des préjudices ainsi causés. Mais il est également possible d'engager une procédure d'aménagement, avant tout pour atténuer les conséquences de l'implantation de ces grands ouvrages. Deux possibilités peuvent être choisies ; dans chacune de celles-ci, le maître d'ouvrage a la charge d'indemniser les victimes de prélèvements fonciers, de contribuer à leur reclassement et au coût des procédures de remembrement, et en particulier au coût des travaux connexes, mais selon des conditions distinctes. Soit une procédure d'aménagement est menée alors que les parcelles ont déjà été acquises par le maître d'ouvrage et le périmètre inclura alors les exploitations ayant perdu des parcelles et ayant déjà été indemnisées, et d'autres fonds, afin de parvenir à répartir les déséquilibres créés, en particulier lorsqu'il y a eu des divisions d'exploitations. Soit une procédure d'aménagement spécifique est engagée avec détermination d'un périmètre dans lequel chaque propriétaire subira un prélèvement proportionnel à ses apports afin que le maître d'ouvrage puisse obtenir les terrains correspondant à l'emprise de l'ouvrage (il doit s'agir d'un ouvrage linéaire ; C. rur., art. R. 123-32). Les apports que peuvent réaliser les collectivités publiques ou les SAFER sont de nature à atténuer les prélèvements sur les propriétaires. En contrepartie de ces prélèvements, chaque propriétaire reçoit une part de l'indemnité versée par le maître d'ouvrage, proportionnelle à son apport. Dans cette hypothèse, le prélèvement est diffusé sur un plus grand nombre et les inconvénients de l'implantation sont répandus mais atténués ; il ne peut en être ainsi que si le prélèvement reste limité (C. rur., art. R. 123-34).

La procédure d'aménagement lié à la réalisation de grands ouvrages publics a été modifiée par la loi du 23 février 2005. Dès la publication de l'arrêté d'ouverture de l'enquête publique relative à la réalisation de grands ouvrages publics, la constitution de la commission locale est de plein droit. Cette commission a deux mois pour se prononcer sur l'opportunité de réaliser un aménagement foncier ; si elle se prononce en faveur de cet aménagement, le président du conseil général est tenu d'ordonner l'étude d'aménagement et le préfet fournit la liste des prescriptions à respecter au regard de l'environnement. Si la commission locale propose la réalisation d'une telle opération d'aménagement, le président du conseil général est tenu de l'ordonner. ❑

Art. L. 123-24 **Lorsque les expropriations en vue de la réalisation des aménagements ou ouvrages mentionnés à l'article 2** *[C. envir., art. L. 122-1 à L. 122-3]* **de la loi nº 76-629 du 10 juillet 1976 relative à la protection de la nature sont susceptibles de compromettre la structure des exploitations dans une zone déterminée, l'obligation est faite au maître de l'ouvrage, dans l'acte déclaratif d'utilité publique, de remédier aux dommages causés en participant financièrement** *(L. nº 2005-157 du 23 févr. 2005, art. 87 et 95, en vigueur le 1er janv. 2006)* **« à l'exécution d'opérations d'aménagement foncier mentionnées au 1º de l'article L. 121-1 » et de travaux connexes.** — *V. ces art. au* ***C. envir.***

La même obligation est faite au maître de l'ouvrage dans l'acte déclaratif d'utilité publique en cas de création de zones industrielles ou à urbaniser, ou de constitution de réserves foncières.

(L. nº 2005-157 du 23 févr. 2005, art. 87 et 95, en vigueur le 1er janv. 2006) **« Lorsque les besoins de cohérence de l'aménagement rural d'un territoire le justifient et lorsque la commission communale ou intercommunale d'aménagement foncier lui en a fait la proposition, le conseil départemental peut décider, avec l'accord du maître d'ouvrage, d'étendre le périmètre d'aménagement foncier au-delà du périmètre perturbé par**

l'ouvrage. Lorsque le maître d'ouvrage est l'État ou un de ses établissements publics ou concessionnaires, l'accord est donné par le préfet du département.

« Le président du conseil départemental conduit et met en œuvre la procédure d'aménagement foncier mentionnée au premier alinéa. » – *[L. n° 62-933 du 8 août 1962, art. 10, al. 1er et 2.]*

BIBL. ▶ BON, Expropriation en milieu rural et environnement, *in* Agriculture et environnement, *SFDE 1981, p. 241.* – CADIOU et DE SILGUY, *Gaz. Pal. 1972. 2. 607* (expropriation et remembrement) ; *Gaz. Pal. 1973. 2. 653* (exploitations agricoles et création d'autoroutes). – DUMAS, *D. 1968. Chron. 697* (expropriation et remembrement rural). – GAUDIN, *RD rur. 1982. 363* (expropriation pour grands travaux routiers et agriculture). – HOSTICU, Code de l'expropriation, *Litec, 1998, p. 116.* – JÉGOUZO, *RD rur. 1982. 354* (expropriation pour grands travaux et agriculture). – MÉGRET, *AJPI 1980. 299* (expropriation des biens fonciers agricoles).

1. Périmètre de remembrement. Le préfet ne peut légalement comprendre dans le périmètre des terres dont l'inclusion dans les opérations, bien que justifiée par l'intérêt général de l'agriculture, n'est pas nécessaire, directement ou indirectement, au remembrement des propriétés dont la structure est affectée par l'implantation de l'ouvrage public (remembrement étendu à toute une commune pour une emprise de 13 ha). Il peut seulement, au cas où il paraît utile de procéder simultanément au remembrement desdites terres, comprendre celles-ci dans un périmètre de remembrement distinct. • CE 16 mars 1983, n° 18277 A.

2. Règles de fond. Sauf dispositions contraires, le remembrement imposé par l'expropriation des terres est soumis aux règles de ce mode d'aménagement foncier et en particulier aux dispositions de l'art. L. 123-1 C. rur. Une commission ne peut affirmer que les modalités de réalisation de l'ouvrage autoroutier feraient obstacle, en fait, au respect de cette disposition, et décider de compenser l'éloignement des parcelles de certains agriculteurs par le paiement de soultes en espèces. • CE 14 avr. 1982, *Min. agric. c/ Sté des autoroutes du sud de la France,* n° 12280. ♦ V. toutefois art. L. 123-26, al. 2.

3. Participation financière. La participation financière susceptible d'être exigée du maître de l'ouvrage lorsqu'il est procédé à des opérations de remembrement destinées à remédier aux dommages causés par la réalisation de grands ouvrages publics est définie de façon limitative et les commissions de remembrement ne peuvent mettre à la charge du maître de l'ouvrage ou de son concessionnaire des soultes en espèces attribuées en application de l'art. 21 (devenu art. L. 123-4) C. rur. • CE 14 avr. 1982 : *préc. note 2.* ♦ ... Et en particulier des soultes pour plus-value provisoire. • CE 14 avr. 1982, *Min. agric. c/ Sté des autoroutes du sud de la France,* n° 12236. ♦ ... Des dépenses de construction de voies qui desservent des parcelles incorporées au périmètre de remembrement, mais qui n'ont pas été rendues nécessaires par la réalisation de l'ouvrage public. • CE 2 févr. 1979, n° 06883 A.

Art. L. 123-25 **Des décrets en Conseil d'État déterminent les dispositions spéciales relatives à l'exécution des opérations** *(L. n° 95-95 du 1er févr. 1995)* **« d'aménagement foncier » réalisées en application de l'article L. 123-24, et notamment les conditions suivant lesquelles :**

1° L'assiette des ouvrages ou des zones projetés peut être prélevée sur l'ensemble des parcelles incluses dans le périmètre *(L. n° 95-95 du 1er févr. 1995)* **« d'aménagement foncier » délimité de telle sorte que le prélèvement n'affecte pas les exploitations dans une proportion incompatible avec leur rentabilité ;**

2° *(L. n° 95-95 du 1er févr. 1995)* **« L'association foncière intéressée et avec l'accord de ceux-ci, éventuellement la société d'aménagement foncier et d'établissement rural, les collectivités territoriales et leurs groupements et l'État peuvent devenir propriétaires des parcelles constituant l'emprise en vue de leur cession au maître d'ouvrage » ;**

3° Le montant du prix des terrains cédés au maître de l'ouvrage est réparti entre les propriétaires des *(L. n° 95-95 du 1er févr. 1995)* **« terrains ayant fait l'objet de l'aménagement foncier » proportionnellement à la valeur de leurs apports ;**

4° Le maître de l'ouvrage ou son concessionnaire est autorisé à occuper les terrains constituant l'emprise des ouvrages ou des zones projetés avant le transfert de propriété résultant des opérations *(L. n° 95-95 du 1er févr. 1995)* **« d'aménagement foncier » ;**

5° Les dépenses relatives aux opérations *(L. n° 95-95 du 1er févr. 1995)* **« d'aménagement foncier » et de certains travaux connexes** *(L. n° 2005-157 du 23 févr. 2005, art. 87 et 95, en vigueur le 1er janv. 2006)* **« du périmètre perturbé par l'ouvrage » sont mises à la charge du maître de l'ouvrage.** – *[L. n° 62-933 du 8 août 1962, art. 10, al. 3 et 4.]*

Art. L. 123-26 **Lorsqu'un** *(L. n° 95-95 du 1er févr. 1995)* **« aménagement foncier » est réalisé en application de l'article L. 123-24, les dispositions des articles L. 123-1 à** *(L.*

n° 2005-157 du 23 févr. 2005, art. 87 et 95, en vigueur le 1er janv. 2006) **« L. 123-34 » sont applicables.**

Toutefois, *(L. n° 2005-157 du 23 févr. 2005, art. 87 et 95, en vigueur le 1er janv. 2006)* **« dès lors que tout ou partie des apports d'un propriétaire sont situés dans le périmètre perturbé par l'ouvrage, sont autorisées les dérogations aux articles L. 123-1 et L. 123-18 » qui seraient rendues inévitables en raison de l'implantation de l'ouvrage et des caractéristiques de la voirie mise en place à la suite de sa réalisation. Les dommages qui peuvent en résulter pour certains propriétaires et qui sont constatés à l'achèvement des opérations** *(L. n° 95-95 du 1er févr. 1995)* **« d'aménagement foncier » sont considérés comme des dommages de travaux publics.**

(L. n° 2005-157 du 23 févr. 2005, art. 87 et 95, en vigueur le 1er janv. 2006) **« Dès lors que tout ou partie des apports d'un propriétaire sont situés dans le périmètre perturbé par l'ouvrage, » sont également autorisées, dans le cas où l'emprise de l'ouvrage est incluse dans le périmètre** *(L. n° 95-95 du 1er févr. 1995)* **« d'aménagement foncier », les dérogations aux dispositions du quatrième alinéa de l'article L. 123-4 qui seraient rendues inévitables en raison de la nature des terres occupées par l'ouvrage ; le défaut d'équivalence dans chacune des natures de culture est alors compensé par des attributions dans une ou plusieurs natures de culture différentes.** – *[L. n° 62-933 du 8 août 1962, art. 10, al. 5 à 7.]*

V. art. R. 123-30 s.*

1. Les propriétaires exploitants subissant une aggravation de leurs conditions d'exploitation après un remembrement effectué en vue de l'implantation d'une autoroute doivent être indemnisés par l'État au titre de dommages de travaux publics. • CE 5 oct. 2005, *Sénéchal*, n° 259808. ♦ La création d'une voie publique accompagnée d'un remembrement incluant les terrains nécessaires à sa réalisation a eu pour conséquence de couper en deux une exploitation agricole ; le propriétaire qui a fait apport de ses terres à l'association foncière n'a pas qualité d'exproprié et ne peut saisir le juge judiciaire mais il peut percevoir une indemnité au titre de dommages de travaux publics pour perte de la valeur vénale des terrains et détérioration des conditions d'exploitation sous contrôle du juge administratif. • CE 7 juill. 2006, *Bossuyt*, n° 255315 : *AJDA 2006. 2195 ; RD rur. nov. 2006. 46, note Chauvaux ; Gaz. Pal. 13-14 juin 2007, p. 23.*

2. Les effets du remembrement s'apprécient par rapport à la situation existante après l'expropriation des terrains nécessaires à l'implantation de l'autoroute qui a donné lieu à indemnisation de la perte de terrains et de la dépréciation des terrains concernés. • CAA Bordeaux, 5 avr. 2017, n° 15BX02129 : *RD rur. 2017, n° 197, note Rivier.*

3. Les propriétaires subissant un préjudice résultant des dommages de travaux publics subis du fait des opérations de remembrement liés à la réalisation d'une autoroute ne peuvent former un recours contentieux sans avoir préalablement contesté les opérations de remembrement devant la commission départementale. • CE 17 mars 2004, *Min. équipement c/ Dedrie Berteloot*, n° 233469 : *Gaz. Pal. 31 oct.-4 nov. 2004. 29.* ♦ V. notes ss. art. L. 121-7.

4. L'équivalence prescrite doit s'apprécier compte par compte en comparant les attributions de chaque propriétaire non à ses apports réels mais à ses apports réduits après déduction d'une quote-part de la surface nécessaire aux ouvrages collectifs. • CE 9 juill. 2014, n° 365053 • CAA Bordeaux, 25 juin 2015, n° 14BX02250 : *RD rur. 2015, n° 234, note Peignot.*

5. La réparation du préjudice du fermier peut s'exercer sur le fondement de la responsabilité sans faute du maître d'ouvrage. • TA Rennes, 3 févr. 2020 : *RD rur. 2023. Chron. 2, p. 14, obs. Rivier.*

SOUS-SECTION 3 Les aménagements et équipements communaux

Art. L. 123-27 **Dans toute commune où un aménagement foncier agricole et forestier a été ordonné, les terrains nécessaires à l'exécution ultérieure** *(L. n° 2005-157 du 23 févr. 2005, art. 88 et 95, en vigueur le 1er janv. 2006)* **« de projets communaux ou intercommunaux d'équipement, d'aménagement, de protection et de gestion de l'environnement et des paysages ou de prévention des risques naturels », ainsi que les terrains sur lesquels se trouvent des bâtiments en ruine et à l'état d'abandon caractérisé peuvent, à la demande du conseil municipal, être attribués à la commune dans le plan d'aménagement foncier agricole et forestier dans les conditions définies aux articles L. 123-29 et L. 123-30, et sous réserve de justifier des crédits afférents à cette acquisition.** – *[Ord. n° 67-809 du 22 sept. 1967, art. 1er, al. 1er et 2.]*

COMMENTAIRE

La loi du 23 février 2005 permet à la commune de solliciter des terrains dans le cadre de la procédure d'aménagement pour permettre l'aménagement du territoire communal conçu désormais en retenant toutes les fonctionnalités locales.

Jusqu'alors les réserves foncières ne pouvaient être constituées que pour réaliser des équipements communaux. ❑

1. QPC. Rejet de la demande de QPC sur la constitution de réserves foncières lors d'une opération d'aménagement foncier. • CAA Bordeaux, 18 mai 2017, n° 15BX02489 : *RD rur. 2017, n° 256, note Rivier.*

2. Demande du conseil municipal. Elle doit être formée avant l'adoption définitive du plan de remembrement. • CE 29 déc. 1999, n° 179741 B. ♦ Une nouvelle délibération du conseil municipal, mentionnant l'utilisation prévue, qui intervient après que la commission communale a arrêté le plan de remembrement, et alors que la commission départementale est saisie, ne peut légalement servir de fondement à la décision. • CE 30 nov. 1994, *Mlle Piveteau,* n° 112044 • 2 nov. 1994, n° 136305 B.

3. Décision du conseil municipal. La décision du conseil municipal est illégale en l'absence de toute indication sur la nature des équipements que la commune entend ultérieurement réaliser. • CE 30 nov. 1994, n° 112044 : *préc. note 2* • 11 mai 1990, n° 75940 : *RD rur. 1990. 459.* ♦ Est illégale une décision imprécise (« un à deux hectares ») pour une destination douteuse (« possibilité d'extension HLM »). • CE 17 mai 1991, n° 91672. ♦ Est imprécise également la demande formée « en vue d'assurer l'avenir et l'évolution de la commune en y créant des infrastructures appropriées ». • CE 28 juill. 1999, n° 169568. ♦ La délibération du conseil demandant l'octroi de terrains « destinés à la construction » ne peut fonder l'attribution de parcelles à la commune. • CE 14 déc. 1998, n° 149521 : *RD rur. 1999. 420.*

4. Équipement communal. La demande du conseil municipal, visant à l'attribution à la commune d'une parcelle en vue de la création d'un lotissement communal, a un objet précis, relatif à un équipement communal et, quand il n'est pas démontré que le conseil municipal a agi dans un but étranger à l'intérêt général, sa décision est valable. • CE 2 nov. 1994, n° 136305 : *préc. note 2.* ♦ Réaliser un étang communal justifie l'attribution de terrains nécessaires aux équipements communaux. • CE 27 mars 2000, n° 172290. ♦ Créer une zone artisanale justifie que la commune demande l'attribution de deux parcelles en échange de ses apports. • CAA Douai, 14 mars 2002, *Cts Liénard,* n° 99DA00140.

5. Décision d'attribution. La commission ne peut attribuer à la commune un terrain autre que celui dont elle a demandé l'attribution. • CE 12 févr. 1988, n° 48419 A. ♦ Le rejet de la demande du conseil municipal par la commission, fondé par le fait que la valeur de la parcelle demandée est supérieure aux apports de la commune, est illégal dès lors que le prélèvement du complément est légalement permis. • CE 26 mars 1999, n° 145323 : *RD rur. 2000. 50.*

6. Recours. Le moyen tiré de l'irrégularité des conditions dans lesquelles un conseil municipal a demandé l'application de l'ordonnance du 22 sept. 1967, tendant à permettre l'affectation à une commune de terrains nécessaires à la réalisation d'équipements communaux, qui n'a pas été soumis à la commission départementale d'aménagement foncier, ne peut être présenté pour la première fois devant le juge de l'excès de pouvoir. • CE 29 juill. 1998, n° 170160. ♦ Il n'appartient pas au juge de l'excès de pouvoir d'examiner l'opportunité du choix des parcelles où se realiseront des équipements communaux, même si le requérant prétend que d'autres parcelles auraient été mieux adaptées à la réalisation des équipements projetés par la commune. • CE 17 oct. 1994, n° 77342 B.

Art. L. 123-28 **La commune ne pourra ultérieurement solliciter de déclaration d'utilité publique que dans la mesure où la réserve foncière constituée en application de l'article L. 123-27 sera soit épuisée, soit inadaptée aux** *(L. n° 2005-157 du 23 févr. 2005, art. 88 et 95, en vigueur le 1er janv. 2006)* **« projets » futurs à réaliser.** – *[Ord. n° 67-809 du 22 sept. 1967, art. 1er, al. 3.]*

Art. L. 123-29 **Sont affectés en priorité aux** *(L. n° 2005-157 du 23 févr. 2005, art. 88 et 95, en vigueur le 1er janv. 2006)* **« projets communaux et intercommunaux » mentionnés à l'article L. 123-27 les droits résultant des apports de la commune.**

Si ces apports ne constituent pas une superficie suffisante pour l'assiette de ces *(L. n° 2005-157 du 23 févr. 2005, art. 88 et 95, en vigueur le 1er janv. 2006)* **« projets communaux et intercommunaux », la commission communale peut décider de prélever le complément nécessaire, moyennant indemnité à la charge de la commune, sur les terrains inclus dans le périmètre d'aménagement foncier agricole et forestier. Ce prélè-**

vement ne peut dépasser le cinquantième de la superficie comprise à l'intérieur du périmètre. – *[Ord. n° 67-809 du 22 sept. 1967, art. 2.]*

Art. L. 123-29-1 *(L. n° 2005-157 du 23 févr. 2005, art. 89 et 95, en vigueur le 1er janv. 2006)* **En cas d'application de l'article L. 123-4-1, l'indemnité due par la commune en contrepartie du prélèvement effectué en application du deuxième alinéa de l'article L. 123-29 est calculée en fonction de la valeur vénale des terrains attribués à la commune par le biais de ce prélèvement.**

Art. L. 123-30 **Les modalités de transfert de propriété à la commune et du règlement des indemnités sont celles prévues en ces matières par l'article L. 123-25.** – *[Ord. n° 67-809 du 22 sept. 1967, art. 3.]*

Art. L. 123-30-1 *(L. n° 2005-157 du 23 févr. 2005, art. 89 et 95, en vigueur le 1er janv. 2006)* **Par dérogation aux dispositions de l'article L. 123-30, le montant du prix des terrains attribués à la commune, par le biais du prélèvement effectué en application du deuxième alinéa de l'article L. 123-29, est réparti entre tous les propriétaires du périmètre proportionnellement à la surface de leurs apports.**

Art. L. 123-31 **Les conditions d'application des articles L. 123-27 à** *(L. n° 2005-157 du 23 févr. 2005, art. 89 et 95, en vigueur le 1er janv. 2006)* **« L. 123-30-1 » sont déterminées** *(Abrogé par Ord. n° 2010-461 du 6 mai 2010, art. 7)* **« , en tant que de besoin, » par voie réglementaire.** – *[Ord. n° 67-809 du 22 sept. 1967, art. 5.]*

SOUS-SECTION 4 **L'aménagement foncier agricole et forestier en zone viticole** *(L. n° 2005-157 du 23 févr. 2005, art. 87 et 95).*

Sur les réattributions de parcelles situées dans une aire d'appellation d'origine contrôlée, V. art. L. 123-4 et L. 123-4-1.

Art. L. 123-32 **Les droits à la culture de la vigne sont cessibles à l'intérieur d'un même périmètre d'aménagement foncier agricole et forestier en vue de permettre, compte tenu des dispositions de l'article L. 123-4, une nouvelle distribution des vignes et des droits de replantation considérés dans leur ensemble comme étant une même nature de culture.**

Cette redistribution est effectuée par la commission communale d'aménagement foncier sur la base des droits antérieurs. – *[L. n° 60-792 du 2 août 1960, art. 14, al. 1er et 2.]*

BIBL. ▶ PEIGNOT, *RD rur. 1996. 304* (remembrement dans une aire AOC).

Art. L. 123-33 **Lorsque, compte tenu des nécessités de l'aménagement foncier agricole et forestier, un propriétaire reçoit une superficie plantée en vigne supérieure à celle qu'il détenait avant l'aménagement foncier agricole et forestier, les droits de replantation qu'il possédait éventuellement lui sont à nouveau affectés, mais diminués à due concurrence de l'excédent de surface plantée qui lui est attribuée. Les droits de replantation ainsi libérés sont attribués par la commission communale aux propriétaires recevant une superficie plantée en vigne inférieure à celle qu'ils possédaient avant l'aménagement foncier agricole et forestier.**

Ces attributions sont effectuées à concurrence des diminutions de surfaces plantées subies par ces propriétaires, sans préjudice du retour des droits de replantation qu'ils possédaient éventuellement avant l'aménagement foncier agricole et forestier. – *[L. n° 60-792 du 2 août 1960, art. 14, al. 3 et 4.]*

Art. L. 123-34 **Les dispositions des articles L. 123-32 et L. 123-33 suppriment, pour les opérations mentionnées auxdits articles, le caractère d'incessibilité des droits de plantation.** – *[L. n° 60-792 du 2 août 1960, art. 14, al. 6.]*

SECTION 5 **Dispositions d'application**

Art. L. 123-35 **Les conditions d'application du présent chapitre sont déterminées par décret en Conseil d'État.** – *V. art. R. 123-1 s.*

CHAPITRE IV **LES ÉCHANGES ET CESSIONS AMIABLES D'IMMEUBLES RURAUX** *(L. n° 2005-157 du 23 févr. 2005, art. 90 et 95).*

BIBL. GÉN. ▶ Échange d'immeubles ruraux, *DP entr. agric.*

COMMENTAIRE

Les échanges sont en principe régis par les articles 1702 et suivants du code civil et ils ont pour effet que chaque partie réciproquement donne son bien à l'autre. Les propriétaires ont d'abord reçu un encouragement de principe par la loi du 3 novembre 1884 pour procéder à des échanges de leurs fonds ruraux aux fins de contribuer à améliorer les conditions de leur mise en valeur agricole. Cependant, la procédure gardait dans sa mise en œuvre une portée limitée. La loi n° 85-1496 du 31 décembre 1985 a donné une meilleure efficacité aux échanges ruraux en prévoyant des encouragements financiers et en aménageant une procédure de nature à développer la portée juridique des opérations. Il s'agissait d'échanges sous forme d'actes notariés ; le préfet dans certains cas pouvait rendre la procédure contraignante en écartant l'opposition de propriétaires minoritaires.

La loi du 23 février 2005 a modifié la procédure d'échange et de cession amiable des immeubles ruraux en créant deux procédures assimilées à des échanges réalisés dans le cadre des procédures d'aménagement foncier agricole et forestier.

Dans tous les cas, les droits des tiers sur les biens échangés sont reportés sur le nouveau bien acquis. Il ne leur est pas demandé de consentir à l'acte, mais ils peuvent former une opposition ; mais, afin d'empêcher que la procédure puisse être trop aisément bloquée par les tiers, il est prévu de soumettre, sur requête, l'acte d'échange à l'homologation du président du tribunal de grande instance du lieu des immeubles, avant publication au bureau des hypothèques.

Deux procédures d'échanges sont disponibles.

La première correspond à l'hypothèse où les échanges ne se réalisent pas dans un périmètre d'aménagement foncier, et, dans ce cas, la procédure est très simple. Les propriétaires établissent le projet d'échange d'immeubles dans le même canton, ou dans le même canton et une commune limitrophe, ou entre immeubles contigus, et ils peuvent prévoir des soultes pour assurer l'équilibre des échanges. L'opération peut être réalisée par actes notariés, et le conseil général peut décider d'apporter un soutien financier à l'opération. Mais il est désormais possible d'adresser ce projet à la commission départementale d'aménagement foncier qui en contrôle l'utilité. Si cette utilité est reconnue, la commission transmet le projet au conseil général. Le président du conseil général peut décider de rendre l'opération exécutoire dans les conditions d'une opération d'aménagement foncier agricole et forestier.

La seconde procédure correspond au cas où les échanges sont réalisés dans un périmètre d'aménagement. C'est à la demande du ou des conseils municipaux intéressés ou à la demande des propriétaires ou exploitants désireux de procéder à des échanges qu'une commission communale ou intercommunale peut être instituée par le conseil général. Celle-ci peut proposer une opération d'échange, et le conseil général, s'il estime la proposition souhaitable, ordonne alors une étude d'aménagement préalable qui doit préciser l'état juridique du foncier afin qu'il puisse être vérifié si le projet est adapté et réalisable. Si le conseil général ordonne ensuite l'opération et fixe le périmètre, la commission communale ou intercommunale prescrit une enquête publique, recueillant l'avis des propriétaires et des titulaires de droits réels et personnels, et recensant les biens vacants et sans maîtres. Le président du conseil général peut demander au juge judiciaire qu'un mandataire soit désigné pour représenter les propriétaires inconnus ou qui n'ont pu être joints. Les propriétaires préparent leurs projets d'échanges avec le concours d'un géomètre expert, puis les adressent à la commission départementale qui exerce un contrôle de « régularité » et peut donner son approbation au plan d'échanges et de cession. Le président du conseil général ordonne alors le dépôt du nouveau plan en mairie, clôture les opérations, assure la publicité, ce qui détermine le transfert de propriété comme dans toute procédure d'aménagement foncier. ❑

Art. L. 124-1 *(L. n° 2005-157 du 23 févr. 2005, art. 90 et 95, en vigueur le 1er janv. 2006)* **Les dispositions des articles L. 123-11 à L. 123-17 et les dispositions du chapitre VII du présent titre sont applicables aux échanges d'immeubles ruraux mentionnés au présent chapitre, qui sont assimilés aux échanges réalisés par voie d'aménagement foncier agricole et forestier.**

En cas d'opposition du titulaire de droits de privilèges, d'hypothèques ou de baux, l'acte d'échange est soumis, avant sa publication *(Ord. n° 2010-638 du 10 juin 2010,* *art. 13-XI, en vigueur le 1er janv. 2013)* « au fichier immobilier », à l'homologation du président du tribunal *(Ord. no 2019-964 du 18 sept. 2019, art. 35)* « judiciaire » statuant par voie d'ordonnance sur requête.

Les dispositions de l'article 708 du code général des impôts sont applicables aux échanges effectués conformément aux dispositions des articles L. 124-3 et L. 124-4 du présent code.

Échange de terres primées. En cas de transfert de tout ou partie de l'exploitation à une autre personne, le bénéficiaire de la prime est tenu de rembourser les aides si les engagements ne sont pas repris par cette personne. Aucune compensation ne peut être opérée pour apprécier le respect des engagements de l'exploitant entre les surfaces primées qui ont été cédées et les surfaces acquises en échange de ces dernières, ce qui justifie un remboursement de primes perçues par le cédant. • CE 9 juill. 2010, *Groupement agricole d'exploitation en commun des sables*, no 320124 : *RD rur. 2010, no 131, note Barbièri.*

Art. L. 124-2 *Abrogé par L. no 2020-1525 du 7 déc. 2020, art. 82, à compter du 1er janv. 2021.*

SECTION 1 Les échanges et cessions amiables en l'absence de périmètre d'aménagement foncier

(L. no 2005-157 du 23 févr. 2005, art. 90 et 95, en vigueur le 1er janv. 2006)

Art. L. 124-3 Les projets d'échanges amiables d'immeubles ruraux répondant aux conditions définies ci-dessous peuvent être adressés à la commission départementale d'aménagement foncier qui, si elle en reconnaît l'utilité au regard des objectifs poursuivis par l'aménagement foncier, les transmet au conseil départemental. Si celui-ci approuve l'opération, le président du conseil départemental la rend exécutoire dans les conditions prévues à l'article L. 121-21.

Les immeubles échangés doivent être situés soit dans le même canton, soit dans un canton et dans une commune limitrophe de celui-ci. En dehors de ces limites, l'un des immeubles échangés doit être contigu aux propriétés de celui des échangistes qui le recevra.

Les échanges peuvent comporter des soultes, déterminées par accord amiable entre les intéressés, afin de compenser une différence de valeur vénale entre les immeubles échangés.

Les projets d'échanges mentionnés au premier alinéa peuvent comporter des cessions de petites parcelles réalisées dans les conditions prévues à l'article L. 121-24 ainsi que des usucapions constatées selon la procédure prévue à l'article L. 121-25.

Art. L. 124-4 Quand les échanges sont établis par acte notarié, le département peut prendre en charge les frais occasionnés si la commission départementale d'aménagement foncier reconnaît leur utilité pour l'aménagement foncier. Ces échanges peuvent comporter des cessions de parcelle d'une superficie et d'une valeur inférieure aux seuils définis aux premier et deuxième alinéas de l'article L. 121-24, et des usucapions mentionnées à l'article L. 121-25.

Pour l'application des dispositions de l'article L. 124-1 aux échanges mentionnées au précédent alinéa, le transfert de propriété résulte de l'intervention de l'acte notarié.

Art. L. 124-4-1 *(L. no 2010-874 du 27 juill. 2010, art. 64-II)* Pour les immeubles forestiers d'une valeur inférieure à la limite définie au deuxième alinéa de l'article L. 121-24, des cessions peuvent être réalisées en dehors de tout acte d'échange amiable. Les articles L. 124-1, L. 124-3, L. 124-4 et L. 127-2 sont applicables à ces projets de cessions.

SECTION 2 Les échanges et cessions amiables dans un périmètre d'aménagement foncier

(L. no 2005-157 du 23 févr. 2005, art. 90 et 95, en vigueur le 1er janv. 2006)

Art. L. 124-5 Lorsque le conseil départemental a ordonné une opération d'échanges et cessions d'immeubles ruraux et a fixé le périmètre correspondant, la commission communale ou intercommunale d'aménagement foncier prescrit une enquête publique

(L. n° 2010-788 du 12 juill. 2010, art. 242-V-1°) « réalisée conformément au code de l'expropriation pour cause d'utilité publique » destinée à recueillir les observations des propriétaires et titulaires de droits réels et personnels sur l'étendue de leurs droits sur les parcelles incluses dans le périmètre et à recenser les biens vacants et sans maître ou présumés tels ainsi que les éventualités de cessions de petites parcelles. *(Abrogé par L. n° 2010-788 du 12 juill. 2010, art. 242-V-2°) « Les modalités de cette enquête sont fixées par décret en Conseil d'État. »*

Art. L. 124-6 A la demande du président du conseil départemental, le juge compétent de l'ordre judiciaire peut désigner une personne chargée de représenter, dans la procédure d'échanges et cessions d'immeubles ruraux, les propriétaires dont l'identité ou l'adresse n'a pu être déterminée. En cas d'indivision, il peut désigner l'un des propriétaires indivisaires en vue de cette représentation. Il peut à tout moment remplacer la personne désignée ou mettre fin à sa mission. Les propriétaires non représentés dans la procédure ne participent pas aux échanges et cessions.

Art. L. 124-7 Avec le concours du géomètre-expert désigné par le président du conseil départemental en application de l'article L. 121-16, les propriétaires préparent leurs projets d'échanges et cessions d'immeubles ruraux et les adressent au secrétariat de la commission départementale d'aménagement foncier dans le délai qu'elle leur impartit.

Indépendamment des soultes dues en application de l'article L. 121-24, les projets d'échanges peuvent prévoir des soultes déterminées par accord amiable entre les intéressés, afin de compenser une différence de valeur vénale entre les immeubles échangés. Ces soultes ne peuvent excéder la valeur prévue à l'article L. 121-24 et sont recouvrées selon les mêmes modalités.

Art. L. 124-8 La commission départementale d'aménagement foncier s'assure de la régularité des projets au regard des dispositions du présent code et justifie les échanges ou cessions portant sur des biens appartenant aux propriétaires ou indivisaires représentés selon les modalités prévues à l'article L. 124-5. Elle décide de les rendre applicables en approuvant le plan des échanges et cessions d'immeubles ruraux.

La clôture des opérations et le transfert de propriété s'effectuent dans les conditions prévues à l'article L. 121-21.

SECTION 3 Échanges et cessions amiables d'immeubles forestiers dans un périmètre d'aménagement foncier

(L. n° 2005-157 du 23 févr. 2005, art. 90 et 95, en vigueur le 1er janv. 2006)

Art. L. 124-9 Les échanges et cessions d'immeubles forestiers ont pour objet d'améliorer la structure des fonds forestiers par voie d'échanges et de cessions de parcelles et au moyen d'un regroupement des îlots de propriété en vue de favoriser une meilleure gestion sylvicole. Ils sont régis par les dispositions applicables aux échanges et cessions amiables d'immeubles ruraux dans un périmètre d'aménagement foncier sous réserve des dispositions de la présente section et de l'article L. 121-5-1.

Art. L. 124-10 *(Ord. n° 2012-92 du 26 janv. 2012, art. 4-5°)* « Le géomètre expert mentionné à l'article L. 124-7 peut être assisté par un expert forestier ou par un homme de l'art agréé d'un organisme de gestion et d'exploitation forestière en commun défini à l'article L. 332-6 du code forestier. »

Indépendamment des soultes dues en application des dispositions de l'article L. 121-24, les projets d'échanges peuvent prévoir des soultes, déterminées par accord amiable entre les intéressés, afin de compenser une différence de valeur vénale entre les immeubles échangés. Ces soultes ne peuvent excéder la valeur prévue au deuxième alinéa de l'article L. 121-24 et sont recouvrées selon les mêmes modalités.

Art. L. 124-11 A l'expiration du délai qu'elle fixe pour le dépôt des projets, la commission communale d'aménagement foncier vérifie que les projets qui lui sont soumis respectent l'objet de l'aménagement foncier.

Elle renvoie les projets non conformes à cet objet aux propriétaires, en motivant son rejet.

Ceux-ci peuvent lui proposer un nouveau projet dans le délai qu'elle leur impartit.

A l'issue de ce dernier délai, elle entérine les projets des propriétaires conformes à l'objet de l'aménagement foncier et transmet le plan des échanges, comportant éventuellement des soultes, à la commission départementale d'aménagement foncier.

Elle notifie aux propriétaires sa décision refusant de prendre en compte un projet ne respectant pas l'objet de l'aménagement foncier. Cette décision peut faire l'objet d'une réclamation devant la commission départementale d'aménagement foncier, en application des dispositions de l'article L. 121-7.

Art. L. 124-12 La commission départementale d'aménagement foncier est saisie du plan des échanges arrêté par la commission communale d'aménagement foncier ainsi que, selon le cas, de l'état des cessions proposées, *(Ord. nº 2006-460 du 21 avr. 2006, art. 3-XII)* **« des parcelles considérées comme biens sans maître et présumées biens sans maître », et de celles appartenant aux propriétaires ou indivisaires représentés selon les modalités prévues à l'article L. 124-6.**

Elle vérifie que le plan des échanges d'immeubles forestiers qui lui est soumis respecte l'objet de l'opération d'aménagement foncier.

Elle peut refuser, par une décision motivée de rejet, un projet non conforme à cet objet et, sur réclamation formulée en application de l'article L. 124-11, elle peut approuver un projet qu'elle estime conforme audit objet. Elle valide l'ensemble du plan, compte tenu des modifications apportées.

Les échanges ou cessions portant sur des biens appartenant aux propriétaires ou indivisaires représentés selon les modalités prévues à l'article L. 124-6 ne peuvent être approuvés que par une décision motivée de la commission. *(Ord. nº 2006-460 du 21 avr. 2006, art. 3-XII)* **« Les échanges ou cessions portant sur des biens sans maître ou sur des biens présumés sans maître ne deviennent définitifs qu'après que la commune ou l'État en est devenu propriétaire en application** *(L. nº 2022-217 du 21 févr. 2022, art. 99)* **« de l'avant-dernier alinéa du I » de l'article L. 1123-3 du code général de la propriété des personnes publiques. »**

Ces décisions peuvent être déférées devant le tribunal administratif, en application des dispositions de l'article L. 121-10.

SECTION 4 Dispositions diverses

(L. nº 2005-157 du 23 févr. 2005, art. 90 et 95, en vigueur le 1er janv. 2006)

Art. L. 124-13 Les conditions d'application du présent chapitre sont fixées par décret en Conseil d'État. – *V. art. R. 124-1 s.*

CHAPITRE V LA MISE EN VALEUR DES TERRES INCULTES OU MANIFESTEMENT SOUS-EXPLOITÉES

COMMENTAIRE

Le législateur a permis, lors de la dernière guerre, que les terres laissées incultes par le titulaire de leur droit d'exploitation soient mises à la disposition de tiers afin que ceux-ci les mettent en valeur (L. du 19 févr. 1942). Ce dispositif a été modifié à de nombreuses reprises (L. nº 60-808 du 5 août 1960, L. nº 62-933 du 8 août 1962, L. nº 63-254 du 16 mars 1963 ; L. nº 78-10 du 4 janv. 1978 ; L. nº 85-30 du 9 janv. 1985 ; L. nº 85-1496 du 13 déc. 1985). Il s'agissait d'empêcher la perte de ressources disponibles pour des particuliers, et d'éviter de laisser inexploitée la capacité productive en période de pénurie. En même temps, le dispositif devait permettre d'empêcher les nuisances créées par la présence d'un fonds inexploité, et en particulier la prolifération des espèces végétales et animales nuisibles. Aujourd'hui l'existence d'une telle procédure dans le code rural révèle le paradoxe des politiques publiques qui encouragent ainsi la mise en exploitation alors que la politique agricole commune favorise l'extensification et la jachère.

La mise en place de cette procédure établit une atteinte au droit du propriétaire de jouir, d'user ou de ne pas user de la chose. Le droit de propriété a ainsi reçu des limites législatives fondées sur une finalité sociale et économique. Mais il n'a cependant jamais été décidé de mettre en place un système général d'attribution administrative des terres. En conséquence, la procédure reste marquée par un caractère exceptionnel. La priorité est toujours laissée au propriétaire de réagir et de mettre en valeur ou de faire exploiter son fonds. Ce n'est qu'à défaut de réaction de sa part qu'un titre juridique sera concédé à un tiers et encore de préférence par négociation amiable avec le propriétaire.

La mise en valeur des terres incultes ou manifestement sous-exploitées peut être appliquée dans le cadre d'une procédure de réorganisation foncière globale ou à titre isolé. Deux procédures sont disponibles. Soit une personne privée prend l'initiative d'engager la procédure en demandant au préfet une autorisation d'exploiter une parcelle inculte ou manifestement sous-exploitée depuis trois ans. Dans ce cas, le président du conseil général demande à la commission départementale d'aménagement foncier de constater l'état d'inculture et, si le propriétaire n'y apporte pas remède, une autorisation d'exploiter peut être accordée par le préfet. Soit le conseil général engage la procédure de sa propre initiative ou à la demande du préfet ou de la chambre d'agriculture ou d'un établissement public de coopération intercommunale concerné, sur le fondement de l'inventaire des terres considérées comme des friches établi par la commission départementale de la préservation des espaces naturels, agricoles et forestiers. Le conseil général arrête le périmètre de cette procédure après avis du préfet, des établissements publics de coopération intercommunale concernés et de la chambre d'agriculture, et la commission communale prépare l'état des parcelles en consultant les propriétaires (V. art. R. 123-6 et R. 123-7). Cet état est soumis à la commission départementale qui rend un avis au préfet et au conseil général. Le conseil général arrête l'état des parcelles sous-exploitées ; si le propriétaire ou le titulaire du droit d'exploiter n'engage aucune mise en valeur du fonds, le préfet peut accorder une autorisation d'exploiter ou encore provoquer la cession du bien

Le tribunal paritaire est compétent pour connaître du contentieux relatif à la constatation de l'état des parcelles et celui relatif aux conditions de la jouissance conférée par le préfet. Les contestations relatives à la liste des fonds incultes et à l'autorisation délivrée par le préfet sont soumises au tribunal administratif.

Il est notable que la loi du 23 février 2005 n'a pas permis l'extension de cette procédure pour permettre un usage non agricole, pastoral ou forestier des fonds. ❑

BIBL. GÉN. ▶ Terres incultes, *DP entr. agric.*

Art. L. 125-1 Sans préjudice de l'application des dispositions des articles 188-1 à 188-10 *[recodifiés au C. rur., art. L. 312-1, L. 312-5, L. 313-1 s., L. 314-3 et L. 331-1 s.]* **du code rural relatives au contrôle des structures des exploitations agricoles, toute personne physique ou morale peut demander au préfet l'autorisation d'exploiter une parcelle susceptible d'une mise en valeur agricole ou pastorale et inculte ou manifestement sous-exploitée depuis au moins trois ans par comparaison avec les conditions d'exploitation des parcelles de valeur culturale similaire des exploitations agricoles à caractère familial situées à proximité, lorsque, dans l'un ou l'autre cas, aucune raison de force majeure ne peut justifier cette situation. Le délai de trois ans mentionné ci-dessus est réduit à deux ans en zone de montagne.** — *Le silence gardé par l'administration à l'expiration d'un délai de six mois vaut décision de rejet pour la demande d'autorisation d'exploitation d'une terre inculte ou manifestement sous-exploitée (métropole) (Décr. n° 2014-1298 du 23 oct. 2014, JO 1er nov., Rect. JO 8 nov.).*

(L. n° 2005-157 du 23 févr. 2005, art. 91 et 95, en vigueur le 1er janv. 2006) **« A la demande du préfet, le président du conseil départemental » saisit la commission départementale d'aménagement foncier qui se prononce, après procédure contradictoire, sur l'état d'inculture ou de sous-exploitation manifeste du fonds ainsi que sur les possibilités de mise en valeur agricole ou pastorale de celui-ci. Cette décision fait l'objet d'une publicité organisée** *(Abrogé par Ord. n° 2010-461 du 6 mai 2010, art. 5)* ***« par décret en Conseil d'État »*** **afin de permettre à d'éventuels demandeurs de se faire connaître du propriétaire ou du préfet.** — *[Anc. art. 39-I.]*

BIBL. ▶ MÉGRET, *Gaz. Pal. 1979. 1. Doctr. 207* (mise en valeur des terres incultes). - ALBIGES, *RTD civ. 2014. 795* (l'obligation d'exploiter un bien).

COMMENTAIRE

La procédure a toujours été peu utilisée, par réticence des ruraux eux-mêmes devant l'atteinte au droit de propriété, mais aussi par rejet des lourdeurs du système et par crainte des incertitudes de sa mise en œuvre. En effet, la condition d'inculture ou de sous-exploitation apparaît difficile à interpréter concrètement. ❑

Art. L. 125-2 A la demande du préfet, le juge compétent de l'ordre judiciaire peut désigner un mandataire chargé de représenter, dans la procédure tendant à la mise en valeur des terres incultes ou manifestement sous-exploitées, le propriétaire ou les indivisaires dont l'identité ou l'adresse n'a pu être déterminée. S'il ne peut désigner un indivisaire comme mandataire, le juge peut confier ces fonctions à toute autre personne physique ou morale. Il peut à tout moment remplacer le mandataire ou mettre fin à sa mission. – *[Anc. art. 39-II, al. 2.]*

Art. L. 125-3 Si l'état d'inculture ou de sous-exploitation manifeste a été reconnu et que le fonds en cause ne fait pas partie des biens dont le défrichement est soumis à autorisation, le propriétaire et, le cas échéant, le titulaire du droit d'exploitation sont mis en demeure par le préfet de mettre en valeur le fonds.

Dans un délai de deux mois à compter de la notification de la mise en demeure, le propriétaire ou le titulaire du droit d'exploitation fait connaître au préfet qu'il s'engage à mettre en valeur le fonds inculte ou manifestement sous-exploité dans un délai d'un an ou qu'il renonce. L'absence de réponse vaut renonciation. S'il s'engage à mettre en valeur le fonds, il doit joindre à sa réponse un plan de remise en valeur.

Lorsque le fonds est loué, le propriétaire peut en reprendre la disposition, sans indemnité, pour le mettre lui-même en valeur ou le donner à bail à un tiers si le titulaire du droit d'exploitation a renoncé expressément ou tacitement, ou s'il n'a pas effectivement mis en valeur le fonds dans le délai d'un an mentionné ci-dessus. Le propriétaire dispose, pour exercer cette reprise, d'un délai de deux mois à compter de la date du fait qui lui en a ouvert le droit.

Le fonds repris doit être effectivement mis en valeur dans l'année qui suit la date de la reprise par le propriétaire.

(L. n° 2005-157 du 23 févr. 2005, art. 91 et 95, en vigueur le 1er janv. 2006) « Pendant les délais susmentionnés, tout boisement est soumis à l'autorisation du président du conseil départemental prévue à l'article L. 121-19 sauf dans les zones à vocation forestière définies en application de l'article L. 126-1. »

Lorsque le propriétaire et, le cas échéant, le titulaire du droit d'exploitation ont fait connaître qu'ils renonçaient ou lorsque le fonds n'a pas effectivement été mis en valeur dans les délais prévus au présent article, le préfet le constate par une décision prévue dans un délai défini par décret *(Abrogé par Ord. n° 2010-461 du 6 mai 2010, art. 2)* « *en Conseil d'État* ».

La décision prévue à l'alinéa précédent est notifiée au propriétaire, aux demandeurs qui doivent confirmer leur demande en adressant un plan de remise en valeur et, en zone de montagne, à la société d'aménagement foncier et d'établissement rural. – *[Anc. art. 39-II, al. 1er et 3 s.]*

État d'inculture. L'état d'inculture est établi lorsque le premier juge, avant de se prononcer, a ordonné une visite des lieux, une enquête et une expertise qui ont abouti à un résultat identique, à savoir la constatation du défaut de culture de la parcelle, et que les travaux très épisodiques sont sans importance en présence de l'état des terres. • Civ. 3e, 22 mars 1968, *Dlle Bailly c/ Billard*, n° 66-11.157.

Art. L. 125-4 Le préfet peut attribuer l'autorisation d'exploiter, après avis *(L. n° 2005-157 du 23 févr. 2005, art. 91 et 95, en vigueur le 1er janv. 2006)* « de la commission départementale d'orientation de l'agriculture » sur le plan de remise en valeur. En cas de pluralité de demandes, cette autorisation est attribuée en priorité à un agriculteur qui s'installe ou, à défaut, à un exploitant agricole à titre principal. A défaut d'accord amiable entre le demandeur désigné par le préfet et le propriétaire, ainsi que lorsqu'un mandataire a été désigné en application de l'article L. 125-2, le tribunal paritaire des baux ruraux fixe les conditions de jouissance et le montant du fermage conformément aux dispositions du titre I du livre IV nouveau du code rural qui sont applicables de plein droit, le propriétaire ayant la faculté de demander qu'il soit fait application des dispositions des articles L. 416-1 à L. 416-9. Le tribunal peut ordonner l'exécution provisoire.

Sous peine de résiliation, le fonds doit être mis en valeur dans le délai d'un an à compter de la date à laquelle la décision est devenue exécutoire.

Lorsque l'autorisation d'exploiter porte sur un fonds inclus dans une exploitation appartenant à un même propriétaire et faisant l'objet d'un bail unique, cette autori-

sation ne peut, sauf accord des parties, être donnée que pour une période n'excédant pas la durée du bail.

Si l'autorisation d'exploiter porte sur un fonds donné à bail, ledit bail prend fin sans indemnité à la date de notification à l'ancien titulaire du droit d'exploitation de l'autorisation donnée au nouveau. La cessation du bail s'effectue dans les conditions de droit commun.

Le bénéficiaire de l'autorisation prend le fonds dans l'état où il se trouve. Le propriétaire est déchargé de toute responsabilité du fait des bâtiments.

Nonobstant les dispositions de l'article L. 411-32, il ne peut être accordé d'indemnité au preneur évincé lorsque l'autorisation d'exploiter ayant porté sur des parcelles dont la destination agricole pouvait être changée en vertu de documents d'urbanisme rendus publics ou approuvés, la résiliation intervient avant la fin de la troisième année du bail.

Lorsque le bien faisant l'objet d'une autorisation d'exploiter est indivis, chaque indivisaire reçoit la part du fermage correspondant à ses droits dans l'indivision, établis par le titre de propriété, les énonciations cadastrales ou, à défaut, par tous moyens de preuve. Le montant du fermage dû aux ayants droit dont l'identité ou l'adresse est demeurée inconnue est déposé par le mandataire qui leur a été désigné chez un dépositaire agréé pour recevoir les capitaux appartenant à des mineurs. — *[Anc. art. 39-III.]*

Choix de l'attributaire. Les juges du fond disposant d'un pouvoir souverain pour décider de l'attribution en jouissance des terres incultes ont légalement justifié leur décision en retenant, sans dénaturation, les manquements de l'ancien locataire des terres incultes à ses obligations passées de fermier pour lui refuser l'attribution qu'il sollicitait. • Civ. 3e, 25 juin 1986, ☎ n° 85-11.021 P.

Art. L. 125-5 *(L. n° 2005-157 du 23 févr. 2005, art. 91 et 95, en vigueur le 1er janv. 2006)* **« Le conseil départemental, de sa propre initiative ou à la demande du préfet »** *(L. n° 2006-11 du 5 janv. 2006, art. 94)* **« ou de la chambre d'agriculture »** *(L. n° 2014-1170 du 13 oct. 2014, art. 25-IV)* **« ou d'un établissement public de coopération intercommunale, charge la commission départementale d'aménagement foncier, sur la base de l'inventaire des terres considérées comme des friches prévu à l'article L. 112-1-1, de proposer le périmètre dans lequel il serait d'intérêt général de remettre en valeur des parcelles incultes ou manifestement sous-exploitées depuis plus de trois ans sans raison de force majeure. Ce délai est réduit à deux ans en zone de montagne. Le président du conseil départemental présente, pour avis, au préfet, aux établissements publics de coopération intercommunale concernés et à la chambre d'agriculture le rapport de la commission départementale d'aménagement foncier et le conseil départemental arrête le ou les périmètres dans lesquels sera mise en œuvre la procédure de mise en valeur des terres incultes ou manifestement sous-exploitées ».**

Lorsque le périmètre a été arrêté en application de l'alinéa précédent ou des dispositions de l'article L. 121-14, la commission communale ou intercommunale d'aménagement foncier dresse l'état des parcelles dont elle juge la mise en valeur agricole, pastorale ou forestière possible ou opportune. La commission communale ou intercommunale formule éventuellement des propositions sur les interdictions ou réglementations de plantations et semis d'essences forestières susceptibles d'être ordonnées sur ces parcelles par le *(L. n° 2005-157 du 23 févr. 2005, art. 91 et 95, en vigueur le 1er janv. 2006)* **« conseil départemental ».**

Les intéressés, propriétaires ou exploitants, sont entendus comme en matière d'aménagement foncier agricole et forestier.

Le *(L. n° 2005-157 du 23 févr. 2005, art. 91 et 95, en vigueur le 1er janv. 2006)* **« conseil départemental » arrête cet état après avis de la commission départementale d'aménagement foncier. Il est révisé tous les trois ans et publié dans les communes intéressées.**

Un extrait est notifié pour ce qui le concerne à chaque propriétaire et, s'il y a lieu, à chaque titulaire du droit d'exploitation.

La notification *(L. n° 2005-157 du 23 févr. 2005, art. 91 et 95, en vigueur le 1er janv. 2006)* **« par le préfet » de l'extrait vaut mise en demeure dans les conditions prévues à l'article L. 125-3. Lorsque l'identité ou l'adresse du propriétaire ou des indivisaires n'a pu être déterminée, les dispositions de l'article L. 125-2 sont appliquées.**

Le préfet procède, en outre, *(Abrogé par Ord. n° 2010-461 du 6 mai 2010, art. 5) « dans les conditions déterminées par décret en Conseil d'État, »* à une publicité destinée à faire connaître aux bénéficiaires éventuels la faculté qui leur est offerte de demander l'attribution d'une autorisation d'exploiter. Si une ou plusieurs demandes d'attribution ont été formulées, le préfet en informe le propriétaire et, dans les zones de montagne, la société d'aménagement foncier et d'établissement rural. – *[Anc. art. 40-I.]*

Art. L. 125-6 Lorsque le propriétaire et, le cas échéant, le titulaire du droit d'exploitation ont renoncé expressément ou tacitement à exploiter le fonds, ou lorsque celui-ci n'a pas effectivement été mis en valeur dans les délais prévus à l'article L. 125-3, le préfet le constate par décision administrative dans un délai déterminé par décret *(Abrogé par Ord. n° 2010-461 du 6 mai 2010, art. 2) « en Conseil d'État »*.

Le préfet peut dès lors attribuer, après avis de la *(L. n° 2005-157 du 23 févr. 2005, art. 91-II et 95, en vigueur le 1er janv. 2006)* « commission départementale d'orientation de l'agriculture », l'autorisation d'exploiter à l'un des demandeurs ayant présenté un plan de remise en valeur.

L'autorisation d'exploiter emporte de plein droit l'existence d'un bail à ferme soumis aux dispositions du titre I du livre IV nouveau du code rural sans permettre la vente sur pied de la récolte d'herbe ou de foin. A défaut d'accord amiable, le tribunal paritaire des baux ruraux fixe les conditions de la jouissance et le prix du fermage, le propriétaire ayant la faculté de demander qu'il soit fait application des articles L. 416-1 à L. 416-8 du code rural et de la pêche maritime. Le fonds doit être mis en valeur dans un délai d'un an, sous peine de résiliation.

Les dispositions des troisième à septième alinéas de l'article L. 125-4 sont applicables. – *[Anc. art. 40-II.]*

Art. L. 125-7 Le préfet peut aussi provoquer l'acquisition amiable ou, à défaut et après avis *(L. n° 2005-157 du 23 févr. 2005, art. 91 et 95, en vigueur le 1er janv. 2006)* « de la commission départementale d'orientation de l'agriculture », l'expropriation des fonds mentionnés au premier alinéa de l'article L. 125-6, au profit de l'État, des collectivités et établissements publics, afin notamment de les mettre à la disposition des sociétés d'aménagement foncier et d'établissement rural dans le cadre des dispositions de l'article L. 142-7. – *[Anc. art. 40-III.]*

Art. L. 125-8 Dans les zones de montagne, la société d'aménagement foncier et d'établissement rural territorialement compétente peut demander à bénéficier de l'autorisation d'exploiter prévue aux articles L. 125-1 à L. 125-7.

Cette demande ne peut être effectuée qu'à la condition qu'une collectivité publique se soit engagée à devenir titulaire du bail dans les délais prévus à l'alinéa suivant, à défaut de candidats. Cette collectivité peut librement céder le bail ou sous-louer, nonobstant les dispositions de l'article L. 411-35.

Si cette autorisation lui est accordée, cette société doit, nonobstant les dispositions de l'article L. 411-35, céder le bail dans les délais prévus aux articles L. 142-4 et L. 142-5. Cependant, le délai de cession est ramené à deux ans si le bail est conclu en application des dispositions des articles L. 125-1 à L. 125-4.

La cession de bail ou la sous-location mentionnées ci-dessus doit intervenir, en priorité, au profit d'un agriculteur qui s'installe ou, à défaut, d'un agriculteur à titre principal. – *[Anc. art. 40-1.]*

Art. L. 125-9 La durée pendant laquelle le fonds doit être resté inculte ou manifestement sous-exploité peut être réduite, sans aller en deçà d'un an, pour les communes et pour les natures de cultures pérennes, notamment la vigne et les arbres fruitiers, dont la liste aura été arrêtée par le *(L. n° 2005-157 du 23 févr. 2005, art. 91 et 95, en vigueur le 1er janv. 2006)* « conseil départemental » après avis de la commission départementale d'aménagement foncier. – *[Anc. art. 40-2.]*

Art. L. 125-10 Les propriétaires de parcelles reconnues incultes ou manifestement sous-exploitées, en application des dispositions des articles L. 125-5 et L. 125-9, et dont la mise en valeur forestière a été jugée possible et opportune doivent réaliser cette mise en valeur dans un délai fixé par la commission communale, compte tenu de l'importance de l'opération, et selon un plan soumis à l'agrément du préfet après avis du *(Ord. n° 2009-1369 du 6 nov. 2009, art. 2-V)* « Centre national de la propriété

forestière ». – *Le silence gardé par l'administration pendant deux mois vaut décision de rejet (Décr. n° 2014-1296 du 23 oct. 2014, JO 1er nov.).*

La présentation par le propriétaire de l'une des *(Ord. n° 2012-92 du 26 janv. 2012, art. 4-6°)* **« garanties de gestion durable mentionnées à l'article L. 124-1 » du code forestier satisfait à l'obligation de mise en valeur.**

Dans le cas où la mise en valeur n'est pas réalisée dans le délai fixé, la commission communale avertit les propriétaires, ou leurs ayants droit, soit par notification, soit, à défaut d'identification, par affichage en mairie et par publication, qu'ils ont l'obligation de réaliser les travaux de mise en valeur ou de présenter l'une des garanties de gestion durable mentionnées à l'article L. 124-1 du code forestier dans un délai maximum de douze mois après l'expiration du délai initial. A défaut, les terrains pourront être expropriés au profit de la commune pour relever du régime forestier ou pour être apportés, par la commune, à un groupement forestier ou à une association syndicale de gestion forestière dans les conditions respectivement fixées à l'article *(Ord. n° 2012-92 du 26 janv. 2012, art. 4-6°)* **« L. 331-6 et à l'article L. 332-1 » du code forestier. Les formes de l'expropriation, les règles d'évaluation de l'indemnité ainsi que les conditions et délais de paiement sont fixés conformément aux dispositions du code de l'expropriation pour cause d'utilité publique.** – *[Anc. art. 40-3.]*

Art. L. 125-11 **L'État, les collectivités et établissements publics, les sociétés agréées d'aménagement foncier et d'établissement rural peuvent, dans les conditions prévues aux articles L. 151-36 à L. 151-38, faire participer les personnes appelées à bénéficier des travaux de mise en valeur des terres incultes qu'ils entreprennent aux dépenses desdits travaux.** – *[Anc. art. 41.]*

Art. L. 125-12 **Les contestations relatives à la constatation de l'état d'inculture ou de sous-exploitation manifeste prévue aux articles L. 125-1 à L. 125-4 sont portées devant le tribunal paritaire des baux ruraux.**

Les contestations relatives à l'état des fonds incultes ou manifestement sous-exploités dressé en application des articles L. 125-5 à L. 125-7 et à l'autorisation d'exploiter accordée par le préfet en vertu de ces mêmes articles sont portées devant la juridiction administrative. Celle-ci peut ordonner le sursis à l'exécution. – *[Anc. art. 43.]*

Compétence. La loi donne compétence au tribunal paritaire des baux ruraux pour connaître de toute contestation relative à la constatation de l'état d'inculture du fonds, qu'il s'agisse de la constatation de l'état d'inculture faite par décision de la commission départementale de réorganisation foncière et de remembrement ou de la constatation de la renonciation à mise en valeur ou de la non-mise en valeur du fonds après mise en demeure faite par arrêté du préfet et, par suite, il n'appartient qu'aux tribunaux judiciaires de se prononcer sur la validité de l'arrêté préfectoral portant constat de non-mise en valeur d'un fonds, sous réserve de la question préjudicielle qui serait à renvoyer à la juridiction administrative pouvant naître de l'invocation à l'encontre d'un tel arrêté d'un vice propre étranger à l'application de la législation sur les terres incultes. • T. confl. 13 févr. 1984, n° 02311 A • CE 9 janv. 1985, *Mariani et a.*, nos 43700 et 48532 : *RD rur. 1985. 26* • 8 déc. 1989, *Sté Monte Scopeto,* n° 61860 B • Civ. 1re, 14 nov. 1984 : *RD rur. 1985. 205.* ♦ Est fondé le tribunal administratif qui rejette pour incompétence la contestation de la décision de la commission départementale d'aménagement foncier constatant l'état d'inculture des parcelles. • CAA Douai, 21 juin 2022, n° 21DA02505 : *DP entr. agric., Bull. n° 565, p. 20, note Schwengler.*

Art. L. 125-13 *(Ord. n° 2006-460 du 21 avr. 2006, art. 3-XII)* **Les dispositions du présent chapitre s'appliquent aux immeubles n'ayant pas de propriétaire connu** *(L. n° 2022-217 du 21 févr. 2022, art. 99)* **« un an après l'achèvement de la procédure d'attribution prévue à l'article L. 1123-3 du code général de la propriété des personnes publiques ».** – *[Anc. art. 44.]*

Art. L. 125-14 **Le régime spécial d'enregistrement et de timbre applicable est celui régi par l'alinéa premier de l'article 1025 du code général des impôts ci-après reproduit :**

Art. 1025 Les contrats de concession, certificats, procès-verbaux et, d'une façon générale, tous actes se rapportant au classement ou à la concession des terres incultes ou manifestement sous-exploitées visés aux articles L. 125-1 à L. 125-13 du code rural et de la pêche maritime sont exonérés, sous réserve des dispositions de l'article 1020, des droits d'enregistrement.

Ces dispositions seront étendues par décret *(Ord. n° 2016-391 du 31 mars 2016, art. 3-1°, en vigueur le 1er juill. 2016)* « en Guadeloupe, en Guyane, en Martinique, à La Réunion et à Mayotte ».

Art. L. 125-15 Les conditions d'application des articles L. 125-1 à L. 125-14 sont fixées *(Abrogé par Ord. n° 2010-461 du 6 mai 2010, art. 7)* « ***, en tant que de besoin,*** » par décret en Conseil d'État. – *[Anc. art. 45.]*

V. art. R. 125-1 s.

CHAPITRE VI LA RÉGLEMENTATION ET LA PROTECTION DES BOISEMENTS *(L. n° 2005-157 du 23 févr. 2005, art. 92 et 95).*

SECTION 1 Réglementation des boisements et actions forestières *(L. n° 2005-157 du 23 févr. 2005, art. 92 et 95).*

Art. L. 126-1 *(L. n° 95-101 du 2 févr. 1995)* « Afin de favoriser une meilleure répartition des terres entre les productions agricoles, la forêt, les espaces de nature ou de loisirs et les espaces habités en milieu rural et d'assurer la préservation de milieux naturels ou de paysages remarquables, les *(L. n° 2005-157 du 23 févr. 2005, art. 92 et 95, en vigueur le 1er janv. 2006)* « conseils départementaux peuvent, après avis des chambres d'agriculture et *(Ord. n° 2009-1369 du 6 nov. 2009, art. 2-V)* « du Centre national » de la propriété forestière », définir » :

(L. n° 2001-602 du 9 juill. 2001, art. 30 ; L. n° 2005-157 du 23 févr. 2005, art. 92 et 95, en vigueur le 1er janv. 2006) « Les zones dans lesquelles des plantations et des semis d'essences forestières ou dans lesquelles la reconstitution après coupe rase peuvent être interdits ou réglementés ; lorsqu'elles s'appliquent à des terrains déjà boisés, les interdictions ou réglementations ne peuvent concerner que des parcelles boisées isolées ou rattachées à un massif dont la superficie est inférieure à un seuil de surface par grande zone forestière homogène défini par le conseil départemental après avis du *(Ord. n° 2009-1369 du 6 nov. 2009, art. 2-V)* « Centre national de la propriété forestière » et de la chambre d'agriculture selon des modalités fixées par décret en Conseil d'État, sur la base des motifs visés au premier alinéa. » Les interdictions et les réglementations ne sont pas applicables aux parcs ou jardins attenant à une habitation.

(L. n° 2001-602 du 9 juill. 2001, art. 30) « Les productions de sapins de Noël font l'objet d'une déclaration annuelle portant sur la surface, la densité, le lieu et la date de plantation, auprès du *(L. n° 2005-157 du 23 févr. 2005, art. 92 et 95, en vigueur le 1er janv. 2006)* « conseil départemental ».

« On entend par production de sapins de Noël la plantation d'essences forestières, dont la liste est fixée par décret, et qui remplit des conditions également fixées par décret. » – *V. Décr. n° 2003-285 du 24 mars 2003 (JO 29 mars).*

Au cas de plantations ou semis exécutés en violation de ces conditions, les exonérations d'impôts et avantages fiscaux de toute nature prévus en faveur des propriétés boisées ou des reboisements sont supprimés, les propriétaires peuvent être tenus de détruire le boisement irrégulier *(L. n° 2001-602 du 9 juill. 2001, art. 30)* « ou se voir interdire de reconstituer les boisements après coupe rase ; il peut, lors des opérations d'aménagement foncier, ne pas être tenu compte de la nature boisée du terrain », il peut être procédé à la destruction d'office des boisements irréguliers.

(L. n° 2001-602 du 9 juill. 2001, art. 30) « La reconstitution des boisements après coupe rase ne peut être interdite :

« – lorsque la conservation de ces boisements ou le maintien de la destination forestière des sols concernés est nécessaire pour un des motifs énumérés à l'article *(Ord. n° 2012-92 du 26 janv. 2012, art. 4-7°)* « L. 341-5 » du code forestier ;

« – lorsque ces boisements sont classés à conserver ou à protéger en application de l'article *(Ord. n° 2015-1174 du 23 sept. 2015, art. 9-XIV-5°, en vigueur le 1er janv. 2016)* « L. 113-1 » du code de l'urbanisme.

« Les interdictions de reconstitution de boisements doivent être compatibles avec les objectifs définis par *(L. n° 2014-1170 du 13 oct. 2014, art. 67-II-1°)* « le programme régional de la forêt et du bois prévu » à l'article *(Ord. n° 2012-92 du 26 janv. 2012, art. 4-7°)* « L. 122-1 » du code forestier. »

(L. n° 2005-157 du 23 févr. 2005, art. 92 et 95, en vigueur le 1er janv. 2006) « **Lorsque, après déboisement, le terrain faisant l'objet d'une interdiction de reconstituer le boisement ne peut être mis en valeur, notamment à des fins agricoles, dans des conditions économiques normales, le propriétaire peut mettre en demeure la collectivité publique qui a édicté la réglementation ou qui s'est opposée au boisement de procéder à son acquisition dans les conditions et délais prévus à l'article** *(Ord. n° 2015-1174 du 23 sept. 2015, art. 9-XIV-5°, en vigueur le 1er janv. 2016)* « **L. 152-2** » **du code de l'urbanisme. A défaut d'accord amiable sur le prix ou de levée de l'interdiction de reconstituer le boisement dans un délai de trois mois, le juge de l'expropriation saisi par les propriétaires ou la collectivité publique concernée prononce le transfert de propriété et fixe le prix du bien.** »

Art. L. 126-2 *(Ord. n° 2003-1187 du 11 déc. 2003)* **Dans les zones ou périmètres où des plantations et semis d'essences forestières ou la reconstitution après coupe rase sont interdits ou réglementés, en application de l'article L. 126-1, le** *(L. n° 2005-157 du 23 févr. 2005, art. 92 et 95, en vigueur le 1er janv. 2006)* « **conseil départemental** » **peut imposer aux propriétaires de terrains qui ne font pas l'objet d'une occupation agricole ou pastorale et dont l'enfrichement ou le boisement spontané risque de porter atteinte à la sécurité de constructions ou de voiries ouvertes à la circulation publique, au maintien de fonds agricoles voisins ou à la préservation de milieux naturels ou paysages remarquables, de procéder à leur débroussaillement et de les maintenir en état débroussaillé.**

Lorsque le propriétaire ne procède pas à ce débroussaillement, celui-ci peut être exécuté par les collectivités territoriales et dans les conditions mentionnées à l'article L. 151-36.

Aux termes de la L. n° 2005-157 du 23 févr. 2005, art. 92-IV à VIII, les art. L. 126-2 à L. 126-5 anciens sont abrogés ; l'art. L. 126-7 devient le nouvel art. L. 126-2, l'art. L. 126-6 le nouvel art. L. 126-3, l'art. L. 126-8 le nouvel art. L. 126-5 et l'art. L. 126-9 le nouvel art. L. 126-4.

SECTION 2 **La protection des formations linéaires boisées** *(L. n° 2005-157 du 23 févr. 2005, art. 92 et 95).*

Art. L. 126-3 *(L. n° 93-24 du 8 janv. 1993)* **Le préfet peut prononcer la protection de boisements linéaires, haies et plantations d'alignement, existants ou à créer, soit lorsque les emprises foncières correspondantes ont été identifiées en application du 6° de l'article L. 123-8 du présent code, soit lorsque le propriétaire en fait la demande. Dans ce dernier cas, lorsque ces boisements, haies et plantations séparent ou morcellent des parcelles attenantes données à bail, la demande est présentée conjointement par le bailleur et le preneur.**

Ces boisements, haies et plantations sont identifiés par un plan et un descriptif de leur situation dans les parcelles cadastrales.

Leur destruction est soumise à l'autorisation préalable du préfet, donnée après avis de la commission départementale d'aménagement foncier s'il s'agit d'éléments identifiés en application du 6° de l'article L. 123-8 du présent code. — *V. art. L. 126-4 (pén.).*

Les boisements linéaires, haies et plantations d'alignement protégés en application du présent article bénéficient des aides publiques et des exonérations fiscales attachées aux bois, forêts et terrains à boiser. Ils peuvent donner lieu à la passation d'un contrat d'entretien avec le propriétaire ou le preneur.

(L. n° 95-95 du 1er févr. 1995) « **A la demande du propriétaire, le préfet peut également, sur avis de la commission départementale d'aménagement foncier, prononcer la protection de vergers de hautes tiges.** »

V. note ss. art. L. 126-2.

Art. L. 126-4 *(Ord. n° 2003-1187 du 11 déc. 2003)* **Le fait de détruire sans autorisation des boisements, haies et plantations d'alignement mentionnés à l'article L. 126-3 est puni d'une amende de 3 750 €.**

Cette infraction est constatée dans les conditions prévues à l'article L. 121-22.

V. note ss. art. L. 126-2.

Art. L. 126-5 *(L. nº 2014-1170 du 13 oct. 2014, art. 27-3º)* La détermination des zones de réglementation des boisements prévues à l'article L. 126-1 du présent code et les périmètres des communes comprises dans les zones où cette réglementation est appliquée sont soumis à une enquête publique réalisée dans les conditions prévues au chapitre III du titre II du livre I du code de l'environnement et selon des modalités définies par décret en Conseil d'État.

V. art. R. 126-1 s.

CHAPITRE VII DISPOSITIONS DIVERSES ET COMMUNES

Art. L. 127-1 Les prescriptions de la loi nº 374 du 6 juillet 1943 relative à l'exécution des travaux géodésiques et cadastraux et à la conservation des signaux, bornes et repères sont applicables aux opérations *(L. nº 2005-157 du 23 févr. 2005, art. 80-II et 95, en vigueur le 1er janv. 2006)* « d'aménagement foncier agricole et forestier ». — *[Anc. art. 55.]*

Art. L. 127-2 Le régime spécial d'enregistrement et de timbre applicable aux actes et formalités relatifs à l'application des chapitres I, II *[abrogé]*, III, VII et VIII du présent titre est celui défini par l'article 1023 du code général des impôts ci-après reproduit : — *[Anc. art. 36.]*

Art. 1023 Les plans, procès-verbaux, certificats, significations, délibérations, décisions, jugements, contrats, quittances et généralement tous les actes ou formalités exclusivement *(L. nº 2005-157 du 23 févr. 2005, art. 90-IV)* « relatifs à l'application des chapitres I, III, IV, VII et VIII du titre II et des chapitres III et IV du titre III du livre I du code rural et de la pêche maritime, ayant pour objet de faciliter l'aménagement foncier de la propriété rurale », sont exonérés des droits d'enregistrement ainsi que de la taxe de publicité foncière. Il en est de même des extraits, copies ou expéditions qui en sont délivrés pour l'exécution de ces dispositions. Pour bénéficier de cette exonération, les actes ou réquisitions de formalités doivent porter la mention expresse qu'ils sont faits par application des dispositions susmentionnées.

Au cas où les parties produisent devant les commissions instituées par ces dispositions des actes qui n'ont pas été soumis à l'enregistrement ou à la formalité fusionnée visée à l'article 647 alors qu'ils seraient du nombre de ceux dont les lois ordonnent l'assujettissement à l'une de ces formalités dans un délai déterminé, les commissions doivent ordonner d'office le dépôt de ces actes pour être immédiatement soumis à l'une des formalités susvisées.

Art. L. 127-3 Sont fixées par voie réglementaire :

1º Les règles de forme applicables aux actes constatant les opérations d'aménagement foncier définies aux chapitres II et III, ainsi que les opérations d'échanges d'immeubles ruraux effectuées en application du chapitre IV ;

2º Les modalités selon lesquelles sont requis les états d'inscriptions et effectuées les formalités de publicité hypothécaire concernant tant les opérations mentionnées à l'alinéa précédent que le transfert des droits réels visant les immeubles *(L. nº 2005-157 du 23 févr. 2005, art. 92 et 95, en vigueur le 1er janv. 2006)* « aménagés » ou échangés. — *[Anc. art. 54, al. 2 et 3.]*

V. art. D. 127-1 s.

CHAPITRE VIII DISPOSITIONS PARTICULIÈRES À CERTAINES COLLECTIVITÉS TERRITORIALES

SECTION 1 Dispositions particulières aux départements du Haut-Rhin, du Bas-Rhin et de la Moselle

Art. L. 128-1 Les dispositions des chapitres I à VII qui précèdent sont applicables dans les départements du Haut-Rhin, du Bas-Rhin et de la Moselle, sous réserve des dispositions ci-après.

La commission communale ou intercommunale d'aménagement foncier comprend, en sus des membres prévus respectivement aux articles L. 121-3 et L. 121-4, le juge du livre foncier dans le ressort duquel se trouve le siège de la commission.

Dernier al. abrogé par L. nº 2005-157 du 23 févr. 2005, art. 86-III et 95, à compter du 1er janv. 2006. – [Anc. art. 58, al. 1er et 2.]

SECTION 2 Dispositions particulières à la collectivité de Corse *(Ord. nº 2016-1562 du 21 nov. 2016, art. 29-1º).*

Art. L. 128-2 *(Ord. nº 2016-1562 du 21 nov. 2016, art. 29-2º, en vigueur le 1er janv. 2018)* **Les dispositions des chapitres I à VII du titre II du livre I sont applicables en Corse sous réserve des dispositions suivantes :**

1º Les références au département et à la région sont remplacées par la référence à la collectivité de Corse ;

2º Les références au conseil départemental et au conseil régional sont remplacées par la référence à l'Assemblée de Corse ;

3º Les références aux présidents du conseil départemental et du conseil régional sont remplacées par la référence au président du conseil exécutif de Corse ;

4º La référence à la collectivité de Corse est remplacée par la référence à la collectivité de Corse ;

5º Au 7º de l'article L. 121-3, au 6º de l'article L. 121-4 et au 6º du *a* et du *b* de l'article L. 121-5-1, les mots : "Un représentant du président du conseil départemental désigné par le président de cette assemblée" sont remplacés par les mots : "Le président du conseil exécutif ou son représentant" ;

6º La référence à la commission départementale d'aménagement foncier est remplacée par la référence à la commission d'aménagement foncier de Corse ;

7º L'article L. 121-8 n'est pas applicable.

Art. L. 128-3 *(Ord. nº 2016-1562 du 21 nov. 2016, art. 29-3º, en vigueur le 1er janv. 2018)* **La commission d'aménagement foncier de Corse est ainsi composée :**

1º Un commissaire enquêteur désigné conjointement par les présidents des tribunaux *(Ord. nº 2019-964 du 18 sept. 2019, art. 35)* **« judiciaires » d'Ajaccio et de Bastia dans les conditions fixées par décret en Conseil d'État, président ;**

2º Huit conseillers à l'Assemblée de Corse élus en son sein ;

3º Six personnes qualifiées désignées par le président du conseil exécutif ;

4º Quatre maires désignés, deux par l'association des maires de Corse-du-Sud, deux par l'association des maires de Haute-Corse ;

5º Le président de la chambre régionale d'agriculture de Corse et les présidents des chambres départementales d'agriculture, ou leur représentant ;

6º Les présidents ou leurs représentants de la fédération des syndicats d'exploitants agricoles et de l'organisation syndicale des jeunes exploitants agricoles les plus représentatives au niveau national ;

7º Un représentant par circonscription administrative de l'État de Haute-Corse et de Corse-du-Sud de chacune des organisations syndicales d'exploitants agricoles reconnues représentatives à la suite des élections aux chambres départementales d'agriculture ;

8º Le président du conseil régional des notaires ou son représentant ;

9º Deux propriétaires bailleurs, deux propriétaires exploitants, deux exploitants preneurs, désignés par le président du conseil exécutif de Corse, sur trois listes comprenant chacune six noms, établies par la chambre régionale d'agriculture de Corse ;

Le président du conseil exécutif de Corse choisit, en outre, sur ces listes, six suppléants, à raison d'un par membre titulaire, appelés à siéger, soit en cas d'absence du titulaire, soit lorsque la commission est appelée à délibérer sur des réclamations concernant une opération dans le périmètre de laquelle l'un des membres titulaires est propriétaire ;

10º Deux représentants des associations agréées en matière de protection de l'environnement désignées par le président du conseil exécutif de Corse ;

11º Le président de l'office de développement agricole et rural de Corse ou son représentant.

La désignation des élus de l'Assemblée de Corse et des représentants des maires a lieu à chaque renouvellement de l'Assemblée de Corse et des conseils municipaux.

La désignation des représentants de la profession agricole a lieu après chaque renouvellement partiel de la chambre d'agriculture.

La commission peut appeler à titre consultatif toute personne dont il lui paraît utile de recueillir l'avis.

Dans le cas où la commission d'aménagement foncier de Corse est appelée à statuer sur une opération dans le périmètre de laquelle est comprise une aire d'appellation d'origine contrôlée, sa composition est complétée par un représentant de l'Institut national de l'origine et de la qualité.

SECTION 3 *[ABROGÉE]* Dispositions particulières aux départements d'outre-mer

(Abrogée par Ord. n° 2011-864 du 22 juill. 2011, art. 3-III)

Art. L. 128-4 à L. 128-13 *Abrogés par Ord. n° 2011-864 du 22 juill. 2011, art. 3-I.*

TITRE III LES ASSOCIATIONS FONCIÈRES

COMMENTAIRE

Les associations foncières sont des associations syndicales soumises à l'ordonnance du 1er juillet 2004 (V. *App.*, v° *Aménagement foncier et équipement rural*) qui a abrogé la loi du 21 juin 1865 et celle du 5 août 1911 sauf pour la Polynésie française et la Nouvelle-Calédonie. L'objectif de la réforme était de moderniser le régime juridique, d'en améliorer la lisibilité et de clarifier les conditions de fonctionnement. Les associations foncières sont des groupements de propriétaires fonciers auxquels l'adhésion est de nature réelle puisque les droits et obligations de l'associé sont directement liés aux biens et se transfèrent aux acquéreurs de l'immeuble. Les propriétaires sont d'ailleurs tenus d'informer les bénéficiaires de la transmission et le notaire rédacteur de l'acte notifie à l'association toute aliénation de fonds dans leur périmètre.

Ces groupements ont pour objet la construction et l'entretien d'ouvrages, et la réalisation de travaux visant à la mise en valeur des propriétés, ou à la prévention des risques naturels ou sanitaires, des pollutions et nuisances, à la préservation, la restauration, l'exploitation des ressources naturelles ou encore à l'aménagement ou l'entretien des cours d'eau, lacs ou plans d'eau, voies et réseaux divers. Dans le cadre de l'aménagement rural, et en exécution des prescriptions des commissions communales et départementales d'aménagement, des associations syndicales sont susceptibles de réaliser : des travaux d'intérêt agricole tels qu'irrigation ou drainage, arrachage de haies, modification de la desserte des parcelles, des travaux de prévention des risques tels qu'incendie, grêle, érosion des sols, pollutions, des travaux destinés à préserver des équilibres naturels tels que la régularisation des cours d'eau ou la création de coupe-vents. La nouvelle expression de l'objet statutaire est de nature à permettre la constitution d'associations visant à adapter un ensemble foncier à une destination non plus agricole, mais touristique ou de loisirs par exemple.

CHAPITRE I DISPOSITIONS COMMUNES

COMMENTAIRE

Il existe trois types d'associations syndicales. D'abord les associations syndicales libres sont des groupements de droit privé, soumis au droit privé, constitués par l'accord unanime de propriétaires, sans aucune intervention de l'administration : elles exécutent des travaux soumis au droit privé et perçoivent des cotisations de leurs membres.

Ensuite, les associations autorisées sont des établissements publics : il s'agit de groupements de propriétaires poursuivant l'exécution de travaux d'intérêt collectif qui peuvent utiliser des prérogatives de puissance publique ; les travaux réalisés sont des travaux publics soumis à la loi n° 85-704 du 12 juillet 1985 relative à la maîtrise d'ouvrage *publique et à ses rapports* avec la maîtrise d'œuvre privée ; ces associations sont constituées par le préfet, après enquête publique et à condition que les propriétaires réunis en assemblée générale aient donné leur accord avec une majorité qualifiée ; à défaut de majorité, le préfet ne peut que constater l'échec de la constitution ; si l'association syndicale autorisée est constituée, les propriétaires s'étant prononcés expressément contre le projet, ont une faculté de délaissement du bien dont ils sont propriétaires dans le périmètre contre indemnité.

Enfin, les associations forcées sont des établissements publics administratifs constitués d'office par le préfet après enquête publique pour réaliser des travaux d'intérêt public lorsque les propriétaires n'ont pas pu former un groupement libre ou autorisé ; aucun délaissement n'est possible dans ce cas ; l'association est dissoute si elle a cessé son activité, mais aussi si sa présence fait obstacle à la réalisation de projets d'intérêt public dans un périmètre plus vaste que celui de l'association.

Les associations syndicales autorisées et les associations syndicales forcées sont financées principalement par des redevances réparties par le syndicat de l'association selon l'intérêt de chaque propriétaire à l'exécution de l'objet du groupement. Le recouvrement s'exerce comme en matière de contributions directes.

Toutes les associations syndicales sont soumises à l'ordonnance n° 2004-632 du 1er juillet 2004 relative aux associations syndicales de propriétaires (V. *App.*, v° *Aménagement foncier et équipement rural*, 🏛) et au décret n° 2006-504 du 3 mai 2006, mais selon leur objet, elles peuvent emprunter un régime particulier et être en conséquence affectées de dispositions spéciales dérogatoires. ❑

Art. L. 131-1 *(Ord. n° 2004-632 du 1er juill. 2004, art. 52)* **Les associations foncières régies par le présent titre sont soumises au régime prévu par l'ordonnance n° 2004-632 du 1er juillet 2004 relative aux associations syndicales de propriétaires, sous réserve des dérogations prévues par les chapitres suivants.** — *V. cette Ord., App., v° Aménagement foncier et équipement rural,* 🏛.

BIBL. ▶ DASSONVILLE, *JCP N 2006. 1288* (réforme des associations syndicales de propriétaires). - GILARDEAU et GRIMONPREZ, *RD rur. 2004. 537* (ordonnance du 1er juill. 2004). - LIET-VEAUX, *JCP N 2005. 211* (objet des associations syndicales). - ROUZET, *Defrénois 2005. 1095* (les améliorations aux associations syndicales libres par l'ordonnance du 1er juillet 2004).

V. art. R. 131-1.

CHAPITRE II *[ABROGÉ]* LES ASSOCIATIONS FONCIÈRES DE RÉORGANISATION FONCIÈRE

(Abrogé par L. n° 2005-157 du 23 févr. 2005, art. 94 et 95, à compter du 1er janv. 2006)

Art. L. 132-1 à L. 132-3 *Abrogés par L. n° 2005-157 du 23 févr. 2005, art. 94-I et 95, à compter du 1er janv. 2006.*

CHAPITRE III LES ASSOCIATIONS FONCIÈRES D'AMÉNAGEMENT FONCIER AGRICOLE ET FORESTIER *(L. n° 2005-157 du 23 févr. 2005, art. 94 et 95).*

COMMENTAIRE

Lorsque la commission communale d'aménagement foncier prévoit la réalisation de travaux et ouvrages connexes au remembrement, elle peut demander au conseil municipal de s'engager à réaliser les travaux. Si ce dernier s'engage à réaliser les travaux, aucune association syndicale n'est créée. A défaut d'un tel engagement, une association syndicale est obligatoirement créée aux fins de réaliser l'ensemble des travaux et ouvrages qui resteront sa propriété, et dont elle assurera la gestion et l'entretien. L'association va réaliser notamment des travaux d'aménagement foncier, des travaux de protection des sols, des travaux de maîtrise de l'eau, la création ou la modification des chemins d'exploitation, la réorganisation des chemins ruraux si le conseil municipal le lui demande. Elle réalise principalement des travaux d'amélioration des conditions d'exploitation. A ce titre, les actions des associations syndicales visant à remodeler le paysage pour l'adapter aux exigences de l'agriculture productiviste ont été contestées. Aujourd'hui, l'action des associations syndicales doit s'inscrire dans le respect de l'environnement et des paysages, la loi n° 93-24 du 8 janvier 1993 ayant introduit quelques mesures de nature à infléchir les actions traditionnellement engagées.

L'association syndicale d'aménagement foncier agricole et forestier réunit obligatoirement tous les propriétaires du périmètre. Les dépenses font l'objet d'états distincts par zones : forestières, viticoles ou agricoles. Elle réalise les travaux sous la tutelle de l'État. En cas de défaut d'exécution des travaux connexes ou de défaut d'entretien, elle engage sa responsabilité à l'égard des tiers. Le préfet en cas de carence peut ordonner l'exécution des travaux à la charge de l'association.

Le financement des travaux connexes est entièrement à la charge des propriétaires du périmètre. Les dépenses font l'objet d'états distincts par zones : forestières, viticoles ou agricoles. L'association syndicale perçoit les taxes et assure le paiement. La contribution de chaque propriétaire est déterminée chaque année selon la surface reçue dans le remembrement sauf en matière hydraulique où la dépense pèse sur chaque propriétaire selon l'intérêt tiré par lui de l'équipement ou aménagement. Il en est de même pour la répartition des dépenses relatives aux travaux communs aux zones forestières, viticoles et agricoles. L'association est apte à poursuivre le recouvrement de la participation des intéressés. □

Art. L. 133-1 *(L. n° 2005-157 du 23 févr. 2005, art. 94 et 95, en vigueur le 1er janv. 2006)* **« Il est constitué entre les propriétaires des parcelles incluses dans un périmètre d'aménagement foncier agricole et forestier, une association foncière chargée de la réalisation, de l'entretien et de la gestion des travaux ou ouvrages mentionnés aux articles L. 123-8 et L. 133-3 à L. 133-5 et, le cas échéant, du recouvrement de la participation des intéressés dans les conditions prévues au troisième alinéa de l'article L. 121-15. »**

Les règles de constitution et de fonctionnement des associations foncières d'aménagement foncier agricole et forestier sont fixées par décret en Conseil d'État.

1. Compétence. Les travaux connexes décidés par une commission communale d'aménagement foncier et réalisés après enquête publique par une association foncière de remembrement, établissement public à caractère administratif, conformément à son objet, constituent des travaux publics et se rattachent directement à un pouvoir appartenant à l'administration en exécution de textes législatifs ou réglementaires. Ils ne sauraient donc s'analyser en une voie de fait justifiant la compétence de l'autorité judiciaire. • T. confl. 7 mars 1994 : *D. 1994. IR 138*. ♦ Les chemins d'exploitation, propriété des associations foncières de remembrement, ne constituent pas des dépendances du domaine public communal, mais des éléments du patrimoine privé de ces établissements et le différend opposant une association foncière à un riverain quant aux limites d'un chemin d'exploitation constitue un litige de voisinage intéressant deux propriétés privées dont il appartient aux seules juridictions de l'ordre judiciaire de connaître. • T. confl. 7 juill. 1980, *Assoc. foncière de remembrement d'Aboncourt-en-Vosges c/ Raoult*, n° 2149 • CE 30 juill. 1997, *Quipourt*, n° 140286. ♦ Dirigé non contre l'acte de vente d'une parcelle conclu entre une association foncière et un acheteur, mais contre la délibération du bureau de l'association foncière autorisant une telle cession, un recours qui tendait à l'annulation pour excès de pouvoir de la délibération, ressortit à la compétence de la juridiction administrative. • CE 20 mars 1998, *Épx Peyrichou*, n° 129471. ♦ Renvoi au tribunal des conflits de la question de compétence sur la responsabilité des conséquences d'un accident survenu sur un chemin d'exploitation fermé à la circulation appartenant à une association foncière de remembrement. • TA Melun, 14 mars 2013, n° 1006123/2 : *RD rur. 2013, n° 104, note Rivier*. – V. aussi • Civ. 3e, 5 févr. 2013, n° 12-13621 : *RD rur. 2013, n° 126, note Lochouarn*.

2. Missions. L'art. 27 (devenu art. L. 133-1) C. rur. ne déroge pas aux dispositions de l'art. 3 de la loi du 21 juin 1865 relative aux associations syndicales, aux termes desquelles les associations syndicales peuvent notamment « acquérir, vendre, échanger, transiger », et il s'ensuit qu'une association foncière peut légalement procéder à la vente des terrains lui appartenant à la condition qu'une telle vente ne compromette pas la réalisation des missions qui lui incombent légalement. • CE 20 mars 1998, *Épx Peyrichou : préc. note 1*. ♦ Les associations syndicales n'ont pas pour mission de défendre les intérêts des propriétaires concernés par le remembrement et sont dépourvues de qualité pour contester, en lieu et place des propriétaires membres de l'association, les décisions d'une commission départementale décidant des travaux connexes. • CE 30 juill. 1997, *Assoc. foncière de remembrement de Willems*, n° 153750. ♦ La cour est fondée à dire par interprétation d'une délibération de l'association foncière de remembrement qui s'est vu transmettre la propriété des chemins d'exploitation, que l'entretien courant serait assuré par les usagers dès lors que l'association fournissait les matériaux. • Civ. 3e, 2 avr. 2008, n° 06-20.888 : *AJDI 2008. 599*.

3. Nature. Les associations foncières de remembrement sont des établissements publics à caractère administratif. • T. confl. 7 mars 1994 : *D. 1994. IR 138*. ♦ Elles ne sont pas des associations ou syndicats agricoles autorisés à adhérer à une CUMA de drainage. • CE 25 nov. 1988, *Assoc. foncière de remembrement de Teillé et a.*, n° 39558. ♦ Il ne peut être prétendu que leur institution méconnaîtrait la liberté d'association prévue par la Convention européenne des droits de l'homme. • CE 20 févr. 2008, n° 264533.

4. Recours. L'identité des règles de la tutelle (autrefois) exercée par le préfet, d'une part sur les délibérations du conseil municipal, d'autre part sur les délibérations du bureau de l'association foncière, implique que toutes les délibérations de ce bureau peuvent être utilement contestées par des moyens fondés sur ce qu'elles auraient été adoptées dans des conditions irrégulières. • CE 1er juill. 1983, *Dron*, n° 17865. ♦ Le préfet n'est pas recevable à demander l'annulation pour excès de pouvoir des contrats conclus par le président d'une association foncière de remembrement puisque même si ces décisions émanent d'un établissement public, elles ne font pas grief à l'État et ne lui donnent pas intérêt à agir. • CAA Lyon, 13 mai 2002 : *JCP 2002. II. 10175, concl. Bourrachot ; Gaz. Pal. 30 nov.-2 déc. 2003. 21.*

5. V. aussi note ss. art. R. 133-1.

Art. L. 133-2 *(L. n° 93-24 du 8 janv. 1993)* **« A la demande de la commission communale d'aménagement foncier, le conseil municipal peut s'engager à réaliser tout ou partie des travaux définis à l'article L. 123-8. La constitution de l'association foncière est obligatoire dès lors que le conseil municipal ne s'engage pas à réaliser l'ensemble des travaux.**

« En ce qui concerne les travaux définis au 6° de l'article L. 123-8, la délibération du conseil municipal sur un éventuel engagement au titre du précédent alinéa doit être préalable à la décision de la commission communale d'aménagement foncier. Un décret en Conseil d'État fixe les modalités d'application du présent alinéa. »

Lorsque ces travaux ou ouvrages présentent un intérêt commun pour plusieurs associations foncières, celles-ci peuvent se constituer, pour les missions mentionnées à l'article L. 133-1, en unions d'associations foncières, autorisées par décision préfectorale. La décision d'adhésion à une union est valablement prise par les bureaux des associations foncières. Les unions d'associations foncières sont soumises au même régime que les associations foncières.

L'association foncière assure le règlement des dépenses et recouvre les sommes correspondantes sur les propriétaires intéressés. Les conditions dans lesquelles sont fixées les bases de répartition sont déterminées par décret en Conseil d'État. — *[Anc. art. 27, al. 2 et 4 s.]*

1. Ce n'est qu'à l'appui d'un recours dans les trois mois contre le premier rôle ayant fait application des bases de répartition des dépenses que les propriétaires intéressés par les travaux envisagés peuvent se prévaloir des illégalités qui entachent les taxes syndicales. • CE 19 mai 2004, *Assoc. foncière de remembrement de Séris*, n° 247287 : *Gaz. Pal. 14 déc. 2004. 17.*

2. Est irrégulier le recours de l'association à l'emprunt sans que l'assemblée générale n'ait fixé le montant maximum des emprunts que peut décider le bureau, ni approuvé la décision du bureau de recours à l'emprunt. • CE 19 mai 2004, n° 247287 : *préc. note 1.*

Art. L. 133-3 **La commission départementale d'aménagement foncier peut prescrire à l'association foncière d'aménagement foncier agricole et forestier de réaliser dans un délai de six mois à compter de la date du transfert de propriété les accès qui conditionnent la mise en exploitation de certaines parcelles. La liste de ces parcelles et la nature des travaux à entreprendre sont ensuite arrêtées par la commission communale.** — *[Anc. art. 25-1.]*

1. Responsabilité. Le défaut d'exécution ou des erreurs ou retards dans l'exécution des travaux connexes entraîne la responsabilité de l'association foncière de remembrement. • CE 9 janv. 1974, *Épx Fayard : Lebon 14.* ♦ Une association foncière peut voir sa responsabilité engagée pour défaut d'entretien du fossé d'évacuation établi lors des travaux connexes du remembrement dès lors que l'écoulement des eaux de pluie s'est fait sur la propriété d'un riverain où des dommages ont été constatés. • CAA Nancy, 18 avr. 2002, *Treuvey : RD rur. 2002. 405 et 581.* ♦ Est mal fondée la cour qui retient la responsabilité de l'État pour la carence d'une association foncière dans la réalisation de travaux décidés par la commission d'aménagement foncier, sans rechercher si l'inexécution nuisait gravement à l'intérêt public et si l'abstention du préfet était constitutive d'une faute lourde. • CE 6 mars 2015, n° 368730 : *RD rur. 2015, n° 187, note Robbe.*

2. Pouvoirs du préfet. Au nombre des pouvoirs du préfet figure celui de faire exécuter, sous certaines conditions, des travaux aux frais d'une association syndicale autorisée ou constituée d'office ainsi que celui de procéder à l'inscription d'office au budget d'une telle association des crédits nécessaires à la couverture des dépenses afférentes à ces travaux. • CE 4 mars 1996, n° 083087 A. ♦ Pour être imposés par le préfet, les travaux doivent avoir été décidés par la commission de remembrement. • Même arrêt.

Art. L. 133-4 *(L. n° 2005-157 du 23 févr. 2005, art. 94 et 95, en vigueur le 1er janv. 2006)* Les travaux réalisés par l'association foncière font l'objet d'états distincts, selon qu'ils se rapportent aux zones forestières, aux zones viticoles ou aux autres zones agricoles. Les dépenses afférentes aux travaux communs à ces zones sont réparties entre ces états en fonction de l'intérêt respectif des propriétés aux travaux.

Art. L. 133-5 Les associations foncières d'aménagement foncier agricole et forestier ou leurs unions peuvent également :

1° *(Ord. n° 2004-632 du 1er juill. 2004, art. 52)* « Poursuivre la construction ou l'entretien des ouvrages ou la réalisation des travaux prévus à l'article 1er de l'ordonnance du 1er juillet 2004 précitée *[n° 2004-632, relative aux associations syndicales de propriétaires]* » ;

2° Exécuter tous travaux d'élargissement, de régularisation et de redressement des cours d'eau non domaniaux, même non accessoires des travaux de curage. Les articles 120 et 121 du code rural *[devenus C. envir., art. L. 215-20 et L. 215-21]* sont applicables. Si les travaux intéressent la salubrité publique, une partie de la dépense peut être mise à la charge d'une ou plusieurs communes intéressées dans les conditions qui sont fixées par décret en Conseil d'État. – *[Anc. art. 28, al. 1er, 1° et 2°.]*

Vente. Une association foncière peut légalement procéder à la vente des terrains lui appartenant si une telle vente ne compromet pas la réalisation des missions qui lui incombent légalement. • CE 20 mars 1998, *Épx Peyrichou,* n° 129471 : *RD rur. 1998. 486.*

Art. L. 133-6 *(Ord. n° 2004-632 du 1er juill. 2004, art. 52)* « Si les opérations prévues à l'article L. 133-5 intéressent la totalité des propriétés comprises dans le périmètre d'aménagement foncier agricole et forestier, une assemblée générale des propriétaires est convoquée. Le projet de travaux est adopté dans les conditions prévues à l'article 14 de l'ordonnance précitée *[n° 2004-632 du 1er juill. 2004]*. Si les travaux n'intéressent qu'une partie des propriétés, seuls les propriétaires intéressés sont convoqués en une assemblée générale qui statue dans les conditions ci-dessus. »

L'association peut, en outre, étendre son action à des terrains situés à l'extérieur du périmètre d'aménagement foncier agricole et forestier, sous réserve des majorités requises en assemblée générale de tous les propriétaires intéressés.

Un décret en Conseil d'État fixe les conditions de convocation et de fonctionnement de l'assemblée générale ainsi que celles de la fixation des bases de répartition des dépenses entre les propriétaires selon la surface attribuée dans l'aménagement foncier agricole et forestier, sauf en ce qui concerne les dépenses afférentes aux travaux d'hydraulique qui sont réparties selon leur degré d'intérêt ; il fixe également les modalités d'établissement et de recouvrement des taxes.

Lorsqu'il y a lieu à l'établissement des servitudes, conformément aux lois, les contestations sont jugées suivant les dispositions de l'article L. 152-23.

Les associations foncières ou leurs unions peuvent exproprier les immeubles nécessaires à leurs travaux dans les conditions prévues par le code de l'expropriation pour cause d'utilité publique. – *[Anc. art. 28, al. 2 s.]*

Est mal fondée la répartition des dépenses des travaux connexes selon des tarifs différenciés selon que les parcelles étaient ou non plantées dès lors que les opérations ne comportaient pas de travaux hydrauliques. • CE 23 nov. 2007, *Perrier,* n° 284222 : *RD rur. 2008, n° 27.*

Art. L. 133-7 *(Ord. n° 2004-632 du 1er juill. 2004, art. 52)* En cas d'application des dispositions de l'article L. 123-24, après la clôture de l'opération d'aménagement foncier et dès la cession de la propriété du grand ouvrage public au maître d'ouvrage, la distraction de l'emprise de cet ouvrage du périmètre de l'association foncière d'aménagement foncier agricole et forestier est de droit sans qu'il y ait lieu d'appliquer les dispositions de l'article 38 de l'ordonnance du 1er juillet 2004 précitée.

CHAPITRE IV *[ABROGÉ]* LES ASSOCIATIONS FONCIÈRES D'AMÉNAGEMENT AGRICOLE ET FORESTIER

(Abrogé par L. n° 2005-157 du 23 févr. 2005, art. 94 et 95, à compter du 1er janv. 2006)

Art. L. 134-1 à L. 134-4 *Abrogés par L. n° 2005-157 du 23 févr. 2005, art. 94-IV et 95, à compter du 1er janv. 2006.*

CHAPITRE V LES ASSOCIATIONS FONCIÈRES PASTORALES

COMMENTAIRE

Dès le début de la politique d'orientation agricole, le législateur a manifesté la conscience que l'agriculture productiviste qu'il entendait soutenir ne pourrait se développer dans toutes les zones, et qu'il convenait de prévoir des structures adaptées au maintien de l'agriculture dans certaines régions. Il était ainsi prévu dans la loi n° 60-808 du 5 août 1960 de créer des groupements pastoraux. Ce n'est qu'en 1972 que la réalisation de ce projet a été engagée. Deux structures ont été proposées pour les seules régions de montagne. La loi n° 72-12 du 3 janvier 1972 a crée l'association foncière pastorale et le groupement pastoral en divisant les fonctions, l'association devant réunir les terres et le groupement les exploiter ; en réalité, la division n'est pas absolue et chacun peut accomplir les fonctions prévues pour l'autre. Les associations foncières pastorales sont des groupes de propriétaires de terrains à destination agricole ou pastorale, de terrains boisés ou à boiser qui se situent dans les communes classées en zone de montagne et dans celles qui sont comprises dans les zones délimitées par arrêté préfectoral où le maintien d'une activité pastorale extensive est de nature à protéger le milieu naturel et à sauvegarder la vie sociale.

L'association foncière pastorale vise à organiser le maintien de la mise en valeur des zones les moins propices à l'agriculture la plus rentable, en permettant en particulier l'exploitation extensive et les pratiques pastorales. Pour cela elles proposent un regroupement de terres souvent dispersées entre de multiples propriétaires pour créer une unité permettant une gestion adaptée. Elle réalise et gère des ouvrages collectifs pour la bonne utilisation des fonds, en exécutant des travaux contribuant à la protection des sols. Elle assure exceptionnellement l'exploitation directe mais concède la jouissance à des exploitants individuels ou à des groupements pastoraux. A titre accessoire, ces associations contribuent au maintien de la vie rurale en réalisant des équipements qui ne sont ni agricoles ni forestiers. Les associations foncières pastorales laissent des prérogatives aux propriétaires pour organiser d'autres activités compatibles avec la mise en œuvre d'un projet d'agriculture extensive. La mise en œuvre de l'objet social s'effectue au moyen de certaines règles exceptionnelles qui sont de nature à porter atteinte aux droits des propriétaires et utilisateurs des immeubles concernés. En contrepartie, les propriétaires reçoivent certains droits et protections, en particulier lorsqu'ils engagent des projets de développement rural.

La loi prévoit trois catégories d'associations foncières pastorales. Leurs modes de constitution diffèrent et il en découle une nature juridique et un régime juridique distinct. Il existe d'une part les associations libres, qui sont des personnes morales de droit privé, d'autre part les associations foncières autorisées et les associations foncières forcées qui constituent des établissements publics en raison de leur mode de constitution, et parce qu'elles sont munies de prérogatives de puissance publique qui se manifestent dans leur fonctionnement.

L'association foncière pastorale présente un équilibre entre le souci de protéger les droits des propriétaires des fonds, le souci d'efficacité dans la constitution d'une unité d'exploitation homogène, et la volonté de permettre le développement rural durable. ❑

BIBL. GÉN. ▸ Association foncière pastorale, *DP entr. agric.*

Art. L. 135-1 **Dans les régions délimitées en application de l'article L. 113-2, des associations syndicales, dites "associations foncières pastorales", peuvent être créées. Elles regroupent des propriétaires de terrains à destination agricole ou pastorale ainsi que des terrains boisés ou à boiser concourant à l'économie agricole, pastorale et**

forestière *(L. nº 2016-1087 du 8 août 2016, art. 88)* **« et à la préservation de la biodiversité ou des paysages » dans leur périmètre. Sous réserve des dispositions de leurs statuts, elles assurent ou font assurer l'aménagement, l'entretien et la gestion des ouvrages collectifs permettant une bonne utilisation de leurs fonds ainsi que les travaux nécessaires à l'amélioration ou à la protection des sols. Elles peuvent assurer ou faire assurer la mise en valeur et la gestion des fonds à destination pastorale ou agricole ainsi que des terrains boisés ou à boiser inclus à titre accessoire dans leur périmètre.**

Les associations foncières pastorales peuvent donner à bail les terres situées dans leur périmètre à des groupements pastoraux définis à l'article L. 113-3 ou à d'autres personnes, physiques ou morales, s'engageant à respecter les conditions minimales d'équipement et d'exploitation qui pourront être édictées par le préfet.

Elles peuvent, à titre accessoire seulement, et à condition que la gestion en soit confiée à des tiers, autoriser ou réaliser des équipements à des fins autres qu'agricoles ou forestières, mais de nature à contribuer au maintien de la vie rurale et à des actions tendant à la favoriser.

(L. nº 2016-1888 du 28 déc. 2016, art. 59-1º) **« Les associations foncières pastorales, établissements publics créés par arrêté préfectoral pour la gestion pastorale du foncier public et privé de montagne, peuvent faire l'objet d'une extension de leur périmètre après délibération favorable de leur assemblée générale, sous réserve que cette extension ne dépasse pas le quart de leur surface précédente et dès lors que tous les propriétaires concernés par l'extension ont donné leur accord écrit. Une telle extension de périmètre ne peut être renouvelée qu'après l'expiration d'un délai de cinq ans après une extension réalisée selon la même procédure. L'extension de périmètre d'une association foncière pastorale réalisée en application du présent alinéa ne fait pas obstacle à des extensions réalisées selon les modalités prévues au II de l'article 37 de l'ordonnance nº 2004-632 du 1er juillet 2004 relative aux associations syndicales de propriétaires. »** — *[L. nº 72-12 du 3 janv. 1972, art. 2.]*

COMMENTAIRE

L'objet principal de ces associations est de participer à l'économie agricole et forestière. Elles permettent d'abord de rassembler des fonds pour en permettre une exploitation optimisée sans contraindre à organiser des transferts de propriété immobilière. Elles doivent également assurer ou faire assurer l'aménagement, l'entretien et la gestion des ouvrages collectifs nécessaires à la bonne utilisation des fonds ; ainsi elles créent et entretiennent des chemins ou des clôtures, ou aménagent des logements pour les bergers... Elles doivent aussi assurer ou faire assurer la mise en valeur des fonds dans leur périmètre. Pour cela soit elles engagent une exploitation directe, soit elles donnent à bail à ferme ou consentent des conventions pluriannuelles de pâturage à des groupements pastoraux ou à toute personne. Les preneurs doivent s'obliger à respecter les éventuelles obligations d'équipement et d'exploitation que le préfet aurait fixées. Un objet accessoire est possible pour la réalisation d'équipements à des fins autres qu'agricoles ou forestières. Il peut ainsi être réalisé des aménagements touristiques ou sportifs. La loi nº 2016-1087 du 8 août 2016 pour la reconquête de la biodiversité, de la nature et des paysages a étendu l'objectif de ces associations qui visaient initialement essentiellement des objectifs de production pour leur permettre de poursuivre une finalité environnementale et de préservation des paysages dans leur périmètre. ❑

Groupement pastoral. Les associations foncières pastorales ne sauraient être confondues avec les groupements pastoraux, organismes de droit privé, dont les litiges qui les opposent à leurs membres ne relèvent pas de la compétence du juge administratif. • CE 3 oct. 1990, *Assoc. foncière pastorale de la vallée de l'Aston c/ Cougul*, nº 46533 : *RD rur. 1992. 377.* ♦ Sur les groupements pastoraux, V. art. L. 113-3.

Art. L. 135-2 **Les statuts fixent les rapports entre l'association foncière et ses membres. Ils précisent notamment les pouvoirs dont dispose l'association pour faire exploiter les terres pastorales et gérer les terres à vocation forestière.**

Les dépenses afférentes aux travaux réalisés par l'association foncière sont réparties entre les propriétaires de l'ensemble des zones agricoles, d'une part, ceux de l'ensemble des zones forestières, d'autre part, selon l'intérêt des travaux pour chacune des diverses zones.

(L. n° 95-95 du 1er févr. 1995) **« Les parcelles figurant dans le périmètre d'une association foncière pastorale ouvrent droit en priorité aux aides prévues pour l'entretien de l'espace. »** – *[L. n° 72-12 du 3 janv. 1972, art. 3.]*

Art. L. 135-3 **Le préfet peut réunir les propriétaires intéressés en association foncière pastorale autorisée si, tout à la fois :**

1° La moitié au moins des propriétaires, dont les terres situées dans le périmètre représentent la moitié au moins de la superficie totale des terres incluses dans ce périmètre, a adhéré à l'association expressément ou dans les conditions prévues à *(Ord. n° 2004-632 du 1er juill. 2004, art. 52)* **« l'article 13 de l'ordonnance du 1er juillet 2004 précitée ».** *(L. n° 2005-157 du 23 févr. 2005, art. 122)* **« Pour le calcul de ces quotités, sont présumés adhérents à l'association foncière les propriétaires dont l'identité ou l'adresse n'a pu être établie et qui ne se sont pas manifestés lors de l'enquête publique à la suite d'un affichage dans les mairies concernées et d'une publication** *(L. n° 2019-486 du 22 mai 2019, art. 3)* **« sur un support habilité à recevoir des annonces » légales. »** *(L. n° 2014-1170 du 13 oct. 2014, art. 25-III-1°)* **« L'association foncière dispose des terres ainsi incorporées dans son périmètre dans le cadre d'une convention pluriannuelle de pâturage ou d'un bail conclu avec leurs utilisateurs, dont la durée est définie par ses statuts. »**

2° L'association, un propriétaire des terres situées dans le périmètre ou, à défaut, un tiers prend l'engagement d'acquérir les biens dont le ou les propriétaires opteraient pour le délaissement prévu à l'article L. 135-4.

Lorsque les collectivités territoriales participent à la constitution de l'association, la condition prévue au 1° ci-dessus est tenue pour remplie si ces collectivités et les autres propriétaires susceptibles d'être considérés comme ayant adhéré à l'association possèdent au moins la moitié de la superficie de ces terres.

Les propriétaires de terres incluses dans un périmètre soumis à enquête préfectorale ne peuvent plus procéder à leur boisement à partir de l'ouverture de l'enquête, jusqu'à décision préfectorale, pendant le délai d'un an au plus. – *[L. n° 72-12 du 3 janv. 1972, art. 4.]*

COMMENTAIRE

La constitution de l'association foncière pastorale autorisée est facilitée par la présomption d'adhésion des propriétaires qui ne se manifestent pas lors de l'enquête publique. L'association foncière pastorale autorisée gère les terres dans son périmètre sans autre limite de durée que celle fixée par ses statuts (la limite de cinq années a été abrogée par la loi du 13 octobre 2014).

Arrêté préfectoral. Selon l'art. 13 de la loi du 21 juin 1865, l'arrêté préfectoral portant autorisation ou refus d'autorisation d'une association de propriétaires peut être déféré au ministre compétent, soit par ces propriétaires, soit par les tiers dans le délai d'un mois à partir de l'affichage dudit arrêté et il est statué sur le recours par un décret rendu en Conseil d'État. Des propriétaires ne sont dès lors pas recevables à présenter devant le tribunal administratif des conclusions à fin de sursis dudit arrêté avant qu'il ait été statué sur le recours formé devant le ministre de l'agriculture. • CE 29 juill. 1994, n° 144630 A.

Art. L. 135-3-1 *(L. n° 99-574 du 9 juill. 1999)* **La prorogation de la durée d'une association foncière pastorale autorisée, constituée pour une durée limitée, peut être adoptée sans autre modification de statut par une délibération de l'assemblée générale de tous les associés** *(Ord. n° 2004-632 du 1er juill. 2004, art. 52)* **« dans les conditions prévues à l'article 13 de l'ordonnance du 1er juillet 2004 précitée » et selon les règles de majorité prévues à l'article L. 135-3 du présent code.**

Les propriétaires intéressés qui, dûment convoqués et avertis des conséquences de leur abstention, ne formuleraient pas leur opposition par écrit avant la réunion de l'assemblée générale ou par vote à cette assemblée générale seront considérés comme s'étant prononcés pour la prorogation.

Un extrait de l'acte d'association modifié et de l'arrêté du préfet autorisant la prorogation est affiché pendant quinze jours au moins dans les communes de la situation des lieux. L'accomplissement de cette formalité est certifié par le maire de chaque commune intéressée.

Art. L. 135-4 Les propriétaires des parcelles comprises dans le périmètre d'une association foncière pastorale autorisée qui ne peuvent pas être considérés comme ayant donné leur adhésion *(L. n° 99-574 du 9 juill. 1999)* « à la constitution ou à la prorogation » de l'association peuvent, dans un délai de trois mois à partir de la publication de la décision préfectorale d'autorisation, délaisser leurs immeubles moyennant indemnité. A défaut d'accord amiable, cette indemnité est fixée comme en matière d'expropriation.

En cas de constitution d'office d'une association foncière pastorale, les propriétaires qui n'ont pas donné leur adhésion lors de la procédure préalable de constitution d'une association autorisée peuvent délaisser leurs immeubles sans indemnité au profit de l'association. — *[L. n° 72-12 du 3 janv. 1972, art. 5.]*

Art. L. 135-5 L'association foncière pastorale autorisée engage les travaux dans les conditions de majorité prévues à l'article L. 135-3. Elle ne peut toutefois engager les travaux mentionnés au *(L. n° 2016-1888 du 28 déc. 2016, art. 59-2°)* « troisième alinéa » de l'article L. 135-1 que dans le cas où ces travaux ont reçu l'accord *(L. n° 2014-1170 du 13 oct. 2014, art. 25-III-2°)* « de la majorité des propriétaires représentant plus des deux tiers de la superficie des propriétés ou des deux tiers des propriétaires représentant plus de la moitié de la superficie des propriétés ». — *[L. n° 72-12 du 3 janv. 1972, art. 6.]*

COMMENTAIRE

La loi du 13 octobre 2014 a assoupli les conditions dans lesquelles une association foncière pastorale autorisée peut réaliser des équipements autres qu'agricoles et forestiers, mais contribuant au maintien de la vie rurale.

Art. L. 135-6 Lorsque l'état d'abandon des *(L. n° 2006-11 du 5 janv. 2006, art. 1er)* « terrains » ou leur défaut d'entretien est de nature à constituer un danger *(L. n° 2006-11 du 5 janv. 2006, art. 1er)* « pour ces terrains ou pour les terrains » situés à leur voisinage et qu'une association foncière pastorale libre ou autorisée n'a pu être constituée pour y remédier, le préfet peut user des pouvoirs définis *(Ord. n° 2004-632 du 1er juill. 2004, art. 52)* « à l'article 43 de l'ordonnance du 1er juillet 2004 précitée ». La constitution d'office de l'association ne peut avoir pour objet la réalisation des équipements mentionnés au *(L. n° 2016-1888 du 28 déc. 2016, art. 59-2°)* « troisième alinéa » de l'article L. 135-1.

Si les travaux nécessaires pour prévenir le danger mentionné ci-dessus exigent une expropriation des terrains sur lesquels ils devront être effectués, l'enquête d'utilité publique peut, après consultation des collectivités territoriales intéressées et de la chambre d'agriculture, être ordonnée en même temps que l'enquête administrative préalable à la constitution de l'association.

(L. n° 2006-11 du 5 janv. 2006, art. 1er) « Lorsque l'état d'abandon ou le défaut d'entretien d'un terrain » *(L. n° 2005-157 du 23 févr. 2005, art. 124)* « empêche la circulation des troupeaux, le préfet, après mise en demeure du propriétaire, peut accorder à la demande de l'association foncière pastorale ou, à défaut, du groupement pastoral ou, à défaut, des exploitants intéressés, un droit de passage sur ce fonds pour une durée qui ne peut excéder un an, tacitement renouvelable en l'absence d'opposition. » — *[L. n° 72-12 du 3 janv. 1972, art. 7.]*

Art. L. 135-7 Sauf s'il s'agit d'une association libre, la distraction des terres incluses dans le périmètre d'une association foncière pastorale peut *(Ord. n° 2004-632 du 1er juill. 2004, art. 52)* « , à la demande du propriétaire, » être autorisée par décision du préfet, en vue d'une affectation non agricole :

— soit dans le cadre d'un plan d'urbanisme ou d'un plan d'occupation des sols ;

— soit sur avis favorable du syndicat et de la commission départementale d'aménagement foncier. — *Le silence gardé par l'administration à l'expiration du délai de trois mois sur une demande d'autorisation de distraction de terres incluses dans le périmètre d'une association foncière pastorale vaut décision d'acceptation (Décr. n° 2014-1297 du 23 oct. 2014, JO 1er nov.).*

Les propriétaires de fonds ainsi distraits restent redevables de la quote-part des emprunts contractés par l'association durant leur adhésion jusqu'à leur remboursement intégral et, le cas échéant, des charges correspondant à l'entretien des ouvrages collectifs dont ils continueront à bénéficier.

Les terres, qui n'ont pas reçu dans les cinq ans la destination prévue, peuvent être réintégrées dans le périmètre de l'association par décision du préfet. – *[L. n° 72-12 du 3 janv. 1972, art. 8.]*

Art. L. 135-8 Si les dépenses relatives aux travaux à entreprendre par une association foncière pastorale, en vue de prévenir les dangers qui peuvent résulter, pour les fonds compris dans son périmètre ou son voisinage, de l'abandon des terres ou de leur défaut d'entretien, excèdent celles qui sont nécessaires à la seule mise en valeur pastorale et, le cas échéant, forestière, le préfet peut, sur avis conforme du conseil départemental et après consultation du ou des conseils municipaux intéressés, mettre une partie de la dépense à la charge des collectivités territoriales qui profitent de ces travaux en précisant la quote-part qui incombe à chacune d'elles. – *[L. n° 72-12 du 3 janv. 1972, art. 9.]*

Art. L. 135-9 Il peut être mis fin aux droits d'usage grevant des biens compris dans le périmètre d'une association foncière pastorale, notamment par application de la procédure prévue par la loi n° 67-6 du 3 janvier 1967 tendant à permettre la suppression du régime juridique auquel sont soumis certains terrains communaux, notamment ceux dénommés "parts de marais" ou "parts ménagères", ou conformément à la procédure prévue par la loi n° 63-645 du 8 juillet 1963 portant suppression des droits dits "de bandite".

Dans le cas où subsistent, dans le périmètre de l'association, des droits d'usage et que la sauvegarde de ces droits est incompatible avec l'exploitation pastorale nécessaire, l'association peut, si un accord amiable n'intervient pas, demander au tribunal compétent de l'ordre judiciaire :

1° De suspendre l'exercice de ces droits pendant la durée de l'association foncière ;

2° De modifier les modalités d'exercice de ces droits et notamment de les cantonner dans une partie du périmètre ou dans des terrains acquis ou loués par l'association à l'extérieur de ce périmètre.

Le tribunal alloue, s'il y a lieu, des indemnités compensatrices.

Les présentes dispositions sont applicables aux servitudes. – *[L. n° 72-12 du 3 janv. 1972, art. 10-I et II.]*

Art. L. 135-10 Si des terres incluses dans le périmètre font l'objet d'une exploitation par faire-valoir direct ou par bail et si cette exploitation en est faite dans des conditions mettant obstacle à une mise en valeur, conforme à l'intérêt général, des terres regroupées, l'association peut, à défaut d'accord amiable avec l'exploitant, demander au tribunal compétent de l'ordre judiciaire de décider, sous réserve, le cas échéant, d'une indemnité compensatrice, que le droit de jouissance de l'exploitant soit cantonné comme il est dit à l'article L. 135-9. – *[L. n° 72-12 du 3 janv. 1972, art. 10-III.]*

Art. L. 135-11 L'indivisaire qui, en application de l'article 815-3 du code civil, est censé avoir reçu un mandat tacite couvrant les actes d'administration des immeubles indivis peut valablement adhérer pour ces immeubles à une association foncière pastorale dans la mesure où cette adhésion n'entraîne pas d'obligation quant à la disposition des biens indivis. – *[L. n° 72-12 du 3 janv. 1972, art. 10 bis.]*

Art. L. 135-12 Les modalités d'application des articles L. 135-1 à L. 135-11 sont fixées par décret en Conseil d'État.

Ce décret *(Ord. n° 2010-461 du 6 mai 2010, art. 7)* « peut prévoir des » dérogations apportées aux règlements pris pour l'application de *(Ord. n° 2004-632 du 1er juill. 2004, art. 52)* « l'ordonnance du 1er juillet 2004 » précitée. – *[L. n° 72-12 du 3 janv. 1972, art. 15.]*

V. art. R. 135-1 s.

CHAPITRE VI LES ASSOCIATIONS FONCIÈRES AGRICOLES

COMMENTAIRE

Les associations foncières agricoles peuvent être constituées sur tout le territoire entre des propriétaires de terrains à vocation agricole, pastorale ou forestière pour contribuer au maintien d'activités agricoles et au développement rural, ou à la préservation des continuités écologiques. Elles participent à la constitution d'unités d'exploitation viables en proposant des solutions d'aménagement foncier plus souples que celles qui découlent de l'application des procédures classiques, en particulier lorsqu'il s'agit de faire face à une grande dispersion des propriétés. Elles contribuent ensuite au développement des systèmes de production extensifs. Elles participent également à l'aménagement rural non agricole ou forestier.

Les associations foncières agricoles ont été créées par la loi n° 90-85 du 23 janvier 1990 (art. 12 s., JO 25 janv.) ; il s'agit d'une forme d'association syndicale. Deux formes d'associations foncières agricoles peuvent être constituées : des associations libres qui sont des personnes morales de droit privé constituées volontairement par des propriétaires à l'unanimité, et des associations autorisées qui sont des établissements publics administratifs institués par le préfet avec l'accord d'une majorité qualifiée de propriétaires. ❑

BIBL. GÉN. ▶ Association foncière agricole, *DP entr. agric.*

SECTION 1 Dispositions communes

Art. L. 136-1 Les associations foncières agricoles sont des associations syndicales, libres ou autorisées, constituées entre propriétaires de terrains à vocation agricole, pastorale ou forestière pour réaliser les opérations mentionnées à l'article L. 136-2.

(L. n° 95-95 du 1er févr. 1995) **« Les parcelles figurant dans le périmètre d'une association foncière agricole ouvrent droit en priorité aux aides prévues pour l'entretien de l'espace. »** – *[L. n° 90-85 du 23 janv. 1990, art. 12.]*

Art. L. 136-2 Dans les limites fixées par leurs statuts, les associations foncières agricoles peuvent :

1° Assurer ou faire assurer l'exécution, l'aménagement, l'entretien et la gestion des travaux ou ouvrages collectifs permettant la mise en valeur agricole, pastorale ou forestière des fonds sans se livrer d'une manière habituelle à leur exploitation directe ;

2° Assurer ou faire assurer l'exécution de travaux ou d'ouvrages à des fins autres qu'agricoles, pastorales ou forestières à la condition que ces travaux ou ouvrages contribuent au développement rural *(L. n° 2010-874 du 27 juill. 2010, art. 59-3°)* **« ou à la préservation ou à la remise en bon état des continuités écologiques » dans leur périmètre.**

Elles assurent la gestion des fonds compris dans leur périmètre pour lesquels elles ont reçu un mandat du propriétaire ou de son représentant. – *[L. n° 90-85 du 23 janv. 1990, art. 13.]*

Art. L. 136-3 Les statuts mentionnent l'objet de l'association et déterminent les rapports entre l'association et ses membres, notamment les limites du mandat confié au syndicat. Ils fixent également les modalités de répartition des recettes et des dépenses de l'association. – *[L. n° 90-85 du 23 janv. 1990, art. 14.]*

SECTION 2 Associations foncières agricoles autorisées

Art. L. 136-4 *(Ord. n° 2004-632 du 1er juill. 2004, art. 52)* **« L'autorité administrative soumet le projet de constitution d'une association foncière agricole autorisée à l'enquête publique et à la consultation prévues aux articles 12 et 13 de l'ordonnance du 1er juillet 2004 ».** – *Pour l'autorité administrative compétente, V. art. R. 136-2, dernier al.*

Le dossier d'enquête comprend notamment le périmètre englobant les terrains intéressés, l'état des propriétés, l'indication de l'objet de l'association et le projet des statuts. – *[L. n° 90-85 du 23 janv. 1990, art. 15.]*

Art. L. 136-5 Dans le périmètre de l'association, la préparation et l'exécution de tous travaux modifiant l'état des lieux, tels que semis et plantations d'espèces pluriannuelles, établissement de clôtures, création de fossés et de chemins, arrachage ou coupe des arbres et des haies peuvent être interdites par le préfet à compter de l'ouverture de l'enquête et jusqu'à sa décision, pendant le délai d'un an au plus. – *[L. n° 90-85 du 23 janv. 1990, art. 17.]*

Art. L. 136-6 A la demande du préfet, le juge compétent de l'ordre judiciaire peut désigner une personne physique ou morale chargée de représenter le propriétaire dont l'identité ou l'adresse n'a pu être déterminée, tant pour adhérer à une association fon-

cière agricole autorisée que pour représenter ses intérêts devant celle-ci. En cas d'indivision, il peut désigner l'un des propriétaires indivisaires en vue de cette adhésion et de cette représentation. Il peut à tout moment remplacer la personne désignée ou mettre fin à ses fonctions.

Si, au terme du délai de cinq ans compté à partir de la décision du juge dans les conditions ci-dessus, les recherches du propriétaire réel n'ont pas abouti, cette situation est constatée par décision préfectorale prise après avis de la commission communale des impôts directs. Il est alors procédé, par les soins du préfet, à une publication et à un affichage de cette décision et, s'il y a lieu, à une notification au dernier domicile ou résidence connu du propriétaire. En outre, si l'immeuble est habité ou exploité, une notification est également adressée à l'habitant ou exploitant. Dans le cas où le propriétaire ne s'est pas fait connaître dans un délai de six mois à dater de l'accomplissement de la dernière mesure de publicité prévue ci-dessus, l'immeuble est présumé sans maître, au titre de l'article 539 du code civil.

Le délai de cinq ans prévu à l'alinéa précédent est réduit à trois ans lorsque la création de l'association intervient à la clôture d'une opération d'aménagement foncier réalisée conformément aux dispositions du titre II du présent livre. — *[L. n° 90-85 du 23 janv. 1990, art. 18.]*

Art. L. 136-7 Le préfet peut réunir les propriétaires intéressés en association foncière agricole autorisée si, tout à la fois :

1° La moitié au moins des propriétaires représentant les deux tiers au moins de la superficie des terrains compris dans le périmètre de l'association ou les deux tiers au moins des propriétaires représentant la moitié au moins de la superficie ont donné leur adhésion ou sont considérés comme ayant adhéré à l'association dans les conditions prévues à *(Ord. n° 2004-632 du 1er juill. 2004, art. 52)* « l'article 13 de l'ordonnance du 1er juillet 2004 » ;

2° Une collectivité territoriale, la société d'aménagement foncier et d'établissement rural, l'association, un propriétaire de terres situées dans le périmètre ou un tiers prend l'engagement d'acquérir les biens dont le ou les propriétaires opteraient pour le délaissement prévu à l'article L. 136-8.

Lorsqu'une ou plusieurs collectivités territoriales participent à la constitution de l'association, la condition mentionnée au 1° ci-dessus est tenue pour remplie si les collectivités territoriales et les autres propriétaires susceptibles d'être considérés comme ayant adhéré à l'association possèdent au moins les deux tiers de la superficie de ces terres. — *[L. n° 90-85 du 23 janv. 1990, art. 19.]*

Art. L. 136-7-1 *(L. n° 99-574 du 9 juill. 1999)* La prorogation de la durée d'une association foncière agricole autorisée, constituée pour une durée limitée, peut être adoptée sans autre modification de statut par une délibération de l'assemblée générale de tous les associés convoqués dans les conditions prévues à *(Ord. n° 2004-632 du 1er juill. 2004, art. 52)* « l'article 13 de l'ordonnance du 1er juillet 2004 » et selon les règles de majorité prévues à l'article L. 136-7 du présent code.

Les propriétaires intéressés qui, dûment convoqués et avertis des conséquences de leur abstention, ne formuleraient pas leur opposition par écrit avant la réunion de l'assemblée générale ou par un vote à cette assemblée générale seront considérés comme s'étant prononcés pour la prorogation.

Un extrait de l'acte d'association modifié et de l'arrêté du préfet autorisant la prorogation est affiché pendant quinze jours au moins dans les communes de la situation des lieux. L'accomplissement de cette formalité est certifié par le maire de chaque commune intéressée.

Art. L. 136-8 Les propriétaires de parcelles comprises dans le périmètre d'une association foncière agricole autorisée qui ne peuvent pas être considérés comme ayant donné leur adhésion *(L. n° 99-574 du 9 juill. 1999)* « à la constitution ou à la prorogation » de l'association peuvent, dans un délai de trois mois à partir de la publication de l'autorisation du préfet, délaisser leurs immeubles moyennant indemnité. A défaut d'accord amiable, cette indemnité est fixée comme en matière d'expropriation. L'exécution de travaux ou d'ouvrages sur les parcelles ainsi délaissées ne peut être entreprise qu'après paiement ou consignation des indemnités de délaissement. — *[L. n° 90-85 du 23 janv. 1990, art. 20.]*

Art. L. 136-9 Les décisions relatives aux travaux et ouvrages mentionnés aux 1° et 2° de l'article L. 136-2 sont prises à la majorité de la moitié au moins des propriétaires représentant la moitié au moins de la superficie des terrains compris dans le périmètre de l'association. – *[L. n° 90-85 du 23 janv. 1990, art. 16.]*

Art. L. 136-10 La distraction des terres incluses dans le périmètre d'une association foncière agricole peut être autorisée par décision préfectorale, en vue d'une affectation non agricole et de contribuer au développement rural :

a) Soit dans le cadre d'un plan d'occupation des sols ;

b) Soit sur avis favorable du syndicat et de la commission départementale d'aménagement foncier. – *Le silence gardé par l'administration à l'expiration du délai de trois mois sur une demande d'autorisation de distraction de terres incluses dans le périmètre d'une association foncière agricole vaut décision d'acceptation (Décr. n° 2014-1297 du 23 oct. 2014, JO 1er nov.).*

Toutefois, la distraction des terres acquises en application de l'article L. 136-8 par une collectivité territoriale, la société d'aménagement foncier et d'établissement rural ou l'association ne peut être autorisée que dans les conditions de majorité prévues à l'article L. 136-7.

Les propriétaires des fonds ainsi distraits restent redevables de la quote-part des emprunts contractés par l'association durant leur adhésion jusqu'à leur remboursement intégral et, le cas échéant, des charges correspondant à l'entretien des ouvrages collectifs dont ils continueront à bénéficier.

Les terres qui n'ont pas reçu dans les cinq ans la destination prévue peuvent être réintégrées dans le périmètre de l'association par décision préfectorale. – *[L. n° 90-85 du 23 janv. 1990, art. 21.]*

Art. L. 136-11 Lorsque s'exercent dans son périmètre des droits d'usage incompatibles avec la réalisation de l'objet de l'association, cette dernière peut, à défaut d'accord amiable, demander au tribunal compétent de l'ordre judiciaire :

1° De suspendre l'exercice de ces droits pendant la durée de l'association foncière autorisée ;

2° De modifier les modalités d'exercice de ces droits et notamment de les cantonner dans une partie du périmètre ou dans des terrains acquis ou loués par l'association à l'extérieur de ce périmètre.

Le tribunal alloue, s'il y a lieu, des indemnités compensatrices. Les dispositions du présent article sont applicables aux servitudes de droit privé. – *[L. n° 90-85 du 23 janv. 1990, art. 22.]*

Art. L. 136-12 *(L. n° 95-95 du 1er févr. 1995)* A la demande d'une association foncière agricole autorisée, le préfet peut décider la mise en place d'un plan d'échange des droits d'exploitation des terrains compris dans le périmètre, ou partie du périmètre, dans lequel ladite association a reçu un mandat de gestion, conformément au dernier alinéa de l'article L. 136-2, pour les deux tiers au moins de la superficie. Ce plan d'échange doit être nécessaire à la mise en valeur agricole ou pastorale des fonds. Les dépenses sont à la charge de l'association foncière agricole autorisée et sont réparties comme il est dit à l'article L. 136-3.

A dater de l'arrêté décidant la mise en place du plan d'échange des droits d'exploitation, le préfet peut ordonner que les terrains soient exploités dans les conditions décrites à l'article L. 481-1.

Les baux et conventions en cours sont résiliés de plein droit dans le délai d'un an au plus à compter de l'arrêté préfectoral décidant le plan d'échange des droits d'exploitation.

A défaut d'accord amiable, le juge de l'expropriation fixe le montant des indemnités réparant les atteintes que la mise en place du plan d'échange peut porter aux exploitations agricoles.

Les litiges entre preneurs et bailleurs qui peuvent résulter de la mise en place du plan d'échange sont portés devant le tribunal paritaire des baux ruraux.

COMMENTAIRE

Le préfet peut décider de mettre en place un plan d'échange des droits d'exploitation sur les terrains compris dans le périmètre de l'association. Une telle démarche permet d'éviter une opération d'aménagement foncier dont la mise en œuvre serait beaucoup plus délicate puisque portant sur les droits de propriété. ❑

Art. L. 136-13 *(Ord. nº 2010-461 du 6 mai 2010, art. 7)* **Les conditions d'application des articles L. 136-1 à L. 136-12 sont fixées par décret en Conseil d'État. Ce décret peut prévoir des dérogations aux règlements pris pour l'application de l'ordonnance du 1er juillet 2004 précitée.** – *V. art. R. 136-1 s.*

TITRE IV LES SOCIÉTÉS D'AMÉNAGEMENT FONCIER ET D'ÉTABLISSEMENT RURAL

BIBL. GÉN. ► Les SAFER, *Le trait d'Union 2008, nº 4 (nº spécial)*. - SAFER, *DP entr. agric.* - BESSON, BOSSE-PLATIÈRE, COLLARD et TRAVELY, *JCP N 2014. 1351* (le bel avenir promis à la SAFER par la loi du 13 oct. 2014). - BOSSE-PLATIÈRE, *Defrénois 2018, nº 11, p. 25* (les SAFER à la veille de la loi foncière). - LACHAUD, SAFER, *La France agricole 2012*. - DE SÉGONZAC et DONNEFORT, *JCP N 2019. 1253* (fiscalité et SAFER).

COMMENTAIRE

Les sociétés d'aménagement foncier et d'établissement rural, qui sont au nombre de vingt-six, apparaissent comme des personnes morales de droit privé dont l'objet est public et d'intérêt général, qui exécutent leur mission avec des moyens publics et sous contrôle de l'administration. Créées par la loi d'orientation agricole nº 60-808 du 5 août 1960, les SAFER ont d'abord été un outil permettant l'application de la politique des structures agricoles. Elles ont été conçues comme un instrument de régularisation et de maîtrise du marché foncier destiné à contribuer à l'amélioration des structures des exploitations agricoles et à l'installation d'exploitants. Elles ont reçu également pour mission de procéder à des opérations d'aménagement foncier. Les SAFER ont évolué à partir du moment où le prix des terres agricoles a cessé d'augmenter. En effet, après 1980, les SAFER ont commencé à connaître des difficultés pour agir sur un marché foncier déprimé. Elles sont alors devenues des instruments d'aménagement et de développement rural et forestier. Depuis la loi nº 99-574 du 9 juillet 1999, elles sont également destinées à participer à la protection de l'environnement. Leurs moyens d'action se sont développés au fil de leur évolution. Au départ, les SAFER pouvaient acquérir des immeubles aux fins de les rétrocéder conformément aux objectifs de la politique agricole des structures qu'elles devaient contribuer à mettre en application. La loi nº 62-933 du 8 août 1962 leur a accordé un droit de préemption pour rendre leur action plus efficace. Ensuite, la loi nº 95-95 du 1er février 1995 a développé le droit des SAFER de consentir des baux. Puis la loi nº 99-574 du 9 juillet 1999 a multiplié les techniques d'intervention à leur disposition, en les autorisant à acquérir des droits sociaux, en leur permettant de se substituer un attributaire dans une promesse de vente qui leur est consentie, et en leur donnant la possibilité de s'entremettre dans la location de biens ruraux. L'évolution de leur mission et de leurs moyens d'action justifie que les dispositions régissant les SAFER aient été codifiées dans le nouveau code rural au premier livre intitulé « aménagement et équipement de l'espace rural » et non pas dans le livre III intitulé « l'exploitation agricole ». La SAFER n'est plus seulement un outil de la politique agricole agissant sur les structures foncières. Elle est désormais un outil d'aménagement du territoire rural dont elle soutient le développement tout en contribuant à la protection de l'environnement et des paysages, ainsi que l'a réaffirmé la loi du 23 février 2005 et que l'ont précisé les lois du 5 janvier 2006 et du 27 juillet 2010.

La loi du 13 octobre 2014 a reformulé et a étendu les missions de la SAFER pour suivre les objectifs de la politique agricole, en lui conférant des moyens renforcés. Ainsi, la protection des espaces agricoles, naturels et forestiers face à l'extension urbaine devient l'objectif prioritaire. La SAFER doit aussi contribuer au soutien de l'installation. Son objectif de développement des structures agricoles suppose la consolidation et l'amélioration d'exploitations viables selon le schéma directeur régional des exploitations agricoles, ainsi que le soutien de l'agroécologie ; l'agrandissement n'est plus une priorité. Les SAFER sont confirmées dans leur rôle environnemental global, dans leur action pour le développement rural, en soulignant la nécessité de rechercher une triple performance économique, sociale et environnementale.

CHAPITRE I MISSIONS ET FONCTIONNEMENT

COMMENTAIRE

Les SAFER apparaissent comme des acteurs multi-compétents de l'aménagement rural. Il leur est fixé trois objectifs majeurs qui sont souvent associés dans le développement de leurs actions.

1° Les SAFER sont un instrument de la politique agricole : elles ont été constituées comme un moyen de soutenir la modernisation de l'agriculture en facilitant le développement d'une exploitation de type familial. Aujourd'hui elles contribuent à l'amélioration des structures foncières pour faciliter l'installation, le maintien d'exploitants, la consolidation des exploitations en faisant place à l'agroécologie et à des pratiques innovantes. Elles doivent contribuer à la lutte contre la concentration excessive des exploitations et l'accaparement des terres ; elles sont en effet chargées d'instruire les demandes d'autorisation des cessions de titres sociaux qui aboutissent à la prise de contrôle des sociétés d'exploitation ou de propriété agricole (art. L. 333-1 s.). La loi n° 2021-1756 du 23 décembre 2021 a en effet créé une nouvelle procédure pour consolider l'exploitation agricole et lutter notamment contre la concentration foncière. Les SAFER peuvent ainsi peser davantage sur les négociations sociétaires.

2° Les SAFER ont à mettre en œuvre le volet foncier de la politique d'aménagement et de développement durable du territoire rural. A ce titre, elles ont pour rôle prioritaire de protéger l'espace agricole, naturel et forestier menacé par l'extension urbaine. Elles contribuent aussi directement à l'amélioration des structures foncières au service des exploitants. Elles peuvent procéder à l'aménagement et au remaniement parcellaire des terres qu'elles rétrocèdent. De même, elles sont aptes à organiser ou à provoquer des échanges. Elles peuvent également engager des études ou des travaux sur les terres leur appartenant pour faciliter la mise en valeur agricole et le développement rural. Et elles peuvent participer à la mise en valeur de terres incultes. Elles peuvent acquérir et rétrocéder des exploitations forestières, contribuer à l'augmentation de la superficie de ces exploitations et participer à leur aménagement. Elles peuvent également contribuer à la création d'associations syndicales de gestion forestière autorisées. L'exercice de cette mission a amené la reconnaissance de leur compétence technique, et elles ont été instituées comme acteur privilégié de l'aménagement foncier rural. A ce titre, elles peuvent réaliser des études liées à l'aménagement foncier ou à la mise en valeur du sol pour le compte de tiers, et être associées à la réalisation des travaux correspondants. Elles peuvent apporter une assistance technique aux collectivités territoriales et aux établissements publics qui leur sont rattachés, et en particulier aux établissements publics chargés des parcs nationaux pour la mise en œuvre du droit de préemption qui leur est reconnu par l'article L. 142-3 du code de l'urbanisme. Les SAFER peuvent, dans le cadre de mandats, soutenir la mise en œuvre du droit de préemption, la réalisation de transactions immobilières, la gestion d'un patrimoine foncier, aider à la mise en œuvre de la politique foncière et informer sur les marchés fonciers. Elles peuvent aussi se voir déléguer par l'agence de l'eau la mise en œuvre du droit de préemption prévu à l'article L. 322-4 du code de l'environnement (art. L. 213-8-2). Elles contribuent aussi au meilleur fonctionnement du marché foncier rural dont elles doivent assurer la transparence. Elles sont tenues d'exploiter toute information pour le meilleur accomplissement de leur mission. Elles doivent aussi, dans un contexte où les usages non agricoles deviennent plus nombreux sur les terres rurales, être utiles aux personnes publiques chargées de réaliser des actions dans le monde rural. C'est ainsi qu'il leur revient d'organiser la diffusion de l'information de l'existence de terres disponibles, auprès des acteurs publics intéressés notamment. Elles sont tenues d'informer le président du conseil général de toute déclaration d'intention d'aliéner dans les périmètres pour la protection et le développement des espaces agricoles et naturels périurbains (loi du 23 février 2005), tenues d'informer les maires de toute déclaration d'intention d'aliéner sur les biens situés sur le territoire de leur commune (loi du 5 janvier 2006), tenues de communiquer aux services de l'État notamment les informations sur l'évolution des prix et sur les changements de destination des terres agricoles (loi du 27 juillet 2010). La FNSAFER doit transmettre chaque année un bilan d'activité en matière forestière au Conseil supérieur de la forêt et du bois.

3° Enfin, les SAFER contribuent à la préservation de l'environnement : elles peuvent acquérir des biens et les attribuer pour la réalisation de projets de protection de l'environnement ou de mise en valeur du patrimoine naturel et des paysages, et elles peuvent conduire des opérations de réorientation des biens vers des usages non agricoles.

La poursuite d'un objectif de développement rural amène les SAFER à devoir agir à la fois dans l'intérêt de l'agriculture, dans celui des ruraux non agriculteurs et pour la protection de l'environnement. Dans les contextes marqués par la déprise, la conciliation de ces objectifs s'impose souvent aisément. Mais lorsque existe une concurrence entre les utilisateurs de l'espace rural, et en particulier autour des agglomérations, les SAFER peuvent être amenées à réaliser des arbitrages délicats.

Le pouvoir renforcé et la complexe synthèse à réaliser des missions poursuivies est peut-être à l'origine de la soumission des opérations de rétrocession de la SAFER au contrôle des structures selon les règles de droit commun depuis la loi du 13 octobre 2014, mais selon une procédure spécifique puisque l'avis favorable du commissaire du gouvernement constituera l'autorisation éventuellement nécessaire. Les critères du refus du préfet (ou du commissaire du gouvernement) sont précisément énoncés dans une liste *a priori* limitative (V. art. L. 331-3-1). ❑

SECTION 1 Missions

Art. L. 141-1 *(L. nº 2014-1170 du 13 oct. 2014, art. 29-1º)* **« I. — Des sociétés d'aménagement foncier et d'établissement rural peuvent être constituées pour remplir les missions suivantes :**

« 1° Elles œuvrent prioritairement à la protection des espaces agricoles, naturels et forestiers. Leurs interventions visent à favoriser l'installation, le maintien et la consolidation d'exploitations agricoles ou forestières afin que celles-ci atteignent une dimension économique viable au regard des critères du schéma directeur régional des exploitations agricoles ainsi que l'amélioration de la répartition parcellaire des exploitations. Ces interventions concourent à la diversité des systèmes de production, notamment ceux permettant de combiner les performances économique, sociale et environnementale et ceux relevant de l'agriculture biologique au sens de l'article L. 641-13 ;

« 2° Elles concourent à la diversité des paysages, à la protection des ressources naturelles et au maintien de la diversité biologique ;

« 3° Elles contribuent au développement durable des territoires ruraux, dans le cadre des objectifs définis à l'article L. 111-2 ;

« 4° Elles assurent la transparence du marché foncier rural. »

(L. nº 99-574 du 9 juill. 1999) **II. — Pour la réalisation des missions définies au I, les sociétés d'aménagement foncier et d'établissement rural peuvent :**

1° Acquérir, dans le but de les rétrocéder, des biens ruraux, des terres, des exploitations agricoles ou forestières ;

2° Se substituer un ou plusieurs attributaires pour réaliser la cession de tout ou partie des droits conférés, soit par une promesse unilatérale de vente, soit par une promesse synallagmatique de vente, portant sur les biens visés *(L. nº 2021-1756 du 23 déc. 2021, art. 3)* **« aux 1° et 3° », dès lors que la substitution intervient dans un délai maximal de six mois à compter du jour où ladite promesse a acquis date certaine et, au plus tard, au jour de l'acte authentique réalisant ou constatant la vente ;**

(L. nº 2014-1170 du 13 oct. 2014, art. 29-1º) **« 3° Acquérir des actions ou parts de sociétés** *(L. nº 2021-1756 du 23 déc. 2021, art. 3)* **« détenant en propriété ou en jouissance des biens immobiliers à usage ou à vocation agricole ou détenant des droits sur de telles sociétés, » notamment, par dérogation à l'article L. 322-1, la totalité ou une partie des parts de groupements fonciers agricoles ou de groupements fonciers ruraux ; »**

4° Se livrer ou prêter leur concours, en vertu d'un mandat écrit, à des opérations immobilières portant sur les biens d'autrui et relatives au louage régi par le livre IV (nouveau).

III. — 1° *(Abrogé par L. nº 2014-1170 du 13 oct. 2014, art. 29-1º) « Dans les cas visés aux 1º et 2º du II, »* **Le choix de l'attributaire se fait au regard des missions mentionnées au I. L'attributaire peut être tenu au respect d'un cahier des charges.**

En cas de substitution, le cahier des charges mentionné à l'alinéa précédent comporte l'engagement du maintien pendant un délai minimal de dix ans de l'usage agricole ou forestier des biens attribués et soumet, pendant ce même délai, toute opération de cession à titre onéreux en propriété ou en jouissance du bien attribué à l'accord préalable de la société d'aménagement foncier et d'établissement rural. En cas de non-respect de ces engagements pris dans le cadre d'un cahier des charges, l'attributaire est tenu de délaisser le bien, si la société d'aménagement foncier et d'établissement rural le demande, au prix fixé par le cahier des charges ou, à défaut, par le juge de l'expropriation ;

(L. nº 2021-1756 du 23 déc. 2021, art. 3) **« Les engagements du cahier des charges portant sur les actions ou parts mentionnées au 3º du II du présent article, qui constituent la contrepartie des exonérations fiscales prévues aux articles** *(L. nº 2023-1322 du 29 déc. 2023, art. 21)* **« 1028 *bis* et » 1028 *ter* du code général des impôts, sont définis par décret en Conseil d'État ; »**

2º Les dispositions de l'article 52 de la loi nº 93-122 du 29 janvier 1993 relative à la prévention de la corruption et à la transparence de la vie économique et des procédures publiques ne sont pas applicables à l'opération de substitution mentionnée au présent article. Celle-ci emporte, à compter de la promesse, substitution dans les droits et les obligations de la société d'aménagement foncier et d'établissement rural ;

3º Pour l'exercice des activités mentionnées au 4º du II, les sociétés d'aménagement foncier et d'établissement rural doivent souscrire une assurance garantissant les conséquences pécuniaires de leur responsabilité civile professionnelle et une garantie financière résultant d'un cautionnement spécialement affecté au remboursement des fonds, effets ou valeurs détenus pour autrui.

Le montant de cette garantie ne peut être inférieur ni au montant maximal des fonds, effets ou valeurs détenus pour autrui à un moment quelconque ni à un montant minimal. Les modalités particulières de mise en œuvre de cette garantie, le contenu du contrat de mandat et les conditions de rémunération du mandataire sont définis par décret en Conseil d'État.

(L. nº 2014-1170 du 13 oct. 2014, art. 29-1º) **« IV. — 1. La structure regroupant l'ensemble des sociétés d'aménagement foncier et d'établissement rural transmet tous les ans au Conseil supérieur de la forêt et du bois le bilan des activités de ces sociétés en matière forestière.**

« 2. Les sociétés d'aménagement foncier et d'établissement rural participent aux réunions et apportent leur appui technique aux travaux de la commission départementale de la préservation des espaces naturels, agricoles et forestiers prévue à l'article L. 112-1-1. Elles sont également représentées par la structure les regroupant, mentionnée au 2º du II de l'article L. 141-6, auprès de l'Observatoire des espaces naturels, agricoles et forestiers prévu à l'article L. 112-1. »

BIBL. ▶ DORISSON, *RD rur. 2007. Étude 19* (les nouvelles mesures juridiques et fiscales intéressant le droit des SAFER en 2006). – GILARDEAU, *RD rur. 1999. 364 ; JCP N 1999. 1542* (des moyens d'action inédits). – GRIMONPREZ, *RD rur. 2001. 557 ; ibid. 2002. 26 ; JCP N 2002. 485 et 522* (la substitution dans les promesses de vente par la SAFER). – HEIMANN, *RD rur. 2003. 613* (SAFER et espace rural). – JUEN, *RD rur. 2016. Étude 5* (substitution par les SAFER dans les promesses unilatérales de vente). – LACHAUD, *Gaz. Pal. 20-21 juin 2003. 8* (instruction du 3 mai 2002). – OURLIAC, *RD rur. 1991. 229* (missions des SAFER). – RUHARD-LUX, *RD rur. 1997. 459* (nouvelles utilisations et nouveaux acteurs de l'espace rural). – VERDUN, *RD rur. 2003. 627* (obligations des attributaires ; pratique de la substitution). – DE LOS ANGELÈS et DE SEGONZAC, *RD rur. 2018. Dossier 18* (rôle de la SAFER dans le portage du foncier agricole).

▶ **Loi du 13 oct. 2014 :** RIVIER, *Defrénois 2015. 790* (nouvelles missions des SAFER après la loi du 13 oct. 2014). – BESSON, DE LOS ANGELÈS et BOSSE-PLATIÈRE, *JCP N 2016. 1100* (loi d'avenir agricole, entrée en vigueur et difficultés d'interprétation, notion bien rural).

COMMENTAIRE

La loi du 9 juillet 1999 avait conféré un droit limité aux SAFER d'acquérir des parts sociales dans un objectif d'amélioration des structures foncières. La loi du 13 octobre 2014 a élargi ce droit : les SAFER peuvent désormais acquérir les actions ou parts sociales de toute société ayant pour objet principal l'exploitation ou la propriété agricole et exercer le droit de préemption pour les acquérir (V. art. L. 143-1). La SAFER peut ainsi, en GFA ou GFR, acquérir jusqu'à 30% des parts ou leur intégralité. Il est tenu compte de l'évolution des structures agricoles où les sociétés sont de plus en plus présentes en conséquence de la progression du coût des exploitations. La SAFER peut acquérir tout ou partie des parts d'une SCEA agricole, mais elle ne peut acquérir les parts de GAEC ou d'EARL qui n'ont pour associés que des personnes physiques.

L'*intuitu personae* est de nature à rendre complexe la cession des parts sociales pour les SAFER. L'acquisition globale de toutes les parts et actions écarte cette difficulté mais suppose que la SAFER trouve un nouvel ensemble d'associés ou procède à la liquidation de la personne morale. ❑

1. Contentieux. L'ensemble des litiges relatifs aux acquisitions et rétrocessions de terres par les SAFER relève de la compétence des tribunaux judiciaires, à l'exception de ceux relatifs à la régularité des actes administratifs unilatéraux par lesquels les commissaires du gouvernement ou les ministres qu'ils représentent approuvent les décisions prises dans ce domaine par les sociétés en question. • CE 12 juin 1998, n° 168890. ♦ Les juges judiciaires sont fondés à s'opposer à la demande de l'acquéreur évincé de renvoi préjudiciel devant la juridiction administrative dès lors qu'il a été constaté que les avis des commissaires du gouvernement avaient été sollicités et obtenus avant que la SAFER décide de préempter. • Civ. 3e, 21 juin 2000, n° 98-21.163 P : *RD rur. 2001. 51.*

2. Accès aux informations. Le caractère nominatif d'un rapport sur le fonctionnement d'une SAFER justifie le refus de communication au directeur général sans suppression des noms des personnes mentionnées dans ce rapport. L'État est responsable du fait du mauvais vouloir de l'administration de communiquer au directeur d'une SAFER divers documents, une fois effacées les informations nominatives, alors que la CADA s'était prononcée sur la communicabilité de ces documents. • CE 10 juill. 1992, n° 120047 : *D. 1992. IR 231*.

3. Qualité d'agriculteur. La SAFER doit être regardée comme ayant la qualité d'agriculteur au sens de l'art. 2 du Règl. n° 1782/2003 et remplissant les conditions pour bénéficier des DPU. • CE 8 févr. 2012, n° 336641. ♦ Est nulle la décision de refus de reconnaître la SAFER éligible au régime du paiement unique au motif que l'activité agricole ne compte pas parmi ses missions légales. • CE 24 avr. 2013, n° 349304 : *RD rur. 2013, n° 177, note Robbe.*

4. Entremise. La SAFER peut, sur avis de ses organes consultatifs et de contrôle, subordonner l'attribution du bail rural à des conditions qui s'imposent au candidat retenu. • Civ. 3e, 27 avr. 2017, n° 15-29.139 P : *D. actu. 1er juin 2017, obs. Prigent ; D. 2017. 982 ; JCP N 2017. Actu. 538 et 2017. 1302, note de Los Angeles et Bosse-Platière ; JCP 2017. 560 ; DP entr. agric., Bull. n° 510, p. 12, note Roussel ; RD rur. 2017, n° 223, note Peignot ; Gaz. Pal. 2017. 1936.*

5. Responsabilité. V. note 6 ss. art. L. 142-2.

Art. L. 141-1-1 *(L. n° 2014-1170 du 13 oct. 2014, art. 29-2°)* **I. — Pour l'exercice de leurs missions, les sociétés d'aménagement foncier et d'établissement rural sont préalablement informées par le notaire ou, dans le cas d'une cession de parts ou d'actions de sociétés, par le cédant** *(L. n° 2021-1756 du 23 déc. 2021, art. 4)* **« ou le cessionnaire », dans des conditions fixées par décret en Conseil d'État, de toute cession entre vifs conclue à titre onéreux ou gratuit portant sur des biens ou droits mobiliers ou immobiliers mentionnés au II de l'article L. 141-1 situés dans leur ressort. Cette obligation d'information vaut également pour les cessions d'usufruit ou de nue-propriété, pour lesquelles sont notamment précisées la consistance et la valeur des biens concernés.** *(L. n° 2021-1756 du 23 déc. 2021, art. 4)* **« Elle vaut aussi pour toute opération emportant modification de la répartition du capital social ou des droits de vote et aboutissant à transférer le contrôle d'une société mentionnée au 3° du même II ; la formalité est, dans ce cas, accomplie par le gérant de la société, par le représentant légal de la société ou par son délégataire. Pour les opérations sociétaires, l'obligation d'information doit être satisfaite auprès de la société d'aménagement foncier et d'établissement rural du lieu du siège social de la société concernée ou, si le siège est situé hors de France, auprès de la société d'aménagement foncier et d'établissement rural du lieu du siège d'exploitation ou du lieu où se trouve la plus grande superficie de terres détenues ou exploitées par la société. »**

II. — Si un bien ou un droit mobilier ou immobilier sur lequel une société d'aménagement foncier et d'établissement rural est autorisée à exercer le droit de préemption en application des articles L. 143-1 *(L. n° 2015-990 du 6 août 2015, art. 113-II-1°)* **« , L. 143-7 et L. 143-16 » est aliéné au profit d'un tiers en violation de l'obligation d'information mentionnée au I du présent article, ladite société peut, dans un délai de six mois à compter de la publication de l'acte de vente** *(L. n° 2015-990 du 6 août 2015,* *art. 113-II-1°)* **« ou de donation ou, à défaut de publication, dans un délai de six mois à compter du jour où cet acte lui est connu, demander au tribunal** *(Ord. n° 2019-964 du 18 sept. 2019, art. 35)* **« judiciaire » soit d'annuler l'acte en cause, soit, dans le seul cas de la vente, » de la déclarer acquéreur en lieu et place du tiers. Elle peut, dans un délai de six mois à compter de la date à laquelle elle en a été informée, demander au tribunal** *(Ord. n° 2019-964 du 18 sept. 2019, art. 35)* **« judiciaire » d'annuler une cession conclue à titre gratuit si elle estime que cette cession aurait dû lui être notifiée en tant que cession à titre onéreux.**

III. — Si un bien ou un droit mobilier ou immobilier qui n'entre pas dans le champ d'application du II est aliéné au profit d'un tiers en méconnaissance de l'obligation d'information mentionnée au I, l'autorité administrative peut, d'office ou à la demande de la société d'aménagement foncier et d'établissement rural, prononcer une amende administrative, égale au moins au montant fixé à l'article 131-13 du code pénal pour les contraventions de la cinquième classe et au plus à 2 % du montant de la transaction concernée. Les frais résultant des mesures nécessaires à l'exécution de cette sanction sont à la charge du contrevenant. L'autorité administrative avise préalablement l'auteur du manquement des faits relevés à son encontre, des dispositions qu'il a enfreintes et des sanctions qu'il encourt. Elle lui fait connaître le délai dont il dispose pour faire valoir ses observations écrites et, le cas échéant, les modalités selon lesquelles il peut être entendu s'il en fait la demande. Elle l'informe de son droit à être assisté du conseil de son choix. La décision de sanction ne peut être prise plus d'un an après la constatation des faits. Elle peut faire l'objet d'un recours de pleine juridiction devant la juridiction administrative.

(L. n° 2021-1756 du 23 déc. 2021, art. 4, en vigueur le 1er janv. 2023) **« IV. — Le notaire transmet à la société d'aménagement foncier et d'établissement rural les informations liées à l'obligation déclarative sous forme électronique, dans les conditions prévues aux articles 1366 et 1367 du code civil et selon les modalités techniques convenues par convention entre le Conseil supérieur du notariat et la Fédération nationale des sociétés d'aménagement foncier et d'établissement rural. Pour les opérations sociétaires prévues au I du présent article, que celles-ci interviennent avec ou sans le concours d'un notaire, la transmission des informations est réalisée uniquement par voie de télédéclaration, sur le site internet de la société d'aménagement foncier et d'établissement rural. »** — *Les dispositions du IV de l'art. L. 141-1-1 entrent en vigueur le 1er janv. 2023 (Décr. n° 2022-1515 du 2 déc. 2022, art. 5-II).*

BIBL. ▶ GIBAULT, *Defrénois 2016. 768* (l'entrée en vigueur du dispositif d'information générale de la SAFER). – LORISSON et DUPUIS-BERNARD, *JCP N 2018. 1127* (information et droit de préemption des SAFER, tableau synoptique).

COMMENTAIRE

Toutes les cessions doivent être portées à la connaissance de la SAFER, même si elles ne permettent pas l'exercice du droit de préemption. Cette information permet à la SAFER d'exercer son droit de préemption, mais aussi de connaître le fonctionnement du marché foncier rural dont elle assure la transparence. Lorsqu'il s'agit d'une aliénation ne requérant pas l'intervention d'un notaire, le vendeur ou la personne chargée de dresser l'acte d'aliénation est tenu de procéder à la notification. En application de la loi du 23 décembre 2021, les SAFER doivent aussi recevoir notification de toutes les opérations de cessions de parts aboutissant à un transfert de contrôle des sociétés à objet d'exploitation ou de propriété agricole, que ces opérations soient ou non soumises à autorisation.

Deux types de sanctions ont été posés pour le cas où un bien serait cédé à un tiers sans respect de l'obligation d'information à la SAFER : si ce bien ouvre droit à préemption de la SAFER, *celle-ci peut* demander au tribunal de grande instance, dans les six mois de la publication de l'acte de vente ou, à défaut de publicité, dans les six mois où elle a connaissance de cette opération, la nullité de la vente ou demander à être substituée à l'acquéreur ; et si la SAFER estime qu'une cession à titre gratuit doit être reconnue comme étant consentie à titre onéreux, elle peut dans les six mois où elle a eu connaissance de la cession en demander la nullité. Si ce bien n'ouvre pas droit à préemption, l'autorité administrative peut prononcer une amende administrative. ❑

1. Forclusion. Jurisprudence antérieure à la loi du 31 oct. 2014. Est forclose la SAFER qui était informée du projet de vente du notaire et a agi en nullité de cette vente plus de six mois après la publication foncière de cette cession. • Civ. 3e, 2 févr. 2011, n° 09-73.004 : *AJDI 2011. 309* ; *JCP N 2011. Actu. 281, obs. Bosse-Platière et Collard ; ibid. 1117, note Barbièri ; Defrénois 2011. 1042, note Barbièri.*

2. Déclaration. Jurisprudence antérieure à la loi du 31 oct. 2014. La déclaration d'une opération exemptée de droit de préemption prévue par l'art. R. 143-9 ne vaut pas offre de vente. • Civ. 3e, 5 nov. 2015, n° 14-21.854 P : *DP entr. agric., Bull. n° 491, p. 11, note Roussel ; RD rur. 2016. Étude 6, note Bosse-Platière ; D. 2016. 467, note Roussel* ; *AJDI 2016. 124, note Prigent* ; *Gaz. Pal. 2015. 3919.*

Art. L. 141-1-2 *(L. n° 2014-1170 du 13 oct. 2014, art. 29-2°)* Les sociétés d'aménagement foncier et d'établissement rural transmettent à l'autorité administrative, dans les conditions prévues à l'article L. 331-5, les informations qu'elles reçoivent, en application du I de l'article L. 141-1-1, sur les cessions de parts ou d'actions de sociétés concernant des sociétés ayant obtenu une autorisation d'exploiter.

Pour l'exercice de leurs missions et la transparence de leurs actions, les sociétés d'aménagement foncier et d'établissement rural :

1° Sont autorisées à communiquer aux personnes publiques et aux personnes privées chargées d'une mission de service public les informations qu'elles détiennent sur le prix, la surface, la nature et la référence cadastrale des biens concernés par la cession et, le cas échéant, les analyses qui en découlent ;

2° Communiquent aux services de l'État, dans des conditions fixées par décret, les informations qu'elles détiennent sur l'évolution des prix et l'ampleur des changements de destination des terres agricoles ;

(L. n° 2021-1756 du 23 déc. 2021, art. 4) « 3° Ont accès, uniquement dans l'exercice de leurs missions d'instruction des opérations sociétaires définies à l'article L. 333-3 et après accord exprès de l'exploitant agricole concerné, dans les conditions et selon les modalités définies par convention avec les autorités qui les détiennent, aux données nominatives du casier viticole informatisé et du registre parcellaire graphique regroupant l'ensemble des déclarations de surfaces agricoles au titre des aides de la politique agricole commune.

« Un décret précise les modalités d'application du présent article. »

Art. L. 141-2 Sous réserve des dispositions de l'article L. 121-16, les sociétés d'aménagement foncier et d'établissement rural peuvent effectuer, pour le compte de tiers, toutes études liées à l'aménagement foncier ou à la mise en valeur du sol et être associées à la réalisation des travaux correspondants.

Dans le cadre de conventions, elles peuvent concourir aux opérations d'aménagement foncier rural mentionnées à l'article L. 121-1. — *[L. n° 60-808 du 5 août 1960, art. 15, al. 3 et 4.]*

Art. L. 141-3 Les sociétés d'aménagement foncier et d'établissement rural peuvent aussi conduire des opérations destinées à faciliter la réorientation des terres, bâtiments ou exploitations vers des usages non agricoles en vue de favoriser le développement rural ainsi que la protection de la nature et de l'environnement. — *[L. n° 60-808 du 5 août 1960, art. 15, al. 5.]*

Art. L. 141-4 Les sociétés d'aménagement foncier et d'établissement rural peuvent également concourir à la création d'associations syndicales de gestion forestière autorisées. Les parcelles boisées acquises dans le périmètre d'une association syndicale ou d'une opération d'aménagement foncier forestier sont rétrocédées en priorité à des propriétaires forestiers concernés. — *[L. n° 60-808 du 5 août 1960, art. 15, al. 7.]*

Art. L. 141-5 Les sociétés d'aménagement foncier et d'établissement rural peuvent, dans les conditions fixées par voie réglementaire, apporter leur concours technique aux collectivités territoriales et aux établissements publics qui leur sont rattachés *(L. n° 2010-874 du 27 juill. 2010, art. 44)* « ainsi qu'à l'État », pour la mise en œuvre d'opérations foncières et, notamment, des droits de préemption dont ces *(L. n° 2010-874 du 27 juill. 2010, art. 44)* « personnes morales » sont titulaires. Dans les zones de montagne, ces sociétés peuvent intervenir en matière de terres incultes ou manifeste-

ment sous-exploitées, dans les conditions prévues à l'article L. 125-8. – *[L. n° 60-808 du 5 août 1960, art. 15, al. 8.]*

V. art. R. 141-1 s.

SECTION 2 **Fonctionnement**

COMMENTAIRE

Les SAFER n'ont pas vu leur forme précisée par la loi ni par des statuts types. Il était souhaité que les SAFER ne soient pas des institutions publiques susceptibles de créer une forme d'étatisation des terres. En même temps, il est apparu souhaitable qu'elles puissent jouir d'un cadre de gestion souple. Les SAFER se sont toutes constituées sous la forme de sociétés anonymes, ce qui a pour conséquence de les soumettre aux articles L. 225-1 et suivants du code de commerce. Cependant, le code rural prévoit un ensemble de dispositions qui sont autant d'exceptions à l'application du code de commerce. Ainsi, l'article L. 141-7 dispose que les SAFER n'ont pas de but lucratif. De plus, le conseil d'administration doit comporter trois collèges définis par la loi. Par ailleurs, pour éviter toute disparité tenant aux régions sur lesquelles elles sont constituées, les SAFER doivent adhérer à une structure nationale qui doit gérer un fonds de péréquation. Enfin, les SAFER sont soumises au contrôle de l'administration. Ce contrôle est d'abord préalable puisque la constitution des SAFER suppose la délivrance d'un agrément garantissant que leur formation a été réalisée en conformité avec les lois et règlements en vigueur. Il détermine la zone d'action de la SAFER qui jouit d'un monopole géographique et précise ses conditions d'activité.

Il existe également un contrôle permanent justifié par la mission de service public et le financement des SAFER. Le rapport de la Cour des comptes 2014 a souligné que des SAFER mènent des activités diversifiées éloignées des missions initiales de service public qui fondent l'exemption de droit d'enregistrement dont elles jouissent, ce qui a amené à renforcer le contrôle permanent de l'action des SAFER. Il était déjà imposé aux SAFER de soumettre au ministre de l'Agriculture un programme pluriannuel et des comptes rendus d'activité annuels ; elles devront désormais également tenir une comptabilité analytique (à compter du 1er juillet 2016), et il est toujours prévu le contrôle par deux commissaires du gouvernement qui sont informés du fonctionnement de la SAFER et appelés à autoriser un grand nombre d'opérations foncières. ❑

Art. L. 141-6 *(L. n° 2014-1170 du 13 oct. 2014, art. 29-3°)* **I. – Les sociétés d'aménagement foncier et d'établissement rural sont constituées à l'échelle régionale ou interrégionale. Elles doivent être agréées par les ministres chargés de l'agriculture et de l'économie. Leur zone d'action est définie dans la décision d'agrément.**

II. – Peuvent obtenir l'agrément mentionné au I les sociétés dont les statuts prévoient :

1° La présence, dans leur conseil d'administration, de trois collèges comportant des représentants :

***a)* Des organisations syndicales à vocation générale d'exploitants agricoles représentatives à l'échelle régionale, ainsi que des chambres régionales d'agriculture, auxquels peuvent s'ajouter, pour atteindre le cas échéant le nombre de membres requis pour ce collège, d'autres représentants professionnels agricoles proposés par les chambres régionales d'agriculture ;** – *A compter du 14 oct. 2014, la représentation minimale de chaque sexe dans le collège mentionné au a du 1° du II de l'art. L. 141-6 est fixée à 30 % des membres. Cette proportion est révisée au plus tard à la fin de la douzième année suivant cette date (L. n° 2014-1170 du 13 oct. 2014, art. 93-III, JO 14 oct.).*

***b)* Des collectivités territoriales de leur zone d'action et, le cas échéant, des établissements publics qui leur sont rattachés ;**

***c)* D'autres personnes, dont l'État, des actionnaires de la société et des représentants des associations agréées de protection de l'environnement et des fédérations départementales, interdépartementales ou régionales des chasseurs ;**

2° L'adhésion à une structure regroupant l'ensemble des sociétés d'aménagement foncier et d'établissement rural agréées et la participation au fonds de péréquation géré par cette structure, dans des conditions fixées par décret en Conseil d'État.

Les collèges mentionnés au 1° sont composés en recherchant une représentation équilibrée des femmes et des hommes.

Lorsqu'une société d'aménagement foncier et d'établissement rural s'est constituée sous la forme d'une société anonyme, ses statuts peuvent prévoir, par dérogation à l'article L. 225-17 du code de commerce, de porter jusqu'à vingt-quatre le nombre de membres du conseil d'administration.

III. — Les collectivités publiques et les personnes morales représentatives des intérêts économiques, environnementaux et sociaux à caractère rural peuvent participer au capital social des sociétés d'aménagement foncier et d'établissement rural.

Art. L. 141-7 **Les sociétés d'aménagement foncier et d'établissement rural ne peuvent avoir de buts lucratifs.**

Les excédents nets réalisés par les sociétés d'aménagement foncier et d'établissement rural qui s'entendent des produits nets de l'exercice, déduction faite des frais généraux et autres charges sociales, ainsi que de tous les amortissements de l'actif social et de tous les prélèvements nécessaires pour la constitution de provisions, ne peuvent être utilisés, après constitution de la réserve légale et versement d'un intérêt statutaire aux actions dont le montant est libéré et non amorti, qu'à la constitution de réserves destinées au financement d'opérations conformes à l'objet de ces sociétés. — *[L. nº 60-808 du 5 août 1960, art. 15, al. 11.]*

Art. L. 141-8 **En cas de dissolution d'une société d'aménagement foncier et d'établissement rural, l'excédent de l'actif, après extinction du passif, des charges et amortissement complet du capital, est dévolu à d'autres sociétés d'aménagement foncier et d'établissement rural ou, à défaut, à des organismes ayant pour objet l'aménagement foncier ou l'établissement à la terre des agriculteurs. Les propositions de l'assemblée générale relatives à cette dévolution sont présentées à l'agrément conjoint du ministre de l'agriculture et du ministre chargé de l'économie et des finances, ainsi que, le cas échéant, du ministre chargé** *(Ord. nº 2016-391 du 31 mars 2016, art. 3-2º, en vigueur le 1er juill. 2016)* **« de l'outre-mer ».** — *[L. nº 60-808 du 5 août 1960, art. 15, al. 12.]*

Art. L. 141-8-1 *(L. nº 2014-1170 du 13 oct. 2014, art. 30-I et 93-IV, en vigueur le 1er juill. 2016)* **Les sociétés d'aménagement foncier et d'établissement rural établissent chaque année une comptabilité analytique, selon des règles et un plan comptable communs à toutes ces sociétés. Les commissaires du Gouvernement sont destinataires des documents comptables ainsi produits.**

Art. L. 141-9 **Les conditions d'application des articles L. 141-1 à** *(L. nº 2014-1170 du 13 oct. 2014, art. 30-II)* **« L. 141-8-1 » sont fixées par décret en Conseil d'État.** — *[L. nº 60-808 du 5 août 1960, art. 18.]*

V. art. R. 141-1 s.

CHAPITRE II OPÉRATIONS IMMOBILIÈRES ET MOBILIÈRES *(L. nº 99-574 du 9 juill. 1999).*

COMMENTAIRE

Pour accomplir leur mission, les SAFER disposent de plusieurs moyens. Elles interviennent directement sur le marché foncier aux fins de permettre l'attribution des terres aux personnes les plus adaptées pour la mise en œuvre de la politique de développement durable du territoire rural ; elles le font dans le cadre de la procédure d'attribution des terres dont elles sont propriétaires. Elles peuvent également organiser une attribution raisonnée des fonds en utilisant le droit qui leur a été conféré par la loi du 9 juillet 1999 de se substituer un attributaire dans toute promesse de vente qui leur serait consentie. La loi du 23 février 2021 permet aux SAFER d'utiliser la substitution pour des opérations portant sur l'acquisition d'actions ou de parts de société détenant en propriété ou en jouissance des biens immobiliers à usage ou à vocation agricole ou détenant des droits sur ces sociétés. Les SAFER peuvent aussi contribuer à des opérations locatives, soit comme bailleur, soit comme mandataire pour permettre des opérations de louage. ❑

SECTION 1 Acquisitions et cessions

Art. L. 142-1 **Les cessions par les sociétés d'aménagement foncier et d'établissement rural peuvent être effectuées au profit de toute personne publique ou privée.** — *[L. nº 60-808 du 5 août 1960, art. 15, al. 6.]*

Sur les 600 000 ha du marché de l'espace rural incluant les achats de fermiers en place et les terrains pouvant changer de destination, 360 000 ha sont accessibles à la SAFER qui fait l'acquisition de 22,8 % de ces terres. * Rép. min. n° 34068 : *JOAN Q 24 mars 2009. 2776.*

Art. L. 142-2 Les opérations immobilières résultant de l'application des dispositions des articles L. 141-1 à L. 141-5 s'effectuent, d'une part, sous réserve du titre I du livre IV du présent code relatif au statut du fermage et du métayage et, d'autre part, sous réserve des dispositions du titre II relatives à l'aménagement foncier rural et, en ce qui concerne la rétrocession des terres et exploitations, sous réserve des dispositions des articles 188-1 à 188-10 *[L. 331-1 s.]* **du code rural et de la pêche maritime relatives au contrôle des structures des exploitations agricoles.**

Elles peuvent faire l'objet de l'aide financière de l'État sous forme de subventions et de prêts limités aux opérations d'aménagements fonciers. – *[L. n° 60-808 du 5 août 1960, art. 16.]*

BIBL. ▶ LEMONNIER, *RD rur. 1997. 587* (incohérences de la politique foncière et articulation du droit des SAFER et du contrôle des structures) ; *RD rur. 2003. 621* (SAFER et contrôle des structures). – LACHAUD, *RD rur. 2000. 270* (SAFER et contrôle des structures).

1. Statut du fermage. Dans l'hypothèse d'une promesse de vente faite à la SAFER avec faculté de se substituer plusieurs personnes, la notification faite au preneur doit non seulement comporter le prix, les charges, conditions et modalités de la promesse de vente consentie à la SAFER mais également le prix, les charges, conditions et modalités des ventes partielles envisagées avec les acquéreurs substitués pour permettre au preneur en place de n'acquérir qu'une partie des biens vendus, objets d'une vente partielle. • Civ. 3e, 21 sept. 2005, n° 04-15.835 : *JCP 2005. IV. 3221 ; JCP N 2005. 1437, note Gravillou ; Gaz. Pal. 6-8 nov. 2005. 19, et 19-20 mai 2006. 38 ; Rev. loyers 2005. 580, obs. Peignot ; Defrénois 2006. 324, note Grimonprez, et 858, obs. Gelot.*

2. Contrôle des structures. Les opérations immobilières réalisées par les SAFER s'effectuent sous réserve des dispositions du code rural relatives aux cumuls et réunions d'exploitations agricoles et une SAFER doit subordonner la rétrocession de parcelles de terre à l'obtention d'une autorisation préalable par l'exploitant bénéficiaire. • Civ. 3e, 21 déc. 1993, n° 91-19.509 : *D. 1994. IR 57 ; RD rur. 1994. 176* • 24 juin 1998, n° 96-19.327 P : *JCP 1998. IV. 2826 ; Gaz. Pal. 1999. 2. Somm. 502, obs. Lachaud ; RD rur. 1999. 112.* ♦ Même sens : • Civ. 3e, 2 déc. 1998, n° 97-11.249 P : *JCP 1999. IV. 1105 ; JCP N 1999. 560 ; Gaz. Pal. 1999. 2. Somm. 503, obs. Lachaud ; RD rur. 1999. 424.* ♦ L'exercice du droit de préemption peut démembrer une exploitation équilibrée. • Civ. 3e, 15 avr. 1992, n° 90-17.704 : *D. 1993. Somm. 63, obs. Martine .* ♦ La SAFER qui justifie du fait d'avoir adressé une déclaration au nom des quatre rétrocessionnaires au préfet, n'est pas tenue de subordonner la rétrocession à la réalisation par les attributaires d'une formalité qu'elle a elle-même accomplie pour leur compte. • Civ. 3e, 8 mars 2006, n° 05-11.691 P : *JCP 2006. IV. 1729 ; RD rur. avr. 2006. 24 ; Rev. loyers 2006. 237, note Roussel ; Gaz. Pal. 23-25 juill. 2006. 26, et 26-28 nov. 2006. 13.* ♦ La SAFER ayant rétrocédé les terres à un GFA à charge pour celui-ci de les donner à bail à un GAEC, seule l'exploitation par le GAEC doit être prise en considération pour l'application du contrôle des structures. • Civ. 3e, 23 mars 2011, nos 09-71.970 et 10-30.076 : *JCP N 2011. 1166, note Barbièri ; Gaz. Pal. 2011. 1173 ; RD rur. 2011, n° 71, note Crevel ; JCP N 2011. Actu. 366 ; Gaz. Pal. 14-15 sept. 2011. 2908, note Peignot et Millard ; Rev. loyers 2011. 919, note Peignot.*

3. Promesse de vente. La SAFER, bénéficiaire d'une promesse unilatérale de vente, est tenue, en sa qualité de professionnel de la vente de biens fonciers, de se renseigner sur la disponibilité du bien avant d'accepter une promesse unilatérale d'achat de ce bien. • Civ. 3e, 29 mars 2006, n° 04-15.253 P : *AJDI 2006. 476, obs. Prigent ; RD rur. juin-juill. 2006. 26, note Gain ; Gaz. Pal. 23-25 juill. 2006. 26, et 21-23 janv. 2007. 13.* ♦ S'étant abstenue de se renseigner sur la disponibilité du bien avant d'accepter la promesse unilatérale d'achat, la SAFER a causé directement des préjudices dont le candidat acquéreur évincé peut demander réparation. • Civ. 3e, 30 juin 2010, n° 09-15.476 : *LPA 2011, n° 32, p. 7, note Billemont.* ♦ Le signataire d'une promesse unilatérale d'achat n'apporte pas la preuve de la faute de la SAFER qui n'a pas acquis les parcelles. • Civ. 3e, 29 juin 2011, n° 10-12.171 : *AJDI 2011. 713 .*

4. Retrait de la promesse. Le retrait de la promesse unilatérale de vente ne peut avoir d'effet que s'il a été notifié avant que la SAFER ne déclare accepter. • Civ. 3e, 25 mars 2009, n° 08-12.237 : *D. 2009. 1020 .*

5. Promesse de vente à la SAFER d'un bien loué avec faculté de substitution. Le bénéficiaire de la promesse de vente par substitution de la SAFER est fondé à revendre le bien avant le terme du délai de 10 ans en l'absence de cahier des charges ou de clause spécifique limitant le droit de céder le bien. • Civ. 3e, 7 déc. 2011, n° 10-21.825 : *RD rur. 2012, n° 4, note Crevel.*

6. La SAFER comme prestataire de services est intervenue aux actes authentiques de vente comme vendeur professionnel, ce dont il résulte qu'elle est tenue à la garantie d'éviction. • Civ. 3e, 6 mai 2009, n° 07-21.242 : *D. 2009. 1480 ; JCP N 2009. Actu. 424, et 1243, note Barbièri ; RD rur. 2009, nos 111 et 154, note Lebel ; JCP 2009. IV. 1949.* ♦ Engage sa responsabilité la SAFER qui a vendu des parcelles dont la surface réelle plantée en vigne est inférieure à celle mentionnée au contrat. • Montpellier, 22 nov. 2012 : *DP entr. agric., Bull. n° 459, p. 10.* ♦ La SAFER qui bénéficie d'une promesse de vente avec faculté de substitution qui intervient à la vente et perçoit une rémunération pour la prestation de service engage sa responsabilité professionnelle et les acquéreurs sont fondés à lui demander l'indemnisation de leurs préjudices. • Civ. 3e, 21 nov. 2019, n° 18-19.084 : *AJDI 2020. 148 ; RD rur. 2020, n° 15, note de Los Angelès, Besson, Bosse-Platière et Travely ; Gaz. Pal. 2020, n° 17, p. 35, obs. Millard.* ♦ Les acquéreurs substitués à la SAFER bénéficiaire d'une promesse de vente ne peuvent poursuivre la résolution de la vente contre la SAFER qui est intervenue à l'acte dès lors que les vendeurs sont profanes et la vente consentie avec une clause de non-garantie. • Même arrêt.

7. Promesse d'achat. Une promesse d'achat à la SAFER est caduque si celle-ci n'adresse pas au promettant le courrier prévu dans les conditions de la promesse. • Civ. 3e, 16 mars 2023, n° 21-23.453 : *Defrénois 2023, n° 13, p. 12.*

Art. L. 142-3 *(L. n° 2006-1771 du 30 déc. 2006, art. 69-II)* **Le régime spécial des droits d'enregistrement applicables aux acquisitions et aux cessions effectuées par les sociétés d'aménagement foncier et d'établissement rural est régi par les articles 1028 *bis*, 1028 *ter* et le I de l'article 1840 G *ter* du code général des impôts.**

Est mal fondé le redressement fiscal de la SCI ayant acquis auprès d'une SAFER une propriété dès lors que l'exploitation de chambres d'hôte n'a pas enlevé au manoir sa fonction initiale de centre de l'exploitation agricole. • Com. 3 avr. 2007, n° 06-10.562 : *JCP N 2007. 338 ; JCP 2007. IV. 2018 ; RD rur. 2007, n° 250, note Barbièri.* ♦ Le maintien du bénéfice du régime fiscal de faveur est subordonné au fait que les bâtiments servant à l'habitation de l'exploitant constituent l'accessoire de son exploitation, ce qui n'est pas le cas d'une maison pourvue de dépendances bâties utilisée à titre de résidence secondaire. • Com. 13 mars 2009, n° 08-15.482 : *JCP N 2009. 1141* (cassation • Bordeaux, 18 mars 2008, n° 07/00172 : *RD rur. 2008, n° 88, note Barbièri* ; sur renvoi de • Com. 28 nov. 2006 : *RD rur. 2007, n° 205, note Barbièri*).

Art. L. 142-4 **Pendant la période transitoire et qui ne peut excéder cinq ans, nécessaire à la rétrocession des biens acquis, les sociétés d'aménagement foncier et d'établissement rural prennent toutes mesures conservatoires pour le maintien desdits biens en état d'utilisation et de production. En particulier elles sont autorisées à consentir à cet effet les baux nécessaires, lesquels, à l'exception des baux en cours lors de l'acquisition, ne sont pas soumis aux règles résultant du statut des baux ruraux en ce qui concerne la durée, le renouvellement et le droit de préemption.**

(L. n° 2017-348 du 20 mars 2017, art. 5, en vigueur le 21 juin 2017) **« Pendant la même période transitoire, les sociétés d'aménagement foncier et d'établissement rural sont également autorisées, par dérogation aux dispositions applicables aux sociétés civiles de personnes mentionnées notamment aux articles L. 322-1, L. 323-1 et L. 324-1, à maintenir, dans le but de les rétrocéder, leurs participations dans le capital de ces sociétés au titre des acquisitions de droits sociaux faites à l'amiable en application du 3° du II de l'article L. 141-1 ou après exercice du droit de préemption en application de l'article L. 143-1. »** — *[L. n° 60-808 du 5 août 1960, art. 17, al. 1er.] — Les mots « et qui ne peut excéder cinq ans » figurant à l'art. L. 142-4, dans sa rédaction issue de la L. n° 92-1283 du 11 déc. 1992 relative à la partie législative du livre I (nouveau) du code rural, sont conformes à la Constitution (Décis. Cons. const. n° 2018-707 QPC du 25 mai 2018, JO 29 mai).*

BIBL. ▸ Foyer, *RD rur. 2010. Dossier 2* (la SAFER et les baux ruraux). – Lemonnier, *RD rur. 1997. 21* (danger des baux de complaisance). – Peignot, *RD rur. 2003. 616* (conventions de mise à disposition par les SAFER).

1. QPC. Est fondé le renvoi au Conseil constitutionnel de la QPC sur l'art. L. 142-4 dès lors que l'absence de sanction de dépassement de cinq ans laissé à la SAFER pour rétrocéder le bien est susceptible de porter une atteinte disproportionnée au droit de propriété et aux libertés contractuelle et d'entreprendre. • Civ. 3e, 9 mars 2018, n° 17-23.567 P : *JCP 2018. 343 ; D. actu. 4 avr. 2018.* ♦ Les mots « qui ne peut excéder cinq ans » sont conformes à la Constitution. • Cons. const. 25 mai 2018, n° 2018-707 QPC : *D. 2018. 1152 ; JCP N 2018. Actu. 519 ; ibid. 1315, note Carius ; RD rur. 2018. Alerte 69 ; D. actu. 5 juin 2018, note Prigent ; DP entr. agric., Bull. n° 521, p. 14, note Roussel.*

2. Délai. Du jour de la décision d'annulation de la première rétrocession, la SAFER dispose de cinq ans pour reprendre la procédure de rétrocession. • Civ. 3e, 23 mars 2005, n° 04-10.013 P : *JCP*

2005. IV. 2037 ; JCP N 2005. 1002 ; Gaz. Pal. 23-24 sept. 2005. 14 ; RD rur. 2005, inf. 318.

3. Sanction. L'obligation des SAFER de rétrocéder les fonds préemptés dans le délai de cinq ans n'est assortie d'aucune sanction et n'est pas édictée à peine de nullité ou de caducité de la préemption. • Civ. 3e, 15 mai 2008, nº 07-11.945 : *D. 2008. 1554 ; RD rur. août-sept. 2008, nº 143, note Crevel ; JCP 2008. IV. 2065 ; Gaz. Pal. 2 déc. 2008. 18* • 17 mars 2016, nº 14-24.601 P : *JCP N 2016. Actu. 458 ; D. 2016. 708 ; JCP 2016. 395 ; DP entr. agric., Bull. nº 496, p. 10, note Roussel.*

4. Convention d'occupation précaire. Une SAFER ne peut renouveler des conventions annuelles d'occupation précaire au-delà de la cinquième année de l'acquisition des parcelles, et le contrat doit être requalifié en bail rural soumis au statut du fermage. • Civ. 3e, 21 juin 1995, nº 93-16.356 : *D. 1995. IR 177 ; RD rur. 1995. 562 ; JCP N 1996. II. 183, note Ourliac.*

5. Main-d'œuvre salariée. La SAFER qui acquiert une exploitation dont elle maintient le même objet et les mêmes moyens est tenue par l'art. L. 122-12 C. trav. de maintenir tous les contrats en cours avant le transfert à un sous-acquéreur. • Soc. 2 mars 1999, *SAFER de Corse c/ Julian et a.*, nº 97-40.444 P : *RD rur. 1999. 201 et 605.*

6. Mise en réserve. Est mal fondée la cour qui en annulant la décision de mise en réserve, a apprécié l'opportunité d'une décision relevant du pouvoir de la SAFER. • Civ. 3e, 13 mars 2016, nº 14-24.601 P : *AJDI 2016. 698, note Prigent et 618, note Ruffieux ; Rev. loyers 2016, nº 967, p. 245, note Peignot ; RD rur. 2016, nº 185, note Robbe.*

Art. L. 142-5 *(L. nº 99-574 du 9 juill. 1999)* **Le délai prévu à l'article L. 142-4 est suspendu dans les communes où il est procédé à l'aménagement foncier agricole et forestier jusqu'à la date de la clôture des opérations.**

Ce délai peut être prolongé de cinq ans par décision expresse des commissaires du Gouvernement représentant le ministère de l'agriculture et le ministère de l'économie et des finances.

La décision de prolongation des commissaires du Gouvernement est prise pour une période de cinq ans renouvelable une fois.

V. art. R. 142-1 s.

Renonciation au remembrement. Quand une commune renonce à mener à bien le remembrement en prévision duquel une SAFER avait acquis des parcelles, celle-ci ne peut se prévaloir de la suspension du délai de cinq ans fixé à l'art. L. 142-4 C. rur. • Civ. 3e, 21 juin 1995, nº 93-16.356 : *D. 1995. IR 177 ; RD rur. 1995. 562 ; JCP N 1996. II. 183, note Ourliac.*

Art. L. 142-5-1 *(L. nº 2014-1170 du 13 oct. 2014, art. 29-4º)* **Lorsqu'une société d'aménagement foncier et d'établissement rural met en vente un terrain dont les productions relèvent de l'agriculture biologique au sens de l'article L. 641-13, elle le cède en priorité à un candidat s'engageant à poursuivre une exploitation en agriculture biologique pour une durée minimale de six ans.**

(L. nº 2019-469 du 20 mai 2019, art. 1er) **« Lorsqu'une société d'aménagement foncier et d'établissement rural met en vente un terrain ou un bâtiment dont le dernier usage agricole était un usage conchylicole, elle le cède en priorité à un candidat s'engageant à poursuivre une activité conchylicole pour une durée minimale de dix ans. »**

Lorsqu'une société d'aménagement foncier et d'établissement rural met en vente des terrains boisés d'une superficie inférieure à dix hectares, le choix de l'attributaire porte prioritairement sur un propriétaire de terrains boisés contigus. Au cas où plusieurs propriétaires répondent aux mêmes critères, celui dont les terrains boisés font l'objet de l'un des documents de gestion mentionnés au 2º de l'article L. 122-3 du code forestier est prioritaire.

La priorité d'attribution prévue au *(L. nº 2019-469 du 20 mai 2019, art. 1er)* **« troisième » alinéa du présent article n'est applicable ni aux surfaces boisées mentionnées aux *b* et *c* du 6º de l'article L. 143-4 du présent code, ni aux terrains boisés attribués conjointement à un bâtiment d'habitation ou d'exploitation auquel ils sont attenants, ni aux terrains boisés attribués avec d'autres parcelles non boisées si la surface agricole est prépondérante.**

COMMENTAIRE

Il existe des priorités de cession.

Les terrains exploités en agriculture biologique sont cédés en priorité pour permettre le maintien de ce mode d'exploitation, afin de faire en sorte que l'investissement qui s'engage dans ce type d'exploitation sur une durée de plusieurs années ne soit pas perdu, d'autant plus qu'il a pu être soutenu par des aides publiques.

De plus, un bien dont le dernier usage était conchylicole doit être cédé en priorité pour maintenir un tel usage durablement.

Enfin, une priorité de cession est posée lorsque la SAFER met en vente des terrains boisés d'une superficie inférieure à dix hectares : la loi s'attache à favoriser un développement forestier sur des espaces non morcelés et objet d'une gestion concertée. ❑

SECTION 2 Mise à disposition d'immeubles

COMMENTAIRE

Le rôle des SAFER dans les opérations de location de biens ruraux se développe progressivement ; elles ont toujours été susceptibles d'être bailleurs de leurs propres terres avant rétrocession, et depuis la loi du 23 janvier 1990, elles peuvent être aussi bailleurs des terres d'autrui.

En effet, la stabilité du marché à un niveau bas de 1980 à 1995, le faible taux de rentabilité des terres agricoles, les contraintes du statut du fermage ont eu tendance à décourager l'investissement foncier rural. Le mouvement ne s'est pas significativement inversé avec la reprise de l'augmentation du prix des terres constatée depuis 1995, ni avec l'amélioration du rendement du placement foncier depuis l'indexation du prix de fermage sur les indicateurs de revenu par la loi n° 95-95 du 1er février 1995. Cette même loi, également pour encourager l'investissement rural, a permis aux SAFER de prendre en gestion temporairement les terres des propriétaires fonciers ruraux. L'opération s'effectue en deux étapes. Le propriétaire de biens ruraux libres de location consent à la SAFER une mise à disposition pour un aménagement parcellaire ou pour une mise en valeur agricole par des agriculteurs. Ce contrat à durée limitée déroge au statut du fermage. La durée unique des conventions de mise à disposition par les SAFER est de six ans renouvelable une fois depuis la loi n° 2020-1525 du 7 décembre 2020. Il en est donc de même si l'immeuble est situé dans un périmètre de protection et d'aménagement des espaces naturels et agricoles, et pour les conventions portant sur la mise à disposition pour un usage de pâturage extensif et saisonnier en zone de montagne. La SAFER choisit alors un locataire agriculteur conformément aux objectifs des articles L. 141-1 à L. 141-5 du code rural. Cette sous-location fait exception au statut du fermage sauf pour le prix. Le propriétaire a l'avantage d'être déchargé de la gestion de son bien et il bénéficie de la garantie de solvabilité de la SAFER. Cette dernière s'indemnise par la différence entre le loyer qui lui est versé par l'exploitant et la somme qu'elle rétrocède au propriétaire foncier. Il convient d'être particulièrement prudent lorsque l'exploitation louée est constituée de fonds issus de différentes mises à disposition quant à la stabilité du preneur et quant à l'indemnisation des travaux qui sont susceptibles de perdre toute valeur après l'éclatement de la structure louée. Le preneur sortant est prioritaire si le propriétaire décide de louer au terme du bail consenti par la SAFER.

Enfin, les SAFER peuvent s'entremettre dans les opérations de location de biens ruraux (V. C. rur., art. L. 141-1, II, 4°). ❑

Art. L. 142-6 *(L. n° 95-95 du 1er févr. 1995)* **« Tout propriétaire peut, par convention, mettre à la disposition d'une société d'aménagement foncier et d'établissement rural, en vue de leur aménagement parcellaire ou de leur mise en valeur agricole, pour autant que cette dernière soit effectuée par des agriculteurs, conformément au but fixé par les articles L. 141-1 à L. 141-5, des immeubles ruraux libres de location. Ces conventions sont dérogatoires aux dispositions de l'article L. 411-1. »** *(L. n° 2014-1170 du 13 oct. 2014, art. 32-II-1°)* **« La durée maximale des conventions est de six ans, renouvelable une fois, quelle que soit la superficie des immeubles ruraux mis à disposition. Il en est de même pour la mise à disposition d'immeubles ruraux dans le cadre de conventions conclues avec l'État, une collectivité territoriale ou un établissement public. »**

(Abrogé par L. n° 2020-1525 du 7 déc. 2020, art. 82) (L. n° 2006-11 du 5 janv. 2006, art. 98-I) ***« La durée des conventions est de six ans au maximum, renouvelable une fois, pour les immeubles ruraux situés dans les périmètres de protection et d'aménagement des espaces naturels et agricoles délimités en application de l'article*** *(Ord. n° 2015-1174 du*

*23 sept. 2015, art. 9-XIV-6°, en vigueur le 1er janv. 2016) « **L. 113-16** » du code de l'urbanisme, ainsi que pour les conventions portant sur la mise à disposition, pour un usage de pâturage extensif saisonnier, d'immeubles ruraux situés dans les communes mentionnées à l'article L. 113-2 du présent code. »*

A cet effet, la société d'aménagement foncier et d'établissement rural consent des baux qui ne sont soumis aux règles résultant du statut du fermage que pour ce qui concerne le prix. Ces baux déterminent, au moment de leur conclusion, les améliorations que le preneur s'engage à apporter au fonds et les indemnités qu'il percevra à l'expiration du bail.

A l'expiration de ce bail, lorsque celui-ci excède une durée de six ans, le propriétaire ne peut donner à bail dans les conditions de l'article L. 411-1 le bien ayant fait l'objet de la convention ci-dessus sans l'avoir préalablement proposé dans les mêmes conditions au preneur en place.

Le régime spécial des droits de timbre et d'enregistrement applicable aux conventions conclues en application du premier alinéa du présent article est régi par l'article 1028 *quater* du code général des impôts ci-après reproduit :

Art. 1028 *quater* Les conventions conclues en application *(L. n° 2006-11 du 5 janv. 2006, art. 98-III)* « du premier alinéa de l'article L. 142-6 et de l'article » *(Décr. n° 2013-463 du 3 juin 2013, art. 1er)* « L. 181-23 » du code rural et de la pêche maritime sont exonérées des droits d'enregistrement. – *[L. n° 60-808 du 5 août 1960, art. 18-1.]*

BIBL. ▸ FOYER, *RD rur. 2010. Dossier 2* (la SAFER et les baux ruraux). – PEIGNOT, *RD rur. 2003. 616* (conventions de mise à disposition par les SAFER).

1. Usufruitier. La convention de mise à disposition de la SAFER constitue un bail rural et nécessite en conséquence l'accord du nu-propriétaire, l'acte ne pouvant être régularisé *a posteriori*. • Civ. 3e, 22 oct. 2020, n° 19-11.555 : *Defrénois 2020, n° 48, p. 7 ; DP entr. agric., Bull. n° 546, p. 8, note Roussel ; RD rur. 2021, n° 52 ; JCP N 2021. 1014, note Besson, Bosse-Platière, Los Angelès et Travely ; AJDI 2021. 292 ; ibid. 531, note Roussel .*

2. L'art. L. 142-6 ne prévoit pas de bail rural forcé en cas de non-respect par le propriétaire de son obligation de proposer un bail rural à l'exploitant en place. • Civ. 3e, 18 juin 2014, n° 13-17.002 : *JCP 2014. 814 ; D. 2014. 1377 ; ibid. 1924, note Barbièri ; JCP N 2014. Actu. 766 ; Rev. loyers 2014, n° 949, note Peignot ; RD rur. 2014, n° 218, note Bosse-Platière ; DP entr. agric., Bull. n° 477, note Roussel.*

3. Fraude. Est mal fondé l'arrêt qui soumet l'ensemble des biens d'un propriétaire au fermage lorsque celui-ci a loué ses bâtiments à un agriculteur, et a mis ses terres à la disposition de la SAFER qui les a louées au même agriculteur, au motif de la fraude résidant dans la volonté exprimée par le propriétaire d'éviter le statut du fermage par cette dissociation, alors qu'il a été constaté que la SAFER a respecté un des buts qui lui sont assignés par la loi en permettant l'installation du locataire. • Civ. 3e, 11 févr. 2004, n° 02-18.712 P : *JCP 2004. IV. 1697 ; RD rur. 2004. 584 ; AJDI 2004. 564 ; Gaz. Pal. 23-24 juin 2004. 14.* ♦ A pu être caractérisée la fraude de la SAFER qui a fait recours irrégulier à une nouvelle convention et à un nouveau bail au-delà de la durée de trois ans dans le but d'éluder le statut du fermage. • Civ. 3e, 6 févr. 2020, nos 18-14.913 et 18-15.903 : *AJDI 2020. 628 ; RD rur. 2020, n° 144, note de Los Angelès et Bosse-Platière ; Gaz. Pal. 2020, n° 37, p. 29, note Millard.*

4. Biens sectionnaux. Est irrégulière la décision du conseil municipal de conclure une mise à disposition des terres de la section de commune avec la SAFER à charge pour celle-ci de conclure des baux, les dispositions de l'art. L. 142-6 étant incompatibles avec l'art. L. 2411-10 CGCT. • CE 15 mars 2006, n° 284018 B : *RD rur. 2006. 22, concl. Séners ; AJDA 2006. 1004 .*

5. Biens communaux. Le conseil municipal pouvait organiser la mise à disposition de terrains communaux à vocation agricole de la commune dans le cadre d'un bail conclu avec la SAFER suivi de la mise à bail des terrains, précédemment allotis, au profit des agriculteurs de la commune. • CE 22 mai 2013, n° 359592 : *AJDA 2013. 1080 .*

Art. L. 142-7 **Sont fixées par décret en Conseil d'État les conditions dans lesquelles l'État, les collectivités et établissements publics peuvent mettre les immeubles dont ils ont la propriété ou qu'ils ont acquis en vue de la réalisation d'opérations d'aménagement foncier à la disposition des sociétés d'aménagement foncier et d'établissement rural.** – *[Anc. art. 42.]*

V. art. R. 142-7 s.

SECTION 3 Dispositions d'application

Art. L. 142-8 **Les conditions d'application des dispositions des articles L. 142-1 à L. 142-5 et notamment les règles d'attribution des exploitations sont fixées par décret en Conseil d'État.** – *[L. nº 60-808 du 5 août 1960, art. 18.]*

V. art. R. 142-1 s.

CHAPITRE III DROIT DE PRÉEMPTION

COMMENTAIRE

La loi nº 62-933 du 8 août 1962 a accordé un droit de préemption aux SAFER, plusieurs fois modifié et clarifié. La préemption est un droit d'acquisition prioritaire par détermination de la loi. Le propriétaire doit informer la SAFER de son intention de vendre, et celle-ci peut alors s'imposer comme acheteur, et discuter des conditions de la cession. Cette prérogative permet d'imposer la mise en œuvre des politiques de développement, en écartant les volontés individuelles qui voudraient créer des structures qui n'y seraient pas conformes. Le droit de préemption permet aussi de réguler le marché et d'éviter la spéculation. Les SAFER sont ainsi dotées d'une prérogative de puissance publique dans la mesure où elles peuvent porter atteinte au caractère absolu du droit de propriété et à la liberté contractuelle. Mais cette prérogative est limitée car ce droit ne peut s'exercer que lorsque le propriétaire a décidé de mettre en vente son bien et tant qu'il maintient sa décision de vendre.

Pour l'année 2015, les SAFER ont réalisé 1 260 préemptions (6 000 ha), soit 12 % des acquisitions réalisées par les SAFER, 7 % de la valeur de l'ensemble de ces acquisitions, 7 % de leur surface et 5 % de la valeur de toutes les acquisitions de la SAFER. Les SAFER ont la même année effectué 12 200 rétrocessions pour 87 300 hectares. ❑

SECTION 1 Objet et champ d'application

Art. L. 143-1 *(L. nº 2014-1170 du 13 oct. 2014, art. 29-5º)* **« Il est institué au profit des sociétés d'aménagement foncier et d'établissement rural un droit de préemption en cas d'aliénation à titre onéreux de biens immobiliers à usage agricole et de biens mobiliers qui leur sont attachés ou de terrains nus à vocation agricole, sous réserve du I de l'article L. 143-7. Sont considérés comme à vocation agricole, pour l'application du présent article, les terrains situés soit dans une zone agricole protégée créée en application de l'article L. 112-2 du présent code, soit à l'intérieur d'un périmètre délimité en application de l'article** *(Ord. nº 2015-1174 du 23 sept. 2015, art. 9-XIV-7º, en vigueur le 1er janv. 2016)* **« L. 113-16 » du code de l'urbanisme, soit dans une zone agricole ou une zone naturelle et forestière délimitée par un document d'urbanisme. En l'absence d'un document d'urbanisme, sont également regardés comme terrains à vocation agricole les terrains situés dans les secteurs ou parties non encore urbanisés des communes, à l'exclusion des bois et forêts.**

« Ce droit de préemption peut également être exercé en cas d'aliénation à titre onéreux de bâtiments d'habitation faisant partie d'une exploitation agricole. Il peut également être exercé en cas d'aliénation à titre onéreux des bâtiments situés dans les zones ou espaces mentionnés au premier alinéa *(L. nº 2020-1525 du 7 déc. 2020, art. 82)* **« du présent article, ou dans les communes et parties de communes de montagne telles que définies par les articles 3 et 4 de la loi nº 85-30 du 9 janvier 1985 relative au développement et à la protection de la montagne, » et qui ont été utilisés pour l'exercice d'une activité agricole au cours des cinq dernières années qui ont précédé l'aliénation, pour leur rendre un usage agricole. L'article L. 143-10 du présent code n'est pas applicable dans** *(L. nº 2020-1525 du 7 déc. 2020, art. 82)* **« le cas mentionné à la deuxième phrase du présent alinéa »** *(L. nº 2016-1888 du 28 déc. 2016, art. 62)* **« lorsque les bâtiments concernés ont fait l'objet d'un changement de destination ».**

(L. nº 2019-469 du 20 mai 2019, art. 1er et 2) **« Dans les communes ou parties de communes mentionnées à l'article L. 321-2 du code de l'environnement, le droit de préemption mentionné au premier alinéa du présent article peut également être exercé en cas d'aliénation à titre onéreux des bâtiments situés dans les zones ou espaces men-**

tionnés au même premier alinéa qui ont été utilisés pour l'exploitation de cultures marines exigeant la proximité immédiate de l'eau, telle que définie à l'article L. 121-17 du code de l'urbanisme, au cours des vingt années qui ont précédé l'aliénation, pour affecter ces bâtiments à l'exploitation de cultures marines. L'article L. 143-10 du présent code n'est pas applicable lorsque les bâtiments concernés ont fait l'objet d'un changement de destination, sauf si ce changement de destination a été effectué au cours des vingt années qui ont précédé l'aliénation et en violation des règles d'urbanisme applicables.

« Dans les communes ou parties de communes mentionnées à l'article L. 321-2 du code de l'environnement, le droit de préemption mentionné au premier alinéa du présent article peut également être exercé en cas d'aliénation à titre onéreux de bâtiments situés dans les zones ou espaces mentionnés au même premier alinéa qui ont été utilisés pour l'exercice d'une activité agricole au cours des vingt années qui ont précédé l'aliénation, pour rendre à ces bâtiments un usage agricole. L'article L. 143-10 du présent code n'est pas applicable lorsque les bâtiments concernés ont fait l'objet d'un changement de destination, sauf si ce changement de destination a été effectué au cours des vingt années qui ont précédé l'aliénation et en violation des règles d'urbanisme applicables. »

« Sont assimilés à des terrains nus les terrains ne supportant que des friches, des ruines ou des installations temporaires, occupations ou équipements qui ne sont pas de nature à compromettre définitivement leur vocation agricole.

« Lorsque l'aliénation à titre onéreux porte de façon conjointe sur des terrains à vocation agricole et des droits à paiement découplés créés au titre de la politique agricole commune, ce droit de préemption peut s'exercer globalement sur l'ensemble ainsi constitué aux seules fins d'une rétrocession conjointe des terrains et des droits ainsi acquis, selon des modalités fixées par décret.

« Les sociétés d'aménagement foncier et d'établissement rural peuvent exercer leur droit de préemption en cas d'aliénation à titre onéreux de l'usufruit ou de la nue-propriété des biens mentionnés au présent article. Elles ne peuvent préempter la nue-propriété de ces biens que dans les cas où elles en détiennent l'usufruit ou sont en mesure de l'acquérir concomitamment, ou lorsque la durée de l'usufruit restant à courir ne dépasse pas deux ans, *[Dispositions déclarées non conformes à la Constitution par la décision du Conseil constitutionnel n° 2014-701 DC du 9 octobre 2014]*.

« Les sociétés d'aménagement foncier et d'établissement rural peuvent, sous réserve du I de l'article L. 143-7, exercer leur droit de préemption en cas d'aliénation à titre onéreux de la totalité des parts ou actions d'une société ayant pour objet principal l'exploitation ou la propriété agricole, lorsque l'exercice de ce droit a pour objet l'installation d'un agriculteur. »

(Abrogé par L. n° 2020-1525 du 7 déc. 2020, art. 82) (L. n° 2006-11 du 5 janv. 2006, art. 82) ***« Dans les communes et parties de communes de montagne telles que définies par les articles 3 et 4 de la loi n° 85-30 du 9 janvier 1985 relative au développement et à la protection de la montagne, ce droit de préemption peut également être exercé en cas d'aliénation à titre onéreux de bâtiments qui ont été utilisés pour l'exercice d'une activité agricole au cours des cinq dernières années qui ont précédé cette aliénation, pour leur rendre un usage agricole. Les dispositions de l'article L. 143-10 ne sont pas applicables dans ce cas*** *(L. n° 2016-1888 du 28 déc. 2016, art. 62)* ***« lorsque les bâtiments concernés ont fait l'objet d'un changement de destination ». »***

(L. n° 2014-1170 du 13 oct. 2014, art. 29-5°) **« En cas de méconnaissance des dispositions du présent chapitre par une société d'aménagement foncier et d'établissement rural, le ministre chargé de l'agriculture peut suspendre, pour une durée n'excédant pas trois ans, le droit de préemption de cette société. En cas de réitération des manquements, l'agrément mentionné à l'article L. 141-6 peut être retiré. »** – *[L. n° 62-933 du 8 août 1962, art. 7-I, al. 1er.]*

BIBL. ▶ **Avant L. n° 2014-1170 :** Bodiguel, *RD rur. déc. 2006. 13* (DPU et droit de préemption de la SAFER). – Casassus, *RD rur. 2003. 618* (motivation des décisions de la SAFER). – Collard et Madignier, *RD rur. 2013. Étude 19* (droit de préemption et réduction du capital social). – Delorme et Gossein, *JCP N 2005. 172, p. 713* (DPU et droit de préemption de la SAFER). – Dorison, *RD rur. janv. 2008, p. 5* (droits de préemption et changement de destination des sols agricoles). – Gain, *JCP N 2002. 1396, p. 977* (droit de préemption et ventes indivisibles). – Gasselin et Clerget, *Defrénois 2009. 897* (fonds agricole et droit de préemption de la SAFER). – Heimann et Arrigoni, *RD rur. 2000. 436* (plantation et foncier). – Lachaud, *Ann. loyers 1996. 1343* (motivation des actes des SAFER) ; *Gaz. Pal. 23-25 juill. 2006. 2* (droit de préemption après les lois du 23 févr. 2005 et du 5 janv. 2006) ; *Ann. loyers 2010. 118* (SAFER et ventes aux enchères). – Mandeville et Soyer, *RD rur. 2011. Dossier 3* (la garantie des droits individuels et les SAFER). – Peignot, *RD rur. 2011. Dossier 5* (contrôle juridictionnel exercé par les juridictions judiciaires et administratives). – Proust, *BICC 15 avr. 2005, p. 3* (droit de préemption et rétrocession des SAFER). – Roussel, *JCP N 2007. Actu. 124* (SAFER et DFU) ; *RD rur. 2010. Fiche prat. 1* (questions/réponses autour du droit de préemption des SAFER).

► Besson, Bosse-Platière, Collard et Travely, *JCP N 2015. Actu. 812* (droit de préemption, maison et terrain attenant...) ; *ibid. 869* (dernières actualités en matière de SAFER). – Besson, de Los Angelès et Bosse-Platière, *JCP N 2016. 1207* (nouveau droit de préemption de la SAFER). – Bosse-Platière, *JCP N 2017. Actu. 104* (loi SAPIN II et Conseil constitutionnel). – Bouirat, *Defrénois 2019, n° 40, p. 33* (loi n° 2019-469 du 20 mai 2019). – Gozal et Hoche, *JCP N 2016. Actu. 753* (obligation d'information et droit de préemption, mode d'emploi). – Grimaldi, *Defrénois 2022, n° 49, p. 17* (réalisation forcée d'une vente et absence de purge du droit de préemption). – de Los Angelès, *Defrénois 2023, n° 40, p. 25* (exercice du droit de préemption des SAFER dans les communes soumises au RNU). – de Los Angelès et Bosse-Platière, *RD rur. 2017, n° 79* (SAFER et loi n° 2016-1888 du 28 déc. 2016) ; *RD rur. 2017, n° 78* (SAFER, loi du 24 mars 2014 et disparition du POS). – Roussel, *DP entr. agric., Bull. n° 488, p. 9 et 17* (emprise des SAFER sur le foncier agricole dans les années à venir) ; *Defrénois 2017, n° 22, p. 13* (dix questions pratiques à propos du droit de préemption des SAFER). – Woitier, *RD rur. 2015. Étude 22* (l'essor du droit de préemption des SAFER).

COMMENTAIRE

La préemption de la SAFER porte sur des biens immobiliers à usage agricole, avec leurs accessoires mobiliers, les droits à paiement découplés (PAC) si ceux-ci sont mis en vente avec l'immeuble, ainsi que les terrains nus à vocation agricole. Les terrains nus peuvent être préemptés s'ils sont susceptibles d'utilisation agricole même s'ils portent des friches, une ruine ou une installation temporaire. La vocation agricole est déterminée par référence aux documents d'urbanisme. Le droit de préemption de la SAFER s'exerce en principe dans les conditions de celui du preneur du bail à ferme. Mais la fonction impartie au tribunal paritaire des baux ruraux pour le droit de préemption du preneur est exercée par le tribunal judiciaire pour le droit de préemption de la SAFER.

Toutes les cessions portant sur des biens situés dans le périmètre de préemption accordé par décret doivent être portées à la connaissance de la SAFER même si elles ne permettent pas l'exercice du droit de préemption. C'est ainsi que la SAFER peut disposer d'informations sur le marché foncier qu'elle doit orienter et dont elle doit assurer la transparence.

Concernant les bâtiments susceptibles de préemption, la loi dispose que le droit de préemption s'exerce sur les bâtiments d'habitation qui font partie de l'exploitation agricole, sur les bâtiments situés dans certaines zones (visées aux alinéas 1 et 2) et qui ont été utilisés pour une activité agricole au cours des cinq années précédant l'aliénation à condition de leur restituer un usage agricole, et dans ce dernier cas, sans discuter le prix de cession si ces bâtiments n'ont fait l'objet d'aucun changement de destination pendant ce délai. Dans les communes littorales, le droit de préemption s'exerce sur les bâtiments utilisés pour l'exploitation de cultures marines ou agricoles au cours des vingt dernières années pour les rendre à une telle exploitation, sans discussion du prix sauf si le changement de destination a été effectué en violation des règles d'urbanisme.

La loi du 13 octobre 2014 a étendu le champ d'application du droit de préemption à l'usufruit et à la nue-propriété d'un des biens objets du droit de préemption dans deux cas et hors de l'hypothèse où le titulaire d'un droit démembré reconstitue lui-même le droit de propriété (art. L. 143-4, 8°). Le législateur a ainsi voulu empêcher les fraudes au droit de la SAFER tentées par le moyen des démembrements de propriété. La disposition de la loi qui prévoyait la préemption de la nue-propriété dans le but de la rétrocéder dans les cinq ans à l'usufruitier a été jugée non conforme à la Constitution (Cons. const. 9 oct. 2014, n° 2014-701 DC : *AJDA 2014. 1976*).

Et la préemption sur l'intégralité des parts ou actions d'une société ayant pour objet principal l'exploitation ou la propriété agricole est autorisée pour permettre l'installation d'un agriculteur. La préemption de toutes les parts ou actions empêche tout atteinte à l'*intuitu personae*.

La SAFER ne peut exercer son droit de préemption sur la cession de biens inclus dans le plan de cession totale ou partielle prévue par le plan de sauvegarde (C. com., art. L. 626-1), ordonnée dans la procédure de liquidation judiciaire (C. com., art. L. 642-5) ou lorsque le débiteur ne peut assurer lui-même le redressement (C. com., art. L. 631-22).

Le droit de préemption peut désormais s'exercer également sur une partie des biens cédés dans des conditions précises qui visent à préserver les droits du propriétaire (art. L. 143-7-1 et 2).

Enfin, la loi n° 2015-990 du 6 août 2015 (loi Macron) autorise le droit de préemption sur certaines donations de biens agricoles.

Le décret n° 2015-954 du 31 juillet 2015 a déterminé l'obligation d'information vis-à-vis de la SAFER et les modalités de mise en œuvre du droit de préemption partiel (V. art. R. 143-1 s.).

La loi n° 2016-1691 du 9 décembre 2016 relative à la transparence, à la lutte contre la corruption et à la modernisation de la vie économique a engagé une nouvelle extension du droit de préemption de la SAFER sur les parts sociales que le Conseil constitutionnel a sanctionné pour irrespect de la procédure législative (Décis. Cons. const. 8 déc. 2016, n° 2016-741 DC). Ces dispositions ont été reprises dans la loi n° 2017-348 du 20 mars 2017 « contre l'accaparement des terres agricoles ». Elles ont été à nouveau sanctionnées pour atteinte disproportionnée au droit de propriété (Décis. Cons. const. 16 mars 2017, n° 2017-748 DC : *RD rur. 2018. Étude 16, par Laumonier*). La loi du 20 mars 2017 a prévu des dispositions complémentaires visant encore à empêcher certaines opérations d'investissement par des sociétés-écrans qui ont été codifiées à l'article L. 143-15-1, même si elles sont sans lien avec le droit des SAFER. Ces dispositions étaient complexes ; elles ont été peu appliquées et ont finalement été abrogées par la loi n° 2021-1756 du 23 décembre 2021 portant mesures d'urgence pour assurer la régulation de l'accès au foncier agricole au travers de structures sociétaires. A alors été mis en place un nouveau dispositif visant à consolider les exploitations agricoles, protéger l'accès au foncier des jeunes agriculteurs, favoriser l'installation et lutter contre les importantes concentrations foncières, à la suite du constat de contournement du droit des SAFER et du contrôle des structures par des investisseurs. Ainsi, sont soumises au contrôle des SAFER les cessions de titres ayant pour conséquence une prise de contrôle d'une société possédant ou exploitant des biens immobiliers à usage ou vocation agricole, directement ou indirectement, en propriété ou en jouissance, dont la superficie est ou devient par l'opération supérieure à un seuil d'agrandissement significatif (V. art. L. 333-1 s.).

La loi n° 2019-469 du 20 mai 2019 avait déjà renforcé le droit de préemption des SAFER en zone littorale afin de protéger l'activité agricole et la filière conchylicole qui y sont particulièrement menacées, spécialement par la transformation des bâtiments à usage agricole en habitations résidentielles.

1. Il n'y a pas lieu de renvoyer au Conseil constitutionnel l'art. L. 143-1, qui ne porte pas atteinte au droit de propriété, à la liberté contractuelle ou à celle d'entreprendre. • Civ. 3e, 3 avr. 2014, n° 14-40.006 : *RD rur. 2014, n° 222, note Bosse-Platière ; AJDI 2014. 530*. ♦ Les art. L. 143-1 s. C. rur. sont conformes au protocole additionnel à la Convention européenne des droits de l'homme. • Nancy, 26 mai 2008 : *JCP 2009. IV. 1127*.

2. La SAFER ne peut préempter l'ensemble des biens dès lors que son droit de préemption ne peut s'exercer sur l'un d'entre eux. • Civ. 3e, 28 mars 2019, n° 18-11.722 : *DP entr. agric., Bull. n° 528, p. 8, note Roussel.*

3. Est régulière la préemption exercée par la SAFER sur la vente d'un ensemble de biens immobiliers qui avait pour condition la vente de parts de GFA. • Civ. 3e, 18 déc. 2012, n° 11-28.135 : *DP entr. agric., Bull. n° 459, p. 10 ; RD rur. 2013, n° 111, note Bosse-Platière, Collard et Travely.*

4. Condition suspensive. La cour, qui retient que les vendeurs étaient en position d'influer de façon déterminante sur la réalisation des conditions suspensives et que la stipulation les prévoyant avait pour but d'empêcher la SAFER de préempter, est fondée à dire ces conditions purement potestatives non écrites, sans que cela affecte la validité de la vente à la SAFER. • Civ. 3e, 12 déc. 2019, n° 18-21.242 : *Defrénois 2020, n° 3, p. 9.*

5. Jurisprudence antérieure à la loi du 13 oct. 2014. Le droit de préemption ne peut être exercé par la SAFER lors de la vente de bâtiments d'habitation ou de bâtiments d'exploitation inoccupés et laissés à l'abandon depuis de nombreuses années. • Pau, 28 juin 2004 : *JCP N 2006. 1268, note Roussel*. – V. aussi jurisprudence ss. art. R. 143-2. ♦ Des bâtiments, les uns rénovés et affectés à l'habitation, les autres vétustes, tous détachés de toute exploitation agricole par la location des terres à des tiers, ne peuvent être préemptés par la SAFER dès lors qu'ils n'ont plus d'utilisation agricole. • Civ. 3e, 31 mai 2007, n° 06-13.874 P : *JCP 2007. IV. 2361 ; D. 2007. 1727 ; JCP N 2007. 474 et 1237, note Roussel ; Defrénois 2007. 1625, obs. Gelot ; AJDI 2008. 224, obs. Prigent ; Rev. loyers 2007. 352, note Peignot ; RD rur. 2007, n° 339, note Roussel ; Gaz. Pal. 16 févr. 2008. 9 ; JCP N 2010. 1196, note Brelet.* ♦ Entre dans le champ d'application du droit de préemption de la SAFER la cession simultanée de la nue-propriété à une personne physique et de l'usufruit temporaire au GAEC dont la personne physique est associée et gérant. • CAA Nancy, 16 juin 2014, n° 13/02886.

6. Les honoraires pour réponse rapide, toujours optionnels, rémunèrent une prestation de services nécessitant un investissement particulier de la SAFER.* Rép. min. n° 45101, *JOAN 3 mai 2022, p. 2967.*

Art. L. 143-1-1 *(L. n° 2014-1170 du 13 oct. 2014, art. 29-6°)* La société d'aménagement foncier et d'établissement rural est autorisée à n'exercer son droit de préemption que sur une partie des biens aliénés lorsque l'aliénation porte simultanément sur des terrains à usage agricole ou à vocation agricole et sur une ou plusieurs des catégories de biens suivantes :

1° Des bâtiments à usage agricole et les biens mobiliers qui leur sont attachés ;

2° Des bâtiments mentionnés *(L. n° 2019-469 du 20 mai 2019, art. 3)* « aux deuxième, troisième et quatrième alinéas » de l'article L. 143-1 ;

3° Des biens pour lesquels elle ne bénéficie pas d'un droit de préemption.

Ce droit de préemption peut ne s'exercer que sur les terrains à usage ou à vocation agricole et les biens mobiliers qui leur sont attachés, ou sur ces terrains et l'une des catégories de biens mentionnées aux 1° et 2° ou sur ces deux catégories.

Lorsque la société d'aménagement foncier et d'établissement rural fait part au vendeur de son intention de ne préempter qu'une partie des biens mis en vente, le propriétaire peut exiger qu'elle se porte acquéreur de l'ensemble des biens aliénés. S'il accepte la préemption partielle, il peut exiger que la société d'aménagement foncier et d'établissement rural l'indemnise de la perte de valeur des biens non acquis. A défaut d'accord amiable sur le montant de l'indemnisation, celui-ci est fixé par le tribunal *(Ord. n° 2019-964 du 18 sept. 2019, art. 35)* « judiciaire ».

Art. L. 143-1-2 *(L. n° 2014-1170 du 13 oct. 2014, art. 29-6°)* Lorsque, en application du dernier alinéa de l'article L. 143-1-1, la société d'aménagement foncier et d'établissement rural a été tenue d'acquérir des biens, elle doit les rétrocéder prioritairement à l'acquéreur évincé.

En cas de refus d'acquisition par ce dernier, elle doit les proposer à la rétrocession à l'un ou plusieurs des candidats attributaires de la partie des biens ayant motivé la décision de préemption ou les proposer à la rétrocession dans l'un des objectifs prévus à l'article L. 143-2.

En cas de refus d'acquisition par ces attributaires ou en cas d'impossibilité de rétrocession dans l'un des objectifs prévus au même article L. 143-2, elle peut céder ces biens à toute personne qui se porte candidate, dans le respect des missions mentionnées à l'article L. 141-1.

Quel que soit l'attributaire, le prix de cession de ces biens ne peut excéder leur prix d'achat par la société d'aménagement foncier et d'établissement rural, majoré des frais qu'elle a supportés.

Art. L. 143-2 L'exercice de ce droit a pour objet, dans le cadre des objectifs définis *(L. n° 2014-1170 du 13 oct. 2014, art. 29-7°)* « à l'article L. 1 » :

1° L'installation, la réinstallation ou le maintien des agriculteurs ;

(L. n° 2014-1170 du 13 oct. 2014, art. 29-7°) « 2° La consolidation d'exploitations afin de permettre à celles-ci d'atteindre une dimension économique viable au regard des critères du schéma directeur régional des exploitations agricoles et l'amélioration de la répartition parcellaire des exploitations existantes, dans les conditions prévues à l'article L. 331-2 ; »

3° La préservation de l'équilibre des exploitations lorsqu'il est compromis par l'emprise de travaux d'intérêt public ;

4° La sauvegarde du caractère familial de l'exploitation ;

5° La lutte contre la spéculation foncière ;

6° La conservation d'exploitations viables existantes lorsqu'elle est compromise par la cession séparée des terres et des bâtiments d'habitation ou d'exploitation ;

7° La mise en valeur et la protection de la forêt ainsi que l'amélioration des structures sylvicoles dans le cadre des conventions passées avec l'État *(Abrogé par L. n° 2005-157 du 23 févr. 2005, art. 87 et 95, à compter du 1er janv. 2006)* ***« en application de l'article L. 512-6 du code forestier »*** **;**

(L. n° 2014-1170 du 13 oct. 2014, art. 29-7°) **« 8° La protection de l'environnement, principalement par la mise en œuvre de pratiques agricoles adaptées, dans le cadre de stratégies définies par l'État, les collectivités territoriales ou leurs établissements publics ou approuvées par ces personnes publiques en application du présent code ou du code de l'environnement ; »**

(L. n° 2005-157 du 23 févr. 2005, art. 74-V) **« 9° Dans les conditions prévues par** *(Ord. n° 2015-1174 du 23 sept. 2015, art. 9-XIV-8°, en vigueur le 1er janv. 2016)* **« la section 3 du chapitre III du titre I du livre I » du code de l'urbanisme, la protection et la mise en valeur des espaces agricoles et naturels périurbains. »** – *[L. n° 62-933 du 8 août 1962, art. 7-I, al. 2.]*

COMMENTAIRE

Le Conseil constitutionnel a jugé l'article L. 143-2 conforme à la Constitution mais sous cette réserve que ces dispositions « ne sauraient … permettre que l'exercice du droit de préemption … soit mis en œuvre pour des motifs qui ne se rattachent pas principalement à leur mission de favoriser l'installation, le maintien et la consolidation d'exploitations agricoles ou forestières afin que celles-ci atteignent une dimension économique viable au regard des critères du schéma directeur régional des exploitations agricoles ainsi que l'amélioration de la répartition parcellaire des exploitations » (Cons. const. 9 oct. 2014, n° 2014-701 DC : *AJDA 2014. 1976*).

1. QPC. Il n'y a pas lieu de renvoyer au Conseil constitutionnel l'art. L. 143-2, qui ne porte atteinte ni au droit de propriété, ni à la liberté contractuelle, ni à celle d'entreprendre. • Civ. 3e, 3 avr. 2014, n° 14-40.006 : *RD rur. 2014, n° 222, note Bosse-Platière ; AJDI 2014. 530*.

2. La SAFER est fondée à préempter un bien pour contribuer à la constitution d'une réserve foncière à l'occasion de travaux d'aménagement d'une route départementale pour favoriser les opérations ultérieures de réorganisation foncière. • Poitiers, 21 mai 2003 : *RD rur. 2004. 36.* ♦ Est mal fondée la préemption de la SAFER de terres de haute qualité environnementale dès lors que la décision ne comporte aucune indication concrète d'un projet spécifique précis, le fait que les terres soient comprises dans une ZNIEFF ne suffisant pas à justifier l'opération. • Douai, 6 nov. 2012 : *DP entr. agric., Bull. n° 458, p. 9.*

3. Accès à la propriété. Rien n'interdit à une SAFER d'exercer son droit de préemption pour permettre à un exploitant en place d'accéder à la propriété. • Civ. 3e, 15 mai 2008, n° 07-13.784 : *JCP N 2008. 1241, note Barbièri ; D. 2008. 1554 ; Gaz. Pal. 5-6 sept. 2008. 13 ; JCP 2008. IV. 2066 ; RD rur. 2008, n° 243, note Roussel.*

Art. L. 143-2-1 *(L. n° 2017-257 du 28 févr. 2017, art. 46) (Abrogé par L. n° 2020-48 du 28 janv. 2020, art. 1er, à compter du 1er mars 2020)* ***« A titre expérimental, pendant une durée de trois ans à compter de l'entrée en vigueur de la loi n° 2017-257 du 28 février 2017 relative au statut de Paris et à l'aménagement métropolitain, »*** **la société d'aménagement foncier et d'établissement rural d'Île-de-France est autorisée à préempter, en cas d'aliénation à titre onéreux des parcelles en nature réelle de bois ou classées en nature de bois et forêt au cadastre, d'une superficie totale inférieure à trois hectares et situées dans les zones délimitées par un document d'urbanisme mentionnées au premier alinéa de l'article L. 143-1, lorsque l'exercice de ce droit a pour objet la protection et la mise en valeur de la forêt desdites parcelles. Ce droit de préemption ne peut primer les droits de préemption et de préférence prévus aux articles L. 331-19, L. 331-22 et L. 331-23 du code forestier.**

La préemption prévue au premier alinéa du présent article s'applique également aux aliénations à titre gratuit, dans les conditions définies à l'article L. 143-16 du présent code.

(Abrogé par L. n° 2020-48 du 28 janv. 2020, art. 1er, à compter du 1er mars 2020) ***« A l'issue de cette période de trois ans, le Gouvernement adresse un rapport d'évaluation au Parlement. »***

BIBL. ▸ ROUSSEL, *DP entr. agric., Bull. n° 506, p. 17* (SAFER Île-de-France et droit de préemption sur les parcelles boisées).

Art. L. 143-3 **A peine de nullité, la société d'aménagement foncier et d'établissement rural doit justifier sa décision de préemption par référence explicite et motivée à l'un ou à plusieurs des objectifs ci-dessus définis, et la porter à la connaissance des intéressés. Elle doit également motiver et publier la décision de rétrocession et annoncer préalablement à toute rétrocession son intention de mettre en vente les fonds acquis par préemption ou à l'amiable.** – *[L. n° 62-933 du 8 août 1962, art. 7-I, al. 3.]*

BIBL. ▸ ROUSSEL, *Defrénois 2017, n° 22, p. 13* (dix questions pratiques à propos du droit de préemption des SAFER).

COMMENTAIRE

La préemption suppose une motivation précise par la SAFER se référant à l'un des objectifs limitativement posés par la loi (V. art. L. 143-2). Les données à fournir sont déterminées par la jurisprudence mais l'interprétation de celle-ci reste délicate. ❑

1. *Motivation.* Est nulle la décision de préemption de la SAFER qui ne fait pas référence de manière explicite et circonstanciée à l'un des objectifs de l'art. L. 143-2. • Civ. 3e, 15 juin 2005, n° 04-13.002 : *AJDI 2005. 752*. ♦ La rétrocession d'un bien acquis à l'amiable ne peut être annulée au seul motif que l'absence de documents, avis et données qui ont servi de support à la décision de la SAFER laisserait présumer l'absence de motifs légalement admissibles, sans rechercher si la motivation permettait de vérifier la conformité du choix avec les objectifs de la loi. • Civ. 3e, 1er mars 2000, n° 98-16.073 : *JCP 2000. IV. 1682 ; JCP N 2000. 1442 ; RD rur. 2000. 558 ; Gaz. Pal. 3-4 oct. 2001. 22.* ♦ Sont mal fondés les juges qui relèvent que la décision de préemption repose sur deux objectifs légaux et qui l'annulent pour insuffisance de motivation sur l'un des objectifs sans rechercher si la motivation fondée sur l'autre n'était pas suffisante. • Civ. 3e, 23 mai 2002, n° 01-00.273 P : *Gaz. Pal. 14-15 août 2002. 14 ; AJDI 2003. 49 ; Gaz. Pal. 20-21 juin 2003. 31.* ♦ Est nulle la préemption qui ne comporte pas le descriptif d'un projet susceptible de répondre aux objectifs à atteindre, la SAFER se contentant d'exprimer en termes généraux la mission de protection de l'environnement alors que l'acquisition de terres dans le périmètre d'une ZNIEFF ne constitue pas en soi un projet. • Civ. 3e, 28 sept. 2011, n° 10-15.008 : *DP entr. agric., Bull. n° 445, p. 7 ; JCP 2011. 117 ; JCP N 2011. 1299, note Barbièri ; Gaz. Pal. 2011. 3137 et 2012. 967, note Peignot et Millard.* ♦ La motivation ne peut être validée par un motif qui n'était pas concomitant à l'acquisition prioritaire. • Civ. 3e, 12 nov. 2020, n° 19-22.020 : *JCP N 2021. 1122 ; RD rur. 2021, n° 5, note Besson, Bosse-Platière, Los Angelès et Travely ; AJDI 2021. 225.*

2. *Moment d'appréciation.* La régularité de l'acte de préemption s'apprécie au moment où la préemption est exercée et en fonction de la motivation exprimée. • Civ. 3e, 29 janv. 1974 : *JCP 1975. II. 17942, note Ourliac et de Juglart.*

3. *Contrôle du juge.* Est mal fondée la cour qui apprécie l'opportunité d'une décision de la SAFER. • Civ. 3e, 17 mars 2016, n° 14-24.601 P : *JCP N 2016. Actu. 458 ; D. 2016. 708 ; JCP 2016. 395 ; D. actu. 4 avr. 2016, note Prigent ; DP entr. agric., Bull. n° 496, p. 9, note Roussel* • 17 mai 2018 : *DP. entr. agric., Bull. n° 521, p. 15, note Roussel* • 23 mars 2022, n° 21-11.316 : *AJDI 2022. 370.*

4. *Référence explicite et motivée.* Le contrôle nécessaire de la motivation de l'acte de préemption impose que, à peine de nullité, la SAFER fournisse des données concrètes permettant de vérifier la réalité de l'objectif allégué. • Civ. 3e, 1er mars 1995, n° 93-14.720 : *D. 1995. IR 78* • 7 nov. 2001, n° 00-14.477 : *JCP N 2003. 1218.* ♦ Même sens pour la rétrocession : • Civ. 3e, 18 janv. 2018, n° 16-20.937 P : *D. 2018. 170 ; D. actu. 14 févr. 2018 ; RD rur. 2018, n° 47, note Crevel ; JCP N 2018. 165 ; JCP 2018. 136 ; Rev. loyers 2018, n° 986, note Peignot ; Defrénois 1er févr. 2018, p. 9 ; DP entr. agric., Bull. n° 516, p. 6, note Roussel ; Gaz. Pal. 2018. 510 ; ibid. 1528, note Millard* • 13 déc. 2018, n° 17-18.019 : *RD rur. 2019, n° 38, note Bosse-Platière et Robbe ; AJDI 2019. 134 ; JCP N 2019. Actu. 113* • Civ. 3e, 27 févr. 2020, n° 18-25.503 : *RD rur. 2020, n° 118, note Besson, Bosse-Platière, de Los Angelès et Travely ; Gaz. Pal. 2020, n° 37, p. 27, note Peignot ; JCP N 2020. 1235.* ♦ Le juge ne peut débouter un candidat évincé de sa demande en annulation sans relever une donnée concrète permettant de vérifier la réalité de l'objectif poursuivi par la SAFER. • Civ. 3e, 12 juin 1996, n° 94-18.772 : *RD rur. 1997. 475, obs. Ourliac.* ♦ Comporte des données concrètes permettant de vérifier la réalité de l'objectif allégué : ... la préemption réalisée pour permettre l'installation de jeunes agriculteurs, motivée par la diminution du nombre d'exploitants dans la zone et le possible accueil d'un associé par une exploitation voisine en cas d'agrandissement. • Civ. 3e, 10 mars 1999, n° 97-13.970 P : *D. 1999. IR 93 ; Gaz. Pal. 1999. 2. 145 ; RD rur. 1999. 600.* ♦ ... La préemption pour la contribution à l'installation d'un jeune agriculteur dont les parents tenaient une exploitation agricole à 300 mètres du bien mis en vente. • Civ.

3e, 4 mai 2000, n° 98-15.997 : *RD rur. 2000. 634 ; JCP N 2000. 1538, obs. Rochard.* ♦ ... La préemption de terres cédées à un couple d'artisans sans qualification agricole, afin de lutter contre le mitage et préserver l'utilisation agricole des immeubles aliénés. • Paris, 28 janv. 2004 : *RD rur. 2004. 534.* ♦ ... La préemption reposant sur des considérations liées aux caractères du bien préempté, sur des éléments liés à une étude environnementale, sur les difficultés spécifiques de la zone à raison de la forte spéculation foncière et des besoins des exploitations agricoles, suggérant quel exploitant pouvait bénéficier de son intervention sous réserve de candidatures se manifestant lors de l'attribution ultérieure. • Civ. 3e, 9 déc. 2008, n° 07-22.013. ♦ La SAFER n'est pas tenue de procéder à la description détaillée des exploitations au profit desquelles la préemption est réalisée, ni à l'examen des capacités respectives des candidats à tirer profit d'un agrandissement. • Civ. 3e, 10 mai 2001, n° 99-18.150 : *RD rur. 2001. 495 ; Rev. loyers 2002. 34, obs. Peignot ; AJDI 2002. 43, obs. Giraudel.*

5. Ne comporte pas les données concrètes : ... la reproduction pure et simple d'un des objectifs légaux. • Civ. 3e, 21 nov. 1990, n° 89-14.547 : *D. 1990. IR 287 ; RD rur. 1991. 91.* ♦ ... La motivation exprimée par une SAFER, faisant état du nombre important d'installations dans une région viticole et de l'importance des parcelles déjà exploitées par l'acquéreur évincé. • Civ. 3e, 17 avr. 1996, n° 94-15.284 : *RD rur. 1996. 474, obs. Ourliac.* ♦ ... La préemption motivée par des généralités par référence à des objectifs légaux, indiquant qu'il existait un candidat connu, sans préciser les exploitations locales susceptibles de bénéficier d'une restructuration. • Civ. 3e, 10 mars 1999, n° 97-14.510 P : *RD rur. 1999. 600* • 13 déc. 2018, n° 17-18.019 : *JCP N 2018. Actu. 113 ; DP entr. agric., Bull. n° 526, p. 9, note Roussel.*

6. La SAFER a pu fonder sa décision de préemption : ... en visant les objectifs d'agrandissement des exploitations existantes et d'amélioration des parcelles existantes, tout en précisant qu'il serait préférable d'attribuer le fonds à un producteur de lait qu'au candidat évincé, sans pourtant pouvoir préjuger le résultat de la rétrocession. • Civ. 3e, 30 mai 1996, n° 94-16.759 : *RD rur. 1997. 474, obs. Ourliac.* ♦ ... Par la référence à un producteur de lait désireux d'augmenter la surface de son exploitation, sans que le nom de celui-ci soit précisé puisque le choix définitif du bénéficiaire ne peut lui être reproché. • Civ. 3e, 23 févr. 1999, n° 97-16.457 : *RD rur. 1999. 545.* ♦ ... Par l'installation et l'agrandissement dès lors que les potentiels bénéficiaires sont identifiables. • Civ. 3e, 5 mars 2003, n° 01-15.344 P : *RD rur. 2003. 284 et 639 ; JCP 2003. IV. 1783 ; JCP N 2003. 1178 ; Gaz. Pal. 30 avr.-3 mai 2003. Pan. 18 ; ibid. 31 oct.-1er nov. 2003. Somm. 22* • 9 juill. 2013, n° 12-19.276 : *RD rur. 2014, n° 23, note Peignot.* ♦ ... Par l'agrandissement d'exploitations agricoles voisines ayant une superficie à peine supérieure à la surface minimum d'installation. • Civ. 3e, 19 mai 2004, n° 02-20.178 : *AJDI 2004. 566.* ♦ ... Par deux des objectifs légaux, des indications tenant à la situation du bien préempté, à l'évolution de l'activité agricole dans le secteur concerné, en évoquant les projets de deux candidats déclarés, en réservant l'examen d'autres candidatures susceptibles de permettre la réalisation des objectifs. • Civ. 3e, 16 févr. 2010, n° 09-65.901. ♦ ... Par la forte pression foncière du fait de la demande suscitée par la chasse, de la situation touristique, et des besoins des jeunes agriculteurs et éleveurs, la décision comportant des éléments de faits précis relatifs à un jeune maraîcher et des agriculteurs et éleveurs riverains. • Civ. 3e, 4 mai 2010, n° 09-10.818 : *RD rur. 2010, n° 100, note Crevel ; AJDI 2010. 481.*

7. Ajoute à la loi une condition qu'elle ne comporte pas la cour qui annule une décision de préemption fondée sur le souci d'installation ou d'agrandissement d'une exploitation existante au motif que l'incertitude sur le terme du bail portant sur des parcelles préemptées faisait obstacle aux motifs avancés par la SAFER. • Civ. 3e, 1er avr. 2003, n° 01-17.960 P : *JCP N 2003. 1473 ; JCP 2003. IV. 1986 ; RD rur. 2003. 661 ; Gaz. Pal. 27-28 juin 2003. 9 ; ibid. 31 oct. 2003. Pan. 9 ; ibid. 1er nov. 2003. Somm. 21 ; AJDI 2004. 467, obs. Plazy.*

8. La motivation de l'exercice du droit de préemption d'une SAFER ne peut préjuger de l'attribution définitive du fonds. • Civ. 3e, 14 juin 1995, n° 93-17.831 : *D. 1995. IR 185.* ♦ Une SAFER qui préempte n'a pas à indiquer le bénéficiaire de la rétrocession ultérieure. • Civ. 3e, 5 juill. 1995, n° 93-12.902 : *D. 1995. IR 193 ; RD rur. 1995. 563.*

9. Détournement de pouvoir. Ne peuvent être annulées les opérations de préemption et de rétrocession de la SAFER sans que soit précisé en quoi le choix du rétrocessionnaire a été effectué en fraude des objectifs légaux et révélait une préférence injustifiable, les tribunaux judiciaires n'ayant pas le pouvoir d'apprécier l'opportunité de ces opérations. • Civ. 3e, 2 oct. 2002, n° 01-00.413 : *AJDI 2002. 786 ; RD rur. 2002. 592 ; ibid. 2003. 122.* ♦ Est nulle la décision de préemption de la SAFER ... qui n'a pas maintenu un contexte d'égalité pour la manifestation des candidatures. • Civ. 3e, 18 juin 2002, n° 01-03.866 : *AJDI 2002. 622.* ♦ ... Dont la motivation n'était pas réelle et ne visait qu'à dissimuler la perspective de privilégier un exploitant au détriment d'un autre. • Civ. 3e, 7 sept. 2023, n° 21-21.445 : *Defrénois 2023, n° 38-39, p. 12.* ♦ Pour un exemple de projet de cession n'ouvrant pas droit à préemption en l'absence de preuve de fraude, V. • Civ. 3e, 19 nov. 2015, n° 14-19.478 : *AJDI 2016. 140.* ♦ La cour qui retient le détournement de pouvoir dans les motifs de la rétrocession est mal fondée à rejeter la demande d'annulation de la préemption. • Civ. 3e, 13 avr. 2022, n° 20-19.743 : *AJDI 2022. 458* ; *RD rur. 2022. Alerte 169.*

10. Est constitutive d'un détournement de pouvoir : ... la décision de la SAFER de préempter au profit d'un bénéficiaire facilement identifiable, le futur rétrocessionnaire ayant de plus été autorisé à entrer en jouissance avant la fin de l'examen des candidatures de cessionnaires. • Civ. 3e, 16 déc. 1998, n° 97-13.158 : *RD rur. 1999. 418.* ♦ ... La préemption et la rétrocession ayant pour seul but réel de satisfaire un projet individuel prédéterminé. • Civ. 3e, 4 mai 2000, n° 98-19.730 : *RD rur. 2000. 638 ; JCP N 2000. 1538, obs. Pitaud.* ♦ Est justifiée l'annulation de la préemption ... exercée pour permettre une hypothétique restructuration foncière en vue de favoriser l'intérêt particulier d'agriculteurs déterminés à l'avance, sans véritable candidature à la rétrocession. • Civ. 3e, 10 mars 1999, n° 97-17.275 P : *Gaz. Pal. 1999. 2. 146.* ♦ ... Dès lors que les juges ont constaté que les bénéficiaires étaient connus avant même la notification de la préemption, et que la motivation régulière ne pouvait couvrir la perspective de privilégier un exploitant déterminé au détriment d'un autre ou de faire profiter de la préemption un bénéficiaire déterminé. • Civ. 3e, 9 juill. 2003, n° 02-12.169 : *RD rur. 2004. 197.* ♦ Sont irrégulières les opérations de préemption puis rétrocession à des exploitants à charge pour eux d'échanger ces parcelles avec d'autres agriculteurs nommément désignés. • Civ. 3e, 10 mars 1999, n° 97-17.428 : *RD rur. 1999. 600.*

11. Ne constitue pas le détournement de pouvoir : ... la préemption fondée par l'agrandissement qui correspond à un objectif légal alors que la SAFER n'a pas encore procédé aux opérations de rétrocession. • Civ. 3e, 10 mars 1999, n° 97-16.243 P. ♦ ... La rétrocession à un agriculteur mentionné dans la préemption dès lors que la décision est légalement motivée et a été précédée par une campagne de publicité pour permettre de présenter des candidatures. • Grenoble, 8 nov. 2004 : *BICC 1er juin 2005, n° 1096.* ♦ ... La préemption qui privilégie une exploitation plus proche de celle de l'acquéreur déclaré, donc nécessairement la seule contiguë à la parcelle préemptée. • Civ. 3e, 25 janv. 2006, n° 05-10.402 : *AJDI 2006. 209* *et 291* . ♦ ... La décision de préemption qui se réfère à une exploitation identifiable à titre d'illustration de l'utilité de l'intervention de la SAFER car il était précisé que ceci ne pouvait préjuger de la rétrocession. • Civ. 3e, 19 févr. 2008, n° 07-10.240 : *RD rur. août-sept. 2008, n° 144, note Roussel.* ♦ ... La décision fournissant des données concrètes sur les exploitants susceptibles de bénéficier de sa décision, rappelant que les orientations envisagées n'étaient pas définitives et que des candidatures étaient susceptibles de se manifester. • Civ. 3e, 9 déc. 2008, n° 07-22.013 • 14 oct. 2014, n° 13-19.897. ♦ ... La décision qui fait mention d'une candidature servant d'illustration pour justifier un projet de nature à remplir les objectifs sans démontrer un quelconque favoritisme au profit d'une candidature plutôt qu'une autre. • Civ. 3e, 12 oct. 2011, n° 10-25 119 : *DP entr. agric., Bull. n° 446, p. 6.*

12. Rétrocession. La SAFER est fondée à motiver une décision de rétrocession par des objectifs différents de ceux visés dans la décision de préemption. • Civ. 3e, 25 sept. 2002, n° 01-11.224 P : *JCP 2002. IV. 2724 ; Gaz. Pal. 25-26 oct. 2002. 18 ; RD rur. 2002. 529 ; ibid. 2003. 126 ; JCP N 2003. 1343, obs. Grimonprez ; AJDI 2003. 280, obs. Plazy* • 20 févr. 2007, n° 06-11.333 : *RD rur. 2007, n° 202, note Roussel ; Gaz. Pal. 18 août 2007. 36.* ♦ Exiger qu'un élément nouveau justifie le changement d'objectif dans la décision de rétrocession ajoute à la loi une condition qu'elle ne comporte pas. • Civ. 3e, 4 mai 2006, n° 05-17.954 P : *JCP 2006. IV. 2148 ; RD rur. oct. 2006. 41, note Roussel ; Gaz. Pal. 2-3 mars 2007. 17.*

13. Est nulle la rétrocession motivée par l'objectif de première installation d'un jeune agriculteur dès lors que le bénéficiaire a dépassé l'âge permettant de prétendre au statut de jeune agriculteur, même s'il bénéficiait par dérogation d'aides à l'installation. • Civ. 3e, 16 juin 2004, n° 03-10.733 P : *Gaz. Pal. 20-21 oct. 2004. 17 ; JCP 2004. 2669.* ♦ Un exploitant installé sur 73 ha ne peut se prévaloir d'aucune priorité et est mal fondé à demander une indemnité à la SAFER qui lui a restitué son dépôt de garantie pour promesse de vente après que le comité technique a préféré un candidat de 17 ans qui poursuit ses études agricoles et n'a pas effectué son stage. • Civ. 3e, 20 sept. 2005, n° 04-16.052 P : *JCP 2005. IV. 3218 ; AJDI 2005. 848* *; Gaz. Pal. 5-6 avr. 2006. 17 et 19-20 mai 2006. 40.* ♦ Est fondée la rétrocession dès lors qu'il n'est pas démontré que l'objectif de la décision d'attribution est erroné, ni que la SAFER était à l'origine de la vente de l'exploitation en deux lots puis de la prise de possession des autres biens vendus par le même acheteur dans le cadre d'un bail. • Civ. 3e, 4 juill. 2012, n° 11-19.603 : *JCP 2012. 929.*

14. S'agissant d'une rétrocession intervenue après une acquisition amiable, est mal fondée la contestation fondée sur l'art. L. 143-2 qui ne s'applique que dans le cas d'une préemption. • Civ. 3e, 28 mars 2019, n° 17-27.201 : *AJDI 2019. 462* . ♦ La motivation de la rétrocession par la SAFER de terres acquises à l'amiable doit permettre de vérifier la réalité des objectifs poursuivis. • Civ. 3e, 12 mai 2015, n° 14-11.231 : *AJDI 2015. 526* . ♦ La décision de rétrocession qui doit se suffire à elle-même doit comporter les données concrètes permettant au candidat non retenu de vérifier la réalité des objectifs poursuivis au regard des exigences légales. • Civ. 3e, 27 févr. 2020, n° 18-25.503 : *Rev. loyers, 1er avr. 2020, n° 1006, note Peignot* • 7 sept. 2023 : *Defrénois 2023, p. 33, note Barbieri.* ♦ ... Sans que le juge ait à rechercher ces données, ce qui n'est pas satisfait par la décision qui mentionne « consolidation d'une exploitation agricole par apport de parcelle contiguë ». • Civ. 3e, 20 mai 2021, n° 19-24.899 P : *D. 2021.1029 ; JCP 2021. 605 ; JCP N 2021. Actu. 555 ; Gaz. Pal. 22 juin 2021, p. 34 ; DP entr. agric., Bull. n° 554, p. 13, note Roussel.* ♦ La rétrocession d'un bien acquis à l'amiable est annulée pour défaut de justification de son choix aux candidats évincés quand la SAFER leur a indiqué que l'opération favorisait l'installation d'un jeune agriculteur sans même préciser l'identité et la situation de l'attributaire. • Civ. 3e, 16 déc. 1998, n° 97-12.469 P : *JCP 1999. IV. 1217 ; Dr. et patr. 5/2000. 110, obs. Roussel ; Gaz. Pal. 1999. Pan. 82 ; RD rur. 1999. 133.* ♦ Est régulière la rétrocession faite après une acquisition amiable, ... pour laquelle le candidat évincé ne démontre pas que les objectifs de l'art. L. 141-1 C. rur. n'auraient pas été respectés, et alors que les dispositions de l'art. L. 143-2 n'étaient applicables que dans l'exercice du droit de préemption. • Civ. 3e, 15 oct. 2008, n° 07-15.157 : *D. 2008. 2721 ; Rev. loyers 2008. 561, note Peignot ; JCP 2008. IV. 2788 ; RD rur. 2008, n° 245 ; Gaz. Pal. 25 avr. 2009. 17.* ♦ ... Dès lors que la notification aux candidats non retenus désigne l'attributaire, le prix, et motive la décision par le remaniement parcellaire par échange d'une exploitation agricole avec apport de parcelles voisines. • Civ. 3e, 1er juin 2011, n° 10-15.009 P : *JCP 2011. 751 et 961, note Barbieri ; JCP N 2011. Actu. 523 ; Gaz. Pal. 22-23 juin 2011. 1818.*

15. Refus de rétrocession. La cour est mal fondée à contrôler l'opportunité du refus de rétrocession notifié par la SAFER même en présence d'une seule candidature. • Civ. 3e, 13 mars 2016, n° 14-24.601 P : *AJDI 2016. 698, note Prigent et 618, note Ruffieux ; Rev. loyers 2016, n° 967, p. 245, note Peignot ; RD rur. 2016, n° 185, note Robbe.*

16. Rétrocessionnaire. Les textes n'imposent pas qu'au jour où une SAFER prend une décision de rétrocession l'agriculteur dont l'installation est envisagée doive remplir les conditions pour s'installer immédiatement. • Civ. 3e, 23 févr. 2005, n° 04-10.848 P : *RD rur. juin-juill. 2005. 72, obs. Malard ; Gaz. Pal. 7-8 oct. 2005. 14* • 14 oct. 2014, n° 13-19.897 : *RD rur. 2015, n° 61, note Peignot ; JCP N 2014. Actu. 1184, obs. Barbieri.* ♦ La décision de rétrocession ayant été prise en vue d'un agrandissement pour conforter une installation déjà existante, la SAFER ne pouvait procéder à une telle rétrocession que si l'exploitant bénéficiaire, censé être en activité, se trouvait lui-même dans une situation régulière. • Civ. 3e, 28 mars 2019, n° 17-27.183 : *AJDI 2019. 460 ; DP entr. agric., Bull. n° 528, p. 8, note Roussel ; Gaz. Pal. 2019. 2867, note Feschotte-Desbois.* ♦ La SAFER a pu retenir la candidature d'un jeune agriculteur pouvant s'installer dans un délai raisonnable et écarter celle du GFA cherchant à agrandir sa propriété. • Civ. 3e, 15 mai 2018, n° 17-17.567 : *JCP N 2018. Actu. 539.* ♦ S'agissant de terres sans vocation agricole stricte, la SAFER peut rétrocéder les terres à une coopérative représentant les intérêts des exploitants du secteur. • Civ. 3e, 22 janv. 2003, n° 01-15.298 : *RD rur. 2003. 144 et 483 ; JCP N 2003. 1441 ; Gaz. Pal. 27-28 juin 2003. 9.* ♦ La SAFER, qui peut légalement conduire des opérations destinées à favoriser la réorientation des fonds vers des usages non agricoles pour favoriser le développement rural et la protection de l'environnement, peut rétrocéder des parcelles incultes et envahies d'herbes à un parc régional plutôt qu'à un exploitant agricole. • Nîmes, 7 nov. 2002, *Maire c/ SAFER Provence-Alpes-Côte d'Azur et a. : RD rur. 2003. 335.*

17. La suppression de l'unité économique qui était celle que les époux fermiers avaient exploitée est la conséquence du choix des propriétaires qui ont cédé d'abord un ensemble de parcelles puis les bâtiments siège de l'exploitation, et non pas la conséquence de la rétrocession pratiquée par la SAFER qui n'était donc pas tenue d'obtenir une autorisation au titre du contrôle des structures. • Civ. 3e, 9 juill. 2008, n° 07-16.016 : *JCP 2008. IV. 2467 ; Rev. loyers 2008. 507, note Peignot ; RD rur. 2008, n° 235, note Roussel ; JCP N 2008. Actu. 583.*

18. La SAFER tenue par une promesse synallagmatique de vente sans conditions, qui engage une nouvelle procédure de rétrocession à un nouvel attributaire, engage sa responsabilité et l'acquéreur évincé ne peut prétendre qu'à des dommages-intérêts. • Civ. 3e, 9 mars 2005, n° 03-12.744 : *JCP 2005. IV. 1865.*

19. Rétrocession. Publicité. La notification, à l'adjudicataire substitué, de la décision motivée de préemption est une formalité substantielle dont l'omission est sanctionnée par une nullité de plein droit. • Civ. 3e, 11 oct. 2018, n° 17-16.174 : *JCP N 2018. Actu. 833.* ♦ La SAFER qui annule sa première décision de rétrocession pour en former une nouvelle a l'obligation de procéder à de nouvelles mesures de publicité. • Civ. 3e, 9 janv. 2008, n° 06-21.218 P : *JCP 2008. IV. 1240 ; ibid. N 2008. Actu. 178 ; Rev. loyers 2008. 175, note Peignot ; RD rur. août-sept. 2008, n° 145, note Roussel ; Gaz. Pal. 26-27 sept. 2008. 13.* ♦ Les conditions de publicité des décisions de rétrocession des SAFER sont prescrites à peine de nullité, sans que le demandeur à l'annulation ait à rapporter la preuve d'un grief. • Civ. 3e, 19 févr. 2014, n° 12-18.286 : *JCP N 2014. Actu. 329 et 1171, note Barbièri ; JCP 2014. 335 ; RD rur. 2014, n° 68, note Bosse-Platière.*

20. V. aussi jurisprudence ss. art. R. 143-6.

Art. L. 143-4 Ne peuvent faire l'objet d'un droit de préemption :

1° Les échanges réalisés en application de l'article L. 124-1 ;

2° Les aliénations moyennant rente viagère servie pour totalité ou pour l'essentiel sous forme de prestations de services personnels ;

3° Les acquisitions effectuées par des cohéritiers sur licitation amiable ou judiciaire et les cessions consenties à des parents ou alliés jusqu'au quatrième degré inclus, ou à des cohéritiers ou à leur conjoint survivant ainsi que les actes conclus entre indivisaires en application des articles 815-14, 815-15 et 883 du code civil ;

4° Sous réserve, dans tous les cas, que l'exploitation définitive ainsi constituée ait une surface inférieure à la superficie mentionnée au I, 1° de l'article 188-2 *[recodifié au C. rur., art. L. 331-2]* du code rural et de la pêche maritime, les acquisitions réalisées :

a) Par les salariés agricoles, les aides familiaux et les associés d'exploitation, majeurs, sous réserve qu'ils satisfassent à des conditions d'expérience et de capacité professionnelles fixées par décret ;

b) Par les fermiers ou métayers évincés de leur exploitation agricole en application des articles L. 411-5 à L. 411-7, L. 411-57 à L. 411-63, L. 411-67, L. 415-10 et L. 415-11 relatifs au droit de reprise des propriétaires privés ou des collectivités publiques, ainsi que par les agriculteurs à titre principal expropriés, sous réserve que l'exercice du droit de reprise ou l'expropriation ait eu pour l'exploitation de l'intéressé l'une des conséquences énoncées au II, 2°, de l'article 188-2 *[recodifié au C. rur., art. L. 331-2 s.]* du code rural et de la pêche maritime, ou qu'elle l'ait supprimée totalement ;

5° Les acquisitions de terrains destinées :

a) A la construction, aux aménagements industriels ou à l'extraction de substances minérales ;

b) A la constitution ou à la préservation de jardins familiaux compris à l'intérieur d'agglomérations, à condition que leur superficie n'excède pas 1 500 mètres carrés, ou situés dans une zone affectée à cette fin soit par un document d'urbanisme opposable aux tiers, soit par une décision de l'organe délibérant d'une collectivité publique ;

6° Les acquisitions de *(L. n° 2014-1170 du 13 oct. 2014, art. 29-8°)* « parcelles classées en nature de bois et forêts au cadastre », sauf :

a) Si ces dernières sont mises en vente avec d'autres parcelles non boisées dépendant de la même exploitation agricole, l'acquéreur ayant toutefois la faculté de conserver les parcelles boisées si le prix de celles-ci a fait l'objet d'une mention expresse dans la notification faite à la société d'aménagement foncier et d'établissement rural ou dans le cahier des charges de l'adjudication ;

b) S'il s'agit soit de semis ou plantations sur les parcelles de faible étendue dont la commission communale d'aménagement foncier a décidé la destruction en application de l'article L. 123-7, soit de semis ou plantations effectués en violation des dispositions de l'article L. 126-1 ;

c) Si elles ont fait l'objet d'une autorisation de défrichement ou si elles sont dispensées d'une déclaration de défrichement en application *(Ord. n° 2012-92 du 26 janv. 2012, art. 4-8°)* « du 1° de l'article L. 342-1 » du code forestier ;

d) *(L. n° 2005-157 du 23 févr. 2005, art. 87 et 95, en vigueur le 1er janv. 2006)* « Si elles sont situées dans un périmètre d'aménagement foncier agricole et forestier en zone forestière prévu aux articles L. 123-18 à L. 123-22 » ;

7° Les biens compris dans un plan de cession totale ou partielle d'une entreprise arrêté conformément aux articles 81 et suivants de la loi n° 85-98 du 25 janvier 1985 relative au redressement et à la liquidation judiciaires des entreprises *[C. com., art. L. 642-1 s.]* ; — *V.* ***C. com.***

(L. n° 2014-1170 du 13 oct. 2014, art. 29-8°) « 8° Les acquisitions de la nue-propriété d'un bien par ses usufruitiers et celles de l'usufruit d'un bien par ses nu-propriétaires. » — *[L. n° 62-933 du 8 août 1962, art. 7-IV, al. 1er.]*

BIBL. ▶ ROUSSEL, *RD rur. 2010. Dossier 4* (cession de droit démembré et droit de préemption des SAFER) ; *DP entr. agric., Bull. n° 468, p. 1* (démembrement et droit de préemption ; quelles évolutions ?). – DE LOS ANGELÈS, BESSON, BOSSE-PLATIÈRE et TRAVELY, *RD rur. 2020. Étude 2* (le nouveau droit de préemption pour la préservation des ressources en eau destinée à la consommation humaine).

COMMENTAIRE

L'article L. 218-6 du code de l'urbanisme précise que le droit de préemption pour la préservation des ressources en eau destinée à la consommation humaine s'applique sous réserve des articles L. 143-4 et L. 143-6 du code rural et de la pêche maritime. ❑

1° EXERCICE DU DROIT DE PRÉEMPTION

1. Nue-propriété. Jurisprudence antérieure à la loi du 13 oct. 2014. La cession de la nue-propriété ne peut, hors le cas de fraude, donner lieu à l'exercice du droit de préemption, car celui-ci est destiné à réaliser l'équilibre des exploitations et à lutter contre la spéculation foncière. • Civ. 3e, 6 nov. 1970 : *Bull. civ. III, n° 594.* ♦ Est nulle la préemption de la SAFER sur la cession de la nue-propriété doublée d'un bail rural en l'absence de preuve d'un montage frauduleux. • Civ. 3e, 18 févr. 2014, n° 12-29.648 : *JCP N 2014. Actu. 391 ; RD rur. 2014, n° 96, note Crevel.*

2. Démembrements de propriété. A pu être soumise au droit de préemption de la SAFER la vente simultanée de la nue-propriété et de l'usufruit par leurs titulaires respectifs à un même acquéreur. • Civ. 3e, 15 déc. 2016, n° 15-27.518 P : *D. 2017. 8 ; JCP N 2017. 1117, note Grimonprez et 1217, note Travely ; JCP 2017. 45 ; DP entr. agric., Bull. n° 504, p. 9, note Roussel ; RD rur. 2017, n° 77, note Travely, de Los Angeles et Bosse-Platière ; Defrénois 2017. 571, note Roussel et n° 31-33, p. 61, note Delorme ; Rev. loyers 2017, n° 974, note Peignot ; Gaz. Pal. 2017. 1684, note Millard.* ♦ La vente par un unique propriétaire de la nue-propriété et de l'usufruit à deux personnes ayant une communauté d'intérêts dans le but d'échapper au droit de préemption de la SAFER portait sur la pleine propriété et doit être annulée faute d'avoir été notifiée à la SAFER. • Civ. 3e, 24 mai 2017, nos 16-11.529 et 16-11.530 : *RD rur. 2017, n° 192, note Bosse-Platière, Collard et Travely ; JCP N 2017. Actu. 615.* ♦ Est soumise au droit de préemption de la SAFER la vente simultanée de la nue-propriété de terres à un agriculteur qui les exploite, et de l'usufruit sur ces terres à ses parents. • Civ. 3e, 15 févr. 2018, n° 16-21.240 : *AJDI 2018. 286 ; Defrénois 1er mars 2018, p. 8 ; JCP N 2018. Actu. 283 ; RD rur. 2018, n° 84, note Crevel.* ♦ Pour un exemple de vente démembrée retenue comme fraude aux droits de la SAFER, V. • Civ. 3e, 12 avr. 2018, n° 17-13.856 : *AJDI 2018. 447 ; JCP N 2018. Actu. 439.* ♦ La vente en une seule opération par deux particuliers propriétaires chacun de parcelles, de l'usufruit à une tierce personne et la nue-propriété à une autre, est soumise au droit de préemption de la SAFER. • Civ. 3e, 31 mai 2018, n° 16-25.829 P : *D. actu. 26 juin 2018, note Prigent ; RD rur. 2018, n° 136, note Bosse-Platière, Collard et Travely.*

3. Droit d'usage et d'habitation. La SAFER est fondée à préempter le bien vendu avec réserve d'usage et d'habitation au bénéfice du vendeur sur la maison, sa cour et droit de passage dès lors que l'intention des parties était de vendre le bien en toute propriété excluant toute idée d'usufruit du tout. • Civ. 3e, 19 nov. 2008, n° 07-16.476 : *JCP 2008. 724 ; D. 2008. 3010, obs. Forrest ; JCP N 2008. 774 ; ibid. 2009. 1060, note Barbièri ; RJDA 2009. 281 ; RD rur. 2009, n° 14 ; Gaz. Pal. 5 févr. 2009. 13 ; Rev. loyers 2009. 79, note Peignot ; JCP N 2009. 1352, note Roussel.*

4. Dation en paiement. Le débiteur étant, en cas de dation en paiement, censé vendre son bien au créancier pour le prix du montant de sa créance, le droit de préemption de la SAFER s'exerce. • Civ. 3e, 4 avr. 1968 : *JCP N 1968. II. 15586, note Ourliac et de Juglart* • 8 juill. 1980 : *RD rur. 1981. 63.*

5. Échange. Pour les opérations d'échanges amiables exemptés du droit de préemption de la SAFER, le caractère rural de l'immeuble s'entend de l'immeuble principalement affecté à la production agricole au jour du transfert de propriété. * Rép. min. Agriculture n° 33272 : *JOAN 5 janv. 2021.*

6. Procédure collective. Liquidation judiciaire. BIBL. Lachaud, *RD rur. 1997. 523.* ♦ La SAFER peut préempter lors d'une vente de gré à gré autorisée par le juge-commissaire pour des biens isolés appartenant au débiteur en liquidation judiciaire. • Com. 15 oct. 2002, *SAFER d'Auvergne c/ Perrin et a. : JCP 2002. IV. 2906 ; RD rur. 2003. 187 ; JCP 2003. I. 113, obs. Cabrillac et Pétel ; Gaz. Pal. 20-21 juin 2003. 17 et 31, obs. Lachaud ; JCP N 2003. 1342, obs. Grimonprez ; RJDA 2003, inf. 170 ; JCP N 2003. 660, note Rakotovahini* • 18 mars 2003, *Coutand c/ Lalanne Larrieu*, n° 99-20.122 • Bordeaux, 15 juin 2009 : *RD rur. 2010, n° 32, note Lebel.* ♦ Même sens pour la cession de biens constituant une unité de production. • Com. 15 oct. 2002, *SAFER de Bourgogne c/ Souchon et a. : JCP 2002. IV. 2905 ; RD rur. 2002. 591 ; ibid. 2003. 20, note Lemonnier ; JCP 2003. I. 113, obs. Cabrillac et Pétel ; Gaz. Pal. 20-21 juin 2003. 31, obs. Lachaud ; JCP N 2003. 6 ; LPA 2003, n° 139, p. 9, note Roussel Galle ; RJDA 2003, inf. 170* • Civ. 3e, 30 avr. 2003, n° 02-10.368 P : *JCP 2003. IV. 2098 ; Rev. loyers 2003. 422, note Peignot ; LPA 2003, n° 246, p. 17, note Roussel Galle ; ibid. 9 avr. 2004, note Sortais ; Gaz. Pal. 31 oct.-1er nov. 2003. Somm. 21 ; JCP N 2004. 1124 et 1551, note Vauvillé.* ♦ Déjà en ce sens : • Pau, 14 oct. 1999 : *RD rur. 2000. 513 ; JCP 2000. IV. 1853* • 18 nov. 1999 : *ibid.* • Reims, 11 oct. 2000 : *ibid.* ♦ *Contra* : • Dijon, 1er juin 1999 : *RD rur. 2000. 513 ; JCP N 2001. 269, obs. Grimonprez.* ♦ Une SAFER ne peut se prévaloir d'un droit de préemption sur les biens compris dans le plan de cession totale ou partielle ordonné par le tribunal pour une entreprise, que celle-ci soit en redressement ou en liquidation judiciaire. • Civ. 3e, 19 mai 2010, n° 09-14.167 : *D. 2010. 1342 ; JCP 2010. 1237 ; Gaz. Pal. 2010. Pan. 1792 ; AJDI 2010. 899, note Prigent.* ♦ L'exercice de la préemption par la SAFER ne peut avoir pour effet de modifier les conditions de la vente amiable autorisée par le juge commissaire dans le cadre d'une liquidation judiciaire. • Civ. 3e, 19 sept. 2012, n° 10-21.858 : *D. 2012. 2164 ; JCP 2012. 1068 ; RD rur. 2012, n° 70, note Crevel ;*

JCP N 2012. 861 ; DP entr. agric., Bull. n° 456, p. 5 ; Defrénois 2012. 40639, note Barbièri et Delvolvé ; Gaz. Pal. 2012. 3054 ; Rev. loyers 2012, n° 931, note Peignot ; AJDI 2013. 292, note Prigent • 11 juill. 2019, n° 17-22.716 : *JCP N 2019. 1292 ; RD rur. 2019, n° 142, note Bosse-Platière.* ♦ La SAFER n'est pas recevable à préempter séparément en un ou deux lots des parcelles dont seule la vente en bloc avait été autorisée par le juge commissaire par ordonnance ayant acquis autorité de chose jugée. • Civ. 3e, 12 nov. 2020, n° 19-21.914 : *AJDI 2021. 224*. ♦ La vente de l'immeuble autorisée par le juge commissaire de la liquidation du bailleur ne peut donner lieu à l'exercice du droit de préemption du locataire commercial. • Com. 2 mars 2022, n° 20-19.174 P : *RD rur. 2022, n° 98, note Lebel ; JCP N 2022. Actu. 696, obs. Bosse-Platière.*

7. Les parcelles qui ont été acquises lors d'une vente aux enchères publiques autorisée par le juge du partage sont susceptibles de préemption même si l'acheteur est le fils et neveu des vendeurs. • Civ. 2e, 2 juill. 2014, n° 13-17.768 : *JCP 2014. 863 ; D. 2014. 1496 ; JCP N 2014. 793, obs. Barbièri ; RD rur. 2014, n° 219, note Bosse-Platière ; DP entr. agric., Bull. n° 477, p. 9, note Roussel ; D. actu. 25 juill. 2014, note Prigent ; Rev. loyers 2014, n° 950, note Peignot.* ♦ Le frère du propriétaire des parcelles litigieuses en liquidation judiciaire n'a pu être tenu comme prioritaire à l'encontre du droit de préemption de la SAFER dès lors qu'il a acquis ces biens lors d'une vente aux enchères publiques autorisée par le juge commissaire. • Civ. 3e, 10 juin 2009, n° 08-13.166 : *JCP N 2009. 480 ; JCP 2009, n° 28, p. 21 ; RD rur. 2009, n° 129, note Barbièri ; Gaz. Pal. 15-17 nov. 2009. 9 ; JCP N 2011. 1148, note Roussel.*

8. Pacte de préférence. Un pacte de préférence ne peut paralyser l'exercice de son droit de préemption par une SAFER. • Civ. 3e, 15 avr. 1992, n° 90-17.704 : *D. 1993. Somm. 63, obs. Martine*. ♦ V. déjà • Civ. 3e, 2 déc. 1981 : *JCP 1982. II. 19872, note Ourliac et de Juglart.*

9. Adjudication. V. jurisprudence ss. art. L. 143-11.

2° EXCLUSION DU DROIT DE PRÉEMPTION

10. C'est à la date d'acquisition projetée que s'apprécie l'exemption du droit de préemption. • Civ. 1re, 1er juill. 2014, n° 13-16.523 : *JCP N 2014. Actu. 882.*

a. Biens exclus

11. Terrains à bâtir. Lorsque la superficie des terrains destinés à la construction de maisons individuelles dépasse le plafond fixé à l'art. R. 143-3 C. rur., la SAFER peut exercer son droit de préemption sur le tout et non seulement sur l'excédent. • Cass., ass. plén., 5 déc. 1986 : *Bull. civ. n° 13.* ♦ La SAFER peut préempter entièrement une parcelle d'une superficie supérieure à 2500 m² même si la partie constructible est inférieure à 2500 m². • Civ. 3e, 24 sept. 2014, n° 13-20.577 *DP entr. agric., Bull. n° 478, p. 6, note Roussel ; RD rur. 2015, n° 29, note Peignot ; D. 2014. 1939 ; JCP N 2014. Actu. 1016 ; AJDI 2014. 877 ; D. actu. 6 oct. 2014, note Prigent.* ♦ L'engagement de construire doit exprimer la souscription d'obligations claires et précises. • Civ. 3e, 12 nov. 1974 : *Bull. civ. III, n° 412 ; Defrénois 1975. 1135, note Peignot.*

12. Substances minérales. L'acquéreur de parcelles de terrains destinées à l'extraction de substances minérales ne peut invoquer l'exclusion du droit de préemption de la SAFER que s'il a effectué une notification contenant son engagement personnel à donner au terrain cette destination, condition qui n'est pas satisfaite lorsque la déclaration d'affectation du terrain émane du notaire du vendeur. • Civ. 3e, 19 févr. 1997, n° 95-14.696 : *D. 1997. IR 79*.

13. Terrains boisés. Jurisprudence antérieure à la loi du 13 oct. 2014. Lorsqu'une vente notifiée porte sur une parcelle non boisée en nature de terre et sur d'autres parcelles boisées dépendant des terres exploitées en fermage et que la notification ne détaille pas le prix des parcelles boisées, la SAFER est fondée à exercer son droit de préemption sur l'ensemble des parcelles mises en vente. • Civ. 3e, 10 déc. 1997, n° 95-19.435 • Riom, 5 janv. 2012 : *DP entr. agric., Bull. n° 449, p. 9, note Grimonprez ; JCP 2012. 385, obs. Dastugue.* ♦ V. déjà • Civ. 3e, 6 mars 1984 : *D. 1985. IR 67, obs. Martine.* ♦ La SAFER peut préempter un fonds incluant des parcelles boisées sans qu'il soit exigé que les parcelles non boisées soient prépondérantes et sans qu'une proportion soit exigée. • Civ. 3e, 19 mars 2008, n° 07-11.383 : *JCP 2008. IV. 1759 ; RD rur. juin-juill. 2008, n° 115, note Roussel ; JCP N 2009. 1104, note Roussel* • 23 mai 2019, n° 18-11.194 : *AJDI 2019. 550 ; DP entr. agric., Bull. n° 530-531, p. 14, note Roussel ; RD rur. 2019, n° 143 ; JCP N 2019. 1292, note Bosse-Platière.* ♦ Une parcelle mixte vendue isolément ne peut être préemptée par la SAFER que si les surfaces à destination agricoles sont prépondérantes. • Civ. 3e, 5 juin 2013, n° 12-18.313 : *RD rur. 2013, n° 112, note Crevel ; D. 2013. 1476 et 2260, note Roussel ; JCP N 2013. 701 ; JCP 2013. 761 ; Rev. loyers 2013, n° 939, note Peignot ; Gaz. Pal. 26-27 juin 2013 ; JCP N 2013. 1258, note Barbièri ; ibid. 1293, note Bosse-Platière ; AJDI 2014. 51, note Prigent ; DP entr. agric., Bull. n° 465, p. 6 ; Defrénois 2014. 1095, note Gouraud.*

14. Terrain d'agrément. N'est pas soumise au droit de préemption de la SAFER une parcelle plantée d'arbres divers en bordure de ru, et portant un bungalow, qui est le support depuis plus de deux ans d'une activité sans rapport avec une destination agricole ou forestière. • Civ. 3e, 4 mars 2009, n° 08-11.281 : *JCP N 2009. Actu. 265 ; ibid. 2010. 1196, note Brelet ; JCP 2009. IV. 1563 ; Gaz. Pal. 13-15 sept. 2009. 11 ; RD rur. 2010, n° 13,* *note Roussel ; JCP N 2010. 1277, note Brelet.* ♦ ... La parcelle qui constitue un jardin d'agrément garni d'un potager et d'arbres fruitiers trentenaires destinés à la consommation personnelle des propriétaires. • Civ. 3e, 28 sept. 2011, n° 10-14.004 : *JCP 2011. 1117 ; JCP N 2011. Actu. 774 et 1295, note Barbièri ; Gaz. Pal. 12-13 oct. 2011. 3137.*

b. Acquéreurs prioritaires

15. La SAFER ne peut préempter des parcelles classées en zone dévolue aux jardins familiaux. • Civ. 3e, 1er juill. 2014, n° 13-16.523 : *DP entr. agric., Bull. n° 477, note Roussel.*

16. La SAFER est mal fondée à exercer son droit de préemption à l'encontre d'un cohéritier qui s'est substitué au dernier enchérisseur en application du cahier des charges de la licitation amiable. • Civ. 3e, 1er févr. 2012, n° 11-11.972 : *DP entr. agric., Bull. n° 450, p. 8 ; JCP N 2012. Actu. 256 et 1244, note Barbièri ; RD rur. 2012, n° 27, note Crevel ; JCP 2012. 240 ; Gaz. Pal. 2012. 524.*

17. Allié. Seuls les tribunaux pourraient décider d'interpréter ce terme par référence aux textes ultérieurs visant le PACS. * Rép. min. n° 998 : *JOAN 21 mars 2017. 2319 ; DP entr. agric., Bull. n° 506, p. 15, note Roussel.*

18. Conventions exclues. Est fondée à dire nulle la préemption la cour qui a souverainement retenu le caractère personnel de la convention au regard de la personne de l'acquéreur. • Civ. 3e, 6 oct. 2016, n° 14-29.217 : *JCP N 2016. 1312, note Grimonprez ; RD rur. 2017, n° 7, note Collard, Bosse-Platière et Travely ; DP entr. agric., Bull. n° 504, p. 10, note Roussel ; Defrénois 2017. 12590, notes Roussel et Delorme ; Gaz. Pal. 8 nov. 2016, p. 41, note Lebel.*

Art. L. 143-5 **Sauf s'il s'agit d'un apport en société ou d'un échange non réalisé en application de l'article L. 124-1, toute condition d'aliénation sous réserve de non-préemption d'une société d'aménagement foncier et d'établissement rural est réputée non écrite.**

(L. n° 2017-348 du 20 mars 2017, art. 4, en vigueur le 21 juin 2017) **« S'il s'agit d'un apport en société et que la condition suspensive est satisfaite, l'apporteur doit s'engager à conserver la totalité de ses droits sociaux reçus en contrepartie pendant au moins cinq ans à compter de la date de l'apport. Cet engagement doit être joint à la notification préalable de l'opération d'apport. En cas de méconnaissance de l'engagement ainsi souscrit et sauf accord exprès de sa part, la société d'aménagement foncier et d'établissement rural peut, dans un délai de six mois à compter du jour où elle en a eu connaissance, demander l'annulation de l'apport au président du tribunal »** *(Ord. n° 2019-964 du 18 sept. 2019, art. 35)* **« judiciaire ».** — *[L. n° 62-933 du 8 août 1962, art. 7-IV, al. 2.]*

BIBL. ► BESSON, BOSSE-PLATIÈRE, COLLARD et TRAVELY, *JCP N 2017. 1241* (la SAFER, une associée qui vous veut du bien).

COMMENTAIRE

Le principe est l'interdiction de céder des biens sous réserve de l'exercice du droit de préemption par la SAFER. Mais par exception, il est possible de prévoir une telle cession sous condition lorsque les biens susceptibles de préemption doivent être apportés à une société. Si l'apport est réalisé, l'apporteur devra conserver les parts au moins cinq ans ; à défaut la SAFER pourrait solliciter du président du tribunal de grande instance l'annulation de cet apport.

Il s'agit d'un moyen pour la SAFER d'empêcher des apports qui lui paraissent non souhaitables. Cette technique doit participer efficacement à la lutte des SAFER contre la spéculation foncière, sans préemption et sans que la SAFER n'ait à devenir associée de la société.

1. La clause soumettant le compromis de vente à la condition suspensive de non-préemption par la SAFER est réputée non écrite, ce qui n'affecte pas la validité de la vente. • Civ. 3e, 18 oct. 2006, n° 05-17.327 P : *JCP 2006. IV. 3188 ; JCP N 2007. 1066, note Gain ; RD rur. févr. 2007. 47, note Roussel ; Rev. loyers 2007. 39, note Peignot ; Defrénois 2007. 1623, obs. Gelot ; Gaz. Pal. 18 août 2007. 36.*

2. L'annulation de la préemption étant rétroactive, la SAFER est censée avoir renoncé à préempter, et le compromis de vente stipulant que la vente devait être régularisée dans les trois mois sous réserve du droit de préemption de la SAFER doit retrouver son plein effet. • Civ. 3e, 27 juin 2007, n° 06-14.329 P : *D. 2007. AJ 1961 ; RJDA 2007, inf. 1211 ; JCP N 2007. Actu. 515 ; JCP 2007. IV. 2588 ; JCP N 2008. 1261, note Roussel ; AJDI 2008. 301, note Prigent.*

Art. L. 143-6 **Le droit de préemption de la société d'aménagement foncier et d'établissement rural ne peut primer les droits de préemption établis par les textes en vigueur au profit de l'État, des collectivités publiques, des établissements publics et des cohéritiers bénéficiaires de l'attribution préférentielle prévue à l'article** *(L. n° 2006-728 du 23 juin 2006, art. 4-II, en vigueur le 1er janv. 2007)* **« 832-1 » du code civil.**

Ce droit de préemption ne peut s'exercer contre le preneur en place, son conjoint ou son descendant régulièrement subrogé dans les conditions prévues à l'article L. 412-5 que si ce preneur exploite le bien concerné depuis moins de trois ans. Pour l'application du présent alinéa, la condition de durée d'exploitation exigée du preneur peut avoir été remplie par son conjoint ou par un ascendant de lui-même ou de son conjoint. — *[L. n° 62-933 du 8 août 1962, art. 7-III, al. 1er et 2.]*

BIBL. ▶ FOYER, *RD rur. 2010. Dossier 2* (la SAFER et les baux ruraux). - LACHAUD, *Ann. loyers 2003. 769* (bail conclu pour faire échec à la SAFER) ; *ibid. 2005. 558* (SAFER et bail rural). - LEMONNIER, *RD rur. 1997. 21* (quelques dangers des baux de complaisance).

COMMENTAIRE

L'article L. 218-6 du code de l'urbanisme précise que le droit de préemption pour la préservation des ressources en eau destinée à la consommation humaine s'applique sous réserve des articles L. 143-4 et L. 143-6 du code rural et de la pêche maritime. ❑

1. QPC. Il n'y a pas lieu à renvoyer au Conseil constitutionnel l'art. L. 143-6, qui institue une différence bien fondée de traitement entre preneurs en place depuis plus de trois ans. • Civ. 3e, 3 avr. 2014, n° 14-40.006 : *RD rur. 2014, n° 222, note Bosse-Platière ; AJDI 2014. 530*.

2. Priorité. L'art. L. 143-6 ne peut s'appliquer qu'au profit d'un preneur en place remplissant les conditions prévues par l'art. L. 412-5. • Civ. 3e, 13 juill. 2011, n° 10-19.734 : *D. 2011. 2039 et 2641, note Roussel ; RD rur. 2011, n° 115, note Crevel ; JCP N 2011. Actu. 640 ; DP entr. agric., Bull. n° 444. 13 ; JCP 2011. 960 ; Gaz. Pal. 2011. 3114 ; Rev. loyers 2011. 920, note Peignot.* ♦ Même sens : le droit de préemption ne peut s'exercer contre le preneur en place si celui-ci exploite le bien depuis au moins trois ans et dispose du droit de préempter le bien. • Dijon, 20 févr. 2003, *SAFER de Bourgogne c/ Cts Trochet et a. : RD rur. 2003. 428, obs. JMG ; ibid. 569 ; JCP N 2004. 1454, note Brelet.* ♦ Le preneur a la charge de la preuve qu'il exploite la parcelle en vertu d'un bail rural depuis au moins trois ans. • Civ. 3e, 29 sept. 2004, n° 03-12.927 : *AJDI 2005. 315, note Prigent*.

3. Bail. Est mal fondée la cour qui annule le bail consenti par le propriétaire le même jour qu'une promesse de vente sur le même bien au même preneur, sans caractériser en quoi le fait pour un preneur de chercher à bénéficier d'un droit de préemption primant celui dont pourrait bénéficier la SAFER en cas de vente des parcelles louées rendait illicite la cause du bail. • Civ. 3e, 26 sept. 2001, n° 99-20.749 : *RD rur. 2001. 512 ; ibid. 2002. 52 et 287, obs. Crevel ; AJDI 2002. 311, obs. Giraudel*. ♦ La SAFER a été déclarée apte à préempter en méconnaissance du bail consenti par le propriétaire qui avait notifié la vente de ce bien, puis retiré son offre deux fois avant de consentir un bail de 25 ans à un parent à qui il avait immédiatement cédé le fonds. • Civ. 3e, 19 févr. 2003, *de La Farge c/ SAFER du Centre et a.*, n° 01-16.836 • Bourges, 31 juill. 2001 : *JCP N 2002. 890, obs. Grimonprez.* ♦ La conclusion d'un bail emphytéotique assorti d'un pacte de préférence dans un contexte où l'intention de préempter de la commune était connue, constitue une vente déguisée et démontre la fraude. • Civ. 3e, 27 nov. 2002, n° 01-11.530 : *Constr.-Urb. 2003, inf. 78, obs. Benoît-Cattin.*

4. Fermage. La soumission volontaire au statut du fermage de la location d'une petite parcelle ne peut faire échec au droit de préemption d'ordre public de la SAFER. • Civ. 3e, 14 nov. 2007, *SAFER Alsace c/ Eblin*, n° 06-19.633 P : *D. 2007. 3070 ; RD rur. 2008, n° 1, note Crevel ; Rev. loyers 2008. 107, note Peignot ; RJDA 2008, n° 122 ; JCP 2008. IV. 3254 ; AJDI 2008. 782, obs. Prigent ; Gaz. Pal. 5-6 sept. 2008. 16 ; Defrénois 2009. 72, obs. Gelot.* ♦ Est mal fondée la SAFER qui dans ses opérations de préemption et de rétrocession n'a pas tenu compte de la présence d'un locataire ni de la durée du bail sur une petite parcelle soumise au statut du fermage. • Civ. 3e, 24 juin 2008, n° 07-15.217 : *RD rur. 2008, n° 168, note Crevel.*

5. Fonds divisible. Est mal fondée la cour qui valide la préemption d'un bien entier, alors même que la déclaration du notaire ne valait pas offre de vente et qu'une partie du bien était l'objet d'un droit de préemption prioritaire. • Civ. 3e, 7 déc. 2011, n° 10-24.000 : *RD rur. 2012, n° 13, note Crevel ; Rev. loyers 2012. 70 ; JCP N 2012. 1236, note Barbièri et Roussel.*

Art. L. 143-7 *(L. n° 2014-1170 du 13 oct. 2014, art. 29-9°)* **I. — En vue de la définition des conditions d'exercice du droit de préemption mentionné à l'article L. 143-1, la société d'aménagement foncier et d'établissement rural saisit l'autorité administra-**

tive compétente de l'État d'une demande indiquant les zones dans lesquelles elle estime nécessaire de pouvoir exercer ce droit et, le cas échéant, la superficie minimale des terrains auxquels il devrait s'appliquer. Cette autorité recueille l'avis des commissions départementales d'orientation de l'agriculture et des chambres d'agriculture compétentes dans la zone considérée et consulte le public dans des conditions permettant de recueillir ses observations. Au vu de ces avis et de la synthèse des résultats de la consultation du public, les conditions d'exercice du droit de préemption sont fixées par décret pour chaque société d'aménagement foncier et d'établissement rural.

II. — A l'occasion du renouvellement du programme pluriannuel d'activité de la société d'aménagement foncier et d'établissement rural, sur demande motivée des commissaires du Gouvernement ou de la société, il peut être procédé au réexamen des conditions d'exercice du droit de préemption, selon les modalités prévues au I.

III. — L'illégalité, pour vice de forme ou de procédure, du décret fixant ou modifiant les conditions d'exercice du droit de préemption d'une société d'aménagement foncier et d'établissement rural ne peut être invoquée par voie d'exception après l'expiration d'un délai de six mois à compter de sa publication. L'annulation, pour vice de forme ou de procédure, du décret fixant ou modifiant les conditions d'exercice du droit de préemption d'une société d'aménagement foncier et d'établissement rural ne permet pas de remettre en cause les décisions de préemption devenues définitives.

COMMENTAIRE

La SAFER qui fait l'objet d'un agrément peut se voir reconnaître par décret un droit de préemption dans une zone déterminée avec éventuellement une superficie minimum, au terme d'une procédure de consultation prévue par la loi. Cette autorisation est, à partir de la loi du 13 octobre 2014, permanente ; elle peut être suspendue ou retirée par décision du ministre de l'agriculture si la SAFER ne respecte pas le cadre légal qui encadre l'exercice du droit de préemption.

1. Le décret attribuant à la SAFER le droit de préemption ne porte pas atteinte à l'art. 1er du protocole additionnel à la Conv. EDH dès lors que le droit de préemption s'exerce dans le cadre de missions de service public confiées par l'art. L. 141-1 aux SAFER et sert les finalités d'intérêt général énumérées à l'art. L. 143-2. • CE 9 nov. 2009, n° 315082 : *RD rur. 2010, n° 14, note Crevel.*

2. Le décret autorisant la SAFER à exercer le droit de préemption dans plusieurs départements est régulier même s'il ne donne pas de précisions sur les zones au sein desquelles il pourrait s'exercer, ni sur la superficie minimale des terrains pouvant être préemptés. • CE 17 févr. 2023, n° 467360 B : *Defrénois 2023, n° 9, p. 11 et n° 19-20, p. 26, note Roussel ; JCP N 2023. Actu. 364 ; Gaz. Pal. 21 mars 2023, p. 38 ; RD rur. 2023, n° 60, note Robbe ; JCP N 2023. 1160, note Bosse-Platière.*

3. Illégalité du décret. Jurisprudence antérieure à la loi du 13 oct. 2014. Le décret autorisant la SAFER à exercer son droit de préemption est une décision de nature réglementaire dont l'illégalité peut toujours être soulevée par voie d'exception. • Civ. 3e, 19 juin 2013, nos 12-16.199 et 12-20.539 : *RD rur. 2013, n° 141, note Crevel ; DP entr. agric., Bull. n° 466, p. 10 ; Gaz. Pal. 16-17 oct. 2013, note Peignot et Millard.* ♦ Le défaut de motif des avis favorables de la CDOA et de la chambre d'agriculture, et le défaut d'indication précise par le préfet des zones de périmètre de préemption rendent le décret attributif du droit de préemption de la SAFER illégal. • CE 11 juin 2003, *Pothier*, n° 251077 : *RD rur. 2004. 119 ; Gaz. Pal. 25-27 avr. 2004. 17* • 19 sept. 2012, n° 352902 : *DP entr. agric., Bull. n° 457, p. 7 ; LPA 2013, n° 152, p. 8, note Manson.* ♦ Est illégal le décret autorisant la SAFER à exercer le droit de préemption dès lors que les avis favorables de la CDOA et de la chambre d'agriculture ne comportaient l'exposé d'aucun motif, et puisque le préfet avait seulement défini le nouveau périmètre par la seule mention « dans les mêmes conditions que précédemment ». • CE 10 janv. 2007, *Goblet*, n° 292214 : *RD rur. 2007, n° 96, obs. Roussel.* – V. art. L. 143-7-III.

Art. L. 143-7-1 *(L. n° 2005-157 du 23 févr. 2005, art. 74-VI)* **A l'intérieur des périmètres délimités en application de l'article** *(Ord. n° 2015-1174 du 23 sept. 2015, art. 9-XIV-9°, en vigueur le 1er janv. 2016)* **« L. 113-16 » du code de l'urbanisme, la société d'aménagement foncier et d'établissement rural informe le président du conseil départemental de toutes les déclarations d'intention d'aliéner.**

Lorsque le département décide d'utiliser le droit de préemption prévu *(Ord. n° 2015-1174 du 23 sept. 2015, art. 9-XIV-9°, en vigueur le 1er janv. 2016)* **« au 2° de l'article L. 113-25 » du code de l'urbanisme à l'intérieur des périmètres mentionnés au pre-**

mier alinéa, ce droit est applicable à tout terrain, bâti ou non bâti, ou ensemble de droits sociaux donnant vocation à l'attribution en propriété ou en jouissance de terrains, qui font l'objet d'une aliénation à titre onéreux, sous quelque forme que ce soit et qui ne sont pas soumis au droit de préemption prévu par l'article *(Ord. n° 2015-1174 du 23 sept. 2015, art. 9-XIV-9°, en vigueur le 1er janv. 2016)* **« L. 215-4 » du code de l'urbanisme. Les 2° et 5° de l'article L. 143-4 et l'article L. 143-7 du présent code ne sont alors pas applicables.**

Le droit de préemption prévu par le 9° de l'article L. 143-2 peut être exercé pour *(L. n° 2014-1170 du 13 oct. 2014, art. 29-10°)* **« acquérir la » fraction d'une unité foncière comprise dans les périmètres mentionnés au premier alinéa. Dans ce cas, le propriétaire peut exiger que le titulaire du droit de préemption se porte acquéreur de l'ensemble de l'unité foncière. Le prix d'acquisition fixé par la juridiction compétente en matière d'expropriation tient compte de l'éventuelle dépréciation subie, du fait de la préemption partielle, par la fraction restante de l'unité foncière.**

Les modalités de financement des opérations conduites par la société d'aménagement foncier et d'établissement rural pour le compte du conseil départemental en application du 9° de l'article L. 143-2 sont fixées par une convention passée entre le conseil départemental et ladite société.

(L. n° 2014-1170 du 13 oct. 2014, art. 29-10°) **« Lorsque la société d'aménagement foncier et d'établissement rural exerce, à la demande et au nom du département, le droit de préemption prévu au 9° de l'article L. 143-2, elle peut faire usage de la procédure de révision du prix de vente prévue à l'article L. 143-10. »**

V. art. R. 143-1 s.

BIBL. ▶ MENG et FÉREC, *Defrénois 2007. 24 et 107* (droit de préemption spécifique dans les espaces agricoles naturels périurbains).

Par application des art. L. 143-7-1 et L. 143-10, en cas de révision de prix dans le cadre d'une préemption partielle, la juridiction compétente en matière d'expropriation est compétente pour statuer tant sur la contestation de la révision du prix de vente que sur l'éventuelle dépréciation subie sur la fraction restante du fait de la préemption partielle. • Cons. const. 9 oct. 2014, n° 2014-701-DC : *JO 14 oct. ; AJDA 2014. 1976*.

COMMENTAIRE

La loi n° 2005-157 du 23 février 2005 relative au développement des territoires ruraux a permis à la SAFER de préempter à la demande et au nom du département dans le périmètre délimité pour la protection et le développement des espaces agricoles et naturels périurbains. La SAFER exerce dans ce cas la préemption dans des conditions spécifiques, sur un immeuble bâti ou non bâti, ou sur des droits sociaux donnant vocation à l'attribution en propriété ou en jouissance d'un bien. La SAFER peut, depuis la loi du 13 octobre 2014, demander dans ces hypothèses la révision du prix dont elle est informée. Les biens acquis intégreront le domaine privé du département, et pourront être ensuite cédés de gré à gré, ou loués par bail à ferme ou concession temporaire, mais avec l'obligation pour l'utilisateur des biens de respecter un cahier des charges prévu pour chacune de ces opérations.

En conséquence, la SAFER agit en faveur du nouvel objectif qui lui est imparti, mais sans mobiliser de fonds. Le législateur a voulu exploiter la compétence d'opérateur foncier spécialisé des SAFER sans alourdir sa mission principale de portage foncier. Dans le même sens, la SAFER a été chargée, dans le même périmètre, d'assurer la mission de surveillance foncière qu'elle remplit par ailleurs, et elle doit en conséquence informer le président du conseil général de toutes les déclarations d'intention d'aliéner dans ces zones.

Si le département n'a pas décidé de préempter dans ce périmètre, la SAFER peut encore préempter mais pour l'un de ses objectifs traditionnels. ❑

Art. L. 143-7-2 *(L. n° 2006-11 du 5 janv. 2006, art. 39)* **La société d'aménagement foncier et d'établissement rural informe les maires de toutes les déclarations d'intention d'aliéner portant sur des biens situés sur le territoire de leur commune.**

(L. n° 2014-1170 du 13 oct. 2014, art. 29-11°) **« Préalablement à toute rétrocession, elle les informe également de son intention de mettre en vente tout bien situé sur le territoire de leur commune. »**

BIBL. ▶ ROUSSEL, *RD rur. 2007, n° 204* (circulaire du 13 févr. 2007).

SECTION 2 Conditions d'exercice

SOUS-SECTION 1 Conditions générales

COMMENTAIRE

Il n'existe plus de distinction entre notification et déclaration et il appartient à la SAFER de vérifier si l'acte dont elle est informée ouvre droit à préemption selon sa nature et son objet, la superficie ou la qualité de l'acquéreur ou bénéficiaire. En effet, elle est informée de toutes les cessions de biens ou droit mobiliers ou immobiliers portant sur des biens ruraux, terres, exploitations agricoles ou forestières, actions ou parts de société ayant pour objet l'exploitation ou la propriété de terres agricoles, cession d'usufruit ou de nue-propriété.

Afin de permettre à la SAFER l'exercice de son contrôle et de son droit de préemption, l'information doit désigner exactement le bien, sa localisation, sa classification éventuelle dans un document d'urbanisme, le prix et les conditions de la cession, les indications nécessaires à l'identification des droits à paiement si ceux-ci sont cédés conjointement aux terres agricoles, ainsi que le nom, le domicile et la profession de la personne qui se propose d'acquérir le bien, l'éventuel engagement d'activité ou d'affectation (art. L. 143-4 et R. 143-3). Si la cession est prévue sous réserve que la SAFER n'exerce pas son droit de préemption, la condition est réputée non écrite sauf en cas d'apport en société ou d'échanges distincts de ceux de l'article L. 124-1 du code rural. Ces informations peuvent être désormais transmises par voie électronique.

Les notaires n'ont plus la responsabilité de choisir de notifier ou déclarer, donc d'engager le propriétaire par leur qualification de l'opération en cession ouvrant droit à préemption ou non. Il doit être souligné que la jurisprudence avait atténué cette responsabilité. Il restera au notaire à informer les parties de l'existence d'un droit de préemption susceptible de s'exercer.

Il conviendra dans tous les cas d'attendre deux mois pour savoir si la SAFER s'estime en droit de préempter, et décide d'y procéder. Il n'est pas nécessaire cependant d'attendre l'extinction de ce délai pour réaliser l'acte si les parties estiment que le droit de préemption n'est pas ouvert à la SAFER. ❑

Art. L. 143-8 Le droit de préemption des sociétés d'aménagement foncier et d'établissement rural s'exerce dans les conditions prévues par les articles L. 412-8 à L. 412-11 et le *(L. nº 2015-990 du 6 août 2015, art. 113-II-2º)* **« troisième » alinéa de l'article L. 412-12.**

Toutefois, la fonction impartie par les dispositions susmentionnées au tribunal paritaire des baux ruraux est exercée par le tribunal compétent de l'ordre judiciaire.

La vente à la société d'aménagement foncier et d'établissement rural ne peut être réalisée qu'après accomplissement des procédures destinées à mettre les titulaires des droits de préemption prioritaires en mesure de les exercer. – *[L. nº 62-933 du 8 août 1962, art. 7-III, al. 3, et 7-IV, al. 5.]*

1º INFORMATION DE LA SAFER

1. V. art. R. 141-2-1.

2. Mission légale du notaire. Jurisprudence antérieure à la loi du 13 oct. 2014. BIBL. Béguin, *RD rur. 2003. 624* (notaire et SAFER). ♦ Il revient au notaire instrumentaire d'accomplir la diligence mise à sa charge à l'art. R. 143-4 C. rur., et le défaut de notification à la SAFER ne peut être qualifié de faute du vendeur, en sorte que les dispositions de l'art. 1178 C. civ. ne peuvent lui être appliquées. • Civ. 3e, 21 janv. 1998, nº 95-21.416. ♦ La cour d'appel qui relève que le notaire qui a procédé à la notification n'était pas tenu de joindre un avant-contrat ou un mandat exprès ou une signature du propriétaire, et indique qu'aucun élément ne permettait de mettre en cause le fait que la SAFER ait pu légitimement croire que le notaire avait le pouvoir d'engager le propriétaire, a caractérisé l'existence d'un mandat apparent et a retenu à bon droit la régularité de la préemption de la SAFER qui a accepté les conditions notifiées. • Civ. 3e, 4 oct. 2000, nº 99-11.268 P : *RD rur. 2000. 512 ; ibid. 2001. 179 ; Gaz. Pal. 29-30 nov. 2000. 14 ; ibid. 29-30 mars 2002, obs. Lachaud ; JCP N 2001. 267.* ♦ Même sens : • Civ. 3e, 5 juin 2002, nº 00-21.562 P : *JCP 2002. IV. 2285 ; RD rur. 2002. 645 ; JCP N 2002. 1323 ; Gaz. Pal. 14-15 août 2002. Pan. 13 ; Defrénois 2002. 1601, note Gelot ; Gaz. Pal. 20-21 juin 2003. 30, obs. Lachaud.* ♦ Sauf à démontrer que la SAFER ne pouvait légitimement croire que le notaire chargé d'instrumenter et investi d'une mission légale d'information du prix, des charges, des conditions et modalités de la vente projetée disposait des pouvoirs nécessaires pour engager le vendeur, l'acceptation par la SAFER des prix et conditions notifiés rendait la vente parfaite. • Civ. 3e, 15 déc. 2004, n° 03-15.530 : *JCP 2005. II. 10012, avis Guérin ; JCP 2005. IV. 1244 ; D. 2005. IR 311 ; JCP N 2005. 365 ; Rev. loyers 2005. 159, note Peignot ; AJDI 2005. 399, note Prigent ; RJDA 2005, inf. 678 ; Gaz. Pal. 20-21 mai 2005, 18 et 10 et 11 août 2005. 30, note Barbièri* • 4 juill. 2019, n° 18-16.915 : *DP entr. agric., Bull. n° 533, p. 7, note Roussel.* ♦ Cependant, les juges constatant que l'absence de consentement d'un des deux époux propriétaires se révélait parfaitement à la lecture de la lettre d'information du notaire, la SAFER ne pouvait trouver dans la demande du notaire matière à estimer qu'il avait reçu mandat de l'épouse ce qui faisait échec à l'application de la théorie de l'apparence. • Civ. 3e, 13 mai 2009, n° 08-61.672 : *JCP N 2009. Actu. 446 ; ibid. 2009. 1296, note Barbièri ; JCP 2009. 212, note Barbièri ; RD rur. 2009. 133 ; Gaz. Pal. 20-22 sept. 2009. 10 ; Defrénois 2010, art. 39087, note Champenois ; JCP N 2011. 1147, note Roussel.* ♦ La qualification donnée aux biens par le notaire dans l'avis adressé à la SAFER ne détermine pas les conditions du droit de préemption qui découlent de la seule réalité. • Civ. 3e, 31 mai 2007, n° 06-13.874 P : *D. 2007. 1727 ; JCP 2007. IV. 2361 ; JCP N 2007. 474 et 1237, note Roussel ; Defrénois 2007. 1625, obs. Gelot ; Rev. loyers 2007. 352, note Peignot ; AJDI 2008. 224, obs. Prigent .* ♦ Même si le notaire a notifié par erreur à la SAFER, celle-ci ne peut prétendre à des dommages-intérêts pour n'avoir pu préempter. • Civ. 1re, 1er juill. 2014, n° 13-16.523 : *JCP N 2014. Actu. 882.*

3. Décès du vendeur. La notification d'une vente sous condition suspensive au titulaire du droit de préemption est une simple offre, que la mort du pollicitant rend caduque. • Civ. 3e, 10 mai 1989 : *D. 1991. Somm. 317, obs. Aubert ; D. 1990. Somm. 37, obs. Martine ; D. 1990. 365, note Virassamy .*

4. Modification de l'offre. Le vendeur a la liberté de changer son offre tant qu'elle n'a pas été acceptée par la SAFER. • Civ. 3e, 1er juin 1976 : *Bull. civ. III, n° 247.* – V. note 5 ss. art. L. 143-10. ♦ La notification de l'offre modifiée fait courir un nouveau délai d'exercice du droit de préemption de la SAFER. • Civ. 3e, 16 mars 2017, n° 15-22.397 P : *JCP N 2017. Actu. 373 ; D. 2017. 705 ; ibid. 1640, note Roussel ; JCP 2017. 371 ; DP entr. agric., Bull. n° 506, p. 14, note Roussel ; JCP N 2017. 1217, note Grimonprez ; AJDI 2017. 533 ; Defrénois 2017. 680, note Delorme et n° 31-33, p. 54, note Delorme ; RD rur. 2017, n° 164, note Collard ; D. 2017. 1640, note Roussel ; Rev. loyers 2017, n° 977, note Peignot.*

5. Si le prix déclaré dans la déclaration d'intention adressée à la commune est différent de celui figurant dans la déclaration à la SAFER, le prix à retenir est celui indiqué à la commune dont le droit est prioritaire. * Rép. min. n° 1588 : *JO Sénat 9 févr. 2023.* ♦ Doit être annulée la préemption réalisée sur une déclaration d'aliéner affectée d'une erreur portant sur un élément ayant pour conséquence que l'offre ne correspond pas à la volonté du vendeur. • Civ. 3e, 26 oct. 2023, n° 21-26.018 : *D. 2023. 1949 .*

6. Précision de l'offre. Les notifications n'apportant pas une information suffisante à la SAFER ne valent pas offre de vente (plan mal orienté, références cadastrales inexactes). • Civ. 3e, 10 avr. 1973 : *Bull. civ. III, n° 272.* ♦ Le délai d'exercice du droit de préemption ne court qu'à compter de la notification complète et exacte. • Civ. 3e 16 mars 2017, n° 15-22.397 P : *préc. note 4.* ♦ Le nom et le domicile de la personne qui se propose d'acquérir doivent être précisés pour que la notification fasse courir le délai légal au terme duquel la SAFER doit prendre sa décision. • Civ. 3e, 4 oct. 1977 : *Rev. loyers 1978. 51, note Viatte.* ♦ Dès lors que l'identité des terrains définis sur le plan annexé à la notification ne faisait l'objet d'aucun litige, l'inexactitude d'une référence cadastrale dans la déclaration ne pouvait avoir pour effet de faire échec au droit de préemption de la SAFER en remettant en cause l'offre de vente. • Civ. 3e, 18 oct. 2006, n° 05-17.327 : *JCP 2006. IV. 3188 ; JCP N 2007. 1066, note Gain ; RD rur. févr. 2007. 47, note Roussel ; Rev. loyers 2007. 39 ; Defrénois 2007. 1623, obs. Gelot ; Gaz. Pal. 18 août 2007. 36.* ♦ Fait courir le délai de forclusion la déclaration d'intention d'aliéner qui comportait les mentions de l'art. R. 143-4, la parcelle étant désignée avec une précision suffisante pour que la SAFER puisse apprécier la consistance du bien vendu. • Civ. 3e, 11 juill. 2019, n° 17-19.392 : *Defrénois 2019, n° 47, p. 35, note Roussel ; DP entr. agric., Bull. n° 536, p. 7, note Roussel ; RD rur. 2020, n° 41, note Besson, Bosse-Platière et de Los Angeles.*

7. Agent immobilier. Lorsque l'obligation de payer une commission à un agent immobilier a été précisée dans la notification, la SAFER doit exécuter cette obligation. • Civ. 1re, 8 avr. 1970 : *JCP N 1970. II. 16902, note Espagno* • 17 juin 1981 : *Bull. civ. I, n° 221.* ♦ La substitution du préempteur à l'acquéreur ne fait pas obstacle au droit à commission de l'agent immobilier conventionnellement prévu, même si le prix d'acquisition du bien préempté est inférieur au prix initialement convenu par le vendeur (droit de préemption urbain). • Civ. 1re, 24 janv. 2006, n° 02-18.746 : *Gaz. Pal. 24-25 mai 2006. 49, note Parmentier.*

2° DÉCISION DE LA SAFER

8. Préemption prioritaire. Les juges judiciaires sont mal fondés à se déclarer incompétents sur le contrôle de la régularité du délai de préemption par la commune ayant évincé la SAFER dès lors qu'ils constatent que le maire a déclaré agir en qualité de délégataire du président du conseil général, ce qui impose alors un délai de deux mois. • Civ. 1re, 8 mars 2005, n° 02-21.574 P.

9. Commissaire du gouvernement. BIBL. Lachaud, *RD rur. 1991. 406* (commissaires du gouvernement auprès de la SAFER). ♦ Si la juridiction administrative est compétente pour apprécier l'existence et la légalité des actes administratifs unilatéraux par lesquels les commissaires du gouvernement approuvent une décision de préemption prise par une SAFER, c'est à la condition que les requérants invoquent un vice propre dont seraient entachées les décisions des commissaires du gouvernement et non qu'ils cherchent à contester la régularité de la décision de préemption prise par cette société. • CE 11 déc. 1991, *Ravestijn et Joosten*, n° 79923 : *RD rur. 1992. 147.* ♦ Engage la responsabilité de l'État le commissaire du gouvernement qui approuve la rétrocession, après avoir opposé deux refus, au motif des difficultés de la SAFER et pour éviter de nouveaux frais sur cette parcelle, s'agissant de motifs d'opportunité qui ne peuvent justifier une décision illégale. • CE 10 avr. 2009, *Moracchini*, n° 295774 : *Gaz. Pal. 9-10 déc. 2009. 17.*

10. Caractère ferme de la décision. Les SAFER ne peuvent exercer leur droit de préemption sous condition résolutoire, et en particulier sous condition résolutoire de l'existence d'un bail, car la SAFER peut agir en inopposabilité de ce bail après avoir exercé son droit de préemption. • Civ. 3e, 30 mai 1996, n° 94-14.683 : *D. 1996. IR 149*.

11. La vente n'a pu se réaliser faute d'acceptation pure et simple de l'offre car la SAFER ne peut unilatéralement modifier les conditions posées, en écartant la clause d'inaliénabilité compte tenu des restrictions très limitées que celle-ci imposait à la faculté de rétrocéder. • Orléans, 11 juin 2007 : *JCP N 2008. 1235, note Brelet.*

12. Motivation. V. jurisprudence ss. art. L. 143-3.

13. Responsabilité. Sont mal fondés les propriétaires qui, sans invoquer aucune intention de nuire, tentent d'engager la responsabilité de la SAFER pour faute à leur préjudice au motif que celle-ci n'a pas usé de son droit de préemption lors d'une vente. • Civ. 3e, 18 mai 2005, n° 03-21.187 P : *JCP 2005. IV. 2471 ; JCP N 2005. 1232 ; AJDI 2005. 666 ; RD rur. 2005, inf. 313, obs. J.-M. G. ; Gaz. Pal. 7-8 oct. 2005. 19, et 6-8 nov. 2005 ; RD rur. janv. 2006. 29.* ♦ Le signataire d'une promesse unilatérale d'achat n'établit pas la faute de la SAFER qui lui a restitué son acompte et a renoncé à préempter dès lors qu'aucun texte ne contraint la SAFER à préempter même en présence d'un signataire d'une promesse unilatérale à son profit. • Civ. 3e, 28 juin 2011, n° 10-14.955 : *AJDI 2011. 713*.

14. Régularisation de l'acte. La SAFER qui signifie régulièrement son intention de préempter dans les délais ne peut se voir opposer la caducité de la vente au motif que l'acte n'a pas été signé dans le délai prévu dans la promesse de vente, ce délai n'étant pas opposable à la SAFER qui n'a pas obligation de délivrer sommation au vendeur de régulariser l'acte authentique. • Civ. 3e, 20 sept. 2006, n° 05-16.991 P : *JCP 2006. IV. 2999 ; Gaz. Pal. 26-28 nov. 2006. 13 ; RD rur. févr. 2007. 48, note Roussel ; AJDI 2007. 46* • 20 mai 2015, n° 14-13.188 P : *JCP 2015. 648 ; D. 2015. 1157 ; D. actu. 11 juin 2015, note Prigent ; AJDI 2015. 696, note Prigent ; D. 2015. 2059, note Roussel ; RD rur. 2015, n° 182, note Grimonprez ; Gaz. Pal. 17-18 juin et 18-19 nov. 2015, obs. Peignot et Millard.* ♦ La cour est mal fondée à rejeter la demande de régularisation de la vente au motif que l'action a été engagée plus de deux mois après la déclaration de préemption, sans avoir recherché si la SAFER avait été mise en demeure de réaliser l'acte authentique. • Civ. 3e, 15 nov. 2006, n° 05-15.475 P : *RD rur. 2007, n° 46, note Roussel ; AJDI 2007. 316, obs. Prigent ; JCP 2006. IV. 3403.* ♦ La manifestation de volonté de la SAFER de signer l'acte après réception de la sommation est insuffisante dès lors que l'acte authentique n'a pas été signé dans les quinze jours de la mise en demeure. • Civ. 3e, 19 nov. 2008, n° 07-16.476 : *D. 2008. 3010, obs. Forrest ; JCP 2008. 724 ; JCP N 2008. 774 ; ibid. 1060, note Barbièri ; RJDA 2009. 281 ; Gaz. Pal. 5 févr. 2009. 13 ; RD rur. 2009, n° 14.*

15. Retrait de préemption. L'auteur d'une promesse d'achat d'un bien à la SAFER est mal fondé à poursuivre l'exécution forcée d'une vente à laquelle il n'est pas partie et à soutenir le retrait fautif de préemption de la SAFER. • Civ. 3e, 15 févr. 2011, n° 09-13.078.

16. L'honoraire pour réponse rapide de la SAFER correspond à une prestation de services optionnelle qui nécessite un investissement particulier. * Rép. min. n° 1007, *JOAN Q 13 juin 2017, p. 3768.*

17. Compétence de deux SAFER. Les SAFER ayant reçu chacune notification de la vente globale d'un bien sont fondées à préempter de façon solidaire chacune pour la partie située dans son périmètre, et le juge a pu retenir que leurs obligations étaient indivisibles. • Civ. 3e, 7 déc. 2017, n° 16-24.190 P : *AJDI 2018. 532, note Prigent ; JCP 2017. 1370 ; JCP N 2017. Actu. 1052, obs. de Los Angeles ; DP entr. agric., Bull. n° 515, p. 12, note Roussel ; RD rur. 2018, n° 48.*

Art. L. 143-9 Les dérogations apportées aux règles du secret professionnel en matière fiscale au profit des sociétés d'aménagement foncier et d'établissement rural sont régies par l'article L. 164 du livre des procédures fiscales, ci-après reproduit :

Art. L. 164 Pendant une durée de cinq ans à compter de l'apport en société de biens pouvant faire l'objet du droit de préemption dont elles bénéficient en cas d'aliénation à titre onéreux de *(L. n° 2006-11 du 5 janv. 2006, art. 1er-II)* « biens immobiliers à utilisation agricole et de biens mobiliers qui leur sont attachés » ou de terrains à vocation agricole, les sociétés d'aménagement foncier et d'établissement rural reçoivent de l'administration des impôts, sur demande motivée, communication de la répartition entre les associés du capital de la société bénéficiaire, en vue de permettre, le cas échéant, à ces organismes de faire prononcer l'annulation de ces apports. – *[L. n° 62-933 du 8 août 1962, art. 7-III, al. 4.]*

V. art. R. 143-4 s.

SOUS-SECTION 2 Fixation du prix

Art. L. 143-10 **Lorsque la société d'aménagement foncier et d'établissement rural déclare vouloir faire usage de son droit de préemption et qu'elle estime que le prix et les conditions d'aliénation sont exagérés, notamment en fonction des prix pratiqués dans la région pour des immeubles de même ordre, elle adresse au** *(L. n° 2010-874 du 27 juill. 2010, art. 45)* **« notaire du » vendeur, après accord des commissaires du Gouvernement, une offre d'achat établie à ses propres conditions.**

Si le vendeur n'accepte pas l'offre de la société d'aménagement foncier et d'établissement rural, il peut soit retirer le bien de la vente, soit demander la révision du prix proposé par la société d'aménagement foncier et d'établissement rural au tribunal compétent de l'ordre judiciaire qui se prononce dans les conditions prescrites par l'article L. 412-7.

Si, dans un délai de six mois à compter de la notification de cette offre, le vendeur n'a ni fait savoir qu'il l'acceptait, ni retiré le bien de la vente, ni saisi le tribunal, il est réputé avoir accepté l'offre de la société d'aménagement foncier et d'établissement rural qui acquiert le bien au prix qu'elle avait proposé. Toutefois, en cas de décès du vendeur avant l'expiration dudit délai, cette présomption n'est pas opposable à ses ayants droit auxquels la société d'aménagement foncier et d'établissement rural doit réitérer son offre.

Lorsque le tribunal, saisi par le vendeur, a fixé le prix, l'une ou l'autre des parties a la faculté de renoncer à l'opération. Toutefois, si le vendeur le demande dans un délai de trois ans à compter d'un jugement devenu définitif, la société d'aménagement foncier et d'établissement rural ne peut refuser l'acquisition du bien au prix fixé par le tribunal, éventuellement révisé si la vente intervient au cours des deux dernières années. – *[L. n° 62-933 du 8 août 1962, art. 7-IV, al. 3.]*

V. art. R. 143-12.

COMMENTAIRE

La SAFER peut lutter contre la spéculation agricole lorsque les prix lui semblent trop élevés sans engager de procédure judiciaire à cet effet. Elle peut faire une offre d'achat. Il s'agit d'un mode de préemption de la SAFER qui ouvre droit à acceptation, à contestation judiciaire ou à retrait du vendeur. ❑

1. Offre. Aucune disposition du code rural n'impose à la SAFER de mentionner les prix pratiqués dans la région dans son offre d'achat. • Civ. 3e, 18 févr. 2009, n° 08-10.575 : *JCP 2009. IV. 1482 ; JCP N 2009. 233 ; RD rur. 2009, n° 82 ; Gaz. Pal. 12-16 juill. 2009. 9.*

2. Expertise. En cas de contestation par le vendeur du prix proposé par la SAFER, il appartient nécessairement au tribunal de procéder à la désignation d'un expert avant de se prononcer sur la fixation du prix. • Reims, 26 janv. 2004 : *RD rur. 2004. 587, note Chédozeau ; JCP N 2005. 1016.*

3. Abus de pouvoir. La SAFER qui subordonne l'agrément de la vente à sa détermination unilatérale d'un prix inférieur commet un abus de pouvoir. • Civ. 3e, 27 avr. 2017, n° 15-20265 : *AJDI 2017. 543*. ♦ La préemption avec contre-proposition de prix par la SAFER constitue un détournement de pouvoir dès lors que la rétrocession a été réalisée au prix de la cession amiable. • Rouen, 4 janv. 2006 : *JCP 2006. IV. 2421 ; JCP N 2006. 1384, note Brelet.*

4. L'exercice de la préemption par la SAFER ne peut avoir pour effet de modifier les conditions de la vente amiable autorisée par le juge commissaire dans le cadre d'une liquidation judiciaire. • Civ. 3e, 19 sept. 2012, n° 10-21.858 : *D. 2012. 2164 ; JCP 2012. 1068 ; RD rur. 2012, n° 70, note Crevel ; JCP N 2012. 851 ; DP entr. agric., Bull. n° 456. 5 ; Defrénois 2012. 40639, note Barbièri et Delvolvé ; Gaz. Pal. 2012. 3054 ; Rev. loyers 2012, n° 931, note Peignot ; AJDI 2013. 292.*

5. Est régulier le retrait du terrain de la vente dans le délai de six mois, même si le propriétaire a fait donation du bien préempté après la notification de la SAFER de sa décision de préempter à un prix différent. • Civ. 3e, 9 juin 2015, n° 14-12.347 : *JCP N 2015. Actu. 724.*

6. Le propriétaire vendeur peut, postérieurement au retrait de son bien de la vente suite à une contreproposition de la SAFER, conclure une vente amiable avec celle-ci. • Civ. 3e, 23 sept. 2021, n° 20-14.754 : *RD rur. 2022, n° 26, note Bosse-Platière et Sahut.*

SOUS-SECTION 3 Dispositions applicables en cas d'adjudication

Art. L. 143-11 Les sociétés d'aménagement foncier et d'établissement rural disposent, en vue de se substituer à l'adjudicataire, d'un délai d'un mois à compter de l'adjudication. Ce délai est éventuellement augmenté en cas d'adjudication volontaire, afin que les sociétés d'aménagement foncier et d'établissement rural disposent d'un délai supplémentaire de cinq jours à compter de la date d'expiration du délai de surenchère fixé par le cahier des charges. — *[L. n° 62-933 du 8 août 1962, art. 7-III, al. 3.]*

1. Validité. En cas d'adjudication, la préemption par la SAFER est nulle si elle n'indique pas en quoi cet acte est conforme aux objectifs légaux. • Civ. 3e, 28 sept. 1982 : *Bull. civ. III, n° 187.* ♦ Est nulle la préemption qui ne se manifeste pas selon les formes imposées par la loi. • Civ. 3e, 16 nov. 1994, n° 92-16.417 : *RD rur. 1995. 164.*

2. Surenchère. La SAFER dispose même en cas de surenchère d'un délai d'un mois à compter de l'adjudication pour notifier l'exercice de la préemption au greffe du tribunal. • Civ. 3e, 5 juin 2013, nos 11-26.088 et 11-26.153 : *D. 2013. 1476 ; Gaz. Pal. 26-27 juin 2013 ; Rev. loyers 2013, n° 939, note Peignot ; AJDI 2014. 50, note Prigent ; JCP 2013. 761 ; JCP N 2013. 702 ; DP entr. agric., Bull. n° 465, p. 6 ; RD rur. 2013, n° 197, note Bosse-Platière.*

3. Responsabilité. Aucune faute n'est imputable à la SAFER qui a exercé le droit de préemption dans un cas exclu par la loi compte tenu des mentions du cahier des charges établi par le notaire. • Civ. 3e, 24 mai 2015, n° 14-14.169 : *JCP N 2015. Actu. 510.*

Art. L. 143-12 Les dispositions de l'article L. 143-10 ne sont pas applicables en cas de vente publique. Toutefois, *(L. n° 2014-1170 du 13 oct. 2014, art. 29-12°)* « le décret prévu à » l'article L. 143-7 peut comporter des dispositions ayant pour objet, dans certaines zones ou pour certaines catégories de biens, d'obliger les propriétaires de biens pouvant faire l'objet de préemption par la société d'aménagement foncier et d'établissement rural, désireux de les vendre par adjudication volontaire, à les offrir à l'amiable à ladite société deux mois au moins avant la date prévue pour la vente, à condition que la procédure d'adjudication n'ait pas été *(L. n° 2012-387 du 22 mars 2012, art. 89-II)* « autorisée ou ordonnée par un juge ». En cas d'application de ces dispositions, le silence de la société d'aménagement foncier et d'établissement rural dans les deux mois de la réception de l'offre amiable vaut, en toute hypothèse, refus d'acceptation de l'offre. Si le prix a été fixé dans les conditions prévues à l'article L. 143-10, le vendeur a la faculté de retirer le bien de la vente ; il ne peut alors procéder à l'adjudication amiable avant trois ans. S'il persiste dans son intention de vente, la société d'aménagement foncier et d'établissement rural ne peut, pendant ce délai, refuser l'acquisition au prix fixé par le tribunal, éventuellement révisé si la vente intervient au cours des deux dernières années. — *[L. n° 62-933 du 8 août 1962, art. 7-IV, al. 4.]*

V. art. R. 143-13 s.

Immeuble d'un mineur. Jurisprudence antérieure à la loi du 22 mars 2012. Doivent être offert à titre amiable à la SAFER les biens d'un mineur en tutelle mis en vente publique aux enchères sur ordonnance du juge des tutelles, dès lors que la procédure d'adjudication n'a pas été rendue obligatoire par une disposition législative ou réglementaire. • Civ. 1re, 11 déc. 2001, *X. c/ SAFER d'Auvergne,* n° 99-21.612.

SOUS-SECTION 4 Contentieux

Art. L. 143-13 A moins que ne soit mis en cause le respect des objectifs définis à l'article L. 143-2, sont irrecevables les actions en justice contestant les décisions de préemption prises par les sociétés d'aménagement foncier et d'établissement rural, intentées au-delà d'un délai de six mois à compter du jour où ces décisions motivées ont été rendues publiques. — *[L. n° 62-933 du 8 août 1962, art. 7-IV, al. 6.]*

1. Publicité de l'assignation. La demande visant à l'annulation de la décision de préemption de la SAFER et de l'acte authentique subséquent doit être publiée au bureau des hypothèques de la situation des immeubles litigieux. • Civ. 3e, 14 nov. 2007, n° 06-21.618. ♦ La demande en justice du preneur qui conteste la préemption de la SAFER est recevable même si la formalité de publicité au bureau des hypothèques n'a pas été accomplie dans le délai de six mois à compter du jour où le preneur a eu connaissance de la date de la vente. • Civ. 3e, 28 janv. 2004, n° 02-13.786 P : *Ann. loyers 2004. 1648, note Lachaud ; RD rur. 2004. 534 ; Gaz. Pal. 16-18 mai 2004. 18.* ♦ Est irrecevable la demande d'annulation de la rétrocession qui n'a pas fait l'objet d'une publication, l'assignation ne contenant qu'une demande d'annulation de la préemption. • Civ. 3e, 14 oct. 2014, n° 13-19.897 : *RD rur. 2015, n° 61, note Peignot.*

2. Contestation de la nature préemptable du bien. L'exception aux règles de forclusion de l'art. L. 143-13 est circonscrite aux demandes mettant en cause le respect des objectifs définis par l'art. L. 143-2 et donc, est irrecevable la demande portant sur la nature préemptable du bien intentée plus de six mois après que la décision de préemption a été rendue publique. • Civ. 3e, 8 déc. 2010, n° 09-71.830 : *Gaz. Pal. 2010. Pan. 3740 et 991, note Peignot et Millard.*

3. Insuffisance de la motivation. La contestation de la motivation d'une décision de préemption, en particulier fondée sur son insuffisance, doit être exercée dans les six mois de la date où la décision de préemption, et non de rétrocession, a été rendue publique. • Civ. 3e, 4 avr. 1991, n° 89-21.415 : *D. 1991. IR 123 ; Defrénois 1991. 811, obs. Vermelle ; JCP 1992. II. 21813, obs. Ourliac* • 14 déc. 1994, n° 92-16.879 : *D. 1995. IR 13.*

4. Communication de pièces. Les pièces administratives et comptables retraçant les conditions dans lesquelles la SAFER opère les préemptions et rétrocessions sont des documents administratifs communiqués dans les conditions de la loi du 17 juillet 1978. • CE 5 mai 2008, *Thiébaux,* n° 294645 : *RD rur. août-sept. 2008, n° 147.*

5. Délai. V. jurisprudence ss. art. L. 143-14, note 2.

Art. L. 143-14 **Sont également irrecevables les actions en justice contestant les décisions de rétrocession prises par les sociétés d'aménagement foncier et d'établissement rural ainsi que les décisions de préemption s'il s'agit de la mise en cause du respect des objectifs définis à l'article L. 143-2 intentées au-delà d'un délai de six mois à compter du jour où les décisions motivées de rétrocession ont été rendues publiques.** — *[L. n° 62-933 du 8 août 1962, art. 7-IV, al. 7.]*

V. art. R. 143-15.

1. QPC. Rejet de la QPC sur la méconnaissance par l'art. L. 143-14 du principe de recours juridictionnel effectif dès lors qu'il s'agit de discuter les dispositions de l'art. R. 143-11 précisant le point de départ du délai de recours qui sont de nature réglementaire. • Civ. 3e, 21 janv. 2013, n° 12-19.870 : *DP entr. agric., Bull. n° 460, p. 4 ; JCP 2013. 168 ; RD rur. 2013, n° 140, note Crevel.*

2. En faisant courir le délai à compter de la date de réception de la notification de la décision, alors que celui-ci court à compter du jour de l'affichage en mairie, la cour a violé l'art. L. 143-14. • Civ. 3e, 6 juin 2019, n° 17-24.254 : *Rev. loyers 2019, n° 999 ; JCP N 2019. 1292 ; RD rur. 2019, n° 145, note Bosse-Platière ; AJDI 2019. 634 ; Gaz. Pal. 2019. 2866, note Peignot.*

3. Le délai de six mois à compter de l'affichage en mairie ne peut courir contre une personne à qui la décision qu'elle entend contester n'a pas été notifiée. • Civ. 3e, 30 oct. 2013, n° 12-19.870 P : *D. 2013. 2580 ; Rev. loyers 2013, n° 942, note Peignot ; JCP N 2013. Actu. 1103, ibid. 2014. 1148, note Barbièri ; JCP 2013. 2580 ; RD rur. 2014, n° 69, note Krajeski ; Gaz. Pal. 10-14 nov. 2013 ; AJDI 2014. 529, note Prigent.* ♦ Dans le même sens, V. • Civ. 3e, 23 mai 2019, n° 17-31.664 : *JCP N 2019. 1292 ; ibid. Actu. 558 ; AJDI 2019. 550 ; RD rur. 2019, n° 144, note Bosse-Platière.* ♦ *Contra* : la prescription de l'action en annulation des décisions de préemption et de rétrocession court du jour de l'affichage en mairie ; ajoute à la loi la cour qui ne rend opposable le délai à l'acquéreur évincé qu'à compter de la notification de la préemption puis de la rétrocession. • Civ. 3e, 29 mars 2000, n° 98-15.996 P : *D. 2000. IR 133 ; JCP 2000. IV. 1873* • 25 sept. 2002, n° 01-03.638 P : *AJDI 2003. 281, obs. Plazy.*

4. La notification à l'acquéreur évincé faite à une adresse erronée n'a aucun effet sur l'écoulement du délai de l'action en contestation de la préemption. • Chambéry, 24 janv. 2001 : *JCP N 2002. 1278 ; JCP 2001. IV. 2590.* ♦ La prescription de l'action du tiers évincé six mois après la publication de la décision de rétrocession de la SAFER constitue une fin de non-recevoir qui peut être soulevée en tout état de cause. • Civ. 3e, 17 déc. 2003, n° 02-13.197 P : *JCP 2004. IV. 1345 ; JCP N 2004. 1202 ; RD rur. 2004. 477 ; Gaz. Pal. 4-6 avr. 2004.*

5. L'action en contestation des décisions de préemption pouvant, lorsqu'elle met en cause le respect des objectifs de la loi, être engagée jusqu'à l'expiration du délai de six mois à compter du jour où la rétrocession a été rendue publique, elle peut *a fortiori* être engagée avant toute décision de rétrocession. • Civ. 3e, 30 mai 1996, n° 94-16.759 : *D. 1996. IR 149.*

6. Le tiers évincé doit exercer son recours contre la SAFER dans le délai de six mois de la rétrocession sans être tenu par le même délai de six mois pour assigner le rétrocessionnaire dont les droits sont remis en cause. • Civ. 3e, 18 mai 2004, no 03-10.450 : *RD rur. 2004. 533 ; Gaz. Pal. 10-11 août 2005. 43.*

7. L'action en annulation de l'acte notarié subséquent à la rétrocession de la SAFER n'est pas soumise au délai de l'art. L. 143-14. • Civ. 3e, 20 avr. 2005, no 04-11.181 P : *JCP 2005. IV. 2325 ; AJDI 2005. 667 ; Dr. et patr. 7-8/2005. 98, note Barbièri ; Gaz. Pal. 2-4 oct. 2005. 17 et 23-25 juill. 2006. 28.*

8. Qualité du demandeur. N'ont pas la qualité d'acheteurs évincés des personnes qui s'étaient intéressées à la rétrocession sans se porter candidats au prix fixé par la SAFER dont ils exigeaient une réduction. • Civ. 3e, 21 juin 1995, no 93-14.539 : *D. 1995. IR 177* • 8 juin 2008, no 07-15.298 : *AJDI 2008. 784* • 24 sept. 2014, no 13-21.467 : *RD rur. 2015, no 60, note Peignot ; JCP 2014. 1072 ; D. actu. 24 sept. 2014, note Prigent ; JCP N 2014. Actu.1017 ; AJDI 2014. 877*. ♦ ... Sans que la notification de la décision d'attribution suffise à donner la qualité d'acheteur évincé. • Civ. 3e, 8 oct. 2015, no 13-28.770. ♦ Celui qui n'a pu réaliser les projets de rétrocession que la SAFER lui avait proposés n'a pas qualité pour contester la rétrocession à un tiers. • Civ. 3e, 21 juin 2000, no 98-21.348 : *RD rur. 2000. 514 ; ibid. 2001. 51 ; JCP N 2001. 268, obs. Rochard.* ♦ S'agissant d'un abus du droit de préemption, il importe peu que la transaction soit contestée par le vendeur et non par l'acquéreur évincé. • Rouen, 4 janv. 2006 : *JCP 2006. IV. 2421 ; JCP N 2006. 1384, note Brelet.* ♦ La société qui, à la date d'exercice de la préemption par la SAFER, n'avait pas qualité d'acquéreur évincé ni celle de candidat à la rétrocession, est irrecevable à l'action en nullité de la décision de préemption. • Civ. 3e, 20 mai 2014, no 13-15.679 : *RD rur. 2014, no 220, note Bosse-Platière.* ♦ Le bénéficiaire d'une promesse de vente, même si la condition suspensive de non préemption de la SAFER n'a pas été réalisée, a intérêt et qualité pour contester la légalité de la décision de préemption qui l'évince de la relation contractuelle conclue avec le vendeur. • Civ. 3e, 23 janv. 2020, no 19-12.035 : *Defrénois 2020, no 16, p. 11 et no 17, p. 41, note Delorme ; DP entr. agric., Bull. no 538, p. 7, note Hertau ; Gaz. Pal. 2020, no 37, p. 28, note Millard.* ♦ Le notaire instrumentaire n'a pas qualité pour contester le droit de préemption exercé par la SAFER et la vente formée au profit de celle-ci. • Civ. 3e, 6 févr. 2020, no 17-24.223 : *Defrénois 2020, no 10, p. 15 ; AJDI 2020. 628 ; DP entr. agric., Bull. no 540, p. 9, note Roussel.*

9. Les acquéreurs évincés sont sans intérêt à agir en nullité de la décision de préemption de la SAFER qui a été privée d'effet par le retrait du bien de la vente par ses propriétaires, même si le bien a été vendu de façon amiable à la SAFER qui l'a rétrocédé à un tiers. • Civ. 3e, 14 sept. 2011, no 10-22.953 : *D. 2011. 2276 ; D. actu. 18 oct. 2011, obs. Chenu ; DP entr. agric., Bull. no 445, p. 6 ; JCP 2011. 1043 ; JCP N 2011. Actu. 751 ; Gaz. Pal. 2011. 3124.*

10. Action en justice. La contestation de la rétrocession par la SAFER à une tierce personne sous condition réalisée de consentir un bail à long terme, n'a pas pour condition l'assignation des preneurs des terres rétrocédées car la recevabilité de l'action n'est subordonnée qu'à la mise en cause des parties obligées par l'acte contesté. • Civ. 3e, 22 janv. 2003, no 01-13.173 : *RD rur. 2003. 144 et 484 ; JCP N 2003. 1442 ; JCP 2003. IV. 1442 ; Gaz. Pal. 10-11 oct. 2003. 13.* ♦ La recevabilité de l'action en nullité de la décision de préemption et de rétrocession par l'acquéreur évincé, n'est pas subordonnée à la mise en cause du vendeur initial. • Civ. 3e, 10 nov. 2004, no 03-15.703 : *JCP 2004. IV. 3455 ; Gaz. Pal. 8-9 avr. 2005. 17 ; AJDI 2005. 226, obs. Prigent*. ♦ Est recevable la contestation de la préemption et de la rétrocession avec mise en cause de toutes les parties obligées par ces actes, sans qu'il soit nécessaire d'attraire à la cause le prêteur de deniers, fût-il partie à un des actes dont la nullité est demandée, celui-ci ne se voyant conférer aucun droit ni obligation lors du transfert de droit réel opéré. • Civ. 3e, 5 avr. 2006, no 05-10.777 P : *JCP 2006. IV. 2008 ; RD rur. juin-juill. 2006. 29, note Barbièri ; Gaz. Pal. 23-25 juill. 2006. 26, et 2-3 mars 2007. 17.* ♦ Sur la publicité de l'action, V. note ss. art. L. 143-13.

11. Rôle des tribunaux. Le juge apprécie la régularité mais non l'opportunité de la décision de rétrocession, qui doit être motivée. • Civ. 3e, 17 avr. 1996, no 94-12.496 : *RD rur. 1997. 476, obs. Ourliac* • 22 janv. 2003, no 01-15.298 • 7 déc. 2004, no 03-16.751 : *RD rur. mars 2005. 32* • 18 mai 2005, no 03-21.187 P : *JCP 2005. IV. 2471 ; JCP N 2005. 1232 ; AJDI 2005. 667 ; Gaz. Pal. 23-25 juill. 2006. 28.* ♦ Les tribunaux de l'ordre judiciaire apprécient la régularité des décisions de préemption des SAFER sans pouvoir les contraindre à exercer leur droit de préemption. • Civ. 3e, 2 juin 1999, no 97-19.807 P : *JCP 1999. IV. 2374 ; JCP N 1999. 1583 ; Gaz. Pal. 1999. 2. Pan. 193 ; RD rur. 2000. 177* • 18 mai 2005, no 03-21.187 : *préc.* ♦ Le tribunal de grande instance est seul compétent pour statuer sur la nullité de la décision de préemption par la SAFER, contrôle incluant les contestations relatives à la capacité des dirigeants signataires des actes. • Civ. 3e, 23 juin 2016, no 14-28.281 : *RD rur. 2017, no 8.* ♦ Le juge ne peut imposer un rétrocessionnaire à la SAFER, mais peut condamner une SAFER qui invoque l'objectif d'une amélioration parcellaire et rétrocède une parcelle enclavée dans les terres de l'acquéreur qu'elle évince. • Civ. 3e, 17 avr. 1996, no 94-12.496 : *préc.* ♦ Il n'appartient pas aux tribunaux judiciaires de se substituer à une SAFER dans le choix des candidats à la rétrocession de parcelles de terre et ces tribunaux ne peuvent même pas déclarer qu'une rétrocession est acquise à un candidat lorsque toutes les autres rétrocessions ont été annulées. • Civ. 3e, 10 juill. 1996, n° 95-13.575 : *D. 1996. IR 197* • 15 févr. 2011, n° 09-13.078. ♦ Le juge peut condamner une SAFER à payer des dommages-intérêts à un acquéreur évincé à qui elle avait fait des promesses inconsidérées. • Civ. 3e, 17 avr. 1996, n° 94-12.496 : *préc.*

12. Conséquences de l'illégalité de la préemption. Sur l'évaluation du préjudice du propriétaire résultant de l'annulation d'une préemption illégale, V. • CE 15 mai 2006, n° 266495 : *JCP N 2006. 1087.* ♦ L'impossibilité d'acquérir résultant d'une décision de préemption de la SAFER déclarée judiciairement illégale, l'acquéreur évincé peut solliciter l'indemnisation de son préjudice consistant en une impossibilité d'exploiter. • Civ. 3e, 31 mai 2011, n° 10-10.275 : *Defrénois 2011. 1297, note Barbièri et Delorme ; AJDI 2011. 637*.

13. L'annulation de la préemption étant rétroactive, la SAFER est censée avoir renoncé à préempter, et le compromis de vente stipulant que la vente devait être régularisée dans les trois mois sous réserve du droit de préemption de la SAFER doit retrouver son plein effet. • Civ. 3e, 27 juin 2007, n° 06-14.329 : *JCP N 2007. Actu. 515.* ♦ Est mal fondée la cour qui, pour annuler les ventes et expulser les rétrocessionnaires, indique que les préemptions et rétrocessions étaient d'une nullité d'ordre public et que l'action est donc soumise à prescription trentenaire alors que l'annulation des décisions de préemption et rétrocession pour insuffisance de motivation ne rend pas la cause de l'intervention illicite. • Civ. 3e, 27 juin 2007, n° 06-14.834 P : *D. 2007. AJ 2031 ; RJDA 2007, inf. 1212 ; JCP 2007. 2594 ; Gaz. Pal. 14-16 oct. 2007. 13.*

14. Tierce opposition. Les rétrocessionnaires sont recevables à former tierce opposition contre la décision d'annulation de la préemption et les actes subséquents de rétrocession. • Civ. 3e, 22 oct. 2003, n° 02-11.209 : *Gaz. Pal. 28-30 déc. 2003. 10.*

15. Publicité. L'annulation de la préemption sur adjudication étant prononcée, l'adjudicataire qui avait publié son assignation est réintégré dans ses prérogatives, les biens n'ayant pas été loués ni rétrocédés à des tiers. • Civ. 3e, 11 oct. 2018, n° 17-16.174 : *JCP N 2018. Actu. 833.*

16. Litiges postérieurs à la rétrocession. Lorsque les candidats retenus n'exécutent pas leur obligation d'exploiter la terre rétrocédée, la SAFER peut obtenir la résolution de la rétrocession. • Civ. 3e, 9 nov. 1983 : *RD rur. 1984. 416.* ♦ Les acquéreurs évincés ont intérêt et qualité à agir. • Civ. 3e, 6 janv. 1993, n° 91-11.471 : *RD rur. 1993. 233.*

SECTION 3 Dispositions diverses

Art. L. 143-15 Les conditions d'application des articles L. 143-1 à L. 143-14, et notamment les conditions de publicité permettant aux intéressés d'être avertis de l'existence du droit de préemption et informés des décisions motivées prises par la société d'aménagement foncier et d'établissement rural, sont fixées par décret en Conseil d'État. — *[L. n° 62-933 du 8 août 1962, art. 7-IV, al. 9.]*

V. art. R. 143-1 s.*

Art. L. 143-15-1 *Abrogé par L. n° 2021-1756 du 23 déc. 2021, art. 2. — Sur le contrôle des sociétés possédant ou exploitant du foncier agricole, V. désormais art. L. 333-1 s.*

SECTION 4 Droit de préemption en cas de donations entre vifs

(L. n° 2015-990 du 6 août 2015, art. 113-II-3°)

Art. L. 143-16 Sont également soumis au droit de préemption des sociétés d'aménagement foncier et d'établissement rural les biens, droits réels et droits sociaux mentionnés aux premier, *(L. n° 2019-469 du 20 mai 2019, art. 3)* « septième et huitième » alinéas de l'article L. 143-1, lorsqu'ils font l'objet d'une cession entre vifs à titre gratuit, sauf si celle-ci est effectuée :

1° Entre ascendants et descendants ;

2° Entre collatéraux jusqu'au sixième degré ;

3° Entre époux ou partenaires de pacte civil de solidarité ;

4° Entre une personne et les descendants de son conjoint ou de son partenaire de pacte civil de solidarité, ou entre ces descendants.

A l'exception de la sous-section 3 de la section 2, le présent chapitre est applicable aux donations mentionnées au premier alinéa.

Toutefois, par dérogation au premier alinéa de l'article L. 412-8, le notaire chargé d'instrumenter ne mentionne pas le prix. La décision du titulaire du droit de préemption d'acquérir le bien indique l'estimation de celui-ci par les services fiscaux.

Le droit de préemption des sociétés d'aménagement foncier et d'établissement rural prévu au présent article ne peut être mis en œuvre que pour des motifs qui se rattachent principalement à leur mission de favoriser l'installation, le maintien et la consolidation d'exploitations agricoles ou forestières afin que celles-ci atteignent une dimension économique viable au regard des critères du schéma directeur régional des exploitations agricoles, ainsi que l'amélioration de la répartition parcellaire des exploitations.

CHAPITRE IV *[ABROGÉ]* DISPOSITIONS PARTICULIÈRES AUX DÉPARTEMENTS D'OUTRE-MER

(Abrogé par Ord. nº 2012-789 du 31 mai 2012, art. 2-V)

Art. L. 144-1 à L. 144-7 *Abrogés par Ord. nº 2012-789 du 31 mai 2012, art. 2-II.*

TITRE V LES ÉQUIPEMENTS ET LES TRAVAUX DE MISE EN VALEUR

CHAPITRE I LES TRAVAUX OU OUVRAGES

SECTION 1 Les travaux exécutés par l'État

SOUS-SECTION 1 Travaux excédant les possibilités des collectivités territoriales

Art. L. 151-1 Le ministre de l'agriculture peut prescrire l'exécution par l'État, après avis des organisations professionnelles et des collectivités territoriales intéressées, des travaux d'équipement rural excédant les possibilités de ces collectivités. — *[Anc. art. 140.]*

Art. L. 151-2 Le sol acquis à l'amiable ou par expropriation et les ouvrages réalisés font partie du domaine privé de l'État jusqu'à leur remise aux organismes mentionnés à l'article L. 151-3. — *[Anc. art. 141.]*

Art. L. 151-3 Après achèvement, les ouvrages sont remis gratuitement à des associations syndicales autorisées, éventuellement groupées en union, qui en assurent l'entretien et l'exploitation sous le contrôle du ministre de l'agriculture. Aucune aliénation, ni institution de droits réels, aucun contrat de louage ou autre, ne peuvent, à peine de nullité de plein droit, être consentis sans l'autorisation préalable du ministre de l'agriculture. Aucune modification dans la structure de l'ouvrage, aucun changement de destination ne peut avoir lieu que dans les mêmes conditions.

Si les associations syndicales ne pourvoient pas ou pourvoient insuffisamment aux dépenses d'entretien et d'exploitation, le préfet inscrit, après avis du président du conseil départemental du département où se trouve le siège de l'association, et après mise en demeure devenant exécutoire après un délai de trois mois, les crédits nécessaires à leur budget et, le cas échéant, établit l'augmentation des taxes nécessaires pour assurer le paiement total des dépenses. Il procède, éventuellement, au mandatement desdites dépenses.

Si les associations syndicales persistent à négliger l'entretien des ouvrages ou si elles n'en assurent pas la bonne gestion, le préfet, après avis du président du conseil départemental, charge le service compétent de l'État de l'entretien et propose au ministre de l'agriculture toutes mesures propres à assurer l'exploitation normale, le tout aux nom, frais et risques de l'association défaillante.

Les dispositions du présent article concernant l'entretien et l'exploitation des ouvrages ne sont applicables que dans la limite des plus-values réalisées par les collectivités bénéficiaires. — *[Anc. art. 142.]*

Art. L. 151-4 Lorsque les associations syndicales et leurs unions n'ont pas été constituées en temps utile, il est pourvu à la constitution d'associations ou d'unions forcées auxquelles les dispositions de l'article L. 151-3 sont applicables.

Les départements et les communes ainsi que les groupements de ces collectivités, les syndicats mixtes créés en application de l'article L. 166-1 du code des communes

[CGCT, art. L. 5721-2] **et les districts urbains peuvent toutefois obtenir** *(Abrogé par Ord. n° 2010-461 du 6 mai 2010, art. 5)* **« *, dans les conditions fixées par décret en Conseil d'État,* » la remise des ouvrages et en assurer la gestion et l'entretien. Les dispositions prévues aux articles L. 151-3, L. 151-5 et L. 151-6 leur sont applicables, sous réserve des adaptations nécessaires.**

Jusqu'à la constitution de ces associations ou unions, ou la prise en charge par les organismes ci-dessus mentionnés, l'exploitation des ouvrages peut être assurée par l'État. – *[Anc. art. 143.]*

Art. L. 151-5 **Un décret en Conseil d'État détermine après enquête publique** *(L. n° 2010-788 du 12 juill. 2010, art. 242-V-4°)* **« réalisée conformément au code de l'expropriation pour cause d'utilité publique » :**

1° Le ou les chiffres auxquels devra être évaluée, à partir de la cinquième année après la mise en exploitation des ouvrages, la plus-value annuelle apportée par cette exploitation à la productivité des fonds intéressés, l'évaluation s'effectuant au sein du périmètre de chaque association syndicale par zones de plus-value sensiblement égale et étant révisée dans la même forme lorsque, par suite de variation dans les prix, elle différera de 25 p. 100 en plus ou en moins de la plus-value ainsi fixée ;

2° La fraction de la plus-value annuelle que les intéressés devront verser et dont l'association syndicale sera débitrice vis-à-vis de l'État ;

3° La durée des versements, la totalité de la plus-value demeurant acquise aux intéressés à l'expiration de cette durée.

Dernier al. *abrogé par L. n° 2010-788 du 12 juill. 2010, art. 242-V-4°. – [Anc. art. 144.]*

Art. L. 151-6 **Sous réserve de dispositions particulières et, éventuellement, des dérogations édictées par décret en Conseil d'État, la cotisation afférente à chaque fonds, calculée en fonction de la plus-value annuelle apportée à la productivité du fonds, est établie et recouvrée dans les conditions prévues par les textes relatifs aux associations syndicales.**

Les intéressés groupés en association syndicale autorisée ne peuvent se soustraire à son paiement qu'en délaissant leur propriété au profit de l'État ; l'indemnité de délaissement est fixée dans les conditions prévues à *(Ord. n° 2004-632 du 1er juill. 2004, art. 52)* **« l'article 17 de l'ordonnance du 1er juillet 2004 précitée** *[n° 2004-632 relative aux associations syndicales de propriétaires]* **», compte non tenu de la plus-value résultant pour le fonds des travaux exécutés.**

L'association syndicale est débitrice à l'égard de l'État d'une somme égale à la fraction fixée dans les conditions prévues au 2° de l'article L. 151-5, de la plus-value totale constatée dans son périmètre. Elle peut toutefois *(Abrogé par Ord. n° 2010-461 du 6 mai 2010, art. 5)* **« *, dans les conditions déterminées par décret en Conseil d'État,* » obtenir des délais de paiement ou exceptionnellement une remise partielle de sa dette si elle établit n'avoir pu, malgré sa diligence, assurer le recouvrement de certaines cotisations.** – *[Anc. art. 145.]*

Art. L. 151-7 **La créance du Trésor est une créance domaniale. Les sommes recouvrées sont rattachées par voie de fonds de concours au chapitre du budget de l'État ouvert pour l'exécution des travaux mentionnés au présent chapitre.** – *[Anc. art. 146.]*

Art. L. 151-8 **Les conditions d'application des articles L. 151-1 à L. 151-7 sont déterminées par décret en Conseil d'État.** – *[Anc. art. 150.] – V. art. R. 151-1 s.*

SOUS-SECTION 2 Travaux exécutés à la demande des collectivités territoriales et des établissements publics

Art. L. 151-9 **Sans préjudice des dispositions des articles L. 151-1 à L. 151-8, L. 151-10, L. 151-11, L. 153-2 à L. 153-5, le ministre de l'agriculture peut prescrire l'exécution par l'État de tous travaux d'équipement rural, sur la demande des collectivités territoriales ou des établissements publics qui auront souscrit l'engagement préalable de prendre en charge l'exploitation et l'entretien des ouvrages qui leur seront remis en pleine propriété, et de rembourser à l'État une fraction des dépenses dans les conditions fixées par le ministre de l'agriculture, le ministre de l'intérieur et le ministre chargé de l'économie et des finances.** – *[Anc. art. 151-1.]*

V. art. R. 151-23.

SOUS-SECTION 3 **Travaux de recherche d'eau**

Art. L. 151-10 Les travaux de recherche d'eau en vue de la réalisation des projets d'alimentation en eau potable des communes rurales peuvent être exécutés par l'État avec une participation financière ultérieure des collectivités utilisatrices comprise entre 5 p. 100 et 25 p. 100 des dépenses. – *[Anc. art. 151, al. 1er.]*

Art. L. 151-11 Les dépenses afférentes aux travaux mentionnés à l'article L. 151-10 sont inscrites au budget de l'État.

La participation financière ultérieure des collectivités utilisatrices présente un caractère de fonds de concours pour dépense d'intérêt public. – *[Anc. art. 151, al. 2 et 3.]*

V. art. R. 151-24 s.*

SOUS-SECTION 4 *[ABROGÉE]* **Travaux de drainage**

Art. L. 151-12 *Abrogé par L. no 2005-157 du 23 févr. 2005, art. 136-III.*

SOUS-SECTION 5 **Dispositions communes**

Art. L. 151-13 Les dispositions du troisième alinéa de l'article L. 151-38 s'appliquent aux travaux de même nature entrepris par l'État dans les conditions prévues aux articles L. 151-1 à L. 151-12. – *[Anc. art. 151-2.]*

SECTION 2 **Les travaux concédés par l'État**

SOUS-SECTION 1 **Travaux d'assainissement, d'aménagement ou d'exploitation en vue de la remise en culture du sol**

Art. L. 151-14 *Abrogé par L. no 2005-157 du 23 févr. 2005, art. 136-III.*

SOUS-SECTION 2 **Travaux de dessèchement des marais**

Art. L. 151-15 à L. 151-29 *Abrogés par L. no 2005-157 du 23 févr. 2005, art. 136-III.*

SOUS-SECTION 3 **Travaux d'irrigation**

Art. L. 151-30 Les redevances principales d'arrosage autorisées par le Gouvernement, lorsqu'elles sont perçues au profit des concessionnaires des canaux d'irrigation, sont recouvrées comme en matière de contributions directes. – *[Anc. art. 129.]*

Art. L. 151-31 Lorsque les cahiers des charges des concessions ou les conventions relatives à l'usage de l'eau ne prévoient pas de redevances principales fixées annuellement de façon que les recettes équilibrent les dépenses, les usagers de toute catégorie des canaux d'irrigation ou de submersion sont tenus de payer des redevances complémentaires dont le montant, variable avec les conditions d'utilisation de l'eau et, s'il y a lieu, avec la section du canal où l'eau est utilisée, est fixé par décret, les représentants de l'association des usagers et, pour les entreprises concédées, le concessionnaire entendus. – *[Anc. art. 130.]*

Art. L. 151-32 Le produit des redevances complémentaires doit être intégralement affecté aux dépenses d'entretien et d'exploitation, sans pouvoir, en aucun cas, servir à la rémunération des capitaux de premier établissement. – *[Anc. art. 131.]*

Art. L. 151-33 Sauf dispositions contraires des conventions relatives à l'usage de l'eau ou des cahiers des charges, les usagers, auxquels une redevance complémentaire est imposée, peuvent, si le prix de l'eau devient hors de proportion avec le bénéfice retiré de son emploi, obtenir la résiliation de leur abonnement, sans dommages-intérêts.

Dans le cas où les cahiers des charges des concessions ont prévu la possibilité de racheter les redevances moyennant le versement d'un capital, les abonnés qui ont usé de cette faculté peuvent, si le prix de l'eau devient hors de proportion avec le bénéfice retiré de son emploi, obtenir la résiliation de leur abonnement en recevant la différence entre le capital versé par eux et le capital correspondant aux redevances dues pendant les années où les eaux ont été livrées.

Les demandes de résiliation doivent être formées dans le délai de six mois après la publication au *Journal officiel* du décret fixant la redevance complémentaire.

Les contestations relatives à l'application du présent article sont portées devant la juridiction administrative. – *[Anc. art. 132.]*

Art. L. 151-34 Les cahiers des charges des concessions peuvent être complétés après accord entre l'État et le concessionnaire en vue de prévoir de nouveaux modes de vente de l'eau. Les conditions de livraison d'eau et les redevances correspondantes sont approuvées par décret, les représentants de l'association des usagers entendus. – *[Anc. art. 133.]*

Art. L. 151-35 Lorsqu'une usine en activité installée sur un canal d'irrigation entrave le développement des irrigations, le rachat partiel ou total des droits de l'usinier à l'usage de l'eau peut être déclaré d'utilité publique et être opéré par la collectivité gestionnaire du canal.

Les modalités d'application du présent article sont déterminées par décret en Conseil d'État. – *[Anc. art. 128-8 et 128-9.]*

V. art. R. 151-39.

SECTION 3 Les travaux exécutés par les personnes morales autres que l'État

SOUS-SECTION 1 Travaux prescrits ou exécutés par les départements, les communes, leurs groupements et les syndicats mixtes ainsi que par les concessionnaires de ces collectivités

Art. L. 151-36 Les départements, les communes ainsi que les groupements de ces collectivités et les syndicats mixtes créés en application de l'article L. 166-1 du code des communes *[CGCT, art. L. 5721-2]* peuvent prescrire ou exécuter les travaux entrant dans les catégories ci-dessous définies, lorsqu'ils présentent, du point de vue agricole ou forestier *(Abrogé par L. nº 93-934 du 22 juill. 1993)* ***« ou du point de vue de l'aménagement des eaux »***, un caractère d'intérêt général ou d'urgence :

1º Lutte contre l'érosion et les avalanches, *(Abrogé par L. nº 2014-58 du 27 janv. 2014, art. 56-V, à compter du 1er janv. 2015)* ***« défense contre les torrents, »*** reboisement et aménagement des versants, défense contre les incendies et *(L. nº 2001-602 du 9 juill. 2001, art. 33-XX)* « réalisation de travaux de desserte forestière, pastorale ou permettant l'accès aux équipements répondant aux objectifs de protection précités » ;

2º *(L. nº 2001-602 du 9 juill. 2001, art. 28)* « Travaux de débroussaillement des terrains mentionnés à l'article *(L. nº 2005-157 du 23 févr. 2005, art. 92 et 95, en vigueur le 1er janv. 2006)* « L. 126-2 » du présent code » ;

3º *(L. nº 2006-1772 du 30 déc. 2006, art. 8-III)* « Entretien des canaux et fossés » ;

4º et 5º Abrogés par L. nº 2003-699 du 30 juill. 2003, art. 55-I.

6º Irrigation, épandage, colmatage et limonage ;

7º *(L. nº 2006-11 du 5 janv. 2006, art. 51)* « Les travaux de débardage par câble et les travaux nécessaires à la constitution d'aires intermédiaires de stockage de bois. »

Les personnes morales mentionnées au premier alinéa prennent en charge les travaux qu'elles ont prescrits ou exécutés. Elles peuvent toutefois, dans les conditions prévues à l'article L. 151-37, faire participer aux dépenses de premier établissement, d'entretien et d'exploitation des ouvrages les personnes qui ont rendu les travaux nécessaires ou qui y trouvent intérêt. *(L. nº 2014-58 du 27 janv. 2014, art. 56-V, en vigueur le 1er janv. 2015)* « Les participations ainsi appelées ne peuvent pas avoir pour objet le financement des dépenses relatives aux compétences mentionnées au I *bis* de l'article L. 211-7 du code de l'environnement » *(L. nº 2016-1087 du 8 août 2016, art. 64-I)* « lorsque la taxe pour la gestion des milieux aquatiques et la prévention des inondations est instituée dans les conditions prévues au 4º du II de l'article 1379 et à l'article 1530 *bis* du code général des impôts ».

Lorsque le montant de la participation aux travaux est supérieur au tiers de la valeur avant travaux du bien immobilier qui en bénéficie, le propriétaire peut exiger de la personne morale qu'elle acquière son bien dans un délai de deux ans à compter du

jour de la demande. A défaut d'accord amiable sur le prix à l'expiration du délai, le juge de l'expropriation, saisi par le propriétaire ou la personne morale, prononce le transfert de propriété et fixe le prix du bien. — *[Anc. art. 175.]*

BIBL. ► GAZZANIGA, OURLIAC, LARROUY-CASTERA et MARC, Le droit de l'eau, *Litec 2011.*

1. Motivation. Le préfet ne peut légalement prescrire des travaux d'assainissement agricoles sans avoir vérifié le caractère humide et insalubre des terrains concernés. • CE 29 déc. 2000, *Épx Dulière,* n° 172099 : *RD rur. 2001. 298.*

2. Mission des syndicats intercommunaux. L'exécution des travaux périodiques de curage, de faucardement, d'entretien du lit des berges et des digues d'une rivière et de ses affluents dans un but d'intérêt général peut être entreprise par un syndicat intercommunal sans que la réalisation de ces travaux dépende d'une autorisation administrative autre que celle résultant des dispositions des art. L. 151-36 s. C. rur., et en particulier de la publication d'arrêtés préfectoraux complémentaires. • CE 18 déc. 1989, *Synd. intercommunal pour l'entretien de la rivière la Juine et ses affluents c/ Mme Poupinel-Mesnier,* n° 86297 : *RD rur. 1990. 242.* ♦ La protection des propriétés voisines des cours d'eau revient, en vertu des art. 33 et 34 de la L. du 16 sept. 1807, aux propriétaires riverains intéressés et ne relève pas de la responsabilité du syndicat. • CE 18 déc. 1989, n° 86297 : *préc.*

3. Cours d'eau interdépartementaux. Il n'appartient pas aux préfets de trois départements où s'étend le bassin d'une rivière, mais aux ministres intéressés, de statuer conjointement sur le caractère d'intérêt général ou d'urgence des travaux. • CE 28 déc. 1992, *Marty,* n°s 127365 et 127367 : *RD rur. 1993. 235.*

4. Responsabilité. Les travaux de curage et d'élimination de la végétation encombrant le lit d'une rivière, effectués dans l'intérêt général pour pallier la carence des propriétaires riverains auxquels il incombait d'assurer l'entretien de ce cours d'eau non navigable au droit de leur propriété, et pour les garantir contre les dégâts provoqués par les inondations, revêtent le caractère de travaux publics dont les propriétaires riverains bénéficient et à l'égard desquels ils doivent être regardés comme ayant la qualité d'usagers. Lorsque ces travaux ont été menés dans les règles de l'art et n'ont pas excédé ceux que nécessitaient les objectifs poursuivis, la responsabilité du syndicat intercommunal qui les a entrepris ne peut être engagée. • CE 22 avr. 1992, *Assoc. synd. autorisée des irrigants de la vallée de la Lèze et synd. intercommunal d'aménagement de la Lèze c/ Gaillard,* n° 72441. ♦ Des travaux de drainage de terrains situés auprès d'une rivière sont des travaux publics à l'égard desquels les propriétaires de la rive opposée sont des tiers. • CE 22 avr. 1992, n° 72441 : *préc.* ♦ Un syndicat intercommunal peut être déclaré partiellement responsable des désordres ayant pour origine un défaut de curage et une insuffisance de faucardement de la rivière, aggravés par un mauvais entretien des berges de celleci. • CE 18 déc. 1989 : *préc. note 2.*

Art. L. 151-37 **Le programme des travaux à réaliser est arrêté par la ou les personnes morales concernées. Il prévoit la répartition des dépenses de premier établissement, d'exploitation et d'entretien des ouvrages entre la ou les personnes morales et les personnes mentionnées à l'article L. 151-36. Les bases générales de cette répartition sont fixées compte tenu de la mesure dans laquelle chacune a rendu les travaux nécessaires ou y trouve un intérêt. Le programme définit, en outre, les modalités de l'entretien ou de l'exploitation des ouvrages qui peuvent être confiés à une association syndicale autorisée à créer. Le programme des travaux est soumis à enquête publique** *(L. n° 2010-788 du 12 juill. 2010, art. 240-XI-3°)* **« réalisée conformément au chapitre III du titre II du livre I du code de l'environnement ».**

L'enquête publique mentionnée à l'alinéa précédent vaut enquête préalable à la déclaration d'utilité publique des opérations, acquisitions ou expropriations éventuellement nécessaires à la réalisation des travaux.

Le caractère d'intérêt général ou d'urgence des travaux ainsi que, s'il y a lieu, l'utilité publique des opérations, acquisitions ou expropriations nécessaires à leur réalisation sont prononcés *(L. n° 2003-699 du 30 juill. 2003, art. 55-I)* **« par arrêté ministériel ou par arrêté préfectoral.** *(L. n° 2014-1170 du 13 oct. 2014, art. 67-II-2°)* **« En vue de l'exécution des travaux nécessaires à la constitution d'aires intermédiaires de stockage de bois prévus au 7° de l'article L. 151-36, ils peuvent être prononcés par arrêté municipal dans les zones de montagne définies aux articles 3 à 5 de la loi n° 85-30 du 9 janvier 1985 relative au développement et à la protection de la montagne. »**

« Toutefois, l'exécution des travaux est dispensée d'enquête publique lorsqu'ils sont nécessaires pour faire face à des situations de péril imminent, qu'ils n'entraînent aucune expropriation et que le maître d'ouvrage ne prévoit pas de demander de participation financière aux personnes intéressées. Il est cependant procédé comme indiqué

à l'article 3 de la loi du 29 décembre 1892 sur les dommages causés à la propriété privée par l'exécution des travaux publics.

« Sont également dispensés d'enquête publique, sous réserve qu'ils n'entraînent aucune expropriation et que le maître d'ouvrage ne prévoie pas de demander une participation financière aux personnes intéressées, les travaux portant sur un cours d'eau couvert par un schéma mentionné à l'article L. 212-3 du code de l'environnement, directement liés à une inondation déclarée catastrophe naturelle en application de l'article L. 125-1 du code des assurances, réalisés dans les trois ans qui suivent celle-ci et visant à rétablir le cours d'eau dans ses caractéristiques naturelles. » *(L. nº 2012-387 du 22 mars 2012, art. 68-III)* « Il est cependant procédé comme indiqué à l'article 3 de la loi du 29 décembre 1892 précitée.

« Sont également dispensés d'enquête publique, sous réserve qu'ils n'entraînent aucune expropriation et que le maître d'ouvrage ne prévoie pas de demander une participation financière aux personnes intéressées, les travaux d'entretien et de restauration des milieux aquatiques. Il est cependant procédé comme indiqué à l'article 3 de la loi du 29 décembre 1892 précitée. »

Les dépenses relatives à la mise en œuvre de cette procédure sont à la charge de la ou des collectivités qui en ont pris l'initiative. – *[Anc. art. 176.]*

Art. L. 151-37-1 *(L. nº 2003-699 du 30 juill. 2003, art. 55-I)* Il peut être institué une servitude de passage permettant l'exécution des travaux ainsi que l'exploitation et l'entretien des ouvrages. Le projet d'institution de servitude est soumis à une enquête publique *(L. nº 2010-788 du 12 juill. 2010, art. 242-V-3º)* « réalisée conformément au code de l'expropriation pour cause d'utilité publique ». Les propriétaires ou occupants des terrains grevés de cette servitude de passage ont droit à une indemnité proportionnée au dommage qu'ils subissent, calculée en tenant compte des avantages que peuvent leur procurer l'exécution des travaux et l'existence des ouvrages ou installations pour lesquels cette servitude a été instituée. Les contestations relatives à cette indemnité sont jugées comme en matière d'expropriation pour cause d'utilité publique. – *V. art. R. 152-29 s.*

Art. L. 151-38 Les départements, les communes ainsi que les groupements de ces collectivités et les syndicats mixtes créés en application de l'article L. 166-1 du code des communes *[devenu CGCT, art. L. 5721-2]* sont, ainsi que leurs concessionnaires, investis, pour la réalisation des travaux, de tous les droits et servitudes dont disposent les associations syndicales autorisées.

Le recouvrement des cotisations des intéressés est effectué comme en matière de contributions directes.

Lorsqu'il s'agit d'un des aménagements mentionnés *(L. nº 2005-157 du 23 févr. 2005, art. 198-II)* « aux 1° et 2° du I de l'article L. 211-7 du code de l'environnement » *(L. nº 2012-387 du 22 mars 2012, art. 68-III)* « ou de travaux de protection ou de restauration des écosystèmes aquatiques mentionnés au 8° du même I », il peut être procédé à l'expropriation des droits d'eau, exercés ou non, des propriétaires riverains, à l'exclusion de ceux qui sont exercés dans le cadre de concessions de forces hydrauliques, en application de la loi du 16 octobre 1919 relative à l'utilisation de l'énergie hydraulique *[V. désormais C. énergie, art. L. 511-1 s.]*.

(L. nº 2001-602 du 9 juill. 2001, art. 33-XX) « Lorsqu'en application du 1° de l'article L. 151-36 des travaux de desserte sont réalisés, l'assiette des chemins d'exploitation est grevée d'une servitude de passage et d'aménagement. »

(L. nº 2005-157 du 23 févr. 2005, art. 198-III) « Lorsque, en application du 7° de l'article L. 151-36, des travaux d'installation et de réalisation de débardage par câble sont réalisés, une servitude de passage et d'aménagement est créée au profit du demandeur. » – *[Anc. art. 177.]*

Art. L. 151-38-1 *(L. nº 2001-602 du 9 juill. 2001, art. 33-XX)* Les acquéreurs de biens immobiliers situés dans les zones où la prévention contre les incendies de forêts est imposée doivent être informés des contraintes qu'ils subiront. Celles-ci sont mentionnées dans tout acte notarié ou sous-seing privé.

Art. L. 151-39 Lorsque le programme des travaux mentionnés à l'article L. 151-37 a prévu que l'entretien et l'exploitation des ouvrages sont confiés à une association syn-

dicale autorisée à créer, à laquelle seront remis ces ouvrages, et au cas où cette association ne peut être constituée en temps utile, il pourra être pourvu à sa constitution d'office, par décision préfectorale. – *[Anc. art. 178.]*

Art. L. 151-40 **Les dépenses d'entretien et de conservation en bon état des ouvrages exécutés en application des articles L. 151-36 à L. 151-39 ont un caractère obligatoire.**

Les conditions d'application des articles L. 151-36 à L. 151-39 sont fixées *(Abrogé par Ord. nº 2010-461 du 6 mai 2010, art. 7)* **« ,** ***en tant que de besoin,*** **» par décret en Conseil d'État.** – *[Anc. art. 179.]*

V. art. R. 151-40 s.

SOUS-SECTION 2 Travaux exécutés par les associations syndicales

Art. L. 151-41 **L'exécution et l'entretien** *(Ord. nº 2004-632 du 1er juill. 2004, art. 52)* **« des travaux d'équipement rural entrant dans le champ d'application de l'article 1er de l'ordonnance du 1er juillet 2004 précitée** *[nº 2004-632, relative aux associations syndicales de propriétaires]* **» peuvent être entrepris par les associations syndicales régies par ladite loi.**

V. art. R. 151-50.

CHAPITRE II LES SERVITUDES

BIBL. GÉN. ▸ Servitudes, *DP entr. agric.*

SECTION 1 Servitude pour l'établissement de canalisations publiques d'eau ou d'assainissement

Art. L. 152-1 **Il est institué au profit des collectivités publiques, des établissements publics ou des concessionnaires de services publics qui entreprennent des travaux d'établissement de canalisations d'eau potable ou d'évacuation d'eaux usées ou pluviales une servitude leur conférant le droit d'établir à demeure des canalisations souterraines dans les terrains privés non bâtis, excepté les cours et jardins attenant aux habitations.**

L'établissement de cette servitude ouvre droit à indemnité. *(L. nº 2014-1170 du 13 oct. 2014, art. 27-4º)* **« Il fait l'objet d'une enquête publique réalisée selon les modalités prévues »** *(Ord. nº 2014-1345 du 6 nov. 2014, art. 5-XIII-3º, en vigueur le 1er janv. 2015)* **« au livre I du code de l'expropriation pour cause d'utilité publique ».**

Un décret en Conseil d'État fixe les modalités d'application du présent article afin notamment que les conditions d'exercice de la servitude soient rationnelles et les moins dommageables à l'utilisation présente et future des terrains. – *[L. nº 62-904 du 4 août 1962, art. 1er et 3.]*

1. Légalité interne. L'installation de deux collecteurs d'eaux usées et d'eaux pluviales, ayant pour objet le raccordement de quartiers d'une commune au nouveau collecteur intercommunal conduisant à une station d'épuration, présente un caractère d'utilité publique et justifie l'exercice, par l'administration, des pouvoirs qu'elle tient de l'art. L. 152-1 C. rur. • CE 15 avr. 1988, *Sté civ. « Le Tahiti » c/ Cne de St-Laurent-du-Var,* nº 54303. ♦ Le juge doit apprécier si les inconvénients que comporte pour le fonds servant l'opération décidée par le préfet ne sont pas excessifs eu égard aux avantages que présentent les ouvrages pour l'hygiène et la salubrité publique et si le tracé retenu satisfait aux conditions posées par les art. R. 152-1 s. C. rur., ce qui est le cas lorsqu'il se situe en limite de propriété en bordure de la voie publique. • CE 15 avr. 1988, nº 54303 : *préc.* • 15 oct. 1982, *Fargier,* nº 21761.

2. La procédure d'autorisation peut être utilisée à fin de régularisation. * Rép. min. nº 686 : *JOAN Q 18 févr. 2002. 891.* ♦ Sur l'autorisation de travaux par la commune dans l'attente de la servitude, V. * Rép. min. nº 518 : *JOAN Q 3 janv. 2017. 82.*

3. La possibilité d'instituer une servitude pour l'établissement de canalisations publiques d'eau ou d'assainissement ne s'applique pas aux parcelles privées bâties y compris partiellement. * Rép. min. nº 5444 : *JO Sénat 23 août 2018, p. 4361.*

Art. L. 152-2 **Les contestations relatives à l'indemnité prévue au deuxième alinéa de l'article L. 152-1 sont jugées comme en matière d'expropriation pour cause d'utilité publique.** – *[L. nº 62-904 du 4 août 1962, art. 2.]*

V. art. R. 152-1 s.

Compétence judiciaire. Lorsqu'un requérant soutient qu'une commune serait tenue contractuellement, au titre de l'indemnisation due en contrepartie de l'établissement sur sa propriété d'une servitude, d'assurer l'arrivée d'eau alimentant son usine, l'appréciation de l'étendue de l'obligation consentie par la ville relève des tribunaux de l'ordre judiciaire, seuls compétents pour statuer sur l'indemnisation en cause. • CE 11 févr. 1987, *Sté Papeterie et cartonnerie du moulin Picon*, n° 60601.

SECTION 2 Servitude de passage des conduites d'irrigation

Art. L. 152-3 Il est institué, au profit de collectivités publiques et de leurs concessionnaires ainsi qu'au profit des établissements publics, une servitude leur conférant le droit d'établir à demeure, dans les conditions les plus rationnelles et les moins dommageables à l'exploitation présente et future, en vue de l'irrigation, des canalisations souterraines dans les terrains privés non bâtis, excepté les cours et jardins attenant aux habitations. — *[Anc. art. 128-7, al. 1er.]*

1. Terrain bâti et jardin. Si les terrains grevés font partie d'une parcelle sur laquelle est construite la maison du requérant, cette circonstance n'est pas en elle-même de nature à les faire regarder comme propriété bâtie ; lorsque l'emprise de la servitude, instituée au profit de la société concessionnaire de l'exécution et de l'exploitation des travaux et ouvrages d'irrigation, est distante d'une vingtaine de mètres de l'habitation du requérant et est plantée de pieds de vigne, elle ne porte pas sur un jardin. • CE 23 nov. 1984, *Cohard*, n° 48526.

2. Expropriation. Par son objet comme par ses effets, la création d'une servitude n'est pas assimilable à une expropriation. • CE 23 nov. 1984 : *préc. note 1.*

Art. L. 152-4 L'établissement de cette servitude ouvre droit à indemnité. Les contestations relatives à cette indemnité sont jugées comme en matière d'expropriation pour cause d'utilité publique. — *[Anc. art. 128-7, al. 2.]*

Art. L. 152-5 Aux termes de l'article 1022 du code général des impôts, sont applicables aux contestations relatives à l'indemnité prévue à l'article L. 152-4 les dispositions de l'article 1045-I du même code, ci-après reproduites :

Art. 1045 *(Ord. n° 2014-1345 du 6 nov. 2014, art. 5-VIII, en vigueur le 1er janv. 2015)* « I. — Les plans, procès-verbaux, certificats, significations, contrats et autres actes faits en vertu des articles L. 141-1, L. 251-1, L. 331-5, L. 441-1 et L. 531-1 du code de l'expropriation pour cause d'utilité publique sont dispensés de la formalité de l'enregistrement, à l'exception des décisions judiciaires, des contrats de vente, des actes fixant l'indemnité et des quittances qui, lorsqu'il y a lieu, sont soumis gratuitement à l'enregistrement ou à la formalité fusionnée visée à l'article 647.

« Il n'est perçu aucun droit pour l'exécution de la formalité de publicité foncière. »

Art. L. 152-6 Les modalités d'application de la présente section sont déterminées par décret en Conseil d'État. — *[Anc. art. 128-9.]*

V. art. R. 152-16.

SECTION 3 Servitude de passage des engins mécaniques et de dépôt pour l'entretien des canaux d'irrigation

Art. L. 152-7 Les riverains de celles des sections de canaux d'irrigation pour lesquelles l'application des dispositions du présent article aura été déclarée d'utilité publique sont tenus de permettre le libre passage et l'emploi sur leurs propriétés, dans la limite d'une largeur de quatre mètres à partir de la rive, des engins mécaniques servant aux opérations d'entretien. Ils doivent également permettre en certains endroits le dépôt des produits de curage et de faucardement. A ces endroits, la zone grevée de servitude peut atteindre le double de la largeur existant entre les berges opposées du canal reprofilé.

Les terrains bâtis ou clos de murs, les cours et jardins attenant aux habitations à la date de publication de l'acte prescrivant l'enquête préalable à la déclaration d'utilité publique sont exonérés des servitudes de passage et de dépôt.

Si le propriétaire le requiert, l'expropriation des terrains grevés de la servitude de dépôt est obligatoire.

L'établissement des servitudes donne droit à indemnité. – *[Anc. art. 128-6, al. 1er à 4.]*

Art. L. 152-8 A l'intérieur des zones soumises aux servitudes, toute nouvelle construction, toute élévation de clôture fixe, toute plantation est soumise à autorisation préfectorale.

Les constructions, clôtures ou plantations édifiées sans cette autorisation peuvent être supprimées à la diligence du gestionnaire du canal, à ce habilité par le préfet. – *[Anc. art. 128-6, al. 5 et 6.]*

Art. L. 152-9 Les propriétaires de clôtures, arbres et arbustes existant dans les zones grevées de servitudes antérieurement à la publication de l'acte prescrivant l'enquête préalable à la déclaration d'utilité publique peuvent être mis en demeure par le préfet de supprimer ces clôtures, arbres et arbustes. Cette suppression ouvre droit à indemnité. En cas d'inexécution, les clôtures, arbres et arbustes peuvent être supprimés aux frais des propriétaires par l'organisme gestionnaire du canal, à ce habilité par le préfet. Cette exécution d'office ne fait pas disparaître le droit à indemnité.

Au cas où une clôture, dont la suppression n'est pas ordonnée, doit être déplacée pour permettre le passage des engins mécaniques, son déplacement et sa remise en place incombent à la collectivité ou à l'organisme chargé de l'entretien du canal. – *[Anc. art. 128-6, al. 7 et 8.]*

Art. L. 152-10 Les contestations auxquelles peuvent donner lieu l'établissement et l'exercice des servitudes ainsi que la fixation des indemnités dues aux propriétaires intéressés sont jugées comme en matière d'expropriation pour cause publique. – *[Anc. art. 128-6, al. 9.]*

Art. L. 152-11 Sont applicables aux actes de procédure auxquels donne lieu l'établissement de la servitude instituée à l'article L. 152-7 les dispositions de l'article 1021 du code général des impôts ci-après reproduites :

Art. 1021 Les décisions, rapports, extraits, copies, grosses ou expéditions relatifs aux actes de procédure auxquels donne lieu l'application des articles L. 152-7 à L. 152-10 et L. 152-13 du code rural et de la pêche maritime ainsi que les significations qui sont faites de ces actes sont exonérés des droits d'enregistrement et de la taxe de publicité foncière.

Ils doivent porter mention expresse du présent article.

Art. L. 152-12 Les modalités d'application des articles L. 152-7 à L. 152-11 sont déterminées par décret en Conseil d'État. – *[Anc. art. 128-9.]*

V. art. R. 152-17 s.

SECTION 4 Servitude de passage des engins mécaniques et de dépôt pour l'entretien de certains canaux d'assainissement

Art. L. 152-13 Les dispositions des articles L. 152-7 à L. 152-11 relatifs à une servitude de passage des engins mécaniques sur les terrains bordant certains canaux d'irrigation et à une servitude de dépôts sont applicables à ceux des émissaires d'assainissement qui, n'ayant pas le caractère de cours d'eau naturels, sont exclus du bénéfice des dispositions relatives aux servitudes de passage sur les berges des cours d'eau non domaniaux. – *[Anc. art. 138-1.]*

V. art. R. 152-25.

SECTION 5 Servitude dite d'aqueduc

Art. L. 152-14 Toute personne physique ou morale, qui veut user pour l'alimentation en eau potable, pour l'irrigation ou, plus généralement, pour les besoins de son exploitation, des eaux dont elle a le droit de disposer, peut obtenir le passage par conduite *souterraine* de ces eaux sur les fonds intermédiaires, dans les conditions les plus rationnelles et les moins dommageables à l'exploitation présente et future de ces fonds, à charge d'une juste et préalable indemnité.

Sont exceptés de cette servitude les habitations et les cours et jardins y attenant.

Cette servitude s'applique également en zone de montagne pour obtenir le passage des eaux destinées à l'irrigation par aqueduc ou à ciel ouvert dans les mêmes conditions que celles prévues au premier alinéa. – *[Anc. art. 123.]*

1. L'exploitant dont le besoin en eau n'est pas contesté, qui est titulaire d'une autorisation administrative de prélèvement par pompage en rivière est fondé à revendiquer une servitude d'aqueduc par conduite souterraine sur le fonds intermédiaire. • Civ. 3e, 28 janv. 2004, n° 02-10.611 P : *RD rur. 2004. 478 ; JCP 2004. IV. 1577 ; Defrénois 2004. 1163, obs. Atias.*

2. Changement de destination du fonds. La transformation d'un fonds servant en jardin ne peut avoir pour effet de modifier les droits des tiers. • Civ. 3e, 17 juill. 1997, n° 95-14.821 : *RD rur. 1997. 385.*

Art. L. 152-15 Les propriétaires des fonds inférieurs doivent recevoir les eaux qui s'écoulent des terrains ainsi arrosés, sauf l'indemnité qui peut leur être due.

Sont exceptés de cette servitude les habitations et les cours, jardins, parcs et enclos y attenant.

Les eaux usées, provenant des habitations alimentées et des exploitations desservies en application de l'article L. 152-14, peuvent être acheminées par canalisation souterraine vers des ouvrages de collecte et d'épuration sous les mêmes conditions et réserves énoncées à l'article L. 152-14, concernant l'amenée de ces eaux. — *[Anc. art. 124.]*

La servitude d'écoulement des eaux usées suppose la reconnaissance de la servitude d'aqueduc ; les habitations, cours et jardins sont exceptés de la servitude d'écoulement. • Civ. 3e, 31 mars 2016, n° 14-22.259 P : *D. actu. 3 mai 2016, note Prigent ; DP entr. agric., Bull. n° 495. p. 12.*

Art. L. 152-16 Les contestations auxquelles peuvent donner lieu l'établissement de la servitude, la fixation du parcours de la conduite d'eau, de ses dimensions et de sa forme, et les indemnités dues soit au propriétaire du fonds traversé, soit à celui du fonds qui reçoit l'écoulement des eaux sont portées devant les tribunaux de l'ordre judiciaire qui, en prononçant, doivent concilier l'intérêt de l'opération avec le respect dû à la propriété. — *[Anc. art. 125, al. 1er.]*

V. art. R. 152-26.

SECTION 6 **Servitude d'appui**

Art. L. 152-17 Tout propriétaire qui veut se servir, pour l'irrigation de ses propriétés, des eaux naturelles ou artificielles dont il a le droit de disposer, peut obtenir la faculté d'appuyer sur la propriété du riverain opposé les ouvrages d'art nécessaires à sa prise d'eau, à la charge d'une juste et préalable indemnité.

Sont exceptés de cette servitude les bâtiments, cours et jardins attenant aux habitations. — *[Anc. art. 126.]*

Art. L. 152-18 Le riverain sur les fonds duquel l'appui est réclamé peut toujours demander l'usage commun du barrage, en contribuant pour moitié aux frais d'établissement et d'entretien ; aucune indemnité n'est respectivement due dans ce cas, et celle qui aurait été payée doit être rendue.

Lorsque cet usage commun n'est réclamé qu'après le commencement ou la confection des travaux, celui qui le demande doit supporter seul l'excédent auquel donnent lieu les changements à faire au barrage pour le rendre propre à l'irrigation des deux rives. — *[Anc. art. 127.]*

Art. L. 152-19 Les contestations auxquelles peut donner lieu l'application des articles L. 152-17 et L. 152-18 sont portées devant les tribunaux de l'ordre judiciaire. — *[Anc. art. 128, al. 1er.]*

V. art. R. 152-27.

SECTION 7 **Servitude d'écoulement**

Art. L. 152-20 Tout propriétaire qui veut assainir son fonds par le drainage ou un autre mode d'assèchement peut, moyennant une juste et préalable indemnité, en conduire les eaux souterrainement ou à ciel ouvert à travers les propriétés qui séparent ce fonds d'un cours d'eau ou de toute autre voie d'écoulement.

Sont exceptés de cette servitude les habitations et les cours, jardins, parcs et enclos y attenant. — *[Anc. art. 135.]*

Art. L. 152-21 Les propriétaires de fonds voisins ou traversés ont la faculté de se servir des travaux faits en vertu de l'article L. 152-20, pour l'écoulement des eaux et de leurs fonds.

Ils supportent dans ce cas :

1° Une part proportionnelle dans la valeur des travaux dont ils profitent ;

2° Les dépenses résultant des modifications que l'exercice de cette faculté peut rendre nécessaires ;

3° Pour l'avenir, une part contributive dans l'entretien des travaux devenus communs. — *[Anc. art. 136.]*

Art. L. 152-22 **Les associations syndicales, pour l'assainissement des terres par le drainage et par tout autre mode d'assèchement, et l'État, pour le dessèchement de marais ou la mise en valeur de terres incultes appartenant aux communes ou sections de communes, jouissent des mêmes droits et supportent les mêmes obligations.** — *[Anc. art. 137.]*

Art. L. 152-23 **Les contestations, auxquelles peuvent donner lieu l'établissement et l'exercice de la servitude, la fixation du parcours des eaux, l'exécution des travaux de drainage ou d'assèchement, les indemnités et les frais d'entretien sont portées devant les tribunaux de l'ordre judiciaire qui, en prononçant, doivent concilier les intérêts de l'opération avec le respect dû à la propriété.** — *[Anc. art. 138, al. 1er.] — V. art. R. 152-28.*

La demande d'annulation du refus implicite d'un syndicat des eaux de rétablir l'écoulement normal des eaux pluviales de la société dans le ruisseau dont le lit a été comblé par le syndicat, fondée sur la servitude d'écoulement des eaux de pluie de l'immeuble dont la société est propriétaire, relève de la compétence des tribunaux judiciaires. • T. confl. 6 mai 2002, n° 02-03.290 P : *Dr. adm. 2002. 27.*

TITRE VI LES CHEMINS RURAUX ET LES CHEMINS D'EXPLOITATION

COMMENTAIRE

Au sein de la voirie rurale, il existe notamment les chemins ruraux et les sentiers d'exploitation.

Les chemins ruraux sont des voies non classées dans la voirie communale. Ils se caractérisent par leur affectation à l'usage du public, à des fins professionnelles ou de loisirs, et ils appartiennent au domaine privé de la commune.

Les sentiers d'exploitation sont des voies privées qui ont un usage collectif ; ils desservent exclusivement les fonds privés qui en sont riverains et peuvent être interdits au public. Ils se distinguent des chemins privés « de desserte » ou « de culture » qui traversent et desservent une seule propriété.

BIBL. GÉN. ▶ DEBEAURAIN, *RD rur. 2012. Dossier 6* (la déspécialisation des chemins ruraux et chemins d'exploitation). – Chemins ruraux. Chemins et sentiers d'exploitation, *DP entr. agric.*

CHAPITRE I LES CHEMINS RURAUX

COMMENTAIRE

L'affectation à l'usage du public fait présumer, depuis la loi n° 99-533 du 25 juin 1999, l'existence d'un chemin rural et donc la propriété de la commune. La preuve contraire peut être apportée. Il peut ainsi être établi l'existence d'une propriété privée sur la voie par titre ou par prescription.

Lorsque le conseil municipal constate que la voie est désaffectée, il peut, sous réserve d'une délibération expresse, décider de la suppression ou cession du chemin rural (V. C. rur., art. R. 141-1 s.).

Le contentieux est partagé entre : les juridictions judiciaires pour les contestations de propriété ou de possession, et les juridictions administratives pour les actes administratifs de création, modification, suppression ou cession, ou les litiges nés de l'engagement de la responsabilité du fait du chemin. Les contestations relatives à la propriété ou à la possession des chemins ruraux et sentiers d'exploitation relèvent de la compétence du tribunal de grande instance (COJ, art. R. 211-4) et ceux qui sont relatifs aux travaux d'entretien et de mise en état de la viabilité de ces chemins et sentiers d'exploitation sont de la compétence du tribunal d'instance (COJ, art. R. 221-14).

Art. L. 161-1 **Les chemins ruraux sont les chemins appartenant aux communes, affectés à l'usage du public, qui n'ont pas été classés comme voies communales. Ils font partie du domaine privé de la commune.** – *[Anc. art. 59.]*

BIBL. ▸ BIGUET, Les chemins ruraux, *Revue Géomètre 2001, n° 7.* - BOREL, *JCP N 2013. 1207* (aliénation d'un chemin rural par une commune). - CAHEN, *JCP N 2008. Études 1062 et 1129* (cessions de chemins ruraux). - CAMPELS, *Le trait d'Union 2009, n° 1, p. 19* (chemins ruraux, une curiosité juridique ?). - FERREIRA DE LA BURGADE, *LPA 1er nov. 2002. 12* (la condition juridique ambiguë des chemins ruraux). - LACHAUD, *Gaz. Pal. 1992. 2. Doctr. 896 ; RD rur. 2003. 152.* - LAVIALLE, Mél. Montané de La Roque, *Presses IEP Toulouse 1986.* - ROUCOUS, Voies et chemins ruraux, *Les Éditions du Puits Fleuri 2010.* - LOCHOUARN, *RD rur. 2017. Étude 22* (voirie rurale, des mesures protectrices).

COMMENTAIRE

Il n'existe pas de liste officielle des chemins ruraux. La définition légale de l'article L. 161-1 est complétée par une présomption. La procédure judiciaire permet de s'assurer de la qualification de la voie. Par ailleurs, les communes peuvent effectuer un recensement des chemins ruraux (V. art. L. 161-6-1 et R. 161-11-1 s.). ❑

1. QPC. Il n'y a pas lieu de renvoyer au Conseil constitutionnel les dispositions de l'art. L. 161-1 dès lors qu'elles n'ont pour effet ni de priver quiconque de son droit de propriété, ni de porter atteinte au droit de propriété d'autrui. • Civ. 3e, 15 oct. 2012, n° 12-16.998 : *DP entr. agric., Bull. n° 457, p. 13, note Roussel ; RD rur. 2012, n° 118, note Crevel ; RD rur. 2013, n° 28 ; AJDI 2013. 62.*

2. Qualification. Les chemins ruraux appartiennent au domaine privé de la commune par détermination de la loi, à la condition qu'ils n'aient appartenu auparavant ni à la catégorie des voies urbaines, ni à celle des chemins vicinaux et qu'ils n'aient pas fait l'objet d'une décision d'incorporation par le conseil municipal. • T. confl. 6 nov. 1967, n° 01905 B. ♦ Ayant sursis à statuer sur la légalité d'une délibération incluant un chemin dans le tableau de classement des voies communales, les juges sont mal fondés à écarter la contestation de la qualification de chemin rural en se référant seulement à la question de propriété non tranchée par le juge judiciaire alors qu'il était soutenu que le chemin ne présentait pas les caractéristiques permettant sa reconnaissance comme chemin rural. • CE 12 nov. 2018, n° 411514 : *RD rur. 2019, n° 3, note Lochouarn.* ♦ Si la juridiction administrative est seule compétente pour se prononcer sur l'appartenance d'une voie publique au domaine public ou privé de la commune, c'est à la condition que soit préalablement tranchée par le juge judiciaire la question de la propriété de l'assiette quand celle-ci est revendiquée par une personne privée. • Civ. 3e, 16 mai 2019, n° 17-26.210 P : *RD rur. 2019, n° 73, note Lochouarn ; RD rur. 2019, n° 101, note Tifine.*

3. Procédure. La qualification chemin rural ne peut être recherchée sans la mise en cause de la commune du lieu de situation de ce chemin. • Civ. 3e, 6 févr. 2008, n° 06-22.015 : *RD rur. 2008, n° 68, note Barbièri ; D. 2008. 613 ; JCP 2008. IV. 1462 ; Gaz. Pal. 2 nov. 2008. 32.* ♦ Est recevable l'action d'un riverain contre ceux qui ont installé sur le chemin des obstacles à la circulation, la présomption pouvant être invoquée par tout intéressé. • Civ. 3e, 12 oct. 2010, n° 09-68.576.

4. Classement. Le classement dans la voirie communale, qui exclut la qualification de chemin rural, s'entend d'un acte intervenu depuis la loi du 20 août 1881, car les actes de classement intervenus antérieurement étaient établis sous réserve des droits des tiers, n'attribuaient aucun droit aux communes et ne mettaient pas en cause la propriété ou la possession des riverains. • Civ. 3e, 8 janv. 1980 : *Bull. civ. III, n° 9.* ♦ Le classement d'une voie ouverte au public la soumet aux règles de la domanialité publique. • CE 15 févr. 1989, n° 71992 : *Dr. adm. 1989, n° 206 ; RD publ. 1989. 1517.* ♦ Le classement d'un chemin en voirie communale n'est pas un acte translatif de propriété et l'action en revendication de ce chemin par un particulier est imprescriptible et donc recevable. • Civ. 3e, 7 janv. 2009, n° 09-18.906 : *D. 2009. 232 ; JCP N 2009. 1201, n° 3, obs. Périnet-Marquet ; Gaz. Pal. 12-16 juill. 2009. 12.* ♦ Est mal fondé le rejet de la revendication de propriété d'un chemin fondé sur son classement et sur le fait que les titres de propriété produits étaient antérieurs à celui-ci, alors que le classement d'un chemin en voie communale n'est pas un acte translatif de propriété. • Civ. 3e, 18 mai 2010, n° 09-15.590 : *AJDI 2010. 562 ; RD rur. 2011, n° 29, note Lebel.*

5. Un chemin ouvert au public et non classé est un chemin rural appartenant au domaine privé de la commune. • CE 13 mai 1988, n° 72101 : *RD publ. 1989. 1518.* ♦ Le juge judiciaire ne peut se déclarer incompétent pour le bornage d'une voie créée par un syndicat de commune dans un but d'intérêt général dès lors que seule une décision de classement d'un chemin rural comme voie communale peut intégrer cette voie dans le domaine public de la commune. • Civ. 3e, 19 déc. 2001, n° 99-21.117 P : *RD rur. 2002. 250 ; Dr. adm. avr. 2002. 23 ; JCP 2002. IV. 1215 ; LPA 1er nov. 2002. 12, note Ferreira de La Burgade ; AJDI 2002. 621.*

6. Classement en chemin rural. Le classement sans opposition et l'inscription dans la liste des chemins ruraux notamment au cadastre, et la mention du chemin dans plusieurs permis de construire marquent la volonté de la commune de posséder le chemin à titre de propriétaire s'opposant à l'action en revendication d'un particulier. • Civ. 3e, 26 mars 2013, n° 12-16.558 : *RD rur. 2013, n° 167, note Lavialle.*

7. Déclassement. En l'absence de voie de fait, il n'appartient pas au juge judiciaire d'enjoindre à l'administration de déclasser un bien ayant fait par erreur l'objet d'une décision de classement dans la voirie communale. • Civ. 3e, 16 mai 2019, n° 17-26.210 P : *RD rur. 2019, n° 73, note Lochouarn.*

8. Caractère rural. Un chemin situé dans une zone urbanisée et présentant l'aspect d'une rue n'est pas un chemin rural, mais une voie publique communale. • CE 19 mai 1976, *Sté Coop. La Léonarde : Dr. adm. 1976, n° 184.*

Art. L. 161-2 *(L. n° 99-533 du 25 juin 1999)* **« L'affectation à l'usage du public est présumée, notamment par l'utilisation du chemin rural comme voie de passage ou par des actes réitérés de surveillance ou de voirie de l'autorité municipale. »**

(L. n° 2022-217 du 21 févr. 2022, art. 104) **« Lorsqu'elle est ainsi présumée, cette affectation à l'usage du public ne peut être remise en cause par une décision administrative. »**

La destination du chemin peut être définie notamment par l'inscription sur le plan départemental des itinéraires de promenade et de randonnée. — *[Anc. art. 60.] — Sur ce plan départemental, V. C. envir., art. L. 361-1 s.* — ***C. envir.***

BIBL. ▸ Randonnée pédestre et promenade : Boutelet, *RJ envir. 1984. 291.* - Busson, *AJDA 2002. 612* (l'aliénation des chemins ruraux). - Campels, *Dr. et patr. 3/2001. 46* (chemins ruraux, chemins et sentiers d'exploitation). - de Malafosse-Notté, *RD rur. 1984. 74.* - Plouvin, *Gaz. Pal. 1977. 1. 281.*

COMMENTAIRE

La présomption d'affectation au public ne peut être renversée que par titre ou usucapion, et sous réserve d'une désaffectation matérielle.

1. QPC. Il n'y a pas lieu de renvoyer au Conseil constitutionnel les dispositions de l'art. L. 161-2 dès lors qu'elles n'ont pour effet ni de priver quiconque de son droit de propriété, ni de porter atteinte au droit de propriété d'autrui. • Civ. 3e, 15 oct. 2012, n° 12-16.998 : *DP entr. agric., Bull. n° 457, p. 13, note Roussel ; RD rur. 2012, n° 118, note Crevel ; AJDI 2013. 62.*

2. Usage du public. Un chemin rural est affecté à l'usage du public et ouvert à la circulation générale et continue. • Civ. 1re, 18 juin 1963 : *Bull. civ. I, n° 329.* ♦ L'affectation à usage du public implique une circulation générale et continue. • Civ. 3e, 17 mars 2016, n° 15-10.081 : *RD rur. 2016, n° 190.* ♦ La présence de barrières amovibles aux deux extrémités d'un chemin surveillé et entretenu par la municipalité n'exclut pas la possibilité d'une ouverture à la circulation publique si des non-riverains y font épisodiquement passer du bétail. • CE 30 oct. 1981, n° 23988. ♦ L'arrêt qui énonce que l'affectation à l'usage du public ne résulte pas de la seule circonstance que le chemin est habituellement utilisé par des non-riverains mais suppose que la commune ait manifesté sa volonté de mettre le chemin à la disposition du public et ceci par des actes réitérés est mal fondé car un seul des éléments de l'art. L. 161-2 permet de retenir la présomption d'affectation à l'usage du public. • Civ. 3e, 4 avr. 2007, n° 06-12.078 P : *JCP 2007. IV. 1984 ; AJDI 2008. 41, obs. Prigent ; ibid. 2007. 1428.* ♦ Même sens : • CE 3 déc. 2012, n° 344407 : *AJDA 2012. 2350, obs. de Montecler ; Dr. adm. 2013. 22, note Éveillard ; AJDA 2013. 804.* ♦ La cour qui relève divers faits d'utilisation du chemin enclavé par des personnes jusqu'à la rivière, a pu déduire qu'il s'agissait de chemins ruraux, alors que les défendeurs n'en faisaient pas la preuve contraire. • Civ. 3e, 15 mai 2008, n° 07-12.359 : *AJDI 2008. 688* • 15 oct. 2013, n° 12-20.886 : *RD rur. 2014, n° 25, note Lochouarn.* ♦ Selon l'appréciation souveraine de la cour, ne constitue pas un chemin rural la voie,... qui ne paraît avoir été empruntée que par des chasseurs, et, en l'absence d'actes réitérés de surveillance ou de voirie de la commune, n'est pas affectée à l'usage du public. • Civ. 3e, 31 mai 2011, n° 10-16.065. ♦ ... Qui n'est empruntée que par quelques chasseurs, qui n'est pas une voie de passage conçue pour la circulation et la desserte de lieux publics et sur laquelle la commune n'a pas réalisé de travaux ni autorisé d'ouvrages publics. • Civ. 3e, 6 févr. 2020, n° 18-24.214 : *AJDI 2020. 627 ; RD rur. 2020, n° 69, note Lochouarn.* ♦ Constitue un chemin rural la voie qui ne sert pas exclusivement à la communication des fonds qui la bordent mais permet de passer d'un chemin à un autre, qui est utilisé comme voie de passage et présumé appartenir à la commune qui a implanté dans son tréfonds des canalisations d'eau potable et l'a équipé d'un éclairage dont elle assurait l'entretien. • Civ. 3e, 9 sept. 2014, n° 12-22.661 : *RD rur. 2015, n° 30, note Lochouarn.* ♦ ... Dont la fréquence d'utilisation a diminué mais qui continuait à être une voie de passage jusqu'à ce qu'un propriétaire riverain s'y oppose. • CAA Lyon, 21 juill. 2021, n° 19LY02344 : *RD rur. 2021, n° 215, note Lochouarn.* ♦ ... La voie visible sur le cadastre et les photographies produites, et inscrite au plan départemental des itinéraires de promenade et de randonnée. • CAA Nantes, 21 janv. 2022, n° 21NT02637 : *RD rur. 2022, n° 52, note Lochouarn.*

3. Présomption. Est mal fondée la cour d'appel qui conclut à la nature de chemin rural au vu d'attestations contradictoires portant toutes la qualification chemin rural, sans rechercher si le chemin était affecté à l'usage du public. • Civ. 3e, 28 juin 2006, n° 05-15.506. ♦ En l'absence de titre permettant de revendiquer la propriété du chemin, l'affectation à l'usage du public et l'entretien par la direction départementale de l'équipement à la demande de la commune permet de présumer que le chemin appartient à la commune. • Civ. 3e, 3 avr. 2007, n° 06-12.159. ♦ Est mal fondé l'arrêt qui retient la propriété d'un chemin établie par titre après avoir constaté l'utilisation régulière de cette ruelle par d'autres personnes de la commune. • Civ. 3e, 25 févr. 2016, n° 14-26.356 : *RD rur. 2016, n° 187, note Lochouarn.* ♦ Le chemin incorporé à un circuit de randonnée est présumé appartenir aux communes. • Civ. 3e, 15 nov. 2018, n° 17-25.865 : *DP entr. agric., Bull. n° 525, p. 18, note Roussel ; AJDI 2019. 68*.

4. Travaux et surveillance. La surveillance et la réalisation par la municipalité de travaux réitérés vaut preuve du caractère public du chemin. • Civ. 1re, 12 oct. 1964 : *Bull. civ. I, n° 342 ; JCP 1964. II. 13961, note Bulté* • Civ. 3e, 19 mai 2004, n° 03-12.234 : *JCP 2004. IV. 2415 ; Gaz. Pal. 26-28 sept. 2004. 28.* ♦ Toutefois, un conseil municipal ne peut pas tirer argument du fait qu'il a fait procéder à des travaux d'élagage sur un chemin privé (chemin d'exploitation) après avoir mis en demeure les propriétaires riverains de le faire, pour prétendre qu'ainsi cette voie est devenue un chemin rural, alors que ce conseil ne pouvait pas légalement décider d'engager des travaux ni enjoindre aux riverains d'y procéder, ses pouvoirs ne pouvant s'étendre aux chemins privés. • CE 17 janv. 1994, n° 115203 B.

5. Abandon. Le droit de propriété de la commune sur deux chemins ruraux en état de complet abandon n'a pu s'éteindre par non-usage. • Civ. 3e, 30 sept. 1998, n° 96-20.524 : *RD rur. 1999. 241.* ♦ Même sens : • Civ. 3e, 26 sept. 2001, n° 00-10.307 : *AJDI 2002. 312, obs. Giraudel*. ♦ Est fondée l'annulation de l'aliénation d'une portion de chemin rural dès lors que la commune ne prouve pas la désaffectation résultant d'un déplacement de l'emprise du chemin. • CAA Bordeaux, 17 févr. 2022, n° 19BX02001 : *RD rur. 2022, n° 75, note Lochouarn.*

6. Usage privé. Ne constitue pas un chemin rural : le chemin non ouvert au public et servant uniquement à la circulation entre des héritages privés. • CE 13 oct. 1989 : *JCP 1989. IV. 368.* ♦ ... Le sentier qui n'est plus utilisé comme voie de passage depuis de nombreuses années et qui n'a pas fait l'objet d'actes de surveillance ou de voirie par la commune. • CAA Douai, 20 juin 2019, n° 17DA02365 : *RD rur. 2019, n° 115, note Lochouarn.*

7. Enclave. Les juges sont mal fondés à débouter un propriétaire de sa demande de rétablissement d'un passage sur un chemin riverain au motif que le seul état d'enclave du fonds s'opposait au caractère rural de ce chemin, sans rechercher s'il était affecté à l'usage du public. • Civ. 3e, 28 mai 2003, n° 02-11.420 P : *RD rur. 2003, n° 587 ; JCP 2003. 2302 ; ibid. N 2004. 1125 ; Gaz. Pal. 14-16 sept. 2003.*

Art. L. 161-3 Tout chemin affecté à l'usage du public est présumé, jusqu'à preuve du contraire, appartenir à la commune sur le territoire de laquelle il est situé. — *[Anc. art. 61.]*

1. QPC. Il n'y a pas lieu de renvoyer au Conseil constitutionnel les dispositions de l'art. L. 161-3 dès lors qu'elles n'ont pour effet ni de priver quiconque de son droit de propriété, ni de porter atteinte au droit de propriété d'autrui. • Civ. 3e, 15 oct. 2012, n° 12-16.998 : *DP entr. agric., Bull. n° 457, p. 13, note Roussel ; RD rur. 2012, n° 118, note Crevel ; AJDI 2013. 62*. ♦ La question de la constitutionnalité de la prescription acquisitive à l'égard des chemins ruraux n'est pas nouvelle et ne présente pas un caractère sérieux. • Civ. 3e, 6 avr. 2012, n° 12-40.011 : *AJDI 2012. 439*.

2. Présomption. Constitue un chemin rural la voie qui dessert les propriétés riveraines et qui est utilisée par le public pour accéder à une rivière, l'absence de mention du chemin dans les actes de propriété d'une partie et sur l'ancien cadastre ne suffisant pas à renverser la présomption de propriété de l'art. L. 161-3. • Civ. 3e, 10 nov. 1999, n° 97-12.880 : *RD rur. 2000. 439* • 12 oct. 2010, n° 09-68.576. ♦ L'ouverture du chemin à la circulation générale, l'indication sur l'ancien cadastre comme voie ouverte à la circulation publique, la disposition des lieux et l'absence de titre ou de prescription permet de conclure que le chemin appartient à la commune. • Civ. 3e, 10 mars 2004, n° 02-18.452 : *AJDI 2004. 299* • 19 nov. 2015, n° 14-25.407 : *AJDI 2016. 136*. ♦ Le maire ne peut renverser la présomption en soutenant la désaffectation sans prouver que la présence de barrières et obstacles ne résulte pas d'une carence fautive de l'autorité communale dans ses pouvoirs de police. • CAA Bordeaux, 26 mai 2016, n° 14 BX 01824 : *AJDA 2016. 2098, note Normand*. ♦ La commune ne démontrant pas l'affectation du chemin litigieux à l'usage du public qui implique une circulation générale et continue, la qualification de chemin rural ne pouvait être retenue. • Civ. 3e,

9 avr. 2013, n° 12-12.819 : *RD rur. 2013, n° 204, note Lochouarn.*

3. Portée. Un chemin rural est réputé appartenir à la commune tant que la cession n'a pas été réalisée dans les formes légales, même s'il a cessé d'être utilisé et entretenu. • Civ. 3e, 3 juill. 2002, n° 00-21.996 P : *D. 2002. IR 2449 ; Gaz. Pal. 18-19 sept. 2002. Pan. 28 ; RD rur. 2003. 47 ; AJDI 2003. 47, obs. Giraudel* • 27 mai 2003, n° 02-10642 : *AJDI 2003. 600*. ♦ Le non-usage du chemin par le public pendant plus de trente ans ne confère pas la propriété de ce chemin aux riverains qui n'apportent pas la preuve d'actes de possession conformes à l'art. 2229 C. civ. • Civ. 3e, 18 févr. 2003, *Cts Aussage c/ Cne d'Urçay,* n° 01-16.767 • 2 juill. 2013, n° 12-21.203 : *DP entr. agric., Bull. n° 466, note Roussel ; RD rur. 2014, n° 7, note Grimonprez.*

4. Charge de la preuve. Le propriétaire qui revendique la propriété d'un chemin affecté à la circulation générale doit renverser la présomption d'appartenance à la commune. • Civ. 1re, 20 mai 1957 : *Bull. civ. I, n° 225 ; AJDA 1957. II. 283.* ♦ Il doit apporter la preuve contraire établissant sa propriété. • Civ. 1re, 27 févr. 1961 : *Bull. civ. I, n° 125.* ♦ L'assiette du chemin rural étant différente de celle de la voie d'origine, la commune doit rapporter la preuve de sa propriété sur le tracé actuel. • Civ. 3e, 26 janv. 2022, n° 20-22.125 : *RD rur. 2022, n° 61, note Lochouarn.*

5. Preuve. La preuve peut être apportée au moyen d'un titre de propriété ou de faits propres à établir l'usucapion trentenaire. • Civ. 3e, 25 juin 1975 : *JCP 1975. IV. 268* • 2 oct. 1975 : *Bull. civ. III, n° 274.*

6. Titres de propriété. Des actes passés entre personnes privées, auxquels la commune est tiers, ne peuvent être invoqués. • Civ. 3e, 4 déc. 1969 : *Bull. civ. III, n° 791.* ♦ Toutefois, les titres translatifs ou déclaratifs de propriété peuvent être invoqués à titre de présomption, vis-à-vis des tiers, car la preuve de la propriété est étrangère à la question de l'opposabilité des actes aux tiers. • Civ. 3e, 2 juill. 1997, n° 95-20.190 : *D. 1997. IR 208 ; RD rur. 2000. 272, note Causse.* ♦ La présomption de l'art. L. 161-3 est renversée par un particulier qui prouve par des titres de propriété le caractère privé de la voie créée lors d'un partage pour desservir les parcelles alloties, alors que la commune ne justifie pas d'un droit préférable en indiquant l'ouverture au public et l'inscription comme chemin rural sur tous les plans de la commune. • Civ. 3e, 9 nov. 1999, n° 97-15.239 : *RD rur. 2000. 352.* ♦ Même sens : • Civ. 3e, 27 juin 2001, n° 99-21.865 : *Gaz. Pal. 30 sept.-2 oct. 2001. Pan. 24 ; JCP 2001. IV. 2569.* ♦ L'absence de mention d'un chemin rural en tant que tel dans les actes de propriété comme sur le cadastre ne suffit pas à renverser la présomption de propriété de la commune sur un chemin ouvert au public et sur lequel elle a accompli des actes de surveillance et de voirie. • Civ. 3e, 15 oct. 2013, n° 12-21.249 : *AJDI 2015. 523, note Borel*. ♦ Est mal fondé l'arrêt qui retient la propriété d'un chemin établie par titre sans rechercher comme il lui était demandé si l'utilisation par des tiers ne laissait pas présumer l'usage du public. • Civ. 3e, 25 févr. 2016, n° 14-26.356 : *DP entr. agric., Bull. n° 495, p. 12, note Roussel.*

7. Usucapion. Un propriétaire peut se prévaloir d'une prescription acquisitive sur une voie sur laquelle la circulation n'est pas générale et continue et pour laquelle le particulier justifie d'actes d'entretien, redressement et réfection réguliers, même si elle a figuré au cadastre comme chemin public. • Civ. 3e, 2 févr. 2000, n° 97-22.569 : *RD rur. 2000. 556* (rejet du pourvoi contre • Poitiers, 16 sept. 1997 : *RD rur. 1998. 588, note Astié*). ♦ Pour un exemple de prescription par possession paisible et non équivoque depuis des temps immémoriaux en qualité de propriétaire, V. • Civ. 3e, 10 févr. 2004, n° 02-17.890. ♦ ... De prescription décennale, V. • Nîmes, 15 mai 2003 : *RD rur. 2004. 35.* ♦ ... De prescription trentenaire. • Civ. 3e, 9 juin 2015, n° 14-12.383 : *AJDI 2015. 626*. ♦ Pour un exemple d'appréciation souveraine de l'absence d'actes d'appropriation caractérisant la prescription acquisitive, V. • Civ. 3e, 2 févr. 2010, n° 08-18.432 : *AJDI 2010. 326*. ♦ La commune, présumée propriétaire depuis 1938 du chemin, en est devenue propriétaire par prescription acquisitive. • Civ. 3e, 3 avr. 2007, n° 06-12.159. ♦ Le fait d'avoir sollicité les communes pour acquérir un chemin situé sur l'emprise de sa propriété n'écarte pas le droit de prétendre à la prescription acquisitive sur ce chemin. • Civ. 3e, 24 nov. 2009, n° 08-21.518. – V. aussi • Civ. 3e, 26 mars 2013, n° 12-16.558 : *RD rur. 2013, n° 167, note Lavialle.* ♦ La bonne foi n'est pas une condition pour l'usucapion trentenaire. • Civ. 3e, 1er févr. 2018, n° 16-23.200 : *AJDI 2018. 301 ; DP entr. agric., Bull. n° 516, p. 9, note Roussel.*

Art. L. 161-4 **Les contestations qui peuvent être élevées par toute partie intéressée sur la propriété ou sur la possession totale ou partielle des chemins ruraux sont jugées par les tribunaux de l'ordre judiciaire.** – *[Anc. art. 62.]*

COMMENTAIRE

Les actions possessoires ont disparu avec l'article 2279 du code civil (L. n° 2015-177 du 16 févr. 2015 relative à la modernisation et à la simplification du droit et des procédures dans les domaines de la justice et des affaires intérieures, art. 9), mais la possession reste protégée (C. civ., art. 2278) selon les procédures de droit commun.

1. Compétence judiciaire. Les contestations relatives à la propriété ou la possession d'un chemin rural sont de la compétence des tribunaux judiciaires. • CE 13 juin 1984, n° 38807 : *RDI 1984. 397* • Civ. 3e, 25 juin 1975 : *Bull. civ. III, n° 223.* ♦ C'est le tribunal d'instance qui connaît des contestations élevées sur la propriété ou sur la possession des chemins ruraux. • Civ. 2e, 23 nov. 2006, n° 05-19.615 P : *AJDI 2007. 46 ; JCP 2006. IV. 3496 ; D. 2006. IR 3014 ; RD rur. févr. 2007. 62, note Moreau.* ♦ Le litige relatif à l'exécution d'une convention d'échange portant sur une partie d'un chemin rural relève de la compétence de la juridiction judiciaire. • T. confl. 21 juin 2004, *Belin c/ Cne de Vernet-La-Varenne*, n° 04-03.408 P : *JCP N 2005. 1269, note Rouault.*

2. Les juridictions administratives sont compétentes pour juger de la légalité d'une décision de l'autorité municipale relative au tracé d'un chemin rural, alors que les tribunaux judiciaires sont compétents pour connaître de l'action possessoire exercée à propos du même chemin. • T. confl. 28 juin 1976, n° 02027 A. ♦ Pour la décision de cession d'un chemin rural, V. notes ss. art. L. 161-10.

3. Permission de voirie. Les refus du maire de délivrer des permissions de voirie pour renforcer et élargir un chemin rural appartenant au domaine privé de la commune sont des actes de droit privé qu'il n'appartient pas à la juridiction administrative de connaître. • CAA Lyon, 7 oct. 2021, n° 21LY01069 : *RD rur. 2021, n° 259, note Lochouarn.*

Art. L. 161-5 **L'autorité municipale est chargée de la police et de la conservation des chemins ruraux.** — *[Anc. art. 64.]*

1. Entretien. Il n'est pas mis à la charge de la commune une obligation d'entretien des chemins ruraux. • CE 26 sept. 2012, n° 347068 : *AJDA 2013. 1002, note Éveillard ; DP entr. agric., Bull. n° 457, p. 13, note Roussel ; Gaz. Pal. 2012. 3073 ; RD rur. 2013, n° 26.* ♦ ... Sauf si après avoir incorporé le chemin dans la voirie rurale, elle a exécuté des travaux, acceptant ainsi d'en assurer l'entretien. • CE 24 mars 2014, n° 359554 • CAA Nancy, 30 mars 2022, n° 20NC00422 : *RD rur. 2022, n° 90, note Lochouarn.* – V. aussi Rép. min. n° 07759, *JO Sénat 10 janv. 2019, p. 129.* ♦ La commune n'est pas tenue de l'entretien si elle a seulement procédé à des travaux commandés par l'urgence pour un motif de sécurité. • CAA Marseille, 2 avr. 2013, n° 10MA102495 • 12 mai 2021, n° 19MA01477 : *RD rur. 2021, n° 193, note Lochouarn.* ♦ Une commune est non seulement tenue à une obligation d'entretien régulier des chemins ruraux qui lui appartiennent mais aussi à une obligation d'adaptation de leur structure au trafic qu'ils supportent habituellement. • CAA Douai, 20 nov. 2018, n° 16DA00782 : *RD rur. 2019, n° 2, note Lochouarn.* ♦ La communauté de communes est tenue de l'obligation d'entretien des chemins ruraux quand la commune avant son incorporation avait exécuté sur ceux-ci des travaux d'amélioration et d'entretien. • CAA Bordeaux, 31 mai 2021, n° 19BX00064 : *RD rur. 2021, n° 192, note Lochouarn.*

2. Circulation. L'autorité municipale est fondée à interdire la circulation sur la partie non goudronnée de deux chemins ruraux de la commune aux véhicules 4×4. • CE 24 sept. 2002, n° 173042, confirmant • TA Caen, 6 mai 2003 : *RD rur. 2002. 471, concl. Mondésert.* ♦ Sont légaux les arrêtés interdisant la circulation des engins motorisés sur les chemins ruraux de la commune, motivés d'une part par le caractère de sensibilité des espaces concernés situés en zone naturelle d'intérêt écologique, floristique et faunistique, et d'autre part par le fait que le conseil municipal a accepté d'inclure certains chemins ruraux dans le plan départemental des itinéraires de promenade et de randonnée. • CAA Lyon, 10 févr. 2005, n° 99LYO1092 : *Envir. oct. 2005. 19.* ♦ Une association de randonneurs est fondée à demander au maire le rétablissement de la libre circulation sur un chemin rural. • CAA Douai, 31 mai 2018, n° 16DA00092 : *AJDA 2018. 2117, note Fort-Besnard .* – V. jurisprudence ss. art. D. 161-11. ♦ L'interdiction de toute circulation sur une portion d'un chemin rural a été jugée proportionnée et ne constituant pas une restriction trop générale et absolue de l'usage du chemin. • CAA Bordeaux, 29 juill. 2020, n° 18BX03260 : *RD rur. 2020, n° 146, note Lochouarn* • CAA Lyon, 11 févr. 2021, n° 19LY02465 : *RD rur. 2021, n° 70, note Lochouarn.* ♦ Le maire peut interdire la circulation de certaines catégories de véhicules sur tout ou partie des chemins ruraux si cette mesure est nécessaire à la sécurité des riverains ou des usagers du chemin, à la protection de l'environnement ou à la préservation de la viabilité du chemin. * Rép. min. n° 3608 : *JO Sénat 26 janv. 2023, p. 519.*

3. Frais. Le juge administratif est seul compétent pour connaître de la demande d'annulation du titre de recettes ordonné par le maire, correspondant au montant des frais de déblaiement du chemin rural après que des particuliers ont rendu cette voie inaccessible. • T. confl. 18 juin 2007, n° 07-03.617 P : *JCP 2007. IV. 2548 ; AJDA 2007. 1386 ; Gaz. Pal. 19 janv. 2008. 24.* ♦ Même sens pour le titre de recettes émis par le maire pour les frais de clôture des parcelles bordant le chemin. • T. confl. 13 déc. 2010, n° 3753.

4. Dégradation. Les tribunaux de l'ordre judiciaire sont seuls compétents pour statuer sur la responsabilité que des personnes privées encourent pour leur dégradation de chemins ruraux si elles sont poursuivies sur le fondement de la L. du 5 juill. 1985 ou de l'art. 1382 C. civ., à l'exclusion de l'art. L. 141-9 C. voirie rout. ou des pouvoirs de police de l'autorité municipale. • T. confl. 19 nov. 2007, n° C3640 : *Gaz. Pal. 22 juill. 2008, p. 47.*

♦ La commune n'est pas tenue de mettre en demeure l'entrepreneur ou le propriétaire responsable de détériorations anormales d'exprimer sa préférence pour une réparation en argent ou en nature, telle que prévue à l'art. L. 141-9 C. voirie rout. • CE 24 févr. 2017, n° 390139 : *RD rur. 2017, n° 143, note Lochouarn.*

5. Déplacement du chemin. Le juge de l'excès de pouvoir qui n'exerce qu'un contrôle restreint est fondé à rejeter la demande d'annulation du refus de déplacement d'un chemin rural par un conseil municipal, dès lors que l'erreur manifeste d'appréciation n'est pas établie. • TA Amiens, 24 avr. 2007, n° 0502692 : *AJDA 2007. 1614*.

6. Fermeture. Le maire est tenu de s'opposer à la création d'un portail fermant un chemin rural. • CAA Bordeaux, 11 juin 2015, n° 12BX03117 : *AJDA 2015. 1959*.

Art. L. 161-6 **Peuvent être incorporés à la voirie rurale, par délibération du conseil municipal prise sur la proposition du bureau de l'association foncière ou de l'assemblée générale de l'association syndicale :**

a) **Les chemins créés en application des articles L. 123-8 et L. 123-9 ;**

b) **Les chemins d'exploitation ouverts par des associations syndicales autorisées, au titre** *(Ord. n° 2004-632 du 1er juill. 2004, art. 52)* **« du *c* de l'article 1er de l'ordonnance du 1er juillet 2004 précitée** *[sur les associations syndicales de propriétaires]*. **»** — *[Anc. art. 65.]*

En cas de refus de la commune d'intégrer les chemins d'exploitation de l'association foncière rurale en dissolution, le bureau de l'association statue, et les chemins peuvent être cédés à un ou des propriétaires ou à une autre association pour lui permettre les travaux dont elle a la charge. * Rép. min. n° 14216 : *JO Sénat Q, 9 avr. 2015. 815.*

Art. L. 161-6-1 *(L. n° 2022-217 du 21 févr. 2022, art. 102)* **Le conseil municipal peut, par délibération, décider le recensement des chemins ruraux situés sur le territoire de la commune. Cette délibération suspend le délai de prescription pour l'acquisition des parcelles comportant ces chemins.**

La suspension produit ses effets jusqu'à la délibération arrêtant le tableau récapitulatif des chemins ruraux, prise après enquête publique réalisée en application du code de l'expropriation pour cause d'utilité publique et selon des modalités fixées par décret en Conseil d'État. Cette délibération ne peut intervenir plus de deux ans après la délibération prévue au premier alinéa. — *V. art. R. 161-11-1 s.*

BIBL. ▶ LOCHOUARN, *RD rur. 2023. Étude 8* (le recensement des chemins ruraux).

COMMENTAIRE

La commune peut décider de recenser les chemins ruraux (V. art. R. 161-11-1 s.), ce qui a pour effet de suspendre le délai de prescription. Il n'a pas été retenu de principe d'imprescriptibilité des chemins ruraux pour ne pas créer d'inégalité devant la loi et les charges publiques, ni modifier les principes de distinction de la domanialité publique et privée. Cette disposition avait été initialement prévue par la loi n° 2016-737 du 4 août 2016 (art. 76 s.) et censurée par le Conseil constitutionnel pour un motif de procédure (Cons. const. 4 août 2016, n° 2016-737 DC : *AJDA 2016. 1605*).

Art. L. 161-7 **Lorsque, antérieurement à son incorporation dans la voirie rurale, un chemin a été créé ou entretenu par une association foncière, une association syndicale autorisée, créée au titre** *(Ord. n° 2004-632 du 1er juill. 2004, art. 52)* **« du *c* de l'article 1er de l'ordonnance du 1er juillet 2004 précitée », ou lorsque le chemin est créé en application de l'article L. 121-17, les travaux et l'entretien sont financés au moyen d'une taxe répartie à raison de l'intérêt de chaque propriété aux travaux.**

Il en est de même lorsqu'il s'agit d'un chemin rural dont l'ouverture, le redressement, l'élargissement, la réparation ou l'entretien incombait à une association syndicale avant le 1er janvier 1959.

Dans les autres cas, le conseil municipal pourra instituer la taxe prévue aux alinéas précédents, si le chemin est utilisé pour l'exploitation d'un ou de plusieurs fonds.

Sont applicables à cette taxe les dispositions de l'article L. 231-13 du code des communes, ci-après reproduites : — *Ces dispositions ont été recodifiées dans le code général des collectivités territoriales, art. L. 2331-11, ci-après reproduit :*

Art. L. 2331-11 Les taxes particulières dues par les habitants ou propriétaires en vertu des lois et usages locaux sont réparties par délibération du conseil municipal.

Ces taxes sont recouvrées comme en matière d'impôts directs. — *[Anc. art. 66.]*

Art. L. 161-8 *(L. n° 2022-217 du 21 févr. 2022, art. 104)* **Des contributions spéciales peuvent être imposées par la commune ou l'association syndicale mentionnée à l'article L. 161-11 aux personnes physiques ou morales responsables des dégradations apportées aux chemins ruraux en état de viabilité qui, de manière habituelle ou temporaire, les utilisent à quelque titre que ce soit.**

La quotité des contributions est proportionnée à la dégradation causée.

Les deux derniers alinéas de l'article L. 141-9 du code de la voirie routière sont applicables à ces contributions.

Art. L. 161-9 **Les dispositions de l'article L. 141-6 du code de la voirie routière sont applicables aux délibérations des conseils municipaux portant élargissement n'excédant pas deux mètres ou redressement des chemins ruraux.** — *[Anc. art. 68.] — V. Décr. n° 76-921 du 8 oct. 1976 fixant les modalités de l'enquête publique préalable à l'aliénation, à l'ouverture, au redressement et à la fixation de la largeur des chemins ruraux (JO 13 oct.), mod. par Décr. n° 2015-955 du 31 juill. 2015, art. 2 (JO 2 août).*

Art. L. 161-10 **Lorsqu'un chemin rural cesse d'être affecté à l'usage du public, la vente peut être décidée après enquête par le conseil municipal, à moins que les intéressés groupés en association syndicale conformément à l'article L. 161-11 n'aient demandé à se charger de l'entretien dans les deux mois qui suivent l'ouverture de l'enquête.**

Lorsque l'aliénation est ordonnée, les propriétaires riverains sont mis en demeure d'acquérir les terrains attenant à leurs propriétés.

Si, dans le délai d'un mois à dater de l'avertissement, les propriétaires riverains n'ont pas déposé leur soumission ou si leurs offres sont insuffisantes, il est procédé à l'aliénation des terrains selon les règles suivies pour la vente des propriétés communales. — *[Anc. art. 69.]*

COMMENTAIRE

Il est désormais possible de recourir à l'échange sous réserve de garantir la continuité du chemin, de respecter sa largeur et sa qualité environnementale. Une procédure d'information du public doit être respectée. Cette disposition avait été prévue par la loi n° 2016-1087 du 8 août 2016, mais elle avait été censurée sur un motif de procédure par le Conseil constitutionnel (Cons. const. 4 août 2016, n° 2016-737 DC : *AJDA 2016. 1605*).

BIBL. ► BRAUD, *RD rur. 1999. 572* (protection inadaptée du domaine privé communal).

1. Condition de cession. En constatant que le chemin n'avait pas cessé d'être affecté à l'usage du public, la cour a pu conclure que le chemin ne pouvait faire l'objet d'une vente sans avoir à rechercher si le chemin faisait l'objet d'une circulation générale et continue. • CE 16 avr. 2010, n° 316342 : *RD rur. 2011, n° 35, obs. Lebel.* ♦ Le chemin non désaffecté pour être fréquemment utilisé par des promeneurs en dépit de la pose d'une barrière par la commune n'est pas susceptible d'aliénation. • CAA Bordeaux, 20 juin 2019, n° 17BX02559 : *RD rur. 2019, n° 114, note Lochouarn.* ♦ Pour un exemple d'appréciation de désaffectation de la voie, V. • CAA Bordeaux, 14 mai 2020, n° 18BX01881 : *RD rur. 2020, n° 121, note Lochouarn.* ♦ Dès lors qu'il n'est pas établi que le chemin a cessé d'être affecté à l'usage du public, il ne pouvait plus être aliéné. • CAA Nantes 13 févr. 2017, n° 16NT00161. ♦ Cependant, si la désaffectation doit résulter d'un état de fait, ces dispositions ne font pas obstacle au droit du conseil municipal de décider l'aliénation d'un chemin rural qui est encore utilisé par le public, sous réserve d'une délibération du conseil municipal décidant de cesser l'affectation à l'usage du public. • CAA Nantes, 22 sept. 2020, n° 20NT01144 : *RD rur. 2020, n° 191, note Lochouarn ; AJDA 2021. 247*. – V. aussi, sur cette décision, Rép. min. n° 36448 : *JOAN 8 juin 2021, p. 4725.*

2. Compétence. La délibération d'un conseil municipal décidant la cession d'un chemin rural à d'autres personnes que les requérants a le caractère d'un acte administratif et la juridiction administrative est donc compétente pour connaître des conclusions des requérants soutenant que cette délibération porte atteinte au droit de préemption qui leur appartient sur une partie du chemin litigieux. • CE 9 févr. 1994, n° 75295 A : *D. 1994. IR 90*.

3. Échanges. Jurisprudence antérieure à la loi du 21 févr. 2022. **BIBL.** Yolka, *RD rur. 2008, n° 43* (l'interdiction d'échanger les chemins ruraux). ♦ Le législateur n'a pas ouvert d'autre voie que la vente pour l'aliénation des chemins ruraux désaffectés et la délibération d'un conseil municipal décidant l'échange d'une portion de chemin rural contre une parcelle appartenant à un propriétaire est illégale. • CE 23 mai 1986, n° 48303 A : *RDI 1986. 446* • CAA Bordeaux, 28 févr. 2008, n° 05BX02432. ♦ Est nulle l'aliénation d'un chemin rural dont la désaffectation résulte d'une situation illégale. • CE 18 déc. 2015, n° 378809 : *RD rur. 2016, n° 70, note Lavialle.*

4. Défaut de mise en demeure. Quand tous les propriétaires riverains n'ont pas été mis en demeure d'acheter, la délibération du conseil municipal doit être annulée. • CE 28 juin 1996, n° 164383 B. ♦ V. aussi • CE 9 févr. 1994, n° 75295 : *préc. note 2.* ♦ L'obligation de mise en demeure de tous les propriétaires riverains, quelle que soit pour eux l'utilité de ce chemin, a pour objet d'informer du projet d'aliénation et de présenter une offre d'achat chiffrée. • CE 20 nov. 2013, n° 361986 B : *AJDA 2013. 2342, obs. Pastor ; DP entr. agric., Bull. n° 469, p. 21, note Roussel ; Gaz. Pal. 4-5 déc. 2013 ; JCP N 2014. 1190, note Borel ; AJDA 2014. 1269, note Costa.*

5. Riverain. Le propriétaire riverain possède au moins une parcelle contiguë au chemin rural, alors même que le chemin n'est pas une voie d'accès à sa propriété. • CE 20 nov. 2013, n° 361986 : *préc. note 4.*

6. Recours. Une association de protection de l'environnement n'a pas d'intérêt à agir lui conférant qualité pour demander l'annulation de la délibération du conseil municipal décidant d'aliéner un chemin rural. • CAA Nantes, 9 févr. 2000, *Cne du Loreur : RD rur. 2001. 94, note Braud.* ♦ Seul le propriétaire de l'immeuble attenant au chemin au moment de la délibération du conseil municipal autorisant la vente de ce chemin peut se prévaloir d'une éventuelle violation de l'art. L. 161-10 ; les sous-acquéreurs sont sans qualité pour agir en nullité de la vente du chemin par la commune sur ce fondement dès lors que le vendeur n'avait exercé aucun recours dans le délai qui lui était imparti. • Civ. 3e, 16 févr. 2011, n° 09-72.984. ♦ Les contribuables communaux ont intérêt à agir contre une délibération portant sur l'aliénation de chemins ruraux. • CE 7 déc. 2015, n° 377264 : *AJDA 2016. 466.* ♦ La société acquéreur d'une parcelle constituant l'emprise foncière d'un chemin rural ne justifie pas d'un intérêt propre distinct de celui de la commune la rendant recevable à former tierce opposition contre l'arrêt ayant statué sur la régularité de l'aliénation. • CE 1er juill. 2019, n° 420200 B : *AJDA 2019. 2030.*

7. Le délai de recours des propriétaires riverains contre une décision d'aliénation d'un chemin rural désaffecté ne court qu'à compter de la date où celle-ci leur a été notifiée. • CE 5 juill. 2022, n° 459683 B : *AJDA 2022. 1358 ; RD rur. 2022, n° 133, note Lochouarn.*

8. Est irrecevable une demande en nullité de l'acte de cession d'un chemin rural décidé par une délibération d'un conseil municipal n'ayant fait l'objet d'aucun recours devant la juridiction administrative. • Civ. 3e, 11 mai 2017, n° 16-12.236 P : *AJDA 2017. 1026 ; D. actu. 13 juin 2017, note Prigent ; D. 2017. 1047 ; DP entr. agric., Bull. n° 507, p. 21, note Roussel ; AJDI 2017. 692, note Le Rudulier ; Gaz. Pal. 2017. 1957.* ♦ L'illégalité de la cession devenue définitive du chemin rural encore affecté à l'usage du public au moment de la délibération décidant de sa vente peut être soulevée par voie d'exception. • CAA Marseille, 9 avr. 2021, n° 19MA03786 : *RD rur. 2021, n° 168, note Lochouarn.*

Art. L. 161-10-1 *(L. n° 99-533 du 25 juin 1999)* **Lorsqu'un chemin rural appartient à plusieurs communes, il est statué sur la vente après enquête unique par délibérations concordantes des conseils municipaux.**

Il en est de même quand des chemins appartenant à plusieurs communes constituent un même itinéraire entre deux intersections de voies ou de chemins.

(L. n° 2014-1170 du 13 oct. 2014, art. 27-5°) **« L'enquête préalable à l'aliénation d'un chemin rural prévue à l'article L. 161-10 et au présent article est réalisée conformément au** *(Ord. n° 2015-1341 du 23 oct. 2015, art. 5-II)* **« code des relations entre le public et l'administration, » et selon des modalités fixées par décret en Conseil d'État. »** — *V. art. R. 161-25 s.*

Art. L. 161-10-2 *(L. n° 2022-217 du 21 févr. 2022, art. 103)* **Lorsqu'un échange de parcelles a pour objet de modifier le tracé ou l'emprise d'un chemin rural, la parcelle sur laquelle est sis le chemin rural peut être échangée dans les conditions prévues à l'article L. 3222-2 du code général de la propriété des personnes publiques et à l'article L. 2241-1 du code général des collectivités territoriales. L'acte d'échange comporte des clauses permettant de garantir la continuité du chemin rural.**

L'échange respecte, pour le chemin créé, la largeur et la qualité environnementale, notamment au regard de la biodiversité, du chemin remplacé. La portion de terrain cédée à la commune est incorporée de plein droit dans son réseau des chemins ruraux.

L'information du public est réalisée par la mise à disposition en mairie des plans du dossier et d'un registre avant la délibération autorisant l'échange, pendant un mois. Un avis est également affiché en mairie. Les remarques et observations du public peuvent être déposées sur un registre.

Art. L. 161-11 Lorsque des travaux sont nécessaires ou lorsqu'un chemin rural n'est pas entretenu par la commune et que soit la moitié plus un des intéressés représentant au moins les deux tiers de la superficie des propriétés desservies par le chemin, soit les deux tiers des intéressés représentant plus de la moitié de la superficie proposent de se charger des travaux nécessaires pour mettre ou maintenir la voie en état de viabilité ou demandent l'institution ou l'augmentation de la taxe prévue à l'article L. 161-7, le conseil municipal doit délibérer dans le délai d'un mois sur cette proposition.

Si le conseil municipal n'accepte pas la proposition ou s'il ne délibère pas dans le délai prescrit, il peut être constitué une association syndicale autorisée dans les conditions prévues par *(Ord. n° 2004-632 du 1er juill. 2004, art. 52)* « le c de l'article 1er et le titre III de l'ordonnance du 1er juillet 2004 » précitée.

Le chemin remis à l'association syndicale reste toutefois ouvert au public sauf délibération contraire du conseil municipal et de l'assemblée générale de l'association syndicale.

(L. n° 2022-217 du 21 févr. 2022, art. 104) « En l'absence d'association syndicale, la commune peut autoriser, par convention, une association régie par la loi du 1er juillet 1901 relative au contrat d'association à restaurer et à entretenir un chemin rural. Cette convention ne vaut pas engagement de la commune à prendre en charge l'entretien du chemin rural.

« Lorsqu'aucune des conditions prévues au présent article n'est satisfaite, une tierce association, régie par la loi du 1er juillet 1901 précitée, peut également proposer de prendre en charge l'entretien dudit chemin à titre gratuit. » — *[Anc. art. 70.]*

COMMENTAIRE

La loi a d'abord permis aux propriétaires et aux associations syndicales de prendre le relai des communes pour l'entretien et la restauration des chemins ruraux. A défaut, une association (L. 1901) peut être autorisée par convention à entretenir le chemin. ❑

1. Travaux publics. Les travaux sur les chemins ruraux sont des travaux publics. • CE 5 janv. 1977, n° 99716 B.

2. Défaut d'entretien. A moins qu'elles aient accepté d'en assurer la viabilité, les communes ne sont pas responsables des dommages dus aux défauts d'entretien des chemins ruraux, car cet entretien ne relève pas des dépenses obligatoires de la commune. • CE 26 sept. 2012, n° 347068 B : *AJDA 2013. 1002, note Éveillard ; DP entr. agric., Bull. n° 457, p. 13, note Roussel ; Gaz. Pal. 2012. 3073 ; RD rur. 2013, n° 26.* – V. notes ss. art. L. 161-5.

Art. L. 161-12 Les caractéristiques techniques auxquelles doivent répondre les chemins ruraux, les conditions dans lesquelles la voirie rurale peut être modifiée pour s'adapter à la structure agraire, les conditions dans lesquelles sont acceptées et exécutées les souscriptions volontaires pour ces chemins, les modalités d'application de l'article L. 161-7 sont fixées par voie réglementaire. — *[Anc. art. 71.]*

La responsabilité de la commune qui a mis en œuvre des travaux d'entretien des chemins ruraux peut être engagée (Rép. min. n° 234, JOAN Q 25 sept. 2007, p. 5830).

Art. L. 161-13 Sont applicables aux chemins ruraux les dispositions suivantes du code de la voirie routière :

1° L'article L. 113-1 relatif à la signalisation routière ;

2° Les articles L. 115-1, L. 141-10 et L. 141-11 relatifs à la coordination des travaux exécutés sur les voies publiques.

V. art. D. 161-1 s.

CHAPITRE II LES CHEMINS ET LES SENTIERS D'EXPLOITATION

COMMENTAIRE

Le régime juridique des sentiers d'exploitation n'est plus l'indivision depuis la loi du 26 août 1881. Aujourd'hui le régime des sentiers d'exploitation est déterminé par la propriété de leur assiette qui est privée et divise, et par leur usage qui est collectif. Ainsi chaque riverain a une part de propriété qui se détermine comme celle du lit des cours d'eau non domaniaux (C. civ., art. 563), donc constituée par la partie de chemin jouxtant leur fonds jusqu'à une ligne qu'on suppose tracée au milieu de la voie. Et le droit d'usage du sentier appartient à chaque propriétaire riverain et limitrophe, puisque le propriétaire du fond terminus en jouit et les propriétaires de fonds enclavés aussi mais par servitude. L'obligation d'entretien pèse sur tous les titulaires du droit d'usage. Le sentier peut être supprimé sous réserve de l'accord de tous les usagers. ❑

Art. L. 162-1 Les chemins et sentiers d'exploitation sont ceux qui servent exclusivement à la communication entre divers fonds, ou à leur exploitation. Ils sont, en l'absence de titre, présumés appartenir aux propriétaires riverains, chacun en droit soi, mais l'usage en est commun à tous les intéressés. L'usage de ces chemins peut être interdit au public. – *[Anc. art. 92.]*

BIBL. ▶ BERGEL, *RDI 1986. 344* ; *ibid. 1998. 68* . – DEBEAURAIN, Guide des chemins et sentiers d'exploitation, *Edilaix 2009 ; Le trait d'Union 2009, n° 1, p. 24* (notion de chemin d'exploitation). – LECERF et BLANC, *JCP N 1998. 940* (chemins d'exploitation et servitudes de passage). – LOCHOUARN, *RD rur. 2014. Étude 9* (l'usage des chemins d'exploitation) ; *RD rur. 2018. Étude 4* (propriété de l'assiette des chemins d'exploitation). – A. ROBERT, *RDI 1994. 389* . – SIGNORET, *LPA 6 sept. 1989, n° 107*. – ZENATI, *RTD civ. 1999. 433.*

1. QPC. Il n'y a pas lieu à renvoyer la QPC de l'art. L. 162-1 qui restreint l'exercice du droit de propriété dans des conditions proportionnées à l'objectif d'intérêt général. • Civ. 3e, 14 janv. 2016, n° 15-20.286 P : *DP entr. agric., Bull. n° 493, p. 13, note Roussel ; D. actu. 26 janv. 2016, note Portman ; AJDI 2016. 292 ; RD rur. 2016, n° 102, note Lochouarn ; Gaz. Pal. 2016. 578.*

A. DÉFINITION

2. Accès à la voie publique. Les chemins d'exploitation sont ceux qui, longeant divers héritages, enclavés ou non, ou y aboutissant, servent à la communication entre eux ou à leur exploitation et une cour d'appel ne peut refuser la qualification de chemin d'exploitation au motif que la propriété possède un accès à la voie publique, alors qu'elle devait seulement rechercher quel était l'usage du chemin litigieux et son utilité. • Civ. 3e, 24 oct. 1990, n° 89-12.618 : *D. 1991. Somm. 314, obs. A. Robert* . ♦ La destination d'un chemin reliant deux voies publiques n'est de nature à exclure la qualification de chemin d'exploitation que dans la mesure où les riverains avaient perdu leur droit d'interdire au public l'usage dudit chemin. • Civ. 3e, 19 juin 2002, n° 00-10.468. ♦ Constitue un chemin d'exploitation la voie créée lors d'un remembrement, non intégrée au réseau des chemins ruraux de la commune, destinée à désenclaver plusieurs parcelles et qui ne constitue pas le seul moyen d'accès aux chemins ruraux, n'étant d'usage obligatoire que pour les riverains. • Civ. 3e, 19 mai 2004, n° 02-20.178 P : *JCP 2004. IV. 2416 ; AJDI 2004. 565 ; Gaz. Pal. 26-28 sept. 2004. 28 ; RD rur. janv. 2005. 23.* ♦ ... Peu important qu'elle relie deux voies publiques entre elles. • Civ. 3e, 5 févr. 2013, n° 12-13.621 : *DP entr. agric., Bull. n° 462, p. 12, note Roussel.* ♦ N'est pas un chemin d'exploitation le chemin qui n'a pas pour objet essentiel la communication des fonds entre eux ou leur exploitation, mais qui assure leur desserte à partir de la voie publique. • Civ. 3e, 27 sept. 2011, n° 10-21.514 : *DP entr. agric., Bull. n° 446, p. 11, note Roussel.*

3. Riveraineté. Le propriétaire titulaire d'une servitude de passage lui permettant d'accéder au fonds servant, riverain d'un chemin d'exploitation, ne peut prétendre à un droit sur ce chemin, faute d'en être lui-même riverain. • Civ. 3e, 13 mai 1998, n° 95-18.501. ♦ Sont mal fondés les juges qui retiennent la qualification de chemin d'exploitation sur le fondement de l'utilité du chemin sans rechercher si le chemin s'étend jusqu'au fond du demandeur. • Civ. 3e, 5 mars 2013, n° 11-28.712 : *RD rur. 2013, n° 205, note Grimonprez ; DP entr. agric., Bull. n° 462, p. 12, note Roussel.* ♦ Ayant constaté que le fonds du demandeur bénéficiait d'une servitude de passage sur le fonds où il voulait faire établir l'existence d'un chemin d'exploitation et comme tous les autres propriétaires riverains indiquaient ne pas l'utiliser, une cour d'appel en déduit à bon droit que le chemin n'était pas un chemin d'exploitation. • Civ. 3e, 1er juill. 1998, n° 96-20.668 : *RD rur. 1999. 181.* ♦ N'est pas un chemin d'exploitation pour le propriétaire d'une parcelle la voie qui ne dessert pas son fonds fermé par un mur. • Civ. 3e, 28 janv. 2021, n° 20-10.777 : *AJDI 2021. 304* .

4. Enclave. Le défaut d'enclave des parcelles desservies n'est pas un critère sur lequel les juges peuvent s'appuyer pour écarter la qualification de chemin d'exploitation. • Civ. 3e, 2 juill. 1997, n° 95-16.706 : *RDI 1998. 69, obs. Bergel* . ♦ Est fondé l'arrêt qui reconnaît comme chemin d'exploitation celui qui sert exclusivement à la desserte des fonds qui le bordent, sans qu'il y ait lieu de rechercher une création volontaire d'un état d'enclave. • Civ. 3e, 5 avr. 2011, n° 10-16.715 : *DP entr. agric., Bull. mai 2011, p. 16, note Roussel.* ♦ Le fait qu'un chemin soit la desserte d'une parcelle enclavée ne suffit pas à le faire reconnaître chemin d'exploitation sans précision sur l'utilisation qui en est faite. • Civ. 3e, 14 sept. 2017, n° 16-20.362 : *RD rur. 2018, n° 4, note Lochouarn.*

5. Accès à des parcelles urbaines. La qualité de chemin d'exploitation ne peut être refusée à une voie au motif de la vocation urbaine des parcelles desservies. • Civ. 3e, 31 oct. 2000, n° 98-11.635 : *RD rur. 2001. 174.* ♦ La cour est mal fondée à rejeter la qualification de chemin d'exploitation lorsqu'elle constate la desserte de maisons d'habitation avec des jardins potagers ou d'agrément. • Civ. 3e, 11 févr. 2016, n° 14-14.981 : *AJDI 2016. 378 ; RD rur. 2016, n° 189.* ♦ Constitue un chemin d'exploitation une impasse dont l'usage est commun à ses riverains, l'urbanisation totale des lieux ne faisant pas disparaître la qualité du chemin. • Civ. 3e, 19 janv. 2011, n° 09-67.263 : *AJDI 2011. 221 .* ♦ Réserver la qualification de chemin d'exploitation à ceux ayant un usage agricole serait ajouter au texte. • Civ. 3e, 3 mai 2012, n° 11-15.010 : *DP entr. agric., Bull. n° 453, p. 7, note Roussel ; JCP 2012. 631 ; D. 2012. 1329 ; Gaz. Pal. 2012. 1760 ; JCP N 2012. 536 ; AJDI 2012. 762, note Prigent ; RD rur. 2013, n° 23, note Lochouarn.*

6. Desserte exclusive. Le chemin d'exploitation longe divers héritages ou y aboutit, sert à la communication entre eux ou à leur exploitation et ne peut desservir d'autres propriétés non riveraines et déboucher sur un chemin de servitude. • Civ. 3e, 3 oct. 2007, n° 06-19.454 : *D. 2007. AJ 2605 ; JCP 2007. IV. 2979 ; LPA 23 nov. 2007, p. 10, note Pierroux ; Gaz. Pal. 25-27 mai 2008. 24 ; ibid. 22 juill. 2008. 46 ; AJDI 2008. 403, obs. Prigent .* ♦ Les chemins d'exploitation servent exclusivement à la communication entre les fonds qu'ils desservent ou à leur exploitation, soit qu'ils les longent ou les traversent, soit qu'ils y aboutissent. • Civ. 3e, 12 déc. 2019, n° 18-21.370 : *RD rur. 2020, n° 43, note Lochouarn.* ♦ Dès lors qu'il a été retenu que le chemin ne pouvait être utilisé que par les propriétaires des terrains qu'il bordait et permettait la communication entre eux, l'utilité du chemin pour les parcelles desservies a été caractérisée. • Civ. 3e, 22 mai 2012, n° 11-17.483 : *DP entr. agric., Bull. n° 454, p. 11, note Roussel.* ♦ Les juges sont mal fondés à retenir la qualification de chemin d'exploitation sans vérifier si cette voie servait exclusivement à la communication entre les divers fonds ou à leur exploitation. • Civ. 3e, 4 oct. 2000, n° 98-11.780 : *RD rur. 2001. 174* • 15 oct. 2013, n° 12-20.886 : *RD rur. 2014, n° 25, note Lochouarn.* ♦ Est mal fondé l'arrêt qui rejette la qualification de chemin d'exploitation sans rechercher si le chemin qui aboutissait à des parcelles ne servait pas exclusivement à l'exploitation ou à la desserte des fonds riverains et s'il présentait un intérêt pour ces fonds. • Civ. 3e, 9 déc. 2009, n° 08-20.688 : *JCP N 2010. 1121, note Barbièri.* ♦ … Et sans vérifier si la qualification était compatible avec une clause de redressement d'un acte de donation partage à l'origine de ce chemin. • Civ. 3e, 6 oct. 2016, n° 15-20.742 : *RD rur. 2016, n° 295, note Lochouarn.* ♦ Ne peut être qualifié de chemin d'exploitation… le chemin qui ne servait pas exclusivement à la communication entre les fonds riverains et à leur exploitation, puisqu'utilisé par des riverains, des randonneurs, et par le service de défense contre les incendies. • Civ. 3e, 14 nov. 2019, n° 18-20.133 P : *JCP N 2019. Actu. 908 ; D. 2019. 2245 ; JCP 2019. 1253 ; AJDI 2020. 528 .* ♦ … Le chemin essentiellement utilisé depuis de nombreuses années par les habitants de la commune et les estivants, comme raccourci entre deux voies publiques pour se rendre à la plage ou au village. • Civ. 3e, 20 avr. 2023, n° 21-25.104 : *AJDI 2023. 460 ; DP entr. agric., Bull. n° 574-575, p. 19, note Roussel.* ♦ Est mal fondé l'arrêt qui rejette la demande de reconnaissance d'un chemin d'exploitation pour la voie qui rejoint les fonds des parties avant d'accéder à un chemin rural au motif que le débouché final de ce chemin n'est pas connu en totalité. • Civ. 3e, 18 janv. 2023, n° 22-10.019 P : *RD rur. 2023, n° 50, note Lochouarn.*

7. Usage du public. L'usage commun des chemins d'exploitation n'est pas régi par les règles de l'indivision et chaque propriétaire riverain dispose du droit d'en interdire l'accès aux non-riverains. • Civ. 3e, 29 nov. 2018, n° 17-22.508 P : *D. 2018. 2359 ; D. actu. 14 janv. 2019, note Prigent ; AJDI 2019. 557, note Prigent ; RTD civ. 2019. 136, note Dross ; JCP 2018. 1335 ; JCP N 2018. Actu. 920 ; Defrénois 2019, n° 10, p. 26, note Chamoulaud-Trapiers et 1493, note Tranchant ; Gaz. Pal. 11 déc. 2018, p. 46 et 2019. 1086, note Thomat-Raynaud ; RD rur. 2019, n° 20, note Lochouarn ; DP entr. agric., Bull. n° 525, p. 17, note Roussel ; AJDI 2019. 643, note Le Rudulier .* ♦ Est mal fondé l'arrêt qui décide qu'une voie n'est pas un chemin d'exploitation au motif que toute personne doit pouvoir l'utiliser pour se rendre sur la propriété du Conservatoire du littoral alors que l'usage d'un chemin d'exploitation peut être interdit au public. • Civ. 3e, 17 nov. 2016, n° 15-19.950 : *RD rur. 2017, n° 40, note Lavialle ; AJDI 2017. 371, note Debeaurain .* ♦ L'ouverture d'un chemin au public ne suffit pas à exclure la qualification de chemin d'exploitation. • Civ. 3e, 9 févr. 2017, n° 15-29.153 P : *D. 2017. 405 ; RD rur. 2017, n° 110 ; JCP N 2017. Actu. 296 ; JCP 2017. 238 ; DP entr. agric., Bull. n° 505, p. 14 ; Gaz. Pal. 2017. 604.* ♦ Le droit dont dispose chaque propriétaire riverain d'interdire l'accès d'un chemin d'exploitation aux non riverains n'est pas subordonné à l'existence d'un préjudice. • Civ. 3e, 8 avr. 2021, n° 20-15.192 : *RD rur. 2021, n° 169, note Lochouarn ; AJDI 2021. 538 .*

8. Titre. L'existence d'un chemin d'exploitation n'est pas subordonnée à sa mention dans un titre. • Civ. 3e, 2 mars 2017, n° 15-24.374 : *AJDI 2017. 374 ; DP entr. agric., Bull. n° 507, p. 14, note Roussel ; RD rur. 2017, n° 144, note Lochouarn* • Paris, 29 janv. 2016, n° 14/15236 : *RD rur. 2016, n° 121, note Lochouarn.* ♦ La qualification d'un chemin d'exploitation n'est pas liée à la propriété du sol. • Civ. 3e, 20 déc. 2018, n° 17-26.559 : *AJDI 2019. 230*.

9. *Utilité.* Une cour d'appel, constatant qu'un passage dessert plusieurs parcelles et sert à la communication entre divers héritages ou à leur exploitation, retient à bon droit que ce chemin est un chemin d'exploitation et que le propriétaire d'une parcelle traversée, qui en a modifié le tracé, doit être condamné à le rétablir. • Civ. 3e, 8 nov. 1995, n° 93-18.468 : *D. 1996. IR 16*. ♦ Une bande de terrain n'est pas un chemin d'exploitation quand l'usage ne présente pas d'utilité pour le demandeur. • Civ. 1re, 2 juin 1964 : *Bull. civ. I, n° 292.* ♦ Lorsqu'un chemin est depuis longtemps utilisé par la généralité des habitants d'une commune, il est présumé faire partie du domaine communal. • Civ. 20 mars 1950 : *S. 1951. 1. 120.* ♦ Un propriétaire, en l'espèce une commune, ne peut prétendre à l'existence d'un chemin d'exploitation dans une parcelle qui sépare son fonds d'une voie publique, quand il n'est pas démontré que ce chemin présenterait une utilité pour les propriétaires de ladite parcelle. • Civ. 3e, 1er juill. 1998, n° 95-19.669 : *RD rur. 1999. 181 ; JCP 1998. IV. 2937.* ♦ Toutefois, le défaut d'utilité ne peut être opposé à la demande de rétablissement d'un chemin d'exploitation qui mène à une parcelle qui est par ailleurs suffisamment desservie, sans que soit constaté le fait que le chemin avait été supprimé du consentement de tous les propriétaires qui avaient le droit de s'en servir. • Civ. 3e, 10 juin 1998, n° 96-10.374 : *RD rur. 1999. 57.* ♦ L'incorporation partielle du chemin à la voie publique ne lui fait pas perdre sa nature de chemin d'exploitation. • Civ. 3e, 31 mai 2012, n° 11-17.027 : *DP entr. agric., Bull. n° 454, p. 1, note Roussel.* ♦ Constitue un chemin d'exploitation... un chemin, utile au demandeur, même s'il n'est utilisé que par celui-ci. • Civ. 3e, 5 févr. 2013, n° 12-13.621 : *DP entr. agric., Bull. n° 462, p. 12, note Roussel.* ♦ ... Le chemin qui permet le passage des évacuations d'assainissement des bâtiments et permettait à l'origine l'accès depuis la voie publique aux bâtiments riverains. • Civ. 3e, 17 déc. 2013, n° 12-21.559 : *AJDI 2014. 393*. ♦ ... Le chemin qui prolonge la voie communale que le public n'utilise pas et qui n'a d'autre usage que la communication entre les propriétés riveraines. • Civ. 3e, 12 janv. 2017, n° 15-25.226 : *AJDI 2017. 212 ; RD rur. 2017, n° 82, note Lochouarn* • 10 oct. 2019, n° 18-13.634 : *RD rur. 2020, n° 18, note Lochouarn ; Gaz. Pal. 2020, n° 17, p. 37, note Manteau.*

10. L'existence de servitudes de passage n'exclut pas la qualification de chemin d'exploitation. • Civ. 3e, 14 juin 2018, n° 17-20.567 P : *D. actu. 20 juill. 2018, note Prigent ; AJDI 2019. 394, note Prigent ; JCP 2018. 763 ; JCP N 2018. Actu. 584 ; RD rur. 2018, n° 179, note Lochouarn ; DP entr. agric., Bull. n° 521, p. 22, note Roussel.*

11. *Durée.* Ajoute à la loi une condition qu'elle ne comporte pas la cour qui exige que le chemin ait servi depuis des temps immémoriaux à la communication entre les fonds. • Civ. 3e, 21 janv. 2009, n° 08-10.208 : *RD rur. 2009, n° 62, note Lavialle ; D. 2009. 561 ; JCP 2009. IV. 1284 ; Gaz. Pal. 12-16 juill. 2009, p. 24.*

12. *Praticabilité.* L'existence d'un chemin d'exploitation n'est pas liée au fait que le chemin soit praticable en voiture. • Civ. 3e, 3 oct. 2007, n° 06-18.107 : *D. 2007. AJ 2605 ; JCP 2007. IV. 2978 ; Gaz. Pal. 25-27 mai 2008. 24 ; ibid. 22 juill. 2008. 46 ; AJDI 2008. 403, obs. Prigent*.

13. *Participation aux frais.* L'absence de participation des riverains aux frais de mise en état de viabilité et d'entretien du chemin n'est pas un critère du chemin d'exploitation, caractérisé par le fait qu'il sert exclusivement à la communication entre les fonds ou à leur exploitation. • Civ. 3e, 2 juill. 1997, n° 95-16.706 : *RDI 1998. 69, obs. Bergel*.

B. PROPRIÉTÉ

14. *Objet.* Le droit de propriété individuelle sur un chemin d'exploitation porte sur la portion bordant un fonds, jusqu'à l'axe médian du chemin. • Civ. 3e, 12 mars 1973 : *Ann. loyers 1973. 1702.*

15. *Usucapion.* Un chemin d'exploitation peut être usucapé par un tiers, en particulier dans l'hypothèse où l'assiette du chemin a été déplacée. • Civ. 3e, 26 févr. 1986 : *D. 1987. Somm. 18, obs. A. Robert.*

16. *Servitudes.* Le régime des servitudes n'est pas applicable aux chemins d'exploitation. • Civ. 3e, 24 juin 2015, n° 14-12.999 P : *JCP 2015. 825 ; RTD com. 2015. 912, note Dross ; DP entr. agric., Bull. n° 489, p. 16, note Roussel ; JCP 2015. Doctr. 1221, 13°, chron. Périnet-Marquet ; RD rur. 2016, n° 9, note Lochouarn.*

17. *Caractère privé.* Les chemins et sentiers d'exploitation appartiennent à des particuliers et servent exclusivement à la communication entre leurs héritages ou à leur exploitation. • Cass., ass. plén., 14 mars 1986 : *JCP 1986. IV. 146.* ♦ L'impasse dont l'usage est commun à ses riverains est un chemin d'exploitation qui, en l'absence de titres, est présumé appartenir aux propriétaires riverains avec usage commun à tous les intéressés. • Civ. 3e, 19 janv. 2011, n° 09-67.263.

18. Est fondée la demande du propriétaire d'un chemin d'exploitation d'enlèvement des ouvrages en surplomb et des canalisations installées en tréfonds. • Civ. 3e, 31 mai 2018, n° 17-17.933 : *DP entr. agric., Bull. n° 521, p. 22, note Roussel ; RD rur. 2018, n° 139, note Lochouarn.*

19. *Empiétement.* Le riverain qui démontre sa propriété par titre du sol constituant l'assiette du chemin peut demander la suppression des empiétements d'un autre riverain sur la portion du chemin bordant la propriété de ce dernier jusqu'à l'axe médian du chemin. • Civ. 3e, 7 déc. 2010, n° 09-10.069 : *AJDI 2011. 221.*

20. Remembrement. V. art. L. 123-8 C. rur.

21. Bornage. L'axe médian peut donc servir de ligne de division entre deux fonds en cas d'action en bornage. • Civ. 3e, 20 juin 1972, n° 71-11.295 P. ♦ Le propriétaire d'un fonds est recevable en sa demande de bornage contre le propriétaire d'un autre fonds séparé du sien par un chemin d'exploitation qui crée la contiguïté des fonds. • Civ. 3e, 8 déc. 2010, n° 09-17.005 : *Gaz. Pal. 2010. Pan. 3742.* ♦ Constatant que le « chemin entre », désignation habituelle du chemin d'exploitation propriété des riverains, chacun en droit soi à La Réunion, séparait des fonds et ne servait qu'à la communication entre eux, la cour a pu retenir que la ligne divisoire était l'axe médian. • Civ. 3e, 28 mars 2019, n° 18-11.275 : *AJDI 2019. 393 ; RD rur. 2019, n° 72, note Lochouarn.*

C. USAGE

22. Propriété du sol. Le droit d'usage d'un chemin d'exploitation n'étant pas lié à la propriété du sol, l'existence d'un titre de propriété au profit d'un propriétaire riverain ne rend pas impossible la qualification de chemin d'exploitation. • Civ. 3e, 24 nov. 2010, n° 09-70.917 : *JCP N 2010. 870 ; JCP 2010. 1269 ; Gaz. Pal. 2010. 3726* • 26 mars 2020, n° 18-24.764 : *RD rur. 2020, n° 146, note Lochouarn ; Gaz. Pal. 2020, n° 37, p. 30, note Manteau.* ♦ La propriété exclusive d'une parcelle où existe déjà un chemin empierré ne fait pas obstacle à sa qualification de chemin d'exploitation. • Civ. 3e, 10 oct. 2019, n° 18-13.634 : *RD rur. 2020, n° 18, note Lochouarn.*

23. Propriété de l'assiette. Le droit d'usage, indépendant de la propriété de l'assiette du chemin, peut être exercé par l'exploitant du fonds terminus, auprès duquel le chemin d'exploitation se termine en cul-de-sac. • TGI Le Mans, 21 déc. 1982 : *D. 1984. Somm. 429, obs. A. Robert.* ♦ Si le riverain d'un chemin d'exploitation a le droit d'y installer des canalisations souterraines en vue d'obtenir tous les avantages que cette voie de communication est susceptible de lui procurer dans le respect le cas échéant de la convention qui en détermine l'usage, tel n'est pas le cas lorsqu'un autre riverain est propriétaire du sol constituant son assiette. • Civ. 3e, 29 juin 2023, n° 21-25.526 : *Defrénois 2023, n° 28, p. 16 ; RD rur. 2023, n° 95, note Lochouarn ; AJDI 2023. 698.*

24. Protection du droit d'usage. Le droit d'usage d'un chemin d'exploitation n'étant pas lié à la propriété du sol, les propriétaires d'un terrain ne sauraient reprocher à une cour d'appel d'ordonner la suppression de la clôture qu'ils y ont installée pour empêcher le passage sur un chemin desservant une parcelle voisine. • Civ. 3e, 5 févr. 1997, n° 95-12.106 P : *D. 1997. IR 72 ; Defrénois 1997, art. 36599, n° 87, obs. Atias ; JCP N 1998. 287, note Gravillou ; RTD civ. 1999. 433, obs. Zenati .* ♦ La pose de la barrière sur le chemin d'exploitation constituait un abus de droit occasionnant un préjudice en contraignant l'exploitant de la parcelle à effectuer des manœuvres supplémentaires. • Civ. 3e, 24 sept. 2002, n° 01-00.811. ♦ Les propriétaires d'un chemin d'exploitation qui posent un portail à l'entrée exercent régulièrement leur droit de clôture sans que l'obligation de manœuvrer cette barrière puisse être regardée comme une atteinte au droit de jouissance de leurs voisins. • Civ. 3e, 24 sept. 2002, n° 01-01.914. ♦ Le propriétaire doit retirer la barrière du chemin dès lors que l'obligation de descendre de voiture et de manœuvrer à chaque passage constituait une limitation au droit d'utiliser le chemin au vu de l'âge et du handicap des requérants. • Civ. 3e, 1er juill. 2014, n° 13-17.017 : *AJDI 2014. 793 .* ♦ Dès lors qu'un obstacle au passage a été au moins à une occasion placé sur le chemin d'exploitation, le juge des référés a pu prendre toute mesure pour éviter le renouvellement du trouble manifestement illicite apporté au droit de propriété. • Civ. 3e, 23 mai 2019, n° 17-28.710 : *RD rur. 2019, n° 98, note Lochouarn.* ♦ Le propriétaire d'un fond jouxtant le chemin d'exploitation peut solliciter sa remise en état après qu'un voisin y a réalisé un aménagement. • Civ. 3e, 23 janv. 2020, n° 18-22.436 : *AJDI 2020. 299 ; Defrénois 2020, n° 17, p. 41, obs. Delorme.* ♦ La commune ne peut juridiquement contraindre les propriétaires à accepter le passage de randonneurs. * Rép. min. n° 24789 : *JO Sénat 6 janv. 2022.*

25. Accord des propriétaires (non). Un riverain est fondé à enfouir une canalisation en sous-sol de la partie du chemin d'exploitation dont il a la propriété divise sans autorisation préalable des autres propriétaires riverains dès lors qu'il n'est pas établi l'existence d'une convention réglementant l'usage de ce chemin ni que l'ouvrage fragilisait ou réduisait l'usage de ce chemin. • Civ. 3e, 29 juin 2010, n° 09-15.840 : *AJDI 2010. 247 .*

26. Droit d'usage et servitude. La demande de reconnaissance d'un droit d'usage du chemin d'exploitation ne porte pas atteinte à l'autorité de chose jugée de l'arrêt rejetant la demande de reconnaissance d'une servitude de passage. • Civ. 3e, 17 mai 2006, n° 05-13.013 P : *Gaz. Pal. 25-26 avr. 2007, p. 36.*

27. Terrains non riverains. Une cour d'appel ne peut prétendre que si seuls les riverains d'un chemin d'exploitation bénéficient d'une présomption de propriété, tous les intéressés ont un droit d'usage sur ce chemin, alors qu'elle devrait rechercher exclusivement quelles parcelles constituent l'un des héritages desservis par le chemin ou longent celui-ci ou en sont l'aboutissement. • Civ. 3e, 27 nov. 1996, n° 94-20.869 : *RDI 1998. 69, obs. Bergel .* ♦ Les juges doivent vérifier que le fonds du demandeur d'un droit d'accès à un chemin d'exploitation est riverain de cette voie sans pouvoir s'en tenir à l'existence d'une servitude permettant au requérant le passage sur l'un des fonds riverain de ce chemin. • Civ. 3e, 13 mai 1998, n° 95-18.501 : *RD rur. 1998. 613.* ♦ Un fonds enclavé ne peut bénéficier d'un droit d'usage sur un chemin d'exploitation dont il n'est pas riverain. • Civ. 3e, 7 déc. 2010, n° 09-15.387.

28. Fermier. Le chemin qui a pour finalité de permettre au propriétaire d'accéder ou de traverser sa parcelle, de desservir celle exploitée par un fermier, qui est exclusivement affecté à la communication entre les fonds, est un chemin d'exploitation, et le preneur qui avait intérêt à l'emprunter est fondé à en faire usage. • Civ. 3e, 24 nov. 2010, n° 09-70.917 : *préc. note 22.*

29. Non-usage. Le droit d'utiliser un chemin d'exploitation ne se perd pas par le non-usage. • Civ. 1re, 8 mars 1967 : *D. 1967. Somm. 85, obs. A. Robert* • 17 févr. 1965 : *Bull. civ. I, n° 139* • Civ. 3e, 14 nov. 1979 : *JCP 1981. II. 19507, note Goubeaux* • 2 mars 2017, n° 15-24.374 : *AJDI 2017. 374* • 10 nov. 1993, n° 91-17.217 P : *D. 1994. 167*. ♦ Un chemin d'exploitation ne peut être supprimé que du consentement de tous les propriétaires et un propriétaire riverain ne peut perdre par non-usage trentenaire le droit d'utiliser l'ensemble du chemin. • Civ. 3e, 4 févr. 1998, n° 96-12.554 : *JCP 1999. IV. 1655 ; Gaz. Pal. 1998. Pan. 192.* ♦ Même sens : • Civ. 3e, 2 févr. 2000, n° 98-13.825 : *RD rur. 2000. 489.* • 31 mai 2012, n° 11-17.027 : *DP entr. agric., Bull. n° 454, p. 1, note Roussel.* ♦ La cour est fondée à ne pas juger établie l'existence d'un ancien chemin rural lorsque les propriétaires n'ont pas pérennisé l'existence du chemin préexistant à la réunion des parcelles entre leurs mains. • Civ. 3e, 1er juill. 2014, n° 13-13.493 : *RD rur. 2014, n° 186, note Lochouarn.*

30. Disparition. La seule disparition matérielle d'un chemin d'exploitation ne peut suffire à priver les propriétaires en ayant été riverains des droits qui leur sont conférés par la loi. • Civ. 3e, 19 mai 1999, n° 97-16.428 : *Gaz. Pal. 1999. 2. Pan. 208 ; JCP 1999. IV. 2258 ; JCP N 1999. 1583 et 1633 ; RDI 1999. 365 ; RD rur. 2000. 107 ; Rev. loyers 2000. 107.*

31. Renonciation. La faculté de renoncer au droit d'usage d'un chemin d'exploitation n'est pas liée à la renonciation au droit de propriété ; dès lors, le propriétaire qui construit sur l'assiette du chemin et ferme complètement son domaine a renoncé à l'usage du chemin, et ses successeurs ne peuvent prétendre à son rétablissement. • Civ. 3e, 24 févr. 1999, n° 97-10.955 : *JCP 1999. IV. 1691 ; RDI 1999. 189 ; RD rur. 1999. 603.* ♦ L'absence de toute contribution aux charges d'entretien ne suffit pas à établir la renonciation aux droits sur le chemin d'exploitation. • Civ. 3e, 22 oct. 2015, n° 13-27.315 : *RD rur. 2016, n° 45, note Lochouarn.*

32. Abus. Le propriétaire d'une carrière qui fait disparaître l'assiette d'un chemin d'exploitation par une utilisation inconsidérée doit le reconstruire ou, en cas d'impossibilité, indemniser les copropriétaires. • Civ. 3e, 4 oct. 1989, n° 87-14.837 : *D. 1989. IR 265 ; RTD civ. 1990. 682, obs. Zenati ; Defrénois 1990. 1028, obs. Souleau.* ♦ Toutefois, un chemin d'exploitation peut être utilisé pour le transport de matériaux et le passage de camions. • Civ. 3e, 22 nov. 1983 : *RD rur. 1984. 413.*

Art. L. 162-2 **Tous les propriétaires dont les chemins et sentiers desservent les fonds sont tenus les uns envers les autres de contribuer, dans la proportion de leur intérêt, aux travaux nécessaires à leur entretien et à leur mise en état de viabilité.** — *[Anc. art. 93.]*

1. Entretien par la commune. Un conseil municipal n'a aucun pouvoir pour mettre en demeure les copropriétaires d'un chemin d'exploitation de réaliser des travaux d'entretien, puis pour faire réaliser ces travaux. • CE 17 janv. 1994, n° 115203 B.

2. Débiteurs. La charge d'entretien pèse sur les propriétaires de parcelles titulaires d'un droit d'usage du chemin d'exploitation. • Civ. 1re, 24 mars 1958 : *Bull. civ. I, n° 173.* ♦ ... Et donc sur l'ensemble des propriétaires riverains. • Civ. 3e, 12 janv. 1982 : *Bull. civ. III, n° 13.*

3. Compétence. Les litiges entre l'association foncière et les particuliers nés de la gestion des chemins d'exploitation sont de la compétence du juge judiciaire. * Rép. min. agric. n° 2992, *JO Sénat Q 19 juin 2003, p. 1993.*

Art. L. 162-3 **Les chemins et sentiers d'exploitation ne peuvent être supprimés que du consentement de tous les propriétaires qui ont le droit de s'en servir.** — *[Anc. art. 94.]*

BIBL. ▸ LOCHOUARN, *RD rur. 1997. 30* (modification de l'assiette).

1. Inutilisation. Est fondée la cour qui relève dans une appréciation souveraine que le chemin a disparu après 1930 avec le consentement de tous les propriétaires. • Civ. 3e, 5 avr. 2011, n° 10-16.715 : *DP entr. agric., Bull. mai 2011, p. 16, note Roussel.*

2. Modification de l'assiette. Les propriétaires riverains peuvent faire rétablir l'emprise d'un chemin d'exploitation lorsqu'elle a été déplacée. • Civ. 3e, 8 nov. 1995, n° 93-18.468 : *RD rur. 1996. 93.* ♦ La possibilité de déplacer l'assiette d'une servitude, prévue à l'art. 701 C. civ., ne s'applique pas aux chemins d'exploitation. • Civ. 3e, 28 sept. 1982 : *D. 1982. IR 510 ; Bull. civ. III, n° 188.*

3. Altération de l'assiette. Le consentement du propriétaire est nécessaire pour rétablir l'assiette du chemin lorsqu'elle est détruite sans faute de ce propriétaire. • Civ. 3e, 1er mars 1983 : *Bull. civ. III, n° 63.* ♦ Sur l'obligation de rétablir l'assiette ou de dédommager les usagers du chemin en cas de faute, V. ss. art. L. 162-1, note 19.

4. *Association syndicale.* La modification de l'assiette d'un chemin d'exploitation n'entre pas dans l'objet de l'association syndicale regroupant les propriétaires des fonds riverains. • Civ. 3e, 13 avr. 2022, n° 21-14.551 : *AJDI 2022. 462 ; RD rur. 2022, n° 107, note Lochouarn ; DP entr. agric., Bull. n° 562, p. 6, note Mariani.*

Art. L. 162-4 **Dans les cas prévus à l'article L. 162-2, les intéressés peuvent toujours s'affranchir de toute contribution en renonçant à leurs droits soit d'usage, soit de propriété, sur les chemins d'exploitation.** – *[Anc. art. 96.]*

Art. L. 162-5 **Les contestations relatives à la propriété et à la suppression des chemins et sentiers d'exploitation ainsi que les difficultés relatives aux travaux prévus à l'article L. 162-2 sont jugées par les tribunaux de l'ordre judiciaire.** – *[Anc. art. 95.]*

V. art. R. 162-1.

V. note 3 ss. art. L. 162-2.

CHAPITRE III DISPOSITIONS COMMUNES

Art. L. 163-1 *(Ord. n° 2012-92 du 26 janv. 2012, art. 4-9°)* **Sont applicables aux chemins ruraux et, lorsqu'ils sont ouverts à la circulation publique, aux chemins d'exploitation, les dispositions des articles L. 131-7, L. 131-16 et L. 134-10 du code forestier.** – *V. C. for.*

TITRE VII LES EXPERTS FONCIERS ET AGRICOLES ET LES EXPERTS FORESTIERS

(L. n° 2001-602 du 9 juill. 2001, art. 59)

BIBL. GÉN. ▶ PEIGNOT, *Le Trait d'Union 2007, n° 3* (Conseil national de l'expertise foncière agricole et forestière).

COMMENTAIRE

Le décret n° 2008-1426 du 22 décembre 2008 est venu préciser les droits et obligations des experts fonciers et agricoles, leurs devoirs à l'égard de leurs clients, les relations de l'expert et de ses confrères, ainsi que la surveillance du Conseil national de l'expertise foncière, agricole et forestière (V. art. R. 171-1 s.).

Art. L. 171-1 **Les experts fonciers et agricoles et les experts forestiers sont des personnes physiques qui exercent, le cas échéant dans le cadre d'une personne morale, en leur nom personnel et sous leur responsabilité, des missions d'expertise en matière foncière, agricole et forestière portant sur les biens d'autrui, meubles et immeubles, ainsi que sur les droits mobiliers et immobiliers afférents à ces biens.**

La profession d'expert foncier et agricole ou d'expert forestier est incompatible avec les charges d'officiers publics et ministériels et avec toutes fonctions susceptibles de porter atteinte à son indépendance, en particulier avec toute profession consistant à acquérir de façon habituelle des biens mobiliers ou immobiliers en vue de leur revente. Elle n'est pas incompatible avec des activités de gestion immobilière sur les biens d'autrui et avec des activités d'entremise immobilière si elles ne portent pas sur une même opération que celle faisant l'objet des missions d'expertise visées ci-dessus.

(L. n° 2005-157 du 23 févr. 2005, art. 96) **« Il est créé un Conseil national de l'expertise foncière agricole et forestière, doté de la personnalité morale, auquel doivent adhérer les personnes se réclamant en France du titre d'expert foncier et agricole ou d'expert forestier.**

« L'assemblée générale des membres du conseil national vote annuellement le budget, approuve les comptes et fixe le montant des cotisations dues par ses membres. Le conseil est administré par un comité composé de représentants des experts désignés par les membres du conseil sur proposition des organisations les plus représentatives à l'échelon national des professions d'expert foncier, agricole et forestier. Ce comité, qui élit son président, prépare les délibérations de l'assemblée générale.

« Ce comité » est chargé en particulier d'établir annuellement la liste des experts fonciers et agricoles ou forestiers et de faire respecter les devoirs professionnels de

chacune des personnes inscrites sur la liste tels qu'ils sont définis par un décret en Conseil d'État.

Nul ne peut porter le titre d'expert foncier et agricole ou d'expert forestier s'il ne figure sur la liste mentionnée ci-dessus.

(L. n° 2005-157 du 23 févr. 2005, art. 96) « Le comité » peut prononcer des sanctions constituées soit par un blâme, soit par un avertissement, soit par une suspension, soit par une radiation de la liste, cette dernière sanction ne pouvant être appliquée qu'en cas de faute professionnelle grave ou de condamnation pour faits contraires à l'honneur, à la probité et aux bonnes mœurs. Quand il siège en matière disciplinaire, *(L. n° 2005-157 du 23 févr. 2005, art. 96)* « ce comité » est présidé par un membre du Conseil d'État.

En vue de leur inscription sur la liste nationale des experts fonciers et agricoles et des experts forestiers, les intéressés justifient *(Ord. n° 2019-861 du 21 août 2019, art. 5)* « d'un niveau de qualification » et d'expérience, d'une assurance contre les conséquences pécuniaires de leur responsabilité civile professionnelle et s'engagent à respecter l'indépendance nécessaire à l'exercice de leur profession. En cas d'incapacité légale, la radiation de la liste est prononcée de plein droit.

Toute personne qui aura fait usage du titre d'expert foncier et agricole ou d'expert forestier sans être inscrite sur la liste mentionnée ci-dessus sera punie des peines prévues par l'article 433-17 du code pénal. Sera punie des mêmes peines toute personne qui aura fait usage d'une dénomination présentant une ressemblance de nature à causer une méprise avec le titre d'expert foncier, agricole et forestier.

(L. n° 2014-1170 du 13 oct. 2014, art. 77) « Le Conseil national de l'expertise foncière agricole et forestière peut, devant toutes les juridictions, exercer tous les droits réservés à la partie civile relativement aux faits portant un préjudice direct ou indirect à l'intérêt collectif de la profession. »

(L. n° 2005-157 du 23 févr. 2005, art. 96) « Un décret en Conseil d'État précise les modalités d'application du présent article, notamment les conditions d'inscription sur la liste nationale, les conditions d'éligibilité et les modalités de désignation des membres du comité, ainsi que la procédure disciplinaire suivie devant celui-ci. » — *V. art. R. 171-1 s.*

L'administration est mal fondée à refuser l'inscription de salariés de coopératives de collecte-vente de produits forestiers sans rechercher dans chaque cas si leurs fonctions étaient ou non compatibles avec celle d'expert forestier et sans les mettre en mesure de choisir entre leurs fonctions et activités et celles d'expert forestier. • CE 29 nov. 1999, *Féd. nat. des synd. de propriétaires forestiers sylviculteurs*, n° 181163 : *Gaz. Pal. 4-5 mai 2001, p. 13, note Olivier* (décision rendue sous l'empire de la loi du 5 juill. 1972, art. 6).

Art. L. 171-2 *(Ord. n° 2008-507 du 30 mai 2008, art. 44)* Par dérogation à l'article L. 171-1, les professionnels ressortissants d'un État membre de *(Ord. n° 2015-1245 du 7 oct. 2015, art. 4-1°, en vigueur le 1er janv. 2016)* « l'Union » européenne ou d'un autre État partie à l'accord sur l'Espace économique européen peuvent, sans figurer sur la liste des experts fonciers et agricoles ou des experts forestiers, effectuer de façon temporaire et occasionnelle sur le territoire national les missions d'expertise prévues au premier alinéa, sous réserve :

1° D'être légalement établis dans un de ces États pour y exercer la profession d'expert foncier et agricole ou d'expert forestier ;

2° Lorsque ni la profession d'expert foncier et agricole ou d'expert forestier ni la formation y conduisant ne sont réglementées dans l'État d'établissement, d'avoir exercé cette profession *(Ord. n° 2015-1245 du 7 oct. 2015, art. 4-1°, en vigueur le 1er janv. 2016)* « dans un État membre ou un autre État partie à l'accord sur l'Espace économique européen pendant une année ou à temps partiel pendant une durée équivalente, » au cours des dix années qui précèdent la prestation ;

3° D'être assuré conformément au huitième alinéa de l'article L. 171-1 ;

4° De satisfaire, préalablement à la première prestation de services, aux obligations déclaratives définies par décret *(Abrogé par Ord. n° 2010-461 du 6 mai 2010, art. 2)* *« en Conseil d'État »*. — *V. art. R. 171-17-1 s.*

La prestation est effectuée sous le titre professionnel porté dans l'État d'établissement ou sous le titre de formation du prestataire.

Le professionnel est soumis au contrôle déontologique et disciplinaire du Conseil national de l'expertise foncière agricole et forestière pour celles des règles déontologiques qu'un décret en Conseil d'État leur rend applicables.

Art. L. 171-3 *(Ord. nº 2008-507 du 30 mai 2008, art. 44) (Ord. nº 2019-861 du 21 août 2019, art. 5)* **« Le niveau de qualification » et d'expérience prévu à l'article L. 171-1 pour l'inscription sur la liste nationale des experts fonciers et agricoles et des experts forestiers est fixé, en ce qui concerne les ressortissants d'un État membre de** *(Ord. nº 2015-1245 du 7 oct. 2015, art. 4-2º, en vigueur le 1er janv. 2016)* **« l'Union » européenne ou d'un autre État partie à l'accord sur l'Espace économique européen, dans des conditions définies par décret** *(Abrogé par Ord. nº 2010-461 du 6 mai 2010, art. 2)* ***« en Conseil d'État ».***

La reconnaissance de l'attestation de compétences ou du titre de formation peut être subordonnée à une épreuve d'aptitude ou à l'accomplissement d'un stage d'adaptation, dans des conditions définies par ce même décret. — *V. art. R. 171-12-1 s.*

TITRE VIII DISPOSITIONS RELATIVES À L'OUTRE-MER

(Ord. nº 2016-391 du 31 mars 2016, art. 3-3º, en vigueur le 1er juill. 2016, ratifiée par L. nº 2017-256 du 28 févr. 2017, art. 102)

BIBL. GÉN. ▸ LAGUERRE, *RD rur. 2014. Étude 16* (comment préserver les espaces agricoles en outre-mer ?).

CHAPITRE I GUADELOUPE, GUYANE, MARTINIQUE, LA RÉUNION ET MAYOTTE

(Ord. nº 2016-391 du 31 mars 2016, art. 3-3º, en vigueur le 1er juill. 2016)

SECTION 1 Champ d'application et dispositions générales

Art. L. 181-1 Les dispositions du présent livre s'appliquent en Guadeloupe, en Guyane, en Martinique, à La Réunion et à Mayotte sous réserve des exceptions et adaptations prévues au présent chapitre.

Art. L. 181-2 Pour l'application du présent livre en Guyane :

1º Les références à la région et au département, au conseil régional et au conseil départemental, au président du conseil régional et au président du conseil départemental sont remplacées respectivement par les références à la collectivité territoriale de Guyane, à l'assemblée de Guyane et au président de l'assemblée de Guyane ;

2º Les références aux plans ou schémas régionaux sont remplacées par les références aux plans ou schémas territoriaux de Guyane ;

3º Les références aux commissions régionales ou départementales sont remplacées par les références aux commissions territoriales de Guyane ;

(Abrogé par L. nº 2022-217 du 21 févr. 2022, art. 261) ***« 4º La référence aux sociétés d'aménagement foncier et d'établissement rural est remplacée par la référence à l'opérateur foncier mentionné à l'article L. 181-39. »***

Art. L. 181-3 Pour l'application du présent livre en Martinique :

1º Les références à la région et au département, au conseil régional et au conseil départemental, au président du conseil régional et au président du conseil départemental sont remplacées respectivement par les références à la collectivité territoriale de Martinique, à l'assemblée de Martinique et, selon les cas, au président de l'assemblée de Martinique pour les attributions liées à la présidence de l'assemblée délibérante et au président du conseil exécutif de Martinique pour les attributions dévolues à l'autorité exécutive de la collectivité ;

2º Les références aux plans ou schémas régionaux sont remplacées par les références aux plans ou schémas territoriaux de Martinique ;

3º Les références aux commissions régionales ou départementales sont remplacées par les références aux commissions territoriales de Martinique.

Art. L. 181-4 Pour l'application à La Réunion de l'article L. 111-2-1 :

1º La référence à la région est remplacée par la référence au conseil départemental de La Réunion ;

2° La référence au président du conseil régional est remplacée par la référence au président du conseil départemental de La Réunion.

Art. L. 181-5 Pour l'application du présent livre à Mayotte :

1° Les références à la région, au conseil régional et au président du conseil régional sont remplacées respectivement par les références au Département de Mayotte, au conseil départemental de Mayotte et au président du conseil départemental de Mayotte ;

2° Les références au préfet de région sont remplacées par la référence au préfet du Département de Mayotte ;

3° Les références aux plans ou schémas régionaux sont remplacées par les références aux plans ou schémas du Département de Mayotte ;

4° Les références aux chambres régionale ou départementale d'agriculture sont remplacées par la référence à la chambre de l'agriculture, de la pêche et de l'aquaculture de Mayotte ;

5° Les références aux sociétés d'aménagement foncier et d'établissement rural sont remplacées par la référence à l'opérateur foncier mentionné à l'article L. 181-49.

Art. L. 181-6 A Mayotte, les dispositions du présent code faisant référence aux zones de montagne s'appliquent aux terrains dont la pente est supérieure à 15 %.

Art. L. 181-7 Le chapitre I du titre VI n'est pas applicable à Mayotte.

Art. L. 181-8 En Guadeloupe, en Guyane, en Martinique, à La Réunion et à Mayotte, les actions en matière de développement agricole, agro-industriel, halio-industriel et rural qui font prioritairement l'objet des interventions de l'État sont précisées dans deux plans régionaux, en conformité avec les orientations déterminées par le comité d'orientation stratégique et de développement agricole mentionné à l'article L. 181-9 :

1° Le plan régional de l'agriculture durable mentionné à l'article L. 111-2-1, dont les orientations prioritaires comprennent le développement des filières afin de garantir leur accès aux marchés, le soutien à la petite agriculture familiale, à l'agriculture vivrière et à l'installation des agriculteurs, la préservation du foncier agricole et forestier, le développement des énergies renouvelables et la promotion de la mise en place de groupements d'intérêt économique et environnemental au sens de l'article L. 315-1. Ce plan détaille les actions spécifiques ou complémentaires menées par l'État en tenant compte des orientations fixées en la matière par le schéma d'aménagement régional ;

2° Le plan régional d'enseignement, de formation, de recherche et de développement, qui définit des orientations et actions en faveur du développement agricole, agro-industriel, halio-industriel et rural à mettre en œuvre par les établissements concernés en intégrant les réseaux d'innovation et de transfert agricole et compte tenu des orientations du projet régional de l'enseignement agricole mentionné à l'article L. 814-5.

Art. L. 181-9 En Guadeloupe, en Guyane, en Martinique, à La Réunion et à Mayotte, un comité d'orientation stratégique et de développement agricole est chargé, en concertation avec les chambres consulaires et les organisations professionnelles agricoles et en tenant compte des orientations arrêtées au sein du conseil d'administration et des comités sectoriels de l'établissement créé en application de l'article L. 696-1, de définir une politique de développement agricole, agro-industriel, halio-industriel et rural commune à l'État et aux collectivités territoriales, notamment pour la mise en œuvre des programmes de l'Union européenne.

Il est présidé conjointement par :

1° En Guadeloupe, le représentant de l'État dans la région et le président du conseil régional ;

2° En Guyane, le représentant de l'État dans la collectivité territoriale et le président de l'assemblée de Guyane ;

3° En Martinique, le représentant de l'État dans la collectivité territoriale et le président du conseil exécutif ;

4° A La Réunion, le représentant de l'État dans le département et le président du conseil départemental ;

5° A Mayotte, le représentant de l'État dans le département et le président du conseil départemental.

Un décret en Conseil d'État précise ses compétences, sa composition, qui comprend notamment des représentants des collectivités territoriales, et ses règles de fonctionnement.

SECTION 2 Préservation des terres agricoles

BIBL. ▶ BONIN, *RD rur. 2022. Étude 26* (la commission départementale de protection des espaces naturels agricoles et forestiers CDPENAF dans l'Outre-mer).

Art. L. 181-10 Pour son application en Guadeloupe, en Guyane, en Martinique, à La Réunion et à Mayotte, l'article L. 112-1-1 est ainsi rédigé :

Art. L. 112-1-1 Il est créé une commission départementale de la préservation des espaces naturels, agricoles et forestiers composée, outre le préfet qui la préside, de représentants en proportion égale :

1° Des services de l'État ;

2° Des collectivités territoriales ;

3° *(L. nº 2020-1525 du 7 déc. 2020, art. 22)* « Des professions agricole et forestière », des opérateurs fonciers agricoles et d'au moins un propriétaire foncier ;

4° Des associations agréées de protection de l'environnement.

Art. L. 181-11 La commission départementale de la préservation des espaces naturels, agricoles et forestiers, mentionnée à l'article L. 181-10, se prononce sur les questions générales relatives à la régression des surfaces naturelles, agricoles et forestières et à leur mise en valeur effective. Elle formule des propositions sur les moyens de contribuer à la limitation de la consommation de l'espace agricole. Elle est consultée, dans les conditions définies à l'article L. 181-12, sur toute mesure de déclassement de terres classées agricoles.

Art. L. 181-12 En Guadeloupe, en Guyane, en Martinique, à La Réunion et à Mayotte, tout projet d'élaboration ou de révision d'un document d'aménagement ou d'urbanisme ayant pour conséquence d'entraîner le déclassement de terres classées agricoles, ainsi que tout projet d'opération d'aménagement et d'urbanisme ayant pour conséquence la réduction des surfaces naturelles, des surfaces agricoles et des surfaces forestières dans les communes disposant d'un document d'urbanisme, ou entraînant la réduction des espaces non encore urbanisés dans une commune soumise au règlement national d'urbanisme, doit faire l'objet d'un avis favorable de la commission mentionnée à l'article L. 181-10.

(L. nº 2019-1461 du 27 déc. 2019, art. 77) **« Les dispositions du premier alinéa du présent article ne s'appliquent pas lorsque la procédure relative au document d'urbanisme ou le projet a pour objet un programme comportant majoritairement du logement social. La commission départementale de la préservation des espaces naturels, agricoles et forestiers émet dans ce cas un avis rendu dans les conditions définies à l'article L. 112-1-1 du présent code et au code de l'urbanisme. »**

Pour exercer cette mission, les membres de la commission sont destinataires, dès leur réalisation, de toutes les études d'impact effectuées dans le département en application des articles L. 110-1, L. 110-2 et L. 122-6 du code de l'environnement. Il en va de même pour les évaluations environnementales réalisées dans le département en application des articles L. 104-1 à L. 104-3 du code de l'urbanisme.

Dans les délais et conditions définis au code de l'urbanisme, la commission se prononce sur ces projets au regard de l'objectif de préservation des terres agricoles en prenant en compte l'ensemble des critères suivants :

1° Les objectifs d'intérêt général du projet ;

2° Les potentialités agronomiques et environnementales des terres agricoles ;

3° Les réserves de constructibilité existant dans les zones urbaines ou à urbaniser de la commune considérée et des communes limitrophes ;

4° La possibilité de solutions alternatives.

Art. L. 181-13 En Guadeloupe, en Guyane, en Martinique, à La Réunion et à Mayotte, par dérogation à l'article L. 112-2, après que le représentant de l'État a reçu la proposition ou l'accord de constituer une zone agricole protégée, après délibérations des collectivités territorialement compétentes, et selon les dispositions prévues au premier alinéa du même article L. 112-2, la définition du périmètre de la zone et l'élabo-

ration de son règlement relèvent des communes intéressées. En cas de désaccord, le représentant de l'État peut demander l'avis de la commission mentionnée à l'article L. 181-10 avant de prendre sa décision.

SECTION 3 Mise en valeur des terres incultes ou manifestement sous-exploitées

Art. L. 181-14 Les articles L. 125-1 à L. 125-15 ne sont pas applicables en Guadeloupe, en Guyane, en Martinique, à La Réunion et à Mayotte. Les dispositions relatives à la mise en valeur agricole des terres incultes, des terres laissées à l'abandon et des terres insuffisamment exploitées sont celles prévues à la présente section.

Art. L. 181-15 Dans chaque commune ayant délibéré en ce sens dans les conditions prévues à l'article 1639 A *bis* du code général des impôts, il est procédé à un recensement des parcelles incultes ou manifestement sous-exploitées depuis au moins trois ans et susceptibles d'une remise en état.

L'état d'inculture ou de sous-exploitation manifeste s'apprécie par comparaison avec les conditions d'exploitation des parcelles de valeur culturale similaire des exploitations agricoles à caractère familial situées à proximité.

Ce recensement est effectué dans les conditions fixées par une convention passée entre chaque commune, la société d'aménagement foncier et d'établissement rural et la chambre d'agriculture. L'article L. 181-24 du présent code est applicable à ce recensement.

Ce recensement est cartographié sur fond du cadastre en précisant les superficies, le nom du propriétaire ainsi que les dernières cultures pratiquées.

Art. L. 181-16 Lorsque des terres sont en état d'inculture ou de sous-exploitation manifeste, le président du conseil départemental, sur l'initiative du conseil départemental ou à la demande de la chambre d'agriculture, sollicite l'avis de la commission départementale d'aménagement foncier mentionnée à l'article L. 121-8 sur l'opportunité de mettre en œuvre la procédure prévue à l'article L. 181-17.

Cette demande d'avis intervient après :

1° Une enquête sur l'état d'inculture ou de sous-exploitation manifeste du fonds ;

2° Une procédure contradictoire destinée à recueillir les observations des propriétaires et exploitants ;

3° La publication pendant une durée minimale de quinze jours, le cas échéant par voie électronique, d'une note présentant les éléments ainsi recueillis.

Art. L. 181-17 Le préfet met en demeure tout titulaire du droit d'exploitation de parcelles incultes ou manifestement sous-exploitées depuis au moins trois ans et susceptibles d'une remise en état lorsque, dans l'un ou l'autre cas, aucune raison de force majeure ne peut justifier cette situation, soit de les mettre en valeur, soit de renoncer à son droit d'exploitation. Le délai de trois ans mentionné ci-dessus est réduit à deux ans dans les zones de montagne.

Le préfet met également en demeure le propriétaire de telles terres s'il en est lui-même l'exploitant soit de les mettre en valeur, soit de les donner à bail. Il fixe le délai dans lequel la mise en demeure doit être suivie d'effet ainsi que les conditions de la mise en valeur.

La mise en demeure est notifiée au propriétaire bailleur dans les cas suivants :

1° Si l'identité ou l'adresse du titulaire du droit d'exploitation est inconnue de l'administration ;

2° Si le titulaire du droit d'exploitation a renoncé à son droit ;

3° S'il n'a pas mis en valeur le fonds dans le délai fixé par la mise en demeure ;

4° Si, après l'expiration de ce délai, il a laissé à nouveau les terres dans un état de sous-exploitation manifeste.

Le propriétaire bailleur reprend alors la disposition de ses terres ainsi que celle des bâtiments nécessaires à leur exploitation, sans indemnité de ce fait.

Art. L. 181-18 A la requête du préfet, le juge compétent de l'ordre judiciaire peut désigner un mandataire chargé de représenter, dans la procédure tendant à la mise en valeur des terres incultes ou manifestement sous-exploitées, le propriétaire ou les indivisaires dont l'enquête n'a pas permis de déterminer l'adresse ou l'identité de l'un d'entre eux.

Il peut également, le cas échéant, charger ce mandataire de mettre en valeur les terres du propriétaire ou des indivisaires ou de les donner à bail.

S'il ne peut désigner un indivisaire comme mandataire, le juge peut confier ces fonctions à toute autre personne physique ou morale. Il peut à tout moment remplacer le mandataire ou mettre fin à sa mission.

Art. L. 181-19 Dans le délai de deux mois à compter de la notification de la mise en demeure mentionnée à l'article L. 181-17, le propriétaire, le mandataire ou le titulaire du droit d'exploitation fait connaître au préfet qu'il s'engage à mettre en valeur le fonds ou qu'il renonce. L'absence de réponse vaut renonciation.

Lorsque les conditions de mise en valeur qui ont été acceptées par le propriétaire, le mandataire ou le titulaire du droit d'exploitation ne sont pas respectées, le président du conseil départemental peut, sans avoir à procéder de nouveau aux formalités mentionnées à l'article L. 181-16, recueillir l'avis de la commission mentionnée à l'article L. 121-8 sur l'opportunité de mettre en œuvre la procédure de mise en demeure.

A défaut d'intervention du président du conseil départemental après une mise en demeure restée infructueuse au terme d'un délai d'un an, la procédure est mise en œuvre par le préfet.

Art. L. 181-20 Lorsque le propriétaire ou le mandataire a renoncé expressément ou tacitement à mettre en valeur le fonds ou n'a pas, dans le délai imparti par la mise en demeure mentionnée à l'article L. 181-17, mis en valeur ou donné à bail ce fonds, le préfet procède à une publicité destinée à faire connaître aux bénéficiaires éventuels la faculté qui leur est offerte de demander l'attribution d'une autorisation d'exploiter.

Les demandes d'autorisation d'exploiter sont accompagnées d'un projet de mise en valeur agricole du fonds.

L'autorisation est attribuée après avis du comité mentionné à l'article L. 181-9. En cas de pluralité de demandes, le droit d'exploiter est attribué en priorité à un demandeur agriculteur qui s'installe ou à un exploitant agricole à titre principal.

Le silence gardé par l'autorité administrative sur une demande d'autorisation d'exploiter pendant le délai prévu à l'article L. 231-4 du code des relations entre le public et l'administration vaut décision de rejet.

L'autorisation d'exploiter emporte de plein droit l'existence d'un bail à ferme soumis aux dispositions du titre VI du livre IV du présent code.

Dès la notification de l'autorisation au bénéficiaire et au propriétaire ou à son mandataire, le bénéficiaire peut entrer dans les lieux.

Art. L. 181-21 A défaut d'accord amiable sur le prix du fermage entre le propriétaire ou le mandataire et le bénéficiaire de l'autorisation d'exploiter mentionnée à l'article L. 181-20 dans les deux mois de la notification de cette dernière, le préfet fixe le montant de l'indemnité d'occupation due par le bénéficiaire au propriétaire jusqu'à l'intervention de cet accord ou, à défaut, jusqu'à la fixation du prix du fermage par le tribunal paritaire des baux ruraux saisi par la plus diligente des parties. La saisine du tribunal ne suspend ni l'entrée dans les lieux, ni le versement de l'indemnité par le bénéficiaire de l'autorisation d'exploiter.

La société d'aménagement foncier et d'établissement rural peut demander à bénéficier de l'autorisation d'exploiter et à devenir titulaire du bail pour une durée maximale de cinq ans. Si l'autorisation d'exploiter lui est accordée, elle peut, par dérogation aux dispositions de l'article L. 461-10, céder le bail ou sous-louer dans les délais précités. Il en est de même lorsqu'une personne publique s'est engagée à devenir titulaire de ce bail dans ces mêmes délais.

Si l'autorisation d'exploiter porte sur un fonds donné à bail, ledit bail prend fin sans indemnité à la date de notification à l'ancien titulaire du droit d'exploitation de l'autorisation donnée au nouveau. La cessation du bail s'effectue dans les conditions de droit commun.

Lorsque le bien faisant l'objet d'une autorisation d'exploiter est indivis, chaque indivisaire reçoit la part du fermage correspondant à ses droits dans l'indivision, établis par le titre de propriété, les énonciations cadastrales ou, à défaut, par tous moyens de preuve. Le montant du fermage dû aux ayants droit dont l'identité ou l'adresse est demeurée inconnue est déposé par le mandataire qui leur a été désigné chez un dépositaire agréé pour recevoir les capitaux appartenant à des mineurs.

Art. L. 181-22 Le préfet peut, dans les conditions prévues à l'article L. 181-20, accorder, selon les cas, une autorisation d'exploiter ou une nouvelle autorisation d'exploiter, lorsque le bail conclu après mise en demeure par le propriétaire pour assurer la mise en valeur de ses terres ou résultant d'une autorisation d'exploiter antérieurement accordée est résilié ou n'est pas renouvelé.

Le préfet dispose des mêmes pouvoirs lorsqu'il constate que le propriétaire laisse les terres dans un état de sous-exploitation manifeste après l'expiration du délai qui lui a été fixé par la mise en demeure pour mettre en valeur ses terres ou que ses terres sont laissées dans cet état par l'exploitant choisi par le propriétaire ou désigné par l'administration. L'autorisation d'exploiter ainsi accordée entraîne de plein droit, le cas échéant, la résiliation du bail.

Art. L. 181-23 Le préfet peut, à tout moment de la procédure tendant à la mise en valeur de terres incultes ou manifestement sous-exploitées, provoquer l'expropriation pour cause d'utilité publique, après avis de la commission départementale d'aménagement foncier saisie par le président du conseil départemental ou par lui-même en cas de carence de ce dernier.

L'État confie le suivi des opérations d'aménagement et de remise en état des terres expropriées à la société d'aménagement foncier et d'établissement rural.

A cet effet, cette société devient cessionnaire en propriété des terres expropriées dans des conditions définies par décret en Conseil d'État.

En vue d'assurer la pérennité de la remise en valeur des terres, en cas de retour à l'inculture ou à la sous-exploitation manifeste de terres qui ont fait l'objet d'une autorisation d'exploiter en application de l'article L. 181-20, le préfet peut, dans un délai fixé par décret, sans reprendre la procédure prévue à la présente section, procéder à leur expropriation pour cause d'utilité publique conformément aux dispositions du présent article.

Le préfet peut également, dans le délai de dix ans à partir du constat d'inculture dressé par la commission mentionnée à l'article L. 121-8, procéder à l'expropriation pour cause d'utilité publique de terres dont la mise en valeur intervenue en dehors du cadre de l'autorisation d'exploiter a été interrompue.

Art. L. 181-24 Les contestations relatives à la constatation du caractère inculte ou manifestement sous-exploité des terres sont portées devant le tribunal paritaire des baux ruraux.

Art. L. 181-25 Nul ne peut obtenir ou conserver l'exploitation de terres en application des articles L. 181-16 à L. 181-23 sans avoir accepté un cahier des charges.

Art. L. 181-26 Si le préfet constate que les clauses du cahier des charges ne sont pas respectées, il peut, dans les conditions prévues à l'article L. 181-21, accorder, selon les cas, une autorisation d'exploiter ou une nouvelle autorisation d'exploiter.

Les contestations relatives à l'interprétation et à l'exécution des cahiers des charges sont portées devant le tribunal paritaire des baux ruraux.

Art. L. 181-27 Les dépenses afférentes à l'application des dispositions des articles L. 181-16 à L. 181-22 sont prises en charge par le département.

Art. L. 181-28 Les conditions d'application de la présente section sont déterminées par décret en Conseil d'État.

SECTION 4 Mesures en faveur de l'exploitation de biens agricoles en indivision

Art. L. 181-29 Par dérogation à l'avant-dernier alinéa de l'article 815-3 du code civil, le ou les indivisaires titulaires d'au moins deux tiers des droits indivis sur un bien agricole peuvent, dans les conditions prévues au présent article, conclure ou renouveler un bail à ferme soumis au titre VI du livre IV du présent code.

Lorsque le bien n'est pas loué, ils demandent à la société d'aménagement foncier et d'établissement rural de procéder à un appel à candidats au bail dans des conditions fixées par décret. La société d'aménagement foncier et d'établissement rural informe le ou les propriétaires, qui ne sont pas tenus par cette liste, des candidatures recueillies.

S'ils entendent renouveler un bail, les indivisaires mentionnés au premier alinéa notifient leur intention aux autres indivisaires ou, si l'identité ou l'adresse de l'un ou plusieurs d'entre eux n'est pas connue, en assurent la publicité dans des conditions définies par décret.

Dans les trois mois suivant la publication ou la notification mentionnées au deuxième ou au troisième alinéa, tout indivisaire qui ne consent pas à la dation à bail ou au renouvellement du bail peut saisir le *(Ord. n° 2019-738 du 17 juill. 2019, art. 11)* « président du tribunal judiciaire d'une demande tendant à l'opposition à location. Le président du tribunal, qui statue selon la procédure accélérée au fond », est tenu de rejeter cette demande dès lors qu'il constate que le projet est de nature à favoriser l'exploitation normale du terrain et ne porte pas une atteinte excessive aux droits du demandeur.

La part des revenus du bail revenant, après paiement des dettes et charges de l'indivision, aux indivisaires dont l'identité ou l'adresse sont demeurées inconnues est déposée chez un dépositaire agréé pour recevoir les capitaux appartenant à des mineurs.

Art. L. 181-30 Par exception à l'article 815-5-1 du code civil, lorsqu'un propriétaire indivis d'un bien agricole entend sortir de l'indivision en vue de permettre le maintien, l'amélioration ou la reprise de l'exploitation de ce bien, il notifie soit à un notaire, soit à la société d'aménagement foncier et d'établissement rural son intention de procéder à l'aliénation du bien.

Si l'auteur de la notification détient moins de deux tiers des droits indivis, la personne saisie fait signifier cette intention aux autres indivisaires dans le délai d'un mois à compter de cette notification. Si l'identité ou l'adresse d'un des indivisaires sont inconnues, elle fait procéder à la publication de l'intention de vente, dans des conditions fixées par décret.

A l'issue d'un délai de trois mois à compter de la date de la dernière signification ou publication, le notaire ou la société d'aménagement foncier et d'établissement rural établit la liste des indivisaires qui ont donné leur accord à l'aliénation du bien, de ceux qui s'y sont opposés et de ceux qui ne se sont pas manifestés.

Lorsque la notification mentionnée au premier alinéa est faite par le ou les indivisaires titulaires d'au moins deux tiers des droits indivis ou si, à l'issue de la procédure prévue aux deuxième et troisième alinéas, l'aliénation du bien recueille l'accord des indivisaires titulaires d'au moins deux tiers de ces droits, le notaire ou la société d'aménagement foncier et d'établissement rural notifie aux autres indivisaires le projet d'aliénation ou, si l'identité ou l'adresse de certains indivisaires sont inconnues, le rend public, dans des conditions fixées par décret.

Tout indivisaire qui s'oppose à cette aliénation dispose d'un délai de trois mois pour saisir le *(Ord. n° 2019-738 du 17 juill. 2019, art. 11)* « président du tribunal judiciaire, qui statue selon la procédure accélérée au fond », en prenant en compte tant l'importance de l'atteinte aux droits du requérant que l'intérêt de l'opération pour l'exploitation du bien.

Lorsque les indivisaires ayant exprimé leur accord sont titulaires de moins des deux tiers des droits indivis et que ceux ayant exprimé leur opposition ne représentent pas plus d'un quart de ces droits, le *(Ord. n° 2019-738 du 17 juill. 2019, art. 11)* « président du tribunal judiciaire, statuant selon la procédure accélérée au fond, » peut autoriser l'aliénation du bien indivis si celle-ci est de nature à favoriser l'exploitation normale du bien sans porter une atteinte excessive aux intérêts des indivisaires qui n'y ont pas expressément consenti.

L'aliénation s'effectue par licitation. L'acheteur doit s'engager à assurer ou faire assurer l'exploitation du bien pendant une durée de dix ans au moins.

Les sommes qui en sont retirées ne peuvent faire l'objet d'un remploi sauf pour payer les dettes et charges de l'indivision. La part revenant aux indivisaires dont l'identité ou l'adresse sont demeurées inconnues est déposée chez un dépositaire agréé pour recevoir les capitaux appartenant à des mineurs. L'aliénation effectuée dans les conditions prévues au présent article est opposable à l'indivisaire dont le consentement a fait défaut, sauf si l'intention d'aliéner le bien n'a pas été publiée ou ne lui a pas été signifiée dans les conditions prévues, selon le cas, aux deuxième et troisième ou quatrième et cinquième alinéas.

Lorsqu'il est constaté, après une procédure contradictoire destinée à recueillir ses observations et, le cas échéant, celles de l'exploitant, que l'acquéreur ne respecte pas l'engagement d'exploiter ou de faire exploiter le bien pendant une durée de dix ans au moins, le préfet, après une mise en demeure restée infructueuse au terme d'un délai de six mois, met en œuvre la procédure prévue à l'article L. 181-23 du présent code.

SECTION 5 Contrôle du morcellement des terres agricoles

Art. L. 181-31 Est soumise à déclaration préalable la division volontaire, en propriété ou en jouissance, des parcelles situées dans les périmètres délimités par décision motivée du président du conseil départemental.

Ces périmètres ne peuvent être établis qu'à l'intérieur des zones suivantes :

1° Projets d'intérêt général d'irrigation et de mise en valeur agricole ;

2° Zones agricoles protégées mentionnées à l'article L. 112-2 ;

3° Zones dont la vocation agricole est prévue par le schéma d'aménagement régional mentionné à l'article L. 4433-8 du code général des collectivités territoriales.

Lorsque la situation du foncier agricole dans une commune le rend nécessaire, le préfet peut, après avoir saisi le président du conseil départemental et en cas d'absence de décision de celui-ci dans un délai d'un an, se substituer au président du conseil départemental pour délimiter les périmètres mentionnés au premier alinéa.

Art. L. 181-32 La déclaration prévue à l'article L. 181-31 est adressée au président de la commission départementale d'aménagement foncier mentionnée à l'article L. 121-8. Cette commission peut, dans un délai déterminé par voie réglementaire, s'opposer à la division si celle-ci, par son importance, le nombre de lots ou les travaux qu'elle entraîne, est susceptible de compromettre gravement le caractère agricole et naturel des espaces, les conditions d'exploitation normale ou le maintien de l'équilibre économique du terroir concerné ou d'une filière. Si aucune opposition n'est exprimée dans ce délai, le déclarant peut procéder librement à la division. Un décret en Conseil d'État détermine les éléments d'information qui doivent être joints à la déclaration pour permettre à la commission d'apprécier les conséquences de la division.

Art. L. 181-33 Lorsqu'un acte de division volontaire, en propriété ou en jouissance, a été effectué en violation des dispositions de la présente section, l'autorité qui a défini les périmètres mentionnés à l'article L. 181-31 peut demander à l'autorité judiciaire de constater la nullité de l'acte. L'action en nullité se prescrit par cinq ans à compter de la publication de l'acte ayant effectué la division ou de leur signature concernant les actes sous seing privé.

SECTION 6 Aménagement rural, aménagement foncier et opérateur foncier

SOUS-SECTION 1 Dispositions communes

Art. L. 181-34 En Guadeloupe, en Guyane, en Martinique, à La Réunion et à Mayotte, dans le cadre d'un aménagement d'ensemble, le concours technique de la société d'aménagement foncier et d'établissement rural prévu à l'article L. 141-5 peut s'exercer sur la partie du territoire des communes qui n'a pas les caractéristiques de terrains à bâtir au sens de l'article L. 322-3 du code de l'expropriation pour cause d'utilité publique.

Art. L. 181-35 Pour son application en Guadeloupe, en Guyane, en Martinique, à La Réunion et à Mayotte, le premier alinéa de l'article L. 142-2 est ainsi rédigé :

> *Art. L. 142-2* Les opérations immobilières résultant de l'application des dispositions des articles L. 141-1 à L. 141-5 s'effectuent sous réserve des dispositions particulières au statut du fermage et du métayage prévues par les articles L. 461-3 à L. 461-30.

Art. L. 181-36 Pour l'application en Guadeloupe, en Guyane, en Martinique, à La Réunion et à Mayotte du *b* du 4° de l'article L. 143-4, les mots : "aux articles L. 411-5, L. 411-7, L. 411-57 à L. 411-63, L. 411-67, L. 415-10 et L. 415-11" sont remplacés par les mots : "aux articles L. 461-3, L. 461-16 et L. 461-24".

Art. L. 181-37 Pour l'application en Guadeloupe, en Guyane, en Martinique, à La Réunion et à Mayotte du premier alinéa de l'article L. 143-8, les références faites aux

articles L. 412-8 à L. 412-11 et à l'article L. 412-12, alinéa 2, sont remplacées par la référence à l'article L. 461-21.

Art. L. 181-38 **Pour l'application des dispositions de l'article L. 142-6 en Guadeloupe, en Guyane, en Martinique, à La Réunion et à Mayotte, la référence à l'article L. 411-1 est remplacée par la référence aux dispositions du chapitre I du titre VI du livre IV.**

La durée des conventions prévues à l'article L. 142-6 est de six ans au maximum renouvelable une fois, quelle que soit la superficie des immeubles ruraux mis à disposition.

SOUS-SECTION 2 **Dispositions particulières à la Guyane**

Art. L. 181-39 *Abrogé par L. nº 2022-217 du 21 févr. 2022, art. 261.*

SOUS-SECTION 3 **Dispositions particulières à Mayotte**

Art. L. 181-40 **Pour son application à Mayotte, l'article L. 121-3 est ainsi rédigé :**

Art. L. 121-3 La commission communale d'aménagement foncier est présidée par un commissaire enquêteur désigné par le président du tribunal judiciaire dans le ressort duquel la commission a son siège, dans les conditions fixées par décret en Conseil d'État.

La commission comprend également :

1° Le maire et un conseiller municipal, ainsi qu'un conseiller municipal suppléant, désignés par le conseil municipal ;

2° Deux exploitants, propriétaires ou preneurs en place exerçant sur le territoire de la commune, ainsi que deux suppléants, désignés par la chambre de l'agriculture, de la pêche et de l'aquaculture ;

3° Deux propriétaires de biens fonciers non bâtis dans la commune ainsi que deux propriétaires suppléants, élus par le conseil municipal ;

4° Deux personnes qualifiées en matière de faune, de flore et de protection de la nature et des paysages, désignées par le président du conseil départemental, dont une sur proposition du président de la chambre de l'agriculture, de la pêche et de l'aquaculture ;

5° Un fonctionnaire désigné par le président du conseil départemental ;

6° Un représentant de la direction départementale des finances publiques ;

7° Un représentant du président du conseil départemental désigné par le président de cette assemblée.

A défaut de désignation des exploitants par la chambre d'agriculture ou d'élection des propriétaires par le conseil municipal, dans un délai de trois mois après leur saisine respective, le président du conseil départemental procède à leur désignation.

La commission peut appeler à titre consultatif toute personne dont il lui paraît utile de provoquer l'avis.

Lorsque le périmètre de l'aménagement foncier comprend une aire d'appellation d'origine contrôlée, la composition de la commission est complétée par un représentant de l'Institut national de l'origine et de la qualité.

Lorsque le périmètre d'aménagement foncier comprend des terrains situés sur le territoire des communes d'un parc naturel régional, la composition de la commission est complétée par un représentant de ce parc désigné par le président de l'organisme de gestion du parc.

Art. L. 181-41 **Pour son application à Mayotte, l'article L. 121-4 est ainsi rédigé :**

Art. L. 121-4 Lorsque l'aménagement foncier concerne le territoire de plusieurs communes limitrophes, les terres peuvent être comprises dans un même périmètre d'aménagement foncier. Dans ce cas, le conseil départemental peut créer une commission intercommunale dotée des mêmes pouvoirs que la commission communale et associant des représentants de la commune principalement intéressée par l'aménagement ainsi que de chacune des communes dont le vingtième du territoire au moins est compris dans les limites territoriales de celui-ci. Cette création est de droit lorsque l'une de ces communes le demande, ou si plus du quart du territoire de l'une des communes autres que la commune principalement intéressée par l'aménagement est inclus dans ces limites.

Le président et le président suppléant de la commission intercommunale d'aménagement foncier sont désignés dans les mêmes conditions que le président et le président suppléant de la commission communale.

La commission intercommunale comprend également :

1° Le maire de chaque commune intéressée ou l'un des conseillers municipaux désignés par lui ;

2° Deux exploitants titulaires et un suppléant ainsi qu'un propriétaire titulaire et un suppléant, pour chaque commune, désignés ou élus dans les conditions prévues pour la commission communale ;

3° Deux personnes qualifiées en matière de faune, de flore et de protection de la nature et des paysages, désignées par le président du conseil départemental, dont une sur proposition du président de la chambre de l'agriculture, de la pêche et de l'aquaculture ;

4° Un fonctionnaire désigné par le président du conseil départemental ;

5° Un représentant de la direction départementale des finances publiques ;

6° Un représentant du président du conseil départemental désigné par le président de cette assemblée.

La commission peut appeler à titre consultatif toute personne dont il lui paraît utile de provoquer l'avis.

Lorsque le périmètre de l'aménagement foncier comprend une aire d'appellation d'origine protégée, la composition de la commission est complétée par un représentant de l'Institut national de l'origine et de la qualité.

Lorsque le périmètre d'aménagement foncier comprend des terrains situés sur le territoire des communes d'un parc naturel régional, la composition de la commission est complétée par un représentant de ce parc désigné par le président de l'organisme de gestion du parc.

Art. L. 181-42 **Pour l'application à Mayotte de l'article L. 121-5, le premier alinéa est ainsi rédigé :**

Art. L. 121-5 La commission communale ou intercommunale d'aménagement foncier est complétée par deux propriétaires forestiers de la commune, et un suppléant, désignés par la chambre de l'agriculture, de la pêche et de l'aquaculture sur proposition du préfet, et par un propriétaire forestier de la commune désigné par le conseil municipal lorsque la commission :

Art. L. 181-43 **Pour son application à Mayotte, l'article L. 121-5-1 est ainsi modifié :**

1° Le dixième alinéa est ainsi rédigé :

"7° Deux propriétaires forestiers de la commune, et un suppléant, désignés par la chambre de l'agriculture, de la pêche et de l'aquaculture sur proposition du préfet, et un autre propriétaire forestier de la commune, désigné par le conseil municipal." ;

2° Le vingt-deuxième alinéa est ainsi rédigé :

"7° Deux propriétaires forestiers de chaque commune, et un suppléant, désignés par la chambre de l'agriculture, de la pêche et de l'aquaculture sur proposition du préfet, et un autre propriétaire forestier de chaque commune, désigné par le conseil municipal."

Art. L. 181-44 **Pour son application à Mayotte l'article L. 121-8 est ainsi rédigé :**

Art. L. 121-8 La commission départementale d'aménagement foncier est ainsi composée :

1° Un commissaire enquêteur désigné par le président du tribunal judiciaire dans le ressort duquel la commission a son siège, dans les conditions fixées par décret en Conseil d'État, président ;

2° Deux conseillers départementaux et un maire de commune rurale ;

3° Trois personnes qualifiées désignées par le président du conseil départemental ;

4° Le président de la chambre de l'agriculture, de la pêche et de l'aquaculture ou son représentant désigné parmi les membres de cette compagnie ;

5° Les présidents ou leurs représentants de la fédération ou de l'union départementale des syndicats d'exploitants agricoles et de l'organisation syndicale départementale des jeunes exploitants agricoles les plus représentatives au niveau national ;

6° Les représentants des organisations syndicales d'exploitants agricoles représentatives au niveau départemental ;

7° Un propriétaire bailleur, deux propriétaires exploitants, un exploitant preneur, désignés par le président du conseil général, sur trois listes comprenant chacune quatre noms, établies par la chambre de l'agriculture, de la pêche et de l'aquaculture de Mayotte ;

8° Deux représentants d'associations agréées en matière de faune, de flore et de protection de la nature et des paysages désignés par le président du conseil départemental.

Le président du conseil départemental choisit, en outre, sur ces listes, un suppléant par membre titulaire appelé à siéger, soit en cas d'absence du titulaire, soit lorsque la commission départementale est appelée à délibérer sur des réclamations concernant une opération dans le périmètre de laquelle l'un des membres titulaires est propriétaire.

La désignation des conseillers départementaux et des représentants des maires a lieu à chaque renouvellement du conseil départemental et des conseils municipaux.

La désignation des représentants de la profession agricole a lieu après chaque renouvellement partiel de la chambre d'agriculture.

La commission peut appeler à titre consultatif toute personne dont il lui paraît utile de recueillir l'avis.

Dans le cas où la commission départementale d'aménagement foncier est appelée à statuer sur une opération dans le périmètre de laquelle est comprise une aire d'appellation d'origine protégée, sa composition est complétée par un représentant de l'Institut national de l'origine et de la qualité.

Art. L. 181-45 **Pour son application à Mayotte, l'article L. 121-17 est ainsi rédigé :**

Art. L. 121-17 La commission communale, au cours des opérations de délimitation des ouvrages faisant partie du domaine communal, propose à l'approbation, selon le cas, du conseil départemental ou du conseil municipal l'état :

1° Des chemins ruraux susceptibles d'être supprimés, dont l'assiette peut être comprise dans le périmètre d'aménagement foncier, au titre de propriété privée du département ;

2° Des modifications de tracé et d'emprise qu'il convient d'apporter au réseau des chemins ruraux et des voies communales.

De même, le conseil municipal indique à la commission communale les voies communales et le conseil départemental indique à la même commission les chemins ruraux dont il juge la création nécessaire à l'intérieur du périmètre d'aménagement foncier.

Le classement, l'ouverture, la modification de tracé et d'emprise des voies communales effectués dans le cadre des dispositions du présent article sont prononcés sans enquête. Sont, dans les mêmes conditions, dispensées d'enquête toutes les modifications apportées au réseau des chemins ruraux.

Les dépenses d'acquisition de l'assiette, s'il y a lieu, et les frais d'établissement et d'entretien des voies communales ou des chemins ruraux modifiés ou créés dans les conditions fixées par le présent article sont à la charge, selon le cas, de la commune ou du département. L'emprise nécessaire à la création ou à la modification de tracé ou d'emprise des voies communales ou des chemins ruraux peut être attribuée à la commune ou au département, à sa demande, en contrepartie de ses apports dans le périmètre d'aménagement foncier, à la condition que ceux-ci couvrent l'ensemble des apports nécessaires à cette création ou modification et que la surface des emprises nécessaires ne dépasse pas 5 % de la surface du périmètre.

Les servitudes de passage sur les chemins ruraux supprimés sont supprimées avec eux.

Le conseil départemental, lorsqu'il est saisi par la commission communale d'aménagement foncier de propositions tendant à la suppression de chemins ruraux ou à la modification de leur tracé ou de leur emprise, se prononce dans le délai de deux mois à compter de la notification qui en sera faite au président. Ce délai expiré, le conseil départemental est réputé avoir approuvé les suppressions ou modifications demandées.

La création de chemins ruraux, la création et les modifications de tracé ou d'emprise des voies communales ne peuvent intervenir que sur décision expresse du conseil départemental.

Art. L. 181-46 Pour son application à Mayotte, la sous-section 1 de la section 4 du chapitre III du titre II du présent livre est ainsi modifiée :

1° L'intitulé est ainsi modifié : "Sous-section 1 : L'aménagement foncier agricole et forestier en zone forestière et agroforestière" ;

2° Pour l'application à Mayotte des articles L. 123-18 à L. 123-23, après les mots : "terrains forestiers", "zone forestière" et "parcelles forestières" sont insérés respectivement les mots : "ou agroforestiers", "ou agroforestière" et "ou agroforestières" ;

3° Pour l'application à Mayotte de l'article L. 123-19, les mots : "Centre national de la propriété forestière" sont remplacés par les mots : "préfet dans les conditions mentionnées à l'article L. 375-1 du code forestier" ;

4° Pour l'application à Mayotte de l'article L. 123-20, les mots : "chambre d'agriculture et du Centre national de la propriété forestière" sont remplacés par les mots : "chambre de l'agriculture, de la pêche et de l'aquaculture de Mayotte et du préfet dans les conditions mentionnées à l'article L. 375-1 du code forestier".

Art. L. 181-47 Pour son application à Mayotte, la section 3 du chapitre IV du titre II du présent livre est ainsi modifiée :

1° L'intitulé de la section est ainsi modifié : "Section 3 : Échanges et cessions amiables d'immeubles forestiers et agroforestiers dans un périmètre d'aménagement foncier" ;

2° Aux articles L. 124-9, L. 124-10 et L. 124-12, après le mot : "forestiers" sont insérés les mots : "et agroforestiers" ;

3° Pour l'application à Mayotte de l'article L. 124-12, à l'avant-dernier alinéa, les mots : "en application *(L. n° 2022-217 du 21 févr. 2022, art. 99)* « de l'avant-dernier alinéa du I » de l'article L. 1123-3 du code général de la propriété des personnes publiques" ne sont pas applicables.

Art. L. 181-48 Pour l'application à Mayotte de l'article L. 135-9, le premier alinéa est ainsi rédigé :

Art. L. 135-9 Il peut être mis fin aux droits d'usage grevant des biens compris dans le périmètre d'une association foncière pastorale.

Art. L. 181-49 A Mayotte, les missions confiées aux sociétés d'aménagement foncier et d'établissement rural en application du titre IV du présent livre, et en particulier l'exercice du droit de préemption, sont exercées par l'établissement public foncier créé en application de l'article L. 321-36-1 du code de l'urbanisme. Les opérations réalisées en application du présent article font l'objet de la consultation préalable d'une commission départementale dont la composition, fixée par décret, comporte les catégories de membres mentionnées au 1° du II de l'article L. 141-6 du présent code.

CHAPITRE II SAINT-BARTHÉLEMY

(Ord. n° 2016-391 du 31 mars 2016, art. 3-3°, en vigueur le 1er juill. 2016)

Art. L. 182-1 Les dispositions du présent livre s'appliquent à Saint-Barthélemy sous réserve des exceptions et adaptations prévues au présent chapitre.

Art. L. 182-2 Pour l'application du présent code à Saint-Barthélemy :

1° Les références à la région et au conseil régional, au département et au conseil départemental, à la commune, aux groupements de communes, au conseil municipal et à l'assemblée délibérante de l'établissement public de coopération intercommunale sont remplacées par les références à la collectivité de Saint-Barthélemy et au conseil territorial ;

2° Les références au président du conseil régional, au président du conseil départemental, au maire ou au président de l'établissement public de coopération intercommunale sont remplacées par la référence au président du conseil territorial de Saint-Barthélemy ;

3° Les références au préfet de région ou au préfet de département sont remplacées par la référence au représentant de l'État à Saint-Barthélemy.

Art. L. 182-3 Ne sont pas applicables à Saint-Barthélemy :

1° Les articles L. 111-3, L. 112-1-1, L. 112-3, L. 112-4, L. 112-8 et L. 112-9 ;

2° Le titre II ;

3° Le titre III ;

4° Le titre IV.

Sauf disposition contraire, les dispositions faisant référence aux règlements européens ne sont pas applicables.

Art. L. 182-4 Une commission territoriale de l'agriculture, de la pêche et de l'aquaculture de Saint-Barthélemy est coprésidée par le représentant de l'État et le président de la collectivité territoriale.

Un décret en Conseil d'État fixe la liste des commissions dont elle exerce les attributions, ainsi que sa composition et des règles de fonctionnement.

Art. L. 182-5 Un plan territorial de l'agriculture durable, de l'alimentation et de la pêche fixe les orientations de la politique agricole, agroalimentaire et halieutique à Saint-Barthélemy en tenant compte des spécificités de la collectivité ainsi que de l'ensemble des enjeux économiques, sociaux et environnementaux.

Le plan précise les actions qui feront l'objet prioritairement des interventions de l'État et de la collectivité territoriale. Le représentant de l'État et le président du conseil territorial conduisent conjointement la préparation du plan en y associant la chambre économique multiprofessionnelle de Saint-Barthélemy.

Après avoir été mis pendant une durée minimale d'un mois à la disposition du public sous des formes, notamment électroniques, de nature à permettre sa participation, le projet de plan territorial de l'agriculture durable, de l'alimentation et de la pêche est soumis à l'approbation du conseil territorial. Le plan est ensuite arrêté par le représentant de l'État dans des conditions fixées par décret en Conseil d'État.

Au plus tard à l'issue d'un délai fixé par décret, un bilan de la mise en œuvre de ce plan est effectué.

Art. L. 182-6 Pour son application à Saint-Barthélemy, l'article L. 114-1 est ainsi rédigé :

Art. L. 114-1 Le président du conseil territorial peut délimiter les zones dites "zones d'érosion" dans lesquelles l'érosion des sols de nature agricole peut créer des dommages importants en aval.

Lorsqu'il procède à cette délimitation, il établit un programme d'actions visant à réduire l'érosion des sols de ces zones.

Ce programme précise les pratiques à promouvoir pour réduire les risques d'érosion ainsi que les moyens prévus pour favoriser leur généralisation. Certaines de ces pratiques peuvent être rendues obligatoires. Ces pratiques peuvent bénéficier d'aides lorsqu'elles induisent des surcoûts ou des pertes de revenus.

Lorsque le programme prévoit des plantations de haies, il peut prévoir une dérogation aux distances de plantation prévues par l'article 671 du code civil.

CHAPITRE III SAINT-MARTIN

(Ord. n° 2016-391 du 31 mars 2016, art. 3-3°, en vigueur le 1er juill. 2016)

SECTION 1 Champ d'application et dispositions générales

Art. L. 183-1 Les dispositions du présent livre s'appliquent à Saint-Martin sous réserve des exceptions et adaptations prévues au présent chapitre.

Art. L. 183-2 Pour l'application du présent code à Saint-Martin :

1° Les références à la région et au conseil régional, au département et au conseil départemental, à la commune, aux groupements de communes, au conseil municipal et à l'assemblée délibérante de l'établissement public de coopération intercommunale sont remplacées par les références à la collectivité de Saint-Martin et au conseil territorial ;

2° Les références au président du conseil régional, au président du conseil départemental, au maire ou au président de l'établissement public de coopération intercommunale sont remplacées par la référence au président du conseil territorial de Saint-Martin ;

3° Les références au préfet de région ou au préfet de département sont remplacées par la référence au représentant de l'État à Saint-Martin ;

4° Les références aux chambres départementales ou régionales d'agriculture sont remplacées par la référence à la chambre consulaire interprofessionnelle de Saint-Martin.

Art. L. 183-3 Ne sont pas applicables à Saint-Martin :

1° Les articles L. 112-3 et L. 112-4 ;

2° Les articles L. 112-8 et L. 112-9 ;

3° Les articles L. 121-2 à L. 121-8 ;

4° Les articles L. 125-1 à L. 125-15.

Art. L. 183-4 Un plan territorial de l'agriculture durable, de l'alimentation et de la pêche fixe les orientations de la politique agricole, agroalimentaire et halieutique à Saint-Martin en tenant compte des spécificités de la collectivité ainsi que de l'ensemble des enjeux économiques, sociaux et environnementaux.

Le plan précise les actions qui feront l'objet prioritairement des interventions de l'État et de la collectivité territoriale. Le représentant de l'État et le président du conseil territorial conduisent conjointement la préparation du plan en y associant la chambre consulaire interprofessionnelle de Saint-Martin.

Après avoir été mis pendant une durée minimale d'un mois à la disposition du public sous des formes, notamment électroniques, de nature à permettre sa participation, le projet de plan territorial de l'agriculture durable, de l'alimentation et de la pêche est soumis à l'approbation du conseil territorial. Le plan est ensuite arrêté par le représentant de l'État dans des conditions fixées par décret en Conseil d'État.

Au plus tard à l'issue d'un délai fixé par décret, un bilan de la mise en œuvre de ce plan est effectué.

Art. L. 183-5 A Saint-Martin, un comité d'orientation stratégique et de développement agricole est chargé, en concertation avec la chambre consulaire interprofessionnelle et, s'il y a lieu, les organisations professionnelles agricoles, et en tenant compte des orientations arrêtées au sein du conseil d'administration et des comités sectoriels de l'établissement créé en application de l'article L. 681-3, de définir une politique de développement agricole, agro-industriel, halio-industriel et rural commune à l'État et à la collectivité territoriale, notamment pour la mise en œuvre des programmes de l'Union européenne.

Il est présidé conjointement par le représentant de l'État à Saint-Martin et le président du conseil territorial de Saint-Martin.

Un décret en Conseil d'État fixe la liste des commissions dont il exerce les attributions, ainsi que sa composition et ses règles de fonctionnement.

Art. L. 183-6 A Saint-Martin, les dispositions du présent code faisant référence aux zones de montagne s'appliquent aux terrains dont la pente est supérieure à 15 %.

SECTION 2 Préservation des terres agricoles

Art. L. 183-7 Pour son application à Saint-Martin, l'article L. 112-1-1 est ainsi rédigé :

Art. L. 112-1-1 Les compétences de la commission départementale de la préservation des espaces naturels, agricoles et forestiers sont exercées à Saint-Martin par le comité mentionné à l'article L. 183-5 dans des conditions précisées par décret en Conseil d'État.

Art. L. 183-8 Lorsque le comité mentionné à l'article L. 183-5 exerce les compétences mentionnées à l'article L. 183-7, il se prononce sur les questions générales relatives à la régression des surfaces agricoles et à leur mise en valeur effective. Il formule des propositions sur les moyens de contribuer à la limitation de la consommation de l'espace agricole. Il est consulté sur toute mesure de déclassement de terres classées agricoles.

SECTION 3 Mise en valeur des terres incultes et manifestement sous-exploitées

Art. L. 183-9 Les dispositions relatives à la mise en valeur agricole des terres incultes, des terres laissées à l'abandon et des terres insuffisamment exploitées applicables à Saint-Martin sont celles prévues à la présente section.

Art. L. 183-10 Lorsque la collectivité a délibéré en ce sens dans les conditions prévues par la réglementation locale applicable, il est procédé à un recensement des parcelles incultes ou manifestement sous-exploitées depuis au moins trois ans et susceptibles d'une remise en état.

L'appréciation de l'état d'inculture ou de sous-exploitation manifeste s'établit par comparaison avec les conditions d'exploitation des parcelles de valeur agronomique ou zootechnique similaire des exploitations agricoles situées sur le territoire de la collectivité.

Ce recensement est effectué dans les conditions fixées par une convention passée entre la collectivité et la chambre consulaire interprofessionnelle de Saint-Martin. L'article L. 183-19 est applicable à ce recensement.

Ce recensement est cartographié sur fond du cadastre en précisant les superficies, le nom du propriétaire ainsi que les dernières cultures pratiquées.

Art. L. 183-11 Lorsque des terres sont en état d'inculture ou de sous-exploitation manifeste, le président du conseil territorial, à l'initiative du conseil territorial ou à la demande de la chambre consulaire interprofessionnelle de Saint-Martin, sollicite l'avis du comité mentionné à l'article L. 183-5 exerçant les compétences de la commission départementale d'aménagement foncier, sur l'opportunité de mettre en œuvre la procédure prévue à l'article L. 183-12.

Cette demande d'avis intervient après :

1° Une enquête sur l'état d'inculture ou de sous-exploitation manifeste du fonds ;

2° Une procédure contradictoire destinée à recueillir les observations des propriétaires et exploitants ;

3° La publication pendant une durée minimale de quinze jours, le cas échéant par voie électronique, d'une note présentant les éléments ainsi recueillis.

Art. L. 183-12 Le représentant de l'État met en demeure tout titulaire du droit d'exploitation de parcelles incultes ou manifestement sous-exploitées depuis au moins trois ans et susceptibles d'une remise en état, lorsque, dans l'un ou l'autre cas, aucune raison de force majeure ne peut justifier cette situation, soit de les mettre en valeur, soit de renoncer à son droit d'exploitation. Le délai de trois ans mentionné ci-dessus est réduit à deux ans dans les zones de montagne.

Le représentant de l'État met également en demeure le propriétaire de telles terres s'il en est lui-même l'exploitant soit de les mettre en valeur, soit de les donner à bail. Il fixe le délai dans lequel la mise en demeure doit être suivie d'effet ainsi que les conditions de la mise en valeur.

La mise en demeure est notifiée au propriétaire bailleur dans les cas suivants :

1° Si l'identité ou l'adresse du titulaire du droit d'exploitation est inconnue de l'administration ;

2° Si le titulaire du droit d'exploitation a renoncé à son droit ;

3° S'il n'a pas mis en valeur le fonds dans le délai fixé par la mise en demeure ;

4° Si, après l'expiration de ce délai, il a laissé à nouveau les terres dans un état de sous-exploitation manifeste.

Le propriétaire bailleur reprend alors la disposition de ses terres ainsi que celle des bâtiments nécessaires à leur exploitation, sans indemnité de ce fait.

Art. L. 183-13 A la requête du représentant de l'État, le juge compétent de l'ordre judiciaire peut désigner un mandataire chargé de représenter, dans la procédure tendant à la mise en valeur des terres incultes ou manifestement sous-exploitées, le propriétaire ou les indivisaires dont l'enquête n'a pas permis de déterminer l'adresse ou l'identité de l'un d'entre eux.

Il peut, le cas échéant, *[décider]* de mettre en valeur les terres du propriétaire ou des indivisaires ou de les donner à bail.

S'il ne peut désigner un indivisaire comme mandataire, le juge peut confier ces fonctions à toute autre personne physique ou morale. Il peut à tout moment remplacer le mandataire ou mettre fin à sa mission.

Art. L. 183-14 Dans le délai de deux mois à compter de la notification de la mise en demeure mentionnée à l'article L. 183-12, le propriétaire, le mandataire ou le titulaire du droit d'exploitation fait connaître au représentant de l'État qu'il s'engage à mettre en valeur le fonds ou qu'il renonce. L'absence de réponse vaut renonciation.

Lorsque les conditions de mise en valeur qui ont été acceptées par le propriétaire, le mandataire ou le titulaire du droit d'exploitation ne sont pas respectées, le président du conseil territorial peut, sans avoir à procéder de nouveau aux formalités mentionnées à l'article L. 183-11, recueillir l'avis du comité mentionné à l'article L. 183-6 exerçant les compétences de la commission départementale d'aménagement foncier, sur l'opportunité de mettre en œuvre la procédure de mise en demeure.

A défaut d'intervention du président du conseil territorial, après une mise en demeure restée infructueuse au terme d'un délai d'un an, la procédure est mise en œuvre par le représentant de l'État.

Art. L. 183-15 Lorsque le propriétaire ou le mandataire a renoncé expressément ou tacitement à mettre en valeur le fonds ou n'a pas, dans le délai imparti par la mise en demeure mentionnée à l'article L. 183-12, mis en valeur ou donné à bail ce fonds, le représentant de l'État procède à une publicité destinée à faire connaître aux bénéficiaires éventuels la faculté qui leur est offerte de demander l'attribution d'une autorisation d'exploiter.

Les demandes d'autorisation d'exploiter sont accompagnées d'un projet de mise en valeur agricole du fonds.

L'autorisation est attribuée après avis du comité mentionné à l'article L. 183-5. En cas de pluralité de demandes, le droit d'exploiter est attribué en priorité à un demandeur agriculteur qui s'installe ou à un exploitant agricole à titre principal.

Le silence gardé par l'autorité administrative sur une demande d'autorisation d'exploiter pendant le délai prévu à l'article L. 231-4 du code des relations entre le public et l'administration vaut décision de rejet.

L'autorisation d'exploiter emporte de plein droit l'existence d'un bail à ferme soumis aux dispositions du titre VI du livre IV du présent code. Dès la notification de l'autorisation au bénéficiaire et au propriétaire ou à son mandataire, le bénéficiaire peut entrer dans les lieux.

Art. L. 183-16 A défaut d'accord amiable entre le propriétaire ou le mandataire et le bénéficiaire de l'autorisation d'exploiter mentionné à l'article L. 183-15 dans les deux mois de la notification de cette dernière sur le prix du fermage, le représentant de l'État fixe le montant de l'indemnité d'occupation due par le bénéficiaire au propriétaire jusqu'à l'intervention de cet accord ou, à défaut, jusqu'à la fixation du prix du fermage par le tribunal paritaire des baux ruraux saisi par la plus diligente des parties. La saisine du tribunal ne suspend ni l'entrée dans les lieux, ni le versement de l'indemnité par le bénéficiaire de l'autorisation d'exploiter.

Si l'autorisation d'exploiter porte sur un fonds donné à bail, ledit bail prend fin sans indemnité à la date de notification à l'ancien titulaire du droit d'exploitation de l'autorisation donnée au nouveau. La cessation du bail s'effectue dans les conditions de droit commun.

Lorsque le bien faisant l'objet d'une autorisation d'exploiter est indivis, chaque indivisaire reçoit la part du fermage correspondant à ses droits dans l'indivision, établis par le titre de propriété, les énonciations cadastrales ou, à défaut, par tous moyens de *preuve. Le montant du* fermage dû aux ayants droit dont l'identité ou l'adresse est demeurée inconnue est déposé par le mandataire qui leur a été désigné chez un dépositaire agréé pour recevoir les capitaux appartenant à des mineurs.

Art. L. 183-17 Le représentant de l'État peut, dans les conditions prévues à l'article L. 183-15, accorder, selon les cas, une autorisation d'exploiter ou une nouvelle autorisation d'exploiter, lorsque le bail conclu après mise en demeure par le propriétaire pour assurer la mise en valeur de ses terres ou résultant d'une autorisation d'exploiter antérieurement accordée est résilié ou n'est pas renouvelé.

Le représentant de l'État dispose des mêmes pouvoirs lorsqu'il constate que le propriétaire laisse les terres dans un état de sous-exploitation manifeste après l'expiration du délai qui lui a été fixé par la mise en demeure pour mettre en valeur ses terres ou que ses terres sont laissées dans cet état par l'exploitant choisi par le propriétaire ou désigné par l'administration. L'autorisation d'exploiter ainsi accordée entraîne de plein droit, le cas échéant, la résiliation du bail.

Art. L. 183-18 Le représentant de l'État peut, à tout moment de la procédure tendant à la mise en valeur de terres incultes ou manifestement sous-exploitées, provoquer l'expropriation pour cause d'utilité publique, après avis du comité mentionné à l'article L. 183-6 exerçant les compétences de la commission départementale d'aménagement foncier, saisi par le président du conseil territorial ou par lui-même en cas de carence de ce dernier.

En vue d'assurer la pérennité de la remise en valeur des terres, en cas de retour à l'inculture ou à la sous-exploitation manifeste de terres qui ont fait l'objet d'une autorisation d'exploiter en application de l'article L. 183-15, le représentant de l'État peut, dans un délai fixé par décret, sans reprendre la procédure prévue à la présente section, procéder à leur expropriation pour cause d'utilité publique conformément aux dispositions du présent article.

Le représentant de l'État peut également, dans le délai de dix ans à partir du constat d'inculture dressé par le comité mentionné à l'article L. 183-6 exerçant les compétences de la commission départementale d'aménagement foncier, procéder à l'expropriation pour cause d'utilité publique de terres dont la mise en valeur intervenue en dehors du cadre de l'autorisation d'exploiter a été interrompue.

Art. L. 183-19 Les contestations relatives à la constatation du caractère inculte ou manifestement sous-exploité des terres sont portées devant le tribunal paritaire des baux ruraux.

Art. L. 183-20 Nul ne peut obtenir ou conserver l'exploitation de terres en application des articles L. 183-11 à L. 183-20 sans avoir accepté un cahier des charges.

Art. L. 183-21 Si le représentant de l'État constate que les clauses du cahier des charges ne sont pas respectées, il peut, dans les conditions prévues à l'article L. 183-16, accorder, selon les cas, une autorisation d'exploiter ou une nouvelle autorisation d'exploiter.

Les contestations relatives à l'interprétation et à l'exécution des cahiers des charges sont portées devant le tribunal paritaire des baux ruraux.

Art. L. 183-22 Les dépenses afférentes à l'application des dispositions des articles L. 183-11 à L. 183-17 sont prises en charge par la collectivité.

Art. L. 183-23 Les conditions d'application de la présente section sont déterminées par décret en Conseil d'État.

SECTION 4 Mesures en faveur de l'exploitation des biens agricoles en indivision

Art. L. 183-24 Par dérogation à l'avant-dernier alinéa de l'article 815-3 du code civil, le ou les indivisaires titulaires d'au moins deux tiers des droits indivis sur un bien agricole peuvent, dans les conditions prévues au présent article, conclure ou renouveler un bail à ferme soumis au titre VI du livre IV du présent code.

Lorsque le bien n'est pas loué, ils demandent à un notaire de procéder à un appel à candidats au bail dans des conditions fixées par décret. Le notaire informe le ou les propriétaires, qui ne sont pas tenus par cette liste, des candidatures recueillies.

S'ils entendent renouveler un bail, les indivisaires mentionnés au premier alinéa notifient leur intention aux autres indivisaires ou, si l'identité ou l'adresse de l'un ou plusieurs d'entre eux n'est pas connue, en assurent la publicité dans des conditions définies par décret.

Dans les trois mois suivant la publication ou la notification mentionnées au deuxième ou au troisième alinéa, tout indivisaire qui ne consent pas à la dation à bail ou au renouvellement du bail peut saisir le *(Ord. n° 2019-738 du 17 juill. 2019, art. 11)*

« président du tribunal judiciaire d'une demande tendant à l'opposition à location. Le président du tribunal, qui statue selon la procédure accélérée au fond », est tenu de rejeter cette demande dès lors qu'il constate que le projet est de nature à favoriser l'exploitation normale du terrain et ne porte pas une atteinte excessive aux droits du demandeur.

La part des revenus du bail revenant, après paiement des dettes et charges de l'indivision, aux indivisaires dont l'identité ou l'adresse sont demeurées inconnues est déposée chez un dépositaire agréé pour recevoir les capitaux appartenant à des mineurs.

Art. L. 183-25 Par exception à l'article 815-5-1 du code civil, lorsqu'un propriétaire indivis d'un bien agricole entend sortir de l'indivision en vue de permettre le maintien, l'amélioration ou la reprise de l'exploitation de ce bien, il notifie à un notaire son intention de procéder à l'aliénation du bien.

Si l'auteur de la notification détient moins de deux tiers des droits indivis, la personne saisie fait signifier cette intention aux autres indivisaires dans le délai d'un mois à compter de cette notification. Si l'identité ou l'adresse d'un des indivisaires sont inconnues, elle fait procéder à la publication de l'intention de vente, dans des conditions fixées par décret.

A l'issue d'un délai de trois mois à compter de la date de la dernière signification ou publication, le notaire établit la liste des indivisaires qui ont donné leur accord à l'aliénation du bien, de ceux qui s'y sont opposés et de ceux qui ne se sont pas manifestés.

Lorsque la notification mentionnée au premier alinéa est faite par le ou les indivisaires titulaires d'au moins deux tiers des droits indivis ou si, à l'issue de la procédure prévue aux deuxième et troisième alinéas, l'aliénation du bien recueille l'accord des indivisaires titulaires d'au moins deux tiers de ces droits, le notaire notifie aux autres indivisaires le projet d'aliénation ou, si l'identité ou l'adresse de certains indivisaires sont inconnues, le rend public, dans des conditions fixées par décret.

Tout indivisaire qui s'oppose à cette aliénation dispose d'un délai de trois mois pour saisir le *(Ord. n° 2019-738 du 17 juill. 2019, art. 11)* « président du tribunal judiciaire qui statue selon la procédure accélérée au fond », en prenant en compte tant l'importance de l'atteinte aux droits du requérant que l'intérêt de l'opération pour l'exploitation du bien.

Lorsque les indivisaires ayant exprimé leur accord sont titulaires de moins des deux tiers des droits indivis et que ceux ayant exprimé leur opposition ne représentent pas plus d'un quart de ces droits, le *(Ord. n° 2019-738 du 17 juill. 2019, art. 11)* « président du tribunal judiciaire, statuant selon la procédure accélérée au fond, » peut autoriser l'aliénation du bien indivis si celle-ci est de nature à favoriser l'exploitation normale du bien sans porter une atteinte excessive aux intérêts des indivisaires qui n'y ont pas expressément consenti.

L'aliénation s'effectue par licitation. L'acheteur doit s'engager à assurer ou faire assurer l'exploitation du bien pendant une durée de dix ans au moins.

Les sommes qui en sont retirées ne peuvent faire l'objet d'un remploi sauf pour payer les dettes et charges de l'indivision. La part revenant aux indivisaires dont l'identité ou l'adresse sont demeurées inconnues est déposée chez un dépositaire agréé pour recevoir les capitaux appartenant à des mineurs. L'aliénation effectuée dans les conditions prévues au présent article est opposable à l'indivisaire dont le consentement a fait défaut, sauf si l'intention d'aliéner le bien n'a pas été publiée ou ne lui a pas été signifiée dans les conditions prévues, selon le cas, aux deuxième et troisième ou quatrième et cinquième alinéas.

Lorsqu'il est constaté, après une procédure contradictoire destinée à recueillir ses observations et, le cas échéant, celles de l'exploitant, que l'acquéreur ne respecte pas l'engagement d'exploiter ou de faire exploiter le bien pendant une durée de dix ans au moins, le préfet, après une mise en demeure restée infructueuse au terme d'un délai de six mois, met en œuvre la procédure prévue à l'article L. 183-18 du présent code.

SECTION 5 Contrôle du morcellement des terres agricoles

Art. L. 183-26 Est soumise à déclaration préalable la division volontaire, en propriété ou en jouissance, des parcelles situées dans les périmètres délimités par décision motivée du président du conseil territorial.

Ces périmètres ne peuvent être établis qu'à l'intérieur des zones suivantes :

1° Projets d'intérêt général d'irrigation et de mise en valeur agricole ;

2° Zones agricoles protégées mentionnées à l'article L. 112-2 ;

3° Zones dont la vocation agricole est prévue par le schéma d'aménagement régional mentionné à l'article L. 4433-8 du code général des collectivités territoriales.

Lorsque la situation du foncier agricole le rend nécessaire, le représentant de l'État peut, après avoir saisi le président du conseil territorial et en cas d'absence de décision de celui-ci dans un délai d'un an, se substituer au président du conseil territorial pour délimiter les périmètres mentionnés au premier alinéa.

Art. L. 183-27 La déclaration prévue à l'article L. 183-26 est adressée au représentant de l'État qui saisit le comité mentionné à l'article L. 183-5 exerçant les compétences de la commission départementale d'aménagement foncier. Il peut, dans un délai déterminé par voie réglementaire, s'opposer à la division si celle-ci, par son importance, le nombre de lots ou les travaux qu'elle entraîne, est susceptible de compromettre gravement le caractère agricole et naturel des espaces, les conditions d'exploitation normale ou le maintien de l'équilibre économique du terroir concerné ou d'une filière. Si aucune opposition n'est exprimée dans ce délai, le déclarant peut procéder librement à la division. Un décret en Conseil d'État détermine les éléments d'information qui doivent être joints à la déclaration pour permettre au comité d'apprécier les conséquences de la division.

Art. L. 183-28 Lorsqu'un acte de division volontaire, en propriété ou en jouissance, a été effectué en violation des dispositions de la présente section, l'autorité qui a défini les périmètres mentionnés à l'article L. 183-26 peut demander à l'autorité judiciaire de constater la nullité de l'acte. L'action en nullité se prescrit par cinq ans à compter de la publication de l'acte ayant effectué la division ou de leur signature concernant les actes sous seing privé.

SECTION 6 Aménagement rural et aménagement foncier

Art. L. 183-29 Pour l'application à Saint-Martin du chapitre I du titre II du présent livre, l'article L. 121-10 est ainsi rédigé :

Art. L. 121-10 Les contestations par les intéressés des opérations décidées par le comité mentionné à l'article L. 183-5 exerçant les compétences de la commission communale d'aménagement foncier sont portées devant le juge administratif.

CHAPITRE IV SAINT-PIERRE-ET-MIQUELON

(Ord. nº 2016-391 du 31 mars 2016, art. 3-3°, en vigueur le 1er juill. 2016)

Art. L. 184-1 Les dispositions du présent livre s'appliquent à Saint-Pierre-et-Miquelon sous réserve des exceptions et adaptations prévues au présent chapitre.

Art. L. 184-2 Pour l'application à Saint-Pierre-et-Miquelon du présent livre :

1° Les références à la région et au conseil régional, au département et au conseil départemental, sont remplacées par les références à la collectivité de Saint-Pierre-et-Miquelon et au conseil territorial ;

2° Les références au président du conseil régional et au président du conseil départemental sont remplacées par la référence au président du conseil territorial de Saint-Pierre-et-Miquelon ;

3° Les références au préfet de région ou au préfet de département sont remplacées par la référence au représentant de l'État à Saint-Pierre-et-Miquelon.

Art. L. 184-3 Ne sont pas applicables à Saint-Pierre-et-Miquelon :

1° Les articles L. 111-3, L. 112-2 et L. 112-3 ;

2° Le titre II ;

3° Le titre III ;

4° Le titre IV ;

5° Le titre VI.

Sauf disposition contraire, les dispositions faisant référence aux règlements européens ne sont pas applicables.

Art. L. 184-4 Un plan territorial de l'agriculture durable, de l'alimentation et de la pêche fixe les grandes orientations de la politique agricole, agroalimentaire et halieutique à Saint-Pierre-et-Miquelon en tenant compte des spécificités *[de]* l'archipel ainsi que de l'ensemble des enjeux économiques, sociaux et environnementaux.

Le plan précise les actions qui feront l'objet prioritairement des interventions de l'État et de la collectivité territoriale, notamment en ce qui concerne la mise à disposition du foncier pour l'agriculture.

Le représentant de l'État et le président du conseil territorial conduisent conjointement la préparation du plan en y associant les autres collectivités territoriales, et la chambre d'agriculture, de commerce, d'industrie, des métiers et de l'artisanat ainsi que, s'il y a lieu, les organisations représentatives de la profession.

Après avoir été mis pendant une durée minimale d'un mois à la disposition du public sous des formes, notamment électroniques, de nature à permettre sa participation, le projet de plan territorial de l'agriculture durable est soumis à l'approbation du conseil territorial. Le plan est ensuite arrêté par le représentant de l'État, dans des conditions fixées par décret en Conseil d'État.

Au plus tard à l'issue d'un délai fixé par décret, un bilan de la mise en œuvre de ce plan est effectué.

Art. L. 184-5 Une commission territoriale de l'agriculture et de l'aquaculture de Saint-Pierre-et-Miquelon est coprésidée par le représentant de l'État et le président de la collectivité territoriale.

Un décret en Conseil d'État fixe la liste des commissions dont elle exerce les attributions, ainsi que sa composition et ses règles de fonctionnement.

Art. L. 184-6 Pour son application à Saint-Pierre-et-Miquelon, l'article L. 112-1-1 est ainsi rédigé :

Art. L. 112-1-1 Les compétences de la commission départementale de la préservation des espaces naturels, agricoles et forestiers sont exercées à Saint-Pierre-et-Miquelon par la commission mentionnée à l'article L. 184-5 dans des conditions précisées par décret en Conseil d'État. Cette commission se prononce sur les questions générales relatives à la régression des surfaces agricoles et à leur mise en valeur effective. Elle formule des propositions sur les moyens de contribuer à la limitation de la consommation de l'espace agricole. Elle est consultée sur toute mesure de déclassement de terres classées agricoles.

CHAPITRE V **WALLIS-ET-FUTUNA, POLYNÉSIE FRANÇAISE ET NOUVELLE-CALÉDONIE**

(Ord. n° 2016-391 du 31 mars 2016, art. 3-3°, en vigueur le 1er juill. 2016)

Art. L. 185-1 Les dispositions du présent livre ne sont pas applicables dans les îles Wallis-et-Futuna, en Polynésie française et en Nouvelle-Calédonie.

LIVRE II ALIMENTATION, SANTÉ PUBLIQUE VÉTÉRINAIRE ET PROTECTION DES VÉGÉTAUX *(L. n° 2010-874 du 27 juill. 2010, art. 1er-I).*

(Ord. n° 2000-550 du 15 juin 2000 ; Ord. n° 2000-914 du 18 sept. 2000, art. 11)

Le présent livre, publié en tant que livre IX du code rural par l'Ord. n° 2000-550 du 15 juin 2000 (JO 22 juin), a été transformé en livre II du même code par l'Ord. n° 2000-914 du 18 sept. 2000, art. 11, relative à la partie législative du code de l'environnement (JO 21 sept.). — Ces deux ordonnances ont été ratifiées par la L. n° 2003-591 du 2 juill. 2003, art. 31 (JO 3 juill.).

Le livre II du code rural et de la pêche maritime est applicable à Mayotte, à l'exception de la section 3 du chapitre VI du titre III, sous réserve des dispositions particulières mentionnées au présent chapitre (Ord. n° 2012-789 du 31 mai 2012, art. 4, JO 1er juin).

COMMENTAIRE

Le code rural prévoit un ensemble de dispositions concernant les animaux. Sont visés d'une part les animaux domestiques, c'est-à-dire ceux qui sont sous l'autorité de l'homme qui les nourrit, les élève et les soigne. D'autre part les animaux apprivoisés, qui ne sont pas domestiques mais sous contrôle de l'homme. Enfin, les animaux en captivité font aussi l'objet de dispositions dans ce livre : il s'agit d'animaux sauvages retenus par l'homme. Ces animaux apparaissent pour les uns comme des outils d'exploitation ou des produits comestibles, pour les autres plutôt comme des compagnons de l'homme. Ces animaux sont tous des biens appropriés ; cependant, leur usage par leur propriétaire ou maître doit respecter les règles de protection découlant de la nature d'« être sensible » que la loi reconnaît à l'animal. Le statut ainsi déterminé pour l'animal est un compromis entre le souci de rentabilité économique, le profit souhaité par les hommes et le respect du bien-être de l'animal. En même temps, l'homme reçoit une protection contre les contaminations et les possibles agressions animales.

Les animaux sauvages sont désormais visés par le code rural. Leur protection est organisée par le code de l'environnement, mais depuis la loi n° 2014-1170 du 13 octobre 2014 d'avenir pour l'agriculture, l'alimentation et la forêt, des mesures de prévention, surveillance et lutte contre les maladies touchant les animaux de la faune sauvage ont été mises en place, principalement en conséquence des interactions constatées entre les maladies des animaux d'élevage et des animaux sauvages, mais aussi en conséquence de l'analyse du cycle épidémiologique des maladies qui touchent l'homme et l'ensemble des animaux.

Le code rural prévoit également un ensemble de dispositions concernant les végétaux, objets de l'exploitation agricole. Les dispositions reflètent un équilibre souhaité entre les besoins économiques d'espèces performantes, la recherche de conditions d'exploitation productives et la protection de l'environnement et de la santé publique. ❑

TITRE PRÉLIMINAIRE DISPOSITIONS COMMUNES

(L. n° 2005-157 du 23 févr. 2005, art. 115-III)

CHAPITRE I DISPOSITIONS GÉNÉRALES RELATIVES À LA PRÉVENTION, À LA SURVEILLANCE ET À LA LUTTE CONTRE LES DANGERS SANITAIRES CONCERNANT LES ANIMAUX, LES VÉGÉTAUX ET LES ALIMENTS *(Ord. n° 2015-1242 du 7 oct. 2015, art. 1er-1°).*

(Ord. n° 2011-862 du 22 juill. 2011, art. 1er)

L'Ord. n° 2011-862 du 22 juill. 2011 relative à l'organisation de l'épidémiosurveillance, de la prévention et de la lutte contre les maladies animales et végétales et aux conditions de délégation de certaines tâches liées aux contrôles sanitaires et phytosanitaires est ratifiée (L. n° 2014-1770 du 13 oct. 2014, art. 56-I, JO 14 oct.).

BIBL. ▶ DARRIBEHAUDE, *Dr. adm. 2014. Étude 6* (contribution des opérateurs et détenteurs d'animaux à la gouvernance de la sécurité sanitaire des aliments).

SECTION 1 Définitions et champ d'application

Art. L. 201-1 *(Ord. nº 2019-1110 du 30 oct. 2019, art. 2)* « I. — Pour l'application du présent livre, sous réserve de dispositions particulières, on entend par dangers sanitaires :

(Ord. nº 2021-1370 du 20 oct. 2021, art. 2) « 1° Les dangers qui sont de nature à porter atteinte à la santé des animaux et les maladies d'origine animale qui sont transmissibles à l'homme, dits "dangers zoosanitaires" ; »

« 2° Les dangers de nature à porter atteinte à la santé des végétaux, dits "dangers phytosanitaires" » ;

(Ord. nº 2021-1370 du 20 oct. 2021, art. 2) « 3° Les dangers qui sont de nature à porter atteinte à la sécurité sanitaire des aliments.

« II. — Les dangers zoosanitaires sont :

« 1° Les maladies animales réglementées mentionnées à l'article L. 221-1 ;

« 2° Les maladies animales faisant l'objet d'un programme sanitaire d'intérêt collectif mentionné à l'article L. 201-10 ;

« 3° Les autres maladies animales pour lesquelles les mesures de prévention, de surveillance ou de lutte relèvent de l'initiative privée. »

(Ord. nº 2019-1110 du 30 oct. 2019, art. 2) « III. — Les dangers phytosanitaires comprennent :

« 1° Les organismes nuisibles réglementés mentionnés à l'article L. 251-3 ;

« *(Ord. nº 2021-1370 du 20 oct. 2021, art. 2)* « 2° Les organismes nuisibles faisant l'objet d'un programme sanitaire d'intérêt collectif mentionné à l'article L. 201-10 ; »

« 3° Les autres organismes nuisibles, pour lesquels les mesures de prévention, de surveillance ou de lutte relèvent de l'initiative privée. »

Art. L. 201-2 Les propriétaires ou détenteurs d'animaux ou de végétaux sont soumis aux prescriptions du présent livre dans les conditions qu'il définit.

Pour l'application du présent livre est regardée comme propriétaire ou détenteur d'animal toute personne qui possède ou détient, même à titre temporaire, un animal, vivant ou mort, d'une espèce *(Ord. nº 2021-1370 du 20 oct. 2021, art. 2)* « mentionnée aux points 2 ou 3 de l'article 4 du règlement (UE) 2016/429 du Parlement européen et du Conseil du 9 mars 2016 relatif aux maladies animales transmissibles et modifiant et abrogeant certains actes dans le domaine de la santé animale, ou figurant sur une liste établie par décret, ou des produits germinaux, au sens du point 28 de ce même article ».

Pour l'application du présent livre est regardée comme propriétaire ou détenteur de végétaux toute personne qui possède ou détient, même à titre temporaire, *(Ord. nº 2019-1110 du 30 oct. 2019, art. 2)* « des végétaux, produits végétaux ou autres objets au sens de l'article 2 du règlement (UE) 2016/2031 du Parlement européen et du Conseil du 26 octobre 2016 relatif aux mesures de protection contre les organismes nuisibles aux végétaux ou, pour l'application des chapitres III à VIII du titre V du livre II, tout autre produit d'origine végétale non transformé ou n'ayant subi qu'une préparation simple ».

(L. nº 2014-1170 du 13 oct. 2014, art. 41-I-1°) « Les personnes qui exercent le droit de chasse *(Ord. nº 2021-1370 du 20 oct. 2021, art. 2)* « ou de pêche » ou qui en organisent l'exercice et les personnes titulaires du droit de chasser sont soumises aux prescriptions du présent livre. »

SECTION 2 Responsabilités de l'État dans la surveillance, la prévention, la lutte contre les dangers sanitaires

Art. L. 201-3 *(Ord. nº 2021-1370 du 20 oct. 2021, art. 2)* « L'autorité administrative prend toutes mesures destinées à collecter, traiter et diffuser les données et informations d'ordre épidémiologique concernant les dangers mentionnés au 3° du I de l'article L. 201-1, les maladies animales mentionnées aux 1° et 2° de l'article L. 221-1 et les organismes nuisibles mentionnés aux 1°, 2°, 4° et 5° de l'article L. 251-3, ainsi que, dans la mesure où cela s'avère nécessaire, les maladies animales mentionnées au 3° de l'article L. 221-1 et les organismes nuisibles mentionnés aux 3° et 6° de l'article L. 251-3. » Lorsque ces données et informations sont couvertes par le secret profes-

sionnel ou le secret *(L. n° 2018-670 du 30 juill. 2018, art. 4)* **« des affaires », la collecte, le traitement et la diffusion s'effectuent dans des conditions préservant leur confidentialité à l'égard des tiers.**

(L. n° 2018-938 du 30 oct. 2018, art. 57) **« Un décret en Conseil d'État, pris après avis de la Commission nationale de l'informatique et des libertés, précise les conditions dans lesquelles la collecte des données et leur traitement peuvent être confiés à des personnes agréées par le ministère chargé de l'agriculture. »** *— V. art. R. 201-6-1 s.*

Art. L. 201-4 *(Ord. n° 2019-1110 du 30 oct. 2019, art. 2)* **« I. — » L'autorité administrative prend toutes mesures de prévention, de surveillance ou de lutte relatives aux dangers sanitaires** *(Ord. n° 2021-1370 du 20 oct. 2021, art. 2)* **« mentionnés aux 3° du I et au 1° du II de l'article L. 201-1. »**

A ce titre, elle peut, notamment :

1° Imposer à certains propriétaires ou détenteurs d'animaux, de denrées d'origine animale ou d'aliments pour animaux, ainsi qu'à certains propriétaires ou détenteurs de végétaux, des mesures particulières de contrôle adaptées à ces dangers ;

2° Soumettre, en fonction des dangers sanitaires et des types de production, les propriétaires ou détenteurs d'animaux ou de végétaux à un agrément sanitaire, à des obligations de déclaration de détention, *(L. n° 2014-1170 du 13 oct. 2014, art. 41-I-2°)* **« de déplacement d'animaux, » d'activité, d'état sanitaire, dans des conditions définies par décret en Conseil d'État ;**

3° Soumettre à un agrément les personnes intervenant dans la mise en œuvre des mesures de prévention, de surveillance ou de lutte prévues au présent article ; *— Le silence gardé par l'administration pendant deux mois vaut décision de rejet de la demande d'agrément des établissements de pisciculture et de conchyliculture (Décr. n° 2014-1296 du 23 oct. 2014, JO 1er nov.).*

(L. n° 2014-1170 du 13 oct. 2014, art. 41-I-2°) **« 4° Imposer aux personnes mentionnées au dernier alinéa de l'article L. 201-2 des mesures particulières de contrôle adaptées à ces dangers et au caractère sauvage des animaux fréquentant les territoires sur lesquels elles organisent l'exercice de la chasse ou sur lesquels elles exercent leur droit de chasser » ;**

(Ord. n° 2021-1370 du 20 oct. 2021, art. 2) **« 5° Procéder à la réquisition des moyens d'intervention nécessaires, dans les conditions prévues au 4° de l'article L. 2215-1 du code général des collectivités territoriales ;**

« 6° Restreindre la circulation des personnes et des biens en provenance ou à destination d'une zone qui fait l'objet de mesures de surveillance, de prévention ou de lutte ou dans laquelle a été découverte ou suspectée la présence de la maladie ou de l'organisme nuisible à l'origine du danger sanitaire, et imposer des conditions sanitaires de nature à éviter la contagion, la contamination ou l'infestation. Tout rassemblement de personnes et de biens risquant de favoriser la propagation du danger peut en outre être interdit dans ces zones. »

(Ord. n° 2019-1110 du 30 oct. 2019, art. 2) **« II. — L'autorité administrative met en œuvre les mesures de prévention, de surveillance et de lutte contre les dangers phytosanitaires énumérés à l'article L. 251-3 décidées par l'Union européenne en application du règlement (UE) 2016/2031 du 26 octobre 2016. En l'absence ou en complément de telles dispositions, et quel que soit l'organisme réglementé en cause, elle peut prendre, lorsque l'objectif de protection phytosanitaire le justifie, toute mesure mentionnée à la section 1 de l'annexe II de ce règlement, sous réserve du respect des principes énumérés à la section 2 de cette annexe. Les conditions dans lesquelles sont mises en œuvre ces mesures sont précisées par décret en Conseil d'État.**

« III. — » *(Ord. n° 2015-1242 du 7 oct. 2015, art. 1er-2°)* **« A la seule fin d'identifier la cause et l'étendue de phénomènes sanitaires émergents, l'autorité administrative peut obtenir des personnes mentionnées à l'article L. 201-7 la réalisation de tout prélèvement. »**

Le silence gardé par l'administration à l'expiration d'un délai de deux mois vaut décision de rejet pour la demande d'autorisations de dérogation aux dispositions de prophylaxie obligatoire édictées dans le cadre de la lutte relative aux dangers sanitaires mentionnés à l'art. L. 201-4 (Décr. n° 2014-1298 du 23 oct. 2014, JO 1er nov., Rect. JO 8 nov.).

Art. L. 201-5 *(Ord. nº 2021-1370 du 20 oct. 2021, art. 2)* **« Les maladies animales mentionnées à l'article 6 et au point a du paragraphe 1 de l'article 9 du règlement (UE) 2016/429 du 9 mars 2016 ou »** *(Ord. nº 2019-1110 du 30 oct. 2019, art. 2)* **« figurant sur une liste établie par décret et les organismes de quarantaine prioritaires au sens de l'article 6 du règlement (UE) 2016/2031 du 26 octobre 2016 » donnent lieu à l'établissement d'un plan** *(Abrogé par Ord. nº 2021-1370 du 20 oct. 2021, art. 2)* ***« national »*** **d'intervention sanitaire d'urgence. Le plan** *(Abrogé par Ord. nº 2021-1370 du 20 oct. 2021, art. 2)* ***« national »*** **arrêté par l'autorité administrative définit les principes d'organisation et les moyens à mobiliser pour faire face à ces dangers sanitaires et prévoit les mesures à prendre en cas de suspicion ou de confirmation d'un foyer en application du présent article et des articles L. 223-5, L. 223-6-1, L. 223-8 et** *(Ord. nº 2019-1110 du 30 oct. 2019, art. 2)* **« L. 201-4.**

« Sous réserve, pour les dangers phytosanitaires, des dispositions de l'article 25 du règlement (UE) 2016/2031 du 26 octobre 2016 *(Ord. nº 2021-1370 du 20 oct. 2021, art. 2)* **« et, pour les maladies animales mentionnées à l'article 6 et au point a du paragraphe 1 de l'article 9 du règlement (UE) 2016/429 du 9 mars 2016, des dispositions de l'article 43 du même règlement », un décret détermine les conditions d'élaboration et d'adoption du plan ainsi que les conditions selon lesquelles il est mis en œuvre et adapté dans chaque département dans le cadre du plan ORSEC prévu aux articles L. 741-1 à L. 741-5 du code de la sécurité intérieure. »**

(Abrogé par Ord. nº 2021-1370 du 20 oct. 2021, art. 2) ***« En application du plan, le préfet peut, pour la durée strictement nécessaire à la maîtrise ou à l'extinction du danger sanitaire :***

« 1º Procéder à la réquisition des moyens d'intervention nécessaires, dans les conditions prévues au 4º de l'article L. 2215-1 du code général des collectivités territoriales ;

« 2º Restreindre la circulation des personnes et des biens en provenance ou à destination d'un site qui fait l'objet d'un arrêté de mise sous surveillance en application de l'article L. 223-6-1 du présent code ou d'un arrêté portant déclaration d'infection en application de l'article L. 223-8 ou dans lequel a été découverte ou suspectée la présence de *(Ord. nº 2019-1110 du 30 oct. 2019, art. 2)* ***« la maladie ou de l'organisme nuisible à l'origine du danger sanitaire, et imposer des conditions propres » à éviter la contagion, la contamination ou l'infestation ;***

« 3º Délimiter des périmètres au sein desquels la circulation des personnes et des biens est restreinte et soumise à des conditions sanitaires destinées à éviter la contagion, la contamination ou l'infestation. Tout rassemblement de personnes et de biens risquant de favoriser la propagation du danger peut en outre être interdit dans ces périmètres. »

Art. L. 201-6 *Abrogé par Ord. nº 2015-616 du 4 juin 2015, art. 2-1º.*

SECTION 3 Responsabilités des personnes autres que l'État dans la surveillance, la prévention et la lutte contre les dangers sanitaires

COMMENTAIRE

Les obligations d'information mises à la charge des professionnels de l'agroalimentaire relatives à la santé humaine et à la sécurité des animaux ont été établies par le règlement (CE) 178/2002 du Parlement européen et du Conseil du 28 janvier 2002 établissant les principes généraux et les prescriptions générales de la législation alimentaire, instituant l'Autorité européenne de sécurité des aliments et fixant des procédures relatives à la sécurité des denrées alimentaires.

Art. L. 201-7 *(Ord. nº 2021-1370 du 20 oct. 2021, art. 2)* **« Tout propriétaire ou détenteur d'animaux, ou tout professionnel lié aux animaux au sens du point 26 de l'article 4 du règlement (UE) 2016/429 du 9 mars 2016, ainsi que toute personne mentionnée au dernier alinéa de l'article L. 201-2, qui détecte ou suspecte l'apparition d'un danger mentionné au 3º du I de l'article L. 201-1 ou d'une maladie animale mentionnée à l'article L. 221-1 sur le territoire national en informe l'autorité administrative, le cas échéant dans les conditions prévues par l'article 18 du règlement (UE) 2016/429 du 9 mars 2016 et les dispositions prises pour son application. »**

(Ord. nº 2019-1110 du 30 oct. 2019, art. 2) **« L'autorité administrative est informée de la présence d'un danger phytosanitaire mentionné aux 1º, 2º, 4º ou 5º de l'article**

L. 251-3 dans les conditions prévues aux articles 9, 14 et 15 du règlement (UE) 2016/2031 du 26 octobre 2016. En outre, pour l'application de l'article 29 du même règlement, tout propriétaire ou détenteur de végétaux, ou tout professionnel exerçant ses activités en relation avec des végétaux qui détecte ou suspecte la première apparition sur le territoire national d'un danger phytosanitaire en informe immédiatement l'autorité administrative. »

Tout propriétaire ou détenteur de denrées alimentaires ou d'aliments pour animaux soumis aux prescriptions prévues à l'article L. 231-1 *(L. n° 2018-938 du 30 oct. 2018, art. 50)* **« informe immédiatement l'autorité administrative désignée par décret lorsqu'il considère ou a des raisons de penser, au regard de tout résultat d'autocontrôle, qu'une denrée alimentaire ou un aliment pour animaux qu'il a importé, produit, transformé, fabriqué ou distribué présente ou est susceptible de présenter un risque pour la santé humaine ou animale.**

« Dès qu'il a connaissance de tout résultat d'examen indiquant que des locaux, installations et équipements utilisés pour la manipulation ou le stockage de denrées alimentaires et aliments pour animaux sont susceptibles de rendre des produits préjudiciables à la santé humaine, le propriétaire ou détenteur mentionné au *(Ord. n° 2021-1370 du 20 oct. 2021, art. 2)* **« troisième » alinéa du présent article informe immédiatement l'autorité administrative des mesures prises pour protéger la santé humaine ou animale. »**

Les vétérinaires et les laboratoires communiquent immédiatement à l'autorité administrative tout résultat d'analyse conduisant à suspecter ou constater la présence *(Ord. n° 2021-1370 du 20 oct. 2021, art. 2)* **« d'un danger mentionné au 3° du I de l'article L. 201-1 ou d'une des maladies mentionnées à l'article L. 221-1 sur le territoire national ».**

(L. n° 2018-938 du 30 oct. 2018, art. 50) **« En outre, dans le cadre des contrôles officiels réalisés en application de l'article L. 231-1, les laboratoires sont tenus de communiquer immédiatement tout résultat d'analyse sur demande motivée de l'autorité administrative et d'en informer le propriétaire ou détenteur des denrées concerné. »**

(Abrogé par Ord. n° 2021-1370 du 20 oct. 2021, art. 2) ***« Les personnes mentionnées au présent article sont également soumises à un devoir d'information sur les dangers sanitaires de deuxième catégorie qui figurent sur une liste établie par l'autorité administrative. L'autorité administrative définit les cas où l'information doit être communiquée à ses services ou à l'association sanitaire régionale mentionnée à l'article L. 201-11. »***

(Ord. n° 2015-1242 du 7 oct. 2015, art. 1er-3°) **« A la seule fin d'identifier la cause et l'étendue de phénomènes sanitaires émergents, l'autorité administrative peut obtenir des personnes mentionnées au présent article la transmission de tout prélèvement, échantillon et information sanitaire. »**

Art. L. 201-8 Les propriétaires ou détenteurs d'animaux ou de végétaux *(L. n° 2014-1170 du 13 oct. 2014, art. 41-I-4°)* « et les personnes mentionnées au dernier alinéa de l'article L. 201-2 » tenus, en application de la réglementation notamment des dispositions mentionnées à l'article L. 201-4, de réaliser ou de faire réaliser des mesures de surveillance, de prévention ou de lutte contre des dangers sanitaires en supportent le coût, y compris celui du suivi de leur mise en œuvre, sans préjudice de l'attribution d'aides publiques.

Art. L. 201-9 L'autorité administrative peut confier, par voie de convention, *(Ord. n° 2021-1370 du 20 oct. 2021, art. 2)* « le cas échéant dans les conditions prévues par l'article 14 du règlement (UE) 2016/429 du 9 mars 2016, » des missions de surveillance et de prévention à des organismes à vocation sanitaire ou à des organisations vétérinaires à vocation technique *(Abrogé par Ord. n° 2021-1370 du 20 oct. 2021, art. 2)* *« ainsi qu'aux associations sanitaires régionales mentionnées à l'article L. 201-11 »*. Ces missions peuvent être étendues aux mesures de lutte contre les dangers sanitaires.

Les organismes à vocation sanitaire sont des personnes morales reconnues par l'autorité administrative dans les conditions définies par décret en Conseil d'État, dont l'objet essentiel est la protection de l'état sanitaire des animaux, des végétaux, des produits végétaux, des aliments pour animaux ou des denrées alimentaires d'origine animale, dans le secteur d'activité et l'aire géographique sur lesquels elles interviennent.

Les organisations vétérinaires à vocation technique sont des personnes morales reconnues par l'autorité administrative dans les conditions définies par décret en Conseil d'État, dont l'objet essentiel est la formation permanente et l'encadrement technique des vétérinaires, dans l'aire géographique sur laquelle elles interviennent.

Art. L. 201-10 *(Ord. nº 2021-1370 du 20 oct. 2021, art. 2)* « I. — Des programmes sanitaires d'intérêt collectif peuvent être élaborés afin de favoriser la prévention, la surveillance et la lutte contre les dangers sanitaires et de mutualiser les coûts correspondants, à l'initiative :

« 1º D'une personne morale représentant 70 % soit des détenteurs professionnels concernés par l'objet du programme, soit des surfaces, des volumes ou du chiffre d'affaires de la production considérée sur la zone géographique d'application du programme ;

« 2º D'un organisme à vocation sanitaire reconnu en application de l'article L. 201-9 compétent pour la région où se situe la zone géographique d'application du programme ;

« 3º Lorsque le programme est applicable à une zone géographique s'étendant sur le territoire de plusieurs régions, d'une fédération d'organismes à vocation sanitaire compétents pour le domaine concerné représentant au moins 75 % des organismes à vocation sanitaire des régions concernées par le programme.

« Le programme est ouvert à tout détenteur, professionnel ou non, concerné par son objet. Les mesures qu'il prévoit sont financées par les adhérents au programme, dans des conditions qu'il détermine, sans préjudice de l'attribution d'aides publiques.

« Les mesures figurant dans le programme ne permettent pas de déroger ou de faire obstacle à la réalisation des mesures imposées par l'autorité administrative ou résultant de l'application du droit de l'Union européenne.

« II. — Les programmes sanitaires d'intérêt collectif peuvent, à la demande de la personne à l'initiative du programme, être reconnus par l'autorité administrative, dans des conditions définies par décret, si le programme :

« 1º Comprend des actions appropriées et nécessaires à ses objectifs ;

« 2º N'entrave pas la libre circulation des produits au sein de l'Union européenne.

« L'adhésion à un programme d'intérêt sanitaire collectif contre un danger donné, s'il est reconnu par l'autorité administrative, peut constituer une condition préalable à une certification sanitaire en vue des exportations vers les pays tiers.

« III. — Les programmes sanitaires d'intérêt collectif applicables à la majorité des détenteurs professionnels sur la zone géographique considérée peuvent, à la demande de la personne à l'initiative du programme, au regard de leur intérêt sanitaire et économique, être étendus, sur tout ou partie de leur ressort géographique, aux personnes mentionnées à l'article L. 201-2 par l'autorité administrative, selon des modalités définies par décret en Conseil d'État.

« L'extension peut être demandée pour les seuls détenteurs professionnels ou pour les détenteurs professionnels et non professionnels.

« Si un propriétaire ou un détenteur ne s'acquitte pas de la cotisation prévue dans le cadre d'un programme, l'autorité administrative peut refuser la délivrance des documents et certificats attestant la bonne réalisation des actions de ce programme ou retirer ces documents et certificats. »

(Ord. nº 2015-1242 du 7 oct. 2015, art. 1er-4º) V *[IV]*. — Les départements participent à la veille sanitaire par l'intermédiaire des laboratoires d'analyse départementaux.

Art. L. 201-10-1 *(L. nº 2022-217 du 21 févr. 2022, art. 128)* Les départements participent à la politique publique de sécurité sanitaire par l'intermédiaire des laboratoires d'analyse départementaux, de l'organisme à vocation sanitaire et de l'organisation vétérinaire à vocation technique mentionnés à l'article L. 201-9 et de leurs sections départementales ainsi que par l'intermédiaire des organismes de lutte et d'intervention contre les zoonoses.

Art. L. 201-11 et L. 201-12 *Abrogés par Ord. nº 2021-1370 du 20 oct. 2021, art. 2.*

Art. L. 201-13 L'autorité administrative peut déléguer à des organismes à vocation sanitaire, à des organismes vétérinaires à vocation technique ou à des organismes ou

catégories d'organismes présentant des garanties de compétence, d'indépendance et d'impartialité dont la liste est fixée par décret *(Ord. n° 2019-1110 du 30 oct. 2019, art. 2, en vigueur le 14 déc. 2019)* **« certaines tâches de contrôle officiel ou liées aux autres activités officielles conformément aux articles 28, 29 et 31 du règlement (UE) 2017/625 du Parlement européen et du Conseil du 15 mars 2017 concernant les contrôles officiels et les autres activités officielles servant à assurer le respect de la législation alimentaire et de la législation relative aux aliments pour animaux, ainsi que des règles relatives à la santé et au bien-être des animaux, à la santé des végétaux et aux produits phytopharmaceutiques », à l'exclusion de la recherche et de la constatation des infractions et du prononcé des décisions individuelles défavorables à leur destinataire.**

Peuvent *(Ord. n° 2019-1110 du 30 oct. 2019, art. 2, en vigueur le 14 déc. 2019)* **« notamment » être déléguées les tâches consistant à réaliser ou faire réaliser des prélèvements et consigner des produits ou des animaux** *(Ord. n° 2019-1110 du 30 oct. 2019, art. 2, en vigueur le 14 déc. 2019)* **« , des végétaux, des produits végétaux et autres objets susceptibles de présenter un danger sanitaire ou de ne pas être conformes aux normes en vigueur, » dans l'attente de l'intervention de l'autorité administrative.**

(Ord. n° 2019-1110 du 30 oct. 2019, art. 2, en vigueur le 14 déc. 2019) **« Les employés des délégataires légalement désignés ont accès aux locaux, parcelles, terrains et jardins, clos ou non, à leurs alentours, aux installations, lieux, véhicules de transport à usage professionnel dans les mêmes conditions que les agents de l'État habilités à réaliser les contrôles et autres activités ainsi déléguées. Ils ont également accès aux données nécessaires à l'accomplissement de la mission qui leur a été déléguée, sans que puisse leur être opposé le secret professionnel. Ces données ne peuvent être utilisées que dans le cadre de la mission déléguée et ne peuvent être transmises qu'à l'autorité délégante.**

« L'acte de délégation indique si le délégataire peut facturer aux personnes soumises aux contrôles et autres activités déléguées le montant des prestations effectuées à leur bénéfice. »

Un décret en Conseil d'État définit les conditions auxquelles doivent satisfaire les organismes délégataires, détermine la liste des actes qui peuvent être délégués et précise les conditions dans lesquelles les représentants des organismes délégataires exercent leurs missions. Il définit les modalités de ces délégations et de leur contrôle.

SECTION 4 La surveillance sanitaire et biologique du territoire

(Ord. n° 2015-1242 du 7 oct. 2015, art. 1er-5°)

Art. L. 201-14 **I. — La surveillance sanitaire et biologique du territoire a pour objet de constater l'état sanitaire des animaux, des végétaux et des aliments et de détecter l'apparition d'effets non intentionnels des pratiques agricoles sur l'environnement.**

Elle comprend des actions conduites par l'État ou sous son contrôle ainsi que des actions conduites par les personnes exerçant, à titre professionnel, une activité liée à la santé animale, à la santé végétale ou à la sécurité sanitaire des aliments. Les actions conduites par l'État sont relatives aux dangers *(Ord. n° 2021-1370 du 20 oct. 2021, art. 2)* **« mentionnés aux 1° et 3° du I de l'article L. 201-1 » pour lesquels ont été prises des mesures mentionnées aux articles L. 201-3 ou L. 201-4,** *(Ord. n° 2019-1110 du 30 oct. 2019, art. 2, en vigueur le 14 déc. 2019)* **« aux organismes nuisibles réglementés au sens de l'article L. 251-3, » aux effets non intentionnels des pratiques agricoles sur l'environnement et aux phénomènes sanitaires émergents.**

II. — *(Ord. n° 2021-1370 du 20 oct. 2021, art. 2)* **« Des plateformes d'épidémiosurveillance, dotées ou non de la personnalité morale, sont constituées » en vue d'apporter aux services compétents de l'État et, à leur demande, aux autres gestionnaires de dispositifs de surveillance un appui méthodologique et opérationnel pour la conception, le déploiement, l'animation, la valorisation et l'évaluation des dispositifs de surveillance sanitaire et biologique du territoire.**

(Abrogé par Ord. n° 2021-1370 du 20 oct. 2021, art. 2) ***« Adhèrent à ces plates-formes, si elles sont dotées de la personnalité morale, ou y participent dans les conditions déterminées par convention si elles ne sont pas dotées de la personnalité morale, outre l'État, les réseaux reconnus en application de l'article L. 201-10. »***

Les conditions dans lesquelles les détenteurs de données d'épidémiosurveillance sont tenus de les transmettre à une plate-forme et celles dans lesquelles ces données sont collectées, traitées, transmises, rendues accessibles, diffusées et valorisées sont définies par décret en Conseil d'État.

CHAPITRE II LABORATOIRES ET RÉACTIFS *(Ord. nº 2011-863 du 22 juill. 2011, art. 1er).*

SECTION 1 Laboratoires

(Ord. nº 2011-863 du 22 juill. 2011, art. 1er)

Art. L. 202-1 Le contrôle du respect des dispositions du présent livre est assuré par les services de l'État compétents ou leurs délégataires au moyen notamment d'analyses de laboratoire.

Sont habilités à réaliser ces analyses *(Ord. nº 2019-1110 du 30 oct. 2019, art. 2, en vigueur le 14 déc. 2019)* « et ont la qualité de laboratoire officiel au sens de l'article 37 du règlement (UE) 2017/625 du 15 mars 2017 » :

– les laboratoires des services chargés des contrôles et les laboratoires d'analyses départementaux, agréés à cette fin par l'autorité administrative ;

– les laboratoires nationaux de référence définis à l'article L. 202-2 ;

– tout autre laboratoire agréé à cette fin par l'autorité administrative, dès lors que les laboratoires visés aux alinéas précédents ne peuvent réaliser tout ou partie de ces analyses, en raison des compétences techniques particulières ou des capacités de traitement rapide qu'elles requièrent.

Art. L. 202-2 Le ministre chargé de l'agriculture peut désigner des laboratoires nationaux de référence chargés notamment de l'encadrement technique des laboratoires agréés.

(Ord. nº 2015-1242 du 7 oct. 2015, art. 1er-6º) « Les laboratoires nationaux de référence apportent à l'État, aux laboratoires agréés et aux plates-formes mentionnées au II de l'article L. 201-14 l'appui scientifique et technique nécessaire à la collecte, au traitement, à l'accessibilité, à la transmission et à la diffusion des données d'épidémiosurveillance. Ces laboratoires peuvent également apporter leur appui aux autres gestionnaires de dispositifs de surveillance. »

Art. L. 202-3 Les laboratoires réalisant des analyses d'autocontrôle peuvent être soumis à une procédure de reconnaissance de qualification par le ministre chargé de l'agriculture.

(L. nº 2018-938 du 30 oct. 2018, art. 52) « Les laboratoires réalisant des analyses d'autocontrôle dans le secteur alimentaire, le secteur des sous-produits animaux ou le secteur de l'alimentation animale doivent soit être accrédités selon la norme relative aux exigences générales concernant la compétence des laboratoires d'étalonnages et d'essais, soit participer à leurs frais à un processus d'essais de comparaison interlaboratoires. Les analyses concernées et leurs conditions de mise en œuvre sont définies par décret. Les résultats des audits pour les laboratoires accrédités et des évaluations réalisées dans le cadre des processus d'essais sont communiqués par les exploitants à l'autorité administrative sur sa demande. »

Art. L. 202-4 Les laboratoires agréés ou reconnus sont tenus de se soumettre à leurs frais et à tout moment au contrôle par l'administration du respect des conditions de leur agrément ou de leur reconnaissance.

Art. L. 202-5 Un décret en Conseil d'État fixe les modalités d'application *(Ord. nº 2011-863 du 22 juill. 2011, art. 1er)* « de la présente section ». – *V. art. R. 202-1 s.*

SECTION 2 Réactifs

(Ord. nº 2011-863 du 22 juill. 2011, art. 1er)

Art. L. 202-6 Les réactifs destinés aux analyses réalisées dans les domaines de la santé publique vétérinaire et de la protection des végétaux, dont la liste est fixée par le ministre chargé de l'agriculture, font l'objet, avant leur mise sur le marché à titre gra-

tuit ou onéreux, d'un contrôle de conformité dans les conditions définies par décret *(Abrogé par Ord. nº 2010-461 du 6 mai 2010, art. 2)* **« en Conseil d'État ».**

(Ord. nº 2016-301 du 14 mars 2016, art. 16-1º, en vigueur le 1er juill. 2016) **« Les agents mentionnés aux articles L. 511-3 et L. 511-22 du code de la consommation sont habilités à rechercher et à constater les infractions aux dispositions du présent article et des textes pris pour son application. »** — *Anc. art. L. 203-1 (Ord. nº 2011-863 du 22 juill. 2011, art. 1er, JO 23 juill.).*

CHAPITRE III VÉTÉRINAIRES SANITAIRES ET VÉTÉRINAIRES MANDATÉS

(Ord. nº 2011-863 du 22 juill. 2011, art. 1er)

SECTION 1 Le vétérinaire sanitaire

Les vétérinaires titulaires d'un mandat sanitaire à la date de publication de la présente ordonnance sont réputés détenir l'habilitation mentionnée à l'art. L. 203-1. Leur désignation par des détenteurs d'animaux ou responsables de rassemblements d'animaux antérieurement à cette publication demeure valable (Ord. nº 2011-863 du 22 juill. 2011, art. 6, JO 23 juill.).

Art. L. 203-1 **Les interventions auxquelles un détenteur d'animaux ou un responsable de rassemblement temporaire ou permanent d'animaux est tenu de faire procéder par un vétérinaire** *(Ord. nº 2019-1110 du 30 oct. 2019, art. 2, en vigueur le 14 déc. 2019)* **« en application du droit de l'Union européenne ou » des règles fixées en application des articles L. 201-3, L. 201-4, L. 201-5, L. 201-8, L. 211-24, L. 214-3, L. 214-6,** *(Ord. nº 2021-1370 du 20 oct. 2021, art. 2)* **« L. 221-1-1 », L. 223-4, L. 223-5, L. 223-6, L. 223-9, L. 223-10 et L. 223-13 ne peuvent être exécutées que par une personne mentionnée aux articles L. 241-1 et L. 241-6 à L. 241-12** *(L. nº 2013-619 du 16 juill. 2013, art. 16-1º)* **« ou par une personne physique mentionnée à l'article L. 241-3, » habilitée à cet effet par l'autorité administrative. Le titulaire de cette habilitation est dénommé "vétérinaire sanitaire".**

Un décret en Conseil d'État définit les conditions d'octroi de l'habilitation, notamment la formation dont le vétérinaire doit justifier, la durée de l'habilitation, les conditions d'exercice, par ce vétérinaire, des missions pour lesquelles il est habilité, notamment la zone géographique d'habilitation et l'importance des responsabilités qu'il peut accepter de prendre en charge, au regard du nombre d'animaux ou du nombre ou de la taille des exploitations où il intervient, ainsi que les conditions dans lesquelles il peut se faire assister ou remplacer ; ce décret précise les conditions de suspension ou de retrait de l'habilitation par l'autorité administrative si le vétérinaire sanitaire ne respecte pas ces conditions d'exercice.

V. Arr. du 24 sept. 2015 mettant en place les visites sanitaires dans les élevages (JO 6 oct.), mod. par Arr. du 19 sept. 2018 (JO 26 sept.).

Art. L. 203-2 **Un décret en Conseil d'État détermine, en fonction des risques sanitaires ou en vue d'assurer la protection des animaux, les catégories de détenteurs d'animaux ou de responsables de rassemblements temporaires ou permanents d'animaux tenus de désigner un vétérinaire sanitaire pour réaliser les interventions mentionnées au premier alinéa de l'article L. 203-1. Ce décret définit également les conditions dans lesquelles, lorsque des raisons sanitaires le justifient, l'autorité administrative peut, pour une durée déterminée, étendre cette obligation à d'autres détenteurs d'animaux sur tout ou partie du territoire national.** — *V. art. R. 203-1 s.*

Art. L. 203-3 **Le détenteur d'animaux ou le responsable de rassemblement d'animaux choisit le vétérinaire sanitaire après accord de ce dernier puis informe l'autorité administrative de l'identité du ou des vétérinaires qu'il a désignés.**

Si une personne soumise à l'obligation de désigner un vétérinaire sanitaire n'a pas procédé à cette désignation après une mise en demeure par l'autorité administrative, celle-ci procède à cette désignation.

Art. L. 203-4 **Les interventions du vétérinaire sanitaire libéral sont effectuées dans le cadre de son activité libérale. Si le vétérinaire sanitaire est salarié, il peut intervenir soit dans le cadre de son contrat de travail, soit à titre libéral.**

Un décret en Conseil d'État détermine celles des interventions mentionnées à l'article L. 203-1, relatives à des mesures de surveillance ou de prévention obligatoires, dont les tarifs de rémunérations sont fixés par des conventions conclues entre des représentants de la profession vétérinaire et des propriétaires ou détenteurs d'animaux ; en cas de carence ou lorsque les parties concernées n'ont pu aboutir à un accord, ces tarifs sont fixés par l'autorité administrative.

Art. L. 203-5 Le détenteur des animaux ou le responsable de rassemblement d'animaux est tenu d'aider le vétérinaire sanitaire, notamment par la contention des animaux, pour faciliter la réalisation des missions de santé publique vétérinaire mentionnées à l'article L. 203-1.

Art. L. 203-5-1 *(Ord. n° 2015-1242 du 7 oct. 2015, art. 1er-7°)* Le vétérinaire sanitaire a accès aux données d'épidémiosurveillance des animaux pour lesquels il a été désigné en application de l'article L. 203-3.

Les modalités d'application du présent article sont définies par décret en Conseil d'État.

Art. L. 203-6 Sans préjudice des autres obligations déclaratives que leur impose le présent livre, les vétérinaires sanitaires informent sans délai l'autorité administrative des manquements à la réglementation relative à la santé publique vétérinaire qu'ils constatent dans les lieux au sein desquels ils exercent leurs missions si ces manquements sont susceptibles de présenter un danger grave pour les personnes ou les animaux.

Art. L. 203-7 *(Ord. n° 2019-1110 du 30 oct. 2019, art. 2, en vigueur le 14 déc. 2019)* « I. — » Le vétérinaire sanitaire concourt, à la demande de l'autorité administrative, à l'exécution des opérations de police sanitaire mentionnées au I de l'article L. 203-8 concernant les animaux pour lesquels il a accepté d'être désigné comme vétérinaire sanitaire par le détenteur ou le responsable du rassemblement d'animaux. Dans ce cas, les dispositions des articles L. 203-8, L. 203-10 et L. 203-11 lui sont applicables.

(Ord. n° 2019-1110 du 30 oct. 2019, art. 2, en vigueur le 14 déc. 2019) « II. — Le vétérinaire sanitaire peut réaliser l'inspection *ante mortem* en dehors de l'abattoir en cas d'abattage d'urgence, conformément aux dispositions de l'article 4 du règlement délégué (UE) 2019/624 de la Commission du 8 février 2019 concernant des règles spécifiques pour la réalisation des contrôles officiels en rapport avec la production de viande et les zones de production et de reparcage des mollusques bivalves vivants conformément au règlement (UE) 2017/625 du 15 mars 2017. Dans ce cas, les dispositions des II et III de l'article L. 203-8 et des articles L. 203-10 et L. 203-11 lui sont applicables.

« Dans des conditions fixées par décret en Conseil d'État, l'autorité administrative peut retirer à un vétérinaire sanitaire la possibilité de réaliser l'inspection mentionnée au précédent alinéa. »

SECTION 2 **Le vétérinaire mandaté par l'autorité administrative**

Art. L. 203-8 I. — L'autorité administrative peut mandater les personnes mentionnées à l'article L. 241-1 pour participer sous son contrôle et son autorité :

— à l'exécution d'opérations de police sanitaire conduites au nom et pour le compte de l'État en application des articles L. 201-4, L. 201-5, *(Ord. n° 2021-1370 du 20 oct. 2021, art. 2)* « L. 221-1-1 », L. 223-6-1 et L. 223-8 ;

— à des contrôles officiels ou à la délivrance des certifications officielles en application des articles L. 231-3 et L. 236-2 ;

— à des contrôles ou expertises en matière de *(Ord. n° 2019-1110 du 30 oct. 2019, art. 2, en vigueur le 14 déc. 2019)* « bien-être des animaux ».

En cas d'urgence, l'autorité administrative peut également mandater pour effectuer les missions mentionnées au présent I des personnes mentionnées à l'article L. 241-6.

II. — Lorsque, pour la réalisation d'examens ou de contrôles effectués dans l'exercice des missions mentionnées au I, l'accès aux locaux, installations et terrains clos où se trouvent des animaux, des aliments pour animaux, des produits ou des sous-produits d'origine animale qu'ils sont chargés d'examiner, est refusé aux vétérinaires mandatés

ou lorsque ces locaux comportent des parties à usage d'habitation, l'accès peut être autorisé dans les conditions prévues à l'article L. 206-1.

Ces vétérinaires peuvent consulter tout document professionnel propre à faciliter l'accomplissement de leur mission.

(Ord. n° 2019-1110 du 30 oct. 2019, art. 2, en vigueur le 14 déc. 2019) **« III. — Les vétérinaires mandatés ont la qualité de vétérinaire officiel au sens du point 32 de l'article 3 du règlement (UE) 2017/625 du 15 mars 2017. »**

Art. L. 203-9 **Le choix du vétérinaire à mandater est précédé, sauf dans le cas prévu à l'article L. 203-7 et sauf urgence, d'un appel à candidatures par l'autorité administrative. Les conditions de compétence, d'indépendance et d'impartialité auxquelles doivent satisfaire les candidats et les modalités d'organisation de ces appels à candidatures sont précisées par voie réglementaire.**

A l'issue de l'appel à candidatures, une convention conforme au modèle homologué par le ministre chargé de l'agriculture est conclue entre l'autorité administrative et le vétérinaire mandaté ; elle précise la mission confiée à ce dernier, ses conditions d'exercice ainsi que les conditions de sa résiliation.

En cas d'urgence, la convention est jointe à la demande de concours.

Art. L. 203-10 **Les tarifs de rémunération par l'État des opérations exécutées par les vétérinaires mandatés sont fixés par arrêté conjoint des ministres chargés de l'agriculture et du budget. A défaut et en cas d'urgence ils sont fixés par le préfet.** — *V. Arr. du 21 déc. 2012 fixant le montant de l'acte médical vétérinaire en application de l'art. L. 203-10 (JO 27 déc.), mod. par Arr. du 8 août 2018 (JO 24 août).*

Art. L. 203-11 **Les vétérinaires mandatés n'ont pas la qualité d'agent public. Les rémunérations perçues au titre des missions accomplies en application de l'article L. 203-8 sont des revenus tirés de l'exercice d'une profession libérale.**

Toutefois, l'État est responsable des dommages que les vétérinaires mandatés subissent ou causent aux tiers à l'occasion des missions pour lesquelles ils sont mandatés, à l'exception des dommages résultant d'une faute personnelle.

1. Au vu des conditions d'exercice du mandat sanitaire dont a été investi un vétérinaire et du lien de subordination existant à l'égard du service vétérinaire départemental chargé d'organiser la prophylaxie qui faisait appel à ses services, il a été jugé que le vétérinaire devait être regardé comme agent public non titulaire de l'État et que l'État avait commis une faute engageant sa responsabilité en ne déclarant pas son activité. • CE 14 nov. 2011, *Min. de l'alimentation, de l'agriculture et de la pêche*, n° 341325 : *AJDA 2011. 2262, obs. Grand ; RD rur. 2012. Chron. 4, p. 14, obs. Darribehaude ; Dr. adm. 2014. Étude 6, §15, note Darribehaude.*

2. Relève des juridictions de l'ordre judiciaire le litige entre un éleveur et un vétérinaire intervenu à sa demande pour exécuter des mesures prophylactiques décidées par l'État. • T. confl. 18 mai 2015, n° 4000 : *AJDA 2015. 1893.*

CHAPITRE IV **LIBRE PRESTATION DE SERVICES ET LIBERTÉ D'ÉTABLISSEMENT** *(Ord. n° 2015-1245 du 7 oct. 2015, art. 1er).*

(Ord. n° 2008-507 du 30 mai 2008, art. 45)

Art. L. 204-1 *(Ord. n° 2015-1245 du 7 oct. 2015, art. 2-1°, en vigueur le 1er janv. 2016)* **« Pour les professions dont l'accès ou l'exercice est, en application des dispositions du présent code, réglementé au sens de l'article 3 de la directive 2005/36/CE du Parlement européen et du Conseil du 7 septembre 2005 relative à la reconnaissance des qualifications professionnelles, les professionnels ressortissants d'un État membre de l'Union européenne ou d'un autre État partie à l'accord sur l'Espace économique européen qui effectuent sur le territoire national, à titre temporaire ou occasionnel, des prestations de services sont réputés remplir les conditions de qualification professionnelles requises sous réserve d'être légalement établis dans un de ces États pour y exercer cette activité et, lorsque ni l'activité ni la formation y conduisant n'y sont réglementées, de l'avoir exercée dans un ou plusieurs États membres pendant une année ou à temps partiel pendant une durée équivalente au cours des dix années qui précèdent la prestation. »**

Lorsqu'ils effectuent pour la première fois leur prestation en France, les ressortissants *(Ord. n° 2015-1245 du 7 oct. 2015, art. 2-2°, en vigueur le 1er janv. 2016)* **« d'un**

État membre de l'Union européenne ou d'un autre État partie à l'accord sur l'Espace économique européen » doivent en informer au préalable l'autorité administrative par une déclaration écrite dont le contenu et la procédure de dépôt sont précisés par décret *(Abrogé par Ord. nº 2010-461 du 6 mai 2010, art. 2) « en Conseil d'État »*.

Cette déclaration peut donner lieu à une vérification des qualifications professionnelles du prestataire afin de permettre à l'autorité de s'assurer que la prestation ne portera pas atteinte à la sécurité ou la santé du bénéficiaire du service du fait du manque de qualification professionnelle du prestataire.

En cas de différence substantielle entre les qualifications professionnelles du prestataire et la formation exigée de nature à nuire à la santé ou à la sécurité *(Ord. nº 2015-1245 du 7 oct. 2015, art. 2-3º, en vigueur le 1er janv. 2016)* « publiques, l'intéressé est mis à même par l'autorité administrative de démontrer qu'il a acquis les connaissances, aptitudes » et compétences manquantes dans des conditions définies par décret *(Abrogé par Ord. nº 2010-461 du 6 mai 2010, art. 2) « en Conseil d'État »*.

Art. L. 204-2 *(Ord. nº 2015-1245 du 7 oct. 2015, art. 3, en vigueur le 1er janv. 2016)* I. — Un accès partiel à une activité professionnelle relevant d'une profession réglementée au sens de la directive 2005/36/CE du Parlement européen et du Conseil du 7 septembre 2005 relative à la reconnaissance des qualifications professionnelles, en application des dispositions du présent code, peut être accordé au cas par cas aux ressortissants de l'Union européenne ou d'un autre État partie à l'accord sur l'Espace économique européen lorsque les trois conditions suivantes sont remplies :

1º Le professionnel est pleinement qualifié pour exercer, dans l'État d'origine membre de l'Union ou partie à l'accord sur l'Espace économique européen, l'activité professionnelle pour laquelle l'accès partiel est sollicité ;

2º Les différences entre l'activité professionnelle légalement exercée dans l'État d'origine membre de l'Union ou partie à l'accord sur l'Espace économique européen et la profession réglementée correspondante en France sont si importantes que l'application de mesures de compensation reviendrait à imposer au demandeur de suivre le programme complet d'enseignement et de formation requis en France pour avoir pleinement accès à la profession réglementée ;

3º L'activité professionnelle est distincte de la ou des autres activités relevant de la profession réglementée, notamment dans la mesure où elle est exercée de manière autonome dans l'État d'origine.

II. — L'accès partiel peut être refusé pour des raisons impérieuses d'intérêt général, si ce refus est proportionné à la protection de cet intérêt.

III. — Les demandes aux fins d'accès partiel sont examinées, selon le cas, comme des demandes à fin d'établissement ou de libre prestation de services temporaire et occasionnelle de la profession concernée.

Art. L. 204-3 *(Ord. nº 2015-1245 du 7 oct. 2015, art. 3, en vigueur le 1er janv. 2016)* Les articles L. 204-1 et L. 204-2 ne s'appliquent pas aux professionnels qui remplissent les conditions requises pour bénéficier de la reconnaissance automatique de leurs qualifications professionnelles au sens de la directive 2005/36/CE du Parlement européen et du Conseil du 7 septembre 2005 relative à la reconnaissance des qualifications professionnelles.

CHAPITRE V DISPOSITIONS PÉNALES

(Ord. nº 2010-460 du 6 mai 2010, art. 1er)

SECTION 1 Recherche et constatation des infractions pénales

Art. L. 205-1 I. — Sans préjudice des compétences des officiers et agents de police judiciaire et des autres agents publics spécialement habilités par la loi, sont habilités à rechercher et à constater les infractions prévues et réprimées par le 3º de l'article 444-3 et les articles 444-4, 444-6 à 444-9, 521-1, 521-2, R. 645-8, R. 654-1 et R. 655-1 du code pénal, ainsi que par le présent livre, à l'exception de la section 2 du chapitre I du titre I et du titre IV :

1º Les inspecteurs de la santé publique vétérinaire ;

2º Les ingénieurs ayant la qualité d'agent du ministère chargé de l'agriculture ;

3° Les techniciens *(Ord. n° 2015-616 du 4 juin 2015, art. 2-2°)* « supérieurs » du ministère chargé de l'agriculture ;

4° *Abrogé par Ord. n° 2015-616 du 4 juin 2015, art. 2-2°.*

5° Les vétérinaires et préposés sanitaires contractuels de l'État ;

6° Les agents du ministère chargé de l'agriculture compétents en matière sanitaire ou phytosanitaire figurant sur une liste établie par arrêté du ministre chargé de l'agriculture.

Sont également habilités à rechercher et à constater ces infractions lorsqu'elles concernent l'élevage, la pêche et la commercialisation des coquillages, les administrateurs, *(Abrogé par L. n° 2013-431 du 28 mai 2013, art. 31-VI-1°) « inspecteurs, contrôleurs, »* officiers du corps technique et administratif des affaires maritimes, ainsi que les *(L. n° 2013-431 du 28 mai 2013, art. 31-VI-1°)* « fonctionnaires affectés dans les services exerçant des missions de contrôle dans le domaine des affaires maritimes sous l'autorité ou à la disposition du ministre chargé de la mer ».

(Ord. n° 2015-616 du 4 juin 2015, art. 2-2°) « Sont également habilités à rechercher et constater :

« — les infractions aux dispositions du présent titre et des titres I et II, aux dispositions du droit de l'Union européenne ayant le même objet et aux dispositions prises pour leur application en ce qui concerne les animaux de la faune sauvage, » *(L. n° 2019-773 du 24 juill. 2019, art. 21)* « les inspecteurs de l'environnement affectés à l'établissement mentionné à l'article L. 131-8 du code de l'environnement, dans les conditions définies à la section 2 du chapitre II du titre VII du livre I du même code » ;

(L. n° 2019-1428 du 24 déc. 2019, art. 106) « — les infractions aux exigences documentaires du droit de l'Union européenne et du droit national en matière de protection des animaux en cours de transport ainsi que les infractions aux conditions techniques du transport des denrées alimentaires sous température dirigée, les fonctionnaires et agents mentionnés aux 1° et 2° du I de l'article L. 1451-1 du code des transports agissant dans le cadre des II et III du même article L. 1451-1 et de l'article L. 1451-2 du même code ; »

« — les infractions prévues au titre V du présent livre et aux dispositions du droit de l'Union européenne ayant le même objet, les fonctionnaires ou agents contractuels de l'État, qui répondent à des conditions de qualification fixées par décret, liées notamment à leur formation ou leur expérience professionnelle, et qui sont affectés dans un service de l'État chargé de la mission de la protection des végétaux. »

II. — Outre les compétences qu'ils tiennent de l'article *(Ord. n° 2019-1110 du 30 oct. 2019, art. 2, en vigueur le 14 déc. 2019)* « L. 511-12 » du code de la consommation, des articles L. 251-18, L. 253-14, *(Ord. n° 2011-840 du 15 juill. 2011, art. 4)* « L. 254-11 » et L. 255-9 du présent code, les agents de la concurrence, de la consommation et de la répression des fraudes sont habilités à rechercher et à constater, dans l'exercice de leurs fonctions, les infractions prévues et réprimées par le 3° de l'article 444-3, les articles 444-4, 444-6 à 444-9 du code pénal, le titre I à l'exception de la section 2 du chapitre I et le titre III du présent livre.

III. — Les formes et conditions de la prestation de serment des agents mentionnés au I sont déterminées par décret en Conseil d'État.

Art. L. 205-2 I. — Les agents mentionnés à l'article L. 205-1 exercent leurs compétences :

1° Sur l'étendue du territoire national lorsqu'ils sont affectés dans un service à compétence nationale ;

2° Lorsqu'ils sont affectés dans un service déconcentré *(Ord. n° 2015-616 du 4 juin 2015, art. 2-3°)* « ou à l' » *(L. n° 2019-773 du 24 juill. 2019, art. 21)* « Office français de la biodiversité », sur l'étendue de la région dans laquelle se trouve leur résidence administrative ou, lorsqu'ils ont reçu mission sur un territoire excédant ce ressort, sur l'étendue de celui-ci.

II. — Les agents mis temporairement à disposition d'un service autre que celui dans lequel ils sont affectés ont la même compétence territoriale que celle des agents du service d'accueil.

III. – Lorsque les nécessités de l'enquête l'exigent, les agents mentionnés au 2° du I peuvent se transporter dans les ressorts des tribunaux judiciaires limitrophes de la région de leur résidence administrative à l'effet d'y poursuivre les opérations de recherche ou de constatation initiées dans leur ressort de compétence. Sauf dans les cas où l'urgence ne le permet pas, le procureur de la République du lieu où les opérations sont poursuivies en est préalablement informé et peut s'y opposer. En cas d'urgence, le procureur de la République en est avisé sans délai.

Art. L. 205-3 Les infractions sont constatées par des procès-verbaux qui font foi jusqu'à preuve contraire.

Ces procès-verbaux sont adressés, sous peine de nullité, dans les huit jours qui suivent leur clôture au procureur de la République. Sauf instruction contraire de ce dernier, une copie en est également transmise à l'intéressé, dans le même délai, lorsqu'il est connu.

Art. L. 205-4 Lorsqu'un agent mentionné à l'article L. 205-1 entend dresser procès-verbal à l'encontre d'une personne qui refuse ou se trouve dans l'impossibilité de justifier de son identité, l'agent en rend compte immédiatement à tout officier de police judiciaire territorialement compétent qui peut lui ordonner de la retenir sur place ou de la conduire dans un local de police à fin de vérification de son identité conformément à l'article 78-3 du code de procédure pénale.

Art. L. 205-5 I. – Les agents mentionnés à l'article L. 205-1 peuvent rechercher et constater les infractions visées par ce même article dans tous les lieux où l'accès est autorisé au public.

II. – Après avoir informé du lieu de leur déplacement le procureur de la République, qui peut s'y opposer, ils ont accès, entre 8 heures et 20 heures ou en dehors de ces heures lorsqu'une activité est en cours :

1° Aux établissements d'abattage et à leurs annexes ainsi qu'à tous les lieux ou véhicules utilisés à des fins professionnelles où des produits d'origine animale, des denrées alimentaires en contenant, des aliments pour animaux ou des sous-produits animaux *(Ord. n° 2019-1110 du 30 oct. 2019, art. 2, en vigueur le 14 déc. 2019)* « ou produits dérivés » sont produits, manipulés, entreposés, transportés, détruits ou offerts à la vente ;

2° A tout moyen de transport à usage professionnel et tous les lieux où se trouvent des animaux, à l'exclusion des locaux à usage de domicile ;

3° Aux installations, terrains clos, véhicules à usage professionnel et locaux, à l'exclusion de ceux à usage de domicile, où :

– sont produits, manipulés, entreposés, transportés, détruits ou offerts à la vente des végétaux, des produits d'origine végétale *(Ord. n° 2019-1110 du 30 oct. 2019, art. 2, en vigueur le 14 déc. 2019)* « , des produits végétaux ou autres objets mentionnés à l'article L. 201-2, ainsi que tous produits mentionnés aux articles L. 253-1, L. 255-1 ou L. 257-1 » ;

– sont réalisées des opérations de dissémination ou de mise sur le marché des produits mentionnés à l'article L. 251-1, ainsi que les lieux, locaux et installations se trouvant à proximité du site de dissémination, sous réserve de l'information et de l'accord des personnes chez lesquelles ils entendent intervenir.

III. – Lorsque les lieux comportent des parties à usage d'habitation, celles-ci ne peuvent être visitées qu'entre 8 heures et 20 heures, en présence de l'occupant et avec son accord ou en présence d'un officier de police judiciaire agissant conformément aux dispositions du code de procédure pénale relatives aux perquisitions, visites domiciliaires et saisies de pièces à conviction.

Art. L. 205-6 Sur réquisitions écrites du procureur de la République, les agents mentionnés à l'article L. 205-1 peuvent, dans les lieux et pour une période de temps que ce magistrat détermine et qui ne peut excéder 24 heures, afin de procéder au contrôle des véhicules contenant des animaux vivants ou des produits soumis à leur contrôle en vertu du présent livre :

1° Faire sommer de s'arrêter par un officier ou agent de police judiciaire, un agent de police judiciaire adjoint ou un agent des douanes, revêtus des marques et insignes de leur qualité, tout véhicule de transport à usage professionnel ;

2° Faire ouvrir et visiter tout véhicule de transport à usage professionnel arrêté dans un lieu dont l'accès est autorisé au public, afin de procéder aux contrôles utiles à la vérification du respect des exigences sanitaires et de la protection animale.

Art. L. 205-7 I. — Les agents mentionnés à l'article L. 205-1 peuvent :

(Ord. nº 2019-363 du 24 avr. 2019, art. 1er) « 1° Sur place ou sur convocation, recueillir tout renseignement, toute justification et se faire remettre copie des documents de toute nature, quel que soit leur support et en quelques mains qu'ils se trouvent, nécessaires aux contrôles ; »

2° Accéder, sur les véhicules soumis à l'obligation d'en être équipés, au chronotachygraphe et à toutes ses composantes afin d'en vérifier l'intégrité ou de copier, par tout moyen, les informations enregistrées par l'appareil ;

(Ord. nº 2019-363 du 24 avr. 2019, art. 1er) « 3° Procéder, sur convocation ou sur place, aux auditions de toute personne susceptible d'apporter des éléments utiles à leurs constatations. Ils en dressent procès-verbal, qui doit comporter les questions auxquelles il est répondu. Les personnes entendues procèdent elles-mêmes à sa lecture, peuvent y faire consigner leurs observations et y apposent leur signature. Si elles déclarent ne pas pouvoir lire, lecture leur en est faite par l'agent préalablement à la signature. En cas de refus de signer le procès-verbal, mention en est faite sur celui-ci.

« Conformément à l'article 28 du code de procédure pénale, l'article 61-1 du même code est applicable lorsqu'il est procédé à l'audition d'une personne à l'égard de laquelle il existe des raisons plausibles de soupçonner qu'elle a commis ou tenté de commettre une infraction. »

II. — Ils peuvent procéder à des prélèvements aux fins d'analyse sur des produits ou des animaux soumis à leur contrôle. L'analyse est confiée à l'un des laboratoires habilités mentionnés à l'article L. 202-1. A défaut, le choix du laboratoire est soumis à l'accord du procureur de la République.

Ils peuvent consigner les produits dans l'attente des résultats de l'analyse.

III. — Ils peuvent également procéder à la saisie :

1° Des documents utiles à la constatation de l'infraction ;

2° Des produits, objets, estampilles, marques, documents susceptibles d'avoir contribué à la réalisation d'une infraction ou de résulter de l'accomplissement d'une infraction.

IV. — Les documents et objets saisis sont transmis au procureur de la République avec les procès-verbaux constatant les infractions.

(Ord. nº 2019-363 du 24 avr. 2019, art. 1er) « V. — Lorsque l'établissement de la preuve de l'infraction en dépend et qu'elle ne peut être établie autrement, ils peuvent ne décliner leur qualité qu'au moment où ils informent la personne contrôlée de la constatation d'une infraction.

« VI. — Pour le contrôle de la vente de biens et de la fourniture de services sur internet, ils peuvent faire usage d'une identité d'emprunt.

« Les conditions dans lesquelles ils procèdent à leurs constatations sont précisées par le décret en Conseil d'État pris pour l'application de l'article L. 512-16 du code de la consommation. »

Art. L. 205-7-1 *(L. nº 2018-938 du 30 oct. 2018, art. 51)* Lorsque des mesures de retrait ou de rappel sont mises en œuvre, les exploitants établissent et maintiennent à jour un état chiffré des produits retirés ou rappelés, qu'ils tiennent à la disposition des agents mentionnés à l'article L. 205-1.

Sans préjudice des mesures d'information des consommateurs et des autorités administratives compétentes prévues par la réglementation en vigueur, les professionnels qui procèdent au rappel de produits en font la déclaration de façon dématérialisée sur le site internet mentionné à l'article L. 423-3 du code de la consommation. — *V. Arr. du 20 janv. 2021 relatif à la déclaration dématérialisée sur un site internet public par les professionnels de rappels de produits, de denrées alimentaires ou d'aliments pour animaux (JO 23 janv.).*

Art. L. 205-8 Les formalités prescrites pour effectuer des prélèvements d'échantillons ou procéder à des saisies en application du présent chapitre sont fixées par décret en Conseil d'État.

Art. L. 205-9 Pour les nécessités de l'enquête qu'ils conduisent, les agents mentionnés à l'article L. 205-1 et les agents des douanes peuvent se communiquer spontanément, sans que puisse y faire obstacle le secret professionnel auquel ils sont le cas échéant tenus, les informations et documents détenus ou recueillis dans l'exercice de leurs missions de police judiciaire prévues par le présent livre.

SECTION 2 **Transaction pénale**

Art. L. 205-10 I. — L'autorité administrative peut, tant que l'action publique n'a pas été mise en mouvement et après avoir recueilli l'accord du procureur de la République, transiger sur la poursuite des contraventions et délits prévus et réprimés par :

— le présent titre, les chapitres II à V du titre I, à l'exception de l'article L. 205-11, les titres II, III et V du présent livre et les textes pris pour leur application ;

— les articles 444-4, 521-1, 521-2, R. 645-8, R. 654-1 et R. 655-1 du code pénal.

II. — Cette faculté n'est pas applicable aux contraventions des quatre premières classes pour lesquelles l'action publique est éteinte par le paiement d'une amende forfaitaire en application de l'article 529 du code de procédure pénale.

III. — La proposition de transaction est déterminée en fonction des circonstances et de la gravité de l'infraction, de la personnalité de son auteur ainsi que de ses ressources et de ses charges.

Elle précise l'amende transactionnelle que l'auteur de l'infraction devra payer, dont le montant ne peut excéder le tiers du montant de l'amende encourue ainsi que, le cas échéant, les obligations qui lui seront imposées, tendant à faire cesser l'infraction, à éviter son renouvellement, à réparer le dommage ou à remettre en conformité les lieux. Elle fixe également les délais impartis pour le paiement et, s'il y a lieu, l'exécution des obligations.

IV. — L'acte par lequel le procureur de la République donne son accord à la proposition de transaction est interruptif de la prescription de l'action publique.

L'action publique est éteinte lorsque l'auteur de l'infraction a exécuté dans les délais impartis l'intégralité des obligations résultant pour lui de l'acceptation de la transaction.

V. — Les modalités d'application du présent article sont fixées par décret en Conseil d'État.

SECTION 3 **Opposition à fonctions**

Art. L. 205-11 *(Ord. n° 2019-1110 du 30 oct. 2019, art. 2, en vigueur le 14 déc. 2019)* « I. — Est puni de six mois d'emprisonnement et de 15 000 € d'amende le fait de faire obstacle aux fonctions ou d'entraver l'exercice des fonctions :

« 1° Des agents habilités à rechercher et constater les infractions ou manquements aux dispositions du présent livre, aux dispositions du droit de l'Union européenne ayant le même objet et aux textes réglementaires pris pour leur application ;

« 2° Du personnel désigné par l'autorité compétente d'un autre État membre de l'Union européenne dans le cadre de l'assistance prévue à l'article 104 du règlement (UE) 2017/625 du 15 mars 2017 ;

« 3° D'un expert de la Commission européenne ou d'un autre État membre de l'Union agissant dans le cadre des contrôles prévus à l'article 116 du même règlement.

« II. — Est puni de la même peine le fait de refuser aux personnes mentionnées au I l'assistance ou la coopération prévues au paragraphe 2 de l'article 15 du même règlement.

« III. — » *(Ord. n° 2010-460 du 6 mai 2010, art. 1er)* Les personnes coupables de l'une des infractions prévues au présent article encourent également la peine complémentaire de l'affichage ou la diffusion de la décision prononcée dans les conditions prévues par l'article 131-35 du code pénal pour les personnes physiques et par le 9° de l'article 131-39 du même code pour les personnes morales.

CHAPITRE VI DISPOSITIONS RELATIVES AUX POUVOIRS DE POLICE ADMINISTRATIVE

(Ord. nº 2010-460 du 6 mai 2010, art. 1er)

SECTION 1 Visite des locaux

BIBL. ▶ BARBIÈRI, *RD rur. 2010. Dossier 14* (Ord. du 6 mai 2010).

Art. L. 206-1 I. — Lorsque l'accès aux locaux est refusé aux agents, ou lorsque ceux-ci comprennent des parties à usage d'habitation, cet accès peut être autorisé par ordonnance du juge des libertés et de la détention du tribunal *(Ord. nº 2019-964 du 18 sept. 2019, art. 35)* « judiciaire » dans le ressort duquel sont situés les lieux à visiter.

L'ordonnance comporte l'adresse des lieux à visiter, le nom et la qualité du ou des agents habilités à procéder aux opérations de visite ainsi que les heures auxquelles ils sont autorisés à se présenter.

L'ordonnance est exécutoire au seul vu de la minute.

II. — L'ordonnance est notifiée sur place au moment de la visite à l'occupant des lieux ou à son représentant qui en reçoit copie intégrale contre récépissé ou émargement au procès-verbal de visite. En l'absence de l'occupant des lieux ou de son représentant, l'ordonnance est notifiée, après la visite, par lettre recommandée avec demande d'avis de réception. La notification est réputée faite à la date de réception figurant sur l'avis. A défaut de réception, il est procédé à la signification de l'ordonnance par acte d'huissier de justice.

L'acte de notification comporte mention des voies et délais de recours contre l'ordonnance ayant autorisé la visite et contre le déroulement des opérations de visite. Il mentionne également que le juge ayant autorisé la visite peut être saisi d'une demande de suspension ou d'arrêt de cette visite.

III. — La visite s'effectue sous l'autorité et le contrôle du juge des libertés et de la détention qui l'a autorisée. Le juge des libertés et de la détention peut, s'il l'estime utile, se rendre dans les locaux pendant l'intervention. A tout moment, il peut décider la suspension ou l'arrêt de la visite. La saisine du juge des libertés et de la détention aux fins de suspension ou d'arrêt des opérations de visite n'a pas d'effet suspensif.

IV. — La visite est effectuée en présence de l'occupant des lieux ou de son représentant, qui peut se faire assister d'un conseil de son choix. En l'absence de l'occupant des lieux, les agents chargés de la visite ne peuvent procéder à celle-ci qu'en présence de deux témoins qui ne sont pas placés sous leur autorité.

Un procès-verbal relatant les modalités et le déroulement de l'opération et consignant les constatations effectuées est dressé sur-le-champ par les agents qui ont procédé à la visite. Le procès-verbal est signé par ces agents et par l'occupant des lieux ou, le cas échéant, son représentant et les témoins. En cas de refus de signer, mention en est faite au procès-verbal.

L'original du procès-verbal est, dès qu'il a été établi, adressé au juge qui a autorisé la visite. Une copie de ce même document est remise ou adressée par lettre recommandée avec demande d'avis de réception à l'occupant des lieux ou à son représentant.

Le procès-verbal mentionne le délai et les voies de recours.

V. — L'ordonnance autorisant la visite peut faire l'objet d'un appel devant le premier président de la cour d'appel suivant les règles prévues par le code de procédure civile. Les parties ne sont pas tenues de constituer avoué.

Cet appel est formé par déclaration remise ou adressée par pli recommandé au greffe de la cour dans un délai de quinze jours. Ce délai court à compter de la notification de l'ordonnance. Cet appel n'est pas suspensif.

Le greffe du tribunal *(Ord. nº 2019-964 du 18 sept. 2019, art. 35)* « judiciaire » transmet sans délai le dossier de l'affaire au greffe de la cour d'appel où les parties peuvent le consulter.

L'ordonnance du premier président de la cour d'appel est susceptible d'un pourvoi en cassation, selon les règles prévues par le code de procédure civile. Le délai du pourvoi en cassation est de quinze jours.

VI. — Le premier président de la cour d'appel connaît des recours contre le déroulement des opérations de visite autorisées par le juge des libertés et de la détention suivant les règles prévues par le code de procédure civile. Les parties ne sont pas tenues de constituer avoué.

Le recours est formé par déclaration remise ou adressée par pli recommandé au greffe de la cour dans un délai de quinze jours. Ce délai court à compter de la remise ou de la réception du procès-verbal, mentionné au premier alinéa. Ce recours n'est pas suspensif.

L'ordonnance du premier président de la cour d'appel est susceptible d'un pourvoi en cassation selon les règles prévues par le code de procédure civile. Le délai du pourvoi en cassation est de quinze jours.

VII. — Le présent article est reproduit dans l'acte de notification de l'ordonnance du juge des libertés et de la détention autorisant la visite.

SECTION 2 Mesures en cas de constatation d'un manquement

Art. L. 206-2 *(Ord. nº 2015-616 du 4 juin 2015, art. 2-5º)* « I. — Lorsqu'il est constaté un manquement aux dispositions suivantes : »

— de l'article L. 214-3 et des règlements pris pour son application ;

— de l'article *(Ord. nº 2021-1370 du 20 oct. 2021, art. 2)* « L. 214-6-1 » et des règlements pris pour son application ;

— relatives à la *(Ord. nº 2021-1370 du 20 oct. 2021, art. 2)* « prévention, à la surveillance et à la lutte contre les maladies des animaux prévues au titre préliminaire et » au titre II ;

— aux règles relatives aux échanges *(Ord. nº 2021-1370 du 20 oct. 2021, art. 2)* « au sein de l'Union européenne » ou aux importations ou exportations d'animaux vivants prévues par les articles L. 236-1 à L. 236-8 ;

— aux règles d'exercice de la pharmacie, de la chirurgie vétérinaire ou de la médecine vétérinaire prévues par les articles L. 241-1 à L. 242-9 ;

— à leurs textes d'application et aux règles *(Ord. nº 2021-1370 du 20 oct. 2021, art. 2)* « européennes » ayant le même objet,

et sauf urgence, *(Ord. nº 2015-616 du 4 juin 2015, art. 2-5º)* « l'autorité administrative met en demeure l'intéressé de satisfaire à ces obligations dans un délai qu'elle détermine. Elle l'invite à présenter ses observations écrites ou orales dans le même délai en se faisant assister, le cas échéant, par un conseil de son choix ou en se faisant représenter. Si, à l'expiration de ce délai, l'intéressé n'a pas obtempéré à cette injonction, ou sans délai en cas d'urgence, l'autorité administrative » peut ordonner la suspension de l'activité en cause jusqu'à ce que l'exploitant se soit conformé à son injonction.

(L. nº 2021-1539 du 30 nov. 2021, art. 17) « I *bis*. — Lorsqu'est constaté un manquement répété aux règles d'identification et aux conditions sanitaires prévues aux articles L. 236-1 à L. 236-8 pour les échanges intracommunautaires ou les importations ou exportations de carnivores domestiques, l'autorité administrative ordonne la suspension de l'activité en cause, pour une durée qui ne peut être inférieure à six mois. »

II. — *(Ord. nº 2015-616 du 4 juin 2015, art. 2-5º)* « L'autorité administrative » peut aussi, dans les mêmes conditions, suspendre ou retirer provisoirement ou définitivement le certificat de capacité ou l'agrément permettant l'activité en cause.

III. — Pendant la période de suspension de l'activité, l'intéressé est tenu d'assurer l'entretien des animaux qu'il détient.

SECTION 3 Habilitations

(Ord. nº 2019-1110 du 30 oct. 2019, art. 2, en vigueur le 14 déc. 2019)

Art. L. 206-3 Les agents habilités à réaliser les contrôles dans les domaines mentionnés aux points *a*, en ce qui concerne les denrées alimentaires animales ou d'origine animale, *c*, *d*, *e* et *f* du paragraphe 2 de l'article 1er du règlement (UE) 2017/625 du 15 mars 2017, qui détiennent un diplôme mentionné à l'article L. 241-2, ont la qualité de vétérinaires officiels au sens du point 32 de l'article 3 du même règlement.

Les agents autres que ceux mentionnés à l'alinéa précédent habilités à réaliser les contrôles officiels mentionnés au paragraphe 1 de l'article 18 du même règlement ont la qualité d'auxiliaires officiels au sens du point 49 de l'article 3 du même règlement.

Les agents habilités à réaliser les contrôles dans le domaine mentionné au point *g* du paragraphe 2 de l'article 1er du règlement (UE) 2017/625 du 15 mars 2017 ont la qualité d'inspecteurs de service phytosanitaire officiels au sens du point 33 de l'article 3 du même règlement.

TITRE I LA GARDE ET LA CIRCULATION DES ANIMAUX ET DES PRODUITS ANIMAUX

CHAPITRE I LA GARDE DES ANIMAUX DOMESTIQUES ET SAUVAGES APPRIVOISÉS OU TENUS EN CAPTIVITÉ

COMMENTAIRE

Les maîtres des animaux ont une obligation de garde. Cette obligation ne concerne que les animaux appropriés, à l'exclusion des animaux sauvages et du gibier. Les maîtres sont en effet responsables des dommages causés par leurs animaux lorsque ceux-ci sont sous leur garde mais aussi lorsque ces animaux se sont échappés ou égarés, par application de l'article 1243 du code civil. De plus, la divagation des animaux est sanctionnée par souci de protection des personnes et des biens ruraux. L'animal errant peut être mis en dépôt, puis, à défaut de réclamation du propriétaire, il peut être enlevé, vendu, et même, s'agissant d'animaux apprivoisés ou en captivité, euthanasié. Le maire se voit reconnaître des pouvoirs pour empêcher la divagation de certains animaux tels que chiens, chats et chèvres. La divagation n'est sanctionnée pénalement que pour les animaux dangereux.

Par ces dispositions, le droit du propriétaire de l'animal est atteint et l'animal strictement tenu pour un bien puisqu'il en est disposé, par saisie, cession et destruction. ❑

SECTION 1 Les animaux de rente

Art. L. 211-1 Lorsque des animaux non gardés ou dont le gardien est inconnu ont causé du dommage, le propriétaire lésé a le droit de les conduire sans retard au lieu de dépôt désigné par le maire, qui, s'il connaît la personne responsable du dommage aux termes de *(Ord. n° 2016-131 du 10 févr. 2016, art. 6-XV, en vigueur le 1er oct. 2016)* **« l'article 1243 » du code civil, lui en donne immédiatement avis.**

Si les animaux ne sont pas réclamés, et si le dommage n'est pas réparé dans la huitaine du jour où il a été commis, il est procédé à la vente sur ordonnance du juge compétent de l'ordre judiciaire qui évalue les dommages.

En ce qui concerne la fixation du dommage, l'ordonnance ne devient définitive à l'égard du propriétaire de l'animal, que s'il n'a pas formé opposition par simple avertissement dans la huitaine de la vente. — *[Anc. art. 200 (partie).] — V. art. R. 211-1.*

Sur la police de la divagation des animaux, V. aussi CGCT, art. L. 2212-2 (7°). — **CGCT.**

1° DIVAGATION D'ANIMAUX

1. Autoroute. En l'absence de lien contractuel entre l'usager d'une autoroute et la société concessionnaire, les dommages imputés par cet usager à la divagation d'un animal sur la voie publique constituent un défaut d'entretien de l'ouvrage public relevant de la compétence des juridictions administratives. • Civ. 1re, 10 mars 1998, n° 96-15.079 P.

2. Malveillance d'un tiers. Les juges d'appel qui énoncent qu'un accident trouve sa cause dans un acte de malveillance d'un tiers, s'étant produit de nuit, à l'insu du propriétaire de chevaux qui ne pouvait en parer les conséquences, peuvent considérer que cet événement a revêtu pour ce dernier un caractère imprévisible et irrésistible qui l'exonère de la présomption de responsabilité édictée par l'art. 1385 C. civ. • Crim. 1er oct. 1997, n° 95-83.471 : *D. 1997. IR 242*.

3. Cervidés. Une société civile d'exploitation agricole ne peut être tenue pour responsable sur le fondement de l'art. 1385 C. civ. du dommage causé par des cerfs lâchés en vue de la constitution d'une réserve de chasse, sans que les juges du fond recherchent si les cerfs vivaient à l'état sauvage, auquel cas l'art. 1385 serait inapplicable, ou si, tenus en captivité, ils s'étaient égarés ou échappés. • Civ. 2e, 4 juin 1997, n° 95-13.151 : *D. 1997. IR 190*.

2° RESPONSABILITÉ

4. Contamination. Est bien fondée la demande en réparation du préjudice résultant de la contamination de bovins par des animaux d'un autre troupeau atteints de brucellose, sur le fondement de l'art. 1385 C. civ., dès lors que le demandeur avait un cheptel indemne jusqu'à l'intrusion des animaux contaminés et avait respecté toutes les obligations sanitaires et de vaccination. • Civ. 2e, 4 oct. 1995, *Cayrel c/ Andrieu*, n° 93-20.717.

5. Commune. Commet une faute de nature à engager la responsabilité de la commune le maire qui se borne à interdire la divagation des animaux sans engager aucune démarche pour assurer le respect de cette interdiction par des mesures telles que le dépôt du bétail dans un lieu désigné. • CE 25 juill. 2007, *Min. intérieur et aménagement du territoire*, n° 293882 : *Gaz. Pal. 4-5 avr. 2008. 22.* ♦ Est nulle la décision implicite du maire refusant de désigner le lieu de dépôt du bétail en état de divagation sur le territoire de la commune, dès lors que des troubles étaient constatés depuis plusieurs années et que le maire n'avait pas engagé les démarches pour rendre son interdiction de divagation effective. • CAA Marseille, 10 déc. 2009, n° 08MA02224 : *RD rur. 2011, n° 44, note Poli.*

Art. L. 211-2 **Les préfets peuvent, après avis des conseils départementaux, déterminer par des arrêtés les conditions sous lesquelles les chèvres peuvent être conduites et tenues au pâturage.**

Les propriétaires de chèvres conduites en commun sont solidairement responsables des dommages qu'elles causent. – *[Anc. art. 201.]*

Art. L. 211-3 **L'emploi de goudron et de tous produits détériorant la laine ou la peau ou ne s'éliminant pas lors du lavage industriel de la laine est interdit pour le marquage des moutons.**

Nul ne peut fabriquer, mettre en vente ou vendre des produits destinés au marquage des moutons si ces produits n'ont pas été, au préalable, agréés. – *[Anc. art. 201-1.]*

V. art. R. 215-1 (pén.).

Art. L. 211-4 **I. – Les volailles et autres animaux de basse-cour qui s'enfuient dans les propriétés voisines ne cessent pas d'appartenir à leur maître quoi qu'il** *[quoiqu'il]* **les ait perdus de vue.**

Néanmoins, celui-ci ne peut plus les réclamer un mois après la déclaration qui doit être faite à la mairie par les personnes chez lesquelles ces animaux se sont enfuis.

II. – Ainsi qu'il est dit à l'article 564 du code civil ci-après reproduit :

Art. 564 Les pigeons, lapins, poissons, qui passent dans un autre colombier, garenne ou plan d'eau visé aux articles L. 231-6 et L. 231-7 *[du code rural, devenus art. L. 431-6 et L. 431-7 du code de l'environnement]*, appartiennent au propriétaire de ces objets, pourvu qu'ils n'y aient point été attirés par fraude et artifice. – *[Anc. art. 202.]*

COMMENTAIRE

Le code civil prévoit que les animaux sont des biens meubles susceptibles de devenir immeubles par accession au fonds dont ils sont accessoires. Par exception, le code rural écarte l'accession et permet la revendication des volailles, animaux de basse-cour et essaims d'abeilles qui sont partis sur le fonds voisin de celui de leur maître.

Art. L. 211-5 **Celui dont les volailles passent sur les propriétés voisines et y causent des dommages, est tenu de réparer ces dommages. Celui qui les a soufferts peut même tuer les volailles, mais seulement sur le lieu, au moment du dégât, et sans pouvoir se les approprier.**

Si, après un délai de vingt-quatre heures, celui auquel appartiennent les volailles tuées ne les a pas enlevées, le propriétaire, fermier ou métayer du champ envahi, *(Ord. n° 2021-1370 du 20 oct. 2021, art. 3)* **« assure leur élimination dans les conditions prévues par les dispositions mentionnées à l'article L. 226-2 ».**

(Ord. n° 2005-1127 du 8 sept. 2005) **« Les propriétaires ou fermiers peuvent exercer, lorsque des pigeons sont trouvés sur leurs fonds, les droits déterminés au premier alinéa. »** – *[Anc. art. 203.]*

Art. L. 211-6 **Les préfets déterminent, après avis des conseils départementaux, la distance à observer entre les ruches d'abeilles et les propriétés voisines ou la voie publique, sans préjudice de l'action en réparation, s'il y a lieu.** – *[Anc. art. 206.]*

Art. L. 211-7 **Les maires prescrivent aux propriétaires de ruches, toutes les mesures qui peuvent assurer la sécurité des personnes, des animaux, et aussi la préservation des récoltes et des fruits.**

A défaut de l'arrêté préfectoral prévu par l'article L. 211-6, les maires déterminent à quelle distance des habitations, des routes, des voies publiques, les ruchers découverts doivent être établis.

Toutefois, ne sont assujetties à aucune prescription de distance les ruches isolées des propriétés voisines ou des chemins publics par un mur, une palissade en planches jointes, une haie vive ou sèche, sans solution de continuité. – *[Anc. art. 207, al. 1er à 3.] – V. art. R. 211-2.*

V. aussi Arr. du 29 sept. 2016 relatif à la création d'un service de déclaration en ligne par internet pour la déclaration annuelle de détention et d'emplacement de ruches (JO 11 sept.).

Art. L. 211-8 Dans le cas où les ruches à miel pourraient être saisies séparément du fonds auquel elles sont attachées, elles ne peuvent être déplacées que pendant les mois de décembre, janvier et février. – *[Anc. art. 208.]*

Art. L. 211-9 Le propriétaire d'un essaim a le droit de le réclamer et de s'en ressaisir, tant qu'il n'a pas cessé de le suivre ; autrement l'essaim appartient au propriétaire du terrain sur lequel il s'est fixé. – *[Anc. art. 209.]*

BIBL. ▶ Payre, *Gaz. Pal. 1979. 1. Doctr. 289.*

Art. L. 211-10 Les vers à soie ne peuvent être saisis pendant leur travail. Il en est de même des feuilles du mûrier qui leur sont nécessaires. – *[Anc. art. 210.]*

Art. L. 211-10-1 *(L. n° 2021-1539 du 30 nov. 2021, art. 1er)* **Tout détenteur d'un équidé atteste de sa connaissance des besoins spécifiques de l'espèce.**

Lorsque la détention ne relève pas d'une activité professionnelle, l'attestation prend la forme d'un certificat d'engagement et de connaissance des besoins spécifiques de l'espèce, signé par le détenteur.

Un décret précise les modalités d'attestation applicables, et dans le cas prévu au deuxième alinéa, le contenu et les modalités de délivrance du certificat.

Avant tout changement de détenteur d'un équidé, le propriétaire de l'animal s'assure que le nouveau détenteur a attesté de ses connaissances en application du premier alinéa. – *L'art. L. 211-10-1 est applicable à l'expiration du délai d'un an à compter de la promulgation de la L. n° 2021-1539 du 30 nov. 2021 lorsque la détention de l'équidé ne relève pas d'une activité professionnelle (L. préc., art. 1er-II, JO 1er déc.).*

BIBL. ▶ Carius, *DP entr. agric., Bull. n° 574-575, p. 6* (certificat d'engagement et de connaissance des détenteurs d'équidés : l'administration complète le dispositif par l'instruction technique DGAL/SDSBEA/2023-284 du 26 avr. 2023). – Rerchon-Billot, *RD rur. 2023. Étude 18* (nouvelle attestation obligatoire pour les détenteurs d'équidés).

SECTION 2 **Les animaux dangereux et errants**

BIBL. ▶ Antoine, *D. 1999. 167* (L. n° 99-5 du 6 janv. 1999 et protection animale). – Cassia, *LPA 12 août 2003. 3* (chien et espace public municipal). – Corpart, *RD rur. 2008. Étude 14* (encadrement de la garde des chiens dangereux ; loi du 20 juin 2008). – Revet, *RTD civ. 1999. 479* (L. n° 99-5 du 6 janv. 1999).

COMMENTAIRE

La multiplication des chiens dangereux, dont l'agressivité est développée par le comportement de leurs maîtres, a justifié le vote de la loi n° 99-5 du 6 janvier 1999 dont les dispositions ont été renforcées par la loi n° 2001-1062 du 15 novembre 2001 « de sécurité quotidienne », dans le but de garantir la protection des personnes et des biens. Les chiens dangereux ont ainsi été définis, et des dispositions préventives et répressives ont été posées, pour limiter le nombre de ces animaux et préciser quelles personnes sont autorisées à être leurs maîtres et sous quelles conditions.

La loi n° 2008-582 du 20 juin 2008 (JO 21 juin) est venue compléter ce dispositif en renforçant les pouvoirs préventifs du maire à l'égard de tout propriétaire ou détenteur d'animaux susceptibles d'être dangereux, en rendant obligatoire le permis de détention sous condition d'une évaluation comportementale pour certains chiens et d'une attestation d'aptitude pour tout propriétaire ou détenteur de chien visé à l'article L. 211-12 du code rural. Cette attestation sanctionne une formation sur l'éducation du chien et la prévention des accidents dispensée par un formateur agréé. A défaut de permis ou en cas de danger, le maire peut faire placer le chien en fourrière, et sous certaines conditions, le faire euthanasier.

Les sanctions pénales pour les propriétaires ou détenteurs de chiens s'étant révélés dangereux ont été aggravées par cette loi. ❑

Art. L. 211-11 *(L. n° 2001-1062 du 15 nov. 2001, art. 45)* **« I. — » Si un animal est susceptible, compte tenu des modalités de sa garde, de présenter un danger pour les personnes ou les animaux domestiques,** *(L. n° 2008-582 du 20 juin 2008, art. 2)* **« le maire ou, à défaut, le préfet peut prescrire à son propriétaire ou à son détenteur de prendre des mesures de nature à prévenir le danger. Il peut à ce titre, à la suite de l'évaluation comportementale d'un chien réalisée en application de l'article L. 211-14-1, imposer à son propriétaire ou à son détenteur de suivre la formation et d'obtenir l'attestation d'aptitude prévues au I de l'article L. 211-13-1. »**

En cas d'inexécution, par le propriétaire ou le *(L. n° 2008-582 du 20 juin 2008, art. 12)* **« détenteur » de l'animal, des mesures prescrites, le maire peut, par arrêté, placer l'animal dans un lieu de dépôt adapté à l'accueil et à la garde de celui-ci.** *(Abrogé par L. n° 2001-1062 du 15 nov. 2001, art. 45) « **Les frais sont à la charge du propriétaire ou du gardien.** » — Sur le lieu de dépôt adapté, V. art. R. 211-4.*

Si, à l'issue d'un délai franc de garde de huit jours ouvrés, le propriétaire ou le *(L. n° 2008-582 du 20 juin 2008, art. 12)* **« détenteur » ne présente pas toutes les garanties quant à l'application des mesures prescrites, le maire autorise le gestionnaire du lieu de dépôt, après avis d'un vétérinaire** *(L. n° 2007-297 du 5 mars 2007, art. 25)* **« désigné » par** *(Ord. n° 2010-460 du 6 mai 2010, art. 2)* **« le préfet », soit à faire procéder à l'euthanasie de l'animal, soit à en disposer dans les conditions prévues au II de l'article L. 211-25.**

(L. n° 2001-1062 du 15 nov. 2001, art. 45) **« Le propriétaire ou le** *(L. n° 2008-582 du 20 juin 2008, art. 12)* **« détenteur » de l'animal est invité à présenter ses observations avant la mise en œuvre des dispositions du deuxième alinéa du présent I. »** *— Pour Paris, V. art. L. 211-28.*

(L. n° 2001-1062 du 15 nov. 2001, art. 45 ; L. n° 2007-297 du 5 mars 2007, art. 25) **« II. — En cas de danger grave et immédiat pour les personnes ou les animaux domestiques, le maire ou, à défaut, le préfet peut ordonner par arrêté que l'animal soit placé dans un lieu de dépôt adapté à la garde de celui-ci et, le cas échéant, faire procéder à son euthanasie.**

« Est réputé présenter un danger grave et immédiat tout chien appartenant à une des catégories mentionnées à l'article L. 211-12, qui est détenu par une personne mentionnée à l'article L. 211-13 ou qui se trouve dans un lieu où sa présence est interdite par le I de l'article L. 211-16, ou qui circule sans être muselé et tenu en laisse dans les conditions prévues par le II du même article *(L. n° 2008-582 du 20 juin 2008, art. 2)* **« , ou dont le propriétaire ou le détenteur n'est pas titulaire de l'attestation d'aptitude prévue au I de l'article L. 211-13-1 ».**

« L'euthanasie peut intervenir sans délai, après avis d'un vétérinaire désigné par *(Ord. n° 2010-460 du 6 mai 2010, art. 2)* **« le préfet ». Cet avis doit être donné au plus tard quarante-huit heures après le placement de l'animal. A défaut, l'avis est réputé favorable à l'euthanasie.**

« III. — Les frais afférents aux opérations de capture, de transport, de garde et d'euthanasie de l'animal sont intégralement *(L. n° 2008-582 du 20 juin 2008, art. 3)* **« et directement » mis à la charge de son propriétaire ou de son détenteur. »** *— [Anc. art. 211.]*

V. Arr. du 17 sept. 2004 fixant les conditions techniques d'utilisation des projecteurs hypodermiques par les agents de police municipale pour la capture des animaux dangereux ou errants (JO 24 sept.), mod. par Arr. du 30 août 2013, art. 2 (JO 1er sept.).

1. L'autorité chargée de la police municipale ne saurait prescrire la mise à mort sans condition de délai d'un animal qu'en vue de parer un danger grave et imminent. • CAA Bordeaux, 30 mars 2010, *Min. Intérieur*, n° 09BX00439 : *Gaz. Pal. 5-6 mai 2010. 1773.* ♦ Est nulle pour incompétence la décision du maire qui pour mettre fin aux maltraitances constatées sur des animaux les fait enlever de chez leur propriétaire pour les placer. • CAA Nancy, 15 nov. 2010, n° 09NC01433 : *AJDA 2011. 1446.* ♦ A entaché sa décision d'une erreur d'appréciation le préfet de police qui a ordonné l'euthanasie d'un chien alors qu'il n'était pas établi l'irrespect des conditions posées par le vétérinaire pour écarter l'euthanasie. • CAA Paris, 29 janv. 2013, n° 11PA00343 : *RD rur. 2014. Chron. 2, obs. Darribehaude.*

2. Sursis à l'exécution de l'euthanasie. L'ordonnance du juge des référés qui suspend l'arrêté municipal ordonnant l'euthanasie d'un chien qui avait été mis en fourrière n'implique pas nécessairement la restitution du chien à son propriétaire jusqu'à ce qu'il soit statué sur la nullité de l'arrêté. • CE 8 févr. 2006, *Cne de Ste-Maxime*, n° 276047 : *AJDA 2006. 781.*

Art. L. 211-12 Les types de chiens susceptibles d'être dangereux faisant l'objet des mesures spécifiques prévues par les articles *(L. n° 2008-582 du 20 juin 2008, art. 8)* « L. 211-13, L. 211-13-1, L. 211-14, L. 211-15 et L. 211-16 », sans préjudice des dispositions de l'article L. 211-11, sont répartis en deux catégories :

1° Première catégorie : les chiens d'attaque ;

2° Deuxième catégorie : les chiens de garde et de défense.

Un arrêté du ministre de l'intérieur et du ministre chargé de l'agriculture établit la liste des types de chiens relevant de chacune de ces catégories. — *[Anc. art. 211-1.] — V. Arr. du 27 avr. 1999 (JO 30 avr.).*

1. Dès lors que le prévenu est en règle avec les dispositions des art. L. 211-12 s. C. rur., il peut être substitué une peine d'amende à la peine principale de confiscation prononcée pour la contravention de blessures involontaires par le rottweiller de ce prévenu. • Bourges, 22 févr. 2007 : *JCP 2007. IV. 3059.*

2. Pour l'application de la peine complémentaire de confiscation et/ou d'euthanasie d'un animal de l'art. 131-21-1 C. pén., il appartient au juge d'apprécier au cas par cas la dangerosité de chaque animal, notamment au regard des art. L. 211-11 et L. 211-12 C. rur. • Crim. 20 nov. 2012, n° 12-82.218 : *LPA 1er août 2013, note Dreyer.*

Art. L. 211-13 Ne peuvent détenir les chiens mentionnés à l'article L. 211-12 :

1° Les personnes âgées de moins de dix-huit ans ;

2° Les majeurs en tutelle à moins qu'ils n'y aient été autorisés par le juge des tutelles ;

3° Les personnes condamnées pour crime ou à une peine d'emprisonnement avec ou sans sursis pour délit inscrit au bulletin n° 2 du casier judiciaire ou, pour les ressortissants étrangers, dans un document équivalent ;

4° Les personnes auxquelles la propriété ou la garde d'un chien a été retirée en application de l'article L. 211-11. Le maire peut accorder une dérogation à l'interdiction en considération du comportement du demandeur depuis la décision de retrait, à condition que celle-ci ait été prononcée plus de dix ans avant le dépôt de la déclaration visée à l'article L. 211-14. — *[Anc. art. 211-2-I.]*

V. art. L. 215-1 (pén.).

Les maires peuvent se faire délivrer le bulletin n° 2 du casier judiciaire lors de l'instruction du permis de détention de chien. * Rép. min. 26 oct. 2010, n° 87254 : *JO 16 nov. 2010, p. 20450.*

Art. L. 211-13-1 *(L. n° 2008-582 du 20 juin 2008, art. 4)* I. — Le propriétaire ou le détenteur d'un chien mentionné à l'article L. 211-12 est tenu d'être titulaire d'une attestation d'aptitude sanctionnant une formation portant sur l'éducation et le comportement canins, ainsi que sur la prévention des accidents.

Les frais afférents à cette formation sont à la charge du propriétaire ou du détenteur du chien.

Un décret en Conseil d'État définit le contenu de la formation et les modalités d'obtention de l'attestation d'aptitude. Il détermine également les conditions d'agrément et de contrôle des personnes habilitées à dispenser la formation et à délivrer l'attestation d'aptitude.

II. — Le propriétaire ou le détenteur d'un chien mentionné à l'article L. 211-12 est tenu, lorsque le chien est âgé de plus de huit mois et de moins de douze mois, de le soumettre à l'évaluation comportementale prévue à l'article L. 211-14-1.

Cette évaluation peut être renouvelée dans des conditions définies par décret. Le maire peut en outre demander à tout moment une nouvelle évaluation en application de l'article L. 211-14-1.

Art. L. 211-14 *(L. n° 2008-582 du 20 juin 2008, art. 5)* I. — Pour les personnes autres que celles mentionnées à l'article L. 211-13, la détention des chiens mentionnés à l'article L. 211-12 est subordonnée à la délivrance d'un permis de détention par le

maire de la commune où le propriétaire ou le détenteur de l'animal réside. En cas de changement de commune de résidence, le permis doit être présenté à la mairie du nouveau domicile. *– Pour Paris, V. art. L. 211-28.*

II. — La délivrance du permis de détention est subordonnée à la production :

1° De pièces justifiant :

***a)* De l'identification du chien dans les conditions prévues à l'article L. 212-10 ;**

***b)* De la vaccination antirabique du chien en cours de validité ;**

***c)* Dans les conditions définies par décret, d'une assurance garantissant la responsabilité civile du propriétaire du chien ou de la personne qui le détient pour les dommages causés aux tiers par l'animal. Les membres de la famille du propriétaire de l'animal ou de celui qui le détient sont considérés comme tiers au sens des présentes dispositions ;**

***d)* Pour les chiens mâles et femelles de la première catégorie, de la stérilisation de l'animal ;**

***e)* De l'obtention, par le propriétaire ou le détenteur de l'animal, de l'attestation d'aptitude mentionnée au I de l'article L. 211-13-1 ;**

2° De l'évaluation comportementale prévue au II de l'article L. 211-13-1.

Lorsque le chien n'a pas atteint l'âge auquel cette évaluation doit être réalisée, il est délivré à son propriétaire ou son détenteur un permis provisoire dans des conditions précisées par décret. *– V. art. D. 211-5-2.*

Si les résultats de l'évaluation le justifient, le maire peut refuser la délivrance du permis de détention.

III. — Une fois le permis accordé, il doit être satisfait en permanence aux conditions prévues aux *b* et *c* du 1° du II.

IV. — En cas de constatation du défaut de permis de détention, le maire ou, à défaut, le préfet met en demeure le propriétaire ou le détenteur du chien de procéder à la régularisation dans le délai d'un mois au plus. En l'absence de régularisation dans le délai prescrit, le maire ou, à défaut, le préfet peut ordonner que l'animal soit placé dans un lieu de dépôt adapté à l'accueil ou à la garde de celui-ci et peut faire procéder sans délai et sans nouvelle mise en demeure à son euthanasie.

Les frais afférents aux opérations de capture, de transport, de garde et d'euthanasie de l'animal sont intégralement et directement mis à la charge de son propriétaire ou de son détenteur.

V. — Le présent article, ainsi que le I de l'article L. 211-13-1, ne sont pas applicables aux personnes qui détiennent un chien mentionné à l'article L. 211-12 à titre temporaire et à la demande de son propriétaire ou de son détenteur.

V. art. L. 215-2-1, L. 215-3-1, L. 215-4, R. 215-2 (pén.).

Sur la déclaration du chien et l'obligation d'assurance de son propriétaire, V. art. R. 211-5 et R. 211-7.

Art. L. 211-14-1 *(L. nº 2007-297 du 5 mars 2007, art. 26)* **Une évaluation comportementale peut être demandée par le maire pour tout chien qu'il désigne en application de l'article L. 211-11. Cette évaluation est effectuée par un vétérinaire choisi sur une liste départementale.** *(L. nº 2008-582 du 20 juin 2008, art. 2)* **« Elle est communiquée au maire par le vétérinaire. »**

Les frais d'évaluation sont à la charge du propriétaire du chien.

Un décret détermine les conditions d'application du présent article. *– V. art. D. 211-3-1 s.*

Art. L. 211-14-2 *(L. nº 2008-582 du 20 juin 2008, art. 7)* **Tout fait de morsure d'une personne par un chien est déclaré par son propriétaire ou son détenteur ou par tout professionnel en ayant connaissance dans l'exercice de ses fonctions à la mairie de la commune de résidence du propriétaire ou du détenteur de l'animal.**

Le propriétaire ou le détenteur du chien est en outre tenu de le soumettre, pendant la période de surveillance définie en application du premier alinéa de l'article L. 223-10, à l'évaluation comportementale mentionnée à l'article L. 211-14-1, qui est communiquée au maire.

A la suite de cette évaluation, le maire ou, à défaut, le préfet peut imposer au propriétaire ou au détenteur du chien de suivre la formation et d'obtenir l'attestation d'aptitude mentionnées à l'article L. 211-13-1.

Faute pour l'intéressé de s'être soumis à ces obligations, le maire ou, à défaut, le préfet peut ordonner par arrêté que l'animal soit placé dans un lieu de dépôt adapté à la garde de celui-ci. Il peut, en cas de danger grave et immédiat et après avis d'un vétérinaire désigné par *(Ord. nº 2010-460 du 6 mai 2010, art. 2)* « le préfet », faire procéder à son euthanasie.

Art. L. 211-15 I. — L'acquisition, la cession à titre gratuit ou onéreux, hormis les cas prévus au troisième alinéa de l'article L. 211-11 ou au *(L. nº 2011-525 du 17 mai 2011, art. 30)* « deuxième alinéa de l'article 99-1 du code de procédure pénale », l'importation et l'introduction *(Ord. nº 2016-391 du 31 mars 2016, art. 4-1º, en vigueur le 1er juill. 2016)* « sur le territoire métropolitain et sur celui de l'ensemble des collectivités territoriales d'outre-mer et de la Nouvelle-Calédonie » des chiens de la première catégorie mentionnée à l'article L. 211-12 sont interdites.

II. — La stérilisation des chiens de la première catégorie est obligatoire. Cette stérilisation donne lieu à un certificat vétérinaire. — *[Anc. art. 211-4-I et II.] — V. art. R. 211-6.*

V. art. L. 215-2 (pén.).

Art. L. 211-16 I. — L'accès des chiens de la première catégorie aux transports en commun, aux lieux publics à l'exception de la voie publique et aux locaux ouverts au public est interdit. Leur stationnement dans les parties communes des immeubles collectifs est également interdit.

II. — Sur la voie publique, dans les parties communes des immeubles collectifs, les chiens de la première et de la deuxième catégorie doivent être muselés et tenus en laisse par une personne majeure. Il en est de même pour les chiens de la deuxième catégorie dans les lieux publics, les locaux ouverts au public et les transports en commun.

III. — Un bailleur ou un copropriétaire peut saisir le maire en cas de dangerosité d'un chien résidant dans un des logements dont il est propriétaire. Le maire peut alors procéder, s'il le juge nécessaire, à l'application des mesures prévues à l'article L. 211-11. — *[Anc. art. 211-5.]*

V. art. L. 215-3-1 et L. 215-4 (pén.).

Art. L. 211-17 Le dressage des chiens au mordant n'est autorisé que dans le cadre des activités de sélection canine encadrées par une association agréée par le ministre chargé de l'agriculture et des activités de surveillance, de gardiennage et de transport de fonds.

Seuls les dresseurs détenant un certificat de capacité peuvent exercer l'activité de dressage des chiens au mordant et acquérir des objets et des matériels destinés à ce dressage. *(Ord. nº 2008-507 du 30 mai 2008, art. 45)* « Les prestations de services effectuées en France, à titre temporaire et occasionnel par les professionnels ressortissants d'un État membre de *(Ord. nº 2015-1245 du 7 oct. 2015, art. 5, en vigueur le 1er janv. 2016)* « l'Union européenne, ou d'un autre État partie à l'accord sur » l'Espace économique européen, établis sur le territoire d'un de ces États sont régies par l'article L. 204-1 » *(Ord. nº 2015-1245 du 7 oct. 2015, art. 5, en vigueur le 1er janv. 2016)* « et, le cas échéant, par l'article L. 204-2 ». Il en est de même pour les responsables des activités de sélection canine mentionnées à l'alinéa précédent. Le certificat de capacité est délivré par l'autorité administrative aux candidats justifiant d'une aptitude professionnelle.

L'acquisition, à titre gratuit ou onéreux, par des personnes non titulaires du certificat de capacité, d'objets et de matériels destinés au dressage au mordant est interdite. Le certificat de capacité doit être présenté au vendeur avant toute cession. Celle-ci est alors inscrite sur un registre spécial tenu par le vendeur ou le cédant et mis à la disposition des autorités de police et des administrations chargées de l'application du présent article quand elles le demandent. — *[Anc. art. 211-6-I.]*

V. art. L. 215-3 (pén.).

Sur le dressage des chiens au mordant, V. art. R. 211-8 à R. 211-10.

Art. L. 211-18 Les dispositions des articles L. 211-13 à L. 211-17, L. 215-1 à L. 215-3 ne s'appliquent pas aux services et unités de la police nationale, des armées, de la gendarmerie, des douanes *(L. n° 2021-646 du 25 mai 2021, art. 12)* « , des polices municipales » et des services publics de secours, utilisateurs de chiens.

(L. n° 2008-582 du 20 juin 2008, art. 10) « Les personnes exerçant les activités mentionnées *(Ord. n° 2015-1243 du 7 oct. 2015, art. 2-1°, en vigueur le 1er janv. 2016)* « au premier alinéa de l'article L. 214-6-1, au I de l'article L. 214-6-2 et à l'article L. 214-6-3 » ne sont pas tenues d'être titulaires de l'attestation d'aptitude mentionnée au I de l'article L. 211-13-1. » — *[Anc. art. 211-7.]*

Art. L. 211-19 *Abrogé par Ord. n° 2010-461 du 6 mai 2010, art. 5.*

Art. L. 211-19-1 *(Ord. n° 2006-1224 du 5 oct. 2006)* Il est interdit de laisser divaguer les animaux domestiques et les animaux sauvages apprivoisés ou tenus en captivité.

Art. L. 211-20 Lorsque des animaux errants sans *(L. n° 2008-582 du 20 juin 2008, art. 12)* « détenteur », ou dont le *(L. n° 2008-582 du 20 juin 2008, art. 12)* « détenteur » refuse de se faire connaître, sont trouvés pacageant sur des terrains appartenant à autrui, sur les accotements ou dépendances des routes, canaux, chemins ou sur des terrains communaux, le propriétaire lésé, ou son représentant, a le droit de les conduire ou de les faire conduire immédiatement au lieu de dépôt désigné par l'autorité municipale.

(Ord. n° 2006-1224 du 5 oct. 2006) « Le maire donne avis au propriétaire ou au *(L. n° 2008-582 du 20 juin 2008, art. 12)* « détenteur » des animaux des dispositions mises en œuvre.

« Si les animaux ne sont pas réclamés, ils sont considérés comme abandonnés et le maire fait procéder soit à leur euthanasie, soit à leur vente conformément aux dispositions de l'article L. 211-1, soit à leur cession, à titre gratuit, à une fondation ou à une association de protection animale reconnue d'utilité publique ou déclarée. Les frais résultant de l'ensemble des mesures prises sont mis à la charge du propriétaire ou du *(L. n° 2008-582 du 20 juin 2008, art. 12)* « détenteur » des animaux.

« Si le propriétaire ou le *(L. n° 2008-582 du 20 juin 2008, art. 12)* « détenteur » des animaux demeure inconnu, le maire autorise le gestionnaire du lieu de dépôt à prendre l'une des mesures énumérées ci-dessus. »

Art. L. 211-21 Les maires prescrivent que les animaux d'espèce sauvage apprivoisés ou tenus en captivité, trouvés errants et qui sont saisis sur le territoire de la commune, sont conduits à un lieu de dépôt désigné par eux. Ces animaux y sont maintenus aux frais du propriétaire ou du *(L. n° 2008-582 du 20 juin 2008, art. 12)* « détenteur ».

Les propriétaires, locataires, fermiers ou métayers peuvent saisir ou faire saisir par un agent de la force publique, dans les propriétés dont ils ont l'usage, les animaux d'espèce sauvage apprivoisés ou tenus en captivité, échappés à leur *(L. n° 2008-582 du 20 juin 2008, art. 12)* « détenteur » ou que celui-ci laisse divaguer. Les animaux saisis sont conduits à un lieu de dépôt désigné par le maire. Ils y sont maintenus, le cas échéant, aux frais du propriétaire ou du *(L. n° 2008-582 du 20 juin 2008, art. 12)* « détenteur ».

A l'issue d'un délai franc de garde de huit jours ouvrés au lieu de dépôt désigné, si l'animal n'a pas été réclamé par son propriétaire auprès du maire de la commune où l'animal a été saisi, il est alors considéré comme abandonné et le maire peut le céder ou, après avis d'un vétérinaire, le faire euthanasier. — *[Anc. art. 212-1.] — Pour Paris, V. art. L. 211-28. — V. art. R. 211-11.*

Art. L. 211-22 Les maires prennent toutes dispositions propres à empêcher la divagation des chiens et des chats. Ils peuvent ordonner que ces animaux soient tenus en laisse et que les chiens soient muselés. Ils prescrivent que les chiens et les chats errants et tous ceux qui seraient saisis sur le territoire de la commune sont conduits à la fourrière, où ils sont gardés pendant les délais fixés aux articles L. 211-25 et L. 211-26. — *Pour Paris, V. art. L. 211-28.*

Les propriétaires, locataires, fermiers ou métayers peuvent saisir ou faire saisir par un agent de la force publique, dans les propriétés dont ils ont l'usage, les chiens et les chats que leurs maîtres laissent divaguer. Les animaux saisis sont conduits à la fourrière.

Un décret en Conseil d'État détermine les modalités d'application du présent article. – *[Anc. art. 213.] – V. art. R. 211-11 et R. 211-12.*

V. art. L. 215-5 (pén.).

1. Responsabilité du maire. En matière de divagation d'animaux errants, la responsabilité de la commune ne saurait être engagée sans faute. Ne commet pas de faute lourde dans l'exercice de ses pouvoirs de police le maire qui n'a pas été averti de la présence de chiens errants à proximité du lieu d'un accident provoqué par ces animaux. Il ne peut lui être reproché de ne pas avoir pris des mesures d'organisation d'un service public destiné à faire face aux dangers que présentent les animaux errants quand aucun élément ne démontre l'importance particulière de ce phénomène dans la commune. • CE 16 oct. 1987, n° 58465.

2. L'arrêté municipal prescrivant aux détenteurs de chiens circulant en centre ville de prendre toutes dispositions pour permettre l'identification génétique de ces animaux et le fichage de l'identité du propriétaire s'inscrit dans le cadre des pouvoirs de police du maire mais doit être suspendu au motif de sa disproportion avec l'objectif de sécurité et de salubrité publique. • CAA Marseille, ord., 30 nov. 2016 : *AJDA 2016. 2353, obs. Pastor*. – V. aussi • TA Montpellier, ord., 14 sept. 2016 : *AJDA 2016. 1719*.

3. Rage. Le Premier ministre, usant, par un décret contresigné par le ministre de l'agriculture, du pouvoir de police sanitaire attribué à celui-ci par l'art. 232-4 [art. L. 223-13] C. rur., peut prendre des mesures réglementaires plus rigoureuses dans les zones atteintes par la rage et prescrire l'abattage dans les deux jours des chiens errants et l'abattage immédiat des chats errants. • CE 7 oct. 1977, n° 05064 A.

Art. L. 211-23 **Est considéré comme en état de divagation tout chien qui, en dehors d'une action de chasse ou** *(L. n° 2005-157 du 23 févr. 2005, art. 125)* **« de la garde ou de la protection du troupeau », n'est plus sous la surveillance effective de son maître, se trouve hors de portée de voix de celui-ci ou de tout instrument sonore permettant son rappel, ou qui est éloigné de son propriétaire ou de la personne qui en est responsable d'une distance dépassant cent mètres. Tout chien abandonné, livré à son seul instinct, est en état de divagation** *(L. n° 2005-157 du 23 févr. 2005, art. 156)* **« , sauf s'il participait à une action de chasse et qu'il est démontré que son propriétaire ne s'est pas abstenu de tout entreprendre pour le retrouver et le récupérer, y compris après la fin de l'action de chasse ».**

Est considéré comme en état de divagation tout chat non identifié trouvé à plus de deux cents mètres des habitations ou tout chat trouvé à plus de mille mètres du domicile de son maître et qui n'est pas sous la surveillance immédiate de celui-ci, ainsi que tout chat dont le propriétaire n'est pas connu et qui est saisi sur la voie publique ou sur la propriété d'autrui. – *[Anc. art. 213-1.]*

Art. L. 211-24 *(L. n° 2021-1539 du 30 nov. 2021, art. 7)* **Chaque commune ou, lorsqu'il exerce cette compétence en lieu et place de ladite commune, chaque établissement public de coopération intercommunale à fiscalité propre dispose d'une fourrière apte à l'accueil et à la garde, dans des conditions permettant de veiller à leur bien-être et à leur santé, des chiens et chats trouvés errants ou en état de divagation, jusqu'au terme des délais fixés aux articles L. 211-25 et L. 211-26. Cette fourrière peut être mutualisée avec un autre établissement public de coopération intercommunale ou avec un syndicat mixte fermé. La commune compétente peut mettre en place une fourrière communale sur son territoire ou disposer du service d'une fourrière établie sur le territoire d'une autre commune, avec l'accord de cette commune. Lorsqu'elle ne l'exerce pas en régie, la commune peut confier le service public de la fourrière à des fondations ou associations de protection des animaux disposant d'un refuge, sous forme de délégation de service public et dans des conditions fixées par décret en Conseil d'État.**

La fourrière a une capacité adaptée aux besoins de chacune des communes pour lesquelles elle assure le service d'accueil des animaux en application du présent code. Cette capacité est constatée par arrêté du maire de la commune où elle est installée.

La surveillance dans la fourrière des maladies mentionnées à l'article L. 221-1 est assurée par un vétérinaire sanitaire désigné par le gestionnaire de la fourrière, dans les conditions prévues à la section 1 du chapitre III du titre préliminaire du présent livre.

Dans leurs contrats de prestations, les fourrières sont tenues de mentionner les sanctions encourues pour sévices graves ou actes de cruauté envers des animaux, mentionnées à l'article 521-1 du code pénal.

Les animaux ne peuvent être restitués à leur propriétaire qu'après paiement des frais de garde. En cas de non-paiement, le propriétaire est passible d'une amende forfaitaire dont les modalités sont définies par décret.

Par dérogation au cinquième alinéa du présent article, les fonctionnaires et agents mentionnés au premier alinéa de l'article L. 212-13 du présent code peuvent restituer sans délai à son propriétaire tout animal trouvé errant et identifié selon les modalités définies à l'article L. 212-10, lorsque cet animal n'a pas été gardé à la fourrière. Dans ce cas, l'animal est restitué après paiement d'un versement libératoire forfaitaire dont le montant est fixé par arrêté du maire.

Le gestionnaire de la fourrière est tenu de suivre une formation relative au bien-être des chiens et des chats, selon des modalités fixées par un décret qui prévoit des équivalences avec des formations comparables.

Art. L. 211-25 I. — Lorsque les chiens et les chats accueillis dans la fourrière sont identifiés conformément à l'article L. 214-5 *[abrogé ; V. dorénavant art. L. 212-10]* ou par le port d'un collier où figurent le nom et l'adresse de leur maître, le gestionnaire de la fourrière recherche, dans les plus brefs délais, le propriétaire de l'animal. Dans les départements officiellement déclarés infectés par la rage, seuls les animaux vaccinés contre la rage peuvent être rendus à leur propriétaire.

A l'issue d'un délai franc de garde de huit jours ouvrés, si l'animal n'a pas été réclamé par son propriétaire, il est considéré comme abandonné et devient la propriété du gestionnaire de la fourrière, qui peut en disposer dans les conditions définies ci-après.

II. — Dans les départements indemnes de rage, le gestionnaire de la fourrière peut garder les animaux dans la limite de la capacité d'accueil de la fourrière. Après avis d'un vétérinaire, le gestionnaire peut céder les animaux à titre gratuit à des fondations ou des associations de protection des animaux disposant d'un refuge *(L. n° 2021-1539 du 30 nov. 2021, art. 7)* « ou à des associations mentionnées à l'article L. 214-6-5, » qui, seules, sont habilitées à proposer les animaux à l'adoption à un nouveau propriétaire. Ce don ne peut intervenir que si le bénéficiaire s'engage à respecter les exigences liées à la surveillance vétérinaire de l'animal, dont les modalités et la durée sont fixées par arrêté du ministre chargé de l'agriculture. — *V. Arr. du 23 sept. 1999 (JO 9 oct.).*

Après l'expiration du délai de garde, si le vétérinaire en constate la nécessité, il procède à l'euthanasie de l'animal.

III. — Dans les départements officiellement déclarés infectés de rage, il est procédé à l'euthanasie des animaux non remis à leur propriétaire à l'issue du délai de garde. — *[Anc. art. 213-4.]*

BIBL. ▶ Lebreton, *RD rur. 2015. Étude 18* (la qualification des contrats d'adoption des SPA).

Art. L. 211-26 I. — Dans les départements indemnes de rage, lorsque les chiens et les chats accueillis dans la fourrière ne sont pas identifiés, les animaux sont gardés pendant un délai franc de huit jours ouvrés. L'animal ne peut être remis à son propriétaire qu'après avoir été identifié conformément à l'article L. 214-5 *[abrogé ; V. nouvel art. L. 212-10]*. Les frais de l'identification sont à la charge du propriétaire.

Si, à l'issue de ce délai, l'animal n'a pas été réclamé par son propriétaire, il est considéré comme abandonné et devient la propriété du gestionnaire de la fourrière, qui peut en disposer dans les mêmes conditions que celles mentionnées au II de l'article L. 211-25.

II. — Dans les départements officiellement déclarés infectés de rage, il est procédé à l'euthanasie des chiens et des chats non identifiés admis à la fourrière. — *[Anc. art. 213-5.]*

Faute d'avoir fait tatouer son chien et d'avoir signalé sa disparition, le propriétaire de l'animal ne peut en exiger la restitution de celui qui, avant de faire identifier le chien, en a recherché le propriétaire en vain. • Civ. 2e, 15 avr. 1999, n° 97-17.420 : *RD rur. 2000. 108.*

Art. L. 211-27 Le maire peut, par arrêté, à son initiative ou à la demande d'une association de protection des animaux, faire procéder à la capture de chats non identifiés, sans propriétaire ou sans *(L. n° 2008-582 du 20 juin 2008, art. 12)* « détenteur », vivant en groupe dans des lieux publics de la commune, afin de faire procéder à leur

stérilisation et à leur identification conformément à l'article L. 214-5 *[abrogé ; V. dorénavant art. L. 212-10]*, **préalablement à leur relâcher dans ces mêmes lieux. Cette identification doit être réalisée au nom de la commune ou de ladite association.** – *Pour Paris, V. art. L. 211-28.*

(L. nº 2021-1539 du 30 nov. 2021, art. 12) **« Les établissements publics de coopération intercommunale à fiscalité propre peuvent, en application de l'article L. 5211-4-2 du code général des collectivités territoriales, mettre les moyens nécessaires à disposition des maires pour l'exercice de ce pouvoir de police. »**

La gestion, le suivi sanitaire et les conditions de la garde au sens de l'article L. 211-11 de ces populations sont placés sous la responsabilité du représentant de la commune et de l'association de protection des animaux mentionnée *(L. nº 2021-1539 du 30 nov. 2021, art. 12)* **« au premier alinéa du présent article.**

« Pour l'application du présent article, le nourrissage de ces populations est autorisé sur les lieux de leur capture. »

Ces dispositions ne sont applicables que dans les départements indemnes de rage. Toutefois, sans préjudice des articles L. 223-9 à L. 223-16, dans les départements déclarés officiellement infectés de rage, des dérogations peuvent être accordées aux communes qui le demandent, par arrêté préfectoral, après avis favorable *(Ord. nº 2010-18 du 7 janv. 2010, art. 3-V)* **« de l'Agence nationale chargée de la sécurité sanitaire de l'alimentation, de l'environnement et du travail » selon des critères scientifiques visant à évaluer le risque rabique.**

(L. nº 2021-1539 du 30 nov. 2021, art. 13) **« Dans les mairies et les établissements de soins vétérinaires, une signalisation apparente présente l'intérêt de la stérilisation des animaux domestiques en termes de santé, de bien-être animal et de préservation de la biodiversité. »** – *[Anc. art. 213-6.]*

Art. L. 211-28 **Conformément à l'article L. 2512-13 du code général des collectivités territoriales, les compétences dévolues au maire en application des articles L. 211-11,** *(L. nº 2008-582 du 20 juin 2008, art. 16)* **« L. 211-13-1, L. 211-14, L. 211-14-1, L. 211-14-2, » L. 211-21, L. 211-22 et L. 211-27 sont, à Paris, exercées par le préfet de police et les formalités devant être accomplies en mairie doivent l'être à la préfecture de police.** – *[L. nº 99-5 du 6 janv. 1999, art. 29.]*

SECTION 3 Mesures conservatoires à l'égard des animaux domestiques ou des animaux sauvages apprivoisés ou tenus en captivité

Art. L. 211-29 *(Ord. nº 2010-460 du 6 mai 2010, art. 2)* **Les mesures conservatoires à l'égard des animaux domestiques ou des animaux sauvages apprivoisés ou tenus en captivité sont fixées à l'article 99-1 du code de procédure pénale.** – *[Anc. art. 213-7.]* – ***C. pr. pén.***

SECTION 4 Les animaux éduqués accompagnant des personnes handicapées

(L. nº 2005-102 du 11 févr. 2005, art. 53)

Art. L. 211-30 **Les chiens accompagnant les personnes handicapées, quel que soit le type de handicap, moteur, sensoriel ou mental, et dont les propriétaires justifient de l'éducation de l'animal sont dispensés du port de la muselière dans les transports, les lieux publics, les locaux ouverts au public ainsi que ceux permettant une activité professionnelle, formatrice ou éducative.**

SECTION 5 Colombiers – Colombophilie civile

(Ord. nº 2010-460 du 6 mai 2010, art. 2)

Les art. L. 212-3 et L. 212-4 deviennent respectivement les art. L. 211-31 et L. 211-32 et sont intégrés dans une section 5 créée à la fin du chapitre I et intitulée « Section 5 Colombiers – Colombophilie civile » (Ord. nº 2010-460 du 6 mai 2010, art. 2, 3º, JO 7 mai).

Art. L. 211-31 **Toute personne possédant des pigeons voyageurs en colombier, faisant le commerce de pigeons voyageurs ou recevant à titre permanent ou transitoire des pigeons voyageurs doit adhérer à une association colombophile.** – *[L. nº 94-508 du 23 juin 1994, art. 1er.]*

Art. L. 211-32 **Les associations colombophiles sont des associations constituées et déclarées conformément aux dispositions de la loi du 1er juillet 1901 relative au contrat d'association et, lorsqu'elles ont leur siège dans les départements du Bas-Rhin, du Haut-Rhin et de la Moselle, conformément aux articles 21 à 79 du code civil local.**

Les associations adoptent des statuts conformes à des dispositions définies par décret en Conseil d'État relatives à la tenue des colombiers, à l'immatriculation et au recensement des pigeons voyageurs ainsi qu'aux conditions dans lesquelles il peut être procédé à leur lâcher. – *V. art. R. 212-1 à R. 212-12.*

Elles sont obligatoirement affiliées à une fédération nationale qui organise les conditions générales de leur activité et contrôle sa conformité aux dispositions réglementaires précitées. Les statuts de cette fédération sont approuvés par décret en Conseil d'État. – *[L. nº 94-508 du 23 juin 1994, art. 2.]*

CHAPITRE II LA TRAÇABILITÉ DES ANIMAUX *(Ord. nº 2021-1370 du 20 oct. 2021, art. 3).*

L'Ord. nº 2021-1370 du 20 oct. 2021 relative aux mesures de surveillance, de prévention et de lutte contre les maladies animales transmissibles est ratifiée par la L. nº 2023-171 du 9 mars 2023, art. 39-8º.

COMMENTAIRE

Les transports commerciaux d'animaux vivants sur plus de cinquante kilomètres sont soumis à la directive nº 95-29 du 29 juin 1995 modifiant la directive nº 91-628 du 19 novembre 1991. Les déplacements routiers d'animaux d'une durée de plus de huit heures doivent respecter le règlement CE nº 411-98 du 16 février 1998. Les transports à but lucratif d'animaux vivants sont aussi régis par l'article L. 214-12 du code rural et par le décret nº 95-1285 du 13 décembre 1995 modifié par le décret nº 99-961 du 24 novembre 1999 et par l'arrêté du 5 novembre 1996 modifié, ainsi que par le décret du 12 février 2001. Ces dispositions organisent les conditions sanitaires du transport, réglementent la durée, l'équipement du véhicule, l'espace, l'aération, la protection, les soins à prodiguer en cours de transport, l'alimentation et la nourriture, la température.

L'animal apparaît dans ces dispositions d'une part comme un bien dont les conditions de conservation sont organisées dans le transport dans un souci économique, mais d'autre part comme un être vivant justifiant des mesures de nature à assurer sa protection et son bien-être et à lui éviter des souffrances. ❑

SECTION 1 Dispositions générales *(Ord. nº 2021-1370 du 20 oct. 2021, art. 3).*

Art. L. 212-1 *(Ord. nº 2021-1370 du 20 oct. 2021, art. 3)* **Les conditions dans lesquelles les propriétaires ou détenteurs d'animaux terrestres ou aquatiques ou de produits germinaux, au sens des points 2, 3 et 28 de l'article 4 du règlement (UE) 2016/429 du 9 mars 2016, sont enregistrés et celles dans lesquelles ces animaux et produits sont identifiés ou soumis à des obligations de traçabilité sont fixées par les articles 84 à 93, 108 à 175 et 186 à 224 du règlement (UE) 2016/429 du 9 mars 2016, et les actes délégués et d'exécution qu'il prévoit, ainsi que par les dispositions du présent chapitre.**

Art. L. 212-2 *(Ord. nº 2021-1370 du 20 oct. 2021, art. 3)* **« Pour assurer la traçabilité et les suivis statistique et administratif des animaux dont l'identification est obligatoire en application du règlement (UE) 2016/429 du 9 mars 2016 et de la présente section »** *(L. nº 2008-582 du 20 juin 2008, art. 6)* **et pour permettre d'identifier leurs propriétaires** *(Ord. nº 2021-1370 du 20 oct. 2021, art. 3)* **« ou détenteurs », les données relatives à l'identification de ces animaux, le nom et l'adresse de leurs propriétaires** *(Ord. nº 2021-1370 du 20 oct. 2021, art. 3)* **« ou détenteurs » successifs et la mention de l'exécution des obligations administratives auxquelles ces derniers sont astreints peuvent être enregistrés dans un fichier national et faire l'objet d'un traitement automatisé dans les conditions fixées par la loi nº 78-17 du 6 janvier 1978 relative à l'informatique, aux fichiers et aux libertés.**

(L. nº 2021-1539 du 30 nov. 2021, art. 5) **« Pour les carnivores domestiques, les informations mentionnées au premier alinéa sont enregistrées dans un fichier national et font l'objet d'un traitement automatisé dans les conditions précitées. »**

Un décret en Conseil d'État, pris après avis de la Commission nationale de l'informatique et des libertés, détermine les modalités d'application du présent article. Il précise les conditions dans lesquelles la collecte des données et leur traitement peuvent être confiés à des personnes agréées par le ministère chargé de l'agriculture, la durée de conservation et les conditions de mise à jour des données enregistrées et les catégories de destinataires de ces données. – *L'art. L. 212-12-1 devient l'art. L. 212-2 (Ord. nº 2021-1370 du 20 oct. 2021, art. 3-5º).*

V. Arr. du 18 mai 2010 relatif à la base de données nationale d'identification des animaux de rente dont l'identification est obligatoire (JO 26 mai), mod. par Arr. du 11 août 2011 (JO 29 sept.), Arr. du 30 nov. 2011 (JO 10 déc.).

Art. L. 212-3 *(Ord. nº 2021-1370 du 20 oct. 2021, art. 3, en vigueur le 21 avr. 2024)* **L'établissement de l'élevage mentionné à l'article L. 653-12 est chargé de la collecte des données relatives aux opérateurs enregistrés conformément au règlement (UE) 2016/429 du Parlement européen et du Conseil du 9 mars 2016. Ces données sont centralisées par** *(Ord. nº 2022-583 du 20 avr. 2022, art. 1er)* **« Chambres d'agriculture France » au titre de sa mission de collecte et de traitement des données prévue à l'article L. 513-1, dans des conditions définies par décret.**

Art. L. 212-4 et L. 212-5 *Abrogés par Ord. nº 2010-460 du 6 mai 2010, art. 2-4º.*

SECTION 2 Matériels et procédés d'identification des animaux *(Ord. nº 2021-1370 du 20 oct. 2021, art. 3).*

(Ord. nº 2006-1548 du 7 déc. 2006)

Art. L. 212-6 *Abrogé par Ord. nº 2021-1370 du 20 oct. 2021, art. 3.*

Art. L. 212-7 *(Ord. nº 2021-1370 du 20 oct. 2021, art. 3)* **Le ministre chargé de l'agriculture peut confier aux personnes agréées mentionnées au** *(L. nº 2021-1539 du 30 nov. 2021, art. 5)* **« dernier » alinéa de l'article L. 212-2 la délivrance et la gestion des matériels et procédés d'identification et des documents d'identification et de circulation des animaux, selon des modalités définies par décret.**

Art. L. 212-8 *(Ord. nº 2021-1370 du 20 oct. 2021, art. 3)* **« Un décret précise les conditions dans lesquelles les matériels et procédés permettant d'identifier certains animaux en vue d'assurer leur traçabilité et celle de leurs produits, et ceux qui les fabriquent, sont agréés par l'autorité administrative. »**

Lorsqu'un agent *(Ord. nº 2015-616 du 4 juin 2015, art. 3-1º)* **« habilité à rechercher et constater les manquements aux dispositions du présent livre, aux textes réglementaires pris pour son application et aux dispositions du droit de l'Union européenne ayant le même objet » constate qu'un fabricant ne respecte pas les règles prévues au précédent alinéa, ce fabricant est mis en demeure par l'autorité administrative de cesser la production des matériels non conformes, de ne pas vendre le stock qu'il détient, le cas échéant, de rappeler la production déjà vendue et de tout mettre en œuvre, dans un délai fixé, pour respecter ces règles. La vente des matériels peut être interdite.**

Lorsqu'un agent mentionné à l'alinéa précédent constate qu'un matériel d'identification n'est pas agréé ou ne provient pas d'un fabricant agréé, il procède à sa consignation pour en permettre le contrôle. Si le matériel en cause ou le fabricant ne remplit pas les conditions permettant d'obtenir l'agrément, le matériel est saisi et détruit.

Les frais résultant de la décision de consignation, de saisie ou de destruction sont à la charge du détenteur du matériel.

SECTION 3 Dispositions spécifiques aux équidés *(Ord. nº 2021-1370 du 20 oct. 2021, art. 3).*

BIBL. ► TREQUATTRINI, *RD rur. 2011, nº 121* (l'obligation de déclaration des détenteurs d'équidés et des lieux de stationnement).

Art. L. 212-9 *(Ord. nº 2021-1370 du 20 oct. 2021, art. 3, en vigueur le 21 avr. 2024)* **« Tout changement de propriété et de détention d'un équidé doit être déclaré à l'Ins-**

titut français du cheval et de l'équitation par le nouveau propriétaire. Les détenteurs d'équidés sont tenus de se faire enregistrer auprès de cet établissement dans des conditions définies par décret.

« L'Institut français du cheval et de l'équitation s'assure du respect des règles d'identification prévues par l'article 114 du règlement (UE) n° 2016/429 du 9 mars 2016, ainsi que des règles de déclaration et d'enregistrement prévues à l'alinéa précédent. Il est chargé de la tenue du fichier national des équidés dans les conditions prévues au point d du paragraphe 1 de l'article 109 du même règlement et délivre aux propriétaires les documents d'identification mentionnés au point a du paragraphe 1 de l'article 110 de ce règlement. »

(Ord. n° 2015-1682 du 17 déc. 2015, art. 2-1°) « Les identificateurs d'équidés *(Abrogé par Ord. n° 2021-1370 du 20 oct. 2021, art. 3, à compter du 21 avr. 2024)* ***« et de camélidés »*** sont déclarés auprès de l'autorité administrative, qui procède à leur inscription sur une liste dans des conditions fixées par décret. Ce décret fixe notamment la liste des diplômes, titres, certificats ou attestations de qualification exigés pour l'exercice de l'activité d'identification. Il peut également préciser les conditions dans lesquelles les propriétaires ou détenteurs d'équidés *(Abrogé par Ord. n° 2021-1370 du 20 oct. 2021, art. 3, à compter du 21 avr. 2024)* ***« ou de camélidés »*** peuvent être inscrits sur cette liste, en vue de réaliser certaines opérations d'identification sur leurs propres animaux, sans détenir l'un de ces titres, diplômes ou qualifications. »

Art. L. 212-9-1 *(L. n° 2021-1539 du 30 nov. 2021, art. 21)* Toute intervention médicale ou chirurgicale aboutissant à l'interruption permanente du passage de l'influx nerveux sensitif de tout ou partie d'un membre d'un équidé doit être inscrite sur le document d'identification de l'animal et dans le fichier national des équidés mentionnés à l'article L. 212-9 par le vétérinaire qui l'a pratiquée.

SECTION 4 **Dispositions spécifiques aux carnivores domestiques** *(Ord. n° 2021-1370 du 20 oct. 2021, art. 3).*

Art. L. 212-10 Les chiens *(Ord. n° 2021-1370 du 20 oct. 2021, art. 3)* « , les chats et les furets », préalablement à leur cession, à titre gratuit ou onéreux, sont identifiés par un procédé agréé par le ministre chargé de l'agriculture *(L. n° 2008-582 du 20 juin 2008, art. 15)* « mis en œuvre par les personnes qu'il habilite à cet effet ». Il en est de même, en dehors de toute cession, pour les chiens *(Abrogé par L. n° 2021-1539 du 30 nov. 2021, art. 3)* ***« nés après le 6 janvier 1999 »*** âgés de plus de quatre mois *(Ord. n° 2021-1370 du 20 oct. 2021, art. 3)* « , pour les furets âgés de plus de sept mois nés après le 1er novembre 2021 » *(L. n° 2011-525 du 17 mai 2011, art. 28)* « et pour les chats de plus de sept mois » *(Abrogé par L. n° 2021-1539 du 30 nov. 2021, art. 3)* ***« nés après le 1er janvier 2012 »***. L'identification est à la charge du cédant.

Dans les départements officiellement déclarés infectés de rage, l'identification est obligatoire pour tous les carnivores domestiques.

Al. 3 abrogé par L. n° 2016-1087 du 8 août 2016, art. 154-II.

SECTION 5 **Identification des autres espèces animales** *(Ord. n° 2021-1370 du 20 oct. 2021, art. 3).*

Art. L. 212-11 *(Ord. n° 2021-1370 du 20 oct. 2021, art. 3)* Les dispositions des articles L. 212-1 à L. 212-8 peuvent être appliquées, en tout ou partie, à d'autres espèces animales que celles dont l'identification est requise en application des dispositions mentionnées à l'article L. 212-1, ou par les dispositions du présent chapitre, par décret pris après avis des organisations professionnelles intéressées.

SECTION 6 **Dispositions d'application** *(Ord. n° 2021-1370 du 20 oct. 2021, art. 3).*

Art. L. 212-12 Des décrets, précisés, le cas échéant, par des arrêtés du ministre chargé de l'agriculture, rendent obligatoires et définissent les méthodes et conditions suivant lesquelles est assurée l'identification des animaux. — *V. art. R. 212-15 s.*

Art. L. 212-12-1 *(L. n° 2021-1539 du 30 nov. 2021, art. 4)* Dans les établissements de soins vétérinaires, une signalisation apparente rappelle les obligations d'identification des animaux mentionnées au présent chapitre.

SECTION 7 **Recherche et constatation des infractions** *(Ord. nº 2021-1370 du 20 oct. 2021, art. 3)*.

Art. L. 212-13 *(Ord. nº 2015-616 du 4 juin 2015, art. 3-2º)* « Outre les fonctionnaires et agents mentionnés aux 1° à 6° du I de l'article L. 205-1, » les agents des douanes ont qualité pour rechercher et constater les infractions aux dispositions *(Ord. nº 2021-1370 du 20 oct. 2021, art. 3)* « du présent chapitre » et des décrets et arrêtés pris pour son application ainsi qu'aux règlements *(Ord. nº 2021-1370 du 20 oct. 2021, art. 3)* « de l'Union européenne » relatifs à l'identification des animaux, dans les limites des circonscriptions où ils sont affectés.

(L. nº 2021-1539 du 30 nov. 2021, art. 2) « Les policiers municipaux et les gardes champêtres ont qualité pour rechercher et constater les infractions à l'article L. 212-10 et aux décrets et arrêtés pris pour son application, dans les limites des circonscriptions où ils sont affectés. »

(Ord. nº 2015-616 du 4 juin 2015, art. 3-2º) « Les agents de l'Institut français du cheval et de l'équitation, désignés par le directeur général de cet établissement, ont qualité pour rechercher et constater, sur l'ensemble du territoire national, les infractions aux dispositions *(Ord. nº 2021-1370 du 20 oct. 2021, art. 3)* « de la section 3 » et aux textes réglementaires pris pour son application ainsi qu'aux dispositions du droit de l'Union européenne ayant le même objet relatifs à l'identification des équidés » *(Abrogé par Ord. nº 2021-1370 du 20 oct. 2021, art. 3)* ***« et des camélidés »***.

Ils sont assermentés à cet effet dans des conditions fixées par décret.

Art. L. 212-14 *(Ord. nº 2010-460 du 6 mai 2010, art. 2)* Pour l'exercice de ces missions, *(Ord. nº 2015-616 du 4 juin 2015, art. 3-3º)* « les agents des douanes et ceux de l'Institut français du cheval et de l'équitation mentionnés à l'article L. 212-13 » :

1° Ont libre accès dans tous les lieux où se trouvent les animaux, à l'exclusion des locaux à usage de domicile, entre 8 heures et 20 heures ou en dehors de ces heures lorsque l'accès au public est autorisé ou lorsqu'une activité est en cours ;

2° Peuvent, dans les conditions prévues au 2° du I de l'article L. 214-23, visiter tous les véhicules transportant les animaux ;

3° Peuvent se faire remettre copie des documents professionnels de toute nature, quel que soit leur support et en quelques mains qu'ils se trouvent, propres à faciliter l'accomplissement de leur mission ;

4° Peuvent procéder à des prélèvements aux fins d'analyse sur des produits ou des animaux soumis à leur contrôle ;

(Ord. nº 2021-1370 du 20 oct. 2021, art. 3) « 5° Peuvent procéder à l'immobilisation d'un équidé dans son lieu de détention en cas de non-conformité de son identification ou des documents y afférents ;

« 6° Peuvent saisir les documents d'identification non conformes.

« Les agents de l'Institut français du cheval et de l'équitation peuvent en outre procéder à l'identification immédiate d'un équidé non identifié. »

CHAPITRE III LES CESSIONS D'ANIMAUX ET DE PRODUITS ANIMAUX

SECTION 1 **Les vices rédhibitoires**

Art. L. 213-1 L'action en garantie, dans les ventes ou échanges d'animaux domestiques est régie, à défaut de conventions contraires, par les dispositions de la présente section, sans préjudice *(Abrogé par Ord. nº 2021-1247 du 29 sept. 2021, art. 19)* ***« ni de l'application des articles L. 217-1 à L. 217-6, L. 217-8 à L. 217-15, L. 241-5 et L. 232-2 du code de la consommation ni »*** des dommages et intérêts qui peuvent être dus, s'il y a dol.

(Abrogé par Ord. nº 2021-1247 du 29 sept. 2021, art. 19) (L. nº 2014-1170 du 13 oct. 2014, art. 42) ***« La présomption prévue à l'article L. 217-7 du même code n'est pas applicable aux ventes ou échanges d'animaux domestiques. »*** — *[Anc. art. 284.]*

BIBL. ▶ PAISANT, *CCC août-sept. 2005, p. 7* (transposition de la directive du 25 mai 1999 sur les garanties de la vente de biens de consommation) ; *JCP 2016. Doctr. 173* (la question des vices cachés dans les ventes d'animaux domestiques aux consommateurs). - BARBIÈRI, *RD rur. 2007. Étude 3* (vente de chevaux). - BERNHEIM-DESVAUX, *CCC 2021, nº 174* (ordonnance du 29 sept.

2021). – Dessainjean, *RD rur. 2020. Étude 33* (la responsabilité civile du fait des animaux : la vitalité d'une responsabilité spéciale). – Reverchon-Billot, *RD rur. 2022. Étude 2* (vente de chevaux : feu la garantie de conformité).

COMMENTAIRE

La vente comme l'échange d'animaux domestiques donnent lieu à un régime de garantie spécifique prévu par le code rural selon des conditions plus strictes que celles du droit commun. Le code rural prévoit en effet d'une part des délais de mise en œuvre de la garantie due par le vendeur particulièrement brefs (C. rur., art. R. 213-5), et d'autre part une liste de vices rédhibitoires par catégorie d'animaux ouvrant droit à la garantie pour vices cachés (C. rur., art. R. 213-1 et R. 213-2). La Cour de cassation veille à une application stricte de ce système spécial écartant le droit commun de la garantie, imposant au juge de l'appliquer d'office.

Cependant, la loi permet aux parties de déroger au système de garantie du code rural par des dispositions conventionnelles. La jurisprudence admet que cette convention dérogatoire soit tacite sous réserve que l'intention des parties apparaisse clairement.

L'ordonnance du 17 février 2005 a introduit une limite à l'application de la seule garantie spéciale du code rural en permettant que la garantie de conformité du code de la consommation s'applique à la vente des animaux domestiques. La loi du 13 octobre 2014 a cependant exclu pour les ventes d'animaux l'application de la prescription d'existence des défauts de conformité lors de la délivrance du bien. Les acheteurs bénéficiaient alors de cette garantie, sous réserve d'être des consommateurs, et de prouver le défaut de conformité, à l'exclusion de tout défaut connu ou ne pouvant être ignoré, pour solliciter « le remplacement ou la réparation du bien » ou la résolution du contrat et la réduction du prix (V. ci-dessous note 10). Il s'agissait d'une protection complémentaire.

L'ordonnance n° 2021-1247 du 29 septembre 2021 relative notamment à la garantie de conformité, qui transpose les directives 2019/770 et 2019/771 du 20 mai 2019, pose des dispositions d'ordre public applicables aux contrats conclus à compter du 1er janvier 2022. L'article 217-2 du code de la consommation exclut désormais la garantie légale de conformité pour les ventes d'animaux.

Désormais, les ventes d'animaux domestiques sont seulement soumises à la garantie du code rural sauf convention contraire. Il peut être également être fait application de l'exception d'inexécution et des sanctions des vices du consentement. ❑

1° DOMAINE

1. Viandes. Les art. 284 s. (anciens) C. rur. sont relatifs aux ventes d'animaux domestiques vivants et non à celles de viande de boucherie, en sorte que le grossiste, appelé en garantie à la suite de l'intoxication provoquée par de la viande de cheval, ne peut reprocher à la cour d'avoir écarté ces textes. • Civ. 1re, 20 juin 1995, *Éts Barbaud,* n° 92-10.304.

2. Chevaux. La vente aux enchères publiques par l'Agence française de vente du pur-sang d'une poulinière pour laquelle il était prévu « les garanties ordinaires de droit » est régie sauf convention contraire par les art. L. 213-1 s. • Civ. 1re, 22 oct. 2002, n° 00-16.548. ♦ V. cependant : est atteint d'un vice caché, au sens de l'art. 1641 C. civ., le cheval qui, acquis en vue de la compétition, souffre d'une anomalie de croissance qui le rend impropre à cet usage, vice qu'un examen superficiel pratiqué au moment de l'acquisition ne pouvait pas déceler. • Paris, 8 sept. 1994 : *D. 1994. IR 238*.

3. Ventes successives. Le vendeur initial d'un animal destiné à l'abattage et atteint de paratuberculose est tenu à garantie même si la destination de l'animal lors de la troisième vente a été l'élevage, dès lors que la maladie empêche l'usage normal de l'animal, que celui-ci soit destiné à la boucherie ou à l'élevage. • Civ. 1re, 30 mars 1999, *SARL Tigreat c/ SARL Trégor Bétail, SARL Équi 22 et Mme Anne Nio,* n° 97-12.376.

4. Convention dérogatoire. L'action en garantie dans les ventes d'animaux domestiques est régie à défaut de convention contraire par les seules dispositions du code rural. • Civ. 1re, 5 févr. 2009, n° 08-10.345 : *RD rur. 2009, n° 101, note Carius.* ♦ Sont mal fondés les juges qui appliquent les art. 1641 s. C. civ. pour une action en garantie dans une vente d'animaux domestiques sans avoir constaté l'existence d'une convention visant à écarter l'application des dispositions du code rural. • Civ. 1re, 6 mars 2001, n° 98-16.332 P : *D. 2001. IR 1073* ; *RD rur. 2001. 189 et 430* ; *Gaz. Pal. 23-27 déc. 2001. 32* • Civ. 1re, 24 sept. 2002 : *Ann. loyers 2004. 1643, obs. Lachaud* • 21 mars 2006, nos 04-12.526 et 04-13.380 : *Gaz. Pal. 23-25 juill. 2006. 27.*

5. Sont mal fondés les juges qui prononcent la résolution de la vente d'un cheval mort six jours après livraison sur le fondement de l'art. 1641 s. C. civ. sans relever d'office que l'action en garantie dans les ventes d'animaux domestiques est régie sauf convention contraire par les art. L. 213-1 s. C. rur. • Civ. 1re, 29 janv. 2002 : *RD rur. 2002. 310 ; CCC mai 2002, n° 74, obs. Leveneur ; Ann. loyers 2004. 1643, obs. Lachaud* • 25 janv. 2005 : *RD rur. mai 2005. 15, obs. Grimonprez ; Gaz. Pal. 7-8 oct. 2005. 12.*

6. Convention dérogatoire tacite. La responsabilité d'un vice non prévu par la loi peut résulter pour le vendeur d'une convention implicite déduite par le tribunal de circonstances ne laissant aucun doute sur l'intention des parties à raison de l'animal vendu et du but que les parties s'étaient proposé et qui constituait la condition essentielle du contrat. • Civ. 1re, 11 mai 1971 : *D. 1971. Somm. 204.* ♦ Les juges du fond peuvent souverainement estimer que les parties n'avaient pas entendu déroger, même tacitement, aux règles spéciales à la vente d'animaux domestiques prévues aux art. 284 s. (anciens) C. rur. • Civ. 1re, 6 févr. 1996, *Alabaret c/ Treillet,* n° 93-20.718. ♦ La convention dérogatoire a été jugée résulter : de la vente aux enchères spécialisées du cheval contre un prix substantiel et les courriers établissant l'usage sportif prévu pour l'animal. • Civ. 1re, 1er juill. 2015, n° 13-25.489 P : *D. 2015. 1539 ; JCP 2015. 856.* ♦ ... De la participation du cheval à des compétitions internationales. • Metz, 14 mai 2013 : *DP entr. agric., Bull. n° 467, p. 4, obs. Carius.*

7. Une cour d'appel qui relève que la convention intervenue entre les parties portait sur la vente de génisses destinées à la reproduction et à la lactation, d'une race déterminée, choisie en raison de ses aptitudes dans ces domaines, en déduit justement l'existence d'une stipulation tacite de garantie portant sur la qualité des animaux vendus et emportant dérogation conventionnelle aux dispositions du code rural, compte tenu du but que les parties s'étaient proposé et qui constituait la condition essentielle du contrat. • Civ. 1re, 12 juill. 1978, *SARL Holstein Services c/ De Galart Terraube et FNPL,* n° 77-11.075. ♦ Les règles de la garantie des vices cachés dans la vente des animaux domestiques définies par le code rural peuvent être écartées par une convention contraire, qui peut être implicite et résulter ... de la nature de l'animal et de sa destination : en l'espèce le cheval était destiné à la compétition de saut d'obstacles. • Civ. 1re, 17 oct. 2012, n° 11-10.577. ♦ ... De la nature de l'animal vendu et du but que les parties s'étaient proposé et, lorsque le vendeur est un éleveur spécialisé dans la race de chien considéré, l'acheteur est en droit d'attendre que l'animal possède les qualités physiques de cette race. Le tribunal peut retenir que le vendeur professionnel était réputé connaître les vices de l'animal vendu (dysplasie du terre-neuve). • Civ. 1re, 9 janv. 1996, *Épx Rollin c/ Mlle Jaheny,* n° 94-11.434. ♦ ... Ou lorsque le professionnel de l'élevage de chevaux achète un étalon et qu'il en découvre la stérilité. • Civ. 1re, 19 nov. 2009, n° 08-17.797 : *RD rur. 2010, n° 5, note Barbièri.*

8. La garantie des vices prévue par le code rural n'est pas écartée par le fait que l'affection ne constitue pas un vice rédhibitoire au sens du code rural. • Civ. 1re, 5 févr. 2009, n° 08-10.345 : *préc. note 4.* ♦ Est mal fondée la résolution de la vente d'un chien pour son agressivité sur le fondement de l'art. 1641 C. civ. dès lors que la vente d'animaux domestiques est régie, sauf convention contraire non invoquée en l'espèce, par le code rural, même si l'agressivité n'est pas retenue comme vice rédhibitoire. • Civ. 1re, 30 sept. 2010 : *RD rur. 2010. 133, note Lebel ; D. 2010. 2362, note Delpech ; CCC 2010. 268, note Leveneur ; RJDA 2011, inf. 26 ; D. 2011. 659, note Mazeau ; Gaz. Pal. 2010. 3145 ; LPA 2011. n° 33, note Barbièri ; ibid. 2012, n° 37, note Dissaux.*

2° RÉGIME

9. Garantie de droit commun. L'action rédhibitoire fondée sur une garantie conventionnelle de vices non prévus par le code rural n'est pas soumise au délai fixé par ce code, mais à celui prévu par l'art. 1648 C. civ., dont il appartient au juge du fond de déterminer souverainement la durée, selon la nature du vice et les circonstances de la cause. • Civ. 1re, 11 mai 1971 : *préc. note 6.* ♦ Le point de départ du bref délai est constitué par la date à laquelle le vice a été connu de l'acheteur lors de l'expertise vétérinaire et un délai d'un an entre la découverte du vice et l'assignation n'est pas excessif car il est normal qu'avant d'engager son action, l'acheteur s'entoure de précautions et, eu égard à la nature du vice exigeant l'avis de spécialistes, sollicite les avis de vétérinaires puis d'un expert. • Paris, 8 sept. 1994 : *préc. note 2.*

10. Garantie légale de conformité. Jurisprudence antérieure à l'Ord. du 29 sept. 2021. Est non écrite la clause prévoyant que le contrat de vente d'un chiot acquis auprès d'un éleveur professionnel est régi par les dispositions du seul art. L. 213-1 dès lors que la garantie de conformité légale s'applique à toute convention entre un éleveur au titre de son activité professionnelle et un acheteur agissant comme consommateur. • Civ. 3e, 12 juin 2012, n° 11-19.104 : *JCP 2012. 818 ; D. 2012. 1669 ; DP entr. agric., Bull. n° 454, p. 1, note Carius ; Gaz. Pal. 2012. 2425 ; RD rur. 2013, n° 36, note Ferraris.* ♦ Il appartient au juge, au besoin d'office, d'appliquer la garantie légale de conformité à la vente d'un chiot par un professionnel à un particulier même si le contrat ne prévoyait aucune dérogation à l'application de la garantie des vices du code rural, et en l'espèce ne visait pas la maladie de l'animal vendu. • Civ. 1re, 19 févr. 2014, n° 12-23.519 : *CCC 2014. 146, note Raymond.* ♦ Est mal fondé le tribunal qui s'abstient de rechercher, comme il y était invité, si la garantie de conformité n'était pas recevable en application des dispositions la régissant. • Civ. 1re, 10 juill. 2014, no 15-15.690 : *CCC 2014, no 258, obs. Raymond.* ♦ Le tribunal est fondé à allouer des dommages-intérêts et écarter le remplacement d'un animal de compagnie, être vivant unique et irremplaçable destiné à recevoir l'affection de son maitre, sans aucune vocation économique. • Civ. 1re, 9 déc. 2015, no 14-25.010 P : *CCC 2015, no 53, note Bernheim.* ♦ La cour a pu écarter l'application de la présomption d'existence du défaut de conformité au moment de la délivrance et retenir que les acquéreurs ne prouvaient pas l'antériorité du défaut de conformité de la jument à la destination prévue. • Civ. 1re, 16 janv. 2021, no 19-22.221 : *CCC 2021, no 158, note Bernheim-Desvaux.*

Art. L. 213-2 Sont réputés vices rédhibitoires et donnent ouverture aux actions résultant des articles 1641 à 1649 du code civil, sans distinction des localités où les ventes et échanges ont lieu, les maladies ou défauts définis dans les conditions prévues à l'article L. 213-4. — *[Anc. art. 285 (partie).] — V. art. R. 213-3 s.*

Art. L. 213-3 Sont réputés vices rédhibitoires, pour l'application des articles L. 213-1 et L. 213-2 aux transactions portant sur des chiens ou des chats, les maladies définies dans les conditions prévues à l'article L. 213-4.

Pour certaines maladies transmissibles du chien et du chat, les dispositions de l'article 1647 du code civil ne s'appliquent que si un diagnostic de suspicion a été établi par un vétérinaire ou docteur vétérinaire dans les délais fixés par décret en Conseil d'État. — *[Anc. art. 285-1 (partie).]*

Mise en œuvre du délai de garantie pour la vente d'un chien atteint d'une dysplasie coxofémorale. • Besançon, 3 déc. 2002 : *JCP 2003. IV. 2135.*

Art. L. 213-4 La liste des vices rédhibitoires et celle des maladies transmissibles, mentionnée au deuxième alinéa de l'article L. 213-3, sont fixées par décret en Conseil d'État *(Abrogé par Ord. no 2005-1127 du 8 sept. 2005)* « ***, pris après avis de la commission nationale vétérinaire*** ». — *[Anc. art. 285-4.] — V. art. R. 213-1 et R. 213-2.*

Art. L. 213-5 Les délais impartis aux acheteurs de chiens et de chats pour provoquer la nomination d'experts chargés de dresser procès-verbal et pour intenter l'action résultant des vices rédhibitoires sont fixés par décret en Conseil d'État. — *[Anc. art. 285-2.] — V. art. R. 213-3 s.*

Art. L. 213-6 En ce qui concerne les animaux vendus pour la boucherie et reconnus tuberculeux après abattage, le vendeur n'est tenu qu'au remboursement de la valeur des viandes saisies.

L'acheteur doit établir l'identité de l'animal qui a fait l'objet de la saisie et produire, à l'appui de sa demande, un certificat délivré par *(Ord. no 2006-1224 du 5 oct. 2006)* « l'agent ayant la qualité de vétérinaire officiel en vertu du V de l'article L. 231-2 » mentionnant le signalement de l'animal, la nature et le poids des viandes saisies. En cas de saisie totale, le remboursement est égal au prix de la vente diminué de la valeur de la dépouille.

Au cas de saisie partielle portant sur la viande, ce remboursement mis à la charge du vendeur, soit en vertu de l'action principale, soit en vertu de l'action récursoire, est égal à la valeur de la partie saisie, calculée sur le prix effectivement reçu par le vendeur et compte tenu de la catégorie de la viande saisie.

Toutefois, aucune action ne peut être intentée par l'acheteur d'un animal de boucherie qui a libéré son vendeur de la garantie prévue par la présente section. — *[Anc. art. 286.]*

Art. L. 213-7 L'action en réduction de prix autorisée par l'article 1644 du code civil ne peut être exercée dans les ventes et échanges d'animaux énoncés à l'article L. 213-2 lorsque le vendeur offre de reprendre l'animal vendu en restituant le prix et en remboursant à l'acquéreur les frais occasionnés par la vente. — *[Anc. art. 287.]*

Art. L. 213-8 Aucune action en garantie, même en réduction de prix, n'est admise pour les ventes ou pour les échanges d'animaux domestiques, si le prix en cas de vente, ou la valeur en cas d'échange, est inférieur à une valeur déterminée par voie réglementaire. — *[Anc. art. 288.]*

Art. L. 213-9 Si l'animal vient à périr, le vendeur n'est pas tenu de la garantie, à moins que l'acheteur n'ait intenté une action régulière dans le délai légal et ne prouve que la perte de l'animal provient de l'une des maladies spécifiées dans l'article L. 213-2. — *[Anc. art. 294.]*

SECTION 2 Vente forcée des équidés confiés au titre d'un contrat de dépôt ou d'un contrat de prêt à usage

(L. nº 2021-1539 du 30 nov. 2021, art. 23)

COMMENTAIRE

La loi nº 2021-1539 du 30 novembre 2021 crée une voie d'exécution au profit des détenteurs d'équidés professionnels lorsque le propriétaire de l'animal, régulièrement mis en demeure, omet de reprendre son animal. Le professionnel doit établir une créance, ou l'inaptitude ou l'incapacité de l'animal à accomplir l'objet du contrat, et obtenir l'autorisation du président du tribunal judiciaire de céder l'animal. ❑

Art. L. 213-10 **I. — Dans le cas où un équidé est confié à un tiers, dans le cadre d'un contrat de dépôt ou de prêt à usage, et où le propriétaire ne récupère pas l'équidé dans un délai de trois mois à compter de la réception d'une mise en demeure de récupérer l'animal, pour défaut de paiement, inaptitude ou incapacité totale de l'animal d'accomplir les activités pour lesquelles il a été élevé, le dépositaire peut vendre ledit équidé dans les conditions déterminées au présent article.**

II. — Le professionnel qui veut user de la faculté prévue au I présente au président du tribunal judiciaire une requête qui énonce les faits et donne les éléments d'identification de l'équidé et son lieu de stationnement, le nom du propriétaire et, le cas échéant, l'indication précise du montant de la somme réclamée à ce propriétaire, avec le décompte des différents éléments de la créance ainsi que le fondement de celle-ci. Il peut également demander la désignation d'un tiers à qui l'équidé sera confié en cas de carence d'enchères.

III. — Si, au vu des documents produits, la demande lui paraît fondée en tout ou partie, le président du tribunal judiciaire rend une ordonnance autorisant la mise en vente forcée aux enchères publiques de l'équidé. L'ordonnance détermine, s'il y a lieu, le montant de la créance du requérant. Si le requérant justifie de l'accord d'un tiers pour assumer la charge matérielle de l'équidé, l'ordonnance peut prévoir que l'animal sera remis à ce tiers en cas de carence d'enchères.

IV. — A peine de caducité, l'ordonnance doit être signifiée au propriétaire, à la diligence du requérant, dans un délai de trois mois. L'huissier de justice doit, par acte conjoint, signifier le jour, le lieu et l'heure de la vente, qui ne peut intervenir dans un délai inférieur à un mois à compter de la signification de l'acte. Dans ce délai d'un mois, le propriétaire peut récupérer son équidé après paiement de la créance s'il est débiteur du requérant. Le propriétaire peut aussi s'opposer à la vente par exploit signifié au requérant. Cette opposition emporte de plein droit citation à comparaître à la première audience utile de la juridiction qui a autorisé la vente.

V. — La vente a lieu conformément aux dispositions du code des procédures civiles d'exécution relatives à la vente forcée des biens saisis.

VI. — Le produit de la vente est remis au dépositaire jusqu'à concurrence du montant de sa créance, en principal et intérêts mentionnés par l'ordonnance, augmentée des frais. Le surplus est consigné à la Caisse des dépôts et consignations, au nom du propriétaire, par l'officier public, sans procès-verbal de dépôt. Il en retire un récépissé de consignation qui lui vaut décharge. Le montant de la consignation, en principal et intérêts, est acquis à l'État en application de l'article L. 518-24 du code monétaire et financier, s'il n'y a pas eu dans l'intervalle réclamation de la part du propriétaire, de ses représentants ou de ses créanciers.

BIBL. ▶ DE GRANDVILLIERS et CARIUS, *RD rur. 2023. Étude 12* (vente forcée des équidés « abandonnés », aspects pratiques).

CHAPITRE IV LA PROTECTION DES ANIMAUX

RÉP. CIV. vº *Animaux*, par REDON.

BIBL. GÉN. ▶ ANTOINE, *D. 1996. Chron. 126* (le droit de l'animal) ; *D. 2003. 2651* (animal et droit des biens) ; *RD rur. 2017. Étude 19* (l'article 515-14 peut-il améliorer la condition animale ?). – BILLET, *EEI 2022. Alerte 1* (reliance contre maltraitance). – BOISSEAU-SOWINSKI, *RD rur. 2019. Étude 5* (la consécration du droit animalier, complément utile du droit rural). – BUISINE, *RD rur. 2022. Étude 1* (loi contre la maltraitance animale). – CHOUVEL, *RD rur. 1994. 345* (commerce et hébergement des animaux de compagnie). – DANTI-JUAN, *RD rur. 1996. 477* (nature juridique de l'animal et nouveau code pénal). – DESMOULIN-CANSELIER, *Gaz. Pal. 28-30 déc. 2008. 3971* (animaux dans la ville et animaux de compagnie, innovations textuelles attendues). – DREYER, *Gaz. Pal. 2022, n° 6, p. 42* (renforcement des sanctions dans la lutte contre la maltraitance des animaux domestiques). – GRIMONPREZ, *DP entr. agric., Bull. n° 532, p. 1* (bien-être des animaux d'élevage). – LEBEL, *RD rur. 2010. Étude 19* (loi du 27 juill. 2010) ; *RD rur. 2021. Dossier 9* (le sort des animaux en cas de procédure collective). – LEROY, *JCP 2021. Doctr. 1339* (loi n° 2021-1539 du 30 nov. 2021). – LIBCHABER, *RTD civ. 2001. 239* (situation juridique de l'animal). – LOISEAU, *D. 2006. Chron. 3015* (pour un droit des choses). – MALINVAUD, *D. 2015. 87* (l'animal va-t-il s'égarer dans le code civil ?). – MALLET, *RD rur. 2022. Alerte 14* (loi maltraitance animale). – MARGUÉNAUD, L'animal en droit privé, *PUF 1992* ; *D. 1995. Chron. 187* (animal dans le nouveau code pénal) ; *D. 2004. 3009* (protection juridique du lien d'affection envers un animal) ; *D. 2006. 1774* (animal, droit communautaire et expérimentation de produits cosmétiques) ; *D. 2017. 996* (droit animalier) ; *D. actu. du 3 et 4 janv. 2022* (loi n° 2021-1539 du 30 nov. 2021). – MARGUENAUD et BURGAT, *D. 2020. 28* (la personnalité animale). – MULLER, *RD rur. 2016. Étude 19* (protection effective du bien-être des animaux de rente ?). – PIATTI, *LPA 19 mai 1995, p. 4* (nature des choses). – RAOUL-CORMEIL, *LPA 2021, n° 4, p. 5* (l'animal d'élevage saisi par le droit animalier et le droit civil). – REBOUL-MAUPIN, *D. 2015. 573* (les animaux... sont désormais doués de sensibilité) ; *D. 2021. 1509* (droit animalier : consécration d'un droit à la vie). – REEVES, *AJDA 2021. 1515* (le supposé « droit à la vie d'un animal »). – REIGNÉ, *JCP 2015. 242* (les animaux et le code civil). – RINGEL et PUTMAN, *RRJ 1995-1, p. 45* (l'animal aimé par le droit). – SCALBERT, *RD rur. 2015. Étude 6* (reconnaissance de l'animal comme être vivant doué de sensibilité). – SEGURA-CARISSIMI, *Gaz. Pal. 7-11 août 2009. 6* (expérimentation animale et protection des animaux). – SIMLER, *JCP 2020. 544* (les animaux doués de sensibilité, et après ?). – SOHM-BOURGEOIS, *D. 1990. Chron. 33* (personnification de l'animal). – STRICKLER (dir.), L'animal, propriété, responsabilité, protection, *Presses universitaires de Strasbourg 2010*. – L'expérimentation animale, dossier, *RSDA 2009, n° 1, p. 159*. – Les enjeux relatifs aux conditions d'élevage, de transport et d'abattage en matière de bien-être animal, *Rapport du comité économique, social et environnemental du 27 nov. 2019*. – L'homme, l'animal et le droit, 35e Congrès national de l'AFDR, *RD rur. 2021. Dossiers nos 1 à 12*.

COMMENTAIRE

L'animal a reçu la qualification jusqu'en 2015 dans le code civil de bien meuble par nature ou immeuble par destination. Cependant, la loi n° 76-629 du 10 juillet 1976 a désigné l'animal comme « être sensible » pour permettre un traitement des animaux plus conforme à l'évolution des mentalités à l'égard des différentes espèces animales. Il a alors été reconnu que les hommes sont débiteurs d'obligations à l'égard des animaux, objets protégés se voyant organiser un régime spécifique. Les animaux ne sont pas pour autant devenus sujets de droit. Dès lors, le droit de propriété s'exerce sur les animaux mais dans des conditions limitées et exclusives de tout mauvais traitement. C'est ainsi que les animaux domestiques, et en particulier les animaux de compagnie, voient leurs conditions de détention, cession, usage, réglementées. Ces obligations font l'objet d'un contrôle vétérinaire sanitaire visant l'ensemble des conditions de traitement de ces animaux. L'identification des chiens, chats, équidés et animaux d'élevage agricole participe au contrôle sanitaire en mettant en œuvre des dispositions assurant la traçabilité des animaux, mais aussi permet le contrôle de leurs conditions d'existence en identifiant leurs maîtres.

En même temps, le code pénal prévoit une infraction pour les sévices et actes de cruauté sur l'animal domestique (art. 521-1), tandis que le code de l'environnement pose le principe de protection des espèces animales (art. L. 110-1).

La loi n° 2015-177 du 16 février 2015 relative à la modernisation et à la simplification du droit et des procédures dans les domaines de la justice et des affaires intérieures (art. 2, *JO 17 févr.*) a modifié le code civil en déclarant « les animaux… êtres vivants doués de sensibilité » (art. 515-14) tout en ajoutant que, « sous réserve des lois qui les protègent, les animaux sont soumis au droit des biens ». Cette modification n'a pas une grande portée puisque la qualification juridique de l'animal reste celle d'un bien soumis au droit de propriété, tout en étant comme la loi le prévoyait déjà une chose protégée par un régime spécifique.

La loi n° 2021-1539 du 30 novembre 2021 visant à « lutter contre la maltraitance animale et conforter le lien entre les animaux et les hommes » comporte de nombreuses dispositions qui visent à encadrer l'acquisition et la cession d'animaux domestiques, ainsi que leur identification pour améliorer leurs conditions de détention et éviter leur abandon, tout en renforçant une nouvelle fois le droit pénal en la matière. ❑

SECTION 1 Dispositions générales *(Ord. n° 2010-460 du 6 mai 2010, art. 2).*

Art. L. 214-1 Tout animal étant un être sensible doit être placé par son propriétaire dans des conditions compatibles avec les impératifs biologiques de son espèce. – *[L. n° 76-629 du 10 juill. 1976, art. 9.]*

1. La Cour de justice des Communautés européennes ne reconnaît pas la protection de la santé des animaux comme principe général du droit communautaire. • CJCE 12 juill. 2001, *H. Jippes,* n° C-189/01 : *Rec. CJCE I-5689 ; Europe oct. 2001, p. 13, n° 294, obs. Kauff-Gazin ; Dr. et patr. 3/2002. 93, obs. Putman.*

2. A été jugé constitué le manquement à l'obligation à la charge de chaque État membre de veiller à ce que les propriétaires ou détenteurs de poules pondeuses appliquent les exigences spécifiques à chacun des systèmes d'élevage visés par la Dir. 1999/74. • CJUE 2 mai 2014, *Commission/Italie,* n° C-339/13 : *RD rur. 2014, n° 241, note Petit.*

Art. L. 214-2 Tout homme a le droit de détenir des animaux dans les conditions définies à l'article L. 214-1 et de les utiliser dans les conditions prévues à l'article L. 214-3, sous réserve des droits des tiers et des exigences de la sécurité et de l'hygiène publique et des dispositions de la loi n° 76-629 du 10 juillet 1976 relative à la protection de la nature.

Les établissements ouverts au public pour l'utilisation d'animaux sont soumis au contrôle de l'autorité administrative qui peut prescrire des mesures pouvant aller jusqu'à la fermeture de l'établissement, indépendamment des poursuites pénales qui peuvent être exercées au titre de la loi précitée. Un décret en Conseil d'État précise les modalités d'application du présent article et de l'article L. 214-1. – *[L. n° 76-629 du 10 juill. 1976, art. 10.]*

Sur l'utilisation des animaux dans les spectacles publics et les jeux, V. art. R. 214-84 s.

Sur les activités concernant des espèces non domestiques, V. art. R. 214-82 et R. 214-83.

Pour un exemple de contrôle de la compatibilité d'une réglementation nationale sur la détention d'animaux avec la réglementation communautaire, V. • CJCE 19 juin 2008, *Commission c/ France,* n° C-219/07 : *Rec. CJCE I-95 ; Europe 2008. 263, note Rigaux.* ♦ Sur le décompte de la durée du temps de transport des animaux et des temps de repos, V. • CJUE 28 juill. 2016, n° C-469/14 : *RD rur. 2017, n° 29, note Petit.*

Art. L. 214-3 Il est interdit d'exercer des mauvais traitements envers les animaux domestiques ainsi qu'envers les animaux sauvages apprivoisés ou tenus en captivité.

Des décrets en Conseil d'État déterminent les mesures propres à assurer la protection de ces animaux contre les mauvais traitements ou les utilisations abusives et à leur éviter des souffrances lors des manipulations inhérentes aux diverses techniques d'élevage, de parcage, de transport et d'abattage des animaux. – *V. art. R. 214-17 s.*

Il en est de même pour ce qui concerne les expériences biologiques médicales et scientifiques qui doivent être limitées aux cas de stricte nécessité. – *[Anc. art. 276.] – V. art. R. 214-87 s.*

Abattage rituel. V. jurisprudence ss. art. R. 214-70.

Art. L. 214-4 L'attribution en lot ou prime de tout animal vivant, à l'exception des animaux d'élevage dans le cadre de fêtes, foires, *(L. n° 2010-874 du 27 juill. 2010, art. 60)* **« manifestations sportives, folkloriques et locales traditionnelles, » concours et manifestations à caractère agricole, est interdite.** *(L. n° 2010-874 du 27 juill. 2010, art. 60)* **« Le représentant de l'État dans le département concerné établit la liste des manifestations sportives, folkloriques et locales traditionnelles pour lesquelles cette interdiction ne s'applique pas. »** – *[Anc. art. 276-1.]*

Art. L. 214-5 *(L. nº 2014-1170 du 13 oct. 2014, art. 41-I-6º)* **Le ministre chargé de l'agriculture peut désigner des centres nationaux de référence en matière de bien-être animal, chargés notamment d'apporter une expertise technique et de contribuer à la diffusion des résultats de la recherche et des innovations techniques.**

SECTION 2 **Dispositions relatives aux animaux de compagnie** *(Ord. nº 2010-460 du 6 mai 2010, art. 2).*

Convention européenne pour la protection des animaux de compagnie du 13 novembre 1987,

Cette convention, signée par la France le 18 déc. 1996, a été publiée par le Décr. nº 2004-416 du 11 mai 2004 (JO 18 mai).

Art. L. 214-6 **I. – On entend par animal de compagnie tout animal détenu ou destiné à être détenu par l'homme pour son agrément.**

II. – On entend par refuge un établissement à but non lucratif géré par une fondation ou une association de protection des animaux désignée à cet effet par le préfet, accueillant et prenant en charge des animaux soit en provenance d'une fourrière à l'issue des délais de garde fixés aux articles L. 211-24 et L. 211-25, soit donnés par leur propriétaire.

(Ord. nº 2015-1243 du 7 oct. 2015, art. 1er-1º, en vigueur le 1er janv. 2016) **« III. – On entend par élevage de chiens ou de chats l'activité consistant à détenir au moins une femelle reproductrice dont au moins un chien ou un chat est cédé à titre onéreux.**

« IV. – Pour l'application de la présente section, on entend par vente la cession à titre onéreux d'un animal de compagnie sans détenir la femelle reproductrice dont il est issu. »

(L. nº 2021-1539 du 30 nov. 2021, art. 10) **« V. – On entend par famille d'accueil une personne physique accueillant à son domicile, sans transfert de propriété, un animal de compagnie domestique confié par un refuge ou une association sans refuge au sens de l'article L. 214-6-5, dans les conditions prévues à l'article L. 214-6-6. »** – *[Anc. art. 276-3.] – V. art. R. 214-19-1 s.*

Art. L. 214-6-1 *(Ord. nº 2015-1243 du 7 oct. 2015, art. 1er-2º, en vigueur le 1er janv. 2016)* **I. – La gestion d'une fourrière ou d'un refuge, ainsi que l'exercice à titre commercial des activités de transit ou de garde, d'éducation, de dressage et de présentation au public de chiens et de chats :**

1º Font l'objet d'une déclaration au préfet ;

2º Sont subordonnés à la mise en place et à l'utilisation d'installations conformes aux règles sanitaires et de protection animale pour ces animaux ;

3º Ne peuvent s'exercer que si au moins une personne, en contact direct avec les animaux, peut justifier soit :

(L. nº 2021-1539 du 30 nov. 2021, art. 8) **« – être en possession d'une certification professionnelle en lien avec au moins l'une des espèces concernées. La liste des certifications reconnues est établie par le ministre chargé de l'agriculture ; »**

– avoir suivi une formation dans un établissement habilité par le ministre chargé de l'agriculture afin d'acquérir les connaissances relatives aux besoins biologiques, physiologiques, comportementaux et à l'entretien des animaux de compagnie et disposer d'une attestation de connaissance établie par l'autorité administrative ;

– posséder un certificat de capacité délivré par l'autorité administrative en application des dispositions du IV de l'article L. 214-6 dans sa rédaction en vigueur antérieurement à la publication de l'ordonnance nº 2015-1243 du 7 octobre 2015 relative au *commerce et à la protection* des animaux de compagnie.

Les prestations de services effectuées en France, à titre temporaire et occasionnel, par les professionnels ressortissants d'un État membre de l'Union européenne ou d'un autre État partie à l'accord sur l'Espace économique européen établis sur le territoire d'un de ces États sont régies par l'article L. 204-1 et, le cas échéant, par l'article L. 204-2.

Les mêmes dispositions s'appliquent pour l'exercice à titre commercial des activités de présentation au public des autres animaux de compagnie d'espèces domestiques.

II. — Les personnes qui, sans exercer les activités mentionnées au I ou aux articles L. 214-6-2 et L. 214-6-3, détiennent plus de neuf chiens sevrés doivent mettre en place et utiliser des installations conformes aux règles sanitaires et de protection animale pour ces animaux.

III. — Seules les associations de protection des animaux reconnues d'utilité publique ou les fondations ayant pour objet la protection des animaux peuvent gérer des établissements dans lesquels les actes vétérinaires sont dispensés gratuitement aux animaux des personnes dépourvues de ressources suffisantes.

La gestion de ces établissements est subordonnée à une déclaration auprès du préfet du département où ils sont installés.

Les conditions sanitaires et les modalités de contrôle correspondantes sont fixées par décret.

IV. — L'activité de toilettage des chiens et des chats doit être exercée dans des installations conformes aux règles sanitaires et de protection animale applicables à ces animaux.

V. Arr. du 3 avr. 2014 fixant les règles sanitaires et de protection animale auxquelles doivent satisfaire les activités liées aux animaux de compagnie d'espèces domestiques relevant des art. L. 214-6-1, L. 214-6-2 et L. 214-6-3 (JO 17 avr.), mod. par Arr. du 7 juill. 2016 (JO 17 juill.), Arr. du 26 mars 2020 (JO 29 mars) ; Arr. du 14 janv. 2022 relatif à l'action de formation et à l'actualisation des connaissances nécessaires aux personnes exerçant des activités liées aux animaux de compagnie d'espèces domestiques et à l'habilitation des organismes de formation (JO 20 janv.), mod. par Arr. du 23 nov. 2022, art. 3 (JO 6 déc.).

Art. L. 214-6-2 *(Ord. n° 2015-1243 du 7 oct. 2015, art. 1er-2°, en vigueur le 1er janv. 2016)* **I. — Toute personne exerçant l'activité d'élevage de chiens ou de chats au sens du III de l'article L. 214-6 est tenue de** *(L. n° 2019-486 du 22 mai 2019, art. 1er)* **« se conformer à l'obligation de déclaration mentionnée au premier alinéa de l'article L. 123-33 du code de commerce et aux conditions énumérées au I de l'article L. 214-6-1 du présent code ».**

II. — Toutefois, les éleveurs de chats et chiens ne cédant à titre onéreux pas plus d'une portée de chiens ou de chats par an et par foyer fiscal sont dispensés des formalités prévues aux 1° et 3° du I de l'article L. 214-6-1.

III. — Les éleveurs produisant uniquement des chiens et chats inscrits au livre généalogique reconnu par le ministre chargé de l'agriculture sont dispensés des mêmes formalités, ainsi que de *(L. n° 2019-486 du 22 mai 2019, art. 1er)* **« l'obligation mentionnée au I du présent article » lorsqu'ils cèdent les chiens et les chats à titre onéreux, sous réserve qu'ils respectent les conditions suivantes et en justifient sur demande aux agents habilités à rechercher et constater les manquements aux dispositions de la présente section :** *— Les dispositions de l'art. 1er de la L. n° 2019-486 du 22 mai 2019 entrent en vigueur à une date fixée par décret en Conseil d'État, et au plus tard le 1er janv. 2023. Ce décret définit les modalités transitoires mises en œuvre à compter de la mise en place de l'organisme prévu au 2e al. de l'art. L. 123-33 C. com., qui intervient au plus tard le 1er janv. 2021 (L. préc., art. 1er-VIII, JO 23 mai).*

1° Ne pas vendre plus d'une portée de chiens ou de chats par an et par foyer fiscal ;

2° Déclarer au livre généalogique reconnu par le ministre chargé de l'agriculture, pour l'obtention d'un numéro spécifique à la portée, l'ensemble des portées issues des chiens ou chats qu'ils détiennent et qui sont inscrits au livre généalogique selon des modalités définies par décret. *— V. art. R. 214-28-1.*

Art. L. 214-6-3 *(L. n° 2021-1539 du 30 nov. 2021, art. 15)* **« I. — »** *(Ord. n° 2015-1243 du 7 oct. 2015, art. 1er-2°)* **L'exercice à titre commercial d'activités de vente d'animaux de compagnie au sens du IV de l'article L. 214-6 est subordonné à l'immatriculation prévue à l'article L. 123-1 du code de commerce, ainsi qu'au respect des conditions énumérées au I de l'article L. 214-6-1.**

(L. n° 2021-1539 du 30 nov. 2021, art. 15) **« Un arrêté du ministre chargé de l'agriculture fixe les règles sanitaires et de protection animale applicables aux établissements de vente d'animaux de compagnie relevant du présent article et les autorités administratives chargées de leur contrôle.**

« II. – La cession à titre onéreux ou gratuit de chats et de chiens est interdite dans les établissements de vente mentionnés au premier alinéa du I. – *Le premier alinéa du II de l'art. L. 214-6-3 entre en vigueur le 1er janv. 2024 (L. nº 2021-1539 du 30 nov. 2021, art. 15-II).*

« En partenariat avec des fondations ou associations de protection des animaux, les établissements de vente d'animaux de compagnie mentionnés au même premier alinéa peuvent présenter des chats et des chiens appartenant à ces fondations ou associations, issus d'abandons ou dont les anciens propriétaires n'ont pas été identifiés. Ces présentations s'effectuent en présence de bénévoles desdites fondations ou associations. »

(L. nº 2021-1539 du 30 nov. 2021, art. 16) **« III. – La présentation en animaleries d'animaux visibles d'une voie ouverte à la circulation publique est interdite. »**

Art. L. 214-6-4 *(L. nº 2021-1539 du 30 nov. 2021, art. 9)* **I. – A des fins de suivi statistique et administratif, les personnes exerçant des activités mentionnées aux articles L. 214-6-1, L. 214-6-2 et L. 214-6-3 transmettent au fichier national mentionné à l'article L. 212-2 des informations relatives à leurs capacités d'accueil, à la traçabilité des animaux dont elles ont la charge et à leur suivi sanitaire, en ce qu'elles concernent leurs activités relatives aux carnivores domestiques.**

II. – Le décret en Conseil d'État prévu au dernier alinéa de l'article L. 212-2 détermine les modalités d'application du présent article. Il précise la nature des informations collectées, les conditions dans lesquelles la collecte des données et leur traitement peuvent être confiés à des personnes agréées par le ministre chargé de l'agriculture, la durée de conservation et les conditions de mise à jour des données enregistrées et les catégories de destinataires de ces données.

Art. L. 214-6-5 *(L. nº 2021-1539 du 30 nov. 2021, art. 10)* **I. – Les associations sans refuge sont des associations de protection des animaux n'exerçant pas d'activité de gestion de refuge au sens de l'article L. 214-6-1 et ayant recours au placement d'animaux de compagnie auprès de familles d'accueil mentionnées à l'article L. 214-6.**

Ces associations accueillent et prennent en charge des animaux soit en provenance d'une fourrière à l'issue des délais de garde fixés aux articles L. 211-25 et L. 211-26, soit donnés par leur propriétaire, soit à la demande de l'autorité administrative ou judiciaire.

II. – Ne peuvent détenir, même temporairement, des animaux de compagnie ou avoir recours au placement d'animaux en famille d'accueil en application de l'article L. 214-6-6 que les associations sans refuge :

1º Ayant fait l'objet d'une déclaration au représentant de l'État dans le département ;

2º Dont au moins l'un des membres du conseil d'administration ou du bureau remplit au moins l'une des conditions mentionnées au 3º du I de l'article L. 214-6-1 ;

3º Ayant établi un règlement sanitaire.

III. – La liste des associations sans refuge déclarées en application du 1º du II est tenue et actualisée par l'autorité administrative compétente en matière sanitaire, et mise à la disposition du public.

Art. L. 214-6-6 *(L. nº 2021-1539 du 30 nov. 2021, art. 10)* **Tout refuge au sens de l'article L. 214-6-1 ou toute association sans refuge au sens de l'article L. 214-6-5 ayant recours au placement d'animaux de compagnie auprès de familles d'accueil au sens du V de l'article L. 214-6 :**

1º Établit et conserve un contrat d'accueil de l'animal de compagnie signé par la famille d'accueil et l'association, comprenant les informations essentielles prévues par décret ;

2º Remet à la famille d'accueil le document d'information mentionné au 2º du I de l'article L. 214-8 ;

3º Transmet à la famille d'accueil et conserve un certificat vétérinaire, établi dans un délai de sept jours à compter de la remise de l'animal ;

4º Tient un registre des animaux confiés à des familles d'accueil, tenu à la disposition de l'autorité administrative à sa demande. Les informations relatives à la famille d'accueil sont enregistrées au fichier national mentionné à l'article L. 212-2 ;

5° Poursuit les démarches relatives à l'adoption de l'animal, lorsque le placement en famille d'accueil ne revêt pas un caractère définitif aux termes du contrat d'accueil mentionné au 1° du présent article.

Un décret fixe les conditions d'application du présent article.

Art. L. 214-7 **La cession, à titre gratuit ou onéreux, des chiens et des chats et autres animaux de compagnie** *(Abrogé par Ord. nº 2015-1243 du 7 oct. 2015, art. 1er-3º, à compter du 1er janv. 2016)* ***« dont la liste est fixée par un arrêté du ministre chargé de l'agriculture et du ministre chargé de l'environnement »*** **est interdite dans les foires, marchés, brocantes, salons, expositions ou toutes autres manifestations non spécifiquement consacrés aux animaux.**

(Ord. nº 2015-1243 du 7 oct. 2015, art. 1er-3º, en vigueur le 1er janv. 2016) **« Le préfet peut autoriser des opérations de ventes d'animaux de compagnie autres que les chiens et les chats pendant une ou plusieurs périodes prédéfinies, par des professionnels exerçant des activités de vente dans des foires et marchés non spécifiquement consacrés aux animaux. Cette autorisation est subordonnée à la mise en place et l'utilisation d'installations conformes aux règles sanitaires et de protection animale en vigueur ».**

L'organisateur d'une exposition ou de toute autre manifestation consacrée à des animaux de compagnie est tenu d'en faire préalablement la déclaration au préfet du département et de veiller à la mise en place et à l'utilisation, lors de cette manifestation, d'installations conformes aux règles sanitaires et de protection animale. – *[Anc. art. 276-4.]*

Art. L. 214-8 *(Ord. nº 2015-1243 du 7 oct. 2015, art. 1er-4º)* **« La vente en libre-service d'un animal vertébré est interdite. »**

I. – Toute vente d'animaux de compagnie réalisée dans le cadre des activités prévues *(Ord. nº 2015-1243 du 7 oct. 2015, art. 1er-4º)* **« aux articles L. 214-6-1 à L. 214-6-3 » doit s'accompagner, au moment de la livraison à l'acquéreur, de la délivrance :**

1° D'une attestation de cession ;

2° *(L. nº 2021-1539 du 30 nov. 2021, art. 1er)* **« Lorsque l'acquéreur de l'animal n'est pas tenu de signer un certificat en application du V du présent article, » d'un document d'information sur les caractéristiques et les besoins de l'animal contenant également, au besoin, des conseils d'éducation ;** – *V. art. R. 214-30-2.*

(L. nº 2008-582 du 20 juin 2008, art. 11) **« 3° Pour les ventes de chiens** *(Ord. nº 2015-1243 du 7 oct. 2015, art. 1er-4º)* **« ou de chats », d'un certificat vétérinaire dans des conditions définies par décret. »** – *V. art. D. 214-32-2.*

La facture tient lieu d'attestation de cession pour les transactions réalisées entre des professionnels.

Les dispositions du présent article sont également applicables à toute cession, à titre gratuit ou onéreux, par une association de protection des animaux ou une fondation consacrée à la protection des animaux.

II. – Seuls les chiens et les chats âgés de plus de huit semaines peuvent faire l'objet d'une cession à titre *(Ord. nº 2015-1243 du 7 oct. 2015, art. 1er-4º)* **« gratuit ou » onéreux.**

(L. nº 2021-1539 du 30 nov. 2021, art. 20) **« La cession à titre gratuit ou onéreux aux mineurs d'un animal de compagnie est interdite en l'absence de consentement des parents ou des personnes exerçant l'autorité parentale. »**

III. – Ne peuvent être dénommés comme chiens ou chats appartenant à une race que les chiens ou les chats inscrits à un livre généalogique reconnu par le ministre chargé de l'agriculture. – *Sur le livre généalogique des animaux de l'espèce canine, V. art. R. 214-7 s.*

(Ord. nº 2015-1243 du 7 oct. 2015, art. 1er-4º) **« IV. – Toute cession d'un chat ou d'un chien, dans des conditions autres que celles mentionnées au I, est subordonnée à la délivrance du certificat vétérinaire mentionné au 3° du I. »**

(L. nº 2021-1539 du 30 nov. 2021, art. 1er) **« V. – Toute personne physique qui acquiert à titre onéreux ou gratuit un animal de compagnie signe un certificat d'engagement et de connaissance des besoins spécifiques de l'espèce, dont le contenu et les modalités de délivrance sont fixés par décret.** – *Le premier al. du V de l'art. L. 214-8 est*

applicable à toute personne physique qui acquiert pour la première fois depuis la promulgation de la L. n° 2021-1539 du 30 nov. 2021 un animal de l'espèce concernée (L. préc., art. 1er-II, JO 1er déc.).

« Toute personne cédant un animal de compagnie à titre onéreux ou gratuit s'assure que le cessionnaire a signé le certificat d'engagement et de connaissance prévu au premier alinéa du présent V. La cession de l'animal ne peut intervenir moins de sept jours après la délivrance du certificat au cessionnaire.

« Les animaux de compagnie mentionnés au deuxième alinéa du présent V sont les chats et les chiens ainsi que les animaux de compagnie précisés par décret. »

(L. n° 2021-1539 du 30 nov. 2021, art. 18) « VI. – L'offre de cession en ligne d'animaux de compagnie est interdite.

« Par dérogation au premier alinéa du présent VI, une offre de cession en ligne d'animaux de compagnie est autorisée sous réserve :

« 1° Qu'elle soit présentée dans une rubrique spécifique aux animaux de compagnie, répondant aux obligations prévues à l'article L. 214-8-2 ;

« 2° Que la rubrique spécifique précitée comporte des messages de sensibilisation et d'information du détenteur relatif à l'acte d'acquisition d'un animal.

« Les modalités de mise en œuvre de ces obligations sont définies par décret.

« La cession en ligne à titre onéreux d'animaux de compagnie ne peut être réalisée que par les personnes exerçant les activités mentionnées aux articles L. 214-6-2 et L. 214-6-3.

« VII. – L'expédition par voie postale d'animaux vertébrés vivants est interdite.

« VIII. – La mention "satisfait ou remboursé" ou toute technique promotionnelle assimilée est interdite. » – *[Anc. art. 276-5.]*

Art. L. 214-8-1 *(L. n° 2021-1539 du 30 nov. 2021, art. 19)* « I. – Toute publication d'une offre de cession d'animaux de compagnie fait figurer :

« – les noms scientifique et vernaculaire de l'espèce, de la race et de la variété auxquelles appartiennent les animaux ;

« – leur sexe, s'il est connu ;

« – leur lieu de naissance ;

« – le nombre de femelles reproductrices au sein de l'élevage et le nombre de portées de ces femelles au cours de l'année écoulée, sauf élevages de poissons et d'amphibiens ;

« – le numéro d'identification des animaux, lorsque ceux-ci sont soumis à l'obligation d'identification en application du présent code ; »

(Ord. n° 2015-1243 du 7 oct. 2015, art. 1er-5°) – l'âge des animaux ;

– l'existence ou l'absence d'inscription de ceux-ci à un livre généalogique reconnu par le ministre chargé de l'agriculture, le cas échéant, *(Abrogé par L. n° 2021-1539 du 30 nov. 2021, art. 19) « le numéro d'identification de chaque animal ou »* le numéro d'identification de la femelle ayant donné naissance aux animaux, le nombre d'animaux de la portée.

(L. n° 2021-1539 du 30 nov. 2021, art. 19) « Les modalités de contrôle des informations d'identification des animaux sont définies par décret.

« II. – Toute publication d'une offre de cession à titre onéreux d'animaux de compagnie », quel que soit le support utilisé, doit mentionner *(L. n° 2019-486 du 22 mai 2019, art. 1er)* « le numéro d'identification mentionné à l'article L. 123-34 du code de commerce » ou, pour les éleveurs qui satisfont aux conditions prévues au III de l'article L. 214-6-2 *(L. n° 2019-486 du 22 mai 2019, art. 1er)* « du présent code », le numéro de portée attribué dans le livre généalogique reconnu par le ministre chargé de l'agriculture.

(L. n° 2021-1539 du 30 nov. 2021, art. 19) « III. – » Toute publication d'une offre de cession à titre gratuit doit mentionner explicitement le caractère de don ou de gratuité.

Art. L. 214-8-2 *(L. n° 2021-1539 du 30 nov. 2021, art. 18)* Tout service de communication au public ou tout annonceur autorisant la diffusion d'offres de cession de carnivores domestiques sur son service impose à l'auteur de l'offre de renseigner les informations prévues à l'article L. 214-8-1 et met en œuvre un système de contrôle préalable afin de vérifier la validité de l'enregistrement de l'animal sur le fichier national mentionné à l'article L. 212-2 et de labelliser chaque annonce.

SECTION 3 Dispositions relatives à d'autres animaux *(Ord. nº 2010-460 du 6 mai 2010, art. 2).*

Art. L. 214-9 *(L. nº 2001-6 du 4 janv. 2001 ; Ord. nº 2006-1548 du 7 déc. 2006)* **Dans les conditions fixées par arrêté du ministre de l'agriculture, tout propriétaire ou détenteur d'animaux non mentionnés** *(L. nº 2009-526 du 12 mai 2009, art. 139-VI)* **« au II de l'article » L. 234-1 et destinés à la production de laine, de peau, de fourrure ou à d'autres fins agricoles doit tenir un registre d'élevage, conservé sur place et régulièrement mis à jour, sur lequel il recense chronologiquement les données sanitaires, zootechniques et médicales relatives aux animaux.**

Le registre est tenu à disposition des agents *(Ord. nº 2015-616 du 4 juin 2015, art. 3-4º)* **« habilités à rechercher et constater les infractions et manquements aux dispositions du présent chapitre ».**

Tout vétérinaire mentionne sur ce registre les éléments relatifs à ses interventions dans l'élevage.

La durée minimale pendant laquelle le registre est conservé est fixée par arrêté du ministre de l'agriculture.

Art. L. 214-9-1 *(L. nº 2021-1539 du 30 nov. 2021, art. 50)* **I. — Les élevages de visons d'Amérique (*Neovison vison* ou *Mustela vison*) et d'animaux d'autres espèces non domestiques exclusivement élevés pour la production de fourrure sont interdits.**

II. — La création, l'agrandissement et la cession des établissements d'élevage de visons d'Amérique mentionnés au I sont interdits.

Art. L. 214-10 La destruction des colonies d'abeilles par étouffage, en vue de la récupération du miel ou de la cire, est interdite.

Seule est autorisée la destruction des colonies fondées par des essaims volages qui constitueraient une gêne pour l'homme ou les animaux domestiques. — *[L. du 9 nov. 1942, art. 1er.] — L'art. L. 214-25 devient l'art. L. 214-10 (Ord. nº 2010-460 du 6 mai 2010, art. 2, 10º, JO 7 mai).*

Art. L. 214-10-1 *(L. nº 2021-1539 du 30 nov. 2021, art. 24)* **Les manèges à poneys, entendus comme attractions permettant, pour le divertissement du public, de chevaucher tout type d'équidé, via un dispositif rotatif d'attache fixe privant l'animal de liberté de mouvement, sont interdits.**

Art. L. 214-11 *(L. nº 2018-938 du 30 oct. 2018, art. 68)* **La mise en production de tout bâtiment nouveau ou réaménagé d'élevage de poules pondeuses élevées en cages est interdite à compter de l'entrée en vigueur de la loi nº 2018-938 du 30 octobre 2018 pour l'équilibre des relations commerciales dans le secteur agricole et alimentaire et une alimentation saine, durable et accessible à tous** *[publiée au JO 1er nov.]*.

Les modalités d'application du présent article sont définies par décret.

COMMENTAIRE

L'activité d'un éleveur ou la reprise d'activité ne sont pas remises en cause par le décret nº 2021-1647 du 14 décembre 2021 (V. art. D. 214-38) qui interdit toute nouvelle construction de bâtiment devant accueillir des poules pondeuses en cage, tout travaux ou aménagements conduisant à augmenter la capacité de production en nombre de poules pondeuses en cage, et toute nouvelle affectation d'un bâtiment devant accueillir des poules pondeuses en cage. ❑

La décision de rejet implicite du Premier ministre de prendre le décret prévu par l'art. L. 214-11 a été jugée illicite, et il lui a été enjoint de prendre ce décret dans un délai de six mois à compter de la notification de l'arrêt, sous astreinte. • CE 27 mai 2021, nº 441660 B : *EEI 2021, nº 65 ; DP entr. agric., Bull. nº 552-553, p. 10, note Debailleul.*

SECTION 4 Transport des animaux vivants *(Ord. nº 2010-460 du 6 mai 2010, art. 2).*

Art. L. 214-12 *(Ord. nº 2015-616 du 4 juin 2015, art. 3-5º)* **I. — Les conditions d'autorisation des transporteurs d'animaux vertébrés vivants dans le cadre d'une activité économique, les conditions d'agrément des véhicules, navires et conteneurs de**

transport de certaines espèces d'animaux, ainsi que les conditions d'habilitation de certains conducteurs et convoyeurs de véhicules routiers pour le transport d'animaux, sont définies par le règlement (CE) n° 1/2005 du Conseil du 22 décembre 2004 sur la protection des animaux pendant le transport et les opérations annexes et les textes pris pour son application, ainsi que par la présente section.

II. – Les conditions d'agrément des postes de contrôle sont définies par le règlement (CE) n° 1255/97 du Conseil du 25 juin 1997 concernant les critères communautaires requis aux postes de contrôle et adaptant le plan de marche visé à l'annexe de la directive 91/628/CEE.

III. – Un décret en Conseil d'État détermine les modalités de délivrance, de suspension ou de retrait des autorisations, agréments et habilitations mentionnés aux I et II. Il peut, dans le respect du droit de l'Union européenne, compléter les règles applicables au transport des animaux vivants. – *Ne sont pas applicables à Saint-Barthélemy et à Saint-Pierre-et-Miquelon les 5°, 6° et 8° de l'art. 3 de l'Ord. n° 2015-616 du 4 juin 2015 (Ord. préc., art. 12-1°, JO 5 juin).*

Art. L. 214-13 *Abrogé par Ord. n° 2015-616 du 4 juin 2015, art. 3-6°.*

SECTION 5 **Lieux de vente, d'hébergement et de stationnement d'animaux** *(Ord. n° 2010-460 du 6 mai 2010, art. 2).*

Sur l'autorisation par le conseil municipal de l'établissement, la suppression ou les modifications à leur fonctionnement des marchés à bestiaux, V. CGCT, art. L. 2224-19. – **CGCT.**

Art. L. 214-14 Les maires veillent à ce que, aussitôt après chaque tenue de foires ou de marchés, le sol des halles, des marchés, des champs de foire, celui des hangars et étables, des parcs de comptage, la plate-forme des ponts à bascule et tous autres emplacements où les bestiaux ont stationné ainsi que les lisses, les boucles d'attachement et toutes parties en élévation qu'ils ont pu souiller, soient nettoyés et désinfectés. – *[Anc. art. 279.]*

Art. L. 214-15 Les marchés, halles, stations d'embarquement ou de débarquement, les auberges, écuries, vacheries, bergeries, chenils et autres lieux ouverts au public, gratuitement ou non, pour la vente, l'hébergement, le stationnement ou le transport des animaux domestiques, sont soumis à l'inspection du vétérinaire sanitaire.

A cet effet, tous propriétaires, locataires ou exploitants, ainsi que tous régisseurs ou préposés à la garde et à la surveillance de ces établissements, sont tenus de laisser pénétrer le vétérinaire sanitaire en vue d'y faire telles constatations qu'il juge nécessaires.

Si la visite a lieu après le coucher du soleil, le vétérinaire sanitaire devra être accompagné du maire ou du représentant de la police locale.

Des arrêtés conjoints du ministre chargé des transports et du ministre chargé de l'agriculture fixent les conditions dans lesquelles doit s'effectuer, dans les gares de chemins de fer, la surveillance du service sanitaire. – *[Anc. art. 280.]*

Art. L. 214-16 Le vétérinaire sanitaire, au cas où il trouve les locaux insalubres pour les animaux domestiques et les animaux sauvages apprivoisés ou tenus en captivité, indique les mesures à prendre ; en cas d'inexécution, il adresse au maire et au préfet un rapport dans lequel il fait connaître les mesures de désinfection et de nettoyage qu'il a recommandées et qu'il juge utiles pour y remédier.

Le préfet peut ordonner aux frais de qui de droit, et dans un délai qu'il détermine, l'exécution de ces mesures.

En cas d'urgence, le maire peut prescrire des mesures provisoires. – *[Anc. art. 281.]*

Art. L. 214-17 Lorsqu'un champ de foire ou un autre emplacement communal destiné à l'exposition en vente des bestiaux aura été reconnu insalubre, le vétérinaire sanitaire adresse un rapport au maire et au préfet, et le maire prescrit l'exécution des mesures de nettoyage et de désinfection indiquées.

A défaut du maire, le préfet peut, après mise en demeure, conformément à l'article L. 2215-1 du code général des collectivités territoriales, ordonner l'interdiction du champ de foire, ou prescrire, aux frais de la commune, les mesures indispensables à faire cesser les causes d'insalubrité pour les animaux domestiques.

Le préfet invite le conseil municipal à voter la dépense nécessitée par l'exécution de ces mesures. Il peut, s'il y a lieu, inscrire d'office au budget communal un crédit d'égale somme. – *[Anc. art. 282.]*

Art. L. 214-18 A dater du jour où l'arrêté du préfet ou du maire est signifié à la partie intéressée jusqu'à celui où les mesures prescrites sont exécutées, l'usage des locaux dont l'insalubrité a été constatée est interdit. – *[Anc. art. 283.]*

Art. L. 214-19 *Abrogé par Ord. n° 2010-460 du 6 mai 2010, art. 13.*

SECTION 6 **Recherche et constatation des infractions** *(Ord. n° 2010-460 du 6 mai 2010, art. 2).*

Art. L. 214-20 *Abrogé par Ord. n° 2015-616 du 4 juin 2015, art. 3-6°. – Ne sont pas applicables à Saint-Barthélemy et à Saint-Pierre-et-Miquelon les 5°, 6° et 8° de l'art. 3 de l'Ord. n° 2015-616 du 4 juin 2015 (Ord. préc., art. 12-1°, JO 5 juin).*

Art. L. 214-21 et L. 214-22 *Abrogés par Ord. n° 2010-460 du 6 mai 2010, art. 13.*

SECTION 7 **Inspection et contrôle** *(Ord. n° 2010-460 du 6 mai 2010, art. 2).*

Art. L. 214-23 *(Ord. n° 2010-460 du 6 mai 2010, art. 2)* I. – Pour l'exercice des inspections, des contrôles et des interventions de toute nature qu'implique l'exécution des mesures de protection des animaux prévues aux articles L. 214-3 à L. 214-18, L. 215-10 et L. 215-11, des règlements communautaires ayant le même objet et des textes pris pour leur application, les fonctionnaires et agents *(Ord. n° 2015-616 du 4 juin 2015, art. 3-7°)* « habilités à cet effet » :

1° Ont accès aux locaux et aux installations où se trouvent des animaux, à l'exclusion des domiciles et de la partie des locaux à usage de domicile, entre 8 heures et 20 heures ou en dehors de ces heures lorsque l'accès au public est autorisé ou lorsqu'une activité est en cours ;

2° Peuvent procéder ou faire procéder, de jour et de nuit, à l'ouverture des véhicules à usage professionnel dans lesquels sont transportés des animaux et y pénétrer, sauf si ces véhicules ne sont pas utilisés à des fins professionnelles au moment du contrôle ;

3° Peuvent faire procéder, en présence d'un officier ou d'un agent de police judiciaire, à l'ouverture de tout véhicule lorsque la vie de l'animal est en danger ;

4° Peuvent se faire remettre copie des documents professionnels de toute nature, quel que soit leur support et en quelques mains qu'ils se trouvent, propres à faciliter l'accomplissement de leur mission ;

5° Peuvent solliciter du juge des libertés et de la détention, dans les formes et conditions prescrites par l'article L. 206-1, l'autorisation d'accéder à des locaux professionnels dont l'accès leur a été refusé par l'occupant ou à des locaux comprenant des parties à usage d'habitation, pour y procéder à des contrôles ;

6° Peuvent accéder, sur les véhicules soumis à l'obligation d'en être équipés, au chrono-tachygraphe mentionné par le règlement (CEE) n° 3821/85 et au système de navigation satellite prévu par le règlement (CE) n° 1/2005, et à toutes leurs composantes afin d'en vérifier l'intégrité ou de copier par tout moyen les informations enregistrées par les appareils ;

7° Peuvent procéder à des prélèvements aux fins d'analyse sur des produits ou des animaux soumis à leur contrôle.

II. – Dans l'attente de la mesure judiciaire prévue à l'article 99-1 du code de procédure pénale, les agents qui sont mentionnés au I de l'article L. 205-1 et *(Ord. n° 2015-616 du 4 juin 2015, art. 3-7°)* « au I du présent article » peuvent ordonner la saisie ou le retrait des animaux et, selon les circonstances de l'infraction et l'urgence de la situation, les confier à un tiers, notamment à une fondation ou à une association de protection animale reconnue d'utilité publique ou déclarée, pour une durée qui ne peut excéder trois mois ou les maintenir sous la garde du saisi.

III. – Les agents mentionnés *(Ord. n° 2015-616 du 4 juin 2015, art. 3-7°)* « au I du présent article » sont habilités à procéder ou à faire procéder, de jour comme de nuit, à l'abattage, au refoulement ou au déchargement immédiat, à l'hébergement, à l'abreuvement, à l'alimentation et au repos des animaux lors des contrôles effectués dans les

postes d'inspection frontaliers mentionnés à l'article L. 236-4, sur route ou dans les postes de contrôles mentionnés par le règlement (CE) n° 1255/97.

(L. n° 2021-1539 du 30 nov. 2021, art. 37) **« IV. – Les frais induits par les mesures prises par l'autorité administrative en application du 7° du I ainsi que des II et III sont à la charge du propriétaire, du détenteur, du destinataire, de l'importateur, de l'exportateur ou, à défaut, de toute autre personne qui participe à l'opération d'importation ou d'échange et ne donnent lieu à aucune indemnité. »**

1. Saisie. La décision par laquelle l'autorité compétente décide, après la constatation d'une infraction réprimée par les art. L. 215-10 ou L. 215-11, de saisir ou de retirer des animaux et d'en confier la garde à un tiers dans l'attente de la mesure judiciaire prévue à l'art. 99-1 C. pr. pén. a le caractère d'une mesure de police judiciaire dont seule la juridiction judiciaire peut connaître. • CE 9 nov. 2018, n° 421302 B : *Gaz. Pal. 27 nov. 2018 ; AJDA 2019. 262 ; RD rur. 2019, n° 57, note Gaullier-Camus.*

2. Clôture de procès-verbal. L'exploitant poursuivi est mal fondé à soutenir la nullité de la procédure pour irrespect du délai légal de transmission dès lors qu'il est établi que les procès-verbaux ont été adressés au procureur de la République le jour de leur clôture, sans que la date de réception des pièces par leur destinataire ait à être retenue. • Crim. 13 déc. 2005 : *RD rur. mars 2006. 23, note Robert.*

3. Placement d'animaux maltraités. Une fondation doit être déboutée de sa demande de partie civile en réparation du préjudice matériel tenant aux frais de garde des animaux ayant subi des mauvais traitements, au motif que ces dépenses sont consécutives à l'exécution de l'arrêté préfectoral de placement et ne constituent pas un élément du préjudice né des infractions poursuivies. • Crim. 19 avr. 2005, n° 04-82.513 P. ♦ Les services vétérinaires ayant retiré ses bovins à un éleveur pour leur état de misère physiologique, le juge qui relève l'absence d'un lieu d'accueil approprié à distance compatible avec le transport des animaux a dûment constaté que les conditions de placement des animaux n'étaient pas compatibles avec leur état, justifiant qu'ils soient cédés à titre onéreux à un abattoir. • Civ. 1re, 24 janv. 2006, n° 04-14.037 P : *JCP 2006. IV. 1327 ; Gaz. Pal. 16-17 août 2006. 13.*

Art. L. 214-24 *Abrogé par Ord. n° 2010-460 du 6 mai 2010, art. 13.*

Art. L. 214-25 *Transféré ss. art. L. 214-10 par Ord. n° 2010-460 du 6 mai 2010, art. 2, 10°.*

CHAPITRE V **DISPOSITIONS PÉNALES**

COMMENTAIRE

Les dispositions prévues pour la protection de l'animal, être vivant et sensible, sont assorties le plus souvent de sanctions pénales, notamment pour les conditions de détention, l'usage ou le transport des animaux domestiques, des dispositions spécifiques étant prévues par espèces (C. rur., art. L. 215-1 s. et R. 215-1 s.). Il est également prévu des infractions pour sévices graves, acte de cruauté ou abandon d'un animal (C. pén., art. 521-1 et R. 653-1, R. 654-1 et R. 655-1), et une infraction pour toute expérimentation animale pratiquée dans des conditions distinctes de celles prévues par le décret (C. pén., art. 521-2). Ces sanctions pénales s'ajoutent dans certains cas à des sanctions administratives (retrait d'agrément du transporteur, suppression de colombier, retrait du certificat d'exploitation d'un refuge). Cette répression a évolué pour devenir plus stricte. Ainsi la loi Grammont du 2 juillet 1850 punissait les mauvais traitements aux animaux mais sous réserve que ceux-ci aient été publics ; cette limite a été écartée par le décret n° 59-1051 du 7 septembre 1959. De même la répression des sévices graves à un animal domestique était initialement limitée aux seuls faits exercés « sans nécessité » ; cette condition a été écartée par la loi n° 99-5 du 6 janvier 1999, ce qui n'empêche cependant pas la possibilité d'établir l'état de nécessité comme fait justificatif. Les peines ont été complétées et alourdies par l'ordonnance n° 2015-1243 du 7 octobre 2015 pour les personnes exerçant ou laissant s'exercer de mauvais traitements sur les animaux. La loi n° 2018-938 du 30 octobre 2018 a renforcé la lutte contre ces comportements en étendant le délit de maltraitance aux activités de transport et d'abattage, et en doublant les peines encourues. Elle a également prévu l'interdiction de mettre en production tout nouveau bâtiment d'élevage de poules pondeuses en cage.

L'article 2-13 du code de procédure pénale prévoit la liste des infractions pour lesquelles les associations de défense et de protection des animaux peuvent se porter partie civile.

Art. L. 215-1 *(L. nº 2007-297 du 5 mars 2007, art. 25)* **I. — Est puni de six mois d'emprisonnement et de 7 500 € d'amende le fait de détenir un chien appartenant aux première ou deuxième catégories mentionnées à l'article L. 211-12, en contravention avec l'interdiction édictée à l'article L. 211-13.**

II. — Les personnes physiques encourent également les peines complémentaires suivantes :

1° La confiscation du ou des chiens concernés ;

2° L'interdiction, pour une durée de cinq ans au plus, de détenir un chien des première ou deuxième catégories mentionnées à l'article L. 211-12.

III. — Les personnes morales reconnues pénalement responsables dans les conditions prévues à l'article 121-2 du code pénal de l'infraction prévue au I encourent les peines suivantes :

1° L'amende, dans les conditions fixées à l'article 131-38 du même code ;

2° La confiscation du ou des chiens concernés ;

3° L'interdiction, pour une durée de cinq ans au plus, de détenir un chien des première ou deuxième catégories mentionnées à l'article L. 211-12 du présent code.

Sur les peines complémentaires de confiscation d'un animal ou d'une catégorie d'animal et d'interdiction de détention d'un animal, V. C. pén., art. 131-21-1 et 131-21-2. — Sur l'utilisation d'un animal assimilée à l'usage d'une arme, V. C. pén., art. 132-75. — ***C. pén.***

Art. L. 215-2 *(L. nº 2007-297 du 5 mars 2007, art. 25)* **I. — Est puni de six mois d'emprisonnement et de 15 000 € d'amende le fait d'acquérir, de céder à titre gratuit ou onéreux, hormis les cas prévus au troisième alinéa du I de l'article L. 211-11 ou au troisième alinéa de l'article L. 211-29, d'importer ou d'introduire sur le territoire métropolitain,** *(Ord. nº 2012-789 du 31 mai 2012, art. 5-II)* **« en Guadeloupe, en Guyane, à la Martinique, à La Réunion, à Mayotte, à Saint-Barthélemy, à Saint-Martin ou à Saint-Pierre-et-Miquelon » des chiens de la première catégorie mentionnée à l'article L. 211-12.**

Le fait de détenir un chien de la première catégorie sans avoir fait procéder à sa stérilisation est puni des mêmes peines.

(L. nº 2023-22 du 24 janv. 2023, art. 25) **« L'action publique peut être éteinte, dans les conditions prévues aux articles 495-17 à 495-25 du code de procédure pénale, par le versement d'une amende forfaitaire d'un montant de 300 euros. Le montant de l'amende forfaitaire minorée est de 250 euros et le montant de l'amende forfaitaire majorée est de 600 euros.**

« Les dispositions des articles 495-20 et 495-21 du même code relatives à l'exigence d'une consignation préalable à la contestation de l'amende forfaitaire ne sont pas applicables. »

II. — Les personnes physiques encourent également les peines complémentaires suivantes :

1° La confiscation du ou des chiens concernés ;

2° L'interdiction, pour une durée de cinq ans au plus, d'exercer une activité professionnelle ou sociale dès lors que les facilités que procure cette activité ont été sciemment utilisées pour préparer ou commettre l'infraction ;

3° L'interdiction, pour une durée de cinq ans au plus, de détenir un chien des première ou deuxième catégories mentionnées à l'article L. 211-12.

III. — Les personnes morales reconnues pénalement responsables dans les conditions prévues à l'article 121-2 du code pénal des infractions prévues au I encourent les peines suivantes.

1° L'amende, dans les conditions fixées à l'article 131-38 du même code ;

2° La confiscation du ou des chiens concernés ;

3° L'interdiction, pour une durée de cinq ans au plus, de détenir un chien des première ou deuxième catégories mentionnées à l'article L. 211-12 du présent code.

L'élément intentionnel du délit d'acquisition d'un chien de première catégorie est caractérisé par la violation en connaissance de cause d'une prescription légale ou réglementaire, constituée par l'acquisition par le prévenu d'un tel chien courant 2000. • Crim. 7 janv. 2003, nº 02-80.676 P.

Art. L. 215-2-1 *(L. nº 2007-297 du 5 mars 2007, art. 25)* **Le fait, pour le propriétaire ou le détenteur d'un animal mis en demeure par l'autorité administrative** *(L. nº 2008-*

582 du 20 juin 2008, art. 19) « d'obtenir le permis de détention prévu » à l'article L. 211-14, de ne pas procéder à la régularisation requise dans le délai prescrit est puni de trois mois d'emprisonnement et de 3 750 € d'amende.

Les personnes physiques encourent également les peines complémentaires suivantes :

1° La confiscation du ou des chiens concernés dans le cas où l'euthanasie, telle que prévue à l'article L. 211-14, n'a pas été prononcée ;

2° L'interdiction de détenir un animal à titre définitif ou non.

(L. nº 2023-22 du 24 janv. 2023, art. 25) « L'action publique peut être éteinte, dans les conditions prévues aux articles 495-17 à 495-25 du code de procédure pénale, par le versement d'une amende forfaitaire d'un montant de 300 euros. Le montant de l'amende forfaitaire minorée est de 250 euros et le montant de l'amende forfaitaire majorée est de 600 euros.

« Les dispositions des articles 495-20 et 495-21 du même code relatives à l'exigence d'une consignation préalable à la contestation de l'amende forfaitaire ne sont pas applicables. »

Art. L. 215-3 *(L. nº 2007-297 du 5 mars 2007, art. 25)* I. — Est puni de six mois d'emprisonnement et de 7 500 € d'amende :

1° Le fait de dresser ou de faire dresser des chiens au mordant ou de les utiliser en dehors des activités mentionnées au premier alinéa de l'article L. 211-17 ;

2° Le fait d'exercer une activité de dressage au mordant sans être titulaire du certificat de capacité mentionné à l'article L. 211-17 ;

3° Le fait de vendre ou de céder des objets ou du matériel destinés au dressage au mordant à une personne non titulaire du certificat de capacité mentionné à l'article L. 211-17.

II. — Les personnes physiques encourent également les peines complémentaires suivantes :

1° La confiscation du ou des chiens concernés, des objets ou du matériel qui ont servi au dressage ou du matériel proposé à la vente ou à la cession ;

2° L'interdiction, pour une durée de cinq ans au plus, d'exercer une activité professionnelle ou sociale dès lors que les facilités que procure cette activité ont été sciemment utilisées pour préparer ou commettre l'infraction, dans les conditions prévues à l'article 131-29 du code pénal ;

3° L'interdiction, pour une durée de cinq ans au plus, de détenir un chien des première ou deuxième catégories mentionnées à l'article L. 211-12 du présent code.

III. — Les personnes morales reconnues pénalement responsables dans les conditions prévues à l'article 121-2 du code pénal des infractions prévues au I encourent les peines suivantes :

1° L'amende, dans les conditions fixées à l'article 131-38 du même code ;

2° La confiscation du ou des chiens concernés, des objets ou du matériel qui ont servi au dressage ou du matériel proposé à la vente ou à la cession ;

3° L'interdiction, pour une durée de cinq ans au plus, d'exercer une activité professionnelle ou sociale dès lors que les facilités que procure cette activité ont été sciemment utilisées pour préparer ou commettre l'infraction, dans les conditions prévues à l'article 131-29 du code pénal ;

4° L'interdiction, pour une durée de cinq ans au plus, de détenir un chien des première ou deuxième catégories mentionnées à l'article L. 211-12 du présent code.

(L. nº 2023-22 du 24 janv. 2023, art. 25) « IV. — Pour les délits mentionnés aux 1° et 2° du I du présent article, l'action publique peut être éteinte, dans les conditions prévues aux articles 495-17 à 495-25 du code de procédure pénale, par le versement d'une amende forfaitaire d'un montant de 300 euros. Le montant de l'amende forfaitaire minorée est de 250 euros et le montant de l'amende forfaitaire majorée est de 600 euros. »

Art. L. 215-3-1 *(L. nº 2001-1062 du 15 nov. 2001, art. 47)* Les gardes champêtres et les agents de police municipale constatent par procès-verbaux les infractions aux dispositions des articles L. 211-14 *(L. nº 2021-1539 du 30 nov. 2021, art. 2)* « , L. 211-16 et L. 212-10 » ainsi que des textes ou décisions pris pour leur application.

Art. L. 215-4 La procédure de l'amende forfaitaire figurant aux articles 529 à 529-2 et 530 à 530-3 du code de procédure pénale est applicable en cas de contravention aux dispositions des articles L. 211-14 et L. 211-16. – *[Anc. art. 211-8.]*

Art. L. 215-5 *Al. 1er abrogé par Ord. n° 2006-1224 du 5 oct. 2006.*

Les articles 529 à 529-2 et 530 à 530-2 du code de procédure pénale sont applicables aux infractions en matière de divagation réprimées par le présent code et par le code pénal. – *V. C. pén., art. R. 622-2.* – ***C. pén.***

***Dern. al.** abrogé par Ord. n° 2010-461 du 6 mai 2010, art. 5.* – *[Anc. art. 213-2.]*

Art. L. 215-6 *et* L. 215-7 *Abrogés par Ord. n° 2010-460 du 6 mai 2010, art. 13.*

Art. L. 215-8 *Abrogé par Ord. n° 2005-1127 du 8 sept. 2005.*

Art. L. 215-9 *Abrogé par Ord. n° 2010-460 du 6 mai 2010, art. 13.*

Art. L. 215-10 Est puni de *(L. n° 2021-1539 du 30 nov. 2021, art. 17)* « 30 000 € » d'amende :

1° Le fait, pour toute personne gérant un refuge ou une fourrière ou exerçant *(Ord. n° 2015-1243 du 7 oct. 2015, art. 2-2°, en vigueur le 1er janv. 2016)* « une activité d'élevage, de vente, de transit ou de garde, d'éducation, de dressage ou de présentation au public », en méconnaissance d'une mise en demeure prononcée en application de *(Ord. n° 2010-460 du 6 mai 2010, art. 2)* « l'article L. 206-2 » :

(Ord. n° 2015-1243 du 7 oct. 2015, art. 2-2°, en vigueur le 1er janv. 2016) « 1. De ne pas avoir procédé à la déclaration prévue au 1° du I de l'article L. 214-6-1 ou » *(L. n° 2019-486 du 22 mai 2019, art. 1er)* « aux formalités de déclaration prévues à l'article L. 214-6-2 et d'immatriculation prévues à l'article L. 214-6-3 » ;

2. De ne pas disposer d'installations conformes aux règles sanitaires et de protection animale pour les animaux ou de ne pas les utiliser ;

(Ord. n° 2015-1243 du 7 oct. 2015, art. 2-2°, en vigueur le 1er janv. 2016) « 3. De ne pas s'assurer qu'au moins une personne en contact avec les animaux, dans les lieux où s'exercent les activités, dispose de l'un des justificatifs mentionnés au 3° du I de l'article L. 214-6-1 ; »

2° Le fait, pour tout détenteur de plus de neuf chiens sevrés visés *(Ord. n° 2015-1243 du 7 oct. 2015, art. 2-2°, en vigueur le 1er janv. 2016)* « au II de l'article L. 214-6-1 », de ne pas disposer d'installations conformes aux règles sanitaires et de protection animale pour ces animaux, malgré la mise en demeure prononcée en application de *(Ord. n° 2010-460 du 6 mai 2010, art. 2)* « l'article L. 206-2 ».

Les personnes physiques coupables de l'une des infractions prévues au présent article encourent également la peine complémentaire de l'affichage et la diffusion de la décision prononcée dans les conditions prévues par l'article 131-35 du code pénal.

(L. n° 2009-526 du 12 mai 2009, art. 125-XX) « Les personnes morales déclarées responsables pénalement, dans les conditions prévues par l'article 121-2 du code pénal, des infractions définies au présent article encourent, outre l'amende suivant les modalités prévues par l'article 131-38 du code pénal, la peine prévue par le 9° de l'article 131-39 du même code. » – *[Anc. art. 276-9.]*

Art. L. 215-11 Est puni *(L. n° 2018-938 du 30 oct. 2018, art. 67)* « d'un an d'emprisonnement et de 15 000 € » d'amende le fait pour toute personne exploitant un établissement de vente, de toilettage, de transit, de garde, d'éducation, de dressage *(L. n° 2021-1539 du 30 nov. 2021, art. 38)* « , d'activités privées de sécurité, de surveillance, de gardiennage, de protection physique des personnes ou des biens employant des agents cynophiles » ou de présentation au public d'animaux de compagnie, une fourrière, un refuge *(L. n° 2018-938 du 30 oct. 2018, art. 67)* « , un établissement d'abattage ou de transport d'animaux vivants » ou un élevage d'exercer ou de laisser exercer sans nécessité des mauvais traitements envers les animaux placés sous sa garde *(L. n° 2021-1539 du 30 nov. 2021, art. 24)* « ou de ne pas respecter l'interdiction prévue à l'article L. 214-10-1 ».

(Ord. n° 2015-1243 du 7 oct. 2015, art. 2-3°, en vigueur le 1er janv. 2016) « En cas de condamnation du propriétaire de l'animal ou si le propriétaire est inconnu, le tribunal statue sur le sort de l'animal, qu'il ait été ou non placé au cours de la procédure judiciaire. Le tribunal peut prononcer la confiscation de l'animal et prévoir qu'il sera

remis à une fondation ou à une association de protection animale reconnue d'utilité publique ou déclarée, qui pourra librement en disposer.

« Les personnes physiques coupables des infractions prévues au présent article encourent également les peines complémentaires d'interdiction, à titre définitif ou non, de détenir un animal et d'exercer, pour une durée de cinq ans au plus, une activité professionnelle ou sociale dès lors que les facilités que procure cette activité ont été sciemment utilisées pour préparer ou commettre l'infraction. Cette interdiction n'est toutefois pas applicable à l'exercice d'un mandat électif ou de responsabilités syndicales. »

(L. nº 2009-526 du 12 mai 2009, art. 125-XX) **« Les personnes morales déclarées responsables pénalement, dans les conditions prévues par l'article 121-2 du code pénal, des infractions définies au présent article encourent, outre l'amende suivant les modalités prévues par l'article 131-38 du code pénal, »** *(Ord. nº 2015-1243 du 7 oct. 2015, art. 2-3º, en vigueur le 1er janv. 2016)* **« les peines prévues par les 4º, 10º et 11º de l'article 131-39 du même code ».** — *[Anc. art. 276-10.]*

Art. L. 215-12 La procédure de l'amende forfaitaire figurant aux articles 529 à 529-2 et 530 à 530-3 du code de procédure pénale est applicable en cas de contraventions aux dispositions des articles L. 214-3 à *(Ord. nº 2021-1370 du 20 oct. 2021, art. 3)* **« L. 214-10 »** *(Abrogé par L. nº 2011-525 du 17 mai 2011, art. 30)* ***« et L. 215-9 à L. 215-12 ».*** — *[Anc. art. 276-11.]*

Art. L. 215-13 Est puni d'une peine de six mois d'emprisonnement et de 7 500 € d'amende le fait de transporter des animaux *(Ord. nº 2015-616 du 4 juin 2015, art. 3-8º)* **« sans être titulaire de l'autorisation prévue à l'article 6 du règlement (CE) nº 1/2005 du Conseil du 22 décembre 2004 sur la protection des animaux pendant le transport et les opérations annexes, pour l'espèce transportée et pour la durée du voyage ».** *(Abrogé par L. nº 2009-526 du 12 mai 2009, art. 125-XX)* ***« Les personnes morales peuvent être déclarées responsables pénalement dans les conditions prévues par l'article 121-2 du code pénal de l'infraction prévue à l'article L. 214-12. La peine encourue par les personnes morales est l'amende suivant les modalités prévues par l'article 131-38 du code pénal. »*** — *[Anc. art. 277-II.] — Ne sont pas applicables à Saint-Barthélemy et à Saint-Pierre-et-Miquelon les 5º, 6º et 8º de l'art. 3 de l'Ord. nº 2015-616 du 4 juin 2015 (Ord. préc., art. 12-1º, JO 5 juin).*

Art. L. 215-14 *(L. nº 2021-1539 du 30 nov. 2021, art. 6)* **Les contraventions prévues en application du présent livre peuvent faire l'objet d'un traitement automatisé confié à l'Agence nationale de traitement automatisé des infractions.**

Art. L. 215-15 *(L. nº 2021-1539 du 30 nov. 2021, art. 18)* **Est puni de 7 500 euros d'amende le fait de ne pas mettre en œuvre le système de contrôle préalable mentionné à l'article L. 214-8-2.**

V. art. R. 215-1 s.

TITRE II MESURES DE PRÉVENTION, SURVEILLANCE ET LUTTE CONTRE LES DANGERS ZOOSANITAIRES *(Ord. nº 2011-862 du 22 juill. 2011, art. 2).*

BIBL. ▶ Petit, *Europe 2001. Chron. nº 8* (Union européenne et ESB, vers une nouvelle PAC ?).

COMMENTAIRE

Les épizooties constituent un fléau traditionnellement redouté par les exploitants. Aujourd'hui ce risque persiste mais dans une configuration plus dramatique qu'autrefois. En effet, l'élevage industriel concentre les animaux dans des locaux étroits, segmente les étapes du développement entre diverses unités géographiques et, à ce titre, entraîne des transports d'animaux, notamment du lieu de naissance à celui d'engraissement. Enfin, les conditions économiques justifient des échanges commerciaux qui amènent des exportations et importations des animaux. Dans ce contexte, les risques de diffusion des virus et bactéries sont décuplés et d'une portée considérable. Les exemples récents d'épizootie le démontrent ; ainsi, la fièvre aphteuse en 2001 a justifié l'abattage de milliers de moutons, la peste porcine en 1997 s'est traduite par l'abattage de douze millions de porcs, et la grippe aviaire en 2003 par 36 millions de volailles pour la seule Thaïlande. Il en résulte que les pouvoirs publics doivent organiser un dispositif de contrôle des élevages aux fins d'enrayer toute épizootie qui se déclarerait. ❑

CHAPITRE I **DISPOSITIONS GÉNÉRALES**

COMMENTAIRE

Le ministère de l'Agriculture a la charge de mener une politique de prévention et de traitement des maladies contagieuses des animaux. Il lui revient de fixer les conditions d'indemnisation des propriétaires qui ont reçu l'ordre d'abattre leurs animaux ainsi que la participation financière qui peut être accordée au traitement du troupeau et de l'exploitation. Il est clair qu'une contribution financière insuffisante pourrait être de nature à amener certains exploitants à tenter de dissimuler la maladie d'un animal du troupeau et à différer en conséquence le déploiement d'une réaction prophylactique. Il existe un système étatique de veille sanitaire et vétérinaire permettant d'opérer différents contrôles et d'imposer des mesures strictes. Il convient que des moyens suffisants soient alloués pour la mise en œuvre de telles opérations, afin d'assurer la prévention efficace de tout développement d'épizootie.

Une ordonnance du 20 octobre 2021 est intervenue pour adapter le code rural à l'entrée en application du règlement UE 2016/429 du 9 mars 2016 relatif aux maladies animales, prévoyant un ensemble de mesures de prévention, surveillance et lutte contre les maladies animales transmissibles. Cette action suppose l'identification des animaux, leur traçabilité, la définition des compétences des opérateurs pour la surveillance des cheptels, et des actions de lutte contre la maladie : ces différents points, déjà prévus, ont été aménagés. ❑

Art. L. 221-1 *(Ord. nº 2021-1370 du 20 oct. 2021, art. 4)* **Pour l'application des dispositions du présent titre, les maladies animales réglementées comprennent :**

1° Les maladies répertoriées mentionnées au paragraphe 1 de l'article 5 du règlement (UE) 2016/429 du 9 mars 2016 relatif aux maladies animales transmissibles et modifiant et abrogeant certains actes dans le domaine de la santé animale ;

2° Les maladies émergentes mentionnées à l'article 6 de ce règlement ;

3° Les autres maladies figurant sur une liste établie par le ministre chargé de l'agriculture, à l'encontre desquelles il peut être nécessaire, dans un but d'intérêt collectif, de mettre en œuvre des mesures nationales. — *V. Arr. du 3 mai 2022 ci-dessous.*

Arrêté du 24 octobre 2005,

Pris pour l'application de l'article L. 221-1 du code rural (JO 25 oct.).

Art. 1er Le ministre chargé de l'agriculture peut prendre par arrêté tout ou partie des mesures suivantes destinées à prévenir l'apparition, à enrayer le développement et à poursuivre l'extinction des maladies des animaux réputées contagieuses en application de l'article L. 223-2 du code rural.

1° Il peut prescrire :

— l'isolement, la séquestration, le recensement et la visite des animaux ;
— la réalisation d'enquêtes épidémiologiques ;
— l'autopsie des cadavres ;
— la réalisation de visites vétérinaires, de tests de dépistage et de prélèvements ;
— le traitement et la vaccination des animaux ;
— le marquage et l'abattage des animaux ;
— la destruction des cadavres ;
— la destruction des denrées et produits ;
— des mesures de désinfection et de désinsectisation ;
— des conditions particulières pour le renouvellement des animaux éliminés ;
— toutes mesures de nature à prévenir la contamination d'animaux sains par des animaux sauvages d'espèces sensibles à une maladie réputée contagieuse ou susceptibles de véhiculer une telle maladie.

2° Il peut interdire ou réglementer :

— la cession à titre gratuit ou onéreux des animaux, denrées et produits ;

— l'utilisation, la circulation et les rassemblements d'animaux d'espèces sensibles à une maladie réputée contagieuse ou susceptibles de véhiculer une telle maladie ;

— l'utilisation et la circulation de denrées et produits susceptibles de véhiculer une maladie réputée contagieuse.

Art. 2 Les mesures mentionnées à l'article 1er peuvent être prises à l'égard :

— des animaux infectés de maladie réputée contagieuse ;

— des animaux suspects d'être infectés d'une maladie réputée contagieuse ;

— des animaux se trouvant à l'intérieur d'un périmètre défini pour prévenir l'apparition ou enrayer le développement d'une maladie réputée contagieuse ;

— des animaux en lien épidémiologique avec des animaux infectés de maladie réputée contagieuse ;

— des animaux originaires d'un pays où sévit une maladie réputée contagieuse ;

— des animaux visés par une décision européenne relative à une maladie réputée contagieuse ;

— des denrées ou produits animaux ou d'origine animale provenant de ces animaux ;

— de tout animal sensible à une maladie réputée contagieuse et de tout animal ou produit susceptible de véhiculer une telle maladie.

Art. 3 L'arrêté du 13 mars 2003 pris pour l'application de l'article L. 221-1 du code rural est abrogé.

Les références existantes à l'arrêté du 13 mars 2003 pris pour l'application de l'article L. 221-1 du code rural, dans des arrêtés en vigueur, doivent être lues comme des références au présent arrêté.

Arrêté du 3 mai 2022,

Listant les maladies animales réglementées d'intérêt national en application de l'article L. 221-1 du code rural et de la pêche maritime (JO 5 mai).

Art. 1er L'annexe I du présent arrêté liste les maladies animales d'intérêt national par espèce à l'encontre desquelles il peut être nécessaire, dans un but d'intérêt collectif, de mettre en œuvre des mesures nationales.

Art. 2 L'annexe II du présent arrêté liste les maladies animales d'intérêt national par espèce à l'encontre desquelles il peut être nécessaire, dans un but d'intérêt collectif, de mettre en œuvre des mesures nationales.

Le présent article et l'annexe II sont abrogés 18 mois après la publication du décret d'application de l'article L. 201-10 du code rural et de la pêche maritime.

Art. 3 L'arrêté du 29 juillet 2013 relatif à la définition des dangers sanitaires de première et deuxième catégorie pour les espèces animales est abrogé.

ANNEXE I

Dénomination	Agent pathogène visé	Espèce animale visée
Brucellose canine	*Brucella canis*	Canins
Diarrhée épizootique porcine hypervirulente	Virus de la DEP hypervirulente	Porcins
Encéphalite à virus Nipah	Virus Nipah Paramyxoviridés Henipavirus	Porcins, félins, canins
Encéphalite japonaise	Virus de l'encéphalite japonaise (*Flaviviridae, Flavivirus*)	Porcins, volailles
Encéphalopathie spongiforme bovine (ESB)	Prion ou agent de l'encéphalopathie spongiforme bovine	Bovins, ovins, caprins

Art. L. 221-1-1 *(Ord. n° 2021-1370 du 20 oct. 2021, art. 4)* **L'autorité administrative prend toutes mesures destinées à prévenir l'apparition, à enrayer le développement et à poursuivre l'extinction des maladies mentionnées aux 1° et 2° de l'article L. 221-1 que requiert l'application du règlement (UE) 2016/429 du Parlement européen et du Conseil du 9 mars 2016 et des actes délégués et d'exécution qu'il prévoit.**

Elle peut prendre, à l'encontre *[de]* **ces maladies, des mesures de lutte supplémentaires dans les conditions fixées aux articles 71 et 170 de ce règlement et à l'article L. 201-4 du présent code.**

Elle peut également prendre de telles mesures à l'encontre des maladies mentionnées au 3° de l'article L. 221-1 dans les conditions fixées aux articles 171 et 226 du même règlement et à l'article L. 201-4 du présent code.

Sur les mesures de lutte contre l'influenza aviaire, V. les arrêtés cités ss. art. D. 221-2 ; V. aussi Arr. du 14 mars 2018 relatif aux mesures de prévention de la propagation des maladies animales via le transport par véhicules routiers d'oiseaux vivants (JO 18 mars), mod. par Arr. du 20 févr. 2020 (JO 27 févr.).

V. art. R. 228-1 et R. 228-7 (pénalités).

BIBL. ► HERMON, *Dr. envir., sept. 2006. 243* (indemnisation des mesures de police sanitaire, la grippe aviaire).

1. Maladie non contagieuse. S'il appartient au ministre de l'agriculture, par application des dispositions de l'art. 214, al. 1er, C. rur., de prendre « toutes mesures destinées à prévenir l'apparition, à enrayer le développement et à poursuivre l'extinction des maladies réputées contagieuses », il n'a compétence, ni pour étendre ces mesures aux maladies non réputées contagieuses, ni pour prescrire les mesures qui ne peuvent, en vertu des dispositions des art. 228 et 240 [art. L. 223-7 et L. 223-8] C. rur., être prises que par un règlement d'administration publique, c'est-à-dire les mesures à l'intérieur des périmètres déclarés infectés, et notamment la désinfection des étables et bergeries, la marque des animaux et l'interdiction momentanée de la circulation du bétail, ainsi que l'interdiction à la vente et à l'exposition des animaux infectés. Il en résulte que le ministre de agriculture est incompétent pour étendre les me- res qu'il a prescrites, d'une part aux interven- ns des vétérinaires sanitaires concernant les ani- ux atteints des autres formes de brucellose ne que celles qui sont réputées contagieuses ertu du décret du 24 déc. 1965, et, d'autre aux interventions de ces vétérinaires concer- es opérations visées aux art. 228 et 240 C. E 2 mars 1973, *Jegu*, n° 79733.

sures appropriées. Il résulte des disposi- l'art. 214 C. rur. que le Gouvernement est le prendre toutes mesures appropriées, y ventuellement l'abattage des animaux s, alors même que lesdites mesures ne t pas parmi celles que prévoit l'art. 228 8] C. rur. • CE 16 févr. 1968, *Vilain,* d9289 et 70718. ♦ V., pour un refus d'instructions ministérielles édictant • de lutte contre la fièvre aphteuse, La 2002, *Cté d'agglomération de* p. llot, n° 231873 : *Envir. avr. 2002,* . *Trouilly.*

3. Le dispositif communautaire ne fait pas obstacle à ce que les États membres prennent des mesures complémentaires plus radicales en matière de lutte contre la fièvre aphteuse sous réserve du respect des principes fondamentaux. • CJCE 10 mars 2005, *Tempelman,* nos C-96/03 et C-97/03 : *Europe mai 2005. 25 ; RD rur. févr. 2007. 22.* ♦ Un État membre peut prendre les mesures de lutte contre la fièvre aphteuse autorisées par le droit communautaire sur la base du résultat d'un examen effectué par un laboratoire qui n'est pas mentionné à l'annexe B de la directive n° 85/511 après s'être assuré de la fiabilité du résultat. • CJCE 15 juin 2006, *Dokter,* n° C-28/05 : *RJ com. 2006. 332 ; Europe août-sept. 2006. 24, note Meisse ; RD rur. 2008. Chron. 2, p. 33, note D.G.* ♦ Constitue une aide d'État le financement des tests de dépistage de l'ESB obligatoires en Belgique. • Trib. UE 25 mars 2015, n° T-538/11 : *RD rur. 2015, n° 131 ; Europe 2015. 208, obs. Idot.*

4. Ne sont pas incompatibles avec le droit de propriété les mesures de destruction et d'abattage immédiats de poissons ordonnées dans un État dans le cadre de la lutte contre la septicémie hémorragique virale et en application d'une directive ne prévoyant pas d'indemnisation. • CJCE 10 juill. 2003, *Booker Aquaculture Ltd : Gaz. Pal. 11-12 juin 2004. 4.*

5. Faute d'un arrêté conjoint du ministre de l'Agriculture et du ministre des Finances permettant au ministre de l'Agriculture de fixer les conditions de l'abattage des bêtes non infectées, doit être suspendue la décision du préfet prescrivant l'abattage de l'ensemble du troupeau dans lequel cinq vaches avaient été reconnues atteintes de tuberculose. • CE 16 mai 2001, *M. et Mme Duffaut : RD rur. 2001. 319 et 499 ; JCP 2001. IV. 1201 ; RFDA 2001. 961.*

6. Responsabilité de l'État. La mise en œuvre par les services du ministère de l'agriculture de mesures arrêtées par la commission européenne suite à la découverte de cas de fièvre aphteuse dans un département, n'engagent pas la responsabilité de l'État qui n'avait aucun pouvoir d'appréciation de la mise en application des règles fixées. • CE, Ass. plén., 12 mai 2004, *Sté Gillot*, n° 236834 : *AJDA 2004. 1487, note Deguergue* ; *JCP 2004. IV. 2523 ; Dr. adm. 2004, inf. 133 ; Envir. 2004, inf. 133, obs. Trouilly ; RD rur. 2005. 46, obs. Carius.* ♦ Lorsque la Commission a pris des mesures de sauvegarde, un État membre ne peut arrêter de mesures conservatoires temporaires que si celles-ci sont justifiées par des éléments nouveaux permettant d'estimer qu'il existe des motifs graves de protection de la santé publique dont la Commission n'a pu tenir compte lors de l'adoption de sa décision ou qui étaient manifestement inconnus lors de sa prise de décision. • CE 5 juill. 2010, *Min. agric. c/ Sté Auroy*, n° 309632 : *LPA 2011, n° 32, p. 12, note Manson.* ♦ Confirme • CAA Paris, 11 juill. 2007, n° 06PA01656 : *Envir. 2007, n° 200, note Trouilly*, infirmant : • TA Melun, 23 févr. 2006, *Sté Auroy, Prodal*, n°s 05-778 et 05-780 : *AJDA 2006. 832, note Dewailly*.

7. Engagent la responsabilité de l'État pour faute lourde les services vétérinaires qui ayant connaissance d'une suspicion d'infection de l'exploitation en décembre 1994 n'ont pas initié de mise sous surveillance, pas prévenu le voisin des risques de contamination, ni déclaré l'infection avant février 1995. • TA Lille, 20 avr. 2006, *GAEC du Fumé Lorrain*, n° 0400118 • 20 avr. 2006, *Didier Marsal c/ P. Mangin*, n° 0305888 : *RD rur. juin-juill. 2006. 37, note Bernabeu.*

8. La responsabilité de l'État peut être engagée en conséquence des interdictions de commercialisation établies en violation des obligations communautaires, sans qu'il soit exigé de caractériser une faute lourde. • CE 5 juill. 2010, *Min. agric. c/ Sté Auroy*, n° 309632 : *préc. note 6.*

9. Il appartient à l'État de réparer les dommages résultant des fautes commises par une société privée à qui un préfet a confié l'exécution des tâches matérielles se rapportant à des mesures de police sanitaire prescrites dans sa mission de lutte contre les épizooties. • CE 10 oct. 2011, *Min. de l'alimentation, de l'agriculture et de la pêche*, n° 337062 : *Gaz. Pal. 26-27 oct. 2011. 3161 ; RD rur. 2012. Chron. 4, p. 13, obs. Darribehaude.*

Art. L. 221-2 Des arrêtés conjoints du ministre chargé de l'agriculture et du ministre chargé de l'économie et des finances fixent les conditions d'indemnisation des propriétaires dont les animaux ont été abattus sur l'ordre de l'administration, ainsi que les conditions de la participation financière éventuelle de l'État aux autres frais obligatoirement entraînés par l'élimination des animaux. Toute infraction aux dispositions du présent titre et aux règlements pris pour leur application *(Ord. n° 2021-1370 du 20 oct. 2021, art. 4)* **« , qui a contribué à la situation à l'origine de l'abattage des animaux, peut entraîner la perte de tout ou partie de l'indemnité ». La décision appartient au ministre chargé de l'agriculture, sauf recours à la juridiction administrative.**

Le ministre chargé de l'agriculture peut accorder aux exploitants qui en font la demande, en vue du diagnostic, de la prévention et du traitement des maladies des animaux, de l'élimination des animaux malades, de la réfection du logement des animaux et de l'assainissement du milieu, des subventions dont le montant est déterminé par des arrêtés conjoints des mêmes ministres. — *[Anc. art. 214, al. 3 et 4, et 243.]*

V. aussi Arr. du 30 mars 2001 fixant les modalités de l'estimation des animaux abattus et des denrées et produits détruits sur ordre de l'administration (JO 31 mars), mod. par Arr. du 20 nov. 2001 (JO 25 nov.), Arr. du 2 août 2002 (JO 8 sept.), Arr. du 8 août 2002 (JO 13 sept.), Arr. du 30 janv. 2003 (JO 1er févr.), 1er Arr. du 17 mars 2004 (JO 31 mars), Arr. du 26 déc. 2016 (JO 30 déc.), Arr. du 21 juill. 2022 (JO 24 juill.).

1. QPC. Sous réserve que le montant global des sanctions éventuellement prononcées ne dépasse pas le montant le plus élevé de l'une des sanctions encourues, et sous réserve que la décision de perte d'indemnité ne soit prononcée que si l'infraction du propriétaire a contribué à la situation à l'origine de l'abattage des animaux, les dispositions de l'al. 1er de l'art. L. 221-2 sont jugées constitutionnelles. • Cons. const. 20 juill. 2012, n° 2012-266-QPC : *D. 2012. 1890* ; *RD rur. 2014. Chron. 2, obs. Darribehaude*, sur renvoi de • CE 23 mai 2012, n° 354683 : *RD rur. 2012. Chron. 4, p. 12, obs. Darribehaude.*

2. Infraction. Le retrait de l'indemnité constitue une sanction, qui s'applique si les infractions sont à l'origine de l'abattage du troupeau et sous réserve que le montant global des sanctions prononcées ne dépasse pas le montant le plus élevé de l'une des sanctions encourues. • CE 17 juill. 2013, n° 354683 : *DP entr. agric., Bull. n° 466, p. 5, note Grimonprez ; RD rur. 2014, n° 15, note Cintrat.*

3. Conditions d'indemnisation. Le ministre de l'Agriculture ne méconnaît pas le principe d'égalité dans l'organisation de l'indemnisation pour abattage d'animaux sur ordre de l'administration en prévoyant une indemnisation sur la base de la valeur de remplacement des animaux supprimés, et en prévoyant une valeur plafonnée pour les caprins, majorée pour les ovins et bovins.

• CE 25 oct. 2004, Ets Riquet et a., n° 251660 : *RD rur. 2005, n° 331.* ♦ L'estimation des animaux abattus s'effectue à la date de la décision du préfet d'abattre le troupeau pour infection par encéphalopathie spongiforme bovine. Les dépenses exposées au cours de la période séparant l'expertise de l'abattage sont réputées incluses dans l'indemnité sous réserve d'une indemnité pour retard anormal de l'administration. • CE 17 oct. 2008, *Jung*, n° 291177 : *Gaz. Pal. 18-19 sept. 2009. 15.* ♦ Pour un exemple de fixation du montant de l'indemnisation de l'abattage sanitaire d'un troupeau de bovins atteint par la tuberculose, V. • CAA Bordeaux, 23 mars 2017, n° 15BX01516 : *RD rur. 2017, n° 177, note Cintrat.*

4. Versement partiel. Ne porte pas atteinte à une liberté fondamentale le versement partiel et non total de l'indemnité prévue en cas d'ESB par l'arrêté du 4 déc. 1990 à un exploitant dont le troupeau a dû être abattu. • CE, ord., 20 févr. 2002, *Ploquin*, n° 243234 : *Envir. mai 2002, p. 21, n° 74.* ♦ Le régime d'indemnisation des propriétaires d'animaux abattus dans le cadre de la police sanitaire de l'ESB sur ordre de l'administration est compatible avec les dispositions de l'art. 1er du protocole additionnel de la Conv. EDH. • CE 2 juin 2010, *Min. de l'Agriculture et de la Pêche*, n° 318752 : *Gaz. Pal. 23-24 juin 2010. 1814 ; LPA 2011, n° 32, p. 14, note Manson.*

5. L'éleveur qui ne respecte pas de façon substantielle les mesures de prophylaxie de la brucellose prévues par les dispositions réglementaires et les services vétérinaires est privé du droit à indemnisation pour l'abattage de son cheptel. • CE 6 janv. 2006, *Min. agric.*, n° 260714 : *RD rur. janv. 2006. 32 ; AJDA 2006. 1126 ; Gaz. Pal. 13-15 août 2006. 15.*

6. L'administration peut refuser toute indemnisation suite à l'abattage du troupeau si l'éleveur a introduit deux bovins dans son troupeau sans leur avoir fait subir les tests prescrits en matière de brucellose. • CAA Nancy, 14 janv. 2003, *EARL Noragri*, n° 98NC01337 : *RD rur. 2003. 476.*

7. Le producteur ayant abattu une bonne partie de son cheptel est mal fondé à contester le refus d'indemnisation de son préjudice résultant de l'exclusion par la Commission des producteurs de cailles du bénéfice de l'aide allouée aux producteurs de volailles. • TPIUE 4 juin 2012, n° T-440/09 : *Europe 2012. 326, note Roset.*

Art. L. 221-3 *Abrogé par Ord. n° 2021-1370 du 20 oct. 2021, art. 4.*

Art. L. 221-4 **I. — Lorsque, en tout lieu où sont hébergés les animaux ou au cours d'un transport, il est constaté qu'un animal de l'espèce bovine, ovine ou caprine n'est pas identifié, conformément aux dispositions** *(Ord. n° 2021-1370 du 20 oct. 2021, art. 4)* **« mentionnées à l'article L. 212-1, ou n'est pas accompagné des documents obligatoires prévus par les dispositions du règlement (UE) 2016/429 du 9 mars 2016, des actes délégués et d'exécution qu'il prévoit, ou celles du chapitre II du titre I et des textes pris pour son application, » les agents** *(Ord. n° 2015-616 du 4 juin 2015, art. 4-1°)* **« habilités à rechercher et constater les infractions ou manquements à ces dispositions » mettent en demeure le détenteur ou propriétaire dudit animal de mettre à disposition, dans un délai maximal de quarante-huit heures, les informations nécessaires permettant de prouver l'identification de l'animal, son âge, son origine et son dernier lieu de provenance. A l'issue de ce délai et en l'absence desdites informations, les agents susmentionnés peuvent faire procéder, aux frais du détenteur, à la conduite à l'abattoir de l'animal en question. Les dispositions du II du présent article sont dès lors applicables.**

II. — Lorsqu'un animal est présenté à l'abattoir sans être identifié conformément aux dispositions prises en application *(Ord. n° 2021-1370 du 20 oct. 2021, art. 4)* **« des dispositions mentionnées à l'article L. 212-1, ou sans être accompagné des documents mentionnés au I », les agents habilités** *(Abrogé par Ord. n° 2015-616 du 4 juin 2015, art. 4-1°) « en vertu de l'article L. 231-2 »* **diffèrent l'abattage en accordant un délai de quarante-huit heures à son propriétaire ou son détenteur pour produire les informations manquantes.**

(Ord. n° 2006-1224 du 5 oct. 2006) **« A l'issue de ce délai, l'animal est abattu.**

« En l'absence d'éléments d'identification permettant d'établir l'âge et l'origine de l'animal *(L. n° 2014-1170 du 13 oct. 2014, art. 41-I-7°)* **« ou, pour les équidés, permettant d'établir l'identité de l'animal, » les agents ayant la qualité de vétérinaires officiels** *(Abrogé par Ord. n° 2015-616 du 4 juin 2015, art. 4-1°) « en vertu de l'article L. 231-2 »* **procèdent à la saisie et au retrait de la consommation humaine ou animale des viandes qui sont issues de son abattage.**

« Ces mesures s'appliquent également si le document d'identification d'un équidé le déclare comme n'étant pas destiné à l'abattage pour la consommation humaine ou si, lorsque l'animal est destiné à la consommation humaine, ce document ne comporte pas les éléments requis par la réglementation sur les traitements médicamenteux. »

Préalablement à l'exécution de la saisie, le propriétaire ou le détenteur de l'animal est mis en mesure de présenter ses observations ; il dispose alors d'un nouveau délai de quarante-huit heures pour produire les informations nécessaires.

Pendant ces délais, le détenteur de l'animal et de la viande en conserve la garde et prend toutes mesures utiles pour assurer le bon entretien de l'animal ou pour éviter l'altération des viandes.

L'ensemble des frais induits par ces mesures, prises à la suite de la constatation du non-respect des dispositions susmentionnées, sont à la charge du propriétaire ou du détenteur et ne donnent lieu à aucune indemnité. – *[Anc. art. 215 et 253-1.]*

Art. L. 221-5 *Abrogé par Ord. n° 2015-616 du 4 juin 2015, art. 4-2°.*

Art. L. 221-6 *et* L. 221-7 *Abrogés par Ord. n° 2010-460 du 6 mai 2010, art. 13.*

Art. L. 221-8 *(Ord. n° 2010-460 du 6 mai 2010, art. 3)* I. – Les agents *(Ord. n° 2015-616 du 4 juin 2015, art. 4-3°)* « habilités à rechercher et constater les manquements aux dispositions des chapitres I à V du présent titre, aux textes réglementaires pris pour leur application et aux dispositions du droit de l'Union européenne ayant le même objet » ont libre accès à tous les locaux, installations et véhicules professionnels où se trouvent des animaux, à l'exclusion des domiciles et de la partie des locaux à usage de domicile, entre 8 heures et 20 heures ou en dehors de ces heures lorsque l'accès au public est autorisé ou lorsqu'une activité est en cours, en vue de procéder à tous les examens nécessaires à l'exécution des mesures de lutte contre les maladies des animaux prévues aux chapitres I à V du présent titre. Ils peuvent se faire remettre copie des documents professionnels de toute nature, quel que soit leur support et en quelques mains qu'ils se trouvent, propres à faciliter l'accomplissement de leur mission.

II. – Lorsque l'accès aux locaux est refusé aux agents, il peut être autorisé par ordonnance du juge des libertés et de la détention dans les conditions prévues à l'article L. 206-1.

III. – Lorsque les lieux comprennent des parties à usage d'habitation, ces opérations ne peuvent être effectuées qu'entre 8 heures et 20 heures par ou en présence d'un agent mentionné au I de l'article L. 205-1, sur autorisation judiciaire dans les formes et conditions prescrites par l'article L. 206-1.

Art. L. 221-9 *Abrogé par Ord. n° 2015-616 du 4 juin 2015, art. 4-4°.*

Art. L. 221-10 *Abrogé par Ord. n° 2010-460 du 6 mai 2010, art. 13.*

Art. L. 221-11 *à* L. 221-13 *Abrogés par Ord. n° 2011-863 du 22 juill. 2011, art. 3.*

CHAPITRE II **AGRÉMENT ET AUTRES OBLIGATIONS DE CERTAINS OPÉRATEURS DÉTENANT DES ANIMAUX OU EXERÇANT DES ACTIVITÉS DE REPRODUCTION ANIMALE** *(Ord. n° 2021-1370 du 20 oct. 2021, art. 4).*

Art. L. 222-1 *(Ord. n° 2021-1370 du 20 oct. 2021, art. 4)* « I. – Les conditions dans lesquelles les opérateurs, au sens du point 24 de l'article 4 du règlement (UE) 2016/429 du 9 mars 2016, sont agréés ou soumis à une obligation de tenue de registre sont définies par ce règlement, par les actes délégués et d'exécution qu'il prévoit et par les dispositions du présent chapitre.

« Les conditions d'application du précédent alinéa, notamment les modalités d'octroi des agréments, sont fixées par décret en Conseil d'État.

« II. – Un décret en Conseil d'État définit celles des activités professionnelles relatives à la reproduction des animaux, non mentionnées au paragraphe 1 de l'article 94 du règlement (UE) 2016/429 du 9 mars 2016, » *(Ord. n° 2006-1548 du 7 déc. 2006)* qui sont soumises à agrément à des fins sanitaires et fixe les conditions de délivrance, de suspension et de retrait de cet agrément par l'autorité administrative.

Les règles sanitaires que doivent respecter les organismes et les professionnels agréés dans la mise en œuvre de ces activités sont précisées par *(Ord. n° 2010-461 du 6 mai 2010, art. 3)* « arrêté du ministre chargé de l'agriculture ».

Art. L. 222-2 *(Ord. n° 2021-1370 du 20 oct. 2021, art. 4)* Les centres de rassemblement, y compris les marchés, doivent être agréés par l'autorité administrative pour la

détention, la mise en circulation et la commercialisation des animaux terrestres et aquatiques. Lorsqu'il est constaté que les conditions d'attribution de l'agrément ne sont pas respectées, l'autorité administrative peut suspendre l'agrément en donnant au titulaire un délai pour y remédier. S'il n'y est pas remédié à l'expiration du délai fixé, l'agrément est retiré.

Les conditions d'application du présent article, notamment les conditions d'attribution de l'agrément, sont fixées par décret en Conseil d'État.

CHAPITRE III LA POLICE SANITAIRE

SECTION 1 Dispositions communes

COMMENTAIRE

Les pouvoirs publics doivent engager au plus vite toutes les mesures de nature à éviter la propagation de l'épizootie et à éradiquer la maladie contagieuse. C'est pourquoi sont posées des obligations de déclaration, de traitement, d'isolement, d'abattage des animaux atteints de maladies contagieuses, ainsi que de ceux qui ont été ou sont exposés à la maladie. Des mesures de désinfection et de prophylaxie peuvent être rendues obligatoires dans le périmètre d'infection. Cette action se doit d'être efficace pour protéger les régions non infectées, mais aussi pour empêcher tout redéploiement de la maladie dans la zone initialement infectée.

La loi n° 2014-1170 du 13 octobre 2014 d'avenir pour l'agriculture, l'alimentation et la forêt a introduit des mesures particulières adaptées aux animaux de la faune sauvage qui sont reconnus comme participant au cycle épidémiologique des maladies ; il est donc utile de lutter contre les maladies qui les atteignent et peuvent se diffuser dans leurs groupes, mais peuvent aussi atteindre les animaux d'élevage ou l'homme. A ce titre, les personnes exerçant ou organisant l'exercice du droit de chasser et les titulaires du droit de chasser se sont vus investis de missions de prévention et d'action. ❑

Art. L. 223-1 Les maires avisent d'urgence le préfet de tous cas d'épizootie qui leur seraient signalés dans le territoire de la commune.

Ils peuvent prendre les mesures provisoires qu'ils jugent utiles pour arrêter la propagation *(Ord. n° 2021-1370 du 20 oct. 2021, art. 4)* **« de la maladie ».** – *[Anc. art. 219.]*

BIBL. ▸ ROLLAND, *Envir. avr. 2006. 2* (grippe aviaire : l'information de crise prise en défaut).

Art. L. 223-2 et L. 223-3 *Abrogés par Ord. n° 2011-862 du 22 juill. 2011, art. 2.*

Art. L. 223-3-1 *Ajouté par L. n° 2005-157 du 23 févr. 2005, art. 116-1° ; transféré à l'art. L. 223-3 par Ord. n° 2005-1127 du 8 sept. 2005, art. 2-II.*

Art. L. 223-4 *(L. n° 2014-1170 du 13 oct. 2014, art. 41-I-9°)* **Les propriétaires ou détenteurs d'animaux** *(Ord. n° 2021-1370 du 20 oct. 2021, art. 4)* **« et les professionnels liés aux animaux au sens du point 26 de l'article 4 du règlement (UE) 2016/429 du 9 mars 2016 » sont tenus de réaliser ou de faire réaliser les mesures de prévention, de surveillance et de lutte que la réglementation leur impose à l'égard des** *(Ord. n° 2021-1370 du 20 oct. 2021, art. 4)* **« maladies animales réglementées mentionnées à l'article L. 221-1 ».**

Les personnes mentionnées au dernier alinéa de l'article L. 201-2 sont tenues, pour ce qui concerne la faune sauvage ou les espèces de gibier dont la chasse est autorisée, de réaliser ou de faire réaliser les mesures destinées à la prévention, la surveillance et la lutte que la réglementation leur impose à l'égard des *(Ord. n° 2021-1370 du 20 oct. 2021, art. 4)* **« maladies animales réglementées mentionnées à l'article L. 221-1 ».**

En cas de carence ou de refus, ces opérations peuvent être exécutées d'office, aux frais des intéressés, par l'autorité administrative.

Art. L. 223-5 *(Ord. n° 2011-862 du 22 juill. 2011, art. 2) (Ord. n° 2021-1370 du 20 oct. 2021, art. 4)* **« Lorsqu'il est constaté qu'un animal est atteint, ou qu'il est soupçonné qu'il soit atteint d'une maladie mentionnée à l'article L. 221-1, le propriétaire ou le détenteur de l'animal est tenu de faire, outre la déclaration à l'autorité administrative mentionnée à l'article L. 201-7, une déclaration à un vétérinaire sanitaire ; cette déclaration constitue, le cas échéant, la notification prévue au point c du para-**

graphe 1 de l'article 18 du règlement (UE) 2016/429 du 9 mars 2016. » *(L. n° 2014-1170 du 13 oct. 2014, art. 41-I-10°)* « Pour les espèces de gibier dont la chasse est autorisée, cette déclaration incombe au titulaire du droit de chasser ou à l'organisateur de la chasse. Pour les espèces de la faune sauvage dans des espaces naturels protégés, cette déclaration est effectuée par le propriétaire ou le gestionnaire des territoires concernés. » *(Ord. n° 2021-1370 du 20 oct. 2021, art. 4)* « Lorsque le danger constaté ou soupçonné fait l'objet d'un plan d'intervention sanitaire d'urgence en application de l'article L. 201-5, la déclaration doit en outre être adressée au maire de la commune où se trouve l'animal. »

L'animal atteint ou soupçonné d'être atteint d'une maladie *(Ord. n° 2021-1370 du 20 oct. 2021, art. 4)* « mentionnée à l'article L. 221-1 » doit être, immédiatement et avant même toute demande de l'autorité administrative, séquestré, séparé et maintenu isolé autant que possible des autres animaux susceptibles de contracter cette maladie.

Les mêmes procédures de déclaration et d'isolement sont applicables en cas de mort d'un animal causée ou soupçonnée d'avoir été causée par une maladie *(Ord. n° 2021-1370 du 20 oct. 2021, art. 4)* « mentionnée à l'article L. 221-1 », ainsi que pour tout animal abattu, en dehors des cas prévus aux chapitres I à VI, qui, à l'ouverture du cadavre, est reconnu atteint ou suspect d'être atteint par une telle maladie.

Il est interdit de transporter l'animal ou le cadavre avant son examen par le vétérinaire sanitaire. La même interdiction est applicable à l'enfouissement, à moins que le maire, en cas d'urgence, n'en ait donné l'autorisation spéciale.

Le vétérinaire sanitaire s'assure du respect des dispositions du présent article et des mesures de désinfection immédiatement nécessaires. Il adresse dans les plus brefs délais son rapport au préfet, et au maire en cas de maladie *(Abrogé par Ord. n° 2021-1370 du 20 oct. 2021, art. 4)* ***« classée parmi les dangers sanitaires »*** faisant l'objet d'un plan *(Abrogé par Ord. n° 2021-1370 du 20 oct. 2021, art. 4)* ***« national »*** d'intervention sanitaire d'urgence en application de l'article L. 201-5.

(Abrogé par Ord. n° 2021-1370 du 20 oct. 2021, art. 4) ***« Le présent article s'applique aux animaux domestiques et aux animaux sauvages détenus en captivité. »***

V. art. L. 228-7 et R. 228-6 (pén.).

1. Vétérinaire. Un vétérinaire, appelé à intervenir lors de délivrances non spontanées susceptibles d'avoir pour origine une infection brucellique, aurait dû prendre ou faire prendre les mesures prescrites par la loi et les règlements et, en s'abstenant de déclarer ces avortements, il commet le délit sanctionné à l'art. 330 [art. L. 228-2], al. 2, C. rur. • Crim. 7 nov. 1974, n° 74-90.795.

2. Éleveur. Un berger expérimenté et son fils qui avaient constaté les symptômes préoccupants d'une maladie qui s'est transmise aux autres troupeaux de la même estive, sans alerter en temps utile les autorités sanitaires, ont laissé se propager une épizootie, fait perdre aux autres éleveurs la chance de préserver leurs troupeaux et engagent ainsi leurs responsabilités pénale et civile. • Crim. 6 nov. 1996 : *RD rur. 1997. 73.*

Art. L. 223-6 Le maire, dès qu'il a été prévenu, s'assure de l'accomplissement des prescriptions mentionnées à l'article L. 223-5 et y pourvoit d'office, s'il y a lieu.

Aussitôt que la déclaration prescrite par l'article L. 223-5 a été faite ou, à défaut de déclaration, dès qu'il suspecte la maladie ou en a connaissance, le maire s'assure de la visite de l'animal ou de l'autopsie du cadavre par le vétérinaire sanitaire. Le cas échéant, il y fait procéder sans retard.

Al. 3 à 8 abrogés par Ord. n° 2011-862 du 22 juill. 2011, art. 2. – [Anc. art. 227.]

Art. L. 223-6-1 *(Ord. n° 2011-862 du 22 juill. 2011, art. 2)* Le préfet peut prendre, au regard des informations qui lui sont communiquées en application des dispositions des articles L. 201-7 et L. 223-5, un arrêté de mise sous surveillance. Par cet arrêté il peut prescrire la mise en exécution *(Ord. n° 2021-1370 du 20 oct. 2021, art. 4)* « des mesures que requiert l'application du règlement (UE) 2016/429 du Parlement européen et du Conseil du 9 mars 2016 relatif aux maladies animales transmissibles et des actes délégués et d'exécution qu'il prévoit et de tout ou partie » des mesures énumérées aux 1° à 7° de l'article L. 223-8.

V. art. L. 228-1, L. 228-4 et R. 228-6 (pén.).

Art. L. 223-6-2 *(L. n° 2014-1170 du 13 oct. 2014, art. 41-I-11°) (Ord. n° 2021-1370 du 20 oct. 2021, art. 4)* « Pour prévenir des maladies mentionnées à l'article L. 221-1,

l'autorité administrative peut, sous réserve des dispositions des articles 70, 81 et 82 du règlement (UE) 2016/429 du 9 mars 2016 et des actes délégués et d'exécution qu'il prévoit, prendre, dans le respect des dispositions des articles 71 et 171 du règlement (UE) 2016/429 du 9 mars 2016, les mesures suivantes : »

1° Ordonner, sur toute propriété, des chasses et battues destinées à réduire des populations de la faune sauvage, dans les conditions prévues à l'article L. 427-6 du code de l'environnement ;

2° Interdire, sur les territoires et pour la durée qu'elle détermine, le nourrissage d'animaux de la faune sauvage, en prenant en compte les dispositions des schémas départementaux de gestion cynégétique ;

3° Imposer à toute personne qui constate la mort d'animaux de la faune sauvage dans des conditions anormales laissant suspecter l'apparition de maladies de le déclarer sans délai au maire ou à un vétérinaire sanitaire.

Art. L. 223-7 **L'exposition, la vente ou la mise en vente des animaux atteints ou soupçonnés d'être atteints de maladie contagieuse sont interdites.**

Le propriétaire ne peut s'en dessaisir que dans les conditions déterminées par décret en Conseil d'État qui fixe, pour chaque espèce d'animaux et de maladies, le temps pendant lequel l'interdiction de vente s'applique aux animaux qui ont été exposés à la contagion.

Si la vente a eu lieu, elle est nulle de droit, que le vendeur ait connu ou ignoré l'existence de la maladie dont son animal était atteint ou suspect.

Néanmoins, aucune réclamation de la part de l'acheteur pour raison de ladite nullité ne sera recevable lorsqu'il se sera écoulé plus de quarante-cinq jours depuis le jour de la livraison, s'il n'y a poursuites du ministère public.

Si l'animal a été abattu, le délai est réduit à dix jours à partir du jour de l'abattage, sans que toutefois l'action puisse jamais être introduite après l'expiration des délais indiqués ci-dessus. En cas de poursuites du ministère public, la prescription ne sera opposable à l'action civile, comme à l'alinéa précédent, que conformément aux règles du droit commun. – *[Anc. art. 240.]*

V. art. L. 228-1, L. 228-4 et R. 228-2 (pén.).

COMMENTAIRE

La vente d'un animal atteint d'une maladie réputée contagieuse et dangereuse est nulle. Le régime de l'action est spécifique et se distingue de l'action en garantie pour vices rédhibitoires qui vise d'autres maladies listées par la loi. ❑

1° AUTRES ACTIONS

1. Dol. L'action en nullité de plein droit prévue par l'art. 240 [L. 223-7] C. rur. n'est pas exclusive des actions tendant à la nullité de la vente, fondées sur un vice du consentement et notamment sur le dol, et le délai de quarante-cinq jours imparti par ce texte ne s'applique pas aux demandes invoquant l'existence d'un tel vice. • Civ. 1re, 17 mars 1992, ♧ n° 90-16.827 P • 27 oct. 1982 : *RD rur. 1983. 270.*

2. Garantie des vices cachés. Les règles légales relatives à la vente d'animaux domestiques atteints d'une maladie réputée contagieuse telles qu'elles sont définies par les art. 224 s. [art. L. 223-2 s.] C. rur. peuvent être écartées, au bénéfice des art. 1641 s. C. civ., par une convention contraire, dont l'existence est souverainement relevée par les juges du fond. • Civ. 1re, 5 mai 1987 : *Bull. civ. I, n° 136 ; RD rur. 1987. 354.* ♦ L'art. 1er de la loi du 22 déc. 1971 se bornait à prévoir la nullité de droit de la vente de chiens atteints des maladies de Carré et de l'hépatite contagieuse dans les quinze jours francs qui suivent leur livraison et ne limitait nullement l'exercice de l'action en garantie prévue par les art. 1641 s. C. civ. aux acheteurs d'animaux ainsi infectés. • Civ. 1re, 16 juin 1992, ♧ n° 90-20.822.

3. Compétence. Bien que l'art. 5, al. 3, du Décr. n° 58-1284 du 22 déc. 1958, qui donne au tribunal d'instance la connaissance des demandes relatives aux vices rédhibitoires et aux maladies contagieuses des animaux fondées sur les dispositions du code rural ou sur la convention des parties, un tribunal de grande instance est compétent pour connaître d'une action en réparation fondée sur l'art. 1382 C. civ., par laquelle l'acheteur d'animaux contagieux qui ont contaminé son troupeau demande réparation des conséquences de la faute des vendeurs conscients de la maladie au moment de la vente. • Civ. 1re, 22 nov. 1966, *Cts Vital et a. c/ Lafront*, n° 64-13.212.

2° DÉLAIS

4. Nature. Le délai de 45 jours est un délai préfix, insusceptible d'interruption. • Civ. 1re, 30 mai 1962 : *D. 1962. 1. 697.*

5. Mort de l'animal. La mort d'un animal atteint d'une maladie contagieuse doit être assimilée à son abattage en ce qui concerne le délai d'exercice de l'action en nullité, le législateur ayant entendu subordonner le recours de l'acheteur contre son vendeur aux vérifications faites par le vétérinaire au moment de l'autopsie et faire courir le délai de 10 jours à partir de la preuve ainsi acquise de la maladie contagieuse. • Civ. 1re, 27 nov. 1979, *Delhaye c/ Mme Machet,* n° 78-14.434.

6. Demande tardive. Aucune réclamation de l'acheteur en raison de la nullité n'est recevable plus de 45 jours depuis le jour de la livraison et une cour d'appel ne peut recevoir une demande de l'acheteur d'abeilles atteintes de la loque, maladie réputée contagieuse par l'art. 224 [art. L. 223-2] C. rur., au prétexte que « le vice caché » touchant les ruches « ne s'était révélé qu'après plusieurs mois » et que l'acheteur était « actuellement fondé à demander la résolution de la vente litigieuse en raison des vices cachés de la chose vendue ». • Civ. 1re, 30 mai 1979, *Cts Brot,* n° 77-14.666.

3° CONSÉQUENCES DE L'ANNULATION

7. Vente de cheptel mort et vif. Dans l'exercice de son pouvoir souverain d'appréciation de l'intention des parties, une cour d'appel, après avoir relevé que la vente du cheptel vif et mort avait été consentie moyennant un prix global, peut estimer que, si les choses comprises dans la vente pouvaient être matériellement divisées, l'obligation était indivisible, au sens de l'art. 1218 C. civ., et prononcer la nullité de la vente après avoir constaté que des animaux étaient atteints d'une maladie réputée contagieuse. • Civ. 1re, 27 oct. 1982 : *préc. note 1.*

8. Restitutions. Après avoir prononcé la nullité de la vente de l'ensemble d'un troupeau dont certains animaux étaient atteints d'une maladie réputée contagieuse, une cour d'appel doit ordonner la restitution du prix de vente d'une part, et des animaux survivants d'autre part, sans rechercher si la mort des animaux survenue avant l'annulation était bien due à la maladie contagieuse, car, par l'effet rétroactif de la nullité prononcée, le vendeur, censé être resté propriétaire du troupeau, en supporte les risques tant qu'il ne prouve pas que la mort est due à une faute de l'acheteur. • Civ. 1re, 6 déc. 1967, *Crohas,* n° 65-14.237.

Art. L. 223-8 Après la constatation *(Ord. n° 2011-862 du 22 juill. 2011, art. 2)* « d'une maladie » *(Ord. n° 2021-1370 du 20 oct. 2021, art. 4)* « mentionnée à l'article L. 221-1 », le préfet statue sur les mesures à mettre en exécution dans le cas particulier.

Il prend, s'il est nécessaire, un arrêté portant déclaration d'infection remplaçant éventuellement un arrêté de mise sous surveillance.

Cette déclaration peut entraîner, dans le périmètre qu'elle détermine, *(Ord. n° 2021-1370 du 20 oct. 2021, art. 4)* « sans préjudice des mesures que requiert l'application du règlement (UE) 2016/429 du Parlement européen et du Conseil du 9 mars 2016 relatif aux maladies animales transmissibles et des actes délégués et d'exécution qu'il prévoit, » l'application des mesures suivantes :

1° L'isolement, la séquestration, la visite, le recensement et la marque des animaux et troupeaux dans ce périmètre ;

2° La mise en interdit de ce même périmètre ;

3° L'interdiction momentanée ou la réglementation des foires et marchés, du transport et de la circulation de tous les animaux d'espèces susceptibles de contamination ;

4° Les prélèvements nécessaires au diagnostic ou aux enquêtes épidémiologiques ;

(Ord. n° 2021-1370 du 20 oct. 2021, art. 4) « 4° *bis* La réalisation d'enquêtes épidémiologiques ; »

5° *(L. n° 2005-157 du 23 févr. 2005, art. 116-3°)* « La désinfection et la désinsectisation des écuries, étables, voitures ou autres moyens de transport, la désinfection ou la destruction des objets, des produits animaux ou d'origine animale susceptibles d'avoir été contaminés et de tout vecteur animé ou inanimé pouvant servir de véhicules à la contagion » ;

6° L'obligation de détruire les cadavres *(Ord. n° 2021-1370 du 20 oct. 2021, art. 4)* « , denrées et produits » ;

7° L'interdiction de vendre *(L. n° 2014-1170 du 13 oct. 2014, art. 41-I-12°)* « ou de céder » les animaux ;

8° L'abattage des animaux malades ou contaminés ou des animaux ayant été exposés à la contagion *(L. n° 2005-157 du 23 févr. 2005, art. 116-3°)* « , ainsi que des animaux suspects d'être infectés ou en lien avec des animaux infectés dans les conditions prévues par l'article L. 223-6 » ;

9° Le traitement ou la vaccination des animaux ;

(L. n° 2014-1170 du 13 oct. 2014, art. 41-I-12°) **« 10° La limitation ou l'interdiction de la chasse** *(Ord. n° 2021-1370 du 20 oct. 2021, art. 4)* **« ou de la pêche », la modification des plans de chasse, de gestion cynégétique et de prélèvement maximal autorisé ou la destruction ou le prélèvement d'animaux de la faune sauvage, sous réserve des articles L. 411-1 et L. 411-2 du code de l'environnement ;**

« 11° La désinfection, l'aménagement ou la mise en œuvre de modalités particulières d'entretien du couvert végétal et des zones fréquentées par la faune sauvage sensible, sans préjudice de l'attribution d'aides publiques.

« Les mesures prévues aux 10° et 11° s'appliquent aux personnes mentionnées au dernier alinéa de l'article L. 201-2 du présent code. »

(L. n° 2005-157 du 23 févr. 2005, art. 116-3°) **« Le ministre chargé de l'agriculture détermine par arrêté celles de ces mesures qui sont applicables aux »** *(Ord. n° 2011-862 du 22 juill. 2011, art. 2)* **« maladies »** *(Ord. n° 2021-1370 du 20 oct. 2021, art. 4)* **« mentionnées à l'article L. 221-1 ».**

« Par dérogation au premier alinéa, le préfet, sans attendre la constatation de la maladie et sur instruction du ministre chargé de l'agriculture, prend un arrêté portant déclaration d'infection qui prescrit l'application de tout ou partie des mesures prévues aux 1° à *(L. n° 2014-1170 du 13 oct. 2014, art. 41-I-12°)* **« 11° » du présent article lorsqu'est remplie l'une des conditions suivantes :**

« *a)* Les symptômes ou lésions observés sur les animaux de l'exploitation suspecte entraînent une forte présomption de survenue d'une maladie *(Ord. n° 2021-1370 du 20 oct. 2021, art. 4)* **« mentionnée à l'article L. 221-1 » ;**

« *b)* Un lien est établi entre l'exploitation suspecte et un pays, une zone ou une exploitation reconnu infecté par une maladie *(Ord. n° 2021-1370 du 20 oct. 2021, art. 4)* **« mentionnée à l'article L. 221-1 » ;**

« *c)* Des résultats d'analyses de laboratoire permettent de suspecter l'infection par une maladie » *(Ord. n° 2021-1370 du 20 oct. 2021, art. 4)* **« mentionnée à l'article L. 221-1 ».** – *[Anc. art. 228.]*

V. art. L. 228-1, L. 228-4 et R. 228-6 (pén.).

1. Abattage. Lorsque le nombre des bovins infectés par la brucellose non réputée contagieuse fait apparaître un taux de contamination d'environ 25 % du total des bovins contrôlés et de plus de 17 % de l'ensemble du cheptel d'un éleveur et qu'à cette importante contamination s'ajoute la présence, dans le voisinage, d'autres exploitations infectées, le directeur adjoint des services vétérinaires départementaux ne commet pas d'erreur manifeste d'appréciation en décidant le marquage et l'abattage de l'ensemble du cheptel bovin de cet éleveur. • CE 6 févr. 1998, *Épx Georges*, n° 154394. ♦ Est nul l'arrêté portant déclaration d'infection tuberculeuse de deux éléphants, ordonnant leur abattage au motif du défaut de consultation préalable des propriétaires des animaux et du fait de la disproportion de la mesure adoptée à l'objectif de prévention des risques pour la santé publique. • TA Lyon, 21 mai 2013, n° 1207996 : *D. 2013. 2020, note Blanco*.

2. Référé. N'a pas été jugée entachée d'une illégalité manifeste une décision d'un préfet ordonnant l'abattage total du troupeau après découverte d'un cas d'ESB, mesure supprimant la libre disposition pour un propriétaire de certains de ses biens et affectant une liberté fondamentale au sens de l'art. L. 521-2 CJA. • CE, ord., 1er juin 2001, *Ploquin*, n° 234321 : *RD rur. 2001. 320 et 563.* ♦ Rejet de la demande en référé de suspension d'un arrêté préfectoral déclarant une exploitation infectée par l'ESB et lui imposant des mesures sanitaires. • TA Besançon, réf., 8 févr. 2002, *GAEC de la Combe c/ Préfet du Jura*, n° 020025 : *Envir. mars 2002, n° 61, p. 21, obs. Trouilly ; Dr. adm. 2002, n° 73, p. 29.* ♦ Est mal fondé le tribunal qui suspend la décision du préfet déclarant l'infection au titre de la tuberculose bovine et ordonne l'abattage du cheptel d'un GAEC alors que la condition d'urgence à suspendre cette mesure n'est pas remplie eu égard aux caractères de cette maladie, aux exigences de son éradication et aux possibilités d'indemnisation du GAEC. • CE 15 mars 2006, *Min. agric. c/ GAEC de Beauplat : AJDA 2006. 1063 ; RD rur. avr. 2006. 28 ; Gaz. Pal. 27-28 sept. 2006. 14.* ♦ ... Fait droit à la demande de sursis à une mesure d'abattage de deux éléphantes. • CE 27 févr. 2013, n° 364751 : *AJDA 2013. 1870, note Blanco ; Procédures 2013, n° 13, p. 38, note Deygas ; LPA 8 avr. 2013, note Le Bot.*

3. Responsabilité de l'État. Est fondée l'annulation du jugement ordonnant l'indemnisation du préjudice du requérant né de l'interdiction préfectorale de vendre les sangliers chassés en 1992-93, mesure prise afin de lutter contre une épizootie de peste porcine. • CE 22 févr. 2002, *M. Michel*, n° 224809 : *RFDA 2002. 438 ; Envir. juin 2002, p. 18, n° 87, obs. Trouilly ; RD rur. 2002. 442 ; RTD com. 2002. 459, obs. Orsoni ; Dr. adm. mai 2002, p. 34, n° 97, et juill. 2002, p. 27, n° 131, obs. Carius.* ♦ N'est pas constituée la faute lourde des services vétérinaires de l'État dans l'exécution d'un arrêté portant déclaration d'infection, compte tenu de l'urgence et de la gravité de la situation résultant de la déclaration tardive de l'infection, et de la passivité des intervenants professionnels ayant assisté aux opérations litigieuses ; en conséquence, sans qu'il y ait lieu d'apprécier les fautes respectives, l'éleveur est mal fondé à demander que l'État répare le préjudice qu'il a subi du fait de l'épidémie de gale ovine ayant affecté son troupeau. • CAA Nancy, 2 déc. 2004, *Mathieu : Gaz. Pal. 29-30 juill. 2005. 9.*

4. Droit communautaire. L'obligation communautaire d'abattre la cohorte de naissance à laquelle appartient un bovin infecté par l'ESB a été jugée conforme au principe de proportionnalité. • CJCE 12 janv. 2006, *Agrarproduktion Staebelow GmbH Landrat des Land Kreises Bad Doberan*, n° C-504/04 : *Europe mars 2006. 14, note Meisse.* ♦ Les tests de dépistage imposés par un État pour tout bovin de 24 mois constituent une mesure de protection plus élevée que celui du règlement communautaire qui a été jugé proportionné et conforme à la réglementation communautaire. • CJUE 25 févr. 2010, n° C-562/08 : *RD rur. 2011. chron. 1, p. 17, note Roset.* ♦ Rejet du recours de la France contre les dispositions du Règl. n° 764/2008 prévoyant un assouplissement des mesures de police sanitaire applicables aux troupeaux dans lesquels un cas d'ESB a été détecté en application du principe de précaution. • CJUE 11 juill. 2013, n° C-601/11 : *Europe 2013. 407 ; RD rur. 2014, n° 12, note Gadbin ; ibid. Chron. 2, obs. Darribehaude*, qui confirme • TPIUE 9 sept. 2011, n° T-257/07 : *Europe 2011, n° 416, note Roset ; RD rur. 2012. Chron. 4, p 10, obs. Darribehaude.*

SECTION 2 Dispositions particulières

SOUS-SECTION 1 La rage

Art. L. 223-9 La rage, lorsqu'elle est constatée chez les animaux de quelque espèce qu'ils soient, entraîne l'abattage, qui ne peut être différé sous aucun prétexte.

Les animaux suspects de rage et ceux qu'ils auraient pu contaminer, hormis le cas où ils se trouvent déjà soumis à des mesures de police sanitaire par l'effet d'un arrêté portant déclaration d'infection pris par application de l'article L. 223-8, sont placés, par arrêté du préfet, sous la surveillance des services vétérinaires. Cet arrêté peut entraîner l'application des mesures énumérées aux 1°, 5°, 7° et 8° de l'article L. 223-8.

Tout propriétaire, toute personne ayant à quelque titre que ce soit la charge des soins ou la garde d'un animal ayant été en contact, soit par morsure ou par griffure, soit de toute autre manière, avec un animal reconnu enragé ou suspect de l'être, est tenu d'en faire immédiatement la déclaration au maire de la commune où se trouve l'animal susceptible d'avoir été ainsi contaminé.

Les carnivores ayant été en contact avec un animal reconnu enragé sont abattus. Il en est de même pour tout autre animal mordu ou griffé par un animal reconnu enragé. Toutefois, à la demande expresse de leur propriétaire, les animaux valablement vaccinés contre la rage pourront, dans certains cas, et sous certaines réserves, être conservés ; un arrêté du ministre chargé de l'agriculture, pris après avis *(Ord. n° 2010-18 du 7 janv. 2010, art. 3-V)* « de l'Agence nationale chargée de la sécurité sanitaire de l'alimentation, de l'environnement et du travail », détermine ces cas et ces réserves, les espèces animales auxquelles ils s'appliquent ainsi que les conditions requises pour que la vaccination soit considérée comme valable. — *V. Arr. du 9 août 2011 relatif à la conservation d'animaux contaminés de rage (JO 12 août).*

L'abattage des animaux suspects et de ceux qu'ils auraient pu contaminer de rage peut être ordonné, dans tous les cas, si ces animaux se montrent dangereux ou si le respect des mesures de police sanitaire qui leur sont applicables ne peut être ou n'est pas assuré.

L'abattage des animaux domestiques et des animaux sauvages apprivoisés ou tenus en captivité mentionnés aux premier, quatrième et cinquième alinéas du présent article est effectué à la diligence des propriétaires ou détenteurs ou, dans le cas où ces derniers seraient défaillants, par les agents de la force publique.

Lorsque la rage est constatée sur des animaux sauvages autres que ceux mentionnés à l'alinéa précédent, leur abattage est effectué par les agents de la force publique, les lieutenants de louveterie, les agents assermentés chargés de la police de la chasse ou, à défaut, par toute personne titulaire d'un permis de chasser à ce requise par le maire. — *[Anc. art. 232.]*

V. art. R. 228-6 (pénalités).

Art. L. 223-10 Tout animal ayant mordu ou griffé une personne, même s'il n'est pas suspect de rage, est, si l'on peut s'en saisir sans l'abattre, soumis par son propriétaire ou détenteur et à ses frais à la surveillance du vétérinaire *(Ord. nº 2011-863 du 22 juill. 2011, art. 3)* « sanitaire ». Les mêmes dispositions s'appliquent aux animaux ayant mordu ou griffé des animaux domestiques et des animaux sauvages apprivoisés ou tenus en captivité dans les territoires définis par arrêté du ministre compétent, dans lesquels la rage a été constatée.

Dès qu'elle a connaissance des faits de la nature de ceux mentionnés à l'alinéa qui précède, l'autorité investie des pouvoirs de police rappelle au propriétaire ou détenteur les obligations ci-dessus définies et, en tant que de besoin, le met en demeure de les observer dans les vingt-quatre heures. – *[Anc. art. 232-1.]*

Art. L. 223-11 Dans les territoires définis comme il est dit à l'article L. 223-10, les chiens et les chats errants dont la capture est impossible ou dangereuse sont abattus sur place par les agents de la force publique, les lieutenants de louveterie, les agents assermentés chargés de la police de la chasse, ou toute personne titulaire d'un permis de chasser à ce requise par le maire. – *[Anc. art. 232-2.]*

Art. L. 223-12 Un décret en Conseil d'État détermine les conditions d'application des articles L. 223-9 à L. 223-11 ainsi que les dispositions applicables à la circulation, au transport, à l'abattage et à l'utilisation des animaux contaminés ou suspects et de leurs produits.

Il peut notamment prévoir l'interdiction ou la réglementation de la vente des animaux contaminés ou de ceux ayant mordu ou griffé des personnes ou des animaux, même si l'existence de la rage ne peut être suspectée de ce seul fait. – *[Anc. art. 232-3.]* – *V. art. D. 223-23 s.*

Art. L. 223-13 *(Ord. nº 2021-1370 du 20 oct. 2021, art. 4)* Les mesures de prophylaxie et de police sanitaire nécessaires en vue de prévenir l'apparition, de limiter l'extension ou de permettre l'extinction de la rage sont fixées dans les conditions prévues par les dispositions mentionnées à l'article L. 221-1-1.

Art. L. 223-14 *Abrogé par Ord. nº 2021-1370 du 20 oct. 2021, art. 4.*

Art. L. 223-15 Dans les départements officiellement déclarés infectés de rage, la vaccination antirabique est obligatoire pour tous les carnivores domestiques. – *[Anc. art. 232-5-1.]*

Art. L. 223-16 Sans préjudice de l'application des articles L. 227-6 à L. 227-9 du présent code *[devenus C. envir., art. L. 427-6 à L. 427-9]* et du 5° de l'article L. 2212-2 et du 9° de l'article L. 2122-21 du code général des collectivités territoriales, lorsque la rage prend un caractère envahissant et que son extension a son origine dans l'infection d'animaux sauvages, les ministres compétents peuvent, dans la mesure nécessaire pour arrêter la diffusion du virus, prescrire, par arrêté conjoint, la destruction, dans un territoire déterminé, de ces animaux sauvages et l'application des mesures de sécurité que nécessite cette destruction.

*(Abrogé par Ord. nº 2010-461 du 6 mai 2010, art. 5) **« Un décret en Conseil d'État détermine les conditions d'application du présent article. »** – [Anc. art. 232-6.]*

Art. L. 223-17 Dans les territoires où la destruction des animaux sauvages est prescrite par application de l'article L. 223-16 les propriétaires et locataires de terrains, à l'exception des terrains bâtis, cours et jardins attenant à des habitations et les titulaires du droit de chasse sont tenus de permettre l'accès de ces terrains aux fonctionnaires et agents des services désignés par l'autorité administrative, aux lieutenants de louveterie ainsi qu'aux personnes chargées spécialement d'effectuer ces destructions ou d'en contrôler l'exécution et habilitées à cet effet par le préfet. – *[Anc. art. 232-7.]*

SOUS-SECTION 2 **La fièvre aphteuse**

Art. L. 223-18 La vaccination contre la fièvre aphteuse est interdite sur tout le territoire national et pour toutes les espèces.

Il est interdit à quiconque, en dehors des établissements agréés par l'autorité administrative, d'acquérir, de détenir ou de céder, à titre gratuit ou onéreux, du vaccin antiaphteux.

Toutefois, lorsqu'une épizootie de fièvre aphteuse menace de prendre un caractère extensif, la vaccination de certaines catégories d'animaux sur un territoire et pendant une période déterminée peut être rendue obligatoire dans les conditions prévues par un décret *(Abrogé par Ord. nº 2010-461 du 6 mai 2010, art. 2)* ***« en Conseil d'État »*. La décision institutive précise la nature du vaccin à utiliser et les fournisseurs habilités. Elle peut imposer que les animaux des troupeaux vaccinés soient marqués et que leur circulation soit limitée.** – *[Anc. art. 234.]*

V. art. L. 228-6 (pén.).

Art. L. 223-19 La manipulation des virus aphteux aux fins de recherche, de diagnostic ou de fabrication d'antigènes ou de vaccins n'est autorisée que dans les établissements agréés par l'autorité administrative.

Un arrêté du ministre chargé de l'agriculture détermine le classement en groupes distincts des micro-organismes pathogènes pour l'animal en fonction des risques qu'ils présentent pour la santé publique et l'environnement et les modalités de confinement des installations où ces micro-organismes sont utilisés. Cet arrêté fixe également la liste des micro-organismes pathogènes dont l'utilisation est soumise à autorisation. – *[Anc. art. 235.]*

V. art. L. 228-6 (pén.).

Art. L. 223-20 à L. 223-22 *Abrogés par L. nº 2005-157 du 23 févr. 2005, art. 116-4º.*

Art. L. 223-23 à L. 223-25 *Abrogés par Ord. nº 2010-460 du 6 mai 2010, art. 13.*

CHAPITRE IV *[ABROGÉ]* LES PROPHYLAXIES ORGANISÉES

(Abrogé par Ord. nº 2011-862 du 22 juill. 2011, art. 2)

Art. L. 224-1 à L. 224-3 *Abrogés par Ord. nº 2011-862 du 22 juill. 2011, art. 2.*

CHAPITRE V *[ABROGÉ]* LES CONTRÔLES SANITAIRES FACULTATIFS

(Abrogé par Ord. nº 2011-862 du 22 juill. 2011, art. 2)

Art. L. 225-1 *Abrogé par Ord. nº 2011-862 du 22 juill. 2011, art. 2.*

CHAPITRE VI DES SOUS-PRODUITS ANIMAUX *(L. nº 2005-157 du 23 févr. 2005, art. 222-I-1º).*

BIBL. ▶ Billet, *Envir. janv. 2006. 24* (taxe d'abattage) ; *Envir. févr. 2006. 11* (financement du service public de l'équarrissage). - Peignot, *RD rur. 1996. 158* (régime juridique de l'équarrissage).

COMMENTAIRE

L'équarrissage consiste à dépecer des animaux pour en extraire la peau, les os, les graisses. La loi nº 75-1336 du 31 décembre 1975 avait fait de l'enlèvement et du traitement des cadavres d'animaux et des déchets d'abattoir un service d'utilité publique, l'équarrisseur était doté d'un monopole de ramassage et vendait les produits de sa transformation. Il en résultait une gratuité des opérations de collecte. Les épizooties et les obligations d'abattage ont eu pour conséquence de multiplier les produits à collecter. Et dans un tel contexte, la collecte sans exception de toutes les carcasses et produits animaux est une condition de l'efficacité des mesures de prophylaxie. En même temps, la nature des maladies et en particulier l'ESB ont amené d'une part des obligations d'incinération de nombreux produits et d'autre part la perte d'un débouché commercial pour les produits de l'équarrissage, l'utilisation des farines animales étant interdite dans l'alimentation des espèces destinées à la consommation humaine. Les conditions de financement de l'équarrissage ont ainsi été bouleversées et la pérennité d'un tel service s'est trouvée menacée.

La loi nº 96-1139 du 26 décembre 1996 a fait de l'équarrissage un service public dont le champ d'application a été élargi à la collecte, l'élimination et la transformation des sous-produits animaux et des matériels à risques spécifiés issus des abattoirs, boucheries et ateliers de découpe. Il a été conçu un financement qui devait maintenir la gratuité de ce service pour les éleveurs et les abatteurs. Il a été prévu une taxe d'équarrissage. Celle-ci est devenue une taxe sur les achats de viande pesant sur les entreprises de la distribution, affectée au budget de l'État. Cette taxe a été reconnue non conforme aux droits communautaire et de la concurrence, la Cour de justice des Communautés européennes ayant jugé que, puisque le régime de l'équarrissage était assuré gratuitement pour les éleveurs et les abattoirs, il devait être qualifié d'aide d'État (CJCE 20 nov. 2003, n° C-126/01, *Min. éco. et fin. c/ GEMO SA*). Ce système a été en conséquence modifié, et cela à plusieurs reprises.

Mais, malgré ses modifications successives, il est resté imparfait, en particulier à cause de son mode de financement déficitaire, notamment pour exécuter la contribution des éleveurs, et à cause de dysfonctionnements de la concurrence sur les marchés de l'équarrissage posant des difficultés sur le niveau de prix des services (V. rapport Cour des comptes n° 432, 2005-2006, « Le fonctionnement du service de l'équarrissage en question »).

Le décret du 25 octobre 2007 a modifié de nouveau le champ du service public de l'équarrissage, posant une extension de son domaine. De plus, la taxe d'abattage a été de nouveau modifiée, augmentée et étendue à des éleveurs qui n'y étaient jusqu'alors pas assujettis (Arr. du 23 oct. 2007). Le service public a été alors géré par l'Office de l'élevage.

La dernière réforme a eu pour but de rationaliser l'équarrissage et d'en limiter le coût en permettant le désengagement de l'État et la libéralisation du système. En 2008, le coût de l'équarrissage a été de 150 millions d'euros ; l'État y a contribué pour 44 millions d'euros, la taxe d'abattage a financé 90 millions d'euros, et les éleveurs 12 millions. L'objectif de la réforme était de faire en sorte que l'État cesse de contribuer et que le coût soit supporté par les filières en application du principe pollueur-payeur.

Le service public de l'équarrissage dans la limite restreinte définie par l'article L. 226-1 est financé par l'État via FranceAgriMer. Et il revient aux éleveurs la responsabilité de l'équarrissage de leurs animaux morts. Les discussions se sont engagées dans les filières pour organiser cette prise en charge. Celle du porc est parvenue à établir une contribution interprofessionnelle payée par les distributeurs et la restauration collective. La majorité des filières est soumise à la taxe d'abattage revalorisée et s'organise en associations qui ont conclu globalement un contrat avec les entreprises d'équarrissage pour encadrer le coût des prestations.

A l'avenir, les besoins d'équarrissage devront baisser, ce qui suppose de limiter la mortalité des animaux et les épizooties dans les élevages. Il doit aussi être organisé un contrôle de la sécurité sanitaire de toutes les entreprises d'équarrissage ainsi que des systèmes alternatifs d'équarrissage qui sont proposés. ❑

Art. L. 226-1 *(L. n° 2005-1719 du 30 déc. 2005, art. 151-VI)* **« Constituent une mission de service public qui relève de la compétence de l'État** *(Ord. n° 2015-616 du 4 juin 2015, art. 4-5°)* **« la collecte, la manipulation, l'entreposage après collecte, le traitement ou l'élimination d'un ou plusieurs cadavres ou parties de cadavres d'animaux » d'élevage de plus de 40 kilogrammes morts en exploitation agricole,** *(L. n° 2008-1425 du 27 déc. 2008, art. 140-II, en vigueur le 18 juill. 2009)* **« outre-mer, ainsi que, en tous lieux, des » catégories de cadavres d'animaux et de matières animales dont la liste est fixée par décret** *[V. Décr. n° 2005-1220 du 28 sept. 2005, ci-dessous]*, **pour lesquelles l'intervention de l'État est nécessaire dans l'intérêt général. »**

(L. n° 2008-1425 du 27 déc. 2008, art. 140-II, en vigueur le 18 juill. 2009 ; Ord. n° 2015-616 du 4 juin 2015, art. 4-5°) **« La gestion de tout ou partie de ce service peut être confiée par décret à** *(Ord. n° 2009-325 du 25 mars 2009, art. 8)* **« l'établissement mentionné à l'article L. 621-1 ». Cette substitution n'entraîne aucun droit à résiliation des contrats ou à indemnisation des cocontractants. »** — *V. Décr. n° 2006-877 du 13 juill. 2006 confiant une partie de la gestion du service public de l'équarrissage à l'Office national interprofessionnel de l'élevage et de ses productions (JO 16 juill.), mod. par Décr. n° 2009-340 du 27 mars 2009 (JO 29 mars).*

(L. n° 2005-157 du 23 févr. 2005, art. 221-I et 222-I-2°) **« Les propriétaires ou détenteurs des cadavres d'animaux et des matières animales visés au premier alinéa doivent les mettre à la disposition de la personne chargée de l'exécution du service public de l'équarrissage. »**

L'exécution de ce service public de l'équarrissage est assurée selon les modalités fixées par décret *(Abrogé par Ord. n° 2010-461 du 6 mai 2010, art. 2)* **« *en Conseil d'État* ».** *— V. art. R. 226-7 s.*

Décret n° 2005-1220 du 28 septembre 2005,

Pris pour l'application de l'article L. 226-1 du code rural et de la pêche maritime (JO 29 sept.).

Art. 1er *(Décr. n° 2007-1533 du 25 oct. 2007)* Relèvent du service public de l'équarrissage la collecte, la transformation et l'élimination :

— des cadavres ou lots de cadavres d'animaux d'élevage mentionnés à l'article L. 226-1 du code rural et de la pêche maritime et de bovinés, d'ovins et de caprins d'élevage de moins de 40 kilogrammes, morts *(Décr. n° 2009-872 du 16 juill. 2009)* « outre-mer » au cours de déplacements hors de l'exploitation agricole, à l'exception des animaux morts *(Décr. n° 2009-872 du 16 juill. 2009)* « outre-mer » au cours de leur transport vers l'abattoir ou dans le cadre d'une activité de spectacle ;

— des cadavres ou lots de cadavres de bovinés, d'ovins et de caprins d'élevage de moins de 40 kilogrammes, morts *(Décr. n° 2009-872 du 16 juill. 2009)* « outre-mer » en exploitation agricole ;

— des cadavres ou lots de cadavres de bovinés, d'ovins et de caprins d'élevage sans limite de poids et d'animaux de toute autre espèce de plus de 40 kilogrammes, morts dans les fourrières, les refuges mentionnés à l'article L. 214-6 du code rural et de la pêche maritime et les parcs zoologiques ;

— des cadavres ou lots de cadavres de bovinés, d'ovins et de caprins d'élevage sans limite de poids et d'animaux de toute autre espèce de plus de 40 kilogrammes, dont le propriétaire est inconnu ou inexistant ;

— des cadavres ou lots de cadavres d'animaux de toute espèce dont la destruction, pour des raisons de santé et de salubrité publique, est décidée par le préfet de département, à l'exception des cadavres d'animaux abattus sur ordre du préfet dans le cadre des mesures de lutte contre les maladies animales réputées contagieuses.

Art. 2 Le présent décret entrera en vigueur le 1er octobre 2005.

Art. L. 226-2 *(Ord. n° 2015-616 du 4 juin 2015, art. 4-6°)* **Les conditions de collecte, manipulation, entreposage après collecte, traitement ou élimination des sous-produits animaux et des produits dérivés sont définies par le règlement (CE) n° 1069/2009 du Parlement européen et du Conseil du 21 octobre 2009 établissant des règles sanitaires applicables aux sous-produits animaux et produits dérivés non destinés à la consommation humaine et par les dispositions du présent chapitre.** *— V. aussi Règl. (UE) n° 142/2011 de la Commission du 25 févr. 2011 portant application du Règl. (CE) n° 1069/2009 du Parlement européen et du Conseil établissant des règles sanitaires applicables aux sous-produits animaux et produits dérivés non destinés à la consommation humaine et portant application de la Dir. 97/78/CE du Conseil en ce qui concerne certains échantillons et articles exemptés des contrôles vétérinaires effectués aux frontières en vertu de cette directive (JOUE n° L 54 du 26 févr.).*

Constituent une activité d'équarrissage la collecte, la manipulation, l'entreposage après collecte, le traitement ou l'élimination d'un ou plusieurs cadavres ou de parties de cadavres d'animaux ou d'autres matières animales dont la liste est déterminée par arrêté du ministre chargé de l'agriculture. *— Ne sont pas applicables à Saint-Barthélemy et à Saint-Pierre-et-Miquelon les 6° à 8° et 11° et 12° de l'art. 4 de l'Ord. n° 2015-616 du 4 juin 2015 (Ord. préc., art. 12-2°, JO 5 juin).*

V. Arr. du 8 déc. 2011 établissant des règles sanitaires applicables aux sous-produits animaux et produits dérivés en application du Règl. (CE) n° 1069/2009 et du Règl. (UE) n° 142/2011 (JO 30 déc.), mod. par Arr. du 3 févr. 2022 (JO 11 févr.) ; Arr. du 9 avr. 2018 fixant les dispositions techniques nationales relatives à l'utilisation de sous-produits animaux et de produits qui en sont dérivés, dans une usine de production de biogaz, une usine de compostage ou en « compostage de proximité », et à l'utilisation du lisier (JO 24 avr.).

Art. L. 226-3 *Al. 1er à 4 abrogés par Ord. n° 2015-616 du 4 juin 2015, art. 4-7°-a.*

(Ord. n° 2015-616 du 4 juin 2015, art. 4-7°-b) **« Les détenteurs ou propriétaires d'animaux d'élevage au sens de l'article 3 du règlement (CE) n° 1069/2009 du**

21 octobre 2009 précité, à l'exception des détenteurs ou propriétaires non professionnels d'équidés, doivent être en mesure de présenter à tout moment aux agents habilités à rechercher et constater les infractions et manquements aux dispositions du présent chapitre, aux textes réglementaires pris pour son application et aux dispositions du droit de l'Union européenne ayant le même objet les documents attestant qu'ils ont conclu un contrat ou cotisent à une structure ayant conclu un contrat leur garantissant, pendant une période d'au moins un an, la collecte et le traitement, dans les conditions prévues par le présent chapitre, des animaux d'élevage morts dans leur exploitation ou de justifier qu'ils disposent d'un outil de traitement agréé. » — *Ne sont pas applicables à Saint-Barthélemy et à Saint-Pierre-et-Miquelon les 6° à 8° et 11° et 12° de l'art. 4 de l'Ord. n° 2015-616 du 4 juin 2015 (Ord. préc., art. 12-2°, JO 5 juin).*

Art. L. 226-4 *et* L. 226-5 *Abrogés par Ord. n° 2015-616 du 4 juin 2015, art. 4-8°.*

Art. L. 226-6 *(L. n° 2005-157 du 23 févr. 2005, art. 222-I-3°)* **I. — Les propriétaires ou détenteurs de cadavres** *(Ord. n° 2015-616 du 4 juin 2015, art. 4-9°)* **« ou parties de cadavres d'animaux sont tenus d'avertir, dans les meilleurs délais et au plus tard dans les quarante-huit heures, la personne chargée de l'enlèvement ».**

II. — Les cadavres *(Ord. n° 2015-616 du 4 juin 2015, art. 4-9°)* **« ou parties de cadavres » d'animaux doivent être enlevés dans un délai de deux jours francs après réception de la déclaration du propriétaire ou du détenteur.**

(Ord. n° 2015-616 du 4 juin 2015, art. 4-9°) **« Les autres sous-produits animaux dont l'élimination est obligatoire doivent être collectés dans un délai fixé par arrêté du ministre chargé de l'agriculture. »** — *V. art. R. 228-12 (pén.).*

III. — Le délai de déclaration à la personne chargée de l'enlèvement des cadavres *(Ord. n° 2015-616 du 4 juin 2015, art. 4-9°)* **« et parties de cadavres d'animaux, d'une part, et le délai de conservation des sous-produits animaux et produits dérivés dont la collecte » est obligatoire, d'autre part, peuvent être allongés lorsque leur entreposage répond à des conditions sanitaires définies par voie réglementaire.** — *V. art. R. 226-13.*

IV. — Si, dans les délais prévus au II, il n'a pas été procédé à l'enlèvement des sous-produits animaux, les propriétaires ou détenteurs sont tenus d'en aviser l'autorité administrative. Dans ce cas ou lorsque le propriétaire de cadavres d'animaux *(Ord. n° 2015-616 du 4 juin 2015, art. 4-9°)* **« ou parties de cadavres d'animaux » reste inconnu à l'expiration d'un délai de douze heures après leur découverte, il est procédé à l'enlèvement de ces sous-produits animaux dans des conditions déterminées par voie réglementaire.** — *V. art. L. 228-5 (pén.).*

Art. L. 226-7 *(L. n° 2005-157 du 23 févr. 2005, art. 222-I-4° et 223)* **L'exercice de** *(Ord. n° 2015-616 du 4 juin 2015, art. 4-10°)* **« l'activité d'équarrissage » définie à l'article L. 226-2 est incompatible avec toute activité de commerce et de transport d'animaux, de viandes ou de produits carnés destinés à la consommation humaine.**

Les dispositions du précédent alinéa ne font pas obstacle à ce que deux personnes morales, ayant entre elles un lien de capital, exercent l'une *(Ord. n° 2015-616 du 4 juin 2015, art. 4-10°)* **« une activité d'équarrissage » et l'autre une activité de commerce et de transport d'animaux, de viandes ou de produits carnés destinés à la consommation humaine.**

(L. n° 2008-1425 du 27 déc. 2008, art. 140-II, en vigueur le 18 juill. 2009) **« Elles ne font pas obstacle à ce que des organisations professionnelles ou autres personnes morales, ayant une activité de commerce et de transport d'animaux, de viandes ou de produits carnés destinés à la consommation humaine, créent une association ou une autre personne morale qui exerce une mission d'équarrissage. »**

Dans tous les cas, les activités d'équarrissage, d'une part, et de commerce et de transport d'animaux, de viandes ou de produits carnés destinés à la consommation humaine, d'autre part, doivent être menées *(Ord. n° 2015-616 du 4 juin 2015, art. 4-10°)* **« dans des établissements » différents.**

Toute personne chargée d'une mission d'inspection des ateliers d'équarrissage et des dépôts de cadavres d'animaux ne peut exercer la mission d'équarrissage. Il est en outre interdit à cette personne d'avoir des intérêts dans un établissement d'équarrissage. — *V. art. L. 228-5 (pén.).*

Art. L. 226-8 *Al. 1er abrogé par Ord. n° 2015-616 du 4 juin 2015, art. 4-11°.*

Dans les cas définis par décret, l'État peut se substituer aux abattoirs et établissements pour assurer l'élimination *(Ord. n° 2015-616 du 4 juin 2015, art. 4-11°)* **« des produits transformés issus des matières de la catégorie 3 au sens du règlement (CE) n° 1069/2009 du 21 octobre 2009 précité, provenant d'abattoirs ou d'établissements de manipulation ou de préparation de denrées animales ou d'origine animale ». Dans le cas où l'État charge par décret** *(Ord. n° 2009-325 du 25 mars 2009, art. 8)* **« l'établissement mentionné à l'article L. 621-1 » d'assurer tout ou partie des mesures concourant à l'élimination de ces déchets, ce dernier est substitué de plein droit à l'État à compter de la date d'entrée en vigueur du décret dans tous les marchés en cours d'exécution passés en application du présent article. Cette substitution n'entraîne aucun droit à résiliation de ces marchés ou à indemnisation des cocontractants.** — *V. Décr. n° 2006-878 du 13 juill. 2006 (JO 16 juill.) pris pour l'application de l'art. L. 226-8 C. rur.*

Ne sont pas applicables à Saint-Barthélemy et à Saint-Pierre-et-Miquelon les 6° à 8° et 11° et 12° de l'art. 4 de l'Ord. n° 2015-616 du 4 juin 2015 (Ord. préc., art. 12-2°, JO 5 juin).

Art. L. 226-9 *(L. n° 2005-1719 du 30 déc. 2005, art. 151-IX)* **Les propriétaires ou détenteurs de certaines catégories de cadavres d'animaux dont la destruction relève du service public de l'équarrissage supportent une partie du montant de cette destruction.**

Les catégories d'animaux concernées ainsi que le montant et les modalités de détermination et de facturation de cette participation sont précisés par arrêté conjoint des ministres chargés de l'agriculture, de l'économie et des finances et du budget. — *V. Arr. du 13 juill. 2006 (JO 16 juill.), mod. par Arr. du 23 oct. 2007 (JO 31 oct.) et Arr. du 29 juill. 2008 (JO 31 juill.).*

Cette participation constitue une créance de droit privé. Elle est recouvrée et encaissée pour son propre compte par l'entreprise désignée par l'État ou, le cas échéant, désignée par *(Ord. n° 2009-325 du 25 mars 2009, art. 8)* **« l'établissement mentionné à l'article L. 621-1 », pour procéder à l'enlèvement de ces cadavres.**

Art. L. 226-10 *Abrogé par L. n° 2005-157 du 23 févr. 2005, art. 222-I-6°.*

CHAPITRE VII **PHARMACIE VÉTÉRINAIRE** *(L. n° 2005-157 du 23 févr. 2005, art. 115-II).*

Art. L. 227-1 Les mesures concernant l'importation, la fabrication, la détention, la vente ou la cession à titre gratuit des médicaments vétérinaires destinés au diagnostic, à la prévention et au traitement des maladies des animaux, tels que définis à l'article *(Ord. n° 2022-414 du 23 mars 2022, art. 12)* **« L. 5141-2 » du code de la santé publique, sont régies par les dispositions du titre IV du livre I de la partie V du même code** *(Ord. n° 2022-414 du 23 mars 2022, art. 12)* **« et par les dispositions du règlement (UE) 2019/6 du Parlement européen et du Conseil du 11 décembre 2018 relatif aux médicaments vétérinaires ».** — *[Anc. art. 216.]*

L'obligation imposée aux éleveurs d'obtenir une autorisation de distribution en gros pour bénéficier d'une autorisation d'importation parallèle d'un médicament vétérinaire pour les besoins de leur élevage est une mesure d'effet équivalent contraire aux art. 34 et 36 du traité FUE. • CJUE, 4e ch., 27 oct. 2016, n° C-114/15 : *RD rur. 2017, n° 129, note Petit.* ♦ Est mal fondé l'arrêt qui déclare des éleveurs coupables du délit d'importation de médicaments sans autorisation alors que les obligations réglementaires leur étaient inopposables puisqu'en méconnaissance du droit de l'Union, ils étaient exclus de la procédure d'importation parallèle de médicaments vétérinaires. • Crim. 5 nov. 2019, n° 18-80.554 P : *D. 2019. 2140 ; Gaz. Pal. 12 nov. 2019.*

Art. L. 227-2 *Abrogé par L. n° 2004-1343 du 9 déc. 2004, art. 48-II.*

Art. L. 227-3 *Abrogé par L. n° 2005-157 du 23 févr. 2005, art. 115-I. — V. art. L. 203-1.*

CHAPITRE VIII **DISPOSITIONS PÉNALES**

COMMENTAIRE

Les épizooties, tout particulièrement dans le contexte de l'élevage industriel, ont d'importantes conséquences économiques et financières pour l'éleveur mais aussi pour les fonds publics. De plus, les épizooties peuvent atteindre la santé publique. Il a été établi que l'encéphalopathie spongiforme bovine comme la grippe aviaire pouvaient porter une atteinte directe à la vie humaine. Il en résulte que tout comportement de nature à permettre la propagation d'une épidémie ou à en différer le traitement constitue une atteinte à l'ordre public justifiant des sanctions pénales.

Art. L. 228-1 Est puni d'un emprisonnement de six mois et d'une amende de 3 750 € :

1° Le fait pour un détenteur d'animaux infectés *[de]* laisser ceux-ci communiquer avec d'autres en méconnaissance d'un arrêté pris en application de l'article *(Ord. nº 2011-862 du 22 juill. 2011, art. 2)* « L. 223-6-1 » ou de l'article L. 223-8 ;

2° Le fait de vendre ou de mettre en vente des animaux que leur propriétaire sait atteints ou soupçonnés d'être atteints de maladies *(Ord. nº 2021-1370 du 20 oct. 2021, art. 4)* « mentionnées à l'article L. 221-1 » ;

3° Le fait, sans permission de l'autorité administrative, de déterrer ou d'acheter sciemment des cadavres ou débris des animaux morts de maladies *(Ord. nº 2021-1370 du 20 oct. 2021, art. 4)* « mentionnées à l'article L. 221-1 » quelles qu'elles soient ou abattus comme atteints de la peste bovine, du charbon, de la morve et de la rage ;

4° Le fait pour une personne, même avant l'arrêté d'interdiction, d'importer en France des animaux qu'elle sait atteints de maladies *(Ord. nº 2021-1370 du 20 oct. 2021, art. 4)* « mentionnées à l'article L. 221-1 » ou avoir été exposés à la contagion. — *[Anc. art. 329.]*

Art. L. 228-2 Est puni d'un emprisonnement de trois ans et d'une amende de 3 750 € :

1° Le fait pour une personne de vendre ou de mettre en vente de la viande provenant d'animaux qu'elle sait morts de maladies *(Ord. nº 2021-1370 du 20 oct. 2021, art. 4)* « mentionnées à l'article L. 221-1 » quelles qu'elles soient, ou abattus comme atteints de la peste bovine, du charbon, de la morve et de la rage ;

2° Le fait de se rendre coupable d'infraction à l'article L. 228-1 s'il est résulté de cette infraction une contagion parmi les autres animaux. — *[Anc. art. 330.]*

Art. L. 228-3 Le fait de faire naître ou de contribuer volontairement à répandre une épizootie chez les vertébrés domestiques ou sauvages, ou chez les insectes, les crustacés ou les mollusques d'élevage, est puni d'un emprisonnement de cinq ans et d'une amende de 75 000 €. La tentative est punie comme le délit consommé.

Le fait, par inobservation des règlements, de faire naître ou de contribuer à répandre involontairement une épizootie dans une espèce appartenant à l'un des groupes définis à l'alinéa précédent est puni d'une amende de 15 000 € et d'un emprisonnement de deux ans.

S'il s'agit de la fièvre aphteuse, la peine d'amende encourue en vertu du premier alinéa est de 150 000 € et celle encourue en vertu du deuxième alinéa est de 30 000 €. — *[Anc. art. 331.]*

L'exploitant qui introduit cinquante bovins dans son troupeau sans faire effectuer le triple dépistage brucellose, leucose et tuberculose bovines, est coupable du délit de propagation involontaire d'une épizootie et de contravention de défaut de dépistage. • Crim. 7 janv. 1998, nº 97-82.988 P : *RD rur. 1998. 424.*

Art. L. 228-4 Si la condamnation pour infraction prévue aux articles L. 228-1 à L. 228-3 remonte à moins d'une année ou si cette infraction a été commise par des vétérinaires sanitaires, des gardes champêtres, des gardes forestiers, des officiers de police à quelque titre que ce soit, les peines peuvent être portées au double du maximum fixé par lesdits articles. — *[Anc. art. 333.]*

Art. L. 228-5 *(Ord. nº 2015-616 du 4 juin 2015, art. 4-12º)* I. — Est puni de 3 750 € d'amende le fait de :

1° Jeter en quelque lieu que ce soit des sous-produits animaux ou produits dérivés au sens de l'article 3 du règlement (CE) n° 1069/2009 du Parlement européen et du Conseil du 21 octobre 2009 établissant des règles sanitaires applicables aux sous-produits animaux et produits dérivés non destinés à la consommation humaine ;

2° Ne pas effectuer les déclarations prescrites à l'article L. 226-6 ou ne pas remettre à la personne chargée d'une activité d'équarrissage les sous-produits animaux ou les produits dérivés dont la collecte est obligatoire ;

3° Exercer à la fois une activité d'équarrissage et une activité de commerce ou de transport d'animaux, de viandes ou de produits carnés destinés à la consommation humaine dans des conditions ne répondant pas à celles définies à l'article L. 226-7 ;

4° Exercer, en méconnaissance de l'article L. 226-7, une activité d'équarrissage dans un établissement au sein duquel est exercée une activité de commerce ou de transport d'animaux, de viandes ou de produits carnés destinés à la consommation humaine ;

5° Pour une personne mentionnée à l'article L. 226-3 ne justifiant pas disposer d'un outil de traitement agréé, ne pas avoir conclu un contrat ou cotisé à une structure ayant conclu un contrat lui garantissant, pendant une période d'au moins un an, la collecte et le traitement, dans les conditions mentionnées à cet article, des animaux d'élevage morts dans son exploitation.

II. — Est puni de six mois d'emprisonnement et de 7 500 € d'amende le fait :

1° Pour un exploitant, que l'établissement sous son contrôle au sens du règlement (CE) n° 1069/2009 du 21 octobre 2009 précédemment mentionné ne soit pas enregistré ou agréé dans les conditions prévues aux articles 23 et 24 de ce même règlement ;

2° D'utiliser ou éliminer des sous-produits animaux ou des produits dérivés dans des conditions autres que celles prévues par les articles 11 à 20 du même règlement ou les dispositions prises pour leur application. — *Ne sont pas applicables à Saint-Barthélemy et à Saint-Pierre-et-Miquelon les 6° à 8° et 11° et 12° de l'art. 4 de l'Ord. n° 2015-616 du 4 juin 2015 (Ord. préc., art. 12-2°, JO 5 juin).*

Art. L. 228-6 Sont punis d'une amende de 15 000 € et d'un emprisonnement de deux ans :

1° Le fait d'acquérir, de détenir, de céder à titre gratuit ou onéreux ou d'utiliser du vaccin antiaphteux en dehors des conditions prévues à l'article L. 223-18 ;

2° Le fait de manipuler du virus aphteux en dehors des conditions prévues à l'article L. 223-19. — *[Anc. art. 335.]*

Art. L. 228-7 Toute personne, tenue en application de l'article L. 223-5 d'en faire la déclaration, qui omet de déclarer ou qui cherche à dissimuler l'existence d'un animal atteint ou soupçonné d'être atteint de fièvre aphteuse ou ayant été exposé à la contagion est punie d'une amende de 30 000 € et d'un emprisonnement de deux ans.

En cas de condamnation, le tribunal peut ordonner que le jugement soit, intégralement ou par extrait, affiché pendant quinze jours à la mairie du lieu où a été commis le délit et publié dans un journal régional et une revue à caractère professionnel, aux frais du condamné. — *[Anc. art. 336.]*

Art. L. 228-8 *(Ord. n° 2021-1370 du 20 oct. 2021, art. 4)* « I. — Le fait de se livrer à une activité professionnelle soumise à agrément par l'une des dispositions mentionnées au premier alinéa de l'article L. 222-1, sans être titulaire d'un tel agrément, ou de poursuivre l'exercice d'une de ces activités malgré une décision administrative de suspension ou de retrait de cet agrément, est puni de 4 500 € d'amende. »

(Ord. n° 2006-1548 du 7 déc. 2006) II. — Les personnes reconnues pénalement responsables de l'infraction définie au I encourent également les peines complémentaires suivantes :

— la confiscation de l'animal reproducteur, du matériel de reproduction et du matériel utilisé pour la collecte, le conditionnement et la conservation du matériel de reproduction ;

— la fermeture définitive ou pour une durée de cinq ans au plus de l'établissement ayant servi à commettre l'infraction ;

— l'affichage de la décision prononcée ou la diffusion de celle-ci soit par la presse écrite, soit par tout moyen de communication au public par voie électronique.

V. art. R. 228-1 s.

TITRE III QUALITÉ NUTRITIONNELLE ET SÉCURITÉ SANITAIRE DES ALIMENTS *(L. n° 2010-874 du 27 juill. 2010, art. 1er-I).*

BIBL. GÉN. ▶ AUBRY-CAILLAUD, *Europe mai 2003. 4* (sécurité alimentaire et Union européenne). - BAILLY, *Gaz. Pal. 9-10 juin 2006. 7* (la sécurité alimentaire). - BANET, *Gaz. Pal. 28-29 juill. 2006. 7* (une responsabilité accrue pour les opérateurs du secteur alimentaire ; le nouveau cadre réglementaire entré en vigueur le 1er janv. 2006). – BLUMANN et ADAM, *RTD eur. 1997. 23* (PAC et vache folle). – BONNO, *Rev. marché unique européen 1998. 5* (Union européenne et sécurité alimentaire). – COLLART-DUTILLEUL, *Liber amicorum Jean Calais-Auloy, Dalloz 2003, p. 311* (le consommateur face au risque alimentaire, mise en œuvre raisonnable du principe de précaution) ; *Mél. Y. Serra, Dalloz 2006* (introduction au droit agroalimentaire). – COLLART-DUTILLEUL et LORVELLEC, *in* Écrits de droit rural et agroalimentaire, *Dalloz 2002, p. 445* (principe de précaution et responsabilité dans le secteur alimentaire). – DELOMEZ, *Option qualité 2005, no 241. 15* (sécurité des aliments). – FRIANT-PERROT, *RD rur. 2004. 561* (la sécurité alimentaire, enjeux pour les secteurs agricoles et alimentaires). – JEANNIN, *D. 2004. 3057* (droit alimentaire européen). – LEBEL, *RD rur. 2010. Étude 19* (loi du 27 juill. 2010). – LECOURT, VEIT, DOUSSIN et SOROSTE, *Option qualité, nov. 2005. 13* (le centenaire de la loi du 1er août 1905). – LORVELLEC, *RD rur. 1997. 214* (action des autorités publiques françaises dans la crise de la vache folle). – PEIGNOT et PETIT, *RD rur. 1999. 446* (contrôle qualificatif et sanitaire du produit et son organisation en France). – VEIT et PIERRE, *Option qualité 2004, no 230. 15* (réforme du droit européen de la sécurité des aliments).

CHAPITRE PRÉLIMINAIRE **LA POLITIQUE PUBLIQUE DE L'ALIMENTATION**

(L. no 2010-874 du 27 juill. 2010, art. 1er-I)

Art. L. 230-1 *Abrogé par L. no 2014-1170 du 13 oct. 2014, art. 39-III. — V. désormais art. L. 1.*

Art. L. 230-2 **L'autorité administrative compétente de l'État peut, afin de disposer des éléments nécessaires à l'élaboration et à la mise en œuvre de la politique publique de l'alimentation, imposer aux producteurs, transformateurs et distributeurs de produits alimentaires, quelle que soit leur forme juridique, la transmission de données de nature technique, économique ou socio-économique relatives à la production, à l'importation, à la transformation, à la commercialisation et à la consommation de ces produits.**

(L. no 2021-1104 du 22 août 2021, art. 267) **« Pour la mise en œuvre de leurs actions dans le domaine de l'alimentation et sous réserve du respect du secret des affaires, l'État peut communiquer aux collectivités territoriales qui en font la demande les données de nature technique, économique ou socio-économique relatives à la production, à l'importation, à la transformation, à la commercialisation et à la consommation de ces produits transmises par les producteurs, transformateurs et distributeurs de produits alimentaires, quelle que soit leur forme juridique, en application du premier alinéa. »**

Un décret en Conseil d'État précise la nature de ces données et les conditions de leur transmission, en veillant au respect des droits de propriété intellectuelle. Il détermine les sanctions applicables en cas de non-transmission des données.

Art. L. 230-3 *(L. no 2018-938 du 30 oct. 2018, art. 54)* **L'observatoire de l'alimentation assure un suivi global de la qualité nutritionnelle de l'offre alimentaire. Il collecte et analyse les données nutritionnelles relatives aux aliments afin d'éclairer les pouvoirs publics et les opérateurs privés en vue d'une amélioration continue de la qualité de l'offre alimentaire et d'une réduction des risques en matière de santé.**

Il fournit également aux secteurs professionnels des outils d'aide à la décision utiles à la mise en œuvre des engagements collectifs définis à l'article L. 230-4.

Les modalités de fonctionnement de l'observatoire ainsi que sa composition sont définis par décret.

Art. L. 230-4 **Pour agir sur la qualité gustative et nutritionnelle des produits agricoles et alimentaires et leur consommation, l'État incite les opérateurs du secteur agroalimentaire à mettre en œuvre des accords collectifs par famille de produits.**

Ces accords ont pour but de permettre une évolution favorable de la qualité nutritionnelle des denrées, tout en prenant en compte leur qualité gustative ainsi que leurs conditions de production et de commercialisation. Ils fixent des objectifs à atteindre en matière de qualité nutritionnelle, conformément aux orientations définies dans le cadre du programme national relatif à la nutrition et à la santé prévu à l'article L. 3231-1 du code de la santé publique, et en matière de promotion des modes de production, de transformation et de distribution durables des produits agricoles et agroalimentaires.

Les modalités d'élaboration et de mise en œuvre de ces accords ainsi que la définition des engagements collectifs sur lesquels ils doivent obligatoirement porter, leurs modalités de suivi par l'observatoire de l'alimentation et les conditions de mesure de leur impact sur l'offre alimentaire sont fixées par décret en Conseil d'État.

Art. L. 230-5 Les gestionnaires, publics et privés, des services de restauration scolaire et universitaire ainsi que des services de restauration des établissements d'accueil des enfants de moins de six ans, des établissements de santé, des établissements sociaux et médico-sociaux et des établissements pénitentiaires sont tenus de respecter des règles, déterminées par décret, relatives à la qualité nutritionnelle des repas qu'ils proposent et de privilégier, lors du choix des produits entrant dans la composition de ces repas, les produits de saison. Les règles relatives à la qualité nutritionnelle des repas sont publiées sous la forme d'une charte affichée dans les services concernés.

(L. n° 2021-1104 du 22 août 2021, art. 254) « Les règles mentionnées au premier alinéa prévoient notamment l'exclusion des denrées alimentaires qui se composent de cultures cellulaires ou tissulaires dérivées d'animaux ou qui sont isolées ou produites à partir de cultures cellulaires ou tissulaires dérivées d'animaux. »

(Ord. n° 2015-616 du 4 juin 2015, art. 5-1°) « Les agents habilités veillent au respect des règles fixées en application du présent article. » Ils disposent à cet effet des pouvoirs d'enquête prévus *(Ord. n° 2016-301 du 14 mars 2016, art. 16-2°, en vigueur le 1er juill. 2016)* « aux articles L. 511-14 et L. 512-5 » du code de la consommation.

Lorsqu'un agent mentionné au *(L. n° 2021-1104 du 22 août 2021, art. 254)* « troisième » alinéa constate dans un service de restauration mentionné au premier alinéa du présent article la méconnaissance de règles relatives à la qualité nutritionnelle applicables en vertu du même article, l'autorité administrative compétente de l'État met en demeure le gestionnaire du service de restauration concerné de respecter ces règles dans un délai déterminé. Si, à l'expiration de ce délai, l'intéressé n'a pas déféré à la mise en demeure, cette autorité peut :

1° Ordonner au gestionnaire la réalisation d'actions de formation du personnel du service concerné ;

2° Imposer l'affichage dans l'établissement concerné des résultats des contrôles diligentés par l'État.

Lorsque le service relève de la compétence d'une collectivité territoriale, d'un établissement public, d'une association gestionnaire ou d'une autre personne responsable d'un établissement privé, l'autorité administrative compétente informe ces derniers des résultats des contrôles, de la mise en demeure et, le cas échéant, des mesures qu'elle a ordonnées.

(L. n° 2018-938 du 30 oct. 2018, art. 29) « Les gestionnaires, publics et privés, des services de restauration collective scolaire et universitaire ainsi que des services de restauration collective des établissements d'accueil des enfants de moins de six ans sont tenus d'informer et de consulter régulièrement, dans chaque établissement et par tous moyens utiles, les usagers sur le respect de la qualité alimentaire et nutritionnelle des repas servis. »

Un décret en Conseil d'État précise la procédure selon laquelle sont prises les décisions prévues au présent article.

Art. L. 230-5-1 *(L. n° 2018-938 du 30 oct. 2018, art. 24)* I. — Au plus tard le 1er janvier 2022, les repas servis dans les restaurants collectifs dont les personnes morales de droit public ont la charge comprennent une part au moins égale, en valeur, à 50 % de produits répondant à l'une des conditions suivantes, les produits mentionnés au 2° du présent I devant représenter une part au moins égale, en valeur, à 20 % :

1° Produits acquis selon des modalités prenant en compte les coûts imputés aux externalités environnementales liées au produit pendant son cycle de vie ;

(L. n° 2021-1104 du 22 août 2021, art. 257) « 1° *bis* Produits dont l'acquisition a été fondée, principalement, sur les performances en matière de protection de l'environnement et de développement des approvisionnements directs de produits de l'agriculture, dans le respect des règles du code de la commande publique ; »

2° Ou issus de l'agriculture biologique au sens du règlement (CE) n° 834/2007 du Conseil du 28 juin 2007 relatif à la production biologique et à l'étiquetage des produits biologiques et abrogeant le règlement (CEE) n° 2092/91, y compris les produits

en conversion au sens de l'article 62 du règlement n° 889/2008 de la Commission du 5 septembre 2008 portant modalités d'application du règlement (CE) n° 834/2007 du Conseil relatif à la production biologique et à l'étiquetage des produits biologiques en ce qui concerne la production biologique, l'étiquetage et les contrôles ; *— Le Règl. (CE) n° 834/2007 est abrogé et remplacé par le Règl. (UE) 2018/848 du Parlement européen et du Conseil du 30 mai 2018 relatif à la production biologique et à l'étiquetage des produits biologiques ; le Règl. (CE) n° 889/2008 est abrogé par le Règl. d'exécution (UE) 2021/1165 du 15 juill. 2021 autorisant l'utilisation de certains produits et substances dans la production biologique et établissant la liste de ces produits et substances.*

3° Ou bénéficiant d'autres signes ou mentions prévus à l'article L. 640-2 dont l'utilisation est subordonnée au respect de règles destinées à favoriser la qualité des produits ou la préservation de l'environnement ;

(L. n° 2021-1104 du 22 août 2021, art. 257) **« 3° *bis* Ou issus du commerce équitable défini à l'article 60 de la loi n° 2005-882 du 2 août 2005 en faveur des petites et moyennes entreprises ; »**

4° Ou bénéficiant de l'écolabel prévu à l'article L. 644-15 ;

5° Ou bénéficiant du symbole graphique prévu à l'article 21 du règlement (UE) n° 228/2013 du Parlement européen et du Conseil du 13 mars 2013 portant mesures spécifiques dans le domaine de l'agriculture en faveur des régions ultrapériphériques de l'Union et abrogeant le règlement (CE) n° 247/2006 du Conseil, et dont l'utilisation est subordonnée au respect de règles destinées à favoriser la qualité des produits ou la préservation de l'environnement ;

6° Ou, jusqu'au 31 décembre *(L. n° 2021-1104 du 22 août 2021, art. 257)* **« 2026 », issus d'une exploitation ayant fait l'objet de la certification prévue à l'article L. 611-6 et satisfaisant à un niveau d'exigences environnementales au sens du même article L. 611-6 ;**

7° Ou, à compter du 1er janvier *(L. n° 2021-1104 du 22 août 2021, art. 257)* **« 2027 », issus des exploitations ayant fait l'objet du plus haut niveau de certification prévu à l'article L. 611-6 ;**

8° Ou satisfaisant, au sens de l'article 43 de la directive 2014/24/UE du Parlement européen et du Conseil du 26 février 2014 sur la passation des marchés publics et abrogeant la directive 2004/18/CE, de manière équivalente, aux exigences définies par ces signes, mentions, écolabel ou certification.

(L. n° 2021-1104 du 22 août 2021, art. 257) **« Au plus tard le 1er janvier 2024, les viandes bovines, porcines, ovines et de volaille et les produits de la pêche répondant aux conditions prévues au présent I doivent représenter une part au moins égale, en valeur, à 60 % des viandes bovines, porcines, ovines et de volaille et des produits de la pêche servis, ce taux étant fixé à 100 % dans les restaurants collectifs gérés par l'État, ses établissements publics et les entreprises publiques nationales. »**

II. — Les personnes morales de droit public mentionnées au premier alinéa du I du présent article développent par ailleurs *(Abrogé par L. n° 2021-1104 du 22 août 2021, art. 257)* ***« l'acquisition de produits issus du commerce équitable tel que défini à l'article 60 de la loi n° 2005-882 du 2 août 2005 en faveur des petites et moyennes entreprises ainsi que »*** **l'acquisition de produits dans le cadre des projets alimentaires territoriaux définis à l'article L. 111-2-2 du présent code.**

(L. n° 2021-1104 du 22 août 2021, art. 257) **« Lorsqu'elles déterminent la nature et l'étendue du besoin à satisfaire dans le cadre d'un marché public de fournitures ou de services de produits agricoles et de denrées alimentaires, les personnes morales de droit public mentionnées au premier alinéa du I du présent article prennent en compte les conditions de fraîcheur, la nécessité de respecter la saisonnalité et le niveau de transformation attendu des produits. »**

III. — Un décret en Conseil d'État précise les modalités d'application du présent article, notamment :

1° La liste des signes et mentions à prendre en compte ;

2° La caractérisation et l'évaluation des modalités de prise en compte des coûts imputés aux externalités environnementales liées aux produits pendant son cycle de vie prévues au 1° du I ;

3° Le ou les niveaux d'exigences environnementales prévus au 6° du même I ;

4° Les modalités de justification de l'équivalence prévue au 8° dudit I, notamment les conditions dans lesquelles celle-ci fait l'objet, pour les produits mentionnés au 6° du même I, d'une certification par un organisme indépendant ;

5° Les conditions d'une application progressive du présent article et les modalités du suivi de sa mise en œuvre.

(L. n° 2021-1104 du 22 août 2021, art. 257) « IV. – Les règles fixées au présent article sont applicables à compter du 1er janvier 2024 aux repas servis dans tous les restaurants collectifs dont les personnes morales de droit privé ont la charge.

« V. – A compter de la publication de la loi n° 2021-1104 du 22 août 2021 portant lutte contre le dérèglement climatique et renforcement de la résilience face à ses effets, le Gouvernement transmet au Parlement et rend public au 1er janvier un bilan statistique annuel de l'application du présent article.

« Ce bilan s'attache à éclairer le Parlement sur :

« 1° La part des différentes catégories de denrées alimentaires représentées au sein des produits de qualité servis ;

« 2° La part des produits de qualité servis répondant à chacun des critères définis au présent article ;

« 3° La part des produits de qualité répondant aux critères prévus au présent article, issus d'un circuit court ou d'origine française. » – *V. art. R. 230-30-1 s.*

BIBL. ▶ BODIGUEL, *RD rur. 2019. Focus 110* (qualité environnementale et enjeux de la politique de l'alimentation).

Art. L. 230-5-2 *(Abrogé par L. n° 2021-1104 du 22 août 2021, art. 257, à compter du 1er janv. 2024) (L. n° 2018-938 du 30 oct. 2018, art. 24)* ***L'article L. 230-5-1 est également applicable aux repas servis dans les restaurants collectifs des établissements mentionnés à l'article L. 230-5 dont les personnes morales de droit privé ont la charge.***

Art. L. 230-5-3 *(L. n° 2021-1104 du 22 août 2021, art. 257, en vigueur le 1er janv. 2022)* Les personnes morales ayant la charge d'un restaurant collectif informent à l'entrée du restaurant, par un affichage permanent, actualisé au moins une fois par an, lisible par tous les usagers, et au moins une fois par an par communication électronique, les usagers des restaurants collectifs de la part des produits définis au I de l'article L. 230-5-1 et de la part des produits issus de projets alimentaires territoriaux entrant dans la composition des repas servis.

Art. L. 230-5-4 *(L. n° 2018-938 du 30 oct. 2018, art. 24)* Les gestionnaires des restaurants collectifs *(Abrogé par L. n° 2021-1104 du 22 août 2021, art. 257, à compter du 1er janv. 2024)* ***« dont les personnes morales mentionnées aux articles L. 230-5-1 et L. 230-5-2 ont la charge »*** servant plus de deux cents couverts par jour en moyenne sur l'année sont tenus de présenter à leurs structures dirigeantes un plan pluriannuel de diversification de protéines incluant des alternatives à base de protéines végétales dans les repas qu'ils proposent.

Art. L. 230-5-5 *(L. n° 2018-938 du 30 oct. 2018, art. 24)* Il est créé une instance de concertation pour la mise en œuvre au niveau régional du programme national pour l'alimentation, dénommée comité régional pour l'alimentation, présidée par le représentant de l'État dans la région. Elle est chargée notamment de la concertation sur l'approvisionnement de la restauration collective pour faciliter l'atteinte des seuils définis à l'article L. 230-5-1. Un décret fixe la composition de ce comité et précise ses modalités de fonctionnement. – *V. art. D. 230-8-1 s.*

Art. L. 230-5-6 *(L. n° 2021-1104 du 22 août 2021, art. 252)* I. – Les gestionnaires, publics et privés, des services de restauration collective scolaire proposent, au moins une fois par semaine, un menu végétarien. Ce menu peut être composé de protéines animales ou végétales et respecte, lorsqu'elles s'appliquent, les règles relatives à la qualité nutritionnelle des repas prévues à l'article L. 230-5. Les gestionnaires veillent à privilégier des approvisionnements en produits agricoles et en denrées alimentaires répondant à des exigences en matière de qualité ou de préservation de l'environnement.

II. – Sous réserve des conditions fixées par voie réglementaire destinées à garantir l'équilibre nutritionnel des repas servis et du respect d'exigences adaptées aux besoins des usagers, notamment à l'âge des enfants pour la restauration scolaire, et à titre expérimental, les collectivités territoriales volontaires proposent quotidiennement le choix d'un menu végétarien dans les services de restauration collective dont elles ont la charge.

Cette expérimentation débute à la date de publication de la loi n° 2021-1104 du 22 août 2021 portant lutte contre le dérèglement climatique et renforcement de la résilience face à ses effets, pour une durée de deux ans, et fait l'objet d'une évaluation, notamment sur son application territoriale, sur son impact sur le climat, sur l'évolution de l'approvisionnement des établissements concernés en produits de qualité bénéficiant de signes ou mentions prévus à l'article L. 230-5-1 du présent code, sur le gaspillage alimentaire, sur les taux de fréquentation, sur le coût des repas et sur la qualité nutritionnelle des repas servis. Les collectivités volontaires font connaître au représentant de l'État dans la région leur engagement dans l'expérimentation afin d'en faciliter l'évaluation. Le bilan de cette évaluation est présenté par le Gouvernement au Parlement et rendu public au plus tard six mois avant le terme de l'expérimentation.

L'évaluation porte également sur les modalités d'application à la restauration scolaire à menu unique et prend en compte les avis de l'Agence nationale de sécurité sanitaire de l'alimentation, de l'environnement et du travail liés à la qualité nutritionnelle des repas végétariens et l'évaluation prévue à l'article L. 230-5-6 du code rural et de la pêche maritime, dans sa rédaction résultant de la loi n° 2018-938 du 30 octobre 2018 pour l'équilibre des relations commerciales dans le secteur agricole et alimentaire et une alimentation saine, durable et accessible à tous, pour recommander une généralisation de cette expérimentation.

III. — Au plus tard le 1er janvier 2023, dès lors qu'ils proposent habituellement un choix multiple de menus, les gestionnaires, publics et privés, des services de restauration collective de l'État, de ses établissements publics et des entreprises publiques nationales sont tenus de proposer quotidiennement le choix d'un menu végétarien. Les gestionnaires veillent à privilégier des approvisionnements en produits agricoles et en denrées alimentaires répondant à des exigences en matière de qualité ou de préservation de l'environnement.

IV. — Une concertation entre les collectivités territoriales, leurs groupements et le représentant de l'État dans la région est organisée pendant la durée de l'expérimentation afin de veiller à sa mise en œuvre, notamment dans le cadre des comités régionaux pour l'alimentation définis à l'article L. 230-5-5. À l'occasion de cette concertation, les outils d'aide mentionnés à l'article L. 230-5-6-1 font l'objet d'une communication.

Art. L. 230-5-6-1 *(L. n° 2021-1104 du 22 août 2021, art. 252)* Dans un délai d'un an à compter de la promulgation de la loi n° 2021-1104 du 22 août 2021 portant lutte contre le dérèglement climatique et renforcement de la résilience face à ses effets, pour les personnes morales de droit public et les entreprises privées chargées de la restauration collective publique faisant partie des collectivités territoriales volontaires participant à l'expérimentation prévue au II de l'article L. 230-5-6 du présent code, le Gouvernement propose des outils d'aide à la décision, à la structuration des filières d'approvisionnement sur leur territoire, à la formulation des marchés publics et à la formation des personnels concernés, nécessaires à la proposition quotidienne d'un menu végétarien. Les opérateurs de restauration collective mentionnés aux I et IV de l'article L. 230-5-1 mettent en œuvre l'ensemble des moyens nécessaires pour garantir la qualité et l'équilibre nutritionnel des repas et l'atteinte des objectifs prévus au présent chapitre, y compris par la formation de leur personnel. Ces formations concernent notamment la diversification des protéines dans les menus, la lutte contre le gaspillage alimentaire, les approvisionnements durables et de qualité et la substitution du plastique.

Art. L. 230-5-7 *(L. n° 2018-938 du 30 oct. 2018, art. 24)* Dans un délai d'un an à compter de la promulgation de la loi n° 2018-938 du 30 octobre 2018 précitée, le Gouvernement propose aux personnes morales de droit public et aux entreprises privées en charge de la restauration collective publique des outils d'aide à la décision, à la structuration des filières d'approvisionnement sur leurs territoires, à la formulation des marchés publics, à la formation des personnels concernés, nécessaires à l'atteinte

des seuils définis à l'article L. 230-5-1 ainsi qu'à l'élaboration du plan pluriannuel de diversification de protéines décrit à l'article L. 230-5-4.

Art. L. 230-5-8 *(L. n° 2018-938 du 30 oct. 2018, art. 28)* **Les gestionnaires, publics et privés, des services de restauration scolaire et universitaire ainsi que des services de restauration des établissements d'accueil des enfants de moins de six ans sont soumis** *(L. n° 2021-1104 du 22 août 2021, art. 257)* **« au sixième alinéa du III de l'article L. 541-15-10 du code de l'environnement ».**

Art. L. 230-6 *Abrogé par L. n° 2018-938 du 30 oct. 2018, art. 61. — Sur la lutte contre la précarité alimentaire, V. désormais CASF, art. L. 266-1 s. —* **CASF.**

CHAPITRE I **DISPOSITIONS GÉNÉRALES RELATIVES AU CONTRÔLE SANITAIRE** *(L. n° 2010-874 du 27 juill. 2010, art. 1er-I).*

BIBL. GÉN. ▶ ARNOLD, La certification en santé publique vétérinaire, étude des responsabilités à partir de l'exemple de la certification sanitaire à l'échange et à l'exploitation d'animaux vivants et de produits issus des filières animales, *Thèse vétérinaire 2011.* – FRIANT-PERROT, *RD rur. 2014. Étude 10* (leçons de la crise sanitaire de 2011 et lutte contre les menaces transfrontalières pour la santé). – MANDEVILLE et DE MASCUREAU, *RD rur. 2013. Étude 12* (procédure d'enquête et de constatation de l'infraction par les agents des administrations agricoles).

COMMENTAIRE

Le contrôle sanitaire des produits a été initialement prévu par la loi du 1er août 1905 permettant une protection de l'hygiène et de la santé publique contre les produits corrompus ou falsifiés. Les règles générales de cette loi ont été précisées pour différents produits, et des dispositions particulières ont été prévues dans le code rural pour les produits de l'élevage et les conditions de leur traitement. Aujourd'hui, le contrôle sanitaire des animaux et des aliments a évolué, en particulier sous la pression de la crise dite de la « vache folle », et la protection de la santé humaine a justifié un renforcement des systèmes. Ce dispositif s'inscrit dans le contexte d'une réglementation européenne et internationale qui a d'abord cherché un compromis entre la volonté de maintenir la libre circulation des marchandises et les exigences de la politique agricole, mais dont l'arbitrage initial a été revu par des considérations liées à la santé publique. Le règlement n° 178/2002 du 28 janvier 2002 pose ainsi une réglementation globale dite « de l'étable à l'assiette » qui envisage les risques et le contrôle à chaque étape de la production, ainsi que la gestion des crises. ❑

SECTION 1 **Inspection sanitaire et qualitative**

COMMENTAIRE

La protection de la santé alimentaire, c'est-à-dire la surveillance des denrées alimentaires et la gestion des crises, dépend globalement de trois ministères : celui de l'Agriculture, de la pêche et des affaires rurales, qui veille à la sécurité de la filière agricole et alimentaire. Sa direction générale de l'alimentation dispose de l'administration centrale mais aussi de services vétérinaires départementaux pour mettre en œuvre le contrôle de la santé animale et de la sécurité alimentaire ainsi qu'en dispose le code rural. Les directions départementales des services vétérinaires comptent environ 4 000 agents aidés pour certaines missions de 8 600 vétérinaires titulaires du mandat sanitaire. Le ministère de l'Économie et des finances, chargé de la consommation, contribue à cette mission, en particulier par l'action de la direction générale de la concurrence, de la consommation et de la répression des fraudes. Enfin, le ministère chargé de la Santé est appelé à participer également à cette même mission dans certaines hypothèses. ❑

Art. L. 231-1 *(Ord. n° 2006-1224 du 5 oct. 2006)* **I. — Les prescriptions générales de la législation relative à l'hygiène alimentaire et les règles sanitaires applicables aux exploitants du secteur alimentaire, du secteur des sous-produits animaux et du secteur de l'alimentation animale sont définies par le II de l'article L. 221-4, le chapitre VI du titre II et par le présent titre ou par les règlements et décisions communautaires entrant dans le champ d'application des dispositions susmentionnées.**

II. — Dans l'intérêt de la protection de la santé publique, il doit être procédé :

1° Au contrôle officiel des animaux vivants appartenant à des espèces dont la chair ou les produits sont destinés à l'alimentation humaine ou animale et de leurs conditions de production ;

2° Au contrôle officiel des conditions d'abattage des animaux mentionnés au 1° ci-dessus ;

3° Au contrôle officiel des produits d'origine animale, des denrées alimentaires en contenant, des sous-produits animaux *(Ord. n° 2015-616 du 4 juin 2015, art. 5-2°)* **« , des produits dérivés de ces derniers » et des aliments pour animaux ;**

4° A la détermination et au contrôle officiel des conditions d'hygiène dans lesquelles les produits d'origine animale, les denrées alimentaires en contenant, les sous-produits animaux *(Ord. n° 2015-616 du 4 juin 2015, art. 5-2°)* **« , les produits dérivés de ces derniers » et les aliments pour animaux sont préparés, transformés, conservés ou éliminés, notamment lors de leur transport et de leur mise en vente ;**

5° Au contrôle officiel de la mise en œuvre des bonnes pratiques d'hygiène et des systèmes d'analyse des dangers et des points critiques pour les maîtriser *(Abrogé par Ord. n° 2019-1110 du 30 oct. 2019, art. 3, à compter du 14 déc. 2019)* ***« , en application de l'article 10 du règlement (CE) n° 882/2004 du Parlement européen et du Conseil du 29 avril 2004 » ;***

6° Au contrôle *(Abrogé par Ord. n° 2019-1110 du 30 oct. 2019, art. 3, à compter du 14 déc. 2019)* ***« officiel »*** **des conditions techniques du transport des denrées alimentaires sous température dirigée ;**

(Ord. n° 2022-414 du 23 mars 2022, art. 12) **« 7° Au contrôle du respect des dispositions régissant la fabrication, l'entreposage, le transport et la mise sur le marché des aliments médicamenteux et des produits intermédiaires. »**

(L. n° 2014-1170 du 13 oct. 2014, art. 45-I-1°) **« Les résultats des contrôles effectués en application du plan national de contrôles officiels pluriannuel** *(Ord. n° 2019-1110 du 30 oct. 2019, art. 3, en vigueur le 14 déc. 2019)* **« prévu à l'article 109 du règlement (UE) 2017/625 du 15 mars 2017 » sont rendus publics selon des modalités fixées par voie réglementaire. »**

BIBL. ▶ Petit, *RD rur. 2007. Étude 8* (influence de la réglementation sanitaire sur les productions alimentaires et animales).

1° MESURES PERMISES

1. Contrôles. Les contrôles organisés par les art. 258 et 259 C. rur. et par les textes pris pour leur application, qui ressortissent au domaine de la police sanitaire, ne sont pas subordonnés, faute de références expresses et non équivoques à ce texte, au respect des dispositions des art. L. 215-9 s. C. consom. substituées à celles du décret du 22 janv. 1919 prévues en matière de contrôle bactériologique ou de pureté biologique. • Crim. 6 févr. 1997, n° 95-82.795.

2. Contamination bactérienne. Lorsque plusieurs des échantillons prélevés sont en état de « maturation » avancée et que, par suite, les viandes présentent une contamination bactérienne superficielle importante qui nécessite leur utilisation, sous contrôle sanitaire, dans un atelier de fabrication de produits carnés, c'est à bon droit que le vétérinaire inspecteur les retire de la consommation humaine, sans nécessairement prévoir pour elles d'autres utilisations que la société requérante n'avait pas demandé à l'administration de préciser. • CE 20 févr. 1976, *Coop. agric. des éleveurs charentais,* n° 93929.

3. Hormones. En insérant dans un circuit aboutissant à la vente au consommateur de viandes de boucherie, des bêtes auxquelles ils avaient injecté des stéroïdes, en fraude de la réglementation sanitaire, les prévenus commettent une infraction entrant dans les prévisions des art. 5 et 26 du décret du 21 juill. 1971 interdisant et réprimant l'exposition, la circulation et la mise à la vente de denrées animales non conformes aux normes sanitaires en vigueur. • Crim. 6 févr. 1997, n° 95-82.795.

4. Certificat. Il ne peut être reproché à l'inspection vétérinaire d'avoir établi des certificats portant sur la salubrité et la qualité sanitaire des viandes, barrant les mentions « viandes de qualité » et « conformité aux normes habituelles sur le marché international » au motif qu'elles ne faisaient référence à aucune norme qu'elle pouvait vérifier elle-même. • CAA Douai, 10 juin 2004, *Min. agric. c/ Sté Clergeau : AJDA 2004. 1783*.

5. Le contrôle juridictionnel de la décision d'un vétérinaire officiel d'apposer ou non une marque de salubrité sur une carcasse est suffisant s'il comprend la motivation requise de cette décision, la procédure n'ouvrant pas un recours au fond. • CJUE 2 sept. 2021, n° C-579/19 : *Europe 2021, n° 389, note Bassani-Winckler ; RD rur. 2021, n° 268, note Gadbin.*

2° JURISPRUDENCE FONDÉE SUR L'ART. L. 231-1 ANTÉRIEUR À LA LOI DU 9 JUILL. 1999

6. Saisie sur l'exploitation. L'inspection sanitaire et qualitative des animaux vivants et, le cas échéant, la saisie et le retrait de la consommation des denrées animales ou d'origine animale ne peuvent s'exercer que lors de la présentation des animaux sur les foires, marchés ou expositions ou au moment de leur présentation à l'abattoir, avant et après l'abattage, et elles n'autorisent pas l'administration à déclarer par avance impropres à la consommation et à procéder au retrait de la consommation d'animaux ne se trouvant ni dans l'une ni dans l'autre de ces situations mais sur la ferme de leur propriétaire, même s'il est établi que les animaux de ce troupeau avaient consommé un aliment auquel avait été incorporé du clenbutérol, substance qui ne figure pas sur la liste des additifs autorisés. • CE 29 juill. 1994, *GAEC de La Bouillette : D. 1994. IR 211 ; RD rur. 1995. 52.*

7. Saisie à l'abattoir. Le contrôle sanitaire et qualitatif des animaux de boucherie présentés à l'abattoir consiste en un double examen pratiqué avant et après l'abattage de l'animal et la décision de retirer des viandes de la consommation ne peut se fonder que sur les résultats de ce contrôle, en sorte qu'en prononçant, par la décision du 16 mai 1989, la saisie d'un bovin présenté à l'abattoir, en se fondant uniquement sur les résultats d'un examen pratiqué plusieurs mois avant la présentation de cet animal à l'abattoir, le directeur des services vétérinaires méconnaît également les dispositions législatives et réglementaires précitées. • CE 29 juill. 1994 : *préc. note 6.*

8. L'administration n'est pas autorisée à déclarer par avance impropres à la consommation ni à procéder au retrait de la consommation, ou à la saisie, les animaux ne se trouvant ni présentés sur une foire ou marché ou exposition, ni présentés à l'abattoir. • CE 6 avr. 1998 : *RD rur. 1998. 546.*

Art. L. 231-2 *(Ord. nº 2006-1224 du 5 oct. 2006)* I à IV. — *Abrogés par Ord. nº 2015-616 du 4 juin 2015, art. 5-3º.*

V. — Abrogé par Ord. nº 2019-1110 du 30 oct. 2019, art. 3, à compter du 14 déc. 2019.

Art. L. 231-2-1 *(L. nº 2003-591 du 2 juill. 2003, art. 31)* I. — *(Ord. nº 2006-1224 du 5 oct. 2006)* « Pour l'exercice de leurs fonctions *(Ord. nº 2019-1110 du 30 oct. 2019, art. 3, en vigueur le 14 déc. 2019)* « et sans préjudice des obligations pesant sur les opérateurs en application de l'article 15 du règlement (UE) 2017/625 du 15 mars 2017 », les agents *(Ord. nº 2015-616 du 4 juin 2015, art. 5-4º)* « habilités à exercer les contrôles mentionnés à l'article L. 231-1 » :

« 1º Ont accès aux *(Ord. nº 2010-460 du 6 mai 2010, art. 4)* « établissements d'abattage » et à leurs annexes ainsi qu'à tous les lieux utilisés à des fins professionnelles où des produits d'origine animale, des denrées alimentaires en contenant, des aliments pour animaux ou des sous-produits animaux *(Ord. nº 2015-616 du 4 juin 2015, art. 5-4º)* « et des produits dérivés de ces derniers sont produits, travaillés, transformés, manipulés, entreposés, détruits ou offerts à la vente par toute personne soumise aux contrôles officiels ».

« Ils peuvent y pénétrer entre 8 et 20 heures ou, en dehors de ces heures, à tout moment lorsque l'accès y est autorisé au public ou lorsqu'une des activités définies ci-dessus y est en cours. *(Ord. nº 2010-460 du 6 mai 2010, art. 4)* « Lorsque l'accès aux locaux est refusé aux agents, il peut être autorisé par ordonnance du juge des libertés et de la détention dans les formes et conditions prescrites par l'article L. 206-1 ».

« Lorsque les lieux sont également à usage d'habitation, ces contrôles ne peuvent être effectués qu'entre 8 heures et 20 heures *(Ord. nº 2010-460 du 6 mai 2010, art. 4)* « en présence d'un agent mentionné au I de l'article L. 205-1, sur autorisation judiciaire dans les formes et conditions prescrites par l'article L. 206-1 » ;

« 2º Ont accès, à tout moment de jour et de nuit, aux lieux où les animaux vivants appartenant à des espèces dont la chair ou les produits sont destinés à l'alimentation humaine ou animale sont hébergés ainsi qu'à leurs annexes ;

« 3º Peuvent procéder, à tout moment de jour et de nuit, au contrôle du contenu ainsi que des modalités de chargement et de déchargement de tous moyens de transport à usage professionnel transportant des animaux vivants, des produits d'origine animale, des denrées alimentaires en contenant ou des aliments pour animaux *(Ord. nº 2010-460 du 6 mai 2010, art. 4)* « ou des sous-produits animaux » *(Ord. nº 2015-616 du 4 juin 2015, art. 5-4º)* « ou des produits dérivés de ces derniers » ;

« 4º Peuvent demander la communication, obtenir ou prendre copie par tout moyen et sur tout support ou procéder à la saisie des documents professionnels de toute nature, en quelques mains qu'ils se trouvent, propres à faciliter l'accomplissement de leurs missions et peuvent recueillir, sur place ou sur convocation, tout renseignement ou toute justification nécessaire aux contrôles ;

« 5° Ont accès, pour le contrôle des opérations faisant appel à l'informatique, aux logiciels et aux données stockées ainsi qu'à la restitution en clair des informations propres à faciliter l'accomplissement de leurs missions. Ils peuvent en demander la transcription par tout traitement approprié dans des documents directement utilisables pour les besoins du contrôle ;

« 6° Peuvent prélever des échantillons pour analyse. »

II. — Abrogé par Ord. n° 2006-1224 du 5 oct. 2006.

III. — Abrogé par Ord. n° 2010-460 du 6 mai 2010, art. 4.

Art. L. 231-2-2 *(Ord. n° 2019-1110 du 30 oct. 2019, art. 3, en vigueur le 14 déc. 2019)* « I. — Les vétérinaires officiels exercent les compétences qui leur sont conférées par le droit de l'Union européenne. Ils sont notamment qualifiés, dans l'exercice de leurs fonctions : »

(Ord. n° 2010-460 du 6 mai 2010, art. 4) 1° Pour assurer l'application des mesures de police sanitaire, imposées par la réglementation communautaire ou nationale, concernant les animaux vivants importés ou destinés à l'exportation, ceux présentés sur les foires, marchés ou expositions et dans les autres lieux mentionnés à l'article L. 214-15 ou ceux introduits dans les établissements d'abattage ;

2° Pour interdire temporairement, dans ces derniers établissements, l'abattage d'un animal dont l'examen sanitaire doit être complété ou renouvelé ;

3° Pour déterminer les utilisations particulières des denrées alimentaires ou des aliments pour animaux qui, sans être insalubres, ne peuvent être livrés en l'état à la consommation humaine ou animale ;

4° Pour procéder à la saisie ou au retrait de la consommation des produits, des denrées alimentaires ou des aliments pour animaux d'origine animale ou contenant des produits d'origine animale, qu'ils ont reconnus comme dangereux au sens du règlement (CE) n° 178/2002 du Parlement européen et du Conseil du 28 janvier 2002 établissant les principes généraux et les prescriptions générales de la législation alimentaire, instituant l'Autorité européenne de sécurité des aliments et fixant les procédures relatives à la sécurité des denrées alimentaires.

II. — Les vétérinaires officiels *(Abrogé par Ord. n° 2018-20 du 17 janv. 2018, art. 33) « et les vétérinaires des armées »* sont habilités pour consigner tous produits d'origine animale, toutes denrées alimentaires ou tous aliments pour animaux d'origine animale ou contenant des produits d'origine animale, suspectés d'être dangereux au sens du même règlement (CE) n° 178/2002 du 28 janvier 2002 et pour effectuer, sur ces produits, denrées alimentaires ou aliments pour animaux, tous prélèvements d'échantillons nécessaires à une analyse en laboratoire.

III. — En attendant l'examen et la décision du vétérinaire officiel, les agents *(Ord. n° 2015-616 du 4 juin 2015, art. 5-5°)* « habilités à exercer les contrôles mentionnés à l'article L. 231-1 » peuvent :

1° Consigner un produit, une denrée alimentaire ou un aliment pour animaux mentionnés à l'article R. 231-4 ou, dans les établissements d'abattage, prescrire l'isolement des animaux vivants suspects de maladie ou interdire l'abattage d'un animal ;

2° Prélever des échantillons pour analyse.

IV. — Les agents *(Ord. n° 2015-616 du 4 juin 2015, art. 5-5°)* « habilités pour exercer les contrôles officiels liés à la production de coquillages vivants » sont qualifiés, dans l'exercice de leurs fonctions, pour :

1° Assurer l'application des mesures, communautaires ou nationales, de police sanitaire concernant la production des coquillages vivants ;

2° Déterminer les utilisations particulières des coquillages vivants qui ne peuvent être livrés en l'état à la consommation humaine ;

3° Procéder à l'appréhension, s'ils sont susceptibles de saisie, des coquillages vivants, récoltés ou pêchés en infraction *(Abrogé par L. n° 2011-525 du 17 mai 2011, art. 30) « aux dispositions mentionnées à l'article L. 231-2 »*, ainsi qu'à l'appréhension des sommes provenant de la vente de ces produits, dans les conditions prévues à l'article L. 943-8.

(Ord. n° 2018-20 du 17 janv. 2018, art. 33) « V. — Les vétérinaires des armées sont qualifiés, dans l'exercice de leurs fonctions au sein des organismes relevant de l'auto-

rité ou de la tutelle du ministre de la défense et pour les formations militaires relevant de l'autorité du ministre de l'intérieur :

« 1° Pour déterminer les utilisations particulières des denrées alimentaires ou des aliments pour animaux qui, sans être insalubres, ne peuvent être livrés en l'état à la consommation humaine ou animale ;

« 2° Pour procéder à la saisie ou au retrait de la consommation des produits, des denrées alimentaires ou des aliments pour animaux d'origine animale ou contenant des produits d'origine animale, qu'ils ont reconnus comme dangereux au sens du règlement (CE) n° 178/2002 précité.

« VI. – Les vétérinaires des armées sont habilités pour consigner tous produits d'origine animale, toutes denrées alimentaires ou tous aliments pour animaux d'origine animale ou contenant des produits d'origine animale, suspectés d'être dangereux au sens du règlement (CE) n° 178/2002 précité et pour effectuer sur ces produits, denrées alimentaires ou aliments pour animaux, tous prélèvements d'échantillons nécessaires à une analyse en laboratoire.

« VII. – En attendant l'examen et la décision du vétérinaire des armées, les militaires, les fonctionnaires et les agents non titulaires de l'État relevant de l'autorité du service de santé des armées et habilités à cet effet, dans l'exercice de ses compétences en matière vétérinaire, peuvent :

« 1° Consigner un produit, une denrée alimentaire ou un aliment pour animaux mentionnés au VI ;

« 2° Prélever des échantillons pour analyse. »

Art. L. 231-3 *(Ord. n° 2019-1110 du 30 oct. 2019, art. 3, en vigueur le 14 déc. 2019)* Des vétérinaires peuvent être mandatés, en application de l'article L. 203-8, pour effectuer, sous le contrôle de l'autorité administrative, des missions d'inspection sanitaire et qualitative et de contrôle entrant dans le champ du présent chapitre.

SECTION 2 **Délégation des tâches de contrôle** *(Ord. n° 2006-1224 du 5 oct. 2006).*

Art. L. 231-4 *(Ord. n° 2019-1110 du 30 oct. 2019, art. 3, en vigueur le 14 déc. 2019)* Le personnel des abattoirs peut être autorisé à participer aux contrôles officiels conformément au paragraphe 3 de l'article 18 du règlement (UE) 2017/625 du 15 mars 2017, selon des modalités définies par décret.

Art. L. 231-4-1 *(Ord. n° 2006-1224 du 5 oct. 2006)* Un décret en Conseil d'État fixe les conditions dans lesquelles les contrôles officiels prévus au 6° du II de l'article L. 231-1 peuvent être délégués à un organisme tiers.

SECTION 3 **Mesures d'exécution**

Art. L. 231-5 *(Ord. n° 2006-1224 du 5 oct. 2006)* « Un décret en Conseil d'État *(Ord. n° 2010-461 du 6 mai 2010, art. 6)* « détermine les conditions d'application » des chapitres I à V du présent titre, en ce qui concerne les produits d'origine animale, les denrées alimentaires en contenant, les aliments pour animaux d'origine animale, ou contenant des produits d'origine animale, » *(Ord. n° 2015-616 du 4 juin 2015, art. 5-7°)* « ainsi que les sous-produits animaux et les produits dérivés de ces derniers ».

(Ord. n° 2003-1187 du 11 déc. 2003 ; L. n° 2004-1343 du 9 déc. 2004, art. 48-II) Le décret en Conseil d'État définit, sans préjudice, le cas échéant, des prescriptions des règlements sanitaires départementaux, les conditions d'hygiène et de salubrité que devront observer les personnes assujetties auxdites inspections et surveillance et les modalités de celles-ci. Il peut, toutefois, pour les modalités de ces conditions, renvoyer à des arrêtés interministériels. – *[Anc. art. 262.] – V. art. R. 231-1 s.*

Art. L. 231-6 *(Ord. n° 2003-1187 du 11 déc. 2003 ; L. n° 2004-1343 du 9 déc. 2004, art. 48-II)* Lorsqu'un règlement ou une décision de la Communauté européenne contient des dispositions qui entrent dans le champ d'application du II de l'article L. 221-4, du chapitre VI du titre II, des chapitres I à V du présent titre ainsi que de l'article L. 237-2, il est constaté par décret en Conseil d'État que ces dispositions ainsi que celles des règlements ou décisions qui les modifieraient ou qui seraient pris pour

leur application constituent les mesures d'exécution prévues aux articles et chapitres précités. – *[Anc. art. 262-1.]*

V., au titre des mesures d'exécution prévues par la présente section :

– Arr. du 17 mars 1992 relatif aux conditions auxquelles doivent satisfaire les abattoirs d'animaux de boucherie pour la production et la mise sur le marché de viandes fraîches et déterminant les conditions de l'inspection sanitaire de ces établissements (JO 29 mars), mod. par Arr. du 12 avr. 1996 (JO 14 avr.), Arr. du 13 juin 1996 (JO 20 juin), Arr. du 28 juin 1996 (JO 29 juin), Arr. du 17 sept. 1996 (JO 25 sept.), Arr. du 23 déc. 1996 (JO 24 déc.), Arr. du 30 mars 1997 (JO 17 avr.), Arr. du 3 avr. 1997, art. 1er (JO 10 mai), Arr. du 3 nov. 1997 (JO 20 nov.), Arr. du 28 août 1998, art. 1er (JO 8 sept.), Arr. du 9 févr. 1999 (JO 23 févr.), Arr. du 21 mars 2000 (JO 8 avr.), Arr. du 9 juin 2000 (JO 15 juin), Arr. du 10 juill. 2000 (JO 11 juill.), Arr. du 14 août 2000 (JO 15 août), Arr. du 7 sept. 2000 (JO 15 sept.), Arr. du 10 nov. 2000 (JO 11 nov.), Arr. du 2 janv. 2001 (JO 5 janv.), Arr. du 7 févr. 2001 (JO 21 févr.), Arr. du 19 juill. 2001 (JO 24 juill.), Arr. du 2 oct. 2001 (JO 4 oct.), Arr. du 7 nov. 2001 (JO 9 nov.), Arr. du 21 déc. 2001 (JO 26 déc.), Arr. du 4 janv. 2002 (JO 8 janv.), Arr. du 28 mars 2002 (JO 31 mars, Rect. JO 20 avr.), Arr. du 2 juill. 2002 (JO 10 juill.), Arr. du 28 août 2002 (JO 26 sept.), Arr. du 26 sept. 2002 (JO 1er oct.), Arr. du 30 déc. 2002 (JO 3 janv. 2003), Arr. du 22 mai 2003 (JO 6 juin), Arr. du 7 avr. 2004 (JO 10 avr.), Arr. du 8 mars 2005 (JO 16 avr.), Arr. du 28 oct. 2005 (JO 16 nov., Rect. JO 17 déc.), 1er Arr. du 23 déc. 2005 (JO 31 déc.), Arr. du 22 mai 2006 (JO 14 juin), Arr. du 22 déc. 2006 (JO 17 janv. 2007), Arr. du 18 janv. 2008 (JO 25 janv.), Arr. du 10 juill. 2008 (JO 19 juill.), Arr. du 29 juill. 2008 (JO 6 août), Arr. du 16 déc. 2008 (JO 27 déc.), Arr. du 22 déc. 2009 (JO 31 déc.), Arr. du 15 juin 2010 (JO 25 juin), Arr. du 19 juill. 2013 (JO 27 juill.), Arr. du 10 oct. 2013 (JO 13 oct.), Arr. du 24 déc. 2013 (JO 21 mars 2014), Arr. du 30 sept. 2014 (JO 8 oct.), Arr. du 17 sept. 2015 (JO 19 sept.).

– Arr. du 14 oct. 2005 fixant les règles générales de police sanitaire relatives aux produits d'origine animale destinés à la consommation humaine (JO 30 oct.), mod. par Arr. du 22 mai 2006 (JO 30 mai).

– Arr. du 4 nov. 2008 relatif aux conditions de police sanitaire applicables aux animaux et aux produits d'aquaculture et relatif à la prévention de certaines maladies chez les animaux aquatiques et aux mesures de lutte contre ces maladies (JO 7 nov.), mod. par Arr. du 20 juin 2011 (JO 25 juin).

– Arr. du 18 déc. 2009 relatif aux règles sanitaires applicables aux produits d'origine animale et aux denrées alimentaires en contenant (JO 29 déc.), mod. par Arr. du 28 déc. 2011, art. 2 (JO 29 déc.), Arr. du 17 févr. 2015 (JO 28 févr.), Arr. du 19 août 2016 (JO 3 sept.), Arr. du 5 juin 2018 (JO 12 juin), Arr. du 28 juin 2019 (JO 10 juill.).

– Arr. du 21 déc. 2009 relatif aux règles sanitaires applicables aux activités de commerce de détail, d'entreposage et de transport de produits d'origine animale et denrées alimentaires en contenant (JO 31 déc.), mod. par Arr. du 7 mai 2020 (JO 8 mai).

– Arr. du 13 juill. 2012 relatif aux conditions de production et de mise sur le marché de lait cru de bovinés, de petits ruminants et de solipèdes domestiques remis en l'état au consommateur final (JO 21 juill.).

– Arr. du 7 nov. 2012 relatif aux règles sanitaires applicables aux produits laitiers présentant des caractéristiques traditionnelles (JO 10 nov.).

– Arr. du 6 nov. 2020 prescrivant des mesures temporaires favorisant l'adaptation des entreprises du secteur alimentaire mettant sur le marché des denrées animales ou d'origine animale au contexte des restrictions imposées dans le cadre de la lutte contre l'épidémie de covid-19 (JO 18 nov.).

CHAPITRE II DISPOSITIONS RELATIVES AUX PRODUITS

(Ord. n° 2006-1224 du 5 oct. 2006)

BIBL. ► BRUSCHI, *Dr. et patr. 5/2001. 56* (traçabilité). – RAFFI, *LPA 2007, n° 40, p. 4* (risques alimentaires ; traçabilité des denrées alimentaires en droit européen et français). – RETTERER, *Dr. et patr. 5/2001. 92* (traçabilité et protection alimentaire). – TELLIER-LONIEWSKY, *Gaz. Pal. 21-23 janv. 2001, p. 12* (traçabilité et données agroalimentaires et propriété des données).

COMMENTAIRE

La traçabilité est un outil qui permet de suivre un produit d'un bout à l'autre de la chaîne de production. Elle confère la capacité à retrouver au travers de toutes les étapes de la production, de la transformation et de la distribution, l'historique, l'utilisation et la situation d'un produit alimentaire au moyen d'informations et d'identifications enregistrées (V. Règl. CE n° 178/2002 du 28 janv. 2002, *JOCE 1er févr., L. 31 p. 1* ; V. aussi norme NF *EN ISO 8402*). La traçabilité s'attache au suivi du produit dans l'espace et dans le temps en même temps qu'elle permet de préciser les conditions de traitement de ce produit. Les pouvoirs publics sont tenus de préciser l'organisation de ces procédures et de vérifier leur mise en œuvre. La traçabilité donne les éléments nécessaires à l'organisation d'une meilleure information du consommateur. La traçabilité permet aussi d'engager des actions rapides et efficaces en cas d'anomalie ou de crise sanitaire puisque le lot incluant le produit peut être localisé, et toutes les étapes de son élaboration situées. La traçabilité doit en conséquence faciliter la mise en œuvre des actions en responsabilité en permettant d'établir plus aisément le lien de causalité. ❑

Art. L. 232-1 *(Ord. n° 2006-1224 du 5 oct. 2006)* **Lorsqu'un exploitant du secteur alimentaire ou du secteur de l'alimentation animale n'a pas respecté les obligations qui lui sont faites par les dispositions des articles 19 ou 20 du règlement (CE) n° 178/2002 du Parlement européen et du Conseil du 28 janvier 2002** *[V. art. L. 231-2]*, **l'autorité administrative compétente peut ordonner, en utilisant notamment les informations issues des procédures de traçabilité que l'exploitant est tenu de mettre à sa disposition, la destruction, le retrait, la consignation ou le rappel en un ou plusieurs lieux du ou des lots de produits d'origine animale, de denrées alimentaires en contenant ou d'aliments pour animaux ou toute autre mesure qu'elle juge nécessaire.**

Tout opérateur qui, ayant acquis ou cédé un ou plusieurs éléments du lot, a connaissance de la décision de consignation ou de retrait, est tenu d'en informer celui qui lui a fourni la marchandise et ceux à qui il l'a cédée.

Les frais résultant de la décision de consignation, de retrait ou de rappel, notamment les frais de transport, de stockage, d'analyses et de destruction, sont mis à la charge de l'exploitant mentionné au premier alinéa, sans préjudice des recours susceptibles d'être exercés par ce dernier contre les tiers.

Sur la traçabilité des viandes bovines, V. Décr. n° 99-260 du 2 avr. 1999 (JO 4 avr.). – ***C. consom.***

Une société est mal fondée à invoquer un retard fautif de l'autorité administrative dans l'information relative au retrait de viandes contaminées, alors qu'il incombait au fournisseur disposant de tous les éléments requis de se conformer immédiatement à l'obligation d'information qui lui est prescrite. • CAA Nantes, 29 mars 2012, nos 10NT01365 à 10NT01370 : *RD rur. 2012. Chron. 4, p. 11, obs. Darribehaude.*

Art. L. 232-1-1 *Abrogé.*

Art. L. 232-2 *Abrogé par Ord. n° 2019-1110 du 30 oct. 2019, art. 3, à compter du 14 déc. 2019.*

Art. L. 232-3 *Abrogé.*

CHAPITRE III DISPOSITIONS RELATIVES AUX ÉTABLISSEMENTS

BIBL. ▶ DELOMEZ, *Option qualité oct. 2004, n° 231, p. 13* (le « paquet hygiène »).

SECTION 1 Mesures de police administrative

Art. L. 233-1 *(L. n° 2014-1170 du 13 oct. 2014, art. 45-I-2°)* **I. – Lorsque, du fait d'un manquement à l'article L. 231-1 ou à la réglementation prise pour son application, un établissement présente ou est susceptible de présenter une menace pour la santé publique, les agents habilités** *(Ord. n° 2015-616 du 4 juin 2015, art. 5-8°)* **« à cet effet » peuvent mettre en demeure l'exploitant de réaliser, dans un délai qu'ils déterminent, les travaux, les opérations de nettoyage, les actions de formation du personnel et les autres mesures nécessaires à la correction de ce manquement ainsi que le renforcement des autocontrôles.**

L'exploitant est invité à présenter ses observations écrites ou orales dans le délai qui lui est imparti à compter de la réception de la mise en demeure, le cas échéant en se faisant assister par un conseil de son choix ou en se faisant représenter. En cas d'urgence et pour prévenir les dangers graves et imminents pour la santé publique, l'autorité administrative peut ordonner la fermeture immédiate de tout ou partie de

l'établissement ou l'arrêt immédiat d'une ou de plusieurs de ses activités jusqu'à la réalisation des mesures permettant la réouverture de l'établissement ou la reprise des activités sans risque pour la santé publique.

Toute décision prise en application du présent I peut enjoindre à l'exploitant de l'établissement d'afficher, en un endroit visible de l'extérieur, l'intégralité ou un extrait de cette décision.

II. – Si, à l'expiration du délai fixé par la mise en demeure, l'exploitant n'a pas mis en œuvre les mesures prescrites, l'autorité administrative peut :

1° Obliger l'exploitant à consigner entre les mains d'un comptable public une somme correspondant au montant des mesures correctives prescrites, laquelle est restituée à l'exploitant au fur et à mesure de leur exécution. Il est procédé au recouvrement de cette somme comme en matière de créances étrangères à l'impôt et au domaine. Pour le recouvrement de cette somme, l'État bénéficie d'un privilège de même rang que celui prévu à l'article 1920 du code général des impôts ;

2° Faire procéder d'office, aux frais de l'exploitant, à l'exécution des mesures correctives prescrites. Les sommes consignées en application du 1° du présent II peuvent être utilisées pour régler les dépenses entraînées par l'exécution d'office des mesures prescrites ;

3° Si le délai imparti pour la réalisation des mesures prescrites ne peut être prolongé sans risque pour la santé publique, ordonner la fermeture de tout ou partie de l'établissement ou l'arrêt d'une ou de plusieurs activités jusqu'à la réalisation des mesures prescrites.

Sauf en cas d'urgence, les mesures prévues au présent II sont prises après que l'exploitant a été mis à même de présenter ses observations dans un délai déterminé, le cas échéant en se faisant assister par un conseil de son choix ou en se faisant représenter.

III. – L'opposition, devant le juge administratif, à l'état exécutoire pris en application d'une mesure de consignation ordonnée par l'autorité administrative n'a pas de caractère suspensif.

A été jugée irrégulière la décision du préfet qui a ordonné la fermeture d'un restaurant sans que sa décision ait été précédée ni accompagnée d'une mesure destinée à corriger les manquements constatés dans l'établissement. • CE 24 avr. 2012, n° 328033 : *RD rur. 2012. Chron. 4, p. 13, note Darribehaude.*

SECTION 2 Agrément des établissements

BIBL. ▸ DELOMEZ, *Option Qualité, oct. 2004. 13* (le paquet hygiène, nouvel emballage de l'agrément sanitaire).

COMMENTAIRE

L'« agrément sanitaire » pèse sur les établissements exerçant certaines activités sur certains produits alimentaires pour la mise en marché de denrées alimentaires. Ces règles sont déterminées par le règlement n° 178/2002 du 28 janvier 2002 et les règlements n°s 852/2004, 853/2004 et 854/2004 du 30 avril 2004, et par les articles ci-dessous. ❑

Art. L. 233-2 *(Ord. n° 2006-1224 du 5 oct. 2006)* **Les établissements qui préparent, traitent, transforment, manipulent ou entreposent des produits d'origine animale ou des denrées alimentaires en contenant destinés à la consommation humaine sont soumis, selon les cas, à agrément ou à autorisation, lorsque cela est requis par les règlements et décisions communautaires ou par des arrêtés du ministre chargé de l'agriculture. L'agrément ou l'autorisation est délivré par l'autorité administrative.** – *Le silence gardé par l'administration à l'expiration du délai de quatre mois sur une demande d'autorisation de produire et de mettre sur le marché du lait cru de bovinés, de petits ruminants et de solipèdes domestiques remis en l'état au consommateur final vaut décision d'acceptation (Décr. n° 2014-1297 du 23 oct. 2014, JO 1er nov.).*

En cas de méconnaissance des exigences sanitaires fixées par les règlements et décisions communautaires ou par les arrêtés du ministre chargé de l'agriculture mentionnés à l'alinéa précédent, l'autorité administrative peut suspendre l'agrément ou

l'autorisation en impartissant au titulaire un délai pour y remédier. S'il n'y est pas remédié à l'expiration du délai fixé, l'agrément ou l'autorisation est retiré.

V. Arr. du 2 juin 1994 définissant le marché local pour les établissements préparant des viandes fraîches (JO 11 juin), mod. par Arr. du 19 avr. 1995 (JO 2 mai).

V. Arr. du 28 juin 1994 relatif à l'identification et à l'agrément sanitaire des établissements mettant sur le marché des denrées animales ou d'origine animale et au marquage de salubrité (JO 31 juill.), mod. par Arr. du 29 mai 1995, art. 50 (JO 29 juin), Arr. du 6 nov. 2000, art. 1er (JO 17 nov.), Arr. du 14 oct. 2005, art. 9 (JO 30 oct.), Arr. du 8 juin 2006, art. 13 (JO 8 août), Arr. du 19 mai 2020 (JO 23 mai).

V. Arr. du 3 avr. 1996 fixant les conditions d'agrément des établissements d'entreposage des denrées animales et d'origine animale (JO 19 avr.), mod. par Arr. du 23 avr. 1998 (JO 17 mai), Arr. du 19 oct. 2001 (JO 30 oct.), Arr. du 2 janv. 2002 (JO 4 janv.).

V. Arr. du 18 déc. 2003 fixant les conditions particulières d'agrément des établissements situés dans des marchés de gros (JO 21 janv. 2004).

V. Arr. du 8 juin 2006 relatif à l'agrément sanitaire des établissements mettant sur le marché des produits d'origine animale ou des denrées contenant des produits d'origine animale (JO 8 août), mod. par Arr. du 27 avr. 2007 (JO 16 mai), Arr. du 7 juin 2007 (JO 16 juin), Arr. du 4 nov. 2008 (JO 7 nov.), Arr. du 17 nov. 2010 (JO 25 nov.), Arr. du 4 juin 2012 (JO 12 juin), Arr. du 24 sept. 2014 (JO 14 oct.), Arr. du 4 août 2016 (JO 13 août), Arr. du 27 juill. 2017 (JO 4 août), Arr. du 24 janv. 2019 (JO 31 janv.), Arr. du 19 mai 2020 (JO 23 mai), Arr. du 12 oct. 2022 (JO 19 oct.), Arr. du 4 févr. 2023 (JO 11 févr.).

COMMENTAIRE

Le décret n° 2019-379 du 26 avril 2019 a mis en place un dispositif de contrôle par vidéosurveillance des abattoirs, qui est expérimental, volontaire et réservé aux abattoirs agréés (V. Peyen, *RD rur. 2019, n° 108*).

Art. L. 233-3 *Abrogé par Ord. n° 2021-1370 du 20 oct. 2021, art. 5.*

SECTION 3 Dispositions relatives à la formation

(L. n° 2010-874 du 27 juill. 2010, art. 8)

Art. L. 233-4 Le fonctionnement des établissements de production, de transformation, de préparation, de vente et de distribution de produits alimentaires peut être subordonné à la présence dans les effectifs de ces établissements d'une personne pouvant justifier d'une formation spécifique en matière d'hygiène alimentaire adaptée à l'activité de l'établissement concerné.

Sans préjudice des dispositions prévues à l'article L. 233-1, les personnes pouvant justifier d'une expérience professionnelle d'au moins trois ans au sein d'une entreprise du secteur alimentaire comme gestionnaire ou exploitant sont réputées avoir satisfait à l'obligation de formation mentionnée au premier alinéa du présent article.

Un décret précise la liste des établissements concernés par l'obligation mentionnée au premier alinéa et précise les conditions que doivent respecter les organismes délivrant cette formation. — *V. art. D. 233-6 s.*

Le contenu et la durée de la formation mentionnée au premier alinéa sont définis par arrêté du ministre chargé de l'alimentation.

V. Arr. du 25 nov. 2011 relatif à la liste des diplômes et titres à finalité professionnelle dont les détenteurs sont réputés satisfaire à l'obligation de formation spécifique en matière d'hygiène alimentaire adaptée à l'activité des établissements de restauration commerciale (JO 23 déc.).

CHAPITRE IV DISPOSITIONS RELATIVES AUX ÉLEVAGES

SECTION 1 Registre d'élevage

Art. L. 234-1 *I. — Abrogé par Ord. n° 2021-1370 du 20 oct. 2021, art. 5.*

II. — *(Ord. n° 2021-1370 du 20 oct. 2021, art. 5)* **« Le registre d'élevage que doit tenir tout propriétaire ou détenteur d'animaux en application des articles 102 et 105 du règlement (UE) 2016/429 du Parlement européen et du Conseil du 9 mars 2016 relatif aux maladies animales transmissibles et modifiant certains actes dans le domaine de**

la santé animale est régulièrement mis à jour. Il recense chronologiquement les données sanitaires, zootechniques et médicales relatives aux animaux élevés. » *(Ord. n° 2006-1224 du 5 oct. 2006)* « Les modalités de mise en place et de détention de ce registre sont définies par arrêté du ministre chargé de l'agriculture ou par des règlements et décisions communautaires. » — *V. Arr. du 5 juin 2000 relatif au registre d'élevage (JO 25 juin), mod. par Arr. du 1er août 2018, art. 30 (JO 24 août).*

Tout vétérinaire mentionne sur ce registre les éléments relatifs à ses interventions dans l'élevage.

Le registre est tenu à la disposition des agents *(Ord. n° 2015-616 du 4 juin 2015, art. 5-10°)* « habilités à rechercher et constater les infractions et manquements aux dispositions du présent livre, aux textes réglementaires pris pour son application et aux dispositions du droit de l'Union européenne ayant le même objet ».

La durée minimale pendant laquelle les ordonnances doivent être conservées est fixée par arrêté du ministre chargé de l'agriculture.

III. — *(Ord. n° 2006-1224 du 5 oct. 2006)* « Lorsqu'elles ne sont pas fixées par des règlements ou décisions communautaires, des arrêtés du ministre chargé de l'agriculture fixent » la liste des espèces et des catégories d'animaux qui doivent être accompagnés, lorsqu'ils sont dirigés vers un abattoir, par une fiche sanitaire, ainsi que les informations figurant sur le registre d'élevage qui doivent y être portées.

IV. — En cas de non-respect des dispositions du III ou lorsqu'ils disposent d'éléments leur permettant de conclure que les viandes seraient impropres à la consommation humaine ou que les délais d'attente ou de retrait pour les médicaments ou les additifs n'ont pas été respectés, les agents habilités *(Abrogé par Ord. n° 2015-616 du 4 juin 2015, art. 5-10°) « en vertu de l'article L. 231-2 »* peuvent différer l'abattage des animaux. Le propriétaire ou le détenteur en est informé. *(Ord. n° 2006-1224 du 5 oct. 2006)* « Il prend toutes les mesures utiles pour assurer leur alimentation et leur bien-être. »

En cas de non-présentation dans un délai de quarante-huit heures de la fiche sanitaire, les animaux sont abattus. *(Ord. n° 2019-1110 du 30 oct. 2019, art. 3, en vigueur le 14 déc. 2019)* « Le vétérinaire officiel procède » à la saisie et au retrait de la consommation humaine ou animale des viandes qui en sont issues.

L'ensemble des frais induits par ces mesures, prises à la suite de la constatation du non-respect des dispositions susmentionnées, sont à la charge du propriétaire ou du détenteur et ne donnent lieu à aucune indemnité. — *[Anc. art. 253.]*

SECTION 2 Substances interdites ou réglementées

Art. L. 234-2 I. — Il est interdit d'administrer, de mettre sur le marché, d'introduire sur le territoire métropolitain ou *(Ord. n° 2012-789 du 31 mai 2012, art. 5-III)* « en Guadeloupe, en Guyane, à la Martinique, à La Réunion, à Mayotte, » *(Ord. n° 2016-391 du 31 mars 2016, art. 4-2°, en vigueur le 1er juill. 2016)* « à Saint-Barthélemy, à Saint-Martin ou à Saint-Pierre-et-Miquelon » et de détenir, en vue d'administrer, même dans un but thérapeutique, aux animaux des espèces dont la chair ou les produits sont destinés à l'alimentation humaine, des produits contenant des stilbènes, leurs dérivés, sels ou esters, *(Ord. n° 2011-673 du 16 juin 2011, art. 1er)* « les substances à action thyréostatique ainsi que l'œstradiol 17 bêta ».

II. — Il est interdit de mettre sur le marché ou d'introduire sur le territoire métropolitain ou *(Ord. n° 2012-789 du 31 mai 2012, art. 5-III)* « en Guadeloupe, en Guyane, à la Martinique, à La Réunion, à Mayotte, » *(Ord. n° 2016-391 du 31 mars 2016, art. 4-2°, en vigueur le 1er juill. 2016)* « à Saint-Barthélemy, à Saint-Martin ou à Saint-Pierre-et-Miquelon », pour des animaux des espèces dont la chair ou les produits sont destinés à l'alimentation humaine, ou d'administrer à de tels animaux des substances à activité anabolisante, anticatabolisante ou bêta-agoniste. *(Ord. n° 2003-1187 du 11 déc. 2003)* « Il est interdit aux personnes ayant la garde de ces animaux de détenir sans justification ces substances. »

(Ord. n° 2001-313 du 11 avr. 2001, art. 22) « Toutefois, certaines de ces substances peuvent, dans des conditions fixées par décret, entrer dans la composition de médicaments vétérinaires satisfaisant aux conditions prévues au titre IV du livre I de la cinquième partie du code de la santé publique. » L'administration de ces médicaments est subordonnée à des conditions particulières ; elle ne peut être effectuée que par ou sous

la responsabilité d'un vétérinaire ayant satisfait aux obligations prévues à l'article L. 241-1.

III. — Sont interdites la détention, la cession, à titre gratuit ou onéreux, des animaux ou des denrées alimentaires provenant d'animaux ayant reçu une substance dont l'usage est prohibé en application des I et II du présent article.

IV. — Il est interdit d'administrer aux animaux des espèces dont la chair ou les produits sont destinés à l'alimentation humaine et, pour les personnes ayant la garde de tels animaux, de détenir sans justification une substance ou composition relevant de l'article L. 5144-1 du code de la santé publique *(Ord. n° 2022-414 du 23 mars 2022, art. 12)* **« ou de l'article L. 5141-2 du même code » qui ne bénéficie pas d'autorisation au titre des réglementations relatives aux médicaments vétérinaires ou aux substances destinées à l'alimentation animale.** *(Ord. n° 2001-313 du 11 avr. 2001, art. 22)* **« Cette interdiction ne s'applique pas dans le cas d'essais de médicaments réalisés dans les conditions prévues par le décret mentionné au 9° de l'article L. 5121-20 du code de la santé publique et le décret mentionné au 6° de l'article L. 5141-16 du même code.**

« V. — Est interdite la mise sur le marché de denrées alimentaires provenant d'animaux ayant été soumis à des essais de médicaments, sauf dans le cas d'essais cliniques de médicaments vétérinaires réalisés dans les conditions prévues par le décret mentionné au 6° de l'article L. 5141-16 du code de la santé publique. Les conditions dans lesquelles il est procédé à la mesure des taux résiduels, les modalités de la déclaration au préfet, préalablement à la mise sur le marché de ces denrées et les règles concernant la destination de ces denrées sont fixées par décret *(Abrogé par Ord. n° 2010-461 du 6 mai 2010, art. 2)* ***« en Conseil d'État »*.**

« VI. — Par arrêtés pris après avis de l' *(Ord. n° 2010-18 du 7 janv. 2010, art. 3-II)* **« Agence nationale chargée de la sécurité sanitaire de l'alimentation, de l'environnement et du travail », et, en ce qui concerne les médicaments à usage humain, après avis de** *(L. n° 2011-2012 du 29 déc. 2011, art. 5-IV-B)* **« l'Agence nationale de sécurité du médicament et des produits de santé », le ministre de l'agriculture et le ministre chargé de la santé peuvent, pour des motifs de santé publique ou de santé animale, interdire ou restreindre la prescription et la délivrance de médicaments en vue d'une administration à des animaux, ainsi que l'administration de médicaments à des animaux.** — *V. Arr. du 14 nov. 2016 relatif à la préparation des autovaccins à usage vétérinaire destinés aux ruminants (JO 31 janv. 2017).*

« VII. — Un médicament vétérinaire soumis à autorisation de mise sur le marché en application de l'article L. 5141-5 du code de la santé publique ne peut être administré à un animal que si cette autorisation a été délivrée et dans les conditions prévues par elle ou par la prescription d'un vétérinaire. »

VIII. — Abrogé par Ord. n° 2022-414 du 23 mars 2022, art. 12.

V. art. L. 237-1 (pén.) et R. 234-1 s.

Est fondée la condamnation du fournisseur d'animaux, aliments, médicaments, dans le cadre d'un contrat d'intégration dont le rôle prédominant dans l'élevage a été relevé, pour détention, tromperie, falsification de denrées, détention et administration de substances prohibées à des animaux dont la chair est destinée à l'alimentation humaine, dès lors qu'il assurait de fait la garde des animaux. • Crim. 16 févr. 2016, n° 15-80.743 P : *JCP 2016. 334.*

V. art. L. 237-1 (pén.) et R. 234-1 s.

SECTION 3 **Mesures de police administrative**

Art. L. 234-3 **En cas de non-respect des dispositions de l'article L. 234-2,** *(Ord. n° 2022-414 du 23 mars 2022, art. 12)* **« des dispositions mentionnées au deuxième alinéa de l'article L. 235-1, des articles L. 5143-4 et L. 5143-5 du code de la santé publique, ou des dispositions de l'article 5 du règlement (UE) 2019/4 du Parlement européen et du Conseil du 11 décembre 2018 concernant la fabrication, la mise sur le marché et l'utilisation d'aliments médicamenteux pour animaux » ainsi qu'en cas d'administration aux animaux des espèces dont la chair ou les produits sont destinés à la consommation humaine, d'une substance ou composition relevant de l'article L. 5144-1 du code de la santé publique qui bénéficie d'une autorisation au titre des réglementations relatives aux médicaments vétérinaires ou aux substances destinées à**

l'alimentation animale, sans respect des conditions prévues respectivement *(Ord. n° 2003-1187 du 11 déc. 2003)* « au VI de l'article L. 234-2 » ou par décret, les *(Ord. n° 2019-1110 du 30 oct. 2019, art. 3, en vigueur le 14 déc. 2019)* « vétérinaires officiels » peuvent ordonner l'exécution de tout ou partie des mesures suivantes :

1° La séquestration, le recensement, le marquage de tout ou partie des animaux de l'exploitation ;

2° Le contrôle sanitaire des produits avant leur mise sur le marché ;

3° L'abattage et la destruction des animaux ou de leurs produits ;

4° La destruction des substances en cause et des aliments dans lesquels elles sont incorporées ;

5° La mise sous surveillance de l'exploitation pendant les douze mois suivant l'abattage des animaux ;

6° Le contrôle des élevages et établissements ayant été en relation avec l'exploitation concernée.

Préalablement à l'exécution de ces mesures, le détenteur ou le propriétaire est mis en mesure de présenter ses observations. L'ensemble des frais induits par ces mesures, prises à la suite de la constatation du non-respect des dispositions susmentionnées, sont à leur charge et ne donnent lieu à aucune indemnité. — *[Anc. art. 256.]*

Art. L. 234-3-1 *(Ord. n° 2022-414 du 23 mars 2022, art. 12)* Lorsqu'il est établi qu'un médicament a été prescrit, délivré ou administré à un équidé réputé être destiné à l'abattage pour la consommation humaine, alors que ce médicament contient des substances pharmacologiquement actives qui ne sont pas autorisées conformément au règlement (CE) 470/2009 du Parlement européen et du Conseil du 6 mai 2009 établissant des procédures communautaires pour la fixation des limites de résidus des substances pharmacologiquement actives dans les aliments d'origine animale et à tout acte adopté sur la base de celui-ci, et qui ne figurent pas sur la liste des substances qui sont essentielles pour le traitement des équidés, mentionnés au paragraphe 5 de l'article 115 du règlement (UE) 2019/6 du 11 décembre 2018, les agents habilités à cet effet peuvent exclure définitivement l'équidé concerné de l'abattage pour la consommation humaine.

Un décret en Conseil d'État fixe les conditions d'application du présent article.

Art. L. 234-4 *(L. n° 2001-6 du 4 janv. 2001)* Dès qu'il est établi que les denrées destinées à l'alimentation humaine issues d'un élevage présentent ou sont susceptibles de présenter un danger pour la santé publique, les *(Ord. n° 2019-1110 du 30 oct. 2019, art. 3, en vigueur le 14 déc. 2019)* « vétérinaires officiels » ordonnent qu'elles soient détruites ou soumises avant leur mise à la consommation à un contrôle sanitaire ou à un traitement permettant d'éliminer ledit danger.

Le ministre de l'agriculture fixe les critères permettant de déterminer les élevages dans lesquels ces mesures sont mises en œuvre.

Dans ces élevages, les agents mentionnés au premier alinéa peuvent également prescrire les mesures suivantes :

— la séquestration, le recensement, le marquage de tout ou partie des animaux de l'exploitation ;

— l'abattage des animaux, leur destruction et celle de leurs produits ;

— tout traitement des produits ou programme d'assainissement de l'élevage permettant d'éliminer ledit danger, y compris la destruction des aliments ou la limitation des zones de pâturage ;

— la mise sous surveillance de l'exploitation jusqu'à élimination dudit danger.

Les élevages et établissements ayant été en relation avec l'exploitation dont il s'agit peuvent être soumis aux mêmes mesures.

Préalablement à l'exécution de ces mesures, le détenteur ou le propriétaire des produits est mis en mesure de présenter ses observations.

Sur l'évaluation du préjudice né d'une mesure de consignation du bétail annulée, V. • CE 12 déc. 2003, *SCEA Les Bernardents, SNC Maurice Laforêt*, n° 236906.

Art. L. 234-5 *(Ord. n° 2022-414 du 23 mars 2022, art. 12)* Lorsqu'un manquement à l'article L. 234-1 est constaté, et sauf urgence, l'autorité administrative met en demeure l'intéressé de satisfaire à ces obligations dans un délai qu'elle détermine. Elle

l'invite à présenter ses observations écrites ou orales dans le même délai en se faisant assister, le cas échéant, par un conseil de son choix ou en se faisant représenter. Si, à l'expiration de ce délai, l'intéressé n'a pas obtempéré à cette injonction, ou sans délai en cas d'urgence, l'autorité administrative peut ordonner la suspension de l'activité en cause jusqu'à ce que l'exploitant se soit conformé à son injonction.

CHAPITRE V DISPOSITIONS RELATIVES À L'ALIMENTATION ANIMALE

COMMENTAIRE

Les établissements intervenant dans le secteur des aliments du bétail sont sous contrôle de l'administration. Ce domaine fait l'objet d'une réglementation stricte et plus étroitement contrôlée depuis que les farines animales utilisées dans l'alimentation des bovins ont été désignées comme une cause de l'épidémie d'encéphalopathie spongiforme bovine notamment en raison de leurs conditions de fabrication ; ces farines sont désormais interdites pour l'alimentation des animaux destinés à l'alimentation humaine (Arr. du 24 juill. 1990 modifié, remplacé par Arr. du 18 juill. 2006 portant interdiction de l'emploi de certaines protéines, phosphates et graisses d'origine animale dans l'alimentation et la fabrication d'aliments des animaux d'élevage et fixant des conditions supplémentaires aux échanges, aux importations et aux exportations de certains produits d'origine animale destinés à l'alimentation et à la fabrication d'aliments des animaux d'élevage, modifié). ❑

Art. L. 235-1 **Les établissements préparant, manipulant, entreposant ou cédant des substances et des produits destinés à l'alimentation des animaux, présentant des risques pour la santé animale, la santé humaine, ou des matières premières dont l'incorporation dans les aliments pour animaux ou l'utilisation dans l'alimentation animale fait l'objet de restrictions en vue de prévenir la transmission de contaminants chimiques ou biologiques, doivent satisfaire à des conditions sanitaires, qualitatives et d'identification des origines de ces substances et produits et avoir été, selon les cas, agréés ou enregistrés par l'autorité administrative.**

(Ord. nº 2022-414 du 23 mars 2022, art. 12) **« Les conditions dans lesquelles sont fabriqués, entreposés, transportés et mis sur le marché les aliments médicamenteux et les produits intermédiaires sont fixées par le règlement (UE) 2019/4 du Parlement européen et du Conseil du 11 décembre 2018 concernant la fabrication, la mise sur le marché et l'utilisation d'aliments médicamenteux pour animaux, et les actes délégués et d'exécution qu'il prévoit, et par les dispositions du présent chapitre. »**

(Ord. nº 2006-1224 du 5 oct. 2006) **« S'ils ont des raisons de penser qu'un aliment pour animaux qu'ils ont importé, produit, transformé, fabriqué ou distribué ne répond pas aux prescriptions relatives à la sécurité des aliments pour animaux, ils engagent immédiatement les procédures de retrait du marché de cet aliment et en informent les autorités compétentes. »**

Les ministres chargés de l'agriculture, de la santé et de la consommation fixent par arrêté conjoint la liste des produits, substances et matières premières concernés, les conditions que doivent remplir les établissements et les modalités selon lesquelles leur respect est contrôlé et attesté, ainsi que les modalités d'attribution et de retrait de l'agrément ou de l'enregistrement. Ils peuvent prévoir que certaines des substances ou certains des produits visés au premier alinéa ne sont cédés qu'à des établissements faisant l'objet de l'enregistrement ou de l'agrément correspondant. – *[Anc. art. 255.]*

V. art. R. 235-1 s.

V. Arr. du 28 févr. 2000 relatif à l'enregistrement de certains établissements et intermédiaires dans le secteur de l'alimentation animale (JO 2 mars), mod. par Arr. du 30 mars 2001 (JO 1er avr.), Arr. du 30 avr. 2002 (JO 5 mai), Arr. du 4 sept. 2003 (JO 12 oct.), Arr. du 12 janv. 2004, art. 7 et 8 (JO 14 janv.), Arr. du 23 avr. 2007, art. 20 bis (JO 29 avr.).

V. Arr. du 23 avr. 2007 relatif aux agréments et autorisations des établissements du secteur de l'alimentation animale (JO 29 avr.), mod. par Arr. du 10 mars 2010 (JO 17 avr.), Arr. du 31 oct. 2012 (JO 9 nov.), Arr. du 4 mars 2015 (JO 14 mars).

1. Est fondé le retrait d'antibiotiques de la liste de la directive 70/524 ayant pour effet l'interdiction de leur utilisation comme additif dans l'alimentation animale dès lors qu'il s'agit de mesures de protection de la santé des personnes, même si la réalité et la gravité de ces risques ne sont pas encore pleinement démontrées. • TPICE 11 sept. 2002, *Pfizer Animal Health c/ Conseil,* n° T-13/99 : *Rec. CJCE II-1961 ; Europe 2002, inf. 362.*

2. La présence accidentelle et même infime de substances non autorisées dans la farine de poisson utilisée dans la production d'aliments destinés à des animaux justifie la destruction des lots de farine contaminés à titre de prévention. • CJCE 1er avr. 2004, *Bellio F.,* n° C-286/02 : *Europe 2004, inf. 237 ; RD rur. févr. 2007. 21.*

3. A titre conservatoire et dans le respect du principe de proportionnalité, si l'urgence le justifie, un État membre peut interdire provisoirement la production et la commercialisation de protéines animales transformées dans l'alimentation animale, anticipant une décision du Conseil. • CJUE 22 juin 2011, n° C-346/09 : *Europe 2011. 326.*

4. Responsabilité. Ne sont pas engagées la responsabilité de la Commission ni celle du Conseil dès lors qu'il n'est pas établi que le prétendu retard dans l'interdiction de l'utilisation des farines de viande et d'os dans l'alimentation des animaux ni que le prétendu retard dans le retrait des MRS constitueraient la cause de la contamination des membres de la famille du requérant. • TPICE 13 déc. 2006, nos T-138/03 et T-304/01 : *Envir. 2007, n° 56, note Trouilly ; RD rur. juin-juill. 2008, Chron. 1, p. 20.*

Art. L. 235-2 *(L. n° 2014-1170 du 13 oct. 2014, art. 45-I-3°)* **I. — Lorsque, du fait d'un manquement à la réglementation relative à l'alimentation animale** *(Ord. n° 2022-414 du 23 mars 2022, art. 12)* **« prévue par le » présent titre, un établissement présente ou est susceptible de présenter une menace pour la santé publique, les agents habilités** *(Ord. n° 2015-616 du 4 juin 2015, art. 5-12°)* **« à exercer les contrôles mentionnés à l'article L. 231-1 » peuvent mettre en demeure l'exploitant de réaliser, dans un délai déterminé, les travaux, les opérations de nettoyage, les actions de formation du personnel et les autres mesures nécessaires à la correction de ce manquement ainsi que le renforcement des autocontrôles.**

L'exploitant est invité à présenter ses observations écrites ou orales dans le délai qui lui est imparti à compter de la réception de la mise en demeure, le cas échéant en se faisant assister par un conseil de son choix ou en se faisant représenter. En cas d'urgence et pour prévenir les dangers graves et imminents pour la santé publique, le préfet peut ordonner la fermeture immédiate de tout ou partie de l'établissement ou l'arrêt immédiat d'une ou de plusieurs de ses activités jusqu'à la réalisation des mesures permettant la réouverture de l'établissement ou la reprise des activités sans risque pour la santé publique.

Toute décision prise en application du présent I peut enjoindre à l'exploitant de l'établissement d'afficher, en un endroit visible de l'extérieur, l'intégralité ou un extrait de cette décision.

II. — Si, à l'expiration du délai fixé par la mise en demeure, l'exploitant n'a pas mis en œuvre les mesures prescrites, le préfet peut :

1° Obliger l'exploitant à consigner entre les mains d'un comptable public une somme correspondant au montant des mesures correctives prescrites, laquelle est restituée à l'exploitant au fur et à mesure de leur exécution. Il est procédé au recouvrement de cette somme comme en matière de créances étrangères à l'impôt et au domaine. Pour le recouvrement de cette somme, l'État bénéficie d'un privilège de même rang que celui prévu à l'article 1920 du code général des impôts ;

2° Faire procéder d'office, aux frais de l'exploitant, à l'exécution des mesures correctives prescrites. Les sommes consignées en application du 1° du présent II peuvent être utilisées pour régler les dépenses entraînées par l'exécution d'office des mesures prescrites ;

3° Si le délai imparti pour la réalisation des mesures prescrites ne peut être prolongé sans risque pour la santé publique, ordonner la fermeture de tout ou partie de l'établissement ou l'arrêt d'une ou de plusieurs activités jusqu'à la réalisation des mesures prescrites.

Sauf en cas d'urgence, les mesures prévues au présent II sont prises après que ***l'exploitant a été mis à même*** **de présenter ses observations dans un délai déterminé, le cas échéant en se faisant assister par un conseil de son choix ou en se faisant représenter.**

III. — L'opposition, devant le juge administratif, à l'état exécutoire pris en application d'une mesure de consignation ordonnée par l'autorité administrative n'a pas de caractère suspensif.

CHAPITRE VI **LES IMPORTATIONS, ÉCHANGES AU SEIN DE L'UNION EUROPÉENNE ET EXPORTATIONS** *(Ord. nº 2021-1370 du 20 oct. 2021, art. 5).*

COMMENTAIRE

Les normes internationales du codex alimentarius, la réglementation européenne et les normes nationales se conjuguent pour déterminer et imposer les conditions de la sécurité alimentaire. En même temps, la libre circulation des marchandises doit être garantie, et aucune contrainte posée pour la sécurité sanitaire ne doit constituer d'entrave aux échanges d'animaux, de denrées animales ou de produits d'alimentation animale. Les situations de crise sanitaire ont cependant amené les États à créer des obstacles aux échanges et ceux-ci ont fait l'objet de contrôles juridictionnels. ❑

SECTION 1 **Dispositions générales**

Art. L. 236-1 A *(L. nº 2018-938 du 30 oct. 2018, art. 44)* **Il est interdit de proposer à la vente ou de distribuer à titre gratuit en vue de la consommation humaine ou animale des denrées alimentaires ou produits agricoles pour lesquels il a été fait usage de produits phytopharmaceutiques ou vétérinaires ou d'aliments pour animaux non autorisés par la réglementation européenne ou ne respectant pas les exigences d'identification et de traçabilité imposées par cette même réglementation.**

L'autorité administrative prend toutes mesures de nature à faire respecter l'interdiction prévue au premier alinéa.

(L. nº 2020-1578 du 14 déc. 2020, art. 3) **« Les ministres chargés de l'agriculture et de la consommation peuvent, dans le respect des articles 53 et 54 du règlement (CE) nº 178/2002 du Parlement européen et du Conseil du 28 janvier 2002 établissant les principes généraux et les prescriptions générales de la législation alimentaire, instituant l'Autorité européenne de sécurité des aliments et fixant des procédures relatives à la sécurité des denrées alimentaires, prendre des mesures conservatoires afin de suspendre ou de fixer des conditions particulières à l'introduction, l'importation et la mise sur le marché en France de denrées alimentaires ou produits agricoles mentionnés au premier alinéa du présent article. »**

V., par exemple, Arr. du 26 juin 2023 portant suspension d'introduction, d'importation et de mise sur le marché en France de viandes et produits à base de viande issus d'animaux provenant de pays tiers à l'Union européenne ayant reçu des médicaments antimicrobiens pour favoriser la croissance ou augmenter le rendement (JO 30 juin) ; Arr. du 23 févr. 2024 portant suspension d'introduction, d'importation et de mise sur le marché à titre gratuit ou onéreux en France de fruits et légumes frais provenant de pays tiers à l'Union européenne ayant fait l'objet d'un traitement avec un produit phytopharmaceutique contenant la substance thiaclopride (JO 24 févr.).

Art. L. 236-1 *(Ord. nº 2006-1224 du 5 oct. 2006)* **« Pour être introduits sur le territoire métropolitain et** *(Ord. nº 2012-789 du 31 mai 2012, art. 5-III)* **« en Guadeloupe, en Guyane, à la Martinique, à La Réunion, à Mayotte, à Saint-Barthélemy ou à Saint-Martin », les animaux vivants,** *(Ord. nº 2015-616 du 4 juin 2015, art. 5-13º)* **« les produits d'origine animale** *(Ord. nº 2019-1110 du 30 oct. 2019, art. 3, en vigueur le 14 déc. 2019)* **« , les produits germinaux », les sous-produits animaux et les produits dérivés de ces derniers », les aliments pour animaux, les micro-organismes pathogènes pour les animaux et les produits susceptibles de les véhiculer doivent répondre aux conditions sanitaires** *(Ord. nº 2019-1110 du 30 oct. 2019, art. 3, en vigueur le 14 déc. 2019)* **« , qualitatives » ou ayant trait à la protection des animaux »** *(Ord. nº 2021-1370 du 20 oct. 2021, art. 5)* **« fixées par la règlementation européenne ou, dans les limites autorisées par celle-ci, par le ministre chargé de l'agriculture ». Celui-ci peut notamment exiger que les personnes physiques et les établissements de provenance soient soumis à un agrément.**

(L. nº 2021-1539 du 30 nov. 2021, art. 17) **« Tout chien importé ou introduit sur le territoire national ne peut entrer que s'il dispose d'au moins une dent d'adulte. »**

Lorsque leur introduction est susceptible de constituer un danger grave pour la santé humaine ou animale, le ministre chargé de l'agriculture prend les mesures préventives nécessaires à l'égard des marchandises mentionnées *(L. nº 2021-1539 du 30 nov. 2021,* *art. 17)* **« au premier alinéa » et peut imposer un agrément aux personnes physiques et aux établissements destinataires de ces mêmes marchandises.** – *[Anc. art. 275-1.]*

V. art. L. 237-3 (pén.).

V. Arr. du 19 juill. 2002 fixant les conditions sanitaires pour l'importation et le transit, sur le territoire métropolitain et dans les départements d'outre-mer, des animaux vivants et de certains de leurs produits visés à l'art. L. 236-1 C. rur. (JO 2 août), mod. par Arr. du 16 juill. 2003 (JO 25 juill.), Arr. du 21 août 2003 (JO 6 sept.), Arr. du 17 déc. 2004 (JO 31 déc.), Arr. du 29 juill. 2008 (JO 29 oct.), Arr. du 30 sept. 2009 (JO 24 nov., Rect. JO 26 déc.), Arr. du 23 sept. 2013 (JO 9 oct.) ; Arr. du 27 juill. 2004 fixant les conditions sanitaires d'importation des produits d'origine animale destinés à des expositions (JO 20 août) ; Arr. du 24 mars 2017 portant application de l'art. D. 3115-18 du code de la santé publique et fixant les conditions d'accueil et de prise en charge des animaux dont le statut sanitaire est incertain (JO 26 mars).

1. Abattage. Les États membres de la Communauté européenne ont compétence pour décider d'un abattage de veaux originaires du Royaume-Uni se trouvant sur leur territoire dans le cadre des compétences reconnues par l'organisation commune des marchés de la viande bovine compte tenu des informations relatives au lien éventuel entre l'ESB et une maladie humaine. • CJCE 8 janv. 2002, *Van der Bor*, n° C-428/99 et *Denkavit Nederland*, n° C-507/99 : *Rec. CJCE I-127 et 169 ; D. 2002. IR 453 ; Europe 2002. 19, inf. 114 ; Envir. 2002, inf. 86, note Trouilly ; RD rur. 2004. 163, obs. Viale.*

2. Embargo. L'État français a été condamné pour avoir refusé de permettre la commercialisation sur son territoire de viande bovine britannique correctement marquée ou étiquetée, en méconnaissant la décision de la Commission d'instaurer un régime d'exportation spécifique et la décision fixant la date à laquelle la Grande-Bretagne pouvait reprendre ses exportations. • CJCE 13 déc. 2001, *Commission c/ République française*, n° C-1/00 : *D. 2002. IR 254 ; Dr. rur. 2002. 9 ; Gaz. Pal. 27 juin 2002. 13 ; Envir. févr. 2002, p. 23, n° 31 ; Europe févr. 2002. 27, n° 67 ; AJDA 2002. 164, note Hamoniaux et 329 ; JCP 2002. II. 10027, note Icard.* ♦ Un État membre ne peut invoquer l'art. 30 du traité pour s'opposer à la reprise des importations de viande bovine anglaise dès lors que celles-ci s'exercent conformément aux règles posées par la Commission pour la protection de la santé publique. • CJCE 22 oct. 2002 : *D. 2002. IR 3059 ; Europe 2002, inf. 411 ; JCP 2003. 10185, note Icard ; Envir. 2003, inf. 9, note Trouilly ; RD rur. 2004. 163, obs. Viale.* ♦ La décision de la commission autorisant la levée de l'embargo sur l'exportation de bovins portugais est annulée pour défaut de vérification de la mise en œuvre des dispositions communautaires. • CJCE 22 mai 2003, *France c/ Commission*, n° C-393/01 : *Europe 2003, inf. 256, obs. Kauff-Gazin ; RD rur. févr. 2005. 35, obs. B. V.* ♦ Les décisions implicites de rejet du ministre de la demande d'abrogation des mesures françaises d'embargo contre certains produits bovins britanniques sont nulles dès lors que la décision contraire de la commission n'a pas été contestée par l'État français dans les deux mois, et que les règles communautaires permettant la reprise des exportations britanniques ont été prises pour protéger la santé publique, en prévoyant le cadre juridique pour des mesures conservatoires, ce qui écartait toute possibilité pour l'État français d'invoquer la santé publique et le principe de précaution pour empêcher la reprise des exportations. • CE 24 nov. 2003, n° 221747 B : *RD rur. 2004. 306, obs. Rochard ; Envir. mars 2004. 28, note Trouilly ; Gaz. Pal. 11-12 août 2004 ; Dr. adm. 2004, inf. 53, note E.G.* ♦ Suspension de l'application de l'allégement de la réglementation en matière de lutte contre l'EST. • TPICE, ord., 28 sept. 2007, *France c/ Commission*, n° T-257/07 : *Europe 2007, n° 286, obs. Meissé* • 30 oct. 2008, *France c/ Commission*, n° T-257/07 : *Europe 2008, n° 398, note Bernard ; Gaz. Pal. 19-20 juin 2009. 50, note Desmoulin-Canselier.*

Art. L. 236-2 *(Ord. n° 2006-1224 du 5 oct. 2006)* **« Pour être destinées aux échanges ou exportées, les marchandises mentionnées au premier alinéa de l'article L. 236-1 doivent répondre aux conditions sanitaires ou ayant trait à la protection des animaux** *(Ord. n° 2021-1370 du 20 oct. 2021, art. 5)* **« fixées par la règlementation européenne ou, dans les limites autorisées par celle-ci, par le ministre chargé de l'agriculture » ; ces conditions peuvent comprendre un agrément de l'exploitation, du centre de regroupement, de l'établissement ou de la personne physique concernée. »**

(Ord. n° 2011-863 du 22 juill. 2011, art. 4) **« L'exercice des missions de certification officielle et l'établissement et la délivrance des certificats et documents attestant que les animaux vivants, leurs semences, ovules et embryons ainsi que les denrées animales ou d'origine animale, les aliments pour animaux** *(Ord. n° 2015-616 du 4 juin 2015, art. 5-14°)* **« , les sous-produits animaux et les produits dérivés de ces derniers » sont conformes aux exigences mentionnées au premier alinéa du présent article, sont assurés par les personnes désignées à l'article L. 236-2-1. »**

Les modalités du contrôle du respect de ces conditions sont fixées par le ministre chargé de l'agriculture. – *V. Arr. du 25 avr. 2000 relatif à la certification vétérinaire dans les échanges et à l'exportation (JO 27 avr.).*

Afin d'assurer le financement *(L. n° 2011-1977 du 28 déc. 2011, art. 58-I-1° ; L. n° 2014-1655 du 29 déc. 2014, art. 102-1°)* **« des opérations d'établissement » des certificats et documents prévus au deuxième alinéa, une redevance pour contrôle vétérinaire est acquittée par l'expéditeur des marchandises.**

(L. n° 2014-1655 du 29 déc. 2014, art. 102-2°) **« La redevance équivaut aux frais de délivrance des certificats et autres documents par les vétérinaires officiels mentionnés à l'article L. 236-2-1. Elle correspond à la formule suivante :**

« R = X x nombre de certificats.

« Le montant de X ne peut excéder 30 €. » – *V. art. D. 236-1 A s.*

(L. n° 2011-1977 du 28 déc. 2011, art. 58-I-5°, en vigueur le 1er janv. 2012) **« Le produit de la redevance est affecté à l'Établissement national des produits de l'agriculture et de la mer mentionné à l'article L. 621-1 »** *(L. n° 2014-1655 du 29 déc. 2014, art. 102-3°)* **« , dans la limite** *(L. n° 2023-1322 du 29 déc. 2023, art. 156)* **« d'un plafond annuel ». La délivrance des certificats et documents est subordonnée à la justification du paiement de la redevance correspondante à cet établissement, qui en assure le recouvrement selon le principe des recettes au comptant. Il assure également la rémunération de la personne mentionnée au *b* de l'article L. 236-2-1 ayant établi le certificat. »**

Un décret fixe les conditions d'acquittement de la redevance. *(L. n° 2011-1977 du 28 déc. 2011, art. 58-I-6°, en vigueur le 1er janv. 2012)* **« Un arrêté conjoint des ministres chargés de l'agriculture et du budget fixe les tarifs de la redevance en fonction de la nature des marchandises mentionnées au deuxième alinéa du présent article et, le cas échéant, en fonction des espèces animales. »** – *[Anc. art. 275-2.]*

V. Arr. du 25 juin 2012 fixant les tarifs de la redevance pour les contrôles vétérinaires et phytosanitaires à l'importation (JO 3 juill.), mod. par Arr. du 18 juill. 2012 (JO 18 août).

Art. L. 236-2-1 *(Ord. n° 2019-1110 du 30 oct. 2019, art. 3, en vigueur le 14 déc. 2019)* **L'exercice des missions de certification officielle et l'établissement et la délivrance des certificats et documents mentionnés au deuxième alinéa de l'article L. 236-2 sont assurés par des vétérinaires officiels ainsi que par d'autres agents habilités à cet effet par l'autorité administrative lorsque le droit de l'Union européenne l'autorise.** – *V. Arr. du 24 nov. 2022 relatif aux tarifs de rémunération des vétérinaires certificateurs mentionnés à l'art. L. 236-2-1 (JO 6 déc.), mod. par Arr. du 26 févr. 2024 (JO 1er mars).*

Art. L. 236-2-2 *Abrogé par L. n° 2020-1721 du 29 déc. 2020, art. 64.*

Art. L. 236-3 **Le ministre chargé de l'agriculture peut prendre des mesures particulières complémentaires ou dérogatoires aux dispositions prévues aux première, deuxième et troisième sections du présent chapitre, au titre des importations** *(Ord. n° 2012-789 du 31 mai 2012, art. 5-III)* **« en Guadeloupe, en Guyane, à la Martinique, à La Réunion, à Mayotte, à Saint-Barthélemy ou à Saint-Martin » ou des échanges en provenance ou à destination de ces départements, ou entre eux.** – *[Anc. art. 275-3.]*

SECTION 2 Les importations et exportations

Art. L. 236-4 *(Ord. n° 2019-1110 du 30 oct. 2019, art. 3, en vigueur le 14 déc. 2019)* **« Lorsqu'ils sont originaires ou en provenance de pays non membres de l'Union européenne, les envois d'animaux, de produits d'origine animale, de produits germinaux, de sous-produits animaux et de produits dérivés de ces derniers, d'aliments pour animaux, de micro-organismes pathogènes pour les animaux et de produits susceptibles de les véhiculer, appartenant à l'une des catégories mentionnées à l'article 47 du règlement (UE) 2017/625 du 15 mars 2017, sont soumis, aux frais des importateurs et au moment de leur entrée sur le territoire métropolitain ou en Guadeloupe, en Guyane, en Martinique, à La Réunion, à Mayotte ou à Saint-Martin, à un contrôle officiel en poste de contrôle frontalier au sens du point 38 de l'article 3 du même règlement. La liste des postes de contrôle frontalier est fixée par arrêté conjoint du ministre chargé de l'agriculture et du ministre chargé des douanes. »**

(L. n° 2011-1977 du 28 déc. 2011, art. 58-IV, en vigueur le 1er janv. 2012) **« Dans le cas où, en application de dispositions réglementaires ou de mesures prises par le ministre chargé de l'agriculture, les contrôles mentionnés au premier alinéa ne peuvent être réalisés en** *(Ord. n° 2019-1110 du 30 oct. 2019, art. 3, en vigueur le 14 déc. 2019)* **« poste de contrôle frontalier », des contrôles de même nature sont réalisés au lieu de destination finale des marchandises aux frais des importateurs. »**

Ces contrôles, dont les modalités sont fixées par le ministre chargé de l'agriculture, sont exécutés par les agents *(Ord. n° 2015-616 du 4 juin 2015, art. 5-15°)* **« habilités à cet effet ». Les marchandises qui ont subi un contrôle favorable dans un** *(Ord. n° 2019-1110 du 30 oct. 2019, art. 3, en vigueur le 14 déc. 2019)* **« poste de contrôle frontalier habilité d'un autre État membre de l'Union européenne » font éventuellement l'objet des contrôles prévus en application de l'article L. 236-5.**

Toutefois, pour les animaux familiers de compagnie accompagnant les voyageurs, le contrôle peut être effectué dans tout port, aéroport, gare ferroviaire ou routière ouvert aux liaisons internationales et se limiter à un contrôle documentaire, *(Ord. n° 2010-460 du 6 mai 2010, art. 4)* **« et d'identité »** *(Ord. n° 2021-1370 du 20 oct. 2021, art. 5)* **« au sens de l'article 11 du règlement délégué (UE) 2019/2122 de la Commission du 10 octobre 2019 complétant le règlement (UE) 2017/625 du Parlement européen et du Conseil en ce qui concerne certaines catégories d'animaux et de biens exemptées des contrôles officiels aux postes de contrôle frontaliers, des contrôles spécifiques des bagages personnels des passagers et de petits envois de biens expédiés à des personnes physiques, qui ne sont pas destinés à être mis sur le marché », effectué par les agents des douanes. Les listes des animaux familiers de compagnie visés au présent alinéa et les modalités d'application du contrôle sont fixées par arrêtés conjoints du ministre chargé de l'agriculture et du ministre chargé des douanes.** — *[Anc. art. 275-4.]*

V. art. L. 237-3 (pén.) et R. 236-1 s.

Les listes des postes de contrôle frontaliers vétérinaires et phytosanitaires et des points de contrôles désignés par les autorités françaises pour la réalisation des contrôles officiels des animaux et des biens visés à l'art. 47 du Règl. (UE) 2017/625 du 15 mars 2017 sont publiées sur le site internet du ministère en charge de l'agriculture, conformément à l'art. 60 de ce même règlement (Arr. du 23 déc. 2020, art. 1er, JO 31 déc., mod. par Arr. du 28 oct. 2021, JO 30 oct.).

SECTION 3 **Les échanges au sein de l'Union européenne** *(Ord. n° 2021-1370 du 20 oct. 2021, art. 5).*

Art. L. 236-5 **Des contrôles vétérinaires exécutés par les agents** *(Ord. n° 2015-616 du 4 juin 2015, art. 5-16°)* **« habilités à cet effet » peuvent être appliqués aux animaux vivants** *(Ord. n° 2015-616 du 4 juin 2015, art. 5-17°)* **« , aux produits d'origine animale, aux sous-produits animaux et aux produits dérivés de ces derniers »** *(Ord. n° 2006-1224 du 5 oct. 2006)* **« , aux aliments pour animaux, » aux micro-organismes pathogènes pour les animaux et aux produits susceptibles de les véhiculer, introduits sur le territoire métropolitain ou** *(Ord. n° 2012-789 du 31 mai 2012, art. 5-III)* **« en Guadeloupe, en Guyane, à la Martinique, à La Réunion, à Saint-Barthélemy ou à Saint-Martin » et ayant le statut de marchandises** *(Ord. n° 2021-1370 du 20 oct. 2021, art. 5)* **« provenant de l'Union européenne, dès lors qu'ils sont effectués à destination dans les conditions fixées par le droit de l'Union européenne ou, dans les cas où celui-ci l'autorise, par le ministre chargé de l'agriculture ».**

(Ord. n° 2006-1224 du 5 oct. 2006) **« En cas de méconnaissance** *(Abrogé par L. n° 2021-1539 du 30 nov. 2021, art. 17)* **«** ***grave ou répétée*** **» des dispositions de l'article L. 236-1 commise par une entreprise expéditrice ou destinataire ou toute autre personne qui participe à l'opération d'échange, les contrôles peuvent comporter la mise en quarantaine des animaux vivants ou la consignation** *(Ord. n° 2015-616 du 4 juin 2015, art. 5-18°)* **« des produits d'origine animale, des sous-produits animaux et des produits dérivés de ces derniers », des aliments pour animaux, des micro-organismes pathogènes pour les animaux ou des produits susceptibles de les véhiculer, dans des conditions fixées par arrêté du ministre chargé de l'agriculture. »** *(L. n° 2021-1539 du 30 nov. 2021, art. 17)* **« Les frais occasionnés par ces contrôles sont mis à la charge de la personne ayant méconnu les dispositions du même article L. 236-1 ou de ses complices. »**

Art. L. 236-6 Au titre des dispositions dérogatoires de l'article 2 *bis* du code des douanes, les agents des douanes peuvent, dans les conditions prévues aux articles 60 *(L. n° 2023-610 du 18 juill. 2023, art. 2)* « à 60-10 », 61, *(L. n° 2001-6 du 4 janv. 2001)* « 63 *ter*, » 65 et 410 du même code, effectuer des contrôles documentaires et vérifier par simple inspection visuelle la concordance entre les documents ou certificats et les marchandises mentionnées à l'article L. 236-5 ainsi que par la présence des estampilles et marques qui doivent figurer sur les marchandises.

Ils sont habilités à constater les infractions aux obligations documentaires ainsi que les infractions au présent article.

(Ord. n° 2010-460 du 6 mai 2010, art. 4) « Pour les nécessités des contrôles qu'ils conduisent, les agents des douanes et les agents *(Ord. n° 2019-1110 du 30 oct. 2019, art. 3)* « habilités à réaliser les contrôles prévus au présent chapitre » peuvent se communiquer spontanément, sans que puisse y faire obstacle le secret professionnel auquel ils sont le cas échéant tenus, les informations et documents détenus ou recueillis dans l'exercice de leurs missions respectives de police administrative. »

En outre, ils peuvent consigner les marchandises mentionnées au premier alinéa de l'article L. 236-5 ainsi que leurs moyens de transport, dans les conditions fixées à l'article 322 *bis* du code des douanes, dans l'attente de l'inspection vétérinaire effectuée par les agents chargés des contrôles prévus à l'article L. 236-5. – *[Anc. art. 275-6.]*

Art. L. 236-7 Lorsque des marchandises *(Ord. n° 2021-1370 du 20 oct. 2021, art. 5)* « provenant de l'Union européenne » mentionnées à l'article L. 236-5 sont introduites, à l'occasion d'échanges *(Ord. n° 2021-1370 du 20 oct. 2021, art. 5)* « au sein de l'Union », sur le territoire métropolitain ou *(Ord. n° 2012-789 du 31 mai 2012, art. 5-III)* « en Guadeloupe, en Guyane, à la Martinique, à La Réunion, à Saint-Barthélemy ou à Saint-Martin » par des postes d'inspection frontaliers, leur détenteur doit présenter au service des douanes les documents relatifs à ces marchandises. Des contrôles documentaires sont réalisés par les agents des douanes afin de déterminer leur origine et leur statut. Les infractions au présent alinéa sont constatées par les agents des douanes et sanctionnées conformément à l'article 410 du code des douanes.

Cette mesure ne s'applique pas aux animaux vivants *(Ord. n° 2015-616 du 4 juin 2015, art. 5-17°)* « , aux produits d'origine animale, aux sous-produits animaux et aux produits dérivés de ces derniers » *(Ord. n° 2006-1224 du 5 oct. 2006)* « , aux aliments pour animaux », aux micro-organismes pathogènes pour les animaux et aux produits susceptibles de les véhiculer, transportés par des moyens de transport reliant de manière régulière et directe deux points géographiques de *(Ord. n° 2021-1370 du 20 oct. 2021, art. 5)* « l'Union » européenne. – *[Anc. art. 275-7.]*

Art. L. 236-8 *(Ord. n° 2021-1370 du 20 oct. 2021, art. 5)* « Les établissements et personnes qui participent ou procèdent aux échanges au sein de l'Union européenne des marchandises mentionnées à l'article L. 236-5 peuvent être soumis, par les dispositions mentionnées à l'article L. 222-1, d'autres règlements européens ou à défaut par arrêté du ministre chargé de l'agriculture, à un enregistrement préalable auprès des services vétérinaires départementaux ou à un agrément par l'autorité administrative. Ils peuvent également être soumis, dans les mêmes conditions, à la tenue d'un registre sur lequel sont notamment mentionnées les livraisons, leur origine ou leur destination. » Ces établissements ou ces opérateurs doivent être en mesure de présenter, à la demande des agents chargés des contrôles prévus à l'article L. 236-5, tous certificats sanitaires, certificats de salubrité ou autres documents attestant de la provenance ou de l'origine des animaux vivants, produits ou denrées animales ou d'origine animale.

(Abrogé par Ord. n° 2021-1370 du 20 oct. 2021, art. 5) ***« Le ministre chargé de l'agriculture fixe par arrêté les catégories d'établissements et d'opérateurs soumis à ces obligations. »*** – *[Anc. art. 275-8.]*

V. art. L. 237-3 (pén.).

Pour les mouvements intracommunautaires des chiens, chats et furets, V. Arr. du 8 avr. 2004 relatif aux modalités d'édition, de diffusion et de délivrance du passeport pour animal de compagnie (JO 23 mai), mod. par Arr. du 3 sept. 2007 (JO 8 sept.) et Arr. du 24 oct. 2014 (JO 1er nov.). — V. aussi Arr. du 15 oct. 2004 relatif à la gestion des passeports pour animal de compagnie par les éditeurs et les vétérinaires (JO 31 oct.), mod. par Arr. du 3 sept. 2007 (JO 6 sept.) et Arr. du 24 oct. 2014 (JO 4 nov.).

Sur les conditions sanitaires et de police sanitaire régissant les échanges intracommunautaires, V. Arr. du 3 mai 1994 (JO 2 juin) pour les équidés ; ... Arr. du 13 juill. 1994 (JO 11 août) pour les embryons d'animaux domestiques de l'espèce bovine, mod. par Arr. du 15 mars 1999, art. 7 à 10 (JO 21 avr.), Arr. du 23 nov. 2001 (JO 13 déc.), Arr. du 1er oct. 2015, art. 2 (JO 10 oct.) ; ... Arr. du 10 mars 1995 (JO 5 avr.) pour les suidés ; ... Arr. du 14 mars 1995 (JO 5 avr.) pour certains oiseaux ; ... Arr. du 16 mars 1995 (JO 5 avr.) pour les abeilles ; ... Arr. du 16 mars 1995 (JO 5 avr.) pour les rongeurs et les lagomorphes, mod. par Arr. du 5 oct. 2017 (JO 12 oct.) ; ... Arr. du 25 sept. 1995 (JO 21 oct.) pour certains produits d'origine animale, mod. par Arr. du 10 sept. 1996 (JO 12 sept.), Arr. du 15 avr. 2001, art. 41 (JO 24 mai), Arr. du 14 oct. 2005, art. 8 (JO 30 oct.) ; ... Arr. du 11 mars 1996 (JO 3 avr.) pour les ovules et les embryons de l'espèce équine ; ... Arr. du 10 avr. 1997 (JO 3 juin) pour les animaux et produits de l'aquaculture, mod. par Arr. du 1er mars 2000 (JO 21 mars), Arr. du 30 sept. 2002 (JO 9 nov.) ; ... Arr. du 14 août 2001 (JO 9 oct.) pour les bovins et les porcins ; ... Arr. du 9 nov. 2004 (JO 18 nov.) pour les ovins et les caprins ; ... Arr. du 10 oct. 2011 (JO 18 oct.) pour les volailles et œufs à couver ; ... Arr. du 9 déc. 2014 (JO 13 déc.) pour certains carnivores.

SECTION 4 Dispositions diverses

Art. L. 236-9 *(Ord. n° 2006-1224 du 5 oct. 2006)* **« Lorsque des animaux vivants,** *(Ord. n° 2015-616 du 4 juin 2015, art. 5-18°)* **« des produits d'origine animale,** *(Ord. n° 2019-1110 du 30 oct. 2019, art. 3, en vigueur le 14 déc. 2019)* **« des produits germinaux, » des sous-produits animaux et des produits dérivés de ces derniers », des aliments pour animaux, des micro-organismes pathogènes pour les animaux et des produits susceptibles de les véhiculer ne répondent pas aux conditions fixées en application de l'article L. 236-1, les agents chargés des contrôles prévus aux articles L. 236-1 à L. 236-5 et L. 236-8 peuvent prescrire : »**

1° La mise en quarantaine des animaux, leur abattage, la consigne des produits, la destruction ou la réexpédition des animaux ou de leurs produits ;

2° La consigne, la saisie et la destruction des denrées *(Ord. n° 2006-1224 du 5 oct. 2006 ; Ord. n° 2015-616 du 4 juin 2015, art. 5-19°)* **« alimentaires** *(Ord. n° 2019-1110 du 30 oct. 2019, art. 3, en vigueur le 14 déc. 2019)* **« , des produits germinaux », des sous-produits animaux ou des produits dérivés de ces derniers ou aliments pour animaux, leur transformation » ou leur utilisation à d'autres fins, y compris leur réexpédition ;**

3° L'immobilisation et la désinfection des moyens de transport. — *[Anc. art. 275-9.]*

V. art. L. 237-3 (pén.).

Art. L. 236-10 **Les frais induits par les mesures prises en application de l'article L. 236-9, y compris les frais de transport, d'enfouissement ou de désinfection, sont à la charge du propriétaire, du destinataire, de l'importateur, de l'exportateur ou, à défaut, de toute autre personne qui participe à l'opération d'importation ou d'échange ; ces mesures ne donnent lieu à aucune indemnité.**

En cas de refus de se conformer aux injonctions de l'autorité administrative, il y est pourvu d'office à leur compte.

Les frais de ces opérations sont recouvrés sur un état dressé par le préfet. — *[Anc. art. 275-10.]*

Art. L. 236-11 **Il n'est alloué aucune indemnité aux propriétaires d'animaux abattus pour cause de péripneumonie contagieuse dans les trois mois qui ont suivi leur introduction en France.** — *[Anc. art. 275-11.]*

Art. L. 236-12 *Abrogé par Ord. n° 2010-461 du 6 mai 2010, art. 5.*

CHAPITRE VII DISPOSITIONS PÉNALES

COMMENTAIRE

Les *sanctions pénales* ont été *alourdies* en la matière par la loi n° 2014-344 du 17 mars 2014 relative à la consommation dans le souci de garantir la sécurité sanitaire des aliments qui est une des missions de l'État énoncées à l'article L. 1 du présent code. ❑

Art. L. 237-1 **I. — Est puni des peines prévues à l'article L. 213-1 du code de la consommation le fait de mettre sur le marché, d'introduire sur le territoire métropo-**

litain ou *(Ord. nº 2012-789 du 31 mai 2012, art. 5-III)* **« en Guadeloupe, en Guyane, à la Martinique, à La Réunion, à Mayotte, à Saint-Barthélemy ou à Saint-Martin », de céder en vue d'administrer à des animaux dont la chair ou les produits sont destinés à l'alimentation humaine un produit visé au I de l'article L. 234-2 ou une substance visée au II du même article qui ne bénéficie pas d'une autorisation de l'autorité administrative.**

II. — Sont punies de six mois d'emprisonnement et de 30 000 € d'amende les autres infractions aux dispositions *(Ord. nº 2003-1187 du 11 déc. 2003)* **« des I à VII » de l'article L. 234-2** *(Ord. nº 2022-414 du 23 mars 2022, art. 12)* **« , et aux dispositions prévues au 1° et au 6° de l'article 17 du règlement (UE) 2019/4 du 11 décembre 2018 ».**

III. — Abrogé par Ord. nº 2010-460 du 6 mai 2010, art. 4.

IV. — Les personnes physiques coupables de l'une des infractions prévues au présent article encourent également la peine complémentaire de l'affichage ou la diffusion de la décision prononcée dans les conditions prévues par l'article 131-35 du code pénal.

V. — *(Ord. nº 2010-460 du 6 mai 2010, art. 4)* **« Les personnes morales encourent également les peines complémentaires prévues par les 2°, 4°, 7°, 8° et 9° de l'article 131-39 du code pénal. »** *— [Anc. art. 338.]*

Art. L. 237-2 *(Ord. nº 2006-1224 du 5 oct. 2006)* **I. — Est puni de six mois d'emprisonnement et de** *(Ord. nº 2010-460 du 6 mai 2010, art. 4)* **« 15 000 € » d'amende le fait :**

— d'abattre un animal en dehors d'un *(Ord. nº 2010-460 du 6 mai 2010, art. 4)* **« établissement d'abattage » dans des conditions illicites ;**

— de mettre sur le marché des produits d'origine animale, des denrées alimentaires en contenant ou des aliments pour animaux *(Ord. nº 2022-414 du 23 mars 2022, art. 12)* **« , à l'exception des aliments médicamenteux, » sans être titulaire de l'agrément requis, selon les cas, en application de l'article L. 233-2 ou de l'article L. 235-1 ou lorsque cet agrément a été suspendu ;**

— de destiner à l'alimentation animale et à la fabrication d'aliments pour animaux des matières animales, transformées ou non, faisant l'objet de restrictions ou d'interdictions ;

— de mettre sur le marché des produits d'origine animale ou des denrées alimentaires en contenant consignés ou retirés de la consommation ou de les transporter sans une autorisation *(Ord. nº 2019-1110 du 30 oct. 2019, art. 3, en vigueur le 14 déc. 2019)* **« délivrée par un vétérinaire officiel ».**

(Ord. nº 2022-414 du 23 mars 2022, art. 12) **« II. — Est puni de deux ans d'emprisonnement et de 30 000 euros d'amende le fait, pour un établissement :**

« 1° De ne pas respecter une décision de fermeture administrative, ou de suspension d'une ou plusieurs de ses activités, prise en application des articles L. 206-2, L. 233-1 et L. 235-2 ;

« 2° De mettre sur le marché des aliments médicamenteux pour animaux sans être titulaire de l'agrément requis en application de l'article L. 235-1 ou lorsque cet agrément a été suspendu ;

« 3° De fabriquer un aliment médicamenteux ou un produit intermédiaire à partir d'un médicament vétérinaire n'ayant pas obtenu une autorisation aux fins de la fabrication d'aliments médicamenteux pour animaux, en méconnaissance du paragraphe 1 de l'article 5 du règlement (UE) 2019/4 du 11 décembre 2018. »

(L. nº 2018-938 du 30 oct. 2018, art. 50) **« II *bis*. — Est puni de six mois d'emprisonnement et de 150 000 € d'amende le fait, pour un propriétaire ou un détenteur de denrées alimentaires ou d'aliments pour animaux, de ne pas respecter les obligations d'information prévues aux** *(Ord. nº 2021-1370 du 20 oct. 2021, art. 5)* **« troisième et quatrième » alinéas de l'article L. 201-7. »**

III. — Est puni de *(L. nº 2018-938 du 30 oct. 2018, art. 51)* **« cinq » ans d'emprisonnement et** *(L. nº 2014-344 du 17 mars 2014, art. 133-I)* **« d'une amende de 600 000 €, dont le montant peut être porté, de manière proportionnée aux avantages tirés du manquement, à 10 % du chiffre d'affaires moyen annuel, calculé sur les trois derniers chiffres d'affaires annuels connus à la date des faits, » le fait pour un exploitant :**

— de mettre sur le marché un produit d'origine animale ou une denrée en contenant préjudiciable à la santé au sens de l'article 14 du règlement (CE) n° 178/2002 du Parlement européen et du Conseil du 28 janvier 2002 ou de s'abstenir de mettre en œuvre des procédures de retrait ou de rappel d'un tel produit qu'il a importé, produit *(L. n° 2018-938 du 30 oct. 2018, art. 51)* **« ou transformé », en méconnaissance de l'article 19 du même règlement communautaire ;**

— de mettre sur le marché un aliment pour animaux d'origine animale ou contenant des produits d'origine animale dangereux au sens de l'article 15 du règlement (CE) n° 178/2002 du Parlement européen et du Conseil du 28 janvier 2002 ou de s'abstenir de mettre en œuvre des procédures de retrait ou de rappel d'un tel produit qu'il a importé, produit *(L. n° 2018-938 du 30 oct. 2018, art. 51)* **« ou transformé », en méconnaissance de l'article 20 du même règlement communautaire ou de l'article L. 235-1 du code rural et de la pêche maritime.**

IV. — Les personnes physiques encourent également les peines complémentaires suivantes :

— l'interdiction, pour une durée de cinq ans au plus, d'émettre des chèques autres que ceux qui permettent le retrait de fonds par un tireur auprès du tiré ou ceux qui sont certifiés et d'utiliser des cartes de paiement ;

— la confiscation de la chose qui a servi ou était destinée à commettre l'infraction ou de la chose qui en est le produit ;

— l'interdiction pour une durée de cinq ans au plus d'exercer une activité professionnelle ou sociale dès lors que les facilités que procure cette activité ont été sciemment utilisées pour préparer ou commettre l'infraction. Cette interdiction n'est toutefois pas applicable à l'exercice d'un mandat électif ou de responsabilités syndicales ;

— l'affichage de la décision prononcée ou la diffusion de celle-ci soit par la presse écrite, soit par tout moyen de communication au public par voie électronique.

V. — *(Ord. n° 2010-460 du 6 mai 2010, art. 4)* **« Les personnes morales encourent également les peines complémentaires prévues par les 2°, 4°, 7°, 8° et 9° de l'article 131-39 du code pénal. »**

Doit être sanctionné l'exploitant du secteur alimentaire qui a des raisons de penser qu'une denrée alimentaire qu'il a importée, produite, transformée, fabriquée ou distribuée, ne répond pas aux prescriptions relatives à la sécurité des denrées alimentaires, et n'a pas engagé immédiatement les procédures de retrait du marché. • Crim. 27 oct. 2015, n° 14-87.259 : *Gaz. Pal. 18-19 nov. 2015. 3899.*

Art. L. 237-3 *(Ord. n° 2006-1224 du 5 oct. 2006)* **« I. — » Est puni de deux ans d'emprisonnement et de** *(L. n° 2014-344 du 17 mars 2014, art. 133-II)* **« 300 000 € » d'amende :**

1° Le fait d'introduire sur le territoire métropolitain ou *(Ord. n° 2012-789 du 31 mai 2012, art. 5-III)* **« en Guadeloupe, en Guyane, à la Martinique, à La Réunion, à Mayotte, à Saint-Barthélemy ou à Saint-Martin » des animaux vivants,** *(Ord. n° 2015-616 du 4 juin 2015, art. 5-18°)* **« des produits d'origine animale,** *(Ord. n° 2019-1110 du 30 oct. 2019, art. 3, en vigueur le 14 déc. 2019)* **« des produits germinaux, » des sous-produits animaux et des produits dérivés de ces derniers »** *(Ord. n° 2006-1224 du 5 oct. 2006)* **« ou des aliments pour animaux » ne répondant pas aux conditions sanitaires ou ayant trait à la protection des animaux prévues à l'article L. 236-1 ;**

2° Le fait de destiner aux échanges *(Ord. n° 2021-1370 du 20 oct. 2021, art. 5)* **« au sein de l'Union européenne » ou à l'exportation des animaux vivants,** *(Ord. n° 2015-616 du 4 juin 2015, art. 5-18°)* **« des produits d'origine animale,** *(Ord. n° 2019-1110 du 30 oct. 2019, art. 3, en vigueur le 14 déc. 2019)* **« des produits germinaux, » des sous-produits animaux et des produits dérivés de ces derniers »** *(Ord. n° 2006-1224 du 5 oct. 2006)* **« ou des aliments pour animaux » ne répondant pas aux conditions sanitaires ou ayant trait à la protection des animaux prévues à l'article L. 236-2 ;**

3° Le fait d'introduire sur le territoire métropolitain ou *(Ord. n° 2012-789 du 31 mai 2012, art. 5-III)* **« en Guadeloupe, en Guyane, à la Martinique, à La Réunion, à Mayotte, à Saint-Barthélemy ou à Saint-Martin », lorsqu'ils sont originaires ou en provenance de pays non membres de** *(Ord. n° 2021-1370 du 20 oct. 2021, art. 5)* **« l'Union » européenne, des animaux vivants,** *(Ord. n° 2015-616 du 4 juin 2015, art. 5-18°)* **« des produits d'origine animale,** *(Ord. n° 2019-1110 du 30 oct. 2019, art. 3, en* *vigueur le 14 déc. 2019)* **« des produits germinaux, » des sous-produits animaux et des produits dérivés de ces derniers »** *(Ord. n° 2006-1224 du 5 oct. 2006)* **« ou des aliments pour animaux » n'ayant pas subi le contrôle vétérinaire prévu à l'article L. 236-4 ;**

4° Le fait de procéder à des échanges *(Ord. n° 2021-1370 du 20 oct. 2021, art. 5)* **« au sein de l'Union européenne » d'animaux vivants,** *(Ord. n° 2015-616 du 4 juin 2015, art. 5-20°)* **« de produits d'origine animale,** *(Ord. n° 2019-1110 du 30 oct. 2019, art. 3, en vigueur le 14 déc. 2019)* **« de produits germinaux, » de sous-produits animaux, de produits dérivés de ces derniers »** *(Ord. n° 2006-1224 du 5 oct. 2006)* **« ou d'aliments pour animaux » sans être en mesure de présenter aux agents chargés des contrôles prévus à l'article L. 236-5 les registres, certificats ou documents prévus à l'article L. 236-8 ;**

5° Le fait de ne pas respecter les prescriptions édictées en application de l'article L. 236-9.

Les peines sont portées à cinq ans d'emprisonnement et à *(L. n° 2014-344 du 17 mars 2014, art. 133-II)* **« 600 000 € » d'amende lorsque les infractions définies aux précédents alinéas ont entraîné des atteintes graves pour la santé humaine ou animale.**

(L. n° 2014-344 du 17 mars 2014, art. 133-II) **« Les amendes prononcées en application du présent I peuvent être portées, de manière proportionnée aux avantages tirés du manquement, à 10 % du chiffre d'affaires moyen annuel, calculé sur les trois derniers chiffres d'affaires annuels connus à la date des faits ».**

(Ord. n° 2006-1224 du 5 oct. 2006) **« II. – Les personnes physiques encourent également les peines complémentaires suivantes :**

« – l'interdiction, pour une durée de cinq ans au plus, d'émettre des chèques autres que ceux qui permettent le retrait de fonds par un tireur auprès du tiré ou ceux qui sont certifiés et d'utiliser des cartes de paiement ;

« – la confiscation de la chose qui a servi ou était destinée à commettre l'infraction ou de la chose qui en est le produit ;

« – l'interdiction pour une durée de cinq ans au plus d'exercer une activité professionnelle ou sociale dès lors que les facilités que procure cette activité ont été sciemment utilisées pour préparer ou commettre l'infraction. Cette interdiction n'est toutefois pas applicable à l'exercice d'un mandat électif ou de responsabilités syndicales ;

« – l'affichage de la décision prononcée ou la diffusion de celle-ci soit par la presse écrite, soit par tout moyen de communication au public, notamment par voie électronique. »

III. – *(Ord. n° 2010-460 du 6 mai 2010, art. 4)* **« Les personnes morales encourent également les peines complémentaires prévues par les 2°, 4°, 7°, 8° et 9° de l'article 131-39 du code pénal. »**

L'exploitant d'une boucherie qui reçoit de la viande en provenance de Belgique alors qu'il ne s'est pas déclaré aux autorités vétérinaires pour l'importation de viande est coupable du chef d'introduction prohibée d'animaux de pays non membres de la Communauté puisque son acquisition de viandes sans garantie de traçabilité a empêché la surveillance sanitaire. • Douai, 15 sept. 2005 : *RD rur. janv. 2006. 37.*

Art. L. 237-4 *(L. n° 2018-938 du 30 oct. 2018, art. 51)* **Le fait de ne pas satisfaire aux obligations énoncées au premier alinéa de l'article L. 205-7-1 est puni de 5 000 € d'amende.**

V. art. R. 237-1 s.

TITRE IV L'EXERCICE DE LA PROFESSION DE VÉTÉRINAIRE

(Ord. n° 2015-953 du 31 juill. 2015, art. 2).

L'Ord. n° 2015-953 du 31 juill. 2015 relative à la réforme de l'ordre des vétérinaires est ratifiée (L. n° 2020-1508 du 3 déc. 2020, art. 29-I).

BIBL. GÉN. ▸ DESMOULIN-CANSELIER et LEGEAY, *RD rur. 2016. Étude 3* (le code de déontologie vétérinaire de 2015). – FALLOURD, *RD rur. 2009, n° 114* (rapport Guéné). – GOIN, *AJDA 2023. 1887* (la financiarisation de la profession vétérinaire en question). – LEBEL, *RD rur. 2010. Étude 19* (loi 27 juill. 2010). – TAURAN, *RD rur. 2011. Étude 10* (la condition sociale du vétérinaire).

CHAPITRE I L'EXERCICE DE LA PROFESSION

V. aussi Décr. n° 2020-526 du 5 mai 2020 relatif à l'expérimentation de la télémédecine par les vétérinaires (JO 6 mai).

Des vétérinaires n'ayant pas la nationalité française peuvent être recrutés par contrat pour procéder : 1° aux contrôles vétérinaire et phytosanitaire à l'importation et à la certification sanitaire à l'exportation d'animaux et de produits des filières animales destinés aux pays tiers, pendant une période de cinq ans à compter du 22 oct. 2023 ; 2° à des missions d'inspection sanitaire et de la protection animale dans les abattoirs, pendant une période de cinq ans à compter de la date d'entrée en vigueur du présent décret (Décr. n° 2023-969 du 19 oct. 2023, JO 21 oct.).

Art. L. 241-1 *(Ord. n° 2003-850 du 4 sept. 2003, art. 24-XVII)* **« Tout vétérinaire de nationalité française ou ressortissant d'un autre État membre de l'Union européenne ou d'un autre État partie à l'accord sur l'Espace économique européen qui remplit les conditions d'exercice prévues aux articles L. 241-2** *(L. n° 2013-619 du 16 juill. 2013, art. 16-2°-a)* **« , L. 241-2-1 et L. 241-4 » et qui désire exercer sa profession est tenu, au préalable, de faire enregistrer sans frais son diplôme auprès du service de l'État compétent ou de l'organisme désigné à cette fin.** – *V. art. D. 241-27-1 s.*

« Il est établi pour chaque département, par le service de l'État compétent ou l'organisme désigné à cette fin, une liste de cette profession portée à la connaissance du public.

« Les modalités d'application du présent article sont fixées par décret. »

L'enregistrement du diplôme doit être, préalablement à l'exercice de la profession, suivi de la production d'un certificat d'inscription au tableau de l'ordre des vétérinaires délivré par le conseil régional de l'ordre des vétérinaires. *(Abrogé par Ord. n° 2003-850 du 4 sept. 2003, art. 24-XVII)* ***« Le fait de porter son domicile dans un autre département oblige à un nouvel enregistrement du diplôme. »***

(Abrogé par Ord. n° 2010-461 du 6 mai 2010, art. 2 et L. n° 2010-874 du 27 juill. 2010, art. 42) ***« Dans la limite d'un quota annuel fixé par décret en Conseil d'État, »*** **Le ministre chargé de l'agriculture peut autoriser à exercer la médecine et la chirurgie des animaux les personnes de nationalité française ou ressortissantes d'un autre État membre de l'Union européenne ou d'un autre État partie à l'accord sur l'Espace économique européen qui, titulaires d'un diplôme, certificat ou titre de vétérinaire non mentionné aux articles L. 241-2 à** *(L. n° 2013-619 du 16 juill. 2013, art. 16-2°-a)* **« L. 241-4 », ont satisfait à la vérification d'ensemble de leurs connaissances selon les modalités fixées par décret** *(Abrogé par Ord. n° 2010-461 du 6 mai 2010, art. 2)* ***« en Conseil d'État ».***

Les vétérinaires de nationalité française qui ont fait l'objet d'un arrêté du ministre chargé de l'agriculture les autorisant à exercer la médecine et la chirurgie des animaux pris antérieurement au 22 juin 1989 sont autorisés à poursuivre leurs activités.

Préalablement à l'exercice effectif de la profession, les personnes autorisées à pratiquer la médecine et la chirurgie des animaux doivent procéder aux formalités d'enregistrement et d'inscription prévues au premier alinéa du présent article *(L. n° 2010-874 du 27 juill. 2010, art. 42)* **« et faire la preuve qu'elles possèdent la connaissance du français nécessaire à l'exercice de la profession ».** – *[Anc. art. 309.]*

V. art. L. 243-1 à L. 243-3 (pén.).

Art. L. 241-1-1 *(Ord. n° 2018-20 du 17 janv. 2018, art. 33)* **L'enregistrement du diplôme des vétérinaires des armées relevant des dispositions de l'article L. 4138-2 du code de la défense est effectué par le ministre de la défense. Celui-ci établit une liste de cette profession portée à la connaissance du public.**

Art. L. 241-2 **Pour l'exercice en France des activités de vétérinaire, les ressortissants des États membres de** *(L. n° 2013-619 du 16 juill. 2013, art. 16-2°-b)* **« l'Union » européenne et des autres États parties à l'accord sur l'Espace économique européen peuvent se prévaloir :**

1° Soit d'un diplôme ou titre figurant sur une liste établie conformément aux obligations *(L. n° 2013-619 du 16 juill. 2013, art. 16-2°-b)* **« résultant de la législation de l'Union européenne » ou à celles résultant de l'accord sur l'Espace économique européen, par arrêté du ministre chargé de l'agriculture, et délivré postérieurement à la date éventuellement fixée par cet arrêté pour chaque catégorie de diplôme, certificat ou titre ;**

2° Soit d'un diplôme, certificat ou titre de vétérinaire délivré par un État membre de l'Union européenne ou un autre État partie à l'accord sur l'Espace économique européen et figurant sur cette liste mais délivré avant le 18 décembre 1980 ou à une date antérieure à celle prévue par l'arrêté, ou sanctionnant une formation commencée avant ces dates, lorsque ce diplôme, certificat ou titre est accompagné d'un certificat délivré par l'autorité compétente de l'État concerné. Ce certificat atteste que ce diplôme, certificat ou titre est conforme à *(Ord. nº 2008-507 du 30 mai 2008, art. 46)* « la directive 2005/36/CE du Parlement européen et du Conseil du 7 septembre 2005 relative à la reconnaissance des qualifications professionnelles » ;

3° Soit d'un diplôme, certificat ou titre de vétérinaire délivré par un État membre de l'Union européenne ou un État partie à l'accord sur l'Espace économique européen et figurant sur cette liste mais délivré avant le 18 décembre 1980 ou à une date antérieure à celle prévue par l'arrêté, ou sanctionnant une formation commencée avant ces dates, lorsque ce diplôme, certificat ou titre est accompagné d'une attestation délivrée par l'autorité compétente de l'État concerné certifiant que l'intéressé s'est consacré de façon effective et licite aux activités de vétérinaire pendant au moins trois années consécutives au cours des cinq années qui ont précédé la délivrance de cette attestation ;

4° Soit d'un diplôme, certificat ou titre de vétérinaire délivré par un État membre de l'Union européenne ou un État partie à l'accord sur l'Espace économique européen et figurant sur cette liste mais délivré avant le 18 décembre 1980 ou sanctionnant une formation commencée avant cette date à condition que ce diplôme, certificat ou titre soit accompagné d'une attestation délivrée par l'autorité compétente de l'État concerné certifiant que l'intéressé s'est consacré de façon effective et licite aux activités de vétérinaire pendant au moins trois années consécutives au cours des cinq années qui ont précédé la délivrance de cette attestation ;

5° Soit d'un diplôme, certificat ou titre de vétérinaire délivré par un État membre de l'Union européenne ou un État partie à l'accord sur l'Espace économique européen ne répondant pas aux dénominations figurant sur cette liste à condition que ce diplôme, certificat ou titre soit accompagné d'un *(Ord. nº 2008-507 du 30 mai 2008, art. 46)* « certificat » délivré par l'autorité compétente de l'État concerné. Ce certificat atteste que ce diplôme, certificat ou titre est assimilé à ceux dont les dénominations figurent sur cette liste et sanctionne une formation conforme aux dispositions de la directive *(Ord. nº 2008-507 du 30 mai 2008, art. 46)* « 2005/36/CE du Parlement européen et du Conseil du 7 septembre 2005.

« 6° Soit d'un diplôme, certificat ou titre de vétérinaire n'ayant pas été délivré par un État membre de *(L. nº 2013-619 du 16 juill. 2013, art. 16-2º-b)* « l'Union » européenne ou par un autre État partie à l'accord sur l'Espace économique européen, dès lors qu'il a été reconnu par un État membre de *(L. nº 2013-619 du 16 juill. 2013, art. 16-2º-b)* « l'Union » européenne ou par un autre État partie à l'accord sur l'Espace économique européen et que son titulaire a acquis une expérience professionnelle de trois années au moins dans cet État, et attesté par celui-ci ;

« 7° Soit les titres de formation de vétérinaire délivrés par l'Estonie ou dont la formation a commencé dans cet État avant le 1er mai 2004 s'ils sont accompagnés d'une attestation déclarant que ces personnes ont effectivement et licitement exercé en Estonie les activités en cause pendant au moins cinq années consécutives au cours des sept années précédant la date de délivrance de l'attestation. »

Les diplômes, certificats et autres titres de vétérinaire délivrés par l'Italie sanctionnant des formations commencées avant le 1er janvier 1985 doivent être accompagnés d'une attestation telle que prévue au 3° à moins que l'autorité compétente italienne atteste que ces diplômes, certificats et autres titres sanctionnent une formation telle que prévue au 5°.

Les ressortissants du Grand-Duché du Luxembourg peuvent, en outre, se prévaloir d'un diplôme de fin d'études de médecine vétérinaire délivré dans un État membre de *(L. nº 2013-619 du 16 juill. 2013, art. 16-2º-b)* « l'Union » si ce diplôme leur donne accès à l'exercice des activités de vétérinaire dans le Grand-Duché. — *[L. nº 82-899 du 20 oct. 1982, art. 1er.] — V. Arr. du 19 juill. 2019 fixant la liste des diplômes, certificats ou titres de vétérinaire mentionnés à l'art. L. 241-2 (JO 28 juill.).*

Art. L. 241-2-1 *(L. nº 2010-874 du 27 juill. 2010, art. 42)* I. – Pour l'application des articles L. 241-1 et L. 241-2, est assimilé à un ressortissant des États membres de l'Union européenne ou parties à l'accord sur l'Espace économique européen :

– tout ressortissant d'un État ou d'une unité constitutive d'un État fédératif qui accorde aux Français la faculté d'exercer sous les mêmes conditions l'activité professionnelle que l'intéressé se propose lui-même d'exercer en France ;

– toute personne ayant le statut de réfugié ou d'apatride reconnu par l'Office français de protection des réfugiés et apatrides.

II. – Dans des conditions précisées par arrêté du ministre chargé de l'agriculture, les vétérinaires titulaires d'un titre de formation non prévu à l'article L. 241-2 délivré par un État ou une unité mentionnés au I n'étant ni membre de l'Union européenne ni partie à l'accord sur l'Espace économique européen et permettant l'exercice des activités de vétérinaire peuvent être autorisés, par le ministre chargé de l'agriculture, à exercer leur profession en France si des accords internationaux de reconnaissance des qualifications professionnelles ont été conclus à cet effet avec cet État ou cette unité et si leurs qualifications professionnelles sont reconnues comparables à celles requises en France pour l'exercice de la profession.

Le Conseil *(Ord. nº 2015-953 du 31 juill. 2015, art. 3-3º)* « national » de l'ordre des vétérinaires peut conclure de tels accords dans le cadre d'une coopération développée avec ses homologues étrangers.

Art. L. 241-3 *(L. nº 2013-619 du 16 juill. 2013, art. 16-2º-c)* « Les personnes physiques ressortissantes d'un des États membres de l'Union européenne ou d'un autre État partie à l'accord sur l'Espace économique européen, ainsi que les sociétés constituées en conformité avec la législation d'un de ces États et y ayant leur siège statutaire, leur administration centrale ou leur principal établissement, qui exercent légalement leurs activités de vétérinaire dans un de ces États, autre que la France, peuvent exécuter en France à titre temporaire et occasionnel des actes professionnels. » L'exécution de ces actes est toutefois subordonnée à une déclaration préalable *(Ord. nº 2015-1245 du 7 oct. 2015, art. 6, en vigueur le 1er janv. 2016)* « renouvelée annuellement ». Si l'urgence ne permet pas de faire cette déclaration préalablement à l'acte, elle doit être faite postérieurement dans un délai maximum de quinze jours.

Les intéressés sont tenus de respecter les règles *(L. nº 2013-619 du 16 juill. 2013, art. 16-2º-c)* « de conduite à caractère professionnel » en vigueur en France et sont soumis à la juridiction disciplinaire de l'ordre des vétérinaires. – *[L. nº 82-899 du 20 oct. 1982, art. 2.]*

Art. L. 241-3-1 *(Ord. nº 2018-20 du 17 janv. 2018, art. 33)* Les vétérinaires militaires étrangers qui, ne remplissant pas les conditions d'exercice en France fixées par le présent titre, exercent légalement leur activité de vétérinaire dans leur pays d'origine, peuvent, dans le cadre de la coopération militaire internationale et sous réserve d'une déclaration préalable auprès du ministre de la défense, exécuter en France à titre temporaire et occasionnel les actes de leur profession sur les animaux utilisés par les services du ministère de la défense et sur ceux, utilisés par les services d'autres ministères, dont les vétérinaires des armées assurent les soins et la surveillance sanitaire dans le cadre d'un accord interministériel.

Art. L. 241-3-2 *(Ord. nº 2018-20 du 17 janv. 2018, art. 33)* Les vétérinaires militaires étrangers qui ne remplissent pas les conditions d'exercice en France fixées par le présent titre ne peuvent exécuter sur le territoire français les actes de leur profession qu'à l'égard des animaux des ressortissants étrangers qu'ils accompagnent dans le cadre de la coopération militaire internationale et dont ils assurent les soins et la surveillance sanitaire.

Art. L. 241-4 Les vétérinaires mentionnés aux articles L. 241-2 *(L. nº 2011-525 du 17 mai 2011, art. 30)* « et L. 241-3 » doivent, dans tous les cas où ils font usage de leur titre de formation, le faire suivre du nom de l'établissement ou du jury qui l'a délivré et du lieu où ce titre a été établi.

Toutefois, pour les vétérinaires titulaires d'un diplôme, certificat ou titre inscrit sur la liste établie conformément à l'article L. 241-2, la mention y figurant est suffisante.

Ces renseignements ne peuvent être complétés par l'indication d'une spécialisation. – *[L. n° 82-899 du 20 oct. 1982, art. 3.]*

Art. L. 241-5 *(L. n° 2021-1539 du 30 nov. 2021, art. 42)* **Tout vétérinaire, y compris un assistant vétérinaire, est tenu au respect du secret professionnel dans les conditions établies par la loi. Le secret professionnel du vétérinaire couvre tout ce qui est venu à la connaissance du vétérinaire dans l'exercice de sa profession, c'est-à-dire ce qui lui a été confié mais également ce qu'il a vu, entendu ou compris.**

Art. L. 241-6 **Par dérogation aux dispositions législatives en vigueur et notamment aux articles L. 241-1 et L. 243-1,** *(L. n° 2001-6 du 4 janv. 2001)* **« les élèves des écoles vétérinaires françaises, titulaires** *(L. n° 2020-1674 du 24 déc. 2020, art. 45)* **« d'un diplôme sanctionnant les études fondamentales vétérinaires, » ou d'un diplôme qui en permet la dispense, sont autorisés », dans les conditions définies par le présent article et les articles suivants, ainsi que par les règlements pris pour leur exécution, à pratiquer la médecine et la chirurgie des animaux en qualité d'assistants de vétérinaires exerçant régulièrement cette médecine et cette chirurgie.**

Pour l'application *(Ord. n° 2003-1187 du 11 déc. 2003)* **« du présent article », est considéré comme assistant celui qui, en dehors de la présence mais sous l'autorité d'un vétérinaire, intervient, à titre médical ou chirurgical, sur les animaux habituellement soignés par celui-ci, lequel, s'il exerce à titre libéral, continue à assurer la gestion de son cabinet.** – *[Anc. art. 309-1.]*

Art. L. 241-7 *Abrogé par L. n° 2001-6 du 4 janv. 2001.*

Art. L. 241-8 **Les élèves** *(Abrogé par L. n° 2001-6 du 4 janv. 2001) « **et anciens élèves** »* **des écoles vétérinaires françaises, admis à exercer la médecine et la chirurgie vétérinaires, en application des dispositions qui précèdent, les exercent sous la responsabilité civile des vétérinaires** *(Ord. n° 2015-953 du 31 juill. 2015, art. 3-1°)* **« , des docteurs vétérinaires et des sociétés prévues au I de l'article L. 241-17 » qui recourent à leurs services.**

Les modalités des rapports entre chaque élève *(Abrogé par L. n° 2001-6 du 4 janv. 2001) « **ou ancien élève** »* **des écoles vétérinaires françaises, d'une part, et le vétérinaire** *(Ord. n° 2015-953 du 31 juill. 2015, art. 3-1°)* **« , le docteur vétérinaire ou la société » qui recourt à ses services, d'autre part, doivent faire l'objet d'un contrat écrit. A défaut de contrat, les modalités sont régies par des arrêtés du ministre chargé de l'agriculture pris après avis du conseil** *(Ord. n° 2015-953 du 31 juill. 2015, art. 3-1°)* **« national » de l'ordre des vétérinaires et qui peuvent comporter des dispositions variant suivant les régions et les catégories de soins donnés.** – *[Anc. art. 309-3.]*

Art. L. 241-8-1 *(Ord. n° 2018-20 du 17 janv. 2018, art. 33)* **Les élèves des écoles vétérinaires françaises admis à exercer la médecine et la chirurgie vétérinaires, en application des dispositions de l'article L. 241-6, peuvent, dans le cadre d'un engagement à servir dans la réserve opérationnelle prévue à l'article L. 4211-1 du code de la défense, être admis à exercer sous la responsabilité des vétérinaires des armées.**

Art. L. 241-9 *(Ord. n° 2015-953 du 31 juill. 2015, art. 3-2°)* **Les vétérinaires, les docteurs vétérinaires et les sociétés mentionnées au I de l'article L. 241-17 qui veulent se faire assister d'un élève des écoles vétérinaires françaises déclarent le nom de leur assistant au conseil régional de l'ordre des vétérinaires au tableau duquel ils sont inscrits.**

Art. L. 241-10 **Le ministre chargé de l'agriculture et les préfets peuvent,** *(Ord. n° 2010-461 du 6 mai 2010, art. 6)* **« dans des conditions fixées par décret en Conseil d'État », interdire à un élève** *(Abrogé par L. n° 2001-6 du 4 janv. 2001) « **ou ancien élève** »* **des écoles vétérinaires l'exercice de la médecine et de la chirurgie vétérinaire prévu** *(Ord. n° 2003-1187 du 11 déc. 2003)* **« à l'article L. 241-6 » ou suspendre le droit de l'intéressé à cet exercice.** – *[Anc. art. 309-5.]*

Art. L. 241-11 *(Ord. n° 2003-1187 du 11 déc. 2003)* **En cas de survenance d'une épizootie, les élèves des écoles vétérinaires françaises satisfaisant aux conditions prévues à l'article L. 241-6 et les élèves de l'École nationale des services vétérinaires peuvent, dans les cas et conditions déterminés par décret en Conseil d'État, pratiquer la méde-**

cine et la chirurgie vétérinaire sans avoir la qualité d'assistant de vétérinaire ou de docteur vétérinaire. — *V., par exemple, Arr. du 10 janv. 2022 relatif à l'appel aux services d'élèves des écoles vétérinaires françaises remplissant les conditions prévues à l'art. L. 241-6 pour lutter contre l'influenza aviaire hautement pathogène (JO 12 janv.).*

Art. L. 241-12 Les élèves *(Abrogé par L. n° 2001-6 du 4 janv. 2001) « ou anciens élèves »* des écoles vétérinaires françaises exerçant dans les conditions définies par les articles L. 241-6 et suivants ci-dessus sont soumis, en raison des actes qu'ils accomplissent à cette occasion, aux lois et règlements régissant l'exercice de la médecine et de la chirurgie vétérinaires. Ils doivent observer les règlements pris par le conseil *(Ord. n° 2015-953 du 31 juill. 2015, art. 3-3°)* « national » de l'ordre des vétérinaires et notamment le code de déontologie. Ils relèvent des chambres de discipline du conseil de l'ordre instituées par les articles L. 242-5 et L. 242-6. Les articles L. 242-6 à L. 242-8 leur sont applicables. Toutefois, les peines de suspension du droit d'exercer la médecine et la chirurgie vétérinaires susceptibles d'être prononcées à leur encontre ne peuvent excéder cinq ans.

Les décisions des chambres de discipline sont portées sans délai à la connaissance du ministre chargé de l'agriculture. — *[Anc. art. 309-7.]*

Art. L. 241-13 *Abrogé par L. n° 2022-217 du 21 févr. 2022, art. 129. — Sur les aides aux soins vétérinaires des animaux d'élevage, V. CGCT, art. L. 1511-9 et R. 1511-57 s. —* **CGCT.**

Art. L. 241-14 *Abrogé par L. n° 2013-619 du 16 juill. 2013, art. 16-2°-d.*

Art. L. 241-15 Les vétérinaires ou docteurs vétérinaires sont seuls requis par les autorités administratives ou judiciaires pour tous les actes de leur compétence. — *[Anc. art. 311.]*

Art. L. 241-16 Nonobstant les dispositions des articles *(L. n° 2005-157 du 23 févr. 2005, art. 116-4° ; Ord. n° 2005-1127 du 8 sept. 2005)* « L. 223-3 » et L. 241-15, l'État peut faire exécuter, par des fonctionnaires et agents qualifiés titulaires ou contractuels *(Abrogé par Ord. n° 2011-863 du 22 juill. 2011, art. 5) « relevant de la direction chargée des services vétérinaires du ministère de l'agriculture et »* appartenant aux catégories désignées par décret en Conseil d'État, les interventions que nécessitent les opérations de prophylaxie collective des maladies des animaux, organisées et dirigées par le ministre chargé de l'agriculture.

Il peut être fait appel à ces fonctionnaires et agents en cas d'épizootie, ou après avis de la commission départementale compétente et pour une durée déterminée lorsque les vétérinaires *(Ord. n° 2011-863 du 22 juill. 2011, art. 5)* « sanitaires » ne peuvent mener à bien les opérations de prophylaxie dans les conditions fixées par l'autorité administrative.

Le décret en Conseil d'État mentionné ci-dessus détermine les conditions d'exécution de ces interventions. — *[Anc. art. 311-1.] — V. art. R. 224-3 s.*

Sur l'exercice de la profession de vétérinaire, V. art. R. 241-1 s.

Art. L. 241-17 *(L. n° 2013-619 du 16 juill. 2013, art. 16-2°-e)* I. — Les personnes exerçant légalement la profession de vétérinaire peuvent exercer en commun la médecine et la chirurgie des animaux dans le cadre :

1° De sociétés civiles professionnelles régies par *(Ord. n° 2023-77 du 8 févr. 2023, art. 133)* « le livre II de l'ordonnance n° 2023-77 du 8 février 2023 relative à l'exercice en société des professions libérales réglementées » ; — *V. art. R. 241-29 s.*

2° De sociétés d'exercice libéral ; — *V. art. R. 241-94 s.*

3° De toutes formes de sociétés de droit national ou de sociétés constituées en conformité avec la législation d'un État membre de l'Union européenne ou d'un autre État partie à l'accord sur l'Espace économique européen et y ayant leur siège statutaire, leur administration centrale ou leur principal établissement, dès lors qu'elles satisfont aux conditions prévues au II du présent article et qu'elles ne confèrent pas à leurs associés la qualité de commerçant.

Cet exercice en commun ne peut être entrepris qu'après inscription de la société au tableau de l'ordre mentionné à l'article L. 242-4, dans les conditions prévues par ce dernier.

II. — Les sociétés mentionnées au I répondent aux conditions cumulatives suivantes :

1° Plus de la moitié du capital social et des droits de vote doit être détenue, directement ou par l'intermédiaire des sociétés inscrites auprès de l'ordre, par des personnes exerçant légalement la profession de vétérinaire en exercice au sein de la société ;

2° La détention, directe ou indirecte, de parts ou d'actions du capital social est interdite :

***a)* Aux personnes physiques ou morales qui, n'exerçant pas la profession de vétérinaire, fournissent des services, produits ou matériels utilisés à l'occasion de l'exercice professionnel vétérinaire ;**

***b)* Aux personnes physiques ou morales exerçant, à titre professionnel ou conformément à leur objet social, une activité d'élevage, de production ou de cession, à titre gratuit ou onéreux, d'animaux ou de transformation des produits animaux ;**

3° Les gérants, le président de la société par actions simplifiée, le président du conseil d'administration ou les membres du directoire doivent être des personnes exerçant légalement la profession de vétérinaire ;

4° L'identité des associés est connue et l'admission de tout nouvel associé est subordonnée à un agrément préalable par décision collective prise à la majorité des associés mentionnés au 1°. Pour les sociétés de droit étranger, cette admission intervient dans les conditions prévues par leurs statuts ou par le droit qui leur est applicable.

III. — Les sociétés communiquent annuellement au conseil régional de l'ordre dont elles dépendent la liste de leurs associés et la répartition des droits de vote et du capital, ainsi que toute modification de ces éléments.

IV. — Lorsqu'une société ne respecte plus les conditions mentionnées au présent article, le conseil régional de l'ordre compétent la met en demeure de s'y conformer dans un délai qu'il détermine et qui ne peut excéder six mois. A défaut de régularisation dans le délai fixé, le conseil régional peut, après avoir informé la société de la mesure envisagée et l'avoir invitée à présenter ses observations dans les conditions prévues à l'article 24 de la loi n° 2000-321 du 12 avril 2000 relative aux droits des citoyens dans leurs relations avec les administrations *[CRPA, art. L. 121-1, L. 121-2, L. 122-1]*, **prononcer la radiation de la société du tableau de l'ordre des vétérinaires.**

1. Les exigences du 1° de l'art. L. 241-17 ont été jugées compatibles avec l'art. 15 de la directive 2006/123/CE du 12 déc. 2006 relative aux services dans le marché intérieur. • CE 10 juill. 2023, nos 442911, 455961 et 448133 A.

2. Les sociétés de participations financières de profession libérale de vétérinaires peuvent être constituées entre des personnes tant physiques que morales exerçant la profession de vétérinaire et détenant la majorité du capital et des droits de vote. • CE 29 mai 2020, n° 416413 B : *Gaz. Pal. 2020, n° 22, p. 46 ; BJS 2020, n° 10, p. 35, note Barbieri.*

3. Si les statuts ou pactes d'associés comportent des stipulations qui privent d'effet les garanties légales de contrôle effectif de la société prévues par l'art. L. 241-17, l'instance ordinale peut prononcer sa radiation du tableau de l'ordre après une mise en demeure de régularisation de la situation. • CE 10 juill. 2023, n° 442911 A : *JCP 2023. 934.* ♦ Est fondée la décision de radiation d'une société du tableau de l'ordre des vétérinaires dès lors que si les statuts et les pactes d'associés prévoient formellement que les vétérinaires associés disposaient de la majorité du capital et des droits de vote, la conjonction de ces dispositions conduit à ce que les associés vétérinaires ne sont pas en mesure de contrôler effectivement la société. • CE 10 juill. 2023, n° 442911 A : *AJDA 2023.1887 ; Gaz. Pal. 26 sept. 2023, p. 33.*

4. Est fondée la sanction imposée par la chambre nationale de discipline de l'ordre national des vétérinaires à une société d'exercice libéral dès lors qu'aucun des associés n'exerçait dans plusieurs domiciles professionnels déclarés par ces sociétés. • CE 10 juill. 2023, n° 448133 B : *AJDA 2023. 1887*.

5. Est fondée la radiation du tableau de l'ordre des vétérinaires d'une société d'exercice libéral détenue à 100% par la société de participation financière de professions libérales elle-même détenue par trois vétérinaires dès lors que ceux-ci n'exercent pas la médecine et la chirurgie des animaux en son sein. • CE 10 juill. 2023, n° 455961 B : *AJDA 2023. 1887*.

CHAPITRE I *BIS* LES SOCIÉTÉS DE PARTICIPATIONS FINANCIÈRES DE LA PROFESSION VÉTÉRINAIRE

(L. nº 2013-619 du 16 juill. 2013, art. 16-3º)

Art. L. 241-18 Lorsqu'une société de participations financières de la profession vétérinaire, constituée en application de l'article 31-1 de la loi nº 90-1258 du 31 décembre 1990 relative à l'exercice sous forme de sociétés des professions libérales soumises à un statut législatif ou réglementaire ou dont le titre est protégé et aux sociétés de participations financières de professions libérales, ne respecte plus les conditions régissant sa constitution fixées par la même loi et les dispositions prises pour son application, le conseil régional de l'ordre compétent la met en demeure de s'y conformer dans un délai qu'il détermine et qui ne peut excéder six mois. A défaut de régularisation dans le délai fixé, le conseil régional peut, après avoir informé la société de la mesure envisagée et l'avoir invitée à présenter ses observations dans les conditions prévues à l'article 24 de la loi nº 2000-321 du 12 avril 2000 relative aux droits des citoyens dans leurs relations avec les administrations *[CRPA, art. L. 121-1, L. 121-2, L. 122-1]*, prononcer la radiation de la société de la liste de l'ordre des vétérinaires.

V. aussi art. R. 241-104 s.

CHAPITRE II L'ORDRE DES VÉTÉRINAIRES

SECTION 1 Dispositions générales

(Ord. nº 2015-953 du 31 juill. 2015, art. 4-1º)

Art. L. 242-1 *(Ord. nº 2015-953 du 31 juill. 2015, art. 4-2º)* « I. – L'ordre des vétérinaires groupe obligatoirement tous les vétérinaires et docteurs vétérinaires en exercice remplissant les conditions prévues à l'article L. 241-1, ceux qui sont inscrits sur les listes d'experts judiciaires, ceux qui exercent des responsabilités pharmaceutiques ainsi que les sociétés d'exercice vétérinaire mentionnées au I de l'article L. 241-17. Les vétérinaires et docteurs vétérinaires n'exerçant pas la médecine et la chirurgie des animaux peuvent également demander leur inscription au tableau de l'ordre.

« Ne sont pas soumis aux obligations prévues par le présent article *(Ord. nº 2018-20 du 17 janv. 2018, art. 33)* « les vétérinaires des armées relevant des dispositions de l'article L. 4138-2 du code de la défense » ainsi que les docteurs vétérinaires investis d'une fonction publique pour l'activité qu'ils exercent dans ce cadre.

« II. – L'ordre des vétérinaires veille au respect des principes d'indépendance, de moralité et de probité, à l'observation des règles déontologiques, en particulier du secret professionnel, et à l'entretien des compétences indispensables à l'exercice de la profession de vétérinaire, par les personnes mentionnées aux articles L. 241-1, L. 241-3 et L. 241-17 et par les sociétés de participations financières mentionnées à l'article L. 241-18.

« Il assure la défense de l'honneur et de l'indépendance de la profession de vétérinaire.

« Il participe à l'amélioration de la qualité des soins vétérinaires et des pratiques professionnelles, notamment par la mise en œuvre de programmes d'accréditation appliqués à l'exercice professionnel.

« Il peut participer à toute action dont l'objet est d'améliorer la santé publique vétérinaire, y compris le bien-être animal. *(Ord. nº 2021-1370 du 20 oct. 2021, art. 6)* « A ce titre, il peut notamment assurer le traitement et la collecte de données recueillies dans le cadre de la surveillance des maladies mentionnées aux articles 26 et 28 du règlement (UE) 2016/429 du Parlement européen et du Conseil du 9 mars 2016 relatif aux maladies animales transmissibles et modifiant certains actes dans le domaine de la santé animale » *(Ord. nº 2022-414 du 23 mars 2022, art. 12)* « ou dans le cadre du suivi de la cession et de l'utilisation des substances antimicrobiennes définies par le règlement (UE) 2019/6 du Parlement européen et du conseil du 11 décembre 2018 relatif aux médicaments vétérinaires ».

« Il peut créer sur le plan national des œuvres d'entraide, de solidarité ou de retraite professionnelle.

« Il exerce ses missions par l'intermédiaire du conseil national de l'ordre des vétérinaires et des conseils régionaux de l'ordre, dans des conditions prévues par voie réglementaire. »

(L. n° 2020-1508 du 3 déc. 2020, art. 30) « Il anime un observatoire national démographique de la profession vétérinaire qui est chargé de collecter, traiter, diffuser et tenir à jour les données relatives à la démographie de la profession vétérinaire, notamment en ce qui concerne son implantation territoriale, ses modes d'exercice et l'offre de soins pour les différentes espèces animales. »

(L. n° 2013-619 du 16 juill. 2013, art. 16-4°-a) III. – Pour l'exercice de ses missions, l'ordre des vétérinaires est habilité à exercer un contrôle des modalités de fonctionnement, de financement et d'organisation des sociétés mentionnées au *(Ord. n° 2015-953 du 31 juill. 2015, art. 4-2°)* « II ». Il peut à ce titre demander aux représentants de ces sociétés de lui communiquer les informations et les documents nécessaires à ce contrôle.

Art. L. 242-2 *(L. n° 2013-619 du 16 juill. 2013, art. 16-4°-a)* Les personnes exerçant la profession de vétérinaire peuvent détenir des participations financières dans les sociétés de toute nature, sous réserve, s'agissant des prises de participation dans des sociétés ayant un lien avec l'exercice de la profession vétérinaire, que celles-ci soient portées à la connaissance de l'ordre des vétérinaires. Les modalités du contrôle exercé par l'ordre, tendant à ce que les prises de participation ne mettent pas en péril l'exercice de la profession vétérinaire, notamment s'agissant de la surveillance sanitaire des élevages, l'indépendance des vétérinaires ou le respect par ces derniers des règles inhérentes à leur profession, sont précisées par voie réglementaire.

SECTION 2 Code de déontologie vétérinaire

(Ord. n° 2015-953 du 31 juill. 2015, art. 4-3°)

Art. L. 242-3 Un code de déontologie est édicté par décret en Conseil d'État, après avis du conseil *(Ord. n° 2015-953 du 31 juill. 2015, art. 4-4°)* « national » de l'ordre des vétérinaires et consultation des organisations syndicales de vétérinaires *(Abrogé par L. n° 2013-619 du 16 juill. 2013, art. 16-4°-b)* ***« ainsi que du comité consultatif de la santé et de la protection des animaux »***. – *V. art. R. 242-32 s.*

(L. n° 2001-6 du 4 janv. 2001) « Il établit notamment les principes à suivre en matière de prescription de médicaments à usage vétérinaire. » – *[Anc. art. 316.]*

SECTION 3 Le conseil national de l'ordre

(Ord. n° 2015-953 du 31 juill. 2015, art. 4-5°)

Art. L. 242-3-1 I. – Le conseil national de l'ordre, dont la composition est fixée par décret en Conseil d'État, remplit sur le plan national les missions définies à l'article L. 242-1. Il étudie les questions ou projets qui lui sont soumis par le ministre chargé de l'agriculture et les autres ministres intéressés.

Il centralise le tableau de l'ordre et tient à jour les listes des personnes soumises à son contrôle autorisées par l'article L. 243-3 à pratiquer des actes vétérinaires sans être docteur vétérinaire.

Il peut, devant toutes les juridictions, exercer tous les droits réservés à la partie civile relativement aux faits portant un préjudice direct ou indirect à l'intérêt collectif de la profession de vétérinaire, y compris en cas de menaces ou de violences commises en raison de l'appartenance à cette profession.

II. – Le conseil national fixe le montant des frais d'inscription et de la cotisation annuelle versée par toute personne physique ou morale inscrite au tableau ou sur les listes mentionnées au deuxième alinéa du I. Le défaut de paiement de la cotisation ordinale est passible de poursuites disciplinaires. *(L. n° 2021-1520 du 25 nov. 2021, art. 38)* « Toutefois, la cotisation annuelle n'est pas due par le vétérinaire retraité engagé en qualité de sapeur-pompier volontaire. »

Le conseil national gère les biens de l'ordre. Il contrôle et valide la gestion des conseils régionaux de l'ordre et détermine les dotations attribuées à chaque conseil régional.

Il est créé une commission des budgets placée auprès du conseil national de l'ordre. Ses membres sont désignés par le conseil national. L'ensemble des comptes et le bud-

get prévisionnel du conseil national de l'ordre et des conseils régionaux de l'ordre lui sont communiqués chaque année. Elle peut s'adjoindre les services et compétences techniques extérieurs au conseil de l'ordre qui lui sont nécessaires.

1. Il incombe au conseil national de l'ordre des vétérinaires de vérifier le respect de l'ensemble des conditions auxquelles est soumise l'inscription d'une société de participation financière de profession libérale de vétérinaires sur la liste prévue à l'art. R. 241-106. • CE 29 mai 2020, n° 416413 B : *Gaz. Pal. 2020, n° 22, p. 46 ; BJS 2020, n° 10, p. 35, note Barbieri.*

2. La délibération du congrès de Nouvelle-Calédonie du 26 janv. 1989 prévoyant que l'exercice de la profession de vétérinaire en pratique libérale impose une inscription à l'ordre des vétérinaires et le respect du code de déontologie et des règlements édictés par le conseil de l'ordre, les vétérinaires exerçant à titre libéral en Nouvelle-Calédonie sont soumis au paiement d'une cotisation ordinale. • Civ. 1re, 5 févr. 2020, n° 19-11.910 P : *JCP 2020. 222.*

SECTION 4 Les conseils régionaux de l'ordre

(Ord. n° 2015-953 du 31 juill. 2015, art. 4-6°)

Art. L. 242-4 **I. — Un conseil régional, dont la composition est fixée par décret en Conseil d'État, est institué dans chacune des régions ordinales déterminées par arrêté.** — *V. Arr. du 16 mars 2017 fixant les régions ordinales et les circonscriptions disciplinaires de l'ordre des vétérinaires (JO 24 mars).*

II. — Le conseil régional de l'ordre remplit dans le cadre régional et sous le contrôle du conseil national les missions définies à l'article L. 242-1.

Dans les conditions fixées au III, il établit et tient à jour, pour chaque département compris dans son ressort, le tableau de l'ordre mentionné au premier alinéa du I de l'article L. 242-1. Ce tableau est transmis aux services de l'État et porté à la connaissance du public, dans des conditions fixées par décret.

En outre, il établit et tient à jour une liste spéciale des sociétés de participations financières de la profession de vétérinaire mentionnées à l'article L. 241-18 et des listes de vétérinaires ayant des activités professionnelles spécifiques.

III. — L'inscription au tableau de l'ordre, ou le transfert de l'inscription en cas de changement de domicile professionnel, est demandée par les personnes mentionnées au premier alinéa du I de l'article L. 242-1, agissant à titre personnel ou en qualité de membres d'une société. Le conseil régional destinataire de la demande et la liste des pièces qui doivent l'accompagner sont déterminés par décret en Conseil d'État.

Le conseil régional de l'ordre statue dans un délai maximum de deux mois à compter de la demande. Ce délai est prorogé lorsqu'il est indispensable de procéder à une enquête hors du territoire national.

L'inscription ne peut être refusée que par décision motivée. Les décisions de refus d'inscription peuvent faire l'objet d'un appel devant le conseil national de l'ordre exercé dans des conditions fixées par décret en Conseil d'État.

En demandant leur inscription au tableau ou celle de la société dont ils sont associés, les vétérinaires s'engagent sous la foi du serment à exercer leur profession avec conscience et probité. Nul ne peut être inscrit au tableau s'il ne remplit les conditions requises par le présent titre et notamment les conditions nécessaires de moralité, d'indépendance et de compétence. Le conseil régional peut prononcer d'office l'omission temporaire du tableau et, le cas échéant, radier de celui-ci les personnes qui, par suite de l'intervention de circonstances postérieures à leur inscription, ont cessé de remplir ces conditions ou dont l'état pathologique ou l'infirmité rend dangereux l'exercice de la profession.

Les conditions d'inscription au tableau, d'omission et de radiation du tableau sont précisées par décret en Conseil d'État.

1. Un vétérinaire possédant un cabinet en France, y exerçant une partie de son activité, et exerçant l'autre partie en Belgique à son domicile privé, peut être soumis à l'obligation d'inscription au tableau de l'ordre en France alors même que, pour l'exercice simultané de la même activité en Belgique, il est déjà soumis à une obligation d'inscription à un ordre professionnel, et à l'obligation de paiement d'une cotisation auprès des deux ordres. • Civ. 1re, 16 avr. 2015, n° 13-27.690 : *JCP 2015. 525.*

2. Les instances de l'ordre des vétérinaires ne peuvent refuser d'inscrire au tableau une société ayant pour objet la biologie vétérinaire dans laquelle un vétérinaire détient une fraction du capital social que si les statuts ne sont pas conformes aux dispositions législatives et réglementaires relatives à l'exercice de la profession ou si ces statuts ou des accords de la société ou entre associés sont susceptibles de conduire les vétérinaires qui y exercent à méconnaître les règles de la profession. • CE 2 déc. 2019, n° 410693 B : *Gaz. Pal. 2019. 3530.*

3. Radiation. L'irrégularité du lieu d'exercice d'un vétérinaire au regard de l'art. R. 242-53 peut fonder des poursuites disciplinaires contre celui-ci, mais ne peut fonder la radiation du tableau de l'ordre. • CE 15 nov. 2022, n° 455932 B : *Gaz. Pal. 29 nov. 2022, p. 32 ; AJDA 2023. 266.*

SECTION 5 Dispositions communes aux différents conseils

(Ord. n° 2015-953 du 31 juill. 2015, art. 4-7°)

Art. L. 242-4-1 **I. — Tous les conseils de l'ordre sont dotés de la personnalité civile.**

II. — Les fonctions de membre d'un conseil régional ou du conseil national de l'ordre ne sont pas rémunérées. Toutefois, les membres des conseils régionaux ou du conseil national peuvent percevoir des indemnités dans des conditions fixées par décret.

La fonction de président ou de trésorier du conseil national ou d'un conseil régional est incompatible avec tout mandat syndical professionnel vétérinaire.

III. — Les délibérations des conseils de l'ordre ne sont pas publiques. En cas de partage égal des voix, le président a voix prépondérante.

IV. — Les membres des conseils régionaux et du conseil national sont élus au scrutin plurinominal dans des conditions fixées par décret en Conseil d'État.

Seuls les vétérinaires mentionnés à l'article L. 241-1, inscrits au tableau de l'ordre mentionné à l'article L. 242-3-1 et à jour de leur cotisation, sont éligibles au conseil national de l'ordre et sont électeurs et éligibles au conseil régional de leur région d'inscription. Les membres du conseil national sont élus par ceux des conseils régionaux.

L'électeur ne peut, sous peine de nullité du vote et sauf insuffisance du nombre de candidats d'un sexe, désigner qu'au maximum un nombre de candidats de chaque sexe égal à la moitié, le cas échéant arrondie à l'entier supérieur pour l'un des deux sexes, du nombre de membres du conseil régional ou national à élire. — *Les dispositions du dernier alinéa du IV de l'art. L. 242-4-1 sont applicables à compter des premières élections pour le renouvellement des membres des conseils régionaux suivant la publication de la présente ordonnance (Ord. n° 2015-953 du 31 juill. 2015, art. 6, JO 2 août).*

SECTION 6 Chambres régionales de discipline

(Ord. n° 2015-953 du 31 juill. 2015, art. 4-8°)

Art. L. 242-5 *(Ord. n° 2015-953 du 31 juill. 2015, art. 4-9°)* **Une chambre régionale de discipline est constituée dans chacune des régions ordinales. Son président et le suppléant de celui-ci sont des conseillers à la cour d'appel honoraires ou en activité, désignés par le premier président de la cour d'appel dont le ressort comprend le chef-lieu de la région ordinale. Elle comprend quatre assesseurs. Des circonscriptions disciplinaires sont déterminées par arrêté.**

Dans le cas où la personne poursuivie est un vétérinaire, les assesseurs sont tirés au sort parmi les conseillers ordinaux des régions ordinales composant la circonscription disciplinaire, à l'exception de la région où elle exerce.

Dans le cas où la personne poursuivie est une des personnes mentionnées au deuxième alinéa du I de l'article L. 242-3-1, deux des assesseurs sont tirés au sort parmi les conseillers ordinaux des régions ordinales composant la circonscription disciplinaire, les deux autres parmi les personnes exerçant la même profession inscrites sur les listes tenues par l'ordre.

Un secrétaire général en charge du greffe des chambres régionales de discipline est élu, dans chaque circonscription disciplinaire, par les conseillers des régions ordinales qui la constituent.

1. QPC. Il ne peut être sérieusement soutenu que les dispositions qui régissent la juridiction disciplinaire des vétérinaires porteraient une atteinte injustifiée à la liberté d'entreprendre ou au droit de propriété. • CE 19 sept. 2011, *Chambre régionale de discipline du conseil régional de l'ordre des vétérinaires d'Île-de-France c/ Sté Mon Véto*, n° 350258 : *Gaz. Pal. 5-6 oct. 2011. 3136.*

2. Est irrégulière la décision de la chambre régionale de discipline qui a statué alors qu'un des vétérinaires siégeant avait cessé son activité professionnelle. • CE 7 oct. 2015, n° 376466 : *AJDA 2016. 296 ; Gaz. Pal. 2016. 3372.*

Art. L. 242-6 *(Ord. nº 2015-953 du 31 juill. 2015, art. 4-10º)* **La chambre régionale de discipline réprime les manquements commis par les vétérinaires, les docteurs et les sociétés vétérinaires aux obligations visées au premier alinéa du II de l'article L. 242-1, ainsi que les manquements aux règles déontologiques commis par les personnes mentionnées au deuxième alinéa du I de l'article L. 242-3-1 exerçant dans la région ordinale.**

Les faits pouvant donner lieu à une sanction disciplinaire se prescrivent par cinq ans à compter du jour où ils ont été commis.

Le président du conseil régional de l'ordre dans le ressort duquel est inscrite la personne physique ou morale poursuivie assure devant la chambre disciplinaire la défense des principes d'indépendance, de moralité et de probité et de l'ensemble des règles déontologiques. En cas d'empêchement, le président désigne un membre du conseil pour le représenter.

La question de la conformité à la Constitution des art. L. 242-6 à L. 242-8, qui déterminent le régime de la discipline des vétérinaires sans prévoir le délai durant lequel un vétérinaire peut être poursuivi à raison des manquements disciplinaires qui lui sont reprochés, est renvoyée au Conseil constitutionnel. • CE 21 sept. 2011, *Chambre régionale de discipline du conseil régional de l'ordre des vétérinaires de Midi-Pyrénées*, nº 350385 : *Gaz. Pal. 5-6 oct. 2011. 3136.*

Art. L. 242-7 *(L. nº 2013-619 du 16 juill. 2013, art. 16-4º-f ; Ord. nº 2015-953 du 31 juill. 2015, art. 4-11º)* **« I. — La chambre de discipline peut appliquer aux personnes physiques les sanctions » disciplinaires suivantes :**

1º L'avertissement ;

2º La réprimande *(Abrogé par Ord. nº 2015-953 du 31 juill. 2015, art. 4-11º)* **« ,** ***accompagnée ou non de l'interdiction de faire partie d'un conseil de l'ordre pendant un délai qui ne peut excéder dix ans*** **» ;**

3º La suspension temporaire du droit d'exercer la profession pour une durée maximum de dix ans *(Ord. nº 2015-953 du 31 juill. 2015, art. 4-11º)* **« sur tout ou partie du territoire national, assortie ou non d'un sursis partiel ou total ». Cette sanction entraîne l'inéligibilité de l'intéressé à un conseil de l'ordre pendant toute la durée de la suspension ;**

(Ord. nº 2015-953 du 31 juill. 2015, art. 4-11º) **« 4º La radiation du tableau de l'ordre.**

« La chambre de discipline peut, à titre complémentaire, interdire à la personne sanctionnée de faire partie d'un conseil de l'ordre pendant un délai qui ne peut excéder dix ans. »

L'exercice de la profession en période de suspension est passible des peines applicables à l'exercice illégal de la médecine et de la chirurgie des animaux.

(Ord. nº 2015-953 du 31 juill. 2015, art. 4-11º) **« Lorsque les faits reprochés ont révélé une insuffisance de compétence professionnelle, la chambre de discipline peut, sans préjudice des peines qu'elle prononce, enjoindre à l'intéressé de suivre une formation. Les modalités d'application du présent alinéa sont fixées par décret en Conseil d'État. »**

(L. nº 2013-619 du 16 juill. 2013, art. 16-4º-f) **« II. — Sans préjudice des sanctions disciplinaires pouvant être prononcées, le cas échéant, à l'encontre des personnes physiques mentionnées au I exerçant en leur sein, les sociétés mentionnées aux articles L. 241-3 et L. 241-17 peuvent se voir appliquer, dans les conditions prévues au I, les sanctions disciplinaires suivantes :**

« 1º L'avertissement ;

« 2º La suspension temporaire du droit d'exercer la profession pour une durée maximale de dix ans, sur tout ou partie du territoire national *(Ord. nº 2015-953 du 31 juill. 2015, art. 4-11º)* **« , assortie ou non d'un sursis partiel ou total » ;**

« 3º La radiation » *(Ord. nº 2015-953 du 31 juill. 2015, art. 4-11º)* **« du tableau de l'ordre.**

« III. — Si, dans un délai de cinq ans à compter de la date de la notification d'une sanction assortie d'un sursis, dès lors que cette sanction est devenue définitive, la chambre de discipline prononce une nouvelle suspension du droit d'exercer la profession, la sanction assortie du sursis devient exécutoire sans préjudice de l'application de la nouvelle sanction. — *Le III de l'art. L. 242-7, dans sa rédaction résultant de l'Ord. nº 2015-*

953 du 31 juill. 2015 relative à la réforme de l'ordre des vétérinaires, est conforme à la Constitution (Décis. Cons. const. n° 2022-1017/1018 QPC du 21 oct. 2022, JO 22 oct.).

« IV. — Les dépens sont mis à la charge de toute partie perdante sauf si les circonstances de l'affaire justifient qu'ils soient partagés entre les parties.

« Les décisions définitives de condamnation constituent le titre exécutoire de recouvrement des dépens.

« V. — Les sanctions disciplinaires prononcées en application du présent article sont notifiées au président du conseil national de l'ordre dans un délai d'un mois. » — *[Anc. art. 321.]*

1. Le § III de l'art. L. 242-7 est conforme à la Constitution. • Cons. const. 21 oct. 2022, n° 2022-1017/1018 *QPC : JO 22 oct.*

2. Lorsque la juridiction disciplinaire des vétérinaires prononce une nouvelle sanction de suspension du droit d'exercer la profession de vétérinaire, elle doit viser la première décision et prendre en compte la durée de la première sanction qui devient alors exécutoire, en fixant la durée de la nouvelle sanction. • CE 4 oct. 2023, n° 461090 B : *Gaz. Pal. 7 nov. 2023, p. 29.*

SECTION 7 Chambre nationale de discipline

(Ord. n° 2015-953 du 31 juill. 2015, art. 4-12°)

Art. L. 242-8 *(Ord. n° 2015-953 du 31 juill. 2015, art. 4-12°)* **« I. — La chambre nationale de discipline connaît en appel des décisions rendues par les chambres régionales de discipline. Son président et le suppléant de celui-ci sont des conseillers à la Cour de cassation, en activité ou honoraires, désignés par le premier président de la Cour de cassation. Elle comprend quatre assesseurs.**

« Dans le cas où la personne poursuivie est un vétérinaire, les assesseurs sont tirés au sort parmi les membres du conseil national de l'ordre.

« Dans le cas où la personne poursuivie est une des personnes mentionnées au deuxième alinéa du I de l'article L. 242-3-1, deux des assesseurs sont tirés au sort parmi les membres du conseil national de l'ordre, les deux autres parmi les personnes exerçant la même profession, inscrites sur les listes tenues par l'ordre.

« II. — Peuvent faire appel, outre l'auteur de la plainte et la personne sanctionnée, le président du conseil régional de l'ordre dans le ressort duquel cette personne est inscrite et le président du conseil national de l'ordre. »

L'appel a un effet suspensif.

(Ord. n° 2015-953 du 31 juill. 2015, art. 4-12°) **« Le président du conseil national de l'ordre assure dans tous les cas devant la chambre nationale la défense du respect des principes d'indépendance, de moralité et de probité, ainsi que le respect de l'ensemble des règles déontologiques, en particulier du secret professionnel et de l'obligation d'entretien des compétences indispensables à l'exercice de la profession vétérinaire. En cas d'empêchement, il désigne un membre du conseil pour le représenter. »** — *[Anc. art. 323.]*

1. Le président du Conseil supérieur de l'ordre des vétérinaires, saisi à tort d'un appel de décision et ordonnances des chambres régionales de discipline, ne peut le déclarer irrecevable mais doit le transmettre au président de la chambre supérieure de discipline. • CE 16 mai 2007, n° 289640 B : *Gaz. Pal. 31 oct.-3 nov. 2007, p. 26.*

2. Pour l'application de la règle qui empêche l'aggravation en appel de la sanction disciplinaire infligée en première instance, la gravité s'apprécie au regard de l'objet et de la durée de la sanction prononcée, indépendamment des modalités de son exécution, notamment de l'octroi éventuel d'un sursis ou de la fixation de son champ géographique d'application. • CE 29 mai 2020, n° 421569 B : *AJDI 2020. 1690.*

SECTION 8 Vétérinaires des armées

(Ord. n° 2018-20 du 17 janv. 2018, art. 33)

Art. L. 242-9 **Par dérogation aux dispositions du présent titre, les vétérinaires des armées relevant des dispositions de l'article L. 4138-2 du code de la défense ne sont pas inscrits au tableau de l'ordre des vétérinaires.**

Un vétérinaire des armées est associé aux travaux de l'ordre des vétérinaires selon des modalités fixées par décret.

Art. L. 242-10 Les vétérinaires des armées mentionnés à l'article L. 242-9 sont exposés, en cas de faute ou manquement commis dans le cadre de leur exercice, aux sanctions professionnelles prévues à l'article L. 4137-1 du code de la défense.

Art. L. 242-11 I. – Un vétérinaire est exposé aux sanctions professionnelles prévues à l'article L. 4137-1 du code de la défense pour les actes commis du fait ou à l'occasion de son exercice professionnel :

1° Au titre d'un engagement à servir dans la réserve opérationnelle, mentionné à l'article L. 4143-1 du même code ;

2° Au titre de la disponibilité, conformément aux dispositions de l'article L. 4139-9 du même code ;

3° Lorsqu'il est replacé en première section, conformément aux dispositions de l'article L. 4141-4 du même code.

II. – Il demeure inscrit au tableau de son ordre professionnel. Toutefois, il n'est pas soumis à la juridiction disciplinaire de cet ordre pour les actes mentionnés au I.

Art. L. 242-12 I. – Lorsqu'un vétérinaire des armées, qui a cessé de relever des dispositions de l'article L. 4138-2 du code de la défense, demande son inscription au tableau de l'ordre des vétérinaires, le service de santé des armées communique à cet ordre, à sa demande, toute information permettant de vérifier que l'intéressé :

1° Remplit les conditions nécessaires de compétence et de moralité mentionnées au présent code ;

2° Ne présente pas d'insuffisance professionnelle, d'infirmité ou d'état pathologique rendant dangereux l'exercice de la profession.

Le service de santé des armées transmet notamment à l'ordre des vétérinaires toute information relative aux sanctions professionnelles ayant pu être prononcées à l'encontre de l'intéressé.

II. – Lorsqu'un vétérinaire demande sa radiation ou son omission du tableau de l'ordre des vétérinaires parce qu'il a vocation à relever des dispositions de l'article L. 4138-2 du même code, cet ordre communique au service de santé des armées, à la demande de ce dernier, toute information permettant de vérifier que l'intéressé :

1° Remplit les conditions nécessaires de compétence et de moralité mentionnées au présent code ;

2° Ne présente pas d'insuffisance professionnelle, d'infirmité ou d'état pathologique rendant dangereux l'exercice de la profession.

L'ordre des vétérinaires transmet notamment au service de santé des armées toute information relative aux sanctions professionnelles ayant pu être prononcées à l'encontre de l'intéressé.

III. – Lorsqu'un vétérinaire relève de l'une des situations statutaires mentionnées à l'article L. 242-11 du présent code, il en informe l'ordre des vétérinaires.

L'ordre des vétérinaires et le service de santé des armées se transmettent les informations relatives aux sanctions professionnelles prononcées à l'encontre de ce vétérinaire.

Le service de santé des armées et l'ordre des vétérinaires échangent également sans délai les informations nécessaires, lorsque la poursuite de son exercice par un vétérinaire est susceptible de représenter un danger grave pour la santé publique, la santé des animaux ou l'environnement, pour qu'ils prennent s'il y a lieu, chacun dans son domaine, les mesures appropriées.

Art. L. 242-13 Les vétérinaires relevant des dispositions de l'article L. 4143-1 du code de la défense ne sont pas inscrits au tableau de l'ordre, dès lors qu'ils n'exercent la profession qu'à ce titre.

SECTION 9 **Dispositions diverses**

(Ord. n° 2018-20 du 17 janv. 2018, art. 33)

Art. L. 242-14 Des décrets en Conseil d'État déterminent *(Abrogé par Ord. n° 2010-461 du 6 mai 2010, art. 7) « , **en tant que de besoin,** »* les conditions d'application des chapitres I et II du présent titre. – *[Anc. art. 324-1.] — L'art. L. 242-9 devient l'art. L. 242-14 (Ord. n° 2018-20 du 17 janv. 2018, art. 33-III-2°).*

V. art. R. 241-1 s. et R. 242-1 s.

CHAPITRE III DISPOSITIONS RELATIVES À L'EXERCICE ILLÉGAL DE LA MÉDECINE ET DE LA CHIRURGIE DES ANIMAUX

(Ord. n° 2011-78 du 20 janv. 2011)

L'Ord. n° 2011-78 du 20 janv. 2011 relative aux conditions dans lesquelles certains actes peuvent être réalisés par des personnes n'ayant pas la qualité de vétérinaire est ratifiée (L. n° 2020-1508 du 3 déc. 2020, art. 29-III).

Art. L. 243-1 **I. — Pour l'application du présent chapitre, on entend par :**

— "acte de médecine des animaux" : tout acte ayant pour objet de déterminer l'état physiologique d'un animal ou d'un groupe d'animaux ou son état de santé, de diagnostiquer une maladie, y compris comportementale, une blessure, une douleur, une malformation, de les prévenir ou les traiter, de prescrire des médicaments ou de les administrer par voie parentérale ;

— "acte de chirurgie des animaux" : tout acte affectant l'intégrité physique de l'animal dans un but thérapeutique ou zootechnique.

II. — Sous réserve des dispositions des articles L. 243-2 et L. 243-3, exercent illégalement la médecine ou la chirurgie des animaux :

1° Toute personne qui ne remplit pas les conditions prévues à l'article L. 241-1 et qui, même en présence d'un vétérinaire, pratique à titre habituel des actes de médecine ou de chirurgie des animaux définis au I ou, en matière médicale ou chirurgicale, donne des consultations, établit des diagnostics ou des expertises, rédige des ordonnances, délivre des prescriptions ou certificats, ou procède à des implantations sous-cutanées ;

2° Le vétérinaire ou l'élève des écoles vétérinaires françaises relevant des articles L. 241-6 à *(L. n° 2011-525 du 17 mai 2011, art. 30)* **« L. 241-12 », qui exerce la médecine ou la chirurgie des animaux alors qu'il est frappé de suspension du droit d'exercer ou qu'il fait l'objet d'une interdiction d'exercer.**

1. Échographies. Est coupable de l'infraction d'exercice illégal de : … la médecine vétérinaire l'éleveur titulaire d'une licence d'insémination pour les races équines et asines, qui pratique dans son haras privé des contrôles d'ovulation et des diagnostics de gestation par échographie sur les juments qui lui sont confiées pour la reproduction. • Crim. 12 mars 2002 : *RD rur. 2002. 599 ; ibid. 2003. 127 et 465, obs. Carius.* ♦ … La profession de vétérinaire celui qui a créé une entreprise qui pratique le diagnostic de gestation d'un animal au moyen d'une échographie sans avoir la qualité de vétérinaire et sans entrer dans les dérogations de l'art. L. 243-2. • Crim. 12 janv. 2010, n° 09-81.933 : *LPA 2011, n° 33, p. 14.*

2. Substances anabolisantes. Est coupable de l'infraction d'exercice illégal de la pharmacie vétérinaire l'intégrateur négociant en bestiaux qui a acquis du clenbuthérol qu'il diluait dans les bidons destinés aux éleveurs travaillant pour lui. • Crim. 21 mars 2006, n° 05-83.122 P : *RTD com. 2006. 926, obs. Bouloc.*

3. Maréchal-ferrant. Le parage des sabots est un acte de médecine, voire de chirurgie, qui ne peut être réalisé que par un vétérinaire ou un maréchal-ferrant (personne qualifiée). • Crim. 15 déc. 2015, n° 14-85.161 P : *DP entr. agric., Bull. n° 492, p. 9 ; RD rur. 2016, n° 84, note Carius.*

Art. L. 243-2 **Dès lors qu'ils justifient de compétences adaptées définies par décret, les propriétaires ou détenteurs professionnels d'animaux relevant d'espèces dont la chair ou les produits sont destinés à la consommation humaine, ou leurs salariés, peuvent pratiquer, sur les animaux de leur élevage ou sur ceux dont la garde leur a été confiée dans le cadre de leur exploitation, dans le respect des dispositions relatives à la protection des animaux, certains actes de médecine ou de chirurgie dont la liste est fixée, selon les espèces, par arrêté du ministre chargé de l'agriculture. Cette liste ne comprend aucun acte réservé expressément par la loi aux vétérinaires, notamment, en application des dispositions de l'article L. 5143-5 du code de la santé publique, la prescription de médicaments, non plus que les actes** *(Ord n° 2011-863 du 22 juill. 2011, art. 5)* **« qui doivent être réalisés par des vétérinaires détenteurs de l'habilitation mentionnée à l'article L. 203-1 ou du mandat mentionné à l'article L. 203-8 ».**

V. art. D. 243-1 s. et Arr. du 5 oct. 2011 fixant la liste des actes de médecine ou de chirurgie des animaux que peuvent réaliser certaines personnes n'ayant pas la qualité de vétérinaire (JO 7 oct.), mod. par Arr. du 30 janv. 2014 (JO 25 févr.), Arr. du 16 janv. 2015 (JO 28 janv.), Arr. du 24 févr. 2020 (JO 27 févr.).

La césarienne ne constitue pas un acte courant que les éleveurs sont autorisés à pratiquer sur leur propre bétail, cette intervention relève de la compétence des vétérinaires. • Com. 8 janv. 2008, n° 06-88.658 : *RD rur. 2008, n° 91, note Robert.*

Art. L. 243-3 **Outre les soins de première urgence autres que ceux nécessités par les maladies contagieuses, qui peuvent être réalisés par toute personne, des actes de médecine ou de chirurgie des animaux peuvent être réalisés par :**

1° Les maréchaux-ferrants pour le parage et les maladies du pied des équidés, et les pareurs bovins dans le cadre des opérations habituelles de parage du pied ;

(L. n° 2020-1508 du 3 déc. 2020, art. 29) **« 2° Les élèves des écoles vétérinaires françaises et de l'École nationale des services vétérinaires dans le cadre de l'enseignement dispensé par ces établissements et des stages faisant l'objet de la convention prévue au deuxième alinéa de l'article L. 124-1 du code de l'éducation, ainsi que les étudiants régulièrement inscrits dans des études conduisant à la délivrance d'un diplôme ou d'un titre de formation mentionné au 1° de l'article L. 241-2 du présent code dans le cadre des stages faisant l'objet de la convention prévue au deuxième alinéa de l'article L. 124-1 du code de l'éducation » ;**

3° Les inspecteurs de la santé publique vétérinaire, titulaires d'un titre ou diplôme de vétérinaire, dans le cadre de leurs attributions *(Abrogé par L. n° 2014-1170 du 13 oct. 2014, art. 47-I-1°)* ***« et les agents spécialisés en pathologie apicole, habilités par l'autorité administrative compétente et intervenant sous sa responsabilité dans la lutte contre les maladies des abeilles » ;***

4° Les fonctionnaires et agents qualifiés, titulaires ou contractuels mentionnés à l'article L. 241-16 lorsqu'ils interviennent dans les limites prévues par cet article ;

5° Les directeurs des laboratoires agréés dans les conditions prévues par les articles L. 202-1 à L. 202-5 pour la réalisation des examens concourant à l'établissement d'un diagnostic vétérinaire ;

6° Les techniciens intervenant sur les espèces aviaires et porcine, justifiant de compétences adaptées définies par décret et placés sous l'autorité et la responsabilité d'un vétérinaire, qui pratiquent des actes de vaccination collective, de castration, de débecquage ou de dégriffage *(Ord. n° 2011-862 du 22 juill. 2011, art. 3)* **« ainsi que des examens lésionnels descriptifs externes et internes des cadavres de ces espèces » ;**

7° Les techniciens justifiant de compétences adaptées définies par décret, intervenant dans le cadre d'activités à finalité strictement zootechnique, salariés d'un vétérinaire ou d'une société de vétérinaires habilités à exercer, d'une organisation de producteurs reconnue en vertu *(Ord. n° 2015-1248 du 7 oct. 2015, art. 1er-II)* **« des articles L. 551-1 et L. 552-1 », d'un organisme à vocation sanitaire reconnu en vertu** *(Ord. n° 2021-1370 du 20 oct. 2021, art. 6)* **« de l'article L. 201-13 » ou d'un organisme relevant du chapitre III du titre V du livre VI.** *(Ord. n° 2011-862 du 22 juill. 2011, art. 3)* **« La liste des actes que ces techniciens peuvent réaliser est fixée, selon les espèces, par arrêté du ministre chargé de l'agriculture » ;**

8° Les fonctionnaires et agents contractuels relevant des établissements ou organismes chargés *(Abrogé par Ord. n° 2021-485 du 21 avr. 2021, art. 4)* ***« , en application de l'article L. 653-12, »*** **des enregistrements zootechniques des équidés,** *(Ord. n° 2015-1682 du 17 déc. 2015, art. 2-2° ; Ord. n° 2021-485 du 21 avr. 2021, art. 4)* **« satisfaisant aux conditions posées à l'article L. 653-11, et » intervenant dans le cadre de leurs attributions sous l'autorité médicale d'un vétérinaire pour la réalisation des constats de gestation des femelles équines. Les fonctionnaires et agents contractuels relevant de l'Institut français du cheval et de l'équitation peuvent être spécialement habilités à réaliser l'identification électronique complémentaire des équidés sous l'autorité médicale d'un vétérinaire ;**

9° Les fonctionnaires ou agents mentionnés à l'article L. 273-4 lorsqu'ils interviennent dans les limites prévues par cet article ;

(Ord. n° 2011-862 du 22 juill. 2011, art. 3) **« 10° Les vétérinaires des armées en activité** *(Abrogé par Ord. n° 2018-20 du 17 janv. 2018, art. 33)* ***« , dans le cadre de leurs attributions » ;***

« 11° Les techniciens dentaires, justifiant de compétences adaptées définies par décret, autres que ceux répondant aux conditions du 7°, intervenant sur des équidés

pour des actes de dentisterie précisés par arrêté, sous réserve de convenir avec un vétérinaire des conditions de leur intervention ;

« 12° Dès lors qu'elles justifient de compétences définies par décret *(Ord. n° 2015-953 du 31 juill. 2015, art. 5)* **« et évaluées par le conseil national de l'ordre, les personnes réalisant des actes d'ostéopathie animale, inscrites sur une liste tenue par l'ordre des vétérinaires » et s'engageant, sous le contrôle de celui-ci, à respecter des règles de déontologie définies par décret en Conseil d'État ; »**

(L. n° 2014-1170 du 13 oct. 2014, art. 47-I-2°) **« 13° Les techniciens sanitaires apicoles, justifiant de compétences adaptées définies par décret, intervenant sous l'autorité et la responsabilité d'un vétérinaire pour des actes précisés par arrêté. »**

Sur les personnes réputées disposer des compétences adaptées, V. art. D. 243-1 s.

La fédération européenne des ostéopathes pour animaux est mal fondée à contester l'Ord. du 31 juill. 2015 qui modifie l'évaluation et l'inscription des personnes exerçant cette profession. • CE 7 juin 2017, n° 393850.

Art. L. 243-4 **Sous réserve des dispositions prévues aux articles L. 243-2 et L. 243-3, l'exercice illégal de la médecine ou de la chirurgie des animaux est puni de deux ans d'emprisonnement et d'une amende de 30 000 €. Hormis le cas des personnes visées à l'article L. 243-2** *(Ord. n° 2018-20 du 17 janv. 2018, art. 33)* **« et celui des organismes relevant de l'autorité du ministre de la défense ou des formations militaires relevant de l'autorité du ministre de l'intérieur, » le tribunal peut ordonner la fermeture de l'établissement et prononcer la confiscation du matériel ayant permis l'exercice illégal.**

TITRE V LA PROTECTION DES VÉGÉTAUX

COMMENTAIRE

Le ministère de l'agriculture a la mission de veiller sur le bon état sanitaire du territoire. A ce titre, il contribue à la préservation de la santé publique, à celle de l'environnement mais il veille en même temps au maintien des meilleures conditions économiques des exploitations agricoles. Dans le cadre de la direction générale de l'alimentation du ministère de l'agriculture, les services de protection des végétaux regroupent quatre cent cinquante agents qui sont plus particulièrement chargés de ces missions. Il leur appartient d'une part traditionnellement d'engager toute action utile pour éviter l'introduction et le développement des ennemis naturels des cultures : maladies et parasites, et de mener toute procédure de contrôle pour empêcher leur diffusion en particulier lors de transports. D'autre part, il leur revient désormais de veiller sur les conditions biologiques du territoire. A ce titre, ces services doivent contrôler les conditions d'expérimentation et de développement des organismes génétiquement modifiés. Ces éléments ont des caractéristiques inédites qui laissent craindre des effets indésirables pour l'homme et l'environnement en raison de l'introduction pratiquée de gènes destinés à rendre la plante plus performante grâce à une résistance plus forte à ses prédateurs, avec une moindre utilisation des produits phytosanitaires. ❑

CHAPITRE PRÉLIMINAIRE INSPECTIONS ET CONTRÔLES

(Ord. n° 2010-460 du 6 mai 2010, art. 5)

BIBL. ► Hermon et Doussan, Production agricole et droit de l'environnement, *LexisNexis 2012.*

En Guadeloupe, en Guyane, en Martinique, à La Réunion, à Mayotte, à Saint-Barthélemy, à Saint-Martin et à Saint-Pierre-et-Miquelon, le chapitre I du titre préliminaire, les chapitres préliminaire, I et III du titre V et le titre VII du livre II du code rural et de la pêche maritime dans leur rédaction antérieure à l'Ord. n° 2019-1110 du 30 oct. 2019 restent en vigueur jusqu'à l'entrée en vigueur du décret mentionné au II de l'art. L. 251-3 dans sa rédaction issue du IV de l'art. 5 de ladite ordonnance et, au plus tard, le 14 avr. 2020 (Ord. n° 2019-1110 du 30 oct. 2019, art. 6-II, JO 31 oct.).

Art. L. 250-1 *(Ord. n° 2019-1110 du 30 oct. 2019, art. 4, en vigueur le 14 déc. 2019)* **I. — Les dispositions du présent chapitre s'appliquent, sans préjudice des dispositions spécifiques prévues par les chapitres I à VIII du présent titre, à la recherche et à la constatation des manquements aux dispositions prévues par le droit de l'Union euro-**

péenne, le présent titre, le titre III du livre V du code de l'environnement et les textes réglementaires pris pour leur application, dans les domaines :

1° De la dissémination dans l'environnement d'organismes végétaux génétiquement modifiés ;

2° Des mesures de protection contre les organismes nuisibles aux végétaux ;

3° Des exigences relatives à l'expérimentation, à la mise sur le marché et à l'utilisation des produits phytopharmaceutiques et de leurs adjuvants, des matières fertilisantes et de leurs adjuvants et supports de culture, et à l'utilisation des pesticides compatible avec le développement durable, y compris en ce qui concerne le matériel d'application des pesticides ;

4° Des exigences relatives à l'entrée sur le territoire et à l'introduction dans l'environnement des macro-organismes non indigènes utiles aux végétaux ;

5° Des denrées alimentaires végétales et de leur sécurité, leur intégrité et leur salubrité, au stade de la production primaire, ainsi que de la transformation et de la distribution par le producteur primaire ;

6° Des aliments pour animaux d'origine végétale et de leur sécurité, au stade de la production primaire, ainsi que de la transformation et de la distribution par le producteur primaire ;

(Ord. n° 2021-1659 du 15 déc. 2021, art. 1er) « 7° De la culture des variétés rendues tolérantes aux herbicides. »

II. — Les dispositions du présent chapitre s'appliquent également aux autres activités officielles au sens du règlement (UE) 2017/625 du 15 décembre 2017, notamment celles réalisées dans le cadre de la surveillance biologique du territoire définie à l'article L. 251-1.

Art. L. 250-2 *Abrogé par Ord. n° 2015-616 du 4 juin 2015, art. 6-1°.*

Art. L. 250-3 Pour l'exercice de leur mission, les agents *(Ord. n° 2015-616 du 4 juin 2015, art. 6-2°)* « habilités à procéder à l'inspection et au contrôle en vue d'assurer le respect des dispositions du présent titre, des dispositions réglementaires prises pour son application et des dispositions du droit de l'Union européenne ayant le même objet » peuvent être accompagnés et assistés de tout fonctionnaire ou agent qualifié de l'État.

Ces derniers peuvent procéder seuls aux vérifications par simple contrôle documentaire.

Art. L. 250-4 *Abrogé par Ord. n° 2015-616 du 4 juin 2015, art. 6-3°.*

Art. L. 250-5 *(Ord. n° 2019-1110 du 30 oct. 2019, art. 4, en vigueur le 14 déc. 2019)* « I. — Pour l'exercice de leur mission, et sans préjudice des obligations pesant sur les opérateurs en application de l'article 15 du règlement (UE) 2017/625 du 15 mars 2017, les agents habilités à procéder à la recherche et à la constatation des manquements aux dispositions mentionnées au I de l'article L. 250-1 et, dans les limites de leurs attributions, les agents habilités à réaliser d'autres activités officielles mentionnées au II du même article, ont accès à tous locaux, parcelles, installations, lieux, véhicules de transport à usage professionnel, à l'exclusion des domiciles et de la partie des locaux à usage d'habitation. »

(Ord. n° 2010-460 du 6 mai 2010, art. 5) II. — A l'exception des contrôles à l'importation, cet accès a lieu entre 8 heures et 20 heures ou en dehors de ces heures lorsque l'accès au public est autorisé ou lorsqu'une activité est en cours.

III. — *(Abrogé par Ord. n° 2015-616 du 4 juin 2015, art. 6-4°) « Cet accès se fait en présence du chef d'établissement ou de son représentant ou, à défaut, d'un membre du personnel. »* Lorsque l'accès aux locaux est refusé aux agents, il peut être autorisé par ordonnance du juge des libertés et de la détention dans les conditions prévues à l'article L. 206-1.

IV. — Lorsque les lieux comprennent des parties à usage d'habitation, ces contrôles ne peuvent être effectués qu'entre 8 heures et 20 heures en présence d'un agent mentionné au I de l'article L. 205-1, sur autorisation judiciaire dans les formes et conditions prescrites par l'article L. 206-1.

V. — Les agents peuvent demander la communication, obtenir ou prendre copie par tout moyen et sur tout support ou procéder à la saisie des documents professionnels de toute nature, en quelques mains qu'ils se trouvent, propres à faciliter l'accomplissement de leur mission et peuvent recueillir, sur convocation ou sur place tout renseignement ou toute justification nécessaire au contrôle.

Ils ont accès, pour le contrôle des opérations faisant appel à l'informatique, aux logiciels et aux données stockées ainsi qu'à la restitution en clair des informations propres à faciliter l'accomplissement de leurs missions. Ils peuvent en demander la transcription par tout traitement approprié dans des documents directement utilisables pour les besoins du contrôle.

Art. L. 250-6 *(Ord. nº 2019-1110 du 30 oct. 2019, art. 4, en vigueur le 14 déc. 2019)* I. — Dans le cadre des inspections et contrôles que nécessite l'application du présent titre, les agents mentionnés au I de l'article L. 250-5 peuvent prélever tout végétal, produit végétal ou autre objet au sens de l'article L. 201-2 ainsi que tout produit parmi ceux mentionnés aux articles L. 253-1 et L. 255-1, toute denrée alimentaire ou aliment pour animaux d'origine végétale, transformés ou non, et tout échantillon de sol ou d'eau dans des conditions définies par décret en Conseil d'État.

II. — Dans l'attente des résultats d'analyse, ces agents peuvent consigner les produits mentionnés au I.

III. — Toutes précautions sont prises afin d'assurer la confidentialité des secrets industriels.

Art. L. 250-7 *(Ord. nº 2019-1110 du 30 oct. 2019, art. 4, en vigueur le 14 déc. 2019)* « I. — Si des végétaux, des produits végétaux ou d'autres objets au sens de l'article L. 201-2 ou des produits mentionnés aux 5° et 6° de l'article L. 250-1 et aux articles L. 251-1, L. 253-1 et L. 255-1, présentent ou sont susceptibles de présenter un danger pour la santé publique, la sécurité des consommateurs ou l'environnement, les agents mentionnés au I de l'article L. 250-5 peuvent, dans des conditions fixées par décret en Conseil d'État, ordonner la destruction, la consignation, le retrait ou le rappel, en un ou plusieurs lieux, du ou des lots de produits précédemment cités, ainsi que des végétaux et des animaux présentant des anomalies ou des effets indésirables susceptibles d'être liés à la dissémination d'organismes génétiquement modifiés. Ils peuvent prendre toute autre mesure qu'ils jugent nécessaire. »

(Ord. nº 2010-460 du 6 mai 2010, art. 5) II. — Tout opérateur qui, ayant acquis *(Abrogé par Ord. nº 2019-1110 du 30 oct. 2019, art. 4, à compter du 14 déc. 2019) « ou cédé »* un ou plusieurs lots, a connaissance de la décision de consignation, de retrait ou de rappel est tenu d'en informer celui qui lui a fourni la marchandise et ceux à qui il l'a cédée.

Art. L. 250-8 Les frais engendrés par les mesures de police administrative prises en application du présent titre, notamment les mesures de consignation, de prélèvement, de destruction, de retrait ou de rappel et de mise en quarantaine, sont à la charge du propriétaire ou du détenteur des produits en cause.

Art. L. 250-9 *(Ord. nº 2015-1242 du 7 oct. 2015, art. 2-1°)* I. — Est puni de six mois d'emprisonnement et de 15 000 € d'amende le fait de ne pas respecter une mesure ordonnée en application du I de l'article L. 250-7 dans les conditions fixées par l'autorité administrative.

Est puni de 3 750 € d'amende le fait de ne pas procéder à l'information prévue au II du même article.

II. — Les personnes physiques coupables de l'un des délits prévus au I encourent également les peines complémentaires suivantes :

— la peine de confiscation dans les conditions prévues par l'article 131-21 du code pénal ;

— l'interdiction pour une durée de cinq ans au plus d'exercer une activité professionnelle ou sociale dès lors que les facilités que procure cette activité ont été sciemment utilisées pour préparer ou commettre l'infraction. Cette interdiction n'est toutefois pas applicable à l'exercice d'un mandat électif ou de responsabilités syndicales ;

— l'affichage ou la diffusion de la décision prononcée dans les conditions prévues par l'article 131-35 du code pénal.

III. — Les personnes morales déclarées responsables pénalement, dans les conditions prévues par l'article 121-2 du code pénal, encourent, outre l'amende suivant les moda-

lités prévues par l'article 131-38 du même code, les peines complémentaires prévues par les 2°, 4°, 8° et 9° de l'article 131-39 de ce code.

CHAPITRE I LA SURVEILLANCE BIOLOGIQUE DU TERRITOIRE

BIBL. ▸ Agriculture et biodiversité, *DP entr. agric., Bull. n° spécial 501-1, p. 20* (loi du 8 août 2016).

SECTION 1 Dispositions générales

COMMENTAIRE

Les organismes génétiquement modifiés définis à l'article L. 531-1 du code de l'environnement constituent des innovations sur lesquelles l'expertise scientifique reste très récente ; à ce titre, les OGM apparaissent porteurs de risques potentiels. Il en résulte une réglementation spécifique pour leur utilisation confinée, pour toute dissémination et mise en marché, dont les principes sont prévus par la directive n° 2001-18 du 12 mars 2001 transposée par la loi n° 2008-595 du 25 juin 2008, aux articles L. 531-1 et suivants du code de l'environnement et L. 663-1 et suivants du code rural.

La loi du 25 juin 2008 affirme que la culture, la commercialisation et l'utilisation des organismes génétiquement modifiés se pratiquent dans le respect de l'environnement, de la santé publique, des structures agricoles, des écosystèmes locaux et des filières de production et de commercialisation sans OGM. La loi affirme que « la liberté de produire avec ou sans OGM, ... est garantie dans le respect des principes de précaution, de prévention, d'information, de participation et de responsabilité inscrits dans la charte de l'environnement de 2004 et dans le respect des dispositions communautaires ».

Il a été créé deux organismes pour veiller à l'application de ces principes : d'une part le Haut Conseil des biotechnologies chargé d'évaluer le risque avant l'utilisation ou la dissémination des organismes génétiquement modifiés ; et le comité de biovigilance chargé de la surveillance biotechnologique du territoire. Et des règles ont été posées pour organiser la coexistence des cultures avec et sans OGM, une définition réglementaire devant préciser la notion de culture sans OGM dans l'attente d'une définition communautaire. Ces règles reposent sur les principes de précaution, d'information, et de transparence, avec organisation d'un régime de responsabilité non exclusif. Certaines des obligations résultant de cette coexistence ont été assorties de sanctions pénales (C. rur., art. L. 663-1 s., L. 671-14 et L. 671-15). ❑

Art. L. 251-1 I. — *(L. n° 2008-595 du 25 juin 2008, art. 9)* **« La surveillance biologique du territoire a pour objet de s'assurer de l'état sanitaire et phytosanitaire des végétaux et de suivre l'apparition éventuelle d'effets non intentionnels des pratiques agricoles sur l'environnement. Elle relève de la compétence des agents chargés de la protection des végétaux ou s'effectue sous leur contrôle. Les résultats de cette surveillance font l'objet d'un rapport annuel du Gouvernement à l'Assemblée nationale et au Sénat. »**

II. — Abrogé par Ord. n° 2015-1242 du 7 oct. 2015, art. 2-2°.

III. — Toute personne qui constate une anomalie ou des effets indésirables susceptibles d'être liés à la dissémination *(L. n° 2008-595 du 25 juin 2008, art. 9)* **« volontaire d'organismes génétiquement modifiés » en informe immédiatement le service chargé de la protection des végétaux.**

IV. — *(L. n° 2008-595 du 25 juin 2008, art. 9)* **« Le responsable de la dissémination volontaire d'organismes génétiquement modifiés, le distributeur et l'utilisateur de ces organismes doivent participer au dispositif de surveillance biologique du territoire, notamment en communiquant aux agents chargés de la protection des végétaux toutes les informations nécessaires à cette surveillance.**

« V. — Dans l'intérêt de l'environnement et de la santé publique, l'autorité administrative peut, par arrêté, prendre toutes mesures destinées à collecter les données et informations relatives à la mise sur le marché, la délivrance et l'utilisation des organismes génétiquement modifiés, afin d'en assurer le traitement et la diffusion. » — *V. art. D. 251-42.*

Dans l'intérêt de la protection des appellations d'origine contrôlée, l'Institut national de l'origine et de la qualité peut proposer à l'autorité administrative les mesures prévues à l'alinéa précédent.

VI. — Abrogé par L. n° 2008-595 du 25 juin 2008, art. 9. — [Anc. art. 364 bis.]

Sur les organismes génétiquement modifiés, V. C. envir., art. L. 531-1 s. et D. 531-1 s. — **C. envir.**

1. Information. Sur le droit d'accès du public à l'information relative aux références cadastrales des parcelles sur lesquelles est pratiquée la dissémination, V. • CE 9 déc. 2009, *Cne de Sausheim,* n° 280969 : *Dr. adm. 2010, n° 18 ; Envir. 2010, n° 35 ; JCP 2010. Actu. 25, obs. Sorbara, et 60.* – Et, après question préjudicielle, • CJCE 17 févr. 2009, *Azelvandre,* n° C-552/07 : *Envir. 2009, Actu. 52, note Trouilly ; ibid. 2009, n° 82, note Sousse ; JCP 2009. Actu. 125 ; RD rur. 2009, n° 121 ; JCP Adm. 2009, n° 2091, note Billet.* ♦ Le refus du ministre de transférer les informations relatives à la localisation des disséminations volontaires d'OGM aux autorités communales est licite ; le fait que cette information ne puisse être obtenue que du ministre tenu de la donner à toute personne en faisant la demande constitue une modalité de diffusion conforme aux dispositions communautaires. • CE 16 avr. 2010, n° 279817 : *Envir. 2010, n° 100, note Trouilly ; Gaz. Pal. 2010. Pan. 1172.* – V. jurisprudence ss. C. envir., art. L. 125-3. – **C. envir.**

2. Une région peut interdire la culture d'OGM sur tout son territoire si cette interdiction est nécessaire et proportionnelle pour garantir au consommateur le choix entre une production génétiquement modifiée et des productions biologiques ou conventionnelles. • CJUE 7 juill. 2022, n° C-24/21 : *Europe 2022, n° 345, note Tribout ; RD rur. 2022, n° 163, note Petit.*

Art. L. 251-2 *Abrogé par Ord. n° 2019-1110 du 30 oct. 2019, art. 4, à compter du 14 déc. 2019.*

SECTION 2 Les mesures de protection contre les organismes nuisibles aux végétaux *(Ord. n° 2003-1187 du 11 déc. 2003 ; Ord. n° 2019-1110 du 30 oct. 2019, art. 4).*

COMMENTAIRE

L'efficacité de la lutte contre les organismes nuisibles suppose une action en amont de la production pour éviter toute importation de ces éléments, et une action de traitement ou destruction en tous lieux de production et en tous lieux ou existent des supports de ces organismes nuisibles. Les règles se doivent d'être rigoureuses et leur sanction strictement mise en œuvre dès lors que les échanges de végétaux actuellement pratiqués décuplent les risques de dissémination, et que les crises liées à de telles invasions ont eu dans le passé un caractère de particulière gravité (diffusion du phylloxéra et du doryphore). Les services de protection des végétaux de la direction générale de l'alimentation sont investis de cette mission.

Art. L. 251-3 *(Ord. n° 2019-1110 du 30 oct. 2019, art. 4, en vigueur le 14 déc. 2019)* **Pour l'application des dispositions du présent livre, les organismes nuisibles réglementés comprennent :**

1° Les organismes de quarantaine de l'Union figurant sur la liste établie par la Commission européenne en application de l'article 5 du règlement (UE) 2016/2031 du 26 octobre 2016 ;

2° Les organismes de quarantaine de zone protégée figurant sur la liste établie par la Commission européenne en application de l'article 32 du même règlement ;

3° Les organismes réglementés non de quarantaine figurant sur la liste établie par la Commission européenne en application de l'article 37 du même règlement ;

4° Les organismes nuisibles provisoirement considérés comme des organismes de quarantaine de l'Union en application de l'article 30 du même règlement ;

5° Les organismes nuisibles provisoirement considérés comme des organismes de quarantaine en application de l'article 29 du même règlement figurant sur une liste établie par l'autorité administrative ; *— V. Arr. du 11 mars 2022 ci-dessous.*

6° Les autres organismes nuisibles figurant sur une liste établie par l'autorité administrative, pour lesquels il peut être nécessaire, dans un but d'intérêt collectif, de mettre en œuvre des mesures de prévention, de surveillance ou de lutte. *— V. Arr. du 16 avr. 2020 ci-dessous.*

V. Arr. du 31 juill. 2000 établissant la liste des organismes nuisibles aux végétaux, produits végétaux et autres objets soumis à des mesures de lutte obligatoire (JO 31 août), mod. par Arr. du 11 mai 2001 (JO 19 mai), Arr. du 7 févr. 2002 (JO 21 févr.), Arr. du 13 févr. 2002 (JO

24 févr.), Arr. du 11 juill. 2002 (JO 6 août), Arr. du 25 août 2011 (JO 27 août), Arr. du 9 sept. 2013 (JO 21 sept.), Arr. du 26 sept. 2016 (JO 4 oct.), Arr. du 16 avr. 2020 (JO 23 avr.).

Et V., spécialement, sur la lutte contre le mildiou du tournesol, Arr. du 9 nov. 2005 (JO 18 nov.), mod. par Arr. du 25 mars 2009 (JO 28 mars), Arr. du 23 mars 2011 (JO 1er avr.) ; ... sur la lutte contre le Ralstonia solanacearum (Smith) Yabuuchi et al., Arr. du 11 févr. 1999 (JO 11 avr.), mod. par Arr. du 22 mars 2007 (JO 29 mars) ; ... contre Globodera pallida (Stone) et Globodera rostochiensis (Wollenweber), nématodes à kystes de la pomme de terre, Arr. du 28 juin 2010 (JO 1er juill.), mod. par Arr. du 12 août 2016 (JO 1er sept.), Arr. du 20 févr. 2017 (JO 2 mars) ; ... contre Anoplophora glabripennis, Arr. du 28 mai 2003 (JO 7 juin), mod. par Arr. du 16 juill. 2013 (JO 18 juill.), Arr. du 22 juin 2016 (JO 30 juin) ; ... contre Anoplophora chinensis, Arr. du 1er juill. 2003 (JO 10 juill.), mod. par Arr. du 22 juin 2016 (JO 30 juin) ; ... contre Ceratocystis platani, agent pathogène du chancre coloré du platane, Arr. du 22 déc. 2015 (JO 6 janv. 2016), mod. par Arr. du 19 juin 2018 (JO 27 juin), Arr. du 31 juill. 2018 (JO 9 août) ; ... contre Meloidogyne chitwoodi O'Banon et Meloidogyne fallax Karsen, Arr. du 4 févr. 2016 (JO 12 févr.) ; ... contre Rhynchophorus ferrugineus (Olivier), Arr. du 25 juin 2019 (JO 2 juill.), mod. par Arr. du 4 juill. 2023 (JO 9 juill.) ; ... contre le Tomato brown rugose fruit virus « ToBRFV », Arr. du 11 mars 2020 (JO 13 mars), abrogé par Arr. du 6 juill. 2023 (JO 9 juill.) ; ... contre la flavescence dorée de la vigne et contre son agent vecteur, Arr. du 27 avr. 2021 (JO 2 mai) ; ... contre le Plum pox virus, agent causal de la maladie de la sharka, Arr. du 9 juill. 2021 (JO 16 juill.) ; ... contre Pityophthorus juglandis (PITOJU) et Geosmithia morbida (GEOHMO), agents pathogènes responsables de la maladie des mille chancres, Arr. du 28 juin 2023 (JO 13 juill.).

V. aussi Arr. du 19 oct. 2020 relatif aux mesures visant à éviter l'introduction et la propagation dans l'Union de Xylella fastidiosa (Wells et al.) (JO 24 oct.) ; Arr. du 11 mars 2022 relatif aux mesures visant à éviter l'introduction et la propagation de Toumeyellla parvicornis (JO 16 mars).

Arrêté du 16 avril 2020,

Portant établissement des listes d'organismes nuisibles au titre du 6o de l'article L. 251-3 du code rural et de la pêche maritime (JO 23 avr.).

Art. 1er Les organismes nuisibles visés par le 6° de l'article L. 251-3 du code rural et de la pêche maritime susvisé sont listés à l'annexe A du présent arrêté.

ANNEXE A

ÉTABLISSANT LA LISTE DES AUTRES ORGANISMES MENTIONNÉS AU 6° DE L'ARTICLE L. 251-3 DU CODE RURAL ET DE LA PÊCHE MARITIME ET DE L'ARTICLE 1 DU PRÉSENT ARRÊTÉ

Rhynchophorus ferrugineus (Charançon rouge du Palmier).
Ips typographus.
Heterodera carotae.
Dryocosmus kuriphilus (Cynips du châtaignier).
Arvicola amphibius (Campagnol terrestre).
Microtus arvalis (Campagnol des champs).
Microtus duodecimcostatus (Campagnol provençal).

Arrêté du 11 mars 2022,

Portant établissement des listes d'organismes nuisibles au titre du 5o de l'article L. 251-3 du code rural et de la pêche maritime (JO 16 mars).

Art. 1er Les organismes nuisibles visés par le 5° de l'article L. 251-3 du code rural et de la pêche maritime susvisé sont listés à l'annexe du présent arrêté.

ANNEXE

ÉTABLISSANT LES LISTES D'ORGANISMES NUISIBLES AU TITRE DU 5° DE L'ARTICLE L. 251-3 DU CODE RURAL ET DE LA PÊCHE MARITIME ET DE L'ARTICLE 1ER DU PRÉSENT ARRÊTÉ

Toumeyella parvicornis (cochenille tortue du pin, code OEPP : TOUMPA).
Xylotrechus chinensis (perceur chinois, code OEPP : XYLOCH).
Pochazia shantungensis (code OEPP : POCZSH).

Art. L. 251-3-1 *(L. n° 2005-157 du 23 févr. 2005, art. 131)* **Afin de limiter les populations de rats musqués et de ragondins, tous les moyens de lutte doivent être mis en œuvre.**

La lutte chimique par le recours à des appâts empoisonnés doit se faire sur autorisation préfectorale dans le cadre d'un programme incluant les autres moyens de lutte lorsque ceux-ci se seront révélés insuffisants.

Art. L. 251-4 *Abrogé par Ord. n° 2019-1110 du 30 oct. 2019, art. 4, à compter du 14 déc. 2019.*

Art. L. 251-5 *Abrogé par Ord. n° 2011-862 du 22 juill. 2011, art. 4.*

SOUS-SECTION 1 **Obligations des propriétaires et détenteurs de végétaux, produits végétaux et autres objets** *(Ord. n° 2019-1110 du 30 oct. 2019, art. 4).*

Art. L. 251-6 *(Ord. n° 2019-1110 du 30 oct. 2019, art. 4, en vigueur le 14 déc. 2019)* **L'autorité administrative peut, dans des conditions définies par décret en Conseil d'État, imposer une téléprocédure pour les inscriptions, demandes d'autorisation et déclarations d'activité requises en application des articles 8 et 65 du règlement (UE) 2016/2031 du 26 octobre 2016 ou de dispositions du présent titre ou du titre préliminaire.**

Art. L. 251-7 *(Ord. n° 2019-1110 du 30 oct. 2019, art. 4, en vigueur le 14 déc. 2019)* **Conformément à l'article 15 du règlement (UE) 2017/625 du 15 mars 2017, les propriétaires ou détenteurs de végétaux, produits végétaux ou autres objets mentionnés à l'article L. 201-2 sont tenus d'ouvrir leurs terrains et jardins, clos ou non, ainsi que leurs dépôts ou magasins, aux agents habilités mentionnés à l'article L. 250-5.**

Art. L. 251-8 *(Abrogé par Ord. n° 2019-1110 du 30 oct. 2019, art. 4, à compter du 14 déc. 2019)* ***I. — Le ministre chargé de l'agriculture peut prescrire par arrêté les traitements et les mesures nécessaires à la prévention de la propagation des organismes nuisibles inscrits sur la liste prévue à l'article L. 251-3. Il peut également interdire les pratiques susceptibles de favoriser la dissémination des organismes nuisibles, selon les mêmes modalités.***

(L. n° 2014-1170 du 13 oct. 2014, art. 50-I-1°) ***« II. — En l'absence d'arrêté ministériel, les mesures mentionnées au I peuvent être prises par arrêté du préfet de région. »*** *— [Anc. art. 352.]*

1. Responsabilité. Au regard des connaissances de l'époque sur la maladie, l'État n'a commis aucune faute dans sa gestion de l'infection des arbres fruitiers par le virus de la Sharka. • CE 7 nov. 2008, n° 278624 : *AJDA 2008. 1752 ; RD rur. 2008, n° 218,* annulant • CAA Marseille, 10 janv. 2005 : *AJDA 2005. 1248, note Moreau.*

2. Condamnation de l'Italie pour manquements au respect des obligations posées par la Commission pour éviter la propagation de la bactérie *Xylella fastidiosa*. • CJUE 5 sept. 2019, n° C-443/18 : *Europe 2019. 454, note Rigaux.*

3. Rejet de la demande d'annulation de l'arrêté préfectoral destiné à prévenir l'introduction en Corse de la bactérie *Xylella fastidiosa*. • TA Bastia, 4 juill. 2019, n° 1700574 : *AJDA 2020. 176, note Peyen.*

Art. L. 251-9 *(L. n° 2014-1170 du 13 oct. 2014, art. 50-I-2°)* **« Sauf cas d'urgence, » la destruction de végétaux ne peut être exécutée qu'après constatation contradictoire de l'état des lieux, en présence du maire ou de son délégué, d'un agent** *(Ord. n° 2015-616 du 4 juin 2015, art. 6-8°)* **« habilité mentionné à l'article L. 250-3 » et du propriétaire ou usager des terrains ou magasins ou de son représentant dûment appelés ; de cette opération, il est dressé procès-verbal signé des parties.**

(Ord. n° 2011-862 du 22 juill. 2011, art. 4) **« Les propriétaires ou détenteurs dont les végétaux, produits végétaux ou autres objets »** *(L. n° 2005-157 du 23 févr. 2005, art. 36-3°)* **« ont fait l'objet d'une mesure de destruction ordonnée par les agents** *(Ord. n° 2015-616 du 4 juin 2015, art. 6-8°)* **« habilités » peuvent prétendre à une indemnisation selon des modalités déterminées par arrêté conjoint des ministres chargés de l'agriculture et de l'économie s'ils remplissent les deux conditions suivantes :**

(L. n° 2014-1170 du 13 oct. 2014, art. 56-II-1°) **« — avoir respecté les obligations d'information prévues aux** *(Ord. n° 2019-1110 du 30 oct. 2019, art. 4, en vigueur le 14 déc. 2019)* **« deuxième » et dernier alinéas de l'article L. 201-7 ; »**

« – avoir versé des cotisations au titre d'un mécanisme de solidarité pour ce risque, dans des conditions fixées par décret, ou être assuré pour ce risque.

(Ord. nº 2011-862 du 22 juill. 2011, art. 4) « Par dérogation à l'alinéa précédent, l'autorité administrative peut prendre en charge les coûts directs des mesures de lutte, en l'absence de cotisation au titre d'un mécanisme de solidarité, lors de la première découverte *(Ord. nº 2019-1110 du 30 oct. 2019, art. 4, en vigueur le 14 déc. 2019)* « d'un des organismes nuisibles mentionnés aux 1°, 2°, 4° et 5° de l'article L. 251-3 » et dont la France était jusqu'alors indemne. »

« Des arrêtés conjoints des ministres chargés de l'agriculture et de l'économie déterminent, par filières, les conditions de la participation de l'État aux frais nécessairement occasionnés par la lutte contre les organismes nuisibles *(Ord. nº 2019-1110 du 30 oct. 2019, art. 4, en vigueur le 14 déc. 2019)* « mentionnés » à l'article L. 251-3.

« Toute infraction aux dispositions du présent titre et aux règlements pris pour leur application entraîne la perte de l'indemnité. »

BIBL. ▶ BILLET, *Envir. 2014. Alerte 36* (l'agriculture biologique à l'épreuve des traitements obligatoires).

V. Arr. du 24 juill. 2009 fixant les modalités de participation de l'État aux frais nécessairement occasionnés par la lutte contre Diabrotica virgifera virgifera (Le Conte) conformément à l'art. L. 251-9 (JO 2 août), mod. par Arr. du 30 déc. 2013 (JO 1er janv. 2014) ; Arr. du 31 août 2011 fixant les modalités de participation de l'État aux frais nécessairement occasionnés par la lutte contre les organismes nuisibles en production fruitière conformément à l'art. L. 251-9 (JO 1er sept.) ; Arr. du 24 avr. 2020 fixant les modalités de participation de l'État aux frais nécessairement occasionnés par la lutte contre le tomato brown rugose fruit virus (ToBRFV) conformément à l'art. L. 251-9 (JO 26 avr.) ; Arr. du 9 oct. 2023 fixant les modalités de participation de l'État aux frais nécessairement occasionnés par la lutte contre Aleurocanthus spiniferus conformément à l'art. L. 251-9 (JO 14 oct.).

1. Prévention de la propagation des nuisibles. Le ministre de l'agriculture est compétent pour définir les critères et les barèmes d'indemnisation des opérations d'arrachage des arbres fruitiers atteints ou menacés par le virus de la sharka, et il lui était loisible de le faire par voie de circulaire. • CE 27 juill. 2005, *SCEA Valette : Envir. 2005, nº 75, note Benoit.*

2. Sharka. Indemnisation. V. * Rép. min. nº 7474 : *JOAN Q 25 déc. 2012, p. 78221.*

3. Fonds de solidarité Phyto Forêt. V. * Rép. min. nº 1449 : *JOAN Q 14 nov. 2017, p. 5557.*

Art. L. 251-10 Si un propriétaire ou *(Ord. nº 2011-862 du 22 juill. 2011, art. 4)* « détenteur refuse d'effectuer dans les délais prescrits et conformément aux arrêtés pris en la matière les mesures de prévention, de surveillance ou de lutte imposées », un *(Ord. nº 2010-460 du 6 mai 2010, art. 6 ; Ord. nº 2015-616 du 4 juin 2015, art. 6-9°)* « agent habilité » prend les mesures nécessaires pour l'exécution de ces arrêtés. Il les notifie aux intéressés par lettre recommandée, avant leur exécution ; il adresse copie de cette notification au préfet du département et au maire de la commune sur le territoire de laquelle les opérations doivent avoir lieu.

(Ord. nº 2011-862 du 22 juill. 2011, art. 4) « Le préfet peut exécuter d'office ces mesures, soit directement, soit *(Ord. nº 2015-1242 du 7 oct. 2015, art. 2-3°)* « dans les conditions prévues » à l'article L. 201-13. »

Le coût *(Ord. nº 2011-862 du 22 juill. 2011, art. 4)* « de ces mesures » est recouvré par ledit groupement. Faute de paiement par les intéressés dans un délai de trois mois, ou toutes les fois que le traitement est assuré par le *(Ord. nº 2010-460 du 6 mai 2010, art. 6)* « service chargé de la protection des végétaux », le recouvrement en est opéré, comme en matière de contributions directes, sur un rôle dressé par un *(Ord. nº 2010-460 du 6 mai 2010, art. 6 ; Ord. nº 2015-616 du 4 juin 2015, art. 6-9°)* « agent habilité à cet effet » et rendu exécutoire par le préfet. Au cas de recouvrement par voie de rôle, la somme due par les intéressés est majorée de 25 %. – *[Anc. art. 354.]*

V. art. L. 251-20 (pén.).

Art. L. 251-11 L'État, les régions, les départements et les communes sont astreints, en ce qui concerne leur domaine public et privé, aux mêmes obligations que les particuliers. – *[Anc. art. 355.]*

V. art. D. 251-6 à R. 251-14.

SOUS-SECTION 2 Certifications officielles, contrôles officiels et autres activités officielles *(Ord. nº 2019-1110 du 30 oct. 2019, art. 4).*

Art. L. 251-12 et L. 251-13 *Abrogés par Ord. nº 2019-1110 du 30 oct. 2019, art. 4, à compter du 14 déc. 2019.*

Art. L. 251-14 *(Ord. nº 2019-1110 du 30 oct. 2019, art. 4, en vigueur le 14 déc. 2019)* **En application du règlement (UE) 2016/2031 du 26 octobre 2016, dans le cadre des contrôles officiels sur les végétaux, produits végétaux et autres objets introduits ou mis en circulation sur le territoire de l'Union, lorsqu'est constatée ou suspectée la présence d'un organisme nuisible réglementé conformément aux 1°, 2°, 3°, 4° ou 5° de l'article L. 251-3 du présent code, ou susceptible de l'être conformément à l'article 29 de ce règlement, ou lorsque des végétaux, produits végétaux ou autres objets ne respectent pas les exigences fixées par le même règlement ou les actes délégués, actes d'exécution ou dispositions nationales pris pour son application, les agents habilités par l'autorité administrative peuvent ordonner la destruction, la consignation, le retrait ou le rappel de tout ou partie du lot ou toutes autres mesures qu'ils jugent appropriées pour s'assurer du respect de ces exigences dans un délai qu'ils déterminent. Le cas échéant, ils peuvent annuler et retirer le passeport phytosanitaire de l'unité commerciale concernée.**

En cas d'inexécution des mesures dans les délais prescrits, les agents habilités font procéder à la destruction d'office du lot aux frais du propriétaire ou du détenteur.

Art. L. 251-15 et L. 251-16 *Abrogés par Ord. nº 2019-1110 du 30 oct. 2019, art. 4, à compter du 14 déc. 2019.*

Art. L. 251-17 *(L. nº 2004-1485 du 30 déc. 2004, art. 90)* **« L'application des mesures sanitaires réglementant l'importation des végétaux, produits et matières susceptibles d'introduire en France des organismes nuisibles donne lieu au paiement d'une redevance à l'importation pour contrôle phytosanitaire.**

(Ord. nº 2019-1110 du 30 oct. 2019, art. 4, en vigueur le 14 déc. 2019) **« Cette redevance est établie dans les conditions définies au chapitre VI du titre II du règlement (UE) 2017/625 du 15 mars 2017 sur la base du calcul des frais réels de chaque contrôle officiel, conformément au point *b* du paragraphe 1 de l'article 82 de ce règlement. »**

« Elle est perçue pour chaque envoi de végétaux ou produits végétaux et comprend trois parts :

« – une première part au titre des contrôles documentaires ;

« – une deuxième part au titre des contrôles d'identité ;

« – une troisième part au titre des contrôles sanitaires.

(L. nº 2008-1443 du 30 déc. 2008, art. 146) **« En sus de la redevance, des frais supplémentaires peuvent être perçus au titre de sujétions particulières inhérentes aux contrôles des végétaux ou produits végétaux.**

(Ord. nº 2019-1110 du 30 oct. 2019, art. 4, en vigueur le 14 déc. 2019) **« Le montant de la redevance ainsi que celui des frais supplémentaires sont fixés par arrêté conjoint des ministres chargés de l'agriculture et du budget. »**

« La redevance et les frais supplémentaires sont dus par l'importateur. Ils sont toutefois solidairement dus par son représentant lorsque celui-ci agit dans le cadre d'un mandat de représentation indirecte, telle que définie par l'article *(Ord. nº 2019-1110 du 30 oct. 2019, art. 4, en vigueur le 14 déc. 2019)* **« 18 du code des douanes de l'Union européenne ».**

« Les sommes sont liquidées et recouvrées selon les règles, garanties et privilèges applicables en matière de droits de douane. »

« Les infractions au paiement de cette redevance sont recherchées, constatées et réprimées, les poursuites sont effectuées et les instances sont instruites et jugées comme en matière de douane et par les tribunaux compétents en cette matière. »

Les mesures de refoulement ou de destruction de produits contaminés ordonnées par les agents *(Ord. nº 2015-616 du 4 juin 2015, art. 6-11°)* **« habilités mentionnés à l'article L. 250-3 », sont exécutées aux frais des importateurs et sous le contrôle de l'administration des douanes. Les modalités d'application de ces mesures peuvent être**

précisées par des arrêtés concertés des ministres chargés de l'agriculture et des finances. – *[Anc. art. 362.]*

V. Arr. du 25 juin 2012 fixant les tarifs de la redevance pour les contrôles vétérinaires et phytosanitaires à l'importation (JO 3 juill.), mod. par Arr. du 18 juill. 2012 (JO 18 août).

Art. L. 251-17-1 *(L. n° 2011-1977 du 28 déc. 2011, art. 58-III, en vigueur le 1er janv. 2012) (L. n° 2013-1279 du 29 déc. 2013, art. 61)* « I. – » La délivrance de documents administratifs et la mise en œuvre des contrôles liés à la circulation *(Ord. n° 2019-1110 du 30 oct. 2019, art. 4, en vigueur le 14 déc. 2019)* « sur le territoire de l'Union européenne » et à l'exportation vers des États non membres de l'Union européenne des végétaux, produits végétaux et autres objets mentionnés à l'article L. 201-2 et réalisés par les agents *(Ord. n° 2015-616 du 4 juin 2015, art. 6-11°)* « habilités mentionnés à l'article L. 250-3 » *(Ord. n° 2019-1110 du 30 oct. 2019, art. 4, en vigueur le 14 déc. 2019)* « ou par les organismes mentionnés à l'article L. 201-13 » donnent lieu au paiement à l'État d'une redevance.

(L. n° 2013-1279 du 29 déc. 2013, art. 61) « II. – Tout contrôle administratif conduisant à la délivrance d'un *(Ord. n° 2019-1110 du 30 oct. 2019, art. 4, en vigueur le 14 déc. 2019)* « certificat officiel » en vue de l'exportation vers des États non membres de l'Union européenne des végétaux, produits végétaux et autres objets mentionnés au I donne lieu au paiement d'une redevance d'un montant de 15 €.

(Ord. n° 2019-1110 du 30 oct. 2019, art. 4, en vigueur le 14 déc. 2019) « III. – Tout contrôle administratif conduisant à la délivrance d'une attestation officielle à un opérateur ou à l'autorisation de délivrer des attestations officielles pour un opérateur établi en France aux fins de la mise en circulation de ces végétaux, produits végétaux et autres objets sur le territoire de l'Union européenne donne lieu au paiement d'une redevance de 15 €. »

« IV. – Donne également lieu au paiement d'une redevance de 15 € tout contrôle tendant à la délivrance d'un des documents mentionnés aux I à III à l'issue duquel la demande de délivrance du document s'est vu opposer une décision de refus.

« V. – Toute opération de contrôle technique au lieu de production ou de détention de végétaux, produits végétaux et autres objets donne lieu au paiement d'une redevance qui ne peut excéder 1 500 € et dont le montant est calculé en fonction de la nature et de l'importance des contrôles, laquelle s'évalue sur la base de la quantité, des volumes, des surfaces ou de la masse de végétaux, produits végétaux et autres objets contrôlés mis en circulation *(Ord. n° 2019-1110 du 30 oct. 2019, art. 4, en vigueur le 14 déc. 2019)* « sur le territoire de l'Union européenne » ou expédiés à destination de pays tiers.

« Les modalités de calcul de la redevance sont précisées par arrêté des ministres chargés de l'agriculture et du budget, lequel peut fixer un barème de tarification dégressive lorsque le contrôle porte sur des quantités, surfaces ou volumes importants.

« VI. – » Le cas échéant, une redevance forfaitaire équivalente à *(L. n° 2013-1279 du 29 déc. 2013, art. 61)* « 45 € » est due afin de couvrir les frais d'examens ou d'analyses de laboratoire réalisés dans le cadre de ces contrôles par *(Ord. n° 2019-1110 du 30 oct. 2019, art. 4, en vigueur le 14 déc. 2019)* « un laboratoire officiel ».

(L. n° 2013-1279 du 29 déc. 2013, art. 61) « VII. – » La redevance est due par l'opérateur en charge des végétaux, produits végétaux et autres objets mis en circulation ou exportés. Elle est solidairement due par son représentant lorsque celui-ci agit dans le cadre d'un mandat de représentation indirecte.

(L. n° 2013-1279 du 29 déc. 2013, art. 61) « VIII. – » La redevance est constatée, recouvrée et contrôlée suivant les mêmes règles, sous les mêmes garanties, privilèges et sanctions qu'en matière de taxe sur la valeur ajoutée. Les réclamations sont présentées, instruites et jugées selon les règles applicables à cette même taxe.

(L. n° 2013-1279 du 29 déc. 2013, art. 61) « IX. – » Un décret fixe les conditions d'acquittement de la redevance.

V. art. D. 251-15 à D. 251-25.

Art. L. 251-17-2 *Abrogé par L. n° 2020-1721 du 29 déc. 2020, art. 64.*

Art. L. 251-18 *I. – Abrogé par Ord. n° 2010-460 du 6 mai 2010, art. 6.*

II. – Sont habilités à procéder au contrôle documentaire et vérifier par simple inspection visuelle la concordance entre les documents et les végétaux, produits végétaux ou autres objets *(Ord. n° 2019-1110 du 30 oct. 2019, art. 4)* **« au sens du règlement (UE) 2016/2031 du 26 octobre 2016 » et à rechercher et constater les infractions relatives à ces documents, les agents des douanes dans les conditions prévues aux articles 60** *(L. n° 2023-610 du 18 juill. 2023, art. 2)* **« à 60-10 », 61, 63 *ter*, 65 et 322 *bis* du code des douanes et les agents de la concurrence, de la consommation et de la répression des fraudes dans les conditions prévues** *(Ord. n° 2016-301 du 14 mars 2016, art. 16-3°)* **« au I de l'article L. 511-22 du code de la consommation ».** – *[Anc. art. 363-1.]*

V. art. L. 251-20 (pén.).

Art. L. 251-18-1 *(L. n° 2001-6 du 4 janv. 2001)* **A. – Les agents** *(Ord. n° 2015-616 du 4 juin 2015, art. 6-11°)* **« habilités mentionnés à l'article L. 250-3 »** *(Ord. n° 2010-460 du 6 mai 2010, art. 10)* **« sont habilités à procéder à des contrôles inopinés à l'importation » des semences et plants afin de vérifier, lorsqu'ils ont fait l'objet d'un traitement antiparasitaire avec un produit phytopharmaceutique, que ces produits répondent aux exigences fixées sur décision communautaire.**

Les agents mentionnés au premier alinéa sont également habilités, à l'importation, dans les conditions prévues ci-dessus, à vérifier de façon inopinée la conformité de l'étiquette accompagnant les semences et plants composés en tout ou partie d'organismes génétiquement modifiés ainsi que l'absence d'organismes génétiquement modifiés dans le cas où ils ne sont pas étiquetés.

B. – Sont habilités à procéder au contrôle de l'étiquette pour le cas des semences composées en tout ou partie d'organismes génétiquement modifiés les agents des douanes dans les conditions prévues aux articles 60 *(L. n° 2023-610 du 18 juill. 2023, art. 2)* **« à 60-10 », 61, 63 *ter* et 322 *bis* du code des douanes.**

C. – En cas de non-respect des exigences visées au A ci-dessus, il est fait application des dispositions prévues à l'article L. 251-17.

V. art. R. 251-27 s.

SECTION 3 **Dispositions pénales** *(Ord. n° 2019-1110 du 30 oct. 2019, art. 4).*

COMMENTAIRE

Les sanctions pénales ont été alourdies en la matière par la loi n° 2014-344 du 17 mars 2014 relative à la consommation dans le souci de garantir la sécurité sanitaire des aliments qui est une des missions de l'État énoncées à l'article L. 1 du présent code. ❑

Art. L. 251-19 *Abrogé par Ord. n° 2010-460 du 6 mai 2010, art. 13.*

Art. L. 251-20 *(Ord. n° 2019-1110 du 30 oct. 2019, art. 4, en vigueur le 14 déc. 2019)* **« I. – Est puni de deux ans d'emprisonnement et de 300 000 € d'amende, sauf lorsqu'il est réalisé dans le cadre d'une dérogation prévue par le règlement (UE) 2016/2031 du 26 octobre 2016 :**

« 1° Le fait d'introduire sur le territoire métropolitain, de détenir ou de transporter un organisme mentionné au 1° de l'article L. 251-3, quel que soit le stade de son évolution ;

« 2° Le fait d'introduire dans une zone protégée nationale figurant sur une liste établie par décision de la Commission en application du paragraphe 3 de l'article 32 du règlement (UE) 2016/2031 du 26 octobre 2016, de détenir ou de transporter dans cette zone un organisme mentionné au 2° de l'article L. 251-3, quel que soit le stade de son évolution ;

« 3° Le fait d'introduire sur le territoire métropolitain, de détenir ou de transporter un organisme mentionné aux 4° ou 5° de l'article L. 251-3, quel que soit le stade de son évolution ;

« 4° Le fait d'importer sur le territoire métropolitain des végétaux, produits végétaux ou autres objets mentionnés au point c du paragraphe 1 de l'article 47 du règlement (UE) 2017/625 du 15 mars 2017 originaires de pays tiers à l'Union européenne, ayant fait l'objet d'une mesure d'interdiction en application des articles 40 ou 42 du

règlement (UE) 2016/2031 du 26 octobre 2016, ou n'ayant pas été présentés au contrôle officiel en poste de contrôle frontalier prévu à l'article 49 du même règlement.

« II. — Est puni de six mois d'emprisonnement et de 150 000 € d'amende :

« 1° Le fait de ne pas respecter les prescriptions édictées en application du II de l'article L. 201-4 ou des articles L. 250-7 ou L. 251-14 ;

« 2° Le fait de ne pas respecter les obligations d'inscription et de déclaration prévues aux chapitres V et VI du règlement (UE) 2016/2031 du 26 octobre 2016. »

(L. n° 2014-344 du 17 mars 2014, art. 133-III) **« III. — Les amendes prononcées en application des I et II peuvent être portées, de manière proportionnée aux avantages tirés du manquement, à 10 % du chiffre d'affaires moyen annuel, calculé sur les trois derniers chiffres d'affaires annuels connus à la date des faits. »**

IV. — *(Ord. n° 2010-460 du 6 mai 2010, art. 6)* **« Les personnes coupables de l'une des infractions prévues au présent article encourent également la peine complémentaire de l'affichage ou la diffusion de la décision prononcée dans les conditions prévues par l'article 131-35 du code pénal pour les personnes physiques et par le 9° de l'article 131-39 du même code pour les personnes morales. »** — *[Anc. art. 363.]*

Art. L. 251-21 *I. — Abrogé par Ord. n° 2010-460 du 6 mai 2010, art. 6.*

II. — Est puni de six mois d'emprisonnement et de 30 000 € d'amende :

1° Le non-respect par les opérateurs de leurs obligations mentionnées au IV de l'article L. 251-1 ;

2° L'inexécution des mesures prises en application du V de l'article L. 251-1 *(Abrogé par Ord. n° 2019-1110 du 30 oct. 2019, art. 4, à compter du 14 déc. 2019)* ***« ou ordonnées en application de l'article L. 251-2 ».***

III. — *(Ord. n° 2010-460 du 6 mai 2010, art. 6)* **« Les personnes coupables de l'une des infractions prévues au présent article encourent également la peine complémentaire de l'affichage ou la diffusion de la décision prononcée dans les conditions prévues par l'article 131-35 du code pénal pour les personnes physiques et par le 9° de l'article 131-39 du même code pour les personnes morales. »** — *[Anc. art. 364 quater.]*

V. art. R. 251-41.

CHAPITRE II LES GROUPEMENTS COMMUNAUX OU INTERCOMMUNAUX *(Ord. n° 2015-1242 du 7 oct. 2015, art. 2-4°).*

COMMENTAIRE

Les groupements de défense contre les organismes nuisibles sont devenus des groupements communaux ou intercommunaux, et leur régime a été simplifié : l'obligation d'agrément, les statuts types et la tutelle du préfet de région ont été supprimés. Ces groupements conservent des missions d'information et de surveillance (V. art. L. 201-14).

Art. L. 252-1 *(Ord. n° 2015-1242 du 7 oct. 2015, art. 2-5°)* **Des groupements communaux ou intercommunaux peuvent être constitués conformément aux articles L. 2131-1 à L. 2131-6 du code du travail afin de conduire, sur le territoire des communes où ils sont constitués, des actions collectives dans les domaines de la santé des végétaux, de la santé publique et de la protection de l'environnement.**

Peuvent adhérer à ces groupements tous les exploitants agricoles et les autres personnes intéressées à ces actions.

Peuvent également être constituées une fédération par département ou par région de ces groupements ainsi qu'une fédération nationale.

Art. L. 252-2 *(Ord. n° 2015-1242 du 7 oct. 2015, art. 2-5°)* **Les groupements et leurs fédérations mentionnés à l'article L. 252-1 participent à la surveillance, à la prévention et à la lutte contre les dangers sanitaires.**

Art. L. 252-3 à L. 252-5 *Abrogés par Ord. n° 2015-1242 du 7 oct. 2015, art. 2-6°.*

CHAPITRE III MISE SUR LE MARCHÉ ET UTILISATION DES PRODUITS PHYTOPHARMACEUTIQUES

(Ord. n° 2011-840 du 15 juill. 2011, art. 1er)

BIBL. GÉN. ▶ Agriculture et biodiversité, *DP entr. agric., Bull. n° spécial 501-1, p. 20* (loi du 8 août 2016). – BILLET, *Envir. 2014. Alerte 92* (le droit aux orties, projet de loi d'avenir) ; *EEI 2020. Alerte 47* (l'échec des plans Ecophyto). – BONNEFOY, Pesticides : vers le risque zéro, *Rapport Sénat n° 42 du 10 oct. 2012*. – BOSSE-PLATIÈRE et MILLARD, *RD rur. 2019. Dossier 25* (utilisation de produits phytopharmaceutiques après la loi Egalim). – DOUSSAN, *RD rur. 2013. Focus 17* (pesticides et santé humaine : une situation préoccupante, note sur Rapport Bonnefoy du 10 oct. 2012). – GAILLARD, *EEI 2022. Étude 9* (quel avenir durable en cas d'autorisation temporaire de pesticides aux effets toxiques persistants ? la saga des néonicotinoïdes 1) ; *EEI 2022. Étude 19* (quel(le)s politiques et droits transgénérationnels en présence de pesticides aux effets toxiques systémiques et persistants ? la saga des néonicotinoïdes 2). – GRIMONPREZ et BOUCHEMA, *RD rur. 2020, n° 195* (vendre ou prescrire des pesticides : quand il faut choisir). – PARANCE, *JCP 2023. Actu. 1322* (renouvellement de l'autorisation de mise en marché du glyphosate). – PETIT, *RD rur. 2024. Étude 3* (le renouvellement de la licence du glyphosate : une dinguerie !). – SIMON, *Europe 2023. Repère 11* (dimensions juridiques de l'affaire du glyphosate). – TRÉBULLE, *Envir. 2013. Repère 11* (où l'on reparle des pesticides).

COMMENTAIRE

La loi d'orientation agricole n° 2006-11 du 5 janvier 2006 a refondu les dispositions régissant ce qui était désigné jusque-là comme les produits antiparasitaires, et qui depuis la loi n° 43-525 du 2 novembre 1943 faisaient l'objet d'une réglementation plusieurs fois modifiée. En effet, ces produits ont été reconnus susceptibles de porter atteinte à la santé de l'homme, à celle des animaux, ainsi qu'au devenir de l'environnement. Les troubles relevés autour de l'usage de l'imidaclopride (Gaucho) et du fipronil (Régent) sur les élevages apicoles ont fait naître des contentieux qui ont suscité des inquiétudes dans la société civile, amenant les pouvoirs publics à réagir. L'ensemble de ces dispositions a été modifié en 2010 puis refondu par l'ordonnance n° 2011-840 du 15 juillet 2011 pour une mise en conformité avec « le paquet pesticides » du droit de l'Union européenne. Il s'agissait d'une transposition de la directive 2009/128/CE et d'une adaptation au règlement 1007/2009 du 21 octobre 2009. Ce dernier texte ayant pour objectif de garantir « un niveau plus élevé de protection de la santé humaine et animale et de l'environnement tout en préservant la compétitivité de l'agriculture communautaire, en réduisant les distorsions de concurrence entre les États de l'Union européenne ». Ces produits phytopharmaceutiques qui incluent pesticides, matériel de désinfection et produits fertilisants, sont tenus pour indispensables à la productivité des exploitations agricoles. Mais il est apparu que certaines de ces substances étaient des plus préoccupantes pour la santé et l'environnement, et il s'agit désormais d'en diminuer rapidement l'utilisation.

Une organisation renouvelée a donc été mise en place, avec le souci majeur de garantir la sécurité sanitaire des végétaux, dans des conditions clarifiées (art. R. 253-1 s.). L'évaluation des risques, l'autorisation et l'interdiction de mise en marché sont soumises pour avis à l'Agence nationale chargée de la sécurité sanitaire de l'alimentation, de l'environnement et du travail, qui délivre l'autorisation indispensable à la mise en marché comme à l'utilisation de ces produits (CSP, art. L. 1313-1), si les substances actives du produit sont sur une liste communautaire (sauf dérogation communautaire expresse) et si l'instruction de la demande d'autorisation a révélé l'innocuité du produit et son efficacité. L'autorisation peut être retirée ou restreinte par l'Agence. Mais l'autorité administrative peut également prendre des mesures d'interdiction, de restriction concernant la mise en marché, délivrance, utilisation, détention de ces produits et des semences traitées avec ces produits.

L'usage de ces produits est réglementé. D'une part, les conditions d'emballage, d'étiquetage, de publicité font l'objet de dispositions spécifiques, et d'autre part, les conditions de mise en vente, de vente, de distribution à titre gratuit, les conditions d'emploi, le conseil à l'utilisation et l'élimination sont limitées et précisées. Les personnes qui vendent et celles qui utilisent de tels produits doivent détenir un certificat. L'utilisation de ces produits par des salariés suppose le respect de conditions strictes imposées par le droit du travail. L'emploi de ces produits est également réglementée selon les lieux (parcs, espaces verts) et parfois interdite (aires de jeux, cours de récréation).

La loi de programmation relative à la mise en œuvre du Grenelle de l'environnement fixe des objectifs qualitatifs et quantitatifs à l'action de l'État dans le domaine de l'environnement. Parmi ceux-ci, il est prévu de généraliser des pratiques durables et productives en réduisant de moitié les usages de produits phytopharmaceutiques et biocides en dix ans et en accélérant les méthodes alternatives sous réserve de leur mise au point.

La loi du 13 octobre 2014 d'avenir pour l'agriculture, l'alimentation et la forêt a adapté les textes pour limiter les effets de ces produits sur la santé humaine et sur l'environnement en tentant de favoriser la lutte intégrée, l'utilisation de « produits de biocontrôle » et celle des « préparations naturelles peu préoccupantes », en précisant les obligations de conseil pour l'utilisation de ces produits et en développant leur traçabilité.

La loi Biodiversité n° 2016-1087 du 8 août 2016 a posé une interdiction générale sur tout le territoire (avec des dérogations jusqu'au 1er juillet 2020) de l'usage de produits phytopharmaceutiques contenant une ou plusieurs substances actives de la famille des néonicotinoïdes. Le Conseil constitutionnel a jugé cette interdiction proportionnelle à l'objectif d'intérêt général de protection de l'environnement et de la santé publique (Cons. const. 4 août 2016, n° 2016-737-DC : *AJDA 2016. 1605* ✐).

Plusieurs dispositions de l'arrêté du 4 mai 2017 relatif à la mise sur le marché, à l'utilisation et la détention de produits phytopharmaceutiques et de leurs adjuvants ont été annulées par le Conseil d'État sur le fondement de l'obligation pour l'autorité administrative de prendre toute mesure d'interdiction, de restriction ou de prescription particulière, qui s'avère nécessaire pour la protection de la santé publique et de l'environnement (CE 26 juin 2019, n° 415426 A : *AJDA 2019. 1370, note Pastor* ✐ ; *EEI 2019. Alerte 145 ; Dr. adm. 2019. Alerte 124*).

La loi n° 2018-938 du 30 octobre 2018 a interdit l'utilisation de produits ayant des modes d'action identiques aux néonicotinoïdes.

L'ordonnance n° 2019-361 du 24 avril 2019 est venue réglementer les conditions d'utilisation des produits phytopharmaceutiques plus strictement, notamment pour que l'activité de conseil soit séparée de la vente des produits. La publicité pour ces produits a été également réglementée de manière plus stricte conformément au règlement (CE) n° 1107/2009 du 21 octobre 2009. En application, le décret du 27 décembre 2019 a imposé une distance minimale entre la zone d'habitation et celle d'épandage des produits phytopharmaceutiques.

La Cour des comptes, au terme d'une enquête sur le bilan des plans de réduction des usages et des effets des produits phytopharmaceutiques depuis 2008, a relevé en 2019 que les objectifs fixés n'avaient pas été atteints. La Cour des comptes européenne a rendu la même conclusion en 2020 après examen de ces plans dans dix-huit pays membres.

La loi de financement de la sécurité sociale n° 2019-1446 du 24 décembre 2019 a créé un fonds d'indemnisation des victimes de pesticides (V. art. L. 723-13-3) qui doit faciliter l'indemnisation des exploitants agricoles et leurs conjoints ainsi que leurs enfants qui subissent des préjudices résultant de leur exposition à ces produits.

La loi n° 2020-1578 du 14 décembre 2020 maintient l'interdiction d'utiliser les produits incluant des substances de la famille des néonicotinoïdes tout en prévoyant une exception jusqu'au 1er juillet 2023 pour permettre, sur autorisation des ministres de l'Agriculture et de l'Environnement, le traitement des semences de betteraves sucrières en cas d'urgence phytosanitaire. Ainsi, l'arrêté du 5 février 2021 a prévu une telle autorisation pour 120 jours.

Le décret n° 2020-1265 du 16 octobre 2020 et sept arrêtés du même jour sont venus préciser les conditions du conseil à l'utilisation de ces produits, celles de la certification des utilisateurs ainsi que celles de l'agrément des entreprises de vente ou de conseil, celles qui encadrent l'obligation de conseil en matière d'utilisation des pesticides, ainsi que la nature de l'information que le distributeur doit aussi délivrer à l'utilisateur lors de son achat sur les doses, sur les conditions d'utilisation et de stockage (V. art. R. 254-1 s.).

Le décret n° 2022-411 du 23 mars 2022 précise les conditions de mise en œuvre de l'interdiction de production, de stockage et de circulation des produits phytopharmaceutiques contenant des substances actives qui ne sont pas ou plus approuvées par la Commission européenne (V. art. D. 253-46-1-6).

Une dérogation à l'interdiction des néonicotinoïdes a été autorisée en France jusqu'en 2023 pour les betteraves sucrières (Cons. const. 10 déc. 2020, n° 2020-809 DC : *RD rur. 2021, n° 11, note Mallet ; Dr. adm. 2021, n° 25 ; DP entr. agric., Bull. n° 547, p. 19, note Inserguet-Brisset ; AJDA 2021. 1340, note Wernert*). Le Conseil d'État avait rejeté les demandes de suspension des arrêtés d'application de cette dérogation (CE, ord., 15 mars 2021, n°s 450194 et 450199 : *DP entr. agric., Bull. n° 550, p. 15, note Inserguet-Brisset ; RD rur. 2021, n° 111, note Gadbin ; EEI 2021, n° 44, note Gaillard* ; CE, ord. réf., 25 févr. 2022, n° 461238 : *EEI 2022, n° 32*).

Mais sur question préjudicielle, la Cour de justice de l'Union européenne a rappelé que l'interdiction de ces substances par un règlement d'exécution ne permet pas aux États membres d'autoriser la mise sur le marché de produits phytopharmaceutiques en vue du traitement de semences, ni la mise sur le marché et l'utilisation de semences traitées à l'aide de ces mêmes produits (CJUE 19 janv. 2023, n° C-162/21 : *AJDA 2023. 101 ; D. 2023. 177 ; JCP 2023. Actu. 492, note Cintrat ; EEI 2023, n° 27, note Peyen ; RD rur. 2023, n° 47, note Gadbin ; DP entr. agric., Bull. n° 570, p. 15, note Inserguet-Brisset ; Europe 2023, n° 117, note Simon*). Le ministre de l'Agriculture française a indiqué à la suite de cette décision qu'aucune nouvelle dérogation ne serait accordée. Le Conseil d'État a en conséquence annulé les arrêtés qui avaient autorisé provisoirement l'emploi de semences betteravières traitées avec des produits contenant les substances actives imidaclopride ou thiamethoxame (CE 3 mai 2023, n° 450155 : *EEI 2023, n° 53*). ❑

SECTION 1 Conditions d'autorisation

Art. L. 253-1 Les conditions dans lesquelles la mise sur le marché et l'utilisation des produits phytopharmaceutiques et des adjuvants vendus seuls ou en mélange et leur expérimentation sont autorisées, ainsi que les conditions selon lesquelles sont approuvés les substances actives, les coformulants, les phytoprotecteurs et les synergistes contenus dans ces produits, sont définies par le règlement (CE) n° 1107/2009 du Parlement européen et du Conseil du 21 octobre 2009 concernant la mise sur le marché des produits phytopharmaceutiques et abrogeant les directives 79/117/CEE et 91/414/CEE du Conseil, et par les dispositions du présent chapitre.

(L. n° 2014-1170 du 13 oct. 2014, art. 50-I-3°) **« Une préparation naturelle peu préoccupante est composée exclusivement soit de substances de base, au sens de l'article 23 du règlement (CE) n° 1107/2009 du Parlement européen et du Conseil, du 21 octobre 2009, concernant la mise sur le marché des produits phytopharmaceutiques et abrogeant les directives 79/117/CEE et 91/414/CEE du Conseil, soit de substances naturelles à usage biostimulant. Elle est obtenue par un procédé accessible à tout utilisateur final.** *(L. n° 2018-938 du 30 oct. 2018, art. 77)* **« Les substances naturelles à usage biostimulant sont autorisées selon une procédure et une évaluation simplifiées, dont les modalités sont fixées par voie réglementaire. La procédure et l'évaluation sont adaptées lorsque la demande d'autorisation porte sur la partie consommable d'une plante utilisée en alimentation animale ou humaine. »** — *V. art. D. 255-30-1 s.*

« Les délais d'évaluation et d'autorisation de mise sur le marché des produits de biocontrôle mentionnés à l'article L. 253-6 sont fixés par décret en Conseil d'État. »

1. Droit européen. Confirmation de la décision de la Commission refusant l'inscription de l'endosulfan à l'annexe 1 de la directive n° 91/414/CEE. • TPICE 9 sept. 2008, *Bayer Cropscience AG*, n° T-75/06 : *Rec. CJCE II-2081 ; Europe 2008, n° 370, note Kauff-Gazin.* ♦ Annulation de la directive n° 2003/112/CE autorisant l'inscription du paraquat (herbicide) pour irrespect des procédures d'évaluation des risques. • TPICE 11 juill. 2007, *Suède c/ Commission CE*, n° T-229/04 : *Rec. CJCE II-2437 ; RD rur. 2008. Chron. 1, p. 15.* ♦ Rejet du recours contre le refus d'inscription par la Commission du dichlorvos. • TPICE 19 nov. 2009, *Denka International c/ Commission*, n° T-334/07 : *Europe 2010. 41, note Dupont-Lassalle.* ♦ Rejet du recours contre la décision de la Commission : ... qui décide de ne pas inscrire la triflurine à l'annexe 1 de la directive et d'ordonner le retrait du marché des produits contenant cette substance. • TPIUE 9 sept. 2011, n° T-475/07 : *Europe 2011. 416, note Roset.* ♦ ... Qui refuse l'inscription du flurprimidol. • TPIUE

6 sept. 2013, n° T-483/11 : *Europe 2013. 464, note Roset.* ♦ V., sur la mise en œuvre de la responsabilité de la commission ayant inscrit une substance active avec restrictions et le contrôle du juge de l'analyse des risques en matière de protection de la santé et de l'environnement, • TPIUE 12 avr. 2013, n° T-31/07 : *Europe 2013. 268, note Roset.* ♦ Autorisation de la Commission donnée aux autorités françaises de proroger l'autorisation du produit biocide Phéro-Ball Pin contre la chenille processionnaire du pin, produit pouvant présenter un danger pour la santé animale et humaine mais la chenille processionnaire ne pouvant être maîtrisée autrement. * Décis. d'exécution (UE) 2018/696 de la Commission du 4 mai 2018 : *JOUE n° L 117 du 8 mai.* ♦ La procédure d'autorisation permettant la mise sur le marché des produits phytopharmaceutiques ne présente aucune irrégularité manifeste (question préjudicielle posée sur la régularité de la procédure d'autorisation du glyphosate contestée comme fait justificatif de l'infraction de dégradation du bien d'autrui). • CJUE 1er oct. 2019, n° C-616/17 : *D. 2019. 1992 ; Europe 2019. 508, note Roset ; DP entr. agric., Bull. n° 534, p. 15, note Inserguet-Brisset ; RD rur. 2020, n° 62, note Petit.* ♦ Rejet du recours en annulation du non renouvellement par la Commission de l'approbation du flupyrsulfuron-méthyl. • TPIUE 17 mars 2021, n° T-719/17 : *RD rur. 2021, n° 189, note Gadbin ; Europe 2021, n° 189, note Bruyas.* ♦ La cour permet le réexamen par la Commission de l'autorisation de trois produits néonicotinoïdes. • CJUE 6 mai 2021, n° C-499/18 : *EEI 2021, n° 73, note Gaillard.*

2. Est nulle la décision autorisant la mise sur le marché du produit phytosanitaire Cruiser dès lors que l'appréciation de l'AFSSA sur le fondement de laquelle le ministre a pris la décision contestée repose sur une méthode d'évaluation du risque non conforme à la réglementation. • CE 16 févr. 2011, n° 314016 : *AJDA 2011. 360 ; LPA 2012, n° 37, note Garcia.* – V. aussi le communiqué du ministre de l'Agriculture du 29 juin 2012 sur le retrait de l'autorisation de mise en marché du Cruiser OSR (*Envir. 2012. Alerte 77*), puis le rejet de la demande de suspension de l'arrêté interdisant des semences crucifères oléagineuses traitées (Cruiser). • CE 5 sept. 2012, n° 361849 : *DP entr. agric., Bull. n° 457, p. 10.* ♦ Est fondée l'interdiction de l'usage et de la mise en marché des semences crucifères oléagineuses traitées au thiamethoxam (Cruiser). • CE 11 juin 2014, n° 361848 : *DP entr. agric., Bull. n° 477, p. 23, note Grimonprez ; AJDA 2014. 2040*.

3. Est entaché d'une erreur de droit le refus implicite du ministre d'abroger l'autorisation de mise en marché du « roundup express » dès lors qu'il n'établit pas avoir mis en œuvre une méthode d'évaluation appropriée. • CE 7 mars 2012, n° 332805 : *DP entr. agric., Bull. n° 451, p. 17, note Grimonprez ; Gaz. Pal. 2012. 1120.* ♦ Annulation de l'autorisation de mise en marché du "Roundup Pro 360" du 6 mars 2017 sur le fondement du principe de précaution et d'une erreur manifeste d'appréciation de l'ANSES. • TA Lyon, 15 janv. 2019, n° 1704067 : *DP entr. agric., Bull. n° 526, note Inserguet ; AJDA 2019. 79 et 1122, note Hermon ; EEI 2019, n° 17, note Gaillard.* – V. aussi Petit, *RD rur. 2019. Focus 56* (des divergences sur la dangerosité du glyphosate à la commission PEST du Parlement européen).

4. L'arrêté relatif à la mise sur le marché et à l'utilisation de produits visés à l'art. L. 253-1 est irrégulier, faute d'information préalable de la Commission européenne. • CE 6 juill. 2016, n° 391684 : *Gaz. Pal. 8 nov. 2016, note Courades.*

5. Préjudice écologique. L'État doit dans un délai d'un an prendre toutes mesures utiles pour réparer le préjudice écologique résultant de ses carences fautives dans la mise en œuvre des politiques publiques pour réduire l'utilisation des produits phytosanitaires et pour protéger les eaux souterraines. • TA Paris, 29 juin 2023, n° 2200534/4-1 : *JCP 2023. 935, note Grimonprez ; EEI 2023, n° 78, note Babès ; DP entr. agric., Bull. n° 577, p. 17, note Inserguet-Brisset ; RD rur. 2023, n° 102, note Grimonprez* • TA Rennes, 18 juill. 2023, n° 2101565.

6. Importation. La France n'a pas méconnu les règles de la libre circulation des marchandises en posant la condition d'origine commune du produit d'importation et du produit de référence pour bénéficier de la procédure simplifiée d'autorisation de mise en marché. • CJCE 21 févr. 2008, n° C-2001/06 : *RD rur. 2009. Chron. 2, note Gadbin.*

Loi n° 2020-1721 du 29 décembre 2020,

De finances pour 2021 (JO 30 déc., Rect. JO 6 et 20 mars 2021).

Art. 140 I. — Les entreprises agricoles qui exercent leur activité principale dans le secteur des cultures permanentes à l'exception des pépinières et des taillis à courte rotation ou sur des terres arables hors surfaces en jachère ou sous serres au sens de l'article 4 du règlement (UE) n° 1307/2013 du Parlement européen et du Conseil du 17 décembre 2013 établissant les règles relatives aux paiements directs en faveur des agriculteurs au titre des régimes de soutien relevant de la politique agricole commune et abrogeant le règlement (CE) n° 637/2008 du Conseil et le règlement (CE) n° 73/2009 du Conseil et qui n'utilisent pas de produits phytopharmaceutiques contenant la substance active du glyphosate au cours des années 2021 *(L. n° 2022-1726 du 30 déc. 2022, art. 52, en vigueur le 1er janv. 2022)* « à 2023 » bénéficient d'un crédit d'impôt au titre de l'année pendant laquelle ces produits n'ont pas été utilisés. — *Le Règl. (UE) 1307/2013 est abrogé, avec effet au 1er janv. 2023, par le Règl. (UE) 2021/2115 du 2 déc. 2021 établissant des règles régissant l'aide aux plans stratégiques devant être établis par les États membres dans le cadre de la politique agricole commune (plans stratégiques relevant de la PAC) et financés par le Fonds européen agricole de garantie (FEAGA) et par le Fonds européen agricole pour le développement rural (Feader).*

Dans les mêmes conditions, les éleveurs exerçant une part significative de leur activité dans les cultures mentionnées au premier alinéa du présent I peuvent bénéficier de ce crédit d'impôt.

II. — A. — Le montant du crédit d'impôt mentionné au I s'élève à 2 500 €.

B. — Les aides accordées au titre des crédits d'impôt prévus à l'article 244 *quater* L du code général des impôts et à l'article 151 de la présente loi ne sont pas cumulables avec le crédit d'impôt prévu au I du présent article.

C. — Pour le calcul du crédit d'impôt des groupements agricoles d'exploitation en commun, le montant mentionné au A du présent II est multiplié par le nombre d'associés que compte le groupement, dans la limite de quatre.

III. — Le crédit d'impôt calculé par les sociétés de personnes mentionnées aux articles 8 et 238 *bis* L du code général des impôts ou les groupements mentionnés aux articles 238 *ter*, 239 *quater*, 239 *quater* B, 239 *quater* C et 239 *quinquies* du même code qui ne sont pas soumis à l'impôt sur les sociétés peut être utilisé par leurs associés proportionnellement à leurs droits dans ces sociétés ou ces groupements, à condition qu'il s'agisse de redevables de l'impôt sur les sociétés ou de personnes physiques participant à l'exploitation au sens du 1° *bis* du I de l'article 156 dudit code.

IV. — A. — Le crédit d'impôt défini au I du présent article est imputé sur l'impôt sur le revenu dû par le contribuable au titre de l'année pendant laquelle les produits mentionnés au I n'ont pas été utilisés, après les prélèvements non libératoires et les autres crédits d'impôt. Si le montant du crédit d'impôt excède le montant de l'impôt dû au titre de l'année, l'excédent est restitué. Pour les exercices ne coïncidant pas avec l'année civile, le crédit d'impôt correspondant est imputé sur l'impôt sur le revenu dû par le contribuable au titre de l'année au cours de laquelle l'exercice est clos.

B. — Le crédit d'impôt défini au I est imputé sur l'impôt sur les sociétés dû par l'entreprise dans les conditions prévues au A du présent IV.

C. — La société mère est substituée aux sociétés du groupe pour l'imputation sur le montant de l'impôt sur les sociétés dont elle est redevable au titre de chaque exercice des crédits d'impôt dégagés par chaque société du groupe en application du présent article. Les dispositions du B du présent IV s'appliquent à la somme de ces crédits.

V. — Les entreprises déposent une déclaration conforme à un modèle établi par l'administration dans les mêmes délais que la déclaration annuelle de résultat souscrite en application des articles 53 A et 223 du code général des impôts.

La société mère d'un groupe au sens de l'article 223 A du même code déclare les crédits d'impôt pour le compte des sociétés du groupe, y compris ceux qui la concernent, lors du dépôt de la déclaration relative au résultat d'ensemble du groupe.

VI. — Les I à V entrent en vigueur *(L. n° 2022-1726 du 30 déc. 2022, art. 52, en vigueur le 1er janv. 2022)* « , au titre de 2021, » à une date fixée par décret qui ne peut être postérieure de plus de six mois à la date de réception par le Gouvernement de la réponse de la Commission européenne permettant de les considérer comme étant conformes au droit de l'Union européenne en matière d'aides d'État.

(L. n° 2022-1726 du 30 déc. 2022, art. 52, en vigueur le 1er janv. 2022) « VII. — Le bénéfice du crédit d'impôt prévu au I est subordonné, pour les années 2022 et 2023, au respect du règlement (UE) n° 1408/2013 de la Commission du 18 décembre 2013 relatif à l'application des articles 107 et 108 du traité sur le fonctionnement de l'Union européenne aux aides *de minimis* dans le secteur de l'agriculture. — *Les dispositions du 1er al. du VII de l'art. 140 de la L. du 29 déc. 2020 ne sont pas applicables aux demandes de crédit d'impôt effectuées au titre des années 2022 et 2023 (Décr. n° 2023-359 du 10 mai 2023, art. 1er, JO 12 mai).*

« En cas de réponse de la Commission européenne permettant de considérer le crédit d'impôt prévu au I du présent article comme étant conforme au droit de l'Union européenne en matière d'aides d'État au titre de l'année 2022 ou de l'année 2023, un décret prévoit que le premier alinéa du présent VII n'est pas applicable au titre de l'année ou des années considérées. » — *Au titre de 2021, les dispositions des I à V de l'art. 140 de la L. n° 2020-*

1721 du 29 déc. 2020 entrent en vigueur le lendemain de la publication du présent décret au Journal officiel de la République française (Décr. nº 2021-1414 du 29 oct. 2021, JO 30 oct.).

SECTION 2 Information et protection des données

Art. L. 253-2 Toute personne ayant transmis des informations pour lesquelles est revendiqué et reconnu le secret *(L. nº 2018-670 du 30 juill. 2018, art. 4)* « des affaires » est tenue d'informer l'autorité administrative lorsqu'elle rend elle-même publiques ces informations.

L'autorité administrative prend toutes dispositions utiles pour que les informations reconnues par elle, par l'autorité compétente d'un État membre de l'Union européenne ou par l'Autorité européenne de sécurité des aliments comme relevant du secret *(L. nº 2018-670 du 30 juill. 2018, art. 4)* « des affaires » ne soient accessibles qu'aux personnes qu'elle a désignées. Ces personnes sont astreintes au secret professionnel selon les modalités prévues aux articles 226-13 et 226-14 du code pénal, sauf à l'égard des autorités judiciaires qui le demandent.

SECTION 3 Essais et études

Art. L. 253-3 Lorsque le demandeur potentiel d'une autorisation de mise sur le marché d'un produit phytopharmaceutique, nécessitant la réalisation d'essais et études impliquant l'utilisation d'animaux vertébrés déjà réalisés ou entrepris par le titulaire d'une autorisation de mise sur le marché l'ayant nécessité, informe l'autorité administrative de l'impossibilité de parvenir à un accord concernant le partage de ces essais et études, conformément aux dispositions de l'article 62 du règlement (CE) nº 1107/2009, celle-ci enjoint aux parties concernées de soumettre le litige à arbitrage, dans les conditions prévues par le titre I du livre IV du code de procédure civile.

SECTION 4 Emballage, étiquetage et publicité

Art. L. 253-4 A la suite de toute modification liée à une évolution ou adaptation au progrès technique de la réglementation des substances et mélanges dangereux, les titulaires d'autorisations de mise sur le marché et de permis de commerce parallèle procèdent à la mise à jour de la classification et de l'étiquetage de leurs produits. Les modifications de classification des produits sont notifiées à l'autorité administrative compétente.

Est responsable d'une faute la société qui met en marché un produit phytosanitaire avec les autorisations administratives requises mais sans information précise sur les précautions d'utilisation et sans mise en garde sur le risque d'inhalation. • TGI Lyon, 13 févr. 2012 : *CCC 2012. 30.*

Art. L. 253-5 *(L. nº 2014-1170 du 13 oct. 2014, art. 50-I-4º)* Toute publicité commerciale est interdite pour les produits mentionnés à l'article L. 253-1, à l'exception des produits de biocontrôle figurant sur une liste établie par l'autorité administrative. *— V. art. D. 253-33-1.*

Par dérogation au premier alinéa du présent article, la publicité destinée aux utilisateurs professionnels des produits mentionnés à l'article L. 253-1 est autorisée dans les points de distribution de produits à ces utilisateurs et dans les publications qui leur sont destinées *(L. nº 2018-938 du 30 oct. 2018, art. 79)* « , sous réserve de contenir une information explicite relative aux risques que l'exposition à ces produits entraîne sur la santé et sur l'environnement.

« Un décret, pris après avis de l'Agence nationale de sécurité sanitaire de l'alimentation, de l'environnement et du travail, définit les conditions dans lesquelles les insertions publicitaires sont présentées ainsi que le contenu et le format de l'information mentionnée au deuxième alinéa du présent article. » Ces insertions publicitaires mettent en avant les principes de la lutte intégrée, les bonnes pratiques dans l'usage et l'application des produits pour la protection de la santé humaine et animale et pour l'environnement, et les dangers potentiels pour la santé humaine et animale et pour l'environnement.

SECTION 4 *BIS* Pratiques commerciales prohibées

(L. n° 2018-938 du 30 oct. 2018, art. 74, en vigueur le 1er janv. 2019)

L'art. 74 de la L. n° 2018-938 du 30 oct. 2018 entre en vigueur le 1er janv. 2019 et s'applique aux contrats conclus ou renouvelés à compter de cette même date (L. préc., art. 96-VI, JO 1er nov.).

Art. L. 253-5-1 A l'occasion de la vente de produits phytopharmaceutiques définis à l'article L. 253-1, les remises, les rabais, les ristournes, la différenciation des conditions générales et particulières de vente au sens *(Ord. n° 2019-698 du 3 juill. 2019, art. 8)* « de l'article L. 441-1 » du code de commerce ou la remise d'unités gratuites et toutes pratiques équivalentes sont interdits. Toute pratique commerciale visant à contourner, directement ou indirectement, cette interdiction par l'attribution de remises, de rabais ou de ristournes sur une autre gamme de produits qui serait liée à l'achat de ces produits est prohibée. Les dispositions du présent article ne s'appliquent ni aux produits de biocontrôle définis à l'article L. 253-6 du présent code, ni aux substances de base au sens de l'article 23 du règlement (CE) n° 1107/2009 du Parlement européen et du Conseil du 21 octobre 2009 concernant la mise sur le marché des produits phytopharmaceutiques et abrogeant les directives 79/117/CEE et 91/414/CEE du Conseil, ni aux produits à faible risque au sens du même règlement.

Art. L. 253-5-2 I. — Tout manquement aux interdictions prévues à l'article L. 253-5-1 est passible d'une amende administrative dont le montant ne peut excéder 15 000 € pour une personne physique et 75 000 € pour une personne morale.

II. — Le montant de l'amende mentionnée au I est doublé en cas de réitération du manquement dans un délai de deux ans à compter de la date à laquelle la première décision de sanction est devenue définitive.

Cette amende peut être assortie d'une astreinte journalière d'un montant maximal de 1 000 € lorsque l'auteur de l'infraction n'a pas mis fin au manquement à l'issue d'un délai fixé par une mise en demeure.

III. — L'autorité administrative compétente avise préalablement l'auteur du manquement des faits relevés à son encontre, des dispositions qu'il a enfreintes et des sanctions qu'il encourt. Elle lui fait connaître le délai dont il dispose pour faire valoir ses observations écrites et, le cas échéant, les modalités selon lesquelles il peut être entendu s'il en fait la demande. Elle l'informe de son droit à être assisté du conseil de son choix.

La décision de sanction ne peut être prise plus d'un an après la constatation des faits. Elle peut faire l'objet d'un recours de pleine juridiction devant la juridiction administrative.

SECTION 5 Plan d'action national pour une utilisation durable des produits phytopharmaceutiques

Art. L. 253-6 Un plan d'action national fixe les objectifs quantitatifs, les cibles, les mesures et calendriers en vue de réduire les risques et les effets de l'utilisation des produits phytopharmaceutiques sur la santé humaine et l'environnement, *(L. n° 2018-938 du 30 oct. 2018, art. 80)* « les mesures de mobilisation de la recherche en vue de développer des solutions alternatives aux produits phytopharmaceutiques » et les mesures encourageant l'élaboration et l'introduction de la lutte intégrée contre les ennemis des cultures et les méthodes ou techniques de substitution en vue de réduire la dépendance à l'égard de l'utilisation des produits phytopharmaceutiques. Il comprend des indicateurs de suivi des objectifs fixés. Sa mise en œuvre est notamment financée *(L. n° 2020-1721 du 29 déc. 2020, art. 82)* « par la contribution instituée par l'article 135 de la loi n° 2017-1837 de finances pour 2018 ».

(L. n° 2014-1170 du 13 oct. 2014, art. 50-I-5°) « Le plan *(L. n° 2018-938 du 30 oct. 2018, art. 80)* « s'accompagne d'une stratégie nationale de déploiement du » biocontrôle, qui sont des agents et produits utilisant des mécanismes naturels dans le cadre de la lutte intégrée contre les ennemis des cultures. Ils comprennent en particulier :

« 1° Les macro-organismes ;

« 2° Les produits phytopharmaceutiques comprenant des micro-organismes, des médiateurs chimiques comme les phéromones et les kairomones et des substances naturelles d'origine végétale, animale ou minérale. »

(L. n° 2018-938 du 30 oct. 2018, art. 80) **« Le plan d'action national prévoit la réduction des délais d'évaluation des produits de biocontrôle et des produits à usage biostimulant, tout en veillant à alléger les démarches administratives pour les entreprises concernées. Il prend en compte les expérimentations locales mises en œuvre par les agriculteurs et veille à la diffusion de celles-ci. »**

Le plan d'action national est arrêté après avis d'une instance de concertation et de suivi. *(L. n° 2018-938 du 30 oct. 2018, art. 80)* **« Cette instance comprend notamment des représentants des organisations professionnelles concernées, des organismes publics intéressés, des associations nationales de protection de l'environnement agréées, des organisations syndicales représentatives, des organismes de recherche compétents et des associations nationales de défense des consommateurs agréées. Sa composition est fixée par décret. Elle est présidée par les ministres chargés de l'agriculture, de l'environnement, de la santé et de la recherche. »** – *V. art. D. 253-44-1 s.*

Le programme national visant à la réduction des pesticides dans l'agriculture et à la maîtrise des risques y afférents, mentionné au V de l'art. L. 213-10-8 C. envir., contribue à la mise en œuvre du plan d'action national pour une utilisation durable des produits phytopharmaceutiques, prévu par l'art. L. 253-6 C. rur. (C. envir., art. R. 131-34-2).

V. Arr. du 25 sept. 1965 (JO 16 oct.) fixant les conditions d'emploi en agriculture de substances vénéneuses, mod. par Arr. du 2 oct. 1972 (JO 25 oct.), Arr. du 3 juill. 1990, art. 3 (JO 26 août), Arr. du 21 août 1991, art. 3 (JO 7 sept.) ; Arr. du 25 janv. 1971 (JO 3 févr.) relatif à l'emploi du bromure de méthyle en agriculture, mod. par Arr. du 3 juill. 1990, art. 5 (JO 26 août) ; Arr. du 5 déc. 1979 (JO 29 déc. NC) relatif aux conditions d'emploi du diquat ; Arr. du 29 oct. 1981 (JO 17 nov. NC) interdisant la délivrance et l'emploi du phosphure de zinc pour la destruction des rongeurs ; Arr. du 5 juill. 1982 (JO 15 août NC) relatif aux conditions de délivrance et d'emploi en agriculture de substances vénéneuses, mod. par Arr. du 22 mars 1983 (JO 27 mars NC), Arr. du 13 févr. 1986 (JO 8 mars), Arr. du 21 déc. 1987 (JO 31 déc.), Arr. du 3 juill. 1990, art. 6 (JO 26 août) ; Arr. du 4 nov. 1983 (JO 18 nov. NC) relatif aux teneurs maximales admissibles en nitrosamine dans les produits antiparasitaires ; Arr. du 4 août 1986 (JO 22 août) relatif à l'emploi de certains fumigants en agriculture et spécialement le bromure de méthyle, le phosphure d'hydrogène, l'acide cyanhydrique et le fluorure de sulfuryle, mod. par Arr. du 5 mai 1988 (JO 8 mai), Arr. du 5 juill. 2006 (JO 14 juill.) ; Arr. du 11 août 1987 (JO 18 août) relatif aux conditions d'emploi en agriculture des huiles d'anthracène ; Arr. du 25 août 1987 (JO 24 sept.) relatif aux conditions de délivrance et d'emploi en agriculture du paraquat ; Arr. du 10 oct. 1988 (JO 15 oct.) relatif aux conditions particulières de délivrance et d'emploi du phosphure d'hydrogène pour la lutte contre la taupe et le hamster d'Alsace, mod. par Arr. du 22 oct. 2003 (JO 7 nov.) ; Arr. du 15 déc. 1988 (JO 15 janv. 1989) relatif aux conditions de délivrance et d'emploi en agriculture de certains insecticides et mématicides du sol, mod. par Arr. du 3 juill. 1990, art. 8 (JO 26 août), Arr. du 21 août 1991, art. 5 (JO 7 sept.) ; Arr. du 28 nov. 1989 (JO 5 déc.) relatif aux conditions de délivrance et d'emploi de la chloralose (glucochloral) en agriculture ; Arr. du 21 août 1991 (JO 7 sept.) relatif aux conditions de délivrance et d'emploi, en agriculture, de substances vénéneuses et dangereuses.

V. aussi Arr. du 26 avr. 1988 (JO 8 mai) relatif aux conditions générales de délivrance et d'emploi des préparations destinées à la lutte contre les souris et les rats (rats noirs et surmulots), mod. par Arr. du 21 août 1991, art. 4 (JO 7 sept.), Arr. du 15 avr. 1999 (JO 28 mai) ; Arr. du 6 avr. 2007 (JO 17 mai) relatif au contrôle des populations de ragondins et de rats musqués ; Arr. du 14 mai 2014 relatif au contrôle des populations de campagnols nuisibles aux cultures ainsi qu'aux conditions d'emploi des produits phytopharmaceutiques contenant de la bromadiolone (JO 4 juin).

SECTION 6 **Mesures de précaution et de surveillance** *(L. n° 2014-1170 du 13 oct. 2014, art. 50-I-6°-a).*

Art. L. 253-7 *(L. n° 2014-110 du 6 févr. 2014, art. 1er, en vigueur le 1er janv. 2020)* **« I. – »** *(L. n° 2014-1170 du 13 oct. 2014, art. 53-I)* **« Sans préjudice des missions confiées à l'Agence nationale de sécurité sanitaire de l'alimentation, de l'environnement et du travail et des dispositions de l'article L. 211-1 du code de l'environnement, l'autorité administrative peut, dans l'intérêt de la santé publique ou de l'environnement, prendre toute mesure d'interdiction, de restriction ou de prescription particulière concernant la mise sur le marché, la délivrance, l'utilisation et la détention des produits mentionnés à l'article L. 253-1 du présent code et des semences traitées par ces produits. Elle en informe sans délai le directeur général de l'Agence nationale de sécurité sanitaire de l'alimentation, de l'environnement et du travail.**

« L'autorité » administrative peut interdire ou encadrer l'utilisation des produits phytopharmaceutiques dans des zones particulières, et notamment :

1° *(L. n° 2014-1170 du 13 oct. 2014, art. 53-I)* « Sans préjudice des mesures prévues à l'article L. 253-7-1, les zones utilisées par le grand public ou par des groupes vulnérables au sens de l'article 3 du règlement (CE) n° 1107/2009 » ;

2° Les zones protégées mentionnées à l'article L. 211-1 du code de l'environnement ;

3° Les zones recensées aux fins de la mise en place de mesures de conservation visées à l'article L. 414-1 du code de l'environnement ;

4° Les zones récemment traitées utilisées par les travailleurs agricoles ou auxquelles ceux-ci peuvent accéder.

L'autorité administrative peut aussi prendre des mesures pour encadrer :

1° Les conditions de stockage, de manipulation, de dilution et de mélange avant application des produits phytopharmaceutiques ;

2° Les modalités de manipulation, d'élimination et de récupération des déchets issus de ces produits ;

3° Les modalités de nettoyage du matériel utilisé ;

(L. n° 2014-1170 du 13 oct. 2014, art. 53-I) « 4° Les dispositifs et techniques appropriés à mettre en œuvre lors de l'utilisation des produits mentionnés à l'article L. 253-1 du présent code pour éviter leur entraînement hors de la parcelle. »

(L. n° 2014-110 du 6 févr. 2014, art. 1er, en vigueur le 1er janv. 2017 ; L. n° 2015-992 du 17 août 2015, art. 68-I) « II. — Il est interdit aux personnes publiques mentionnées à l'article L. 1 du code général de la propriété des personnes publiques d'utiliser ou de faire utiliser les produits phytopharmaceutiques mentionnés au premier alinéa de l'article L. 253-1 du présent code, à l'exception de ceux mentionnés au IV du présent article, pour l'entretien des espaces verts, des forêts, des voiries ou des promenades accessibles ou ouverts au public et relevant de leur domaine public ou privé. Cette interdiction ne s'applique pas aux traitements et mesures nécessaires à la destruction et à la prévention de la propagation des *(Ord. n° 2019-1110 du 30 oct. 2019, art. 4, en vigueur le 14 déc. 2019)* « organismes nuisibles réglementés au sens de l'article L. 251-3, ordonnés en application du II de l'article L. 201-4 ». *(L. n° 2017-348 du 20 mars 2017, art. 8)* « Cette interdiction ne s'applique pas non plus aux traitements par des produits phytopharmaceutiques qui, sur la base des résultats de la surveillance réalisée en application de l'article L. 251-1, s'avèrent nécessaires pour lutter contre un danger sanitaire grave menaçant la pérennité du patrimoine historique ou biologique et ne pouvant être maîtrisé par un autre moyen, y compris une méthode non chimique. »

« II *bis*. — Par exception au II, l'utilisation des produits phytopharmaceutiques est autorisée pour l'entretien des voiries dans les zones étroites ou difficiles d'accès, telles que les bretelles, échangeurs, terre-pleins centraux et ouvrages, dans la mesure où leur interdiction ne peut être envisagée pour des raisons de sécurité des personnels chargés de l'entretien et de l'exploitation ou des usagers de la route, ou entraîne des sujétions disproportionnées sur l'exploitation routière. »

(L. n° 2014-110 du 6 févr. 2014, art. 2-I, en vigueur le 1er janv. 2019 ; L. n° 2015-992 du 17 août 2015, art. 68-VII) « III. — La mise sur le marché, la délivrance, l'utilisation et la détention des produits mentionnés au premier alinéa de l'article L. 253-1 pour un usage non professionnel sont interdites, à l'exception de ceux mentionnés au IV du présent article. Cette interdiction ne s'applique pas aux traitements et mesures nécessaires à la destruction et à la prévention de la *(Ord. n° 2019-1110 du 30 oct. 2019, art. 4, en vigueur le 14 déc. 2019)* « propagation des organismes nuisibles réglementés mentionnés à l'article L. 251-3 et à la lutte contre ces organismes en application du II de l'article L. 201-4 ». »

(L. n° 2014-110 du 6 févr. 2014, art. 2-I, en vigueur le 1er janv. 2017 ; L. n° 2015-992 du 17 août 2015, art. 68-II) « IV. — Les II et III ne s'appliquent pas aux produits de bio-contrôle figurant sur une liste établie par l'autorité administrative, aux produits qualifiés à faible risque conformément au règlement (CE) n° 1107/2009 du Parlement européen et du Conseil du 21 octobre 2009 concernant la mise sur le marché des produits phytopharmaceutiques et abrogeant les directives 79/117/CEE et 91/414/CEE du Conseil, ni aux produits dont l'usage est autorisé dans le cadre de l'agriculture biologique. » — *Sur la liste des produits de biocontrôle, V. art. D. 253-33-1.*

V. Arr. du 4 mai 2017 relatif à la mise sur le marché et à l'utilisation des produits phytopharmaceutiques et de leurs adjuvants visés à l'art. L. 253-1 (JO 7 mai) (partiellement annulé par Décis. n° 415426 du 26 juin 2019 du Conseil d'État statuant au contentieux, JO 30 juin), mod. par Arr. du 27 déc. 2019 (JO 29 déc.) (lui-même partiellement annulé par Décis. n°s 437815 et autres du 26 juill. 2021 du Conseil d'État statuant au contentieux, JO 8 août) ; Arr. du 15 janv. 2021 (JO 21 janv.), Arr. du 25 janv. 2022 (JO 26 janv.), Arr. du 14 févr. 2023 (JO 21 mars).

V. aussi Arr. du 13 janv. 2009 relatif aux conditions d'enrobage et d'utilisation des semences traitées par des produits mentionnés à l'art. L. 253-1 C. rur. en vue de limiter l'émission des poussières lors du procédé de traitement en usine (JO 5 mars), mod. par Arr. du 13 avr. 2010 (JO 28 avr.) ; Arr. du 7 avr. 2010 relatif à l'utilisation des mélanges extemporanés de produits visés à l'art. L. 253-1 C. rur. (JO 16 avr.), mod. par Arr. du 12 juin 2015 (JO 23 juin).

V. Arr. du 31 juill. 2007 interdisant la mise sur le marché et l'utilisation des produits phytopharmaceutiques contenant la substance active dénommée « tolylfluanide » (JO 9 août) ; Arr. du 24 juill. 2012 relatif à l'interdiction d'utilisation et de mise sur le marché pour utilisation sur le territoire national des semences de crucifères oléagineuses traitées avec des produits phytopharmaceutiques contenant la substance active thiametoxam (JO 26 juill.) ; Arr. du 25 oct. 2018 relatif à la suspension de l'utilisation des produits phytopharmaceutiques contenant la substance active « métam » ou « métam-sodium » (JO 26 oct.) ; Arr. du 6 avr. 2020 relatif aux conditions d'autorisation d'un produit phytopharmaceutique pour la gamme d'usages « amateur » (JO 10 avr.).

1. Annulation partielle de l'Arr. du 4 mai 2017 relatif à la mise sur le marché et à l'utilisation des produits phytopharmaceutiques et de leurs adjuvants visés à l'art. L. 253-1 en tant qu'il ne prévoit ni précision, ni restrictions suffisantes pour l'utilisation de produits phytopharmaceutiques, ni protection des riverains des zones traitées. • CE 26 juin 2019, n°s 415426 A et 415431 : *RD rur. 2019, n° 118, note Grimonprez ; EEI 2019. Alerte 145 ; Gaz. Pal. 2019. 2299* (jurisprudence antérieure à l'Arr. modificatif du 27 déc. 2019). ♦ Le Conseil d'État ordonne l'édiction de mesures d'application de l'art. L. 253-7 pour les zones de la charte Natura 2000 dans un délai de six mois. • CE 15 nov. 2021, n° 437613 : *EEI 2022, n° 6 ; DP entr. agric., Bull. n° 557, p. 17, note Inserguet.*

2. Le maire ne peut édicter une réglementation portant sur les conditions générales d'utilisation des produits phytopharmaceutiques qu'il appartient aux seules autorités de l'État de prendre, au titre des pouvoirs de police spéciale qui leur sont reconnus. • CE 31 déc. 2020, n° 439253 B : *AJDA 2021. 4 et 754, note Rouillier ; RD rur. 2021, n° 32, note Erstein et n° 73, note Hermon ; Gaz. Pal. 2021, n° 5, p. 37 ; Dr. adm. 2021. Alerte 42 ; EEI 2021. Étude 10, par Fériel ; Dr. adm. 2021, n° 18, note Eveillard.* ♦ Même sens : • TA Lyon, 12 déc. 2012, n° 1200196 : *AJDA 2013. 940, note Burnichon ; Envir. 2013, n° 7, note Trouilly* • TA Rennes, 27 août 2019, n° 1904033 : *EEI 2019, n° 49, note Lepage et Alerte 159, note Brimo ; AJDA 2019. 1673, obs. Maupin ; DP entr. agric., Bull. n° 533, note Inserguet-Brisset* • CAA Douai, 12 févr. 2020, n° 19DA02665 : *DP entr. agric., Bull. n° 540, p. 16, note Inserguet-Brisset* • CAA Paris, 14 févr. 2020, n° 19PA03800 : *ibid.* • TA Cergy-Pontoise, 8 oct. 2020, n°s 1915489, 1916081 et 20000727 : *DP entr. agric., Bull. n° 546, p. 15, note Inserguet-Brisset.* ♦ *Contra* : le maire a pu légalement interdire l'utilisation du glyphosate dans certains espaces du territoire de la commune. • TA Cergy-Pontoise, 8 nov. 2019, n°s 19-12.597 et 19-12.600 : *EEI 2019. Alerte 182, obs. Erstein ; DP entr. agric., Bull. n° 535, p. 21, note Inserguet-Brisset* • 25 nov. 2019, n° 1913835 : *Dr. adm. 2020, n° 16 ; AJDA 2020. 307, note Hermon ; DP entr. agric., Bull. n° 536, p. 19, note Inserguet-Brisset* • TA Montreuil, 3 mars 2020, n°s 2001526 et 2001642 : *DP entr. agric., Bull. n° 540, p. 16, note Inserguet-Brisset.* ♦ Faute d'urgence établie, la requête du collectif des maires antipesticides de suspendre le décret et l'arrêté retenant les distances minimales de sécurité pour la protection des riverains en matière d'épandage des pesticides est rejetée. • CE, ord., 14 févr. 2020, n° 437814 : *AJDA 2020. 379 ; DP entr. agric., Bull. n° 538, p. 16, note Inserguet-Brisset.*

3. En l'absence de preuve des troubles invoqués et de lien de causalité, la demande de condamnation d'un exploitant voisin à cesser l'usage d'un produit phytosanitaire, si cette utilisation n'est pas effectuée au sein d'une serre permettant de stopper le transport aérien de ces produits à l'extérieur, est rejetée. • Civ. 3e, 19 nov. 2013, n° 12-26.403 : *AJDI 2014. 156.*

Arrêté du 20 novembre 2021,

Relatif à la protection des abeilles et des autres insectes pollinisateurs et à la préservation des services de pollinisation lors de l'utilisation des produits phytopharmaceutiques (JO 21 nov.).

Art. 1er Aux fins du présent arrêté, on entend par :

"Abeilles" : abeilles domestiques, les abeilles sauvages et les bourdons ;

"Coucher du soleil" : heure définie par l'éphéméride du lieu le plus proche de l'implantation du lieu de traitement ;

"Culture attractive" : une culture attractive est une culture qui, par sa nature, présente un attrait pour les abeilles ou d'autres insectes pollinisateurs. Ne sont pas considérées comme attractives au sens du présent arrêté les cultures qui figurent sur une liste publiée au *Bulletin officiel* du ministère chargé de l'agriculture ;

"Exsudat" : miellat, sécrétions sucrées produites par les plantes et nectar extra-floral des plantes, qui sont récoltés par les abeilles ou d'autres insectes pollinisateurs ;

"Floraison" : période végétative s'étendant de l'ouverture des premières fleurs à la chute des pétales des dernières fleurs ;

"Produits" : produits phytopharmaceutiques, à l'exception des produits d'éclaircissage, et leurs adjuvants mentionnés à l'article L. 253-1 du code rural et de la pêche maritime ;

"Registre" : registre relatif à l'utilisation des produits phytopharmaceutiques tel que prévu par l'arrêté du 16 juin 2009 relatif aux conditions dans lesquelles les exploitants mentionnés à l'article L. 257-1 du code rural et de la pêche maritime tiennent le registre mentionné par l'article 67 du règlement (CE) n° 1107/2009 du 21 octobre 2009 concernant la mise sur le marché des produits phytopharmaceutiques ;

"Usage" : utilisation d'un produit phytopharmaceutique ou d'un adjuvant sur un végétal, un produit végétal ou une famille de végétaux, afin de lutter contre un organisme nuisible, un groupe d'organismes nuisibles, une maladie ou un groupe de maladies, selon une fonction et des modalités d'application bien définies, tel que répertorié par le catalogue mentionné au II de l'article D. 253-8 du code rural et de la pêche maritime ;

"Utilisation de produit" : toute application d'un produit phytopharmaceutique ou d'un adjuvant sur un cycle végétatif conformément à un usage autorisé, quel que soit le mode d'application et la partie de la plante faisant l'objet du traitement, à l'exception des applications définies en annexe 1 qui excluent toute exposition des pollinisateurs durant la floraison ;

"Zone de butinage" : à l'exclusion des cultures en production, une zone de butinage est un espace agricole ou non agricole occupé par un groupement végétal cultivé ou spontané, qui présente un intérêt manifeste pour les abeilles ou d'autres insectes pollinisateurs du fait de la présence de fleurs ou d'exsudats. Au sens du présent arrêté, les utilisations de produits sur les zones de butinage sont celles visant à traiter spécifiquement ces zones, indépendamment de l'utilisation sur les cultures en production.

TITRE I. ENCADREMENT DE L'AUTORISATION DES PRODUITS PHYTOPHARMACEUTIQUES EN PÉRIODE DE FLORAISON

Art. 2 Lors de la délivrance ou du renouvellement de l'autorisation visée à l'article L. 253-1 du code rural et de la pêche maritime, l'Anses évalue les risques associés à l'utilisation du produit sur les cultures attractives en floraison.

Pour cela, le demandeur joint à son dossier les essais et évaluations des risques requis par la réglementation en vigueur ainsi que les informations qui sont nécessaires à l'Anses pour statuer sur l'évaluation visée au premier alinéa.

Si l'évaluation des risques réalisée par l'Anses conclut que l'utilisation entraîne une exposition négligeable des abeilles ou ne provoque pas d'effet inacceptable, aigu ou chronique, sur les abeilles ni d'effet sur la survie et le développement des colonies, l'utilisation du produit peut être autorisée sur la culture attractive correspondante lorsqu'elle est en floraison et sur les zones de butinages. Cette utilisation est conditionnée au respect des mesures définies à l'article 3.

Sinon, l'utilisation du produit est interdite sur la culture attractive correspondante lorsqu'elle est en floraison et sur les zones de butinage.

TITRE II. ENCADREMENT DE L'UTILISATION DES PRODUITS PHYTOPHARMACEUTIQUES EN PÉRIODE DE FLORAISON

Art. 3 L'application sur une culture attractive en floraison ou sur une zone de butinage d'un produit autorisé en vertu de l'article 2 est réalisée dans les 2 heures qui précèdent le coucher du soleil et dans les 3 heures qui suivent le coucher du soleil.

Cette période peut être adaptée ou supprimée, selon des modalités apportant des garanties équivalentes en matière d'exposition des abeilles et autres pollinisateurs. Ces modalités seront définies en annexe après avis de l'Anses, notamment en vue de permettre des traitements le matin ou sous un seuil de température.

Par dérogation au premier alinéa, une expérimentation de l'utilisation de produits phytopharmaceutiques au-delà de la plage horaire mentionnée est menée afin d'identifier les outils d'aide à la décision ou autres technologies dont l'utilisation permettrait d'apporter des garanties équivalentes en matière d'exposition des abeilles et autres pollinisateurs. Cette expérimentation d'une durée maximale de trois ans, qui fait l'objet d'une évaluation par l'Anses, est menée dans les conditions et modalités définies par arrêté conjoint des ministres chargés de l'environnement et de l'agriculture.

Art. 4 Lorsqu'un couvert végétal présent sous une culture pérenne constitue une zone de butinage, celui-ci doit être rendu non attractif pour les pollinisateurs préalablement à tout traitement insecticide ou acaricide.

Art. 5 La période d'application prévue à l'article 3 peut être modifiée dans les cas suivants :

— si, en raison de l'activité exclusivement diurne des bio-agresseurs, le traitement réalisé au cours de la période définie à l'article 3 ne permet pas d'assurer une protection efficace de la culture traitée ;

— si, compte tenu du développement d'une maladie, l'efficacité d'un traitement fongicide est conditionnée par sa réalisation dans un délai contraint incompatible avec la période prévue à l'article 3.

Dans ces deux cas, l'application peut être réalisée sans contrainte horaire.

A titre temporaire, pour une période de huit mois à compter de la publication du présent arrêté, l'application peut aussi être réalisée sans contrainte horaire à condition que la température soit suffisamment basse pour éviter la présence d'abeille.

L'heure de début et l'heure de fin du traitement ainsi que le motif ayant motivé la modification de la période prévue à l'article 3 sont consignés dans le registre.

Art. 6 Il peut être dérogé à l'interdiction prévue au quatrième alinéa de l'article 2 et aux mesures de gestion prévues à l'article 3 par arrêté pris en application du II de l'article L. 201-4 du code rural et de la pêche maritime pour des organismes réglementés au titre de l'article L. 251-3 du même code.

Art. 7 I. — L'étiquetage des produits dont aucun usage n'est autorisé sur une culture en floraison conformément à l'article 2 comporte la phrase "Dangereux pour les abeilles. Pour protéger les abeilles et autres insectes pollinisateurs, ne pas appliquer durant la floraison et ne pas utiliser sur les zones de butinage".

II. — L'étiquetage des produits dont au moins un usage est autorisé sur une culture en floraison conformément à l'article 2 comporte la phrase "Peut être dangereux pour les abeilles. Application possible durant la floraison et sur les zones de butinage dans les 2 heures qui précèdent le coucher du soleil ou les 3 heures suivant le coucher du soleil, uniquement pour le/les usage(s) suivant(s) : *[...]*

Les modalités horaires peuvent être adaptées conformément à l'arrêté du 20 novembre 2021 relatif à la protection des abeilles et des autres insectes pollinisateurs et à la préservation des services de pollinisation lors de l'utilisation des produits phytopharmaceutiques".

TITRE III. DISPOSITIONS TRANSITOIRES

Art. 8 I. — A titre transitoire, les produits insecticides et acaricides dont l'autorisation de mise sur le marché comporte, à la date d'entrée en vigueur du présent arrêté, l'une des mentions suivantes :

"— emploi autorisé durant la floraison, en dehors de la présence d'abeilles" ;

"— emploi autorisé au cours des périodes de production d'exsudats, en dehors de la présence d'abeilles" ;

"— emploi autorisé durant la floraison, et au cours des périodes de production d'exsudats en dehors de la présence d'abeilles" ;

peuvent être utilisés pour les usages concernés sur les cultures attractives en floraison ou sur les zones de butinage, dans les conditions prévues aux articles 3 à 5, jusqu'au renouvellement de l'autorisation de mise sur le marché.

II. — A titre transitoire, si le dépôt du renouvellement de l'autorisation de mise sur le marché d'un produit autre que les insecticides et acaricides intervient dans un délai inférieur à 30 mois après l'entrée en vigueur du présent arrêté, ce produit peut être utilisé sur les cultures attractives en floraison et sur les zones de butinage dans les conditions prévues aux articles 3 à 5 jusqu'à ce que l'Anses ait statué sur l'évaluation des risques prévue à l'article 2, sous réserve que les éléments complémentaires aient été déposés dans un délai de 30 mois après l'entrée en vigueur du présent arrêté.

III. — A titre transitoire, si le dépôt du renouvellement de l'autorisation de mise sur le marché d'un produit autre que les insecticides et acaricides intervient dans un délai supérieur à 30 mois après l'entrée en vigueur du présent arrêté, ce produit peut être utilisé sur les cultures attractives en floraison et sur les zones de butinage dans les conditions prévues aux articles 3 à 5 jusqu'à ce que l'Anses ait statué sur l'évaluation des risques prévue à l'article 2, sous réserve que les éléments complémentaires aient été déposés dans un délai de 48 mois après l'entrée en vigueur du présent arrêté.

IV. — En l'absence de dépôt des éléments complémentaires dans les délais prévus aux II et III du présent article, l'utilisation sur les cultures attractives en floraison et les zones de butinage est interdite et les étiquettes des produits concernés sont mises à jour conformément à l'alinéa I de l'article 7.

V. — Les demandeurs notifient à l'Anses, 18 mois avant les dépôts des éléments complémentaires prévus aux II et III du présent article, leur intention de soumettre ces éléments complémentaires en précisant les usages concernés.

VI. — Les dispositions prévues aux paragraphes III à V ne s'appliquent pas aux cultures qui ne sont pas considérées comme majeures dans l'une des zones Nord ou Sud de la France par le catalogue des usages prévu au II de l'article D. 253-8 du code rural et de la pêche maritime. Pour ces cultures, les essais et évaluations des risques pour les pollinisateurs requis par la réglementation en vigueur sont demandés au moment du renouvellement de l'autorisation de mise sur le marché et les produits concernés peuvent être utilisés sur les cultures attractives en floraison ou sur les zones de butinage dans les conditions prévues aux articles 3 à 5 jusqu'à ce que l'Anses ait statué sur l'évaluation des risques prévue à l'article 2.

VII. — L'Anses publie et actualise régulièrement la liste des usages des produits autorisés dans les conditions prévues à l'article 2.

Art. 9 L'arrêté du 28 novembre 2003 relatif aux conditions d'utilisation des insecticides et acaricides à usage agricole en vue de protéger les abeilles et autres insectes pollinisateurs est abrogé.

Art. 10 Le présent arrêté entre en vigueur le 1er janvier 2022.

ANNEXE 1

LISTE DES APPLICATIONS QUI EXCLUENT TOUTE EXPOSITION DES POLLINISATEURS EN PÉRIODE DE FLORAISON

Applications réalisées sur les cultures conduites sous serres et abris, dès lors que ces derniers sont rendus inaccessibles aux pollinisateurs durant la floraison.

Art. L. 253-7-1 *(L. nº 2014-1170 du 13 oct. 2014, art. 53-II)* **A l'exclusion des produits à faible risque ou dont le classement ne présente que certaines** *(Ord. nº 2015-616 du 4 juin 2015, art. 6-13º)* **« phrases » de risque déterminées par l'autorité administrative :** *— V. Arr. du 10 mars 2016 déterminant les phrases de risque visées au premier al. de l'art. L. 253-7-1 (JO 19 mars).*

1º L'utilisation des produits mentionnés à l'article L. 253-1 est interdite dans les cours de récréation et espaces habituellement fréquentés par les élèves dans l'enceinte des établissements scolaires, dans les espaces habituellement fréquentés par les enfants dans l'enceinte des crèches, des haltes-garderies et des centres de loisirs ainsi que dans les aires de jeux destinées aux enfants dans les parcs, jardins et espaces verts ouverts au public ;

2º L'utilisation des produits mentionnés au même article L. 253-1 à proximité des lieux mentionnés au 1º du présent article ainsi qu'à proximité des centres hospitaliers et hôpitaux, des établissements de santé privés, des maisons de santé, des maisons de réadaptation fonctionnelle, des établissements qui accueillent ou hébergent des personnes âgées et des établissements qui accueillent des personnes adultes handicapées ou des personnes atteintes de pathologie grave est subordonnée à la mise en place de mesures de protection adaptées telles que des haies, des équipements pour le traitement ou des dates et horaires de traitement permettant d'éviter la présence de personnes vulnérables lors du traitement. Lorsque de telles mesures ne peuvent pas être mises en place, l'autorité administrative détermine une distance minimale adaptée en deçà de laquelle il est interdit d'utiliser ces produits à proximité de ces lieux.

En cas de nouvelle construction d'un établissement mentionné au présent article à proximité d'exploitations agricoles, le porteur de projet prend en compte la nécessité de mettre en place des mesures de protection physique.

Les conditions d'application du présent article sont fixées par voie réglementaire.

V. Arr. du 27 juin 2011 relatif à l'interdiction d'utilisation de certains produits mentionnés à l'art. L. 253-1 dans des lieux fréquentés par le grand public ou des groupes de personnes vulnérables (JO 28 juill.).

Art. L. 253-7-2 *(L. nº 2016-1087 du 8 août 2016, art. 116)* **Dans l'intérêt de la santé publique ou de l'environnement, l'autorité administrative définit par arrêté les modalités de mise en œuvre des produits destinés à être mélangés à de l'eau dans une cuve avant leur utilisation, d'épandage des fonds de cuve, de vidange des fonds de cuve et de réutilisation du fond de cuve résultant d'une première application de produit.**

Art. L. 253-8 *(L. nº 2016-1087 du 8 août 2016, art. 125-I)* **« I. — » La pulvérisation aérienne des produits phytopharmaceutiques est interdite.**

(L. nº 2015-992 du 17 août 2015, art. 68-III) **« En cas de danger sanitaire grave qui ne peut être maîtrisé par d'autres moyens, la pulvérisation aérienne de produits phytopharmaceutiques pour lutter contre ce danger peut être autorisée temporairement par arrêté conjoint des ministres chargés de l'environnement, de l'agriculture et de la santé. »**

(L. nº 2020-1578 du 14 déc. 2020, art. 1er-I-1º) **« II. — L'utilisation de produits phytopharmaceutiques contenant une ou des substances actives de la famille des néonicotinoïdes ou présentant des modes d'action identiques à ceux de ces substances, précisées par décret, et des semences traitées avec ces produits est interdite.** — *V. art. D. 253-46-1.*

« Jusqu'au 1er juillet 2023, des arrêtés conjoints des ministres chargés de l'agriculture et de l'environnement, pris après avis du conseil de surveillance mentionné au II *bis*, peuvent autoriser l'emploi de semences traitées avec des produits contenant les substances mentionnées au premier alinéa du présent II dont l'utilisation est interdite en application du droit de l'Union européenne ou du présent code. Ces dérogations sont accordées dans les conditions prévues à l'article 53 du règlement (CE) nº 1107/2009 du Parlement européen et du Conseil du 21 octobre 2009 concernant la mise sur le marché des produits phytopharmaceutiques et abrogeant les directives 79/117/CEE et 91/414/CEE du Conseil. — *V. Arr. du 29 sept. 2023 précisant les cultures qui peuvent être semées, plantées ou replantées au titre des campagnes suivant l'emploi de semences de betteraves sucrières traitées avec des produits phytopharmaceutiques contenant les substances actives imidaclopride ou thiamethoxam lors des campagnes 2021 et 2022 (JO 7 oct.).*

« Dans des conditions définies par les arrêtés mentionnés au deuxième alinéa du présent II, le semis, la plantation et la replantation de végétaux attractifs d'insectes pollinisateurs sont temporairement interdits après l'emploi de semences traitées avec des produits contenant les substances mentionnées au premier alinéa du présent II.

« II *bis*. — Il est créé un conseil de surveillance chargé du suivi et du contrôle de la recherche et de la mise en œuvre d'alternatives aux produits phytopharmaceutiques contenant une ou des substances actives de la famille des néonicotinoïdes ou présentant des modes d'action identiques à ceux de ces substances. Ce conseil comprend quatre députés, dont au moins un député membre de l'Office parlementaire d'évaluation des choix scientifiques et technologiques et un député membre d'un groupe d'opposition, et quatre sénateurs, dont au moins un sénateur membre de l'Office parlementaire d'évaluation des choix scientifiques et technologiques et un sénateur membre d'un groupe d'opposition, nommés respectivement par les présidents de l'Assemblée nationale et du Sénat ainsi que, notamment, des représentants des ministères chargés de l'environnement, de la santé et de l'agriculture, du Conseil économique, social et environnemental, d'associations de protection de l'environnement, des organisations syndicales à vocation générale d'exploitants agricoles, de l'interprofession apicole, de l'Institut technique et scientifique de l'apiculture et de la pollinisation, de l'Institut de l'agriculture et de l'alimentation biologiques, des établissements publics de recherche et, sur désignation du président du conseil, en fonction de l'ordre du jour, des représentants de la production et de la transformation et de l'Institut technique de la filière concernée et, le cas échéant, le délégué interministériel pour la filière. Les membres de

ce conseil exercent leurs fonctions à titre gratuit. Sa composition, son organisation et son fonctionnement sont fixés par décret. – *V. art. D. 253-54-2 s.*

« Le conseil mentionné au premier alinéa du présent II *bis* se réunit trimestriellement pour assurer le contrôle des avancées et de l'efficacité des tests en matière de recherche et de mise en œuvre d'alternatives aux produits phytopharmaceutiques contenant une ou des substances actives de la famille des néonicotinoïdes ou présentant des modes d'action identiques à ceux de ces substances, ainsi que la conformité de ces avancées au plan de recherche sur les alternatives aux néonicotinoïdes de la filière concernée par un arrêté de dérogation mentionné au deuxième alinéa du II. Dans le cadre de la procédure de dérogation prévue au même deuxième alinéa, il émet un avis sur les dérogations, dans le respect d'un délai déterminé par décret, et assure le suivi et l'évaluation de leurs conséquences, notamment sur l'environnement, et de leur incidence économique sur la situation de la filière. Le conseil émet un avis et suit l'état d'avancement du plan de prévention proposé par la filière concernée, en veillant à ce que soient prévues les modalités de déploiement des solutions alternatives existantes en conditions réelles d'exploitation.

« Ce conseil publie un rapport annuel, remis chaque année avant le 15 octobre au Gouvernement et au Parlement. »

(L. nº 2018-938 du 30 oct. 2018, art. 83, en vigueur le 1er janv. 2020) **« III. – A l'exclusion des produits de biocontrôle mentionnés au deuxième alinéa de l'article L. 253-6, des produits composés uniquement de substances de base ou de substances à faible risque au sens du règlement (CE) nº 1107/2009 du Parlement européen et du Conseil du 21 octobre 2009 concernant la mise sur le marché des produits phytopharmaceutiques et abrogeant les directives 79/117/CEE et 91/414/CEE du Conseil, l'utilisation des produits phytopharmaceutiques à proximité des zones attenantes aux bâtiments habités et aux parties non bâties à usage d'agrément contiguës à ces bâtiments est subordonnée à des mesures de protection des personnes habitant ces lieux. Ces mesures tiennent compte, notamment, des techniques et matériels d'application employés et sont adaptées au contexte topographique, pédoclimatique, environnemental et sanitaire. Les utilisateurs formalisent ces mesures dans une charte d'engagements à l'échelle départementale, *après concertation avec les personnes*, ou leurs représentants, habitant à proximité des zones susceptibles d'être traitées avec un produit phytopharmaceutique.** – *Les mots « après concertation avec les personnes, ou leurs représentants, habitant à proximité des zones susceptibles d'être traitées avec un produit phytopharmaceutique » figurant à la dernière phrase du 1er al. du § III de l'art. L. 253-8, dans sa rédaction résultant de la L. nº 2018-938 du 30 oct. 2018, sont contraires à la Constitution (Cons. const. nº 2021-891 QPC du 19 mars 2021, JO 20 mars).*

« Lorsque de telles mesures ne sont pas mises en place, ou dans l'intérêt de la santé publique, l'autorité administrative peut, sans préjudice des missions confiées à l'Agence nationale de sécurité sanitaire de l'alimentation, de l'environnement et du travail, restreindre ou interdire l'utilisation des produits phytopharmaceutiques à proximité des zones définies au premier alinéa du présent III.

« Un décret précise les conditions d'application du présent III.

« IV. – Sont interdits à compter du 1er janvier 2022 la production, le stockage et la circulation de produits phytopharmaceutiques contenant des substances actives non approuvées pour des raisons liées à la protection de la santé humaine ou animale ou de l'environnement conformément au règlement (CE) nº 1107/2009 du Parlement européen et du Conseil du 21 octobre 2009 précité, sous réserve du respect des règles de l'Organisation mondiale du commerce. » – *V. art. D. 253-46-1-6.*

Les chartes d'engagements mentionnées au III de l'art. L. 253-8 sont modifiées conformément aux dispositions de l'art. D. 253-46-1-2 dans sa rédaction issue de l'art. 1er du Décr. nº 2022-62 du 25 janv. 2022 et approuvées par le préfet compétent dans un délai de six mois à compter de la publication dudit décret (Décr. préc., art. 2, JO 26 janv.).

V. Arr. du 25 juin 2022 établissant une dérogation temporaire pour la pulvérisation par voie aérienne d'un produit phytopharmaceutique dans certaines vignes du département de Côte-d'Or (JO 26 juin).

BIBL. ► Agriculture et biodiversité, *DP entr. agric., Bull. nº spécial 501-1, p. 20* (loi du 8 août 2016). – BILLET, *Envir. 2012. Alerte 52* (pesticides : le droit pulvérisé). – GRIMONPREZ et BOUCHEMA,

RD rur. 2020. Étude 3 et *JCP 2020. 174* (pesticides et riverains, l'impossible conciliation juridique). – GRIMONPREZ et JACQUEZ, *RD rur. 2022. Étude 16* (outils juridiques d'accompagnement financier des agriculteurs pour une sortie des pesticides). – INSERGUET-BRISSET, *DP entr. agric., Bull. n° 534, p. 16* (utilisation des drones pour pulvériser les produits phytopharmaceutiques). – MULLER-CURZYDLO, *Envir. 2014. Alerte 106* (arrêté du 15 sept. 2014) ; *EEI 2020, n° 7* (Décr. n° 2019-1500 du 27 déc. 2019). – ROULETTE, *EEI 2020. Étude 12* (arrêtés anti-pesticides : la valse-hésitation des juges des référés). – TESTARD, *AJDA 2019. 1961* (participation du public, vraie fausse solution aux arrêtés anti-pesticides).

1. QPC. Les dispositions de l'art. L. 253-8-IV modifié par la loi Egalim prévoyant l'interdiction à compter du 1er janv. 2022 de la production, du stockage, de la circulation de produits phytopharmaceutiques contenant des substances actives non approuvées pour des raisons liées à la protection de la santé humaine ou animale ou de l'environnement sont conformes à la Constitution car elles concilient la liberté d'entreprendre et les objectifs à valeur constitutionnelle de protection de l'environnement et de la santé. • Cons. const. 31 janv. 2020, n° 2019-823 : *JO 1er févr. ; DP entr. agric., Bull. n° 538, p. 1, note Inserguet-Brisset.* ♦ Les dispositions de l'art. L. 253-8, III, relatives à l'élaboration des chartes d'engagement départementales pour l'utilisation des produits phytopharmaceutiques sont non conformes à l'art. 7 de la Charte de l'environnement et contraires à la Constitution. • Cons. const. 19 mars 2021, n° 2021-891 QPC : *D. 2021. 635 ; AJDA 2021. 656, note Maupin ; D. actu. 23 mars 2021, note Sydoryk ; DP entr. agric., Bull. n° 550, p. 15, note Inserguet-Brisset ; Dr. adm. 2021. Alerte 64.*

2. Le maire ne peut légalement user de son pouvoir de police générale pour édicter une réglementation portant sur les conditions générales d'utilisation des produits phytopharmaceutiques qu'il appartient aux seules autorités de l'État de prendre, sans que cette situation puisse être regardée comme portant atteinte au droit à la protection de la santé. • CE 1er juill. 2021, n° 451362 : *AJDA 2021. 2142*. ♦ Annulation d'arrêtés préfectoraux accordant une dérogation à l'interdiction d'épandage de produits phytopharmaceutiques... sans préciser la zone autorisée pour chaque commune et au terme d'une procédure irrégulière. • TA Fort-de-France, 12 déc. 2013, nos 1200811, 1200854, 1200943 : *AJDA 2014. 744*. ♦ ... Qui présente un caractère général ne tenant pas compte de la situation particulière de chacune des parcelles pour laquelle la dérogation était sollicitée. • TA Fort-de-France, 12 déc. 2013, nos 1300199 et 1300353. ♦ ... Selon des conditions insuffisamment précises et contraignantes pour leur bénéficiaire. • CAA Nantes, 12 juin 2014 : *AJDA 2014. 1547, note Degommier*.

3. L'art. 1er du Décr. du 27 déc. 2019 est annulé en tant qu'il n'impose pas que les chartes d'engagement des utilisateurs prévoient des modalités d'information des résidents et des personnes présentes préalablement à l'utilisation des produits phytopharmaceutiques. • CE 26 juill. 2021, n° 437815 B : *AJDA 2021. 1590, note de Montecler ; ibid. 2408 ; DP entr. agric., Bull. n° 555, p. 13, note Inserguet-Brisset.* – V. art. D. 253-46-2-1.

4. Suspension de l'arrêté préfectoral autorisant l'épandage aérien des produits contenant l'adjuvant Banole pour lequel une évaluation des risques liés à sa pulvérisation aérienne quand il est mélangé à des substances actives n'a pas été menée. • TA Fort-de-France, ord., 9 oct. 2012, n° 1200855 : *Envir. 2012, n° 86, note Biagini-Girard.* ♦ ... Précisant les conditions d'épandage aérien et permettant une dérogation à l'interdiction de la pulvérisation aérienne sur le seul critère de la sécurité et de la protection des opérateurs. • CE, ord., 6 mai 2014, n° 376812 : *Envir. 2014, n° 62, note Trouilly ; DP entr. agric., Bull. n° 474, p. 14, note Inserguet-Brisset.* ♦ L'arrêté qui permet une expérimentation de l'utilisation de drones pour la pulvérisation de produits phytopharmaceutiques doit être annulé en tant qu'il ne prévoit aucune protection de la santé des personnes exerçant des activités à proximité immédiate de la parcelle traitée. • CE 26 juill. 2021, n° 439902 : *AJDA 2022. 44 ; Gaz. Pal. 8 févr. 2022, obs. Crottet.*

5. Annulation des interdictions d'utilisation sur les cultures des produits contenant du fipronil et de vendre des semences traitées avec ce produit en l'absence d'analyse d'impact préalable. • TPIUE 17 mai 2018, n° T-584/13 : *DP entr. agric., Bull. n° 519, p. 17, note Inserguet-Brisset ; RD rur. 2018, n° 121 et 2019, n° 27, notes Petit.* ♦ Suspension de l'autorisation de mise sur le marché du « Closer » et « Transform » contenant du sulfoxaflor. • TA Nice, ord., 23 nov. 2017, n° 1704690, confirmée par • CE 15 févr. 2018, n° 416395. ♦ Les restrictions imposées par le règlement du 24 mai 2013 à l'utilisation de trois néonicotinoïdes sont jugées justifiées en application du principe de précaution au regard du risque qu'ils présentent pour les abeilles. • Trib. UE 17 mai 2018, nos T-429/13 et T-451/13 : *RD rur. 2018, n° 210, note Petit* • CJUE 6 mai 2021, n° C-499/18 : *RD rur. 2021, n° 229, note Petit.* ♦ Rejet du recours pour excès de pouvoir contre le décr. du 30 juill. 2018 interdisant cinq substances de la famille des néonicotinoïdes. • CE 12 juill. 2021, n° 424617 B : *Gaz. Pal. 2021, n° 28, p. 36, note Finck et Seroc ; AJDA 2021. 1473, note Pastor ; JCP 2021. 911.* ♦ V. aussi • CJUE 8 oct. 2020, n° C-514/19 : *Europe 2020. 403, note Rigaux.* ♦ Rejet de la demande d'annulation du refus d'autorisation temporaire d'un produit contenant de la thiaclopride sur les semences de maïs. • CE 12 juill. 2021, n° 427387 : *AJDA 2021. 1473, note Pastor ; Gaz. Pal. 2021, n° 29, p. 40.* ♦ Rejet du recours contre le refus de renouvellement du CHP methyl. • Trib. UE 4 oct. 2023, n° T-77/20 : *Europe 2023, n° 438, note Simon.*

6. Un État membre ne peut autoriser la mise sur le marché de produits phytopharmaceutiques en vue du traitement de semences, ainsi que la mise sur le marché et l'utilisation de semences traitées à l'aide de ces mêmes produits, dès lors que la mise sur le marché et l'utilisation de semences traitées à l'aide de ces mêmes produits ont été expressément interdites par un règlement d'exécution. • CJUE 19 janv. 2023, n° C-147/21 : *AJDA 2023.101.*

Loi n° 2018-938 du 30 octobre 2018,

Pour l'équilibre des relations commerciales dans le secteur agricole et alimentaire et une alimentation saine, durable et accessible à tous (JO 1er nov.).

Art. 82 Par dérogation au premier alinéa du I de l'article L. 253-8 du code rural et de la pêche maritime, une expérimentation de l'utilisation des aéronefs télépilotés pour la pulvérisation aérienne de produits autorisés en agriculture biologique ou dans le cadre d'une exploitation faisant l'objet d'une certification du plus haut niveau d'exigence environnementale mentionnée à l'article L. 611-6 du même code est menée, pour une période maximale de trois ans à compter de la promulgation de la présente loi, sur des surfaces agricoles présentant une pente supérieure ou égale à 30 %. Cette expérimentation, qui fait l'objet d'une évaluation par l'Agence nationale de sécurité sanitaire de l'alimentation, de l'environnement et du travail, vise à déterminer les bénéfices liés à l'utilisation de drones pour limiter les risques d'accidents du travail et pour l'application de produits autorisés en agriculture biologique ou faisant l'objet d'une certification du plus haut niveau d'exigence environnementale mentionnée à l'article L. 611-6 du même code en matière de réduction des risques pour la santé et l'environnement.

Les conditions et modalités de cette expérimentation sont définies par arrêté conjoint des ministres chargés de l'environnement, de l'agriculture et de la santé de manière à garantir l'absence de risque inacceptable pour la santé et l'environnement. — *V. Arr. du 26 août 2019 relatif à la mise en œuvre d'une expérimentation de l'utilisation d'aéronefs télépilotés pour la pulvérisation de produits phytopharmaceutiques (JO 8 oct.), partiellement annulé par Décis. n° 439902 du 26 juill. 2021 du Conseil d'État statuant au contentieux (JO 8 août).*

Art. L. 253-8-1 *(L. n° 2014-1170 du 13 oct. 2014, art. 50-I-6°-b)* **En complément de la surveillance biologique du territoire prévue à l'article L. 251-1, l'autorité administrative veille à la mise en place d'un dispositif de surveillance des effets indésirables des produits phytopharmaceutiques sur l'homme, sur les animaux d'élevage, dont l'abeille domestique, sur les plantes cultivées, sur la biodiversité, sur la faune sauvage, sur l'eau et le sol, sur la qualité de l'air et sur les aliments, ainsi que sur l'apparition de résistances à ces produits. Ce dispositif de surveillance, dénommé phytopharmacovigilance, prend en compte notamment les dispositifs de surveillance de la santé des personnes et des travailleurs prévus par le code de la santé publique et le code du travail et les dispositifs de surveillance environnementale. Il s'applique sans préjudice des demandes de surveillance particulières figurant dans la décision d'autorisation de mise sur le marché des produits.**

Les détenteurs de l'autorisation de mise sur le marché communiquent aux organismes désignés par l'autorité administrative les informations dont ils disposent relatives à un incident, à un accident ou à un effet indésirable de ce produit sur l'homme, sur les végétaux traités, sur l'environnement ou sur la sécurité sanitaire des denrées ou des aliments pour animaux issus des végétaux auxquels ce produit a été appliqué, ou relatives à une baisse de l'efficacité de ce produit, en particulier résultant de l'apparition de résistances. Les fabricants, importateurs, distributeurs ou utilisateurs professionnels d'un produit phytopharmaceutique, ainsi que les conseillers et formateurs des utilisateurs de produits phytopharmaceutiques, sont également tenus de communiquer à ces organismes désignés toute information de même nature dont ils disposent.

Les organismes participant à la phytopharmacovigilance, en particulier les organismes désignés par l'autorité administrative en application du deuxième alinéa, transmettent

à l'Agence nationale de sécurité sanitaire de l'alimentation, de l'environnement et du travail les informations dont ils disposent en application des deux premiers alinéas.

Pour l'application du présent article, sont regardés comme incidents, accidents ou effets indésirables les effets potentiellement nocifs ou potentiellement inacceptables mentionnés au paragraphe 1 de l'article 56 du règlement (CE) n° 1107/2009 du Parlement européen et du Conseil, du 21 octobre 2009, concernant la mise sur le marché des produits phytopharmaceutiques et abrogeant les directives 79/117/CEE et 91/414/CEE du Conseil.

Un décret en Conseil d'État précise les modalités de désignation des organismes auxquels les informations sont adressées, les obligations qui leur incombent ainsi que les modalités de transmission des informations et le contenu de celles-ci. — *V. art. R. 253-46-2 s.*

Art. L. 253-8-2 *(L. n° 2014-1655 du 29 déc. 2014, art. 104)* **I. — Il est perçu une taxe sur les produits phytopharmaceutiques bénéficiant, en application du règlement (CE) n° 1107/2009 du Parlement européen et du Conseil, du 21 octobre 2009, concernant la mise sur le marché des produits phytopharmaceutiques et abrogeant les directives 79/117/CEE et 91/414/CEE du Conseil, et de l'article L. 253-1, d'une autorisation de mise sur le marché ou d'un permis de commerce parallèle.**

II. — Cette taxe est due chaque année par le titulaire de l'autorisation ou du permis de commerce parallèle valides au 1er janvier de l'année d'imposition.

III. — Elle est assise, pour chaque produit phytopharmaceutique mentionné au I, sur le montant total, hors taxe sur la valeur ajoutée, des ventes réalisées au cours de l'année civile précédente, à l'exclusion des ventes des produits qui sont expédiés vers un autre État membre de l'Union européenne ou exportés hors de l'Union européenne.

IV. — Le taux de la taxe, plafonné à *(L. n° 2019-1446 du 24 déc. 2019, art. 70, en vigueur le 1er janv. 2020)* **« 3,5 % » du chiffre d'affaires mentionné au III, est fixé par arrêté** *(L. n° 2015-1786 du 29 déc. 2015, art. 98)* **« conjoint des ministres chargés de l'agriculture et du budget ».** *(Ord. n° 2021-1843 du 22 déc. 2021, art. 13, en vigueur le 1er janv. 2022)* **« Le montant de la taxe est arrondi dans les conditions prévues à l'article 1724 du code général des impôts. »** — *V. Arr. du 27 févr. 2020 fixant le taux de la taxe sur la vente de produits phytopharmaceutiques (JO 1er mars).*

V. — Abrogé par Ord. n° 2021-1843 du 22 déc. 2021, art. 13, à compter du 1er janv. 2022.

(L. n° 2019-1446 du 24 déc. 2019, art. 70, en vigueur le 1er janv. 2020) **« VI. — Le produit de la taxe est affecté :**

« 1° A l'Agence nationale de sécurité sanitaire de l'alimentation, de l'environnement et du travail, à hauteur *(L. n° 2023-1322 du 29 déc. 2023, art. 156)* **« d'un plafond annuel », pour financer la mise en place du dispositif de phytopharmacovigilance défini à l'article L. 253-8-1 du présent code et pour améliorer la prise en compte des préjudices en lien direct avec l'utilisation des produits phytopharmaceutiques ;**

« 2° Au fonds d'indemnisation des victimes de pesticides mentionné à l'article L. 723-13-3, aux fins de la prise en charge par celui-ci des réparations versées aux personnes mentionnées au 2° de l'article L. 491-1 du code de la sécurité sociale ainsi que du complément d'indemnisation mentionné au onzième alinéa du même article L. 491-1, pour sa part restante. »

(Ord. n° 2021-1843 du 22 déc. 2021, art. 13, en vigueur le 1er janv. 2022) **« VII. — La taxe est déclarée et liquidée par le redevable aux dates déterminées par arrêté du ministre chargé du budget. La périodicité des déclarations et paiements est au plus mensuelle et au moins annuelle.**

« En cas de cessation d'activité du redevable, le montant dû au titre de l'année de cessation d'activité est établi immédiatement. La taxe est déclarée, acquittée et, le cas échéant, régularisée selon les modalités prévues pour la taxe sur la valeur ajoutée dont il est redevable ou, à défaut, dans les soixante jours suivant la cessation d'activité.

« VIII. — La taxe est recouvrée et contrôlée selon les mêmes procédures et sous les mêmes sanctions, garanties, sûretés et privilèges que les taxes sur le chiffre d'affaires. Les réclamations sont présentées, instruites et jugées selon les règles applicables à ces mêmes taxes.

« IX. – Lorsque le redevable n'est pas établi dans l'un des États membres de l'Union européenne ou dans l'un des États mentionnés au 1° du I de l'article 289 A du code général des impôts il fait accréditer auprès du service des impôts compétent, dans les conditions prévues au IV du même article, un représentant assujetti à la taxe sur la valeur ajoutée établi en France, qui s'engage, le cas échéant, à remplir les formalités au nom et pour le compte du représenté et à acquitter la taxe à sa place.

« X. – Le I de l'article 1647 du code général des impôts n'est pas applicable à la taxe prévue au présent article. »

Art. L. 253-8-3 *(L. n° 2020-1578 du 14 déc. 2020, art. 2)* Les arrêtés mentionnés au deuxième alinéa du II de l'article L. 253-8 ne peuvent autoriser que l'emploi de semences de betteraves sucrières.

SECTION 7 Élimination des produits dont l'utilisation n'est pas autorisée

Art. L. 253-9 Les opérations conduisant à l'élimination, au sens de l'article L. 541-1-1 du code de l'environnement, des produits phytopharmaceutiques à usage professionnel *(L. n° 2014-110 du 6 févr. 2014, art. 2-II, en vigueur le 1er janv. 2019 ; L. n° 2015-992 du 17 août 2015, art. 68-VII)* « et non professionnel » dont la mise sur le marché, l'introduction ou l'utilisation n'est pas permise ou autorisée sur le territoire national, autres que ceux destinés à être mis sur le marché ou utilisés dans un autre État membre ou dans un pays tiers, est assurée *[sont assurées]* par :

1° En cas de retrait ou de non-renouvellement de l'autorisation ou du permis de commerce parallèle dont bénéficiaient ces produits :

a) Le détenteur de cette autorisation ou permis ;

b) Lorsque ni le titulaire de l'autorisation ou du permis ni aucun de ses établissements ne sont enregistrés sur le territoire national, la première personne qui a procédé à leur mise sur le marché sur le territoire national ;

c) Ou, le cas échéant, la personne les ayant introduits sur le territoire national ;

2° Lorsque aucune autorisation ou permis de commerce parallèle n'a été délivré :

a) La personne ayant procédé à la première mise sur le marché des produits sur le territoire national ;

b) A défaut, la personne qui a introduit les produits sur le territoire national.

Art. L. 253-10 Les utilisateurs professionnels finaux des produits phytopharmaceutiques ne bénéficiant pas d'une autorisation ou d'un permis de commerce parallèle remettent les produits qu'ils détiennent dans les lieux de collecte qui leur sont indiqués.

Les personnes morales exerçant une activité de mise en vente, de vente ou de distribution à titre gratuit de produits phytopharmaceutiques à usage professionnel participent aux opérations de collecte et d'entreposage des produits mentionnés à l'article L. 253-9. Un arrêté des ministres chargés de l'environnement et de l'agriculture organise les modalités de cette participation. Cet arrêté peut prévoir les conditions dans lesquelles les dispositions qu'il comporte peuvent être adaptées par arrêté préfectoral aux circonstances locales.

Art. L. 253-11 Les délais dont peuvent disposer les personnes responsables des différentes opérations visées au premier alinéa de l'article L. 253-9 des produits phytopharmaceutiques à usage professionnel pour mettre en œuvre les obligations qui leur incombent aux termes de ce même article et de l'article L. 253-10 sont définis par voie réglementaire, dans la limite d'un an pour la collecte et d'un an supplémentaire pour le traitement final, à compter de la date à laquelle le produit ne bénéficie plus d'autorisation ou de permis de commerce parallèle ou, le cas échéant, à compter de la date d'expiration du délai de grâce accordé conformément à l'article 46 du règlement (CE) n° 1107/2009 s'agissant des produits détenus par les utilisateurs finaux, et dans la limite des délais fixés conformément à l'article 46 du règlement (CE) n° 1107/2009 s'agissant des produits détenus par d'autres détenteurs.

Art. L. 253-12 Lorsqu'il n'a pas été procédé par les personnes mentionnées aux articles L. 253-9 et L. 253-10 aux opérations visées au premier alinéa de l'article L. 253-9 conformément aux prescriptions de la présente section et des dispositions prises pour son application, l'autorité administrative met en demeure la ou les personnes d'y satisfaire dans un délai déterminé.

Si, à l'expiration du délai imparti, l'intéressé n'a pas déféré à la mise en demeure, l'autorité administrative peut :

1° L'obliger à consigner entre les mains d'un comptable public une somme correspondant au montant des opérations visées au premier alinéa de l'article L. 253-9 à réaliser avant une date qu'elle détermine. La somme consignée est restituée au fur et à mesure de l'exécution desdites mesures. A défaut de réalisation de celles-ci avant l'échéance fixée par l'autorité administrative, la somme consignée est définitivement acquise à l'État afin de régler les dépenses entraînées par l'exécution de ces opérations en lieu et place de l'intéressé.

Cette somme bénéficie d'un privilège de même rang que celui prévu à l'article 1920 du code général des impôts. Il est procédé à son recouvrement comme en matière de créances de l'État étrangères à l'impôt et au domaine. Le comptable peut engager la procédure *(L. n° 2017-1775 du 28 déc. 2017, art. 73-X)* « de saisie administrative à tiers détenteur prévue à l'article L. 262 » du livre des procédures fiscales.

L'opposition à l'état exécutoire pris en application d'une mesure de consignation ordonnée par l'autorité administrative devant le juge administratif n'a pas de caractère suspensif ;

2° Faire procéder d'office, en lieu et place de la personne mise en demeure et à ses frais, à l'exécution des mesures prescrites ; les sommes consignées en application du 1° sont utilisées pour régler les dépenses ainsi engagées.

SECTION 8 Inspection et contrôle

Art. L. 253-13 I. — En cas de non-respect des dispositions du règlement (CE) n° 1107/2009 et du présent chapitre, *(Ord. n° 2019-1110 du 30 oct. 2019, art. 4, en vigueur le 14 déc. 2019)* « les agents habilités à procéder à la recherche et à la constatation des manquements aux dispositions mentionnées au I de l'article L. 250-1 » peuvent ordonner le retrait du marché des produits visés à l'article L. 253-1, leur réexpédition dans leur pays d'origine lorsque ces produits y sont autorisés ou l'exécution de toute autre mesure autorisée selon les modalités prévues par décret en Conseil d'État. Ils peuvent également ordonner la destruction des produits et des récoltes.

II. — Les agents mentionnés *(Ord. n° 2015-616 du 4 juin 2015, art. 6-14°)* « au I » ordonnent, dans l'attente de l'élimination des résidus, la consignation des végétaux et produits végétaux concernés ou toute autre mesure autorisée selon les modalités prévues au I du présent article. Ils peuvent ordonner la destruction des récoltes lorsque cette élimination est impossible.

III. — Préalablement à l'exécution des mesures prévues aux I et II, le propriétaire ou le détenteur des produits ou des végétaux incriminés est mis en mesure de présenter ses observations.

SECTION 9 Dispositions pénales

Art. L. 253-14 Les agents mentionnés *(Ord. n° 2016-301 du 14 mars 2016, art. 16-4°, en vigueur le 1er juill. 2016)* « aux articles L. 511-3 et L. 511-22 du code de la consommation sont habilités à rechercher et constater les infractions au présent chapitre et aux textes pris pour son application ».

Sont également habilités, pour procéder à la recherche et à la constatation des infractions aux dispositions relatives à la mise sur le marché et à l'utilisation des produits phytopharmaceutiques, *(Ord. n° 2012-34 du 11 janv. 2012, art. 23, en vigueur le 1er juill. 2013)* « les fonctionnaires et agents mentionnés à l'article L. 172-4 du code de l'environnement », dans l'exercice de leurs fonctions ou attributions. — *La seconde phrase du second al. de l'art. L. 253-14 devient le dernier al. (L. n° 2014-1170 du 13 oct. 2014, art. 50-I-7°, JO 14 oct.).*

Sous réserve de l'application des dispositions du code des douanes relatives à la recherche, à la constatation et à la poursuite des infractions douanières prévue au présent chapitre, *(L. n° 2014-1170 du 13 oct. 2014, art. 50-I-7°)* « les agents mentionnés » *(L. n° 2016-1087 du 8 août 2016, art. 164-III-1°)* « au premier alinéa » *(Ord. n° 2016-301 du 14 mars 2016, art. 16-4°, en vigueur le 1er juill. 2016)* « disposent à cet effet des pouvoirs prévus au I de l'article L. 511-22 » du code de la consommation.

Art. L. 253-15 *(L. n° 2016-1087 du 8 août 2016, art. 142-1°)* « I. — » **Est puni de deux ans d'emprisonnement et** *(L. n° 2014-344 du 17 mars 2014, art. 133-IV)* **« d'une amende de 300 000 €, dont le montant peut être porté, de manière proportionnée aux avantages tirés du manquement, à 10 % du chiffre d'affaires moyen annuel, calculé sur les trois derniers chiffres d'affaires annuels connus à la date des faits » :**

1° Le fait de détenir en vue de la vente, d'offrir en vue de la vente ou de céder, sous toute autre forme, à titre gratuit ou onéreux, ainsi que le fait de vendre, de distribuer et d'effectuer d'autres formes de cession proprement dites, sauf la restitution au vendeur précédent d'un produit visé à l'article L. 253-1 sans autorisation ou permis en méconnaissance des dispositions du règlement (CE) n° 1107/2009 et du présent chapitre ou non conforme aux conditions fixées par l'autorisation ou le permis ;

(L. n° 2014-110 du 6 févr. 2014, art. 2-III, en vigueur le 1er janv. 2019 ; L. n° 2015-992 du 17 août 2015, art. 68-VII) **« 1° *bis* Le fait de détenir en vue de la vente, d'offrir en vue de la vente ou de céder sous toute autre forme, à titre gratuit ou onéreux, ainsi que le fait de vendre, de distribuer et d'effectuer d'autres formes de cession proprement dites d'un produit interdit dans les conditions posées par le III de l'article L. 253-7 ; »**

2° Le fait pour le titulaire d'une autorisation de ne pas communiquer à l'autorité administrative les informations concernant ledit produit, la substance active, ses métabolites, un phytoprotecteur, un synergiste ou un coformulant contenu dans ce produit, conformément aux dispositions de l'article 56 du règlement (CE) n° 1107/2009 ;

3° Le fait de faire la publicité ou de recommander l'utilisation d'un produit visé à l'article L. 253-1 ne bénéficiant pas d'une autorisation ou d'un permis, en méconnaissance des dispositions de l'article 66 du règlement (CE) n° 1107/2009 ;

4° Le fait, pour les personnes mentionnées aux articles L. 253-9 et L. 253-10, de ne pas procéder aux opérations visées au premier alinéa de l'article L. 253-9, conformément aux prescriptions des articles L. 253-9 à L. 253-11 et des dispositions prises pour leur application.

(L. n° 2016-1087 du 8 août 2016, art. 142-2°) **« II. — Lorsqu'elles sont commises en bande organisée, les infractions prévues au I sont punies de sept ans d'emprisonnement et 150 000 € d'amende. »**

1. Délit. N'est pas fondée la reconnaissance de culpabilité de vente d'un insecticide agricole non homologué sans réponse aux conclusions faisant valoir que ce produit, similaire à un produit déjà autorisé en France, était dispensé d'homologation par application de la directive n° 91/414/CEE du 15 juill. 1991. • Crim. 20 juin 2000 : *JCP 2001. IV. 1827 ; JCP E 2001. 780.* ♦ Il n'y a pas lieu à poursuivre la mise en vente du Régent TS du chef de mise en marché sans autorisation, ni du chef de tromperie aggravée ni du chef de falsification. • Crim. 30 mai 2012, n° 11-81.353 : *LPA 1er août 2013, p. 15, note Dreyer.* ♦ L'illégalité éventuelle des autorisations du produit phytosanitaire ne peut être assimilée à leur absence, seule incriminée par l'art. L. 213-15. • Même arrêt.

2. Partie civile. Le département est irrecevable en sa constitution de partie civile en réparation de la destruction d'abeilles domestiques susceptible d'être imputée à l'utilisation du Gaucho. • Crim. 19 déc. 2006, n° 05-81.138 P : *Envir. 2007, n° 57, note Robert ; Dr. pénal 2007, n° 37.*

Art. L. 253-16 *(L. n° 2016-1087 du 8 août 2016, art. 142-1°)* « I. — » **Est puni d'un an d'emprisonnement et** *(L. n° 2014-344 du 17 mars 2014, art. 133-V)* **« d'une amende de 150 000 €, dont le montant peut être porté, de manière proportionnée aux avantages tirés du manquement, à 10 % du chiffre d'affaires moyen annuel, calculé sur les trois derniers chiffres d'affaires annuels connus à la date des faits » :**

1° Le fait de faire une publicité pour un produit visé à l'article L. 253-1, sans que celle-ci comporte les mentions imposées par le 1 de l'article 66 du règlement (CE) n° 1107/2009, ou qui comporte des informations potentiellement trompeuses, des allégations non justifiées sur le plan technique, une représentation visuelle de pratiques potentiellement dangereuses, ou qui n'attire pas l'attention sur les phrases et les symboles de mise en garde appropriés figurant sur l'étiquetage, en méconnaissance de l'article 66 du règlement (CE) n° 1107/2009 ;

2° Le fait de faire de la publicité commerciale destinée au grand public, *(L. n° 2014-1170 du 13 oct. 2014, art. 50-I-8°)* **« ainsi que de la publicité présentée en dehors des points de distribution et des publications destinées aux utilisateurs professionnels des**

produits mentionnés à l'article L. 253-1, à l'exception des produits de biocontrôle figurant sur une liste établie par l'autorité administrative, » ou de ne pas respecter les conditions de présentation des bonnes pratiques d'utilisation et d'application d'un tel produit, en méconnaissance de l'article L. 253-5 et des dispositions prises pour son application ;

3° Le fait de mettre sur le marché un produit visé à l'article L. 253-1 une fois que le délai de grâce pour la mise sur le marché et l'utilisation, déterminé par l'autorité administrative en application de l'article 46 du règlement (CE) n° 1107/2009, est écoulé.

(L. n° 2016-1087 du 8 août 2016, art. 142-2°) **« II. — Lorsqu'elles sont commises en bande organisée, les infractions prévues au I sont punies de sept ans d'emprisonnement et 150 000 € d'amende. »**

Condamnation du concepteur et du distributeur du pesticide *Roundup* pour publicité mensongère ou de nature à induire en erreur, la présentation du produit éludant le danger potentiel. • Lyon, 29 oct. 2008, *Proc. c/ Mordo et Princen : JCP 2008. Actu. 705 ; Envir. 2009. Chron. 1, p. 21, obs. Bertella-Geffroy.*

Art. L. 253-17 **Est puni de six mois d'emprisonnement et** *(L. n° 2014-344 du 17 mars 2014, art. 133-V)* **« d'une amende de 150 000 €, dont le montant peut être porté, de manière proportionnée aux avantages tirés du manquement, à 10 % du chiffre d'affaires moyen annuel, calculé sur les trois derniers chiffres d'affaires annuels connus à la date des faits » :**

1° Le fait de procéder sans permis à des essais ou expérimentations d'un produit phytopharmaceutique soumis à l'obligation de détention du permis d'expérimentation, conformément aux dispositions de l'article 54 du règlement (CE) n° 1107/2009 ;

2° Le fait d'utiliser ou de détenir en vue de l'application un produit visé à l'article L. 253-1 s'il ne bénéficie pas d'une autorisation ou d'un permis de commerce parallèle ;

3° Le fait d'utiliser un produit visé à l'article L. 253-1 *(Ord. n° 2019-1110 du 30 oct. 2019, art. 4, en vigueur le 14 déc. 2019)* **« ou des semences traitées par ces produits » en ne respectant pas** *(L. n° 2014-1170 du 13 oct. 2014, art. 53-III)* **« des conditions d'utilisation conformes aux dispositions de l'article 55 du règlement (CE) n° 1107/2009, ou en méconnaissance des dispositions des articles L. 253-7, L. 253-7-1 ou L. 253-8 ou des dispositions prises pour leur application » ;**

4° Le fait de ne pas respecter les prescriptions édictées par *(Ord. n° 2019-1110 du 30 oct. 2019, art. 4, en vigueur le 14 déc. 2019)* **« les agents habilités à procéder à la recherche et à la constatation des manquements aux dispositions mentionnées au I de l'article L. 250-1 »** *(Ord. n° 2015-616 du 4 juin 2015, art. 6-15°)* **« en application de l'article L. 253-13 ».**

BIBL. ▶ HERNANDEZ-ZAKINE, *RD rur. 2017. Dossier 18* (atteintes à l'environnement, mise en perspective des sanctions pénales).

1. Est établie la culpabilité d'un arboriculteur pour épandage inapproprié d'un produit phytopharmaceutique. • Crim. 3 déc. 2019, n° 18-86.851 : *DP entr. agric., Bull. n° 536, p. 20, note Inserguet-Brisset.*

2. Partie civile. Les demandes d'indemnisation de la partie civile sont rejetées dès lors que le lien de causalité entre l'infraction d'utilisation du produit antiparasitaire à usage agricole sans respect des limitations et conditions, et la mortalité des abeilles, n'est pas certain. • Crim. 11 sept. 2012, n° 12-80.356 : *LPA 1er août 2013, p. 18, note Dreyer.*

Art. L. 253-17-1 *(L. n° 2014-1170 du 13 oct. 2014, art. 53-IV)* **Est puni de cinq ans d'emprisonnement et de 375 000 € d'amende le fait de fabriquer, distribuer, faire de la publicité, offrir à la vente, vendre, importer, exporter un produit falsifié mentionné à l'article L. 253-1. Ces peines sont portées à sept ans d'emprisonnement et 750 000 € d'amende lorsque :**

1° Le produit falsifié est dangereux pour la santé de l'homme ou pour l'environnement ;

2° Les délits prévus au premier alinéa du présent article ont été commis par les personnes agréées en application de l'article L. 254-1, les personnes titulaires d'autorisa-

tion de mise sur le marché de produits mentionnés à l'article L. 253-1, les grossistes et les groupements d'achat ;

3° Ces mêmes délits ont été commis en bande organisée ;

4° Les délits de publicité, d'offre de vente ou de vente de produits falsifiés ont été commis sur un réseau de télécommunication à destination d'un public non déterminé.

Art. L. 253-18 Les personnes coupables de l'une des infractions prévues au présent chapitre encourent également la peine complémentaire de l'affichage et de la diffusion de la décision prononcée dans les conditions prévues par l'article 131-35 du code pénal pour les personnes physiques et par le 9° de l'article 131-39 du même code pour les personnes morales.

CHAPITRE IV LA MISE EN VENTE, LA VENTE, LA DISTRIBUTION À TITRE GRATUIT, L'APPLICATION ET LE CONSEIL À L'UTILISATION DES PRODUITS PHYTOPHARMACEUTIQUES

(L. n° 2010-788 du 12 juill. 2010, art. 94-I)

SECTION 1 Conditions d'exercice

BIBL. ▶ HERNANDEZ-ZAKINE, *RD rur. 2022. Dossier 5* (séparation du conseil et de la vente pour les produits phytosanitaires).

SOUS-SECTION 1 Dispositions communes *(Ord. n° 2019-361 du 24 avr. 2019, art. 1er).*

Art. L. 254-1 *(Ord. n° 2011-840 du 15 juill. 2011, art. 2)* « I. — Les produits phytopharmaceutiques mentionnés au présent chapitre sont ceux définis au 1 de l'article 2 du règlement (CE) n° 1107/2009.

« II. — » Est subordonné à la détention d'un agrément l'exercice des activités suivantes :

1° La mise en vente, la vente ou la distribution à titre gratuit des produits phytopharmaceutiques *(Abrogé par Ord. n° 2011-840 du 15 juill. 2011, art. 2)* *« définis à l'article L. 253-1 »* aux utilisateurs de ces produits ou aux personnes physiques ou morales agissant pour leur compte, y compris les groupements d'achats ;

2° L'application, en qualité de prestataire de services, des produits phytopharmaceutiques *(Abrogé par Ord. n° 2011-840 du 15 juill. 2011, art. 2)* *« définis à l'article L. 253-1 »*, sauf si elle est effectuée dans le cadre de contrats d'entraide à titre gratuit au sens de l'article L. 325-1 *(L. n° 2014-1170 du 13 oct. 2014, art. 53-V-1°)* « ou par un exploitant agricole titulaire du certificat mentionné au II de l'article L. 254-3 sur des exploitations dont la surface agricole utile est inférieure ou égale à la surface définie en application *(L. n° 2023-270 du 14 avr. 2023, art. 26)* « du premier alinéa du V » de l'article L. 732-39, ou si les produits appliqués sont des produits de biocontrôle » *(L. n° 2017-348 du 20 mars 2017, art. 9)* « définis à l'article L. 253-6 et ne faisant pas l'objet d'une classification mentionnée à l'article L. 253-4 » *(Ord n° 2019-1110 du 30 oct. 2019, art. 4, en vigueur le 14 déc. 2019)* « ou si ces produits sont des produits à faible risque au sens de l'article 47 du règlement (CE) n° 1107/2009 du 21 octobre 2009 ou s'ils sont uniquement composés de substances de base au sens de l'article 23 du même règlement » ;

(Ord. n° 2019-361 du 24 avr. 2019, art. 1er, en vigueur le 1er janv. 2021) « 3° Le conseil prévu aux articles L. 254-6-2 et L. 254-6-3, lorsque cette activité s'exerce à titre professionnel. »

(Ord. n° 2011-840 du 15 juill. 2011, art. 2) « III. — Lorsque l'agrément est délivré à une personne morale, il l'est pour l'activité de l'ensemble de ses établissements ainsi que, si elle en fait la demande, pour l'activité d'établissements d'autres personnes morales au sein desquelles elle détient une participation financière, ou au bénéfice desquelles elle gère des services communs.

« Pour l'application du présent chapitre l'ensemble des établissements pour lesquels une entreprise sollicite un agrément sont regardés comme ses établissements.

« IV. — Les personnes qui mettent des produits phytopharmaceutiques sur le marché autres que celles exerçant les activités mentionnées au 1° du II justifient de l'obtention d'un certificat attestant qu'elles ont acquis les connaissances appropriées à leurs rôle et responsabilités ou de l'emploi d'une personne détenant ce certificat. »

(L. n° 2014-1170 du 13 oct. 2014, art. 53-V-1°) « V. — Les détenteurs de l'agrément mentionné au II, les personnes mentionnées au IV du présent article et les personnes physiques mentionnées au II de l'article L. 254-3 doivent concourir, dans le cadre de leurs activités, à la réalisation des objectifs du plan d'action national prévu à l'article L. 253-6, notamment par la mise en œuvre de la lutte intégrée contre les ennemis des cultures. »

(Ord. n° 2019-361 du 24 avr. 2019, art. 1er, en vigueur le 1er janv. 2021) « VI. — L'exercice de l'activité de conseil mentionnée au 3° du II est incompatible avec celui des activités mentionnées aux 1° ou 2° du II ou au IV. Toutefois, cette incompatibilité ne fait pas obstacle à ce que les personnes exerçant les activités mentionnées au 1° du II délivrent les informations énumérées au premier alinéa de l'article L. 254-7, ni à ce qu'elles promeuvent, mettent en place ou facilitent la mise en œuvre des actions tendant à la réduction de l'utilisation de produits phytopharmaceutiques prévues à l'article L. 254-10-1. »

Est fixée au 31 déc. 2024 la date jusqu'à laquelle l'exercice de l'activité mentionnée au 3° du II de l'art. L. 254-1, avec celui des activités mentionnées aux 1° ou 2° du II ou au IV de l'art. L. 254-1, est possible : 1° dans les collectivités relevant de l'art. 73 de la Constitution et à Saint-Martin ; 2° en métropole, pour les personnes relevant de la catégorie des microentreprises au sens de l'art. 51 de la L. n° 2008-776 du 4 août 2008 (Décr. n° 2020-1265 du 16 oct. 2020, art. 2-II).

Art. L. 254-1-1 *(Ord. n° 2019-361 du 24 avr. 2019, art. 1er, en vigueur le 1er janv. 2021)* I. — Ne peut excéder 10 % :

1° La part du capital d'une personne morale exerçant une activité mentionnée au 3° du II de l'article L. 254-1 détenue, directement ou indirectement, par une personne exerçant une activité mentionnée aux 1° ou 2° du même II ou au IV du même article ;

2° La part du capital d'une personne morale exerçant une activité mentionnée aux 1° ou 2° du II ou au IV de l'article L. 254-1 détenue, directement ou indirectement, par une personne exerçant une activité mentionnée au 3° de ce II ;

3° La part détenue, directement ou indirectement, dans le capital des personnes morales exerçant une activité mentionnée, d'une part, au 3° du II de l'article L. 254-1 et, d'autre part, aux 1° ou 2° du même II ou au IV du même article, par un actionnaire ou associé commun, sans que celui-ci puisse être actionnaire majoritaire ou de référence.

II. — Ne peut excéder 32 % :

1° La part cumulée du capital d'une personne morale exerçant une activité mentionnée au 3° du II de l'article L. 254-1 détenue, directement ou indirectement, par des personnes exerçant une activité mentionnée aux 1° ou 2° du même II ou au IV du même article ;

2° La part cumulée du capital d'une personne morale exerçant une activité mentionnée aux 1° ou 2° du II ou au IV de l'article L. 254-1 détenue, directement ou indirectement, par des personnes exerçant une activité mentionnée au 3° de ce II.

III. — Les seuils mentionnés aux I et II s'appliquent également aux droits de vote.

Art. L. 254-1-2 *(Ord. n° 2019-361 du 24 avr. 2019, art. 1er, en vigueur le 1er janv. 2021)* Un membre d'un organe de surveillance, d'administration et de direction d'une personne morale exerçant une activité mentionnée au 3° du II de l'article L. 254-1 ne peut être membre d'un de ces mêmes organes d'une personne morale exerçant une activité mentionnée aux 1° ou 2° du même II ou au IV du même article et un membre d'un organe de surveillance, d'administration et de direction d'une personne morale exerçant une activité mentionnée aux 1° ou 2° de ce II ou à ce IV de ce même article ne peut être membre d'un de ces mêmes organes d'une personne morale exerçant une activité mentionnée au 3° de ce II.

Toutefois, une personne membre d'un organe d'administration d'un établissement mentionné à l'article L. 510-1 bénéficiant d'un agrément pour les activités mentionnées au 3° du II de l'article L. 254-1 peut être membre de l'organe de surveillance, d'administration ou de direction d'une personne morale exerçant une activité mentionnée aux 1° ou 2° du II de l'article L. 254-1, sous réserve qu'elle n'exerce pas un mandat de président ou de membre du bureau de cet établissement, ni de membre de conseil d'administration de *(Ord. n° 2022-583 du 20 avr. 2022, art. 1er)* « Chambres d'agriculture France ».

Art. L. 254-1-3 *(Ord. n° 2019-361 du 24 avr. 2019, art. 1er, en vigueur le 1er janv. 2021)* **I. — Une personne physique exerçant une activité mentionnée au 3° du II de l'article L. 254-1 ne peut être également employée par une personne exerçant une activité mentionnée aux 1° ou 2° du même II ou au IV de ce même article.**

II. — L'activité mentionnée au 3° du II de l'article L. 254-1 ne peut pas être rémunérée par des personnes exerçant les activités mentionnées aux 1° ou 2° du même II ou au IV du même article.

Art. L. 254-2 *(Ord. n° 2011-840 du 15 juill. 2011, art. 2)* **« I. — » L'agrément est délivré par l'autorité administrative à toute personne physique ou morale qui en fait la demande et qui justifie :**

1° De la souscription d'une police d'assurance couvrant sa responsabilité civile professionnelle ;

2° *(Ord. n° 2011-840 du 15 juill. 2011, art. 2)* **« De la certification par un organisme tiers, reconnu par l'autorité administrative, qu'elle exerce son activité dans des conditions garantissant la protection de la santé publique et de l'environnement ainsi que la bonne information de l'utilisateur »** *(Ord. n° 2019-361 du 24 avr. 2019, art. 1er, en vigueur le 1er janv. 2021)* **« et qu'elle respecte les dispositions des articles L. 254-1-1 à L. 254-1-3 » ;** *— V. Arr. du 16 oct. 2020 fixant les modalités de la certification mentionnée au 2° de l'art. L. 254-2 (JO 20 oct.).*

3° De la conclusion avec un organisme tiers, reconnu par l'autorité administrative, d'un contrat prévoyant le suivi nécessaire au maintien de la certification.

(Ord. n° 2019-361 du 24 avr. 2019, art. 1er, en vigueur le 1er janv. 2021) **« Pour les personnes agréées au titre des activités mentionnées aux 1° et 2° du II de l'article L. 254-1, la certification mentionnée au 2° garantit qu'elles ont mis en œuvre les moyens nécessaires pour satisfaire aux obligations mentionnées à l'article L. 254-10-1.**

« Pour les personnes agréées au titre des activités mentionnées au 3° du II de l'article L. 254-1, la certification mentionnée au 2° garantit leur contribution effective, dans les conditions prévues à l'article L. 254-6-4, aux objectifs du plan mentionné à l'article L. 253-6 et au dispositif des certificats d'économie des produits phytopharmaceutiques prévu à l'article L. 254-10. »

(Ord. n° 2011-840 du 15 juill. 2011, art. 2) **« II. — Les personnes qui débutent leur activité sollicitent un agrément provisoire pour son exercice. Cet agrément provisoire est délivré par l'autorité administrative, pour une durée de six mois non renouvelable, si le demandeur justifie du respect des conditions prévues aux 1° et 3° du I et de l'obtention de l'avis favorable d'un organisme tiers tel que mentionné au 2° du I. »**

Art. L. 254-3 **I. — L'exercice des fonctions d'encadrement, de vente, d'application ou de conseil par les personnels** *(Ord. n° 2011-840 du 15 juill. 2011, art. 4)* **« des entreprises exerçant les activités mentionnées au II de l'article L. 254-1 » est soumis à l'obtention d'un certificat délivré par l'autorité administrative ou un organisme qu'elle habilite au vu de leur qualification.** *(Ord. n° 2011-840 du 15 juill. 2011, art. 2)* **« Le certificat mentionné au IV de l'article L. 254-1 est délivré dans les mêmes conditions. »**

II. — Les personnes physiques qui utilisent les produits phytopharmaceutiques *(Abrogé par Ord. n° 2011-840 du 15 juill. 2011, art. 4)* ***« définis à l'article L. 253-1 »*** **dans le cadre de leur activité professionnelle à titre salarié, pour leur propre compte, ou dans le cadre d'un contrat d'entraide à titre gratuit au sens de l'article L. 325-1, justifient d'un certificat délivré par l'autorité administrative ou un organisme qu'elle habilite garantissant l'acquisition des connaissances exigées en adéquation avec les fonctions déclarées.** *(L. n° 2017-348 du 20 mars 2017, art. 10)* **« Ce certificat n'est exigé ni pour les médiateurs chimiques au sens de l'article L. 253-6, ni pour les substances de base au sens de l'article 23 du règlement (CE) n° 1107/2009 du Parlement européen et du Conseil du 21 octobre 2009 concernant la mise sur le marché des produits phytopharmaceutiques et abrogeant les directives 79/117/CEE et 91/414/CEE du Conseil. »**

III. — Ces certificats sont renouvelés périodiquement.

(L. n° 2018-938 du 30 oct. 2018, art. 84) **« IV. — A compter du 1er janvier 2019, la formation prévue pour la délivrance ou le renouvellement des certificats mentionnés aux I et II contient des modules spécifiques relatifs à l'exigence de sobriété dans**

l'usage des produits phytopharmaceutiques et aux alternatives disponibles, notamment en matière de biocontrôle. »

Art. L. 254-3-1 *(L. nº 2010-1658 du 29 déc. 2010, art. 87-I, en vigueur le 1er mars 2011)* Toute personne qui, dans le cadre d'une activité professionnelle ne relevant pas *(Ord. nº 2011-840 du 15 juill. 2011, art. 4)* « du II de l'article L. 254-6, acquiert, à titre onéreux ou gratuit, en vue de son utilisation un produit phytopharmaceutique » ou une semence traitée ou commande une prestation de traitement de semence au moyen de ces produits auprès d'une personne qui n'est pas redevable de la redevance prévue à l'article L. 213-10-8 du code de l'environnement, inscrit dans un registre établi à cet effet le montant et la date de l'acquisition des produits ou de la prestation de traitement ainsi que les quantités *(L. nº 2014-1170 du 13 oct. 2014, art. 53-V-2º et 93-XVI, en vigueur le 1er janv. 2016)* « correspondantes, les numéros de lot et les dates de fabrication de ces produits ».

Art. L. 254-4 En cas de risque particulier pour la santé publique ou l'environnement, le ministre chargé de l'agriculture peut, pour l'application de certains produits phytopharmaceutiques *(Abrogé par Ord. nº 2011-840 du 15 juill. 2011, art. 4) « définis à l'article L. 253-1 »* ou pour des modalités d'application particulières, y compris pour le propre compte de l'utilisateur ou dans le cadre de contrats d'entraide à titre gratuit au sens de l'article L. 325-1, imposer l'obtention de certificats spécifiques, renouvelés périodiquement, dont il arrête la procédure de délivrance.

Art. L. 254-5 Pour toute personne physique ou morale dont le domicile professionnel est situé sur le territoire d'un autre État membre de l'Union européenne, d'un État partie à l'accord sur l'Espace économique européen ou de la Confédération suisse qui entend exercer ou faire exercer par un employé sur le territoire national les activités mentionnées à l'article L. 254-1, l'autorité administrative délivre un agrément au demandeur qui justifie :

1º De la souscription d'une police d'assurance couvrant sa responsabilité civile professionnelle pour l'exercice de son activité en France ;

2º De sa qualification ou de celle de l'employé concerné, attestée par le service officiel de l'État mentionné au premier alinéa où il exerce principalement son activité ou, à défaut, dans les conditions prévues *(Ord. nº 2011-840 du 15 juill. 2011, art. 4)* « aux 2º et 3º du I de l'article L. 254-2 » et au I de l'article L. 254-3.

Art. L. 254-6 *(Ord. nº 2011-840 du 15 juill. 2011, art. 2)* I. — Les personnes qui exercent les activités mentionnées à l'article L. 254-1 font référence dans leurs documents commerciaux à l'agrément et aux certificats qu'elles détiennent, et procèdent à leur affichage dans les locaux accessibles à la clientèle, selon des modalités définies par arrêté des ministres chargés de l'agriculture et de la consommation. Elles tiennent un registre de leur activité, qui correspond, pour les personnes exerçant les activités mentionnées au 1º du II de l'article L. 254-1, à un registre de leurs ventes.

(L. nº 2014-1170 du 13 oct. 2014, art. 53-V-3º et 93-XVI, en vigueur le 1er janv. 2016) « Afin d'en assurer la traçabilité, les personnes qui exercent les activités mentionnées aux 1º et 2º du même II conservent pendant une durée de cinq ans un document mentionnant les quantités, les numéros de lot et les dates de fabrication des produits phytopharmaceutiques qu'elles distribuent ou utilisent. Pour les personnes qui exercent les activités mentionnées au 1º dudit II au profit des utilisateurs professionnels, ces données figurent dans le registre de leurs ventes. »

II. — Les personnes qui distribuent des semences traitées au moyen d'un produit phytopharmaceutique aux utilisateurs de ces semences ou aux personnes physiques ou morales agissant pour leur compte, y compris les groupements d'achat, tiennent un registre de leurs ventes. Les personnes exerçant l'activité de traitement de semences en prestation de service soumise à l'agrément prévu au 2º du II de l'article L. 254-1 tiennent également un registre de leur utilisation de produits phytopharmaceutiques dans le cadre de cette activité.

Art. L. 254-6-1 *(L. nº 2014-1170 du 13 oct. 2014, art. 53-V-4º et 93-XVI, en vigueur le 1er janv. 2016)* Les détenteurs d'autorisation de mise sur le marché de produits phytopharmaceutiques ou, si aucun de leurs établissements n'est enregistré sur le territoire national, la première personne qui procède à leur mise sur le marché sur le territoire national tiennent à la disposition de l'autorité compétente les informations relatives aux quantités, numéros de lot et dates de fabrication des produits mis sur le marché.

SOUS-SECTION 2 **Dispositions relatives aux activités de conseil** *(Ord. n° 2019-361 du 24 avr. 2019, art. 1er).*

Art. L. 254-6-2 *(Ord. n° 2019-361 du 24 avr. 2019, art. 1er, en vigueur le 1er janv. 2021)* **I. — Le conseil stratégique à l'utilisation de produits phytopharmaceutiques a pour objet de fournir aux décideurs des entreprises utilisatrices de produits phytopharmaceutiques non soumises à l'un des agréments prévus à l'article L. 254-1, les éléments leur permettant de définir une stratégie pour la protection des végétaux ou pour tout autre usage prévu au 1 de l'article 2 du règlement (CE) n° 1107/2009 du Parlement européen et du Conseil du 21 octobre 2009 pouvant nécessiter le recours à des produits phytopharmaceutiques.**

Il est fondé sur un diagnostic comportant une analyse des spécificités pédoclimatiques, sanitaires et environnementales des espaces concernés.

Pour les exploitations agricoles, ce diagnostic prend également en compte l'organisation et la situation économique de l'exploitation et comporte une analyse des moyens humains et matériels disponibles, ainsi que des cultures et des précédents culturaux et de l'évolution des pratiques phytosanitaires.

Le diagnostic est périodiquement actualisé. Chacune de ses versions est conservée par l'utilisateur et par la personne agréée qui l'a établi pendant une durée fixée par décret dans la limite de dix ans.

II. — Le conseil stratégique à l'utilisation de produits phytopharmaceutiques est formalisé par écrit. Il est conservé par l'utilisateur et par la personne agréée qui l'a délivré pendant une durée fixée par décret dans la limite de dix ans.

Dans toute entreprise utilisatrice de produits phytopharmaceutiques non soumise à l'un des agréments prévus à l'article L. 254-1, toute personne qui décide des traitements phytopharmaceutiques doit être en mesure de justifier s'être fait délivrer des conseils stratégiques selon une périodicité définie par voie réglementaire, dans la limite maximale de trois ans entre deux conseils. Cette justification est exigée pour le renouvellement du certificat mentionné au II de l'article L. 254-3 dans des conditions fixées par décret.

Le contenu du conseil stratégique est allégé et le délai entre deux conseils augmenté, dans des conditions définies par voie réglementaire, pour les utilisateurs professionnels dont les surfaces susceptibles d'être traitées par des produits phytopharmaceutiques sont de dimensions réduites, inférieures à des plafonds déterminés en fonction de la nature des cultures pour les exploitants agricoles et des usages pour les autres utilisateurs.

III. — La délivrance du conseil n'est pas requise :

1° Lorsque l'entreprise n'utilise que des produits de biocontrôle figurant sur la liste prévue à l'article L. 253-5, des produits composés uniquement de substances de base ou *(Ord. n° 2019-1110 du 30 oct. 2019, art. 4)* **« des produits à faible risque » au sens du règlement (CE) n° 1107/2009 du Parlement européen et du Conseil du 21 octobre 2009 et les produits nécessaires aux traitements prescrits pour lutter contre les organismes figurant sur la liste établie en application de l'article L. 251-3 ;**

2° Lorsque l'exploitation agricole au bénéfice de laquelle sont utilisés des produits phytopharmaceutiques est engagée, pour la totalité des surfaces d'exploitation, dans une démarche ou une pratique ayant des incidences favorables sur la réduction de l'usage et des impacts des produits phytopharmaceutiques et figurant sur une liste établie par arrêté conjoint des ministres chargés de l'agriculture et de l'environnement. — *V. ci-dessous.*

Arrêté du 16 octobre 2020,

Fixant la liste des démarches ou pratiques ayant des incidences favorables sur la réduction de l'usage et des impacts de produits phytopharmaceutiques permettant l'exemption prévue au 2° du III de l'article L. 254-6-2 du code rural et de la pêche maritime (JO 20 oct.).

Art. 1er Les démarches ou pratiques ayant des incidences favorables sur la réduction de l'usage et des impacts des produits phytopharmaceutiques permettant l'exemption prévue au

2° du III de l'article L. 254-6-2 du code rural et de la pêche maritime, dès lors qu'elles concernent la totalité des surfaces d'exploitation, sont les suivantes :
— l'agriculture biologique ou la conversion vers l'agriculture biologique ;
— la certification environnementale de troisième niveau, qualifiée de "Haute valeur environnementale", au sens de l'article D. 617-4.

Art. L. 254-6-3 *(Ord. n° 2019-361 du 24 avr. 2019, art. 1er, en vigueur le 1er janv. 2021)* **Le conseil spécifique relatif à l'utilisation des produits phytopharmaceutiques est un conseil comportant une recommandation d'utilisation de produits phytopharmaceutiques.**

Il est formalisé par écrit et précise la substance active ou la spécialité recommandée, la cible, la ou les parcelles concernées, la superficie à traiter, la dose recommandée et les conditions d'utilisation. Ce document est conservé par l'utilisateur et par la personne qui l'a délivré pendant une durée fixée par décret dans la limite de dix ans.

Art. L. 254-6-4 *(Ord. n° 2019-361 du 24 avr. 2019, art. 1er, en vigueur le 1er janv. 2021)* **Les conseils mentionnés aux articles L. 254-6-2 et L. 254-6-3 s'inscrivent dans un objectif de réduction de l'usage et des impacts des produits phytopharmaceutiques et respectent les principes généraux de la lutte intégrée contre les ennemis des cultures mentionnée à l'article L. 253-6. A ce titre, ils privilégient des méthodes alternatives. Si nécessaire, ils recommandent les produits phytopharmaceutiques adaptés. Ils promeuvent les actions mentionnées à l'article L. 254-10-1. Ils tiennent compte des enjeux environnementaux présents dans l'aire d'activité de l'utilisateur professionnel et des modalités de leur préservation en cas d'utilisation de produits phytopharmaceutiques.**

Constituent des méthodes alternatives au sens et pour l'application de l'alinéa précédent :

1° Les méthodes non chimiques au sens de l'article 3 du règlement (CE) n° 1107/2009 du Parlement européen et du Conseil du 21 octobre 2009 ;

2° L'utilisation des produits de biocontrôle figurant sur la liste prévue à l'article L. 253-5 ou *(Ord. n° 2019-1110 du 30 oct. 2019, art. 4)* **« de produits composés uniquement de substances de base au sens de l'article 23 du règlement (CE) n° 1107/2009 du 21 octobre 2009 ou de produits à faible risque au sens de l'article 47 du même règlement ».**

Art. L. 254-7 *Al. 1er et 2 abrogés par Ord. n° 2019-361 du 24 avr. 2019, art. 1er, à compter du 1er janv. 2021.*

(L. n° 2014-1170 du 13 oct. 2014, art. 53-V-5°) **« Lors de la vente, une personne titulaire du certificat mentionné au I de l'article L. 254-3 est disponible pour fournir aux utilisateurs les informations appropriées concernant l'utilisation des produits phytopharmaceutiques,** *(Ord. n° 2019-361 du 24 avr. 2019, art. 1er, en vigueur le 1er janv. 2021)* **« notamment la cible, la dose recommandée et les conditions de mise en œuvre, » les risques pour la santé et l'environnement liés à une telle utilisation et les consignes de sécurité afin de gérer ces risques.**

« Pour la cession à des utilisateurs non professionnels, les distributeurs fournissent des informations générales sur les risques pour la santé humaine et l'environnement liés à l'utilisation des produits phytopharmaceutiques, notamment sur les dangers, l'exposition, les conditions appropriées de stockage et les consignes à respecter pour la manipulation, l'application et l'élimination sans danger, ainsi que sur les solutions de substitution présentant un faible risque. »

(L. n° 2015-992 du 17 août 2015, art. 68-V et VI, en vigueur le 1er janv. 2017) **« A l'exception des produits de biocontrôle figurant sur la liste prévue à l'article L. 253-5** *(L. n° 2016-1087 du 8 août 2016, art. 125-II)* **« , des » produits composés uniquement de substances de base,** *(Ord. n° 2019-1110 du 30 oct. 2019, art. 4, en vigueur le 14 déc. 2019)* **« au sens de l'article 23 du règlement (CE) n° 1107/2009 du 21 octobre 2009 ou de produits à faible risque au sens de l'article 47 du même règlement »** *(L. n° 2016-1087 du 8 août 2016, art. 125-II)* **« et des produits dont l'usage est autorisé dans le cadre de l'agriculture biologique », les produits phytopharmaceutiques ne peuvent être cédés directement en libre-service à des utilisateurs non professionnels. »**

SOUS-SECTION 3 **Dispositions d'application** *(Ord. n° 2019-361 du 24 avr. 2019, art. 1er).*

Art. L. 254-7-1 Les modalités d'application *(L. n° 2014-1170 du 13 oct. 2014, art. 53-V-7°)* « de la présente section », et notamment la désignation de l'autorité administrative, les conditions de délivrance, de renouvellement, de suspension, de modulation et de retrait des agréments, des certificats ainsi que des habilitations des organismes sont déterminées par décret en Conseil d'État.

(Ord. n° 2011-840 du 15 juill. 2011, art. 2) « Ce décret prévoit les modalités particulières de cession des produits phytopharmaceutiques aux utilisateurs non professionnels. » *(L. n° 2014-1170 du 13 oct. 2014, art. 53-V-7°)* « Il définit également les conditions dans lesquelles les microdistributeurs peuvent être dispensés de tout ou partie des obligations mentionnées aux 2° et 3° du I de l'article L. 254-2 et à l'article L. 254-3, dans le seul cadre de ventes de produits destinés à un usage non professionnel ou lorsque celles-ci concernent uniquement soit des préparations naturelles peu préoccupantes constituées exclusivement d'une ou plusieurs substances de base, soit des produits à faible risque. » *(Ord. n° 2019-361 du 24 avr. 2019, art. 1er, en vigueur le 1er janv. 2021)* « Il précise le contenu du conseil mentionné à l'article L. 254-6-2 et en détermine la fréquence, ainsi que le délai dans lequel le diagnostic mentionné au deuxième alinéa du I de ce même article doit être actualisé. » — *La section 3 est supprimée et la section 1 est complétée par l'art. L. 254-10, qui devient l'art. L. 254-7-1 (L. n° 2014-1170 du 13 oct. 2014, art. 53-V-6°, JO 14 oct.).*

V. art. R. 254-1 s.

SECTION 2 **Contrôles**

Art. L. 254-8 Le maintien de l'agrément mentionné à l'article L. 254-1 est subordonné au respect des conditions nécessaires à sa délivrance. Le respect de ces conditions fait l'objet de contrôles réguliers de l'organisme certificateur. Lorsque l'organisme certificateur a connaissance d'éléments remettant en cause la certification délivrée en application de l'article L. 254-2, il donne un délai de mise en conformité à la personne exerçant une activité mentionnée à l'article L. 254-1. A l'issue de ce délai, qui n'est pas renouvelable, et si les non-conformités subsistent, *(Ord. n° 2011-840 du 15 juill. 2011, art. 2)* « l'organisme certificateur peut suspendre ou retirer la certification. Il le notifie à l'autorité administrative ayant délivré l'agrément en cause ».

Art. L. 254-9 Sans préjudice des poursuites pénales éventuellement encourues, l'autorité administrative peut, notamment sur la base des éléments fournis en application de l'article L. 254-8 ou de ceux recueillis dans le cadre des contrôles et inspections opérés conformément aux dispositions du chapitre préliminaire du présent titre, par décision motivée et après avoir invité l'intéressé à faire connaître ses observations, suspendre ou retirer :

1° L'agrément d'une personne exerçant une activité mentionnée à l'article L. 254-1, pour tout ou partie de ses établissements, lorsque les conditions requises pour son obtention ne sont plus remplies ou en cas de non-respect *(Ord. n° 2011-840 du 15 juill. 2011, art. 2)* « des dispositions mentionnées à l'article L. 253-1 » ;

2° L'agrément d'une personne exerçant une activité de conseil telle que définie *(Ord. n° 2011-840 du 15 juill. 2011, art. 2)* « au 3° du II de l'article L. 254-1, pour tout ou partie de ses établissements, en cas de recommandation préconisant l'utilisation d'un produit phytopharmaceutique » sans autorisation de mise sur le marché ou dans des conditions d'emploi autres que celles prévues dans l'autorisation ou par la réglementation en vigueur ;

3° L'habilitation des organismes mentionnés à l'article L. 254-3 ou le certificat mentionné à l'article L. 254-4.

SECTION 3 **Certificats d'économie de produits phytopharmaceutiques**

(L. n° 2017-348 du 20 mars 2017, art. 11)

Les dispositions de la section 3 ne sont applicables en Guadeloupe, en Guyane, en Martinique, à La Réunion et à Mayotte qu'à compter d'une date définie par décret en Conseil d'État, et au plus tard le 1er janv. 2023 (Ord. n° 2019-361 du 24 avr. 2019, art. 4-IV, JO 25 avr.).

Art. L. 254-10 *(Ord. n° 2019-361 du 24 avr. 2019, art. 2, en vigueur le 1er janv. 2021)* **« Il est mis en place » un dispositif visant à la réduction de l'utilisation de certains produits phytopharmaceutiques mentionnés à l'article L. 253-1 dont la liste est fixée par décret en Conseil d'État et comportant l'émission de certificats d'économie de ces produits.**

COMMENTAIRE

Ces dispositions initialement instaurées par l'ordonnance n° 2015-1244 du 7 octobre 2015 relative au dispositif expérimental de certificats d'économie de produits phytopharmaceutiques avaient été annulées par le Conseil d'État, car elles auraient dû faire l'objet d'une consultation du public préalablement à leur adoption, conformément aux exigences de l'article L. 120-1 du code de l'environnement (CE 28 déc. 2016, n° 394696). Elles ont été reprises par la loi n° 2017-348 du 20 mars 2017 relative à la lutte contre l'accaparement des terres agricoles et au développement du biocontrôle. Le décret n° 2017-590 du 20 avril 2017 (V. art. R. 254-21 s.) a précisé les conditions dans lesquelles les distributeurs peuvent obtenir les certificats d'économie de produits phytopharmaceutiques en engageant des actions probantes de réduction de l'utilisation des pesticides ; à défaut d'engager ces actions, des pénalités sont encourues. ❑

QPC. Rejet de la QPC soulevée à l'encontre des art. L. 254-10 à L. 254-10-9. • CE 17 juill. 2017, n° 410989 : *DP entr. agric., Bull. n° 510, p. 23, note Inserguet-Brisset.*

Art. L. 254-10-1 **I. — Sont soumises à des obligations de réalisation d'actions tendant à la réduction de l'utilisation de produits phytopharmaceutiques les personnes** *(Ord. n° 2019-361 du 24 avr. 2019, art. 2, en vigueur le 1er janv. 2021)* **« auprès desquelles la redevance pour pollutions diffuses est exigible, mentionnées au IV de l'article L. 213-10-8 du code de l'environnement ». Ces personnes sont dénommées les "obligés".**

L'obligé est tenu de mettre en place des actions visant à la réalisation d'économies de produits phytopharmaceutiques ou de faciliter la mise en œuvre de telles actions.

(Ord. n° 2019-361 du 24 avr. 2019, art. 2, en vigueur le 1er janv. 2021) **« II. — L'autorité administrative notifie à chaque obligé pour les périodes du 1er janvier 2020 au 31 décembre 2020 et du 1er janvier 2021 au 31 décembre 2021, puis, à compter du 1er janvier 2022, pour chaque période successive d'une durée fixée par décret en Conseil d'État, dans la limite de quatre ans, l'obligation de réalisation d'actions qui lui incombe en vertu de la présente section compte tenu des quantités de produits phytopharmaceutiques qu'il a déclarées en application des articles L. 213-10-8 et L. 213-11 du code de l'environnement. »**

Cette obligation est proportionnelle aux quantités de chaque substance active contenues dans ces produits phytopharmaceutiques, pondérées, dans des conditions fixées par décret en Conseil d'État, par des coefficients liés soit aux caractéristiques d'emploi de ces produits, soit aux dangers des substances actives qu'ils contiennent. Elle est exprimée en nombre de certificats d'économie de produits phytopharmaceutiques.

III. — Abrogé par Ord. n° 2019-361 du 24 avr. 2019, art. 2, à compter du 1er janv. 2021.

Les dispositions du I de l'art. L. 254-10-1 ne s'appliquent aux personnes mentionnées aux 2° et 3° du IV de l'art. L. 213-10-8 C. envir. qu'à compter du 1er janv. 2022 (Ord. n° 2019-361 du 24 avr. 2019, art. 4-III, JO 25 avr.).

Art. L. 254-10-2 **Les obligés justifient de l'accomplissement de leurs obligations soit par la production de certificats d'économie de produits phytopharmaceutiques obtenus par la mise en place d'actions visant à la réduction de l'utilisation de produits phytopharmaceutiques, soit par l'acquisition de certificats d'économie de produits phytopharmaceutiques auprès d'autres obligés** *(Abrogé par Ord. n° 2019-361 du 24 avr. 2019, art. 2, à compter du 1er janv. 2021)* ***« ou d'éligibles ».***

Le nombre de certificats d'économie de produits phytopharmaceutiques obtenus par la mise en place d'une action est fonction de son potentiel de réduction de l'usage et de l'impact des produits phytopharmaceutiques, de sa facilité de mise en œuvre, de son bilan économique et de son potentiel de déploiement.

Art. L. 254-10-3 **Les certificats d'économie de produits phytopharmaceutiques sont des biens meubles, exclusivement matérialisés par leur inscription au registre national informatisé des certificats d'économie de produits phytopharmaceutiques, au sein**

duquel est tenue la comptabilité des certificats obtenus par chaque obligé *(Abrogé par Ord. n° 2019-361 du 24 avr. 2019, art. 2, à compter du 1er janv. 2021)* *« ou éligible »*. Ils peuvent être acquis dans les conditions prévues au III de l'article L. 254-10-1 et à l'article L. 254-10-2, détenus ou cédés par les obligés *(Abrogé par Ord. n° 2019-361 du 24 avr. 2019, art. 2, à compter du 1er janv. 2021)* *« et les éligibles »*.

Art. L. 254-10-4 et L. 254-10-5 *Abrogés par Ord. n° 2019-361 du 24 avr. 2019, art. 2, à compter du 1er janv. 2021.*

Art. L. 254-10-6 Les inspections et contrôles du dispositif mis en œuvre par la présente section et ses textes d'application sont réalisés dans les conditions prévues au chapitre préliminaire du titre V du présent livre.

Art. L. 254-10-7 Le fait de faire obstacle à l'exercice des fonctions des agents habilités à rechercher et constater les manquements aux dispositions de la présente section et de ses textes d'application est puni comme le délit prévu à l'article L. 205-11.

Art. L. 254-10-8 I. – Le fait de se faire délivrer indûment, par quelque moyen frauduleux que ce soit, un certificat d'économie de produits phytopharmaceutiques est puni comme le délit prévu au premier alinéa de l'article 441-6 du code pénal.

II. – Les agents mentionnés au I de l'article L. 205-1 du présent code sont habilités à rechercher et à constater les infractions mentionnées au I du présent article dans les conditions prévues au chapitre V du titre préliminaire du présent livre.

Art. L. 254-10-9 Les modalités d'application de la présente section *(Abrogé par Ord. n° 2019-361 du 24 avr. 2019, art. 2, à compter du 1er janv. 2021)* *« et les conditions dans lesquelles l'expérimentation est évaluée »* sont fixées par décret en Conseil d'État. – *V. art. R. 254-31 s.*

SECTION 4 **Dispositions pénales**

Art. L. 254-11 *(Ord. n° 2016-301 du 14 mars 2016, art. 16-5°, en vigueur le 1er juill. 2016)* « Outre les agents mentionnés aux 1° à 6° et au dernier alinéa du I de l'article L. 205-1, les agents mentionnés aux articles L. 511-3 et L. 511-22 du code de la consommation sont habilités à rechercher et constater les infractions au présent chapitre et aux textes pris pour son application, dans les conditions prévues au I de l'article L. 511-22 du code de la consommation. »

Ces agents ont accès aux registres prévus à l'article L. 254-6 du présent code.

Art. L. 254-12 I. – Est puni d'un emprisonnement de six mois et d'une amende de 15 000 € :

1° Le fait d'exercer l'une des activités visées à l'article L. 254-1 sans justifier de la détention de l'agrément ;

2° Le fait, pour le détenteur de l'agrément, d'exercer l'une des activités visées à l'article L. 254-1 sans satisfaire aux conditions exigées par l'article L. 254-2 ou par l'article L. 254-5.

II. – Les personnes physiques coupables de l'une des infractions mentionnées au présent article encourent également la peine complémentaire d'affichage et de diffusion de la décision dans les conditions prévues par l'article 131-35 du code pénal.

Les personnes morales déclarées coupables pénalement dans les conditions prévues à l'article 121-2 du même code des infractions définies au présent article encourent, outre l'amende suivant les modalités prévues à l'article 131-38 du code pénal, la peine prévue au 9° de l'article 131-39 du même code.

(L. n° 2016-1087 du 8 août 2016, art. 142-3°) « III. – Lorsqu'elles sont commises en bande organisée, les infractions prévues au I sont punies de sept ans d'emprisonnement et 150 000 € d'amende. »

CHAPITRE V MISE SUR LE MARCHÉ ET UTILISATION DES MATIÈRES FERTILISANTES, DES ADJUVANTS POUR MATIÈRES FERTILISANTES ET DES SUPPORTS DE CULTURE

(Ord. n° 2015-615 du 4 juin 2015, art. 1er)

L'Ord. n° 2015-616 du 4 juin 2015 modifiant le code rural et de la pêche maritime en vue d'assurer la conformité de ses dispositions avec le droit de l'Union européenne et modifiant les dispositions relatives à la recherche et à la constatation des infractions aux dispositions de son livre II est ratifiée par la L. n° 2023-171 du 9 mars 2023, art. 39-1°.

COMMENTAIRE

Les matières fertilisantes sont des produits dont l'utilisation est de nature à développer la productivité de l'activité agricole. Les engrais n'ont longtemps fait l'objet d'aucune réglementation spécifique. Des dispositions étaient prévues dans la loi du 4 février 1888 concernant les conditions de vente de ces produits et l'obligation de préciser leur teneur en principes actifs. L'usage de ces produits a été remis en question du fait de la prise de conscience du risque aggravé pour l'environnement et la santé humaine résultant de leur dispersion dans les sols et de leur persistance dans l'alimentation. La loi n° 79-595 du 13 juillet 1979 modifiée par la loi du 9 juillet 1999 a imposé un principe d'homologation de ces produits après une période d'expertise, mais la portée du principe a été limitée par l'introduction d'un grand nombre d'exceptions dans son application. La loi du 17 août 2015 relative à la transition écologique a développé un système de contrôle de l'importation, de la détention, de la distribution et de l'usage des produits fertilisants. Puis, la loi contre le dérèglement climatique du 22 août 2021, qui a notamment pour but de promouvoir l'agroécologie, a complété ce dispositif : un objectif chiffré de réduction des émissions d'ammoniac et de protoxyde d'azote a été posé, avec la préparation d'un plan national pour y parvenir. Il a également été prévu d'une part l'interdiction, mais avec des délais de mise en œuvre, de l'utilisation des engrais de synthèse par les personnes publiques pour l'entretien des espaces relevant de leur domaine public ou privé, puis pour tout usage non professionnel, de même que l'interdiction dans toutes les propriétés privées, hors terrains à vocation agricole et certains équipements sportifs. D'autre part le législateur a posé le principe d'une redevance sur l'usage des engrais azotés si la réduction n'est pas conforme aux objectifs envisagés, en rappelant sa conscience des contraintes du marché et de la viabilité économiques des filières agricoles, dans le cadre d'un débat très tendu. ❑

SECTION 1 **Définitions**

(Ord. n° 2015-615 du 4 juin 2015, art. 1er)

Art. L. 255-1 Au sens du présent chapitre :

Les "matières fertilisantes" sont des produits destinés à assurer ou à améliorer la nutrition des végétaux ou les propriétés physiques, chimiques et biologiques des sols. Elles comprennent, notamment :

1° Les engrais destinés à apporter aux plantes des éléments directement utiles à leur nutrition. Il peut s'agir d'éléments fertilisants majeurs ou secondaires ou encore d'oligo-éléments ;

2° Les amendements destinés à modifier ou à améliorer les propriétés physiques, chimiques ou biologiques des sols ;

(L. n° 2020-1508 du 3 déc. 2020, art. 31) **« 3° Les matières, notamment les biostimulants tels que définis par le règlement (UE) 2019/1009 du Parlement européen et du Conseil du 5 juin 2019 établissant les règles relatives à la mise à disposition sur le marché des fertilisants UE, modifiant les règlements (CE) n° 1069/2009 et (CE) n° 1107/2009 et abrogeant le règlement (CE) n° 2003/2003, dont la fonction, une fois appliquées au sol ou sur la plante, est de stimuler des processus naturels des plantes ou du sol, afin de faciliter ou de réguler l'absorption par celles-ci des éléments nutritifs, d'améliorer leur résistance aux stress abiotiques ou d'améliorer les caractéristiques qualitatives de végétaux. »**

Les "adjuvants pour matières fertilisantes" sont des préparations qui modifient les qualités physiques, chimiques ou biologiques d'une matière fertilisante, à laquelle elles sont ajoutées en mélange extemporané.

Les "supports de culture" sont des produits destinés à servir de milieu de culture à certains végétaux et à leur permettre, par ancrage de leurs organes absorbants, d'être en contact avec les solutions nécessaires à leur croissance.

SECTION 1 *BIS* Plan d'action national en vue de la réduction des émissions d'ammoniac et de protoxyde d'azote liées aux usages d'engrais azotés minéraux

(L. n° 2021-1104 du 22 août 2021, art. 268)

Art. L. 255-1-1 Afin d'atteindre l'objectif de réduction de 13 % des émissions d'ammoniac en 2030 par rapport à 2005 et l'objectif de réduction de 15 % des émissions de protoxyde d'azote en 2030 par rapport à 2015, selon la trajectoire prévue par le décret mentionné au I de l'article 268 de la loi n° 2021-1104 du 22 août 2021 portant lutte contre le dérèglement climatique et renforcement de la résilience face à ses effets, il est mis en place un plan d'action national en vue de la réduction des émissions d'ammoniac et de protoxyde d'azote liées aux usages d'engrais azotés minéraux. Il comprend des indicateurs de suivi des objectifs fixés.

Le plan d'action national est arrêté après avis d'une instance de concertation et de suivi associant l'ensemble des parties prenantes, dont la composition est précisée par décret. Il est mis à la disposition du public.

Le plan d'action national prévu au premier alinéa du présent article présente et valorise l'ensemble des démarches et pratiques contribuant à une meilleure identification des impacts associés et des moyens de réduire les émissions d'ammoniac et de protoxyde d'azote liées aux quantités utilisées d'engrais azotés minéraux, à la promotion de leur utilisation raisonnée et à l'accompagnement de l'évolution des pratiques culturales et agronomiques, en prenant en compte les enjeux sanitaires, environnementaux et économiques. Il établit un inventaire des technologies disponibles ainsi que la liste des financements publics et des mesures destinés à la recherche, à la formation et au soutien des exploitants agricoles en vue de développer des solutions et pratiques plus raisonnées ou alternatives et de promouvoir le recours aux engrais azotés organiques et à des équipements permettant une meilleure performance sur le plan environnemental.

V. Décr. n° 2022-1654 du 26 déc. 2022 définissant les trajectoires annuelles de réduction des émissions de protoxyde d'azote et d'ammoniac du secteur agricole jusqu'en 2030 (JO 27 déc.).

Au regard des objectifs de la politique publique en faveur du climat, dans le cadre du suivi du plan d'action national prévu à l'art. L. 255-1-1, s'il est constaté pendant deux années consécutives que les objectifs de réduction des émissions d'ammoniac et de protoxyde d'azote liées à la consommation d'engrais azotés minéraux fixés en application du I du présent article ne sont pas atteints, il est envisagé de mettre en place une redevance sur l'usage des engrais azotés minéraux, tout en veillant à préserver la viabilité économique des filières agricoles concernées et à ne pas accroître d'éventuelles distorsions de concurrence avec les mesures en vigueur dans d'autres États membres de l'Union européenne (L. n° 2021-1104 du 22 août 2021, art. 268-III).

SECTION 2 Mise sur le marché et utilisation des matières fertilisantes, des adjuvants pour matières fertilisantes et des supports de culture

(Ord. n° 2015-615 du 4 juin 2015, art. 1er)

Art. L. 255-2 L'importation, la détention en vue de la vente, la mise en vente, la vente, la distribution à titre gratuit ou l'utilisation, sous quelque dénomination que ce soit sur le territoire national, d'une matière fertilisante, d'un adjuvant pour matières fertilisantes ou d'un support de culture définis à la section 1 du présent chapitre est subordonnée à l'obtention d'une autorisation de mise sur le marché délivrée selon les conditions posées à l'article L. 255-7.

Responsabilité. Condamnation de l'État à réparer le préjudice causé par l'interdiction ministérielle d'importation et de vente de certains engrais, annulée pour erreur manifeste d'appréciation des risques présentés par ces produits. • CE 4 avr. 2005, *Sté Francefert,* n° 262400.

Art. L. 255-3 Par dérogation à l'article L. 255-2, la détention en vue de la vente, la mise en vente, la vente, la distribution à titre gratuit ou l'utilisation, sur le territoire national, d'un des produits mentionnés à ce même article provenant d'un État membre de l'Union européenne, sur le territoire duquel il est légalement mis sur le marché, n'est subordonnée, dès lors que ce produit est identique à un produit dit "de référence" bénéficiant déjà d'une autorisation de mise sur le marché en France, qu'à l'obtention d'un permis délivré selon les conditions posées à l'article L. 255-7. Le permis ainsi délivré au produit introduit sur le territoire national n'ouvre droit qu'aux mêmes conditions de mise sur le marché et d'utilisation que celles applicables au produit de référence autorisé en France.

Art. L. 255-4 La distribution ou l'utilisation à des fins d'expérimentation d'un des produits mentionnés à l'article L. 255-2 est subordonnée à l'obtention d'un permis délivré dans les conditions prévues à l'article L. 255-8, sous réserve des dispositions de l'article L. 255-9.

Art. L. 255-5 Sont dispensés des obligations prévues aux articles L. 255-2 à *(Ord. n° 2015-1242 du 7 oct. 2015, art. 2-7°)* « L. 255-4 » :

1° Les matières fertilisantes, les adjuvants pour matières fertilisantes et les supports de culture conformes à une norme rendue d'application obligatoire par un arrêté pris sur le fondement du décret n° 2009-697 du 16 juin 2009 relatif à la normalisation pris pour l'application de la loi n° 41-1987 du 24 mai 1941 relative à la normalisation ;

2° Les matières fertilisantes, les adjuvants pour matières fertilisantes et les supports de culture conformes à un règlement de l'Union européenne n'imposant pas d'autorisation devant être délivrée par un État membre préalablement à leur mise sur le marché ou faisant obstacle à ce qu'une restriction soit portée à leur mise sur le marché et à leur utilisation ;

3° Les matières fertilisantes, leurs adjuvants ainsi que les supports de culture conformes à un cahier des charges approuvé par voie réglementaire garantissant leur efficacité et leur innocuité ;

4° Les substances naturelles à usage biostimulant autorisées conformément à la procédure particulière *(Ord. n° 2019-1110 du 30 oct. 2019, art. 4, en vigueur le 14 déc. 2019)* « prévue au » deuxième alinéa de l'article L. 253-1 ;

5° Les déchets, résidus ou effluents issus des installations définies aux articles L. 214-1 et L. 511-1 du code de l'environnement dont l'évacuation ou le déversement sur des terres agricoles en tant que matières fertilisantes fait l'objet d'un plan d'épandage garantissant l'absence d'effet nocif sur la santé humaine et animale et sur l'environnement ;

6° Les matières organiques brutes ou les supports de culture d'origine naturelle, livrés en l'état ou mélangés entre eux, obtenus à partir de matières naturelles sans traitement chimique et constituant des sous-produits d'une exploitation agricole ou d'un établissement non agricole d'élevage ou d'entretien des animaux lorsqu'ils sont cédés directement, à titre gratuit ou onéreux, par l'exploitant ou le responsable de l'établissement ;

7° Les matières fertilisantes, les adjuvants pour matières fertilisantes ou les supports de culture stockés ou circulant sur le territoire national qui ne sont destinés ni à y être utilisés, ni à y être mis sur le marché.

Art. L. 255-6 La mise sur le marché d'une matière fertilisante, d'un adjuvant pour matières fertilisantes ou d'un support de culture constitué par le mélange de produits mis sur le marché ou utilisés conformément aux articles L. 255-2, L. 255-3 ou L. 255-5 est également subordonnée à la délivrance de l'autorisation ou du permis prévus respectivement aux articles L. 255-2 et L. 255-3, sauf si ce mélange remplit l'une des conditions suivantes :

– il est explicitement autorisé dans une norme rendue d'application obligatoire par un arrêté pris sur le fondement du décret n° 2009-697 du 16 juin 2009 relatif à la normalisation pris pour l'application de la loi n° 41-1987 du 24 mai 1941 relative à la normalisation ;

– il est explicitement autorisé par un règlement de l'Union européenne ;

– il répond à des conditions fixées par arrêté du ministre chargé de l'agriculture de nature à garantir qu'il ne porte atteinte ni à la santé humaine, ni à la santé animale, ni à l'environnement.

Art. L. 255-7 L'autorisation de mise sur le marché et le permis d'introduction d'une matière fertilisante, d'un adjuvant pour matières fertilisantes ou d'un support de culture sont délivrés par l'autorité désignée à l'article L. 1313-5 du code de la santé publique, à l'issue d'une évaluation qui, dans les conditions d'emploi prescrites, révèle son absence d'effet nocif sur la santé humaine, la santé animale et sur l'environnement et son efficacité, selon les cas, à l'égard des végétaux et produits végétaux ou des sols.

Art. L. 255-8 Le permis d'expérimentation d'une matière fertilisante, d'un adjuvant pour matières fertilisantes ou d'un support de culture est délivré par l'autorité administrative mentionnée à l'article L. 255-7, à l'issue d'une évaluation qui révèle son absence d'effet nocif sur la santé humaine, la santé animale et sur l'environnement dans les conditions d'emploi prescrites.

Art. L. 255-9 Par dérogation aux dispositions de l'article L. 255-4, les essais, les expériences ou les études d'une matière fertilisante, d'un adjuvant pour matières fertilisantes ou d'un support de culture peuvent être exemptés de permis, si ces opérations satisfont à des prescriptions ou à des conditions fixées par décret en Conseil d'État de nature à garantir qu'elles ne portent atteinte ni à la santé humaine, ni à la santé animale, ni à l'environnement.

Art. L. 255-9-1 *(Ord. n° 2020-920 du 29 juill. 2020, art. 14)* Un décret, pris après consultation de l'Agence nationale de sécurité sanitaire de l'alimentation, de l'environnement et du travail, fixe les critères de qualité agronomique et d'innocuité selon les conditions d'usage pour les matières fertilisantes et les supports de culture, afin de s'assurer que leur mise sur le marché et leur utilisation ne portent pas atteinte à la santé publique, à la santé animale et à l'environnement.

Art. L. 255-10 Les autorisations de mise sur le marché et le permis prévus respectivement aux articles L. 255-2 et L. 255-3 ainsi que les normes d'application obligatoire et les cahiers des charges mentionnés aux 1° et 3° de l'article L. 255-5 peuvent comporter des prescriptions particulières d'emploi du produit ou prévoir l'obligation de fournir régulièrement des informations sur ses effets à l'autorité compétente pour les délivrer.

Art. L. 255-11 Sans préjudice des dispositions de l'article L. 255-16, l'autorisation de mise sur le marché ou les permis prévus respectivement aux articles L. 255-2, L. 255-3 et L. 255-4 peuvent être retirés ou modifiés s'il apparaît que des indications fausses, incomplètes ou fallacieuses ont été fournies dans la demande d'autorisation ou de permis, ou que les conditions requises pour obtenir la délivrance de cette autorisation ou de ce permis ne sont plus remplies, ou que les obligations de fourniture d'informations prévues dans cette autorisation ou ce permis ne sont pas respectées.

Art. L. 255-12 Lorsqu'une matière fertilisante ou un support de culture est issu, en tout ou partie, de déchets qui ont été traités *(Abrogé par L. n° 2020-105 du 10 févr. 2020, art. 115)* ***« dans une installation mentionnée à l'article L. 214-1 du code de l'environnement soumise à autorisation ou à déclaration ou dans une installation mentionnée à l'article L. 511-1 du même code soumise à autorisation, à enregistrement ou à déclaration »*** et qui ont subi une opération de valorisation, notamment de recyclage ou de préparation en vue de leur réutilisation, la délivrance à cette matière fertilisante ou à ce support de culture de l'autorisation de mise sur le marché prévue à l'article L. 255-2 du présent code, dès lors qu'elle comprend la vérification des autres conditions posées à l'article L. 541-4-3 du code de l'environnement, emporte la sortie de cette matière fertilisante ou de ce support de culture du statut de déchets.

(L. n° 2018-938 du 30 oct. 2018, art. 95) « Il en va de même d'une matière fertilisante ou d'un support de culture, à l'exception de ceux issus de la transformation de boues de station d'épuration seules ou en mélange avec d'autres matières, du fait de sa conformité à :

« 1° Une norme mentionnée au 1° de l'article L. 255-5 du présent code pour laquelle une évaluation de l'Agence nationale de sécurité sanitaire de l'alimentation, de l'environnement et du travail montre qu'elle garantit que l'ensemble des conditions prévues à l'article L. 541-4-3 du code de l'environnement sont remplies ;

« 2° Un règlement de l'Union européenne mentionné au 2° de l'article L. 255-5 du présent code dès lors qu'il garantit que l'ensemble des conditions prévues à l'article L. 541-4-3 du code de l'environnement sont remplies ;

« 3° Un cahier des charges pris en application du 3° de l'article L. 255-5 du présent code dès lors qu'il garantit que l'ensemble des conditions prévues à l'article L. 541-4-3 du code de l'environnement sont remplies.

« Un arrêté des ministres chargés de l'agriculture et de l'environnement, pris après avis conforme de l'Agence nationale de sécurité sanitaire de l'alimentation, de l'environnement et du travail, établit la liste des normes mentionnées au 1° du présent article pour laquelle la sortie du statut de déchets est effective. »

Art. L. 255-13 Les conditions dans lesquelles les autorisations et les permis prévus à la présente section sont délivrés et peuvent être modifiés ou retirés sont fixées par décret en Conseil d'État.

Art. L. 255-13-1 *(L. n° 2021-1104 du 22 août 2021, art. 269)* I. — Il est interdit aux personnes publiques mentionnées à l'article L. 1 du code général de la propriété des personnes publiques d'utiliser ou de faire utiliser des engrais de synthèse pour l'entretien des espaces relevant de leur domaine public ou privé, hors terrains à vocation agricole.

II. — La mise sur le marché, la délivrance, l'utilisation et la détention d'engrais de synthèse pour un usage non professionnel sont interdites.

III. — L'utilisation non agricole des engrais de synthèse est interdite dans les propriétés privées, hors terrains à vocation agricole définis au premier alinéa de l'article L. 143-1.

IV. — L'interdiction prévue aux I et III du présent article ne s'applique pas aux équipements sportifs, y compris aux hippodromes et terrains d'entraînement de chevaux de courses, pour lesquels l'utilisation d'engrais de synthèse est nécessaire afin d'obtenir la qualité permettant la pratique sportive. Au plus tard le 1er janvier 2025, sous l'égide des ministres chargés des sports et de l'environnement, en concertation avec les acteurs concernés, est élaborée une feuille de route, basée sur un bilan de l'utilisation d'engrais de synthèse pour l'entretien des équipements sportifs et de ses impacts, qui définit une trajectoire, avec des échéances et des objectifs chiffrés, permettant une généralisation de bonnes pratiques environnementales en matière de gestion de la fertilisation des équipements sportifs.

V. — Les interdictions mentionnées aux I à III ne s'appliquent pas aux engrais utilisables en agriculture biologique et pour l'entretien de monuments historiques.

Un décret définit les modalités d'application du présent article. — *Ces dispositions entrent en vigueur à la date prévue par le décret mentionné au dernier al., et au plus tard le 1er janv. 2027 (L. n° 2021-1104 du 22 août 2021, art. 269-III).*

SECTION 3 Mesures de surveillance des effets et de l'efficacité des produits

(Ord. n° 2015-615 du 4 juin 2015, art. 1er)

Art. L. 255-14 Sans préjudice des dispositions de l'article L. 255-10, les responsables de la mise sur le marché, les fabricants, les importateurs, les distributeurs et les utilisateurs professionnels d'un des produits définis à l'article L. 255-1 sont tenus de communiquer sans délai à l'autorité administrative mentionnée à l'article L. 255-7 toute information dont ils disposent relative à un accident ou à un incident lié à l'un de ces produits ou à un effet indésirable, sur l'homme, les végétaux, l'environnement ou la sécurité sanitaire, des denrées ou des aliments pour animaux issus des végétaux ayant fait l'objet de la mise en œuvre d'un de ces produits.

Les personnes énumérées au premier alinéa sont également tenues de communiquer sans délai à la même autorité administrative toute information relative à une baisse ou à une perte d'efficacité d'un de ces produits.

Art. L. 255-15 Lorsque des éléments nouveaux portés à sa connaissance laissent penser qu'un produit pourrait présenter des risques pour la santé humaine ou animale ou pour l'environnement, ou pourrait être inefficace, l'autorité administrative mentionnée à l'article L. 255-7 peut demander au responsable de la mise sur le marché de ce produit de lui fournir toute information complémentaire et de procéder à des essais de vérification.

SECTION 4 **Mesures d'urgence**

(Ord. n° 2015-615 du 4 juin 2015, art. 1er)

Art. L. 255-16 Dans l'intérêt de la santé humaine, de la santé animale ou de l'environnement, l'autorité administrative peut prendre toute mesure d'interdiction, de restriction ou toute prescription particulière concernant l'importation, la détention en vue de la vente, la mise en vente, la vente, la distribution à titre gratuit ou l'utilisation des produits définis à l'article L. 255-1.

SECTION 5 **Contrôles et sanctions**

(Ord. n° 2015-615 du 4 juin 2015, art. 1er)

Art. L. 255-17 Les agents mentionnés *(Ord. n° 2016-301 du 14 mars 2016, art. 16-6°, en vigueur le 1er juill. 2016)* « aux articles L. 511-3 et L. 511-22 du code de la consommation sont habilités à rechercher et constater les infractions aux dispositions du présent chapitre et aux textes pris pour leur application, dans les conditions prévues au I de l'article L. 511-22 du même code » *(L. n° 2016-1087 du 8 août 2016, art. 164-III-2°)* « , sous réserve de l'application des dispositions du code des douanes relatives à la recherche, à la constatation et à la poursuite des infractions douanières constituant également des infractions aux dispositions du présent chapitre ».

Sont également habilités, pour procéder à la recherche et à la constatation des infractions aux dispositions relatives à la mise sur le marché et à l'utilisation des produits définis à l'article L. 255-1 du présent code, les fonctionnaires et agents mentionnés à l'article L. 172-4 du code de l'environnement, dans l'exercice de leurs fonctions ou attributions. *(Abrogé par L. n° 2016-1087 du 8 août 2016, art. 164-III-2°)* ***« Sous réserve de l'application des dispositions du code des douanes relatives à la recherche, à la constatation et à la poursuite des infractions douanières constituant également des infractions aux dispositions du présent chapitre, ces agents*** *(Ord. n° 2016-301 du 14 mars 2016, art. 16-6°)* ***« disposent à cet effet des pouvoirs prévus au I de l'article L. 511-22 » du code de la consommation. »***

Art. L. 255-18 I. – Est puni de deux ans d'emprisonnement et de 75 000 € d'amende :

1° Le fait, pour toute personne, d'importer, de détenir en vue de la vente, de mettre en vente, de vendre ou de distribuer à titre gratuit une matière fertilisante, un adjuvant pour matières fertilisantes ou un support de culture sans autorisation ni permis en méconnaissance des dispositions du présent chapitre ou sans respecter les conditions fixées par l'autorisation de mise sur le marché, le permis, la norme *(L. n° 2020-1508 du 3 déc. 2020, art. 32)* « , le règlement mentionné au 2° de l'article L. 255-5 » ou le cahier des charges applicable au produit concerné ;

2° Le fait, pour le responsable de la mise sur le marché, le fabricant, l'importateur, le distributeur ou l'utilisateur professionnel d'une matière fertilisante, d'un adjuvant pour matières fertilisantes ou d'un support de culture, de ne pas communiquer à l'autorité administrative les informations dont il dispose relatives à un accident ou à un incident lié à l'un de ces produits ou à un effet indésirable, sur l'homme, les végétaux, l'environnement ou la sécurité sanitaire, des denrées ou des aliments pour animaux issus des végétaux ayant fait l'objet de la mise en œuvre d'un de ces produits ;

3° Le fait de faire état, dans une publicité relative à une matière fertilisante, à un adjuvant pour matières fertilisantes ou à un support de culture, de possibilités ou de conditions d'emploi non prévues par l'autorisation de mise sur le marché, le permis, la norme *(L. n° 2020-1508 du 3 déc. 2020, art. 32)* « , le règlement mentionné au 2° de l'article L. 255-5 » ou le cahier des charges applicable au produit concerné.

II. – Est puni de six mois d'emprisonnement et de 30 000 € d'amende :

1° Le fait, pour tout professionnel, d'utiliser ou de détenir en vue de son utilisation une matière fertilisante, un adjuvant pour matières fertilisantes ou un support de culture qui ne bénéficie pas de l'autorisation de mise sur le marché ou d'un permis requis en application des articles L. 255-2, L. 255-3 ou L. 255-4 ou n'est pas conforme à une norme *(L. n° 2020-1508 du 3 déc. 2020, art. 32)* « , le *[au]* règlement mentionné au 2° de l'article L. 255-5 » ou à un cahier des charges en application de l'article L. 255-5 ;

2° Le fait, pour tout professionnel, d'utiliser une matière fertilisante, un adjuvant pour matières fertilisantes ou un support de culture sans respecter les prescriptions prévues par l'autorisation de mise sur le marché, le permis, la norme *(L. n° 2020-1508 du 3 déc. 2020, art. 32)* « , le règlement mentionné au 2° de l'article L. 255-5 » ou le cahier des charges applicable à ce produit.

Pour un exemple de sanction pénale de l'irrespect des obligations relatives à la mise en vente, détention et utilisation des matières fertilisantes et produits antiparasitaires agricoles, V. • TGI Paris, 28 nov. 2007, n° 0319090027 : *Envir. 2009. Chron. 1, obs. Bertella-Geffroy.*

CHAPITRE VI RÈGLES RELATIVES AUX MATÉRIELS DESTINÉS À L'APPLICATION DE PRODUITS PHYTOPHARMACEUTIQUES

(L. n° 2006-1772 du 30 déc. 2006, art. 41-I)

Art. L. 256-1 *(Ord. n° 2011-840 du 15 juill. 2011, art. 3)* « Les produits phytopharmaceutiques mentionnés au présent chapitre sont ceux définis au 1 de l'article 2 du règlement (CE) n° 1107/2009. » Les matériels destinés à l'application des produits phytopharmaceutiques *(Ord. n° 2011-840 du 15 juill. 2011, art. 3)* « et les matériels destinés au semis des semences traitées au moyen de ces produits sont conformes à des prescriptions permettant d'assurer un niveau élevé de protection de la santé humaine et de l'environnement », s'ils sont vendus, neufs ou d'occasion, par un professionnel du machinisme pour être utilisés sur le territoire national.

Les infractions à ces prescriptions sont recherchées et constatées par les agents et dans les conditions mentionnés à l'article L. 254-8 du présent code. Ils disposent à cet effet des pouvoirs prévus au livre II du code de la consommation.

Les personnes reconnues coupables des infractions au présent article et aux textes pris pour son application remboursent, à la demande de l'autorité administrative, les frais de prélèvements, de transport, d'analyses ou d'essais exposés pour la recherche et la constatation de ces infractions.

Le fait, pour le responsable de la première mise sur le marché sur le territoire national, d'attester de la conformité d'un matériel non conforme aux prescriptions du premier alinéa est puni d'une amende dont le montant est celui fixé par l'article L. 213-1 *[devenu C. consom., art. L. 454-1]* du code de la consommation.

Art. L. 256-2 *(Ord. n° 2011-840 du 15 juill. 2011, art. 3)* « Les matériels d'application des produits phytopharmaceutiques mentionnés à l'article L. 256-1 sont soumis à un contrôle obligatoire à intervalles réguliers, dont le financement est à la charge du propriétaire, permettant de s'assurer qu'ils fonctionnent correctement et qu'ils sont conformes aux exigences sanitaires, environnementales et de sécurité fixées par arrêté du ministre chargé de l'agriculture. »

(L. n° 2020-1525 du 7 déc. 2020, art. 83, en vigueur le 1er janv. 2021) « Les organismes d'inspection chargés de ce contrôle ainsi que les organismes de formation des inspecteurs réalisant le contrôle sont agréés par l'autorité administrative compétente. Ces agréments sont subordonnés au respect des conditions fixées par arrêté du ministre chargé de l'agriculture. »

Les agents qualifiés pour rechercher et constater les infractions à ces dispositions et aux textes pris pour leur application *(Ord. n° 2015-616 du 4 juin 2015, art. 6-17°)* « sont, outre les agents mentionnés aux 1° à 6° et au dernier tiret du dernier alinéa du I de l'article L. 205-1, ceux mentionnés » *(Ord. n° 2010-460 du 6 mai 2010, art. 10)* « au II de l'article L. 251-18 » du présent code et *(Ord. n° 2012-34 du 11 janv. 2012, art. 23, en vigueur le 1er juill. 2013)* « les fonctionnaires et agents mentionnés à l'article L. 172-4 du code de l'environnement ».

Art. L. 256-2-1 *(L. n° 2020-1525 du 7 déc. 2020, art. 83, en vigueur le 1er janv. 2021)* « Un organisme apporte à l'autorité administrative son appui technique dans la définition et la mise en œuvre des procédures de contrôle prévues à l'article L. 256-2 ainsi que son expertise pour la recherche et la constatation des infractions aux prescriptions mentionnées à l'article L. 256-1.

« Les conditions dans lesquelles est désigné cet organisme et le contenu des missions qui lui sont confiées sont précisés par voie réglementaire.

« Les organismes d'inspection mentionnés à l'article L. 256-2 s'acquittent annuellement auprès de l'organisme mentionné au premier alinéa du présent article d'une somme forfaitaire fixée par arrêté conjoint des ministres chargés de l'agriculture et du budget, dans la limite de 5 € par contrôle effectué. Cette somme est versée dans les deux mois suivant l'année civile concernée. »

(L. n° 2007-1822 du 24 déc. 2007, art. 88-II) **Le recouvrement de ces sommes est assuré par** *(L. n° 2020-1525 du 7 déc. 2020, art. 83, en vigueur le 1er janv. 2021)* **« le comptable de l'organisme mentionné au même premier alinéa » selon les procédures, sûretés, garanties et sanctions applicables aux taxes sur le chiffre d'affaires. Les réclamations sont présentées, instruites et jugées comme pour les taxes sur le chiffre d'affaires.** – *V. Arr. du 15 déc. 2021 fixant la somme exigée des organismes d'inspection des matériels d'application des produits phytopharmaceutiques pris en application de l'art. L. 256-2-1 (JO 19 déc.).*

Art. L. 256-3 *(Ord. n° 2011-840 du 15 juill. 2011, art. 3)* **Les utilisateurs professionnels des matériels d'application des produits phytopharmaceutiques mentionnés à l'article L. 256-1 procèdent à des étalonnages et des contrôles techniques réguliers des matériels.**

Art. L. 256-4 *(Ord. n° 2011-840 du 15 juill. 2011, art. 3)* **Lorsque le détenteur du certificat mentionné à l'article L. 254-3 ne respecte pas les obligations qui lui incombent en application des articles L. 256-2 et L. 256-3, ce certificat peut être suspendu par l'autorité administrative dans des conditions fixées par décret en Conseil d'État.**

CHAPITRE VII LE CONTRÔLE DE LA PRODUCTION PRIMAIRE DES DENRÉES ALIMENTAIRES ET DES PRODUITS DESTINÉS À L'ALIMENTATION ANIMALE OU DES ALIMENTS POUR ANIMAUX D'ORIGINE VÉGÉTALE

(Ord. n° 2006-1224 du 5 oct. 2006)

BIBL. GÉN. ▶ BANET, *Gaz. Pal. 28-29 juill. 2006. 7* (une responsabilité accrue pour les opérateurs du secteur alimentaire ; le nouveau cadre réglementaire entré en vigueur le 1er janv. 2006). – PIERRE, *Option qualité, sept. 2004. 15* (la réforme du droit européen de la sécurité des aliments).

SECTION 1 Dispositions générales

Art. L. 257-1 Les règles applicables aux exploitants produisant, au stade de la production primaire, des denrées alimentaires, des produits destinés à l'alimentation animale ou des aliments pour animaux d'origine végétale sont définies par le règlement (CE) n° 852/2004 du Parlement européen et du Conseil du 29 avril 2004 et par le règlement (CE) n° 183/2005 du Parlement européen et du Conseil du 12 janvier 2005 ou par les dispositions du présent chapitre. – *V. art. L. 257-4.*

Art. L. 257-2 *Abrogé par Ord. n° 2010-460 du 6 mai 2010, art. 13.*

Art. L. 257-3 *Abrogé par Ord. n° 2019-1110 du 30 oct. 2019, art. 4, à compter du 14 déc. 2019.*

Art. L. 257-4 *Abrogé par Ord. n° 2010-460 du 6 mai 2010, art. 13.*

Art. L. 257-5 et L. 257-6 *Abrogés par Ord. n° 2019-1110 du 30 oct. 2019, art. 4, à compter du 14 déc. 2019.*

Art. L. 257-7 *Abrogé par Ord. n° 2010-460 du 6 mai 2010, art. 13.*

Art. L. 257-8 Lorsque, du fait d'une méconnaissance des prescriptions générales de la législation relative à la sécurité alimentaire ou des règles sanitaires, une exploitation produisant des denrées alimentaires ou des aliments pour animaux d'origine végétale présente ou est susceptible de présenter une menace pour la santé publique, les agents *(Ord. n° 2019-1110 du 30 oct. 2019, art. 4, en vigueur le 14 déc. 2019)* **« mentionnés au I de l'article L. 250-5 » peuvent ordonner la réalisation de travaux, d'opérations de nettoyage, d'actions de formation du personnel et d'autres mesures correctives ainsi que le renforcement des autocontrôles.**

V. art. L. 257-12 (pén.).

Art. L. 257-9 Les agents *(Ord. n° 2019-1110 du 30 oct. 2019, art. 4, en vigueur le 14 déc. 2019)* « mentionnés au I de l'article L. 250-5 » sont habilités à procéder au contrôle officiel de la mise en œuvre des bonnes pratiques d'hygiène et des procédures d'analyse des dangers et des points critiques pour les maîtriser, *(Ord. n° 2019-1110 du 30 oct. 2019, art. 4, en vigueur le 14 déc. 2019)* « en application de l'article 14 du règlement (UE) 2017/625 du 15 mars 2017 ».

SECTION 2 Mesures d'exécution

Art. L. 257-10 *Abrogé par Ord. n° 2019-1110 du 30 oct. 2019, art. 4, à compter du 14 déc. 2019.*

Art. L. 257-11 Lorsqu'un règlement ou une décision de la Communauté européenne contiennent des dispositions qui entrent dans le champ d'application du présent chapitre, il est constaté, par décret en Conseil d'État, que ce règlement ou cette décision en constituent les mesures d'exécution.

SECTION 3 Dispositions pénales

Art. L. 257-12 I. — Est puni de six mois d'emprisonnement et de 7 500 € d'amende le fait de ne pas respecter les prescriptions et *(Ord. n° 2019-1110 du 30 oct. 2019, art. 4, en vigueur le 14 déc. 2019)* « mesures ordonnées en application des articles L. 250-7 et L. 257-8 ».

II. — Les personnes physiques encourent également les peines complémentaires suivantes :

— l'interdiction pour une durée de cinq ans au plus d'émettre des chèques autres que ceux qui permettent le retrait de fonds par un tireur auprès du tiré ou ceux qui sont certifiés et d'utiliser des cartes de paiement ;

— la confiscation de la chose qui a servi ou était destinée à commettre l'infraction ou de la chose qui en est le produit ;

— l'interdiction pour une durée de cinq ans au plus d'exercer une activité professionnelle ou sociale dès lors que les facilités que procure cette activité ont été sciemment utilisées pour préparer ou commettre l'infraction. Cette interdiction n'est toutefois pas applicable à l'exercice d'un mandat électif ou de responsabilités syndicales ;

— l'affichage de la décision prononcée ou la diffusion de celle-ci soit par la presse écrite, soit par tout moyen de communication au public par voie électronique.

III. — *(L. n° 2009-526 du 12 mai 2009, art. 125-XX)* « Les personnes morales déclarées responsables pénalement, dans les conditions prévues par l'article 121-2 du code pénal, des infractions définies au présent article encourent, outre l'amende suivant les modalités prévues par l'article 131-38 du code pénal, les peines prévues par les 2°, 4°, 7°, 8° et 9° de l'article 131-39 du même code. »

CHAPITRE VIII MACRO-ORGANISMES NON INDIGÈNES UTILES AUX VÉGÉTAUX, NOTAMMENT DANS LE CADRE DE LA LUTTE BIOLOGIQUE

(L. n° 2010-788 du 12 juill. 2010, art. 105)

Art. L. 258-1 L'entrée sur le territoire et l'introduction dans l'environnement d'un macro-organisme non indigène utile aux végétaux, notamment dans le cadre de la lutte biologique, sont soumises à une autorisation préalable. Cette autorisation est délivrée par arrêté conjoint des ministres chargés de l'agriculture et de l'environnement, sur la base d'une analyse du risque phytosanitaire et environnemental, incluant l'impact sur la biodiversité, que cet organisme peut présenter.

(L. n° 2014-1170 du 13 oct. 2014, art. 53-VI) « Par dérogation au premier alinéa, l'entrée sur le territoire d'un tel macro-organisme en vue d'opérations réalisées de façon confinée peut être autorisée sans analyse préalable du risque phytosanitaire et environnemental. Cette autorisation délivrée par le préfet de région précise les mesures de confinement au respect desquelles l'autorisation est subordonnée. » L'introduction éventuelle de cet organisme dans l'environnement reste soumise à autorisation préalable par arrêté conjoint du ministre chargé de l'agriculture et du ministre chargé de l'environnement, sur la base de l'analyse de risque prévue à l'alinéa précédent.

Un décret en Conseil d'État précise les modalités d'application du présent article.

Art. L. 258-2 I. – Est puni de deux ans d'emprisonnement et de 7 500 € d'amende le non-respect des dispositions prévues à l'article L. 258-1.

II. – Les personnes physiques coupables de l'une des infractions prévues au I du présent article encourent également la peine complémentaire de l'affichage et de la diffusion de la décision prononcée dans les conditions prévues par l'article 131-35 du code pénal.

Les personnes morales déclarées responsables pénalement, dans les conditions prévues par l'article 121-2 du même code, des infractions définies au I du présent article encourent, outre l'amende suivant les modalités prévues par l'article 131-38 du code pénal, la peine prévue par le 9° de l'article 131-39 du même code.

CHAPITRE IX CULTURE DES VARIÉTÉS RENDUES TOLÉRANTES AUX HERBICIDES

(Ord. n° 2021-1659 du 15 déc. 2021, art. 1er)

Art. L. 259-1 Une variété rendue tolérante aux herbicides est une variété végétale dans laquelle a été introduite, par des méthodes d'obtention ou de sélection, une capacité à supporter des applications d'herbicides auxquels l'espèce végétale de cette variété est habituellement sensible.

Lorsque la Commission européenne l'autorise dans les conditions prévues par le droit de l'Union européenne, la culture d'une variété rendue tolérante aux herbicides peut être subordonnée au respect de conditions techniques relatives notamment aux pratiques agronomiques et aux successions culturales, visant à prévenir les risques pour la santé publique ou l'environnement que son utilisation est susceptible de présenter. Dans ce cas, l'exploitant tient un registre dans lequel il consigne des informations sur la mise en œuvre de ces conditions techniques.

Les conditions techniques applicables à la culture des variétés rendues tolérantes aux herbicides, les conditions de tenue du registre et les informations qui doivent y figurer sont précisées par décret.

Art. L. 259-2 Dans le cas où l'étude des incidences de l'utilisation des variétés rendues tolérantes aux herbicides sur l'environnement et la santé publique le nécessite, un décret peut, dans une zone géographique déterminée ou sur l'ensemble du territoire national, imposer aux exploitants de déclarer la culture d'une variété rendue tolérante aux herbicides et prévoir les conditions dans lesquelles les données et informations relatives à cette culture sont collectées.

TITRE VI *[ABROGÉ]* L'AGENCE FRANÇAISE DE SÉCURITÉ SANITAIRE DES ALIMENTS

(Abrogé par Ord. n° 2010-18 du 7 janv. 2010, art. 3)

CHAPITRE UNIQUE *[ABROGÉ]* MISSIONS, ORGANISATION ET FONCTIONNEMENT

Art. L. 261-1 *et* L. 261-2 *Abrogés par Ord. n° 2010-18 du 7 janv. 2010, art 3. – V. dorénavant CSP, art. L. 1313-1 s. (Agence nationale chargée de la sécurité sanitaire de l'alimentation, de l'environnement et du travail). –* ***CSP.***

TITRE VII DISPOSITIONS RELATIVES À L'OUTRE-MER

(Ord. n° 2016-391 du 31 mars 2016, art. 4-4°, en vigueur le 1er juill. 2016, ratifiée par L. n° 2017-256 du 28 févr. 2017, art. 102)

En Guadeloupe, en Guyane, en Martinique, à La Réunion, à Mayotte, à Saint-Barthélemy, à Saint-Martin et à Saint-Pierre-et-Miquelon, le chapitre I du titre préliminaire, les chapitres préliminaire, I et III du titre V et le titre VII du livre II du code rural et de la pêche maritime dans leur rédaction antérieure à l'Ord. n° 2019-1110 du 30 oct. 2019 restent en vigueur jusqu'à l'entrée en vigueur du décret mentionné au II de l'art. L. 251-3 dans sa rédaction issue du IV de l'art. 5 de ladite ordonnance et, au plus tard, le 14 avr. 2020 (Ord. n° 2019-1110 du 30 oct. 2019, art. 6-II, JO 31 oct.).

CHAPITRE I GUADELOUPE, GUYANE, MARTINIQUE, LA RÉUNION ET MAYOTTE

(Ord. nº 2016-391 du 31 mars 2016, art. 4-4º, en vigueur le 1er juill. 2016)

SECTION 1 Champ d'application et références

Art. L. 271-1 Les dispositions du présent livre s'appliquent en Guadeloupe, en Guyane, en Martinique, à La Réunion et à Mayotte sous réserve des exceptions et adaptations prévues au présent chapitre.

L'État engage sa responsabilité pour ses carences dans l'autorisation de vente de produits contenant du chlordécone. • TA Paris, 24 juin 2022, nos 2006925/6-2 s. : *D. actu. 12 juill. 2022, note Lingibé ; AJDA 2022. 1303, note Belrhali, Brimo et Jacquemet-Gauché*.

Art. L. 271-2 Pour l'application du présent livre en Guyane :

1º Les références à la région et au département, au conseil régional et au conseil départemental, au président du conseil régional et au président du conseil départemental sont remplacées respectivement par les références à la collectivité territoriale de Guyane, à l'assemblée de Guyane et au président de l'assemblée de Guyane ;

2º Les références aux plans ou schémas régionaux sont remplacées par les références aux plans ou schémas territoriaux de Guyane ;

3º Les références aux commissions régionales ou départementales sont remplacées par les références aux commissions territoriales de Guyane.

Art. L. 271-3 Pour l'application du présent livre en Martinique :

1º Les références à la région et au département, au conseil régional et au conseil départemental, au président du conseil régional et au président du conseil départemental sont remplacées respectivement par les références à la collectivité territoriale de Martinique, à l'assemblée de Martinique et, selon les cas, au président de l'assemblée de Martinique pour les attributions liées à la présidence de l'assemblée délibérante et au président du conseil exécutif de Martinique pour les attributions dévolues à l'autorité exécutive de la collectivité ;

2º Les références aux plans ou schémas régionaux sont remplacées par les références aux plans ou schémas territoriaux de Martinique ;

3º Les références aux commissions régionales ou départementales sont remplacées par les références aux commissions territoriales de Martinique.

Art. L. 271-4 Pour l'application du présent livre à Mayotte :

1º Les références à la région, au conseil régional et à son président sont remplacées par celles au Département de Mayotte, au conseil départemental et à son président ;

2º Les références au préfet de région sont remplacées par la référence au préfet du Département de Mayotte ;

3º Les références aux plans ou schémas régionaux sont remplacées par les références aux plans ou schémas du Département de Mayotte ;

4º Les références aux chambres régionale ou départementale d'agriculture sont remplacées par les références à la chambre de l'agriculture, de la pêche et de l'aquaculture de Mayotte.

SECTION 2 Dispositions communes relatives à la protection des végétaux

(Ord. nº 2019-1110 du 30 oct. 2019, art. 5)

Art. L. 271-5 Pour l'application en Guadeloupe, en Guyane, en Martinique, à La Réunion et à Mayotte des dispositions du titre préliminaire du présent livre :

1º Au troisième alinéa de l'article L. 201-2, les mots : "des végétaux, produits végétaux ou autres objets au sens de l'article 2 du règlement (UE) 2016/2031 du Parlement européen et du Conseil du 26 octobre 2016 relatif aux mesures de protection contre les organismes nuisibles aux végétaux," sont remplacés par les mots : ", des végétaux, produits végétaux ou autres objets mentionnés à l'article L. 251-2," ;

2º A l'article L. 201-3, avant les mots : "de l'article L. 251-3", sont insérés les mots : "du I" ;

3º L'article L. 201-4 est ainsi modifié :

a) Le premier alinéa est remplacé par les dispositions suivantes :

(Ord. n° 2021-1370 du 20 oct. 2021, art. 7) « "I. – L'autorité administrative prend toutes mesures de prévention, de surveillance ou de lutte relatives aux dangers mentionnés au 3° du I et au 1° du II de l'article L. 201-1 et aux dangers phytosanitaires mentionnés aux 1°, 2° et 5° du I de l'article L. 251-3. Elle peut prendre de telles mesures pour les dangers phytosanitaires mentionnés aux 3° et 6° de l'article L. 251-3." »

b) Le II est remplacé par les dispositions suivantes :

"II. – Les conditions dans lesquelles sont mises en œuvre les mesures relatives aux dangers phytosanitaires sont précisées par décret en Conseil d'État." ;

4° L'article L. 201-5 est ainsi modifié :

a) Au premier alinéa, les mots : "et les organismes de quarantaine prioritaires au sens de l'article 6 du règlement (UE) 2016/2031 du 26 octobre 2016," sont supprimés ;

b) Il est inséré, avant le deuxième alinéa, un alinéa ainsi rédigé :

"L'autorité administrative peut établir la liste des organismes de quarantaine prioritaires d'un espace phytosanitaire d'outre-mer. Ceux-ci font l'objet d'un plan d'intervention sanitaire d'urgence." ;

c) Au deuxième alinéa, devenu le troisième, les mots : "Sous réserve, pour les dangers phytosanitaires, des dispositions de l'article 25 du règlement du 26 octobre 2016 mentionné au précédent alinéa," sont supprimés ;

5° Le deuxième alinéa de l'article L. 201-7 est remplacé par les dispositions suivantes :

"Tout propriétaire ou détenteur de végétaux, ou tout professionnel exerçant ses activités en relation avec des végétaux qui détecte ou suspecte la présence d'un danger phytosanitaire mentionné aux 1°, 2°, 4° ou 5° du I de l'article L. 251-3 ou la première apparition sur le territoire national d'un danger phytosanitaire en informe immédiatement l'autorité administrative. Un décret en Conseil d'État peut prévoir les mesures que les opérateurs professionnels sont tenus de prendre dans ce cas, sans attendre les instructions de l'autorité administrative."

Art. L. 271-6 Pour l'application en Guadeloupe, en Guyane, en Martinique, à La Réunion et à Mayotte des dispositions de l'article L. 250-5, les mots : "et sans préjudice des obligations pesant sur les opérateurs en application de l'article 15 du règlement (UE) 2017/625 du 17 mars 2017" sont supprimés.

Art. L. 271-7 Pour l'application en Guadeloupe, en Guyane, en Martinique, à La Réunion et à Mayotte des dispositions du chapitre I du titre V du présent livre :

1° Il est rétabli, au début de la section 2, avant l'article L. 251-3, un article L. 251-2 ainsi rédigé :

Art. L. 251-2 Sont applicables aux collectivités mentionnées à l'article L. 271-1 :

1° La définition des organismes nuisibles applicable en métropole en vertu des deux premiers paragraphes de l'article 1er du règlement (UE) 2016/2031 du 26 octobre 2016, sous réserve du remplacement de la référence au territoire de l'Union par une référence à l'espace phytosanitaire d'outre-mer ;

2° La définition des végétaux, de la plantation, des végétaux destinés à la plantation et des autres objets applicable en métropole en vertu des points 1, 3, 4 et 5 de l'article 2 du même règlement ;

3° La définition des produits végétaux applicable en métropole en vertu de la première phrase du point 2 du même article, précisée par voie réglementaire ;

4° La définition des opérateurs professionnels applicable en métropole en vertu du point 9 du même article, sous réserve du remplacement de la référence au territoire de l'Union par une référence à l'espace phytosanitaire d'outre-mer.

2° L'article L. 251-3 est ainsi modifié :

a) Au début du premier alinéa, il est inséré un "I. –" ;

b) Les 1° à 3° sont remplacés par les dispositions suivantes :

"1° Les organismes de quarantaine mentionnés au III ;

"2° Les organismes de quarantaine de zone protégée mentionnés au IV ;

"3° Les organismes réglementés non de quarantaine mentionnés au V" ;

c) Le 4° ainsi que les références faites à ce point dans les titres préliminaire et V sont supprimés ;

d) Le 5° est remplacé par les dispositions suivantes :

"5° Les organismes provisoirement reconnus en tant qu'organismes de quarantaine mentionnés au dernier alinéa du III ;"

e) L'article est complété par les dispositions suivantes :

"II. – L'autorité administrative établit, pour les différents espaces phytosanitaires d'outre-mer, des listes des organismes nuisibles mentionnés au I. Elle établit également la liste des végétaux destinés à la plantation propices à la dissémination des organismes mentionnés au 3° du I.

"La liste des espaces phytosanitaires d'outre-mer est fixée par décret. Un espace phytosanitaire d'outre-mer regroupe un ou plusieurs des territoires mentionnés à l'article L. 271-1.

"Pour l'application des dispositions du présent livre, est dénommé "espace phytosanitaire extérieur", tout territoire extérieur à un espace phytosanitaire d'outre-mer.

"III. – Un organisme de quarantaine d'un espace phytosanitaire d'outre-mer répond aux conditions suivantes :

"1° Son identité est établie ;

"2° Il n'est pas présent dans l'espace phytosanitaire d'outre-mer, ou, s'il est présent, n'est pas largement disséminé dans cet espace ;

"3° Il est susceptible d'entrer, de s'établir et de se disséminer dans l'espace phytosanitaire d'outre-mer ou, s'il y est présent mais pas largement disséminé, est capable d'entrer, de s'établir et de se disséminer dans les parties de cet espace dont il est absent ;

"4° Son entrée, son établissement et sa dissémination auraient une incidence économique, environnementale ou sociale inacceptable pour cet espace phytosanitaire d'outre-mer ou pour les parties de cet espace dont il est absent ;

"5° Il existe des mesures réalisables et efficaces pour prévenir l'entrée, l'établissement ou la dissémination de cet organisme nuisible dans cet espace phytosanitaire d'outre-mer et en atténuer les risques et les effets.

"Un organisme nuisible est provisoirement reconnu comme organisme de quarantaine lorsque sa présence est confirmée officiellement pour la première fois dans un espace phytosanitaire d'outre-mer et que l'autorité administrative estime que cet organisme pourrait satisfaire aux conditions d'inscription sur la liste mentionnée au 1° du I, dans l'attente d'une évaluation pour déterminer le risque phytosanitaire qu'il constitue. Pendant cette période, les dispositions prévues pour les organismes de quarantaine s'appliquent à cet organisme.

"IV. – Lorsqu'un organisme nuisible qui n'est pas un organisme de quarantaine pour un espace phytosanitaire d'outre-mer remplit, pour une zone de cet espace, les conditions mentionnées au III, l'autorité administrative peut reconnaître cette zone comme zone protégée pour cet organisme nuisible. Sauf dispositions contraires, les règles applicables aux organismes de quarantaine dans l'espace phytosanitaire en cause s'appliquent aux organismes de quarantaine de zone protégée pour la zone reconnue pour chacun d'eux.

"V. – Un organisme réglementé non de quarantaine d'un espace phytosanitaire d'outre-mer répond aux conditions suivantes :

"1° Son identité est établie ;

"2° Il est présent dans l'espace phytosanitaire d'outre-mer ;

"3° Ce n'est pas un organisme de quarantaine pour l'espace phytosanitaire d'outre-mer considéré, ni un organisme nuisible provisoirement reconnu comme tel pour cet espace ;

"4° Il est transmis principalement par des végétaux spécifiques destinés à la plantation ;

"5° Sa présence sur les végétaux destinés à la plantation a une incidence économique inacceptable sur l'usage prévu pour ceux-ci ;

"6° Il existe des mesures réalisables et efficaces pour prévenir cette présence sur les végétaux destinés à la plantation concernés.

"VI. — Les conditions d'inscription provisoire d'un organisme nuisible en tant qu'organisme de quarantaine et les conditions dans lesquelles sont reconnues les zones protégées, sont fixées par décret en Conseil d'État." ;

3° Il est rétabli un article L. 251-4 ainsi rédigé :

Art. L. 251-4 Les organismes de quarantaine et les organismes provisoirement reconnus comme organismes de quarantaine d'un espace phytosanitaire d'outre-mer ne sont pas introduits, déplacés, ni détenus, multipliés ou libérés dans cet espace. Il en va de même des organismes de quarantaine de zone protégée dans la zone protégée associée.

Les opérateurs professionnels n'introduisent pas, ni ne déplacent, dans un espace phytosanitaire d'outre-mer, un organisme réglementé non de quarantaine de cet espace présent sur les végétaux destinés à la plantation propices à sa dissémination figurant sur la liste mentionnée au premier alinéa du II de l'article L. 251-3.

Un décret en Conseil d'État détermine les conditions dans lesquelles il peut être dérogé aux interdictions prévues aux deux précédents alinéas, à des fins d'analyses officielles, dans un but scientifique ou pédagogique, à des fins d'essai, de sélection variétale, d'amélioration génétique ou dans le cadre d'un transit ou transbordement dans un espace phytosanitaire d'outre-mer, en provenance et à destination d'un espace phytosanitaire extérieur.

4° A l'article L. 251-6, les mots : "des articles 8 et 65 du règlement (UE) 2016/2031 du 26 octobre 2016 ou de dispositions du présent titre" sont remplacés par les mots : "du présent titre" ;

5° A l'article L. 251-7, les mots : "Conformément à l'article 15 du règlement (UE) 2017/625 du Parlement européen et du Conseil du 15 mars 2017," sont supprimés ;

6° A l'article L. 251-9, les mots : "4° et 5° de l'article L. 251-3" sont remplacés par les mots : "5° du I de l'article L. 251-3" ;

7° Il est rétabli un article L. 251-12 ainsi rédigé :

Art. L. 251-12 I. — Lorsqu'un végétal, produit végétal ou autre objet originaire ou expédié depuis un espace phytosanitaire extérieur présente un risque phytosanitaire inacceptable parce qu'il est susceptible de porter un organisme de quarantaine de l'espace phytosanitaire d'outre-mer considéré et que ce risque ne peut être ramené à un niveau acceptable par l'application de mesures de gestion du risque, son introduction est interdite dans cet espace phytosanitaire d'outre-mer.

L'autorité administrative établit la liste des végétaux, produits végétaux et autres objets dont l'introduction dans l'espace phytosanitaire d'outre-mer considéré est interdite, ainsi que les espaces phytosanitaires extérieurs de provenance ou d'expédition auxquels s'applique cette interdiction.

Elle peut également établir une liste des végétaux, produits végétaux et autres objets dont l'introduction dans l'espace phytosanitaire d'outre-mer considéré est provisoirement interdite dans l'attente d'une évaluation du risque associé, ainsi que des espaces phytosanitaires extérieurs de provenance ou d'expédition auxquels s'applique cette interdiction.

Un décret en Conseil d'État détermine les conditions dans lesquelles il peut être dérogé aux interdictions prévues aux précédents alinéas, à des fins d'analyses officielles, dans un but scientifique ou pédagogique, à des fins d'essai, de sélection variétale, d'amélioration génétique ou dans le cadre d'un transit ou transbordement dans un espace phytosanitaire d'outre-mer, en provenance et à destination d'un espace phytosanitaire extérieur.

II. — L'autorité administrative peut, dans des conditions fixées par décret en Conseil d'État :

1° Subordonner l'introduction ou le déplacement dans un espace phytosanitaire d'outre-mer de certains végétaux, produits végétaux ou autres objets à des exigences particulières de nature à ramener le risque phytosanitaire associé à un niveau acceptable ; ces végétaux, produits végétaux ou autres objets peuvent provenir d'espaces phytosanitaires extérieurs ou de l'espace phytosanitaire d'outre-mer considéré ;

2° Adopter des mesures provisoires concernant l'introduction et la circulation dans un espace phytosanitaire d'outre-mer de végétaux, produits végétaux et autres objets, en provenance d'espaces phytosanitaires extérieurs, qui sont susceptibles de présenter un risque phytosanitaire nouvellement identifié ou d'autres risques phytosanitaires soupçonnés ;

3° Encadrer ou interdire l'introduction et la circulation des végétaux destinés à la plantation en vue de prévenir ou de limiter la présence d'organismes réglementés non de quarantaine dans l'espace phytosanitaire d'outre-mer concerné.

III. — Les dispositions des I et II s'appliquent également pour les zones protégées au regard du risque présenté par les organismes de quarantaine correspondants.

8° Il est inséré, après l'article L. 251-12, deux articles L. 251-12-1 et L. 251-12-2 ainsi rédigés :

Art. L. 251-12-1 L'autorité administrative peut désigner, dans les espaces phytosanitaires d'outre-mer ou, avec l'accord de l'autorité compétente, dans un espace phytosanitaire extérieur, des installations servant à la détention d'organismes nuisibles, de végétaux, de produits végétaux ou d'autres objets soumis à la quarantaine, dénommées stations de quarantaine.

Les exigences applicables aux stations de quarantaine, les modalités de leur désignation et les conditions dans lesquelles leurs activités sont autorisées sont précisées par voie réglementaire.

Art. L. 251-12-2 I. — Un certificat phytosanitaire pour l'introduction de végétaux, produits végétaux et autres objets dans un espace phytosanitaire d'outre-mer ou dans une zone protégée est un document délivré par l'autorité compétente d'un espace phytosanitaire extérieur, d'origine ou d'expédition, qui atteste que les végétaux, produits végétaux et autres objets concernés satisfont aux exigences fixées en application du présent titre.

II. — L'autorité administrative établit la liste des végétaux, produits végétaux et autres objets qui doivent, compte tenu de leur risque de contamination par des organismes nuisibles, apprécié en fonction de leurs espaces phytosanitaires extérieurs d'origine ou d'expédition, être accompagnés d'un certificat phytosanitaire, ou le cas échéant, d'autres documents ou marques définis et autorisés, lors de leur introduction dans l'espace phytosanitaire d'outre-mer, et présentés au contrôle officiel phytosanitaire au poste de contrôle frontalier.

III. — Lorsque l'autorité administrative constate qu'un certificat phytosanitaire a été délivré pour des végétaux, produits végétaux ou autres objets qui ne répondent pas aux conditions mentionnées au I, elle annule ce certificat. Sans préjudice des mesures pouvant être prises en application de l'article L. 251-14, elle décide le refoulement ou la destruction des végétaux, produits végétaux ou autres objets concernés.

9° Il est rétabli un article L. 251-13 ainsi rédigé :

Art. L. 251-13 Le passeport phytosanitaire est une étiquette officielle exigée pour la circulation de certains végétaux, produits végétaux et autres objets dans un espace phytosanitaire d'outre-mer et, le cas échéant, pour leur introduction et circulation dans des zones protégées, qui atteste que le produit concerné satisfait à la réglementation en vigueur.

Les conditions dans lesquelles est établie la liste des végétaux, produits végétaux et autres objets mentionnés au précédent alinéa, les cas dans lesquels ce passeport n'est pas exigé et les conditions dans lesquelles les passeports sont délivrés sont fixés par décret en Conseil d'État.

Le passeport phytosanitaire peut être délivré par l'autorité administrative ou, si le décret mentionné au précédent alinéa le prévoit et dans les conditions qu'il fixe, par des opérateurs professionnels autorisés, sous la surveillance de l'autorité administrative.

10° Il est inséré un article L. 251-13-1 ainsi rédigé :

Art. L. 251-13-1 Les opérateurs professionnels relevant de catégories définies par décret en Conseil d'État doivent s'enregistrer auprès de l'autorité administrative dans les conditions prévues par ce décret.

L'autorité administrative tient et met à jour le registre des opérateurs professionnels enregistrés qui opèrent dans chaque espace phytosanitaire d'outre-mer.

Les opérateurs enregistrés sont tenus, dans des conditions fixées par voie réglementaire, d'assurer l'enregistrement de certaines opérations ou de garantir leur traçabilité.

11° Le premier alinéa de l'article L. 251-14 est remplacé par les dispositions suivantes :

"Dans le cadre des contrôles officiels sur les végétaux, produits végétaux et autres objets introduits ou mis en circulation dans un espace phytosanitaire d'outre-mer, lorsqu'est suspectée ou constatée la présence d'un organisme nuisible réglementé mentionné aux 1°, 2°, 3° ou 5° du I de l'article L. 251-3, ou lorsque les végétaux, produits végétaux ou autres objets ne respectent pas les exigences fixées en application du présent titre ou du titre préliminaire, les agents habilités peuvent ordonner la destruction, la consignation, le retrait ou le rappel de tout ou partie du lot ou toutes autres mesures qu'ils jugent appropriées pour s'assurer du respect de ces exigences dans un délai qu'ils déterminent. Le cas échéant, ils peuvent annuler et retirer le passeport phytosanitaire de l'unité commerciale concernée, ou le certificat phytosanitaire." ;

12° Sont rétablis deux articles L. 251-15 et L. 251-16 ainsi rédigés :

Art. L. 251-15 Lorsque la réglementation applicable dans l'espace phytosanitaire extérieur de destination l'exige, les végétaux, produits végétaux ou autres objets destinés à l'exportation doivent être accompagnés d'un certificat phytosanitaire ou, le cas échéant, d'autres documents ou marques définis et autorisés dans des conditions fixées par décret.

Ce certificat phytosanitaire, ou, le cas échéant, d'autres documents ou marques, ou l'autorisation d'apposer ces marques sont délivrés, à la demande des opérateurs, par les agents habilités qui attestent de leur conformité.

Art. L. 251-16 Un décret en Conseil d'État peut imposer aux gestionnaires des ports maritimes et des aéroports, aux transporteurs internationaux, aux opérateurs professionnels effectuant des ventes à distance et aux services de transport de colis de mettre à la disposition de leurs clients ou usagers des informations sur les interdictions mentionnées à l'article L. 251-12, ainsi que sur les exigences particulières mentionnées au même article relatives à l'introduction de végétaux, produits végétaux et autres objets dans l'espace phytosanitaire d'outre-mer.

13° Aux I, III et V de l'article L. 251-17-1, les mots : "sur le territoire de l'Union européenne" sont remplacés par les mots : "au sein d'un espace phytosanitaire d'outre-mer" ;

14° A l'article L. 251-18, les mots : "du règlement (UE) 2016/2031 du Parlement européen et du Conseil du 26 octobre 2016" sont remplacés par les mots : "de l'article L. 251-2" ;

15° Les I et II de l'article L. 251-20 sont remplacés par les dispositions suivantes :

"I. – Est puni de deux ans d'emprisonnement et de 300 000 € d'amende :

"1° Le fait de contrevenir à une interdiction édictée en application du dernier alinéa de l'article L. 251-4 lorsqu'elle concerne un organisme mentionné aux 1°, 2° ou 5° du I de l'article L. 251-3 ;

"2° Le fait d'importer sur le territoire d'un espace phytosanitaire d'outre-mer des végétaux, produits végétaux ou autres objets faisant l'objet d'une mesure d'interdiction en application du I de l'article L. 251-12 ou n'ayant pas été présentés au contrôle officiel dans un poste de contrôle frontalier en méconnaissance des dispositions de l'article L. 251-12-2.

"II. – Est puni de six mois d'emprisonnement et de 150 000 € d'amende :

"1° Le fait de ne pas respecter les prescriptions édictées en application du II de l'article L. 201-4 ou des articles L. 250-7, L. 251-4 et L. 251-14 ;

"2° Le fait de ne pas respecter les obligations d'enregistrement et de traçabilité imposées en application de l'article L. 251-13-1."

Art. L. 271-8 Les dispositions applicables en métropole en vertu du règlement (UE) 2017/625 du 15 mars 2017, en ce qui concerne les contrôles officiels et autres activités officielles dans le domaine de la protection contre les organismes nuisibles aux végétaux, s'appliquent en Guadeloupe, Guyane et Martinique, à La Réunion et à Mayotte, sous les réserves suivantes :

1° Les références aux "végétaux", "organismes nuisibles aux végétaux", "produits végétaux" et "autres objets" mentionnés à l'article 2 de ce règlement s'entendent des végétaux, organismes nuisibles aux végétaux et autres objets au sens de l'article L. 251-2 ;

2° Au point 2 de l'article 1er du même règlement, les mots : "aux fins de l'application de la législation de l'Union" sont supprimés ;

3° Les références au territoire de l'Union s'entendent comme des références à un espace phytosanitaire d'outre-mer ;

4° Les références aux pays tiers s'entendent comme des références aux espaces phytosanitaires extérieurs ;

5° Les références aux autorités compétentes s'entendent comme des références aux autorités administratives désignées par voie réglementaire ;

6° Pour l'application des dispositions applicables en métropole en vertu de l'article 47 du règlement mentionné au premier alinéa, les références aux articles 72, paragraphe 1, et 74, paragraphe 1, du règlement (UE) 2016/2031 du 26 octobre 2016 s'entendent comme des références à l'article L. 251-12-2.

SECTION 3 **Autres dispositions communes** *(Ord. nº 2019-1110 du 30 oct. 2019, art. 5).*

Art. L. 271-9 Les règles particulières de délai de conservation à la fourrière, d'identification et de confirmation des chiens et des chats non identifiés trouvés errants ou en état de divagation en Guadeloupe, en Guyane, à la Martinique, à La Réunion ou à Mayotte sont fixées par décret en Conseil d'État. *— L'art. L. 271-5 devient l'art. L. 271-9 (Ord. nº 2019-1110 du 30 oct. 2019, art. 5-II).*

Art. L. 271-10 *(L. nº 2018-938 du 30 oct. 2018, art. 98)* Les seuils prévus au I de l'article L. 230-5-1 peuvent être adaptés par décret en Conseil d'État en Guadeloupe, en Guyane, à la Martinique, à La Réunion ou à Mayotte. *— L'art. L. 271-5-1 devient l'art. L. 271-10 (Ord. nº 2019-1110 du 30 oct. 2019, art. 5-II).*

SECTION 4 **Dispositions particulières à Mayotte** *(Ord. nº 2019-1110 du 30 oct. 2019, art. 5).*

Art. L. 271-11 *Abrogé par Ord. nº 2021-1370 du 20 oct. 2021, art. 7.*

CHAPITRE II SAINT-BARTHÉLEMY

(Ord. nº 2016-391 du 31 mars 2016, art. 4-4°, en vigueur le 1er juill. 2016)

Art. L. 272-1 Les dispositions du présent livre s'appliquent à Saint-Barthélemy sous réserve des exceptions et adaptations prévues au présent chapitre.

Art. L. 272-2 Pour l'application du présent livre à Saint-Barthélemy :

1° Les références à la région et au conseil régional, au département et au conseil départemental, à la commune, aux groupements de communes, au conseil municipal et à l'assemblée délibérante de l'établissement public de coopération intercommunale sont remplacées par les références à la collectivité de Saint-Barthélemy et au conseil territorial ;

2° Les références au président du conseil régional, au président du conseil départemental, au maire ou au président de l'établissement public de coopération intercommunale sont remplacées par la référence au président du conseil territorial de Saint-Barthélemy ;

3° Les références au préfet de région ou au préfet de département sont remplacées par la référence au représentant de l'État à Saint-Barthélemy.

Art. L. 272-3 Ne sont pas applicables à Saint-Barthélemy :

1° Le chapitre VI du titre II ;

2° Le chapitre VI du titre III, à l'exception des articles L. 236-1, sauf les mots : *"(Ord. nº 2021-1370 du 20 oct. 2021, art. 7)* « ou par la règlementation européenne »" et L. 236-3 ;

3° Les chapitres III, IV et V du titre V.

Sauf disposition contraire, les dispositions faisant référence aux règlements européens ne sont pas applicables.

Art. L. 272-4 **Pour son application à Saint-Barthélemy, l'article L. 201-9 est ainsi rédigé :**

Art. L. 201-9 L'autorité administrative peut confier, par voie de convention, des missions de surveillance et de prévention des dangers sanitaires, ou de lutte contre les dangers sanitaires, à la collectivité territoriale, à l'un de ses établissements publics ou à un vétérinaire sanitaire.

Art. L. 272-5 **Les règles particulières de délai de conservation à la fourrière, d'identification et de confirmation des chiens et des chats non identifiés trouvés errants ou en état de divagation à Saint-Barthélemy sont fixées par décret en Conseil d'État.**

Art. L. 272-6 **Pour l'application à Saint-Barthélemy de l'article L. 211-7 :**

1° Les mots : "les maires prescrivent" sont remplacés par les mots : "le président du conseil territorial peut prescrire" ;

2° Les mots : "les maires déterminent" sont remplacés par les mots : "le président du conseil territorial peut déterminer".

Art. L. 272-7 *(Ord. n° 2021-1370 du 20 oct. 2021, art. 7)* **Pour son application à Saint-Barthélemy, l'article L. 212-3 est ainsi rédigé :**

Art. L. 212-3 La collecte des données relatives aux opérateurs et la mise en œuvre des règles d'identification des animaux des espèces mentionnées à l'article L. 212-1 et la vérification du respect de ces règles par leurs détenteurs sont assurées par la collectivité territoriale ou l'un de ces établissements publics, soit directement, soit par convention avec un vétérinaire sanitaire ou avec un établissement de l'élevage.

Art. L. 272-8 **Pour son application à Saint-Barthélemy, l'article L. 214-12 est ainsi rédigé :**

Art. L. 214-12 Les conditions d'autorisation des transporteurs d'animaux vertébrés vivants dans le cadre d'une activité économique, les conditions d'agrément des véhicules, navires et conteneurs de certaines espèces d'animaux ainsi que les conditions d'habilitation de certains conducteurs ou convoyeurs sont fixées par arrêté préfectoral.

Art. L. 272-8-1 *(Ord. n° 2021-1370 du 20 oct. 2021, art. 7, en vigueur le 21 avr. 2024)* **Les règles relatives à l'identification des animaux, à la prévention et à la lutte contre les dangers zoosanitaires et à l'enregistrement des opérateurs au sens du point 24 de l'article 4 du règlement (UE) 2016/429 du 9 mars 2016 applicables en métropole en vertu de ce même règlement sont applicables à Saint-Barthélemy.**

Art. L. 272-9 **A Saint-Barthélemy, constituent une mission de service public qui relève de la compétence de l'État la collecte, la manipulation, l'entreposage après collecte, le traitement ou l'élimination de cadavres ou parties de cadavres d'animaux de plus de 40 kilogrammes, morts en exploitation agricole, et de matières animales dont la liste est fixée par décret, pour lesquelles l'intervention de l'État est nécessaire dans l'intérêt général.**

Il est procédé à l'élimination des cadavres d'animaux par incinération ou par enfouissement. L'élimination sur place de ces cadavres relève du service public de l'équarrissage.

Les propriétaires ou détenteurs des cadavres d'animaux et des matières animales mentionnés au premier alinéa doivent les mettre à la disposition de la personne chargée de l'exécution du service public de l'équarrissage.

L'exécution de ce service public de l'équarrissage est assurée selon les modalités fixées par décret. La gestion de tout ou partie de ce service peut être confiée, par voie de convention, à la collectivité territoriale.

Les conditions d'incinération et d'enfouissement et les lieux où ils peuvent être réalisés sont définis par arrêté du ministre chargé de l'agriculture.

Art. L. 272-9-1 *(L. n° 2018-938 du 30 oct. 2018, art. 98)* **Les seuils prévus au I de l'article L. 230-5-1 peuvent être adaptés par décret en Conseil d'État à Saint-Barthélemy.**

Art. L. 272-10 Pour son application à Saint-Barthélemy, l'article L. 232-1 est ainsi rédigé :

Art. L. 232-1 Les exploitants du secteur alimentaire ou du secteur de l'alimentation animale à Saint-Barthélemy sont soumis aux mêmes obligations que les exploitants du secteur alimentaire ou du secteur de l'alimentation animale des départements de métropole et d'outre-mer en application des articles 19 ou 20 du règlement (CE) n° 178/2002 du Parlement européen et du Conseil du 28 janvier 2002.

Lorsqu'un exploitant du secteur alimentaire ou du secteur de l'alimentation animale de Saint-Barthélemy n'a pas respecté ces obligations, l'autorité administrative compétente peut ordonner, en utilisant notamment les informations issues des procédures de traçabilité que l'exploitant est tenu de mettre à sa disposition, la destruction, le retrait, la consignation ou le rappel en un ou plusieurs lieux du ou des lots de produits d'origine animale, de denrées alimentaires en contenant ou d'aliments pour animaux ou toute autre mesure qu'elle juge nécessaire.

Tout opérateur qui, ayant acquis ou cédé un ou plusieurs éléments du lot, a connaissance de la décision de consignation ou de retrait, est tenu d'en informer celui qui lui a fourni la marchandise et ceux à qui il l'a cédée.

Les frais résultant de la décision de consignation, de retrait ou de rappel, notamment les frais de transport, de stockage, d'analyses et de destruction, sont mis à la charge de l'exploitant mentionné au premier alinéa, sans préjudice des recours susceptibles d'être exercés par ce dernier contre les tiers.

Art. L. 272-10-1 *(Ord. n° 2022-414 du 23 mars 2022, art. 12)* **Les dispositions prises pour la mise en œuvre des dispositions du règlement (UE) 2019/4 du Parlement européen et du Conseil du 11 décembre 2018 concernant la fabrication, la mise sur le marché et l'utilisation d'aliments médicamenteux pour animaux s'appliquent à Saint-Barthélemy.**

Art. L. 272-11 Pour son application à Saint-Barthélemy, l'article L. 251-3-1 est complété par un alinéa ainsi rédigé :

"Dans les mêmes conditions, ces moyens de lutte peuvent être employés contre d'autres catégories d'animaux nuisibles, au sens de l'article L. 921-2 du code de l'environnement de Saint-Barthélemy, déterminées par la collectivité territoriale."

Art. L. 272-11-1 *(Ord. n° 2019-1110 du 30 oct. 2019, art. 5)* **Les dispositions du titre préliminaire et du chapitre I du titre V s'appliquent à Saint-Barthélemy dans les mêmes conditions que celles prévues par les articles L. 271-5 à L. 271-7. Les contrôles officiels et autres activités officielles sont régis par les mêmes dispositions que celles prévues à l'article L. 271-8.**

Art. L. 272-12 Les règles applicables à Saint-Barthélemy concernant la commercialisation, la publicité et l'utilisation des produits phytopharmaceutiques sont fixées par décret en Conseil d'État.

CHAPITRE III **SAINT-MARTIN**

(Ord. n° 2016-391 du 31 mars 2016, art. 4-4°, en vigueur le 1er juill. 2016)

Art. L. 273-1 Les dispositions du présent livre s'appliquent à Saint-Martin sous réserve des exceptions et adaptations prévues au présent chapitre.

Art. L. 273-2 Pour l'application du présent livre à Saint-Martin :

1° Les références à la région et au conseil régional, au département et au conseil départemental, à la commune, aux groupements de communes, au conseil municipal et à l'assemblée délibérante de l'établissement public de coopération intercommunale sont remplacées par les références à la collectivité de Saint-Martin et au conseil territorial ;

2° Les références au président du conseil régional, au président du conseil départemental, au maire ou au président de l'établissement public de coopération intercom-

munale sont remplacées par la référence au président du conseil territorial de Saint-Martin ;

3° Les références au préfet de région ou au préfet de département sont remplacées par la référence au représentant de l'État à Saint-Martin.

Art. L. 273-3 *(Ord. nº 2019-361 du 24 avr. 2019, art. 3, en vigueur le 1er janv. 2021)* Ne sont pas applicables à Saint-Martin :

1° Les articles L. 211-31 et L. 211-32 ;

2° La section 3 du chapitre IV du titre V du présent livre.

Art. L. 273-4 *Abrogé par Ord. nº 2021-1370 du 20 oct. 2021, art. 7.*

Art. L. 273-5 Les règles particulières de délai de conservation à la fourrière, d'identification et de confirmation des chiens et des chats non identifiés trouvés errants ou en état de divagation à Saint-Martin sont fixées par décret en Conseil d'État.

Art. L. 273-6 *(Ord. nº 2021-1370 du 20 oct. 2021, art. 7)* Pour son application à Saint-Martin, l'article L. 212-3 est ainsi rédigé :

Art. L. 212-3 La collecte des données relatives aux opérateurs et la tenue des registres prévus aux articles 93 et 173 du règlement (UE) 2016/429 du 9 mars 2016 sont assurées par la collectivité territoriale ou l'un de ses établissements publics, soit directement, soit par convention avec un vétérinaire sanitaire ou avec un établissement de l'élevage.

Art. L. 273-6-1 *(L. nº 2018-938 du 30 oct. 2018, art. 98)* Les seuils prévus au I de l'article L. 230-5-1 peuvent être adaptés par décret en Conseil d'État à Saint-Martin.

Art. L. 273-6-2 *(Ord. nº 2019-1110 du 30 oct. 2019, art. 5)* Les dispositions du titre préliminaire et du chapitre I du titre V s'appliquent à Saint-Martin dans les mêmes conditions que celles prévues par les articles L. 271-5 à L. 271-7. Les contrôles officiels et autres activités officielles sont régis par les mêmes dispositions que celles prévues à l'article L. 271-8.

Art. L. 273-7 Pour son application à Saint-Martin, l'article L. 252-2 est ainsi rédigé :

Art. L. 252-2 Un seul groupement de défense contre les organismes nuisibles peut être agréé par le représentant de l'État à Saint-Martin.

Pour bénéficier de l'agrément, ce groupement satisfait aux conditions suivantes :

1° Adopter les statuts types établis par le ministre chargé de l'agriculture ;

2° Prendre l'engagement de se conformer aux méthodes de lutte préconisées par le service chargé de la protection des végétaux ;

3° Accepter le contrôle permanent du ministère de l'agriculture ;

4° Adhérer à une fédération nationale agréée par le ministre chargé de l'agriculture.

CHAPITRE IV SAINT-PIERRE-ET-MIQUELON

(Ord. nº 2016-391 du 31 mars 2016, art. 4-4°, en vigueur le 1er juill. 2016)

Art. L. 274-1 Les dispositions du présent livre s'appliquent à Saint-Pierre-et-Miquelon *sous réserve des exceptions et adaptations prévues au présent chapitre.*

Art. L. 274-2 Pour l'application du présent livre à Saint-Pierre-et-Miquelon :

1° Les références à la région, au département, au conseil régional, au conseil départemental et à leur président sont remplacées par celles à la collectivité territoriale de Saint-Pierre-et-Miquelon, au conseil territorial et à son président ;

2° Les références au préfet de région ou de département sont remplacées par la référence au représentant de l'État à Saint-Pierre-et-Miquelon ;

3° Les références aux plans ou schémas régionaux ou départementaux sont remplacées par les références aux plans ou schémas territoriaux ;

4° Les références aux chambres régionale ou départementale d'agriculture sont remplacées par les références à la chambre d'agriculture, de commerce, d'industrie, de métiers et de l'artisanat de Saint-Pierre-et-Miquelon.

Art. L. 274-3 Ne sont pas applicables à Saint-Pierre-et-Miquelon :

1° Les articles L. 211-31 et L. 211-32 ;

2° L'article L. 214-12 ;

3° Le chapitre VI du titre II ;

4° Le chapitre VI du titre III ;

5° Les articles L. 251-16 à L. 251-17-2 ;

6° Les chapitres III, IV, V et VI du titre V.

Sauf disposition contraire, les dispositions faisant référence aux règlements européens ne sont pas applicables.

Art. L. 274-4 Par dérogation aux dispositions des articles L. 241-1 et L. 243-1, en l'absence de personne remplissant les conditions d'exercice de la profession de vétérinaire à Saint-Pierre-et-Miquelon, l'exercice de la médecine et de la chirurgie des animaux y est assuré par des fonctionnaires ou agents de l'État ou de la collectivité territoriale agréés par le ministre chargé de l'agriculture. Les critères autorisant l'agrément sont définis par arrêté de ce ministre pris après avis de l'ordre des vétérinaires.

Ces personnels peuvent également exercer les fonctions dévolues au vétérinaire sanitaire en application de l'article L. 203-1, au vétérinaire mandaté en application de l'article L. 203-8 ou au vétérinaire officiel mentionné à l'article L. 231-2-2.

Les dispositions des articles L. 5143-2 à L. 5143-9 du code de la santé publique en ce qu'elles concernent les docteurs vétérinaires sont applicables à ces personnels.

Les dispositions du présent article peuvent également être applicables en cas d'urgence sanitaire ou de circonstances climatiques empêchant le déplacement d'un docteur vétérinaire.

Un décret en Conseil d'État fixe les modalités d'application du présent article.

Art. L. 274-5 Pour son application à Saint-Pierre-et-Miquelon, l'article L. 212-9 est ainsi rédigé :

Art. L. 212-9 Les propriétaires d'équidés et de camélidés sont tenus de les faire identifier par une personne habilitée à cet effet par l'autorité administrative, selon un procédé agréé conformément aux dispositions réglementaires prévues à l'article *(Ord. n° 2021-1370 du 20 oct. 2021, art. 7, en vigueur le 21 avr. 2024)* « L. 212-8 ». Tout changement de propriété d'un équidé ou d'un camélidé doit être déclaré auprès de l'organisme agréé à Saint-Pierre-et-Miquelon au titre de l'article L. 212-7.

Art. L. 274-6 Un décret fixe les conditions applicables à Saint-Pierre-et-Miquelon pour autoriser le transport des animaux vertébrés vivants dans le cadre d'une activité économique, les conditions d'agrément des véhicules, navires et conteneurs de transport de certaines espèces d'animaux.

Art. L. 274-7 Les règles relatives aux conditions de fonctionnement et aux dispositions sanitaires applicables aux stations de quarantaine à Saint-Pierre-et-Miquelon sont fixées par arrêté préfectoral.

Art. L. 274-8 A Saint-Pierre-et-Miquelon, constituent une mission de service public qui relève de la compétence de l'État la collecte, la manipulation, l'entreposage après collecte, le traitement ou l'élimination de cadavres ou parties de cadavres d'animaux morts en exploitation agricole, et de matières animales dont la liste est fixée par décret, pour lesquelles l'intervention de l'État est nécessaire dans l'intérêt général.

Il est procédé à l'élimination des cadavres d'animaux par incinération ou par enfouissement. L'élimination sur place de ces cadavres relève du service public de l'équarrissage.

Il peut également être procédé à l'enfouissement des cadavres d'animaux familiers et de sous-produits de gibiers sauvages.

Les collectivités territoriales mettent à la disposition de ce service public les terrains nécessaires aux opérations d'enfouissement.

Les propriétaires ou détenteurs des cadavres d'animaux et des matières animales mentionnés au premier alinéa doivent les mettre à la disposition de la personne chargée de l'exécution du service public de l'équarrissage.

L'exécution de ce service public de l'équarrissage est assurée selon les modalités fixées par décret.

Les conditions d'incinération et d'enfouissement et les lieux où ils peuvent être réalisés sont définis par arrêté du ministre chargé de l'agriculture.

Art. L. 274-8-1 *(L. n° 2018-938 du 30 oct. 2018, art. 98)* Les seuils prévus au I de l'article L. 230-5-1 peuvent être adaptés par décret en Conseil d'État à Saint-Pierre-et-Miquelon.

Art. L. 274-9 Pour l'application à Saint-Pierre-et-Miquelon des articles L. 232-1 et L. 232-2, les règles auxquelles sont soumis les exploitants du secteur alimentaire ou du secteur de l'alimentation animale sont les mêmes que celles applicables en métropole en vertu des articles 19 ou 20 du règlement (CE) n° 178/2002 du Parlement européen et du Conseil du 28 janvier 2002 et de l'article 28 du règlement (CE) n° 882/2004 du Parlement européen et du Conseil du 29 avril 2004.

Art. L. 274-10 Pour son application à Saint-Pierre-et-Miquelon, le premier alinéa de l'article L. 233-2 est complété par la phrase suivante : "Les catégories d'établissements dispensés d'agrément sont fixées par arrêté préfectoral."

Art. L. 274-10-1 *(Ord. n° 2022-414 du 23 mars 2022, art. 12)* Les dispositions prises pour la mise en œuvre des dispositions du règlement (UE) 2019/4 du Parlement européen et du Conseil du 11 décembre 2018 concernant la fabrication, la mise sur le marché et l'utilisation d'aliments médicamenteux pour animaux s'appliquent à Saint-Pierre-et-Miquelon.

Art. L. 274-11 Les règles en matière de provenance, de conditions sanitaires ou ayant trait à la protection des animaux requises pour permettre l'importation à Saint-Pierre-et-Miquelon d'animaux vivants, de produits d'origine animale, de sous-produits animaux et de produits dérivés de ces derniers ainsi que d'aliments pour animaux sont fixées par décret.

Art. L. 274-12 *(Ord. n° 2019-1110 du 30 oct. 2019, art. 5)* Les dispositions du titre préliminaire et du chapitre I du titre V s'appliquent à Saint-Pierre-et-Miquelon dans les mêmes conditions que celles prévues par les articles L. 271-5 à L. 271-7. Les contrôles officiels et autres activités officielles sont régis par les mêmes dispositions que celles prévues à l'article L. 271-8.

Art. L. 274-13 *Abrogé par Ord. n° 2019-1110 du 30 oct. 2019, art. 5.*

Art. L. 274-14 Les conditions dans lesquelles la mise sur le marché et l'utilisation des produits phytopharmaceutiques et des adjuvants vendus seuls ou en mélange et leur expérimentation sont autorisées, ainsi que les conditions selon lesquelles sont approuvés les substances actives, les coformulants, les phytoprotecteurs et les synergistes contenus dans ces produits, sont fixées par décret en Conseil d'État.

Art. L. 274-15 Les règles particulières de délai de conservation à la fourrière, d'identification et de confirmation des chiens et des chats non identifiés ainsi que des chevaux trouvés errants ou en état de divagation à Saint-Pierre-et-Miquelon, ainsi que les adaptations nécessaires pour l'application des articles *(Ord. n° 2021-1370 du 20 oct. 2021, art. 7)* « L. 212-7 » à L. 212-14, sont fixées par décret en Conseil d'État.

CHAPITRE V WALLIS-ET-FUTUNA, POLYNÉSIE FRANÇAISE ET NOUVELLE-CALÉDONIE

(Ord. n° 2016-391 du 31 mars 2016, art. 4-4°, en vigueur le 1er juill. 2016)

SECTION 1 Champ d'application

Art. L. 275-1 Sous réserve des dispositions applicables de plein droit, les dispositions du présent livre ne s'appliquent dans les îles Wallis-et-Futuna, en Polynésie française et en Nouvelle-Calédonie que dans la mesure et les conditions prévues par le présent chapitre.

SECTION 2 Dispositions particulières à Wallis-et-Futuna

Art. L. 275-2 Sont applicables dans les îles Wallis-et-Futuna, sous réserve des adaptations prévues à la présente section, les dispositions du présent livre mentionnées dans

la colonne de gauche du tableau ci-après, dans leur rédaction indiquée dans la colonne de droite du même tableau : — *Tableau mod. par L. n° 2021-1539 du 30 nov. 2021, art. 7 et 12 ; L. n° 2023-22 du 24 janv. 2023, art. 28-IX.*

DISPOSITIONS APPLICABLES	DANS LEUR RÉDACTION
L. 211-11 (à l'exception du troisième alinéa du II) à L. 211-15	Résultant de la loi n° 2008-582 du 20 juin 2008 renforçant les mesures de prévention et de protection des personnes contre les chiens dangereux
L. 211-16	Résultant de l'ordonnance n° 2000-914 du 18 septembre 2000 relative à la partie législative du code de l'environnement
L. 211-17 et L. 211-18	Résultant de la loi n° 2008-582 du 20 juin 2008 renforçant les mesures de prévention et de protection des personnes contre les chiens dangereux
L. 211-19-1	Résultant de l'ordonnance n° 2006-1224 du 5 octobre 2006 prise pour l'application du II de l'article 71 de la loi n° 2006-11 du 5 janvier 2006 d'orientation agricole
L. 211-20 et L. 211-21	Résultant de la loi n° 2008-582 du 20 juin 2008 renforçant les mesures de prévention et de protection des personnes contre les chiens dangereux
L. 211-22	Résultant de l'ordonnance n° 2000-914 du 18 septembre 2000 relative à la partie législative du code de l'environnement
L. 211-23	Résultant de la loi n° 2005-157 du 23 février 2005 relative au développement des territoires ruraux
L. 211-24 et L. 211-25	Résultant de la loi n° 2021-1539 du 30 novembre 2021 visant à lutter contre la maltraitance animale et conforter le lien entre les animaux et les hommes
L. 211-26	Résultant de l'ordonnance n° 2000-914 du 18 septembre 2000 relative à la partie législative du code de l'environnement
L. 211-27	Résultant de la loi n° 2021-1539 du 30 novembre 2021 visant à lutter contre la maltraitance animale et conforter le lien entre les animaux et les hommes
L. 215-1	Résultant de la loi n° 2007-297 du 5 mars 2007 relative à la prévention de la délinquance

DISPOSITIONS APPLICABLES	DANS LEUR RÉDACTION
L. 215-2 à L. 215-3	Résultant de la loi n° 2023-22 du 24 janvier 2023 d'orientation et de programmation du ministère de l'intérieur
L. 215-3-1	Résultant de la loi n° 2001-1062 du 15 novembre 2001 relative à la sécurité intérieure
L. 215-4	Résultant de la loi n° 2003-591 du 2 juillet 2003 habilitant le Gouvernement à simplifier le droit
L. 215-5	Résultant de l'ordonnance n° 2006-1224 du 5 octobre 2006 prise pour l'application du II de l'article 71 de la loi n° 2006-11 du 5 janvier 2006 d'orientation agricole

Art. L. 275-3 Pour l'application dans les îles Wallis-et-Futuna du présent livre :

1° Dans les articles L. 211-14, L. 211-14-1, L. 211-19, L. 211-22 et L. 211-24, le mot : "décret" et les mots : "décret en Conseil d'État" sont remplacés par les mots : "arrêté du représentant de l'État" ;

2° Les mots énumérés ci-dessous sont remplacés respectivement par les mots suivants :

a) "Préfet" par "représentant de l'État" ;

b) "Direction des services vétérinaires" par "service des affaires rurales et de la pêche" ;

c) "Maire" par "chef de circonscription" ;

d) "A la mairie" par "auprès du chef de circonscription" ;

e) "L'autorité municipale" par "le chef de circonscription" ;

f) "Commune" par "circonscription" ;

g) "Association agréée par le ministre chargé de l'agriculture et des activités de surveillance, de gardiennage et de transports de fonds" par "association agréée en vertu de la réglementation locale en vigueur" ;

h) "Dans les départements officiellement déclarés infectés par la rage" par "en cas de déclaration officielle d'infection par la rage" ;

i) "Dans les départements indemnes de rage" par "hors cas d'infection par la rage" ;

j) "Départementale" par "locale".

Art. L. 275-4 Pour l'application dans les îles Wallis-et-Futuna des articles L. 215-1 à L. 215-3, le montant des amendes est fixé comme suit :

MONTANT DES AMENDES (EN EUROS)	MONTANT DES AMENDES (EN FRANCS CFP)
3 500	417 600
3 750	447 000
7 500	894 900
15 000	1 789 900

SECTION 3 Dispositions particulières à la Polynésie française

Art. L. 275-5 Sont applicables en Polynésie française, sous réserve des adaptations prévues à la présente section, les dispositions du présent livre mentionnées dans la

colonne de gauche du tableau ci-après, dans leur rédaction indiquée dans la colonne de droite du même tableau : *— Tableau mod. par Ord. n° 2018-20 du 17 janv. 2018, art. 34-III-1° ; L. n° 2021-1539 du 30 nov. 2021, art. 7 et 12 ; L. n° 2023-22 du 24 janv. 2023, art. 28-IX.*

DISPOSITIONS APPLICABLES	DANS LEUR RÉDACTION
L. 941-1	Résultant de la loi n° 2010-874 du 27 juillet 2010 de modernisation de l'agriculture et de la pêche
L. 941-2	Résultant de l'ordonnance n° 2010-462 du 6 mai 2010 créant un livre IX du code rural relatif à la pêche maritime et à l'aquaculture marine
L. 941-3 à L. 941-8	Résultant de l'ordonnance n° 2010-462 du 6 mai 2010 créant un livre IX du code rural relatif à la pêche maritime et à l'aquaculture marine
L. 942-1	Résultant de l'ordonnance n° 2015-616 du 4 juin 2015 modifiant le code rural et de la pêche maritime en vue d'assurer la conformité de ses dispositions avec le droit de l'Union européenne et modifiant les dispositions relatives à la recherche et à la constatation des infractions aux dispositions de son livre II
L. 942-3	Résultant de l'ordonnance n° 2010-462 du 6 mai 2010 créant un livre IX du code rural relatif à la pêche maritime et à l'aquaculture marine
L. 942-4	Résultant de la loi n° 2013-431 du 28 mai 2013 portant diverses dispositions en matière d'infrastructures et de services de transports
L. 942-5 et L. 942-6	Résultant de la loi n° 2010-874 du 27 juillet 2010 de modernisation de l'agriculture et de la pêche
L. 942-7	Résultant de la loi n° 2013-431 du 28 mai 2013 portant diverses dispositions en matière d'infrastructures et de services de transports
L. 942-8 à L. 942-11	Résultant de l'ordonnance n° 2010-462 du 6 mai 2010 créant un livre IX du code rural relatif à la pêche maritime et à l'aquaculture marine
L. 943-1	Résultant de la loi n° 2014-1170 du 13 octobre 2014 d'avenir pour l'agriculture, l'alimentation et la forêt

DISPOSITIONS APPLICABLES	**DANS LEUR RÉDACTION**
L. 943-3	Résultant de l'ordonnance n° 2010-462 du 6 mai 2010 créant un livre IX du code rural relatif à la pêche maritime et à l'aquaculture marine
L. 943-4	Résultant de la loi n° 2014-1170 du 13 octobre 2014 d'avenir pour l'agriculture, l'alimentation et la forêt
L. 943-5	Résultant de la loi n° 2014-1170 du 13 octobre 2014 d'avenir pour l'agriculture, l'alimentation et la forêt
L. 943-6	Résultant de l'ordonnance n° 2010-462 du 6 mai 2010 créant un livre IX du code rural relatif à la pêche maritime et à l'aquaculture marine
L. 943-6-1	Résultant de la loi n° 2014-1170 du 13 octobre 2014 d'avenir pour l'agriculture, l'alimentation et la forêt
L. 943-7	Résultant de la loi n° 2010-874 du 27 juillet 2010 de modernisation de l'agriculture et de la pêche
L. 943-8	Résultant de l'ordonnance n° 2010-462 du 6 mai 2010 créant un livre IX du code rural relatif à la pêche maritime et à l'aquaculture marine
L. 943-9	Résultant de la loi n° 2010-874 du 27 juillet 2010 de modernisation de l'agriculture et de la pêche
L. 943-10	Résultant de l'ordonnance n° 2010-462 du 6 mai 2010 créant un livre IX du code rural relatif à la pêche maritime et à l'aquaculture marine
L. 944-1 à L. 944-3	Résultant de l'ordonnance n° 2010-462 du 6 mai 2010 créant un livre IX du code rural relatif à la pêche maritime et à l'aquaculture marine
L. 944-4 et L. 944-5	Résultant de la loi n° 2010-874 du 27 juillet 2010 de modernisation de l'agriculture et de la pêche
L. 945-1	Résultant de la loi n° 2010-874 du 27 juillet 2010 de modernisation de l'agriculture et de la pêche
L. 945-2	Résultant de la loi n° 2011-525 du 17 mai 2011 de simplification et d'amélioration de la qualité du droit

DISPOSITIONS APPLICABLES	DANS LEUR RÉDACTION
L. 945-3	Résultant de l'ordonnance n° 2010-462 du 6 mai 2010 créant un livre IX du code rural relatif à la pêche maritime et à l'aquaculture marine
L. 945-4	Résultant de la loi n° 2011-525 du 17 mai 2011 de simplification et d'amélioration de la qualité du droit
L. 945-4-1	Résultant de la loi n° 2014-1170 du 13 octobre 2014 d'avenir pour l'agriculture, l'alimentation et la forêt
L. 945-5	Résultant de l'ordonnance n° 2010-462 du 6 mai 2010 créant un livre IX du code rural relatif à la pêche maritime et à l'aquaculture marine
L. 946-1 et L. 946-2	Résultant de la loi n° 2010-874 du 27 juillet 2010 de modernisation de l'agriculture et de la pêche
L. 946-3 à L. 946-6	Résultant de l'ordonnance n° 2010-462 du 6 mai 2010 créant un livre IX du code rural relatif à la pêche maritime et à l'aquaculture marine

Art. L. 275-6 Pour l'application en Polynésie française du présent livre :

1° Dans les articles L. 211-14, L. 211-14-1, L. 211-19, L. 211-22 et L. 211-24, le mot : "décret" et les mots : "décret en Conseil d'État" sont remplacés par les mots : "arrêté du représentant de l'État" ;

2° Les mots énumérés ci-dessous sont remplacés respectivement par les mots suivants :

a) "Préfet" par "représentant de l'État" ;

b) "Direction des services vétérinaires" par "service du développement rural" ;

c) "Association agréée par le ministre chargé de l'agriculture et des activités de surveillance, de gardiennage et de transports de fonds" par "association agréée en vertu de la réglementation locale en vigueur" ;

d) "Dans les départements officiellement déclarés infectés par la rage" par "en cas de déclaration officielle d'infection par la rage" ;

e) "Dans les départements indemnes de rage" par "hors cas d'infection par la rage" ;

f) "Départementale" par "locale".

Art. L. 275-7 Pour l'application en Polynésie française des articles L. 215-1 à L. 215-3, le montant des amendes est fixé comme suit :

MONTANT DES AMENDES (EN EUROS)	MONTANT DES AMENDES (EN FRANCS CFP)
3 500	417 600
3 750	447 000
7 500	894 900
15 000	1 789 900

Art. L. 275-8 Les agents de la Polynésie française, commissionnés à raison de leur compétence technique par le président de la Polynésie française après avoir été agréés par le haut-commissaire de la République et le procureur de la République, et assermentés, sont habilités à rechercher et constater les infractions pénales aux dispositions légales en vigueur en Polynésie française en matière d'alimentation, de santé publique vétérinaire et de protection des végétaux. A cet effet, ils disposent des pouvoirs définis aux articles L. 205-3 à L. 205-9.

Le fait de faire obstacle ou d'entraver l'exercice des fonctions des agents mentionnés au premier alinéa est puni des peines prévues à l'article L. 205-11, sous réserve de l'expression du montant de l'amende dans son équivalent applicable en monnaie locale.

Art. L. 275-9 En vue d'empêcher l'introduction, l'importation ou la propagation d'organismes nuisibles à la santé des végétaux et à la santé animale, les agents mentionnés à l'article L. 275-8 sont habilités, sous le contrôle des officiers de police judiciaire ou des agents des douanes, à procéder à l'inspection des bagages, dans les aéroports et dans les ports, avec le consentement du propriétaire de ces bagages, selon l'une des méthodes suivantes :

1° Contrôle visuel ;
2° Fouille manuelle ;
3° Équipement d'imagerie radioscopique ;
4° Chiens détecteurs de produits végétaux ou animaux, en combinaison avec le 1°.

Art. L. 275-9-1 *(Ord. n° 2018-20 du 17 janv. 2018, art. 34)* Outre les soins de première urgence autres que ceux nécessités par les maladies contagieuses, qui peuvent être réalisés par toute personne, les vétérinaires des armées en activité peuvent réaliser des actes de médecine ou de chirurgie des animaux utilisés par les services d'organismes placés sous l'autorité ou la tutelle du ministre de la défense ainsi que des formations militaires relevant de l'autorité du ministre de l'intérieur.

SECTION 4 Dispositions particulières à la Nouvelle-Calédonie

Art. L. 275-10 Sont applicables en Nouvelle-Calédonie, sous réserve des adaptations prévues à la présente section, les dispositions du présent livre mentionnées dans la colonne de gauche du tableau ci-après, dans leur rédaction indiquée dans la colonne de droite du même tableau : *— Tableau mod. par Ord. n° 2018-20 du 17 janv. 2018, art. 34-III-1° ; L. n° 2021-1539 du 30 nov. 2021, art. 7 et 12 ; L. n° 2023-22 du 24 janv. 2023, art. 28-IX.*

DISPOSITIONS APPLICABLES	DANS LEUR RÉDACTION
L. 211-11 (à l'exception du troisième alinéa du II) à L. 211-15	Résultant de la loi n° 2008-582 du 20 juin 2008 renforçant les mesures de prévention et de protection des personnes contre les chiens dangereux
L. 211-16	Résultant de l'ordonnance n° 2000-914 du 18 septembre 2000 relative à la partie législative du code de l'environnement
L. 211-17 et L. 211-18	Résultant de la loi n° 2008-582 du 20 juin 2008 renforçant les mesures de prévention et de protection des personnes contre les chiens dangereux
L. 211-19-1	Résultant de l'ordonnance n° 2006-1224 du 5 octobre 2006 prise pour l'application du II de l'article 71 de la loi n° 2006-11 du 5 janvier 2006 d'orientation agricole

DISPOSITIONS APPLICABLES	DANS LEUR RÉDACTION
L. 211-20 et L. 211-21	Résultant de la loi n° 2008-582 du 20 juin 2008 renforçant les mesures de prévention et de protection des personnes contre les chiens dangereux
L. 211-22	Résultant de l'ordonnance n° 2000-914 du 18 septembre 2000 relative à la partie législative du code de l'environnement
L. 211-23	Résultant de la loi n° 2005-157 du 23 février 2005 relative au développement des territoires ruraux
L. 211-24 et L. 211-25	Résultant de la loi n° 2021-1539 du 30 novembre 2021 visant à lutter contre la maltraitance animale et conforter le lien entre les animaux et les hommes
L. 211-26	Résultant de l'ordonnance n° 2000-914 du 18 septembre 2000 relative à la partie législative du code de l'environnement
L. 211-27	Résultant de la loi n° 2021-1539 du 30 novembre 2021 visant à lutter contre la maltraitance animale et conforter le lien entre les animaux et les hommes
L. 215-1	Résultant de la loi n° 2007-297 du 5 mars 2007 relative à la prévention de la délinquance
L. 215-2 à L. 215-3	Résultant de la loi n° 2023-22 du 24 janvier 2023 d'orientation et de programmation du ministère de l'intérieur
L. 215-3-1	Résultant de la loi n° 2001-1062 du 15 novembre 2001 relative à la sécurité intérieure
L. 215-4	Résultant de la loi n° 2003-591 du 2 juillet 2003 habilitant le Gouvernement à simplifier le droit
L. 215-5	Résultant de l'ordonnance n° 2006-1224 du 5 octobre 2006 prise pour l'application du II de l'article 71 de la loi n° 2006-11 du 5 janvier 2006 d'orientation agricole
L. 231-2-2 (à l'exception des I à IV)	Résultant de l'ordonnance n° 2018-20 du 17 janvier 2018
L. 241-1-1	Résultant de l'ordonnance n° 2018-20 du 17 janvier 2018
L. 241-3-1 à L. 241-3-2	Résultant de l'ordonnance n° 2018-20 du 17 janvier 2018

DISPOSITIONS APPLICABLES	DANS LEUR RÉDACTION
L. 242-10 à L. 242-14	Résultant de l'ordonnance n° 2018-20 du 17 janvier 2018

Art. L. 275-11 Pour l'application en Nouvelle-Calédonie du présent livre :

1° Dans les articles L. 211-14, L. 211-14-1, L. 211-19, L. 211-22 et L. 211-24, le mot : "décret" et les mots : "décret en Conseil d'État" sont remplacés par les mots : "arrêté du représentant de l'État" ;

2° Les mots énumérés ci-dessous sont remplacés respectivement par les mots suivants :

a) "Préfet" par "représentant de l'État" ;
b) "Direction des services vétérinaires" par "direction des affaires vétérinaires, alimentaires et rurales" ;
c) "Association agréée par le ministre chargé de l'agriculture et des activités de surveillance, de gardiennage et de transports de fonds" par "association agréée en vertu de la réglementation locale en vigueur" ;
d) "Dans les départements officiellement déclarés infectés par la rage" par "en cas de déclaration officielle d'infection par la rage" ;
e) "Dans les départements indemnes de rage" par "hors cas d'infection par la rage" ;
f) "Départementale" par "locale".

Art. L. 275-12 Pour l'application en Nouvelle-Calédonie des articles L. 215-1 à L. 215-3, le montant des amendes est fixé comme suit :

MONTANT DES AMENDES (EN EUROS)	MONTANT DES AMENDES (EN FRANCS CFP)
3 500	417 600
3 750	447 000
7 500	894 900
15 000	1 789 900

Art. L. 275-13 Le contrôle et l'inspection de l'état sanitaire des végétaux, produits végétaux et autres objets tels que définis par la réglementation en vigueur en Nouvelle-Calédonie sont assurés par les agents compétents de la Nouvelle-Calédonie.

Lorsqu'ils constatent la présence d'un organisme nuisible au sens de la réglementation en vigueur en Nouvelle-Calédonie ou le non-respect d'une obligation fixée par la réglementation en vigueur en Nouvelle-Calédonie, les agents mentionnés au premier alinéa peuvent ordonner soit la mise en quarantaine jusqu'à désinfection complète d'un lot de végétaux, produits végétaux ou autres objets définis par la réglementation en vigueur en Nouvelle-Calédonie, soit l'exécution de toute autre mesure de surveillance ou de traitement autorisée dans des conditions fixées par décret en Conseil d'État. Ils peuvent également faire procéder à la destruction ou au refoulement de tout ou partie du lot.

Le propriétaire ou le détenteur du lot est mis en demeure de présenter ses observations.

En cas d'inexécution des mesures dans les délais prescrits, les agents mentionnés au I font procéder à la destruction d'office du lot, aux frais du propriétaire ou du détenteur.

Le coût des travaux est recouvré par les agents mentionnés au premier alinéa. Faute de paiement par les intéressés dans un délai de trois mois, les modalités de ce recouvrement sont déterminées par la réglementation en vigueur en Nouvelle-Calédonie.

Art. L. 275-14 Dans le cadre des inspections et des contrôles phytosanitaires, les agents mentionnés au premier alinéa de l'article L. 275-13 ont accès aux locaux, installations, lieux, véhicules de transport à usage professionnel, à l'exclusion des domiciles et de la partie des locaux à usage de domicile.

A l'exception des contrôles à l'importation, cet accès a lieu entre 8 heures et 20 heures ou en dehors de ces heures lorsque l'accès au public est autorisé ou, lorsqu'une activité est en cours, en présence du directeur de l'établissement ou de son représentant ou, à défaut, d'un membre du personnel.

Un procès-verbal d'inspection et de contrôle est établi et une copie en est remise à l'intéressé.

Ces agents peuvent recueillir sur convocation ou sur place les renseignements propres à l'accomplissement de leur mission et en prendre copie.

Ils peuvent également prélever des échantillons de végétaux, produits végétaux et autres objets afin de vérifier qu'ils sont indemnes d'organismes nuisibles.

Dans l'attente des résultats d'analyses d'échantillons, ces agents peuvent prononcer la mise en quarantaine de ces végétaux, produits végétaux ou autres objets, jusqu'à ce que les résultats d'analyse soient disponibles.

Ces opérations sont constatées par procès-verbal mentionnant les végétaux, produits végétaux ou autres objets faisant l'objet de la mise en quarantaine.

Mainlevée de la mise en quarantaine est ordonnée par ces agents.

Les frais résultant des analyses et de la consignation sont à la charge du propriétaire ou du détenteur.

Celui-ci peut à tout moment présenter une demande d'expertise contradictoire.

Dans le cadre de la recherche des infractions aux dispositions du présent titre, le procureur de la République est préalablement informé des opérations envisagées et peut s'y opposer.

Les infractions sont constatées par des procès-verbaux qui font foi jusqu'à preuve contraire.

Les procès-verbaux doivent, sous peine de nullité, être adressés dans les huit jours qui suivent leur clôture au procureur de la République. Une copie en est également transmise, dans le même délai, à l'intéressé.

Les agents peuvent prélever des échantillons de végétaux, produits végétaux ou autres objets dans des conditions fixées par décret en Conseil d'État.

Dans l'attente des résultats d'analyses des échantillons, ces agents peuvent consigner les végétaux, produits végétaux ou autres objets.

Le procureur de la République est informé sans délai des mesures de consignation par les agents chargés du contrôle.

Ces opérations sont constatées par procès-verbal mentionnant les végétaux, produits végétaux ou autres objets faisant l'objet de la mesure de consignation.

Ces procès-verbaux sont transmis au procureur de la République dans les vingt-quatre heures. Une copie est remise à l'intéressé dans le même délai.

Les produits consignés sont laissés à la garde de leur détenteur.

La consignation ne peut excéder quinze jours que sur autorisation du procureur de la République.

Mainlevée de la mesure de consignation peut être ordonnée à tout moment par les agents habilités ou par le procureur de la République.

Art. L. 275-15 *(Ord. nº 2018-20 du 17 janv. 2018, art. 34)* Outre les soins de première urgence autres que ceux nécessités par les maladies contagieuses, qui peuvent être réalisés par toute personne, les vétérinaires des armées en activité peuvent réaliser des actes de médecine ou de chirurgie des animaux utilisés par les services d'organismes placés sous l'autorité ou la tutelle du ministre de la défense ainsi que des formations militaires relevant de l'autorité du ministre de l'intérieur.

LIVRE III L'EXPLOITATION AGRICOLE

(L. nº 93-934 du 22 juill. 1993)

TITRE I DISPOSITIONS GÉNÉRALES

BIBL. GÉN. ▸ **Ouvrages :** BIHAN, L'utilisation des techniques sociétaires en agriculture, *Thèse, Nantes, 2005.* – BODIGUEL, L'entreprise rurale : entre activités économiques et territoire rural, *L'Harmattan 2002.* – DELASSUS, La société d'exploitation agricole sous forme civile et sous forme commerciale, *Loysel 1995.* – DUPEYRON, THÉRON et BARBIÈRI, Droit agraire, 1er vol., Droit de l'exploitation, *Economica, 2e éd. 1994.* – GAIN, Le droit rural, l'exploitant agricole et les terres, *Litec 2008.* – KRAJESKI, Droit rural, *Defrénois 2009.* – LACHAUD et MANTEAU, Les sociétés en agriculture, *La France agricole 2012.* – MADIGNIER, Fiscalité agricole et viticole approfondie, *Litec 2009.* – Les sociétés en agriculture, *Le Trait d'Union, nº spéc. déc. 2000.*

▸ **Articles :** BODIGUEL, *RD rur. 2002. 76* (entreprise agricole et entreprise rurale). – BOSSE-PLATIÈRE, *JCP N 2010. 1257* (de l'exploitation à l'entreprise agricole, déclin ou renouveau du droit rural). – DELORME, *Defrénois 2023, nº 17, p. 15* (le nouveau statut de l'agriculteur entrepreneur individuel). – DELORME et BARBIÈRI, *Defrénois 2012. 40431* (réflexions sur la fixation du prix de l'exploitation agricole). – GRIMONPREZ, *Envir. 2011. Dossier 3* (les fermes solaires ou éoliennes en milieu rural). – LORVELLEC, *RD rur. 1995. 251* (personnalité morale du fonds agricole). – L'entreprise agricole à la recherche de son statut, XXVe congrès de l'AFDR 24-25 oct. 2008, *RD rur. nº spécial janv. 2009.* – La transmission de l'exploitation agricole, Colloque faculté de droit de Rennes 20 janv. 2017, *Defrénois 23 nov. 2017, p. 14 s.*

COMMENTAIRE

L'agriculture fait l'objet depuis 1960 d'une politique qui s'est traduite par une succession de lois d'orientation soutenant le développement et la modernisation de l'agriculture sur un modèle d'exploitation moyenne et familiale dirigée par un exploitant compétent. Ce droit d'orientation, largement déterminé par la politique agricole commune, doit s'appliquer à la seule sphère agricole dont le développement souhaitable fonde un régime spécifique ; la définition de l'activité agricole permet de déterminer les contours de son champ d'application. De plus, ce droit d'orientation doit s'appliquer dans chacune des régions françaises dans leur grande diversité afin de permettre partout le développement d'une agriculture compétitive et désormais multifonctionnelle. Pour cela, la politique globale doit être précisée en fonction des contextes locaux. Ce qui a justifié l'élaboration d'outils spécifiques pour une mise en application adaptée de cette politique sur l'ensemble du territoire. ❑

CHAPITRE I LES ACTIVITÉS AGRICOLES

COMMENTAIRE

L'article 2 de la loi nº 88-1202 du 30 décembre 1988 a défini pour la première fois l'activité agricole. Jusqu'alors, il était apparu inutile de procéder à la définition légale d'une notion qui apparaissait évidente et ancestrale. La doctrine et la jurisprudence définissaient l'activité agricole comme la mise en valeur d'un fonds pour obtenir une production végétale ou animale. La modernisation des techniques et le développement des productions hors sol ont fait apparaître cette définition très restrictive, et certaines activités d'élevage industriel ont parfois été reconnues commerciales par les juges. Il en est résulté une hétérogénéité juridique dans un secteur professionnel cohérent, nécessitant des textes ponctuels pour maintenir l'application du statut agricole aux producteurs hors sol. Le législateur, en 1988, a alors entrepris de poser une définition de nature à intégrer dans la sphère agricole la modernisation des techniques, mais aussi certaines pratiques commerciales ou artisanales que des agriculteurs avaient commencé d'entreprendre dans le but de maintenir leur revenu sur leur exploitation. Le législateur a ainsi modernisé et étendu la définition traditionnelle en maintenant le caractère civil de l'activité agricole.

Cette définition est utile pour déterminer le champ d'application du droit rural (bail, sociétés, compétence des tribunaux, registres professionnels, procédures collectives, warrants, contrats d'intégration). Cependant, cette définition ne s'applique pas dans toutes les hypothèses ; le droit fiscal et le droit social conservent leurs propres définitions. Ainsi, le statut juridique de l'activité agricole n'a pas été unifié par la loi de 1988.

La définition législative présente deux parties. Est d'abord définie l'activité agricole par nature, déterminée par une intervention sur le cycle biologique végétal ou animal. Cette activité permet d'acquérir la qualité d'exploitant agricole qui ouvre la possibilité ensuite d'effectuer des activités agricoles par rattachement, soit en prolongement de l'acte de production (commercialisation, transformation des produits de l'exploitation, méthanisation de la production), soit en prenant l'exploitation pour support (agrotourisme). Le critère foncier a été écarté ; de même, le caractère agroalimentaire ou naturel du produit n'ont pas été des critères retenus par le législateur. L'interprétation de cette définition laisse persister des incertitudes sur les contours de la sphère agricole. Le législateur a tenté de modifier l'article L. 311-1 en 1995 et en 1999 sans y parvenir, ce qui révèle l'absence de consensus social sur la notion d'activité agricole.

La méthanisation est l'activité par prolongement de l'activité agricole par nature pour laquelle le législateur a fixé la proportion précise de produits à traiter pour rester exploitant agricole. Et le législateur de 2014, pour favoriser cette production, a autorisé que les produits utilisés par l'exploitant ne proviennent pas seulement de son exploitation. Ces précisions visent à permettre aux exploitants de s'engager dans cette nouvelle activité sans risque. Il peut être noté que l'article L. 311-1 qui ne comportait que des définitions civiles de l'activité agricole intègre une disposition visant à qualifier fiscalement l'activité énergétique de l'exploitation agricole.

Le législateur a seulement procédé à des extensions ponctuelles et successives de la notion d'activité agricole, qualifiant ainsi en 1997 les cultures marines, puis en 1999 le déneigement des routes pour la commune ou le département, au moyen d'une lame départementale ou communale montée sur le propre tracteur d'une personne physique ou morale exerçant déjà une activité agricole, puis en 2010 le salage par l'exploitant avec son matériel ou celui mis à sa disposition par la collectivité publique (dans des conditions à déterminer par décret en Conseil d'État), et en 2005 les activités équestres. Cette dernière mesure a été prise par la loi n° 2005-157 du 23 février 2005. Les activités de préparation et d'entraînement le plus souvent à la compétition ne permettant pas la qualification agricole par application du critère légal, le législateur a posé la qualification civile et fiscale de ces activités, pour soutenir la filière et pour retirer des complexités d'un régime qui était très souvent de nature distincte selon ses branches.

La loi n° 2019-469 du 20 mai 2019 pour la protection foncière des activités agricoles et des cultures marines en zone littorale a ajouté l'exploitation de marais salants à la liste des activités agricoles, dans la logique de la qualification retenue par le statut du fermage (art. L. 415-10).

Pour développer la production d'énergies renouvelables et en particulier la filière photovoltaïque, la loi n° 2023-175 du 10 mars 2023 a défini l'agrivoltaïsme. Il s'agit d'une production d'énergie en accessoire de l'activité agricole. Un cadre juridique a été posé pour permettre son développement. L'article L. 314-36 du code de l'énergie définit l'installation agrivoltaïque comme « *I. ... une installation de production d'électricité utilisant l'énergie radiative du soleil et dont les modules sont situés sur une parcelle agricole où ils contribuent durablement à l'installation, au maintien ou au développement d'une production agricole* », précisant notamment : « *IV. Ne peut pas être considérée comme agrivoltaïque une installation qui présente au moins l'une des caractéristiques suivantes : 1° Elle ne permet pas à la production agricole d'être l'activité principale de la parcelle agricole ; 2° Elle n'est pas réversible.* » ❑

Art. L. 311-1 **Sont réputées agricoles toutes les activités correspondant à la maîtrise et à l'exploitation d'un cycle biologique de caractère végétal ou animal et constituant une ou plusieurs étapes nécessaires au déroulement de ce cycle ainsi que les activités exercées par un exploitant agricole qui sont dans le prolongement de l'acte de production ou qui ont pour support l'exploitation.** *(L. n° 97-1051 du 18 nov. 1997)* **« Les activités de cultures marines** *(L. n° 2019-469 du 20 mai 2019, art. 4)* **« et d'exploitation de marais salants » sont réputées agricoles, nonobstant le statut social dont relèvent ceux qui les pratiquent. »** *(L. n° 2005-157 du 23 févr. 2005, art. 38-I)* **« Il en est de même des activités de préparation et d'entraînement des équidés domestiques en vue de leur exploitation, à l'exclusion des activités de spectacle. »** *(L. n° 2010-874 du 27 juill. 2010, art. 59-4°)* **« Il en est de même de la production et, le cas échéant, de la commercialisation, par un ou plusieurs exploitants agricoles, de biogaz, d'électricité et de chaleur par la méthanisation, lorsque cette production est issue pour au moins 50 % de matiè-**

res provenant *(L. n° 2014-1170 du 13 oct. 2014, art. 3-1°)* **« d'exploitations agricoles ». Les revenus tirés de la commercialisation sont considérés comme des revenus agricoles, au prorata de la participation de l'exploitant agricole dans la structure exploitant et commercialisant l'énergie produite. Les modalités d'application du présent article sont déterminées par décret. »**

Les activités agricoles ainsi définies ont un caractère civil.

(Ord. n° 2005-1127 du 8 sept. 2005) **« Toutefois, pour la détermination des critères d'affiliation aux régimes de protection sociale des non-salariés et des salariés des professions agricoles, sont considérées comme agricoles les activités mentionnées respectivement aux articles L. 722-1 et L. 722-20. »** — *[L. n° 88-1202 du 30 déc. 1988, art. 2, al. 1er et 2.]*

Toute personne physique ou morale exerçant une activité agricole au sens de l'article L. 311-1 du code rural et de la pêche maritime peut apporter son concours aux communes, aux intercommunalités et aux départements en assurant : le déneigement des routes au moyen d'une lame communale, intercommunale ou départementale montée sur son propre tracteur ou, le cas échéant, sur celui mis à disposition par la commune, l'intercommunalité ou le département ; le salage de la voirie communale, intercommunale ou départementale au moyen de son propre tracteur et de son matériel d'épandage ou, le cas échéant, de celui mis à disposition par la commune, l'intercommunalité ou le département. Pour l'accomplissement des prestations visées aux deuxième et troisième alinéas, cette personne est dispensée de l'obligation de soumettre son tracteur à une nouvelle réception par le service des mines. Les conditions d'application de ces prestations sont déterminées par décret en Conseil d'État (L. n° 99-574 du 9 juill. 1999, art. 10, mod. par L. n° 2010-874 du 27 juill. 2010, art. 48).

RÉP. COM. v° *Agriculture*, par OLSZAK.

BIBL. ► Activités agricoles. Activités équestres, *DP entr. agric.* – BARBIÈRI, *RD rur. 2007. Étude 23* (mitage juridique). – BERRY, *RD rur. 1992. 1* (activités agricoles et droit civil). – CARIUS, *Le trait d'union, mars 2007, p. 12* (art. 38 de la loi du 23 févr. 2005). – COUTURIER, *RD rur. 1997. 15* (actualité jurisprudentielle des premières applications de l'art. L. 311-1 C. rur.) ; *JCP N 1999. 329* (activité agricole par nature). – DESSAINJEAN, *RD rur. 2023. Dossier 8* (rompre l'isolement par la diversification des activités agricoles). – GRIMONPREZ, *AJDA 2023. 1168* (agrivoltaïsme). – HEUCHEL, *Gaz. Pal. 19-20 mai 2006. 13 et 23-25 juill. 2006. 9* (l'intégration des activités équestres dans l'agriculture). – INSERGUET-BRISSET, *DP entr. agric., Bull. n° 572, p. 2* (déploiement des énergies renouvelables... l'agrivoltaïsme). – LACHAUD, *Gaz. Pal. 30 juin-1er juill. 2000, p. 2* ; *Ann. loyers 2006. 934* (préparateurs d'équidés). – LAVIALLE, *RD rur. 2020, n° 65* (du caractère agricole de l'activité salicole). – LE BAUT-FERRARESE, *RD rur. 2012. Dossier 2* (énergies renouvelables, nouveau champ d'activité pour les entrepreneurs agricoles). – MALLEJAC, TESTUT, DUVERNOY et JACQUES, *JCP N 2023. 1197* (regards croisés sur l'agrivoltaïsme). – MARTIN, *EEI 2023. Étude 25* (agrivoltaïsme entre incitation et régulation). – RADIGUET, *EEI 2023. Étude 9* (l'agrivoltaïsme dans la loi relative à l'accélération de la production d'énergies renouvelables). – ROUSSEL, *RD rur. 2007, n° 201* (activités équestres : circ. DGFAR 21 mars 2007) ; *RD rur. 2007. Étude 2* (activités équestres) ; *RD rur. 2010. Étude 26* (la méthanisation après la loi du 27 juill. 2010).

I. ACTIVITÉ AGRICOLE

A. PORTÉE DE LA DÉFINITION

1° ACTIVITÉ ET PROFESSION AGRICOLES

1. *Habitude.* Les activités définies à l'art. L. 311-1 ne confèrent la qualité d'agriculteur qu'à ceux qui les exercent à titre de profession habituelle. • Com. 5 avr. 1994, n° 91-18.766 P : *D. 1994. IR 109*. ♦ Sur le refus d'extension du redressement judiciaire à l'épouse, V. note 3.

2. *Activité professionnelle.* L'utilisation d'une parcelle pour parquer des chevaux exclusivement réservés à un usage personnel et de pur loisir ne peut être regardée comme une activité agricole. • Civ. 3e, 23 juin 2015, n° 13-22.076 : *AJDI 2015. 615* ; *RD rur. 2016, n° 37, note Crevel.* ♦ V aussi note 12.

3. *Conjoints.* Les activités définies à l'art. L. 311-1 ne confèrent la qualité d'agriculteur, au sens de l'art. L. 351-1 du même code, qu'à ceux qui les exercent à titre de profession habituelle, et les juges du fond peuvent considérer que l'aide apportée par l'épouse fonctionnaire à plein temps à son mari dans les tâches agricoles ne confère pas à celle-ci la qualité d'agriculteur et le droit de prétendre à l'extension de la procédure de redressement judiciaire ouverte contre son mari. • Com. 5 avr. 1994 : *préc. note 1.* ♦ Bien que constituée mandataire par son mari pour l'ensemble de son exploitation, une épouse n'est pas réputée agricultrice si, dans leur pouvoir souverain d'appréciation, les juges du fond ne constatent aucun fait qui démontre l'exercice effectif d'une activité agricole. • Com. 22 nov. 1994, n° 91-21.222.

2° AUTRES BRANCHES DU DROIT

4. *MSA.* Pour les critères d'affiliation au régime d'assurance obligatoire des salariés agricoles contre les accidents du travail et les maladies professionnelles, V. art. L. 751-1.

5. Droit fiscal. Pour les critères appliqués en matière de bénéfices agricoles, V. **CGI**, art. 63 et *BOI-BA-CHAMP-10-40 du 6 avr. 2022.* ♦ Sur l'extension par la L. n° 2021-1900 du 30 déc. 2021 (art. 12) des bénéfices agricoles aux revenus des actions des exploitants agricoles sur leur exploitation contribuant à restaurer ou maintenir des écosystèmes dont la société tire des avantages, V. *JCP N 2022. 1064, note Forget* et *RD rur. 2022. Alerte 118, note Hermon et de Fontaine.* ♦ L'activité de producteur grainier s'insère dans le cycle biologique de la production végétale et le bâtiment où il procède aux opérations de séchage, triage, calibrage... des semences vendues à ses clients entre dans le champ d'exonération de la taxe foncière sur les propriétés bâties. • CE 4 avr. 2023, n° 451364 : *RD rur. 2023. Alerte 141 et n° 74, note Crevel.*

6. Parcs nationaux. Est une activité commerciale illicite, au sens du règlement portant création d'un parc national, et caractérise une intervention artificielle susceptible d'altérer le milieu naturel que le parc national a pour mission de protéger, toute activité non autorisée de vente au public, pratiquée sur le territoire d'un parc national, quels que soient la profession de la personne qui l'exerce, l'origine des biens ou services vendus, l'importance du profit réalisé et le caractère occasionnel ou non de cette activité, même si cette activité est dans le prolongement d'un acte de production agricole. • Crim. 6 déc. 1995 : *D. 1996. IR 71*.

7. Urbanisme. **BIBL.** Lahalle et Rouhaud, *RD rur. 2004. 18* (permis de construire en zone agricole) ; Roux, *AJDA 2018. 1020* (notion de construction nécessaire à l'activité agricole). ♦ Au regard du droit de l'urbanisme, un chenil dont la construction est envisagée dans une zone NC, même s'il est destiné au gardiennage de chiens en pension, doit être regardé comme une installation classée liée à une activité agricole. • CE 6 mars 1991 : *D. 1991. Somm. 260, obs. Charles* • CAA Bordeaux, 17 juin 2004, *Cne de Vauvert : RD rur. 2004. 578, note Demouveaux* • CAA Marseille, 19 déc. 2018, n° 17MA02221 : *AJDA 2019. 538, rapp. Roux*. ♦ Même si les ressources procurées par un gîte rural seraient indispensables à l'équilibre d'une exploitation agricole, la construction d'un édifice hôtelier ne peut être regardée comme nécessaire à cette exploitation pour justifier un permis de construire du gîte. • CE 14 févr. 2007, n° 282398 : *AJDA 2006. 399*. ♦ Est régulier l'arrêté qui autorise en zone NC agricole : ... une serre à usage de chèvrerie, fabrication de fromage et stockage de matériel. • CAA Marseille, 10 nov. 2011, n° 09MA02839. ♦ ... La construction d'une maison pour un exploitant agricole à titre secondaire à proximité d'un élevage de 30 vaches. • CAA Nantes, 2 déc. 2011, n° 10NT01037. ♦ ... La construction d'un hangar pour le matériel et le fourrage même si des panneaux photovoltaïques sont posés sur toute la surface de la toiture. • CAA Marseille, 7 déc. 2011, n° 11MA03510 : *RD rur. 2012, n° 24, obs. Gillig.* ♦ La loi du 23 nov. 2018 autorise en zone agricole certaines constructions nécessaires à la transformation, au conditionnement et la commercialisation de produits agricoles, mais ne s'applique pas aux constructions destinées à une activité touristique. * Rép. min. n° 7212, *JOAN Q 23 mai 2023, p. 4634.*

8. Activités équestres et construction en zone rurale. Peuvent être regardés comme des constructions liées et nécessaires à l'activité agricole les bâtiments d'un centre équestre où se tiennent des activités de débourrage, dressage, enseignement et prise en pension de chevaux de tiers, même si ces revenus ne sont pas fiscalement agricoles. • CAA Paris, 20 avr. 2004, *Marchal c/ Cne de Villiers-St-Frédéric : RD rur. 2004. 597, note Carius ; AJDA 2004. 1472, note Heu*. ♦ Sur la notion d'élevage équin constituant une activité agricole. • CE 14 juin 2004, n° 249465 : *RD rur. 2004. 578, note Demouveaux.* ♦ Eu égard aux activités d'élevage et d'étalonnage de l'intéressé, alors même qu'il ne s'agit pas de son activité principale, la construction d'une grange composée de quatre boxes à chevaux doit être regardée comme une construction à usage agricole et la construction d'une maison d'habitation sur la même parcelle répond à la nécessité d'assurer une présence continue permettant de suivre l'état de santé des chevaux. • CE 24 juill. 2009, n° 311337 : *RD rur. 2009, n° 170, note Gillig* • CAA Marseille, 23 oct. 2009, n° 08MA00409 : *RD rur. 2009, n° 186.* ♦ Il ne peut être admis en zone NC un permis de construire pour une écurie devant accueillir des chevaux à la retraite contre rémunération. • CAA Nancy, 1er avr. 2010, n° 08NC01728. ♦ Les constructions liées à une activité de formation s'inscrivant dans celle d'un centre équestre ne peuvent être autorisées en zone NC agricole du POS sauf s'il s'agit du prolongement d'une activité agricole. • CAA Lyon, 28 sept. 2010, n° 08LY02211 : *RD rur. 2011, n° 17, obs. Gillig.* ♦ Est fondée l'opposition du maire à la déclaration préalable de travaux d'un centre équestre aux fins d'implantation de tentes en zone naturelle. • CAA Marseille, 17 déc. 2020, n° 19MA05029 : *DP entr. agric., Bull. n° 548, p. 4.* ♦ Est interdite la construction en zone agricole d'abris à chevaux appartenant à des particuliers. * Rép. min. n° 16127 : *JO Sénat Q, 10 févr. 2011. 326.* ♦ ... Abris à chevaux qui ne constituent pas des constructions nécessaires à l'exploitation agricole. * Rép. min. n° 98687 : *JOAN Q 22 mars 2011. 2278 ; RD rur. 2011, n° 77, obs. Gillig.* ♦ Pour être qualifié agricole pour les règles d'urbanisme, l'élevage équestre doit comporter au moins dix animaux dont une poulinière. * Rép. min. n° 33837 : *JOAN Q 3 sept. 2013. 9219, note Inserguet-Brisset : DP entr. agric., Bull. n° 467, p. 11.*

9. Constructions. V. * Rép. min. n° 22170 : *JO Sénat 7 oct. 2021. 5734* (droit de construire dans les zones agricoles et développement de l'agrotourisme). ♦ Ne constitue pas une construction nécessaire à l'élevage le stand mobile et provisoire d'une exploitation agricole, destiné à vendre ses productions de fromage et de miel, qui se situe à quatre kilomètres du siège de l'exploitation. • CAA Marseille, 23 sept. 2004, n° 00MA00726 : *AJDA 2004. 2071*. ♦ Est fondé le rejet de demande de permis de construire en zone ND1 de deux constructions destinées à une activité de prestations de services concernant l'entretien de parcs et de jardins qui ne sont pas strictement liées à une exploitation agricole ou forestière. • CAA Paris, 11 mars 2004, n° 01PA02021 : *AJDA 2004. 1472, note Heu*. ♦ ... En zone ND d'un hangar à sel. • CAA Bordeaux, 3 nov. 2005, *SARL Esprit du sel : RD rur. mars 2006. 34.* ♦ Un hangar de stockage de bois lié aux activités de scieurs de bois et bûcherons ne peut être réalisé en zone agricole, de telles activités n'étant pas agricoles. * Rép. min. 44235 : *JOAN Q 28 avr. 2009, p. 4029.* ♦ Est nul le permis de construire délivré en zone A pour un hangar qui n'est pas nécessaire à l'exploitation agricole et qui doit permettre d'implanter une centrale d'activité photovoltaïque. • TA Strasbourg, 30 nov. 2010, n° 1001138 : *Dr. adm. 2011. Inf. 24, note Macagno.* ♦ Dans la commune qui n'était couverte ni par un POS, ni par un document d'urbanisme en tenant lieu, est fondé le refus de permis de construire un gîte rural à 180 m de la ferme du demandeur alors même que les ressources qui en seraient tirées seraient utiles voire indispensables à l'équilibre économique de l'exploitation agricole, dès lors que cette construction ne relève d'aucune des exceptions de l'art. L. 111-2 C. urb. • CE 14 févr. 2007, n° 282398 : *RD rur. 2007, n° 160, note Billet ; Dr. adm. 2007, n° 65.* ♦ Le Décr. du 4 janv. 1988 déterminant le régime de protection sociale n'a pas à être pris en compte par l'autorité administrative lorsqu'elle se prononce sur l'octroi d'une autorisation délivrée en application de la législation sur l'urbanisme. • CE 14 févr. 2007, n° 282398 : *AJDA 2007. 399*.

10. Aides à l'installation. La prise en pension de chevaux ne présente pas un caractère agricole, et la décision prononçant la déchéance du droit au bénéfice des aides agricoles est fondée. • CAA Nantes, 18 févr. 2016, n° 14NT03125 : *RD rur. 2016, n° 203, note Carius.*

11. Troubles de voisinage. Il ne peut être opposé la préexistence d'un élevage de paons sur le fondement de l'art. L. 112-16 CCH dès lors qu'il ne s'agit pas d'une activité agricole. • Civ. 2e, 4 juill. 2013, n° 12-23.276 : *DP entr. agric., Bull. n° 466, p. 22, note Inserguet-Brisset ; RD rur. 2014, n° 42, note Barbièri.*

12. Attribution préférentielle. Le développement d'une truffière par trois indivisaires se partageant les récoltes et les frais, sans qu'aucun n'ait immatriculé une activité agricole de récoltant de truffes ni qu'aucun n'ait une activité professionnelle principale, constitue une propriété d'agrément et non une exploitation agricole susceptible d'attribution préférentielle. • Civ. 1re. 20 mai 2009, n° 08-14.536 : *RD rur. 2009, n° 126, note Crevel.*

B. MAÎTRISE D'UN CYCLE BIOLOGIQUE

13. Activités forestières. Une plantation de peupliers est une plantation forestière et lorsqu'elle est le seul but de la reprise d'un bien loué, elle ne constitue pas une exploitation agricole au sens de l'art. L. 411-59 C. rur. • Civ. 3e, 30 avr. 1997, n° 95-15.971 P.

14. Pépinière. Un pépiniériste exerce une activité agricole au sens de l'art. L. 311-1 (inscription sur la liste électorale des chambres d'agriculture). • Civ. 2e, 21 févr. 2002, n° 01-60.017 P. – V. aussi • Civ. 3e, 19 nov. 2015, n° 14-23.671 : *DP entr. agric., Bull. n° 491, note Grimonprez ; JCP N 2015. Actu. 1157* (activité de pépiniériste accessoire de la profession de paysagiste).

15. Pâturage. Est mal fondé le juge qui retient que l'action de pâturer n'est pas une activité agricole car n'est pas une étape nécessaire au déroulement du cycle végétal sans examiner s'il s'agit d'une étape nécessaire à l'exploitation du cycle animal. • Civ. 3e, 12 oct. 2010 : *JCP N 2010. 753 ; AJDI 2010. 900*.

16. Élevage. A une activité exclusivement agricole la société civile qui élève un troupeau de chèvres, peu important leur nombre, qui récolte leur lait, en cède une partie et transforme l'autre en fromage. • Bourges, 14 juin 2012 : *RD rur. 2012, n° 72, note Lebel.* ♦ L'éleveur de chiens installé dans des locaux d'exploitation sur un terrain de 2950 m², qui produit des déclarations de saillies auprès de la centrale canine, établit l'exercice de l'activité d'éleveur dont il tire revenu. • Aix-en-Provence, 5 févr. 2015, n° 14-10.479.

17. Pêche. L'activité de pêche à pied est une activité agricole au sens de l'art. L. 311-1. • Poitiers, 21 juin 2011 : *RD rur. 2011, n° 140, obs. Lebel.*

18. Négoce. L'activité de la société de négoce, qui effectue vinification et élevage de raisins acquis à d'autres viticulteurs sans exploiter de vignes, n'est pas une activité agricole. • CE 18 févr. 2009, n° 300659 : *JCP N 2010. 1277, note Roussel.*

19. Gardiennage. L'activité de gardiennage de chevaux ne constitue pas une activité agricole. • Civ. 3e, 13 mai 2009, n° 08-16.421 : *JCP 2009. IV. 409 ; JCP 2009, n° 25, p. 27 ; Gaz. Pal. 12-16 juill. 2009. 12 ; JCP N 2010. 1278, note Roussel*

20. Jurisprudence antérieure à la loi du 23 févr. 2005. Entraîneurs-dresseurs. Une personne qui reçoit en pension des chevaux appartenant à autrui, sans que soit déterminé à l'avance si elle aura la charge de leur entraînement pour tout ou seulement partie de leur vie de chevaux de course, n'a pas la maîtrise du cycle biologique animal considéré et, au vu de ces constatations, les juges du fond retiennent à bon droit qu'elle n'exerce pas une activité agricole et que la procédure de règlement amiable de l'art. L. 351-1 C. rur. ne lui est pas applicable. • Com. 21 nov. 1995, n° 93-14.548 P : *D. 1995. IR 272* ; *Defrénois 1996. 1151, obs. Roussel* • Paris, 28 mars 1997 : *D. 1997. IR 129* ; *RD rur. 1999. 271, obs. Roussel.* ♦ Il en est de même pour la personne dont l'activité est la prise en pension même pendant plusieurs saisons de chevaux ne lui appartenant pas, et destinés à courir sur des hippodromes contre une rémunération soit en pourcentage sur gains de courses, soit forfaitairement selon les périodes de mise en pension. • Lyon, 15 mai 2003 : *RD rur. 2004. 41.* ♦ L'activité qui consiste à éduquer des chevaux confiés par des tiers en fonction du potentiel génétique dont ils sont présumés porteurs ne constitue pas une activité agricole. • Com. 20 mars 2001 : *RD rur. 2001. 427 et 595, obs. Danet ; APC 2001, n° 106.* ♦ Le statut du fermage est écarté pour les entraîneurs. • Civ. 3e, 4 mai 1994 : *RD rur. 1994. 389.* ♦ ... Et pour les dresseurs de chiens. • Civ. 3e, 21 juill. 1992 : *JCP N 1993. II. 147.*

C. PROLONGEMENT DE L'EXPLOITATION

21. Vente. Exerce une activité postérieure au cycle de la production, distincte d'une activité agricole, une société anonyme dont l'objet principal est la transformation, le conditionnement et la commercialisation de produits provenant d'exploitations agricoles et dont l'activité principale est la vente d'œufs pasteurisés, surgelés, cuits ou en poudre. • Soc. 11 juill. 2002, n° 00-16.177 P : *RD rur. 2002. 538.* ♦ La vente habituelle de poissons de mer, d'huîtres et de coquillages auprès de producteurs par un ostréiculteur ne constitue pas une activité ayant pour support l'exploitation. • Crim. 29 nov. 2022, n° 21-85.579 P : *RD rur. 2023, n° 19, note Tauran.*

22. Hôtel. Est nulle la décision de l'assemblée générale ordinaire d'une société civile d'exploitation agricole ayant approuvé le changement d'affectation d'un bâtiment dès lors que cette décision achevait de faire de l'activité hôtelière, sans lien avec l'activité agricole, l'activité prépondérante de la société portant atteinte au caractère civil de l'objet social. • Com. 13 juill. 2010 : *D. 2010. 1867* ; *Dr. sociétés 2010. 199, note Hovasse ; JCP N 2010. 1343, note Grimonprez ; Gaz. Pal. 2010. J. 3648, note Zattara-Gros ; JCP 2010. 1676 ; BICC 2011. 1812.*

23. Gîtes. La location de chambres d'hôtes et/ou de gîtes, avec table d'hôtes, n'est pas dans le prolongement de l'acte de fenaison ou de vente d'herbe pour chevaux qui n'en est pas le support. • Nîmes, 13 mars 2003 : *RD rur. 2003. 637.*

24. Siège social. Des bâtiments permettant la commercialisation des produits peuvent être construits en zone agricole, mais un exploitant ne peut construire en zone agricole un bâtiment servant exclusivement de siège social à une SARL de commercialisation de ses produits. * Rép. min. n° 17357 : *JO Sénat Q., 5 mai 2011, p. 1190.*

D. EXPLOITATION-SUPPORT

25. Caractère économique de l'exploitation. Exerce une activité agricole et peut se prévaloir du statut des baux ruraux le locataire de pâtures d'une superficie globale de 11 hectares environ qui les utilise, ainsi que les installations s'y trouvant, dans le cadre d'un ensemble plus vaste affecté à l'usage de « ferme équestre », consistant, d'une part à élever des chevaux sur les parcelles considérées et à les y laisser paître, d'autre part à se servir du même fonds pour subvenir au moins partiellement à l'approvisionnement en fourrage de ces animaux, enfin, à accueillir des visiteurs de tous âges pour leur permettre, à l'occasion de diverses formules d'admission de pratiquer ou de s'initier à l'équitation tout en bénéficiant sur place d'un service d'hébergement et de restauration, dès lors que cette activité constitue aussi bien un prolongement de l'acte de production, entendu comme maîtrise et exploitation d'un cycle biologique de caractère végétal ou animal, qu'une entreprise ayant pour support l'exploitation. • Riom, 13 janv. 1992 : *D. 1992. IR 97* . ♦ A défaut d'activité agricole, une activité touristique d'accueil « à la ferme » ne peut être qualifiée agricole. • Agen, 19 oct. 1992 : *Juris-Data n° 047246.* ♦ Les prestations de restauration sans lien avec l'activité de production au vu de l'importance des moyens qui leur ont été consacrés, de la fréquence et du montant des achats pour revendre, et en conséquence de leur prédominance économique sur la production agricole, ne sont pas une activité ayant pour support l'exploitation. • Crim. 29 nov. 2022, n° 21-85.579 P : *RD rur. 2023, n° 19, note Tauran.* ♦ Selon l'art. 88-II de la L. n° 2010-788 du 12 juill. 2010, une société civile agricole peut avoir une activité photovoltaïque, et ce, même si l'exploitant dispose des bâtiments par bail rural.

E. ACTIVITÉ AGRICOLE PAR DÉTERMINATION DE LA LOI

26. Centre équestre. Est soumise au statut du fermage l'exploitation d'un centre équestre comportant la prise en pension de chevaux, le dressage et l'entraînement des équidés en vue de leur exploitation sportive de loisirs. • Civ. 3e, 24 juin 2009, n° 08-17.533 : *RD rur. 2009, n° 135, note Barbièri ; AJDI 2010. 52, obs. Prigent* ; *JCP N 2011. 1125, note Roussel.* ♦ Même sens pour un centre équestre consistant en l'hébergement, la nourriture des chevaux et l'enseignement de l'équitation. • Civ. 3e, 25 oct. 2011, n° 10-25.870 : *Gaz. Pal. 2012. 965, note Peignot et Millard ; RD rur. 2012. Repère 6, obs. Foyer.* ♦ Ne peut prétendre à l'existence d'un bail rural l'association qui n'exerce pas une activité d'élevage d'équidés mais exploite un centre équestre qui ne peut se rattacher à une activité agricole. • T. par. baux rur. Bordeaux, 9 févr. 2009 : *RD rur. 2010, n° 2, note Gain.* ♦ Ne relève pas du statut du fermage le bail d'un fonds où la prise en pension de chevaux est l'activité principale. • Paris, 5 avr. 2018, n° 17/09232 : *DP entr. agric., Bull. n° 518, p. 6, note Carius.*

27. Finalité touristique. Constitue une activité agricole la préparation des équidés en vue de fournir des promenades touristiques à des visiteurs. • Civ. 3e, 14 janv. 2015, n° 13-26.380 P : *RD rur. 2015, n° 88, note Carius ; JCP 2015. 114 ; D. 2015. 209 ; JCP N 2015. Actu. 216 ; Gaz. Pal. 2015. 1136, note Krajeski ; AJDI 2015. 295, note Lebel ; D. actu. 3 févr. 2015, note Prigent ; Defrénois 2015. 940, note Roussel ; Rev. loyers 2015, n° 955.*

II. CARACTÈRE CIVIL

28. Vente des produits. La vente de produits d'un fonds rural par le propriétaire ou le fermier de ce fonds constitue un acte civil. • Civ. 30 nov. 1931 : *DH 1932. 83.* ♦ Accomplit un acte civil l'exploitant d'un élevage, dont la production d'œufs est l'activité principale, bien qu'il achète une grande quantité d'aliments, dès lors qu'il vend les produits de son élevage sans procéder à des achats pour revendre. • Com. 11 avr. 1995, n° 93-16.064 P : *D. 1995. IR 151 ; Defrénois 1995. 1296, obs. Honorat ; Quot. jur. 27 juin 1995, p. 5, note P. M.*

29. Sociétés à forme commerciale. Les actes faits par une société à forme commerciale, même s'ils sont de nature civile, sont à son égard des actes de commerce. • Com. 14 févr. 1956 : *JCP 1956. II. 9375.*

Art. L. 311-2 *(Ord. n° 2021-1189 du 15 sept. 2021, art. 32, en vigueur le 1er janv. 2023)* **Est un actif agricole tout chef d'exploitation agricole immatriculé au registre national des entreprises mentionnées à l'article L. 123-36 du code de commerce et répondant aux critères suivants :**

1° Il exerce des activités réputées agricoles au sens de l'article L. 311-1 du présent code, à l'exception des cultures marines et des activités forestières ;

2° Il est redevable de la cotisation due au titre de l'assurance contre les accidents du travail et les maladies professionnelles, mentionnée à l'article L. 752-1, ou bien il relève des 8° ou 9° de l'article L. 722-20 et détient, directement ou indirectement, la majorité du capital social de la société.

Un décret en Conseil d'État peut limiter le bénéfice de certaines aides publiques aux entreprises individuelles ou aux personnes morales dont l'immatriculation au registre national des entreprises fait apparaître la présence d'une personne ayant la qualité d'actif agricole.

BIBL. ▸ Grimonprez, *DP entr. agric., Bull. n° 507, p. 1* (registre et statut d'agriculteur ?). – Lucas, *RD rur. 2018. Étude 15* (naissance du registre des agriculteurs). – Lebel, *RD rur. 2021. Étude 23* (création du registre national des entreprises et exploitations agricoles).

COMMENTAIRE

Le registre de l'agriculture (dont le principe avait été posé par la L. n° 88-1202 du 30 déc. 1988), devenu registre des actifs agricoles (L. n° 2014-1170 du 13 oct. 2014), a disparu le 1er janvier 2023 en conséquence de la création du registre national des entreprises prévu par l'ordonnance n° 2021-1189 du 15 septembre 2021 sur le fondement des dispositions de la loi n° 2019-486 du 22 mai 2019 (loi Pacte).

Tout chef d'exploitation ayant une activité agricole et cotisant à l'assurance contre les accidents du travail et les maladies professionnelles ou qui détient (directement ou non) la majorité d'une société agricole, doit s'y inscrire. Il est désormais prévu que par décret, le bénéfice d'aides publiques puisse être réservé aux actifs agricoles inscrits sur ce registre.

Le registre national des entreprises, outil unique d'information économique et juridique sur les entreprises et leurs dirigeants, est tenu par l'INPI, et alimenté par le guichet unique de formalités des entreprises qui a remplacé les réseaux de centres de formalités des entreprises qui géraient le registre des actifs agricoles avec les chambres d'agriculture et la mutualité sociale agricole. Ce guichet unique permet à toutes les entreprises, quels que soient leur forme juridique et leur domaine d'activité, de déclarer en ligne toutes les formalités auprès des organismes avec lesquels elles sont en relation. Le registre national du commerce et des sociétés, le registre des actifs agricoles ainsi que le répertoire des métiers ont ainsi disparu au profit du registre unique. Le répertoire national des entreprises et de leurs établissements tenu par l'INSEE subsiste. Il est libre d'accès et gratuit (sauf sur un petit nombre de données personnelles). ❑

Art. L. 311-2-1 *(Ord. n° 2021-1189 du 15 sept. 2021, art. 32, en vigueur le 1er janv. 2023)* **Pour son application dans les départements du Haut-Rhin, du Bas-Rhin et de la Moselle, le 2° de l'article L. 311-2 est ainsi rédigé :**
"2° Il dirige une exploitation agricole dont la superficie est supérieure à une fraction de la surface minimale d'assujettissement mentionnée à l'article L. 722-5-1 ou dont le temps de travail est au moins égal à un nombre d'heures par an, ou bien il relève des 8° ou 9° de l'article L. 722-20 et détient, directement ou indirectement, la majorité du capital social de la société. La fraction et le nombre d'heures susmentionnés sont déterminés par décret."

Art. L. 311-2-2 *(L. n° 2010-874 du 27 juill. 2010, art. 18)* **Il est créé un inventaire des vergers exploités à titre professionnel dont les conditions de réalisation sont définies par décret.**

Art. L. 311-3 *(L. n° 2006-11 du 5 janv. 2006, art. 1er)* **Le fonds exploité dans l'exercice de l'activité agricole définie à l'article L. 311-1, dénommé "fonds agricole", peut être créé par l'exploitant. Cette décision fait l'objet d'une déclaration** *(L. n° 2019-486 du 22 mai 2019, art. 1er)* **« à » la chambre d'agriculture compétente.** — *Sur les modalités de cette déclaration, V. art. D. 311-3 s.*

Ce fonds, qui présente un caractère civil, peut faire l'objet d'un nantissement dans les conditions et selon les formalités prévues par les chapitres II et III du titre IV du livre I du code de commerce.

Sont seuls susceptibles d'être compris dans le nantissement du fonds agricole le cheptel mort et vif, les stocks et, s'ils sont cessibles, les contrats et les droits incorporels servant à l'exploitation du fonds, ainsi que l'enseigne *(L. n° 2010-874 du 27 juill. 2010, art. 54)* **« , le nom d'exploitation », les dénominations, la clientèle, les brevets et autres droits de propriété industrielle qui y sont attachés.** — *Les dispositions de l'art. 1er de la L. n° 2019-486 du 22 mai 2019 entrent en vigueur à une date fixée par décret en Conseil d'État, et au plus tard le 1er janv. 2023. Ce décret définit les modalités transitoires mises en œuvre à compter de la mise en place de l'organisme prévu au deuxième alinéa de l'art. L. 123-33 du code de commerce, qui intervient au plus tard le 1er janv. 2021 (L. préc., art. 1er-VIII, JO 23 mai) ; V. Décr. n° 2021-300 du 18 mars 2021 (JO 21 mars), mod. par Décr. n° 2022-709 du 26 avr. 2022, art. 3 (JO 28 avr.).*

BIBL. ▶ Fonds agricole, *DP entr. agric.* – BOSSE-PLATIÈRE, *RD rur. 2007. Étude 17* (de l'exploitation à l'entreprise agricole) ; *RD rur. 2010. Dossier 10* (de l'exploitation à l'entreprise agricole : déclin ou renouveau de l'exploitation agricole ?). – CAMPELS, *RD rur. févr. 2006, n° spécial LOA, p. 22* (fonds agricole) ; *RD rur. déc. 2006. 22* (fonds agricole et DPU). – DELORME, *Defrénois 2007. 412* (cession de fonds agricole : formule commentée) ; *Defrénois 2023, n° 17, p. 15* (le nouveau statut de l'agriculteur entrepreneur individuel). – DELORME et GOSSEIN, *Defrénois 2005. 1297* (projet de loi d'orientation agricole et fonds agricole) ; *Defrénois 2006. 396* (le fonds agricole, commentaires et formule) ; *Defrénois 2007. 1715* (réflexion sur le devenir des fonds agricoles). – DESWARTE, *RD rur. 2009. Dossier 3* (pourquoi le fonds ne se développe-t-il pas ?). – DROSS, *RTD civ. 2013. 404* (la difficile émergence de l'exploitation agricole comme universalité de fait). – FERRIÉ, *RD rur. 2009. Dossier 5* (fonds agricole et bail cessible). – HUDAULT, *RD rur. août-sept. 2006. 19* ; *Mél. Bouloc, Dalloz 2007, p. 427*. – GASSELIN et CLERGET, *RD rur. 2009. Étude 8* (l'originalité du fonds agricole, son caractère optionnel) ; *Defrénois 2009. 897* (fonds agricole et droit de préemption de la SAFER). – KRAJESKI, *JCP 2006. I. 154* ; *JCP N 2006. 1240*. – LE GUIDEC et BOSSE-PLATIÈRE, *RD rur. juin-juill. 2009. Chron. 1, p. 11* (fonds agricole et régimes matrimoniaux). – LEPETIT LEBON, *RD rur. 2009. Dossier 4* (fonds agricole et fonds de commerce). – PEIGNOT, *Gaz. Pal. 19-20 mai 2006. 3*. – PÉTEL-TEYSSIÉ, *RD rur. févr. 2006, n° spécial LOA, p. 25* (nantissement du fonds agricole). – SAVARY et DUBUISSON, *JCP N 2009. 1135 et 1160* (le fonds agricole et l'immeuble d'exploitation).

COMMENTAIRE

Le fonds agricole est la disposition emblématique de la loi d'orientation agricole n° 2006-11 du 5 janvier 2006. Elle représente la synthèse du projet politique porté par cette loi. Mais cette disposition porte les ambiguïtés du projet, et sa portée risque d'apparaître décevante aux promoteurs de cette réforme qui espéraient la reconnaissance juridique de l'entreprise agricole. En amont du projet, différents groupes professionnels avaient appelé très clairement la reconnaissance du fonds agricole, « entité solide et autonome ». Le législateur s'est alors engagé dans cette voie. Il s'est agi d'aider l'exploitation à devenir une entreprise à part entière. Les travaux parlementaires indiquent que le fonds doit servir « l'évolution portée par le projet de loi d'orientation, à savoir l'insertion des activités de production agricole dans une démarche d'entreprise qui permettra de répondre plus aisément aux évolutions des marchés agricoles », et doit permettre de « passer de la logique patrimoniale et familiale à une logique d'entreprenariat ». Plus concrètement, le fonds doit permettre la constitution d'une unité économique cessible, dont la solidité doit permettre d'éviter les démembrements et faciliter son développement. De plus, le fonds doit être le moyen de reconnaître une valeur économique créée par l'exploitant qui en la cédant pourra jouir de la capitalisation de son travail.

Le fonds reconnu est constitué d'éléments corporels (cheptels et stocks) et d'éléments incorporels – contrats et droits incorporels servant à l'exploitation du fonds, donc baux et contrats de production, sous réserve que ceux-ci soient cessibles. Sont également inclus : l'enseigne, le nom d'exploitation qui est apparu être une notion plus adaptée au contexte que la seule enseigne, les dénominations, clientèles, brevets et droits de propriété industrielle attachés à l'exploitation. Il n'a été reconnu aucun élément déterminant l'existence du fonds agricole et celui-ci peut être constitué de tous les éléments utiles à l'exploitation agricole.

Le fonds peut faire l'objet d'un nantissement, ce qui s'inscrit dans la volonté de donner à l'exploitant les moyens des commerçants, et donc de pouvoir accéder à des ressources plus aisément pour développer ses investissements (V. art. D. 311-4). Il n'est pas pour autant certain que les banquiers soient convaincus d'accepter volontiers cette sûreté dont le caractère exécutoire suppose d'examiner le contenu réel du fonds proposé en garantie, et sa cessibilité effective. Il doit être souligné la nécessité de s'assurer de l'absence de concurrence de sûretés sur certains biens, et donc en particulier de vérifier si existent d'éventuels warrants.

Le projet a fait naître des craintes. Il a d'abord été souligné que le fonds était susceptible d'augmenter le coût de la reprise, d'augmenter les frais fiscaux de la transmission, de rendre plus difficiles les installations et les partages. Ces difficultés sont la résultante normale de la reconnaissance juridique d'une nouvelle valeur, celle précisément créée par l'exploitant qui pèse obligatoirement sur le successeur et justifie *a priori* des taxations de droit commun. Cependant, l'évaluation du fonds paraît libre, et susceptible d'être fixée selon la rentabilité de la structure économique. Mais il ne peut être exclu l'application de l'article L. 411-74 pour la cession d'un fonds agricole constitué pour une exploitation louée hors des conditions des articles L. 418-1 et suivants du code rural, cet article ne voyant son application écartée précisément que pour la cession de baux cessibles hors du cadre familial.

Il a ensuite été relevé des obstacles à la mise en œuvre du fonds découlant du contexte économique agricole, bien distinct de celui du commerce. D'une part, il y a la difficulté liée à l'introduction des droits à produire et des droits à aides dans le fonds agricole ; en effet, ceux-ci ne sont pas tous cessibles. Mais ces droits déterminent aujourd'hui lourdement la valeur du fonds. De plus, les droits cessibles sont d'une valeur fragile, probablement nulle à moyen terme. Il y a donc une ambiguïté à construire le fonds agricole par rapport au revenu qu'il permet de dégager compte tenu des caractères actuels de ce revenu. Cette difficulté n'existe pas pour le fonds de commerce qui réunit l'ensemble des éléments permettant de fixer une clientèle. D'autre part, il y a la difficulté liée aux baux. Il est difficile dans l'écrasante majorité des cas d'envisager l'exploitation agricole sans l'élément foncier. Or le bail rural est par principe incessible, et 70 % de la surface agricole utile est louée par baux à ferme. Si le bail peut devenir cessible, c'est seulement par la conclusion de nouveaux baux à des conditions très distinctes du statut en vigueur (art. L. 418-1 s.). Ceci va retarder la mise en œuvre du fonds et limitera probablement longtemps sa portée concrète. Une limite supplémentaire découle du fait que les exploitations sont constituées de terres louées par différents baux (les débats parlementaires font état d'une moyenne de huit baux par exploitation).

En réponse à ces craintes, le législateur a posé le fonds agricole comme un outil d'avenir, tout particulièrement utile pour une époque où les aides à l'agriculture auront disparu et où l'exploitation agricole devrait être déterminée par sa clientèle. Il a donc été d'abord décidé de rendre le fonds optionnel. Cette option suppose le respect d'une condition de forme qui est la déclaration à la chambre d'agriculture pour inscription sur le registre qu'elle tient (art. D. 311-3) ; certains avaient proposé que le fonds puisse apparaître simplement lors de la rédaction d'un acte, ce qui a été écarté. Ensuite, il a été décidé, afin de favoriser la constitution de fonds agricoles, l'exonération de droits de mutation à titre gratuit sur certaines donations de fonds agricoles (CGI, art. 790 A) et la taxation de leur cession au droit fixe de 125 euros (CGI, art. 732). Il n'a par contre pas été posé de réglementation juridique particulière pour les cessions de fonds agricoles, ni pour la location-gérance.

La reconnaissance du fonds agricole par l'article L. 311-3 a posé une difficulté sémantique relevée par les parlementaires : en effet, le terme « fonds agricole » figurait déjà dans le code rural, et avec des significations différentes. Il a donc été entrepris de faire disparaître cette expression du code partout où elle ne correspondait pas au nouveau sens consacré ; le terme « fonds » a été remplacé parfois par « terrain », parfois par « exploitation agricole » ou par « biens immobiliers à utilisation agricole et biens mobiliers qui lui sont attachés ».

Il a été déclaré 97 fonds en 2006, 125 en 2008, 93 en 2010. En 2011, il existait 735 fonds agricoles dont 214 pour des activités équestres. Le développement reste très lent, en conséquence d'une difficulté à établir un lien juridique fiable entre le fonds et le foncier loué. Il a été proposé, pour développer le nombre de ces structures, la suppression du caractère optionnel du fonds agricole, la suppression de l'immobilisation par destination en présence d'un fonds agricole qui nuit à l'unité du fonds, et aussi d'instituer la location-gérance du fonds agricole.

En application de la loi n° 2022-172 du 14 février 2022 en faveur de l'activité professionnelle indépendante, l'exploitant agricole individuel est titulaire de plein droit d'un patrimoine professionnel qui rassemble les éléments utiles à l'activité indépendante. Le fonds agricole est un élément de ce patrimoine, puisqu'il constitue un bien utile à l'activité professionnelle (C. com., art. R. 526-26). ❑

Les méthodes de culture, procédés et savoir-faire peuvent constituer des éléments cessibles de l'exploitation agricole. • Civ. 3e, 6 oct. 2016, n° 11-21.700 P : *RD rur. 2016, n° 287.* ♦ Il en est de même pour la clientèle. • Civ. 3e, 16 sept. 2009, n° 08-18.868 P : *D. 2009. 2345 ; JCP N 2009. 1331, note Barabé-Bouchard ; ibid. 1337, note Barbièri ; JCP 2009, n° 41, p. 19 ; ibid. 2010, n° 5, p. 214, note Barbièri ; RD rur. 2009, n° 176, note Crevel, et Dossier 9, obs. Cartel ; RTD civ. 2009. 748, note Revet ; Gaz. Pal. 31 mars-1er avr. 2010. 1005, note Krajeski ; RD rur. 2010. Chron. 2, note Le Guidec et Bosse-Platière, p. 17 ; AJDI 2010. 235, obs. Prigent.*

Art. L. 311-4 *Abrogé par Décr. n° 2003-675 du 22 juill. 2003.*

CHAPITRE II LES ÉLÉMENTS DE RÉFÉRENCE

SECTION 1 Le schéma directeur régional des exploitations agricoles

(L. n° 2014-1170 du 13 oct. 2014, art. 32-I-1°)

COMMENTAIRE

La loi du 13 octobre 2014 d'avenir pour l'agriculture a fait disparaître le schéma directeur départemental des structures, l'unité de référence et la surface minimum d'installation. Les schémas départementaux ont été jugés trop hétérogènes et inégalement mis à jour. Par ailleurs, la politique agricole est désormais définie au niveau de la région. C'est donc désormais le schéma directeur régional des exploitations agricoles, élaboré par le préfet de région avec l'appui des préfets des départements concernés et établi selon un modèle fixé par arrêté du ministre chargé de l'agriculture, qui doit préciser les orientations de la politique des structures, en conformité avec les objectifs du PRAD ; il détermine également les normes permettant la mise en œuvre du contrôle de structures. Ainsi doit être fixé le seuil de surface déterminant l'autorisation d'exploiter (1/3 à une fois la surface agricole utile régionale moyenne), avec des équivalences selon les productions et éventuellement des modulations territoriales, ainsi que les critères qui permettent de conclure au caractère excessif d'un agrandissement ou d'une concentration d'exploitations, les seuils déterminant la procédure d'autorisation applicable aux ateliers de production hors sol et l'ordre de priorité à respecter pour accorder l'autorisation d'exploiter selon l'intérêt économique et environnemental à préciser selon des critères fixés par la loi. ❑

Art. L. 312-1 I. – Le schéma directeur régional des exploitations agricoles fixe les conditions de mise en œuvre du chapitre I du titre III du présent livre. Il détermine, pour répondre à l'ensemble des objectifs mentionnés à l'article L. 331-1, les orientations de la politique régionale d'adaptation des structures d'exploitations agricoles, en tenant compte des spécificités des différents territoires et de l'ensemble des enjeux économiques, sociaux et environnementaux définis dans le plan régional de l'agriculture durable.

II. – Le schéma directeur régional des exploitations agricoles fixe, compte tenu des orientations mentionnées au I du présent article, le seuil de surface au-delà duquel l'autorisation d'exploiter est requise en application de l'article L. 331-2. Ce seuil est compris entre le tiers et une fois la surface agricole utile régionale moyenne, établie dans des conditions fixées par le décret mentionné au V du présent article. Le schéma directeur régional des exploitations agricoles détermine des équivalences à la surface agricole utile régionale moyenne, par type de production, en particulier pour les productions mentionnées à l'article L. 641-5 et pour les ateliers de production hors sol. S'il y a lieu, ces équivalences peuvent être fixées par région naturelle ou par territoire présentant une cohérence en matière agricole, en tenant compte de la surface agricole utile moyenne des espaces concernés.

III. – Le schéma directeur régional des exploitations agricoles établit, pour répondre à l'ensemble des objectifs et orientations mentionnés au I du présent article, l'ordre des priorités entre les différents types d'opérations concernées par une demande d'autorisation mentionnée à l'article L. 331-2, en prenant en compte l'intérêt économique et environnemental de l'opération.

Les différents types d'opérations concernées par une demande d'autorisation sont l'installation d'agriculteurs, l'agrandissement ou la réunion d'exploitations agricoles et le maintien ou la consolidation d'exploitations agricoles existantes.

Les critères d'appréciation de l'intérêt économique et environnemental d'une opération, en fonction desquels est établi l'ordre des priorités, sont les suivants :

1° La dimension économique et la viabilité des exploitations agricoles concernées ;

2° La contribution de l'opération envisagée à la diversité des productions agricoles régionales, à la diversité des systèmes de production agricole et au développement des circuits de proximité ;

3° La mise en œuvre par les exploitations concernées de systèmes de production agricole permettant de combiner performance économique et performance environnementale, dont ceux relevant du mode de production biologique au sens de l'article L. 641-13 ;

4° Le degré de participation du demandeur ou, lorsque le demandeur est une personne morale, de ses associés à l'exploitation directe des biens objets de la demande au sens du premier alinéa de l'article L. 411-59 ;

5° Le nombre d'emplois non salariés et salariés, permanents ou saisonniers, sur les exploitations agricoles concernées ;

6° L'impact environnemental de l'opération envisagée ;

7° La structure parcellaire des exploitations concernées ;

8° La situation personnelle des personnes mentionnées au premier alinéa du V.

Le schéma directeur régional des exploitations agricoles peut déterminer l'ordre des priorités en affectant une pondération aux différents éléments pris en compte.

IV. – Le schéma directeur régional des exploitations agricoles fixe les critères servant à l'appréciation de la dimension économique et de la viabilité des exploitations concernées par la demande d'autorisation mentionnée à l'article L. 331-2. Il précise les critères au regard desquels une opération conduit à un agrandissement ou à une concentration d'exploitations excessifs de nature à diminuer la diversité des productions et le nombre d'emplois des exploitations concernées pour l'application de l'article L. 331-1 et du 3° *(L. n° 2021-1756 du 23 déc. 2021, art. 5)* « du I » de l'article L. 331-3-1.

V. – Pour l'application du présent article, sont considérées comme concernées par la demande d'autorisation mentionnée à l'article L. 331-2 les exploitations agricoles du demandeur, des autres candidats à la reprise et celle du preneur en place.

Un décret en Conseil d'État précise les conditions d'application du présent article, notamment les modalités d'élaboration et de révision du schéma directeur régional des exploitations agricoles. – *V. art. R. 312-1 s.*

BIBL. ▶ LUCAS, *RD rur. 2016. Fiche pratique 4* (parution des SDREA).

Schéma directeur départemental des structures agricoles. Le SDDS est illégal lorsqu'il est pris après avis d'une commission départementale des structures dont l'arrêté constitutif a été annulé par décision d'une juridiction administrative. • CE 22 avr. 1992, *Féd. dptale des caves particulières des Bouches-du-Rhône*, nº 88157. ♦ Est illégale la disposition du schéma directeur départemental qui prévoit une disposition pour départager des demandes relevant d'un même rang de priorité en se référant à un autre critère que ceux permettant de définir la priorité applicable. • TA Châlons-en-Champagne, 5 mai 2015, nº 1302295 : *RD rur. 2015, nº 181, note Deschamps.*

SECTION 2 L'observation du niveau de la rémunération du travail et du capital agricoles

Art. L. 312-2 **L'observation du niveau de la rémunération du travail et du capital agricoles est faite par le moyen de comptabilités moyennes d'exploitations représentatives des types d'utilisation du sol, des types d'exploitation et des régions économiques.** – *[L. nº 60-808 du 5 août 1960, art. 3.]*

V. Arr. du 17 sept. 2001 relatif au réseau d'information comptable agricole (RICA) (JO 2 oct.).

SECTION 3 Le barème de la valeur vénale des terres agricoles *(L. nº 2017-348 du 20 mars 2017, art. 6-1º).*

COMMENTAIRE

Le législateur a souhaité recevoir une information sur le marché foncier afin de pouvoir concevoir des politiques adaptées à ce contexte. De plus, il a manifesté la volonté de lutter contre la spéculation foncière, ce qui l'a amené à rechercher la meilleure transparence du marché pour rendre plus juste la fixation des prix, et à organiser des contrôles des prix de transaction.

Pour cela, il a été prévu le répertoire de la valeur des terres agricoles. Il s'agissait d'une institution difficile à mettre en œuvre. D'une part, il était prévu d'y constater les valeurs vénales et locatives, mais aussi d'y fixer la valeur de rendement des fonds, ce qui est complexe techniquement compte tenu du fait que la rentabilité de la terre est déterminée par des éléments séparés du foncier et qu'existe une grande variété d'utilisations possibles des fonds. D'autre part, il était difficile de donner une portée juridique au répertoire, puisque les barèmes départementaux du fermage fixent également la valeur locative, et parce qu'il est délicat de considérer la valeur de rendement d'un bien dans une succession si celle-ci est différente de la valeur vénale.

Ce sont probablement ces difficultés qui expliquent que le répertoire n'ait jamais été mis en place. Seul le barème indicatif est publié par arrêté du ministre de l'Agriculture. Des distorsions entre le barème publié et d'autres informations ont justifié une suspension de la publication entre 2007 et 2010, et amené à réserver toute nouvelle publication jusqu'à ce que soit déterminée une nouvelle méthodologie pour parvenir à une estimation plus précise de la valeur vénale moyenne des terres agricoles (V. * Rép. min. nº 11858, *JO Sénat Q. 1er juill. 2010, p. 1725*). Une nouvelle méthodologie a été retenue et en conséquence un nouveau barème indicatif a été publié pour 2010.

Le répertoire et le barème ne s'imposent pas au juge. Par contre, ces informations peuvent limiter l'accès aux prêts bonifiés (art. R. 345-1). ❑

BIBL. ▶ Valeur des terres, *DP entr. agric.* – MAMBRINI, *DP entr. agric., Bull. nº 444, p. 1* (nouvelle approche du prix des terres) ; *Defrénois 2011. 1048* (légère reprise du marché immobilier rural) ; *RD rur. 2011, nº 113* (prix des terres agricoles). – Rapport sur le marché immobilier rural en 2011, *Communiqué FNSAFER du 30 mai 2012, Espace rural mai 2012. – www.agreste.agriculture-.gouv.fr* (méthodologie). – *RD rur. 2017. Entretien 1 ; JCP N 2017. Actu. 611 ; RD rur. 2017, nº 193* (le prix des terres 2016, FNSAFER 2017).

Art. L. 312-3 *Abrogé par L. nº 2017-348 du 20 mars 2017, art. 6-2º.*

Art. L. 312-4 *(L. nº 2017-348 du 20 mars 2017, art. 6-3º)* Un barème de la valeur vénale moyenne des terres agricoles est publié chaque année par décision du ministre chargé de l'agriculture.

Ce barème est établi pour chaque département, par région naturelle et nature de culture, en tenant compte notamment des valeurs retenues à l'occasion des mutations intervenues au cours de l'année précédente et, au besoin, au cours des cinq dernières années.

Les informations figurant au barème de la valeur vénale des terres agricoles constituent un élément d'appréciation du juge pour la fixation du prix des terres.

Les modalités d'établissement du barème prévu au présent article sont fixées par décret. — *V., portant fixation du barème indicatif de la valeur vénale moyenne des terres agricoles en 2010, Arr. du 18 juill. 2011 (JO 6 août, Rect. JO 13 août) ; ... en 2011, Arr. du 5 juill. 2012 (JO 14 juill., Rect. JO 1er sept.) ; ... en 2012, Arr. du 26 juill. 2013 (JO 7 sept.), mod. par Arr. du 4 oct. 2013 (JO 15 oct.) ; ... en 2013, Arr. du 17 juill. 2014 (JO 28 août) ; ... en 2014, Arr. du 13 juill. 2015 (JO 4 août) ; ... en 2015, Arr. du 11 août 2016 (JO 1er sept.) ; ... en 2016, Arr. du 24 août 2017 (JO 2 sept.) ; ... en 2017, Arr. du 28 juin 2018 (JO 4 juill.) ; ... en 2018, Arr. du 11 juill. 2019 (JO 14 juill.) ; ... en 2019, Décis. du 28 sept. 2020 (JO 3 oct.) ; ... en 2020, Décis. du 8 oct. 2021 (JO 9 nov.) ; ... en 2021, Décis. du 5 août 2022 (JO 7 août) ; ... en 2022, Décis. du 25 juill. 2023 (JO 3 août).*

SECTION 4 *[ABROGÉE]* L'unité de référence

(Abrogée par L. nº 2014-1170 du 13 oct. 2014, art. 32-I-2º)

Art. L. 312-5 *Abrogé par L. nº 2014-1170 du 13 oct. 2014, art. 32-I-2º.*

SECTION 5 *[ABROGÉE]* La surface minimum d'installation

(Abrogée par L. nº 2014-1170 du 13 oct. 2014, art. 32-I-2º)

Art. L. 312-6 *Abrogé par L. nº 2014-1170 du 13 oct. 2014, art. 32-I-2º.*

CHAPITRE III L'AGENCE DE SERVICES ET DE PAIEMENT

(Ord. nº 2009-325 du 25 mars 2009, art. 1er)

Dans toutes les dispositions législatives en vigueur, et à compter de la création de l'Agence de services et de paiement, les mots « Agence unique de paiement » sont remplacés par les mots « Agence de services et de paiement » (Ord. nº 2009-325 du 25 mars 2009, art. 12-IV, JO 27 mars).

L'Ord. nº 2009-325 du 25 mars 2009 relative à la création de l'Agence de services et de paiement et de l'Établissement national des produits de l'agriculture et de la mer est ratifiée par L. nº 2010-874 du 27 juill. 2010, art. 81 (JO 28 juill.).

Art. L. 313-1 L'Agence de services et de paiement est un établissement public à caractère administratif placé sous la tutelle de l'État.

I. — L'agence a pour objet d'assurer la gestion administrative et financière d'aides publiques. A ce titre, elle peut instruire les demandes d'aides, vérifier leur éligibilité, contrôler le respect des engagements pris par les bénéficiaires, exécuter les paiements, le recouvrement et l'apurement des indus et exercer toute autre activité nécessaire à la bonne gestion des aides publiques.

Elle peut également assurer des missions d'assistance technique et administrative à la mise en œuvre de politiques publiques, et de formation ou d'assistance aux administrations gestionnaires d'aides publiques.

Elle peut contribuer à l'évaluation de politiques publiques et à la valorisation des données issues de cette évaluation.

II. — L'agence exerce ses missions, notamment dans les domaines suivants :

a) L'agriculture, l'aquaculture, la forêt, la pêche et les industries qui leur sont liées ;
b) L'emploi, l'éducation et la formation professionnelle ;
c) L'insertion, l'intégration, la solidarité et l'action sociale ;
d) L'aménagement du territoire, le développement local et rural ;
e) La protection de l'environnement et la promotion du développement durable ;
f) L'aménagement foncier outre-mer.

Art. L. 313-2 L'agence peut concourir à la mise en œuvre de fonds communautaires dans les domaines mentionnés à l'article L. 313-1.

Les missions exercées par l'agence pour le compte de l'État et l'articulation de ses interventions avec celles d'autres établissements publics de l'État sont déterminées par décret ou, dans des conditions fixées par décret *(Abrogé par Ord. n° 2010-461 du 6 mai 2010, art. 2)* « *en Conseil d'État* », par voie de convention.

L'agence peut également, à titre accessoire, intervenir pour le compte de collectivités territoriales, de toute autre personne morale chargée d'une mission de service public ou de personnes publiques étrangères.

Art. L. 313-3 L'agence est administrée par un conseil d'administration constitué majoritairement de représentants de l'État. Ce conseil comporte également des représentants d'établissements publics de l'État ainsi que des représentants d'organisations professionnelles désignés par arrêté conjoint des ministres de tutelle.

L'agence est dirigée par un président-directeur général nommé par décret.

Art. L. 313-4 Les ressources de l'agence sont principalement constituées par les versements effectués par l'État et la Communauté européenne pour le financement des missions mentionnées aux deux premiers alinéas de l'article L. 313-2, ainsi que, le cas échéant, par le produit de taxes affectées à ces mêmes missions, les revenus de prises de participations financières et produits de cession, les produits financiers ainsi que les emprunts et toutes autres recettes autorisées par les lois et règlements.

Elles peuvent également comporter, à titre accessoire, le produit de la vente de ses publications et la rémunération de ses travaux et prestations au bénéfice des personnes mentionnées au troisième alinéa de l'article L. 313-2.

Art. L. 313-5 Sous réserve des dispositions transitoires prévues aux articles 5 et 6 de l'ordonnance n° 2009-325 du 25 mars 2009 relative à la création de l'Agence de services et de paiement et de l'Établissement national des produits de l'agriculture et de la mer au bénéfice des agents transférés à l'établissement lors de sa création, celui-ci emploie des personnels fonctionnaires ainsi que, le cas échéant, des personnels non titulaires recrutés dans les conditions prévues par la loi n° 84-16 du 11 janvier 1984 portant dispositions statutaires relatives à la fonction publique de l'État.

Art. L. 313-6 Les modalités d'organisation et de fonctionnement, la composition et les attributions des *(L. n° 2010-751 du 5 juill. 2010, art. 35-II et III)* « comités » *(L. n° 2019-828 du 6 août 2019, art. 4)* « sociaux d'administration » de l'établissement sont définies par décret et peuvent comporter des adaptations aux règles fixées aux articles 15 et *(L. n° 2019-828 du 6 août 2019, art. 4)* « 15 *bis* » de la loi n° 84-16 du 11 janvier 1984 portant dispositions statutaires relatives à la fonction publique de l'État.

Ce décret peut prévoir l'exercice d'une partie de leurs attributions par des comités communs aux établissements mentionnés aux articles L. 313-1, L. 621-1 et L. 642-5 et à l'établissement chargé du développement de l'économie agricole outre-mer et, le cas échéant, aux services ou aux autres établissements publics de l'État mentionnés à l'article L. 621-7 ou situés dans les mêmes locaux.

Art. L. 313-7 Les conditions d'organisation et de fonctionnement de l'agence sont fixées par décret *(Abrogé par Ord. n° 2010-461 du 6 mai 2010, art. 2 et 5)* « *en Conseil d'État. Toutefois, les modalités de présentation de l'état prévisionnel des recettes et dépenses et de la comptabilité budgétaire sont fixées par décret* ».

CHAPITRE IV DISPOSITIONS PARTICULIÈRES À CERTAINES COLLECTIVITÉS TERRITORIALES

SECTION 1 Dispositions particulières à la collectivité de Corse

Art. L. 314-1 *(L. n° 2002-92 du 22 janv. 2002, art. 20-V)* L'office du développement agricole et rural de Corse exerce les compétences dévolues *(Ord. n° 2009-325 du 25 mars 2009, art. 12-V)* « à l'Agence de services et de paiement » *(Ord. n° 2022-68 du 26 janv. 2022, art. 3)* « à l'exception de celles exercées au titre des aides de la politique agricole commune qui n'ont pas été confiées à la collectivité de Corse en application du VII de l'article 78 de la loi n° 2014-58 du 27 janvier 2014 de modernisation de l'action publique territoriale et d'affirmation des métropoles ».

Sur l'organisation et le fonctionnement de l'office, V. art. R. 112-14 s.

Art. L. 314-1-1 *(L. n° 2002-92 du 22 janv. 2002, art. 20-VI)* **Les compétences dévolues à la commission départementale d'orientation de l'agriculture** *(Abrogé par L. n° 2014-1170 du 13 oct. 2014, art. 32-II-2°)* *« en application de l'article L. 313-1 »* **sont exercées en Corse par la commission territoriale d'orientation de l'agriculture. Un décret fixe, après concertation entre la collectivité de Corse et l'État, la composition de la commission territoriale d'orientation de l'agriculture, qui est présidée conjointement par le représentant de l'État dans la collectivité de Corse et par le président du conseil exécutif ou leurs représentants.**

SECTION 2 *[ABROGÉE]* Dispositions particulières aux départements d'outre-mer

(Abrogée par Ord. n° 2012-789 du 31 mai 2012, art. 7-IX)

Art. L. 314-2 *et* L. 314-3 *Abrogés par Ord. n° 2012-789 du 31 mai 2012, art. 7-IV-1°.*

SECTION 3 *[ABROGÉE]* Dispositions applicables en Nouvelle-Calédonie, en Polynésie française, à Wallis-et-Futuna et à Mayotte

(Abrogée par Ord. n° 2012-789 du 31 mai 2012, art. 7-IX)

Art. L. 314-4 *à* L. 314-7 *Abrogés par Ord. n° 2012-789 du 31 mai 2012, art. 7-VII-1°, VIII-1° et IX.*

CHAPITRE V GROUPEMENT D'INTÉRÊT ÉCONOMIQUE ET ENVIRONNEMENTAL

(L. n° 2014-1170 du 13 oct. 2014, art. 3-2°)

V. Circ. du 25 nov. 2014 relative aux groupements d'intérêt économique et environnemental (GIEE) (NOR : AGRT1427829C).

COMMENTAIRE

Le groupement d'intérêt économique et environnemental est une des dispositions les plus emblématiques de la loi du 13 octobre 2014 d'avenir pour l'agriculture, l'alimentation et la forêt. Le législateur a voulu créer un outil permettant le déploiement de systèmes agroécologiques. Il s'agit de soutenir des démarches collectives pour mettre en œuvre un projet pluriannuel qui soit ancré dans le territoire, qui modifie durablement des systèmes et pratiques de production, et qui vise la performance économique, environnementale et sociale. Les études menées pour le gouvernement ayant démontré que de tels systèmes naissent principalement de l'adaptation pragmatique à l'environnement à la fois économique, naturel et social d'un territoire particulier, une institution innovante et solidaire a été créée. Les débats parlementaires ont modifié le projet initial qui a perdu en souplesse.

Le groupement d'intérêt économique et environnemental est une personne morale qui doit faire l'objet d'une reconnaissance par le préfet de région sur avis du président du conseil régional. Les critères de l'évaluation du projet ont été posés par décret (art. D. 315-4). Ses membres sont des exploitants agricoles, qui peuvent s'associer à toute autre personne privée ou publique. Les agriculteurs sont majoritaires dans la direction du groupement. Le groupement reconnu bénéficie d'une présomption d'entraide pour les actions entre agriculteurs au sein de cette structure. Ses actions peuvent aussi bénéficier des majorations dans l'attribution des aides publiques : le Conseil constitutionnel saisi de cette disposition a jugé qu'elle n'est pas inintelligible, ne crée pas d'inégalité de traitement, ne méconnaît aucune autre exigence constitutionnelle, et l'a déclarée conforme à la Constitution (Cons. const. 9 oct. 2014, n° 2014-701 DC : *AJDA 2014. 1976*).

Il est prévu que le GIEE rend compte de la mise en œuvre du projet par des bilans adressés au préfet qui est susceptible de retirer la reconnaissance du groupement si les engagements ne sont pas respectés (art. D. 315-5 s.).

Les parlementaires avaient permis dans le cadre du GIEE certains échanges de semences et plants (depuis autorisés dans un cadre élargi, V. art. L. 315-5 et L. 661-8) et encouragé la méthanisation. ❑

Art. L. 315-1 Peut être reconnue comme groupement d'intérêt économique et environnemental toute personne morale dont les membres portent collectivement un pro-

jet pluriannuel de modification ou de consolidation de leurs systèmes ou modes de production agricole et de leurs pratiques agronomiques en visant une performance à la fois économique, sociale et environnementale. La performance sociale se définit comme la mise en œuvre de mesures de nature à améliorer les conditions de travail des membres du groupement et de leurs salariés, à favoriser l'emploi ou à lutter contre l'isolement en milieu rural.

Cette personne morale doit comprendre plusieurs exploitants agricoles et peut comporter d'autres personnes physiques ou morales, privées ou publiques. Les exploitants agricoles doivent détenir ensemble la majorité des voix au sein des instances du groupement.

La reconnaissance de la qualité de groupement d'intérêt économique et environnemental est accordée par le représentant de l'État dans la région à l'issue d'une sélection, après avis du président du conseil régional.

La qualité de groupement d'intérêt économique et environnemental est reconnue pour la durée du projet pluriannuel.

Art. L. 315-2 Pour permettre la reconnaissance d'un groupement comme groupement d'intérêt économique et environnemental, le projet pluriannuel mentionné à l'article L. 315-1 doit :

1° Associer plusieurs exploitations agricoles sur un territoire cohérent favorisant des synergies ;

2° Proposer des actions relevant de l'agro-écologie permettant d'améliorer les performances économique, sociale et environnementale de ces exploitations, notamment en favorisant l'innovation technique, organisationnelle ou sociale et l'expérimentation agricoles ;

3° Répondre aux enjeux économiques, sociaux et environnementaux du territoire où sont situées les exploitations agricoles concernées, notamment ceux identifiés dans le plan régional de l'agriculture durable mentionné à l'article L. 111-2-1, en cohérence avec les projets territoriaux de développement local existants ;

4° Prévoir les modalités de regroupement, de diffusion et de réutilisation des résultats obtenus sur les plans économique, environnemental et social.

Art. L. 315-3 La coordination des actions menées en vue de la capitalisation et de la diffusion des résultats des groupements d'intérêt économique et environnemental est assurée, en lien avec les organismes de développement agricole intéressés :

1° Au niveau régional, par la chambre régionale d'agriculture, sous le contrôle du représentant de l'État dans la région et du président du conseil régional ;

2° Au niveau national, par *(Ord. nº 2022-583 du 20 avr. 2022, art. 1er)* « Chambres d'agriculture France », sous le contrôle du ministre chargé de l'agriculture.

Art. L. 315-4 Un décret définit le cadre national pour la mise en œuvre des articles L. 315-1 et L. 315-2. Il fixe :

1° La procédure de reconnaissance de la qualité de groupement d'intérêt économique et environnemental ;

2° Les types de critères économiques, environnementaux et sociaux pouvant être pris en compte pour l'évaluation de la qualité du projet ;

3° Les modalités de suivi, de capitalisation et de diffusion des résultats obtenus sur les plans économique, environnemental et social ;

4° Les conditions dans lesquelles la qualité de groupement d'intérêt économique et environnemental peut être retirée. — *V. art. D. 315-1 s.*

Art. L. 315-5 Les actions menées dans le cadre de leur projet pluriannuel par les agriculteurs membres d'un groupement d'intérêt économique et environnemental au bénéfice d'autres agriculteurs membres sont présumées relever de l'entraide au sens de l'article L. 325-1.

Il en est de même, sans préjudice de la réglementation qui leur est applicable, des échanges, entre agriculteurs *(Abrogé par L. nº 2016-1087 du 8 août 2016, art. 12)* *« membres d'un groupement d'intérêt économique et environnemental »*, de semences ou de plants n'appartenant pas à une variété protégée par un certificat d'obtention végétale et produits sur une exploitation hors de tout contrat de multiplication de semences ou de plants destinés à être commercialisés.

BIBL. ▸ Mambrini et Schwengler, *DP entr. agric., Bull. n° 478, p. 1* (un pas de plus vers l'émancipation des semences de ferme ; loi du 13 oct. 2014). – Agriculture et biodiversité, *DP entr. agric., Bull. n° spécial 501-1, p. 4* (contribution de l'agriculture au maintien d'un biodiversité optimale ; loi du 8 août 2016).

COMMENTAIRE

Les échanges de semences ou plants non protégés par un certificat d'obtention végétale et produits sur une exploitation hors contrat de multiplication ont été présumés actes d'entraide entre les membres d'un groupement d'intérêt économique et environnemental. La présomption a été étendue par la loi « préservation de la biodiversité » du 8 août 2016 aux échanges entre exploitants agricoles. Il ne s'agit pas de la libéralisation des échanges de semences fermières (V. aussi art. L. 661-8). ❑

Art. L. 315-6 Tout ou partie des actions prévues dans le projet pluriannuel mentionné à l'article L. 315-1 et relatives à la production agricole peuvent bénéficier de majorations dans l'attribution des aides publiques. Les critères déterminant la majoration des aides publiques privilégient les exploitants agricoles.

Dans le cadre des projets pluriannuels mentionnés au même article L. 315-1, les installations collectives de méthanisation agricole au sens de l'article L. 311-1 sont encouragées.

TITRE II LES DIFFÉRENTES FORMES JURIDIQUES DE L'EXPLOITATION AGRICOLE

BIBL. GÉN. ▸ Sociétés d'exploitation agricole, *DP entr. agric. – RD rur. 1997, n° spéc., p. 78.* – Cayron, *Defrénois 2015. 803* (incidence de la loi du 13 octobre 2014 sur le choix de l'entreprise sociétaire). – Chandellier, *RD rur. 2014. Étude 12* (sociétés civiles agricoles et activités commerciales). – Couturier, *RD rur. 2000. 17* (sociétés et diversification). – Delorme, *Defrénois 2023, n° 17, p. 15* (le nouveau statut de l'agriculteur entrepreneur individuel). – Foyer, *Dr. sociétés 2009. Étude 11 ; RD rur. 2009. Dossier 20 ; JCP N 2009. 1273* (sociétés agricoles et sociétés commerciales). – Grimonprez, *Mél. Le Guidec, LexisNexis 2014* (la coexploitation agricole). – Hudault, *RD rur. 1995. 221* (entreprise agricole comme universalité juridique). – Lebel, *DP entr. agric., Bull. n° 508-509, p. 2* (de l'intérêt de créer une SAS agricole). – Lorvellec, *RD rur. 1995. 251* (personnalité morale du fonds agricole). – Manteau, *RD rur. 2014. Dossier 26* (le dépassement de l'objet social dans les sociétés civiles réalisant des activités équestres). – Sociétés agricoles, *RD rur. 2008. Dossiers 22 s.* – Thomas-Raynaud et Dubuisson, *Defrénois 2023, n° 23, p. 12* (le notaire et le nouveau statut de l'entrepreneur individuel). – Travely, *RD rur. 2018. Dossier 15* (quel portage pour quelles sociétés ?). – Turc et Bouillien, *RD rur. 2019. Étude 12* (SAS en milieu agricole).

RÉP. SOCIÉTÉS v° *Agriculture : groupements et sociétés agricoles,* par Olszak.

COMMENTAIRE

L'exploitation agricole est avant tout une entité économique. Il ne lui a été donné aucune définition juridique et elle n'a longtemps eu aucune existence juridique propre. L'exploitation agricole reste aujourd'hui une universalité de fait : collection de biens rassemblés pour mener une activité agricole. Pour lui donner une forme juridique autonome, il peut être utilisé les techniques sociétaires de droit commun ou celles très spécifiques que propose le droit rural pour répondre aux besoins de l'agriculture (en 2020, 41,7 % des exploitations agricoles avaient une forme sociétaire).

Par ailleurs, la loi n° 2022-172 du 14 février 2022 a posé le statut de l'entrepreneur individuel. L'exploitant agricole individuel se voit ainsi reconnaître un patrimoine professionnel de plein droit (C. com., art. L. 526-22). Tous les biens, droits et obligations dont l'agriculteur est titulaire et qui sont utiles à son activité ou à ses activités professionnelles indépendantes constituent ce patrimoine. L'article R. 526-26-I du code de commerce précise le contenu du patrimoine professionnel qui inclut en particulier pour l'exploitant le fonds agricole. La transmission universelle s'applique pour ce patrimoine professionnel (C. com., art. L. 526-27). Il ne peut cependant être retenu que l'exploitation agricole individuelle est devenue ainsi une entité juridique dès lors que, si elle inclut un bail rural non cessible, la transmission du patrimoine professionnel de l'exploitant ne pourra l'inclure. Il doit être souligné que l'entité économique contenue dans le patrimoine professionnel de l'exploitant individuel peut être fragilisée dès lors que l'article L. 526-26 du code de commerce précise que le statut de l'entrepreneur individuel « s'entend sans préjudice des pouvoirs reconnus aux époux pour administrer leurs biens communs et en disposer ».

CHAPITRE I L'EXPLOITATION FAMILIALE À RESPONSABILITÉ PERSONNELLE

BIBL. GÉN. ► Barthez, *RD rur. 2013. Dossier 2* (la notion d'exploitation familiale en agriculture et son évolution). – Bosse-Platière, *Économie rurale 2005, n° 289-290, p. 10* (l'avenir familial de l'exploitation agricole). – Bouchard, *RD rur. 2023. Étude 22* (la rémunération du travail en couple sur l'exploitation agricole). – Le Guidec, *RD rur. juin-juill. 2006. 8* (couples et exploitation agricole). – Leroyer, *RTD civ. 2006. 390* (concubins et partenaires). – Lebel, *RD rur. 2010. Étude 20* (le statut juridique de l'agriculteur entrepreneur réformé par la loi du 27 juillet 2010).

COMMENTAIRE

L'exploitation familiale à responsabilité personnelle est une expression qui ne renvoie à aucune unité juridique définie. Il s'agit seulement d'un ensemble de biens qui ne sont pas unis par un lien juridique mais par une affectation économique, et qui est mis en valeur par différents membres d'une même famille au sens actualisé par la loi du 5 janvier 2006, ainsi que par des salariés. Cette entité fait l'objet de dispositions spécifiques qui reposent sur un projet de développement économique et social car la volonté de maintenir le caractère familial de l'agriculture n'a pas été ouvertement remise en cause par le législateur depuis le début de la politique d'orientation agricole.

SECTION 1 Les rapports entre les membres de l'exploitation familiale

COMMENTAIRE

Depuis le début du droit d'orientation agricole, le législateur a soutenu un modèle d'exploitation familiale, privilégiant la structure ascendant-descendant avant de donner progressivement une place juridique au conjoint de l'exploitant. La famille de l'agriculteur s'est vu accorder une certaine reconnaissance professionnelle et financière. Des dispositions ont été prévues dans le code civil et dans le code rural pour préserver la durabilité de l'exploitation familiale, et en conséquence organiser et faciliter la transmission, en tenant compte des caractères socio-économiques de la profession agricole. Aujourd'hui, ces dispositions subsistent même si le fonds agricole a été créé pour préserver l'entreprise agricole, en dépassant la traditionnelle logique patrimoniale du droit rural et en atténuant la place de l'exploitation familiale.

Cependant, l'exploitation familiale reste une réalité, et les dispositions juridiques qui l'encadrent restent utiles, même si elles ne suffisent pas à assurer un statut professionnel pour chacun des membres de la famille participant à l'exploitation, pas plus qu'elles ne suffisent à assurer la transmission ; en effet, la valeur de l'exploitation agricole rapportée au revenu qu'elle permet de dégager rend la mise en œuvre de ces dispositions difficile.

SOUS-SECTION 1 Les rapports entre les époux, les personnes liées par un pacte civil de solidarité et les concubins *(L. n° 2006-11 du 5 janv. 2006, art. 21-II)*.

COMMENTAIRE

Le code rural ajoute des dispositions à celles du code civil qui organisent l'exploitation conjointe lorsqu'un seul époux a le statut d'exploitant. Le conjoint de l'exploitant, et en réalité il s'agit presque toujours de l'épouse, reçoit quelques prérogatives. Il n'a jamais pu être accordé un véritable statut reconnaissant une rémunération et des droits professionnels au conjoint d'agriculteur, le coût d'une telle solution étant trop élevé pour le plus grand nombre d'exploitations. La loi du 4 juillet 1980 a accordé une forme de « petit régime primaire » donnant quelques prérogatives au conjoint n'ayant pas le statut d'exploitant. La loi de 1985, à la suite du rapport Gouzes, a permis la constitution d'EARL où les époux peuvent être seuls associés ; et la loi du 30 décembre 1985 a accordé des protections au conjoint exploitant du fermier. En 1995, le législateur, conscient de la constance des revendications statutaires des épouses, a ordonné la rédaction d'un rapport pour venir préciser leur situation. La loi du 9 juillet 1999 a ouvert au conjoint exploitant un droit à une créance de salaire différé et ouvert sur option la qualité de conjoint collaborateur avec des droits à une pension de retraite spécifique.

La loi du 5 janvier 2006 a modifié la situation sur deux points. D'une part, le titre de la sous-section indique désormais que le droit rural appréhende le couple, qu'il soit constitué par des époux, des partenaires de PACS ou des concubins. Le législateur établit ainsi pour le droit rural une reconnaissance du renouvellement de la réalité familiale, avant de l'avoir fait pour les autres branches du droit.

D'autre part, une obligation de choix d'un statut pour le conjoint, le partenaire de PACS ou le concubin de l'exploitant qui mène sur l'exploitation une activité régulière est posée. Cette disposition suit celle qui a été prise par la loi n° 2005-882 du 2 août 2005 pour le conjoint du chef d'entreprise artisanale, commerciale ou libérale (C. com., art. L. 121-4). Elle a été modifiée par la loi du 22 mai 2019. Dans le souci de garantir un statut du conjoint exerçant une profession régulière de l'entreprise agricole, a été ajoutée une sanction à l'obligation du chef d'exploitation de déclarer le statut du conjoint auprès des organismes enregistrant l'immatriculation de l'entreprise, puisqu'à défaut, il sera réputé avoir déclaré un statut de salarié pour son conjoint. La déclaration est accompagnée d'une attestation sur l'honneur signée du conjoint. Le statut de collaborateur ne peut être conservé plus de cinq ans. Au-delà des cinq ans, le conjoint peut choisir le statut de salarié ou de coexploitant, et une déclaration doit être faite au guichet unique avec une nouvelle déclaration sur l'honneur du conjoint pour confirmer son choix. A défaut, le conjoint est réputé soumis au statut de salarié. ❑

Art. L. 321-1 **Lorsque des époux exploitent ensemble et pour leur compte** *(L. n° 2006-11 du 5 janv. 2006, art. 1er)* **« une même exploitation agricole », ils sont présumés s'être donné réciproquement mandat d'accomplir les actes d'administration concernant les besoins de l'exploitation.**

Lorsqu'il ne fait que collaborer à l'exploitation agricole, le conjoint de l'exploitant est présumé avoir reçu de celui-ci le mandat d'accomplir les actes d'administration concernant les besoins de cette exploitation. — *[Anc. art. 789-1.]*

BIBL. ▸ Époux agriculteurs, *DP entr. agric.* - Barabé-Bouchard, *Defrénois 2013. 305* (divorce d'un exploitant marié sous le régime de la communauté). - Barthez, *Économie rurale, n° 289-290, 2005, p. 30* (agricultrice : à la frontière de la vie domestique et de la profession). - Benedetti, *RD rur. 2003. 542* (statut du conjoint dans l'exploitation individuelle). - Bosse-Platière, *RD rur. 2012. Alerte 155* (le droit rural face à la pluralité de statuts conjugaux). - Bosse-Platière et Le Guidec, *RD rur. 2004. 619* (chronique droit patrimonial de la famille). - Castagné, *JCP N 2006. 1389* (statut du conjoint collaborateur, décret du 25 janv. 2006). - Grimonprez, *Mél. Le Guidec, Lexis Nexis 2014, p. 673* (la coexploitation agricole). - Leroyer, *RTD civ. 2006. 390* (concubins et partenaires, loi du 5 janv. 2006). - Le Guidec, *RD rur. juin-juill. 2006. 8* (couples et exploitation agricole, loi du 5 janv. 2006). - Pillebout, *JCP N 1981. I. 155* (statut des époux agriculteurs). - Rémy, *RD rur. 1981. 239* (régime matrimonial des époux agriculteurs). - Le couple en agriculture, XXIXe Congrès de l'Association française de droit rural, *RD rur. 2013. Dossiers 1 à 10.*

COMMENTAIRE

Deux situations sont distinguées sans que la loi précise le critère définissant chacune d'elles : la doctrine s'accorde majoritairement pour définir la coexploitation comme l'hypothèse où des époux travaillent ensemble, réalisent des prestations équivalentes, partagent les responsabilités et la direction à égalité ; la collaboration se définit comme la situation où un seul des conjoints exerce le pouvoir de direction.

Il en résulte un mandat présumé qui va permettre l'exécution d'actes d'administration. La doctrine se partage sur la portée du mandat, déterminée par les règles soit de la tutelle, soit de l'indivision, soit de la communauté légale : dans le cas de la coexploitation, le mandat est réciproque, et en conséquence, chaque époux engage ses biens et ceux de son conjoint pour tout acte accompli dans l'intérêt de l'exploitation, tous les biens du couple sont donc engagés conjointement, mais sans solidarité sauf clause la prévoyant ; dans le cas de la collaboration, le mandat est unilatéral, l'exploitant est réputé avoir donné mandat et non l'inverse ; ainsi, seuls les biens de l'exploitant sont engagés par les actes de l'époux collaborateur réalisés dans l'intérêt de l'exploitation. La difficulté à distinguer les deux hypothèses ainsi que les hésitations sur la portée du mandat encouragent les cocontractants à demander l'engagement conjoint, voire solidaire, des deux époux. Le collaborateur du chef d'exploitation ou d'entreprise agricole ne peut conserver cette qualité que cinq ans (art. L. 321-5). ❑

Bien commun. L'exploitation créée par des époux au moment de leur mariage ne cesse pas de dépendre de la communauté si l'un des époux en assure seul la gestion à compter de l'assignation en divorce. • Civ. 1re, 28 nov. 2007, n° 06-15.443.

Art. L. 321-2 **Les dispositions de l'article L. 321-1 cessent de plein droit d'être applicables en cas d'absence présumée de l'un des époux, de séparation de corps ou de séparation de biens judiciaire.**

Elles cessent également d'être applicables lorsque les conditions prévues à l'article L. 321-1 ne sont plus remplies. – *[Anc. art. 789-2.]*

Art. L. 321-3 **Chaque époux a la faculté de déclarer, son conjoint présent ou dûment appelé, que celui-ci ne pourra plus se prévaloir des dispositions de l'article L. 321-1.**

La déclaration prévue à l'alinéa précédent est, à peine de nullité, faite devant notaire. Elle a effet à l'égard des tiers trois mois après que mention en aura été portée en marge de l'acte de mariage des époux. En l'absence de cette mention, elle n'est opposable aux tiers que s'il est établi que ceux-ci en ont eu connaissance. – *[Anc. art. 789-3.]*

Art. L. 321-4 **Lorsque des époux participent ensemble et de façon habituelle à une exploitation agricole non constituée sous forme sociale, l'un ou l'autre peut participer aux assemblées générales des organismes de coopération, de mutualité ou de crédit agricole et est éligible aux organes ou conseils d'administration ou de surveillance des organismes précités. Toute clause contraire dans les statuts de ces organismes est réputée non écrite.** – *[L. n° 80-502 du 4 juill. 1980, art. 22-II].*

Art. L. 321-5 *(L. n° 99-574 du 9 juill. 1999)* **Le conjoint du chef d'une exploitation ou d'une entreprise agricole qui n'est pas constituée sous forme d'une société ou d'une coexploitation entre conjoints peut y exercer son activité professionnelle en qualité de collaborateur d'exploitation ou d'entreprise agricole.**

(L. n° 2005-157 du 23 févr. 2005, art. 66-I) **« Lorsque le chef ou un associé d'une exploitation ou d'une entreprise agricole exerce également une activité non salariée non agricole et est affilié au seul régime agricole en application de l'article L. 171-3 du code de la sécurité sociale, son conjoint peut également prétendre au statut de collaborateur au titre de sa participation à l'activité non salariée non agricole. »**

Sous réserve de l'application des dispositions de l'article L. 321-1, le conjoint de l'associé d'une exploitation ou d'une entreprise agricole constituée sous la forme d'une société peut également prétendre au statut de collaborateur lorsqu'il y exerce son activité professionnelle et n'est pas associé de ladite société.

(L. n° 2006-11 du 5 janv. 2006, art. 21-II) **« L'option pour le statut de conjoint collaborateur est formulée selon des modalités précisées par décret** *(Abrogé par Ord. n° 2010-461 du 6 mai 2010, art. 2)* ***« en Conseil d'État »*** **et prend effet à compter de la date à laquelle l'intéressé remplit les conditions prévues au présent article. »** – *V. art. R. 321-1 (I).*

(L. n° 99-1172 du 30 déc. 1999) **« Par dérogation, l'option formulée avant le** *(L. n° 2000-1352 du 30 déc. 2000, art. 99-VI)* **« 1er janvier 2001 » prend effet au 1er janvier 1999 si le conjoint remplissait, à cette dernière date, les conditions fixées à l'article 1122-1** *[art. L. 732-34]*. **Pour les personnes bénéficiant du statut de conjoint collaborateur d'exploitation ou d'entreprise agricole à compter du 1er janvier 1999, la cotisation prévue au *b* de l'article 1123** *[au 2° de l'art. L. 731-42]* **due pour l'année 2000 est majorée au titre de l'année 1999 dans des conditions fixées par décret. »** – *Effet rétroactif à la date d'entrée en vigueur de la L. n° 99-574 du 9 juill. 1999 d'orientation agricole (L. n° 99-1172 du 30 déc. 1999, art. 116-III).*

Le collaborateur bénéficie du droit à l'assurance vieillesse des personnes non salariées des professions agricoles dans les conditions prévues aux chapitres IV et IV-1 du titre II *[aux art. L. 732-18 s. et L. 762-26 s.]* **du livre VII lorsque son conjoint relève du régime agricole, ainsi que d'une créance de salaire différé dans les conditions prévues au chapitre I du titre II du livre III (nouveau).**

(L. n° 2006-11 du 5 janv. 2006, art. 21-II) **« A compter du 1er janvier 2006, le conjoint du chef d'exploitation ou d'entreprise agricole exerçant sur l'exploitation ou au sein de l'entreprise une activité professionnelle régulière opte, selon des modalités précisées par décret** *(Abrogé par Ord. n° 2010-461 du 6 mai 2010, art. 2)* ***« en Conseil d'État »*****, pour l'une des qualités suivantes :**

« – collaborateur du chef d'exploitation ou d'entreprise agricole ;

« – salarié de l'exploitation ou de l'entreprise agricole ;

« – chef d'exploitation ou d'entreprise agricole. *— Sur les conditions de réalisation de l'option, V. art. D. 321-1 et D. 321-1-1.*

(L. n° 2021-1679 du 17 déc. 2021, art. 3, en vigueur le 1er janv. 2022) **« La personne qui devient collaborateur du chef d'exploitation ou d'entreprise agricole ne peut pas conserver cette qualité plus de cinq ans. »** *— Les dispositions de la L. n° 2021-1679 du 17 déc. 2021 sont applicables à compter du 1er janv. 2022 aux personnes ayant la qualité de collaborateur d'un chef d'exploitation ou d'une entreprise agricole à cette date (L. préc., art. 3-III).*

(L. n° 2019-486 du 22 mai 2019, art. 9) **« Le chef d'exploitation ou d'entreprise agricole est tenu de déclarer l'activité professionnelle régulière de son conjoint au sein de l'exploitation ou de l'entreprise agricole et le statut choisi par ce dernier auprès des organismes habilités à enregistrer l'immatriculation de l'exploitation ou de l'entreprise agricole.**

« A défaut de déclaration d'activité professionnelle, le conjoint ayant exercé une activité professionnelle de manière régulière au sein de l'exploitation ou de l'entreprise agricole est réputé l'avoir fait sous le statut de salarié de l'exploitation ou de l'entreprise agricole.

« A défaut de déclaration du statut choisi, le chef d'exploitation ou d'entreprise agricole est réputé avoir déclaré que ce statut est celui de salarié de l'exploitation ou de l'entreprise agricole.

« Les modalités des déclarations prévues au présent article sont déterminées par décret. »

« Les dispositions du présent article sont également applicables aux personnes qui sont liées par un pacte civil de solidarité ou qui vivent en concubinage avec le chef d'exploitation ou d'entreprise agricole. »

BIBL. ▸ BRELET, *JCP N 2000. 1770.* – LE GUIDEC, *RD rur. 1999. 350.* – CASTAGNE, *RD rur. 2021. Étude 25* et *JCP N. 2021. 1299* (conjoint du chef d'entreprise : attestation sur l'honneur).

L'option pour le statut de collaborateur d'entreprise agricole n'est incompatible ni avec l'existence d'une société créée de fait entre les coexploitants, ni avec l'intention de créer une telle société. • Com. 10 juill. 2007, n° 06-11.938 : *Dr. sociétés févr. 2008, n° 24, p. 17, note Mortier ; RTD com. 2008. 348, note Champaud et Danet*.

SOUS-SECTION 2 Les associés d'exploitation

COMMENTAIRE

La réalité sociologique des familles d'agriculteurs avait amené à reconnaître les aides familiaux et à prévoir pour eux un statut social (V. art. L. 722-10). L'aide familial est un membre de la famille de l'exploitant ou de son conjoint, âgé de plus de seize ans, et contribuant à la mise en valeur de l'exploitation sur laquelle il vit, sans être salarié.

Le législateur, par la loi n° 73-650 du 13 juillet 1973, a proposé un statut temporaire pour certains aides familiaux : les associés d'exploitation. A cet effet, une convention type départementale doit être établie, mais l'adhésion y est facultative. A défaut, un régime minimal est prévu. Et les parties peuvent aussi prévoir leur propre convention. Ce régime prévoit dans tous les cas une rémunération avec un minimum fixé par arrêté ministériel, et un droit à la formation professionnelle.

Ce statut plus favorable que celui de l'aide familial devait, en particulier par son caractère temporaire, inciter les associés d'exploitation à s'installer, prévoyant un soutien dans cette démarche. Néanmoins, ce statut est apparu faiblement incitatif et n'a jamais connu qu'une très faible mise en application.

La loi d'orientation agricole n° 2006-11 du 5 janvier 2006 a prévu que le statut d'aide familial serait désormais limité à cinq ans (V. art. L. 722-10). Le législateur manifeste ainsi clairement que les exploitants doivent trouver un véritable statut professionnel aux membres de leur famille travaillant sur l'exploitation, et que la législation ne peut maintenir un tel régime social pour un travailleur. Reste à savoir si les conditions économiques qui avaient jusqu'alors justifié l'existence de ces régimes ont disparu, permettant de trouver les conditions d'une rémunération décente pour chacun. ❑

BIBL. ▶ Aide familial. Associé d'exploitation, *DP entr. agric.*

Art. L. 321-6 **L'associé d'exploitation est la personne non salariée âgée de dix-huit ans révolus et de moins de trente-cinq ans qui, descendant, frère, sœur ou allié au même degré du chef d'exploitation agricole ou de son conjoint, a pour activité principale la participation à la mise en valeur de l'exploitation.** – *[L. nº 73-650 du 13 juill. 1973, art. 1er.]*

Art. L. 321-7 **Dans chaque département, une convention type relative aux droits et obligations respectifs des associés d'exploitation et des chefs d'exploitation est proposée par les organisations professionnelles les plus représentatives des exploitants agricoles, d'une part, des associés d'exploitation, de l'autre.**

Cette convention prévoit obligatoirement :

1º Un congé de formation, à la charge du chef d'exploitation, sous réserve des dispositions prises en application du livre IX du code du travail relatif à la formation professionnelle continue dans le cadre de l'éducation permanente, et dont la durée minimale et les modalités sont fixées par décret en Conseil d'État ;

2º Un intéressement aux résultats de l'exploitation dont le montant est au moins égal à celui de l'allocation prévue à l'article L. 321-9. Un décret en Conseil d'État détermine les éléments à retenir par les parties, en vue de la fixation dudit intéressement ;

3º Le délai dans lequel l'adhésion à la convention pourra être dénoncée, par écrit, par l'une quelconque des parties.

La convention type peut contenir toutes autres dispositions utiles.

Elle est approuvée, après avis de la chambre d'agriculture, par décision préfectorale. – *[L. nº 73-650 du 13 juill. 1973, art. 2.]*

Art. L. 321-8 **Le chef d'exploitation et l'associé d'exploitation peuvent, d'un commun accord et par écrit, adhérer totalement ou partiellement à la convention type départementale prévue à l'article L. 321-7.**

L'adhésion partielle porte nécessairement sur les clauses obligatoires de la convention type départementale. – *[L. nº 73-650 du 13 juill. 1973, art. 3.]*

Art. L. 321-9 **A défaut du chef d'exploitation et de l'associé d'exploitation à la convention type départementale prévue à l'article L. 321-7, en cas de dénonciation ou à défaut d'existence d'une telle convention, l'intéressement dû aux associés d'exploitation prend la forme d'une allocation dont le montant est fixé, pour l'ensemble du territoire, par un accord conclu entre les organisations professionnelles les plus représentatives des exploitants agricoles, d'une part, des associés d'exploitation, d'autre part, et homologué, après avis de** *(Ord. nº 2022-583 du 20 avr. 2022, art. 1er)* **« Chambres d'agriculture France », par arrêté conjoint du ministre de l'agriculture et du ministre chargé de l'économie et des finances.** – *[L. nº 73-650 du 13 juill. 1973, art. 4.]*

Art. L. 321-10 **Lorsque l'associé d'exploitation atteint l'âge de vingt-cinq ans, les clauses de la convention type mentionnées aux 1º et 2º de l'article L. 321-7 deviennent de plein droit applicables. A défaut de convention type, l'associé d'exploitation a droit, à la charge du chef d'exploitation, à un congé de formation dont la durée et les modalités sont déterminées par décret en Conseil d'État.** – *[L. nº 73-650 du 13 juill. 1973, art. 5.]*

Art. L. 321-11 **Les dispositions de la présente sous-section ne font pas obstacle à l'application de l'article L. 321-13.**

L'intéressement perçu en application de l'article L. 321-7 ne vient en déduction des sommes dues au titre du salaire différé que pour la fraction excédant le montant prévu à l'article L. 321-9.

Il est soumis au régime fiscal par les articles 83 et 158-5, du code général des impôts.

Il ne peut être saisi ou cédé *[que]* **dans les conditions prévues au chapitre V du titre IV du livre I du code du travail.**

Il bénéficie des privilèges prévus aux articles *(Ord. n° 2021-1192 du 15 sept. 2021, art. 34, en vigueur le 1er janv. 2022)* **« 2331, 3°, et 2377, 2°, » du code civil, et L. 143-10 et L. 143-11 du code du travail.** – *[L. n° 73-650 du 13 juill. 1973, art. 6.]*

Art. L. 321-12 La condition d'associé d'exploitation prend fin par l'installation en qualité d'exploitant individuel ou de participant à une exploitation de groupe, en association aussi bien avec le chef d'exploitation qu'avec d'autres agriculteurs.

L'associé d'exploitation marié, ayant la qualité de descendant, de frère ou de sœur du chef d'exploitation ou de son conjoint doit, lorsqu'il est âgé de vingt-trois ans ou plus, s'installer dans les deux ans en qualité d'exploitant. A défaut d'une telle installation, il perd la qualité d'associé d'exploitation. – *[L. n° 73-650 du 13 juill. 1973, art. 8.]*

SOUS-SECTION 3 Le contrat de travail à salaire différé

BIBL. GÉN. ► Salaire différé, *DP entr. agric.* – BOSSE-PLATIÈRE, *RD rur. 2014. Repère 6* (fiscalisation du salaire différé). – CASTELLA, *Dr. fam. 2010. Étude 5* (une singularité du monde agricole) ; *RD rur. 2010. Étude 10* (observations sur la pérennité d'une singularité agricole). – DELORME, *Defrénois 2018, n° 7, p. 27* (formule règlement de la créance de salaire différé). – GAIN, *JCP N 1999. 885* (un contrat très spécial) ; *ibid. 2001. 1157* (salaire différé : traitement inégal) ; *JCP N 2003. 1231* (créancier du salaire différé). – GOUJON, *RD rur. 1972. 243* (évolution du salaire différé). – HOCHE, *JCP N 2013. 1117* (l'entraide familiale et l'entreprise agricole). – JALLAIS, *JCP N 1981. I. 247* (réforme par la loi du 4 juill. 1980). – LE GUIDEC, *RD rur. 1999. 350* (réforme par la loi du 9 juill. 1999). – PRÉVAULT, Études dédiées à A. Weill, *Dalloz-Litec 1983, p. 433* (élargissement du concept de salaire différé). – SILIE, *Gaz. Pal. 23-25 juill. 2006. 5* (suppression du salaire différé ?). – X. SAVATIER, Rapport de la Cour de cassation 1996, *La documentation française 1996, p. 205* (synthèse de jurisprudence).

COMMENTAIRE

Un descendant ayant participé à l'exploitation de son auteur sans avoir reçu aucune rémunération ni avoir été associé aux bénéfices ni aux pertes peut faire valoir une créance sur la succession de cet auteur exploitant. Le conjoint du descendant de l'exploitant dispose également d'une telle créance mais son droit est lié à celui du descendant. Enfin, la loi du 9 juillet 1999 a ouvert un droit d'obtenir une créance de salaire différé au conjoint de l'exploitant (art. L. 321-21-1).

Cette institution créée par le décret-loi du 29 juillet 1939 a été plusieurs fois modifiée, et particulièrement par la loi du 4 juillet 1980 qui en a réévalué le montant, rendant l'institution beaucoup plus attractive pour la profession agricole. Le fondement de cette institution est double. L'équité justifie d'une part la rémunération même tardive d'un travail effectué gratuitement. Dans le même sens, la contribution à l'exploitation a enrichi le patrimoine de l'exploitant, et tenir compte de cette valorisation participe à l'organisation d'un partage équitable. D'autre part, cette institution doit faciliter l'installation, tout particulièrement en allégeant la charge de la soulte résultant d'une attribution préférentielle du fonds au descendant bénéficiaire de la créance de salaire différé. Les deux objectifs ne sont pas toujours liés. L'égalité à elle seule peut justifier la mise en œuvre de la créance de salaire différé puisque celle-ci peut être obtenue par un descendant qui a cessé d'exploiter.

L'application de la réforme de la prescription civile pourrait avoir des conséquences sur le règlement des successions agricoles, puisque le descendant pour s'assurer de ses droits devrait former la demande au décès du premier de ses parents.

Le 105e congrès du notariat a été l'occasion de proposer la possible renonciation à la créance par le bénéficiaire du vivant de l'exploitant, sans que cette renonciation constitue une libéralité. Une telle proposition reflète les difficultés que la créance de salaire différé fait souvent naître dans les successions familiales.

Le régime fiscal initialement favorable au bénéficiaire du salaire différé a été revu pour ne laisser subsister que les dispenses de droit de mutation (art. L. 321-14) et de droit d'enregistrement (CGI, art. 1037). L'exonération d'impôt sur le revenu a été supprimée par l'article 26 de la loi de finances pour 2014 n° 2013-1278 du 29 décembre 2013 (*BOI-RSA-CHAMP610630620, § 285 et 287 du 6 mars 2014*). ❑

Art. L. 321-13 Les descendants d'un exploitant agricole qui, âgés de plus de dix-huit ans, participent directement et effectivement à l'exploitation, sans être associés aux

bénéfices ni aux pertes et qui ne reçoivent pas de salaire en argent en contrepartie de leur collaboration, sont réputés légalement bénéficiaires d'un contrat de travail à salaire différé sans que la prise en compte de ce salaire pour la détermination des parts successorales puisse donner lieu au paiement d'une soulte à la charge des cohéritiers.

Le taux annuel du salaire sera égal, pour chacune des années de participation, à la valeur des deux tiers de la somme correspondant à 2 080 fois le taux du salaire minimum interprofessionnel de croissance en vigueur, soit au jour du partage consécutif au décès de l'exploitant, soit au plus tard à la date du règlement de la créance, si ce règlement intervient du vivant de l'exploitant.

(Abrogé par L. nº 2013-1278 du 29 déc. 2013, art. 26-III) ***« Les sommes attribuées à l'héritier de l'exploitant au titre du contrat de travail à salaire différé sont exemptes de l'impôt sur le revenu en application de l'article 81 du code général des impôts. »*** *— [Décr.-L. 29 juill. 1939, art. 63 et 74].*

BIBL. ▶ ROEMER, *RD rur. 2014, nº 138* (évolution du régime fiscal des salaires différés versés aux aides familiaux agricoles).

A. CONDITIONS D'ATTRIBUTION

1º DEMANDE

1. Loi applicable. Le salaire différé se calcule selon la loi en vigueur au moment de la première des successions des deux parents décédés. • Civ. 1re, 7 nov. 1995 : *D. 1995. IR 278 ; Defrénois 1996. 1145 et 1209, note Roussel et X. Savatier.* ♦ La loi du 4 juill. 1980 réformant le contrat de salaire différé ne peut s'appliquer à une créance de salaire différé invoquée dans des successions ouvertes avant son entrée en vigueur. • Civ. 1re, 12 avr. 1983 : *Bull. civ. I, nº 117 ; JCP 1984. II. 20242, note Defossez* • 2 mai 1990 : *RD rur. 1991. 373, note Le Guidec.*

2. Nature. Une cour d'appel, saisie d'une action en partage d'une succession ne peut déclarer irrecevable une demande d'attribution de salaire différé en prétendant qu'il s'agit d'une demande nouvelle. • Civ. 1re, 5 oct. 1994, nº 92-18.221.

3. Cause. Est fondée la cour qui oppose une fin de non-recevoir à une demande de paiement sur le fondement de l'enrichissement sans cause dès lors qu'un jugement avait précédemment rejeté la demande de créance de salaire différé entre les mêmes parties. • Cass., Ass. plén., 7 juill. 2006 : *RTD civ. 2006. 825, obs. Perrot ; D. 2006. 2135, note Weiler ; JCP 2006. I. 351 ; Gaz. Pal. 5-6 janv. 2007. 22, note Gain ; RD rur. déc. 2007. Chron. 2, nº 10, obs. Le Guidec et Bosse-Platière.* ♦ L'action en enrichissement sans cause ne peut être admise si une action en paiement de salaire différé est ouverte. • Civ. 1re, 26 sept. 2007, nº 06-14.422 : *JCP 2007. IV. 2925 ; RD rur. 2007, nº 353, note Roussel ; Gaz. Pal. 22 juill. 2008. 50.*

4. Prescription. Jurisprudence antérieure à la loi du 17 juin 2008 modifiant l'art. 2224 C. civ. L'action du bénéficiaire d'un contrat de travail à salaire différé se prescrit par trente ans à compter de l'ouverture de la succession de l'exploitant, et cette prescription n'est pas interrompue pendant le règlement de la succession. • Civ. 1re, 16 juill. 1998, nº 96-18.079 P : *JCP N 1998. 1405 ; D. 1998. IR 210 ; RD rur. 1999. 185 ; Dr. et patr. 3/2000, nº 80, p. 88, obs. Roussel.* ♦ Même sens : • Civ. 1re, 8 juin 1999 : *RD rur. 2000. 175* • Toulouse, 28 juin 2005 : *JCP N 2005. II. 10165, obs. Krajeski.*

5. Réforme issue de la loi du 17 juin 2008. Prescription. Le Guidec et Bosse-Platière, *RD rur. juin-juill. 2009, chron. 1, p. 12* (salaire différé et prescription civile). – Roussel, *DP entr. agric., Bull. nº 463, p. 1* (prescription et salaire différé). – Peignot, *RD rur. 2013, nº 139.*

6. Prescription. L'action en reconnaissance d'un salaire différé n'a pas la même finalité que l'action en partage de sorte que la prescription court à compter du décès de l'exploitant. • Civ. 1re, 7 juill. 2021, nº 19-11.368 P : *Defrénois 2021, nº 29, p. 10 ; ibid. 2022, nº 10, p. 39, note Chamoulaud-Trapiers ; D. 2021. 1908, note Roussel ; DP entr. agric., Bull. nº 554, p. 6 ; JCP N 2021. Actu. 720.*

7. La demande de reconnaissance d'une créance de salaire différé à l'égard d'une succession est relative à l'exercice d'un droit patrimonial dont le débiteur en liquidation judiciaire est dessaisi et n'entre pas dans la catégorie des droits propres. • Com. 11 juin 2014 : *D. 2014. 1325 ; ibid. 1860, note Barbièri ; DP entr. agric., Bull. nº 475/476, p. 7.*

2º EXPLOITATION

8. Nature agricole. V. notes ss. art. L. 311-1. ♦ Le bénéfice d'une créance de salaire différé est réservé aux descendants de l'exploitant agricole auxquels ne peut être assimilé l'artisan rural. • Civ. 1re, 20 déc. 1993 : *D. 1995. Somm. 46, obs. Grimaldi ; JCP 1994. II. 22307, note Roussel.* ♦ Le producteur d'huîtres est un exploitant agricole. • Rennes, 11 avr. 1967 : *D. 1967. 574.*

9. Qualité d'exploitant. La détermination de la qualité d'exploitant ou de coexploitant pour le calcul du salaire différé, qualité qui est distincte de celle de propriétaire, relève du pouvoir souverain des juges du fond. • Civ. 1re, 28 janv. 1997, nº 94-20.040 P : *JCP 1997. II. 22913, note Roussel ; RD rur. 1997. 622, obs. Le Guidec.*

10. Participation directe et effective. Les éléments de preuve de la participation directe et effective sont soumis à l'appréciation souveraine des juges du fond. • Civ. 1re, 22 mars 2005, nº 02-19.200. ♦ La seule inscription à la MSA comme aide familial est insuffisante à établir une participation effective et gratuite. • Civ. 1re, 13 avr. 2016, nº 15-17.316 P : *D. 2016. 895 ; JCP N 2016. Actu. 579 ; DP entr. agric., Bull. nº 496, p. 5 ; RD rur. 2016, nº 194, note Dissaux.* ♦ La cour qui retient qu'il n'a été fourni qu'une aide occasionnelle justifie le rejet de la demande de paiement d'un salaire différé. • Civ. 1re, 20 juin 2012, nº 11-20.217 : *D. 2012. 1675 ; ibid. 2050, note Vassallo ; ibid. 2226, note Roussel ; JCP 2012. 855 ; JCP N 2012. 673 ; Gaz. Pal. 2012. 2431 ; JCP 2013. D 250, note Le Guidec.* ♦ La preuve d'une participation journalière à l'exploitation agricole n'est pas exigée. • Civ. 1re, 5 oct. 1994, nº 92-18.221. ♦ Peu importe que le demandeur ait pu pour des périodes très limitées participer ponctuellement à une activité saisonnière au profit de tiers car la loi ne requiert pas que la participation soit permanente et exclusive dès lors qu'elle n'est pas simplement occasionnelle. • Toulouse, 28 juin 2005 : *préc. note 4.* ♦ La participation régulière et sans contrepartie du descendant, lui-même exploitant, à l'exploitation de sa mère, ouvre droit à la créance de salaire différé. • Civ. 1re, 20 oct. 2010, nº 09-16.583 : *LPA 2012, nº 36, p. 10, note Dissaux.* ♦ Ne justifie pas d'une participation effective celui qui travaillait principalement comme peintre dans l'entreprise de son père et occasionnellement dans l'exploitation de sa mère. • Agen, 28 oct. 1998, *Pujos c/ Pujos : JCP N 1999. 1054 ; RD rur. 1999. 253.* ♦ Les témoignages non contredits par l'exploitant permettent d'établir que le demandeur a travaillé comme aide familial sur l'exploitation de ses parents. • Civ. 1re, 30 oct. 2006 : *JCP 2006. IV. 3292.*

11. La participation effective s'entend nécessairement de travaux agricoles et non du soutien apporté à la communauté familiale. • Civ. 1re, 15 juin 1994, nº 92-21.106. ♦ Même sens : • Civ. 1re, 22 oct. 2002 : *D. 2002. IR 3062 ; RD rur. 2003. 67 et 259 ; ibid. 2004. 623, obs. Bosse-Platière et Le Guidec ; JCP 2003. I. 180, obs. Le Guidec ; Gaz. Pal. 20-21 juin 2003. 31.* ♦ Une créance de salaire différé à taux plein peut être reconnue au descendant handicapé. • Montpellier, 11 juin 2002 : *BICC 1er août 2002, nº 848 ; RD rur. 2003. 47.*

12. Exploitation partielle. Le descendant d'un exploitant agricole qui a participé partiellement à l'exploitation ne peut bénéficier que d'une créance de salaire différé partielle. • Civ. 1re, 8 juill. 2009, nº 08-13.972 : *RD rur. 2010, nº 43 ; RD rur. 2010, chron. 2, Le Guidec et Bosse-Platière, p. 16 ; JCP N 2011. 1149, note Roussel* • 12 oct. 2022, nº 21-12.644 : *Defrénois 2022, nº 47, p. 26, note Roussel.*

13. Durée. Une participation de dix ans n'est pas exigée. • Civ. 1re, 5 oct. 1994 : *préc. note 10.* ♦ Les droits de créance de salaire différé ne peuvent en aucun cas, et quelle que soit la durée de la collaboration apportée par le bénéficiaire, dépasser la somme représentant le montant de la rémunération due pour une période de dix années. • Civ. 1re, 28 janv. 1997 : *préc. note 9.* ♦ V. ss. art. L. 321-17, note 2.

14. Attitude. Les injures et menaces du descendant qui remplit les conditions d'âge et d'exploitation gratuite n'écartent pas son droit d'invoquer la créance de salaire différé. • Caen, 9 sept. 1997, *Lécrivain c/ Lemagnen : RD rur. 1998. 438.*

3º GRATUITÉ

15. Principe. La participation du descendant à l'exploitation n'établit pas la créance de salaire différé sans que soit constatée l'absence de rémunération. • Civ. 1re, 5 mars 2002 : *RD rur. 2002. 512* • 12 déc. 2006 : *RD rur. 2007, nº 61, note Roussel.* ♦ Est mal fondée la cour qui accueille la demande de salaire différé au motif que l'héritière a travaillé comme aide familial sans constater l'absence corrélative de rémunération. • Civ. 1re, 18 nov. 2020, nº 19-16.132 : *RD rur. 2021. Alerte 35.* ♦ La qualité d'aide familial n'exclut pas le bénéfice d'un salaire différé. • Civ. 1re, 15 sept. 2021, nº 19-24.814 : *Defrénois 2021, nº 40, p. 21.*

16. Absence de salaire. Le salaire est une somme d'argent versée en contrepartie d'une collaboration à l'exploitation. • Civ. 1re, 7 oct. 1997, nº 95-13.329. ♦ L'affiliation à la MSA d'un descendant d'exploitant agricole en tant qu'aide familial n'implique pas que celui-ci perçoive une rémunération pour cette activité et le paiement d'un salaire ne peut en être présumé. • Civ. 1re, 11 févr. 1997, nº 95-13.304. ♦ Des attestations équivoques ne permettent pas d'établir le paiement de sommes supérieures à de l'argent de poche et susceptibles d'être assimilées à un salaire. • Civ. 1re, 21 oct. 1997, nº 95-19.630.

17. Argent de poche. Les juges du fond apprécient souverainement qu'une contribution est versée au titre de l'argent de poche et en aucun cas en rémunération du travail effectué. • Civ. 3e, 31 mai 2005 : *D. 2005. IR 1658 ; JCP 2005. IV. 2626 ; Gaz. Pal. 23-24 sept. 2005. 14 ; JCP N 2005. 1432, note Gain.*

18. Preuve. C'est au bénéficiaire du salaire différé d'apporter la preuve qu'au cours de l'exploitation en commun il n'avait pas été associé aux bénéfices. • Civ. 1re, 17 déc. 1991 : *D. 1993. Somm. 69, obs. Martine.* ♦ ... Et qu'il n'avait reçu aucun salaire en argent en contrepartie de sa collaboration à l'exploitation. • Civ. 1re, 7 nov. 1995 : *Ann. loyers 1996. 1475* • 7 oct. 1997, nº 95-13.329 • 12 juin 2001 : *RD rur. 2001. 556* • 23 janv. 2008, nº 06-21.301 : *JCP 2008. IV. 1351 ; JCP N 2008. 2009 ; RD rur. 2008, nº 30,* *note Roussel ; Gaz. Pal. 22 juill. 2008. 51.* ♦ Ce principe découle du principe général de droit selon lequel celui qui réclame le bénéfice d'un droit doit justifier des conditions d'application, qui ne saurait être contraire à l'exigence d'un procès équitable. • Civ. 1re, 17 oct. 2000 : *Gaz. Pal. 20-21 déc. 2000, p. 17 ; ibid. 29-30 mars 2002, p. 13, obs. Lachaud ; JCP 2000. IV. 2792 et 2001. I. 366, obs. Le Guidec ; RD rur. 2001. 175 ; RTD civ. 2001. 406, obs. Patarin*. ♦ La preuve du travail et les conditions pour bénéficier d'un salaire différé sont soumises à l'appréciation souveraine des juges du fond. • Civ. 1re, 31 oct. 2007, no 06-12.493 : *RD rur. 2008, no 15* • 18 janv. 2012, no 10-24.892 : *RTD civ. 2012. 350, note Grimaldi*. ♦ Il appartient à l'héritier de prouver que la somme qu'il a acceptée du vivant de l'exploitant était inférieure à celle qui lui était due au titre de la créance de salaire différé. • Civ. 1re, 14 avr. 2010, no 09-12.209 : *RD rur. 2010, no 89, note Roussel.*

19. Ne prouve pas son droit à la créance de salaire différé : ... celui qui n'établit pas l'origine des fonds lui ayant permis de s'installer alors qu'il apparaît par l'existence de virements que le demandeur était associé aux bénéfices de l'exploitation de son père. • Civ. 1re, 17 oct. 2000 : *préc. note 18.* ♦ ... Celui qui a été associé aux bénéfices de l'exploitation. • Bordeaux, 29 août 2006 : *RD rur. nov. 2006. 27* • Toulouse, 18 févr. 2016 : *RD rur. 2016, no 240.* ♦ ... Celui qui produit des attestations établies plusieurs années après les faits, trop générales et insuffisamment précises pour établir la réalité d'une participation qui ne soit pas occasionnelle ou relevant de l'entraide. • Paris, 8 févr. 2012 : *Gaz. Pal. 2012. 1019, note Moore.* ♦ Appréciation souveraine de la cour d'appel de l'absence de rémunération pour la participation à l'exploitation fondée sur diverses attestations et sur le caractère invraisemblable d'une rémunération pour le fils dont le frère et la sœur plus jeunes se sont vu reconnaître une créance de salaire différé. • Civ. 1re, 25 janv. 2005 : *Gaz. Pal. 7-8 oct. 2005. 14.* ♦ Est mal fondé l'arrêt qui reconnaît l'existence d'une créance de salaire différé sans répondre au moyen des cohéritiers qui estiment l'héritier rempli de ses droits par l'avantage consenti par ses parents sur le prix de cession de l'exploitation. • Civ. 1re, 26 janv. 2011, no 09-72.883.

4o ÂGE

20. Condition nécessaire. Les juges du fond ont l'obligation de rechercher si le demandeur est âgé de plus de dix-huit ans à l'époque de sa participation à l'exploitation. • Civ. 1re, 3 juill. 1996 : *D. 1996. IR 189* • 13 avr. 2016, no 15-17.316 P : *D. 2016. 895*. ♦ Les juges sont mal fondés de ne retenir le salaire différé qu'à compter de 21 ans. • Civ. 1re, 2 avr. 2008, no 07-10.217 : *RD rur. 2008, no 101 ; JCP N 2009. 1101, note Roussel.*

B. MONTANT

21. Calcul. Pour le calcul du montant du salaire différé l'intégralité du temps passé au service de l'exploitation familiale est prise en compte, dans la limite de dix ans, y compris les périodes inférieures à un an. • Civ. 1re, 6 avr. 1994 : *D. 1994. IR 110 ; RTD civ. 1994. 912, obs. Patarin ; Defrénois 1995. 826, obs. Champenois ; RD rur. 1996. 178, obs. Le Guidec.* ♦ Le calcul du salaire différé se fait sur le taux du SMIC en vigueur au jour du partage et non à un jour proche du partage. • Civ. 1re, 9 juill. 2008, no 07-14.121 : *JCP N 2009. 1103, note Roussel.*

22. Indemnité partielle. Ne peut prétendre qu'à une créance de salaire différé partielle celui qui partageait à égalité son temps entre l'activité agricole et celle de négoce exercées simultanément par son père. • Civ. 3e, 30 oct. 2006 : *Gaz. Pal. 5-6 janv. 2007. 33.* ♦ La participation ayant été partielle (50%), le montant de la créance de salaire différé sera calculé selon un taux de 50%. • Civ. 1re, 24 sept. 2014, no 13-16.777.

23. Cession de bail. La cession d'un bail rural à un descendant ne peut remplir celui-ci de son droit de créance de salaire différé. • Civ. 1re, 7 janv. 1992 : *D. 1993. Somm. 69, obs. Martine ; RD rur. 1995. 14, note Méledo-Briand ; Defrénois 1992. 517, note Savatier.*

Art. L. 321-14 **Le bénéfice du contrat de travail à salaire différé constitue pour le descendant de l'exploitant agricole un bien propre dont la dévolution, par dérogation aux règles du droit civil et nonobstant toutes conventions matrimoniales, est exclusivement réservée à ses enfants vivants ou représentés.**

Cette transmission est dispensée de tout droit de mutation par décès. — *[Décr.-L. 29 juill. 1939, art. 64.]*

1. La transmission de la créance de salaire différé du descendant prédécédé de l'exploitant à ses enfants n'est assortie d'aucune condition et donc ceux-ci n'ont pas à justifier d'avoir travaillé sur un fonds rural. • Civ. 1re, 19 nov. 2002, no 00-15.923 P : *RD rur. 2004. 623, obs. Bosse-Platière et Le Guidec* • Douai, 15 mars 2004 : *RD rur. juin-juill. 2005. 66, obs. Malard.*

2. Le bénéfice du contrat de salaire différé constitue un bien propre pour le descendant de l'exploitant agricole. • Civ. 1re, 8 nov. 2005, no 02-17.001.

3. Les frères et sœurs du bénéficiaire prédécédé d'une créance de salaire différé ne peuvent se prétendre créanciers de cette créance au titre d'ayants droit du bénéficiaire. • Civ. 1re, 15 mai 2008, n°s 07-13.179 et 07-13.330 : *RD rur. 2008, n° 199, note Le Guidec ; JCP N 2009. 1102, note Roussel ; Gaz. Pal. 13 déc. 2008. 17.*

4. La créance de salaire différé qui a été définitivement fixée avant le décès de la bénéficiaire est entrée dans le patrimoine de celle-ci, se retrouve dans sa succession, et son mari est fondé à demander qu'il en soit tenu compte dans la succession de l'exploitant débiteur. • Civ. 1re, 20 juin 2012, n° 11-12.850 : *D. 2012. 2229, note Roussel ; DP entr. agric., Bull. n° 454, p. 4 ; JCP 2012. 855 ; JCP N 2012. 674 ; JCP 2013. 250.*

Art. L. 321-15 **Si le descendant est marié et si son conjoint participe également à l'exploitation dans les conditions mentionnées à l'article L. 321-13, chacun des époux sera réputé légalement bénéficiaire d'un contrat de travail à salaire différé au taux fixé au deuxième alinéa dudit article L. 321-13.**

En cas de divorce ou de séparation de corps prononcé aux torts exclusifs de l'époux qui n'est pas le descendant de l'exploitant, ledit époux perdra le bénéfice des dispositions de l'alinéa précédent. — *[Décr.-L. 29 juill. 1939, art. 65.]*

1. Droit propre du conjoint. Le descendant marié d'un agriculteur doit participer à l'exploitation familiale, pour que son conjoint puisse prétendre également au bénéfice d'un salaire différé. • Civ. 1re, 14 mars 1995 : *D. 1996. 137, note Barabé-Bouchard ; RD rur. 1996. 177, obs. Le Guidec ; JCP 1995. II. 22516, note Roussel ; RD rur. 2012. Repère 10, obs. Foyer.* ♦ Le conjoint du descendant ne peut prétendre à une créance de salaire différé que s'il a travaillé concomitamment avec celui-ci sur l'exploitation de ses beaux-parents, sans pouvoir solliciter une telle créance pour une période distincte de celle pour laquelle son épouse en bénéficiait. • Civ. 1re, 29 mai 2019, n° 18-18.376 P : *JCP 2019. 631 ; RD rur. 2019, n° 147 ; JCP N 2019. 1292, note Bosse-Platière ; DP entr. agric., Bull. n° 532, p. 6 ; JCP 2020. Doctr. 110, n° 4, note Le Guidec ; Defrénois 2020, n° 4, p. 41, note Gaudemet ; ibid. n° 45-46, p. 37, note Roussel ; Gaz. Pal. 26 nov. 2019.* ♦ Le conjoint participant à l'exploitation bénéficie personnellement d'une créance de salaire différé pour la durée de sa collaboration dans la limite de dix ans, et il a été admis à revendiquer son droit pour une période où le descendant ne pouvait plus prétendre à un tel salaire en conséquence de son propre dépassement de la limite de dix ans. • Civ. 1re, 3 mai 2000 : *Dr. et patr. 3/2002. 99.*

2. Enrichissement sans cause. L'action *de in rem verso* demeure ouverte au profit du conjoint qui participe à l'exploitation de ses beaux-parents sans bénéficier du salaire différé. • Civ. 1re, 14 mars 1995 : *préc. note 1.*

Art. L. 321-16 **En cas de prédécès du descendant marié, si celui-ci laisse de son mariage un ou plusieurs enfants âgés de moins de dix-huit ans, le conjoint survivant qui participe à l'exploitation dans les conditions fixées à l'article L. 321-13 bénéficie des droits mentionnés audit article jusqu'à ce que le plus jeune des enfants ait atteint sa dix-huitième année ou achevé les études poursuivies dans un établissement d'enseignement agricole.** — *[Décr.-L. 29 juill. 1939, art. 66.]*

Art. L. 321-17 **Le bénéficiaire d'un contrat de salaire différé exerce son droit de créance après le décès de l'exploitant et au cours du règlement de la succession ; cependant l'exploitant peut, de son vivant, remplir le bénéficiaire de ses droits de créance, notamment lors de la donation-partage à laquelle il procéderait.**

Toutefois, le bénéficiaire des dispositions de la présente sous-section, qui ne serait pas désintéressé par l'exploitant lors de la donation-partage comprenant la majeure partie des biens, et alors que ceux non distribués ne seraient plus suffisants pour le couvrir de ses droits, peut lors du partage exiger des donataires le paiement de son salaire.

Les droits de créance résultant des dispositions de la présente sous-section ne peuvent en aucun cas, et quelle que soit la durée de la collaboration apportée à l'exploitant, dépasser, pour chacun des ayants droit, la somme représentant le montant de la rémunération due pour une période de dix années, et calculée sur les bases fixées au deuxième alinéa de l'article L. 321-13.

Le paiement du salaire différé ou l'attribution faite au créancier, pour le remplir de ses droits de créance, ne donne lieu à la perception d'aucun droit d'enregistrement. Les délais et modalités de paiement sont fixés, s'il y a lieu, dans les conditions prévues à l'article *(L. n° 2006-728 du 23 juin 2006, art. 13-II, en vigueur le 1er janv. 2007)* **« 924-3 » du code civil.** — *[Décr.-L. 29 juill. 1939, art. 67.]*

BIBL. ▶ PATARIN, *RTD civ. 1998. 961* (dette personnelle de l'exploitant).

1° *EXIGIBILITÉ DE LA CRÉANCE*

1. Naissance de la créance. Les créances de salaire différé naissent du jour du décès de l'exploitant et de l'ouverture de la succession qui en est débitrice, donc elles n'ont pas à être déclarées par les enfants de l'exploitant décédé après sa mise en redressement judiciaire et ils peuvent prélever ces créances sur l'actif successoral. • Civ. 1re, 20 nov. 2001 : *RD rur. 2001. 573 ; ibid. 2002. 181 ; JCP N 2002. 410, obs. Grimonprez ; JCP 2002. I. 178 ; JCP N 2003. 1007, obs. Le Guidec.*

2. Moment de la demande. Le bénéficiaire exerce son droit de créance après le décès de l'exploitant et au cours du règlement de la succession. • Civ. 1re, 23 janv. 2008, n° 06-21.301 : *JCP 2008. IV. 1351 ; JCP N 2008. 2009.* ♦ Le titulaire d'une créance de salaire différé peut faire valoir ses droits tant qu'un partage définitif n'est pas intervenu. • Civ. 1re, 21 oct. 1997 : *RD rur. 1997. 577.* ♦ ... Avant la clôture de la succession du débiteur. • Civ. 1re, 14 juin 2000 : *RD rur. 2001. 50.* ♦ Au-delà, sa demande est irrecevable. • Agen, 10 oct. 2006 : *RD rur. 2007, n° 70.* ♦ V. aussi note 8.

3. Droit applicable. Le droit du bénéficiaire du contrat de salaire différé se détermine selon la loi applicable au jour de l'ouverture de la succession. • Civ. 1re, 13 juin 2019, n° 18-19.155 P : *RD rur. 2019, n° 97, note Bosse-Platière ; Defrénois 2020, n° 4, p. 39, note Chamoulaud-Trapiers ; JCP 2020. Doctr. 110, n° 4, note Le Guidec ; Gaz. Pal. 26 nov. 2019.*

4. Prescription. Le descendant qui n'a travaillé que sur l'exploitation de son père voit sa créance prescrite s'il l'exerce plus de trente ans après le décès de cet ascendant, même si sa mère a continué l'exploitation familiale. • Civ. 1re, 27 févr. 2013, n° 11-28.359 : *D. 2013. 640* *et 1456, note Roussel ; DP entr. agric., Bull. n° 461, p. 4 ; JCP 2013. 292 ; JCP N 2013. 1147, note Barbièri ; RD rur. 2013, n° 139, note Peignot ; Gaz. Pal. 13-14 mars 2013 ; JCP 2014. 288, n° 5, note Le Guidec* • 17 oct. 2018, n° 17-26.725 P : *D. 2018. 2089* *; Defrénois 2018, n° 44, p. 5 ; D. 2019. 520, note Roussel* *; Gaz. Pal. 2019. 1265.*

5. Renonciation. Il résulte de l'art. L. 321-17, al. 1er, C. rur., ensemble l'art. 6 C. civ., que le bénéficiaire d'un contrat de salaire différé ne peut renoncer, du vivant de l'exploitant, aux droits qu'il tient de la loi et qu'il ne pourra exercer qu'après le décès de celui-ci au cours du règlement de la succession. • Civ. 1re, 29 mai 1996, n° 94-13.990 P : *RD rur. 1997. 623, obs. Le Guidec ; D. 1996. IR 149* . ♦ La clause de renonciation, insérée dans un acte de partage partiel concernant seulement les biens mobiliers, réservant la possibilité de la survenance ultérieure d'un passif nouveau, ne manifeste pas de manière non équivoque une volonté de renoncer au bénéfice d'un salaire différé. • Civ. 1re, 21 oct. 1997 : *RD rur. 1997. 577 ; ibid. 1999. 272, obs. Roussel.*

2° *CHARGE DE LA DETTE*

6. Exploitant marié. Le salaire différé, dette pesant sur l'exploitant et non sur le propriétaire du fonds rural, est à la charge de la succession de l'ascendant qui a dirigé l'exploitation et non de la communauté ayant existé entre lui et son conjoint. • Civ. 1re, 10 juill. 1996, n° 94-17.016 P : *D. 1996. IR 189* *; JCP 1997. I. 4008, n° 11, obs. Tisserand ; RD rur. 1997. 622, obs. Le Guidec.* ♦ La créance naît du vivant de l'exploitant, et si le bénéficiaire exerce son droit après le décès de l'exploitant marié sous le régime de la communauté universelle, il s'agit d'une dette future que la communauté supporte définitivement. • Civ. 1re, 18 janv. 2012, n° 10-24.892 : *D. 2012. 352, 851, concl. Falletti* *et 854, note Roussel* *; DP entr. agric., Bull. n° 449, p. 6 ; JCP 2012. 96 ; JCP N 2012. Actu. 183 ; RD rur. 2012. Chron. 2, p. 16, obs. Le Guidec et Bosse-Platière ; RD rur. 2012. Repère 5, obs. Le Guidec ; AJ fam. 2012. 153, obs. Hilt* *; Gaz. Pal. 2012. 505 et 937, note Casey ; Gaz. Pal. 2012. 1664 ; JCP N 2012. 1118, note Le Guidec et Bosse-Platière ; RTD civ. 2012. 350, note Grimaldi* *; RDC 2012. 845, note Libchaber ; Defrénois 2012. 1201, note Champenois ; JCP 2013. D. 250, note Le Guidec.*

7. Coexploitants. Pour sa participation à l'exploitation de ses deux parents coexploitants, la descendante est bénéficiaire d'un seul contrat de travail à salaire différé qu'elle peut exercer sur l'une ou l'autre des successions de ses parents et, pour en déterminer le montant, il convenait de se placer à la date où cette créance était née, soit au jour de l'ouverture de la première succession. • Civ. 1re, 7 nov. 1995 : *RD rur. 1996. 177, obs. Le Guidec ; Defrénois 1996. 1145 et 1209, note Roussel et Savatier ; RTD civ. 1998. 961, obs. Patarin* • 16 mars 2004 : *RD rur. 2004. 359, obs. Grimonprez ; JCP N 2004. 1467* • 23 janv. 2008, n° 06-21.301 : *JCP 2008. IV. 1351 ; JCP N 2008. 2009 et 1262, note Roussel ; RD rur. 2008, n° 30, note Roussel ; Gaz. Pal. 22 juill. 2008. 51 ; RD rur. 2009, chron. 1, p. 14, note Le Guidec et Bosse-Platière.* ♦ N'est pas coexploitante l'épouse qui n'a fourni qu'une aide occasionnelle sans participer comme exploitante à l'activité professionnelle de son mari, et le descendant ne peut agir à l'encontre de cette succession. • Civ. 1re, 6 nov. 2013, n° 12-25.239 : *D. 2013. 2643* *; JCP 2013. 1268 ; DP entr. agric., Bull. n° 469, p. 5, note Roussel ; D. 2014. 259, note Roussel* *; Gaz. Pal. 20-21 nov. 2013 ; JCP 2014. 288, n° 5, note Le Guidec.* ♦ V., pour un exemple de calcul du salaire différé selon des modes distincts selon la loi applicable à la date de décès du débiteur, • Douai, 22 nov. 2004 : *JCP N 2005. 1432, note Gain.* ♦ L'épouse n'ayant eu d'autre activité que de travailler avec son mari sur l'exploitation qu'elle tenait avec lui, les créances de salaire différé des enfants sont à la charge des successions des deux parents. • Rouen, 4 juill. 2002 : *Gaz. Pal. 20-21 juin 2003. 19, note Lachaud.*

8. Ses parents ayant été coexploitants, le descendant qui n'a pas exercé sa créance de salaire différé contre la succession de son père qui a donné lieu à partage ne peut faire valoir ses droits qu'au jour de l'ouverture de la succession de sa mère. • Civ. 1re, 21 sept. 2005 : *JCP 2005. IV. 3233 ; D. 2005. IR 2412 ; Gaz. Pal. 5-6 avr. 2006. 17 et 23-25 juill. 2006. 29 ; JCP N 2006. 1274, obs. Roussel.* ♦ Les parents ayant été reconnus coexploitants, les juges sont mal fondés à condamner le père veuf toujours en vie à payer la créance de salaire différé qui ne pouvait alors s'exercer que sur la succession de la mère. • Civ. 1re, 30 oct. 2006, n° 04-20.652 P : *JCP 2006. IV. 3292 ; LPA 2007, n° 62, p. 9, note Glandier-Lescure ; RD rur. 2007, n° 62, note Gain ; ibid. déc. 2007. Chron. 2, n° 9, obs. Le Guidec et Bosse-Platière ; JCP N 2007. 1232, note Roussel ; Defrénois 2007. 1627, obs. Gelot.*

9. Exploitants successifs. En cas de changement dans la personne de l'ascendant qui, en qualité d'exploitant, met en valeur une exploitation agricole en collaboration avec un descendant réputé bénéficiaire d'un contrat à salaire différé, ce contrat se poursuit, de sorte que ce descendant ne peut se prévaloir que d'un seul contrat et le montant de sa créance est limité à une seule période de dix ans. • Civ. 1re, 28 janv. 1997 : *RD rur. 1997. 622, obs. Le Guidec ; JCP 1997. II. 22913, note Roussel.* ♦ Si ses parents étaient coexploitants ou exploitants successifs, il peut se prévaloir d'un unique contrat de travail et exercer son droit de créance sur l'une ou l'autre des successions. • Civ. 1re, 23 janv. 2008, n° 06-21.301 : *JCP 2008. IV. 1351 ; JCP N 2008. 2009 et 1262, note Roussel ; RD rur. 2008, n° 30, note Roussel ; Gaz. Pal. 22 juill. 2008. 51 et 27 nov. 2008. 17.* ♦ ... A condition que ce contrat ait reçu exécution au cours des deux périodes d'exploitation. • Civ. 1re, 27 févr. 2013, n° 11-28.359 : *DP entr. agric., Bull. n° 461, p. 4.* – Sur le calcul de la créance dans ce cas, V. Roussel, note préc. ♦ La collaboration de moins de 10 ans lors du décès du père s'étant poursuivie avec la mère, nouvel exploitant, le calcul du montant de la créance née de l'unique contrat s'effectue avec les dispositions en vigueur lors de l'ouverture de la seconde succession. • Civ. 1re, 29 juin 2011, n° 10-16.919 : *DP entr. agric., Bull. n° 444, p. 7 ; JCP 2011. 1044, note Roussel ; RD rur. 2012. Chron. 2, p. 15, obs. Le Guidec et Bosse-Platière.* ♦ Lorsque la collaboration à l'exploitation est d'une durée inférieure à dix ans lors du décès de l'exploitant prémourant et qu'elle s'est poursuivie avec l'autre parent, la créance de salaire différé résultant de cet unique contrat n'est pas née en son entier à l'ouverture de la première succession de sorte que son montant doit être calculé selon les dispositions en vigueur lors de l'ouverture de la seconde succession. • Civ. 1re, 17 mai 2017, n° 16-15.347 : *RD rur. 2017, n° 205, note Peignot ; DP entr. agric., Bull. n° 507, p. 8 ; D. 2017. 1192 ; JCP 2017. 639 ; JCP 2017. Actu. 600 ; Defrénois févr. 2018, p. 30, note Roussel.*

3° DONATIONS

10. Donation. L'exploitant peut de son vivant remplir le bénéficiaire de ses droits de créance de salaire différé lors d'une donation. • Civ. 1re, 31 mai 2005, n° 02-17.541 P : *D. 2005. IR 1658 ; JCP 2005. IV. 2626 ; Gaz. Pal. 23-24 sept. 2005. 14 ; JCP N 2005. 1432, note Gain ; ibid. 2006. 1274, obs. Roussel ; Defrénois 2006. 841, obs. Gelot.* ♦ Les juges contrôlent si la donation à charge a pu remplir les donataires de leurs droits de créance de salaire différé. • Même arrêt. ♦ Le règlement d'une créance de salaire différé peut intervenir par le biais d'une donation dispensée de rapport ; dès lors, par appréciation souveraine, les juges ont pu estimer qu'un acte de donation par préciput et hors part établissait la volonté des donateurs et du donataire de régler ainsi la créance de salaire différé qui existait entre eux. • Civ. 1re, 22 mars 2005, n° 02-21.332 P : *Ann. loyers 2005. 1110, obs. Lachaud ; RD rur. janv. 2006. 18, obs. Le Guidec ; JCP N 2006. 1274, obs. Roussel.*

11. Est mal fondée la cour qui écarte la demande du fils en paiement de la créance de salaire différé alors qu'il n'a pas été caractérisé la commune intention des parties de procéder à ce paiement lors de la cession de l'exploitation au fils. • Civ. 1re, 29 juin 2011, n° 10-11.275 : *D. 2011. 1897 ; DP entr. agric., Bull. n° 443, p. 7 ; JCP N 2011. 1241, note Rivière ; RD rur. 2012. Chron 2, p. 17, obs. Le Guidec et Bosse-Platière ; Defrénois 2012. 302, note Chamoulaud-Trapiers ; JCP N 2012. 1234, note Le Guidec* • 11 févr. 2015, n° 13-27.923 : *DP entr. agric., Bull. n° 483 ; D. 2015. 489 ; RD rur. 2015, n° 124, note Besson ; JCP N 2015. 338 ; Defrénois 2015. 636, note Roussel.* ♦ Ne constitue pas un pacte sur succession future la convention par laquelle les parties ont transigé sur des droits dont elles étaient titulaires résultant de ventes et de dations réglant une créance de salaire différé. • Civ. 1re, 20 avr. 2017, n° 16-50.008 : *RD rur. 2017, n° 204, note Walravens ; DP entr. agric., Bull. n° 507, p. 9.*

12. Donation-partage. Action contre les donataires. La règle selon laquelle le créancier de salaire différé non désintéressé à l'occasion d'une donation-partage dispose d'une action contre les donataires si les biens non distribués ne sont plus suffisants pour le couvrir de ses droits ne peut jouer qu'après le décès de l'exploitant. • Civ. 1re, 16 juill. 1997, n° 95-17.173. ♦ Le juge doit constater la donation-partage de la majeure partie des biens de l'exploitant, et non une simple donation partielle. • Même arrêt.

13. Le droit de retour légal des collatéraux privilégiés ne peut porter sur les biens attribués à la défunte copartageante en règlement d'une créance de salaire différé. • Civ. 1re, 1er déc. 2021, nº 20-12.315 P : *JCP N 2021. Actu. 1113 ; ibid. 2022. 1215, note Boulanger ; D. actu. 10 déc. 2021, note Jaoul ; D. 2021. 2233 ; Defrénois 2021, nº 50, p. 5 ; ibid. 2022, nº 10, p. 38, note Chamoulaud-Trapiers ; Gaz. Pal. 11 janv. 2022, p. 28 ; RD rur. 2022, nº 27, note Besson, Travely et Bosse-Platière ; DP entr. agric., Bull. nº 559, p. 4, note Lebel.*

Art. L. 321-18 **L'abandon de l'activité agricole par l'ascendant n'éteint pas les droits de créance du descendant qui a participé à l'exploitation.**

Les enfants et petits-enfants mentionnés à l'article L. 321-16 qui n'ont jamais travaillé sur un fonds rural sont privés desdits droits sauf si, lors du règlement de la créance, de la donation-partage ou du décès de l'exploitant, ils se trouvent encore soumis à l'obligation scolaire ou poursuivent leurs études dans un établissement d'enseignement agricole. — *[Décr.-L. du 29 juill. 1939, art. 68.]*

V. notes ss. art. L. 321-14.

Art. L. 321-19 **La preuve de la participation à l'exploitation agricole dans les conditions définies aux articles L. 321-13 à L. 321-18 pourra être apportée par tous moyens.**

En vue de faciliter l'administration de cette preuve, les parties pourront effectuer chaque année une déclaration à la mairie, laquelle devra être visée par le maire qui en donnera récépissé. — *[Décr.-L. 29 juill. 1939, art. 70.]*

1. Charge et objet de la preuve. Il appartient à celui qui prétend bénéficier d'un contrat à salaire différé de rapporter la preuve de sa participation directe et effective à l'exploitation agricole sans avoir été associé aux bénéfices ni aux pertes, et sans avoir reçu de salaire en argent en contrepartie de sa collaboration. • Civ. 1re, 17 déc. 1991 : *D. 1993. Somm. 69, obs. Martine* • 24 nov. 1993, *Guéry*, nº 92-15.864. ♦ Ne viole pas l'art. 6 §1 Conv. EDH la cour d'appel qui énonce qu'il incombe au demandeur d'une créance de salaire différé de prouver qu'il remplit les conditions légales. • Civ. 1re, 17 oct. 2000 : *Gaz. Pal. 20-21 déc. 2000. 17 ; JCP 2000. IV. 2792.* ♦ Ne peuvent bénéficier de la créance de salaire différé les descendants de l'exploitant qui ne démontrent pas ne pas avoir été associés aux bénéfices, en ne s'expliquant pas sur les ressources leur ayant permis de vivre pendant la collaboration, ni sur la provenance de sommes ayant permis leur installation. • Civ. 1re, 17 févr. 2004 : *RD rur. 2004. 582.*

2. Moyens de preuve. L'affiliation à la MSA d'un descendant d'exploitant agricole en tant qu'aide familial ne crée pas une présomption de paiement d'un salaire. • Civ. 1re, 11 févr. 1997, *Boireau c/ Leroux*, nº 95-13.304. ♦ Des attestations équivoques ne permettent pas d'établir le paiement de sommes susceptibles d'être assimilées à un salaire. • Civ. 1re, 21 oct. 1997 : *RD rur. 1997. 577.* ♦ Le conjoint du descendant n'établit pas son droit à une créance de salaire différé par sa seule inscription à la MSA en qualité de conjoint d'aide familial. • Civ. 1re, 25 nov. 2003 : *JCP N 2004. 1290, obs. Brelet.*

Art. L. 321-20 **Les règles spéciales régissant le contrat de travail, ainsi que toutes les dispositions de la législation du travail, ne sont pas applicables dans les cas prévus par la présente sous-section.** — *[Décr.-L. 29 juill. 1939, art. 72.]*

Art. L. 321-21 **Les droits de créances résultant du contrat de salaire différé sont garantis sur la généralité des meubles par le privilège inscrit à l'article** *(Ord. nº 2021-1192 du 15 sept. 2021, art. 34, en vigueur le 1er janv. 2022)* **« 2331, 3°, » du code civil, sur la généralité des immeubles par le privilège inscrit à l'article** *(Ord. nº 2021-1192 du 15 sept. 2021, art. 34, en vigueur le 1er janv. 2022)* **« 2377, 2°, » du code civil et sur les immeubles par une hypothèque légale.** — *[Décr.-L. 29 juill. 1939, art. 73.]*

Hypothèque. La nature successorale de la créance de salaire différé qui ne peut être fixée qu'après le décès de l'exploitant, empêche de garantir celle-ci par une hypothèque sur les immeubles du débiteur du vivant de celui-ci. • Civ. 1re, 13 avr. 1999 : *D. 2000. 527, note Péroz ; JCP N 1999. 1289 ; RD rur. 2000. 52 ; Dr. et patr. 4/2001, nº 2820, p. 108, obs. Roussel.*

Art. L. 321-21-1 *(L. nº 99-574 du 9 juill. 1999)* **Le conjoint survivant du chef d'une exploitation agricole ou de l'associé exploitant une société dont l'objet est l'exploitation agricole qui justifie par tous moyens avoir participé directement et effectivement à l'activité de l'exploitation pendant au moins dix années, sans recevoir de salaire ni être associé aux bénéfices et aux pertes de celle-ci, bénéficie d'un droit de créance d'un**

montant égal à trois fois le salaire minimum de croissance annuel en vigueur au jour du décès dans la limite de 25 % de l'actif successoral. Ce droit est garanti sur la généralité des meubles par le privilège inscrit au *(Ord. n° 2021-1192 du 15 sept. 2021, art. 34, en vigueur le 1er janv. 2022)* **« 3° » de l'article 2331 du code civil, sur la généralité des immeubles par le privilège inscrit au 2° de l'article** *(Ord. n° 2021-1192 du 15 sept. 2021, art. 34, en vigueur le 1er janv. 2022)* **« 2377 » du code civil et sur les immeubles par une hypothèque légale. Le cas échéant, le montant des droits propres du conjoint survivant dans les opérations de partage successoral est diminué de celui de cette créance.**

BIBL. ▶ Le Guidec, *RD rur. 1999. 350.* – Rochard, *JCP N 1999. 1509.*

COMMENTAIRE

Le conjoint qui sollicite le bénéfice d'un contrat de salaire différé ne doit pas avoir été associé aux bénéfices ni aux pertes ; il ne doit donc pas être propriétaire de l'exploitation et doit être marié sous le régime de la séparation de biens. ❑

1. Bénéficiaires (non). Le concubin du descendant, le concubin survivant et le partenaire d'un PACS ne peuvent prétendre à la créance de salaire différé * Rép. min. agric., *JOAN 22 mai 2000, p. 3107.* ♦ Il n'est envisagé aucun élargissement au profit de l'aide familiale ayant travaillé sur l'exploitation d'un collatéral. * Rép. min. n° 14185 : *JOAN Q 19 févr. 2013, p. 1842.*

2. Régime fiscal. V. * Rép. min. n° 17043, *JOAN Q 17 nov. 2003, p. 8816.*

SECTION 2 La transmission de l'exploitation familiale

BIBL. GÉN. ▶ Transmission de l'exploitation, *DP entr. agric.* – Lachaud, *Ann. loyers 2006. 1312* (successions rurales après la loi du 23 juin 2006). – La transmission de l'entreprise viticole, huitièmes entretiens de droit viti-vinicole, *RD rur. août-sept. 2007, p. 15 s.*

COMMENTAIRE

Cette section traite de la transmission de l'exploitation familiale d'une part en renvoyant aux dispositions du code civil qui prévoient des solutions propres à l'exploitation agricole pour l'hypothèse d'une transmission familiale, et d'autre part en proposant le plan de transmission disponible pour les cessions à titre onéreux ; il s'agit d'une convention constatée par acte notarié organisant une cession de l'ensemble de l'exploitation en trois fois au plus sur une durée ne pouvant dépasser six ans. Ce texte qui n'a pas été accompagné de dispositions fiscales attrayantes a été jugé peu utile par le notariat (V. Comm. Conseil supérieur du notariat 24 nov. 1992, *JCP N, Prat. 2465*). La loi d'orientation agricole n° 2006-11 du 5 janvier 2006 a prévu à l'article 199 *vicies* du code général des impôts un dispositif de nature à faciliter la transmission en proposant un outil de financement fiscalement avantagé. Il s'agit d'un contrat de vente notarié consentie par le propriétaire d'une exploitation agricole, ou d'une branche complète d'activité, ou de toutes les parts d'un groupement ou d'une société agricole où il exerce, à un exploitant agricole de moins de quarante ans qui s'installe ou est installé depuis moins de cinq ans. Le prix doit être payé en numéraire par moitié à la conclusion du contrat et le solde huit à douze années après la date de la cession. La réduction d'impôt pour le cédant est de 50 % des intérêts dus pour le différé de paiement dans la limite d'un plafond. Il est notable que cette disposition fiscale prévoie des conditions distinctes de la convention de transmission du code rural. Dans le contexte actuel où les cessions sont nombreuses et apparaissent coûteuses aux repreneurs, cette réduction d'impôt devrait convaincre les propriétaires de consentir des aménagements du paiement du prix de cession de l'exploitation.

Il reste que la transmission de l'exploitation familiale peut être organisée par toutes autres dispositions du droit commun des successions et libéralités ainsi que du droit des sociétés. La loi n° 2006-728 du 23 juin 2006 qui a prévu l'élargissement du champ d'application de la donation-partage ainsi que la possible renonciation anticipée à l'action en réduction (C. civ., art. 929) doit permettre de nouveaux aménagements de la transmission de l'exploitation dans de meilleures conditions en préservant la structure économique dans la sphère familiale. Les dispositions de cette section du code rural ne suffisent pas à organiser la transmission dans le temps, ni à prévoir un statut socio-professionnel pour le descendant, ni à organiser les conséquences patrimoniales de la période où ascendant et descendant exploitent conjointement la période où ascendant et descendant exploitent conjointement. ❑

Art. L. 321-22 L'exploitant agricole qui prévoit la cessation de son activité agricole peut, préalablement à celle-ci, s'engager à transmettre progressivement l'ensemble des droits et obligations liés aux différents éléments de son exploitation selon un plan de transmission dont la définition, la durée et les modalités d'application sont fixées par décret. – *[L. nº 90-85 du 23 janv. 1990, art. 36.]*

V. art. R. 321-1 s.

BIBL. ▶ BENEDETTI, *RD rur. 2004. 326* (démembrement et transmission du patrimoine par donation).

Art. L. 321-23 Les règles relatives à l'attribution préférentielle par voie de partage de l'exploitation agricole sont celles définies par les articles *(L. nº 2006-728 du 23 juin 2006, art. 4-II, en vigueur le 1er janv. 2007)* **« 831 à 834 » du code civil.** – *V.* ***C. civ.***

Art. L. 321-24 Nonobstant toute disposition contraire, les articles *(L. nº 2006-728 du 23 juin 2006, art. 4-II, en vigueur le 1er janv. 2007)* **« 831 à 834 » du code civil sont applicables au conjoint survivant ou à tout héritier copropriétaire remplissant les conditions personnelles prévues** *(L. nº 2006-728 du 23 juin 2006, art. 4-II, en vigueur le 1er janv. 2007)* **« au premier alinéa de l'article 831 » lorsque les biens et droits immobiliers à destination agricole dépendant de la succession font l'objet d'un apport en jouissance ou d'une mise à disposition au profit d'une société à objet exclusivement agricole constituée entre agriculteurs personnes physiques se consacrant à l'exploitation des biens mis en valeur par celle-ci, en participant sur les lieux aux travaux, de façon effective et permanente selon les usages de la région et en fonction de l'importance de l'exploitation et soit dotée de la personnalité morale, soit, s'il s'agit d'une société en participation, régie par des statuts établis par un écrit ayant acquis date certaine.** – *[L. nº 80-502 du 4 juill. 1980, art. 32.]* – *V.* ***C. civ.***

Art. L. 321-25 Les règles spécifiques relatives à l'indivision de l'exploitation agricole sont celles définies par les articles *(L. nº 2006-728 du 23 juin 2006, art. 2-IV, en vigueur le 1er janv. 2007)* **« 820 à 824 » du code civil.** – *V.* ***C. civ.***

CHAPITRE II LES GROUPEMENTS FONCIERS AGRICOLES ET LES GROUPEMENTS FONCIERS RURAUX

(L. nº 95-95 du 1er févr. 1995)

BIBL. GÉN. ▶ GFA. GFR, *DP entr. agric.* - ARNAUD-EMERY, *JCP N 2011. 1198* (transmission de parts de GFA, questions pièges pour le praticien). - CHESNÉ et MARTINE, *D. 1971. 248* (lois du 31 déc. 1970). - DELORME, *Defrénois 2009. 2299, art. 39038* (le GFA : bientôt quarante ans d'existence). - LASSAIGNE, Baux ruraux à long terme et GFA, *Defrénois, 2e éd., 1981.* - MADIGNIER, *RD rur. 2015. Étude 8* (patrimoine du GFA). - MANTEAU, *Dr. sociétés 2007. Étude 13* (aménagement de la réglementation des sociétés agricoles). - MARTINE, *RD rur. 1980. 466* (réforme par la loi du 4 juill. 1980). - PRÉVAULT, *Rev. sociétés 1983. 31* (avenir des GFA).

RÉP. SOCIÉTÉS vº *Agriculture : groupements et sociétés agricoles,* par OLSZAK.

COMMENTAIRE

Le groupement foncier agricole est une société civile qui est destinée à créer ou conserver une ou plusieurs exploitations agricoles. Le GFA assure la gestion des exploitations dont il est propriétaire soit en les donnant en location, soit en les exploitant en faire-valoir direct. Le GFA est une société marquée par des rigidités et un équilibre délicat qui découlent de l'évolution peu harmonieuse du projet qui en a été l'origine. Le législateur avait initié en 1962 le projet de créer une société foncière visant un triple objectif. D'abord, dans le cadre de la politique agricole, le législateur souhaitait que l'exploitant puisse investir prioritairement dans le capital d'exploitation tout en jouissant de la stabilité foncière. La constitution d'une société foncière louant les terres à l'exploitant permettait de satisfaire ce projet. Le deuxième objectif complétait le premier. Dans le cadre de la politique des structures initiée à partir de 1960, le législateur souhaitait le développement d'unités adaptées à une mise en valeur modernisée. La société foncière en conséquence devait éviter les démembrements mais devait aussi permettre l'amélioration des exploitations insuffisantes. Il était souhaité que la société regroupe des exploitants rapprochant leurs exploitations, mais aussi qu'elle accueille des apporteurs de capitaux investissant dans les biens fonciers pour les mettre à la disposition d'exploitants, permettant ainsi le développement d'exploitations rationnelles. Le troisième objectif était de permettre la protection d'un patrimoine foncier dans une succession. Il s'agissait d'éviter le démembrement de l'unité d'exploitation familiale et le partage en nature des biens. La constitution d'une société foncière est apparue comme le moyen de stabiliser la situation de l'exploitant, que la société soit constituée avant la succession pour permettre la transmission de la structure productive sous forme de parts, ou constituée pendant l'indivision avec des droits indivis.

En réponse à ce projet, la loi n° 62-933 du 8 août 1962 a d'abord créé le groupement agricole foncier (GAF) qui n'a connu qu'un très faible succès. Le législateur a ensuite formé en 1970 un double projet de création à la fois du groupement foncier agricole (GFA) et de sociétés anonymes d'investissement foncier (SAIF), afin de permettre que des sociétés d'investisseurs intègrent les groupements fonciers agricoles, sociétés foncières veillant à la conservation et à la gestion des exploitations agricoles. En définitive, la loi n° 70-1299 du 31 décembre 1970 n'a créé que le GFA, comme société civile susceptible d'accueillir des investisseurs dans une mesure limitée. En effet, la profession agricole avait manifesté sa volonté de conserver son indépendance et fait connaître son opposition à l'ouverture des sociétés foncières agricoles aux capitaux extérieurs. Le GFA n'a donc pas été créé comme un outil sociétaire classique permettant une libre concentration des capitaux. Le deuxième objectif législatif était ainsi considérablement réduit par un dispositif complexe limitant l'accès au capital du GFA.

Les GFA se sont alors développés selon un schéma très différent des projets initiaux. La défiance législative qui caractérise la situation des personnes morales associées des GFA conjuguée au faible rendement locatif des immeubles agricoles a amené un mouvement d'investissement modeste vers les GFA, malgré les efforts des notaires et de certains banquiers. La stagnation du prix des immeubles écartant la perspective d'une plus-value lors de la revente des parts a aggravé cette tendance. Une ouverture du capital a été faite aux SAFER, mais aussi aux SICA et aux coopératives agricoles, dans le souci de faciliter des installations progressives, mais sans permettre le développement d'une logique d'investissement capitalistique. En réalité, le GFA est devenu principalement un outil successoral. Cependant, le troisième objectif n'est que partiellement satisfait car le GFA apparaît le plus souvent dans le contexte successoral comme un instrument de crédit familial. Son utilisation repose encore souvent sur la solidarité d'une famille, et il est toujours important d'en adapter l'utilisation pour que le service consent par le groupe familial à l'exploitant soit équilibré et accepté.

La loi n° 2017-348 du 20 mars 2017 relative à la lutte contre l'accaparement des terres agricoles et au développement du biocontrôle a autorisé les SAFER à maintenir leur participation au capital des sociétés civiles plus de cinq ans, retiré le plafond de détention des parts de GFA et GFR précédemment limité à 30%, et retiré l'interdiction faite aux SAFER d'exercer des fonctions de direction.

Le GFA d'investissement ne peut faire offre au public de titres financiers. Il peut faire appel à un groupe d'investisseurs limité (C. mon. fin., art. L. 411-2 et D. 411-4). ❑

Art. L. 322-1 Le groupement foncier agricole est une société civile formée entre personnes physiques. Il est régi par les dispositions prévues aux articles L. 322-2 à *(L. n° 95-95 du 1er févr. 1995)* **« L. 322-21 » du présent code et par les chapitres I et II du titre IX du livre III du code civil. Le décès, la faillite personnelle, la liquidation ou la procédure de sauvegarde ou de redressement judiciaires de l'un des associés ne met pas fin au groupement.** – *[L. n° 70-1299 du 31 déc. 1970, art. 1er, al. 1er.]*

1. Cession de parts. Une SAFER ne peut obtenir l'annulation de la cession de parts de GFA en prétendant que cette cession cache une vente de terres lorsque le GFA continue à être propriétaire des terres. • Civ. 3e, 8 juin 1995, *Fanost c/ SAFER de Haute Normandie,* n° 93-11.898. ♦ Une vente, même massive de parts de GFA ne peut être considérée comme une cession de terres agricoles de ce groupement, et donc échappe au droit de préemption de la SAFER. • Caen, 18 déc. 1997, *SAFER de Haute-Normandie c/ Fanost et a. : JCP N 1998. 1475, note Raisin.*

2. Transmission. Les héritiers de l'associé ont la qualité d'associé dès lors qu'il a été stipulé que la société continuerait avec eux librement sans que la transmission soit soumise à agrément. • Com. 30 août 2023, n° 22-10.018 : *JCP N 2023. 1196, note Jullian.*

3. Pouvoirs. Lorsque la conclusion d'un bail entre dans l'objet d'un GFA, le gérant a, en vertu de l'art. 1849 C. civ., le pouvoir d'engager le groupement par un tel acte. • Civ. 1re, 12 juill. 1994 : *RD rur. 1994. 571.* ♦ Les tiers à un GFA peuvent se prévaloir des statuts du groupement pour invoquer un dépassement de pouvoir du gérant. • Civ. 3e, 14 juin 2018, n° 16-28.672 P : *D. actu. 14 juin 2018, note Prigent ; JCP N 2018. Actu. 585 ; Defrénois 2018, n° 47, p. 42 ; RD rur. 2018, n° 225, note Mortier ; Rev. loyers 2018, n° 990, note Peignot.* ♦ Le gérant du GFA a le pouvoir de céder une parcelle non cultivée au jour de la vente dès lors que l'objet social autorise la cession de biens inutiles. • Civ. 3e, 29 juin 2017, n° 16-15.798 : *AJDA 2017. 700.*

4. Protection sociale. Pour l'AMEXA, V. art. L. 722-10 (5°) C. rur.

Art. L. 322-2 **Par dérogation aux dispositions de l'article L. 322-1, les sociétés d'aménagement foncier et d'établissement rural peuvent être membres, à titre transitoire, d'un groupement foncier agricole.** *(Abrogé par L. n° 2017-348 du 20 mars 2017, art. 2-I-1°, à compter du 21 juin 2017)* ***« Elles ne peuvent détenir plus de 30 p. 100 du capital du groupement, ni y exercer aucune fonction de gestion, d'administration ou de direction. »*** **La durée de la participation au groupement ne peut excéder cinq ans. Ce délai est néanmoins suspendu et il est susceptible d'être prorogé dans les cas et dans les conditions prévus aux articles L. 142-4 et L. 142-5.** — *[L. n° 70-1299 du 31 déc. 1970, art. 1er, al. 2.]*

BIBL. ▶ Intervention des SAFER dans les GFA : CHESNÉ, *D. 1974. Chron. 249.* – COTTON, *RD rur. 1974. 274.*

Caractère commun des parts. Si l'art. 1832-2 C. civ. ne peut être invoqué par le conjoint d'un époux associé d'un GFA qu'à la condition que les parts sociales non négociables proviennent d'un apport ou d'une acquisition effectuée avec des biens communs, la présomption de communauté, qui résulte de l'art. 1402 C. civ., attribue aux tiers la charge de la preuve du caractère propre des deniers ayant servi à l'acquisition. • Civ. 1re, 11 juin 1996, *Cts Devanne c/ Devanne*, n° 94-17.771.

Art. L. 322-3 **Par dérogation aux dispositions de l'article L. 322-1, les sociétés civiles autorisées à** *(Ord. n° 2009-80 du 22 janv. 2009, art. 18, en vigueur le 1er avr. 2009)* **« procéder à une offre au public de titres financiers »** *(Ord. n° 2019-1067 du 21 oct. 2019, art. 20)* **« , à l'exception des offres mentionnées au 1° ou au 2° de l'article L. 411-2 du code monétaire et financier ou à l'article L. 411-2-1 du même code, » et agréées pour cet objet unique par arrêté conjoint du ministre de l'économie et des finances et du ministre de l'agriculture** *(L. n° 2014-1170 du 13 oct. 2014, art. 13-I)* **« , les entreprises d'assurances et de capitalisation régies par le code des assurances ou leurs groupements constitués à cet effet, les coopératives agricoles et les sociétés d'intérêt collectif agricole » peuvent être membres d'un groupement foncier agricole dont l'ensemble des biens immobiliers est donné à bail à long terme à un ou plusieurs membres du groupement. Ces personnes morales ne peuvent y exercer aucune fonction de gestion, d'administration ou de direction.**

Al. 2 abrogé par L. n° 2014-1170 du 13 oct. 2014, art. 13-I. — [L. n° 70-1299 du 31 déc. 1970, art. 1er, al. 3 et 6.]

Art. L. 322-4 **Pour l'application à un groupement foncier agricole des articles 1861 à 1865 du code civil, les statuts doivent prévoir au profit des membres du groupement autres que les personnes morales un droit de préférence pour l'acquisition des parts mises en vente.** — *[L. n° 70-1299 du 31 déc. 1970, art. 1er, al. 4.]*

Art. L. 322-5 **Les statuts peuvent exiger l'acquisition des parts détenues par des personnes morales après l'expiration d'un délai prévu dans les statuts et ne pouvant excéder vingt ans. Les statuts peuvent en outre accorder un droit de priorité aux associés participant à l'exploitation des biens du groupement, notamment en vertu d'un bail. Une convention particulière peut également prévoir la possibilité pour ces derniers d'exiger l'acquisition des parts détenues par des personnes morales avant l'expiration dudit délai.** — *[L. n° 70-1299 du 31 déc. 1970, art. 1er, al. 5.]*

Art. L. 322-6 **Le groupement foncier agricole a pour objet soit la création ou la conservation d'une ou plusieurs exploitations agricoles, soit l'une et l'autre de ces opérations. Il assure ou facilite la gestion des exploitations dont il est propriétaire, notamment en les donnant en location dans les conditions prévues au titre I du livre IV du**

présent code portant statut du fermage et du métayage. – *[L. nº 70-1299 du 31 déc. 1970, art. 3, al. 1er.]*

1. Transformation du GFA. Même en l'absence de fraude, la SCI issue de la transformation d'un GFA est redevable des avantages fiscaux procurés au GFA, en raison de la disparition de l'activité sociale ayant justifié le régime fiscal accordé. • Com. 10 mars 1998 : *BJS juin 1998. 675 ; RD rur. 1998. 359.*

2. Patrimoine du GFA et fiscalité. Bénéficie de l'exonération partielle la transmission à titre gratuit de parts de GFA dont l'actif comprend des immeubles non affectés à l'agriculture en appliquant un prorata. * Rép. min. nº 06321, *JO Sénat, 28 mai 2015. 1246 : DP entr. agric., Bull. nº 486-487, p. 12, note Hérail.*

Art. L. 322-7 La superficie totale des exploitations appartenant à un même groupement foncier agricole peut être limitée dans des conditions fixées par décret, compte tenu de la situation particulière de chaque région naturelle agricole.

Le même décret peut préciser les conditions dans lesquelles les groupements sont habilités à détenir des biens situés dans des régions naturelles différentes. – *[L. nº 70-1299 du 31 déc. 1970, art. 3, al. 2 et 3.]*

V. art. R. 322-1 s.

Art. L. 322-8 Le capital social est constitué par des apports en propriété d'immeubles ou de droits immobiliers à destination agricole ou par des apports en numéraire ; il est représenté par des parts sociales qui pourront être délivrées sous la forme de certificats nominatifs dont mention sera faite sur un registre des transferts tenu par le groupement.

L'apport d'un bien grevé d'usufruit doit être fait simultanément par le nu-propriétaire et par l'usufruitier. S'il s'agit d'un bien indivis, l'apport doit être fait simultanément par tous les indivisaires.

Le droit de préemption institué par l'article L. 143-1 ne s'applique pas aux apports de biens à un groupement foncier agricole constitué entre membres de la même famille jusqu'au quatrième degré inclus ni aux apports faits par un propriétaire exploitant lesdits biens. – *[L. nº 70-1299 du 31 déc. 1970, art. 4.]*

1. Apport en nature. Sont mal fondés les juges qui ne statuent pas sur la validité de l'apport en nature à un GFA exploitant un domaine viticole, d'un matériel de vinification acheté par contrat de crédit-bail. • Civ. 3e, 19 juin 2002, nº 00-18.746 P.

2. Parts démembrées. Sont nulles les dispositions des statuts qui prévoient que pour les parts dont la propriété est démembrée seul l'usufruitier dispose du droit de vote. • Bordeaux, 28 avr. 2009, *GFA Château du Paradis : RJDA 2010. 403.*

Art. L. 322-9 Lorsqu'un ou plusieurs des baux consentis par un groupement foncier agricole sont en cours à l'expiration du temps pour lequel il a été constitué, le groupement est, sauf opposition de l'un de ses membres, prorogé de plein droit pour la durée restant à courir sur celui de ces baux qui vient le dernier à expiration.

Les statuts ne peuvent déroger à la possibilité pour l'un des associés de s'opposer à la prorogation. – *[L. nº 70-1299 du 31 déc. 1970, art. 5.]*

1. Bail de longue durée. L'octroi d'un bail de longue durée excédant de plus de vingt ans la durée du groupement modifie indirectement les dispositions du pacte social et ne peut être décidé par l'assemblée générale ordinaire. • Civ. 3e, 4 févr. 2009, nº 07-22.012 : *RJDA 2009. Comm. 451 ; Dr. sociétés 2009. Comm. 113, note Mortier ; JCP N 2009. 210 ; JCP 2009. IV. 1392 ; Gaz. Pal. 13-15 sept. 2009. 11 ; Defrénois 2012. 40520, note Delorme et Barbièri.* ♦ Mais la conclusion du bail à long terme excédant la durée du GFA est une décision qui entre dans l'objet social et relevait du pouvoir du gérant. • Civ. 3e, 30 sept. 2015, nº 13-21.955 : *BJS 2015. 655, note Pagnucco.*

2. Est régulier le bail rural dont la durée excède celle pour laquelle un groupement foncier agricole a été constitué, dès lors que ce bail entre dans l'objet social de celui-ci. • Civ. 3e, 28 sept. 2011, nº 10-15.570 : *Rev. loyers 2011. 423 ; BJS 2012. 36, note Barbièri ; Defrénois 2012. 40520, note Delorme et Barbièri.*

Art. L. 322-10 Lorsque les statuts obligent le groupement à donner à bail la totalité de son patrimoine immobilier, le droit de vote attaché aux parts est, nonobstant toute clause contraire, proportionnel à la quotité de capital qu'elles représentent et chaque part donne droit à une voix au moins.

Toutefois, lorsque parmi les associés du groupement figure l'une au moins des personnes morales mentionnées aux articles L. 322-2 et L. 322-3, un droit de vote double de celui conféré aux parts détenues par ces personnes morales est attribué de plein droit aux parts détenues par des personnes physiques. – *[L. n° 70-1299 du 31 déc. 1970, art. 5 bis.]*

Art. L. 322-11 Le groupement foncier agricole doit donner à bail les terres dont il est propriétaire lorsque son capital est constitué pour plus de 30 p. 100 par des apports en numéraire. Le groupement foncier agricole constitué entre époux, parents ou alliés jusqu'au quatrième degré inclus n'est pas soumis à cette obligation.

Le groupement foncier agricole est également tenu de donner à bail lorsqu'une société d'aménagement foncier et d'établissement rural est au nombre des membres du groupement. – *[L. n° 70-1299 du 31 déc. 1970, art. 6, al. 1er et 2.]*

Art. L. 322-12 Les statuts des groupements fonciers agricoles procédant à la mise en valeur directe de leurs biens sociaux doivent prévoir la nomination de l'un ou de plusieurs de leurs membres comme gérants statutaires.

Les statuts de ces groupements doivent conférer la qualité de gérant statutaire aux associés exploitants de fonds appartenant auxdits groupements. Ils doivent aussi prévoir que les décisions de dissolution ne pourront prendre effet qu'à l'expiration d'un délai de dix-huit mois à compter de la signification de ces décisions aux gérants statutaires. – *[L. n° 70-1299 du 31 déc. 1970, art. 6, al. 3 et 4.]*

L'art. L. 322-12 ne s'applique pas à un GFA dont l'objet était exclusivement la location de terres. • Montpellier, 23 juill. 2008 : *RD rur. 2009. 79, note Lebel.*

Art. L. 322-13 Lorsque le groupement foncier agricole est tenu de donner à bail ses biens sociaux, les apports en numéraire doivent faire l'objet d'investissements à destination agricole au profit du groupement dans le délai d'un an. Pendant cette période et tant qu'ils ne sont pas utilisés à des investissements correspondant à l'objet social du groupement, ces apports sont versés à un compte bloqué dans un établissement agréé. – *[L. n° 70-1299 du 31 déc. 1970, art. 6, al. 5.]*

Art. L. 322-14 En cas de partage, les associés qui participent ou ont participé à l'exploitation peuvent, sauf dispositions statutaires contraires, solliciter le bénéfice de la dévolution des biens fonciers selon les modalités des articles *(L. n° 2006-728 du 23 juin 2006, art. 4-II, en vigueur le 1er janv. 2007)* « 831, 832-1, 832-3, 832-4, 833 et 834 » du code civil.

Le partage ou la licitation des groupements fonciers sont régis par les dispositions des articles 746, 748 *bis* et 750 *bis* du code général des impôts ci-après reproduits : – *[L. n° 70-1299 du 31 déc. 1970, art. 7.]*

Art. 746 Les partages de biens meubles et immeubles entre copropriétaires, cohéritiers et coassociés, à quelque titre que ce soit, pourvu qu'il en soit justifié, sont assujettis à un droit d'enregistrement ou à une taxe de publicité foncière de *(L. n° 2011-900 du 29 juill. 2011, art. 7-IV, en vigueur le 1er janv. 2012)* « 2,50 % ».

Art. 748 bis Le droit d'enregistrement ou la taxe de publicité foncière prévu à l'article 746 est applicable au partage d'un groupement foncier agricole pour les biens qui se trouvaient dans l'indivision lors de leur apport et qui sont attribués à des apporteurs, à leurs conjoints survivants ou à leurs ayants droit à titre gratuit, dès lors que les apporteurs étaient parents ou alliés jusqu'au quatrième degré inclus.

Art. 750 bis La licitation des biens d'un groupement foncier agricole, qui se trouvaient dans l'indivision lors de leur apport, est assujettie au droit d'enregistrement ou à la taxe de publicité foncière prévu à l'article 746 lorsque les biens sont attribués à des apporteurs, à leurs conjoints survivants ou à leurs ayants droit à titre gratuit, dès lors que ces apporteurs étaient parents ou alliés jusqu'au quatrième degré inclus.

Rachat de titres et réduction de capital. La doctrine de l'administration fiscale – aux termes de laquelle, quand il est établi un seul acte pour constater à la fois le rachat des titres et la réduction du capital, cet acte ne donne ouverture qu'à la perception du droit de partage si le rachat est effectué au moyen de valeurs communes –, invoquée par un GFA pour bénéficier d'un régime de droits réduits, vise exclusivement les sociétés par actions, d'où il résulte qu'elle est inapplicable aux sociétés dont le capital n'est pas divisé par actions, comme c'est le cas pour les GFA. • Com. 13 oct. 1992 : *D. 1992. IR 264 ; Defrénois 1993. 657, note Chappert.*

Art. L. 322-15 Les actes constatant des apports mobiliers à un groupement foncier agricole, l'augmentation du capital social ou la prorogation d'un groupement foncier agricole sont enregistrés au droit fixé prévu au paragraphe I de l'article 810 du code général des impôts, ci-après reproduit :

Art. 810 I. — L'enregistrement des apports donne lieu au paiement d'un droit fixe de 375 euros porté à 500 euros pour les sociétés ayant un capital d'au moins 225 000 euros. — *Les apports sont enregistrés gratuitement (CGI, art. 810, I, réd. L. n° 2018-1317 du 28 déc. 2018, art. 26-III-8°-a).*

Les apports immobiliers sont assujettis à la taxe de publicité foncière ou au droit d'enregistrement au taux de 0, 60 p. 100, dans les conditions prévues à l'article 705 *[transféré à l'art. 1594 F quinquies, § D]* **du code général des impôts.** — *[L. n° 70-1299 du 31 déc. 1970, art. 8.]*

Art. L. 322-16 Les parts d'un groupement foncier agricole sont exonérées des droits de mutation à titre gratuit dans la limite et les conditions fixées aux articles 793 et 793 *bis* du code général des impôts. — *[L. n° 70-1299 du 31 déc. 1970, art. 9, al. 1er et 2.]*

BIBL. ▶ Fruleux, *JCP N 2023. 1191* (exonérations de droits de mutation à titre gratuit, l'administration actualise ses commentaires).

COMMENTAIRE

L'exonération partielle de droits de mutation prévue aux articles 793 et 793 *bis* CGI suppose que :

– les statuts interdisent au groupement l'exploitation en faire-valoir direct ;

– les immeubles à destination agricole composant le patrimoine du GFA aient été donnés à bail à long terme ou à bail cessible hors du cadre familial ;

– les parts aient été détenues au moins deux ans par le donateur ou le défunt sauf si ceux-ci étaient parties à la constitution du GFA et à ce titre ont effectué des apports d'immobilisation ou de droits immobiliers à destination agricole ;

– les parts restent la propriété du donataire, héritier et légataire pendant cinq ans à compter de la date de transmission à titre gratuit. ❑

1° BAIL RURAL CONSENTI PAR LE GFA

1. Exigence d'un bail. Aux termes de l'art. 793, 1 (4°), CGI, l'exonération de droits de mutation à titre gratuit des parts de groupement foncier agricole lors de la première transmission à titre gratuit est subordonnée à la condition que les fonds agricoles constituant le patrimoine du groupement aient été donnés à bail à long terme dans les conditions prévues par les art. L. 416-1 à L. 416-8 et L. 416-9 C. rur. Le défaut de location des terres, même dû au fait d'un tiers et en particulier à la contestation par le fermier du congé qui lui avait été délivré, empêche l'exonération. • Com. 30 juin 1992 : *D. 1993. Somm. 68 ; RD rur. 1992. 469.* ♦ La location d'une parcelle agricole par bail emphytéotique est de nature à faire perdre le bénéfice de l'exonération. * Rép. min. n° 4105 : *JO Sénat 21 août 2008.*

2. Fictivité du bail. Sont considérés comme fictifs les baux consentis par un GFA à une société civile d'exploitation lorsque les deux sociétés n'ont eu aucune activité autonome et qu'aucun loyer n'a été payé au GFA. • CAA Bordeaux, 11 juill. 1995 : *Dr. fisc. 1996. 504.* ♦ Sont fictives les deux SCEA preneuses à bail à long terme des terres d'un GFA dont le capital est détenu majoritairement par le gérant du GFA, qui sont dirigées par les fils de ce gérant, qui ne paient aucun fermage au GFA, ne tiennent aucune comptabilité, n'ont aucune activité sociale, emploient le même personnel, utilisent les mêmes bâtiments et le même personnel, font livraison et facturations groupées. • CE 29 avr. 2002, *Moitié : BJS 2002. 808 ; RD rur. 2002. 643 ; ibid. 2003. 76 ; RTD com. 2003. 182, obs. Deboissy.*

3. Fictivité du GFA. Les propriétaires qui constituent une SCEA à qui ils louent à long terme une ferme, qui constituent un an plus tard un GFA à qui ils font apport du domaine loué et qui font donation le jour même des parts à leurs enfants, ne peuvent bénéficier de l'exonération de droits de mutation sur la donation des parts de GFA dès lors que celui-ci n'avait pas de compte bancaire, ne recevait pas les loyers encaissés par le propriétaire du bien loué à la SCEA et n'avait aucune existence réelle. • Com. 11 janv. 2000, *Fressineau : RTD com. 2003. 182, obs. Deboissy.*

2° CONSERVATION DES TERRES LOUÉES

4. Réduction de capital. L'annulation de parts avant l'expiration du délai de cinq ans, consécutive au retrait d'une partie des biens donnés à bail à long terme par le GFA entraîne la déchéance totale de l'exonération partielle. • Com. 3 nov. 2004 : *JCP 2004. IV. 3418 ; JCP N 2004. 267, p. 1936 ; Defrénois 2005. 968, note Chappert ; Gaz. Pal. 7-8 oct. 2005. 12.* ♦ Confirme : • Rouen, 30 janv. 2002 : *RJF n° 1328, p. 936 ; RD rur. 2003. 76.*

5. Transformation du GFA. L'exonération partielle des droits de mutation n'est pas remise en cause si les parts de GFA ont été conservées cinq ans par le donataire à compter de la transmission à titre gratuit, même si le GFA a été transformé en SCI. • Com. 4 févr. 2004, n° 00-20.271 P : *RD rur. 2004. 367, obs. Rochard ; Dr. et patr. 5/2004. 83 ; BJS 2004. 710 ; Gaz. Pal. 21-22 juill. 2004. 19 ; AJDI 2004. 656, obs. Maublanc ; Defrénois 2005. 334, note Chappert.*

Art. L. 322-17 **Les cessions de parts d'un groupement foncier agricole bénéficient des dispositions de l'article 730 *ter* du code général des impôts, ci-après reproduit :** – *[L. n° 70-1299 du 31 déc. 1970, art. 9, al. 3.]*

Art. 730 ter Les cessions de parts de groupements fonciers agricoles *(L. n° 95-95 du 1er févr. 1995, art. 52)* « , de groupements fonciers ruraux et de groupements forestiers » représentatives d'apports de biens indivis sont soumises à un droit d'enregistrement de *(L. n° 2011-900 du 29 juill. 2011, art. 7-IV)* « 2,50 % », lorsqu'elles interviennent entre les apporteurs desdits biens, leurs conjoints survivants ou leurs ayants droit à titre gratuit, dès lors que ces apporteurs étaient parents ou alliés jusqu'au quatrième degré inclus.

Art. L. 322-18 **Toute infraction aux dispositions du présent chapitre donne lieu au remboursement des avantages financiers et fiscaux qu'elle prévoit.**

(L. n° 95-95 du 1er févr. 1995) **« Toutefois, ce remboursement n'est pas dû lorsque la condition de parenté prévue à l'article L. 322-11 cesse d'être respectée à la suite de transmissions à titre gratuit. »** – *[L. n° 70-1299 du 31 déc. 1970, art. 10.]*

Art. L. 322-19 **Les groupements agricoles fonciers qui ont été créés conformément à la loi n° 62-933 du 8 août 1962 complémentaire à la loi d'orientation agricole, et répondant aux diverses caractéristiques prévues au présent chapitre, sont assujettis aux dispositions fiscales prévues pour les groupements fonciers agricoles.** – *[L. n° 70-1299 du 31 déc. 1970, art. 11, al. 4.]*

Sur la transformation des groupements agricoles fonciers en groupements fonciers agricoles, V. L. n° 70-1299 du 31 déc. 1970, art. 11, al. 1er à 3 (JO 1er janv. 1971).

Art. L. 322-20 **Les parts de groupements fonciers agricoles peuvent faire l'objet d'un nantissement pour l'obtention de prêts à toutes fins professionnelles ou familiales.**

Le groupement peut accorder sa caution hypothécaire à ces opérations. – *[L. n° 70-1299 du 31 déc. 1970, art. 12.]*

Nantissement. Les parts sociales de GFA ne sont pas insaisissables, l'inscription provisoire de nantissement n'est pas une saisie, et les dispositions statutaires prévoyant l'agrément des associés en cas de cession des parts sociales nanties ne peuvent entraver la prise de cette sûreté. • Civ. 2e, 2 déc. 2010, n° 09-17.495 : *Dr. sociétés 2011, n° 47, note Hovasse ; RD rur. 2011, n° 61, note Tauran.*

Art. L. 322-21 **L'application des dispositions du présent chapitre ne doit, en aucun cas, permettre de déroger au statut des baux ruraux et aux dispositions concernant le contrôle des structures.** – *[L. n° 70-1299 du 31 déc. 1970, art. 2.]*

Les cessions de parts sociales au sein du GFA pratiquées pour envisager la reprise des terres ne constituent pas une fraude au droit de préemption. • Civ. 3e, 23 sept. 2014, n° 12-23.370 : *Dr. sociétés 2015. 5, note Hovasse ; JCP N 2014. Actu. 1185 ; AJDI 2014. 876 ; RD rur. 2015, n° 96, note Collard.*

Art. L. 322-22 *(L. n° 95-95 du 1er févr. 1995)* **Les groupements fonciers ruraux sont des sociétés civiles formées en vue de rassembler et gérer des immeubles à usage agricole et forestier. Les dispositions des articles L. 322-1 et suivants du présent code ainsi que les articles** *(Ord. n° 2012-92 du 26 janv. 2012, art. 4-10°)* **« L. 331-1 et L. 331-2 » du code forestier leur sont applicables.**

Al. 2 abrogé par L. n° 2017-348 du 20 mars 2017, art. 2-I-2°, à compter du 21 juin 2017.

Leurs biens sont régis, notamment en matière fiscale, selon les dispositions propres aux groupements fonciers agricoles, pour la partie agricole, et selon les dispositions propres aux groupements forestiers, pour la partie forestière.

BIBL. ▶ LASSAUBATJEU-ANDRÉ, *Defrénois 1996. 769.*

COMMENTAIRE

Pour les domaines de nature mixte, c'est-à-dire incluant des biens agricoles et forestiers, il a été créé le groupement foncier rural par l'article 52-I et II de la loi n° 95-95 du 1er février 1995. Auparavant, il convenait pour assurer la gestion d'un tel ensemble de constituer un GFA et un groupement forestier puisque le GFA ne peut inclure que des terres forestières à titre accessoire et que le groupement forestier ne permet d'apporter que 30 % de terres agricoles. Le GFR est donc un outil visant à rationaliser et faciliter la gestion des biens ruraux. ❑

Art. L. 322-23 *(L. n° 95-95 du 1er févr. 1995)* **Les associés d'un groupement foncier rural ou d'un groupement foncier agricole peuvent, sans préjudice des droits des tiers, se retirer totalement ou partiellement de la société dans les conditions prévues par les statuts. A défaut, le retrait ne peut être autorisé que par une décision unanime des autres associés.**

1. L'art. L. 322-23 déroge aux art. 1845 et 1869 C. civ. en écartant le retrait judiciaire, sans que cette disposition ne porte atteinte à l'art. 1er du protocole additionnel de la Conv. EDH. • Civ. 1re, 3 juin 2010, n° 09-65.995 : *D. 2010. 1483 ; JCP 2010. 1339 ; Gaz. Pal. 9-10 juin 2010. 1798 ; RD rur. 2010. 119, obs. Crevel ; JCP N 2010. 1258, note Hovasse ; Dr. sociétés 2010, n° 159, note Hovasse ; LPA 2010, n° 227, p. 4, note Gibirila ; AJDI 2011. 150, note Prigent ; Rev. soc. 2011. 39, note Roussille*, qui confirme • Bordeaux, 27 janv. 2009 : *RD rur. 2009, n° 108, note Barbièri.*

2. L'art. 6, §1, de la Conv. EDH justifie que l'associé d'un GFA puisse solliciter judiciairement son retrait nonobstant l'art. L. 322-23, à charge pour le juge saisi d'opérer un contrôle de proportionnalité entre l'objectif poursuivi par la limitation légale du droit de retrait et le respect du droit de propriété de l'associé retrayant. • Civ. 1re, 1er mars 2017, n° 15-20.817 P : *D. 2017. 503 ; D. 2017. 2335, note Lamazerolles et Rabreau ; JCP N 2017. Actu. 323, 1217 et 1171, note Bosse-Platière et Besson ; DP entr. agric., Bull. n° 505, p. 8 ; Defrénois 2017. 545, obs. Barbièri ; Dr. sociétés 2017. 76, note Hovasse ; RD rur. 2017, n° 147, note Cerati-Gauthier ; Rev. loyers 2017, n° 977 ; AJDI 2017. 690, note Prigent ; BJS 2017. 395, note Pagnucco* • Reims, 26 févr. 2021, n° 19/02510 : *BJS 2021, n° 5, p. 43, note Pagnucco.*

Art. L. 322-24 *Abrogé par L. n° 2017-348 du 20 mars 2017, art. 2-I-3°, à compter du 21 juin 2017.*

CHAPITRE III LES GROUPEMENTS AGRICOLES D'EXPLOITATION EN COMMUN

BIBL. GÉN. ▶ GAEC, *DP entr. agric.* – CHANDELIER, *RD rur. 2008. Dossier 29* (les GAEC à un tournant). – FOYER, CREVEL, LEBEL, BARDEAU et BARBIÈRI, *RD rur. 2012. Dossiers 15 à 20, 28 à 32* (les GAEC de 1962 à 2012). – CAYRON, *RD rur. 2016. Dossier 14* (les conséquences du décès de l'associé). – LEBEL, *RD rur. 2010, n° 3* (les héritiers non agréés d'un associé décédé d'un GAEC). – LEMONNIER, *RD rur. 1999. 138* (droits à produire, la place difficile des entreprises sociétaires). – MANTEAU, *RD rur. 2012. Dossier 30* (le GAEC et le couple) ; *Defrénois 2015. 810* (le GAEC après la loi du 13 octobre 2014).

RÉP. SOCIÉTÉS v° *Agriculture : groupements et sociétés agricoles*, par OLSZAK.

COMMENTAIRE

Les groupements agricoles d'exploitation en commun ont été créés par la loi n° 62-917 du 8 août 1962. Le législateur avait alors la volonté d'offrir à l'agriculture une société précisément adaptée à ses caractéristiques, répondant à ses besoins particuliers, permettant le développement du travail collectif, apportant aux agriculteurs à la fois une amélioration de leurs conditions de vie et une augmentation de leurs revenus. Il souhaitait aussi que les exploitants n'hésitent pas à s'y engager. Il est résulté de ce projet une société civile dotée d'un réel particularisme marqué par des dispositions incitatives mais aussi par des mesures limitant la concentration des moyens matériels et humains. Le GAEC est d'abord une société d'exploitants : en effet, chaque associé a l'obligation d'y travailler. De plus, la société a un caractère égalitaire puisque chaque membre doit être associé aux responsabilités de l'exploitation (C. rur., art. R. 323-31). Il en résulte une société où l'*intuitu personae* est important. Le GAEC est également marqué par le principe de transparence ; la personnalité des associés ne s'efface pas totalement derrière la personnalité morale du groupement qui existe pourtant pleinement au terme de son immatriculation. Ainsi, chaque associé garde les avantages de son statut professionnel de chef d'exploitation. Le législateur a précisé en 2006 que cela concernait « notamment » les aspects économique, fiscal et social du statut. La réglementation communautaire a confirmé ce principe sous réserve de conditions. La loi du 13 octobre 2014 a sécurisé la transposition de ce principe pour permettre aux GAEC de bénéficier de la réglementation communautaire (art. L. 323-13). Enfin, le GAEC est une société que le législateur souhaitait voir se développer, et qui a en conséquence été dotée de différents avantages. Cette situation a été organisée en application d'un principe d'équivalence expressément retenu pour le GAEC. Mais, en conséquence, les GAEC sont soumis à une procédure d'agrément et à un contrôle de leur fonctionnement afin que les pouvoirs publics puissent s'assurer que les structures constituées sont et restent conformes au projet déterminé par la loi. L'agrément des GAEC appartient au préfet, éventuellement après avis de la commission départementale d'orientation de l'agriculture (V. art. R. 323-10 s.).

Dans la réalité, le GAEC a été moins utilisé pour structurer et développer des unités de production que comme outil de transmission de l'exploitation et d'installation du descendant. Cependant, le GAEC n'est utile dans cet objectif que s'il est employé dans le cadre d'un véritable projet ; il doit être aménagé de façon anticipée un transfert de l'exploitation dans de réelles conditions de stabilité quant à l'organisation du travail et pour un coût acceptable pour le successeur au regard de la rentabilité de l'exploitation. A défaut, le GAEC ne sert qu'à organiser les rapports professionnels ascendants-descendants pendant la période d'exploitation commune. Et, au départ du père, se posent les problèmes de pérennité de la structure GAEC et de la reprise des parts de l'exploitant.

Il existait en France en 2018 environ 44 700 GAEC en activité et 79 000 EARL. De 2010 à 2020, le nombre de GAEC a progressé.

Art. L. 323-1 **Les groupements agricoles d'exploitation en commun sont des sociétés civiles de personnes régies par les chapitres I et II du titre IX du livre III du code civil et par les dispositions du présent chapitre. Ils sont formés entre personnes physiques majeures.** — *[L. n° 62-917 du 8 août 1962, art. 1er, al. 1er.]*

1. Le GAEC en formation n'était pas tenu aux formalités exigées des sociétés civiles pour la reprise, lors de son immatriculation, de sa demande d'autorisation d'exploiter, dès lors que celle-ci ne constituait pas un engagement au sens de l'art. 1843 C. civ. • Civ. 3e, 5 nov. 2014, n° 13-10.888 P : *Gaz. Pal. 2015. 437 et 1140, note Lebel ; Joly 2015. 20, note Barbièri ; Rev. loyers 2015, n° 952.*

2. En l'absence de toute prorogation expresse dans les formes légales ou statutaires, un GAEC est dissous de plein droit par la survenance du terme. • Com. 13 sept. 2017, n° 16-12.479 P : *DP entr. agric., Bull. n° 511, p. 7 ; RD rur. 2017, n° 286, note Cayron ; JCP 2017. 987 et 1020 ; D. 2017. 1833 ; Gaz. Pal. 2017. 3017 ; Defrénois 2018, n° 10, p. 42.*

3. Les créanciers d'un GAEC, même dissous par l'arrivée de son terme, ne peuvent poursuivre le paiement des dettes sociales contre un des associés qu'après avoir vainement poursuivi la personne morale. • Com. 30 sept. 2020, nos 18-26.044 et 18-26.113 : *Dr. sociétés 2021, n° 5, note Jullian ; LPA 28 avr. 2021.*

Art. L. 323-2 *(L. n° 2014-1170 du 13 oct. 2014, art. 11-1°)* **« Un groupement agricole d'exploitation en commun est dit total quand il a pour objet la mise en commun par ses associés de l'ensemble de leurs activités de production agricole correspondant à la maîtrise et à l'exploitation d'un cycle biologique de caractère végétal ou animal et constituant une ou plusieurs étapes nécessaires au déroulement de ce cycle, y compris les activités de cultures marines. En cas de mise en commun d'une partie seulement de ces activités, le groupement est dit partiel. Un même groupement agricole d'exploitation en commun ne peut être total pour certains des associés et partiel pour d'autres.**

« Les activités mentionnées au premier alinéa du présent article peuvent être complétées par la mise en commun d'autres activités agricoles mentionnées à l'article L. 311-1.

« Les associés d'un groupement agricole d'exploitation en commun total ne peuvent se livrer à l'extérieur du groupement, à titre individuel ou dans un cadre sociétaire, à une activité correspondant à la maîtrise et à l'exploitation d'un cycle biologique de caractère végétal ou animal et constituant une ou plusieurs étapes nécessaires au déroulement de ce cycle.

« Les associés d'un groupement agricole d'exploitation en commun ne peuvent se livrer à l'extérieur du groupement, à titre individuel ou dans un cadre sociétaire, à l'une des activités mentionnées au même article L. 311-1 pratiquées par le groupement.

« Un groupement agricole d'exploitation en commun total peut, sans perdre sa qualité, participer, en tant que personne morale associée d'une autre société, à la production et, le cas échéant, à la commercialisation de produits de la méthanisation agricole, au sens dudit article L. 311-1. » *(L. n° 2016-1888 du 28 déc. 2016. art. 63)* **« Un groupement agricole d'exploitation en commun total peut également, sans perdre sa qualité, participer en tant que personne morale associée d'un groupement pastoral, au sens de l'article L. 113-3, à l'exploitation de pâturages. »**

Les groupements agricoles d'exploitation en commun ne peuvent réunir plus de dix associés.

(L. n° 2010-874 du 27 juill. 2010, art. 31) **« Un groupement agricole d'exploitation en commun peut être constitué de deux époux, de deux concubins ou de deux partenaires liés par un pacte civil de solidarité, y compris lorsqu'ils en sont les seuls associés. »** – *[L. n° 62-917 du 8 août 1962, art. 1er, al. 3 à 6.]*

COMMENTAIRE

L'activité des associés de GAEC est limitée en conséquence de l'objet du groupement. Le GAEC total est celui où les associés mettent en commun l'ensemble de leur activité agricole par nature, y compris les cultures marines. Les associés d'un GAEC total ne peuvent avoir une activité agricole par nature hors du GAEC. Le GAEC doit être total pour tous les associés. Le GAEC partiel est celui où les associés mettent seulement une partie de leurs activités agricoles par nature en commun.

Les associés sont autorisés à diversifier leurs activités dans le cadre du GAEC, donc ils peuvent mener ainsi des activités agricoles par accessoire, rattachement et détermination de la loi prévus par l'article L. 311-1 du code rural. Mais il s'agit d'un choix qui suppose que soit développée dans le GAEC une activité agricole par nature. Par contre, aucun associé de GAEC ne peut développer à titre individuel ou dans une société aucune des activités agricoles menées dans le groupement.

Il ne paraît pas interdit à l'associé d'un GAEC total de développer une activité agricole diversifiée prévue à l'article L. 311-1 hors du GAEC si celle-ci n'est pas pratiquée par le GAEC.

Le GAEC total peut participer comme personne morale associée à une société de production ou de commercialisation de produits de la méthanisation au sens de l'article L. 311-1 du code rural, ainsi qu'à un groupement pastoral dans le cadre duquel il peut ainsi exploiter des pâturages de montagne.

Les restrictions à la constitution de GAEC entre deux époux seuls associés ou deux concubins ou deux partenaires de PACS ont été écartées par la loi du 27 juillet 2010. ❑

1. Indivision post-communautaire. En cas de décès du conjoint du titulaire de parts de GAEC marié sous le régime de la communauté, l'indivision successorale ne porte pas sur les parts sociales mais uniquement sur la valeur de celles-ci, seule la finance des parts, et non le titre, étant entrée en communauté. L'époux titulaire des parts peut en disposer seul au cours de l'indivision post-communautaire. • Civ. 1re, 9 juill. 1991, ☎ n° 90-12.503 P : *Defrénois 1991. 35152, obs. Le Cannu ; ibid. 1992. 35202, note X. Savatier ; BJS 1991. 1030, note Brelet et Madignier.* ♦ Toutefois, si l'art. 1421, al. 2, C. civ. autorise l'époux exerçant une profession séparée à accomplir seul les actes de disposition nécessaires à celle-ci, l'art. 1424 du même code apporte une exception formelle à ce principe en disposant que les époux ne peuvent, l'un sans l'autre, aliéner des droits sociaux non négociables. En application de l'art. 1427 C. civ., est nulle la cession des parts effectuée par le mari sans le consentement de sa femme, même si la cession incriminée est nécessaire à la poursuite de l'activité professionnelle du mari et n'a pas appauvri la communauté (à propos d'une entreprise artisanale). • Civ. 1re, 28 févr. 1995 : *D. 1995. Somm. 326, obs. Grimaldi*.

2. Absence d'activité. Est fondée la dissolution judiciaire du GAEC dès lors que l'*affectio societatis* a disparu, ce qui a eu pour conséquence l'absence d'exploitation de tout bien agricole ou de mise en valeur d'un fonds rural. • Bordeaux, 26 mars 2009 : *RD rur. 2009, n° 181, note Lebel.*

3. Activité concurrente. Jurisprudence antérieure à la loi du 13 oct. 2014. Doit être retiré l'agrément du GAEC dont l'objet est la production de plantes médicinales dès lors que ses membres se livrent à cette même activité au sein d'une SARL sans qu'il y ait lieu de distinguer selon que ces cultures étaient pratiquées sur un mode traditionnel ou un mode biologique. • CE 27 juill. 2005, n° 271637 B : *Gaz. Pal. 9-11 avr. 2006. 28.*

4. GAEC partiels. Jurisprudence antérieure à la loi du 13 oct. 2014. Le fait qu'un GAEC total soit devenu partiel ne permet pas au préfet de refuser la transparence et de le comptabiliser comme seul producteur. • CAA Nantes, 20 déc. 2012, n° 11NT01871 : *RD rur. 2013, n° 98, concl. Degommier et note Barbièri.* – Sur les GAEC partiels laitiers, V. art. L. 654-28.

5. Conjoints. Jurisprudence antérieure au 27 juill. 2010. Est prohibée l'existence d'un groupement d'exploitation en commun entre époux qui en sont les seuls associés, lors même que cette situation résulterait du mariage de deux associés vivant antérieurement maritalement. • CE 17 mars 2010, n° 312381 : *RD rur. 2010, n° 78, note Crevel ; RJDA 2010. 643.* ♦ Le comité national d'agrément a commis une erreur de droit en retirant au GAEC son agrément au motif que celui-ci ne comportait plus comme associés que deux personnes vivant maritalement alors que ce groupement a été agréé antérieurement à la loi du 1er févr. 1995. • CE 14 mars 2001, n° 214462 A : *RD rur. 2001. 254 et 431 ; JCP E 2001. Pan. 591 ; Gaz. Pal. 2001. 2. Somm. 1890 ; RTD com. 2001. 870, obs. Orsoni ; RFDA 2001. 779*. ♦ L'exception à l'interdiction de créer un GAEC constitué de deux personnes vivant maritalement ne concerne que les personnes déjà associées au sein d'un groupement avant la publication de la loi du 1er févr. 1995. • CE 17 déc. 2004, n° 258378 B : *AJDA 2005. 509 ; Gaz. Pal. 17-18 juin 2005. 28.*

6. Assolement. Un GAEC ou ses associés ne peuvent créer une société en participation pour l'exercice d'un assolement en commun dans les conditions de l'art. L. 411-39-1. * Rép. min. n° 12982 : *JOAN 4 déc. 2018, p. 10956.*

Art. L. 323-3 Les groupements agricoles d'exploitation en commun ont pour objet de permettre la réalisation d'un travail en commun dans des conditions comparables à celles existant dans les exploitations de caractère familial et en application des dispositions prévues à l'article L. 312-6.

Ces groupements peuvent également avoir pour objet la vente en commun, à frais communs, du fruit du travail des associés, mais gardant l'avantage des réglementations en ce qui concerne les volumes de production. – *[L. n° 62-917 du 8 août 1962, art. 1er, al. 2 et 7.]*

BIBL. ▶ CHANDELLIER, MASTORCHIO et TIMMERMAN, *RD rur. 2021. Étude 10* (GAEC : le droit à l'essai pour s'associer en toute sécurité). – VIALA, *BJS 2002. 1018* (société civile à objet commercial).

COMMENTAIRE

Le législateur a ainsi défini l'objet social autant par l'activité qui doit être déployée que par les conditions d'exécution de cet objet.

Objet civil. Une activité non agricole n'entre pas dans l'objet exclusivement civil des sociétés civiles agricoles et notamment des GAEC. * Rép. min. n° 32110 : *JOAN 8 juin 2021, p. 4699.* ♦ V. aussi notes ss. art. L. 311-1.

Art. L. 323-4 Le décès, la faillite personnelle, la liquidation ou la procédure de sauvegarde ou de redressement judiciaires de l'un des associés, ou la volonté de l'un ou plusieurs d'entre eux de n'être plus dans la société, ne met pas fin au groupement.

Tout associé peut être autorisé par les autres associés ou, le cas échéant, par le tribunal à se retirer du groupement pour un motif grave et légitime. Il peut également en demander la dissolution, conformément à l'article 1844-7 du code civil. – *[L. n° 62-917 du 8 août 1962, art. 1er, al. 8 et 9.]*

1. La perte de la qualité d'associé en cas de retrait ne peut être antérieure au remboursement des droits sociaux. • Com. 17 juin 2008, nos 05-5045 et 07-14.965 : *RD rur. 2008, n° 183, note Barbièri ; JCP N 2008. Actu. 542 et 1306, note Lebel ; JCP 2008. IV. 2331* • Civ. 3e, 9 sept. 2014, n° 13-19.345 : *RD rur. 2014, n° 237, note Cayron ; JCP N 2014. Actu. 996.*

2. Le retrait d'un associé de GAEC ne peut être autorisé par une décision du juge des référés. • TGI Rennes, ord., 15 juill. 2010, n° 10-00.376 : *Gaz. Pal. 14-15 sept. 2011. 2904, note Druais.*

3. Ce n'est qu'à défaut d'accord ou de refus que l'associé peut saisir le tribunal pour obtenir l'autorisation judiciaire de retrait. • Montpellier, 14 déc. 2010, n° 10/05246 : *RD rur. 2011, n° 106, obs. Lebel.*

4. La perte de la qualité d'associé par un des deux membres du GAEC n'a pas pour conséquence l'extinction de l'objet et n'implique donc pas la dissolution de ce groupement. • Com. 20 nov. 2012, n° 10-25.081 : *DP entr. agric., Bull. n° 458, p. 10 ; D. actu. 3 déc. 2012, note Lienhard ; D. 2012. 2799 ; JCP 2012. 1375 ; RD rur. 2013, n° 86, note Lebel ; Dr. sociétés 2013. 23, note Hovasse.*

Art. L. 323-5 **Nonobstant toute disposition contraire des statuts, l'associé qui, pour quelque cause que ce soit, cesse de faire partie de la société peut, dans la mesure de ses droits, reprendre ses apports en les précomptant sur sa part pour le prix qu'ils valent alors. Il en est de même en cas de dissolution de la société. Les dispositions du présent article sont applicables aux ayants droit d'un associé décédé.** — *[L. n° 62-917 du 8 août 1962, art. 1er, al. 10.]*

1. Situation des salariés lors de la dissolution. A l'occasion de la dissolution d'un GAEC, les droits des salariés doivent, au regard des art. L. 121-1 et L. 122-12, al. 2, C. trav., être appréciés en fonction de la date à laquelle chaque associé reprend la jouissance de l'exploitation apportée au groupement, ce qui entraîne une modification dans la situation juridique de l'employeur, et après détermination de la personne qui avait le pouvoir de diriger et contrôler le travail du salarié, ce qui caractérise la qualité d'employeur. • Soc. 21 févr. 1990 : *D. 1990. IR 66.*

2. Est fondée la cour qui, pour la liquidation judiciaire d'un GAEC, constate l'absence de passif à l'égard des tiers et charge le liquidateur de prévoir un projet de partage incorporant autant qu'il est possible la reprise en nature des parcelles apportées par les associés. • Com. 3 avr. 2012, n° 11-13.336 : *RD rur. 2012, n° 110, note Hovasse.*

Art. L. 323-6 **Sous réserve des dispositions des articles 1870 et 1870-1 du code civil, les dispositions des articles** *(L. n° 2006-728 du 23 juin 2006, art. 2-IV, en vigueur le 1er janv. 2007)* **« 821 à 824, 832-1 et 924 » du code civil permettant le maintien dans l'indivision, l'attribution préférentielle et la donation avec dispense de rapport en nature d'une exploitation agricole sont applicables à la dévolution successorale, aux partages de communautés conjugales et aux dons et legs de parts sociales d'un groupement agricole d'exploitation, lesdites parts étant, dans ce cas, considérées comme si elles constituaient l'exploitation agricole, objet du groupement.** — *[L. n° 62-917 du 8 août 1962, art. 1er, al. 11.]* — *V.* **C. civ.**

Art. L. 323-7 **Peuvent être membres d'un groupement agricole d'exploitation en commun les personnes qui font à ce groupement un apport en numéraire, en nature ou en industrie afin de contribuer à la réalisation de son objet.**

Les associés doivent participer effectivement au travail en commun. Toutefois, une décision collective des associés peut, au cours de la vie du groupement, accorder à titre temporaire des dispenses de travail pour des motifs fixés par décret. *(Abrogé par L. n° 2014-1170 du 13 oct. 2014, art. 11-2°-a) (L. n° 2006-11 du 5 janv. 2006, art. 10)* ***« Cette décision est communiquée au comité départemental ou régional visé à l'article L. 323-11. Le défaut de communication ou la non-conformité de cette décision au décret mentionné au présent alinéa est susceptible d'entraîner le retrait d'agrément. »***

(L. n° 2010-874 du 27 juill. 2010, art. 32-1°) **« Les associés d'un groupement total doivent y exercer leur activité professionnelle à titre exclusif et à temps complet. Dans des conditions fixées par décret, une décision collective peut autoriser un ou plusieurs associés à réaliser une activité extérieure au groupement. »** *(Abrogé par L. n° 2014-1170 du 13 oct. 2014, art. 11-2°-a)* ***« Cette décision n'est effective qu'après accord du comité départemental mentionné au premier alinéa de l'article L. 323-11. A défaut d'accord, l'agrément peut être retiré. »***

(L. n° 2014-1170 du 13 oct. 2014, art. 11-2°-b) **« Les décisions mentionnées aux deuxième et troisième alinéas du présent article sont soumises à l'accord de l'autorité administrative mentionnée à l'article L. 323-11. »** — *[L. n° 62-917 du 8 août 1962, art. 2.]*

COMMENTAIRE

Des dérogations à l'obligation de travail exclusif et à temps complet des associés d'un GAEC total peuvent être prévues, sous réserve du respect des conditions de forme et de fond posées par les articles D. 323-31 et suivants.

1. Participation au capital. Peut être membre du GAEC celui qui détient moins de 5 % du capital social. • CE 28 févr. 2000, *GAEC de la Porte Saint-Martin et a.*, n° 195433 : *JCP N 2000. 1441, obs. Rochard ; RD rur. 2000. 561 ; Dr. et patr. 2002. 91, obs. Roussel.* ♦ Est mal fondé le comité qui refuse l'agrément au motif que la répartition du capital entre les associés était très déséquilibrée (81,93 %, 3,61 %, 14,46 %). • CE 3 mai 2002, *SCEA Les Templiers et a.*, n° 222856 : *RD rur. 2002. 329 et 646 ; JCP N 2002. 1653 ; Gaz. Pal. 23-25 mars 2003. 13.* ♦ Aucune disposition relative au GAEC ne fixe une participation minimale des associés au capital social. • CE 17 juin 2011, *GAEC La Perrauderie*, n° 331050 : *RD rur. 2011. 62.*

2. Obligation de travailler. Est justifié le refus d'agrément du GAEC laitier qui prévoit qu'un associé ne participe pas aux travaux de traite et d'entretien mais seulement aux « travaux des champs ». • CE 3 mai 2002, *SCEA Les Templiers et a.*, n° 222856 : *préc. note 1.* ♦ Aucune disposition relative au GAEC n'impose une limite d'âge pour les associés. • CE 17 juin 2011, *GAEC La Perrauderie*, n° 331050 : *préc. note 1.*

3. Obligation de travailler. La non-réalisation du travail en commun n'est pas une cause de dissolution de la société. • Com. 20 nov. 2012, n° 10-25.081 : *DP entr. agric., Bull. n° 458. 10 ; D. actu. 3 déc. 2012, note Lienhard ; D. 2012. 2799 ; JCP 2012. 1375 ; RD rur. 2013, n° 86, note Lebel ; Dr. sociétés 2013. 23, note Hovasse.*

4. Obligation de travailler. L'inexécution de l'obligation de travail en commun justifie l'exclusion d'un associé. • Chambéry, 14 janv. 2014 : *RD rur. 2014, n° 81, note Lebel.*

5. Jurisprudence antérieure à la loi du 27 juill. 2010. La participation effective peut être réalisée par un associé exerçant à temps partiel une activité d'enseignement d'une durée hebdomadaire de douze heures. • CE 28 févr. 2000, *GAEC de la Porte Saint-Martin et a. : préc. note 1.* ♦ Est mal fondé le comité national qui retire l'agrément d'un GAEC total au motif que deux associés sont aussi associés non exploitants d'une EARL sans rechercher s'ils se livraient à une production concurrente ou s'abstenaient de participer au travail en commun. • CE 10 avr. 2002, *GAEC de Ménard*, n° 225493 : *RD rur. 2002. 263.*

Art. L. 323-8 **Les apports en numéraire et les apports en nature, qu'ils soient faits en pleine propriété ou seulement en jouissance, concourent à la formation du capital du groupement, qui peut être un capital variable. Ils donnent lieu à l'attribution de parts d'intérêts.**

Les apports en industrie donnent lieu à l'attribution de parts d'intérêts, mais ne concourent pas à la formation du capital social. Les porteurs de ces parts participent à la gestion et aux résultats du groupement dans les conditions fixées par les statuts. — *[L. n° 62-917 du 8 août 1962, art. 3.]*

Art. L. 323-9 **La rémunération que perçoivent les associés du fait de leur participation effective aux travaux constitue une charge sociale dans les conditions et les limites fixées par décret en Conseil d'État et les statuts propres à chaque groupement.** — *[L. n° 62-917 du 8 août 1962, art. 4.]*

Art. L. 323-10 **Sauf disposition spéciale des statuts prévoyant une responsabilité plus grande, la responsabilité personnelle de l'associé à l'égard des tiers ayant contracté avec le groupement est limitée à deux fois la fraction du capital social qu'il possède. Les pertes éventuelles sont, dans les mêmes proportions, divisées entre les associés en fonction du nombre de parts d'intérêts qui leur appartiennent.** — *[L. n° 62-917 du 8 août 1962, art. 5.]*

Calcul de la dette. L'art. L. 323-10 C. rur. déroge à l'art. 1857 C. civ. et chaque associé d'un GAEC est tenu de la dette sociale jusqu'à un plafond du double de sa part de capital, sans qu'il soit tenu compte de la proportion de cette part dans le capital social. • Civ. 1re, 8 oct. 1996 : *D. 1997. Somm. 232, obs. crit. Hallouin ; RD rur. 1997. 57.*

Art. L. 323-11 *(L. n° 2014-1170 du 13 oct. 2014, art. 11-3°)* **Les groupements agricoles d'exploitation en commun sont agréés par l'autorité administrative.**

Avant de délivrer un agrément, l'autorité administrative vérifie, sur la base des déclarations des intéressés et des informations dont elle dispose, la conformité du groupement aux dispositions du présent chapitre. Elle vérifie, en particulier, la qualité de chef

d'exploitation des associés, l'adéquation entre la dimension de l'exploitation commune et le nombre d'associés ainsi que l'effectivité du travail en commun.

Lorsqu'elle délivre un agrément, l'autorité administrative décide des modalités d'accès des membres du groupement aux aides de la politique agricole commune, en application de l'article L. 323-13.

Les conditions et modalités d'agrément des groupements agricoles d'exploitation en commun et d'accès aux aides de la politique agricole commune sont précisées par voie réglementaire.

1. Adoption des statuts types. En dépit du fait qu'un groupement ait adopté des statuts conformes aux statuts types approuvés par arrêté ministériel, le comité national d'agrément peut refuser la reconnaissance en tant que GAEC, s'il estime que les associés n'ont pas justifié satisfaire aux prescriptions légales. • CE 8 juin 1994, n° 102002 : *RD rur. 1994. 461.*

2. Distances. En estimant, pour rejeter une demande de reconnaissance, que, compte tenu de la distance séparant leur domicile du lieu d'exploitation, soit respectivement 15 et 2 kilomètres, et des contraintes spécifiques à l'élevage bovin, les demandeurs ne satisfaisaient pas aux prescriptions légales, le comité national d'agrément des GAEC a fait une inexacte application de la loi. • CE 8 juin 1994 : *préc. note 1.* ♦ Même sens pour un GAEC constitué de trois exploitations dont l'une est distante de 24 et 25 km des deux autres compte tenu de l'organisation prévue entre la production laitière et celle des grandes cultures. • CE 13 mars 2006, n° 271285 : *Gaz. Pal. 10-12 sept. 2006. 11, et 23-25 juill. 2006. 22 ; RD rur. nov. 2006. 32, note Chauvaux.* ♦ La distance de 100 kilomètres séparant les deux exploitations comprises dans un groupement met obstacle, en raison de son importance, à l'exigence de travail en commun résultant de la loi. • CE 4 nov. 1983, n° 40350 B : *Gaz. Pal. 1984. 1. 419, obs. Prévault et Bing.* ♦ Même sens pour une distance de 90 km, même si les associés sont membres d'une même famille. • CE 19 nov. 2003, n° 241017 : *RD rur. 2004. 414.*

3. Critères professionnels. L'absence d'habitude de travail en commun et l'absence de formation professionnelle ne sont pas des motifs qui peuvent fonder un refus. • CE 8 juin 1994 : *préc. note 1.*

4. Superficies. L'exploitation de caractère familial à laquelle est réservée la qualité de GAEC, est définie uniquement, quant à l'importance du domaine à exploiter, par le critère du nombre, qui doit être inférieur à dix, des exploitants qui se réunissent. • CE 15 juin 1988, n° 62208 : *RD rur. 1988. 478* • 4 nov. 1988, n° 74511 B.

5. Qualité à agir. Le retrait de la reconnaissance du GAEC lui fait perdre cette qualité mais ne met pas fin à la société qui conserve sa personnalité morale, et a qualité à agir contre une décision administrative se prononçant sur ses DFU. • CE 20 oct. 2014, n° 359695 : *RD rur. 2015, n° 73, note Breton ; Gaz. Pal. 2015. 1142, note Feschotte-Desbois.*

Art. L. 323-12 *(L. n° 2014-1170 du 13 oct. 2014, art. 11-3°)* **Les conditions de réexamen et de retrait de l'agrément mentionné à l'article L. 323-11, notamment en cas de mouvements d'associés, de dispenses de travail ou de réalisation d'activités extérieures au groupement en méconnaissance des dispositions du présent chapitre, sont précisées par voie réglementaire.**

Les sociétés qui, à la suite d'une modification de leur objet ou de leurs statuts ou du fait des conditions de leur fonctionnement, ne peuvent être regardées comme des groupements agricoles d'exploitation en commun, au sens du présent chapitre et des textes pris pour son application, encourent le retrait de l'agrément qu'elles ont obtenu.

Toutefois, l'autorité administrative peut, pour une durée maximale d'un an renouvelable une fois, maintenir l'agrément d'un groupement selon des conditions qu'elle détermine au vu du dossier. Ce délai court à compter de la date à laquelle le groupement ne respecte plus les conditions régissant les groupements agricoles d'exploitation en commun.

1. Conditions de fonctionnement. Le retrait d'agrément est justifié : ... pour le GAEC qui n'a pas réalisé l'atelier d'élevage hors sol qui a conditionné son agrément et qui ne respecte pas les conditions d'exploitation familiale en mettant en valeur 138 ha par trois associés et deux salariés. • CE 8 avr. 1998, *Mme Rabeix-Fournet et a.*, n° 122272 : *RD rur. 1998. 548.* ♦ ... Lorsqu'un associé, en conflit avec les autres, ne participe plus aux travaux agricoles ni à la gestion du GAEC, même si une instance civile est en cours sur les conditions de retrait de cet associé. • CE 4 oct. 1999, *GAEC Bailly*, n° 197190 : *RD rur. 2000. 299.*

2. Est fondé le refus de l'administration d'activer des aides au groupement compte tenu du retrait de la reconnaissance de la qualité de GAEC. • CE 12 mai 2017, n° 391109 : *DP entr. agric., Bull. n° 508-509, p. 15.*

Art. L. 323-13 **La participation à un groupement agricole d'exploitation en commun ne doit pas avoir pour effet de mettre ceux des associés qui sont considérés comme chefs d'exploitation et leur famille, pour tout ce qui touche** *(L. nº 2006-11 du 5 janv. 2006, art. 11)* **« leur statut professionnel, et notamment » économique, social et fiscal, dans une situation inférieure à celle des autres chefs d'exploitation agricole, et à celle des autres familles de chefs d'exploitation agricole.**

(L. nº 2014-1170 du 13 oct. 2014, art. 11-4º) **« Pour la mise en œuvre des règles de la politique agricole commune, ce principe ne s'applique qu'aux groupements agricoles d'exploitation en commun totaux et dès lors que les associés ont contribué, par leurs apports en nature, en numéraire ou en industrie, à renforcer la structure agricole du groupement dans des conditions définies par décret. »** – *[L. nº 62-917 du 8 août 1962, art. 7.]*

COMMENTAIRE

L'article L. 323-13 transpose la réglementation communautaire qui, pour déterminer les conditions d'accès aux aides, admet la transparence du groupement à condition que les membres individuels de la société assument les droits et obligations des agriculteurs individuels qui ont statut de chef d'exploitation, et que les membres aient contribué à renforcer la structure du groupement. La loi française pose pour conditions de la transparence que le GAEC soit total et réserve au décret la précision de la condition du renforcement de la structure qui ne doit pas *a priori* être réduite à une exigence d'augmentation de la superficie foncière.

1. *Cessation d'activité.* L'art. L. 321-13 (2º) C. trav. exonère les employeurs cessant leur activité pour raisons de santé ou départ à la retraite du paiement de la cotisation supplémentaire due en cas de licenciement économique de salariés de plus de 55 ans. Les associés d'un GAEC bénéficient de cette exonération quand le GAEC cesse son activité sans cession ni reprise car, leur personnalité juridique n'étant pas absorbée par celle du groupement, les associés peuvent être considérés comme chefs d'exploitation, personnes physiques bénéficiant de l'exonération édictée au code du travail. • Soc. 18 mars 1997 : *RD rur. 1997. 436 ; D. 1997. IR 96*. ♦ Lorsqu'un associé quitte le GAEC sans qu'aucun nouvel associé n'intègre la structure, le droit à transparence de l'ancien associé ne peut être maintenu au bénéfice d'un salarié. * Rép. min. nº 1218, *JO Sénat 29 sept. 2022, p. 4617*.

2. *Transparence.* La transparence n'est pas réservée aux GAEC totaux. • CE 30 déc. 2014, nºs 366436 et 373802 : *RD rur. 2015, nº 74, note Robbe ; Gaz. Pal. 2015. 565*. – V. art. L. 323-2 et R. 323-54 (la L. du 13 oct. 2014 réserve le bénéfice des aides PAC au GAEC total). ♦ Le principe de transparence n'écarte pas la nécessité pour le GAEC d'obtenir une autorisation d'exploiter lorsque le bénéficiaire de la reprise est le gérant. • Civ. 3e, 6 oct. 2016, nº 15-20.308 P : *D. 2016. 2063 ; RD rur. 2016, nº 290, note Crevel ; DP entr. agric., Bull. nº 501, p. 7, note Roussel ; JCP 2016. 1135 ; JCP N 2016. Actu. 1135 ; Gaz. Pal. 8 nov. 2016, p. 38, note Peignot ; Defrénois 2017, nº 31-33, p. 58, note Delorme*. ♦ La demande unique adressée à l'administration pour obtenir des aides agricoles doit obligatoirement préciser si elle est présentée par une personne agréée en qualité de GAEC. • CE 12 mai 2017, nº 391109 : *Gaz. Pal. 2017. 1938 ; RD rur. 2017, nº 273, concl. Daumas, note Gadbin et Petit*. ♦ La demande d'autorisation d'exploitation d'un GAEC est prioritaire au titre de l'installation du jeune agriculteur qui vient y adhérer. • CE 22 févr. 2018, nº 402159 : *RD rur. 2018, nº 71, note Crevel ; Gaz. Pal. 2018. 1143*. ♦ La demande d'un GAEC d'augmenter sa superficie en permettant l'installation d'un nouvel associé bénéficie de la priorité donnée à l'installation dans le schéma départemental. • CE 22 févr. 2018, nº 402159 B : *DP entr. agric., Bull. nº 518, p. 1, note Grimonprez ; RD rur. 2018, nº 71, note Crevel ; Gaz. Pal. 2018. 1527, note Peignot*.

3. *Transparence économique. Jurisprudence antérieure à la loi du 13 oct. 2014.* L'art. L. 323-13 ne tire aucune conséquence de la distinction entre GAEC partiel et total, ni de ce qu'un GAEC total devienne partiel. • CAA Nantes, 20 déc. 2012, nº 11NT01871 : *RD rur. 2013, nº 98, concl. Degommier et note Barbièri*. ♦ La CJUE relève que la déclaration de la Commission européenne qui retient que chaque exploitation membre d'un GAEC doit être considérée comme exploitant unique pour l'application du montant supplémentaire d'aide en cas de modulation n'a, en l'absence de fondement dans le texte de la disposition en cause, aucune portée juridique. • CJUE 14 mars 2013, nº C-545/11 : *DP entr. agric., Bull. nº 463, p. 5 ; RD rur. 2013, nº 136, note Gadbin*.

4. *Régime fiscal. Jurisprudence antérieure à la loi du 13 oct. 2014.* Est nulle comme entachée d'excès de pouvoir la décision du directeur des services fiscaux, transmise avec l'agrément par le comité départemental, refusant à un GAEC le « bénéfice du régime de la transparence fiscale », alors qu'aucune disposition législative ne donne à l'administration le pouvoir de déterminer pour l'avenir, et en dehors des règles fixées pour l'établissement de l'impôt, le régime fiscal applicable à un GAEC ou à ses membres. • CE 18 janv. 1991, *Landreau,* n° 54006. ♦ Un exploitant apportant en pleine propriété des meubles et des immeubles à un GAEC est réputé poursuivre son activité individuelle sans cession ou cessation totale d'entreprise, ni transfert des immobilisations. • CE 10 mars 1999, *Min. budget c/ Fardeau,* n° 164647 : *RD rur. 1999. 200 et 601 ; JCP N 1999. 909.* ♦ Il ne peut être soutenu qu'il conviendrait de diviser les recettes commerciales par le nombre d'associés du GAEC pour apprécier le dépassement du seuil de l'art. 75 CGI déterminant l'assujettissement à l'IS. • CAA Nantes, 7 juin 2006, n° 04NT01440.

5. *Droit de la consommation.* Est mal fondé le jugement qui dit un associé de GAEC irrecevable à la procédure de surendettement sans rechercher s'il relevait d'une procédure du livre VI du code de commerce donc s'il exerçait une activité agricole à titre individuel distincte de celle du groupement. • Civ. 3e, 16 déc. 2021, n° 20-16.485 B : *D. actu. 20 janv. 2022, note Payan ; D. 2022. 4 ; CCC 2022, n° 37, note Bernheim-Desvaux ; RD rur. 2022, n° 31 ; D. sociétés 2022, n° 28, note Jullian ; BJS mars 2022, p. 33, note de Ravel d'Esclapon ; Gaz. Pal. 22 févr. 2022, note Piedelièvre et 8 mars 2022, note Mouil-Bassilana ; DP entr. agric., Bull. n° 560, p. 10, note Barbieri ; RD rur. 2022, n° 78, note Jullian.*

6. *Droit de la consommation. Jurisprudence antérieure à la loi du 17 mars 2014.* Un GAEC se trouve dans le même état d'ignorance que n'importe quel autre consommateur et a droit à la même protection prévue par la L. du 22 déc. 1972 (devenue C. consom., art. L. 121-21 s.) lorsqu'il procède à l'achat d'un extincteur, acte échappant à sa compétence professionnelle. • Civ. 1re, 6 janv. 1993 : *D. 1993. Somm. 237, obs. Paisant*. ♦ Un GAEC ne peut obtenir la résolution de la vente d'un pivot d'arrosage, au motif que le contrat comportait une clause abusive exonératoire de responsabilité, car le contrat, ayant un rapport direct avec l'activité professionnelle de l'acheteur, échappe à l'application tant du Décr. n° 78-464 du 24 mars 1978 (devenu C. consom., art. R. 132-1 s. et R. 211-4 s.) que de l'art. L. 132-1 C. consom. • Civ. 1re, 10 juill. 1996 : *D. 1997. Somm. 173*.

7. *Solution antérieure à la loi du 5 janv. 2006. Redevance pollution.* La redevance pollution doit être établie au niveau du groupement, abstraction faite du nombre de ses associés, cette imposition qui n'affecte pas le statut fiscal individuel des associés n'entre pas dans le champ d'application de la transparence de l'art. L. 323-13 C. rur. • CE, avis, 2 avr. 2003, *GAEC Carailllas,* n° 248465 : *AJDA 14 avr. 2003 ; RD rur. 2003. 510, obs. B. G.*

8. *Solution antérieure à la loi du 5 janv. 2006. Insaisissabilité du logement de l'exploitant.* L'associé du GAEC ne peut bénéficier de l'insaisissabilité de sa résidence principale, la transparence étant réservée aux dispositions visées à l'art. L. 323-13 sans pouvoir être étendue au statut civil de l'exploitant. * Rép. min. n° 66042 : *JOAN Q 2 août 2005. 7580* * Rép. min. n° 17743 : *JO Sénat Q 29 déc. 2005. 3362.*

Art. L. 323-14 **Le preneur à ferme qui adhère à un groupement agricole d'exploitation en commun peut faire exploiter par ce groupement tout ou partie des biens dont il est locataire pour une durée qui ne peut être supérieure à celle du bail dont il est titulaire. Il en avise alors, par lettre recommandée, avec accusé de réception, le propriétaire.**

Cette opération ne donne pas lieu à l'attribution de parts d'intérêts au profit du preneur, qui reste seul titulaire du bail. Les droits du bailleur ne sont pas modifiés. Toutefois, le groupement est tenu solidairement avec le preneur de l'exécution des clauses du bail.

(L. n° 2006-11 du 5 janv. 2006, art. 5-II) **« Le bailleur et le métayer conviennent alors avec la société de la manière dont seront identifiés les fruits de l'exploitation en vue des partages à opérer. En cas de désaccord, ces conditions sont déterminées par le tribunal paritaire des baux ruraux saisi à la diligence de l'une ou l'autre des parties. »** — *[L. n° 62-917 du 8 août 1962, art. 8.]*

BIBL. ► MADIGNIER, *JCP N 2006. 1361* (aspects fiscaux des mises à disposition d'immeubles à usage agricole). – FOYER, *RD rur. juin-juill. 2008. Dossier 24* (apport et mise à disposition).

COMMENTAIRE

Le propriétaire n'est pas tenu de fournir, à l'occasion de la mise à disposition des biens loués par le preneur à un GAEC, l'état des risques naturels et technologiques prévu à l'article L. 125-5 du code de l'environnement. ❑

1° AVIS AU BAILLEUR

1. *Sanction de l'absence d'avis.* En l'absence de disposition spéciale, aucune sanction ne peut être prononcée lorsque le preneur méconnaît son obligation d'aviser le propriétaire de la mise à disposition du fonds loué au profit du GAEC. • Civ. 3e, 19 mars 1986 : *D. 1986. IR 479, obs. Martine ; Gaz. Pal. 1986. 2. 668, obs. Lachaud ; JCP N 1986. II. 212, obs. Moreau* • 19 janv. 2010 : *AJDI 2010.*

237 • Douai, 29 avr. 2002 : *RD rur. 2003. 121.* ♦ Pour les autres sociétés d'exploitation agricole, V. art. L. 411-37 C. rur.

2. Jurisprudence antérieure à la loi du 5 janv. 2006. Métayage. Le métayer qui met son bail à la disposition d'un GAEC sans demander l'agrément ni l'accord du propriétaire ne peut être sanctionné par la résiliation du bail, car le juge ne peut ajouter à la loi une sanction qui n'y figure pas. • Civ. 3e, 7 avr. 1994, n° 92-11.539 P : *D. 1994. IR 111* ; *JCP N 1994. II. 317, obs. Moreau ; Rev. huiss. 1995. 194, note Bourdillat.*

2° APPORT DES AMÉLIORATIONS

3. Validité. Avant la loi du 23 janv. 1990, les apports d'améliorations par le preneur associé d'un GAEC étaient considérés comme une cause de résiliation du bail. • Civ. 3e, 13 mai 1986 : *RDI 1986. 511, obs. Jégouzo et Lorvellec* • 21 févr. 1990 : *JCP 1991. II. 21677, obs. Pillebout.* ♦ Pour le régime actuel, V. art. L. 411-75 C. rur.

3° ÉVÉNEMENTS AFFECTANT LA VIE DU GAEC

4. Transformation en EARL. La transformation d'un GAEC preneur de parcelles qu'il exploite, en EARL, ne crée pas une personne morale nouvelle et n'a pas pour conséquence de mettre une terre à la disposition d'une société à objet agricole, et ne constitue pas une opération devant à peine de résiliation être notifiée au propriétaire. • Civ. 3e, 10 mars 2004, n° 02-19.861 P : *D. 2004. IR 880* ; *RD rur. 2004. 361 ; Gaz. Pal. 26-27 mars 2004. 19 ; JCP 2004. IV. 1935.* ♦ *Contra* : • Civ. 3e, 19 juin 1991, n° 90-13.239 P : *D. 1993. Somm. 67, obs. Martine* • 18 févr. 1998 : *RD rur. 1999. 276, obs. Roussel.*

5. Expropriation des parcelles exploitées. Lorsque le preneur d'un terrain exproprié l'a mis à disposition d'un GAEC, il a seul qualité pour solliciter les indemnités réparant la perte de ses droits. • Civ. 3e, 10 nov. 2021, n° 20-18.880 : *AJDI 2022. 50* ; *RD rur. 2022, n° 2, note Crevel.*

4° REDRESSEMENT JUDICIAIRE

6. L'action en résiliation des baux n'ayant pas été introduite dans les six mois du décès du preneur contre les descendants du preneur, le bail a pu se poursuivre au profit d'un descendant qui ne remplit pas les conditions d'expérience professionnelle de l'art. L. 411-34 et le bailleur ne peut soutenir que le bail s'est poursuivi au profit exclusif du conjoint du preneur. • Civ. 3e, 24 juin 2009, n° 08-15.386 : *JCP 2009, n° 31-35, p. 23* • Civ. 3e, 6 janv. 2010, n° 08-21.536 : *D. 2010. 205* ; *RD rur. 2010, n° 30, note Barbièri ; JCP 2010, n° 5, p. 213 ; AJDI 2010. 479, obs. Prigent* .

5° REPRISE PAR LE BAILLEUR

7. Contrôle des structures. La mise à disposition d'un GAEC des terres affermées ne modifie pas les rapports existant entre bailleur et preneur et la nécessité de l'autorisation administrative exigée par l'art. 188-2 [devenu art. L. 331-2 s.] C. rur. alors applicable en cas de reprise par le bailleur des terres affermées, ayant pour conséquence de ramener la superficie de l'exploitation en deçà de la surface minimum d'installation, doit être déterminée en considération des biens ruraux exploités par les preneurs et non en fonction de la superficie exploitée par le GAEC dont ces derniers sont membres. • Civ. 3e, 19 juin 1991 : *D. 1991. IR 184* .

Art. L. 323-15 **Nonobstant les dispositions des articles L. 411-58 à L. 411-63, L. 411-67, L. 412-12 et L. 416-8, le preneur exerçant le droit de préemption ou le propriétaire exerçant le droit de reprise peut faire apport de ses biens à un groupement agricole d'exploitation en commun.** — *[L. n° 62-917 du 8 août 1962, art. 9.]*

Art. L. 323-16 **Les conditions d'application du présent chapitre sont fixées** *(Abrogé par Ord. n° 2010-461 du 6 mai 2010, art. 7)* **« *, en tant que de besoin,* » par décret en Conseil d'État.** — *[L. n° 62-917 du 8 août 1962, art. 13.]*

V. art. R. 323-1 s.

CHAPITRE IV L'EXPLOITATION AGRICOLE À RESPONSABILITÉ LIMITÉE

BIBL. GÉN. ► EARL, *DP entr. agric. - RD rur. 1986, n° spéc. févr.* (commentaires de la loi du 11 juill. 1985). - PILLEBOUT, *JCP N 1985. Prat. 9589* (loi du 11 juill. 1985). - DUPUIS-FLANDIN, *LPA 20 mai 1988, p. 13* (protection de l'exploitant individuel). - MANTEAU, *Dr. sociétés 2007. Étude 13* (aménagement de la réglementation des sociétés agricoles).

COMMENTAIRE

La profession agricole a souvent sollicité la reconnaissance juridique de l'exploitation agricole. En ce sens, un projet de loi a été déposé en 1985 pour créer l'entreprise unipersonnelle agricole. Le législateur a donné à cette demande une réponse distincte en créant par la loi du 11 juillet 1985 l'exploitation agricole à responsabilité limitée, nouvelle forme de société. L'agriculteur s'est ainsi vu proposer une forme juridique lui permettant de distinguer son patrimoine professionnel agricole de son patrimoine personnel, mais à condition de le vouloir et de faire les formalités nécessaires. Le législateur a fait exception aux principes dominant le contrat de société (C. civ., art. 1832) en acceptant que l'EARL se constitue avec un seul associé, l'EARL pouvant cependant être aussi pluripersonnelle.

Désormais, les entrepreneurs individuels, et parmi eux les exploitants agricoles, ont reçu de la loi n° 2022-172 du 14 février 2022 un statut en droit français (C. com., art. L. 526-22). Ainsi, le patrimoine de l'exploitant agricole personne physique se divise, d'une part en un patrimoine professionnel regroupant l'ensemble des biens dont il est titulaire et qui sont utiles à son activité professionnelle, et d'autre part en un patrimoine personnel (qui se définit par défaut : ce qui n'est pas professionnel). Ce patrimoine professionnel est constitué de plein droit et se transmet entre vifs. La cessation d'activité ou le décès provoque la réunion des patrimoines, ce qui peut encore justifier une anticipation de la transmission de l'exploitation.

L'EARL s'est vu reconnaître quatre caractères. Le premier appartient au passé. L'article 12 de la loi n° 85-697 du 11 juillet 1985 prévoyait que l'objet de l'EARL était « l'exercice d'une activité agricole dans des conditions comparables à celles existant dans les exploitations de caractère familial ». Cette référence à l'exploitation familiale qui apparentait l'EARL immédiatement au GAEC a été modifiée par l'article 7 de la loi n° 88-1202 du 30 décembre 1988 *(JO 31 déc.)* qui a effacé cette caractéristique. Il ne reste rien de cette idée depuis la loi n° 2005-157 du 23 février 2005 et le décret n° 2005-820 du 18 juillet 2005 qui ont abrogé la limitation de la surface mise en valeur par l'EARL. Cette abrogation a cependant une portée limitée par l'application du contrôle des structures.

Le deuxième caractère est la possible unipersonnalité du groupement. Elle a été voulue pour que l'exploitation agricole individuelle trouve une structure pour permettre d'en rationaliser la gestion. Elle a aussi été retenue pour faciliter la transmission des exploitations en permettant d'éviter les ruptures qui peuvent survenir au moment du décès de l'exploitant. L'EARL permet une transmission progressive en organisant une association temporaire d'agriculteurs jusqu'à la reprise de la structure d'exploitation par un seul individu ; ce schéma convient précisément à l'aménagement d'une succession où père et fils sont exploitants.

Le troisième caractère est la responsabilité limitée au montant des apports qui est de nature à encourager les exploitants à avoir recours à cette structure. Mais ce caractère n'est effectif que si d'une part le capital social constitué est en adéquation avec l'activité menée et d'autre part si l'utilisation faite par les associés des sûretés personnelles ne rétablit pas la pleine responsabilité patrimoniale de l'exploitant et de sa famille.

Le quatrième caractère ne concerne que les EARL pluripersonnelles. Il s'agit de la prédominance des associés exploitants qui doivent être majeurs (même si un mineur peut être associé), et qui est précisément organisée.

L'EARL présente pour avantage au regard du GAEC une plus grande souplesse qui se traduit notamment par l'absence d'agrément et parce que deux conjoints peuvent la constituer seuls. Mais elle ne jouit pas de l'ensemble des avantages liés à la transparence reconnue au GAEC. Cependant, l'EARL bénéficie de la transparence fiscale, c'est-à-dire que ses associés peuvent se voir personnellement soumis à l'impôt sur le revenu sur la part de bénéfices reçus de l'EARL. Au départ, cette possibilité supposait que l'EARL soit unipersonnelle ou que les associés soient parents, ou que l'EARL soit constituée par l'apporteur d'une exploitation et un exploitant qui s'installe avec éventuellement les membres de leurs familles ; dans tous les autres cas ou sur option de l'EARL, la structure était soumise à l'impôt sur les sociétés. Cette situation déjà favorable portait un risque en cas de changement d'associé, l'EARL pouvant perdre le régime des sociétés de personnes. La loi d'orientation agricole n° 2006-11 du 5 janvier 2006 dispose que désormais tout associé d'EARL est soumis à l'impôt sur le revenu sur la part de bénéfices reçus de cette structure, quelle que soit la qualité des associés ; la loi prévoit un délai pour réaliser une option irrévocable pour l'impôt sur les sociétés (Instr. 12 juill. 2006, BOI. 4 H.4.06, *Defrénois 2006. 1787*).

Aujourd'hui les EARL sont plus nombreuses que les GAEC, et l'EARL est la structure sociétaire dont la progression est actuellement la plus forte en agriculture. En 2020, 50 % des sociétés à objet agricole étaient des EARL (40 % des exploitations françaises sont sociétaires). ❑

Art. L. 324-1 Une ou plusieurs personnes physiques *(Abrogé par L. nº 2005-157 du 23 févr. 2005, art. 28-I)* « ***majeures*** » peuvent instituer une société civile dénommée "exploitation agricole à responsabilité limitée", régie par les dispositions des chapitres I et II du titre IX du livre III du code civil, à l'exception de l'article 1844-5. Les associés ne supportent les pertes qu'à concurrence de leurs apports.

Lorsque l'exploitation agricole à responsabilité limitée est constituée par une seule personne, celle-ci est dénommée "associé unique". L'associé unique exerce les pouvoirs dévolus à l'assemblée des associés.

L'exploitation agricole à responsabilité limitée est désignée par une dénomination sociale à laquelle peut être incorporé le nom d'un ou plusieurs associés, et qui doit être précédée ou suivie immédiatement des mots "exploitation agricole à responsabilité limitée" ou des initiales E.A.R.L., et de l'énonciation du capital social. – *[L. nº 85-697 du 11 juill. 1985, art. 11.]*

1. La transformation d'un GAEC en EARL n'entraîne pas la transformation d'une personne morale nouvelle. • Com. 7 mai 2019, nº 17-21.296 : *Dr. sociétés 2019. 145, note Hovasse.*

2. Est mal fondée la cour d'appel qui déclare éteinte la créance d'une banque pour défaut de déclaration des prêts à la liquidation d'une EARL alors que ces prêts avaient été consentis à une personne physique devenue associée unique de l'EARL et que la reprise de l'engagement de l'associé par l'EARL n'est pas établie. • Com. 23 janv. 2007 : *RD rur. 2007, nº 151, note Barbièri.*

Art. L. 324-2 L'exploitation agricole à responsabilité limitée a pour objet l'exercice d'activités réputées agricoles au sens de l'article L. 311-1. Elle ne peut réunir plus de dix associés.

Al. 2 abrogé par L. nº 2005-157 du 23 févr. 2005, art. 27-I. – [L. nº 85-697 du 11 juill. 1985, art. 12.]

BIBL. ▶ VIALA, *BJS 2002. 1018* (société civile à objet commercial).

V. notes ss. art. L. 311-1.

Art. L. 324-3 Le capital social de l'exploitation agricole à responsabilité limitée doit être de *(Ord. nº 2000-916 du 19 sept. 2000, art. 4)* « **7 500 €** » au moins.

Sa réduction à un montant inférieur doit être suivie, dans un délai d'un an, d'une augmentation ayant pour effet de le porter au montant prévu à l'alinéa précédent, à moins que, dans le même délai, l'exploitation agricole à responsabilité limitée n'ait été transformée en société d'une autre forme. A défaut, tout intéressé peut demander en justice sa dissolution, après avoir mis les représentants de celle-ci en demeure de régulariser la situation. Le tribunal ne peut prononcer la dissolution lorsque cette cause de dissolution a cessé d'exister le jour où il statue sur le fond. – *[L. nº 85-697 du 11 juill. 1985, art. 13, al. 1er et 2.]*

Art. L. 324-4 Les apports en numéraire et les apports en nature, qu'ils soient faits en pleine propriété ou en jouissance, concourent à la formation du capital social de l'exploitation agricole à responsabilité limitée qui peut être un capital variable. Ils donnent lieu à l'attribution de parts sociales.

Les statuts doivent contenir l'évaluation de chaque apport en nature. Il y est procédé au vu d'un rapport annexé aux statuts et établi, sous sa responsabilité, par un commissaire aux apports désigné à l'unanimité des futurs associés ou, à défaut, par une décision de justice à la demande du futur associé le plus diligent.

Toutefois, les futurs associés peuvent décider à l'unanimité que le recours à un commissaire aux apports ne sera pas obligatoire lorsque la valeur d'aucun apport en nature n'excède *(L. nº 2010-658 du 15 juin 2010, art. 11-II)* « **un montant fixé par décret** » et si la valeur totale de l'ensemble des apports en nature non soumis à l'évaluation d'un commissaire aux apports n'excède pas la moitié du capital. – *[L. nº 85-697 du 11 juill. 1985, art. 13, al. 3 à 5.]*

Nantissement. Les parts sociales d'EARL ne sont pas insaisissables, l'inscription provisoire de nantissement n'est pas une saisie, et les dispositions statutaires prévoyant l'agrément des associés en cas de cession des parts sociales nanties ne peuvent entraver la prise de cette sureté. • Civ. 2e, 2 déc. 2010, nº 09-17.495 : *Dr. sociétés 2011. 47, note Hovasse ; RD rur. 2011. 61, note Tauran.*

Art. L. 324-5 **Lorsque la société est constituée par une seule personne, le commissaire aux apports est désigné par l'associé unique. Toutefois, le recours à un commissaire aux apports n'est pas obligatoire si les conditions prévues au troisième alinéa de l'article L. 324-4 sont réunies.** – *[L. n° 85-697 du 11 juill. 1985, art. 13, al. 6.]*

Art. L. 324-6 **Les associés solidairement, ou l'associé unique, sont responsables pendant cinq ans, à l'égard des tiers, de la valeur attribuée aux apports en nature lors de la constitution ou de l'augmentation du capital social de l'exploitation agricole à responsabilité limitée.** – *[L. n° 85-697 du 11 juill. 1985, art. 13, al. 7.]*

Art. L. 324-7 **La rémunération que perçoivent les associés du fait de leur participation effective aux travaux constitue une charge sociale dans les conditions fixées par décret en Conseil d'État.** – *[L. n° 85-697 du 11 juill. 1985, art. 13, al. 8.] – V. art. R. 324-3.*

Art. L. 324-8 **Les associés** *(L. n° 2005-157 du 23 févr. 2005, art. 28-II)* **« majeurs » qui participent effectivement, au sens de l'article L. 411-59 du code rural et de la pêche maritime, à l'exploitation sont dénommés « associés exploitants ». Les statuts doivent mentionner les noms de ceux qui ont cette qualité.**

Les associés exploitants doivent détenir ensemble plus de 50 p. 100 des parts représentatives du capital.

Les associés choisissent parmi les associés exploitants, titulaires de parts sociales représentatives du capital, un ou plusieurs gérants. – *[L. n° 85-697 du 11 juill. 1985, art. 14, al. 1er à 3.]*

Art. L. 324-9 **Le non-respect en cours de vie sociale de l'une des conditions prévues à l'article L. 324-8 n'entraîne pas la dissolution de plein droit de l'exploitation agricole à responsabilité limitée. Tout intéressé peut demander en justice la dissolution si la situation n'a pas été régularisée dans le délai d'un an. Ce délai est porté à trois ans si la méconnaissance des conditions dont il s'agit est due à la cessation d'activité d'un associé exploitant à la suite de son décès ou d'une inaptitude à l'exercice de la profession agricole reconnue en application de l'article 1106-3** *[art. L. 732-8]* **ou du B de l'article 1234-3** *[de l'art. L. 752-4]* **du code rural. Faute d'associé exploitant, l'exploitation agricole à responsabilité limitée peut être gérée durant cette période par une personne physique désignée par les associés ou, à défaut, par le tribunal à la demande de tout intéressé.**

Le tribunal ne peut prononcer la dissolution si cette régularisation a eu lieu le jour où il statue sur le fond. – *[L. n° 85-697 du 11 juill. 1985, art. 14, al. 4 et 5.]*

Art. L. 324-10 **Les associés disposent de droits de vote, dans les assemblées, proportionnels au nombre de parts sociales qu'ils détiennent. Toutefois, les statuts peuvent prévoir que les associés exploitants se répartissent d'une façon égalitaire les droits de vote qu'ils détiennent ensemble.** – *[L. n° 85-697 du 11 juill. 1985, art. 15.]*

Art. L. 324-11 *Abrogé par Ord. n° 2006-870 du 13 juill. 2006.*

CHAPITRE V **L'ENTRAIDE ENTRE AGRICULTEURS**

BIBL. GÉN. ▶ Entraide, *DP entr. agric.* – Couturier, *Actes et communications INRA 2001, n° 18, p. 93* (l'entraide, une solidarité acceptée pour l'agriculture). – Lachaud, *Ann. loyers 2002. 1597.* – Le Calonnec, *in* La Terre, la famille, le juge, Études en l'honneur de H. D. Cosnard, *Economica 1990, p. 37* (solidarité et responsabilité dans le droit de l'entraide) ; *RD rur. 1978. 248* (distinction du salariat et de l'entraide). – Martine, *in* Mél. en l'honneur de H. Blaise, *Economica 1995, p. 343* (notion d'entraide). – Mégret, *Gaz. Pal. 1978. 1. Doctr. 158* (régime de l'entraide).

COMMENTAIRE

Le législateur a donné un régime juridique particulier aux pratiques solidaires traditionnellement constatées en agriculture. Les exploitants ont en effet toujours apporté leur aide à leurs voisins, pour faire face aux difficultés de toutes sortes ou pour rendre plus rationnelle l'exécution de diverses tâches : c'est la « forme primitive de l'agriculture de groupe ». L'entraide se définit juridiquement comme un échange de services agricoles entre agriculteurs. La loi d'avenir pour l'agriculture de 2014 a précisé que ces échanges ne se limitent pas à l'activité agricole par nature, mais s'étendent aux activités agricoles par prolongement de l'acte d'exploitation (V. art. L. 311-1). Cette extension est conforme à la présomption d'entraide posée au bénéfice des agriculteurs membres d'un groupement d'intérêt économique et environnemental pour les actions menées dans le cadre du projet pluriannuel (V. art. L. 315-5, al. 1er), et à la présomption d'entraide pour les échanges de semences et plants fermiers entre exploitants agricoles hors certificat d'obtention végétale (V. art. L. 315-5, al. 2).

Cet échange doit avoir trois caractères qui ne sont *a priori* pas compatibles : gratuité, réciprocité et équivalence. L'entraide est selon la loi un contrat à titre gratuit, ce qui est juridiquement faux puisqu'il s'agit d'un échange de services. Cette condition suppose seulement que les prestations ne fassent l'objet d'aucun paiement mais soient réciproques et que l'échange soit équivalent, ne créant pas de bénéfice pour l'une des parties. A défaut de ces caractères, la convention peut être requalifiée en contrat de travail ou en contrat d'entreprise. Le régime applicable à cette convention est exceptionnel et découle de l'idée que lorsque l'exploitant accomplit un acte d'entraide, il effectue un acte normal et personnel d'exploitation. Il en résulte que pour le régime de responsabilité pour dommages à la personne des acteurs de l'échange, pour le régime fiscal et le régime social, l'échange est tout simplement ignoré.

L'entraide peut être structurée pour être organisée entre plus de deux partenaires : sont alors créés des barèmes d'évaluation conventionnelle des services offerts. Les prestations sont rendues par un membre du groupe à un autre, portées en compte courant en application du barème. Le régime de l'entraide s'applique à chaque prestation dans la mesure où la réciprocité et l'équivalence des échanges sont globalement respectées (V. note 4 ss. art. L. 325-2). ☐

Art. L. 325-1 L'entraide est réalisée entre agriculteurs par des échanges de services en travail et en moyens d'exploitation *(L. nº 2014-1170 du 13 oct. 2014, art. 3-4º)* **« , y compris ceux entrant dans le prolongement de l'acte de production ».**

Elle peut être occasionnelle, temporaire ou intervenir d'une manière régulière.

L'entraide est un contrat à titre gratuit, même lorsque le bénéficiaire rembourse au prestataire tout ou partie des frais engagés par ce dernier.

(L. nº 97-1051 du 18 nov. 1997) **« Lorsqu'elle est pratiquée dans une exploitation soumise au régime d'autorisation des exploitations de cultures marines, l'entraide doit donner lieu à l'établissement d'un contrat écrit. »** — *[L. nº 62-933 du 8 août 1962, art. 20, al. 1er à 3.]*

A. QUALITÉ DES PERSONNES

1º PARTIES AU CONTRAT

1. Qualité d'agriculteur. Le service rendu par un agriculteur à un exploitant forestier n'est pas soumis au régime dérogatoire du contrat d'entraide. • Soc. 6 mars 1969 : *Bull. civ. V, nº 162* • Civ. 1re, 28 mars 1972 : *Bull. civ. I, nº 117.* ♦ Est également exclue l'aide du possesseur d'un petit jardin à un agriculteur. • Soc. 3 mai 1968 : *Bull. civ. V, nº 224.* ♦ En matière d'entraide, la qualité d'agriculteur n'est pas subordonnée à l'exploitation d'une superficie déterminée. • Soc. 9 juill. 1992, *Pommier c/ Lajoie*, nº 90-17.484.

2. Retraité. Un échange de services entre un agriculteur retraité et un exploitant agricole est un acte d'entraide lorsque le premier a conservé une exploitation de subsistance et reste physiquement apte à fournir une aide. • Soc. 25 janv. 1990, ☎ nº 85-15.512 P.

3. Pluri-actif. Lorsqu'une personne justifie, par le paiement de cotisations à la caisse de MSA de sa qualité d'agriculteur, d'ailleurs compatible avec l'exercice parallèle d'une profession libérale procurant des revenus inférieurs à ceux de son exploitation agricole, elle peut invoquer les dispositions législatives relatives à l'entraide. • Civ. 1re, 13 oct. 1992 : ☎ *RD rur. 1993. 93.* ♦ Le propriétaire de terres affilié à l'assurance maladie des agriculteurs a été jugé pouvoir être prestataire dans un contrat d'entraide alors qu'il est agriculteur à titre accessoire. • Soc. 5 nov. 1999 : ☎ *RD rur. 2000. 358.*

2º PRESTATAIRES DE SERVICES

4. Membres de la famille. Le bénéficiaire d'un service peut se prévaloir d'un contrat d'entraide en cas d'action en responsabilité des membres de la famille du prestataire, sans avoir à distinguer selon que les demandeurs en réparation travaillent ou non sur l'exploitation de ce dernier. • Soc. 8 févr. 1968 : *Bull. civ. V, nº 93* • 25 janv. 1990 : ☎ *préc. note 2.* ♦ La fille d'un agriculteur aidait celui-ci chez un autre exploitant ; elle a été jugée coprestataire de l'entraide, et donc exclue de la garantie d'assurance de son père pour l'accident qu'elle a subi à cette occasion. • Soc. 5 nov. 1999 : ☎ *préc. note 3.*

5. Salariés. La prestation de service peut être accomplie par l'intermédiaire de salariés. • Civ. 1re, 13 oct. 1992 : *préc. note 3.*

B. OBJET DES PRESTATIONS

6. Service agricole habituel. Les services échangés sont ceux que les agriculteurs sont susceptibles de se rendre habituellement entre eux. • Soc. 17 mai 1972 : *Bull. civ. V, n° 358 ; RD rur. 1972. 387, note G. C.* • 19 févr. 1976 : *Bull. civ. V, n° 106 ; RD rur. 1977. 319, note Le Calonnec* • 28 oct. 1987 : *D. 1988. 344, note Le Calonnec* • 14 nov. 1991, n° 89-16.996 P • Civ. 1re, 10 juill. 2002, n° 00-10.117 P : *JCP 2002. IV. 2517 ; Gaz. Pal. 25-26 oct. 2002. 17.* ♦ Les services ne sont pas nécessairement des actes spécifiquement agricoles, mais peuvent consister en dépannage de machine. • Soc. 5 juill. 1965 : *Bull. civ. V, n° 538.*

7. Le critère de l'intérêt agricole de l'acte est déterminant et la réparation de la toiture d'un bâtiment agricole abîmée par une tempête qui venait de s'achever, alors qu'aucune récolte ne se trouvait menacée d'être endommagée ou perdue, n'entre pas dans le champ d'application de l'entraide agricole. • Soc. 16 avr. 1992, *Groupe Drouot c/ Roux*, n° 90-11.255. ♦ *Contra* : a été jugée acte d'entraide entre deux agriculteurs l'assistance de l'un à la réparation de la toiture de la ferme de l'autre, le travail réalisé étant lié à leur qualité d'agriculteur. • Soc. 21 févr. 2002, n° 99-16.862 P : *RD rur. 2002. 271 et 446.*

8. Service en travail. Une attitude purement passive, telle que la garde d'une issue par laquelle un animal est susceptible de s'échapper, peut être un service en travail. • Soc. 28 oct. 1987 : *préc. note 6.*

9. Mise à disposition d'immeubles. La jouissance d'immeuble concédée en dehors de tout bail, en contrepartie de services dont bénéficie le propriétaire peut être constitutive du contrat d'entraide. • Civ. 3e, 28 juin 1989 : *RD rur. 1989. 470* • 5 févr. 1992 : *RD rur. 1992. 185.* ♦ L'exclusion de toute taxation en bénéfices agricoles des prestations échangées dans le contrat d'entraide est acquise même en cas de mise à disposition d'immeubles. • CE 23 nov. 1998, *M. Michel*, n° 159131 : *Dr. fisc. 1999, n° 14, comm. 290 ; JCP N 1999. 1132.*

10. Service en moyens d'exploitation. Le remboursement des frais engagés par le prestataire n'exclut pas l'entraide. • Soc. 16 mars 1983 : *Bull. civ. V, n° 162 ; RD rur. 1983. 350, note Le Calonnec.* ♦ Comp. : • Soc. 10 févr. 1977 : *Bull. civ. V, n° 99 ; RD rur. 1978. 248, obs. Le Calonnec.* – * Rép. min. : *JOAN 10 août 1974, p. 4038.*

C. FORMATION DU CONTRAT ET RÉCIPROCITÉ DES SERVICES

11. Concertation préalable. La victime d'un accident du travail qui participait à des travaux au profit de son cousin ne peut demander réparation de son préjudice dès lors qu'il existe entre eux des relations habituelles d'entraide, même si pour les opérations litigieuses, il n'y a pas eu de concertation préalable. • Soc. 10 déc. 1998 : *RD rur. 1999. 420.* ♦ *Contra* : il n'existe pas de contrat d'entraide agricole entre une victime et un agriculteur lorsque, lors de l'accident, l'intervention de la victime n'a été précédée d'aucune concertation, mais était au contraire purement fortuite. • Civ. 2e, 18 mars 1992 : *D. 1993. Somm. 63, obs. Martine*.

12. Preuve de la réciprocité. L'entraide est caractérisée dès qu'un exploitant fournit à un autre un service qu'il est d'usage d'échanger entre agriculteurs et que le bénéficiaire ne peut normalement refuser de rendre. • Soc. 17 mai 1972 : *préc. note 6* • 19 févr. 1976 : *préc. note 6.* ♦ Peu importe l'absence d'échanges de services antérieurs à l'accident. • Soc. 16 mars 1983 : *préc. note 10* • 14 nov. 1991 : *préc. note 6.* ♦ Peu importe qu'il s'agisse du premier service. • Civ. 1re, 10 juill. 2002 : *préc. note 6.* ♦ La réciprocité des prestations est ainsi présumée. • Soc. 16 mars 1983 : *préc.* • 28 oct. 1987 : *préc. note 6.* ♦ Lorsque le bénéficiaire se tue avec le matériel qui lui a été fourni, l'impossibilité de fournir des prestations en retour n'exclut pas la notion d'entraide. • Soc. 17 mai 1972 : *préc.*

13. Non-contiguïté des exploitations. L'entraide peut être admise entre des exploitants qui ne sont pas des voisins, car il n'est pas exigé que leurs exploitations soient contiguës. • Soc. 28 oct. 1987 : *préc. note 6.*

D. GRATUITÉ ET ÉQUIVALENCE

14. Exclusion de toute contrepartie. L'entraide est exclusive de toute contrepartie pécuniaire ou en nature. • Soc. 10 févr. 1977 : *préc. note 10.* ♦ Toutefois, comme la fourniture de produits peut être considérée comme un service en moyens d'exploitation, peut être qualifiée d'entraide la relation où un agriculteur a reçu, outre le remboursement de ses frais, des piquets de bois. • Soc. 16 mars 1983 : *préc. note 10.*

15. Existence de comptes entre les parties. L'entraide peut être admise alors que l'une des parties adresse à l'autre des factures en vue d'exprimer la balance de ce qui était dû par chacun. • Civ. 1re, 13 oct. 1992 : *préc. note 3.*

16. Distinction de contrats voisins. La gratuité du contrat d'entraide et la réciprocité des services écartent la qualification de contrat d'entreprise. • Civ. 1re, 13 oct. 1992 : *préc. note 3.* ♦ L'entraide étant en principe exclusive de toute contrepartie pécuniaire ou en nature, la qualification de contrat de travail peut être retenue lorsque l'un des agriculteurs peut être considéré comme le subordonné de l'autre et que, en raison de la grande disproportion de leurs exploitations, les versements en nature et en argent dépassent de beaucoup les services rendus. • Soc. 10 févr. 1977 : *Bull. civ. V, n° 99 ; RD rur. 1978. 248, obs. Le Calonnec.* ♦ Se rend coupable du délit de travail dissimulé celui qui emploie un autre agriculteur dans des conditions exclusives de l'entraide dès lors qu'il est constaté la disproportion des exploitations, le déséquilibre des travaux compensé par des versements d'argents importants, et que des instructions sur le travail et sur les horaires étaient fixées par le prévenu. • Crim. 24 mai 2005, n° 04-85.079.

Art. L. 325-2 Les prestations réalisées dans le cadre de l'entraide ne peuvent être assujetties ni à la taxe sur la valeur ajoutée ni à la *(L. n° 2022-1726 du 30 déc. 2022, art. 55, en vigueur le 1er janv. 2024)* **« cotisation foncière des entreprises ». Elles ne peuvent donner lieu à prélèvement sur les salaires ni à perception de cotisations sociales.** – *[L. n° 62-933 du 8 août 1962, art. 20, al. 4.]*

1. Taxe professionnelle. Le contrat par lequel un agriculteur assure la gestion et l'exploitation de domaines agricoles voisins ne peut être qualifié d'entraide à défaut d'échange à titre gratuit de services en travail et en moyens d'exploitation, et cet agriculteur doit être assujetti à la taxe professionnelle en raison de son activité professionnelle non salariée. • CE 19 avr. 1989, *Lacroix*, n° 7839.

2. TVA. La taxe sur la valeur ajoutée ayant grevé les biens et services que les assujettis à cette taxe acquièrent ou qu'ils se livrent à eux-mêmes n'est déductible que si ces biens ou services sont nécessaires à l'exploitation et sont affectés d'une façon exclusive à celle-ci, ce qui n'est pas le cas lorsque des matériels sont affectés pour moitié à une autre exploitation, sans qu'alors puissent être invoquées les dispositions relatives à l'entraide, prévoyant une exonération de la TVA sur les prestations que se consentent mutuellement les agriculteurs. • CE 15 févr. 1982, *Perrier*, n° 25431 B.

3. Aides. Le régime de l'entraide ne saurait avoir pour effet d'aboutir à la réunion en une seule exploitation de terres cultivées par des exploitants voisins pour la déclaration de superficie ouvrant droit aux aides. • CE 28 nov. 2007, *SA Ferme de Rumont : RD rur. 2008, n° 32.* ♦ Peut bénéficier d'une aide à l'installation l'agriculteur qui justifie d'un projet viable dès lors que le contrat d'entraide permettant de s'appuyer sur les moyens d'un GAEC pour des travaux de culture n'est pas de nature à empêcher que l'exploitation constitue une entité économique indépendante. • CAA Bordeaux, 18 déc. 2014, n° 13BX02222 : *AJDA 2015. 816, rapport Normand*.

4. Plateforme. Les services d'échanges en prestations ou matériel par le biais de plateformes d'échanges collaboratifs entre agriculteurs peuvent entrer dans le cadre de l'entraide sous réserve de respecter les principes de gratuité, de réciprocité et d'équivalence des échanges sous les mêmes conditions. * Rép. min. n° 11727 : *JOAN Q 9 oct. 2018, p. 9069.*

Art. L. 325-3 Le prestataire reste responsable des accidents du travail survenus à lui-même ou aux membres de sa famille, ou à toute personne considérée légalement comme aide familiale, ou à ses ouvriers agricoles.

Il reste également responsable, conformément aux dispositions des *(Ord. n° 2016-131 du 10 févr. 2016, art. 6-XV, en vigueur le 1er oct. 2016)* **« articles 1240 et suivants » du code civil, des dommages occasionnés par les personnes mentionnées à l'alinéa précédent, ainsi que par le matériel ou les animaux dont il continue à assurer la garde.**

(L. n° 2001-1128 du 30 nov. 2001, art. 11) **« Le prestataire doit en conséquence contracter une assurance couvrant tous les risques entraînés par l'exécution d'un service rendu au titre de l'entraide agricole, en particulier les risques d'accidents du travail de ses ouvriers agricoles, à l'exception des risques régis par le chapitre II du titre V du livre VII du présent code. »** – *[L. n° 62-933 du 8 août 1962, art. 20, al. 5 à 7.]*

A. ACCIDENT DU TRAVAIL

1. Notion. La loi, en spécifiant que le prestataire reste responsable des accidents de travail survenus à lui-même au cours des travaux d'entraide agricole, n'a pas eu pour effet de changer la nature des accidents survenus par le fait ou à l'occasion du travail. • Soc. 14 mars 1967 : *D. 1967. 362, concl. Mellottée.*

2. Délimitation dans le temps. Lorsqu'un accident survient, non pas au cours des travaux agricoles d'entraide, mais alors qu'une personne, sa tâche accomplie, se faisait raccompagner en tracteur à sa voiture par celui à qui elle avait rendu service, les conditions de l'entraide agricole font défaut et le chauffeur et son assureur doivent répondre des conséquences de l'accident selon les règles définies par la loi du 5 juill. 1985. • Soc. 23 févr. 1995 : *D. 1996. 562, note Casson ; D. 1996. Somm. 123, obs. Martine.* ♦ *Contra*, pour des faits similaires : • Soc. 10 févr. 1982 : *Bull. civ. V, n° 75 ; RD rur. 1983. 350, obs. Le Calonnec.*

B. RESPONSABILITÉ CIVILE

3. Principe. La loi sur l'entraide agricole prive le prestataire de la possibilité d'exercer un recours de droit commun contre le bénéficiaire de l'entraide auquel il impute son dommage, la loi n'ayant pas eu pour effet de donner aux uns par rapport aux autres la qualité de tiers. • Soc. 14 mars 1967 : *préc. note 1.* ♦ Réciproquement, le bénéficiaire de l'entraide ne peut exercer un recours contre le prestataire et l'accident subi par le bénéficiaire sur sa propre exploitation constitue à son égard un accident de travail. • Soc. 9 avr. 1970 : *Bull. civ. V, n° 224.*

4. Loi du 5 juill. 1985. Les ayants droit de la victime d'un accident causé par un tracteur sont fondés à assigner en indemnisation le conducteur sur le fondement de la loi du 5 juill. 1985, même si cet accident a eu lieu dans le cadre de l'entraide agricole. • Civ. 2e, 17 nov. 2005, n° 03-20.551 P : *D. 2005. IR 2971 ; RTD civ. 2006. 135, obs. Jourdain ; JCP S 2006. 1106, avis Guerder ; Gaz. Pal. 27-28 janv. 2006, et 19-20 mai 2006, note Coursier ; RD rur. janv. 2006. 21, note Guerder.* ♦ *Contra* : la loi spéciale sur l'entraide n'a été abrogée ni explicitement ni tacitement par la loi générale du 5 juill. 1985. • Cass., ass. plén., 22 déc. 1968 : *Bull. civ. n° 9* • Soc. 25 janv. 1990, n° 86-16.123 P.

5. Le chauffeur d'un tracteur et son assureur doivent répondre selon les règles définies par la loi du 5 juill. 1985 des conséquences d'un accident qui n'est pas survenu au cours des travaux d'entraide agricole. • Soc. 23 févr. 1995 : *préc. note 2.*

6. Coprestataires. Lorsqu'un agriculteur reçoit en même temps l'assistance de plusieurs collègues, les conséquences de l'accident causé à un prestataire de services par un autre prestataire sont réglées selon les principes de l'entraide. • Soc. 14 mars 1967 : *Bull. civ. V, n° 251* • 19 févr. 1969 : *Bull. civ. V, n° 108* • 22 nov. 1971 : *Bull. civ. V, n° 295* • 21 mars 1972 : *Bull. civ. V, n° 233* • 3 juill. 1985 : *Gaz. Pal. 1987. 1. 311, note Le Calonnec.* ♦ Tout recours est exclu entre coprestataires car ils sont liés au bénéficiaire par un unique contrat d'entraide agricole. Ainsi restent à la charge de la victime les conséquences d'un accident survenu à un viticulteur, provoqué par le tracteur d'un deuxième, alors qu'il travaillait dans la vigne d'un troisième. • Soc. 3 juill. 1985 : *préc.* ♦ Lorsque le dommage est imputable à un coprestataire et à un tiers, la victime peut obtenir, selon les règles de la responsabilité *in solidum*, l'entière réparation de son préjudice en agissant contre le tiers, lequel, en raison des règles de l'entraide, est privé d'un recours subrogatoire contre le coprestataire. • Cass., Ass. plén., 22 déc. 1968 : *préc. note 4.*

7. Dommages matériels. Ce n'est pas le régime spécifique de l'entraide qui s'applique aux dommages matériels causés à l'occasion de prestations de services entre agriculteurs, mais les règles de la responsabilité contractuelle, en particulier en cas de dommages aux biens causés par le préposé du prestataire au préjudice du bénéficiaire. • Civ. 1re, 27 févr. 1980 : *D. 1981. IR 57, obs. Martine ; RD rur. 1981. 41, obs. Le Calonnec.*

C. ASSURANCE

8. V. art. L. 752-1 s. C. rur.

CHAPITRE VI LES CONTRATS D'INTÉGRATION

BIBL. ▸ Contrat d'intégration, *DP entr. agric.* – Barbièri, *RD rur. 2009. Dossier 22* (contrats du négoce agricole et contrats d'affaires). – Danet, *Gaz. Pal. 7-8 oct. 2005. 25* (intégration horizontale). – Gauriau, *Gaz. Pal. 7-8 oct. 2005. 29* (contrat de travail et contrat d'intégration). – Le Guen, *Gaz. Pal. 7-8 oct. 2005. 33* (approche de sociologie économique). – Lorvellec, Écrits de droit rural et agroalimentaire, *Dalloz 2002, p. 271* (restitutions après annulation) ; *ibid. p. 292* (contrats types homologués) ; *ibid. p. 314* (contrats agro-industriels) ; *ibid. p. 331* (agriculteur sous contrat).

RÉP. COM. et **RÉP. CIV.** v° *Contrat d'intégration en agriculture,* par Olszak.

COMMENTAIRE

Le législateur par la loi du 6 juillet 1964 modifiée par la loi du 4 juillet 1980 a réglementé certains contrats liant les producteurs agricoles et les entreprises industrielles et commerciales de l'agroalimentaire. Il s'agit de dispositions relevant de l'organisation de la filière et du régime contractuel agricole qui n'ont cependant pas pris place dans le livre VI de ce code.

Les contrats d'intégration sont conclus par un producteur agricole et une entreprise industrielle ou commerciale. L'objet du contrat est un ensemble complexe d'obligations réciproques de fournitures et de services. Il s'agit concrètement pour le producteur de prendre des engagements de production, d'approvisionnement ou de livraison, de respecter les normes techniques et les disciplines de production posées. Il peut s'agir de contrats à façon ou de contrats d'engraissement.

Cette situation est appréciée des exploitants qui parviennent ainsi à régulariser leurs coûts de production et à sécuriser la commercialisation de leurs produits, tandis que l'industriel est satisfait de garantir l'écoulement de ses produits et la régularité de ses approvisionnements dans les conditions de qualité qu'il contrôle ou maîtrise. Mais le producteur perd une part de sa liberté économique. En conséquence, le législateur a prévu une réglementation de ces contrats pour apporter une protection au producteur *a priori* menacé par le déséquilibre dans la négociation avec une entreprise agroalimentaire d'un poids économique très supérieur au sien. Le consentement du producteur a été protégé ici comme en matière de droit de la consommation ; il est donc prévu une information sur les conditions d'engagement, et certaines clauses sont interdites. La loi prévoit qu'en cas d'absence d'une clause obligatoire le contrat est nul ; la jurisprudence applique cette sanction si les clauses sont imprécises. Dans le cas d'une nullité prononcée, les parties doivent être remises dans la situation patrimoniale qui était la leur antérieurement au contrat ; ceci engage en conséquence à pratiquer de délicates restitutions. Les contrats types homologués et les contrats collectifs d'intégration sont de nature à apporter une protection pour les producteurs du secteur de production visé qui auraient conclu un contrat individuel. Mais seuls deux contrats types ont été homologués par arrêtés du 15 mars 1988 (volaille de chair et veaux de boucherie) ; et les contrats collectifs n'ont pas été mis en œuvre. ☐

Art. L. 326-1 Sont réputés contrats d'intégration tous contrats, accords ou conventions conclus entre un producteur agricole ou un groupe de producteurs et une ou plusieurs entreprises industrielles ou commerciales comportant obligation réciproque de fournitures de produits ou de services.

Sont également réputés contrats d'intégration les contrats, accords ou conventions séparés conclus par une ou plusieurs entreprises industrielles ou commerciales avec un même producteur agricole ou un même groupe de producteurs agricoles, et dont la réunion aboutit à l'obligation réciproque mentionnée à l'alinéa précédent. – *[L. n° 64-678 du 6 juill. 1964, art. 17-I.]*

I. CONTRAT UNIQUE

A. QUALITÉ DES PARTIES

1° PRODUCTEUR AGRICOLE

a. Notion de producteur

1. Les négociants, qui servent d'intermédiaire entre les entreprises industrielles et commerciales et les agriculteurs, ne peuvent bénéficier de la protection des art. L. 326-1 s. C. rur. • Civ. 1re, 14 mars 1979 : *JCP 1980. II. 19271, note Prévault.*

2. Deux sociétés achetant des veaux pour les confier à des éleveurs, l'une fabricant des aliments pour animaux et l'autre spécialisée dans le négoce des veaux, entretenant des relations avec participation aux résultats, sont toutes deux commerçantes et ne peuvent être liées par un contrat d'intégration. • Civ. 1re, 19 déc. 2000 : ⚖ *RD rur. 2001. 300.*

b. Nature agricole de l'activité du producteur

3. Influence de la qualité de commerçant. Même avant la loi n° 88-1202 du 30 déc. 1988, dont l'art. 2, codifié à l'art. L. 311-1 C. rur., a réputé agricoles toutes les activités correspondant à la maîtrise et à l'exploitation d'un cycle biologique de caractère végétal ou animal, tous les producteurs agricoles bénéficiaient de la protection des art. L. 326-1 s. du même code, bien qu'ils aient pu être réputés commerçants. • Civ. 1re, 19 mai 1987 : *RD rur. 1988. 168, obs. Lorvellec* • 12 juill. 1994 : ⚖ *RD rur. 1994. 574.*

4. Tribunal compétent. Lorsqu'un producteur agricole est réputé commerçant, l'application des art. L. 326-1 s. C. rur. n'entre pas dans un domaine de compétence spéciale du tribunal de grande instance, mais relève de la compétence générale des tribunaux de commerce. • Civ. 1re, 19 janv. 1988 : *RD rur. 1988. 169, obs. Lorvellec.*

2° ENTREPRISE INDUSTRIELLE OU COMMERCIALE

5. Sur le régime des contrats conclus par les sociétés coopératives et les SICA, V. art. L. 326-5.

6. Organisme certificateur. Ne constitue pas un contrat d'intégration l'accord conclu entre un producteur de porcs et un syndicat reconnu organisme certificateur pour la viande produite en label rouge. • Civ. 1re, 15 déc. 1999 : ⚖ *RD rur. 2000. 489* • Rouen, 11 mai 2004 : *RD rur. 2004. 626, obs. Chedozeau ; JCP 2005. IV. 1427 ; JCP N 2005. 1010.*

7. GAEC. Il ne peut exister de contrat d'intégration qu'entre un producteur agricole et une ou plusieurs entreprises industrielles ou commerciales, et un GAEC, dont la forme et l'objet sont nécessairement civils, ne saurait être considéré comme constituant une telle entreprise. • Civ. 1re, 6 avr. 2004, ⚖ n° 01-11.646 P : *Dr. et patr. 7-8/2004. 98, note Barbièri ; Dr. sociétés 2004, inf. 140, note Lucas ; CCC 2004, inf. 90, note Leveneur ; JCP 2004. IV. 2131 ; Gaz. Pal. 15-16 sept. 2004. 13 ; Rev. loyers 2004. 586 ; JCP E 2004. 898.* ♦ Infirme : • Rennes, 2 mars 2001 : *RD rur. 2001. 474, note J. Danet.*

B. OBJET DU CONTRAT

1° NOTION D'OBLIGATION RÉCIPROQUE

8. Objet des obligations réciproques. Pour qu'une convention soit qualifiée de contrat d'intégration, il n'est pas nécessaire qu'elle organise un échange réciproque de produits, mais il suffit qu'elle constitue un ensemble cohérent d'obligations réciproques de fournitures par l'entreprise industrielle et de services par l'éleveur. • Civ. 1re, 14 déc. 1976 : *D. 1976. 177, note Chesné et Martine* • 5 janv. 1978 : *D. 1978. IR 448, obs. Martine* • 14 juin 1978 : *ibid.* ♦ Quand un éleveur a contracté l'obligation d'élever des veaux et de ne se fournir d'aliments qu'auprès de la société, il rend à celle-ci le service de faciliter l'écoulement de sa production et son contrat est qualifié de contrat d'intégration. • Civ. 1re, 17 févr. 1981 : *RD rur. 1982. 92, obs. Lorvellec.* ♦ La convention par laquelle une société anonyme fournit des animaux reproducteurs à un exploitant qui s'engage en échange à respecter les règles sanitaires, de conduite d'élevage, d'approvisionnement et d'écoulement des produits frais est un contrat d'intégration. • Bordeaux, 11 févr. 2003, *SA Pic France c/ GAEC du gui.* ♦ Ne constitue pas un contrat d'intégration la convention qui prévoit la fourniture de plants facultative par la société aux exploitants, qui ne prévoit qu'un suivi technique ponctuel, qui laisse les agriculteurs exploiter des terres hors contrat, en l'absence de clause d'exclusivité et de fixation de prix unilatéralement par la société. • Civ. 1re, 24 sept. 2009, n° 08-13.530.

9. Rôle de la dépendance économique. BIBL. Puill, *RD rur. 1978. 41* (complémentarité de l'analyse juridique et de l'analyse économique dans la définition des contrats d'intégration).♦ Lorsqu'une cour d'appel constate qu'un éleveur est dans un état de dépendance économique à l'égard d'une société lui livrant des aliments du bétail, elle peut à bon droit qualifier le contrat qui le lie à cette société de contrat d'intégration. • Civ. 1re, 30 oct. 1995, *Sté BVT Guyomarc'h c/ Colombel.* ♦ La dépendance économique, critère de la situation d'intégration, est établie lorsque le contrat ne se borne pas à imposer à l'éleveur l'acceptation d'un warrant et la charge d'intérêts ou le simple paiement d'un prix. • Civ. 1re, 5 janv. 1978 : *préc. note 8.* ♦ Une convention prévoyant la location de caillebotis et la livraison d'animaux et de marchandises à l'éleveur avec une faculté de résiliation à tout moment pour l'industriel en cas d'arrêt de la production, de commercialisation directe ou d'irrespect des prescriptions techniques, comporte des obligations mettant les éleveurs dans une situation de dépendance économique caractérisant le contrat d'intégration. • Civ. 1re, 16 janv. 2001 : *RD rur. 2001. 189 et 360.*

2° TYPES D'OBLIGATIONS

10. Engagement d'approvisionnement exclusif. Est qualifiée de contrat d'intégration la convention qui impose à l'exploitant agricole d'élever des animaux et de ne se fournir d'aliments pour leur engraissement qu'auprès de son cocontractant • Civ. 1re, 17 févr. 1981 : *préc. note 8.* ♦ Le contrat qui lie des éleveurs de lapins à une entreprise qui leur fournit des aliments médicamenteux et une assistance technique n'est pas d'intégration faute de dépendance économique avec l'entreprise et parce que les éleveurs s'approvisionnaient auprès de plusieurs fournisseurs. • Rennes, 10 juill. 1998, *Cts Le Hir c/ SA André Glon et a. : RD rur. 1998. 497.*

11. Absence de libre choix du destinataire des produits finis. L'obligation d'élever les animaux et de les livrer exclusivement soit à l'entreprise cocontractante, soit à une entreprise désignée par elle, caractérise un contrat d'intégration. • Civ. 1re, 6 mars 1990 *RD rur. 1990. 349* • 11 juill. 1983, *Grenon c/ SARL Perdriau* • 4 déc. 1984, *Carronier c/ SA Moulin Genard.*

12. Obligations de respecter des directives de production. Le suivi systématique de chaque lot de volailles, impliquant une visite hebdomadaire de l'élevage, l'établissement de fiches d'élevage et la prescription de certains traitements par un technicien de l'entreprise industrielle, dépassent l'exécution d'un simple devoir de conseil d'utilisation des aliments accessoire à leur vente et caractérisent un contrat d'intégration. • Civ. 1re, 30 oct. 1995, *Sté BVT Guyomarc'h c/ Colombel.*

3° CIRCONSTANCES INDIFFÉRENTES

13. Qualification du contrat au regard du droit civil. Selon les cas, le contrat d'intégration peut être qualifié de vente à livrer ou de contrat d'entreprise car l'identité du propriétaire des récoltes, des animaux ou des aliments qu'ils consomment est un facteur indifférent. • Civ. 1re, 14 juin 1978 : *D. 1979. 382, note Boy ; D. 1978. IR 448, obs. Martine.*

14. Nature de l'activité agricole. La qualification de contrat d'intégration n'est pas déterminée par la nature de l'élevage ou de la culture pratiqués et une convention de lombriculture, par laquelle l'éleveur s'engage à élever les vers de terre qui lui ont été livrés, à les nourrir et à remettre leurs sous-produits à son cocontractant, a pu recevoir cette qualification. • Civ. 1re, 4 mai 1994 : *RD rur. 1994. 517.*

4° APPLICATION DU DROIT DU TRAVAIL

15. BIBL. Supiot, *RD rur. 1983. 325* (élevage industriel et droit du travail).

16. Incompatibilité des qualifications de contrats d'intégration et de contrat de travail. Les qualités d'exploitant agricole et de salarié étant incompatibles, le producteur agricole intégré ne peut bénéficier de la protection du droit du travail. • Grenoble, 6 févr. 1970 : *D. 1972. 640, note Chesné.* ♦ L'entreprise intégratrice n'est pas redevable des taxes dues par les employeurs. • CE 2 juill. 1982 : *Dr. fisc. 1983. Comm. 501, concl. Rivière.* ♦ Constitue un contrat de travail le contrat liant une société de gavage de canards avec une personne exerçant son activité dans les locaux et avec un matériel appartenant à son cocontractant, sous la surveillance technique de celui-ci et dont la résiliation n'est prévue qu'en cas de manquement du gaveur à ses obligations. • Civ. 2e, 13 nov. 2008, n° 08-15.535 : *Gaz. Pal. 29-30 mai 2009. 11.*

17. Application exceptionnelle du droit du travail. Le droit du travail n'est pas écarté lorsque les circonstances empêchent de considérer l'éleveur comme un exploitant agricole et en particulier lorsqu'il exerce son activité sur un fonds immobilier dont l'entreprise industrielle ou commerciale est locataire ou propriétaire, ce qui rend impossible l'immatriculation de l'éleveur en qualité d'exploitant à la MSA. • Agen, 26 nov. 1985 : *RD rur. 1987. 60, obs. Lorvellec.*

II. GROUPES DE CONTRATS

18. Critère général d'application de l'art. L. 326-1, al. 2, C. rur. Pour que deux ou plusieurs contrats, dont la réunion aboutit à une obligation réciproque de fournitures de produits et de services, soient qualifiés de contrats d'intégration, il ne suffit pas qu'ils aient été conclus par deux ou plusieurs entreprises avec le même agriculteur à propos d'une même production, il faut en outre qu'ils aient été conclus dans la perspective les uns des autres. • Civ. 1re, 25 mai 1977 : *RD rur. 1978. 285* • 18 nov. 1986 : *RD rur. 1988. 166, note Lorvellec* • 20 déc. 1988 : *D. 1989. 295, note Malaurie.* ♦ L'obligation de fourniture contractée par une entreprise industrielle ou commerciale envers un producteur agricole, jointe à l'obligation pour cet agriculteur de signer un contrat de commercialisation avec un organisme agréé par le fournisseur d'aliments, constitue un contrat d'intégration. • Civ. 1re, 18 oct. 1978 : *Bull. civ. I, n° 309.* ♦ Lorsque deux entreprises signent une même convention avec un agriculteur pour organiser la fourniture des matières premières et la livraison des animaux engraissés, l'ensemble est qualifié de contrat d'intégration. • Civ. 1re, 25 mai 1977 : *préc.* ♦ Lorsqu'une entreprise signe avec un agriculteur une convention qui porte exclusivement sur la construction d'un bâtiment d'élevage à un prix déterminé, cette convention n'est pas conclue dans la perspective d'autres contrats portant sur les opérations d'élevage et ne peut être considérée comme un contrat d'intégration. • Civ. 1re, 20 déc. 1988 : *préc.*

19. Existence de sociétés-écrans. L'existence d'un groupement intermédiaire entre les producteurs agricoles et la ou les entreprises industrielles ou commerciales n'empêche pas la qualification de contrat d'intégration lorsque le groupement a une existence fictive. • Civ. 1re, 4 avr. 1979 : *Bull. civ. I, n° 112 ; RD rur. 1980. 91.* ♦ La qualification de contrat d'intégration s'impose également lorsque le groupement joue un simple rôle de mandataire entre les producteurs agricoles et l'entreprise industrielle ou commerciale. • Civ. 1re, 18 nov. 1986 : *Gaz. Pal. 1987. 1. 307, note Massard, Guillou et Brébion ; RD rur. 1988. 167, obs. Lorvellec.* ♦ Lorsque le groupement est une société coopérative agricole ou un syndicat, le contrat qui le lie au producteur ne peut être pris en considération pour, réuni au contrat qui par ailleurs lie ce groupement à une entreprise industrielle ou commerciale, former un contrat d'intégration. • Même arrêt. ♦ Un éleveur, acheteur de veaux à une coopérative qui lui désigne un abattoir auquel il doit livrer les animaux engraissés, mais qui est libre de s'adresser au fournisseur d'aliments de son choix, ne peut faire qualifier de contrat d'intégration la convention qui le lie à ce fournisseur. • Civ. 1re, 13 janv. 1993 : *RD rur. 1993. 285.* ♦ En revanche, lorsque la société intermédiaire est une SICA, l'ensemble des conventions réunies peut former un contrat d'intégration si celles-ci ont été conclues dans la perspective les unes des autres. • Civ. 1re, 18 nov. 1986 : *RD rur. 1988. 166, note Lorvellec.*

20. Conséquences de l'extension de la qualification de contrat d'intégration à un groupe de contrats. L'ensemble du groupe de contrats est soumis aux dispositions des art. L. 326-1 s. C. rur. et chacun est annulé si l'un de ces contrats n'est pas conforme aux exigences légales, ce qui rend toutes les entreprises industrielles ou commerciales parties à ces contrats indivisiblement tenues des obligations de restitution après l'annulation. • Civ. 1re, 20 janv. 1981 : *RD rur. 1982. 93.*

Art. L. 326-2 **Dans le domaine de l'élevage, sont réputés contrats d'intégration les contrats par lesquels le producteur s'engage envers une ou plusieurs entreprises à élever ou à engraisser des animaux, ou à produire des denrées d'origine animale, et à se conformer à des règles concernant la conduite de l'élevage, l'approvisionnement en moyens de production ou l'écoulement des produits finis.** – *[L. n° 64-678 du 6 juill. 1964, art. 17-I bis.]*

1. Le Règl. 73/2009 ne s'oppose pas à une clause contractuelle prévoyant que le montant du paiement unique pouvant revenir à un éleveur de veaux au titre du régime de paiement unique reviendrait à une entreprise d'intégration. • CJUE 9 nov. 2017, n° C-227/16 : *RD rur. 2018, n° 126, note Petit.*

2. V. aussi notes ss. art. L. 326-1.

Art. L. 326-3 Les contrats de fournitures de produits ou de services nécessaires à la production agricole conclus entre un producteur agricole ou un groupe de producteurs et une ou plusieurs entreprises industrielles ou commerciales ne sont pas réputés contrats d'intégration s'ils ne comportent d'autre obligation pour le ou les producteurs agricoles que le paiement d'un prix mentionné au contrat.

Après homologation par le ministre de l'agriculture, ces contrats bénéficient des dispositions des titres I à IV de la loi n° 64-678 du 6 juillet 1964 tendant à définir les principes et les modalités du régime contractuel en agriculture *[codifiés au C. rur., art. L. 631-1 à L. 631-21.]* – *[L. n° 64-678 du 6 juill. 1964, art. 17-II.]*

1. Contrat n'imposant au producteur que le paiement d'un prix. Un contrat qui impose à un producteur agricole la seule obligation de payer le prix des marchandises qui lui sont livrées n'est pas un contrat d'intégration. • Civ. 1re, 5 janv. 1978 : *D. 1978. IR 448, obs. Martine ; JCP 1979. II. 19030, note Prévault.* ♦ V. aussi : • Civ. 1re, 2 mai 1984, *Gillot c/ SA Bourassin.* ♦ Lorsque le règlement des sommes dues par le producteur agricole à l'entreprise fabriquant des aliments du bétail prend la forme d'actes de délégations de paiement du prix des animaux livrés après engraissement, ces actes peuvent établir un mode de fonctionnement qui prive le producteur agricole de toute liberté de choix de l'acquéreur de ses produits et de discussion du prix de vente, et révèlent alors une dépendance économique caractéristique du contrat d'intégration. • Civ. 1re, 30 oct. 1995, *Sté BVT Guyomarc'h c/ Colombel.*

2. Obligations accessoires au paiement d'un prix. N'est pas un contrat d'intégration le contrat qui se borne à imposer à l'éleveur l'acceptation d'un warrant et la charge d'intérêts. • Civ. 1re, 5 janv. 1978 : *préc. note 1.*

Art. L. 326-4 Lorsque le nombre de contrats individuels d'intégration conclus entre les producteurs agricoles et une entreprise industrielle ou commerciale est supérieur à un nombre fixé par le ministre de l'agriculture, ou lorsque deux tiers au moins du nombre des producteurs liés par contrat individuel d'intégration à une même entreprise industrielle ou commerciale en font la demande, il sera substitué un contrat collectif conforme au contrat type prévu à l'article L. 326-5.

Un exemplaire de ce contrat collectif sera remis à chaque producteur intéressé. – *[L. n° 64-678 du 6 juill. 1964, art. 18.]*

Art. L. 326-5 Un ou plusieurs contrats types fixent par secteur de production, les obligations réciproques des parties en présence, et notamment les garanties minimales à accorder aux exploitants agricoles.

Le contrat type détermine notamment :

1° Le mode de fixation des prix entre les parties contractantes ;

2° Les délais de paiement au-delà desquels l'intérêt légal est dû au producteur sans qu'il y ait lieu à mise en demeure ;

3° La durée du contrat, le volume et le cycle de production sous contrat ainsi que les indemnités dues par les parties en cas de non-respect des clauses.

Les clauses contraires aux prescriptions du présent chapitre, et notamment les clauses pénales ou résolutoires incluses dans les contrats mentionnés aux articles L. 326-1 à L. 326-3, sont nulles. Les dispositions correspondantes du contrat type homologué leur sont substituées de plein droit.

Les contrats types sont homologués par décision du ministre de l'agriculture après avis du Conseil supérieur d'orientation de l'économie agricole et alimentaire. L'autorité compétente dispose d'un délai de trois mois à compter de la date de l'avis pour se prononcer sur la demande d'homologation. Si, après un avis favorable du Conseil supérieur d'orientation de l'économie agricole et alimentaire, l'autorité compétente ne s'est pas prononcée au terme de ce délai, la demande est réputée acceptée.

Un an après sa promulgation, le contrat type est applicable à toutes les entreprises agricoles, industrielles et commerciales de la branche concernée.

Les relations entre les coopératives agricoles et leurs sociétaires ne sont pas régies par les dispositions du présent chapitre. Toutefois, lorsqu'elles concluent des contrats d'intégration avec des agriculteurs qui ne sont pas leurs sociétaires, les coopératives agricoles sont tenues par toutes les obligations prévues au présent chapitre.

Seules peuvent prétendre aux aides publiques à l'investissement les entreprises justifiant de la conformité de leur politique contractuelle aux dispositions du présent article. – *[L. n° 64-678 du 6 juill. 1964, art. 18 bis.]*

BIBL. ▶ LORVELLEC, *RD rur. 1984. 245* (contrats types d'intégration homologués).

1. Contrats conclus par une société coopérative avec les sociétaires. Un contrat conclu entre une société coopérative agricole et un agriculteur qui a souscrit des parts de cette société ne peut être qualifié de contrat d'intégration, peu important la circonstance que ce sociétaire ait agi, pour l'une de ses activités, en dehors du cadre de la coopérative. • Civ. 1re, 4 mars 1997, *Sté Coop. A1 c/ Lefebvre.* ♦ En revanche, peut être qualifié de contrat d'intégration le contrat conclu entre un producteur agricole et une coopérative dont il n'est plus associé et dont les parts sociales lui ont été remboursées. • Civ. 1re, 16 avr. 1991, *Rouault c/ Union coop. de l'Argoat.*

2. Contrats conclus par une société coopérative avec des producteurs non coopérateurs. Un contrat conclu entre une société coopérative agricole et un producteur agricole non adhérent peut être qualifié de contrat d'intégration seulement s'il est antérieur à la promulgation de la loi d'orientation agricole n° 80-502 du 4 juill. 1980, introduisant l'art. 18 *bis* de la L. n° 64-678 du 6 juill. 1964 (devenu art. L. 326-5 C. rur.). • Civ. 1re, 10 mars 1987, *Blachère c/ Union des coop. Charente-Poitou.*

3. Contrats conclus par les SICA. Les SICA étant obligatoirement des sociétés coopératives depuis la loi n° 85-703 du 12 juill. 1985, codifiée à l'art. L. 531-1, al. 2, C. rur., seuls les contrats qu'elles concluent avec des producteurs agricoles non adhérents peuvent être qualifiés de contrats d'intégration. • Civ. 1re, 7 mars 1995 : *RD rur. 1995. 273.* ♦ Lorsqu'une SICA a conclu un contrat de production avec un producteur agricole avant la loi n° 85-703 du 12 juill. 1985, ce contrat peut être un contrat d'intégration si la SICA, bien qu'ayant adopté un statut de société civile, exerce en fait une activité commerciale d'approvisionnement et commercialisation. • Civ. 1re, 14 mai 1992, *SICA Elvo c/ Beasse.* ♦ La qualification de contrat d'intégration est exclue pour les conventions antérieures à la loi n° 85-703 du 12 juill. 1985, quand la SICA, bien qu'ayant adopté un statut de société commerciale, a en réalité un objet social identique à celui d'une société coopérative agricole, confirmé par sa reconnaissance en qualité de groupement de producteurs au titre de l'art. L. 551-1 C. rur. • Civ. 1re, 4 févr. 1992 : *RD rur. 1992. 140.*

4. Contrats complexes conclus entre des sociétés coopératives, des entreprises industrielles et commerciales et des producteurs agricoles. V. note 16 ss. art. L. 326-1.

5. Clause nulle. La disposition du contrat prévoyant le paiement d'une pénalité en cas d'inexécution même partielle de la convention (0,30 F par « poussin non démarré ») est illicite. • Civ. 1re, 15 juill. 1999 : *JCP N 2000. 43, note Rochard ; BJS 1999. 1115, 261, note Couret ; RD rur. 2000. 235.*

Art. L. 326-6 Les contrats d'intégration conclus à titre individuel ou le contrat collectif doivent obligatoirement, à peine de nullité, fixer la nature, les prix et les qualités de fournitures réciproques de produits ou de services, le rapport entre les variations des prix de fournitures faites ou acquises par le producteur. Leurs clauses doivent également mentionner les conditions de durée, de renouvellement, de révision et de résiliation. — *[L. n° 64-678 du 6 juill. 1964, art. 19, al. 1er.]*

A. MENTIONS OBLIGATOIRES DANS LES CONTRATS D'INTÉGRATION

1. Détermination du prix. BIBL. Privé, *RD rur. 1996. 66.* – Depasse, *RD rur. 2003. 317.* ♦ Doit être annulé le contrat dans lequel n'étaient mentionnés, ni le prix qui dans certaines circonstances devait rester à la charge de l'éleveur, ni les conditions dans lesquelles l'éleveur devait supporter les pertes des lots déficitaires, ni les conditions de révision de prix en fonction de la durée du contrat. • Civ. 1re, 20 déc. 1988 : *RD rur. 1989. 214* • 4 mars 2003 : *RD rur. 2003. 688, note Depasse.* ♦ Doit être annulé le contrat : ... qui fait référence au prix du produit fourni par l'acheteur d'une manière extrêmement vague, alors que le prix payé au producteur par l'intégrateur doit être établi au contrat à partir d'éléments précis, extérieurs et ne dépendant pas uniquement de l'intégrateur. • Civ. 1re, 4 mai 1994, n° 92-15.602. ♦ ... Qui ne fait aucune référence à une grille de rémunération, ni à des éléments pour évaluer ses charges d'exploitation et apprécier sa marge bénéficiaire. • Civ. 1re, 4 mars 2003 : *préc.* ♦ ... Le contrat se référant à un mécanisme d'indexation subsidiaire sur un prix moyen de l'aliment sans que la convention ne comporte le prix des aliments ainsi pris en considération. • Civ. 1re, 22 mars 2012, n° 11-30.021 : *DP entr. agric., Bull. n° 451, p. 17.*

2. Il incombe au producteur d'établir en sa qualité de demandeur le montant de sa créance résultant du contrat d'intégration verbal. • Civ. 1re, 9 juill. 2003 : *RD rur. 2004. 3 et 196.*

3. Détermination de la qualité des produits. Doit être annulé le contrat qui ne mentionne pas : ... les qualités des aliments fournis gratuitement, ni celles des médicaments remis à l'éleveur à titre onéreux. • Civ. 1re, 20 déc. 1988 : *préc. note 1.* ♦ ... La nature et la qualité des dindonneaux livrés, des aliments fournis, ni des produits vétérinaires conseillés. • Civ. 1re, 24 juin 2003, n° 01-12.936 : *RD rur. 2004. 193.*

4. Durée des engagements contractuels. Les conditions de durée doivent figurer expressément dans chaque contrat d'intégration et ne peuvent découler implicitement de la durée normale d'engraissement des animaux. • Civ. 1re, 29 févr. 1984 : *Bull. civ. I, n° 79.*

B. NULLITÉ DES CONTRATS NON CONFORMES

5. Caractère relatif de la nullité. La nullité frappant les contrats d'intégration présente les caractères d'une nullité relative. • Civ. 1re, 10 janv. 1995 : *RD rur. 1995. 212.* ♦ V. déjà : • Civ. 1re, 15 janv. 1980 : *D. 1981. IR 313, obs. Ghestin.* ♦ Ainsi, un contrat d'intégration nul est susceptible de confirmation. • Civ. 1re, 15 janv. 1980 : *préc.*

6. Régime de l'action en annulation. Le juge peut soulever d'office le moyen de pur droit tiré de la non-conformité d'un contrat d'intégration aux exigences légales. • Civ. 1re, 9 mai 1979 : *Bull. civ. I, n° 139 ; RD rur. 1980. 91.* ♦ Est mal fondée la cour d'appel qui annule un contrat d'intégration sans préciser quelles clauses ne respectaient pas l'art. L. 326-6. • Civ. 1re, 9 nov. 1999 : *Gaz. Pal. 3-4 oct. 2001.* ♦ L'action en annulation se prescrit par cinq ans. • Civ. 1re, 10 janv. 1995 : *préc. note 5.* ♦ Sur la détermination du tribunal compétent, V. note 4 ss. art. L. 326-1.

C. CONSÉQUENCES DE L'ANNULATION DU CONTRAT

1° RESTITUTIONS

7. **BIBL.** Danet et Lorvellec, *D. 1982. Chron. 211* (restitutions après annulation d'un contrat d'intégration).

8. Principe des restitutions en valeur. Si la nullité du contrat doit entraîner les restitutions des prestations réciproques que s'étaient faites les parties, cette restitution peut avoir lieu en valeur quand la restitution en nature est impossible. • Civ. 1re, 25 nov. 1981 : *D. 1982. Chron. 211.*

9. Calcul des restitutions. Le juge ne peut calculer les restitutions comme s'il avait existé une société de fait entre les parties, car il lui appartient seulement de se prononcer sur les restitutions réciproques imposant une balance des comptes entre les contractants, où doivent apparaître, au crédit de l'entreprise, la valeur des fournitures remises à l'éleveur en exécution des contrats annulés, diminuée des paiements ou remboursements déjà effectués et, au crédit de l'éleveur, la valeur des prestations fournies à titre de peines et charges directement liées à l'exécution des contrats annulés, éventuellement diminuée des sommes déjà perçues. • Civ. 1re, 22 oct. 1996, n° 94-21.958. ♦ Le travail de l'éleveur doit être indemnisé, comme les frais de main-d'œuvre, de fourniture de locaux, d'électricité, de chauffage et d'eau ainsi que les frais vétérinaires. • Civ. 1re, 25 nov. 1981 : *préc. note 8.* ♦ Est mal fondée la cour qui condamne l'intégrateur à restituer les bénéfices tirés de l'opération en conséquence de l'annulation du contrat. • Civ. 1re, 10 déc. 2014, n° 13-23.903 P : *RD rur. 2015, n° 68, note Thioye ; D. 2015. 9 ; Gaz. Pal. 2015. 528.* ♦ La cour est mal fondée à condamner une EURL (destinataire des animaux) à payer à un GAEC (engraisseur) une somme excédant les restitutions consécutives à l'annulation du contrat d'intégration ayant existé entre ces parties en considérant les relations concertées du GAEC et de la SARL vendeur des animaux à engraisser. • Civ. 1re, 25 nov. 2020, n° 18-24.769 P : *Gaz. Pal. 2020, n° 44, p. 40 ; DP entr. agric., Bull. n° 547, p. 16.*

2° AUTRES CONSÉQUENCES FINANCIÈRES

10. Sort des reconnaissances de dettes. La nullité d'un contrat d'intégration entraîne la nullité des reconnaissances de dettes signées par l'éleveur au cours ou au terme de son exécution et la demande de nullité du contrat comporte implicitement la demande d'annulation des reconnaissances de dettes auxquelles il a donné naissance. • Civ. 1re, 19 févr. 1991 : *RD rur. 1991. 225* • 31 mars 1992 : *RD rur. 1992. 310.* ♦ La nullité frappe également les traites signées par l'éleveur au profit de la société intégratrice. • Civ. 1re, 5 déc. 1979 : *Bull. civ. I, n° 306* • 15 janv. 1980 : *RD rur. 1980. 541.*

11. Sort des contrats de crédit. La nullité des contrats d'intégration laisse subsister la cause des contrats d'ouverture de crédit conclus en vue de faciliter leur exécution. • Civ. 1re, 18 mars 1981 : *RD rur. 1982. 93.*

12. Procédures collectives. **BIBL.** Gimalac, *RTD com. 1999. 601* (le contrat d'intégration révélé par les actions en comblement et en extension de passif). ♦ Il ne résulte d'aucune disposition de la loi que l'entreprise industrielle ou commerciale qui a conclu avec un producteur agricole un contrat d'intégration doit supporter le passif de ce producteur, lorsque ce dernier fait l'objet d'une procédure collective. • Com. 22 févr. 1994, n° 92-11.453.

3° CONSÉQUENCES NON FINANCIÈRES

13. Nullité des contrats connexes. La nullité des contrats d'intégration entraîne la nullité des contrats pris pour leur exécution et en particulier tous les contrats de vente ou de fourniture de produits. • Civ. 1re, 20 janv. 1981 : *RD rur. 1982. 93.* ♦ Sur l'absence de nullité des contrats de crédit, V. note 11.

Art. L. 326-7 **Sauf consentement écrit des parties, aucun contrat ne peut être renouvelé par tacite reconduction pour une période excédant un an.** — *[L. n° 64-678 du 6 juill. 1964, art. 19, al. 2.]*

Art. L. 326-8 **L'adaptation régionale du contrat collectif prévu à l'article L. 326-4 sera faite dans les mêmes conditions, après avis des organisations professionnelles les plus représentatives de la région.** — *[L. n° 64-678 du 6 juill. 1964, art. 19, al. 3.]*

Art. L. 326-9 **Tout contrat collectif d'intégration doit, pour être applicable, être homologué par le ministre de l'agriculture.** – *[L. n° 64-678 du 6 juill. 1964, art. 21.]*

Art. L. 326-10 **Les dispositions des articles 8 et 16 de la loi n° 64-678 du 6 juillet 1964 précitée** *[codifiés au C. rur., art. L. 631-11 et L. 631-21]* **ne sont pas applicables aux accords ou contrats d'intégration.** – *[L. n° 64-678 du 6 juill. 1964, art. 22.]*

V. art. R. 326-1 s.

CHAPITRE VII AUTRES FORMES D'EXPLOITATION AGRICOLE

Art. L. 327-1 **Les propriétaires et exploitants peuvent librement faire apport de leurs droits, soit en pleine propriété, soit en jouissance seulement, à des sociétés civiles d'exploitation agricole ou à des groupements de propriétaires ou d'exploitants.** – *[L. n° 60-808 du 5 août 1960, art. 14-I, al. 1er.]*

CHAPITRE VIII *[ABROGÉ]* DISPOSITIONS PARTICULIÈRES À CERTAINES COLLECTIVITÉS TERRITORIALES

(Abrogé par Ord. n° 2012-789 du 31 mai 2012, art. 7-IX)

Art. L. 328-1 à L. 328-7 *Abrogés par Ord. n° 2012-789 du 31 mai 2012, art. 7-V, VII-2° et VIII-2°.*

TITRE III LA POLITIQUE D'INSTALLATION ET LE CONTRÔLE DES STRUCTURES ET DE LA PRODUCTION

(L. n° 95-95 du 1er févr. 1995)

CHAPITRE PRÉLIMINAIRE LA POLITIQUE D'INSTALLATION ET DE TRANSMISSION EN AGRICULTURE

(L. n° 2014-1170 du 13 oct. 2014, art. 31-I)

BIBL. GÉN. ► Installation, *DP entr. agric.* – BODIGUEL, *RD rur. 2012. Étude 9* (de la constance des soutiens publics à l'installation).

V. aussi Instruction technique DGPE/SDPAC/2023-445 du 10 juill. 2023 relative à la notion de jeune agriculteur (JA) et à l'aide complémentaire au revenu pour les jeunes agriculteurs (ACJA) à compter de la campagne 2023 (BOM Agriculture 2023, n° 28).

COMMENTAIRE

Le vieillissement de la population agricole et le nombre important des départs programmés non compensés par l'arrivée de nouveaux exploitants ont convaincu le législateur d'engager puis de maintenir une politique de nature à inverser cette tendance en soutenant l'installation en agriculture. La loi du 1er février 1995 puis celle du 9 juillet 1999 ont ainsi fait de l'installation un de leurs objectifs majeurs. Pour faciliter tout type de cession, a été institué un répertoire de l'installation qui recense les exploitations qui vont être disponibles, celles qui sont déjà disponibles ainsi que les candidats à l'installation. Les gouvernements successifs ont régulièrement modifié le dispositif législatif et réglementaire pour adapter le système de soutien de l'installation des jeunes agriculteurs. L'évolution structurelle a amené l'annonce en juin 2012 de l'ouverture d'une révision de l'ensemble de la politique d'installation. Les assises de l'installation, qui se sont déroulées de novembre 2012 à juillet 2013 (V. site du ministère de l'agriculture-espace pro-exploitations agricoles-installation), ont permis de réaffirmer le principe d'un cadre national garantissant une politique d'installation avec le cofinancement des aides dans le nouveau cadre européen, d'affirmer la mobilisation État/région, de prévoir un montant de dotation jeune agriculteur modulé selon les territoires et les projets, ainsi que le maintien des plans de développement économique et du parcours professionnel personnalisé.

La loi du 13 octobre 2014 a réaffirmé les objectifs de cette politique (V. art. L. 1) et a engagé la rénovation du cadre juridique de mise en œuvre de ces principes : un projet d'installation doit être établi par des candidats détenant une capacité professionnelle, en considérant les aspects économiques et environnementaux de leur projet (V. art. D. 345-5 s.) ; le répertoire a été maintenu et renforcé. Est aussi prévu un contrat de couverture sociale pour l'installation (V. art. D. 330-4 à D. 330-8).

Enfin, un fonds, alimenté par la taxe sur la cession à titre onéreux des territoires nus rendus constructibles, a été aménagé : il est destiné à financer plus largement la transmission et l'accès au foncier (CGI, art. 1605 *nonies*).

Il est à noter qu'en 2020, 50 % des fermes étaient dirigées par un exploitant de plus de 55 ans (25 % par un exploitant de plus de 60 ans). Le montant de la dotation jeunes agriculteurs a été revalorisé entre 2016 et 2018. Cette aide suppose une capacité professionnelle et l'élaboration d'un projet économique permettant d'obtenir un revenu agricole suffisant. Le montant est modulé selon la zone d'installation, la modernisation de l'exploitation reprise, les contributions agro-écologiques, à la production de valeur ajoutée et à l'emploi.

L'élaboration du plan stratégique national élaboré pour l'application de la PAC 2023-2027 a maintenu les trois axes de soutien des jeunes et nouveaux agriculteurs : l'aide à l'installation, le soutien aux investissements (ouvert à tous mais bonifié pour les jeunes agriculteurs) et l'attribution priorisée au bénéfice des jeunes agriculteurs.

La loi n° 2023-171 du 9 mars 2023 portant diverses dispositions d'adaptation au droit de l'Union européenne dans les domaines de l'économie, de la santé, du travail, des transports et de l'agriculture a décentralisé le système d'aides aux régions qui en font la demande. L'objectif reste d'accompagner des agriculteurs dont les compétences et projets ont été vérifiés.

Les chambres d'agriculture sont en charge des missions de service public relatives à l'installation (art. L. 511-4, 4°) et Chambres d'agriculture France gère l'observatoire national de l'installation (art. L. 513-1).

La Cour des comptes a conclu dans un rapport du 12 avril 2023 (*La politique d'installation des nouveaux agriculteurs et de transmission des exploitations agricoles*) à la nécessité d'adapter les instruments d'aide à l'installation notamment au profit de candidats de plus de quarante ans et en orientant le soutien vers la durabilité économique, sociale et environnementale. La Cour a aussi conclu au besoin d'améliorer le soutien et l'orientation de la transmission des exploitations. ❑

Art. L. 330-1 *(L. n° 2023-171 du 9 mars 2023, art. 38, en vigueur le 1er janv. 2023)*
L'État détermine le cadre réglementaire national de la politique d'installation et de transmission en agriculture. Cette politique comprend un volet relatif à l'installation des jeunes ne disposant pas des diplômes requis, mais engagés dans le cadre d'une formation.

Toutefois, lorsqu'elles se sont vu confier, en application du VI de l'article 78 de la loi n° 2014-58 du 27 janvier 2014 de modernisation de l'action publique territoriale et d'affirmation des métropoles, la gestion des aides à l'installation de jeunes agriculteurs et de nouveaux agriculteurs et à la création de nouvelles entreprises rurales, mentionnées à l'article 75 du règlement (UE) 2021/2115 du Parlement européen et du Conseil du 2 décembre 2021 établissant des règles régissant l'aide aux plans stratégiques devant être établis par les États membres dans le cadre de la politique agricole commune (plans stratégiques relevant de la PAC) et financés par le Fonds européen agricole de garantie (FEAGA) et par le Fonds européen agricole pour le développement rural (Feader), et abrogeant les règlements (UE) n° 1305/2013 et (UE) n° 1307/2013, les autorités de gestion régionales fixent le cadre réglementaire applicable à ces aides dans le respect du plan stratégique national et des règles définies par le décret mentionné au dernier alinéa du VI de l'article 78 de la loi n° 2014-58 du 27 janvier 2014 précitée.

Pour l'attribution des aides à l'installation, dans le respect des définitions de jeune agriculteur et de nouvel agriculteur fixées par voie réglementaire, ces autorités s'assurent que :

1° Les candidats élaborent un projet global d'installation intégrant les aspects économiques et environnementaux ;

2° Les candidats justifient de leur capacité à réaliser un projet viable par la détention d'un niveau de diplôme ou d'expérience professionnelle, préalablement à leur installa-

tion. Par dérogation, ces autorités peuvent aussi prévoir que ce niveau soit atteint progressivement par le candidat au cours de son installation.

L'aide à l'installation peut être modulée si les candidats n'ont pas souscrit une assurance contre les dommages causés aux exploitations agricoles mentionnée au premier alinéa de l'article L. 361-4 du présent code ou s'ils n'ont pas réalisé un diagnostic de gestion des risques constatant un niveau de maîtrise des risques suffisant sur l'exploitation.

Les autorités de gestion régionales établissent chaque année un bilan, rendu public, de la mise en œuvre de la politique d'installation et de transmission en agriculture dans leur région. Ces bilans, consolidés à l'échelle nationale par l'État, comportent notamment une présentation du cadre réglementaire fixé par les régions en matière d'aides à l'installation de jeunes agriculteurs et de nouveaux agriculteurs et à la création de nouvelles entreprises rurales ainsi qu'un bilan des versements de l'année écoulée. — *Les aides à l'installation octroyées au titre de la programmation de la politique agricole commune ayant débuté en 2014 restent régies par les dispositions antérieures à la L. nº 2023-171 du 9 mars 2023 (L. préc., art. 38-III).*

Art. L. 330-2 Afin de faciliter l'accès aux responsabilités de chef d'exploitation, il est instauré, dans des conditions fixées par décret, un dispositif d'installation progressive mis en place sur une période maximale de cinq ans.

Art. L. 330-3 Toute personne suivant des formations ou des stages en vue de son installation en agriculture et répondant à des conditions définies par décret peut bénéficier d'un contrat de couverture sociale pour l'installation en agriculture conclu avec l'État, si elle ne relève pas d'un régime de sécurité sociale.

Les personnes mentionnées au premier alinéa ont le statut de stagiaires de la formation professionnelle continue, en application de la sixième partie du code du travail, sauf lorsqu'elles effectuent le stage d'application en exploitation mentionné au deuxième alinéa de l'article L. 741-10 du présent code. Les articles L. 6342-2 et L. 6342-3 du code du travail leur sont applicables.

Le contrat de couverture sociale pour l'installation en agriculture n'emporte le versement d'aucune rémunération ou allocation en dehors des périodes durant lesquelles la personne perçoit une rémunération au titre d'un emploi ou d'un stage.

Un décret détermine le contenu du contrat de couverture sociale pour l'installation en agriculture, sa durée maximale et les conditions de son renouvellement.

Art. L. 330-4 *Abrogé par Ord. nº 2017-1718 du 20 déc. 2017, art. 2-I-1º.*

Art. L. 330-5 Sauf en cas de force majeure, trois ans au moins avant leur départ en retraite, les exploitants agricoles font connaître à l'autorité administrative leur intention de cesser leur exploitation et les caractéristiques de celle-ci et indiquent si elle va devenir disponible. Ces informations peuvent être portées à la connaissance du public. Cette notification est nécessaire pour bénéficier éventuellement, à la date prévue, de l'autorisation de poursuivre la mise en valeur de l'exploitation ou d'une partie de celle-ci dans les conditions prévues aux articles L. 732-39 et L. 732-40.

Les services et organismes chargés de gérer les retraites informent individuellement chaque exploitant agricole de cette obligation quatre ans avant qu'il atteigne l'âge requis pour bénéficier de la retraite.

Il est créé dans chaque département un répertoire à l'installation. Celui-ci est chargé de faciliter les mises en relation entre cédants et repreneurs, particulièrement pour les installations hors cadre familial.

CHAPITRE I LE CONTRÔLE DES STRUCTURES DES EXPLOITATIONS AGRICOLES

(L. nº 99-574 du 9 juill. 1999)

BIBL. GÉN. ▶ Contrôle des structures, *DP entr. agric.* – Le contrôle des structures des exploitations agricoles, supplément *Notaires : vie pratique, juin 2004, nº 17.* – BARABÉ-BOUCHARD, *RD rur. 2008, nº 87* (contrôle des structures et SAFER). – BARTHE, *RD rur. 2019. Dossier 30* (quelle régulation par le droit rural pour la firme agricole ?). – CREVEL, *RD rur. 2007. Étude 4* (réglementation des structures et activités équestres) ; *RD rur. 2008. Dossier 26* (contrôle des structures et sociétés) ; *RD rur. 2010. Dossier 3* (adaptation du contrôle des structures aux

SAFER) ; *RD rur. 2016, n° 226* (Instr. du 7 juill. 2016). – Delorme et Gossein, *Defrénois 2006. 1183*. – Krajeski, *JCP 2006. I. 154 ; JCP N 2006. 1240*. – Gain, *RD rur. 2004. 372* (contrôle des structures et liberté d'entreprendre) ; *JCP N 2006. 1027 ; Gaz. Pal. 19-20 mai 2006. 9 ; RD rur. févr. 2006, n° spécial LOA, p. 44*. – Gilardeau, *RD rur. 1999. 355 ; JCP N 1999. 1575*. – Grimonprez, *DP entr. agric., Bull. n° 503, p. 1* (Instr. du 7 juill. 2016). – Lachaud, *Ann. loyers 2000. 429 (loi du 9 juill. 1999) ; Ann. loyers 2001. 92 (sanctions) ; Ann. loyers 2007. 56* (contrôle des structures en 2007). – Manteau, *Dr. sociétés 2007. Étude 13* (aménagement de la réglementation des sociétés agricoles). – Pierret, *RD rur. 2007. Étude 30*. – Roussel, *RD rur. oct. 2006. 39* (commentaire de la circulaire du 8 août 2006).

V. Instr. technique n° DGPE/SDPE/2016-561 du 7 juill. 2016 relative aux modalités de la procédure d'instruction des demandes d'autorisation et des déclarations d'exploiter (BO Agriculture n° 29 du 14 juill. 2016).

COMMENTAIRE

Le contrôle des structures est un outil de mise en application de la politique d'orientation agricole ; il ne s'applique pas à la propriété et seuls les transferts de propriété ayant pour conséquence de modifier l'exploitation du fonds sont contrôlés. Le contrôle des structures porte sur les faits d'exploitation quel que soit le statut juridique de l'entité exploitante, et non sur la détention de biens.

La loi du 15 juin 1949 modifiée par l'ordonnance du 27 décembre 1958 avait initié un tel contrôle. Il s'agissait d'empêcher certaines opérations réalisant de grandes concentrations de terres ou opérant le démembrement d'exploitations viables. La loi de 1962 a ensuite institué le « contrôle des cumuls » pour faciliter le développement du modèle d'exploitation familiale choisi par le législateur en 1960. La mise en application de ce système s'est révélée délicate et contrastée selon les départements. Et il a été reproché la lourdeur et l'inefficacité du contrôle opéré. La loi du 4 juillet 1980 a alors réformé cet ensemble en créant le « contrôle des structures », système lui-même réformé par la loi de 1984 avant même que le premier système ait été mis en application. Il a ainsi été mis en place un système devant privilégier l'installation et les exploitations moyennes. Cependant, cette loi pensée pour un contexte où la demande de terres était inférieure à l'offre a perdu beaucoup d'intérêt lorsque la tendance s'est inversée et qu'il a fallu résister à la déprise. La réforme du 23 janvier 1990 est alors venue assouplir le contrôle qui a cependant été maintenu. Par contre, la loi du 1er février 1995 a réactivé le contrôle en renforçant un système que la loi du 9 juillet 1999 a encore refondu pour le rendre plus efficace et pour favoriser l'installation. La loi du 23 février 2005 et surtout celle du 5 janvier 2006 ont de nouveau nettement assoupli le contrôle, le législateur cherchant à alléger une charge administrative qui ne lui est pas apparue avoir constitué un élément décisif en faveur de l'installation. La loi du 13 octobre 2014 a cherché à restaurer l'efficacité du système ; il a été considéré que des agrandissements importants et des démembrements d'exploitation viables avaient pu se réaliser par des contournements des règles du contrôle des structures et notamment en utilisant le cadre sociétaire. Ces variations reflètent moins l'évolution de l'objectif législatif que l'adaptation de sa mise en œuvre à un contexte plusieurs fois renouvelé selon des sensibilités politiques plus ou moins ouvertes au contrôle public du fait d'exploitation.

Le contrôle s'opère selon la procédure des articles R. 331-4 et suivants du code rural ; il s'agit d'obtenir une autorisation préfectorale. Certaines opérations ne supposent que la réalisation d'une déclaration. ❑

Art. L. 331-1 *(L. n° 2014-1170 du 13 oct. 2014, art. 32-III-1°)* **Le contrôle des structures des exploitations agricoles s'applique à la mise en valeur des terres agricoles ou des ateliers de production hors sol au sein d'une exploitation agricole, quels que soient la forme ou le mode d'organisation juridique de celle-ci et le titre en vertu duquel la mise en valeur est assurée.**

L'objectif principal du contrôle des structures est de favoriser l'installation d'agriculteurs, y compris ceux engagés dans une démarche d'installation progressive.

Ce contrôle a aussi pour objectifs de :

1° Consolider ou maintenir les exploitations afin de permettre à celles-ci d'atteindre ou de conserver une dimension économique viable au regard des critères du schéma directeur régional des exploitations agricoles ;

2° Promouvoir le développement des systèmes de production permettant de combiner performance économique et performance environnementale, dont ceux relevant du mode de production biologique au sens de l'article L. 641-13, ainsi que leur pérennisation ;

3° Maintenir une agriculture diversifiée, riche en emplois et génératrice de valeur ajoutée, notamment en limitant les agrandissements et les concentrations d'exploitations au bénéfice, direct ou indirect, d'une même personne physique ou morale excessifs au regard des critères précisés par le schéma directeur régional des exploitations agricoles.

COMMENTAIRE

L'objectif du contrôle des structures, réformé par la loi d'avenir pour l'agriculture en 2014, est désormais principalement (et non plus prioritairement) l'installation, mais aussi la consolidation et le maintien des exploitations pour leur permettre d'atteindre le seuil de viabilité au regard des critères du schéma directeur régional des exploitations agricoles, la promotion de la diversité des systèmes de production permettant de contribuer à l'objectif agro-environnemental défendu par cette loi, et la limitation des agrandissements et concentrations d'exploitations excessifs au regard des critères du schéma directeur précité. ❑

Art. L. 331-1-1 *(L. n° 2014-1170 du 13 oct. 2014, art. 32-III-1°)* **Pour l'application du présent chapitre :**

1° Est qualifié d'exploitation agricole l'ensemble des unités de production mises en valeur, directement ou indirectement, par la même personne, quels qu'en soient le statut, la forme ou le mode d'organisation juridique, dont les activités sont mentionnées à l'article L. 311-1 ;

2° Est qualifié d'agrandissement d'exploitation ou de réunion d'exploitations au bénéfice d'une personne le fait, pour celle-ci, mettant en valeur une exploitation agricole à titre individuel ou dans le cadre d'une personne morale, d'accroître la superficie de cette exploitation *[Dispositions déclarées non conformes à la Constitution par la décision du Conseil constitutionnel n° 2014-701 DC du 9 octobre 2014]* **; la mise à disposition de biens d'un associé exploitant lors de son entrée dans une personne morale est également considérée comme un agrandissement ou une réunion d'exploitations au bénéfice de cette personne morale ;**

3° Pour déterminer la superficie totale mise en valeur, il est tenu compte de l'ensemble des superficies exploitées par le demandeur, sous quelque forme que ce soit et toutes productions confondues, en appliquant les équivalences fixées par le schéma directeur régional des exploitations agricoles pour les différents types de production. En sont exclus les bois, taillis et friches, à l'exception des terres situées en Guadeloupe, en Guyane, en Martinique ou à La Réunion et mentionnées à l'article L. 181-4 ainsi que de celles situées à Mayotte et mentionnées à l'article L. 182-12. En sont également exclus les étangs autres que ceux servant à l'élevage piscicole.

BIBL. ▶ BOSSE-PLATIÈRE, *RD rur. 2015. Repère 4* (double participation et pratique administrative).

COMMENTAIRE

Le Conseil constitutionnel a sanctionné la disposition de la loi d'avenir pour l'agriculture qui prévoyait de qualifier d'agrandissement d'exploitation toute prise de participation directe ou indirecte dans une autre exploitation agricole pour atteinte disproportionnée au droit de propriété et à la liberté d'entreprendre, dès lors que la qualification n'était pas réservée aux prises de participation conduisant à une participation significative dans une autre exploitation (Décis. n° 2014-701 DC du 9 oct. 2014, *JO 14 oct.*). ❑

1. Terrain à usage agricole. Jurisprudence antérieure à la loi du 13 oct. 2014. Les plans d'eau consacrés à l'élevage piscicole doivent être pris en compte. • CE 2 nov. 1994, *Gonnet : RD rur. 1995. 162.* ♦ Il en est de même des parcelles en état d'inculture. • CE 5 oct. 1990, *Laurent : RD rur. 1990. 42.* ♦ Ne relèvent pas du contrôle des structures les terres affectées à l'usage de gravières ayant fait l'objet d'une autorisation d'exploitation de carrières, même pour leur maintien provisoire et précaire en culture. • CAA Lyon, 9 déc. 2010, *Préfet du Rhône*, n° 09LY00772 : *Gaz. Pal. 9-10 févr. 2011.*

2. Associé non exploitant. Les art. L. 311-1-1 et R. 311-1 n'ont ni pour objet ni pour effet de soumettre au contrôle des structures une simple participation financière dans une exploitation. • CE 31 mars 2017, n° 392875.

Art. L. 331-2 *(L. nº 2014-1170 du 13 oct. 2014, art. 32-III-1º)* I. – Sont soumises à autorisation préalable les opérations suivantes :

1º Les installations, les agrandissements ou les réunions d'exploitations agricoles au bénéfice d'une exploitation agricole mise en valeur par une ou plusieurs personnes physiques ou morales, lorsque la surface totale qu'il est envisagé de mettre en valeur excède le seuil fixé par le schéma directeur régional des exploitations agricoles. La constitution d'une société n'est toutefois pas soumise à autorisation préalable lorsqu'elle résulte de la transformation, sans autre modification, d'une exploitation individuelle détenue par une personne physique qui en devient l'unique associé exploitant ou lorsqu'elle résulte de l'apport d'exploitations individuelles détenues par deux époux ou deux personnes liées par un pacte civil de solidarité qui en deviennent les seuls associés exploitants ;

2º Quelle que soit la superficie en cause, les installations, les agrandissements ou les réunions d'exploitations agricoles ayant pour conséquence :

a) De supprimer une exploitation agricole dont la superficie excède le seuil mentionné au 1º ou de ramener la superficie d'une exploitation en deçà de ce seuil ;

b) De priver une exploitation agricole d'un bâtiment essentiel à son fonctionnement, sauf s'il est reconstruit ou remplacé ;

3º Quelle que soit la superficie en cause, les installations, les agrandissements ou les réunions d'exploitations agricoles au bénéfice d'une exploitation agricole :

a) Dont l'un des membres ayant la qualité d'exploitant ne remplit pas les conditions de capacité ou d'expérience professionnelle fixées par voie réglementaire ;

b) Ne comportant pas de membre ayant la qualité d'exploitant ;

c) Lorsque l'exploitant est un exploitant pluriactif, remplissant les conditions de capacité ou d'expérience professionnelle, dont les revenus extra-agricoles excèdent 3 120 fois le montant horaire du salaire minimum de croissance, à l'exception des exploitants engagés dans un dispositif d'installation progressive, au sens de l'article L. 330-2 ;

4º Lorsque le schéma directeur régional des exploitations agricoles le prévoit, les agrandissements ou réunions d'exploitations pour les biens dont la distance par rapport au siège de l'exploitation du demandeur est supérieure à un maximum qu'il fixe ;

5º Les créations ou extensions de capacité des ateliers de production hors sol au-delà d'un seuil de production fixé par le schéma directeur régional des exploitations agricoles.

II. – Les opérations soumises à autorisation en application du I sont, par dérogation à ce même I, soumises à déclaration préalable lorsque le bien agricole à mettre en valeur est reçu par donation, location, vente ou succession d'un parent ou allié jusqu'au troisième degré inclus et que les conditions suivantes sont remplies :

1º Le déclarant satisfait aux conditions de capacité ou d'expérience professionnelle mentionnées au *a* du 3º du I ;

2º Les biens sont libres de location ;

3º Les biens sont détenus par un parent ou allié, au sens du premier alinéa du présent II, depuis neuf ans au moins ;

4º Les biens sont destinés à l'installation d'un nouvel agriculteur ou à la consolidation de l'exploitation du déclarant, dès lors que la surface totale de celle-ci après consolidation n'excède pas le seuil de surface fixé par le schéma directeur régional des exploitations agricoles en application du II de l'article L. 312-1.

Pour l'application du présent II, les parts d'une société constituée entre les membres d'une même famille sont assimilées aux biens qu'elles représentent.

III. – Lorsque la mise en valeur de biens agricoles par le candidat auquel la société d'aménagement foncier et d'établissement rural entend les rétrocéder est soumise à autorisation d'exploiter en application du I, l'avis favorable donné à la rétrocession par le commissaire du Gouvernement représentant le ministre chargé de l'agriculture tient lieu de cette autorisation.

Dans ce cas, la publicité du projet de rétrocession tient lieu de la publicité prévue au premier alinéa de l'article L. 331-3.

S'il estime que, compte tenu des autres candidatures à la rétrocession ou à la mise en valeur des biens et des motifs de refus prévus à l'article L. 331-3-1, le candidat à la rétrocession ne doit pas être autorisé à exploiter les biens qu'il envisage d'acquérir, le

commissaire du Gouvernement en fait expressément mention dans son avis. Cette mention tient lieu de refus de l'autorisation d'exploiter mentionnée à l'article L. 331-2 *[L. 331-3-1]*.

BIBL. ▶ SEILLAN, *AJDI 2018. 471* (l'autorisation administrative d'exploiter en droit rural, une condition d'ordre public absolu).

COMMENTAIRE

Le contrôle a pour fait générateur les opérations d'installation, l'agrandissement ou la réunion d'exploitations agricoles, mais sous réserve de leur portée (surface dépassant un seuil, démembrement ou suppression d'une exploitation existante, agrandissement ou réunion avec dépassement d'une distance du siège d'exploitation et des parcelles si celle-ci a été prévue par le schéma directeur régional des exploitations agricoles). Le contrôle est également à mettre en œuvre sur la création ou l'agrandissement d'un atelier d'élevage hors sol (seuils). Le contrôle est enfin provoqué pour les installations, agrandissements ou réunions d'exploitations dont un membre ayant qualité d'exploitant ne remplit pas les conditions d'aptitude réglementaires, ou lorsqu'il s'agit d'un pluriactif dont les revenus (et non plus ceux de son foyer fiscal) dépassent un seuil déterminé. Il en est de même si l'exploitation ne compte aucun membre ayant la qualité d'exploitant.

Le législateur a revu en 2014 à nouveau les conditions de contrôle dans le cas où une personne morale figure dans l'opération, dans le souci de rendre le contrôle plus efficace et déjouer toute tentative de contournement des objectifs. Les opérations effectuées par une personne morale sont soumises au contrôle des structures dans les conditions de droit commun. Cependant, la constitution d'une société n'est pas soumise à autorisation préalable si elle résulte de la transformation sans autre modification d'une exploitation individuelle détenue par une personne physique ou un couple marié ou pacsé qui devient unique associé.

Ce n'est pas la modification du nombre des associés, les participations et les répartitions de parts qui sont soumises à contrôle. Mais l'extension de la superficie exploitée par une personne morale peut amener à contrôler une prise de participation, ainsi qu'une association notamment lorsque l'exploitant met ses terres à disposition de la société. Il avait été prévu que toute participation directe ou indirecte dans une autre exploitation agricole constituerait un agrandissement soumis au contrôle des structures ; cette disposition a été jugée contraire à la Constitution, parce qu'elle ne réservait pas la qualification d'agrandissement aux prises de participation significatives et par suite portait une atteinte disproportionnée au droit de propriété et à la liberté d'entreprendre (Cons. const. 9 oct. 2014, n° 2014-701 DC : *AJDA 2014. 1976*). Le décret n° 2015-713 du 22 juin 2015 a cependant prévu un contrôle des prises de participation dans les sociétés à objet agricole par un exploitant actif (V. art. R. 331-1).

Il existe par ailleurs la procédure d'autorisation de prise de contrôle (V. art. L. 333-1 s.).

Par exception, ne sont pas soumises à autorisation mais à déclaration certaines opérations familiales mais en nombre réduit par la loi de 2014 qui exige que l'opération soit destinée à l'installation d'un nouvel agriculteur ou à la consolidation de l'exploitation du déclarant dans la limite du seuil du schéma directeur régional des exploitations agricoles.

Le contrôle des opérations de rétrocession de la SAFER est désormais soumis au contrôle des structures selon les règles de droit commun, mais selon une procédure spécifique puisque l'avis favorable du commissaire du gouvernement constituera l'autorisation éventuellement nécessaire. Les critères du refus du préfet (ou du commissaire du gouvernement) sont précisément énoncés dans une liste *a priori* limitative (art. L. 331-3-1).

Les sanctions ont été modifiées par la loi du 9 juillet 1999 pour être plus efficaces. Les sanctions économiques ont été maintenues, de même que l'absence de validité du bail ou de sa cession lorsque le fermier n'a pas reçu l'autorisation qu'il devait obtenir. Par contre, les sanctions pénales qui étaient très peu mises en œuvre, ont été remplacées par des sanctions pécuniaires administratives. ❑

I. AUTORISATION

1. Pour déterminer la nécessité d'une autorisation préalable, il convient de prendre toute la superficie de l'exploitation qui serait supprimée ou réduite par l'effet de l'opération, quelles que soient les cultures pratiquées, en y intégrant les ateliers de production hors sol après application du coefficient fixé par arrêté ministériel. • CE, avis, 1er juill. 2011, n° 345237 : *JO 23 juill. ; DP entr. agric., Bull. n° 444, p. 3, note Barabé-Bouchard ; Gaz. Pal. 2011. 2501.* ♦ Il doit être tenu compte des superficies exploitées par le demandeur quel que soit le mode d'organisation juridique de son exploitation, une personne associée d'une société à objet agricole devant être regardée comme mettant en valeur les unités de production de cette société si elle participe effectivement aux travaux. • CE 2 juill. 2021, n° 432801 B : *Gaz. Pal. 20 juill. 2021 ; Defrénois Flash 2021, n° 30-34, p. 15.* ♦ La demande du GAEC s'inscrit dans la priorité de l'installation prévue au schéma départemental des structures, dès lors que le projet consistait en la création d'un GAEC par un jeune engagé dans une démarche d'installation avec ses parents. • CAA Bordeaux, 6 nov. 2014, n° 13BX02323 : *RD rur. 2015, n° 72, concl. Normand, note Robbe.* ♦ La capacité professionnelle du bénéficiaire du congé s'apprécie selon les cultures pérennes réellement pratiquées et non en fonction du potentiel de production de l'exploitation. • CAA Lyon, 29 mars 2016 : *RD rur. 2016, n° 292, note Robbe.* ♦ La durée de l'expérience professionnelle de cinq ans se décompte jusqu'à la date effective de l'opération soumise à autorisation. • CAA Nancy, 10 mai 2023, n° 21NC02498 : *DP entr. agric., Bull. n° 576, p. 13, note Debailleul.*

2. Autorisation personnelle. Doit être tenue pour titulaire de l'autorisation d'exploiter la fille du preneur décédé ayant été autorisée à exploiter dans le cadre d'une EARL par un arrêté pris après qu'une autorisation d'exploiter a été délivrée à l'EARL, dès lors qu'il a été constaté l'absence de tout changement dans la situation de la fille et de toute nouvelle demande. • Civ 3e, 11 juin 2008, n° 07-17.433.

1° AGRANDISSEMENT

3. Distance. L'arrêté d'autorisation d'un agrandissement ne doit pas être annulé sur le fondement de la distance excessive des terres objet de la demande avec le siège de l'exploitation dès lors que la distance de 25 km, eu égard à la nature des cultures envisagées, n'apparaissait pas inconciliable avec la mise en valeur rationnelle des terres. • CE 13 déc. 2006, n° 274475.

4. Pour déterminer la superficie totale mise en valeur, il doit être tenu compte des superficies mises en valeur par le demandeur quel que soit le mode d'organisation juridique de son exploitation, une personne associée d'une société à objet agricole devant, à ce titre, être regardée comme mettant en valeur les unités de production de cette société si elle participe effectivement aux travaux. • CE 2 juill. 2021, n° 432801 B : *AJDA 2021. 2141* . ♦ Est soumise à autorisation l'agrandissement qui résulte du rachat de parts sociales agricoles par une personne qui participe effectivement aux travaux. • CE 30 nov. 2021, n° 439742 B : *Gaz. Pal. 2021, n° 44, p. 45 ; Defrénois 2021, n° 51-52. p. 9.* ♦ Et la demande d'autorisation doit être présentée par le nouvel associé, qui procède ainsi à un agrandissement de son exploitation et non la société. • Civ. 3e, 26 oct. 2023, n° 21-24.231 B : *D. 2023. 1948* ; *RD rur. 2023, n° 107, note Crevel ; JCP 2023. 1268.*

5. L'appréciation du seuil de concentration excessive s'apprécie à la date à laquelle l'autorité administrative statue sur la demande • CAA Douai, 2 févr. 2021, n° 20DA00392 : *RD rur. 2021, n° 94, note Robbe.*

2° RÉUNION D'EXPLOITATIONS

6. Définition. L'installation d'un agriculteur sur deux exploitations antérieurement indépendantes est une réunion d'exploitations. • CE 17 mars 1978 : *RD rur. 1979. 14, concl. Galabert ; D. 1979. IR 207, obs. Martine* • 20 mars 1991, n° 81712 : *RD rur. 1991. 312.* ♦ Dans le même sens : • Civ. 3e, 5 oct. 1983 : *JCP N 1984. II. 214, n° 14, obs. Moreau.*

3° DÉMEMBREMENT

7. Seuil de viabilité. Les exploitations d'une superficie déjà inférieure au seuil de viabilité peuvent être démembrées sans qu'une autorisation soit imposée. • CE 10 juill. 1995, n° 155637 : *RD rur. 1996. 46.* ♦ Même sens : • CE 27 sept. 1999, n° 163122 • CE 27 sept. 1999, n° 164112.

8. Un GFA n'est pas tenu de solliciter une autorisation d'exploitation pour exercer une reprise des bâtiments loués à une société dont l'objet est le négoce en vins, la sélection de raisins ou de vins, la vinification et l'élevage en fûts, cuves ou bouteilles, dès lors que la reprise ne prive pas un exploitant d'un bâtiment essentiel à l'exploitation, cette société ne possédant pas de vignes n'ayant pas une activité agricole au sens de l'art. L. 311-1 C. rur. • CE 18 févr. 2009, n° 300659. ♦ Le preneur est mal fondé à contester le congé délivré par le bailleur au motif que la surface encore à bail après reprise était inférieure au seuil de contrôle des démembrements et que le bailleur aurait dû avoir une autorisation d'exploiter, dès lors que l'ensemble des unités de production de ce preneur personnellement et comme associé unique d'EARL restait supérieur au seuil de démembrement. • Civ. 3e, 21 sept. 2005, n° 04-16.122 P : *JCP 2005. IV. 3222 ; Gaz. Pal. 6-8 nov. 2005, p. 18 ; AJDI 2006. 132* .

4° SOCIÉTÉS (APPLICATION DE LA LOI DE 2006)

9. Associés. N'est plus soumise à autorisation préalable toute diminution du nombre total des associés exploitants même si la nouvelle répartition des parts ou actions de la personne morale fait franchir à l'un des membres seul ou avec son conjoint et ses ayants droit le seuil de 50% du capital. • Civ. 3e, 13 mai 2009, n° 08-16.619 : *Dr. sociétés 2009, n° 133, note Mortier ; D. 2009. 1539 ; AJDI 2009. 724, note Prigent ; RD rur. 2009, n° 124, note Crevel ; Gaz. Pal. 20-22 sept. 2009. 13 ; JCP N 2011. 1124, note Roussel.*

10. Le GFA qui se voit rétrocéder des terres par la SAFER à charge de les donner à bail n'a pas à solliciter d'autorisation au titre du contrôle des structures qui seul s'applique à l'exploitant preneur. • Civ. 3e, 23 mars 2011, nos 09-71.970 et 10-30.076 : *RD rur. 2011 n° 71, note Crevel ; Gaz. Pal. 2011. 1173 ; JCP N 2011. Actu. 366 et 1166, note Barbièri ; Gaz. Pal. 14-15 sept. 2011. 2908, note Peignot et Millard ; Rev. loyers 2011. 919, note Peignot.* ♦ Aucune autorisation n'est nécessaire dès lors que l'administration a pris acte des modifications dans la détention des parts sociales du GAEC, et a relevé que le cessionnaire pressenti était membre du groupement bénéficiaire de la mise à disposition des biens loués, de sorte que l'opération ne constituait ni une installation, ni un agrandissement, ni une réunion d'exploitation. • Civ. 3e, 22 sept. 2016, n° 15-14.577 : *RD rur. 2016, n° 291.*

11. Cession de bail et exploitation par une société. V. art. L. 331-6, note 5.

12. Est fondé le rejet de la demande d'autorisation d'exploitation d'un GAEC pour des parcelles complémentaires même si un des associés avait fait valider un plan de développement pour obtenir une aide à l'installation intégrant lesdites parcelles. • CE 24 mars 2021, n° 427955 B : *Defrénois flash 2021, n° 15, p. 11 ; Gaz. Pal. 20 avr. 2021, n° 15, p. 42 ; RD rur. 2021, n° 93, note Crevel ; DP entr. agric., Bull. n° 551, p. 8, note Grimonprez.*

13. L'associé exploitant d'une société qui rachète 99 % des parts d'une EARL dont il est devenu exploitant et gérant a réalisé un agrandissement qui relève du régime d'autorisation préalable du contrôle des structures. • CE 30 nov. 2021, n° 439742 B : *Defrénois flash 15 déc. 2021.*

5° SUPPRESSION D'EXPLOITATION

14. Reprise. Aucune autorisation n'est nécessaire lorsque le propriétaire exerce une reprise de la totalité de l'exploitation, sans aucun changement de la structure foncière, s'agissant d'une simple substitution d'exploitant n'ayant ni pour objet ni pour effet de supprimer une exploitation agricole. • Civ. 3e, 22 mars 2006, n° 04-20.766 P : *JCP 2006. IV. 20776 ; Rev. loyers 2006. 290, note Peignot ; AJDI 2006. 476 ; RD rur. avr. 2006. 16 ; Gaz. Pal. 23-25 juill. 2006. 22 ; JCP N 2007, p. 39, note Roussel.* – Même sens : • CE 6 févr. 1998, *Ménétrier,* n° 144960 • 22 juin 2004, n° 200490. ♦ *Contra* : • Civ. 3e, 25 juin 1997, n° 95-15.560 P.

15. Le bailleur ayant vendu d'une part le corps de ferme et les terres attenantes, et d'autre part cédé à la SAFER un ensemble de parcelles, l'opération de rétrocession par la SAFER n'ayant pas eu pour conséquence la suppression d'une exploitation n'est pas soumise à autorisation. • Civ. 3e, 4 juill. 2012, n° 11-19.603 : *D. 2012. 1887 ; JCP 2012. 929 ; DP entr. agric., Bull. n° 455, p. 8 ; JCP N 2012. 733 ; AJDI 2012. 765, note Prigent ; RD rur. 2012. Alerte 134.*

6° BÂTIMENT ESSENTIEL À L'EXPLOITATION

16. La validité du congé pour une reprise ayant pour effet de priver l'exploitation d'élevage de vins des caves essentielles à son fonctionnement, suppose qu'il soit justifié d'une autorisation administrative préalable. • Civ. 3e, 27 oct. 2004, n° 03-15.277 P : *JCP 2004. IV. 3351 ; JCP N 2005. 648, note Moreau ; Gaz. Pal. 6-8 mars 2005. 20 ; ibid. 10-11 août 2005. 46 ; Rev. loyers 2005. 37, note Peignot ; Defrénois 2005. 1436, obs. Gelot.* ♦ La seule production de constats d'huissiers se bornant à décrire les bâtiments et à en constater l'usage ne démontre pas le caractère essentiel en l'absence de tout autre élément sur les caractères de l'exploitation, la localisation des bâtiments et l'existence d'autres bâtiments. • CAA Bordeaux, 28 nov. 2006, n° 03BX02354.

II. DÉCLARATION

17. La condition de détention du bien objet du congé peut s'apprécier en cumulant les détentions successives de parents ou alliés jusqu'au troisième degré. • Civ. 3e, 20 mai 2021, n° 20-15.178 P : *D. 2021. 1029 ; JCP 2021. 605 ; JCP N 2021. Actu. 554 ; Gaz. Pal. 22 juin 2021, p. 30 ; Defrénois 2021, n° 25, p. 5 ; Rev. loyers 2021, n° 1019, note Peignot ; RD rur. 2021, n° 191, note Crevel.* ♦ Auparavant : le bien ayant été toujours détenu par des indivisions, la condition de détention par l'auteur du candidat n'est pas remplie. • Civ. 3e, 12 juill. 2018, n° 17-10.012 : *RD rur. 2018, n° 173, note Crevel.* ♦ Une société, même composée de membres d'une même famille qui vont exploiter le bien repris, ne bénéficie pas du régime dérogatoire de la déclaration. • Civ. 3e, 29 juin 2023, n° 21-21.584 : *AJDI 2023. 698 ; Dr. sociétés 2023, n° 111, note Jullian ; RD rur. 2023, n° 94, note Crevel.* ♦ La notion d'allié au troisième degré inclus qui déroge au droit commun ne s'applique qu'aux conjoints mariés. * Rép. min. n° 39217 : *JOAN Q 10 mars 2009, p. 2288.*

18. Détention. Est irrégulier le congé dont l'auteur ne détenait pas d'autorisation d'exploiter alors qu'il n'était que nu-propriétaire des parcelles et ne pouvait ainsi justifier d'une détention depuis neuf ans au moins à la date d'effet du congé. • Civ. 3e, 28 nov. 2012, n° 11-25.365 : *RD rur. 2013, n° 1, note Crevel.* – Même sens : • Civ. 3e, 21 mai 2014, n° 13-14.851 : *JCP 2014. 677 ; JCP N 2014. Actu. 677 ; RD rur. 2014, n° 91, note Crevel ; DP entr. agric., Bull. n° 475/476, p. 4, note Barabé-Bouchard.* ♦ Les associés de l'EARL qui exploitera les biens, qui sont nus-propriétaires, ne peuvent se prévaloir de la qualité de détenteurs des biens loués et la société ne bénéficie pas du régime de déclaration. • Civ. 3e, 17 mai 2018, n° 16-12.464 : *AJDI 2018. 615 ; JCP N 2018. Actu. 517 ; Gaz. Pal. 2018. 2799, note Feschotte-Desbois.* ♦ L'usufruitier peut justifier de la détention sous réserve d'une durée de 9 ans. • Civ. 3e, 15 avr. 2015, n° 13-26.237 : *RD rur. 2015, n° 112, note Crevel.* ♦ Un bien seulement pris à bail par un parent ou allié ne peut être regardé comme ayant été détenu par lui. • CE 11 févr. 2015, n° 369948 : *RD rur. 2015, n° 144, note Robbe ; RD rur. 2015, n° 58, note Crevel ; DP entr. agric., Bull. n° 483, p. 7, note Barabé-Bouchard ; JCP N 2015. 1153, note Grimonprez ; Gaz. Pal. 2015. 601.* ♦ La condition de détention doit être remplie par la personne du bailleur usufruitier auteur du congé, peu important le concours des nus propriétaires à l'acte. • Civ. 3e, 8 sept. 2016, n° 15-14.310 : *AJDI 2016. 700 .* ♦ Le bailleur qui exerce la reprise pour consentir un prêt à usage sur les biens ne peut bénéficier du régime simplifié de déclaration préalable. • Amiens, 10 janv. 2017, RG 15/02925 : *Rev. loyers 2017, n° 974, note A.B.*

19. Détention de parts. Le bénéficiaire de la reprise ne peut se prévaloir du régime de la déclaration si la société qui était propriétaire du bien comportait un associé étranger à la famille. • Civ. 3e, 5 juin 2013, n° 12-18.465 : *RD rur. 2013, n° 113, note Crevel ; JCP 2013. 761 ; DP entr. agric., Bull. n° 465, p. 5, note Barabé-Bouchard ; Gaz. Pal. 16-17 oct. 2013, note Peignot et Millard.* ♦ La durée de détention des parts d'une société constituée entre les membres d'une même famille, assimilées aux biens qu'elles représentent, doit être vérifiée en la personne de l'auteur du candidat à l'exploitation. • Civ. 3e, 17 mars 2016, nos 14-27.017, 15-13.099, 14-25.993 : *RD rur. 2016, n° 146, note Crevel.* ♦ Le régime de la déclaration est applicable lorsque les parents usufruitiers ou propriétaires ont détenu les biens objets de la reprise directement ou par l'intermédiaire d'une société familiale aujourd'hui dissoute pendant plus de neuf ans. • Civ. 3e, 18 nov. 2014, n° 13-21.652 : *Rev. loyers 2015, n° 954.*

20. Bien libre de location. Le bien familial objet de la reprise est réputé libre d'occupation lorsque le congé a été judiciairement définitivement validé. • Civ. 3e, 24 mars 2010, n° 09-11.402 • Civ. 3e, 19 janv. 2011, n° 09-71.248 : *JCP 2011. 369 ; RD rur. 2011, n° 38, note Crevel.* ♦ Est mal fondé l'arrêt qui retient que les biens ne peuvent être considérés comme libres au motif que le congé était contesté. • Civ. 3e, 21 mars 2012, n° 10-20.101 : *D. 2012. 947 ; DP entr. agric., Bull. n° 452, p. 6, note Barabé-Bouchard ; RD rur. 2012, n° 51, note Crevel ; Gaz. Pal. 2012. 1142 ; Rev. loyers 2012. 227, note Peignot ; JCP N 2012. 414.* ♦ Le repreneur d'un bien loué est soumis au régime de la déclaration simple dès lors que les biens doivent être considérés comme libres par l'effet du congé. • Civ. 3e, 8 avr. 2021, n° 20-14.069 : *Defrénois 2021, n° 17, p. 10 ; AJDI 2021. 457 ; Rev. loyers 2021, n° 1018, note Peignot.*

21. Délai. Le bénéficiaire de la reprise n'est pas tenu de justifier du dépôt de la déclaration préalable de l'art. L. 331-2, II, dès la date d'effet du congé ni dans le cadre de l'instance en validation de celui-ci mais avant de mettre en valeur les biens. • Civ. 3e, 25 mai 2023, n° 21-25.083 B : *JCP 2023. 698 ; Gaz. Pal. 2023, n° 19, p. 33 ; RD rur. 2023, n° 85, note Crevel ; JCP N 2023. 1160, note Grimonprez.*

III. JURISPRUDENCE ANTÉRIEURE À LA LOI DU 13 OCT. 2014

22. Application de la loi dans le temps. En l'absence de décret d'application publié pour la mise en œuvre de l'art. L. 331-2 issu de la loi du 9 juill. 1999, cet article n'est pas entré en application le 1er sept. 1999, date d'effet du congé, et le preneur ne pouvait s'en prévaloir pour s'opposer à la reprise par le bailleur. • Civ. 3e, 19 nov. 2003, n° 02-15.767 P : *RD rur. 2004. 213, obs. Grimonprez ; Rev. loyers 2004. 84, obs. Peignot ; JCP N 2004. 1185 ; JCP 2004. IV. 1078.* ♦ La loi du 9 juill. 1999, même d'ordre public, ne peut frapper de nullité les baux passés selon la loi en vigueur lors de leur conclusion. • Civ. 3e, 5 avr. 2006 : *RD rur. mai 2006. 26 ; Gaz. Pal. 23-25 juill. 2006. 22.* ♦ Le régime dérogatoire de la déclaration prévue par l'art. L. 331-2-II modifié par la loi du 5 janv. 2006 n'est pas applicable aux baux en cours à la date d'entrée en vigueur de cette loi. • Civ. 3e, 24 juin 2009, n° 08-18.675 : *RD rur. 2009, n° 127, note Crevel ; AJDI 2010. 146, note Prigent .* ♦ ... Mais leur est applicable s'agissant d'une demande de maintien dans les lieux et de renouvellement du bail fondée sur l'art. L. 411-66 qui permet d'apprécier les conditions de la reprise *a posteriori*, et dont les conditions s'apprécient au jour où il est statué lorsque la reprise n'a pas eu lieu. • Civ. 3e, 24 mars 2010, n° 09-11.402 : *DP entr. agric., Bull. févr. 2011, p. 1, note Barabé-Bouchard ; RD rur. 2010, n° 92, note Crevel ; Rev. loyers 2010. 281, obs. Peignot ; Gaz. Pal. 2010. 2884, note Peignot et Millard.* ♦ Les art. L. 331-2 et R. 331-7 issus de la loi de 2006 et du décret de 2007 s'appliquent à la contestation d'un congé délivré... pour le 11 nov. 2008. • Civ. 3e, 19 janv. 2011, n° 09-71.248 :

AJDI 2011. 458 et *713 ; JCP 2011. 309 ; RD rur. 2011, n° 38, note Crevel ; Gaz. Pal. 2011. 514 ; Rev. loyers 2011, n° 915, note Peignot ; Gaz. Pal. 2011. 989, note Peignot et Millard.* ♦ ... Pour le 1er oct. 2007. • Civ. 3e, 13 juill. 2011, n° 10-15.338 : *RD rur. 2011, n° 120, note Crevel.*

23. Articulation au droit des baux. V. art. L. 331-6, et jurisprudence ss. art. L. 411-58, notes 12 s. ♦ Il y a lieu de considérer la consistance des biens réellement cultivés par le preneur, incluant les terres mises à disposition à titre gracieux, pour apprécier les conséquences de la reprise et la nécessité d'obtenir une autorisation d'exploitation. • Civ. 3e, 26 nov. 2008, n° 07-16.679 : *D. 2009. 23* ; *RD rur. 2009, n° 6, note Crevel ; JCP 2009. IV. 1004 ; Gaz. Pal. 29-30 mai 2009, p. 13 ; JCP N 2009. 1349, note Roussel.* ♦ Est soumis à autorisation d'exploiter l'exercice du congé aux fins de reprise, dès lors que la superficie des terres exploitées par le preneur et celles pour lesquelles congé a été donné dépassaient le seuil fixé par l'autorité administrative. • Civ. 3e, 23 mars 2010, n° 09-13.529 : *Gaz. Pal. 2010. 2885, note Peignot et Millard.*

24. Unité de référence. La nécessité d'une autorisation administrative s'apprécie non pas en fonction de la surface minimum d'installation mais d'un seuil fixé par le schéma départemental des structures à partir d'une unité de référence. • Civ. 3e, 27 juin 2006, n° 05-15.298. ♦ Est nulle l'autorisation d'exploiter fondée sur les dispositions illégales d'un schéma départemental des structures. • CAA Bordeaux, 4 juill. 2013, n° 12BX00769 : *DP entr. agric., Bull. n° 468, p. 9, note Barabé-Bouchard.*

25. Terres sur plusieurs départements. Le seuil de contrôle applicable au projet d'extension est celui du département où se trouve la majorité cumulée des terres que mettait en valeur l'exploitant et celles qu'il envisageait d'exploiter, même si le siège de l'exploitation est dans un autre département. • CAA Bordeaux, 7 févr. 2006, *Morin : RD rur. mai 2006. 36.*

26. Zone frontalière. Les surfaces exploitées à l'étranger ne sont pas soumises au contrôle des structures, mais l'investissement étranger peut être soumis à un contrôle préalable. * Rép. min. n° 37803 : *JOAN 2022, p. 47.*

27. Pluriactif. L'activité commerciale du propriétaire lui conférant la qualité de pluriactif justifie une autorisation administrative si les revenus extra-agricoles du foyer fiscal au titre de l'année précédente, déduction faite de la part de revenus agricoles, excèdent 3 120 fois le montant horaire du SMIC du 31 décembre de cette même année. • Civ. 3e, 2 févr. 2010, n° 09-65.145 : *AJDI 2010. 398*. ♦ Pour un exemple de validation judiciaire de l'autorisation délivrée à un exploitant pluriactif exerçant une reprise de terres louées à un preneur sans aboutir à un démembrement de l'exploitation comme n'étant plus viable, V. • TA Rennes, 18 janv. 2006, *Gaec Le Goff c/ Le Goff : RD rur. 2006, n° 58, note Gain.* ♦ L'autorité ressaisie d'une demande d'autorisation après annulation d'une précédente autorisation doit prendre en compte les revenus extra-agricoles du demandeur non au titre de l'année précédant celle de la demande initiale, mais au titre de l'année précédant celle au cours de laquelle elle a été ressaisie. • CE 16 mai 2012, n° 339312 : *JCP 2012. 714 ; Gaz. Pal. 6-7 juin 2012.*

28. Il n'est pas exigé que l'autorisation d'exploitation de terres à vocation agricole ou pastorale appartenant à une section de commune soit obtenue avant que l'autorité compétente ne choisisse l'attributaire de ces terres ou ne classe les demandes d'attribution au regard des priorités qu'ils énoncent. • CE 25 juin 2020, n° 423455 B : *Gaz. Pal. 2020, n° 29, p. 38.*

Art. L. 331-3 *(L. n° 2014-1170 du 13 oct. 2014, art. 32-III-2°)* **L'autorité administrative assure la publicité des demandes d'autorisation dont elle est saisie, selon des modalités définies par décret.**

Elle vérifie, compte tenu des motifs de refus prévus à l'article L. 331-3-1, si les conditions de l'opération permettent de délivrer l'autorisation mentionnée à l'article L. 331-2 et se prononce sur la demande d'autorisation par une décision motivée.

1° PLURALITÉ DE DEMANDES

1. Pluralité d'autorisations. Lorsqu'une parcelle est convoitée par plusieurs personnes, le préfet peut valablement délivrer plusieurs autorisations d'exploiter. • CE 28 oct. 1994, n° 114648 A : *RD rur. 1995. 163 ; JCP N 1995. II. 737, note Rouault.* ♦ La pluralité d'autorisations est possible dans le seul cas où les opérations projetées sont de même qualité au regard des priorités établies par le SDDS. • CE 20 mai 1996, n° 118194 : *RD rur. 1996. 394.* ♦ Même sens : • CE 22 mars 1999, n° 167253 • 22 mars 1999, n° 167438 : *RD rur. 2000. 54* • 30 juill. 2003, n° 241999 : *RD rur. 2004. 27, concl. Chauvaux.*

2. Autorisations successives. Le préfet, après avoir accordé une autorisation, peut en délivrer une autre s'il est saisi d'une demande de même qualité ou de qualité supérieure au regard des priorités du SDDS. • CE 22 mai 1995, n° 118237 : *RD rur. 1995. 457.* ♦ Même sens : • CE 12 juin 1998, n° 173219 : *RD rur. 1999. 58* • 11 févr. 2015, n° 365548. ♦ Si après une première autorisation les nouveaux demandeurs ne peuvent faire état d'un rang de priorité supérieur ou égal à celui qui a reçu une autorisation, le préfet peut refuser toute nouvelle autorisation. • CE 22 mars 1999 : *préc. note 1.* ♦ Sur le caractère prioritaire, V. note 3.

2° *DÉCISION PRÉFECTORALE*

3. *Priorité.* Le préfet doit départager deux projets relevant du même type d'opérations, déterminer au regard des critères fixés si l'un est prioritaire en considérant tous les critères du schéma départemental, sans être tenu de tous les citer, mais en mentionnant ceux qu'il estime pertinents. • CE 19 oct. 2016, n° 386405 : *DP entr. agric., Bull. n° 501, p. 8, et n° 502, p. 7, note Grimonprez ; Gaz. Pal. 15 nov. 2016, p. 47.* ♦ Sur renvoi, V. • CAA Nantes, 29 mars 2017, n° 16NT03499 : *RD rur. 2017, n° 191, concl. Bréchot.* ♦ Si elles sont de rang égal, le préfet ne peut rejeter une demande pour le seul motif qu'il a accordé une autorisation, il doit procéder à l'examen particulier de chaque demande. • TA Lyon, 20 mars 1997, *Dalmars : RD rur. 1998. 399, concl. Kolbert.* ♦ L'absence de demandes multiples ne suffit pas à justifier l'autorisation du candidat unique. • CAA Douai, 30 janv. 2003, *Mme Martin : RD rur. 2003. 283 et 475.* ♦ Ne justifie pas son autorisation d'exploiter le préfet qui ne précise pas la situation du preneur en place ni celle du demandeur au regard de celle du preneur en place. • CE 9 juill. 2003, n° 228678 : *RD rur. 2004. 63.* ♦ Même sens : • CAA Marseille, 19 déc. 2003 : *RD rur. 2004. 477.* ♦ Le préfet est tenu de rejeter une demande d'autorisation d'exploiter soit parce qu'il est saisi d'une demande d'autorisation prioritaire sur les mêmes terres, soit parce qu'il est informé du souhait d'une personne qui n'est pas soumise à autorisation de les exploiter. • CE 28 juill. 1999, n° 177406 A : *RD rur. 2000. 166, concl. Chauvaux.* ♦ Est annulé l'arrêté qui rejette une demande d'autorisation en mentionnant « l'existence de candidats locaux à la reprise des terres, notamment des jeunes agriculteurs » sans préciser ni leur identité, ni les circonstances permettant de les regarder comme prioritaires. • CE 19 avr. 2000, n° 172638 : *RD rur. 2000. 634 ; Gaz. Pal. 11-13 févr. 2001. Pan. 33* • CAA Bordeaux, 20 mars 2007, n° 04BX00674. ♦ Le préfet ne peut refuser une autorisation en invoquant des demandes concurrentes présentées après que la commission départementale a rendu son avis sur la demande refusée. • CAA Nantes, 21 nov. 2002, *Min. Agric. c/ GAEC de la Bouchefollière : RD rur. 2003. 334.* ♦ La législation sur les baux ruraux est indépendante de la réglementation des structures, saisi de plusieurs demandes, le préfet ne pouvait accorder l'autorisation qu'à l'exploitant dont la situation était la plus conforme au schéma directeur, même s'il n'avait pas la préférence du propriétaire. • CE 26 oct. 1999, n° 162019 : *RD rur. 1999. 300.*

4. *Vices.* Une décision ne peut être considérée comme créatrice de droits si elle est intervenue à la suite de manœuvres ou au vu de comportements frauduleux. • CE 27 janv. 1989, n° 76941. ♦ Est illégale la décision prise sur avis émis par la commission départementale au vu d'un dossier incomplet. • CE 27 oct. 1973, *Belly et Épx Ousset.* ♦ ... Ou d'un dossier comportant des renseignements inexacts. • CE 15 juin 1988, *Mme Bazin de Jessey : RD rur. 1988. 477.*

5. *Autorisation non nécessaire.* En délivrant une autorisation dans une hypothèse où il n'était pas nécessaire de la solliciter, le préfet n'a pu commettre d'illégalité. • CE 30 juill. 2003, n° 241999 : *préc. note 1.* ♦ Une telle autorisation est superfétatoire et n'est pas susceptible de faire grief aux tiers. • CE 30 avr. 2004, n° 251569 : *Gaz. Pal. 12-14 déc. 2004. 15.*

6. *Autorisation conditionnelle.* L'autorisation d'exploiter ne peut être assortie d'une condition que dans le cas où la demande d'autorisation devrait être rejetée si cette condition n'était pas remplie. • CE 9 juill. 2010, n° 324296 : *Gaz. Pal. 2010. 2497 ; LPA 2011, n° 33, p. 9, note Rocheteau.*

7. *Contestation.* Le preneur évincé est fondé à contester devant le tribunal administratif la lettre du préfet indiquant au candidat repreneur que l'opération ne nécessite pas d'autorisation au titre du contrôle des structures. • CE 26 juin 2009, n° 297168 : *RD rur. 2010, n° 50, note Cantié.*

8. *Illégalité.* L'illégalité du refus du préfet fondé sur un motif qui n'est pas au nombre de ceux qui peuvent justifier un refus d'autorisation est de nature à engager sa responsabilité. • CE 18 juin 2008, n° 199130. ♦ Est illégal et engage la responsabilité de l'État l'arrêté de refus d'autorisation d'exploiter fondé sur le fait que toutes les possibilités d'installation sur les terres cédées par un preneur à son fils n'avaient pas été exploitées alors qu'il appartenait à l'administration et non au propriétaire des terres de publier un avis relatif à la vacance des terres et ce dès l'enregistrement de la demande. • CE 9 juin 2010, n° 308166 : *Gaz. Pal. 23-24 juin 2010. 1814.*

9. *Motivation. Jurisprudence antérieure à la loi du 13 oct. 2014.* Si le préfet doit motiver ses décisions, il n'est pas tenu de se prononcer sur chacun des critères dont l'article 188-5-1 (devenu art. L. 311-7) C. rur. prescrit de tenir compte. • CE 21 févr. 1997, n° 135094 ♦ ... Ni tenu de faire référence dans ses motifs aux dispositions du schéma directeur départemental des structures. • CE 22 mars 1999, n° 167253. ♦ Une autorisation est insuffisamment motivée quand il est indiqué que l'opération « est conforme aux objectifs et aux priorités du schéma directeur départemental des structures ». • CE 9 mars 1998, n° 146120 : *RD rur. 1998. 419* • 28 juill. 1999, n° 169176 : *RD rur. 2000. 295.* ♦ ... Et vise sans le reproduire l'avis de la commission départementale. • CE 9 mars 1998 : *préc.* ♦ Le préfet justifie sa décision par référence à l'un des critères légaux, sans respecter l'ordre où ils sont mentionnés. • CE 30 juill. 1997, n° 144591. ♦ ... Sauf s'il est saisi de plusieurs demandes. • CE 20 déc. 1995, n° 124787. ♦ Le préfet ne peut départager des demandes concurrentes sur des critères de priorité distincts de ceux définis par le schéma directeur départemental des structures. • CAA Bordeaux, 15 janv. 2008, n° 05BX01618. ♦ Le préfet peut refuser l'autorisation compte tenu de la situation personnelle du demandeur par rapport à celle du preneur en place, en précisant la décision au regard des critères de la loi et du schéma départemental, en appréciant les conditions au jour auquel sa décision intervient. • CAA Nancy, 9 juin 2016, n° 15NC01425 : *RD rur. 2016, n° 224, concl. Favret.*

10. Jurisprudence antérieure à la loi du 13 oct. 2014. Le préfet ne peut justifier une autorisation d'exploiter par le seul caractère de « bien familial » pour les terres du bénéficiaire. • CE 12 juin 1998, n° 157642 A : *Gaz. Pal. 1999. 1. Pan. 1 ; RD rur. 1999. 58.* ♦ Même sens : • CAA Nancy, 7 juin 2001 : *Gaz. Pal. 4-5 sept. 2002. Pan. 27.* ♦ En se fondant uniquement sur la situation du demandeur, sans tenir compte de celle du preneur en place, le préfet commet une erreur de droit. • CE 7 juin 1995, n° 120498. ♦ La législation sur les baux ruraux et le contrôle des structures étant indépendants, le préfet ne peut établir sa décision au regard de l'application sur la terre convoitée du statut du fermage et en particulier de l'existence d'un droit de reprise au profit du père du demandeur. • CE 15 juin 1994, n° 128979. ♦ L'exercice d'une profession par le conjoint ne peut justifier un refus d'autorisation d'exploiter. • CE 20 déc. 1995, n° 117835 : *RD rur. 1996. 193.* ♦ Est mal fondé le préfet qui accorde une autorisation d'exploitation au propriétaire d'une terre louée au motif que les preneurs ont cédé le bail à leur fille sans autorisation du bailleur. • CE 29 déc. 1999, n° 144505 B : *RD rur. 2000. 440.* ♦ Est fondée l'autorisation d'exploiter permettant l'installation d'un exploitant conformément à l'une des orientations du schéma, même si cette décision méconnaissait une autre orientation du schéma tendant au maintien d'exploitations viables. • CE 30 avr. 2004, n° 228052 B : *Gaz. Pal. 12-14 déc. 2004. 15.* ♦ Le préfet a pu autoriser l'opération causant un démembrement dès lors que l'exploitant profitant de l'agrandissement a pris l'engagement d'embaucher le salarié dont l'emploi est supprimé sur l'exploitation réduite. • CE 15 févr. 1999, n° 168691 B : *RD rur. 1999. 545.* ♦ Le refus du préfet d'autoriser l'exploitation d'une surface de sept fois la SMI afin de conforter des exploitations inférieures à trois SMI n'est pas fondé dès lors que les terres litigieuses n'avaient fait l'objet d'aucune autre demande d'autorisation et que le projet n'est pas contraire au schéma directeur départemental des structures. • CAA Nantes, 23 avr. 2002, *EARL Bercher : RD rur. 2002. 394 et 579.* ♦ L'opération qui entraîne la suppression d'une exploitation mise en valeur par un couple n'ayant pas l'âge de la retraite et ayant un enfant à charge ne peut être autorisée. • CE 26 juin 1998, n° 149743 : *RD rur. 1999. 112.* ♦ Est fondé le refus d'autorisation du préfet lorsque les 17 ha de l'agrandissement étaient auparavant mis en valeur par un GAEC dont le fonds qui permettait à plusieurs familles de vivre se trouve démembré par réduction de 38 % de sa superficie d'exploitation. • CAA Nantes, 23 avr. 2002, *Chauvin : RD rur. 2002. 576.* ♦ Le préfet peut refuser l'autorisation d'exploiter à un GAEC sur une superficie près de quatre fois supérieure à la SMI si cette opération démembre un fonds viable alors que le schéma départemental privilégie les exploitations en plus grand nombre. • CAA Nantes, 1er oct. 2002, *Le Stanguennec : RD rur. 2003. 122.* ♦ Le préfet peut accorder l'autorisation alors que les parcelles sont séparées de 19 km du siège de l'exploitation dès lors que la distance n'était pas susceptible de faire obstacle à la bonne mise en valeur du fonds, ni de créer un handicap financier à la victime de la reprise. • CE 26 juin 2002, n° 230157 : *RD rur. 2003. 49.* ♦ Le preneur écarté par le droit de reprise est non fondé dans sa contestation de l'autorisation de l'auteur du congé faute de prouver qu'il ne pouvait compenser la perte des terres qui viendrait déséquilibrer son fonds et justifier le licenciement d'un salarié. • CE 27 févr. 2002, n° 205795 : *RD rur. 2002. 442.*

3° CONTENTIEUX

11. Procédure. La procédure de contestation de l'autorisation délivrée au titre du contrôle des structures porte sur les modalités d'exercice du droit de propriété, droit civil au sens de l'art. 6 Conv. EDH qui trouve à s'appliquer. • CEDH 1er févr. 2000 : *Gaz. Pal. 2001. 1501, obs. Puéchavy.*

12. Intérêt à agir. Un des associés du GAEC, appelé à participer à la mise en valeur des terres litigieuses si elles étaient reprises par le groupement, a intérêt à agir devant le juge de l'excès de pouvoir pour contester les autorisations délivrées à d'autres exploitants. • CE 2 déc. 2009, n° 311820 : *RD rur. 2010, n° 79, note Cantié.* ♦ Le propriétaire d'une partie des terres agricoles dont le préfet a autorisé l'exploitation n'a qualité à agir contre cet arrêté préfectoral qu'en tant qu'il autorisait l'exploitation des terres dont il était propriétaire. • CE 5 févr. 2020, n° 419790 B : *DP entr. agric., Bull. n° 538, p. 6, note Grimonprez.* ♦ Un exploitant qui a demandé une autorisation d'exploiter justifie d'un intérêt lui donnant qualité à agir contre l'autorisation donnée à un autre exploitant d'exploiter des parcelles sur ces terres, même s'il ne s'est porté candidat que pour une partie des parcelles faisant l'objet de l'autorisation. • CE 5 févr. 2020, n° 418970 B : *AJDA 2020. 1460.* ♦ L'exploitant de terres qui a contesté le congé délivré par le propriétaire justifie d'un intérêt à agir contre l'autorisation d'exploitation délivrée à un tiers sur les terres qu'il avait prises en location. • CE 29 déc. 2021, n° 438492 B : *Defrénois flash 2022, n° 4 ; JCP N 2022. Actu. 204 ; DP entr. agric., Bull. n° 559, p. 3, note Debailleul.*

13. Annulation du refus d'autorisation. La décision d'annulation par la juridiction administrative du refus d'autorisation ne suppléait pas l'autorisation d'exploiter et sa notification ne faisait pas courir le délai visé à l'art. R. 331-6 au-delà duquel l'autorisation est réputée acquise à défaut de décision du préfet. • Civ. 3e, 17 mai 2011, n° 10-30.720.

14. Annulation d'une autorisation. Lorsqu'une autorisation d'exploiter des terres a fait l'objet d'une annulation par le juge administratif après que l'exploitant a pu les exploiter en vertu de cette autorisation, il appartient à l'autorité préfectorale, à nouveau saisie de la demande présentée par le candidat et des modifications que ce dernier est susceptible d'y apporter, de statuer en considération des éléments de droit et de fait prévalant à la date à laquelle intervient sa nouvelle décision, sans pouvoir tenir compte, quel que soit le motif de l'annulation contentieuse, de l'exploitation effectuée sur la base de l'autorisation annulée. • CE 28 sept. 2020, n° 422400 B : *Gaz. Pal. 2020, n° 36, p. 39 ; Defrénois 2020, n° 42, p. 9.*

Art. L. 331-3-1 *(L. n° 2021-1756 du 23 déc. 2021, art. 5)* **« I. — »** *(L. n° 2014-1170 du 13 oct. 2014, art. 32-III-3°)* **L'autorisation mentionnée à l'article L. 331-2 peut être refusée :**

1° Lorsqu'il existe un candidat à la reprise ou un preneur en place répondant à un rang de priorité supérieur au regard du schéma directeur régional des structures agricoles mentionné à l'article L. 312-1 ;

2° Lorsque l'opération compromet la viabilité de l'exploitation du preneur en place ;

3° Si l'opération conduit à un agrandissement ou à une concentration d'exploitations au bénéfice d'une même personne excessifs au regard des critères définis au 3° de l'article L. 331-1 et précisés par le schéma directeur régional des structures agricoles en application de l'article L. 312-1, sauf dans le cas où il n'y a pas d'autre candidat à la reprise de l'exploitation ou du bien considéré, ni de preneur en place ;

4° Dans le cas d'une mise à disposition de terres à une société, lorsque celle-ci entraîne une réduction du nombre d'emplois salariés ou non salariés, permanents ou saisonniers, sur les exploitations concernées ;

(L. n° 2017-256 du 28 févr. 2017, art. 142) **« 5° En Guadeloupe, en Guyane, en Martinique, à Mayotte et à La Réunion, à défaut de candidature concurrente lorsque la demande ne répond pas aux orientations fixées au schéma directeur régional des exploitations agricoles, tout particulièrement en termes de viabilité économique et de capacité professionnelle. »**

(L. n° 2021-1756 du 23 déc. 2021, art. 5) **« II. — Si l'opération conduit à un agrandissement ou à une concentration au sens du 3° du I, l'autorité administrative peut, après avis de la commission départementale d'orientation de l'agriculture, suspendre l'instruction de la demande d'autorisation pour une durée de huit mois. Cette suspension fait l'objet de mesures de publicité et d'information des parties précisées par décret.**

« Si, à l'expiration de ce délai de huit mois, un autre candidat à la reprise de l'exploitation ou du bien considéré ou un autre preneur en place a déposé une demande d'autorisation d'exploiter, l'autorité administrative peut refuser l'autorisation au bénéfice de l'opération envisagée. A défaut d'autre candidat ou preneur en place, le même 3° s'applique. »

1. L'occupant sans droit ni titre ne peut se prévaloir de la situation de preneur bénéficiant d'une priorité dans la délivrance de l'autorisation d'exploitation. • CAA Nantes, 23 avr. 2021, n° 19NT03616 : *DP entr. agric., Bull. n° 551, p. 10.*

2. Le préfet peut délivrer une autorisation d'exploiter en écartant une demande concurrente relevant d'un rang supérieur au regard du schéma directeur régional si l'intérêt général ou des circonstances particulières le justifient. • CAA Nantes, 21 janv. 2022, n° 21NT01202 : *RD rur. 2023, n° 93, note Grimonprez.*

3. Tribunal compétent. Le tribunal administratif territorialement compétent pour connaître du recours contre le refus d'autorisation d'exploiter plusieurs parcelles est celui dans le ressort duquel se trouvent les parcelles faisant l'objet de la demande d'autorisation d'exploiter. • CE 10 juin 2020, n° 427630 B : *Gaz. Pal. 2020, n° 27, p. 38 ; AJDA 2020. 1884.*

Art. L. 331-3-2 *(L. n° 2014-1170 du 13 oct. 2014, art. 32-III-3°)* **L'autorisation mentionnée à l'article L. 331-2 peut n'être délivrée que pour une partie de la demande,**

notamment si certaines des parcelles sur lesquelles elle porte font l'objet d'autres candidatures prioritaires.

Art. L. 331-4 **L'autorisation est périmée si le fonds n'a pas été mis en culture avant l'expiration de l'année culturale qui suit la date de sa notification** *(L. n° 2014-1170 du 13 oct. 2014, art. 31-II)* **« ou, dans le cas prévu à l'article L. 330-4, avant l'expiration de l'année culturale qui suit celle de la fin du versement des aides ». Si le fonds est loué, l'année culturale à prendre en considération est celle qui suit le départ effectif du preneur, sauf si la situation personnelle du demandeur au regard des dispositions du présent chapitre est modifiée.**

Art. L. 331-4-1 *(Ord. n° 2015-1628 du 10 déc. 2015, art. 3-1°)* **Toute personne envisageant une opération susceptible d'entraîner la modification de la structure d'une exploitation agricole peut demander, préalablement à cette opération, à l'autorité administrative compétente de lui indiquer si l'opération projetée relève de l'un des régimes, d'autorisation ou de déclaration préalable, prévus, respectivement, au I et au II de l'article L. 331-2, ou bien si elle peut être mise en œuvre librement.**

L'autorité administrative prend formellement position sur cette demande dans un délai fixé par décret en Conseil d'État. — *V. art. R. 331-16.*

La réponse de l'administration est simultanément notifiée au demandeur et, le cas échéant, au preneur en place. Elle est, en outre, rendue publique lorsqu'elle écarte la procédure de l'autorisation. — *Les dispositions des art. L. 331-4-1 à L. 331-4-3 entrent en vigueur à la même date que le schéma directeur régional des exploitations agricoles mentionné à l'art. L. 331-2 (Ord. n° 2015-1628 du 10 déc. 2015, art. 7, JO 11 déc.).*

BIBL. ▶ PEIGNOT, *RD rur. 2016. Étude 13* (l'usage du rescrit en matière de contrôle des structures).

Art. L. 331-4-2 *(Ord. n° 2015-1628 du 10 déc. 2015, art. 3-1°)* **Lorsque l'autorité administrative a pris formellement position sur le régime applicable, elle ne peut plus adopter, à l'avenir, une position différente sur ce point.**

Cette garantie fait obstacle à ce que l'autorité administrative prononce les sanctions administratives prévues à l'article L. 331-7.

Elle cesse de produire ses effets en cas de changement de la réglementation au vu de laquelle la question soumise par le demandeur a été appréciée, si la situation du demandeur ne correspond plus aux informations fournies ou s'il est démontré que la position ainsi prise par l'administration reposait sur des informations erronées transmises par le demandeur. — *V. note ss. art. L. 331-4-1.*

Art. L. 331-4-3 *(Ord. n° 2015-1628 du 10 déc. 2015, art. 3-1°)* **Les conditions d'application des articles L. 331-4-1 et L. 331-4-2, notamment les modalités de dépôt de la demande de prise de position, sont fixées par décret en Conseil d'État.** — *V. note ss. art. L. 331-4-1.*

Art. L. 331-5 **Les informations concernant les structures des exploitations agricoles figurant dans les fichiers des caisses de mutualité sociale agricole ou les organismes qui en tiennent lieu** *(Ord. n° 2012-789 du 31 mai 2012, art. 7-II)* **« en Guadeloupe, en Guyane, à la Martinique, à La Réunion, à Mayotte, à Saint-Barthélemy, à Saint-Martin et à Saint-Pierre-et-Miquelon »,** *(Abrogé par L. n° 2019-486 du 22 mai 2019, art. 1er)* ***« dans les centres de formalités des entreprises tenus par les chambres d'agriculture, »*** *(Abrogé par Ord. n° 2021-1189 du 15 sept. 2021, art. 32, à compter du 1er janv. 2023)* ***« dans le registre de l'agriculture, »*** **ou dans le système intégré de gestion et de contrôle mis en place pour l'application de la réglementation communautaire, sont communiquées, sur sa demande, à l'autorité administrative lorsqu'elles sont nécessaires à l'exercice du contrôle des structures.**

(L. n° 2014-1170 du 13 oct. 2014, art. 32-III-4°) **« Les autorisations mentionnées à l'article L. 331-2 délivrées à des sociétés composées d'au moins deux associés exploitants sont communiquées par l'autorité administrative à la société d'aménagement foncier et d'établissement rural compétente. Celle-ci transmet à l'autorité administrative les informations qu'elle reçoit, en application du I de l'article L. 141-1-1, sur les cessions de parts ou d'actions de sociétés concernant ces sociétés qui interviennent dans un délai de six ans à compter de la date à laquelle leur a été délivrée l'autorisation mentionnée à l'article L. 331-2. »**

L'autorisation d'exploitation peut être fondée sur les informations des fichiers MSA, ce qui ne peut exclure de tenir compte de l'ensemble des superficies effectivement exploitées selon les autres pièces du dossier. • CE 11 mars 1998, *Mlle Agutte*, n° 170971 *RD rur. 1998. 483 ; JCP 1998. IV. 2934.*

Art. L. 331-6 *(L. n° 2006-11 du 5 janv. 2006, art. 14)* « **Tout preneur doit faire connaître au bailleur, au moment de la conclusion du bail ou de la prise d'effet de la cession de bail selon les cas, la superficie et la nature des biens qu'il exploite ; mention expresse en est faite dans le bail. Si le preneur est tenu d'obtenir une autorisation d'exploiter en application de l'article L. 331-2, la validité du bail ou de sa cession est subordonnée à l'octroi de cette autorisation.** » **Le refus définitif de l'autorisation ou le fait de ne pas avoir présenté la demande d'autorisation exigée en application de l'article L. 331-2 dans le délai imparti par l'autorité administrative en application du premier alinéa de l'article L. 331-7 emporte la nullité du bail que le préfet du département dans lequel se trouve le bien objet du bail, le bailleur ou la société d'aménagement foncier et d'établissement rural, lorsqu'elle exerce son droit de préemption, peut faire prononcer par le tribunal paritaire des baux ruraux.**

BIBL. ▶ BARABÉ-BOUCHARD, *JCP N 2004. 1184* (bail rural et contrôle des structures) ; *Defrénois 2015. 798* (loi 13 oct. 2014 ; le preneur en infraction avec le contrôle des structures). – PEIGNOT, *Revue annuelle des avocats au Conseil d'État et à la Cour de cassation 2009. 15, Dalloz* et *RD rur. 2012. Étude 6* (incidence de la dualité de juridiction sur l'office du juge paritaire des baux ruraux).

1. Est soumise au contrôle des structures : la continuation du bail par le conjoint survivant. • Civ. 3e, 2 oct. 2002, n° 01-03.607 P : *D. 2002. IR 2914 ; JCP 2002. IV. 2821 ; RD rur. 2002. 527 ; Rev. loyers. 2003. 27 ; Gaz. Pal. 20-21 juin 2003. 32, obs. Lachaud ; AJDI 2003. 360, obs. Plazy ; JCP N 2004. 1211, note Brelet.* ♦ ... La continuation du bail par le descendant. • Civ. 3e, 22 janv. 2003, n° 01-13.968.

2. Le cessionnaire doit demander une autorisation administrative lorsque la surface cumulée de l'exploitation cédée et celle des terres qu'il exploitait seul, quelle que soit la forme juridique de cette exploitation, dépasse le seuil au-delà duquel une autorisation administrative est nécessaire à la date de la cession projetée. • Civ. 3e, 23 janv. 2007 : *Rev. loyers 2007. 149.*

3. Le titulaire d'un bail emphytéotique n'est pas obligé d'exploiter lui-même et n'est donc tenu d'obtenir une autorisation d'exploiter que s'il envisage une exploitation personnelle. • Civ. 3e, 27 oct. 2004, n° 02-21.314 P : *AJDI 2004. 894 et 2005. 223, obs. Prigent ; RD rur. mai 2005. 16 ; Gaz. Pal. 6-8 mars 2005. 20 ; JCP 2004. IV. 3349.* ♦ La mise à disposition temporaire de terres par le syndicat départemental d'ordures ménagères de l'Aude dans l'attente de la réalisation d'un centre de traitement et de stockage de déchets ultimes ne relève pas de la procédure de contrôle des structures. • TA Montpellier, 25 mars 2005, *Rieu et a. : RD rur. août-sept. 2005. 35, note Cantié.*

4. L'obligation faite au preneur d'obtenir une autorisation doit s'apprécier lors de la conclusion du bail. • Civ. 3e, 5 avr. 2006 : *RD rur. mai 2006. 26.* ♦ L'absence de référence lors de la conclusion du bail à la superficie et à la nature des biens exploités par le preneur n'affecte pas à elle seule la validité du bail. • Civ. 3e, 20 déc. 1994, n° 93-20.339 P. ♦ Est non fondé le refus de renouvellement pour défaut d'autorisation dès lors que la prescription triennale en vigueur avant son abrogation par la L. du 9 juill. 1999 était acquise et que le préfet avait pu classer sans suite la demande d'autorisation. • Civ. 3e, 19 nov. 2015, n° 14-19.706 : *RD rur. 2016, n° 69, note Crevel.*

5. Exploitation par le preneur en société. Le fils du preneur, associé de l'EARL à laquelle le bail doit être mis à disposition, n'est pas tenu de recevoir une autorisation d'exploiter lors de la cession du bail dès lors que l'EARL a reçu une telle autorisation. • Civ. 3e, 27 mai 2009, n° 08-14.982 : *JCP 2009, n° 26, p. 23 ; AJDI 2009. 882, note Prigent ; RD rur. 2009, n° 68 ; Gaz. Pal. 14-15 oct. 2009. 11 ; JCP N 2011. 1124, note Roussel* • 5 nov. 2014, n° 13-10.888 : *JCP 2014. 1245 ; JCP N 2014. Actu. 1248 ; Gaz. Pal. 2015. 437 et 1140, note Lebel ; Joly 2015. 20, note Barbièri ; Rev. loyers 2015, n° 952.* ♦ Les terres objets de la cession devant être mises à la disposition du GAEC, le cessionnaire membre du GAEC n'était pas tenu d'être personnellement titulaire d'une autorisation d'exploiter. • Civ. 3e, 6 janv. 2010, n° 08-20.928 : *JCP 2010, n° 5, p. 213 ; D. 2010. 208, note Forest ; JCP N 2010. Actu. 149 ; Gaz. Pal. 3-4 févr. 2010. 533 ; AJDI 2010. 479, obs. Prigent .* ♦ Est justifiée l'autorisation de cession du bail dès lors que la société bénéficiait d'une autorisation d'exploitation faute de rejet explicite de sa demande après quatre mois et que la cessionnaire membre de cette société était elle-même dispensée d'autorisation. • Civ 3e, 12 mars 2020, n° 18-26.405 : *AJDI 2020. 631 .* ♦ Sont fondés à contester le congé les continuateurs du bail après le décès du preneur, qui sont membres de la société à la disposition de laquelle les terres louées devaient être mises à disposition, dès lors que cette société a obtenu l'autorisation d'exploiter les terres. • Civ. 3e, 3 oct. 2012, n° 11-19.686 :

DP entr. agric., Bull. n° 458, p. 8 ; D. 2012. 2393 ; *JCP 2012. 1133 et 1329, note Roussel ; JCP N 2012. 929 et 1403, note Roussel ; Gaz. Pal. 2012. 3085 ; RD rur. 2012, n° 80, note Crevel ; Rev. loyers 2012, n° 932, note Peignot ; AJDI 2013. 360, note Prigent* . ♦ L'exploitation de biens loués est régulière si l'autorisation d'exploiter a été accordée même postérieurement à la conclusion du bail à la seule société dans le cadre de laquelle le locataire mettait ces biens en valeur. • Civ. 3e, 16 juin 2011, n° 10-17.169 : *DP entr. agric., Bull. juill. 2011, p. 10, note Barabé-Bouchard ; RD rur. 2011. 103, note Crevel.* ♦ Auparavant : un bail étant conclu sous réserve de la délivrance d'une autorisation d'exploiter, les juges sont fondés à reconnaître l'absence de validité du bail dès lors que l'autorisation d'adjoindre les parcelles à l'exploitation a été délivrée à une EARL et non au preneur personne physique. • Civ. 3e, 28 juin 2005 : *AJDI 2005. 751* ; *Gaz. Pal. 7-8 oct. 2005. 17 ; Rev. loyers 2005. 508, note Peignot.*

6. Sont mal fondés les juges qui valident la cession au motif que le domaine sera exploité à l'identique par une EARL sans rechercher si celle-ci devait être titulaire d'une autorisation à la date de la cession. • Civ. 3e, 18 sept. 2013, n° 12-21.293 : *Rev. loyers 2013, n° 941, note Peignot ; JCP N 2013. 1293, note Barbièri ; RD rur. 2013, n° 161, note Crevel.* ♦ En s'abstenant de rechercher au besoin d'office si la reprise des terres louées n'avait pas pour conséquence de faire dépasser à l'EARL à disposition de laquelle seraient mises les terres le seuil de déclenchement du contrôle des structures, la cour n'a pas donné de base légale à son rejet d'annulation du congé. • Civ. 3e, 24 juin 2015, n° 14-14.772 P : *JCP 2015. 825 ; JCP N 2015. Actu. 778 ; D. 2015. 1440* ; *DP entr. agric., Bull. n° 490, p. 9, note Grimonprez ; Gaz. Pal. 12-16 juill. 2015 ; Rev. loyers 2015. 404, note Peignot ; RD rur. 2016, n° 6, note Crevel.*

7. Sanction. Doit être annulé le bail dont le preneur n'était pas en situation régulière au regard du contrôle des structures au moment où le bail a été conclu. • Civ. 3e, 7 mars 2001, n° 99-18.644 : *RD rur. 2001. 427 et 537, obs. Crevel.* ♦ Cependant, ayant retenu souverainement qu'une décision définitive d'exploiter est intervenue en 2006, la Cour a pu rejeter la nullité du bail consenti en 2003. • Civ. 3e, 13 juill. 2010, n° 09-16.598 : *Rev. loyers 2010. 386, note Peignot ; RD rur. 2010, n° 117, note Crevel ; JCP 2010. 1666 ; BICC 2011. 1748.* ♦ L'action en nullité du bail se prescrit par cinq ans du jour où le titulaire de l'action a connu ou aurait dû connaître qu'était expiré le délai imparti au locataire dans la mise en demeure prévue par l'art. L. 331-7 pour régulariser la situation. • Civ. 3e, 26 oct. 2023, n° 21-24.231 P : *D. 2023. 1948* ; *RD rur. 2023, n° 107, note Crevel ; JCP 2023. 1268 ; Gaz. Pal. 7 nov. 2023, p. 23, note Berlaud ; Rev. loyers déc. 2023, note Roussel.*

8. Exception de nullité. La cour est mal fondée à accueillir l'exception de nullité d'un bail conclu en 1995 formée en 2004 sur le fondement du défaut de demande d'autorisation d'exploiter par le preneur, alors que l'exception de nullité ne peut être soulevée que pour faire échec à la demande d'exécution d'un acte juridique qui n'a pas encore été executé. • Civ. 3e, 8 févr. 2006, n° 04-18.096 P : *JCP 2006. IV. 1456 ; RD rur. mars 2006. 17 ; Gaz. Pal. 8-10 oct. 2006. 19, et 23-25 juill. 2006. 21* • 10 juill. 2007, n° 06-20.129 : *Rev. loyers 2007. 463.*

9. L'acheteur d'un bien loué ne peut contester le droit de préemption du preneur au motif que celui-ci serait sans droit ni titre pour avoir fait l'objet d'un refus définitif d'exploiter, alors que, à la date où le preneur a exercé son droit de préemption, aucune action en nullité du bail n'avait été engagée par le bailleur. • Civ. 3e, 20 avr. 2005, n° 03-18.272 P : *JCP 2005. IV. 2323 ; JCP N 2005. 1510, note Barabé-Bouchard ; Rev. loyers 2005. 392, note Peignot ; RD rur. août-sept. 2005, p. 27, note Grimonprez ; Gaz. Pal. 2-4 oct. 2005. 19 ; ibid. 7-8 oct. 2005. 11 ; AJDI 2006. 38, obs. Prigent* • 17 févr. 2010, n° 09-10.756 P : *JCP 2010. 581 ; AJDI 2010. 648, note Prigent* ; *Gaz. Pal. 2010. 2888 ; JCP N 2011. 1250.*

10. Le juge judiciaire qui n'a pas le pouvoir d'apprécier la régularité de la procédure administrative d'autorisation d'exploiter est fondé à rejeter la demande d'annulation du bail dès lors qu'il n'était justifié ni d'un refus définitif, ni d'une demande d'autorisation formée hors délai. • Civ. 3e, 3 déc. 2003, n° 02-16.838 P : *Gaz. Pal. 23-24 avr. 2004. 22 ; Rev. loyers 2004. 220, note Peignot ; JCP N 2004. 1123 et 1186 ; RD rur. 2004. 409 ; JCP 2004. IV. 1212.* ♦ Même sens : • Civ. 3e, 27 oct. 2004, n° 03-20.009. ♦ Seul le refus après mise en demeure de se soumettre à la procédure d'autorisation peut entraîner l'interdiction pour le preneur de poursuivre l'exploitation et la nullité du bail prononcée à la demande du préfet, de la SAFER ou du bailleur. • Civ. 3e, 31 oct. 2007, n° 06-19.350 : *D. 2007. AJ 2948* ; *JCP N 2007. 733 ; JCP 2007. IV. 3154 ; RD rur. 2007, n° 358 ; ibid. 2008, n° 3, note Crevel ; Rev. loyers 2008. 36, note Peignot ; AJDI 2008. 134* • 12 déc. 2012, n° 11-24.384 P.

11. L'absence de justification envers le bailleur de la superficie exploitée par le preneur en cours de bail ne constitue pas un motif de résiliation du bail. • Civ. 3e, 13 sept. 2018, n° 16-17.637 : *Defrénois 2018, n° 47, p. 44, note Delorme ; Gaz. Pal. 2019. 1570, note Feschotte-Desbois.* ♦ La méconnaissance en cours de bail du dispositif de contrôle des structures ne constitue pas un motif de résiliation. • Civ. 3e, 20 juin 2019, n° 18-12.417 : *JCP N 2019. 1292, note Bosse-Platière* • 13 avr. 2022, n° 20-17.511 : *Defrénois 2022, n° 47, p. 28, note Delorme ; DP entr. agric., Bull. n° 563-564, p. 7, note Roussel ; Rev. loyers 2022, n° 1028, note Roussel.*

12. Action en nullité du préfet. Un agent justifiant d'une délégation de signature peut saisir le tribunal paritaire sans justifier d'un pouvoir spécial. • Civ. 3e, 12 déc. 2012, n° 11-24.384 : *D. 2013. 14 ; DP entr. agric., Bull. n° 462, p. 5, note Barabé-Bouchard ; RD rur. 2013, n° 12, note Crevel ; JCP 2013. 45 ; Rev. loyers 2013. 88, note Peignot ; LPA 2013, n° 152, note Rocheteau.* ♦ L'exercice de l'action en nullité du bail par le préfet suppose que le délai imparti dans la mise en demeure ait expiré. • Même arrêt.

Art. L. 331-7 **Lorsqu'elle constate qu'un fonds est exploité contrairement aux dispositions du présent chapitre, l'autorité administrative met l'intéressé en demeure de régulariser sa situation dans un délai qu'elle détermine et qui ne saurait être inférieur à un mois.**

La mise en demeure mentionnée à l'alinéa précédent prescrit à l'intéressé soit de présenter une demande d'autorisation, soit, si une décision de refus d'autorisation est intervenue, de cesser l'exploitation des terres concernées.

Lorsque l'intéressé, tenu de présenter une demande d'autorisation, ne l'a pas formée dans le délai mentionné ci-dessus, l'autorité administrative lui notifie une mise en demeure de cesser d'exploiter dans un délai de même durée.

Lorsque la cessation de l'exploitation est ordonnée, l'intéressé est mis à même, pendant le délai qui lui est imparti, de présenter ses observations écrites ou orales devant toute instance ayant à connaître de l'affaire.

Si, à l'expiration du délai imparti pour cesser l'exploitation des terres concernées, l'autorité administrative constate que l'exploitation se poursuit dans des conditions irrégulières, elle peut prononcer à l'encontre de l'intéressé une sanction pécuniaire d'un montant compris entre 304,90 € et 914,70 € par hectare. La surface prise en compte correspond à la surface de polyculture-élevage faisant l'objet de l'exploitation illégale, ou son équivalent, après, le cas échéant, application des coefficients d'équivalence résultant, pour chaque nature de culture, de l'application de l'article L. 312-6.

Cette mesure pourra être reconduite chaque année s'il est constaté que l'intéressé poursuit l'exploitation en cause. — *Les dispositions de l'art. 32-III-5° de la L. n° 2014-1170 du 13 oct. 2014 d'avenir pour l'agriculture, l'alimentation et la forêt (JO 14 oct.) qui devaient modifier l'art. L. 331-7 ont été déclarées non conformes à la Constitution par la décision du Conseil constitutionnel n° 2014-701 DC du 9 oct. 2014.*

COMMENTAIRE

Le Conseil constitutionnel a jugé contraires à la Constitution les dispositions prévues par la loi d'avenir pour l'agriculture du 13 octobre 2014 permettant de retirer l'autorisation d'exploiter accordée aux sociétés qui, dans les cinq années consécutives à une mise à disposition de terres, opéraient une réduction du nombre d'emplois, salariés ou non, permanents ou saisonniers ; il a été jugé que ce contrôle *a posteriori* des autorisations accordées portait atteinte au droit de propriété et à la liberté d'entreprendre et n'était pas proportionnel à la préservation de l'emploi recherchée (Cons. const. 9 oct. 2014, n° 2014-701 DC : *AJDA 2014. 1976*).

Est fondé le refus du préfet de procéder à la mise en demeure, dès lors que la L. du 9 juill. 1999 n'a prévu aucune disposition permettant de sanctionner des infractions prescrites avant son entrée en vigueur et dès lors qu'aucune modification de la situation ancienne ne justifie l'application du contrôle des structures. • CE 7 oct. 2013, n° 363662 : *DP entr. agric., Bull. n° 468, p. 7, note Barabé-Bouchard ; RD rur. 2014, n° 22, note Robbe ; Gaz. Pal. 23-24 oct. 2013* • Civ. 3e, 19 nov. 2015, n° 14-19.706 : *RD rur. 2016, n° 69, note Crevel.*

Art. L. 331-8 **La décision prononçant la sanction pécuniaire mentionnée à l'article L. 331-7 est notifiée à l'exploitant concerné, qui peut la contester, avant tout recours contentieux, dans le mois de sa réception, devant une commission des recours dont la composition et les règles de fonctionnement sont fixées par décret en Conseil d'État.**

Les recours devant cette commission sont suspensifs. Leur instruction est contradictoire.

La commission, qui statue par décision motivée, peut soit confirmer la sanction, soit décider qu'en raison d'éléments tirés de la situation de la personne concernée il y a lieu de ramener la pénalité prononcée à un montant qu'elle détermine dans les limites fixées à l'article L. 331-7, soit décider qu'en l'absence de violation établie des dispo-

sitions du présent chapitre il n'y a pas lieu à sanction. Dans les deux premiers cas, la pénalité devient recouvrable dès notification de sa décision.

La décision de la commission peut faire l'objet, de la part de l'autorité administrative ou de l'intéressé, d'un recours de pleine juridiction devant le tribunal administratif.

Si elle confirme la sanction, la commission doit en fixer le montant en proportion des manquements commis et compte tenu de l'ensemble du comportement de la personne sanctionnée au jour où elle statue. • CE 2 juill. 2021, n° 432802 B : *AJDA 2021. 2140* • CAA Nantes, 4 févr. 2022, n° 21NT01786 : *DP entr. agric., Bull. n° 560, p. 8, note Debailleul.*

Art. L. 331-9 **Celui qui exploite un fonds en dépit d'un refus d'autorisation d'exploiter devenu définitif ne peut bénéficier d'aucune aide publique à caractère économique accordée en matière agricole.**

1. Défaut d'autorisation. L'administration est fondée à refuser une demande d'aides compensatoires à la surface pour des terres mises en valeur malgré un refus d'autorisation d'exploiter de l'administration. • CAA Nantes, 10 mai 2005, *GAEC de Pentave,* n° 03NT00843.

2. Défaut de titre sur les parcelles. Le préfet est mal fondé à refuser le versement de paiements compensatoires à un producteur au motif que celui-ci après congé validé n'avait plus ni droit ni titre pour exploiter les parcelles correspondant au versement, puisque les seules conditions posées pour le versement des aides communautaires étaient l'exploitation effective et le dépôt d'une demande et puisque la France n'avait pas subordonné le versement de ces aides à un titre sur les biens exploités. • CE 21 juill. 2006, *Indivision Claude Lorin,* n° 270714 : *Gaz. Pal. 5-6 janv. 2007. 37* • CAA Nancy, 28 janv. 2008, *Min. agric. c/ Indivision Lorin,* n° 06NC011411.

Art. L. 331-10 **Si, à l'expiration de l'année culturale au cours de laquelle la mise en demeure de cesser l'exploitation est devenue définitive, un nouveau titulaire du droit d'exploiter n'a pas été retenu, toute personne intéressée par la mise en valeur du fonds peut demander au tribunal paritaire des baux ruraux que lui soit accordé le droit d'exploiter ledit fonds. En cas de pluralité de candidatures, le tribunal paritaire des baux ruraux statue en fonction de l'intérêt, au regard des priorités définies par le schéma directeur** *(L. n° 2014-1170 du 13 oct. 2014, art. 93-XXI-1°)* **« régional des exploitations agricoles », de chacune des opérations envisagées.**

Lorsque le tribunal paritaire des baux ruraux accorde l'autorisation d'exploiter le fonds, il fixe les conditions de jouissance et le montant du fermage conformément aux dispositions du titre I du livre IV (nouveau) du présent code.

1. QPC. Pas de renvoi au Conseil constitutionnel de la question prioritaire de constitutionnalité de l'art. L. 331-10. • Civ. 3e, 4 déc. 2013, n° 13-40.056 : *JCP N 2014. 12 ; RD rur. 2014, n° 1, note Crevel.*

2. Est rejetée la demande de bail forcé dès lors qu'à la date de la saisine du tribunal, les parcelles étaient régulièrement exploitées. • Rouen, 27 avr. 2023, n° 22/00656 : *Rev. loyers 2023, n° 1038.*

3. Est mal fondé l'arrêt qui accorde un bail sans rechercher au besoin d'office si la mise en demeure de cesser l'exploitation est devenue définitive. • Civ. 3e, 19 janv. 2011, n° 09-17.060 : *RD rur. 2011, n° 40, note Crevel ; JCP 2011. 309.*

4. L'arrêté de retrait de la mise en demeure crée des droits au profit de celui qui a manifesté la volonté d'exploiter les parcelles et lui permet de solliciter le bénéfice d'un bail forcé. • CAA Bordeaux, 7 mai 2014, n° 12BX01311 : *RD rur. 2014, n° 217, concl. Normand, note Robbe.*

Art. L. 331-11 **Les conditions d'application du présent chapitre sont fixées par décret en Conseil d'État.**

Art. L. 331-12 *Abrogé par Ord. n° 2016-391 du 31 mars 2016, art. 5 et 18-I, à compter du 1er juill. 2016.*

CHAPITRE II LES LIMITATIONS AU DROIT DE PRODUIRE

BIBL. GÉN. ► BARTHÉLÉMY et DAVID, L'agriculture européenne et les droits à produire, *INRA 1999.* – Les droits à produire en Europe : perspectives économiques et juridiques, Colloque Poitiers, 5 et 6 nov. 1998, *RD rur. 1999. 77 et 138.* – ROUSSEL, *RD rur. 1999. 205* (équivalences non marchandes entre droits à produire). – SOLEILHAC, *AJDA 2007. 2178* (vers une commercialité des autorisations administratives).

Art. L. 332-1 *(L. n° 2008-776 du 4 août 2008, art. 31)* **Les agriculteurs qui perçoivent une aide au titre du régime de paiement unique au sens des articles 3 et 36 du règlement (CE) n° 1782/2003 du Conseil, du 29 septembre 2003, établissant des règles communes pour les régimes de soutien direct dans le cadre de la politique agricole commune et établissant certains régimes de soutien en faveur des agriculteurs sont soumis pendant la durée de versement de cette aide aux droits et obligations résultant de l'application du livre VII du présent code. Ces droits et obligations sont appréciés lorsque les terres sont entretenues dans les conditions visées à l'article 5 du règlement (CE) n° 1782/2003 du Conseil, du 29 septembre 2003, précité, comme si ces terres restaient affectées aux dernières productions agricoles pratiquées. L'agriculteur est réputé assurer l'exploitation de ces terres dans les conditions prévues par le livre IV du présent code.** — *Le Règl. (CE) n° 1782/2003 du 29 sept. 2003 a été abrogé et remplacé par le Règl. (CE) n° 73/2009 du 19 janv. 2009, lui-même abrogé et remplacé à compter du 1er janv. 2015 par le Règl. (UE) n° 1307/2013 du 17 déc. 2013 ; le Règl. (UE) 1307/2013 est abrogé, avec effet au 1er janv. 2023, par le Règl. (UE) 2021/2115 du 2 déc. 2021 établissant des règles régissant l'aide aux plans stratégiques devant être établis par les États membres dans le cadre de la politique agricole commune (plans stratégiques relevant de la PAC) et financés par le Fonds européen agricole de garantie (FEAGA) et par le Fonds européen agricole pour le développement rural (Feader).*

CHAPITRE III CONTRÔLE DES SOCIÉTÉS POSSÉDANT OU EXPLOITANT DU FONCIER AGRICOLE

(L. n° 2021-1756 du 23 déc. 2021, art. 1er)

BIBL. GÉN. ▶ L. n° 2021-1756 du 23 déc. 2021 : DELPECH, *D. actu. 13 janv. 2022.* – DORISON, *RD rur. 2023. Étude 4* (un nouveau contrôle administratif délégué aux SAFER). – DE LOS ANGELÈS, BESSON, TRAVELY et BOSSE-PLATIÈRE, *JCP N 2022. Actu. 132.* – MANDEVILLE, AUBESSE, SEEGERS et BIBAL, *RD rur. 2022. Étude 33* (constitutionnalité de la loi Sempastous). – ROBBE, *RD rur. 2022. Étude 6* (la régulation de l'accès au foncier agricole à travers les structures sociétaires).

COMMENTAIRE

La loi n° 2021-1756 du 23 décembre 2021 dite Sempastous et portant mesures d'urgence pour assurer la régulation de l'accès au foncier agricole au travers de structures sociétaires a prévu un nouveau dispositif visant à empêcher la concentration excessive des exploitations agricoles et l'accaparement des terres agricoles. L'objectif est d'assurer une transparence des opérations sociétaires et contrôler l'accès au foncier pour l'orienter vers l'installation, la consolidation d'exploitation et le renouvellement des générations, en empêchant les excès.

Ainsi, sont soumises à autorisation les cessions de titres de sociétés possédant ou exploitant des biens immobiliers à vocation ou à usage agricole réalisées par une personne physique ou morale qui détient déjà directement ou indirectement, en propriété ou jouissance, des biens de même nature dont la superficie est supérieure à un seuil fixé par le préfet de région, ou qui, une fois réalisée la prise de contrôle, détiendrait une superficie supérieure à ce seuil. La demande est formée auprès de la SAFER qui instruit le dossier. Le préfet du département donne une autorisation expresse ou tacite ou refuse l'autorisation. Il peut aussi informer les parties d'un possible refus et les inviter à former des propositions complémentaires. L'autorisation peut être subordonnée à la réalisation d'engagements. Les modalités de fixation du seuil par le préfet de région et celles de l'instruction des demandes par la SAFER et le préfet du département ont été fixées par le décret n° 2022-1515 du 2 décembre 2022 (V. art. R. 333-1 s.).

Les opérations des SAFER dans le cadre de leurs missions, les opérations de cessions de titres à titre gratuit, les cessions de titres entre époux, entre partenaires de PACS, entre membres d'une même famille (sous conditions relatives aux engagements du cessionnaire notamment quant à l'exploitation du fonds) ainsi que les opérations de cession de titres entre associés (sous conditions d'exploitation et de durée de détention des titres) sont exemptées de cette procédure d'autorisation.

A défaut d'autorisation, la SAFER ou le préfet, dans les douze mois à compter du moment où ils ont eu connaissance de l'opération, peuvent en solliciter l'annulation, et l'irrespect de la procédure est également passible d'une amende administrative. ❑

Loi n° 2021-1756 du 23 décembre 2021,

Portant mesures d'urgence pour assurer la régulation de l'accès au foncier agricole au travers de structures sociétaires (JO 24 déc.).

Art. 7 I. — L'article 1er de la présente loi entre en vigueur à une date fixée par décret en Conseil d'État, et au plus tard le 1er juillet 2022.

Ce même décret précise la date avant laquelle le représentant de l'État dans la région arrête le seuil d'agrandissement significatif dans les conditions prévues au II de l'article L. 333-2 du code rural et de la pêche maritime, qui ne peut être postérieure au 1er novembre 2022.

L'article 1er de la présente loi est applicable aux opérations dont la date de réalisation est postérieure à une date fixée par décret en Conseil d'État, et au plus tard au 1er novembre 2022. Il n'est pas applicable aux opérations ayant fait l'objet d'une promesse de vente avant la date fixée par décret mentionnée au deuxième alinéa du présent I et dont la date de réalisation ne dépasse pas de plus d'un mois cette même date.

Art. L. 333-1 Le présent chapitre vise à favoriser l'installation d'agriculteurs, la consolidation d'exploitations agricoles et le renouvellement des générations agricoles en luttant contre la concentration excessive des terres et leur accaparement. Il contribue à la souveraineté alimentaire de la France et tend à faciliter l'accès au foncier, notamment en contrôlant le respect des prix du marché foncier local.

Art. L. 333-2 I. — La prise de contrôle d'une société possédant ou exploitant des biens immobiliers à usage ou à vocation agricole, au sens de l'article L. 143-1, réalisée par une personne physique ou morale qui détient déjà, dans les conditions prévues au III du présent article, directement ou indirectement, en propriété ou en jouissance, des biens de même nature dont la superficie totale excède un seuil d'agrandissement significatif ou qui, une fois réalisée la prise de contrôle, détiendrait une superficie totale excédant ce seuil est soumise à l'autorisation préalable du représentant de l'État dans le département.

II. — Le seuil d'agrandissement significatif mentionné au I est fixé en hectares par le représentant de l'État dans la région. Il est fixé par région naturelle ou par territoire présentant une cohérence en matière agricole, dans les conditions prévues par le décret en Conseil d'État mentionné à l'article L. 333-5 après qu'il a été procédé aux consultations prévues par le même décret. Il est compris entre une fois et demie et trois fois la surface agricole utile régionale moyenne fixée dans le schéma directeur régional des exploitations agricoles en application du II de l'article L. 312-1.

Pour l'application du présent article, le seuil d'agrandissement significatif applicable est celui fixé par le représentant de l'État dans la région du lieu où se trouve la plus grande superficie de terres détenues ou exploitées par la société faisant l'objet de la prise de contrôle.

III. — Le seuil d'agrandissement significatif mentionné au I s'apprécie en additionnant la superficie de tous les biens immobiliers à usage ou à vocation agricole, toutes productions confondues, que la personne physique exploite ou possède, directement ou indirectement par l'interposition d'une ou de plusieurs personnes morales qu'elle contrôle au sens du IV.

Lorsque des biens immobiliers à usage ou à vocation agricole se caractérisent par des natures de culture différentes, les équivalences prévues par le schéma directeur régional des exploitations agricoles pour le calcul du seuil d'agrandissement significatif sont respectées.

Lorsque l'acquéreur des titres sociaux est une personne morale, sa situation au regard du seuil d'agrandissement significatif est appréciée à l'égard de toutes les personnes physiques qui la contrôlent, au sens des articles L. 233-3 et L. 233-4 du code de commerce. En cas d'interposition d'une ou de plusieurs personnes morales, la situation est appréciée à l'égard de toutes les personnes physiques qui contrôlent en dernier lieu, directement ou indirectement, la personne morale acquéreur.

Est prise en compte la superficie de la totalité des biens immobiliers, sans égard pour le régime matrimonial du bénéficiaire de l'opération et sans tenir compte du fait qu'il ne détient que des droits indivis ou démembrés sur les immeubles faisant l'objet du calcul.

Ne sont pas comptabilisés les biens immobiliers classés en nature de bois et forêts au cadastre, sauf :

1° S'ils sont le support d'une activité agricole au sens de l'article L. 311-1 du présent code ;

2° S'ils ont fait l'objet d'une autorisation de défrichement liée à des activités agricoles.

IV. — Constitue une prise de contrôle la prise de participation par acquisition de titres sociaux qui confère à une personne physique ou morale, agissant directement ou par l'interposition d'une personne morale acquéreur, le contrôle de la société, au sens des articles L. 233-3 et L. 233-4 du code de commerce.

Le présent chapitre s'applique également :

1° A toute modification de la répartition du capital social ou des droits de vote aboutissant à transférer le contrôle d'une société mentionnée au I du présent article à un nouveau bénéficiaire, associé ou non, remplissant les conditions prévues au III ;

2° A toute prise de participation complémentaire réalisée par un cessionnaire contrôlant déjà une société mentionnée au I ;

3° A toute prise de participation complémentaire, réalisée par un cessionnaire personne morale, ayant pour effet de renforcer les droits d'un tiers agissant par son interposition, lorsque ce cessionnaire contrôle déjà la société mentionnée au même I ;

4° A la prise de contrôle d'une société qui contrôle, directement ou indirectement, une autre société remplissant les conditions prévues au III.

V. — Ne sont pas soumises au présent chapitre :

1° Les opérations d'acquisition et de rétrocession, par cession ou substitution, réalisées à l'amiable par les sociétés d'aménagement foncier et d'établissement rural dans le cadre de leurs missions légales ou lors de l'exercice de leur droit de préemption en application des articles L. 143-1 à L. 143-16. Ces opérations sont réalisées avec l'accord préalable exprès des commissaires du Gouvernement, qui veillent au respect des objectifs mentionnés au présent chapitre ;

2° Les opérations réalisées à titre gratuit ;

3° Les cessions de parts sociales ou d'actions entre époux, personnes liées par un pacte civil de solidarité, parents ou alliés jusqu'au quatrième degré inclus, à condition que le cessionnaire s'engage soit à participer effectivement à l'exploitation des biens immobiliers détenus ou exploités par la société, dans les conditions prévues à l'article L. 411-59, et à conserver la totalité des titres sociaux acquis pour une durée d'au moins neuf ans à compter de la date de la cession, soit à mettre à bail lesdits biens immobiliers au profit d'un locataire s'engageant à participer effectivement, dans les conditions prévues au même article L. 411-59, à l'exploitation de ces biens pendant une durée d'au moins neuf ans ;

4° Les cessions entre associés ou actionnaires détenant, depuis au moins neuf ans, des titres sociaux dans la société faisant l'objet de la prise de participation complémentaire et participant effectivement, au sens dudit article L. 411-59, à l'exploitation des immeubles que ladite société met en valeur. Lorsque la cession des titres sociaux fait suite à une maladie ou à un accident entraînant une invalidité totale et définitive, le cessionnaire est exempté de la condition d'ancienneté dans la société, dans des conditions définies par le décret prévu à l'article L. 333-5.

VI. — Est nulle toute opération réalisée en violation du présent chapitre. L'action en nullité peut être exercée par l'autorité administrative compétente, d'office ou à la demande de la société d'aménagement foncier et d'établissement rural à laquelle la demande d'autorisation mentionnée au premier alinéa du I de l'article L. 333-3 devait être adressée. Elle se prescrit par douze mois à compter du jour où l'opération est connue de l'autorité administrative compétente.

En sus de l'action en nullité, l'autorité administrative compétente peut, d'office ou à la demande de toute personne y ayant intérêt, prononcer une amende administrative égale au moins au montant fixé à l'article 131-13 du code pénal pour les contraventions de la cinquième classe et au plus à 2 % du montant de la transaction concernée.

L'autorité administrative compétente avise préalablement l'auteur du manquement des faits relevés à son encontre, des dispositions qu'il a enfreintes et des sanctions qu'il encourt. Elle lui fait connaître le délai dont il dispose pour faire valoir ses observations écrites et, le cas échéant, les modalités selon lesquelles il peut être entendu s'il en fait la demande. Elle l'informe de son droit à être assisté du conseil de son choix. La décision de sanction ne peut être prise plus d'un an après la constatation des faits.

Art. L. 333-3 I. — La demande d'autorisation, dont le format et le contenu sont fixés par le décret prévu à l'article L. 333-5, est présentée avec l'information prévue à l'article L. 141-1-1 à la société d'aménagement foncier et d'établissement rural, qui la traite au nom et pour le compte du représentant de l'État dans le département. Après avoir vérifié la régularité et le caractère complet de la demande, ladite société en accuse réception au demandeur, la transmet à l'autorité administrative et la publie selon les modalités fixées par le décret prévu à l'article L. 333-5.

Dans un délai fixé par le décret prévu au même article L. 333-5, la société d'aménagement foncier et d'établissement rural instruit la demande, au nom et pour le compte de l'autorité administrative compétente, aux fins de déterminer si l'opération est susceptible :

1° De porter atteinte aux objectifs définis à l'article L. 333-1, appréciés à l'échelle du territoire agricole pertinent, au regard des demandes d'installation en attente ou des besoins exprimés de consolidation des exploitations existantes ;

2° De contribuer, le cas échéant, au développement du territoire ou à la diversité de ses systèmes de production au regard, en particulier, des emplois créés et des performances économiques, sociales et environnementales qu'elle présente.

Pour le dépôt et l'instruction de la demande d'autorisation en application du présent article, ne peuvent être mis à la charge du demandeur que des frais de dossier dont le montant est fixé pour l'ensemble du territoire national par arrêté du ministre chargé de l'agriculture. — *V. Arr. du 23 déc. 2022 relatif aux frais de dossier prévus au 2° du I de l'art. L. 333-3 ainsi qu'au montant forfaitaire prévu au 2° du IV de ce même art., art. 1er (JO 31 déc.).*

Dans le cadre de l'instruction, la société d'aménagement foncier et d'établissement rural entend, dans les conditions précisées par le décret prévu à l'article L. 333-5, le représentant légal de la société faisant l'objet de la prise de contrôle à la demande de ce dernier ainsi que le bénéficiaire de ladite prise de contrôle, ou son représentant légal, à sa demande.

Les organisations interprofessionnelles reconnues dans les conditions prévues à l'article L. 632-1 et le comité interprofessionnel du vin de Champagne créé par la loi du 12 avril 1941 portant création d'un comité interprofessionnel du vin de Champagne concernés par l'opération envisagée peuvent présenter des observations écrites à l'autorité administrative compétente. Ils peuvent aussi présenter des observations écrites à la société d'aménagement foncier et d'établissement rural en vue de l'avis qu'elle rend au titre du II du présent article.

II. — Si la société d'aménagement foncier et d'établissement rural estime que la contribution mentionnée au 2° du I l'emporte sur les atteintes mentionnées au 1° du même I, elle en informe l'autorité administrative compétente pour délivrer l'autorisation.

Après la transmission du dossier d'instruction, si l'autorité administrative estime ne pas être mesure de prendre une décision au regard des éléments transmis, elle peut demander à la société d'aménagement foncier et d'établissement rural de compléter son dossier d'instruction dans un délai fixé par le décret prévu à l'article L. 333-5.

A défaut d'autorisation expresse, l'opération est réputée autorisée dans le silence gardé par l'autorité administrative à l'expiration d'un délai fixé par le décret prévu au même article L. 333-5.

III. — Si l'autorité administrative compétente détermine que l'atteinte mentionnée au 1° du I du présent article l'emporte sur la contribution mentionnée au 2° du même I, elle en informe le demandeur dans un délai et des conditions fixés par le décret prévu à l'article L. 333-5 et lui fait connaître les motifs qui s'opposent, en l'état, au vu des éléments du dossier d'instruction et des critères prévus au I du présent article, à la réalisation de l'opération pour laquelle une autorisation est requise.

IV. — En vue d'obtenir l'autorisation mentionnée à l'article L. 333-2, la société faisant l'objet de la prise de contrôle ou le bénéficiaire de cette prise de contrôle peut proposer à l'autorité administrative compétente pour délivrer l'autorisation, dans un délai et dans des conditions fixés par le décret prévu à l'article L. 333-5, des mesures de nature à remédier aux motifs justifiant que l'autorité administrative s'oppose à la réalisation de l'opération, assorties d'un cahier des charges, en s'engageant :

1° A vendre ou à donner à bail rural à long terme prioritairement à un agriculteur réalisant une installation en bénéficiant des aides à l'installation des jeunes agriculteurs ou, à défaut, à un agriculteur réalisant une installation ou ayant besoin de consolider son exploitation une surface lui permettant d'atteindre le seuil de viabilité économique fixé par le schéma directeur régional des exploitations agricoles en application du IV de l'article L. 312-1 ;

2° A libérer prioritairement, au profit d'un agriculteur réalisant une installation en bénéficiant des aides à l'installation des jeunes agriculteurs ou, à défaut, d'un agriculteur réalisant une installation ou ayant besoin de consolider son exploitation, une surface lui permettant d'atteindre le seuil de viabilité économique fixé par le schéma directeur régional des exploitations agricoles en application du même IV, en résiliant à due concurrence le titre de jouissance dont il dispose, dès lors que le propriétaire des biens immobiliers en question s'engage à les vendre ou à les donner à bail rural à long terme audit agriculteur s'installant ou ayant besoin de consolider son exploitation.

La société faisant l'objet de la prise de contrôle ou le bénéficiaire de cette prise de contrôle peut réaliser les opérations mentionnées aux 1° et 2° du présent IV par voie amiable ou solliciter le concours de la société d'aménagement foncier et d'établissement rural. Lorsqu'il est prévu que les opérations soient réalisées avec le concours de ladite société, les engagements mentionnés au présent IV peuvent prendre la forme d'une promesse de vente ou de location à la société d'aménagement foncier et d'établissement rural, le cas échéant avec faculté de substitution. Il ne peut alors être mis à la charge des parties à ces opérations et au bénéfice de la société d'aménagement foncier et d'établissement rural qu'un montant forfaitaire, fixé pour l'ensemble du territoire national par arrêté du ministre chargé de l'agriculture. — *V. Arr. du 23 déc. 2022 préc., art. 2.*

La société faisant l'objet de la prise de contrôle ou le bénéficiaire de cette prise de contrôle identifie, dans le cadre des engagements qu'il propose à l'autorité administrative, la modalité selon laquelle il conduira les opérations de cession ou de mise à bail mentionnées aux 1° et 2° du présent IV ainsi que le bénéficiaire ou les bénéficiaires envisagés de ces opérations.

V. — Après avoir pris connaissance des propositions faites par les parties en application du IV et de l'avis de la société d'aménagement foncier et d'établissement rural rendu selon les modalités fixées par le décret prévu à l'article L. 333-5, lorsqu'elle estime que les bénéficiaires ou la nature des engagements sont insuffisants ou inadaptés aux objectifs poursuivis par le présent chapitre et la conduiraient à refuser l'autorisation, l'autorité administrative compétente en informe les parties, en faisant apparaître les motifs d'opposition.

Dans un délai de quinze jours, les parties peuvent transmettre à l'autorité administrative compétente des propositions complémentaires ou alternatives de nature à remédier aux motifs s'opposant à la réalisation de l'opération.

A l'issue de ce délai, l'autorité administrative compétente peut, par décision motivée et après avoir recueilli l'avis de la société d'aménagement foncier et d'établissement rural, soit autoriser sans condition l'opération, soit autoriser celle-ci en la subordonnant à la réalisation effective des engagements pris par les parties, soit refuser l'autorisation en l'absence d'engagements ou si ceux-ci sont manifestement insuffisants ou inadaptés aux objectifs poursuivis par le présent chapitre. A défaut d'autorisation expresse, l'opération est réputée autorisée dans le silence gardé par l'autorité administrative à l'expiration d'un délai fixé par le décret prévu à l'article L. 333-5.

A l'initiative de l'autorité administrative compétente, la commission départementale d'orientation de l'agriculture est consultée sur la demande d'autorisation.

Si l'autorisation délivrée est subordonnée à des engagements, ceux-ci doivent être réalisés dans un délai de six mois à compter de la date de délivrance de l'autorisation. Sur décision de l'autorité administrative, ce délai peut être prorogé de six mois. Au plus tard à l'échéance de ce délai, la société faisant l'objet de la prise de contrôle, le bénéficiaire de cette prise de contrôle ou la société d'aménagement foncier et d'établissement rural, si elle est intervenue dans l'opération, présente à l'autorité administrative les documents attestant que les engagements ont été réalisés. La nature de ces documents et les modalités de transmission sont précisées par le décret prévu au même article L. 333-5.

L'autorité administrative veille à ne pas subordonner l'autorisation à des engagements qui mettraient en péril la viabilité économique des exploitations des parties à l'opération.

L'autorité administrative ne peut imposer, dans le cadre d'engagements au titre du présent V, qu'il soit mis fin, avant son échéance, à un bail rural ayant cours au bénéfice d'une personne morale ou physique autre que la société ou le bénéficiaire mentionnés au premier alinéa du IV, ni qu'il soit mis fin avant son échéance à tout autre contrat en cours.

Elle ne peut pas non plus imposer, lorsque la société ou le bénéficiaire détient des biens immobiliers à usage ou à vocation agricole qu'il ou elle n'exploite pas mais qu'il ou elle donne à bail à un exploitant non associé, qu'un autre exploitant se substitue au locataire actuel avant le terme ou à l'expiration de son bail.

VI. – Si l'autorité administrative compétente constate que les engagements pris n'ont pas été exécutés dans le délai imparti, elle peut mettre l'intéressé en demeure de régulariser sa situation, dans un délai fixé par le décret prévu à l'article L. 333-5. L'intéressé est mis à même, durant cette période, de lui présenter des observations écrites et, le cas échéant, à sa demande, des observations orales. Il peut se faire assister par un conseil ou représenter par un mandataire de son choix. Si, à l'expiration du délai imparti, l'irrégularité perdure, l'autorité administrative compétente peut retirer la décision ayant autorisé l'opération et prononcer à l'encontre de l'intéressé une sanction pécuniaire d'un montant compris entre 304,90 € et 914,70 € pour chaque hectare ayant fait l'objet des engagements initiaux ou une surface équivalente après application, le cas échéant, des coefficients d'équivalence fixés par le schéma directeur régional des exploitations agricoles applicable aux parcelles concernées.

En cas de retrait de l'autorisation administrative au terme de la procédure fixée au premier alinéa du présent VI, la prise de participation réalisée est nulle. L'action en nullité, qui peut être exercée par l'autorité administrative compétente, d'office ou à la demande de la société d'aménagement foncier et d'établissement rural, se prescrit par douze mois à compter du retrait de l'autorisation.

Sauf cas de force majeure, d'absence de faute de la part du souscripteur ou de dérogation accordée par l'autorité administrative compétente, en cas de non-respect du cahier des charges, l'autorité administrative compétente peut, d'office ou à la demande de toute personne y ayant intérêt, prononcer une amende administrative égale au moins au montant fixé à l'article 131-13 du code pénal pour les contraventions de la cinquième classe et ne pouvant excéder 2 % du montant de la transaction concernée. L'autorité administrative compétente avise préalablement l'auteur du manquement des faits relevés à son encontre, des dispositions qu'il a enfreintes et des sanctions qu'il encourt. Elle lui fait connaître le délai dont il dispose pour présenter des observations écrites et, le cas échéant, à sa demande, des observations orales. L'auteur du manquement peut se faire assister par un conseil ou représenter par un mandataire de son choix. La décision de sanction ne peut être prise plus d'un an après la constatation des faits.

Art. L. 333-4 Par exception, le II de l'article L. 141-1 n'est pas applicable aux biens immobiliers des sociétés dont la prise de contrôle a préalablement fait l'objet d'une autorisation en application du V de l'article L. 333-3, détenus à la date de ladite autorisation. Il n'est pas non plus applicable aux biens immobiliers des bénéficiaires desdites prises de contrôle, détenus à la date de la même autorisation. L'exception prévue au présent alinéa est applicable pour une durée d'un an à compter de l'expiration du délai accordé pour la réalisation des engagements mentionné au cinquième alinéa du V de l'article L. 333-3, le cas échéant prorogé en application du même cinquième alinéa.

Toutefois, la société d'aménagement foncier et d'établissement rural est compétente pour intervenir sur les biens immobiliers mentionnés au premier alinéa du présent

article en application du II de l'article L. 141-1, dans les conditions non cumulatives suivantes :

1° Lorsqu'il est constaté par l'autorité administrative compétente que des engagements pris en application du V de l'article L. 333-3 n'ont pas été exécutés dans le délai imparti ou que les dispositions du cahier des charges mentionné au IV du même article L. 333-3 n'ont pas été respectées ;

2° A compter de toute cession des biens immobiliers mentionnés au premier alinéa du présent article postérieure à la réalisation des engagements mentionnés au cinquième alinéa du V de l'article L. 333-3 ou à compter de toute prise de contrôle de la société détenant ou exploitant ces biens postérieure à la réalisation des engagements mentionnés au même cinquième alinéa ;

3° Lorsque la société faisant l'objet de la prise de contrôle ou le bénéficiaire de cette prise de contrôle sollicite l'intervention de la société d'aménagement foncier et d'établissement rural pour mettre en œuvre des engagements en application du IV du même article L. 333-3.

Art. L. 333-5 **Les conditions d'application du présent chapitre sont fixées par décret en Conseil d'État.** — *V. art. R. 333-1 s.*

TITRE IV FINANCEMENT DES EXPLOITATIONS AGRICOLES

CHAPITRE I DISPOSITIONS GÉNÉRALES

BIBL. GÉN. ▸ Financement bonifié de l'exploitation agricole, *DP entr. agric.*

COMMENTAIRE

Les dispositions législatives de ce chapitre sont précisées dans la partie réglementaire. Elles visent, conformément à la politique de développement rural européenne, à soutenir l'installation des jeunes et la modernisation des exploitations. Les conditions des aides et des prêts bonifiés garantissent que les opérations soutenues participent favorablement à la politique des structures. Les lois prévoyant les contrats territoriaux d'exploitation et les contrats d'agriculture durable ont été abrogées. Figurent dans la partie réglementaire les engagements agroenvironnementaux, en application là encore de la réglementation européenne. ❑

Art. L. 341-1 *(L. n° 99-574 du 9 juill. 1999 ; Décr. n° 2007-1261 du 21 août 2007, art. 1er)* **I. — L'aide financière de l'État aux exploitants agricoles prend la forme de subventions, de prêts ou de bonifications d'intérêts, de remises partielles ou totales d'impôts ou de taxes.** — *V. art. D. 341-1.*

II. — Abrogé par Décr. n° 2003-675 du 22 juill. 2003.

III. — Les litiges relatifs aux contrats territoriaux d'exploitation *[contrats d'agriculture durable]* **sont portés devant les tribunaux administratifs.**

Al. abrogé par Décr. n° 2007-1261 du 21 août 2007, art. 1er.

V. Arr. du 26 août 2015 relatif au plan de compétitivité et d'adaptation des exploitations agricoles mis en œuvre dans le cadre des programmes de développement rural (JO 4 sept.).

Le juge doit déterminer le droit de l'exploitant ayant signé un contrat d'agriculture durable, au maintien de certaines aides pour la part relative aux investissements nécessaires au respect des engagements pris et celle relative au manque à gagner entraîné par l'exécution du contrat. • CE 26 juill. 2011, *EARL Le Patis Maillet,* n° 324523 : *JCP 2011. 995 ; Gaz. Pal. 2011. 1820 et 2490.*

Art. L. 341-2 *Abrogé par L. n° 2014-1170 du 13 oct. 2014, art. 35-II.*

Art. L. 341-3 *(L. n° 95-95 du 1er févr. 1995)* **La division d'une exploitation agricole ne peut conduire les exploitations qui en sont issues à bénéficier d'aides ou de subventions publiques supérieures à celles dont l'exploitation initiale aurait bénéficié en l'absence de division.**

Cette règle s'applique quelle que soit la forme juridique des exploitations en cause.

Il peut toutefois y être dérogé lorsque la division est justifiée, d'une part, par la distance entre les fonds séparés ou l'autonomie des moyens de production desdits fonds et, d'autre part, par l'amélioration de la viabilité des exploitations ou le maintien de cette viabilité, notamment dans le cas d'une installation répondant aux conditions de

l'article L. 330-1. Pour l'appréciation de la viabilité des exploitations, il n'est pas tenu compte des aides publiques plafonnées.

V. art. D. 341-1 s.

1. L'administration doit faire obstacle à ce que les personnes qui sollicitent une aide publique puissent se prévaloir d'un montage juridique revêtant la forme d'un acte de droit privé destiné à donner une apparence de pluralité d'exploitations et de projets, ceci pour obtenir un montant de subventions supérieur à celui ouvert pour un seul projet, alors que les demandes d'aides se rapportent à un projet unique. • CE 4 févr. 2011, *Office national interprofessionnel des fruits, des légumes, des vins (VINIFLHOR)*, n° 316552.

2. Doivent être reversées les sommes reçues par une EARL et une SARL qui ont déposé pour un projet unique des demandes séparées ayant eu pour effet, en évitant le plafonnement de l'aide, d'obtenir une subvention supérieure à celle qu'elles auraient obtenue en ne déposant qu'un seul dossier. • CAA Marseille, 20 déc. 2016, n°s 15MA02687 et 15MA02701 : *DP entr. agric., Bull. n° 514, p. 12, note Bouvier.*

CHAPITRE II WARRANTS AGRICOLES

RÉP. CIV. v° *Warrant agricole*, par COUTURIER et ROCHARD.

BIBL. GÉN. ▶ Warrant agricole, *DP entr. agric.* – LE CORRE-BROLY, *JCP E 2013. 1446* (la situation du porteur d'un warrant agricole après l'ordonnance du 23 mars et la LME). – RIFFARD, *RD rur. 2009. Dossier 25* (quel devenir pour les sûretés sectorielles en matière agricole et commerciale ?).

COMMENTAIRE

Le warrant agricole a été créé par la loi du 18 juillet 1898 ; il s'agissait du premier warrant à domicile. L'innovation n'était pas exempte de défauts, ce qui a rendu difficile sa mise en application. Cette loi a été abrogée et remplacée par la loi du 30 avril 1906, elle-même modifiée par le décret-loi du 28 septembre 1935. Le warrant agricole est une sûreté réelle conventionnelle qu'un exploitant agricole emprunteur accorde sur les biens de son exploitation sans les déplacer, c'est-à-dire sans les remettre matériellement au prêteur. Le warrant agricole est aussi un titre qui représente la sûreté et qui constate les droits du prêteur. L'endossement permet de mobiliser les droits du créancier ; il s'agit d'un billet à ordre transmissible. Le warrant agricole est donc un titre négociable constituant un véritable instrument de crédit.

Il n'existe plus depuis l'ordonnance n° 2021-1192 du 15 septembre 2021 applicable au 1er janvier 2022 qu'un mode de constitution du warrant : il est rédigé par les parties qui rendent la sûreté opposable en demandant son inscription sur le registre dédié. La possibilité de faire rédiger le warrant par le greffier a été supprimée ; le greffier donne avis au propriétaire du projet du preneur de donner ses marchandises en gage de son emprunt.

Si le warrant agricole est une pratique vivante, il est cependant l'objet de critiques des créanciers qui estiment que cette sûreté ne leur confère pas une situation assez protégée. En effet, la loi permet au débiteur de céder le bien warranté sous la seule réserve de désintéresser le créancier. Mais si le paiement du créancier n'a pas été effectué, celui-ci ne dispose pas de droit de suite sauf pour mauvaise foi prouvée de l'acquéreur. Or les procédures de publicité de nature à informer les acheteurs de l'existence du warrant sont peu efficaces. De plus, le créancier est sans droit de préférence sur le prix de vente (V. art. L. 342-8, note 2). Certains prêteurs s'emploient à notifier aux personnes susceptibles de recevoir ou acquérir les biens warrantés l'existence de leur sûreté pour pouvoir établir leur mauvaise foi aisément.

Dans le cas d'une cession réalisée pendant une procédure de redressement judiciaire, l'article L. 621-25 du code de commerce prévoit la consignation du prix et un paiement selon l'ordre de préférence des créanciers.

Il existe un warrant agricole spécifique régi par les articles 56 et 59 du code du vin et 661 et 662 de l'ancien code rural (V. les art. de l'ancien code rural ci-dessous, ss. art. R. 958-34) qui n'est pas affecté des mêmes défauts pour le créancier que le warrant agricole : il s'agit de l'engagement de garantie sur récoltes. L'inscription de cette sûreté s'opère auprès de l'administration des contributions directes. Cette sûreté est occulte par sa constitution mais a pour effet d'empêcher la délivrance de titre de circulation sauf mainlevée de l'engagement. Il est notable qu'un warrant agricole de droit commun consenti sur les vins et alcools peut être aussi efficace pour préserver les droits du créancier à condition que ce warrant soit notifié à l'administration des contributions indirectes, car alors il ne peut être délivré de titre de circulation que sur accord du créancier.

L'exemple du vin pourrait être repris pour rendre le warrant plus efficace sur les autres produits, en adaptant la technique de publicité de la sûreté au statut du bien qui en est l'objet, profitant en particulier des systèmes mis en place pour la commercialisation des produits, pour la sécurité alimentaire et pour la traçabilité des produits. ❑

Art. L. 342-1 Tout agriculteur peut emprunter sur les objets ci-après dont il est propriétaire :

1° Les produits de son exploitation, y compris les animaux et le sel marin ;

2° Le matériel de toute nature servant à contenir les produits warrantés ;

3° D'une façon générale et sans distinction, sur toutes choses composant le matériel affecté à l'exploitation agricole ;

4° Sur les récoltes pendantes par les racines et les fruits non encore recueillis.

L'emprunt peut porter sur les objets ayant, en vertu des articles 520 et 524 du code civil, le caractère d'immeubles, par nature ou par destination, à l'exception de ceux qui sont scellés au mur.

L'emprunteur peut soit conserver la garde des objets warrantés dans les bâtiments ou sur les terres de son exploitation, soit en confier le dépôt aux syndicats, comices et sociétés agricoles dont il est adhérent, ou à des tiers désignés d'accord avec le prêteur.

L'emprunt peut également être contracté par des sociétés coopératives agricoles constituées conformément aux dispositions des articles L. 521-1 à L. 521-6 sur les produits dont elles sont propriétaires ou sur les produits provenant exclusivement des récoltes des adhérents et qui leur sont apportés par ceux-ci.

Aucune réclamation ne sera possible de la part des adhérents, à moins que les statuts ne leur aient formellement réservé la faculté de disposer des produits apportés par eux à la coopérative ou n'aient soumis celle-ci à l'obligation d'obtenir l'autorisation écrite des adhérents intéressés pour toute création de warrant.

Les objets warrantés restent, jusqu'au remboursement des sommes avancées, le gage du porteur de warrant.

Les parties peuvent convenir que le gage s'étendra aux animaux venant en remplacement de ceux qui ont été warrantés.

Lorsque, par suite du dépôt dans un syndicat, un comice ou une société agricole et de mélange avec d'autres produits de même nature, les produits warrantés auront perdu leur individualité propre, le privilège du porteur de warrant s'exercera sur une quantité de produits mélangés de valeur égale.

L'emprunteur ou le dépositaire est responsable des objets warrantés confiés à ses soins et à sa garde, et cela sans pouvoir demander une indemnité quelconque au porteur de warrant. — *[L. du 30 avr. 1906, art. 1er.]*

1. Qualité d'agriculteur. Le warrant agricole accordé par un commerçant est nul. • Com. 3 mars 1969 : *D. 1970. 439.* ♦ La nature agricole de l'activité effective d'une société commerciale par la forme permet de valider le warrant qu'elle a accordé à un créancier. • Com. 28 nov. 1995, ♎ *Caisse d'Épargne Écureuil de Cannes-Grasse et a. c/ Banque internationale de commerce et a.*, n° 92-19.434. ♦ Une SARL qui vend ses propres récoltes exerce une activité agricole, mais une cour d'appel n'a pas à rechercher les faits qui établissent la nature de cette activité en l'absence d'éléments de preuve apportés par les parties. • Même arrêt. ♦ Une personne qui s'est présentée comme agriculteur lors de l'établissement d'un warrant ne peut prétendre devant la cour d'appel qu'elle n'avait pas cette qualité. • Com. 3 janv. 1995, ♎ n° 93-13.359 P. ♦ La débitrice qui exploitait 27 ha et qui pratiquait des activités agricoles par rattachement exerçait une activité agricole. • Com. 22 mars 2016, ♎ n° 14-17.777 : *RD rur. 2016, n° 147, obs. Crevel.* ♦ Pour les SICA, V. art. R. 533-3.

2. Capacité et pouvoir. Si l'ancien associé d'un GAEC ne peut plus inscrire un warrant en qualité de représentant statutaire du groupement, il peut à cette fin recevoir mandat de ses anciens coassociés et engager ainsi le GAEC. • Com. 27 avr. 1993, ♎ *Laiterie Bridel c/ CRCAM du Lot-et Garonne*, n° 91-15.775.

3. Propriété du bien. Est déboutée de son action à l'égard de la caution la caisse qui ne s'est pas fait communiquer le bail à ferme qui lui aurait révélé que le cheptel appartenait au bailleur et a en conséquence empêché la subrogation de la caution dans le warrant. • Civ. 1re, 26 avr. 1983, ♎ n° 82-12.033 P.

4. Nature juridique. Le warrant agricole rendu public par la transcription est la représentation légale de la chose warrantée et confère au porteur une possession équivalente à la possession réelle. Il est donc une variété de gage et non d'hypothèque. • Civ. 23 avr. 1918 : *DP 1919. 1. 33, note Capitant ; S. 1919. 1. 153, note Lyon-Caen* • 3 déc. 1919 : *DP 1919. 1. 95* • Com. 22 déc. 1947 : *D. 1948. 100 ; JCP 1948. II. 4249, note Becqué.* ♦ Sur la validité d'un warrant portant sur un bien déjà vendu par l'emprunteur, V. notes ss. art. L. 342-8 C. rur.

5. Biens warrantables. Le warrant agricole peut porter sur les récoltes futures. • Civ. 1re, 12 nov. 2015, n° 14-23.106 P : *DP entr. agric., Bull. n° 491, p. 9 ; JCP 2015. 1326 ; JCP N 2015. Actu. 1136 ; D. 2015. 2372 ; D. 2016. 178, note Juillet ; Gaz. Pal. 2015. 515, note Albiges ; ibid. 2016. 958, note Moreil.* ♦ La substitution de choses warrantées fongibles n'est pas exclue par la loi et un créancier peut ainsi bénéficier d'un privilège sur le stock présent au jour de l'ouverture du règlement judiciaire d'une SICA. • Agen, 27 févr. 1985 : *JCP 1986. II. 20604 ; ibid. N 1987. II. 125, note Sohm-Bourgeois.* ♦ Sur pourvoi : • Com. 15 juill. 1986 : *D. 1987. Somm. 293, obs. Vasseur.*

6. Dette garantie. Un agriculteur peut, par la constitution d'un warrant, engager les produits agricoles et industriels de son exploitation, en garantie du paiement de ses dettes, même antérieures à cette constitution. • Civ. 28 févr. 1966 : *Bull. civ. I, n° 147 ; D. 1966. Somm. 54.* ♦ Pour la création simultanée d'un warrant et d'une lettre de change, V. • Com. 14 oct. 1997, *Maitre c/ Cts Roz*, n° 94-21.554. ♦ Lorsque deux prêts accordés par une caisse de crédit agricole ont été garantis par deux warrants, ceux-ci confèrent un privilège à cette caisse pour les crédits accordés jusqu'à l'ouverture de la procédure collective, dès lors que ces prêts ont été intégrés en un plan de financement comportant des prorogations successives. • Com. 15 juill. 1986 : *préc. note 5.*

Art. L. 342-2 Le cultivateur, lorsqu'il ne sera pas propriétaire ou usufruitier de son exploitation, devra, avant tout emprunt, sauf ce qui sera dit ci-après, aviser le propriétaire du fonds loué de la nature, de la valeur et de la quantité des marchandises qui doivent servir de gage pour l'emprunt, ainsi que du montant des sommes à emprunter.

Cet avis devra être donné au propriétaire, usufruitier ou à leur mandataire légal désigné par l'intermédiaire du greffier du tribunal *(Ord. n° 2021-1192 du 15 sept. 2021, art. 31)* « compétent désigné par décret en Conseil d'État ».

Le propriétaire, l'usufruitier ou le mandataire légal désigné pourront, dans le cas où des termes échus leur seraient dus, dans un délai de huit jours francs à partir de la date de l'accusé de réception, s'opposer au prêt sur lesdits objets *(Abrogé par Ord. n° 2021-1192 du 15 sept. 2021, art. 31)* ***« par une autre lettre envoyée également sous pli d'affaires recommandé au greffier du tribunal*** *(Ord. n° 2019-964 du 18 sept. 2019, art. 35)* ***« judiciaire » ».***

Toutefois, si le prêteur y consent, et sous la condition que l'emprunteur devra conserver la garde des objets warrantés dans les bâtiments ou sur les terres de l'exploitation, aucun avis ne sera donné au propriétaire ou usufruitier, et le consentement donné sera mentionné dans les clauses particulières du warrant ; mais, en ce cas, le privilège du bailleur subsistera dans les termes de droit.

Le bailleur pourra renoncer à son privilège jusqu'à concurrence de la dette contractée, en apposant sa signature sur le warrant. — *[L. du 30 avr. 1906, art. 2.] — L'art. 31 de l'Ord. n° 2021-1192 du 15 sept. 2021 entrera en vigueur à une date qui sera fixée par décret et qui ne pourra être postérieure au 1er janv. 2023 (Ord. préc., art. 37-I).*

Art. L. 342-3 *(Ord. n° 2021-1192 du 15 sept. 2021, art. 31)* « La pièce dénommée warrant doit mentionner » la nature, la quantité, la valeur et le lieu de situation des objets gages de l'emprunt, le montant des sommes empruntées, ainsi que les clauses et conditions particulières au warrant arrêtées entre les parties. Si les objets à warranter sont des immeubles par nature ou par destination en vertu des articles 520 et 524 du code civil, le warrant contiendra une déclaration de l'emprunteur indiquant s'ils sont ou non grevés d'hypothèques judiciaires, conventionnelles ou légales.

(Abrogé par Ord. n° 2021-1192 du 15 sept. 2021, art. 31) ***« Il transcrira sur un registre spécial le warrant ainsi rédigé ; sur le warrant, il mentionnera le volume et le numéro de la transcription avec la mention des warrants préexistants sur les mêmes objets.***

« Si l'emprunteur ne sait pas signer, le warrant est signé pour lui, en sa présence dûment constatée par le greffier. »

Lorsque les objets warrantés ne restent pas entre les mains de l'emprunteur lui-même, le dépositaire et le bailleur des lieux où est effectué le dépôt ne peuvent faire

valoir aucun droit de rétention ou de privilège à l'encontre du bénéficiaire du warrant ou de ses ayants cause.

L'acceptation de la garde des objets engagés sera constatée par récépissé signé du dépositaire des objets et, s'il y a lieu, du bailleur des locaux où ils sont en dépôt, porté sur le warrant lui-même ou donné séparément pour l'accompagner.

(Abrogé par Ord. nº 2021-1192 du 15 sept. 2021, art. 31) ***« Dans le cas où l'emprunteur ne sera point prioritaire ou usufruitier de l'exploitation, le greffier devra, en outre des indications ci-dessus, mentionner la date de l'envoi de l'avis au propriétaire ou usufruitier ainsi que la non-opposition de leur part après huit jours francs à partir de la date de l'accusé de réception de la lettre recommandée comme il est dit ci-dessus. »*** *— [L. du 30 avr. 1906, art. 3.] — L'art. 31 de l'Ord. nº 2021-1192 du 15 sept. 2021 entrera en vigueur à une date qui sera fixée par décret et qui ne pourra être postérieure au 1er janv. 2023 (Ord. préc., art. 37-I).*

Déclaration d'hypothèque. Lorsque le warrant porte sur des biens immeubles par nature ou par destination, il doit contenir une déclaration de l'emprunteur mentionnant s'ils sont ou non grevés d'hypothèques, à défaut de quoi le warrant serait inopposable au créancier hypothécaire. • Civ. 3e, 28 janv. 1975 : *D. 1975. IR 96 ; JCP 1975. II. 18134, note Thuillier ; RD rur. 1975. 229, obs. Lorvellec.*

Art. L. 342-4 *(Ord. nº 2021-1192 du 15 sept. 2021, art. 31)* **Le warrant agricole n'est opposable aux tiers qu'après son inscription sur un registre spécial tenu par le greffier du tribunal compétent et dont les modalités sont réglées par décret en Conseil d'État.**

Dans le cas où l'emprunteur ne sera point propriétaire ou usufruitier de l'exploitation, le greffier devra mentionner la date de l'envoi de l'avis au propriétaire ou usufruitier ainsi que la non-opposition de leur part après huit jours francs à partir de la date de l'accusé de réception de la lettre recommandée comme il est dit ci-dessus.

Le warrant ne prime sur les privilèges soit du bailleur, soit du dépositaire des objets warrantés et du propriétaire des locaux où est effectué le dépôt, que si les avis ou consentements prévus par les articles L. 342-1, L. 342-2 et L. 342-3 ont été donnés. *— L'art. 31 de l'Ord. nº 2021-1192 du 15 sept. 2021 entrera en vigueur à une date qui sera fixée par décret et qui ne pourra être postérieure au 1er janv. 2023 (Ord. préc., art. 37-I).*

1. Effets entre parties. Entre parties, la validité d'un warrant est indépendante de toute formalité de transcription et l'ayant droit de l'émetteur est sans qualité pour se prévaloir d'un défaut de renouvellement d'inscription. • Civ. 1re, 7 févr. 1985 : *D. 1985. IR 298.*

2. Inopposabilité. Le warrant constitué pendant la période suspecte par un emprunteur a été déclaré inopposable à la masse des créanciers. • Crim. 13 mai 1981 : *RD rur. 1982. 36.* ♦ Sur la nullité, édictée par l'art. 107 [C. com., art. L. 621-107] (6°) de la loi du 25 janv. 1985, encourue par le warrant, V. Derrida, obs. ss. • Com. 9 avr. 1991 : *D. 1992. Somm. 256.* ♦ A défaut de transcription, le warrant agricole est admis à titre chirographaire à la liquidation judiciaire de l'EARL. • Rennes, 15 juin 2021, nº 18/07093 : *RD rur. 2021, nº 264, note Lebel.*

Art. L. 342-5 **Le warrant indiquera si l'objet warranté est assuré ou non et, en cas d'assurance, le nom et l'adresse de l'assureur.**

Faculté est donnée aux prêteurs de continuer ladite assurance jusqu'à la réalisation de l'objet warranté.

Les porteurs de warrants ont, sur les indemnités d'assurance dues en cas de sinistre, les mêmes droits et privilèges que sur les objets assurés. *— [L. du 30 avr. 1906, art. 5.]*

Art. L. 342-6 *(Abrogé par Ord. nº 2021-1192 du 15 sept. 2021, art. 31)* ***« Le greffier délivrera à tout requérant un état des warrants inscrits au nom de l'emprunteur ou un certificat établissant qu'il n'existe pas d'inscription. Cet état ne remontera pas à une époque antérieure de cinq années. »***

Dans tout contrat portant obligation hypothécaire, le notaire devra indiquer s'il existe ou non un warrant sur les immeubles par nature ou par destination compris dans l'affectation hypothécaire. *— [L. du 30 avr. 1906, art. 6.] — L'art. 31 de l'Ord. nº 2021-1192 du 15 sept. 2021 entrera en vigueur à une date qui sera fixée par décret et qui ne pourra être postérieure au 1er janv. 2023 (Ord. préc., art. 37-I).*

Société. Les créanciers d'un GAEC, après avoir obtenu un certificat établissant qu'il n'existait pas d'inscription au nom de cette société, ne peuvent se voir opposer un warrant inscrit au nom des personnes physiques associées du GAEC. • Civ. 1re, 26 nov. 1996 : *RD rur. 1997. 184.*

Art. L. 342-7 *(Ord. nº 2021-1192 du 15 sept. 2021, art. 31)* L'emprunteur ne peut exiger la radiation de l'inscription qu'après avoir entièrement payé la dette garantie en principal, intérêt et frais. — *L'art. 31 de l'Ord. nº 2021-1192 du 15 sept. 2021 entrera en vigueur à une date qui sera fixée par décret et qui ne pourra être postérieure au 1er janv. 2023 (Ord. préc., art. 37-I).*

Art. L. 342-8 L'emprunteur conserve le droit de vendre les objets warrantés à l'amiable et avant le paiement de la créance, même sans le concours du prêteur ; mais la tradition à l'acquéreur ne peut être opérée que lorsque le créancier a été désintéressé.

(Abrogé par Ord. nº 2023-1210 du 20 déc. 2023, art. 38) « *Les porteurs de warrants sur des vins et alcools peuvent demander aux agents des contributions indirectes de n'accorder qu'avec leur agrément des acquits ou des congés permettant le déplacement de ces vins et alcools.* »

Si les warrants ne sont pas remboursés à l'échéance, les porteurs peuvent, en outre, demander eux-mêmes les titres de mouvement nécessaires à l'enlèvement des vins et alcools warrantés.

(Ord. nº 2021-1192 du 15 sept. 2021, art. 31) « L'emprunteur peut, même avant l'échéance, rembourser la créance garantie par le warrant ; si le porteur du warrant refuse les offres du débiteur, celui-ci peut, pour se libérer, mettre en demeure le créancier et consigner la somme due en application des articles 1345 et suivants du code civil ; la mise en demeure est adressée au dernier ayant droit, connu par les avis donnés au greffier, en conformité avec l'article L. 342-10. »

En cas de remboursement anticipé d'un warrant agricole, l'emprunteur bénéficie des intérêts qui restaient à courir jusqu'à l'échéance du warrant, déduction faite d'un délai de dix jours. — *[L. du 30 avr. 1906, art. 8.] — L'art. 31 de l'Ord. nº 2021-1192 du 15 sept. 2021 entrera en vigueur à une date qui sera fixée par décret et qui ne pourra être postérieure au 1er janv. 2023 (Ord. préc., art. 37-I).*

1. Biens vendus antérieurement à la constitution du warrant. Comme le warrant est une variété de gage et non d'hypothèque, le bénéficiaire peut s'opposer, s'il est de bonne foi, à la livraison des biens vendus avant d'être warrantés. • Civ. 23 avr. 1918 : *DP 1919. 1. 33, note Capitant ; S. 1919. 1. 153, note Lyon-Caen* • 3 déc. 1919 : *DP 1919. 1. 95.*

2. Récolte vendue après constitution du warrant. La récolte warrantée ayant été vendue et livrée à un tiers au mépris des droits du créancier warrantiste, ce dernier a ainsi perdu le gage sur le produit de la récolte conféré par le warrant régulièrement publié, et il ne peut reporter son droit de préférence sur le prix de vente amiable dû par l'acquéreur. • Civ. 1re, 18 janv. 2000, nº 97-19.473 P : *D. 2000. 785, note Couturier ; JCP N 2000. 629 ; RD rur. 2000. 125 ; RTD com. 2000. 710, obs. Bouloc.* ♦ Même sens : • Civ. 1re, 18 déc. 2001, nº 99-18.422 P : *RD rur. 2002. 6 et 250 ; D. 2002. 566 ; RTD com. 2002. 529 ; Defrénois 2002. 1090 ; JCP 2002. I. 120, p. 494, obs. Delebecque ; JCP 2002. IV. 1202 ; JCP N 2002. 889, note Grimonprez* • Poitiers, 4 avr. 2007 : *JCP 2008. I. 152, nº 20.*

Art. L. 342-9 Les établissements de crédit *(Ord. nº 2013-544 du 27 juin 2013, art. 13-1º, en vigueur le 1er janv. 2014)* « et les sociétés de financement » peuvent recevoir les warrants comme effets de commerce avec dispense d'une des signatures exigées par leurs statuts. — *[L. 30 avr. 1906, art. 9.]*

Art. L. 342-10 Le warrant est transmissible par voie d'endossement. L'endossement est daté et signé : il énonce les nom, profession, domicile des parties.

Tous ceux qui ont signé ou endossé un warrant sont tenus à la garantie solidaire envers le porteur.

L'escompteur ou les réescompteurs d'un warrant seront tenus d'aviser, dans les huit jours, le greffier *(Abrogé par Ord. nº 2021-1192 du 15 sept. 2021, art. 34)* « ***du juge*** » du tribunal *(Ord. nº 2021-1192 du 15 sept. 2021, art. 31)* « compétent ».

L'emprunteur pourra, par une mention spéciale inscrite au warrant, dispenser l'escompteur et les réescompteurs de donner cet avis ; mais, dans ce cas, il n'y a pas lieu à l'application des dispositions des deux derniers alinéas de l'article L. 342-8. — *[L. du 30 avr. 1906, art. 10.] — L'art. 31 de l'Ord. nº 2021-1192 du 15 sept. 2021 entrera en vigueur à une date qui sera fixée par décret et qui ne pourra être postérieure au 1er janv. 2023 (Ord. préc., art. 37-I).*

Art. L. 342-11 Le porteur du warrant doit réclamer à l'emprunteur paiement de sa créance échue et, à défaut de ce paiement, constater et réitérer sa réclamation par lettre recommandée adressée au débiteur et pour laquelle un avis de réception sera demandé.

S'il n'est pas payé dans les cinq jours de l'envoi de cette lettre, le porteur du warrant est tenu, à peine de perdre ses droits contre les endosseurs, de dénoncer le défaut de paiement, quinze jours francs au plus tard après l'échéance, par avertissement pour chacun des endosseurs *(Abrogé par Ord. nº 2021-1192 du 15 sept. 2021, art. 31) « remis au greffier du tribunal* (*Ord. nº 2019-964 du 18 sept. 2019, art. 35*) *« judiciaire », qui lui en donne récépissé. Le greffier fait connaître cet avertissement dans la huitaine qui le suit aux endosseurs, par lettre recommandée, pour laquelle un avis de réception doit être demandé ».*

En cas de refus de paiement, le porteur du warrant peut, quinze jours après la lettre recommandée adressée à l'emprunteur comme il est ci-dessus prescrit, faire procéder par un officier public ou ministériel *(L. nº 2011-850 du 20 juill. 2011, art. 48-I)* « ou un courtier de marchandises assermenté » à la vente publique de la marchandise engagée. Il y est procédé en vertu d'une ordonnance du juge du tribunal *(Ord. nº 2019-964 du 18 sept. 2019, art. 35)* « judiciaire » *(Ord. nº 2021-1192 du 15 sept. 2021, art. 31)* « compétent » rendue sur requête fixant les jour, lieu et heure de la vente : elle sera annoncée huit jours au moins à l'avance par affiches apposées dans les lieux indiqués par le juge, qui pourra même l'autoriser sans affiches après une ou plusieurs annonces à son de trompe ou de caisse ; le juge pourra, dans tous les cas, en autoriser l'annonce par la voie des journaux. La publicité donnée sera constatée par une mention insérée au procès-verbal de vente.

L'officier public *(L. nº 2011-850 du 20 juill. 2011, art. 48-I)* « ou le courtier de marchandises assermenté » chargé de procéder à la vente préviendra huit jours à l'avance par lettre recommandée le débiteur, les endosseurs et, s'il y a lieu, le bailleur *(Abrogé par Ord. nº 2021-1192 du 15 sept. 2021, art. 31) « , les créanciers privilégiés mentionnés à l'article 2374 du code civil »* et les créanciers hypothécaires, même ceux dispensés d'inscription dont il connaîtra l'existence des lieu, jour et heure de la vente.

L'annonce de la vente dans les journaux devra toujours avoir lieu huit jours au moins à l'avance.

Pour les tabacs warrantés, la vente publique est remplacée par une opposition entre les mains du comptable chargé d'en effectuer le paiement lors de leur livraison au magasin de la régie où ils doivent être livrés, et ce par simple lettre recommandée avec avis de réception. Ce magasin sera désigné dès la création du warrant et dans son libellé même.

Pour les blés warrantés, la vente publique est remplacée par une opposition auprès de la coopérative chargée d'en assurer l'écoulement, et ce par simple lettre recommandée avec avis de réception. Cette coopérative sera désignée dès la création du warrant et dans son libellé même. — *[L. du 30 avr. 1906, art. 11.] — L'art. 31 de l'Ord. nº 2021-1192 du 15 sept. 2021 entrera en vigueur à une date qui sera fixée par décret et qui ne pourra être postérieure au 1er janv. 2023 (Ord. préc., art. 37-I).*

Art. L. 342-12 Le porteur du warrant est payé directement de sa créance sur le prix de vente, par privilège et de préférence à tous créanciers, sauf l'exception prévue par l'avant-dernier alinéa de l'article L. 342-2, et sans autres déductions que celles des contributions directes et des frais de vente et sans autres formalités qu'une ordonnance du juge du tribunal *(Ord. nº 2019-964 du 18 sept. 2019, art. 35)* « judiciaire ».

Toutefois, lorsque les objets warrantés ont le caractère d'immeubles par nature ou par destination en vertu des articles 520 et 524 du code civil et qu'il y a concours sur ces objets entre le porteur du warrant et les créanciers hypothécaires ou privilégiés, en vertu de l'article 2103 *[2374]* du code civil, le prix de vente se distribue entre eux d'après la date respective des inscriptions du warrant et des privilèges ou hypothèques et, pour les hypothèques dispensées d'inscription, d'après la date à laquelle ont pris naissance les droits du créancier, sous les déductions prévues à l'alinéa précédent.

L'ordonnance du juge du tribunal *(Ord. nº 2019-964 du 18 sept. 2019, art. 35)* « judiciaire » suffit pour régler cette distribution. — *[L. du 30 avr. 1906, art. 12.]*

1. Rétention du prix de vente. Le titulaire d'une créance antérieure au jugement d'ouverture d'un redressement judiciaire ne peut retenir le prix de la vente postérieure des biens warrantés, mais doit le consigner. • Com. 9 avr. 1991 : *D. 1992. Somm. 256 ; JCP E 1991. I. 102, nº 19,* *obs. M. Cabrillac ; ibid. II. 232, note Le Corre ; RTD com. 1991. 286, n° 12* .

2. Rang du privilège. Le privilège du bénéficiaire du warrant prime celui du fournisseur de semences. • Com. 31 mai 1949 : *Bull. civ. II, n° 224.* ♦ Il prime également le privilège du conservateur prévu à l'art. 2102 (3°) C. civ. • Com. 28 févr. 1989 : *D. 1990. Somm. 39, obs. Martine* .

3. Étendue du privilège. Lors de la distribution du prix provenant de la vente de biens warrantés, le juge ne peut décider que, par extension des dispositions de l'art. 2151 C. civ., le privilège porte non seulement sur le capital de la créance garantie par le warrant, mais aussi sur trois annuités d'intérêt, alors que ce texte ne s'applique pas à cette sûreté. • Civ. 1re, 2 déc. 1975 : *D. 1976. IR 60.*

4. Liquidation judiciaire. Le bénéficiaire d'un warrant sur des lots d'eaux-de-vie n'a pas à revendiquer les marchandises remises en gage et dispose des droits qui lui sont reconnus par l'art. L. 622-21 C. com. • Com. 4 mars 2003 : *D. 2003. 1627, obs. Le Corre ; JCP 2003. I. 174, obs. Cabrillac.* ♦ En cas de liquidation judiciaire de l'emprunteur et de vente par le liquidateur des biens warrantés, le droit de rétention du créancier se reporte de plein droit sur le prix. • Com. 26 janv. 2010, n° 08-21.340 : *RD rur. 2010, n° 63, note Barbièri ; Gaz. Pal. 2010. 2016, note Roussel Galle ; ibid. 5-6 mai 2010, note Dumont-Lefrand ; JCP N 2010. Chron. 1251 ; D. 2011. 412, obs. Crocq* . ♦ Engage sa responsabilité le mandataire liquidateur qui omet de verser au créancier la quote-part du prix de vente du bien warranté. • Angers, 16 sept. 2008 : *RD rur. 2009, n° 131, note Lebel.*

Art. L. 342-13 **Si le porteur du warrant fait procéder à la vente conformément à l'article L. 342-11, il ne peut plus exercer son recours contre les endosseurs et même contre l'emprunteur qu'après avoir fait valoir ses droits sur le prix des objets warrantés. En cas d'insuffisance du prix pour le désintéresser, un délai d'un mois lui est imparti à dater du jour où la vente de la marchandise est réalisée pour exercer son recours contre les endosseurs.** – *[L. du 30 avr. 1906, art. 13.]*

Art. L. 342-14 **Tout emprunteur convaincu d'avoir fait une fausse déclaration ou d'avoir constitué un warrant sur des objets déjà warrantés ou hypothéqués sans avis préalable donné au nouveau prêteur et tout emprunteur ou dépositaire convaincu d'avoir détourné, dissipé ou volontairement détérioré au préjudice de son créancier le gage de celui-ci, sont poursuivis correctionnellement sous inculpation d'escroquerie ou d'abus de confiance, selon les cas, et frappés des peines prévues aux articles** *(L. n° 92-1336 du 16 déc. 1992, art. 294)* **« 313-1, 313-7 et 313-8 ou 314-1 et 314-10** *[314-4]* **» du code pénal.** – *[L. du 30 avr. 1906, art. 14.]*

Art. L. 342-15 *(Abrogé par Ord. n° 2021-1192 du 15 sept. 2021, art. 31)* ***Lorsque, pour l'exécution du présent chapitre, il y aura lieu à référé, ce référé sera porté devant le*** *(Ord. n° 2019-964 du 18 sept. 2019, art. 21, en vigueur le 1er janv. 2020)* ***« président du tribunal judiciaire ou un magistrat délégué par lui » dans le ressort duquel se trouvent les objets warrantés.*** *— [L. du 30 avr. 1906, art. 15.] — L'art. 31 de l'Ord. n° 2021-1192 du 15 sept. 2021 entrera en vigueur à une date qui sera fixée par décret et qui ne pourra être postérieure au 1er janv. 2023 (Ord. préc., art. 37-I).*

Art. L. 342-16 *(Abrogé par Ord. n° 2021-1192 du 15 sept. 2021, art. 31)* ***Les avis prescrits dans le présent chapitre sont envoyés en la forme et avec la taxe des papiers d'affaires recommandés.*** *— L'art. 31 de l'Ord. n° 2021-1192 du 15 sept. 2021 entrera en vigueur à une date qui sera fixée par décret et qui ne pourra être postérieure au 1er janv. 2023 (Ord. préc., art. 37-I).*

Art. L. 342-17 **Le bénéfice du présent chapitre s'applique aux ostréiculteurs.** *(Abrogé par L. n° 92-1336 du 16 déc. 1992, art. 323 et 373, à compter du 1er mars 1994)* ***« L'article 463 du code pénal est applicable au présent chapitre. »*** *— [L. du 30 avr. 1906, art. 18 et 19, al. 2.]*

TITRE V EXPLOITATIONS AGRICOLES EN DIFFICULTÉ

V. Ord. n° 2020-596 du 20 mai 2020 portant adaptation des règles relatives aux difficultés des entreprises et des exploitations agricoles aux conséquences de l'épidémie de covid-19 (JO 21 mai), dispositions prolongées jusqu'au 31 déc. 2021 inclus par L. n° 2020-1525 du 7 déc. 2020, art. 124.

BIBL. GÉN. ▸ Exploitations agricoles en difficulté, *DP entr. agric.* – Brouillet, *RD rur. 1995. 175* (concept d'entreprise agricole dans le droit des procédures collectives) ; *RD rur. 1994. 75* (ouverture de la procédure). – Colson, *RD rur. 1994. 49* (aspects économiques). – Danet, *RD rur. 1995. 1 et 57* (évolution jurisprudentielle et loi du 10 juin 1994) ; *ibid. 1998. 283* (du règlement amiable à la procédure collective) ; *ibid. 1999. 166* (droits à produire et procédure collective) ; *ibid. 2001. 594* (exploitations en difficulté). – Danet et Lorillière, *RD rur. 1994. 139* (responsabilité du dispensateur de crédit). – David, *RD rur. 1994. 158* (rapport de synthèse d'un colloque sur les exploitations agricoles en difficulté). – Gobbé et Lebel, *RD rur. 2013. Dossier 7* (l'entreprise agricole conjugale en difficulté). – Hudault, *RPC 1989. 269*. – Kerckhove, *RPC 1989. 113*. – Lebel, *RD rur. 2009. Dossier 23* (le traitement des difficultés de l'exploitation agricole) ; *RD rur. 2012. Dossier 32* (la situation délicate des associés du GAEC en difficulté) ; *Mél. J.-L. Vallens 2017, p. 95, Joly Éditions* (la délicate situation de l'associé exploitant d'une société agricole en difficulté). – Le Cannu, *BJS 1989. 113*. – Mathieu, *JCP E 1989. II. 15649*. – Merle, *RTD com. 1989. 122 et 535*. – Roussel, *JCP 1995. I. 3870* (bail rural et procédures collectives). – Tagliarino-Vignal, *LPA 26 janv. 2018. 6* (l'exploitation agricole en difficulté). – Vauvillé, *JCP N 2004. 1551* (faut-il purger les droits de préemption en cas de procédure collective ?).

CHAPITRE I LE RÈGLEMENT AMIABLE, LE REDRESSEMENT ET LA LIQUIDATION JUDICIAIRES DE L'EXPLOITATION AGRICOLE ET LES PROCÉDURES INSTITUÉES PAR LES TITRES II, III ET IV DU LIVRE VI DU CODE DE COMMERCE *(L. n° 2022-172 du 14 févr. 2022, art. 5)*.

COMMENTAIRE

L'agriculture s'est beaucoup développée sous l'impulsion de la politique des structures et il a ainsi été obtenu une considérable augmentation des quantités produites et une amélioration de la productivité. Ce mouvement a amené l'agriculteur à développer son endettement pour pouvoir produire avec les méthodes modernisées supposant l'acquisition de matériel et d'intrants. Cette situation a eu pour conséquence de fragiliser l'exploitation dans des conditions tout à fait inédites en agriculture. En 1984, il a été pris conscience que de très nombreux agriculteurs étaient en situation fragile et qu'une part d'entre eux étaient en situation difficile (85 000). Une procédure amiable a alors été mise en place mais elle est restée peu utilisée. En 1988, il a été évalué que 40 000 agriculteurs étaient inaptes à faire face à leurs engagements financiers et que 10 000 ne bénéficiaient plus de protection sociale. L'analyse a démontré que, parmi ces agriculteurs, il y avait des exploitants âgés ayant renoncé à se moderniser, mais qu'il y avait aussi de jeunes agriculteurs lourdement endettés et incapables de résister à la nouvelle politique de réduction des productions ou à la difficulté de maîtriser la situation financière et technique de leur exploitation dans un contexte où l'inflation avait commencé à décroître. Sauf si ces agriculteurs avaient constitué une personne morale de droit civil ou commercial pour leur exploitation ou sauf s'ils parvenaient à faire qualifier leur activité commerciale (élevage hors-sol), il n'y avait aucune procédure spécifique pour traiter leurs difficultés, hors la peu utile déconfiture civile. Il en résultait un traitement inégal des agriculteurs parmi l'ensemble des agents économiques qui bénéficiaient déjà tous des procédures collectives.

Le législateur a donc entrepris de donner une réponse juridique à cette situation dans un souci social mais aussi économique, pour préserver le devenir des exploitations, tout en donnant une réponse aux attentes des créanciers. Le législateur par la loi n° 88-1202 du 30 décembre 1988 a étendu le bénéfice des procédures collectives de droit commun à toutes les entreprises agricoles individuelles. Cette situation est constante conformément aux articles L. 610-1 et suivants du code de commerce. Certaines adaptations ont été prévues au regard des particularismes agricoles mais elles sont rares.

Il existe deux types de procédures pour traiter les difficultés d'une entreprise agricole : d'une part, les *procédures administratives* prévues par le décret n° 2009-87 du 22 janvier 2009 modifié par le décret n° 2022-1131 du 5 août 2022 (V. art. D. 354-1 s.). Il s'agit principalement d'organiser l'aide aux exploitations familiales en difficulté pour permettre leur redressement. Il peut être accordé une aide pour la réalisation d'un audit global ; s'il apparaît alors la nécessité d'une restructuration pour le redressement de l'exploitation, le préfet peut arrêter un plan avec les principaux créanciers de l'exploitation pour au plus sept ans. L'exploitant y prend des engagements et le plan peut être soutenu par une aide à la relance (qui fusionne et remplace depuis 2022 les aides à la restructuration et au suivi technique). Les créanciers hésitaient à participer à cette procédure par crainte d'une possible responsabilité pour soutien abusif. Ce risque doit désormais être écarté par l'article L. 650-1 du code de commerce qui empêche la responsabilité des créanciers des préjudices subis du fait des concours consentis, sauf les cas de fraude, d'immixtion caractérisée dans la gestion du débiteur ou si les garanties prises en contrepartie de ces concours sont disproportionnées à ceux-ci. Cette disposition issue de la loi n° 2005-845 du 26 juillet 2005 traduit la volonté qui a été celle du législateur d'encourager les créanciers à soutenir une entreprise qui se prépare à faire face à des difficultés avérées ou prévisibles, et qui anticipe en cherchant des solutions pour maintenir l'activité économique en faisant face à ses engagements. Il apparaît que l'aide d'une association est souvent déterminante dans le succès de ces procédures, tout particulièrement en amont de la phase d'audit de l'exploitation. Si la pérennité de l'exploitation ne peut être assurée, l'exploitant est orienté vers la cessation d'activité et la réinsertion professionnelle.

Il y a d'autre part les *procédures judiciaires*. Celles-ci sont soumises aux dispositions du livre VI du code de commerce (C. rur., art. L. 351-8), mais elles se déroulent au tribunal judiciaire. Cependant, certaines des procédures qui peuvent être engagées pour l'entreprise agricole sont spécifiques.

– Le traitement distinct des exploitations agricoles. La procédure de conciliation de l'article L. 611-5 du code de commerce n'est pas applicable aux agriculteurs qui sont soumis au **règlement amiable** des articles L. 351-1 à L. 351-7 du code rural et de la pêche maritime. Il s'agit cependant dans les deux cas de procédures visant à prévenir des difficultés ou à les traiter si elles sont apparues. Il s'agit également dans les deux cas de nommer un conciliateur pour aider le débiteur à négocier un accord avec ses principaux créanciers pour aménager l'apurement du passif. La décision du président du tribunal judiciaire de nommer un conciliateur pour le règlement amiable peut s'accompagner d'une suspension des poursuites individuelles (deux mois, renouvelable une fois) protégeant le débiteur, les personnes physiques coobligées ou cautions personnelles. Si le débiteur n'est pas en cessation de paiement, l'accord peut être homologué à la demande du débiteur, ce qui suspend les poursuites qui visent le paiement des créances objet de l'accord. Les cautions bénéficient des délais de l'accord. Les créanciers qui ont consenti dans l'accord homologué de conciliation une avance de trésorerie au débiteur, ou qui lui ont fourni lors de la négociation des biens ou services pour assurer la poursuite d'activité de l'entreprise et sa pérennité, bénéficient du privilège prévu à l'article L. 611-11 du code de commerce.

L'avantage de la procédure de règlement amiable est sa discrétion, mais son inconvénient principal est que tous les créanciers ne participent pas à la négociation organisée par le conciliateur et que l'accord est sans effet à l'égard de ceux qui n'y ont pas consenti. Cette procédure est un préalable obligatoire au redressement judiciaire en agriculture pour le débiteur qui exerce une activité agricole qui n'est pas constituée sous la forme d'une société commerciale lorsque c'est un créancier qui engage la procédure. Il suffit que le créancier ait formé la demande pour pouvoir demander le redressement judiciaire, même si le tribunal a rejeté cette demande. Cette procédure peut être engagée en même temps que la procédure administrative. Le règlement amiable préalable ne s'impose pas si une procédure de rétablissement professionnel est en cours.

– Le traitement (presque) identique des exploitations agricoles et des entreprises commerciales.

La **procédure d'alerte** (C. com., art. L. 611-2 s.) est applicable aux entreprises agricoles.

La **procédure de sauvegarde** créée par la loi du 26 juillet 2005 s'applique à l'agriculture (C. com., art. L. 620-2). Il s'agit d'une procédure qui peut être ouverte à la demande du débiteur qui constate l'existence de difficultés qu'il n'est pas en mesure de surmonter et qui sont susceptibles de le conduire à la cessation de paiements. Elle peut être engagée par un créancier. Cette procédure se tient au tribunal judiciaire pour les agriculteurs. Son ouverture engage une période d'observation dont la durée de six mois peut être prorogée en fonction de l'année culturale en cours et des usages spécifiques aux productions de l'exploitation (C. com., art. L. 621-3). Il va alors être préparé un plan de sauvegarde, tandis que l'agriculteur poursuit l'exploitation. La procédure doit permettre une réorganisation de l'entreprise et le plan prévoit les engagements nécessaires à sa sauvegarde, notamment en restructuration, modernisation, mise aux normes (durée : V. C. com., art. L. 626-12 : quinze ans au plus pour le débiteur agriculteur ; montant des annuités : L. 626-18, al. 4 : il peut être inférieur, passé la deuxième année, à 5 % du passif admis pour une exploitation agricole).

Les procédures qui sont engagées à partir du moment où l'exploitation agricole est en cessation de paiement sont les procédures du code de commerce : le **redressement judiciaire** et la **liquidation de biens**. Les procédures simplifiées sont celles qui sont le plus souvent mises en œuvre en matière agricole. Il a été prévu quelques spécificités de la procédure appliquée aux agriculteurs dans le code de commerce.

Pour le **redressement judiciaire**, la durée de la période d'observation fixée en matière agricole (C. com., art. L. 631-15) permet une adaptation à la réalité de l'année culturale et à celle de l'exploitation. En cas de cession de l'exploitation agricole dont les terres sont louées, des dispositions particulières prévoient les conditions de la cession du bail rural qui est par principe incessible (C. com., art. L. 631-22 et L. 642-1). La SAFER ne peut préempter les biens compris dans le plan de cession (C. rur., art. L. 143-4, 7°).

Le **rétablissement professionnel** a été prévu pour certains entrepreneurs personnes physiques qui n'ont pas opté pour le patrimoine affecté pour l'activité professionnelle, qui n'ont eu aucun salarié pendant les six derniers mois, qui ne sont impliqués dans aucune instance prud'homale en cours, dont l'actif est inférieur à 5000 euros, et qui n'ont pas fait l'objet dans les cinq dernières années d'une liquidation judiciaire pour insuffisance d'actif au titre de l'un de leurs patrimoines, ni d'une clôture de rétablissement professionnel (C. com., art. L. 645-1 s., R. 645-1 s.). Sous ces réserves, cette procédure est ouverte aux exploitants agricoles. Elle permet l'effacement des dettes sans procéder à une liquidation judiciaire.

Pour la **liquidation judiciaire**, les spécificités pour le secteur agricole sont d'une part la possibilité pour le tribunal de maintenir l'activité en fonction de l'année culturale en cours, et selon les usages spécifiques aux productions concernées (C. com., art. L. 641-10), ainsi que la possibilité d'accorder un délai de grâce à l'exploitant pour quitter la maison d'habitation. D'autre part, plusieurs dispositions particulières sont relatives à la cession. Concernant la cession de l'exploitation agricole dont les terres sont louées, les conditions de cession du bail sont les mêmes que pour le redressement judiciaire. Les dispositions relatives au contrôle des structures ne sont pas applicables (C. com., art. L. 642-1). De plus, la SAFER ne peut préempter les biens compris dans le plan de cession de la liquidation de biens (V. C. rur., art. L. 143-4 et C. com., art. L. 642-5, al. 4).

Enfin, en cas de cession, le tribunal peut autoriser la cession de l'exploitation à un parent jusqu'au deuxième degré du débiteur physique ou du dirigeant de la personne morale en liquidation judiciaire (C. com., art. L. 642-3).

Il faut souhaiter que le grand nombre de procédures et leur caractère résolument préventif soient effectivement perçus par les exploitants qui tendent à engager les procédures beaucoup trop tardivement pour parvenir à construire des plans de redressement viables. ❑

SECTION 1 Le règlement amiable

BIBL. ▶ DE LA HOUPLIÈRE et DUFFOURC-BAZIN, *RD rur. 1994. 70* (pratique de la conciliation). – GOUEZIGOUX, *RD rur. 1994. 67* (règlement amiable judiciaire). – LEGROS, *Dr. sociétés 2019. Repère 8* (le traitement de la société commerciale à objet agricole après la loi du 22 mai 2019).

Art. L. 351-1 **Il est institué une procédure de règlement amiable destinée à prévenir et à régler les difficultés financières des exploitations agricoles dès qu'elles sont prévisibles ou dès leur apparition, notamment par la conclusion d'un accord amiable entre le débiteur et ses principaux créanciers.**

Cette procédure, exclusive de celle prévue *(L. nº 2022-172 du 14 févr. 2022, art. 5)* **« au chapitre I du titre I du livre VI du code de commerce », est applicable à toute personne physique ou morale de droit privé exerçant une activité agricole au sens de l'article L. 311-1** *(L. nº 2022-172 du 14 févr. 2022, art. 5)* **« du présent code ».**

Toutefois, les sociétés commerciales exerçant une activité agricole demeurent soumises *(L. nº 2022-172 du 14 févr. 2022, art. 5)* **« au chapitre I du titre I du livre VI du code de commerce.**

« La procédure de règlement amiable s'applique à l'entrepreneur dont le statut est défini à la section 3 du chapitre VI du titre II du livre V du même code, notamment

en ce qu'elle concerne son patrimoine professionnel. » — *[L. n° 88-1202 du 30 déc. 1988, art. 22.]* — *V.* ***C. com.***

1. Difficultés financières. L'existence d'une dette impayée importante envers la MSA justifie la désignation d'un conciliateur par le Président du tribunal de grande instance même si le débiteur conteste le paiement des cotisations demandées. • Com. 17 oct. 2000 : *RD rur. 2001. 3, 179, 594, obs. Danet.* ♦ V. aussi • Paris, 17 mars 2011 : *RD rur. 2011, n° 139, obs. Lebel.*

2. Qualité d'agriculteur. Jurisprudence antérieure à la loi du 23 févr. 2005. Est irrecevable la demande d'une caisse de MSA en ouverture d'une procédure de règlement amiable à l'encontre d'un entraîneur de chevaux de course, qui reçoit en pension des chevaux appartenant à autrui sans que soit déterminé à l'avance s'il aura la charge de leur entraînement pour tout ou seulement partie de leur vie de chevaux de course et qui ainsi n'a pas la maîtrise du cycle biologique animal considéré et ne peut être qualifié d'agriculteur au sens de l'art. L. 311-1 C. rur. • Com. 21 nov. 1995, n° 93-14.548 P : *D. 1995. IR 272 ; RD rur. 1996. 3 ; Defrénois 1996. 1151, obs. Roussel.* ♦ Même sens : • Com. 20 mars 2001 : *RD rur. 2001. 427 et 595, obs. Danet ; APC 2001, n° 106.*

3. Pluriactivité. Par l'effet du principe d'unité du patrimoine, lorsqu'un exploitant agricole, par ailleurs commerçant, fait, au titre de cette dernière activité, l'objet d'un redressement judiciaire, le titulaire d'une créance née de son activité agricole et antérieure au jugement d'ouverture ne peut exercer une voie d'exécution sur ses meubles ou immeubles. • Com. 27 nov. 1991 : *D. 1992. 81, note Derrida*.

4. Conjoint. L'épouse d'un agriculteur, non cotisante à la MSA, fonctionnaire, qui aide son mari dans son activité agricole, n'exerce pas la profession agricole à titre habituel et ne peut donc se voir appliquer les dispositions légales relatives aux exploitations agricoles en difficulté. • Caen, 16 mai 1991 : *JCP 1992. IV. 1303.* ♦ Confirmé par : • Com. 5 avr. 1994, n° 91-18.766 P : *D. 1994. IR 109*. ♦ L'époux d'une exploitante en difficulté, bien que retraité, peut demander l'ouverture à son profit d'une procédure de redressement judiciaire lorsqu'il accomplit de façon continue des actes de gestion de l'exploitation. • Poitiers, 6 juill. 1995 : *RD rur. 1995. 100.* ♦ Les juges, qui prononcent l'extension de la procédure de liquidation judiciaire à l'épouse de l'exploitant, fonctionnaire à temps partiel aidant son époux à la direction et aux travaux de l'entreprise, et qui est associée financièrement au fonctionnement, sont mal fondés faute d'avoir vérifié si les activités litigieuses étaient exercées à titre habituel. • Com. 17 mars 1998 : *Dr. et patr. 5/1999. 110, obs. Roussel.*

Art. L. 351-2 Les dirigeants des exploitations agricoles en difficulté ou leurs créanciers peuvent saisir le président du *(Ord. n° 2019-964 du 18 sept. 2019, art. 35, en vigueur le 1er janv. 2020)* **« tribunal judiciaire » dans le ressort duquel se trouve le siège de l'exploitation d'une demande tendant à la désignation d'un conciliateur.** — *[L. n° 88-1202 du 30 déc. 1988, art. 23.]*

1. Cessation d'activité. Une procédure collective ne peut être ouverte que si le tribunal a été saisi dans le délai d'un an à partir de la cessation de l'activité du débiteur. La cessation d'activité est une notion de fait pour l'appréciation de laquelle la qualité d'exploitant agricole du débiteur au regard de la législation sociale applicable est indifférente. • Com. 1er juill. 1997 : *D. 1997. IR 200 ; RD rur. 1997. 451.* ♦ Le délai d'un an pour la demande du créancier de voir ouvrir la liquidation judiciaire de l'exploitant n'est pas interrompu par la demande d'ouverture d'un règlement amiable dès lors que cet exploitant a cessé son activité professionnelle. • Poitiers, 21 juin 2011 : *RD rur. 2011, n° 140, obs. Lebel.*

2. Débiteur rapatrié. Une cour d'appel use de son pouvoir souverain en décidant qu'il n'y avait pas lieu d'ouvrir une procédure de règlement amiable à l'encontre d'un agriculteur rapatrié. • Civ. 1re, 19 mars 1996, *CRCAM de Gironde c/ Deschazeaux*, n° 94-11.569.

3. Ministère d'avocat. Le Conseil d'État a rejeté un recours contre les dispositions du décret n° 89-339 du 29 mai 1989 (devenu art. R. 351-1, al. 5, C. rur.) autorisant les demandes de règlement amiable sans constitution d'avocat. • CE 19 mars 1993, *CSA et a.*, nos 108246 et 109457 : *RD rur. 1993. 338.*

4. Résolution du plan de redressement. La liquidation judiciaire concomitante à la résolution du plan de redressement n'ouvre pas droit au préalable obligatoire de conciliation. • Com. 20 oct. 2009, n° 08-18.321 : *D. 2009. 2609, obs. Lienhard ; RD rur. 2010, n° 15, note Lebel ; RJDA 2010. 659.*

Art. L. 351-3 Le président du tribunal peut, nonobstant toute disposition législative ou réglementaire contraire, obtenir communication de tout renseignement lui permettant d'apprécier la situation économique et financière de l'exploitation agricole et ses perspectives de règlement. A cette fin, il peut également ordonner une expertise. — *[L. n° 88-1202 du 30 déc. 1988, art. 24.]*

Art. L. 351-4 **Le président du tribunal nomme un conciliateur en lui fixant un délai pour l'accomplissement de sa mission ou rend une ordonnance de rejet.** *(L. n° 2016-1547 du 18 nov. 2016, art. 99-XI-1°)* **« Le débiteur peut proposer le nom d'un conciliateur. »**

Le conciliateur auquel sont communiquées les informations obtenues en application de l'article L. 351-3 a pour mission de favoriser le règlement de la situation financière de l'exploitation agricole par la conclusion d'un accord amiable entre le débiteur et ses principaux créanciers sur des délais de paiement ou des remises de dettes.

(L. n° 2016-1547 du 18 nov. 2016, art. 99-XI-1°) **« Le débiteur peut récuser le conciliateur dans des conditions et délais fixés par décret en Conseil d'État. »**

(L. n° 2012-387 du 22 mars 2012, art. 76-I) **« Les administrations financières, les organismes de sécurité sociale, les institutions gérant le régime d'assurance chômage prévu au chapitre II du titre II du livre IV de la cinquième partie du code du travail et les institutions régies par le livre IX du code de la sécurité sociale peuvent consentir des remises de dettes dans les conditions fixées à l'article L. 626-6 du code de commerce. Des cessions de rang de privilège ou d'hypothèque ou l'abandon de ces sûretés peuvent être consenties** *[consentis]* **dans les mêmes conditions. »** — *[L. n° 88-1202 du 30 déc. 1988, art. 25.]*

BIBL. ► MACORIG-VENIER, *RTD com. 2012. 399* (loi du 22 mars 2012, art. 76-V).

1. Ministère public. Le ministère public est partie jointe à la procédure amiable agricole. • Cass., avis, 8 mars 1996, n° 09-60.002 P.

2. Rémunération du conciliateur. Hormis les effets d'une aide juridictionnelle dont bénéficierait l'une des parties, la rémunération du conciliateur ne peut être mise à la charge du Trésor public. • Cass., avis, 8 mars 1996 : *préc. note 1.*

3. Nature du règlement amiable. Le règlement amiable conclu en présence du conciliateur n'a pas le caractère d'un jugement et n'est pas susceptible de tierce opposition. • Civ. 3e, 18 mai 1994 : *D. 1994. IR 175 ; RD rur. 1994. 457.*

4. Sort du bail. Un bailleur peut obtenir la résiliation du bail lorsque le règlement amiable conclu en présence du conciliateur prévoit, hors de la présence de ce bailleur, que le fermier-débiteur n'exploiterait plus personnellement le fonds et que les travaux de ferme seraient exécutés par un tiers qui se comporte comme un maître du fonds loué et s'engage à régler les loyers. Ces éléments caractérisent une sous-location prohibée. • Civ. 3e, 18 mai 1994 : *préc. note 3.*

Art. L. 351-5 **Le président du tribunal, qui nomme un conciliateur en application de l'article L. 351-4, peut également prononcer la suspension provisoire des poursuites pour un délai n'excédant pas deux mois.** *(Ord. n° 2014-326 du 12 mars 2014, art. 103-1°, en vigueur le 1er juill. 2014)* **« Ce délai peut être prorogé pour la même durée. »**

Cette décision suspend ou interdit toute action en justice de la part de tous les créanciers dont la créance a son origine antérieurement à ladite décision et tendant :

1° A la condamnation du débiteur au paiement d'une somme d'argent ;

2° A la résolution d'un contrat pour défaut de paiement d'une somme d'argent.

Elle arrête ou interdit également toute voie d'exécution de la part de ces créanciers, tant sur les meubles que sur les immeubles.

Les délais impartis à peine de déchéance ou de résolution des droits sont, en conséquence, suspendus.

Sauf autorisation du président du tribunal, la décision qui prononce la suspension provisoire des poursuites interdit au débiteur, à peine de nullité, de payer, en tout ou partie, une créance quelconque née antérieurement à cette décision, ou de désintéresser les cautions qui acquitteraient des créances nées antérieurement, ainsi que de faire un acte de disposition étranger à la gestion normale de l'exploitation ou de consentir une hypothèque ou un nantissement.

(L. n° 94-475 du 10 juin 1994) **« Les dispositions** *(Ord. n° 2014-326 du 12 mars 2014, art. 103-2°, en vigueur le 1er juill. 2014)* **« de l'article L. 622-28 du code de commerce » sont applicables. »** — *[L. n° 88-1202 du 30 déc. 1988, art. 26.]*

1. Saisie immobilière. Le législateur a prévu à l'art. L. 351-5 un cas spécifique de suspension des procédures d'exécution engagées qui doit recevoir application en cas de saisie immobilière, en sus des cas permettant le report de la vente forcée prévus par l'art. R. 322-28 C. pr. exéc. • Civ. 2e, 16 nov. 2017, n° 16-17.529 : *DP entr. agric., Bull. n° 513, p. 1, note Barbièri.*

2. L'ordonnance d'ouverture du règlement amiable ne comportant aucune mention relative à la suspension des poursuites, le juge de l'exécution est donc fondé à rejeter les contestations des saisies pratiquées pendant cette période. • Montpellier, 7 sept. 2017, n° 16/07583 : *RD rur. 2018, n° 31, note Lebel.*

Art. L. 351-6 *(Ord. n° 2014-326 du 12 mars 2014, art. 104, en vigueur le 1er juill. 2014)* **« Le président du tribunal, si le débiteur ne se trouve pas en cessation des paiements ou si l'accord y met fin, constate l'accord conclu en présence du conciliateur ou, sur son rapport, met fin à sa mission. A la demande du débiteur, le président du tribunal peut homologuer l'accord. L'accord constaté ou homologué entraîne la suspension, pendant la durée de son exécution, de toute action en justice et de toute poursuite individuelle, tant sur les meubles que sur les immeubles du débiteur, formée dans le but d'obtenir le paiement de créances qui font l'objet de l'accord.**

« L'ordonnance homologuant l'accord fait l'objet des mêmes publicités que celles prévues pour la décision prévue par l'article L. 351-5. En cas d'ouverture d'une procédure de sauvegarde, de redressement judiciaire ou de liquidation judiciaire, les personnes qui avaient consenti, dans l'accord homologué ou dans le cadre des négociations pour parvenir à cet accord, un nouvel apport en trésorerie au débiteur *(L. n° 2016-1547 du 18 nov. 2016, art. 99-XI-2°)* **« ou fourni, dans le même cadre, un nouveau bien ou service » en vue d'assurer la poursuite de l'exploitation et sa pérennité bénéficient du privilège prévu par l'article L. 611-11 du code de commerce. »**

L'accord fait également obstacle, pendant la durée de son exécution, à ce que des sûretés soient prises pour garantir le paiement de ces créances.

Les délais qui, à peine de déchéance ou de résolution des droits afférents aux créances mentionnées à l'alinéa précédent, étaient impartis aux créanciers sont suspendus pendant la durée de l'accord.

Le conciliateur transmet au président du tribunal le compte rendu de sa mission. — *[L. n° 88-1202 du 30 déc. 1988, art. 27.]*

Art. L. 351-6-1 *(Ord. n° 2014-326 du 12 mars 2014, art. 105, en vigueur le 1er juill. 2014)* **L'accord homologué conformément à l'article L. 351-6 entraîne la levée de plein droit de toute interdiction d'émettre des chèques conformément à l'article L. 131-73 du code monétaire et financier, mise en œuvre à l'occasion du rejet d'un chèque émis avant l'ouverture de la procédure de règlement amiable. Lorsque le débiteur est un entrepreneur individuel à responsabilité limitée, cette interdiction est levée sur les comptes afférents au patrimoine sur lequel porte la procédure.**

Art. L. 351-7 **Toute personne qui est appelée au règlement amiable ou qui, par ses fonctions, en a connaissance est tenue** *(L. n° 2005-845 du 26 juill. 2005, art. 183 et 190)* **« à la confidentialité ».** — *[L. n° 88-1202 du 30 déc. 1988, art. 28.]*

Le mandataire judiciaire ne peut produire le rapport du conciliateur désigné dans le cadre d'un règlement amiable agricole lors d'une action en nullité des actes de la période suspecte. • Angers, 25 janv. 2022, n° 20/00699 : *Gaz. Pal. 19 avr. 2022, p. 50, note Lebel.*

Art. L. 351-7-1 *(Ord. n° 2014-326 du 12 mars 2014, art. 106, en vigueur le 1er juill. 2014)* **Les articles L. 680-1 à L. 680-5 du code de commerce sont applicables à la présente section.**

V. art. R. 351-1 s.

SECTION 2 **Les procédures instituées par les titres II, III et IV du livre VI du code de commerce** *(L. n° 2022-172 du 14 févr. 2022, art. 5).*

Art. L. 351-8 *(Ord. n° 2014-326 du 12 mars 2014, art. 107, en vigueur le 1er juill. 2014)* **« Les dispositions du livre VI du code de commerce relatives aux procédures** *(L. n° 2022-172 du 14 févr. 2022, art. 5)* **« de sauvegarde accélérée, sous réserve du second alinéa de l'article L. 611-5 du même code, de sauvegarde, de redressement judiciaire, de liquidation judiciaire et de rétablissement professionnel » sont applicables à »** *(L. n° 2019-486 du 22 mai 2019, art. 67)* **« toute personne exerçant des activités agricoles au sens de l'article L. 311-1 ».** — *V. **C. com.***

V. art. R. 351-8.

BIBL. ▶ Legros, *Dr. sociétés 2019. Repère 8* (le traitement de la société commerciale à objet agricole après la loi du 22 mai 2019). – Lebel, *RD rur. 2021. Dossier 9* (le sort des animaux en cas de procédure collective). – Masson, *RD rur. 1994. 125* (sort du bail rural).

A. REDRESSEMENT JUDICIAIRE

1. Soutien abusif. Une caisse de MSA engage sa responsabilité à l'égard des créanciers de l'entreprise à laquelle elle a conféré une apparence trompeuse de solvabilité en accordant des délais de paiement à un de ses ressortissants dont elle savait ou aurait dû savoir la situation irrémédiablement compromise. • Com. 10 déc. 2003, n° 01-03.746 P : *RD rur. 2004. 139, obs. Grimonprez ; D. 2004. AJ 136, obs. Delpech ; Dr. et patr. 5/2004. 88, note Monsèrié-Bon ; BJS 2004. 491, note Lucas ; RJDA 2004, inf. n° 595, obs. G.R. ; RTD com. 2004. 139, obs. Legeais ; JCP 2004 II. 10057, note Bugada ; Gaz. Pal. 18-20 janv. 2004. 11, avis Lafortune.*

1° OUVERTURE

2. Qualité d'agriculteur. V. ss. art. L. 351-1, note 2. ♦ Une procédure de redressement judiciaire ne peut être ouverte pour le gérant d'une SCEA affilié à la MSA que s'il est établi qu'il exerçait personnellement et à titre de profession habituelle des activités agricoles au sens de l'art. L. 311-1 C. rur. • Com. 3 oct. 2000 : *RD rur. 2001. 175.* ♦ Le débiteur ne peut contester sa qualité d'agriculteur pour la première fois devant la cour de cassation. • Com. 30 juin 2004, *Elion c/ CMSA*, n° 02-19.498. ♦ Le gérant d'une SARL ayant pour objet le négoce et la production horticole, qui n'exerce pas d'activité agricole indépendante, ne peut pas être personnellement mis en liquidation judiciaire. • Nîmes, 24 févr. 2011, RG n° 08/05220 : *DP entr. agric., Bull. n° 445, p. 4, note Grimonprez.* ♦ Est recevable la demande d'ouverture d'une liquidation judiciaire à l'égard du gérant d'une EARL, dès lors qu'il est lui-même affilié à la MSA et participe directement à l'exploitation agricole. • Com. 4 nov. 2014, n° 13-20.711 : *RD rur. 2015, n° 41, note Lebel.* ♦ Est mal fondé l'arrêt qui admet le gérant de SARL à la procédure de redressement judiciaire au motif qu'il exerce une activité agricole distincte de celle exercée en qualité de gérant chargé des tâches administratives de la SARL, sans rechercher si sa participation aux travaux agricoles résultait de l'exercice individuel d'une activité distincte de l'exploitation de la SARL. • Com. 15 nov. 2016, n° 14-29.043 P : *RD rur. 2017, n° 92, note Lebel.* ♦ Pour contester sa qualité de commerçant invoquée par des tiers ou des administrations, la personne immatriculée au registre du commerce et des sociétés doit prouver que ces personnes savaient qu'elle exerçait une activité agricole et n'était pas commerçante ; à défaut la présomption est irréfragable. • Com. 27 sept. 2016, n° 14-21964 P : *Gaz. Pal. 2017. 341, note Reille et Escarras ; DP entr. agric., Bull. n° 508-509, p. 7, note Barbièri.* ♦ Celui qui revendique la qualité d'exploitant agricole pour obtenir l'ouverture d'une procédure de redressement judiciaire n'est pas recevable à contester plus tard cette qualité dans la même procédure. • Com. 19 avr. 2017, n° 15-26.866 : *Gaz. Pal. 2017. 1606, rapp. Guinamant.* ♦ Seul l'exercice individuel par un associé cogérant d'une activité agricole distincte de l'exploitation de l'EARL aurait permis d'ouvrir à son égard une procédure collective personnelle. • Com. 3 oct. 2018, n° 17-17.812 : *RD rur. 2019, n° 6, note Lebel.*

3. Pluriactif. Le principe d'unité du patrimoine des personnes juridiques interdit que soit ouverte une procédure de redressement judiciaire contre une entreprise de travaux publics et de parcs et jardins pour ses activités agricoles alors qu'est déjà ouvert un redressement judiciaire non clôturé pour ses activités commerciales, même si les activités de cette personne sont distinctes et qu'elle exploite plusieurs fonds. • Com. 19 févr. 2002, n° 96-22.702 P : *RD rur. 2002. 134 et 442 ; JCP N 2003. 1224.* ♦ La participation directive et effective à l'exploitation agricole qui n'est pas simplement occasionnelle rend éligible au bénéfice d'une procédure collective agricole, même si la participation n'est pas exclusive de toute autre activité. • Douai, 17 mai 2011, RG n° 10/05340 : *RD rur. 2011, n° 104, obs. Lebel.*

4. Rapatriés. Il résulte des termes de l'art. 67 de la L. n° 89-18 du 13 janv. 1989 que la suspension des poursuites dont bénéficient de plein droit les rapatriés ayant déposé une demande de prêt de consolidation en application de l'art. 10 de la loi du 16 juill. 1987, s'étend à toutes les dettes quelle que soit la date à laquelle elles sont nées. Selon l'art. 22 de la L. n° 93-1444 du 31 déc. 1993, ces dispositions s'appliquent également aux procédures collectives, ce qui interdit d'ouvrir une procédure de redressement judiciaire contre un exploitant agricole réunissant l'ensemble de ces conditions. • Civ. 1re, 7 oct. 1997, *MSA de l'Hérault c/ Perrin*, n° 95-19.852.

5. Cessation de paiements. La procédure de redressement judiciaire peut être ouverte pour l'agriculteur qui est redevable d'une dette même s'il détient un cheptel et un matériel d'une valeur très supérieure, dès lors que cet actif est constitué d'éléments immobilisés qui ne sont pas à court terme disponibles. • Com. 8 juill. 2003, *Baudry c/ Caisse MSA Maine-et-Loire*, n° 02-11.485. ♦ La cour d'appel ne peut écarter une demande d'ouverture de procédure collective sans rechercher si le débiteur était au jour où elle statuait en cessation de paiement. • Com. 14 janv. 2004, *CMSA Eure-et-Loir c/ Sté Pépinières de Beauce*, n° 02-14.687. ♦ Ne caractérise pas la cessation des paiements l'arrêt relevant que le débiteur est redevable de ses cotisations personnelles MSA, qu'il est âgé, de santé fragile, sans activité, ni actif, et qu'une demande de revendication de tous les bovins et du stock d'aliments a été présentée. • Com. 1er déc. 2009, n° 07-21.629 : *RD rur. 2010, n° 31, note Barbièri.* ♦ Les seules créances de la MSA ne constituent pas la preuve de la cessation de paiement d'un exploitant, dès lors que le défaut de paiement ne résulte pas d'une impossibilité de régler mais d'une contestation de l'exploitant. • Paris, 17 mars 2011 : *RD rur. 2011, n° 139, obs. Lebel.*

6. *Conciliation préalable obligatoire.* V. C. com., art. L. 621-2, al. 1er. – **C. com.** ♦ Aucune disposition légale ne prévoit que le redressement ou la liquidation judiciaire de l'exploitant agricole ne peuvent être prononcés qu'en cas d'inexécution par le débiteur de ses engagements financiers, ce qui aurait pour conséquence d'interdire l'ouverture d'une procédure collective à l'encontre de tout débiteur qui refuserait de conclure un accord amiable, la cour d'appel en a déduit à bon droit que le tribunal s'est saisi d'office de façon régulière en visant l'échec de la tentative de conciliation. • Com. 14 janv. 2004, n° 02-18.213. ♦ La requête aux fins de mise en œuvre de la procédure de règlement amiable ayant été rejetée, le créancier était autorisé à assigner l'exploitant en redressement judiciaire. • Com. 15 mars 2005 : *D. 2005. AJ 954, obs. Lienhard ; JCP 2005. IV. 2007 ; Gaz. Pal. 20-21 mai 2005. 28.* ♦ L'obligation de présenter préalablement une demande de désignation d'un conciliateur ne s'applique pas en cas d'extension de la liquidation judiciaire d'un exploitant agricole à un GFA dont il est gérant pour confusion de patrimoine. • Com. 15 févr. 2005, n° 03-10.894. ♦ La fin de non-recevoir pour défaut de saisine du Président du TGI d'une demande de désignation d'un conciliateur évoquée pour la première fois devant la cour de cassation est irrecevable. • Com. 5 mai 2004, n° 02-20244.

7. *Nouvelle procédure.* Suite à l'infirmation de la procédure collective par la cour d'appel, la nouvelle procédure de redressement judiciaire formée pour défaut de paiement des mêmes créances doit être précédée d'une demande de désignation d'un conciliateur. • Com. 26 avr. 2000, n° 96-22.510 P : *D. 2000. AJ 312 ; RD rur. 2000. 638 ; ibid. 2001. 594, obs. Danet ; Dr. et patr. 10/2000. 111 ; RTD com. 2000. 1006, obs. Laud ; Procédures 2000, n° 216, note Laporte ; JCP E 2000. 971.* ♦ La décision de rejet de l'ouverture d'une procédure collective à la demande de la MSA ne fait pas obstacle à une nouvelle demande de la MSA d'ouvrir postérieurement une procédure collective contre le même débiteur. • Com. 14 janv. 2004, n° 00-21.262.

8. *Compétence.* Le tribunal territorialement compétent en matière de redressement et de liquidation judiciaires est celui dans lequel le débiteur a le siège de son exploitation, lequel correspond, pour une personne physique, au lieu de son domicile professionnel qui peut être distinct de son lieu d'habitation. • Com. 17 févr. 1998, n° 95-19.433 P : *D. 1998. IR 82 ; RD rur. 1998. 423.*

2° PÉRIODE D'OBSERVATION

9. *Bail.* La mauvaise exploitation ayant été constatée avant le jugement d'ouverture du redressement judiciaire, la résiliation peut être demandée pendant la période d'observation. • Civ. 3e, 21 juill. 1999, n° 96-11.634 P : *RD rur. 2000. 237 ; JCP 2000. II. 10391, note Roussel ; JCP N 1999. 1873, note Moreau ; Rev. loyers 2000. 153.* – V. ss. art. L. 411-31, note 35. ♦ Les fermages qui sont des créances nées régulièrement après le jugement d'ouverture sont payés après leur échéance lorsque l'activité est poursuivie. • Com. 13 mars 2007, n° 05-21.610.

3° PLAN DE CONTINUATION OU DE CESSION

10. *Jurisprudence antérieure à la loi du 22 mai 2019.* La seconde phrase de l'art. L. 351-8 ne méconnaît aucun droit ou liberté que la Constitution garantit. • Cons. const. 28 avr. 2017, n° 2017-626-QPC : *D. 2017. 975 ; DP entr. agric., Bull. n° 508-509, p. 7, note Barbièri ; JCP N 2017. 1217, note Barbièri ; RD rur. 2017, n° 169, note Lebel.* ♦ Le bénéfice d'un plan de quinze ans est réservé aux agriculteurs personnes physiques, de sorte qu'une EARL ne peut se voir accorder un plan qui excède dix ans. • Com. 29 nov. 2017, n° 16-21.032 P : *DP entr. agric., Bull. n° 513, p. 1, note Barbièri ; BJS 2018. 55, note Brignon ; RD rur. 2018, n° 61, note Lebel ; Defrénois 2018, n° 10, p. 35.* ♦ Sur l'harmonisation du statut de tous les agriculteurs et la modification à prévoir de l'art. L. 351-8, V. le Rapport annuel 2017 de la Cour de cassation, *juin 2018, p. 87.*

a. Effets

11. Les créanciers de sociétés d'exploitation agricoles en redressement judiciaire ne peuvent agir contre un associé en paiement du passif social dès lors qu'un plan de continuation a été adopté et qu'il est respecté. • Com. 23 janv. 2001 : *RD rur. 2001. 361 ; D. 2001. AJ 281, obs. Lienhard ; JCP 2001. IV. 1501 ; RTD com. 2001. 472, obs. Monsèrié-Bon.* ♦ Un bailleur ayant obtenu la résiliation du bail avant l'ouverture du redressement judiciaire est fondé à demander la restitution des matériels après le jugement arrêtant le plan de continuation malgré l'absence de revendication dans le délai prescrit. • Com. 24 mars 2004 : *RD rur. 2004. 584, obs. Grimonprez ; Gaz. Pal. 25-26 août 2004. 28 ; Rev. loyers 2004. 372, obs. Gallet ; JCP N 2005. 1015.*

12. Le bailleur peut au cours de l'exécution d'un plan de redressement exercer son droit de refuser le droit au renouvellement du bail consenti au débiteur ayant atteint l'âge de la retraite. • Com. 19 mai

2015, n° 14-10.366 P : *DP entr. agric., Bull. n° 486/487, p. 6, note Barbièri ; JCP N 2015. Actu. 651 ; D. actu. 8 juin 2015, note Delpech ; RD rur. 2015, n° 241, note Lebel ; Rev. loyers 2015, n° 957.*

b. Cession du bail rural

13. Notion d'ensemble. L'attribution du bail ne peut être décidée lorsque la partie louée ne représente pas l'essentiel du fonds de l'exploitation faisant l'objet de la procédure collective. • Com. 28 avr. 1998, n° 95-20.682 P : *D. 1998. IR 163 ; D. Affaires 1998. 960, obs. V. A.-R. ; JCP 1998. II. 10128, note Ourliac ; RPC 1998. 375, note Soinne ; RTD com. 1998. 678, note Saint-Alary*. ♦ Toutefois, l'attribution de plusieurs droits à un bail rural peut être décidée lorsque l'ensemble cédé est essentiellement constitué de la pluralité de ces droits. • Paris, 2 nov. 1993 : *RD rur. 1994. 3.* ♦ Sur l'attribution du bail en cas de désaccord entre les différents propriétaires de l'exploitation, V. • Douai, 12 sept. 1995 : *RPC 1996. 100, obs. Soinne.* ♦ Sur la définition de « l'ensemble » : une exploitation composée de 36 ha en propriété et de 25 ha de parcelles louées par différents bailleurs ne constitue pas un « ensemble essentiellement constitué du droit à un bail rural ». • Douai, 2 oct. 1997, *Cts d'Esclaibes et a. c/ EARL Magnier et a.* ♦ La cour d'appel ne peut déterminer si le droit au bail rural est essentiel quant à l'équilibre économique de l'exploitation en relevant la valeur des éléments constituant l'actif de l'exploitation. • Com. 28 avr. 1998, n° 95-20.682 P : *D. 1998. IR 163 ; D. Affaires 1998. 960, obs. V. A-R. ; RD rur. 1998. 618 et 599, obs. Danet ; Ann. loyers 1998. 1703, note Lachaud ; RTD com. 1998. 678, obs. Saint-Alary-Houin*. ♦ Le bail mis à la disposition de l'EARL en liquidation judiciaire par son associé ne peut être transmis. • Besançon, 5 nov. 2008 : *RD rur. 2009, n° 78, note Barbièri ; Dr. sociétés 2009, n° 168, note Legros.*

14. Priorité du choix par le bailleur. Le tribunal ne peut attribuer un bail rural à un repreneur, dont l'offre a été recueillie dans les conditions fixées aux art. 83, 84 et 85 [C. com., art. L. 621-85 à L. 621-87] de la L. n° 85-98 du 25 janv. 1985, qu'à défaut par le bailleur de demander l'attribution du bail au preneur qu'il propose et ce, quel que puisse être l'intérêt pour le débiteur, le créancier et le repreneur, de la cession arrêtée. • Com. 30 nov. 1993, n° 91-20.358 P : *D. 1996. Somm. 2, obs. Derrida ; JCP 1994. II. 22248, note Ourliac ; Defrénois 1994. 1239, obs. Sénéchal ; RPC 1994. 229, obs. Soinne.* ♦ L'ensemble des droits au bail émanant de plusieurs propriétaires constituant l'essentiel de l'exploitation objet de la cession, le tribunal a pu attribuer les baux aux preneurs respectivement proposés par chaque bailleur. • Com. 9 juin 1998, n° 96-11.717 P : *D. 1998. IR 197 ; D. Affaires 1998. 1217 ; RD rur. 1999. 54 et 599, obs. Danet.* ♦ Est irrecevable le pourvoi du débiteur et de l'administrateur judiciaire contre le jugement arrêtant le plan de cession en l'absence d'excès de pouvoir, le bailleur étant seul à avoir prétention au choix de l'attributaire du bail. • Com. 27 mai 2014, n° 12-11.674 *DP entr. agric., Bull. n° 475/476, p. 7, note Barbièri.*

15. Contrôle des structures. Le tribunal peut, sous réserve de certaines conditions, attribuer le droit à un bail rural à un repreneur sans tenir compte des dispositions du contrôle des structures, mais la cession du droit au bail suppose que le preneur en redressement judiciaire soit titulaire de ce droit. • Com. 28 oct. 2008, n° 06-20.584 : *JCP 2008. IV. 2901 ; D. 2008. 2932 ; Gaz. Pal. 22 janv. 2009. 34.*

16. Sort du bail mis à disposition d'un GAEC. Un plan de continuation décidé pour un GAEC en redressement judiciaire ne fait pas obstacle à l'action en résiliation pour défaut de paiement des fermages exercée par le bailleur dont les terres avaient été louées à un membre du GAEC, puis mises à la disposition de ce groupement en application de l'art. L. 323-14 C. rur. • Com. 1er oct. 1997 : *RD rur. 1998. 177* • 8 oct. 1997, n° 95-21.199 P : *JCP 1997. IV. 2255 ; JCP N 1998. I. 1059, note Gravillou ; RD rur. 1998. 177 et 85, n° 9, obs. Ourliac* • Civ. 3e, 6 janv. 2010, n° 08-21.536 : *D. 2010. 205 ; RD rur. 2010, n° 30, note Barbièri ; JCP 2010, n° 5, p. 213 ; JCP N 2010. 1209, note Gravillou ; ibid. Actu. 150 ; Dr. sociétés 2011. 15, note Legros ; JCP N 2011. 1248.*

c. Cession de l'exploitation

17. Tierce opposition. Le plan de cession totale d'une entreprise agricole au profit d'une EARL ne peut être critiqué par certains créanciers car, à supposer même que soit frauduleuse la cession de l'actif à un prix très faible au profit d'une société où les débiteurs ont une participation majoritaire, pour être admis à former, en vertu de l'art. 583, al. 2, C. pr. civ., une tierce opposition à un jugement, le créancier doit prouver la fraude à ses propres droits commise par son débiteur et non à l'intérêt collectif des créanciers dont le représentant, partie au jugement frappé de tierce opposition, a seul la charge. • Com. 9 juill. 1996 : *D. 1996. IR 196 ; RD rur. 1996. 491.*

18. Bail. Le juge ne peut imposer au débiteur dans le cadre du plan de cession de concéder un bail sur certaines de ses propres terres au repreneur de l'exploitation. • Com. 14 mars 2000 : *D. 2000. AJ 189 ; JCP N 2000. 1443 ; Dr. et patr. 2000, n° 86, p. 111 ; ibid. 2002, n° 100, p. 93, obs. Roussel ; RPC 2001. 184 ; RD rur. 2001. 599, obs. Danet ; RTD com. 2001. 220, obs. Saint-Alary-Houin*.

19. Fraude. Le système par lequel deux époux poursuivent leur exploitation antérieure sous le couvert d'une personne morale dont ils détiennent la majorité du capital ne peut être accepté, car il constitue un véritable détournement des procédures légales. • Rennes, 23 sept. 1992, *Épx Hérault c/ Dolley.*

20. Quotas laitiers. L'adjudicataire de biens immobiliers dépendant de l'actif d'un agriculteur en liquidation judiciaire est mal fondé à se plaindre du défaut de transfert des quotas laitiers dès lors qu'il n'a pas été fait adjudication d'une exploitation et que le liquidateur n'était pas tenu de mentionner dans le cahier des charges le sort des quotas laitiers transmissibles avec les seules terres agricoles. • Com. 24 juin 2003, n° 00-17.283.

B. LIQUIDATION JUDICIAIRE

1° OUVERTURE

21. L'assignation aux fins d'ouverture d'une procédure de liquidation judiciaire est irrecevable contre la société civile d'exploitation agricole toujours immatriculée au registre du commerce et des sociétés mais au-delà d'un délai de un an à compter de la cessation d'activité. • Pau, 5 mai 2009 : *RD rur. 2009, n° 160, note Barbièri.*

22. Période d'observation. Aux termes des dispositions combinées des art. 1er [C. com., art. L. 620-1], al. 3, et 148 [C. com., art. L. 622-1], al. 1er, de la loi n° 85-98 du 25 janv. 1985 modifiée par la loi du 10 juin 1994 applicable aux procédures ouvertes à compter du 1er oct. 1994, la liquidation judiciaire peut être prononcée à l'encontre d'un agriculteur sans ouverture d'une période d'observation et les dispositions des textes relatifs à l'ouverture de la procédure de redressement judiciaire sont, dans ce cas, sans application. • Com. 25 nov. 1997, n° 95-17.443.

23. Maintien d'activité. L'action des preneurs en exécution de travaux par le bailleur ou le liquidateur reste recevable, même si la créance représentant le montant des travaux avait été déclarée au passif. • Com. 29 avr. 2002, n° 99-16.602 P : *D. 2002. 1674, obs. Lienhard ; RPC 2002. 193, note Roussel Galle ; APC 2002, n° 141, note Vallansan.*

24. La dette de la coopérative liée au remboursement des parts sociales et la créance souscrite par le coopérateur auprès de la coopérative pour l'utilisation du matériel sont connexes. • Civ. 3e, 14 déc. 2023, n° 22-15.598 P : *D. 2023. 2236.*

25. Bail. L'action en reconnaissance d'un bail rural échappe au dessaisissement d'un débiteur en liquidation judiciaire. • Civ. 3e, 7 avr. 2004, n° 02-19.519 P : *D. 2004. 1236, obs. Lienhard ; RD rur. 2004. 628, obs. Grimonprez ; Dr. et patr. 7-8/2004. 100, note Barbièri ; AJDI 2004. 469 ; JCP 2004. IV. 189 ; Gaz. Pal. 15-16 sept. 2004. 25.* ♦ La mise à disposition à titre onéreux d'un bien du débiteur pendant la liquidation par le mandataire liquidateur constitue un bail à ferme. • Agen, 25 mars 2003 : *RD rur. 2003. 426, note Grimonprez.*

26. Bail, résiliation. La mise à disposition du bien loué par le preneur en liquidation judiciaire à une société agricole, en fraude des règles du dessaisissement, est inopposable aux créanciers de la procédure collective, ce qui empêche le bailleur de poursuivre la résiliation du bail sur ce motif. • Com. 9 janv. 2001 : *RD rur. 2001. 128 et 301, 536, obs. Crevel et 598, obs. Danet ; APC 2001, n° 16 ; D. 2001. 630, note Lienhard ; JCP N 2001. 1078, note Gravillou.* – Rejet du pourvoi par substitution de motifs sur : • Douai, 5 janv. 1995 : *RPC 1997. 485, obs. Canet ; ibid. 1998. 43, obs. Soinne.* ♦ Le bailleur n'est pas recevable sur le fondement des règles des procédures collectives à demander la résiliation judiciaire du bail et l'expulsion du fermier dès lors qu'il a omis de mettre en demeure dans les formes légales l'administrateur de se prononcer sur la poursuite du bail de l'agriculteur en liquidation judiciaire. • Com. 23 mai 2000 : *RD rur. 2001. 51.* – V. jurisprudence ss. art. L. 411-35, note 3.

27. Bail, préemption. Le droit de préemption portant sur un fonds loué ne peut être mis en œuvre que par l'exploitant preneur en place même si celui-ci est en liquidation judiciaire. • Com. 21 janv. 1974, n° 72-12.982 P • Civ. 3e, 31 oct. 2000, n° 98-21.922 P : *RD rur. 2000. 569 ; ibid. 2001. 178 ; Gaz. Pal. 29-30 mars 2002, p. 16, obs. Lachaud ; JCP N 2001. 600, note Gravillou ; ibid. 802, note Grimonprez* • 7 avr. 2004 : *D. 2004. 1236, obs. Lienhard.*

28. Absence de plan de redressement. Lorsque, à l'expiration de la période d'observation, les débiteurs n'ont présenté, ni devant les premiers juges, ni devant la cour d'appel, d'offres sérieuses de continuation de l'exploitation agricole, se bornant à produire un document intitulé « prévisionnel en année de croisière ne tenant pas compte du passif » et qu'ils n'ont fourni aucune précision sur les conditions de rentabilité de l'exploitation depuis le début de la procédure collective, la décision de prononcer la liquidation judiciaire est légalement justifiée. • Com. 1er juill. 1997, n° 95-18.839. ♦ Pour le rejet d'un plan de redressement fondé sur un « prévisionnel d'exploitation » établi par un centre de gestion, sans vraie proposition d'apurement du passif : • Com. 11 avr. 1995, n° 93-10.029. ♦ Lorsque les débiteurs ont accumulé les emprunts et les dettes, qu'ils se trouvent dans une situation inextricable et que la poursuite de l'exploitation amènerait des risques certains pour les créanciers actuels ainsi que pour les créanciers futurs, ni la continuation, ni la cession de l'entreprise n'apparaissent possibles et les juges du fond peuvent prononcer la liquidation judiciaire. • Com. 31 janv. 1995, n° 92-16.688.

2° DÉNOUEMENT

29. Cessation d'activité. La cour qui a relevé que l'EARL ne pouvait assumer financièrement les charges liées à la poursuite d'activité jusqu'aux vendanges prévues, qu'il n'était pas démontré que le maintien de l'activité pouvait être financé et assuré sans augmenter le passif, a exactement décidé qu'il devait être mis fin à l'activité. • Com. 14 déc. 2022, n° 21-18.549 P : *D. 2022. 2292 ;*

JCP N 2022. Actu. 1242 ; RD rur. 2023, n° 45, note Lebel ; DP entr. agric., Bull. n° 571, p. 1, note Barbièri.

30. Aides. L'agriculteur en liquidation judiciaire ne peut solliciter une aide publique ou une subvention sans justifier de l'accord du liquidateur. • CE 10 févr. 2017, n°s 391257 et 391258 : *DP entr. agric., Bull. n° 505, p. 10.*

31. Cession du bail rural. La cession du bail rural prévue à l'art. 82 [C. com., art. L. 621-84] de la loi n° 85-98 du 25 janv. 1985 ne peut être décidée par le juge-commissaire dans le cadre d'une liquidation judiciaire, fût-ce à l'occasion de la cession globale d'une unité de production. • Com. 1er oct. 1997 : *RD rur. 1998. 177* • Caen, 14 avr. 1994 : *JCP 1994. IV. 1350.*

32. Bail. Après la liquidation judiciaire d'un preneur et la résiliation de son bail, dont la poursuite avait été autorisée par le jugement de mise en redressement judiciaire, l'indemnité due pour les dégradations au fonds loué est soumise au régime de l'art. 40 [C. com., art. L. 621-32] de la L. n° 85-98 du 25 janv. 1985 tant que le liquidateur judiciaire n'a pas fait la preuve que les dégradations avaient été commises avant le jugement de redressement. • Com. 9 juill. 1996 : *RD rur. 1996. 492.*

SECTION 3 **Dispositions d'application**

Art. L. 351-9 Un décret en Conseil d'État fixe les conditions d'application du présent chapitre. — *[L. n° 88-1202 du 30 déc. 1988, art. 35.]*

V. art. R. 351-1 s.

CHAPITRE II **LES AIDES À LA RECONVERSION OU À LA RÉINSTALLATION**

SECTION 1 **Les aides à certaines mutations d'exploitation**

Art. L. 352-1 Lorsque les expropriations en vue de la réalisation des aménagements ou ouvrages mentionnés à l'article 2 de la loi n° 76-629 du 10 juillet 1976 relative à la protection de la nature *[C. envir., art. L. 122-1 s.]* sont susceptibles de compromettre la structure des exploitations dans une zone déterminée, l'obligation est faite au maître de l'ouvrage, dans l'acte déclaratif d'utilité publique, de remédier aux dommages causés en participant financièrement à l'installation, sur des exploitations nouvelles comparables, des agriculteurs dont l'exploitation aurait disparu ou serait gravement déséquilibrée, ou, s'ils l'acceptent, à la reconversion de leur activité. S'ils le demandent, ces agriculteurs bénéficient d'une priorité d'attribution par les sociétés d'aménagement foncier et d'établissement rural sur l'ensemble du territoire, sauf si, devant être installés sur une exploitation entièrement différente de la précédente, ils refusent de céder au maître de l'ouvrage ou aux sociétés susmentionnées les terres dont ils restent propriétaires dans un périmètre déterminé conformément au 3° de l'article L. 142-5.

La même obligation est faite au maître de l'ouvrage dans l'acte déclaratif d'utilité publique en cas de création de zones industrielles ou à urbaniser ou de constitution de réserves foncières.

Un décret détermine les conditions dans lesquelles le maître d'ouvrage devra apporter une contribution financière aux sociétés d'aménagement foncier et d'établissement rural ou aux sociétés d'aménagement régionales lorsque ces sociétés assurent l'établissement sur de nouvelles exploitations des agriculteurs expropriés dans les conditions prévues aux premier et deuxième alinéas du présent article, ainsi que des agriculteurs que les opérations d'aménagement foncier agricole et forestier prévues à l'article L. 123-24 n'ont pas permis de maintenir sur place. — *[L. n° 62-933 du 8 août 1962, art. 10.]*

V. art. R. 352-1 s.

CHAPITRE III **CONGÉ DE FORMATION**

(L. n° 2006-11 du 5 janv. 2006, art. 33)

Art. L. 353-1 Il est institué un congé de formation en faveur des exploitants et chefs d'entreprise agricoles dont l'exploitation mentionnée à l'article L. 311-1 est en difficulté sans perspective de redressement et qui sont contraints de cesser leur activité agricole. Pendant sa période de formation en vue de sa reconversion professionnelle, un revenu d'accompagnement peut être versé au chef d'exploitation ou d'entreprise agricole.

Un décret fixe les conditions et les modalités de versement de cette aide. – *V. art. D. 352-22 s.*

Les fonds de formation professionnelle continue agricoles prévoient les conditions dans lesquelles les chefs d'exploitation qui ont cessé leur activité peuvent bénéficier du financement de leur formation et de leur accompagnement personnalisé en vue de leur reconversion professionnelle.

CHAPITRE IV LES AIDES À L'ADAPTATION DE L'EXPLOITATION AGRICOLE

Néant.

V. art. D. 354-1 s.

CHAPITRE V *[ABROGÉ]* DISPOSITIONS PARTICULIÈRES À L'OUTRE-MER *(Ord. n° 2007-1801 du 21 déc. 2007, art. 12).*

(Abrogé par Ord. n° 2012-789 du 31 mai 2012, art. 7-IX)

Art. L. 355-1 et L. 355-2 *Abrogés par Ord. n° 2012-789 du 31 mai 2012, art. 7-VIII-3° et IX.*

TITRE VI GESTION DES RISQUES EN AGRICULTURE *(L. n° 2010-874 du 27 juill. 2010, art. 26-I).*

BIBL. GÉN. ▸ Béguin-Faynel, *RD rur. 2023. Dossier 10* (face au changement climatique, maintenir les revenus agricoles par l'assurance). – Bertheuil, *thèse Poitiers 2008* (les mécanismes de protection du revenu en agriculture). – Billet, *RD rur. févr. 2006, n° spécial LOA, p. 55* (incidences de la loi d'orientation agricole du 5 janv. 2006) ; *RD rur. mai 2006. 32* (décret n° 2006-370 du 27 mars 2006) ; *RD rur. 2008, n° 60* (décret n° 2008-270 du 18 mars 2008). – Brenet, *RD rur. 2023. Dossier 31* (interventions des personnes publiques et lutte contre le risque climatique dans le secteur agricole). – Delayen, *D. actu. 17 avr. 2023* (le décret sur le groupement de co-réassurance est publié). – Krajeski, *RD rur. 2023. Dossier 35* (mutation des assurances récoltes). – Rochdi, *RD rur. 2023. Dossier 33* (gestion de l'aléa climatique viticole à la lumière du droit européen). – Touzain, *RD rur. 2022. Étude 18* (aléas climatiques et droit des assurances, à propos de la loi du 2 mars 2022). – Zavaro, L'assurance des calamités agricoles et catastrophes naturelles, *Edilaix 2014*.

COMMENTAIRE

Pour gérer les risques climatiques, le législateur avait d'abord mis en place des dispositions restées ponctuelles avant de prévoir un régime d'indemnisation des calamités agricoles par la loi du 10 juillet 1964. Ce régime a été réformé pour le rendre plus efficace par la loi n° 2006-11 du 5 janvier 2006, puis par la loi n° 2010-874 du 27 juillet 2010 qui a organisé un régime d'indemnisation avec un système d'assurance sur récoltes. L'application de ces textes a révélé des insuffisances, en particulier dans l'indemnisation des exploitants. En même temps, le changement climatique a généré davantage d'aléas, dont les effets se sont révélés plus intenses que par le passé.

La loi n° 2022-298 du 2 mars 2022 est en conséquence venue réformer les outils de gestion des risques climatiques en agriculture ; elle a été complétée par l'ordonnance n° 2022-1075 du 29 juillet 2022. L'application de ce régime est reportée en outre-mer. L'objectif a été de poser un régime universel d'indemnisation des pertes de récoltes résultant d'un aléa climatique et de mettre en œuvre un partage des risques entre les agriculteurs, les assureurs et l'État.

Les risques de faible intensité doivent rester à la charge de l'agriculteur, notamment en conséquence de l'existence de la franchise dans l'assurance contre les risques climatiques.

Les risques d'intensité moyenne doivent être couverts par cette assurance (art. L. 361-4) qui n'a pas été rendue obligatoire. Néanmoins, l'objectif de la réforme de 2022 est de diffuser largement l'assurance contre les risques climatiques. Pour cela, le financement des primes reçoit une aide de l'État, et les contrats sont en conséquence encadrés par un cahier des charges.

Enfin, pour les risques les plus graves, les calamités agricoles (art. L. 361-5), qui se déterminent notamment par la gravité de leurs effets, le régime d'indemnisation repose sur la solidarité nationale et tous les agriculteurs subissant ces risques sont appelés à en bénéficier, assurés ou non. Cependant, l'indemnisation est minorée de moitié pour les agriculteurs qui n'ont pas souscrit d'assurances pour ces pertes. Le préfet, après enquête et avis des comités départementaux d'expertise, propose au ministre la reconnaissance de la calamité agricole. Le ministre décide après avis du comité national de gestion des risques.

Le fonds national de gestion des risques en agriculture doit verser l'indemnisation. Il est prévu de développer un système de « guichet unique » pour que l'assureur verse cette indemnisation en plus de celle qui est à sa charge en exécution du contrat. Il est aussi prévu la constitution d'un groupement d'assurances pour que le marché de l'assurance agricole soit organisé dans la transparence (C. assur., art. L. 442-1-2 s. et D. 443-5).

Le système des calamités agricoles est complété par les fonds de mutualisation pour les pertes économiques subies par les agriculteurs à raison d'une maladie animale ou végétale, ou d'un incident environnemental. Ces fonds sont créés et gérés par une personne morale à but non lucratif dédiée à cet objectif d'indemnisation et sont alimentés par des cotisations des exploitants éventuellement obligatoires, ainsi que par la contribution de l'État et de l'Union européenne (V. art. L. 361-3 et R. 361-50). ❑

CHAPITRE I DISPOSITIONS GÉNÉRALES

(L. n° 2010-874 du 27 juill. 2010, art. 26-I)

Loi n° 2022-298 du 2 mars 2022,

D'orientation relative à une meilleure diffusion de l'assurance récolte en agriculture et portant réforme des outils de gestion des risques climatiques en agriculture (JO 3 mars).

Art. 13 I. — La présente loi ne s'applique pas en Guadeloupe, en Guyane, en Martinique, à La Réunion, à Mayotte, à Saint-Barthélemy *(Ord. n° 2022-1075 du 29 juill. 2022, art. 4)* « , à Saint-Martin », ni à Saint-Pierre-et-Miquelon, à l'exception de l'article 15. *[…]*

Art. 17 I. — La présente loi, à l'exception des articles 8, 12, 14 et 15, entre en vigueur le 1er janvier 2023.

Lorsqu'elle résulte d'aléas climatiques débutant avant la date mentionnée au premier alinéa du présent I, l'indemnisation des pertes de récoltes ou de cultures demeure soumise au chapitre I du titre VI du livre III du code rural et de la pêche maritime, dans sa rédaction antérieure à la présente loi.

L'exploitant agricole qui dispose d'un contrat bénéficiant de l'aide prévue à l'article L. 361-4 du code rural et de la pêche maritime conclu avant la date mentionnée au premier alinéa du présent I peut demander, dans un délai de trois mois à compter de cette date, la mise en conformité de son contrat avec la présente loi, laquelle intervient, sous réserve de l'accord de l'exploitant, dans un délai de trente jours à compter de la réception de la demande par l'entreprise d'assurance, sauf si la campagne de production pour la culture considérée arrive à son terme au cours de ces délais. Tant que cette mise en conformité n'est pas intervenue, la situation de l'exploitant agricole reste régie par le chapitre I du titre VI du livre III du code rural et de la pêche maritime, dans sa rédaction antérieure à la présente loi. En l'absence de demande de l'exploitant agricole, le contrat est mis en conformité avec la présente loi lors de son renouvellement, et au plus tard un an après l'entrée en vigueur de la présente loi.

II. — Toutefois, si les conditions d'entrée en vigueur ne sont pas réunies, après concertation avec les parties prenantes, un décret peut reporter au 1er août 2023 la date d'entrée en vigueur prévue au I et prolonger de sept mois les dispositions transitoires prévues aux deux derniers alinéas du même I.

Ordonnance n° 2022-1075 du 29 juillet 2022,

Portant développement des outils de gestion des risques climatiques en agriculture (JO 30 juill.).

Art. 4 I. — La présente ordonnance ne s'applique pas en Guadeloupe, en Guyane, en Martinique, à La Réunion, à Mayotte, à Saint-Barthélemy, à Saint-Martin, non plus qu'à Saint-Pierre-et-Miquelon. *[...]*

Art. 5 La présente ordonnance entre en vigueur à la date et selon les modalités prévues à l'article 17 de la loi n° 2022-298 du 2 mars 2022 susvisée.

Pour les pertes de récoltes et de cultures qui résultent d'un aléa climatique intervenu dans un délai de trois mois à compter de l'entrée en vigueur de la présente ordonnance, le vingt-et-unième alinéa de l'article 1er n'est pas applicable.

SECTION 1 Le fonds national de gestion des risques en agriculture

(Ord. n° 2022-1075 du 29 juill. 2022, art. 1er)

Art. L. 361-1 **Un fonds national de gestion des risques en agriculture est institué afin de participer au financement des dispositifs de gestion des aléas climatique, sanitaire, phytosanitaire et environnemental dans le secteur agricole. Ses recettes et ses dépenses sont réparties entre trois sections, définies aux articles L. 361-3 à L. 361-5.**

La gestion comptable et financière de ce fonds est assurée dans les conditions prévues à l'article L. 431-11 du code des assurances et précisées par décret.

Art. L. 361-2 Les ressources du Fonds national de gestion des risques en agriculture sont :

1° Une contribution additionnelle aux primes ou cotisations afférentes aux conventions d'assurance couvrant, à titre exclusif ou principal, d'une part, les dommages aux bâtiments et au cheptel mort affectés aux exploitations agricoles et, d'autre part, les risques de responsabilité civile et de dommages relatifs aux véhicules utilitaires affectés aux exploitations agricoles.

La contribution additionnelle est assise sur la totalité des primes ou cotisations versées. Son taux est fixé à *(L. n° 2022-1726 du 30 déc. 2022, art. 99)* « 11 % » **de ce montant. Elle est liquidée et recouvrée suivant les mêmes règles, sous les mêmes garanties et sous les mêmes sanctions que la taxe annuelle sur les conventions d'assurance prévue à l'article 991 du code général des impôts ;**

2° Une contribution additionnelle particulière applicable aux exploitations conchylicoles, fixée comme suit :

***a)* 100 % des primes ou cotisations afférentes aux conventions d'assurance contre l'incendie couvrant, à titre exclusif ou principal, les bâtiments d'exploitation, les ateliers de triage et d'expédition, le matériel et les stocks ;**

***b)* 100 % des primes ou cotisations afférentes aux conventions d'assurance couvrant les risques nautiques desdites exploitations ;**

3° Une subvention inscrite au budget de l'État.

Chaque section est alimentée par une partie de ces ressources.

SECTION 2 Mutualisation des risques sanitaires et environnementaux

(Ord. n° 2022-1075 du 29 juill. 2022, art. 1er)

Art. L. 361-3 La première section du Fonds national de gestion des risques en agriculture contribue, en complément des versements effectués par les exploitants agricoles *(Abrogé par L. n° 2016-1918 du 29 déc. 2016, art. 142)* « ***et, pour les secteurs relevant de la politique agricole commune, par l'Union européenne*** », **au financement de l'indemnisation des pertes économiques liées à l'apparition d'un foyer de maladie animale ou végétale ou d'un incident environnemental par des fonds de mutualisation agréés par l'autorité administrative.**

L'affiliation des exploitants agricoles à un fonds de mutualisation agréé peut être rendue obligatoire par décret en Conseil d'État.

Les règles régissant, selon les productions ou les risques couverts, l'établissement et le fonctionnement des fonds de mutualisation, les conditions de leur agrément, les

conditions et modalités de l'indemnisation des exploitants agricoles ainsi que la gestion et le contrôle du respect de ces règles sont fixées par décret en Conseil d'État.

Les conditions d'intervention de la première section du Fonds national de gestion des risques en agriculture sont définies par décret.

SECTION 3 Assurance récolte et solidarité nationale

(Ord. n° 2022-1075 du 29 juill. 2022, art. 1er)

Art. L. 361-4 A *(L. n° 2022-298 du 2 mars 2022, art. 2, en vigueur le 1er janv. 2023)* **Les exploitants agricoles subissant des pertes de récoltes ou de cultures liées à des dommages du fait d'aléas climatiques perçoivent, outre, le cas échéant, les indemnisations dues au titre des contrats d'assurance mentionnés à l'article L. 361-4, une indemnisation fondée sur la solidarité nationale dans les conditions précisées à l'article L. 361-4-1, s'ils n'ont pas souscrit d'autres contrats couvrant ces pertes.** – *L'art. L. 361-1 A devient l'art. L. 361-4 A (Ord. n° 2022-1075 du 29 juill. 2022, art. 1er-4°).*

Art. L. 361-4 *(L. n° 2010-874 du 27 juill. 2010, art. 26)* **La deuxième section du Fonds national de gestion des risques en agriculture contribue au financement des aides au développement de l'assurance contre les dommages causés aux exploitations agricoles.**

(L. n° 2022-298 du 2 mars 2022, art. 3, en vigueur le 1er janv. 2023) **« La deuxième section prend en charge, de façon forfaitaire, une part des primes ou des cotisations d'assurance afférentes à certains risques agricoles déterminés par décret. Cette part varie selon l'importance du risque, la nature des productions, le type de contrat d'assurance souscrit et les modalités de celui-ci. Le cumul de l'aide versée à ce titre et de la contribution de l'Union européenne ne peut excéder 70 % de la prime ou de la cotisation d'assurance ou, s'il est différent, le taux qui résulte des règlements européens applicables.**

« Seuls peuvent bénéficier de cette aide les contrats d'assurance couvrant les pertes causées par des aléas climatiques représentant une part, fixée par décret dans les conditions déterminées à l'article *(Ord. n° 2022-1075 du 29 juill. 2022, art. 1er)* **« L. 361-4-7 » en fonction de la nature des productions et du type de contrat d'assurance souscrit, qui ne peut être inférieure à 20 % ou, s'il est différent, au taux qui résulte des règlements européens applicables, de la moyenne de la production annuelle de l'exploitant. Cette moyenne est obtenue selon la modalité de calcul choisie par l'exploitant parmi les différentes modalités de calcul fixées par décret.**

Al. 4 abrogé par Ord. n° 2022-1075 du 29 juill. 2022, art. 1er. – V. désormais art. L. 361-4-1.

« Les types de contrats pouvant faire l'objet de la prise en charge prévue au présent article sont déterminés par décret dans le but de favoriser une plus grande mutualisation des risques. Pour les garanties des contrats pouvant bénéficier de cette prise en charge, le décret fixe les niveaux de franchise, selon la nature des productions, le seuil de pertes défini au troisième alinéa et, le cas échéant, le type de contrat d'assurance souscrit et peut aussi fixer des critères de couverture surfacique minimale par type de contrat, en fonction des groupes de cultures ou de la destination des cultures. »

V. Décr. n° 2016-2009 du 30 déc. 2016 fixant au titre des années couvertes par la programmation du Fonds européen agricole pour le développement rural débutée en 2014 et jusqu'à son terme les modalités d'application de l'art. L. 361-4 en vue de favoriser le développement de l'assurance contre certains risques agricoles (JO 31 déc.), mod. par Décr. n° 2018-279 du 17 avr. 2018 (JO 19 avr.), Décr. n° 2020-1032 du 11 août 2020 (JO 13 août) ; Arr. du 30 déc. 2016 fixant les critères permettant de caractériser les phénomènes climatiques défavorables reconnus officiellement comme tels au titre des années couvertes par la programmation du Fonds européen agricole pour le développement rural débutée en 2014 et jusqu'à son terme (JO 31 déc.), mod. par Arr. du 11 août 2020 (JO 13 août).

Art. L. 361-4-1 *(Ord. n° 2022-1075 du 29 juill. 2022, art. 1er)* **I. – Les entreprises d'assurance qui commercialisent des produits d'assurance contre les risques climatiques en agriculture bénéficiant de l'aide prévue au deuxième alinéa de l'article L. 361-4 respectent les conditions suivantes :**

1° Elles sont agréées au sens de l'article L. 321-1 du code des assurances ou, selon le cas, des articles L. 321-7, L. 362-1 ou L. 362-2 du même code ;

2° Elles respectent un cahier des charges, adopté dans des conditions déterminées par décret, fixant notamment un barème de prix pour chaque production, ainsi que les mesures et les pratiques de prévention mises en œuvre par les exploitants agricoles pour réduire leur exposition aux aléas climatiques qui peuvent être prises en compte par les entreprises d'assurance dans le calcul de la prime d'assurance ;

3° Elles adhèrent, sauf en l'absence de constitution de celui-ci, au groupement mentionné à l'article L. 442-1-1 du code des assurances ;

4° Elles respectent les conditions d'exercice des missions des interlocuteurs agréés mentionnés à l'article L. 361-4-2 du présent code.

II. —Toute entreprise d'assurance qui commercialise des contrats bénéficiant de l'aide prévue au deuxième alinéa de l'article L. 361-4 est tenue de proposer à l'exploitant agricole qui en fait la demande un contrat d'assurance couvrant les pertes de récolte ou de culture résultant d'aléas climatiques conforme au cahier des charges prévu au 2° du I, à des conditions raisonnables précisées par le décret mentionné au même 2°. — *V. Arr. du 28 juill. 2021 fixant le cahier des charges applicable aux entreprises d'assurance pour l'habilitation à commercialiser des contrats d'assurance éligibles à l'aide à l'assurance récolte pour la campagne 2022 (JO 18 août) ; Arr. du 17 juin 2022 définissant le taux de prise en charge des primes ou cotisations éligibles à l'aide à l'assurance récolte contre les risques climatiques pour l'année 2022 (JO 21 juin).*

Art. L. 361-4-2 *(L. n° 2022-298 du 2 mars 2022, art. 4, en vigueur le 1er janv. 2023)* La troisième section du Fonds national de gestion des risques en agriculture participe à l'indemnisation des pertes de récoltes ou de cultures résultant d'aléas climatiques, lorsque ces pertes sont supérieures à un seuil fixé par décret dans les conditions déterminées à l'article *(Ord. n° 2022-1075 du 29 juill. 2022, art. 1er)* « L. 361-4-7 » en fonction de la nature des productions et, s'il y a lieu, du type de contrat d'assurance souscrit. Ce seuil ne peut être inférieur à 30 % de la moyenne de la production annuelle de l'exploitant. Cette moyenne est obtenue selon la modalité de calcul choisie par l'exploitant parmi les différentes modalités de calcul fixées par décret.

Pour les exploitants agricoles assurés au titre de contrats bénéficiant de l'aide mentionnée à l'article L. 361-4, l'indemnisation est versée en complément de celle perçue au titre de leur contrat d'assurance pour les mêmes pertes. Afin de garantir la célérité de l'indemnisation, celle-ci peut être versée par l'assureur pour le compte de l'État, en même temps que l'indemnisation versée au titre de l'assurance, selon des modalités fixées par décret.

Pour les exploitants agricoles qui n'ont pas souscrit d'autre contrat couvrant ces pertes, afin de garantir le caractère incitatif des dispositions prévues au même article L. 361-4, l'indemnisation représente une part, dont le taux est égal au plus à celui prévu par le droit européen, de celle qui serait perçue en moyenne, en application du deuxième alinéa du présent article, par les exploitants agricoles subissant les mêmes pertes et assurés à ce titre.

L'indemnisation peut être versée par l'État ou, pour le compte de celui-ci, par un réseau d'interlocuteurs agréés. Ce réseau fait application de référentiels identiques applicables aux assurés et aux non-assurés et de méthodologies d'évaluation des pertes et de modalités d'indemnisation similaires à ceux applicables aux contrats d'assurance bénéficiant de l'aide prévue à l'article L. 361-4.

Les conditions d'application du présent article sont fixées par décret. L'indemnisation versée au titre des trois premiers alinéas, selon la nature des productions, tient compte, le cas échéant, de l'absence ou de l'insuffisance de développement de l'assurance contre les risques climatiques et, s'il y a lieu, du type de contrat souscrit. — *V. art. D. 361-44 s.*

Les art. L. 361-4-1 et L. 361-4-2 deviennent respectivement les art. L. 361-4-2 et L. 361-4-6 (Ord. n° 2022-1075 du 29 juill. 2022, art. 1er-6°).

Art. L. 361-4-3 *(Ord. n° 2022-1075 du 29 juill. 2022, art. 1er)* I. — Les entreprises d'assurance qui commercialisent en France des produits d'assurance contre les risques climatiques en agriculture bénéficiant de l'aide prévue au deuxième alinéa de l'article L. 361-4 constituent le réseau d'interlocuteurs agréés mentionné au quatrième alinéa de l'article L. 361-4-2. Elles exercent les missions de ce réseau pour le compte de l'État, dans les conditions fixées par cet alinéa ainsi que par le présent article.

II. — Lorsqu'un exploitant agricole a conclu avec une entreprise d'assurance un contrat d'assurance bénéficiant de l'aide prévue au deuxième alinéa de l'article L. 361-4, cette entreprise est chargée de l'indemnisation de cet exploitant fondée sur la solidarité nationale prévue à l'article L. 361-4-2, pour les pertes de récoltes ou de cultures couvertes par ce contrat.

Dans les secteurs de production agricole où le développement de l'assurance contre les risques climatiques est suffisant, lorsque l'exploitant agricole a souscrit un ou plusieurs contrats d'assurance bénéficiant de l'aide prévue au deuxième alinéa de l'article L. 361-4 pour une partie de ses récoltes ou cultures, il désigne, par secteur de production, une entreprise d'assurance, parmi celles avec lesquelles il a souscrit un tel contrat dans ce secteur ou, à défaut, dans un autre secteur, chargée d'exercer les missions d'interlocuteur agréé au titre des pertes de récoltes ou de cultures non couvertes par des contrats d'assurance. Lorsque l'évaluation de ces pertes de récoltes ou de cultures est fondée sur des indices, l'exploitant agricole choisit une entreprise d'assurance habilitée à utiliser de tels indices, parmi celles avec lesquelles il a contracté dans ce secteur ou, à défaut, dans tout autre secteur et, s'il n'a contracté avec aucune entreprise habilitée, l'entreprise habilitée de son choix parmi les autres membres du réseau.

Dans ces mêmes secteurs de production agricole où le développement de l'assurance contre les risques climatiques est suffisant, lorsque l'exploitant agricole n'a souscrit aucun contrat d'assurance bénéficiant de l'aide prévue au deuxième alinéa de l'article L. 361-4 pour tout ou partie de ses récoltes ou cultures, il choisit parmi les membres du réseau celui qui assure les missions d'interlocuteur agréé. Lorsque l'évaluation des pertes de récoltes ou de cultures est fondée sur des indices, l'exploitant agricole choisit une entreprise d'assurance habilitée à utiliser de tels indices.

Dans les secteurs de production agricole où le développement de l'assurance contre les risques climatiques est insuffisant, l'exploitant agricole perçoit auprès de l'État l'indemnisation fondée sur la solidarité nationale prévue à l'article L. 361-4-2 pour les pertes de récoltes ou de cultures non couvertes par un contrat d'assurance qu'il subit dans ces secteurs. Toutefois, pour l'indemnisation de ces mêmes pertes de récoltes ou de cultures, l'exploitant agricole qui a souscrit des contrats d'assurance bénéficiant de l'aide prévue au deuxième alinéa de l'article L. 361-4 pour d'autres récoltes ou cultures désigne, par secteur de production, parmi les entreprises avec lesquelles il a conclu un tel contrat dans ce secteur ou, à défaut, dans un autre secteur, et qui justifient de capacités techniques définies par décret, celle qui exerce les missions d'interlocuteur agréé.

L'exploitant agricole, qui y est tenu en application des règles prévues au présent II, désigne un interlocuteur agréé chaque année. A défaut, il ne peut prétendre au bénéfice de l'indemnisation prévue à l'article L. 361-4-2. — *V. art. D. 361-44-2.*

III. — Les charges engendrées pour les entreprises d'assurance par l'exercice des missions prévues au présent article font l'objet d'une compensation financière de la part de l'État, calculée de manière à éviter toute surcompensation. L'entreprise d'assurance tient à disposition de l'État tous les éléments nécessaires afin de permettre d'attester ces charges.

Les entreprises d'assurance bénéficient, afin d'assurer le versement de l'indemnisation prévue à l'article L. 361-4-2, d'une avance versée par l'État financée par la troisième section du Fonds national de gestion des risques en agriculture.

IV. — Un décret fixe les conditions d'application du présent article. Il dresse notamment, pour l'application du II, la liste des secteurs de production où le développement de l'assurance contre les risques climatiques est insuffisant, apprécié au regard de la diffusion des produits d'assurance ou des capacités techniques des entreprises d'assurance à offrir de tels produits dans ce secteur. Il peut également prévoir, pour l'application du dernier alinéa du même II, les critères permettant de substituer à la désignation annuelle de l'interlocuteur agréé une procédure de tacite reconduction.

Art. L. 361-4-4 *(Ord. n° 2022-1075 du 29 juill. 2022, art. 1er)* L'exploitant agricole dont les récoltes ou les cultures ne sont pas, en tout ou partie, couvertes par un contrat bénéficiant de l'aide prévue au deuxième alinéa de l'article L. 361-4 et qui relève, en application des règles prévues à l'article L. 361-4-3, du réseau d'interlocuteurs agréés, communique chaque année au membre du réseau qu'il a désigné et, s'il y a lieu, à l'État, des informations dont la liste est fixée par décret, relatives aux surfaces ou aux productions concernées.

Art. L. 361-4-5 *(Ord. nº 2022-1075 du 29 juill. 2022, art. 1er)* Les entreprises d'assurance qui commercialisent des contrats bénéficiant de l'aide prévue au deuxième alinéa de l'article L. 361-4 transmettent chaque année à l'État les données dont la liste est fixée par décret, nécessaires à l'élaboration, à la mise en œuvre et à l'évaluation de la politique publique de la gestion des risques climatiques en agriculture et du développement de l'assurance contre ces risques.

Ce décret précise la nature de ces données, leur durée de conservation, les conditions de leur transmission par les entreprises d'assurance et de mise en œuvre de leur traitement, ainsi que les modalités de diffusion de ces données auprès de tiers.

Les entreprises d'assurance mentionnées au premier alinéa transmettent également, chaque année, les données qu'elles détiennent relatives à la sinistralité, à un tiers indépendant mandaté à leurs frais pour transmettre ces données, avec un degré d'anonymisation et d'agrégation suffisant, d'une part, au groupement mentionné à l'article L. 442-1-1 du code des assurances, et d'autre part, à l'État.

Le tiers indépendant est astreint au secret professionnel pour les faits, actes et renseignements dont il a connaissance à raison de ses fonctions.

Art. L. 361-4-6 *(L. nº 2022-298 du 2 mars 2022, art. 5, en vigueur le 1er janv. 2023)* I. — Lorsque les évaluations des pertes de récoltes ou de cultures ne reposent pas sur un indice, les entreprises d'assurance rappellent à l'assuré, lors de la souscription du contrat et lors de la remise à l'exploitant de la proposition d'indemnisation, la possibilité de faire appel à une contre-expertise en cas de sinistre.

II. — Lorsque les évaluations des pertes de récoltes ou de cultures sont fondées sur des indices et que celles-ci se trouvent contestées par l'assuré, l'organisme chargé de verser l'indemnisation transmet au comité des indices, qui est chargé d'apporter son expertise pour l'approbation des indices par le ministre chargé de l'agriculture, les éléments techniques qui ont servi de bases aux calculs de l'indemnité ou à son refus.

La commission chargée de l'orientation et du développement des assurances garantissant les dommages causés aux récoltes mentionnée au premier alinéa de l'article L. 361-8 rend un avis annuel sur la pertinence des critères retenus pour déterminer les pertes de récoltes ou de cultures et sur les conditions effectives de l'indemnisation des sinistrés. Cet avis est rendu notamment sur le fondement d'un rapport annuel produit par le comité des indices ainsi que sur le fondement d'un état des référentiels ou des méthodes retenus pour apprécier les pertes de rendement.

III. — Un décret fixe les conditions d'application du présent article et les conditions dans lesquelles les évaluations des pertes de récoltes ou de cultures peuvent faire l'objet d'une demande de réévaluation par les exploitants, notamment en cas d'erreur manifeste relative à l'évaluation des pertes par un système indiciel. — *Les art. L. 361-4-1 et L. 361-4-2 deviennent respectivement les art. L. 361-4-2 et L. 361-4-6 (Ord. nº 2022-1075 du 29 juill. 2022, art. 1er-6º).*

Art. L. 361-4-7 *(L. nº 2022-298 du 2 mars 2022, art. 9, en vigueur le 1er janv. 2023)* Après avis de la commission chargée de l'orientation et du développement des assurances garantissant les dommages causés aux récoltes mentionnée à l'article L. 361-8, les décrets prévus aux articles L. 361-4 et *(Ord. nº 2022-1075 du 29 juill. 2022, art. 1er)* « L. 361-4-2 » fixent les seuils, les taux de subvention et les taux d'indemnisation pour une durée de trois ans.

Un arrêté des ministres chargés de l'agriculture, de l'économie et du budget peut fixer temporairement des taux et des seuils dérogatoires, après avis de la même commission.

Un arrêté des ministres chargés de l'agriculture, de l'économie et du budget peut limiter le montant de la prime admissible au bénéfice de l'aide en imposant temporairement des plafonds appropriés, après avis de la même commission. — *L'art. L. 361-9 devient l'art. L. 361-4-7 (Ord. nº 2022-1075 du 29 juill. 2022, art. 1er-13º).*

SECTION 4 Calamités agricoles

(Ord. nº 2022-1075 du 29 juill. 2022, art. 1er)

Art. L. 361-5 **La troisième section du Fonds national de gestion des risques en agriculture contribue** *(L. nº 2022-298 du 2 mars 2022, art. 7, en vigueur le 1er janv. 2023)* **« , pour les pertes qui ne relèvent pas de l'article »** *(Ord. nº 2022-1075 du 29 juill. 2022, art. 1er)* **« L. 361-4-2 », à l'indemnisation des calamités agricoles.**

Les calamités agricoles sont les dommages résultant de risques, autres que ceux considérés comme assurables dans les conditions prévues au troisième alinéa, d'importance exceptionnelle dus à des variations anormales d'intensité d'un agent naturel climatique, lorsque les moyens techniques de lutte préventive ou curative employés habituellement dans l'agriculture, compte tenu des modes de production considérés, n'ont pu être utilisés ou se sont révélés insuffisants ou inopérants.

Les risques considérés comme assurables pour la gestion du Fonds national de gestion des risques en agriculture sont ceux pour lesquels il existe des possibilités de couverture au moyen de produits d'assurance et qui sont reconnus comme tels par arrêté conjoint des ministres chargés de l'agriculture, de l'économie et du budget, notamment en raison d'un taux de diffusion suffisant de ces produits au regard des biens concernés.

Les conditions dans lesquelles les calamités agricoles sont reconnues, évaluées et indemnisées sont déterminées par décret. — *V. art. D. 361-20 s.*

1. Est de la compétence des tribunaux administratifs toute contestation de la reconnaissance du caractère de calamité agricole par arrêté ministériel. • CE 20 mars 2017, nº 387319 B.

2. L'exploitant qui n'établit pas que la cause déterminante de la baisse de production est due à l'insuffisance de pluviométrie est mal fondé à demander l'annulation du refus du ministre de reconnaître une calamité agricole. • CE 28 juill. 2000, nº 196423.

Arrêté du 29 décembre 2010,

Fixant la liste des risques considérés comme assurables pour la gestion du Fonds national de gestion des risques en agriculture (JO 31 déc.).

Art. 1er Pour l'application de l'article L. 361-5 du code rural et de la pêche maritime, sont considérés comme assurables, et donc exclus de toute indemnisation par le Fonds national de gestion des risques en agriculture :

1º En ce qui concerne les pertes de récolte :

a) L'ensemble des risques climatiques sur céréales, oléagineux, protéagineux, plantes industrielles, y compris les semences de ces cultures, et sur vignes ;

b) Le risque de grêle, étendu au risque de vent conformément à l'article L. 122-7 du code des assurances, sur toutes les cultures végétales autres que celles mentionnées au *a*, y compris les cultures sous abris et les pépinières. Les pertes de récolte sur cultures fourragères dues à la grêle restent toutefois indemnisables par le Fonds national de gestion des risques en agriculture ;

c) Les risques de grêle, de tempête, de gel, d'inondations, de pluviosité excessive et de sécheresse sur les cultures de tabac.

2º En ce qui concerne les pertes de fonds :

a) L'ensemble des risques climatiques sur les bâtiments, y compris les abris (notamment serres et ombrières). Les dommages sur les chenillettes, les volières et les petits tunnels maraîchers d'une hauteur inférieure à 80 cm restent toutefois indemnisables par le Fonds national de gestion des risques en agriculture ;

b) Le risque de grêle sur les installations de protection contre la grêle (filets paragrêle et armatures) ;

c) L'ensemble des risques climatiques sur les équipements, installation et matériels d'irrigation, notamment les pivots, rampes et tuyaux ;

d) Le risque de foudre sur le cheptel (hors bâtiments) ;

e) Le risque de chaleur entraînant la mortalité du cheptel d'élevage hors-sol à l'intérieur des bâtiments.

Art. 2 L'arrêté du 31 mars 2009 fixant la liste des risques assurables exclus du régime d'indemnisation du Fonds national de garantie des calamités agricoles est abrogé.

Art. 3 Le présent arrêté entrera en vigueur le 1er janvier 2011.

SECTION 5 Dispositions communes aux sections 3 et 4

(Ord. nº 2022-1075 du 29 juill. 2022, art. 1er)

Art. L. 361-6 **Le contentieux des décisions individuelles relatives à la nature et à l'évaluation des biens indemnisables et à l'évaluation des dommages susceptibles de donner lieu à indemnisation au titre des** *(L. nº 2022-298 du 2 mars 2022, art. 7, en vigueur le 1er janv. 2023 ; Ord. nº 2022-1075 du 29 juill. 2022, art. 1er)* **« articles L. 361-4-2 et L. 361-5 » ainsi que le contentieux des décisions individuelles fixant le montant de l'indemnisation et des décisions relatives aux paiements indus relèvent des tribunaux de l'ordre judiciaire.**

Art. L. 361-7 *(Ord. nº 2022-1457 du 23 nov. 2022, art. 2)* **« I. — Même lorsque, en raison de leur importance et de leur étendue, les dommages mentionnés aux articles** *(Ord. nº 2024-153 du 28 févr. 2024, art. 2)* **« L. 361-4-2, L. 361-5 et L. 374-13 » n'ont pas un caractère exclusivement agricole mais prennent le caractère de calamités publiques, leur réparation reste soumise aux dispositions du présent chapitre »** *(Ord. nº 2024-153 du 28 févr. 2024, art. 2)* **« ou du chapitre IV *bis* du titre VII ».**

II. — Les collectivités publiques sont exclues du bénéfice des dispositions du présent chapitre. Cette exclusion n'est pas opposable à leurs preneurs.

(L. nº 2014-1170 du 13 oct. 2014, art. 60-II) **« Par dérogation au premier alinéa du présent II, les établissements d'enseignement et de formation professionnelle agricole bénéficient des dispositions du présent chapitre pour l'activité de leurs exploitations agricoles à vocation pédagogique. »**

SECTION 6 Comité national de la gestion des risques en agriculture

(Ord. nº 2022-1075 du 29 juill. 2022, art. 1er)

Art. L. 361-8 **Il est institué un Comité national de la gestion des risques en agriculture compétent en matière de gestion des aléas climatique, sanitaire, phytosanitaire et environnemental mentionnés à l'article L. 361-1.** *(L. nº 2022-298 du 2 mars 2022, art. 8)* **« Le comité comprend en son sein une commission chargée de l'orientation et du développement des assurances garantissant les dommages causés aux récoltes. »**

Le Comité national de la gestion des risques en agriculture est consulté sur tous les textes réglementaires pris en application du présent chapitre.

Il peut être consulté par le ministre chargé de l'agriculture et, lorsqu'ils sont compétents, par le ministre chargé de l'environnement, le ministre chargé de l'économie et le ministre chargé de l'outre-mer à des fins d'expertise sur :

— la connaissance des risques climatique, sanitaire, phytosanitaire et environnemental ainsi que de tout autre risque affectant les exploitations agricoles ;

— les modalités de fonctionnement des fonds de mutualisation agréés prévus à l'article L. 361-3 ;

— les conditions de développement des produits d'assurance contre les dommages causés aux exploitations agricoles, notamment l'impact des seuils de franchise et de perte sur ce développement et sur l'attractivité de l'assurance, et l'adéquation entre le niveau des primes de ces produits et le niveau de risque encouru ;

— les instruments appropriés de gestion de ces risques et aléas, y compris les techniques autres que l'assurance ou les fonds de mutualisation.

(L. nº 2022-298 du 2 mars 2022, art. 8) **« Tous les ans, après avoir entendu des représentants des entreprises d'assurance commercialisant des produits d'assurance contre les risques climatiques en agriculture bénéficiant de l'aide prévue au deuxième alinéa de l'article L. 361-4 ou, le cas échéant, du groupement** *(Ord. nº 2022-1075 du 29 juill. 2022, art. 1er)* **« mentionné à l'article L. 442-1-1 du code des assurances » et**

après avoir pris connaissance d'éléments de bilan de l'application des articles L. 361-4 et *(Ord. n° 2022-1075 du 29 juill. 2022, art. 1er)* **« L. 361-4-2 » du présent code ainsi que d'éléments relatifs aux perspectives financières pour les années suivantes, la commission mentionnée au premier alinéa du présent article formule des recommandations au Gouvernement sur :**

« 1° Les seuils mentionnés à l'article L. 361-4 ;

« 2° La part cumulée de prise en charge, par l'État et la contribution de l'Union européenne, des primes ou des cotisations d'assurance afférentes à certains risques agricoles mentionnée au même article L. 361-4 ;

« 3° Les seuils mentionnés à l'article *(Ord. n° 2022-1075 du 29 juill. 2022, art. 1er)* **« L. 361-4-2 » ;**

« 4° Les taux d'indemnisation mentionnés au même article *(Ord. n° 2022-1075 du 29 juill. 2022, art. 1er)* **« L. 361-4-2 ».**

« Les recommandations sont pluriannuelles. Elles sont assorties d'une évaluation de leur impact sur les montants totaux de l'aide prévue à l'article L. 361-4 et de l'indemnisation de l'État prévue à l'article *(Ord. n° 2022-1075 du 29 juill. 2022, art. 1er)* **« L. 361-4-2 ».**

« La commission formule, chaque année, un avis sur la fixation des principaux éléments composant le cahier des charges mentionné » *(Ord. n° 2022-1075 du 29 juill. 2022, art. 1er)* **« au 2° de l'article L. 361-4-1 ».**

Selon des modalités fixées par décret, le Comité national de gestion des risques en agriculture peut, de sa propre initiative, appeler l'attention du Gouvernement sur les sujets relevant de sa compétence.

(L. n° 2022-298 du 2 mars 2022, art. 8) **« Un décret détermine la composition du Comité national de la gestion des risques en agriculture, de ses comités départementaux d'expertise et de la commission chargée de l'orientation et du développement des assurances garantissant les dommages causés aux récoltes. Il précise les missions et les modalités de fonctionnement de ces comités et de cette commission. La composition de la commission chargée de l'orientation et du développement des assurances garantissant les dommages causés aux récoltes assure la représentation des organisations syndicales représentatives des exploitants agricoles, des entreprises d'assurance, de l'État et, le cas échéant, sur désignation du président de la commission, en fonction de l'ordre du jour, des filières spécialement concernées avec voix consultative, dans des conditions précisées par le décret mentionné à la première phrase du présent alinéa. »**

SECTION 7 **Contrôles et sanctions**

(Ord. n° 2022-1457 du 23 nov. 2022, art. 1er)

L'Ord. n° 2022-1457 du 23 nov. 2022 entre en vigueur à la date et selcn les modalités prévues à l'art. 17 (V. avant art. L. 361-1) de la L. n° 2022-298 du 2 mars 2022 (Ord. préc., art. 5).

L'Ord. n° 2022-1457 du 23 nov. 2022 ne s'applique pas en Guadeloupe, en Guyane, en Martinique, à La Réunion, à Mayotte, à Saint-Barthélemy, à Saint-Martin ni à Saint-Pierre-et-Miquelon (Ord. préc., art. 4).

Art. L. 361-9 **I. — En cas de manquement, par une entreprise d'assurance, aux obligations prévues aux articles L. 361-4-1, L. 361-4-2, L. 361-4-3, L. 361-4-5 et L. 361-4-6, l'autorité administrative peut prendre une ou plusieurs des mesures suivantes :**

1° Enjoindre à l'entreprise d'assurance dans un délai qu'elle fixe de respecter les obligations qui lui incombent ou d'exécuter des prescriptions ou obligations en substitution des obligations non exécutées ;

2° Prendre toute mesure permettant d'assurer la continuité du versement de l'indemnisation fondée sur la solidarité nationale prévue à l'article L. 361-4-2, y compris en confiant cette mission à un autre organisme, aux frais de l'entreprise d'assurance responsable du manquement ;

3° Suspendre temporairement les versements prévus au III de l'article L. 361-4-3 ;

4° Interdire la distribution des produits d'assurance contre les risques climatiques en agriculture pouvant bénéficier de l'aide prévue au deuxième alinéa de l'article L. 361-4 pour une durée maximale correspondant à trois campagnes de récolte ;

5° Prononcer une sanction pécuniaire dont le montant s'élève, au maximum, à la moins élevée des sommes suivantes : 2 % du chiffre d'affaires annuel réalisé en France hors taxes ou cinq millions d'euros.

Les injonctions mentionnées au 1° peuvent être assorties d'une astreinte, dont l'autorité administrative fixe le montant et la date de prise d'effet. Un décret fixe le montant journalier maximal de l'astreinte et les modalités selon lesquelles, en cas d'inexécution totale ou partielle ou de retard d'exécution, il est procédé à sa liquidation.

Les maxima prévus aux 4° et 5° sont doublés en cas de nouveaux manquements dans un délai de trois ans à compter de la notification de la sanction initiale.

Le montant de la sanction pécuniaire est recouvré comme les créances de l'État étrangères à l'impôt et au domaine. Il peut faire l'objet d'une retenue sur la compensation financière prévue au premier alinéa du III de l'article L. 361-4-3.

Pour la mise en œuvre des sanctions prévues aux 4° et 5°, il est tenu compte de la gravité et de la durée du manquement, de la situation et de la capacité financières de l'entreprise d'assurance en cause, du montant de l'avantage retiré, le cas échéant, de ce manquement, des préjudices subis par des tiers du fait du manquement et des mesures prises par cette entreprise pour remédier aux dysfonctionnements constatés et réparer les préjudices causés.

II. — Les mesures et sanctions prises sur le fondement du présent article ne peuvent intervenir qu'après que l'entreprise d'assurance a été mise à même de présenter ses observations sur les manquements qui lui sont reprochés dans un délai de deux mois. Ce délai peut être réduit en cas d'urgence.

Art. L. 361-10 I. — En cas de transmission intentionnelle par un exploitant agricole de faux documents, de fausses informations, de fausses déclarations ou de déclarations abusives pour l'établissement ou le calcul de l'aide prévue à l'article L. 361-4, de l'indemnisation fondée sur la solidarité nationale prévue à l'article L. 361-4-2, *(Ord. nº 2024-153 du 28 févr. 2024, art. 2)* « de l'aide prévue par l'article L. 361-5, ou de l'aide prévue par l'article L. 374-13, » l'autorité administrative peut prendre une ou plusieurs des mesures suivantes :

1° Interdire le bénéfice des aides prévues à l'alinéa précédent pour une durée qui ne peut excéder deux ans ;

2° Prononcer une sanction pécuniaire dont le montant s'élève, au maximum, en fonction de la gravité du manquement, au double de l'aide demandée. Le montant de la sanction est recouvré comme les créances de l'État étrangères à l'impôt et au domaine.

II. — En cas de manquement à l'obligation prévue à l'article L. 361-4-4, l'exploitant agricole perd tout ou partie du bénéfice de l'aide prévue à l'article L. 361-4-2 pour la campagne en cours à la date de la constatation du manquement.

III. — Les mesures et sanctions prises sur le fondement du présent article ne peuvent intervenir qu'après que l'exploitant agricole a été mis à même de présenter ses observations sur les manquements qui lui sont reprochés dans un délai de deux mois. Ce délai peut être réduit en cas d'urgence.

Art. L. 361-11 Sont habilités à procéder à l'inspection et au contrôle que nécessite l'application du présent chapitre :

1° Les fonctionnaires et agents des services de l'État chargés de l'agriculture ;

2° Les agents de l'établissement mentionné à l'article L. 313-1.

Les exploitants agricoles, entreprises et autres organismes assujettis à ces contrôles sont tenus de présenter aux agents chargés du contrôle tous les documents nécessaires à l'exercice du contrôle. Ils sont également tenus, à la demande de ces agents, d'en délivrer copie par tout moyen et sur tout support ainsi que de leur communiquer, sur convocation ou sur place, tous renseignements et justifications.

CHAPITRE II *[ABROGÉ]* DISPOSITIONS PARTICULIÈRES AUX DÉPARTEMENTS D'OUTRE-MER

(Abrogé par Ord. nº 2012-789 du 31 mai 2012, art. 7-IX)

Art. L. 362-1 à L. 362-26 *Abrogés par Ord. nº 2012-789 du 31 mai 2012, art. 7-VI.*

TITRE VII DISPOSITIONS RELATIVES À L'OUTRE-MER

(Ord. n° 2016-391 du 31 mars 2016, art. 5, en vigueur le 1er juill. 2016, ratifiée par L. n° 2017-256 du 28 févr. 2017, art. 102)

L'art. L. 373-2, dans sa rédaction en vigueur antérieurement à la publication de l'Ord. n° 2016-391 du 31 mars 2016, est maintenu en vigueur en tant que la compétence pour le modifier relève de la Polynésie française ; les art. L. 373-3 à L. 373-6, dans leur rédaction en vigueur antérieurement à la publication de l'Ord. n° 2016-391 du 31 mars 2016, sont maintenus en vigueur en tant que la compétence pour les modifier relève de la Nouvelle-Calédonie (Ord. préc., art. 19, JO 1er avr.).

CHAPITRE I GUADELOUPE, GUYANE, MARTINIQUE, LA RÉUNION ET MAYOTTE

(Ord. n° 2016-391 du 31 mars 2016, art. 5, en vigueur le 1er juill. 2016)

SECTION 1 Champ d'application et références

Art. L. 371-1 Les dispositions du présent livre s'appliquent en Guadeloupe, en Guyane, en Martinique, à La Réunion et à Mayotte sous réserve des exceptions et adaptations prévues au présent chapitre.

Art. L. 371-2 Pour l'application du présent livre en Guyane :

1° Les références à la région et au département, au conseil régional et au conseil départemental, au président du conseil régional et au président du conseil départemental sont remplacées respectivement par les références à la collectivité territoriale de Guyane, à l'assemblée de Guyane et au président de l'assemblée de Guyane ;

2° Les références aux plans ou schémas régionaux sont remplacées par les références aux plans ou schémas territoriaux de Guyane ;

3° Les références aux commissions régionales ou départementales sont remplacées par les références aux commissions territoriales de Guyane ;

*(Abrogé par L. n° 2022-217 du 21 févr. 2022, art. 261) « **4° La référence aux sociétés d'aménagement foncier et d'établissement rural est remplacée par la référence à l'opérateur foncier mentionné à l'article L. 181-39.** »*

Art. L. 371-3 Pour l'application du présent livre en Martinique :

1° Les références à la région et au département, au conseil régional et au conseil départemental, au président du conseil régional et au président du conseil départemental sont remplacées respectivement par les références à la collectivité territoriale de Martinique, à l'assemblée de Martinique et, selon les cas, au président de l'assemblée de Martinique pour les attributions liées à la présidence de l'assemblée délibérante et au président du conseil exécutif de Martinique pour les attributions dévolues à l'autorité exécutive de la collectivité ;

2° Les références aux plans ou schémas régionaux sont remplacées par les références aux plans ou schémas territoriaux de Martinique ;

3° Les références aux commissions régionales ou départementales sont remplacées par les références aux commissions territoriales de Martinique.

Art. L. 371-4 Pour l'application du présent livre à Mayotte :

1° Les références à la région, au conseil régional et à son président sont remplacées par les références au Département de Mayotte, au conseil général et à son président ;

2° Les références à la chambre d'agriculture sont remplacées par les références à la chambre de l'agriculture, de la pêche et de l'aquaculture de Mayotte ;

3° Les références aux sociétés d'aménagement foncier et d'établissement rural sont remplacées par les références à l'opérateur foncier mentionné à l'article L. 181-49.

Art. L. 371-5 Ne sont pas applicables en Guadeloupe, en Guyane, en Martinique, à La Réunion et à Mayotte :

1° Le dernier alinéa de l'article L. 311-1 ;

2° Le deuxième alinéa de l'article L. 322-7 ;

3° L'article L. 322-19.

Art. L. 371-6 Ne sont pas applicables à Mayotte :

1° Le chapitre I du titre III ;

2° L'article L. 332-1.

SECTION 2 Dispositions communes

Art. L. 371-7 Le seuil mentionné à l'article L. 312-1 est fixé dans le schéma directeur des structures agricoles pour chaque région naturelle du département ou de la collectivité et chaque nature de culture. Elle *[Il]* est révisée *[révisé]* périodiquement. – *V. art. R. 312-3.*

Pour les productions hors sol, le schéma directeur des structures agricoles fixe les coefficients d'équivalence applicables uniformément à l'ensemble du département ou de la collectivité sur la base du seuil prévu à l'alinéa précédent.

Art. L. 371-8 Pour l'application de l'article L. 321-11 en Guadeloupe, en Guyane, en Martinique, à La Réunion et à Mayotte, les trois premiers alinéas sont remplacés par l'alinéa suivant :

"L'intéressement est soumis au régime fiscal prévu par les articles 83 et 158 (5°) du code général des impôts."

Art. L. 371-9 Le taux annuel du salaire des bénéficiaires d'un contrat de travail à salaire différé mentionné à l'article L. 321-13 est calculé en Guadeloupe, en Guyane, à la Martinique et à La Réunion, selon les règles posées par le deuxième alinéa de cet article, sur la base du salaire minimum de croissance en vigueur dans ces collectivités territoriales tel que défini à l'article L. 3423-2 du code du travail.

Art. L. 371-10 Pour l'application en Guadeloupe, en Guyane, en Martinique, à La Réunion et à Mayotte de l'article L. 322-6, la deuxième phrase est ainsi rédigée : "Il assure ou facilite la gestion des exploitations dont il est propriétaire, notamment en les donnant en location, dans les conditions prévues au chapitre I du titre VI du livre IV".

Art. L. 371-11 Les règles en matière de droits d'enregistrement ou de taxe *[de]* publicité foncière relatifs aux cessions de parts ou au partage de groupements fonciers agricoles et de groupements fonciers ruraux en Guadeloupe, en Guyane, en Martinique, à La Réunion et à Mayotte sont celles fixées respectivement aux cinquième et septième alinéas du 4° du I de l'article 793 du code général des impôts.

Art. L. 371-12 En Guadeloupe, en Guyane, en Martinique, à La Réunion et à Mayotte, l'âge maximal du salarié ou du stagiaire mentionné au I de l'article L. 330-4 à son arrivée sur l'exploitation est de trente-cinq ans.

SECTION 3 Gestion des risques en agriculture

(Ord. n° 2024-153 du 28 févr. 2024, art. 1er)

Art. L. 371-13 Lorsqu'un fonds de mutualisation agréé par l'autorité administrative ayant pour objet de contribuer à l'indemnisation des pertes causées par un phénomène climatique défavorable en Guadeloupe, en Guyane, en Martinique, à La Réunion ou à Mayotte est créé et bénéficie de soutiens publics dans le cadre de l'article 76 du règlement (UE) n° 2021/2115 du Parlement européen et du Conseil du 2 décembre 2021 "établissant des règles régissant l'aide aux plans stratégiques devant être établis par les États membres dans le cadre de la politique agricole commune (plans stratégiques relevant de la PAC) et financés par le Fonds européen agricole de garantie (FEAGA) et par le Fonds européen agricole pour le développement rural (FEADER), et abrogeant les règlements (UE) n° 1305/2013 et (UE) n° 1307/2013", les exploitants agricoles bénéficiaires de ce fonds ne peuvent bénéficier des indemnisations prévues à l'article L. 374-13.

Les règles régissant, selon les productions ou les risques couverts, l'établissement et le fonctionnement des fonds de mutualisation, les conditions de leur agrément, les conditions et modalités de l'indemnisation des exploitants agricoles ainsi que la gestion et le contrôle du respect de ces règles sont fixées par décret en Conseil d'État.

Art. L. 371-14 Les 1° et 2° de l'article L. 361-2, l'article L. 361-4 A, les 3° et 4° du I et le II de l'article L. 361-4-1, les articles L. 361-4-2 à L. 361-4-4, les troisième et quatrième alinéas de l'article L. 361-4-5 et les premier, troisième et quatrième alinéas de l'article L. 361-5 ne sont pas applicables en Guadeloupe, en Guyane, en Martinique, à La Réunion non plus qu'à Mayotte.

Pour l'application, dans les collectivités visées à l'alinéa précédent, de l'article L. 361-4-7, les mots : "les décrets prévus aux articles L. 361-4 et L. 361-4-2 fixent les seuils, les taux de subvention et les taux d'indemnisation" sont remplacés, dans cet article, par les mots : "le décret prévu à l'article L. 361-4 fixe les seuils et les taux de subvention".

SECTION 4 **Dispositions particulières à Mayotte**

Art. L. 371-15 *Abrogé par Ord. n° 2017-1491 du 25 oct. 2017, art. 24-3°.*

Art. L. 371-16 Pour l'application à Mayotte de l'article L. 324-3, le montant minimal du capital social est ramené à 3 000 € pour l'exercice d'activités réputées agricoles au sens de l'article L. 311-1 exercées à Mayotte.

CHAPITRE II **SAINT-BARTHÉLEMY**

(Ord. n° 2016-391 du 31 mars 2016, art. 5, en vigueur le 1er juill. 2016)

Art. L. 372-1 Les dispositions du présent livre s'appliquent à Saint-Barthélemy sous réserve des exceptions et adaptations prévues au présent chapitre.

Art. L. 372-2 Pour l'application du présent livre à Saint-Barthélemy :

1° Les références à la région et au conseil régional, au département et au conseil départemental, à la commune, aux groupements de communes, au conseil municipal et à l'assemblée délibérante de l'établissement public de coopération intercommunale sont remplacées par les références à la collectivité de Saint-Barthélemy et au conseil territorial ;

2° Les références au président du conseil régional, au président du conseil départemental, au maire ou au président de l'établissement public de coopération intercommunale sont remplacées par la référence au président du conseil territorial de Saint-Barthélemy ;

3° Les références au préfet de région ou au préfet de département sont remplacées par la référence au représentant de l'État à Saint-Barthélemy ;

4° Les références aux chambres départementale, interdépartementale ou régionale d'agriculture sont remplacées par la référence à la chambre multiprofessionnelle de Saint-Barthélemy.

Art. L. 372-3 Ne sont pas applicables à Saint-Barthélemy :

1° Le chapitre II du titre I ;

2° Le titre III ;

(Ord. n° 2024-153 du 28 févr. 2024, art. 3) « 3° Les 1° et 2° de l'article L. 361-2, les articles L. 361-4 A à L. 361-4-7 et les premier, troisième et quatrième alinéas de l'article L. 361-5 ».

Art. L. 372-4 Le taux annuel du salaire des bénéficiaires d'un contrat de travail à salaire différé mentionné à l'article L. 321-13 est calculé à Saint-Barthélemy selon les règles posées par le deuxième alinéa de cet article, sur la base du salaire minimum de croissance en vigueur dans la collectivité tel que défini à l'article L. 3423-2 du code du travail.

Art. L. 372-5 *(Abrogé par Ord. n° 2024-153 du 28 févr. 2024, art. 3) Les dispositions relatives à l'indemnisation (L. n° 2022-298 du 2 mars 2022, art. 13, en vigueur le 1er janv. 2023) « à Saint-Barthélemy des calamités agricoles définies au deuxième alinéa de l'article L. 361-5 » sont fixées par les textes régissant le fonds de secours pour l'outre-mer inscrit au budget général de l'État.*

CHAPITRE III **SAINT-MARTIN**

(Ord. n° 2016-391 du 31 mars 2016, art. 5, en vigueur le 1er juill. 2016)

Art. L. 373-1 Les dispositions du présent livre s'appliquent à Saint-Martin sous réserve des exceptions et adaptations prévues au présent chapitre.

Art. L. 373-2 Pour l'application du présent livre à Saint-Martin :

1° Les références à la région et au conseil régional, au département et au conseil départemental, à la commune, aux groupements de communes, au conseil municipal et à l'assemblée délibérante de l'établissement public de coopération intercommunale sont remplacées par les références à la collectivité de Saint-Martin et au conseil territorial ;

2° Les références au président du conseil régional, au président du conseil départemental, au maire ou au président de l'établissement public de coopération intercommunale sont remplacées par la référence au président du conseil territorial de Saint-Martin ;

3° Les références au préfet de région ou au préfet de département sont remplacées par la référence au représentant de l'État à Saint-Martin ;

4° Les références aux chambres départementales ou régionales d'agriculture sont remplacées par la référence à la chambre consulaire interprofessionnelle de Saint-Martin.

Art. L. 373-3 Ne sont pas applicables à Saint-Martin :

1° Le deuxième alinéa de l'article L. 322-7 ;

2° L'article L. 322-19 ;

3° L'article L. 332-1 ;

(Ord. nº 2024-153 du 28 févr. 2024, art. 3) « 4° Les 1° et 2° de l'article L. 361-2, l'article L. 361-4 A, les 3° et 4° du I et le II de l'article L. 361-4-1, les articles L. 361-4-2 à L. 361-4-4, les troisième et quatrième alinéas de l'article L. 361-4-5 et les premier, troisième et quatrième alinéas de l'article L. 361-5.

« Pour l'application, à Saint-Martin, de l'article L. 361-4-7, les mots : "les décrets prévus aux articles L. 361-4 et L. 361-4-2 fixent les seuils, les taux de subvention et les taux d'indemnisation" sont remplacés, dans cet article, par les mots : "le décret prévu à l'article L. 361-4 fixe les seuils et les taux de subvention". »

Art. L. 373-4 Le seuil mentionné à l'article L. 312-1 est fixé dans le schéma directeur des structures agricoles pour chaque région naturelle de la collectivité et chaque nature de culture. Elle est révisée *[Il est révisé]* périodiquement.

Pour les productions hors sol, le schéma directeur des structures agricoles fixe les coefficients d'équivalence applicables uniformément à l'ensemble de la collectivité sur la base du seuil prévu à l'alinéa précédent.

Art. L. 373-5 Le taux annuel du salaire des bénéficiaires d'un contrat de travail à salaire différé mentionné à l'article L. 321-13 est calculé à Saint-Martin selon les règles posées par le deuxième alinéa de cet article, sur la base du salaire minimum de croissance en vigueur dans la collectivité tel que défini à l'article L. 3423-2 du code du travail.

Art. L. 373-6 Pour l'application à Saint-Martin de l'article L. 322-6, la deuxième phrase est ainsi rédigée : "Il assure ou facilite la gestion des exploitations dont il est propriétaire, notamment en les donnant en location, dans les conditions prévues au chapitre I du titre VI du livre IV."

Art. L. 373-7 Pour l'application à Saint-Martin de l'article L. 330-2, le chiffre : "cinq" est remplacé par le chiffre : "sept".

Art. L. 373-8 A Saint-Martin, l'âge maximal du salarié ou du stagiaire mentionné au I de l'article L. 330-4 à son arrivée sur l'exploitation est de trente-cinq ans.

Art. L. 373-9 Pour son application à Saint-Martin, l'article L. 331-2 est ainsi rédigé :

Art. L. 331-2 Sont soumises à autorisation préalable les opérations suivantes :

1° Les installations, les agrandissements ou les réunions d'exploitations agricoles au bénéfice d'une exploitation agricole mise en valeur par une ou plusieurs personnes physiques ou morales, lorsque la surface totale qu'il est envisagé de mettre en valeur excède un seuil fixé par arrêté préfectoral pris après avis de la commission mentionnée à l'article L. 183-6. La constitution d'une société n'est toutefois pas soumise à autorisation préalable lorsqu'elle résulte de la transformation, sans autre modification, d'une exploitation individuelle détenue par une personne physique qui en devient l'unique associé exploitant ou lorsqu'elle résulte de l'apport d'exploitations individuelles détenues par deux époux ou deux personnes liées par un pacte civil de solidarité qui en deviennent les seuls associés exploitants ;

2° Quelle que soit la superficie en cause, les installations, les agrandissements ou les réunions d'exploitations agricoles ayant pour conséquence :

a) De supprimer une exploitation agricole dont la superficie excède le seuil mentionné au 1° ou de ramener la superficie d'une exploitation en deçà de ce seuil ;

b) De priver une exploitation agricole d'un bâtiment essentiel à son fonctionnement, sauf s'il est reconstruit ou remplacé ;

3° Quelle que soit la superficie en cause, les installations, les agrandissements ou les réunions d'exploitations agricoles au bénéfice d'une exploitation agricole :

a) Dont l'un des membres ayant la qualité d'exploitant ne remplit pas les conditions de capacité ou d'expérience professionnelle fixées par voie réglementaire ;

b) Ne comportant pas de membre ayant la qualité d'exploitant.

Art. L. 373-10 **Pour son application à Saint-Martin, l'article L. 331-3-1 est ainsi rédigé :**

Art. L. 331-3-1 L'autorisation mentionnée à l'article L. 331-2 peut être refusée :

1° Lorsqu'il existe un candidat à la reprise ou un preneur en place dont la commission mentionnée à l'article L. 183-5 considère, par un avis motivé, qu'il répond à un rang de priorité supérieur ;

2° Lorsque l'opération compromet la viabilité de l'exploitation du preneur en place ;

3° Si l'opération conduit à un agrandissement ou à une concentration d'exploitations au bénéfice d'une même personne que la commission mentionnée à l'article L. 183-5 considère, par un avis motivé, comme excessifs, sauf dans le cas où il n'y a pas d'autre candidat à la reprise de l'exploitation ou du bien considéré, ni de preneur en place.

Art. L. 373-11 *(Abrogé par Ord. n° 2024-153 du 28 févr. 2024, art. 3)* ***Les dispositions relatives à l'indemnisation*** *(L. n° 2022-298 du 2 mars 2022, art. 13, en vigueur le 1er janv. 2023)* ***« à Saint-Martin des calamités agricoles définies au deuxième alinéa de l'article L. 361-5 » sont fixées par les textes régissant le fonds de secours pour l'outre-mer inscrit au budget général de l'État.***

CHAPITRE IV **SAINT-PIERRE-ET-MIQUELON**

(Ord. n° 2016-391 du 31 mars 2016, art. 5, en vigueur le 1er juill. 2016)

Art. L. 374-1 **Les dispositions du présent livre s'appliquent à Saint-Pierre-et-Miquelon sous réserve des exceptions et adaptations prévues au présent chapitre.**

Art. L. 374-2 **Pour l'application à Saint-Pierre-et-Miquelon du présent livre :**

1° Les références à la région et au conseil régional, au département et au conseil départemental, sont remplacées par les références à la collectivité de Saint-Pierre-et-Miquelon et au conseil territorial ;

2° Les références au président du conseil régional et au président du conseil départemental sont remplacées par la référence au président du conseil territorial de Saint-Pierre-et-Miquelon ;

3° Les références au préfet de région ou au préfet de département sont remplacées par la référence au représentant de l'État à Saint-Pierre-et-Miquelon ;

4° Les références aux chambres départementale, interdépartementale ou régionale d'agriculture sont remplacées par la référence à la chambre d'agriculture, de commerce, d'industrie, des métiers et de l'artisanat de Saint-Pierre-et-Miquelon ;

5° La référence au tribunal judiciaire ou au tribunal de commerce est remplacée par la référence au tribunal de première instance.

Art. L. 374-3 **Ne sont pas applicables à Saint-Pierre-et-Miquelon :**

1° L'article L. 312-1 ;

2° Le deuxième alinéa de l'article L. 322-7 ;

3° L'article L. 322-19 ;

4° L'article L. 332-1 ;

(Ord. n° 2024-153 du 28 févr. 2024, art. 3) **« 5° Les 1° et 2° de l'article L. 361-2, les article L. 361-4 A à L. 361-4-7 et les premier, troisième et quatrième alinéas de l'article L. 361-5. »**

Art. L. 374-4 *(Ord. nº 2021-1189 du 15 sept. 2021, art. 32, en vigueur le 1er janv. 2023)* **Pour son application à Saint-Pierre-et-Miquelon, l'article L. 311-2 est ainsi rédigé :**

Art. L. 311-2 Est un actif agricole tout chef d'exploitation agricole immatriculé au registre national des entreprises mentionnées à l'article L. 123-36 du code de commerce et répondant aux critères suivants :

1º Il exerce des activités réputées agricoles au sens de l'article L. 311-1 du présent code, à l'exception des cultures marines et des activités forestières ;

2º Il est assujetti, au titre de ses activités agricoles, à la Caisse de prévoyance sociale de Saint-Pierre-et-Miquelon dans les conditions mentionnées à l'article L. 782-1 et redevable à ce titre de la cotisation due au titre de l'assurance contre les accidents du travail et les maladies professionnelles.

Un décret en Conseil d'État peut limiter le bénéfice de certaines aides publiques aux entreprises individuelles ou aux personnes morales dont l'immatriculation au registre national des entreprises fait apparaître la présence d'une personne ayant la qualité d'actif agricole.

Art. L. 374-5 **Pour son application à Saint-Pierre-et-Miquelon, l'article L. 321-5 est ainsi rédigé :**

Art. L. 321-5 Le conjoint du chef d'une exploitation ou d'une entreprise agricole qui n'est pas constituée sous forme d'une société ou d'une coexploitation entre conjoints peut y exercer son activité professionnelle en qualité de collaborateur d'exploitation ou d'entreprise agricole.

Lorsque le chef ou un associé d'une exploitation ou d'une entreprise agricole exerce également une activité non salariée non agricole et est affilié à la Caisse de prévoyance sociale de Saint-Pierre-et-Miquelon dans les conditions mentionnées à l'article L. 782-1, son conjoint peut également prétendre au statut de collaborateur au titre de sa participation à l'activité non salariée non agricole.

Sous réserve de l'application des dispositions de l'article L. 321-1, le conjoint de l'associé d'une exploitation ou d'une entreprise agricole constituée sous la forme d'une société peut également prétendre au statut de collaborateur lorsqu'il y exerce son activité professionnelle et n'est pas associé de ladite société.

Le collaborateur bénéficie du droit à l'assurance vieillesse des personnes non salariées dans les conditions prévues par la réglementation localement applicable, ainsi que d'une créance de salaire différé dans les conditions prévues au chapitre I du titre II du présent livre.

(L. nº 2019-486 du 22 mai 2019, art. 9) « Le chef d'exploitation ou d'entreprise agricole est tenu de déclarer l'activité professionnelle régulière de son conjoint au sein de l'exploitation ou de l'entreprise agricole et le statut choisi par ce dernier auprès des organismes habilités à enregistrer l'immatriculation de l'exploitation ou de l'entreprise agricole.

« A défaut de déclaration d'activité professionnelle, le conjoint ayant exercé une activité professionnelle de manière régulière au sein de l'exploitation ou de l'entreprise agricole est réputé l'avoir fait sous le statut de salarié de l'exploitation ou de l'entreprise agricole.

« A défaut de déclaration du statut choisi, le chef d'exploitation ou d'entreprise agricole est réputé avoir déclaré son conjoint en tant que salarié de l'exploitation ou de l'entreprise agricole. »

Les dispositions du présent article sont également applicables aux personnes qui sont liées par un pacte civil de solidarité ou qui vivent en concubinage avec le chef d'exploitation ou d'entreprise agricole.

Les modalités d'application du présent article sont fixées par décret.

Art. L. 374-6 **Pour l'application à Saint-Pierre-et-Miquelon de l'article L. 322-6, la deuxième phrase est ainsi rédigée : "Il assure ou facilite la gestion des exploitations dont il est propriétaire, notamment en les donnant en location, dans les conditions prévues au chapitre I du titre VI du livre IV."**

Art. L. 374-7 **Pour l'application à Saint-Pierre-et-Miquelon de l'article L. 323-15, les références aux articles L. 411-58 à L. 411-63, L. 411-67, L. 412-12 et L. 416-8 sont**

remplacées par les références aux articles L. 461-11, L. 461-13 à L. 461-17 et L. 461-21.

Art. L. 374-8 *(L. n° 2023-171 du 9 mars 2023, art. 38, en vigueur le 1er janv. 2023)* **Pour son application à Saint-Pierre-et-Miquelon, l'article L. 330-1 est ainsi rédigé :**

Art. L. 330-1 L'État détermine le cadre réglementaire national de la politique d'installation et de transmission en agriculture. La mise en œuvre en est assurée à l'échelon territorial sous l'autorité conjointe du représentant de l'État et du président de la collectivité territoriale. Cette politique comprend un volet relatif à l'installation des jeunes ne disposant pas des diplômes requis, mais engagés dans le cadre d'une formation.

Pour bénéficier du dispositif d'aide à l'installation, les candidats élaborent un projet global d'installation intégrant les aspects économiques et environnementaux. Ils doivent justifier de leur capacité à réaliser un projet viable par la détention d'une capacité professionnelle.

Art. L. 374-9 **A Saint-Pierre-et-Miquelon, l'âge maximal du salarié ou du stagiaire mentionné au I de l'article L. 330-4 à son arrivée sur l'exploitation est de trente-cinq ans.**

Art. L. 374-10 **Pour son application à Saint-Pierre-et-Miquelon, l'article L. 331-2 est ainsi rédigé :**

Art. L. 331-2 Sont soumises à autorisation préalable les opérations suivantes :

1° Les installations, les agrandissements ou les réunions d'exploitations agricoles au bénéfice d'une exploitation agricole mise en valeur par une ou plusieurs personnes physiques ou morales, lorsque la surface totale qu'il est envisagé de mettre en valeur excède un seuil fixé par arrêté préfectoral pris après avis de la commission mentionnée à l'article L. 184-5. La constitution d'une société n'est toutefois pas soumise à autorisation préalable lorsqu'elle résulte de la transformation, sans autre modification, d'une exploitation individuelle détenue par une personne physique qui en devient l'unique associé exploitant ou lorsqu'elle résulte de l'apport d'exploitations individuelles détenues par deux époux ou deux personnes liées par un pacte civil de solidarité qui en deviennent les seuls associés exploitants ;

2° Quelle que soit la superficie en cause, les installations, les agrandissements ou les réunions d'exploitations agricoles ayant pour conséquence :

a) De supprimer une exploitation agricole dont la superficie excède le seuil mentionné au 1° ou de ramener la superficie d'une exploitation en deçà de ce seuil ;

b) De priver une exploitation agricole d'un bâtiment essentiel à son fonctionnement, sauf s'il est reconstruit ou remplacé ;

3° Quelle que soit la superficie en cause, les installations, les agrandissements ou les réunions d'exploitations agricoles au bénéfice d'une exploitation agricole :

a) Dont l'un des membres ayant la qualité d'exploitant ne remplit pas les conditions de capacité ou d'expérience professionnelle fixées par voie réglementaire ;

b) Ne comportant pas de membre ayant la qualité d'exploitant.

Art. L. 374-11 **Pour son application à Saint-Pierre-et-Miquelon, l'article L. 331-3-1 est ainsi rédigé :**

Art. L. 331-3-1 L'autorisation mentionnée à l'article L. 331-2 peut être refusée :

1° Lorsqu'il existe un candidat à la reprise ou un preneur en place dont la commission mentionnée à l'article L. 184-5 considère, par un avis motivé, qu'il répond à un rang de priorité supérieur ;

2° Lorsque l'opération compromet la viabilité de l'exploitation du preneur en place ;

3° Si l'opération conduit à un agrandissement ou à une concentration d'exploitations au bénéfice d'une même personne que la commission mentionnée à l'article L. 184-5 considère, par un avis motivé, comme excessifs, sauf dans le cas où il n'y a pas d'autre candidat à la reprise de l'exploitation ou du bien considéré, ni de preneur en place.

Art. L. 374-12 *(Abrogé par Ord. n° 2024-153 du 28 févr. 2024, art. 3)* ***Les dispositions relatives à l'indemnisation*** *(L. n° 2022-298 du 2 mars 2022, art. 13, en vigueur le 1er janv.*

2023) « à Saint-Pierre-et-Miquelon des calamités agricoles définies au deuxième alinéa de l'article L. 361-5 » sont fixées par les textes régissant le fonds de secours pour l'outre-mer inscrit au budget général de l'État.

CHAPITRE IV *BIS* DISPOSITIONS COMMUNES À LA GUADELOUPE, LA GUYANE, LA MARTINIQUE, LA RÉUNION, MAYOTTE, SAINT-BARTHÉLEMY, SAINT-MARTIN ET SAINT-PIERRE-ET-MIQUELON

(Ord. nº 2024-153 du 28 févr. 2024, art. 4)

Art. L. 374-13 **Le fonds de secours pour les outre-mer concourt à l'indemnisation en Guadeloupe, en Guyane, en Martinique, à La Réunion, à Mayotte, à Saint-Barthélemy, Saint-Martin et Saint-Pierre-et-Miquelon des pertes de récoltes, de cultures ou de fonds non couvertes par un contrat d'assurance et résultant de calamités agricoles telles que définies au deuxième alinéa de l'article L. 361-5, lorsque ces pertes sont supérieures à un seuil fixé par décret et qui ne peut être inférieur à 30 % de la moyenne de production annuelle de l'exploitant. Cette moyenne est obtenue selon la modalité de calcul choisie par l'exploitant parmi les différentes modalités de calcul fixées par décret.**

Les risques considérés comme assurables au sens du deuxième alinéa de l'article L. 361-5 pour la gestion du fonds de secours pour les outre-mer sont ceux pour lesquels il existe des possibilités de couverture au moyen de produits d'assurance et qui sont reconnus comme tels par arrêté conjoint des ministres chargés de l'agriculture, de l'économie, du budget, et des outre-mer.

Les dépenses du fonds de secours pour les outre-mer sont prises en charge par le budget de l'État.

Les conditions d'application du présent article sont fixées par décret.

Lorsqu'elle résulte d'aléas climatiques débutant avant la date d'entrée en vigueur du décret prévu au dernier alinéa de l'art. L. 374-13, l'indemnisation des pertes de récoltes ou de cultures demeure soumise aux dispositions régissant le fonds de secours pour les outre-mer dans leur rédaction antérieure à l'entrée en vigueur de ce décret (Ord. nº 2024-153 du 28 févr. 2024, art. 5).

CHAPITRE V WALLIS-ET-FUTUNA, POLYNÉSIE FRANÇAISE ET NOUVELLE-CALÉDONIE

(Ord. nº 2016-391 du 31 mars 2016, art. 5, en vigueur le 1er juill. 2016)

Art. L. 375-1 **Sous réserve des dispositions applicables de plein droit, les dispositions du présent livre ne s'appliquent dans les îles Wallis-et-Futuna que dans la mesure et les conditions prévues par le présent chapitre.**

Art. L. 375-2 **Sont applicables dans les îles Wallis-et-Futuna, sous réserve des adaptations prévues à la présente section, les dispositions du présent livre mentionnées dans la colonne de gauche du tableau ci-après, dans leur rédaction indiquée dans la colonne de droite du même tableau :** *— Tableau mod. par L. nº 2016-1547 du 18 nov. 2016, art. 99-XI-3º (JO 19 nov.), L. nº 2019-486 du 22 mai 2019, art. 220-VI (JO 23 mai), L. nº 2022-172 du 14 févr. 2022, art. 18-IV (JO 15 févr.).*

DISPOSITIONS APPLICABLES	DANS LEUR RÉDACTION
L. 311-1	Résultant de la loi nº 2014-1170 du 13 octobre 2014 d'avenir pour l'agriculture, l'alimentation et la forêt
L. 324-1 à L. 324-11	Résultant de l'ordonnance nº 2009-537 du 14 mai 2009 portant extension et adaptation à Mayotte, dans les îles Wallis-et-Futuna, en Polynésie française, dans les Terres australes et antarctiques françaises et en Nouvelle-Calédonie de diverses dispositions de nature législative

DISPOSITIONS APPLICABLES	DANS LEUR RÉDACTION
L. 351-1	Résultant de la loi n° 2022-172 du 14 février 2022 en faveur de l'activité professionnelle indépendante
L. 351-2 et L. 351-3	Résultant de la loi n° 93-934 du 22 juillet 1993 relative à la partie législative du livre III (nouveau) du code rural
L. 351-4	Résultant de la loi n° 2016-1547 du 18 novembre 2016 de modernisation de la justice du XXIe siècle
L. 351-5	Résultant de l'ordonnance n° 2014-326 du 12 mars 2014 portant réforme de la prévention des difficultés des entreprises et des procédures collectives
L. 351-6	Résultant de la loi n° 2016-1547 du 18 novembre 2016 de modernisation de la justice du XXIe siècle
L. 351-6-1	Résultant de l'ordonnance n° 2014-326 du 12 mars 2014 portant réforme de la prévention des difficultés des entreprises et des procédures collectives
L. 351-7	Résultant de la loi n° 2005-645 du 26 juillet 2005 de sauvegarde des entreprises
L. 351-7-1	Résultant de l'ordonnance n° 2014-326 du 12 mars 2014 portant réforme de la prévention des difficultés des entreprises et des procédures collectives
L. 351-8	Résultant de la loi n° 2022-172 du 14 février 2022 en faveur de l'activité professionnelle indépendante

Art. L. 375-3 Pour l'application dans les îles Wallis-et-Futuna du présent livre :

1° La référence au président du tribunal est remplacée par la référence au président du tribunal de première instance ;

2° Les montants exprimés en euros sont remplacés par leur équivalent en monnaie locale.

Art. L. 375-4 Les dispositions du présent livre ne sont pas applicables en Polynésie française ni en Nouvelle-Calédonie.

LIVRE IV BAUX RURAUX

(Décr. nº 83-212 du 16 mars 1983)

Ont force de loi, dans leur rédaction en vigueur à la date de la présente loi, les dispositions contenues dans la partie Législative du Livre IV du code rural (L. nº 91-363 du 15 avr. 1991, art. 1er).

TITRE I STATUT DU FERMAGE ET DU MÉTAYAGE

CHAPITRE I RÉGIME DE DROIT COMMUN

BIBL. GÉN. ▶ LORVELLEC et COLLART-DUTILLEUL, Baux ruraux, *Sirey 1993*. – COTTON, CHANDELLIER et LAGARDE, Baux ruraux, Statut du fermage et du métayage (réglementations structurelle, fiscale, économique et sociale), *5e éd., Delmas 2007*. – DUPEYRON, THÉRON et BARBIÈRI, Droit agraire, 1er vol., Droit de l'exploitation, *2e éd., Economica 1994*. – KRAJESKI, Droit rural, *Defrénois 2e éd. 2016*. – GAIN, Le droit rural, l'exploitant agricole et les terres, *Litec 2008*. – LACHAUD, Guide des baux ruraux, *Ann. loyers 2007* ; Le bail rural, *Edilaix 2008*. – BOSSE-PLATIÈRE et autres, Les 70 ans du statut du fermage, *RD rur. 2017. Dossiers 1 à 6*.

▶ Baux ruraux, *DP entr. agric.* – BENEDETTI, *RD rur. 2002. 151* (bail rural et fiscalité). – BESSON, BOSSE-PLATIÈRE, COLLARD et TRAVELY, *JCP N 2014. 1320* (la loi d'avenir pour l'agriculture). – BILLARD, *RD rur. 2002. 156* (alternatives au bail rural). – BOSSE-PLATIÈRE et autres, *RD rur. 2017. Dossiers 1 à 6* (les 70 ans du statut du fermage). – CAMPELS, *D. 2000. Chron. 325* (loi du 9 juill. 1999 d'orientation agricole). – CLERGET et GASSELIN, *JCP N 2009. 1120* (choisir une convention pour la mise à disposition du foncier agricole, du côté du propriétaire). – CREVEL, *RD rur. 1998. 510* (l'édile des champs confronté à l'ingérence) ; *ibid. 2006. 25* (Ord. du 13 juill. 2006) ; *RD rur. 2010. Étude 15 et Repère 10* (loi de modernisation agricole du 27 juillet 2010) ; *RD rur. 2012. Dossier 17* (GAEC et statut du fermage) ; *RD rur. 2013. Dossier 5* (les couples dans le statut du fermage) ; *Defrénois 2015. 1091* (contractualisation d'obligations environnementales). – DEPADT-SEBAG, *RTD civ. 2010. 669* (l'usufruit temporaire des personnes physiques). – DOBKINE, *ibid. nº 30, p. 1166* (présentation du rapport). – GELOT, *Mél. Le Guidec, LexisNexis 2014* (le bail rural et le non-écrit). – GRIMONPREZ, *Defrénois 2015. 1115* (petite théorie des copreneurs à bail rural). – GRUNDELER, *Rev. loyers 2012, nº 926* (professions hippiques et application du statut des baux ruraux). – JOFFRE-ANGOT, *RD rur. 2013. Dossier 6* (situation des copreneurs dans le cadre de la cession de bail). – JOTEMPS, LEMOINE et BERTAU, *JCP N 2020. 1031* (la gestion des baux agricoles par les organismes sans but lucratif). – LACHAUD, *Gaz. Pal. 2000. 1. Doctr. 37* (cinquante ans de droit rural) ; *Ann. loyers 2010. 63* (tutelle de l'État et baux ruraux). – LEBEL, *Rev. loyers 2013. 114* (le couple et le statut du fermage). – OURLIAC, *RD rur. 1985. 80 ; ibid. 1998. 83* (le bail, l'exploitation, l'entreprise). – OURLIAC et DE JUGLART, *JCP 1985. I. 3179*. – PEIGNOT, *Rev. loyers 1995. 552* (fermage et mise en marché des produits de l'exploitation) ; *ibid. 1997. 84* (statut du fermage et environnement) ; *ibid. 2006. 449* (Ord. du 13 juill. 2006) ; *Defrénois 2015. 798* (loi 13 oct. 2014). – PITAUD et ROCHARD, *RD rur. 1999. 316* (loi du 9 juill. 1999 d'orientation agricole). – ROUSSEL, *JCP 2006. 1575* ou *JCP N 2006. 1439* (Ord. du 13 juill. 2006) ; *RD rur. 2009, nº 2* (installation d'équipements photovoltaïques et baux ruraux). – XIIe Congrès de l'AFDR, *RD rur. 1995. 225* (faut-il modifier le statut du fermage ?). – XXVIe congrès national de l'AFDR, 16-17 oct. 2009, *Ann. loyers 2010, nº 2* (baux ruraux et pérennité de l'exploitation agricole). – Groupe de travail relatif à la prévention du délit de prise illégale d'intérêts en matière de baux ruraux, *JCP N 1998, nº 30, p. 1168* (rapport).

RÉP. CIV. vº *Baux ruraux*, par PRIGENT.

Art. L. 411-1 *(L. nº 84-741 du 1er août 1984, art. 11)* **Toute mise à disposition à titre onéreux d'un immeuble à usage agricole en vue de l'exploiter** *(L. nº 99-574 du 9 juill. 1999, art. 11)* **« pour y exercer une activité agricole définie à l'article L. 311-1 » est régie par les dispositions du présent titre, sous les réserves énumérées à l'article L. 411-2. Cette disposition est d'ordre public.**

Il en est de même, sous réserve que le cédant ou le propriétaire ne démontre que le contrat n'a pas été conclu en vue d'une utilisation continue ou répétée des biens et dans l'intention de faire obstacle à l'application du présent titre :

– de toute cession exclusive des fruits de l'exploitation lorsqu'il appartient à l'acquéreur de les recueillir ou de les faire recueillir ;

– des contrats conclus en vue de la prise en pension d'animaux par le propriétaire d'un fonds à usage agricole lorsque les obligations qui incombent normalement au propriétaire du fonds en application des dispositions du présent titre sont mises à la charge du propriétaire des animaux.

La preuve de l'existence des contrats visés dans le présent article peut être apportée par tous moyens.

Sur le champ d'application du statut du fermage, V. aussi art. L. 415-10 et L. 415-11.

BIBL. ▶ LACHAUD, *Ann. loyers 1993. 315 ; RD rur. 1997. 28* (bail rural, instrument de fraude) ; *Ann. loyers 2011. 571* (centre équestre, en finir avec la loi du 23 févr. 2005). – CLERGET et GASSELIN, *JCP N 2009. 1158* (quelle convention pour la mise à disposition du foncier agricole). – CREVEL, *Gaz. Pal. 19-20 mai 2006. 27* (baux des établissements équestres) ; *RD rur. 2009. Dossier 19* (commercialité du locataire rural). – BILLARD, *RD rur. 2002. 157* (alternatives au bail rural). – LEMONNIER, *ibid. 1997. 21* (dangers des baux de complaisance). – LIBEAU et PEIGNOT, *Rev. loyers 1997. 164* (preuve du bail et champ d'application du statut). – PITAUD et ROCHARD, *RD rur. 1999. 315* (loi du 9 juill. 1999). – ALBIGES, *RTD civ. 2014. 795* (l'obligation d'exploiter un bien).

COMMENTAIRE

I. CRITÈRES DU BAIL SOUMIS AU STATUT DU FERMAGE

Le bail rural a d'abord été seulement défini par la jurisprudence et la doctrine par interprétation du contrat de louage de l'article 1709 du code civil. Ce bail a été associé à une jouissance active puisque l'obligation du preneur d'effectuer un travail de culture ou d'entretien du fonds était un critère d'existence du bail à ferme. Une définition légale du bail rural a été posée par les lois du 4 juillet 1980 et du 1er août 1984 (modifiée par la loi n° 99-574 du 9 juill. 1999, art. 11). Le législateur souhaitait ainsi clarifier le domaine d'application du statut du fermage en s'assurant de son exacte application.

Le bail rural suppose d'abord l'existence d'un accord des parties sur le principe d'une location. Les parties ont pu faire le choix de soumettre leur convention au statut du fermage. A défaut de choix clair, le louage sera qualifié de bail à ferme dès que les quatre conditions précisément énoncées par l'article L. 411-1 seront réunies, sans que les parties puissent y renoncer, la définition étant d'ordre public. Il doit être consenti une mise à disposition, à titre onéreux, d'un immeuble agricole, avec pour destination voulue d'exercer une activité agricole définie à l'article L. 311-1 du code rural. Les deux dernières conditions constituent un critère objectif et un critère subjectif, l'existence d'un immeuble agricole d'une part et la volonté de développer une exploitation agricole. En réalité, l'opposition n'est pas si tranchée. D'abord parce que ces deux critères se complètent souvent car la qualification de l'immeuble à usage mixte ou indéterminé est principalement déterminée par l'affectation voulue. Ensuite parce que le caractère objectif de l'immeuble agricole a perdu l'évidence qu'il pouvait présenter pendant des décennies, ceci en raison de l'évolution des techniques et des pratiques des agriculteurs, et désormais la qualification de l'élément foncier suppose en réalité l'utilisation de critères en partie subjectifs.

II. CONTRATS NON SOUMIS AU STATUT DU FERMAGE

Le statut du fermage ne s'applique pas dès lors qu'il manque à la convention une des quatre conditions de la définition du bail à ferme ; de plus, il existe des locations de fonds agricoles soumis à des régimes particuliers (V. art. L. 411-2).

III. PRÉSOMPTION DE BAIL RURAL

Le législateur en 1980 puis en 1984 a décidé de marquer fermement son opposition aux tentatives de contournement du statut du fermage. Il a été noté que les pratiques les plus courantes pour tenter de masquer un bail rural étaient la vente d'herbe et la prise en pension d'animaux. Les organisations professionnelles s'attachaient à dénoncer ces « faux contrats » et à encourager les actions contentieuses, mais les dissimulations restaient nombreuses et la sanction n'était pas toujours obtenue. La loi a alors posé une présomption de bail rural pour deux conventions qui *a priori* sont bien distinctes d'un louage immobilier. Cette présomption est simple puisque la loi précise comment le propriétaire peut établir la réalité de la convention et renverser la présomption.

La vente d'herbe est *a priori* un contrat de vente par lequel le propriétaire des terres cède à un tiers les foins ou tout autre fruit du fonds ; le tiers procède lui-même à la récolte et en paye le prix. Un tel contrat est soumis au statut du fermage sous réserve de trois conditions : d'abord une cession de fruits, ensuite un prélèvement de la récolte par l'acquéreur et enfin une cession exclusive. L'obligation d'entretien ne constitue plus le critère de la vente d'herbe. Cependant, l'existence de faits d'exploitation de la part de l'acheteur pourrait amener à reconnaître l'existence d'un bail rural sur le fondement de l'article L. 411-1, alinéa 1er. C'est pourquoi si un propriétaire souhaitait organiser des ventes d'herbe conservant la nature de vente, il devrait précisément veiller à ce que l'acheteur ne prenne pas d'initiative de mise en valeur et d'entretien du fonds.

La prise en pension d'animaux suppose qu'un propriétaire accepte de prendre en garde, d'entretenir, nourrir et soigner sur son fonds les animaux d'un tiers contre un paiement. Ce contrat semble bien distinct d'un bail du fonds sauf si le propriétaire des animaux en réalité s'occupe lui-même de ses animaux et du fonds qui les accueille. La condition d'application de la présomption est l'existence d'obligations d'exploitation telles que l'entretien des pâturages, des haies et clôtures ou du système de répartition d'eau, mises à la charge du propriétaire des animaux.

Le propriétaire doit, pour écarter la présomption de bail rural, établir d'une part que la convention a été conclue exceptionnellement ou isolément. Et il doit prouver d'autre part sa bonne foi. La charge de la preuve qui lui incombe apparaît particulièrement lourde car il lui revient d'établir qu'il n'a eu aucune intention de fraude, ce qui constitue une preuve négative qui suppose concrètement d'établir un motif justifiant le recours à une de ces techniques. Les deux conditions sont cumulatives.

IV. PREUVE DU BAIL RURAL

La preuve du bail s'établit par tous moyens depuis la loi du 1er août 1984. Auparavant, il fallait appliquer l'article 1715 du code civil et donc distinguer selon que le bail avait reçu ou non un commencement d'exécution. Désormais, l'application de l'article 1715 du code civil est écartée et la preuve du bail peut être établie par témoins, présomptions et indices, soumis à l'appréciation souveraine des juges du fond. La preuve du bail suppose d'établir que le propriétaire d'un bien foncier agricole a accepté de le mettre à disposition à titre onéreux aux fins d'exploitation. La preuve de l'occupation des lieux ne suffit pas à établir la preuve du bail ; il peut en effet s'agir d'un prêt, d'une tolérance, d'une gestion d'affaire. Il est donc nécessaire d'apporter la preuve du consentement à l'existence d'un bail, les quatre autres conditions devant être par ailleurs établies. ❑

1. Ordre public. Il appartient aux tribunaux de restituer aux conventions leur véritable caractère quelle que soit la qualification donnée par les parties. • Soc. 3 déc. 1953 : *D. 1954. 505, note Savatier ; Bull. civ. IV, n° 765.* ♦ Même sens : • Soc. 31 mai 1951 : *Bull. civ. III, n° 417.* ♦ ... Et le caractère de bail rural peut être dénié bien que soient employés les termes de « fermage » et de « récoltes ». • Même arrêt. ♦ Lorsque l'accord des parties dissimule une convention sous des apparences ne correspondant pas à la réalité, les juges doivent restituer à l'opération sa qualification avec toutes les conséquences qui en découlent. • Civ. 3e, 11 juill. 1968 : *Bull. civ. III, n° 341.* ♦ Il y a bail rural bien que pour éviter l'application du statut du fermage aient été conclus deux contrats, l'un portant sur une parcelle, et l'autre qualifié de contrat de gardiennage. • Soc. 15 déc. 1960 : *Bull. civ. IV, n° 1188.* ♦ Est un bail à ferme un contrat de promesse de bail souscrit pour une période d'essai d'un an dès lors que sont réunis les éléments constitutifs d'un bail rural. • Soc. 20 juill. 1965 : *Bull. civ. IV, n° 599.* ♦ Doit être régularisée la promesse de bail portant sur des biens identifiés. • Civ. 3e, 23 avr. 2013, n° 12-14.942 : *RD rur. 2013, n° 83, note Crevel.* ♦ La conclusion de trois baux constituant un découpage artificiel d'une unité économique dans le but de faire échec au statut du fermage et de tirer profit de la location de bâtiments indispensables à l'exploitation d'un domaine rural, il y a lieu de retenir l'existence d'un seul bail rural. • Civ. 3e, 14 avr. 2016, n° 14-25.437 : *RD rur. 2016, n° 180, note Crevel.* ♦ Est mal fondée à rejeter la demande de reconnaissance d'un bail rural la cour qui constate que les parcelles ont été exploitées à titre onéreux par le demandeur, peu important dans les rapports entre le bailleur et le preneur qu'un bail rural conclu avec un tiers soit en cours. • Civ. 3e, 25 juin 2008, n° 07-13.588 : *Gaz. Pal. 26-27 sept. 2008. 15 ; Rev. loyers 2008. 440 ; JCP N 2008. Actu. 562 ; ibid. 2009. 1344, note Roussel ; JCP 2008. IV. 2360 ; RDC 2009. 160, note Lardeux.*

2. La qualification du bail s'apprécie à la date de sa conclusion et au regard de la clause de destination des lieux devant servir à l'élevage et toutes activités équestres. • Civ. 3e, 6 sept. 2018, n° 16-20.092 : *RD rur. 2018, n° 172, note Crevel ; Gaz. Pal. 2018. 2794, note Carius ; DP entr. agric., Bull. n° 524, p. 8, note Carius ; AJDI 2019. 129, note Roussel* • 20 avr. 2023, n° 22-11.733 : *Rev. loyers 2023, n° 1037, note Roussel ; DP entr. agric., Bull. n° 577, p. 10, note Carius.* ♦ L'action en requalification en bail rural d'une convention pluriannuelle de pâturage se prescrit par cinq ans à compter de sa conclusion, l'action en requalification de chaque convention née ensuite par tacite reconduction se prescrit à compter de sa prise d'effet. • Civ. 3e, 16 nov. 2023, n° 21-18.360 P : *D. 2023. 2046 ; JCP 2023. 1363 ; JCP N 2023. 1155 ; Gaz. Pal. 28 nov. 2023, p. 29.*

3. Les parties sont libres de soumettre leurs relations au statut du fermage alors même que les conditions légales de ce statut feraient défaut. • Civ. 3e, 9 déc. 2009, n° 08-18.559 : *JCP N 2010. 1168, note Lebel ; Rev. loyers 2010. 74, note Peignot ; JCP N 2011. 1126, note Roussel ; RD rur. 2010, n° 11, obs. Crevel ; RDC 2010. 670, note Seube.* ♦ Est soumis à la durée de 9 ans la convention que les parties ont entendu soumettre au statut du fermage, même si elles ont prévu que le droit d'usage des équipements serait partagé avec les autres locataires du centre équestre. • Paris 9 juill. 2020, n° 18/08297 : *Rev. loyers oct. 2020.*

4. Sur la compatibilité reconnue du statut du fermage avec la Conv. EDH, V. • CEDH 19 juin 2008, *Gauchin c/ France*, n° 7801/03.

I. CRITÈRES DU BAIL SOUMIS AU STATUT DU FERMAGE

5. Le défaut de précision de la date d'effet du bail n'écarte pas la formation du contrat de bail. • Civ. 3e, 28 oct. 2009, n° 08-20.224 : *RD rur. 2009, n° 180 ; ibid. 2010, n° 1, note Barbièri ; ibid. 2010, n° 10, note Crevel ; JCP N 2009. 728 ; Rev. loyers 2010. 76, note Peignot.*

A. MISE À DISPOSITION

6. A bénéficié d'un bail rural celui qui a eu à sa disposition des terres dont il a fait exploitation agricole continue, en assurant la direction effective et autonome. • Civ. 3e, 16 oct. 2012, n° 11-25.344 : *AJDI 2012. 870 .*

7. Exclusivité. La convention ne peut être qualifiée de bail à ferme en l'absence de preuve de l'existence d'une jouissance exclusive des parcelles. • Civ. 3e, 18 juin 2013, n° 12-19.084 : *RD rur. 2013, n° 162, note Crevel.* ♦ Dès lors que l'immeuble avait été loué à un tiers ayant conclu un contrat d'entraide avec le requérant, la cour est mal fondée à retenir l'existence d'un bail rural sans caractériser l'exclusivité de la jouissance. • Civ. 3e, 9 juill. 2020, n° 19-14.844 : *Defrénois 2020, n° 45-46, p. 40, obs. Delorme ; Rev. loyers nov. 2020, note Peignot.*

B. CARACTÈRE ONÉREUX

8. Sur la nécessité d'une mise à disposition à titre onéreux, V. • Soc. 7 oct. 1987 : *Bull. civ. V, n° 526* • Civ. 3e, 4 nov. 1992 : *Rev. huiss. 1995. 441, note Bourdillat.* – V. aussi • Civ. 3e, 3 avr. 1997 : *RD rur. 1997. 500* • 17 nov. 1998 : *ibid. 1999. 1* • 24 févr. 2004 : *RD rur. 2004. 584.* ♦ Une concession gracieuse ne constitue pas un titre. • Soc. 23 oct. 1952 : *Bull. civ. IV, n° 749.* ♦ Pour conférer au contrat son caractère onéreux, la contrepartie financière de la location doit être obligatoire. • Civ. 3e, 22 nov. 1995 : *Ann. loyers 1996. 637.* ♦ Sont mal fondés les juges qui retiennent l'existence d'un bail rural en l'absence ... de paiement de loyer au motif que le bail verbal rendait impossible le paiement d'un loyer à la commune. • Civ. 3e, 7 déc. 2004 : *Rev. loyers 2005. 210.* ♦ ... D'aucune contrepartie onéreuse. • Civ. 3e, 17 mai 2011, n° 10-18.434 : *AJDI 2011. 542 .*

9. L'acceptation du montant du fermage doit résulter d'une manifestation claire et non équivoque du propriétaire et ne peut se déduire du seul silence du propriétaire. • Civ. 2e, 22 janv. 2003 : *RD rur. 2004. 456, obs. Crevel.*

10. La preuve du caractère onéreux s'établit par tous moyens. • Civ. 3e, 15 mai 1996 : *Ann. loyers 1996. 1469.* ♦ La livraison par l'occupant d'une parcelle de certaines quantités d'orge et d'avoine à une coopérative pour le compte du propriétaire suffit à prouver le caractère onéreux de la location. • Civ. 3e, 21 févr. 1996 : *RD rur. 1996. 36 ; Ann. loyers 1996. 1469.* ♦ Ayant retenu la qualification de bail à ferme aux motifs que l'exploitant a payé : ... les taxes foncières, supporté les charges et réglé les charges incombant au propriétaire, V. • Civ. 3e, 30 mai 1996 : *Defrénois 1997. 540, obs. Roussel ; RD rur. 1996. 394* • Civ. 3e, 2 juin 1999 : *RD rur. 2000. 175.* ♦ ... Toutes les charges afférentes à l'exploitation du bien, notamment la taxe foncière, • Civ. 3e, 14 janv. 2004, n° 02-12.663 P : *JCP 2004. IV. 1455 ; RD rur. 2004. 299 et 476 ; JCP N 2004. 1212 et 1463, note Chédozeau ; Ann. loyers 2004. 1534, note Lachaud.* ♦ ... Des taxes foncières, même si le montant de ces charges n'équivaut pas au prix du fermage dès lors qu'il n'est pas dérisoire. • Toulouse, 24 juin 2016 : *Rev. loyers 2016. 335.* ♦ Doit être qualifiée de bail rural soumis au statut, la convention par laquelle : ... en contrepartie de l'entretien d'un jardin d'une grande superficie, le prestataire de services a été autorisé par le propriétaire à mettre en valeur deux parcelles de terre. • Civ. 3e, 22 juill. 1992 : *RD rur. 1992. 75.* ♦ ... En échange de la jouissance des terres, l'exploitante s'est engagée à héberger le propriétaire et à lui prodiguer des soins. • Civ. 3e, 19 juill. 2000 : *RD rur. 2001. 108 et 279 ; Dr. et pr. 2001. 93, obs. Bodiguel.* ♦ ... En échange du service d'évacuation et d'épandage de lisier, a été consentie l'autorisation d'exploiter 17 ha. • Civ. 3e, 6 nov. 2001, n° 00-15.378. ♦ ... En échange de l'épandage des effluents et de la mise en valeur du fonds. • Civ. 3e, 6 mai 2014, nos 13-12.603 et 13-13.388. ♦ ... En contrepartie de l'entretien et du curage régulier d'un cours d'eau, prestation excédant les obligations du preneur. • Civ. 3e, 12 janv. 2022, n° 20-20.896 : *Rev. loyers 1er mars 2022, note Roussel ; Defrénois 2022, n° 19, p. 31, note Delorme ; DP entr. agric., Bull. n° 562, p. 5, note Roussel.* ♦ ... En échange de la mise à disposition est opéré un partage des récoltes selon les besoins du propriétaire, l'art. L. 411-1 ne précisant ni la nature, ni l'importance du paiement. • Civ. 3e, 2 avr. 2003, n° 01-14.446. ♦ ... En échange du financement de travaux d'irrigation des parcelles incombant normalement au bailleur. • Civ. 3e, 10 oct. 2019, n° 18-16.265 : *Gaz. Pal. 5 mai 2020, n° 17, p. 32.* ♦ ... Une redevance fixe faisant peser sur lui l'aléa économique de l'exploitation. • Civ. 3e, 16 oct. 2012, n° 11-25.344 : *AJDI 2012. 870*. ♦ Les juges sont mal fondés à retenir le caractère gratuit d'une mise à disposition constatée dans un acte indiquant que l'arrachage des vignes et le maintien des terres étaient considérés par le bailleur comme un juste paiement. • Civ. 3e, 10 mai 2001 : *AJDI 2002. 43*. ♦ Est mal fondé l'arrêt qui prononce l'expulsion d'un exploitant qui avait conservé la jouissance des terres de son épouse pendant la procédure de divorce sans qu'il ait été recherché si le paiement des emprunts pour l'acquisition des terres par l'exploitant au nom de l'épouse n'établissait pas le caractère onéreux de la mise à disposition. • Civ. 3e, 7 nov. 2001 : *RD rur. 2001. 574 ; ibid. 2002. 112 et 284, obs. Crevel ; JCP N 2002. 1184, p. 408, obs. Grimonprez.* ♦ Sont mal fondés les juges qui retiennent que la preuve du caractère onéreux de la mise à disposition commencée en 1975 n'est pas apportée par le fait qu'aucune redevance n'a été payée depuis 1981, sans rechercher si le bail initial revêtait un caractère onéreux. • Civ. 3e, 24 févr. 2004, n° 02-19.269 : *AJDI 2004. 564*. ♦ Le caractère onéreux de la mise à disposition ne dépend pas du caractère régulier du versement de la contrepartie. • Civ. 3e, 7 mars 2012, n° 11-14.630 : *DP entr. agric., Bull. n° 451, p. 6, note Roussel ; Gaz. Pal. 2012. 1134 ; AJDI 2012. 525, note Prigent ; Rev. loyers 2012. 927, note Roussel ; D. 2012. 814* • 2 oct. 2012, n° 11-21.101. ♦ ... Ni de l'effectivité du versement de la contrepartie expressément convenue. • Civ. 3e, 26 mai 2016, n° 15-10.838 : *AJDI 2016. 621 ; JCP N 2016. Actu. 766 ; Defrénois 2016. 1139, note Roussel ; DP entr. agric., Bull. n° 504, p. 8, note Roussel.*

11. Inexistence d'un bail rural. Il y a convention de jouissance gratuite et précaire, et non commencement d'exécution d'un bail à ferme, si l'occupant ne fait pas la preuve du paiement d'un seul fermage au cours d'une occupation de trois ans ni de réclamations du bailleur à ce sujet. • Soc. 26 avr. 1951 : *Bull. civ. III, n° 314.* ♦ Par une appréciation souveraine, la valorisation patrimoniale des terres par l'exploitant qui perçoit des DPU accordés par le propriétaire et la préservation desdits droits au bénéfice de celui-ci n'ont pas été retenus comme la contrepartie à titre onéreux de la mise à disposition des terres. • Civ. 3e, 24 avr. 2013, n° 12-12.677 : *D. actu. 30 mai 2013, obs. Prigent ; D. 2013. 1880, note Roussel ; JCP N 2013. 1188, note Barbièri ; RD rur. 2013, n° 80, note Crevel ; JCP 2013. 557 ; AJDI 2013. 840, note Prigent ; DP entr. agric., Bull. n° 464, p. 6, note Roussel ; Gaz. Pal. 16-17 oct. 2013, note Krajeski.* ♦ Le simple entretien des parcelles ne saurait être considéré comme une contrepartie onéreuse à la mise à disposition. • Civ. 3e, 3 juin 2014, n° 13-16.114 : *DP entr. agric., Bull. n° 475/476, p. 11, note Roussel* • 24 oct. 2019, n° 18-17.307 : *RD rur. 2020, n° 1, note Crevel ; AJDI 2020. 290, note Roussel ; Gaz. Pal. 2020, n° 17, p. 34, obs. Carius ; Defrénois 2020, n° 18-19, p. 74* • 7 sept. 2023, n° 21-22.390 : *AJDI 2023. 774*. ♦ Le vendeur d'une parcelle, jouissant de celle-ci à titre précaire sans contrepartie, ne peut prétendre à l'existence d'un bail rural au seul motif qu'il a payé les taxes foncières en sachant qu'il ne les devait pas. • Civ. 3e, 10 oct. 2019, n° 18-16.953 : *AJDI 2020. 32*. ♦ L'initiative unilatérale de travaux agricoles ne suffit pas en l'absence de paiement d'un fermage à prouver l'existence d'un tel bail. • Civ. 3e, 23 janv. 2020, n° 18-10.771 : *AJDI 2020. 221 ; Gaz. Pal. 2020, n° 37, p. 22, note Peignot.*

12. Il n'y a pas fraude à la loi lorsque d'un bail portant sur terres et prés ont été exclus les bâtiments d'habitation et d'exploitation mis gratuitement à la disposition du fermier à charge d'entretien total. • Civ. 3e, 26 févr. 1971 : *Bull. civ. III, n° 144.* ♦ Sont mal fondés les juges qui ne retiennent pas l'existence d'un bail rural, alors que des propriétaires ont vendu un bien immobilier sous condition suspensive d'obtention du prêt et ont prêté le même jour cette propriété aux acheteurs qui se sont engagés à payer un prix à l'hectare en cas de non-réalisation de la vente. • Civ. 3e, 17 oct. 2007, n° 06-18.503 P : *JCP N 2007. 692 ; JCP 2007. IV. 3071 ; RD rur. 2007, n° 356, note Roussel ; JCP N 2008. 1066, note Barbièri ; AJDI 2008. 598, obs. Prigent ; Gaz. Pal. 7 août 2008, p. 12.*

C. IMMEUBLE AGRICOLE

13. Une exploitation agricole doit s'entendre de celle destinée à la production végétale ou animale. • Soc. 3 juill. 1952 : *D. 1953. 233, note Savatier ; Bull. civ. III, n° 559.* ♦ N'est pas un fonds rural le bien consistant en une gentilhommière, dans lequel le preneur exerce quelques activités réduites d'aviculture, d'apiculture et de petit élevage et maraîchage. • Soc. 8 janv. 1953 : *Bull. civ. III, n° 15.* – V. aussi • Civ. 3e, 6 déc. 1978 : *Bull. civ. III, n° 365.* ♦ Est un immeuble à usage agricole une cave vinicole. • Civ. 3e, 19 mai 1993 : *RD rur. 1993. 501* • 27 oct. 2004, n° 03-15.277 • Dijon, 13 févr. 2003 : *RD rur. 2003. 419, note J.-M. G.* ♦ N'est pas soumis au statut du fermage le bail sur des parcelles de nature de bois, jardin et prés, dès lors qu'il n'est établi aucun élevage sur ces terres. • Civ. 3e, 9 déc. 2008, n° 08-10.051 : *JCP 2009. 1351, note Roussel.* ♦ Constitue un bail rural le contrat de location d'un hangar permettant d'entreposer des marchandises et machines destinées à l'exploitation agricole, des grains et fourrage au profit d'un éleveur. • Civ. 3e, 10 déc. 2013, n° 12-23.778 : *DP entr. agric., Bull. n° 470,* *p. 1, note Roussel.* ♦ Est fondée la cour qui retient que l'appentis abritant une station de pompage relève du fermage puisqu'affecté à l'irrigation d'autres parcelles louées. • Civ. 3e, 15 févr. 2018, nº 16-16.557 : *RD rur. 2018, nº 68, note Crevel ; DP entr. agric., Bull. nº 518, p. 10, note Roussel.*

14. En l'absence de toute vocation agricole du terrain loué, n'est pas un bail rural le contrat dont l'objet est de réaliser un centre de golf-école, d'organiser des manifestations sportives et de promouvoir ou développer des disciplines associées. • Basse-Terre, 2 déc. 1996 : *BICC 1997, nº 629 ; Rev. huiss. 1997. 852.*

15. N'est pas un bail rural le contrat passé pour l'exploitation d'un verger moyennant partage de la récolte et ne portant pas sur le fonds mais seulement sur les arbres fruitiers. • Soc. 19 mars 1956 : *Bull. civ. IV, nº 278.* ♦ Il n'en est pas de même lorsque le bail porte à la fois sur la prairie complantée d'arbres fruitiers et sur les productions fruitières. • Soc. 17 mars 1960 : *Bull. civ. IV, nº 275.*

16. Baux d'habitation. En l'absence d'élevage agricole, le contrat n'est pas un bail rural, s'il n'a eu pour objet que de tirer profit des constructions. • Soc. 4 févr. 1965 : *Bull. civ. IV, nº 104.* ♦ ... Ou lorsque la maison est louée pour l'habitation, les terres étant de dimensions minimes et secondaires par rapport à l'habitat. • Soc. 6 mai 1965 : *Bull. civ. IV, nº 360.* ♦ V. aussi, à propos d'un bail sur une maison d'habitation et d'un prêt gratuit de terres environnant le bâtiment consentis à un agriculteur, • Civ. 3e, 12 juill. 1995 : *Ann. loyers 1995. 1469* • 31 mars 1998 : *RD rur. 1998. 253 et 617.* ♦ Le fait que les parties aient différé la fixation du loyer du local d'habitation jusqu'à la réalisation des travaux de rénovation nécessaires ne signifie en rien qu'elles aient voulu conclure un bail d'habitation distinct du bail rural. Au contraire, leur volonté d'inclure ce local d'habitation attenant aux bâtiments d'exploitation dans le bail à ferme, soumis comme tel au régime du fermage, est manifeste comme étant nécessaire à la bonne exploitation du fonds loué et en faisant partie intégrante. • Riom, 13 oct. 1998 : *JCP 1999. IV. 1490.* ♦ Constitue un bail rural la mise à disposition d'une maison d'habitation indispensable à l'exploitation agricole. • Civ. 3e, 20 mars 2007, nº 06-13.100 : *JCP N 2007. 1236, note Roussel.* ♦ Un preneur est mal fondé à soutenir l'existence d'un seul bail rural alors qu'il a accepté un bail d'habitation renouvelé à plusieurs reprises sans contestation et sans mention de bâtiment agricole, et qu'il n'établit pas que ce bien loué pour son logement est indissociable de l'exploitation céréalière louée au même bailleur. • Civ. 3e, 28 juin 2018, nº 16-27.306 : *RD rur. 2018, nº 131, note Crevel ; AJDI 2019. 295, note Roussel.*

D. INTENTION D'EXPLOITER

17. La nature du bail est déterminée par l'objet principal de la location. • Civ. 3e, 23 avr. 1975, nº 74-10.031 P. ♦ Il y a bail rural lorsque le bien objet du contrat n'est pas destiné à d'autre usage que celui d'exploitation agricole. • Soc. 9 nov. 1950 : *Bull. civ. III, nº 825.* ♦ ... Ou lorsque le bail porte sur un bien foncier destiné à la production et à l'exploitation agricole. • Soc. 27 mars 1952 : *Bull. civ. III, nº 260* • Civ. 3e, 26 juin 1970 : *ibid. III, nº 452.* – V. aussi • Civ. 3e 1er févr. 2000 : *RD rur. 2000. 126.* ♦ Le caractère de la location, en particulier le caractère rural du bail, se détermine, sauf cas de fraude à la loi, par la commune intention des parties telle qu'elle apparaît dans les conventions. • Soc. 27 mars 1952 : *Bull. civ. IV, nº 260* • 31 oct. 1952 : *ibid. IV, nº 772.* ♦ ... Ou lors de la conclusion du bail. • Soc. 29 juin 1960 : *Bull. civ. IV, nº 696.* ♦ Le caractère rural d'un bail ne saurait résulter du seul fait qu'il porte sur un bien rural comportant des possibilités de culture, s'il ne résulte pas de la commune intention des parties lors de sa conclusion qu'il ait été destiné à la production et à l'exploitation agricole. • Soc. 6 nov. 1964 : *Bull. civ. IV, nº 734.* ♦ La jouissance d'un jardin, même d'une superficie supérieure à celle fixée par arrêté préfectoral, ne suffit pas à établir la conclusion d'un bail rural. • Civ. 3e, 26 juin 1968 : *Bull. civ. III, nº 299 ; D. 1968. 729.* ♦ Ne peut revendiquer le statut du fermage l'enseignant non inscrit à la MSA qui ne démontre pas se livrer sur le fonds loué à une activité autre que de loisirs. • Civ. 3e, 15 oct. 2013, nº 12-23.618 : *RD rur. 2013, nº 227, note Crevel ; Defrénois 2014. 145, note Krajeski ; DP entr. agric., Bull. nº 470, p. 1, note Roussel.* ♦ Est titulaire d'un bail rural le preneur qui déclare le résultat de son élevage au régime des bénéfices agricoles caractérisant une activité agricole exclusive d'une simple activité de loisirs. • Civ. 3e, 18 nov. 2014, nº 13-21.319 : *Gaz. Pal. 1er-2 avr. 2015, note Ferchotte-Desbois.*

18. Pour déterminer la commune intention des parties les juges se fondent à bon droit sur la destination naturelle de l'immeuble ainsi que sur la profession du preneur et l'utilisation qu'il fait ostensiblement de l'immeuble. • Soc. 12 janv. 1956 : *Bull. civ. IV, nº 29.* ♦ Le tribunal paritaire est incompétent pour connaître du bail consenti à l'exploitant d'un camping qui n'apporte pas la preuve d'une véritable exploitation agricole et ne justifie pas de l'évolution de son cheptel. • Civ. 3e, 23 mars 2005, nº 04-11.345 P : *D. 2005. 1047 ; Rev. loyers 2005. 335, note Peignot ; JCP 2005. IV. 2041 ; JCP N 2005. 848 et 955 ; Ann. loyers 2005. 564, obs. Lachaud ; Gaz. Pal. 20-21 mai 2005. 21, et 7-8 oct. 2005. 13 ; AJDI 2005. 665, obs. Prigent ; Defrénois 2005. 1434, obs. Gelot ; JCP N 2006. 1269, note Roussel.* ♦ N'est pas soumise au fermage la convention consentie à une société : ... qui exerce à titre principal une activité commerciale de négoce d'animaux et qui utilise les parcelles pour parquer des animaux dans l'attente de leur vente, sans que soit prouvée la réalité d'une activité d'élevage. • Civ. 3e, 25 mars 2014, nº 12-28.896 : *AJDI 2014. 530.* ♦ ... Par le propriétaire de bovins qui les met en pension contre un prix pour les faire nourrir et soigner dans l'attente de la vente. • Rennes, 4 oct. 2022, n° 22/01903 : *Rev. loyers 2022, n° 1031.*

19. Le bail qui n'a été conclu que pour faire échec au droit de préemption d'une SAFER et sans l'intention de le mettre en œuvre doit être annulé. • Civ. 3e, 29 mars 1995 : *Ann. loyers 1996. 638.* – V. Lachaud, *RD rur. 1997. 28* ; Lemmonier, *ibid. 1997, p. 21.* ♦ V. aussi, à propos d'une location fictive consentie concomitamment à un compromis de vente, • Civ. 3e, 21 févr. 1996 : *RD rur. 1996. 35 ; Ann. loyers 1996. 1473.* – Comp. • Civ. 3e, 15 déc. 1999 : *Ann. loyers 2000. 2028.*

20. Activité agricole. V. art. L. 311-1. ♦ N'est pas une activité agricole le dressage de chiens. • Civ. 3e, 21 juill. 1992 : *JCP N 1993. II. 147, obs. Moreau.* ♦ N'est pas un bail rural : ... le contrat de gardiennage d'un hippodrome. • Civ. 3e, 4 déc. 1973 : *Gaz. Pal. 1974. 1. Somm. 13.* ♦ ... La mise à disposition de parcelles au profit d'une association dont l'objet est la création de jardins thématiques et l'entretien d'un parc. • Aix-en-Provence, 30 oct. 2006 : *RD rur. 2007, n° 190.* ♦ Mais peut l'être : le bail portant sur des haras. • Amiens, 1er juill. 1976 : *D. 1976. IR 278,* conf. par • Civ. 3e, 3 janv. 1978 : *Bull. civ. III, n° 12.* ♦ ... L'occupation de parcelles à titre onéreux pour faire pacager des chevaux d'élevage. • Bourges, 26 avr. 2002, *Bouillot c/ Pineda : Juris-Data n° 181803.* ♦ V. aussi pour la mise à disposition de bassins et installations à un pisciculteur, • Rouen, 19 nov. 2002 : *RD rur. 2003. 327 ; ibid. 2004. 457, obs. Crevel.* ♦ ... La mise à disposition de locaux d'exploitation et d'un terrain de 2950 m² pour un élevage de chiens. • Aix-en-Provence, 5 févr. 2015, n° 14-10.479. ♦ ... L'utilisation d'une parcelle pour parquer des chevaux exclusivement réservés à un usage personnel et de pur loisir. • Civ. 3e, 23 juin 2015, n° 13-22.076 : *AJDI 2015. 615 ; RD rur. 2016, n° 37, note Crevel.*

21. Est mal fondé le juge qui retient l'absence de bail rural au motif que l'action de pâturer n'est pas une activité agricole car n'est pas une étape nécessaire au déroulement du cycle végétal sans examiner s'il s'agit d'une étape nécessaire à l'exploitation du cycle animal. • Civ. 3e, 12 oct. 2010 : *JCP N 2010. 753 ; AJDI 2010. 900 ; Ann. loyers 2011. 984.*

22. Centres équestres. BIBL. Robbe, *RD rur. 2014. Colloque 22.* ♦ Les dispositions de la L. du 23 févr. 2005 ne pouvaient s'appliquer alors que le bail ne s'est pas renouvelé postérieurement à l'entrée en vigueur de cette loi. • Civ. 3e, 31 mai 2011, n° 10-17.156 : *DP entr. agric., Bull. n° 444, p. 5, note Carius.* ♦ Ne constitue pas un bail rural le bail consenti pour des parcelles agricoles dans le but de développer un centre équestre, la convention ayant été signée avant la loi du 23 févr. 2005. • Civ. 3e, 29 avr. 2009, n° 08-15.907 : *JCP N 2009. Actu. 373 ; JCP 2009. IV. 1894 ; JCP N 2010. 1283, note Roussel ; D. 2009. 1418* • Amiens, 23 oct. 2007 : *RD rur. 2008, n° 21, note Roussel ; JCP N 2009. 1097, note Roussel ; Gaz. Pal. 14-15 oct. 2009. 11.* ♦ Est soumis au statut du fermage le bail portant sur ... la location de boxes, l'usage de la carrière, du club house et de toutes installations liées à l'exploitation équestre à usage exclusif d'équitation, compétition, enseignement et stage. • Civ. 3e, 24 juin 2009, n° 08-17.533 : *D. 2010. 1897, note Forest ; RD rur. 2009, n° 135, note Barbièri ; JCP N 2011. 1125, note Roussel ; AJDI 2010. 52, note Prigent.* ♦ ... La location de biens ruraux à usage d'un centre équestre consistant en l'hébergement, la nourriture des chevaux et l'enseignement de l'équitation. • Civ. 3e, 25 oct. 2011, n° 10-25.870 : *Gaz. Pal. 2012. 966, note Peignot et Millard* • Versailles, 11 mai 2011 : *AJDI 2012. 130.* ♦ Ne peut prétendre à l'existence d'un bail rural la concession de locaux et de parcelles à un centre équestre en l'absence de contrepartie onéreuse. • Civ. 3e, 4 nov. 2014, n° 13-21.733 : *RD rur. 2015, n° 26, note Crevel.* ♦ Constitue un bail rural la convention de mise à disposition d'un terrain et de dépendances pour fournir aux visiteurs des promenades avec des équidés présents sur les lieux dont la nourriture et l'entretien incombaient au locataire. • Civ. 3e, 14 janv. 2015, n° 13-26.380 : *RD rur. 2015, n° 88, note Carius ; JCP 2015. 114 ; D. 2015. 209 ; JCP N 2015. Actu. 216 ; Gaz. Pal. 2015. 1136, note Krajeski et 561 ; AJDI 2015. 295, note Lebel ; D. actu. 3 févr. 2015, note Prigent ; Defrénois 2015. 940, note Roussel ; Rev. loyers 2015, n° 955.* ♦ L'exploitant d'un centre équestre qui exerce une activité d'enseignement de l'équitation peut revendiquer l'application du statut du fermage, la loi du 23 févr. 2005 reconnaissant cette activité agricole s'appliquant immédiatement aux situations de fait en cours. • Civ. 3e, 22 juin 2017, n° 16-15.767 P : *JCP N 2017. Actu. 692 et 1278, note Carius ; JCP 2017. 789 ; DP entr. agric., Bull. n° 510, p. 5, obs. Carius ; RD rur. 2017, n° 220, note Crevel.*

23. Ne constitue pas un bail rural la mise à disposition d'un immeuble agricole dans le but d'exercer une activité de gardiennage de chevaux et alors même que les preneurs ne justifient pas de revenus provenant de leur exploitation. • Civ. 3e, 13 mai 2009, n° 08-16.421 : *D. 2009. 1481 ; JCP 2009. IV. 409 ; Gaz. Pal. 12-16 juill. 2009. 12 ; Ann. loyers 2010. 2124, note Lachaud* • 1er juin 2022, n° 21-17.313 : *Rev. loyers 2022, n° 1030, note Roussel ; RD rur. 2022, n° 132, note Crevel ; DP entr. agric., Bull. n° 567, p. 5, note Carius.* ♦ ... Lorsque les parties ont entendu faire de l'exploitation des parcelles l'accessoire des prestations de chasse commercialisées auprès du public. • Civ. 3e, 23 janv. 2020, n° 18-15.887 : *AJDI 2020. 221 ; RD rur. 2020, n° 63, note Crevel ; Gaz. Pal. 2020, n° 37, p. 22, note Peignot.* ♦ Constitue un bail rural la convention au profit d'une personne dont l'activité agricole est exclusive d'une activité de loisir. • Civ. 3e, 18 nov. 2014, n° 13-21.319 : *RD* *rur. 2015, n° 26, note Crevel.* ♦ Ne relève pas du statut du fermage le bail d'un fonds où la prise en pension de chevaux est l'activité principale. • Paris, 5 avr. 2018, n° 17/09232 : *DP entr. agric., Bull. n° 518, p. 6, note Carius.* ♦ … D'une écurie lorsque l'activité se rapporte à l'hébergement, l'entretien en forme des équidés, l'enseignement dans le bâtiment à l'exclusion de toute autre profession. • Montpellier, 3 oct. 2019, n° 18/02217 : *AJDI 2020. 457.* ♦ La cour déduit souverainement que l'objet de l'association est la promotion de l'équitation sportive et de loisirs, qu'elle a des activités équestres et n'est pas immatriculée à la MSA, et qu'elle ne justifie pas de l'application du statut des baux ruraux. • Civ. 3e, 28 mars 2019, n° 17-20.884 : *AJDI 2019. 461.*

24. Ne constitue pas un bail rural la location d'une parcelle de terre à une CUMA qui y a installé une station d'irrigation des terres de ses adhérents, tous agriculteurs, cette CUMA n'étant pas exploitante agricole. • Civ. 3e, 15 mai 2008, n° 07-12.661 : *D. 2008. 1483 ; RD rur. 2008, n° 136, note Crevel ; Rev. loyers 2008. 387, note Peignot ; JCP N 2008. 1290, note Lebel ; ibid. 2009. 1343, note Roussel ; JCP 2008. IV. 2067 ; Defrénois 2009. 65, obs. Gelot ; Gaz. Pal. 2 déc. 2008. 20.*

25. Baux commerciaux. BIBL. Cordier, *RD rur. 1997. 92.* ♦ La location conclue pour les besoins d'un commerce n'est pas un bail rural. • Soc. 28 avr. 1964 : *Bull. civ. IV, n° 353.* ♦ Il en est ainsi lorsque le négociant de bestiaux, sans activité agricole, ne pratique aucune culture. • Même arrêt. ♦ V. aussi, pour une société avicole ayant pour objet social des activités industrielles, commerciales et financières, • Civ. 3e, 21 juill. 1993 : *Ann. loyers 1993. 888.* ♦ La location de droits incorporels d'un fonds de commerce (bassins d'élevage piscicole) n'est pas soumise aux dispositions du statut du fermage. • Civ. 3e, 17 avr. 1996, n° 94-14.956 P : *D. 1996. IR 129 ; Rev. huiss. 1997. 834, note Teilliais.* ♦ Bail commercial sur des terres agricoles pour la gestion d'une plate-forme de compostage de déchets organiques : V. • Civ. 3e, 2 févr. 2005 : *D. 2005. AJ 568 ; JCP N 2005. 1077, note Barabé-Bouchard.* ♦ Le bail portant sur des terrains nus pour l'exploitation d'un zoo relève du statut des baux commerciaux, quel que soit le mode de paiement du loyer. • Poitiers, 28 mars 2007, *Gouzillon de Bélizal c/ SCI du Gros Roc : JCP 2008. IV. 1196.* ♦ N'est pas établi le caractère rural d'un bail lorsque les activités autorisées par la convention des parties sont commerciales, le chiffre d'affaires dans sa majorité constitué de la vente de cartes et matériel de pêche, par l'activité de restaurant, et que l'utilisation agricole n'est donc pas principale. • Civ. 3e, 26 juin 2007, n° 04-17.710.

26. La faculté accordée au preneur d'exercer dans les lieux la profession de marchand de bestiaux et de transformer les terres en prés n'est pas suffisante pour conférer au bail un caractère commercial. • Soc. 27 févr. 1959 : *Bull. civ. IV, n° 319.*

27. Lorsqu'un contrat de location indivisible porte sur une maison à usage d'hôtel, sur le fonds de commerce qui y est exploité, et sur un pré, l'activité agricole n'est qu'accessoire et la qualification de bail rural doit être écartée. • Civ. 3e, 16 juill. 1975 : *Bull. civ. III, n° 251.* ♦ En ce sens qu'une location consentie à une coopérative agricole est un bail professionnel, V. • Civ. 3e, 17 avr. 1996 : *Ann. loyers 1996. 1468.*

28. Novation. Il y a novation du bail à ferme conclu initialement en raison du changement de destination des parcelles en cause dès lors que l'activité principale du preneur, immatriculé au registre du commerce au titre de la création et de l'entretien d'espaces verts, est étrangère à l'usage agricole des terres louées et qu'il ne se livre qu'accessoirement à l'agriculture. • Civ. 3e, 26 janv. 1994, n° 92-13.436 P : *D. 1994. IR 77 ; JCP 1994. IV. 824 ; Gaz. Pal. 1994. 2. Somm. 537, obs. Lachaud.* ♦ La volonté de novation par changement du preneur doit être expresse, claire et non équivoque. • Civ. 3e, 9 mars 2022, n° 20-22.436 : *Defrénois 2022, n° 12, p. 9 et n° 19, p. 32, note Delorme ; Rev. loyers 2022, n° 1028, note Roussel.*

E. QUALITÉ DES PARTIES

29. L'objet d'une association gérant un centre d'adaptation par le travail n'exclut pas la possibilité pour celle-ci de conclure, en qualité de preneuse, des baux soumis au statut du fermage. • Civ. 3e, 22 juill. 1987 : *Bull. civ. III, n° 153.* ♦ L'inscription à la MSA est insuffisante pour caractériser le bail rural. • Civ. 3e, 26 juin 2007, n° 04-17.710.

30. La profession du preneur est en elle-même indifférente à l'existence d'un bail rural. • Civ. 3e, 2 déc. 2003 : *RD rur. janv. 2005. 22, obs. Carius.* ♦ Il n'est pas indispensable que le preneur soit agriculteur de profession ni que l'agriculture soit son activité principale. • Nîmes, 10 sept. 2009 : *RD rur. 2010, n° 27, note Crevel.* ♦ L'exercice par le preneur, outre l'exploitation de terres agricoles prises en location, d'une activité d'entretien de jardins, ne saurait le priver de son droit au renouvellement du bail. • Civ. 3e, 3 juin 1992, n° 91-10.289 P : *JCP N 1993. II. 147, obs. Moreau ; Defrénois 1993. 784, obs. Vermelle.*

31. Constitue un bail à ferme la convention consentie par une SAFER plus de cinq ans après l'acquisition du bien. • Civ. 3e, 20 mars 1996 : *Rev. huiss. 1996. 1251, obs. Teilliais ; Gaz. Pal. 1998. 1. Somm. 17* • 9 oct. 1996 : *RD rur. 1996. 112.*

II. CONTRATS NON SOUMIS AU STATUT DU FERMAGE

32. Convention d'entraide. Il y a simple convention d'entraide et non bail rural lorsque le bailleur laisse provisoirement à l'ancien preneur, qui a cédé son exploitation à son fils et se trouve sans logement, une maison d'habitation et des terres de faible superficie ne constituant pas une exploitation agricole. • Soc. 17 févr. 1955 : *Bull. civ. IV, n° 143.*

33. Louage de services. Constitue un louage de services et non un bail à ferme le contrat portant sur une maison d'habitation entourée d'un potager et d'un verger, avec engagement pour assurer le gardiennage de la villa, l'entretien des jardins et le rôle éventuel de mandataire du propriétaire. • Soc. 23 mars 1953 : *Bull. civ. IV, n° 246.* ♦ V. conf., en ce qui concerne un contrat de gardiennage et de fourniture d'une certaine quantité de produits de basse-cour, légumes et fruits, • Soc. 3 déc. 1953 : *Bull. civ. IV, n° 764.*

34. Il n'y a pas bail rural lorsqu'un cultivateur a été chargé par une société commerciale d'assurer la culture d'une parcelle au bénéfice des membres de son association de jardins ouvriers. • Soc. 16 juin 1951 : *Bull. civ. III, n° 480.*

35. Est un bail à ferme la convention verbale par laquelle le propriétaire met à la disposition d'une personne la maison d'habitation en la chargeant de la culture des terres et en l'autorisant à pratiquer l'aviculture, alors surtout que les propriétaires ne justifient pas avoir disposé des récoltes comme elles l'auraient fait si le nouvel arrivant n'avait été que leur simple ouvrier agricole. • Soc. 18 févr. 1954 : *Bull. civ. IV, n° 112.*

36. Il y a bail à ferme et non contrat de travail si ne sont établis ni une convention précaire révocable ni un lien de subordination ni la délivrance régulière de bulletins de paye et s'il y a partage des récoltes et des dépenses. • Civ. 3e, 13 juin 1969 : *Bull. civ. III, n° 476.* ♦ Comp., en cas de fraude : • Soc. 15 déc. 1960 : *Bull. civ. IV, n° 1188.* ♦ Dès lors que la mise d'une propriété rurale à la disposition d'un salarié a pour contrepartie un prix calculé d'après le cours d'une denrée pouvant servir de base à la détermination d'un fermage, le contrat constitue un bail soumis au statut du fermage malgré le lien existant avec le contrat de travail. • Civ. 3e, 19 oct. 1983 : *Bull. civ. III, n° 192 ; D. 1985. IR 72, obs. Martine.*

37. Ne constitue pas une atteinte au statut du fermage la tolérance relative à la présence d'un troupeau de cent têtes appartenant au preneur sur les terres objet du bail de chasse dès lors que celle-ci constitue bien l'accessoire du bail de chasse. • Civ. 3e, 3 oct. 2007, n° 06-17.848 : *Rev. loyers 2007. 517.*

38. La seule vente temporaire d'usufruit échappe au statut du fermage. • Civ. 3e, 5 janv. 2010, n° 08-19.467 : *RD rur. 2010, n° 56, note Roussel ; Gaz. Pal. 3-4 févr. 2010 et 31 mars-1er avr. 2010. 1011, obs. Peignot et Millard ; JCP N 2011. 1247, note Roussel.* ♦ La cession temporaire d'usufruit qui a pour but d'échapper au statut du fermage doit être requalifiée en bail rural. • Bourges, 23 mars 2017, n° 16/00045 : *RD rur. 2017, n° 188.*

39. Contrat d'entreprise. Il y a contrat d'entreprise ne permettant pas à l'occupant de se maintenir dans les lieux si aucun partage des produits n'est prévu et que le prix stipulé constitue non un loyer mais la rémunération d'un travail déterminé. • Soc. 1er févr. 1958 : *Bull. civ. IV, n° 193.* ♦ Pour un autre exemple, V. • Civ. 3e, 28 janv. 1987 : *D. 1987. IR 27.* – Comp. : • Civ. 3e, 20 nov. 1991 : *JCP N 1992. II. 112, obs. Moreau.*

40. Société. BIBL. Lachaud, *Ann. loyers 1996. 448.* ♦ Il y a louage et non société dès lors qu'est prévu le paiement d'un prix mensuel fixe en contrepartie de la jouissance d'un établissement horticole. • Soc. 31 mai 1960 : *Bull. civ. IV, n° 584 ; JCP 1960. II. 11761.* ♦ V. aussi art. L. 411-2, dernier al. ♦ Rejet de la demande de requalifier un contrat de société en bail rural par un gérant qui ne démontre pas l'exploitation pour son compte personnel ni le paiement à titre personnel. • Civ. 3e, 31 mars 2016, n° 15-12.891 : *Rev. loyers 2016. 250, note Roussel.*

41. Mandat. En dépit des termes de mandat et de gérance employés dans le contrat, constitue un bail rural la mise à disposition de terres à vocation agricole pour une durée déterminée moyennant versement d'une somme d'argent. • Civ. 3e, 18 juin 1969 : *Bull. civ. III, n° 486.*

42. Vente. Pour la distinction de la vente d'herbe et du bail rural, V. notes 44 s.

43. Location de matériel accessoire à un bail rural. V. jurisprudence ss. art. L. 411-47.

III. PRÉSOMPTION DE BAIL RURAL

A. CESSION EXCLUSIVE DES FRUITS DE L'EXPLOITATION

44. BIBL. Lachaud, *Ann. loyers 1997. 1197 ; RD rur. 1998. 201* (le pâturage et le droit). ♦ Avant l'intervention des lois des 4 juill. 1980 et 1er août 1984, la Cour de cassation considérait que ne constitue pas un bail à ferme, mais une *vente d'herbe*, la location d'un pâturage lorsque aucun travail de culture ou d'entretien du fonds n'est mis par la convention à la charge du preneur. • Cass., Ch. réun., 1er juill. 1957 : *D. 1958. 185, note R. Savatier ; JCP 1957. II. 10175, note de Juglart.* ♦ Désormais, la preuve de l'absence d'obligation d'entretien mise à la charge de l'acheteur est sans effet. • Civ. 3e, 27 oct. 1993, n° 91-11.166 P.

45. Utilisation continue. Est titulaire d'un bail rural sur une parcelle qui a fait l'objet de ventes d'herbe à son profit, la partie qui a utilisé le fonds litigieux de façon répétée pendant trois saisons consécutives. • Civ. 3e, 2 juin 1993, n° 91-14.521 P : *Defrénois 1994. 886, obs. Vermelle ; JCP N 1994. II. 62, obs. Moreau* • 31 mars 1998 : *RD rur. 1998. 544.* ♦ Même sens pour une vente d'herbe ininterrompue pendant dix ans. • Civ. 3e, 24 mai 2000 : *RD rur. 2001. 51 ; AJDI 2001. 151, obs. Giraudel.* ♦ V. aussi, à propos d'un bailleur ayant renouvelé la vente d'herbe dans les conditions de l'année précédente, pour un an, • Civ. 3e, 12 juill. 1995, n° 93-14.613 P : *D. 1995. IR 218 ; Gaz. Pal. 1997. 1. Somm. 115, obs. Lachaud.* – V. également • Civ. 3e, 3 avr. 1997, n° 95-10.361 P : *D. 1997. IR 101 ; RD rur. 1997. 500* • 2 févr. 2000, n° 98-13.158 P : *Gaz. Pal. 30 juin-1er juill. 2000. Somm. 8, obs. Lachaud ; Administrer 7/2000. 33, note Le Petit.* ♦ Le statut des baux ruraux s'applique à l'exploitant qui a sept ans de suite été l'adjudicataire d'une convention d'occupation excluant tous travaux d'entretien et d'amélioration pour une parcelle de 80 ha en montagne, même si la jouissance était interrompue chaque année du 31 octobre à fin mai en raison des conditions climatiques. • Civ. 3e, 7 mai 2002, n° 00-19.057 P : *Rev. loyers 2002. 420, note Peignot ; RD rur. 2002. 393 et 641 ; ibid. 2003. 40, obs. Crevel ; JCP 2002. IV. 2045 ; JCP N 2002. 1658, note Grimonprez et Gilardeau ; AJDI 2002. 866, obs. Giraudel ; Gaz. Pal. 20-21 juin 2003. 32.* ♦ Même sens pour des biens de section. • Civ. 3e, 19 juin 2002 : *RD rur. 2003. 47 et 367, obs. Crevel.* ♦ Ne constitue pas une opération continue et répétée dans l'intention de faire obstacle au statut du fermage le contrat de vente d'herbe consenti du 20 mars au 1 décembre 1995 par la propriétaire qui souhaitait aliéner son fonds même si celle-ci a été contrainte de renouveler tacitement la convention jusqu'en 1996 en raison de la disparition de son conjoint qui exploitait de son vivant les prairies. • Civ. 3e, 24 mars 2004, n° 02-15.920 P : *JCP 2004. IV. 2046 ; Gaz. Pal. 25-26 août 2004. 21.*

46. Cession exclusive. Il n'y a pas cession exclusive des fruits de l'exploitation quand la parcelle litigieuse est mise à la disposition d'autres agriculteurs qui y font paître leurs bovins. • Riom, 21 mars 1988 : *Gaz. Pal. 1989. 2. 537, note Prévault.* ♦ De même, le statut ne s'applique pas : ... à un entrepreneur de travaux agricoles qui, moyennant paiement, met ses bêtes à paître d'avril à novembre dans un herbage complanté de pommiers dont le propriétaire ramasse ou fait ramasser chaque année la récolte de pommes. • Civ. 3e, 17 oct. 1990 : *RDI 1991. 113.* – Comp. : • Civ. 3e, 10 janv. 1996 : *Rev. loyers 1997. 207.* ♦ ... A la mise à disposition d'une parcelle intervenue à l'occasion d'une promesse de vente non réitérée et devenue caduque, dès lors qu'il n'est pas établi que le demandeur ait bénéficié d'une cession exclusive des fruits de l'exploitation. • Civ. 3e, 24 janv. 1996 : *Rev. loyers 1997. 206.* – V. aussi Libeau et Peignot, *ibid. 1997. 164.* ♦ ... A la vente d'herbe qui n'a pas un caractère répété et continu et lorsque les sommes versées au propriétaire correspondent au prix d'achat de l'herbe produite. • Chambéry, 7 mai 2002 : *RD rur. 2002. 440.*

47. La présomption de ruralité du bail ne s'applique pas à une convention par laquelle une parcelle en nature de pâturage de montagne est mise gratuitement et temporairement à la disposition d'un tiers. • Riom, 21 mars 1988 : *Gaz. Pal. 1989. 2. 537, note Prévault.* ♦ Il n'existe pas de bail à ferme dès lors qu'il n'y a pas eu mise à disposition du domaine mais des herbes, que seul le sort des récoltes a été réglé et non l'exploitation de la propriété, sans volonté d'éluder le fermage, sans occupation autre qu'indue de l'exploitant. • Civ. 3e, 28 juin 2011, n° 10-23.644 : *AJDI 2011. 713.*

48. Preuve contraire. Pour combattre la présomption d'application du statut, le cédant ou le propriétaire doit démontrer, d'une part, qu'il n'y a ni continuité ni répétition de l'utilisation des lieux et, d'autre part, que le contrat n'a pas été conclu dans l'intention de faire obstacle au statut. • Pau, 28 nov. 1985 : *JCP 1986. II. 20662, note Ourliac et de Juglart.* ♦ Sur cette preuve, V. • Dijon, 24 févr. 1994 : *Rev. huiss. 1995. 562, note Pitaud.* ♦ Peu importe que l'entretien et les charges afférentes au bien incombent au vendeur. • Civ. 3e, 27 oct. 1993, n° 91-11.166 P : *Defrénois 1994. 886, obs. Vermelle ; D. 1993. IR 247 ; RD rur. 1993. 105* • 23 févr. 1994, n° 92-16.039 P : *Gaz. Pal. 1994. 2. Somm. 537, obs. Lachaud* • 2 févr. 2000 : *Ann. loyers 2000. 2028.* ♦ V. aussi, à propos du propriétaire ayant gardé à sa charge les cotisations de mutualité sociale agricole, • Civ. 3e, 22 janv. 1997 : *Ann. loyers 1997. 1078 ; RD rur. 1997. 131 ; Rev. loyers 1998. 226.* ♦ Au regard de la répétition des actes de cession des fruits de l'exploitation, la propriétaire ne démontre pas qu'il s'agissait d'une vente isolée ni qu'elle avait elle-même exploité les parcelles, et le GAEC bénéficie d'un bail rural. • Civ. 3e, 10 mars 2015, n° 13-27.885 : *AJDI 2015. 446.* ♦ La cour qui établit l'existence d'une manœuvre frauduleuse concertée des propriétaires et des exploitants vendeurs pour contourner le statut du fermage est fondée à requalifier la vente d'herbe, même si les propriétaires n'étaient pas parties à ce contrat. • Civ. 3e, 25 mai 2023, n° 21-22.208 : *AJDI 2023. 529 ; DP entr. agric., Bull. n° 577, p. 10, note Carius.*

B. PRISE EN PENSION D'ANIMAUX

49. La prise en pension d'animaux est soumise au statut du fermage lorsque les obligations qui incombent normalement au propriétaire du fonds sont mises à la charge du propriétaire d'animaux. • Civ. 3e, 16 juill. 1997 : *Gaz. Pal. 1999. 2. Somm. 594, obs. Lachaud.* ♦ Est soumise au statut des baux ruraux la mise à disposition par le propriétaire à un tiers de terres pour y laisser pâturer des animaux, qui a fait l'objet pendant une dizaine d'années de contrats successifs avec obligation pour le bénéficiaire d'entretien des clôtures, sans qu'il importe à cet égard que les paiements annuels aient été diminués du prix de deux bêtes. • Civ. 3e, 16 mars 1994, n° 92-17.591 P : *D. 1994. IR 84 ; JCP N 1994. II. 319, obs. Moreau.* ♦ En revanche, ne peut se prévaloir du statut du fermage, le plaideur qui, pendant un certain nombre d'années, a mis en pension des animaux sur les terres d'un tiers, a, au cours de cette période, déclaré qu'il considérait qu'il en était toujours ainsi, et n'a effectué aucun des ouvrages qui lui auraient incombé s'il avait acquis la qualité de preneur, alors que le propriétaire a continué à entretenir les lieux par la taille des haies, la cueillette des fruits et le maintien en état du système de clôture. • Civ. 3e, 29 juin 1994, n° 92-16.177 P : *JCP 1994. IV. 2163 ; Gaz. Pal. 1995. 2. Somm. 310, obs. Lachaud.* ♦ N'établit pas l'existence d'un bail rural le propriétaire d'animaux qui ne prouve pas qu'il était tenu d'une obligation de culture ou d'entretien du fonds ou que les obligations du propriétaire auraient été mises à sa charge ou qu'il aurait assumé ces obligations. • Civ. 3e, 6 févr. 2007, n° 06-10.312 : *Gaz. Pal. 15-18 août 2007. 30.* ♦ Comp. : Le contrat de mise en pension d'un cheval moyennant rétribution est un contrat de dépôt salarié. • Civ. 3e, 30 oct. 2007, n° 06-19.390 : *RD rur. 2008, n° 14.* ♦ Le bénéficiaire d'un contrat de pension d'animaux ne peut revendiquer un bail rural du GAEC bénéficiaire d'une mise à disposition des terres, puisqu'un bail ne peut être consenti que par le propriétaire du bien et qu'aucune preuve d'entente frauduleuse du propriétaire et du GAEC n'était établie. • Civ 3e, 6 févr. 2020, n° 18-13.956 : *Gaz. Pal. 2020, n° 37, p. 23, note Peignot.*

IV. PREUVE DU BAIL RURAL

50. La preuve de l'existence d'un bail rural peut, selon l'art. L. 411-1, être rapportée par tous moyens. • Civ. 3e, 9 mars 1994 : *RD rur. 1994. 262, note Ourliac* • 21 févr. 1996 : *Rev. loyers 1997. 190.* ♦ Une cour d'appel peut constater qu'une telle preuve n'est pas faite par un seul relevé de la Mutualité sociale agricole, contredit par divers témoignages. • Civ. 3e, 9 mars 1994 : *préc.* ♦ Dans le même sens, V. • Civ. 3e, 1er févr. 2000 : *RD rur. 2000. 126 ; Ann. loyers 2000. 2027.* ♦ ... Par l'inscription à la MSA qui résulte d'un acte unilatéral, alors que la preuve de l'exploitation des terres n'est pas apportée. • Civ. 3e, 24 nov. 2004 : *Gaz. Pal. 7-8 oct. 2005. 9.* ♦ ... Ni par la production de divers documents ne faisant aucune référence aux parcelles litigieuses. • Reims, 9 mai 2001 : *RD rur. 2002. 47.* ♦ Est fondé à solliciter la reconnaissance de sa qualité de fermier l'exploitant ayant réglé le fermage sans opposition du bailleur à la réception du chèque établi sous son propre nom après que le GAEC preneur auquel il appartenait a été dissous. • Riom, 3 sept. 1996 : *JCP 1997. IV. 437.* ♦ L'existence d'un bail rural ne peut pas être contestée dès lors qu'un bail a été rédigé (mais n'a pas été signé), que le preneur a réglé un fermage, qu'il a exploité la propriété pendant plus de trois ans sans aucune protestation de la part du propriétaire, et que celui-ci lui a réclamé une part de la taxe foncière. • Civ. 3e, 19 févr. 1997 : *Ann. loyers 1997. 1078 ; RD rur. 1997. 365.* ♦ Ayant relevé que les fermages avaient toujours été réglés au notaire chargé de la succession, que l'exploitant des parcelles litigieuses faisait paître son cheptel sur une parcelle en nature de pâture et s'acquittait de l'assurance du bâtiment à usage agricole, et constaté, d'autre part, que le légataire avait signé un document écrit comportant mention desdites parcelles duquel il ressortait sans équivoque que l'occupant exploitait les parcelles dépendant de la succession du conjoint du légataire moyennant un fermage, la cour a pu en déduire que le fermier bénéficiait du statut du fermage. • Civ. 3e, 24 juin 1998 : *JCP 1998. IV. 2837.* ♦ Sont mal fondés à refuser le paiement du fermage les propriétaires qui, habitant sur place, ont accepté le commencement d'exploitation des terres, et ceci malgré l'échec de la vente partielle prévue initialement. • Civ. 3e, 20 sept. 2005 : *Defrénois 2006. 840, obs. Gelot.* ♦ Pour les baux consentis sur le domaine d'autrui, V. Lachaud, *Gaz. Pal. 1978. 2. Doctr. 635.*

51. Bail verbal. Les bénéficiaires d'un bail verbal doivent prouver le caractère onéreux de celui-ci pour bénéficier du statut des baux ruraux. • Civ. 3e, 17 avr. 1996 : *Rev. huiss. 1996. 1249, note Teilliais.* ♦ V. aussi, s'agissant d'un bail verbal, jugeant qu'à défaut de loyer déterminé, la mise à disposition à titre onéreux n'est pas prouvée par le preneur qui se limite à invoquer le bénéfice d'une compensation, • Civ. 3e, 8 avr. 1992 : *Rev. huiss. 1994. 815, note Bourdillat.* ♦ Concernant la preuve de l'existence d'un bail verbal, V. également • Civ. 3e, 12 juin 1996, n° 94-16.095 P : *RD rur. 1996. 446 ; Rev. loyers 1997. 203* • 9 mai 2019, n° 17-31.020 : *DP entr. agric., Bull. n° 530-531, p. 12, note Roussel.* ♦ Un bail verbal, opposable aux cohéritiers, existe au profit de l'enfant du *de cujus* ayant exploité le bien de ce dernier à titre exclusif et ayant supporté toutes les charges de l'exploitation, spécialement la taxe foncière. • Civ. 3e, 30 mai 1996 : *Ann. loyers 1996. 1469.* ♦ Un bail verbal ne peut exister dans la continuité d'un bail écrit sans que celui-ci ait été résilié. • Civ. 3e, 17 févr. 2022, n° 21-10.341 : *Defrénois 2022, n° 10, p. 18 ; AJDI 2022. 367.*

52. La charge de la preuve d'un bail statutaire et de la volonté non équivoque des propriétaires de lui consentir un tel bail appartient à celui qui s'en prévaut. • Civ. 2e, 25 mars 2021, n° 20-12.828 : *Rev. loyers 2021, n° 1018, note Roussel* • 20 mai 2021, n° 20-11.680 : *Rev. loyers 2021, n° 1019, note Roussel ; DP entr. agric., Bull. n° 556, p. 8, note Roussel.*

53. En ce sens que la non-existence du bail ne peut être établie par la seule constatation que l'intention des parties n'a pas été de conclure un bail à ferme, mais que les juges du fond doivent rechercher s'il existe entre les parties l'une des conventions prévues à l'art. L. 411-2, V. • Civ. 3e, 23 févr. 1994, n° 92-12.993 P : *RD rur. mai 1994. 263, note Ourliac.*

54. Les juges peuvent par appréciation souveraine fixer la date de commencement d'exécution du bail. • Civ. 3e, 21 janv. 2014, n° 12-27.582 : *RD rur. 2014, n° 37, note Crevel.* ♦ … Retenir que les termes « levée des récoltes » nécessitaient d'être confrontés aux usages agricoles pour en objectiver le jour et le mois. • Civ. 3e, 13 déc. 2018, n° 17-19.854 : *RD rur. 2019, n° 19, note Crevel ; AJDI 2019. 130* .

55. L'EARL à qui des terres ont été mises à disposition ne peut se prévaloir d'un bail sur ces terres, même si le preneur a cessé de participer à l'exploitation, puisque le preneur reste seul titulaire du bail, que les bailleurs n'ont pas sollicité la résiliation du bail et qu'il n'est pas prouvé la volonté non ambiguë du bailleur de consentir un bail à cette société. • Civ. 3e, 13 juill. 2011, n° 10-22.986 : *DP entr. agric., Bull. n° 444, p. 10, obs. Roussel ; Gaz. Pal. 2011. 3114 ; JCP N 2011. Actu. 638.* ♦ La novation de bail par changement de preneur a été justement retenue dès lors qu'a été établie la volonté des parties de transférer la jouissance de la totalité ces parcelles initialement louées au preneur initial. • Civ. 3e, 3 déc. 2015, n° 14-24.471 : *RD rur. 2016, n° 68, note Crevel.*

Art. L. 411-2 Les dispositions de l'article L. 411-1 ne sont pas applicables :
— aux conventions conclues en application de dispositions législatives particulières ;
— aux concessions et aux conventions portant sur l'utilisation des forêts ou des biens relevant du régime forestier, y compris sur le plan agricole ou pastoral ;
— aux conventions conclues en vue d'assurer l'entretien des terrains situés à proximité d'un immeuble à usage d'habitation et en constituant la dépendance ;
— aux conventions d'occupation précaire :
1° Passées en vue de la mise en valeur de biens compris dans une succession, dès lors qu'une instance est en cours devant la juridiction compétente ou que le maintien temporaire dans l'indivision résulte d'une décision judiciaire prise en application des articles *(L. n° 2006-728 du 23 juin 2006, art. 2-IV, en vigueur le 1er janv. 2007)* **« 821 à 824 » du code civil ;** — *V.* ***C. civ.***
2° Permettant au preneur *(L. n° 2006-11 du 5 janv. 2006, art. 3)* **« , à son conjoint ou au partenaire avec lequel il est lié par un pacte civil de solidarité » de rester dans tout ou partie d'un bien loué lorsque le bail est expiré ou résilié et n'a pas fait l'objet d'un renouvellement ;**
3° Tendant à l'exploitation temporaire d'un bien dont l'utilisation principale n'est pas agricole ou dont la destination agricole doit être changée ;
— aux biens mis à la disposition d'une société par une personne qui participe effectivement à leur exploitation au sein de celle-ci. — *[Anc. art. 809-1, al. 1er, 3, 4 et 5.]*

BIBL. ▶ XXVIe congrès national de l'AFDR, 16-17 oct. 2009, *Ann. loyers 2010, n° 2, p. 160 s.* (baux ruraux et pérennité de l'exploitation agricole, partie IB : les baux dérogatoires).

COMMENTAIRE

Le statut du fermage ne s'applique pas à toutes les mises à disposition de biens agricoles. Le statut est écarté d'une part lorsque la convention est régie par des dispositions particulières. Il en est ainsi des baux annuels (C. rur., art. L. 441-40), des baux de parcelle (C. rur., art. L. 411-3), des baux consentis par les personnes morales de droit public (C. rur., art. L. 415-11), des baux consentis par la SAFER (C. rur., art. L. 142-4 et L. 142-6), du bail emphytéotique (C. rur., art. L. 451-1), des baux à cheptel (C. civ., art. 1800 s.), du bail à complant (C. rur., art. L. 441-1), de la convention pluriannuelle d'exploitation des terres à vocation pastorale (C. rur., art. L. 481-1). D'autre part, le statut du fermage est écarté pour quatre catégories de conventions énoncées à l'article L. 411-2 dont les conditions sont d'interprétation stricte. L'article L. 415-10 exclut également le statut pour les locations de jardins d'agrément et d'intérêt familial ainsi que pour les baux de chasse et de pêche, mais ces dispositions ne constituent qu'une application de l'article L. 411-1 car dans ces deux cas, l'activité déployée n'a pas un caractère agricole. ❑

I. CONVENTIONS CONCLUES EN APPLICATION DE DISPOSITIONS LÉGISLATIVES PARTICULIÈRES

1. Est mal fondée la cour qui reconnaît un bail à ferme dans les rapports d'un exploitant et d'une commune sans rechercher si la commune avait pu consentir un tel bail sur les terres dépendant de sa réserve foncière. • Civ. 3e, 10 janv. 2007 : *Rev. loyers 2007. 143, note Peignot ; RD rur. févr. 2007. 37 ; JCP 2007. IV. 1305 ; JCP N 2007. 174 ; AJDA 2007. 1149 ; AJDI 2007. 488, obs. Rouquet ; JCP N 2007. 1235, note Roussel ; Gaz. Pal. 15-18 août 2007. 32 et 14-16 oct. 2007. 15.* ♦ Sur la demande d'une commune de reprendre un bien loué, le juge judiciaire n'est pas compétent pour retenir que l'acquisition de terres par une commune n'a pas été réalisée pour la constitution de réserves foncières. • Civ. 3e, 7 janv. 2009, n° 07-19.090.

2. Liquidation judiciaire. Du fait de la procédure de liquidation judiciaire en cours, la mise à disposition des parcelles consentie par le mandataire liquidateur ne pouvait être que provisoire, excluant l'application des dispositions du fermage et du métayage. • Civ. 3e, 11 janv. 2006, n° 04-18.710 P : *JCP 2006. IV. 1215 ; Rev. loyers 2006. 154 ; RD rur. mars 2006. 14 ; AJDI 2006. 209 ; Gaz. Pal. 19-20 mai 2006. 40, et 17-19 sept. 2006. 16 ; JCP N 2007, p. 32, note Roussel* • 31 mai 2018, n° 16-25.827 : *DP entr. agric., Bull. n° 521, p. 13, note Roussel.*

II. RÉGIME FORESTIER

3. Une parcelle de terres, même si elle peut servir de pare-feu à une propriété forestière, ne saurait, pour ce seul motif, constituer une exploitation forestière exclue du statut des baux ruraux, lorsque, par son étendue et les cultures qu'elle supporte (céréales), sa destination est agricole et non forestière. • Bordeaux, 23 juin 1983 : *Gaz. Pal. 1984. 1. 30, note J. R.* ♦ N'est pas soumise au statut des baux ruraux la location de 14 hectares de prairies servant de pare-feu dès lors que celles-ci font partie intégrante du domaine forestier dont elles sont indissociables, qu'elles en permettent l'aménagement et l'entretien pour en assurer la pérennité, leur vocation agricole n'étant pas dominante. • Bordeaux, 13 févr. 2003 : *RD rur. 2003. 563 ; ibid. 2004. 459, obs. Crevel.* – V. * Rép. min. n° 13468, *JOAN Q 19 févr. 2008, p. 1410.*

III. ENTRETIEN DES DÉPENDANCES D'IMMEUBLES À USAGE D'HABITATION

4. Sur le pouvoir souverain des juges du fond pour apprécier l'intention des parties, V. • Civ. 3e, 21 juin 1995, n° 93-16.468 P : *D. 1995. IR 178 ; Rev. huiss. 1996. 443, note Pitaud ; RD rur. 1995. 99.*

5. Pour la non-reconnaissance du caractère de dépendance d'un immeuble à usage d'habitation à l'égard d'une prairie d'une superficie de 4 hectares située autour d'une maison de dimensions modestes, V. • Civ. 3e, 21 juin 1995 : *préc. note 4.* ♦ Même sens pour quatre enclos représentant six hectares. • Civ. 3e, 9 mars 2004 : *AJDI 2004. 299*. ♦ Comp., reconnaissant le caractère de dépendance d'un château à des prairies se trouvant à l'intérieur des murs d'enceinte, • Civ. 3e, 4 oct. 1995 : *Rev. huiss. 1996. 444, note Pitaud.* ♦ Il a pu être conclu une convention d'entretien non soumise au statut du fermage pour une parcelle à proximité immédiate d'une maison, même si le locataire y exerçait une activité agricole. • Civ. 3e, 5 sept. 2012, n° 11-19.721 : *RD rur. 2012, n° 67, note Crevel ; AJDI 2012. 681 ; Rev. loyers 2012, n° 930.*

IV. CONVENTIONS D'OCCUPATION PRÉCAIRE

A. CARACTÈRE LIMITATIF ET D'ORDRE PUBLIC DE L'ART. L. 411-2

6. Liste limitative. BIBL. Le Petit, *Administrer 11/1996. 19.* ♦ En ce sens que les cas de convention d'occupation précaire prévus par l'art. L. 411-2 constituent une liste limitative, V. • Civ. 3e, 14 mars 1990 : *Gaz. Pal. 1990. 2. 537, note Hudault ; RDI 1990. 266* • 23 févr. 1994, n° 92-12.993 P : *RD rur. 1994. 263, note Ourliac ; JCP N 1994. II. 318, obs. Moreau* • 6 avr. 2004 : *AJDI 2004. 894 ; RD rur. févr. 2005. 41, obs. Chédozeau* • 3 nov. 2011, n° 10-16.059 : *AJDI 2012. 44*. ♦ Comp., sur la validité, au regard de l'art. L. 411-2, de la convention d'occupation précaire portant sur des terres mises en vente : • Civ. 3e, 11 juin 1986 : *Rev. loyers 1986. 368, note Le Petit.*

7. Promesse de vente. Sur l'application du statut du fermage et la compétence du tribunal paritaire des baux ruraux en cas de promesse de vente assortie de la faculté d'occuper les lieux pendant la durée de cette promesse, V. • Civ. 3e, 5 mars 1997, n° 94-20.679 P : *D. 1997. IR 101*.

8. Ordre public. Sont d'ordre public et s'appliquent aux baux en cours les dispositions introduites par les lois du 4 juill. 1980 et du 1er août 1984 dans les art. L. 411-1 et L. 411-2. • Civ. 3e, 23 mars 1994, n° 92-11.726 P : *JCP N 1994. II. 318, obs. Moreau.* ♦ Il en résulte que bénéficie du statut du fermage, et non pas d'une convention d'occupation précaire, celui qui, selon un accord verbal antérieur à ces textes qui s'est poursuivi sans qu'il soit établi que le propriétaire ait entendu à l'origine ou plus tard changer la destination agricole des terres, a reçu la disposition d'une exploitation moyennant la livraison annuelle d'un nombre déterminé de quintaux de blé. • Même arrêt. ♦ Faute d'avoir constaté l'existence entre les parties d'une convention de l'art. L. 411-2 C. rur., les juges sont mal fondés à refuser d'appliquer le statut du fermage au seul motif que la correspondance entre les parties établissait le refus de conclure un bail rural. • Civ. 3e, 3 déc. 2003 : *RD rur. 2004. 299, obs. Grimonprez ; Rev. loyers 2004. 182.* ♦ La cour ayant constaté l'exploitation des terres en vertu d'une convention d'occupation précaire de 2006 à 2012, il appartenait à la société d'exploitation d'apporter la preuve du bail statutaire qu'elle revendiquait. • Civ. 3e, 12 sept. 2019, n° 18-14.406 : *Rev. loyers 1er nov. 2019, note Peignot ; DP entr. agric., Bull. n° 536, p. 7, note Roussel ; Defrénois 2020, n° 17, p. 42.*

B. MAINTIEN DANS LES LIEUX APRÈS EXPIRATION OU RÉSILIATION DU BAIL

9. Les dispositions de l'art. L. 411-2, 2°, n'ont pas pour conséquence d'imposer le caractère d'occupation précaire au maintien du preneur dans les lieux, après l'expiration du bail, rien n'interdisant aux parties d'établir un bail même verbal. • Versailles, 26 nov. 1992 : *D. 1993. IR 27*. ♦ Le preneur qui est resté dans les lieux après la date d'effet du congé délivré par le bailleur, avec le consentement au moins tacite de celui-ci, et a réglé le montant du fermage pendant cinq ans, sans aucune réserve de la part du bailleur, est titulaire d'un nouveau bail. • Civ. 3e, 1er juin 1999 : *Rev. loyers 2000. 145, obs. Peignot ; RD rur. 2000. 526, obs. Crevel.* ♦ Le maintien dans les lieux à titre de tolérance à la suite de la résiliation amiable du bail commercial (centre équestre) au-delà du délai de délaissement conventionnellement fixé et le règlement d'une somme en contrepartie ne suffisaient pas à caractériser le bail rural. • Civ. 3e, 7 févr. 2019, n° 17-26.246 : *RD rur. 2019, n° 37, note Crevel ; Defrénois 2019, n° 8, p. 9 ; ibid. 2020, n° 18-19, p. 74, note Roussel ; DP entr. agric., Bull. n° 532, p. 8, note Roussel.*

10. Ne justifie pas l'application du statut du fermage : ... la seule prorogation, autorisée par le bailleur, de deux années de l'occupation des lieux ayant fait l'objet du bail suite à la résiliation de ce dernier, aux conditions dudit bail. • Caen, 20 oct. 1994 : *Gaz. Pal. 1995. 2. 339, note Lachaud.* ♦ ... La simple autorisation à l'EARL qui exploitait antérieurement les terres mises à sa disposition par le titulaire du bail et qui les avait ensemencées, de procéder aux récoltes et d'utiliser les hangars jusqu'à la fin de l'année culturale en cours après la résiliation amiable. • Civ. 3e, 11 janv. 2006 : *Gaz. Pal. 19-20 mai 2006. 42.*

C. EXPLOITATION TEMPORAIRE D'UN BIEN DONT L'UTILISATION PRINCIPALE N'EST PAS AGRICOLE OU DONT LA DESTINATION AGRICOLE DOIT ÊTRE CHANGÉE

11. Utilisation principale non agricole. Un établissement public national à caractère administratif (Office national de la chasse) peut conclure une convention de jouissance précaire et révocable avec un agriculteur et échapper, ainsi, à l'application du statut du fermage sur les terres, objet de la concession, dès lors que celles-ci ont une utilisation principale qui n'est pas agricole. Le contrat annuel, ainsi conclu, relève de la compétence des juridictions administratives. • T. par. baux rur. Rambouillet, 7 févr. 1994 : *Gaz. Pal. 1995. 1. Somm. 53.* ♦ Le propriétaire d'une parcelle principalement utilisée pour recevoir des antennes de télédiffusion peut conclure avec un exploitant une convention d'occupation précaire pour mettre en valeur la partie accessoire du bien. • Civ. 3e, 20 déc. 2000, n° 99-12.797 P : *RD rur. 2001. 281 et 300 ; Gaz. Pal. 25-27 févr. 2001, p. 16 ; JCP 2001. IV. 1329.*

12. Changement de destination. **BIBL.** Debeaurain, *RD rur. janv. 2008, p. 29* (changement de destination dans le cadre du bail rural). ♦ Il y a convention d'occupation précaire remplissant les conditions de l'art. L. 411-2-3° lorsque : ... le caractère temporaire de l'exploitation résulte à l'évidence des autorisations annuelles délivrées à l'occupant et des conditions sous lesquelles il a pris possession des lieux, alors, d'autre part, qu'on se trouve en présence d'une obligation de changer la destination agricole des lieux. • Nîmes, 7 mai 1987 : *D. 1988. 248, note Beignier.* ♦ ... La convention expose le projet d'urbanisme de la commune intégrant ces parcelles, qu'une lettre du maire confirme cette intention, suivie de la création d'une ZAD et d'une ZAC. • Rennes, 10 avr. 2003 : *BICC, n° 586, p. 25.* ♦ ... Lorsque les parties ont effectivement intégré dans leurs prévisions un projet concret de changement de destination des parcelles. • Civ. 3e, 5 oct. 2017, n° 16-15.505 : *RD rur. 2017, n° 280, note Crevel ; JCP N 2017. Actu. 888* • 29 nov. 2018, n° 17-15.292 : *AJDI 2019. 68 ; Rev. loyers n° 994, p. 85, note Peignot ; Gaz. Pal. 2019. 1567, note Peignot.* ♦ ... Les exploitants demandent chaque année le renouvellement de la mise à disposition consentie parfois pour des durées du 15 avril au 15 novembre sur des parcelles dont le classement permettait de changer la destination agricole. • Civ. 3e, 22 févr. 2006, n° 05-11.117 P : *RD rur. mars 2006. 15 ; JCP 2006. IV. 1576 ; AJDI 2006. 474, obs. Prigent ; Gaz. Pal. 23-25 juill. 2006. 21, et 5-7 nov. 2006. 19 ; JCP N 2007, p. 36, note Roussel.* ♦ ... Existe un certificat d'urbanisme établissant la possible utilisation de la parcelle pour réaliser un projet de construction à usage d'habitation et que l'occupant ne pouvait l'ignorer depuis le début de son activité. • Civ. 3e, 5 janv. 2012, n° 10-27.947 : *DP entr. agric., Bull. n° 449, p. 8, obs. Roussel ; RD rur. 2012, n° 11, note Crevel ; JCP 2012. 98 ; Rev. loyers 2012. 116, note Peignot.* ♦ V. aussi, pour des parcelles destinées à être urbanisées, • Civ. 3e, 4 avr. 1990, n° 88-17.843 F : *Gaz. Pal. 1990. 2. Pan. 132.* – Comp. : • Civ. 3e, 11 juill. 1990 : *JCP 1990. IV. 342.* ♦ ... Pour l'extension d'un cimetière, • Caen, 28 janv. 2014 : *RD rur. 2014, n° 65.* ♦ V. également, à propos de la location de terres, immeubles à caractère industriel, vouées dans un temps plus ou moins proche à l'exploitation du sous-sol, • Civ. 3e, 15 mai 1996 : *RD rur. 1996. 389.* ♦ Constitue une convention d'occupation précaire excluant l'application du statut du fermage la convention conclue pour un an renouvelable dans la perspective de l'extension à moyen terme de la carrière déjà exploitée par le propriétaire des parcelles concernées qui les a acquises dans cette perspective. • Civ. 3e, 20 mai 2014, n° 13-11.065 : *RD rur. 2014, n° 216, note Crevel.*

13. Preuve. Sur la charge de la preuve que la destination des parcelles doit être modifiée, V. • Civ. 3e, 11 juill. 1990, n° 88-20.278 P • Nîmes, 9 nov. 2004 : *Ann. loyers 2005. 691, obs. Lachaud.*

14. Réserve foncière. L'exploitant bénéficiaire de la concession temporaire de terres agricoles acquises par une personne publique pour la constitution d'une réserve foncière ne bénéficie d'aucun droit né du statut des baux ruraux que si l'immeuble est repris en vue de son utilisation définitive dans une opération d'aménagement. • Civ. 3e, 27 févr. 2020, n° 18-24.772 P : *D. 2020. 486* et *1708, note Roussel ; D. actu. 17 mars 2020 et 20 juill. 2020 ; AJDI 2020. 768, note Prigent ; Defrénois 2020, n° 11, p. 9, note Prigent ; JCP 2020, n° 11, p. 300 ; Rev. loyers 2020, n° 1005 et n° 1006, note Peignot ; AJDA 2020. 489 ; JCP N 2020. Actu. 266 et 1141, note Besson, de Los Angelès, Travely et Bosse-Platière ; RD rur. 2020, n° 103, note Crevel ; Gaz. Pal. 2020, n° 10, p. 40, obs. Berlaud et n° 37, p. 24, note Peignot ; DP entr. agric., Bull. n° 541/542, p. 8, note Roussel.*

V. MISE À LA DISPOSITION D'UNE SOCIÉTÉ

15. Régime juridique. **BIBL.** Roussel, *RD rur. 2008. Dossier 25* (art. L. 411-2, 5e tiret). ♦ Si le statut du fermage n'est pas applicable aux biens mis à la disposition d'une société, c'est à la condition, posée par l'art. L. 411-2, que le propriétaire des biens ainsi mis à disposition participe effectivement à leur exploitation au sein de celle-ci. • Civ. 3e, 5 janv. 2010, n° 08-22.043 : *JCP N 2010. 1180, note Barbièri ; AJDI 2010. 238*. ♦ Ainsi, une société civile d'exploitation agricole n'est titulaire d'aucun bail sur les parcelles mises à sa disposition par l'un des associés, qui les exploitait pour partie en qualité de propriétaire et pour partie en qualité de locataire, dès lors, d'une part, que selon l'art. L. 411-2, le statut du fermage n'était pas applicable aux terres dont cet associé était propriétaire, et que, d'autre part, en vertu de l'art. L. 411-37, cet associé était resté seul titulaire du bail des terres qui lui avaient été données en location. • Civ. 3e, 23 févr. 1994, n° 91-22.032 P : *Gaz. Pal. 1993. 2. Somm. 537, obs. Lachaud.*

16. Fin de mise à disposition. Une EARL ne peut prétendre jouir d'un bail à ferme sur les terres mises à sa disposition par deux associés qui ont manifesté leur intention de se retirer de la société, de reprendre la disposition de leurs biens et de cesser leur participation personnelle à l'exploitation. • Civ. 3e, 5 déc. 2001, n° 00-13.569 P : *Gaz. Pal. 24-25 juill. 2002, p. 28 ; RD rur. 2002. 1 et 181, 292, obs. Crevel ; JCP 2002. IV. 1117 ; JCP N 2002. 408, obs. Gilardeau et Grimonprez.* ♦ La cessation de la participation personnelle à l'exploitation au sein de la société bénéficiaire de la mise à disposition ne permet plus à l'auteur de celle-ci, à compter de la date de cet événement, de se prévaloir de l'exclusion du statut du fermage, à moins qu'il n'ait manifesté concomitamment son intention de mettre fin à cette mise à disposition. • Civ. 3e, 10 sept. 2020, n° 19-20.856 P : *Gaz. Pal. 2020, n° 33, p. 37, obs. Berlaud ; D. 2020. 1721 et 2505, rapp. Sturlèse ; ibid. 2507, note Roussel ; D. Actu. 2 oct. 2020, note Prigent ; RD rur. 2020, n° 167 ; Defrénois 2020, n° 39, p. 5 ; Gaz. Pal. 2020, n° 33, p. 37 ; DP entr. agric., Bull. n° 545, p. 7, note Roussel ; Rev. loyers 2020, n° 1011, note Peignot.*

17. Les dispositions des art. L. 411-1 et L. 411-2 n'interdisent pas la conclusion d'un bail soumis au statut du fermage portant sur les biens mis à la disposition d'une société par une personne, même continuant de participer à l'exploitation au sein de celle-ci. • Civ. 3e, 8 oct. 1997, n° 95-19.267 P : *Defrénois 1998. 545, obs. Chappert ; RD rur. 1997. 514 ; JCP N 1999, n° 41, p. 1477.* – V. aussi Roussel, *RD rur. 1999. 277, n° 7* (V. le jugement cassé, • TGI Charleville-Mézières, 21 juill. 1995 : *RD rur. mars 1996. 25*). – V. aussi, critiquant le jugement du TGI de Charleville-Mézières de 1995, Madignier, *JCP 1997. Prat. 4178* (les inconvénients fiscaux des baux ruraux consentis à une société). – V. également Lachaud, *Gaz. Pal. 1997. 1. Doctr. 572.*

18. Régime fiscal. La mise à disposition d'une société ne remet pas en cause le bénéfice de la taxation réduite aux droits d'enregistrement prévue par l'art. 705 CGI (1594 F *quinquies*), sous réserve que la mise à disposition soit effectuée dans les mêmes conditions que celles fixées à l'art. L. 411-37 pour les preneurs de baux ruraux et, notamment, qu'elle ne donne pas lieu à l'attribution de parts. * Rép. min. n° 2629, *JO Sénat Q, 17 mars 1994, p. 604* * Rép. min., *Defrénois 2008. 231.*

Art. L. 411-3 **Après avis de la commission consultative des baux ruraux, des arrêtés** *(Ord. n° 2006-870 du 13 juill. 2006)* **« de l'autorité administrative » fixent, en tenant compte des besoins locaux ou régionaux, la nature et la superficie maximum des parcelles de terres ne constituant pas un corps de ferme ou des parties essentielles d'une exploitation agricole pour lesquelles une dérogation peut être accordée aux dispositions des articles L. 411-4 à L. 411-7, L. 411-8 (alinéa 1), L. 411-11 à L. 411-16 et L. 417-3.** *(L. n° 84-741 du 1er août 1984, art. 12-I)* **« La nature et la superficie maximum des parcelles à retenir lors de chaque renouvellement de la location sont celles mentionnées dans l'arrêté en vigueur à cette date. »**

(L. n° 2010-874 du 27 juill. 2010, art. 56) **« La dérogation prévue au premier alinéa ne s'applique pas aux parcelles ayant fait l'objet d'une division depuis moins de neuf ans. »**

(Ord. n° 2006-870 du 13 juill. 2006) **« Lorsqu'il n'est pas constaté par écrit, le bail des parcelles répondant aux conditions** *(L. n° 2010-874 du 27 juill. 2010, art. 56)* **« du premier alinéa » est soumis aux dispositions de l'article 1774 du code civil. »** – *[Anc. art. 809, al. 5.] – V. art. D. 410-1.*

BIBL. ▶ GRIMONPREZ, *RD rur. 2013. Étude 15* (indivisibilité du bail rural).

COMMENTAIRE

Le législateur ne maintient pas le statut du fermage sur des parcelles de faible superficie, n'accordant ainsi pas de protection aux projets de faible intérêt économique. L'article L. 411-3 prévoit qu'un bail dérogeant au statut du fermage sur plusieurs points peut être conclu sous réserve de conditions objectives attachées au fonds loué. Il faut d'abord que ce fonds soit d'une superficie inférieure à la limite expressément déterminée à cet effet par l'administration. En effet, le préfet doit fixer, par arrêté pris après avis de la commission consultative des baux ruraux, en tenant compte des besoins locaux ou régionaux, la nature et la superficie maximum des parcelles pour lesquelles peut être prévue une dérogation au statut des baux ruraux. La limite est donc variable selon les départements mais aussi selon la nature des cultures. Cette condition liée à la superficie trouve une limite dans le principe d'indivisibilité du bail. D'une part, il ne peut être prétendu distinguer des parcelles dans un ensemble loué au motif qu'elles seraient d'une nature différente et qu'à ce titre elles pourraient échapper au statut du fermage. D'autre part, si un bail à ferme a été consenti par un bailleur, il ne peut être opposé au preneur en cours de location la division du fonds entre plusieurs propriétaires, notamment par partage, aux fins d'établir qu'il existerait désormais plusieurs baux dont certains seraient exclus du statut au motif qu'il ne serait loué qu'une surface inférieure à la superficie minimum. Il en est de même si un bail est passé entre copartageants en application d'une attribution préférentielle en jouissance (C. rur., art. L. 412-14). En revanche, à la fin du bail, l'indivisibilité prend fin. C'est alors qu'il convient de tenir compte de la disposition de la loi du 27 juillet 2010 qui précise les conséquences de la division du fonds intervenue depuis moins de neuf ans ; ainsi, si la division est intervenue depuis moins de neuf ans au moment du renouvellement, les effets de la division sont différés jusqu'au terme suivant du bail en cours. Enfin, les parcelles inférieures à la superficie fixée par arrêté préfectoral ne peuvent être louées par des baux dérogeant au statut du fermage que si elles ne constituent pas « un corps de ferme ou des parties essentielles d'une exploitation agricole ». Ces expressions s'apprécient au jour de la conclusion du bail ou au jour du renouvellement mais ces notions ne font l'objet d'aucune définition précise et sont soumises à l'appréciation souveraine des juges du fond.

Le régime prévu par l'article L. 411-3 du code rural prévoit la possibilité de déroger au caractère écrit du bail, à l'exigence d'un état des lieux, à la durée, à la protection contre la reprise par un acquéreur du fonds, au prix du fermage, et l'article L. 412-3 du code rural prévoit l'exclusion du droit de préemption. La jurisprudence écarte l'application du droit de renouvellement. Par contre, toutes les autres dispositions du statut sont applicables (résiliation, indemnisation des améliorations, compétence du tribunal paritaire des baux ruraux). ❑

1. Ord. du 13 juill. 2006. Application de la loi dans le temps. L'ordonnance applicable aux baux en cours ne permet pas au bailleur de se prévaloir de la résiliation faute de justifier des nouvelles conditions. • Dijon, 3 avr. 2007 : *RD rur. 2008, n° 19, note Roussel.* ♦ *Contra*, l'art. 16 de l'Ord. du 13 juill. 2006 prévoit que ses dispositions sont applicables aux baux en cours à la date de sa publication et non aux instances en cours. • Paris, 6 sept. 2007 : *RD rur. 2008, n° 19, note Roussel.*

2. Nécessité d'un arrêté. En l'absence d'arrêté préfectoral de dérogation, tout bien rural faisant l'objet d'une location est soumis à toutes les dispositions du statut. • Soc. 6 juill. 1950 : *Bull. civ. III, n° 569.* ♦ ... Et en particulier au droit de préemption. • Soc. 16 juin 1951 : *Gaz. Pal. 1951. 2. 116.*

3. Modification de l'arrêté. Lorsque le bail originaire s'est renouvelé par périodes d'un an, on se trouve en présence d'un nouveau bail à l'expiration de chaque période et c'est à tort qu'un arrêt s'est référé à l'arrêté préfectoral en vigueur à la date de la location originaire. • Civ. 3e, 8 févr. 1984 : *Bull. civ. III, n° 33 ; Rev. loyers 1984. 300, note Le Petit* • 13 nov. 1985 : *Bull. civ. III, n° 141.* ♦ V. note 6.

4. Charge de la preuve. Il appartient au bailleur qui invoque une location de parcelles dérogeant à l'application du statut rural d'établir pour quelle raison l'ensemble des biens loués ne peut être considéré comme un corps de ferme. • Soc. 4 août 1952 : *Bull. civ. IV, n° 694 ; JCP 1953. II. 7439.* ♦ Mais lorsque le bailleur établit qu'à raison de leur faible contenance les pièces de terre échappent au statut, c'est au preneur d'établir que le bien est soumis à celui-ci en qualité de corps de ferme. • Soc. 31 mai 1957 : *Bull. civ. IV, n° 635.* ♦ Il n'appartient pas aux juges de rechercher d'office si le bien constitue un corps de ferme ou une partie essentielle de l'exploitation. • Civ. 3e, 25 avr. 1984 : *Bull. civ. III, n° 90.* ♦ Le bailleur ayant concomitamment conclu un bail rural et un bail d'une superficie inférieure au seuil du statut, la cour n'a pu rejeter la demande de reconnaissance du bail rural sans caractériser un projet des parties concret de changement de destination de la parcelle pour justifier la renonciation par l'exploitant aux dispositions du statut. • Civ. 3e, 12 déc. 2019, n° 18-11.056 : *Rev. loyers 2020, n° 1004, note Peignot ; RD rur 2020, n° 13, note Crevel ; Gaz. Pal. 2020, n° 17, p. 32, obs. Feschotte-Desbois.*

5. *Date d'appréciation.* C'est à la date de la conclusion du bail qu'il doit être apprécié si des parcelles constituent une partie essentielle d'une exploitation agricole. • Civ. 3e, 7 déc. 1982 : *Bull. civ. III, n° 240 ; D. 1983. IR 367, obs. Martine* • 30 oct. 1991, n° 90-14.850 P : *D. 1991. IR 277 ; JCP N 1992. II. 113, obs. Moreau ; Defrénois 1992. 384, obs. Vermelle ; Gaz. Pal. 1992. 2. Somm. 356, obs. Lachaud* • 21 oct. 1992, n° 91-11.612 P : *D. 1992. IR 257 ; JCP N 1993. II. 148, obs. Moreau* • 5 oct. 1999 : *JCP N 2000, n° 18, p. 787, obs. Rochard ; RD rur. 2000. 211, obs. Crevel.* ♦ La nature et la superficie des parcelles susceptibles d'échapper au statut du fermage s'apprécient au jour où le bail a été consenti ou renouvelé. • Civ. 3e, 13 déc. 2006, n° 06-13.206 P : *Rev. loyers 2007. 96, note Peignot ; JCP 2007. IV. 1118 ; AJDI 2007. 487, obs. Prigent ; Gaz. Pal. 15-18 août 2007. 32 ; RD rur. 2008, n° 231, note Crevel* • 18 févr. 2009, n° 08-14.160 : *JCP 2009. IV. 1483 ; Gaz. Pal. 13-15 sept. 2009. 13* • 22 janv. 2014 : *cité note 7.*

6. *Renouvellement.* La nature et la superficie maximum des parcelles à retenir pour l'application du statut sont celles mentionnées dans l'arrêté en vigueur à la date de renouvellement du bail rural. • Civ. 3e, 25 sept. 2002, n° 01-10.230 P : *JCP 2002. IV. 2730 ; RD rur. 2002. 526 ; ibid. 2003. 125 ; Gaz. Pal. 2002. 2. Somm. 1534 ; AJDI 2003. 358, obs. Plazy* • 11 janv. 2006 : *Rev. loyers 2006. 151, note Peignot ; AJDI 2006. 291 ; JCP 2006. IV. 1214 ; Defrénois 2006. 850, obs. Gelot ; Gaz. Pal. 17-19 sept. 2006. 16 ; JCP N 2007, p. 33, obs. Roussel* • 13 déc. 2006 : *préc. note 5.* ♦ Est mal fondée la cour qui valide le congé donné le 20 oct. 2003 pour un bail verbal conclu pour une parcelle inférieure au statut du fermage au motif que le congé était intervenu avant la date d'expiration et avait empêché le renouvellement, alors que le seuil de superficie relevé s'imposait depuis le 27 nov. 2002. • Civ. 3e, 31 oct. 2006 : *Rev. loyers 2006. 528, note Peignot ; RD rur. déc. 2006. 24 ; Gaz. Pal. 5-6 janv. 2007. 34.* ♦ L'indivisibilité du bail cesse à son expiration et la superficie des parcelles susceptibles d'échapper au statut du fermage s'apprécie au jour du renouvellement. • Civ. 3e, 1er oct. 2008, n° 07-17.959 : *RD rur. 2008, n° 209 ; D. 2008. 2599, obs. Forest ; JCP 2008. IV. 2712 ; Gaz. Pal. 25 avr. 2009. 22 ; JCP N 2009. 1346, note Roussel.*

7. *Superficie.* Tout bien rural dont la surface dépasse la superficie des parcelles fixée par arrêté préfectoral est soumis au statut du fermage sans qu'il y ait à rechercher s'il constitue un corps de ferme ou la partie essentielle d'une exploitation agricole. • Soc. 10 déc. 1954 : *JCP 1955. II. 8538, note Ourliac* • 23 mai 1964 : *Bull. civ. IV, n° 432.* ♦ Des parcelles de nature différente et d'une superficie inférieure au maximum fixé par l'arrêté préfectoral forment un ensemble. • Civ. 3e, 6 janv. 1982 : *D. 1983. IR 366, obs. Martine.* ♦ Si leur superficie totale exprimée par équivalence est supérieure audit maximum, le statut du fermage est applicable. • Même arrêt. ♦ Pour apprécier la superficie, il faut se référer à la contenance figurant au bail. • Soc. 19 nov. 1953 : *Bull. civ. IV, n° 712.* ♦ ... Et non aux énonciations du cadastre. • Soc. 2 mars 1951 : *Bull. civ. III, n° 176.* ♦ V., pour l'hypothèse où ont été conclus deux baux distincts, • Civ. 3e, 27 févr. 1974 : *Bull. civ. III, n° 94.* ♦ Entrent dans la catégorie des terres affectées à la polyculture les prairies naturelles qui ne figuraient pas parmi les cultures spécialisées de l'arrêté préfectoral. • Civ. 3e, 22 janv. 2014, n° 12-27.211 : *Rev. loyers 2014, n° 945, note Peignot ; Gaz. Pal. 12-13 févr. 2014 ; RD rur. 2014, n° 63, note Crevel ; JCP 2014. 192.*

8. *Division des parcelles. Jurisprudence antérieure à la loi du 27 juillet 2010.* Est valable le congé délivré après partage, par chaque héritier, dix-huit mois avant la fin du bail, dès lors que les parcelles louées, d'une superficie inférieure au seuil d'application du statut du fermage, ne constituent pas une partie essentielle de l'ensemble de l'exploitation. • Civ. 3e, 10 nov. 1993, n° 90-10.830 P : *Gaz. Pal. 1994. 2. Somm. 294, obs. Lachaud ; Defrénois 1994. 891, obs. Vermelle ; Rev. huiss. 1994. 1113, note Lièvremont ; JCP N 1994. II. 319, obs. Moreau.* ♦ ... Sous réserve d'une fraude aux droits du preneur par la division de la propriété réalisée. • Civ. 3e, 28 juin 1990 : *RD rur. 1990. 293.* ♦ Le propriétaire ayant acquis au cours d'un bail soumis au statut du fermage des parcelles ne portant pas sur un corps de ferme et ne constituant pas une partie essentielle de l'exploitation du preneur peut, postérieurement à l'expiration du bail initial, notifier congé selon les règles du droit commun dès lors que ces parcelles étaient d'une superficie inférieure au seuil fixé pour l'application de ce statut. • Civ. 3e, 12 déc. 1990, n° 88-17.872 P : *Gaz. Pal. 1991. 2. Somm. 253, obs. Lachaud.*

9. *Corps de ferme ou partie essentielle de l'exploitation.* Pour constituer un corps de ferme, le bien doit comprendre des éléments suffisants pour assurer son autonomie culturale. • Soc. 24 mai 1956 : *Bull. civ. IV, n° 470* • Civ. 3e, 5 déc. 1972 : *ibid. III, n° 653* • 21 juill. 1981 : *ibid. III, n° 146.* ♦ Il ne suffit pas pour qu'une parcelle constitue une partie essentielle de l'exploitation que sa privation entraîne pour le preneur la perte d'un avantage ou d'une commodité et lui cause une gêne. • Soc. 1er avr. 1965 : *Bull. civ. IV, n° 283.* ♦ Comp., sur l'appréciation de la notion de « partie essentielle de l'exploitation » : • Soc. 27 janv. 1961 : *Bull. civ. IV, n° 119* • 17 juill. 1963 : *ibid. IV, n° 610* • 17 juin 1965 : *ibid. IV, n° 481* • Dijon, 4 sept. 2003 : *RD rur. 2004. 278.* ♦ Ne constitue pas une partie essentielle la parcelle qui, en cas de retrait, rend l'exploitation plus difficile mais n'est pas de nature à empêcher la continuation de l'exploitation et la conduite du bétail dans les différents bâtiments d'exploitation. • Civ. 3e, 15 sept. 2015, n° 13-26.729 : *AJDI 2015. 788* ; *RD rur. 2016. Étude 16, note Lemonnier* ; *Gaz. Pal. 2015. 3727, note Peignot et Millard.* ♦ Doit être tenue essentielle la petite parcelle portant le collecteur de drainage de l'exploitation du locataire. • Civ. 3e, 6 janv. 2010 : *RD rur. 2010, n° 26, note Crevel* ; *JCP N 2010. 1240, note Gravillou* ; *Gaz. Pal. 3-4 févr. 2010 et 31 mars-1er avr. 2010. 1009, obs. Peignot et Millard* ; *AJDI 2010. 481, obs. Prigent* ; *LPA 2011, n° 32, p. 8, note Rocheteau.*

10. Les juges apprécient souverainement si des parcelles constituent une partie essentielle d'une exploitation agricole. • Civ. 3e, 22 avr. 1975 : *Bull. civ. III, n° 129.*

11. Partie essentielle. Constitue une partie essentielle de l'exploitation : une parcelle sur laquelle le preneur a fait d'importants travaux, a installé l'eau et opéré des plantations d'une importance exceptionnelle. • Soc. 18 oct. 1961 : *Bull. civ. IV, n° 859.* ♦ ... Une pièce comportant des bâtiments d'exploitation. • Soc. 30 mai 1963 : *Bull. civ. IV, n° 449* • 30 janv. 1964 : *ibid. IV, n° 84.* ♦ ... Un bâtiment comprenant l'habitation, l'étable, la grange, le fenil, la remise et le garage, situé au milieu de l'ensemble cultural exploité dont il est l'articulation charnière. • Soc. 7 juill. 1966 : *Bull. civ. IV, n° 705.*

12. Il peut être tenu compte de l'aide apportée au preneur par son fils pour décider qu'une parcelle doit bénéficier du statut bien qu'elle soit de superficie inférieure au minimum fixé par arrêté préfectoral dès lors qu'elle constitue une partie essentielle de l'exploitation du preneur à laquelle elle est indispensable, la rentabilité étant accrue par l'entraide familiale. • Soc. 12 oct. 1967 : *Bull. civ. IV, n° 631.*

13. Le seul fait qu'une pièce de terre ait toujours été rattachée à une exploitation n'implique pas qu'elle en constitue une partie essentielle. • Soc. 26 oct. 1960 : *Bull. civ. IV, n° 949.*

14. Corps de ferme (oui). Constitue un corps de ferme : l'unité économique et culturale d'une parcelle dont les cultures sont en bon état et les revenus suffisants pour permettre au preneur de vivre. • Soc. 12 oct. 1960 : *Bull. civ. IV, n° 845.* ♦ ... Des bâtiments indispensables à l'exploitation d'une bergerie. • Soc. 27 oct. 1958 : *Bull. civ. IV, n° 1113.* ♦ L'existence du bâtiment d'habitation et d'exploitation suffit à donner à l'ensemble des biens le caractère d'un corps de ferme. • Soc. 5 juin 1952 : *Bull. civ. III, n° 495* • 9 juin 1951 : *ibid. III, n° 457* ♦ V., pour un jardin maraîcher, • Soc. 19 mai 1953 : *Bull. civ. IV, n° 384.* ♦ ... Pour une propriété à culture florale et maraîchère, • Soc. 27 févr. 1953 : *Bull. civ. IV, n° 176.*

15. Corps de ferme (non). Il n'y a pas corps de ferme en l'absence de bâtiments d'exploitation. • Soc. 19 juill. 1951 : *Bull. civ. III, n° 581* • 18 mai 1960 : *ibid. IV, n° 505.* ♦ De même, la constatation que les bâtiments du fonds ne servent pas à l'exploitation justifie le refus de qualifier un bien de corps de ferme. • Soc. 29 juin 1951 : *Bull. civ. III, n° 537.* ♦ A titre d'exemples, ne constituent pas des corps de ferme : un bien insignifiant. • Soc. 15 nov. 1962 : *Bull. civ. IV, n° 813.* ♦ ... Une parcelle, en nature de labour et de pré, sans bâtiment, faute d'autonomie culturale suffisante pour assurer la subsistance. • Soc. 30 mai 1963 : *Bull. civ. IV, n° 450.* ♦ ... Un pré au seul motif qu'il comporte un hangar pour le bétail et une remise à foin. • Soc. 19 juill. 1951 : *Bull. civ. III, n° 581.* ♦ V. aussi, pour une prairie, • Soc. 17 janv. 1952 : *Bull. civ. III, n° 41.* ♦ ... La parcelle dont les revenus de l'exploitation sont extrêmement faibles et insuffisants pour faire vivre une famille de deux personnes. • Soc. 17 déc. 1963 : *Bull. civ. IV, n° 892.* ♦ ... Le « bordage » qui ne produit pas un revenu suffisant pour faire vivre un ménage et ne peut être assimilé à une exploitation agricole autonome. • Soc. 10 oct. 1958 : *Bull. civ. IV, n° 1018* • 6 mars 1958 : *ibid. IV, n° 330.* ♦ *Contra* : • Civ. 3e, 21 juill. 1981 : *Bull. civ. III, n° 146.*

16. Application volontaire du statut. Il est loisible aux parties de soumettre au statut du fermage les baux de parcelles qu'elles concluent, auraient-elles une superficie inférieure au minimum légal. • Civ. 3e, 4 janv. 1973 : *Bull. civ. III, n° 7* • 10 juill. 1978 : *ibid. III, n° 290.* ♦ La soumission volontaire au statut du fermage pour la location d'une petite parcelle ne peut faire échec au droit de préemption d'ordre public de la SAFER. • Civ. 3e, 14 nov. 2007, n° 06-19.633 P : *D. 2007. 3070* ; *Rev. loyers 2008. 107, note Peignot* ; *RJDA 2008, n° 122* ; *JCP 2008. IV. 3254.* ♦ La cour retient souverainement la volonté des parties de soumettre au fermage la location de petites parcelles dès lors que le propriétaire a consenti une promesse de vente de celles-ci prévoyant la purge du droit de préemption du preneur et une condition suspensive de renonciation à son droit de préemption. • Civ. 3e, 15 nov. 2018, n° 17-15.387 : *DP entr. agric., Bull. n° 526, note Roussel* ; *AJDI 2019. 68* et *457, note Roussel* ; *Defrénois 2019, n° 14, p. 34, note Delorme.*

17. Dispositions du statut exclues. Outre les dispositions expressément exclues par l'art. L. 411-3, la Cour de cassation considère que les baux portant sur des « petites parcelles » ne comportent pas le *droit au renouvellement* et que les *congés*, relatifs à ces parcelles, sont régis non par l'art. L. 411-47, mais par les art. 1737 et 1774 C. civ. • Civ. 3e, 22 avr. 1976 : *Bull. civ. III, n° 156.* – Sur l'exclusion du *droit de préemption*, V. art. L. 412-3. ♦ Il n'est pas prévu de dérogation à la compétence du tribunal paritaire pour les baux de petites parcelles. • Civ. 3e, 9 nov. 2011, n° 10-26.621 : *DP entr. agric., Bull. n° 447, p. 12* ; *AJDI 2012. 209, note Prigent* ; *RD rur. 2012, n° 2, note Crevel* ; *Rev. loyers 2012, n° 923, note Peignot.*

SECTION 1 Établissement du contrat – Durée et prix du bail

SOUS-SECTION 1 Établissement du contrat

Art. L. 411-4 Les contrats de baux ruraux doivent être écrits.

A défaut d'écrit enregistré avant le 13 juillet 1946, les baux conclus verbalement avant ou après cette date sont censés faits pour neuf ans aux clauses et conditions fixées par le contrat type établi par la commission consultative des baux ruraux.

(L. nº 84-741 du 1er août 1984, art. 14) **« Un état des lieux est établi contradictoirement et à frais communs dans le mois qui précède l'entrée en jouissance ou dans le mois suivant celle-ci. Passé ce délai d'un mois, la partie la plus diligente établit un état des lieux qu'elle notifie à l'autre partie par lettre recommandée avec demande d'avis de réception. Cette dernière dispose, à compter de ce jour, de deux mois pour faire ses observations sur tout ou partie du projet ou pour l'accepter. Passé ce délai, son silence vaudra accord et l'état des lieux deviendra définitif et réputé établi contradictoirement. »**

L'état des lieux a pour objet de permettre de déterminer, le moment venu, les améliorations apportées par le preneur ou les dégradations subies par les constructions, le fonds et les cultures. Il constate avec précision l'état des bâtiments et des terres ainsi que le degré d'entretien des terres et leurs rendements moyens au cours des cinq dernières années. – *[Anc. art. 809, al. 1er à 4.]* – *V. art. L. 411-78.*

COMMENTAIRE

I. FORME ET PREUVE

Les conditions de forme posées par l'article L. 411-4 du code rural sont au nombre de trois : un acte écrit, son enregistrement et la rédaction d'un état des lieux.

Cependant, l'exigence d'un **écrit** ne constitue pas une règle de validité ; il s'agit d'une règle de preuve puisque le bail se prouve par tous moyens (C. rur., art. L. 411-1). Le bail doit être constaté par acte authentique lorsque la durée consentie est supérieure à douze ans (Décr. nº 55-22 du 4 janv. 1955, art. 28-1er *b*), ainsi que dans le cas où la location porte quittance ou cession d'une somme équivalente à trois années de fermage non échus (art. 28-1er *b préc.*). A défaut, le bail devient inopposable aux tiers au-delà de la durée de douze ans (Décr. nº 55-22 du 4 janv. 1955, art. 30-3). Dans les autres cas, l'acte authentique est facultatif. Il doit être seulement rédigé un acte sous seing privé dans les conditions des articles 1322 et suivants du code civil. Si le bail n'est établi qu'en un seul exemplaire, celui-ci n'est pas nul mais ne se voit reconnaître aucune force probante (Soc. 15 janv. 1946, *D. 1946. 131* ; 26 juin 1953, *Bull. civ. IV, nº 510*).

Le bail verbal, une fois son existence établie, est réputé constituer un bail à ferme. Son contenu n'a pas à être prouvé. Le défaut d'écrit provoque l'application du contrat type ; toute disposition dérogatoire au contrat type départemental applicable de plein droit devrait être établie par écrit.

L'enregistrement n'est plus une formalité obligatoire depuis la loi nº 98-1267 du 30 déc. 1998, art. 12 *(JO 31 déc.)*. Il reste cependant possible de procéder à un enregistrement facultatif volontaire, y compris si la convention est seulement verbale (Rép. min. nº 47410, *JOAN 29 janv. 2001. 610*). Les conséquences fiscales et civiles de cette formalité doivent encourager les parties à y procéder. La portée fiscale de l'enregistrement est double. D'une part pour bénéficier du régime de faveur d'acquisition des immeubles ruraux de l'article 1594 F *quinquies* du code général des impôts, le bien foncier doit être exploité en vertu d'un bail consenti à l'acquéreur, son conjoint, ou leurs ascendants, enregistré ou déclaré depuis au moins deux ans. D'autre part, l'article 260 CGI permet au propriétaire de faire option pour le paiement de la TVA s'il donne en location en vertu d'un bail enregistré, des terres et bâtiments d'exploitation à usage agricole. Le défaut d'enregistrement, donc l'absence de date certaine, reçoit une sanction fiscale stricte (Com. 26 oct. 1993, *RD rur. 1994. 42*). La portée civile de l'enregistrement du bail découle de l'article 1328 du code civil qui dispose que les actes sous seing privé ont date certaine contre les tiers notamment du jour où ils ont été enregistrés.

L'état des lieux. Le législateur en 1984 a particulièrement souhaité voir se développer l'accomplissement de cette formalité. La procédure d'établissement de l'état des lieux a donc été adaptée et facilitée pour les parties. L'intérêt de l'état des lieux est majeur pour chacune des parties, tout particulièrement du fait de la durée prolongée du bail rural et de l'existence d'une activité économique qui suppose différents investissements de nature à modifier le fonds. Dès l'entrée en jouissance sur le fonds, l'état des lieux permet de déterminer quels travaux sont à la charge du propriétaire. Puis dans l'hypothèse d'une demande de résiliation du bail pour dégradation du fonds, le bailleur pourra établir la preuve des atteintes grâce à l'état des lieux. Enfin, à la sortie du preneur, la détermination des améliorations ou dégradations de nature à ouvrir des droits à indemnisation sera rendue possible par l'état des lieux.

II. CAPACITÉ ET POUVOIR

S'agissant d'un contrat, les règles de droit civil doivent s'appliquer à la conclusion du bail rural.

Usufruit. Depuis le 1er février 1966, l'usufruitier qui entend donner à bail rural un fonds agricole doit avoir le concours du nu-propriétaire ; à défaut d'accord de ce dernier, l'usufruitier peut être autorisé judiciairement à passer l'acte seul (C. civ., art. 595). Concrètement, le concours du nu-propriétaire se matérialise par une signature apposée sur le bail conclu par l'usufruitier. Cette participation ne rend pas le nu-propriétaire bailleur ou partie au contrat de bail avant la fin de l'usufruit. Elle n'est pas à l'inverse seulement la marque d'une simple connaissance par le nu-propriétaire d'un bail conclu par l'usufruitier. Elle manifeste une véritable autorisation donnée à l'usufruitier pour un acte qui dépasse ses pouvoirs. En ce sens, le concours est une formalité habilitante. La jurisprudence s'applique à atténuer la sanction de l'article 595, alinéa 4, par plusieurs techniques sur le fondement d'une ratification tacite du nu-propriétaire si les circonstances révèlent le consentement certain de celui-ci après la conclusion du bail, ou par application de la théorie de l'apparence.

Indivision. Il résulte de l'article 815-3 du code civil que pour consentir un bail rural sur un bien rural indivis, il doit être obtenu le consentement de tous les indivisaires. Il ne peut être prétendu valider le bail rural consenti par un indivisaire seul sur le fondement d'un mandat tacite puisque, même si ce dernier agit au vu et su des autres et sans opposition de leur part, il ne peut conclure ainsi aucun acte de disposition, ni conclure ou renouveler des baux (C. civ., art. 815-3). La sanction du principe d'unanimité est l'inopposabilité du bail aux coïndivisaires. Cette règle ne connaît pas d'exception et il n'est pas permis aux indivisaires qui détiennent au moins deux tiers des droits indivis d'imposer la conclusion d'un bail rural aux autres indivisaires.

Époux. Les époux ne peuvent l'un sans l'autre donner à bail rural un fonds rural dépendant de la communauté (C. civ., art. 1425). Cette règle doit s'appliquer même si l'un des époux exerce la profession séparée d'agriculteur sur le fonds. Il est toujours possible d'obtenir une autorisation judiciaire pour suppléer l'accord d'un des conjoints sur le fondement de l'article 1426 du code civil ou encore suivant l'article 217 du code civil. A défaut d'accord des deux époux, le bail conclu par un seul est nul. L'action est ouverte au conjoint pendant deux ans à compter du jour où il a eu connaissance de l'acte, sans pouvoir être intentée plus de deux ans après la dissolution de la communauté (C. civ , art. 1427). Il reste ensuite possible au conjoint d'exciper de la nullité du bail par voie d'exception.

La nullité est susceptible d'être écartée si l'acte peut être validé soit en établissant la volonté non équivoque du conjoint qui n'a pas consenti à l'acte de ratifier ensuite ce bail, soit sur le fondement d'un mandat apparent si le preneur peut apporter la preuve qu'il était légitime pour lui de croire à l'existence d'un mandat confié au conjoint signataire.

Si le fonds rural est un bien propre, il résulte des articles 1428 et 1536 du code civil que l'époux propriétaire peut le donner à bail librement. Le bail consenti sur le bien propre de l'autre est nul.

Majeur protégé. Mineur. La conclusion d'un bail rural pour le bien d'une personne protégée constitue selon le décret n° 2008-1484 du 22 décembre 2008 un acte de disposition. Il en est de même du renouvellement du bail. La conclusion d'un bail rural sur le bien d'un majeur en tutelle ou celui d'un mineur supposera donc que le tuteur ou l'administrateur légal soit autorisé selon le cas par le juge des tutelles ou par le conseil de famille (art. 504 et 505 C. civ.). S'il s'agit de conclure un tel bail sur le bien d'un majeur en curatelle, celui-ci devra y consentir avec le curateur.

Il y a dérogation pour le bail rural d'annexer à l'acte un diagnostic de performance énergétique (V. CCH, art. L. 134-3-1).

I. ÉTABLISSEMENT DU CONTRAT. RENCONTRE DES CONSENTEMENTS

1. *Pas de renvoi à QPC.* Les limitations de la forme du bail et l'application aux baux verbaux du contrat type sont d'intérêt général ; l'atteinte aux conditions d'exercice du droit de propriété résultant des modes d'établissement et de durée des baux ruraux n'est pas disproportionnée. • Civ. 3e, 3 juin 2020, n° 20-40.004 P : *D. actu. 8 juill. 2020, note Prigent ; Gaz. Pal. 13 juill. 2020, p. 38 ; JCP 2020. 784 ; DP entr. agric., Bull. n° 541/542, p. 9, note Roussel ; RD rur. 2020, n° 139 ; Rev. loyers oct. 2020, note Peignot ; AJDI 2021. 64, note Roussel*.

2. *Cause.* Est mal fondée la cour qui annule le bail consenti par le propriétaire le même jour qu'une promesse de vente sur le même bien au même preneur, sans caractériser en quoi le fait pour un preneur de chercher à bénéficier d'un droit de préemption primant celui dont pourrait bénéficier la SAFER en cas de vente des parcelles louées rendait illicite la cause du bail. • Civ. 3e, 26 sept. 2001 : *RD rur. 2001. 512 ; ibid. 2002. 52 et 287, obs. Crevel ; AJDI 2002. 311, obs. Giraudel*.

3. *Dol.* Est fondée à prononcer la nullité d'un bail à ferme pour dol, même en se fondant sur des éléments postérieurs à la date de formation du contrat, la cour qui relève que le bailleur n'a pas révélé au preneur que l'exploitation avait fait l'objet d'une fermeture administrative pour irrespect des normes en vigueur. • Civ. 3e, 18 mai 2004 : *AJDI 2004. 563*. ♦ V., pour un exemple d'absence de preuve du dol, • Besançon, 22 oct. 2004 : *RD rur. oct. 2005. 20*. ♦ Le bailleur n'est tenu lors de la conclusion du bail d'aucune obligation légale d'information. • Civ. 1re, 4 juin 2009, n° 08-13.480 : *JCP 29 juin 2009, p. 23 ; LPA 2010, n° 124, p. 4, note Pichard.*

4. *Erreur.* Le preneur qui a pris à bail des terres qu'il pensait libres et qui étaient en réalité déjà exploitées par un tiers est fondé à demander la nullité du contrat pour erreur, le bailleur n'ayant manifestement pas respecté son obligation de délivrance de la chose louée. • Civ. 3e, 3 juill. 2002 : *Dr. et patr. 1/2003. 113, note Chauvel.*

5. *Obligation de délivrance.* L'occupation illicite du bien loué par un tiers qui empêche sa délivrance au preneur ne constitue une cause étrangère qui ne peut être imputée au bailleur que si elle revêt les caractères de la force majeure. • Civ. 3e, 28 sept. 2005 : *Rev. loyers 2005. 573, note Prigent.*

II. FORME ET PREUVE

6. *Bail écrit.* Entre deux preneurs successifs de la même chose louée, celui qui a l'antériorité du titre doit être préféré à l'autre, son droit étant opposable aux tiers depuis le jour où il a acquis date certaine, et par conséquent au second preneur qui a un titre postérieur au sien. • Civ. 3e, 3 déc. 2015, n° 14-23.711 : *AJDI 2016. 210*.

7. *Preuve du bail verbal.* V. art. L. 411-1 *in fine*, et notes 50 s. ss. cet art.

8. *Date d'entrée en jouissance.* Le bail n'indiquant pas la date d'entrée en jouissance, le fermier ne prouvant pas une date d'exploitation antérieure à la conclusion du bail, les juges sont fondés à refuser que le fermier se prévale d'un usage local pour établir le point de départ du bail, distinct de la date de conclusion. • Civ. 3e, 10 nov. 2004 : *BICC 2005, n° 212.*

9. *Terme du bail.* Les juges apprécient souverainement que les dispositions du bail qui prévoient son expiration après la levée des récoltes 2016 s'interprètent au regard des usages agricoles et ont pu en déduire que le bail expirait un 31 oct. • Civ. 3e, 13 déc. 2018, n° 17-19.854 : *RD rur. 2019, n° 19, note Crevel ; AJDI 2019. 130*.

10. *Contrats types.* Les dispositions d'un nouveau contrat type auquel les parties n'ont pu se référer lors de leur convention ne régissent que les baux conclus postérieurement à la publication de l'arrêté préfectoral. • Civ. 3e, 15 mai 1979 : *Rev. loyers 1979. 470, note J. V.* ♦ Un document dont l'objet est limité à un ajustement du montant du fermage est sans incidence sur les relations verbales des parties régies par le contrat type en l'absence de ratification ou de novation caractérisée. • Civ. 3e, 24 nov. 2021, n° 20-20.186 : *RD rur. 2022, n° 44, note Crevel.*

11. La cour apprécie souverainement les faits qui permettent de retenir que le bail était consenti sur une superficie supérieure à celle portée dans le bail écrit. • Civ. 3e, 19 janv. 2011, n° 09-72.414 : *RD rur. 2011, n° 39, note Crevel.* ♦ La lettre de confirmation d'un courtier en vin n'a pas permis de réputer écrit le bail conclu entre une SCI et une SCA, l'usage selon lequel une telle lettre vaut contrat écrit ne s'appliquant qu'aux transactions entre producteurs et négociants. • Civ. 3e, 15 oct. 2014, n° 12-28.767 : *D. 2014. 2112 ; Rev. loyers 2014, n° 952.* ♦ Est fondée la cour qui constate l'absence de preuve de l'acceptation de la proposition d'un bail par la candidate qui n'a pas justifié de sa situation au regard du contrôle des structures alors que cela lui était imposé par l'offre. • Civ. 3e, 17 févr. 2022, n° 20-20.238 : *Defrénois 2022, n° 11, p. 10 ; RD rur. 2022, n° 55, note Crevel ; Rev. loyers 2022, n° 1026, note Roussel.*

12. *État des lieux.* A défaut d'état des lieux établi lors de l'entrée en jouissance, les preneurs d'un bail rural ne sont pas soumis, lorsqu'il s'agit de terres, à la présomption de bon état édictée par l'art. 1731 C. civ. • Civ. 3e, 8 janv. 1974 : *Bull. civ. III, n° 1* • 8 mars 1983 : *ibid. III, n° 71.* ♦ Il appartient donc, dans ce cas, au bailleur de faire la preuve des détériorations invoquées. • Civ. 3e, 20 juill. 1993 : *Ann. loyers 1993. 934.* ♦ La présomption de bon état s'applique seulement aux bâtiments. • Dijon, 7 févr. 2006 : *RD rur. août-sept. 2006. 37.* ♦ A défaut d'état des lieux à l'entrée du preneur et en présence d'un conflit entre les parties, la cour d'appel retient souverainement que la nomination d'un expert sollicitée par le preneur permettant de conserver la preuve de faits dont pourrait dépendre la solution d'un litige ultérieur est légitime. • Civ. 3e, 24 févr. 1999, n° 97-15.931 P : *JCP N 1999, n° 27, p. 1102, note Pitaud ; Gaz. Pal. 1999. 1. Pan. 131 ; RD rur. 1999. 193.*

13. Enregistrement. Le fermier peut être contraint de quitter les lieux à la demande du nouvel acquéreur si le bail n'a pas eu date certaine avant l'acquisition. • Civ. 3e, 23 févr. 1994 : *RD rur. 1994. 277.* ♦ Le bail non enregistré devient opposable aux tiers s'il apparaît dans un acte authentique. • Civ. 3e, 23 févr. 1994 : *Rev. loyers 1978. 201.* ♦ ... Ou s'il est établi que l'acquéreur avait connaissance de la convention. • Civ. 3e, 23 févr. 1994 : *préc.*

III. CAPACITÉ ET POUVOIR

BIBL. Lachaud, *Ann. loyers 2005. 57* (curatelle et bail rural). – Crevel, *RD rur. 2007. Étude 35 et RD rur. 2009, n° 67* (bail rural et réforme du droit des incapables majeurs).

14. Bien d'autrui. Le bail de la chose d'autrui, qui n'est pas nul mais inopposable au propriétaire, produit ses effets entre bailleur et preneur tant que celui-ci en a la jouissance paisible. • Civ. 3e, 2 févr. 2010, n° 08-11.233.

A. USUFRUIT

BIBL. Jubault, Bail rural et usufruit, contribution à l'étude des droits réels immobiliers, *Thèse Paris II, 1994.* – Lorvellec, *RD rur. 1973. 477.* – Billard, *RD rur. 2002. 170.* – Crevel, *RD rur. 2004. 315.*

15. La condition de concours du nu-propriétaire s'applique à tous les baux portant sur un fonds rural, qu'ils paraissent ou non soumis au statut du fermage lors de la conclusion du contrat. • Civ. 3e, 29 nov. 2018, n° 17-17.442 P : *D. 2018. 2363 ; D. actu. 7 janv. 2019, note Prigent ; Defrénois 2018, n° 48, p. 9 ; JCP N 2018. Actu. 921 ; RD rur. 2019, n° 18, note Crevel ; DP entr. agric., Bull. n° 524, p. 10 ; JCP N 2019. 1165, note Crevel ; Gaz. Pal. 2019. 541 et 1088, note Jaoul ; Rev. loyers n° 993, p. 32, note Peignot.*

16. Concours du nu-propriétaire. Le nu-propriétaire s'opposant à la conclusion du bail par l'usufruitier doit démontrer en quoi consisterait son préjudice. • Civ. 3e, 1er févr. 2000 : *Ann. loyers 2000. 2028.* ♦ En vertu de l'art. 595, al. 4, C. civ., le nu-propriétaire qui a refusé son concours à l'acte de location ne peut reprocher l'obtention d'une décision de justice autorisant l'usufruitier à conclure des baux ruraux avec des fermiers dont le choix est laissé libre. • Civ. 3e, 29 nov. 1995, n° 94-11.735 P : *RD rur. 1996. 1.* – V. aussi • Bordeaux, 2 juin 1998 : *Cah. jurispr. Aquitaine 1999. 1. 99.* ♦ Jugeant que, si l'usufruitier a demandé en justice de dire que le nu-propriétaire sera tenu de conclure le bail, la cour modifie l'objet du litige et doit être censurée si elle a jugé que l'usufruitier pourra conclure seul le bail : • Civ. 1re, 28 janv. 1997 : *Ann. loyers 1997. 1079.*

17. Une cour d'appel est fondée à autoriser des usufruitiers à consentir un bail commercial sur des terres agricoles pour créer et gérer une plate-forme de compostage de déchets organiques, ce bail obéissant à la nécessité d'adapter les activités agricoles à l'évolution économique et à la protection de l'environnement étant profitable à l'indivision sans porter atteinte aux droits des nus-propriétaires, le preneur s'engageant à rendre les lieux dans leur état d'origine. • Civ. 3e, 2 févr. 2005 : *D. 2005. AJ 568 ; JCP N 2005. 1077, note Barabé-Bouchard ; Gaz. Pal. 7-8 oct. 2005. 13 ; RD rur. mars 2006. 16, obs. Crevel.*

18. Droit d'usage. Est nul le bail consenti par le titulaire du seul droit d'usage et d'habitation. • Civ. 3e, 9 nov. 2011, n° 10-18.473 : *RD rur. 2011. 133, note Crevel ; Defrénois 2012. 40322, note Tadros.*

19. Sanction. L'infraction à la règle impérative de l'art. 595, al. 4, est de nature à entraîner la nullité du bail à l'égard du nu-propriétaire, qui peut invoquer celle-ci sans attendre la fin de l'usufruit. • Civ. 3e, 26 janv. 1972 : *D. 1975. 22, note Penneau ; JCP 1972. II. 17104, note G. G.* • 11 févr. 1975 : *Bull. civ. III, n° 53* • 16 déc. 1987 : *ibid. III, n° 210.* ♦ N'est pas fondé le refus d'annulation du bail consenti par l'usufruitier seul dès lors que ne sont pas caractérisées les circonstances autorisant le preneur à croire en la qualité de propriétaire apparent de son cocontractant. • Civ 3e, 6 févr. 2020, n° 18-23.457 : *AJDI 2020. 628 ; Gaz. Pal. 2020, n° 37, p. 21, note Carius.* – V. aussi notes 26 s. ♦ La réunion de la qualité d'usufruitière à celle de nu-propriétaire en conséquence de la dévolution successorale n'éteint pas le droit personnel du nu-propriétaire à se prévaloir de la nullité d'un bail rural conclu sans son autorisation. • Civ. 3e, 9 déc. 2009, n° 08-20.133 : *D. 2010. 1332, note Blanchard ; RD rur. 2010, n° 28, note Crevel ; Gaz. Pal. 20-21 janv. 2010 ; ibid. 31 mars-1er avr. 2010. 1012 ; RTD civ. 2010. 350, note Revet* • 9 nov. 2011, n° 10-18.473 : *préc. note 18.* ♦ La nullité qui sanctionne l'inobservation de l'art. 595, al. 4, est relative, bien qu'elle ne protège pas les intérêts d'une partie à l'acte mais ceux d'un tiers. • Bourges, 30 mai 1979 : *Gaz. Pal. 1979. 2. 617, note Lachaud.* ♦ Seul le nu-propriétaire peut demander la nullité du bail. • Civ. 3e, 25 avr. 1990, n° 88-18.228

P. ♦ Et s'agissant d'une nullité relative, cette action en nullité est personnelle, insusceptible de se transmettre avec l'immeuble. • Civ. 3e, 14 nov. 2007, n° 06-17.412. ♦ La nullité du bail consenti par le nu-propriétaire seul ne peut être invoquée que par l'usufruitier, à l'exclusion de toute autre personne, et le successeur de l'usufruitier ne peut reprendre l'instance. • Civ. 3e, 6 juill. 2017, n° 15-22.482 P : *JCP 2017. 1053 ; D. actu. 4 sept. 2017, note Prigent ; D. 2017. 1528 ; AJ fam. 2017. 556, note Casey ; RTD civ. 2017. 903, note Dross*.

20. L'annulation du bail consenti par l'usufruitier seul entraîne la survivance du bail antérieurement consenti par les propriétaires du bien et tacitement renouvelé. • Civ. 3e, 9 juill. 2003, n° 02-11.192 P : *JCP 2003. IV. 2593 ; Rev. loyers 2003. 491, note Peignot ; Gaz. Pal. 28-30 déc. 2003. Pan. 12 ; JCP N 2004. 1464, obs. Debily.* ♦ La sanction de l'inobservation de l'art. 595, al. 4, n'étant pas une inopposabilité, le preneur n'est pas en droit de terminer la période de neuf ans pour laquelle le bail a été conclu. • Civ. 3e, 17 juill. 1986 : *Gaz. Pal. 1986. 2. 792, note Challine et Lepetit.*

21. Sur l'irrecevabilité de l'action du preneur contre le nu-propriétaire, fondée sur l'enrichissement sans cause, V. • Civ. 3e, 26 févr. 1992, n° 90-18.042 P : *Gaz. Pal. 1992. 2. 710, note Lachaud ; JCP N 1992. II. 411, obs. Moreau.*

22. Le point de départ de l'action en nullité du bail court à compter : ... de la connaissance que le nu-propriétaire a de l'existence du bail. • Civ. 3e, 2 déc. 2014, n° 13-27.789. ♦ ... De la date où les héritiers ont eu connaissance du bail c'est-à-dire au décès de leur auteur. • Civ. 3e, 5 févr. 2003 : *RD rur. 2003. 138 et 567 ; ibid. 2004. 457, obs. Crevel ; JCP N 2003. 1337, obs. Chedozeau.* ♦ ... Ou de son renouvellement consenti sans son concours. • Civ. 3e, 3 sept. 2021, n° 20-15.897 : *AJDI 2021. 839*. ♦ Est mal fondée la cour qui retient, pour déclarer recevable l'action en nullité, qu'un nouveau délai a couru à compter du renouvellement alors qu'elle avait relevé la connaissance du bail par le nu propriétaire. • Civ. 3e, 12 juill. 2018, n° 16-17.008 : *Rev. loyers 2018, n° 990, note Peignot.*

23. Le nu-propriétaire ne peut poursuivre la nullité du bail consenti sans son accord par l'usufruitier, même en agissant par voie d'exception, si ce bail a été exécuté et que plus de cinq années se sont écoulées depuis le jour où il a eu connaissance de ce contrat. • Civ. 3e, 9 juill. 2003, n° 02-15.061 P : *JCP 2004. IV. 2591 ; JCP N 2004. 1464, note Debily ; Gaz. Pal. 26-28 oct. 2003. 20* • Rennes, 24 sept. 2013 : *AJDI 2014. 150*. ♦ Il appartient au locataire qui entend s'opposer à la résiliation de la location de démontrer que le plaignant a eu connaissance du contrat plus de 5 ans avant la date d'introduction de l'instance. • Civ. 3e, 22 nov. 1995 : *RD rur. 1996. 2 ; JCP N 1997. II. 24, obs. Moreau.*

24. L'usufruitier ayant seul l'obligation de s'assurer du concours du nu-propriétaire pour consentir un bail, sont mal fondés les juges qui déboutent un preneur de sa demande formée contre l'usufruitier de réparer le préjudice né de l'annulation du bail consenti sans le nu-propriétaire au motif que lui-même aurait dû s'assurer de l'accord du nu-propriétaire. • Civ. 3e, 16 avr. 2008, n° 07-12.381 : *D. 2008. 1348 ; RD rur. 2008, n° 106, note Crevel ; JCP 2008. II. 10156, note Étienney ; Defrénois 2009. 67, obs. Gelot.* • 20 mai 2014, n° 13-11.314 : *DP entr. agric., Bull. n° 475/476, p. 9, note Roussel.*

25. Le fait que le nu-propriétaire ait délivré un congé au preneur avant de former sa demande en nullité ne peut suffire à établir une renonciation à la nullité. • Civ. 3e, 22 nov. 1995 : *préc. note 23.*

26. *Apparence. Mandat.* Le preneur a pu légitimement croire à l'existence d'un mandat du nu-propriétaire à l'usufruitier. • Civ. 3e, 4 mai 1982 : *Bull. civ. III, n° 111* • 23 nov. 1988 : *JCP N 1990. II. 73, obs. Moreau.* ♦ Un bail consenti au mépris des dispositions de l'art. 595 est opposable aux propriétaires lorsque le locataire a conclu de bonne foi un bail verbal sous l'emprise de l'erreur commune : • Dijon, 6 juill. 1994 : *Rev. huiss. 1995. 1256.* ♦ L'ignorance du preneur de la qualité d'usufruitier de son cocontractant ne prive pas le nu-propriétaire du droit de contester la validité du bail passé sans son concours. • Civ. 3e, 1er mars 1989 : *Bull. civ. III, n° 53 ; JCP N 1990. II. 73, obs. Moreau.* – V. aussi • Civ. 3e, 15 janv. 1992, n° 90-16.496 P : *D. 1992. IR 49* • 17 juill. 1992, n° 90-17.327 P • 18 janv. 1995, n° 92-11.572 P : *D. 1996. IR 62* • 17 avr. 1996, n° 94-14.508 : *Rev. huiss. 1996. 1249.* – Comp. : • Dijon, 6 juill. 1994 : *BICC 1995, n° 838.*

27. *Apparence. Propriétaire.* En ce sens que les juges du fond doivent nécessairement rechercher les circonstances ayant autorisé le preneur à croire que l'usufruitier était propriétaire ou mandataire du nu-propriétaire, V. • Civ. 3e, 18 janv. 1995 : *préc. note 26* • 4 févr. 1998, n° 96-12.302 P : *JCP N 1998, n° 15-16, p. 549 ; RD rur. 1998. 300* • 7 mai 2002, n° 00-15.901 P. ♦ Est nul le bail conclu par l'usufruitier seul si le preneur n'a effectué aucune recherche alors qu'il connaissait les enfants de la bailleresse et qu'il n'est justifié d'aucune ratification des nus-propriétaires. • Civ. 3e, 20 mai 2014, n° 13-11.314. ♦ Pour un arrêt jugeant que le locataire a l'obligation de vérifier l'étendue des pouvoirs du signataire du bail dès lors : ... qu'il sait qu'il n'est pas le seul propriétaire, V. • Civ. 3e, 5 avr. 1995, n° 93-16.963 P : *D. 1997. Somm. 303, obs. Rozès ; Administrer 10/1995. 23, obs. Barbier ; RDI 1995. 603, obs. Derruppé ; AJPI 1995. 689, obs. J.-P. B.* ♦ ... Que la propriété était controversée : • Pau, 21 oct. 2002 : *RD rur. 2003. 260.* ♦ Le seul fait que l'usufruitier se soit comporté comme un propriétaire ne suffit pas à lui conférer la qualité de propriétaire apparent. • Douai, 17 oct. 2013 : *RD rur. 2014, n° 67.*

28. Renouvellement. Sont mal fondés les juges qui admettent qu'un usufruitier ait pu renouveler un bail commercial sans le concours du nu-propriétaire alors que l'art. 595, al. 4, C. civ. ne distingue pas renouvellement et conclusion du bail initial. • Civ. 3e, 24 mars 1999, n° 97-16.856 P : *D. 1999. IR 112 ; D. Affaires 1999. 789, obs. Y. R. ; RDI 1999. 471, obs. Derruppé ; JCP N 1999, n° 27, p. 1081, obs. crit. Pillebout ; Gaz. Pal. 1999. 2. Somm. 385, obs. Barbier.* ♦ L'art. 595, al. 4, C. civ. ne comporte aucune distinction entre conclusion et renouvellement du bail de sorte que ce dernier accordé par l'usufruitier seul est irrégulier et sanctionné par la nullité du bail. • Amiens, 6 déc. 2005 : *RD rur. avr. 2006. 17* • Dijon, 24 avr. 2008 : *RD rur. 2008, n° 171, note Crevel.*

29. Convention d'occupation précaire. L'usufruitier peut valablement conclure une convention d'occupation précaire sans l'accord du nu-propriétaire. • Civ. 3e, 29 nov. 1995, n° 94-11.735 P : *RD rur. 1996. 2.* ♦ V. aussi, à propos d'un « bail rural à titre précaire », • Dijon, 1er avr. 1998 : *RD rur. 1998. 498.*

30. Sur l'absence de qualité pour agir du nu-propriétaire en vue de la résiliation du bail à raison d'une sous-location, V. • Douai, 30 mars 1995 : *Gaz. Pal. 1996. 2. Somm. 342.* ♦ V. jurisprudence ss. art. L. 411-35 (cession de bail) et ss. art. L. 411-73 (autorisation de travaux).

B. INDIVISION

BIBL. Lachaud, *RD rur. 1996. 64* (indivision et bail rural) ; *Ann. loyers 1994. 514 ; Gaz. Pal. 1992. 1. Doctr. 167* (mandat apparent) ; *Ann. loyers 2002. 1573.*

31. Le bail conclu par une indivision est nul de nullité absolue mais le locataire qui a exécuté ce bail et a payé le loyer entre les mains du mandataire des propriétaires indivis ne peut s'en prévaloir. • Civ. 3e, 16 mars 2017, n° 16-13.063.

32. L'accord unanime des coindivisaires est exigé pour la conclusion d'un bail soumis au statut du fermage. • Civ. 3e, 29 sept. 2015, n° 14-15.090. ♦ Lorsqu'un indivisaire conclut un bail rural sans le consentement de ses coïndivisaires, mais qu'à son décès ceux-ci acceptent sa succession, le bail rural leur est opposable. • Civ. 3e, 29 nov. 2000, n° 98-22.737 P : *JCP 2001. IV. 1159 ; JCP N 2001. 1799 et 632, note Grimonprez ; RD rur. 2001. 237 et 280* • 28 janv. 2016, n° 14-28.905 : *RD rur. 2016, n° 195, note Lucas.* ♦ Si un indivisaire, après avoir consenti seul des baux sur des biens indivis, décède en laissant pour héritiers ses coindivisaires, ceux-ci sont tenus s'ils acceptent la succession de garantir les conventions passées par leur auteur, peu important qu'ils aient eu la volonté de ratifier cet acte. • Civ. 3e, 15 mai 2008, n° 07-14.655 : *JCP 2008. I. 194, § 5.* ♦ Le bail consenti par un seul indivisaire sans le consentement des coïndivisaires a été jugé opposable à l'attributaire final dès lors que celui-ci a perçu les loyers à la suite du partage. • Besançon, 31 janv. 2003 : *RD rur. 2003. 477.* ♦ Si un indivisaire a consenti seul des baux sur des biens indivis, les co-indivisaires qui ont accepté purement et simplement sa succession ne peuvent poursuivre la nullité du bail car ils sont tenus de garantir les conventions passées par leur auteur. • Civ. 3e, 9 juill. 2020, n° 19-16.861 : *DP entr. agric., Bull. n° 543, p. 7, note Hérail.*

33. Sur la nécessité d'un mandat spécial, nonobstant la qualité de mandataire apparent de l'indivisaire ayant conclu le bail, V. • Civ. 3e, 19 oct. 1988 : *JCP N 1989. II. 83, obs. Moreau* • 12 avr. 1995, n° 92-20.732 P : *JCP N 1996. II. 541, obs. Moreau ; RDI 1996. 336, obs. Bergel* . – V. aussi • Civ. 3e, 5 mai 1999 (2 arrêts), n° 97-12.925 P : *RD rur. 1999. 378 ; Gaz. Pal. 1999. 2. Pan. 179 ; RDI 1999. 364, obs. Bruschi* • Civ. 3e, 24 janv. 2001 : *RD rur. 2001. 360.* ♦ Le bail consenti par l'indivisaire qui justifie d'un mandat tacite pour exploiter les biens mais d'aucun mandat spécial est inopposable aux coïndivisaires. • Civ. 1re, 25 oct. 2005, n° 03-14.320 P : *Gaz. Pal. 19-20 mai 2006. 37.* ♦ Le président du TGI peut donner à l'administrateur de l'indivision post communautaire le pouvoir de conclure un bail rural. • Civ. 1re, 19 oct. 2004 : *D. 2004. IR 2834 ; Gaz. Pal. 6-8 mars 2005. 28.*

34. Sanction. Un bail rural consenti par un seul indivisaire n'est pas nul, mais seulement inopposable aux autres et son efficacité est subordonnée aux résultats du partage. • Rouen, 16 sept. 1992 : *BICC 1993, n° 368* • Civ. 1re, 27 oct. 1992, n° 90-21.173 P • 12 avr. 1995, n° 92-20.732 P • Aix-en-Provence, 12 nov. 1996 : *Ann. loyers 1997. 935, note Lachaud* • Besançon, 21 sept. 2001 : *RD rur. 2001. 575* • Civ. 1re, 13 juill. 2004, n° 01-00.638 • 26 janv. 2017, n° 14-29.272 P : *JCP N 2017. Actu. 244 ; D. 2017. 298 ; Gaz. Pal. 2017. 584 ; RD rur. 2017, n° 170, note Lebel.* ♦ Comp., en ce sens que le bail n'est pas valable : • Aix-en-Provence, 3 juin 1991 : *Ann. loyers 1993. 530* • Civ. 3e, 5 mai 1999 : *préc. note 33 (1re esp.).* ♦ La nullité n'est pas encourue lorsque le bail a été consenti par un indivisaire à la fois nu propriétaire et usufruitier. • Civ. 3e, 6 avr. 2011, n° 09-17.158 : *AJDI 2011. 460 ; Loyers et copropriété 2011. Comm. 167, obs. Vial-Pedroletti.* ♦ Tout indivisaire, pour assurer la protection de ses droits indivis, peut agir seul en justice à l'encontre d'un autre coïndivisaire ayant passé un acte sans son consentement et au mépris des dispositions de l'art. 815-3. • Civ. 3e, 15 juin 1994, n° 92-15.608 P : *D. 1994. IR 221* .

35. Le preneur qui ignorait l'état d'indivision peut demander réparation à l'indivisaire qui a consenti seul le bail pour la perte de son droit d'exploitation. • Civ. 3e, 5 mai 1999 : *préc. note 26.*

36. Sur la nécessité du consentement de tous les indivisaires pour exercer l'action en résiliation, V. notes ss. art. L. 411-31 ♦ ... Pour délivrer un congé portant refus de renouvellement, V. notes ss. art. L. 411-47.

37. Partage. Le bail consenti par tous les indivisaires n'est pas privé d'effet par la réalisation du partage, même si la commune intention des indivisaires était que chacun puisse librement exploiter par lot et même si l'indivisaire locataire a participé aux travaux préparatoires du partage. • Civ. 1re, 15 mai 2002 : *RD rur. 2002. 325 et 641 ; JCP N 2002. 1659.*

C. CONJOINTS

38. Bailleur. Biens communs. Jugeant que le mari ne peut pas consentir de bail sur des biens communs sans l'accord de son épouse, V. • Civ. 1re, 12 juill. 1994 : *RD rur. 1995. 51* • 18 févr. 1998 : *RD rur. 1998. 357.* ♦ Le bail consenti par un seul époux sur des biens communs ne peut être annulé dès lors que les juges n'ont pas vérifié si cet époux n'avait pas agi en gérant d'affaires. • Civ. 3e, 21 févr. 2001 : *RD rur. 2001. 365 et 531, obs. Crevel ; JCP N 2001. 1042 et 1122, note Casey ; JCP 2002. I. 103, p. 75, obs. Simler ; RD rur. 2010. chron. 2, note Le Guidec et Bosse-Platière.* ♦ La seule connaissance par un conjoint du bail consenti par l'autre sur des biens communs ne peut constituer la ratification du contrat. • Bordeaux, 11 avr. 2002 : *RD rur. 2002. 575 ; JCP N 2002. 1780, obs. Simler.* ♦ Nullité du bail lorsque le preneur (petit-enfant du bailleur) ne pouvait ignorer que les biens loués par un seul des époux appartenaient en commun aux époux. • Civ. 3e, 18 févr. 1998 : *préc.*

39. Bailleur. Biens propres. Est nul le bail consenti par un époux sur le bien propre de son conjoint. • Civ. 3e, 6 juill. 1976 : *JCP 2078. II. 18845, note Le Guidec.* ♦ L'époux ne peut consentir un bail rural de neuf ans sur un bien propre de son conjoint sous couvert d'un mandat tacite, s'agissant d'un acte de disposition. • Civ. 3e, 16 sept. 2009, no 08-16.769 : *D. 2009. 2344, note Forest ; RD rur. 2009, no 177, note Crevel ; Ann. loyers 2009. 2403, note Lachaud ; Defrénois 2009. 39087, note Champenois ; AJDI 2010. 234, obs. Prigent.* ♦ Ne donne pas de base légale à sa décision la cour d'appel qui a déclaré nul le bail rural consenti par le mari sur des parcelles appartenant en propre à son épouse, sans rechercher si celle-ci n'était pas engagée sur le fondement d'un mandat apparent ou si elle n'avait pas ratifié la convention. • Civ. 3e, 18 mars 1998, no 96-14.840 P : *RD rur. 1998. 358 ; Gaz. Pal. 1998. 2. Pan. 228 ; Defrénois 1999. 661, note Mathieu.*

SOUS-SECTION 2 Durée du bail

Art. L. 411-5 Sous réserve des dispositions de l'article L. 411-3 et sauf s'il s'agit d'une location régie par les articles L. 411-40 à L. 411-45, la durée du bail ne peut être inférieure à neuf ans, nonobstant toute clause ou convention contraire. – *[Anc. art. 811, al. 1er.]*

COMMENTAIRE

Le bail doit avoir une durée d'au moins neuf ans ; il s'agit d'une disposition d'ordre public qui s'applique à tous les baux à ferme, même s'il s'agit d'un bail verbal. Le législateur a voulu ainsi conférer une stabilité au preneur pour lui permettre d'investir et ainsi de s'engager plus favorablement dans la construction de son exploitation. En même temps, la famille agricole a trouvé là une sécurité d'établissement.

Le bail peut être consenti pour une durée plus longue. Si le bail est conclu pour plus de douze ans, il doit être établi par acte authentique afin de respecter l'obligation de publication à la conservation des hypothèques (Décr. no 55-22 du 4 janv. 1975, art. 28-1). Le bail est à long terme dès qu'il est d'une durée d'au moins dix-huit ans (C. rur., art. L. 416-1).

1. Durée supérieure à 9 ans. L'art. 811 [L. 411-5] décidant que la durée du bail rural ne peut être inférieure à neuf ans n'interdit pas les baux d'une durée supérieure. • Soc. 6 mai 1960 : *Bull. civ. IV, no 457.* ♦ Concernant les baux emphytéotiques, V. art. L. 451-1 s. ♦ Pour l'interprétation d'une contradiction entre le terme et la durée stipulés, V. • Poitiers, 10 mars 1993 : *RD rur. 1993. 59.* ♦ Un engagement perpétuel de location est nul. • Civ. 3e, 27 mai 1998 : *RD rur. 1998. 374.*

2. Durée inférieure à 9 ans. La clause d'un bail fixant la durée à trois ans doit être réputée non écrite comme contraire aux art. 811 [L. 411-5] et 860 [L. 415-12.] • Soc. 13 juin 1958 : *Bull. civ. IV, no 725 ; JCP 1958. II. 10798, note de Juglart.*

3. Bail verbal conclu antérieurement au statut. En vertu de l'ordonnance du 17 oct. 1945 et de la loi du 13 avr. 1946 portant statut de fermage, le bail de neuf ans a commencé à courir à la fin de l'année culturale 1947-1948. • Civ. 3e, 22 nov. 1995 : *Ann. loyers 1996. 637.* – Comp. : • Soc. 4 déc. 1963 : *Bull. civ. IV, no 840* (point de départ à l'automne 1947).

4. Renonciation. V. ss. art. L. 411-31, note 1.

5. Prorogation. Sur la possibilité de prorogation, V. • Civ. 3e, 21 nov. 1978 : *Bull. civ. III, no 347.* ♦ V. aussi, admettant la prorogation même accompagnée d'une sensible majoration de fermage, • Civ. 3e, 18 mai 1988 : *JCP N 1988. II. 265, obs. Moreau.*

6. GFA. Est régulier le bail rural dont la durée excède celle pour laquelle un groupement foncier agricole a été constitué, dès lors que ce bail entre dans l'objet social de celui-ci. • Civ. 3e, 28 sept. 2011, n° 10-15.570 : *Rev. loyers nov. 2011.*

7. Point de départ du bail. V. • Civ. 3e, 27 nov. 2012, n° 11-22.047 : *RD rur. 2013, n° 82, note Barthe.*

8. Sur la transformation en *bail à long terme,* V. art. L. 416-2.

Art. L. 411-6 **Par dérogation à l'article précédent, au moment du renouvellement du bail, le preneur ne peut refuser l'introduction d'une clause de reprise à la fin de la sixième année suivant ce renouvellement au profit** *(L. n° 88-1202 du 30 déc. 1988 ; L. n° 2006-11 du 5 janv. 2006, art. 3)* **« du conjoint, du partenaire d'un pacte civil de solidarité ou » d'un ou de plusieurs descendants majeurs ou mineurs émancipés, qui devront exploiter personnellement dans les conditions fixées à l'article L. 411-59.**

Lorsqu'une clause de reprise en cours de bail figure dans le bail initial ou le bail renouvelé, elle ne peut s'exercer que dans les conditions prévues à l'alinéa qui précède, sauf s'il s'agit d'un bail conclu ou renouvelé au nom du propriétaire ou d'un copropriétaire mineur, qui peut, à compter de sa majorité ou de son émancipation, exciper à son profit de la clause inscrite dans le bail à l'expiration de chaque période triennale en vue d'exploiter personnellement dans les conditions susmentionnées.

Le propriétaire qui entend exercer la reprise en cours de bail doit notifier congé au preneur deux ans au moins à l'avance dans les formes prescrites à l'article L. 411-47. *(L. n° 84-741 du 1er août 1984, art. 21)* **« La clause de reprise dont il est fait état au présent article ne peut s'exercer à l'encontre d'un preneur se trouvant dans l'une des situations prévues** *(Ord. n° 2006-870 du 13 juill. 2006)* **« au deuxième alinéa » de l'article L. 411-58 du présent code. »** – *[Anc. art. 811, al. 2 à 4.]*

Le droit de reprise tel qu'il est prévu aux art. L. 411-6, L. 411-58 et L. 411-60 C. rur. ne peut être exercé au profit d'une personne bénéficiant d'un avantage vieillesse supérieur à 4 160 fois le montant horaire du salaire minimum de croissance (L. n° 84-741 du 1er août 1984, art. 23).

COMMENTAIRE

La reprise qui permet au propriétaire de s'opposer au renouvellement du bail s'exerce en principe en fin de bail, mais, par exception, le bailleur peut demander la reprise sexennale ou triennale dans les conditions strictes de l'article L. 411-6.

1. Bénéficiaires. Il n'est pas nécessaire que soit indiqué dans la clause l'enfant bénéficiaire. • Soc. 1er avr. 1952 : *Rev. fermages 1952. 243.* ♦ ... Qui peut être adoptif ou naturel aussi bien que légitime. • Soc. 12 juin 1952 : *Ann. loyers 1952. 421.*

2. L'art. 811 [L. 411-6] n'exige pas que le descendant bénéficiaire soit dépourvu de tout droit réel sur le bien repris ; sa qualité de nu-propriétaire de celui-ci n'est pas un obstacle à la reprise. • Soc. 1er déc. 1966 : *Bull. civ. IV, n° 914 ; D. 1967. Somm. 77.* – Comp. : • Toulouse, 6 mai 1971 : *D. 1972. Somm. 9.*

3. La reprise sexennale exercée au profit du fils du propriétaire n'est pas remise en cause par le fait que ce descendant soit devenu propriétaire des terres objet de la reprise après délivrance du congé et avant libération des lieux. • Civ. 3e, 19 déc. 2000 : *RD rur. 2001. 126 et 301 ; JCP N 2001. 1042, obs. Pitaud ; Rev. loyers 2001. 232. note Peignot.*

4. Contrat type. Le contrat type approuvé par arrêté préfectoral prévoyant expressément une clause de reprise sexennale, le bail faisant référence au contrat type, les preneurs ne peuvent s'opposer à l'exercice de la reprise sexennale par le bailleur. • Dijon, 14 nov. 2002 : *RD rur. 2003. 333.*

5. Insertion de la clause. L'art. 811 [L. 411-6] ne prévoit aucun délai pour la demande d'insertion d'une clause de reprise sexennale. • Civ. 3e, 10 mai 1983 : *Bull. civ. III, n° 114 ; Rev. loyers 1983. 541, note Le Petit* • 13 mars 1985 : *Bull. civ. III, n° 53 ; Rev. loyers 1985. 327.* ♦ En effet, la clause de reprise sexennale insérée dans un bail lors de son renouvellement peut être mise en œuvre au cours des baux renouvelés ultérieurement. • Civ. 3e, 26 avr. 1989 : *Bull. civ. III, n° 91 ; D. 1989. IR 148.*

6. Bail verbal. Le bailleur est toujours en droit, quelle que soit la forme du bail, de demander l'insertion dans le bail renouvelé d'une clause de reprise sexennale. • Civ. 3e, 7 mai 2014, n° 13-14.152 : *JCP 2014. 646 ; D. 2014. 1152 ; JCP N 2014. Actu. 656 ; RD rur. 2014, n° 177, note Crevel.*

7. Le preneur ne peut refuser l'introduction d'une clause de reprise sexennale, même s'il bénéficie d'un plan de continuation suite à son redressement judiciaire. • Montpellier, 7 oct. 2002 : *RD rur. 2003. 191.* ♦ Le preneur ne peut s'opposer à l'introduction de cette clause en jouant sur sa qualité de copropriétaire du fonds. • Riom, 15 févr. 2007 : *JCP 2008. IV. 1609.*

8. Objet de la reprise. V., jugeant que la clause de reprise sexennale concerne la terre à appellation nue et les droits de plantation et de replantation, ces droits étant attachés à l'exploitation viticole, • Civ. 3e, 17 avr. 1996, n° 94-13.521 P : *D. 1997. 318, note Agostini ; RD rur. 1996. 225, concl. Weber ; ibid. 1996. 410, note Géninet ; JCP 1997. II. 22783, note Roussel.* ♦ V. aussi ss. art. L. 411-69.

9. Congé. Le délai établi par l'art. 811, al. 4 [L. 411-6, al. 3], n'étant pas un délai de procédure, ne peut faire l'objet d'aucune prorogation. • Paris, 4 juill. 1984 : *D. 1984. IR 375.* ♦ Est nul le congé pour reprise sexennale en l'absence de clause expresse dans le bail d'origine et si cette clause n'a pas été insérée lors du renouvellement. • Civ. 3e, 6 oct. 2016, n° 15-19.049. ♦ Est mal fondé l'arrêt qui valide le congé délivré en vertu d'une clause sexennale introduite dans le bail renouvelé postérieurement à la date de délivrance du congé. • Civ. 3e, 23 mars 2022, n° 18-10.689 : *Defrénois 2022, n° 14, p. 9 ; Rev. loyers 2022, n° 1027, note Roussel ; AJDI 2022. 368 ; RD rur. 2022, n° 89, note Crevel.*

Art. L. 411-7 **Aucune reprise ne peut être exercée par un acquéreur à titre onéreux jusqu'à l'expiration du bail en cours lors de l'acquisition.**

Toutefois, en cas de mutation du fonds au profit d'un ou plusieurs descendants du bailleur, ceux-ci peuvent exercer la reprise en cours de bail à leur profit, ou à celui de l'un d'entre eux, dans les conditions prévues à l'article L. 411-6, alinéas 1 et 2.

Si le fonds loué est vendu, le cas du preneur, en dehors des dispositions relatives au droit de préemption, est également régi par l'article 1743 du code civil. — *[Anc. art. 811, al. 5 à 7.]*

Art. L. 411-8 **Lorsque le descendant du preneur a, pour quelque cause que ce soit, obtenu la cession du bail à son profit, il ne sera considéré comme ayant bénéficié d'un premier bail que si cette cession est antérieure de six ans au moins à la date d'expiration du bail. Dans le cas contraire, un nouveau bail ou le bail renouvelé constitue un premier bail.** — *[Anc. art. 34, al. 2, de la L. n° 75-632 du 15 juill. 1975.]*

L'art. L. 411-8 constituant une modalité d'application des règles relatives aux conditions de reprise en cours de bail, il ne saurait priver d'efficacité le congé délivré pour la date d'expiration du contrat. • Civ. 3e, 24 janv. 1996, n° 93-18.588 P : *Rev. loyers 1997. 397 ; JCP 1996. II. 22690, note Ourliac ; RD rur. 1996. 37* • 22 janv. 1997, n° 95-10.196 P : *Gaz. Pal. 1997. 2. Pan. 228 ; Rev. huiss. 1997. 1060* • 22 janv. 1997 : *RD rur. 1997. 68* • 8 avr. 1999, n° 97-13.211 P : *D. 1999. IR 120 ; RD rur. 2000. 529, obs. Crevel.*

Art. L. 411-9 *Abrogé par L. n° 91-5 du 3 janv. 1991, art. 26-I.*

Art. L. 411-10 *Abrogé par Ord. n° 2006-870 du 13 juill. 2006.*

SOUS-SECTION 3 Prix du bail

Art. L. 411-11 *(L. n° 88-1202 du 30 déc. 1988)* **Le prix de chaque fermage est établi en fonction, notamment, de la durée du bail, compte tenu** *(Ord. n° 2006-870 du 13 juill. 2006)* **« d'une éventuelle clause de reprise » en cours de bail, de l'état et de l'importance des bâtiments d'habitation et d'exploitation, de la qualité des sols ainsi que de la structure parcellaire du bien loué** *(L. n° 2006-11 du 5 janv. 2006, art. 76)* **« et, le cas échéant, de l'obligation faite au preneur de mettre en œuvre des pratiques culturales respectueuses de l'environnement en application de l'article L. 411-27 ». Ce prix est constitué, d'une part, du loyer des bâtiments d'habitation et, d'autre part, du loyer des bâtiments d'exploitation et des terres nues.**

Le loyer des bâtiments d'habitation est fixé en monnaie entre des maxima et des minima qui sont arrêtés par l'autorité administrative *(L. n° 2006-872 du 13 juill. 2006, art. 104 ; Ord. n° 2010-461 du 6 mai 2010, art. 2)* **« sur la base de références calculées d'après des modalités définies par décret ».** *(L. n° 2008-111 du 8 févr. 2008, art. 9-II)* **« Ce loyer ainsi que les maxima et les minima sont actualisés, chaque année, selon la variation de l'indice de référence des loyers publié par l'Institut national de la statistique et des études économiques chaque trimestre et qui correspond à la moyenne, sur les douze derniers mois, de l'évolution des prix à la consommation hors tabac et hors loyers. »** *(L. n° 2010-874 du 27 juill. 2010, art. 61)* **« Ces références sont applicables aux baux en cours à la date d'entrée en vigueur de l'acte pris par l'autorité administrative dans chaque département pour arrêter les maxima et les minima. Le loyer des bâtiments d'habitation stipulé dans ces baux peut être révisé à l'initiative de l'une des**

parties au bail à compter de la publication de l'acte ci-dessus mentionné. A défaut d'accord entre les parties, le loyer des bâtiments d'habitation est fixé par le tribunal. »

(L. n° 95-2 du 2 janv. 1995) **« Le loyer des terres nues et des bâtiments d'exploitation est fixé en monnaie entre des maxima et des minima arrêtés par l'autorité administrative. »**

(L. n° 2010-874 du 27 juill. 2010, art. 62-I) **« Ce loyer ainsi que les maxima et les minima sont actualisés chaque année selon la variation d'un indice national des fermages.**

« Cet indice est composé :

« *a)* Pour 60 % de l'évolution du revenu brut d'entreprise agricole à l'hectare constaté sur le plan national au cours des cinq années précédentes ;

« *b)* Pour 40 % de l'évolution du niveau général des prix de l'année précédente.

« Les modalités de calcul de l'indice et de ses composantes sont précisées par voie réglementaire.

« L'indice national des fermages et sa variation annuelle sont constatés avant le 1er octobre de chaque année par arrêté du ministre chargé de l'agriculture. » — *La variation de l'indice national des fermages 2014 par rapport à l'année 2013 est de + 1,52 % (Arr. du 22 juill. 2014, art. 4, JO 25 juill.) ; la variation de l'indice national des fermages 2015 par rapport à l'année 2014 est de + 1,61 % (Arr. du 20 juill. 2015, art. 4, JO 24 juill.) ; la variation de l'indice national des fermages 2016 par rapport à l'année 2015 est de - 0,42 % (Arr. du 13 juill. 2016, art. 4, JO 23 juill.) ; la variation de l'indice national des fermages 2017 par rapport à l'année 2016 est de - 3,02 % (Arr. du 19 juill. 2017, art. 4, JO 22 juill.) ; la variation de l'indice national des fermages 2018 par rapport à l'année 2017 est de - 3,04 % (Arr. du 20 juill. 2018, art. 4, JO 25 juill.) ; la variation de l'indice national des fermages 2019 par rapport à l'année 2018 est de 1,66 % (Arr. du 12 juill. 2019, art. 4, JO 18 juill.) ; la variation de l'indice national des fermages 2020 par rapport à l'année 2019 est de 0,55 % (Arr. du 16 juill. 2020, art. 4, JO 19 juill.) ; la variation de l'indice national des fermages 2021 par rapport à l'année 2020 est de 1,09 % (Arr. du 12 juill. 2021, art. 4, JO 20 juill.) ; la variation de l'indice national des fermages 2022 par rapport à l'année 2021 est de 3,55 % (Arr. du 13 juill. 2022, art. 4, JO 16 juill.) ; la variation de l'indice national des fermages 2023 par rapport à l'année 2022 est de 5,63 % (Arr. du 18 juill. 2023, art. 4, JO 21 juill.).*

(L. n° 95-2 du 2 janv. 1995) **« Par dérogation aux dispositions précédentes, le loyer des terres nues portant des cultures permanentes viticoles, arboricoles, oléicoles et agrumicoles et des bâtiments d'exploitation y afférents peut être évalué en une quantité de denrées comprise entre des maxima et des minima arrêtés par l'autorité administrative. Dans ce cas, les dispositions relatives à l'actualisation du loyer des terres nues et des bâtiments d'exploitation prévues au présent article ne s'appliquent pas. »**

L'autorité administrative détermine les maxima et les minima prévus aux *(L. n° 95-2 du 2 janv. 1995)* **« alinéas » ci-dessus sur proposition de** *(Ord. n° 2004-637 du 1er juill. 2004, art. 34-1 ; L. n° 2004-1343 du 9 déc. 2004, art. 78-XXXII)* **« commissions consultatives paritaires départementales »** *(Abrogé par L. n° 2020-1525 du 7 déc. 2020, art. 1er)* ***« et, le cas échéant, nationale »*. En cas de carence de ces commissions, l'autorité compétente procède elle-même à cette fixation.**

Ces maxima et ces minima font l'objet d'un nouvel examen au plus tard tous les *(L. n° 95-2 du 2 janv. 1995)* **« six » ans. S'ils sont modifiés, le prix des baux en cours ne peut, sous réserve des dispositions figurant au premier alinéa de l'article L. 411-13, être révisé que lors du renouvellement ou, s'il s'agit d'un bail à long terme, en début de chaque nouvelle période de neuf ans. A défaut d'accord amiable, le tribunal paritaire des baux ruraux fixe le nouveau prix du bail.** — *V. art. R. 411-1 s.*

(L. n° 2006-11 du 5 janv. 2006, art. 76) **« Les minima arrêtés par l'autorité administrative ne s'appliquent pas au loyer lorsque le bail comporte des clauses mentionnées au** *(Ord. n° 2006-870 du 13 juill. 2006)* **« troisième » alinéa de l'article L. 411-27. »**

V. Circ. DGPAAT/SDEA/C2010-3090 et SG/SSP/SDSSR/C2010-1802 du 29 sept. 2010 relatives à la réforme de l'indexation des fermages intervenue par la loi de modernisation de l'agriculture et de la pêche du 27 juillet 2010 et applicable aux fermages payables à compter du 1er octobre 2010 (BO Agriculture n° 39 du 1er oct. 2010).

BIBL. ► HEUCHEL, *RD rur. 2011. Étude 1* (prix des baux ruraux de centres équestres). – MADIGNIER, *RD rur. 2018. Étude 12* (incidence des améliorations supportées par le preneur sur le prix du bail).

COMMENTAIRE

La fixation du prix du bail à ferme est encadrée par des règles très strictes, écartant toute liberté de négociation. Le prix se détermine dès la conclusion du bail selon des grilles d'évaluation posées par l'administration pour déterminer la valeur locative des biens, en respectant un maximum obligatoire. Le fermage est donc fixé en dehors des conditions d'exploitation réelles et sans considérer les résultats obtenus par l'exploitation.

Le fermage était fixé jusqu'en 1988 uniquement en une quantité de denrée choisie sur l'arrêté préfectoral. Aujourd'hui, le fermage se détermine par la somme de plusieurs prix : d'une part le loyer des terres nues et des bâtiments d'exploitation, et d'autre part le loyer des bâtiments d'habitation, qui sont fixés en monnaie entre les maxima et minima arrêtés par l'autorité administrative (V. C. rur., art. R. 411-1 s.). Et si le fonds porte des cultures pérennes, le loyer pour ces terres est fixé en une quantité de denrées comprise entre les maxima et minima de l'arrêté préfectoral. Ces quantités représentent les valeurs locatives normales des terres nues portant de telles cultures ; il s'agit dans ce cas d'appliquer les règles qui étaient en vigueur avant 1995 pour la détermination du fermage de toutes les terres.

Chacune des composantes suit une évolution distincte dont les conditions plusieurs fois modifiées sont déterminantes de l'équilibre difficile du bail à ferme.

Le loyer des bâtiments d'habitation est actualisé chaque année par application de l'indice national des loyers publié par l'INSEE. La détermination du loyer des bâtiments d'habitation a été modifiée par la loi du 8 février 2008 afin de permettre une revalorisation de ce loyer tout en maintenant un encadrement de son prix.

Le loyer des terres nues et des bâtiments d'exploitation est actualisé chaque année selon la variation de l'indice national des fermages, combinant les données agricoles et les données économiques générales. Pour le loyer des terres portant des cultures pérennes et les bâtiments d'exploitation y afférents, c'est l'application chaque année à la quantité de denrées fixée dans le bail du cours moyen de ces denrées qui en permet la réévaluation.

La loi d'orientation agricole n° 2006-11 du 5 janvier 2006 permet que la valeur locative soit désormais déterminée, et concrètement, minorée, par l'existence d'obligations contractuelles imposées au preneur pour le respect de l'environnement. Ces clauses ne peuvent cependant figurer que dans les contrats particuliers prévus à l'article L. 411-27 du code rural. ❑

1. Détermination. La quantité de denrées due au titre du fermage de terres portant des cultures pérennes doit être fixée pour toute la durée du bail. • Civ. 3e, 21 janv. 2009, n° 07-20.233 : *Gaz. Pal. 25 avr. 2009. 21.* ♦ S'il est un élément essentiel du bail, il n'est pas nécessaire que le prix soit déterminé dans le contrat ; il suffit que ce dernier donne les indications susceptibles d'opérer cette détermination. • Soc. 16 févr. 1951 : *Bull. civ. III, n° 131.* ♦ Le prix du bail est jugé déterminable si un arrêté préfectoral fixe les minima et maxima du prix de fermage et que le preneur a donné son accord pour le maxima. • Civ. 3e, 4 avr. 2011, n° 10-14.318 : *Defrénois 2011. 40194, note Krajeski.*

2. Arrêté. En cas d'annulation de l'arrêté préfectoral, les dispositions de la loi n° 88-1202 du 30 déc. 1988 imposant la ventilation du prix entre le loyer du local d'habitation et le loyer des bâtiments d'exploitation ne sont pas applicables. • Civ. 3e, 13 mai 1998 : *RD rur. 1998. 439.* ♦ Sur la possibilité d'engager la responsabilité de l'administration lorsque, malgré l'évolution de la situation agricole, l'arrêté préfectoral établissant les bases de calcul des baux à ferme n'avait pas été modifié, V., pour une solution négative, • CE 5 mai 1986 : *D. 1987. Somm. 111, obs. Moderne et Bon.* ♦ Est illégal l'arrêté qui ne prévoit pas de montant minimum ou maximum de loyer pour la valeur locative de certaines catégories de logements. • TA Rennes, 16 avr. 2003, *Durand,* n° 00-3698 : *RD rur. 2004. 211, obs. Grimonprez ; ibid. 282.*

3. Fixation judiciaire. Lorsque le fermage a été convenu à titre provisoire, dans l'attente d'un arrêté préfectoral fixant les quantités maxima de denrées pouvant être prises en considération, le fermier dispose d'une action pour faire fixer son loyer en conformité avec les dispositions de ce texte après parution de celui-ci. • Civ. 3e, 3 nov. 1988 : *JCP 1989. IV. 2.*

4. Mandataire. Est fondé le propriétaire qui sollicite le paiement de dommages-intérêts du mandataire percevant les fermages au motif que le mandat faisait obligation au mandataire de renseigner le mandant sur les règles d'ordre public de fixation du fermage et de l'informer quant aux conditions de mise en conformité du bail, même si le bailleur n'a jamais donné d'instructions pour réviser le prix du bail. • Civ. 3e, 28 sept. 2011, n° 10-10.162 : *JCP N 2011. Actu. 797.*

5. Valeur locative. Même s'il est désigné dans le cadre d'une liquidation de succession, l'expert chargé de rechercher la valeur locative du bien loué doit respecter les prescriptions de l'arrêté. Peu importe qu'il ne s'agisse pas d'un conflit entre bailleur et preneur. • Civ. 3e, 23 juin 1993 : *Ann. loyers 1993. 934.*

6. Ordre public. Sur la possibilité, pour le preneur, de renoncer, par des actes manifestement non équivoques, à se prévaloir des dispositions d'ordre public sur la fixation du fermage, V. • Civ. 3e, 27 avr. 1988 : *Bull. civ. III, n° 79 ; D. 1988. IR 130.*

7. Le paiement de fermages même pendant une longue période n'emporte pas à lui seul renonciation non équivoque à se prévaloir du caractère indu de ces fermages. • Civ. 3e, 7 févr. 2007, n° 05-20.410 P : *JCP 2007. IV. 1510 ; RD rur. 2007, n° 83 et 136, note Crevel.*

8. Prix du bail renouvelé. A défaut d'accord entre les parties, le juge fixe le prix du bail renouvelé conformément aux art. L. 411-11 à L. 411-16. • Civ. 3e, 11 mai 1988 : *Bull. civ. III, n° 91 ; JCP N 1988. II. 266, obs. Moreau ; Defrénois 1988. 1463, obs. Vermelle.* ♦ Jugeant que pour la détermination du loyer de renouvellement, il convient de prendre en compte l'objet principal de l'exploitation, V. • Civ. 3e, 19 mai 1999 : *Rev. loyers 1999. 333, obs. Peignot ; RD rur. 2000. 112.* ♦ Le locataire d'une terre nue, qui y a planté des vignes grâce aux droits de plantation qu'il a obtenus, doit au renouvellement payer un fermage correspondant à des vignes plantées. • Reims, 21 mars 2001 : *RD rur. 2001. 533, obs. Crevel.* ♦ V. aussi jurisprudence ss. art. L. 411-50. ♦ La cour d'appel, qui n'a pas fait état d'améliorations culturales, ni de la notoriété du preneur, a régulièrement justifié sa classification des parcelles par l'état sanitaire, la vigueur, le bon état cultural, le pourcentage de pieds manquants et le groupement des parcelles. • Civ. 3e, 12 janv. 2005, *Sté civile du Château Beychevelle c/ Bonzom : Rev. loyers 2005. 210.*

9. Bail à long terme. La demande en révision du prix du bail à long terme est recevable même si la modification des maxima et minima n'est pas intervenue pendant la période de neuf ans précédant l'introduction de l'action. • Civ. 3e, 10 déc. 2002, n° 01-12.507 P : *RD rur. 2003. 69 et 402 ; JCP N 2003. 1580 ; JCP 2003. IV. 1225 ; Rev. loyers 2003. 89, obs. Peignot ; Gaz. Pal. 9-11 mars 2003. 29.* ♦ L'arrêté préfectoral prévoyant la majoration du fermage selon sa durée s'impose aux parties au bail à long terme renouvelé, même en l'absence de stipulation contractuelle. • Civ. 3e, 12 mars 2014, n° 12-29.406 : *JCP 2014. 418 ; JCP N 2014. Actu. 468 ; DP entr. agric., Bull. n° 473, p. 11, note Roussel ; D. 2014. 1140, note Roussel ; RD rur. 2014, n° 113, note Crevel ; Rev. loyers 2014, n° 946, note Peignot ; AJDI 2014. 708, note Prigent* • 6 juill. 2017, n° 16-15.607 : *DP entr. agric., Bull. n° 511, p. 6, note Roussel.*

10. Trop-perçu. Dès lors que la demande de mise en conformité du fermage avec l'arrêté préfectoral a été formée après le renouvellement d'une période de neuf ans du bail à long terme, le trop-perçu après le renouvellement doit être restitué. • Civ. 3e, 24 janv. 2007, n° 06-12.117 P : *JCP 2007. IV. 1407 ; RD rur. 2007, n° 86 ; Rev. loyers 2007. 188, note Peignot ; AJDI 2007. 489* .

11. Preuve du paiement. Le preneur a la charge de la preuve de s'être libéré du paiement du fermage. • Civ. 3e, 7 avr. 1993 : *RD rur. 1993. 386.* ♦ Dès lors que le preneur était en place depuis trente-six ans et qu'il régnait, entre les parties, un climat de confiance, il a été admis qu'il se trouvait dans l'impossibilité de réclamer des reçus de ses versements. • Civ. 3e, 1er févr. 2000 : *Ann. loyers 2000. 2027.* ♦ Ne peut être reproché au preneur le non-encaissement des chèques adressés au mandataire en application du contrat, ou d'un usage conventionnel. • Civ. 3e, 14 avr. 2016, nos 15-11.343 et 15-11.344 : *RD rur. 2016, n° 179, note Crevel.* ♦ La preuve du paiement s'effectue par tous moyens. • Civ. 3e, 23 nov. 2017, n° 16-17.764 P : *JCP N 2017. 1310 ; DP entr. agric., Bull. n° 514, p. 6, note Roussel.*

12. Prescription. La prescription de la demande en paiement des fermages court du jour du jugement reconnaissant l'existence d'un bail rural. • Civ. 3e, 15 févr. 2018, n° 16-28.143 : *Defrénois 2018, n° 47, p. 41, note Roussel et 2020, n° 18-19, note Roussel.* ♦ ... Depuis la date de la convention requalifiée donc à compter de la date de l'arrêt. • Civ. 3e, 15 juin 2023, n° 21-14.204 : *AJDI 2023. 611 ; Defrénois 2023, n° 27, p. 11 ; RD rur. 2023, n° 92, note Crevel.* ♦ L'action en répétition des fermages indus est soumise à la prescription quinquennale de l'art. 2224 C. civ. • Civ. 3e, 2 mars 2017, n° 15-24.921 P : *JCP 2017. 304.*

13. Exploitations spécialisées. L'arrêté préfectoral ne visant pas les poulaillers, exploitation spécialisée, la valeur locative doit être déterminée en fonction des situations locales, des usages professionnels et des minima et maxima applicables à ce type d'exploitation dans un département voisin. • Civ. 3e, 18 mai 2005, n° 04-11.758 P : *JCP 2005. IV. 2473 ; JCP 2005. N. 1232 ; AJDI 2005. 749, obs. Prigent ; Gaz. Pal. 7-8 oct. 2005. 16 et 6-8 nov. 2005. 19 ; JCP N 2006. 1270, note Roussel.* ♦ Même sens pour un établissement de prise en pension de chevaux et cours d'équitation. • Civ. 3e, 11 mars 2014, n° 13-10.685 : *JCP 2014. 648, note Roussel ; Rev. loyers 2014, n° 947, note Peignot ; AJDI 2014. 464 ; DP entr. agric., Bull. n° 474, p. 4, note Roussel.* ♦ S'agissant du bail d'un étang situé dans un département où l'arrêté préfectoral fixant le prix des fermages ne s'appliquait pas aux activités piscicoles (et sans avoir à se référer à cet arrêté), une cour d'appel appréciait souverainement le prix normal du fermage en fonction des éléments qui lui étaient soumis. • Civ. 3e, 7 avr. 1993 : *JCP 1993. II.*

22160, note Ourliac. – V. déjà • Civ. 3e, 25 juin 1969 : *Bull. civ. III, n° 517.* ♦ L'arrêté préfectoral applicable fixant la valeur locative des biens loués en quantité de denrées par hectare ne pouvait s'appliquer qu'à des biens sur lesquels était exercée une activité fondée sur l'exploitation du sol ; en l'absence, dans l'arrêté pris pour l'application de l'art. L. 411-11, de dispositions relatives à la valeur locative des exploitations hors sol, les parties étaient autorisées à convenir d'un prix calculé par référence à un produit ignoré par le barème départemental. • Civ. 3e, 8 déc. 1993, n° 91-20.746 P : *D. 1994. IR 25 ; RD rur. 1994. 1 ; JCP N 1994. II. 315, obs. Moreau.* ♦ L'arrêté qui ne vise que le montant des fermages des terres labourables comprenant un bâtiment d'exploitation ne s'applique pas à la détermination du fermage de la partie exploitation d'un bâtiment dès lors que le preneur s'occupe d'élevage d'équidés, d'entraînement des chevaux et cavaliers à la compétition nationale, de la formation de jeunes chevaux et d'organisation de concours nationaux et régionaux. • Civ. 3e, 21 févr. 2019, n° 18-10.120 : *DP entr. agric., Bull. n° 529, p. 8, note Roussel, et Bull. n° 530-531, p. 10, note Carius ; AJDI 2019. 711, note Roussel.* ♦ Est mal fondé l'arrêt qui, parce que l'arrêté préfectoral ne vise pas le loyer des bâtiments d'exploitation à usage de centre équestre, fixe le fermage selon les arrêtés des départements voisins, sans rechercher si les dispositions de l'arrêté préfectoral n'étaient pas compatibles avec la détermination du fermage des terres nues données à bail. • Civ. 3e, 7 déc. 2022, n° 21-12.506 : *Rev. loyers févr. 2023, note Roussel ; DP entr. agric., Bull. n° 573, p. 10, note Roussel.*

14. Agriculture biologique. Dès lors que les juges relèvent que l'arrêté préfectoral prévoit des minima et maxima pour les terres nues, les plantations et bâtiments d'habitation, il ne peut être retenu une valeur locative pour des terres exploitées en agrobiologique sur la base d'éléments fournis par les parties. • Civ. 3e, 13 juill. 2011, n° 10-19.583 : *RD rur. 2011, n° 117, note Crevel ; JCP 2011. 960 et 1155, note Roussel ; DP entr. agric., Bull. n° 444. 9, note Roussel ; Gaz. Pal. 2011. 3115 ; Rev. loyers 2011. 920.*

15. QPC. Ne présente pas un caractère sérieux la question de la constitutionnalité de l'art. L. 411-11 qui prévoit que la modification en cours de bail des maxima et minima ne pourra justifier une révision du prix du bail que lors du renouvellement ou en début de chaque nouvelle période de 9 ans du bail à long terme, car ces dispositions répondent à un motif d'intérêt général de politique agricole et leur mise en œuvre est entourée de garanties procédurales et de fond suffisantes. • Civ. 3e, 5 mai 2011, n° 11-40.004 : *RD rur. 2011. n° 101, note Crevel ; AJDI 2011. 634 ; JCP 2011. 639.*

16. Loyer. Bâtiments d'habitation. La publication de l'arrêté préfectoral fixant les maxima et minima de loyer pour les bâtiments d'habitation ouvre à toute partie à un bail en cours relatif à un tel bâtiment la possibilité de demander que le loyer soit révisé pour être mis en conformité avec ces maxima et minima. • CE 9 nov. 2018, n° 408667 B : *Defrénois 2018, n° 46, p. 11 ; AJDA 2019. 671 ; Gaz. Pal. 20 nov. 2018, p. 46 ; RD rur. 2019, n° 1, note Crevel.*

17. Les bailleurs sont mal fondés à solliciter le paiement d'un loyer pour un logement ne répondant pas aux conditions réglementaires d'habitabilité auxquelles renvoyait l'arrêté préfectoral des fermages applicable. • Civ. 3e, 22 mai 2013, n° 12-18.431 : *RD rur. 2013, n° 94, note Crevel.*

18. Fermage illicite. Est illicite le loyer fixé en dehors des limites posées par l'art. L. 411-11. • Civ. 3e, 11 oct. 2018, n° 17-11.972 : *Gaz. Pal. 2019. 1563.* ♦ Est illicite le fermage qui, alors que l'arrêté fixe le fermage des prés et pâtures en lait et viande, ne se réfère pas à ces denrées pour les pâtures louées. • Civ. 3e, 3 févr. 2010 : *Rev. loyers 2010. 181, note Peignot.* ♦ N'est pas nulle la clause du bail relative au prix qui prévoit une première denrée référence pour les treize premières années, puis une seconde denrée pour les dix-sept années suivantes, dès lors qu'elles étaient toutes deux prévues à l'arrêté préfectoral applicable au jour de la conclusion du contrat. • Civ. 3e, 31 mai 2012, n° 10-27.125 : *JCP 2012. 758 ; Rev. loyers 2012. 302, note Peignot ; DP entr. agric., Bull. n° 455, p. 5, note Roussel ; Gaz. Pal. 2012. 2411 ; RD rur. 2013, n° 38, note Barthe ; AJDI 2013. 49, note Prigent.* ♦ Est nul le prix du fermage fusionnant le loyer et l'impôt foncier pesant sur le propriétaire, charge qui n'entre pas dans les critères d'évaluation du fermage ni de l'assiette de son indexation légale. • Civ. 3e, 9 juill. 2020, n° 19-13.612 : *Defrénois 2020, n° 30-34, p. 12.*

19. Choix d'une denrée de l'arrêté. Une cour d'appel ne pouvait décider que le prix de l'hectolitre d'alcool pur serait fixé par rapport à une référence autre que celle que déterminaient les arrêtés préfectoraux ; le montant en espèces du fermage devait être calculé selon le cours moyen des denrées arrêté par le préfet. • Civ. 3e, 1er juill. 1987 : *Bull. civ. III, n° 136 ; JCP 1987. II. 20888, note Ourliac et de Juglart.* – V. aussi, en l'absence d'option des parties en faveur d'une référence spécifique, • Civ. 3e, 8 janv. 1997 : *RD rur. 1997. 68 ; JCP N 1997. II. 1114, obs. Moreau ; Rev. huiss. 1998. 167, note Pitaud.* ♦ De même, viole les art. L. 411-11 et L. 411-13, l'arrêt qui, pour rejeter l'action du preneur en révision du prix du bail à ferme, retient que l'arrêté préfectoral visant une catégorie exceptionnelle pour les vignes d'appellation d'origine contrôlée produisant des vins de crus classés ou de crus bourgeois ou encore dont la notoriété est reconnue, ne traitait pas des vignes produisant des vins en premier grand cru classé, qu'aucun barème légal n'existait pour ces types de vignes et que seules étaient applicables les dispositions contractuelles librement fixées par les parties. • Civ. 3e, 23 févr. 1994, n° 92-13.253 P : *JCP*

1995. II. 22446, note Ourliac ; D. 1994. IR 63 ; *RD rur. 1994. 261, note Ourliac ; JCP N 1994. II. 316, obs. Moreau ; Gaz. Pal. 1994. 2. Somm. 538, obs. Lachaud.* – V. l'arrêt de renvoi : • Paris, 30 nov. 1994 : *JCP 1995, préc.*

20. Denrée. La liste des denrées retenue par l'autorité administrative étant limitative, est nulle la clause fixant le prix du fermage en une quantité de « Côtes du Rhône Village », alors que les arrêtés préfectoraux applicables ne se réfèrent qu'à l'appellation contrôlée « Côtes du Rhône ». • Civ. 3e, 13 déc. 2000, nº 99-14.903 P : *JCP 2001. IV. 1264 ; RD rur. 2001. 67 et 234 ; Rev. loyers 2001. 287, note Peignot ; AJDI 2001. 618, obs. Giraudel* ; *Gaz. Pal. 29-30 mars 2002. 26 ; Dr. et pr. mai 2001. 164, note Couturier.* ♦ La location d'un bâtiment de cave à la fille de celui à qui les mêmes propriétaires avaient donné à ferme des vignes étant soumise au statut, le loyer fixé en argent avec indexation devait être annulé, même si l'arrêté préfectoral ne prévoyait pas une fixation en denrée pour la location d'un bâtiment sans terre. • Civ. 3e, 19 mai 1993 : *Ann. loyers 1993. 932.*

21. Régime de l'action en régularisation. L'action en nullité fixant le fermage par référence à une denrée non prévue par l'arrêté préfectoral n'est pas soumise à la prescription quinquennale, dès lors que les dispositions sur le fermage, qui peuvent être invoquées par toutes les parties, ne sont pas édictées dans le seul intérêt du preneur. • Civ. 3e, 19 mai 1999, nº 97-18.029 P : *Rev. loyers 1999. 331, obs. Peignot ; RD rur. 1999. 533, obs. Crevel ; Gaz. Pal. 1999. 2. Pan. 195.* ♦ La nullité du prix du fermage ayant été prononcée pour illicéité, les juges du fond, qui ne statuent pas sur une demande en révision, fixent le nouveau prix à compter de la conclusion du bail. • Civ. 3e, 18 mai 2005, nº 04-11.758 P. ♦ L'action en répétition de fermage illicite est irrecevable après expiration du délai de prescription de l'action en annulation de la clause prévoyant le fermage. • Civ. 3e, 6 mars 2013, nº 12-13.772 : *RD rur. 2013. 84.* ♦ Les paiements encaissés depuis la conclusion du bail n'étant pas conformes au prix de réference fixé par arrêté préfectoral, la cour a pu accueillir l'action en répétition de l'indu constitué par le trop perçu en résultant. • Civ. 3e, 11 juill. 2019, nº 17-24.158 : *Rev. loyers 1er oct. 2019, note Peignot.*

Art. L. 411-12 *(L. nº 95-2 du 2 janv. 1995)* **« Le prix du bail est payable en espèces. Toutefois, pour les cultures permanentes viticoles, arboricoles, oléicoles ou agrumicoles et par accord entre les parties, le prix du bail est payable en nature ou partie en nature et partie en espèces. » Sauf si le bailleur, en accord avec le preneur, a réalisé des investissements dépassant ses obligations légales ou lorsque des investissements sont imposés au bailleur par une personne morale de droit public, ou encore lorsque le bailleur a supporté définitivement l'indemnité due au preneur sortant en application des articles L. 411-69 à L. 411-77, le fermage ne peut comprendre, en sus du prix calculé comme indiqué à l'article L. 411-11, aucune redevance ou service de quelque nature que ce soit.** – *[Anc. art. 812, al. 4.]*

COMMENTAIRE

Le législateur a posé le principe de l'interdiction de toute majoration clairement pour empêcher toute survivance des usages contraignant le fermier à rendre divers services au propriétaire. Ce principe soulève cependant quelques difficultés d'interprétation parce que le bail à ferme impose pour obligation principale du fermier de réaliser l'entretien du fonds ; or certains baux s'appliquent à préciser cette obligation et certaines confusions peuvent parfois en résulter.

La sanction de ce principe est d'abord celle des fermages établis en méconnaissance de l'article L. 411-11 du code rural. Ces majorations pourraient également justifier la sanction d'un pas-de-porte que le propriétaire exigerait du fermier entrant, les juges reconnaissant le pas-de-porte comme un supplément injustifié payé en sus du prix calculé comme indiqué à l'article L. 411-11.

Par exception, lorsque le bailleur a réalisé ou participé à des investissements sur le fonds loué, il peut demander un complément de loyer. Trois cas sont énoncés, le pouvoir réglementaire et la jurisprudence ont précisé la mise en œuvre de ces majorations. Il y a d'une part les investissements du bailleur dépassant ses obligations légales réalisés avec l'accord du preneur. Il y a d'autre part les investissements imposés au bailleur par une personne morale de droit public (V. art. R. 411-9). Il y a enfin le cas où le bailleur a supporté définitivement l'indemnité due au preneur sortant en application des articles L. 411-69 à L. 411-77 du code rural. Il s'agit de l'hypothèse où, à l'occasion du changement de preneur, le bailleur a dû payer au sortant une indemnité fixée judiciairement dont il n'a pas demandé le remboursement au fermier entrant comme le permet l'article L. 411-76 du code rural.

1. Redevances interdites. Ayant souligné que le versement d'un pas-de-porte sans contrepartie ni justification était contraire à l'art. 812, al. 8 [art. L. 411-12], qui précise que les fermages ne peuvent comprendre aucune redevance de quelque nature qu'elle soit, les juges du fond décident qu'il s'agit d'un fait illégal et frauduleux dont la preuve peut être rapportée par tout moyen, même par présomptions, et résulter spécialement d'affirmations de témoins établissant la réalité du versement. • Soc. 20 déc. 1966 : *D. 1967. 213.*

2. Ne constitue pas des prestations interdites l'obligation imposée au fermier de répandre des scories sur les terres et d'en laisser à son départ une certaine quantité. • Soc. 17 oct. 1952 : *Bull. civ. IV, n° 728.* ♦ Plus généralement, cette prohibition ne s'étend pas aux obligations stipulées dans l'intérêt du fonds loué. • Même arrêt • Soc. 10 mai 1957 : *Bull. civ. IV, n° 527.* ♦ ... En particulier à l'obligation de clore par des grillages le fonds loué. • Même arrêt. ♦ ... Ou à celle de curer les étangs. • Soc. 22 juill. 1954 : *Bull. civ. IV, n° 569.* ♦ ... Ou d'entretenir un élevage avicole. • Civ. 3e, 28 mai 1970 : *Bull. civ. III, n° 358 ; D. 1970. Somm. 193.*

3. Ne constituent pas une redevance prohibée, mais une modalité régulière de paiement : la clause du bail suivant laquelle le preneur s'est obligé à faire effectuer divers travaux de maçonnerie et de réparation de futailles en contrepartie d'une diminution du prix, clause lui laissant le choix de renoncer à fournir ces prestations et de payer le prix convenu. • Soc. 21 févr. 1958 : *Bull. civ. IV, n° 285.* ♦ ... La clause imposant au preneur la charge d'entretenir en bon état les chemins et de la fourniture des charrois gratuits de la pierre nécessaire à cet entretien. • Soc. 3 juill. 1959 : *Bull. civ. IV, n° 874 ; D. 1959. 430 ; Gaz. Pal. 1959. 2. 113.* ♦ ... Pas plus que l'autorisation d'extraire du sable sur la propriété donnée par le fermier au bailleur. • Soc. 18 juin 1959 : *Bull. civ. IV, n° 747.*

4. C'est à bon droit que les juges élèvent le prix à la suite de la suppression de prestations en nature qui avaient été prévues au contrat en compensation d'une fourniture d'eau par le bailleur. • Soc. 1er avr. 1952 : *Bull. civ. III, n° 312.*

5. Sur la légalité de la clause du bail prévoyant le remboursement au bailleur de toute taxe pouvant être mise à la charge des exploitants, V. • Civ. 3e, 16 déc. 1998, ⚖ n° 96-22.504 P : *RD rur. 1999. 65 ; Gaz. Pal. 12-14 déc. 1998. Somm. 28, obs. Lachaud.*

6. Sont mal fondés les juges qui laissent la charge de la taxe d'assainissement résultant des travaux connexes du remembrement au preneur sans avoir vérifié si l'immeuble était raccordé au réseau d'assainissement. • Civ. 3e, 25 juin 2003, ⚖ n° 01-16.527 P : *JCP 2003. IV. 2472 ; Gaz. Pal. 26-27 sept. 2003. 16 ; RD rur. 2004. 63.* ♦ Sont mal fondés les juges qui rejettent la demande du bailleur en paiement de taxes d'arrosage sans vérifier si cette taxe correspondait à un investissement imposé au bailleur par une personne morale de droit public. • Civ. 3e, 4 juill. 2012, ⚖ nos 11-12.997 et 11-12.998 : *DP entr. agric., Bull. n° 455, p. 6, note Roussel ; RD rur. 2012, n° 69, note Crevel.*

7. Fermage en denrées. Cultures permanentes. V. * Rép. min. n° 13011 : *JO Sénat 10 juin 2010. 1456 ; JCP N 2010. Actu. 502.* ♦ Le prix de chaque fermage est établi en fonction de minima et maxima calculés en référence aux seules denrées retenues par l'autorité administrative. • Civ. 3e, 30 sept. 2009, ⚖ n° 08-17.918 : *D. 2009. Actu. 685 ; JCP 2009, n° 43, p. 21 ; Defrénois 2009. 2313, note Grimonprez ; Ann. loyers 2010. 60, note Lachaud ; AJDI 2010. 392, note Prigent* ✎ *; JCP N 2011. 1127, note Roussel.*

8. Arrêté préfectoral. La question de la légalité d'un arrêté préfectoral mettant à la charge des preneurs les taxes d'irrigation, d'arrosage et de voies navigables échappe à la compétence des juridictions de l'ordre judiciaire. • Nîmes, 22 nov. 1996 : *Gaz. Pal. 1997. 1. 221, note Lachaud ; Ann. loyers 1997. 1082.*

En ce sens que dès lors que l'exception d'illégalité présente un caractère sérieux, le juge judiciaire doit surseoir à statuer jusqu'à décision du juge administratif, quand bien même aucun contentieux administratif ne serait engagé (à propos d'un contrat type départemental déclarant les taxes d'irrigation et d'arrosage récupérables), V. • Civ. 3e, 13 mai 1998, ⚖ n° 96-17.289 P : *RD rur. 1998. 617.*

9. Majoration pour investissements du bailleur. La majoration du prix du bail pour travaux effectués par le bailleur en cours de bail ne suppose pas la preuve que l'accord du preneur est survenu avant l'exécution des travaux. • Civ. 3e, 3 juill. 1984 : *Bull. civ. III, n° 130.* ♦ V. aussi jurisprudence ss. art. R. 411-9.

10. Mode de paiement. Aucune disposition d'ordre public n'interdit le paiement du fermage en nature selon les modalités définies contractuellement par les parties. • Bordeaux, 17 avr. 2008 : *RD rur. 2008, n° 204, note Crevel.*

11. Restitution. Les preneurs sont irrecevables en leur action en répétition de l'indu à l'encontre du bailleur pour le compte duquel ils soutiennent avoir effectué des paiements de primes d'assurance et d'impôts fonciers, l'action devant être dirigée contre le créancier ou celui qui a reçu paiement. • Civ. 3e, 2 avr. 2008, ⚖ n° 07-10.101 : *RD rur. 2008, nos 108 et 133, note Crevel ; Rev. loyers 2008. 331, note Peignot.*

Art. L. 411-13 Le preneur ou le bailleur qui, lors de la conclusion du bail, a contracté à un prix supérieur ou inférieur d'au moins un dixième à la valeur locative de la catégorie du bien particulier donné à bail, peut, au cours de la troisième année de jouis-

sance, et une seule fois pour chaque bail, saisir le tribunal paritaire qui fixe, pour la période du bail restant à courir à partir de la demande, le prix normal du fermage selon les modalités ci-dessus.

La faculté de révision prévue à l'alinéa précédent vaut pour la troisième année du premier bail, comme pour la troisième année de chacun des baux renouvelés. – *[Anc. art. 812, al. 5 et 6.]*

COMMENTAIRE

La sanction des règles de fixation du fermage repose sur un compromis entre le souci de voir respecter l'équilibre conventionnel déterminé par l'application des arrêtés préfectoraux dans le souci du développement de l'agriculture et la volonté de maintenir la stabilité des relations contractuelles.

Il y a d'une part l'action en révision qui vise à rectifier le montant du fermage. Les conditions de l'action sont strictes. Elle peut être exercée une seule fois pendant le bail initial, et une fois pendant le bail renouvelé, au cours de la troisième année de jouissance, lorsque le fermage est supérieur ou inférieur d'au moins un dixième à la valeur locative du bien donné à bail, valeur locative déterminée par application de l'arrêté préfectoral. L'action n'a pas d'effets rétroactifs ; elle a pour conséquence la fixation d'un nouveau fermage. Le nouveau prix est fixé par le juge selon les normes de l'article L. 411-11 du code rural.

Il y a d'autre part l'action en régularisation ou en nullité du fermage. Cette action peut être engagée sur le fondement de l'article L. 411-11 du code rural pour sanctionner les fermages qui ne sont pas fixés dans le respect des règles d'ordre public posées par cet article. Le régime de l'action est bien distinct de celui de l'action en révision. Il est prononcé une nullité du fermage. Il n'est cependant pas prononcé la nullité du bail et il revient au juge de fixer le montant du fermage selon les conditions de l'article L. 411-11. Cette action a été reconnue ouverte, par la jurisprudence, lorsque le fermage qui devait être fixé en denrées conformément à la loi était fixé en monnaie (V. jurisprudence ss. art. L. 411-11, note 10). Il doit en être de même aujourd'hui si le fermage est fixé en denrées alors que la loi exige qu'il soit fixé en monnaie. De plus, l'action en nullité a été jugée recevable lorsque le fermage était fixé en denrées choisies hors de la liste de celles retenues dans l'arrêté préfectoral (note 20).

Il y a enfin l'action en mise en conformité du fermage, qui permet d'adapter le bail en cours aux nouvelles dispositions législatives relatives à la fixation du fermage, action qui peut s'engager lors du renouvellement ou au début de chaque période de neuf ans des baux à long terme. ❑

A. CONDITIONS DE L'ACTION EN RÉVISION

1. Conditions de fond. L'action est ouverte pour les dépassements de plus ou moins un dixième du minima ou maxima autorisé par l'administration. • Civ. 3e, 18 mars 1987 : *JCP 1987. II. 231, RD rur. 1988. 399, note Ourliac* • 25 mars 1987 : *ibid.* • 13 déc. 2000 : *RD rur. 2001. 67.* ♦ V. aussi • Civ. 3e, 13 mars 1991 : *RD rur. 1991. 307.*

2. Date d'évaluation. La valeur locative est déterminée au jour du contrat en fonction des quantités de denrées fixées par l'arrêté préfectoral alors en vigueur. • Civ. 3e, 24 mars 1981 : *Bull. civ. III, n° 48.*

3. Application. Ayant souverainement apprécié dans quelle catégorie de l'arrêté préfectoral applicable s'inscrivaient les biens loués, la cour d'appel a légalement justifié sa décision en déclarant irrecevable l'action du preneur en révision du fermage, au motif qu'à la date de signature du bail, le fermage converti en francs n'excédait pas de plus d'un dixième le maximum converti en francs autorisé par l'arrêté préfectoral. • Civ. 3e, 20 déc. 1994, n° 93-10.395 P : *JCP 1995. IV. 454 ; Rev. huiss. 1995. 569, note Pitaud.* ♦ Pour un exemple d'application de l'art. L. 411-13 à une exploitation comprenant une partie importante de landes, V. • Civ. 3e, 5 juill. 1995 : *Rev. huiss. 1996. 447, note Pitaud.*

4. Application au bail conclu par adjudication. V. jurisprudence ss. art. L. 411-15.

5. Outre-mer. L'action en révision de l'art. L. 411-13 n'est pas applicable dans le département de la Guadeloupe. • Civ. 3e, 30 juin 2010, n° 09-15.759 : *JCP 2010. 841 ; BICC 2010. 1670.*

6. Délai. L'action de mise en conformité du fermage avec l'arrêté préfectoral n'est pas soumise aux mêmes conditions de délai que l'action en révision. • Civ. 3e, 27 mai 2009, n° 08-15.864 : *JCP 2009, n° 26, p. 23.*

7. Distinction de l'action en régularisation. En cas de dépassement des quantités de denrées à prendre en considération pour le calcul du prix du fermage, l'action en révision prévue par l'art. L. 411-13 était seule ouverte aux parties pour parvenir à la réduction ou à l'augmentation du fermage. • Civ. 3e, 14 oct. 1987 : *Bull. civ. III, n° 171 ; D. 1987. IR 207* • 21 déc. 1987 : *Bull. civ. III, n° 213 ; D. 1988. IR 18* • 6 nov. 1991, n° 90-16.281 P : *Gaz. Pal. 1992. 2. Somm. 355, obs. Lachaud.* – V. déjà • Civ. 3e, 18 févr. 1987 : *D. 1988. Somm. 90, obs. Martine ; JCP 1988. II. 21005* • 25 mars 1987 : *Bull. civ. III, n° 66 ; JCP 1987. II. 20888, note Ourliac et de Juglart* • 20 mars 2007 : *RD rur. 2007, n° 232, obs. Roussel ; Gaz. Pal. 15-18 août 2007. 33.* ♦ Un fermage fixé par référence à la denrée visée par l'arrêté préfectoral alors applicable mais ne respectant pas les minima et maxima fixés par l'autorité administrative n'ouvre pas au fermier l'action en nullité mais l'action en révision. • Civ. 3e, 13 déc. 2000, n° 99-14.658 : *RD rur. 2001. 238 ; AJDI 2002. 532, obs. Giraudel* . ♦ Le fermage convenu dépassant le maximum autorisé étant un fermage excessif et non illicite, la cour est fondée à rejeter une demande en nullité de la clause fixant le fermage qui n'a pas été introduite la troisième année. • Civ. 3e, 16 févr. 2010, n° 09-11.272. ♦ Est mal fondé l'arrêt qui retient la nullité du fermage fondée sur l'illicéité de la clause fixant le prix alors que, si le preneur a contracté un prix supérieur d'au moins 1/10e de la valeur fixée par arrêté, seule l'action en révision était ouverte. • Civ. 3e, 15 déc. 2016, n° 14-20.260 : *AJDI 2017. 129 ; Rev. loyers 2017, n° 974, note Peignot.* ♦ *Contra* : la fixation et la modification des fermages étant soumises à des règles impératives, il y a lieu d'annuler une convention qui, par une disposition contraire à l'ordre public, fixait un prix supérieur au maximum autorisé par arrêté préfectoral. • Civ. 3e, 6 mai 1981 : *Bull. civ. III, n° 91 ; D. 1982. IR 218, obs. Martine.*

8. Révision et illicéité. Les preneurs qui n'indiquent pas en quoi le fermage était illicite ne peuvent qu'introduire l'action en révision au cours de la troisième année de jouissance s'ils ont contracté à un prix supérieur d'au moins 1/10e de la valeur locative de l'arrêté préfectoral. • Civ. 3e, 7 janv. 2009, n° 07-18.191 : *JCP 2009. IV. 1205 ; Gaz. Pal. 11 avr. 2009. 16.* ♦ Lorsque l'illicéité du fermage payé ne résultait pas de l'inobservation des quantités de denrées prévues par arrêté préfectoral pour servir de base à la fixation du fermage, mais du prix d'une denrée non prévue par l'arrêté préfectoral, l'action ouverte était distincte de l'action en révision du fermage. • Civ. 3e, 27 avr. 1988 : *Bull. civ. III, n° 79 ; Gaz. Pal. 1988. 2. 764, note Lachaud ; JCP N 1988. II. 266, obs. Moreau.* – V. aussi • Civ. 3e, 31 oct. 1989 : *Bull. civ. III, n° 205 ; D. 1990. Somm. 40 ; JCP N 1991. II. 115, obs. Moreau* • 7 févr. 1990, n° 86-18.528 P : *Gaz. Pal. 1990. 1. 277, note Lachaud* • 2 juin 1993, n° 91-18.235 P : *JCP N 1994. II. 60, obs. Moreau ; D. 1993. IR 153*. – Comp. : • Civ. 3e, 25 avr. 1990, n° 88-18.170 P : *JCP N préc. ; Defrénois 1990. 1356, obs. Vermelle.* ♦ V. jurisprudence ss. art. L. 411-11. ♦ La demande du preneur de révision du fermage en raison de modifications des maxima et minima arrêtés par l'autorité administrative formée après le renouvellement d'une période de neuf ans d'un bail à long terme ne se heurte pas à l'autorité de chose jugée d'une instance antérieure qui tendait à la nullité pour illicéité du prix du fermage. • Civ. 3e, 24 janv. 2007, n° 06-12.117 P : *JCP 2007. IV. 1407 ; RD rur. 2007, n° 86 ; Rev. loyers 2007. 188, note Peignot ; AJDI 2007. 489* .

9. Distinction de l'action en défaut de contenance. L'action en diminution du prix du fermage pour défaut de contenance et l'action en révision pour dépassement du prix fixé par arrêté préfectoral sont deux actions différentes. • Soc. 10 juin 1960 : *Bull. civ. IV, n° 603.* ♦ La première doit être intentée dans l'année de la conclusion du contrat à peine de déchéance alors que l'art. 812 [L. 411-13] ouvre la seconde au preneur au cours de la troisième année de jouissance. • Même arrêt.

10. Distinction de la demande en fixation du prix du bail renouvelé. En ce sens que le preneur qui a présenté en première instance une demande en révision du fermage est recevable à solliciter, en appel, la fixation du prix du bail renouvelé après la demande de révision, V. • Civ. 3e, 30 juin 1992 : *Gaz. Pal. 1993. 2. Somm. 437, obs. Lachaud.*

B. RÉGIME DE L'ACTION EN RÉVISION

11. Demande. La solidarité stipulée entre les copreneurs d'un bail ne saurait aller à l'encontre des droits reconnus à tout preneur, par un texte d'ordre public, de demander la réduction du fermage s'il est établi qu'il dépasse d'au moins 1/10 la valeur locative du bien loué suivant l'art. 812 [L. 411-13.] • Soc. 11 mars 1965 : *Bull. civ. IV, n° 224 ; Gaz. Pal. 1965. 1. 440.* ♦ Le refus de l'un des copreneurs de s'associer à la demande en révision ne saurait la rendre irrecevable. • Même arrêt.

12. Absence de révision antérieure. Le prix du bail ne pouvant être révisé qu'à la condition qu'il n'y ait pas eu de révision antérieure, une révision amiable fait obstacle à toute nouvelle demande de révision. • Civ. 3e, 15 mai 1973 : *Bull. civ. III, n° 339.*

13. Délai de trois ans. Le point de départ du délai de trois ans pour saisir le tribunal d'une demande de révision part de la prise d'effet du bail et non de sa date. • Soc. 14 déc. 1967 : *Bull. civ. IV, n° 789.* ♦ Même sens : • Civ. 3e, 13 déc. 2000 : *RD rur. 2001. 67 et 235.* ♦ Comp., pour la recevabilité d'une demande présentée au cours de la deuxième année de jouissance, • Rouen, 10 déc. 1980 : *D. 1982. IR 11, obs. Martine.*

14. Est recevable l'action du preneur qui, au cours de la troisième année, a demandé à être convoqué en conciliation, dès lors que, compte tenu de la suspension du délai pendant la procédure obligatoire de conciliation entraînant impossibilité absolue d'agir, le tribunal a été saisi au fond avant l'expiration du délai de trois ans. • Civ. 3e, 25 mai 1972 : *Bull. civ. III, no 327.* ♦ Viole l'art. 641, al. 2, C. pr. civ., applicable au calcul du délai prévu à l'art. L. 411-13, l'arrêt qui rejette la demande en révision du bail au motif que celui-ci a commencé à courir un 23 octobre et que la saisine du tribunal paritaire du 23 octobre est postérieure à la troisième année de jouissance. • Civ. 3e, 24 juin 1998, no 95-17.722 P : *RD rur. 1998. 376 ; JCP N 1998, no 44-45, p. 1594, obs. J.-P. M.*

15. A propos d'un bail verbal, dont un jugement définitif a fixé le début au 12 mai, la saisine du tribunal intervenant le 14 septembre de la troisième année n'est pas tardive, dès lors que le précédent jugement ne statuait pas sur l'échéance de la révision, mais uniquement sur la fixation de la date de l'échéance du bail dans ses motifs, l'autorité de la chose jugée ne s'attachant qu'au dispositif. • Civ. 3e, 4 mai 2000 : *Ann. loyers 2000. 2032.*

16. Baux à long terme. V. • Civ. 3e, 20 mai 1985 : *JCP 1986. II. 20610, note Ourliac et de Juglart* • 10 févr. 1999, no 97-11.744 P : *Gaz. Pal. 1999. 2. Pan. 115 ; JCP 1999. IV. 1608.* ♦ Ajoute à la loi une condition qui n'existe pas la cour d'appel qui, pour déclarer irrecevable la demande en révision du prix du bail, retient qu'elle doit être faite avant l'expiration de la neuvième année d'exécution du bail initial d'une durée de dix-huit ans. • Civ. 3e, 16 juin 1999, no 97-12.655 P : *Gaz. Pal. 30 juin-1er juill. 2000. Somm. 9, obs. Lachaud ; RD rur. 1999. 439.*

17. Effet. Le nouveau fermage doit être établi depuis la date de la demande en révision formée par le preneur en place. • Civ. 3e, 19 mars 1997, no 95-12.261 P : *RD rur. 1997. 261 ; JCP N 1998, no 7, p. 239, obs. Moreau ; Rev. loyers 1998. 230.* ♦ L'action en révision du fermage ne peut avoir un effet rétroactif. • Civ. 3e, 5 mars 1986 : *Gaz. Pal. 1987. 1. 309, note Lachaud.* ♦ Un montant de loyer supérieur au maximum préfectoral n'empêche pas l'application du statut. • Civ. 3e, 17 nov. 2016, no 15-25.425 : *AJDI 2017. 49.*

Art. L. 411-14 Les dispositions des articles L. 411-11 à L. 411-13 sont d'ordre public ; celles du deuxième alinéa de l'article L. 411-13 ont un caractère interprétatif. – *[Anc. art. 812, al. 7.]*

V. ss. art. L. 411-11, note 6, et ss. art. L. 411-13, note 1.

Art. L. 411-15 *(L. no 85-30 du 9 janv. 1985, art. 37)* **Lorsque le bailleur est une personne morale de droit public, le bail peut être conclu soit à l'amiable, soit par voie d'adjudication.**

Lorsque le bail est conclu à l'amiable, le prix du fermage doit être compris entre les maxima et les minima prévus à l'article L. 411-11 du présent code.

Lorsque le bail est conclu par adjudication, les enchères sont arrêtées dès que le prix offert pour le fermage atteint le montant maximum fixé en application de l'article L. 411-11. Dans ce cas, tous les enchérisseurs peuvent se porter preneur au prix maximum. En cas de pluralité d'enchérisseurs à ce prix, le bailleur choisit parmi eux le bénéficiaire du nouveau bail ou procède par tirage au sort.

Quel que soit le mode de conclusion du bail, une priorité est réservée aux exploitants qui réalisent une installation en bénéficiant de la dotation d'installation aux jeunes agriculteurs ou, à défaut, aux exploitants de la commune répondant aux conditions de capacité professionnelle et de superficie visées aux articles L. 331-2 à L. 331-5 du présent code, ainsi qu'à leurs groupements.

(Ord. no 2006-870 du 13 juill. 2006) **« Ces dispositions s'appliquent aux conventions pluriannuelles d'exploitation agricole ou de pâturage mentionnées à l'article L. 481-1. »**

BIBL. ► ROBBE, *RD rur. 2016. Étude 29* (les baux ruraux de communes).

1. Action en révision triennale. Il résulte de l'art. L. 411-15, al. 3, que l'action en révision triennale du fermage prévue à l'art. L. 411-13 est ouverte à l'adjudicataire qui a conclu un bail moyennant un loyer supérieur au prix maximum fixé par arrêté préfectoral. • Riom, 13 janv. 1992 : *D. 1992. IR 97 ; JCP N 1992. II. 109, obs. Moreau.*

2. Priorité. Est nul le bail consenti par une personne morale de droit public sans respecter la priorité réservée aux exploitants de la commune qui constitue une obligation d'ordre public. • Civ. 3e, 10 juin 2009, no 08-15.533 : *JCP N 2009. 481 ; JCP 2009. 21 ; RD rur. 2009, no 122, note Yolka ; Gaz. Pal. 15-17 nov. 2009* • CE 21 janv. 2011, no 330653 : *JCP N 2011. Inf. 210 ; Gaz. Pal. 2011. 518.* ♦ Est irrégulière la décision du maire du 29 septembre 2006 qui conclut un bail avec des candidats non prioritaires sans retenir l'exploitation qui a commencé à réaliser son installation pour laquelle une dotation a été accordée en 2002. • CE 21 janv. 2011, *Kilbourg,* no 330653 : *AJDA 2011. 636 ; LPA 2012, no 36, p. 12, note Rocheteau.*

3. Priorité prévue par l'art. L. 411-15, al. 3. V. * Rép. min. n° 12798 : *JOAN Q 6 juin 1994, p. 2858.* ♦ La priorité de l'art. L. 411-15 n'est pas contraire à la Convention européenne de sauvegarde des droits de l'homme et ne constitue pas une aide contraire à l'intérêt communautaire. • CAA Nancy, 18 nov. 2004, *Cne de Freybouse,* n° 03NC00004. ♦ Le seul fait qu'un exploitant ne réside pas et n'exploite pas de terres sur la commune ne suffit pas à justifier l'annulation de la décision du conseil municipal en l'absence d'une autre demande prioritaire effectuée au titre d'une installation aidée. • CAA Douai, 13 nov. 2007, n° 06DA00911 : *Gaz. Pal. 22 juill. 2009, p. 45.* ♦ L'art. L. 411-15 implique nécessairement l'exploitation des biens fonciers sur le territoire de la commune. La loi ne prévoit pas expressément que le siège de l'exploitation de l'intéressé ainsi que son domicile doivent se situer sur la commune considérée. Toutefois, les conditions requises pour bénéficier de certaines aides impliquent d'avoir le corps de ferme, donc au moins les bâtiments d'exploitation sur le territoire de la commune : * Rép. min. n° 17703 : *JO Sénat Q, 26 déc. 1996, p. 3492.* ♦ Le jeune agriculteur peut exploiter en GAEC sans être privé du droit de priorité. • CAA Nancy, 18 nov. 2004 : *préc.*

4. Choix du preneur. Est nul le bail consenti par la commune lorsqu'une personne qui remplissait les conditions de la priorité n'a pu être en mesure, faute de publicité, de présenter sa candidature ni même une demande d'autorisation d'exploiter. • Civ. 3e, 13 oct. 2021, n° 20-15.646 : *Defrénois 2021, n° 48, p. 11.* ♦ Dès lors qu'il n'est pas établi que le conseil municipal a procédé à un examen de toutes les candidatures concurrentes, le tribunal est fondé à annuler la délibération autorisant le maire à conclure le bail. • CAA Douai, 20 déc. 2007, n° 06DA00783 : *RD rur. 2007, n° 227, note Crevel.*

Art. L. 411-16 **Un décret en Conseil d'État fixe les conditions d'application des articles L. 411-11 à L. 411-15.** — *[Anc. art. 812, al. 9.] — V. art. R. 411-1 s.*

Art. L. 411-17 *Abrogé par L. n° 91-5 du 3 janv. 1991, art. 26-II.*

Art. L. 411-18 *(Ord. n° 2006-870 du 13 juill. 2006)* **Les règles relatives à la contenance du fonds donné à bail à ferme sont celles énoncées par l'article 1765 du code civil.** — *V. cet art. App., v° Baux ruraux,* .

1. Défaut de contenance. Les règles exprimées par les art. 1617 et 1622 C. civ. sont, en vertu de l'art. 1765, applicables aux baux à ferme. • Soc. 7 mai 1953 : *Bull. civ. IV, n° 341* • 10 déc. 1954 : *ibid. IV, n° 807.* ♦ Il en résulte que l'action en diminution du prix fondée sur la contenance moindre à celle portée au bail doit être intentée par le fermier dans l'année à compter du jour du contrat, à peine de déchéance. • Mêmes arrêts.

2. L'art. 813 renvoie aux règles exprimées au titre de la vente par le code civil. Il n'est pas possible, sous le couvert d'une action en révision du fermage de l'art. 812 [L. 411-13], d'exercer l'action de l'art. 813 relative à la contenance dès lors que la déchéance légale d'un an après la conclusion du bail a été encourue par le demandeur. • Soc. 7 déc. 1967 : *Bull. civ. IV, n° 771.* ♦ V. aussi ss. art. L. 411-13, note 9.

Dès lors que le bail porte sur des immeubles déterminés avec indication de la contenance et du prix, le seul droit du fermier à raison du déficit de contenance consiste dans la réduction du prix. • Soc. 4 nov. 1955 : *Bull. civ. IV, n° 794.*

3. Il résulte des art. 1765, 1619 et 1134 C. civ. que les parties peuvent convenir que même si la contenance du fonds exprimée à l'acte accuse une différence de plus du vingtième avec celle qu'il a réellement, il n'y a lieu à modification du prix du bail. • Soc. 29 nov. 1957 : *Bull. civ. IV, n° 1136 ; Gaz. Pal. 1958. 1. 230 ; S. 1958. 189, note Bouché.*

Art. L. 411-19 à L. 411-23 *Abrogés par Ord. n° 2006-870 du 13 juill. 2006.*

Art. L. 411-24 *(Ord. n° 2006-870 du 13 juill. 2006)* **« Les modalités de remise du prix de location en cas de destruction, en cours de bail, de tout ou partie de la récolte par cas fortuit sont régies par les articles 1769 à 1773 du code civil. »** — *V. ces art. App., v° Baux ruraux,* .

Dans tous les cas où, *(L. n° 2022-298 du 2 mars 2022, art. 11, en vigueur le 1er janv. 2023)* **« à la suite de dommages susceptibles d'être indemnisés au titre des articles** *(Ord. n° 2022-1075 du 29 juill. 2022, art. 1er)* **« L. 361-4-2 » et L. 361-5 du présent code », le bailleur d'un bien rural obtient une exemption ou une réduction d'impôts fonciers, la somme dont il est exonéré ou exempté bénéficie au fermier.**

En conséquence, le fermier déduit du montant du fermage à payer au titre de l'année au cours de laquelle a eu lieu le sinistre une somme égale à celle représentant le dégrèvement dont a bénéficié le bailleur. Dans le cas où le paiement du fermage est intervenu avant la fixation du dégrèvement, le propriétaire doit en ristourner le montant au preneur. — *[Anc. art. 1er, al. 1er et 2, de la L. n° 57-1260 du 12 déc. 1957.] — V. LPF, art. R. 197-1.* — ***C. pr. fisc.***

La créance du preneur au titre du dégrèvement d'impôts fonciers dont a bénéficié le bailleur n'est pas subordonnée au paiement effectif du fermage. • Civ. 3e, 17 juill. 1996, n° 94-20.493 P : *D. 1996. IR 198 ; Rev. huiss. 1996. 1282 ; RD rur. 1996. 491.*

SECTION 2 **Droits et obligations du preneur en matière d'exploitation**

Art. L. 411-25 *Abrogé par Ord. n° 2006-870 du 13 juill. 2006.*

Art. L. 411-26 *(Ord. n° 2006-870 du 13 juill. 2006)* **Le preneur d'un bien rural est tenu d'avertir le bailleur des usurpations commises sur le fonds dans les conditions de l'article 1768 du code civil.** — *V. cet art. App., v° Baux ruraux,* .

Art. L. 411-27 *(Ord. n° 2006-870 du 13 juill. 2006)* **« Les obligations du preneur relatives à l'utilisation du fonds pris à bail sont régies par les dispositions des articles 1766 et 1767 du code civil. »** — *V. ces art. App., v° Baux ruraux,* .

(L. n° 2006-11 du 5 janv. 2006, art. 76) **« Le fait que le preneur applique sur les terres prises à bail des pratiques ayant pour objet la préservation de la ressource en eau, de la biodiversité, des paysages, de la qualité des produits, des sols et de l'air, la prévention des risques naturels et la lutte contre l'érosion ne peut être invoqué à l'appui d'une demande de résiliation formée par le bailleur en application du présent article.**

(L. n° 2014-1170 du 13 oct. 2014, art. 4-III) **« Des clauses visant au respect par le preneur de pratiques ayant pour objet la préservation de la ressource en eau, de la biodiversité, des paysages, de la qualité des produits, des sols et de l'air, la prévention des risques naturels et la lutte contre l'érosion, y compris des obligations de maintien d'un taux minimal d'infrastructures écologiques, peuvent être incluses dans les baux dans les cas suivants :**

« — pour garantir, sur la ou les parcelles mises à bail, le maintien de ces pratiques ou infrastructures ; »

(L. n° 2010-788 du 12 juill. 2010, art. 110) **« — lorsque le bailleur est une personne morale de droit public, une association agréée de protection de l'environnement, une personne morale agréée "entreprise solidaire", une fondation reconnue d'utilité publique ou un fonds de dotation ; »**

(L. n° 2010-874 du 27 juill. 2010, art. 59-6°) **« — pour les parcelles situées dans les espaces mentionnés aux articles L. 211-3, L. 211-12, L. 322-1, L. 331-1, L. 331-2, L. 332-1, L. 332-16, L. 333-1, L. 341-4 à L. 341-6, L. 371-1 à L. 371-3, L. 411-2, L. 414-1 et L. 562-1 du code de l'environnement, à l'article L. 1321-2 du code de la santé publique et à l'article L. 114-1 du présent code à condition que ces espaces aient fait l'objet d'un document de gestion officiel et en conformité avec ce document. »**

« Un décret en Conseil d'État fixe les conditions d'application *(L. n° 2014-1170 du 13 oct. 2014, art. 4-III)* **« des troisième à avant-dernier alinéas du présent article », notamment la nature des clauses qui peuvent être insérées dans les baux. »** — *V. art. R. 411-9-11-1 à R. 411-9-11-4.*

BIBL. ▶ BODIGUEL, *Envir. 2011. Étude 10 ; RD rur. 2011. Étude 16* (les clauses environnementales dans le statut du fermage). - BOSSE-PLATIÈRE, COLLARD et TRAVELY, *RD rur. 2013. Formule 3* (bail rural environnemental) ; *JCP N 2013. 1031* (bail rural environnemental). - CAMPELS, *D. 2000. Chron. 325* (loi du 9 juill. 1999 d'orientation agricole). - COUTANT et SALVADOR, *Defrénois 2008. 945* (bail rural, preneur de plus en plus respectueux de son environnement). - CREVEL, *RD rur. 2007, n° 134*. - DELORME, *Defrénois 2008. 1199* (bail rural environnemental) ; *JCP N 2015. 1134* (clauses environnementales après la loi d'avenir agricole, formule) ; *JCP N 2021. 1232* (rédaction du bail rural environnemental). - DOUSSAN, *RJ envir. 2006. 387* (LOA 2006 et protection de l'environnement). - GILLES, *JCP N 2015. 1133* (bail rural environnemental). - GRIMONPREZ, *RD rur. 2017. Étude 1, § 17 s.* (loi biodiversité et agriculture). - LE PETIT, *Administrer 1/2000. 8* (loi du 9 juill. 1999 d'orientation agricole). - PITAUD et ROCHARD, *RD rur. 1999. 316* (loi du 9 juill. 1999 d'orientation agricole).

COMMENTAIRE

La loi d'orientation agricole n° 2006-11 du 5 janvier 2006 a confirmé la loi du 9 juillet 1999 en maintenant l'interdiction pour le bailleur de poursuivre la résiliation du bail sur le fondement de la mise en œuvre par le preneur de pratiques respectueuses de l'environnement sur le fonds. La loi du 5 janvier 2006 allonge la liste des pratiques protectrices de l'environnement permises au preneur.

Le législateur, après avoir permis aux collectivités publiques de modifier les baux ruraux pour prescrire au preneur des modes d'utilisation du sol de nature à prévenir les inondations et leur conséquences (C. envir., art. L. 211-13), permet que soient conclus des baux ruraux prévoyant à la charge du preneur des pratiques respectueuses de l'environnement. Ces clauses peuvent être prévues si le bailleur est notamment une personne morale de droit public ou une association agréée de protection de l'environnement, ou si les terres louées sont retenues comme des parcelles d'intérêt environnemental. Depuis la loi du 13 octobre 2014 d'avenir pour l'agriculture, elles peuvent être introduites lors de la conclusion ou du renouvellement du bail, par tout bailleur en accord avec le preneur sur toute partie du territoire et quelle que soit la nature des parcelles, pour le maintien de pratiques respectueuses de l'environnement ou d'infrastructures écologiques. Il s'agit d'une exception à la liberté d'exploitation du preneur fondée par la politique agricole qui soutient désormais un projet agroécologique (V. art. L. 1).

Ces nouveaux baux doivent permettre à l'agriculture de contribuer au développement rural durable. La liste des clauses susceptibles d'être introduites a été fixée par décret en 2007 et modifiée et allongée en 2015 (V. art. R. 411-9-11-1 s.). Il restera à l'exploitant à développer une activité sur le fonds lui permettant de trouver une rentabilité avec ces contraintes, la location étant cependant d'un prix susceptible d'être minoré (V. art. L. 411-11). La sanction du respect de ces clauses est prévue aux articles L. 411-31 et L. 411-53.

Le propriétaire bailleur peut également faire naître sur le fonds loué des obligations réelles environnementales, mais avec l'accord préalable du preneur sous peine de nullité absolue, et sous réserve du droit des tiers. Le bailleur doit solliciter l'accord du preneur et le défaut de réponse dans le délai de deux mois vaut acceptation (C. envir., art. L. 132-3). Ces obligations, qui sont attachées au fonds mais doivent être respectées et exécutées par le preneur, peuvent être introduites dans une clause environnementale. ❑

1. L'obligation de garnissement prévue par l'art. 1766 C. civ. doit être appréciée en fonction de l'art. 840 [L. 411-53] qui exige que les agissements du preneur soient assez graves pour compromettre l'exploitation du fonds. • Soc. 16 janv. 1958 : *Bull. civ. IV, n° 95.* ♦ Le garnissement s'apprécie sans qu'il soit nécessaire de rechercher si le preneur est propriétaire du cheptel. • Civ. 3e, 5 nov. 2003, n° 02-15.370 P : *RD rur. 2004. 344.* ♦ V., pour un exemple d'appréciation du garnissement suffisant, • Bourges, 16 janv. 2004 : *RD rur. 2004. 476.*

2. Le preneur n'est pas tenu d'informer le propriétaire des modifications de superficie subies par son exploitation en cours de bail. • Civ. 3e, 10 juill. 1996 : *RD rur. 1996. 493 ; JCP N 1997. II. 1112, obs. Moreau.*

3. Motifs de résiliation. V. notes ss. art. L. 411-29 et ss. art. L. 411-31. ♦ Les pratiques du preneur menées en contradiction avec les clauses environnementales prévues par le bail ont justifié la résiliation du bail. • Civ. 3e, 30 nov. 2023, n° 22-19.016.

4. Texte antérieur à l'Ord. du 13 juill. 2006. Le preneur s'expose à la résiliation s'il emploie la chose à un autre usage que celui auquel elle a été contractuellement destinée, de sorte qu'une clause prévoyant des méthodes de culture respectueuses de l'environnement n'est pas contraire à l'ordre public statutaire. • Civ. 3e, 6 févr. 2020, n° 18-25.460 : *Gaz. Pal. 5 mai 2020, n° 17, p. 29, note Peignot ; RD rur. 2020, n° 89, note Bouchard ; Gaz. Pal. 2020, n° 28, p. 38, note Edlinger ; AJDI 2020. 628 ; DP entr. agric., Bull. n° 540, p. 2, note Grimonprez.*

Art. L. 411-28 Pendant la durée du bail *(L. n° 95-101 du 2 févr. 1995)* **« et sous réserve de l'accord du bailleur, » le preneur peut, pour réunir et grouper plusieurs parcelles attenantes, faire disparaître, dans les limites du fonds loué, les talus, haies, rigoles et arbres qui les séparent ou les morcellent, lorsque ces opérations ont pour conséquence d'améliorer les conditions de l'exploitation.** – *[Anc. art. 836.]*

(L. n° 95-101 du 2 févr. 1995) **« Le bailleur dispose d'un délai de deux mois pour s'opposer à la réalisation des travaux prévus à l'alinéa précédent, à compter de la date de l'avis de réception de la lettre recommandée envoyée par le preneur. Passé ce délai, l'absence de réponse écrite du bailleur vaut accord. »**

BIBL. ▸ FOYER et HUDAULT, *RDI 1995. 616* (commentaire de l'al. 2).

COMMENTAIRE

Avant la loi n° 95-101 du 2 février 1995, ces travaux étaient engagés librement par le preneur ; désormais, dans le cadre du bail, le propriétaire est fait seul gardien de la configuration du fonds et des considérations écologiques et paysagères qui s'y attachent. L'autorité du bailleur est cependant limitée par celle de l'administration qui est susceptible d'avoir prononcé la protection de boisements linéaires, haies et plantations d'alignement, et leur destruction est alors soumise à autorisation préfectorale (C. rur., art. L. 126-6). Le préfet a également pu par arrêté de biotope interdire la destruction des talus et des haies (C. envir., art. R. 411-17).

1. Est coupable de la contravention d'abattage d'arbres situés sur un terrain loué (prévue et punie par l'art. R. 40-8° ancien C. pén.), le fermier qui abat des arbres ne se trouvant pas en limite de plusieurs parcelles attenantes qu'il aurait pu paraître souhaitable de réunir. • Crim. 25 avr. 1979 : *D. 1979. IR 561.* ♦ V. aussi, pour un arrêt refusant l'application de l'art. L. 411-28, • Paris, 10 avr. 1990 : *D. 1990. IR 117*.

2. Les juges du fond apprécient souverainement que l'arrachage correspond aux travaux définis par l'art. L. 411-28. • Civ. 3e, 20 mai 1992 *Gaz. Pal. 1993. 1. Somm. 106, obs. Lachaud.*

3. Si des travaux ont été réalisés par le preneur en violation de l'art. L. 411-28 et en provoquant une dégradation du fonds, le bailleur ne peut demander la condamnation à la remise en état des lieux en cours de bail. • Civ. 3e, 14 déc. 2023, n° 22-20.257 P : *D. 2023. 2239*.

Art. L. 411-29 **Nonobstant les dispositions de l'article 1766 du code civil mentionnées à l'article L. 411-27, le preneur peut, afin d'améliorer les conditions de l'exploitation, procéder soit au retournement de parcelles de terres en herbe, soit à la mise en herbe de parcelles de terres, soit à la mise en œuvre de moyens culturaux non prévus au bail. A défaut d'accord amiable, il doit fournir au bailleur, dans le mois qui précède cette opération, par lettre recommandée avec demande d'avis de réception, une description détaillée des travaux qu'il se propose d'entreprendre.** *(L. n° 84-741 du 1er août 1984, art. 15)* **« Le bailleur peut, s'il estime que les opérations entraînent une dégradation du fonds, saisir le tribunal paritaire, dans un délai de quinze jours à compter de la réception de l'avis du preneur. » Le preneur peut exécuter ou faire exécuter ces travaux si aucune opposition n'a été formée ou si le tribunal paritaire n'a pas admis la recevabilité ou le bien-fondé des motifs de l'opposition du bailleur.**

Sauf clause ou convention contraire, le preneur ne peut en aucun cas se prévaloir des dispositions prévues à la section 9 du présent chapitre. – *[Anc. art. 836-1.]*

BIBL. ► KRAJESKI, *Defrénois 2015. 1106* (les changements d'activité du preneur).

COMMENTAIRE

Il est reconnu au preneur un pouvoir d'initiative pour modifier les conditions de mise en valeur du fonds, entreprendre de nouvelles activités agricoles, choisir de nouveaux produits ou de nouvelles méthodes de production. Le preneur doit cependant respecter la destination du fonds, et il ne doit pas en compromettre la bonne exploitation. Lorsque le preneur décide de cesser une production pour en entreprendre une autre, le propriétaire entend exercer un contrôle du maintien de la destination du fonds mais le législateur et la jurisprudence ont peu à peu réduit sa capacité à limiter la liberté du preneur. La protection du propriétaire est assurée par une procédure prévue à l'article L. 411-29 que les parties peuvent écarter par un accord amiable clair. A défaut, le preneur doit fournir au bailleur dans le mois qui précède l'opération envisagée, par lettre recommandée avec demande d'avis de réception, une description détaillée des travaux qu'il se propose d'entreprendre. Il appartient alors au bailleur de réagir s'il entend s'opposer à ce projet en saisissant le tribunal paritaire des baux ruraux dans le délai de quinze jours à compter de la réception de l'avis du preneur, et en établissant devant les juges que les opérations envisagées sont de nature à entraîner une dégradation du fonds. Ce critère issu de la loi n° 84-741 du 1er août 1984 a remplacé celui issu de la loi n° 75-632 du 15 juill. 1975 qui permettait au propriétaire de s'opposer aux transformations du preneur en établissant qu'elles ne contribuaient pas à l'amélioration du fonds. Pour écarter le projet du preneur, le propriétaire doit désormais prouver que la modification envisagée va avoir un effet clairement négatif, détruisant ou altérant un élément du fonds.

Il convient de noter que la liberté économique du preneur peut trouver une limitation dans les zones stratégiques pour la gestion de l'eau où l'autorité publique peut précisément interdire ou prescrire certaines pratiques culturales afin d'éviter les inondations ou pour permettre une meilleure gestion de l'eau (C. envir., art. L. 211-12, V *bis*, et L. 211-13).

I. PROCÉDURE DE CONTRÔLE DU BAILLEUR

1. Clause du bail. En ce sens qu'une clause du bail conférant au preneur la faculté de procéder soit au retournement des parcelles de terres en herbe, soit à la mise en herbe des parcelles de terre, soit à la mise en œuvre de moyens culturaux non prévus par le bail, se borne à se référer aux dispositions de l'art. L. 411-29 et ne dispense pas de la procédure d'autorisation prévue par ce texte, V. • Civ. 3e, 20 déc. 1994 : *Rev. huiss. 1995. 569, note Pitaud.* ♦ Le preneur a été reconnu fondé à s'opposer à l'introduction d'une clause dans le bail renouvelé lui interdisant l'abandon de la production laitière. • Civ. 3e, 1er avr. 1998, no 96-17.028 P : *RD rur. 1998. 254 ; JCP 1998. IV. 2199.* ♦ ... L'épandage des boues issues du traitement des eaux urbaines. • Bourges, 2 mai 2003 : *RD rur. 2003. 589 ; ibid. 2004. 40.*

2. Acceptation tacite. Exigeant que soit constatée l'existence d'actes manifestant sans équivoque la volonté du bailleur d'accepter la transformation en cas d'irrespect de la procédure de l'art. L. 411-29, V. • Civ. 3e, 1er juill. 1998, no 96-15.468 P : *D. 1999. 218, note Crevel ; JCP N 1999, no 44-45, p. 1593, obs. J.-P. M. ; RD rur. 1999. 185.* ♦ Peut exécuter les travaux le preneur qui, après une opposition par courrier des propriétaires au retournement des parcelles, leur a de nouveau notifié le labour d'une pâture sans que le bailleur ne forme aucune nouvelle opposition. • Paris, 1er déc. 2006 : *AJDI 2007. 217.*

3. Abandon de l'activité betteravière. Le preneur dirigeant librement son exploitation, l'abandon par le preneur de la culture betteravière pendant la durée du bail ne peut constituer ni un manquement aux obligations nées de ce bail, ni une dégradation du fonds loué. • Civ. 3e, 14 nov. 1996, no 94-19.663 P : *D. 1996. IR 261 ; Rev. loyers 1998. 352.* – V. aussi ss. art. L. 411-72, note 1.

4. Abandon de l'activité laitière. Jugé que le fermier qui, lors de la conclusion du bail, s'est engagé à maintenir la production laitière, est privé de la faculté de solliciter ultérieurement le bénéfice des primes proposées aux candidats à l'abandon définitif de l'activité laitière. • TA Rennes, 29 juin 1994 : *RD rur. 1994. 78.* ♦ Jugeant que la décision de cesser définitivement l'activité laitière relève des pouvoirs de l'exploitant, en l'occurrence le preneur, V. • Civ. 3e, 1er avr. 1998 : *préc. note 1.*

II. SANCTION

5. Indemnisation. Inverse la charge de la preuve et viole les art. L. 411-29 ci-dessus et 1315 C. civ. l'arrêt qui condamne le propriétaire d'un domaine rural à payer une certaine somme pour amélioration au fonds loué à un preneur sortant qui a remplacé la culture du riz par d'autres cultures, sans préciser si ce preneur a informé le bailleur du changement de culture et si ce dernier s'est engagé à indemniser le preneur au titre des travaux exécutés à cette fin. • Civ. 3e, 4 nov. 1992 : *JCP N 1993. II. 145, obs. Moreau ; Rev. loyers 1993. 208, note Le Petit ; Gaz. Pal. 1993. 2. 379, note Lachaud ; RD rur. 1993. 487, obs. Ourliac.*

6. Remise en état. En l'absence du respect de la procédure, condamnant le preneur à remettre le terrain dans son état initial, V. • Civ. 3e, 17 nov. 1998 : *RD rur. 1998. 562.* ♦ Le preneur qui laboure sans respect de la procédure des prairies situées dans le bassin d'inondation est condamné à leur remise en état. • Besançon, 30 janv. 2004 : *RD rur. 2004. 531.*

7. Cession. Jugeant que l'irrespect de la procédure de l'art. L. 411-29 ne peut justifier un refus d'autorisation de cession, dès lors que la transformation de prés en labours ne porte que sur une partie du bien loué et constitue une amélioration du fonds, • Civ. 3e, 19 juill. 1995 : *Ann. loyers 1995. 1471.* ♦ Le propriétaire est fondé à refuser la cession du bail par le preneur qui a transformé deux parcelles affermées en pâtures et enclos pour chevaux sans accord du bailleur, en violation du bail et sans information du bailleur, en violation de l'art. L. 411-29. • Civ. 3e, 5 nov. 2014, no 13-24.503 : *JCP 2014. 1245 ; Gaz. Pal. 2015. 1139, note Peignot.*

8. Résiliation. Au cas où, malgré l'opposition du bailleur et sans attendre la décision du tribunal, le preneur retourne un pré pour en faire une culture céréalière, il n'y a pas lieu à résiliation, si l'opération a eu pour résultat d'améliorer les conditions de l'exploitation. • Civ. 3e, 3 mai 1984 : *Bull. civ. III, no 93* • Besançon, 30 janv. 2004 : *RD rur. 2004. 531* • Poitiers, 20 févr. 2007 : *RD rur. 2007, no 275, note Crevel.* ♦ Pour des exemples de résiliation, V. • Civ. 3e, 10 nov. 1987 : *RD rur. 1988. 90* • Nîmes, 20 févr. 1990 : *Gaz. Pal. 1991. 2. 627, note Lachaud* (aménagement d'un golf). ♦ Le bailleur qui demande la résiliation au motif du retournement de parcelles en herbe doit prouver que ce manquement est de nature à compromettre la bonne exploitation du fonds. • Civ. 3e, 25 janv. 2023, no 21-14.202 : *Rev. loyers mars 2023, note Roussel.*

SECTION 3 Résiliation du bail

Art. L. 411-30 *(L. n° 90-85 du 23 janv. 1990)* **I. — Lorsque la totalité des biens compris dans le bail sont détruits intégralement par cas fortuit, le bail est résilié de plein droit.**

II. — Lorsqu'un bien compris dans le bail est détruit, en partie ou en totalité, par cas fortuit et que cette destruction compromet gravement l'équilibre économique de l'exploitation, le bailleur est tenu, si le preneur le demande, de reconstruire, à due concurrence des sommes versées par les compagnies d'assurance, ce bâtiment ou un bâtiment équivalent.

Si la dépense excède le montant des sommes ainsi versées, le bailleur peut prendre à sa charge la totalité des frais engagés par la reconstruction et proposer au preneur une augmentation du prix du bail. Dans le cas où le preneur n'accepte pas l'augmentation proposée, le tribunal paritaire des baux ruraux, sur saisine de la partie la plus diligente, fixe le nouveau montant du bail.

III. — Dans le cas où le preneur participe au financement des dépenses de reconstruction, il est fait application des dispositions des articles L. 411-69, L. 411-70 et L. 411-71. Si le bien n'est pas reconstruit, le preneur peut demander la résiliation du bail.

BIBL. ▶ Lachaud, *Ann. loyers 1993. 818 ; ibid. 1995. 768.*

COMMENTAIRE

I. DESTRUCTION TOTALE

Depuis la loi n° 90-85 du 23 janv. 1990, les conditions pour la résiliation de plein droit en cas de destruction totale du bien loué sont beaucoup plus strictes que précédemment. La première condition est l'intégrale destruction de la totalité des biens loués ; il semble donc que les bâtiments mais aussi les terres doivent être détruits. La condition sera plus aisément constituée lorsqu'il ne sera loué que des bâtiments à usage agricole tels que serres, étables ou poulaillers pour pratiquer l'élevage hors sol. La seconde condition s'attache à la cause de la destruction : un cas fortuit, événement imprévisible et irrésistible.

II. DESTRUCTION PARTIELLE

La loi du 23 janvier 1990 a également modifié les obligations des parties dans cette hypothèse en protégeant la situation du preneur, le bailleur ne se voyant pour sa part reconnu aucune option ; il se trouve tenu de reconstruire les biens détruits sous réserve de cinq conditions : la destruction d'un bien loué, un cas fortuit, l'équilibre économique de l'exploitation s'en trouvant gravement compromis, une demande du fermier et l'existence d'une assurance des lieux par le bailleur.

I. DESTRUCTION TOTALE

1. Notion. La propriété agricole n'a pas été détruite en totalité puisque les terres louées n'ont pas été détruites et que les travaux préconisés pour réparer les bâtiments étaient d'un prix inférieur à celui demandé par les bailleurs pour la maison et les bâtiments d'exploitation. • Civ. 3e, 17 janv. 2012, n° 10-28.715 : *Rev. loyers 2012. 123.* ♦ Quel que soit le coût des travaux de remise en état des bâtiments victimes d'un défaut d'entretien, le propriétaire ne saurait invoquer la destruction du bien loué en vue d'obtenir la résiliation du bail. • Civ. 3e, 27 oct. 1993 : *RD rur. 1993. 106* • 30 sept. 1998 : *RD rur. 1998. 500.*

2. Jurisprudence antérieure à la loi du 23 janv. 1990. La jurisprudence considérait, avant l'intervention de la loi du 23 janv. 1990, qu'il y avait perte totale par cas fortuit de la chose louée entraînant la résiliation du bail, dès lors qu'en l'absence de toute attitude fautive du bailleur, la tempête et les conséquences conjointes de l'état de vétusté qui avaient entraîné les effondrements survenus constituaient un cas de force majeure, que la jouissance de la chose louée était devenue impossible et que la reconstruction même partielle était disproportionnée à la valeur du bien. • Civ. 3e, 12 févr. 1980 : *Bull. civ. III, n° 35 ; Rev. loyers 1980. 250, note J. V.* ♦ Pour une champignonnière, V. • Civ. 3e, 30 mai 1985 : *JCP N 1986. II. 44.*

3. Reconstruction. A droit à une indemnité égale au coût des travaux évalués à l'expiration du bail réduit de 6% par année écoulée depuis l'exécution le preneur qui a participé au financement de la reconstruction par son paiement des primes d'assurance ayant permis au bailleur de percevoir l'indemnité due par l'assureur en raison du sinistre survenu dans le bâtiment. • Civ. 3e, 5 nov. 2015, n° 14-23.875 P : *D. 2015. 2318 ; D. actu. 15 déc. 2015, note Prigent ; JCP N 2015. Actu. 1132 ; JCP 2015. 1277 ; AJDI 2016. 208, note Prigent ; Gaz. Pal. 2015. 3920 et 2016. 1754.* ♦ Sont mal fondés les juges qui limitent l'obligation du bailleur à la somme reçue de la compagnie d'assurance affectée d'un coefficient de vétusté, alors que l'obligation de reconstruction du bien détenu n'est pas exclusive de l'obligation d'entretien qui met à sa charge des dépenses résultant de la vétusté du bien. • Civ. 3e, 31 mai 2018, n° 16-26.069 : *DP entr. agric., Bull. n° 521, p. 10, note Roussel.*

II. DESTRUCTION PARTIELLE

4. Au cas où la perte est partielle, seul le preneur peut solliciter la résiliation du bail. • Civ. 3e, 24 mars 2004, n° 02-19.520 P : *AJDI 2004. 469 ; JCP 2004. IV. 2047 ; D. 2004. IR 995 ; Gaz. Pal. 25-26 août 2004 ; RD rur. janv. 2005. 25, note Grimonprez.*

5. *Cas fortuit.* Il y a perte partielle par cas fortuit lorsque le mauvais état général des biens (bâtiments) compris dans un bail à ferme et leur vétusté ne sont pas dus à un défaut d'entretien par le bailleur. • Civ. 3e, 29 mai 1985 : *Bull. civ. III, n° 87.* ♦ Comp., sur l'obligation de reconstruction en cas de défaut d'entretien, • Civ. 3e, 4 avr. 1990 : *Ann. loyers 1991. 749.* ♦ Constituent des cas fortuits les incendies pour lesquels ni faute ni négligence ne peuvent être imputées au preneur. • Riom, 24 oct. 2016, n° 15/02950 : *RD rur. 2017, n° 5.*

6. *Fait du prince.* L'impossibilité de jouissance résultant du fait du prince équivaut à la destruction partielle (suppression d'une installation électrique entraînant une réduction des fermages). • Soc. 11 mai 1956 : *Bull. civ. IV, n° 421.*

7. *Incendie.* Constitue une destruction partielle et non une destruction totale et ne justifie pas la résiliation de plein droit l'incendie des bâtiments dès lors que le preneur occupe une aile non sinistrée et que l'objet principal de la location demeure les terres, la chose louée restant apte à remplir sa destination. • Soc. 14 déc. 1967 : *Bull. civ. IV, n° 793.*

8. *Équilibre économique compromis.* La destruction de deux serres sur trois compromet gravement l'équilibre économique de l'exploitation. • Civ. 3e, 19 févr. 1997 : *Ann. loyers 1997. 1089.* ♦ Une partie des plants de vigne ayant été détruite par un évènement imprévisible et irrésistible, l'équilibre économique de l'exploitation des biens loués étant gravement compromis, et non celui de l'exploitation du preneur, le locataire est fondé à demander la résiliation du bail, sans distinction entre les parcelles louées selon qu'elles aient ou non subi la destruction. • Civ. 3e, 12 oct. 2011, n° 10-24.338 : *DP entr. agric., Bull. n° 446, p. 1, note Roussel ; RD rur. 2011, n° 123, note Crevel ; JCP N 2011. Actu. 842 ; Gaz. Pal. 2011. 3156 et 2012. 964, note Peignot et Millard ; JCP 2011. 1196.*

9. *Assurance.* Pour une résiliation pour manquement du bailleur à ses obligations, en l'absence de souscription d'assurance contre la grêle (serres louées), V. • Civ. 3e, 19 févr. 1997 : *préc. note 8.*

10. *Obligation de reconstruction.* Le bailleur est tenu de prendre en charge les travaux de remise en état préconisés par l'expert car la propriété agricole n'a pas été détruite en totalité et la locataire a demandé la reconstruction du bâtiment détruit. • Civ. 3e, 17 janv. 2012, n° 10-28.715 : *Rev. loyers 2012. 123.*

11. *Reconstruction par le preneur.* Si la construction sans autorisation du bailleur n'a pas justifié la résiliation du bail, le preneur qui sollicite une autorisation de construire en connaissant l'opposition du bailleur commet une fraude qui altère la validité du permis. • CE 6 déc. 2013, n° 354703 : *DP entr. agric., Bull. n° 470, p. 16, note Inserguet-Brisset.*

Art. L. 411-31 *(Ord. n° 2006-870 du 13 juill. 2006)* **I. — Sauf dispositions législatives particulières, nonobstant toute clause contraire et sous réserve des dispositions des articles L. 411-32 et L. 411-34, le bailleur ne peut demander la résiliation du bail que s'il justifie de l'un des motifs suivants :**

1° Deux défauts de paiement de fermage ou de la part de produits revenant au bailleur ayant persisté à l'expiration d'un délai de trois mois après mise en demeure postérieure à l'échéance. Cette mise en demeure devra, à peine de nullité, rappeler les termes de la présente disposition ;

2° Des agissements du preneur de nature à compromettre la bonne exploitation du fonds, notamment le fait qu'il ne dispose pas de la main-d'œuvre nécessaire aux besoins de l'exploitation ;

3° Le non-respect par le preneur des clauses mentionnées au troisième alinéa de l'article L. 411-27.

Les motifs mentionnés ci-dessus ne peuvent être invoqués en cas de force majeure ou de raisons sérieuses et légitimes.

II. — Le bailleur peut également demander la résiliation du bail s'il justifie d'un des motifs suivants :

1° Toute contravention aux dispositions de l'article L. 411-35 ;

2° Toute contravention aux dispositions du premier alinéa de l'article L. 411-38 ;
3° Toute contravention aux obligations dont le preneur est tenu en application des articles L. 411-37, L. 411-39, L. 411-39-1 si elle est de nature à porter préjudice au bailleur ;
(L. nº 2013-428 du 27 mai 2013, art. 21) **« 4° Le non-respect par l'exploitant des conditions définies par l'autorité compétente pour l'attribution des biens de section en application de l'article L. 2411-10 du code général des collectivités territoriales. »**
Dans les cas prévus aux 1° et 2° du présent II, le propriétaire a le droit de rentrer en jouissance et le preneur est condamné aux dommages-intérêts résultant de l'inexécution du bail.

BIBL. ▶ DELORME et BARBIÈRI, *Defrénois 2011. 40236* (de la rédaction utile d'un protocole de résiliation amiable de bail rural). – KRAJESKI, *Defrénois 2015. 1106* (les changements d'activité du preneur).

COMMENTAIRE

I. RÉSILIATION AMIABLE

Les parties peuvent décider de mettre fin au bail en cours d'un commun accord. Le fermier a certes le droit de renoncer à la durée de neuf ans que le statut lui concède par une règle d'ordre public, mais à condition d'avoir acquis ce droit, et les conditions de sa renonciation font l'objet d'un contrôle judiciaire strict. Cette résiliation amiable permet d'accorder au preneur une indemnité de résiliation anticipée, indemnité distincte de celle du preneur sortant fondée sur l'article L. 411-69 du code rural.

II. RÉSILIATION JUDICIAIRE POUR FAUTE DU PRENEUR

L'article L. 411-53 énonce la liste des cas de résiliation pour faute du preneur.

Il y a d'une part les motifs qui peuvent être écartés pour cas de force majeure ou pour raisons sérieuses et légitimes. Ces cas sont le défaut de paiement des fermages, l'atteinte à la bonne exploitation du fonds, et le non-respect des clauses imposant au preneur des pratiques culturales respectueuses de l'environnement. Cette dernière cause de résiliation introduite par la loi du 5 janvier 2006 est d'une portée limitée puisqu'elle ne concerne que certains baux, ceux conclus par une personne morale de droit public ou une association agréée pour la protection de l'environnement et ceux conclus sur certaines parcelles (art. L. 411-27).

Il y a d'autre part les agissements du preneur contrevenant aux principes d'incessibilité du bail. En effet, la nullité de la cession ou de la sous-location prohibée consentie par le preneur est accompagnée de la résiliation du bail principal si celle-ci est demandée. Cette sanction principale peut être accompagnée de dommages-intérêts pour l'inexécution du bail à la demande du bailleur. Il peut aussi être formé une demande de restitution des sommes indûment perçues par le propriétaire, par un preneur ou par un intermédiaire, rémunérant une cession prohibée (C. rur., art. L. 411-74). Par ailleurs, les cas de mise à disposition des terres louées, d'échange ou d'assolement pratiqués par le preneur en contravention avec les dispositions légales régissant ces opérations sont sanctionnés par la résiliation mais seulement si ces fautes sont de nature à porter préjudice au bailleur. ❑

I. RÉSILIATION AMIABLE

1. Résiliation anticipée. Le preneur qui a un droit acquis à la durée du bail peut y renoncer valablement et cette résiliation anticipée n'est pas une cession de bail. • Soc. 10 juill. 1958 : *Bull. civ. IV, nº 880.* ♦ N'est pas résilié le bail du preneur qui quitte les lieux loués de sa seule volonté. • Soc. 5 oct. 1967 : *Bull. civ. IV, nº 610.*

2. Indivision. L'acte de résiliation signé par un seul des preneurs indivis ne peut en cours de bail mettre fin au contrat au regard des coïndivisaires qui entendent le continuer. • Soc. 20 déc. 1966 : *Bull. civ. IV, nº 983.*

3. La résiliation d'un bail rural à la demande du preneur est un acte que le curatélaire peut accomplir seul. • Civ. 3e, 6 mai 2021, nº 20-11.912 : *JCP N 2021. 1245 ; AJDA 2021. 605 ; Defrénois 2021, nº 49, p. 27 et 32, note Noguéro.*

4. Circonstances. Les juges apprécient souverainement les circonstances de la résiliation. Notamment ils peuvent retenir l'invraisemblance de la renonciation d'un métayer à son activité pour devenir, chez un tiers, simple ouvrier agricole. • Soc. 9 févr. 1956 : *JCP 1956. II. 9660, note de Juglart.* ♦ A défaut d'avoir date certaine, la lettre par laquelle le preneur déclare vouloir résilier le bail est nulle. • T. par. baux rur. Épernay, 10 sept.

1999 : *RD rur. 2000. 213, obs. Crevel.* ♦ Dans la mesure où rien n'obligeait le preneur à consentir à la résiliation du bail sous condition suspensive d'obtention de la préretraite, la résiliation amiable est valable dès lors qu'il s'avère que c'est le preneur lui-même qui, renonçant à son projet de cessation anticipée d'activité, a empêché l'accomplissement de ladite condition suspensive. • Civ. 3e, 7 janv. 1998, n° 95-20.785 P : *D. 1998. 582, note Agostini ; Gaz. Pal. 1998. 1. Somm. 131 ; RD rur. 1998. 354.* ♦ Les juges doivent caractériser la renonciation non équivoque des preneurs à se prévaloir du bail. • Civ. 3e, 26 mars 2020, n° 19-12.811 : *RD rur. 2020, n° 115, note Crevel ; AJDI 2020. 630 ; ibid. 2021. 63, note Roussel.*

5. Nouveau preneur. Il peut y avoir résiliation amiable du bail lorsque le bailleur accepte qu'un tiers s'installe pour succéder au preneur, la résiliation se plaçant à la date à laquelle le nouveau preneur a commencé l'exploitation. • Soc. 26 mai 1961 : *Bull. civ. IV, n° 554.* ♦ Comp., sur la distinction avec la cession interdite, jurisprudence ss. art. L. 411-35.

6. Société créée de fait. La résiliation amiable entre le bailleur et le représentant d'une communauté d'exploitants est opposable à chaque membre de la société créée de fait exploitant son domaine. • Civ. 3e, 4 nov. 2021, n° 20-20.464 : *AJDI 2022. 133* .

7. Indemnité. L'indemnité de résiliation convenue au profit du contractant qui accepte la résiliation anticipée du contrat est en principe licite. • Soc. 22 oct. 1964 : *Bull. civ. IV, n° 694* • Nancy, 5 nov. 2009 : *RD rur. 2010, n° 73, note Crevel.* ♦ Le preneur ne saurait donc réclamer une somme d'argent qu'il a versée au bailleur, dès lors qu'il n'est pas établi que le versement de cette indemnité a été subordonné à la signature du bail au profit d'un successeur et alors que le preneur avait un intérêt certain à obtenir la résiliation de son bail après avoir trouvé un acquéreur du cheptel. • Même arrêt.

II. RÉSILIATION JUDICIAIRE POUR FAUTE

A. MISE EN ŒUVRE DE LA RÉSILIATION

1° QUALITÉ DU DEMANDEUR

8. Usufruit. L'art. 595 ne fait pas obstacle à ce que l'usufruitier poursuive seul la résiliation du bail. • Civ. 3e, 4 mai 1970 : *Bull. civ. III, n° 186.* ♦ L'épouse bailleresse usufruitière peut demander résiliation malgré le décès intervenu entre-temps du mari lui-même usufruitier, sans le concours de son fils devenu propriétaire, dès lors que le bail avait été passé par les deux époux « en qualité d'usufruitiers pendant leur vie commune et pendant la vie du survivant d'entre eux ». • Soc. 16 févr. 1965 : *Bull. civ. IV, n° 146* • Riom, 4 avr. 2016, n° 15/01394 : *RD rur. 2016, n° 182.*

9. Indivision. Jurisprudence antérieure à la loi du 23 juin 2006. Chacun des copropriétaires indivis ne peut mettre fin au bail qu'avec l'accord de tous ou, à défaut, l'autorisation de justice. • Civ. 3e, 10 mai 1989 : *Bull. civ. III, n° 106 ; D. 1990. Somm. 34, obs. Martine* • 29 mars 1995, n° 93-14.551 P : *D. 1995. IR 149 ; JCP N 1996. II. 1432, obs. Moreau.* ♦ ... Même si le bail est consenti à l'un des indivisaires. • Civ. 3e, 19 juill. 1995, n° 93-15.033 P : *Defrénois 1996. 404, obs. Vermelle.* – Comp. : • Civ. 3e, 26 juin 1996 : *Ann. loyers 1996. 1472.* ♦ ... Et si les dispositions invoquées au soutien de la demande en résiliation sont d'ordre public. • Civ. 3e, 19 juill. 1995 : *préc.* ♦ L'action en résiliation nécessite l'accord de tous des indivisaires. • Civ. 3e, 30 oct. 1991 : *Rev. loyers 1992. 197 ; JCP N 1992. II. 112, obs. Moreau ; Gaz. Pal. 1992. 2. Somm. 355, obs. Lachaud.* ♦ Pour un exemple d'action en résiliation pour non-paiement de loyer, V. • Civ. 3e, 29 juin 1994 : *Rev. huiss. 1994. 1288.* ♦ ... Pour changement de destination du bien, V. • Civ. 3e, 11 févr. 2004, n° 02-18.712 P : *D. 2004. IR 732 ; Gaz. Pal. 23-24 juin 2004. 17 ; JCP 2004. IV. 1696 ; Ann. loyers 2004. 1538, note Lachaud ; Rev. loyers 2004, note Peignot ; RD rur. 2004. 531.* ♦ L'action en résiliation peut être introduite par un mandataire *ad hoc* désigné en vertu de l'art. 815-6 C. civ. • Civ. 3e, 15 juin 2005, n° 03-21.061 P : *JCP 2005. IV. 2739 ; Gaz. Pal. 7-8 oct. 2005. 17 et 27-28 janv. 2006.* ♦ Il a été admis une régularisation en cours d'instance. • Civ. 3e, 30 juin 1999 : *RD rur. 2000. 241 ; Gaz. Pal. 2000. 2. Somm. 1591, obs. Lachaud.* ♦ En raison du caractère d'ordre public du texte, l'action en nullité fondée sur la sous-location peut être intentée par tout intéressé au bail, donc par un des coïndivisaires, et cela même au cas où le preneur serait en même temps copropriétaire de la ferme. • Soc. 9 juin 1951 : *Bull. civ. III, n° 456 ; D. 1951. 633.* ♦ Les coïndivisaires autorisés à exercer au nom de l'indivision toute action et instance relative à la résiliation du bail consenti à un indivisaire sont fondés à demander des dommages intérêts. • Civ. 3e, 22 mars 2006, n° 05-10.378 P. ♦ La confusion des droits locatif et de propriété éteint le droit au bail sur les parcelles dont le preneur devient propriétaire. • Civ. 3e, 24 juin 2009, n° 08-16.728 : *JCP 2009, n° 31-35, p. 23 ; JCP N 2009. Actu. 514 ; RD rur. 2009, n° 128 ; AJDI 2010. 145, note Prigent* .

10. Indivisaires. Les indivisaires titulaires des 2/3 des droits indivis sont recevables à intenter l'action en résiliation du bail. • Civ. 3e, 29 juin 2011, n° 09-70.894 : *JCP N 2011. 889 ; DP entr. agric., Bull. n° 444, p. 6* • 5 oct. 2017, n° 16-21.499 P : *DP entr. agric., Bull. n° 512, p. 3 ; D. 2017. 2029 ; JCP 2017. 1122 ; AJDI 2018. 48, note Prigent ; Gaz. Pal. 2017. 3023.* ♦ Chacun des héritiers légitimes, saisi de plein droit de l'action en résiliation introduite par leur auteur bailleur, a qualité pour poursuivre seul l'action en résiliation. • Civ. 3e, 28 mai 2020, n° 19-13.150 : *Rev. loyers oct. 2020, note Peignot.*

11. Cession. L'action en nullité fondée sur la sous-location peut être invoquée par le locataire principal contre le sous-preneur. • Soc. 21 avr. 1955 : *Bull. civ. IV, n° 322 ; AJPI 1955. 183.* ♦ ... Et par le propriétaire contre le sous-locataire, sans qu'il soit tenu de mettre en cause le preneur principal. • Soc. 10 nov. 1955 : *Bull. civ. IV, n° 802.*

12. L'administrateur du bailleur en redressement judiciaire est mal fondé à notifier la résiliation de plein droit du bail rural. • Dijon, 13 févr. 2003 : *RPC 2004, inf. 3.*

13. Vente du bien. Est irrecevable la demande de résiliation de la part de propriétaires vendeurs, qui ont vendu ce bien antérieurement à la demande et ont ainsi perdu tout intérêt à cette résiliation. • Soc. 20 déc. 1957 : *Bull. civ. IV, n° 1275.* ♦ En l'absence d'action en résiliation introduite par le vendeur avant la vente, l'acquéreur ne peut se plaindre personnellement de l'inexécution des clauses du bail à l'égard de ce vendeur. • Soc. 20 déc. 1957 : *Bull. civ. IV, n° 1274 ; D. 1958. 81, note Lindon.* ♦ L'acquéreur peut toutefois se prévaloir de l'inexécution des clauses du bail antérieure à son acquisition pour demander la résiliation s'il ne fait que suivre l'instance introduite par le précédent propriétaire, le mauvais état des cultures subsistant lors de la vente. • Soc. 15 juin 1961 : *Bull. civ. IV, n° 644.*

14. Succession. A la suite du décès des bailleurs, les deux fils ont partagé les biens affermés et en ont informé le preneur ; cependant, le partage n'a pas eu pour effet de rendre le bail à ferme divisible et une résiliation partielle ne peut être poursuivie par un seul héritier. • Civ. 3e, 5 avr. 2006, n° 05-10.761 P : *JCP 2006. IV. 2011 ; RD rur. mai 2006. 28, et juin-juill. 2006. 22, note Crevel ; Rev. loyers 2006. 341, note Peignot ; AJDI 2006. 748, note Prigent ; Gaz. Pal. 23-25 juill. 2006. 21, et 21-23 janv. 2007.*

2° ACTION EN RÉSILIATION

15. La résiliation d'un bail à ferme n'a pas lieu de plein droit, et doit être demandée en justice. • Civ. 3e, 12 janv. 1977 : *Bull. civ. III, n° 19* • 20 nov. 1984 : *JCP 1985. II. 231, n° 18.* ♦ Est mal fondée la cour d'appel qui déclare sans objet la demande de résiliation du bail dès lors que la cession irrégulière ne met pas un terme à ce bail. • Civ. 3e, 16 mai 2006 : *RD rur. août-sept. 2006. 34, obs. Crevel.* ♦ L'action en résiliation, qui a pour effet de mettre à néant le contrat de bail, ne tend pas aux mêmes fins que la demande tendant à l'application de clauses de ce contrat, qui le laisse subsister. • Civ. 3e, 20 janv. 2010, n° 09-65.272 : *Rev. loyers 2010. 132, note Peignot.* ♦ La cession d'un bail étant annulée, sans que la résiliation ait été demandée, le preneur a pu conserver sa qualité de preneur et la transmettre à son décès. • Civ. 3e, 9 nov. 2011, n° 10-22.844 : *RD rur. 2011, n° 135, note Crevel ; DP entr. agric., Bull. n° 448, p. 8, obs. Roussel.*

16. Formes, délai. La demande en résiliation de bail peut être formée sans congé préalable. • Soc. 29 juin 1951 : *Bull. civ. III, n° 535* • 5 mai 1959 : *ibid. IV, n° 541.* ♦ La demande n'est soumise à aucune condition de forme ni de délai. • Soc. 1er déc. 1951 : *Bull. civ. III, n° 788 ; D. 1952. 181* • Civ. 3e, 26 févr. 1986 : *Bull. civ. III, n° 16.* ♦ Elle peut être formée jusqu'à la fin du bail. • Soc. 21 juin 1957 : *Bull. civ. IV, n° 745 ; AJPI 1957. 182.* ♦ Le bailleur n'est pas obligé d'attendre, pour demander la résiliation, que l'exploitation soit compromise. • Soc. 21 janv. 1954 : *Bull. civ. IV, n° 40.* ♦ ... Ou une aggravation de la situation jusqu'à la fin du bail. • Soc. 5 févr. 1953 : *Bull. civ. IV, n° 114.* ♦ Elle est recevable lorsqu'elle est introduite avant la fin du bail, alors même que le jugement n'intervient qu'après l'expiration de celui-ci. • Soc. 5 déc. 1957 : *Bull. civ. IV, n° 1150.*

17. Date d'appréciation. Les motifs de résiliation judiciaire doivent s'apprécier au jour de la demande en justice. • Soc. 15 nov. 1951 : *Bull. civ. III, n° 748* • Civ. 3e, 5 oct. 1976 : *ibid. III, n° 325* • 21 févr. 1996 : *ibid. III, n° 54 ; JCP N 1997. II. 345, note Roussel* • 2 déc. 2014, n° 13-23.457. • 24 nov. 2021, n° 20-19.973 : *AJDI 2022. 133 ; JCP N 2022. 1167, n° 3, note Sahut.* ♦ ... Et au jour de la demande additionnelle présentée par conclusion et reprise oralement à l'audience. • Civ. 3e, 18 nov. 2014, n° 13-21.328 : *RD rur. 2015, n° 28, note Crevel.* ♦ V. aussi, à propos d'une sous-location, • Civ. 3e, 10 mars 1999 : *RD rur. 1999. 194 ; JCP N 1999, n° 21.* ♦ Alors que le tribunal paritaire a été saisi le 15 juin, le bailleur peut, à l'appui de sa demande, utiliser un constat du 9 juill. (établissant une situation déjà existante au moment de la saisine). • Civ. 3e, 12 juin 1996 : *Ann. loyers 1996. 1475.* ♦ Ne peuvent non plus être pris en considération des événements qui se sont produits postérieurement à l'introduction de l'instance. • Civ. 3e, 9 déc. 1975 : *D. 1976. IR 91* • 6 déc. 1995, n° 93-21.260 P : *Defrénois 1996. 79, obs. Bénabent* • 7 févr. 2019, n° 17-31.024 : *Rev. loyers 2019. 181, note Peignot.*

18. Le bailleur ne saurait se prévaloir de motifs produits au cours du bail primitif pour demander la résiliation du *bail renouvelé.* • Soc. 27 juin 1958 : *Bull. civ. IV, n° 795* • Civ. 3e, 25 avr. 1990, n° 88-18.228 P : *Defrénois 1990. 1354, obs. Vermelle* • 19 sept. 2007, n° 06-17.267 P : *D. 2007. AJ 2469 ; Rev. loyers 2007. 459 ; RD rur. 2007, n° 338 ; JCP N 2008. 1256, note Roussel ; AJDI 2008. 302, obs. Prigent.* ♦ Toutefois, il peut être tenu compte de manquements antérieurs au renouvellement du bail dont l'effet se fait sentir sous l'empire du bail renouvelé et qui se sont poursuivis. • Soc. 19 nov. 1959 : *Bull. civ. IV, n° 1151* • Civ. 3e, 22 mai 1986 : *ibid. III, n° 75* • 14 déc. 2023, n° 22-20.257 P : *D. 2023. 2239.*

19. Il ne peut être tenu compte d'améliorations apportées par le fermier depuis cette demande pour faire disparaître les causes de résiliation. • Soc. 15 mars 1966 : *Bull. civ. IV, n° 269* • Civ. 3e,

30 avr. 1969 : *ibid. III, n° 341.* ♦ ... Ni de documents justifiant le bon état de l'exploitation postérieurement à cette date. • Soc. 17 juin 1965 : *Bull. civ. IV, n° 483.* ♦ Une fois l'action en résiliation intentée, le preneur ne saurait invoquer un défaut d'entretien des toitures par le bailleur alors qu'il n'en avait jamais fait état jusque-là et alors que la carence du bailleur ne gênait pas son exploitation. • Civ. 3e, 20 févr. 1996 : *Ann. loyers 1996. 1474.*

20. Preuve. La preuve des manquements du preneur peut être rapportée par tous les moyens. • Civ. 3e, 11 oct. 1978 : *Bull. civ. III, n° 313.* ♦ Le bailleur ne peut établir la preuve avec des constats et photographies opérés hors présence des preneurs sans leur autorisation ni autorisation judiciaire. • Civ. 3e, 19 févr. 2003 : *RD rur. 1003. 568.*

21. Prescription. La cession et la sous-location constituent des manquements à une prohibition d'ordre public et ouvrent droit à résiliation dans les limites de la prescription quinquennale. • Civ. 3e, 1er févr. 2018, n° 16-18.724 P : *D. 2018. 295 et 881, notes Roussel et François ; D. actu. 5 mars 2018, obs. Prigent ; JCP 2018. 203 ; JCP N 2018. Actu. 238 ; RD rur. 2018, n° 43, note Crevel ; DP entr. agric., Bull. n° 516, p. 5, note Roussel ; Gaz. Pal. 2018. 2796, note Peignot ; Rev. loyers 2018, n° 986, note Peignot.* ♦ Le délai de prescription quinquennale court à compter du jour de la cessation du manquement imputé au preneur. • Même arrêt. – V. aussi • Civ. 3e, 26 mars 2020, n° 18-26.073 : *Rev. loyers 2020, n° 1008, note Peignot ; RD rur. 2020, n° 114, note Crevel ; Defrénois 2020, n° 45-46, p. 41, note Roussel ; AJDI 2020. 630.*

22. Faits amnistiés. Le bailleur peut invoquer des faits ayant donné lieu à une condamnation amnistiée mais qui peuvent justifier la résiliation du bail en établissant des faits de nature à compromettre la bonne exploitation du fonds. • Civ. 3e, 16 mai 2007, n° 06-13.417 P : *RD rur. 2007, n° 273, obs. Crevel ; JCP 2007. IV. 2234 ; AJDI 2008. 133, obs. Prigent.*

23. Mission du juge. Il incombe aux juges d'apprécier la gravité des manquements imputés au preneur. • Soc. 27 oct. 1955 : *Bull. civ. IV, n° 755* • 12 mars 1959 : *ibid. IV, n° 365.* ♦ Jugeant que les juges du fond apprécient souverainement si les agissements du preneur sont de nature à compromettre l'exploitation, V. • Civ. 3e, 16 juill. 1997 : *Ann. loyers 1997. 1570.* ♦ Si les deux parties demandent la résiliation, le tribunal ne peut que la prononcer et, en appréciant la gravité des fautes respectives, allouer éventuellement des dommages-intérêts. • Soc. 15 mai 1952 : *Bull. civ. III, n° 409.*

24. Appel. Le bailleur peut, pour la première fois en appel, demander résiliation pour défaut de paiement même si, en première instance, il a réclamé l'expulsion du preneur en application de l'art. 456 C. civ. relatif aux baux consentis par un tuteur. • Civ. 3e, 12 juin 1996 : *Ann. loyers 1996. 1469.*

25. Pouvoirs du juge des référés. Le juge des référés a valablement pu ordonner l'exécution provisoire du jugement, le bailleur ayant intérêt à ne pas laisser dépérir le fonds que le locataire a cessé d'entretenir. • Civ. 3e, 8 avr. 1999 : *RD rur. 2000. 49.* ♦ Il n'entre pas dans les pouvoirs de la juridiction de référé de prononcer la résiliation du bail en retenant le défaut réitéré de paiement de fermages. • Civ. 3e, 25 mars 1987 : *D. 1987. IR 82.*

B. MOTIFS

1° DÉFAUT DE PAIEMENT

26. Défaut de paiement de fermage. **BIBL.** Gallet, *Rev. loyers 1992. 177.* ♦ L'art. 840 [L. 411-53] ne vise que le défaut de paiement de fermage et laisse hors de son champ d'application les autres demandes en paiement, quelle qu'en soit la cause, telles celles qui tendent à obtenir le remboursement des frais d'exécution ou des cotisations et taxes, en totalité ou partiellement à la charge du preneur. • Civ. 3e, 27 mars 1973 : *Bull. civ. III, n° 223.* ♦ Ne peut constituer un défaut de paiement des sommes dues au titre d'un jugement qui a eu pour conséquence de faire naître au profit du bailleur des arriérés de loyers alors que le preneur n'avait aucune dette de fermage avant cette décision. • Civ. 3e, 5 nov. 2003, n° 02-30.099 P : *RD rur. 2004. 344 ; Gaz. Pal. 14-15 janv. 2004. 19 ; Rev. loyers 2004. 80, obs. Peignot.* ♦ Le non-paiement de sommes dues au titre d'un jugement qui a fixé un nouveau montant de fermage ne constitue pas un défaut de paiement. • Civ. 3e, 12 oct. 2022, n° 21-10.123 : *Defrénois flash 2022, n° 45, p. 10 ; AJDI 2022. 842.* ♦ Le bailleur ne peut demander la résiliation du bail renouvelé pour un défaut de paiement du bail expiré. • Civ. 3e, 21 janv. 2021, n° 20-10.916 : *Rev. loyers févr. 2021, note Peignot ; RD rur. 2021, n° 49, note Crevel ; DP entr. agric., Bull. n° 552/553, p. 1, note Roussel.*

27. Loyers prescrits. La prescription quinquennale étant une prescription libératoire extinctive, l'action en résiliation ne peut se fonder sur le non-paiement de loyers prescrits. • Civ. 3e, 10 déc. 2008 : *RD rur. 2009, n° 37, note Crevel ; JCP 2009. IV. 1098 ; Gaz. Pal. 12-16 juill. 2009. 12.*

28. La bailleresse qui manque à son devoir de loyauté envers la locataire dans sa demande de loyer ne peut se prévaloir du défaut de paiement à l'appui d'une demande de résiliation. • Civ. 3e, 18 sept. 2013, n° 12-21.293 : *RD rur. 2013, n° 161, note Crevel.* ♦ La cour qui a relevé deux défauts de paiement ayant persisté trois mois après mise en demeure ne peut rejeter la demande de résiliation au motif de l'absence de bonne foi du bailleur qui a modifié sa pratique continue de facturation du fermage l'année suivant l'exercice. • Civ. 3e, 13 avr. 2022, n° 21-10.536 : *AJDA 2022. 692, note Vermeulen.* ♦ Si le bailleur est en droit de solliciter l'indexation du fermage dans la limite de la prescription, sa volonté de solliciter la résiliation en faisant argument de sa propre inertie constitue sa mauvaise foi dans l'exécution du bail. • Riom, 30 mai 2023, n° 20/01247 : *Rev. loyers 2023, n° 1039.*

29. Défaut de paiement. Mise en demeure. Pour entraîner la résiliation du bail à ferme en vertu des art. 830 [L. 411-31] et 840 [L. 411-53], deux mises en demeure sont nécessaires. • Soc. 15 mars 1957 : *Bull. civ. IV, n° 307* • 29 avr. 1960 : *ibid. IV, n° 423.* ♦ ... Sauf si le paiement de deux termes est demandé dans une seule mise en demeure. • Civ. 3e, 20 juill. 1994 : *JCP N 1995. II. 788, obs. Moreau* • 19 déc. 2019, n° 18-22.072 : *Rev. loyers 2020, n° 1003, note Peignot.*

30. Les deux mises en demeure restées infructueuses peuvent porter sur des échéances différentes. • Civ. 3e, 4 janv. 1985 : *Bull. civ. III, n° 7.* ♦ Aucune disposition légale n'impose qu'un délai se soit écoulé entre des mises en demeure restées infructueuses portant sur des échéances différentes. • Civ. 3e, 10 mai 1990, n° 88-17.159 P • 29 mai 1991, n° 89-21.580 P : *D. 1993. Somm. 68, obs. Martine ; Gaz. Pal. 1992. 2. Somm. 355, obs. Lachaud.* – Comp. : • Nancy, 19 nov. 1987 : *Rev. loyers 1992. 192.*

31. Il n'est pas nécessaire que les deux mises en demeure portent sur des échéances de fermage différentes. • Civ. 3e, 16 oct. 1974 : *Bull. civ. III, n° 363* • 19 nov. 1980 : *Bull. civ. III, n° 182* • 12 oct. 2004, n° 03-14.929. ♦ Dans ce cas, le délai de trois mois qui doit séparer les deux mises en demeure doit s'apprécier à la date de leur réception par le preneur. • Civ. 3e, 16 oct. 1974 : *préc.*

32. L'art. L. 411-53 n'exige pas que les deux défauts de paiement correspondant à deux mises en demeure restent cumulativement et simultanément sans effet. • Civ. 3e, 10 nov. 1982 : *Bull. civ. III, n° 220 ; D. 1983. 428, note Lesca* • 19 janv. 2000, n° 98-14.390 P : *RD rur. 2000. 127 ; JCP 2000. IV. 1410.* ♦ Il en est de même pour l'envoi simultané de deux mises en demeure pour des échéances distinctes. • Civ. 3e, 29 mai 1991 : *JCP N 1991. II. 298.* ♦ La demande en résiliation formée devant le tribunal moins de trois mois suivant la première mise en demeure est rejetée. • Lyon, 13 mai 2022, n° 18/07385 : *AJDI 2022. 621.*

33. Paiement tardif. Les motifs de résiliation judiciaire s'apprécient au jour de la demande en justice. • Civ. 3e, 26 mai 2009, n° 08-17.413 : *RD rur. 2009, n° 123, note Crevel* • 29 juin 2011, n° 09-70.894 : *Gaz. Pal. 2011. 2488* • 23 nov. 2017, n° 15-18.097 : *D. actu. 19 janv. 2018, note Ghiglino.* ♦ Le bailleur ne peut invoquer des défauts de paiement ayant persisté trois mois après la mise en demeure dès lors qu'ils ne persistaient plus à la date d'introduction de l'instance, qu'ils avaient été régularisés depuis dix-huit mois, et qu'aucun nouvel incident n'avait été relevé depuis. • Civ. 3e, 30 janv. 2002, n° 00-14.231 P : *RD rur. 2002. 132 et 311 ; ibid. 2003. 43, obs. Crevel ; JCP N 2002, n° 1362, p. 888, obs. Grimonprez ; JCP 2002. IV. 1431 ; AJDI 2002. 537, obs. Giraudel.* ♦ Les fermages étant restés impayés à la date de la demande en justice, la cour d'appel est mal fondée à rejeter cette demande, l'acceptation de paiement ne constituant pas une renonciation au droit acquis du bailleur d'invoquer la résiliation du bail. • Civ. 3e, 26 mai 2009, n° 08-17.413 : *préc.* ♦ Il n'y a pas lieu de prononcer la résiliation du bail dès lors qu'au jour de la saisine du tribunal, tous les fermages ont été réglés. • Civ. 3e, 14 janv. 2016, n° 14-19.542 : *AJDI 2016. 210 ; Rev. loyers 2016, n° 965, note Peignot.* ♦ Le paiement d'un acompte postérieurement à l'introduction de l'instance est sans effet sur la défaillance du preneur. • Civ. 3e, 19 déc. 2019, n° 18-22.072 : *Rev. loyers 2020, n° 1003, note Peignot.*

34. Paiement tardif. Contra. Est fondée la résiliation dès lors qu'il est justifié de deux défauts de paiement ayant persisté trois mois après mise en demeure, sans que les juges aient à rechercher le respect d'un délai avant la saisine du tribunal paritaire. • Civ. 3e, 3 avr. 2007, n° 06-12.392. ♦ Aucun paiement n'étant intervenu avant la fin du délai de trois mois suivant la seconde mise en demeure, l'acceptation d'un paiement tardif ne peut constituer une renonciation à se prévaloir d'un droit acquis prévu par la loi. • Civ. 3e, 31 oct. 2007, n° 06-18.338 : *D. 2007. AJ 2873 ; JCP N 2007. 731 ; JCP 2007. IV. 3164 ; RD rur. 2008, n° 23, note Crevel ; Rev. loyers 2008. 35, note Peignot ; AJDI 2008. 779, note Prigent ; Gaz. Pal. 7 août 2008, p. 12 ; Defrénois 2009. 69, obs. Gelot.*

35. Paiement partiel. La résiliation est justifiée dès lors que les fermiers, mis en demeure d'acquitter plusieurs échéances de fermage, n'ont pas réglé l'intégralité de celles-ci dans le délai de trois mois à compter de la mise en demeure. • Civ. 3e, 20 juill. 1994, n° 92-18.338 P : *D. 1996. Somm. 126, obs. Martine ; RD rur. 1994. 546 et 547, note Ourliac ; JCP N 1995. II. 788, obs. Moreau* • 17 juill. 1996 : *RD rur. 1996. 494* • 12 oct. 2004, n° 03-14.929. ♦ Les biens étant loués en vertu d'un seul bail à ferme, le bailleur peut agir en résiliation du bail pour défaut de paiement du seul loyer des bâtiments d'habitation. • Civ. 3e, 30 oct. 2013, n° 12-22.310 : *RD rur. 2013, n° 226, note Crevel ; D. 2013. 2581 ; JCP N 2013. 1293, note Barbièri ; DP entr. agric., Bull. n° 469, p. 8, note Roussel ; D. 2014. 357, note Roussel , Rev. loyers 2014, n° 943, note Peignot ; Gaz. Pal. 10-14 nov. 2013 ; AJDI 2014. 386, note Prigent.*

36. Procédures collectives. En vertu de l'art. 47 de la loi n° 85-98 du 25 janv. 1985 relative au redressement et à la liquidation judiciaires des entreprises [C. com. art. L. 621-40], l'action introduite par le bailleur et tendant à voir prononcer la résiliation d'un bail rural pour défaut de paiement de fermages ne peut plus être poursuivie en tant qu'elle a pour cause des loyers échus antérieurement au jugement d'ouverture, qui ne peuvent ouvrir droit qu'à déclaration au passif. • Dijon, 19 juin 1997 : *BICC 1998, n° 327 ; Rev. huiss. 1999.*

341, obs. Teilliais • Douai, 7 janv. 2016 : *Rev. loyers 2016, n° 965, p. 150.* ♦ *Contra* : la résiliation du bail peut être poursuivie pour défaut de paiement des loyers, dès lors qu'elle est fondée sur des causes antérieures au jugement de liquidation judiciaire. • Reims, ch. soc., 14 nov. 2018, RG 16/01672 : *Rev. loyers 2018, n° 992.* ♦ Lorsque le jugement de première instance, prononçant la résiliation du bail pour défaut de paiement, n'a pas force de chose jugée, l'ouverture ultérieure d'une procédure de redressement à l'encontre du preneur a pour effet de suspendre, en appel, la poursuite de l'action. • Douai, 29 janv. 1998 : *RD rur. 1999. 254.* ♦ Pour un jugement ayant acquis autorité de chose jugée : • Angers, 28 juin 1990 : *Rev. loyers 1991. 488, note Gallet.* ♦ La résiliation pour défaut de paiement du fermage doit être prononcée dès lors que la procédure de redressement judiciaire ne concerne que le GAEC, bénéficiaire d'une mise à disposition des biens loués par le preneur, lequel preneur est le seul titulaire du bail. • Civ. 3e, 8 oct. 1997 : *Gaz. Pal. 1997. 2. Pan. 291 ; Rev. huiss. 1998. 181 ; JCP N 1998, n° 27, note Gravillou.*

37. Mise en demeure. Forme. Sur la forme de la mise en demeure, V. art. R. 411-10. ♦ Elle peut être effectuée par acte d'huissier. • Soc. 17 déc. 1959 : *Bull. civ. IV, n° 1268.* ♦ Le commandement jugé insuffisant à lui seul à justifier la résiliation d'un bail à ferme n'en conserve pas moins ses effets et peut constituer, dans le cadre d'une autre instance, l'une des deux mises en demeure visées par l'art. L. 411-53. • Civ. 3e, 3 nov. 1988 : *Bull. civ. III, n° 154 ; Defrénois 1989. 923, obs. Vermelle.* ♦ Le commandement qui précise que le bailleur peut demander la résiliation du bail sans reproduire les termes de l'art. L. 411-31-1, 1° est nul. • Civ. 3e, 13 sept. 2018, n° 17-14.301 P : *D. actu. 4 oct. 2018, note Prigent ; DP entr. agric., Bull. n° 522, p. 8, note Roussel ; JCP 2018. 1011 ; JCP N 2018. Actu. 757 ; Rev. loyers 2018, n° 991, note Peignot ; Gaz. Pal. 2019. 1565, note Peignot.* ♦ Même sens pour les mises en demeure par lettre recommandée. • Civ. 3e, 12 oct. 2022, n° 21-10.091 : *Defrénois flash 2022, n° 47, p. 13 ; AJDI 2022. 842 ; Rev. loyers janv. 2023, note Roussel ; DP entr. agric., Bull. n° 573, p. 9, note Roussel.* ♦ La cour est mal fondée à prononcer la résiliation du bail sans rechercher comme il le lui était demandé si le commandement mentionnait les diligences de l'huissier pour remettre l'acte en personne et l'impossibilité de faire une telle signification. • Civ. 3e, 25 mars 2021, n° 20-14.142 : *AJDI 2021. 460.*

38. La mise en demeure visant l'art. L. 411-53 relatif au refus de renouvellement du bail ne peut fonder une demande en résiliation. • Civ. 3e, 7 sept. 2017, n° 16-19.874 P : *RD rur. 2017, n° 255, note Crevel ; DP entr. agric., Bull. n° 512, p. 7, note Roussel ; JCP 2017. 983 ; Rev. loyers 2017. 430, note Peignot ; D. actu. 4 oct. 2017, note Prigent.* ♦ Sont mal fondés à prononcer la résiliation du bail les juges qui relèvent l'existence de plusieurs mises en demeure en indiquant que deux d'entre elles rappellent l'art. L. 411-53, sans préciser quelles étaient les mises en demeure régulières ni les loyers impayés visés par celles-ci. • Civ. 3e, 8 févr. 2006, n° 05-10.265 : *RD rur. mars 2006. 17 ; AJDI 2006. 391.*

39. Est régulière la procédure de résiliation du bail dès lors qu'il a été constaté que l'adresse à laquelle ont été envoyées les mises en demeure présentait les caractères du domicile du preneur. • Civ. 3e, 8 févr. 2006, n° 04-18.664 P : *JCP 2006. IV. 1457 ; AJDI 2006. 291 ; RD rur. mars 2006. 17 ; Gaz. Pal. 23-25 juill. 2006. 21.* ♦ La mise en demeure par lettre recommandée qui ne porte pas la signature du destinataire ou d'un tiers muni d'un pouvoir ne permet pas d'engager l'action en résiliation. • Civ. 3e, 9 mars 2022, n° 21-13.358 : *RD rur. 2022, n° 74, note Crevel.* ♦ La lettre recommandée non retirée n'a pu valoir mise en demeure dès lors qu'il s'agit d'un acte de nature contentieuse, préalable obligatoire à l'action en résiliation. • Civ. 3e, 14 déc. 2023, n° 22-16.751 P : *D. 2023. 2239 ; D. actu. 11 janv. 2024, note Dreveau.*

40. La mise en demeure de payer constitue un acte conservatoire qu'un indivisaire peut diligenter seul. • Civ. 3e, 6 nov. 1986 : *JCP N 1987. II. 56, obs. Moreau* • 30 oct. 1991 : *préc. note 10* • 30 juin 1999 : *préc. note 10* • 15 juin 2005 : *préc. note 10.* ♦ ... Ou par toute personne mandatée à cette fin par les indivisaires ; la mise en demeure ne constitue ni une action en justice ni un congé. • Civ. 3e, 31 oct. 2007, n° 06-18.338 : *D. 2007. 2873 ; JCP N 2007. 731 ; JCP 2007. IV. 3164 ; RD rur. 2008, n° 5 ; Gaz. Pal. 7 août 2008, p. 12 ; Defrénois 2009. 69, obs. Gelot.*

41. Époux copreneurs. Les mises en demeure adressées aux deux époux copreneurs solidaires, mais dont l'accusé de réception n'a été signé que par l'un d'entre eux, sont valables, la solidarité impliquant la représentation réciproque. • Civ. 3e, 15 déc. 1999 : *Ann. loyers 2000. 2040.* ♦ Les défauts de paiements justifiant la demande de résiliation supposent que les mises en demeure aient été adressées à chacun des époux copreneurs. • Civ. 3e, 7 févr. 2019, n° 17-31.024 : *Rev. loyers 2019. 181, note Peignot.*

42. Preuve du paiement. La preuve du paiement du fermage s'effectue par tous moyens. • Civ. 3e, 23 nov. 2017, n° 16-17.764 P : *JCP N 2017. 1310 ; Defrénois 2018, n° 10, p. 37 ; Gaz. Pal. 2018. 1525, note Peignot.* – V. aussi jurisprudence ss. art. L. 411-11.

43. Raisons sérieuses et légitimes de non-paiement. Les juges du fond apprécient souverainement l'existence de raisons sérieuses et légitimes de nature à exclure le prononcé de la résiliation. • Civ. 3e, 30 juin 1992, n° 90-13.196 P • 27 nov. 1996 : *Gaz. Pal. 1998. 1. Somm. 16,* *obs. Lachaud.* ♦ Le tribunal qui, pour rejeter la demande en résiliation pour défaut de paiement, admet l'existence de raisons sérieuses et légitimes et accorde un délai au preneur n'est pas tenu de prévoir une sanction du défaut de paiement dans le délai imparti. • Soc. 13 juill. 1960 : *Bull. civ. IV, n° 782.* ♦ Les difficultés économiques écartent la résiliation si elles résultent de faits indépendants de la volonté du preneur. • Civ. 3e, 7 sept. 2022, n° 21-16.667 : *Defrénois 2022, n° 47, p. 31, note Barbieri ; Rev. loyers janv. 2023, note Roussel ; DP entr. agric., Bull. n° 573, p. 10, note Roussel.*

44. Il y a de telles raisons lorsque le fermier invoque l'existence d'une créance indemnitaire à lui due en raison d'une reprise frauduleuse, et qui fait l'objet d'une expertise. • Soc. 2 mai 1963 : *Bull. civ. IV, n° 359 ; Gaz. Pal. 1963. 2. 353.* ♦ ... Ou en cas de non-fixation du fermage. • Soc. 27 janv. 1961 : *Bull. civ. IV, n° 122.* ♦ ... Ou lorsque les mises en demeure signifiées par le bailleur étaient fondées sur des comptes erronés. • Soc. 7 nov. 1963 : *Bull. civ. IV, n° 759.* ♦ ... Ou quand l'acte de partage ne permettait pas de déterminer la part des biens loués appartenant au bailleur et quand la demande de révision avait été engagée avant l'envoi de la mise en demeure. • Civ. 3e, 12 janv. 2005 : *Gaz. Pal. 7-8 oct. 2005. 9.* ♦ ... Quand le preneur a été induit en erreur sur la superficie exploitée par un relevé MSA et alors qu'il a de bonne foi régularisé sa situation lors de la conciliation devant le tribunal. • Civ. 3e, 6 sept. 2018, n° 17-11.831 : *RD rur. 2018, n° 171, note Crevel.* ♦ Le retard de paiement peut être fondé sur une raison sérieuse et légitime lorsqu'une action a été engagée sur le prix du bail renouvelé. • Civ. 3e, 12 mars 2014, n° 12-29.406 : *JCP 2014. 418 ; JCP N 2014. Actu. 468 ; DP entr. agric., Bull. n° 473, p. 11, note Roussel ; Rev. loyers 2014, n° 946, note Peignot ; AJDI 2014. 708, note Prigent.* ♦ V., admettant le caractère abusif du fermage démontré par une action en fixation du prix du bail renouvelé, • Civ. 3e, 20 févr. 1991, n° 89-19.259 P : *JCP 1991. II. 21771, note Ourliac.* ♦ V. aussi jurisprudence ss. art. L. 411-11.

45. Il y a aussi raisons sérieuses et légitimes de non-paiement lorsque : partie des biens loués a été retirée par le bailleur. • Civ. 3e, 8 déc. 1971 : *D. 1972. Somm. 77.* ♦ ... Ou que le preneur connaît des difficultés économiques en raison des emprunts qu'il a dû contracter pour acquérir une partie des biens mis en vente par le bailleur. • Dijon, 18 févr. 2003 : *RD rur. 2003. 635.* ♦ ... Ou que partie des lieux loués a été incendiée. • Civ. 3e, 14 janv. 1976 : *Bull. civ. III, n° 10.* ♦ ... Ou que le bailleur n'a pas procédé à la réparation des bâtiments à laquelle il s'était engagé lors de la conclusion du bail. • Civ. 3e, 11 mai 1995 : *D. 1996. Somm. 124, obs. Martine ; Gaz. Pal. 1996. 2. 418, note Lachaud ; RD rur. 1995. 78.* ♦ V. aussi, à propos du défaut d'exécution par le bailleur des grosses réparations lui incombant normalement, • Civ. 3e, 28 mars 1995 (1re esp.) : *Rev. loyers 1995. 398, note Le Petit.* – Comp. : • Civ. 3e, 28 mars 1995 (2e esp.) : *ibid. ; Ann. loyers 1996. 640.*

46. L'état de santé du preneur et de sa femme peuvent constituer les raisons sérieuses et légitimes du défaut de paiement alors surtout que, malgré un défaut de paiement inexcusable parce que tardif, le preneur a depuis lors réglé tout l'arriéré. • Soc. 20 avr. 1967 : *Bull. civ. IV, n° 316 ; AJPI 1967. 867.* – Comp. : • Civ. 3e, 13 juin 1972 : *Bull. civ. III, n° 383* • 24 oct. 1979 : *JCP 1980. IV. 2* • 26 févr. 1992 : *Rev. loyers 1992. 197* (hospitalisation de courte durée de la femme du preneur). ♦ V. aussi, admettant plusieurs épizooties pour raisons sérieuses et légitimes du non-paiement, en retenant que l'arriéré a été réglé, • Civ. 3e, 16 oct. 1970 : *Bull. civ. III, n° 525.* – *Contra* : • Caen, 3 juill. 1979 : *Gaz. Pal. 1980. 2. 541, note Besnard* • Amiens, 15 déc. 1987 : *Rev. loyers 1988. 270,* confirmé par • Civ. 3e, 31 oct. 1989 : *ibid. 1992. 197.*

47. En revanche, il n'y a pas raison sérieuse et légitime : en l'absence d'offre de paiement, en cas de contestation pour imprécision de comptes en partie imputable à la négligence du preneur. • Soc. 23 mai 1964 : *Bull. civ. IV, n° 430.* ♦ ... En cas de prétendue contestation, en vérification de l'étendue des terres louées, dès lors qu'il appartenait au preneur d'obtenir une décision de justice. • Soc. 30 avr. 1965 : *Bull. civ. IV, n° 335.* ♦ ... Du caractère excessif du fermage en l'absence de demande de révision du prix. • Civ. 3e, 18 févr. 1981 : *Bull. civ. III, n° 35.* – V. aussi • Civ. 3e, 10 mai 1989 : *D. 1990. Somm. 33, obs. Martine ; Gaz. Pal. 1989. 2. 665, note Lepetit et Challine.* – Comp. : • Civ. 3e, 6 nov. 1991, n° 90-16.281 P : *Gaz. Pal. 1992. 2. Somm. 355, obs. Lachaud.* ♦ Le litige entre bailleur et preneur sur le prix du bail renouvelé ne dispense pas le preneur de s'acquitter de ses fermages à l'ancien prix et à leurs échéances. • Soc. 14 juin 1957 : *Bull. civ. IV, n° 713.* ♦ Le preneur n'apporte pas la preuve d'une excuse à son défaut de paiement. ♦ ... En cas de non-accomplissement prétendu des réparations par le bailleur. • Soc. 29 janv. 1959 : *Bull. civ. IV, n° 133.* ♦ ... En cas de difficultés éprouvées par le preneur pour se loger alors que le bail ne porte pas sur des bâtiments. • Civ. 3e, 18 juill. 2000 : *Ann. loyers 2000. 2040.* ♦ ... Lorsque le preneur a fait le choix d'une production de vins naturels imposant un long délai de commercialisation. • Dijon, 25 juin 2009 : *RD rur. 2009, n° 159, note Crevel.* ♦ La mise en détention provisoire du locataire, à la suite de laquelle il n'a pas exploité les vignes louées, ne saurait constituer la force majeure ou la raison sérieuse et légitime prévues à l'art. L. 411-53. • Reims, 20 oct. 1999 : *RD rur. 2000. 215, obs. Crevel.* ♦ L'existence d'un différend entre les parties n'est pas une cause justificative de retard dans le paiement. • Soc. 27 oct. 1950 : *Bull. civ. III, n° 778* • Civ. 3e, 9 oct. 1973 : *Gaz. Pal. 1973. 2. Somm. 265.* ♦ Le départ de sa femme ne constitue pas pour le preneur une raison sérieuse et légitime justifiant sa carence dans l'exploitation du fonds, lorsqu'il a les moyens d'embaucher le personnel nécessaire à une exploitation normale. • Civ. 3e, 27 avr. 1979 : *JCP N 1980. Prat. 97.* – V. aussi • Civ. 3e, 18 juill. 2000 : *ibid. 2000. 2041.* ♦ Les versements du fermage sur un compte CARPA sans autorisation judiciaire étant sans valeur libératoire, le preneur, qui connaissait l'identité du nouveau propriétaire, ne peut justifier les défauts de paiement régulièrement constatés. • Civ. 3e, 22 oct. 2020, nº 19-16.812 : *DP entr. agric., Bull. nº 546, p. 8, note Roussel ; Defrénois 2021, nº 18, p. 27, note Roussel.*

48. Le preneur ne saurait prétendre compenser la créance liquide et exigible de fermage avec une dette incertaine et discutée. • Soc. 8 juill. 1965 : *D. 1966. 310, note A. Huet.*

49. L'éventuel exercice du droit de préemption par le fermier ne modifie en rien le droit du bailleur d'obtenir paiement des fermages échus, et, à défaut, la résiliation du bail. • Civ. 3e, 4 janv. 1973 : *Bull. civ. III, nº 10.*

2º AGISSEMENTS DE NATURE À COMPROMETTRE LA BONNE EXPLOITATION DU FONDS

50. Inculture ou abandon. Est mal fondée la cour qui retient, pour fonder la résolution du bail le défaut d'exploitation, le caractère inhabitable des fermes pour défaut d'entretien, l'absence de bétail et l'abandon des cultures sans préciser si ces manquements ont été de nature à compromettre la bonne exploitation du fonds. • Civ. 3e, 13 juin 2012, nº 10-25.498 : *D. 2012. 1677 et 2372 ; AJDI 2013. 48, note Prigent ; Rev. loyers 2012. 310, note Peignot ; JCP 2012. 818 ; DP entr. agric., Bull. nº 454, p. 6, note Roussel ; RD rur. 2012, nº 68, note Crevel ; JCP N 2012. 672 ; Gaz. Pal. 2012. 2421.* ♦ Le défaut d'entretien conduisant à l'appauvrissement des parcelles justifiant la résiliation pour mauvaise exploitation relève de l'appréciation souveraine des juges du fond. • Civ. 3e, 27 nov. 2007, nº 06-20.172. ♦ Constituent des agissements de nature à compromettre la bonne exploitation du fonds et justifient la résiliation : l'état déplorable d'inculture et de laisser-aller de la propriété dans son ensemble. • Soc. 16 avr. 1953 : *Bull. civ. IV, nº 273.* ♦ ... L'abandon du domaine au point de vue cultural. • Soc. 16 mai 1957 : *Bull. civ. IV, nº 553* • Civ. 3e, 16 mai 1979 : *JCP 1979. IV. 234.* ♦ ... L'abandon d'une parcelle plantée en vigne à la suite d'une crue, l'absence de mise en valeur d'abricotiers et l'inculture des terres éloignées du siège de l'exploitation. • Civ. 3e, 23 févr. 1999 : *RD rur. 1999. 544.* ♦ ... La mise en friche de tous les champs ainsi que la vente, par le preneur, de l'ensemble de son matériel. • Civ. 3e, 12 juin 1996 : *RD rur. 1996. 447.* ♦ V. aussi • Civ. 3e, 28 juin 2000 : *Rev. huiss. 2001. 26, obs. Grimonprez* (refus de renouvellement). ♦ ... Le départ du preneur avec le mobilier et le matériel de culture, sans prévenir le bailleur, accompagné d'un abandon de l'exploitation. • Soc. 6 juill. 1960 : *Bull. civ. IV, nº 733.* ♦ ... Le très mauvais état de culture d'une partie importante des terres louées (alors que le preneur s'était orienté vers l'élevage de chiens et de gibier et l'organisation de journées de chasse). • Civ. 3e, 16 déc. 1997 : *RD rur. 1998. 66 ; JCP N 1998, nº 43, p. 1555, note Couturier.* ♦ ... Le fait de livrer 30 hectares à la pâture de moutons sans y faire la moindre culture, même d'herbe. • Soc. 14 oct. 1965 : *Bull. civ. IV, nº 652 ; D. 1965. 813.* ♦ ... La diminution de rentabilité d'un domaine par substitution d'un élevage à un autre. • Soc. 12 nov. 1959 : *Bull. civ. IV, nº 1111.* ♦ ... Les terres ni exploitées, ni semées parfois depuis plusieurs années, avec présence de jonc, orties et chardons. • Civ. 3e, 4 janv. 2012, nº 11-11.451 : *Rev. loyers 2012. 70.* ♦ ... La non-exploitation volontaire et de mauvaise foi ayant rendu nécessaire une remise en état dont le coût représentait plus de dix ans de fermage annuel. • Civ. 3e, 11 avr. 2019, nº 17-18.970 : *Rev. loyers 1er juin 2019, note Peignot ; Gaz. Pal. 2019. 2863, note Peignot.* ♦ Est fondée la résiliation du bail conclu pour un ensemble constitué d'un immeuble d'habitation et de parcelles dès lors que l'abandon d'un des bâtiments a compromis l'avenir du fonds. • Civ. 3e, 10 sept. 2020, nº 19-13.933 : *RD rur. 2021, nº 1, note Crevel.*

51. Obligation d'exploiter. Le défaut d'exploitation par le fermier des nouvelles parcelles attribuées au bailleur à la suite d'un remembrement ne peut être invoqué comme motif de résiliation du bail tant que le bailleur n'a pas mis le preneur en demeure d'exercer l'option offerte par l'art. 33 C. rur. [recodifié à l'art. L. 123-15] entre le report des effets du bail et la résiliation sans indemnités. • Civ. 3e, 23 janv. 1985 : *Bull. civ. III, nº 19.* ♦ Est rejetée la demande de résiliation du bail fondée sur le fait que le preneur qui a mis les terres à disposition d'une société est âgé de 70 ans, ce qui ne suffit pas été établir l'absence de participation effective aux travaux. • Civ. 3e, 18 mai 2011, nº 10-10.948 : *AJDI 2011. 542.* ♦ La demande de résiliation ne peut être rejetée sans qu'il soit vérifié si l'apport des fruits des parcelles louées par un autre coopérateur ne constitue pas une violation de l'obligation du preneur d'exploiter activement et personnellement. • Civ. 3e, 4 juill. 2019, nº 18-15.247 : *RD rur. 2019, nº 96, note Crevel.* ♦ Le cessionnaire du bail doit se consacrer immédiatement à l'exploitation du bien et participer aux travaux sur les lieux de façon effective et permanente, et l'abstention d'exploiter du preneur autorisé n'est pas justifiée par l'existence d'un pourvoi contre l'arrêt ayant autorisé la cession. • Civ. 3e, 3 déc. 2020, nº 19-23.990 P : *JCP N 2020. Actu. 1008 ; D. 2020. 2454 ; AJDI 2021. 602, note Prigent ; JCP N 2021. 1121, note Roussel ; JCP 2020. 1447 ; Defrénois 2021, nº 18, p. 26, note Delorme ; Rev. loyers 2021, nº 1014,* *note Peignot ; DP entr. agric., Bull. n° 548, p. 8, note Roussel.* ♦ La cession est caractérisée et la résiliation encourue sans que la preuve d'un préjudice soit exigée en conséquence du nombre dérisoire de parts détenues par le preneur qui n'avait pas la qualité d'associé gérant sur la demande d'autorisation d'exploiter et qui exerçait une autre activité professionnelle salariée, et ceci même s'il avait qualité d'associé de la société exploitante. • Civ. 3e, 18 janv. 2023, n° 20-22.141 : *Defrénois 2023, n° 19-20, p. 29, note Delorme.*

52. *Négligences et défaut d'entretien.* Sont des motifs de résiliation : diverses négligences dans l'entretien depuis plusieurs années, l'état de vétusté des clôtures d'un herbage, ainsi que le défaut de curage d'une fosse. • Soc. 18 juill. 1960 : *Bull. civ. IV, n° 785.* ♦ ... L'état de complet désordre d'une ferme avec clôture en mauvais état ou inexistante, et tas d'immondices importants. • Soc. 7 févr. 1963 : *Bull. civ. IV, n° 139.* ♦ ... Le défaut d'entretien des clôtures et fossés, l'entassement de branches et ferrailles et le défaut de dessouchage des arbres abattus. • Nîmes, 24 févr. 2004 : *RD rur. 2004. 584.* ♦ ... Le manque de façons culturales. • Soc. 20 mars 1953 : *Bull. civ. IV, n° 230.* ♦ ... L'absence d'entretien des terres et des prés et le défaut caractérisé de soins. • Civ. 3e, 21 mars 1969 : *Bull. civ. III, n° 256* • Soc. 11 févr. 1965 : *Bull. civ. IV, n° 127.* ♦ ... Le retard dans les cultures et le défaut de mesures d'assainissement. • Soc. 17 nov. 1950 : *Bull. civ. III, n° 860.* ♦ ... Le manque d'engrais. • Soc. 20 mars 1953 : *Bull. civ. III, n° 230* • 18 juill. 1960 : *ibid. IV, n° 785* • 23 mai 1952 : *Bull. civ. III, n° 437.* ♦ ... Le fait de ne pas respecter l'assolement normal. • Soc. 5 févr. 1953 : *Bull. civ. IV, n° 114* • 8 mars 1956 : *AJPI 1956. 90.* ♦ ... Le médiocre état du sol et le défaut d'entretien de la vigne. • Civ. 3e, 17 mai 2011, n° 10-18.639. ♦ ... Les parcelles n'étaient plus ni travaillées ni entretenues depuis de nombreux mois au point que les bailleurs avaient dû procéder à des remises en état et nettoyage. • Civ. 3e, 12 janv. 2022, n° 20-20.968 : *Rev. loyers 2022, n° 1024, note Roussel.* ♦ ... Et plus généralement le défaut d'entretien des terres établissant l'incurie du preneur. • Soc. 10 nov. 1955 : *Bull. civ. IV, n° 803* • Civ. 3e, 22 oct. 1975 : *Gaz. Pal. 1976. 1. Somm. 19 ; D. 1976. IR 31.* – Comp. • Angers, 17 juin 1975 : *Gaz. Pal. 1975. 2. 699, note Mégret.* ♦ La résiliation pour mauvaise exploitation est justifiée quand des constats successifs indiquent le défaut d'entretien des parcelles et leur envahissement par les mauvaises herbes, ce qui conduit à leur appauvrissement. • Civ. 3e, 27 nov. 2007, n° 06-20.172.

53. A été également retenue comme motif de résiliation la mauvaise exploitation des terres sans que la connaissance de leur mauvais état soit une excuse à l'inaction du preneur. • Soc. 29 mai 1953 : *Bull. civ. IV, n° 406* • 25 févr. 1954 : *ibid. IV, n° 140.* ♦ Toutefois les juges peuvent tenir compte du mauvais état des cultures ou des terres à l'entrée du preneur dans les lieux. • Soc. 19 févr. 1954 : *Bull. civ. IV, n° 125* • 29 mars 1955 : *ibid. IV, n° 311.* ♦ ... Du fait que les terres sont situées sur des pentes difficilement mécanisables. • Civ. 3e, 8 oct. 1996 : *Ann. loyers 1997. 1089.*

54. *Dégradations.* La résiliation doit *a fortiori* être prononcée en cas de dégradations. Il en est ainsi : quand le preneur est responsable d'un incendie. • Soc. 21 janv. 1954 : *Bull. civ. IV, n° 40.* – Comp. : • Soc. 3 nov. 1961 : *ibid. IV, n° 896.* ♦ ... De l'abattage d'arbres. • Soc. 29 janv. 1953 : *Bull. civ. IV, n° 86* • Civ. 3e, 19 févr. 1971 : *ibid. III, n° 127* • 15 mai 1984 : *Rev. loyers 1984. 477, note Le Petit* • Riom, 10 févr. 2011, RG n° 10/01851 : *RD rur. 2011, n° 87, note Crevel* • Nîmes, 28 janv. 2016, n° 14/01037 : *RD rur. 2016, n° 100.* ♦ ... Du défaut d'entretien de vignes et de la détérioration d'arbres fruitiers. • Civ. 3e, 18 avr. 1969 : *Bull. civ. III, n° 305.* ♦ ... De la plantation de vignes sans respect des conditions de l'AOC. • Civ. 3e, 27 sept. 2011, n° 08-20.436 : *DP entr. agric., Bull. n° 466, note Roussel.* ♦ Pour un abandon conduisant au délabrement du domaine loué, V. • Civ. 3e, 18 mai 1976 : *Bull. civ. III, n° 207.* ♦ Pour un refus de renouvellement pour arrachage de plusieurs parcelles de vigne sans autorisation, V. • Civ. 3e, 10 mars 2004 : *RD rur. 2004. 432.* ♦ Pour des faits amnistiés, V. note 22. ♦ Pour la destruction d'une haie typique qui conférait au site son aspect paysager caractéristique, et des tiges constituant l'avenir de la plantation, V. • Civ. 3e, 1er oct. 2014, n° 13-22.306 : *RD rur. 2015, n° 1, note Crevel.* ♦ L'arrachage d'une haie et le retournement d'une parcelle ont compromis le fonds tel qu'il a été donné à bail. • Civ. 3e, 17 nov. 2021, n° 20-10.934 : *RD rur. 2022, n° 25, note Crevel.* – V. note 8 ss. art. L. 411-29.

55. *Main-d'œuvre insuffisante.* Constitue un motif de résiliation l'insuffisance de main-d'œuvre compromettant la bonne exploitation. • Soc. 3 janv. 1952 : *Bull. civ. III, n° 4* • 6 mars 1958 : *Bull. civ. IV, n° 329* • 4 janv. 1964 : *Bull. civ. IV, n° 711* • 27 oct. 1964 : *ibid. IV, n° 711.* ♦ Si le preneur ne peut engager de main-d'œuvre, il lui appartient de s'adapter aux techniques modernes. • Soc. 25 févr. 1954 : *D. 1955. 440.*

56. *Insuffisance du matériel et du cheptel.* Sont des motifs de résiliation : l'insuffisance du bétail, la vétusté et le mauvais état du matériel avec impossibilité de le renouveler, ainsi que la diminution du cheptel. • Soc 22 mars 1962 : *Bull. civ. IV, n° 310.* ♦ ... L'insuffisance du cheptel vif, l'absence de personnel permanent et le mauvais entretien des terres. • Soc. 20 oct. 1955 : *Bull. civ. IV, n° 724.* ♦ ... Le défaut d'acquisition du cheptel et du matériel nécessaire. • Soc. 5 févr. 1953 : *Bull. civ. IV, n° 113.* ♦ Mais la décision doit préciser si le preneur était ou non en état de l'acquérir. • Même arrêt.

57. *Défaut d'habitation.* Sont des agissements de nature à compromettre la bonne exploitation du fonds : le fait par le preneur de ne pas habiter la ferme et d'avoir cessé d'y travailler personnellement pour exercer une autre activité. • Soc. 16 févr. 1956 : *AJPI 1956. 74.* ♦ ... L'éloignement du preneur lui interdisant d'apporter à la culture les soins appropriés et la surveillance utile. • Soc. 14 janv. 1954 : *Bull. civ. IV, n° 20.* ♦ ... Et cela bien que le défaut d'habitation ne constitue pas en principe une cause de résiliation. • Soc. 5 janv. 1951 : *Bull. civ. III, n° 13* • Civ. 3e, 29 avr. 1969 : *JCP 1970. II. 16562, note Chevassus* • 20 déc. 1971 : *Bull. civ. III, n° 637.*

58. *Motifs insuffisants pour prononcer la résiliation.* Ne constituent pas des clauses de résiliation du bail : la négligence du preneur à entretenir un verger. • Soc. 15 déc. 1960 : *Bull. civ. IV, n° 1188.* ♦ ... La suppression d'une clôture et la pollution d'un puits engendrée par l'épandage du lisier dans des conditions contraires au règlement sanitaire départemental. • Besançon, 31 janv. 2003 : *RD rur. 2003. 474.* ♦ ... Une coupe d'arbres remontant à une époque où le droit du propriétaire était litigieux. • Soc. 5 juill. 1961 : *Bull. civ. IV, n° 733.* ♦ ... La disparition d'arbres due au vieillissement et non à l'incurie du preneur. • Soc. 6 janv. 1961 : *Bull. civ. IV, n° 11.* ♦ ... L'abattage d'arbres qui ne compromet pas la bonne exploitation. • Soc. 8 déc. 1960 : *Bull. civ. IV, n° 1143* • Civ. 3e, 13 mars 1985 : *ibid. III, n° 54.* ♦ ... La destruction de haies entre deux parcelles louées. • Dijon, 19 mai 2009 : *RD rur. 2009, n° 159, note Crevel.* ♦ ... La détérioration de vieux plants de vigne et la suppression de ceux en bout de rang à la suite de l'emploi de matériel mécanique lors des vendanges. • Orléans, 15 oct. 2001 : *RD rur. 2002. 48.* ♦ ... Le changement d'usage d'une prairie en manège de chevaux même non autorisé, car ni irréversible, ni de nature à compromettre la bonne exploitation du fonds. • Toulouse, 9 avr. 2008 : *RD rur. 2008, nos 177 et 202, note Crevel.* ♦ ... L'épandage de boues d'épuration conformes à la réglementation et soumises à des analyses régulières. • Civ. 3e, 12 mars 2020, n° 19-10.985 : *Gaz. Pal. 2020, n° 28, p. 38.* ♦ ... Les agissements du preneur ayant rendu impossible ou très difficile l'accès au bois dont le bailleur s'est réservé la jouissance. • Civ. 3e, 18 févr. 2021, n° 20-10.915 : *Rev. loyers 2021, n° 1016, note Peignot ; Defrénois 2021, n° 12, p. 9 ; AJDI 2021. 293* . ♦ ... Le défaut d'exploitation dès lors qu'il a été constaté que celui-ci tenait à l'ancienneté de pieds de vigne et que le preneur avait entrepris des travaux nécessaires à la restructuration du vignoble. • Civ. 3e, 12 nov. 2020, n° 19-21.855 : *Rev. loyers 2021, n° 1013, note Peignot ; AJDI 2021. 532* . ♦ L'affectation de la totalité de la production à la méthanisation ne constitue pas à lui seul un motif de résiliation, sans preuve de la remise en cause de la bonne exploitation du fonds. * Rép. min. n° 23166, *JO Sénat 6 janv. 2022, p. 55.*

59. Il y a lieu de repousser la demande en résiliation lorsque les agissements du preneur ont au contraire apporté une amélioration : soit qu'il s'agisse d'un abattage d'arbres conduisant à la récupération de terres cultivables. • Soc. 29 nov. 1957 : *Bull. civ. IV, n° 1138.* ♦ ... Soit de la motorisation du matériel d'exploitation. • Soc. 20 avr. 1956 : *Bull. civ. IV, n° 362.* ♦ Lorsque les efforts des preneurs déployés sur plusieurs années ont remis le fonds en état d'entretien cultural normal, on ne saurait leur reprocher des insuffisances minimes d'entretien. • Soc. 21 mars 1960 : *Bull. civ. IV, n° 309.* ♦ Comp., au cas où l'abandon de terres ingrates a été tacitement approuvé par le bailleur : • Soc. 15 mars 1957 : *Bull. civ. IV, n° 324.* ♦ Les conditions effectives d'exploitation et l'absence ou l'insuffisance de certaines dépendances ou d'aires de stockage sur les lieux loués doivent être prises en compte pour relativiser le défaut d'entretien des lieux loués. • Dijon, 23 mars 1999 : *BICC 1999, n° 1370.*

60. *Preuve.* Sont écartés les rapports d'expertise produits par le bailleur au soutien de la demande de résiliation dès lors qu'ils ont été établis en pénétrant sur le fonds loué sans autorisation du preneur ou du juge. • Civ. 3e, 10 mars 2010, n° 09-13.082 : *RD rur. 2010, n° 95, note Crevel ; Gaz. Pal. 2010. Pan. 1138 et 2884, note Peignot et Millard ; AJDI 2010. 649, note Prigent* ; *Rev. loyers 2010. 278, obs. Peignot ; LPA 2011, n° 32, p. 9, note Dissaux.*

61. *Gel des terres.* Le gel des terres à des fins faunistiques ne constitue pas un agissement de nature à justifier la résiliation du bail. • Angers, 20 mars 1997 : *RD rur. 1998. 1.* ♦ En cas de gel des terres, la résiliation ne peut être demandée que si l'entretien des parcelles gelées a été mauvais et a rendu la remise en culture difficile. • Civ. 3e, 15 déc. 1999 : *Ann. loyers 2000. 2041.*

62. *Procédures collectives.* V. notes ss. art. L. 351-8.

3° AUTRES MOTIFS

63. *Cessions prohibées.* V. art. L. 411-35 et L. 411-37. ♦ La violation de l'interdiction par l'art. 832 [L. 411-35] des cessions et sous-locations emporte nécessairement la résiliation du bail. • Cass., Ch. réun., 7 mars 1960 : *Bull. civ. n° 1 ; D. 1960. 349, note R. Savatier ; JCP 1960. II. 11560, note de Juglart ; RTD civ. 1960. 494, note Carbonnier.* • Civ. 3e, 8 oct. 1975 : *Bull. civ. III, n° 285.* ♦ La cession prohibée, même si elle ne porte que sur une partie des biens loués, justifie la résiliation du bail sans que le juge saisi d'une telle demande ait à se prononcer sur la gravité du manquement. • Civ. 3e, 6 juin 2019, n° 17-21.335 : *RD rur. 2019, n° 70, note Crevel ; Rev. loyers 1er juill. 2019 et 1er oct. 2019, note Peignot ; DP entr. agric., Bull. n° 535, p. 8, note Roussel ; Defrénois 2020, n° 18-19, p. 74, note Roussel.* ♦ Toute sous-location, même partielle, constitue à elle seule une cause de résiliation du bail sans qu'il soit nécessaire de rechercher si elle est de nature à compromettre la bonne exploitation du fonds loué. • Civ. 3e, 2 oct. 1974, n° 73-11.989 P • 22 janv. 1975 : *ibid. III, n° 25* • 25 mai 1992 : *ibid. III, n° 165 ; JCP N 1992. II. 413, obs. Moreau ; Gaz. Pal. 1993. 1. Somm. 108, obs. Lachaud* • 19 janv. 2010, n° 09-65.160 : *JCP N 2010, inf. 192 ; Gaz. Pal. 31 mars-1er avr. 2010.* ♦ Est fondée la résiliation du bail dès lors que le bail a été cédé à une personne morale nouvelle sans accord du propriétaire. • Civ. 3e, 27 févr. 2020, n° 18-22.884 : *AJDI 2020. 629 ; RD rur. 2020, n° 90, note Crevel.*

64. Délai. Le fait de ne pas se prévaloir de la nullité de la sous-location pour la période déjà écoulée ne prive pas le bailleur du droit d'invoquer à tout moment le motif de résiliation d'ordre public qu'elle constitue. • Soc. 9 mai 1952 : *Bull. civ. III, n° 394.* ♦ Le fait, par le bailleur, de n'avoir pas invoqué la cause de résiliation d'ordre public que constitue la sous-location ne le prive pas du droit de l'invoquer pour l'avenir. • Soc. 5 janv. 1953 : *Bull. civ. IV, n° 1* • 22 juill. 1954 : *ibid. IV, n° 570.* ♦ La prescription de l'action en résiliation commence à courir à la cessation du manquement imputé au preneur tenant à la cession du bail ou sous-location par le preneur. • Civ. 3e, 1er févr. 2018, n° 16-18.724 P : *préc. note 21.*

65. Preuve de la cession ou de la sous-location. La preuve de la sous-location et de la cession peut être faite par le bailleur par tous moyens. • Soc. 18 nov. 1960 : *Bull. civ. IV, n° 1047* • Civ. 3e, 10 mars 1976 : *D. 1976. IR 171.* ♦ Elle peut résulter, en particulier, de la déclaration du preneur contenue dans un exploit d'assignation. • Même arrêt. ♦ ... Comme des déclarations du preneur devant le tribunal paritaire. • Soc. 16 oct. 1963 : *Bull. civ. IV, n° 686.*

66. Contravention aux obligations d'information. V. jurisprudence ss. art. L. 411-37, L. 411-39 et L. 331-6.

67. Infraction au contrat de bail. Les violations du contrat qui n'entrent pas dans les prévisions de l'art. 840 [L. 411-53] ne constituent pas des causes de résiliation. • Soc. 15 déc. 1960 : *Bull. civ. IV, n° 1188.* ♦ Elles n'entraînent pas la résiliation du bail si elles ne sont pas de nature à compromettre la bonne exploitation du fonds. • Soc. 9 mars 1951 : *Bull. civ. III, n° 199 ; D. 1951. 669, note R. Savatier ; Gaz. Pal. 1951. 1. 337* • 6 juin 1969 : *Bull. civ. III, n° 457* • 5 mai 1993 : *Rev. loyers 1993. 519, note Le Petit* • Civ. 3e, 17 juill. 1996, n° 94-18.779 P : *Rev. loyers 1997. 397 ; Rev. huiss. 1996. 1283* • 19 avr. 2000, n° 98-20.900 P : *Rev. loyers 2000. 368, obs. Peignot ; RD rur. 2002. 41, obs. Lachaud ; Gaz. Pal. 3-4 oct. 2001, p. 26, obs. Lachaud ; AJDI 2001. 354, obs. Giraudel .* – V. aussi Libeau et Peignot, *Rev. loyers 1997. 357.* ♦ Mais, si elles la compromettent, peu importe qu'elles n'affectent que partie des terres louées. • Civ. 3e, 11 févr. 1975 : *D. 1975. IR 105.* ♦ Constituent une cause de résiliation les manquements aux obligations contractuelles d'entretien et de réparation mettant en péril à plus ou moins longue échéance l'utilisation et la solidité des bâtiments loués. • Civ. 3e, 16 juill. 1997 : *Ann. loyers 1997. 1570.* ♦ ... De même que le refus de procéder à des améliorations prévues par le bail. • Soc. 11 juin 1964 : *Bull. civ. IV, n° 509.* ♦ A justifié la résiliation la cour qui a relevé le manquement du preneur à la clause d'affectation du fonds à la production biologique, retenu que sa bonne exploitation était compromise par l'application de méthodes polluantes et caractérisé le préjudice du bailleur du fait des sanctions administratives engendrées par l'irrespect des obligations résultant de l'opération de conversion à l'agriculture biologique dans laquelle les parcelles avaient été déclassées. • Civ. 3e, 6 févr. 2020, n° 18-25.460 : *Gaz. Pal. 2020, n° 17, p. 29, note Peignot et n° 28, note Edlinger ; RD rur. 2020, n° 89, note Bouchard ; AJDI 2020. 628 .*

68. Lorsque les conditions auxquelles est subordonnée la résiliation d'un bail rural ne sont pas réunies, le bailleur demeure fondé à solliciter l'application des clauses de ce bail, dès lors qu'elles ne sont pas illicites ou contraires à une disposition d'ordre public ; ainsi, ayant relevé que le bail interdisait au preneur d'exercer une activité commerciale, une cour d'appel est fondée à ordonner au preneur de cesser ses actions de commercialisation dans les lieux loués des produits ne provenant pas de son exploitation tels le cidre ou le calvados et de cesser l'organisation de visites payantes de ses installations fromagères. • Civ. 3e, 14 mai 1997 : *D. 1998. 176, note Couturier ; RD rur. 1997. 322 ; Rev. loyers 1998. 355.* ♦ Les pratiques du preneur menées en contradiction avec les clauses environnementales prévues par le bail ont justifié la résiliation du bail. • Civ. 3e, 30 nov. 2023, n° 22-19.016.

69. Clauses résolutoires. Sur l'inefficacité des clauses résolutoires expresses, V. • Soc. 6 juill. 1950 : *Bull. civ. III, n° 572* • 5 mai 1955 : *ibid. IV, n° 361.* ♦ Les dispositions d'ordre public de l'art. L. 411-53 définissent de façon exhaustive les motifs susceptibles de justifier la résiliation et il s'ensuit que la clause résolutoire pour non-paiement du matériel racheté doit être déclarée non écrite. • Dijon, 4 févr. 1997 : *BICC 1997, n° 1048 ; Rev. huiss. 1997. 1315.*

70. Mésentente, malveillance. La *mésentente* entre les parties ne constitue pas une cause de résiliation. • Soc. 13 juill. 1960 : *Bull. civ. IV, n° 782.* ♦ Les *violences* exercées sur le bailleur suivies de condamnations constituent une cause de résiliation. • Soc. 10 déc. 1954 : *Bull. civ. IV, n° 808.* – *Contra* : • Civ. 3e, 28 janv. 1971 : *Bull. civ. III, n° 57* • Montpellier, 6 juin 2006 : *RD rur. nov. 2006. 30.* ♦ De même, la *malveillance* constante du preneur est une cause de résiliation. • Soc. 20 févr. 1964 : *Bull. civ. IV, n° 155.* ♦ ... Comme la non-concordance des déclarations de récoltes entre bailleur et preneur d'un bail à vigneronnage et à métayage ainsi que la non-concordance de ces déclarations et les quantités de vin partagées et emmenées après pressurage par le bailleur. • Dijon, 18 janv. 1994 : *BICC 1994, n° 560.*

71. Prise de possession du bailleur. La reprise non justifiée de terres par le bailleur constitue une voie de fait qui fonde la résiliation du bail aux torts du bailleur. • Bordeaux, 27 avr. 2006 : *RD rur. nov. 2006. 28.* ♦ V., pour des faits analogues : condamnation à restitution des parcelles sous astreinte et avec dommages-intérêts, • Bordeaux, 18 mai 2006 : *RD rur. nov. 2006. 29.*

72. Activité commerciale. BIBL. L'entreprise agricole à la recherche de son statut, *RD rur. janv. 2009, Dossier spécial.* ♦ La création d'une entreprise commerciale n'est un motif de résiliation que si elle compromet la bonne exploitation dans les lieux loués. • Civ. 3e, 27 janv. 1977 : *Bull. civ. III, n° 49 (a contrario)* • 25 juin 1986 : *JCP N 1987. II. 57, obs. Moreau* • 21 juill. 1992, n° 91-10.992. ♦ Même sens pour une activité de menuiserie adjointe à l'activité principale d'élevage. • Rouen, 21 sept. 2006 : *RD rur. 2007, n° 40, obs. Crevel ; JCP 2007. IV. 1455.* ♦ V. aussi, à propos de l'exploitation : d'une société commerciale gérant une base de loisirs et de camping, • Riom, 21 mars 1988 : *RDI 1988. 515.* ♦ ... D'un terrain de golf, • Nîmes, 20 févr. 1990 : *Gaz. Pal. 1991. 2. 627, note Lachaud.* ♦ *Contra*, est fondée la résiliation d'un bail rural lorsque le preneur a délaissé en grande partie son activité rurale de loueur d'équidés pour exercer en détournant l'usage des lieux une activité commerciale aux dépens de son bailleur, sans que les juges aient à chercher si les agissements étaient de nature à compromettre l'exploitation du fonds. • Civ. 3e, 14 nov. 2007, n° 07-10.776 P : *RD rur. 2008, n° 2, note Crevel ; JCP 2007. IV. 3255 ; Rev. loyers 2008. 104, note Peignot ; JCP N 2008. 1257, note Roussel ; Gaz. Pal. 5-6 sept. 2008. 15 ; AJDI 2008. 134.*

73. Équipements photovoltaïques. BIBL. Roussel, *RD rur. 2009, n° 2.* – V. sur le risque de résiliation du bail en conséquence de leur installation sur les terres louées, * Rép. min. n° 5842 : *JO Sénat Q 16 oct. 2008, p. 2605* * Rép. min. n° 28467 : *JO Sénat Q 25 déc. 2008, p. 2605 ; JCP N 2009. Actu. 116.*

74. Irrespect de la législation sanitaire et environnementale. Les manquements du preneur aux prescriptions administratives et aux règlements de police sanitaire visant à la protection de l'environnement ne constituent pas un motif de résiliation du bail s'il n'est pas démontré que ces agissements ont compromis la bonne exploitation du fonds. • Civ. 3e, 19 déc. 2000 : *RD rur. 2001. 297 ; AJDI 2001. 716, note Giraudel.*

75. Pluriactivité. Résiliation pour l'exercice d'un emploi principal différent amenant l'abandon du domaine : • Soc. 20 mars 1953 : *Bull. civ. IV, n° 230* • 16 mai 1957 : *ibid. IV, n° 553.* ♦ Comp. : • Besançon, 7 févr. 1978 : *D. 1979. 237*, admettant l'exercice d'une activité salariée. ♦ Il n'est pas démontré que l'activité de secrétaire administratif d'un preneur fasse obstacle à l'exploitation personnelle du fonds. • Paris, 2 mars 2006 : *RD rur. oct. 2006. 37.*

76. Activité du conjoint. Ne modifie pas la destination des lieux loués le preneur dont le conjoint a exercé une activité libérale autorisée par le bailleur, sans aménagement pour l'exercice d'une activité étrangère à l'exploitation de la ferme ou la vie de famille. • Civ. 3e, 1er oct. 2013, n° 12-19.764 : *RD rur. 2013, n° 195, note Crevel.*

77. Copreneurs. Est mal fondée la cour qui prononce la résiliation du bail parce qu'un des copreneurs n'a jamais participé aux travaux d'exploitation depuis la conclusion du bail sans caractériser en quoi la bonne exploitation du fonds était compromise, ni en quoi le manquement a porté préjudice au bailleur. • Civ. 3e, 25 oct. 2018, n° 17-13.426 : *RD rur. 2018, n° 221, note Crevel ; Rev. loyers 2018, n° 992, note Peignot ; Gaz. Pal. 2019. 1566, note Peignot.* ♦ Le non usage de la faculté de régularisation pour le copreneur resté en activité après la cessation de l'autre ne constitue pas une infraction aux dispositions de l'art. L. 411-35 de nature à permettre la résiliation du bail. • Civ. 3e, 30 nov. 2023, n° 21-22.539 P : *D. 2023. 2192 ; JCP 2023. 1439.* ♦ Le bailleur ne peut exiger que le preneur restant continue son activité jusqu'à l'âge du départ en retraite du copreneur qui a cessé son activité dans la mesure où ce dernier n'est plus partie au bail. * Rép. min. n° 15318, *JO Sénat 27 août 2020, p. 3805.*

78. Jurisprudence antérieure à la loi du 13 oct. 2014. Ne constituent pas une cause de résiliation : le départ d'un copreneur dès lors que les garanties du bailleur ne sont pas diminuées. • Soc. 12 déc. 1963 : *Bull. civ. IV, n° 874.* ♦ ... Le divorce des époux copreneurs, alors même que le bail aurait été consenti par les parents de la femme en vue d'une exploitation en commun. • Civ. 3e, 2 avr. 1979 : *Rev. loyers 1979. 357, note J. V.* – V. aussi • Civ. 3e, 8 mars 1983 : *Bull. civ. III, n° 70.*

79. Jurisprudence postérieure à la loi du 13 oct. 2014. La cessation d'activité d'un copreneur sans information du propriétaire justifie la résiliation du bail, sans que le bailleur n'ait à prouver un préjudice ou une atteinte à la bonne exploitation du fonds. • Civ. 3e, 4 mars 2021, n° 20-14.141 : *RD rur. 2021, n° 167, note Crevel ; Rev. loyers 2021, n° 1017, note Peignot ; Defrénois 2021, n° 45-46, p. 31, note Roussel.*

80. Clauses rendant la résiliation plus difficile. Les dispositions des art. 830 [L. 411-31] et 840 [L. 411-53] édictent les conditions de résiliation et réputent non écrite toute clause contraire. • Civ. 3e, 13 oct. 1982 : *JCP N 1983. II. 231, obs. Moreau.* ♦ Ne peut donc recevoir application la clause subordonnant la résiliation « au défaut de paiement de deux termes consécutifs à leur échéance exacte ». • Même arrêt. ♦ Comp., ayant jugé que le statut du fermage n'interdit pas aux parties de déroger à celles de ses dispositions qui ont trait à la résiliation judiciaire, dès lors que la dérogation tend à rendre la résiliation du bail plus difficile : • Soc. 15 mars 1957 : *Rev. fermages 1957. 181.*

81. Abandon des quotas de production. BIBL. Peignot, *Gaz. Pal. 1994. 1. Doctr. 581.* ♦ V. aussi jurisprudence ss. art. L. 411-29, L. 411-35 et L. 411-72.

III. EFFETS DE LA RÉSILIATION

82. Si elle est une cause de résiliation, la sous-location n'entraîne cependant pas, pour le preneur, déchéance du statut du fermage. • Soc. 23 juin 1961 : *Bull. civ. IV, n° 692.*

83. Date d'effet. La résiliation judiciaire des contrats à exécution successive ne prend pas nécessairement effet à la date de la décision qui la prononce. • Civ. 3e, 1er oct. 2008, n° 07-15.338 : *D. 2008. 2600 ; JCP 2008. IV. 2711.* ♦ Les juges peuvent choisir une date d'effet de la résiliation judiciaire antérieure au jour de la décision qui la prononce. • Civ. 3e, 19 janv. 2005 : *Gaz. Pal. 7-8 oct. 2005. 9.* ♦ *Contra* : la résiliation ne prend effet que du jour de la décision qui la prononce, et il n'est pas permis aux tribunaux d'en faire remonter les effets à la date de l'assignation. • Civ. 3e, 12 janv. 1977 : *Bull. civ. III, n° 19.* ♦ ... Ni à la date de la convocation des parties en audience de conciliation. • Civ. 3e, 26 mai 1983 : *Bull. civ. III, n° 124.* ♦ Le jugement et l'arrêt confirmatif n'ayant pas fixé la date de la résiliation qu'ils avaient prononcée, celle-ci est acquise à la date du jugement. • Civ. 3e, 31 mai 2006, n° 05-18.214 P : *JCP 2006. IV. 2375 ; RD rur. août-sept. 2006. 35, obs. Crevel ; AJDI 2006. 752 ; Gaz. Pal. 5-6 janv. 2007. 33 et 2-3 mars 2007. 19.*

84. Astreintes. Le tribunal paritaire peut prononcer des astreintes non comminatoires à l'encontre du preneur qui ne quitte pas les lieux à la date fixée. • Soc. 22 juin 1951 : *Bull. civ. III, n° 497 ; D. 1952. 122 ; Gaz. Pal. 1951. 2. 184* • 7 déc. 1951 : *Bull. civ. III, n° 808 ; D. 1952. 165 ; Gaz. Pal. 1952. 1. 112.* ♦ Il en est ainsi même si les biens ruraux comprennent des bâtiments d'habitation accessoires à l'exploitation agricole. • Soc. 28 déc. 1951 : *Bull. civ. III, n° 870 ; D. 1952. 665, note Savatier ; JCP 1952. II. 6830.*

85. Recours. Le preneur qui a fait appel du jugement de résiliation de son bail est en droit de ne pas se soumettre au jugement pendant la procédure d'appel et peut donc prétendre à une indemnisation des travaux de culture effectués pendant cette période. • Civ. 3e, 31 mai 2006 : *JCP 2006. IV. 2375 ; RD rur. août-sept. 2006. 35, obs. Crevel ; AJDI 2006. 752 ; Gaz. Pal. 5-6 janv. 2007. 33 et 2-3 mars 2007. 19.*

86. Délai de grâce. L'octroi d'un délai de grâce au preneur lui permet de jouir des lieux sans le dispenser d'indemniser celui qui souffre du retard apporté à déguerpir. • Soc. 19 févr. 1954 : *Bull. civ. IV, n° 126.* ♦ Le délai de grâce de l'art. 1244 [1244-1 à 1244-3, à compter du 1er janv. 1993] C. civ. peut être accordé au preneur par le juge. • Soc. 15 nov. 1957 : *Bull. civ. IV, n° 1056.* ♦ Ce dernier apprécie souverainement les circonstances qui le déterminent à accorder ou à refuser un tel délai. • Soc. 11 juill. 1956 : *Bull. civ. IV, n° 640* • 12 déc. 1963 : *ibid. IV, n° 873.*

87. Occupant sans titre. Commet une voie de fait le GAEC qui, sachant que le bail était résilié, se perpétue sur les lieux, après avoir été mis en demeure de délaisser les parcelles sur lesquelles il n'a jamais eu de droit direct en tant que GAEC, et fait obstacle à l'installation d'un nouveau preneur sur les terres. • Douai, 27 janv. 1994 : *BICC 1994, n° 793 ; Gaz. Pal. 1995. 1. 86, note Lachaud.* ♦ Un preneur resté dans les lieux après résiliation judiciaire de son bail ne peut prétendre qu'un nouveau bail s'est établi, alors que, le bailleur a accumulé les formalités pour obtenir son expulsion, allant jusqu'à faire condamner l'État pour refus de concours de la force publique. • Civ. 3e, 16 mai 2000 : *Ann. loyers 2000. 2040.* ♦ Sur les éléments à prendre en compte pour indemniser le bailleur, suite au refus de l'État d'apporter le concours de la force publique pour permettre l'expulsion du preneur en place, V. • CE 15 févr. 1999 : *RD rur. 1999. 544.*

88. Lorsque l'ex-preneur a ensemencé les terres, il n'a droit à aucun dédommagement en cas d'expulsion puisqu'il a agi à ses risques et périls. • Soc. 18 mars 1954 : *Bull. civ. IV, n° 191 ; JCP 1954. II. 8168* • 3 juin 1957 : *ibid. IV, n° 657.* ♦ Un tel profit ne constitue pas pour le bailleur un enrichissement sans cause. • Soc. 15 nov. 1957 : *Bull. civ. IV, n° 1069 ; JCP 1958. II. 10666, note Joly.* ♦ Toutefois, il a été parfois admis que le preneur avait droit à indemnité pour ses ensemencements. • Soc. 2 nov. 1956 : *Bull. civ. IV, n° 792 ; JCP 1956. II. 9612* • 1er juill. 1965 : *Bull. civ. IV, n° 524.*

89. Indemnité d'occupation. En se maintenant indûment dans les lieux et en compromettant la bonne exploitation du fonds, le preneur engage personnellement sa responsabilité en application des principes généraux du droit. • Soc. 26 févr. 1953 : *Bull. civ. IV, n° 162.* ♦ L'indemnité d'occupation n'est pas un fermage mais la réparation d'un préjudice qui résulte pour le bailleur de la privation de son bien. • Soc. 3 juin 1957 : *Bull. civ. IV, n° 657* • 10 févr. 1960 : *ibid. IV, n° 154* • Civ. 3e, 20 nov. 1970 : *Bull. civ. III, n° 624 ; D. 1971. Somm. 102.* ♦ Il incombe au preneur d'établir qu'il a restitué le bien loué au terme du bail pour ne pas encourir le règlement d'une indemnité d'occupation. • Civ. 1re, 6 févr. 2020, n° 17-19.330 : *Gaz. Pal. 2020, n° 37, p. 27, note Lebel.*

90. Les juges n'ont donc pas à faire état des règles sur la fixation du prix des baux à ferme pour déterminer une telle indemnité. • Civ. 1re, 1er juin

1960 : *Bull. civ. I, n° 305* • Civ. 3e, 19 juill. 2000, n° 98-23.503 P : *RD rur. 2001. 108 ; JCP N 2000. 1489, note Moreau ; Gaz. Pal. 29-30 mars 2002. 15.* ♦ Ils apprécient souverainement le montant de l'indemnité d'occupation due par le preneur qui se maintient dans les lieux après la résiliation. • Civ. 3e, 28 nov. 1972 : *Gaz. Pal. 1973. 1. Somm. 16.*

91. Le bailleur doit être indemnisé par le preneur des bénéfices qu'il aurait réalisés et des pertes qu'il a subies. • Soc. 23 janv. 1953 : *Bull. civ. IV, n° 73* • Civ. 3e, 18 déc. 2002 : *Rev. loyers 2003. 259.* ♦ Jugeant que l'indemnité d'occupation doit être fixée sur la base du revenu procuré par les biens immobiliers compte tenu de la rémunération du travail de l'occupant pour obtenir ces revenus : • Civ. 3e, 19 juill. 2000 : *préc. note 90.* ♦ Les dommages-intérêts peuvent être fixés en se fondant sur un rendement du domaine bien supérieur à celui évalué dans le bail. • Soc. 28 janv. 1960 : *Bull. civ. IV, n° 97.* ♦ Toutefois il a été jugé que l'indemnité d'occupation pouvait être égale au fermage antérieur. • Soc. 5 févr. 1953 : *Bull. civ. IV, n° 107* • 13 janv. 1955 : *ibid. IV, n° 27.*

92. A la suite de la résiliation du bail emphytéotique dont elle a été un temps titulaire, la SAFER est garante du paiement des fermages, mais pas de l'indemnité d'occupation due par le preneur qui s'est maintenu dans les lieux au-delà de la fin du bail. • Civ. 3e, 9 oct. 1996 : *Ann. loyers 1997. 1091 ; RD rur. 1997. 62.* ♦ V. aussi art. R. 142-12.

93. Dommages-intérêts. Ces dommages peuvent tenir compte, au cas où le propriétaire a été dans l'impossibilité de délivrer le bien repris au bénéficiaire, de la demande en dommages-intérêts formée par ce dernier contre le propriétaire qui a lui-même introduit une demande en garantie contre l'ancien fermier. • Soc. 21 févr. 1958 : *Bull. civ. IV, n° 286.* ♦ La résiliation part de la date à laquelle elle est prononcée, mais des dommages-intérêts peuvent être attribués à compter du point de départ du préjudice causé par la cession du bail. • Amiens, 18 juin 1990 : *AJPI 1990. 691, note Mégret.* ♦ Le bénéficiaire de cette cession, complice de l'inexécution contractuelle, en répond en même temps que le fermier. • Même arrêt. ♦ V., en cas de sous-location prohibée, • Civ. 3e, 8 oct. 1985 : *JCP N 1986. II. 213, obs. Moreau.* ♦ ... De cession prohibée, • Civ. 3e, 17 juin 1987 : *RDI 1987. 404.* ♦ Le préjudice du preneur résultant de la résiliation du bail en fraude de ses droits consiste en la perte de la chance de profiter du bien pendant la durée du bail (métayage). • Civ. 3e, 22 sept. 2016, n° 15-16.508 : *AJDI 2016. 777.*

94. Réintégration. La cour d'appel seulement saisie d'une demande de résiliation est fondée à rejeter la demande en réintégration du preneur, cette demande n'étant prévue qu'en cas de reprise par l'art. L. 411-66. • Civ. 3e, 13 nov. 2008, n° 07-20.930 : *JCP 2008. IV. 2978 ; JCP N 2009. 1348, note Roussel ; RD rur. 2009, n° 4, note Crevel ; Gaz. Pal. 6-7 mai 2009. 16.*

95. Cession. Le bailleur peut consentir un bail direct au cessionnaire du bail. • Soc. 12 déc. 1957 : *Bull. civ. IV, n° 1201 ; Gaz. Pal. 1958. 1. 198.* ♦ Le propriétaire peut consentir un bail verbal au sous-preneur même avant que soit prononcée la nullité de la sous-location. • Soc. 15 juill. 1955 : *Bull. civ. IV, n° 619.* ♦ Sur la création d'une relation directe valant bail entre le cessionnaire et les héritiers du bailleur, V. • Civ. 3e, 12 oct. 1994, n° 92-17.721 P : *Gaz. Pal. 1995. 2. Somm. 311, obs. Lachaud.* ♦ Le bailleur ne peut poursuivre l'expulsion du nouveau fermier lorsqu'il lui a consenti un bail direct. • Soc. 2 nov. 1956 : *Bull. civ. IV, n° 796 ; Gaz. Pal. 1957. 1. 39.* ♦ Pour la preuve de ce bail direct qui peut être établie par tout moyen, dès lors qu'il a reçu un commencement d'exécution, V. • Soc. 17 mai 1958 : *Bull. civ. IV, n° 591* • Civ. 3e, 8 déc. 1976 : *ibid. III, n° 453.* – Comp. : • Civ. 3e, 25 juin 1970 : *ibid. III, n° 440.*

96. Sanctions pénales. V. art. L. 411-74.

Art. L. 411-32 *(Ord. n° 2006-870 du 13 juill. 2006)* **« Le propriétaire peut, à tout moment, résilier le bail sur des parcelles dont la destination agricole peut être changée et qui sont situées en zone urbaine en application d'un plan local d'urbanisme ou d'un document d'urbanisme en tenant lieu.**

« En l'absence d'un plan local d'urbanisme ou d'un document d'urbanisme en tenant lieu, ou, lorsque existe un plan local d'urbanisme, en dehors des zones urbaines mentionnées à l'alinéa précédent, le droit de résiliation ne peut être exercé sur des parcelles en vue d'un changement de leur destination agricole qu'avec l'autorisation de l'autorité administrative. »

La résiliation doit être notifiée au preneur par acte extrajudiciaire, et prend effet un an après cette notification qui doit mentionner l'engagement du propriétaire de changer ou de faire changer la destination des terrains dans le respect *(Ord. n° 2006-870 du 13 juill. 2006)* **« d'un plan local d'urbanisme ou d'un document d'urbanisme en tenant lieu », s'il en existe, au cours des trois années qui suivent la résiliation.**

Lorsque l'équilibre économique de son exploitation est gravement compromis par une résiliation partielle, le preneur peut exiger que la résiliation porte sur la totalité du bien loué.

Le preneur est indemnisé du préjudice qu'il subit comme il le serait en cas d'expropriation. Il ne peut être contraint de quitter les lieux avant l'expiration de l'année culturale en cours lors du paiement de l'indemnité qui peut lui être due, ou d'une indemnité prévisionnelle fixée, à défaut d'accord entre les parties, par le président du tribunal paritaire statuant en référé. – *[Anc. art. 830-1.]* – *Sur l'indemnisation, V. C. expr., art. L. 321-1 s.*

BIBL. ▶ DEBEAURAIN, *RD rur. janv. 2008, p. 29* (changement de destination dans le cadre du bail rural). - DELORME et BARBIÈRI, *Defrénois 2013. 429* (le notaire et le changement de la destination agricole des biens loués). - DERVILLERS et DRUAIS, *RD rur. 2009. Étude 10.* - LACHAUD, *Gaz. Pal. 1984. 1. Doctr. 42 ; ibid. 1992. 1. 376* (rôle de l'autorité administrative) ; *ibid. 1993. 1. 255* (sursis à exécution de l'autorisation) ; *ibid. 12-14 sept. 1999. 5 ; Ann. loyers 2003. 765* (l'actualité du changement de destination) ; *ibid. 2004. 452* (Décr. 22 janv. 2004). - VIATTE, *Rev. loyers 1981. 5.*

COMMENTAIRE

Le statut accorde au bailleur un droit de résiliation unilatérale du bail lorsque la destination du bien doit être modifiée. Le législateur écarte ainsi le droit à la stabilité du preneur pour permettre au propriétaire de disposer de son bien dès lors que la politique d'urbanisation a effectivement prévu la modification de la destination du bien.

Si le propriétaire oppose la résiliation, le preneur reçoit une indemnité. Mais si le propriétaire justifie le non-renouvellement par le changement de destination du bien, le régime de résiliation de l'article L. 411-32 ne s'applique pas. ❑

1. Application au refus de renouvellement. Les dispositions de l'art. 830-1 [L. 411-32] peuvent être invoquées comme motif de non-renouvellement du bail. • Civ. 3e, 9 nov. 1977 : *Rev. loyers 1978. 30, note J. V.* • 30 nov. 1988 : *Bull. civ. III, n° 171.* ♦ Le bailleur est fondé à délivrer un congé pour changement de destination des parcelles louées dès lors que celles-ci étaient en zone urbaine lors de la délivrance du congé, la coïncidence de la date d'effet du congé et de l'échéance du bail ne constituant pas une fraude aux droits du preneur. • Civ. 3e, 18 déc. 2002, n° 01-12.867 P : *Gaz. Pal. 16-18 mars 2003. 23 ; ibid. 31 oct.-1 nov. 2003. 25 ; JCP N 2003. 1443.* ♦ V. note 14.

I. CONDITIONS DE LA RÉSILIATION

A. CONDITIONS DE FOND

2. Plan d'urbanisme ou POS. Sur l'exclusion des résiliations dans les zones naturelles en cas de POS, V. • Civ. 3e, 25 nov. 1992, n° 90-20.196 P : *Gaz. Pal. 1994. 1. Somm. 142, obs. Lachaud.* ♦ Est mal fondé le congé délivré sans autorisation préfectorale préalable pour des parcelles en zone à urbaniser du PLU. • Civ. 3e, 20 févr. 2013, n° 11-26.879 : *DP entr. agric., Bull. n° 462, p. 4, note Roussel ; D. 2013. 1396, note Roussel ; AJDI 2013. 686, note Prigent ; Defrénois 2013. 425, note Krajeski ; JCP N 2013. 411 ; Gaz. Pal. 6-7 mars 2013 ; RD rur. 2013, n° 40, note Crevel ; JCP 2013. 295 ; Rev. loyers 2013. 196, note Peignot.* ♦ Doit être annulé pour défaut d'autorisation administrative préalable l'acte de résiliation du bail pour une parcelle située dans une zone constructible selon la carte communale, qui n'était ni viabilisée, ni desservie par les réseaux. • Civ. 3e, 9 févr. 2017, n° 15-24.320 P : *D. actu. 27 févr. 2017, note Prigent ; D. 2017. 407 et 1413, note Roussel ; JCP 2017. 238 ; JCP N 2017. Actu. 271 et 1217, note Bosse-Platière ; Gaz. Pal. 2017. 594 ; AJDI 2017. 532, note Prigent ; DP entr. agric., Bull. n° 505, p. 1, note Roussel ; RD rur. 2017, n° 104, note Crevel ; Rev. loyers 2017, n° 976, note Peignot ; Gaz. Pal. 2017. 1683 ; Defrénois 2017, n° 31-33, p. 61, note Delorme.* ♦ Est fondée la résiliation du bail sur une parcelle située en zone urbaine prononcée en relevant l'absence d'obstacle au changement des tènements agricoles dans le règlement d'urbanisme. • Civ. 3e, 3 juin 2021, n° 20-15.176 : *AJDI 2021. 604.*

3. Constructibilité du terrain. Dès lors qu'à la date de la notification existe un plan d'urbanisme approuvé et applicable aux parcelles en cause, la demande en résiliation du bailleur est recevable, peu important que les caractéristiques des terrains visés s'opposent, pendant un délai qui ne peut pas être précisé, à la réalisation de l'opération projetée. • Civ. 3e, 24 mars 1981 : *Bull. civ. III, n° 68.*

4. Parcelles bâties. L'art. 830-1 [L. 411-32] ne distingue pas si les parcelles doivent être ou non plantées, nues, bâties ou en nature de cour, et ses dispositions sont applicables à la résiliation concernant des terrains ou des parcelles sur lesquels des constructions sont déjà édifiées. • Civ. 3e, 17 nov. 1981 : *Bull. civ. III, n° 189 ; D. 1982. IR 187 ; Rev. loyers 1982. 77, note J. V.* • CAA Douai, 3 juin 2003, *Matringhem,* n° 02DA00577 : *RD rur. 2004. 118.*

5. Date d'appréciation. Les conditions d'application de l'art. 830-1 [L. 411-32] doivent s'apprécier non pas à la date d'effet de la notification, mais à la date de la notification elle-même. • Civ. 3e, 29 nov. 1983 : *Bull. civ. III, n° 245.* – V. déjà • Civ. 3e, 9 nov. 1977 : *préc. note 1.*

6. *Autorisation préfectorale.* Il ne résulte nullement de l'art. 830-1 [L. 411-32] que l'autorisation préfectorale ne peut être accordée que pour des motifs tirés de l'intérêt général et en vue de la réalisation d'opérations d'urbanisme. • CE 4 nov. 1983, n° 33949 A : *Gaz. Pal. 1985. 2. 484, note Lachaud ; D. 1985. IR 69, obs. Martine* • CAA Douai, 3 juin 2003, n° 02DA00577 : *préc. note 4.* ♦ En estimant que la proximité du siège de l'exploitation du fermier, eu égard aux nuisances qu'elle entraînait, faisait obstacle à ce que la résiliation du bail fût autorisée en vue d'implanter un village de vacances dont certaines installations devaient être édifiées à une très faible distance dudit siège, le préfet ne s'est pas livré à une appréciation manifestement inexacte ou entachée d'erreur de fait, alors même que le plan d'occupation des sols de la commune ouvrait la possibilité d'autoriser des équipements de loisirs dans ce secteur. • CE 10 juin 1992 : *JCP 1992. IV. 2182.* ♦ Annulant l'autorisation préfectorale de résiliation partielle d'un bail aux motifs que le préfet a commis une erreur manifeste d'appréciation, compte tenu de l'atteinte portée par cette mesure à l'équilibre initial de l'exploitation agricole du preneur, V. • TA Lyon, 22 avr. 1998 : *RD rur. 1999. 44, concl. Kolbert.* ♦ Est fondé le préfet qui estime que la reprise de 2 ha pour une exploitation totale de 270 ha ne porte pas une atteinte excessive à l'équilibre de l'exploitation, même si des bâtiments d'habitation et d'exploitation étaient sur les parcelles concernées, dès lors que le preneur disposait d'une maison à proximité et que plusieurs solutions étaient possibles pour remplacer les bâtiments d'exploitation. • CE 20 déc. 2006, n° 259019 A : *RD rur. févr. 2007. 41 ; JCP 2007. IV. 1221 ; AJDA 2007. 371, concl. Chauvaux ; Gaz. Pal. 17-19 juin 2007. 20 ; ibid. 18 août 2007. 31.* ♦ La perte de 23 ha, dont 20 ha, de landes incultes ne remet pas en cause l'équilibre économique d'une exploitation de 168 ha ainsi ramenée à 166 ha. • CE 18 juin 2008, *Crouzet*, n° 310624. ♦ Sur l'autorisation de résiliation par le préfet pour la plantation d'une forêt, V. Rép. min. *JO Sénat Q, 31 mars 2016, p. 1290.*

7. La loi n'impose pas que la permission revête la forme d'un arrêté. • Civ. 3e, 8 juill. 1987 : *Bull. civ. III, n° 140.* ♦ L'autorisation délivrée par le préfet doit être précédée d'une procédure contradictoire. • CE 20 déc. 2006, n° 259019 : *préc. note 6.* ♦ Le défaut de motivation de l'autorisation de résilier donnée au bailleur ne rend pas la décision illégale. • CE 18 juin 2008, *Crouzet*, n° 310624. ♦ La délivrance de l'autorisation ayant donné lieu à consultation de la commission paritaire des baux ruraux où le preneur a pu s'exprimer, le moyen tiré de ce que la décision préfectorale a été prise sur les informations inexactes de la demande du propriétaire ne peut être accueilli. • CE 18 juin 2008 : *préc.*

8. *Délai.* La forclusion prévue par l'art. L. 411-54 ne dépendant pas de la validité au fond du congé, viole cet art. et l'art. L. 411-32, l'arrêt qui retient, qu'à défaut pour le bailleur de justifier avoir obtenu une autorisation préfectorale, il convient de constater la nullité absolue de ce congé, qui ne peut être mise en échec par la forclusion. • Civ. 3e, 25 mars 1992, n° 90-17.626 P : *JCP N 1992. II. 409, obs. Moreau ; Defrénois 1992. 1541, obs. Vermelle.* ♦ La forclusion de l'art. L. 411-54 n'est pas opposable au preneur qui conteste la régularité de la résiliation du bail sur le fondement de l'art. L. 411-32. • Civ. 3e, 11 févr. 2004, n° 02-15.105 P : *D. 2004. IR 732 ; Gaz. Pal. 23-24 juin 2004. 17 ; JCP 2004. IV. 1696 ; Ann. loyers 2004. 1538, note Lachaud ; RD rur. 2004. 531* • 1er juin 2010, n° 09-15.488 : *RD rur. 2010. 114, obs. Crevel.*

9. *Avis de la commission consultative des baux ruraux.* Le procès-verbal de la réunion au cours de laquelle la commission se déclare favorable à la résiliation d'un bail n'a pas à faire état des motifs retenus à l'appui de la décision adoptée. • CE 12 nov. 1997, n° 112348 : *RD rur. 1998. 67.*

10. *Contrôle du juge.* Pour valider la résiliation et le congé, les juges doivent vérifier au besoin d'office si la destination des parcelles agricoles pouvait être changée en application du PLU régissant le territoire de la commune et si les terrains figuraient en zone urbaine au sens de l'art. L. 411-32. • Civ. 3e, 15 nov. 2018, n° 17-16.687 : *DP entr. agric., Bull. n° 526, p. 8, note Roussel ; AJDI 2019. 68 ; Rev. loyers n° 993, p. 35, note Peignot ; Gaz. Pal. 2019. 1567, note Peignot.*

B. CONDITIONS DE FORME

11. La résiliation n'est pas subordonnée à son prononcé par décision de justice mais prend effet, en vertu de la loi, un an après la notification qui en est faite au preneur. • Civ. 3e, 8 juill. 1987 : *préc. note 7.* ♦ Est régulier l'acte de résiliation portant la mention « congé » mais visant clairement la résiliation au visa de l'art. L. 411-32. • Civ. 3e, 29 nov. 2006 : *JCP 2007. IV. 1002 ; Rev. loyers 2007. 145, note Peignot ; AJDI 2007. 143, obs. Prigent ; Gaz. Pal. 18 août 2007. 31.*

12. *Mention.* Le congé fondé sur l'art. 830-1 [L. 411-32] ne peut être annulé au motif qu'il ne mentionnerait pas l'engagement du bailleur de changer la destination du terrain dans les trois ans et que l'omission de cette formalité substantielle causerait préjudice au preneur, alors que le juge ne précise pas ce préjudice. • Civ. 3e, 7 mars 1978 : *Bull. civ. III, n° 105* • 17 nov. 1981 : *préc. note 4* • 7 déc. 2010, n° 09-72.528 : *Gaz. Pal. 14-15 sept. 2011. 2902, note Krajeski.* ♦ Les juges n'ont pas à soulever d'office l'exception de nullité en ce cas. • Civ. 3e, 16 janv. 1979 : *JCP 1979. IV. 96.* ♦ Les précisions exigées à peine de nullité dans un congé pour refus de renouvellement ne sont pas transposables à l'acte de résiliation de l'art. L. 411-

32. • Civ. 3e, 17 mai 2018, n° 16-25.195 : *DP entr. agric., Bull. n° 522, p. 9, note Roussel.*

II. EFFETS

13. Portée de la résiliation. La résiliation du bail doit être limitée à la seule partie déclarée constructible d'une parcelle dont le plan d'occupation des sols de la commune permet de changer la destination. • Civ. 3e, 30 nov. 1988 : *préc. note 1.* – V. aussi • Civ. 3e, 14 nov. 1968 : *Bull. civ. III, n° 460.* ♦ Est fondée la résiliation partielle dès lors que le preneur n'établit pas que celle-ci compromet gravement l'équilibre de son exploitation. • Civ. 3e, 7 déc. 2010, n° 09-72.528 : *Gaz. Pal. 14-15 sept. 2011. 2902, note Krajeski.*

14. Indemnisation du preneur. L'indemnité n'est due qu'au preneur qui est obligé de quitter les lieux avant la date de la fin du bail en cours. • Civ. 3e, 12 oct. 1978 : *Bull. civ. III, n° 315* • 29 janv. 1985 : *ibid. III, n° 20 ; Gaz. Pal. 1985. 2. 570, note Silguy, Cadiou et Druais* • 30 nov. 1988 : *préc. note 1.* ♦ ... Peu importe que le congé ait été délivré plus de dix-huit mois avant la fin du contrat. • Civ. 3e, 2 juin 1982 : *JCP N 1982. II. 232, obs. Moreau.* ♦ ... Ou moins de dix-huit mois avant cette date. • Civ. 3e, 29 janv. 1985 : *préc.* • 30 nov. 1988 : *Bull. civ. III, n° 171.* ♦ L'acquéreur d'une parcelle de terre, dont le locataire a renoncé au droit au bail moyennant le versement d'une certaine somme effectué le même jour, ne peut être condamné à verser à ce preneur une somme supplémentaire, alors que l'indemnisation du preneur n'est due que par le bailleur qui a pris l'initiative de résilier prématurément le bail pour modifier la destination des lieux, et non en cas de résiliation intervenue amiablement par consentement mutuel. • Civ. 3e, 3 mars 1993, n° 91-15.323 P : *D. 1993. IR 86 ; Defrénois 1994. 426, obs. Vermelle ; JCP N 1994. II. 61, obs. Moreau ; Gaz. Pal. 1994. 1. Somm. 294, obs. Lachaud.* ♦ L'indemnité est due si le bailleur n'offre pas de nouvelles terres de surface équivalente, et si le preneur n'accepte pas l'offre de poursuivre le bail jusqu'à son terme. • Civ. 3e, 20 janv. 2010, n° 09-11.375 : *JCP 2010, n° 7, p. 334 ; Gaz. Pal. 17-18 févr. 2010 ; AJDI 2010. 394, note Prigent ; Rev. loyers 2010. 129, note Peignot.*

15. Suite à la résiliation partielle du bail sur les terres classées en zone urbaine, le preneur peut solliciter une indemnité pour la dépréciation des parcelles dont il a gardé la jouissance sans avoir à exiger la résiliation sur la totalité des biens loués. • Civ. 3e, 30 avr. 2003, n° 01-03.072 P : *RD rur. 2003. 507 et 701 ; Gaz. Pal. 27-28 juin 2003. 13 ; ibid. 31 oct.-1er nov. 2003. 25 ; JCP 2003. IV. 2096 ; AJDI 2004. 468, obs. Plazy.* ♦ Le président du tribunal paritaire en référé est fondé à rejeter la demande de provision si le preneur a contesté le changement de destination du bien loué devant le tribunal administratif. • Civ. 3e, 25 févr. 2016, n° 14-15.719.

16. Sur le calcul de l'indemnisation du preneur en fonction de la valeur de productivité réelle des immeubles liée à l'importance des récoltes effectuées, V. • Toulouse, 9 févr. 1996 : *RD rur. 1996. 52.* ♦ La perte du droit de préemption ne constitue pas, en cas de résiliation du bail pour changement de la destination agricole, un élément de préjudice direct et certain : • Civ. 3e, 25 oct. 1977 : *D. 1978. IR 197.* ♦ Sur la possibilité, pour le preneur, de renoncer à l'indemnité de résiliation, V. • Angers, 13 sept. 1988 : *D. 1990. Somm. 35, obs. Martine.* ♦ Sur le sort de l'indemnité au regard des règles relatives aux régimes matrimoniaux, V. • Aix-en-Provence, 18 févr. 1993 : *Gaz. Pal. 1994. 1. 306, note Lachaud ; JCP N 1994. II. 126, obs. Simler* • Riom, 16 juin 1988 : *D. 1990. Somm. 36, obs. Martine.* ♦ La cour fixe souverainement l'indemnité selon la méthode d'évaluation qui lui paraît la mieux appropriée. • Civ. 3e, 20 janv. 2010, n° 09-11.375 : *JCP 2010, n° 7, p. 334.*

17. Expulsion. Ajoute une condition à la loi la cour qui pour accueillir la demande d'expulsion retient que les preneurs se sont abstenus de saisir une juridiction pour obtenir une indemnité provisionnelle ou définitive dans l'année qui a suivi la délivrance du congé. • Civ. 3e, 29 nov. 2006, n° 05-20.955 P : *JCP N 2007. 1233, note Roussel ; Gaz. Pal. 15-18 août 2007. 31.*

18. Expropriation. Si, dans le cas prévu par ce texte, le bailleur a la possibilité de demander à tout moment la résiliation du bail, l'occupation du fermier n'en devient pas pour autant précaire et en cas d'expropriation de la parcelle louée, qui éteint le droit au bail, une indemnité est due au preneur. • Civ. 3e, 19 mars 1969 : *Bull. civ. III, n° 245.*

19. Renonciation. Les dispositions impératives de l'art. 830-1 [L. 411-32] ne permettent pas au propriétaire de renoncer, sans l'accord du preneur, à la faculté de résiliation dont il a fait usage et qui a été suivie d'effet un an après la notification adressée au preneur. • Civ. 3e, 23 mai 1975 : *Bull. civ. III, n° 175 ; JCP 1976. II. 18206, note Ourliac et de Juglart.*

III. SANCTION

20. Réintégration du preneur. Le preneur ne peut obtenir la réintégration en cas de manquement du bailleur à son engagement, l'art. L. 411-32 ne prévoyant pas cette sanction qui n'est prescrite que par l'art. L. 411-66 en cas de reprise. • Civ. 3e, 8 avr. 1999, n° 97-13.957 P : *JCP N 1999, n° 27, p. 1103, obs. Pitaud ; Dr. et patr. 4/2001. 106, obs. Roussel ; RD rur. 1999. 531, obs. Crevel* • 17 mai 2018, n° 16-25.195 : *AJDI 2018. 535 ; DP entr. agric., Bull. n° 522, p. 9, note Roussel.*

Art. L. 411-33 **La résiliation de bail peut être demandée par le preneur dans les cas suivants :**

— incapacité au travail, grave et *(L. nº 2014-1170 du 13 oct. 2014, art. 4-IV)* **« dont la durée est supérieure à deux ans », du preneur ou de l'un des membres de sa famille indispensable au travail de la ferme ;**

— décès d'un ou de plusieurs membres de la famille du preneur indispensables au travail de la ferme ;

— acquisition par le preneur d'une ferme qu'il doit exploiter lui-même.

(Ord. nº 2006-870 du 13 juill. 2006) **« — refus d'autorisation d'exploiter opposé par l'autorité administrative en application des articles L. 331-1 et suivants obligeant le preneur à mettre la structure de son exploitation en conformité avec les dispositions du schéma directeur** *(L. nº 2014-1170 du 13 oct. 2014, art. 93-XXI-1º)* **« régional des exploitations agricoles ».**

« Dans tous ces cas, si la fin de l'année culturale est postérieure de neuf mois au moins à l'événement qui cause la résiliation, celle-ci peut, au choix du locataire, prendre effet soit à la fin de l'année culturale en cours, soit à la fin de l'année culturale suivante. Dans le cas contraire, la résiliation ne prendra effet qu'à la fin de l'année culturale suivante.

« En outre, le preneur qui atteint l'âge de la retraite retenu en matière d'assurance vieillesse des exploitants agricoles peut, par dérogation aux dispositions de l'article L. 411-5, résilier le bail à la fin d'une de ses périodes annuelles suivant la date à laquelle il aura atteint l'âge requis.

« Dans ce cas, le preneur doit notifier sa décision au propriétaire au moins douze mois à l'avance. »

BIBL. ▶ PITAUD et ROCHARD, *RD rur. 1999. 316* (loi du 9 juill. 1999 d'orientation agricole). – LE PETIT, *Administrer 1/2000. 8* (même thème). – CAMPELS, *D. 2000. Chron. 325* (même thème).

COMMENTAIRE

L'article L. 411-33 énonce cinq cas dans lesquels le preneur peut demander la résiliation de son bail. D'abord, lorsque les conditions d'exploitation sont modifiées et laissent craindre une impossibilité de maintenir une mise en valeur satisfaisante du fonds (incapacité grave supérieure à deux ans ou décès). Ensuite, lorsque le preneur acquiert une ferme qu'il doit exploiter lui-même. La loi nº 99-574 du 9 juill. 1999 a ouvert un nouveau cas de résiliation pour permettre au preneur de garantir la stabilité de son exploitation lorsque l'autorité administrative lui a opposé un refus d'autorisation d'exploiter dans le cadre du contrôle des structures et qu'il entend mettre la structure de son exploitation en conformité avec les dispositions du schéma directeur départemental des structures. Enfin, le preneur qui a atteint l'âge de la retraite peut mettre fin au bail. L'ordonnance du 13 juillet 2006 détermine clairement le moment où la résiliation peut prendre effet.

La liste de l'article L. 411-33 n'est pas limitative car le preneur se voit reconnaître d'autres motifs de résiliation unilatérale : le remembrement du fonds loué (C. rur., art. L. 123-15), l'expropriation partielle du fonds loué, la destruction sans reconstruction du bien loué (C. rur., art. L. 411-30). De plus, les preneurs de biens ruraux peuvent notifier à tout moment la résiliation du bail au titulaire du droit de préemption urbain qui a exercé ce droit (C. urb., art. L. 213-10) ; il en est de même en cas d'exercice du droit de préemption sur les espaces naturels sensibles (C. urb., art. L. 142-7). Dans le cas d'une liquidation judiciaire, l'article L. 622-13 du code de commerce permet au liquidateur ou à l'administrateur qui décide de ne pas continuer le bail de le résilier sur simple demande. ❑

1. Accord du bailleur. Dès lors que le bailleur ne s'est pas opposé à la demande de résiliation émanant du preneur, il est indifférent qu'aucun accord n'ait été réalisé sur les modalités d'exécution de cette résiliation. • Civ. 3e, 12 avr. 1995 : *Ann. loyers 1996. 644.*

2. Notification. Le preneur qui adresse une lettre recommandée avec avis de réception moins de douze mois avant le terme d'une période annuelle du bail ne peut prétendre avoir résilié le bail pour prendre sa retraite. • Civ. 3e, 9 juin 2009, nº 08-70.080.

3. Obligation de délivrance. Si, selon le contrat type, les bâtiments d'élevage hors sol devaient satisfaire aux conditions générales réglementaires en matière d'urbanisme et d'environnement, une telle clause ne signifiait pas que le bailleur avait l'obligation de fournir au preneur un plan pour l'épandage des déjections et, dès lors, le preneur est mal fondé à demander résiliation du bail pour irrespect de l'obligation de délivrance du bailleur. • Civ. 3e, 22 janv. 2003, n° 01-13.137. ♦ L'alimentation en électricité et en eau constitue un accessoire indispensable à une utilisation de bâtiments à usage agricole conforme à leur destination contractuelle. • Amiens, 5 mai 2011 : *AJDI 2012. 439*. ♦ Manquement à l'obligation de délivrance par le bailleur qui ne livre pas une carrière compatible avec l'exploitation équestre, dès lors que le bail prévoyait l'interdiction de changer la destination des lieux à vocation strictement agricole plus particulièrement axée sur un centre équestre. • Civ. 3e, 21 janv. 2014, n° 12-25.311 : *Rev. loyers 2014, n° 945.*

4. Le preneur qui abandonne la culture sans justifier d'un motif légal ni de ses difficultés économiques doit indemniser le bailleur des préjudices résultant du défaut d'entretien. • Lyon, 10 avr. 2008 : *RD rur. 2009, n° 3, note Crevel.*

Art. L. 411-34 **En cas de décès du preneur, le bail continue au profit de son conjoint,** *(L. n° 2006-11 du 5 janv. 2006, art. 3)* **« du partenaire avec lequel il est lié par un pacte civil de solidarité, » de ses ascendants et de ses descendants participant à l'exploitation ou y ayant participé effectivement au cours des cinq années antérieures au décès. Le droit au bail peut, toutefois, être attribué par le tribunal paritaire au conjoint** *(L. n° 2006-11 du 5 janv. 2006, art. 3)* **« , au partenaire d'un pacte civil de solidarité » ou à l'un des ayants droit réunissant les conditions précitées. En cas de demandes multiples, le tribunal se prononce en considération des intérêts en présence et de l'aptitude des différents demandeurs à gérer l'exploitation et à s'y maintenir.**

Les ayants droit du preneur ont également la faculté de demander la résiliation du bail dans les six mois à compter du décès de leur auteur.

(L. n° 2014-1170 du 13 oct. 2014, art. 5) **« Le bailleur peut demander la résiliation du bail dans les six mois à compter du jour où le décès est porté à sa connaissance lorsque le preneur décédé ne laisse pas de conjoint, de partenaire d'un pacte civil de solidarité ou d'ayant droit réunissant les conditions énoncées au premier alinéa. »**

Si la fin de l'année culturale est postérieure au décès de neuf mois au moins, la résiliation peut, au choix des ayants droit, prendre effet soit à la fin de l'année culturale en cours, soit à la fin de l'année culturale suivante. Dans le cas contraire, la résiliation ne prendra effet qu'à la fin de l'année culturale suivante. – *[Anc. art. 831, al. 1er à 4.]*

Sur l'attribution préférentielle au conjoint survivant ou à tout héritier copropriétaire du droit au bail au décès du preneur, V. C. civ., art. 832 s. – **C. civ.**

BIBL. ▸ GUYON, *D. 1968. Chron. 63.* – PEIGNOT, *Rev. loyers 1993. 193 ; Rev. loyers juin 2016. 275* (la transmission familiale du bail rural). – LE GUIDEC et BOSSE-PLATIÈRE, *Defrénois 2015. 1128* (le décès du bailleur ou du preneur).

COMMENTAIRE

Le décès du preneur ne met pas fin au bail. Il est prévu à l'article L. 411-34 la dévolution successorale du bail selon des règles spécifiques qui permettent de conclure à un cas de succession anomale : le lien de parenté est primé par la qualité d'exploitant du fonds. Ainsi, le fils non exploitant peut se voir écarté par le conjoint, le partenaire du PACS, ou un ascendant ayant participé à la mise en valeur du fonds. De plus, le transfert successoral du bail ne se conçoit pas comme la dévolution d'un bien en raison de la non-patrimonialité du droit au bail rural. Mais entrent en succession dans les conditions de droit commun l'indemnité pour amélioration qui pouvait être due au preneur défunt ainsi que l'ensemble des éléments mobiliers de l'exploitation. La cession est permise dans un cadre familial dans sa conception actualisée et élargie aux partenaires de PACS depuis la loi du 5 février 2006, et dans le but de permettre la stabilité de l'exploitation et de ses exploitants. Il s'agit d'une exception au principe d'incessibilité du bail. Elle s'effectue prioritairement au profit de collaborateurs familiaux privilégiés. A défaut, elle s'effectue conformément au droit commun. Dans le premier cas, la transmission est protégée de l'exercice du droit du propriétaire au profit de la stabilité de l'exploitation familiale. Mais, dans le second cas, le propriétaire retrouve ses droits qu'il peut exercer dans les six mois de sa connaissance du décès, et non plus, depuis la loi d'avenir du 13 octobre 2014, dans les six mois suivant la date du décès.

1° CONTINUATION DU BAIL

1. Contrôle des structures. Le bail continue au profit de la descendante du preneur qui exploitait le fonds en EARL avec sa fille dès lors que celle-ci a sollicité une autorisation d'exploiter avec l'EARL, après le décès de sa mère, que l'EARL a d'abord été autorisée à exploiter puis que la descendante a été autorisée à exploiter dans le cadre de l'EARL sans qu'ait été faite de nouvelle demande et en l'absence de modification de sa situation. • Civ. 3e, 11 juin 2008, n° 07-17.433. ♦ Est mal fondé le congé délivré aux continuateurs du bail, après le décès du preneur, qui sont membres de la société à la disposition de laquelle les terres louées devaient être mises à disposition, dès lors que cette société a obtenu l'autorisation d'exploiter les terres. • Civ. 3e, 3 oct. 2012, n° 11-19.686 : *DP entr. agric., Bull. n° 458, p. 8 ; D. 2012. 2393 ; JCP 2012. 1133 ; JCP N 2012. 1403, note Roussel ; Gaz. Pal. 2012. 3085 ; JCP 2012. 1329, note Roussel ; Rev. loyers 2012, n° 932, note Peignot ; AJDI 2013. 360, note Prigent*. ♦ Le bailleur est fondé à s'opposer au transfert du bail à l'ayant droit du preneur au motif d'une situation irrégulière au regard du contrôle des structures après le terme du délai de résiliation. • Civ. 3e, 24 avr. 2013, n° 12-14.579 : *D. actu. 23 mai 2013, obs. Prigent ; D. 2013. 1133 ; D. 2013. 2013, note Roussel ; JCP N 2013. 554 ; Rev. loyers 2013, n° 938, note Peignot ; RD rur. 2013, n° 79, note Crevel ; JCP 2013. 557 ; Gaz. Pal. 5-6 juin 2013 ; DP entr. agric., Bull. n° 464, p. 1, note Barabé-Bouchard ; JCP N 2013. 1293, note Bosse-Platière.* ♦ La méconnaissance en cours de bail du dispositif de contrôle des structures ne constitue pas un motif de résiliation prévu par la loi. • Civ. 3e, 20 juin 2019, n° 18-12.417 : *JCP N 2019. 1292 ; RD rur. 2019, n° 141, note Bosse-Platière ; Rev. loyers 2019, n° 2000, note Peignot ; DP entr. agric., Bull. n° 536, p. 6, note Roussel.*

2. Dérogation aux règles des successions. Les ayants droit ou l'attributaire visés à l'art. 831, al. 1er [L. 411-34], peuvent seuls prétendre, à l'exclusion des autres héritiers, au droit au bail, qui ne peut être cédé et qui est sans valeur vénale, et par suite aux revenus de l'exploitation depuis le décès ou l'attribution. • Civ. 1re, 18 mars 1980 : *Bull. civ. I, n° 93 ; D. 1981. 17, note Breton ; D. 1981. IR 60, obs. Martine.* ♦ Cette dérogation ne s'applique pas, en revanche, à l'indemnité due au preneur sortant. • Soc. 25 avr. 1963 : *Bull. civ. IV, n° 347.*

3. Dérogation aux conventions matrimoniales. La clause d'attribution du bail dans le contrat de mariage du défunt ne peut faire obstacle au statut du fermage et il appartient donc au juge de se prononcer selon les intérêts en présence et l'aptitude de chaque demandeur à gérer l'exploitation. • Civ. 3e, 28 juin 2006, n° 05-20.860 P : *JCP 2006. IV. 2606 ; D. 2006. 1987 ; RD rur. oct. 2006. 35, note Crevel ; AJDI 2006. 752 ; Rev. loyers 2006. 524, note Peignot ; Gaz. Pal. 5-6 janv. 2007. 33, et 20-21 juin 2007 ; RTD civ. 2006. 819, obs. Vareille ; LPA 25 juin 2007, note Chamoulaud-Trapiers.*

4. Bénéficiaires. Viole l'art. L. 411-34 l'arrêt qui, pour accueillir les demandes du frère d'un preneur décédé en annulation du congé donné par le bailleur et de continuation du bail à son profit, retient qu'il fait partie des ayants droit de la succession et qu'il a effectivement participé à l'exploitation des parcelles louées, tout en constatant que le congé a été donné dans les six mois du décès du preneur et que les ayants droit de celui-ci n'ont la qualité ni de conjoint, ni d'ascendant ou de descendant. • Civ. 3e, 30 oct. 1991, n° 89-21.726 P : *D. 1991. IR 263 ; Defrénois 1992. 385, obs. Vermelle ; Gaz. Pal. 1992. 2. 711, note Lachaud.*

5. Si la femme, copreneuse du bien avec son mari, conserve au décès de celui-ci un droit propre au bail en vertu de l'art. 831 [L. 411-34], elle ne peut invoquer ce texte lorsqu'elle n'établit pas qu'elle a exploité effectivement le bien au jour du décès de son mari. • Civ. 3e, 27 févr. 1969 : *Bull. civ. III, n° 173.* ♦ La veuve qui a participé régulièrement et effectivement aux travaux de l'exploitation plus de cinq avant le décès de son époux bénéficie du statut de preneur de ce dernier à compter de la date du décès, même si elle n'a acquis la qualité de conjoint que peu de temps avant le décès. • Civ. 3e, 16 nov. 2022, n° 21-18.527 P : *D. 2023. 284, note Roussel ; AJDI 2023. 203, note Vermeulen ; JCP 2022. Actu. 1358 ; Gaz. Pal. 6 déc. 2022, p. 26 ; JCP N 2022. Actu. 1138 ; Defrénois 2022, n° 48, p. 5 ; RD rur. 2023, n° 1, note Crevel ; Rev. loyers févr. 2023, note Roussel.*

6. Copreneurs. La continuation des baux n'est pas subordonnée au respect des obligations d'exploitation personnelle et d'entretien par le copreneur survivant de son auteur au sens de l'art. L. 411-35. • Civ. 3e, 23 sept. 2021, n° 20-14.785 : *RD rur. 2021, n° 257, note Crevel ; Rev. loyers 2022, n° 1025, note Roussel.*

7. Le fils de la copreneuse décédée n'ayant jamais participé à l'exploitation, il s'ensuit que le bail s'est poursuivi au seul bénéfice de l'époux copreneur exploitant le fonds avant comme après le décès et donc seul bénéficiaire du droit de préemption. • Civ. 3e, 21 févr. 1996, n° 94-12.894 P : *Ann. loyers 1996. 1473 ; Rev. huiss. 1997. 259, note Pitaud.* – V. aussi Libeau et Peignot, *Rev. loyers 1997. 292.* ♦ Est sans droit ni titre le fils du preneur qui a exploité personnellement le fonds loué par son père plus d'un an après le décès de celui-ci. • Civ. 3e, 27 mars 2013, n° 11-26.999 : *Rev. loyers 2013, n° 938.*

8. Dès lors qu'au décès du preneur, le bail s'est renouvelé à défaut de congé, au décès de l'épouse du preneur, le fils qui a participé à l'exploitation dans les cinq ans précédant le décès de ses parents a droit à la continuation du bail à son profit. • Civ. 3e, 14 nov. 1996 : *Ann. loyers 1997. 1081.* ♦ En l'absence de toute demande du bailleur dans les six mois du décès du preneur, le droit au bail est passé à la veuve et aux trois enfants, et la cour d'appel est mal fondée à débouter le conjoint survivant de sa demande de cession à un descendant. • Civ. 3e, 19 févr. 2003, n° 01-16.473 P : *JCP N 2003. 1088, obs. Moreau ; RD rur. 2003. 505, obs. D. C. et 568 ; JCP 2003. IV. 1682 ; Gaz. Pal. 30 avr.-4 mai 2003. Pan. 20 ; ibid. 31 oct.-1er nov. 2003. 23.* ♦ L'action en résiliation des baux n'ayant pas été introduite dans les six mois du décès du preneur contre les descendants du preneur, le bail a pu se poursuivre au profit d'un descendant qui ne remplit pas les conditions d'expérience professionnelle de l'art. L. 411-34 et le bailleur ne peut soutenir que le bail s'est poursuivi au profit exclusif du conjoint du preneur. • Civ. 3e, 24 juin 2009 : *JCP 2009, n° 31-35, p. 23 ; AJDI 2010. 52, obs. Prigent.* ♦ En l'absence de résiliation du bail par le bailleur dans le délai de six mois du décès, le bail passe aux héritiers du preneur, même s'ils n'ont pas participé à l'exploitation. • Civ. 3e, 27 sept. 2011, n° 10-23.242 : *RD rur. 2011, n° 124, note Crevel ; DP entr. agric., Bull. n° 447, p. 10, note Roussel ; Rev. loyers 2011, n° 921* • 7 sept. 2022, n° 21-19.188 : *Defrénois 2022, n° 47, p. 28, note Delorme.* ♦ Le droit au bail passe au conjoint et à ses descendants, de sorte que le congé ne devait pas être signifié au seul descendant participant ou ayant participé à l'exploitation mais à tous les ayants droit. • Civ. 3e, 17 nov. 2016, n° 15-21.814 : *AJDI 2017. 129 ; Rev. loyers 2017, n° 973, note Peignot ; Gaz. Pal. 2017. 1683, note Millard.*

9. Commet une faute ouvrant droit à dommages intérêts le bailleur qui reprend possession des terres en évinçant le conjoint du preneur décédé dévolutaire du bail en dehors de toute résiliation régulièrement obtenue. • Civ. 3e, 13 avr. 2022, n° 20-21.997 : *RD rur. 2022, n° 106, note Crevel.*

10. Si la continuation du bail se fait au profit d'un ascendant, l'art. L. 411-34 n'a pas édicté de restriction liée à l'âge. * Rép. min. n° 7780 : *JO Sénat Q, 3 nov. 1994, p. 2623.* ♦ De même, ce texte ne prévoit aucune condition relative à l'âge du conjoint. • Civ. 3e, 14 déc. 1994, n° 93-10.254 P : *D. 1996. Somm. 126, obs. Martine ; Defrénois 1995. 817, obs. Vermelle ; Rev. loyers 1995. 408, note Le Petit.* ♦ Dès lors que des enfants mineurs ne peuvent, à raison de leur âge, participer à l'exploitation, le bailleur n'a pas à délivrer congé au père copreneur et administrateur légal puisque les enfants n'ont pas droit à la continuation du bail. • Civ. 3e, 29 oct. 1970 : *Bull. civ. III, n° 548.* ♦ La continuation du bail n'a pu s'opérer au profit de l'enfant âgé de deux ans au décès de son père. • Civ. 3e, 21 sept. 2023, n° 22-17.908 : *Rev. loyers 2023, n° 2041, note Roussel ; RD rur. 2023, n° 101, note Crevel.*

11. Participation du bénéficiaire. Le bail à ferme ne se poursuit pas, au décès du preneur, en faveur d'un descendant qui n'a pas participé de manière effective à l'exploitation du b en loué. • Civ. 3e, 18 mai 1976 : *Bull. civ. III, n° 206.* – V. aussi • Civ. 1re, 15 juill. 1999 : *RD rur. 2000. 214, obs. Crevel.* ♦ Les juges du fond apprécient souverainement la participation effective à l'exploitation. • Même arrêt. ♦... Bien distincte d'un concours occasionnel. • Civ. 3e, 24 janv. 2019, n° 17-22.681 : *Rev. loyers 2019. 138, note Peignot.*

12. La participation de l'ayant droit ne doit pas être nécessairement continue au cours de la période de cinq années précédant le décès mais seulement réelle et suivie pendant un temps suffisant. • Civ. 3e, 20 mars 1996, n° 94-12.953 P : *RD rur. 1996. 51 ; Rev. huiss. 1997. 500, note Pitaud ; JCP N 1997. II. 28, obs. Moreau* • 24 nov. 2004 : *JCP 2005. IV. 1028 ; Gaz. Pal. 1er-3 mai 2005. 20 ; Rev. loyers 2005. 98, note Peignot ; RD rur. août-sept. 2005. 27 ; Defrénois 2005. 1440, obs. Gelot* • 6 mai 2021, n° 20-14.785 : *AJDI 2021. 605.* ♦ Comp., refusant la continuation du bail au profit de l'épouse du preneur ne travaillant pas à la ferme et n'y ayant effectué que des travaux ponctuels : • Civ. 3e, 1er oct. 1997, n° 95-18.151 P : *D. 1997. IR 213 ; JCP N 1998, n° 28, p. 1094, obs. J.-P. M.* ♦ L'épouse, salariée à temps plein en dehors de l'exploitation, qui n'effectue qu'une partie des tâches administratives de l'exploitation, n'apporte pas la preuve d'une participation effective et suffisante pendant les cinq ans avant le décès de son mari. • Civ. 3e, 13 juin 2012, n° 10-25.498 : *RD rur. 2012, n° 68, note Crevel.* ♦ Appréciation souveraine de l'absence de participation effective et continue par la cour qui ne s'est pas exclusivement fondée sur le recours massif à des entreprises de travaux agricoles, ni sur l'exercice d'une activité extérieure à la ferme. • Civ. 3e, 18 févr. 2021, n° 19-26.265 : *Rev. loyers 2021, n° 1016, note Peignot.*

13. Paiement. Les héritiers qui ont poursuivi l'exploitation sans payer de contrepartie peuvent se prévaloir du renouvellement du bail dès lors qu'aucune mise en demeure de payer le loyer ou de quitter les lieux ne leur a été délivrée. • Civ. 3e, 29 nov. 2006, n° 05-20.711.

14. Droit au renouvellement. Nonobstant le congé donné au preneur à raison de son âge, et en cas de décès de ce preneur avant l'expiration du bail, celui-ci continue au profit de son fils qui a légalement vocation au renouvellement. • Civ. 3e, 8 avr. 1970 : *JCP 1970. II. 16505, note Ourliac et de Juglart.* – V. aussi • Soc. 18 déc. 1967 : *Bull. civ. IV, n° 801.*

15. Copreneurs. Lorsqu'un bail a été souscrit par des copreneurs, l'attribution prévue par l'art. L. 411-34, après le décès de l'un d'eux, ne peut porter que sur les droits dont le copreneur était titulaire. • Civ. 3e, 29 févr. 1984 : *Bull. civ. III, n° 55 ; Defrénois 1984. 880, obs. Vermelle.*

16. Divorce. BIBL. Viatte, *Rev. loyers 1979. 341.* ♦ L'attribution du bail, telle qu'elle est prévue par l'art. 831 [L. 411-34], concerne seulement le cas de décès du preneur et n'est pas applicable au partage d'une communauté à la suite d'une séparation de corps ou d'un divorce. • Civ. 3e, 6 mai 1970 : *JCP 1970. II. 16505, note Ourliac et de Juglart.*

17. Contrôle des structures. V. jurisprudence ss. art. L. 331-6. ♦ Le propriétaire est fondé à solliciter un sursis à statuer jusqu'au jugement du tribunal administratif sur le recours contre l'autorisation d'exploiter délivrée au fils du preneur décédé qui a souhaité reprendre le bail. • Civ. 3e, 6 janv. 2009, n° 07-15.468.

2° FACULTÉ DE RÉSILIATION

18. Jurisprudence antérieure à la loi du 13 oct. 2014. Le bail à ferme se poursuit normalement au profit de la succession après la mort de son titulaire dès lors qu'aucun congé n'a été donné dans les six mois du décès. • Soc. 16 juin 1966 : *Bull. civ. IV, n° 602.* ♦ Est mal fondée la cour qui valide le congé au motif que le conjoint survivant n'a pas informé le bailleur du décès, dès lors qu'aucune demande n'a été formée dans les six mois du décès du preneur et que le droit au bail était passé aux héritiers. • Civ. 1re, 21 janv. 2009 : *RD rur. 2009, nos 8 et 36, note Crevel ; AJDI 2009. 556, obs. Prigent ; JCP N 2009. Actu. 174 ; JCP 2009. IV. 1288 ; JCP N 2009. 1247, note Brelet ; Gaz. Pal. 25 avr. 2009. 21 ; JCP N 2010. 1281, note Roussel.* ♦ Il résulte des art. 1742 C. civ. et L. 411-34 C. rur. que, lorsque le preneur vient à décéder sans laisser de membres de sa famille répondant aux conditions de ce dernier texte, le droit au bail passe néanmoins à ses héritiers ou à ses légataires universels, et le bailleur a seulement la faculté de demander, à peine de forclusion, dans le délai de six mois à compter du décès, la résiliation du bail. • Civ. 3e, 24 févr. 1988 : *JCP N 1988. II. 271, obs. Moreau* • 17 oct. 2006, n° 05-19.680.

19. Assimilant un congé donné aux ayants droit du preneur ne remplissant pas les conditions pour continuer le bail à une résiliation, V. • Civ. 3e, 1er oct. 1997 : *préc. note 12.* ♦ La signification de la résiliation du bail au notaire chargé de la succession n'a pu régulièrement informer la veuve du preneur. • Civ. 3e, 12 mai 2015, n° 13-21.198 : *JCP N 2015. Actu. 742, obs. Collard ; RD rur. 2015, n° 180, note Crevel.*

20. Le délai de six mois laissé au bailleur pour demander la résiliation du bail est un délai de forclusion entraînant la déchéance du droit non exercé en temps utile. • Civ. 3e, 4 mars 1998, n° 96-12.319 P : *JCP N 1998, n° 28, p. 1094, obs. J.-P. M. ; RD rur. 1998. 254.* ♦ Ce délai de forclusion joue quels que soient les ayants cause du preneur décédé. • Soc. 4 févr. 1965 : *Bull. civ. IV, n° 103.* ♦ Viole l'art. L. 411-34 l'arrêt qui constate la forclusion de l'action au motif que la demande de résiliation devait être formalisée par la saisine du tribunal paritaire des baux ruraux alors qu'il résultait de ses constatations que la notification de la résiliation du bail avait été donnée dans les six mois du décès du preneur. • Civ. 3e, 18 mars 1998, n° 95-19.135 P : *JCP N 1998, n° 28, p. 1095, obs. J.-P. M. ; Rev. huiss. 1999. 188, obs. Pitaud.*

SECTION 4 Cession du bail et sous-location

Art. L. 411-35 *(L. n° 2006-11 du 5 janv. 2006, art. 2-I)* **« Sous réserve des dispositions particulières aux baux cessibles hors du cadre familial prévues au chapitre VIII du présent titre et »** *(L. n° 88-1202 du 30 déc. 1988)* **« nonobstant les dispositions de l'article 1717 du code civil, toute cession de bail est interdite, sauf si la cession est consentie, avec l'agrément du bailleur, au profit du conjoint** *(L. n° 2006-11 du 5 janv. 2006, art. 3)* **« ou du partenaire d'un pacte civil de solidarité » du preneur participant à l'exploitation ou aux descendants du preneur ayant atteint l'âge de la majorité ou ayant été émancipés. A défaut d'agrément du bailleur, la cession peut être autorisée par le tribunal paritaire.**

« De même, le preneur peut avec l'agrément du bailleur ou, à défaut, l'autorisation du tribunal paritaire, associer à son bail en qualité de copreneur son conjoint *(L. n° 2006-11 du 5 janv. 2006, art. 3)* **« ou le partenaire avec lequel il est lié par un pacte civil de solidarité » participant à l'exploitation ou un descendant ayant atteint l'âge de la majorité. »**

(L. n° 2014-1170 du 13 oct. 2014, art. 4-V-A) **« Lorsqu'un des copreneurs du bail cesse de participer à l'exploitation du bien loué, le copreneur qui continue à exploiter dispose de trois mois à compter de cette cessation pour demander au bailleur par lettre recommandée avec demande d'avis de réception que le bail se poursuive à son seul nom. Le propriétaire ne peut s'y opposer qu'en saisissant dans un délai fixé par décret le tribunal paritaire, qui statue alors sur la demande. Le présent alinéa est applicable aux baux conclus depuis plus de trois ans, sauf si la cessation d'activité du copreneur est due à un cas de force majeure.**

« A peine de nullité, la lettre recommandée doit, d'une part, reproduire intégralement les dispositions du troisième alinéa du présent article et, d'autre part, mentionner expressément les motifs allégués pour cette demande ainsi que la date de cessation de l'activité du copreneur. »

Toute sous-location est interdite. *(L. n° 88-1202 du 30 déc. 1988)* **« Toutefois, le bailleur peut autoriser le preneur à consentir des sous-locations pour un usage de vacances ou de loisirs. » Chacune de ces sous-locations ne peut excéder une durée de trois mois consécutifs. Dans ce cas, le bénéficiaire de la sous-location n'a aucun droit à son renouvellement, ni au maintien dans les lieux à son expiration. En cas de refus du bailleur, le preneur peut saisir le tribunal paritaire. Le tribunal peut, s'il estime non fondés les motifs de l'opposition du bailleur, autoriser le preneur à conclure la sous-location envisagée. Dans ce cas, il fixe éventuellement la part du produit de la sous-location qui pourra être versée au bailleur par le preneur.** *(L. n° 95-95 du 1er févr. 1995)* **« Le bailleur peut également autoriser le preneur à consentir des sous-locations des bâtiments à usage d'habitation. Cette autorisation doit faire l'objet d'un accord écrit. La part du produit de la sous-location versée par le preneur au bailleur, les conditions dans lesquelles le coût des travaux éventuels est supporté par les parties, ainsi que, par dérogation à l'article L. 411-71, les modalités de calcul de l'indemnité éventuelle due au preneur en fin de bail sont fixées par cet accord. Les parties au contrat de sous-location sont soumises aux dispositions des deux derniers alinéas de l'article 8 de la loi n° 89-462 du 6 juillet 1989 tendant à améliorer les rapports locatifs et portant modification de la loi n° 86-1290 du 23 décembre 1986. »** – *V. cette L. au* ***C. civ.*** *ou au* ***C. baux.***

(L. n° 88-1202 du 30 déc. 1988) **« Le preneur peut héberger, dans les bâtiments d'habitation loués, ses ascendants, descendants, frères et sœurs, ainsi que leurs conjoints** *(L. n° 2006-11 du 5 janv. 2006, art. 3)* **« ou les partenaires avec lesquels ils sont liés par un pacte civil de solidarité ». Il ne peut exiger, pour cet hébergement, un aménagement intérieur du bâtiment ou une extension de construction. »**

Les dispositions du présent article sont d'ordre public. – *[Anc. art. 832, al. 1er, 2 et 4.]*

BIBL. ▶ Clerget et Gasselin, *JCP N 2009. 1158* (quelle convention pour la mise à disposition du foncier agricole, les intérêts de l'exploitant). – Gravillou, L'incessibilité du bail rural, *L'Harmattan 2003* ; *JCP N 2003. 1217* (incessibilité et apport en nature du bail) ; *JCP N 2005. 1284* (incessibilité du bail). – Ourliac, *RD rur. 1996. 217* (la cession du bail rural). – Yamba, *JCP N 1997. I. 87* (les copreneurs). – Vatigniez et Lelaumier, *RD rur. 1997. 402* (XIVe congrès de l'AFDR). – Le Petit, *Administrer 8-9/1998. 26* (interdiction de céder ou de sous-louer et exceptions). – Lachaud, *Ann. loyers 1998. 29* (cession de l'entreprise agricole) ; *ibid. 1999. 811* (application dans le temps de la loi du 1er févr. 1995). – Peignot, *RD rur. 2012. Étude 6* (incidence de la dualité de juridiction sur l'office du juge paritaire des baux ruraux) ; *Rev. loyers juin 2016. 275* (la transmission familiale du bail rural). – Roussel, *D. 2015. 2191* (cessation d'activité d'un copreneur en cours de bail rural). – Grimonprez, *Defrénois 2015. 1115* (petite théorie des copreneurs à bail rural). – Bosse-Platière et Grimonprez, *JCP N 2016. 1295* (cession du bail et réforme du droit des contrats).

COMMENTAIRE

Le statut du fermage ne permet pas au preneur de disposer de son droit. Le caractère personnel du bail a été affirmé par une règle d'ordre public prohibant les cessions et les sous-locations. Cette règle conduit à l'affirmation de l'absence de valeur vénale du bail rural. Pour autant ce principe connaît des exceptions. Celles-ci sont d'une part législatives. En effet, le statut a été conçu comme un contrat familial et des cessions dans ce cadre sont permises. De plus, le statut est mis au service d'un bon fonctionnement économique de l'exploitation ; dans cet objectif, certaines cessions et sous-locations sont autorisées, toujours par exceptions d'interprétation stricte. Le principe connaît d'autre part des exceptions développées dans la pratique en toute illégalité et dans une mesure non négligeable. Le principe d'incessibilité n'a en effet pas pu empêcher le bail d'apparaître comme une valeur économique que la pratique aspire souvent à voir accéder à l'existence juridique.

I. LA PROHIBITION DES CESSIONS ET SOUS-LOCATIONS

La cession du bail n'est pas définie par le code rural. Il s'agit du transfert à un tiers par le preneur de tout ou partie de son droit personnel d'exploiter le fonds loué. Exclusivement lié à la personne du preneur, le droit de jouissance né du bail est, en dehors des cas prévus au code rural, intransmissible. Toute cession, directe ou indirecte, est prohibée, qu'elle ait été consentie à titre onéreux ou à titre gratuit. La sous-location est l'acte par lequel le preneur confère à un tiers un droit de jouissance sur tout ou partie du fonds loué. La sous-location est constituée sous réserve que trois conditions soient réunies. Il faut d'abord établir le consentement du preneur afin de distinguer les sous-locations des usurpations du fonds loué. Il faut ensuite que soit constatée une mise à disposition du fonds loué. Enfin il doit être constaté l'existence d'un loyer payé au preneur.

II. LES EXCEPTIONS

A. ASSOCIATION AU BAIL

Si l'engagement du conjoint, du partenaire de PACS ou du descendant n'a pas été prévu par le bail écrit ou par le contrat type départemental, le preneur peut solliciter leur association au bail qui aura pour effet de les rendre copreneurs ; le conjoint ou le partenaire de PACS du preneur doivent avoir participé à l'exploitation du fonds et le descendant doit être majeur pour pouvoir être associés au bail.

B. CESSIONS AU PROFIT DES DESCENDANTS, DU CONJOINT OU DU PARTENAIRE DE PACS

En permettant ces cessions, le législateur met en œuvre un double souci. Donner une dimension familiale au statut des baux ruraux, en correspondance avec la volonté de soutenir une exploitation moyenne comme modèle de développement de l'agriculture française. Et faciliter la transmission des exploitations qui concrètement se réalise encore souvent du père au fils en agriculture. La cohérence du projet législatif est présente à l'intérieur du statut puisqu'il est prévu par l'article L. 411-64 que le congé délivré au preneur en raison de son âge doit porter l'information au preneur de son droit de céder son bail à un descendant dans les conditions de l'article L. 411-35. Le cessionnaire devient seul titulaire du bail pour la même durée. Lorsque le descendant a obtenu la cession du bail à son profit, il ne sera considéré comme ayant bénéficié d'un premier bail que si la cession est antérieure d'au moins six ans à la date d'expiration du bail. Dans le cas contraire, un nouveau bail ou le bail renouvelé constitue un premier bail (C. rur., art. L. 411-8).

La loi d'orientation agricole n° 2006-11 du 5 janvier 2006 a apporté une nouvelle et importante dérogation au principe d'incessibilité du bail rural en créant le bail cessible hors du cadre familial. Cette brèche a été ouverte dans le statut dès lors que celui-ci a été jugé constituer un obstacle au développement et à la transmission des exploitations. Néanmoins, l'exception est d'une portée limitée dès lors qu'elle suppose que les parties aient choisi expressément de conclure un nouveau bail soumis à des conditions particulières partiellement dérogatoires du statut (V. art. L. 411-18 s.).

Il a été proposé lors du 105e congrès du notariat d'admettre la possibilité pour le preneur de céder son bail avec l'accord du bailleur en lui versant une indemnité conventionnelle ; le preneur sortant serait autorisé à céder ses améliorations à l'entrant. A défaut d'autorisation du bailleur, le tribunal paritaire pourrait autoriser la cession avec compensation financière au bailleur ; il serait également prévu, pour garantir les droits du bailleur, une solidarité légale du cédant pour le paiement des loyers dus par le cessionnaire dans la limite de neuf ans.

A compter de l'entrée en vigueur de l'ordonnance du 10 février 2016, la cession entre sortant et entrant doit être constatée par écrit, en application de l'article 1216 du code civil, et le bailleur qui a donné son autorisation à la cession à l'avance doit être prévenu. L'article 1216 précité prévoit que, si le cédé y consent expressément, la cession libère le cédant pour l'avenir, et qu'à défaut il reste tenu solidairement de l'exécution du contrat jusqu'à son terme (jusqu'au renouvellement qui constitue un nouveau bail). Des aménagements peuvent être convenus à ces principes.

C. CESSATION D'ACTIVITÉ D'UN COPRENEUR

Voir les notes de jurisprudence 17 et 18 ci-dessous et l'article L. 411-46. ❑

I. PROHIBITION DES CESSIONS ET SOUS-LOCATIONS

A. PROHIBITION D'ORDRE PUBLIC

1. Cession. Toute cession de bail rural est prohibée, même en cas d'acceptation du bailleur. • Civ. 3e, 5 mars 1997, n° 95-19.062 P : *JCP N 1998, n° 6, p. 208 ; RD rur. 1997. 436 ; Rev. loyers 1998. 231.* – V. aussi Lachaud, *Ann. loyers 1997. 1202*, et Roussel, *RD rur. 1998. 206.* ♦ Est illicite la clause prévoyant qu'en cas de cessation d'exploitation des preneurs, priorité serait donnée au successeur proposé par les preneurs, le bailleur ne pouvant refuser que s'il avait besoin de la parcelle pour son activité. • Civ. 3e, 21 nov. 2001, n° 00-16.008 : *RD rur. 2002. 2, 178* et *291, obs. Crevel ; AJDI 2002. 473, obs. Giraudel*. ♦ Est réputée non écrite la clause du bail qui prévoit un engagement du bailleur d'autoriser la cession aux descendants des preneurs dans le cas où ils viendraient à cesser leur activité ou à décéder en cours de bail dès lors qu'elle avait pour effet d'imposer dans tous les cas un cessionnaire au bailleur. • Civ. 3e, 20 déc. 2018, n° 17-20.936 : *RD rur. 2019, n° 29, note Crevel ; Defrénois 2019, n° 14, p. 35, note Delorme ; JCP N 2019. 1219, note Crevel ; Gaz. Pal. 2019. 1568, note Peignot.*

2. Sous-location. BIBL. Lachaud, *Ann. loyers 1996. 7.* ♦ L'art. 832 [L. 411-35] interdisant les sous-locations est d'ordre public. • Soc. 5 oct. 1967 : *Bull. civ. IV, n° 613 ; Gaz. Pal. 1968. 1. Somm. 2 ; Rev. loyers 1967. 437.* ♦ La sous-location, interdite par une disposition d'ordre public, est une cause de résiliation du bail principal alors même que le bailleur a donné son accord. • Soc. 26 mai 1961 : *Bull. civ. IV, n° 556* • Civ. 3e, 1er juin 1994, n° 92-10.113 P : *Defrénois 1994. 1530, obs. Vermelle ; Gaz. Pal. 1995. 1. 86, note Lachaud ; D. 1994. IR 160.* ♦ L'autorisation du bailleur ne saurait suffire à rendre régulière une sous-location qui ne remplit pas les conditions de l'art. 832 [L. 411-35.] • Civ. 3e, 19 avr. 1983 : *Bull. civ. III, n° 89 ; Rev. loyers 1983. 314.* ♦ ... Pas plus que la connaissance des faits par le bailleur ou l'existence d'un usage local. • Civ. 3e, 13 juill. 2010, n° 09-16.598 : *Rev. loyers 2010. 386, note Peignot ; RD rur. 2010, n° 113, note Crevel ; LPA 2011, n° 32, p. 11, note Billemont ; BICC 2011. 1748.* ♦ L'interdiction des sous-locations par l'art. 832 étant d'ordre public, la règle *nemo auditur* ne met pas obstacle à ce que chacune des parties puisse se prévaloir du caractère illicite de la sous-location même conclue avec l'accord du bailleur. • Civ. 3e, 30 mai 1969 : *Bull. civ. III, n° 434.* ♦ L'interdiction de sous-louer étant une règle impérative, elle n'est pas susceptible de renonciation. • Civ. 3e, 19 juill. 1995, n° 93-10.322 P : *JCP 1995. IV. 2282 ; Gaz. Pal. 1997. 1. Somm. 118, obs. Lachaud.* ♦ Comp., jugeant que la délivrance par le bailleur d'un congé avec offre de renouvellement moyennant une augmentation du fermage n'entraîne pas renonciation à l'exercice parallèle d'une action en résiliation du bail pour sous-location prohibée : • Civ. 3e, 7 oct. 1998 : *RD rur. 1998. 499.*

3. Liquidation judiciaire. La liquidation judiciaire des bailleurs n'emporte aucune dérogation à l'interdiction de cession d'un bail en cours, même du consentement du bailleur ou du mandataire qui se substitue à eux. • Civ. 3e, 6 juin 2019, nos 17-21.335 et 18-12.667 : *RD rur. 2019, n° 75, note Lebel ; Rev. loyers 2019, n° 1999 ; Gaz. Pal. 2019. 2865, note Feschotte-Desbois.* – V. jurisprudence ss. art. L. 351-8, note 25 s.

4. Sanctions. V. jurisprudence ss. art. L 411-31.

5. Force majeure. Sous réserve d'être établie, la force majeure est susceptible de légitimer la cession prohibée. • Civ. 3e, 22 janv. 2014, n° 12-28.246 : *RD rur. 2014, n° 28, note Crevel ; D. 2014. 277 ; Gaz. Pal. 12-13 févr. 2014 ; Rev. loyers 2014, n° 945, note Peignot ; JCP 2014. 192 ; JCP N 2014. Actu. 224 ; DP entr. agric., Bull. n° 471, p. 5, note Roussel.*

B. CESSIONS PROHIBÉES

6. Cessions prohibées. La cession même à titre gratuit est prohibée. • Civ. 3e, 23 avr. 1975 : *D. 1976. 192, note Savatier.* ♦ Ont été jugés constitutifs de cessions prohibées : la constitution d'une société entre le preneur et son fils. • Cass., Ch. réun., 7 mars 1960 : *D. 1960. 349, note Savatier ; JCP 1960. II. 11560, concl. Lindon, note Ourliac, de Juglart ; RTD civ. 1960. 494, note Carbonnier.* ♦ ... L'apport du bail à une société de fait. • Civ. 3e, 16 oct. 1970 : *Bull. civ. III, n° 524* • 6 janv. 1982 : *JCP 1981. II. 19962, note Ourliac et de Juglart* • Reims, 6 mars 2000 : *RD rur. 2001. 536, obs. Crevel.* – Comp. : • Civ. 3e, 5 mars 1971 : *ibid. III, n° 167* • 23 avr. 1976 : *ibid. III, n° 167 ; D. 1976. IR 205* • Reims, 29 mai 2002 : *RD rur. 2003. 45, obs. Crevel* (société de fait entre époux). ♦ ... La poursuite, après fusion, du bail conclu par la société absorbée par la société absorbante. • Civ. 3e, 23 avr. 1976 : *JCP 1977. II. 181.* ♦ ... L'attribution du droit au bail après dissolution d'une SARL et partage. • Soc. 19 avr. 1958 : *Bull. civ. IV, n° 519.* – Rappr. : • Soc. 13 févr. 1958 : *Bull. civ. IV, n° 228.* ♦ ... La confusion des exploitations des terres louées avec celles d'une société d'exploitation. • Civ. 3e, 30 janv. 1991, n° 89-18.353 P : *D. 1993. Somm. 67, obs. Martine*. ♦ ... Des accords au sein d'un GAEC de cession de parts consistant en une transmission de bail. • Civ. 3e, 13 sept. 2018, n° 17-14.772 : *Rev. loyers 2018, n° 991, note Peignot.* ♦ ... L'établissement par le fils des preneurs du siège d'une entreprise commerciale dans les lieux loués à usage d'habitation. • Toulouse, 21 déc. 2006 : *RD rur. 2007, n° 87.* ♦ ... L'exploitation par le fils et le paiement du fermage après la cessation d'activité des parents sans agrément préalable par le bailleur. • Civ. 3e, 6 juill. 2023, n° 22-10.474 : *Rev. loyers 2023, n° 2041, note Roussel.* – V. aussi • Civ. 3e, 9 mars 1983 : *D. 1984. 65, note Chesné et Hérail.* ♦ La demande de résiliation ne peut être rejetée sans que soit vérifié si l'apport des fruits des parcelles louées par un autre coopérateur ne constitue pas une violation de l'obligation du preneur. • Civ. 3e, 4 juill. 2019, n° 18-15.247 : *RD rur. 2019, n° 96, note Crevel.*

7. Cession de parts. Ne constitue pas une cession de bail la cession de toutes les parts d'une société civile agricole preneuse, en l'absence de fraude. • Civ. 3e, 15 mars 1989 : *D. 1990. 557, note Chesné.* ♦ A propos de cession de parts sociales, V. aussi • Civ. 3e, 10 févr. 1999 : *D. 2000. 14, note Kenderian.*

8. La transformation régulière d'un groupement d'exploitation en commun en une exploitation agricole à responsabilité limitée ne créant pas une personne morale nouvelle, l'opération n'avait pas pour effet de mettre les biens loués à la disposition d'une société à objet principalement agricole. • Civ. 3e, 10 mars 2004, n° 02-19.861 P. – Déjà en ce sens : • Dijon, 23 nov. 1999 : *BICC 2000, n° 995 ; JCP N 2001. 268, obs. Rochard* • Riom, 13 nov. 2001 : *RD rur. 2002. 310 ; JCP 2002. IV. 1691.* ♦ Le règlement d'un terme de fermage par un chèque émis sur le compte d'une EARL n'apporte pas la preuve que la mise à disposition des parcelles objet du bail au profit de cette société ait constitué une cession illicite. • Civ. 3e, 18 janv. 2011, n° 09-72.414 : *DP entr. agric., Bull. avr. 2011, p. 9, obs. Roussel ; JCP N 2011. 1219, note Roussel ; RD rur. 2011, n° 98, note Crevel.*

9. Mise à disposition du bail. Constitue une cession prohibée la mise à disposition des terres louées à une EARL par un preneur qui n'est pas associé de cette EARL. • Civ. 3e, 16 mai 2007, n° 06-14.521 P : *JCP 2007. IV. 2233 ; Rev. loyers 2007. 355, note Peignot ; AJDI 2007. 760 ; JCP N 2008. 1255, note Roussel ; AJDI 2008. 133, obs. Prigent ; Gaz. Pal. 16 févr. 2008. 10* • 22 sept. 2016 : *AJDI 2016. 777.* ♦ Est fondée la résiliation du bail dès lors que le copreneur, qui a mis les terres à disposition d'une EARL dont il n'a jamais été associé, a cessé complètement son activité, source de préjudice pour le bailleur qui ne disposait plus que d'un preneur pour répondre des obligations du bail. • Civ. 3e, 13 janv. 2015, n° 12-27.875 : *RD rur. 2015, n° 59, note Crevel* • 21 janv. 2021, n° 19-24.520 : *Rev. loyers févr. 2021, note Peignot ; Defrénois 2021, n° 18, p. 29, note Delorme ; RD rur. 2021, n° 48, note Crevel ; AJDI 2021. 689, note Roussel.* ♦ La faculté de mettre les biens loués à disposition d'une société à objet agricole oblige en cas de pluralité de preneurs que ceux-ci soient tous associés ; le bail doit être résilié pour cession prohibée, même si un preneur est effectivement associé. • Civ. 3e, 11 avr. 2019, n° 17-28.859 : *AJDI 2019. 551 ; Defrénois 2020, p. 44, note Roussel.* ♦ Constitue une cession prohibée justifiant une résiliation sans nécessité d'établir un préjudice le fait pour le preneur ou, en cas de cotitularité, tous les copreneurs de ne plus participer aux travaux de façon effective et permanente du bien loué mis à disposition d'une société. • Civ. 3e, 12 oct. 2023, n° 21-20.212 P : *D. 2023. 1856 ; JCP 2023. 1230 ; JCP N 2023. 1043 ; RD rur. 2023, n° 106, note Crevel ; Gaz. Pal. 24 oct. 2023, p. 26.*

10. Copreneur associé. Usufruit. La cour est fondée à prononcer la résiliation du bail consenti à des copreneurs dès lors que l'un d'eux a cédé la nue-propriété de la totalité des parts de SCEA à disposition de laquelle avait été mis le bail et a ainsi perdu sa qualité d'associé, alors que le nom du cédant figurait toujours dans la liste des associés communiquée au bailleur, et ceci quelle que soit l'étendue du droit de vote accordé à l'usufruitier par les statuts et même si la solidarité était prévue dans le bail. • Civ. 3e, 29 nov. 2006, n° 05-17.009 P : *D. 2007. Pan. 2498, obs. Reboul-Maupin ; RJDA 2007. 352 ; JCP 2007. IV. 1003 ; RD rur. févr. 2007. 37, obs. Crevel ; Rev. loyers 2007. 35, note Peignot ; Dr. sociétés 2007, n° 25, note F.-X. L. ; AJDI 2007. 215, note Prigent ; BJS 2007. 515 ; Defrénois 2007. 676, note Le Cannu ; RTD civ. 2007. 153, obs. Revet ; JCP N 2007. 1234, note Roussel ; ibid. 2007. 1320, note Brelet ; Gaz. Pal. 15-18 août 2007. 30 ; Rev. sociétés 2007. 319.*

11. Cession de bail contre renonciation à créance de salaire différé. L'art. 67 du décret-loi du 29 juill. 1939 permettant à l'exploitant, de son vivant, de remplir le bénéficiaire d'un contrat de salaire différé de ses droits de créance, et l'art. L. 411-74 prohibant la cession de bail rural à titre onéreux, même aux descendants du preneur, il s'ensuit que la cession du bail dont ses parents étaient titulaires n'a pu éteindre la créance de salaire différé du fils, à laquelle, au demeurant, il ne pouvait renoncer. • Civ. 1re, 7 janv. 1992, n° 89-20.456 P : *D. 1993. IR 69 ; Defrénois 1992. 517, note X. Savatier ; JCP N 1993. II. 47, obs. J.-M. G.*

12. Il y a cession de bail malgré la dissimulation en *cession d'exploitation,* lorsque le prix de vente est très supérieur à la valeur des éléments cédés. • Civ. 3e, 27 févr. 1973 : *D. 1973. Somm. 94 ; Gaz. Pal. 1973. 2. 950, note Dupichot et Ph. de Juglart ; JCP 1973. II. 17531, note Ourliac et M. de Juglart.* ♦ Comp., en cas de surestimation légère de certains éléments de l'exploitation : • Civ. 3e, 23 juin 1971 : *D. 1973. 437, note Savatier.*

13. La renonciation au bail souscrite moyennant finances par un preneur au profit du fermier entrant constitue l'équivalent d'une cession de bail, nulle d'ordre public et invocable par tout intéressé. • Soc. 8 févr. 1962 : *Bull. civ. IV, n° 165* • 10 mars 1961 : *ibid. IV, n° 329 ; JCP 1962. II. 12574.* ♦ Cette cession peut être dissimulée sous les apparences d'une vente de cheptel. • Mêmes arrêts. – Comp. • Soc. 22 févr. 1962 : *Bull. civ. IV, n° 218* • 21 nov. 1963 : *ibid. IV, n° 812* (espèces dans lesquelles le juge considérait qu'une vente de cheptel ne dissimulait pas une cession). ♦ Sur les sanctions pénales, V. art. L. 411-74.

14. Ne constituent pas une cession prohibée ni le fait par le preneur de résilier son bail et de présenter au bailleur un nouveau fermier, ni la cession des éléments matériels d'une exploitation agricole. • Civ. 3e, 17 oct. 1972 : *Bull. civ. III, n° 521* • 9 janv. 1973 : *JCP 1973. II. 17351, note Ourliac et de Juglart.* ♦ Il ne peut y avoir cession de bail lors d'une vente de matériel par le locataire si le même jour, le propriétaire consent deux baux à l'acheteur, le bailleur ayant nécessairement résilié la convention antérieure. • Civ. 3e, 22 oct. 2003 : *RD rur. 2004. 279 ; JCP 2003. IV. 2966.* ♦ Rien n'établit que le transfert de quotas betteraviers aux enfants des preneurs, qui avaient repris partiellement l'exploitation parentale, eût entraîné une cession de fait des terres objet du bail. • Civ. 3e, 2 déc. 1998, n° 97-12.392 P : *RD rur. 1999. 2 ; Gaz. Pal. 12-14 sept. 1999. Somm. 31, obs. Lachaud.* ♦ Ne constitue pas une cession prohibée le fait que le preneur ait recours à des prestataires de services afin de l'assister dans son exploitation, tout en conservant la maîtrise et la disposition des parcelles sans les avoir abandonnées à des tiers. • Civ. 3e, 19 janv. 2010 : *Rev. loyers 2010. 136.*

15. En ce sens que le fils du preneur peut lui donner aide et assistance sans que cette circonstance puisse être assimilée à une cession, la preuve que le preneur n'exploite plus directement et personnellement la parcelle litigieuse n'étant pas établie, V. • Civ. 3e, 8 juin 1995 : *Rev. huiss. 1996. 204, note Pitaud.* ♦ Dans le même sens, jugeant que la simple participation de l'enfant du preneur à la mise en valeur du domaine familial ne suffit pas à faire présumer l'existence d'une cession, V. • Rennes, 6 nov. 1997 : *RD rur. 1998. 316.*

16. Époux. Constitue une cession prohibée : le transfert du bail de l'époux à l'épouse lors de la liquidation de communauté. • Soc. 27 févr. 1958 : *Bull. civ. IV, n° 301 et 302.* ♦ ... La stipulation insérée dans un contrat de mariage attribuant le bail à l'épouse en cas de prédécès du preneur. • Reims, 12 févr. 2003 : *RD rur. 2004. 463.* ♦ En l'état d'un bail consenti à deux époux copreneurs solidaires, la renonciation à ses droits par la femme à la suite du divorce, ne peut être considérée comme une cession de bail au profit de son ex-mari. • Civ. 3e, 8 mars 1983 : *Bull. civ. III, n° 70 ; Rev. loyers 1983. 315.* ♦ Est mal fondé l'arrêt qui retient la cession illicite du bail par le preneur à son conjoint parce que la participation de l'épouse ne se limitait pas à une simple assistance familiale et que l'épouse était associée à l'exploitation des parcelles, sans caractériser une association au bail conférant la qualité de copreneur à l'insu des bailleurs. • Civ. 3e, 18 janv. 2018, n° 16-23.581 : *AJDI 2018. 212.*

17. Copreneur. Jurisprudence antérieure à la loi du 13 oct. 2014. Est mal fondée la résiliation du bail pour cessation de l'activité du copreneur associé du GAEC auquel le bail a été mis à disposition sans avoir recherché si ce manquement a porté préjudice au bailleur. • Civ. 3e, 3 oct. 2012, n° 11-21.187 : *RD rur. 2013, n° 4, note Crevel ; Gaz. Pal. 31 mars-4 avr. 2013, note Peignot.*

18. Copreneur. Loi du 13 oct. 2014. Le défaut d'information du bailleur de la cessation d'activité d'un copreneur constitue un motif de résiliation du bail. • Civ. 3e, 3 nov. 2021, n° 20-10.393 : *AJDI 2022. 45 ; Rev. loyers 2022, n° 1023, note Roussel ; DP entr. agric., Bull. n° 560, p. 7, note Roussel.* ♦ Lorsque le bail s'est renouvelé de plein droit au seul nom du copreneur qui a poursuivi l'exploitation après le départ du conjoint, il ne peut être résilié pour manquement d'information du propriétaire en cas de cessation d'activité d'un copreneur. • Civ. 3e, 6 juill. 2022, n° 21-12.833 P : *JCP 2022. 903 ; Defrénois 2022, n° 29-33, p. 5 ; D. 2022. 1739, note Roussel et 2308, note Schmidt ; AJDI 2022. 841, note Vermeulen ; JCP N 2022. 1218, note Bosse-Platière ; RD rur. 2022, n° 131, note Crevel ; Rev. loyers 2022, n° 1030, note Roussel ; DP entr. agric., Bull. n° 565, p. 10, note Roussel ; Rev. loyers 2023, n° 1039, note de Los Angelès.* ♦ La résiliation du bail est justifiée lorsque le preneur et le GAEC ont omis d'informer le bailleur de la dissolution du GAEC et donc du départ du preneur en qualité de copreneur, même si cela n'est pas de nature à compromettre la bonne exploitation du fonds. • Civ. 3e, 7 déc. 2022, n° 21-19.789 : *RD rur. 2023, n° 23, note Crevel ; Rev. loyers mars 2023, note Roussel ; JCP N 2023. 1160, note Sahut.* – V. note 77 ss. art. L. 411-31.

19. Cessions et procédures collectives. V. notes 13 s. ss. art. L. 351-8.

C. SOUS-LOCATIONS PROHIBÉES

20. Sous-locations prohibées. La sous-location suppose qu'il existe une contrepartie à l'occupation, par un tiers, des terres affermées. • Civ. 3e, 9 mars 1994, n° 91-22.072 P • 8 déc. 1999 : *RD rur. 2000. 215, obs. Crevel ; Rev. loyers 2000. 250, obs. Peignot.* – V. aussi • Civ. 3e, 9 oct. 1996 : *Ann. loyers 1997. 1093* • 2 févr. 2000 : *Gaz. Pal. 30 juin-1er juill. 2000. Somm. 11, obs. Lachaud ; Administrer 7/2000. 33, note Le Petit* • 28 janv. 2004 : *RD rur 2004. 481* • 10 mars 2004 : *RD rur. 2004. 631.* ♦ Il y a sous-location prohibée même si la sous-location est partielle et si elle porte seulement sur des locaux d'habitation dépendant de l'exploitation. • Soc. 2 déc. 1954 : *Bull. civ. IV, n° 769* • 19 nov. 1959 : *ibid. IV, n° 1152* • Civ. 3e, 23 févr. 2005, n° 03-18.923 • 19 janv. 2010, n° 09-65.160. ♦ La contrepartie nécessaire à la caractérisation d'une sous-location prohibée ne peut résulter que d'une prestation servie en nature ou espèces au preneur initial par le sous-locataire, ce qui n'est pas le cas lorsque le preneur concède la jouissance exclusive des terrains loués en contrepartie des indemnités dues au titre des DPU pour l'exploitation de ces terrains. • Civ. 3e, 4 nov. 2014, n° 13-18.488 : *AJDI 2015. 131.* ♦ Ne constitue pas une cause de résiliation l'implantation d'un panneau publicitaire par les preneurs qui ont gardé l'entière maîtrise de l'exploitation de la parcelle sur laquelle un seul poteau a été posé. • Civ. 3e, 22 sept. 2016, n° 15-16.230 : *RD rur. 2016, n° 267, note Crevel ; DP entr. agric., Bull. n° 504, p. 7, note Roussel ; Defrénois 2016. 12582, note Roussel.*

21. Date d'appréciation. Le bailleur peut invoquer une sous-location prohibée même si celle-ci a pris fin avant l'introduction de l'instance. • Civ. 3e, 19 juill. 1995 : *préc. note 2.* ♦ *Contra*, jugeant que c'est au jour de la demande en justice que doit être apprécié le motif de résiliation, et qu'une sous-location interdite lors de sa conclusion, ne saurait entraîner la résiliation du bail, dès lors qu'elle était autorisée aujourd'hui : • Civ. 3e, 10 mars 1999 : *RD rur. 1999. 604.*

22. Ont été *jugés constitutifs de sous-locations interdites* : l'apport de la « jouissance du droit à la location d'une ferme » à une société en nom collectif. • Soc. 13 nov. 1952 : *Bull. civ. IV, n° 812 ; D. 1953. 267 ; Gaz. Pal. 1953. 1. 18.* ♦ ... L'apport du bail à une société. • Soc. 14 nov. 1958 : *Bull. civ. IV, n° 1199.* ♦ Comp. : art. L. 411-37 et L. 411-38. ♦ ... Le fait pour un fermier de confier à un tiers à titre personnel l'exploitation d'un domaine sous la qualification de manadier. • Civ. 3e, 28 mars 1969 : *Bull. civ. III, n° 281.* ♦ ... La mise de la terre louée à la disposition d'un tiers moyennant une redevance forfaitaire. • Soc. 23 mai 1964 : *Bull. civ. IV, n° 431.* ♦ L'installation sur le fonds loué de 250 ruches contre un loyer. • Civ. 3e, 23 nov. 1988 : *RD rur. 1989. 165.* ♦ ... L'occupation par un tiers depuis plusieurs années des parcelles louées, lequel tiers achetait semences et engrais, effectuait les récoltes, vendait pour son compte les cultures, et versait une rémunération en nature et en argent au preneur. • Civ. 3e, 4 mars 1998 : *RD rur. 1998. 354.* ♦ ... Le fait, pour le bénéficiaire d'un bail rural qui n'exploite plus personnellement et effectivement les biens loués, d'avoir recours aux services d'entreprises agricoles. • Civ. 3e, 3 avr. 1996 : *Rev. huiss. 1997. 87.* ♦ V. aussi, à propos d'une « convention de travaux agricoles », • Civ. 3e, 12 juin 1996 : *RD rur. 1996. 447.* ♦ ... Le « contrat de bêtes » en pension laissant à la charge du propriétaire des bêtes l'entretien des clôtures. • Civ. 3e, 25 janv. 1968 : *Bull. civ. III, n° 31* • 25 juin 1986 : *JCP N 1987. II. 57, obs. Moreau* • Douai, 16 janv. 2003 : *RD rur. 2003. 479.* – Comp. • Douai, 19 juill. 1995 : *Ann. loyers 1995. 1476.* ♦ ... La vente d'herbe à un tiers qui laissait paître ses animaux sur la moitié des terres louées. • Rouen, 2 nov. 2004 : *RD rur. mars 2005. 27, obs. J.-M. G.* ♦ ... L'hébergement d'un couple moyennant la fourniture de services (traite des vaches, entretien des prairies). • Civ. 3e, 6 déc. 1995 : *RD rur. 1996. 26 ; Ann. loyers 1996. 647.* ♦ ... L'exploitation par un tiers lorsque le preneur a quitté le pays. • Civ. 3e, 3 avr. 1996 : *Ann. loyers 1996. 1476.* ♦ ... L'exercice sur le fonds de l'usage relatif aux bergers sans terres consistant pour le preneur à laisser pacager sur les terres dont il a la disposition des ovins appartenant à d'autres exploitants moyennant un partage en nature des produits de l'élevage. • Civ. 3e, 30 nov. 2005 : *RD rur. janv. 2006. 27 ; Gaz. Pal. 19-20 mai 2006. 39 ; JCP N 2006. 1273, obs. Roussel.* ♦ ... Un contrat de prise en pension et location de boxes. • Paris, 21 nov. 2013 : *RD rur. 2014, n° 40.* ♦ ... La mise à disposition de parcelles contre un paiement, peu important que les preneurs n'aient pas perdu la maîtrise de l'entretien des parcelles. • Civ. 3e, 17 févr. 2015, n° 13-27.492 : *RD rur. 2015, n° 84, note Crevel.* ♦ ... Le fait de laisser une société commerciale exploiter une activité de loisirs de plein air destinée aux touristes sur des parcelles louées sans qu'il y ait lieu de rechercher si elle est de nature à compromettre la bonne exploitation du fonds. • Civ. 3e, 14 nov. 2019, n° 18-12.170 : *Rev. loyers 1er déc. 2019, note Peignot ; AJDI 2020. 125 ; RD rur. 2020, n° 40, note Crevel ; DP entr. agric., Bull. n° 537, p. 5, note Roussel ; Defrénois 2020, n° 18-19, p. 64, note Barbieri et Dagneaux, et p. 74, note Roussel.*

23. Contrat de culture. Constituent des sous-locations prohibées : le contrat de culture avec vente à un prix fixe de la récolte par le preneur à une société, le preneur mettant les terres à la disposition de celle-ci et n'effectuant aucune façon culturale. • Civ. 3e, 18 déc. 2002 : *RD rur. 2003. 140 et 402 ; JCP N 2003. 1338, note Grimonprez.* ♦ ... L'accord par lequel le preneur, prenant la charge du paiement des fermages, un tiers obtient l'exploitation de toute une cressonnière, les bénéfices étant partagés dans la proportion 2/3, 1/3 revenant au preneur. • Soc. 22 mars 1962 : *Bull. civ. IV, n° 311.* ♦ ... La mise à la disposition d'un tiers d'une parcelle en vue de la production de lin moyennant le versement d'une somme forfaitaire. • Civ. 3e, 7 févr. 1996 : *RD rur. 1996. 37 ; Rev. huiss. 1996. 1364, note Pitaud.* ♦ ... La mise à disposition des lieux loués à des tiers moyennant contrepartie. • Civ. 3e, 13 juill. 2010, n° 09-16.598 : *Rev. loyers 2010. 386, note Peignot ; RD rur. 2010. 113, note Crevel.* ♦ ... Le fait pour le preneur de laisser, dès la fin des travaux préparatoires de la terre, un GAEC mettre en place la culture de melons, en assurer la conduite, en réaliser la récolte totale et ceci en échange d'une indemnité. • Civ. 3e, 8 déc. 2004 : *RD rur. 2005. 43, obs. B. G. ; Gaz. Pal. 20-21 mai 2005. 21, et 7-8 oct. 2005. 9 ; JCP 2005. IV. 1160 ; Rev. loyers 2005. 94, note Peignot ; AJDI 2005. 490, note Prigent .* ♦ *Contra*, pour des contrats de culture de courte durée : • Soc. 26 janv. 1956 : *Bull. civ. IV, n° 82* (une récolte) • Paris, 27 juin 1962 : *D. 1963. 5, note Delacroix.*

24. Dès lors qu'il résulte d'un accord amiable conclu en présence du conciliateur prévu par l'art. 27 de la loi du 30 déc. 1988 [art. L. 351-6] et hors la présence des bailleurs, que le titulaire du bail n'exploite plus personnellement le fonds et que les travaux de la ferme sont exécutés par une personne qui ne se contente pas de lui apporter une aide bénévole mais se comporte comme le véritable maître du fonds loué, réglant les loyers, la résiliation du bail pour sous-location est justifiée. • Civ. 3e, 18 mai 1994, n° 92-14.794 P : *D. 1994. IR 175 ; Gaz. Pal. 1995. 2. Somm. 311, obs. Lachaud.*

25. En revanche, n'ont *pas été jugés comme des sous-locations interdites* : l'association de fait entre un preneur et son fils simple employé de son père et seulement rémunéré en nature par la possibilité de conserver sur la ferme le cheptel qu'il avait reçu de ses parents lors de son mariage en compensation de son aide. • Soc. 4 oct. 1962 : *Bull. civ. IV, n° 685 ; Gaz. Pal. 1963. 2. 55.* – Comp. : • Civ. 3e, 7 févr. 1978 : *JCP 1979. II. 19049, note Ourliac et de Juglart.* ♦ ... Des échanges de jouissance opérés par le preneur. • Soc. 19 avr. 1963 : *Bull. civ. IV, n° 322.* ♦ ... La mise à disposition, au profit d'un tiers, du droit personnel de chasser et de pêcher. • Civ. 3e, 29 juin 1994, n° 92-16.429 P : *D. 1996. Somm. 126, obs. Martine ; JCP N 1995. II. 789, obs. Moreau ; Gaz. Pal. 1995. 2. Somm. 311, obs. Lachaud.* ♦ ... La location d'un droit de chasse. • Civ. 3e, 16 juin 1999, n° 97-20.044 P : *D. 1999. IR 190 ; Defrénois 2000. 367, obs. Gelot ; RD rur. 1999. 438 ; Gaz. Pal. 1999. 2. Pan. 211.* ♦ ... Le fait pour un fermier d'avoir, à un moment et exceptionnellement, dû payer la main-d'œuvre en lui attribuant la récolte de certaines terres et en lui concédant un droit de pacage. • Soc. 6 déc. 1951 : *Bull. civ. III, n° 795 ; D. 1952. 166.* – V. aussi • Civ. 3e, 5 mai 1993 : *Rev. loyers 1993. 519, note Le Petit.* ♦ ... Le fait pour un fermier d'installer dans les lieux loués les services administratifs d'une société dont il est membre, dès lors que la preuve d'une contrepartie de la mise à disposition du local n'est pas établie. • Civ. 3e, 21 juin 1995 : *Ann. loyers 1996. 647.* ♦ ... Le fait pour un fermier de se faire confier les porcs appartenant à un tiers et de les engraisser, moyennant partage des profits. • Soc. 5 oct. 1967 : *Bull. civ. IV, n° 611.* ♦ ... La prise en pension d'animaux sur le fonds loué dès lors que le preneur est tenu de surveiller, soigner et garder les animaux. • Civ. 3e, 19 juill. 2000 : *RD rur. 2001. 108 ; Dr. et pr. 2001. 93, note Bodiguel.* ♦ ... La mise de chevaux sur une partie des parcelles louées après la récolte de maïs car, si ce passage constituait un nettoyage des parcelles, il ne s'agissait pas d'une contrepartie financière ni d'une charge. • Civ. 3e, 17 mai 2006 : *JCP 2006. IV. 2267 ; AJDI 2006. 752 ; RD rur. oct. 2006. 32 ; Gaz. Pal. 5-6 janv. 2007. 32.* ♦ ... Le fait que le preneur ait recours à des prestataires de services afin de l'assister dans son exploitation, tout en conservant la maîtrise et la disposition des parcelles sans les avoir abandonnées à des tiers. • Civ. 3e, 19 janv. 2010, n° 08-21.885. ♦ ... La mise à disposition ni libre, ni exclusive, d'une cave à un tiers, pour la vinification de ses récoltes sous le contrôle du preneur. • Civ. 3e, 17 oct. 2012, n° 11-24.031 : *AJDI 2013. 50 ; RD rur. 2012, n° 82, note Crevel.* ♦ ... La pratique d'actes d'entraide. • Civ. 3e, 18 févr. 2014, n° 12-29.650 : *AJDI 2014. 464.* ♦ ... Le fait qu'une société a procédé à la récolte et une autre a fait des travaux de traitement et de labour, dès lors que le preneur a produit des justificatifs de sa production, du résultat de la récolte et du revenu financier. • Civ. 3e, 21 sept. 2023, n° 21-23.283 : *AJDI 2023. 775 ; RD rur. 2023, n° 101, note Crevel.*

26. La mise à disposition de la maison par le fermier au profit d'une salariée de l'exploitation comme avantage en nature accessoire du contrat de travail ne constitue pas une sous-location prohibée. • Civ. 3e, 3 juin 2014, n° 13-11.100. ♦ V. aussi • Dijon, 23 mars 1999 : *BICC 1999, n° 1370.*

27. Sous-location pour usage de vacances ou de loisirs. Statuant sur l'exception introduite par la loi du 30 déc. 1988, les juges du fond n'ont pas à rechercher si les sous-locations consenties ont compromis la bonne exploitation du fonds et apprécient souverainement l'existence de l'autorisation du propriétaire. • Civ. 3e, 2 juin 1993, n° 92-10.593 P : *JCP N 1994. II. 64, obs. Moreau ; Gaz. Pal. 1994. 1. Somm. 294, obs. Lachaud.* ♦ La résiliation doit être prononcée dès lors que le preneur s'est livré à une sous-location à usage de vacances ou de loisirs sans autorisation du bailleur qui l'avait formellement interdit. • Nîmes, 13 mars 2003 : *RD rur. 2003. 637.* ♦ La mise à disposition au profit de tiers du droit personnel de chasser ne constitue pas une sous-location prohibée. • Civ. 3e, 5 nov. 2014, n° 13-24.503 : *JCP 2014. 1245 ; DP entr. agric., Bull. n° 480, p. 1, note Mambrini ; Gaz. Pal. 2015. 1139, note Peignot.*

28. En l'absence d'une autorisation écrite du bailleur fixant les modalités de la sous-location de bâtiments d'habitation, la résiliation du bail est fondée, le preneur ne pouvant se prévaloir d'un accord tacite de sous-location. • Civ. 3e, 19 janv. 2011, n° 09-72.507 : *RD rur. 2011, n° 41, note Crevel ; JCP N 2011, inf. 189 ; AJDI 2011. 381, note Prigent ; Gaz. Pal. 2011. 514 ; Rev. loyers 2011. 915, note Peignot ; Gaz. Pal. 16-17 mars 2011. 989, note Peignot et Millard.*

29. Hébergement de la famille. Pour une application de l'art. L. 411-35, al. 4, nouveau, V. • Civ. 3e, 2 déc. 1998 : *RD rur. 1999. 417.* ♦ N'avait pas été jugé constitutif d'une sous-location interdite l'hébergement de courte durée d'une institutrice, qui constitue une obligation morale pour les autres habitants du hameau. • Civ. 3e, 23 janv. 1969 : *Bull. civ. III, n° 67.*

II. EXCEPTIONS

A. ASSOCIATION AU BAIL

30. Résiliation. Justifie la résiliation du bail l'association au bail rural par le preneur de son conjoint qui n'a pas été autorisée par le bailleur. • Orléans, 14 mai 2007 : *RD rur. 2008, n° 107, note Crevel.*

31. Preuve. En ce sens que la preuve de l'association du fils du preneur à l'exploitation ne constitue pas la preuve de l'association au bail, V. • Civ. 3e, 27 janv. 1993 : *Gaz. Pal. 1993. 2. 380, note Lachaud ; Rev. huiss. 1994. 813, note Bourdillat.* ♦ La volonté du preneur d'associer son conjoint à son bail rural peut être tacite et résulter des circonstances et de son comportement. • Civ. 3e, 15 mars 2000, n° 98-17.345 P : *D. 2000. IR 112 ; RD rur. 2000. 250 ; JCP N 2001. 547 ; JCP 2002. 1197, p. 448, obs. Brelet ; Gaz. Pal. 3-4 oct. 2001, p. 23, obs. Lachaud.*

32. Autorisation. La loi n'exige pas du futur associé de participer dès à présent sur les lieux à une exploitation effective et permanente. • Amiens, 22 avr. 1988 : *Gaz. Pal. 1989. 2. 793, note Fournal et Formeaux.* ♦ Les juges peuvent refuser l'association en se fondant sur les principes dégagés en matière de cession à descendant. • Aix-en-Provence, 7 août 1991 : *Ann. loyers 1993. 530.* ♦ Décidant que les juges ne peuvent refuser l'association au bail de l'épouse du preneur en qualité de copreneuse sans rechercher si celle-ci n'a pas acquis l'expérience professionnelle requise en sa qualité de conjoint participant à l'exploitation, V. • Civ. 3e, 20 mars 1996, n° 94-12.569 P : *Rev. huiss. 1996. 1253, note Teilliais ; JCP N 1997. II. 23, obs. Moreau ; Rev. loyers 1997. 112, note Lochouarn.*

B. CESSIONS AU PROFIT DES DESCENDANTS OU DU CONJOINT

1° BÉNÉFICIAIRES

33. Descendants. Le preneur peut céder son bail à son fils. • Civ. 3e, 8 janv. 1985 : *Bull. civ. III, n° 7 ; Gaz. Pal. 1985. 2. 663, note Le Petit et Challine.* ♦ ... Par exemple en vue de la constitution d'un groupement agricole d'exploitation en commun (GAEC). • Même arrêt. – V. aussi • Paris, 4 mai 1999 : *RD rur. 1999. 500.* ♦ L'art. 832 [L. 411-35] n'exclut pas la cession à plusieurs descendants. • Civ. 3e, 22 avr. 1976 : *D. 1976. 613. – Contra* • Rouen, 15 nov. 1973 : *Gaz. Pal. 1974. 1. 67, note Moreau.*

34. Un enfant d'un premier lit du preneur peut bénéficier de l'art. 832 [L. 411-35.] • Soc. 23 avr. 1953 : *Bull. civ. IV, n° 293.* ♦ En revanche, ne peuvent en bénéficier : ni l'enfant du premier lit de l'épouse du preneur, lorsque celle-ci n'a pas la qualité de copreneur. • Civ. 3e, 17 déc. 1970 : *Bull. civ. III, n° 717 ; D. 1971. Somm. 67 ; Gaz. Pal. 1970. 1. 167.* ♦ ... Ni un gendre du preneur. • Soc. 15 juin 1951 : *Bull. civ. III, n° 473 ; D. 1951. 669, note Savatier ; Gaz. Pal. 1951. 2. 163* • 8 mars 1952 : *Bull. civ. III, n° 205* • 29 sept. 2010, n° 09-69.236 : *AJDI 2011. 380, note Prigent.*

35. Conjoint. Les juges ne peuvent rejeter une demande de cession de bail à un descendant présentée par le conjoint du preneur décédé au motif que le bail est passé aux héritiers alors qu'ils constatent que le conjoint survivant était cotitulaire du bail. • Civ. 3e, 19 févr. 2003, n° 01-16.473 P : *JCP N 2003. 1088, obs. Moreau ; RD rur. 2003. 505, obs. D. C., et 568 ; JCP 2003. IV. 1682 ; Gaz. Pal. 30 avr.-4 mai 2003. Pan. 20.*

36. PACS. L'autorisation de cession du bail suppose que le candidat ait participé effectivement à l'exploitation des terres données à bail à son partenaire dans un PACS. • Civ. 3e, 7 févr. 2019, n° 17-23.113 : *RD rur. 2019, n° 47, note Crevel.*

2° AGRÉMENT DU BAILLEUR

37. Agrément par le bailleur. Le mandataire chargé d'encaisser les fermages n'a pas qualité pour autoriser une cession de bail. • Civ. 3e, 12 juill. 2000 : *Ann. loyers 2000. 2029.* ♦ Il appartient au preneur de s'adresser au propriétaire. • Même arrêt. ♦ L'acceptation des paiements par le mandataire chargé seulement de l'encaissement des fermages n'emporte pas une manifestation claire et non équivoque de l'agrément du bailleur à la cession de bail. • Civ. 3e, 2 févr. 2010, n° 09-65.833. ♦ La cession du bail suppose l'accord unanime de tous les coïndivisaires qui ont la propriété du bien loué. • Nancy, 2 déc. 2005 : *RD rur. avr. 2006. 18.*

38. La liquidation judiciaire du bailleur ne permet pas de déroger à la faculté du preneur de céder son bail à son descendant. • Com. 7 avr. 2009, n° 08-11.737 : *RD rur. 2009, n° 130, note Barbièri.*

39. L'usufruitier peut donner seul son autorisation à la cession du bail rural. • Civ. 3e, 15 mars 2000, n° 98-18.322 P : *D. 2000. IR 112 ; AJDI 2000. 709 ; JCP N 2001. 1876, obs. Brelet ; RD rur. 2000. 370* • 7 mars 2001 : *RD rur. 2001. 427* • 11 juill. 2006, n° 02-16.126. – V. aussi Billiau, *JCP N 2000, n° 25, p. 1043.* ♦ Comp., validant l'autorisation de céder le bail, donné par l'usufruitier seul au motif que du comportement de celui-ci, conforté par le silence du nu-propriétaire, les juges du fond ont déduit l'existence d'un mandat apparent : • Civ. 3e, 2 févr. 2000 : *RD rur. 2000. 185 ; Ann. loyers 2000. 2029.* ♦ Comp. aussi, pour la conclusion ou le renouvellement du bail : jurisprudence ss. art. L. 411-4. ♦ La quittance délivrée par un seul des époux ne peut constituer un agrément de la cession du bail portant sur un bien commun. • Civ. 3e, 30 sept. 2014, n° 13-20.421 : *DP entr. agric., Bull. n° 479, p. 10, note Roussel ; RD rur. 2015, n° 3, note Crevel.*

40. Il ne peut être retenu que l'agrément du bailleur est un acte d'administration qui ne nécessite pas le consentement des deux tiers des indivisaires bailleurs sans rechercher si la cession ressortissait à l'exploitation normale du fond. • Civ. 3e, 1er juin 2011, n° 10-16.466 : *Gaz. Pal. 14-15 sept. 2011. 2907, note Peignot et Millard ; AJDI 2011. 635 ; RD rur. 2011, n° 99, note Crevel.* ♦ La cession qui n'est pas un nouveau contrat mais opère une substitution de personne dans le contrat a été autorisée à la majorité des deux tiers des indivisaires. • Rouen, 6 avr. 2017 : *RD rur. 2017, n° 189.*

41. Agrément préalable. Aucun texte n'impose une quelconque condition de délai pour solliciter l'agrément du bailleur, de sorte que le preneur conserve cette possibilité de cession jusqu'à l'expiration du bail ; le seul fait que la lettre de résiliation ne comporte pas de demande de cession de bail ne peut emporter renonciation des preneurs à user de leur droit de cession jusqu'au terme de leur bail. • Dijon, 21 nov. 1991 : *BICC 1992, n° 818.* ♦ Le départ à la retraite des époux preneurs n'ayant pas mis fin au bail, ceux-ci sont recevables à demander l'autorisation de céder le bail à leur fils jusqu'à sa date d'expiration. • Civ. 3e, 8 juin 1995 : *Rev. huiss. 1996. 204, note Pitaud.* ♦ Cependant, l'agrément du bailleur doit être *préalable* à la cession. • Civ. 3e, 11 mars 1980 : *Bull. civ. III, n° 55 ; D. 1981. IR 59, obs. Martine* • 7 avr. 1993, n° 90-20.812 P : *Defrénois 1994. 892, obs. Vermelle* • 21 déc. 1993, n° 91-21.674 P : *Gaz. Pal. 1994. 2. Somm. 537, obs. Lachaud.* ♦ Il appartient à la juridiction saisie de rechercher si le changement d'exploitant a ou non précédé l'accomplissement des formalités requises, V. • Civ. 3e, 27 nov. 1996 : *Rev. huiss. 1997. 1438, note Pitaud ; RD rur. 1997. 189.* ♦ Constatant la concomitance de l'annonce par le preneur âgé de 60 ans de sa renonciation au bail et de sa demande d'agrément de cession au descendant, les juges sont fondés à constater l'irrecevabilité de la demande de cession et le retour des terres au bailleur. • Civ. 3e, 3 mai 2006 : *JCP N 2006. 1281 ; Gaz. Pal. 5-6 janv. 2007. 32.*

42. Agrément réel. Il y a cession irrégulière du bail à un descendant du preneur lorsque le fermier a seulement fait part au bailleur de sa décision et a installé son fils sans avoir obtenu l'accord du propriétaire. • Civ. 3e, 8 nov. 1968 : *Bull. civ. III, n° 450* • 12 févr. 1975 : *ibid. III, n° 58.* ♦ Jugeant que le fait pour le bailleur d'avoir accepté le versement d'une somme d'argent du fils du preneur avant le commencement d'exploitation et qu'au décès de son père, l'intéressé avait poursuivi la mise en valeur du fonds au vu et su du bailleur ne caractérisent pas une manifestation claire et non équivoque de l'agrément du bailleur, V. • Civ. 3e, 5 mars 1997 : *RD rur. 1997. 436 ; JCP N 1998, n° 6, p. 208.* ♦ Il en est de même pour le propriétaire qui a accepté des paiements de fermage par le fils du preneur bénéficiaire de l'opération pendant plusieurs années. • Civ. 3e, 16 janv. 2002, n° 00-17.696 P : *RD rur. 2002. 315 ; RD rur. 2003. 42, obs. Crevel ; Rev. loyers 2002. 283, obs. Peignot ; Gaz. Pal. 1er-2 mars 2002, p. 16 et 24-25 juill. 2002, p. 28, note Lachaud.* ♦ L'acceptation par le fils du preneur de paiements équivalent aux fermages en cours, effectués par virements sur le compte du bailleur qui n'en a pas fait la demande, ne constitue pas une autorisation tacite de la cession du bail. • Civ. 3e, 23 mars 2010, n° 09-12.549 : *Rev. loyers 2010. 227.* ♦ La cession est irrégulière sans accord du propriétaire même si le cessionnaire est le légataire universel du cédant et que, faute par le bailleur d'exercer dans le délai légal l'action spéciale en résiliation de l'art. 831 [L. 411-34], il ait pu succéder au bail. • Civ. 3e, 12 mai 1982 : *JCP 1983. II. 19962, note Ourliac et de Juglart.* – Plus généralement, sur la preuve de l'agrément du bailleur, V. • Soc. 29 mai 1959 : *Bull. civ. IV, n° 628* • Civ. 3e, 17 mars 1981 : *Bull. civ. III, n° 55 ; D. 1982. IR 8, obs. Martine.* ♦ L'émission de titres exécutoires à l'encontre du cessionnaire portant sur les fermages des biens communaux ne constitue pas un agrément tacite, en l'absence de preuve de l'accord du conseil municipal et de désignation des parcelles dans le titre exécutoire. • Civ. 3e, 30 sept. 2014, n° 13-20.426 : *DP entr. agric., Bull. n° 479, p. 10, note Roussel ; RD rur. 2015, n° 3, note Crevel.*

43. La *clause d'autorisation* de cession insérée dans un bail est valable en elle-même pendant toute la durée du bail sans qu'il soit nécessaire de la compléter par une notification au nouveau nu-propriétaire indivisaire ou par une approbation judiciaire. • Civ. 3e, 1er juin 1976 : *Bull. civ. III, n° 241 ; D. 1976. IR 240.*

44. Agrément tacite. Le consentement du propriétaire ne peut résulter de son silence qui ne constitue pas une manifestation claire et non équivoque de son agrément. • Civ. 3e, 27 mai 2003 : *RD rur. 2004. 5.* ♦ L'agrément nécessaire du bailleur peut résulter des circonstances ou de son *comportement* même postérieurs à la cession. • Civ. 3e, 19 juin 1968 : *Bull. civ. III, n° 282* • 2 déc. 1975 : *ibid. III, n° 353* • 20 mars 1996 : *ibid. III, n° 76 ; Rev. huiss. 1997. 775, note Pitaud ; JCP N 1997. II. 975, note Yamba.* ♦ La délivrance par le bailleur d'un congé au preneur et à son épouse ne suffit pas à caractériser l'agrément à la cession du bail à l'épouse. • Dijon, 18 avr. 2006 : *RD rur. nov. 2006. 28.* ♦ En l'absence de résiliation du bail d'origine et de conclusion d'un nouveau bail, le transfert du droit de l'ancien preneur au nouveau est nul, même si des fermages ont été encaissés. • Civ. 3e, 29 sept. 2010, n° 09-69.236 : *Rev. loyers 2010. 430, note Peignot ; Gaz. Pal. 2010. 3145 ; JCP 2010. 1026 ; Ann. loyers 2011. 986 ; AJDI 2011. 380, note Prigent ; LPA 2012, n° 37, note Billemont.* ♦ La connaissance que le bailleur a pu avoir du départ en retraite du preneur et de la reprise de l'exploitation par une société ne suffit pas à établir son accord à la cession du bail. • Civ. 3e, 27 févr. 2020, n° 18-19.736 : *Gaz. Pal. 2020, n° 37, p. 25, note Feschotte-Desbois.*

45. Le bailleur peut être tenu pour avoir acquiescé à la cession de bail consentie au fils dès lors qu'il n'en ignorait pas l'existence. • Soc. 24 mars 1958 : *Bull. civ. IV, n° 441 ; Gaz. Pal. 1958. 1. 448.* ♦ Cette autorisation peut être tirée de la délivrance de deux quittances délivrées au fils du preneur. • Soc. 12 déc. 1957 : *Bull. civ. IV, n° 1199 ; Gaz. Pal. 1958. 1. 198.* ♦ ... De la mention du cessionnaire en qualité de fermier pendant six années sur les déclarations fiscales du bailleur et du fait que les déclarations de récolte étaient faites au nom du cessionnaire. • Civ. 3e, 8 nov. 1989 : *Bull. civ. III, n° 210 ; D. 1989. IR 311.* ♦ ... De l'existence de bonnes relations entre le bailleur et le preneur. • Paris, 11 mai 2006 : *RD rur. août-sept. 2006. 37.* ♦ Comp., pour une quittance ne pouvant à elle seule établir novation : • Soc. 11 mai 1959 : *Bull. civ. IV, n° 552.* ♦ A propos d'une « déclaration de mutation d'exploitation » signée par le bailleur, le preneur sortant et le preneur entrant ne valant pas cession de bail, V. • Civ. 3e, 4 oct. 1995 : *Rev. huiss. 1996. 294, note Pitaud* • T. par. baux rur. Jonzac, 3 avr. 1996 : *RD rur. 1996. 89.* – V. aussi • Civ. 3e, 21 mars 2001 : *AJDI 2001. 450 ; RD rur. 2001. 252, 431 et 536, obs. Crevel* • 17 déc. 2013, n° 12-24.616. ♦ Le seul encaissement de fermage après un refus de cession par courrier ne constitue pas une acceptation de la cession. • Pau, 15 févr. 2007, n° 05/02334. ♦ A tacitement accepté la cession de bail le bailleur ... qui a accepté les fermages versés par les cessionnaires plusieurs années, a correspondu avec eux, leur a adressé des décomptes annuels et a purgé le droit de préemption en s'adressant à eux pour la vente de certaines parcelles. • Civ. 3e, 5 avr. 2011, nos 10-17.796 et 10-17.797 : *Gaz. Pal. 14-15 sept. 2011. 2905, note Peignot et Millard.* ♦ ... A encaissé un fermage et adressé un courrier au cessionnaire se plaignant de la mauvaise exécution du bail. • Civ. 3e, 30 sept. 2014, n° 13-20.420 : *DP entr. agric., Bull. n° 479, p. 10, note Roussel.* ♦ La réception de deux fermages sans réserve ne suffit pas à caractériser une manifestation claire et non équivoque de l'agrément du bailleur. • Civ. 3e, 30 sept. 2014, n° 13-20.419 : *DP entr. agric., Bull. n° 479, p. 12, note Roussel.*

46. Renonciation. Les juges ont pu déduire du fait que le bailleur a laissé le bail se renouveler en sachant que l'un des preneurs n'était pas associé de la société ayant bénéficié de la mise à disposition du bien, qu'il ne pouvait s'opposer à la cession. • Civ. 3e, 5 juin 2013, n° 12-16.324 : *RD rur. 2013, n° 114, note Crevel ; DP entr. agric., Bull. n° 465, p. 1, note Roussel.* ♦ La cour qui relève que les terres avaient été mises à disposition de l'EARL dont la copreneuse n'était pas associée et ne participait pas aux travaux est mal fondée à rejeter la résiliation au motif que le bailleur ne pouvait ignorer la situation et avait donc renoncé à se prévaloir de la faute. • Civ. 3e, 14 juin 2018, n° 17-18.932 : *RD rur. 2018, n° 132, note Crevel ; Defrénois 2020, n° 18-19, p. 64, note Barbieri et Dagneaux.*

47. Sanction des cessions irrégulières. V. ss. art. L. 411-31, notes 63 s.

3° AUTORISATION JUDICIAIRE

48. Demande. L'art. L. 411-35 n'édictant aucune cause d'irrecevabilité, la cour d'appel a retenu à bon droit que l'absence de preuve d'une demande amiable auprès du bailleur, préalable à la saisine du tribunal, n'est pas de nature à rendre la demande judiciaire irrecevable. • Civ. 3e, 27 juin 1990 : *RDI 1991. 279, obs. crit. Foyer et Hudault* • 3 avr. 1997, n° 95-11.739 P : *D. 1997. 574, note Crevel ; RDI 1997. 634, obs. crit. Foyer ; JCP N 1998, n° 6, p. 208, obs. Moreau.* ♦ Une demande d'autorisation judiciaire de cession n'est pas subordonnée à une demande d'autorisation amiable. • Civ. 3e, 18 nov. 2003 : *RD rur. 2004. 413.* ♦ Une demande d'association de l'épouse au bail de son mari, formée après une demande de cession entre les mêmes parties, se heurte à l'autorité de chose jugée en application de la concentration des moyens. • Civ. 3e, 14 avr. 2015, n° 14-15.653 : *RD rur. 2015, n° 158, note Crevel.* ♦ La demande d'agrément au bailleur ayant été notifiée avant l'expiration du bail, la demande d'autorisation de cession présentée postérieurement au tribunal est recevable. • Civ. 3e, 8 oct. 2015, n° 14-20.101 P : *D. 2015. 2074 ; JCP 2015. 1162 ; Rev. loyers 2015. 522, note Peignot ; JCP N 2015 Actu. 1031 et 1251, note Chabot ; DP entr. agric., Bull. n° 492, p. 12, note Roussel ; D. 2016. 364, note Roussel ; RD rur. 2016, n° 38, note Crevel ; Gaz. Pal. 2015. 3726, obs. Feschotte-Desbois.*

49. Copreneur. Le copreneur n'a pas qualité pour agir seul devant le tribunal paritaire afin d'obtenir l'autorisation de céder son bail. • Civ. 3e, 9 mars 1994, n° 91-14.660 P : *JCP N 1994. II. 314, obs. Moreau.*

50. Capacité. Le cessionnaire d'un bail rural qui est titulaire d'une autorisation d'exploiter n'est pas tenu de démontrer qu'il remplit les conditions de capacité ou d'expérience professionnelle de l'art. R. 331-1. • Civ. 3e, 1er oct. 2008, n° 07-17.242 : *RD rur. 2008, n° 208 ; D. 2008. 2594, obs. Forest ; JCP N 2008. 672 et 2009. 1345, note Roussel ; JCP 2008. IV. 2710 ; Rev. loyers 2008. 504, note Peignot ; RD rur. 2008, n° 230, note Crevel ; Gaz. Pal. 2 déc. 2008. 20 ; JCP N 2009. 1008, note Lebel.* ♦ L'autorisation d'exploiter ne dispense pas le candidat cessionnaire de justifier des autres conditions de l'art. L. 411-59 et notamment qu'il présente les garanties indispensables à la bonne gestion du fonds. • Civ. 3e, 31 mars 2016, n° 15-13.967 : *RD rur. 2016, n° 144, note Crevel ; Gaz. Pal. 8 nov. 2016, p. 36, note Krajeski.* ♦ L'autorisation de céder le bail est subordonnée à la capacité du cessionnaire de satisfaire aux obligations du bail et le juge vérifie les conditions requises pour que les intérêts légaux du bailleur ne soient pas compromis. • Civ. 3e, 28 mai 2020, n° 19-11.446 : *Rev. loyers 2020, n° 1009, note Peignot.*

51. Autorisation préalable. La cession du bail ne peut intervenir avant l'agrément préalable du bailleur ou la saisine du tribunal paritaire. • Civ. 3e, 21 déc. 1993, n° 91-21.674 P. ♦ La cession du bail par un preneur qui exploitait dans le cadre d'un GAEC et qui a reçu congé en raison de son âge, ne peut être autorisée que si le descendant a reçu une autorisation à la date d'effet du congé, même s'il n'est pas établi que le preneur se soit ensuite effectivement retiré du GAEC. • Civ. 3e, 5 mai 2004, n° 02-21.659. ♦ Est fondée la résiliation du bail pour cession prohibée dès lors que les preneurs qui avaient mis leur bail à disposition d'une EARL s'en sont retirés, laissant leur fille associée non titulaire du bail en activité, même si les preneurs avaient sollicité une autorisation judiciaire de céder, la cession sous condition suspensive étant inconnue du code rural. • Civ. 3e, 27 oct. 2004, n° 03-13.071 P : *JCP 2004. IV. 3350 ; Gaz. Pal. 6-8 mars 2005. 21 ; Rev. loyers 2005. 41, note Peignot.* ♦ Le preneur ayant cédé toutes ses parts dans l'EARL exploitant les terres qu'il avait mises à sa disposition, son fils étant devenu seul associé, la cession se trouvait réalisée avant la saisine du tribunal et le juge ne pouvait l'autoriser. • Civ. 3e, 22 juin 2017, n° 16-14.717 : *Rev. loyers 2017, n° 980, note Peignot ; Defrénois 2017, n° 26, p. 31, note Delorme.*

52. Pouvoirs du juge. L'art. 832 [L. 411-35] donne au tribunal le droit d'autoriser la cession pour les enfants du preneur quelles que soient les clauses du bail. • Soc. 23 avr. 1953 : *Bull. civ. IV, n° 293.* ♦ Dès lors qu'ils constatent que le cessionnaire d'un bail à ferme est un descendant majeur du preneur, les juges du fond disposent d'un pouvoir souverain pour autoriser la cession. • Civ. 3e, 26 févr. 1986 : *Bull. civ. III, n° 15.*

53. Dommages-intérêts. Pour un exemple de manœuvres déloyales du bailleur pour s'opposer à la cession du bail justifiant des dommages-intérêts pour le preneur, V. • Metz, 10 déc. 2015, n° 13/03248 : *Rev. loyers févr. 2016. 87.*

54. Viole l'art. L. 411-35 en ajoutant à la loi une condition qu'elle ne comporte pas la cour d'appel qui, pour débouter un preneur de sa demande d'autorisation de cession de bail à un descendant, énonce que l'autorisation de cession en faveur d'un enfant majeur ne doit être accordée que lorsqu'il s'agit d'une première installation et à condition que le cessionnaire habite la parcelle cédée. • Civ. 3e, 1er juill. 1998, n° 96-19.459 P : *JCP N 1999, n° 16, p. 686 ; RD rur. 1999. 186 ; Gaz. Pal. 12-14 sept. 1999. Somm. 28, obs. Lachaud.*

55. C'est à la date de la cession projetée que le descendant doit remplir les conditions de capacité et d'expérience professionnelle et avoir présenté sa demande d'autorisation d'exploiter. • Civ. 3e, 7 avr. 1993, n° 91-12.680 P : *Gaz. Pal. 1994. 1. Somm. 141, obs. Lachaud ; Defrénois 1994. 889, obs. Vermelle ; JCP N 1994. II. 63, obs. Moreau.* – V. aussi • Civ. 3e, 3 avr. 1996, n° 94-15.479 P : *JCP 1996. II. 1256 ; Rev. huiss. 1997. 836, note Pitaud* • 12 juin 2001 : *RD rur. 2001. 556* • 10 oct. 2001, n° 00-10.882 P : *RD rur. 2002. 112 ; ibid. 291, obs. Crevel ; Gaz. Pal. 29-30 mars 2002. 15, obs. Lachaud* • 5 févr. 2003, n° 01-14.002 P : *JCP 2003. IV. 1575 ; Gaz. Pal. 4-5 avr. 2003. 25 ; ibid. 31 oct.-1er nov. 2003. 23.*

56. Autorisation conditionnelle. La situation du cessionnaire doit s'apprécier à la date de la cession projetée qui ne peut etre conditionnée par un événement futur. • Civ. 3e, 24 juin 2015, n° 14-15.263 P : *JCP 2015. 825 ; D. 2015. 1440 ; JCP N 2015. Actu. 744 ; DP entr. agric., Bull. n° 490, p. 7, note Roussel ; Gaz. Pal. 12-16 juill. 2015 ; Rev. loyers 2015. 408, note Peignot ; AJDI 2016. 50, note Prigent ; RD rur. 2016, n° 1, note Crevel ; D. actu. 7 sept. 2015, note Prigent.*

57. Exemples d'autorisations judiciaires. Pour un arrêt validant la cession progressive de l'exploitation agricole au profit d'un descendant, réalisée par un preneur ayant dépassé l'âge de la retraite et à qui on ne peut reprocher de démembrer son exploitation, dès lors que la cession n'était pas de nature à nuire aux intérêts légitimes du bailleur, V. • Civ. 3e, 11 juin 1997 : *RD rur. 1997. 631 ; Gaz. Pal. 1998. 1. Pan. 68 ; JCP 1997. IV. 1632.* ♦ Pour des exemples d'autorisation judiciaire de cession à l'égard du descendant du preneur au motif qu'il est doté de la capacité professionnelle, V. • Civ. 3e, 20 juin 1995 : *Ann. loyers 1996. 638* • 8 juin 1995 : *Rev. huissiers 1996. 204, note Pitaud* • 18 juill. 2001, n° 99-19.176 P : *JCP N 2002. 1229 et 10183, note Lièvremont ; JCP 2001. 2733 ; Gaz. Pal. 2001. 2. Somm. 1614 ; ibid. 2002. 1. Somm. 445* • Reims, 20 févr. 2002 : *JCP 2002. IV. 2118* (V. désormais sur ce point la jurisprudence note 50). ♦ Les juges ont pu autoriser la cession du bail ... alors même que la cessionnaire devait mettre les terres à la disposition d'une EURL, ce projet ne révélant pas par avance une intention frauduleuse. • Civ. 3e, 29 nov. 2000 : *AJDI 2001. 532, obs. Giraudel.* ♦ ... Indispensable à la survie de l'exploitation du fils qui présentait les aptitudes professionnelles suffisantes. • Dijon, 6 nov. 2008 : *RD rur. 2009, n° 74, note Crevel.* ♦ ... Alors même que le preneur a vendu le bétail d'origine et orienté l'exploitation vers les cultures céréalières. • Civ. 3e, 1er févr. 2018, n° 16-23.952 : *RD rur. 2018, n° 70, note Crevel.*

58. N'est pas de nature à priver le preneur de la faculté de céder ultérieurement le bail à l'un de ses descendants l'absence de notification au propriétaire : ... de la mise à disposition consentie au profit d'un GAEC. • Civ. 3e, 17 juill. 1996 : *RD rur. 1996. 89* • Douai, 29 juin 2009 : *RD rur. 2009, n° 136, note Crevel.* ♦ ... Du départ à la retraite d'un des époux copreneurs. • Civ. 3e, 27 juin 2006 : *Gaz. Pal. 5-6 janv. 2007. 32* • Paris, 7 sept. 2006 : *JCP 2006. IV. 3081.* ♦ Le fait que le fils du preneur ait exercé sur le bailleur des violences légères ne prive pas le preneur de céder son bail à son descendant. • Civ. 3e, 3 avr. 2001 : *RD rur. 2001. 494.* ♦ La quantité de référence laitière étant attachée à l'exploitation, la cessation de l'activité laitière, par l'exploitant, pendant la durée du bail, ne constitue pas un manquement aux obligations nées de ce bail de nature à empêcher le preneur de céder son bail à son descendant. • Civ. 3e, 7 avr. 1994, n° 92-11.776 P : *D. 1994. IR 111* ; *Rev. loyers 1994. 303, note Peignot ; Defrénois 1994. 1184, obs. Vermelle ; JCP N 1994. II. 313, obs. Moreau.* ♦ Compte tenu de la faible superficie de la parcelle, la cession peut être autorisée au descendant titulaire du BEPA qui exerce à temps plein l'emploi du chef adjoint de cabinet ministériel. • Amiens, 11 avr. 2004 : *RD rur. oct. 2006. 37.* ♦ V. aussi, concernant l'abandon de la production betteravière et la perte de quotas, • Civ. 3e, 2 déc. 1998 : *préc. note 14.*

59. La cession du bail ne peut être refusée pour des faits commis antérieurement au transfert du bail résultant de l'art. L. 411-34, à moins que leurs conséquences n'aient perduré ensuite. • Civ. 3e, 4 juin 2014, n° 13-17.854 : *D. 2014. 1273* ; *D. actu. 2 juill. 2014, note Prigent ; JCP 2014. 748 ; JCP N 2014. Actu. 735 ; DP entr. agric., Bull. n° 475/476, p. 14, note Roussel ; RD rur. 2014, n° 178, note Crevel.*

60. S'agissant d'un bail à ferme dépendant d'une indivision post-communautaire, dont congé avec refus de renouvellement a été délivré par le bailleur en application de l'art. L. 411-64, al. 2, justifie légalement sa décision la cour d'appel qui, après avoir constaté que la seule issue ouverte à l'indivision existant entre les époux divorcés pour que demeure à son actif la valeur patrimoniale de l'exploitation commune était le transfert de celle-ci au profit de l'enfant des intéressés, en déduit que le refus de l'époux divorcé de souscrire à cette cession de bail met en péril l'intérêt commun des indivisaires et qu'il y a donc lieu d'autoriser l'épouse divorcée à réaliser cette opération sans le concours de son coïndivis. • Civ. 1re, 3 mars 1992, n° 90-16.420 P : *RTD civ. 1993. 392, obs. Patarin* ; *D. 1992. IR 116* ; *JCP 1993. II. 22003, note J.-M. G.* – Comp. : • Versailles, 20 mars 1992 : *Administrer 4/1993. 75, note Le Petit.*

61. Motifs de refus. Les critères de refus de cession sont les mêmes pour les descendants que pour le conjoint. • Civ. 3e, 15 mai 1997 : *Ann. loyers 1996. 1470 (2e esp.).*

62. Les juges du fond apprécient souverainement si les manquements du preneur à ses obligations sont assez graves pour refuser la cession du bail à un descendant. • Civ. 3e, 11 févr. 1981 : *Bull. civ. III, n° 29.* ♦ Le tribunal peut refuser d'autoriser la cession faite par le preneur à son fils, même si le bailleur avait antérieurement offert au preneur une extension du bail au profit de son épouse, dès lors que le preneur n'a pas accepté cette offre. • Civ. 3e, 15 mai 1996 : *Ann. loyers 1996. 1470* (1re esp.). ♦ La cour a pu rejeter la demande d'autorisation de cession du bail qu'elle a jugé formulée pour faire échec à l'exercice du droit de reprise. • Civ. 3e, 7 déc. 2011, n° 10-28.106 : *Rev. loyers 2012. 69.*

63. Critères du refus. L'*intérêt légitime* du propriétaire doit s'apprécier compte tenu, non pas de ses propres projets, mais de la bonne foi du cédant et de la capacité du cessionnaire à respecter les obligations nées du contrat. • Civ. 3e, 21 févr. 1996, n° 94-12.134 P : *Rev. loyers 1997. 311 ; RD rur. 1996. 37* • 5 juin 2002, n° 00-21.893 P : *Gaz. Pal. 2002. 1. Somm. 1534. 21 ; JCP 2002. IV. 2292 ; RD rur. 2003. 48 ; AJDI 2003. 44* ; *Gaz. Pal. 20-21 juin 2003. 34, obs. Lachaud.* ♦ Ainsi, est mal fondé l'arrêt qui admet que le propriétaire s'oppose à la cession du bail par le preneur : ... aux fins de disposer des terres à sa guise ou les faire exploiter par sa propre descendance. • Civ. 3e, 13 déc. 2000 : *AJDI 2001. 619, obs. Giraudel* • 5 juin 2002 : *préc.* ♦ ... Aux fins de disposer de ses terres libres pour augmenter ses ressources financières. • Civ. 3e, 3 avr. 2001 : *RD rur. 2001. 494 ; AJDI 2001. 996, obs. Giraudel* ; *Rev. loyers 2001. 448, note Peignot.* ♦ ... En relevant que le bailleur a pu conclure un bail avec un autre candidat à l'exploitation qui lui donnait plus de garanties de bonne exploitation du fonds. • Civ. 3e, 4 juin 2014, n° 13-15.141 : *D. 2014. 1273* ; *D. actu. 21 juill. 2014, note Prigent ; JCP 2014. 748 ; DP entr. agric., Bull. n° 475/476, p. 14, note Roussel ; RD rur. 2014, n° 233, note Crevel ; AJDI 2015. 48, note Prigent* . ♦ ... En relevant que le preneur occupe deux parcelles sans droit ni titre et méconnaît les obligations du bail alors qu'il n'a pas ainsi étendu l'assiette du bail. • Civ. 3e, 8 sept. 2016, n° 15-18.637 : *AJDI 2016. 700* ; *JCP 2016. 1001.* ♦ La cession des droits d'un des deux copreneurs à l'autre est refusée au motif que le bailleur avait un intérêt légitime à ce que l'économie de la convention ne soit pas perturbée, • Civ. 3e, 6 déc. 1995, n° 93-21.260 P : *Rev. huiss. 1996. 959, note crit. Pitaud ; RD rur. 1996. 25* (V. art. L. 411-46). ♦ Dans le même sens, à propos d'un bail à long terme, V. • Civ. 3e, 23 févr. 1999 : *RD rur. 1999. 194.* ♦ La Cour a pu déduire de la proximité de la date d'effet du congé que le candidat à la cession qui ne pouvait bénéficier d'un droit au renouvellement du bail ne disposait pas d'un temps utile pour remplir les obligations du preneur. • Civ. 3e, 9 juin 2015, n° 14-12.728 : *RD rur. 2015, n° 176, note Crevel.*

64. Ajoute à la loi une condition qu'elle ne comporte pas et ne précise pas en quoi la cession du bail pouvait être préjudiciable aux intérêts légitimes du bailleur la cour d'appel qui refuse d'autoriser la cession de bail au profit de la fille du preneur au motif que l'autorisation de cession en faveur d'un enfant majeur ne doit être accordée que lorsqu'il s'agit d'une première installation et à condition que le cessionnaire habite sur la parcelle cédée. • Civ. 3e, 1er juill. 1998, n° 96-19.459 P : *Gaz. Pal. 12-14 sept. 1999. Somm. 28, obs. Lachaud ; RD rur. 1998. 499 et 1999. 186 ; JCP N 1998, n° 44-45, p. 1592, obs. J.-P. M. ; ibid. 1999, n° 16, p. 686.*

65. La faculté de cession exceptionnelle doit être réservée au preneur de *bonne foi*, qui s'est constamment acquitté de ses obligations. • Soc. 3 nov. 1951 : *Bull. civ. III, n° 721 ; JCP 1952. II. 6753*

• 17 mars 1957 : *Bull. civ. IV, n° 303.* – V. aussi • Civ. 3e, 16 déc. 1998, n° 96-22.504 P : *JCP 1999. IV. 1254* • 11 juill. 2019, n° 18-14.783 : *AJDI 2020. 514, note Roussel.* ♦ La bonne foi s'apprécie à la date de la demande en justice d'autorisation de cession. • Civ. 3e, 5 avr. 2018, n° 17-12.533 : *AJDI 2018. 615 ; DP entr. agric., Bull. n° 521, p. 11, note Roussel* • 31 mai 2018, n° 17-19.893 : *ibid.* ♦ Le bailleur est fondé à refuser la cession du bail par le preneur ... en cas de sous-location prohibée. • Civ. 3e, 23 nov. 2004, n° 03-15.974. ♦ ... Lorsque le preneur ne justifie pas d'un accord du bailleur pour développer une activité commerciale sur le fonds, manquant à son obligation d'exploiter le fonds conformément à la destination qui lui a été conférée par le bail. • Civ. 3e, 30 juin 2021, n° 20-15.343 : *Defrénois 2021, n° 45-46, p. 30, note Delorme.* ♦ ... Lorsque le mari copreneur a informé le bailleur de sa mise à disposition des terres au GAEC constitué entre lui et son fils, mais que l'épouse copreneur n'a pas été associée à ce GAEC. • Civ. 3e, 15 oct. 2014, n° 12-28.744 : *JCP N 2014. Actu. 1186.* ♦ ... Lorsque le preneur a cessé d'exploiter personnellement le fonds depuis plusieurs années de manière permanente et effective. • Civ. 3e, 24 mars 2015, n° 14-14.310 : *JCP N 2015. Actu. 509 ; RD rur. 2015, n° 141.* ♦ ... Lorsque le preneur a eu des retards réitérés dans le paiement des fermages. • Civ. 3e, 3 déc. 2015, n° 14-23.207 P : *D. 2015. 2560 et 2016. 364 ; JCP N 2015. Actu. 1205 ; JCP 2015. 1421 ; DP entr. agric., Bull. n° 492, p. 12, note Roussel ; Rev. loyers 2016, n° 963, note Peignot ; Gaz. Pal. 2016. 1753* • 11 oct. 2018, n° 17-11.112. ♦ ... Dès lors que le preneur prévenu de la pollution des terres prises à bail n'en a pas informé le bailleur et n'a pas pris les mesures pour remédier ou limiter les effets de la pollution. • Civ. 3e, 26 mars 2020, n° 18-18.603 : *Rev. loyers 2020, n° 1009, note Roussel.*

66. Cessions et associé preneur. Le refus de cession est fondé ... lorsque le bailleur n'a eu connaissance ni de l'absence de participation de l'épouse à l'exploitation, ni des statuts de l'EARL. • Civ. 3e, 15 sept. 2015, n° 14-18.017 : *AJDI 2015. 788.* ♦ ... Lorsque le preneur s'est retiré du GAEC, a cédé ses parts à son fils qui ensuite a mis en qualité de preneur les biens à la disposition du GAEC puis demandé une autorisation d'exploiter. • Civ. 3e, 13 sept. 2018, n° 17-14.722 : *Rev. loyers 2018, n° 991, note Peignot.* ♦ ... Lorsque le preneur n'établit pas se consacrer à l'exploitation effective et permanente des biens loués mis à la disposition de la société. • Civ. 3e, 12 oct. 2023, n° 21-20.212 P : *RD rur. 2023, n° 106, note Crevel.* ♦ Est mal fondé l'arrêt qui retient que la mise à disposition des terres sans information du bailleur en temps utile et l'échange en jouissance de parcelles sans autorisation du bailleur ne constituent pas des motifs assez graves pour justifier le refus d'autorisation de cession du bail. • Civ. 3e, 6 févr. 2020, n° 18-24.425 : *Rev. loyers 2020, n° 1006, note Peignot ; DP entr. agric., Bull. n° 541/542, p. 9, note Roussel.* ♦ Mais l'absence d'information du bailleur du départ ou de l'entrée de nouveaux associés par le preneur restant associé de la société au profit de laquelle les terres étaient à disposition ne constitue pas un manquement le constituant de mauvaise foi. • Civ. 3e, 5 oct. 2017, n° 16-22.350 P : *D. actu. 31 oct. 2017, note Prigent ; D. 2017. 2030 ; JCP 2017. 1122 ; JCP N 2017. Actu. 889 ; DP entr. agric., Bull. n° 512, p. 6, note Roussel ; RD rur. 2017, n° 283, note Crevel ; Defrénois 2017, n° 22, p. 5.*

67. Cession, associés preneurs. Les copreneurs solidaires, qui ont mis les biens loués à la disposition d'une EARL alors que l'un des copreneurs n'a pas acquis la qualité d'associé, ont manqué à l'une des obligations essentielles du bail, ce qui suffisait à les constituer de mauvaise foi et à les priver de la faculté de céder leur bail même en l'absence de préjudice démontré du bailleur. • Civ. 3e, 3 févr. 2010, n° 09-11.528 : *JCP 2010, n° 9-10, p. 464 ; JCP N 2010. 1180, note Barbièri ; ibid. 2011. 1249 ; RD rur. 2010, n° 46, note Crevel ; Defrénois 2010. 39107, note Krajeski ; Rev. loyers 2010. 177, note Peignot ; AJDI 2010. 326 ; LPA 2011, n° 32, p. 10, note Billemont ; ibid. 2010, n° 110, p. 18, note Burgard.* • 25 mars 2021, n° 20-15.124 : *AJDI 2021. 457 et 781, note Roussel.* ♦ Solution confirmée même si le copreneur solidaire exploite les terres qu'il a mises à disposition du GAEC dont il n'est pas associé. • Civ. 3e, 27 mars 2013, n° 12-15.307 : *Rev. loyers 2013, n° 937, note Peignot ; ibid., n° 938, obs. Gomar.* ♦ Même sens : • Civ. 3e, 14 févr. 2012, n° 10-28.804 : *DP entr. agric., Bull. n° 451, p. 6, note Roussel* • 5 juin 2013, n° 12-18.465 : *RD rur. 2013, n° 113, note Crevel ; JCP N 2013. 703 ; JCP 2013. 761 ; DP entr. agric., Bull. n° 465, p. 1, note Roussel* • 27 avr. 2017 : *RD rur. 2017, n° 186 ; AJDI 2017. 535 ; DP entr. agric., Bull. n° 510, p. 8, note Roussel ; Rev. loyers 2017, n° 980, note Peignot ; Defrénois 2017, n° 26, p. 31, note Delorme.* ♦ Chaque copreneur auteur de la mise à disposition des biens loués doit avoir adhéré concomitamment au groupement bénéficiaire de celle-ci à peine de déchéance du droit de céder le bail. • Civ. 3e, 25 oct. 2018, n° 17-14.073 : *AJDI 2018. 874 ; Gaz. Pal. 2019. 1569, note Peignot.* ♦ Doit être refusée l'autorisation sollicitée par le copreneur associé d'une EARL, qui n'assure que des fonctions limitées de gestion ne constituant pas une participation effective et permanente de l'exploitation. • Civ. 3e, 12 sept. 2019, n° 18-11.721 : *Rev. loyers 1er nov. 2019, note Peignot ; RD rur. 2019, n° 140, note Crevel.* • Civ. 3e, 24 juin 2021, n° 19-24.521 : *Rev. loyers 1er oct. 2021, n° 1020, note Roussel ; Defrénois 2021, n° 45-46, p. 30, obs. Delorme ; DP. entr. agric., Bull. n° 556, p. 11, note Roussel.* ♦ Est fondé le refus de cession du bail par les copreneurs dès lors que, si le mari a informé le bailleur de sa mise à disposition des terres au GAEC constitué entre lui et son fils, son épouse copreneur n'a pas été associée à ce GAEC. • Civ. 3e, 15 oct. 2014, n° 12-28.744 : *JCP N 2014. Actu. 1186.* ♦ Est mal fondée la cour qui retient que le bailleur avait connaissance de la situation pour autoriser la cession du bail consenti à des copreneurs ayant mis les terres à disposition d'une EARL alors que la copreneuse n'était pas associée et ne participait pas aux travaux. • Civ. 3e, 11 mai 2017, n° 15-23.340 : *RD rur. 2017, n° 187 ; JCP N 2017. Actu. 578 ; DP entr. agric., Bull. n° 510, p. 9, note Roussel ; Defrénois 2017, n° 26, p. 31, note Delorme.*

68. Exemples de refus justifiés : retards de paiement. Les retards systématiquement réitérés depuis sept ans dans le paiement des fermages constituent les preneurs de mauvaise foi les privant en conséquence de la faculté de céder leur bail. • Civ. 3e, 24 nov. 2009, n° 08-21.472. ♦ Des retards réitérés dans le paiement des fermages, même s'ils ne remplissent pas les conditions exigées pour le refus de renouvellement ou la résiliation du bail, peuvent justifier le refus d'autorisation de cession. • Civ. 3e, 3 mai 1977 : *Bull. civ. III, n° 185* • Civ. 3e, 15 mai 1996 : *Ann. loyers 1996. 1470 (1re esp.) ; Rev. loyers 1997. 328.* ♦ Il en est de même pour les manquements et retards dans le paiement des fermages pendant plusieurs années ainsi que le fait que l'éventuel cessionnaire, déjà endetté, ne peut bénéficier d'emprunts à taux bonifiés et ne présente pas les garanties financières et de compétence suffisante pour l'avenir de l'exploitation. • Civ. 3e, 16 nov. 1994, n° 91-22.178 P : *Gaz. Pal. 1995. 2. Somm. 309, obs. Lachaud.*

69. … Absence de volonté réelle d'exploiter. Sont déboutés de leur demande de cession de leur bail à leur fils les époux qui ne démontrent pas la volonté effective et réelle de celui-ci d'exploiter personnellement les terres en cause. • Civ. 3e, 26 oct. 2004, n° 03-13.841.

70. Viabilité du projet. Le bail peut être cédé dès lors qu'il est établi que le projet de continuation de l'activité est viable et que le candidat dispose des moyens matériels et financiers nécessaires. • Civ. 3e, 28 mai 2020, n° 19-11.446 : *Rev. loyers 2020, n° 1009, note Peignot.*

71. … Défaut de capacité professionnelle. V. note 50. – Jugeant que l'absence de preuve d'une compétence technique suffisante du cessionnaire éventuel serait préjudiciable aux intérêts du bailleur, • Civ. 3e, 21 févr. 1996, n° 94-11.289 P : *Gaz. Pal. 1996. 2. Pan. 260 ; Rev. loyers 1997. 327.* ♦ Refusant la cession du bail au motif que le descendant est titulaire d'un brevet professionnel agricole option hippique, sans lien avec le fonds loué (orienté vers la production laitière), qu'il ne justifie d'aucune expérience professionnelle et qu'il ne fournit pas de garantie financière, V. • Civ. 3e, 2 juin 1999 : *RD rur. 1999. 530, obs. Crevel.* – V. aussi • Civ. 3e, 18 juill. 2000 : *Ann. loyers 2000. 2030.* ♦ La cession ne peut être autorisée que si le bénéficiaire était titulaire du brevet professionnel agricole à la date d'effet du congé ou s'il possédait alors une expérience professionnelle de la durée requise. • Civ. 3e, 8 déc. 1999, n° 98-15.093 P : *AJDI 2000. 709 ; Rev. loyers 2000. 252, obs. Peignot ; RD rur. 2000. 3.* ♦ Les juges du fond doivent vérifier au besoin d'office si le candidat : est titulaire d'un diplôme, certificat ou expérience professionnelle établissant sa capacité professionnelle. • Civ. 3e, 24 sept. 2002, n° 01-10.325 • 22 mars 2005, n° 04-11.032 P : *Rev. loyers 2005. 332, note Peignot ; JCP 2005. IV. 2043 ; Gaz. Pal. 23-24 sept. 2005. 16, et 23-25 juill. 2006. 30 ; AJDI 2005. 748, obs. Prigent* ♦ … Remplit les conditions de capacité exigées par le contrôle des structures. • Civ. 3e, 8 déc. 1999 : *RD rur. 2000. 214.* ♦ … Conditions qui ne sont pas établies par le seul fait que le candidat à la cession ait obtenu l'aide à l'installation des jeunes agriculteurs. • Civ. 3e, 24 sept. 2002 : *RD rur. 2003. 121.* ♦ Pour un descendant, déjà endetté, ne pouvant bénéficier d'emprunts à taux bonifiés, V. • Civ. 3e, 16 nov. 1994 : *Rev. huiss. 1995. 612.* ♦ Pour un refus motivé par l'absence de participation de l'épouse du preneur à l'exploitation des terres affermées, V. • Civ. 3e, 9 oct. 1996, n° 94-20.108 P : *D. 1996. IR 229 ; Rev. huiss. 1996. 1417 ; JCP 1996. II. 22740, concl. Weber ; RD rur. 1996. 99 ; ibid. 1996. 470, concl. Weber.* ♦ V., pour une participation jugée insuffisante de la conjointe : • Montpellier, 30 juill. 2003 : *RD rur. 2004. 193.*

72. … Contrôle des structures. La cession n'est pas possible si le candidat à la cession s'est abstenu de demander l'autorisation d'exploiter exigée par la loi à la date projetée pour l'opération puisque cette cession contreviendrait alors aux dispositions régissant le contrôle des structures. • Civ. 3e, 19 janv. 2000, n° 98-13.383 P : *D. 2000. IR 48 ; RD rur. 2000. 127 ; Gaz. Pal. 3-4 oct. 2001, p. 23, obs. Lachaud.* ♦ Les juges peuvent valablement tirer argument du refus d'autorisation préfectorale pour s'opposer à la cession d'un bail par un grand-père au profit de son petit-fils. • Civ. 3e, 16 juill. 1998 : *RD rur. 1999. 182* • 22 janv. 2003, *Gaillard c/ Roche,* n° 01-13.968 • 26 oct. 2022, n° 21-17.886 : *Rev. loyers déc. 2022, note Roussel ; AJDI 2022. 843.* ♦ Les juges du fond doivent, même d'office, rechercher si le candidat était titulaire d'une autorisation administrative d'exploiter si celle-ci est nécessaire. • Civ. 3e, 22 mars 2005 : *préc. note 71.* ♦ Sont mal fondés les juges qui acceptent d'autoriser la cession du bail par le preneur à son fils sans avoir recherché si le fils du preneur avait demandé pour la date de la cession projetée l'autorisation préalable ou s'il était justifié par le preneur que l'autorisation n'était pas obligatoire. • Civ. 3e, 21 févr. 2007, n° 05-10.242 : *RD rur. 2007, n° 138 ; Gaz. Pal. 15-18 août 2007. 35.* ♦ La cession ne peut intervenir que si le cessionnaire dispose de l'autorisation d'exploiter pour les terres objet de la cession. • Civ. 3e, 15 juin 2011, n° 01-18.475.

♦ La cession ne peut être autorisée que si le cessionnaire dispose de l'autorisation administrative d'exploiter les terres ou s'il en est dispensé, sans pouvoir se prévaloir d'une autorisation demandée et obtenue *a posteriori*. • Civ. 3e, 14 avr. 2016, n° 15-15.781 P : *D. 2016. 897 ; JCP 2016. 531 ; JCP N 2016. 586 ; DP entr. agric., Bull. n° 496, p. 5, note Roussel ; Rev. loyers 2016, n° 969, p. 327, note Peignot ; RD rur. 2016, n° 183, note Crevel ; Gaz. Pal. 2016. 1898 ; Defrénois 2017, n° 31-33, p. 56, note Delorme.* ♦ Le congé ne peut être validé tant que la juridiction administrative n'aura pas annulé l'autorisation d'exploiter. • Civ. 3e, 12 mai 2016 : *Gaz. Pal. 8 nov. 2016, note Millard.* ♦ Est mal fondé l'arrêt qui rejette la demande de cession du bail au motif que le preneur n'est pas titulaire d'une autorisation d'exploiter sans vérifier qu'il ne remplissait pas les conditions d'expérience professionnelle prévues aux art. L. 331-2 à L. 331-5. • Civ. 3e, 17 mai 2018, n° 15-23.924. ♦ Procédant d'office à la vérification de la situation du descendant du preneur au regard du contrôle des structures et après avoir retenu la conformité du projet à cette réglementation, la cour a justifié sa décision d'autorisation de la cession. • Civ. 3e, 24 janv. 2019, n° 17-21.691 : *Rev. loyers 2019. 140, note Peignot.* ♦ La cour qui relève que la direction départementale des territoires a attesté que la situation du candidat cessionnaire était conforme au schéma directeur régional des exploitations agricoles a pu en déduire qu'il justifiait satisfaire aux conditions du contrôle des structures. • Civ. 3e, 28 mai 2020, n° 19-11.446 : *Rev. loyers 2020, n° 1009, note Peignot.*

73. Est mal fondé le rejet d'autorisation de cession du bail qui est demandée pour le fils du preneur qui est membre de l'EARL à la disposition de laquelle les terres devaient être mises, l'EARL ayant reçu l'autorisation d'exploiter ces terres. • Civ. 3e, 27 mai 2009, n° 08-14.982 : *JCP 2009, n° 26, p. 23 ; JCP N 2011. 1124, note Roussel ; RD rur. 2009, n° 68 ; Gaz. Pal. 14-15 oct. 2009, p. 11* • Civ. 3e, 6 janv. 2010, n° 08-20.928 : *D. 2010. 208, note Forest ; JCP 2010. 213 ; JCP N 2010. Actu. 149 ; Gaz. Pal. 3-4 févr. 2010, p. 533 ; ibid. 31 mars-1er avr. 2011.* ♦ Lorsque les terres louées sont destinées à être exploitées par une société qui détient une autorisation d'exploiter, le cessionnaire n'est pas tenu de remplir les conditions de capacité ou d'expérience professionnelle. • Civ. 3e, 12 avr. 2018, n° 17-16.965 P : *D. 2018. 849 ; D. actu. 22 mai 2018, note Prigent ; RD rur. 2018, n° 97, note Crevel ; JCP N 2018. Actu. 401 ; JCP 2018. 512 ; DP entr. agric., Bull. n° 518, p. 3, note Roussel ; Gaz. Pal. 2018. 2797, note Peignot ; Rev. loyers 2018, n° 987, note Peignot ; Defrénois 2020, n° 18-19, p. 64, note Barbieri et Dagneaux.* ♦ Est fondé l'arrêt autorisant la cession au fils du preneur associé du GAEC en activité qui ne détenait pas une autorisation personnelle d'exploiter dès lors que l'opération n'est pas soumise à autorisation en application des dispositions du contrôle des structures en vigueur • Civ. 3e, 4 mars 2009, n° 08-13.697 P : *JCP 2009. IV. 1562 ; JCP N 2011. 1124, note Roussel ; Gaz. Pal. 6-7 mai 2009, p. 16.* ♦ La cour n'est pas tenue de rechercher la régularité de la situation de l'EARL preneur au regard du contrôle des structures dès lors qu'il était justifié par avis préfectoral que l'installation de la cessionnaire n'était pas soumise à autorisation. • Civ. 3e, 11 mai 2022, n° 21-14.319 : *Rev. loyers 2022, n° 1029, note Roussel ; DP entr. agric., Bull. n° 565, p. 10, note Roussel.* ♦ Comp. : l'autorisation administrative d'exploiter doit être justifiée par la société bénéficiaire de la mise à disposition des biens loués, même si le candidat à la cession en est dispensé à titre personnel. • Civ. 3e, 6 juin 2019, n° 17-21.444 : *Rev. loyers 2019, n° 999, note Peignot ; Gaz. Pal. 2019. 2863, note Peignot.*

74. Jurisprudence antérieure à la loi du 5 janv. 2006. Le cessionnaire du bail doit être personnellement titulaire d'une autorisation d'exploiter même si les terres mises à la disposition du GAEC sont toujours exploitées par la même société avec le même nombre d'associés sur la même surface. • Civ. 3e, 21 févr. 2007, n° 06-11.218 P : *JCP 2007. IV. 1631 ; RD rur. 2007, n° 139 ; Rev. loyers 2007. 233 ; Gaz. Pal. 15-18 août 2007. 35.*

75. Cession après congé. La demande de reprise du bailleur n'est pas un obstacle à la cession. • Civ. 3e, 17 juin 1980 : *Bull. civ. III, n° 117.* – V. toutefois • Civ. 3e, 19 mars 1986 : *Rev. loyers 1986. 257, note Le Petit.* ♦ Le preneur qui a reçu congé peut, sans en contester la validité, demander l'autorisation de céder le bail à son descendant, sans avoir à établir son droit d'agir au nom de sa fille. • Civ. 3e, 27 juin 2007, n° 06-14.195 : *Rev. loyers 2007. 409 ; AJDI 2008. 402, obs. Prigent .*

76. Reprise après cession. La cession autorisée au profit d'un descendant du preneur ne fait pas obstacle à l'exercice du droit de reprise par le bailleur. • Civ. 3e, 19 oct. 1983 : *Bull. civ. III, n° 190 ; Defrénois 1984. 878, obs. Vermelle* • 13 juin 1984 : *Bull. civ. III, n° 114* • 12 oct. 1994, n° 92-19.936 P. – Comp. : • Civ. 3e, 22 févr. 1989 : *Bull. civ. III, n° 45.* ♦ V. aussi art. L. 411-8 et jurisprudence y afférente.

77. Effets de la cession. En cas de cession, le nouveau bail doit comporter pour le bailleur les mêmes garanties que l'ancien et le cédant dont le renouvellement du bail était acquis est tenu solidairement avec le cessionnaire ainsi que le prévoyait le bail cédé. • Soc. 14 mars 1952 : *Bull. civ. III, n° 222 ; JCP 1953. II. 7528, note de Juglart.* ♦ Le cessionnaire du bail doit se consacrer immédiatement à l'exploitation du bien et participer aux travaux sur les lieux de façon effective et permanente, et l'abstention d'exploiter du preneur autorisé n'est pas justifiée par l'existence d'un pourvoi contre l'arrêt ayant autorisé la cession. • Civ. 3e, 3 déc. 2020, n° 19-23.990 P : *JCP N 2020. Actu. 1008 ; D. 2020. 2454 ; JCP N 2021. 1121,* *note Roussel ; JCP 2020. 1447 ; Defrénois 2021, n° 18, p. 26, note Delorme ; Rev. loyers 2021, n° 1014, note Peignot ; DP entr. agric., Bull. n° 548, p. 8, note Roussel.*

4° FORMALISME DE LA CESSION

78. Jurisprudence antérieure à l'Ord. du 10 févr. 2016. Formalisme applicable aux cessions antérieures au 1er oct. 2016. La cession du bail à un descendant, même autorisée préalablement par le bailleur, n'est opposable à celui-ci que si elle lui a été signifiée ou s'il a été partie à l'acte authentique. • Civ. 3e, 6 févr. 1979 : *D. 1979. IR 398, obs. Chesné et Martine ; Rev. loyers 1979. 239, note J. V.* ♦ Toutefois, l'accomplissement de l'une ou l'autre des formalités de l'art. 1690 C. civ. devient inutile pour rendre la cession du bail opposable au propriétaire si celui-ci l'a acceptée sans équivoque. • Civ. 3e, 9 mars 1983 : *JCP N 1984. II. 18, obs. Moreau* • 23 juin 2020, n° 18-23.280 : *Gaz. Pal. 2020, n° 37, p. 26, note Feschotte-Desbois.* ♦ La cession du bail, même autorisée en justice, n'est opposable au bailleur que si elle lui a été signifiée ou s'il a été partie à l'acte de cession, la notification de la décision autorisant la cession ne constituant pas la signification prévue par l'art. 1690 C. civ. • Civ. 3e, 9 avr. 2014, n° 13-10.945 : *D. 2014. 929 ; RD rur. 2014, n° 144, note Crevel ; JCP 2014. 531 ; JCP 2014. 959, note Julienne ; JCP N 2014. 1258, note Gérard-Chabot ; Rev. loyers 2014, n° 948, note Peignot.* ♦ La cession d'un bail, fût-elle autorisée préalablement par le bailleur, n'est opposable à celui-ci que si elle lui a signifié ou s'il a été partie à l'acte authentique. • Civ. 3e, 9 juin 2015, n° 14-12.727 : *RD rur. 2015, n° 177, note Crevel.*

C. COPRENEURS

79. Est fondée l'autorisation de poursuite du bail donnée par le juge au seul copreneur demeuré en place mettant seul en valeur les terres louées sans menace pour les intérêts légitimes du bailleur. • Civ. 3e, 7 sept. 2017, n° 16-15.028 : *RD rur. 2017, n° 254, note Crevel ; Rev. loyers 2017, n° 981, note Peignot.* ♦ Le bailleur ne peut exiger que le preneur restant continue son activité jusqu'à l'âge du départ en retraite du copreneur qui a cessé son activité dans la mesure où ce dernier n'est plus partie au bail. * Rép. min. n° 15318, *JO Sénat 27 août 2020, p. 3805.* ♦ L'époux sur le point de faire valoir ses droits à la retraite ne peut présenter au bailleur la demande de continuité du bail qui à peine de nullité incombe au seul preneur qui continue d'exploiter. • Civ. 3e, 19 nov. 2020, n° 19-22.442 : *Rev. loyers 2021, n° 1014, note Peignot ; AJDI 2021. 291* . ♦ Est fondé l'arrêt qui retient que le bail s'est poursuivi au nom du copreneur qui a régulièrement mais tardivement notifié la cessation d'activité de son copreneur dès lors que le bailleur n'a pas usé de son droit d'opposition dans les deux mois. • Civ. 3e, 19 nov. 2020, n° 19-20.426 : *RD rur. 2021, n° 26, note Crevel.*

80. Faute de résiliation partielle par le copreneur ayant atteint l'âge de la retraite ou de recours au dispositif légal de continuation à son seul nom par le conjoint, ce dernier n'a pas qualité pour demander seul l'autorisation de céder le bail. • Civ. 3e, 6 mai 2021, n° 20-14.381 : *RD rur. 2021, n° 190, note Crevel ; AJDI 2021. 688, note Roussel* . ♦ Faute d'acceptation par le bailleur de la résiliation par un des époux copreneurs, celui qui est resté seul sur le fonds ne peut disposer des droits de son époux. • Même arrêt.

Art. L. 411-36 *Abrogé par Ord. n° 2006-870 du 13 juill. 2006.*

SECTION 5 **Adhésion à une société**

Art. L. 411-37 *(L. n° 2014-1170 du 13 oct. 2014, art. 4-VI)* **« I. — »** *(L. n° 2005-157 du 23 févr. 2005, art. 29-I)* **« Sous réserve des dispositions de l'article L. 411-39-1, »** *(L. n° 99-574 du 9 juill. 1999, art. 14)* **« à la condition d'en aviser le bailleur au plus tard dans les deux mois qui suivent la mise à disposition, par lettre recommandée », le preneur** *(L. n° 88-1202 du 30 déc. 1988)* **« associé d'une société à objet principalement » agricole peut mettre à la disposition de celle-ci, pour une durée qui ne peut excéder celle pendant laquelle il reste titulaire du bail, tout ou partie des biens dont il est locataire, sans que cette opération puisse donner lieu à l'attribution de parts.** *(L. n° 2006-11 du 5 janv. 2006, art. 6)* **« Cette société doit être dotée de la personnalité morale ou, s'il s'agit d'une société en participation, être régie par des statuts établis par un acte ayant acquis date certaine. Son capital doit être majoritairement détenu par des personnes physiques. »**

(L. n° 99-574 du 9 juill. 1999, art. 14) **« L'avis adressé au bailleur mentionne le nom de la société, le tribunal de commerce auprès duquel la société est immatriculée et les parcelles que le preneur met à sa disposition. Le preneur avise le bailleur dans les mêmes formes du fait qu'il cesse de mettre le bien loué à la disposition de la société ainsi que de tout changement intervenu dans les éléments énumérés ci-dessus. Cet avis doit être adressé dans les deux mois consécutifs au changement de situation.**

« Le bail ne peut être résilié que si le preneur n'a pas communiqué les informations prévues à l'alinéa précédent dans un délai d'un an après mise en demeure par le bailleur par lettre recommandée avec demande d'avis de réception. La résiliation n'est toutefois pas encourue si les omissions ou irrégularités constatées n'ont pas été de nature à induire le bailleur en erreur. »

(L. nº 2014-1170 du 13 oct. 2014, art. 4-VI) **« II. — Avec l'accord préalable du bailleur, le preneur peut mettre à la disposition de toute personne morale autre que celles mentionnées au I, à vocation principalement agricole, dont il est membre, pour une durée qui ne peut excéder celle pendant laquelle il reste titulaire du bail, tout ou partie des biens dont il est locataire, sans que cette opération puisse donner lieu à l'attribution de parts.**

« La demande d'accord préalable doit être adressée au bailleur, par lettre recommandée avec demande d'avis de réception, au plus tard deux mois avant la date d'effet de la mise à disposition. A peine de nullité, la demande d'accord mentionne le nom de la personne morale, en fournit les statuts et précise les références des parcelles que le preneur met à sa disposition. Si le bailleur ne fait pas connaître son opposition dans les deux mois, l'accord est réputé acquis. Le preneur informe le bailleur du fait qu'il cesse de mettre le bien loué à la disposition de la personne morale et lui fait part de tout changement intervenu. Cet avis doit être adressé, par lettre recommandée avec demande d'avis de réception, dans le délai de deux mois consécutif au changement de situation.

« III. — En cas de mise à disposition de biens dans les conditions prévues aux I ou II, » le preneur qui reste seul titulaire du bail doit, à peine de résiliation, continuer à se consacrer à l'exploitation *(L. nº 2014-1170 du 13 oct. 2014, art. 4-VI)* **« de ces biens », en participant sur les lieux aux travaux de façon effective et permanente, selon les usages de la région et en fonction de l'importance de l'exploitation.** *(Abrogé par L. nº 2005-157 du 23 févr. 2005, art. 27-III)* ***« Tous les membres de la société sont tenus de participer à la mise en valeur des biens qu'elle exploite, dans les mêmes conditions. Nonobstant toute stipulation contraire, le preneur peut mettre fin à tout moment à la mise à disposition si l'un ou plusieurs de ces membres cessent de remplir cette condition. Le bail ne peut être résilié que si cette situation a persisté plus d'un an après que le bailleur ait mis le preneur en demeure de la régulariser. Ce délai est porté à deux ans en cas de décès de l'un des associés. Il peut en outre, en cas de force majeure, être prolongé par le tribunal paritaire. »***

Les droits du bailleur ne sont pas modifiés. Les co-associés du preneur, ainsi que la société si elle est dotée de la personnalité morale, sont tenus indéfiniment et solidairement avec le preneur de l'exécution des clauses du bail. — *[Anc. art. 834, al. 1er à 4.]* *— Sur l'application de l'art. L. 411-37 à l'exploitation agricole à responsabilité limitée, V. art. L. 324-11.*

En ce qui concerne l'exploitation, par un groupement agricole d'exploitation en commun, des biens dont le preneur est locataire, V. art. L. 323-14.

BIBL. ▶ PITAUD et ROCHARD, *RD rur. 1999. 316* (loi du 9 juill. 1999 d'orientation agricole). - LE PETIT, *Administrer 1/2000. 8* (même thème). - CAMPELS, *D. 2000. Chron. 325* (même thème). - LACHAUD, *Gaz. Pal. 29-30 mars 2002, p. 4* (même thème au vu de la jurisprudence) ; *Ann. loyers 2005. 824* (la mise à disposition en 2005). - MADIGNIER, *JCP N 2006. 1361* (aspects fiscaux des mises à disposition d'immeubles à usage agricole). - FOYER, *RD rur. juin-juill. 2008, dossier 24* (apport et mise à disposition). - MAZEAUD-LEVENEUR, *Mél. Malaurie Defrénois 2005, p. 325* (les conventions de mise à disposition en droit rural). - CAYRON, *RD rur. 2019. Étude 17* (la convention de mise à disposition d'un bien rural à une société).

COMMENTAIRE

La mise à disposition des biens loués est l'acte par lequel le preneur, associé d'une société d'exploitation agricole, tout en restant titulaire du bail, met les terres louées à la disposition de cette société qui va en assurer la mise en valeur. Cette solution est souvent utilisée par les preneurs qui peuvent, s'ils cessent d'être associés, rester preneurs et reprendre seuls l'exploitation du fonds. La mise à disposition d'un bail ne donne pas lieu à attribution de parts par application du principe de non-cessibilité. Les dispositions réglementant la mise à disposition des biens loués à un GAEC figurent à l'article L. 323-14 et, pour toutes les autres, à l'article L. 411-37.

a. Mise à disposition d'une société à objet principalement agricole dont le capital est détenu en majorité par des personnes physiques

Une première condition est posée : le preneur a l'obligation de poursuivre la mise en valeur du bien de façon effective et permanente selon les usages. Une autre condition existait pour toutes les sociétés sauf l'EARL jusqu'à la loi n° 2005-157 du 23 février 2005 : les autres associés avaient l'obligation de poursuivre la mise en valeur des biens exploités par la société. Cette condition a été abrogée, de même que la dérogation propre à l'EARL. Cependant, une exception persiste, car pour le GAEC, l'article L. 323-14, qui organise la mise à disposition des biens loués par un preneur, ne pose aucune exception à l'article L. 323-7 qui prévoit l'obligation de tous les associés de travailler en commun.

La mise à disposition suppose le respect d'une procédure. Pour toutes les sociétés sauf pour les GAEC, une jurisprudence très stricte s'était développée, prononçant la résiliation du bail pour défaut d'avis au bailleur. Le législateur est intervenu par la loi du 9 juillet 1999 pour préciser la procédure et pour atténuer une sanction apparaissant sévère et surtout disproportionnée au regard du statut du fermage et de l'atteinte portée aux droits du bailleur. Désormais, la résiliation ne devrait être prononcée qu'exceptionnellement, d'autant plus qu'il doit être établi la preuve que le manquement à la procédure est de nature à porter préjudice au bailleur (art. L. 411-31 modifié par l'Ord. du 13 juill. 2006).

Le propriétaire n'est pas tenu de fournir à l'occasion de la mise à disposition des biens loués par le preneur à une société ou un groupement agricole l'état des risques naturels et technologiques prévu à l'article L. 125-5 du code de l'environnement.

b. Mise à disposition d'une autre société

Le preneur peut mettre le bien loué à disposition d'une telle société dont il est membre sous réserve qu'elle ait une vocation principalement agricole, et de respecter une procédure formaliste précise pour obtenir l'accord du bailleur qui a deux mois pour refuser expressément.

1. Exclusion des GAEC. Les GAEC sont régis seulement par la loi du 8 août 1962 [C. rur., art. L. 323-14]. • Civ. 3e, 15 mai 1991, n° 89-20.813 P : *D. 1993. Somm. 67, obs. Martine* • 17 juill. 1996 : *Rev. huiss. 1997. 1107, note Pitaud ; Ann. loyers 1997. 1081.*

2. L'art. L. 411-37 ne prévoit pas la mise à disposition des biens loués au profit d'une société créée de fait. • Civ. 3e, 17 juin 2021, n° 19-16.640 : *Joly sociétés 2021, n° 10, p. 36, note Roussel ; Dr. sociétés 2021, n° 146, note Jullian ; DP entr. agric., Bull. n° 556, p. 9, note Roussel.*

3. Information. Sanction. Jurisprudence antérieure à la loi du 9 juill. 1999. La mise à disposition des biens donnés à ferme à une société à objet agricole constitue, en l'absence d'avis préalable, une cession prohibée. • Civ. 3e, 30 janv. 1991, n° 89-18.353 P • 18 févr. 1998, n° 96-14.045 P : *Rev. huiss. 1999. 26, obs. Pitaud ; JCP N 1999, n° 14, p. 605, note Gravillou* • 10 févr. 1999 : *RD rur. 1999. 544.* – V. aussi Roussel, *RD rur. 1999. 275, n° 5 et 6* • 21 juin 2000 : *RD rur. 2001. 51* • 4 juill. 2001, n° 00-12.143 P : *RD rur. 2001. 310 et 628.* ♦ La solution est maintenue lorsque la mise à disposition est antérieure à l'entrée en vigueur de la loi du 9 juill. 1999. • Civ. 3e, 4 juill. 2001, n° 00-12.143 P : *RD rur. 2001. 310 et 628 ; JCP 2001. IV. 2631 ; JCP N 2001. 691 et 1518 ; Gaz. Pal. 2002. 1. Somm. 446 ; AJDI 2002. 142* • 30 oct. 2002, n° 01-00.648.

4. Information. Sanction. La résiliation est prononcée si la mise à disposition a été réalisée avant l'entrée en vigueur de cette loi. La sanction de l'art. L. 411-37 issue de la loi du 9 juill. 1999 ne s'applique que pour les agissements postérieurs à son entrée en vigueur. • Civ. 3e, 10 juill. 2002, n° 01-02.506 P : *D. 2002. IR 2773 ; RD rur. 2002. 463 ; Rev. loyers 2002. 509, obs. Peignot ; JCP 2002. IV. 2256 ; Gaz. Pal. 22-23 nov. 2002. 16 ; ibid. 20-21 juin 2003. 31, obs. Lachaud* • 30 oct. 2002, n° 01-12.554 • 17 déc. 2002 : *AJDI 2003. 127* • 5 févr. 2003 : *RD rur. 2003. 561* • 13 déc. 2005, n° 04-19.907 • 13 déc. 2005 : *AJDI 2006. 134 ; JCP 2006. II. 10074, note Fleury-Le Gros* • 28 nov. 2006 : *AJDI 2007. 215, note Prigent*. ♦ Est mal fondé l'arrêt qui prononce la résiliation du bail pour défaut de notification de la mise à disposition du bail conclu en 1996 alors que la demande de résiliation a été sollicitée après le renouvellement du bail en 2003, postérieurement à la loi de 1999. • Civ. 3e, 19 sept. 2007, n° 06-17.267 P : *D. 2007. AJ 2469 ; Rev. loyers 2007. 459 ; RD rur. 2007, n° 338 ; JCP N 2008. 1256, note Roussel.* ♦ La loi applicable à la résiliation du bail pour défaut de notification d'une mise à disposition antérieure à la loi du 9 juill. 1999 se détermine en se plaçant à la date du renouvellement postérieur à celui au cours duquel le bailleur a eu connaissance de la mise à disposition litigieuse. • Civ. 3e, 4 mars 2021, n° 19-25.270 : *Rev. loyers mars 2021, note Roussel.*

5. Application de l'Ord. du 13 juill. 2006. Sont mal fondés les juges qui prononcent la résiliation du bail sans constater que les contraventions aux dispositions de l'art. L. 411-37 étaient de nature à porter préjudice au bailleur. • Civ. 3e, 14 avr. 2016, n° 15-12.490 : *Rev. loyers 2016. 291 ; RD rur. 2016, n° 181* • Nancy, 26 mai 2016 : *Rev. loyers 2016. 335.* ♦ Rejet de la demande de résiliation dès lors que les juges ont souverainement apprécié que l'information tardive n'avait pu induire le bailleur en erreur. • Civ. 3e, 28 janv. 2016, n° 13-23.334 : *DP entr. agric., Bull. n° 496, p. 6, note Roussel ; Gaz. Pal. 2016. 1752.* ♦ La demande en résiliation doit être rejetée dès lors que la saisie du juge était postérieure à l'entrée en vigueur de l'Ord. du 13 juill. 2006 applicable au bail, que le bailleur n'apporte pas la preuve d'un préjudice résultant des changements dans la mise à disposition des terres, même si ceux-ci sont intervenus avant l'entrée en vigueur de l'ordonnance. • Civ. 3e, 23 janv. 2020, n° 18-15.015 : *Rev. loyers 2020, n° 1005, note Peignot* • 12 nov. 2020, n° 19-22.396 : *AJDI 2021. 535*.

6. L'information de la mise à disposition des terres à une société réalisée avant l'immatriculation de cette société est bien antérieure à la mise à disposition. • Civ. 3e, 17 mai 2006, n° 05-13.521 P : *JCP 2006. IV. 2267 ; AJDI 2006. 752 ; RD rur. oct. 2006. 32 ; Gaz. Pal. 5-6 janv. 2007. 32 ; JCP N 2007. 1230, note Roussel.*

7. Le caractère irrégulier d'une mise à disposition constitue une infraction instantanée et irréversible, insusceptible de donner lieu à régularisation. • Civ. 3e, 22 févr. 2005 : *AJDI 2005. 402 ; Gaz. Pal. 7-8 oct. 2005. 10 ; JCP N 2006. 1271, note Roussel.*

8. L'omission de la lettre recommandée avec avis de réception n'est pas de nature à induire le bailleur en erreur, celui-ci ayant signé un document pour la MSA avant la date du bail mentionnant l'EARL exploitante des terres louées. • Civ. 3e, 7 mars 2007 : *RD rur. 2007, n° 184.*

9. La violation de l'art. L. 411-37 pouvait être invoquée non seulement par le bailleur en place à l'époque de la mise à disposition mais également par l'acquéreur ultérieur des terres. • Civ. 3e, 25 janv. 2006 : *JCP 2006. IV. 1330 ; D. 2006. IR 393 ; AJDI 2006. 291 ; Defrénois 2006. 853, obs. Gelot ; RD rur. mai 2006. 24, note Foyer ; Gaz. Pal. 19-20 mai 2006. 40, et 17-19 sept. 2006. 16 ; JCP N 2007. 34, note Roussel.*

10. Sur la responsabilité du conseil rédacteur des statuts de préciser l'information nécessaire et préalable du bailleur pour la mise à disposition des terres louées, V. • Civ. 3e, 18 janv. 2005 : *Rev. loyers 2005. 211.*

11. Transformation d'un GAEC preneur. La transformation d'un GAEC preneur de parcelles qu'il exploite, en EARL, ne crée pas une personne morale nouvelle et n'a pas pour effet de permettre l'application de l'art. L. 411-37. • Civ. 3e, 10 mars 2004, n° 02-19.861 P : *D. 2004. IR 880 ; RD rur. 2004. 361 ; Gaz. Pal. 26-27 mars 2004. 19 ; JCP 2004. IV. 1935.*

12. Mise à disposition du bail et transformation de la société bénéficiaire. Les dispositions de l'art. L. 411-37 issues de la loi du 9 juillet 1999 ne s'appliquent pas à une mise à disposition du bail à un GAEC transformé en EARL le 1er avril 1997 ; le bail doit en conséquence être résilié faute d'information du propriétaire préalablement à la transformation. • Civ. 3e, 30 oct. 2002, n° 01-00.648 • 13 déc. 2005 : *JCP N 2007. 31, obs. Roussel.* ♦ Quelle que soit la date de l'assignation en résiliation, les dispositions de l'art. L. 411-31 ne s'appliquent pas à la transformation du GAEC auquel les terres avaient été mises à disposition antérieurement à l'ordonnance de 2006. • Civ. 3e, 14 nov. 2012, n° 11-23.652 : *DP entr. agric., Bull. n° 458, p. 7, note Roussel ; D. 2012. 2738 et 2013. 477 ; AJDI 2013. 447, note Prigent ; RD rur. 2013, n° 4, note Crevel ; Rev. loyers 2013. 28, note Peignot.* ♦ Il n'y a pas lieu à renvoyer au Conseil constitutionnel la QPC de l'art. L. 324-11 qui n'était plus en vigueur lorsque l'action en résiliation a été engagée sur le fondement de l'art. L. 411-37. • Civ. 3e, 19 mars 2020, n° 19-22.396 P : *JCP 2020. 413 ; Rev. loyers 2020, n° 1007, note Peignot ; DP entr. agric., Bull. n° 539, p. 12, note Roussel ; Gaz. Pal. 2020, n° 15, p. 43, obs. Berlaud ; RD rur. 2020, n° 102, note Crevel.*

13. Copreneurs. Le fait que l'épouse cotitulaire du bail n'ait pas été associée à la mise à disposition n'a causé aucun préjudice au bailleur car chacun des époux reste tenu à son égard des obligations nées du bail. • Civ. 3e, 5 mars 2003, n° 01-15.453 P : *Rev. loyers 2003. 363, obs. Peignot ; JCP 2003. IV. 1783.* ♦ Est mal fondée la résiliation du bail consenti à des copreneurs dont un seul a mis les terres à la disposition d'une société, sans qu'il ait été recherché si le défaut de qualité d'associé de l'autre copreneur a causé préjudice au bailleur. • Civ. 3e, 3 mai 2011, n° 10-16.060 : *JCP N 2011. 1227, note Barbièri ; DP entr. agric., Bull. juin 2011, p. 6, obs. Roussel ; AJDI 2011. 541.* ♦ Doit être résilié le bail mis à disposition d'une EARL par des copreneurs dès lors que l'un d'eux n'a jamais été associé de cette société. • Civ. 3e, 21 janv. 2021, n° 19-24.520 : *Rev. loyers févr. 2021, note Peignot ; Defrénois 2021, n° 18, p. 29, note Delorme ; RD rur. 2021, n° 48, note Crevel.*

14. V. ss. art. L. 411-35, notes 10 s. et 67.

15. Défaut d'exploitation. Le défaut d'exploitation personnelle résulte du nombre dérisoire de parts détenues par le preneur et de l'incompatibilité par nature de sa profession avec l'exécution des travaux de culture sur une exploitation de plus de 19 ha. • Civ. 3e, 18 janv. 2023, n° 20-22.141 : *Defrénois 2023, n° 19-20, p. 29, note Delorme.* – V. note 9 ss. art. L. 411-35.

16. Le maintien de la mise à disposition des terres louées au profit d'une société d'exploitation agricole est subordonné à la qualité d'associé des héritiers du preneur décédé. • Civ. 3e, 22 oct. 2020, n° 18-20.127 : *Rev. loyers févr. 2021, note Roussel ; DP entr. agric., Bull. n° 547, p. 7, note Roussel ; RD rur. 2021, n° 172.*

17. Le preneur, dès lors qu'il restait associé exploitant de la société au profit de laquelle les terres étaient mises à disposition, n'a pas l'obligation d'informer le bailleur du départ ou de l'arrivée de nouveaux associés. • Civ. 3e, 5 oct. 2017, n° 16-22.350 P : *D. actu. 31 oct. 2017, note Prigent ; D. 2017. 2030 ; JCP 2017. 1122 ; JCP N 2017. Actu. 889 ; DP entr. agric., Bull. n° 512, p. 6, note Roussel ; RD rur. 2017, n° 283, note Crevel ; Defrénois 2017, n° 22, p. 5 ; BJS 2017. 741, note Roussel ; Gaz. Pal. 2018. 3023.* ♦ Le preneur qui met les biens pris à bail à disposition d'une société agricole dont il est associé n'est pas tenu d'informer son bailleur des modifications ultérieures affectant le capital social, des fonctions exercées dans le groupement ou du contrôle de celui-ci dès lors qu'il conserve la qualité d'associé. • Civ. 3e, 30 juin 2021, n° 20-15.481 : *Rev. loyers 1er oct. 2021, n° 1020, note Roussel ; DP entr. agric., Bull. n° 556, p. 10, note Roussel ; Defrénois 2021, n° 45-46, p. 29, obs. Delorme.*

18. La mise à disposition accomplie par le débiteur en liquidation judiciaire, en méconnaissance des règles du dessaisissement, est inopposable aux créanciers de la procédure collective, ce dont il résulte que les bailleurs ne peuvent l'invoquer pour fonder une demande de résiliation du bail rural. • Com. 9 janv. 2001 : *D. 2001. 630, note Lienhard ; RD rur. 2001. 128 et 301 ; JCP N 2001. 1078, note Gravillou.* – V. aussi, l'arrêt d'appel, contre lequel le pourvoi a été rejeté, • Douai, 5 janv. 1995 : *RPC 1997. 485, obs. Canet.*

19. Lorsqu'un fermier met ses terres à disposition d'une EARL, il reste seul titulaire du bail, et ni la procédure collective suivie contre l'EARL, ni le plan de continuation ne font obstacle à l'action en résiliation du bailleur dont les droits n'ont pas été modifiés. • Civ. 3e, 6 janv. 2010, n° 08-21.536 : *RD rur. 2010, n° 30, note Barbièri ; D. 2010. 205 ; JCP 2010, n° 5, p. 213 ; AJDI 2010. 479, obs. Prigent ; Dr. sociétés 2011. 15, note Legros.* ♦ L'ouverture d'une procédure collective à l'égard de la société dans laquelle exerce le preneur est sans incidence sur la résiliation de baux qui ont été personnellement consentis à cet associé. • Civ. 3e, 17 juin 2021, n° 19-25.424 : *Defrénois Flash 15 juill. 2021, p. 16.*

20. L'EARL à qui des terres ont été mises à disposition ne peut se prévaloir d'un bail sur ces terres, même si le preneur a cessé de participer à l'exploitation, puisque le preneur reste seul titulaire du bail, que les bailleurs n'ont pas sollicité la résiliation du bail et qu'il n'est pas prouvé la volonté non ambiguë du bailleur de consentir un bail à cette société. • Civ. 3e, 13 juill. 2011, n° 10-22.986 : *D. 2011. 2039 ; DP entr. agric., Bull. n° 444, p. 10, obs. Roussel ; Gaz. Pal. 2011. 3114 ; JCP N 2011. Actu. 638.*

21. La résiliation de la convention de mise à disposition du preneur à une société a eu pour effet de réintégrer le preneur dans la jouissance exclusive des terres jusqu'au terme du bail dont il était titulaire. • Civ. 3e, 27 avr. 2017, n° 15-26.856 : *AJDI 2017. 534 ; RD rur. 2017, n° 185 ; DP entr. agric., Bull. n° 510, p. 9, note Roussel ; BJS 2017. 687, note Roussel.*

22. Fraude. Pour requalifier une convention de mise à disposition en bail rural, la fraude du preneur doit être caractérisée dès la conclusion du montage. • Civ. 3e, 4 juill. 2019, nos 17-31.058, 18-10.721 et 18-10.725 : *Defrénois 2019, n° 30-34, p. 5 ; RD rur. 2019, n° 95, note Crevel ; AJDI 2019. 712.*

Art. L. 411-38 Le preneur ne peut faire apport de son droit au bail à une société civile d'exploitation agricole ou à un groupement de propriétaires ou d'exploitants qu'avec l'agrément personnel du bailleur et sans préjudice du droit de reprise de ce dernier.

Al. 2 abrogé par Ord. n° 2006-870 du 13 juill. 2006.

Les présentes dispositions sont d'ordre public. — *[Anc. art. 832, al. 3 et 4, et 833.]*

BIBL. ▶ Gravillou, *JCP N 2003. 1217* (incessibilité et apport en nature du bail). – Barbièri et Delorme, *Defrénois 2012. 86* (risques de l'opération d'apport du droit au bail à une société d'exploitation agricole : analyse et formule).

COMMENTAIRE

L'apport du droit au bail ainsi désigné par la loi constitue une cession autorisée, mais qui ne permet pas l'attribution de parts sociales, car aucune dérogation n'est prévue au principe de non-patrimonialité du bail, et l'article L. 411-74 du code rural viendrait sanctionner toute forme de rémunération de l'opération. Ainsi, l'apport du bail ne donne pas la qualité d'associé. Pour faciliter le développement des sociétés d'exploitation, le législateur permet que le preneur fasse apport des améliorations réalisées sur le fonds et obtienne en échange des parts sociales (C. rur., art. L. 411-75). De plus, s'agissant d'une véritable cession, le preneur perd l'ensemble de ses droits et la société devient seul preneur du bail. Il résulte de l'ensemble des effets reconnus à l'apport du droit au bail son absence presque totale de mise en œuvre pratique. Les preneurs préfèrent la mise à disposition du bien loué qui préserve mieux leurs droits à terme.

Cet apport suppose l'agrément personnel du bailleur. Il n'est pas prévu d'autorisation supplétive du tribunal paritaire des baux ruraux. Si le conjoint du preneur participe habituellement à l'exploitation agricole, l'époux titulaire du bail ne peut réaliser l'apport sans consentement exprès de son conjoint (C. rur., art. L. 411-68). ❑

1. L'agrément personnel du bailleur peut résulter des circonstances et de son comportement, même postérieur à la cession. • Civ. 3e, 12 févr. 1980 : *Gaz. Pal. 1980. 2. Somm. 319* • 30 oct. 2002 : *RD rur. 2003. 265.* ♦ Doivent être résiliés les baux qu'un preneur a apportés à une société dès lors que la réception sans réserve des loyers par le bailleur ne peut être analysée comme l'agrément de ce dernier. • Civ. 3e, 28 sept. 2010, n° 09-70.129 : *LPA 2012, n° 37, p. 3, note Billemont.*

2. Résiliation. Est mal fondée la cour qui rejette la demande en résiliation du bail apporté à une société familiale au motif que le bail prévoyait que le fils pouvait succéder à son père et qu'une société père fils entrait dans ce cadre, sans avoir vérifié si le bailleur avait été informé de la mise à disposition ou avait donné un accord à la cession. • Civ. 3e, 16 sept. 2008, n° 07-16.677 : *RD rur. 2008, n° 206, note Roussel.* ♦ Ne constitue pas une cession prohibée la transformation d'une société civile d'exploitation agricole à laquelle a été autorisé l'apport du bail en société commerciale. • Civ. 3e, 31 oct. 2012, n° 11-23.194 : *RD rur. 2012, n° 109, note Crevel ; BJS 2013. 132, note Barbièri ; DP entr. agric., Bull. n° 458. 6, note Roussel ; AJDI 2013. 293, note Prigent ; JCP N 2012. 1037 ; D. actu. 22 nov. 2012, note Prigent ; D. 2012. 2662 ; JCP 2012. 1265 ; D. 2013. 477 ; Dr. sociétés 2013. 4, note Hovasse ; LPA 2013, n° 159, p. 13, note Rocheteau.* ♦ Même sens pour la transformation d'une EARL en GAEC. • Civ. 3e, 30 oct. 2012, n° 11-25.335 : *BJS 2013. 132, note Barbièri.* ♦ Est fondée la résiliation du bail dès lors que le bail a été cédé à une personne morale nouvelle sans accord du propriétaire. • Civ. 3e, 27 févr. 2020, n° 18-22.884 : *RD rur. 2020, n° 90, note Crevel ; AJDI 2020. 629 .*

3. Prescription. L'action en résiliation du bail au motif de son apport irrégulier à une société se prescrit par cinq ans à compter du jour où le bailleur en a eu connaissance. • Civ. 3e, 23 nov. 2017, n° 16-20.065 P : *JCP 2017. 1310 ; JCP N 2017. 1012 ; D. actu. 12 déc. 2017, note Prigent ; D. 2017. 2427 ; RD rur. 2018, n° 1, note Crevel ; DP entr. agric., Bull. n° 514, p. 7, note Roussel ; Gaz. Pal. 12 déc. 2017. 33 ; ibid. 2018. 1527, note Peignot ; Defrénois 2018, n° 10, p. 41, obs. Barbiéri.*

4. Opposabilité. Les apports doivent intervenir régulièrement et être signifiés au bailleur avant la date d'effet du congé. • Civ. 3e, 9 nov. 2011, n° 10-20.971 : *RD rur. 2011, n° 134, note Crevel ; DP entr. agric., Bull. n° 448, p. 8, obs. Roussel ; BJS 2012. 218, note Barbièri ; Rev. loyers 2012. 22, note Peignot ; AJDI 2012. 208, note Prigent .*

SECTION 6 Échange et location de parcelles

Art. L. 411-39 **Pendant la durée du bail, le preneur peut effectuer les échanges ou locations de parcelles qui ont pour conséquence d'assurer une meilleure exploitation.**

Les échanges ne peuvent porter que sur la jouissance et peuvent s'exercer sur tout ou partie de la surface du fonds loué. La commission consultative départementale des baux ruraux fixe et *(Ord. n° 2006-870 du 13 juill. 2006)* **« l'autorité administrative » du département publie par arrêté, pour chaque région agricole, la part de surface de fonds loué susceptible d'être échangée. Cette part peut varier en fonction de la structure des exploitations mises en valeur par le preneur. Pour les fonds mentionnés à l'article 17-1** *[ancien]* **du code rural, elle ne peut être inférieure à la moitié de la surface totale du fonds loué.** – *V. art. D. 411-9-14.*

Les échanges mentionnés au présent article ne peuvent porter sur la totalité du bien loué que si sa surface n'excède pas le cinquième *(L. n° 2014-1170 du 13 oct. 2014, art. 93-XXI-3°)* **« du seuil mentionné à l'article L. 312-1 », compte tenu de la nature des cultures.**

(L. n° 84-741 du 1er août 1984, art. 16) **« Le preneur les notifie au propriétaire par lettre recommandée avec demande d'avis de réception. Le propriétaire qui entend s'y opposer doit saisir le tribunal paritaire dans un délai de deux mois à compter de la réception de l'avis du preneur. A défaut, il est réputé avoir accepté l'opération.**

« Le titulaire du bail conserve son droit de préemption sur les parcelles qui ont fait l'objet d'un échange en jouissance au titre du présent article. » – *[Anc. art. 835.]*

BIBL. ▸ MANDEVILLE et DEHAULT, *Gaz. Pal. 5-6 janv. 2007. 10* (validité des échanges de terres louées).

COMMENTAIRE

Le législateur prévoit une exception à l'interdiction des cessions du bail à ferme pour ne pas entraver la mise en valeur rationnelle et le développement des unités productives. Les échanges en jouissance sont ainsi permis sous réserve que la convention ait pour conséquence une meilleure exploitation du fonds et que la superficie du fonds échangé reste limitée. Le preneur doit également respecter la procédure de notification. La sanction de l'irrespect des obligations du preneur est désormais, selon l'article L. 411-31 du code rural modifié par l'ordonnance n° 2006-870 du 13 juillet 2006, la résiliation mais sous réserve d'établir que la contravention aux règles de procédure est de nature à porter préjudice au bailleur. Il reste prudent de respecter la procédure de notification préalable (V. * Rép. min. n° 12157, *JOAN 29 janv. 2008, p. 756*). ❑

1. Généralités. L'art. 835 [L. 411-39] est une exception à la prohibition de l'art. 832 [L. 411-35] pour les sous-locations. • Civ. 3e, 12 janv. 1968 : *Bull. civ. III, n° 16.* – V. aussi • Civ. 3e, 10 juin 1970 : *ibid. III, n° 391.*

2. Meilleure exploitation. Le preneur peut donc sous-louer des parcelles détachées du « noyau central » de l'exploitation, situées à plus de trois kilomètres des bâtiments d'exploitation du domaine, de faible rendement, louées à des prix démontrant leur peu de valeur culturale, dès lors qu'il est relevé que ces sous-locations permettent au preneur de concentrer ses efforts sur le domaine utile, ce qui assure, en définitive, une meilleure exploitation de la propriété. • Civ. 3e, 12 janv. 1968 : *préc. note 1.*

3. Exécution de la convention. La convention d'échange de parcelles de terre doit être exécutée de bonne foi par tous les échangistes. • Versailles, 26 nov. 1993 : *Rev. huiss. 1994. 471.* ♦ Jugé qu'il en résulte que, lorsque l'un des preneurs est évincé des parcelles reçues par lui en échange alors que son coéchangiste continue à bénéficier sans contrepartie de la culture des parcelles reçues de l'évincé (qui continue à payer à son bailleur les fermages y afférents), l'évincé doit être indemnisé des pertes de culture qu'il a subies du fait de son éviction et obtenir de son coéchangiste l'équivalent en superficie et en valeur des parcelles objet de l'éviction. • Même arrêt.

4. Sanctions. Est non fondée la résiliation s'il n'est pas démontré que l'absence de l'information prévue à l'art. L. 411-39 a porté préjudice au bailleur. • Civ. 3e, 23 mai 2012, n° 11-14.626 : *DP entr. agric., Bull. n° 455, p. 7, note Roussel ; RD rur. 2012, n° 57, note Crevel* • 9 juill. 2014, n° 13-17.881 : *RD rur. 2014, n° 215, note Crevel.* ♦ La date des échanges n'étant pas établie, l'instance ayant été engagée le 1er sept. 2010, le refus de renouvellement suppose la preuve que l'absence d'information a porté préjudice au bailleur. • Civ. 3e, 9 juill. 2014, n° 13-17.881 : *JCP 2014. 889 ; Rev. loyers 2015, n° 951* • 14 avr. 2016, n° 15-12.490 : *Rev. loyers 2016. 291.*

5. Jurisprudence antérieure à l'Ord. du 13 juill. 2006. Les dispositions de l'ordonnance du 13 juill. 2006 ne sont pas applicables à une demande formée avant l'entrée en vigueur de ce texte. • Civ. 3e, 9 juin 2009, n° 08-70.080 • 23 nov. 2010, n° 09-71.539 : *Ann. loyers 2011.984 ; Gaz. Pal. 16-17 mars 2011. 989, note Peignot et Millard ; LPA 2012, n° 37, p. 9, note Garcia* • 3 mai 2011 : *DP entr. agric., Bull. juill. 2011, p. 8, obs. Roussel ; AJDI 2011. 541* ; *RD rur. 2011 n° 86, obs. Crevel ; Gaz. Pal. 14-15 sept. 2011. 2906, note Peignot et Millard* • 27 sept. 2011, n° 10-18.661 : *DP entr. agric., Bull. n° 447. 11, note Roussel.* ♦ Ayant relevé que le preneur n'établit pas avoir respecté la procédure d'information du bailleur et ne justifie pas avoir obtenu l'accord de celui-ci, une cour d'appel retient exactement qu'il convenait de prononcer la résiliation du bail en application de l'art. L. 411-35 relatif aux cessions et sous-locations prohibées. • Civ. 3e, 27 janv. 1999, n° 97-13.323 P : *JCP N 1999, n° 18, p. 761, note Moreau ; RD rur. 1999. 131 ; AJDI 1999. 702, obs. Giraudel* • 16 mai 2000 : *Dr. et patr. 2002. 101, obs. Roussel* • 18 juill. 2001 : *RD rur. 2001. 450 et 629 ; ibid. 2002. 291, obs. Crevel ; Dr. et pr. 2002. 22, obs. Grimonprez ; AJDI 2002. 230, obs. Giraudel* • 27 sept. 2006, n° 05-18.080 • 20 mars 2007 : *Rev. loyers 2007. 292, note Peignot ; RD rur. 2007, n° 274, note Crevel ; Gaz. Pal. 15-18 août 2007. 35 ; AJDI 2007. 582, note Prigent* • 3 mai 2011 : *préc.* ♦ La simple constatation de l'irrégularité d'un échange non notifié au propriétaire par le preneur suffit pour prononcer la résiliation du bail même si cet échange a pris fin ... avant l'introduction de l'instance. • Civ. 3e, 19 oct. 2005, n° 04-14.837 P : *D. 2005. IR 2768* ; *JCP 2005. IV. 3424 ; JCP N 2005. n° 646, p. 2104 ; Gaz. Pal. 5-6 avr. 2006. 20.* ♦ ... Avant la date du congé. • Civ. 3e, 19 oct. 2005, n° 04-14.835 P : *JCP 2005. IV. 3425 ; AJDI 2006. 133* ; *RD rur. 2006. 27 ; Rev. loyers 2006. 42, obs. Peignot ; Gaz. Pal. 5-6 avr. 2006. 20 ; Defrénois 2006. 854, obs. Gelot.* ♦ ... Sans qu'il y ait à rechercher l'existence d'un préjudice du bailleur. • Civ. 3e, 9 juin 2009, n° 08-70.080. ♦ Justifie la résiliation l'échange non notifié au bailleur, par lequel le locataire a entièrement transféré la mise en valeur et la maîtrise de l'exploitation à un tiers. • Civ. 3e, 3 mai 2011 : *préc.*

6. Agrément tacite. Le preneur a pu justifier de l'accord préalable verbal du bailleur pour l'échange en jouissance de parcelles alors même qu'il n'avait pas sollicité cette autorisation par lettre recommandée avec avis de réception. • Civ.

3e, 12 juill. 2006, ☎ n° 05-15.894 P : *RD rur. oct. 2006. 31, obs. Crevel ; AJDI 2006. 749, obs. Prigent* ✎ *; JCP N 2007. 1231, note Roussel ; Defrénois 2007. 1620, obs. Gelot ; Gaz. Pal. 5-7 août 2007. 12.* ♦ Est mal fondé le refus de la résiliation demandée par le bailleur qui était associé de l'EARL ayant eu les terres à disposition au motif qu'il se déduisait de ce seul fait qu'il avait eu connaissance des échanges. • Civ. 3e, 30 oct. 2007, ☎ n° 06-18.586 : *RD rur. 2008, n° 6 ; AJDI 2008. 778, note Prigent* ✎. ♦ La cour qui relève qu'il n'est pas démontré que le propriétaire ait donné son accord tacite aux opérations d'échange a justifié la résiliation sans être tenue de rechercher si la bonne exploitation du fonds a été compromise. • Civ. 3e, 16 sept. 2008, ☎ n° 07-16.492.

Art. L. 411-39-1 *(L. n° 2005-157 du 23 févr. 2005, art. 29-II)* **Pendant la durée du bail, le preneur** *(L. n° 2006-11 du 5 janv. 2006, art. 4)* **« exerçant soit à titre individuel, soit dans le cadre d'une société » à objet principalement agricole, à la disposition de laquelle il a mis les** *(L. n° 2010-874 du 27 juill. 2010, art. 47)* **« biens pris » à bail dans les conditions prévues à l'article L. 411-37** *(L. n° 2006-11 du 5 janv. 2006, art. 4)* **« ou à l'article L. 323-14 », ou la société bénéficiaire de la mise à disposition ou titulaire du bail, peuvent procéder à un assolement en commun dans le cadre d'une société en participation, constituée entre personnes physiques ou morales, régie par des statuts établis par un acte ayant acquis date certaine. L'assolement en commun exclut la mise à disposition des bâtiments d'habitation** *(Abrogé par L. n° 2010-874 du 27 juill. 2010, art. 47) **« ou d'exploitation »**.* *(L. n° 2016-1087 du 8 août 2016, art. 75)* **« Au-delà de son objectif initial économique ou social, un assolement en commun peut aussi avoir d'autres finalités, notamment la préservation de la qualité de l'eau ou la protection de la biodiversité. »**

Le preneur ou la société informe le propriétaire par lettre recommandée avec avis de réception deux mois au moins avant la mise à disposition. Ce dernier, s'il entend s'opposer au projet d'assolement en commun, doit saisir le tribunal paritaire des baux ruraux dans un délai fixé par voie réglementaire. A défaut, il est réputé avoir accepté l'assolement en commun. — *Sur le délai, V. art. D. 411-9-13.*

L'avis adressé au bailleur mentionne le nom de la société et les parcelles mises à disposition et comprend les statuts de la société. Le preneur avise le bailleur dans les mêmes formes du fait qu'il cesse de mettre à disposition des parcelles louées ainsi que tout changement intervenu dans les éléments énumérés ci-dessus.

Le défaut d'information du propriétaire peut être sanctionné par la résiliation du bail.

Le preneur, qui reste seul titulaire du bail, doit, à peine de résiliation, continuer à se consacrer effectivement à l'exploitation du bien loué mis à disposition.

BIBL. ▸ MANTEAU, *Dr. sociétés 2007. Étude 12* (droit des sociétés agricoles ; création de nouvelles formes sociétaires : la société d'assolement en commun).

COMMENTAIRE

L'assolement consiste pour des exploitants à mettre en commun des terres et des moyens de production, à l'exclusion de tout bâtiment. Les résultats de cette production commune sont ensuite partagés selon la contribution de chacun. Une telle organisation est susceptible de permettre des gains de productivité par la mutualisation des frais d'exploitation, et d'améliorer les conditions de travail des exploitants.

La loi n° 2005-157 du 23 février 2005 a créé par cet article un assouplissement au principe d'incessibilité du bail rural, au profit principalement des céréaliers qui sollicitaient de pouvoir procéder à un assolement en commun malgré l'existence d'un bail.

Désormais la loi permet l'assolement en commun dans le cadre d'une société en participation, à l'initiative d'un exploitant individuel preneur exploitant directement des terres louées ou les ayant mises à la disposition d'une société à objet principalement agricole, ou à l'initiative d'une société qui met en valeur des terres qu'elle loue ou qui sont mises à sa disposition. Des bâtiments d'exploitation loués peuvent désormais être mis à la disposition de la société dont l'objet est l'assolement ; les bâtiments d'habitation en sont par contre exclus. La loi n° 2016-1087 du 8 août 2016 pour la reconquête de la biodiversité, de la nature et des paysages ajoute un objectif à l'assolement en commun : il est désormais permis de lui donner une finalité environnementale. Il est donc possible de concevoir une organisation de la production agricole spécifique pour protéger la biodiversité et la ressource en eau.

Le bailleur est informé par le preneur ou par la société de leur intention de pratiquer un assolement commun, deux mois au moins avant la mise à disposition. Le bailleur a deux mois à compter de la réception de l'avis pour saisir le tribunal paritaire pour contester l'opération (art. D. 411-9-13). La sanction de cette obligation peut être la résiliation du bail, sous réserve pour le bailleur de justifier du préjudice résultant pour lui de cette opération (V. art. L. 411-31). ❑

SECTION 7 **Dispositions particulières aux locations annuelles renouvelables**

Art. L. 411-40 Sous réserve de l'application des dispositions du titre III du livre III du code rural relatif au contrôle des structures des exploitations agricoles, le bailleur peut consentir à un exploitant agricole déjà installé sur une autre exploitation *(L. nº 2014-1170 du 13 oct. 2014, art. 32-II-3º)* « , dont la surface est au moins égale au seuil mentionné à l'article L. 312-1 », une location annuelle renouvelable, dans la limite d'une durée maximum de six années portant sur un fonds sur lequel il se propose d'installer à l'échéance de l'un des renouvellements annuels un ou plusieurs descendants majeurs nommément désignés et ayant atteint l'âge de la majorité au jour de l'installation.

Cette location est consentie à un prix fixé dans les conditions prévues, selon le cas, par les articles L. 411-11 à L. 411-16 ou L. 417-3. — *[Anc. art. 811-1, al. 1er et 2.]*

COMMENTAIRE

Les dispositions prévoyant et organisant les locations annuelles renouvelables sont issues de la loi d'orientation agricole du 4 juillet 1980. Le bailleur est autorisé à consentir un bail d'une durée d'un an renouvelable dans la limite d'une durée maximum de six années sous réserve de conditions strictes et seulement pour installer à terme un ou plusieurs descendants nommément désignés ayant l'âge de la majorité au jour de leur installation. La location est partiellement soumise au fermage. Mais l'exclusion du fermage est strictement limitée à la réalisation réelle d'un projet agricole de la famille du propriétaire ; à défaut, le preneur reprend les droits que le statut du fermage lui garantit en principe. ❑

Art. L. 411-41 Le preneur peut dénoncer la location par lettre recommandée avec demande d'avis de réception deux mois au moins avant la date de chaque renouvellement annuel.

Le bailleur peut mettre fin à la location dans les mêmes conditions en vue de l'installation du ou des descendants nommément désignés dans l'acte de location. — *[Anc. art. 811-1, al. 3 et 4.]*

Art. L. 411-42 Si, à l'expiration de la sixième année de location, le bailleur n'a pas installé ses descendants, la location est transformée de plein droit en bail ordinaire. A défaut d'accord amiable, le tribunal paritaire des baux ruraux en fixe le prix.

Il en est de même en cas de cession du fonds à titre onéreux.

Ce bail est considéré comme un premier bail et prend effet à la date à laquelle la location a été transformée. — *[Anc. art. 811-1, al. 5 à 7.]*

Faute d'installation d'un descendant dans le délai légal, le bailleur ne peut prétendre s'opposer au renouvellement d'une location annuelle reconduite pendant six ans sur le fondement de l'âge du preneur pour éviter l'apparition d'un bail de droit commun. • Nancy, 24 oct. 2003 : *RD rur. 2004. 212, obs. Grimonprez.*

Art. L. 411-43 Si le ou les bénéficiaires de l'installation ne remplissent pas les conditions auxquelles ils sont tenus en application de l'article L. 411-59, les dispositions de l'article L. 411-66 s'appliquent. Le locataire réintégré bénéficie des dispositions du troisième alinéa de l'article L. 411-42, à compter de sa réinstallation. — *[Anc. art. 811-1, al. 8.]*

Art. L. 411-44 Sauf si la location a été transformée en bail rural régi par le présent livre, le preneur ne peut se prévaloir des dispositions relatives aux cessions de bail, aux échanges ou locations de parcelles et aux indemnités au preneur sortant. — *[Anc. art. 811-1, al. 9.]*

Art. L. 411-45 Lorsque le bailleur est une indivision ou une société constituée entre membres d'une même famille jusqu'au troisième degré inclus, les dispositions des arti-

cles L. 411-40 à L. 411-44 sont applicables si *(Ord. n° 2006-870 du 13 juill. 2006)* **« la location » doit prendre fin par l'installation d'un descendant de l'un des indivisaires ou associés.** – *[Anc. art. 811-1, al. 10.]*

SECTION 8 Droit de renouvellement et droit de reprise

Art. L. 411-46 Le preneur a droit au renouvellement du bail, nonobstant toutes clauses, stipulations ou arrangements contraires, à moins que le bailleur ne justifie de l'un des motifs graves et légitimes mentionnés à l'article *(Ord. n° 2006-870 du 13 juill. 2006)* **« L. 411-31 » ou n'invoque le droit de reprise dans les conditions prévues aux articles L. 411-57 à L. 411-63, L. 411-66 et L. 411-67.**

(L. n° 90-85 du 23 janv. 1990 ; L. n° 2006-11 du 5 janv. 2006, art. 3) **« En cas de départ de l'un des conjoints ou partenaires d'un pacte civil de solidarité copreneurs du bail, le conjoint ou le partenaire qui poursuit l'exploitation a droit au renouvellement du bail.**

« Le preneur et le copreneur visé à l'alinéa précédent doivent réunir » les mêmes conditions d'exploitation et d'habitation que celles exigées du bénéficiaire du droit de reprise en fin de bail à l'article L. 411-59. – *[Anc. art. 837.]*

COMMENTAIRE

Le bail est renouvelé de plein droit. L'article L. 411-50 confirme cette automaticité en disposant que sauf congé, le bail est renouvelé pour neuf ans. Il n'y a donc pas de cessation du bail rural à son terme initial et le renouvellement n'a pas à être sollicité. Cette disposition d'ordre public repose sur le souci du législateur d'accorder la stabilité au preneur afin que celui-ci puisse développer le capital d'exploitation sans être contraint de réaliser l'investissement foncier.

a. Conditions du droit au renouvellement

Le preneur est le titulaire du droit au renouvellement sous réserve de conditions visant à établir qu'il participe effectivement et personnellement à l'exploitation du fonds, et qu'il respecte le contrôle des structures.

Mineur. Lorsque le bien d'un mineur est donné à bail à ferme, le preneur ne peut se prévaloir du droit au renouvellement dès que le mineur a atteint l'âge de la majorité (C. civ., art. 456, al. 3). Le mineur devenu majeur n'est pas tenu de délivrer congé à l'échéance du bail pour reprendre la disposition de son bien (Civ. 3e, 2 févr. 1977, *Bull. civ. III, n° 56 ; 26 avr. 1978, ibid. n° 159*).

Copreneurs. Le droit au renouvellement appartient conjointement à l'ensemble des copreneurs. Il n'y a aucune difficulté lorsque ceux-ci sont tous d'accord pour que le bail se renouvelle à leur profit à tous. Mais par contre, si l'un des copreneurs souhaite cesser d'exploiter et que les autres entendent poursuivre l'exécution du contrat, la modification des conditions du contrat initial pose le problème du droit au renouvellement du bail. Deux cas peuvent se présenter. Soit les copreneurs sont des conjoints ou des partenaires de PACS ; dans ce cas, le législateur a prévu des dispositions spécifiques à l'article L. 411-46. Soit les copreneurs ne sont ni des conjoints, ni des partenaires de PACS : dans ce cas, la jurisprudence traditionnelle imposait que le preneur restant en place donne des garanties équivalentes à celle qui existait pour le bailleur dans le bail initial. Désormais, la loi prévoit que le preneur peut solliciter dans les trois mois de cette cessation d'activité la poursuite du bail à son seul nom, et le propriétaire ne peut s'y opposer qu'en saisissant le tribunal paritaire des baux ruraux dans les deux mois de la notification de la demande du copreneur. Ces dispositions de la loi du 13 octobre 2014 s'appliquent aux baux en cours, et si un copreneur a cessé de participer à l'exploitation avant le 14 octobre 2014, le délai de trois mois laissé au preneur qui poursuit seul l'exploitation pour demander au bailleur que le bail se poursuive à son seul nom commence à courir à compter de cette date (V. art. L. 411-35 et D. 411-9-12-2).

b. Renonciation au droit au renouvellement

Le preneur peut renoncer à cette prérogative d'ordre public. Il y a deux conditions de fond à cette renonciation : d'une part, le preneur doit avoir acquis son droit au renouvellement ; d'autre part, le preneur doit exprimer clairement sa volonté de renoncer.

Il n'a par contre pas à justifier d'un motif précis. L'article L. 411-55 pose une condition de forme.

S'agissant d'un preneur marié dont le conjoint participe à l'exploitation du fonds, l'article L. 411-68 impose le consentement exprès du conjoint non titulaire du bail. ❑

I. CONDITIONS DU DROIT AU RENOUVELLEMENT

1. Bénéficiaires. BIBL. Puygauthier, *JCP N 1996. Prat. 3653* (incapacité et bail : le renouvellement). ♦ Le preneur copropriétaire a droit au renouvellement du bail. • Soc. 13 avr. 1951 : *D. 1951. 633.* ♦ Le bénéficiaire d'une cession a un droit personnel au renouvellement du bail. • Civ. 3e, 8 oct. 1980 : *Bull. civ. III, nº 153.* ♦ La nullité du congé n'entraîne pas automatiquement le renouvellement du bail. • Civ. 3e, 7 sept. 2022, nº 21-15.027 : *RD rur. 2022, nº 159, note Crevel.*

2. Statut du fermage. Pour que joue le droit au renouvellement, les parcelles doivent être soumises au statut du fermage. • Soc. 26 juin 1953 : *Bull. civ. IV, nº 500.* ♦ V. aussi ss. art. L. 411-3, notes 6, 7 et 16.

3. Mineur. Le bail consenti au nom et pour le compte d'un mineur n'est assorti d'un droit de renouvellement que si le juge des tutelles a donné son accord exprès. • Poitiers, 5 nov. 1997 : *RD rur. 1998. 67.* ♦ L'autorisation donnée à l'administrateur légal du mineur de conclure une location est insuffisante à conférer au preneur le droit au renouvellement. • Même arrêt.

4. Habitation. La cour d'appel qui a souverainement retenu qu'une fermière ne remplissait pas la condition d'habitation exigée par l'art. 845 [L. 411-59], en a justement déduit qu'elle n'avait pas droit au renouvellement de son bail. • Civ. 3e, 18 juin 1986 : *JCP N 1987. II. 53, obs. Moreau.* – Comp. : • Civ. 3e, 29 avr. 1969 : *Bull. civ. III, nº 331 ; JCP 1970. II. 16562, note Chevassus.* ♦ V. aussi, à propos du preneur qui habite à 75 km des parcelles, • Civ. 3e, 26 juin 1996, nº 94-17.253 P : *Rev. huiss. 1997. 463 ; Gaz. Pal. 1997. 1. Pan. 115.* ♦ Le défaut d'habitation peut être justifié par la vétusté des locaux. V. • Civ. 3e, 16 déc. 1987 : *Gaz. Pal. 1988. 1. 453, note Challine et Le Petit.*

5. Pluriactivité. L'exercice par le preneur, outre l'exploitation des terres agricoles louées, d'une activité d'entretien de jardins, ne saurait le priver de son droit au renouvellement. • Civ. 3e, 3 juin 1992 : *JCP 1992. IV. 2198.*

6. Contrôle des structures. Le juge, au besoin d'office, doit vérifier si le preneur qui sollicite le renouvellement du bail est en règle avec le contrôle des structures. • Civ. 3e, 12 avr. 2018, nº 17-11.486 P : *AJDI 2018. 793, note Prigent ; D. 2018. 849 ; D. actu. 3 mai 2018, note Prigent ; Gaz. Pal. 2018. 2798, note Peignot ; ibid. 22 mai 2018 ; Rev. loyers 2018, nº 987, note Peignot ; DP entr. agric., Bull. nº 521, p. 9, note Roussel ; JCP N 2018. Actu. 419 ; JCP 2018. 512* • 1er avr. 2021, nº 19-25.078 : *Rev. loyers 2021, nº 1019, note Peignot* • 7 sept. 2022, nº 21-15.027 : *RD rur. 2022, nº 159, note Crevel* • 26 oct. 2022, nº 21-17.886 : *Rev. loyers déc. 2022, note Roussel.* ♦ Pour prétendre au renouvellement de son bail, le fermier qui exploite un ensemble de biens nécessitant une autorisation de cumul, du fait de l'accroissement de la superficie de l'exploitation en cours de bail, doit justifier être détenteur de cette autorisation. • Civ. 3e, 17 déc. 1986, nº 85-13.913 P : *D. 1988. Somm. 91, obs. Martine ; Gaz. Pal. 1987. 1. 310, note Lachaud ; ibid. 1987. 2. 416, note Le Petit et Challine.*

7. Copreneurs. En l'absence de congé mettant fin à la relation contractuelle, le conjoint copreneur qui poursuit seul l'exploitation a droit, nonobstant tout arrangement contraire, au renouvellement du bail par le seul effet de la loi. • Civ. 3e, 9 juin 2016, nº 15-12.772 P : *D. 2016. 2108 ; DP entr. agric., Bull. nº 500, p. 9, note Roussel ; Defrénois 2017, nº 31-33, p. 59, note Delorme.* ♦ Est mal fondée la résiliation pour cession illicite du bail du droit de son ex-époux sans rechercher si, comme il était demandé, le bail ne s'était pas renouvelé de plein droit au seul nom de ce preneur en 2006 et 2015 après le divorce en 1998. • Civ. 3e, 12 nov. 2020, nº 19-21.946 : *Rev. loyers janv. 2021, note Peignot ; AJDI 2021. 534.* ♦ Lorsque le bail s'est renouvelé de plein droit au nom du copreneur qui a poursuivi l'exploitation après le départ du conjoint, il ne peut être résilié pour manquement d'information du propriétaire en cas de cessation d'activité d'un copreneur. • Civ. 3e, 6 juill. 2022, nº 21-12.833 P : *JCP 2022. 903 ; Defrénois 2022, nº 29-33, p. 5 ; D. 2022. 1739, note Roussel et 2308, note Schmidt ; AJDI 2022. 841, note Vermeulen ; JCP N 2022. 1218, note Bosse-Platière ; RD rur. 2022, nº 131, note Crevel ; Rev. loyers 2022, nº 1030, note Roussel ; DP entr. agric., Bull. nº 565, p. 10, note Roussel ; Rev. loyers 2023, nº 1039, note de Los Angelès.*

8. Jurisprudence antérieure à la loi du 13 oct. 2014. Le renouvellement ne peut être imposé au bailleur qu'avec tous les preneurs figurant au bail d'origine. Le départ volontaire de l'un d'eux ne permet pas aux autres d'exiger le renouvellement. • Cass., Ch. réun., 25 juill. 1951 : *Bull. civ. I, nº 1 ; JCP 1951. II. 6476, note Lacoste* • Soc. 7 nov. 1959 : *Bull. civ. IV, nº 1093 ; D. 1960. 78* • Civ. 3e, 24 oct. 1984 : *Bull. civ. III, nº 175* • 12 févr. 1986 : *Gaz. Pal. 1986. 2. 667, note Challine et Le Petit.* ♦ ... Cette situation nouvelle diminuant les garanties que le bailleur aurait trouvées dans le contrat primitif. • Civ. 3e, 5 juin 1969 : *Bull. civ. III, nº 448.* ♦ L'offre d'un cautionnement simple, limitée au paiement des fermages, serait insuffisante comme ne conférant pas au bailleur les garanties équivalentes à celles résultant de la solidarité stipulée au bail d'origine. • Cass., Ch. réun., 25 juill. 1951 : *préc.* ♦ Il n'en est pas ainsi, en revanche, lorsque les copreneurs qui ont cessé l'exploitation se sont portés cautions solidaires de la bonne exécution, par les preneurs restants, des obligations du bail. • Civ. 3e, 27 févr. 1979 : *Bull. civ. III, nº 49.* ♦ Viole les art. 837 [L. 411-46] et 838 [L. 411-47] l'arrêt qui décide que la renonciation d'un des copreneurs, acceptée par les bailleurs, fait obstacle au renouvellement du bail au profit de l'autre copreneur alors que les bailleurs n'avaient pas donné congé. • Civ. 3e, 29 avr. 1980 : *Rev. loyers 1980. 368, note J. V. ; D. 1981. IR 60, obs. Martine.*

9. Sont mal fondés les juges qui qualifient de nouveau bail l'acte conclu par le conjoint copreneur qui a poursuivi seul l'exploitation, en l'absence de congé, celui-ci ayant droit au renouvellement par le seul effet de la loi. • Civ. 3e, 9 juin 2016, nº 15-12.772 P : *D. 2016. 1311 ; JCP N 2016. Actu. 764.*

II. RENONCIATION AU DROIT AU RENOUVELLEMENT

10. Nécessité d'un droit acquis. La renonciation est valable lorsqu'elle intervient postérieurement à la conclusion du bail, le preneur ayant alors droit acquis au renouvellement, auquel il peut valablement renoncer. • Soc. 1er juill. 1955 : *Bull. civ. IV, nº 586* • Civ. 3e, 8 déc. 1982 : *ibid. III, nº 247* • 19 mars 2003 : *RD rur. 2004. 463, obs. Crevel.* ♦ Comp., en cas de fraude du bailleur afin de faire échec au statut du fermage : • Orléans, 26 sept. 1996 : *Rev. loyers 1997. 20, note Le Petit.*

11. Le bénéficiaire de la cession du bail a un droit personnel au renouvellement du bail auquel il ne peut renoncer avant qu'il soit acquis, et la renonciation de ses auteurs ne lui est pas opposable. • Civ. 3e, 31 mai 2007, nº 06-15.263 P : *D. 2007. AJ 1727 ; JCP 2007. IV. 2362 ; RD rur. 2007, nº 314, obs. Crevel ; Rev. loyers 2007. 408, note Peignot ; JCP N 2008. 1170, note Brelet ; AJDI 2008. 224, obs. Prigent* . ♦ … Même si ce cessionnaire a été signataire de l'acte de renonciation par ses auteurs intervenu avant le renouvellement. • Civ. 3e, 26 mars 2014, nº 13-13.433 : *RD rur. 2014, nº 116, note Crevel ; DP entr. agric., Bull. nº 475/476, p. 15, note Roussel* • 26 mars 2014, nº 13-13.427 : *AJDI 2014. 530* .

12. La renonciation consentie le jour même où le bail est conclu est sans valeur et de nul effet. • Civ. 3e, 2 mai 1968 : *Bull. civ. III, nº 176* • 8 oct. 1980 : *ibid. III, nº 153.* ♦ Cependant, est valable la renonciation au droit de renouvellement insérée dans le bail écrit initial, dès lors que ce droit a été, par exécution d'un bail verbal, acquis plusieurs mois avant cette renonciation. • Civ. 3e, 23 janv. 1969 : *Bull. civ. III, nº 67.* ♦ Le bénéficiaire d'une cession ne peut renoncer au droit au renouvellement le jour même de la cession. • Civ. 3e, 8 oct. 1980 : *Bull. civ. III, nº 153.*

13. Conditions de forme. La renonciation du preneur n'est pas soumise aux conditions de forme et de délai du congé dès lors qu'elle est acceptée par le bailleur. • Soc. 11 mars 1955 : *Bull. civ. IV, nº 234 ; JCP 1955. II. 8796.*

14. Renonciation certaine. La renonciation ne se présumant pas, doit, pour être valable, être exprimée de manière non ambiguë. • Soc. 3 nov. 1961 : *Bull. civ. IV, nº 897.* ♦ Elle ne saurait résulter d'une renonciation au droit de préemption, qui ne l'implique pas. • Soc. 8 mars 1951 : *Bull. civ. III, nº 184.* ♦ Mais elle peut résulter de l'acceptation de transformer un bail indivis en plusieurs conventions distinctes sur une superficie inférieure au minimum prévu pour l'application du statut. • Civ. 3e, 5 mai 1976 : *D. 1976. 599, note R. Savatier ; Rev. loyers 1976. 327, note Viatte.* ♦ Renonce à son droit de renouvellement le preneur qui au cours d'un bail de neuf ans sollicite une prorogation de trois ans à compter de la date d'expiration du bail d'origine et délivre congé pour la date d'expiration du bail prorogé. • Soc. 24 mai 1966 : *Bull. civ. IV, nº 506.*

15. Le décès du bénéficiaire de la reprise ne peut avoir d'incidence rétroactive sur la validité d'une convention où, moyennant renonciation partielle à la reprise, le preneur renonçait au renouvellement. • Soc. 8 déc. 1961 : *Bull. civ. IV, nº 1015.* ♦ Comp., pour une hypothèse où la renonciation n'a pas été admise : • Soc. 8 oct. 1964 : *Bull. civ. IV, nº 659.*

16. Portée de la nullité. La nullité de la renonciation s'étend aux conventions ultérieures en exécution de celle-ci. • Civ. 3e, 2 oct. 1975 : *Bull. civ. III, nº 272.*

Art. L. 411-47 Le propriétaire qui entend s'opposer au renouvellement doit notifier congé au preneur, dix-huit mois au moins avant l'expiration du bail, par acte extrajudiciaire.

A peine de nullité, le congé doit :

– mentionner expressément les motifs allégués par le bailleur ;

– indiquer, en cas de congé pour reprise, les nom, prénom, âge, domicile et profession du bénéficiaire ou des bénéficiaires devant exploiter conjointement le bien loué et, éventuellement, pour le cas d'empêchement, d'un bénéficiaire subsidiaire, ainsi que l'habitation ou éventuellement les habitations que devront occuper après la reprise le ou les bénéficiaires du bien repris ;

– reproduire les termes de l'alinéa premier de l'article L. 411-54.

La nullité ne sera toutefois pas prononcée si l'omission ou l'inexactitude constatée ne sont pas de nature à induire le preneur en erreur. – *[Anc. art. 838, al. 1er à 3.] – V. art. L. 411-51.*

COMMENTAIRE

Le congé est l'acte par lequel le bailleur fait savoir au preneur qu'il entend mettre fin unilatéralement au contrat de bail. Le congé est une condition du non-renouvellement. Le congé vise à permettre au preneur de pouvoir d'une part connaître et contrôler les conditions dans lesquelles il est mis fin à son bail et éventuellement les contester, d'autre part à lui donner le temps d'organiser son départ.

I. PARTIES AU CONGÉ

A. AUTEUR

BIBL. Crevel, *Rev. huiss. 1998. 73.*

1. Indivision. La demande en résiliation présentée par moins des deux tiers des indivisaires est irrecevable. • Civ. 3e, 17 nov. 2016, n° 15-19.957 : *RD rur. 2017, n° 73 ; Rev. loyers 2017, n° 973, note Peignot.*

2. Indivision. Jurisprudence antérieure à la loi du 23 juin 2006. Quand le bien est en indivision, le congé doit être donné par tous les indivisaires. • Soc. 23 juin 1955 : *Bull. civ. IV, n° 555* • Civ. 3e, 25 juin 1975 : *ibid. III, n° 221 ; Gaz. Pal. 1976. 1. 142, note Lachaud.* ♦ Il en va de même si le preneur est l'un des coïndivisaires. • Même arrêt. ♦ Le congé donné par l'un des indivisaires sans l'accord des autres ne peut pas produire effet dans la mesure où cet indivisaire n'est pas devenu propriétaire du bien repris en vertu d'un partage intervenu avant la fin du bail. • Civ. 3e, 17 juin 1981 : *D. 1981. IR 10, obs. Martine* • 8 avr. 1999, n° 97-15.706 P. ♦ Mais est valable le congé donné par un seul des copropriétaires, du moment qu'il a été ratifié par tous les autres copropriétaires présents à l'audience. • Soc. 8 juin 1951 : *Bull. civ. III, n° 445* • Civ. 3e, 19 avr. 2000 : *Ann. loyers 2000. 2030.* ♦ ... Ou qui ont assigné le preneur. • Soc. 15 mars 1957 : *Bull. civ. IV, n° 304.* ♦ L'intervention aux débats des copropriétaires au nom desquels le congé n'a pas été donné opère ratification du mandat verbal en vertu duquel le congé a été signifié au preneur par un autre indivisaire. • Soc. 6 mars 1958 : *Bull. civ. IV, n° 325.*

3. La confusion des droits locatif et de propriété éteint le droit au bail sur les parcelles dont le preneur devient propriétaire. • Civ. 3e, 24 juin 2009, n° 08-16.728 : *JCP 2009, n° 31-35, p. 23 ; JCP N 2009. Actu. 514 ; RD rur. 2009, n° 128 ; AJDI 2010. 145, note Prigent.* ♦ Saisi par des indivisaires pour désigner un administrateur chargé de délivrer congé au preneur pour l'indivision, la décision du juge qui statue en la forme des référés n'est pas subordonnée à l'absence de contestation sérieuse. • Civ. 3e, 3 févr. 2004 : *RD rur. 2004. 584 ; Rev. loyers 2004. 366, note Peignot.*

4. Le propriétaire d'une partie des biens loués après division de la propriété initiale peut délivrer seul congé. • Civ. 3e, 22 mai 2012, n° 11-17.184 : *DP entr. agric., Bull. n° 455, p. 6, note Roussel ; RD rur. 2012, n° 67, note Crevel.* ♦ Est valable le congé délivré par un coïndivisaire dès lors qu'il est devenu seul propriétaire par l'effet d'une donation-partage entre la délivrance et la prise d'effet du congé. • Civ. 3e, 24 sept. 2014, n° 12-25.884. ♦ Celui qui est devenu seul propriétaire des parcelles avait qualité pour délivrer le congé dont les conditions s'apprécient à la date où il prend effet tandis que l'indivisibilité du bail cesse à son expiration. • Civ. 3e, 23 juin 2015, n° 14-14.689 : *AJDI 2015. 697.*

5. Usufruit. BIBL. Crevel, *RD rur. 2004. 315.* ♦ Les dispositions de l'art. 595, al. 4, C. civ., si elles interdisent à l'usufruitier de donner à bail un fonds rural sans le concours du nu-propriétaire ou, à défaut, sans y être autorisé par justice, ne font pas obstacle à ce que l'usufruitier délivre, seul, congé au preneur. • Civ. 3e, 29 janv. 1974 : *D. 1974. IR 111* • 5 mai 1981 : *D. 1981. IR 468.* ♦ Même sens, alors qu'il n'a pas été constaté que le congé avait pour but de conclure un nouveau bail. • Civ. 3e, 26 mars 2020, n° 19-13.302 : *JCP 2020. Actu. 424 ; Rev. loyers 2020, n° 1008, note Peignot ; AJDI 2020. 781.* ♦ V. jurisprudence ss. art. L. 411-58. ♦ Ayant relevé que le congé a été délivré notamment par l'usufruitier, la cour d'appel, qui a exactement retenu que la qualité de bailleur appartient au seul usufruitier, a pu en déduire que le congé, même délivré par celui-ci avec le concours des nus-propriétaires au profit de l'un d'eux, constitue un congé aux fins de reprise au profit d'un descendant du bailleur. • Civ. 3e, 5 févr. 1997, n° 95-12.536 P : *Gaz. Pal. 1997. 2. Pan. 228 ; Rev. huiss. 1997. 1191.* ♦ Le nu-propriétaire d'un bien rural peut, en accord avec l'usufruitier, donner congé au preneur dès lors que l'accord ou la ratification de l'usufruitier résulte d'un mandat donné au nu-propriétaire. • Soc. 25 oct. 1957 : *Bull. civ. IV, n° 996.* ♦ La validité du congé délivré par l'usufruitier s'apprécie au regard du lien existant entre celui-ci et le bénéficiaire de la reprise. • Civ. 3e, 26 janv. 2022, n° 20-20.223 B : *Defrénois 2022, n° 10, p. 21, note Pouliquen.*

6. Le défaut de publication d'un acte portant ou constatant la mutation ou la constitution de droits réels immobiliers est sans effet sur la régularité du congé. • Civ. 3e, 23 mars 2011, n° 10-12.162 : *RD rur. 2011, n° 67, note Crevel ; Gaz. Pal. 6-7 avr. 2011 ; Defrénois 2011. 1042, note Barbièri ; Gaz. Pal. 14-15 sept. 2011. 2904, note Peignot et*

Millard ; Rev. loyers 2011. 919, note Peignot ; LPA 21 févr. 2012, note Dissaux.

7. Bien commun. Jugé qu'est nul le congé-reprise au bénéfice d'un descendant délivré aux preneurs par le bailleur seul, alors que le bien est commun avec la femme. • Civ. 3e, 9 nov. 1982 : *Rev. loyers 1983. 96.* ♦ Comp. : art. 1421, al. 1er, C. civ.

8. Mandat. Le congé peut être donné par le mandataire du propriétaire. • Civ. 3e, 9 nov. 1981 : *Bull. civ. III, no 184.*

9. Acquéreur sous condition suspensive. L'acquéreur sous condition suspensive de non-préemption par le preneur a qualité pour donner congé, mais cet acte n'est valable que si le preneur renonce à préempter. • Orléans, 14 mai 1992 : *Rev. loyers 1993. 21, note Le Petit.*

B. DESTINATAIRE

10. Congé au preneur. La signification d'un congé à une EARL à laquelle le preneur a mis à disposition un bail équivaut à une absence de congé. • Civ. 3e, 17 mai 2006, no 05-12.469 P : *RD rur. août-sept. 2006. 36 ; AJDI 2006. 749, note Prigent ; Gaz. Pal. 5-6 janv. 2007, p. 31, et 25-27 avr. 2007, p. 25.* ♦ Les congés délivrés aux seuls époux cédants du bail ne peuvent produire d'effet à l'égard de la société seule titulaire des baux à laquelle ils sont inopposables. • Civ. 3e, 11 févr. 2016, no 13-11.685 P : *JCP 2016. 249 ; Rev. loyers 2016, no 966, note Peignot.*

11. Copreneur. En l'absence de toute demande du bailleur dans les six mois à compter du décès du preneur, le droit au bail est passé à la veuve du preneur et à ses trois enfants, le congé à la seule copreneuse solidaire est nul faute d'avoir été délivré aux héritiers. • Civ. 3e, 19 févr. 2003, no 01-16.473 P : *JCP N 2003. 1088, obs. Moreau ; RD rur. 2003. 505, obs. D. C. et 568 ; JCP 2003. IV. 1682 ; Gaz. Pal. 30 avr.-4 mai 2003. Pan. 20 ; ibid. 31 oct.-1er nov. 2003. 23.* ♦ *Contra* : • Soc. 16 juin 1966 : *Bull. civ. IV, no 611* • Civ. 3e, 12 juill. 1989 : *Bull. civ. III, no 165 ; D. 1989. IR 230 ; Defrénois 1990. 497, obs. Vermelle* • 20 juill. 1989 : *Bull. civ. III, no 174 ; JCP 1991. II. 21595, note Dumortier.* ♦ Le congé délivré à un seul copreneur n'est pas nul mais valable à son égard et inopposable à l'autre copreneur. • Civ. 3e, 17 févr. 2010, no 09-12.989 : *RD rur. 2010, no 76, note Roussel ; JCP 2010. 581 ; Gaz. Pal. 31 mars-1er avr. 2010, obs. Peignot et Millard ; Gaz. Pal. 2010. Pan. 1126 ; AJDI 2010. 561, note Prigent ; Rev. loyers 2010. 221, obs. Peignot.*

12. Preneurs indivisaires. L'appel d'un jugement déclarant valable un congé et ordonnant une expulsion constitue un acte conservatoire et peut donc être exercé par un seul indivisaire. • Civ. 3e, 8 déc. 2004, no 03-17.902 P (bail commercial).

II. FORME, MENTIONS ET DÉLAI DU CONGÉ

A. FORME

13. Est nul et de nul effet le congé délivré par *lettre recommandée* avec accusé de réception. • Soc. 18 déc. 1967 : *Bull. civ. IV, no 803.* ♦ En revanche, est valable le congé donné par lettre manuscrite rédigée par le bailleur et signifié au fermier par acte d'huissier de justice. • Civ. 3e, 27 mars 1984 : *Bull. civ. III, no 80 ; Rev. loyers 1984. 523.* ♦ Le congé signifié par huissier à la mère du destinataire absent à son domicile est régulier. • Civ. 3e, 20 mars 2012, no 10-28.777.

14. L'assignation en expulsion d'un occupant sans droit ni titre vaut congé. • Civ. 3e, 23 oct. 1979 : *Gaz. Pal. 1980. 1. Pan. 12.*

15. Les règles de forme du congé édictées par le code rural ne sont pas applicables s'agissant de locations de matériels accessoires à des baux ruraux. • Civ. 3e, 1er févr. 1995, no 92-21.382 P : *JCP N 1995. II. 1433, obs. Moreau ; Gaz. Pal. 1997. 2. Somm. 116, obs. Lachaud.*

16. Sanction. La nullité du congé rural obéit aux règles de nullité des actes de procédure et elle est couverte si celui qui l'invoque a, postérieurement à l'acte critiqué, fait valoir des défenses au fond ou opposé une fin de non-recevoir sans soulever la nullité. • Civ. 3e, 7 juill. 2015, no 15-20.381 : *AJDI 2016. 699.* ♦ En dehors des cas où elle est prévue par une disposition spéciale du code rural, la nullité pour vice de forme d'un congé de bail rural, donné par acte extrajudiciaire, ne peut être prononcée qu'à charge par celui qui l'invoque de prouver le grief que lui cause l'irrégularité, même s'il s'agit d'une formalité substantielle ou d'ordre public. • Civ. 3e, 27 janv. 1977 : *Bull. civ. III, no 47 ; D. 1977. IR 223* • 26 janv. 2017 : *RD rur. 2017, no 68, note Crevel ; Rev. loyers 2017, no 975, note Peignot.* ♦ Est mal fondée la cour qui accueille l'exception de nullité alors qu'elle avait constaté que le preneur avait préalablement fait valoir des défenses au fond. • Civ. 2e, 16 mars 2017, no 15-18805 P : *RD rur. 2017, no 137, obs. Crevel.*

B. MENTIONS

17. Mentions non ambiguës. Le congé doit être dépourvu d'ambiguïté et doit faire connaître l'intention de mettre fin au bail. • Soc. 29 janv. 1959 : *Bull. civ. IV, no 127.* ♦ .. Et non pas seulement l'intention de modifier les conditions du bail sans opposition au renouvellement. • Civ. 3e, 6 oct. 1971 : *D. 1972. 76.* ♦ Pour un congé ambigu quant aux parcelles objet de la reprise, V. • Civ. 3e, 13 mai 1992 : *Gaz. Pal. 1992. 2. Pan. 245.* ♦ La cour qui a souverainement retenu que l'incertitude sur la profession et les conditions d'exploitation futures du bénéficiaire ont fait grief au preneur et l'ont induit en erreur, a justifié l'annulation du congé. • Civ. 3e, 12 janv. 2017, nº 15-25.027 : *AJDI 2017. 212*.

18. Le congé ne peut être validé s'il est nécessaire de recourir à des éléments extrinsèques à cet acte pour apprécier le projet de reprise. • Civ. 3e, 22 oct. 2020, nº 19-16.721 : *Rev. loyers 2021, nº 1012, note Peignot ; RD rur. 2021, nº 2, note Crevel ; JCP N 2021. 1204, note Jullian.*

19. Justifie sa décision la cour d'appel qui prononce la nullité du congé aux fins de reprise partielle de terres en indivision après avoir constaté qu'à la date de délivrance dudit congé, la commission de remembrement n'avait pas rendu son avis sur la division envisagée, et qu'ainsi, le congé avait été délivré pour un bien dont l'assiette était impossible à déterminer. • Civ. 3e, 10 déc. 1997, nº 96-11.243 P : *RD rur. 1998. 2 ; Gaz. Pal. 1998. 1. Pan. 83.*

20. Motifs. Si plusieurs motifs sont invoqués, le congé peut être nul pour un motif mais validé pour un autre. • Civ. 3e, 11 juin 1987 : *Bull. civ. III, nº 120.* ♦ Un congé peut mentionner plusieurs motifs et il est valable dès lors que l'un d'eux est justifié. • Civ. 3e, 11 avr. 2019, nº 18-12.080 : *Rev. loyers 1er juin 2019, note Peignot ; Gaz. Pal. 2019. 2864, note Peignot.* ♦ Un congé ne peut être validé par le juge pour un motif différent de celui allégué. • Civ. 3e, 8 mai 1978 : *Bull. civ. III, nº 191* • 10 janv. 1990 : *ibid. III, nº 13* • 18 juill. 2000 : *RD rur. 2000. 510.* ♦ Comp., jugeant que lorsque les termes d'un congé sont ambigus, le juge se doit de l'interpréter et le cas échéant faire une autre qualification juridique : • Besançon, 19 déc. 1995 : *BICC 1996. 947 ; Gaz. Pal. 1996. 2. 420, note Lachaud ; Rev. huiss. 1996. 1282.* ♦ Si le motif invoqué dans le congé n'est pas fondé, le bailleur ne peut, à l'occasion de sa contestation, invoquer d'autres motifs. • Civ. 3e, 11 mai 1993 : *Ann. loyers 1993. 933.* ♦ Est nul le congé qui ne comporte ni la profession actuelle du bénéficiaire de la reprise, ni l'indication de l'habitation qui sera occupée, même si ces éléments que le preneur ne connaissaient pas ont été révélés en cours d'instance, dès lors que la Cour a relevé souverainement que ces omissions créaient un grief au preneur qui ne pouvait apprécier le caractère réaliste du projet. • Civ. 3e, 1er déc. 2016, nº 15-23.963 : *Gaz. Pal. 2017. 1681.*

21. Les mentions du congé prescrites à peine de nullité ne peuvent être ultérieurement tenues pour non avenues et remplacées par des dispositions différentes sans l'accord du preneur lorsque les intérêts de ce dernier peuvent en être affectés. • Civ. 3e, 4 oct. 1978 : *D. 1979. IR 171.* ♦ Aucune disposition légale n'oblige un bailleur demandant la validation d'un congé délivré aux preneurs à maintenir jusqu'à son terme la demande telle qu'elle a été formulée à l'origine. • Civ. 3e, 13 nov. 2008, nº 07-18.887 : *JCP 2008. IV. 2977 ; JCP N 2008. 765 ; JCP N 2009. 1206, note Brelet ; ibid. 1347, note Roussel ; RD rur. 2009, nº 5, note Crevel ; Gaz. Pal. 6-7 mai 2009. 16.*

22. Désignation du bénéficiaire. Si l'adjonction du *nom de l'épouse* n'a pas d'incidence sur l'exercice de la reprise par le seul bénéficiaire légal de celle-ci, le congé ne doit pas être annulé. • Civ. 3e, 9 mars 1983 : *Bull. civ. III, nº 73* • 13 mars 1985 : *ibid. III, nº 52* • 11 juin 1986 : *ibid. III, nº 94.* ♦ De même, s'agissant de la reprise en faveur de la fille du propriétaire, l'indication dans le congé du nom du mari de celle-ci n'est pas de nature à induire le preneur en erreur sur l'identité de la seule bénéficiaire légale. • Civ. 3e, 2 mars 1988 : *JCP 1988. IV. 172.* ♦ Comp., déclarant nul un congé délivré par le bailleur aux fins de reprise au profit de sa petite-fille et de son époux, au motif que l'indication non ambiguë de l'époux de la petite-fille comme premier bénéficiaire de la reprise, avant même la descendante des bailleurs, était de nature à induire en erreur les preneurs sur l'identité et la qualité du véritable bénéficiaire de la reprise : • Civ. 3e, 4 mars 1992, nº 90-20.515 P : *JCP N 1992. II. 409, obs. Moreau ; Rev. huiss. 1994. 1119, note Bourdillat.* ♦ V. jurisprudence ss. art. L. 411-64. ♦ L'indication de bénéficiaires successifs, et non pas de bénéficiaires conjoints ou d'un bénéficiaire subsidiaire, constitue une formulation ambiguë de nature à induire le preneur en erreur en l'empêchant de connaître réellement le nom de celui qui devait reprendre le bien pour l'exploiter. • Civ. 3e, 31 mars 2006 : *RD rur. 2006. 37* • 3 mai 2006 : *JCP N 2007. 1188, note Brelet.* ♦ Est fondée l'annulation du congé qui ne comportait ni la profession du bénéficiaire, ni l'habitation qu'il occuperait après la reprise, les juges retenant souverainement que les indications données en cours d'instance n'avaient pas eu pour effet de régulariser les omissions initiales qui avaient causé grief au preneur. • Civ. 3e, 1er déc. 2016, nº 15-23.963 : *AJDI 2017. 129*.

23. Un congé délivré au profit de deux bénéficiaires afin d'exploitation personnelle ne peut, en dehors d'un cas de force majeure, être déclaré valable au profit d'un seul d'entre eux. • Civ. 3e, 10 janv. 1990, nº 88-15.705 P. – V. aussi, sur renvoi, • Bourges, 27 mars 1991 : *JCP 1992. II. 21836, note Ourliac.* ♦ Par contre, sont mal fondés les juges qui annulent un congé au motif que chacun des enfants bénéficiaires était appelé à exploiter séparément une partie du bien repris. • Civ. 3e, 23 mai 2002, nº 01-01.485 P : *RD rur. 2002. 328 et 642 ; Gaz. Pal. 2002. 1. Somm. 1111 ; ibid. 20-21 juin 2003. 35 ; AJDI 2003. 44 ; JCP 2002. IV. 2153 ; JCP N 2002. 1656.*

24. Profession. Est nul le congé où il est omis de préciser *la profession* de chacun des repreneurs, les preneurs ne possédant ainsi pas tous les éléments pour vérifier si les conditions de la reprise sont remplies. • Civ. 3e, 10 juill. 2002 : *RD rur. 2003. 126 ; AJDI 2003. 48, obs. Giraudel*. ♦ Mais cette omission n'est pas de nature à induire en erreur le preneur qui connaissait cette profession. • Civ. 3e, 26 juin 1991 : *D. 1993. Somm. 64, obs. Martine ; Defrénois 1991. 1320, obs. Vermelle ;*

JCP N 1992. II. 111, obs. Moreau ; Gaz. Pal. 1992. 2. Somm. 354, obs. Lachaud. ♦ Sur la portée de la mention de la qualité de « cultivatrice », V. • T. par. baux rur. Saint-Pol-sur-Ternoise : 14 mai 1992 : *Gaz. Pal. 1992. 2. 557, note Lachaud.* ♦ A été de nature à induire le preneur en erreur sur le caractère réaliste du projet du bailleur d'exploitation personnelle des terres le congé ne mentionnant pas la profession du bénéficiaire de la reprise alors qu'il n'est pas démontré que le preneur la connaissait, omission jointe à l'indication d'un domicile du propriétaire distinct de celui déclaré dans l'acte de vente de la parcelle objet du congé. • Civ. 3e, 2 févr. 2011, n° 10-11.286 : *RD rur. 2011, n° 54, note Crevel ; JCP N 2011. Actu. 230 ; AJDI 2011. 459, note Prigent ; JCP 2011. 234 ; Rev. loyers 2011, n° 917, note Peignot.* ♦ L'omission du domicile exact et de la profession n'invalide pas le congé dès lors que le juge constate que le défaut n'a pas été de nature à induire le destinataire en erreur. • Civ. 3e, 13 juill. 2011 : *RD rur. 2011, n° 120, note Crevel ; JCP N 2011. Actu. 230 ; AJDI 2011. 459, note Prigent ; JCP 2011. 234 ; Rev. loyers 2011, n° 917, note Peignot.* ♦ Est fondée l'annulation du congé mentionnant la profession de « chargé de clientèle agricole » qui ne permettait pas au preneur de vérifier immédiatement le sérieux du projet de reprise. • Civ. 3e, 26 nov. 2013, n° 12-23.315 : *AJDI 2014. 221*.

25. Conditions d'exploitation. L'art. 838 [L. 411-47] ne prescrit pas la mention de l'*engagement du bénéficiaire* de la reprise d'exploiter personnellement le bien repris. • Civ. 3e, 23 avr. 1976 : *D. 1976. IR 205.* ♦ ... Ni la mention de la qualité de *mineur émancipé* du bénéficiaire. • Civ. 3e, 19 mai 1981 : *Bull. civ. III, n° 98.* ♦ A peine de nullité, le congé doit mentionner le fait que le bien objet de la reprise est destiné à être exploité par mise à disposition d'une société. • Civ. 3e, 12 mars 2014, n° 12-26.388 : *JCP 2014. 418 ; JCP N 2014. Actu. 447 ; D. 2014. 777 ; RD rur. 2014, n° 114, note Crevel ; DP entr. agric., Bull. n° 475/476, p. 1, note Roussel ; AJDI 2014. 709, note Prigent*. ♦ ... Dès lors que cette omission a été de nature à induire le preneur en erreur. • Civ. 3e, 1er déc. 2016, n° 15-23.963 : *Gaz. Pal. 2017. 1682, note Peignot ; Rev. loyers 2017, n° 975, note Peignot.* ♦ V. aussi • Civ. 3e, 12 janv. 2017 : *cité note 17.* ♦ La cour apprécie souverainement la précision du congé concernant les conditions d'exploitation du bien repris pour ne pas induire en erreur le preneur. • Civ. 3e, 10 sept. 2020, n° 19-15.511 : *RD rur. 2020, n° 166, note Crevel ; Defrénois 2020, n° 40, p. 11.* ♦ Il incombe au bailleur lors de la délivrance du congé dont il est l'auteur de prévoir le mode d'exploitation des terres reprises et d'en informer loyalement le preneur évincé. • Civ. 3e, 14 nov. 2019, n° 18-11.721 : *Rev. loyers 1er déc. 2019, note Peignot ; Defrénois 2019, n° 47, p. 38 ; AJDI 2020. 516, note Roussel*. ♦ Le congé qui indique que le bénéficiaire de la reprise s'engage à se consacrer à titre personnel, sous forme sociétaire, à l'exploitation des biens repris ne permet pas d'identifier le régime d'exploitation individuelle ou en groupe avec d'autres associés. • Civ. 3e, 9 sept. 2021, n° 19-24.542 : *RD rur. 2021, n° 238, note Crevel ; Defrénois 2021, n° 39, p. 18 ; AJDI 2021. 783 ; Rev. loyers 2021, n° 24552, note Roussel.*

26. Adresse. Si le congé doit indiquer l'*habitation* du bénéficiaire après la reprise, la nullité ne peut être prononcée que si l'omission ou l'inexactitude de cette mention a induit le preneur en erreur. • Civ. 3e, 1er déc. 1976 : *Bull. civ. III, n° 437.* – V. aussi • Civ. 3e, 30 juin 1981 : *D. 1982. IR 49.* ♦ Le congé qui ne mentionne que l'adresse du bénéficiaire à la date du congé est nul, dès lors que le preneur ne pouvait apprécier les conditions d'habitation. • Civ. 3e, 10 mars 2015, n° 13-26.701 : *RD rur. 2015, nos 135 et 143, note Crevel* • 12 janv. 2022, n° 20-13.370 : *Rev. loyers 2022, n° 1024, note Roussel ; DP entr. agric., Bull. n° 561, p. 7, note Roussel.* ♦ Ne peut être validé le congé dont les mentions relatives à l'habitation étaient affectées d'une incertitude ne permettant pas de vérifier que les conditions de la reprise étaient réunies. • Civ. 3e, 5 avr. 2018, n° 16-24.394 : *RD rur. 2018, n° 112, note Crevel* • 21 févr. 2019, n° 17-23.881 : *Rev. loyers 2019. 185, note Peignot.* ♦ Le congé doit être annulé dès lors qu'il ne mentionne pas l'habitation que devrait occuper après la reprise le bénéficiaire du bien repris, sans que l'indication de l'adresse du bénéficiaire à la date du congé, fût-elle située près de l'exploitation, puisse y suppléer. • Civ. 3e, 18 mars 2021, n° 19-24.504 : *AJDI 2021. 375*. ♦ Est ambigu et de nature à induire en erreur le congé qui prévoit que la maison d'habitation des bénéficiaires de la reprise est celle que les propriétaires s'étaient engagés à vendre au preneur. • Civ. 3e, 13 avr. 2022, n° 20-23.443 : *Rev. loyers 2022, n° 1030, note Roussel.*

27. Âge. Le tribunal paritaire peut valider un congé aux fins de reprise malgré l'omission de l'*âge* du bénéficiaire de la reprise et de la *reproduction des termes de l'art. 841* [L. 411-54], dès lors qu'il résulte de ses constatations que le preneur n'a pas pu être induit en erreur. • Civ. 3e, 8 oct. 1970 : *Bull. civ. III, n° 494.* ♦ Comp. art. L. 411-64, dernier al., et sa jurisprudence.

28. Société. Sur les mentions exigées en cas de reprise par une *société*, V. • Civ. 1re, 1er juin 1976 : *Bull. civ. III, n° 243 ; Rev. loyers 1976. 393, note Viatte* • 30 nov. 1976 : *Bull. civ. III, n° 429 ; D. 1977. IR 97.* ♦ V. aussi, pour la reprise exercée par une *association*, • Civ. 3e, 17 juill. 1986 : *JCP 1987. II. 20770, note Prévault.* ♦ En cas de reprise par une personne morale, le congé doit indiquer à peine de nullité le nom de la société bénéficiaire de la reprise et celui du ou de ses membres devant assurer l'exploitation du bien repris. • Civ. 3e, 29 juin 2023, n° 21-22.237 : *AJDI 2023. 698*.

29. Délai de contestation. L'art. 838 [L. 411-47] ne prescrit pas la mention de la durée du *délai de contestation*. • Civ. 3e, 12 déc. 1990 : *Gaz. Pal. 1991. 2. Somm. 253, obs. Lachaud* • 22 juill. 1992, n° 90-19.718 P : *D. 1992. IR 236*.

30. Autres mentions. L'obligation d'indiquer dans le congé une *date de départ* n'est pas imposée, le fermier devant normalement quitter les lieux à la fin du bail. • Soc. 30 avr. 1953 : *Bull. civ. IV, n° 319.* ♦ Aucune disposition du code n'impose la mention dans le congé de la désignation cadastrale et de la superficie de chacune des parcelles reprises. • Civ. 3e, 20 juin 2019, n° 18-12.284 : *Rev. loyers 1er juill. 2019 ; DP entr. agric., Bull. n° 536, p. 6, note Roussel.* ♦ Le congé adressé au preneur titulaire de plusieurs baux aux échéances différentes, doit faire apparaître à sa seule lecture celui des contrats auquel il est mis fin et la date d'effet du non renouvellement opposé. • Civ. 3e, 10 sept. 2020, n° 18-24.422 : *Defrénois 2020, n° 41, p. 10 ; Rev. loyers 2020, n° 1012, note Peignot ; DP entr. agric., Bull. n° 547, p. 8, note Roussel.*

C. DÉLAI

31. Délai minimal. Le congé doit être notifié au preneur *dix-huit mois* au moins avant l'expiration du bail. • Soc. 9 juin 1955 : *Bull. civ. IV, n° 503.* ♦ Le délai prévu à l'art. L. 411-47 est un délai minimal que les parties peuvent allonger sans qu'il en résulte une restriction des droits du bailleur. • Civ. 3e, 19 nov. 2014, n° 13-25.934 : *JCP 2014. 1302 ; JCP N 2014. Actu. 1249 ; D. 2014. 2408 ; RD rur. 2015, n° 25, note Crevel ; D. actu. 9 déc. 2014, note Prigent ; Gaz. Pal. 2015. 1138, note Peignot et Millard ; AJDI 2015. 214 ; Rev. loyers 2015, n° 954.*

32. La *computation* du délai doit se faire conformément à l'art. 641, al. 2, C. pr. civ. • Civ. 3e, 21 déc. 1987 : *Bull. civ. III, n° 215 ; D. 1988. IR 10 ; Gaz. Pal. 1988. 1. 394, note Lachaud ; RTD civ. 1988. 392, obs. Perrot.* ♦ Est fondée la cour qui se fonde sur la convention prévoyant que l'absence d'autorisation de plantation, si celle-ci a été sollicitée, constitue un cas de force majeure qui a différé le point de départ du bail. • Civ. 3e, 27 nov. 2012, n° 11-22.047 : *RD rur. 2013, n° 82, note Barthe.*

33. Congé prématuré. Un congé donné pour une *date prématurée* n'est pas nul, mais voit son effet reporté à la date légale. • Soc. 10 oct. 1958 : *Bull. civ. IV, n° 1017* • Civ. 3e, 17 janv. 1990, n° 88-15.613 P : *Defrénois 1990. 1091, obs. Vermelle* • Civ. 3e, 15 févr. 2018, n° 17-10.518 : *AJDI 2018. 286 ; DP entr. agric., Bull. n° 518, p. 10, note Roussel.* ♦ ... A condition, toutefois, que le tribunal paritaire soit en mesure de statuer sur sa validité. • Soc. 15 oct. 1959 : *Bull. civ. IV, n° 989.* ♦ Un congé manifestement prématuré et qui n'a d'autre but que d'empêcher le preneur de céder son bail à son fils peut être déclaré nul comme révélant une fraude. • Civ. 3e, 22 mai 1968 : *Bull. civ. III, n° 228.* ♦ V., par exemple, pour l'annulation d'un congé délivré sept ans à l'avance, • Civ. 3e, 28 mars 1973 : *Bull. civ. III, n° 239* • Amiens, 5 févr. 2008 : *RD rur. 2008, nos 111 et 173, note Crevel.* ♦ Validant des congés délivrés plusieurs années avant la fin du bail, V. • Civ. 3e, 5 févr. 1997 : *RD rur. 1997. 314 ; Rev. loyers 1998. 353* • 23 juin 1998 : *Rev. huiss. 1999. 530, obs. Teilliais.* ♦ Est mal fondée l'annulation du congé délivré en 2002 pour 2010 au seul motif qu'il est prématuré dès lors que les circonstances justifiant l'annulation n'ont pas été précisées. • Civ. 3e, 24 juin 2009, n° 08-18.675 : *D. 2009. 1828, note Forest ; JCP 2009, n° 31-35, p. 23 ; RD rur. 2009, n° 127 ; AJDI 2010. 146, note Prigent*. – V. aussi Roussel, *RD rur. 1998. 212.* ♦ Un congé délivré le 16 janv. 1998 pour le 29 sept. 2001 n'a pas été jugé prématuré. • Rouen, 24 oct. 2000 : *RD rur. 2002. 48.*

34. Date tardive. Sur la validité d'un congé donné pour une date tardive, mais en respectant le délai de dix-huit mois avant la date reconstituée d'expiration, V. • Civ. 3e, 14 nov. 1972 : *D. 1973. IR 6.*

III. RENONCIATION AU CONGÉ

35. La renonciation au bénéfice du congé ne se présume pas. • Soc. 28 oct. 1950 : *Bull. civ. III, n° 795.* ♦ Elle ne peut résulter tacitement que des faits manifestant sans aucune équivoque la volonté de renoncer. • Soc. 19 oct. 1956 : *Bull. civ. IV, n° 751.*

36. Le bailleur qui continue à délivrer des quittances libellées pour échéance ou terme échu ne manifeste pas sa volonté non équivoque de renoncer aux effets du congé. • Soc. 12 déc. 1957 : *Bull. civ. IV, n° 1200.*

37. Le fait par un fermier de se maintenir dans les lieux par la force à la suite d'un arrêt ordonnant l'expulsion ne saurait faire naître en sa faveur un contrat de location tacite même si le bailleur a encaissé des sommes calculées d'après le taux du dernier bail. • Soc. 7 juill. 1950 : *Bull. civ. III, n° 581.*

38. La jouissance de fait laissée à un preneur après que le bailleur lui a donné congé ne suffit pas à établir que ce dernier ait renoncé au bénéfice du congé. • Civ. 3e, 11 oct. 1968 : *Bull. civ. III, n° 373.*

39. Est réputé avoir renoncé à se prévaloir des effets du congé pour reprise le bailleur qui, après avoir délivré un congé pour reprise personnelle, a délivré un second congé se fondant uniquement sur l'art. L. 411-64 en rappelant la faculté de cession de bail prévue par ce texte. • Civ. 3e, 20 déc. 1995 : *Rev. huiss. 1996. 1255, note Pitaud.*

IV. EXÉCUTION DU CONGÉ

40. Restitution. Le preneur qui ne se manifeste pas auprès du bailleur pour lui signaler qu'il entendait quitter les lieux ne peut prétendre avoir restitué les lieux même s'il a effectivement abandonné le fonds à la date d'effet du congé et il est en conséquence redevable d'une indemnité d'occupation. • Civ. 3e, 13 mars 2002, n° 00-15.587 P : *RD rur. 2002. 195 et 516 ; ibid. 2003. 44, obs. Crevel ; JCP 2002. IV. 1726 ; Gaz. Pal. 2002. 1. Somm. 1110 ; AJDI 2002. 784, obs. Giraudel ; JCP N 2003. 1221.*

41. Non-restitution. L'occupant sans droit ni titre se maintient sur les terres à ses risques et périls, ce qui justifie l'indemnité évaluée non forfaitairement selon la perte de chance du propriétaire empêché d'exploiter. • Civ. 3e, 24 mars 2010, n° 09-11.402 : *RD rur. 2010, n° 92, note Crevel ; JCP 2010. 876.*

Art. L. 411-48 Aucun bénéficiaire ne peut être substitué à celui ou à ceux dénommés dans le congé, à moins que, par force majeure, ces bénéficiaires ne se trouvent dans l'impossibilité d'exploiter aux conditions prévues par les articles L. 411-58 à L. 411-63 et L. 411-67.

Dans ce cas :

— s'il s'agit d'une demande de reprise pour l'installation d'un descendant, il peut lui être substitué soit son conjoint *(L. n° 2006-11 du 5 janv. 2006, art. 3)* **« ou le partenaire avec lequel il est lié par un pacte civil de solidarité », soit un autre descendant majeur ou mineur émancipé de plein droit ;**

— s'il s'agit d'une demande de reprise personnelle du bailleur, ce dernier peut se substituer soit son conjoint *(L. n° 2006-11 du 5 janv. 2006, art. 3)* **« ou le partenaire avec lequel il est lié par un pacte civil de solidarité », soit l'un de ses descendants majeur ou mineur émancipé de plein droit.**

En cas de décès du bailleur, son héritier peut bénéficier du congé s'il remplit les conditions mentionnées aux articles L. 411-58 à L. 411-63 et L. 411-67. — *[Anc. art. 838, al. 4 et 5.] — V. art. L. 411-51.*

1. Époux. Un bailleur, ayant délivré un congé aux fins d'exploitation personnelle, ne peut se substituer son conjoint, dès lors qu'il ne pouvait ignorer, à l'époque du congé, qu'il ne remplirait pas, à la date de la reprise, les conditions d'âge lui permettant d'exercer celle-ci. • Civ. 3e, 21 janv. 1975 : *Gaz. Pal. 1975. 2. 594, note Lachaud.* ♦ Le propriétaire qui a délivré congé en 1986 et qui du fait de contestations n'a obtenu son autorisation d'exploitation définitive qu'en 1994, date à laquelle il avait atteint l'âge de la retraite, est fondé à demander la validité du congé au profit de son épouse si celle-ci remplit les conditions de compétence. • Civ. 3e, 31 oct. 2000 : *RD rur. 2001. 178.*

2. Descendant. V., pour une substitution de descendant, • Civ. 3e, 5 févr. 1997, n° 95-12.536 P.

3. Force majeure. Ne constituent pas un cas de force majeure, faute d'imprévisibilité, le refus d'autorisation de cumul opposé par l'administration à un reprenant. • Civ. 3e, 2 oct. 1974 : *Bull. civ. III, n° 325 ; JCP 1976. II. 18215, note Ourliac et de Juglart.* ♦ ... Ni la simple perspective du retour du service militaire du fils, désirant travailler la terre, du reprenant. • Civ. 3e, 3 déc. 1974 : *Bull. civ. III, n° 450.*

4. Pluralité de bénéficiaires. Un congé délivré au profit de trois bénéficiaires devant exploiter conjointement ne peut pas, en dehors d'un cas de force majeure, être validé au profit d'un seul d'entre eux. • Civ. 3e, 3 oct. 1980 : *Bull. civ. III, n° 144.* ♦ V. ss. art. L. 411-47, notes 22 s.

Art. L. 411-49 L'acquéreur à titre onéreux d'un bien rural ne peut se prévaloir du congé donné par l'ancien bailleur en vue de l'exercice du droit de reprise. — *[Anc. art. 838, al. 6.]*

Ne peut être validé le congé délivré par l'ancien bailleur au profit de l'acheteur des terres, même si ce congé précisait que les parcelles étaient vendues sous condition de non-exercice de la préemption par les preneurs et que la reprise pourrait s'effectuer par l'auteur du congé ou par tout propriétaire qui lui serait substitué. • Civ. 3e, 21 févr. 2001, n° 99-14.668 P : *D. 2001. IR 978 ; RD rur. 2001. 127 et 366 ; JCP N 2001. 1043, note Grimonprez ; AJDI 2001. 812, obs. Giraudel ; JCP 2001. IV. 1690 ; Gaz. Pal. 29-30 mars 2002. 17 ; Rev. loyers 2001. 234, obs. Peignot.*

Art. L. 411-50 A défaut de congé, le bail est renouvelé pour une durée de neuf ans. Sauf conventions contraires, les clauses et conditions du nouveau bail sont celles du bail précédent ; toutefois, à défaut d'accord entre les parties, le tribunal paritaire fixe le prix et statue sur les clauses et conditions contestées du nouveau bail ; le prix est établi conformément aux articles L. 411-11 à L. 411-16. — *[Anc. art. 838, al. 7.]*

COMMENTAIRE

Le renouvellement s'opère de plein droit et automatiquement. Sauf si les parties conviennent de modifications, le nouveau bail a pour conditions celles du bail initial. En l'absence de renouvellement écrit d'un bail initialement établi par acte sous seing privé, le bail renouvelé reste soumis aux conditions du bail initial et n'est pas soumis au contrat type départemental. Le bail verbal renouvelé continue d'être soumis au contrat type départemental.

1. Nouveau bail. Le bail à ferme renouvelé constitue un nouveau bail. • Civ. 3e, 25 avr. 1990, nº 88-18.228 P : *Defrénois 1990. 1354, obs. Vermelle* • 19 sept. 2007, nº 06-17.267 P : *D. 2007. AJ 2469 ; Rev. loyers 2007. 459 ; RD rur. 2007, nº 338 ; JCP N 2008. 1256, note Roussel ; AJDI 2008. 302, obs. Prigent*. ♦ Une « prorogation » n'est pas un renouvellement. • T. par. baux rur. Épernay, 11 févr. 2000 : *RD rur. 2000. 541, obs. Crevel.* ♦ L'indivisibilité du bail cesse à son expiration, le bail renouvelé est un nouveau bail et la superficie des parcelles susceptibles d'échapper au statut du fermage s'apprécie au jour du renouvellement. • Civ. 3e, 1er oct. 2008, nº 07-17.959 : *RD rur. 2008, nos 209 et 231, note Crevel ; D. 2008. 2599, obs. Forest ; JCP 2008. IV. 2712* • 18 févr. 2009, nº 08-14.160 : *JCP 2009. IV. 1483.* ♦ Sont mal fondés les juges qui qualifient de nouveau bail l'acte conclu par l'usufruitier avec le conjoint copreneur resté en activité qui a poursuivi seul l'activité, car en l'absence de congé, celui-ci a droit au renouvellement par le seul effet de la loi. • Civ. 3e, 9 juin 2016, nº 15-12.772 P : *D. 2016. 1311 ; JCP N 2016. Actu. 764 ; Gaz. Pal. 2016. 2357.*

2. Objet du bail renouvelé. Le bail renouvelé ne porte, à défaut d'accord des parties, que sur les biens compris dans le bail précédent. • Soc. 12 nov. 1954 : *Bull. civ. IV, nº 689.* ♦ Le bail se renouvelle sur les locaux compris dans le bail expiré, sauf convention contraire des parties. • Soc. 25 juin 1959 : *Bull. civ. IV, nº 805.*

3. Contrat écrit. L'art. 809 [L. 411-4] exigeant un contrat écrit s'applique aux baux issus du renouvellement comme aux baux initiaux. • Soc. 6 janv. 1961 : *Bull. civ. IV, nº 16 ; JCP 1961. II. 12247, note Bizière.*

4. Point de départ. Sur le point de départ du bail renouvelé au cas où le preneur, implicitement, a renoncé au bail en cours, V. • Soc. 30 nov. 1961 : *Bull. civ. IV, nº 983.* ♦ En ce cas-là le contrat est fait au jour où le nouveau bail, conclu à des conditions nouvelles, est intervenu et non à la date d'expiration du bail précédent. • Soc. 21 mai 1963 : *Bull. civ. IV, nº 419.*

5. Fixation du prix. La fixation du prix du bail renouvelé n'est pas la révision du fermage et obéit seulement aux dispositions de l'art. 812 [L. 411-11.] • Soc. 21 janv. 1965 : *Bull. civ. IV, nº 62* • Civ. 3e, 11 mai 1988 : *Bull. civ. III, nº 91.* ♦ Le prix du bail renouvelé prend effet à la date du renouvellement quelle que soit la saisine du tribunal paritaire. • Civ. 3e, 11 mars 2015, nº 13-25.787 P : *DP entr. agric., Bull. nº 484, p. 8, note Roussel ; JCP 2015 N Actu. 421 ; RD rur. 2015, nº 113, note Crevel ; JCP 2015. 360 ; D. 2015. 1353, note Roussel ; Gaz. Pal. 2015. 1265 ; AJDI 2015. 445, note Lemonnier ; RD rur. 2015. Étude 19.* ♦ Refusant l'augmentation du prix du bail renouvelé portant sur des biens appartenant à une commune au motif qu'il s'agit de fonds ruraux, V. • CE 20 oct. 1999 : *JCP N 2000, nº 18, p. 787, obs. Rochard.* ♦ La cour qui relève l'existence d'un désaccord sur le prix du bail renouvelé est tenue de fixer le prix du nouveau bail. • Civ. 3e, 17 sept. 2013, nº 12-22.365 : *RD rur. 2013, nº 193, note Crevel ; JCP N 2013. 1293, § 6, note Barbièri ; AJDI 2014. 292, note Prigent*. – V. aussi Lemonnier, *RD rur. 2014. Étude 4* (fixation et révision du prix du bail après l'arrêt du 17 sept. 2013).

6. L'amélioration culturale devant être appréciée en fin de bail, il en résulte qu'elle ne peut être prise en considération pour la fixation du prix du bail renouvelé. • Soc. 18 oct. 1962 : *Bull. civ. IV, nº 734 ; Gaz. Pal. 1963. 2. 43 ; JCP 1962. II. 12936* • Civ. 3e, 5 mars 1985 : *Gaz. Pal. 1985. 2. Somm. 375* • 5 avr. 2018, nº 17-15.832 : *RD rur. 2018. Étude 12, note Madignier, p. 26 ; DP entr. agric., Bull. nº 519, obs. Roussel.* ♦ Les améliorations apportées par le preneur ne peuvent en principe être prises en considération pour le calcul du loyer à l'occasion du renouvellement du bail (à propos de la légalité d'un arrêté de fermage). • CE 29 mai 2019, nº 421101 B : *RD rur. 2019, nº 71, note Crevel ; Gaz. Pal. 2019. 1835.* ♦ Est mal fondé le juge qui fixe le loyer lors du renouvellement en tenant compte de modifications des biens loués, alors que l'arrêté des fermages en vigueur prévoit l'indemnisation du preneur des améliorations réalisées selon les tables d'amortissement convenues et que, à défaut d'indemnisation, ces améliorations ne peuvent être considérées dans le prix du bail. • Civ. 3e, 3 juin 2014, nº 13-15.564 : *RD rur. 2014, nº 180, note Crevel.* ♦ Les améliorations au fond loué ne peuvent être indemnisées qu'à la fin de la relation contractuelle. • Civ. 3e, 6 juill. 2017, nº 16-15.607 : *DP entr. agric., Bull. nº 511, p. 5, note Roussel ; Defrénois 2018, nº 10, p. 39, note Roussel.*

7. Plantations. Le bailleur devient propriétaire des plantations au renouvellement du bail. • Civ. 3e, 23 nov. 2017, nº 16-16.815 P : *D. 2017. 2426 ; JCP N 2017. 1006 et 1341, note Grimonprez ; JCP 2017. 1310 ; D. actu. 4 déc. 2017, note Kilgus ; DP entr. agric., Bull. nº 513, p. 7, note Roussel ; RD rur. 2018, nº 44, note Barthe ; D. 2018. 781, note Roussel ; Defrénois 2017, nº 29, p. 5 ; ibid. 2018, nº 18-19, note Delorme et Gelot.* ♦ V. jurisprudence ss. art. L. 411-69.

8. Demande de modification judiciaire. La loi n'impose aucun délai au bailleur pour engager l'instance tendant à la modification judiciaire du bail. • Civ. 3e, 30 mai 1972 : *Gaz. Pal. 1973. 1. 53, note J. P. M.* • 26 janv. 1982 : *Bull. civ. III, nº 23 ; Rev. loyers 1982. 190, note J. V. ; D. 1982. IR 148.* ♦ En particulier, aucun délai n'est imposé au bailleur pour former une demande d'insertion d'une clause de reprise dans le bail renouvelé. • Civ. 3e, 14 nov. 1978 : *Bull. civ. III, n° 343* • 10 mai 1983 : *ibid. III, n° 114 ; Rev. loyers 1983. 541, note Le Petit ; D. 1985. IR 67, obs. Martine.* – Comp. : • Soc. 13 mai 1965 : *Bull. civ. IV, n° 381.*

Art. L. 411-51 *Abrogé par L. n° 2006-11 du 5 janv. 2006, art. 7.*

Art. L. 411-52 *(Ord. n° 2006-870 du 13 juill. 2006)* **Lorsqu'il n'est pas constaté par écrit, le bail des parcelles répondant aux conditions fixées aux articles L. 411-3 et L. 411-4 est soumis aux dispositions de l'article 1775 du code civil.** – *V. cet art. App., v° Baux ruraux,* 🏛.

Art. L. 411-53 *(Ord. n° 2006-870 du 13 juill. 2006)* **Nonobstant toute clause contraire, le bailleur ne peut s'opposer au renouvellement du bail que s'il justifie de l'un des motifs mentionnés à l'article L. 411-31 et dans les conditions prévues audit article.**

1. Congé. A défaut de délivrance d'un congé, le bail se renouvelle de plein droit, même si deux mises en demeure ont été délivrées et que les preneurs n'ont pas régularisé. • Civ. 3e, 26 oct. 2004, n° 03-11.997.

2. Motifs. La résiliation et le refus de renouvellement étant choses distinctes le bailleur peut se prévaloir de certains motifs pour s'opposer au renouvellement même s'il n'a pas demandé la résiliation. • Soc. 14 mars 1958 : *Bull. civ. IV, n° 400.* ♦ Toutefois, lorsque le bailleur a renoncé à se prévaloir de ces motifs lors d'une demande en résiliation, ces mêmes motifs ne peuvent déterminer le non-renouvellement du bail. • Soc. 20 mai 1958 : *Bull. civ. IV, n° 632.* ♦ Le défaut de protestation du bailleur pour une dégradation du fonds lors du renouvellement tacite du bail ne constitue pas une renonciation au droit de refuser le renouvellement suivant pour le même motif. • Civ. 3e, 10 mars 2004 : *RD rur. 2004. 432 ; Defrénois 2004. 1458, obs. Gelot.*

3. La régularité du non renouvellement pour violation d'une clause du bail suppose d'apprécier les conséquences préjudiciables du changement de destination réalisé par le preneur en méconnaissance des stipulations contractuelles. • Civ. 3e, 19 nov. 2020, n° 19-21.348 : *JCP N 2020. Actu. 959, note Bosse-Platière ; Defrénois 2020, n° 50, p. 12 ; RD rur. 2021, n° 27, note Crevel.*

4. La simple constatation de l'irrégularité d'un échange suffit pour s'opposer au renouvellement du bail même si cet échange a pris fin avant la date du congé. • Civ. 3e, 19 oct. 2005 : *JCP 2005. IV. 3425.* ♦ Sur l'interprétation jurisprudentielle des motifs de non-renouvellement : défauts de paiement du loyer et agissements du preneur de nature à compromettre la bonne exploitation du fonds, V. jurisprudence ss. art. L. 411-31, *Motifs de résiliation.* ♦ Pour un exemple de refus de renouvellement suite à une sous-location prohibée, V. • Civ. 3e, 28 juin 2000 : *Rev. huiss. 2001. 25, obs. Grimonprez ; Ann. loyers 2000. 2044 ; AJDI 2001. 449, obs. Giraudel.*

5. Démembrement. Les juges sont mal fondés à dire le preneur sans droit ni titre, ayant constaté que le bail consenti en 1985 avait conservé tous ses effets au 1er mai 1994, en dépit du démembrement de la parcelle louée. • Civ. 3e, 11 juin 2008, n° 07-14.441 : *RD rur. 2008, n° 172, note Crevel.*

Art. L. 411-54 **Le congé peut être déféré par le preneur au tribunal paritaire dans un délai fixé par décret, à dater de sa réception, sous peine de forclusion. La forclusion ne sera pas encourue si le congé est donné hors délai ou s'il ne comporte pas les mentions exigées à peine de nullité par l'article L. 411-47.** – *V. art. R. 411-11.*

Le tribunal apprécie les motifs allégués par le propriétaire lors de la notification du congé. S'il constate que le congé n'est pas justifié par l'un des motifs mentionnés à l'article *(Ord. n° 2006-870 du 13 juill. 2006)* **« L. 411-31 », il ordonne le maintien du preneur dans l'exploitation pour un bail d'une nouvelle durée de neuf ans.** – *[Anc. art. 841.]*

COMMENTAIRE

La forclusion fait perdre au preneur son droit au renouvellement et il est réputé avoir accepté le congé. La forclusion rend irrecevable toute contestation des vices de fond affectant le congé, donc toute contestation de l'exactitude et de la validité des motifs de non-renouvellement. Cependant, le congé affecté par un vice de forme peut être contesté par une action d'un régime distinct de celle visant à contester les conditions de fond ; ainsi le congé peut être annulé pour irrespect des conditions de l'article L. 411-47 ou L. 411-64 sans limite de délai. ❑

1. Absence d'ordre public. Ce texte n'est pas une disposition d'ordre public et la forclusion qu'il édicte doit être soulevée par le bailleur. • Soc. 18 janv. 1951 : *Bull. civ. III, n° 33 ; D. 1951. 377,* *note Savatier* • 11 juin 1954 : *Bull. civ. IV, n° 397.*

2. Procédure. Le défaut de saisine régulière du tribunal pour contester le congé ne constitue pas un vice de forme mais une fin de non-recevoir, et celui qui l'invoque n'a pas à justifier d'un grief. • Civ. 3e, 6 janv. 2011, n° 09-72.506 : *Rev. loyers 2011. 121, note Peignot.* ♦ Est irrecevable la contestation incidente du congé par le preneur pendant l'instance en résiliation du bail par le propriétaire puisque les demandes n'ont pas le même objet. • Civ. 3e, 13 nov. 2013, n° 12-24.532 : *RD rur. 2014, n° 3, note Crevel ; AJDI 2014. 151*. ♦ L'obligation de saisir le tribunal en contestation de congé dans les quatre mois, prévue à peine de forclusion de la demande, ne porte pas atteinte au droit d'accès au juge. • Civ. 3e, 9 mai 2019, n° 17-28.836 : *DP entr. agric., Bull. n° 532, p. 9, note Roussel.*

3. Calcul du délai. Le délai de quatre mois n'a pas pour point de départ une assignation à personne ou à domicile et la date à prendre en considération est non celle de l'expédition de la lettre recommandée saisissant le tribunal paritaire mais celle de sa réception par le greffe. • Soc. 4 mars 1965 : *Bull. civ. IV, n° 190 ; Gaz. Pal. 1965. 1. 346.*

4. Date de réception. Est irrecevable la contestation du congé pour tardiveté sur le fondement d'une attestation établissant que l'acte a été remis un mois après sa date alors que la mention d'un acte par un huissier de justice fait foi jusqu'à inscription de faux. • Civ. 3e, 22 févr. 2006, n° 05-12.521 P : *JCP 2006. IV. 1575.* ♦ Est mal fondée la cour qui dit le recours recevable au motif que la lettre de contestation a été envoyée dans le délai légal tout en constatant que la lettre de contestation n'était pas parvenue au tribunal. • Civ. 3e, 7 mars 2012, n° 11-13.243 : *DP entr. agric., Bull. n° 453, p. 1, note Roussel ; RD rur. 2012, n° 36, note Crevel.* ♦ N'est pas forclose la contestation expédiée par lettre recommandée avant l'expiration du délai de quatre mois. • Civ. 3e, 1er juill. 2014, n° 13-18.364 : *RD rur. 2014, n° 214, note Crevel.* ♦ La notification du congé ouvre un délai de quatre mois qui, s'il expire un samedi, doit être prorogé jusqu'au lundi suivant. • Civ. 3e, 22 mai 2012, n° 11-17.065.

5. Interruption du délai. La cour d'appel viole les art. 96 et 97 C. pr. civ. en déclarant le fermier forclos en sa contestation d'un congé, tout en constatant que le tribunal territorialement incompétent avait été saisi dans le délai légal : • Civ. 3e, 12 juill. 1995, n° 93-12.327 P : *D. 1995. IR 218 ; Ann. loyers 1996. 1356, obs. Lachaud.* ♦ *Contra* : • Civ. 3e, 29 oct. 1974 : *Bull. civ. III, n° 393.* ♦ Sur l'absence de formalisme concernant l'événement interruptif de prescription, V. • Civ. 3e, 26 juin 1996 : *Ann. loyers 1996. 1470.* ♦ Est forclos le preneur qui a contesté la cession précédemment intervenue au mépris de son droit de préemption, mais conclu à la nullité du congé au motif que cette action était virtuellement comprise dans la demande initiale, dès lors que, ces actions n'ayant pas le même objet, l'action en nullité n'a pu interrompre le délai de forclusion du congé. • Civ. 3e, 5 avr. 2006, n° 05-13.187 P : *JCP 2006. IV. 2007 ; Gaz. Pal. 2-3 mars 2007. 19.*

6. La mention de la durée du délai de contestation n'est pas requise par la loi. • Civ. 3e, 12 déc. 1990, n° 89-13.197 P : *D. 1991. IR 5* .

7. La forclusion ne dépend pas de la validité au fond du congé. • Civ. 3e, 25 mars 1992, n° 90-17.626 P : *JCP N 1992. II. 409, obs. Moreau ; Defrénois 1992. 1541, obs. Vermelle.* ♦ L'irrecevabilité est encourue dès lors que la cour a retenu que l'impossibilité d'agir en temps utile n'était pas établie. • Civ. 3e, 9 mai 2019, n° 17-28.836 : *DP entr. agric., Bull. n° 532, p. 9, note Roussel.*

8. Copreneurs. BIBL. Yamba, *JCP N 1997. I. 87.* ♦ Chaque copreneur pouvant exiger du bailleur le respect des conditions légales de la reprise, la forclusion encourue par l'un d'entre eux qui n'a pas contesté le congé dans le délai légal ne peut préjudicier à l'autre qui conserve sa liberté d'action. • Civ. 3e, 17 nov. 1981 : *D. 1982. IR 187 ; Rev. loyers 1982. 79, note J. V.*

9. Congé irrégulier. La forclusion n'est pas encourue lorsque le congé ne comporte pas les mentions exigées à peine de nullité par l'art. 838 [L. 411-47] : désignation imprécise du bénéficiaire de la reprise. • Civ. 3e, 13 juin 1978 : *Bull. civ. III, n° 242.* ♦ ... Défaut de désignation de l'habitation qu'occupera le repreneur. • Civ. 3e, 21 févr. 2019, n° 17-23.881 : *Rev. loyers 2019. 185, note Peignot.* ♦ Comp., lorsque l'inexactitude n'est pas de nature à induire le preneur en erreur : • Nîmes, 26 janv. 1988 : *Gaz. Pal. 1989. 1. Somm. 27.* – Comp. aussi jurisprudence ss. art. L. 411-47, notes 11 s. ♦ ... Ou par l'art. L. 411-64 (reproduction de l'avant-dernier al.). • Civ. 3e, 12 avr. 1995, n° 93-13.856 P : *JCP N 1995. II. 1431, obs. Moreau ; Defrénois 1995. 818, obs. Vermelle.* ♦ La forclusion ne saurait jouer au profit du bailleur qui l'invoque si le congé a été donné hors délai. • Soc. 6 avr. 1951 : *Bull. civ. III, n° 246 ; D. 1951. 541.* ♦ Le preneur d'un bail rural qui n'a pas contesté devant le tribunal paritaire des baux ruraux le congé délivré à une autre personne que lui peut devenir partie à l'instance en cause d'appel et demander la nullité de ce congé sans être atteint par la forclusion faute d'un congé régulier qui lui aurait été délivré. • Civ. 3e, 18 févr. 2009, n° 08-10.919 : *JCP 2009. IV. 1489 ; Gaz. Pal. 12-16 juill. 2009. 12 ; JCP N 2010. 1282, note Roussel.*

10. Le preneur en place, qui n'a pas contesté le congé dans le délai de l'art. 814 [L. 411-54], ne peut se prévaloir des dispositions de l'art. 845 [L. 411-58] que s'il invoque un fait non connu de lui dans les quatre mois du congé et duquel il entend déduire la fraude ou l'impossibilité de la reprise. • Civ. 3e, 23 janv. 1970 : *D. 1970. Somm. 112 ; JCP N 2010. 1282, note Roussel.* ♦ Sauf fraude, un congé prématuré n'étant pas nul, le preneur qui ne conteste cet acte que postérieurement au délai de quatre mois est forclos en son action. • Civ. 3e, 21 févr. 1996, n° 94-11.289 P : *Gaz. Pal. 1996. 2. Pan. 260 ; JCP N 1997. II. 24, obs. Moreau.* – V. aussi Libeau et Peignot, *Rev. loyers 1997. 292.* ♦ La forclusion n'est pas encourue si le preneur établit que les conditions de la reprise énoncées dans le congé ne sont plus réunies par suite d'un changement de circonstances ; le preneur peut donc sans limitation de délai invoquer un fait inconnu de lui dans les quatre mois de la délivrance dès lors qu'il s'en déduit l'impossibilité de la reprise. • Civ. 3e, 23 janv. 2020, n° 18-22.159 : *Rev. loyers 2020, n° 1005, note Peignot ; AJDI 2020. 221 ; RD rur. 2020, n° 64, note Crevel ; Defrénois 2020, n° 17, p. 45, obs. Delorme.*

11. Congés successifs. Lorsque deux congés ont été délivrés, le second rectifiant seulement l'année de naissance du preneur, le premier a seul valeur de congé, le bailleur ayant alors manifesté sa volonté non équivoque de donner congé auquel il n'a pas renoncé par la délivrance du second. • Civ. 3e, 13 oct. 2021, n° 20-15.572 : *Defrénois 2021, n° 47, p. 10 ; AJDI 2021. 855 ; Rev. loyers 2022, n° 1025, note Roussel ; DP entr. agric., Bull. n° 560, p. 7, note Roussel.*

12. Effet de la forclusion. La forclusion encourue par le preneur lui interdit de contester ensuite la validité du congé pour quelque motif que ce soit. • Civ. 3e, 4 déc. 1973 : *D. 1974. Somm. 17.* ♦ Elle prive, par conséquent, le preneur du droit de se prévaloir : du défaut d'autorisation de cumul du bailleur. • Même arrêt. ♦ ... Du fait que le congé ne fait état que d'une seule mise en demeure pour défaut de paiement de fermage. • Civ. 3e, 17 mars 1976 : *Bull. civ. III, n° 123.* ♦ ... Du fait que la reprise a été exercée au profit d'un autre qu'un descendant. • Riom, 23 janv. 1989 : *D. 1990. Somm. 35, obs. Martine.* ♦ ... De l'inobservation, dont il avait eu connaissance à l'époque, par les bénéficiaires de la reprise, des obligations édictées par l'art. L. 411-59. • Civ. 3e, 1er févr. 1995, n° 92-20.843 P : *D. 1995. IR 58 ; Rev. huiss. 1995. 825.*

13. Le congé délivré pour reprise au profit du curateur ne peut être contesté par le preneur sur le motif de l'opposition d'intérêts. • Civ. 3e, 5 oct. 2017, n° 16-21.973 : *Defrénois 2018, n° 17, p. 28, note Noguéro.*

Art. L. 411-55 **Tout preneur qui entend ne pas renouveler le bail doit notifier sa décision au propriétaire dix-huit mois au moins avant l'expiration du bail.** – *V. art. R. 411-12.*

A défaut de congé, le bail est renouvelé pour une durée de neuf ans dans les conditions prévues à l'article L. 411-50.

Al. 3 abrogé par L. n° 2006-11 du 5 janv. 2006, art. 7. – [Anc. art. 842.]

Le congé délivré par l'un des copreneurs laisse entiers les droits détenus par l'autre. • Civ. 3e, 27 nov. 1996 : *RD rur. 1997. 68 ; ibid. mars 1997. 185 ; JCP N 1997. II. 1111, obs. Moreau.*

Art. L. 411-56 **Le renouvellement du bail a pour effet de reporter à l'époque de la sortie du fonds l'exercice par le preneur du droit à l'indemnité prévue à la section 9 du présent chapitre.** – *[Anc. art. 843.]*

Art. L. 411-57 *(L. n° 99-574 du 9 juill. 1999, art. 15)* **Le bailleur peut reprendre, pour lui-même ou l'un des membres de sa famille jusqu'au troisième degré inclus, une surface déterminée par arrêté du préfet, pris sur proposition de la commission consultative paritaire départementale des baux ruraux, en vue de la construction d'une maison d'habitation.** *(L. n° 2005-157 du 23 févr. 2005, art. 97-1°)* **« Le bailleur peut également reprendre, dans les mêmes conditions, un bâtiment sis sur une parcelle d'une surface conforme à celle fixée par l'arrêté préfectoral précité dont le changement de destination est autorisé en application** *(Ord. n° 2015-1174 du 23 sept. 2015, art. 9-XIV-12°, en vigueur le 1er janv. 2016)* **« du 2° de l'article L. 151-11 » du code de l'urbanisme, dès lors que cette reprise ne compromet pas l'exploitation du preneur. »**

Dans ce cas, le bailleur doit signifier congé au preneur dix-huit mois avant la date d'effet de la reprise, qui ne pourra intervenir qu'à condition que le bailleur justifie de l'obtention d'un permis de construire *(L. n° 2005-157 du 23 févr. 2005, art. 97-2°)* **« ou de la déclaration en tenant lieu, lorsque ces formalités sont exigées en application du code de l'urbanisme ».**

Cette reprise ne peut s'exercer qu'une seule fois au cours du bail initial ou de ses renouvellements successifs.

Le montant du fermage est minoré en proportion de la surface reprise.

La construction doit respecter les règles environnementales et de distance par rapport au siège de l'exploitation et aux bâtiments d'exploitation.

Ce droit s'exerce sans préjudice de l'application des articles L. 411-69 à L. 411-78.

Le bailleur peut exercer son droit de reprise dans les mêmes conditions pour des terrains attenant ou jouxtant des maisons d'habitation existantes dépourvues de dépendance foncière suffisante.

Pour l'application de l'alinéa précédent, les conditions d'octroi de permis de construire et de respect des règles de distance par rapport au siège de l'exploitation et aux bâtiments d'exploitation sont inopérantes. A défaut de construction de la maison d'habitation dans un délai de deux années à compter de l'obtention du permis de construire, le congé est réputé caduc et le preneur retrouve la jouissance du fonds. *(L. nº 2005-157 du 23 févr. 2005, art. 97-3º)* **« Il en est de même si le bâtiment mentionné à la dernière phrase du premier alinéa n'a pas fait l'objet de l'utilisation pour laquelle il a été repris dans un délai de deux années à compter de la date d'effet de la reprise. »**

BIBL. ▶ Pitaud et Rochard, *RD rur. 1999. 316* (loi du 9 juill. 1999 d'orientation agricole). – Le Petit, *Administrer 1/2000. 8* (même thème). – Campels, *D. 2000. Chron. 325* (même thème).

COMMENTAIRE

Les termes de la loi du 9 juillet 1999 ont créé une ambiguïté dans cet article : il est en effet permis une reprise « une seule fois *au cours du bail initial* ou de ses renouvellements ». Il semble ainsi qu'il soit autorisé non seulement la reprise, c'est-à-dire un refus de renouvellement, mais aussi la résiliation du bail en cours d'exécution.

La loi du 23 février 2005, dans le souci de favoriser l'amélioration du patrimoine ancien bâti et l'attractivité des zones rurales, autorise la reprise d'un bâtiment d'intérêt patrimonial et architectural, si le changement de destination est autorisé par le règlement du plan local d'urbanisme et si l'opération ne porte pas atteinte à l'exploitation du preneur. L'article L. 123-3-1 du code de l'urbanisme dispose que le règlement ne peut permettre le changement de destination d'un bâtiment agricole qu'à condition de ne pas compromettre l'exploitation agricole.

1. *Contrôle du motif.* Est nul le congé pour reprise de huit parcelles de 87 ares pour constituer les dépendances d'une maison d'habitation et réaliser un assainissement autonome faute de preuve de la nécessité de ces parcelles compte tenu de l'importante superficie du fonds sur lequel est construite la maison et des recommandations contenues dans l'étude effectuée pour la réalisation du projet. • Civ. 3e, 24 janv. 2007, nº 06-10.479 P : *JCP N 2007. Actu. 190 ; JCP 2007. IV. 1406 ; RD rur. 2007, nº 135, note Roussel ; Rev. loyers 2007. 185, note Peignot ; Defrénois 2007. 1621, obs. Gelot ; Gaz. Pal. 15-18 août 2007. 32 ; AJDI 2007. 581*. ♦ Ayant constaté que la reprise partielle effectuée sur le fondement de l'art. L. 411-57 portait sur une superficie ne dépassant pas celle prévue par l'arrêté préfectoral pour la reprise de terres jouxtant une maison d'habitation existante dépourvue de dépendances foncières suffisantes, la cour d'appel a pu déclarer valable le congé délivré au visa de l'art. L. 411-57 et mentionnant la surface reprise, la loi n'instaurant pas un contrôle judiciaire *a priori* de la réalité du motif. • Civ. 3e, 21 mars 2007, nº 06-16.135 P : *JCP 2007. IV. 1857 ; RD rur. 2007, nº 231, note Roussel ; Rev. loyers 2007. 295, note Peignot ; Gaz. Pal. 18 août 2007. 34.*

2. Il appartient au preneur d'établir que les conditions auxquelles est subordonnée la reprise d'une surface déterminée par arrêté préfectoral ne sont pas remplies. • Civ. 3e, 11 mai 2017, nº 15-25.878 : *RD rur. 2017, nº 183 ; DP entr. agric., Bull. nº 510, p. 10, note Roussel ; Rev. loyers 2017, nº 979, note Peignot.*

Jurisprudence antérieure à la L. nº 99-574 du 9 juill. 1999

3. *Reprise des terres.* La reprise de bâtiments d'exploitation en vue de leur transformation en maison à usage d'habitation est interdite en dehors de l'hypothèse où cette reprise profite à une personne satisfaisant aux conditions des art. L. 411-58 et L. 411-59. • Civ. 3e, 4 mars 1998 : *RD rur. 1998. 254.*

4. *Construction d'une maison d'habitation.* L'art. 844 [L. 411-57] comme tous les textes qui limitent le renouvellement du bail, doit être restrictivement interprété. • Civ. 3e, 16 oct. 1970 : *Bull. civ. III, nº 523 ; Gaz. Pal. 1971. 1. 116 ; Rev. loyers 1971. 92.* ♦ Aussi une personne morale ne peut être admise à reprendre pour construire une maison destinée à loger l'un de ses préposés salariés, alors que l'habitation doit être destinée à l'usage du propriétaire ou de sa famille. • Même arrêt. ♦ Le texte ne peut être invoqué pour édifier des boxes. • T. par. baux rur. Châteaudun, 21 nov. 1973 : *Gaz. Pal. 1974. 1. 482.* ♦ ... Ou créer un lotissement d'habitation. • Aix-en-Provence, 7 mars 1972 : *Gaz. Pal. 1974. 1. 482 ; Rev. loyers 1974. 448, note Viatte.* ♦ ... Ou créer un jardin d'agrément. • Civ. 3e, 24 janv. 1978 : *Bull. civ. III, nº 45.* ♦ Un GFA ne peut donner congé d'une parcelle, propriété indivise des associés, pour constituer une dépendance d'une maison habitée par un associé. • Civ. 3e, 5 sept. 2012, nº 11-22.952 : *RD rur. 2012, nº 68, note Crevel ; DP entr. agric., Bull. nº 457, p. 7, note Roussel ; BJS 2012. 858, note Barbièri ; Gaz. Pal. 2012. 3049 ;*

Defrénois 2012. 1208, note Delorme et Barbièri ; D. 2012. 2939, note Roussel ; JCP N 2012. 817 et 1006 ; Rev. loyers 2012, n° 931, note Peignot.

5. Nécessité d'un congé. Le congé doit être donné dix-huit mois avant l'expiration du bail, conformément à l'art. 838 [L. 411-47.] • Bordeaux, 21 mai 1981 : *D. 1982. IR 217, obs. Martine* • Aix-en-Provence, 7 mars 1972 : *préc. note 4* • Amiens, 20 nov. 1973 : *Gaz. Pal. 1974. 1. 481.*

Art. L. 411-58 *(Ord. n° 2006-870 du 13 juill. 2006)* **Le bailleur a le droit de refuser le renouvellement du bail s'il veut reprendre le bien loué pour lui-même ou au profit de son conjoint, du partenaire auquel il est lié par un pacte civil de solidarité, ou d'un descendant majeur ou mineur émancipé.**

(L. n° 2014-1170 du 13 oct. 2014, art. 8-I) **« Toutefois, le preneur peut s'opposer à la reprise lorsque lui-même ou, en cas de copreneurs, l'un d'entre eux se trouve soit à moins de cinq ans de l'âge de la retraite retenu en matière d'assurance vieillesse des exploitants agricoles, soit à moins de cinq ans de l'âge lui permettant de bénéficier de la retraite à taux plein. Dans chacun de ces cas, le bail est prorogé de plein droit pour une durée égale à celle qui doit permettre au preneur ou à l'un des copreneurs d'atteindre l'âge correspondant. Un même bail ne peut être prorogé qu'une seule fois. » Pendant cette période aucune cession du bail n'est possible. Le preneur doit, dans les quatre mois du congé qu'il a reçu, notifier au propriétaire, par lettre recommandée avec demande d'avis de réception, sa décision de s'opposer à la reprise ou saisir directement le tribunal paritaire en contestation de congé.**

Si le bailleur entend reprendre le bien loué à la fin de la période de prorogation, il doit donner de nouveau congé dans les conditions prévues à l'article L. 411-47. — *Le 3e al. de l'art. L. 411-58 est contraire à la Constitution (Décis. Cons. const. n° 2021-978 QPC du 11 mars 2022, JO 12 mars).*

Si la reprise est subordonnée à une autorisation en application des dispositions du titre III du livre III relatives au contrôle des structures des exploitations agricoles, le tribunal paritaire peut, à la demande d'une des parties ou d'office, surseoir à statuer dans l'attente de l'obtention d'une autorisation définitive.

Toutefois, le sursis à statuer est de droit si l'autorisation a été suspendue dans le cadre d'une procédure de référé.

Lorsque le sursis à statuer a été ordonné, le bail en cours est prorogé de plein droit jusqu'à la fin de l'année culturale pendant laquelle l'autorisation devient définitive. Si celle-ci intervient dans les deux derniers mois de l'année culturale en cours, le bail est prorogé de plein droit jusqu'à la fin de l'année culturale suivante.

Lorsque les terres sont destinées à être exploitées dès leur reprise dans le cadre d'une société et si l'opération est soumise à autorisation, celle-ci doit être obtenue par la société.

Lorsque le bien loué a été aliéné moyennant le versement d'une rente viagère servie pour totalité ou pour l'essentiel sous forme de prestations de services personnels le droit de reprise ne peut être exercé sur le bien dans les neuf premières années suivant la date d'acquisition. — *L'art. 8 de la L. n° 2014-1170 du 13 oct. 2014 s'applique aux baux en cours pour les congés notifiés après la publication de la loi (L. préc., art. 93-XVIII, JO 14 oct.).*

BIBL. ▸ PEIGNOT, *Revue annuelle des avocats au Conseil d'État et à la Cour de cassation 2009. 15, Dalloz* et *RD rur. 2012. Étude 6* (incidence de la dualité de juridiction sur l'office du juge paritaire des baux ruraux).

Sur la possibilité, pour le bailleur, son conjoint ou l'un de ses descendants de se voir autorisé, dans le cadre d'une procédure de redressement judiciaire, à reprendre le fonds pour l'exploiter, V. C. com., art. L. 642-1, App., v° Baux ruraux, .

COMMENTAIRE

Le droit de reprise est une prérogative du bailleur qui lui permet d'empêcher le renouvellement du bail, et parfois aussi de mettre fin au bail en cours (art. L. 411-6) pour des motifs limitativement énumérés par la loi. L'exercice de la reprise s'impose au preneur qui n'a pas à y consentir. Le bailleur impose unilatéralement sa volonté de reprise sans avoir à saisir le tribunal pour prononcer la rupture. Cependant, l'ensemble des conditions précises posées pour l'exercice de ce droit est soumis au contrôle du juge, et il s'est développé sur ce point un très important contentieux.

I. CONDITIONS DE LA REPRISE

Repreneur, bénéficiaire

Le droit de reprise appartient au bailleur. Il s'exerce à son profit ou au profit de certains membres de sa famille. Il est également parfois possible au bailleur de se substituer à un membre de sa famille (art. L. 411-48). Cette disposition est particulièrement utile dans la mesure où des événements peuvent survenir, s'opposer et différer la réalisation de l'opération initialement prévue.

Contrôle des structures

L'exercice du droit de reprise constitue une installation, un agrandissement ou une réunion d'exploitation pour le bénéficiaire, et à ce titre l'opération est soumise au contrôle des structures des articles L. 331-1 et suivants du code rural. L'exercice du droit de reprise doit en conséquence s'inscrire dans la politique agricole globale qui vise prioritairement à favoriser les installations et, plus précisément, doit être conforme aux orientations définies par le schéma directeur départemental des structures. Le bénéficiaire de la reprise doit s'il est soumis à autorisation avoir obtenu celle-ci au jour d'effet du congé, et celle-ci ne doit pas avoir été annulée.

Une action devant les juridictions administratives permet de contester la décision rendue au titre du contrôle des structures ; en même temps une contestation du congé peut avoir lieu devant le tribunal paritaire. Cette dualité du contentieux a été aménagée. La loi avait d'abord prévu que le tribunal paritaire devait surseoir à statuer tant que la décision administrative n'était pas devenue définitive, le bail étant prorogé jusqu'à la fin de l'année culturale pendant laquelle la décision administrative était devenue définitive, et même l'année culturale suivante lorsque la décision administrative intervenait dans les deux derniers mois de l'année culturale. Cette disposition a été à l'origine d'un contentieux abondant bien souvent dilatoire.

C'est pourquoi la loi d'orientation du 5 janvier 2006 avait habilité le gouvernement à modifier cette disposition. L'ordonnance du 13 juillet 2006 a en conséquence prévu que, désormais, le tribunal paritaire peut, d'office ou à la demande d'une des parties, surseoir à statuer jusqu'à ce que la décision administrative soit définitive. Il est toujours tenu de surseoir lorsque l'autorisation a été suspendue dans le cadre d'une procédure de référé. Il revient en conséquence au juge judiciaire d'exercer un contrôle de la décision administrative et de l'utilité des moyens de contestation susceptibles d'être développés pour la mettre en cause. Ce contrôle doit être prudent car le sursis de droit constituait une protection normale du preneur. Il est regrettable que cette protection ait dû être écartée mais la multiplication des pratiques des preneurs abusant de la légitime protection que la loi leur avait accordée était devenue manifeste.

II. LIMITE : LA PROROGATION DU BAIL DU PRENEUR ÂGÉ

Le preneur peut s'opposer à la reprise s'il est à moins de cinq ans de l'âge de la retraite à la date d'effet du congé pour reprise adressé par le bailleur, soit à moins de cinq ans de l'âge lui permettant d'obtenir une retraite à taux plein. La prorogation lui permet de se maintenir et d'exploiter jusqu'à ce qu'il cesse son exploitation professionnelle. Si le preneur exerce son droit à prorogation, il perd son droit de céder son bail à son conjoint exploitant ou à un descendant majeur. La prorogation peut être exercée par l'un des copreneurs mais elle ne s'exerce qu'une seule fois. ❑

I. CONDITIONS DE LA REPRISE

A. PRINCIPES

1. Le statut du fermage incluant les dispositions prévoyant l'exercice du droit de reprise par le propriétaire constitue une réglementation qui ne méconnaît pas l'art. 1er du protocole de la Convention européenne des droits de l'homme relatif au droit de propriété. • CEDH 19 juin 2008 : *JCP 2008. I. 167, no 22.*

1° TITULAIRE DU DROIT DE REPRISE

2. Qualité de bailleur. Le droit de reprise n'est ouvert qu'à celui qui est encore bailleur au moment où la reprise doit s'exercer. • Soc. 8 juin 1951 : *Bull. civ. III, no 445.* ♦ Lorsque celui qui a donné congé n'est plus propriétaire, après partage intervenu entre-temps, il n'est plus bénéficiaire du droit de reprise. • Même arrêt • Soc. 30 avr. 1953 : *Bull. civ. IV, no 320.* ♦ Il en est de même en cas de vente, qui prive la demande en reprise de tout fondement. • Soc. 28 févr. 1963 : *Bull. civ. IV, n° 205.* ♦ V., conf., en cas de résolution de vente, • Civ. 3e, 23 nov. 1988 : *Bull. civ. III, n° 166.* ♦ ... Et en cas d'échange, faute d'exploitation personnelle. • Soc. 16 févr. 1961 : *Bull. civ. IV, n° 214.* ♦ V., pour un exemple de reprise par un propriétaire sous condition résolutoire, • Soc. 10 oct. 1957 : *Bull. civ. IV, n° 445.* ♦ ... Pour un bailleur personne morale, V. art. L. 411-60.

3. Époux. **BIBL.** Yamba, *JCP N 1997. I. 87.* ♦ La délivrance du congé par deux époux propriétaires bailleurs rend possible la reprise au profit du mari. • Civ. 3e, 22 janv. 1980 : *Rev. loyers 1980. 189.* ♦ La reprise peut aussi être exercée par la femme. • Amiens, 21 mars 1979 : *AJPI 17 janv. 1980.* ♦ Pour un cas de fraude, suite à une donation, V. • Riom, 6 mars 1995 : *Gaz. Pal. 1995. 2. 341, note Lachaud.*

4. Indivision. Est valable le congé délivré par l'ensemble des indivisaires pour reprise au profit de l'un des coïndivisaires et du conjoint des autres indivisaires. • Civ. 3e, 8 nov. 1995, n° 93-19.176 P : *D. 1995. IR 255* ; *Rev. huiss. 1996. 446, note Pitaud.* – V. aussi • Civ. 3e, 11 mai 1995, n° 93-16.582 P. ♦ Chacun des indivisaires peut prétendre au droit de reprise ; ils peuvent désigner l'un d'eux pour l'exercer à son profit ou à celui de l'un de ses descendants. • Soc. 13 mars 1951 : *Bull. civ. III, n° 220* • Civ. 3e, 11 mai 1995, n° 93-16.582 P : *JCP N 1995. II. 1431, obs. Moreau ; RD rur. 1995. 78.* ♦ Si le concours de tous les indivisaires est nécessaire pour exercer une action pour mettre fin au bail, de même l'unanimité est nécessaire pour abandonner une telle action régulièrement engagée. • Civ. 3e, 4 nov. 1976 : *JCP 1979. II. 19184, note Ourliac et de Juglart.* ♦ Il paraît possible aux indivisaires titulaires des deux tiers des droits indivis d'effectuer actuellement les actes d'administration relatifs à ces biens, dont la notification d'un congé à un preneur à bail rural. * Rép. min. n° 70521 : *JOAN 30 mars 2010. 3627 ; JCP N 2010. Actu. 366.*

5. Le défaut de publication d'un acte portant ou constatant la mutation ou la constitution de droits réels immobiliers est sans effet sur la régularité du congé. • Civ. 3e, 23 mars 2011, n° 10-12.162 : *RD rur. 2011, n° 67, note Crevel ; Gaz. Pal. 6-7 avr. 2011 ; Defrénois 2011. 1042, note Barbièri ; Gaz. Pal. 14-15 sept. 2011. 2904, note Peignot et Millard ; Rev. loyers 2011. n° 919, note Peignot.*

6. Usufruit. **BIBL.** Crevel, *RD rur. 2004. 315.* ♦ Le droit de reprise appartient à l'usufruitier. • Soc. 17 janv. 1957 : *Bull. civ. IV, n° 55* • Civ. 3e, 16 janv. 1979 : *ibid. III, n° 18.* ♦ En cas d'indivision ou lorsque le droit d'usufruit est partagé, tous les usufruitiers doivent joindre leur action pour signifier congé et pour permettre à l'un d'eux d'exercer la reprise. • Soc. 19 juin 1953 : *Bull. civ. IV, n° 481.* ♦ L'usufruitier dont le droit porte sur l'ensemble indivis du fonds peut reprendre l'exploitation pour le tout avec l'assentiment des autres ayants droit. • Soc. 2 août 1951 : *Bull. civ. III, n° 55* • Civ. 3e, 19 mai 1993, n° 91-14.296 P : *D. 1993. IR 149* ; *Defrénois 1994. 888, obs. Vermelle.* ♦ L'exercice du droit de reprise par un usufruitier n'implique pas l'obligation pour celui-ci de conclure un bail au profit du bénéficiaire de la reprise. • Civ. 3e, 16 mars 1988 : *D. 1988. IR 91 ; JCP N 1988. II. 259, obs. Moreau.* ♦ Sur la responsabilité de l'huissier qui délivre un congé au nom du nu-propriétaire, V. • Reims, 25 févr. 2002 : *RD rur. 2003. 281, obs. D. R. ; JCP N 2003. 1646, note Faure-Abbad.*

7. Indivisibilité. **BIBL.** Grimonprez, *RD rur. 2013. Étude 15* (indivisibilité du bail rural). ♦ L'indivisibilité du bail ne cesse, par l'effet d'une division entre plusieurs propriétaires des biens objet du bail, que par l'arrêt ayant prononcé la résiliation du bail au terme du sursis à statuer. • Civ. 3e, 2 févr. 2010, n° 09-11.213. ♦ L'indivisibilité du bail cesse à son expiration. • Civ. 3e, 10 avr. 2013, n° 12-14.837 : *D. actu. 23 avr. 2013, note Prigent ; D. 2013. 998* ; *ibid. 1668, note Roussel* ; *JCP 2013. 496 ; RD rur. 2013, n° 95, note Crevel ; Rev. loyers 2013, n° 938, note Peignot ; DP entr. agric., Bull. n° 463, p. 4, note Roussel ; Gaz. Pal. 19-23 mai 2013.* ♦ Le congé délivré par un indivisaire est valable pour les terres dont il est devenu seul propriétaire après partage. • Civ. 3e, 24 sept. 2014, n° 12-25.884 : *D. 2014. 1939* ; *JCP 2014. 1072 ; D. actu. 20 oct. 2014, note Prigent ; JCP N 2014. 1052 ; Rev. loyers 2015, n° 951.*

8. Personne morale. Est mal fondé le congé qui indique l'exercice du droit de reprise par un GFA sans qu'il soit indiqué qui exploiterait pour le compte de ce GFA. • Civ. 3e, 13 juin 2007, n° 06-14.491. ♦ Un établissement public ne peut refuser le renouvellement du bail pour reprise s'agissant d'une personne morale de droit public sans mission agricole. • Dijon, 22 sept. 2011 : *RD rur. 2012, n° 15, note Lebel.*

2° QUALITÉ DU BÉNÉFICIAIRE

9. Descendants. La qualité de descendant s'apprécie à la date d'effet du congé. • Civ. 3e, 23 oct. 1984 : *Gaz. Pal. 1985. I. 382.* ♦ ... De même que son âge. • Civ. 3e, 14 janv. 1976 : *Rev. loyers 1976. 204* • 19 mai 1981 : *JCP 1982. II. 47, obs. Moreau.* ♦ Une fille majeure bénéficie de la reprise. • Soc. 20 nov. 1967 : *Bull. civ. IV, n° 724.* ♦ L'enfant adoptif doit être tenu pour un descendant. • Soc. 12 juin 1952 : *Gaz. Pal. 1952. 2. 133.* ♦ ... A condition que l'adoption ait été régulièrement transcrite. • Soc. 18 juin 1953 : *Bull. civ. IV, n° 462 ; D. 1953. 657, note R. Savatier.*

10. En ce sens que l'émancipation visée par le texte peut résulter, indifféremment, du mariage ou de la procédure prévue par l'art. 477 C. civ., V. • Civ. 3e, 29 janv. 1971 : *D. 1971. Somm. 114.*

11. En revanche, ne peuvent bénéficier de la reprise : un enfant du premier lit de la femme non bailleresse. • Soc. 14 juin 1956 : *Bull. civ. IV, n° 543 ; JCP 1956. II. 9538, note de Juglart.* ♦ ... Le gendre du bailleur. • Civ. 3e, 18 juin 1969 : *Gaz. Pal. 1970. 1. 207.*

12. Pour un congé désignant plusieurs bénéficiaires, V. jurisprudence ss. art. L. 411-47.

3° RESPECT DES RÈGLES DU CONTRÔLE DES STRUCTURES

13. Sur l'autorisation administrative, V. jurisprudence ss. art. L. 331-2 s.

14. Application de l'Ord. du 13 juill. 2006. Les nouvelles dispositions de l'art. L. 411-58 ne s'appliquent qu'à un congé prenant effet après la date de publication de l'Ord. de 2006. • Civ. 3e, 18 mars 2009, n° 08-12.106 : *D. 2009. 1021 ; JCP 2009. IV. 1689 ; RD rur. 2009, n° 77, note Crevel ; Gaz. Pal. 13-15 sept. 2009. 13.* ♦ Les conditions de la cession du bail s'apprécient à la date d'effet du congé (déc. 2005), l'Ord. du 13 juill. 2006 modifiant l'art. L. 411-58 qui n'a pas caractère interprétatif s'applique aux baux en cours à sa date de publication, et donc la cession au profit d'une personne qui ne bénéficiait pas d'une autorisation d'exploiter en application de l'art. L. 331-2 dans sa version antérieure à 2006 ne pouvait être autorisée. • Civ. 3e, 27 oct. 2009, n° 08-20.889 : *Rev. loyers 2010. 29, note Peignot.*

15. Contrôle du juge judiciaire. Les juges ne peuvent valider un congé pour reprise sans vérifier si le bénéficiaire était titulaire d'une autorisation d'exploiter. • Civ. 3e, 18 mai 2005 : *Rev. loyers 2005. 398 ; AJDI 2005. 748, note Peignot.* ♦ Doit être annulé le congé pour reprise au bénéfice de la fille du propriétaire dès lors que les juges constatent que l'autorisation d'exploiter a été refusée. • Civ. 3e, 14 janv. 2004 : *AJDI 2004. 563.* ♦ Les juges saisis d'une contestation d'un congé aux fins de reprise par un propriétaire pluriactif doivent, compte tenu des conditions de capacité et d'expérience exigées, vérifier si l'opération est soumise à autorisation préalable au titre du contrôle des structures. • Civ. 3e, 18 juill. 2000 : *RD rur. 2001. 108 ; AJDI 2001. 152, obs. Giraudel.* ♦ Alors même que le préfet avait indiqué l'opération soumise à simple déclaration préalable, les juges ne pouvaient valider le congé sans rechercher si l'opération n'avait pas pour effet de ramener la superficie de l'exploitation en-deçà du seuil du schéma directeur des structures. • Civ. 3e, 27 févr. 2002, n° 00-21.311 P : *RD rur. 2002. 193, 373 et 347, note Lachaud ; Gaz. Pal. 10-11 avr. 2002, p. 17 ; ibid. 20-21 juin 2003. 35 ; Rev. loyers mai 2002. 286, note Peignot ; AJDI 2002. 622, obs. Giraudel.* ♦ Est régulière la reprise qui n'était pas soumise à autorisation d'exploiter à la date d'effet du congé, dont le bénéficiaire satisfait à toutes les conditions de l'art. L. 411-59, et l'annulation de l'arrêté autorisant le bénéficiaire à exploiter est sans effet sur la validité du congé. • Civ. 3e, 1er févr. 2011, n° 10-30.529 : *RD rur. 2011, n° 55, note Crevel.* ♦ Il appartient au juge judiciaire de vérifier si le bénéficiaire de la reprise devenu pluriactif postérieurement au dépôt de sa demande d'autorisation était en règle avec le contrôle des structures à la date d'effet du congé. • Civ. 3e, 7 févr. 2019, n° 17-22.168 : *DP entr. agric., Bull. n° 528, p. 7, note Grimonprez.* ♦ C'est dans l'exercice de son pouvoir discrétionnaire que la cour, qui ne s'est pas prononcée sur la légalité et l'opportunité de la décision d'autorisation d'exploiter faisant l'objet d'un recours devant la juridiction administrative, a rejeté la demande de sursis à statuer. • Civ. 3e, 9 sept. 2021, n° 20-14.776 : *Rev. loyers 1er nov. 2021, n° 1021 ; AJDI 2021. 783.*

16. Situation du repreneur. C'est à la date d'effet du congé que s'apprécie si le bailleur devait obtenir une autorisation d'exploiter et si la reprise a pour conséquence de réduire la taille de l'exploitation du preneur en dessous du seuil de l'art. L. 331-2 sauf fraude du preneur. • Civ. 3e, 12 mars 2020, n° 19-11.649 : *AJDI 2020. 630 ; RD rur. 2020, n° 101, note Crevel.* ♦ La fraude ne saurait être déduite de l'abandon d'une autre exploitation par le bénéficiaire de la reprise. • Civ. 3e, 16 janv. 1980 : *Bull. civ. III, n° 15.* ♦ Une reprise partielle étant possible, il est loisible au bénéficiaire du droit de reprise de limiter celle-ci en vue de satisfaire aux exigences de la loi, la validité du congé devant s'apprécier à la date à laquelle la reprise doit avoir lieu. • Civ. 3e, 12 janv. 1977 : *Bull. civ. III, n° 18.*

17. Repreneur exploitant en société. Lorsque les terres sont destinées à être exploitées dès leur reprise dans le cadre d'une société, et si l'opération est soumise à autorisation, celle-ci doit être obtenue par la société, et le repreneur ne peut prétendre bénéficier du régime de la déclaration. • Civ. 3e, 9 avr. 2014, n° 13-10.562 : *RD rur. 2014, n° 115, note Crevel ; JCP 2014. 531 ; D. 2014. 929 ; JCP N 2014. Actu. 556 ; Rev. loyers 2014, n° 947, note Peignot ; DP entr. agric., Bull. n° 475/476, p. 1, note Roussel, et p. 16, note Barabé-Bouchard* • 17 déc. 2015, n° 14-24.983 : *Gaz. Pal. 2016. 1754* • 29 juin 2023, n° 21-21.584. ♦ ... Et il n'y a pas lieu d'exclure les sociétés à caractère purement familial de l'obligation prescrite par ce texte d'obtenir une autorisation d'exploiter. • Civ. 3e, 5 oct. 2017, n° 16-22.350 P : *D. actu. 31 oct. 2017, note Prigent ; D. 2017. 2030 ; JCP 2017. 1122 ; JCP N 2017. Actu. 889 ; DP entr. agric., Bull. n° 512, p. 5, note Roussel ; RD rur. 2017, n° 283, note Crevel ; Defrénois 2017, n° 22, p. 5 et 2018, n° 10, p. 36 et 38, obs. Delorme ; Gaz. Pal. 2017. 3023 ; AJDI 2018. 49, note Prigent.* ♦ L'autorisation doit être obtenue par le GAEC à peine de nullité du congé, même si le bénéficiaire de la reprise est le gérant de cette société. • Civ. 3e, 6 oct. 2016, n° 15-20.308 P : *D. 2016. 2063 ; RD rur. 2016, n° 290, note Crevel ; DP entr. agric., Bull. n° 501, p. 7, note Roussel ; JCP 2016. 1135 ; JCP N 2016. Actu.*

1135 ; Gaz. Pal. 2016. 3006 ; Defrénois 2017, n° 31-33, p. 58, note Delorme. ♦ Est mal fondée la cour qui valide un congé pour reprise d'un bien de famille alors que le repreneur doit exploiter dans le cadre d'une mise à disposition d'une société constituée entre lui et son père, et qu'une société même constituée des membres d'une même famille, ne bénéficie pas du régime de la déclaration. • Civ. 3e, 29 juin 2023, n° 21-21.584 : *AJDI 2023. 698 ; RD rur. 2023, n° 94, note Crevel.*

18. Autorisation personnelle. Il ne peut être soutenu, pour déclarer valable le congé à fin de reprise personnelle délivré par le bailleur auquel l'autorisation administrative d'exploiter avait été refusée, qu'une deuxième décision préfectorale, rendue au profit du fils du bailleur, rendait caduque la première. • Civ. 3e, 9 mars 1994 : *Rev. huiss. 1995. 42, note Pitaud.* ♦ Le congé n'est valable que si le bénéficiaire a obtenu l'autorisation administrative d'exploiter et non pas son conjoint. • Bourges, 6 juin 2001 : *RD rur. 2001. 509 ; ibid. 2002. 48.*

19. Date de l'autorisation. Cassation, pour violation de l'art. L. 411-58, de l'arrêt qui, pour déclarer les propriétaires non fondés dans l'exercice de leur droit de reprise, retient que l'autorisation de cumul indispensable leur a été délivrée à une date antérieure à celle à laquelle ils sont devenus propriétaires des parcelles objet de la reprise, en ajoutant ainsi à la loi une condition qu'elle ne comporte pas. • Civ. 3e, 21 janv. 1987 : *D. 1987. IR 21 ; Defrénois 1987. 550, obs. Vermelle.* ♦ Est mal fondé l'arrêt annulant le congé délivré au preneur dès lors que le propriétaire a été autorisé à exploiter en 1996 par décision devenue définitive après arrêt du Conseil d'État en 2003, sans que le refus d'autorisation du préfet en 2001 ait pu avoir pour effet de la retirer. • Civ. 1re, 6 mars 2007, n° 04-18.712 P : *JCP 2007. IV. 1759 ; RD rur. 2007, n° 181 ; AJDI 2007. 488 ; Rev. loyers 2007. 236, note Peignot ; Gaz. Pal. 16-18 août 2007. 35.*

20. Déclaration. L'exigence d'autorisation n'a pas d'équivalent pour la reprise soumise à déclaration préalable, celle-ci ne pouvant s'effectuer qu'une fois les biens libérés. • Riom, 28 juin 2007 : *RD rur. 2008, n° 18, note Crevel ; JCP N 2010. 1187, note Brelet.*

21. Décision définitive. N'est pas valable le congé délivré au preneur qui a engagé devant le Conseil d'État un recours contre le jugement rejetant sa demande en annulation de l'autorisation de cumul, alors que l'autorisation accordée est susceptible d'annulation par le Conseil d'État. • Civ. 3e, 30 mai 1990, n° 89-14.169 P : *D. 1990. IR 152 ; JCP 1990. II. 21563, note Ourliac et de Juglart ; Gaz. Pal. 1992. 2. Somm. 353, obs. Lachaud* • 14 oct. 1992, n° 90-19.896 P. – V. aussi • Paris, 24 oct. 1990 : *D. 1990. IR 271* • Lyon, 27 juill. 1990 : *Gaz. Pal. 1991. 1. 3.* ♦ Sont mal fondés les juges qui refusent d'ordonner la réintégration du preneur qui a dû quitter les lieux sur ordre du tribunal, alors que l'autorisation administrative d'exploiter du repreneur n'est pas définitive. • Civ. 3e, 25 sept. 2002, n° 01-03.745 P : *JCP 2002. IV. 2731 ; Gaz. Pal. 22-23 nov. 2002. 15 ; RD rur. 2002. 591 ; ibid. 2003. 122 ; ibid. 20-21 juin 2003. 34 ; AJDI 2003. 280, obs. Plazy.*

22. Annulation de l'autorisation. L'annulation, par la juridiction administrative, de l'autorisation de cumul ne saurait porter atteinte au droit de reprise régulièrement exercé en vertu d'une décision passée en force de chose jugée avant que n'intervienne l'annulation de l'autorisation. • Civ. 3e, 27 mars 1985 : *Bull. civ. III, n° 61.* ♦ Les juges du fond ne peuvent prendre en considération que la demande d'autorisation en cours à la date normale d'effet du congé. • Civ. 3e, 17 juill. 1996, n° 94-18.812 P : *RD rur. 1996. 90 ; Rev. huiss. 1997. 1039, note Pitaud ; JCP N 1997. II. 1113, obs. Moreau.* – V. aussi • Civ. 3e, 12 janv. 1983 : *D. 1983. IR 365, obs. Martine* • Civ. 3e, 1er mars 2000, n° 97-21.334 P : *RD rur. 2000. 251 et 560 ; JCP 2000. IV. 1687 ; JCP N 2001. 547 et Pan. 1877 ; Gaz. Pal. 3-4 oct. 2001. 25, obs. Lachaud.* ♦ Ils n'ont pas à prendre en considération les demandes formées après cette date. • Civ. 3e, 23 janv. 1985 : *Bull. civ. III, n° 17.* – V. aussi • Civ. 3e, 31 mai 1989, n° 87-20.124 P : *D. 1990. Somm. 39.* ♦ Un sursis à statuer ayant été ordonné en 2007 dans l'attente d'une décision définitive sur la demande d'autorisation formée en 2003, la décision de la cour administrative d'appel de févr. 2007 étant cette décision, la demande du preneur de mettre fin au sursis en 2010 était périmée, peu importait le dépôt d'une nouvelle demande en juill. 2007 ayant donné lieu à un jugement du tribunal de févr. 2010. • Civ. 3e, 3 oct. 2012, n° 11-21.179 : *AJDI 2013. 58.* ♦ *Contra* : l'annulation de l'arrêté ayant mis à néant l'autorisation d'exploiter n'a pas eu pour effet de faire disparaître la demande initiale du candidat à la reprise car l'autorisation d'exploiter initiale de 2006 se rattachait à la procédure antérieure permettant de valider le congé. • Civ. 3e, 10 nov. 2009, n° 08-20.927 : *RD rur. 2010, n° 7 ; Rev. loyers 2010. 25, note Peignot.* ♦ La cour est mal fondée à annuler le congé au motif que le bénéficiaire dont l'autorisation d'exploiter a été annulée n'a reçu une nouvelle autorisation qu'après la date d'effet du congé, sans rechercher si cette autorisation ne se rattachait pas à la demande initiale. • Civ. 3e, 12 déc. 2012, n° 10-24.390 : *AJDI 2013. 128 ; RD rur. 2013, n° 13, note Crevel ; LPA 2013, n° 159, p. 11, note Rocheteau.*

23. Annulation du refus d'autorisation. Le bénéficiaire de la reprise a formé une demande d'autorisation de cumul avant la date d'effet du congé et a obtenu l'annulation de l'arrêté lui refusant l'autorisation ; le congé a été validé dès lors que ce bénéficiaire a formé une nouvelle demande d'autorisation visant la procédure antérieure, même s'il l'a formée après la date d'effet du congé. • Civ. 3e, 11 mai 1995, n° 93-16.582 P : *JCP N 1995. II. 1431.*

24. Appel. Ne tranche pas une partie du principal le jugement qui surseoit à statuer sur la contestation du congé jusqu'à la décision de la juridiction administrative sur une autorisation tacite rendue en 2001 au motif que l'autorisation délivrée en 2003 n'était pas le prolongement de la première, et dès lors ce jugement ne peut être frappé d'appel que sur autorisation du premier président de la cour d'appel. • Civ. 3e, 29 nov. 2006, n° 05-20.967 : *Gaz. Pal. 15-18 août 2007. 30.*

25. Sursis à statuer. Jurisprudence antérieure à l'Ord. du 13 juill. 2006. Dès lors que la demande d'autorisation de cumul a été formée par le bénéficiaire de la reprise avant la date normale d'effet du congé, les juges du fond sont tenus de surseoir à statuer jusqu'à la décision administrative. • Civ. 3e, 23 janv. 1985 : *Bull. civ. III, n° 17* • 19 juin 1985 : *Bull. civ. III, n° 99 ; JCP N 1986. II. 42, obs. Moreau* • 3 févr. 1988 : *Bull. civ. III, n° 27.*

26. Sursis. Recours. En vertu de l'art. 544, al. 1er, C. pr. civ., la décision ordonnant le sursis à statuer peut faire l'objet d'un appel immédiat. • Civ. 3e, 11 juin 1986 : *JCP N 1986. II. 212.* ♦ *Contra* : • Civ. 3e, 6 déc. 1995 : *Ann. loyers 1996. 644.* ♦ La décision de sursis sur la contestation du congé dans l'attente de la décision administrative définitive sur la demande d'autorisation prononcée en vue d'une bonne administration de la justice est insusceptible de pourvoi. • Civ. 3e, 19 déc. 2012, n° 11-28.918.

27. Sursis. Est mal fondée la cour qui ne surseoit pas à statuer au motif que la reprise ne consiste qu'en une simple substitution d'exploitants sans changement de structure foncière ne nécessitant pas d'autorisation d'exploiter alors qu'elle n'a pas cherché si la reprise avait une conséquence sur la structure foncière du preneur. • Civ. 3e, 9 janv. 2008, n° 07-13.830 P : *RD rur. 2008, n° 17 ; JCP 2008. IV. 1241 ; ibid. N 2008. 177 ; JCP N 2008. 1260, note Roussel ; Rev. loyers 2008. 171, note Peignot ; AJDI 2008. 783, obs. Prigent ; Gaz. Pal. 26-27 sept. 2008. 15.* ♦ Les juges sont fondés à rejeter la demande de sursis à statuer dans l'attente de la décision du tribunal administratif saisi d'une contestation de la décision du préfet informant le bailleur qu'aucune autorisation d'exploiter n'était nécessaire, s'agissant d'une parcelle inférieure à la superficie fixée par l'arrêté préfectoral. • Civ. 3e, 21 janv. 2009, n° 07-21.016 : *D. 2009. 563 ; Gaz. Pal. 12-16 juill. 2009. 12.* ♦ La cour a pu retenir que l'exploitant disposait d'une autorisation d'exploiter et que le congé délivré était nul même si cette autorisation faisait l'objet d'un contentieux administratif. • Civ. 3e, 24 juin 2015, n° 13-27.652 : *AJDI 2015. 697 ; RD rur. 2016, n° 7, note Crevel.* ♦ Il n'y a pas lieu de surseoir à statuer quand l'autorisation précédemment accordée a été annulée pour défaut de motivation, et que la nouvelle autorisation d'exploiter précise les caractéristiques de l'opération envisagée. • Civ. 3e, 7 déc. 2011, n° 10-28.106 : *Rev. loyers 2012. 69.* ♦ Est mal fondée la cour qui rejette la question préjudicielle de légalité d'une décision qui ne précise pas les circonstances rendant les autres demandes prioritaires, ni ne fait référence aux dispositions pertinentes du schéma directeur départemental. • Civ. 3e, 4 juill. 2012, n° 11-18.173 : *RD rur. 2012, n° 71, note Crevel.*

28. Effet de la prorogation. Toutefois, lorsque le bail est prorogé de plein droit jusqu'à la fin de l'année culturale pendant laquelle la décision relative aux cumuls sera devenue définitive, les conditions de la reprise doivent être appréciées à cette dernière date et non à la date d'expiration du bail pour laquelle le congé avait été donné. • Civ. 3e, 15 févr. 1985 : *Bull. civ. III, n° 38* • 31 mai 2005 : *Rev. loyers 2005. 513.* ♦ Même sens dans un cas où un transfert de propriété a eu lieu pendant la prorogation du bail. • Civ. 3e, 5 déc. 2001, n° 00-13.101 P : *RD rur. 2002. 2 et 183 ; Dr. et pr. 2002. 151, obs. Grimonprez ; Gaz. Pal. 20-22 janv. 2002. 8 et 24-25 juill. 2002. 29, obs. Lachaud ; JCP 2002. IV. 1115 ; JCP N 2002. 1257, p. 644, note Moreau ; AJDI 2002. 392, obs. Giraudel.* ♦ Un contentieux administratif ayant différé la fin du bail à une date se trouvant à moins de cinq ans de l'âge de la retraite du preneur, le bail a pu être prorogé jusqu'aux soixante ans du locataire. • Civ. 3e, 12 mars 2002 : *RD rur. 2002. 193 et 517 ; AJDI 2002. 701, obs. Giraudel.* – V. note 49.

29. Revêt un caractère excessif justifiant l'engagement de la responsabilité de l'État sur le fondement de l'art. 6 Conv. EDH la durée de neuf ans et six mois d'une procédure sans difficultés particulières devant statuer sur la validité de l'autorisation d'exploiter délivrée par le préfet à un candidat à la reprise. • CE 16 févr. 2004, n° 219516 : *RD rur. 2004. 631.*

30. Absence de prorogation. Le Conseil d'État ayant jugé que l'opération de reprise du bailleur n'était pas subordonnée à autorisation, la cour d'appel en a exactement déduit que les preneurs étaient occupants sans droit ni titre depuis la date d'effet du congé, sans que le bail ait pu être prorogé. • Civ. 3e, 21 nov. 2001, n° 00-17.937 P : *RD rur. 2001. 576 ; ibid. 2002. 182 et 294, obs. Crevel ; Gaz. Pal. 24-25 juill. 2002. 29 ; AJDI 2002. 391, obs. Giraudel ; JCP 2002. IV. 1015 ; JCP N 2002. 1257, note Moreau ; Rev. loyers 2002. 86, note Peignot.*

31. Entrée en vigueur. Sur l'application immédiate de l'art. 845, al. 6 [art. L. 411-58, al. 5], mod. par la loi du 4 juill. 1980, V. • Civ. 3e, 5 oct. 1983 : *D. 1985. IR 68, obs. Martine ; Gaz. Pal. 1984. 1. 217, note Le Petit et Challine* • 20 nov. 1984 : *ibid. 1985. 2. Somm. 375, obs. Hudault* • 1er juill. 1987 : *ibid. 1988. 1. 181, note Le Petit et Challine.*

32. Une cour d'appel ne peut se prononcer sur la nécessité, au regard de la loi du 1er août 1984, de l'autorisation d'exploitation qu'elle impose, si, à la date d'effet du congé, le seuil à partir duquel doit être autorisé l'agrandissement n'a pas encore été fixé (par le schéma directeur du département). • Civ. 3e, 21 févr. 1990 : *JCP 1990. II. 21563, note Ourliac et de Juglart.* ♦ Il résulte de l'art. 4 du décret du 22 juin 2015 que, pour apprécier la régularité du congé donné pour le 31 oct. 2015, le schéma directeur régional des exploitations agricoles n'étant entré en vigueur que le 29 juin 2016, il convenait d'appliquer le schéma directeur départemental des structures. • Civ. 3e, 31 mai 2018, n° 17-17.678 P : *JCP N 2018. Actu. 563 ; JCP 2018. 701 ; Gaz. Pal. 2018. 2799, note Peignot ; Rev. loyers 2018, n° 989, note Peignot ; DP entr. agric., Bull. n° 521, p. 14, note Grimonprez.*

4° ABSENCE DE RENONCIATION

33. La reprise ayant été admise par un jugement définitif, le bénéficiaire doit être considéré comme y ayant renoncé dès lors qu'il n'a accompli aucune diligence pour reprendre le bien, qu'il a laissé le preneur dans les lieux et qu'il a encaissé les loyers postérieurs à l'échéance du bail. • Civ. 3e, 9 oct. 1996 : *Ann. loyers 1997. 1088.* ♦ Le bailleur peut exercer la reprise dès lors que le bail consenti en 1941(avant le statut du fermage) avec une clause prévoyant sa durée au profit du preneur et ses héritiers exploitants sans aller au-delà de 2014 s'est renouvelé, sans rédaction d'un nouveau contrat, et que, en l'absence d'une manifestation de volonté non équivoque du bailleur de renoncer à son droit, le congé est régulier. • Civ. 3e, 25 mars 2015, n° 14-11.978 P : *D. 2015. 805 ; DP entr. agric., Bull. n° 485, p. 9, note Roussel ; RD rur. 2015, n° 114, note Crevel ; JCP 2015. 433 ; JCP 2015 N Actu. 473 ; Gaz. Pal. 2015. 1292 ; D. actu. 16 avr. 2015, note Prigent ; Rev. loyers 2015, n° 957.*

B. MISE EN ŒUVRE

1° PREUVE ET DATE D'APPRÉCIATION

34. Preuve. En cas de contestation du congé par le preneur, c'est au bénéficiaire du droit de reprise d'établir qu'il possède le cheptel et le matériel nécessaires ou à défaut les moyens de les acquérir. • Civ. 3e, 19 déc. 2000 : *RD rur. 2001. 297 ; Rev. loyers 2001. 77, obs. Peignot.*

35. Date d'appréciation. Il y a lieu d'apprécier les conditions de la reprise à la date pour laquelle le congé est donné. • Soc. 18 juin 1954 : *Bull. civ. IV, n° 424 ; D. 1954. 428, note R. Savatier* • Civ. 3e, 3 févr. 1988 : *Bull. civ. III, n° 27* • 11 déc. 1991, n° 90-18.420 P : *D. 1992. IR 15 ; Administrer 7/1992. 78, note Le Petit* • Nancy, 22 juin 2007 : *RD rur. 2008, n° 132, note Crevel* • Civ. 3e, 13 nov. 2008, n° 07-18.887 : *JCP 2008. IV. 2977 ; JCP N 2008. 765 ; Gaz. Pal. 6-7 mai 2009. 16* • 12 mai 2016, n° 15-16.840 : *Gaz. Pal. 8 nov. 2016, note Feschotte-Desbois.* ♦ Jugé également que le juge doit apprécier les conditions de la reprise en se plaçant au jour où la reprise s'exercera et à l'aide des éléments de fait dont il dispose au moment où il statue. • Soc. 23 janv. 1953 : *Bull. civ. IV, n° 74* • Civ. 3e, 19 juin 1970 : *ibid. III, n° 430.* ♦ Peu importe l'éventualité d'une expropriation. • Civ. 3e, 11 févr. 1975 : *D. 1975. IR 98.* ♦ ... Ou celle d'un retour du service militaire. • Civ. 3e, 3 mai 1978 : *Bull. civ. III, n° 183* • 20 mars 1996, n° 94-14.622 P : *RD rur. 1996. 53 ; JCP 1996. II 22690, note Ourliac ; Rev. loyers 1997. 375.* – V. aussi Libeau et Peignot, *ibid. 1997. 357.* ♦ Les juges apprécient les conditions de la reprise qui n'a pas eu lieu au jour où il est statué. • Civ. 3e, 24 mars 2010, n° 09-11.402 : *RD rur. 2010, n° 92, note Crevel.*

2° CONTRÔLE DU JUGE

36. La nullité du congé rural obéit aux règles de nullité des actes de procédure et cette nullité est couverte si celui qui l'invoque a, postérieurement à l'acte critiqué, fait valoir des défenses au fond ou opposé une fin de non-recevoir sans soulever la nullité. • Civ. 3e, 7 juill. 2016, n° 15-20.381 : *AJDI 2016. 699*.

37. La réalisation des conditions mises par la loi à la reprise est appréciée souverainement par les juges du fond. • Soc. 22 févr. 1957 : *Bull. civ. IV, n° 209 ; AJPI 1957. 68* • Civ. 3e, 5 févr. 1997, n° 95-13.261 P : *JCP 1997. IV. 677 ; Gaz. Pal. 1997. 2. Pan. 228* • 16 févr. 2000, n° 98-14.137 P : *D. 2000. IR 133 ; RD rur. 2000. 186.* ♦ Les juges n'ont pas à apprécier les mobiles du congé en reprise, mais seulement si le bénéficiaire satisfait ou non aux conditions prévues par l'art. 845 [L. 411-58 et L. 411-59]. • Soc. 8 oct. 1959 : *Bull. civ. IV, n° 949.*

38. Les conditions de la reprise doivent être appréciées au regard du congé tel qu'il a été donné, quelles que soient les modifications apportées par le bailleur au cours de la procédure. • Civ. 3e, 4 mai 1994, n° 91-21.924 P : *Defrénois 1994. 1525, obs. Vermelle ; JCP 1994. IV. 1633.*

39. Critères. Doit être cassé l'arrêt rejetant une demande de reprise en se fondant sur l'intérêt d'une bonne économie rurale, sans indiquer avec précision si le propriétaire remplit ou non les conditions de l'art. 845 [L. 411-58 et L. 411-59.] • Civ. 3e, 30 janv. 1969 : *Bull. civ. III, n° 88.* ♦ L'intérêt du preneur ne doit pas être pris en considération pour refuser au bailleur l'exercice du droit de reprise. • Soc. 3 oct. 1958 : *Bull. civ. IV, n° 982.*

40. Pouvoir du juge. Lorsque le bénéficiaire de la reprise remplit les conditions légales d'une reprise personnelle, les juges ne peuvent décider, cependant, que compte tenu des possibilités et des conditions d'exploitation de la reprenante, l'effet du congé doit être limité à une partie seulement des terres. • Civ. 3e, 18 avr. 1985 : *JCP N 1986. II. 41, obs. Moreau.* ♦ Les juges ont vérifié la régularité de la reprise au regard du contrôle des structures non pas globalement mais pour chaque parcelle et ont prononcé une validation partielle du congé. • Reims, 6 mars 2002 : *RD rur. 2002. 194.*

41. Viole l'art. L. 411-59 la cour d'appel qui déclare valable le congé à fin de reprise délivré par le bailleur au profit de sa fille et qui convertit les droits du preneur en dommages-intérêts, en raison des conflits susceptibles de naître dans l'avenir entre les parties, alors que la bénéficiaire de la reprise ne va pas se consacrer à l'exploitation des parcelles pendant neuf ans. • Civ. 3e, 13 oct. 1999, n° 97-71.656 P : *Rev. loyers 2000. 151, obs. Peignot ; RD rur. 2000. 216, obs. Crevel.*

42. Autorité de chose jugée. Un bailleur débouté par une décision irrévocable de sa demande en validation d'un congé pour reprise est irrecevable à agir en validation du même congé en se prévalant d'une autorisation administrative d'exploiter qui faisait défaut et avait fondé le refus initial de validation et obtenue depuis la première décision. • Civ. 3e, 20 janv. 2010, n° 08-70.206 : *AJDI 2010. 396.*

43. Tierce opposition. L'exigence d'un procès équitable implique que le bénéficiaire d'un congé pour reprise soit recevable à former tierce opposition à l'encontre d'une décision annulant ce congé. • Civ. 3e, 23 févr. 2005, n° 03-20.110 P : *Rev. loyers avr. 2005. 206, note Peignot ; JCP 2005. IV. 1743 ; Gaz. Pal. 15-16 sept. 2006. 23.*

II. LIMITE : LA PROROGATION DU BAIL DU PRENEUR ÂGÉ

A. CONDITIONS

44. Avant de prononcer la prorogation du bail, les juges doivent vérifier si toutes les conditions de validité du congé pour reprise étaient réunies pour la date prévue d'expiration du bail. • Civ. 3e, 10 juill. 2002, n° 01-10.397 P : *JCP 2002. IV. 2555 ; Rev. loyers 2002. 503, note Peignot ; AJDI 2003. 48.*

45. Le preneur qui a saisi le tribunal en contestation du congé peut solliciter la prorogation du bail, même s'il n'a pas évoqué la prorogation dans sa requête introductive d'instance. • Civ. 3e, 4 janv. 2023, n° 21-14.775 : *AJDI 2023. 204.*

46. Époux copreneurs. Lorsque le bail a déjà été prorogé en raison de l'âge de l'épouse, il n'est pas possible de faire droit à une nouvelle demande en vue de permettre à l'époux de bénéficier à son tour de l'art. L. 411-58 jusqu'à une date postérieure à la prorogation dont a déjà bénéficié son épouse. • Civ. 3e, 21 janv. 1987 : *Bull. civ. III, n° 9 ; D. 1988. Somm. 88, obs. Martine* • 11 juin 1987 : *Bull. civ. III, n° 121.*

47. Parcelles de subsistance. Les juges, appréciant les intérêts en présence, sont fondés à faire droit à la demande de renouvellement du preneur préretraité de continuer d'exploiter les parcelles louées comme parcelles de subsistance malgré le congé aux fins de reprise du bailleur. • Civ. 3e, 10 avr. 2002, n° 00-15.653 P : *RD rur. 2002. 327 et 575 ; Gaz. Pal. 19-20 juill. 2002. 6 ; ibid. 20-21 juin 2003. 35 et 15, obs. Lachaud ; JCP 2002. IV. 1916 ; JCP N 2002. 1655.*

48. Capacité. Sont mal fondés les juges qui acceptent le renouvellement du bail jusqu'à l'âge de la retraite au profit de l'épouse du preneur au motif que celle-ci était copreneur et tenait un emploi à temps plein depuis le début du bail sans rechercher si elle pouvait satisfaire aux conditions de l'art. L. 411-59. • Civ. 3e, 3 juill. 2002, n° 00-21.707 P : *RD rur. 2002. 462 ; ibid. 2003. 48 et 370, obs. Crevel ; JCP 2002. IV. 2486 ; Gaz. Pal. 18-19 juill. 2002. Pan. 16 ; ibid. 20-21 juin 2003. 34 ; Rev. loyers 2002. 567, note Peignot ; AJDI 2003. 46, obs. Giraudel ; JCP N 2004. 1121, obs. Brelet.*

49. Reprise en cours de bail. Le preneur ne peut bénéficier de la prorogation pour âge, si le bail a été prorogé en conséquence d'un contentieux administratif sur les autorisations d'exploiter du repreneur et que la reprise n'était pas subordonnée à autorisation. • Civ. 3e, 2 oct. 2013, n° 12-19.964 : *D. 2013. 2337 ; Rev. loyers 2013, n° 942, note Peignot ; RD rur. 2013, n° 192, note Crevel ; JCP 2013. 1097 ; Gaz. Pal. 16-17 oct. 2013.*

B. EFFETS DE LA PROROGATION

50. Nouveau congé. Jusqu'à l'abrogation à venir de l'al. 3 de l'art. L. 411-58, le bailleur qui a délivré un congé pour reprise auquel le preneur s'est opposé en raison de son âge pour obtenir la prorogation du bail, n'est pas tenu de délivrer un nouveau congé pour reprendre son bien au terme de la prorogation. • Cons. const. 11 mars 2022, n° 2021-978-QPC : *D. 2022. 510 ; Defrénois 2022, n° 13, p. 11 ; RD rur. 2022. Repère 5, note Barbieri ; ibid. n° 73, note Crevel ; JCP N 2022. Actu. 454 ; DP entr. agric., Bull. n° 561, p. 5, note Roussel ; Rev. loyers 2022, n° 1027, note Roussel.* ♦ Jusqu'à l'entrée en vigueur d'une nouvelle loi ou jusqu'au 31 déc. 2022, date de l'abrogation des dispositions, le bailleur n'est pas tenu de délivrer un nouveau congé en application des dispositions déclarées inconstitutionnelles si la durée de la prorogation du bail résultant de l'opposition du preneur est inférieure à 18 mois. • Civ. 3e, 4 janv. 2023, n° 21-14.775 : *AJDI 2023. 204.*

51. Le nouveau congé à l'issue de la prorogation peut désigner un bénéficiaire de la reprise distinct de celui visé dans le congé initial. • T. par. baux rur. Dieppe, 20 nov. 1985 : *D. 1986. 147, note Choppin de Janvry.* ♦ Il peut être donné pour un motif différent du premier congé. • Civ. 3e, 1er mars 1989 : *JCP N 1990. II. 77.*

52. Prohibition de toute cession durant la prorogation. Pour un exemple de rejet de la demande d'autorisation de cession du bail intervenue en cours d'une période de prorogation, V. • Civ. 3e, 16 déc. 1998, n° 97-10.844 P : *JCP N 1999, n° 13, p. 559, obs. Moreau ; Gaz. Pal. 1999. 1. Pan. 84 ; RD rur. 1999. 66.*

Art. L. 411-59 **Le bénéficiaire de la reprise doit, à partir de celle-ci, se consacrer à l'exploitation du bien repris pendant au moins neuf ans soit à titre individuel, soit au sein d'une société dotée de la personnalité morale, soit au sein d'une société en participation dont les statuts sont établis par un écrit ayant acquis date certaine. Il ne peut se limiter à la direction et à la surveillance de l'exploitation et doit participer sur les lieux aux travaux de façon effective et permanente, selon les usages de la région et en fonction de l'importance de l'exploitation. Il doit posséder le cheptel et le matériel nécessaires ou, à défaut, les moyens de les acquérir.**

Le bénéficiaire de la reprise doit occuper lui-même les bâtiments d'habitation du bien repris ou une habitation située à proximité du fonds et en permettant l'exploitation directe. – *[Anc. art. 845, al. 8 et 9.]*

(Ord. nº 2006-870 du 13 juill. 2006) **« Le bénéficiaire de la reprise doit justifier par tous moyens qu'il satisfait aux obligations qui lui incombent en application des deux alinéas précédents et qu'il répond aux conditions de capacité ou d'expérience professionnelle mentionnées aux articles L. 331-2 à L. 331-5 ou qu'il a bénéficié d'une autorisation d'exploiter en application de ces dispositions. »**

COMMENTAIRE

Le propriétaire se voit autorisé à reprendre le bien pour l'exploiter. La stabilité du preneur est écartée parce que le législateur a voulu privilégier le faire-valoir direct. Mais le projet du reprenant est contrôlé strictement dans chacun de ses aspects. Tout d'abord, que le bénéficiaire soit le bailleur, un partenaire de PACS ou un membre de sa famille désigné ou substitué, il lui appartient d'établir qu'il remplit les conditions d'exploitation du bien exigées par la loi. Les juges examinent précisément la réalité de l'engagement du reprenant de développer personnellement une véritable exploitation agricole, vérifient qu'il en a les moyens matériels et la capacité professionnelle et physique. Cependant l'ordonnance du 13 juillet 2006 écarte désormais le contrôle judiciaire de la capacité du bénéficiaire lorsque celui-ci justifie d'une autorisation d'exploiter (en ce sens, V. Civ. 3e, 26 juin 1991, ss. art. L. 411-59, note 27).

I. ENGAGEMENT D'EXPLOITATION

1. QPC. Il n'y a pas lieu de poser la question de constitutionnalité de l'art. L. 411-59. • Civ. 3e, 10 oct. 2013, nº 13-19.778 : *D. 2013. 2398 ; JCP 2013. 1128 ; RD rur. 2013, nº 225, note Crevel ; DP entr. agric., Bull. nº 468, p. 6, note Roussel ; Gaz. Pal. 23-24 oct. 2013.*

2. Est mal fondé l'arrêt qui écarte le renouvellement du bail au motif que les parties ont cessé de donner à la mise à disposition un caractère onéreux et que le matériel n'a plus d'usage agricole effectif alors que le droit au renouvellement est subordonné au seul respect de l'art. L. 411-59. • Civ. 3e, 25 janv. 2023, nº 21-19.105 : *Defrénois 2023, nº 19-20, p. 28, note Delorme ; DP entr. agric., Bull. nº 573, p. 9 ; RD rur. 2023, nº 58, note Crevel.*

3. Les juges apprécient souverainement sous le contrôle de la Cour de cassation les éléments de preuve soumis pour établir que le candidat à la reprise... a la volonté et les moyens d'exploiter personnellement le fonds repris. • Civ. 3e, 3 avr. 2012, nº 09-14.538. ♦ ... Et présente toutes les garanties nécessaires à la bonne exploitation des parcelles. • Civ. 3e, 6 mars 2012, nº 11-14.293.

4. Exploitation agricole. Invalidant un congé à fin de reprise pour exploitation personnelle : d'une exploitation forestière. • Civ. 3e, 10 janv. 1978 : *Bull. civ. III, nº 45.* ♦ ... D'une plantation de peupliers au motif que le seul but de la reprise était une plantation forestière et non une exploitation agricole, telle que prévue par l'art. L. 411-59. • Civ. 3e, 30 avr. 1997 : *D. 1997. IR 130 ; RD rur. 1997. 323 ; JCP N 1998, nº 7, p. 239 ; AJPI 1997. 854, note Giraudel.* – V. aussi Lachaud, *Gaz. Pal. 1998. 1. Doctr. 31.* ♦ Pour une activité de pépiniériste accessoire de la profession de paysagiste, V. • Civ. 3e, 19 nov. 2015, nº 14-23.671 : *DP entr. agric., Bull. nº 491, note Grimonprez ; JCP N 2015. Actu. 1157 ; AJDI 2016. 125 ; RD rur. 2016, nº 41, note Crevel, et nº 130, note Rondeau.* ♦ Sur la validité d'une reprise afin de cultiver des sapins de Noël, V. • Rennes, 6 mai 1987 : *D. 1989. Somm. 87, obs. Martine.* ♦ Aucun texte n'interdit au bénéficiaire de modifier le mode de culture antérieur et le rendement éventuel du bien repris ne concerne pas le preneur évincé. • Civ. 3e, 2 juill. 1974 : *Bull. civ. III, nº 276.* ♦ Sur le contrôle des structures, V. jurisprudence ss. art. L. 411-58.

5. Exploitation réelle. C'est la volonté d'être un exploitant réel et de le demeurer qui est prise en considération. • Soc. 3 oct 1958 : *Bull. civ IV, nº 982* • 12 juin 1959 : *JCP 1960. II. 11492, note de Juglart* • 13 oct. 1999 : *RD rur. 2000. 4.* ♦ La cour d'appel qui relève que le bénéficiaire justifie de l'expérience et des moyens financiers pour acquérir le matériel et le cheptel nécessaires à l'exploitation du fonds n'avait pas à répondre à un moyen tiré de la réalité de la volonté d'exploiter. • Civ. 3e, 27 juin 2006 : *Gaz. Pal. 5-6 janv. 2007. 31.*

♦ Est valable le congé donné par le propriétaire muni d'une autorisation d'exploiter qui entendait mettre en valeur deux parcelles pour subvenir aux seuls besoins de sa famille. • Civ. 3e, 26 nov. 2008 : *AJDI 2009. 209, obs. Prigent ; RD rur. 2009, no 7 ; JCP N 2009. 799 et 1350, note Roussel ; JCP 2009. IV. 1005 ; Gaz. Pal. 29-30 mai 2009. 13.*

6. Mais l'intention de se retirer dans la maison construite sur le domaine démontre l'absence d'intention d'exploiter. • Civ. 3e, 29 avr. 1970 : *D. 1970. Somm. 227.* ♦ N'a pas l'intention sincère d'exploiter, le bailleur qui durant la procédure de contestation du congé, a chargé un agent immobilier de la vente de la propriété et a notifié ce projet au preneur. • Civ. 3e, 22 mars 1995 : *Ann. loyers 1995. 1473.* ♦ ... Pas plus que le repreneur qui souhaite ne reprendre que des bâtiments. • Besançon, 19 déc. 1995 : *BICC 1996. 947 ; Gaz. Pal. 1996. 2. 420, note Lachaud ; Rev. huiss. 1996. 1282.* ♦ Ce n'est pas parce que le bénéficiaire possède le diplôme ou l'expérience requise que les juges du fond sont dispensés de rechercher, au travers des éléments de fait qui leur sont soumis, si ce bénéficiaire a l'intention sincère d'exploiter. • Civ. 3e, 21 juill. 1993 : *Ann. loyers 1993. 937, obs. Lachaud.*

7. Exploitation personnelle. L'exploitation du bien repris par le bénéficiaire doit être faite pour son compte personnel et non pour le compte d'un tiers. • Civ. 3e, 23 janv. 1985 : *Bull. civ. III, no 18.* ♦ L'aide des voisins, habituelle dans l'agriculture, à charge de réciprocité, ne constitue pas un défaut d'exploitation personnelle. • Civ. 3e, 30 janv. 1969 : *Bull. civ. III, no 89.* – Rappr. : • Civ. 3e, 5 mars 1971 : *ibid. III, no 167.* – Comp. : • Civ. 3e, 13 juin 1979 : *JCP 1979. IV. 271,* plus restrictif. ♦ Il n'est pas interdit au bénéficiaire de la reprise de se faire aider par du personnel salarié. • Civ. 3e, 12 déc. 1972 : *Bull. civ. III, no 670.* ♦ ... En particulier pour les travaux les plus durs. • Civ. 3e, 24 janv. 1973 : *Bull. civ. III, no 74.* ♦ De même, les juges peuvent estimer que l'importance du domaine permet au reprenant de ne pas se livrer lui-même, en permanence, aux travaux matériels de culture. • Civ. 3e, 27 mai 1971 : *Bull. civ. III, no 327.* ♦ Ainsi il a été jugé conforme aux pratiques de la région d'avoir recours à une entreprise pour la réalisation de certains travaux importants. • Civ. 3e, 27 nov. 1996 : *RD rur. 1997. 2 ; Rev. loyers 1997. 483, note Le Petit ; Ann. loyers 1997. 1088.* ♦ ... À un salarié à temps partiel pendant les périodes de surcharge de travail sans contradiction avec les usages locaux. • Civ. 3e, 24 mai 2017, no 15-29.421 : *AJDI 2017. 534* . ♦ Est fondée la cour qui admet la preuve par un propriétaire de sa volonté d'exploiter personnellement sa propriété alors même qu'il a eu recours à la solidarité entre exploitants agricoles et à de véritables ventes d'herbes. • Civ. 3e, 20 févr. 2007 : *RD rur. 2007, no 137, note Crevel.*

8. Toutefois, ne satisfait pas aux exigences de l'art. L. 411-59 le bénéficiaire qui confie les travaux d'exploitation agricole à un entrepreneur de travaux agricoles travaillant « sur ses ordres et sa direction ». • Versailles, 11 mars 1988 : *Rev. loyers 1988. 216, note Le Petit.* ♦ De même, n'exploite pas personnellement les terres le bénéficiaire qui fait accomplir les travaux de labourage et de semailles par des tiers et qui a conclu avec un autre agriculteur un contrat de sous-traitance de matériel. • Civ. 3e, 7 oct. 1987 : *Bull. civ. III, no 163.* – V. aussi • Civ. 3e, 23 mai 1995 : *JCP 1995. IV. 1718 ; RD rur. 1995. 79.* ♦ Le fait que le bénéficiaire soit immatriculé comme exploitant à la MSA alors qu'il fait réaliser certains travaux par des entrepreneurs n'apporte pas la preuve de son exploitation personnelle. • Civ. 3e, 15 mai 1996 : *Ann. loyers 1996. 1474 ; RD rur. 1996. 394.* ♦ Ne caractérise pas la participation effective et permanente, qui ne se limite pas à la direction et à la surveillance de l'exploitation, la cour qui retient que le repreneur peut s'allouer les services d'une entreprise agricole pour l'exploitation du bien. • Civ. 3e, 5 sept. 2012, no 11-13.783 : *RD rur. 2012, no 69, note Crevel ; AJDI 2012. 680 ; Rev. loyers 2012, no 930.*

9. Âge. En ce qui concerne l'âge du bailleur et du preneur, V. art. L. 411-64.

10. Santé. L'infirmité dont est atteint le bailleur et qui le rend incapable de se déplacer justifie le refus de reprise. • Soc. 14 nov. 1958 : *Bull. civ. IV, no 1196.* – V. aussi • Civ. 3e, 8 avr. 1970 : *D. 1970. Somm. 173.* ♦ Comp., refusant l'allocation de dommages-intérêts au preneur évincé en raison du caractère irrésistible et imprévisible du handicap qui, postérieurement à la délivrance du congé, a interdit au repreneur d'exploiter le bien repris : • Civ. 3e, 22 nov. 1995 : *RD rur. 1996. 2.* ♦ N'a pas été jugé remplir les conditions de la reprise le propriétaire qui a dû cesser son activité d'exploitant, a été reconnu travailleur handicapé et dont le certificat médical est insuffisamment précis pour vérifier son aptitude physique à assurer l'élevage de brebis sur dix hectares. • Civ. 3e, 16 oct. 2012, no 11-24.298 : *AJDI 2013. 50* . ♦ Est fondée l'annulation du congé au motif que le bénéficiaire de la reprise ne pouvait participer personnellement aux travaux agricoles du fait de son handicap physique et qu'il se trouvait dans l'obligation de les faire exécuter en totalité par une entreprise agricole qui travaillait avec une grande liberté d'action. • Civ. 3e, 7 mai 2014, no 13-14.838 : *DP entr. agric., Bull. no 475/476, p. 1, note Roussel.*

11. Pluriactivité. La jurisprudence admet difficilement la compatibilité de l'exercice d'une autre profession avec la participation effective et permanente aux travaux. • Civ. 3e, 16 mai 1972 : *ibid. III, no 305* (médecin) • 12 déc. 1972 : *ibid. III, no 671* • 5 janv. 1973 : *ibid. III, no 22* (boucher) • 13 mars 1973 : *ibid. III, no 192* (infirmière) • 29 janv. 1974 : *Rev. loyers 1974. 210* (courtier-expert) • 18 mars 1974 : *Rev. loyers 1974. 332* (chef de travaux dans un lycée agricole) • 12 févr. 1975 : *D. 1975. IR 98* (comptable)

• 13 févr. 1977 : *Bull. civ. III, n° 72* (notaire) • Riom, 6 mars 1995 : *Gaz. Pal. 1995. 2. 341, note Lachaud* (agent d'assurances) • 4 mars 1998 : *JCP N 1998, n° 28, p. 1096, obs. J.-P. M.* (ingénieur et technicien) • 24 oct. 2019, n° 18-16.584 : *Gaz. Pal. 2020, n° 17, p. 34, note Feschotte-Desbois* (consultant, gérant d'une société propriétaire de générateurs photovoltaïques) • 8 juin 2023, n° 21-24.123 : *Rev. loyers 2023, n° 1039, note Roussel* (pharmacienne). – V. cependant • Civ. 3e, 5 mai 1976 : *D. 1976. 611, note R. Savatier ; Bull. civ. III, n° 190* • 22 févr. 1977 : *ibid. III, n° 84* (directeur de société).

12. L'exercice d'une profession n'est pas un obstacle lorsque le bailleur reprenant a l'intention de l'abandonner pour habiter la ferme. • Soc. 12 mai 1964 : *Bull. civ. IV, n° 401* • Civ. 3e, 15 juin 1975 : *ibid. III, n° 202.* ♦ Tel n'est pas le cas : du fonctionnaire qui reste en activité au jour d'effet du congé, sa demande formée l'avant-veille à son administration, sous condition de reconnaissance de validité du congé, ne correspondant pas à une mise en disponibilité autorisée. • Civ. 3e, 13 mars 2002, n° 00-19.359 P : *RD rur. 2002. 513 ; Gaz. Pal. 24-25 juill. 2002. 29, obs. Lachaud ; JCP 2002. IV. 1725 ; AJDI 2002. 783, obs. Giraudel ; JCP N 2002. 1219.* ♦ ... De celui qui entend maintenir son activité de cadre en assurance à Paris, sans rapporter la preuve d'un exercice à temps partiel, un tel éloignement ne permettant pas une exploitation directe des parcelles. • Civ. 3e, 19 févr. 2008, n° 07-14.254. ♦ ... Du technicien vétérinaire qui ne justifie pas avoir pris les dispositions nécessaires pour se consacrer aux travaux agricoles de façon effective et permanente sans se limiter à la direction et à la surveillance de l'exploitation. • Civ. 3e, 24 oct. 2019, n° 18-16.584 : *Gaz. Pal. 2020, n° 17, p. 34, note Feschotte-Desbois.* ♦ Ne caractérise pas la participation effective et permanente la cour qui retient que l'activité prévue est peu contraignante et peut être assurée dans le cadre d'une autre activité professionnelle en se faisant aider par un personnel salarié ou familial. • Civ. 3e, 5 sept. 2012, n° 11-13.783 : *RD rur. 2012, n° 69, note Crevel ; AJDI 2012. 680.*

13. Jugé que l'activité d'esthéticienne exercée pendant un nombre d'heures limité par la bénéficiaire n'était pas incompatible avec l'exploitation personnelle des biens repris d'une manière effective et permanente, eu égard à l'importance de l'exploitation et à la nature céréalière des cultures. • Civ. 3e, 28 janv. 1987 : *Gaz. Pal. 1987. 2. Pan. 246.* ♦ V. aussi, pour la compatibilité : d'une activité d'ouvrier de scierie avec la mise en valeur d'une parcelle de quelques hectares située à une centaine de mètres du domicile du salarié, • Civ. 3e, 17 juill. 1987 : *JCP 1987. IV. 331.* ♦ ... D'une activité salariée avec l'activité d'élevage de taurillons qui ne nécessite pas une présence continuelle, • Civ. 3e, 20 mars 1996 : *Rev. huiss. 1996. 1257, note Teilliais.* ♦ ... D'une profession annexe pendant onze heures par semaine alors que l'exploitation céréalière est de dimension modeste (43 ha), • Civ. 3e, 27 nov. 1996 : *préc. note 7.*

II. MOYENS D'EXPLOITATION

14. Cheptel et matériel. Motive le refus de la reprise l'absence sur place de matériel et de cheptel. • Soc. 3 janv. 1958 : *Bull. civ. IV, n° 6.* ♦ Justifie légalement sa décision la cour d'appel annulant le congé pour reprise aux motifs que le bénéficiaire de la reprise n'établissait pas posséder le matériel nécessaire à la reprise, ni avoir la capacité financière à l'acquérir, sans avoir à rechercher si le bénéficiaire de la reprise ne serait pas en mesure de mettre en valeur les parcelles reprises à l'aide du matériel mis à sa disposition par l'auteur du congé. • Civ. 3e, 5 févr. 1997, n° 95-13.261 P : *RD rur. 1997. 318 ; Rev. huiss. 1997. 1192* • 12 janv. 2017, n° 15-25.027 : *AJDI 2017. 212.* ♦ N'a pas donné de base légale à sa décision la cour d'appel qui a validé le congé à fin de reprise au motif ... que le projet d'installation envisagé par le bénéficiaire ne semble pas comporter de gros investissements et que rien n'établit qu'il n'obtiendra ni prêts ni aides, alors qu'elle aurait dû rechercher si le bénéficiaire de la reprise justifiait posséder le matériel nécessaire à l'exploitation ou, à défaut, les moyens de l'acquérir. • Civ. 3e, 16 juill. 1998, n° 96-16.220 P : *RD rur. 1998. 501 ; Gaz. Pal. 12-14 sept. 1999. Somm. 30, obs. Lachaud.* ♦ ... Qu'il est attesté de la qualité de la production et du travail du propriétaire par des acheteurs, et qu'il est justifié du recours à des travailleurs saisonniers pour les vendanges et qu'il est ainsi présumé que le repreneur est en possession du matériel adéquat alors que la cour aurait dû vérifier s'il possédait personnellement et effectivement les matériels nécessaires. • Civ. 3e, 23 mai 2019, n° 18-15.908 : *Rev. loyers 2019, n° 998.* ♦ ... Que le repreneur a initialement envisagé d'utiliser le matériel d'une société dont il est l'associé exploitant avant d'opter en cours d'instance pour un projet d'achat indépendant des équipements nécessaires. • Civ. 3e, 14 nov. 2019, n° 17-31.617 : *Rev. loyers 1er déc. 2019, note Peignot ; AJDI 2020. 516, note Roussel.* ♦ ... Qu'il est constaté que le bailleur a modifié au cours de l'instance en contestation du congé la présentation du régime de la reprise. • Civ. 3e, 14 nov. 2019, n° 17-31.618 : *RD rur. 2020, n° 39, note Crevel.* ♦ Dans le même sens, déclarant insuffisante l'affirmation selon laquelle le repreneur pourrait utiliser les engins de ses parents, exploitants agricoles, V. • Civ. 3e, 7 oct. 1998 : *RD rur. 1998. 501* • 23 juin 2016, n° 14-27.094 : *RD rur. 2017, n° 4.*

15. Capacités financières. L'absence de ressources nécessaires pour acheter le cheptel peut motiver le refus de la reprise. • Soc. 29 janv. 1959 : *Bull. civ. IV, n° 131.* – Comp. : • Soc. 5 mars 1959 : *ibid. IV, n° 328.* ♦ Il doit être tenu compte tant des ressources personnelles du reprenant que des disponibilités qu'il est susceptible de se procurer pour les besoins de l'exploitation. • Soc. 25 juin 1959 : *Bull. civ. IV, n° 802.* ♦ ... En particulier du crédit qu'il possède pour se procurer le matériel et le cheptel. • Soc. 6 nov. 1958 : *Bull. civ. IV, n° 1136.* – V. aussi • Civ. 3e, 1er févr. 2000 : *Ann. loyers 2000. 2038.* ♦ Les capacités financières du bénéficiaire résultent suffisamment de ce qu'il a une fortune considérable que la présentation de son compte en banque fait ressortir des disponibilités et qu'il a la possibilité de faire appel au crédit. • Soc. 9 mai 1961 : *Bull. civ. IV, n° 503.* ♦ Ne justifie pas des moyens pour acquérir le matériel nécessaire à l'exploitation celui qui produit des attestations bancaires et familiales ne comportant aucun engagement de financement précis. • Civ. 3e, 20 févr. 2007, n° 06-12.189.

16. Le bénéficiaire de la reprise devant seulement justifier (par tous moyens) qu'il possède le cheptel ou le matériel nécessaire ou, à défaut, les moyens de les acquérir, cassation de l'arrêt ayant annulé le congé à fin de reprise au motif que les quantités de références laitières, élément de l'équilibre de l'exploitation, ne seront transmises que partiellement au bénéficiaire de la reprise. • Civ. 3e, 30 juin 1999, n° 97-21.624 P : *D. 1999. IR 203 ; RD rur. 2000. 217, obs. Crevel ; Gaz. Pal. 1999. 2. Pan. 244.* ♦ Ayant relevé que le bénéficiaire de la reprise justifiait de la disposition du matériel nécessaire et de capitaux mobiliers placés sur un compte, la cour n'était pas tenue de rechercher si des bâtiments d'exploitation avaient été mis à sa disposition, cette condition ne figurant pas dans la liste des obligations prévue par la loi. • Civ. 3e, 9 sept. 2021, n° 20-14.776 : *Rev. loyers 1er nov. 2021, note Roussel ; AJDI 2021. 783* .

III. OBLIGATION D'HABITATION

17. Notion de proximité. L'habitation à 8 km pour se rendre de la ferme objet de la reprise au domicile permet de considérer que l'habitation est à proximité du fonds au sens de l'art. 845 [L. 411-59] et permet l'exploitation directe grâce aux moyens modernes de locomotion. • Soc. 23 févr. 1967 : *Bull. civ. IV, n° 180.* ♦ Il en est de même pour un trajet de 48 minutes pour une exploitation céréalière sans élevage. • Civ. 3e, 24 mai 2017, n° 15-29.421 : *AJDI 2017. 534* . ♦ Il en est ainsi *a fortiori* lorsque le preneur habite à proximité immédiate et que ses deux fils logent dans la ferme. • Soc. 30 nov. 1961 : *Bull. civ. IV, n° 983.* ♦ La résidence à onze kilomètres des terres ne constitue pas une distance en empêchant l'exploitation. • Civ. 3e, 3 avr. 2012, n° 09-14.538.

18. Éloignement. Malgré l'absence de bâtiments sur les terres reprises et l'éloignement du domicile (26 km) les juges peuvent valider le congé en constatant que, compte tenu des opérations de remembrement en cours, de la faible importance des biens repris et des possibilités de circulation, le bénéficiaire pourra assurer une exploitation effective dans les conditions de l'art. 845. • Civ. 3e, 7 févr. 1969 : *Bull. civ. III, n° 122.* ♦ V. aussi, • Civ. 3e, 13 juin 1972 : *ibid. III, n° 381* (32 km) • 27 avr. 1982 : *Rev. loyers 1983. 34* (30 km) • 27 nov. 1996 : *préc. note 7* (70 km). ♦ Comp., cependant, plus sévères : • Civ. 3e, 1er juin 1977 : *Bull. civ. III, n° 230* (40 km) • 4 oct. 1978 : *D. 1979. IR 171* (100 km) • 8 nov. 1995 : *Rev. huiss. 1996. 578, note Pitaud ; Ann. loyers 1996. 643* (relations routières tortueuses et malaisées) • 26 juin 1996 : *RD rur. 1996. 447* (75 km).

19. Est nul le congé qui contient une mention relative à l'habitation devenue obsolète après le congé, le preneur étant inapte à apprécier la situation exacte du bénéficiaire à la date de délivrance du congé. • Civ. 3e, 3 nov. 2021, n° 20-17.624 : *AJDI 2022. 45 ; RD rur. 2022, n° 1, note Crevel ; Rev. loyers 2022, n° 1026, note Roussel.*

IV. CAPACITÉ ET EXPÉRIENCE PROFESSIONNELLE

20. Application de l'art. R. 331-1 C. rur. (fixant les conditions de capacité ou d'expérience professionnelle). L'application de l'art. R. 331-1, relatif aux conditions de capacité ou d'expérience professionnelle prévues par l'art. 188-2 [art. L. 331-2] C. rur. n'était pas soumise à la publication de l'arrêté prévoyant les équivalences. • Civ. 3e, 10 mai 1990, n° 89-11.474 P : *JCP 1990. II. 21563, note Ourliac et de Juglart.* ♦ V. • Civ. 3e, 17 juill. 1986 : *D. 1986. IR 480, obs. Martine ; Gaz. Pal. 1986. 2. 793, note Lachaud* • 20 mai 1987 : *JCP 1987. IV. 251.*

21. Diplôme. La condition de diplôme doit être appréciée à la date pour laquelle le congé a été donné. • Civ. 3e, 10 janv. 1990, n° 88-18.127 P : *JCP N 1991. II. 116, obs. Moreau* • 5 mai 1993 : *Ann. loyers 1993. 936* • 10 juin 1998 : *RD rur. 1999. 53.* ♦ Est mal fondé l'arrêt qui retient la validité du congé sur les résultats scolaires du candidat à la reprise, sans constater s'il était justifié de l'obtention du diplôme conférant la qualité requise au jour de la reprise. • Civ. 3e, 26 oct. 2011, n° 10-25.358 : *RD rur. 2011, n° 132, note Crevel.* ♦ Même sens alors que le diplôme a été obtenu deux jours après la date de validité du congé. • Civ. 3e, 17 oct. 2012, n° 11-20.221 : *RD rur. 2012, n° 81, note Crevel ; Gaz. Pal. 31 mars-4 avr. 2013, note Peignot et Millard.*

22. Capacité professionnelle. Il incombe au propriétaire exerçant la reprise de justifier de sa capacité ou de son expérience professionnelle contestées par le preneur. • Civ. 3e, 26 nov. 2008, n° 07-16.679 : *D. 2009. 23 ; RD rur. 2009, n° 6, note Crevel ; JCP 2009. IV. 1004.* ♦ L'absence d'indication relative à la profession du bénéficiaire de la reprise a pu induire en erreur les preneurs sur le caractère réaliste du projet d'exploitation personnelle. • Civ. 3e, 18 sept. 2012, n° 11-23.906 : *AJDI 2012. 765* . ♦ Lorsqu'un propriétaire foncier reprend des terres afin d'y produire des sapins de Noël, sa capacité professionnelle résulte suffisamment du fait qu'il exerce la profession de technicien forestier. • Rennes, 6 mai 1987 : *D. 1988. Somm. 87, obs. Martine.* ♦ V. aussi • Paris, 22 janv. 2002 : *RD rur. 2002. 370* • Reims, 20 févr. 2002 : *RD rur. 2002. 370.*

23. Expérience professionnelle. Les juges doivent rechercher si, à défaut de possession de l'un des diplômes exigés, le bénéficiaire de la reprise justifiait, au cours de la période de quinze années précédant la date d'effet du congé, d'une expérience professionnelle d'une durée de cinq ans minimum en l'une des qualités énoncées à l'art. 188-2-II (1°, *a*) [L. 331-3 (1°, *a*), dans sa rédaction antérieure à la loi n° 99-574 du 9 juill. 1999]. • Civ. 3e, 27 oct. 1993, n° 91-13.468 P : *Defrénois 1994. 889, obs. Vermelle.* ♦ La durée d'expérience professionnelle du bénéficiaire doit avoir été acquise au cours des quinze années précédant la date effective de l'installation ou la date prévue par la demande d'autorisation d'exploiter, lorsque celle-ci est exigée, et il ne saurait donc être tenu compte d'une compétence acquise plusieurs décennies auparavant. • Civ. 3e, 3 juin 1992, n° 90-13.673 P : *JCP 1992. IV. 2199.* ♦ Le fait pour la bénéficiaire de la reprise d'être au chômage, disponible, d'avoir déjà travaillé et de pouvoir être assistée par son mari titulaire du BPA ne suffit pas à prouver la capacité et l'expérience professionnelle. • Civ. 3e, 10 nov. 2004 : *JCP 2004. IV. 3458 ; Gaz. Pal. 8-9 avr. 2005. 20, et 7-8 oct. 2005. 9 ; Rev. loyers 2005. 37, note Peignot ; AJDI 2005. 222, obs. Prigent.* ♦ V. aussi note 26. ♦ Ne justifie pas d'une expérience professionnelle suffisante le bénéficiaire de la reprise qui a dirigé et surveillé l'exploitation sans réelle participation personnelle aux travaux agricoles. • Civ. 3e, 19 mai 2015, n° 14-13.200 : *RD rur. 2015, n° 231, note Crevel ; AJDI 2015. 615 ; Gaz. Pal. 18-19 nov. 2015, note Krajeski.* ♦ L'inscription à la MSA, la qualité d'associé d'EARL intervenant dans la gestion et les comptes de l'exploitation, et les attestations produites, n'établissent pas la participation aux travaux de l'exploitation de façon effective et permanente caractérisant l'expérience professionnelle nécessaire à défaut de diplôme. • Civ. 3e, 10 mars 2015, n° 13-26.701 : *RD rur. 2015, nos 135 et 143.*

24. Expérience acquise sur une superficie suffisante. Ne donne pas de base légale à sa décision la cour d'appel qui déclare valable un congé pour reprise aux motifs que l'un des reprenants produit un certificat d'affiliation à la mutualité sociale agricole sans rechercher quelle était la superficie qu'il exploitait depuis sa date d'affiliation. • Civ. 3e, 19 juill. 1995 : *JCP 1996. II. 22575.* ♦ Pour un exemple d'annulation d'un congé pour reprise aux motifs que la surface que le propriétaire a déclaré exploiter est inférieure à la moitié de la surface minimum d'installation et qu'il n'a pas démontré posséder une quelconque capacité professionnelle, V. • Civ. 3e, 27 nov. 1996, n° 93-20.990 P : *RD rur. 1997. 190 ; JCP N 1997. II. 113, obs. Moreau.* ♦ Les juges du fond doivent vérifier si l'expérience professionnelle dont se prévaut le candidat à la reprise a été acquise sur une superficie au moins égale à une demi-SMI. • Civ. 3e, 7 juin 2000 : *RD rur. 2000. 509 ; ibid. 2001. 51.*

25. Expérience. Non. Faute, pour l'un des bénéficiaires de la reprise, de rapporter la preuve de l'existence d'une déclaration auprès d'une caisse de MSA en qualité d'aide familiale, et faute, pour l'autre bénéficiaire, d'avoir été déclaré comme participant à l'exploitation agricole de son épouse, ils ne justifient pas d'une expérience professionnelle en ces qualités. • Civ. 3e, 16 févr. 2000, n° 98-14.137 P : *D. 2000. IR 133 ; RD rur. 2000. 186 ; Rev. loyers 2001. 13, note Peignot.*

26. Épouse d'exploitant. Les conditions de la reprise sont réunies dès lors qu'à la date du congé, la bénéficiaire de la reprise justifie avoir acquis une expérience professionnelle en qualité de conjoint participant à l'exploitation durant plus de cinq ans au cours des quinze dernières années ayant précédé cette date. • Civ. 3e, 17 juill. 1996 : *Rev. loyers 1997. 398.* ♦ Jugé qu'en sa qualité de salariée agricole et au regard des différentes attestations, d'après lesquelles elle participe aux travaux agricoles de l'exploitation de son mari, et du certificat de fin de stage, option comptabilité fiscalité, dans le cadre du brevet professionnel agricole, l'épouse dispose des capacité et expérience professionnelle visées par l'art. 188-2 [L. 331-2 s.] C. rur. • T. par. baux rur. Saint-Pol-sur-Ternoise, 14 mai 1992 : *Gaz. Pal. 1992. 2. 557, note Lachaud.* ♦ En revanche, le fait d'être inscrit à la Mutualité sociale agricole et de faire depuis des années la comptabilité de son conjoint exploitant agricole n'établit pas la capacité et l'expérience professionnelle. • Versailles, 12 mars 1993 : *BICC 1993, n° 887.*

27. Autorisation administrative d'exploiter. Jurisprudence antérieure à l'Ord. du 13 juill. 2006. La preuve exigée par l'art. L. 411-59, dernier al., ne peut résulter du seul fait que le bénéficiaire a obtenu du préfet l'autorisation d'exploiter et que cette permission a été délivrée en tenant compte des renseignements délivrés par le bénéficiaire de la mesure et contrôlés par l'autorité administrative, relatifs, tant aux critères lui permettant l'exploitation d'un fonds agricole qu'à sa double activité d'enseignante et d'agricultrice sans qu'il soit constaté qu'il remplit les conditions de capacité et d'expérience professionnelle. • Civ. 3e, 4 mai 1994, n° 92-11.100 P : *Defrénois 1994. 1527, obs. Vermelle ; JCP N 1995. II. 788, obs. Moreau* • Nancy 26 mars 2004 : *RD rur. mars 2005. 27.* ♦ *Contra*, en ce sens que l'autorisation préalable dispense des conditions de capacité et d'expérience professionnelle, V. • Civ. 3e, 26 juin 1991, n° 89-18.666 P : *D. 1993. Somm. 64, obs. Martine ; Defrénois 1991. 1320, obs. Vermelle ; JCP N 1992. II. 111, obs. Moreau.*

Art. L. 411-60 **Les personnes morales, à la condition d'avoir un objet agricole, peuvent exercer le droit de reprise sur les biens qui leur ont été apportés en propriété ou en jouissance, neuf ans au moins avant la date du congé. Ces conditions ne sont pas exigées des groupements agricoles d'exploitation en commun ou de sociétés constituées entre conjoints,** *(L. n° 2006-11 du 5 janv. 2006, art. 3)* **« partenaires d'un pacte civil de solidarité, » parents ou alliés jusqu'au quatrième degré inclus. L'exploitation doit être assurée conformément aux prescriptions des articles L. 411-59 et L. 411-63 par un ou plusieurs membres des sociétés mentionnées au présent article. Toutefois, les membres des personnes morales mentionnées à la première phrase du présent article ne peuvent assurer l'exploitation du bien repris que s'ils détiennent des parts sociales depuis neuf ans au moins lorsqu'ils les ont acquises à titre onéreux.** – *[Anc. art. 845, al. 11.] – V. note ss. art. L. 411-6.*

COMMENTAIRE

Il a été craint par le législateur qu'une personne morale puisse constituer l'écran d'une fraude aux droits du preneur. L'opération redoutée est simple : un propriétaire souhaite faire exploiter son bien par un tiers qui n'est pas un des bénéficiaires légaux de la reprise qu'il pourrait exercer. Ce propriétaire peut alors faire apport de ce bien loué à une société pour aussitôt faire solliciter la reprise par cette société qui désignera le tiers pour exploiter le bien repris. Le délai de détention des biens apportés à la société, ainsi que le délai de détention des parts pour les associés susceptibles d'être désignés pour l'exploitation du fonds sont des exigences qui permettent d'écarter les principaux risques de fraude. Il a été curieusement posé des termes distincts pour le calcul de ces deux délais ; le délai de détention des biens est de neuf ans avant le jour de délivrance du congé, et la détention des parts est de neuf ans avant la date d'effet du congé. ❑

1. Personne morale exerçant le droit de reprise. Le droit de reprise peut être exercé par toute personne morale. • Civ. 3e, 17 juill. 1986 : *JCP 1987. II. 20770, note Prévault.* ♦ La personne morale doit cependant avoir un objet agricole. • Civ. 3e, 31 janv. 1978 : *Bull. civ. III, n° 57.* ♦ Lorsque les statuts d'une association prévoient notamment la création d'un centre d'aide par le travail, la création d'un tel centre dans le secteur des travaux agricoles constitue l'un des objets de l'activité de l'association au sens de l'art. L. 411-60. • Même arrêt. ♦ La possibilité pour le GFA d'exploiter les terres dans les conditions de l'art. L. 411-59 constitue une condition de fond s'appréciant à la date d'effet du congé et non à la date du congé. • Civ. 3e, 4 mars 2009, n° 08-13.592. ♦ Le congé délivré aux fins de reprise au bénéfice du gérant du GFA est nul dès lors que seule la personne morale bailleur pouvait être bénéficiaire de la reprise, sans qu'il y ait lieu de distinguer selon les prévisions statutaires relatives aux modalités de faire valoir. • Civ. 3e, 9 juin 2016, n° 15-12.285 : *AJDI 2016. 620*. ♦ Sur l'exercice du droit de reprise par un bailleur personne morale de droit public, V. * Rép. min. n° 35529 : *JOAN Q 23 mars 1992, p. 1310.* ♦ Un établissement hospitalier ne peut être regardé comme ayant un objet agricole et ne peut délivrer congé pour reprise, même s'il exerce une activité viticole annexe. • Civ. 3e, 12 déc. 2012, n° 11-25.961 : *RD rur. 2013, n° 2, note Crevel ; D. actu. 9 janv. 2013, note Prigent ; DP entr. agric., Bull. n° 460, p. 4, note Roussel ; AJDI 2013. 129 ; JCP 2013. 45 et 169, note Barbieri ; D. 2013. 814, note Lebel ; Rev. loyers 2013. 140, note Peignot ; Gaz. Pal. 16-17 janv. 2013 ; JCP N 2013. 131.*

2. Délai de 9 ans. La dérogation prévue pour les sociétés entre conjoints, parents ou alliés jusqu'au quatrième degré inclus, n'est pas réservée aux sociétés ainsi constituées dès leur origine. • Civ. 3e, 3 mai 1983 : *Bull. civ. III, n° 100 ; D. 1985. IR 69, obs. Martine.* ♦ L'existence de la société de famille s'apprécie au jour de délivrance du congé et non à la date d'effet du congé. • Civ. 3e, 15 juin 2005, n° 04-10.504 P : *JCP 2005. IV. 1474 ; AJDI 2005. 751 ; Gaz. Pal. 7-8 oct. 2005 et 27-28 janv. 2006. 16 ; Rev. loyers 2005. 505, note Peignot.*

3. Congé. Bénéficiaires. Le congé à fin de reprise délivré par une personne morale doit à peine de nullité mentionner le nom de la société bénéficiaire de l'opération et celui du ou des associés désignés pour assurer l'exploitation. • Civ. 3e, 15 nov. 2000, n° 99-11.346 P : *RD rur. 2000. 570 et 2001. 234 ; Rev. loyers 2001. 74, obs. Peignot ; JCP 2001. IV. 1046 ; JCP N 2001. 1799 ; Gaz. Pal. 25-27 févr. 2001. 16.*

4. Congé. Exploitant désigné. Une personne morale ne peut exercer le droit de reprise en faveur d'un préposé. • Civ. 3e, 16 oct. 1970 : *Bull. civ. III, n° 523.* ♦ Le nom des membres de la société bénéficiaire qui devront exploiter le bien repris doit être indiqué dans le congé ; à défaut, le preneur ne peut se voir opposer la forclusion lors de la contestation dudit congé. • Civ. 3e, 10 mai 1977 : *JCP N 1978. Prat. 107.*

5. Âge des associés. Aucun texte n'interdit l'exploitation des biens repris par les membres d'une société civile âgés de plus de 65 ans. • Civ. 3e, 3 oct. 1980 : *Bull. civ. III, n° 146 ; D. 1982. IR 10, obs. Martine.*

6. Capacité et expérience. Le ou les membres d'un groupement foncier agricole qui devront exploiter le bien repris ne peuvent échapper aux obligations de capacité et d'expérience édictées par la loi. • Civ. 3e, 25 nov. 1987 : *Bull. civ. III, no 195 ; Defrénois 1988. 485, obs. Vermelle.* ♦ Les juges sont mal fondés à valider un congé au profit d'une société sans préciser la durée de l'expérience professionnelle du responsable de l'exploitation des terres. • Civ. 3e, 7 mars 2001 : *RD rur. 2001. 427 ; AJDI 2001. 895. obs. Giraudel.*

Art. L. 411-61 **Lorsque le bailleur a échangé tout ou partie du bien loué, à moins que cet échange ait eu lieu entre des parents ou alliés jusqu'au troisième degré inclus, ou encore qu'il ait eu lieu dans le cadre** *(Ord. no 2006-870 du 13 juill. 2006)* **« des opérations d'échanges et cessions amiables d'immeubles ruraux effectuées en vertu des articles L. 124-1 à L. 124-13 », le droit de reprise ne peut être exercé sur le bien échangé avant l'expiration d'une période de neuf ans, à compter de la date dudit échange.** — *[Anc. art. 845, al. 12.]*

1. La période de neuf ans s'apprécie à compter de la date de l'échange jusqu'à la date d'effet du congé. • Civ. 3e, 27 nov. 1990, no 89-19.223 P : *JCP N 1991. II. 118, obs. Moreau.*

2. Le retrait partiel d'actif par un associé de GFA bailleur ne constitue pas un échange, et le propriétaire peut exercer ensuite la reprise sans délai. • Reims, 2 oct. 2002 : *RD rur. 2003. 480.*

3. La notion d'allié au troisième degré inclus qui déroge au droit commun ne s'applique qu'aux conjoints mariés. * Rép. min. no 39217 : *JOAN Q 10 mars 2009, p. 2288.*

Art. L. 411-62 **Sans préjudice des dispositions de l'article L. 411-57, le bailleur ne peut reprendre une partie des biens qu'il a loués si cette reprise partielle est de nature à porter gravement atteinte à l'équilibre économique de l'ensemble de l'exploitation assurée par le preneur.**

Par dérogation aux conditions prévues au présent article et aux articles L. 411-58 à L. 411-61, L. 411-63 et L. 411-67, le bailleur a le droit de refuser le renouvellement du bail pour une partie seulement des biens qu'il a loués, si l'exercice de ce droit a pour objet d'agrandir, dans la limite du seuil de superficie défini en application du I (1°) de l'article L. 331-2 du code rural et de la pêche maritime, une autre exploitation également donnée à bail par lui et sans que l'équilibre économique de l'exploitation ainsi réduite en soit gravement compromis. — *V. art. L. 331-2 et note ss. art. L. 411-1.*

Dans les cas prévus aux deux alinéas ci-dessus, le preneur a la faculté de notifier au bailleur, jusqu'à l'expiration du bail en cours, sa décision de ne pas renouveler le bail. — *[Anc. art. 845, al. 13 à 15.]*

COMMENTAIRE

L'exercice de la reprise par un propriétaire peut conduire à la désorganisation d'une exploitation constituée de fonds variés.

La protection accordée par le statut au preneur suppose une reprise partielle ; cette notion s'apprécie par rapport au bailleur et aux biens que celui-ci a donnés à bail. La reprise partielle suppose que le bailleur exerce la reprise sur une partie des biens loués à un même preneur, alors que la reprise totale est celle que le propriétaire exerce sur l'intégralité des biens qu'il loue à un même preneur, même si pour ce dernier, il ne s'agit que d'une part de son exploitation globale. Deux cas de reprise partielle sont prévus par la loi, apportant une protection au preneur qui peut également dans les deux cas décider de ne pas renouveler le bail.

L'exploitation du preneur ne se voit par contre pas accorder de protection par le statut du fermage en cas de reprise totale. Le fermier est alors susceptible de subir une totale désorganisation de sa structure productive. Le contrôle des structures a pour effet de limiter les conséquences de cette protection partielle du preneur puisqu'une autorisation administrative est nécessaire lorsque l'opération a pour conséquence de démembrer une exploitation. ❑

1. Notion de reprise partielle. L'art. 845, al. 12 [13] [L. 411-62], ne concerne que la reprise partielle et non la reprise totale, c'est-à-dire celle qui porte sur la totalité du bien objet du bail. • Civ. 3e, 25 avr. 1968 : *Gaz. Pal. 1968. 2. 99 ; Bull. civ. III, no 165* • 22 févr. 1978 : *ibid. III, no 96* • 10 avr. 2013, no 12-14.837 : *D. 2013. 998, note Roussel ; ibid. 1668, note Roussel ; RD rur. 2013, no 95, note Crevel ; Rev. loyers 2013, no 938, note Peignot.* ♦ Est une reprise partielle celle exercée par les donateurs, qui se sont réservés l'usufruit, au profit de certains nus-propriétaires. • Civ. 3e, 8 déc. 1981 : *Bull. civ. III, no 202 ; D. 1982. IR 119 et 217.* ♦ De même, constitue une reprise partielle la reprise limitée à la surface autorisée par le préfet, quelle qu'ait été l'intention première du bailleur de procéder à une reprise totale. • Civ. 3e, 19 juin 1985 : *Bull. civ. III, no 98.*

2. Appréciation du déséquilibre. Le juge qui a à se prononcer sur les dispositions de l'art. 845, al. 12 [13] [L. 411-62], pour dire si la reprise partielle porte gravement atteinte à l'équilibre économique de l'exploitation du preneur peut se référer à un arrêté préfectoral fixant la superficie minimale de l'exploitation dont il est souhaitable d'éviter la disparition ou le démembrement par application des art. 188-1 et 188-3 [L. 331-1 s.] C. rur. • Soc. 26 oct. 1967 : *Bull. civ. IV, no 675.*

3. L'équilibre économique de l'exploitation doit être apprécié par rapport à l'ensemble des terres exploitées par le preneur, incluses ou non dans le bail. • Civ. 3e, 29 mai 1991, no 89-12.545 P : *D. 1993. Somm. 65, obs. Martine ; JCP 1992. II. 21793, note Ourliac ; Rev. loyers 1991. 501, note Le Petit ; Ann. loyers 1992. 39, obs. Lachaud.* ♦ ... Y compris celles que le preneur exploite dans le cadre de sociétés dont il est associé unique. • Civ. 3e, 23 mai 2012, no 11-17.281 : *RD rur. 2012, no 58, note Crevel ; AJDI 2012. 525* . ♦ Contra, jugeant que l'équilibre économique de l'ensemble de l'exploitation assurée par le preneur doit être apprécié par rapport aux seuls biens donnés en location par le bailleur qui exerce la reprise partielle, V. • Civ. 3e, 30 nov. 1983 : *Bull. civ. III, no 252.* ♦ Et pour l'appréciation de l'équilibre économique de l'exploitation au regard des conséquences d'une destruction, V. • Civ. 3e, 12 oct. 2011, no 10-24.338 : *DP entr. agric., Bull. no 446. 1, note Roussel ; RD rur. 2011, no 123, note Crevel ; JCP N 2011. Actu. 842 ; Gaz. Pal. 2011. 3156 et 2012. 964, note Peignot et Millard ; JCP 2011. 1196.*

4. Pour un exemple de perte de quotas laitiers justifiant l'annulation du congé, V. • Civ. 3e, 17 avr. 1996 : *RD rur. 1996. 64 ; Ann. loyers 1996. 1474 ; Rev. huiss. 1997. 643, note Teilliais ; Defrénois 1997. 543, obs. Roussel.* – V. aussi Libeau et Peignot, *Rev. loyers 1997. 357.* ♦ ... De perte du tiers de la superficie, V. • Civ. 3e, 27 avr. 1982 : *JCP 1983. II. 30, obs. Moreau.*

5. Huissier. Pour un exemple de manquement à l'obligation de conseil sur les conséquences d'une reprise partielle, V. • Angers, 12 mai 2004 : *JCP 2004. IV. 3279.*

Art. L. 411-63 *(Ord. no 2006-870 du 13 juill. 2006)* **« Le bailleur ou le bénéficiaire du droit de reprise mentionné au premier alinéa de l'article L. 411-58 qui a fait usage de ce droit » peut, avant l'expiration du délai de neuf ans, prévu au premier alinéa de l'article L. 411-59, faire apport du bien repris à un groupement foncier agricole, à la condition de se consacrer personnellement à l'exploitation des biens de ce groupement dans les conditions mentionnées aux articles L. 411-59 et L. 411-60.** – *[Anc. art. 845, al. 10.]*

En ce qui concerne l'apport à un GAEC, V. art. L. 323-15.

Art. L. 411-64 *(Ord. no 2006-870 du 13 juill. 2006)* **Le droit de reprise tel qu'il est prévu aux articles L. 411-58 à L. 411-63, L. 411-66 et L. 411-67 ne peut être exercé au profit d'une personne ayant atteint, à la date prévue pour la reprise, l'âge de la retraite retenu en matière d'assurance vieillesse des exploitants agricoles, sauf s'il s'agit, pour le bénéficiaire du droit de reprise, de constituer une exploitation ayant une superficie au plus égale à la surface fixée en application** *(L. no 2023-270 du 14 avr. 2023, art. 26)* **« du V » de l'article L. 732-39. Si la superficie de l'exploitation ou des exploitations mises en valeur par le preneur est supérieure à cette limite, le bailleur peut, par dérogation aux articles L. 411-5 et L. 411-46 :**

– soit refuser le renouvellement du bail au preneur ayant atteint l'âge de la retraite retenu en matière d'assurance vieillesse des exploitants agricoles ;

– soit limiter le renouvellement à l'expiration de la période triennale au cours de laquelle le preneur atteindra cet âge.

(L. no 2014-1170 du 13 oct. 2014, art. 8-II) **« Le preneur peut demander au bailleur le report de plein droit de la date d'effet du congé à la fin de l'année culturale où il aura atteint l'âge lui permettant de bénéficier d'une retraite à taux plein. »**

Dans les *(L. no 2014-1170 du 13 oct. 2014, art. 8-II)* **« cas mentionnés aux deuxième et troisième alinéas », le bailleur doit prévenir le preneur de son intention de refuser le renouvellement du bail ou d'y mettre fin par acte extrajudiciaire signifié au moins dix-huit mois à l'avance.**

Les dispositions du présent article sont applicables que le propriétaire entende aliéner ou donner à bail à un preneur dont l'âge est inférieur à l'âge de la retraite retenu en matière d'assurance vieillesse des exploitants agricoles ou exploiter en faire-valoir

direct. Dans ce dernier cas, sauf s'il s'agit pour le bailleur de constituer une exploitation dans les conditions prévues au premier alinéa du présent article, il ne doit pas avoir atteint l'âge de la retraite retenu en matière d'assurance vieillesse des exploitants agricoles.

Le preneur évincé en raison de son âge peut céder son bail à son conjoint, ou au partenaire avec lequel il est lié par un pacte civil de solidarité, participant à l'exploitation ou à l'un de ses descendants ayant atteint l'âge de la majorité ou ayant été émancipé, dans les conditions prévues à l'article L. 411-35. Le bénéficiaire de la cession a droit au renouvellement de son bail.

A peine de nullité, le congé donné en vertu du présent article doit reproduire les termes de l'alinéa précédent. – *L'art. 8 de la L. n° 2014-1170 du 13 oct. 2014 s'applique aux baux en cours pour les congés notifiés après la publication de la loi (L. préc., art. 93-XVIII, JO 14 oct.).*

BIBL. ▸ CREVEL, *RD rur. 2011. Dossier 14* (statut des baux ruraux et retraite).

COMMENTAIRE

I. REPRISE AU PROFIT D'UN BÉNÉFICIAIRE ÂGÉ

L'article L. 411-64 pose une limite d'âge à l'exercice de la reprise pour exploitation agricole du fonds. De plus, l'article 23 de la loi n° 84-741 du 1er août 1984, modifié par l'ordonnance du 6 mai 2010, dispose que « le droit de reprise tel qu'il est prévu aux articles L. 411-6, L. 411-58 et L. 411-60 ne peut être exercé au profit d'une personne bénéficiant d'un avantage de vieillesse supérieur à 4160 fois le salaire minimum de croissance ». Cependant, le bénéficiaire du droit de reprise peut exercer ce droit quel que soit son âge et même s'il perçoit un avantage retraite (V. jurisprudence ci-dessous), s'il entend constituer une exploitation de subsistance, donc d'une superficie au plus égale à la surface fixée dans chaque département (V. art. L. 732-39).

II. PRENEUR AYANT ATTEINT L'ÂGE DE LA RETRAITE

La loi écarte également le droit au renouvellement lorsque le preneur a atteint l'âge de la retraite et qu'il met en valeur une exploitation supérieure à la superficie que l'agriculteur peut exploiter en percevant sa pension de retraite du régime obligatoire (V. art. L. 732-39). Le preneur garde le droit de céder son bail à son conjoint ou à son partenaire de PACS participant à l'exploitation ou à un descendant majeur. Le preneur peut aussi demander la prorogation du bail pour attendre l'âge où il bénéficiera d'une retraite à taux plein. Cependant, le droit au renouvellement s'exerce si le bailleur a omis de délivrer congé dix-huit mois à l'avance. ❑

I. REPRISE AU PROFIT D'UN BÉNÉFICIAIRE ÂGÉ

1. QPC. Il n'y a pas lieu de renvoyer au Conseil constitutionnel les dispositions prévoyant que le bailleur peut refuser le renouvellement du bail ou en limiter la durée pour un preneur ayant atteint l'âge de la retraite sous réserve de la conservation d'une exploitation de subsistance dès lors qu'elles s'appliquent à tous les preneurs à bail rural sans discrimination, répondent à un motif d'intérêt général et dont la mise en œuvre est entourée de garanties procédurales suffisantes. • Civ. 3e, 16 mars 2011, n° 10-23.962 : *RD rur. 2011, n° 68, note Crevel ; AJDI 2011. 540, note Prigent ; Gaz. Pal. 2011. 1166 ; Gaz. Pal. 14-15 sept. 2011. 2906, note Peignot et Millard ; Rev. loyers 2011. 917, note Peignot* • 13 juill. 2011, n° 11-40.026 : *D. 2011. 1971 ; DP entr. agric., Bull. n° 444, p. 10, obs. Roussel ; JCP 2011. 960.* ♦ Même sens : cette disposition ne prive pas le propriétaire de son droit de propriété. • Civ. 3e, 17 juin 2011, n° 11-40.013 : *JCP 2011. 813 ; D. 2011. 1820 ; Gaz. Pal. 2011. 2471.* ♦ … Ne porte pas une atteinte disproportionnée aux droits de chacun. • Civ. 3e, 27 mai 2015, n° 15-40.008 P : *JCP 2015. 689 ; RD rur. 2015, n° 178, note Crevel ; Gaz. Pal. 2015. 3728, obs. Peignot* • 29 oct. 2015, n° 15-40.034 : *D. actu. 27 nov. 2015, note Prigent ; JCP 2015. 1277 ; Gaz. Pal. 25-26 nov. 2015 ; AJDI 2016. 51 ; RD rur. 2016, n° 39, note Dissaux.* ♦ Pas de renvoi de la QPC sur la compatibilité de l'art. L. 411-64 avec le principe de liberté du travail. • Civ. 3e, 10 juill. 2013, n° 13-11.429 : *RD rur. 2013, n° 163, note Crevel ; AJDI 2013. 767, note Prigent ; DP entr. agric., Bull. n° 466, p. 10, note Roussel ; JCP 2013. 906 ; Gaz. Pal. 4-5 sept. 2013.*

2. Âge du bénéficiaire de la reprise. Même s'il n'a pas encore atteint l'âge légal de la retraite, le propriétaire bénéficiant d'une retraite d'exploitant agricole pour inaptitude au travail ne peut exercer le droit de reprise. • Soc. 1er déc. 1966 : *Bull. civ. IV, n° 915 ; D. 1967. Somm. 61.*

3. Époux cobailleurs. La reprise est justifiée au profit de l'épouse cobailleresse qui a délivré congé bien que le bailleur soit âgé de plus de 65 ans, dès lors que la femme a exercé pendant de nombreuses années une profession agricole et qu'elle possède une compétence et des moyens suffisants pour mener à bien son exploitation. • Soc. 15 févr. 1966 : *Bull. civ. IV, n° 188.*

4. Reprise de subsistance. Une telle reprise n'est pas subordonnée à des conditions de rentabilité et à la justification de ressources du reprenant. • Civ. 3e, 23 avr. 1974 : *Bull. civ. III, n° 160.* ♦ Dès lors que la superficie des terres est inférieure au minimum prévu par la loi, il ne doit pas être tenu compte des ressources du bailleur. • Civ. 3e, 20 juill. 1989 : *Bull. civ. III, n° 171 ; D. 1990. Somm. 33, obs. Martine ; Gaz. Pal. 1991. 1. 171, note Le Petit et Challine.* ♦ Sur une reprise pour exploitation d'une réserve pour la reproduction du gibier, V. • Civ. 3e, 20 déc. 1989 : *Bull. civ. III, n° 245 ; D. 1990. Somm. 39.*

5. La superficie maximum des biens susceptibles d'être repris doit être déterminée par les textes en vigueur à la date d'effet du congé. • Civ. 3e, 23 juin 1976 : *Gaz. Pal. 1976. 2. 656, note Lachaud ; JCP 1978. II. 18777, note Ourliac et de Juglart* • 12 nov. 1980 : *Bull. civ. III, n° 176.* ♦ Sur la superficie maximum autorisée par le nouvel art. L. 411-64, V. art. L. 353-1.

6. Contrôle des structures. Dès lors que l'arrêté préfectoral ne fixe ni SMI pour l'activité de polyculture élevage, ni la superficie qu'un agriculteur peut exploiter en recevant des prestations vieillesse, les juges sont fondés à se référer à la SMI nationale et à appliquer l'art. L. 312-6 pour apprécier la validité d'un congé délivré à un preneur en raison de son âge. • Civ. 3e, 24 févr. 2004, n° 02-13.723 P : *RD rur. 2004. 584 ; Gaz. Pal. 23-24 juin 2004. 17 ; JCP 2004. IV. 1805.*

7. Superficie. La condition de superficie qui détermine le droit du bailleur de limiter le renouvellement du bail jusqu'à l'âge de la retraite du preneur s'apprécie à la date d'effet du congé. • Civ. 3e, 14 juin 2006 : *AJDI 2006. 472, note Peignot ; RD rur. août-sept. 2006. 37 ; Gaz. Pal. 5-6 janv. 2007. 31.*

II. PRENEUR AYANT ATTEINT L'ÂGE DE LA RETRAITE

8. Personne morale. Le bailleur ne peut refuser le renouvellement du bail à une personne morale titulaire du bail en se fondant sur l'âge de la retraite atteint par les associés. • Civ. 3e, 5 mai 2010, n° 09-14.052 : *D. 2010. 1350 ; JCP 2010. 1117 ; RD rur. 2010, n° 93, note Crevel ; JCP N 2010. 428* et *2011. 1253 ; Gaz. Pal. 2010. Pan. 1787* et *J. 2887 ; AJDI 2010. 813, note Prigent ; Rev. loyers 2010. 322, obs. Peignot.* ♦ A été jugée illégale la clause du bail consenti à une EARL permettant au bailleur de refuser le renouvellement lorsque l'associé aura atteint l'âge de la retraite. • Dijon, 20 janv. 2011 : *RD rur. 2011, n° 69, obs. Crevel.*

9. Obligations du bailleur. Pour bénéficier des dispositions de l'art. 845 [L. 411-64], al. 2, il n'est pas nécessaire que le bailleur soit susceptible d'exploiter personnellement. • Soc. 1er juin 1967 : *Bull. civ. IV, n° 443.* ♦ L'art. L. 411-64 n'impose pas au bailleur de justifier de l'emploi des biens repris au preneur ayant atteint l'âge de la retraite. • Civ. 3e, 14 janv. 2004, n° 02-15.014 P • 22 mars 2018, n° 16-20.779 P : *D. 2018. 671 ; Defrénois 2018, n° 13, p. 8 ; JCP N 2018. Actu. 348 ; DP entr. agric., Bull. n° 518, p. 3, note Roussel ; Rev. loyers 2018, n° 988, note Peignot* • 6 sept. 2018, n° 16-20.092 : *RD rur. 2018, n° 172, note Crevel ; Gaz. Pal. 2018. 2796, note Peignot ; ibid. 3 avr. 2018.* ♦ Le texte prévoit expressément pour lui la possibilité d'aliéner et aucun texte ne vient limiter cette possibilité. • Civ. 3e, 21 mars 1972 : *Bull. civ. III, n° 189.* ♦ Les congés donnés au seul motif que le preneur atteignait l'âge de la retraite n'ayant pas été contestés dans les quatre mois de leur notification, le preneur a été justement jugé sans qualité pour contester la vente de ses ex-bailleurs à la SAFER. • Civ. 3e, 14 janv. 2004, n° 02-15.014 : *RD rur. 2004. 477 ; JCP 2004. IV. 1456 ; JCP N 2004. 1213.*

10. Exploitation de subsistance. V. jurisprudence ss. art. L. 411-58. ♦ Le bailleur ne peut refuser ou limiter le renouvellement si la superficie louée est inférieure à celle fixée par application de l'art. L. 353-1 C. rur., et l'agriculteur à la retraite peut poursuivre l'exploitation de subsistance avec l'assistance d'un tiers, et en habitant une maison de retraite située à 2 km. • Douai, 23 janv. 2003 : *RD rur. 2003. 482.* ♦ Sur la superficie à retenir, V. note 6. ♦ Pour apprécier l'exploitation de subsistance que le preneur peut conserver, seules doivent être considérées les parcelles réellement exploitées et mises en valeur par le preneur, sans retenir les parcelles dont il est propriétaire et qu'il a données à bail. • Civ. 3e, 13 juill. 2010, n° 09-67.872 : *Rev. loyers 2010. 389, note Peignot ; RD rur. 2010, n° 118, obs. Crevel ; Gaz. Pal. 11-12 août 2010. 2493 ; Defrénois 2010. 1638 ; LPA 2011, n° 32, p. 7, note Rocheteau ; BICC 2011. 1747.*

11. Période d'exercice du droit du bailleur. La circonstance, pour le bailleur, de n'avoir pas usé de sa faculté de limiter le renouvellement à l'expiration de la période triennale au cours de laquelle le preneur atteindra l'âge de la retraite ne l'empêche pas de l'exercer durant la période triennale suivante. • Civ. 3e, 25 mars 1981 : *Bull. civ. III, n° 72 ; JCP 1981. IV. 206* • 1er mars 1989 : *D. 1989. IR 95 ; Bull. civ. III, n° 54* • 15 déc. 1999, n° 98-10.677 P : *JCP N 2000, n° 11, p. 505 ; RD rur. 2000. 66.*

12. Le bailleur peut au cours de l'exécution d'un plan de redressement exercer son droit de refuser le droit au renouvellement du bail consenti au débiteur ayant atteint l'âge de la retraite. • Com. 19 mai 2015, n° 14-10.366 P : *DP entr. agric., Bull. n° 486/487, p. 6, note Barbieri ; JCP N 2015.*

Actu. 651 ; D. actu. 8 juin 2015, note Delpech ; Rev. loyers 2015, n° 957 • Versailles, 24 oct. 2016, n° 15/03834 : *RD rur. 2017, n° 122, note Lebel.*

13. Congé. La signification par acte extrajudiciaire doit intervenir dix-huit mois avant la date d'expiration de la période triennale au cours de laquelle le preneur atteindra l'âge de la retraite, et non dix-huit mois avant l'expiration du bail à renouveler. • Civ. 3e, 26 oct. 1976 : *Rev. loyers 1977. 156* • Riom, 25 avr. 1988 : *JCP N 1988. II. 268, obs. Moreau* • Dijon, 8 sept. 1992 : *Rev. huiss. 1993. 796.* – V. jurisprudence ss. art. L. 411-47. ♦ C'est à tort que, pour prononcer la nullité du congé donné pour la fin de la première période du dernier bail renouvelé, l'arrêt retient qu'aucun congé n'avait été délivré au cours du bail précédent, et que le bail avait été renouvelé pour neuf ans, avec faculté de refus de renouvellement à la fin de ces neuf années, alors que la cour avait constaté que le preneur avait atteint l'âge de la retraite à la date du congé. • Civ. 3e, 21 mars 2000 : *Rev. loyers 2000. 310, obs. Peignot.* ♦ Les juges ont reporté les effets du congé pour reprise à l'expiration de la période triennale au cours de laquelle le preneur devait atteindre l'âge de la retraite plutôt que d'annuler le congé prématuré. • Nancy, 22 nov. 2002 : *RD rur. 2003. 328.*

14. Mentions obligatoires. A la différence de l'art. 838 [L. 411-47], l'art. 845-1 [L. 411-64] n'apporte aucune exception à la portée de la nullité qu'il édicte pour réprimer l'omission d'une formalité substantielle du congé fondé sur l'âge du preneur. • Civ. 3e, 16 mai 1972 : *D. 1972. Somm. 170* • 24 févr. 1976 : *D. 1976. IR 143* • 1er juin 1976 : *Bull. civ. III, n° 242* • 12 avr. 1995, n° 93-13.856 P : *JCP N 1995. II. 1431, obs. Moreau ; Gaz. Pal. 1997. 2. Somm. 115, obs. Lachaud.* ♦ Dès lors, le bailleur ne peut invoquer la forclusion tirée d'une contestation tardive de ce congé. • Civ. 3e, 12 avr. 1995 : *préc.* ♦ La nullité édictée n'est pas soumise aux dispositions du code de procédure civile qui régissent la forme des actes d'huissier et n'est pas subordonnée à la preuve d'un préjudice subi par le preneur. • Civ. 3e, 15 mars 1977 : *Bull. civ. III, n° 119* • Dijon, 19 déc. 1991 : *Rev. huiss. 1992. 912.* ♦ L'obligation de mentionner la possibilité de cession par le locataire à un partenaire auquel il est lié par PACS est sanctionnée par la nullité du congé même sans grief. • T. par. baux rur. Saint-Chamond, 12 mars 2007 : *RD rur. 2007, n° 315, note Crevel.* ♦ V. jurisprudence ss. art. L. 416-1.

15. N'équivaut pas à la reproduction prévue l'annexion au congé de la photocopie des 68 premiers art. du C. rur. relatifs au statut des baux ruraux. • Civ. 3e, 26 juin 1991, n° 89-21.325 P : *Defrénois 1991. 1094, obs. Vermelle ; D. 1991. IR 194 ; Administrer 4/1992. 34, obs. Frank ; Gaz. Pal. 1992. 2. Somm. 354, obs. Lachaud.* ♦ Annulant le congé délivré par le bailleur aux motifs que s'il faisait mention de la faculté pour les descendants de céder le bail, il ne faisait aucune référence au conjoint, V. • T. par. baux rur. Redon, 22 avr. 1998 : *RD rur. 1998. 377.* ♦ Sur la portée du défaut de reproduction du délai de contestation sur le congé, V. aussi jurisprudence ss. art. L. 411-54.

16. Dans le cas d'un congé fondé à la fois sur l'âge du preneur et sur la volonté de reprendre les terres pour exploitation personnelle, l'omission de la reproduction des termes de l'avant-dernier al. de l'art. 411-64 n'affecte pas la validité dudit congé, en tant qu'il est donné en vue d'une reprise pour exploitation personnelle. • Civ. 3e, 11 juin 1987 : *Bull. civ. III, n° 120.*

17. Décès de l'auteur du congé. V. • Civ. 3e, 11 mai 1995, n° 91-20.305 P : *D. 1995. IR 166 ; Rev. huiss. 1995. 1081, note Pitaud.*

18. Cession du bail. BIBL. Fournal et Caboche, *RD rur. 1993. 241* (motivation des décisions). ♦ La demande de cession effectuée par le preneur est recevable jusqu'à l'expiration du bail. • Civ. 3e, 9 janv. 1991, n° 89-12.227 P : *D. 1991. IR 37 ; Defrénois 1991. 421, obs. Vermelle.* ♦ L'absence de contestation du congé ne prive pas le preneur de la possibilité de céder le bail à un descendant majeur. • Civ. 3e, 14 mai 1980 : *Bull. civ. III, n° 99.* ♦ La forclusion pour contester le congé ne prive pas le preneur de la possibilité de céder jusqu'à l'expiration du bail. • Civ. 3e, 16 juill. 1980 : *Gaz. Pal. 1980. 2. Somm. 516.* ♦ Le congé fondé exclusivement sur l'âge du preneur est devenu caduc dès lors que le preneur avait saisi le tribunal en contestation de ce congé et que ce preneur est ensuite décédé avant la date d'effet du congé et avant tout jugement sur sa validité. • Civ. 3e, 6 mai 2021, n° 20-14.785 : *AJDI 2021. 605* . ♦ Sur le respect du contrôle de structures, V. jurisprudence ss. art. L. 411-35, notes 72 s. ♦ La reprise éventuelle ne fait pas obstacle à la cession. • Civ. 3e, 4 juill. 1979 : *D. 1980. IR 394. obs. Martine.* ♦ Le bénéficiaire de la cession du bail a un droit personnel au renouvellement du bail auquel il ne peut renoncer avant qu'il soit acquis. • Civ. 3e, 31 mai 2007 : *JCP 2007. IV. 2362 ; D. 2007. AJ 1727 ; Gaz. Pal. 16 févr. 2008. 10.*

19. Pour refuser la cession les juges doivent préciser en quoi elle est préjudiciable aux intérêts légitimes du bailleur. • Civ. 3e, 17 oct. 1979 : *Bull. civ. III, n° 18 ; D. 1980. IR 394, obs. Martine* • 17 juin 1980 : *ibid. III, n° 117* • 22 juill. 1992 : *ibid. III, n° 258 ; D. 1993. Somm. 66, obs. Martine ; RDI 1992. 558, obs. Foyer et Hudault .* – V. jurisprudence ss. art. L. 411-35, note 63. ♦ La cession du bail a un descendant du preneur ne fait pas en elle-même obstacle à l'exercice par le propriétaire du droit de reprise, et la substitution au fermier âgé d'un cessionnaire bénéficiant d'un droit au renouvellement du bail ne saurait être refusée parce qu'elle léserait, de ce seul fait, les intérêts du bailleur. • Civ. 3e, 12 oct. 1994, n° 92-19.936 P : *Defrénois 1995. 431, obs. Vermelle ; Gaz. Pal. 1995. 2. Somm. 311, obs.*

Lachaud. ♦ Le preneur qui sans contester la validité du congé fondé sur son âge demande la cession et le renouvellement du bail au profit de son fils peut se voir opposer un refus fondé sur l'existence d'un partage ayant divisé le bien entre plusieurs propriétaires détenant chacun une superficie inférieure au seuil d'application du statut du fermage. • Civ. 3e, 18 févr. 2009, n° 08-14.160 : *JCP 2009. IV. 1483.*

20. Jurisprudence antérieure à la loi du 13 oct. 2014. Est fondé le refus de renouvellement du bail au preneur qui a atteint l'âge de la retraite à la date d'expiration du bail, et il importe peu que le preneur ait ou non liquidé ses droits, la loi prévoyant uniquement une condition d'âge. • Civ. 3e, 22 mars 2006, n° 05-12.487 P : *AJDI 2006. 476 ; JCP 2006. IV. 1875 ; RD rur. avr. 2006. 14 ; Gaz. Pal. 23-25 juill. 2006. 22.*

Art. L. 411-65 *Abrogé par Ord. n° 2006-870 du 13 juill. 2006.*

Art. L. 411-66 **Au cas où il serait établi que le bénéficiaire de la reprise ne remplit pas les conditions prévues aux articles L. 411-58 à L. 411-63 et L. 411-67 ou que le propriétaire n'a exercé la reprise que dans le but de faire fraude aux droits du preneur, notamment s'il vend le bien, le donne à ferme, ou pratique habituellement la vente de la récolte sur pied d'herbe ou de foin, le preneur a droit, soit au maintien dans les lieux si la décision validant le congé n'a pas encore été exécutée, soit à la réintégration dans le fonds ou à la reprise en jouissance des parcelles avec ou sans dommages-intérêts, soit à des dommages-intérêts.**

La réintégration prévue à l'alinéa précédent ne peut être prononcée si elle a pour résultat, compte tenu des biens que le preneur exploite par ailleurs, de lui permettre de mettre en valeur une exploitation excédant le seuil de superficie défini en application du I (1°) de l'article L. 331-2 du code rural et de la pêche maritime. — *[Anc. art. 846.]*

COMMENTAIRE

I. CONDITIONS D'APPLICATION DU CONTRÔLE DE L'ENGAGEMENT DU REPRENANT

La volonté du bailleur d'exercer la reprise et les conditions de l'exercice de ce droit sont contrôlées au travers de la contestation du congé qui constitue ainsi un contrôle « *a priori* » de la reprise. Cependant, le bénéficiaire du congé s'engageant à remplir un ensemble d'obligations pour neuf ans, il est ouvert un contrôle « *a posteriori* » de la réalisation de cet engagement et de sa permanence, sur des éléments postérieurs à la date d'effet du congé. Un tel contrôle n'existe pas pour les résiliations amiables du fait précisément de l'absence d'engagement des parties.

II. SANCTIONS

Il est prévu deux modes de réparation, l'un en nature et l'autre par équivalent. Le preneur est libre de solliciter la réintégration ou des dommages-intérêts mais le juge est libre d'apprécier souverainement l'adéquation de la réparation. Il y a une limite à la réintégration liée au contrôle des structures, mais cette situation s'apprécie au jour où le juge statue et le preneur peut en conséquence modifier sa situation afin de pouvoir se réinstaller sur le fonds qu'il louait.

I. CONDITIONS D'APPLICATION

1. Congé-reprise. L'art. 846 [L. 411-66] est inapplicable en cas de congé donné pour contravention aux clauses du bail, et non pour reprise, et en cas de transaction intervenue postérieurement. • Soc. 27 juin 1957 : *Bull. civ. IV, n° 780 ; AJPI 1957. 184.* ♦ Il est donc nécessaire que le congé ait été donné pour reprise. • Soc. 3 janv. 1958 : *Bull. civ. IV, n° 4.* ♦ Sur l'inapplicabilité de l'art. 846 [L. 411-66] en cas de congé motivé par la volonté de reprendre du bailleur et par le divorce des copreneurs solidaires, V. • Civ. 3e, 26 oct. 1977 : *Bull. civ. III, n° 360.*

2. Le preneur ne saurait se plaindre de la fraude s'il n'a pas été évincé en vertu du droit de reprise mais en raison d'un engagement unilatéral de renoncer à son droit de renouvellement. • Civ. 3e, 3 oct. 1968 : *Bull. civ. III, n° 355* • 30 mai 1990, n° 88-18.966 P : *D. 1990. IR 157 ; Gaz. Pal. 1991. 1. 170, note Le Petit et Challine.* ♦ Dans le même sens, à propos du départ consécutif à une transaction sur l'abandon de l'exploitation, V. • Civ. 3e, 29 juin 1994, n° 92-20.111 P : *Rev. huiss. 1995. 567, note Pitaud ; Gaz. Pal. 1995. 2. Somm. 310, obs. Lachaud.* ♦ Rejetant une demande de dommages-intérêts pour privation de jouissance au motif que le demandeur avait donné son accord à une résiliation anticipée, V. • Civ. 3e, 17 juill.

1996 : *Rev. loyers 1997. 398.* ♦ V. aussi, à propos d'une renonciation lors d'une opération de partage, • Civ. 3e, 17 juill. 1996 : *Ann. loyers 1996. 1474.*

3. Le fait que les preneurs aient atteint l'âge de la retraite ne saurait les priver de l'action prévue par l'art. L. 411-66, et ils peuvent demander leur réintégration avec cession de leurs droits à leur fils. • Civ. 3e, 7 oct. 1987 : *Bull. civ. III, no 163.*

4. L'art. 846 [L. 411-66] n'exige pas, pour être applicable, que le preneur en place ait contesté le congé-reprise. • Soc. 16 avr. 1959 : *Bull. civ. IV, no 469* • Civ. 3e, 12 juin 2003, no 01-17.692 P : *Gaz. Pal. 14-16 sept. 2003. Pan. 15 ; RD rur. 2003. 655 ; ibid. 2004. 119 ; JCP N 2003. 1577, note Gain ; Rev. loyers 2003. 599, note Peignot ; JCP 2003. IV. 2400 ; AJDI 2004. 562, note Plazy ; JCP N 2004. 1166, note Gravillou.* ♦ ... Ni qu'un jugement de validation de congé soit intervenu. • Soc. 1er juin 1956 : *Bull. civ. IV, no 509.*

5. Éléments contrôlés. Le contrôle de la réalité de la reprise ne peut se limiter à la seule date d'effet du congé et doit prendre en compte les éléments survenus postérieurement. • Civ. 3e, 13 oct. 1999, no 98-10.189 P : *Rev. loyers 2000. 198, obs. Peignot ; RD rur. 2000. 294* • 24 mars 2010, no 09-11.402 : *Rev. loyers 2010. 281, obs. Peignot.* ♦ Le contrôle *a posteriori* de la reprise ne peut, lorsque le congé a été contesté par le preneur dans le cadre du contrôle *a priori*, se fonder sur un motif déjà invoqué par ce preneur, fût-il non examiné pour cause de péremption de l'instance. • Civ. 3e, 15 janv. 1992, no 89-20.493 P : *D. 1993. Somm. 65, obs. Martine* . ♦ Le bénéficiaire doit satisfaire à son obligation dès la date de la reprise. • Civ. 3e, 23 sept. 2021, no 20-17.084 : *Rev. loyers 2022, no 1022, note Roussel.*

6. Fraude. La fraude ne se présumant pas, c'est au preneur qu'il appartient de l'établir. • Soc. 11 mars 1954 : *Bull. civ. IV, no 170 ; JCP 1954. II. 8251, note de Juglart* • Civ. 3e, 27 mai 1971 : *Bull. civ. III, no 328* • 27 mai 1998 : *RD rur. 1999. 54.* – V. aussi • Civ. 3e, 13 oct. 1999 : *préc. note 5.* ♦ ... Sans limitation de délai. • Civ. 3e, 17 déc. 1970 : *Bull. civ. III, no 719 ; D. 1971. Somm. 73.* ♦ Elle ne peut s'induire des circonstances dommageables résultant pour les tiers de conventions licites passées entre les contractants. • Soc. 21 juill. 1958 : *D. 1958. 763* • 4 juin 1959 : *Bull. civ. IV, no 654.* ♦ Elle ne saurait se déduire de simples manifestations d'intention. • Civ. 3e, 19 févr. 1976 : *Rev. loyers 1976. 273 ; D. 1976. IR 143.*

7. Exemples de fraude. La fraude peut résulter d'une publicité en vue de la mise en vente suivie d'une tentative de vente amiable. • Soc. 22 avr. 1960 : *Bull. civ. IV, no 365.* ♦ ... De l'absence d'exploitation par le bénéficiaire de la reprise de terres données à bail conformément à l'art. L. 411-59, puis de l'échange irrégulier du bien en propriété et en jouissance par le bailleur. • Dijon, 14 oct. 1997 : *BICC 1998, no 527.* ♦ Elle peut résulter également de la souscription d'un contrat d'association-participation constituant en fait un contrat de métayage. • Soc. 17 mai 1958 : *Bull. civ. IV, no 592.* ♦ Même sens, même si le bien a été mis en métayage avec des conditions spéciales d'exploitation, pour des raisons de parenté. • Soc. 18 déc. 1967 : *Bull. civ. IV, no 805.* ♦ Il y a fraude lorsque le bénéficiaire, sans exploiter : a mis le bien à la disposition de sa mère, qui le fait valoir, alors que l'association prétendue était illusoire. • Soc. 16 déc. 1965 : *Bull civ. IV, no 930.* ♦ ... A conclu un contrat de production avec un tiers. • Civ. 3e, 23 mai 1995, no 93-13.685 P. ♦ Pour un cas de vente d'herbe sur pied contrevenant à l'art. L. 411-66, V. • Civ. 3e, 5 févr. 1992, no 90-13.205 P : *JCP 1992. IV. 986 ; Defrénois 1992. 839, obs. Vermelle.* ♦ V. aussi • Civ. 3e, 23 mai 1995, no 93-13.685 P.

8. Est frauduleuse la reprise d'une parcelle par le bailleur qui ne l'exploite pas conformément à l'affectation précise énoncée dans le congé. • Dijon, 26 nov. 1991 : *BICC 1992, no 819 ; Rev. loyers 1992. 342, note crit. Le Petit.*

9. La fraude peut résulter d'actes antérieurs à la reprise, spécialement de la manifestation en termes non équivoques de la volonté de vendre après le départ du preneur. • Soc. 1er juin 1961 : *Bull. civ. IV, no 588.* ♦ Elle peut résulter de démarches pour vendre la propriété entreprises avant le congé et continuées après la délivrance de celui-ci. • Soc. 14 déc. 1967 : *Bull. civ. IV, no 792 ; D. 1968. 283.* ♦ L'acte de vente d'une parcelle du bien loué démontre l'inobservation par les bailleurs des conditions imposées par l'art. 845 [L. 411-59], sans qu'il y ait lieu de rechercher ni vérifier une défaillance possible de la condition suspensive qu'il comportait. • Civ. 3e, 15 mai 1984 : *Gaz. Pal. 1985. 1. 1, note Challine et Le Petit ; ibid. 1985. 1. 124, note Hudault.* ♦ V. cependant • Civ. 3e, 13 oct. 2004 : *cité note 10.*

10. Absence de fraude. La vente d'une partie du bien repris à un neveu, destinée à favoriser l'installation d'un membre de la famille, ne constitue pas une manœuvre frauduleuse. • Soc. 15 févr. 1966 : *Bull. civ. IV, no 188.* ♦ De même, ne sont pas frauduleux : ... la vente partielle qui ne met pas en cause l'intégrité culturale du bien repris. • Civ. 3e, 21 mars 1984 : *Gaz. Pal. 1985. 1. Somm. 82, obs. Hudault* • 11 juin 1987 : *JCP 1987. IV. 283.* ♦ ... Le défaut d'habitation des bâtiments de l'exploitation alors que le repreneur met en valeur le fonds. • Civ. 3e, 27 nov. 1996 : *Rev. loyers 1997. 360, obs. Libeau, Peignot.* ♦ ... La vente du fonds dès lors que le fils bénéficiaire de la reprise a exploité les terres depuis le départ du preneur et continue de les exploiter par bail régulier depuis la vente. • Civ. 3e, 13 oct. 2004, no 01-03.201 P : *JCP 2004. IV. 3234, Rev. loyers 2004. 699, note Peignot ; Gaz. Pal. 20-22 févr. 2005. 21 ; JCP N 2005. 1249, note Moreau ; Defrénois 2005. 1438, obs. Gelot.*

11. La fraude ne peut être déduite d'une absence de rendement maximum de l'exploitation. • Soc. 4 juin 1959 : *Bull. civ. IV, n° 653.* ♦ ... Ni du recours à une entreprise pour effectuer certains travaux. • Civ. 3e, 27 nov. 1996 : *RD rur. 1997. 190.*

12. Faits justificatifs. La brusque *maladie* du bailleur peut constituer un cas de force majeure. • Soc. 14 mars 1958 : *Bull. civ. IV, n° 401* • Civ. 3e, 23 juin 1971 : *Bull. civ. III, n° 398 ; D. 1971. Somm. 131* • 31 mai 1983 : *RDI 1984. 104.* ♦ V. aussi, jugeant qu'un accident de santé imprévisible lors du congé chez le bénéficiaire empêche le preneur de se prévaloir de l'art. L. 411-66, • Civ. 3e, 22 nov. 1995 : *Ann. loyers 1996. 643.* ♦ La vente du bien repris pour raisons de santé constitue un cas de force majeure en particulier après exploitation durant quatre ans avec investissements importants. • Soc. 20 déc. 1966 : *Bull. civ. IV, n° 980.*

13. Toutefois la maladie du mari de l'épouse propriétaire de la ferme ne constitue pas un cas de force majeure exonérant les bailleurs de leur obligation résultant du congé dès lors que l'épouse pouvait se faire assister par de la main-d'œuvre salariée. • Soc. 3 nov. 1961 : *Bull. civ. IV, n° 897.* ♦ Pour la maladie de l'épouse du bénéficiaire de la reprise, V. • Civ. 3e, 3 janv. 1978 : *Bull. civ. III, n° 2.*

II. SANCTIONS

14. Réintégration et/ou dommages-intérêts. L'art. 846 [L. 411-66] donne au tribunal la faculté d'accorder au preneur soit la réintégration avec ou sans dommages-intérêts, soit des dommages-intérêts et le preneur n'a donc pas droit nécessairement et à la réintégration et à des dommages-intérêts. • Soc. 3 oct. 1957 : *Bull. civ. IV, n° 898.* – V. conf. : • Civ. 3e, 27 juin 1984 : *D. 1985. IR 53* • 18 mai 1989 : *Bull. civ. III, n° 111 ; D. 1990. Somm. 40 ; Gaz. Pal. 1990. 1. 58, note Lachaud.* ♦ V. aussi, jugeant que la cour d'appel apprécie souverainement le mode de sanction le plus approprié (à propos d'une décision ordonnant la réintégration, avec dommages-intérêts, du preneur évincé), • Civ. 3e, 23 mai 1995, n° 93-13.685 P : *Defrénois 1995. 1131, obs. Vermelle ; JCP N 1995. II. 1429, obs. Moreau.* ♦ Dans le même sens, pour un arrêt dans lequel les juges du fond ont opté pour l'allocation de dommages-intérêts, V. • Civ. 3e, 19 mai 1999, n° 97-17.040 P : *Gaz. Pal. 1999. 2. Pan. 195 ; RD rur. 1999. 439.*

15. Les juges peuvent admettre que le preneur choisisse entre la réintégration et l'allocation de dommages-intérêts. • Soc. 24 mai 1962 : *Bull. civ. IV, n° 477.*

16. Réintégration. La *réintégration* est justifiée non seulement en cas de fraude, mais lorsque, même sans fraude, le bénéficiaire de la reprise n'exécute pas les obligations imposées par l'art. 845, al. 8 [L. 411-59.] • Civ. 3e, 24 janv. 1978 : *Bull. civ. III, n° 44.* ♦ La carence du bénéficiaire de la reprise qui n'exploite que la moitié du domaine permet au preneur soit son maintien, soit sa réintégration dans le fonds. • Cass., Ch. réun., 25 juin 1962 : *D. 1962. 682 ; Gaz. Pal. 1962. 2. 209 ; JCP 1962. II. 12797, note Ourliac.* ♦ Le preneur peut être autorisé à réintégrer les terres puisque les parcelles reprises sont à l'abandon et non cultivées. • Angers, 20 juin 2006 : *RD rur. déc. 2006. 24.* ♦ La réintégration doit être ordonnée dès lors que le défaut d'exploitation n'est pas justifié par les difficultés d'accès aux parcelles qui n'étaient pas insurmontables et que le bénéficiaire n'avait rien tenté pour obtenir que ces difficultés soient juridiquement levées. • Civ. 3e, 21 sept. 2023, n° 21-22.285 : *AJDI 2023. 775.*

17. Le temps écoulé entre la libération des lieux et l'annulation du congé ne saurait à lui seul autoriser les juges à s'opposer à la réintégration du fermier injustement évincé. • Civ. 3e, 4 avr. 1990 : *JCP N 1991. II. 236, obs. J.-M. G.*

18. Le *point de départ* du nouveau bail est fixé à la date d'expiration du précédent bail. • Civ. 3e, 21 nov. 1968 : *Bull. civ. III, n° 479.*

19. Les juges du fond apprécient à la date de leur décision la superficie de l'exploitation du preneur pour statuer sur sa demande de réintégration. • Civ. 3e, 5 févr. 1992 : *préc. note 7 ; JCP N 1992. II. 412, obs. Moreau.*

20. La décision ordonnant la réintégration du locataire évincé, rendue entre celui-ci et le bailleur, n'est pas opposable à la partie qui a occupé et exploité les terres, tiers à cette instance. • Civ. 3e, 20 mai 1992 : *JCP 1992. IV. 2036 ; Gaz. Pal. 1993. 1. 107, obs. Lachaud.*

21. Le bailleur peut être condamné à une *astreinte* comminatoire pour le contraindre à réintégrer le preneur. • Soc. 18 déc. 1967 : *Bull. civ. IV, n° 806.*

22. Dommages-intérêts. Les juges apprécient souverainement le montant des *dommages-intérêts* pour reprise frauduleuse accordés au fermier évincé. • Soc. 3 mai 1967 : *Bull. civ. IV, n° 366.* ♦ Les dommages-intérêts correspondent au préjudice résultant pour le preneur de son éviction. • Soc. 10 juin 1960 : *Bull. civ. IV, n° 604* • Civ. 3e, 21 nov. 1968 : *ibid. III, n° 479* • 12 déc. 1973 : *AJPI 1974. 994.* ♦ ... A la perte de revenus du fait de l'absence de disposition des terres. • Angers, 20 juin 2006 : *RD rur. déc. 2006. 24.*

23. Sur le point de départ des intérêts, V. • Civ. 3e, 16 mars 1976 : *D. 1976. IR 164.*

Art. L. 411-67 **Le bailleur exploitant de carrière a le droit d'exercer la reprise en fin de bail en vue de mettre en exploitation pour la bonne marche de son industrie les terrains à vocation agricole dont il est propriétaire. Il doit s'engager à entreprendre**

effectivement l'exploitation industrielle des parcelles ayant fait l'objet de la reprise. Le droit de reprise est limité aux parcelles nécessaires à l'exploitation desdites carrières. – *[Anc. art. 845, al. 16.]*

1. Conditions. L'art. 845, dernier alinéa [L. 411-67], qui crée, en faveur de l'exploitant de carrières, un droit de reprise spécial, ne subordonne pas cette reprise à l'autorisation prévue à l'art. 188-1 [188-2] [devenu art. L. 331-2 s.] C. rur. • Civ. 3e, 12 déc. 1973 : *Rev. loyers 1974. 150.*

2. Obligation d'exploiter. Le bailleur reprenant doit s'engager à entreprendre effectivement l'exploitation industrielle du bien repris. • Civ. 3e, 6 juin 1974 : *Bull. civ. III, no 231 ; D. 1974. Somm. 101.* ♦ S'il ne remplit pas cette condition, le preneur a droit au maintien dans les lieux. • Même arrêt.

Art. L. 411-68 **Lorsque les époux participent ensemble et de façon habituelle à une exploitation agricole, l'époux titulaire du bail sur cette exploitation ne peut, sans le consentement exprès de son conjoint, accepter la résiliation, céder le bail ou s'obliger à ne pas en demander le renouvellement, sans préjudice de l'application de l'article 217 du code civil. Toute stipulation contraire est réputée non écrite.**

L'époux qui n'a pas donné son consentement à l'acte peut en demander l'annulation ; l'action en nullité lui est ouverte dans l'année à compter du jour où il a eu connaissance de l'acte. – *[Anc. art. 846-1.]*

BIBL. ▶ YAMBA, *JCP N 1997. I. 87.*

COMMENTAIRE

Il peut être substitué à l'accord du conjoint une autorisation judiciaire dans les conditions de l'article 217 du code civil. ❑

1. Application dans le temps. L'art. 846-1 [L. 411-68], disposition dérogatoire, n'avait pas à être respecté avant l'application de la loi du 4 juill. 1980 dont il est issu, et on ne saurait soutenir que la résiliation du bail consenti au seul mari est un acte de disposition. • Civ. 3e, 20 déc. 1983 : *Bull. civ. III, no 274.*

2. Portée. La résiliation du bail par le preneur sans le consentement exprès de son conjoint participant à l'exploitation est nulle. • Civ. 3e, 1er févr. 2000 : *RD rur. 2000. 128.* ♦ L'art. L. 411-68 ne donne pas la qualité de copreneur ; donc viole ce texte l'arrêt qui, pour prononcer la nullité du congé délivré à l'époux titulaire d'un bail à ferme, retient qu'un congé devait être délivré à son épouse, celle-ci étant, par sa participation à l'exploitation, devenue cotitulaire de ce bail. • Civ. 3e, 12 juill. 1989 : *Bull. civ. III, no 165 ; Defrénois 1990. 497, obs. Vermelle.*

3. Ne viole pas l'art. L. 411-68 la convention par laquelle le bailleur et le preneur décident d'annuler un bail et de conclure un nouveau bail pour une durée de neuf ans ; le conjoint du preneur ne peut en demander l'annulation. • Civ. 3e, 18 janv. 1995, no 92-19.616 P : *Defrénois 1995. 820, obs. Vermelle ; Gaz. Pal. 1997. 2. Somm. 115, obs. Lachaud.*

4. Prescription. Le jour où l'intéressé a eu connaissance de l'acte doit s'entendre de celui où il a dû en avoir connaissance (en l'occurrence à la date de publication de la résiliation à la conservation des hypothèques). • T. par. baux rur. Saint-Pol-sur-Ternoise, 9 avr. 1991 : *Gaz. Pal. 1992. 1. Somm. 123, obs. Waryn.*

SECTION 9 **Indemnité au preneur sortant**

Art. L. 411-69 **Le preneur qui a, par son travail ou par ses investissements, apporté des améliorations au fonds loué a droit, à l'expiration du bail, à une indemnité due par le bailleur, quelle que soit la cause qui a mis fin au bail. –** *V. art. R. 411-15.*

Sont assimilées aux améliorations les réparations nécessaires à la conservation d'un bâtiment indispensable pour assurer l'exploitation du bien loué ou l'habitation du preneur, effectuées avec l'accord du bailleur par le preneur et excédant les obligations légales de ce dernier. *(L. no 99-574 du 9 juill. 1999, art. 16-I)* **« Il en est de même des travaux ayant pour objet de permettre d'exploiter le bien loué en conformité avec la législation ou la réglementation. »**

En cas de vente du bien loué, l'acquéreur doit être averti par l'officier public ou ministériel chargé de la vente du fait qu'il supportera, à la sortie du preneur, la charge de l'indemnité éventuellement due à celui-ci.

Si la vente a eu lieu par adjudication, le cahier des charges doit mentionner la nature, le coût et la date des améliorations apportées par le preneur dans les conditions prévues aux articles L. 411-71 et L. 411-73. Cette mention est établie par l'officier public ou ministériel chargé de la vente d'après les indications fournies par le

bailleur et par le preneur ; en cas de désaccord entre les parties, elle fait état des éléments contestés.

(L. nº 2014-1170 du 13 oct. 2014, art. 6) **« La demande du preneur sortant relative à une indemnisation des améliorations apportées au fonds loué se prescrit par douze mois à compter de la date de fin de bail, à peine de forclusion. »** – *[Anc. art. 847.]* – *V. art. L. 411-78.*

BIBL. ▶ PRONIER, *Gaz. Pal. 1988. 1. Doctr. 322.* – LEROY, *JCP N 1992. I. 299* (améliorations culturales). – OURLIAC, *RD rur. 1993. 483.* – PITAUD et ROCHARD, *RD rur. 1999. 316* (loi du 9 juill. 1999 d'orientation agricole). – LE PETIT, *Administrer 1/2000. 8* (même thème). – CAMPELS, *D. 2000. Chron. 325* (même thème). – SUQUET, *RD rur. 2004. 515* (la fiscalité de l'indemnité de l'article L. 411-69). – COLLARD et FRULEUX, *RD rur. 2015. Étude 14* (sort civil et fiscal de la créance pour amélioration en cas de décès de l'une des parties). – GELOT, *Defrénois 2015. 1122* (vente des biens loués en cours de bail). – ROUSSEL, *Defrénois 2015. 1135* (l'organisation de l'indemnisation du preneur sortant) ; *Defrénois 2016. 823* (le sort des constructions édifiées par le preneur). – DELORME, *Defrénois 2016. 1080* (questions pratiques sur la propriété des améliorations réalisées par le preneur).

COMMENTAIRE

A l'expiration du bail, il doit être réalisé un compte de sortie entre les parties. Le preneur est créancier d'une indemnité dont la cause est la plus-value apportée au fonds par son exploitation. Le preneur dispose d'un an à compter de la fin de bail pour fournir sa demande d'indemnité à peine de forclusion.

a. Conditions du droit à indemnisation

Les conditions d'existence de la créance découlent du seul principe d'indemnisation légale de toute amélioration réelle et autorisée. La cause de la fin du bail est sans conséquences sur le principe d'indemnisation. Il doit être vérifié l'existence d'améliorations présentant une utilité pour le fonds dont les effets se prolongent au-delà de la durée du bail. De plus, les travaux du preneur ne sont susceptibles d'être indemnisés que si celui-ci a respecté les procédures de contrôle du propriétaire. La loi du 9 juillet 1999 a prévu que les travaux de mise aux normes du bien loué ouvrent droit à indemnisation pour le preneur.

b. Créance d'indemnisation

Le code rural n'apporte pas de précisions sur le droit du preneur sur les éléments qu'il a immobilisés sur le fonds loué. Deux solutions sont possibles. Soit le preneur se voit reconnaître un droit de propriété illimité ou limité à la période d'exécution du bail, et dans ce cas le fermier est reconnu apte à céder ses droits. Soit le preneur n'est reconnu titulaire que d'un simple droit personnel de jouissance durant le bail se transformant en créance d'indemnisation au moment de sa sortie. Le code rural n'opte pour aucune solution. La loi du 23 janvier 1990 (art. L. 411-75) a conféré le droit au preneur de céder les améliorations, mais seulement dans certains cas très précisément énumérés. Cette solution ne permet pas de conclure au droit de propriété du preneur même temporairement sur les améliorations apportées au fonds. Au vu de la jurisprudence (V. ci-dessous), aucun régime autonome n'étant clairement établi sur ce point, il appartient aux parties de prévoir conventionnellement la nature du droit du preneur sur les investissements qu'il engage sur le fonds. ❑

I. CONDITIONS DU DROIT À L'INDEMNISATION

A. DEMANDE D'INDEMNISATION

1. Délai. Le délai d'un an imparti au preneur pour solliciter l'indemnisation est insusceptible d'interruption et de suspension de sorte que la demande formée plus de 12 mois après la résiliation du bail est forclose. • Civ. 3e, 9 mars 2023, nº 21-13.646 B : *D. 2023. 502 ; JCP 2023. Actu. 377 ; Gaz. Pal. 21 mars 2023, p. 32 ; JCP N 2023. 1160, note Travely.*

2. Expiration. L'indemnité n'est pas due pour les améliorations apportées par le preneur après l'expiration du bail, lorsqu'il s'est maintenu sans titre dans les lieux. • Civ. 3e, 14 nov. 1972 : *D. 1973. Somm. 54.* ♦ Un délai de grâce n'étant pas un titre locatif, son expiration ne peut être considérée comme l'expiration du bail. • Soc. 24 janv. 1952 : *Bull. civ. III, nº 59 ; D. 1952. 521.*

3. Baux des collectivités publiques. L'art. L. 411-69 n'est pas applicable à l'indemnité prévue par l'art. L. 415-11 lorsque la résiliation du bail est motivée par la réalisation d'un projet déclaré d'utilité publique. • Civ. 3e, 2 juill. 1986 : *JCP N 1987. II. 54, obs. Moreau.*

4. Fin du bail. L'indemnité est due au preneur sortant quelle que soit la cause qui a mis fin au bail, en particulier en cas de résiliation pour sous-location des terres. • Soc. 19 nov. 1964 : *Gaz. Pal. 1965. 1. 280 ; Bull. civ. IV, n° 776.* ♦ ... Y compris en cas de cession non autorisée, peu importeant que les travaux aient été réalisés par le sous-preneur ou le cessionnaire non autorisés. • Civ. 3e, 21 mai 2014, n° 13-15.476 : *D. 2014. 1204 ; JCP 2014. 677 ; JCP N 2014. Actu. 678 ; Rev. loyers 2014, n° 949, note Peignot ; DP entr. agric., Bull. n° 475/476, p. 15, note Roussel ; RD rur. 2014, n° 213, note Crevel.* ♦ Le droit à indemnité est acquis sans distinguer si le bail prend fin à la date primitivement fixée ou à une date antérieure. • Soc. 9 juill. 1951 : *Bull. civ. III, n° 562.* ♦ V. aussi, à propos d'un bail ayant pris fin avant la vente du bien loué, alors que l'acquéreur s'était engagé à payer l'indemnité, • Civ. 3e, 14 nov. 1996 : *Ann. loyers 1997. 1094.* ♦ Mais l'indemnité n'est exigible qu'à l'expiration du bail, même en cas de cession autorisée par le tribunal. • Soc. 14 mars 1952 : *Bull. civ. III, n° 221 ; JCP 1953. II. 7528, note de Juglart.* ♦ Est mal fondée la cour qui rejette la demande d'indemnisation pour dégradations des bâtiments dont la mise à disposition a pris fin par accord des parties tandis que le bail était renouvelé sur les autres biens loués. • Civ. 3e, 24 nov. 2021, n° 20-18.530 : *AJDI 2022. 132 ; Defrénois 2021, n° 51-52, p. 10 ; Rev. loyers 2022, n° 1023, note Roussel ; DP entr. agric., Bull. n° 560, p. 8, note Roussel ; JCP N 2022. 1167, n° 5, note Bosse-Platière.*

5. Sur la prise en compte, lors du partage, des améliorations apportées au bien indivis par le preneur, devenu copropriétaire, V. • Civ. 1re, 14 janv. 1997, n° 94-19.102 P : *RD rur. 1997. 67 ; Rev. loyers 1998. 346 ; Rev. huiss. 1997. 1060.* – V. aussi Roussel, *RD rur. 1998. 211.*

B. PARTIES À L'INDEMNISATION

6. Débiteur de la créance. L'indemnisation des améliorations culturales est à la charge du seul bailleur. • Civ. 3e, 16 févr. 2000, n° 98-13.873 P : *D. 2000. IR 80 ; AJDI 2000. 709 ; RD rur. 2000. 251.* – V. aussi • Civ. 3e, 21 nov. 1990, n° 89-15.486 P : *D. 1990. IR 288 ; JCP N 1991. II. 115, obs. Moreau.* ♦ La charge de l'indemnité pour améliorations au fonds loué pèse sur l'usufruitier. • Civ. 3e, 5 mars 2003 : *Rev. loyers 2003. 376 ; RD rur. 2003. 352 et 635* • Angers, 24 oct. 2006 : *RD rur. 2008, n° 49, note Crevel.*

7. Créancier. Les *ayants droit* du preneur, auteur des améliorations, sont en droit d'exiger le versement d'une indemnité en fin de bail. • Civ. 3e, 7 janv. 1998 : *RD rur. 1998. 132.* ♦ En cas d'indivision, V. • Civ. 1re, 18 févr. 1992, n° 90-14.442 P • Com. 24 mars 1998 : *RD rur. 1998. 483.* ♦ L'époux marié sous le régime de la communauté est, pour avoir fait édifier sur le terrain loué, redevable d'une récompense au titre des deniers empruntés à la communauté ayant profité à son patrimoine propre, mais l'indemnité de preneur sortant qui lui est allouée ne constitue pas un actif de communauté dès lors que le bail, strictement personnel au preneur, n'entre pas en communauté et ne confère de droit qu'à celui-ci. • Civ. 1re, 8 avr. 2009, n° 07-14.227 : *D. 2009. 1206, note Egéa ; JCP N 2009. 362 ; ibid. 2010. 1008, note Brelet ; RD rur. 2009, n° 107 ; ibid. 2009, chron. 1, p. 11, note Le Guidec et Bosse-Platière ; RTD civ. 2009. 568 et 571, obs. Vareille ; JCP 2009, n° 44, p. 391, obs. Simler ; Dr. fam. 2009, n° 78, obs. Beignier ; Defrénois 2010. 612, note Champenois.* ♦ Le preneur sortant qui avait mis à la disposition d'un GAEC les biens loués est fondé à réclamer l'indemnité d'amélioration, même s'il ne justifie pas du paiement de ces améliorations. • Montpellier, 21 déc. 2017, RG 17/01644 : *Rev. loyers 2018, n° 987, note Roussel.*

8. Ni les cessionnaires, ni les sous-locataires n'ont droit à l'indemnité de plus-value au regard du bailleur principal. • Soc. 24 mai 1955 : *Bull. civ. IV, n° 456 ; JCP 1956. II. 9068, note Lacoste* • Civ. 3e, 21 mai 2014, n° 13-15.476 : *préc. note 4.* ♦ Les sous-preneurs, s'ils ne peuvent réclamer d'indemnité culturale au bailleur avec qui ils sont sans lien de droit, peuvent la réclamer au preneur principal qui en son nom peut demander ces indemnités au bailleur. • Soc. 23 juin 1961 : *Bull. civ. IV, n° 692.* ♦ Le locataire qui cède son bail sans céder au cessionnaire sa créance pour améliorations ne peut exiger du bailleur qu'il lui paie cette indemnité au jour de la cession. • Civ. 3e, 26 oct. 2011, n° 10-11.000 : *RD rur. 2011, n° 136, note Crevel ; DP entr. agric., Bull. n° 447, p. 9, note Roussel.*

9. Doivent être restituées les sommes versées en exécution d'un procès-verbal de conciliation établi par le président du tribunal paritaire des baux ruraux prévoyant l'indemnisation des améliorations culturales par le preneur entrant au bailleur, l'objet de l'accord étant illicite et pénalement sanctionné. • Civ. 3e, 6 juin 2019, n° 17-19.486 P : *Rev. loyers 2019, n° 999, note Peignot ; D. 2019. 1225 ; JCP 2019. 662 et 731, note Sterlin, et 732, note Strickler.*

C. AMÉLIORATIONS

1° CONDITIONS

10. Travaux réguliers. Les travaux engagés sans respect des procédures de contrôle du propriétaire ne sont pas indemnisés. • Civ. 3e, 10 juil. 1991, n° 90-10.862 P • 7 déc. 2004, n° 03-14.191. ♦ Même sens pour absence de justification de la communication préalable au bailleur de projets de travaux d'amélioration de l'habitat. • Civ. 3e, 18 févr. 2014, n° 12-26.258 : *DP entr. agric., Bull. n° 475/476, p. 12, note Roussel ; AJDI 2014. 387 .* ♦ Sont mal fondés les juges qui accueillent une demande d'indemnisation sans rechercher si les améliorations culturales ont été exécutées avec l'autorisation du bailleur ou après notification de la proposition du preneur. • Civ. 3e, 7 mai 2002 : *RD rur. 2002. 461 ; ibid. 2003. 43, obs. Crevel ; AJDI 2002. 866*. ♦ L'indemnité de sortie doit se limiter à la valeur résiduelle, après abattement pour amortissement, des seuls bâtiments dont l'édification avait été autorisée ou précédée de la notification prévue par l'art. L. 411-73, sans qu'il y ait lieu de rechercher si les bailleurs n'auraient pu s'opposer aux constructions réalisées. • Civ. 3e, 10 juill. 1991, n° 90-10.862 P : *JCP N 1992. II. 110, obs. Moreau ; Gaz. Pal. 1992. 2. Somm. 354, obs. Lachaud ; Administrer 4/1992. 71, note Le Petit.* ♦ Comp., en cas d'urgence exceptionnelle : • Civ. 3e, 13 mars 1991 : *JCP N, eod. loc.* ♦ V. jurisprudence ss. art. L. 411-73. ♦ L'absence d'opposition ou d'objection du bailleur ne peut équivaloir à une acceptation. • Civ. 3e, 8 juill. 2008, n° 07-14.602 : *RD rur. 2008, n° 167, note Crevel.*

11. Améliorations persistantes. L'indemnité n'est due que si les améliorations persistent en fin de bail. • Soc. 15 févr. 1957 : *Bull. civ. IV, n° 175.* ♦ ... Et non lorsque les plantations ont aux trois quarts disparu, les vestiges étant des non-valeurs. • Soc. 22 févr. 1957 : *Bull. civ. IV, n° 207.* ♦ Les améliorations culturales sont seulement celles dont l'effet est susceptible de se prolonger après le départ du fermier compte tenu du profit qu'il en a tiré. • Soc. 2 nov. 1956 : *Bull. civ. IV, n° 791 ; JCP 1956. II. 9611, note Lacoste.* ♦ Il n'y a pas amélioration si la mise en culture de terres en friche n'est pas susceptible de prolonger ses effets au profit du propriétaire. • Soc. 17 déc. 1953 : *Bull. civ. IV, n° 801.* ♦ Ne caractérisent pas les améliorations apportées au fond les juges qui relèvent une exploitation régulière et normale des terres pendant la durée du bail. • Civ. 3e, 18 mai 2010, n° 09-14.740 : *RD rur. 2010, n° 98, note Crevel.*

12. Valeur effective d'utilisation. L'indemnité de sortie au titre de bâtiments d'exploitation ne peut être fixée sans rechercher si l'aménagement de ces bâtiments conservait une valeur effective d'utilisation. • Civ. 3e, 19 juill. 2000, n° 96-14.331 P : *RD rur. 2001. 112 ; JCP N 2001. 1799 ; Gaz. Pal. 11-12 oct. 2000. Pan. 15.* ♦ V., en ce sens qu'une installation inutile n'ouvre pas droit à indemnité pour le preneur, • Civ. 3e, 6 mars 1996 : *RD rur. 1996. 38 ; Ann. loyers 1996. 1471.* – V. aussi Libeau et Peignot, *Rev. loyers 1997. 357.* ♦ Des bâtiments ne pouvant être utilisés qu'après avoir subi des modifications importantes, une cour d'appel ne peut décider qu'ils constituent une plus-value mais qu'il y a lieu de réduire des deux tiers leur valeur résiduelle. • Civ. 3e, 12 janv. 1994 : *Rev. huiss. 1994. 472 ; JCP N 1994. II. 317, note Moreau.*

13. Travaux de mise aux normes. Les dispositions de la loi du 9 juill. 1999 prévoyant l'indemnisation des travaux de mise aux normes obligatoires ouvrant droit à indemnité pour amélioration sont applicables aux baux en cours sauf pour les travaux exécutés avant l'entrée en vigueur de cette loi. • Civ. 3e, 28 juin 2005 : *Rev. loyers 2005. 571, obs. Roussel ; JCP 2006. II. 10027, note Fleury.*

2° EXEMPLES

BIBL. Gilardeau, *JCP N 1995. I. 1421* (du nouveau sur le front des quotas laitiers). – Peignot, *Gaz. Pal. 1997. 2. Doctr. 597* (droit de produire et bail rural). – Lachaud, *Gaz. Pal. 1998. 1. Doctr. 30* (droit de produire et bail rural). – Montier, *RD rur. 1997. 406* (XIVe congrès de l'AFDR). – Roussel, *RD rur. 1999. 157* (droits à produire et baux ruraux). – Collart-Dutilleul, *RD rur. 1999. 177* (analyse contractuelle des droits à produire).

14. Les fumures et arrière-fumures dont l'effet est susceptible de se prolonger après le départ du preneur ne peuvent constituer que des améliorations culturales. • Civ. 3e, 7 déc. 1983 : *Bull. civ. III, n° 256 ; D. 1985. IR 70, obs. Martine* • 27 mars 1985 : *Bull. civ. III, n° 62* • 1er juill. 1998, n° 96-15.468 P : *D. 1999. 218, note Crevel ; JCP N 1999, n° 44-45, p. 1593, obs. J.-P. M.* ♦ Une fois épandus, les engrais et fumiers constituent des fumures et arrière-fumures susceptibles d'indemnisation par le seul bailleur et dans le cadre des améliorations culturales. • Civ. 3e, 21 nov. 1990 : *préc. note 6* • Bourges, 8 sept. 1997 : *JCP 1998. IV. 2113.* – V. Pillebout, *JCP N 1992. I. 21.* ♦ Les fumures et arrières-fumures constituent des améliorations culturales qui ne peuvent être mises à la charge du preneur entrant. • Civ. 3e, 19 oct. 2005, n° 04-14.837 P : *JCP 2005. IV. 3424 ; Gaz. Pal. 5-6 avr. 2006. 20* • 7 mars 2006, n° 04-10.101 P : *D. 2006. IR 947 ; JCP N 2006. Actu. 271 ; Defrénois 2006. 851, note Gelot ; RTD civ. 2006. 580, obs. Gautier ; RD rur. mai 2006. 21, note Gain ; Rev. loyers 2006. 344, obs. Peignot ; RJDA 2006, inf. 750 ; Gaz. Pal. 23-25 juill. 2006. 2.*

15. Exemples d'améliorations. Constituent des améliorations : le défrichement et la mise en culture des terres. • Soc. 10 févr. 1960 : *Bull. civ. IV, n° 153.* ♦ ... L'accroissement du potentiel cultural de l'exploitation. • Soc. 19 déc. 1961 : *Bull. civ. IV, n° 1067.* ♦ ... La plus-value résultant du meilleur état des cultures et de la composition chimique du sol enrichi par de gros apports de fumiers et par les cultures pratiquées. • Soc. 5 févr. 1953 : *Bull. civ. IV, n° 108* • Paris, 1er oct. 1980 : *Gaz. Pal. 1981. 2. 651, note Mégret.* ♦ ... Les désempierrages successifs réalisés pendant plusieurs années constituent une amélioration progressive du fonds loué. • Besançon, 7 mars 2003 : *RD rur. 2003. 280 et 638.*

16. Les frais de replantation ne constituent pas une amélioration. • Civ. 3e, 28 sept. 2011, n° 10-14.933 : *RD rur. 2011, n° 125 ; Defrénois 2011, 40236, note Barbièri ; JCP 2011. 1117 ; DP entr. agric., Bull. n° 446, p. 1, note Roussel ; Gaz. Pal. 2012. 965, note Peignot et Millard* • 14 nov.

2019, n° 18-18.202 : *AJDI 2020. 515, note Roussel* . ♦ Le preneur qui a loué une vieille vigne et qui a restitué une vigne en état de production a droit à l'indemnisation de son amélioration de laquelle l'amortissement est déduit. • Civ. 3e, 31 mai 2018, n° 17-15.169 : *AJDI 2018. 616 ; DP entr. agric., Bull. n° 521, p. 10, note Roussel ; RD rur. 2018, n° 201, note Barthe* • 13 sept. 2018, n° 17-10.492 : *RD rur. 2018, n° 234, note Barthe ; Defrénois 2018, n° 47, p. 45, note Delorme.* ♦ *Contra* : le fait de replanter des vignes vétustes ne saurait s'analyser en un simple entretien et ouvre droit à indemnité au preneur sortant alors surtout que le potentiel de production a été augmenté. • Civ. 3e, 19 févr. 1997 : *Ann. loyers 1997. 1084.* – V. art. L. 415-8.

17. Jugeant que la reconstruction d'un hangar et d'un appentis détruits par un incendie et reconstruits avec l'autorisation du bailleur et après indemnisation de la compagnie d'assurance constitue une amélioration ouvrant droit à indemnité, V. • Poitiers, 18 févr. 1997 : *JCP N 1997. II. 1114, obs. Moreau.* ♦ A droit à une indemnité le preneur qui a participé au financement de la reconstruction par son paiement des primes d'assurance ayant permis au bailleur de percevoir l'indemnité due par l'assureur en raison du sinistre survenu dans le bâtiment. • Civ. 3e, 5 nov. 2015, n° 14-23.875 P : *D. 2015. 2318 ; D. actu. 15 déc. 2015, note Prigent ; JCP N 2015. Actu. 1132 ; JCP 2015. 1277 ; DP entr. agric., Bull. n° 493, p. 8, note Roussel ; Rev. loyers 2016, n° 963, note Peignot.*

18. Mais la transformation d'une terre en pépinière ne constitue pas une amélioration mais un simple mode d'exploitation qui ne donne pas forcément une plus-value au fonds. • Soc. 11 janv. 1958 : *Bull. civ. IV, n° 72.*

19. Quotas laitiers et betteraviers. La réglementation nationale en matière de quotas laitiers n'est pas contraire à l'ordre juridique communautaire. L'attribution d'une quantité de référence laitière ne constitue pas une amélioration au sens de l'art. L. 411-69 et le locataire sortant d'une exploitation agricole ne peut donc solliciter, utilement, le paiement d'une indemnité au titre des quotas laitiers. • Civ. 3e, 23 mai 1995, n° 92-21.358 P : *D. 1995. IR 166 ; Defrénois 1995. 1128, obs. Vermelle ; JCP N 1995. II. 1430, obs. Moreau* • 19 mars 1997 : *Ann. loyers 1997. 1568 ; RD rur. 1997. 431* • 27 janv. 1999 : *RD rur. 1999. 544.* – V. aussi Roussel, *JCP N 1996. I. 173.* ♦ Le droit à la livraison d'un contingent de betteraves attaché à l'exploitation ne constitue pas une amélioration culturale pouvant donner lieu à indemnisation au profit du preneur sortant. • Civ. 3e, 3 avr. 1996, n° 94-13.994 P : *D. 1996. IR 118 ; RD rur. 1996. 53.* ♦ V. aussi * Rép. min. n° 8646 : *JOAN Q 14 févr. 1994, p. 757,* et, sur la répartition des primes à l'élevage, * Rép. min. n° 1345 : *JOAN Q 30 sept. 1993, p. 1779.* ♦ V. aussi • Civ. 3e, 31 oct. 2012, n° 10-17.851 : *RD rur. 2012, n° 106, note Crevel ; JCP N 2012. 1038 ; D. actu. 20 nov. 2012, obs. Prigent ; D. 2012. 2662 , DP entr. agric., Bull. n° 458, p. 7, note Roussel ; JCP 2012. 1265 ; RTD civ. 2012. 157, note Dross* .

20. Droits de plantation et de replantation. Jurisprudence antérieure au Décr. n° 2002-1486 du 20 déc. 2002, art. 10 (codifié à l'art. R. 665-10 C. rur.). BIBL. Carré, *RD rur. 1997. 490.* – Chaput, Rochegude, *Defrénois 2007. 573* (de la notion de droit de superficie à celle de volume immobilier). – Crevel et Roussel, *ibid. 1998. 591* (droits de replantation). – C. et S. Crevel, *ibid. 1999. 294* (même thème). – Gain, *ibid. 2000. 402 ; JCP N 2001. 1755* (dissociation propriété du sol et des plantations ou constructions). – Roussel, *ibid. 2000. 410.* – Agostini, Coutant, Hérail, Perdriol et Seranne, *ibid. 2000. 422.* – Goni, *Gaz. Pal. 3-4 oct. 2001. 9* (droit de planter) – De Brosses, *RD rur. 2002. 602* (droit de replantation et bail rural). – Lachaud, *Ann. loyers 2002. 16* (accession et bail rural). ♦ Les droits de plantation et de replantation n'appartiennent pas à l'exploitant en considération de la personne duquel ils ont été accordés, mais sont attachés à l'exploitation viticole. • Civ. 3e, 17 avr. 1996, n° 94-13.521 P : *D. 1997. Somm. 318, note Agostini ; JCP 1997. II. 22783, note Roussel ; Rev. loyers 1997. 371 ; RD rur. 1996. 53 ; ibid. 1996. 410, note Geninet.* – V. aussi concl. Weber, *ibid. 1996, p. 225.* ♦ Ils ne constituent pas en eux-mêmes une amélioration culturale pouvant donner lieu à indemnité. • Civ. 3e, 29 mars 2000, n° 98-18.794 P : *D. 2000. 709, note Agostini et Roussel ; RD rur. 2000. 309, obs. Pitaud ; Gaz. Pal. 3-4 oct. 2001, p. 24, obs. Lachaud ; AJDI 2001. 260, obs. Giraudel* .

21. Accession des droits au propriétaire. Le preneur sortant ne peut, à l'expiration du bail, imposer au bailleur l'arrachage de plants de vigne devenus la propriété de ce dernier par voie d'accession. • Civ. 3e, 7 janv. 1998, n° 95-20.785 P : *D. 1998. 582, note Agostini ; Gaz. Pal. 1998. 1. Pan. 131 ; Rev. huiss. 1999. 407. obs. Teilliais* • Civ. 3e, 18 nov. 1998, n° 96-18.438 P : *D. 1999. IR 10 ; RD rur. 1998. 564 (2e esp.), note Rochard ; Gaz. Pal. 1999. 1. Pan. 38* • 18 nov. 1998, n° 96-22.102 P : *RD rur. 1998. 564 (1re esp.), note Rochard* • 24 mars 1999, n° 97-14.303 P : *D. 2000. 141, note Agostini et Roussel ; JCP N 1999, n° 26, p. 1054, obs. Pitaud ; AJDI 1999. 912, note Giraudel* • 10 nov. 1999, n° 97-22.503 P : *D. 1999. IR 269 ; JCP 2000. II. 10328, obs. Roussel ; Gaz. Pal. 3-4 oct. 2001, p. 24, obs. Lachaud.* – V. aussi concl. Weber, *D. 2000. 139* • Amiens, 6 mars 2000 : *D. 2001. 2442, note Agostini et Roussel* . ♦ La cour a pu rejeter la contestation du congé et la demande du preneur d'autorisation d'arrachage des plantations dès lors que le bail ne contenait aucune clause de renonciation des propriétaires à exercer le droit d'accession sur les vignes plantées par le preneur et que l'accession s'était produite à l'échéance du contrat initial. • Civ. 3e, 4 mars 2021, n° 19-26.343 : *D. 2021. 1124, note Roussel* ;

Defrénois 2021, n° 13, p. 8, et n° 18, p. 28, note Delorme ; DP entr. agric., Bull. n° 550, p. 6, note Roussel. ♦ En délivrant congé au preneur de laisser les terres en l'état où il les a prises, le bailleur n'a pas renoncé à son droit d'accession. • Civ. 3e, 24 mars 1999 : *préc.* ♦ Le bailleur est fondé à demander une indemnité au preneur qui a arraché les vignes avant son départ, dès lors que les plants de vigne, dès leur plantation, deviennent la propriété du bailleur. • Civ. 3e, 10 nov. 2004 : *AJDI 2005. 43 ; JCP 2005. II. 10119 et JCP N 2005. 1414, note Roussel ; Defrénois 2005. 1437, obs. Gelot.* ♦ Si pendant la durée du bail, les droits de plantation du propriétaire pouvaient être utilisés par le preneur pour planter des vignes sur ses propres terres formant avec les terres du bailleur une exploitation unique, la consistance des vignobles du preneur et du bailleur devait revenir lors de la cessation du bail à la superficie existant avant sa signature sauf autorisation administrative de transfert des droits de plantation. • Crim. 24 oct. 2001, n° 00-86.834.

22. Convention. Est fondée à débouter le locataire de sa demande d'indemnité relative aux droits de plantation la cour qui relève que si le bail précisait que le propriétaire renonçait à la propriété des plantations en fin de bail, il était aussi prévu que ces plantations lui restaient acquises en cas de fin anticipée du bail du fait du preneur. • Civ. 3e, 12 juill. 2000 : *Dr. et patr. 2002. 103.* ♦ Pour un exemple de renonciation au droit d'accession à la propriété des plantations par avenant au bail d'origine, depuis l'entrée en jouissance, y compris pour les plantations en place à la signature de l'avenant, V. • Civ. 3e, 14 mars 2019, n° 17-27.551 : *RD rur. 2019, n° 46, note Crevel.* ♦ La clause de fin de bail prévoyant la propriété du bailleur des vignes plantées en cours de bail ayant été supprimée par avenant, la cour retient souverainement que les vignes plantées avant la conclusion de l'avenant restent la propriété du bailleur, même si les terres ont été désignées dans le bail comme terre à vigne. • Civ. 3e, 20 juin 2019, n° 18-16.908 : *Gaz. Pal. 2020, n° 17, p. 36, note Lebel.*

23. Est mal fondé le bailleur qui, à la suite de la résiliation du bail, demande au preneur la restitution des DPU dès lors que le preneur en 2000 a été seul attributaire des DPU en sa qualité d'exploitant historique référencé, et que les DPU ont un caractère patrimonial qui permet à leur titulaire de les transférer ou de les céder. • Bordeaux, 19 oct. 2006 : *RD rur. 2007, n° 97, note Roussel.* ♦ Le défaut de transmission de DPU par le preneur au propriétaire ne peut constituer une dégradation du fonds, ni ouvrir droit à indemnisation. • Reims, 10 juill. 2007 : *JCP N 2009. 1100, note Roussel.* ♦ Le preneur qui a obtenu des droits au paiement n'a pas à les transmettre au bailleur en fin de bail, sans que ce non-transfert puisse être qualifié d'enrichissement sans cause du preneur. • CJUE 21 janv. 2010, n° C-470/08 : *Europe 2010. 123 ; RD rur. 2011, n° 6, note Crevel.*

II. CRÉANCE D'INDEMNISATION

24. Fondement. Droit du preneur sur les améliorations. BIBL. Gain, *JCP N 2001. 1755* (dissociation propriété du sol et des plantations ou constructions). – Brelet, *JCP N 2001. 1514* (droits du bailleur sur les améliorations). – Hilt, *JCP 2003. I. 183* (date d'effet de l'accession dans les baux immobiliers ; plaidoyer pour l'accession différée). ♦ L'amélioration du fonds s'incorpore à l'immeuble et ne devient une créance mobilière qu'à la fin du bail lors du compte de sortie. • Civ. 3e, 13 mai 1986 : *RDI 1986. 511, note Lorvellec, Jégouzo.* ♦ En fin de bail, le bailleur est propriétaire des améliorations. • Civ. 3e, 27 janv. 1993 : *RD rur. 1993. 282* • 7 janv. 1998 : *préc. note 21.* ♦ Même sens, jugeant que faute d'en être propriétaire, le preneur qui a édifié un hangar sur le terrain du bailleur ne peut procéder à son démontage en fin de bail (à propos d'un bâtiment ayant des fondations et ayant nécessité l'octroi d'un permis de construire). • Rennes, 12 mars 1998 : *JCP 1998. II. 10193, note Rochard ; Rect. ibid. 1998. II. 10204 bis ; RD rur. 1998. 375.* ♦ Pour un exemple de renonciation à son droit d'accession par le bailleur sur un hangar régulièrement édifié pendant le bail, V. • Civ. 3e, 16 déc. 1997 : *RD rur. 1998. 131 ; Dr. et patr. 9/1998. 105 ; RD rur. 1999. 279, n° 8, note Roussel.*

25. Il y a accession immédiate des plantations réalisées par le preneur. • Civ. 3e, 10 nov. 1999 : *préc. note 20* • 10 nov. 2004 : *JCP 2005. II. 10119, note Roussel.* ♦ *Contra* : « en l'absence d'accord des parties ... le preneur reste propriétaire, pendant toute la durée de la location des constructions qu'il a édifiées sur le terrain du bailleur ». • Civ. 1re, 1er déc. 1964 : *JCP 1965. II. 14213, note Eismein ; RTD civ. 1965. 373* • 23 oct. 1990, n° 88-20.296 P. ♦ Les aménagements deviennent la propriété du bailleur lors du renouvellement. • Civ. 3e, 25 févr. 2016, nos 14-26.845 et 14-29.085 : *RD rur. 2016, n° 218, note Crevel ; Defrénois 2016. 823, note Roussel.* ♦ Le bailleur devient propriétaire des plantations au renouvellement du bail. • Civ. 3e, 23 nov. 2017, n° 16-16.815 P : *D. 2017. 2426 ; JCP N 2017. 1006 et 1341, note Grimonprez ; JCP 2017. 1310 ; D. actu. 4 déc. 2017, note Kilgus ; DP entr. agric., Bull. n° 513, p. 7, note Roussel ; RD rur. 2017, n° 44, note Barthe ; D. 2018. 781, note Roussel ; Defrénois 2017, n° 29, p. 5 ; ibid. 2018, n° 18-19, note Delorme et Gelot ; Gaz. Pal. 2018. 1526, note Peignot.*

26. Bien propre. L'indemnité du preneur sortant n'est pas un actif de communauté. • Civ. 1re, 8 avr. 2009 : *préc. note 7.*

27. Expropriation. L'absence dans le cahier des charges de toute mention relative à la nature, au coût, à la date des améliorations du preneur reste sans incidence sur les droits de celui-ci à indemnité. • Civ. 3e, 25 mai 2023, n° 21-23.015 B : *Gaz. Pal. 2023, n° 19, p. 33 ; JCP 2023. 698 ; RD rur.*

2023, n° 84, note Crevel ; JCP N 2023. 1160, note Travely ; DP entr. agric., Bull. n° 577, p. 9, note Roussel ; Rev. loyers 2023, n° 2041, note Roussel.

A. ÉTABLISSEMENT DE LA CRÉANCE

28. Preuve. L'attribution de l'indemnité de l'art. 847 [L. 411-69] suppose une comparaison entre l'état du fonds à l'entrée et à la sortie du preneur. • Civ. 3e, 14 janv. 1971 : *Bull. civ. III, n° 18.* – V. aussi • Civ. 3e, 16 juin 1999 : *RD rur. 2000. 241.* ♦ Une indemnité est due au preneur d'un bien rural sortant pour améliorations culturales dès lors que la comparaison entre l'acte de bail d'origine et les relevés d'exploitation établis pour les huit dernières années relève une augmentation du cheptel de plus de 100 % et qu'il résulte de diverses attestations la preuve de l'utilisation de techniques en production animales et végétales permettant une meilleure productivité et la recherche d'un maximum de rendement. • Civ. 3e, 7 juill. 1993, n° 91-15.849 P : *JCP 1994. II. 22234, note Ourliac ; RTD civ. 1994. 377, obs. Gautier ; RD rur. 1993. 484, obs. Ourliac.* ♦ V. aussi art. R. 411-15. ♦ Est mal fondé l'arrêt qui fixe le montant de l'indemnité d'amélioration au vu du rapport d'expertise sans preuve des travaux ou investissements du preneur. • Civ. 3e, 31 mai 2007, n° 06-14.658 : *Rev. loyers 2007. 358.*

29. Est mal fondée la cour qui limite l'indemnisation des travaux régulièrement réalisés par le preneur en écartant les dépenses exposées par un tiers. • Civ. 3e, 17 nov. 2021, n° 20-10.389 : *JCP N 2022. 1167, n° 4, note Sahut.*

30. DPU. Le propriétaire est mal fondé à demander au preneur de transférer les DPU de la période 2001-2002 au motif que ce dernier s'était engagé en 2001 à ne pas dévaloriser les terres au regard de la PAC, dès lors que le preneur n'a pu disposer de ces droits ni y renoncer avant d'en avoir eu connaissance. • Civ. 3e, 18 févr. 2009, n° 08-11.502 : *RD rur. 2009, n° 109, note Crevel.*

31. Date d'évaluation. L'indemnité pour les améliorations doit être évaluée en fin de bail. • Soc. 20 déc. 1957 : *D. 1958. 80, note Lindon ; Bull. civ. IV, n° 1274* • Civ. 3e, 2 oct. 1996 : *Rev. huiss. 1996. 1417 ; RD rur. 1996. 101 ; Ann. loyers 1997. 1084.* ♦ ... Et non à la date de la cessation de l'occupation. • Soc. 3 juin 1957 : *Bull. civ. IV, n° 657.* – V. aussi • Civ. 3e, 22 janv. 1997 : *RD rur. 1997. 68 ; Ann. loyers 1997. 1083.*

B. EXISTENCE DE LA CRÉANCE

32. Naissance de la créance. La créance née de l'application des art. L. 411-69 s. n'existant que du jour où elle est accordée judiciairement, le preneur évincé n'a jusqu'à la décision de justice qui fixe l'indemnité de sortie, ni titre, ni créance, ni droit reconnu dont il puisse se prévaloir. • Civ. 3e, 21 oct. 1992 : *JCP N 1993. II. 62, obs. crit. J.-M. G.*

33. Renonciation. La renonciation à indemnité est valable lorsque le preneur la passe en toute connaissance de cause, spécialement pour remettre sans indemnité au bailleur des terrains destinés à des travaux de voirie. • Soc. 1er déc. 1960 : *Bull. civ. IV, n° 1104.* ♦ Si le montant de l'indemnité n'est fixé qu'à la fin du bail, le principe du droit du preneur est acquis dès l'amélioration réalisée et il peut renoncer à ce droit acquis avant l'expiration du bail. • Soc. 10 déc. 1954 : *Bull. civ. IV, n° 806.* – V. aussi • Civ. 3e, 21 févr. 1990, n° 88-13.622 P. ♦ Le cessionnaire ne peut renoncer par avance aux droits à indemnité pour amélioration. • Civ. 3e, 31 oct. 2006, n° 05-19.731. ♦ Le preneur ne peut par une clause du bail renoncer à un droit à indemnisation résultant de plantations réalisées plusieurs années après la conclusion de ce bail. • Civ. 3e, 13 sept. 2018, n° 17-10.492 : *RD rur. 2018, n° 234, note Barthe ; Defrénois 2018, n° 47, p. 45, note Delorme.*

34. La renonciation implicite du preneur à demander une indemnité pour amélioration peut être déduite de son comportement en l'absence de protestation ni sollicitation de l'indemnité lorsque le bailleur a repris des terres. • Soc. 23 nov. 1967 : *Bull. civ. IV, n° 740.*

35. Extinction. Préemption. La substitution du preneur à l'acquéreur adjudicataire résultant de l'exercice du droit de préemption éteint sa créance. • Soc. 27 oct. 1958 : *Gaz. Pal. 1959. 1. 25 ; Bull. civ. IV, n° 1109* • 6 mai 1960 : *ibid. IV, n° 456.*

Art. L. 411-70 **Pour permettre le paiement de l'indemnité due,** *(L. n° 2006-11 du 5 janv. 2006, art. 7)* **« les établissements** *(Ord. n° 2013-544 du 27 juin 2013, art. 13-2°, en vigueur le 1er janv. 2014)* **« de crédit ou les sociétés de financement » peuvent » accorder aux bailleurs qui en font la demande des prêts spéciaux à long terme. Lorsque le preneur sortant a obtenu un prêt pour réaliser des améliorations et que ce prêt n'est pas entièrement remboursé, le bailleur est, s'il en fait la demande, subrogé dans les droits et obligations du preneur et l'indemnité due est réduite en conséquence.** – *[Anc. art. 847-1.] — V. art. L. 411-78.*

Art. L. 411-71 **L'indemnité est ainsi fixée :**

1° En ce qui concerne les bâtiments et les ouvrages incorporés au sol, l'indemnité est égale au coût des travaux, évalué à la date de l'expiration du bail, réduit de 6 % par année écoulée depuis leur exécution. *(L. n° 84-741 du 1er août 1984, art. 18-I)* **« Toutefois, dans les conditions déterminées par décret en Conseil d'État, il pourra, pour les**

bâtiments d'exploitation, les bâtiments d'habitation et les ouvrages incorporés au sol, être décidé par décision administrative de calculer les indemnités en fonction de tables d'amortissement déterminées à partir d'un barème national. » En tout état de cause, l'indemnité n'est due que dans la mesure où les aménagements effectués conservent une valeur effective d'utilisation ; – *V. art. R. 411-18 et R. 411-19.*

2° *(L. nº 84-741 du 1er août 1984)* **« En ce qui concerne les plantations, elle est égale à l'ensemble des dépenses, y compris la valeur de la main-d'œuvre, évaluées à la date de l'expiration du bail, qui auront été engagées par le preneur avant l'entrée en production des plantations, déduction faite d'un amortissement calculé à partir de cette dernière date, sans qu'elle puisse excéder le montant de la plus-value apportée au fonds par ces plantations » ;**

3° En ce qui concerne les travaux de transformation du sol en vue de sa mise en culture ou d'un changement de culture entraînant une augmentation du potentiel de production du terrain de plus de 20 %, les améliorations culturales ainsi que les améliorations foncières mentionnées à l'article L. 411-28, l'indemnité est égale à la somme que coûteraient, à l'expiration du bail, les travaux faits par le preneur dont l'effet est susceptible de se prolonger après son départ, déduction faite de l'amortissement dont la durée ne peut excéder dix-huit ans. *(L. nº 2014-1170 du 13 oct. 2014, art. 7)* **« Le montant de l'indemnité peut être fixé par comparaison entre l'état du fonds lors de l'entrée du preneur dans les lieux et cet état lors de sa sortie ou au moyen d'une expertise. En ce cas, l'expert peut utiliser toute méthode lui permettant d'évaluer, avec précision, le montant de l'indemnité due au preneur sortant ; »**

(L. nº 84-741 du 1er août 1984, art. 18-II) **« 4° En cas de reprise effectuée en application des articles L. 411-6, L. 411-58 et L. 411-60 du présent code, et en ce qui concerne les travaux régulièrement exécutés en application des 1 et 3 du I de l'article L. 411-73 du présent code, l'indemnité est égale à la valeur au jour de l'expiration du bail des améliorations apportées compte tenu de leurs conditions techniques et économiques d'utilisation » ;**

(L. nº 99-574 du 9 juill. 1999, art. 16-II) **« 5° En ce qui concerne les travaux imposés par l'autorité administrative, l'indemnité est fixée comme au 1°, sauf accord écrit et préalable des parties. »**

La part des travaux mentionnés au présent article dont le financement a été assuré par une subvention ne donne pas lieu à indemnité.

Les travaux mentionnés au présent article, qui ont un caractère somptuaire ou qui n'ont pas été faits au juste prix, ne donnent lieu à indemnité que comme s'il s'agissait d'installations normales et réalisées au juste prix. – *[Anc. art. 848.]* – *V. note ss. art. L. 411-1.*

V. art. L. 411-78 et R. 411-14.

BIBL. ▶ PITAUD et ROCHARD, *RD rur. 1999. 318* (loi du 9 juill. 1999 d'orientation agricole). – LE PETIT, *Administrer 1/2000. 8* (même thème). – CAMPELS, *D. 2000. Chron. 325* (même thème).

COMMENTAIRE

Le compte de sortie entre le preneur et le bailleur est établi selon des règles strictes et d'ordre public. Il s'agit d'éviter toute valorisation du bail ce qui rend impossible la cession du fonds de culture sur sa valeur d'utilisation. Il pouvait alors être envisagé deux modes d'indemnisation, le paiement du profit subsistant ou le remboursement des frais exposés. Le système retenu dans le code rural est intermédiaire entre ces deux solutions. Les juges ne fixent donc pas une somme globale forfaitaire. Pour rendre la créance liquide, ils précisent le prix de chaque catégorie d'amélioration selon les règles légales. Cette complexité illustre la volonté d'équité du législateur tout autant que son souci d'écarter toute fraude au principe de non-patrimonialité du bail. La méthode générale d'évaluation posée par la loi consiste à retenir le montant des dépenses effectuées par le preneur, à les actualiser au jour de l'expiration du bail, puis à en déduire l'amortissement acquis. Le législateur a distingué les différentes améliorations et leur a affecté des modes de calcul distincts. Un assouplissement a été introduit par la loi du 13 octobre 2014 d'avenir pour l'agriculture. En effet, le système était vivement critiqué car le preneur se trouve ne recevoir avec le système de calcul légal aucune indemnité pour de nombreuses améliorations qu'il a régulièrement apportées, qu'il a entretenues et laissées en parfait état fonctionnel, au seul motif que la durée d'amortissement réglementaire est dépassée. Il a été prévu pour les seules améliorations culturales une indemnisation selon la valeur subsistante appréciée par expert. C'est une place limitée faite à la valeur d'usage par exception à la valeur comptable. ❑

1. Ordre public. Jugé que l'art. L. 411-71 est impératif et que le calcul de l'indemnité ne peut résulter que de l'application des principes découlant de ce texte. • Civ. 3e, 30 mai 1996 : *Ann. loyers 1996. 1471.* ♦ Est mal fondé le juge qui écarte les stipulations contractuelles prévoyant l'évaluation de l'indemnité de sortie au motif de l'évolution du travail agricole. • Civ. 3e, 12 mai 2015, nº 13-23.123 : *RD rur. 2015, nº 229, note Crevel.* ♦ La loi exclut toute autre forme d'indemnisation que celle égale au coût des travaux et améliorations évalués à l'expiration du bail après déduction d'un amortissement par année, quel que soit le fondement juridique invoqué, et la valeur résiduelle doit être retenue en l'absence de tout accord des parties prévoyant une indemnisation complémentaire de la plus-value apportée au fond. • Civ. 3e, 6 oct. 2016, nº 15-18.796 P : *DP entr. agric., Bull. nº 504, p. 8, note Roussel ; D. 2017. 439, note Roussel ; Gaz. Pal. 2016. 3006 ; Defrénois 2017, nº 31-33, p. 58, note Delorme.* ♦ Sur la question de savoir si le fermier sortant peut, dans certains cas, prétendre à l'indemnité prévue à l'art. 555 C. civ., V. Perraudeau, *Rev. loyers 1985. 368 ;* Lachaud, *Ann. loyers 1989. 1091.* ♦ V. aussi, pour une réponse négative, • Civ. 3e, 22 juin 1988 : *JCP N 1989. II. 85, obs. Moreau.* ♦ Sur l'exclusion de l'action pour enrichissement sans cause : • Soc. 7 juin 1956 : *Bull. civ. IV, nº 717.*

2. Intérêts moratoires. La créance née de l'application des art. L. 411-69 s. n'existe et ne peut produire d'intérêts moratoires que du jour où elle est accordée judiciairement. • Civ. 3e, 17 déc. 1986 : *Bull. civ. III, nº 184.* ♦ Le juge peut, en vertu de l'art. 1153-1 C. civ., fixer à une date autre que celle de sa décision le point de départ des intérêts dus sur le montant de l'indemnité de sortie. • Civ. 3e, 2 déc. 1992, nº 90-15.509 P : *JCP 1994. II. 22234, note Ourliac.*

3. Calcul de l'indemnité. Pour le calcul du montant des travaux autorisés, l'indemnité de sortie de ferme doit prendre en compte, sauf dérogation expresse, non seulement le coût des matériaux, mais également celui de la main-d'œuvre du preneur. • Civ. 3e, 19 avr. 1989 : *Bull. civ. III, nº 86 ; D. 1990. Somm. 36, obs. Martine.* ♦ Jugeant que l'indemnité d'assurance qui a servi à financer la reconstruction d'une installation détruite par un incendie ne peut être assimilée à une subvention puisque, d'une part cette indemnité a une origine contractuelle et a été versée en contrepartie des primes payées par le preneur et que, d'autre part l'application de l'art. L. 411-71 ne saurait être étendue par analogie. • Poitiers, 18 févr. 1997 : *JCP N 1997. II. 1114, obs. Moreau.* ♦ L'indemnité de sortie relative aux travaux visés à l'alinéa 3 de l'art. L. 411-71 ne peut être fixée en se fondant sur la seule plus-value acquise par les terres affermées. • Civ. 3e, 19 juill. 2000, nº 96-14.331 P : *RD rur. 2001. 112 ; JCP N 2001. 1799 ; Gaz. Pal. 11-12 oct. 2000. Pan. 15.* ♦ V. jurisprudence ss. art. L. 411-69, note 10. ♦ Pour un exemple d'application de l'art. L. 411-71 (2º), V. • Civ. 3e, 2 oct. 1996 : *Rev. huiss. 1996. 1417 ; RD rur. 1996. 101 ; Ann. loyers 1997. 1084.* ♦ Et pour l'application d'un arrêté préfectoral dérogatoire, V. • Civ. 3e, 3 déc. 2015, nº 14-24.575 : *RD rur. 2016, nº 67, note Crevel.* ♦ Les améliorations peuvent s'apprécier avec un état des lieux réalisé lors du premier renouvellement du bail avec une comparaison corrigée des rendements des premières et dernières années du bail. • Civ. 3e, 5 nov. 2015, nº 14-23.875 P : *D. 2015. 2318 ; D. actu. 15 déc. 2015, note Prigent ; AJDI 2016. 208, note Prigent ; JCP N 2015. Actu. 1132 ; JCP 2015. 1277 ; Rev. loyers 2016, nº 963, note Peignot , Gaz. Pal. 2015. 3920 et 2016. 1754.* ♦ La cour qui a relevé que les parties n'avaient conclu aucun accord particulier relatif à une indemnisation complémentaire du preneur au titre de la plus-value apportée au fonds loué, a souverainement apprécié les décomptes de l'expert judiciaire et de chaque partie, et légalement justifié sa décision de déterminer l'indemnité de sortie à partir de la valeur résiduelle totale du vignoble. • Civ. 3e, 6 oct. 2016, nº 15-18.796 P : *D. 2016. 2063.*

4. Surindemnité. Peut résulter de divers documents un accord sur le bénéfice pour le preneur d'une surindemnité conventionnelle. • Soc. 1er mars 1962 : *Bull. civ. IV, nº 244* • Civ. 3e, 7 mai 1971 : *ibid. III, nº 288.*

Art. L. 411-72 **S'il apparaît une dégradation du bien loué, le bailleur a droit, à l'expiration du bail, à une indemnité égale au montant du préjudice subi.** – *[Anc. art. 849, al. 2.]*

1. Perte de quotas. BIBL. Lachaud, *Ann. loyers 1993. 576 ; ibid. 1995. 765 ; ibid. 1997. 116.* – Peignot, *Gaz. Pal. 1994. 1. Doctr. 581 ; ibid. 1997. 2. 597 ; RD rur. 1994. 393 et 465.* – Roussel, *RD rur. 1999. 157.* – Collart-Dutilleul, *RD rur. 1999. 177.* ♦ La cessation de l'activité laitière par le preneur ne peut constituer une dégradation du fonds loué au sens de l'art. L. 411-72. • Civ. 3e, 20 mars 1996, nº 93-21.355 P : *Defrénois 1996. 1154, obs. Roussel ; RD rur. 1996. 43* • 18 nov. 1998 : *RD rur. 1999. 2* • Caen, 2 oct. 1995 : *ibid. 1996. 43 ; Gaz. Pal. 1997. 2. 218, obs. Lachaud ; Rev. juris. Basse-Normandie mars 1996. 55, note Mast* • 9 oct. 1995 : *ibid. ; RD rur. 1996. 43 ; JCP 1996. IV. 1302* • Riom, 18 juin 1996 : *JCP 1997. IV. 436.* ♦ V., dans le même sens, jugeant que l'abandon par le preneur de la culture betteravière et, par suite, la perte de quotas betteraviers ne peut constituer une dégradation du fonds loué au sens de l'art. L. 411-72. • Civ. 3e, 27 nov. 1996, nº 94-17.028 P : *D. 1997. IR 2* ; *Rev. huiss. 1997. 852.* ♦ V. aussi • Civ. 3e, 14 nov. 1996 : *D. 1996. IR 261* ; *Rev. huiss. 1997. 853* ; *RD rur. 1996. 112* ; *Gaz. Pal. 1998. 1. Somm. 173, obs. Lachaud.* ♦ Toutefois, postérieurement à l'expiration du bail, le fermier a perdu tout droit de cultiver les terres antérieurement louées, il est en conséquence privé de la faculté d'imposer au propriétaire l'abandon des quotas betteraviers ; à défaut, il doit réparer le préjudice causé par ses agissements. • Civ. 3e, 23 juin 1993, nº 91-18.591 P : *RD rur. 1993. 70.* ♦ Même sens, précisant que pour évaluer le préjudice du propriétaire, il fallait retenir que les quotas étaient irrémédiablement perdus tout comme la valeur patrimoniale qui s'y attachait, ce qui privait d'un large intérêt la vente des terres libres. • Civ. 3e, 1er oct. 2003 : *RD rur. 2004. 8 et 285.* ♦ V. et comp. jurisprudence ss. art. L. 411-29, L. 411-35, L. 411-69 et L. 411-74.

2. Sur l'existence du droit à la prime de cessation d'activité laitière : en cas de résiliation du bail rural, V. • CE 16 sept. 1994 (2 esp.) : *RDI 1995. 617, obs. Foyer et Hudault* . ♦ V. aussi, • CE 11 mars 1998 : *RD rur. 1998. 598* (4 arrêts). – V. également, à propos de ces 4 arrêts, concl. Touvet, *ibid.* ♦ ... En cas d'engagement contractuel du preneur de prendre toutes les dispositions pour maintenir le quota laitier existant sur le bien loué ou en cas de prorogation du bail pour une durée de cinq ans, V. • TA Nantes, 9 mai 1997 : *RD rur. 1997. 593* (2 arrêts). – V. aussi concl. Millet, *ibid.*

3. Perte de droits de replantation. La perte de droits de replantation résultant de leur péremption ne peut constituer, en elle-même, une dégradation du fonds loué au sens de l'art. L. 411-72. • Civ. 3e, 12 juill. 2000, nº 98-18.048 P : *D. 2001. 1813, note Agostini et Roussel* ; *ibid. 2001. 1826, concl. Weber* ; *Rev. loyers 2000. 418, obs. Peignot* ; *JCP N 2001. 547* ; *RD rur. 2000. 371, obs. Pitaud et Rochard* ; *ibid. 2001. 109 et 286, obs. Crevel* ; *AJDI 2001. 261, obs. Giraudel* ; *Gaz. Pal. 3-4 oct. 2001. 24* ; *JCP N 2001. 547.*

4. Est mal fondé le rejet de la demande du bailleur de la valeur des constructions édifiées sur le fonds par le preneur avant le renouvellement et détruites avant la fin du bail. • Civ. 3e, 25 févr. 2016, nos 14-26.845 et 14-29.085 : *RD rur. 2016, nº 218, note Crevel* ; *Defrénois 2016. 823, note Roussel.*

5. Si des travaux ont été réalisés par le preneur en violation de l'art. L. 411-28 et en provoquant une dégradation du fonds, le bailleur ne peut demander qu'une indemnité à l'expiration du bail, sans pouvoir obtenir la condamnation à la remise en état des lieux en cours de bail. • Civ. 3e, 14 déc. 2023, nº 22-20.257 P : *D. 2023. 2239* .

6. Le propriétaire d'un chemin d'exploitation traversant le domaine loué est en droit d'en exiger le rétablissement s'il en a l'usage. • Civ. 3e, 23 nov. 2017, nº 16-16.815 P : *D. 2017. 2426* ; *JCP N 2017. 1006 et 1341, note Grimonprez* ; *JCP 2017. 1310* ; *D. actu. 4 déc. 2017, note Kilgus* ; *DP entr. agric., Bull. nº 513, p. 7, note Roussel* ; *RD rur. 2018, nº 53, note Lochouarn.*

7. Redressement judiciaire. Sur le droit au paiement immédiat de l'indemnité faute pour le liquidateur d'établir l'antériorité des dégradations à l'ouverture de la procédure collective, V. • Com. 9 juill. 1996 : *Rev. loyers 1997. 175, note Gallet.*

Art. L. 411-73 *(Ord. nº 2006-870 du 13 juill. 2006)* **« I. — Les travaux d'améliorations, non prévus par une clause du bail, ne peuvent être exécutés qu'en observant, selon le cas, l'une des procédures suivantes :**

(L. nº 84-741 du 1er août 1984, art. 17-I) **1. Peuvent être exécutés sans l'accord préalable du bailleur :**

— les travaux dispensés de cette autorisation par la loi nº 67-561 du 12 juillet 1967 relative à l'amélioration de l'habitat et les textes pris pour son application ;

— les travaux figurant sur une liste établie par décision administrative pour chaque région naturelle, en tenant compte de la structure et de la vocation des exploitations. Cette liste ne pourra comprendre que les travaux nécessités par les conditions locales et afférents, en ce qui concerne l'amélioration des bâtiments d'exploitation existants, à l'installation de l'eau et de l'électricité dans ceux-ci, à la protection du cheptel vif dans les conditions de salubrité et à la conservation des récoltes et des éléments fertilisants organiques, et, en ce qui concerne les ouvrages incorporés au sol, à la participation à des opérations collectives d'assainissement, de drainage et d'irrigation, ainsi qu'aux travaux techniques assurant une meilleure productivité des sols sans changer leur destination naturelle ; — *V. art. R. 411-14.*

— tous travaux, autres que ceux concernant les productions hors sol ainsi que les plantations, dont la période d'amortissement, calculée dans les conditions fixées par l'article L. 411-71, ne dépasse pas de plus de six ans la durée du bail. Toutefois, lorsqu'il n'a pas reçu congé dans le délai prévu à l'article L. 411-47 ou à l'article L. 416-3, selon le cas, il est ajouté à la durée du bail en cours celle du nouveau bail y compris la prorogation de plein droit prévue à l'article L. 411-58, deuxième alinéa.

Deux mois avant l'exécution des travaux, le preneur doit communiquer au bailleur un état descriptif et estimatif de ceux-ci. Le bailleur peut soit décider de les prendre à sa charge, soit, en cas de désaccord sur les travaux envisagés ou sur leurs modalités d'exécution, pour des motifs sérieux et légitimes, saisir le tribunal paritaire, dans le délai de deux mois à peine de forclusion. Le preneur peut exécuter ou faire exécuter ces travaux si aucune opposition n'a été formée, si le tribunal n'a pas admis la recevabilité ou le bien-fondé des motifs de l'opposition dont il a été saisi, ou si le bailleur n'a pas entrepris, dans le délai d'un an, les travaux qu'il s'est engagé à exécuter. — *V. art. R. 411-16.*

2. *(L. n° 2010-874 du 27 juill. 2010, art. 59-5°)* « Pour les plantations, les constructions de bâtiments destinés à une production hors sol ainsi que les travaux réalisés dans le cadre de la production et, le cas échéant, de la commercialisation de biogaz, d'électricité et de chaleur par la méthanisation, le preneur, afin d'obtenir l'autorisation du bailleur, lui notifie sa proposition. » *(L. n° 88-1202 du 30 déc. 1988)* « En cas de refus du bailleur ou à défaut de réponse dans les deux mois de la notification qui lui a été faite, les travaux peuvent être autorisés par le tribunal paritaire, à moins que le bailleur ne décide de les exécuter à ses frais dans un délai fixé en accord avec le preneur ou, à défaut, par le tribunal paritaire.

« Le preneur ne peut construire ou faire construire un bâtiment d'habitation sur un bien compris dans le bail que s'il a obtenu au préalable l'accord écrit du bailleur. Il exécute alors les travaux à ses frais et supporte les impôts et taxes afférents au bâtiment construit. »

(L. n° 99-574 du 9 juill. 1999, art. 16-III) « En ce qui concerne les travaux imposés par l'autorité administrative, le preneur notifie au bailleur la proposition de réaliser les travaux.

« Le bailleur peut décider de les prendre en charge dans un délai fixé en accord avec le preneur.

« En cas de refus du bailleur ou s'il ne répond pas dans les deux mois de la notification, ou s'il ne respecte pas son engagement d'exécuter les travaux prescrits dans le délai convenu, le preneur est réputé disposer de l'accord du bailleur pour l'exécution de ces travaux. »

3. Pour tous autres travaux d'amélioration, le preneur doit obtenir l'autorisation du bailleur. A cet effet, il lui notifie sa proposition ainsi qu'à un comité technique départemental dont la composition et les conditions d'intervention sont fixées par décret en Conseil d'État. Le bailleur peut décider de les exécuter à ses frais dans un délai fixé en accord avec le preneur. S'il refuse ou s'il ne répond pas dans les deux mois de la notification, le preneur en informe le comité technique départemental qui dispose d'un délai de deux mois pour rendre son avis. — *V. art. R. 411-16 et R. 411-20 à R. 411-27.*

Le preneur peut exécuter ou faire exécuter les travaux si aucune opposition à un avis favorable du comité n'a été formée par le bailleur auprès du tribunal paritaire, si le tribunal n'a pas admis la recevabilité ou le bien-fondé des motifs de l'opposition dont il a été saisi, ou si le bailleur n'a pas entrepris, dans le délai prévu, les travaux qu'il s'est engagé à exécuter.

Le permis de construire, dans le cas où il est exigé, peut être demandé par le preneur seul dès lors qu'il a l'autorisation de faire les travaux compte tenu des dispositions précédemment énoncées.

II. — Quelle que soit la procédure qui s'applique, les travaux visés au présent article doivent, sauf accord du bailleur, présenter un caractère d'utilité certaine pour l'exploitation.

Pour les travaux inclus dans des opérations collectives de drainage ou d'irrigation, le preneur doit joindre à sa proposition, notifiée au bailleur, l'engagement écrit d'acquitter les taxes syndicales correspondantes qui sont alors recouvrées par voie de rôle annexe. Dans ce cas, l'accord du bailleur emporte mandat d'être représenté par le preneur au sein de l'association syndicale ou foncière qui a la maîtrise des travaux.

Lorsque les travaux affectent le gros œuvre d'un bâtiment, le bailleur peut exiger qu'ils soient exécutés sous la direction et le contrôle d'un homme de l'art désigné, à défaut d'accord amiable, par l'autorité judiciaire. — *V. art. R. 411-17.*

BIBL. ▶ PITAUD et ROCHARD, *RD rur. 1999. 316* (loi du 9 juill. 1999 d'orientation agricole). – LE PETIT, *Administrer 1/2000. 8* (même thème). – CAMPELS, *D. 2000. Chron. 325* ✐ (même thème).

COMMENTAIRE

Le preneur a un pouvoir d'initiative qui lui permet d'imposer au propriétaire un dynamisme de gestion que ce dernier a peu la faculté d'entraver. Selon la nature des travaux et en réalité selon l'obligation finale du bailleur de contribuer financièrement à l'investissement, il a été prévu différents systèmes de contrôle de l'initiative du preneur par le propriétaire (V. aussi art. L. 411-28 et L. 411-29). Il n'existe plus de travaux d'amélioration qui puissent être exécutés librement par le preneur. ❑

I. PROCÉDURE D'AUTORISATION

1. *Bailleur usufruitier.* L'art. 595 C. civ., qui exige le concours du nu-propriétaire pour que l'usufruitier puisse donner à bail un fonds rural, ne concerne pas l'exécution de travaux par le preneur que le second peut valablement autoriser seul. • Civ. 3e, 20 mai 1992, ⛫ no 90-18.090 P : *JCP N 1992. II. 411, obs. Moreau ; Defrénois 1993. 367, obs. Vermelle.*

2. La confusion des qualités de bailleurs et d'associés de la société preneur à bail ne dispense pas celle-ci de se conformer à la procédure d'ordre public de dénonciation ou d'autorisation des travaux. • Civ. 3e, 6 juin 2019, ⛫ no 17-23.777 : *BJS nov. 2019, p. 26, note Roussel.*

3. *Date de l'autorisation.* L'autorisation doit être antérieure au commencement des travaux. • Civ. 3e, 10 oct. 1973 : *Bull. civ. III, no 524.* ♦ La loi, en prévoyant l'autorisation du propriétaire ou, à défaut, de la justice, implique que cette autorisation est accordée avant le commencement des travaux, sauf cas d'*urgence* exceptionnel. • Soc. 15 juill. 1955 : *Bull. civ. IV, no 617* • Civ. 3e, 30 janv. 1973 : *ibid. III, no 82.* – V. aussi, • Civ. 3e, 13 mars 1991 : ⛫ *JCP N 1992. II. 110, obs. Moreau.*

4. *Portée de l'autorisation.* Refusant l'indemnisation du preneur, autorisé à réaliser une étable, ayant construit une porcherie industrielle, • Limoges, 13 sept. 1995 : *RD rur. 1995. 119.*

5. *Preuve.* En ce qui concerne les conditions dans lesquelles la preuve de l'autorisation a été admise, V. • Soc. 11 mars 1965 : *Bull. civ. IV, no 219* • 25 avr. 1963 : *ibid. IV, no 347* • 13 mars 1963 : *ibid. IV, no 240.*

6. *Bail.* En ce sens que seuls les travaux d'amélioration résultant d'une clause du bail ou ayant été autorisés par le bailleur ou, à défaut, par le tribunal peuvent donner lieu à une indemnisation du preneur, V. • Civ. 3e, 22 juin 1988 : *JCP N 1989. II. 85, obs. Moreau.*

7. *Autorisation générale.* La loi subordonnant l'indemnisation des travaux de toute nature réalisés par le locataire à la communication d'un état descriptif estimatif ou à la notification d'une proposition au bailleur, la cour a pu juger que l'autorisation donnée dans le bail était trop générale pour valoir autorisation de travaux ne présentant pas un caractère d'utilité certaine pour l'exploitation et donc écarter pour partie la demande d'indemnisation. • Civ. 3e, 1er juin 2011, ⛫ no 10-10.396 : *RD rur. 2011, no 102, note Crevel ; JCP 2011. 751 ; JCP N 2011. Actu. 522 ; Gaz. Pal. 2011. 1820.*

8. *Autorisation tacite.* Sur l'admission de l'autorisation tacite du bailleur, V. • Civ. 3e, 19 avr. 1989 : *RD rur. 1989. 376.* ♦ La connaissance et l'absence d'opposition ne constituent pas une autorisation. • Civ. 3e, 21 mai 1974 : *Bull. civ. III, no 218.* ♦ Le seul défaut de réponse ne constitue pas une acceptation. • Civ. 3e, 21 mai 1992 : *Bull. civ. III, no 218* • Com. 13 mars 2007, ⛫ no 05-21.610. ♦ Le preneur n'est pas tenu d'apporter la preuve de la notification, s'il justifie qu'il a bénéficié de l'autorisation du bailleur, qui est censé avoir donné son accord en connaissance de cause. • Poitiers, 15 oct. 1987 : *JCP N 1988. II. 98, obs. Moreau.* ♦ Le lien de parenté et la proximité géographique ne permettent pas de conclure que les propriétaires étaient informés et qu'à défaut d'opposition, ils avaient accepté les travaux. • Com. 13 mars 2007 : ⛫ *RD rur. 2007, no 180.* ♦ Dès lors qu'il a cautionné l'emprunt souscrit par le fermier pour financer les travaux immobiliers et a signé la demande de permis de construire, le propriétaire ne saurait invoquer son défaut d'accord exprès à la réalisation des constructions pour s'opposer au versement de l'indemnité réclamée par le preneur au moment de sa sortie. • Civ. 3e, 20 mai 1987 : *RD rur. 1987. 355.* ♦ Précisant que l'autorisation tacite habilitant le preneur à construire peut être la lettre avec accusé de réception par laquelle le preneur informe le bailleur de son intention de réaliser les travaux, restée sans réponse dans le délai de deux mois à compter de sa notification. La copie du bail peut également constituer un titre recevable au permis sollicité par le preneur : * Rép. min. no 23645 : *JOAN Q 10 mai 1999, p. 2817.* ♦ La procuration du bailleur au preneur pour percevoir des aides correspondant à des travaux d'investissement constitue une autorisation tacite de la plantation d'abricotiers et de la mise en place du système d'irrigation. • Nîmes, 5 nov. 2002 : *RD rur. 2003. 333 ; ibid. 2004. 464, obs. Crevel.* ♦ La réponse du gérant du GFA à l'interrogation du mandataire judiciaire du preneur démontre l'acquiescement du bailleur au principe de l'indemnité. • Civ. 3e, 28 sept. 2022, ⛫ no 21-12.632 : *Rev. loyers 2022, no 1031, note Roussel ; AJDI 2022. 842.*

9. *Autorisation frauduleuse.* Ne peut prétendre à indemnité de sortie le preneur bénéficiant d'une autorisation frauduleuse d'une usufruitière très âgée, qui n'a commencé les travaux qu'après le décès de celle-ci sans l'autorisation du propriétaire et au cours de l'instance en résiliation engagée par ce dernier. • Soc. 6 juin 1958 : *Bull. civ. IV, n° 686.*

10. Mise aux normes. Est mal fondée la cour qui rejette la demande d'indemnisation du preneur pour des travaux de mise aux normes imposés par l'autorité administrative ne nécessitant pas l'acceptation expresse du propriétaire. • Civ. 3e, 20 oct. 2016 : *RD rur. 2017, n° 1, note Crevel.*

11. Opposition du bailleur. Le débat judiciaire sur la recevabilité ou le bien-fondé des motifs de l'opposition étant préalable, doit être accueillie l'opposition du bailleur à la poursuite de travaux de drainage entrepris par le preneur, qui avait considéré comme superflu le débat judiciaire sur leur utilité. • Civ. 3e, 8 avr. 1992, n° 90-19.925 P : *RDI 1992. 557, obs. Foyer et Hudault ; Defrénois 1993. 365, obs. Vermelle ; Rev. huiss. 1994. 818, note Bourdillat.*

12. Autorisation judiciaire. Les juges sont mal fondés à accorder l'autorisation de construction de nouveaux bâtiments d'exploitation laitière sans rechercher si la capacité de production envisagée correspondait aux quotas de production attribués pour les lieux loués. • Civ. 3e, 18 juill. 2001 : *RD rur. 2001. 449 et 628 ; ibid. 2002. 288, obs. Crevel ; AJDI 2002. 143, obs. Giraudel.*

II. SANCTION

13. Indemnisation. V. jurisprudence ss. art. L. 411-69, note 9. ♦ Le preneur dont le bail a été résilié et qui a négligé de remplir les formalités pour obtenir indemnité n'est pas fondé à invoquer l'enrichissement sans cause du bailleur pour pallier les conséquences de sa négligence. • Soc. 7 juin 1956 : *Bull. civ. IV, n° 517.*

14. Démolition. Sur la possibilité, pour le bailleur, d'exiger la démolition de constructions effectuées sans autorisation, V. • Civ. 3e, 1er févr. 1989 : *D. 1990. Somm. 37, obs. Martine.* ♦ Se prescrit par cinq ans l'action en démolition à l'encontre des anciens preneurs, fondée sur le fait que les constructions, qu'ils avaient réalisées sans autorisation et n'avaient pas transmises au nouveau preneur, étaient en contravention avec les règles du statut du fermage. • Civ. 3e, 23 janv. 2020, n° 18-22.217 : *AJDI 2020. 456 ; Gaz. Pal. 2020, n° 37, p. 25, note Peignot.*

Art. L. 411-74 Sera puni d'un emprisonnement de deux ans et d'une amende de 30 000 € ou de l'une de ces deux peines seulement, tout bailleur, tout preneur sortant ou tout intermédiaire qui aura, directement ou indirectement, à l'occasion d'un changement d'exploitant, soit obtenu ou tenté d'obtenir une remise d'argent ou de valeurs non justifiée, soit imposé ou tenté d'imposer la reprise de biens mobiliers à un prix ne correspondant pas à la valeur vénale de ceux-ci.

Les sommes indûment perçues sont sujettes à répétition. Elles sont majorées d'un intérêt calculé à compter de leur versement *(L. n° 2014-1170 du 13 oct. 2014, art. 9-I)* **« et égal au taux de l'intérêt légal mentionné à l'article L. 313-2 du code monétaire et financier majoré de trois points ».** — *L'art. 9-I s'applique aux instances en cours à la date d'entrée en vigueur de la présente loi (L. n° 2014-1170 du 13 oct. 2014, art. 9-II, JO 14 oct.).*

En cas de reprise de biens mobiliers à un prix ne correspondant pas à la valeur vénale de ceux-ci, l'action en répétition peut être exercée dès lors que la somme versée a excédé ladite valeur vénale de plus de 10 %.

L'action en répétition exercée à l'encontre du bailleur demeure recevable pendant toute la durée du bail initial et des baux renouvelés qui lui font suite ainsi que, en cas d'exercice du droit de reprise, pendant un délai de dix-huit mois à compter de la date d'effet du congé. — *[Anc. art. 850-1.]* — *V. art. L. 411-78.*

Les mots « et égal au taux pratiqué par la Caisse régionale de crédit agricole pour les prêts à moyen terme » figurant à la deuxième phrase du 2e al. de l'art. L. 411-74 avaient été déclarés contraires à la Constitution, avec effet au 1er janv. 2014 (Décis. Cons. const. n° 2013-343 QPC du 27 sept. 2013, JO 1er oct.).

BIBL. ▶ MÉGRET, *Gaz. Pal. 1970. 2. Doctr. 223.* – FERRU, *RD rur. 1991. 401.* – BAYART, *Gaz. Pal. 1994. 1. Doctr. 586.* – BUE, *RD rur. 2017. Dossier 15* (baux ruraux, incrimination pénale et dépénalisation du pas-de-porte). – GAIN, *RD rur. 2017. Dossier 16* (infraction de l'article L. 411-74 au regard des concepts fondamentaux du droit pénal).

COMMENTAIRE

A. SANCTIONS PÉNALES

L'infraction constitue un délit ; celui-ci consiste à « faire payer son bail » à un preneur, que la somme soit exigée directement par le propriétaire (« chapeau ») ou le fermier sortant (« pas-de-porte »). L'intermédiaire (notaire, agent immobilier) qui prête ses services afin de permettre la perception de ces sommes est également considéré comme auteur principal.

B. SANCTIONS CIVILES

La sanction principale est la nullité de la cession ou de la sous-location (V. art. L. 411-35) avec résiliation du bail principal si la demande est formée (V. art. L. 411-36). Cette sanction principale peut être accompagnée de dommages-intérêts pour l'inexécution du bail à la demande du bailleur. Enfin, il peut être formé une demande de restitution des sommes indûment perçues par le propriétaire ou par un preneur ou par un intermédiaire, rémunérant une cession prohibée.

Après la déclaration de non-constitutionnalité des dispositions de l'alinéa 2 de l'article L. 411-74 prévoyant que les sommes soumises à répétition étaient majorées d'un intérêt égal au taux pratiqué par la caisse régionale de Crédit agricole pour les prêts à moyen terme avec effet au 1er janvier 2014, la loi du 13 octobre 2014 a prévu de nouvelles dispositions pour la majoration des sommes soumises à répétition.

1. QPC. Pas de renvoi d'une QPC sur l'art. L. 411-74 qui poursuit un but d'intérêt général de politique agricole qui ne porte atteinte ni au droit de propriété, ni au principe d'égalité, ni au principe de sécurité juridique, ni à la liberté d'entreprendre, et auquel les parties peuvent se soustraire en concluant un bail cessible hors du cadre familial. • Civ. 3e, 12 déc. 2012, n° 12-40.075 : *D. actu. 25 janv. 2013 ; D. 2013. 14 ; AJDI 2013. 128 ; RD rur. 2013, n° 15, note Crevel ; JCP 2013. 45 ; DP entr. agric., Bull. n° 459, p. 9, note Roussel ; Rev. loyers 2013. 145, note Peignot ; Gaz. Pal. 16-17 janv. 2013.* ♦ Le calcul des intérêts applicables aux sommes indûment perçues et à restituer « égal au taux pratiqué par la Caisse régionale de crédit agricole pour les prêts à moyen terme » a été jugé contraire à la Constitution. • Civ. 3e, 9 juill. 2013, n° 13-40.024 : *RD rur. 2013, n° 160, note Crevel ; JCP 2013. 906 ; AJDI 2013. 686, note Prigent ; DP entr. agric., Bull. n° 466, p. 10 ; ibid. n° 468, p. 6, note Roussel ; Gaz. Pal. 4-5 sept. 2013* • Cons. const. 27 sept. 2013, n° 2013-343 QPC : *D. 2013. 2224 ; RD rur. 2013, n° 194, note Crevel ; Gaz. Pal. 16-17 oct. 2013, note Lebel.* ♦ Cette décision est applicable à toutes les instances non jugées définitivement à la date du 1er janv. 2014, date d'effet de la déclaration d'inconstitutionnalité. • Civ. 3e, 11 févr. 2015, n° 14-10.266 : *AJDI 2015. 444, note Prigent ; D. actu. 4 mars 2015, note Prigent ; Rev. loyers 2015, n° 956.* – V. aussi • Civ. 1re, 28 janv. 2015, n° 13-20.701 : *JCP N 2015. Actu. 302 ; D. 2015. 265 et 433 ; Rev. loyers 2015, n° 956 ; D. actu. 6 févr. 2015.* ♦ L'art. L. 411-74, al. 2, modifié par la L. du 13 oct. 2014 s'applique aux instances en cours mais ne peut s'appliquer rétroactivement à la répétition des sommes versées avant l'entrée en vigueur de la loi. • Civ. 3e, 24 mai 2017, nos 15-27.302 et 16-13.650 : *RD rur. 2017, n° 184 ; D. 2017. 1121 ; JCP 2017. 667 ; DP entr. agric., Bull. n° 510, p. 10, note Roussel.* ♦ La majoration de trois points du taux d'intérêt légal ne constitue pas une sanction à caractère de punition et ne ressortit pas de l'application de l'art. 8 de la déclaration des droits de l'homme et du citoyen. • Civ. 3e, 7 déc. 2017, n° 17-40.005 P : *D. actu. 4 janv. 2018, note Prigent ; Rev. loyers 2017, n° 980, note Peignot ; DP entr. agric., Bull. n° 514, p. 7, note Roussel.*

I. PROHIBITION DES CESSIONS À TITRE ONÉREUX

2. Il résulte des art. L. 411-35 et L. 411-74 qu'un bail rural ne peut être cédé à titre onéreux, même aux descendants du preneur. • Civ. 1re, 7 janv. 1992, n° 89-20.456 P : *D. 1992. IR 69 ; Defrénois 1992. 517, note X. Savatier ; JCP N 1993. II. 47, obs. J.-M. G.* – V. jurisprudence ss. art. L. 411-35. ♦ Doivent être restituées les sommes versées par le preneur entrant au titre de la valorisation des quotas laitiers. • Civ. 3e, 31 oct. 2012, n° 10-17.851 : *RD rur. 2012, n° 106, note Crevel ; JCP 2012. 1265 ; JCP N 2012. 1038 ; D. actu. 20 nov. 2012, obs. Prigent ; D. 2012. 2662 ; DP entr. agric., Bull. n° 458, p. 7, note Roussel.*

3. Éléments cessibles. Est mal fondée la cour qui ordonne le remboursement de l'indemnité de clientèle non commerciale, de la clause de non-concurrence et de la marque au motif que le preneur ne peut monnayer que les éléments mobiliers de l'exploitation sans pouvoir opérer une vente comme celle d'un fonds de commerce. • Civ. 3e, 16 sept. 2009, n° 08-18.868 : *D. 2009. 2345 ; JCP N 2009. Actu. 628 ; ibid. 1331, note Barabé-Bouchard ; ibid. 1337, note Barbièri ; JCP 2009, n° 41, p. 19 ; ibid. 2010, n° 5, p. 214, note Barbièri ; RD rur. 2009, n° 176, note Crevel, et Dossier 9, obs. Cartel ; RTD civ. 2009. 748, note Revet ; Gaz. Pal. 31 mars-1er avr. 2010. 1005, note Krajeski ; RD rur. 2010. Chron. 2, note Le Guidec et Bosse-Platière, p. 17 ; AJDI 2010. 235, obs. Prigent.* ♦ Est mal fondée la cour qui rejette la demande en restitution au motif que les méthodes de culture, procédés et savoir-faire ne pouvaient constituer des éléments cessibles de l'exploitation agricole. • Civ. 3e, 6 oct. 2016, n° 11-21.700 P : *D. actu. 14 nov. 2016, note Prigent ; D. 2016. 2065 ; RD rur. 2016, n° 287 ; JCP 2016. 1135 ; DP entr. agric., Bull. n° 505, p. 6, note Roussel ; AJDI 2017. 362,* *note Prigent ; JCP N 2017. 1217, note Grimonprez ; Gaz. Pal. 2016. 3006 ; Defrénois 2017, n° 31-33, p. 54, note Delorme.*

II. SANCTIONS

A. SANCTIONS PÉNALES

4. Exemples d'infractions. Est coupable d'avoir tenté d'imposer à son successeur la reprise de biens mobiliers à un prix ne correspondant pas à la valeur vénale de ceux-ci, le fermier sortant qui a fait passer dans la presse une annonce pour céder le bail, a demandé la somme de 150 000 F pour la cession et la reprise des clôtures et a sciemment majoré la longueur de ces clôtures dont la vente était censée motiver la somme demandée dans le but de permettre aux nouveaux fermiers d'obtenir un crédit plus important de la part du crédit agricole. • Crim. 4 oct. 1988 : *JCP N 1989. II. 81, obs. Moreau.* ♦ De même, sont coupables du délit prévu par l'art. L. 411-74 : l'intermédiaire qui a organisé des tractations qu'il savait pernicieuses entre un preneur sortant et son successeur, a prélevé hâtivement une commission qui n'a de rapport qu'avec sa duplicité et a ainsi contribué à la spoliation de la partie civile. • Riom, 5 mai 1988 : *ibid.* ♦ ... Le fermier qui a exigé de celui qui lui succède comme preneur dans l'exploitation le versement d'une somme d'argent pour prix de sa renonciation pour plusieurs années de bail. • Crim. 27 juill. 1970 : *D. 1971. 130.* ♦ ... Le propriétaire, ou le preneur sortant, qui exigerait de l'entrant le versement d'un prix en contrepartie de l'accès aux quotas (laitiers ou betteraviers). • Reims, 26 mai 1993 : *RD rur. 1993. 71.* – V. aussi • Paris, 7 avr. 1998 : *RD rur. 1999. 2* • T. par. baux rur. Laval, 15 sept. 1997 : *ibid. 1997. 578.*

5. Prescription. Le délit de l'art. 850-1 [L. 411-74] est une infraction instantanée, consommée au moment où, à l'occasion d'un changement d'exploitant, un bailleur, un preneur ou un intermédiaire a, directement ou indirectement, obtenu une remise d'argent ou de valeurs non justifiée. • Crim. 9 juin 1976 : *Bull. crim. n° 200 ; Gaz. Pal. 1976. 2. 577.* ♦ Le délai de la prescription de l'action publique court du jour où le preneur sortant s'est fait remettre, par le nouvel exploitant, une reconnaissance de dette, sans égard aux actes accomplis ultérieurement par le bénéficiaire du titre pour recouvrer le montant de sa créance. • Même arrêt.

B. SANCTIONS CIVILES

6. Nullité du bail. Est mal fondée la cour qui retient l'existence d'un bail rural en relevant que le bailleur posait pour condition expresse le versement d'une indemnité par le preneur. • Civ. 3e, 21 févr. 2007 : *RD rur. 2007, n° 176, note Crevel.*

7. Dissimulation. Lorsque, sous l'apparence d'une cession d'exploitation a été dissimulée une cession illicite de bail, cette cession prohibée doit donner lieu à restitution au profit des preneurs entrants. • Civ. 3e, 14 mai 1980 : *JCP N 1981. Prat. 180, obs. Moreau.* ♦ L'action en restitution n'exige pas la preuve d'une contrainte ou d'une intention délictuelle par le preneur entrant. • Civ. 3e, 23 mars 2010, n° 09-13.529 : *Gaz. Pal. 2010. 2885, note Peignot et Millard.*

8. L'action en restitution suppose l'existence d'un bail rural et d'un changement d'exploitant. • Civ. 3e, 5 avr. 2006, n° 05-11.552 P : *RD rur. mai 2006. 26, et juin-juill. 2006. 22, note Crevel ; Rev. loyers 2006. 343, obs. Peignot ; AJDI 2006. 840, note Prigent.*

9. Existence d'un bail. Ne sont pas soumises à répétition les sommes versées par le preneur entrant à celui qui exploitait les terres selon mise à disposition à titre gracieux et dont la qualité d'intermédiaire n'a pas été constatée. • Civ. 3e, 21 mars 2012, n° 11-14.834 : *DP entr. agric., Bull. n° 453, p. 5, note Roussel ; Rev. loyers 2012. 268, note Peignot ; JCP N 2012. 413* • 14 janv. 2016, n° 14-14.641 : *RD rur. 2016, n° 98, note Crevel.*

10. Changement d'exploitant. L'action en répétition n'est pas applicable à la cession de l'intégralité des parts d'une EARL par les époux bailleurs des terres louées à cette EARL dès lors que cette société continue d'exécuter le bail et qu'il n'y a donc pas eu changement d'exploitant. • Civ. 3e, 7 juill. 2004, n° 03-11.585 P : *RD rur. 2004. 629, obs. Gilardeau et Malard ; JCP 2004. 2932 ; Rev. loyers 2004. 647, note Peignot ; Defrénois 2004. 1459 ; Dr. et patr. 1/2005. 94, note Barbièri ; Gaz. Pal. 20-22 févr. 2005. 21.* ♦ Est mal fondé l'arrêt qui rejette l'action en répétition d'une partie du prix des parts au motif que cette cession ne représentait pas un changement d'exploitant alors que les terres avaient été louées au cessionnaire avant que celui-ci en fasse la mise à disposition à la société. • Civ. 3e, 31 oct. 2012, n° 11-20.164 : *RD rur. 2012, n° 107, note Crevel ; AJDI 2013. 50 ; Gaz. Pal. 31 mars-4 avr. 2013, note Krajeski.* ♦ Est mal fondée la restitution ordonnée sans que soit caractérisée une cession de droit au bail, ni la qualité de preneur entrant et de preneur sortant des parties. • Civ. 3e, 20 oct. 2016, n° 15-21.348 : *RD rur. 2016, n° 287, note Crevel.* ♦ Le bailleur ne peut réclamer aucune somme au preneur entrant au titre des améliorations culturales, même si les parcelles n'étaient auparavant pas louées mais exploitées par le propriétaire. • Civ. 3e, 21 sept. 2023, n° 21-23.283 : *AJDI 2023. 775.*

11. L'action en répétition des sommes indûment perçues par le preneur sortant est distincte de l'action civile née de l'infraction. • Civ. 3e, 24 janv. 1996, n° 94-11.830 P : *RD rur. 1996. 26 ; Gaz. Pal. 1996. 2. Pan. 260.* – V. aussi Libeau et Peignot, *Rev. loyers 1997. 357.*

12. Indu. Dès lors que la cession des éléments de l'actif de l'exploitation au preneur entrant comprend une somme que le bailleur aurait dû payer au preneur sortant pour l'amélioration du fonds, il s'agit d'un indu au sens de l'art. L. 411-74. • Civ. 3e, 3 avr. 1996 : *Rev. loyers 1997. 398 ; Rev. huiss. 1997. 1041, note Pitaud* • 15 juin 2005, n° 04-10.740 P : *JCP 2005. IV. 2728 ; Rev. loyers 2005. 446, note Peignot ; Gaz. Pal. 7-8 oct. 2005. 17.* ♦ Prive sa décision de base légale une cour d'appel qui, pour débouter le preneur de sa demande en répétition de sommes versées indûment au bailleur au titre de la cession d'un hangar et de ses annexes, retient que le versement ne peut, s'agissant d'une vente immobilière, s'analyser en une remise non justifiée, alors qu'elle avait constaté que la somme en cause avait été versée par le preneur entrant à l'occasion d'un changement d'exploitant et qu'elle aurait dû rechercher si cette somme ou cette remise était justifiée. • Civ. 3e, 10 juin 1998, n° 96-15.667 P : *RD rur. 1998. 376 ; JCP 1998. IV. 2709.* ♦ Sur la restitution du prix des fumures et arrière-fumures mis à la charge des preneurs entrants, V. • Civ. 3e, 27 mars 1985 : *Bull. civ. III, n° 62 ; Rev. loyers 1985. 331* • 21 nov. 1990, n° 89-15.486 P : *D. 1990. IR 288 ; JCP N 1991. II. 115, obs. Moreau.* ♦ Dès lors qu'il est constaté qu'une somme a été versée par le preneur au titre des arrière-fumures, celui-ci ne peut être débouté de sa demande en répétition au motif d'une absence de certitude d'un dépassement de 10 % de la valeur des biens cédés. • Civ. 3e, 23 mars 1994, n° 91-22.350 P : *Defrénois 1994. 1186, obs. Vermelle.*

13. L'action en répétition de l'indu n'est pas réservée au preneur et elle est ouverte à celui qui, à l'occasion du changement d'exploitant, a réglé la somme au bailleur pour le compte du preneur. • Civ. 3e, 26 janv. 2017, n° 15-12.737 P : *JCP 2017. 165 ; D. 2017. 298 ; JCP N 2017. Actu. 245 et 1102, avis Avocat général Sturlèse ; RD rur. 2017, n° 70, note Crevel ; DP entr. agric., Bull. n° 506, p. 13, note Roussel ; JCP N 2017. 1217, note Grimonprez ; Gaz. Pal. 2017. 582 ; Rev. loyers 2017, n° 976 ; Gaz. Pal. 9 mai 2017, note Peignot ; Defrénois 2017, n° 21, p. 21, note Roussel et n° 31-33, p. 54, note Delorme* • 9 juill. 2020, n° 19-17.790 : *Defrénois 2020, n° 45-46, p. 43, note Delorme.* ♦ Des copreneurs ayant mis leur bail à disposition d'un GAEC auquel ils ont apporté les éléments d'exploitation acquis dont les améliorations culturales sont fondés à agir en répétition, cette action n'ayant pu être transmise au GAEC qui n'est pas devenu preneur. • Civ. 1re, 18 févr. 2021, n° 20-13.494 : *Defrénois 2021, n° 11, p. 5, note Delorme ; RD rur. 2021, n° 69, note Crevel ; AJDI 2021. 293 .* ♦ L'action en répétition du prix illicite des arrières fumures est recevable contre celui qui a reçu le paiement mais aussi contre celui pour le compte duquel il a été reçu. • Civ. 3e, 8 juin 2023, n° 21-24.738 B : *JCP 2023. Actu. 767 ; JCP N 2023. 1160, note Grimonprez et 1181, note Barbieri et Roussel ; AJDI 2023. 773, note Vermeulen ; Rev. loyers 2023, n° 2041, note Roussel ; Defrénois 9 nov. 2023, p. 35, note Delorme.*

14. Pour condamner le preneur sortant à restituer des sommes trop versées lors de la cession de l'exploitation, l'entrant doit prouver le paiement de la somme en cause. • Civ. 3e, 9 nov. 2004 : *AJDI 2005. 225, obs. Prigent .* ♦ L'action ne peut être dirigée qu'à l'encontre de celui qui a perçu les sommes non autorisées. • Douai, 12 déc. 2002 : *RD rur. 2004. 458, obs. Crevel.*

15. Est irrecevable l'action en restitution d'une indemnité de fumure et arrière fumure engagée contre le seul bailleur et non contre le preneur sortant qui a reçu l'indemnité. • Civ. 3e, 4 juill. 2012, n° 10-21.249 : *D. 2012. 2293 ; JCP 2012. 929 ; DP entr. agric., Bull. n° 455, p. 6, note Roussel ; JCP N 2012. 738 ; Gaz. Pal. 2012. 3035 ; Rev. loyers 2012, n° 930, note Peignot.* ♦ Sont mal fondés les preneurs sortants qui contestent devoir restituer une somme (versée au titre de la reprise des biens mobiliers excédant la valeur vénale de plus de 10 %) reçue des acheteurs des parcelles dont ils étaient locataires, alors qu'ils les ont reconnus preneurs venant en leur lieu et place. • Civ. 3e, 12 mai 2016, n° 15-14.474 : *RD rur. 2016, n° 220, note Lemonnier.*

16. Cession de créance. La créance de restitution et tous ses accessoires ont pu être transmis par les preneurs lors de l'apport d'actifs au GAEC. • Civ. 3e, 14 sept. 2017, n° 15-29.215 : *RD rur. 2017, n° 279, note Crevel.*

17. Action oblique. Le conjoint du preneur est fondé en son action en répétition de l'indu à l'encontre du preneur sortant, dès lors que l'action était fondée sur l'art. 1166 et ne dérivait pas du bail rural. • Civ. 3e, 11 févr. 2015, n° 14-10.266 P : *DP entr. agric., Bull. n° 483, p. 5, note Roussel ; JCP 2015. 249 ; RD rur. 2015, n° 83, note Crevel.*

18. Pouvoir d'appréciation. Les juges du fond apprécient souverainement si la somme versée excède de plus de 10 % la valeur vénale des biens mobiliers cédés. • Civ. 3e, 11 janv. 1989 : *Bull. civ. III, n° 10* • 30 juin 1992, n° 90-21.413 P. ♦ ... Ou la qualité d'intermédiaire. • Civ. 3e, 14 janv. 2016, n° 14-14.641 : *AJDI 2016. 209 .* ♦ La mise en œuvre de l'action en répétition suppose la preuve d'une contrainte exercée sur l'acheteur ou sur le preneur sortant, ou d'une intention délictuelle. • Civ. 3e, 22 oct. 2003 : *JCP 2003. IV. 2966 ; JCP N 2004. 1466, note Grimonprez ; RD rur. 2004. 141 et 279 ; Ann. loyers 2004. 455, note Lachaud.* ♦ Cependant, la restitution s'impose dès lors que l'importante disproportion entre le prix demandé et la valeur réelle des biens cédés établit la volonté des bailleurs d'exiger un pas-de-porte en condition de reprise de l'exploitation que les preneurs n'étaient pas en mesure de discuter. • Civ. 3e, 19 oct. 2005, n° 04-14.837 P : *JCP 2005. IV. 3424 ; Rev. loyers 2006. 46 ; Defrénois 2006. 851, obs. Gelot ; LPA 2006, n° 80, p. 14, note Glandier.* ♦ Les demandeurs ne contestant pas l'absence de contrepartie aux sommes qu'ils avaient reçues en qualité de bailleurs et de preneurs sortants à l'occasion de la conclusion des baux, la cour d'appel a, abstraction faite de motifs surabondants relatifs à la contrainte exercée par le cédant, légalement justifié leur condamnation au remboursement de ces sommes au preneur entrant. • Civ. 3e, 4 mai 2006, n° 05-15.136 P : *BICC 1er août 2006, n° 1560, et la note ; JCP 2006. IV. 2146 ; RD rur. juin-juill. 2006. 29, obs. Crevel ; AJDI 2006. 578, note Prigent ; Gaz. Pal. 23-25 juill. 2006. 23 ; LPA 1er-2 janv. 2007. 15, note Glandier-Lescure.*

19. En l'absence de justification de la livraison des biens énumérés par les factures établies par les bailleurs et en l'impossibilité de répercuter sur le preneur entrant le montant des améliorations, les sommes réclamées au preneur étaient dépourvues de cause et devaient être restituées. • Civ. 3e, 26 janv. 2017, n° 15-12.737 P : *JCP 2017. 165 ; JCP N 2017. Actu. 245 et 1102, avis avocat général Sturlèse ; RD rur. 2017, n° 70, note Crevel.*

20. Délai. L'action en répétition exercée par le preneur des sommes indûment versées lors de l'entrée dans les lieux est irrecevable dès lors que le bail est résilié. • Civ. 3e, 23 janv. 2007, n° 06-11.556 : *Gaz. Pal. 18 août 2007. 32.* ♦ Est irrecevable l'action en répétition exercée à l'encontre du bailleur après la résiliation du bail. • Civ. 3e, 31 janv. 2012, n° 11-12.264 : *DP entr. agric., Bull. n° 450, p. 6, obs. Roussel ; AJDI 2012. 282 ; Rev. loyers 2012. 124.* ♦ Sur les conséquences de la prorogation de plein droit du bail jusqu'à la fin de l'année culturale pendant laquelle la décision relative au contrôle des structures sera devenue définitive, V. • Civ. 3e, 14 nov. 1996, n° 94-18.940 P : *D. 1996. IR 265 ; RD rur. 1996. 112 ; JCP N 1997. II. 1115, obs. Moreau.* ♦ L'action en répétition à l'encontre du bailleur demeure recevable pendant toute la durée du bail initial et des baux renouvelés qui lui font suite, et peut être engagée par des preneurs qui ont acquis auprès de leur bailleur une partie des terres louées, conservant la qualité de preneur pour l'autre partie. • Civ. 3e, 15 juin 2005, n° 04-10.740 P. ♦ Est éteinte la créance invoquée sur le fondement de l'art. L. 411-74 trouvant son fait générateur dans des versements antérieurs au jugement d'ouverture de la procédure collective, qui n'a pas été produite, même si son paiement ne pouvait être exigé qu'en exécution d'un jugement postérieur à l'ouverture de la procédure collective. • Civ. 3e, 16 juin 2010 : *Rev. loyers 2010. 384, obs. Peignot ; JCP 2010. 1448 ; BICC 2010. 1671 ; Ann. loyers 2011. 43, note Cerati-Gauthier.*

21. Prescription. L'action en répétition prévue par l'art. L. 411-74 n'est soumise à aucune règle particulière de prescription, la prescription trentenaire de droit commun s'applique, sauf lorsqu'elle est engagée contre le bailleur. • Rouen, 12 déc. 1990 : *Rev. loyers 1991. 145, note Le Petit* • Civ. 3e, 14 nov. 2002 : *Gaz. Pal. 17-18 janv. 2003.* – V. aussi • Civ. 3e, 16 nov. 1994, n° 93-11.075 P : *Defrénois 1995. 432, obs. Vermelle.* ♦ Est irrecevable l'action en répétition de l'indu exercée par le preneur contre le bailleur après l'expiration du bail. • Civ. 3e, 27 nov. 1996, n° 94-16.680 P : *Rev. huiss. 1997. 852 ; JCP N 1997. II. 1115, obs. Moreau.* ♦ L'action en répétition des sommes indûment perçues par le preneur sortant étant distincte de l'action civile née de l'infraction prévue au premier alinéa de l'art. L. 411-74, la cour d'appel n'était pas tenue de rechercher si le délai de trois ans de l'action publique, et par voie de conséquence de l'action civile, n'était pas expiré lors de l'assignation. • Civ. 3e, 4 mai 2006, n° 05-13.150 P : *JCP 2006. IV. 2147 ; RD rur. juin-juill. 2006. 20, obs. Crevel ; Gaz. Pal. 9-10 août 2006. 10 ; AJDI 2006. 578, note Prigent ; Gaz. Pal. 23-25 juill. 23 ; BICC 1er août 2006, n° 1560, et la note ; LPA 1er-2 janv. 2007. 15, note Glandier-Lescure.* ♦ Aucune disposition ne fait échapper l'action en paiement des intérêts sur les sommes indument versées au délai de prescription extinctive de droit commun. • Civ. 3e, 24 mai. 2017, nos 16-27.302 et 16-13.650 P : *DP entr. agric., Bull. n° 510, p. 11, note Roussel* • 12 avr. 2018, n° 16-23.751 : *Rev. loyers 2018, n° 988, note Peignot* • 6 juill. 2023, n° 21-21.456 : *AJDI 2023. 611* .

22. Conciliation. Doivent être restituées les sommes versées en exécution d'un procès-verbal de conciliation établi par le président du tribunal paritaire des baux ruraux prévoyant l'indemnisation des améliorations culturales par le preneur entrant au bailleur, l'objet de l'accord étant illicite et pénalement sanctionné. • Civ. 3e, 6 juin 2019, n° 17-19.486 P : *D. 2019. 1225 ; ibid. 2076 ; Rev. loyers 2019, n° 999, note Peignot ; JCP 2019. 662 et 731, note Sterlin, et 732, note Strickler ; DP entr. agric., Bull. n° 533, p. 6, note Roussel ; Gaz. Pal. 2019. 1848 ; Defrénois 2019, n° 47, p. 37 ; D. actu. 6 juin 2019, note Prigent.*

23. Responsabilité délictuelle. Le bailleur qui a commis une faute en intervenant dans la cession illicite du bail par le preneur doit indemniser ce dernier de sa perte de chance d'être indemnisé des améliorations qu'il avait apportées au fonds. • Civ. 3e, 15 déc. 2016, n° 15-15.782 : *AJDI 2017. 129 ; RD rur. 2017, n° 33, note Crevel.*

24. Obligation de conseil. Ont manqué à leur obligation de conseil l'agent immobilier ayant rédigé l'acte de cession d'une exploitation prévoyant une indemnité au preneur sortant versée par le preneur entrant, ainsi que le notaire ayant reçu le même jour les actes de résiliation de l'ancien bail et de conclusion d'un nouveau bail car ils devaient rechercher si l'état du droit positif existant au moment de leur intervention, fixé par un arrêt du 27 mars 1985 postérieurement aux actes, ne procédait pas d'une évolution antérieure apparue dès un arrêt de 1983, et en conséquence il leur appartenait de déconseiller l'opération ou à tout le moins de prévenir le preneur sortant des incertitudes de la jurisprudence sur la validité du paiement à la charge du preneur entrant. • Civ. 3e, 7 mars 2006, n° 04-10.101 P : *D. 2006. IR 947 ; JCP N 2006. Actu. 271 ; Defrénois 2006. 851, note Gelot ; RTD civ. 2006. 580, obs. Gautier ; RJDA 2006, inf. 750 ; RD rur. mai 2006. 21, note Gain ; Rev. loyers 2006. 344, obs. Peignot ; Gaz. Pal. 23-25 juill. 2006. 2, et 26-28 nov. 2006. 15.* ♦ Aucune décision n'ayant censuré la décision de la cour d'appel de Douai sur sa jurisprudence relative aux fumures avant l'arrêt du 27 mars 2005, publié postérieurement aux actes litigieux, les juges ont pu relever que la modification du droit positif né de l'usage local n'avait pu être connue du notaire et de l'agent au moment de l'établissement des actes litigieux et retenir l'absence de manquement à leur obligation de conseil. • Civ. 1re, 19 juin 2008, n° 07-17.470.

25. Application de la loi dans le temps. La loi du 15 juill. 1975, dont était issu l'ancien art. 850-1, al. 2 [devenu, sans modification, l'art. L. 411-74, al. 2], ne peut s'appliquer rétroactivement à la répétition de sommes versées antérieurement à la date d'entrée en vigueur de cette loi. • Civ. 3e, 23 mars 1994, n° 92-10.668 P • 19 févr. 2003, n° 01-02.906 P : *JCP 2003. IV. 1681 ; AJDI. 2003. 600* . ♦ Ne fait pas une application rétroactive de l'art. 850-1 [devenu L. 411-74] institué par la loi du 12 juill. 1967 la cour d'appel qui juge que l'acquisition du capital d'exploitation par le preneur entrant en 1966 pour un prix supérieur à la valeur réelle des biens dissimulait une cession de bail prohibée et ouvrait droit à restitution sur le fondement de l'art. 1376 C. civ. • Civ. 3e, 5 déc. 2001, n° 98-18.652 P : *RD rur. 2002. 178 et 286, obs. Crevel ; Gaz. Pal. 20-22 janv. 2002. 8 et 24-25 juill. 2002. 28 ; JCP 2002. IV. 1116.*

Art. L. 411-75 *(L. n° 90-85 du 23 janv. 1990)* **En cas de cession du bail en application de l'article L. 411-35 ou de l'article L. 411-38, les améliorations faites sur le fonds par le preneur sortant et qui lui ouvrent droit, au terme du bail, à l'indemnité prévue par l'article L. 411-69 peuvent être cédées au preneur entrant.**

Dans le cas de l'article L. 411-38, les améliorations ainsi transférées donnent lieu à l'attribution de parts au profit du cédant.

Dans le cas de l'article L. 411-35 ou de l'article L. 411-38, le preneur entrant est subrogé dans les droits à l'indemnité que l'intéressé aurait pu exercer en fin de bail vis-à-vis du bailleur.

(L. n° 95-95 du 1er févr. 1995) **« Un associé qui, dans les conditions prévues par les articles L. 323-14 et L. 411-37, met à la disposition d'une société des biens dont il est locataire peut céder à ladite société les améliorations qu'il justifie avoir faites sur le fonds et qui lui ouvrent droit, au terme du bail, à l'indemnité prévue par l'article L. 411-69. »**

La société lui attribue des parts correspondant à ce transfert. Elle est subrogée dans les droits à l'indemnité que l'intéressé aurait pu exercer en fin de bail vis-à-vis du bailleur.

BIBL. ▶ LACHAUD, *Ann. loyers 1993. 421.* – CARRÉ, *RD rur. 1997. 490.*

COMMENTAIRE

En cas de cession autorisée du bail, le preneur peut céder les améliorations qu'il a réalisées sur le fonds sous réserve que celles-ci ouvrent droit à indemnisation. Cette exception aux principes d'incessibilité et de non-patrimonialité du bail a été posée principalement pour favoriser le développement des sociétés d'exploitation. Il est ainsi reconnu un apport du preneur alors que l'apport du bail ou la mise à disposition des biens loués ne peuvent conférer la qualité d'associé puisque aucune contribution au capital n'est reconnue. Cette exception ne permet cependant pas de reconnaître un droit de propriété du preneur sur les améliorations (V. art. L. 411-69).

1. Jurisprudence antérieure à la loi du 23 janv. 1990. Jugé que constituait une infraction à l'art. L. 411-37 justifiant la résiliation du bail, l'apport par le preneur à une société d'exploitation agricole de l'amélioration du fonds de son exploitation, s'agissant d'un apport en nature et non en valeur, qui a donné lieu à une attribution de parts. • Civ. 3e, 13 mai 1986 : *JCP 1987. II. 20800, note Ourliac et de Juglart.* – V. aussi • Civ. 3e, 21 févr. 1990, n° 88-15.095 P : *D. 1990. IR 64 ; JCP 1991. II. 21677, note Pillebout* • 24 juin 1992, n° 91-12.313 P.

2. Application dans le temps. Jurisprudence antérieure à la loi du 1er févr. 1995. Avant l'intervention de la loi n° 95-95 du 1er févr. 1995, dont l'art. 32-II dispose que l'art. L. 411-75 est applicable aux baux en cours, la Cour de cassation a jugé que la loi du 23 janv. 1990 n'a pas le caractère interprétatif et n'est pas applicable aux baux en cours. • Civ. 3e, 24 juin 1992, n° 91-12.313 P : *JCP N 1993. II. 61, note Thuillier et 146, obs. Moreau ; Defrénois 1993. 786, obs. Vermelle.*

3. Valeur des améliorations. La valeur réelle des améliorations culturales lors de leur apport en société peut être estimée à partir d'une expertise personnalisée et non pas seulement en fonction des usages locaux et de ceux suivis en matière d'expropriation. • CE 14 nov. 2005, *Dannoot*, n° 233489 B.

Art. L. 411-76 *(Ord. n° 2006-870 du 13 juill. 2006)* **« Pour le paiement de l'indemnité, le juge peut accorder au bailleur les délais prévus »** *(Ord. n° 2016-131 du 10 févr. 2016, art. 6-XV, en vigueur le 1er oct. 2016)* **« à l'article 1343-5 du code civil. »**

Toutefois, aucun délai ne peut être accordé lorsque le bailleur invoque le bénéfice des articles *(L. n° 90-85 du 23 janv. 1990)* **« L. 411-5 à L. 411-7, L. 411-57 à L. 411-64, L. 411-67 et L. 415-11, premier alinéa ». Dans ce cas, chacune des parties peut, à partir de la notification du congé, et indépendamment de toute action sur le fond, saisir le tribunal paritaire en vue d'obtenir la fixation de cette indemnité.**

S'il apparaît que le preneur est en droit de prétendre à une indemnité et si celle-ci n'a pas été définitivement fixée un an avant l'expiration du bail, la partie la plus diligente peut saisir le président du tribunal paritaire statuant en *(Ord. n° 2019-738 du 17 juill. 2019, art. 11)* **« référé » en vue de la fixation d'une indemnité provisionnelle d'un montant aussi proche que possible de celui de l'indemnité définitive et qui, nonobstant toute opposition ou appel, doit être versée ou consignée par le bailleur dans le mois de la notification de la décision en fixant le montant. Le preneur peut exiger, à son départ des lieux, le versement des sommes consignées, sans préjudice de la restitution ultérieure de l'excédent éventuel lors de la décision définitive. Si, malgré la fixation de l'indemnité provisionnelle ou définitive, le bailleur n'a pas versé ou consigné celle-ci à la date de l'expiration du bail, il ne peut exiger le départ du preneur avant que ce versement ou cette consignation ait été effectué.**

Lorsque l'indemnité a été fixée par le juge et payée par le bailleur, celui-ci peut demander soit une majoration du prix du bail, conformément à l'article L. 411-12, soit le remboursement par le preneur entrant des sommes ainsi versées. Dans ce cas, l'indemnité qui sera due au nouveau preneur à sa sortie sera calculée comme s'il était entré dans les lieux à la date d'entrée du preneur sortant. — *[Anc. art. 851.]*

BIBL. ▸ LACHAUD, *Ann. loyers 1990. 1072* (droit de rétention du preneur).

COMMENTAIRE

Concernant les délais de paiement, le législateur distingue deux hypothèses. Si le bailleur exerce une reprise en cours ou en fin de bail, refuse le renouvellement du bail en raison de l'âge du preneur, exerce une résiliation, ou s'il s'agit d'un bailleur personne morale de droit public opposant un refus de renouvellement au preneur, alors ne peut être accordé aucun délai de paiement au bailleur. Dans toutes les autres hypothèses, le juge peut accorder au bailleur un délai. L'ordonnance du 13 juillet 2006 a modifié l'article L. 411-76 pour ne permettre au juge désormais que d'accorder les délais des articles 1343-5 et suivants du code civil, qui ne peuvent dépasser la limite de deux années. ❑

1. Domaine d'application. L'art. L. 411-76 ne s'applique pas : à des cessionnaires demeurés seuls dans les lieux, alors que la cession est intervenue dans des conditions irrégulières. • Civ. 3e, 26 nov. 1986 : *ibid.* ♦ ... Ni à un occupant sans droit ni titre à la suite d'un congé déclaré valable et fondé sur le fait qu'il n'habitait pas le fonds loué et ne l'exploitait pas directement. • Civ. 3e, 14 mars 1990, n° 88-16.821 P. ♦ ... Ni en cas de résiliation du bail pour faute du preneur. • Civ. 3e, 6 nov. 1986 : *JCP N 1987. II. 51, obs. Moreau.* ♦ V. ss. art. L. 411-31, note 89. ♦ Le maintien dans les lieux ne peut être exigé pour le paiement de l'indemnité due en application de l'art. L. 415-11. • Civ. 3e, 2 juill. 1986 : *Bull. civ. III, n° 102.*

2. Sur un maintien dans les lieux autorisé judiciairement après résiliation dans l'attente d'un règlement de l'indemnité du preneur, justifiant paiement d'une indemnité par le preneur, V. • Civ. 3e, 19 juill. 2000, n° 98-23.503 P. ♦ V. ss. art. L. 411-31, notes 86 s.

3. Indemnité provisionnelle. Viole l'art. L. 411-76 la cour d'appel qui fixe l'indemnité provisionnelle due par le bailleur à un franc symbolique. • Civ. 3e, 6 nov. 1986 : *JCP N 1987. II. 52, obs. Moreau ; Rev. loyers 1987. 153, note Le Petit.*

4. Maintien dans les lieux. Le maintien dans les lieux ne peut être exigé par le preneur sortant que si l'indemnité qui lui est due, ou une provision à valoir sur celle-ci, a été fixée et n'a pas été versée par le bailleur. • Civ. 3e, 15 nov. 1983 : *JCP N 1984. II. 211.* – V. aussi • Civ. 3e, 15 juin 1994 : *Rev. loyers 1994. 441, note Le Petit.* ♦ L'indemnité a dû être fixée avant la date d'expiration du bail. • Civ. 3e, 31 janv. 2001, n° 99-12.666 P : *D. 2001. IR 904 ; AJDI 2001. 717, obs. Giraudel ; Rev. loyers 2001. 185, obs. Peignot.*

5. Le preneur autorisé à rester dans les lieux jusqu'au versement de l'indemnité provisionnelle n'est pas redevable d'une indemnité d'occupation calculée selon le préjudice du bailleur mais doit continuer à payer le fermage. • Civ. 3e, 17 juin 1981 : *Rev. loyers 1981. 425, note J. V.* ♦ Même sens : • Paris, 7 mai 2002 : *RD rur. 2002. 441.*

6. Dernier alinéa. L'option permettant la majoration du prix du bail ou le remboursement par le preneur ne s'exerce qu'après fixation judiciaire et paiement de l'indemnité de sortie et n'a pu s'exercer lors de la signature du bail sept ans avant la fixation judiciaire de l'indemnité. • Civ. 3e, 6 janv. 2010, n° 08-21.577 : *JCP 2010. 213 ; Gaz. Pal. 3-4 févr. 2010. 533 ; AJDI 2010. 397*.

Art. L. 411-77 **Sont réputées non écrites toutes clauses ou conventions ayant pour effet de supprimer ou de restreindre les droits conférés au preneur sortant ou au bailleur par les dispositions précédentes. Toutefois, peut être fixée à forfait l'indemnité due pour la mise en culture des terres incultes, en friche ou en mauvais état de culture, à condition que ces terres aient été déclarées dans le bail.** — *[Anc. art. 851-1.] – V. art. L. 411-78.*

Sont réputées non écrites : la clause restrictive du droit des propriétaires sur les modes de calcul de l'indemnité due au preneur sortant. • Civ. 3e, 14 oct. 1981 : *Bull. civ. III, n° 157.* ♦ ... La clause autorisant le preneur à construire un hangar à condition de ne réclamer aucun frais de construction au propriétaire. • Civ. 3e, 8 déc. 1982 : *Bull. civ. III, n° 245.* ♦ ... La clause de renonciation à toute indemnité pour les améliorations du preneur. • Civ. 3e, 16 févr. 1982 : *Bull. civ. III, n° 46.*

Art. L. 411-78 **Les dispositions des articles L. 411-4, alinéas 3 et 4, L. 411-69 à L. 411-71, L. 411-73, L. 411-74 et L. 411-77 concernant les modalités de l'indemnisation du preneur sortant sont applicables aux améliorations antérieures au 13 juillet 1967, dans la mesure où elles ont été réalisées conformément aux règles en vigueur lorsqu'elles ont été effectuées.** — *[Anc. art. 9 de la L. n° 67-560 du 12 juill. 1967.]*

SECTION 10 Dispositions diverses

(L. n° 2003-699 du 30 juill. 2003, art. 54-II)

Art. L. 411-79 **Par dérogation au présent titre, le tribunal administratif est seul compétent pour régler les litiges concernant les baux renouvelés en application de l'article L. 211-13 du code de l'environnement.**

BIBL. ▶ Peignot, *Rev. loyers 2003. 580* (prévention des risques et exploitations agricoles, L. 30 juill. 2003).

CHAPITRE II DROIT DE PRÉEMPTION ET DROIT DE PRIORITÉ

BIBL. ▶ Grimaldi, *Defrénois 2022, n° 49, p. 17* (réalisation forcée d'une vente et absence de purge du droit de préemption). – Roussel, *Defrénois 2018, n° 42, p. 25* (dix questions posées par le droit de préemption de l'exploitant preneur en place) ; *Defrénois 2018, n° 27, p. 23* (droit de préemption en milieu rural).

COMMENTAIRE

Le droit de préemption se définit comme la faculté reconnue par la loi au fermier d'acquérir en priorité la terre qu'il exploite lorsque le bailleur décide de la vendre. Il s'agit d'une importante dérogation à la souveraineté du droit de propriété et à la liberté contractuelle qui a suscité un important contentieux sur chacune des conditions de sa mise en œuvre.

Le droit de préemption est fondé sur la volonté initiale du législateur de favoriser le faire-valoir direct. Lors de l'élaboration du statut, l'acquisition du droit de propriété apparaissait comme une réelle promotion sociale qui devait être favorisée. De plus, il apparaissait incontestable à l'époque que le faire-valoir direct était un mode d'exploitation économiquement souhaitable puisque le propriétaire apparaissait comme un exploitant particulièrement soucieux du devenir et de la rentabilité de son exploitation, et qu'à ce titre il contribuait au mieux au développement de l'agriculture. Cette faveur au faire valoir-direct s'est inscrite harmonieusement dans la politique engagée par les lois d'orientation agricole successives qui ont soutenu un modèle d'exploitation familiale moyenne. Cependant, cette politique s'est peu à peu révélée inadaptée à son contexte. En effet, les méthodes de production ont exigé des investissements qui sont apparus prioritaires au regard de l'achat du foncier. Plus récemment, les exploitations se sont agrandies au point de rendre leur acquisition comme leur transmission successorale parfois difficile pour un seul exploitant. Dès lors, le droit de préemption apparaît moins désormais comme un outil du développement de la politique agricole que comme un moyen pour le fermier de tenter de maintenir la stabilité de son exploitation. ❑

SECTION 1 Droit de préemption en cas d'aliénation à titre onéreux de biens ruraux

Art. L. 412-1 Le propriétaire bailleur d'un fonds de terre ou d'un bien rural qui décide ou est contraint de l'aliéner à titre onéreux, sauf le cas d'expropriation pour cause d'utilité publique, ne peut procéder à cette aliénation qu'en tenant compte, conformément aux dispositions de la présente section, d'un droit de préemption au bénéfice de l'exploitant preneur en place. Ce droit est acquis au preneur même s'il a la qualité de copropriétaire du bien mis en vente.

Les dispositions de l'alinéa précédent ne sont pas applicables s'il s'agit de biens dont l'aliénation, faite en vertu soit d'actes de partage intervenant amiablement entre cohéritiers, soit de partage d'ascendants, soit de mutations, profite, quel que soit l'un de ces trois cas, à des parents ou alliés du propriétaire jusqu'au troisième degré inclus et sauf dans ces mêmes cas si l'exploitant preneur en place est lui-même parent ou allié du propriétaire jusqu'au même degré. – *[Anc. art. 790, al. 1er.]*

COMMENTAIRE

I. TITULAIRES DU DROIT DE PRÉEMPTION

Le droit de préemption est une prérogative du fermier en place. Il ne suffit pas d'être seulement exploitant ; il est nécessaire de pouvoir établir l'existence d'un bail soumis au statut du fermage. Le droit de préemption peut être exercé dès la conclusion du bail. La loi n'exige pas que le preneur tienne son droit et soit sur le fonds loué depuis une certaine durée pour pouvoir préempter. Le preneur doit avoir exécuté ses obligations régulièrement. Dans l'hypothèse où le fermier a reçu congé, il peut exercer son droit de préemption jusqu'à la date d'effet du congé.

II. ACTES EXCLUANT LE DROIT DE PRÉEMPTION

– Le droit de préemption supposant un transfert de propriété, les actes de partage sans aucun effet translatif mais déclaratifs excluent l'exercice du droit de préemption du preneur.

– Le droit de préemption est écarté lorsque le législateur a reconnu un intérêt prioritaire à celui du fermier, qui peut être un intérêt public ou familial (V. aussi art. L. 412-4 et L. 415-11). ❑

1. QPC. Il n'y a pas lieu de renvoyer au Conseil constitutionnel une QPC de l'art. L. 412-1 proportionné à la finalité de la loi et qui tend à établir un équilibre entre les intérêts du preneur et les intérêts familiaux du propriétaire. • Civ. 3e, 13 févr. 2014, n° 13-40.073 : *JCP 2014. 296 ; DP entr. agric., Bull. n° 471, p. 7, note Roussel ; RD rur. 2014, n° 95, note Crevel ; AJDI 2014. 464*.

I. TITULAIRES DU DROIT DE PRÉEMPTION

2. Preneur en place. L'expression « exploitant preneur en place » ne doit pas être prise dans le sens de preneur habitant sur place mais dans celui de preneur ayant un titre régulier d'occupation et exploitant le fonds. • Soc. 16 nov. 1950 : *Bull. civ. III, n° 846.* ♦ Le cessionnaire d'un bail rural ne bénéficie, après l'annulation de la cession, d'aucun bail soumis au statut du fermage, et le cahier des charges ne peut, en visant l'art. 790 [L. 412-1], lui conférer les droits d'un preneur en place en lui réservant un droit de préemption. • Civ. 3e, 17 juill. 1969 : *Bull. civ. III, n° 595.* ♦ Pour prétendre à exercer le droit de préemption, il faut non seulement être occupant mais preneur en place, c'est-à-dire exploitant en vertu d'un bail rural. • Civ. 3e, 20 avr. 2005, n° 03-18.272 P : *JCP 2005. IV. 2323 ; JCP N 2005. 1510, note Barabé-Bouchard ; Rev. loyers 2005. 392, note Peignot ; RD rur. août-sept. 2005, p. 27, note Grimonprez ; Gaz. Pal. 2-4 oct. 2005. 19, et 7-8 oct. 2005. 11 ; AJDI 2006. 38, obs. Prigent*. ♦ Il appartient au preneur de prouver qu'il exploitait le fonds loué à la date de la vente pour bénéficier du droit de préemption. • Civ. 3e, 9 juin 2016, n° 15-16.892. ♦ La force de chose jugée attachée à la décision judiciaire de résiliation du bail dès son prononcé ne peut avoir pour effet de priver le preneur du droit d'exercer son droit de préemption tant que cette décision ne lui a pas été notifiée. • Cass., ch. mixte, 16 déc. 2005, n° 03-13.206 P : *D. 2006. IR 177 ; JCP 2006. IV. 1083 ; RD rur. janv. 2006. 27 ; Gaz. Pal. 19-20 mai 2006. 41, et 5-6 janv. 2007. 22.* ♦ Le droit de préemption appartient au seul preneur en place ; il importe peu qu'il ait eu cette qualité lors de l'introduction de l'instance s'il l'a perdue par l'effet d'un congé non contesté avant d'exercer son droit. • Soc. 28 mars 1960 : *Bull. civ. IV, n° 325* • Civ. 3e, 14 janv. 2004, n° 02-15.014 P.

3. Simple occupant. Le simple occupant en vertu d'une concession de terres incultes consentie à un tiers ne peut exercer le droit de préemption. • Soc. 17 févr. 1960 : *Bull. civ. IV, n° 182.*

4. Sous-locataire. Le sous-locataire en vertu d'une clause illicite du bail à ferme ne justifie d'aucun titre et ne saurait exercer le droit de préemption. • Soc. 19 oct. 1967 : *Bull. civ. IV, n° 653.*

5. Bail verbal. L'art. 790 [L. 412-1] ne distingue pas selon la nature du bail dont jouit le preneur en place et le droit de préemption ne saurait être dénié au preneur sous prétexte que son bail verbal ne pourrait être opposé à l'acte authentique de vente à un tiers. • Soc. 26 oct. 1960 : *Bull. civ. IV, n° 947.* ♦ Le droit de préemption peut être reconnu bien que le bail de certaines parcelles soit verbal et que le bail sous seing privé des autres n'ait pas date certaine. • Soc. 9 févr. 1961 : *D. 1961. 237.*

6. Exploitant. Le fermier qui n'a pas commencé son exploitation antérieurement à la date de sa déclaration de préemption est sans qualité pour exercer celle-ci. • Soc. 11 janv. 1951 : *Bull. civ. III, n° 15.* ♦ N'est plus exploitant le preneur qui au jour de la vente avait abandonné le domaine de façon définitive pour occuper une situation de chef de culture puis d'associé gérant. • Soc. 2 déc. 1965 : *Bull. civ. IV, n° 862.* ♦ N'a pas la qualité essentielle d'exploitant celui qui laisse les terres en friche pendant plusieurs années. • Soc. 17 janv. 1963 : *Bull. civ. IV, n° 67* • Amiens, 3 juill. 2008 : *RD rur. 2008, nos 176 et 203, note Crevel.*

7. Sous-location. Perd la qualité d'exploitant et donc le bénéfice du droit de préemption le *preneur qui sous-loue* la plus grande partie ou une partie essentielle des biens loués. • Soc. 6 juin 1958 : *Bull. civ. IV, n° 687* • Civ. 3e, 8 févr. 1968 : *ibid. III, n° 47.*

8. Copreneurs solidaires. BIBL. Yamba, *JCP N 1997. I. 87.* ♦ Le copreneur solidaire d'un bail rural a un droit personnel à exercer le droit de préemption. • Soc. 16 juill. 1956 : *Bull. civ. IV, n° 669 ; JCP 1957. II. 9763, note de Juglart* • 11 janv. 1958 : *Bull. civ. IV, n° 73.* ♦ Mais un engagement solidaire destiné à donner garantie au bailleur contracté par l'épouse du preneur, qui a conclu le bail alors qu'il était célibataire et seul exploitant, ne permet pas à l'épouse d'invoquer la qualité d'exploitant preneur en place pour exercer le droit de préemption. • Soc. 22 févr. 1962 : *Bull. civ. IV, n° 219.* ♦ Sur la condition d'exploitation effective du fonds, V. • Reims, 16 janv. 1989 : *Gaz. Pal. 1989. 2. 669, note Mégret.*

9. Personne morale. BIBL. Viatte, *Journ. not. et av. 1978. 813.* ♦ Les art. 1er et 4 de l'ordonnance du 17 oct. 1945 modifiée [art. L. 412-1 et L. 412-5 C. rur.] ne font aucune distinction entre personne physique et personne morale ; celles-ci peuvent user du droit de préemption si elles satisfont aux conditions de l'art. 4 [art. L. 412-5 C. rur.]. • Soc. 23 févr. 1951 : *Gaz. Pal. 1951. 1. 337 ; S. 1952. 1. 8 ; JCP 1951. II. 6240* • 25 mars 1955 : *Bull. civ. IV, n° 289 ; JCP 1955. II. 8700, note Lacoste.*

10. Procédures collectives. Le droit de préemption portant sur un fonds loué ne peut être mis en œuvre que par l'exploitant preneur en place même si celui-ci est en liquidation judiciaire. • Civ. 3e, 31 oct. 2000, n° 98-21.921 P : *D. 2000. IR 289 ; RD rur. 2000. 569 et 2001. 178 ; Gaz. Pal. 29-30 mars 2002, p. 16 ; JCP N 2001. 600, note Gravillou ; ibid. 802, note Grimonprez.* ♦ La mise en œuvre du droit de préemption est exclue pour le *syndic* et n'entre pas dans ses pouvoirs sur le patrimoine du débiteur. • Com. 21 janv. 1974 : *Rev. loyers 1974. 144.* – V. note 8 ss. art. L. 412-2.

II. ACTES EXCLUANT LE DROIT DE PRÉEMPTION

A. PARTAGE

11. L'acquisition, par un héritier, des parts de ses coïndivisaires ne constitue pas, en raison de l'effet déclaratif du partage, une aliénation à titre onéreux donnant au preneur le bénéfice du droit de préemption. • Civ. 3e, 16 avr. 1970 : *D. 1970. 770, note Chesné et Martine* • 24 nov. 2010, n° 09-69.327 : *D. 2010. 2912 ; Gaz. Pal. 2010. Pan. J. 3725 ; JCP 2010. 1269 ; JCP N 2010. 870 ; Rev. loyers 2011, n° 914, note Peignot.* ♦ V. aussi, pour une licitation à un coïndivisaire, • Civ. 3e, 20 mars 1973 : *D. 1974. Somm. 5* • Civ. 1re, 25 juin 1996 : *D. 1996. IR 177 ; RD rur. 1996. 442 ; Gaz. Pal. 1998. 1. Somm. 13, obs. Lachaud* • Civ. 3e, 30 sept. 1998, n° 96-21.322 P : *RD rur. 1999. 242 ; Defrénois 1999. 189, note Levillain.*

B. EXPROPRIATION

12. La cession amiable étant l'équivalent d'une ordonnance d'expropriation lorsqu'elle est précédée d'une déclaration d'utilité publique, le droit de préemption ne peut être exercé après une telle cession. • Soc. 7 mai 1951 : *Bull. civ. III, n° 354.*

13. Sur l'effet rétroactif de l'annulation, postérieurement à la cession amiable, d'un arrêté déclaratif d'utilité publique, rendant le droit de préemption applicable, V. • Civ. 3e, 4 juin 1980 : *D. 1981. IR 38.*

C. CESSIONS À DES PARENTS OU ALLIÉS DU PROPRIÉTAIRE

14. Le lien d'alliance ne disparaît pas avec le décès du conjoint par qui est née cette alliance et le remariage de l'époux. • Civ. 3e, 7 mai 1969 : *Bull. civ. III, n° 349.*

15. En cas de licitation par les légataires universels du *de cujus* le degré de parenté ou d'alliance de l'adjudicataire doit s'apprécier par rapport au légataire vendeur. • Soc. 19 févr. 1959 : *Gaz. Pal. 1959. 1. 259 ; JCP 1959. II. 11033, note Lindon.*

16. Le degré de parenté du bénéficiaire du retrait successoral doit être calculé non pas entre lui et les cohéritiers vendeurs de leurs parts successorales mais entre lui et le *de cujus.* • Civ. 1re, 23 nov. 1965 : *Bull. civ. I, no 643 ; Gaz. Pal. 1966. 1. 84.* ♦ La notion d'allié au troisième degré inclus qui déroge au droit commun ne s'applique qu'aux conjoints mariés. * Rép. min. no 39217 : *JOAN Q 10 mars 2009, p. 2288.*

17. Le droit de préemption ne peut être exercé en cas de vente de biens indivis lorsque certains coïndivisaires sont parents au 3e degré de l'acquéreur, et que les autres ne le sont pas. • Civ. 3e, 7 avr. 1976 : *Rev. loyers 1976. 325.* ♦ Le preneur qui préempte évince l'adjudicataire qui est parent au 3e degré de l'ancien propriétaire dès lors que la succession était vacante et donc sans maître depuis l'adjudication. • Agen, 27 nov. 2007, no 06-1520 : *RD rur. 2008. no 82, obs. Crevel.*

18. Sont mal fondés les enfants qui, ayant renoncé à la succession de leur père bailleur, entendent écarter le droit de préemption du preneur comme parents du premier degré et adjudicataires des biens de la succession vacante. • Civ. 3e, 18 févr. 2009, no 08-11.108 : *JCP N 2009. Actu. 254 ; RD rur. 2009. 69 ; Gaz. Pal. 13-15 sept. 2009. 13.*

19. *Preneur parent ou allié.* L'art. 790 [L. 412-1] ne fait pas de distinction selon le degré de parenté du preneur. Si celui-ci est parent jusqu'au troisième degré du propriétaire il bénéficie du droit de préemption même si l'acquéreur a un lien de parenté plus proche. • Civ. 3e, 1er févr. 1977 : *Bull. civ. III, no 53 ; D. 1977. IR 243.* ♦ ... Sauf dans le cas d'une licitation partage lorsqu'un indivisaire est devenu adjudicataire. • Civ. 1re, 25 juin 1996, no 94-20.395 P : *D. 1996. IR 177.*

Art. L. 412-2 **Les dispositions de la présente section s'appliquent à toutes les ventes ou adjudications même sur surenchère. Il en est de même en cas de vente portant sur la nue-propriété ou l'usufruit à moins que l'acquéreur ne soit, selon le cas, nu-propriétaire du bien vendu en usufruit ou usufruitier du bien vendu en nue-propriété.** — *[Anc. art. 790, al. 2.]*

BIBL. ▸ Collard, *JCP N 2023. 1004* (formule de vente d'immeuble n'ouvrant pas droit au droit de préemption).

COMMENTAIRE

Le droit de préemption est ouvert en principe pour toutes les aliénations à titre onéreux. La forme de la contrepartie prévue à l'aliénation importe peu quant à l'exercice du droit de préemption, dès lors que la contrepartie prévue est financière. De plus, la préemption n'est pas réservée aux cessions volontaires. Le droit de préemption est en conséquence exclu pour toutes les cessions à titre gratuit. Il est également écarté lorsque le preneur est dans l'impossibilité de se substituer à l'acquéreur faute de pouvoir fournir la contrepartie convenue. ❑

I. TRANSFERTS FONCIERS SOUMIS AU DROIT DE PRÉEMPTION DU PRENEUR

1. *Vente.* Les juges ne peuvent pas déclarer valable le droit de préemption exercé à l'occasion d'une vente à laquelle le propriétaire n'a pas consenti. • Civ. 3e, 28 mars 1969 : *Bull. civ. III, no 280.*

2. Dans le sens de l'applicabilité du droit de préemption à la vente avec constitution de rente viagère, V. • Soc. 20 oct. 1955 : *Bull. civ. IV, no 721.*

3. La vente d'un actif social réalisée au cours de la liquidation d'une société civile immobilière en vue d'apurer le passif social et avant le partage constitue une aliénation à titre onéreux ouvrant aux preneurs le bénéfice du droit de préemption. • Civ. 3e, 13 juin 2012, no 11-16.277 : *D. 2012. 1676 ; JCP 2012. 818 ; Rev. loyers 2012. 306, note Peignot ; DP entr. agric., Bull. no 455, p. 1, note Roussel ; JCP N 2012. 839 ; Defrénois 2012. 40614, note Delorme et Barbièri ; AJDI 2012. 764, note Prigent ; Gaz. Pal. 2012. 2420.*

4. *Dation en paiement.* La dation en paiement est assimilable à une aliénation à titre onéreux visée par l'art. 790 [L. 412-1] et autorise la préemption par le preneur. • Civ. 3e, 4 avr. 1968 : *Bull. civ. III, no 148 ; JCP 1968. II. 15586, note de Juglart.*

5. *Usufruit.* Le droit de préemption s'exerce en cas de cession conjointe de la nue-propriété et de l'usufruit à un même acheteur. • Civ. 3e, 16 janv. 1991, no 89-11.418 P : *D. 1991. IR 43 ; Gaz. Pal. 1991. 2. Somm. 254, obs. Lachaud ; JCP N 1991. II. 210, obs. Gilardeau.*

6. *Adjudication.* L'adjudication du bien loué à un tiers à l'indivision permet au cohéritier preneur en place d'exercer son droit de préemption. • Civ. 3e, 28 oct. 2009, no 08-17.019 : *RD rur. 2009, no 179 ; JCP 23 nov. 2009, p. 23 ; JCP N 2009. 727 ; AJDI 2010. 393, note Prigent.* ♦ Lorsque le cahier des charges mentionne l'existence du preneur bénéficiaire du droit de préemption, les propriétaires qui ont eu connaissance du cahier et l'ont approuvé ne peuvent plus contester la qualité du preneur. • Civ. 3e, 22 juin 1976 : *Bull. civ. III, n° 275* • 19 févr. 1980 : *ibid. III, n° 40.*

7. La procédure de vente sur folle enchère est régulièrement engagée et l'adjudication ne peut être remise lorsque le preneur ayant usé de son droit et sommé de payer le prix dans la quinzaine n'en a rien fait et n'a pas fait d'offre sérieuse avant la date fixée pour la folle enchère. • Civ. 3e, 23 avr. 1969 : *Bull. civ. III, n° 312.* ♦ La remise en vente sur folle enchère ne s'appliquant de plein droit qu'aux ventes forcées, le preneur qui a eu connaissance du cahier des charges et a inséré un dire dans le procès-verbal d'adjudication ne peut prétendre que la vente a été conclue en fraude de ses droits. • Civ. 3e, 19 avr. 2000, n° 98-18.470 P : *RD rur. 2000. 633 ; JCP 2000. IV. 1919 ; JCP N 2001. 547 ; Gaz. Pal. 3-4 oct. 2001, p. 25, obs. Lachaud.*

8. Liquidation judiciaire. Le preneur peut exercer son droit de préemption lors de la vente du bien loué réalisée de gré à gré par le juge commissaire de la procédure de liquidation judiciaire à laquelle le propriétaire est soumis. • Civ. 3e, 5 févr. 2003, n° 01-17.145 P : *D. 2003. 696 ; RD rur. 2003. 141 et 561 ; Ann. loyers 2003. 506, note Lachaud ; JCP N 2003. 628 et 1339, obs. Grimonprez ; ibid. 1551, note Vauvillé ; Rev. loyers 2003. 160, note Peignot ; Gaz. Pal. 31 oct.-1er nov. 2003. 25.* ♦ Seul l'exploitant preneur peut exercer le droit de préemption sur le fonds loué, même s'il est en liquidation judiciaire (vente par adjudication). • Civ. 3e, 7 avr. 2004, n° 02-19.519 P : *JCP 2004. IV. 2190 ; Gaz. Pal. 15-16 sept. 2004. 25 ; Dr. et patr. 2004, n° 128. p. 100, note Barbièri.* ♦ La vente de l'immeuble autorisée par le juge commissaire de la liquidation du bailleur ne peut donner lieu à l'exercice du droit de préemption du locataire commercial. • Com. 2 mars 2022, n° 20-19.174 B : *RD rur. 2022, n° 98, note Lebel ; JCP N 2022. Actu. 696, obs. Bosse-Platière.* ♦ V. aussi ss. art. L. 412-1, note 10.

9. La vente d'un actif social au cours de la liquidation d'une société civile, avant le partage, constitue une aliénation à titre onéreux ouvrant droit de préemption du preneur. • Civ. 3e, 13 juin 2012, n° 11-16.277 : *RD rur. 2012, n° 84.*

II. TRANSFERTS FONCIERS EXCLUANT LE DROIT DE PRÉEMPTION DU PRENEUR

10. Bail à nourriture. Le bail à nourriture exclut l'exercice du droit de préemption. • Soc. 19 févr. 1954 : *Gaz. Pal. 1954. 1. 268 ; JCP 1954. II. 8209, note Lacoste* • Civ. 3e, 8 mai 1983 : *D. 1985. IR 69, obs. Martine* • 26 mai 1983 : *ibid.* • Poitiers, 31 mars 1993 : *Gaz. Pal. 1993. 2. 387, note Lachaud.* ♦ ... A condition toutefois que ce contrat ne dissimule pas une vente. • Soc. 6 déc. 1956 : *Bull. civ. IV, n° 897.* ♦ Mais lorsque les clauses d'un projet de vente ne comportent pas l'engagement de l'acquéreur de subvenir entièrement et personnellement aux besoins de la vie du vendeur, la convention ouvre droit à préemption. • Civ. 3e, 13 févr. 1985 : *Defrénois 1985. 1144, obs. Vermelle.* – V. aussi • Civ. 3e, 7 oct. 1987 : *ibid. 1988. 489, obs. Vermelle ; Gaz. Pal. 1987. 2. Pan. 278.*

11. Apport en société. L'apport en société effectué sans fraude échappe au droit de préemption, le preneur ne pouvant offrir au bailleur les droits sociaux que celui-ci désire acquérir. • Soc. 16 févr. 1961 : *D. 1961. 548 ; Gaz. Pal. 1961. 1. 395 ; JCP 1961. II. 12177, note Ourliac* • Civ. 3e, 4 mars 1971 : *Bull. civ. III, n° 151.* – V. aussi • Civ. 3e, 6 mars 1996 : *RD rur. 1996. 52 ; JCP N 1997. II. 26, obs. Moreau.*

12. Donation. La donation faite sans fraude n'ouvre pas au preneur le droit de préemption. • Soc. 29 juin 1951 : *Gaz. Pal. 1951. 2. 157 ; Bull. civ. III, n° 531.* ♦ ... Et celui qui allègue que la donation cache une vente doit prouver la simulation. • Soc. 2 juill. 1953 : *JCP 1954. II. 8234, note de Juglart.* ♦ Les juges apprécient souverainement l'*animus donandi* permettant de conclure à l'absence de fraude aux droits de la SAFER. • Civ. 3e, 9 juin 2016, n° 15-17.562 : *RD rur. 2016, n° 186 ; AJDI 2016. 699* . ♦ ... Ou que la donation avec charge à des personnes inconnues relevait non de l'intention libérale mais d'une manœuvre frauduleuse pour contourner le droit de préemption du preneur. • Civ. 3e, 15 avr. 2021, n° 20-15.332. ♦ Le paiement d'une rente viagère mise à la charge du donataire ne saurait transformer la donation en une vente que si le montant de la rente est en rapport avec la valeur de l'immeuble compte tenu de l'âge du donateur. • Soc. 15 nov. 1956 : *Bull. civ. IV, n° 836.* ♦ Les parties n'ayant pas obligation de signifier l'acte au preneur, le seul fait de n'avoir pas indiqué l'existence de la charge ne prouve pas la fraude au droit de préemption du preneur. • Même arrêt. ♦ Comp., sur la distinction entre donation et rente viagère : • Soc. 26 janv. 1956 : *Bull. civ. IV, n° 80 ; JCP 1956. II. 9267, note de Juglart.* ♦ Sur le délai d'exercice de l'action en nullité d'une donation frauduleuse, V. ss. art. L. 412-12, note 14. ♦ Est fondée l'annulation d'une donation à charge qui relève d'une manœuvre frauduleuse pour contourner le droit de préemption du preneur. • Civ. 3e, 5 avr. 2021, n° 20-15.332 : *AJDI 2021. 536* . ♦ Ne constitue pas une fraude au droit de préemption la donation de la nue-propriété de parcelles louées après que le donateur et le donataire ont annulé la promesse d'achat qu'ils avaient conclue sur le même bien. • Besançon, 24 oct. 2003 : *RD rur. 2004. 340.*

13. Résolution de vente immobilière. La mutation des droits prononcée par le jugement résolvant la vente de la propriété rurale est insusceptible de donner ouverture à un droit de préemption au profit de l'éventuel preneur, dès lors que la résolution de la vente immobilière ne constitue en rien l'aliénation à titre onéreux prévue par l'art. L. 412-1. • Civ. 3e, 4 janv. 1995, n° 93-13.227 P : *JCP N 1996. II. 542, obs. Moreau.*

14. Application dans le temps. Sur l'application dans le temps de la loi du 15 juill. 1975 qui a modifié l'ancien art. 790 al. 2, V. • Civ. 3e, 14 déc. 1981 : *Bull. civ. III, n° 211 ; D. 1982. IR 280.*

Art. L. 412-3 Le droit de préemption n'existe pas lorsqu'il s'agit d'échange, même avec soulte, de parcelles de terre de l'exploitation contre d'autres parcelles ou biens ruraux en vue d'opérations assimilables à des opérations d'aménagement foncier agricole et forestier ou rentrant dans le cadre de telles opérations, à condition que les parcelles ou biens nouvellement acquis rentrent dans l'exploitation à la place des parcelles ou biens distraits.

Il n'existe pas non plus lorsqu'il s'agit de fonds dont la location est dispensée de la forme écrite dans les conditions prévues à l'article L. 411-3. – *[Anc. art. 791.]*

COMMENTAIRE

Échanges

Dès lors que la convention prévoit une vente de bien rural en échange d'une contrepartie non monétaire, le preneur ne peut prétendre se substituer à l'acquéreur faute de pouvoir exécuter l'obligation convenue.

Petites parcelles

Il n'y a pas de préemption pour les parcelles ne constituant pas un corps de ferme ou des parties essentielles d'une exploitation agricole. La nature et la superficie maximum de ces fonds figurent dans un arrêté préfectoral ; il convient d'appliquer celui qui était en vigueur à la date de conclusion du bail ou lors du dernier renouvellement. S'il s'agit d'une vente partielle du fonds loué, le droit de préemption du preneur est ouvert, même si la superficie de la parcelle vendue est inférieure au seuil départemental d'application du statut du fermage ; en effet, il est fait application d'un principe d'indivisibilité du fonds loué visant à protéger le preneur. ❑

1. Échange. L'échange des biens ruraux accompli sans fraude échappe au droit de préemption et le bailleur peut même recevoir, en contrepartie du fonds rural, un bien qui n'a pas ce caractère. • Cass., Ch. réun., 3 juill. 1957 : *D. 1958. 185, note Savatier* • Civ. 3e, 7 janv. 1972 : *JCP 1972. IV. 39* • 19 oct. 1976 : *Bull. civ. III, n° 354 ; D. 1977. IR 60* • 8 févr. 1978 : *Bull. civ. III, n° 75.* – V. aussi • Civ. 3e, 6 mars 1996 : *RD rur. 1996. 52 ; JCP N 1997. II. 26, obs. Moreau.* ♦ Pour des exemples de fraude, V. • Civ. 3e, 15 mars 1977 : *D. 1977. IR 291* (en raison de l'importance de la soulte) • 9 janv. 1991, n° 89-13.865 P : *D. 1991. IR 37 ; Defrénois 1991. 423, obs. Vermelle* (même raison) • 6 juill. 1977 : *D. 1977. IR 467* (en raison de la revente décidée d'avance des terres) • Nancy, 2 déc. 2005 : *RD rur. avr. 2006. 15, obs. Crevel* • Nancy, 28 sept. 2007 : *RD rur. 2008, n° 135, note Crevel.* ♦ L'annulation de l'acte d'échange conclu en violation du droit de préemption du fermier n'autorise pas celui-ci à exercer sa prérogative au prix fixé dans la convention annulée. • Civ. 3e, 29 nov. 1983 : *JCP 1984. IV. 44.*

2. Pour l'exercice du droit de préemption en cas d'*échange en jouissance* de parcelles, V. art. L. 411-39, *in fine.*

3. Petites parcelles. Reconnaît à bon droit l'existence d'un droit de préemption en faveur du fermier une cour d'appel qui constate que le fonds loué était dans son ensemble soumis au statut du fermage, sans avoir à rechercher si la parcelle vendue, dont la superficie était inférieure à la surface maximale visée par l'art. L. 411-3, constituait un corps de ferme ou était essentielle à l'exploitation. • Civ. 3e, 16 juill. 1986 : *JCP N 1987. II. 51, obs. Moreau.* – V. déjà • Soc. 5 janv. 1950 : *JCP 1950. II. 5503, note H. G.* – Comp. : • Civ. 3e, 12 mai 1981 : *D. 1982. IR 85 ; Rev. loyers 1981. 415, note J. V.*

Mais, ayant constaté qu'un propriétaire a vendu au preneur deux des parcelles louées, et a ensuite vendu à un tiers les trois dernières parcelles d'une superficie totale inférieure au minimum fixé par arrêté préfectoral pour bénéficier du statut du fermage, les juges admettent nécessairement, en relevant l'antériorité des ventes consenties au fermier, que les autres aliénations ne sont pas entachées de fraude au droit de préemption du preneur. • Civ. 3e, 9 avr. 1970 : *D. 1970. Somm. 173.* ♦ La soumission volontaire au statut du fermage de la location d'une petite parcelle ne peut faire échec au droit de préemption d'ordre public de la SAFER. • Civ. 3e, 14 nov. 2007, *SAFER Alsace c/ Eblin,* n° 06-19.633 P : *D. 2007. 3070 ; Rev. loyers 2008. 107, note Peignot ; RJDA 2008, n° 122 ; JCP 2008. IV. 3254.* – V. jurisprudence ss. art. L. 411-3.

Art. L. 412-4 Le droit de préemption s'exerce nonobstant toutes clauses contraires.

Il peut être exercé s'il n'a *[pas]* **été fait usage des droits de préemption établis par les textes en vigueur, notamment au profit de l'État, des collectivités publiques et des éta-**

blissements publics. — *En ce qui concerne le droit de préemption de l'État, des collectivités et établissements publics, dans les zones à urbaniser en priorité et les zones d'aménagement différé, V. C. urb., art. L. 211-1 s. et R. 211-1 s. —* ***C. urb.***

Il ne peut en aucun cas être cédé. — *[Anc. art. 792.]*

COMMENTAIRE

Le droit de préemption est un droit d'ordre public qui oblige strictement tout propriétaire ayant un projet de vendre son bien d'en faire offre d'achat au preneur en place et qui empêche le fermier de renoncer à son droit sans avoir été mis en mesure de l'exercer.

Le droit de préemption s'exerce sous réserve qu'un autre projet de cession ne soit reconnu prioritaire par le législateur. Ce n'est pas le propriétaire qui peut établir une priorité par convention. Ainsi, le droit de préemption en vigueur dans les zones d'aménagement différé (C. urb., art. L. 212-2), le droit de préemption du département et celui du conservatoire de l'espace littoral et des rivages lacustres dans les espaces naturels sensibles (C. urb., art. L. 142-3) sont reconnus poursuivre des intérêts supérieurs à ceux du preneur et donc de l'agriculture. Le fermier reçoit pour protection un droit à être informé de la décision du titulaire du droit de préemption d'exercer son droit (C. urb., art. L. 213-9). Par exception, le droit du fermier n'est pas écarté par le droit de préemption pour la préservation des ressources en eau destinée à la consommation humaine (C. urb., art. L. 218-6).

De plus, le droit de préemption de la SAFER ne peut s'exercer contre le preneur en place, son conjoint ou son descendant régulièrement subrogé que si le preneur exploite le bien concerné depuis moins de trois ans (V. art. R. 143-7). Enfin, l'article 815-14 du code civil prévoit le droit de préemption des indivisaires ; celui-ci prime celui du preneur puisque le droit de préemption de celui-ci est écarté lors de toute cession totale ou partielle de droits indivis entre indivisaires. ❑

1. Portée de l'art. L. 412-4. La portée de l'art. L. 412-4, qui prohibe toute disposition des baux restrictive des droits résultant du statut du fermage, ne peut être limitée aux clauses contenues dans le bail rural mais doit être étendue à tout accord contractuel, même extérieur au bail, qui perd toute valeur dès lors qu'il fait échec aux prescriptions du statut du fermage. • Limoges, 27 mai 1993 : *BICC 1993, n° 1040.*

2. Clauses valables. Ne constitue pas une clause nulle celle d'une promesse de vente faite au fermier stipulant que celui-ci devrait, avant son acceptation, consigner entre les mains du notaire le montant du prix d'achat du domaine. • Soc. 8 mars 1951 : *Bull. civ. III, n° 182 ; Gaz. Pal. 1951. 1. 301.* ♦ La condition de paiement à bref délai inscrite au cahier des charges s'impose au preneur dès lors que cette clause n'est pas de nature à faire échec au droit de préemption. • Soc. 17 déc. 1953 : *Bull. civ. IV, n° 802.*

3. Sur la validité d'une clause de réméré figurant dans le compromis de vente conclu entre le propriétaire et un tiers acheteur, V. • T. par. baux rur. Vichy, 20 juin 1991 : *JCP 1992. II. 21913, note Prévault.*

4. Droit de préférence conventionnel. **BIBL.** Krajeski, *Dr. et patr. 1/2006. 68* (pacte de préférence en droit rural). ♦ Le droit de préemption s'exerce malgré un droit de préférence consenti à un tiers. • Soc. 21 janv. 1965 : *Bull. civ. IV, n° 61.* ♦ Comp., sur la faute du propriétaire qui, affermant un bien sur lequel il avait précédemment consenti un droit de préférence, se met volontairement dans l'impossibilité d'exécuter le pacte de préférence : • Civ. 3e, 1er avr. 1992, n° 90-16.985 P : *D. 1993. 165, note Fournier ; RD rur. 1992. 387, chron. Ourliac ; JCP N 1992. II. 410, obs. Moreau ; Defrénois 1993. 98, note Olivier.*

5. Le bénéficiaire d'une promesse de vente assortie d'une condition suspensive tenant à la purge du droit de préemption est mal fondé à soutenir que le droit de préemption exercé par le preneur dans des conditions régulières ne lui est pas opposable. • Civ. 3e, 30 mars 2004 : *RJDA 2004, n° 968.*

6. Renonciation. La renonciation doit être caractérisée. • Civ. 3e, 13 juill. 1999 : *AJDI 1999. 928 ; RD rur. 1999. 501.* ♦ Le preneur ne peut valablement renoncer à son droit de préemption sans avoir connaissance du prix, des conditions et des modalités de la vente projetée. • Civ. 3e, 14 nov. 1984 : *Bull. civ. III, n° 191 ; Defrénois 1985. 848, obs. Vermelle.* ♦ ... Ou sans avoir été destinataire d'une offre adressée par le notaire chargé d'instrumenter la vente, la participation du preneur au compromis de vente ne pouvant y suppléer. • Civ. 3e, 5 avr. 2018, n° 16-23.742 : *DP entr. agric., Bull. n° 522, p. 8, note Roussel ; Defrénois 2018, n° 47, p. 42 et n° 37, p. 23, note Delorme ; AJDI 2019. 109, note Roussel.* ♦ Le fait de ne pas avoir usé de son droit de préemption dans le délai légal ne saurait valoir renonciation de la part du preneur dès lors que la notification ne lui faisait pas connaître le prix, les charges, les conditions et les modalités de la vente projetée (à propos d'une vente conclue sous condition suspensive). • Civ. 3e, 20 déc. 1995, n° 94-13.260 P : *Rev. huiss. 1996. 1119, note Pitaud ; JCP 1996. IV. 350.* ♦ Sur les conséquences d'une renonciation conditionnelle, V. • Civ. 3e, 14 mai 1997 : *Rev. huiss. 1998. 667, note Pitaud ; RD rur. 1997. 323 et 505 ; Rev. loyers 1998. 297.* ♦ Le preneur ne peut renoncer sans avoir reçu du notaire l'offre selon les formes et le contenu impératifs. • Civ. 3e, 5 avr. 2018, n° 16-23.742 : *AJDI 2018. 434 et 2019. 109, note Roussel ; Defrénois 2018, n° 16, p. 9 ; RD rur. 2018, n° 95, note Crevel.*

7. Droit de préemption prioritaire. Pour un exemple de priorité du droit de préemption communal, V. • Civ. 3e, 7 févr. 1996, n° 94-13.837 P : *D. 1996. IR 86 ; RD rur. 1996. 37.* ♦ Concernant les conflits entre le droit de préemption du preneur et celui de la SAFER, V. Lachaud, *RD rur. 1997. 28.* – Campels, *JCP N 1997. Prat. 3972.* ♦ V. également • Civ. 3e, 9 oct. 1996 : *RD rur. 1997. 62.* ♦ Jugeant qu'une SAFER ne peut exercer son droit de préemption sous condition résolutoire, V. • Civ. 3e, 30 mai 1996, n° 94-14.683 P : *D. 1996. IR 149 ; RD rur. 1996. 390.*

Art. L. 412-5 **Bénéficie du droit de préemption le preneur ayant exercé, au moins pendant trois ans, la profession agricole et exploitant par lui-même ou par sa famille le fonds mis en vente.**

(L. n° 88-1202 du 30 déc. 1988 ; L. n° 2006-11 du 5 janv. 2006, art. 3) **« Il peut exercer personnellement ce droit, soit pour exploiter lui-même, soit pour faire assurer l'exploitation du fonds par son conjoint ou le partenaire avec lequel il est lié par un pacte civil de solidarité participant à l'exploitation ou par un descendant si ce conjoint, partenaire ou descendant a exercé la profession agricole pendant trois ans au moins ou est titulaire d'un diplôme d'enseignement agricole.** – *V. Arr. du 6 févr. 1976 (JO 8 févr.) ; Arr. du 19 juill. 1976 (JO 1er août).*

« Il peut aussi subroger dans l'exercice de ce droit son conjoint ou le partenaire avec lequel il est lié par un pacte civil de solidarité participant à l'exploitation ou un descendant majeur ou mineur émancipé qui remplissent les conditions prévues à l'alinéa précédent.

« Le bénéficiaire du droit de préemption, le conjoint ou le partenaire d'un pacte civil de solidarité participant à l'exploitation ou le descendant » au profit duquel le preneur a exercé son droit de préemption devra exploiter personnellement le fonds objet de préemption aux conditions fixées aux articles L. 411-59 et L. 412-12.

Le conjoint *(L. n° 2006-11 du 5 janv. 2006, art. 3)* **« ou le partenaire d'un pacte civil de solidarité » du preneur décédé, ainsi que ses ascendants et ses descendants âgés d'au moins seize ans, au profit desquels le bail continue en vertu de l'article L. 411-34, alinéa 1er, bénéficient, dans l'ordre de ce même droit, lorsqu'ils remplissent les conditions prévues à l'alinéa 2 ci-dessus et exploitent par eux-mêmes ou par leur famille le fonds mis en vente, à la date d'exercice du droit.**

(L. n° 88-1202 du 30 déc. 1988) **« Le droit de préemption ne peut être exercé si, au jour où il fait connaître sa décision d'exercer ce droit, le bénéficiaire ou, dans le cas prévu au troisième alinéa ci-dessus, le conjoint** *(L. n° 2006-11 du 5 janv. 2006, art. 3)* **« , le partenaire d'un pacte civil de solidarité » ou le descendant subrogé est déjà propriétaire de parcelles représentant une superficie supérieure à trois fois »** *(L. n° 2014-1170 du 13 oct. 2014, art. 32-II-4°)* **« le seuil mentionné à l'article L. 312-1 ».** – *[Anc. art. 793, al. 1er et 5.]*

BIBL. ▶ GRAVILLOU, *JCP N 1995. I. 1765.* – LORISSON et DUPUIS-BERNARD, *JCP N 2018. 1183* (tableau synoptique du droit de préemption du fermier).

COMMENTAIRE

Le droit de préemption participe de la politique agricole et, à ce titre, doit favoriser la productivité et la qualité de la production agricole. En conséquence, seuls les exploitants ayant établi leur compétence se voient proposer la stabilité d'exploitation comme un facteur favorable à la production globale. Ainsi, le preneur doit avoir acquis une expérience d'agriculteur professionnel. Il doit être établi sur le fonds. Ce droit personnel au preneur a une dimension familiale dans un sens actualisé par la loi du 2 février 2006 puisqu'il peut exercer son droit pour exploiter, lui ou son conjoint, son partenaire de PACS ou son descendant, si ceux-ci ont exercé l'activité agricole trois ans ou sont titulaires d'un diplôme agricole ; de plus, il peut subroger dans l'exercice de son droit son conjoint ou son partenaire de PACS participant à l'exploitation, ou un descendant, à condition que ceux-ci remplissent des conditions de capacité professionnelle ; enfin, le conjoint, le partenaire de PACS, les ascendants ou descendants poursuivant l'exploitation après le décès du preneur, peuvent prétendre exercer le droit de préemption sur le fonds.

Par ailleurs, le droit de préemption ne peut être employé pour favoriser les cumuls fonciers. Pour autant, ce n'est pas la propriété exploitante qui est contrôlée et le contrôle des structures ne s'applique pas lors de l'exercice du droit de préemption par le preneur qui décide de poursuivre lui-même l'exploitation du bien. ❑

I. EXPLOITATION PAR LE PRENEUR

1. QPC. Il n'y a pas lieu de renvoyer au Conseil constitutionnel l'art. L. 412-5, qui institue une différence bien fondée de traitement entre preneurs en place depuis plus de trois ans. • Civ. 3e, 3 avr. 2014, n° 14-40.006 : *RD rur. 2014, n° 222, note Bosse-Platière ; AJDI 2014. 530*.

2. Conditions. Pour prétendre bénéficier du droit de préemption, le preneur doit établir remplir les conditions d'ancienneté, d'exploitation personnelle et de conformité de sa situation administrative. • Civ. 3e, 1er déc. 2017, n° 15-23.410 : *RD rur. 2018, n° 2, note Crevel.*

3. Fonds exploité. L'appréciation de l'exploitation effective par le preneur doit se faire en prenant en compte l'ensemble des terres affermées et non la seule parcelle vendue. • Civ. 3e, 4 juin 2014, n° 13-14.143 : *D. 2014. 1273 ; JCP N 2014. Actu. 734 ; JCP 2014. 748 ; RD rur. 2014, n° 179, note Crevel.*

4. Exploitation du fonds. La condition générale mise par la loi à l'exercice de tout droit de préemption est que le preneur exploite par lui-même ou par sa famille le fonds mis en vente. • Soc. 8 mars 1951 : *Bull. civ. III, n° 180 ; S. 1952. 1. 4* • Civ. 3e, 4 févr. 2014, nos 12-22.538 et 12-23.066 : *RD rur. 2014, n° 62, note Crevel ; JCP N 2014. Actu. 330.* ♦ Elle doit être remplie même dans le cas où le droit de préemption est exercé en faveur d'un enfant. • Même arrêt. ♦ Quant à la condition d'exploitation par la famille du preneur, les frères et sœurs doivent être compris dans la famille. • Soc. 13 mai 1955 : *Gaz. Pal. 1955. 1. 427 ; JCP 1955. II. 8818, note Lacoste.* ♦ Remplit la condition d'exploitation l'épouse qui a exercé depuis plus de trois ans la profession agricole de collaboratrice de son conjoint, associé dans la société qui exploitait les terres louées et au sein de laquelle elle venait avec son fils aux droits de son mari décédé. • Civ. 3e, 10 févr. 2015, n° 13-26.864 : *JCP N 2015. Actu. 370 ; AJDI 2015. 368 ; RD rur. 2015, nos 138 et 200, note Crevel.* ♦ La participation effective et permanente aux travaux ne se limite pas à la direction et à la surveillance de l'exploitation. • Civ. 3e, 24 mai 2017, n° 16-13.434 : *Rev. loyers 2017, n° 979, note Peignot ; RD rur. 2018, n° 21, note Crevel.* ♦ Les terres louées étant exploitées par une société et le preneur ne démontrant pas sa participation effective et permanente à l'exploitation, la cour a pu en déduire que le preneur et la société ne bénéficiaient pas d'un droit de préemption. • Civ. 3e, 5 avr. 2018, n° 17-13.512.

5. Pluriactivité. Le preneur est fondé à exercer son droit de préemption malgré sa profession annexe de pompiste dès lors que son activité de travailleur indépendant est moins importante que celle d'exploitant agricole. • Civ. 3e, 14 nov. 1968 : *Bull. civ. III, n° 459.* ♦ Le seul fait d'exercer une profession et de ne pas habiter les lieux n'empêche pas d'être preneur en place, la non-exploitation personnelle du bien n'impliquant pas par elle-même la sous-location. • Soc. 4 janv. 1963 : *Bull. civ. IV, n° 15.* ♦ Aucune disposition de la loi ne réserve le droit de préemption aux seuls preneurs exerçant à titre principal la profession agricole. • Caen, 18 sept. 2009 : *RD rur. 2010, n° 59, note Crevel.*

6. Preuve. Il appartient au preneur de rapporter la preuve qu'il exploitait le fonds loué à la date de la vente. • Civ. 3e, 8 nov. 1995, n° 93-14.339 P : *D. 1996. IR 4 ; JCP N 1995. II. 541, obs. Moreau* • 9 juin 2016, n° 15-16.892 : *Defrénois 2016. 895, note Lebel.* ♦ C'est au bénéficiaire du droit de préemption d'établir qu'il satisfait aux obligations lui incombant en application de l'art. L. 411-59. • Civ. 3e, 11 juin 1997, n° 95-15.131 P : *Defrénois 1997. 1317, note Lassaubatjeu-André ; RD rur. 1997. 386 ; JCP N 1998, n° 6, p. 209, obs. Moreau ; Rev. loyers 1998. 282 ; JCP 1997. IV. 1633.*

7. Durée d'exploitation. Il suffit que le preneur ait exercé depuis 3 ans la profession d'agriculteur en quelque qualité que ce soit. • Soc. 23 avr. 1953 : *Bull. civ. IV, n° 294* • 13 mai 1955 : *Gaz. Pal. 1955. 1. 427 ; JCP 1955. II. 8818, note Lacoste.* ♦ ... Même en qualité de « stagiaire ». • Soc. 13 mai 1955 : *préc. note 4.* ♦ ... Mais non comme technicien agricole. • Civ. 3e, 5 juin 1969 : *Bull. civ. III, n° 447.* ♦ C'est le preneur qui doit prouver sa durée d'exploitation. • Civ. 3e, 23 avr. 1974 : *Bull. civ. III, n° 161.*

8. Décès du preneur. Il résulte de la combinaison des art. 1742 C. civ., 793 [L. 412-5] et 831 [L. 411-33 et L. 411-34] C. rur., que si, en cas de décès du fermier, son conjoint et ses descendants bénéficient, dans l'ordre, du droit de préemption, l'exercice de ce droit par l'un d'eux ne prive pas les autres du droit au bail qu'ils ont recueilli dans la succession de leur auteur décédé. • Cass., ass. plén., 25 mai 1971 : *D. 1971. 685, note Chesné ; JCP 1971. II. 16853.* ♦ V. aussi art. L. 411-34 et la jurisprudence y afférente.

II. PROPRIÉTÉ IMMOBILIÈRE DÉJÀ DÉTENUE PAR LE PRENEUR

9. Appréciation de la propriété détenue. Il y a lieu de tenir compte de toutes les parcelles dont le preneur est propriétaire, même s'il ne les exploite pas et si elles sont situées dans d'autres départements. • Civ. 3e, 29 janv. 1974 : *Bull. civ. III, n° 38 ; Gaz. Pal. 1974. Somm. 84.* ♦ ... Même si elles ne sont pas susceptibles d'être exploitées et sans référence à une superficie pondérée et corrigée. • Civ. 3e, 25 sept. 2002, n° 01-11.156 P : *JCP 2002. IV. 2729 ; Gaz. Pal. 26 oct. 2002. 19 ; RD rur. 2003. 191 et 301, obs. Lachaud ; AJDI 2003. 359, obs. Plazy*.

10. Preneur usufruitier. Les parcelles dont le preneur est *usufruitier* n'entrent pas en compte. • Soc. 13 nov. 1953 : *Bull. civ. IV, n° 712.*

11. Superficie maximale. Le maximum de superficie à considérer est celui : que fixe l'arrêté préfectoral applicable au département où se trouve située la propriété vendue. • Civ. 3e, 3 mai 1978 : *Bull. civ. III, n° 182.* ♦ ... En vigueur lors de l'acceptation. • Civ. 3e, 29 mai 1968 : *Bull. civ. III, n° 238.*

12. Preneur propriétaire. Seuls les biens dont le preneur est *propriétaire* doivent être pris en considération et bien que le bail ait été consenti aux époux, si le mari exerce seul la préemption, il n'y a pas lieu d'ajouter à ses biens propres les biens propres de sa femme. • Soc. 25 mars 1955 : *Gaz. Pal. 1955. 1. 412 ; JCP 1955. II. 8762, note Lacoste* • 26 janv. 1956 : *Bull. civ. IV, n° 79 ; JCP 1956. II. 9268, note de Juglart.* ♦ Même sens : • Civ. 3e, 26 sept. 2001, n° 00-11.903 P : *RD rur. 2001. 451 ; ibid. 2002. 51 ; JCP N 2002. 1230 ; JCP 2001. IV. 2785 ; Rev. loyers 2001. 511, obs. Peignot ; Gaz. Pal. 28-29 nov. 2001. 12 ; ibid. 29-30 mars 2002. 16, obs. Lachaud ; AJDI 2002. 231, obs. Giraudel*. ♦ Doit être rejeté le pourvoi contre un arrêt qui tient compte de l'ensemble de la superficie possédée par deux époux copreneurs solidaires (biens communs et biens propres) et leur refuse le bénéfice de la préemption au motif que cette superficie dépasse la surface maximum. • Civ. 3e, 19 nov. 1985 : *JCP N 1986. II. 206, obs. Moreau.* ♦ Pour apprécier la titularité du droit de préemption par l'époux copreneur qui exerce seul ce droit, il convient de calculer la surface maximale prévue en retenant ses biens propres et la moitié des biens communs, nonobstant l'achat par les deux époux. • Civ. 3e, 7 mai 2014, n° 13-11.776 : *RD rur. 2014, n° 146, note Crevel ; JCP 2014. 646 ; JCP N 2014. Actu. 608 et 1248, note Barbièri ; DP entr. agric., Bull. n° 475/476, p. 13, note Roussel.*

13. Conditions de superficie. Elles s'apprécient sans qu'il y ait de distinction selon que le fonds est vendu en une fois ou par ventes successives. • Soc. 19 juin 1953 : *Bull. civ. IV, n° 480.*

14. Preneur étranger. Il n'y a pas lieu de tenir compte des terres situées hors du territoire français, pour calculer si la surface exploitée dépasse les limites permises par la législation française. • Besançon, 12 sept. 1986 : *Gaz. Pal. 1987. 2. 422, note Prévault.*

15. Charge de la preuve. La charge de la preuve que le preneur détient une superficie supérieure à la limite prévue pour lui permettre de préempter est à celui qui conteste le droit du preneur. • Soc. 16 nov. 1950 : *Rev. fermages 1951. 204.*

16. Date d'appréciation de la propriété détenue. Pour apprécier si le preneur remplit cette condition, il faut se placer à la date d'acceptation des conditions de vente qui lui sont notifiées par le bailleur, c'est-à-dire dans le mois de cette notification. • Civ. 3e, 29 mai 1968 : *Bull. civ. III, n° 238.* ♦ La situation du preneur relative à son patrimoine immobilier s'appréciant au jour où il fait connaître sa décision de préempter, est mal fondée la cour qui n'a pas recherché si la notification de l'intention de vendre était valable et avait fait courir le délai de préemption. • Civ. 3e, 5 avr. 2006, n° 04-13.286 P : *JCP 2006. IV. 2009 ; Rev. loyers 2006. 293, note Peignot ; RD rur. mai 2006. 27 ; Gaz. Pal. 23-25 juill. 2006. 22, et 2-3 mars 2007. 19 ; JCP N 2007. 37, note Roussel* • 11 déc. 2013, n° 12-24.720 : *RD rur. 2014, n° 21, note Crevel.*

17. Lorsque le droit de préemption n'a pu être exercé par suite du non-respect des dispositions de l'art. 796 [L. 412-8], il ne saurait être préjugé sur le point de savoir si le preneur n'aurait pas été en mesure de se prévaloir du droit de préemption à l'issue du délai dont il dispose après la notification du projet de vente. • Civ. 3e, 20 oct. 1981 : *D. 1982. IR 35.*

Art. L. 412-6 Dans le cas où le bailleur veut aliéner, en une seule fois, un fonds comprenant plusieurs exploitations distinctes, il doit mettre en vente séparément chacune de celles-ci, de façon à permettre à chacun des bénéficiaires du droit de préemption d'exercer son droit sur la partie qu'il exploite. — *[Anc. art. 794.]*

COMMENTAIRE

Lorsqu'il y a vente d'un ensemble de terres comprenant le fonds loué, plusieurs cas doivent être distingués.

I. Il y a l'hypothèse où est vendu un fonds constitué par des exploitations réelles louées séparément : le bailleur ne peut alors invoquer l'indivisibilité des exploitations pour faire échec à l'ouverture des différents droits de préemption.

II. Il y a également l'hypothèse où est vendu un ensemble de terres incluant notamment tout ou partie de l'exploitation louée. En principe, le preneur peut seulement préempter le bien qu'il loue. Il doit alors être procédé à la qualification de l'ensemble des biens mis en vente : Si l'ensemble mis en vente est reconnu indivisible, dans ce cas, il est reconnu le droit au propriétaire de procéder à une seule vente. Si par contre l'ensemble mis en vente n'est pas reconnu indivisible, le preneur peut prétendre exercer la préemption sur le seul fonds qu'il prend à bail.

I. UNIQUE VENTE DE PLUSIEURS EXPLOITATIONS

1. *Domaine d'application.* L'obligation imposée par l'art. 794 [L. 412-6] au bailleur de mise en vente séparée ne s'impose pas lorsque l'aliénation ne donne pas ouverture au droit de préemption. • Civ. 3e, 26 mai 1983 : *D. 1985. IR 69, obs. Martine.*

2. *Baux distincts.* Mais doit être cassé l'arrêt qui refuse d'annuler la vente de biens ruraux faite en une seule fois alors que les preneurs, à qui il avait été notifié un prix global, exploitaient les biens en vertu de baux distincts. • Civ. 3e, 30 nov. 1983 : *Rev. loyers 1984. 72.* ♦ En l'absence de baux distincts, l'art. L. 412-6 est inapplicable. • Civ. 3e, 7 févr. 1996, nº 94-13.837 P : *D. 1996. IR 86 ; RD rur. 1996. 37 ; JCP N 1997. II. 25, obs. Moreau ; Rev. huiss. 1997. 315, note Pitaud.*

II. CESSION DE BIENS INCLUANT LE FONDS LOUÉ

BIBL. Boularan, *Defrénois 1978. 280* (vente portant sur des parcelles dont une seule est louée).

3. *Indivisibilité.* Si les biens mis en vente sont pour une part loués et pour une part non loués, et s'ils constituent un tout indivisible l'offre faite au preneur doit porter sur cet ensemble, le propriétaire pouvant aliéner par une vente unique un ensemble économique comprenant le domaine affermé et un bien qui ne l'était pas. • Soc. 5 oct. 1961 : *Bull. civ. IV, nº 824 ; JCP 1962. II. 12426, note Ourliac et de Juglart.* ♦ Le propriétaire est mal fondé à notifier un projet de vente globale pour des biens donnés à bail et des biens non inclus dans la location dès lors que les biens loués n'étaient pas indivisibles des autres biens mis en vente. • Civ. 3e, 18 juill. 2000 : *Dr. et patr. 10/2002. 107, note Roussel.* – V. aussi • Civ. 3e, 5 avr. 2006 : *JCP N 2007, p. 37, note Roussel* • 4 mars 2021, nº 20-13.241 : *Defrénois 2021, nº 18, p. 25, note Delorme ; Rev. loyers 2021, nº 1017, note Peignot ; DP entr. agric., Bull. nº 552/553, p. 11, note Roussel.* ♦ Il n'y a pas lieu de prévoir de vente séparée dès lors que les juges ont souverainement constaté qu'il s'agissait de la vente d'un ensemble indivisible en raison de l'imbrication des parcelles louées et non louées, de l'enclave du corps de ferme au milieu du domaine vendu, de l'existence de parcelles à vocation agricole hors bail. • Civ. 3e, 5 févr. 2008 : *RD rur. 2008, nº 232, note Roussel.* ♦ ... Ou du partage des voies d'accès et de l'unité économique des parcelles démontrée par les vaines tentatives du propriétaire pour les vendre séparément. • Civ. 3e, 11 oct. 2018, nº 17-23.634 : *AJDI 2019. 383 ; JCP N 2018. Actu. 865, obs. Travely ; Rev. loyers 2018, nº 992, note Peignot.*

4. *Biens divisibles.* Le droit de préemption du preneur ne saurait porter sur le bien non compris dans la location, en particulier sur un jardin ayant son individualité propre. • Soc. 19 juill. 1967 : *Bull. civ. IV, nº 589* • 16 janv. 1980 : *ibid. III, nº 14.* ♦ Il ne peut l'exercer davantage sur les parcelles ne faisant pas partie du fonds loué, qui ont fait l'objet d'une vente distincte. • Civ. 3e, 16 janv. 1980 : *préc.*

5. *Acquisition du preneur.* Le preneur ne pouvant contraindre le vendeur à diviser son fonds constitué d'un ensemble unique, il doit se porter acquéreur de l'ensemble. • Civ. 3e, 7 févr. 1996, nº 94-13.837 P : *D. 1996. IR 86 ; RD rur. 1996. 37 ; JCP N 1997. II. 25, obs. Moreau ; Rev. huiss. 1997. 315, note Pitaud.*

6. Le propriétaire qui notifie un projet de vente pour l'ensemble de sa propriété au preneur d'une partie des biens mis en vente ne peut s'opposer à la demande du fermier de préempter le tout. • Civ. 3e, 10 juill. 2002 : *JCP 2002. IV. 2554 ; RD rur. 2002. 462 ; ibid. 2003. 52 et 369, obs. Crevel ; AJDI 2003. 49 ; Rev. loyers 2002. 570, note Peignot ; Gaz. Pal. 26 oct. 2002. 19 ; ibid. 20-21 juin 2003. 32.* ♦ La déclaration de substitution du preneur a pu porter sur l'ensemble des biens vendus par adjudication, même si le bail ne portait que sur une partie des biens loués dès lors que la propriété est apparue comme un ensemble économiquement équilibré qu'il était périlleux et inopportun de démembrer. • Poitiers, 23 avr. 2002 : *RD rur. 2002. 444.*

7. Le bailleur ne peut invoquer à son profit les dispositions de l'art. L. 412-6 lequel constitue un droit exclusif du fermier qui en est le seul bénéficiaire. • Civ. 3e, 2 juin 1999, nº 97-15.320 P.

Art. L. 412-7 **Si le bénéficiaire du droit de préemption estime que le prix et les conditions demandées de la vente sont exagérés, il peut en saisir le tribunal paritaire qui fixe, après enquête et expertise, la valeur vénale des biens et les conditions de la vente. Dans le cas de vente, les frais d'expertise sont partagés entre le vendeur et l'acquéreur.**

Si le propriétaire n'accepte pas les décisions du tribunal paritaire, il peut renoncer à la vente. Dans le cas où la vente n'a pas lieu, les frais d'expertise sont à la charge de la partie qui refuse la décision du tribunal paritaire. – *[Anc. art. 795.]*

I. CONTESTATION DU PRENEUR

1. QPC. Pas de renvoi d'une QPC dès lors que la procédure présente des garanties excluant l'exagération du prix et justifiant l'absence de recours au juge. • Civ. 3e, 13 févr. 2014, n° 13-40.073 : *JCP 2014. 296 ; DP entr. agric., Bull. n° 471, p. 7, note Roussel ; RD rur. 2014, n° 95, note Crevel ; AJDI 2014. 464*.

2. Forme. La demande du preneur n'est pas soumise à publication aux hypothèques et peut donc être introduite par lettre recommandée. • Civ. 3e, 26 nov. 1986 : *JCP N 1987. II. 231, obs. Moreau.*

3. En même temps qu'il forme sa contestation, le preneur doit prévenir le bailleur de son acceptation sous réserve de la modification judiciaire du prix. • Civ. 3e, 12 mars 1971 : *Bull. civ. III, n° 184.* ♦ La demande du preneur au tribunal paritaire ne peut tenir lieu de notification au bailleur de l'acceptation de l'offre. • Soc. 14 janv. 1965 : *Bull. civ. IV, n° 37 ; Gaz. Pal. 1965. 1. 217.* ♦ Le fait par le preneur de saisir un tribunal paritaire d'une demande de fixation de la valeur vénale ne constitue pas l'exercice du droit de préemption mais un préalable, l'accord des parties sur la vente valant seul exercice du droit de préemption. • Soc. 28 mars 1960 : *Bull. civ. IV, n° 325.* ♦ Le preneur est forclos en son action dès lors qu'il n'est pas allégué que le notaire ait eu mandat de gestion de la propriété, et que la saisie du tribunal pour fixation de la valeur vénale ne pouvait tenir lieu de notification d'acception de l'offre auprès du propriétaire vendeur. • Civ. 3e, 30 mai 2012, n° 11-17.867 : *DP entr. agric., Bull. n° 455, p. 7, note Roussel.*

4. Les preneurs qui ont informé le notaire chargé de la vente de leur volonté de préempter par lettre recommandée ne peuvent saisir le tribunal en fixation du prix faute d'avoir notifié aux propriétaires eux-mêmes leur intention d'acquérir. • Civ. 3e, 4 avr. 2001, n° 99-18.833 P : *AJDI 2001. 997, obs. Giraudel ; Gaz. Pal. 10-14 août 2001. 22 ; RD rur. 2001. 252 et 497 ; Dr. et pr. 2001. 227, note Grimonprez ; JCP 2001. IV. 2031.*

5. L'acceptation sans réserve du prix par le preneur implique renonciation au droit de faire fixer en justice la valeur vénale du bien. • Soc. 16 févr. 1951 : *Bull. civ. III, n° 128.*

6. Le preneur qui ne souhaite pas préempter l'ensemble de la propriété ne peut solliciter une expertise, l'appréciation du caractère indivisible d'une propriété ne pouvant être déléguée à l'expert. • Civ. 3e, 11 oct. 2018, n° 17-23.634 : *JCP N 2018. Actu. 865, obs. Travely ; Rev. loyers 2018, n° 992, note Peignot ; AJDI 2019. 383, note Roussel*.

7. Délai. Le preneur qui entend contester le prix et les conditions de la vente selon les dispositions de l'art. 795 [L. 412-7] doit saisir le tribunal paritaire dans le délai de deux mois prévu à l'art. 796 [L. 412-8.] • Civ. 3e, 23 mars 1982 : *Bull. civ. III, n° 75* • 5 juill. 1995, n° 92-21.514 P : *RDI 1996. 81, obs. Groslière et Saint-Alary-Houin ; Gaz. Pal. 1997. 2. Somm. 116, obs. Lachaud.*

8. Renonciation du bailleur. Le propriétaire n'est pas lié par son offre de vente tant qu'elle n'est pas acceptée telle quelle par le preneur. • Soc. 13 mai 1965 : *D. 1965. 743* • 30 juin 1966 : *Bull. civ. IV, n° 37.* ♦ En particulier le propriétaire peut décider de recourir à l'adjudication lorsque son offre de vente amiable a été refusée. • Mêmes arrêts.

9. Est fondée la suspension de la vente par adjudication d'un bien lorsque le preneur a notifié au bailleur son intention de préempter sous réserve du prix fixé par le tribunal paritaire saisi à cet effet. • Civ. 3e, 21 janv. 2014, n° 12-25.766 : *JCP 2014. 447, note Roussel ; DP entr. agric., Bull. n° 479, p. 10, note Roussel ; RD rur. 2014, n° 149, note Libeau.*

10. Les preneurs qui se désistent de leur instance de contestation du prix de la cession proposée par le bailleur ne remettent pas en cause leur décision d'exercer leur droit de préemption, la condition de non-exercice du droit de préemption n'a donc pas été levée et la promesse de vente du propriétaire à un tiers est devenue caduque. • Civ. 3e, 14 oct. 2009, n° 08-20.152 : *JCP 9 nov. 2009, p. 29 ; AJDI 2010. 324, obs. Prigent*.

II. FIXATION JUDICIAIRE DU PRIX ET DES CONDITIONS

11. Fixation du prix. Pour évaluer le prix litigieux, il convient de se placer à la date la plus proche du transfert de propriété envisagé, c'est-à-dire du jugement. • Civ. 3e, 9 nov. 2011, n° 10-24.687 : *RD rur. 2011, n° 137, note Crevel ; DP entr. agric., Bull. n° 448. p. 9, obs. Crevel.* ♦ Le tribunal paritaire, saisi en vertu de l'art. 795 [L. 412-7], doit tenir compte, pour fixer la valeur vénale, de la moins-value résultant de l'existence du bail consenti au preneur. • Civ. 3e, 22 févr. 1977 : *Bull. civ. III, n° 83* • 12 nov. 1980 : *ibid. III, n° 174.* – V. aussi • Civ. 3e, 7 nov. 1990, n° 89-12.226 P : *D. 1990. IR 280 ; JCP 1991. II. 21665, note Ourliac* et, sur renvoi, • Amiens, 13 avr. 1992 : *Administrer 8-9/1993. 80, note Le Petit* • Caen, 13 mai 1993 : *Gaz. Pal. 1993. 2. Somm. 496* • Civ. 3e, 9 nov. 2011, n° 10-24.687. ♦ Mais les juges du fond peuvent souverainement retenir l'absence de moins-value, s'agissant d'un bail pour lequel il ne reste plus que deux années à courir. • Civ. 3e, 12 oct. 1994, n° 92-17.724 P : *D. 1996. Somm. 125, obs. Martine ; Gaz. Pal. 1995. 2. Somm. 310, obs. Lachaud ; AJPI 1995. 690, note Giraudel.*

12. S'agissant d'un terrain agricole dont le propriétaire n'a pas obtenu le changement de destination en vertu de l'art. L. 411-32, cette parcelle ne peut être vendue que pour sa valeur agronomique et non pour la valeur qu'elle pourrait avoir sous un autre type d'exploitation. • T. par. baux rur. Vichy, 20 juin 1991 : *JCP 1992. II. 21913, note Prévault.*

13. *Quotas laitiers.* Les quotas laitiers sont dépourvus de toute valeur marchande et leur présence est sans incidence sur la fixation de la valeur des parcelles aliénées. • T. par. baux rur. Saint-Brieuc, 19 juin 2000 : *RD rur. 2001. 191 ; JCP N 2001. 1398.*

14. *Commission d'agence.* Dès lors que le preneur avait reçu notification du projet de vente qui comprenait le paiement de la commission, même si ce preneur a contesté le prix demandé par le bailleur et que le tribunal a, par jugement définitif fixé ce prix, l'agent immobilier est en droit de réclamer au preneur qui préempte le montant de sa commission. • Civ. 3e, 10 mars 1993 : *Ann. loyers 1993. 935.* – V. déjà • Civ. 1re, 17 juin 1981 : *Bull. civ. I, no 221.*

III. ISSUE DU LITIGE

15. Aucune partie ne peut obliger l'autre à conclure la vente au prix ainsi fixé. • Civ. 3e, 18 mai 1971 : *Bull. civ. III, no 307 ; D. 1972. Somm. 18.* ♦ Si l'acceptation par le preneur de l'offre de vente de l'art. L. 412-8, al. 2, rend la vente parfaite, aucune des parties ne peut, à défaut d'acceptation de cette offre, obliger l'autre à conclure la vente au prix fixé judiciairement, même si le tribunal a fixé le prix de vente au montant initialement proposé. • Civ. 3e, 19 janv. 2005, no 03-16.899 P : *JCP 2005. IV. 1411 ; AJDI 2005. 401 ; RD rur. juin-juill. 2005. 67, note Grimonprez ; Gaz. Pal. 10-11 juin 2005. 19.*

16. *Réponse du bailleur.* La notification faite par le notaire au preneur de l'intention du bailleur de vendre le bien au prix fixé judiciairement ne marque pas le début d'une nouvelle procédure d'intention de vendre, mais constitue la suite de la procédure de fixation judiciaire du prix. • Civ. 3e, 30 sept. 1998 : *RD rur. 1999. 242 ; JCP N 1999, no 2, p. 52.* ♦ Le propriétaire ne peut vendre à un tiers avant d'avoir fait juger définitivement la contestation au sujet du prix. • Soc. 6 janv. 1961 : *Bull. civ. IV, no 9 ; JCP 1961. II. 12006.*

17. La renonciation du propriétaire à la vente est valable lorsque le juge a fixé la valeur vénale des biens à un montant égal au prix initialement demandé. • Civ. 3e, 31 mai 1983 : *Bull. civ. III, no 128 ; Defrénois 1984. 428, obs. Vermelle.*

Art. L. 412-8 Après avoir été informé par le propriétaire de son intention de vendre, le notaire chargé d'instrumenter doit faire connaître au preneur bénéficiaire du droit de préemption, par lettre recommandée avec demande d'avis de réception ou par acte d'huissier de justice, le prix, les charges, les conditions et les modalités de la vente projetée, ainsi que, dans l'hypothèse prévue au dernier alinéa du présent article, les nom et domicile de la personne qui se propose d'acquérir.

Cette communication vaut offre de vente aux prix et conditions qui y sont contenus. Les dispositions de l'article 1589, alinéa 1er, du code civil sont applicables à l'offre ainsi faite.

Le preneur dispose d'un délai de deux mois à compter de la réception de la lettre recommandée ou de l'acte d'huissier pour faire connaître, dans les mêmes formes, au propriétaire vendeur, son refus ou son acceptation de l'offre aux prix, charges et conditions communiqués avec indication des nom et domicile de la personne qui exerce le droit de préemption. Sa réponse doit être parvenue au bailleur dans le délai de deux mois ci-dessus visé, à peine de forclusion, son silence équivalant à une renonciation au droit de préemption.

En cas de préemption, celui qui l'exerce bénéficie alors d'un délai de deux mois à compter de la date d'envoi de sa réponse au propriétaire vendeur pour réaliser l'acte de vente authentique ; passé ce délai, sa déclaration de préemption sera nulle de plein droit, quinze jours après une mise en demeure à lui faite par acte d'huissier de justice et restée sans effet. *(L. no 88-1202 du 30 déc. 1988)* « L'action en nullité appartient au propriétaire vendeur et à l'acquéreur évincé lors de la préemption ».

Le tiers acquéreur peut, pendant le délai d'exercice du droit de préemption par le preneur, joindre à la notification prévue à l'alinéa 1er ci-dessus une déclaration par laquelle il s'oblige à ne pas user du droit de reprise pendant une durée déterminée. Le notaire chargé d'instrumenter communique au preneur bénéficiaire du droit de préemption cette déclaration dans les mêmes formes que la notification prévue à l'alinéa 1er. Le preneur qui n'a pas exercé son droit de préemption pourra se prévaloir de cette déclaration aux fins d'annulation de tout congé portant reprise avant l'expiration de cette période. – *[Anc. art. 796.]*

BIBL. ▶ Becque-Ickowicz, *Defrénois 2011. 40176* (condition suspensive de non-préemption). – Delorme et Barbièri, *Defrénois 2013. 194* (la notification au preneur du prix et des conditions de la vente projetée). – Lachaud, *Gaz. Pal. 1991. 2. Doctr. 683* (rôle des notaires, avocats et greffiers) ; *Ann. loyers 1994. 1012* (dilemme du notaire : notifier ou pas ?) ; *ibid. 1997. 1207.* – Pitaud, *Rev. huiss. 1997. 6.*

COMMENTAIRE

Offre du bailleur. Le notaire est tenu d'un mandat légal de notifier au preneur les projets du bailleur dès que celui-ci lui a fait connaître son intention de vendre aux fins de le faire procéder à la cession. Le contenu de la notification doit porter les mentions qui seront celles de l'acte authentique de vente sauf dans le cas où le preneur préempte après avoir demandé une fixation judiciaire des conditions de la cession. La notification doit être complète, porter toutes les conditions pour que l'acceptation du preneur rende la vente parfaite.

Acceptation du preneur. Le preneur dispose de deux mois à compter de la notification pour accepter ou former une acceptation conditionnelle, ou pour refuser expressément ou tacitement (il en est ainsi si aucune acceptation n'est parvenue au bailleur dans le délai).

I. OFFRE DU BAILLEUR

1. Il n'y a pas à notifier une offre au preneur qui ne peut exercer le droit de préemption. • Civ. 3e, 10 nov. 1971 : *Bull. civ. III, n° 542.* – V. jurisprudence ss. art. L. 143-8. ♦ ... Sous réserve cependant de l'hypothèse où le preneur était susceptible de devenir apte à préempter dans le délai légal. • Civ. 3e, 28 mars 1969 : *Bull. civ. III, n° 279* • 11 déc. 2013, n° 12-24.720 : *RD rur. 2014, n° 21, note Crevel.*

2. La communication du prix, des conditions et des modalités par le notaire vaut offre de vente, et les dispositions de l'art. 1589, al. 1er, C. civ. sont applicables à cette offre. • Civ. 3e, 15 déc. 2004 : *JCP 2005. II. 10012, avis Guérin ; D. 2005. IR 311 ; JCP N 2005. 365 ; Rev. loyers 2005. 159, note Peignot ; AJDI 2005. 399, note Prigent ; RJDA 2005, inf. 678 ; Defrénois 2005. 1441, obs. Gelot.*

3. La vente peut être annulée en raison de l'erreur substantielle du propriétaire qui a fait procéder à la notification, ignorant que fermier n'était pas titulaire du droit de préemption • Civ. 3e, 5 juill. 1995, n° 92-20.425 P : *Defrénois 1996. 1157, note Roussel ; RD rur. 1996. 13 ; JCP N 1996. II. 542, obs. Moreau ; RTD civ. 1996. 388, note Mestre* • 24 mai 2000 : *D. 2001. 1135, note Mazeaud.*

4. Mission légale du notaire. Au visa de l'art. L. 412-8, il a été jugé que, sauf à démontrer que la SAFER ne pouvait légitimement croire que le notaire chargé d'instrumenter et investi d'une mission légale d'information du prix, des charges, des conditions et modalités de la vente projetée, disposait des pouvoirs nécessaires pour engager le vendeur, l'acceptation par la SAFER des prix et conditions notifiés rendait la vente parfaite. • Civ. 3e, 15 déc. 2004 : *préc. note 2.* ♦ V. aussi • Civ. 3e, 5 juin 2002, n° 00-21.562 P : *JCP 2002. IV. 2285 ; RD rur. 2002. 645 ; JCP N 2002. 1323 ; Gaz. Pal. 14-15 août 2002. Pan. 13 ; Defrénois 2002. 1601, note Gelot ; Gaz. Pal. 20-21 juin 2003. 30, obs. Lachaud.* ♦ V. note 20.

5. Notification par le notaire. Seule une lettre du notaire, même refusée, peut faire courir le délai à l'encontre du preneur pour faire valoir son droit de préemption. • Paris, 27 mars 1991 : *D. 1991. IR 124.* ♦ Comp., en ce sens que l'art. L. 412-8 n'exige nullement que, lorsque la modalité de l'acte d'huissier est choisie, le notaire soit désigné personnellement comme le requérant, dès lors qu'il est désigné par ailleurs dans l'acte de notification comme étant chargé d'instrumenter le futur acte de vente : • Caen, 22 oct. 1992 : *Gaz. Pal. 1993. 2. 388, note Lachaud ; Rev. huiss. 1995. 37, note Bourdillat* (infirmant • T. par. baux rur. Pont-l'Évêque, 19 nov. 1991 : *JCP N 1992. II. 109, obs. crit. Moreau*). ♦ N'est pas nulle la notification au preneur d'une offre de vente précise, effectuée par le propriétaire et non par le notaire chargé d'instrumenter dès lors que le preneur ne justifie d'aucun grief que l'irrégularité alléguée lui aurait causé. • Civ. 3e, 17 déc. 2003, n° 02-14.319 P : *RD rur. 2004. 480 et 141, obs. Grimonprez ; Dr et patr. juin 2004. 97, note Barbièri ; JCP N 2004. 1203 et 1465 ; Gaz. Pal. 4-6 avr. 2004. 17 ; JCP 2004. IV. 1354.* ♦ *Contra* : • Limoges, 13 janv. 2004 : *BICC 2005, n° 76.*

6. Est débouté de sa demande de nullité de la vente le preneur qui s'est vu notifier le projet par lettre recommandée sans que la cour ait à vérifier la réception effective de la lettre. • Civ. 3e, 27 nov. 2012, n° 11-27.500 : *DP entr. agric., Bull. n° 459, p. 9, note Roussel ; ibid. n° 460, p. 1, note Roussel ; RD rur. 2013, n° 81, note Peignot ; Defrénois 2013. 194, note Delorme et Barbièri.* – Même sens : Rép. min. n° 21649 : *JOAN Q 7 mai 2013, p. 4949.* ♦ Est régulière la notification du projet de vente signifié au domicile dont la réalité a été vérifiée par l'huissier. • Civ. 3e, 7 sept. 2017, n° 16-19.226 : *RD rur. 2017, n° 253, note Crevel.*

7. Contenu de la notification. En cas de notification de l'intention de vendre la propriété à un prix déterminé, puis de vente de celle-ci à trois acquéreurs, il y a lieu d'annuler les ventes à la demande du fermier alors que la lettre d'avis, si elle mentionnait que la vente serait totale ou partielle, n'indiquait pas les prix, modalités et conditions des ventes partielles envisagées. • Civ. 3e, 27 mai 1975 : *Bull. civ. III, n° 176.* ♦ Jugeant que les juges du fond ont apprécié souverainement que l'emploi de l'ancienne numérotation du code rural n'avait pu induire le preneur en erreur, V. • Civ. 3e, 5 juill. 1995, n° 92-21.514 P : *RDI 1996. 81, obs. Groslière et Saint-Alary-Houin ; Gaz. Pal. 1997. 2. Somm. 116, obs. Lachaud.* ♦ L'absence de mention du délai de deux mois pour accepter ou refuser de préempter n'est pas une cause de nullité. • Civ. 3e, 1er juill. 1987 : *D. 1988. Somm. 89, obs. Martine.* ♦ La notification d'un prix, acte en main, ne permet pas au bénéficiaire du droit de préemption de connaître avec précision le prix principal, à partir duquel sont calculés la commission de l'intermédiaire, les honoraires du notaire et les droits d'enregistrement. • Civ. 3e, 28 juin 1977 : *Bull. civ. III, n° 284.* ♦ Une information loyale du preneur exige que le notaire mentionne notamment le montant de la commission de l'intermédiaire. • Civ. 3e, 24 juin 2015, n° 14-18.684 P : *JCP 2015. 825 ; JCP N 2015. Actu. 743 ; D. 2015. 1440 et 2236, note Roussel ; AJDI 2015. 129 et 787, note Prigent ; DP entr. agric., Bull. n° 489, p. 7, note Roussel ; Gaz. Pal. 12-16 juill. 2015 ; RD rur. 2016, n° 2, note Crevel ; D. actu. 17 sept. 2015, note Prigent.* ♦ Est mal fondée la cour qui ne retient pas l'information déloyale du preneur alors que celui-ci s'est vu notifier les conditions initiales de la promesse de vente mais n'a pas été destinataire de l'avenant prévoyant un prix de vente plus élevé. • Civ. 3e, 12 mars 2020, n° 19-10.925 : *Rev. loyers 2020, n° 1008, note Roussel ; Defrénois 2020, n° 16, p. 9 ; AJDI 2020. 629 ; DP entr. agric., Bull. n° 541/542, p.10, note Roussel.*

8. Adresse. La cour a pu déduire de l'absence de la mention des noms et adresses des coïndivisaires vendeurs que la notification avait été irrégulière. • Civ. 3e, 23 mai 2012, n° 10-20.170 : *RD rur. 2012, n° 56, note Crevel ; D. 2012. 1479 et 1937, note Roussel ; AJDI 2012. 870, note Prigent ; JCP 2012. 732 ; DP entr. agric., Bull. n° 454, p. 7, note Roussel.*

9. La notification qui ne mentionne pas la dénomination sociale de l'acquéreur, société en cours d'immatriculation, est incomplète et le délai ne court que lorsque les renseignements sur la forme sociale, l'objet et l'identité du gérant ont été fournis. • Civ. 3e, 12 oct. 2011, n° 10-25.119 : *DP entr. agric., Bull. n° 446, p. 20 ; JCP 2011. 1196.* ♦ La déclaration de préemption qui ne permet pas d'identifier avec certitude le véritable bénéficiaire est sans effet. • Civ. 3e, 26 mars 2020, n° 19-11.420 : *RD rur. 2020, n° 113, note Crevel ; JCP N 2020. 1244, note Crevel.*

10. Délai. Le preneur qui entend contester le prix et les conditions de la vente selon les dispositions de l'art. 795 [L. 412-7] doit saisir le tribunal paritaire dans le délai de deux mois prévu à l'art. 796 [L. 412-8]. • Civ. 3e, 23 mars 1982 : *Bull. civ. III, n° 75* • 5 juill. 1995, n° 92-21.514 P : *RDI 1996. 81, obs. Groslière et Saint-Alary-Houin ; Gaz. Pal. 1997. 2. Somm. 116, obs. Lachaud.*

11. Vente sous condition suspensive. L'avis donné au preneur par le notaire de la signature d'un contrat de vente subordonnant la validité de celle-ci à la condition suspensive du non-exercice par le preneur de son droit de préemption est assimilable aux formalités prévues par l'art. 796 [L. 412-8.] • Civ. 3e, 16 juill. 1975 : *D. 1976. 274, note Poulnais* • 3 nov. 1981 : *Bull. civ. III, n° 171 ; D. 1982. IR 85 ; RTD civ. 1983. 148, obs. Remy* • Orléans, 14 mai 1992 : *Rev. loyers 1993. 21, note Le Petit.* ♦ Le preneur qui n'a pas reçu notification du projet de vente exerce régulièrement son droit de préemption en se portant acquéreur du bien aux prix et conditions notifiés à tort au preneur désigné dans la promesse de vente sous condition suspensive de non-exercice de la préemption par le preneur. • Civ. 3e, 1er févr. 2012, n° 11-11.315 : *DP entr. agric., Bull. n° 450, p. 7, obs. Roussel ; RD rur. 2012, n° 26, note Crevel ; JCP N 2012. Actu. 255 ; D. 2012. 1467, note Roussel ; Rev. loyers 2012. 120, note Peignot ; JCP 2012. 240.*

12. Promesse de vente à la SAFER avec faculté de substitution. Dans l'hypothèse d'une promesse de vente faite à la SAFER avec faculté de se substituer plusieurs personnes, la notification faite au preneur doit non seulement comporter le prix, les charges, conditions et modalités de la promesse de vente consentie à la SAFER mais également le prix, les charges, conditions et modalités des ventes partielles envisagées avec les acquéreurs substitués pour permettre au preneur en place de n'acquérir qu'une partie des biens vendus, objets d'une vente partielle. • Civ. 3e, 21 sept. 2005, n° 04-15.835 P : *JCP 2005. II. 10186 et JCP N 2005, inf. 1437, note Gravillou ; Gaz. Pal. 6-8 nov. 2005. 19 ; Rev. loyers 2005. 580, obs. Peignot ; Defrénois 2006. 324, note Grimonprez ; RD rur. janv. 2006. 25, note Gravillou.* ♦ L'exercice par l'acquéreur de sa faculté de substitution impose une notification mentionnant l'identité complète de l'acquéreur substitué faisant courir un nouveau délai au bénéfice de la SAFER. • Civ. 3e, 3 mai 2012, n° 11-10.788 : *JCP N 2012. Actu. 532 et 1333, note Barbièri ; Defrénois 2012. 40614, note Delorme et Barbièri ; DP entr. agric., Bull. n° 452, p. 6 ; JCP 2012. 631 ; RD rur. 2012, n° 59, note Crevel ; Rev. loyers 2012. 272, note Peignot ; Gaz. Pal. 2012. 1758 ; AJDI 2012. 763, note Prigent .*

II. ACCEPTATION DU PRENEUR

13. Sur l'acceptation conditionnelle, V. art. L. 412-7.

14. Forme de l'acceptation. L'obligation du preneur de notifier par lettre recommandée avec accusé de réception son acceptation d'acquérir n'est pas prescrite à peine de nullité, et cela même à l'égard du tiers acquéreur à qui la décision du fermier est opposable, même si elle a été portée par simple missive à la connaissance du vendeur. • Civ. 3e, 24 janv. 1979 : *Bull. civ. III, n° 24.*

15. Refus. Est mal fondée la cour qui déclare irrecevable la demande en nullité de la vente par le preneur au motif que celui-ci a reconnu avoir eu connaissance de la vente et du compromis de vente et avoir dit ne pas s'y opposer, sans préciser si la notification contenait le prix, les charges, les conditions et les modalités de la vente. • Civ. 3e, 27 oct. 2010, n° 09-15.348 : *AJDI 2010. 900*.

16. Renonciation. Le preneur ne peut renoncer à son droit de préemption sans qu'il soit établi qu'il avait connaissance du prix de la vente, de ses conditions et de ses modalités. • Civ. 3e, 21 mars 1984, n° 82-17.000 P.

17. Destinataire de l'acceptation. Sont mal fondés les juges qui retiennent l'efficacité de la déclaration de préemption du preneur sans vérifier si elle a été adressée au propriétaire vendeur. • Civ. 3e, 18 juin 2013, nos 12-18.188 et 12-20.414. ♦ L'envoi d'une lettre recommandée au notaire par les preneurs pour l'informer de leur désir d'exercer leur droit de préemption ne peut pallier l'absence de notification aux propriétaires eux-mêmes dès lors qu'il n'était pas démontré que le notaire avait mandat de gérer leur propriété. • Civ. 3e, 14 juin 2005 : *Gaz. Pal. 7-8 oct. 2005 ; AJDI 2005. 666 ; JCP N 2006. 1097, note Kenfack ; Defrénois 2006. 856, obs. Gelot ; JCP N 2006. 1272, obs. Roussel* • Reims, 20 avr. 2016 : *Rev. loyers 2016. 296.* ♦ ... Dès lors que le preneur ne prouve pas avoir légitimement pu croire que le notaire s'était vu transférer le mandat de gestion du bien loué. • Civ. 3e, 23 mai 2012, n° 10-20.170 : *DP entr. agric., Bull. n° 454, p. 8, note Roussel.* ♦ Appréciant souverainement la portée du mandat donné par le vendeur au notaire, la cour a pu retenir que le locataire avait pu valablement faire connaître l'exercice de son droit de préemption à ce dernier. • Civ. 3e, 15 févr. 2012, n° 11-10.580 : *DP entr. agric., Bull. n° 451, p. 1 ; Gaz. Pal. 2012. 1097 ; Rev. loyers 2012. 120, note Peignot ; Rev. loyers 2012. 172, note Peignot ; JCP 2012. 317 ; JCP N 2012. 315 et 1282, note Barbièri et Roussel.* ♦ La vente est parfaite si le preneur a informé le notaire de sa décision de préempter comme indiqué dans la notification, même si la lettre a été envoyée au bailleur à une adresse erronée. • Civ. 3e, 12 mars 2014, n° 12-22.440 P : *JCP 2014. 418 ; D. 2014. 1137, note Roussel ; DP entr. agric., Bull. n° 474, p. 5, note Roussel ; AJDI 2015. 47*.

18. Date de l'acceptation. Dès lors que la réponse du preneur est arrivée à la SAFER après la date de notification par celle-ci de ses offres rectificatives, la SAFER a pu régulièrement vendre le bien à un tiers aux nouvelles conditions. • Civ. 3e, 16 juin 2011, n° 09-72.679 : *D. 2011. 2260 ; JCP N 2011. Actu. 566 et 1273, note Barbièri ; JCP 2011. 813 ; Gaz. Pal. 14-15 sept. 2011. 2908, note Peignot et Millard ; DP entr. agric., Bull. n° 443. 11, note Roussel ; Gaz. Pal. 2011. Pan. 2463 ; Rev. loyers 2011. 920, note Roussel.* ♦ La date de distribution du courrier est celle qui détermine le respect du délai d'acceptation nonobstant la mention apposée par le destinataire sur le courrier. • Civ. 3e, 12 mars 2014, n° 12-22.440 : *préc. note 17.*

19. Délai de l'acceptation. Le délai prévu par l'art. 412-8, al. 3, se calcule de quantième à quantième, en excluant le jour de l'événement qui l'a fait courir. • Civ. 3e, 11 févr. 1975 : *Bull. civ. III, n° 49.* ♦ Comp. : art. 641 C. pr. civ.

20. Portée de l'acceptation. La vente doit être annulée pour cause d'erreur substantielle dès lors que lors de l'échange des consentements, le bailleur croyait être légalement tenu de vendre au preneur en raison de l'ignorance de l'inexistence de son droit de préemption, judiciairement constatée ultérieurement. • Civ. 3e, 5 juill. 1995 : *préc. note 2.* ♦ L'acquéreur évincé peut demander la nullité de la vente conclue au bénéfice de celui qui a exercé un droit de préemption dont il n'est pas titulaire. • Civ. 3e, 17 févr. 2010, n° 09-10.474 : *D. 2010. 584 ; RD rur. 2010, n° 58, note Crevel ; JCP 2010. 581 ; JCP N 2010. 268 ; ibid. 1222, note Gravillou ; JCP N 2011. 1251 ; Gaz. Pal. 2010. Pan. 1126 ; AJDI 2010. 560, note Prigent ; Rev. loyers 2010. 224, obs. Peignot ; Gaz. Pal. 2010. 987, note Krajeski.* ♦ Nonobstant la notification du projet de vente qui lui est faite, le preneur ne bénéficie pas du droit de préemption si les biens sont cédés à des parents du propriétaire jusqu'au 3e degré. • Civ. 3e, 12 oct. 2011, n° 10-19.285 : *D. 2011. 2537 ; Gaz. Pal. 2011. 3156 ; RD rur. 2011, n° 126, obs. Crevel ; JCP N 2011. Actu. 841 ; DP entr. agric., Bull. n° 447, p. 11, note Roussel ; Gaz. Pal. 2012. 964, note Peignot et Millard ; RD rur. 2013. Étude 1, p. 14.* ♦ Même sens pour un bien proposé à la SAFER : V. note 6 ss. art. L. 143-8. ♦ Comp. : la vente est parfaite sur une offre faite à un preneur qui ne se trouvait pas être titulaire du droit de préemption mais qui a répondu à la notification par une acceptation. • Civ 3e, 24 juin 1980, n° 79-12.526 P : *RDI 1981. 134, note Lorvellec ; D. 1981. 542, note Prévault ; Defrénois 1981. 933, note Aubert* • 15 févr. 1983, n° 81-11.642 P • 1er mars 1989 : *RD rur. 1989. 315* • 23 févr. 1994, n° 92-16.473 P. – V. jurisprudence ss. art. L. 143-8.

21. Le notaire n'est pas tenu d'aviser la personne qui se propose d'acquérir de l'exercice du droit de préemption du preneur. • Civ. 3e, 17 févr. 2010 : *préc. note 20.*

22. Effet de l'acceptation. En ce sens que, par l'effet de la préemption, le fermier est substitué à l'acquéreur évincé pour le paiement de la commission des intermédiaires, V. • Civ. 3e, 13 févr. 1980 : *D. 1981. IR 61, obs. Martine* • 18 oct. 1989 : *Bull. civ. III, n° 194 ; D. 1989. IR 274.* – V. aussi, en cas d'adjudication, • Civ. 3e, 26 nov. 1974 : *Bull. civ. III, n° 437.* ♦ *Contra*, pour un bail d'habitation, • Civ. 3e, 3 juill. 2013, n° 12-19.442 : *DP entr. agric., Bull. n° 472, p. 1, note Roussel.*

23. Acte authentique. La déclaration de préemption n'est pas nulle de plein droit lorsque le vendeur a omis de signer l'acte authentique dans les quinze jours de la mise en demeure qu'il avait faite aux fermiers. • Civ. 3e, 16 févr. 1982 : *Rev. loyers 1982. 187, note J. V.* ♦ La manifestation de volonté de la SAFER de signer l'acte après réception de la sommation est insuffisante dès lors que l'acte authentique n'a pas été signé dans les quinze jours de la mise en demeure. • Civ. 3e, 19 nov. 2008, n° 07-16.476 : *JCP 2008. 724 ; D. 2008. 3010, obs. Forrest ; JCP N 2008. 774 ; ibid. 2009. 1353, note Roussel ; Gaz. Pal. 5 févr. 2009. 13 ; Rev. loyers 2009, note Peignot.* ♦ La décision de préemption n'est pas nulle et la SAFER ne commet aucune faute en refusant de signer l'acte authentique de vente à des conditions différentes de celles qui lui avaient été notifiées. • Civ. 3e, 18 juin 2014, n° 13-13.617 : *JCP 2014. 814 ; RD rur. 2014, n° 221, note Bosse-Platière ; DP entr. agric., Bull. n° 478, p. 7, note Roussel ; D. actu. 11 juill. 2014, note Prigent ; AJDI 2015. 129, note Prigent* .

24. Mise en demeure. La cour est mal fondée à rejeter la demande de régularisation de la vente au motif que l'action a été engagée plus de deux mois après la déclaration de préemption, sans avoir recherché si la SAFER avait été mise en demeure de réaliser l'acte authentique. • Civ. 3e, 15 nov. 2006, n° 05-15.475 P : *JCP 2006. IV. 3403 ; RD rur. févr. 2007. 46, note Roussel ; AJDI 2007. 316, obs. Prigent* . ♦ La qualité pour agir en nullité emporte celle de délivrer la mise en demeure. • Civ. 3e, 7 déc. 2011, n° 10-27.027 : *D. 2012. 15 ; DP entr. agric., Bull. n° 448, p. 10 ; JCP 2012. Somm. 8 ; RD rur. 2012, n° 1, note Crevel ; JCP N 2012. 1012, note Bosse-Platière et Collard ; Gaz. Pal. 2012. 968, note Peignot et Millard ; Rev. loyers 2012. 65, note Roussel ; JCP N 2012. 1135, note Barbièri.* ♦ La simple remise d'un pli cacheté par huissier de justice ne vaut pas mise en demeure par acte extrajudiciaire. • Civ. 3e, 21 mai 2014, n° 12-35.083 : *D. 2014. 1204 ; JCP 2014. 677 ; DP entr. agric., Bull. n° 475/476, p. 13, note Roussel, et p. 17 ; RD rur. 2014, n° 184, note Peignot.* ♦ Est mal fondée la cour qui décide qu'il n'y a pas eu préemption à défaut de réalisation de la vente dans le délai d'un an puisque la vente était parfaite et que le renouvellement de notification ne se justifiait pas, dès lors qu'elle avait constaté que le vendeur n'avait pas adressé de mise en demeure de réitérer l'acte. • Civ. 3e, 17 juin 2021, n° 20-13.281 : *Defrénois 2021, n° 29, p. 12.* ♦ Est fondé le rejet de l'action en annulation de la préemption pour l'absence de réalisation de l'acte dans le délai légal qui était due non à la carence de la SAFER mais à la contestation du principe de la préemption par les propriétaires qui refusaient de régulariser la vente et n'avaient pas intérêt à mettre la SAFER en demeure d'y procéder. • Civ. 3e, 24 nov. 2021, n° 20-18.576 : *Defrénois 2022, n° 19, p. 22, note Roussel.*

25. L'action en nullité de la déclaration de préemption se prescrit par cinq ans à compter de l'expiration du délai imparti par la mise en demeure au préempteur de réaliser l'acte de vente. • Civ. 3e, 14 déc. 2023, n° 22-11.505 P : *D. 2023. 2239* .

26. Publicité foncière. Le défaut de publicité foncière de l'acquisition d'un fonds par préemption du preneur rend le transfert de propriété inopposable aux donataires ayant acquis le même bien postérieurement au preneur. • Civ. 3e, 5 mars 2003 : *RD rur. 2003. 351 et 701 ; JCP N 2003. 1644.*

Art. L. 412-9 **Dans le cas où, au cours du délai de deux mois prévu à l'article précédent, le propriétaire décide de modifier ses prétentions, il doit, par l'intermédiaire du notaire chargé d'instrumenter, notifier ses nouvelles conditions, notamment de prix, au preneur bénéficiaire du droit de préemption. Le délai de deux mois dont profite celui-ci pour faire valoir son droit de préemption aux nouvelles conditions est alors augmenté de quinze jours.**

Dans le cas où, après l'expiration du délai de deux mois mentionné à l'article précédent, le propriétaire entend modifier ses prétentions, ou lorsqu'un an après l'envoi de la dernière notification, la vente n'étant pas réalisée, il persiste dans son intention de vendre, il est tenu de renouveler la procédure prévue à l'article précédent.

En tout état de cause, toute vente du fonds doit être notifiée dans les dix jours au bénéficiaire du droit de préemption. — *[Anc. art. 797.]*

1. Les conditions de la vente ayant été modifiées par un ajout de parcelles, il ne pouvait être procédé à la vente sans renouveler la procédure de notification au preneur • Civ. 3e, 7 janv. 2009, n° 07-18.191 : *JCP 2009. IV. 1205 ; Gaz. Pal. 11 avr. 2009. 16.* – V. aussi note 5 ss. art. L. 412-10.

2. Est régulière la vente intervenue moins d'un an après le jugement donnant acte au preneur alors en place de sa renonciation au droit de préemption. • Civ. 3e, 18 févr. 2009, n° 08-10.677 : *JCP 2009. IV. 1493 ; JCP N 2009. Actu. 143 et 1194, note Barbièri ; Gaz. Pal. 12-16 juill. 2009. 12.* ♦ Le droit de préemption du preneur ayant été écarté après notification de la promesse de vente, l'acte notarié, qui ne constitue pas une nouvelle vente, ne nécessite pas une nouvelle notification. • Civ. 3e, 10 juill. 2013, n° 10-25.979 : *D. 2013. 1835 et 2566, note Roussel ; Rev. loyers 2013, n° 940, note Peignot ; JCP 2013. 906 ; RD rur. 2013, n° 159, note Crevel ; DP entr. agric., Bull. n° 466, p. 10 ;*

ibid. n° 468, p. 6, note Roussel ; JCP N 2013. 1293, note Bosse-Platière ; Defrénois 2013. 864, note Barbièri et Delorme ; Gaz. Pal. 4-8 août 2013.

3. Le défaut de notification de la vente du fonds pris à bail au bénéficiaire du droit de préemption n'étant assorti d'aucune sanction, la cour qui a souverainement retenu que le bénéficiaire en avait eu connaissance, pouvait retenir qu'il ne pouvait prétendre ignorer l'identité du propriétaire ni exiger une notification des années après la vente. • Civ. 3e, 22 oct. 2020, n° 19-16.812 : *DP entr. agric., Bull. n° 546, p. 8, note Roussel ; Defrénois 2021, n° 18, p. 27, note Roussel.*

4. Nouveau délai de deux mois. La seconde notification adressée aux preneurs qui, contrairement à la première, comportait l'adresse des parties à la vente, mentionnant à nouveau le délai de préemption de deux mois a eu pour effet de rouvrir ce délai. • Civ. 3e, 10 janv. 1996, n° 94-14.780 P : *RD rur. 1996. 27 ; Gaz. Pal. 1996. 2. Pan. 243.* ♦ Sur les conséquences, en matière de délai, d'une seconde notification modifiant l'objet du projet de vente, V. • Civ. 3e, 12 juin 1996, n° 94-14.791 P : *JCP N 1997. II. 25, obs. Moreau ; Rev. huiss. 1997. 121 ; JCP 1996. IV. 1763 ; Gaz. Pal. 1998. 1. Somm. 13, obs. Lachaud.*

Art. L. 412-10 **Dans le cas où le propriétaire bailleur vend son fonds à un tiers soit avant l'expiration des délais prévus à l'article précédent, soit à un prix ou à des conditions de paiement différents de ceux demandés par lui au bénéficiaire du droit de préemption ou lorsque le propriétaire bailleur exige du bénéficiaire du droit de préemption des conditions tendant à l'empêcher d'acquérir, le tribunal paritaire, saisi par ce dernier, doit annuler la vente et déclarer ledit bénéficiaire acquéreur aux lieu et place du tiers, aux conditions communiquées, sauf, en cas de vente à un prix inférieur à celui notifié, à le faire bénéficier de ce même prix.** — *[Anc. art. 798.]*

COMMENTAIRE

La nullité avec substitution ne peut être engagée que dans les trois cas visés par le texte. Cette demande doit être formée par acte d'huissier de justice en justifiant de sa publication à la conservation des hypothèques conformément à l'article 30-5 du décret n° 55-2 du 4 janvier 1955. ❑

1. Conditions d'application. L'art. 8 de l'Ord. du 17 oct. 1945 [art. L. 412-10] n'envisage pas la fraude du bailleur en général, mais seulement dans les cas qu'il énumère. • Soc. 16 juill. 1953 : *Bull. civ. IV, n° 575 ; JCP 1954. II. 8234, note Ourliac.*

2. L'art. 798 [L. 412-10] suppose que le preneur bénéficie du droit de préemption et que les conditions de la nouvelle vente lui ont été régulièrement notifiées. • Civ. 3e, 5 juill. 1978 : *Bull. civ. III, n° 278.* ♦ Lorsque aucune notification valant offre de vente n'a été faite par le propriétaire au fermier dans les formes légales, les sanctions sont celles prévues par l'art. 800 [L. 412-12] et non celles de l'art. 798 [L. 412-10.] • Soc. 5 juin 1952 : *Bull. civ. III, n° 495* • 16 juin 1955 : *Bull. civ. IV, n° 533.* ♦ Est mal fondée la cour qui dit que la SAFER sera substituée aux acquéreurs alors qu'elle a constaté que le notaire avait envoyé une déclaration d'opération exemptée du droit de préemption et non pas une notification valant offre de vente. • Civ. 3e, 31 mai 2018, n° 16-25.829 P : *D. 2018. 1206 ; D. actu. 26 juin 2018, note Prigent ; JCP N 2018. Actu. 516 ; JCP 2018. 701 ; RD rur. 2018, n° 136, note Bosse-Platière, Collard et Travely ; Defrénois 2018, n° 23, p. 5 ; Rev. loyers 2018, n° 989, note Peignot.*

3. L'art. 8 de l'Ord. du 17 oct. 1945 [art. L. 412-10] prévoit le cas où le propriétaire vend son fonds à un tiers à un prix ou à des conditions de paiement différents de ceux demandés par lui au bénéficiaire du droit de préemption, sans exiger la preuve d'une autre fraude de la part du bailleur. • Soc. 20 mars 1956 : *Bull. civ. IV, n° 296 ; JCP 1956. II. 9398, note de Juglart.*

4. Exemples. Le fait d'avoir offert la vente, au prix total de 70 000 F, puis d'avoir sans notification nouvelle procédé à cette vente en deux lots de 35 000 F chacun à deux acquéreurs différents, est de nature à empêcher le preneur d'acquérir et sa renonciation au droit de preemption n'a pas été faite en connaissance des nouvelles conditions de la vente. • Soc. 24 mars 1966 : *Bull. civ. IV, n° 300 ; JCP 1966. II. 14709, note de Juglart ; AJPI 1967. 36.* ♦ Lorsque l'acquéreur d'un bien rural n'a pas eu à payer les honoraires de négociation, étant agent d'affaires, on ne peut pas considérer que la vente a été faite à des conditions différentes de celles indiquées au preneur dès lors que l'acquéreur s'est trouvé libéré de sa propre dette par compensation et confusion. • Civ. 3e, 16 mai 1968 : *Bull. civ. III, n° 212.*

5. Substitution inapplicable. Il n'y a pas lieu d'appliquer l'art. 798 [L. 412-10] et les juges ne peuvent annuler une vente consentie au mépris du droit de préemption si les parties à la vente litigieuse l'ont amiablement résolue. • Civ. 3e, 4 févr. 1971 : *Bull. civ. III, n° 77.* ♦ Est fondée la cour qui refuse de prononcer la substitution demandée par le preneur pour une vente effectuée par le propriétaire à des conditions modifiées par ajout de parcelles par rapport à l'offre initialement notifiée. • Civ. 3e, 7 janv. 2009, n° 07-18.191 : *JCP N 2010. 1280, note Roussel.*

6. Titulaire du droit d'agir. Dans les rapports entre les parties à la vente, le non-respect du droit de préemption n'affecte pas la validité du contrat dont seuls les bénéficiaires de ce droit peuvent demander la nullité. • Civ. 3e, 1er avr. 1971 : *Bull. civ. III, n° 235 ; JCP 1972. II. 16998, note Ghestin.* ♦ Seul le preneur titulaire du bail peut agir en nullité de la vente pour non-respect de son droit de préemption et non le GAEC qui a bénéficié de la mise à disposition. • Civ. 3e, 12 juill. 2000 : *Ann. loyers 2000. 2033.*

7. Délai d'action. Les art. 798 et 800 [L. 412-10 et L. 412-12], qui visent l'un et l'autre les ventes faites par le propriétaire en fraude du droit de préemption du preneur, ne prévoient qu'un seul délai de six mois, accordé au preneur à peine de forclusion, pour intenter une action en nullité. • Civ. 3e, 4 mai 1973 : *Bull. civ. III, n° 309.*

Art. L. 412-11 **Dans le cas de vente faite par adjudication volontaire ou forcée, le preneur bénéficiaire du droit de préemption doit, à peine de nullité de la vente, y être convoqué par lettre recommandée avec demande d'avis de réception ou par acte d'huissier de justice, vingt jours au moins avant la date de l'adjudication, soit par le notaire chargé de la vente, soit en cas de vente poursuivie devant le tribunal, par le secrétaire-greffier en chef dudit tribunal.**

Il lui est accordé un délai de vingt jours à compter de celui de l'adjudication pour faire connaître au notaire chargé de la vente ou, en cas de vente poursuivie devant le tribunal, au secrétaire-greffier en chef dudit tribunal, sa décision de faire valoir son droit de préemption. L'exercice du droit de préemption soit par le preneur lui-même, soit par un descendant dans les conditions prévues au troisième alinéa de l'article L. 412-5 emporte pour lui substitution pure et simple à l'adjudicataire. La déclaration de substitution, qui doit comporter l'indication de la personne exerçant le droit de préemption, est faite par acte authentique ou par acte d'huissier de justice qui est annexé au procès-verbal ou au jugement d'adjudication et publié en même temps que celui-ci. La déclaration de surenchère est dénoncée au preneur dans les mêmes formes et délais qu'à l'adjudicataire. Le preneur peut intervenir dans l'instance en validité de la surenchère.

Lorsque, dans le délai prévu à l'alinéa précédent, l'adjudicataire a fait connaître au bénéficiaire du droit de préemption, par lettre recommandée avec demande d'avis de réception, par acte d'huissier de justice, ou par déclaration insérée dans le procès-verbal de l'adjudication, son intention de ne pas user de son droit de reprise au cours d'une période déterminée, le preneur qui n'a pas fait valoir son droit de préemption pourra se prévaloir de cette déclaration aux fins d'annulation de tout congé portant reprise avant l'expiration de cette période. – *[Anc. art. 799.]*

BIBL. ▸ LACHAUD, *Gaz. Pal. 1991. 2. Doctr. 683* (rôle des notaires, avocats et greffiers) ; *Gaz. Pal. 5-6 janv. 2007. 2* (réforme des saisies immobilières).

COMMENTAIRE

La vente sur adjudication, amiable ou judiciaire, n'écarte pas le droit de préemption du preneur mais empêche l'action judiciaire en contrôle du prix de cession. Le fermier a pu se porter adjudicataire lors des enchères. Il peut également décider de préempter après l'adjudication. Après décision de se substituer à l'adjudicataire, le preneur est tenu de toutes les obligations prévues au cahier des charges. La surenchère peut être exercée dans les dix jours de la préemption. Si le preneur a préempté, il y a peu de chance que s'exerce une surenchère puisque le délai de préemption est de vingt jours. Néanmoins, sous réserve du délai, la surenchère peut être exercée, y compris par l'adjudicataire évincé. Le preneur est encore apte à préempter après surenchère. ❑

I. ORGANISATION DE L'ADJUDICATION

1. La cour est fondée à suspendre la vente par adjudication d'un bien alors que le preneur avait notifié au bailleur son intention de préempter sous réserve du prix fixé par le tribunal paritaire saisi à cet effet. • Civ. 3e, 21 janv. 2014, n° 12-25.766 : *JCP 2014. 447, note Roussel ; DP entr. agric., Bull. n° 479, p. 10, note Roussel ; RD rur. 2014, n° 149, note Libeau.*

2. Portée du cahier des charges. Lorsque le cahier des charges reconnaît à une partie la qualité de locataire verbal et prévoit expressément, en cas de préemption, sa substitution à l'adjudicataire, cette clause conventionnelle extensive du droit de préemption s'impose à l'adjudicataire. • Civ. 3e, 19 févr. 1980 : *Bull. civ. III, n° 40.*

3. Sur l'inopposabilité à l'adjudicataire des baux n'ayant pas acquis date certaine à la date de la délivrance du commandement de saisie immobilière, V. • Civ. 3e, 19 déc. 1990 : *JCP N 1991. II. 113, obs. Moreau.*

4. Sanction. Le preneur qui n'a pas été convoqué à la vente par adjudication ne peut intenter qu'une action en nullité de la vente et en dommages-intérêts et ne peut être substitué à l'adjudicataire. • Civ. 3e, 13 janv. 1981 : *Bull. civ. III, n° 9 ; D. 1982. IR 218, obs. Martine.* ♦ L'action en nullité est à bon droit rejetée s'il est démontré que le preneur a été convoqué dans le délai légal à la vente par l'officier ministériel. • Soc. 16 févr. 1951 : *D. 1951. 433 ; Bull. civ. III, n° 129.* ♦ Est mal fondée l'annulation de la préemption par le GAEC locataire dont le gérant est aussi celui du GFA propriétaire suite à une saisie immobilière, dès lors que ni la fictivité du GAEC, ni la confusion du patrimoine social avec celui de son gérant ne sont établies. • Civ. 3e, 10 oct. 2019, n° 18-17.003 : *AJDI 2020. 48.*

5. Nature de la sanction. La nullité de l'art. 799 [L. 412-11], dans le seul intérêt du preneur, est une nullité relative à laquelle le bénéficiaire du droit de préemption peut renoncer soit expressément soit tacitement. • Civ. 13 mars 1953 : *Bull. civ. IV, n° 214.* ♦ La renonciation du preneur ne doit pas être équivoque. • Même arrêt • Civ. 3e, 13 juill. 1999 : *JCP N 2000, p. 43.*

II. SUBSTITUTION

6. Délai. Le délai de vingt jours dont dispose le preneur pour préempter se calcule selon l'art. 641 C. pr. civ. et commence à courir le lendemain du jour des enchères. • Civ. 3e, 19 mars 2003, n° 01-16.284 P : *RD rur. 2003. 420 et 637 ; Rev. loyers 2003. 433, obs. Peignot ; JCP 2003. IV. 1892 ; JCP N 2003. 1472.*

7. Conditions de la substitution. L'art. 9 de l'ordonnance du 17 oct. 1945 [art. L. 412-11], en donnant au preneur le droit de se substituer à l'adjudicataire, implique que la substitution soit faite aux mêmes conditions que la vente. • Soc. 4 janv. 1957 : *Bull. civ. IV, n° 18.* ♦ ... Sans contestation du prix d'adjudication. • Soc. 17 juin 1948 : *JCP 1948. II. 4507, note Ourliac et de Juglart.* ♦ La substitution du bénéficiaire du droit de préemption conduit au transfert de propriété à son seul profit aux conditions de la vente aux enchères relative à l'objet et au prix de l'opération, et la société adjudicataire ne peut soutenir la déchéance du droit de préemption du preneur ni le cantonnement aux seuls biens loués. • Civ. 3e, 17 nov. 2021, n° 20-16.904 : *JCP N 2021. Actu. 1085.*

8. Le preneur est tenu, à la place de l'adjudicataire, des obligations prévues par le cahier des charges et notamment du paiement du prix dans le délai prescrit à peine de résolution de la vente. • Soc. 16 déc. 1957 : *Bull. civ. IV, n° 1252* • 19 janv. 1961 : *Bull. civ. IV, n° 78 ; JCP 1961. II. 12276.* ♦ Pour le paiement de frais à un agent immobilier, V. • Civ. 3e, 26 nov. 1974 : *Bull. civ. III, n° 437.* ♦ Pour le paiement des droits d'enregistrement, V. • Civ. 3e, 27 juin 1990, n° 89-14.057 P : *D. 1990. 582, note Prévault .* ♦ V. cependant : • Civ. 3e, 16 mars 1983 : *Bull. civ. III, n° 78.*

9. Mais les délais de paiement accordés à l'adjudicataire par le cahier des charges ne commencent à courir, à l'égard du preneur qui use de son droit de préemption, que du jour de l'exercice de ce droit dans le délai fixé par l'art. 799 [L. 412-11.] • Civ. 3e, 17 juin 1971 : *Bull. civ. III, n° 389.*

10. Sanction des conditions de la substitution. L'adjudicataire évincé peut demander la déchéance du droit de préemption pour manquements aux clauses du cahier des charges. • Civ. 3e, 30 mai 1972 : *Bull. civ. III, n° 346* • 20 avr. 2005, n° 04-10.461 P : *JCP 2005. IV. 2324 ; AJDI 2005. 666 ; Rev. loyers 2005. 395, note Peignot ; RD rur. août-sept. 2005, p. 28 ; Gaz. Pal. 2-4 oct. 2005. 19.* ♦ Si peut être déchu du droit de préemption le bénéficiaire qui n'a pas respecté les obligations qui incombaient, en vertu du cahier des charges, à l'adjudicataire auquel il a été substitué, il ne résulte cependant d'aucune disposition que la seule constatation qui en est faite emporte de plein droit une telle déchéance. • Civ. 3e, 16 mars 1983 : *Bull. civ. III, n° 78.* ♦ C'est donc souverainement qu'un arrêt retient que le retard minime intervenu dans le paiement des frais ne constitue pas un manquement suffisamment grave pour être sanctionné par la déchéance du bénéfice de la préemption. • Même arrêt – V. aussi • Civ. 3e, 27 juin 1990 : *préc. note 8.*

11. Folle enchère. La procédure de vente sur folle enchère est régulièrement engagée et l'adjudication ne peut être remise, lorsque le preneur, ayant usé de son droit de préemption et sommé de payer le prix et les frais dans la quinzaine, n'en a rien fait, et n'a fait aucune offre sérieuse avant la date fixée pour la vente sur folle enchère. • Civ. 3e, 29 avr. 1969 : *Bull. civ. III, n° 312.*

12. Surenchère. L'adjudicataire d'un bien rural, qui a perdu cette qualité du fait de la préemption exercée par le preneur, est en droit de surenchérir du dixième. • Soc. 5 janv. 1951 : *D. 1951. 348 ; Gaz. Pal. 1951. 1. 196* • 19 nov. 1953 : *Bull. civ. IV, n° 721.* ♦ Mais l'adjudicataire évincé par le droit de préemption et qui a surenchéri du dixième ne peut porter, à l'audience des criées, une enchère sur et contre lui-même. • Civ. 3e, 8 nov. 1978 : *Bull. civ. III, n° 338 ; Defrénois 1979, art. 32308, p. 309, note Aubert.*

13. Les dispositions de l'art. 708 anc. C. pr. civ. relatives à la surenchère du dixième et celles de l'art. 1033 [abrogé], concernant les délais de procédure, sont inapplicables au délai de préemption prévu par l'art. 799 [L. 412-11] dès lors que la vente aux enchères est réalisée par voie d'adjudication amiable et non à la suite d'une procédure judiciaire. • Soc. 27 juill. 1951 : *Bull. civ. III, n° 614.*

Art. L. 412-12 Celui qui a fait usage du droit de préemption est tenu aux obligations mentionnées aux articles L. 411-58 à L. 411-63 et L. 411-67. A défaut, l'acquéreur évincé peut prétendre à des dommages-intérêts prononcés par les tribunaux paritaires. Il est privé de toute action après expiration de la période d'exploitation personnelle de neuf années prévues aux articles L. 411-59, L. 411-60 et L. 411-63.

Toutefois, celui qui a fait usage du droit de préemption peut faire apport du bien préempté à un groupement foncier agricole, à la condition de se consacrer personnellement à l'exploitation des biens du groupement, dans les conditions prévues aux articles L. 411-59 et L. 411-60. – *En ce qui concerne l'apport à un GAEC, V. art. L. 323-15.*

Au cas où le droit de préemption n'aurait pu être exercé par suite de la non-exécution des obligations dont le bailleur est tenu en application de la présente section, le preneur est recevable à intenter une action en nullité de la vente et en dommages-intérêts devant les tribunaux paritaires dans un délai de six mois à compter du jour où la date de la vente lui est connue, à peine de forclusion. Toutefois, lorsque le bailleur n'a pas respecté les obligations mentionnées à l'article L. 412-10, le preneur peut intenter l'action prévue par cet article.

Le fermier préempteur de la nue-propriété n'est pas tenu des obligations énoncées au premier alinéa du présent article, lorsqu'il est évincé par l'usufruitier qui fait usage de son droit de reprise. – *[Anc. art. 800.]*

COMMENTAIRE

I. SANCTION DES OBLIGATIONS DU PRÉEMPTEUR

L'acceptation du preneur a pour conséquence sa prise en charge des obligations notifiées ou celles du cahier des charges élaboré pour l'adjudication. Il lui appartient de réaliser l'acte de vente, de payer le prix et d'assumer les charges précisées. Il est également exigé du preneur qui préempte des obligations professionnelles ; la préemption doit favoriser seulement l'accession à la propriété exploitante et développer le faire-valoir direct. Le preneur est donc tenu pendant neuf ans, directement et personnellement, d'avoir une activité agricole. L'obligation d'exploiter a été précisée afin que le droit de préemption ne constitue pas une entrave au développement des sociétés en agriculture. Ainsi, l'article L. 323-15 du code rural permet à celui qui a préempté l'apport des biens à un GAEC. De même, l'article L. 412-12 permet d'apporter le bien à un groupement foncier agricole si celui qui a fait usage du droit de préemption se consacre personnellement à l'exploitation des biens du groupement. Enfin, l'article L. 412-12 renvoyant à l'article L. 411-59, il doit être admis que celui qui préempte puisse remplir son obligation d'exploiter en ayant mis le bien à la disposition de la société. En cas d'inexécution de ces obligations, l'acquéreur évincé peut prétendre à des dommages-intérêts.

II. SANCTION DES OBLIGATIONS DU BAILLEUR

Dans tous les cas qui ne sont pas visés à l'article L. 412-10, la sanction est la seule nullité avec dommages-intérêts, sans qu'il puisse alors être sollicité une nullité substitution. Il a souvent été noté que des cas parmi les plus graves de méconnaissance du droit de préemption du preneur recevaient ainsi une sanction amoindrie ; mais il a semblé impossible de prévoir de substituer le preneur dans une cession dont il pouvait ignorer toutes les conditions.

Il peut également être donné sanction aux hypothèses de fraudes opérées sans commettre aucun manquement aux articles L. 412-10 et L. 412-12 du code rural par application de l'adage *« fraus omnia corrumpit »*. L'usage apparemment régulier d'une voie de droit ou la conclusion d'un acte juridique correct constitue l'élément matériel de la fraude ; et l'élément intentionnel réside dans la volonté d'éluder le droit de préemption du preneur. Une telle action a pour avantage de n'être pas soumise au délai de forclusion des actions en nullité des articles L. 412-10 et L. 412-12. ❑

I. SANCTION DES OBLIGATIONS DU PRÉEMPTEUR

A. OBLIGATIONS DU PRÉEMPTEUR

1. Principe. Du rapprochement des art. 800 [L. 411-12] et 845 [L. 411-58 s.] il résulte que le preneur, soumis aux mêmes obligations que celles imposées au bailleur qui a usé du droit de reprise, est tenu d'exploiter le bien en totalité, personnellement, de façon effective et permanente, pendant neuf ans au moins, en qualité de propriétaire. • Cass., ch. réun., 2 juill. 1957 : *D. 1958. 185, note R. Savatier ; Gaz. Pal. 1957. 2. 76 ; JCP 1957. II. 10174, note de Juglart ; AJPI 1957. 182.*

2. Exploitation agricole. L'exploitation faite en gravière par le preneur aussitôt après son acquisition, n'entre pas dans le champ d'une activité agricole autorisant seule l'exercice d'un droit de préemption, destiné à maintenir l'exploitation antérieure. • Civ. 3ᵉ, 2 févr. 2000 : *Rev. loyers 2000. 312, obs. Peignot ; RD rur. 2000. 186.* ♦ Pour un cas de pluriactivité, V. • Civ. 3ᵉ, 10 juill. 1972 : *Bull. civ. III, nº 447.*

3. Exploitant propriétaire. Doit être cassée la décision estimant que le préempteur est seulement tenu d'exploiter personnellement pendant neuf ans sans avoir l'obligation de demeurer propriétaire pendant la même période. • Cass., Ch. réun., 2 juill. 1957 : *préc. note 1.* ♦ La vente à un tiers d'une partie des bâtiments par le preneur ne peut être critiquée par l'acquéreur évincé si elle n'est pas de nature à nuire à l'exploitation et si, d'autre part, la fraude n'est pas prouvée. • Civ. 3ᵉ, 18 févr. 1987 : *RD rur. 1988. 67, note Ourliac.* ♦ En ce sens que la location d'une parcelle par le preneur ayant bénéficié du droit de préemption n'est pas répréhensible dès lors qu'il est devenu incapable d'exercer l'activité agricole (à propos d'un fermier ayant eu un accident vasculaire cérébral), V. • Civ. 3ᵉ, 13 mai 1998 : *RD rur. 1998. 316.* ♦ Par contre, les graves difficultés résultant du décès du conjoint ne justifient pas la violation de ses obligations légales par le preneur qui a vendu partiellement les biens préemptés. • Amiens, 8 mars 2007 : *RD rur. 2007, nº 197.* ♦ Aucune disposition légale n'interdit au preneur d'obtenir le financement nécessaire à l'acquisition du bien qu'il préempte d'un tiers qui peut avoir intérêt personnel à cette préemption, dès lors que cette opération ne se traduit pas par une substitution immédiate d'acquéreur et reste compatible avec l'accession à la propriété exploitante. • Civ. 3ᵉ, 12 juin 2007, nº 06-15.836.

4. L'adjudicataire évincé ne peut obtenir des dommages-intérêts lorsque le preneur a procédé à un échange avec soulte justifié par des motifs professionnels légitimes. • Soc. 30 nov. 1967 : *Bull. civ. IV, nº 753.*

B. SANCTION

5. Titulaire de l'action. La qualité d'acquéreur évincé ne peut être opposée au bénéficiaire du droit de préemption que par celui dont l'intention d'acquérir a été portée à la connaissance de ce bénéficiaire. • Civ. 3ᵉ, 3 févr. 1988 : *Bull. civ. III, nº 25 ; D. 1988. IR 46 ; JCP N 1988. II. 265, obs. Moreau* • Versailles, 18 févr. 1994 : *BICC 1994, nº 559* • Orléans, 17 sept. 1998 : *Administrer 1/1999. 59, note Le Petit.*

6. Délai de l'action. La prescription de l'action de l'acquéreur évincé s'opère par dix ans non à compter de la date incertaine à laquelle l'acquéreur évincé aurait eu connaissance de la qualité de propriétaire de la société bénéficiaire mais du jour de la publication de la vente aux hypothèques qui a rendu la cession opposable aux tiers. • Civ. 3ᵉ, 13 juin 2001 : *RD rur. 2001. 311, 560 et 532, obs. Crevel ; JCP N 2001. 1599, note Moreau.*

7. Action en dommages-intérêts. Pour irrespect de l'obligation d'exploiter, V. par exemple • Civ. 3ᵉ, 2 févr. 2000 : *RD rur. 2000. 186*

8. Le préjudice réparé par des dommages-intérêts alloués à l'acquéreur évincé est celui qui résulte de l'éviction, et non celui qui résulte de la revente. • Soc. 28 mars 1960 : *Bull. civ. IV, nº 326.* – V. aussi • Orléans, 17 sept. 1998 : *préc. note 5.*

9. Exception : nullité pour fraude. En cas de vente sous condition suspensive suivie de l'exercice par le fermier du droit de préemption, la vente consentie au preneur doit être annulée en cas de collusion du vendeur et du preneur, et la condition suspensive étant réalisée, il y a lieu de confirmer le droit de propriété de l'acquéreur d'origine. • Soc. 3 juill. 1959 : *Gaz. Pal. 1959. 2. 262 ; JCP 1959. II. 11257, note Lindon.* ♦ L'exercice du droit de préemption doit être annulé lorsque le preneur en a usé à la suite d'un concert frauduleux avec un tiers. • Civ. 3ᵉ, 4 déc. 1968 : *Bull. civ. III, nº 513.*

II. SANCTION DES OBLIGATIONS DU BAILLEUR

10. Exclusion de la substitution. L'art. 800 [L. 412-12], s'il prévoit la nullité de la vente, n'indique pas qu'il y aura substitution du preneur à l'acquéreur. • Soc. 25 oct. 1951 : *D. 1952. 124 ; Bull. civ. III, nº 690.* ♦ Sur l'exclusion de la substitution ... pour sanctionner le défaut de convocation du preneur à l'adjudication, V. art. L. 412-11, note 4. ♦ ... Pour sanctionner le défaut de renouvellement de la notification, V. art. L. 412-10, note 3.

11. Action en nullité. La cour d'appel est mal fondée à déclarer inopposables au preneur les cessions réalisées en méconnaissance de son droit de préemption, seulement recevable à exercer une action en nullité et dommages intérêts. • Civ. 3ᵉ, 8 déc. 2004 : *AJDI 2005. 43.* ♦ Le tribunal paritaire a compétence pour connaître de la demande du preneur de voir annuler une donation des terres louées qui aurait été consentie en fraude de son droit de préemption. • Civ. 3e, 12 mai 2016, n° 15-13.067 P : *D. actu. 27 mai 2016, note Prigent ; JCP N 2016. Actu. 712 ; DP entr. agric., Bull. n° 497-498, p. 11 ; D. 2016. 1078*.

12. Lorsque le preneur a pu exercer son droit de préemption, son action en constatation de la perfection de la vente et son action en nullité de la vente réalisée au profit d'un tiers est soumise au délai de prescription de droit commun. • Civ. 3e, 16 nov. 2023, n° 21-21.830 : *Rev. loyers déc. 2023, note Roussel*.

13. Délai. Quant au point de départ du délai, c'est la connaissance, par le preneur, de la date de la vente, et non de la vente elle-même. • Civ. 3e, 4 oct. 1978 : *D. 1979. IR 171* • 15 févr. 1995, n° 92-18.776 P : *D. 1995. IR 70* • 3 juill. 2002 : *RD rur. 2003. 209* • 20 mars 2007, n° 06-11.738 : *Gaz. Pal. 15-18 août 2007. 33* • 12 juin 2007, n° 06-14.171 : *RD rur. 2007, n° 272, note Crevel ; AJDI 2008. 225, obs. Prigent* • 29 juin 2011, n° 10-16.434 : *DP entr. agric., Bull. n° 444, p. 11, note Roussel ; RD rur. 2011, n° 114, note Crevel ; Gaz. Pal. 2011. 3105*. ♦ ... Ni de ses conditions. • Civ. 3e, 13 nov. 1986 : *Gaz. Pal. 1987. 1. Pan. 20*. ♦ ... Ni de la réception d'un relevé des formalités de publicité foncière ayant révélé la licitation du bien. • Civ. 3e, 12 déc. 2019, n° 18-21.242 : *Defrénois 2020, n° 3, p. 9 ; DP entr. agric., Bull. n° 537, p. 7, note Roussel*. ♦ L'action en nullité est rejetée car formée plus de six mois après les enchères, même si le preneur n'a pas été convoqué à la vente, dès lors qu'il lui a été fait sommation de prendre connaissance du cahier des charges et d'assister à l'audience d'adjudication. • Dijon, 19 mars 2002 : *RD rur. 2002. 516*. ♦ La publication de l'acte de vente à la conservation des hypothèques ne fait pas à elle seule courir le délai de forclusion. • Civ. 3e, 23 nov. 2011, nos 10-10.788, 10-15.410 : *JCP N 2011. Actu. 962 ; DP entr. agric., Bull. n° 448, p. 9 ; RD rur. 2012, n° 3, note Crevel ; AJDI 2012. 281, note Prigent* • 22 sept. 2016, n° 15-20.783 P : *D. 2016. 1928 et 2452 ; RD rur. 2016, n° 266, note Crevel ; DP entr. agric., Bull. n° 500, p. 10, note Roussel ; JCP N 2016. Actu. 1080 et 1343, note Collard et Bosse-Platière ; JCP 2016. 1064 ; Gaz. Pal. 2016. 2988 et 8 nov. 2016, p. 37, note Peignot ; Defrénois 2017, n° 31-33, p. 60, note Delorme* • 1er févr. 2018, n° 17-11.273 : *JCP N 2018. Actu. 237*. ♦ Les juges doivent caractériser la connaissance de la date de la vente par le titulaire du droit de préemption méconnu, connaissance qui ressortirait de la réception du relevé parcellaire ou de l'affichage en mairie de la décision de rétrocession qui ne fait pas à lui seul courir le délai de six mois. • Civ. 3e, 12 mai 2016, n° 15-14.120 : *DP entr. agric., Bull. n° 497-498, p. 10, note Roussel ; JCP N 2016. Actu. 765* • 12 déc. 2019, n° 18-21.242 : *préc.*

14. Le délai de six mois s'applique seulement en cas de vente, et non pas en cas de demande en annulation d'une donation prétendument frauduleuse. • Civ. 3e, 9 mars 1994, n° 91-18.736 P : *D. 1994. IR 107 ; Gaz. Pal. 1994. 2. Somm. 538, obs. Lachaud ; JCP N 1994. II. 315, obs. Moreau*. ♦ En cas de vente déguisée sous forme de donation, le délai pour former une demande en nullité court du jour où le preneur a eu connaissance qu'il s'agissait d'une vente et non d'une donation. • Soc. 16 juill. 1953 : *Bull. civ. IV, n° 575 ; JCP 1954. II. 8234, note Ourliac*. ♦ Dans le même sens, à propos d'une vente déguisée en échange, V. • Civ. 3e, 6 mars 1996 : *Rev. huiss. 1997. 190, note Pitaud ; RD rur. 1996. 52*.

15. Défendeur. Le preneur qui sollicite la nullité d'une vente qui serait intervenue au mépris de son droit de préemption doit appeler en intervention le bailleur vendeur et, si l'un des indivisaires venant au droit du vendeur n'a pas été appelé à la procédure, celle-ci est irrecevable. • Civ. 3e, 30 nov. 2005 : *Rev. loyers 2006. 107, note Peignot*. ♦ Dans les rapports entre parties à la vente, le non-respect des règles du droit de préemption n'affecte pas la validité de la vente, dont seuls les bénéficiaires du droit peuvent demander la nullité. • Civ. 3e, 8 févr. 1978 : *Bull. civ. III, n° 76*.

16. Saisine. Pour empêcher la forclusion, la saisine du tribunal doit résulter d'un acte d'huissier adressé au secrétaire-greffier et publié, et non d'une lettre recommandée avec A.R. • Civ. 3e, 5 févr. 1992, n° 90-18.171 P. ♦ ... Ni d'une assignation délivrée directement aux parties pour l'audience du tribunal. • Civ. 3e, 21 déc. 1993, n° 89-20.479 P • 2 oct. 1996, n° 94-18.535 P : *Rev. huiss. 1996. 1417* • 24 nov. 1999 : *RD rur. 2000. 4* • 29 mars 2000 : *RD rur. 2000. 64*. ♦ A défaut, la procédure est irrégulière et doit être sanctionnée sans qu'il soit besoin de justifier d'un grief. • Civ. 3e, 24 janv. 2001, n° 99-13.196 P : *JCP 2001. IV. 1495 ; Dr. et pr. 2001. 299, note Couturier ; Rev. loyers 2001. 181, obs. Peignot*. ♦ Le recours au ministère d'huissier est obligatoire pour saisir le tribunal d'une action en nullité de vente fondée sur l'art. 800 [L. 412-12], cette demande étant soumise à publication au bureau des hypothèques. • Civ. 3e, 21 nov. 1968 : *Bull. civ. III, n° 480 ; Gaz. Pal. 1969. 1. Somm. 2*. ♦ Il s'agit d'une formalité substantielle. • Même arrêt. – V., dans le même sens, • Civ. 3e, 5 févr. 1992, n° 90-18.171 P : *D. 1992. IR 90* • 21 déc. 1993, n° 89-20.479 P • 30 nov. 2005 : *Gaz. Pal. 19-20 mai 2006. 39*. ♦ L'art. L. 412-12, al. 3, n'impose cependant pas que la formalité de publicité au bureau des hypothèques, qui relève du droit commun, soit accomplie dans le délai de six mois à compter du jour où la date de la vente est connue du preneur. • Civ. 3e, 24 juin 1998, n° 96-17.525 P : *JCP N 1998, n° 44-45, p. 1592, obs. J.-P. M. ; Gaz. Pal. 12-14 sept. 1999. Somm. 30, obs. Lachaud*. ♦ Comp., jugeant qu'en Alsace-Moselle la demande en annulation d'une rétrocession n'a pas à être faite par acte d'huissier : • Civ. 3e, 9 oct. 1996, n° 94-19.275 P : *Gaz. Pal. 1997. 2. Pan. 178.* ♦ Le fait que l'acte d'huissier de justice signifié au greffe du tribunal paritaire ne porte mention d'aucune demande de convocation des parties à une audience de conciliation n'affectait pas sa validité. • Civ. 3e, 30 nov. 2005 : *Rev. loyers 2006. 107, note Peignot.* ♦ N'est pas disproportionnée l'irrecevabilité sanctionnant le défaut de publication de l'assignation en nullité de la vente dès lors que cette formalité peut être régularisée à tout moment et qu'il n'a pas été justifié de son accomplissement. • Civ. 3e, 22 juin 2017, n° 16-13.651 P : *D. actu. 24 juill. 2017, obs. Prigent ; DP entr. agric., Bull. n° 512, p. 6, note Roussel ; D. 2017. 2468, note Roussel*.

17. Lorsque le droit de préemption n'a pu être exercé par la suite de l'inexécution de ses obligations par le bailleur, le preneur d'un bail rural est recevable, si le droit de préemption ne peut plus être exercé, à intenter une action en dommages-intérêts. • Civ. 3e, 19 janv. 2011, n° 09-67.363 : *RD rur. 2011, n° 57, note Roustan de Péron.* ♦ L'acquéreur seul présent à la signature de l'acte de vente qui n'a pas informé le notaire de l'erreur sur la mention d'une absence de location est recevable de dommages intérêts envers le preneur et les héritiers de la venderesse. • Civ. 3e, 28 mai 2020, n° 18-24.401 : *Defrénois 2020, n° 45-46, p. 40, note Delorme.*

18. Fraude. En cas de connivence frauduleuse du vendeur et d'un acquéreur pour éviter le droit de préemption, les juges, tout en admettant la forclusion du preneur pour demander la nullité de la vente, peuvent lui allouer des dommages-intérêts en réparation du préjudice qu'il a subi. • Soc. 4 nov. 1966 : *Bull. civ. IV, n° 842.* ♦ Est frauduleuse l'opération qui a pour but de faire échec au droit de préemption du preneur, sans que la fraude soit subordonnée à la mauvaise foi du vendeur. • Civ. 3e, 12 oct. 1982 : *Bull. civ. III, n° 198 ; Gaz. Pal. 1983. 1. 334, note Le Petit et Challine ; JCP 1983. II. 20112, note Ourliac et de Juglart.* ♦ V. aussi note 11

Art. L. 412-13 **Conformément à l'article 707 *bis* du code général des impôts, en cas d'éviction d'un acquéreur, l'exercice du droit de préemption ne donne pas ouverture à la perception d'un nouvel impôt proportionnel.**

Les frais et loyaux coûts exposés à l'occasion du contrat, s'il y a lieu, par l'acquéreur évincé lui sont remboursés par le preneur. — *[Anc. art. 801.]*

Sur l'application de l'art. L. 412-13, al. 2, aux frais de l'acte notarié ayant constaté la vente, V. • Civ. 3e, 19 juill. 1988 : *JCP N 1989. II. 84, obs. Moreau.*

SECTION 2 Dispositions relatives aux baux conclus entre copartageants d'une exploitation agricole par application de l'article 832-3 du code civil

Art. L. 412-14 **Le bail passé entre les copartageants d'une exploitation agricole, par application de l'article** *(L. n° 2006-728 du 23 juin 2006, art. 4-II, en vigueur le 1er janv. 2007)* **« 832-2 » du code civil, est, sous les réserves ci-après énoncées, soumis aux dispositions du présent titre.** — *V. **C. civ.***

Ne sont pas applicables, jusqu'à l'expiration du bail, les dérogations prévues à l'article L. 411-3 en ce qui concerne les parcelles ne constituant pas un corps de ferme ou des parties essentielles d'une exploitation agricole.

Par dérogation aux articles L. 412-1 et L. 412-2, le droit de préemption sera ouvert au preneur, même s'il existe entre l'acquéreur éventuel et le propriétaire un lien de parenté ou d'alliance n'excédant pas le troisième degré. Sont de même exclues les limitations de l'article L. 412-5. — *[Anc. art. 807.]*

Art. L. 412-15 **A défaut d'accord amiable le tribunal paritaire des baux ruraux détermine les modalités du bail et, le cas échéant, en fixe le prix.** — *[Anc. art. 808.]*

CHAPITRE III DISPOSITIONS PARTICULIÈRES AUX PRENEURS DE NATIONALITÉ ÉTRANGÈRE

Art. L. 413-1 **Les preneurs de nationalité étrangère ne peuvent bénéficier des dispositions du présent titre que si leurs enfants sont français, à moins qu'ils ne puissent invoquer les dispositions de la loi validée du 28 mai 1943 relative à l'application aux étrangers des lois en matière de baux à loyer et de baux à ferme.** — *V. cette L. App., v° Baux ruraux,*

Toutefois, les exploitants étrangers ressortissants des États membres de la Communauté *[l'Union]* **européenne bénéficient des dispositions du présent titre, dans les mêmes conditions que les exploitants de nationalité française.** — *[Anc. art. 869.]*

1. Ordre public. L'art. 869 [L. 413-1], relatif aux conditions d'application du statut aux étrangers, n'est pas d'ordre public. • Soc. 11 févr. 1954 : *Bull. civ. IV, n° 93* • 6 janv. 1961 : *ibid. IV, n° 12.* ♦ Comp. : l'art. L. 145-13, qui subordonne sans justification d'un motif d'intérêt général le renouvellement du bail commercial à une condition de nationalité, constitue une discrimination prohibée par l'art. 14 de la Conv. EDH. • Civ. 3e, 9 nov. 2011, n° 10-30.291 : *RD rur. 2012, n° 14, note Crevel.*

2. Carte. L'obtention de la carte professionnelle est une condition préalable et nécessaire ; à défaut, le bail est nul. • Soc. 6 févr. 1959 : *Bull. civ. IV, n° 195* • Civ. 3e, 16 mai 1972 : *ibid. III, n° 306.* ♦ L'irrégularité peut être couverte si le preneur a obtenu ensuite l'autorisation d'exploiter et la nationalité française. • Civ. 3e, 22 févr. 1978 : *Bull. civ. III, n° 97.* – Comp. : • Civ. 3e, 26 mars 1972 : *ibid. III, n° 306* • 4 nov. 1976 : *ibid. III, n° 377.* ♦ V. art. R. 333-1.

3. Conventions diplomatiques. Le statut est applicable aux Suisses. • Soc. 28 juill. 1948 : *JCP 1949. II. 4650* • Civ. 3e, 5 nov. 1970 : *Bull. civ. III, n° 568.* ♦ ... Aux Polonais. • Soc. 25 nov. 1948 : *JCP 1949. II. 4650.* ♦ ... Aux Roumains. • Soc. 10 févr. 1955 : *Bull. civ. IV, n° 101.*

4. Communauté européenne. Depuis le 1er janv. 1970, l'art. 52 du traité de Rome est directement applicable aux ressortissants des États membres de la Communauté européenne. Il interdit toute restriction à la liberté d'établissement des ressortissants des États membres en France et les dispositions de droit interne français qui imposaient une autorisation administrative à ceux qui désiraient exploiter une entreprise agricole en France ont cessé d'y être applicables. • Civ. 3e, 15 déc. 1975 : *D. 1976. 33, concl. Touffait ; JCP 1976. II. 18286, concl. Touffait, note Ourliac et de Juglart ; Rev. crit. DIP 1976. 371, note Simon-Depitre ; Gaz. Pal. 1976. 1. 641.* – V. conf. • Orléans, 7 juill. 1976 : *Gaz. Pal. 1976. 2. 755, note Lachaud.*

5. Réfugiés. Les réfugiés dispensés de réciprocité législative par la Convention de Genève du 28 juill. 1951 peuvent, après délai de résidence de trois ans en France, bénéficier du statut du fermage. • Civ. 3e, 29 oct. 1968 : *Bull. civ. III, n° 423 ; JCP 1969. II. 15786.*

6. Enfants français. Les preneurs de nationalité étrangère dont les enfants sont nés français bénéficient du statut. • Civ. 3e, 26 juin 1968 : *D. 1968. 729 ; Bull. civ. III, n° 298.* ♦ Lorsque les enfants sont français leur père bénéficie du statut, et en cas de décès de celui-ci, leur mère devenue exploitante du bien affermé. • Soc. 19 mars 1956 : *Bull. civ. IV, n° 280 ; JCP 1956. II. 9399, note de Juglart.*

7. Dès lors que les enfants sont français il n'est tenu compte ni de la nationalité de la mère ni de la demande de naturalisation du preneur. • Soc. 6 nov. 1953 : *Bull. civ. IV, n° 694 ; JCP 1954. II. 7974, note de Juglart.*

8. L'acquisition de la nationalité française par les enfants postérieurement au congé délivré par le bailleur est inopérante. • Soc. 24 nov. 1955 : *Bull. civ. IV, n° 845.*

CHAPITRE IV COMMISSIONS CONSULTATIVES PARITAIRES DES BAUX RURAUX

Néant.
V. art. R. 414-1 s.

CHAPITRE V DISPOSITIONS DIVERSES ET D'APPLICATION

Art. L. 415-1 *(Ord. n° 2006-870 du 13 juill. 2006)* **Les obligations réciproques des fermiers entrant et sortant relatives au maintien de l'état des lieux sont régies par l'article 1777 du code civil.** – *V. cet art. App., v° Baux ruraux,*.

COMMENTAIRE

Le plus souvent le bail s'achève en fin d'année culturale mais le législateur a précisé les principes des articles 1777 et 1778 du code civil pour faciliter la transition avec le nouvel exploitant qui peut être un nouveau preneur ou le propriétaire.

1. Visite de sortie. Dès lors que c'est l'usage dans la région, le bailleur peut être condamné à verser à son ancien fermier en solde du compte de sortie les frais d'expertise d'une visite de sortie. • Soc. 29 avr. 1960 : *Bull. civ. IV, n° 426.*

Conformément aux usages locaux expressément invoqués, c'est à bon droit que sont mis à la charge du preneur les frais de la visite de sortie de ferme du moment que ces frais ne sont pas la conséquence de l'instance mais du fait que le preneur a quitté la ferme. • Soc. 22 juin 1951 : *Bull. civ. III, n° 513.*

2. Poursuites contre le fermier sortant. Ne viole pas l'art. 1777 C. civ. la décision admettant que le propriétaire peut poursuivre contre le fermier sortant la remise des terres nécessaires aux ensemencements dès lors que le propriétaire agissait pour remplir ses obligations à l'égard du fermier entrant. • Soc. 25 mai 1957 : *Bull. civ. IV, n° 610.*

3. Indemnisation de l'exploitant sortant. Viole l'art. L. 415-1 la cour d'appel qui décide que le preneur devait payer au précédent exploitant, une certaine somme pour le bénéfice des récoltes non effectuées avant la sortie des lieux sans constater que le paiement de cette somme par le preneur entrant résultait d'un accord écrit ou d'un usage des lieux. • Civ. 3e, 5 mars 1997, nº 94-21.781 P : *RD rur. 1997. 435 ; Gaz. Pal. 1998. 1. Somm. 173, obs. Lachaud.*

Art. L. 415-2 *(Ord. nº 2006-870 du 13 juill. 2006)* **Les obligations du fermier sortant relatives aux pailles et engrais sont régies par l'article 1778 du code civil.** – *V. cet art. App., vº Baux ruraux,* .

COMMENTAIRE

Les pailles et engrais se distinguent des fumures et arrière-fumures qui sont les amendements incorporés au sol qui sont assimilés à des améliorations culturales si elles apportent une plus-value au fonds, et elles sont indemnisées à ce titre par le bailleur au fermier sortant (V. jurisprudence ss. art. L. 411-69). Les pailles et engrais sont donc seulement des amendements qui peuvent être chimiques, mais qui ne sont pas incorporés au sol. ❑

1. L'art. 1778 C. civ. ne subordonne au paiement de leur valeur par le propriétaire l'obligation du fermier sortant de laisser les pailles et engrais de l'année que lorsque ce dernier ne les a pas reçus lui-même à son entrée. • Soc. 9 juill. 1951 : *Bull. civ. III, nº 562.* – V. aussi • Civ. 3e, 8 déc. 1993 : *Rev. huiss. 1994. 356.*

2. Le fermier sortant doit laisser les pailles et engrais de l'année même s'il ne les a pas reçus sauf si le bailleur renonce à les retenir. • Civ. 3e, 24 mars 2010, nº 08-20.902 : *RD rur. 2010, nº 94, note Crevel ; JCP 2010. 876 ; Gaz. Pal. 2010. Pan. 1150 et J. 2886, note Peignot et Millard ; JCP N 2011. 1252.*

3. L'indemnité n'est due au bailleur qu'en cas de sortie réelle et définitive du preneur. • Soc. 12 déc. 1958 : *Bull. civ. IV, nº 1337 ; AJPI 1959. 67.*

4. Sur les conditions d'une renonciation du preneur, qui ne se présume pas, V. • Soc. 24 oct. 1957 : *Bull. civ. IV, nº 992.*

5. Sur l'application aux *fumures* et *arrière-fumures* du régime des améliorations culturales, V. jurisprudence ss. art. L. 411-69, note 14.

Art. L. 415-3 **Le paiement des primes d'assurances contre l'incendie des bâtiments loués, celui des grosses réparations et de l'impôt foncier sont à la charge exclusive du propriétaire.**

En cas de sinistre, ni le bailleur, ni les compagnies d'assurances ne peuvent invoquer un recours contre le preneur, s'il n'y a faute grave de sa part.

Les dépenses afférentes aux voies communales et aux chemins ruraux sont supportées par le preneur. A cet effet, *(L. nº 2005-1719 du 30 déc. 2005, art. 13-IV)* **« il est mis à sa charge, au profit du bailleur, » une fraction du montant global de la taxe foncière sur les propriétés bâties et de la taxe foncière sur les propriétés non bâties portant sur les biens pris à bail** *(Abrogé par L. nº 2005-1719 du 30 déc. 2005, art. 13-IV)* ***« y compris la taxe régionale »*****. A défaut d'accord amiable entre les parties, cette fraction est fixée à un cinquième.**

(L. nº 2005-1719 du 30 déc. 2005, art. 13-IV) **« Le montant de l'exonération de la taxe foncière sur les propriétés non bâties afférente aux terres agricoles, prévue à l'article 1394 B *bis* du code général des impôts, doit, lorsque ces terres sont données à bail, être intégralement rétrocédé aux preneurs des terres considérées. A cet effet :**

« 1º Lorsque le pourcentage des taxes foncières mis à la charge du preneur en application du troisième alinéa est supérieur ou égal à 20 %, le preneur rembourse au bailleur une fraction de la taxe foncière sur les propriétés non bâties égale à la différence de ces deux pourcentages multipliée par 1,25 ;

« 2º Lorsque le pourcentage des taxes foncières mis à la charge du preneur en application du troisième alinéa est inférieur à 20 %, le bailleur déduit du montant du fermage dû par le preneur une somme déterminée en appliquant au montant de la taxe foncière sur les propriétés non bâties un taux égal à la différence entre ces deux pourcentages multipliée par 1,25. »

(L. nº 2008-1425 du 27 déc. 2008, art. 113-III) **« Le montant de l'exonération de la taxe foncière sur les propriétés non bâties prévu à l'article 1395 G du code général des impôts doit, lorsque les propriétés concernées sont données à bail, être intégralement rétrocédé aux preneurs des propriétés considérées. A cet effet, le bailleur impute cet avantage sur le montant de la taxe qu'il met à la charge du preneur en application**

du troisième alinéa. Lorsque ce montant est inférieur à l'avantage, le bailleur déduit du montant du fermage dû par le preneur le montant qui n'a pu être imputé. »

(L. nº 2009-594 du 27 mai 2009, art. 7-III) **« Lorsque les propriétés visées à l'article 1395 H du code général des impôts sont données à bail, le bailleur rétrocède intégralement l'allégement visé au I du même article au preneur. Les modalités de calcul de cette rétrocession sont déterminées selon les principes définis aux quatrième à sixième alinéas du présent article. »** – *[Anc. art. 854.]*

BIBL. ▶ GOURDON, *D. 1965. Chron. 181.* – LACHAUD, *RD rur. mars 1996, p. 128.*

COMMENTAIRE

I. INCENDIE

L'article 1733 du code civil prévoit la responsabilité du locataire pour l'incendie des lieux loués sauf cas fortuit ou force majeure ou vice de construction ou communication du feu par une maison voisine. L'article L. 415-3 du code rural dispose que le paiement des primes d'assurance contre les incendies des bâtiments loués est à la charge du propriétaire mais ne prévoit de recours contre le fermier qu'en cas de faute grave de sa part. La responsabilité du fermier est donc allégée. Elle n'est pas pour autant totalement écartée ce qui explique qu'il est souvent exigé par le contrat que le preneur s'assure contre le risque d'incendie dû à sa faute grave, et il est en fait prudent pour lui de souscrire une telle assurance.

II. RÉPARATIONS

Le propriétaire est tenu d'une obligation d'entretien du fonds. Il a la charge exclusive des grosses réparations selon la liste non limitative de l'article 606 du code civil. Or l'article L. 415-4 du code rural précise que seules les réparations locatives ou de menu entretien qui ne sont occasionnées ni par la vétusté ni par le vice de construction ou de la matière ni par la force majeure, sont à la charge du preneur, et l'article L. 411-12 interdit de mettre à la charge du preneur toute redevance ou service supplémentaire. L'obligation du bailleur consiste donc à prendre en charge toutes les obligations qui ne sont pas à la charge du preneur. Il est possible de dispenser le bailleur, par une clause spéciale, de sa charge d'entretien du bien.

III. IMPÔT FONCIER

Le bailleur ne peut mettre à la charge du preneur l'intégralité des impôts fonciers. ❑

I. INCENDIE

1. *Bail rural.* Il est nécessaire que l'incendie affecte les biens faisant l'objet d'un bail rural. • Soc. 13 févr. 1958 : *Bull. civ. IV, nº 229 ; AJPI 1958. 99.* ♦ V., pour un bâtiment non compris dans le bail et concédé gratuitement, • Soc. 29 avr. 1954 : *Bull. civ. IV, nº 258.* ♦ En ce sens que l'art. 1733 C. civ. s'applique pour le tout, et non pas l'art. L. 415-3 C. rur., quand un bâtiment est loué pour partie à bail d'habitation et pour partie à bail rural, V. • Civ. 3e, 31 mars 1989 : *Rev. loyers 1990. 14, note Le Petit ; RTD civ. 1990. 301, obs. Rémy*. ♦ Le preneur congédié ne peut invoquer le bénéfice de l'art. 854 [L. 415-3] du statut et peut être déclaré responsable au regard du droit commun. • Soc. 13 févr. 1959 : *Bull. civ. IV, nº 221.* ♦ Même sens : • Civ. 3e, 21 nov. 2001, nº 00-13.616 P : *RD rur. 2002. 177 ; JCP 2002. IV. 1016 ; Gaz. Pal. 24-25 juill. 2002. 30, obs. Lachaud.* ♦ La société bénéficiaire de la mise à disposition du bien loué ne peut opposer l'art. L. 415-3 au bailleur et à l'assureur. • Civ. 3e, 7 déc. 2011, nº 10-26.820 : *DP entr. agric., Bull. nº 448, p. 8, obs. Roussel ; RD rur. 2012, nº 12, note Crevel ; JCP 2012. Somm. 8 ; Rev. loyers 2012. 62, note Peignot.*

2. *Faute grave.* En cas d'incendie d'un bâtiment donné à bail à ferme, l'assureur du preneur n'est tenu de garantir le sinistre que dans l'hypothèse d'une faute grave de ce dernier. • Civ. 3e, 12 juill. 2006, nº 05-14.574 P : *AJDI 2006. 750 ; Gaz. Pal. 5-6 janv. 2007. 33 et 5-7 août 2007. 11.* ♦ La faute grave se distingue de « la faute lourde particulièrement stupide et grossière ». • Soc. 9 juill. 1954 : *JCP 1954. II. 8416.* ♦ L'attitude du preneur qui a commis une imprudence ne peut être qualifiée de faute grave. • Civ. 2e, 18 sept. 2012, nº 11-24.564 : *RD rur. 2012, nº 108, note Krajeski ; AJDI 2012. 766*.

3. *Charge de la preuve.* L'art. 854 [L. 415-3] n'a eu pour objet que de supprimer la présomption de responsabilité du preneur édictée par l'art. 1733 C. civ. et l'art. 4, § 2 de la loi du 18 juill. 1889 ; il renverse la charge de la preuve et exige que la faute à établir par le bailleur ait le caractère d'une faute grave. • Cass., Ch. réun., 26 avr. 1961 : *Bull. civ. nº 3 ; D. 1961. 401 ; Gaz. Pal. 1961. 1. 392 ; JCP 1961. II. 12205, note de Juglart.* – V. notes Lalou, *D. 1951. 561* et R. Savatier, *D. 1954. 310.*

4. L'incendie ayant affecté des biens faisant l'objet du bail rural et la demande du bailleur ayant trait à l'indemnisation des dégâts subis par le hangar loué, le tribunal paritaire est seul compétent. • Civ. 3e, 4 mars 2009, n° 08-14.426 : *Gaz. Pal. 13-15 sept. 2009.13.*

5. Commettent une faute grave : la jeune fille qui ouvre le robinet d'une bouteille de gaz avant que le branchement sur un réchaud ait été effectué dans un local où se trouvaient deux foyers de combustion. • Soc. 12 janv. 1961 : *Bull. civ. IV, n° 48 ; Gaz. Pal. 1961. 1. 197.* ♦ ... Le preneur qui, victime d'une crise morale qui l'a conduit au suicide, a agi avec pleine conscience de l'acte volontaire qu'il accomplissait en allumant successivement des feux dans divers bâtiments de l'exploitation. • Soc. 27 mai 1961 : *Bull. civ. IV, n° 570.* ♦ ... Le fermier qui met en marche le moteur d'un tracteur susceptible de provoquer des étincelles à l'entrée d'un grenier à foin. • Soc. 5 juin 1962 : *Bull. civ. IV, n° 529* • 29 mars 1957 : *Bull. civ. IV, n° 394* • Cass., Ch. mixte, 25 avr. 1975 : *Gaz. Pal. 1975. 2. 510.* ♦ ... Le fermier qui allume du feu dans un local transformé en réserve de bois de chauffage à proximité de matières inflammables et abandonne le foyer sans précaution de surveillance. • Soc. 5 juin 1962 : *Bull. civ. IV, n° 528 ; JCP 1962. II. 12851.* ♦ ... Celui qui met en place le matin même du sinistre une cuisinière à bois installée à proximité d'un meuble en bois sans vérifier l'efficacité d'une feuille d'amiante. • Civ. 3e, 23 mars 1994, n° 92-12.290 P. ♦ ... Celui qui engrange du foin en fermentation avec du foin sec. • Soc. 17 juill. 1961 : *Bull. civ. IV, n° 785* • Civ. 3e, 23 oct. 1974 : *ibid. III, n° 374.* ♦ ... Le fermier qui a mis le feu à des bottes de fourrage sans surveillance à 50 m de la construction qui a brûlé deux jours plus tard. • Riom, 25 févr. 2010 : *JCP 2010. 992.* ♦ Jugé qu'il n'y a pas faute grave : ... en cas d'incendie provoqué par la fermentation des fourrages récoltés pendant une année pluvieuse et salés convenablement. • Soc. 5 déc. 1957 : *Bull. civ. IV, n° 1148.* ♦ ... Lorsque l'exploitation a stocké des sacs d'engrais à proximité d'un grand nombre de palettes et de cagettes. • Civ. 2e, 18 mars 2010, n° 09-14.015 : *RD rur. 2010, n° 72, note Krajeski.*

6. Discernement. Seul peut commettre une faute grave l'individu capable de discernement. • Soc. 9 mai 1953 : *Bull. civ. IV, n° 347 ; Gaz. Pal. 1953. 2. 118* • 24 mars 1960 : *Bull. civ. IV, n° 307 ; Gaz. Pal. 1960. 1. 371.*

7. Les juges doivent constater l'existence de discernement chez l'enfant du preneur dont la faute a permis l'incendie de la ferme. • Soc. 7 janv. 1966 : *Bull. civ. IV, n° 20.* ♦ Ils doivent rechercher si les enfants qui ont allumé l'incendie étaient capables de discernement, et, dans la négative, si les parents ont pris des précautions suffisantes pour parer aux conséquences de ce défaut de discernement. • Soc. 24 mars 1960 : *préc. note 6.* ♦ V., déclarant un enfant de 4 ans incapable de discernement, • Soc. 31 janv. 1957 : *Bull. civ. IV, n° 113 ; Gaz. Pal. 1957. 1. 340 ; AJPI 1957. 67.*

8. Défaut de surveillance. Constitue une faute grave : l'imprudence consistant à confier une boîte d'allumettes à un tout jeune enfant en le laissant seul dans un lieu où se trouvent des matières inflammables, faute commise par la fille du preneur âgée de 14 ans. • Cass., Ch. réun., 26 avr. 1961 : *préc. note 3.* ♦ ... Le défaut de surveillance d'un enfant de 4 ans. • Soc. 19 juin 1958 : *Bull. civ. IV, n° 744.* ♦ ... De même que le défaut de surveillance de la mère sur un enfant de 8 ans qui avait des allumettes à sa portée. • Soc. 21 nov. 1959 : *Bull. civ. IV, n° 1170.* ♦ ... Ou l'absence de surveillance d'une enfant atteinte de démence discrète. • Soc. 23 nov. 1961 : *Bull. civ. IV, n° 966.* ♦ ... Ou d'un préposé atteint d'une certaine déficience mentale dont la chambre était dans la grange contenant des produits inflammables. • Civ. 3e, 5 mai 1982 : *Bull. civ. III, n° 114.* ♦ ... Le fait par le preneur de laisser son enfant âgé de 11 ans pénétrer avec une lampe à pétrole allumée pour la remplir dans un bâtiment abîmé et dangereux sans que constituent le cas fortuit ou la force majeure le délabrement de l'immeuble, la pénurie des moyens de sauvetage et l'absence de service de sécurité qui ont permis la propagation rapide du feu. • Soc. 29 mars 1955 : *Bull. civ. IV, n° 309.*

9. Personnes de la maison du preneur. L'expression « faute grave de sa part » n'exclut pas la faute grave des personnes de la maison du preneur au sens de l'art. 1735 C. civ., dont les dispositions non abrogées doivent être combinées avec celles de l'art. 854 [L. 415-3.] • Soc. 8 janv. 1953 : *Bull. civ. IV, n° 16* • Civ. 3e, 17 déc. 1986 : *D 1987. IR 10.*

10. Les personnes de sa maison sont celles qui habitent sous son toit. • Soc. 26 juin 1953 : *Bull. civ. IV, n° 499.* ♦ L'expression « les personnes de sa maison » employée par l'art. 1735 C. civ. vise toutes les personnes introduites, même temporairement dans les lieux, par le preneur. • Soc. 11 févr. 1954 : *Bull. civ. IV, n° 92* • 23 oct. 1959 : *ibid. IV, n° 1042.* ♦ ... Un ouvrier logé à la ferme à l'occasion d'un battage, et qui n'est pas un préposé. • Soc. 11 févr. 1954 : *préc.* ♦ ... Un salarié. • Civ. 3e, 17 déc. 1986 : *préc. note 9* ♦ Tel n'est pas le cas d'un ouvrier agricole payé à l'heure et nourri les jours où il travaille mais non logé. • Soc. 23 oct. 1959 : *préc.* ♦ Pour un arrêt retenant la responsabilité du préposé du preneur logé sur place sur la base de l'art. 1384, al. 4, C. civ. suite à l'incendie provoqué par son fils mineur, V. • Civ. 3e, 26 juin 1996, n° 94-18.198 P : *D. 1996. IR 181 ; RD rur. 1996. 89 ; ibid. 1996. 442 ; Rev. huiss. 1997. 463.*

11. Ne constitue pas une faute grave le fait de tolérer la présence d'un vagabond dans un hangar. • Paris, 18 nov. 1959 : *Gaz. Pal. 1960. 1. 48.* ♦ ... A moins que sa présence ait été tolérée pendant plusieurs mois. • Soc. 19 juill. 1962 : *Bull. civ. IV, n° 662 ; Gaz. Pal. 1953. 1. 57.*

12. Le preneur n'est pas responsable de la faute d'un camarade de son fils qui, en voulant allumer une cigarette, a mis le feu à la paille, le passage de l'enfant ne pouvant le faire considérer comme une personne de la maison. • Civ. 3e, 21 nov. 1968 : *Bull. civ. III, n° 478 ; Gaz. Pal. 1969. 1. 180.*

13. Indemnisation. L'indemnité de reconstruction de l'immeuble est justement calculée à la date du sinistre et non au jour de la décision ; le bailleur ne saurait obtenir des dommages-intérêts en cas de reconstruction tardive due à ses agissements. • Soc. 10 juill. 1953 : *Bull. civ. IV, n° 554 ; D. 1954. 73, note Savatier.*

14. Concernant l'obligation de conseil de l'assureur, V. • Civ. 1re, 21 janv. 1997 : *RD rur. 1997. 129.*

15. Renonciation du bailleur. La renonciation du bailleur à la responsabilité du fermier ne peut découler du fait que le bailleur s'est assuré lui-même contre les risques locatifs. • Soc. 16 oct. 1953 : *Bull. civ. IV, n° 639.*

II. RÉPARATIONS

16. Le preneur ne peut imposer au bailleur d'autre obligation que celle d'entretenir le fonds dans l'état où il l'a pris. • Soc. 28 janv. 1955 : *Bull. civ. IV, n° 79 ; JCP 1955. II. 8763, note Ourliac* • 25 mars 1954 : *Bull. civ. IV, n° 206* • 29 avr. 1960 : *Bull. civ. IV, n° 419.* ♦ Le preneur ne peut exiger que les travaux devenus nécessaires depuis son entrée en jouissance et ne peut demander l'exécution de réparations locatives occasionnées par la vétusté ou de grosses réparations, tout au moins s'il ne prétend pas que l'état des lieux s'est aggravé depuis le début du bail en cours. • Soc. 22 avr. 1966 : *Bull. civ. IV, n° 363 ; JCP 1966. II. 14741.*

17. Le preneur doit signaler au bailleur les réparations devenues nécessaires en cours de bail. • Soc. 12 févr. 1954 : *Bull. civ. IV, n° 101.* ♦ L'évacuation d'arbres tombés sur des parcelles du fait d'un accident climatique relève de l'obligation de réparation du bailleur, mais la responsabilité du bailleur ne peut être recherchée s'il n'a pas été mis en demeure d'exécuter son obligation. • Nancy, 4 oct. 2005 : *RD rur. avr. 2006. 13 ; JCP 2006. IV. 2889.*

18. La clause prévoyant que le preneur accepte de prendre les lieux en l'état ne signifie pas que le bailleur est dispensé de tout entretien pendant le bail. • Civ. 3e, 18 mars 1992, n° 90-12.809 P. ♦ Une telle clause est licite mais elle n'a pour portée que d'empêcher le preneur de demander la remise en état des lieux et de limiter l'obligation du bailleur au seul maintien de l'état initial accepté. • Soc. 11 oct. 1962 : *Gaz. Pal. 1962. 2. 311.*

19. Est licite la clause du bail suivant laquelle le bailleur s'oblige à effectuer dans un bref délai certaines réparations, tels des travaux de réfection dans diverses pièces des bâtiments d'exploitation. • Soc. 25 mars 1954 : *Bull. civ. IV, n° 206.*

20. Si selon le contrat type, les bâtiments d'élevage hors sol devaient satisfaire aux conditions générales réglementaires en matière d'urbanisme et d'environnement, une telle clause ne signifiait pas que le bailleur avait l'obligation de fournir au preneur un plan pour l'épandage des déjections. • Civ. 3e, 22 janv. 2003, n° 01-13.137.

21. L'usufruitier ayant seul la qualité de bailleur, le nu-propriétaire des bâtiments donnés à bail rural n'a pas qualité à réclamer au preneur réparation des dommages résultant d'un défaut d'entretien sur le fondement du non-respect des obligations du bail. • Civ. 3e, 13 déc. 2005 : *Rev. loyers 2006. 116.*

22. Le bailleur d'un bien rural ne doit pas garantie au preneur des vices apparents du bien loué. • Soc. 12 févr. 1954 : *préc. note 17.* ♦ Il doit celle des vices cachés sauf clause expresse du contrat. • Civ. 3e, 11 juill. 1972 : *Bull. civ. III, n° 454.*

23. Clause de dispense. Aucun texte n'interdit aux parties à un bail à ferme de dispenser le bailleur de l'exécution des travaux d'entretien de la chose louée. • Civ. 3e, 4 févr. 1986 : *Bull. civ. III, n° 3 ; D. 1986. IR 481, obs. Martine.* ♦ Le preneur qui accepte les lieux loués dans l'état de l'entrée en jouissance et qui renonce à toute exigence de remise en état ou réparation est mal fondé à se prévaloir de l'exception d'inexécution du bailleur de ses obligations pour être déchargé de l'obligation de payer les loyers. • CAA Angers, 9 déc. 2008 : *RD rur. 2009, n° 104, note Crevel.* ♦ Comp., ayant jugé que le bailleur ne peut contraindre le preneur à le dispenser par avance de l'exécution des réparations lui incombant et à renoncer aux indemnités dues au preneur sortant : • Civ. 3e, 16 févr. 1982 : *Bull. civ. III, n° 46 ; Rev. loyers 1982. 243, note J. V.* ♦ La clause du bail mettant à la charge du preneur l'ensemble des réparations ne décharge pas le bailleur de son obligation de délivrer un bien exploitable, impliquant le coût des réparations nécessaires aux désordres liés à la vétusté. • Civ. 3e, 4 avr. 2006, n° 05-10.993. ♦ Cette clause ne dispense pas le bailleur d'exécuter son obligation d'entretien et de procéder aux réparations des désordres survenus pendant l'exécution du bail. • Riom, 14 nov. 2006 : *RD rur. 2007, n° 189.*

24. Le bailleur ne peut limiter son obligation au montant du loyer. • Soc. 25 oct. 1957 : *Bull. civ. IV, n° 997.*

25. Sur l'hypothèse d'une destruction du bien loué, V. art. L. 411-30.

26. Le preneur ne peut réclamer au bailleur le remboursement des réparations qu'il a faites de sa propre autorité et sans autorisation que s'il s'agit de travaux urgents et indispensables à l'usage de la chose louée. • Soc. 25 nov. 1954 : *Bull. civ. IV, n° 745.* ♦ Sauf exception, le bailleur n'a pas à indemniser le preneur des réparations que celui-ci a faites à sa place sans lui en avoir au préalable demandé l'exécution. • Soc. 18 févr. 1955 : *Bull. civ. IV, n° 157.*

27. Exception non adimpleti contractus. Les juges, constatant qu'un propriétaire a procédé à des démolitions qui rendent une ferme impropre à l'usage pour lequel elle avait été louée, obligeant le preneur à acheter d'autres locaux d'exploitation, peuvent déduire que ce dernier est fondé à refuser le paiement des fermages au propriétaire qui l'a empêché de jouir des lieux conformément à leur destination. • Civ. 3e, 12 févr. 1970, n° 93-18.469 P • 11 mai 1995 : *RD rur. 1995. 456.*

III. IMPÔT FONCIER

28. Après avoir souverainement retenu que le seul fait d'avoir rédigé une disposition particulière du bail mettant les impôts fonciers à la charge des bailleurs dans la proportion du cinquième démontre la commune intention des parties de déroger à la proportion légale à défaut d'accord amiable, une cour décide à bon droit que le preneur est tenu d'acquitter les quatre cinquièmes des taxes foncières. • Civ. 3e, 7 mars 1990 : *JCP N 1990. II. 252, obs. Moreau.* ♦ Le preneur ayant payé pendant plusieurs années consécutives la partie de l'impôt foncier à la charge du bailleur ne l'a pas fait par erreur mais volontairement et ne peut, en conséquence, agir en répétition de l'indu. • Versailles, 18 nov. 1994 : *Rev. huiss. 1995. 1199, note Pitaud.* ♦ L'action en remboursement d'une partie de cet impôt tombe sous le coup de l'art. 2277 C. civ. et se prescrit par cinq ans. • Même arrêt.

29. Restitution. Les preneurs sont irrecevables en leur action en répétition de l'indu à l'encontre du bailleur pour le compte duquel ils ont effectué des paiements de primes d'assurance et d'impôts fonciers, l'action devant être dirigée contre le créancier ou celui qui a reçu paiement. • Civ. 3e, 2 avr. 2008, n° 07-10.101.

Art. L. 415-4 Seules les réparations locatives ou de menu entretien, si elles ne sont occasionnées ni par la vétusté, ni par le vice de construction ou de la matière, ni par force majeure, sont à la charge du preneur. – *[Anc. art. 855.]*

COMMENTAIRE

Voir notre commentaire sous l'article L. 415-3 (II. Réparations).

1. La clause mettant les réparations, quelles qu'elles soient, à la charge du preneur est une clause exorbitante du droit commun qui doit être interprétée strictement, et elle ne peut concerner les travaux d'entretien qu'impose la vétusté, qui incombent au bailleur. • Civ. 3e, 7 déc. 2004, n° 03-19.203 • 4 avr. 2006, n° 05-10.993.

2. Exceptionnellement les grosses réparations peuvent être mises à la charge des preneurs lorsque, n'ayant pas rempli leurs obligations locatives en n'effectuant pas les réparations leur incombant, cette carence a eu pour conséquence une détérioration progressive et manifeste des lieux. • Soc. 14 mars 1958 : *Bull. civ. IV, n° 398.*

3. Exemples. Sont des réparations locatives : le nettoyage des tuiles, qui n'est pas une réfection de la toiture. • Soc. 19 nov. 1959 : *Bull. civ. IV, n° 1150.* ♦ ... La réparation d'une pompe. • Soc. 18 févr. 1955 : *Bull. civ. IV, n° 157.* ♦ ... Les frais de curage d'un ru lorsque les usages locaux le prévoient. • Soc. 23 janv. 1958 : *Bull. civ. IV, n° 123.* ♦ ... L'entretien des installations de drainage. • Soc. 5 janv. 1951 : *Bull. civ. III, n° 11.* ♦ ... La remise en état des clôtures écrasées par les arbres arrachés par une tempête. • Bordeaux, 15 déc. 2002 : *RD rur. 2004. 460.*

4. Ne sont pas des réparations locatives : des travaux de drainage d'une parcelle ne correspondent pas, eu égard à leur nature et à leur importance, à la définition d'une réparation devant rester à la charge du locataire. • Riom, 13 janv. 1992 : *D. 1992. IR 97.* ♦ ... L'enlèvement des arbres arrachés par la tempête. • Bordeaux, 15 déc. 2002 : *préc.* ♦ Lorsque des pieux et fils de fer d'une vigne étaient très usagés lors de la prise de possession, leur remplacement incombe au bailleur alors même que le preneur avait accepté le fonds dans l'état où il se trouvait. • Même arrêt. ♦ *Contra* : • Soc. 10 mai 1957 : *Bull. civ. IV, n° 527.* ♦ A défaut de dispositions contractuelles particulières, le bailleur ne peut reprocher au preneur le défaut de réparation de la toiture d'une grange détériorée par la tempête, la non-désinfection des lieux avant libération, le non-remplacement de carreaux mal posés et brisés par défaut d'huisserie. • Civ. 3e, 19 déc. 2000 : *RD rur. 2001. 296.*

Art. L. 415-5 *Abrogé par Ord. n° 2006-870 du 13 juill. 2006.*

Art. L. 415-6 Est réputée non écrite toute clause insérée dans les baux stipulant que les détenteurs du droit de chasse dans les bois situés au voisinage des terres louées ne sont pas responsables au sens des *(Ord. n° 2016-131 du 10 févr. 2016, art. 6-XV, en vigueur le 1er oct. 2016)* **« articles 1240 et suivants » du code civil, des dégâts causés aux cultures par les lapins de garenne et le gibier vivant dans leurs bois.** – *[Anc. art. 857.]*

Art. L. 415-7 Le preneur a le droit de chasser sur le fonds loué.

S'il ne désire pas exercer ce droit, il doit le faire connaître au bailleur. — *[Anc. art. 858.]* — *V. art. D. 415-1 s.*

BIBL. ▶ Teilliais, *Ann. loyers 1997. 1265* (baux de chasse). – Bories, *RD rur. 2008. Étude 12* (le droit de chasser du preneur). – Deroche, *RD rur. 2017. Étude 20* (chasse et bail rural soumis au statut).

COMMENTAIRE

L'article L. 422-10 du code de l'environnement permet aux propriétaires « au nom de convictions personnelles opposées à la pratique de la chasse » de décider d'interdire, y compris pour eux-mêmes, l'exercice de la chasse sur leurs biens. En conséquence, les terrains des propriétaires ayant fait opposition à la pratique de la chasse ne sont pas inclus dans le territoire de l'association communale de chasse. Cependant, l'article L. 422-21 du code de l'environnement dispose que les statuts de l'association doivent prévoir l'admission des preneurs du bien rural loué à un propriétaire qui a fait apport de son droit de chasse, et l'article L. 422-14 du même code indique que l'opposition du propriétaire ne fait pas obstacle à l'application de l'article L. 415-7 du code rural, ce qui laisse donc le plein droit de chasser au preneur. Ce dernier peut lui aussi renoncer à l'exercice de ce droit et il doit alors le faire connaître au bailleur.

Seul le preneur ou chaque copreneur se voit reconnaître le droit de chasser.

Le droit de chasser s'exerce dans le respect des dispositions légales ou réglementaires concernant la chasse. ❑

1. *Domaine d'application.* Le droit de chasser est un droit personnel réservé au seul titulaire du bail. • Soc. 13 avr. 1967 : *Bull. civ. IV, n° 292.*

2. Le droit de chasser du preneur ne porte pas sur le gibier d'élevage. • Soc. 23 nov. 1950 : *Bull. civ. III, n° 870* • Orléans, 15 mai 1964 : *Gaz. Pal. 1964. 2. 313.* ♦ Doit être tenu pour du gibier d'élevage celui qui est nourri et gardé par le bailleur détenteur du droit de chasse et fait l'objet de soins spéciaux et particuliers destinés à le protéger et à le retenir, et à favoriser sa reproduction pour en augmenter la quantité et la qualité. • Soc. 4 nov. 1966 : *D. 1967. 425, note Bouché ; Bull. civ. IV, n° 841.*

3. *Restrictions.* Le droit de chasser du preneur est limité par les restrictions affectant le droit de chasse que le bailleur s'impose à lui-même. • Soc. 4 nov. 1966 : *préc. note 2.* – V. C. envir., art. L. 422-10 s.

4. *Société de chasse.* Le preneur titulaire du droit de chasser par son bail et non par bail de chasse peut se voir refuser l'accès à une société de chasse dont les statuts réservent la qualité de membres aux « propriétaires terriens, fermiers, métayers, signataires de baux de chasse ». • Civ. 3e, 27 nov. 2002 : *RD rur. 2003. 330.*

5. De la combinaison des art. 42 *bis* de l'ordonnance du 17 oct. 1945 [L. 415-7] et 2 du décret du 16 janv. 1947 [D. 415-2], il résulte que le droit de chasser appartient au preneur du fonds loué et que sa renonciation doit être expresse et peut être manifestée chaque année. • Crim. 11 oct. 1956 : *D. 1958. 250, note Bouché.*

6. Ne constitue pas une sous-location prohibée la mise à la disposition d'un tiers par le preneur de son droit de chasser. • Civ. 3e, 16 juin 1999, n° 97-20.044 P : *D. 1999. IR 190 ; RD rur. 1999. 438 ; ibid. 2000. 176 ; Defrénois 2000. 367, note Gelot.*

7. *Dégâts causés par le gibier.* L'art. 858 [L. 415-7], suivant lequel le preneur qui ne désire pas exercer le droit de chasse doit le faire connaître au bailleur, n'a ni expressément ni implicitement disposé que le défaut de notification emportait exonération de responsabilité au profit du détenteur du droit de chasse et à l'encontre du preneur. • Civ. 1re, 19 nov. 1951 : *Bull. civ. I, n° 306 ; D. 1952. 56 ; Gaz. Pal. 1952. 1. 79.* ♦ ... Et le fermier est donc recevable à demander des dommages-intérêts au détenteur du droit de chasse à raison des dégâts causés par le gibier bien qu'il n'ait pas notifié au bailleur son intention de ne pas exercer son droit de chasse personnel. • Même arrêt.

Art. L. 415-8 **La commission consultative des baux ruraux détermine l'étendue et les modalités des obligations du bailleur relatives à la permanence et à la qualité des plantations prévue au 4° de l'article 1719 du code civil.**

Le tribunal paritaire peut, le cas échéant, autoriser le preneur à faire exécuter les travaux incombant de ce fait au propriétaire, aux frais de celui-ci. — *[Anc. art. 859.]*

BIBL. ▶ Barthe, *RD rur. 2014. Fiche pratique 3* (baux viticoles et plantations : prévenir les difficultés par le contrat).

COMMENTAIRE

L'article 1719 du code civil dispose que « le bailleur est obligé par la nature du contrat et sans qu'il soit besoin d'aucune stipulation particulière (...) 4° d'assurer également la permanence et la qualité des plantations ». L'article L. 415-8 précise cette obligation. Cette charge est susceptible de représenter un investissement important pour le bailleur, et il a en conséquence été tenté par les parties d'écarter contractuellement cette obligation pour le propriétaire et de la faire peser sur le locataire, à charge d'indemniser ce dernier en fin de bail. Ces pratiques ont été sanctionnées. Il peut seulement être prévu par la commission départementale une dérogation à l'obligation du bailleur, en tout ou partie.

L'article L. 415-9, qui précisait d'une part que le preneur ne commettait aucun manquement à ses obligations en ne remplaçant pas les poiriers à poiré et les pommiers à cidre qui venaient à périr ou en ne les restituant pas dans un état analogue à celui de l'entrée en jouissance, et d'autre part écartait l'obligation du bailleur d'assurer la permanence et la qualité de ces plantations, a été abrogé (disposition applicable aux baux conclus ou renouvelés à compter du 8 août 2016). ❑

1. *Vigne.* En vertu de l'art. 1719, 4°, C. civ., le bailleur étant obligé, par la nature du contrat et sans qu'il soit besoin d'aucune stipulation particulière, d'assurer la permanence et la qualité des plantations, c'est à bon droit que la cour d'appel a retenu que la clause du bail mettant ladite obligation à la charge du preneur était réputée non écrite. • Civ. 3e, 24 juin 1998, n° 96-15.668 P : *D. 1999. 343, note Agostini ; JCP N 1998, n° 44-45, p. 1593, obs. J.-P. M. ; Rev. loyers 2000. 23, obs. Peignot* • Bordeaux, 6 avr. 2023, n° 20/04615 : *Rev. loyers 2023, n° 1038, note Roussel.* ♦ Le contrat type départemental ne prévoyant aucune dérogation à l'obligation pour le bailleur d'assurer la permanence des vignes, la clause du bail mettant à la charge du preneur le remplacement des ceps venant à manquer ou mourir et le maintien de la permanence des plantations, a été jugée non écrite. • Civ. 3e, 14 mai 2003 : *Ann. loyers 2003. 2288, note Lachaud ; RD rur. 2003. 657, note Grimonprez ; ibid. 2004. 39.* ♦ *Contra :* • Soc. 25 mai 1957 : *Bull. civ. IV, n° 609 ; JCP 1957. II. 10219, note de Juglart.* ♦ Le preneur est fondé à engager des travaux de restructuration du vignoble en lieu et place du bailleur qui avait négligé d'y procéder. • Civ. 3e, 12 nov. 2020, n° 19-21.855 : *Rev. loyers 2021, n° 1013, note Peignot.*

2. Viole les dispositions du code rural et l'arrêté du préfet de la Gironde du 16 juin 1978, portant approbation du contrat type de bail à ferme, l'arrêt qui prononce la résiliation d'un bail de domaine viticole et condamne le preneur à payer des dommages et intérêts au bailleur en retenant que ce bail met à la charge du preneur le remplacement des manquants, alors que l'arrêté de 1978, visant l'avis de la commission consultative, ne prévoit pas cette dérogation contractuelle à l'obligation pour le bailleur d'assurer la pérennité des vignes. • Civ. 3e, 21 juill. 1999, n° 96-11.634 P : *D. 2000. 330, note Agostini ; JCP N 1999. 1873, note Moreau ; D. Affaires 1999. 1443, obs. V. A.-R. ; JCP 2000. II. 10391, note Roussel.* ♦ Dès lors que le contrat type départemental ne permettait pas d'imposer au preneur le coût de restructuration de l'ensemble du vignoble, est fondée la cour qui répute non écrite la clause du bail imposant au preneur l'obligation de renouveler à sa charge le vignoble loué. • Civ. 3e, 12 déc. 2019, n° 18-22.864 : *RD rur. 2020, n° 13, note Crevel ; AJDI 2020. 222.*

3. Les travaux d'arrachage, de défonçage et de replantation incombant, aux termes du bail, à la bailleresse ne constituaient pas une amélioration mais l'obligation de la bailleresse d'assurer la permanence et la qualité des vignes. • Civ. 3e, 22 mars 2005 : *Gaz. Pal. 7-8 oct. 2005. 11.* ♦ Est fondé le preneur qui sollicite les frais de replantation de vigne après une résiliation partielle, consentie sans indemnité pour le preneur, dès lors que les frais de replantation ne constituent pas une amélioration. • Civ. 3e, 28 sept. 2011, n° 10-14.933 : *RD rur. 2011, n° 125 ; Defrénois 2011. 40236, note Barbièri ; JCP 2011. 1117 ; DP entr. agric., Bull. n° 446, p. 1, note Roussel ; Gaz. Pal. 2011. 3137 ; JCP N 2011. Actu. 798.* – V. aussi note 16 ss. art. L. 411-69.

4. Le bailleur est tenu de rembourser le preneur des frais d'arrachage et de replantation exigés pour pouvoir conserver le bénéfice d'une appellation d'origine. • Nîmes, 6 nov. 2003 : *RD rur. 2004. 340.*

5. *Exonération.* Les juges sont mal fondés à condamner un bailleur pour inexécution de son obligation contractuelle de planter en vigne à ses frais les terres louées sans rechercher si l'impossibilité pour l'administration de délivrer des autorisations de planter notifiée au bailleur ne constituait pas pour lui un événement de force majeure. • Civ. 3e, 15 nov. 2005 : *AJDI 2006. 38 ; Gaz. Pal. 19-20 mai 2006. 37.*

Art. L. 415-9 *Abrogé par L. n° 2016-1087 du 8 août 2016, art. 90.*

Art. L. 415-10 *(L. n° 84-741 du 1er août 1984, art. 13)* **« Les dispositions du présent titre s'appliquent aux baux ci-après énumérés : baux d'élevage concernant toute production hors sol, de marais salants, d'étangs et de bassins aménagés servant à l'élevage piscicole, baux d'établissements horticoles », de cultures maraîchères et de cultures de champignons, ainsi que les baux d'élevage apicole.** – *V. note ss. art. L. 411-1.*

En sont exclus les locations de jardin d'agrément et d'intérêt familial, les baux de chasse et de pêche. – *[Anc. art. 861, al. 1er et 2.]*

Sur la définition légale des activités agricoles, V. art. L. 311-1.

BIBL. ▶ TEILLIAIS, *Ann. loyers 1997. 1265* (baux de chasse).

COMMENTAIRE

Pour reconnaître l'existence d'un bail à ferme, il était initialement exigé que soit loué « un bien foncier destiné à la production agricole ». Des difficultés ont surgi pour qualifier certaines locations de biens fonciers ruraux lorsque sont apparus de nouveaux modes de production dont le caractère agricole a été mis en cause, tout particulièrement des nouvelles techniques d'élevage souvent évoquées comme des spéculations commerciales en raison des techniques employées, des nombreux achats pour revendre ou de l'existence d'un matériel très développé. Le législateur est donc intervenu en 1984 pour couper court à ces discussions en décidant d'appliquer le statut du fermage à un ensemble de conventions devenues litigieuses. L'article L. 415-10 n'est cependant plus aujourd'hui véritablement utile puisque l'article 2 de la loi du 30 décembre 1988 (C. rur., art. L. 311-1) a permis de retenir dans la sphère agricole des techniques modernisées et des pratiques renouvelées. Désormais, l'élevage de tous animaux quels qu'en soient les moyens, ainsi que toute production végétale quelle qu'en soit la technique constituent des formes d'activité agricole. De plus, en application de la loi n° 2019-469 du 20 mai 2019 pour la protection foncière des activités agricoles et des cultures marines en zone littorale, l'exploitation de marais salants est désormais agricole (art. 4). ❑

Sur la distinction d'un bail de pêche et d'un bail d'exploitation piscicole, V. • Soc. 31 mai 1960 : *Bull. civ. IV, n° 588* • Civ. 3e, 3 mai 1972 : *Bull. civ. III, n° 276.*

Art. L. 415-11 **Les baux du domaine de l'État,** *(Ord. n° 2006-460 du 21 avr. 2006, art. 3-XII)* **« des collectivités territoriales, de leurs groupements ainsi que des établissements publics, » lorsqu'ils portent sur des biens ruraux constituant ou non une exploitation agricole complète, sont soumis aux dispositions du présent titre. Toutefois, le preneur ne peut invoquer le droit au renouvellement du bail lorsque la collectivité** *(Ord. n° 2006-460 du 21 avr. 2006, art. 3-XII)* **« , le groupement » ou l'établissement public lui a fait connaître, dans un délai de dix-huit mois avant la fin du bail, sa décision d'utiliser les biens loués, directement et en dehors de toute aliénation, à une fin d'intérêt général.**

En outre, en cas d'aliénation, le preneur ne peut exercer le droit de préemption si l'aliénation est consentie à un organisme ayant un but d'intérêt public et si les biens vendus sont nécessaires à la réalisation de l'objectif poursuivi par l'organisme acquéreur.

Enfin, le bail peut, à tout moment, être résilié sur tout ou partie des biens loués lorsque ces biens sont nécessaires à la réalisation d'un projet déclaré d'utilité publique ; dans ce cas, le preneur a droit à une indemnité à raison du préjudice qu'il subit. – *[Anc. art. 861, al. 3 à 5.]*

BIBL. ▶ CHRISTOPHE, *Gaz. cnes 16 mars 1998, p. 37* (gestion des baux ruraux par les communes). – CREVEL, *D. 1997. chron. 58* (agriculteur élu). – LACHAUD, *Ann. loyers 2002. 1576* (statut du fermage et collectivités publiques). – ROBBE, *RD rur. 2016. Étude 29* (les baux ruraux de communes).

COMMENTAIRE

Les baux des personnes publiques sur des biens ruraux sont en principe soumis au statut du fermage. Ce principe doit subir des adaptations quant au mode de conclusion, en particulier pour respecter le prix de l'article L. 411-11 qui suppose un blocage des enchères en cas d'adjudication. De plus, le principe s'applique sous réserve de trois dérogations qui ont pour conséquence de limiter la stabilité du preneur. ❑

1. Domaine d'application. Le statut du fermage étant d'ordre public, il s'applique aux biens communaux, tout comme aux baux des communes. • Colmar, 22 août 1995 : *JCP 1996. IV. 2278.* ♦ La location, par une commune, d'une serre horticole est soumise au statut du fermage. • Civ. 3e, 19 mai 1999 : *Rev. loyers 2000. 109, obs. Peignot et Minard-Libeau.*

2. La présence de clauses exorbitantes du droit commun dans un bail rural n'a pas pour effet de conférer un caractère administratif à la convention. • Civ. 1re, 16 oct. 2013, n° 12-25.310 : *JCP N 2013. 1293, note Barbièri ; AJDA 2014. 409, note Yolka ; DP entr. agric., Bull. n° 470, p. 9, note Roussel ; RD rur. 2014, n° 64, note Sortais.* ♦ La rencontre des consentements en vue de conclure un bail rural dans les conditions de l'art. L. 411-1 étant établie, la commune bailleresse qui a réclamé une contrepartie et qui n'établit pas les conditions d'une convention dérogatoire au statut des baux ruraux est mal fondée à contester le titre de l'exploitant. • Civ. 3e, 11 mars 2021, n° 20-14.385 : *RD rur. 2021, n° 166, note Yolka.*

3. Conclusion. Sur la mise en concurrence des titres d'occupation du domaine privé, V. * Rép. min. n° 12868 : *RD rur. 2019, n° 50, note Yolka.*

4. Intégration au domaine public. L'intégration au domaine public de biens exploités en vertu d'un bail rural en cours laisse un titre d'occupation à l'exploitant jusqu'à une éventuelle dénonciation, sans que le caractère de bail rural puisse être conservé en tant qu'il comporte des clauses incompatibles avec la domanialité publique. • CE 7 juin 2023, n° 447797 A : *AJDA 2023. 1087 ; JCP N 2023. 1160, note Bosse-Platière ; RD rur. 2023, n° 91, note Crevel ; DP entr. agric., Bull. n° 576, p. 12, note Inserguet-Brisset ; AJDA 2023. 1779, note Braud ; Gaz. Pal. 26 sept. 2023, p. 31, obs. Finck et Seroc.*

5. Renouvellement. Est régulier le non-renouvellement d'un bail pour motif d'intérêt général : pour l'utilisation collective et rationnelle des terrains communaux, même au bénéfice des habitants d'une section de commune. • Civ. 3e, 24 févr. 1976 : *Bull. civ. III, n° 82 ; D. 1976. Somm. 41.* ♦ ... Au vu des dégâts des taureaux de combat sur le milieu naturel de Camargue, même si le bailleur ne précise pas les conditions dans lesquelles il entend réaliser l'objectif projeté. • Civ. 3e, 9 juill. 2003, n° 02-10.129 P : *Gaz. Pal. 14-15 nov. 2003. 19 ; RD rur. 2004. 4 et 194.* ♦ Un établissement hospitalier ne peut être regardé comme ayant un objet agricole et ne peut délivrer congé pour reprise, même s'il exerce une activité viticole annexe. • Civ. 3e, 12 déc. 2012, n° 11-25.961 : *RD rur. 2013, n° 2, note Crevel ; D. actu. 9 janv. 2013, note Prigent ; DP entr. agric., Bull. n° 460, p. 4, note Roussel ; AJDI 2013. 129 ; JCP 2013. 45 et 169, note Barbieri ; D. 2013. 814, note Lebel ; Rev. loyers 2013. 140, note Peignot ; Gaz. Pal. 16-17 janv. 2013 ; JCP N 2013. 131.* ♦ Est fondée la cour qui juge que le conseil municipal qui a attribué au maire le pouvoir de conclure un bail lui a nécessairement donné la faculté de ne pas le renouveler à l'échéance. • Civ. 3e, 15 févr. 2018, n° 16-18.463 : *RD rur. 2018, n° 82, note Crevel.*

6. Reprise. Un établissement public peut, en fin de bail, reprendre le bien loué afin de remplir sa mission d'intérêt général. • Aix-en-Provence, 27 juill. 1994 : *Ann. loyers 1995. 1470* • Civ. 3e, 15 avr. 1982 : *Bull. civ. III, n° 91.* ♦ Pour la sanction du congé d'une commune de montagne fondé sur le développement touristique et l'intérêt général, V. • Chambéry, 17 oct. 2006 : *RD rur. 2007, n° 80, obs. Crevel.* ♦ L'art. L. 415-11 ne peut soutenir le projet prévoyant la vente du bien repris pour la construction de logements sociaux pour les employés d'une centrale laitière. • Nîmes, 27 nov. 2007 : *RD rur. 2008, n° 47, note Crevel.* ♦ Un établissement hospitalier ne peut fonder son congé sur l'augmentation de ses ressources qui ne constituait pas pour cet établissement public l'utilisation de son bien à une fin d'intérêt général. • Civ. 3e, 12 déc. 2012, n° 11-25.960 : *RD rur. 2013, n° 3, note Crevel ; D. actu. 9 janv. 2013, note Prigent ; DP entr. agric., Bull. n° 460, p. 4, note Roussel ; JCP 2013. 45 et 169, note Barbieri ; D. 2013. 814, note Lebel ; Rev. loyers 2013. 140, note Peignot.*

7. Reprise anticipée. Les dispositions de l'art. 861 [L. 415-11], qui permettent à une commune de s'opposer au renouvellement du bail pour utiliser le bien loué à une fin d'intérêt général, ne s'appliquent pas au cas de reprise triennale. • Civ. 3e, 24 févr. 1976 : *Bull. civ. III, n° 84 ; Rev. loyers 1976. 204, note Viatte.*

8. Formes. L'art. 861 [L. 415-11] ne déroge nullement à l'art. 838 [L. 411-47], qui fait obligation au bailleur de notifier congé par acte extrajudiciaire. • Civ. 3e, 12 oct. 1977 : *Bull. civ. III, n° 340.* ♦ La commune bailleresse de parcelles rurales en fermage ne peut expulser le fermier titulaire d'un bail authentique sans respecter, soit la procédure de l'art. L. 415-11, soit celle du code de l'expropriation, celle de l'art. L. 411-32 étant inapplicable en l'espèce. • Colmar, 22 août 1995 : *préc. note 1.* ♦ Aucune disposition n'oblige l'auteur du congé à mentionner la délibération l'autorisant à le délivrer. • Civ. 3e, 15 févr. 2018, n° 16-18.463 : *préc. note 5.*

9. L'exception tirée du défaut d'autorisation d'agir en justice au nom de la commune donnée au maire qui a saisi le tribunal paritaire des baux ruraux en résiliation du bail ne peut être soulevée par le preneur. • Civ. 3e, 11 oct. 2018, n° 17-21.610 : *RD rur. 2018, n° 222, note Crevel.*

10. Indemnité. L'indemnité prévue par l'art. L. 415-11 n'est pas celle que prévoit l'art. L. 411-69 au profit du preneur qui, par son travail ou par ses investissements, a apporté des améliorations au fonds loué ; le preneur ne peut donc opposer son maintien dans les lieux. • Civ. 3e, 2 juill. 1986 : *JCP*

N 1987. II. 54, obs. Moreau.

11. Prise illégale d'intérêts par le maire. **BIBL.** Lachaud, *Ann. loyers 1999. 333.* – Crevel, *D. 1997. Chron. 57*. ♦ Le délit de prise ou de conservation illégale d'intérêts n'est pas constitué lorsque le maire, déjà preneur de terres avant son élection, en obtient le renouvellement. * Rép. min. n° 9251 : *JO Sénat Q, 22 oct. 1998, p. 3371.* ♦ ... Ou lorsqu'une parcelle de 9 ha est louée à deux conseillers municipaux en l'absence d'autres précisions. • CAA Nancy, 19 déc. 2002, n° 98NC00424 : *AJDA 2003. 1071*.

12. Droit de chasser. Lorsqu'une commune loue le droit de chasser sur des parcelles de son domaine privé, aucun texte ne lui impose de mettre en concurrence les pétitionnaires et de retenir l'offre la plus disante. • CE 12 juin 1998 : *RD rur. 1999. 117.*

Art. L. 415-12 Toute disposition des baux, restrictive des droits stipulés par le présent titre, est réputée non écrite. — *[Anc. art. 860.]*

BIBL. ▸ Lachaud, *RD rur. 1993. 317.* – Agostini, Coutant, Hérail, Perdriol et Seranne, *ibid. 2000. 422.* – Crevel, *ibid. 2002. 146.*

COMMENTAIRE

Le caractère d'ordre public du statut reposait sur la volonté d'une part de soutenir le développement de l'agriculture modernisée et productive et d'autre part sur le souci de protéger le fermier partie faible et d'améliorer sa situation sociale. Si cet ordre public est d'abord apparu orienté vers la seule protection du preneur, avec une jurisprudence interdisant les seules restrictions aux droits du fermier, l'ordre public apparaît aujourd'hui bilatéral, exprimant un équilibre de droits entre les parties, visant la performance du secteur agricole et le meilleur revenu pour l'exploitant, en même temps que la préservation du patrimoine du propriétaire et sa rentabilité. En ce sens, il existe des dispositions législatives qui ne protègent pas le seul preneur, et la jurisprudence sanctionne les clauses restreignant les droits des deux parties.

Cet ordre public strict peut parfois céder à la volonté des parties. Ce n'est cependant qu'exceptionnellement que la loi ouvre une possible négociation des conditions du bail (V. art. L. 411-27, L. 411-73 et L. 411-77). Il est par ailleurs possible que le preneur comme le bailleur renoncent aux prérogatives qui leur sont réservées par le statut, mais ils doivent le faire dans les conditions de droit commun qui exigent que le droit auquel il est renoncé soit né.

Depuis les lois du 13 octobre 2014 et du 8 août 2016, l'objectif environnemental est désormais une des finalités de la politique en faveur de l'agriculture (V. art. L. 1), ce qui doit enrichir la notion d'ordre public dans la mise en œuvre du statut. ❑

1. QPC. Est irrecevable la QPC sur le point de savoir si le principe du statut d'ordre public du fermage constitue un principe fondamental reconnu par les lois de la République. • Civ. 3e, 22 juin 2023, n° 23-40.006 B : *JCP 2023. Actu. 828 ; D. actu. 18 sept. 2023, note Labelle.*

2. L'action tendant à voir tirer les conséquences du caractère non écrit de la clause restrictive des droits conférés par le statut au preneur n'est pas soumise à la prescription quinquennale. • Civ. 3e, 18 mars 2021, n° 20-12.551 : *Rev. loyers 2021, n° 1018, note Peignot ; RD rur. 2021, n° 92, note Crevel ; Defrénois 2021, n° 45-46, p. 33, note Roussel.*

3. Est réputée non écrite : la clause restrictive des droits du propriétaire quant au mode de calcul de l'indemnité due au preneur sortant. • Civ. 3e, 14 oct. 1981 : *Bull. civ. III, n° 157 ; D. 1982. IR 50.* ♦ ... La clause par laquelle le bailleur s'est interdit de donner congé pour l'expiration du bail. • Civ. 3e, 2 déc. 1987 : *Bull. civ. III, n° 198 ; D. 1987. IR 255.* ♦ ... La clause du bail à long terme soumettant le refus de renouvellement à l'art. L. 411-64. • Amiens, 14 juin 2016, n° 14/04987 : *Rev. loyers 2016. 334.* ♦ ... La clause du bail qui prévoit un engagement du bailleur d'autoriser la cession du bail aux descendants des preneurs dans le cas où ils viendraient à cesser leur activité ou à décéder en cours de bail. • Civ. 3e, 20 déc. 2018, n° 17-20.936 : *RD rur. 2019, n° 29, note Crevel ; Defrénois 2019, n° 14, p. 34, note Delorme ; Rev. loyers n° 994, p. 80, note Peignot ; JCP N 2019. 1219, note Crevel ; Gaz. Pal. 2019. 1568, note Peignot.* ♦ Sur la sanction des clauses rendant la résiliation plus difficile, V. • Civ. 3e, 13 oct. 1982 : *JCP N 1983. II. 231.*

4. N'est pas illicite la clause du bail mettant à la charge du preneur les engagements pris par le bailleur à l'encontre d'une coopérative dont celui-ci était membre. • Civ. 3e, 9 déc. 2009, n° 08-20.662 : *JCP N 2010. 1130, note Barbièri ; JCP 2010, n° 3, p. 22 ; ibid. 1168, note Lebel ; AJDI 2010. 396 ; JCP N 2011. 1150, note Roussel.* ♦ ... Ni celle qui prévoit un allongement du délai légal pour délivrer congé aux fins de non-renouvellement du bail. • Civ. 3e, 19 nov. 2014, n° 13-25.934 : *RD rur. 2015, n° 25, note Crevel.*

5. La clause du bail autorisant le preneur à proroger le bail jusqu'à l'âge de la retraite est non conforme à l'ordre public dans le bail à long terme. • Civ. 3e, 9 avr. 2014, n° 12-22.388 : *RD rur. 2014, n° 89, note Crevel ; JCP 2014. 531 ; D. 2014. 1532, note Roussel ; JCP N 2014. Actu. 557 et 1232, note Barbièri ; Rev. loyers 2014, n° 948, note Peignot ; DP entr. agric., Bull. n° 474, note Roussel.*

6. Il est interdit au bailleur de renoncer au droit d'ordre public de se prévaloir d'un manquement du preneur aux obligations des art. L. 411-35 et L. 411-37. • Civ. 3e, 25 mars 2021, n° 20-15.124 : *AJDI 2021. 457.*

7. En vertu de la liberté contractuelle, rien ne s'oppose à ce que le bailleur conclut à l'avance avec le preneur un accord relatif au bail grevant la propriété que ce dernier s'est engagé à acquérir, convention soumise à la condition suspensive que la vente se concrétise. • Civ. 3e, 9 déc. 2009, n° 08-18.559. ♦ Est mal fondé le juge qui écarte les stipulations contractuelles prévoyant l'évaluation de l'indemnité de sortie au motif de l'évolution du travail agricole. • Civ. 3e, 12 ma 2015, n° 13-23.123 : *RD rur. 2015, n° 229, note Crevel.*

8. Le bailleur peut exercer la reprise dès lors que le bail consenti en 1941 (avant le statut du fermage) avec une clause prévoyant sa durée au profit du preneur et ses héritiers exploitant sans aller au-delà de 2014 s'est renouvelé sans rédaction d'un nouveau contrat, et qu'en l'absence d'une manifestation de volonté non équivoque du bailleur de renoncer à son droit, le congé est régulier. • Civ. 3e, 25 mars 2015, n° 14-11.978 P : *DP entr. agric., Bull. n° 485, p. 9, note Roussel ; RD rur. 2015, n° 114, note Crevel ; JCP 2015. 433.*

CHAPITRE VI **DISPOSITIONS PARTICULIÈRES AUX BAUX À LONG TERME**

(L. n° 70-1298 du 31 déc. 1970)

BIBL. GÉN. ▸ Baux ruraux à long terme, *DP entr. agric.* – CHESNÉ et MARTINE, *D. 1971. L. 248-1.* – OURLIAC et DE JUGLART, *JCP 1972. I. 2449.* – COTTON, *RD rur. 1971. 11.* – DE FELICE, *Gaz. Pal. 1971. 1. Doctr. 83.* – MÉGRET, *AJPI 1971. 218.* – VIATTE, *Rev. loyers 1971. 248.* – Colloque de Chartres, *Gaz. Pal. 1979. 1. Doctr. 59.*

COMMENTAIRE

Le régime des baux à long terme est issu de la loi n° 70-1298 du 31 décembre 1970. Il s'agit ici de la réponse législative au besoin de grande stabilité des exploitants qui ne peuvent immobiliser des fonds suffisants pour acheter le capital foncier et veulent cependant développer une véritable agriculture d'entreprise. C'est aussi une possibilité ouverte aux propriétaires d'obtenir une meilleure rémunération de leur capital foncier.

Les parties peuvent choisir entre trois types de baux à long terme qui se distinguent selon leur mode de renouvellement.

Le bail à long terme de droit commun est le bail conclu pour au moins dix-huit ans. Il ne permet aucune reprise triennale pendant son exécution. Ce bail se renouvelle à son terme de plein droit par période de neuf ans. Les clauses du nouveau bail sont celles de l'ancien. La jurisprudence selon laquelle le renouvellement du bail rural à long terme était tenu pour un bail ordinaire dans lequel les clauses spécifiques au bail à long terme n'étaient plus applicables a été contredite par l'ordonnance du 17 juillet 2006.

Le bail de vingt-cinq ans peut être conclu avec une clause de tacite reconduction qui amène un renouvellement à l'expiration des vingt-cinq ans sans limitation de durée ; dans cette hypothèse, le bail prend fin sous réserve d'un congé prenant effet au terme de la quatrième année suivant celle pendant laquelle il a été délivré. Dans ce cas, il ne peut être introduit aucune restriction au droit de cession au profit des descendants, ni au droit de renouvellement. Le bail de vingt-cinq ans peut aussi être conclu sans clause de tacite reconduction et, dans ce cas, l'ordonnance du 13 juillet 2006 a prévu que ce bail prend fin à son terme sans qu'il soit nécessaire de délivrer un congé.

Le bail de carrière doit être conclu sur une unité économique ou sur un lot de terres d'une superficie supérieure à la surface minimum d'installation pour une durée qui ne peut être inférieure à vingt-cinq ans ; ce bail prend fin à l'expiration de l'année culturale pendant laquelle le preneur atteint l'âge de la retraite. ❑

Art. L. 416-1 **Le bail à long terme est conclu pour une durée d'au moins dix-huit ans et, sous réserve des dispositions de l'article L. 416-5, sans possibilité de reprise triennale pendant son cours.**

Ce bail est renouvelable par période de neuf ans dans les conditions prévues à l'article L. 411-46 et sans préjudice, pendant lesdites périodes, de l'application des articles L. 411-6, L. 411-7 et L. 411-8 (alinéa 1er).

(Ord. n° 2006-870 du 13 juill. 2006) **« Le bail renouvelé reste soumis aux dispositions du présent chapitre. Sauf convention contraire, ses clauses et conditions sont celles du bail précédent. Toutefois, à défaut d'accord entre les parties, le tribunal paritaire fixe les conditions contestées du nouveau bail. »**

Le bailleur qui entend s'opposer au renouvellement doit notifier congé au preneur dans les conditions prévues à l'article L. 411-47. Toutefois, lorsque le preneur a atteint l'âge de la retraite retenu en matière d'assurance vieillesse des exploitants agricoles, chacune des parties peut, par avis donné au moins dix-huit mois à l'avance, refuser le renouvellement de bail ou mettre fin à celui-ci à l'expiration de chaque période annuelle à partir de laquelle le preneur aura atteint ledit âge, sans être tenu de remplir les conditions énoncées à la section 8 du chapitre I du présent titre. — *[Anc. art. 870-25, al. 1er à 4.] — V. art. R. 416-1.*

BIBL. ▶ LACHAUD, *Ann. loyers 2006. 1715* (renouvellement du bail de 18 ans et ord. du 13 juill. 2006).

COMMENTAIRE

Le bail à long terme constitue un bail rural ordinaire et à ce titre est soumis aux conditions de capacité et de forme qui s'appliquent à la conclusion de ce dernier. Il est obligatoirement écrit d'une part pour attester de sa durée, puisque à défaut il serait présumé conclu pour neuf ans, et d'autre part pour satisfaire aux obligations de publicité foncière ; à ce titre, il doit être rédigé sous la forme d'un acte écrit authentique (Décr. n° 55-22 du 4 janv. 1955, art. 30-1).

1. Durée. Si le bail à long terme est conclu pour une durée au moins égale à 18 ans, sous réserve des dispositions de l'art. L. 416-4 C. rur., les parties ont toute liberté pour établir une durée plus longue. • Civ. 3e, 3 oct. 2007, n° 06-18.817 : *D. 2007. AJ 2670 ; JCP 2007. IV. 2972 ; JCP N 2007. 650 et 2008. 32 ; RD rur. 2007, n° 359 ; RD rur. 2008, n° 4, note Crevel ; Gaz. Pal. 25-27 mai 2008. 13 ; Rev. loyers 2007. 514, note Roussel ; AJDI 2008. 402, obs. Prigent*. – V. jurisprudence ss. art. L. 416-4.

2. Mineur. Les parents agissant d'un commun accord tiennent le pouvoir de consentir un bail à long terme sur les biens ruraux de leurs enfants mineurs mais ce bail ne confère au preneur à l'encontre du mineur devenu majeur aucun droit au renouvellement sauf convention contraire expresse. • Civ. 1re, 4 juin 2009, n° 08-13.480 : *JCP 29 juin 2009, p. 23 ; RD rur. 2009, n° 125, note Crevel ; Defrénois 2009. 2199, note Massip ; LPA 2010, n° 124, p. 4, note Pichard.*

3. Application de l'Ord. du 13 juill. 2006. La clause excluant la cession au descendant ne peut s'appliquer dès lors que le bail à long terme contenant cette clause s'est renouvelé avant l'entrée en vigueur de l'Ord. du 13 juill. 2006. • Civ. 3e, 7 déc. 2011, n° 10-26.131 : *DP entr. agric., Bull. n° 448, p. 9 ; Gaz. Pal. 2012. 966, note Peignot et Millard ; JCP 2012. 318, note Roussel* • 9 sept. 2014, n° 13-17.313 : *DP entr. agric., Bull. n° 479, p. 13, note Roussel ; JCP N 2014. Actu. 995* • 15 nov. 2018, n° 17-16.173 : *DP entr. agric., Bull. n° 526, p. 9, note Roussel ; AJDI 2019. 68 et 459, note Roussel*. ♦ Doit être annulé le congé non conforme à l'art. L. 411-4 dès lors que le bail rural à long terme a été renouvelé avant l'entrée en vigueur de l'Ord. du 13 juill. 2016, et que le bail renouvelé relevait du régime commun à compter de cette date. • Civ. 3e, 17 mai 2018, n° 16-23.198 : *RD rur. 2018, n° 111, note Crevel ; DP entr. agric., Bull. n° 521, p. 11, note Roussel.*

4. Renouvellement. Jurisprudence antérieure à l'Ord. du 13 juill. 2006. **BIBL.** Hérail, *JCP N 1995. Prat. 3198.* ♦ Ayant exactement retenu que le bail renouvelé d'une durée de neuf ans était un nouveau bail, distinct du bail initial, la cour d'appel a décidé, à bon droit, qu'il n'y avait pas lieu de faire application de la majoration de 15 %, prévue par arrêté préfectoral, qui ne concerne que les baux de dix-huit ans. • Civ. 3e, 1er avr. 1998, n° 96-17.028 P : *RD rur. 1998. 254 ; JCP N 1998, n° 28, p. 1094, obs. J.-P. M.* – V. aussi Roussel, *RD rur. 1999. 273, n° 4.* ♦ Le bail renouvelé étant soumis aux dispositions de droit commun des baux de neuf ans, la clause prohibant la cession du bail aux descendants du preneur ne peut produire effet à l'expiration du bail initial de dix-huit ans. • Civ. 3e, 2 févr. 2000 : *RD rur. 2000. 187 et 495 ; JCP 2001. II. 10619 et JCP N 2001. 1797, note Roussel.* ♦ A défaut de prorogation conventionnelle ou d'opposition au renouvellement, le bail initialement conclu pour dix-huit ans avec une clause d'incessibilité se renouvelle en un nouveau bail soumis au droit commun, distinct du bail à long terme, et le preneur peut solliciter l'autorisation de céder le bail à un de ses descendants. • Civ. 3e, 13 févr. 2002, n° 00-15.898 P : *JCP N 2002. 1471, p. 1177, note Moreau ; JCP 2002. IV. 1533 ; AJDI 2002. 538, obs. Giraudel ; Gaz. Pal. 26-27 avr. 2002. 20 ; ibid. 20-21 juin 2003. 32 ; RD rur. 2002. 133 et 445 ; Rev. loyers 2002. 425, note Peignot ; Dr. et patr. 7-8/2005. 95,* *note Roussel.* ♦ Même sens : * Rép. min. n° 3016 : *JOAN 3 févr. 2003. 736.* ♦ V., sur l'admission de la dérogation conventionnelle à l'art. L. 411-35 C. rur., • T. par. baux rur. Cholet, 26 mai 1994 : *JCP N 1995. Prat. 3198* (annexe).

5. Faculté de résiliation annuelle. La faculté pour les parties de mettre fin au bail à l'expiration de chaque période annuelle à partir de celle où le preneur a atteint l'âge de la retraite ne peut être exercée pendant la période initiale du bail à long terme. • Civ. 3e, 5 avr. 1995, n° 93-16.260 P : *D. 1996. Somm. 125, obs. Martine ; JCP N 1995. II. 1429, obs. Moreau ; Rev. huiss. 1995. 1197, note Pitaud* • 2 juin 1999 : *AJDI 1999. 818 ; RD rur. 2000. 176* • 15 oct. 2014, n° 13-23.015 : *RD rur. 2015, n° 2, note Crevel ; D. 2014. 2112* et *2015. 668 ; JCP N 2014. Actu. 1126 ; ibid. 1389, note Barbieri ; JCP 2014. 1172 ; Gaz. Pal. 2015. 1138, note Peignot et Millard ; Rev. loyers 2015, n° 955.* ♦ Il peut être délivré un avis de fin du bail renouvelé pour la date anniversaire du terme du bail suivant la date à laquelle les preneurs ont atteint l'âge de la retraite. • Civ. 3e, 8 sept. 2016, n° 15-18.636 P : *D. 2016. 1818 ; AJDI 2017. 211, note Prigent ; RD rur. 2016, n° 265, note Crevel ; JCP N 2016. Actu. 1033 et 1281, note Grimonprez ; DP entr. agric., Bull. n° 501, p. 7, note Roussel ; JCP 2016. 1001 ; Gaz. Pal. 2016. 2966.* ♦ Lorsque le preneur décide de mettre fin au bail, seul le bailleur peut se prévaloir d'une éventuelle méconnaissance de la formalité prévoyant l'envoi d'un avis dans les conditions de l'art. R. 416-1. • Civ. 3e, 6 mai 2021, n° 20-11.912 : *JCP N 2021. 1245, note Peterka.*

6. Congé. La faculté de cession au profit du preneur doit à peine de nullité figurer dans le congé fondé sur l'âge du locataire, reçu au cours d'un bail à long terme pour une date postérieure à l'échéance de ce bail. • Civ. 3e, 14 nov. 2002, n° 01-00.603 P : *JCP 2003. IV. 1023 ; Gaz. Pal. 20-21 juin 2003. 32, obs. Lachaud ; AJDI 2003. 359, obs. Plazy ; RD rur. 2003. 4 et 265 ; Rev. loyers 2003. 92, obs. Peignot.* ♦ Le refus de renouvellement notifié au preneur d'un bail à long terme ayant atteint l'âge de la retraite ne doit pas mentionner les dispositions relatives à la faculté de cession au profit du preneur. • Civ. 3e, 13 juill. 2011, n° 10-10.595 : *RD rur. 2011, n° 118, obs. Crevel ; JCP 2011. 960 ; D. 2011. 1971 ; DP entr. agric., Bull. n° 443, p. 12 ; Gaz. Pal. 2011. 3114 ; Rev. loyers 2011. 921, note Peignot.* ♦ La délivrance d'un avis mettant fin à un bail à long terme pour cause d'âge du preneur n'ouvre pas à celui-ci la faculté de demander le report de sa date d'effet à la fin de l'année culturale où il bénéficiera d'une retraite à taux plein. • Civ. 3e, 27 févr. 2020, n° 18-24.653 : *Rev. loyers 2020, n° 1007, note Peignot ; RD rur. 2020, n° 88, note Crevel ; Defrénois 2020, n° 45-46, p. 44.*

7. Action paulienne. Pour un exemple de révocation pour fraude d'un bail à long terme par voie d'action paulienne (à propos d'un bail consenti par un débiteur sur des biens hypothéqués), V. • Civ. 1re, 18 juill. 1995 : *D. 1996. Somm. 208, obs. S. Piedelièvre ; ibid. 1996. 391, note Agostini* • Civ. 3e, 28 mars 2019, n° 17-26.733 : *Defrénois 2019, n° 15, p. 10 ; DP entr. agric., Bull. n° 529, p. 8, note Roussel ; Gaz. Pal. 2019. 2864, note Lebel*

8. Promesse. Il ne peut être demandé la condamnation du bailleur à régulariser un bail à long terme sur le fondement d'une promesse de bail non publiée. • Rouen, 19 nov. 2009 : *RD rur. 2010, n° 24, note Crevel.*

9. Fermage bail renouvelé. V. note 9 ss. art. L. 411-11.

Art. L. 416-2 **Un bail rural peut, à tout moment, être converti par accord des parties en bail à long terme soit par transformation du bail initial, soit par conclusion d'un nouveau bail. Lorsque cette conversion n'implique aucune autre modification des conditions du bail que l'allongement de sa durée, et que le bailleur s'engage à ne demander aucune majoration du prix du bail en fonction de cette conversion, le refus du preneur le prive du bénéfice des dispositions des articles L. 411-35 et L. 411-46.**

Nonobstant les dispositions de l'article L. 411-14, le bailleur qui s'est engagé à ne demander aucune majoration du prix du bail ne peut se prévaloir des dispositions du premier alinéa de l'article L. 411-13.

Al. 3 abrogé par Ord. n° 2006-870 du 13 juill. 2006.

Il peut être convenu que les descendants du preneur ne pourront bénéficier des dispositions des articles L. 411-35 et L. 411-38. Il peut en outre être convenu que, en cas de décès du preneur et de transmission du bail aux membres de sa famille, ceux-ci ne pourront, à l'expiration dudit bail, exciper du droit au renouvellement. Toutefois, au cas où le preneur décéderait moins de dix-huit mois avant l'expiration du bail, les membres de la famille pourront exciper du droit au renouvellement, pour une seule période de neuf années, sans pouvoir toutefois dépasser la date à laquelle le preneur décédé aurait atteint l'âge de la retraite retenu en matière d'assurance vieillesse des exploitants agricoles. — *[Anc. art. 870-25, al. 5 à 6.]*

BIBL. ▸ LACHAUD, *Gaz. Pal. 1987. 1. Doctr. 64* (clauses dérogatoires en matière de transmission de bail).

1. Sur les conditions de l'inscription, dans le bail de neuf ans converti en bail à long terme, de la clause portant renonciation à la faculté de cession à descendant, V. • Civ. 3e, 2 juill. 1986, et sur renvoi, • Rennes, 16 janv. 1987 : *Gaz. Pal. 1987. 1. 306, note Lachaud.*

2. Sur la validité, dans les baux à long terme conclus avant la loi du 3 janv. 1972 ayant supprimé la possibilité de déroger à l'ancien art. 831 [devenu art. L. 411-34], de la clause excluant la famille du preneur du droit à la poursuite du bail, V. • Civ. 3e, 17 févr. 1993, n° 91-10.942 P : *Gaz. Pal. 1993. 2. 381, note Lachaud.*

3. Jugeant que la clause selon laquelle « toute cession est interdite » vaut dérogation conventionnelle au principe légal applicable en vertu de l'art. L. 411-35, V. • Rouen, 17 juill. 1996 : *Rev. loyers 1997. 380, note Le Petit.*

4. Est mal fondé le congé portant refus de renouvellement dès lors que les preneurs n'ont pas refusé la conversion du bail de 9 ans en bail à long terme, mais seulement la décision du bailleur de leur faire supporter les frais d'établissement du bail à long terme. • Civ. 3e, 16 juin 2010, n° 09-16.057 : *JCP N 2010. 535 et 1328, note Barbièri ; Rev. loyers 2010. 325, note Peignot ; Gaz. Pal. 30 juin-1er juill. 2010, Pan. ; RD rur. 2010, n° 115, note Crevel ; JCP 2010. 1448 ; BICC 2010. 1672 ; JCP N 2011. 1254.*

Art. L. 416-3 **En outre, si la durée du bail initial est d'au moins vingt-cinq ans, il peut être convenu que le bail à long terme se renouvelle à son expiration, sans limitation de durée, par tacite reconduction. Dans ce cas, chacune des parties peut décider d'y mettre fin chaque année sans que soient exigées les conditions énoncées à la section 8 du chapitre I du présent titre. Le congé prend effet à la fin de la quatrième année suivant celle au cours de laquelle il a été donné. Les dispositions de l'article L. 416-1 (alinéas 2, 3 et 4) et celles de l'article L. 416-2 (alinéa 4) ne sont pas applicables.** — *V. art. R. 416-1.*

(Ord. n° 2006-870 du 13 juill. 2006) **« En l'absence de clause de tacite reconduction, le bail prend fin au terme stipulé sans que le bailleur soit tenu de délivrer congé. »** — *[Anc. art. 870-25, al. 7.]*

BIBL. ► LACHAUD, *Ann. loyers 2004. 2400* (l'expiration du bail de 25 ans) ; *Ann. loyers 2006. 1715* (ord. 13 juill. 2006).

1. La clause de renouvellement permettant aux parties de mettre fin chaque année au bail renouvelé sans avoir à en justifier ne peut valablement figurer que dans un bail d'une durée d'au moins 25 ans, et une telle clause dans un bail de 24 ans est non écrite. • Civ. 3e, 18 mars 2021, n° 20-12.551 : *Rev. loyers 2021, n° 1018, note Peignot ; RD rur. 2021, n° 92, note Crevel ; Defrénois 2021, n° 45-46, p. 33, note Roussel.*

2. Doit être réputée non écrite la clause par laquelle les bailleurs se sont interdit de donner congé pour l'expiration d'un bail de vingt-cinq ans. • Civ. 3e, 2 déc. 1987 : *JCP N 1988. II. 93, obs. Moreau.*

3. Est valable le congé délivré au cours de la vingt-deuxième année du bail pour la date anniversaire du contrat, quatre ans plus tard (soit un an après l'expiration de la période initiale de vingt-cinq ans). • Civ. 3e, 2 déc. 1998, n° 97-13.482 P : *JCP N 1999, n° 16, p. 685, note Moreau ; Rev. loyers 1999. 287, obs. Peignot ; RD rur. 1999. 423 ; Dr. et patr. 3/2000. 92, obs. Roussel.*

4. La faculté pour les parties de mettre fin au bail à l'expiration de chaque période annuelle, à partir de celle où le preneur a atteint l'âge de la retraite, ne peut être exercée pendant la période initiale du bail à long terme. • Civ. 3e, 15 oct. 2014, n° 13-23.015 : *RD rur. 2015, n° 2, note Crevel ; D. 2014. 2112.*

5. ***Bail avec clause de tacite reconduction.*** Chacune des parties peut mettre fin au bail de 25 ans conclu avec clause de tacite reconduction, sans être soumis aux conditions des art. L. 411-46 à L. 411-68 C. rur. • Civ. 3e, 16 juin 2004 : *RD rur. 2004. 529, obs. Grimonprez ; JCP N 2005. 1013.* ♦ Le bail de plus de 25 ans avec clause de tacite reconduction prend fin avec un congé. • Civ. 3e, 2 déc. 1998 : *préc. note 3.* ♦ Pour le bail de 25 ans comportant une clause de nouvellement par tacite reconduction, le congé délivré quatre ans avant la date de renouvellement n'a pas à être motivé. • Civ. 3e, 31 oct. 2007, n° 06-18.864 : *D. 2007. AJ 2948 ; RD rur. 2007, n° 357, note Roussel ; JCP N 2007. 732 et 2008. 1140, note Brelet ; JCP 2007. IV. 3155 ; Rev. loyers 2008. 40, note Peignot ; Gaz. Pal. 25-27 mai 2008. 13 ; JCP N 2008. 1258, note Roussel ; Lamy dr. affaires 2008. 25 ; AJDI 2008. 781, obs. Prigent.* ♦ Le seul départ à la retraite du preneur ne met pas fin au bail rural à long terme. • Civ. 3e, 6 avr. 2004, n° 02-21.247 P : *AJDI 2004. 470 ; RD rur. 2004. 431 ; JCP 2004. IV. 2179 ; Gaz. Pal. 10-11 août 2005. 44.*

6. ***Avenant.*** Par une recherche de la commune intention des parties, la cour a pu retenir que l'avenant a pris la suite des baux de 18 ans, retenu que les obligations préexistantes n'étaient pas éteintes mais réaménagées dans leurs modalités, et a pu en déduire que le régime des baux de 25 ans avait été adopté. • Civ. 3e, 23 sept. 2021, n° 20-15.305 : *RD rur. 2021, n° 256, note Crevel ; Rev. loyers 2022, n° 1029, note Roussel.*

7. Le bail d'au moins 25 ans qui comporte une clause de renouvellement par période de 9 ans est un bail à long terme. • Civ. 3e, 15 févr. 2018, n° 17-10.518 : *AJDI 2018. 286* ; *Defrénois 2018, n° 47, p. 42.*

8. Application de l'Ord. du 13 juill. 2006. Les dispositions de l'Ord. du 13 juill. 2006 ne s'appliquent pas à un bail à long terme renouvelé avant son entrée en vigueur. • Civ. 3e, 20 janv. 2010, n° 08-21.855 : *RD rur. 2010, n° 44, note Crevel.* ♦ Le bail de 25 ans sans clause de renouvellement conclu avant l'entrée en vigueur de l'Ord. du 31 juill. 2006 est un bail à long terme et le bailleur qui s'oppose au renouvellement doit signifier congé dans les conditions de l'art. L. 411-47. • Civ. 3e, 30 oct. 2012, n° 11-19.573 : *DP entr. agric., Bull. n° 458, p. 8 ; RD rur. 2013, n° 78, note Bosse-Platière, Collard et Travely.*

9. Jurisprudence antérieure à l'Ord. du 13 juill. 2006. Bail sans clause de tacite reconduction. Le bail de 25 ans qui ne comporte pas de clause de tacite reconduction est un bail à long terme qui se renouvelle par période de 9 ans. • Civ. 3e, 12 juin 2003, n° 02-11.417 P : *JCP 2003. IV. 2399 ; Rev. loyers 2003. 599, note Peignot ; Dr. et patr. 10/2003. 87, note Barbièri ; RD rur. 2003. 656 ; ibid. 2004. 119 et 463, obs. Crevel ; Gaz. Pal. 14-16 sept. 2003. Pan. 14* • Dijon, 6 mars 2008 : *JCP N 2009. 1099, note Roussel.*

Art. L. 416-4 **Un preneur qui est à plus de neuf ans et à moins de dix-huit ans de l'âge de la retraite peut conclure un bail à long terme régi par les dispositions du présent chapitre et d'une durée égale à celle qui doit lui permettre d'atteindre l'âge de la retraite.** — *[Anc. art. 870-25, al. 8.]*

L'art. L. 416-4 ne fait pas obstacle à la conclusion d'un bail à long terme par un preneur qui se trouve à moins de neuf ans de l'âge de la retraite, et un tel bail est d'une durée minimale de 18 ans. • Civ. 3e, 26 oct. 2023, n° 21-25.745 P : *D. 2023. 1949* ; *JCP 2023. 1268 ; JCP N 2023. 1106 ; Defrénois 2023, n° 47, p. 5.*

Art. L. 416-5 **Le bail à long terme prend la dénomination de bail de carrière lorsqu'il porte sur une exploitation agricole constituant une unité économique ou sur un lot de terres d'une superficie supérieure** *(L. n° 2014-1170 du 13 oct. 2014, art. 93-XXI-4°)* **« au seuil mentionné à l'article L. 312-1 », qu'il est conclu pour une durée qui ne peut être inférieure à vingt-cinq ans et qu'il prend fin à l'expiration de l'année culturale pendant laquelle le preneur atteint l'âge de la retraite retenu en matière d'assurance vieillesse agricole.**

Le prix du bail de carrière est celui du bail de neuf ans. S'il s'agit d'un bail à ferme, les parties sont autorisées à majorer le prix dans des proportions qui ne peuvent être supérieures à un coefficient égal à 1 % par année de validité du bail.

Al. 3 abrogé par L. n° 84-741 du 1er août 1984, art. 42. — *[Anc. art. 870-26.]*

La majoration du prix du bail de carrière doit résulter d'une clause précise du contrat. • Caen, 29 mai 2019, n° 18/01745 : *DP. entr. agric., Bull. n° 540, p. 8, note Roussel.* – V. cependant note 9 ss. art. L. 411-11.

Art. L. 416-6 **Le bail à long terme régi par les dispositions du présent chapitre doit être suivi d'un état des lieux établi selon les dispositions de l'article L. 411-4.**

Toute clause tendant à déroger aux dispositions de l'alinéa précédent est réputée non écrite. Cette disposition a un caractère interprétatif. — *[Anc. art. 870-24 et 870-29, al. 2.]*

COMMENTAIRE

L'état des lieux est obligatoire sans qu'il s'agisse d'une condition de validité du bail à long terme.

Art. L. 416-7 **Conformément aux dispositions du code général des impôts, les baux à long terme conclus dans les conditions du présent chapitre bénéficient des exonérations fiscales prévues aux articles 743 (2°) et 793-2 (3°) de ce même code.**

Les dispositions des articles 793-1 (4°) et 793-2 (3°) du code général des impôts s'appliquent quels que soient le prix et la date de conclusion du bail. — *[Anc. art. 2 de la L. n° 70-1298 du 31 déc. 1970 et 33-II de la L. n° 75-632 du 15 juill. 1975.]*

BIBL. ► ARNAUD-EMERY, *JCP N 2006, p. 1221* (art. 793-2, 3° CGI). – BENEDETTI, *RD rur. 2002. 165* (avantages fiscaux menacés ?).

1. Il résulte de l'art. 793-2 (3°) CGI que la donation de biens donnés à bail à fermage de longue durée est exonérée en partie des droits de mutation à titre gratuit, sans qu'il y ait lieu de distinguer selon que la transmission porte sur la pleine propriété ou la seule nue-propriété des biens donnés à bail. • Com. 13 mai 1997, n° 95-16.320 P : *RDI 1997. 634, obs. Foyer ; Defrénois 1998. 64, obs. Chappert ; JCP N 1998, n° 3, p. 45.* – V. aussi Roussel, *RD rur. 1998. 213.* ♦ Il en est de même de la donation de l'usufruit de biens ruraux loués à long terme. • Com. 21 nov. 2000, n° 98-11.016.

2. Âge. Viole l'art. 793-2 (3°) CGI, le tribunal qui, pour refuser d'accueillir une demande d'annulation d'avis de mise en recouvrement de droits de mutation, retient qu'à la date de la signature du bail, les preneurs avaient dépassé l'âge de la retraite, alors que l'application du texte précité n'est pas subordonnée à pareille condition d'âge. • Com. 10 juin 1997 : *RD rur. 1997. 330.* – V. aussi Roussel, *RD rur. 1998. 214.*

3. Abus de droit. Pour un exemple de conversion d'un bail rural en bail à long terme constitutif d'un abus de droit, V. • Com. 7 oct. 1997 : *RD rur. 1997. 520 ; JCP N 1998, n° 17, p. 625.*

4. Décès. Sur les conséquences du décès du bénéficiaire et sur les cessions permises, V. * Rép. min., *JOAN 27 déc. 2005, p. 12067.*

5. La déchéance de l'exonération encourue en cas de non-respect de la conservation du bien ne porte que sur les biens cédés et non sur la totalité des biens donnés à bail. • Com. 10 juill. 2018, n° 16-26.083 P : *DP entr. agric., Bull. n° 521, p. 12, note Hérail ; Gaz. Pal. 2018. 2834 ; Defrénois 2018, n° 29-32, p. 5 et n° 35, p. 27, note Lamiaux ; JCP N 2018. Actu. 715 ; RD rur. 2019, n° 11, note Madignier ; JCP N 2019.1008, étude Fruleux ; Gaz. Pal. 2019.1571, note Manteau.* – V. BOI-ENR-DMTG-10-20-30-30 : *BO Finances publiques 1er mars 2019 ; DP entr. agric., Bull. n° 529, p. 9, note Hérail.*

6. L'apport d'un immeuble à un GFA dans le délai de cinq ans ne remet pas en cause l'exonération des droits de mutation liés aux biens loués à long terme. • Caen, 16 nov. 2021, n° 19/02794 : *RD rur. 2022, n° 28, note Besson ; DP entr. agric., Bull. n° 557, p. 8, note Debailleul et Bull. n° 559, p. 2, note Hérail ; JCP N 2022. 1167, n° 2, obs. Besson.*

Art. L. 416-8 *(L. n° 84-741 du 1er août 1984, art. 26)* **« Les dispositions des chapitres I (à l'exception de l'article L. 411-58, alinéas 2 à 4), II, V et VII du présent titre » sont applicables aux baux à long terme conclus dans les conditions du présent chapitre ainsi qu'à leurs renouvellements successifs en tant qu'elles ne sont pas contraires aux dispositions de ce chapitre.** – *[Anc. art. 845, al. 5, et 870-29, al. 1er.]*

V. art. R. 416-2.

La clause du bail autorisant le preneur à proroger le bail jusqu'à l'âge de la retraite est non conforme à l'ordre public dans le bail à long terme. • Civ. 3e, 9 avr. 2014, n° 12-22.388 : *RD rur. 2014, n° 89, note Crevel ; JCP 2014. 531 ; D. 2014. 1532, note Roussel ; JCP N 2014. Actu. 557 et 1232, note Barbièri ; Rev. loyers 2014, n° 948, note Peignot ; DP entr. agric., Bull. n° 474, p. 6, note Roussel.*

Art. L. 416-9 Un décret en Conseil d'État précise *(Abrogé par Ord. n° 2010-461 du 6 mai 2010, art. 7)* ***« en tant que de besoin »*** **les conditions d'application du présent chapitre.** – *[Anc. art. 3 de la L. n° 70-1298 du 31 déc. 1970.]* – *V. art. R. 416-1 à R. 416-3.*

CHAPITRE VII DISPOSITIONS PARTICULIÈRES AUX BAUX À MÉTAYAGE *(Ord. n° 2006-870 du 13 juill. 2006).*

BIBL. GÉN. ▶ BARTHE, *RD rur. 2013. Fiche pratique 2* (prévenir les difficultés relatives au partage de la récolte dans les baux viticoles à métayage). – CREVEL, *RD rur. 2002. 163* (relations des parties). – DELORME, *Defrénois 2020, n° 12, p. 16* (la conversion automatique du bail à métayage en bail à ferme et l'indemnisation du bailleur). – HUDAULT, *RD rur. 1992. 434* (métayage viticole).

RÉP. CIV. v° *Métayage*, par ROCHARD et COUTURIER.

COMMENTAIRE

Le bail à métayage est la mise à disposition d'un fonds par le bailleur pour une jouissance active du preneur en échange d'un prix proportionnel aux résultats du fonds. Ce contrat est utilisé sur moins d'un pour cent des terres exploitées et surtout dans les régions viticoles, en Champagne, Bourgogne, Pays nantais, Provence et Languedoc. Il a gardé des noms variés comme « bail à colonat partiaire » ou « vigneronnage » ou « bail à mi-fruits » ou « bail à portion de fruits ». Le métayage présente un avantage pour l'exploitant qui n'est ainsi pas tenu de supporter l'intégralité des investissements fonciers et mobiliers nécessaires à la mise en valeur du fonds. De plus, le partage des risques d'exploitation entre preneur et bailleur représente une forme d'assurance de nature à alléger les difficultés de l'exploitant. Pour autant, le métayage fait l'objet de critiques découlant de l'équilibre propre à cette convention de louage qui suppose que les parties collaborent, et il est redouté que l'indépendance du preneur à bail rural puisse s'en trouver en conséquence atteinte. ❑

SECTION 1 Régime du bail

Art. L. 417-1 *(Ord. nº 2006-870 du 13 juill. 2006)* **Le bail à métayage est le contrat par lequel un bien rural est donné à bail à un preneur qui s'engage à le cultiver sous la condition d'en partager les produits avec le bailleur.**

COMMENTAIRE

La loi du 13 avril 1946 a soumis l'ensemble des baux ruraux à un régime de droit commun. A ce titre, le statut du métayage est soumis au statut du fermage pour la formation du contrat, sa forme, sa preuve, sa durée, le droit au renouvellement, le droit de reprise du propriétaire, le droit de préemption, le droit à indemnité du preneur sortant et toutes les conditions de cession du bail.

Ce sont les conditions de la rémunération et du mode de collaboration que les parties doivent entretenir qui permettent de distinguer le métayage d'autres baux.

Les critères de distinction du métayage et du contrat de travail ou du contrat de société ont évolué ; ce sont des situations juridiques *a priori* bien distinctes mais qui sont concrètement souvent difficiles à distinguer. Le critère principal dans tous les cas réside aujourd'hui dans la détermination du titulaire du pouvoir de direction de l'exploitation. ❑

1. Définition du métayage. Il appartient au juge du fond de déterminer la nature des contrats et au besoin de leur restituer leur véritable caractère. • Soc. 15 mai 1952 : *Bull. civ. III, nº 419 ; D. 1953. 17, note Savatier.*

2. Pour qualifier un bail de métayage, il faut que deux conditions soient réunies ; il doit être constaté d'une part la direction de l'exploitation directe et effective par le seul preneur et d'autre part un partage des produits avec participation aux charges. • Civ. 3e, 16 déc. 1992, nº 91-10.921.

3. La direction de l'exploitation par le preneur est un élément essentiel du contrat de métayage et il n'y a pas métayage si le bailleur n'a pas remis au preneur la direction, assurée à droits égaux par les parties. • Civ. 3e, 6 nov. 1974 : *Bull. civ. III, nº 405 ; D. 1975. 460* • 8 oct. 1986 : *JCP N 1987. II. 52.* ♦ Comp., pour une surveillance par le bailleur, • Soc. 27 mars 1952 : *D. 1953. 17, note Savatier.*

4. Le fait que l'exploitant reçoive la moitié de toutes les récoltes et qu'il participe aux charges de l'exploitation suffit à caractériser le contrat de métayage. • Soc. 3 déc. 1954 : *JCP 1955. II. 8711, note de Juglart* • 18 nov. 1954 : *ibid.* ♦ A défaut de partage des charges d'exploitation en proportion égale aux produits perçus par le bailleur, le contrat ne peut s'analyser en bail à métayage. • Civ. 3e, 25 nov. 2008 : *RD rur. 2009, nº 1, note Crevel ; JCP N 2010. 1279, note Roussel.* ♦ V. art. L. 417-3, al. 4.

5. Il y a métayage lorsque le contrat comporte le partage des bénéfices et dans la même proportion des charges et dépenses de l'exploitation. • Soc. 27 févr. 1959 : *Bull. civ. IV, nº 317* • Civ. 3e, 2 déc. 1975 : *Gaz. Pal. 1976. 1. 394 ; D. 1976. IR 47.* ♦ Le partage des produits ne suffit pas à caractériser le bail à colonat partiaire ; il faut également que les dépenses et les charges de l'exploitation soient partagées dans la même proportion. • Soc. 1er juill. 1955 : *Bull. civ. IV, nº 589* • Civ. 3e, 23 févr. 1972 : *JCP 1972. IV. 88.* ♦ La qualification de bail à métayage doit être écartée lorsque le bailleur reçoit le quart de la récolte sans que le contrat ne fasse état de sa participation aux charges d'exploitation dans cette même proportion. • Civ. 3e, 9 sept. 2014, nº 13-18.997 : *RD rur. 2014, nº 234, note Crevel ; JCP N 2014. Actu. 994 ; DP entr. agric., Bull. nº 477, obs. Roussel.* ♦ Ne peut être qualifié de bail à métayage le contrat qui prévoit la répartition de certaines dépenses entre bailleur et preneur au tiercement et d'autres par moitié, dans les mêmes proportions que le droit au produit. • Civ. 3e, 17 nov. 2021, nº 20-17.422. – V. art. L. 417-3, al. 4.

6. Il n'y a pas métayage lorsque le partage n'est prévu que pour le solde bénéficiaire et non pour le solde déficitaire. • Soc. 28 juill. 1951 : *Bull. civ. III, nº 631.*

7. Le fait que les parties aient convenu d'un partage des frais de main-d'œuvre n'est pas exclusif d'un bail à métayage. • Civ. 3e, 12 déc. 1972 : *Bull. civ. III, nº 672.*

8. Preuve du métayage. Le commencement d'exécution d'un bail à métayage sans écrit, nié par le propriétaire, ne peut être invoqué par le prétendu métayer qui n'a jamais habité le fonds, ne l'a jamais travaillé, et n'a jamais participé aux dépenses ni reçu des récoltes. • Soc. 28 févr. 1957 : *Bull. civ. IV, nº 244.* ♦ La preuve du contrat de métayage résulte suffisamment du partage des récoltes et des frais encore que les parties aient conclu des contrats d'entreprise pour les travaux de culture et de récolte. • Civ. 3e, 14 janv. 1971 : *D. 1971. Somm. 101.* ♦ Il n'y a pas métayage en l'absence de tout élément relatif à l'accomplissement d'obligations découlant du prétendu bail, comme en l'absence de preuve de paiement régulier correspondant au partage des récoltes, ou de taxes et charges spéciales incombant à tout métayer. • Soc. 12 mai 1966 : *Bull. civ. IV, n° 451.* ♦ Est fondée à retenir l'existence d'un métayage la cour qui se fonde sur l'examen comparé des déclarations de récolte. • Civ. 3e, 2 oct. 2012, n° 11-21.101 : *RD rur. 2012, n° 79, note Crevel.* ♦ Les bailleurs qui n'établissent pas avoir effectivement assumé le quart des charges d'exploitation du fonds loué n'apportent pas la preuve de l'existence d'un bail à métayage. • Orléans, 23 janv. 2013 : *AJDI 2013. 622*.

9. Baux ruraux. Le bail à métayage se caractérise par le partage des fruits qui seront récoltés, le bail à ferme par la stipulation d'un loyer fixe en nature ou en argent, et le bail à cheptel par la remise d'un fonds de bétail et de matériel que le preneur doit garder et soigner. • Soc. 19 déc. 1952 : *Bull. civ. IV, n° 944 ; D. 1953. 333.* ♦ Pour la définition du bail rural, V. jurisprudence ss. art. L. 411-1.

10. Le bail d'un bien rural peut être mixte, à ferme pour certaines parties du bien et en métayage pour les autres, et prévoir un prix en argent pour les premières et un partage de produits pour les secondes. • Soc. 10 janv. 1958 : *Bull. civ. IV, n° 68.*

11. Distinction avec le contrat de travail. Il peut y avoir *louage de services* bien que le salarié soit rémunéré par l'attribution de certains produits ou d'une part des produits du fonds. • Soc. 6 juin 1958 : *Bull. civ. IV, n° 705 ; Gaz. Pal. 1958. 2. 115* • Civ. 3e, 23 févr. 1972 : *Bull. civ. III, n° 127.* ♦ Le métayer est seul titulaire du pouvoir de direction de l'exploitation. • Civ. 3e, 6 nov. 1974 : *Bull. civ. III, n° 405* • 21 févr. 1996 : *JCP N 1997. 345.* ♦ Constitue un bail à métayage et non un contrat de travail la convention dans laquelle le preneur participe aux frais et risques de l'exploitation, paie les salaires et l'entretien du personnel, règle par moitié les dépenses de réparation du matériel, fourniture d'engrais, semences, électricité, ainsi que le partage des récoltes alors qu'il assume un rôle de direction sans aucune subordination au propriétaire. • Soc. 29 juin 1956 : *Bull. civ. IV, n° 608 ; JCP 1957. II. 9695, note de Juglart.* – V. conf. • Soc. 8 mars 1957 : *Bull. civ. IV, n° 281* • 29 avr. 1960 : *ibid. IV, n° 427.*

12. Est incompatible avec un contrat de métayage, notamment le paiement par le propriétaire seul des impôts sur les bénéfices agricoles et des cotisations d'allocations familiales, ces allocations étant perçues par celui qui se prétend métayer au titre de salarié agricole. • Soc. 6 mars 1959 : *Bull. civ. IV, n° 357.* ♦ Il y a contrat de travail à moitié profit et non métayage lorsque le propriétaire conserve pour lui tout le bétail, paie les impôts, les assurances, les cotisations pour l'ensemble du bien. • Soc. 20 mars 1953 : *Bull. civ. IV, n° 240.*

13. Preuve. L'affiliation d'un travailleur au régime de la mutualité sociale agricole comme salarié ne suffit pas en elle-même, faute d'autres éléments, à établir l'état de subordination d'un travailleur dont le contrat peut constituer un métayage. • Soc. 14 déc. 1967 : *Bull. civ. IV, n° 794 ; D. 1968. 264.*

14. Distinction avec la société. Il n'y a pas société mais métayage en cas de partage du prix de vente des produits. • Soc. 26 oct. 1959 : *Gaz. Pal. 1960. 1. 24 ; Bull. civ. IV, n° 1064* • Civ. 3e, 8 mai 1973 : *D. 1973. Somm. 123.* ♦ Au contraire, il y a société et non pas métayage en cas de convention verbale établissant un partage des bénéfices et non une vente de produits. • Soc. 14 juin 1956 : *Bull. civ. IV, n° 549 ; JCP 1956. II. 9489.* ♦ Il en est de même lorsqu'est établi un bilan annuel suivi d'une répartition du bénéfice, une lettre énonçant clairement qu'il s'agit d'une association. • Soc. 24 févr. 1960 : *Bull. civ. IV, n° 216.* ♦ V. aussi, sur la distinction avec la société ou l'association familiale, • Soc. 17 nov. 1950 : *Bull. civ. III, n° 868,* et concluant à l'existence d'une société, • Soc. 14 juin 1956 : *Bull. civ. IV, n° 548 ; JCP 1956. II. 9489.*

15. Distinction avec le mandat. V. • Soc. 12 juin 1952 : *Bull. civ. III, n° 515.*

16. Contrats précaires. N'est pas un métayage la convention par laquelle un propriétaire charge un de ses voisins de cultiver des parcelles à mi-fruits avec partage des frais par moitié, passée à une époque ne correspondant ni à une nécessité culturale ni à un usage local, mais de caractère provisoire et temporaire pour assurer le remboursement d'un emprunt. • Soc. 20 févr. 1963 : *Bull. civ. IV, n° 177.* ♦ Il en est de même pour un contrat purement précaire et temporaire, exclusif du contrat de métayage, conclu sur la demande du père donateur devenu inapte au travail, et répondant à des nécessités de circonstances. • Soc. 13 févr. 1964 : *Bull. civ. IV, n° 135.*

17. Si l'état de santé d'un propriétaire peut justifier la précarité des conventions passées à l'origine avec son métayer, le renouvellement de ces conventions pendant plusieurs années avec tacite reconduction contredit le statut qui veut que la durée du bail rural ne puisse être inférieure à neuf ans. • Soc. 13 avr. 1967 : *Bull. civ. IV, n° 291.*

Art. L. 417-2 **Le bail** *(Ord. n° 2006-870 du 13 juill. 2006)* **« à métayage » est résiliable tous les trois ans à la volonté du preneur qui doit donner préavis dans les délais conformes aux usages locaux avant l'expiration de chaque période triennale.** – *[Anc. art. 820.] – V. art. R. 417-1.*

COMMENTAIRE

Il peut être mis fin au bail à métayage pour tous les motifs qui justifient la cessation du bail à ferme.

Il existe une cause spécifique de résiliation du métayage législativement établie ; il s'agit de la résiliation triennale prévue à l'article L. 417-2 du code rural. Le bail peut en effet à la demande du seul preneur être résilié tous les trois ans sous réserve de la délivrance d'un congé dans les délais conformes aux usages locaux (V. art. R. 417-1).

Il a longtemps existé une discussion sur l'existence d'une autre cause de résiliation propre au bail à métayage. La mésentente est en effet apparue comme un possible motif de résiliation spécifique du fait que les parties au bail à métayage doivent entretenir des relations d'association bien distinctes de celles qui existent dans le bail à ferme. La Cour de cassation a clarifié cette question : la mésentente ne constitue pas un motif spécifique de résiliation du bail à métayage car il doit être établi que cette mésentente se traduit par des agissements compromettant la bonne exploitation du fonds, ce qui limite ainsi les causes de résiliation du métayage à celles du bail à ferme. ❑

1. Motifs de résiliation. S'agissant d'un contrat de métayage, le métayer exerce la direction de l'exploitation et la mauvaise exploitation retenue lui est imputable et non au bailleur. • Soc. 20 juill. 1965 : *Bull. civ. IV, n° 600.*

2. Justifient la résiliation : le fait, par le preneur, de marquer à son compte des marchandises appartenant au bailleur et d'encaisser de l'argent à l'insu et sans l'autorisation de celui-ci. • Soc. 6 mai 1960 : *Bull. civ. IV, n° 461.* ♦ ... Et, plus généralement, la dissimulation de produits excluant la bonne intelligence nécessaire entre parties. • Soc. 16 juin 1960 : *Bull. civ. IV, n° 641.* ♦ ... Le défaut d'avertissement de la date de la vendange et la dissimulation d'une part des raisins récoltés. • T. par. baux rur. Épernay, 8 mars 2002 : *RD rur. 2002. 42.* ♦ ... Le total abandon de la culture. • Soc. 18 déc. 1962 : *Bull. civ. IV, n° 920.* ♦ ... La négligence du métayer, la perte de valeur du cheptel et le refus par le preneur de collaborer avec le bailleur, manquements de nature à compromettre la bonne exploitation du fonds. • Soc. 11 janv. 1958 : *Bull. civ. IV, n° 82.* ♦ ... L'exploitation de plus en plus défectueuse d'année en année par un preneur qui n'a pas ménagé l'avenir. • Soc. 19 juin 1958 : *Bull. civ. IV, n° 756.* ♦ ... Le refus de rendre des comptes, l'absence d'entretien et le mauvais état de culture des jardins ainsi que l'absence d'instruments agricoles. • Soc. 18 juill. 1957 : *Bull. civ. IV, n° 862.* ♦ ... L'absence de culture puis l'ensemencement de la totalité des terres sans respecter l'assolement normal. • Soc. 20 juill. 1965 : *Bull. civ. IV, n° 600.* ♦ Compromet la bonne exploitation du fonds le métayer qui commet des manquements répétés et durables dans l'établissement des comptes d'exploitation annuels et dans le règlement de la quote-part des revenus du bailleur. • Civ. 3e, 7 mars 2007, ♱ n° 06-16.651 : *Gaz. Pal. 15-18 août 2007. 35.*

3. Au contraire, ne sont pas des motifs de résiliation : des arrachages de vignes qui ont amélioré notablement la valeur de la propriété. • Soc. 9 oct. 1959 : *Bull. civ. IV, n° 981.* ♦ ... Des menues infractions aux règles d'une bonne culture, l'insuffisance de rendement n'étant pas uniquement imputable au métayer. • Soc. 12 janv. 1956 : *Bull. civ. IV, n° 42.* ♦ ... Quelques défaillances du preneur s'expliquant en partie par la propre carence du bailleur, qui n'a pas effectué les réparations indispensables. • Soc. 31 mai 1957 : *Bull. civ. IV, n° 640.* ♦ ... L'utilisation d'un produit nouveau pour le traitement des vignes, en l'absence de conséquences nuisibles pour l'exploitation. • Soc. 21 nov. 1957 : *Bull. civ. IV, n° 1090.* ♦ ... Le choix par le preneur de la date d'épandage des engrais, aucune insuffisance de rendement n'étant par ailleurs alléguée. • Dijon, 6 mai 2008 : *RD rur. 2008, nos 142 et 182.*

4. Sont insuffisants des manquements invoqués par le bailleur plusieurs années après leur date et à la suite de la demande en conversion du bail en bail à ferme. • Soc. 4 janv. 1963 : *Bull. civ. IV, n° 22.*

5. Mésintelligence. Dans le contrat de métayage, qui implique de fréquents rapports entre bailleur et preneur, la mésintelligence des parties est de nature à compromettre la bonne exploitation du fonds. • Soc. 1er juin 1956 : *Gaz. Pal. 1956. 2. 221 ; Bull. civ. IV, n° 513* • 24 mars 1960 : *ibid. IV, n° 316* • 7 déc. 1967 : *Bull. civ. IV, n° 775.* ♦ En revanche, la mésintelligence entre les parties n'est pas une cause de résiliation du bail à métayage lorsqu'elle ne s'est pas traduite par une mauvaise exploitation du fonds. • Civ. 3e, 7 déc. 1983 : *Bull. civ. III, n° 257.*

6. Mais lorsque la responsabilité du désaccord entre métayer et bailleur est imputable à ce dernier, il ne peut se prévaloir de ses propres agissements pour obtenir la résiliation du bail. • Soc. 16 mars 1961 : *Bull. civ. IV, n° 356.*

7. Justifie la résiliation aux torts du bailleur le comportement agressif, injurieux et menaçant de celui-ci à l'égard de son locataire (résiliation fondée sur l'art. 1184 C. civ.). • Civ. 3e, 29 avr. 1987 : *Bull. civ. III, n° 93.*

8. Incapacité de travail. L'art. 831, dernier al. [L. 411-33], est applicable aussi bien au bail à métayage qu'au bail à ferme. • Civ. 3e, 11 janv. 1978 : *Bull. civ. III, n° 29.*

9. Résiliation triennale. Sur la possibilité d'allouer au bailleur des dommages-intérêts en cas de non-respect du délai de préavis conforme aux usages locaux, V. • Aix-en-Provence, 22 avr. 1991 : *Ann. loyers 1993. 535.*

10. V. aussi jurisprudence ss. art. L. 411-31.

Art. L. 417-3 Dans le bail, la part du bailleur ou prix du bail ne peut être supérieure au tiers de l'ensemble des produits, sauf décision contraire du tribunal paritaire.

En conséquence, le preneur ne peut être astreint, en sus de la part de produits revenant au bailleur, à aucune redevance, prestation ou service soit en nature, soit en argent, soit en travail, quelle qu'en soit la forme ou l'origine. Le propriétaire ne peut récupérer le montant par une modification des conditions du partage.

Les dispositions ci-dessus sont d'ordre public.

(L. nº 2010-874 du 27 juill. 2010, art. 43) **« Une dérogation au partage des dépenses d'exploitation entre le preneur et le bailleur peut être autorisée par le préfet du département après avis de la commission consultative paritaire départementale des baux ruraux. »** — *[Anc. art. 821.]*

COMMENTAIRE

L'exécution du bail suppose d'appliquer le principe de partage des produits et des dépenses en respectant le tiercement. Ce principe d'ordre public figure dans la loi pour la répartition de tous les produits de l'exploitation. Il s'agit d'une règle de calcul qui n'oblige pas à livrer au bailleur le tiers de chaque catégorie de produits mais à attribuer le tiers comptable de l'ensemble des produits. Il peut être apporté une dérogation au principe du tiercement des dépenses imposé par la jurisprudence sous condition d'autorisation préfectorale préalable, disposition introduite pour conforter les baux « à quart franc » champenois.

1. Tiercement. La règle du tiercement a un caractère d'ordre public. • Soc. 3 févr. 1956 : *Bull. civ. IV, nº 127.* ♦ La renonciation du preneur est inefficace dans le contrat locatif. • Civ. 3e, 15 janv. 1975 : *Bull. civ. III, nº 12* • 3 mai 1977 : *ibid. III, nº 186.* ♦ La renonciation n'est valable que si elle résulte d'actes postérieurs au bail manifestant, sans équivoque, la volonté des locataires. • Civ. 3e, 26 janv. 1994 : *Ann. loyers 1994. 799.* ♦ Par exemple, le preneur peut renoncer au tiercement s'il a établi lui-même les comptes de métayage, qui ont été acceptés par le bailleur et ponctuellement réglés. • Civ. 3e, 21 oct. 1980 : *Bull. civ. III, nº 159.* ♦ Par contre, la demande du métayer au bailleur de lui rembourser 40 % d'une facture relative à la culture du maïs n'établit pas cette renonciation. • Civ. 3e, 29 janv. 2002 : *RD rur. 2002. 196 et 316 ; ibid. 2003. 41, obs. Crevel.* ♦ Malgré son caractère d'ordre public, le juge ne peut appliquer d'office la règle du tiercement. • Civ. 3e, 19 janv. 1982 : *Gaz. Pal. 1982. 2. Pan. 255.*

2. Exceptions. Les juges peuvent décider que la récolte de blé sera partagée par moitié, celles de maïs et de pommes de terre sur la base de 4/10 au bailleur et 6/10 au métayer et tous les surplus restant au métayer dès lors qu'ils constatent expressément que par cette répartition le métayer reçoit les 2/3 de l'ensemble des produits. • Soc. 20 mars 1958 : *Bull. civ. IV, nº 429.* ♦ De même, le petit élevage peut être exclu du partage par les usages en vigueur dans une région lorsque est réalisé le tiercement de l'ensemble des produits. • Même arrêt.

Les juges peuvent estimer que n'excède pas le tiers de l'ensemble des produits nets du domaine la part du bailleur fixée à 15 %, abstraction faite des dépenses restant à la charge exclusive du preneur. • Soc. 23 nov. 1967 : *Bull. civ. IV, nº 740.*

3. Le tribunal paritaire a la faculté d'accorder une répartition différente lorsque le bailleur justifie avoir engagé des dépenses exceptionnelles ou effectué des apports d'une importance particulière, utiles à l'exploitation. • Soc. 15 mars 1957 : *Bull. civ. IV, nº 325* • 8 déc. 1960 : *ibid. IV, nº 1144.* ♦ Le tribunal paritaire contrôle si le bailleur justifie d'apports suffisamment importants pour déroger au tiercement. • Soc. 20 nov. 1958 : *Bull. civ. IV, nº 1214* • 14 mars 1958 : *ibid. IV, nº 409.* ♦ Pour un exemple d'investissements jugés suffisants, V. • Aix-en-Provence, 4 juill. 1990 : *Rev. loyers 1991. 198.*

4. Bail à cheptel. Le tribunal paritaire peut décider d'une répartition différente pour les produits du bétail donnés à cheptel au métayer et prévoir un partage par moitié. • Soc. 20 déc. 1957 : *Bull. civ. IV, nº 1277* • 17 mars 1959 : *ibid. IV, nº 420.*

5. L'excédent du cheptel en fin de bail à métayage se partage par moitié entre preneur et bailleur soit en espèces, soit en nature. • Soc. 6 juin 1958 : *Bull. civ. IV, nº 702.* ♦ Le preneur qui accepte la reprise en valeur de l'excédent porté à son actif ne peut plus exercer de reprise en nature. • Même arrêt. ♦ La perte de cheptel est supportée en commun. • Soc. 12 juin 1959 : *Bull. civ. IV, nº 732.*

6. Produits. Sauf conditions particulières entre le métayer et le propriétaire, la prime communautaire au maintien des systèmes d'élevage extensif entre dans les comptes de l'exploitation et peut être partagée selon les règles du bail à métayage. * Rép. min. n° 167 : *JO Sénat Q, 8 juill. 1993, p. 1093.*

7. Dépenses. Le métayer doit fournir le travail nécessaire à l'exploitation et doit supporter seul en principe, sauf dérogation motivée, les frais de la main-d'œuvre à laquelle il a recours. • Soc. 19 nov. 1964 : *Bull. civ. IV, n° 779.*

8. Les *frais de vinification* sont à la charge du métayer en raison des avantages que ce dernier retire de la vinification par une cave coopérative, alors qu'avant la création de celle-ci, vinification, entretien et conservation se faisaient chez lui et restaient à sa charge. • Soc. 11 janv. 1957 : *Bull. civ. III, n° 50 ; JCP 1958. II. 10354, note de Juglart.* ♦ V., au contraire, mettant à la charge exclusive du bailleur les dépenses d'amortissement d'une cave coopérative, ainsi que les installations leur appartenant en propre, • Soc. 12 mai 1960 : *Bull. civ. IV, n° 494.* – V. aussi : • Civ. 3e, 7 déc. 1983 : *D. 1984. IR 158.*

9. Est contraire à l'art. 821 [L. 417-3] la clause d'exemption du bailleur de tous frais d'exploitation alors qu'à défaut de convention relative à la quotité de participation aux frais d'exploitation celle-ci doit être fixée au tiers. • Soc. 29 oct. 1963 : *Bull. civ. IV, n° 753.* ♦ Les dépenses de l'exploitation, sauf celles expressément exclues par la loi, devant être partagées dans la même proportion que les recettes, un tribunal ne peut décider que le partage des produits se fera selon la règle du tiercement mais que le bailleur devra supporter les 2/3 des dépenses. • Soc. 14 mars 1958 : *Bull. civ. IV, n° 409.* ♦ Les dépenses devant être, en principe, partagées dans les mêmes proportions que les recettes, les frais de réparation et d'entretien du cheptel mort fourni par les preneurs ne sauraient se partager à raison de 1/3 pour ceux-ci et 2/3 pour le bailleur. • Soc. 13 juin 1963 : *Bull. civ. IV, n° 503 ; Gaz. Pal. 1963. 2. 365.*

10. Redevances prohibées. L'obligation imposée au métayer de remettre en nature au bailleur une certaine quantité d'un produit du fonds ne constitue pas une redevance, prestation ou service prohibés par l'art. 821 [L. 417-3.] • Soc 12 mai 1960 : *Bull. civ. IV, n° 494.* ♦ Est illégale, la clause du bail à métayage prévoyant que « le loyer correspondra à l'équivalent en espèces du tiers franc de la récolte aux mêmes conditions de prix que celles que le bailleur aurait obtenues en vendant les raisins ». • T. par. baux rur. Épernay, 11 déc. 1998 : *RD rur. 1999. 66 ; JCP N 1999, n° 11, p. 461.* ♦ V. aussi jurisprudence ss. art. L. 411-12.

Art. L. 417-4 Si, dans le cours de la jouissance du preneur, la totalité ou une partie de la récolte est enlevée par cas fortuits, il n'a pas d'indemnité à réclamer au bailleur. Chacun d'eux supporte sa portion correspondante dans la perte commune. – *[Anc. art. 822.]*

Art. L. 417-5 Le bailleur exerce le privilège de l'article 2102 du code civil *[devenu C. civ., art. 2332]* **sur les meubles, effets, bestiaux et portions de récolte appartenant au preneur, pour le paiement du reliquat du compte à rendre par celui-ci.** – *[Anc. art. 823.]*

Redressement judiciaire. La créance du bailleur à métayage a été admise à titre privilégié mais sur une contre-valeur en monnaie des parts de récoltes dues, et non pas en nature. • Dijon, 6 oct. 1998 : *RD rur. 2001. 597, obs. Danet.*

Art. L. 417-6 Chacune des parties peut demander le règlement annuel du compte d'exploitation. – *[Anc. art. 824.]*

Cassation, pour violation des art. 2277 C. civ., ensemble l'art. L. 417-6 ci-dessus, de l'arrêt qui, pour décider que la participation du bailleur aux frais de l'exploitation ne pouvait être atteinte par la prescription quinquennale, retient que, si la créance du métayer peut avoir un caractère périodique, son montant est par nature variable et ne peut être déterminé qu'en fin d'exercice. • Civ. 3e, 18 mai 1989 : *D. 1989. IR 173 ; Gaz. Pal. 1990. 1. 58, note Lachaud.*

Art. L. 417-7 Toute action résultant du bail se prescrit par cinq ans, à partir de la sortie du preneur. – *[Anc. art. 825.]*

COMMENTAIRE

L'application de la prescription quinquennale aux actions résultant du bail est délicate. La loi prévoit la prescription de l'action en règlement par cinq ans à partir de la sortie du preneur, moment où le compte est effectivement soldé et après lequel les comptes ne peuvent plus être modifiés. Cependant, probablement pour éviter que le point de départ de la prescription soit reporté par le renouvellement, la Cour de cassation écarte l'application de l'article L. 417-7 au profit de l'article 2277 du code civil qui prévoit une prescription quinquennale des actions en paiement des loyers et fermages et « généralement de tout ce qui est payable par année ou à des termes périodiques plus courts ».

1. La demande du bailleur en 1979 pour des prestations afférentes aux années 1968, 1969 et 1970 a été jugée prescrite par application de l'art. 2277 C. civ. • Civ. 3e, 18 juill. 1984 : *Bull. civ. III, no 143 ; RTD civ. 1985. 583, note Mestre.* ♦ Même sens : • Civ. 3e, 18 mai 1989 : *préc. ss. art. L. 417-6.* ♦ *Contra* : la prescription de 5 ans ne peut être opposée à la demande en partage de produits intentée plus de 5 ans après l'expiration du contrat dès lors qu'en raison d'une procédure de divorce entre la demanderesse et son mari un séquestre a été désigné et que le point de départ du délai de prescription se situe à la date où le séquestre a arrêté les comptes, le preneur ne pouvant agir pendant la période où la créance n'était pas déterminée. • Soc. 16 déc. 1966 : *Bull. civ. IV, no 960.*

2. La prescription quinquennale n'atteint les créances de loyers qui y sont soumises que si elles sont déterminées et il n'en est pas ainsi lorsque leur fixation fait l'objet d'un litige entre les parties. • Civ. 1re, 13 déc. 2005, no 04-20.166 : *Gaz. Pal. 19-20 mai 2006. 39.*

3. Le paiement de fermages même pendant une longue période n'emporte pas à lui seul renonciation non équivoque à se prévaloir du caractère indu de ces fermages. • Civ. 3e, 7 févr. 2007 : *JCP 2007. IV. 1510 ; RD rur. 2007, no 83.*

4. Le projet d'acte liquidatif d'une succession qui récapitulait le montant des fermages impayés, réclamés pour les terres appartenant à l'indivision, constituait un acte interruptif de prescription. • Civ. 1re, 10 mai 2007, no 05-19.789 : *JCP 2007. IV. 2191.*

Art. L. 417-8 **Le montant du dégrèvement fiscal prévu à l'article L. 411-24 profite au propriétaire et au preneur dans la proportion fixée par le bail pour le partage des fruits.** — *[Anc. art. 1er, al. 3, de la L. no 57-1260 du 12 déc. 1957.]*

Art. L. 417-9 **Le preneur et le bailleur peuvent demander la résiliation du bail dès lors qu'en raison des destructions subies par les biens compris dans le bail, l'équilibre économique de l'exploitation est gravement compromis.** — *[Anc. art. 826, al. 2.]*

BIBL. ▶ LACHAUD, *Ann. loyers 1995. 768.*

COMMENTAIRE

Au cas où des destructions de biens compris dans le bail compromettraient gravement l'équilibre économique de l'exploitation, il doit être fait application de l'article L. 411-30 II du code rural qui prévoit qu'en cas de destruction du bien totale ou partielle compromettant gravement l'équilibre économique de l'exploitation, le bailleur doit reconstruire si le preneur le demande à concurrence des sommes versées par les compagnies d'assurances (art. L. 411-30 II modifié par la loi du 23 janvier 1990). Si le bailleur exposait à ce titre des dépenses majorées, il pourrait en conséquence demander une majoration de sa part de produits (art. L. 417-3). ❑

Art. L. 417-10 *(L. no 2006-11 du 5 janv. 2006, art. 5-I)* **Les dispositions de l'article L. 411-37 relatives à l'adhésion du preneur à une société à objet principalement agricole sont applicables en cas de métayage. Le bailleur et le métayer conviennent alors avec la société de la manière dont il sera fait application au bien loué des articles L. 417-1 à L. 417-7. En cas de désaccord, ces conditions sont déterminées par le tribunal paritaire des baux ruraux saisi à la diligence de l'une ou l'autre des parties.** — *En ce qui concerne l'adhésion du preneur à un GAEC, V. art. L. 323-14.*

COMMENTAIRE

La loi d'orientation agricole no 2006-11 du 5 janvier 2006 a supprimé l'exception d'agrément du bailleur à la mise à disposition par le preneur des terres prises à bail à métayage pour toutes les sociétés à objet principalement agricole, y compris le GAEC (V. art. L. 323-14). Désormais, dans ce cas, seules les conditions de l'article L. 411-37 s'appliquent au métayer pour engager la mise à disposition, mais le propriétaire et le métayer doivent convenir avec la société des conditions d'application du bail aux parcelles louées. Depuis la loi du 9 juillet 1999, la résiliation pour irrespect des formalités posées pour la mise à disposition des terres louées est devenue exceptionnelle puisqu'elle n'est encourue que si les omissions ou irrégularités constatées ont été de nature à induire le bailleur en erreur et dès lors que la sanction ne peut intervenir qu'après une mise en demeure du bailleur restée sans effet pendant une année. ❑

Jurisprudence antérieure à la loi du 5 janv. 2006. L'art. L. 417-10 exclut tout accord tacite du bailleur. • Civ. 3e, 21 févr. 1990, no 88-17.332 P : *D. 1990. IR 64.*

SECTION 2 Conversion en baux à ferme

Art. L. 417-11 *(L. n° 84-741 du 1er août 1984, art. 25-I)* **« Tout bail** *(Ord. n° 2006-870 du 13 juill. 2006)* **« à métayage » peut être converti en bail à ferme à l'expiration de chaque année culturale à partir de la troisième année du bail initial, si le propriétaire ou le preneur en a fait la demande au moins douze mois auparavant. »** – *V. art. R. 417-2.*

En cas de contestation, le tribunal paritaire doit, en fonction des intérêts en présence, ordonner la conversion dans l'un des cas ci-après :

1° Lorsque le propriétaire n'entretient pas les bâtiments ;

2° Lorsqu'il se refuse à participer au moins en proportion de sa part dans les bénéfices aux investissements en cheptel ou en matériel indispensables à l'exploitation ;

3° Lorsque, en raison d'une clause du bail ou d'un accord entre les parties, le preneur est propriétaire de plus des deux tiers de la valeur du cheptel et du matériel ;

4° Lorsqu'une constante collaboration personnelle entre les parties n'a pu être assurée.

Pour l'application du 3° ci-dessus, les investissements en cheptel et en matériel faits par le preneur antérieurement au 2 janvier 1964 sont réputés faits avec l'accord du bailleur. – *[Anc. art. 862 et anc. art. 14 de la L. n° 63-1332 du 30 déc. 1963.]*

(L. n° 84-741 du 1er août 1984, art. 25-II) **« Toutefois, nonobstant toute disposition contraire, la conversion ne pourra être refusée lorsque la demande sera faite par le métayer en place depuis huit ans et plus ».**

(L. n° 88-1202 du 30 déc. 1988) **« Sans préjudice de l'application immédiate de l'alinéa précédent, les modalités de l'indemnisation éventuellement due au bailleur sont fixées par un décret en Conseil d'État.**

« Une demande de conversion ne peut être considérée comme une rupture de contrat, ni justifier une demande de reprise du propriétaire. Cette disposition est d'ordre public. »

BIBL. ▸ DELORME, *Defrénois 2020, n° 12, p. 16* (la conversion automatique du bail à métayage en bail à ferme et l'indemnisation du bailleur). – LAPEYRE, *RD rur. 2023. Étude 16* (conversion du bail à métayage : une jurisprudence plus à l'écoute des bailleurs).

COMMENTAIRE

Le législateur avait prévu la possible conversion du métayage à la demande de chacune des parties en un bail à ferme dans l'ordonnance du 17 octobre 1945 et la loi du 13 avril 1946. Cette faculté a été modifiée par la loi n° 63-1332 du 30 décembre 1963 et par la loi n° 84-741 du 1er août 1984. La conversion apparaît comme un acte grave puisqu'elle impose une modification importante des conditions du contrat initialement accepté. Il y a là une atteinte au principe d'intangibilité des conventions prévu à l'article 1134 du code civil. Il en résulte des conditions précises qui devront s'interpréter strictement, et l'existence de garanties notamment pour le bailleur qui est susceptible de se voir imposer cette conversion sans avoir à y consentir et en dehors de toute inexécution de sa part des obligations du contrat.

Les parties sont libres de convenir conjointement à l'amiable d'une conversion du bail à métayage en fermage, et il leur appartient de garder la preuve de cette modification. Elles peuvent agir ainsi à tout moment. La conversion peut également être demandée au tribunal à partir de la troisième année dans quatre cas ; le pouvoir du juge est limité à la vérification des conditions de chacun des quatre cas car la conversion est de droit lorsque l'une des quatre situations est constituée. Il peut enfin être demandé la conversion après la huitième année de bail ; ici la conversion devient de plein droit, sans qu'il soit nécessaire de justifier d'aucun motif, mais seul le preneur peut demander la conversion automatique. Le bailleur conserve les autres moyens de demander la conversion sous réserve d'établir leur fondement réel.

Le décret devant fixer les conditions d'indemnisation du bailleur n'est pas intervenu et il revient aux parties ou aux juridictions d'évaluer le préjudice au cas par cas. ❑

1. QPC. Conversion de plein droit. Il n'y a pas lieu à renvoyer la QPC de l'al. 8 de l'art. L. 417-11 déjà déclarée conforme par le Conseil constitutionnel le 16 juill. 1984. • Civ. 3e, 28 juin 2018, n° 17-28.862 P : *JCP 2018. 825 ; Gaz. Pal. 2018. 2799, note Feschotte-Desbois ; RD rur. 2018,* *n° 133, note Crevel ; DP entr. agric., Bull. n° 521, p. 11, note Roussel.*

2. Conversion. Est mal fondée la cour qui ordonne la conversion du métayage en fermage sans rechercher si la privation pour le propriétaire de la perception des fruits en nature et l'absence de système effectif d'indemnisation ne portaient pas une atteinte disproportionnée au droit au respect de ses biens au regard du but légitime poursuivi. • Civ. 3e, 10 oct. 2019, n° 17-28.862 P : *D. actu. 25 nov. 2019, note Prigent ; JCP 2019. 1111 ; JCP N 2019. Actu. 828, obs. Bosse-Platière ; ibid. 2020. 1073, note Bué et Carius ; Defrénois 2019, n° 44, p. 5 ; ibid. 19 mars 2020, p. 16, note Delorme et Gelot ; RD rur. 2019, n° 139, note Crevel ; Gaz. Pal. 2019. 2961 et 2020, n° 17, p. 33, note Peignot ; Rev. loyers 2020, n° 1003, note Peignot ; DP entr. agric., Bull. n° 537, p. 5, note Roussel ; RTD civ. 2020. 138, note Dross.*

3. Bénéficiaires. La cession de bail intervenue avec l'agrément du propriétaire n'a pas pour effet de priver les cessionnaires du droit de demander la conversion. • Civ. 3e, 12 mai 1975 : *D. 1975. IR 170.*

4. Délai de douze mois. Le délai de douze mois, prévu en cas de demande de conversion, est applicable dans tous les cas. • Civ. 3e, 13 mai 1992, n° 90-19.257 P : *D. 1992. IR 162 ; JCP N 1992. II. 412, obs. Moreau ; Defrénois 1993. 364, obs. Vermelle.*

5. Causes. Le refus du nouveau métayer de collaborer avec le bailleur dans la direction de l'exploitation et l'altération de leurs relations constituent le cas prévu par l'art. 862 [L. 417-11], 4°. • Civ. 3e, 28 avr. 1971 : *Bull. civ. III, n° 267.* – V. aussi • Civ. 3e, 11 déc. 1974 : *ibid. III, n° 462.* ♦ Jugeant la conversion nécessaire aux motifs que la constante collaboration personnelle entre les parties n'a pu être assurée et qu'en cas de maintien du bail à métayage, il est inéluctable que la production vinicole des parcelles de la propriété en souffrira irrémédiablement, V. • Montpellier, 1er déc. 1997 : *JCP 1998. IV. 2997.* ♦ Lorsque toute collaboration est devenue impossible, il convient de prononcer la conversion sans attendre l'issue de l'action en résiliation que le bailleur se propose d'introduire. • Civ. 3e, 6 avr. 1976 : *D. 1976. IR 91.* – V. aussi • Civ. 3e, 19 mars 1986 : *Bull. civ. III, n° 33.*

6. Effets. La conversion, limitée au mode d'exploitation et à ses conséquences directes, est sans incidence sur la durée du bail. • Civ. 3e, 14 juin 1972 : *D. 1972. Somm. 189.* ♦ Elle n'entraîne pas la résiliation du contrat. • Civ. 3e, 12 mai 1975 : *Bull. civ. III, n° 163 ; D. 1976. IR 191.* – V. aussi • Civ. 3e, 1er avr. 1987 : *cité note 10.*

7. Tant que la conversion n'a pas été admise à l'amiable ou prononcée en justice, le preneur reste tenu de ses obligations de métayer, dont l'inobservation peut entraîner la résiliation. • Civ. 3e, 13 mars 1979 : *JCP 1979. IV. 174.*

8. Date d'effet. Sur la contradiction apparente entre les art. L. 417-11, al. 1er, et L. 417-15, V. • T. par. baux rur. Villefranche-sur-Saône, 27 avr. 1990 : *Gaz. Pal. 1991. 1. Somm. 29.*

9. Renonciation. Sur la renonciation au bénéfice de la conversion, V. • T. par. baux rur. Villefranche-sur-Saône, 27 avr. 1990 : *préc. note 8.*

10. Loi du 1er août 1984. Les modalités de la conversion du métayage en fermage édictées par les art. L. 417-12 s. s'appliquant quel que soit le fondement de la demande qui en est faite, l'intervention d'un décret n'est pas nécessaire pour la mise en œuvre de la loi du 1er août 1984. • Civ. 3e, 1er avr. 1987 : *D. 1988. Somm. 89, obs. Martine ; Bull. civ. III, n° 67* • 4 nov. 1987 : *Gaz. Pal. 1988. 1. 394.* ♦ Jurisprudence confirmée par la modification apportée à l'art. L. 417-11 par la loi du 30 déc. 1988. ♦ Sur l'état du droit antérieur à ce texte, V. Peignot, *Rev. loyers 1987. 470.*

Art. L. 417-12 La conversion s'applique à l'ensemble de l'exploitation, cheptel compris. Le preneur peut, à son gré, retenir la jouissance ou acquérir au comptant la propriété du cheptel vif ou mort, en tout ou partie selon les besoins de l'exploitation.

A défaut d'accord entre les parties sur le prix et les conditions du nouveau bail, jouissance du cheptel comprise, ou sur le prix d'acquisition au comptant du cheptel, le tribunal paritaire statue, compte tenu, s'il y a lieu, des usages locaux homologués par la commission consultative des baux ruraux.

Au cours du bail, le preneur peut, à son gré, acquérir au comptant en tout ou partie le cheptel vif ou mort resté la propriété du bailleur. Dans ce cas, les conditions du bail sont modifiées en conséquence.

Lors de la conversion, le tribunal paritaire peut décider que le nouveau preneur sera tenu, pendant la durée du bail, de notifier au préalable au bailleur, propriétaire du cheptel vif, toutes les ventes de bétail à peine de présomption d'abus de jouissance et de résiliation du bail avec dommages-intérêts, suivant les circonstances.

Si le propriétaire en fait la demande, le preneur sera tenu, sur avis conforme de l'autorité administrative compétente, d'adhérer à l'organisation locale de protection ou d'amélioration du bétail dans les régions où cette adhésion serait reconnue nécessaire par la commission consultative des baux ruraux. — [*Anc. art. 864.*] — *Le silence gardé par l'administration à l'expiration d'un délai de deux mois vaut décision de rejet pour la demande du bailleur d'un avis favorable de l'autorité administrative à ce que le preneur soit tenu d'adhérer à l'organisation locale de protection ou d'amélioration du bétail (Décr. n° 2014-1298 du 23 oct. 2014, JO 1er nov., Rect. JO 8 nov.).*

V. art. R. 417-3.

COMMENTAIRE

La conversion n'emporte aucune rupture du contrat initial et il ne se substitue pas un nouveau bail au précédent. Le même bail se poursuit, avec application de modalités distinctes dans son exécution.

Le législateur a prévu des dispositions particulières pour empêcher que lors de la conversion surviennent certaines difficultés résultant d'un brusque retrait par le bailleur des cheptels confiés dans le cadre du bail initial qui aurait été de nature à déstabiliser l'exploitation. ❑

1. Si suivant l'art. 864 [L. 417-12] le preneur peut à son gré acquérir au comptant la propriété du cheptel vif ou mort, cette vente forcée pour laquelle la loi exige un paiement comptant n'est parfaite que par la détermination du prix soit d'accord entre les parties, soit par décision judiciaire. • Soc. 12 juin 1959 : *Bull. civ. IV, n° 732.* ♦ Le prix doit être fixé par le juge d'après le cours au jour de cette détermination. • Même arrêt.

2. Le cheptel retenu par le preneur ne saurait l'être qu'aux conditions prévues par les art. 1821 s. C. civ., le fermier devant laisser à l'expiration du bail un même fonds de bétail que celui qu'il a reçu ; si le bail prend fin par le transfert au preneur de la propriété du cheptel, l'évaluation du bétail acquis par le fermier doit être faite sur la base en points nombre et qualité du cheptel reçu par lui lors de la conversion du bail et au cours du jour du paiement. • Soc. 12 juin 1959 : *préc. note 1.*

3. Métayage à long terme. Il n'y a pas lieu d'appliquer à la rémunération du bailleur, pour la jouissance du cheptel retenu par le preneur, un coefficient d'augmentation au titre du bail à long terme, qui ne s'applique qu'au prix du fermage proprement dit. • Civ. 3e, 9 oct. 1996, n° 94-16.546 P : *D. 1996. IR 230 ; RD rur. 1996. 113 ; JCP N 1997. 1115, obs. Moreau ; Rev. huiss. 1997. 1234, note Pitaud.*

Art. L. 417-13 **Lors de la conversion ou à la cessation du bail, le règlement du cheptel vif se fait sur les bases suivantes :**

En cas de cessation du bail, le bailleur prélève des animaux, de manière à laisser un fonds de bétail analogue à celui qu'il a remis à l'entrée.

Lors de la conversion, ce fonds de bétail reste attaché au fonds loué.

Dans les deux cas, cessation du bail ou conversion, si la comparaison entre l'estimation d'entrée et celle de sortie fait apparaître un excédent, celui-ci se partage entre les parties, s'il s'agit d'un bail *(Ord. n° 2006-870 du 13 juill. 2006)* **« à métayage ». Il appartient par contre au preneur s'il s'agit d'un bail à ferme. Le preneur reçoit sa part en espèces ou, si la composition du cheptel le permet, en nature, à son choix.** – *[Anc. art. 866.]*

Art. L. 417-14 **Le tribunal paritaire peut limiter la conversion à une partie de l'exploitation à la demande du preneur si l'opération est justifiée au point de vue agricole.** – *[Anc. art. 867.]*

Art. L. 417-15 **La conversion a effet le premier jour de l'année culturale suivant celle en cours à la date de la demande de conversion.** – *[Anc. art. 868.]*

CHAPITRE VIII DISPOSITIONS PARTICULIÈRES AUX BAUX CESSIBLES HORS DU CADRE FAMILIAL

(L. n° 2006-11 du 5 janv. 2006, art. 2-II)

BIBL. GÉN. ▸ Baux ruraux cessibles, *DP entr. agric.* – Bosse-Platière, *RD rur. 2007. Étude 17* (de l'exploitation à l'entreprise agricole). – Clerget et Gasselin, *Defrénois 2009. 585* (les raisons de l'échec du bail cessible hors du cadre familial) ; *JCP N 2009. 1158* (quelle convention pour la mise à disposition du foncier agricole ?). – Crevel, *RD rur. févr. 2006, n° spécial LOA, p. 33 ; JCP N 2006, p. 622 ; RD rur. 2007. Étude 31.* – Delfosse et Péniguel, *JCP N 2006. 1074* (avantages fiscaux issus de la loi du 5 janv. 2006). – Delorme, *Defrénois 2006. 1834* (deux aspects du bail rural cessible) ; *Defrénois 2007. 1715* (réflexion sur le devenir des baux cessibles) ; *Defrénois 2019, n° 38, p. 19* (le bail rural cessible : une réalité économique) ; *Defré-*

nois 2023, n° 9, p. 13 (bail rural cessible et démembrement de propriété : qui perçoit le pas de porte ?). – Delorme et Gossein, *Defrénois 2006. 396* (le bail cessible, commentaires et formule). – Ferrie, *RD rur. 2009. Dossier 5* (fonds agricole et bail cessible). – Krajeski, *JCP 2006. I. 154 ou JCP N 2006. 1363*. – Pillebout, *JCP N 2006. 829 et 1057* (formules). – Prigent, *AJDI 2006. 184* ; *AJDI 2007. 804* (formules de bail cessible) ; *AJDI 2008. 14* (formules de cession de bail cessible). – Roussel, *Dr. et patr. 7-8/2006. 28* ; *JCP N 2022. 1279* (formule). – Rochard, *Dr. et pr. 2008. 244* (bail rural cessible).

COMMENTAIRE

La loi d'orientation agricole n° 2006-11 du 5 janvier 2006 a institué le bail cessible hors du cadre familial. Il s'agit d'une réforme importante puisqu'elle permet de déroger au statut du fermage sur des points essentiels. Ce nouveau bail a été reconnu pour deux raisons. D'une part, parce que la loi du 5 janvier 2006 a reçu pour orientation majeure une « logique d'entreprenariat », engageant en conséquence une adaptation du droit « aux nécessités de la conduite d'une exploitation agricole et au besoin d'attirer des capitaux en agriculture ». Ainsi, il a été prévu des dispositions pour « moderniser les relations des propriétaires ruraux et des exploitants agricoles », pour engager l'évolution de l'exploitation agricole dans une logique économique de production compétitive. Il a en conséquence été engagé une transposition des dispositions relatives au bail commercial. D'autre part, parce que cette loi a créé le fonds agricole ; la cessibilité du bail est la condition majeure pour que ce fonds puisse être mis en œuvre, et que la volonté législative de faciliter la transmission des structures économiques agricoles viables puisse être développée.

En conséquence, il a été prévu ce nouveau bail, qui s'ajoute au bail soumis au statut du fermage classique toujours en vigueur. Est ainsi prévu un bail optionnel pour ceux qui se sentent aptes à « inscrire leur exploitation dans un cadre économique de long terme », un bail plus souple mais qui n'est pas pour autant entièrement déréglementé. Ce bail a des caractéristiques précises.

I. CONDITIONS DU BAIL CESSIBLE HORS DU CADRE FAMILIAL

Il doit avoir la forme d'un bail authentique. Il doit être prévu expressément l'acceptation des parties de ce bail dérogatoire au statut. A défaut, la clause de cessibilité est réputée nulle et le bail est soumis au statut du fermage. Sa durée est d'au moins dix-huit ans. Il se renouvelle pour neuf ans.

Le prix du loyer est majoré, ce qui est dans la logique du statut du fermage en raison au moins de sa durée. Ce prix doit se situer dans la fourchette des minima et maxima administratifs correspondant à la valeur locative, ce qui confirme le maintien du principe d'encadrement du prix du bail de terres agricoles. La majoration des minima et maxima est d'un montant de 50 %, qui correspond aux assouplissements accordés et en particulier à la propriété culturale reconnue au preneur, et cette majoration peut s'appliquer sur le fermage majoré des baux à terme. Cette dernière précision a été donnée par la loi du 27 juillet 2010.

Le bailleur peut opposer le non-renouvellement ou la résiliation pour les faits fautifs de l'article L. 411-53, mais les conditions du défaut de paiement sont ici assouplies. En dehors de ces cas, le bailleur peut opposer le non-renouvellement sans avoir à justifier d'un motif, mais il doit alors verser une indemnité au preneur pour le préjudice causé par le non-renouvellement. Le congé n'est pas soumis au formalisme des articles L. 411-46 et L. 411-47 du code rural.

Sous réserve d'un accord exprès validé par la commission consultative paritaire départementale des baux ruraux, il peut être prévu un aménagement de certaines des règles organisant la liberté économique du preneur, de certaines conditions de sa sortie, de son droit de chasser ainsi que de la répartition de la charge de l'assurance incendie des bâtiments.

II. LA CESSION DU BAIL CESSIBLE HORS DU CADRE FAMILIAL

Le preneur peut céder son bail sous réserve de notifier au bailleur ce projet, indiquant le cessionnaire et la date prévue pour réaliser la cession ; à défaut, la cession est nulle et le bail résilié. La cession s'opère sous réserve que le bailleur n'y oppose aucun motif légitime dans les deux mois, sous contrôle du tribunal paritaire des baux ruraux. Un droit de préférence peut être prévu au profit du propriétaire pour la cession isolée du bail ; cette disposition est limitée dans le souci de ne pas permettre au propriétaire de pouvoir entraver la cession du fonds par l'exploitant.

L'article L. 411-74 est inapplicable aux cessions de baux cessibles hors du cadre familial, ce qui permet de donner une valeur à ce bail, et donc de libérer l'évaluation du fonds constitué avec des terres ainsi louées pour lui donner le prix de l'unité économique d'exploitation. Le bailleur peut également demander au preneur un prix en contrepartie de la conclusion d'un tel bail depuis la loi du 27 juillet 2010. Le ministre de l'Agriculture a indiqué que cette interprétation est favorable à l'installation des jeunes agriculteurs et empêche de contourner les règles de fixation du prix du fermage (* Rép. min. n° 69274, *JOAN Q 18 mai 2010. 5491*).

En cas de cession des terres ainsi louées depuis au moins trois ans, le droit de préemption de la SAFER est écarté, et le preneur qui exerce son droit de préemption ne peut contester le prix demandé.

Ce nouveau bail est soumis au régime fiscal des baux à long terme.

Ce bail suppose, avant d'être conclu, que chacune des parties mesure l'équilibre financier de l'opération en fonction, pour le preneur, des conditions prévisibles de cession de son exploitation et, pour le bailleur, de sa volonté de reprise du bien ou de non-renouvellement du bail.

Il a été conclu en moyenne depuis 2006 47 baux cessibles par an : il s'agit d'un nombre très faible au regard du nombre de baux à ferme conclus annuellement. Il apparait que les départements où l'on compte le plus de baux cessibles sont la Seine-Maritime et le Loiret (plus de vingt baux cessibles) et principalement pour l'activité équestre (Évaluation des mesures prises dans le cadre de la loi d'orientation agricole de 2006 pour faciliter la transmission des exploitations agricoles et le financement des facteurs de production par des capitaux extérieurs, *Rapport Conseil général de l'alimentation, de l'agriculture et des espaces ruraux n° 12064, mars 2013, tome 2, p. 10 s.*). Il s'agit d'un échec qui trouve plusieurs explications. La première est le prix du fermage pour ce bail, qui amène les preneurs à refuser cette convention. Il y a ensuite le nombre de bailleurs moyen par exploitant, qui est élevé et qui rend sans intérêt la conclusion de baux cessibles dès lors que tous les baux de l'exploitation ne peuvent avoir cette nature. Il y a enfin les incertitudes de la loi, qui créent des réticences pour conclure un tel bail, telles que la base de calcul de la majoration du bail ou les difficultés de mise en œuvre de l'alinéa 5 de l'article L. 418-1. Le congrès du notariat en mai 2009 a suggéré des aménagements de la loi dont certains ont été repris par le législateur qui a tenté en 2010 de rendre ce bail plus attractif, même au risque de rendre l'installation plus onéreuse. ❑

Art. L. 418-1 **L'insertion dans le contrat de bail d'une clause autorisant le locataire à céder son bail à d'autres personnes que celles mentionnées au premier alinéa de l'article L. 411-35 est subordonnée à la condition que ce contrat soit passé en la forme authentique et mentionne expressément que chacune des parties entend qu'il soit soumis aux dispositions du présent chapitre.**

A défaut, la clause est réputée nulle et le bail n'est pas régi par les dispositions du présent chapitre.

Les baux qui satisfont aux conditions prévues au premier alinéa sont régis, nonobstant toute convention contraire, par les dispositions du présent chapitre, ainsi que par les autres dispositions du présent titre qui ne leur sont pas contraires.

Toutefois, ne sont pas applicables aux biens immobiliers faisant l'objet de tels baux les articles L. 143-1 à L. 143-15 et L. 412-7 dès lors que le bail portant sur ces biens a été conclu depuis au moins trois ans.

En outre, les parties peuvent déroger, par convention expresse au moyen de clauses validées par la commission consultative paritaire départementale des baux ruraux, aux articles L. 411-25 à L. 411-29, L. 415-1, L. 415-2 et L. 415-7. Elles peuvent également convenir d'une répartition différente de la charge du paiement des primes d'assurances contre l'incendie des bâtiments loués prescrites par le premier alinéa de l'article L. 415-3.

Les parties sont libres de prévoir que le bailleur pourra acquérir par préférence le bail cédé isolément.

La cession du bail cessible hors du cadre familial peut s'effectuer à titre gratuit et notamment par dation (Rép. min. n° 5270, JOAN Q 4 déc. 2007, p. 7653).

Art. L. 418-2 La durée minimale du bail mentionné au premier alinéa de l'article L. 418-1 est de dix-huit ans.

Son prix est constitué des loyers mentionnés à l'article L. 411-11 qui sont fixés entre les maxima majorés de 50 % *(L. n° 2010-874 du 27 juill. 2010, art. 46-I)* « , incluant le supplément défini dans chaque département pour prendre en compte une durée de location supérieure à dix-huit ans, » et les minima prévus au même article.

Art. L. 418-3 A défaut de congé délivré par acte extrajudiciaire dix-huit mois au moins avant son terme, le bail est renouvelé pour une période de *(L. n° 2014-1170 du 13 oct. 2014, art. 10)* « neuf ans ». Ce congé est notifié sans que soient exigées les conditions énoncées à la section 8 du chapitre I du présent titre. Le bail renouvelé reste soumis aux dispositions du présent chapitre. Sauf convention contraire, ses clauses et conditions sont celles du bail précédent. En cas de désaccord entre les parties, le tribunal paritaire des baux ruraux statue sur les conditions contestées du nouveau bail.

Par dérogation au 1° de l'article *(Ord. n° 2006-870 du 13 juill. 2006)* « L. 411-31 » et sauf en cas de raisons sérieuses et légitimes, constitue un motif de non-renouvellement ou de résiliation du bail un défaut de paiement du loyer et des charges aux termes convenus après une mise en demeure par acte extrajudiciaire restée infructueuse pendant trois mois. Néanmoins, le juge saisi par le preneur avant l'expiration de ce délai peut accorder, dans les conditions prévues *(Ord. n° 2016-131 du 10 févr. 2016, art. 6-XV, en vigueur le 1er oct. 2016)* « à l'article 1343-5 » du code civil, des délais de paiement durant lesquels l'action en résiliation est suspendue.

Lorsque le bail n'est pas renouvelé à l'initiative du bailleur pour un motif autre que ceux prévus à l'article *(Ord. n° 2006-870 du 13 juill. 2006)* « L. 411-31 » du présent code ou à l'alinéa précédent, le bailleur paie au preneur une indemnité correspondant au préjudice causé par le défaut de renouvellement qui comprend notamment, sauf si le bailleur apporte la preuve que le préjudice est moindre, la dépréciation du fonds du preneur, les frais normaux de déménagement et de réinstallation ainsi que les frais et droits de mutation à payer pour acquérir un bail de même valeur.

Art. L. 418-4 Le locataire qui entend procéder à la cession de son bail notifie au bailleur, par lettre recommandée avec accusé de réception, à peine de nullité de la cession et de résiliation du bail, un projet de cession mentionnant l'identité du cessionnaire pressenti et la date de la cession projetée.

Si le bailleur entend s'opposer pour un motif légitime au projet du preneur, il saisit le tribunal paritaire des baux ruraux dans un délai fixé par voie réglementaire. Passé ce délai, il est réputé accepter la cession. — *V. art. R. 418-1.*

La cession ne peut intervenir au cours du délai mentionné à l'alinéa précédent, sauf accord exprès du bailleur.

La cession de bail peut être réalisée à titre gratuit (Rép. min. n° 5270, JOAN Q 4 déc. 2007, p. 7653).

Art. L. 418-5 L'article L. 411-74 n'est pas applicable aux *(Abrogé par L. n° 2010-874 du 27 juill. 2010, art. 46-II)* « *cessions des* » baux régis par le présent chapitre.

BIBL. ▶ Delorme, *Defrénois 2023, n° 9, p. 13* (bail rural cessible et démembrement de propriété : qui perçoit le pas de porte ?).

TITRE II BAIL À CHEPTEL

BIBL. GÉN. ▶ Bail à cheptel, *DP entr. agric.*

RÉP. CIV. v° *Bail à cheptel,* par Lorvellec et Rochard.

Art. L. 421-1 Le bail à cheptel est régi par les articles 1800 à 1831 du code civil. — *[Anc. art. 871.]* — ***C. civ.***

TITRE III BAIL À DOMAINE CONGÉABLE

BIBL. GÉN. ▶ Bail à domaine congéable, *DP entr. agric.*

COMMENTAIRE

Le bail à domaine congéable est soumis au statut des baux ruraux sous réserve des dispositions spécifiques prévues aux articles L. 431-1 à L. 431-23 du code rural. Les litiges concernant ce bail sont soumis aux tribunaux paritaires des baux ruraux. La particularité de cette convention est qu'elle prévoit la location du fonds mais aussi la cession des superfices et constructions au preneur. Les droits du preneur sur les constructions et superfices sont désignés par l'expression « droits réparatoires » et ils sont cessibles. En fin de bail, le preneur peut céder ses droits réparatoires au preneur entrant ; le prix est déterminé selon la valeur actuelle. Le bailleur comme le preneur ont un droit de préemption, le bailleur en cas de cession des droits réparatoires et le preneur en cas de cession du fonds ou de droits réparatoires qui ne lui auraient pas été cédés. L'avantage principal pour le bailleur est d'échapper à l'obligation d'assurer le maintien des plantations. Cependant, même si la loi du 4 juillet 1980 a étendu le champ d'application de ce bail aux plantations pérennes qui peuvent être cédées au preneur, et même s'il bénéficie des dispositions fiscales du bail à long terme (Rép. min. : *JOAN 14 juill. 1980, p. 2976*), ce bail est à ce jour quasiment inusité ; il subsiste très faiblement dans sa région d'origine, la Bretagne. ❑

Art. L. 431-1 **Les exploitations agricoles affermées sous la forme dite à domaine congéable sont soumises aux dispositions du titre I du présent livre, sous réserve des droits particuliers des exploitants sur les édifices et superfices appelés droits réparatoires.**

Bénéficie de ces dispositions tout preneur occupant de bonne foi les lieux le 16 septembre 1947 *[Date de la promulgation de la L. n° 47-1830 du 16 sept. 1947 étendant au domaine congéable le bénéfice de la loi du 13 avr. 1946 instituant le statut du fermage et du métayage]*, **nonobstant tout congé qui aurait pu lui être donné ou toute décision de justice non encore exécutée.** – *[Anc. art. 904.]*

Art. L. 431-2 **Les domaniers peuvent aliéner les édifices et superfices de leurs tenures pendant la durée du bail, sans le consentement du propriétaire foncier.**

En cas de partage, les héritiers restent tenus solidairement des charges du bail. – *[Anc. art. 905.]*

Art. L. 431-3 **Tout preneur d'un bail à domaine congéable bénéficie d'un droit de préemption tant à l'égard des droits réparatoires non déjà possédés par l'exploitant que des droits fonciers, si lesdits droits fonciers ou réparatoires viennent à être aliénés à titre onéreux, ensemble ou séparément.**

Le propriétaire foncier a le droit de préemption prévu au titre I du présent livre en ce qui concerne les droits réparatoires, mais il ne peut l'exercer, le cas échéant, qu'au cas où l'exploitant y aurait renoncé lui-même. – *[Anc. art. 906.]*

Art. L. 431-4 **Les propriétaires fonciers et les domaniers se conforment aux stipulations prévues par les baux ou, à défaut, aux usages des lieux, en tout ce qui concerne leurs droits respectifs sur la distinction du fonds et des édifices et superfices, des plantations pérennes telles que vignes et arbres fruitiers, des arbres dont le domanier doit avoir la propriété ou le simple émondage, des objets dont le remboursement doit être fait au domanier lors de sa sortie, comme aussi en ce qui concerne les termes des paiements des redevances convenancières, la faculté de la part du domanier de bâtir de nouveau ou de changer les bâtiments existants.** – *[Anc. art. 907.]*

Art. L. 431-5 **Dans le cas où le bail et les usages ne contiennent aucun règlement sur les châtaigniers et noyers, ces arbres sont réputés fruitiers, à l'exception néanmoins de ceux d'entre eux qui sont plantés en avenues, masses ou bosquets.** – *[Anc. art. 908.]*

Art. L. 431-6 **Les édifices et superfices ne sont réputés meubles qu'à l'égard des propriétaires fonciers. Dans tous les autres cas, ils sont réputés immeubles.** – *[Anc. art. 909.]*

Art. L. 431-7 Tous les bois sujets ou non à émondage qui sont plantés, semés ou viennent naturellement sur les fossés et talus de la tenure appartiennent indivisément au foncier et au domanier pour moitié à chacun d'eux.

Seuls les bois non émondables par leur nature peuvent être vendus au cours du bail et d'un commun accord entre foncier et domanier.

En cas de désaccord sur l'opportunité de la vente, le tribunal paritaire est saisi du litige à la requête du foncier ou du domanier. – *[Anc. art. 910.]*

Art. L. 431-8 En fin de bail, les droits réparatoires sont évalués contradictoirement et à dire d'experts suivant leur valeur actuelle.

Ils sont remboursés au domanier dans la proportion de la somme par lui payée comparativement à la valeur réelle lors de l'acquisition.

A cet effet, un état des lieux descriptif et estimatif est dressé contradictoirement entre les parties et annexé au contrat de bail. – *[Anc. art. 911.]*

Art. L. 431-9 Le domanier ne peut être expulsé qu'après avoir été remboursé. A cet effet, l'expertise des droits réparatoires doit être effectuée dans le délai de six mois qui précède l'expiration de la jouissance. Néanmoins, le congé doit être notifié dix-huit mois avant la fin du bail, conformément aux dispositions de l'article L. 411-47. – *[Anc. art. 912.]*

Art. L. 431-10 A défaut de remboursement effectif de la somme portée à l'estimation, le domanier peut, sur un simple commandement fait à la personne ou au domicile du propriétaire foncier, en vertu de son titre, s'il est exécutoire, faire vendre par vente publique les édifices et superfices et subsidiairement, le fonds en cas d'insuffisance. Néanmoins, le foncier peut se libérer en abandonnant au domanier la propriété du fonds et la rente convenancière. – *[Anc. art. 913.] – V. art. R. 431-1.*

Art. L. 431-11 A défaut de paiement du prix du bail, à son échéance, sous réserve de ce qui est dit aux articles L. 411-31 et L. 411-53, le propriétaire peut, en vertu de son titre, s'il est exécutoire, faire saisir les meubles, grains et denrées, appartenant au domanier ; il peut même faire vendre lesdits meubles, et en cas d'insuffisance, lesdits édifices et superfices, après néanmoins avoir obtenu contre le domanier un jugement de condamnation ou de résiliation de bail. – *[Anc. art. 914.]*

Art. L. 431-12 La vente des meubles du domanier ne peut être faite qu'en observant les formalités prescrites au code de procédure civile pour la saisie et la vente du mobilier. Les édifices sont vendus sur trois publications en l'auditoire du tribunal compétent. – *[Anc. art. 915.]*

Art. L. 431-13 Les domaniers ne peuvent éviter la vente de leurs meubles, et la vente subsidiaire de leurs édifices et superfices, qu'en abandonnant au propriétaire foncier leurs édifices et superfices, auquel cas ils seront libérés envers lui. – *[Anc. art. 916.]*

Art. L. 431-14 En cas de congé donné par l'une ou l'autre partie ou de vente publique, les créanciers hypothécaires du domanier ont un droit de préférence sur les sommes attribuées à ce dernier, d'après le rang de leurs inscriptions, sans aucun préjudice des droits du foncier.

Est nul tout paiement effectué par le foncier à l'encontre de ce droit de préférence.

Le congé et la vente publique rendent exigibles les créances hypothécaires consenties par le domanier sur ses droits convenanciers. – *[Anc. art. 917.] – V. art. R. 431-1.*

Art. L. 431-15 Le domanier ne peut construire de nouveaux bâtiments d'habitation ou d'exploitation, ni procéder à des plantations pérennes, telles que vignes ou arbres fruitiers, qu'après entente avec le propriétaire.

Toutefois, si l'une ou plusieurs de ces opérations s'avèrent nécessaires à l'exploitation rationnelle de la ferme ou au logement de l'exploitant ou du domanier, et si le propriétaire foncier s'y oppose, le domanier peut saisir de sa demande le tribunal paritaire qui arbitrera le litige.

A moins de conventions plus favorables au domanier, ce dernier peut prétendre, pour les opérations mentionnées ci-dessus effectuées avec l'accord du propriétaire, ou, à défaut, du tribunal paritaire, à l'indemnité au fermier sortant, prévue à la section 9 du chapitre I du titre I du présent livre. – *[Anc. art. 918.]*

Art. L. 431-16 Le domanier peut, après entente avec le propriétaire foncier, entreprendre toute plantation de bois qu'il jugera utile sur les terres impropres à une culture normale, notamment landes, terrains accidentés ou rocailleux.

En cas de désaccord, le tribunal paritaire peut autoriser la plantation.

Les produits de la plantation sont partagés entre le foncier et le domanier en proportion de leur participation aux frais. – *[Anc. art. 919.]*

Art. L. 431-17 Pour tenir compte des édifices et superfices qui appartiennent au domanier, le prix des baux en cours ou à venir est fixé à l'amiable et évalué comparativement au fermage moyen des propriétés voisines de même valeur et d'égale importance.

En cas de désaccord, le prix est fixé par le tribunal paritaire.

La révision du prix des baux en cours prend effet au commencement de la nouvelle année culturale. – *[Anc. art. 920.]*

Art. L. 431-18 Les quotes-parts des taxes foncières dues par le propriétaire foncier et par le domanier sont fixées conformément aux dispositions de la loi du 19 avril 1831 (art. 9, § 2), de la façon suivante :

1° Pour les maisons et usines :
- 6/8 au domanier ;
- 2/8 au foncier.

2° Pour les corps d'exploitation :
- 5/8 au foncier ;
- 3/8 au domanier.

3° Pour les champs ou terres :
- 6/8 au foncier ;
- 2/8 au domanier. – *[Anc. art. 921.]*

Art. L. 431-19 Toute cession de bail et toute sous-location sont interdites, sauf si la cession ou la sous-location sont consenties avec l'agrément du foncier au profit des enfants ou petits-enfants du domanier ayant atteint l'âge de la majorité. – *[Anc. art. 922.]*

Art. L. 431-20 Sont nulles et de nul effet toutes clauses inscrites dans les baux de nature à limiter les droits des domaniers sur les édifices et superfices sur la valeur réelle de ceux-ci. – *[Anc. art. 923.]*

Art. L. 431-21 Tous les litiges auxquels peut donner lieu l'application des dispositions relatives aux baux à domaine congéable sont de la compétence des tribunaux paritaires. – *[Anc. art. 924.]*

Art. L. 431-22 Les dispositions du présent titre sont d'ordre public. – *[Anc. art. 925.]*

Art. L. 431-23 Les dispositions du présent titre ne sont pas applicables dans le département *[la collectivité territoriale]* de Saint-Pierre-et-Miquelon. – *[Anc. art. 12 de l'Ord. nº 77-1106 du 26 sept. 1977.]*

TITRE IV BAIL À COMPLANT

BIBL. GÉN. ▸ Bail à complant, *DP entr. agric.*

COMMENTAIRE

Le bail à complant est un bail applicable aux vignobles, qui est exclu du statut du fermage, et qui est soumis aux articles L. 441-1 et suivants du code rural ainsi qu'aux usages locaux. Cependant, la loi nº 88-1202 du 30 décembre 1988 a rapproché le régime de ce statut de celui du fermage en prévoyant que la redevance due au propriétaire par le locataire est déterminée par un arrêté préfectoral. Il existe diverses variantes de ce bail selon les régions (ce contrat survit principalement en Languedoc et surtout en région nantaise). Son particularisme majeur est de diviser la propriété du sol restant au bailleur et la propriété des vignes passant au preneur ou complanteur. Ce dernier se voit ainsi reconnaître un droit réel cessible. En conséquence, le bailleur dispose d'un droit de préemption sur cette cession, de même que le complanteur peut exercer un droit de préemption lorsque le bailleur cède son fonds. Le complanteur a pour obligation de planter la vigne et de verser au propriétaire une part de récolte. Le bail prend fin notamment si le propriétaire ou la majorité des complanteurs exploitant au moins les deux tiers de la superficie complantée du domaine demandent l'aménagement des terres soumises au régime des vignes à complant ; dans ce cas, les droits respectifs de chaque partie sont évalués et il est procédé à une attribution de parcelles en pleine propriété à chacun. ❑

Art. L. 441-1 **Dans le régime des vignes à complant, quelles que soient les dénominations** *(L. nº 88-1202 du 30 déc. 1988)* **« – contrat de complant, bail à complant ou tout autre analogue –, la redevance due au propriétaire est versée dans les conditions déterminées par un arrêté préfectoral, sur proposition de la commission consultative départementale des baux ruraux ».**

Art. L. 441-2 **Si l'une des parties juge nécessaire la replantation de la vigne, elle devra se mettre d'accord avec l'autre. En cas de désaccord, elles devront recourir obligatoirement à l'arbitrage de l'autorité administrative** *(Abrogé par Ord. nº 2010-461 du 6 mai 2010, art. 5)* ***« désignée par décret »*****, statuant comme amiable compositeur à la requête de la partie la plus diligente, parties entendues ou dûment appelées.** – *V. art. R. 441-1.*

Un délai maximum de quatre ans est accordé pour la reconstitution de la vigne à partir du 1er avril suivant la dernière récolte. La reconstitution sera faite avec les cépages choisis d'un commun accord entre le propriétaire et le complanteur. En cas de désaccord, le greffage aura lieu sur plant américain avec un cépage identique à celui de l'ancien vignoble.

Dans tous les cas, le choix des cépages sera fait conformément aux lois et décrets en vigueur. – *[Anc. art. 927.]*

Est fondée la résiliation pour défaut d'exécution de l'obligation de plantation des parcelles à vigne louées, dès lors que la suspension des droits de plantations était le principe posé lors de la conclusion du bail et qu'aucune force majeure ne pouvait donc être caractérisée. • Civ. 3e, 24 nov. 2009, nº 08-22.101 : *RD rur. 2010, nº 12, note Barthe.*

Art. L. 441-3 **La replantation sera faite entièrement aux frais du complanteur ; toutefois, à titre de compensation, il jouira gratuitement du sol les deux premières années après la dernière vendange. Si la replantation n'est pas faite au printemps de la troisième année, le propriétaire pourra exiger, à partir de la fin de la deuxième année, un prix de fermage établi sur la moyenne appliquée pour les terres de culture dans la région. En outre, le complanteur ne commencera à verser le quart ou le cinquième que pour la récolte correspondant à la cinquième pousse après la replantation. Il devra assurer tous les frais de culture et de traitements anticryptogamiques et la redevance réduite au quart ou au cinquième continuera d'être versée conformément au contrat et, à défaut, de la façon consacrée par les usages locaux.** – *[Anc. art. 928.]*

BIBL. ▶ HÉRAIL, *JCP N 1995. I. 189* (transfert de droits de replantation).

Art. L. 441-4 **A défaut d'accord amiable, à la demande, soit du propriétaire du domaine soumis à ce régime, soit à la majorité des complanteurs exploitant au moins les deux tiers de la superficie complantée dans ce domaine, il peut être procédé à un aménagement entre propriétaires et complanteurs des terres soumises au régime des vignes à complant.**

Toutefois, l'aménagement ne peut être imposé au propriétaire lorsque la superficie d'un même domaine est inférieure à 15 ares ; dans ce cas, le propriétaire a le droit de racheter le complant, soit en espèces, soit en terre à son choix.

La demande est adressée soit par le propriétaire à chacun des complanteurs, soit au propriétaire par la majorité des complanteurs telle qu'elle est fixée à l'alinéa 1er du présent article. – *V. art. R. 441-2.*

L'aménagement a pour effet d'affranchir la propriété en attribuant au propriétaire et à chaque complanteur une parcelle de terrain proportionnellement équivalente en valeur de productivité, aux droits constatés au moment des opérations, compte tenu des conditions locales et déduction faite de la surface nécessaire aux ouvrages collectifs.

Lorsqu'il y a lieu à aménagement, le propriétaire fixe à son choix l'assiette des terres qui sont attribuées aux complanteurs à la seule condition que la parcelle attribuée à chaque complanteur soit d'un seul tenant.

Le paiement d'une soulte en espèces est exceptionnellement autorisé s'il y a lieu d'indemniser le propriétaire ou les complanteurs de plus-values, telles que clôtures, arbres, fumures, ensemencements et autres améliorations incorporées au sol. – *[Anc. art. 929, al. 1er à 6.]*

Art. L. 441-5 L'estimation des droits devant servir de base au parcellement ainsi que l'évaluation éventuelle des soultes sont effectuées par une commission arbitrale composée du président du tribunal *(Ord. n° 2019-964 du 18 sept. 2019, art. 35)* « judiciaire » ou de son délégué, président, du directeur départemental de l'agriculture ou de son suppléant et de quatre membres : deux propriétaires et deux complanteurs choisis par leurs syndicats respectifs, ou à défaut par la chambre d'agriculture parmi les personnes étrangères au domaine. A leur défaut, la chambre d'agriculture choisit deux propriétaires et deux fermiers ou métayers offrant la garantie de compétence désirable.

La commission statue souverainement en fait. Sa décision est prise à la majorité et n'est susceptible que de recours devant la Cour de cassation, pour incompétence, excès de pouvoir ou violation de la loi. – *V. art. R. 441-3.*

Cette estimation doit être telle que la part attribuée en toute propriété aux complanteurs ne peut excéder 60 % de la valeur du bien, si l'état de la plantation se présente dans les conditions les plus favorables, ni être inférieure à 15 % dans le cas contraire. – *[Anc. art. 929, al. 7, 9 et 10.]*

Art. L. 441-6 Le parcellement et, s'il y a lieu, le regroupement éventuel par intéressé des parcelles, de façon à éviter les enclaves, sont effectués avec le concours de la direction départementale de l'agriculture comme en matière d'aménagement foncier agricole et forestier. – *[Anc. art. 930.]*

Art. L. 441-7 Les contrats conclus ou les sentences prononcées entre propriétaires et complanteurs qui opèrent rachat ou échange, parcellement ou regroupement de parcelles, aménagement foncier agricole et forestier et, d'une manière générale, mettent fin aux baux à complant, *(Ord. n° 2010-638 du 10 juin 2010, art. 13-XI, en vigueur le 1er janv. 2013)* « sont publiés au fichier immobilier ». – *[Anc. art. 931.]*

Art. L. 441-8 Par le seul fait de cette transcription, les privilèges et hypothèques de toute nature pouvant grever le fonds complant du chef du bailleur ou de ses précédents propriétaires sont cantonnés de plein droit sur la parcelle affranchie attribuée au bailleur ou sur une partie de cette parcelle.

Dans les communes où le bail à complant est translatif de propriété au profit des complanteurs, les privilèges et hypothèques pouvant grever le fonds du chef des complanteurs ou de leurs auteurs sont cantonnés de la même façon sur la parcelle attribuée en toute propriété auxdits complanteurs.

(Ord. n° 2010-638 du 10 juin 2010, art. 13-XI, en vigueur le 1er janv. 2013) « Le service chargé de la publicité foncière » est tenu d'opérer d'office la radiation des inscriptions existant du chef des propriétaires ou de leurs auteurs en tant qu'elles portent sur les biens attribués aux complanteurs, ainsi que celles existant du chef des complanteurs ou de leurs auteurs en tant qu'elles portent sur les biens attribués aux propriétaires.

Le même cantonnement a lieu de plein droit aux cas d'emphytéose et d'usufruit.

Les effets des contrats ou sentences sont opposables aux preneurs de baux ordinaires consentis par le bailleur ou le complanteur, lorsque les biens objets de ces baux sont compris dans les opérations de rachat ou échange, parcellement ou regroupement de parcelles, aménagement foncier agricole et forestier et, d'une manière générale, dans toutes les opérations mettant fin aux baux à complant.

Les tiers intéressés ont toujours le droit de présenter leurs dires et observations devant la commission prévue à l'article *(L. n° 91-363 du 15 avr. 1991)* « L. 441-5 », devant qu'ils sont convoqués à cet effet et qui statue sur la réparation du préjudice qu'ils ont pu subir. – *[Anc. art. 932.]*

Art. L. 441-9 Le propriétaire, en cas de vente du droit de complant qui grève son immeuble à une personne autre qu'un ascendant ou un descendant du complanteur et le complanteur en cas de vente de l'immeuble grevé de son complant, lorsqu'il s'agit d'une parcelle dont il est le seul *(L. n° 2009-526 du 12 mai 2009, art. 10-III)* « métayer », bénéficient d'un droit de préemption à prix égal.

Le vendeur doit notifier la vente et le prix au bénéficiaire du droit de préemption. – *[Anc. art. 933.]*

Art. L. 441-10 **Pour l'exécution des opérations prévues aux articles L. 441-4 à L. 441-9, il est constitué une commission composée :**

1° De deux représentants de la direction départementale de l'agriculture ;

2° D'un délégué des propriétaires et d'un délégué des complanteurs nommés comme il est dit à l'article L. 441-5.

Cette commission fixe l'ordre et la cadence dans lesquels seront faits le parcellement et l'aménagement foncier agricole et forestier. En cas de partage, la voix du président est prépondérante. Les décisions prises à la majorité sont sans appel, sauf recours pour incompétence, excès de pouvoir ou violation de la loi devant la juridiction administrative. – *[Anc. art. 934.]*

Art. L. 441-11 **Un décret en Conseil d'État détermine les conditions d'exécution du présent titre et notamment :**

1° Les modalités de l'intervention de la direction départementale de l'agriculture ;

2° La procédure dans les cas de contestations, ainsi que le mode de répartition des frais ;

3° Les conditions de rémunération du secrétaire des commissions instituées par le présent titre. – *[Anc. art. 935.]*

Art. L. 441-12 **Le délai pendant lequel pourront être replantées les vignes qui seront arrachées après les aménagements prévus par le présent titre sera de quinze ans à compter du 1er août qui suivra leur arrachage. Les déclarations d'arrachage et de replantation seront faites dans les formes prescrites par la législation en vigueur.** – *[Anc. art. 936.]*

Art. L. 441-13 **Les dispositions du présent titre ne sont pas applicables dans le département** *[la collectivité territoriale]* **de Saint-Pierre-et-Miquelon.** – *[Anc. art. 12 de l'Ord. n° 77-1106 du 26 sept. 1977.]*

TITRE V BAIL EMPHYTÉOTIQUE

BIBL. GÉN. ▶ Bail emphytéotique, *DP entr. agric.* – JAUNET, *LPA 2012, n° 145* (bail emphytéotique par une personne publique). – LEUFFLEN, CAMOZ et SARAZIN, *JCP N 2001. 739* (bail emphytéotique administratif). – PERO AUGEREAU-HUE et DELORME, *JCP N 2013. 1119* (le bail emphytéotique des personnes publiques).

RÉP. CIV. v° *Bail emphytéotique*, par TIXIER.

Sur le bail emphytéotique administratif, V. CGCT, art. L. 1311-2 s., R. 1311-1 s. – **CGCT**.

Art. L. 451-1 **Le bail emphytéotique de biens immeubles confère au preneur un droit réel susceptible d'hypothèque ; ce droit peut être cédé et saisi dans les formes prescrites pour la saisie immobilière.**

Ce bail doit être consenti pour plus de dix-huit années et ne peut dépasser quatre-vingt-dix-neuf ans ; il ne peut se prolonger par tacite reconduction. – *[Anc. art. 937.]*

BIBL. ▶ TEILLIAIS, *Ann. loyers 1998. 497.* – GAIN, *RD rur. 2000. 402.*

COMMENTAIRE

Le bail emphytéotique n'est pas soumis au statut du fermage. Il s'agit d'une location consentie pour 18 à 99 ans à un prix modique, qui ne se prolonge pas par tacite reconduction, et confère un droit réel librement cessible au preneur. Celui-ci est souvent tenu contractuellement de procéder à des améliorations et des constructions ; toutes les améliorations du fonds sont transmises au bailleur en fin de bail sans indemnité au preneur. Il doit être noté que le contentieux de ce bail exclu du statut du fermage est soumis au tribunal paritaire des baux ruraux (art. L. 491-1). ❑

1. A défaut de mention expresse dans l'acte constitutif, le caractère emphytéotique du bail doit être déterminé par l'intention des parties. • Paris, 10 juin 1992 : *Bull. loyers août-sept. 1992. 8.*

2. Fraude. Doit être annulé le bail emphytéotique qui n'est pas la simple manifestation de l'habilité juridique des parties mais caractérise la fraude aux droits du Conservatoire défenseur de l'intérêt général pour échapper au droit de préemption en assurant au bailleur et au preneur une rentabilité au bien concerné. • Civ. 3e, 28 mars 2007, n° 06-11.350 : *AJDI 2008. 502, note Prigent*.

A. CRITÈRES DISTINCTIFS

3. Libre cessibilité. Le droit de libre cession constitue un caractère essentiel du bail emphytéotique. • Civ. 3e, 10 avr. 1991, n° 89-20.276 P : *D. 1992. 375, note Le Masson ; D. 1991. Somm. 304, obs. Robert* • 2 juin 1993 : *Rev. huiss. 1993. 928.* ♦ Le bail qui comporte une clause limitant la cession ou la sous-location ne saurait constituer un bail emphytéotique. • Civ. 3e, 7 avr. 2004, n° 02-19.870 P : *D. 2004. IR 1283 ; JCP 2004. IV. 2180 ; Gaz. Pal. 15-16 sept. 2004. 17 ; Rev. loyers 2004. 503, note Peignot, Dr. et patr. 7-8/2004. 96, note Barbièri ; RD rur. 2004. 530, obs. Grimonprez ; Defrénois 2004. 1456, note Gelot ; JCP N 2005. 1014.* ♦ ... Mais peut constituer un bail à long terme. • Civ. 3e, 16 juin 2011, n° 10-17.169 : *D. 2011. 1759 ; JCP 2011. 813 ; Gaz. Pal. 2011. 2463.* ♦ Ainsi, ne constitue pas un bail emphytéotique le bail qui contient une clause qui prévoit l'accord du bailleur pour la cession du bail lorsque le cessionnaire n'est pas successeur dans l'exploitation commerciale. • Civ. 3e, 29 avr. 2009, n° 08-10.944 : *JCP N 2009. Actu. 372 ; Gaz. Pal. 14-15 oct. 2009. 11.* ♦ Même solution au regard de l'art. 1400 CGI. • CAA Nantes, 16 oct. 2002, *OGEC St Vincent de Paul*, n° 98NT00119 : *AJDA 2003. 405*. ♦ V. aussi, lorsque la liberté de sous-louer ou céder le bail est très atténuée par une clause de responsabilité solidaire du locataire avec le cessionnaire ou le sous-locataire, • Civ. 3e, 3 oct. 1991, n° 90-15.889 P : *D. 1991. IR 239 ; Defrénois 1992. 382, obs. Vermelle.* ♦ Sur la responsabilité du notaire, rédacteur du bail, y ayant inséré une clause subordonnant la cession ou la sous-location à l'accord du bailleur, ôtant au contrat la nature de bail emphytéotique (à propos d'un bail commercial), V. • Versailles, 29 nov. 1990 : *JCP E 1991. Pan. 1116 ; Gaz. Pal. 4-5 janv. 1995.*

4. Durée. Un bail qualifié d'emphytéotique doit être requalifié en bail rural s'il n'a pas une durée supérieure à dix-huit ans. • Civ. 3e, 29 avr. 1997 : *Ann. loyers 1997. 1563.*

5. Précarité. La clause par laquelle un propriétaire se réserve la faculté de résiliation du contrat pour vendre ou démolir l'immeuble donne au droit de jouissance du preneur un caractère précaire incompatible avec la constitution d'une hypothèque et exclut le caractère emphytéotique du bail. • Civ. 3e, 15 mai 1991, n° 89-20.008 P : *D. 1991. Somm. 304, obs. Robert*. ♦ La clause de résolution de plein droit confère à la jouissance du preneur une précarité incompatible avec la constitution d'un bail emphytéotique. • Civ. 3e, 14 nov. 2002, n° 01-13.904 P : *JCP N 2003. 1310, note Grimonprez ; RD rur. 2003. 265 et 69 obs. B. G. et 367 obs. Crevel ; JCP 2003. IV. 1020* • Riom, 15 janv. 2009 : *JCP 2009. IV. 1808.*

6. Liberté d'affectation. Ne saurait être qualifié de bail emphytéotique le contrat comportant une clause limitant l'usage auquel le bénéficiaire pourra affecter les lieux loués. • Civ. 3e, 13 mai 1998, n° 96-13.586 P : *D. 1998. Somm. 346, obs. Robert ; RDI 1998. 697, obs. Derruppé ; RD rur. 1998. 377 et 618* • CE 19 sept. 2018, n° 413498. – V. aussi Moréger, *JCP E 1999, n° 47, p. 1862.*

7. Droit de construire. Lorsque des clauses interdisent au preneur tous travaux de construction, démolition, percement de murs ou cloisons, sans le consentement du bailleur, mentionnent que le preneur s'engage à souffrir que le bailleur fasse exécuter les réparations lui incombant, qui deviendraient nécessaires au bâtiment loué et que les améliorations à apporter restent à la charge du bailleur, malgré sa longue durée, son loyer modique et la dénomination donnée à l'acte par les parties, le bail ne peut être qualifié d'emphytéose conférant par essence un droit réel à l'emphytéote. • Civ. 3e, 7 oct. 1992, n° 89-19.227 P : *D. 1992. IR 251 ; Administrer 6/1993. 20, obs. Frank.* ♦ Le bail qui prévoit une faculté sans obligation de construire tous immeubles est un bail emphytéotique. • Civ. 3e, 8 sept. 2016, nos 15-21.381 P et 15-22.374 P : *D. 2016. 1818 ; JCP N 2016. Actu. 1031 ; DP entr. agric., Bull. n° 500, p. 10* • 8 sept. 2016, n° 15-22.374 : *JCP N 2016. 1299, note Zalewski-Sicard.*

8. Exemples. Est un bail emphytéotique la convention : consentie, à loyer modeste, pour une durée de trente ans, prévoyant la libre cession du droit au bail et stipulant que les améliorations culturales entreprises sans nécessité d'autorisation du bailleur resteraient de plein droit la propriété de celui-ci, sans droit à indemnité pour la société preneuse. • Civ. 3e, 12 oct. 1994, n° 92-15.274 P : *D. 1994. IR 240*. ♦ ... Prévoyant une redevance modique au regard de la valeur des plantations et des améliorations destinées à être attribuées au propriétaire en fin de bail, et conférant au preneur un droit réel sur les biens loués. • Civ. 3e, 5 déc. 2001, n° 99-20.871 P : *D. 2002. IR 253 ; RD rur. 2002. 3 et 178 et 285, obs. Crevel ; Gaz. Pal. 20-22 janv. 2002. 27 ; JCP N 2002. 1186, p. 409, obs. Grimonprez.*

9. Bail cédé. Le preneur ne peut, pour contester le caractère emphytéotique du bail, invoquer une clause de résolution de plein droit incluse dans le bail auquel il n'a pas été partie et qui n'a pas été reprise dans l'acte de cession qu'il a signé. • Civ. 3e, 11 juill. 2007, n° 06-14.214 : *RJDA 2007, inf. 1072.*

10. Distinction avec le droit de superficie. **BIBL.** Chaput et Rochegude *Defrénois 2007. 573* (de la notion de droit de superficie à celle de volume immobilier). ♦ V. • Douai, 18 juin 1991 : *D. 1993. 33, obs. A. Robert*.

B. RÉGIME

11. Droit réel. L'exploitant locataire peut obtenir la prime d'abandon définitif de superficie viticole si l'emphytéote bailleur y a consenti, celui-ci devant être regardé comme propriétaire de la superficie au sens du règlement 1442/88 du 24 mai 1988. • CE 8 déc. 1999, *Renucci,* n° 168665 A : *Dr. et patr. 7-8/2001. 110, obs. Roussel.*

12. Le bail d'habitation régulièrement consenti par l'emphytéote est opposable au bailleur principal. • Civ. 3e, 2 juin 2010, n° 08-17.731 : *D. 2010. 1485, obs. Rouquet ; Gaz. Pal. 16-17 juin 2010.1804 ; RTD civ. 2010. 589, note Revet ; RJDA 2010. Inf. 837 ; Loyers et copr. 2010. 251, note Vial-Pedroletti.* – V. art. L. 451-2, al. 4, issu de la loi du 24 mars 2014 confirmant cette solution.

13. Le défaut de publication de la cession d'un bail emphytéotique rend celle-ci inopposable au tiers, même si celui-ci a eu personnellement connaissance de la cession. • Civ. 2e, 11 juill. 2002, n° 00-20.697 P.

14. Contrôle des structures. La validité du bail emphytéotique n'a pas pour condition l'existence d'une autorisation d'exploiter pour le titulaire du bail qui n'est pas tenu d'exploiter lui-même et n'est donc tenu d'obtenir une autorisation que s'il envisage une exploitation personnelle. • Civ. 3e, 27 oct. 2004, n° 02-21.314 P : *AJDI 2004. 894* et *2005. 223, obs. Prigent ; JCP 2004. IV. 3349 ; Gaz. Pal. 6-8 mars 2005. 20 ; RD rur. mai 2005. 16, obs. Chédozeau.*

15. Baux emphytéotiques consentis par les collectivités territoriales. Un bail emphytéotique peut être consenti par une commune à une personne privée, sur le fondement de l'art. 13 de la loi du 5 janv. 1988, pour la construction de bureaux dont une partie doit être mise à la disposition de la collectivité elle-même, et imposer au preneur des obligations particulières sans perdre sa qualification de contrat de droit privé. • CE 25 févr. 1994, n° 144641 A : *D. 1994. 536, note Lombard ; JCP 1994. IV. 1014, obs. Rouault ; JCP N 1994. II. 168, note Daval et Roussel.* ♦ Le conseil municipal ne dispose pas du pouvoir de consentir seul un bail emphytéotique sur le patrimoine de la section de commune. • CE 11 mars 2005, n° 269941 B : *AJDA 2005. 1021.* ♦ Nonobstant la qualité d'emphytéote du bailleur, le statut des baux commerciaux ne s'applique pas à la convention ayant pour objet des biens dépendant du domaine public. • Civ. 3e, 19 déc. 2012, n° 11-10.372 : *AJDI 2014. 132, note Planckeel.* ♦ V., sur l'indexation des baux par les collectivités territoriales : * Rép. min. n° 196 : *JO Sénat Q, 2 févr. 2017. 424.* ♦ Les hypothèques consenties par le preneur du bail emphytéotique doivent être annulées dès lors que le bailleur collectivité territoriale n'y a pas consenti. • Civ. 3e, 24 juin 2021, n° 19-25.821 : *DP entr. agric., Bull. n° 554, p. 12.* ♦ La commune qui cède le bien avant le terme de l'emphytéose doit vérifier la valeur de l'indemnité qui lui est due pour sa renonciation au droit d'accession afin de s'assurer de ne pas céder un élément de son patrimoine à un prix inférieur à sa valeur. • CE 13 sept. 2021, n° 439653 B : *Dr. adm. 2021, n° 51, note Éveillard.* ♦ Pour apprécier le caractère excessif du montant de l'indemnité de résiliation anticipée du bail emphytéotique consenti par une personne publique, il doit être retenu le plus élevé des deux montants correspondant soit au bénéfice escompté de l'exploitation du site pour la durée du contrat restants à courir, soit au prix de la cession des droits issus du bail. • CE 16 déc. 2022, n° 455186 A : *JCP N 2023. Actu. 116.* ♦ L'État n'a pas méconnu la Dir. 2006/123/CE du 12 déc. 2006 en n'imposant pas aux personnes publiques d'obligations de publicité et de mise en concurrence pour la conclusion d'un bail emphytéotique sur leur domaine privé ne donnant pas accès à une activité de service ou à son exercice. • CE 2 déc. 2022, n° 460100 A : *JCP N 2022. Actu. 1202 ; Dr. adm. 2023, n° 17, note Muller.* ♦ Constitue un bail emphytéotique administratif la mise à disposition d'une centrale hydro-électrique en vue de la production et de la vente d'électricité à un fournisseur d'énergie en ce qu'elle constitue une opération d'intérêt général de la compétence de la commune. • Civ. 3e, 15 juin 2023, n° 21-22.816 B : *Gaz. Pal. 2023, n° 23, p. 27 ; JCP N 2023. Actu. 736.*

16. L'hypothèque inscrite sur le bail emphytéotique disparaît à l'expiration de celui-ci. • Civ. 3e, 7 oct. 2009, n° 08-14.962 : *D. 2009. 684 ; ibid. 2491 ; RJDA 2010. 174 ; AJDI 2010. 236, obs. Prigent.*

17. Les dispositions des art. L. 145-3 et L. 145-33 C. com. ne s'appliquent pas au loyer du bail emphytéotique. • Civ. 3e, 19 févr. 2014, n° 12-19.270 : *D. 2014. 544 ; JCP 2014. 335 ; DP entr. agric., Bull. n° 471, p. 8* • 8 sept. 2016, n° 15-22.374 : *JCP N 2016. 1299, note Zalewski-Sicard.* ♦ Les bailleurs ne pouvaient saisir le juge des loyers commerciaux d'une demande de révision du loyer pour le faire correspondre à la valeur locative. • Civ. 3e, 8 sept. 2016, nos 15-21.381 P et 15-22.374 P : *D. 2016. 1818 ; DP entr. agric., Bull. n° 500, p. 10.* ♦ Irrecevabilité de la QPC posée sur cette solution : • Civ. 3e, 4 févr. 2016, n° 15-21.381 P.

18. Les baux emphytéotiques consentis par une congrégation religieuse sont soumis à autorisation du préfet. • CE 18 déc. 2012, n° 362677 B : *Gaz. Pal. 16-17 janv. 2013.*

Art. L. 451-2 Le bail emphytéotique ne peut être valablement consenti que par ceux qui ont le droit d'aliéner, et sous les mêmes conditions, comme dans les mêmes formes.

Les immeubles appartenant à des mineurs ou à des majeurs sous tutelle peuvent être donnés à bail emphytéotique en vertu d'une délibération du conseil de famille.

Lorsque les époux restent soumis au régime dotal, le mari peut donner à bail emphytéotique les immeubles dotaux avec le consentement de la femme et l'autorisation de justice.

(L. nº 2014-366 du 24 mars 2014, art. 113-II) **« Concernant les locaux à usage d'habitation, régis par les dispositions d'ordre public de la loi nº 89-462 du 6 juillet 1989 tendant à améliorer les rapports locatifs et portant modification de la loi nº 86-1290 du 23 décembre 1986, les contrats de bail conclus par l'emphytéote avec les locataires se poursuivent automatiquement avec le propriétaire de l'immeuble jusqu'au terme de chacun des contrats de bail signés avec les locataires. »** – *[Anc. art. 938.]*

Art. L. 451-3 **La preuve du contrat d'emphytéose s'établit conformément aux règles du code civil en matière de baux.**

A défaut de conventions contraires, il est régi par les dispositions suivantes. – *[Anc. art. 939.]*

Si l'absence de publication d'un bail emphytéotique au service chargé de la publicité foncière le rend inopposable aux tiers qui ont acquis du même auteur un droit concurrent sur le même immeuble, la preuve d'un tel bail peut être rapportée selon les règles du code civil à l'égard de l'expropriant qui ne peut revendiquer avoir acquis sur le bien exproprié un droit concurrent à celui de l'emphytéote. • Civ. 3ᵉ, 14 déc. 2022, nº 21-24.785 : *AJDI 2023. 134.*

Art. L. 451-4 **Le preneur ne peut demander la réduction de la redevance pour cause de perte partielle du fonds, ni pour cause de stérilité ou de privation de toute récolte à la suite de cas fortuits.** – *[Anc. art. 940.]*

Art. L. 451-5 **A défaut de paiement de deux années consécutives, le bailleur est autorisé, après une sommation restée sans effet, à faire prononcer en justice la résolution de l'emphytéose.**

La résolution peut également être demandée par le bailleur en cas d'inexécution des conditions du contrat ou si le preneur a commis sur le fonds des détériorations graves.

Néanmoins, les tribunaux peuvent accorder un délai suivant les circonstances. – *[Anc. art. 941.]*

1. La réalisation de constructions sans autorisation administrative ni accord du bailleur ne constitue pas une preuve d'un manquement au contrat ou de l'existence de détériorations graves du fond justifiant la résiliation du bail. • Civ. 3ᵉ, 15 déc. 2017, nº 15-22.416 P : *JCP N 2017. 1300, note Zalewski-Sicard.*

2. Ne peut être rejetée la résolution du bail emphytéotique dès lors que l'emphytéote a manqué à son obligation d'entretien de la toiture donnée à bail. • Civ. 3ᵉ, 29 juin 2023, nº 21-21.049.

Art. L. 451-6 **Le preneur ne peut se libérer de la redevance, ni se soustraire à l'exécution des conditions du bail emphytéotique en délaissant le fonds.** – *[Anc. art. 942.]*

Art. L. 451-7 **Le preneur ne peut opérer dans le fonds aucun changement qui en diminue la valeur.**

Si le preneur fait des améliorations ou des constructions qui augmentent la valeur du fonds, il ne peut les détruire, ni réclamer à cet égard aucune indemnité. – *[Anc. art. 943.]*

Le propriétaire est fondé à demander réparation au preneur qui a procédé à l'arrachage de la vigne sans lui substituer une culture de valeur équivalente, le privant de la plus-value constituant la part principale de sa rémunération. • Civ. 3ᵉ, 5 déc. 2001, nº 99-20.871 P : *D. 2002. IR 253 ; RD rur. 2002. 3 et 178 et 285, obs. Crevel ; Gaz. Pal. 20-22 janv. 2002. 27 ; JCP N 2002. 1186, p. 409, obs. Grimonprez.*

Art. L. 451-8 **Le preneur est tenu de toutes les contributions et charges de l'héritage.**

En ce qui concerne les constructions existant au moment du bail et celles qui auront été élevées en exécution de la convention, il est tenu des réparations de toute nature, mais il n'est pas obligé de reconstruire les bâtiments, s'il prouve qu'ils ont été détruits par cas fortuit, par force majeure ou qu'ils ont péri par le vice de la construction antérieure au bail.

Il répond de l'incendie, conformément à l'article 1733 du code civil. — *[Anc. art. 944.]*

L'emphytéote qui a pris possession de locaux délabrés lors de son entrée dans les lieux a manqué à son obligation en restituant des bâtiments effondrés en l'absence de preuve d'un vice de construction. • Civ. 3e, 17 déc. 2015, nº 14-25.415 : *DP entr. agric., Bull. nº 492, p. 13.*

Art. L. 451-9 L'emphytéote peut acquérir au profit du fonds des servitudes actives, et les grever, par titres, de servitudes passives, pour un temps qui n'excédera pas la durée du bail et à charge d'avertir le propriétaire. — *[Anc. art. 945.]*

Art. L. 451-10 L'emphytéote profite du droit d'accession pendant la durée de l'emphytéose. — *[Anc. art. 946.]*

Art. L. 451-11 Le preneur a seul le droit de chasse et de pêche et exerce à l'égard des mines, carrières et tourbières tous les droits de l'usufruitier. — *[Anc. art. 948.]*

Art. L. 451-12 Les articles L. 451-1 et L. 451-9 sont applicables aux emphytéoses établies avant le 25 juin 1902 si le contrat ne contient pas de stipulations contraires. — *[Anc. art. 949.]*

Art. L. 451-13 Ainsi qu'il est dit à l'article 689 du code général des impôts, l'acte constitutif de l'emphytéose est assujetti à la taxe de publicité foncière et aux droits d'enregistrement aux taux prévus pour les baux à ferme ou à loyer d'une durée limitée.

Les mutations de toute nature ayant pour objet soit le droit du bailleur, soit le droit du preneur, sont soumises aux dispositions du code général des impôts concernant les transmissions de propriété d'immeubles. Le droit est liquidé sur la valeur vénale déterminée par une déclaration estimative des parties. — *V. CGI, art. 736, 741, 742, 1378 bis et 1400.*

Art. L. 451-14 *Abrogé par Ord. nº 2012-789 du 31 mai 2012, art. 10-I.*

En ce qui concerne les baux emphytéotiques dont peuvent faire l'objet, en faveur d'une personne privée, les biens du domaine public des collectivités territoriales, de leurs établissements publics et de leurs groupements, V. CGCT, art. L. 1311-1 s. — **CGCT.**

TITRE VI DISPOSITIONS RELATIVES À L'OUTRE-MER

(Ord. nº 2016-391 du 31 mars 2016, art. 6, en vigueur le 1er juill. 2016, ratifiée par L. nº 2017-256 du 28 févr. 2017, art. 102)

BIBL. ▶ LACHAUD, *Ann. loyers 2002. 1670* (bail rural dans les DOM).

CHAPITRE I GUADELOUPE, GUYANE, MARTINIQUE, LA RÉUNION, MAYOTTE, SAINT-BARTHÉLEMY, SAINT-MARTIN ET SAINT-PIERRE-ET-MIQUELON

(Ord. nº 2016-391 du 31 mars 2016, art. 6, en vigueur le 1er juill. 2016)

SECTION 1 Champ d'application et références

Art. L. 461-1 Les dispositions du présent livre sont applicables en Guadeloupe, en Guyane, en Martinique, à La Réunion, à Mayotte, à Saint-Barthélemy, à Saint-Martin et à Saint-Pierre-et-Miquelon sous réserve des exceptions et des adaptations prévues au présent titre.

Art. L. 461-2 Pour l'application du titre IX à Saint-Pierre-et-Miquelon, la référence au tribunal judiciaire est remplacée par la référence au tribunal de première instance.

Art. L. 461-3 Ne sont pas applicables en Guadeloupe, en Guyane, en Martinique, à La Réunion, à Mayotte, à Saint-Barthélemy, à Saint-Martin ainsi qu'à Saint-Pierre-et-Miquelon sauf disposition particulière :

1º Les chapitres I, III et VII du titre I ;

(L. nº 2017-256 du 28 févr. 2017, art. 103) **« 2º Les titres III et IV. »**

Le présent titre détermine les règles relatives aux baux ruraux applicables dans les collectivités mentionnées au premier alinéa.

Art. L. 461-4 Ne sont pas applicables à Saint-Barthélemy, à Saint-Martin et à Saint-Pierre-et-Miquelon :

1º Le premier alinéa de l'article L. 412-13 ;

2º Les alinéas 3 à 8 de l'article L. 415-3.

SECTION 2 Baux autres qu'à long terme

SOUS-SECTION 1 Conclusion, durée, prix du bail

Art. L. 461-5 Le bail à ferme d'un fonds rural soumis aux dispositions du présent titre est constaté par écrit ; à défaut d'écrit, le bail est censé être fait aux clauses et conditions du contrat type établi, pour l'ensemble de la collectivité ou pour la région agricole de la collectivité dans laquelle se trouve le fonds, par une commission consultative des baux ruraux.

Le bail peut inclure les clauses mentionnées aux deuxième à sixième alinéas de l'article L. 411-27, dans les conditions fixées à ce même article.

Un arrêté du représentant de l'État, pris après avis de ladite commission, fixe, en tenant compte des besoins locaux, la nature et la superficie maximum des parcelles de terres ne constituant pas un corps de ferme ou des parties essentielles d'une exploitation agricole qui ne sont pas soumises aux dispositions du présent titre.

Art. L. 461-6 La durée du bail ne peut être inférieure à neuf ans ; elle est fixée par l'acte écrit ou, à défaut, par le contrat type mentionné à l'article L. 461-5.

Art. L. 461-7 Le prix du fermage est évalué en une quantité de denrées. Les denrées devant servir de base au calcul du prix des baux dans les collectivités mentionnées à l'article L. 461-3 ou dans les diverses régions agricoles de ces collectivités, ainsi que les quantités de ces denrées représentant, par nature de cultures et par catégories de terres, la valeur locative normale des biens loués, sont déterminées par le représentant de l'État dans la collectivité.

Le prix du fermage tient compte, le cas échéant, de pratiques prévues dans le bail en application des cinq derniers alinéas de l'article L. 411-27.

Lorsque le bail comporte de telles clauses, le loyer peut être fixé à un prix inférieur à la valeur locative normale.

Le prix du fermage, évalué sur ces bases, est payable en nature ou en espèces, ou partie en nature et partie en espèces. Les parties optent pour le mode de paiement lors de la conclusion du bail ; faute d'option le bail se fait en espèces.

Le fermage ne peut comprendre, en sus du prix, aucune prestation ou service de quelque nature que ce soit, à titre gratuit.

SOUS-SECTION 2 Résiliation, cession et sous-location

Art. L. 461-8 Le bailleur ne peut faire résilier le bail que dans les cas suivants :

1° S'il apporte la preuve :

a) Soit de deux défauts de paiement ayant persisté à l'expiration d'un délai de trois mois après mise en demeure postérieure à l'échéance. Cette mise en demeure doit, à peine de nullité, faire mention de cette disposition ;

b) Soit d'abus de jouissance du preneur de nature à compromettre la bonne exploitation du fonds ;

c) Soit de la non-exploitation de tout ou partie du bien considéré ;

2° S'il veut changer la destination agricole sur des parcelles comprises dans le bail ; dans ce cas, les dispositions de l'article L. 411-32 sont applicables.

Le fait que le preneur applique sur les terres prises à bail des pratiques ayant pour objet la préservation de la ressource en eau, de la biodiversité, des paysages, de la qualité des produits, des sols et de l'air, la prévention des risques naturels et la lutte contre l'érosion ne peut être invoqué à l'appui d'une demande de résiliation formée en application du présent article.

Abus de jouissance. La construction d'une maison d'habitation entourée d'un espace urbanisé sur une emprise agricole constitue un abus de jouissance qui compromet l'exploitation du fonds. • Civ. 3e, 8 sept. 2016, n° 15-14.080 : *AJDI 2016. 700*. ♦ Est fondée la résiliation pour abus de jouissance en l'absence d'exploitation du fonds pendant près de dix ans ayant eu pour conséquence la disparition du verger et des plantations existant lors de la mise à disposition des lieux, l'état des lieux d'entrée établissant le bon état de la terre et des plantations, et le preneur n'établissant pas la remise en état des lieux sollicitée par le conseil général. • Civ. 3e, 18 janv. 2018, n° 16-24.679 : *AJDI 2018. 212*.

Art. L. 461-9 En cas de décès du preneur, son conjoint ou le partenaire avec lequel il est lié par un pacte civil de solidarité, ses ascendants et ses descendants qui participent à l'exploitation ou qui y ont participé effectivement et de façon continue pendant au moins un an au cours des cinq années qui ont précédé le décès bénéficient conjointement du bail en cours. Ce dernier peut, toutefois, être attribué par le tribunal paritaire des baux ruraux au conjoint ou à l'un des ayants droit réunissant les conditions précitées. En cas de demandes multiples, le tribunal paritaire des baux ruraux se prononce en considération des intérêts en présence et de l'aptitude des différents postulants à gérer l'exploitation et à s'y maintenir.

Les ayants droit du preneur ont également la faculté de demander la résiliation du bail dans les six mois du décès de leur auteur.

La même faculté est accordée au bailleur lorsque le preneur ne laisse pas de conjoint ou d'ayant droit réunissant les conditions énoncées au premier alinéa du présent article.

La résiliation du bail peut encore être demandée par le preneur lorsque lui-même ou l'un des membres de sa famille indispensable au travail de la ferme est frappé d'incapacité de travail grave et permanente, lorsque la famille est privée, par suite de décès, d'un ou de plusieurs de ses membres indispensables au travail de la ferme ou lorsque le preneur est devenu propriétaire ou locataire d'une autre ferme qu'il doit exploiter lui-même.

Est mal fondée la cour qui valide la reprise au motif que la veuve n'a formé aucune demande de bénéficier du bail en cours alors qu'aucune disposition n'impose au conjoint survivant de former une demande visant à la poursuite du bail. • Civ. 3e, 6 oct. 2016, n° 15-14.928 P : *D. 2016. 2065* ; *D. actu. 23 nov. 2016, note Prigent ; JCP N 2016. Actu. 1136 ; JCP 2016. 1135 ; RD rur. 2017, n° 6, note Bosse-Platière ; Defrénois 2017, n° 31-33, p. 60, note Delorme.*

Art. L. 461-10 Nonobstant les dispositions de l'article 1717 du code civil, toute cession de bail est interdite ainsi que toute cession partielle, toute sous-location et toute attribution en métayage, sauf si ces opérations sont consenties avec l'accord exprès et écrit du bailleur par l'un des organismes mentionnés à l'article L. 181-23.

SOUS-SECTION 3 Congé, renouvellement, reprise

Art. L. 461-11 Tout preneur a droit au renouvellement de son bail, sauf :

1° Si le bailleur justifie de l'un des motifs prévus à l'article L. 461-8 ;

2° Si le bailleur invoque un droit de reprise ;

3° Si le preneur ne respecte pas les clauses mentionnées au deuxième alinéa de l'article L. 461-5.

Art. L. 461-12 Lors du renouvellement et à défaut d'accord des parties, le tribunal paritaire des baux ruraux fixe le prix du nouveau bail. Les autres clauses et conditions sont celles du bail précédent ; le tribunal paritaire des baux ruraux peut, toutefois, en tant que de besoin, modifier ces clauses à la demande d'une des parties.

Le renouvellement du bail a pour effet de reporter à l'époque de sa sortie du fonds l'exercice par le preneur de son droit éventuel à indemnité.

Art. L. 461-13 Le bailleur peut refuser le renouvellement du bail s'il reprend le fonds pour l'exploiter personnellement d'une manière effective et permanente en participant aux travaux sur les lieux pendant au moins neuf ans.

Le même droit appartient aux sociétés dont l'objet est principalement agricole et dont les membres appelés à en assumer la direction participent effectivement aux travaux.

Le bailleur peut également refuser le renouvellement du bail en vue d'installer un de ses descendants ou un descendant de son conjoint ou du partenaire avec lequel il est lié par un pacte civil de solidarité, majeur ou mineur émancipé de plein droit, qui devra exploiter le fonds dans les conditions fixées ci-dessus. Le bailleur justifie que le bénéficiaire de la reprise répond aux conditions de capacité ou d'expérience professionnelle mentionnées aux articles L. 331-2 à L. 331-5 ou qu'il a bénéficié d'une autorisation d'exploiter en application de ces dispositions.

Par dérogation aux dispositions de l'article L. 461-6, le droit de reprise prévu à l'alinéa qui précède peut être exercé en cours de bail à l'expiration de l'une des périodes prévues par le contrat type si le bailleur s'est expressément réservé cette faculté lors de la conclusion du bail.

Art. L. 461-14 Au cas où il viendrait à être établi soit que celui qui a invoqué le droit de reprise ne se trouve pas dans les conditions permettant l'exploitation effective et permanente du fonds, prévue à l'article L. 461-13, soit que le propriétaire n'a exercé la reprise du fonds ou de partie du fonds qu'afin de faire fraude au droit du preneur, notamment par des opérations de location ou de vente, le preneur a droit soit au maintien dans les lieux si la décision validant le congé n'a pas encore été exécutée, soit à la réintégration dans le fonds ou à la reprise en jouissance des parcelles avec ou sans dommages-intérêts, soit à des dommages-intérêts.

Art. L. 461-15 Le bailleur ne peut exercer son droit de reprise si la superficie totale des exploitations dont disposerait le bénéficiaire de la reprise excède le seuil de contrôle fixé en application du schéma directeur des exploitations agricoles, à moins que ledit bénéficiaire ne justifie de l'autorisation prévue à l'article L. 331-2.

Art. L. 461-16 Le bailleur peut refuser le renouvellement du bail sur la partie des terres nécessaires à la construction pour son usage ou celui de sa famille d'une maison d'habitation avec dépendances et jardin, ainsi que sur la partie nécessaire à la création ou à l'extension d'une entreprise industrielle ou artisanale.

Art. L. 461-17 Le propriétaire qui entend s'opposer au renouvellement doit notifier congé au preneur dix-huit mois au moins avant l'expiration du bail.

Le congé peut être déféré au tribunal paritaire des baux ruraux par le preneur dans un délai de quatre mois à dater de sa réception, sous peine de forclusion.

A peine de nullité, le congé doit mentionner les motifs allégués par le propriétaire, indiquer, en cas de reprise, l'identité ou la raison sociale, le domicile ou le siège social, l'activité principale du ou des bénéficiaires éventuels, et reproduire les termes de l'alinéa précédent.

SOUS-SECTION 4 Indemnité du preneur sortant

Art. L. 461-18 Quelle que soit la cause de la cessation du bail, le preneur sortant qui a apporté des améliorations au fonds loué a droit, à l'expiration du bail, à une indemnité due par le bailleur.

Art. L. 461-19 Les améliorations consistant en constructions, plantations, ouvrages ou travaux de transformation du sol n'ouvrent droit à indemnité que si elles résultent d'une clause du bail ou si, à défaut d'accord du propriétaire, elles ont été autorisées par le tribunal paritaire des baux ruraux. Il en est de même des travaux ayant pour objet de permettre d'exploiter le bien loué en conformité avec la législation ou la réglementation.

En ce qui concerne les travaux imposés par l'autorité administrative, le preneur notifie au bailleur la proposition de réaliser les travaux.

Le bailleur peut décider de les prendre en charge dans un délai fixé en accord avec le preneur.

En cas de refus du bailleur ou s'il ne répond pas dans les deux mois de la notification, ou s'il ne respecte pas son engagement d'exécuter les travaux prescrits dans le délai convenu, le preneur est réputé disposer de l'accord du bailleur pour l'exécution de ces travaux.

Art. L. 461-20 Pour le paiement de l'indemnité, le juge peut accorder au bailleur des délais n'excédant pas deux années.

SOUS-SECTION 5 Droit de préemption et droit de priorité

Art. L. 461-21 Les règles relatives à l'exercice du droit de préemption et du droit de priorité dans les collectivités mentionnées à l'article L. 461-3 sont celles fixées par les articles L. 412-1 à L. 412-13 sous réserve des adaptations ci-après :

1° Le renvoi à l'article L. 411-3 est remplacé par un renvoi au deuxième alinéa de l'article L. 461-5 ;

2° Le renvoi au premier alinéa de l'article L. 411-34 est remplacé par un renvoi au premier alinéa de l'article L. 461-9 ;

3° Le renvoi aux articles L. 411-58 à L. 411-63 et L. 411-67 est remplacé par un renvoi aux articles L. 461-11 à L. 461-17.

SOUS-SECTION 6 Dispositions diverses

Art. L. 461-22 Pendant la durée du bail, le preneur peut effectuer des échanges ou prendre en location des parcelles dans le but d'assurer une meilleure exploitation.

Le propriétaire doit être, préalablement à l'échange, informé de celui-ci par le preneur. En cas de désaccord entre les parties, l'échange peut être autorisé par le tribunal paritaire des baux ruraux dans la limite du quart de la surface totale du fonds loué.

Art. L. 461-23 Pendant la durée du bail, le preneur peut, sous la condition d'en avertir trois mois à l'avance le bailleur, pour réunir et grouper plusieurs parcelles attenantes, faire disparaître, dans les limites du fonds loué, les talus, haies, rigoles et arbres qui les séparent ou les morcellent, lorsque ces opérations ont pour conséquence d'améliorer les conditions de l'exploitation sans nuire à la conservation des sols.

Art. L. 461-24 Les baux du domaine de l'État, des collectivités territoriales, de leurs groupements, des établissements publics et des organismes mentionnés à l'article L. 181-23, lorsqu'ils portent sur des biens ruraux constituant ou non une exploitation agricole complète, sont soumis aux dispositions du présent titre.

Toutefois, le preneur ne peut invoquer le droit au renouvellement du bail lorsque la collectivité, le groupement ou l'établissement public lui a fait connaître, dans le congé, sa décision d'utiliser les biens loués, directement et en dehors de toute aliénation, à une fin d'intérêt général.

En outre, en cas d'aliénation, le preneur ne peut exercer le droit de préemption si l'aliénation est consentie à un organisme ayant un but d'intérêt public et si les biens vendus sont nécessaires à la réalisation de l'objectif poursuivi par l'organisme acquéreur.

Enfin, le bail peut à tout moment être résilié sur tout ou partie des biens loués lorsque ces biens sont nécessaires à la réalisation d'un projet d'utilité publique ; dans ce cas, le preneur a droit à une indemnité, à raison du préjudice qu'il subit.

Art. L. 461-25 A la condition d'en aviser le bailleur par lettre recommandée avec demande d'avis de réception ou par tout autre moyen permettant d'établir date certaine, au plus tard dans les deux mois qui suivent la mise à disposition, le preneur associé d'une société à objet principalement agricole peut mettre à la disposition de celle-ci, pour une durée qui ne peut excéder celle pendant laquelle il reste titulaire du bail, tout ou partie des biens dont il est locataire, sans que cette opération puisse donner lieu à l'attribution de parts. Cette société doit être constituée entre personnes physiques et, soit être dotée de la personnalité morale, soit, s'il s'agit d'une société en participation, être régie par des statuts établis par un acte ayant acquis date certaine.

L'avis adressé au bailleur mentionne le nom de la société, le tribunal de commerce auprès duquel la société est immatriculée et les parcelles que le preneur met à sa disposition. Le preneur avise le bailleur, dans les mêmes formes, du fait qu'il cesse de mettre le bien loué à disposition de la société ainsi que de tout changement intervenu dans les éléments énumérés ci-dessus. Cet avis doit être adressé dans les deux mois consécutifs au changement de situation.

Le bail ne peut être résilié que si le preneur n'a pas communiqué les informations prévues au deuxième alinéa dans un délai d'un an après mise en demeure par le bailleur par lettre recommandée avec demande d'avis de réception. La résiliation n'est toutefois pas encourue si les omissions ou irrégularités constatées n'ont pas été de nature à induire le bailleur en erreur.

Le preneur qui reste seul titulaire du bail doit, à peine de résiliation, continuer à se consacrer à l'exploitation du bien loué mis à disposition, en participant sur les lieux aux travaux de façon effective et permanente, selon les usages de la région et en fonction de l'importance de l'exploitation.

Les droits du bailleur ne sont pas modifiés. Les coassociés du preneur, ainsi que la société si elle est dotée de la personnalité morale, sont tenus indéfiniment et solidairement avec le preneur de l'exécution des clauses du bail.

Art. L. 461-26 Le preneur ne peut faire apport de son droit au bail à une société civile d'exploitation agricole ou à un groupement de propriétaires ou d'exploitants qu'avec l'agrément personnel du bailleur et sans préjudice du droit de reprise de ce dernier.

En cas de contravention aux dispositions du premier alinéa, le propriétaire a le droit de rentrer en jouissance et le preneur est condamné aux dommages-intérêts résultant de l'inexécution du bail.

SECTION 3 Baux à long terme

Art. L. 461-27 Pour l'application des articles L. 416-1 à L. 416-8 dans les collectivités mentionnées à l'article L. 461-3 :

1° Au deuxième alinéa de l'article L. 416-1 et au troisième alinéa de l'article L. 416-2, le chiffre : "neuf" est remplacé par le chiffre : "six" pour ce qui concerne la durée de période de renouvellement des baux à long terme. Le bail est renouvelé dans les conditions prévues aux articles L. 461-11 à L. 461-17 ;

2° Au troisième alinéa de l'article L. 416-1, les mots : "tribunal paritaire" sont remplacés par les mots : "tribunal judiciaire" ou, à Saint-Pierre-et-Miquelon, par les mots : "tribunal de première instance" ;

3° Au quatrième alinéa de l'article L. 416-2, la référence aux articles L. 411-35 et L. 411-38 est remplacée par la référence aux articles L. 461-9 et L. 461-10 ;

4° Au quatrième alinéa de l'article L. 461-1 et à l'article L. 416-3, la référence à la section 8 du chapitre I du présent titre est remplacée une référence à la section 4 du chapitre I du présent titre ;

5° Au premier alinéa de l'article L. 416-3, le mot : "quatrième" est remplacé par le mot : "troisième" ;

6° A l'article L. 416-4, le chiffre : "neuf" est remplacé par le chiffre : "six" ;

7° A l'article L. 416-8, la référence aux chapitres I, II, V et VII du présent titre est remplacée par la référence aux articles L. 461-5 à L. 461-30.

Art. L. 461-28 Pour l'application des dispositions du premier alinéa de l'article L. 416-7 à la Guadeloupe, à la Guyane, à la Martinique, à La Réunion et à Mayotte, lorsque le bail a été consenti au bénéficiaire de la transmission, à son conjoint, à un de leurs descendants ou à une société contrôlée par une ou plusieurs de ces personnes, l'exonération s'applique seulement, quel que soit le nombre de transmissions successives intervenant du chef d'une même personne, dans la limite d'un seuil au plus égal à une fois et demie le seuil minimum d'installation fixé en application de l'article L. 371-7.

SECTION 4 Dispositions d'application

Art. L. 461-29 Les dispositions du présent titre sont d'ordre public. Toute clause ou stipulation tendant à restreindre les droits reconnus au preneur est réputée non écrite.

Art. L. 461-30 Les conditions d'application du présent titre sont fixées par décret en Conseil d'État.

CHAPITRE II WALLIS-ET-FUTUNA, POLYNÉSIE FRANÇAISE ET NOUVELLE-CALÉDONIE

(Ord. n° 2016-391 du 31 mars 2016, art. 6, en vigueur le 1er juill. 2016)

Art. L. 462-1 Les dispositions du présent livre ne sont pas applicables dans les îles Wallis-et-Futuna, en Polynésie française et en Nouvelle-Calédonie.

TITRE VII LOCATION DE JARDINS FAMILIAUX

COMMENTAIRE

Les locations de jardins familiaux ne sont pas soumises au statut du fermage, ce qui est justifié puisque l'activité qui est déployée sur ces fonds n'a pas un caractère agricole. En effet, la destination de l'activité de culture de tels fonds est d'assurer la consommation et la subsistance du foyer et non la vente de la production. ❑

Art. L. 471-1 A défaut d'accord contraire fixant une durée plus longue, toute location de jardins familiaux que leurs exploitants cultivent personnellement en vue de subvenir aux besoins de leur foyer, à l'exclusion de tout usage commercial, est censée faite pour un an et renouvelable par tacite reconduction.

Nonobstant toute clause et tous usages contraires, toute location de jardins familiaux ne cesse à l'expiration du terme fixé par la convention ou par la loi que par l'effet d'un congé donné par écrit par l'une des parties à l'autre, avec un délai minimum de trois mois.

Toutefois, lorsque le congé aura été donné entre le 1er février et le 1er août, il ne pourra prendre effet qu'au 11 novembre suivant. – *[Anc. art. 951.]*

L'essence du jardin familial est de subvenir aux besoins du foyer et non d'assurer une exploitation. • Aix-en-Provence, 31 oct. 1990 : *Ann. loyers 1993. 532.*

Art. L. 471-2 Le congé est valablement notifié par lettre recommandée avec demande d'avis de réception.

Le bailleur doit, à peine de nullité, en faire connaître le ou les motifs, en indiquant, de façon non équivoque, la destination qu'il entend dans l'avenir donner au terrain.

Si l'unique motif du congé est l'insuffisance du loyer, le bailleur est tenu d'indiquer le prix qu'il exige. A défaut d'accord, la partie la plus diligente a la faculté de saisir le juge compétent, dans les conditions prévues à l'article L. 471-7. Le juge, après s'être entouré de tous renseignements qu'il estime utiles, fixe le loyer, par analogie avec les prix payés pour les terrains similaires dans la localité. – *[Anc. art. 952.]*

Art. L. 471-3 Si le motif formulé par le bailleur se révèle inexact, le preneur peut être autorisé par le juge du tribunal *(Ord. nº 2019-964 du 18 sept. 2019, art. 35)* « judiciaire » à reprendre la jouissance du terrain, dans les conditions fixées au dernier alinéa de l'article L. 471-2 et peut obtenir la condamnation du bailleur à des dommages-intérêts.

La même faculté lui est accordée si le terrain reste inutilisé. – *[Anc. art. 953.]*

Art. L. 471-4 A l'expiration du bail, une indemnité peut être due au locataire, en raison de la plus-value apportée au fonds.

A défaut d'accord amiable, cette indemnité est fixée judiciairement, selon les règles édictées à l'article L. 471-7. Elle tient compte de l'ancienneté de la mise en culture, des frais de premier établissement et de tous éléments utiles.

L'indemnité pour la plus-value apportée au fonds n'est pas due dans le cas où le propriétaire reprend son terrain pour construire. – *[Anc. art. 954.]*

Art. L. 471-5 Les dispositions du présent titre sont applicables de plein droit aux locations en cours à la date du 1er novembre 1952. – *[Anc. art. 955.]*

Art. L. 471-6 Les dispositions du présent titre concernent tous les locataires ou exploitants de bonne foi de jardins familiaux, ainsi que les associations ou sociétés de jardins ouvriers, définies aux articles L. 561-1 et L. 561-2 pour les terrains qu'elles répartissent, à l'exception des membres bénéficiaires de ces associations ou sociétés.

Elles s'appliquent aux locations de terrains consenties par les administrations publiques, en vue de leur utilisation comme jardins familiaux.

La bonne foi, au sens du présent article, résulte du fait que l'occupation a été connue et autorisée, même tacitement, par le propriétaire, encore que celui-ci n'ait réclamé le paiement d'aucun loyer ou d'aucune indemnité. – *[Anc. art. 956.]*

Art. L. 471-7 Le juge du tribunal *(Ord. nº 2019-964 du 18 sept. 2019, art. 35)* « judiciaire » connaît des contestations relatives à l'application du présent titre, selon les règles de compétence et de procédure applicables à cette juridiction. – *[Anc. art. 957.]* – *V. COJ, art. R. 321-11.* – ***C. pr. civ.***

TITRE VIII CONTRATS D'EXPLOITATION DE TERRES À VOCATION PASTORALE

COMMENTAIRE

Des conventions pluriannuelles d'exploitation agricole ou de pâturage qui ne sont pas soumises au statut peuvent être conclues, dans les zones de montagne et dans les communes délimitées par l'administration en application de l'article L. 113-2 du code rural. Il s'agit d'un choix dont il convient de garder la preuve pour pouvoir écarter l'application du statut du fermage. Cette convention permet au propriétaire d'organiser les conditions d'exploitation du fonds librement. Cette souplesse est accordée principalement pour que ces zones conservent leur vocation pastorale ou extensive tout en permettant que les activités s'y diversifient ; il s'agit de permettre la protection de l'environnement tout en sauvegardant l'activité économique et le tissu social local. Ainsi, il peut être conclu, alors qu'existe une convention prévoyant la mise en valeur du fonds, des contrats visant à permettre l'exploitation d'installations sportives (ski) ou à organiser l'hébergement de touristes.

La loi n° 2005-157 du 23 février 2005 relative au développement des territoires ruraux a cherché à faciliter et étendre le champ d'application de ces conventions. D'une part, il a été prévu que, au cas où un arrêté serait pris, la durée minimale de ces contrats serait de cinq ans, ceci pour permettre aux exploitants de prendre des engagements leur permettant de bénéficier de mesures agro-environnementales qui sont prévues pour cinq ans (V. anc. art. R. 341-13), sans risque de remise en cause des avantages obtenus par la possible reprise des terres louées concomitamment. De plus, tenant compte de la jurisprudence récente et du contexte de fréquente carence d'arrêtés préfectoraux dans les régions concernées, il a été prévu la possibilité de conclure ces contrats d'exploitation en l'absence d'arrêté, la loi prévoyant les conditions de durée et de prix alors applicables. D'autre part, la loi étend le champ d'application de ces conventions hors zones de montagne, dans les espaces de pâturage extensif déterminés par arrêté préfectoral, ainsi que dans les zones de pâturage extensif saisonnier dans le périmètre d'une association foncière pastorale relevant du régime forestier.

La loi n° 2016-1888 du 28 décembre 2016 de modernisation, de développement et de protection des territoires de montagne permet, sous réserve d'un arrêté préfectoral, que la durée des conventions soit portée à neuf ans et prévoit l'actualisation du loyer par application de l'indice national du fermage. ❑

Art. L. 481-1 *(L. n° 90-85 du 23 janv. 1990)* **Les terres situées dans les régions définies en application de l'article L. 113-2 du code rural et de la pêche maritime peuvent donner lieu pour leur exploitation :**

a) **Soit à des contrats de bail conclus dans le cadre du statut des baux ruraux ;**

b) **Soit à des conventions pluriannuelles d'exploitation agricole ou de pâturage. Ces conventions peuvent prévoir les travaux d'aménagement, d'équipement ou d'entretien qui seront mis à la charge de chacune des parties.** *(L. n° 2016-1888 du 28 déc. 2016, art. 53)* **« Elles sont conclues pour une durée minimale de cinq ans. Un arrêté du représentant de l'État dans le département pris après avis de la chambre d'agriculture peut porter cette durée minimale jusqu'à neuf ans. Elles sont conclues pour un loyer inclus dans les limites fixées pour les conventions de l'espèce par arrêté du représentant de l'État dans le département pris après avis de la chambre d'agriculture. »** *(L. n° 2005-157 du 23 févr. 2005, art. 120-V)* **« En l'absence d'un tel arrêté, ces conventions sont conclues** *(Abrogé par L. n° 2016-1888 du 28 déc. 2016, art. 53)* ***« pour une durée de cinq ans et »*** **pour un loyer conforme aux maxima et minima exprimés en monnaie fixés selon les modalités prévues au troisième alinéa de l'article L. 411-11.**

« Hors des zones de montagne, le représentant de l'État dans le département détermine, par arrêté pris après avis de la chambre d'agriculture, les espaces pour usage de pâturage extensif saisonnier ainsi que la durée et le loyer des conventions conclues conformément aux termes du *b.* »

L'existence d'une convention pluriannuelle d'exploitation agricole ou de pâturage ou d'un bail rural ne fait pas obstacle à la conclusion par le propriétaire d'autres contrats pour l'utilisation du fonds à des fins non agricoles pendant, notamment, la période continue d'enneigement ou d'ouverture de la chasse, dans des conditions compatibles avec les possibilités de mise en valeur pastorale ou extensive.

(L. n° 2016-1888 du 28 déc. 2016, art. 53) **« Le loyer est actualisé chaque année selon les modalités prévues au quatrième alinéa de l'article L. 411-11. »**

V. aussi, pour les terres à vocation pastorale appartenant à une section de commune, CGCT, art. L. 2411-10. – **CGCT.**

BIBL. ▶ LACHAUD, *Ann. loyers 1991. 611 ; Gaz. Pal. 1994. 1. Doctr. 278 ; Ann. loyers 1997. 1197 ; RD rur. 1998. 201* (le pâturage et le droit).

a. Qualification

1. Sur le pouvoir souverain des juges du fond pour apprécier l'intention des parties, V. • Civ. 3e, 16 juin 1993 : *Rev. huiss. 1993. 1043, note Lièvremont ; Gaz. Pal. 1994. 1. 162, note Lachaud ; JCP N 1994. II. 62, obs. Moreau* • 21 juin 1995, n° 93-15.377 P : *Rev. huiss. 1996. 203, obs. Pitaud ; RD rur. août-sept. 1995, p. 87.*

2. Preuve. La charge de la preuve pèse sur celui qui invoque l'existence d'une convention pluriannuelle de pâturage. • Civ. 3e, 1er juill. 1998 : *RD rur. 1998. 498* • 8 oct. 2015, n° 14-18.177. ♦ A défaut d'apporter cette preuve, la convention conclue est soumise au statut du fermage. • Civ. 3e, 4 oct. 2000 : *AJDI 2001. 450, obs. Giraudel.*

3. Critère. Sont mal fondés les juges qui retiennent l'existence d'un convention pluriannuelle d'exploitation agricole sans avoir recherché si le preneur n'assurait pas des obligations de culture ou d'entretien des parcelles. • Civ. 3e, 29 janv. 2002 : *RD rur. 2002. 315 ; ibid. 2003. 41, obs. Crevel.* ♦ Jugeant qu'à défaut pour le propriétaire de rapporter la preuve de l'absence de tout entretien des parcelles par le preneur, il ne justifie pas de l'intention des parties quant à la conclusion d'une convention pluriannuelle de pâturage, V. • Aix-en-Provence, 12 nov. 1996 : *Ann. loyers 1997. 935, note Lachaud.* ♦ La convention prévoyant l'exercice de l'élevage entre le 1er mai et le 30 oct. sans activité d'entretien ou de culture en dehors de l'estive est une convention pluriannuelle de pâturage, même si le bailleur a permis au preneur d'exercer une activité commerciale de restauration l'hiver dans un des bâtiments loués. • Civ. 3e, 1er févr. 2012, n° 11-11.487 : *DP entr. agric., Bull. n° 450, p. 8 ; AJDI 2012. 282 ; RD rur. 2012, n° 25, note Crevel.* ♦ Les conventions pluriannuelles peuvent prévoir des obligations d'aménagement, d'équipement ou d'entretien. • Civ. 3e, 8 oct. 2015, n° 14-18.117 : *Gaz. Pal. 2015. 3726, obs Feschotte-Desbois.*

4. L'action en requalification en bail rural d'une convention pluriannuelle de pâturage se prescrit par cinq ans à compter de sa conclusion, l'action en requalification de chaque convention née ensuite par tacite reconduction se prescrit à compter de sa prise d'effet. • Civ. 3e, 16 nov. 2023, n° 21-18.360 P : *D. 2023. 2046 ; JCP 2023. 1363 ; Gaz. Pal. 28 nov. 2023, p. 29.*

5. Jurisprudence antérieure à la loi du 23 févr. 2005. Conditions de l'arrêté. L'arrêté préfectoral, dont la validité n'a pas été contestée, ne fixant aucune limite de durée pour les conventions pluriannuelles de pâturage conclues dans le département, les parties ont pu valablement conclure une convention non soumise au statut du fermage et en fixer la durée. • Cass., ass. plén., 28 mars 2003, n° 01-12.228 P : *RD rur. 2003. 279 ; AJDI 2003. 680, obs. Plazy ; Ann. loyers 2003. 760, obs. Lachaud ; Gaz. Pal. 20-21 juin 2003. 29 et 31 oct.-1er nov. 2003. 24 ; JCP N 2003. 1579 ; Rev. loyers 2003. 358, obs. Peignot ; JCP 2002. 654 ; ibid. 2003. IV. 1923.* ♦ *Contra* : • Civ. 3e, 21 juin 2000, n° 98-22.829 P : *RD rur. 2000. 536, obs. Crevel ; JCP 2000. IV. 2390 ; Gaz. Pal. 3-4 oct. 2001, p. 24, obs. Lachaud* • Chambéry, 12 juin 2002 : *Gaz. Pal. 20-21 juin 2003. 27, obs. Lachaud.*

6. Le nu-propriétaire doit consentir avec l'usufruitier à la convention pluriannuelle de pâturage. • Civ. 3e, 29 nov. 2018, n° 17-17.442 P : *D. 2018. 2363 ; D. actu. 7 janv. 2019, note Prigent ; Defrénois 2018, n° 48, p. 9 ; JCP N 2018. Actu. 921 ; DP entr. agric., Bull. n° 524, p. 10 ; RD rur. 2019, n° 18, note Crevel ; JCP N 2019. 1165, note Crevel ; Rev. loyers 2019, n° 993, p. 32, note Peignot ; Gaz. Pal. 2019. 1088, note Jaoul.*

7. Sur l'impossibilité de conclure des conventions pluriannuelles à défaut de l'arrêté préfectoral prévu, V. * Rép. min. n° 371 : *JO Sénat Q, 12 août 1993, p. 1383.* ♦ Sur la possibilité de conclure un avenant destiné à se substituer rétroactivement à un bail pastoral nul pour défaut d'arrêté, V. • Civ. 3e, 24 nov. 1999 : *RD rur. 2000. 210, obs. Crevel ; Ann. loyers 2000. 2031.* ♦ Pour un exemple de requalification en bail rural d'une convention pluriannuelle d'exploitation agricole dont le loyer dépassait le maximum prévu par l'arrêté préfectoral : • Civ. 3e, 19 déc. 2000 : *AJDI 2001. 450, obs. Giraudel.* – V. aussi • Riom, 4 nov. 1997 : *RD rur. 1998. 315 ; Gaz. Pal. 1998. 1. 226, note Lachaud.*

b. Régime

8. Les conventions pluriannuelles d'exploitation agricole ou de pâturage conclues avant la loi du 23 févr. 2005 prévoyant une durée de renouvellement inférieure à cinq ans ne sont pas automatiquement soumises au statut du fermage lors du renouvellement postérieur à l'entrée en vigueur de la loi. • Civ. 3e, 2 juill. 2014, n° 13-18.001 : *AJDI. 2014. 792 ; RD rur. 2014, n° 232, note Crevel.*

9. Les conventions pluriannuelles peuvent prévoir des travaux d'aménagement, d'équipement, d'entretien à la charge de chacune des parties. • Cass., ass. plén., 28 mars 2003 : *préc. note 5.*

Art. L. 481-2 *(L. n° 92-1283 du 11 déc. 1992)* **Les contestations relatives à l'application des dispositions de l'article L. 481-1 sont portées devant le tribunal paritaire des baux ruraux.**

Pour une application de l'art. L. 481-2, V. • T. par. baux rur. Privas, 31 janv. 1994 : *BICC 1994, n° 561 ; Rev. huiss. 1994. 855.*

Art. L. 481-3 *(L. n° 2005-157 du 23 févr. 2005, art. 121-I)* **Les espaces à usage de pâturage extensif saisonnier et relevant du régime forestier peuvent donner lieu à l'établissement de conventions pluriannuelles de pâturage prévues aux articles L. 481-1 et L. 481-2.**

Art. L. 481-4 *(L. n° 2005-157 du 23 févr. 2005, art. 121-I)* **Lorsque des espaces à usage de pâturage extensif saisonnier inclus dans le périmètre d'une association foncière pastorale relèvent du régime forestier, leur utilisation est concédée à l'association foncière pastorale qui les met à la disposition des éleveurs dans les conditions prévues à l'article L. 481-3.**

TITRE IX DU TRIBUNAL PARITAIRE DES BAUX RURAUX

(Ord. n° 2006-673 du 8 juin 2006, art. 7)

BIBL. GÉN. ▸ Tribunaux paritaires, *DP entr. agric.* – REVERCHON-BILLOT, *RD rur. 2020. Étude 31* (incidences des réformes de la justice sur le tribunal paritaire des baux ruraux) ; *RD rur. 2021. Formule 1* (saisir le tribunal paritaire des baux ruraux par requête conjointe).

RÉP. PR. CIV. v° *Tribunaux paritaires de baux ruraux*, par LAGARDE.

CHAPITRE I INSTITUTION ET COMPÉTENCE

COMMENTAIRE

La loi du 23 mars 2019 a engagé une importante réforme de la procédure civile complétée par plusieurs décrets. Le nouveau schéma procédural en vigueur au tribunal judiciaire depuis le 1er janvier 2020 s'applique par principe au tribunal paritaire des baux ruraux, mais sous réserve des particularités prévues aux articles 880 et suivants du code de procédure civile. La procédure est orale au tribunal paritaire sans représentation obligatoire. La conciliation préalable est obligatoire et le tribunal peut déléguer sa mission de conciliation.

En application de l'article 446-2 du code de procédure civile, si toutes les parties comparantes formulent leurs prétentions et moyens par écrit et sont assistées ou représentées par un avocat, les conclusions sont soumises aux règles de la procédure écrite. ❑

Art. L. 491-1 *(Ord. n° 2019-964 du 18 sept. 2019, art. 21, en vigueur le 1er janv. 2020)* **Il est créé, dans le ressort de chaque tribunal judiciaire, au moins un tribunal paritaire des baux ruraux qui est seul compétent pour connaître des contestations entre bailleurs et preneurs de baux ruraux relatives à l'application des titres I à VI et VIII du livre IV du présent code.** — *V. art. R. 491-1.*

Sur la compétence du tribunal paritaire des baux ruraux pour les contestations relatives aux conventions pluriannuelles de pâturage, V. art. L. 481-2.

V. cependant, sur la compétence du tribunal administratif pour régler les litiges concernant les baux renouvelés de terrains situés à l'intérieur des périmètres de protection des prélèvements d'eau, CSP art. L. 1321-2. — ***CSP.***

1. Nécessité d'un bail. Les tribunaux paritaires sont incompétents pour connaître : d'un contrat qualifié de contrat de travail. • Soc. 10 juill. 1953 : *Bull. civ. IV, n° 556* • 17 janv. 1957 : *ibid. IV, n° 58.* ♦ ... Ou d'un contrat innomé mettant partie d'un fonds rural à la disposition du bénéficiaire. • Soc. 15 févr. 1952 : *D. 1952. 613, note Savatier ; Bull. civ. III, n° 145.* ♦ ... Ou pour connaître d'un litige relatif à un hangar destiné à l'exercice de la profession du locataire. • Soc. 19 nov. 1953 : *Bull. civ. IV, n° 725.* ♦ ... Ou lorsqu'il s'agit d'une action principale ou récursoire à la suite de vente d'animaux atteints de vices rédhibitoires. • Soc. 21 nov. 1959 : *Bull. civ. IV, n° 1173.* ♦ Le TGI est compétent pour un litige opposant deux voisins se disant titulaires d'un bail sur les mêmes parcelles au sujet d'une exploitation non autorisée, alors que les bailleurs n'étaient pas à la cause. • Civ. 3e, 24 mai 2017, n° 16-14029 : *AJDI 2017. 535* ♦ La demande de dommages-intérêts d'un GAEC à l'encontre du preneur pour résiliation prématurée du bail mis à la disposition du groupement n'est pas de la compétence du tribunal paritaire. • Bourges, 2 févr. 2017, n° 16/00082 : *RD rur. 2017, n° 190.*

2. Bail rural. Il n'est pas prévu de dérogation à la compétence du tribunal paritaire pour les baux de petites parcelles. • Civ. 3e, 9 nov. 2011, n° 10-26.621 : *DP entr. agric., Bull. n° 447. 12 ; AJDI 2012. 212 ; RD rur. 2012, n° 2, note Crevel ; Rev. loyers 2012, n° 923, note Peignot.* ♦ Le tribunal paritaire est incompétent pour connaître du litige entre des parties liées par une convention d'occupation précaire au sens de l'art. L. 411-2. • Civ. 3e, 5 janv. 2012, n° 10-27.947 : *DP entr. agric., Bull. n° 449, p. 8, obs. Roussel ; RD rur. 2012, n° 11, note Crevel ; JCP 2012. 98 ; Rev. loyers 2012. 116, note Peignot.*

3. Mais le tribunal paritaire, en l'absence de tout texte le lui interdisant, a le pouvoir de statuer sur sa propre compétence, et en particulier de se prononcer sur l'existence d'un bail rural dont dépend cette compétence. • Civ. 3e, 14 déc. 1976 : *Bull. civ. III, n° 458* • Toulouse, 29 oct. 1993 : *BICC 1994, n° 67 ; Rev. huiss. 1994. 472.* ♦ L'exception de bail rural invoquée devant le juge des référés constitue toutefois une contestation sérieuse. • Angers, 17 oct. 1988 : *D. 1990. Somm. 38, obs. Martine* . ♦ Sur la notion de bail rural, V. jurisprudence ss. art. L. 411-1.

4. L'action en nullité du bail rural consenti par l'usufruitier seul, engagée par le nu-propriétaire sur le fondement de l'art. 595, al. 4, C. civ. relève de la compétence du tribunal paritaire qui connaît de toutes les contestations dont le bail rural est l'occasion. • Civ. 3e, 10 juill. 2002, n° 01-02.742 P : *RD rur. 2002. 464 ; ibid. 2003. 48 ; Rev. loyers 2002. 506, note Peignot ; Gaz. Pal. 26 oct. 2002. 19 ; ibid. 20-21 juin 2003. 36, obs. Lachaud ; AJDI 2003. 49* • 18 févr. 2021, n° 20-11.107 : *AJDI 2021. 293* .

5. Le bail de cheptel est traditionnellement considéré comme bail rural et relève de la compétence des tribunaux paritaires. • Soc. 20 avr. 1956 : *Bull. civ. IV, n° 359 ; JCP 1956. II. 9387, note Lacoste.* ♦ Rappr., concernant une vente de cheptel se rattachant au bail rural. • Soc. 28 nov. 1962 : *Bull. civ. IV, n° 848.* ♦ L'action en paiement de la redevance d'un bail rural emphytéotique est de la compétence de la juridiction paritaire. • Civ. 3e, 16 juill. 1975 : *Bull. civ. III, n° 258.*

6. Le tribunal paritaire est incompétent, en l'absence de bail rural, lorsque le bail constitue un arrangement de famille. • Soc. 16 janv. 1959 : *Bull. civ. IV, n° 84.* ♦ ... Lorsqu'un bail consenti à un héritier par l'indivision est nul par suite de l'effet déclaratif du partage. • Civ. 7 mars 1957 : *Bull. civ. II, n° 209.*

7. Les tribunaux paritaires sont incompétents si le bail est commercial. • Soc. 31 mai 1951 : *Bull. civ. III, n° 417* • 21 oct. 1960 : *ibid. IV, n° 908.* ♦ ... Ou s'il s'agit d'un bail d'habitation. • Soc. 10 juill. 1958 : *Bull. civ. IV, n° 878* • 4 juill. 1962 : *ibid. IV, n° 593.* ♦ ... Alors spécialement qu'il s'est substitué à un bail rural. • Soc. 13 mars 1952 : *Bull. civ. III, n° 209* • 12 déc. 1957 : *ibid. IV, n° 1205.*

8. Mais le tribunal paritaire est compétent pour connaître de la sous-location à usage d'habitation d'un bien rural, celle-ci ne pouvant modifier la compétence exclusive des tribunaux paritaires en matière de baux ruraux dès lors que le bail principal est un bail à ferme. • Civ. 3e, 17 avr. 1969 : *Bull. civ. III, n° 297.*

9. Il peut connaître de l'existence contestée d'une cession de bail rural interdite par le statut. • Soc. 2 mai 1958 : *Bull. civ. IV, n° 548.* ♦ Toute personne qui a intérêt à faire reconnaître l'existence d'une cession a qualité pour saisir le tribunal paritaire. • Civ. 3e, 17 déc. 2013, n° 12-24.616. ♦ ... Et statuer sur une demande d'autorisation d'édifier des constructions sur un terrain loué à usage de champignonnières dès lors qu'il s'agit d'un litige entre bailleur et preneur d'un bien rural. • Soc. 10 nov. 1966 : *Bull. civ. IV, n° 856.*

10. Les tribunaux paritaires ont une compétence générale pour connaître de toutes les contestations dont le bail rural est l'objet, la cause ou l'occasion. • Civ. 3e, 24 mars 1971 : *Bull. civ. III, n° 206.* ♦ Spécialement ils sont compétents pour répartir entre deux preneurs les parcelles attribuées à leur propriétaire après remembrement. • Même arrêt.

11. Une demande de nullité d'une promesse de vente ayant pour but d'éluder le statut du fermage ressortit à la compétence du tribunal paritaire. • Limoges, 10 sept. 1992 : *Gaz. Pal. 1995. 1. Somm. 54.* ♦ Jugeant qu'en l'absence de fraude ou de manœuvre tendant à éluder le statut du fermage et faute pour la cour de constater l'existence entre les parties de l'une des conventions prévues par l'art. L. 411-2, l'autorisation d'occupation des lieux pendant la durée de la promesse d'achat est de la compétence du tribunal paritaire, V. • Civ. 3e, 5 mars 1997, n° 94-20.679 P : *D. 1997. IR 101 ; RD rur. 1997. 193.* – V. aussi Roussel, *RD rur. 1998. 210.*

12. Droit de préemption. Les litiges ayant pour objet le droit de préemption du preneur sont de la compétence des tribunaux paritaires. • Soc. 3 janv. 1952 : *D. 1952. 453, note Savatier* • Amiens, 13 nov. 1964 : *D. 1965. Somm. 46.* ♦ Une demande de dommages-intérêts formée par le bailleur à l'encontre des preneurs qui, après avoir exercé leur droit de préemption, n'ont pas été en mesure de réaliser l'acte authentique est de la compétence du tribunal paritaire. • Angers, 15 avr. 1986 : *D. 1986. IR 482, obs. Martine.* ♦ La remise en cause de la procédure de préemption par la SAFER pour nullité de la décision prise par ses organes est de la compétence du tribunal de grande instance. • Civ. 3e, 23 juin 2016, n° 14-28.281 : *JCP N 2016. Actu. 840 ; AJDI 2016.700.*

13. Le tribunal paritaire est compétent pour connaître d'une demande du preneur tendant à faire constater une fraude à l'art. 800 [L. 412-12] l'empêchant d'exercer son droit de préemption. • Soc. 26 oct. 1967 : *Bull. civ. IV, n° 676.* ♦ Le tribunal paritaire a compétence pour connaître de la demande du preneur de voir annuler une donation des terres louées qui aurait été consentie en fraude de son droit de préemption. • Civ. 3e, 12 mai 2016, n° 15-13.067 P : *D. actu. 27 mai 2016, note Prigent ; JCP N 2016. Actu. 712 ; DP entr. agric., Bull. n° 497-498, p. 11 ; D. 2016. 1078 ; Rev. loyers 2016. 331, note Peignot ; RD rur. 2016, n° 223, note Crevel ; Gaz. Pal. 2016. 1916.*

14. L'exception tirée de la compétence exclusive des tribunaux paritaires en matière d'exercice du droit de préemption doit être soulevée devant le tribunal de grande instance et non devant la cour d'appel. • Civ. 3e, 23 avr. 1969 : *Bull. civ. III, n° 312.*

15. Mais leur compétence est exclue lorsque la contestation concerne la vente de biens non compris dans la location, sur lesquels la préemption ne s'exerce pas. • Soc. 21 nov. 1952 : *Bull. civ. IV, n° 840.* ♦ ... Ou lorsqu'il s'agit d'une action en résolution d'une vente par adjudication par application des clauses du cahier des charges étrangères au statut du fermage. • Soc. 12 janv. 1956 : *Bull. civ. IV, n° 32 ; D. 1956. 717, note Vallet ; JCP 1956. II. 9172, note de Juglart.* ♦ ... Ou lorsque le litige oppose le preneur en place et la commune ayant exercé son droit de préemption sur le fonds loué, alors qu'il n'est pas reproché au bailleur une inexécution de ses obligations à l'égard du preneur. • Civ. 3e, 30 oct. 2002, n° 01-10.253 P : *RD rur. 2003. 72 et 261 ; Rev. loyers 2003. 30 ; Gaz. Pal. 20-21 juin 2003. 36.*

16. Le propriétaire qui conteste la validité d'une promesse de bail ne saurait prétendre que le tribunal paritaire, dont la compétence est actuellement limitée aux seuls litiges entre bailleur et preneur, est incompétent dès lors que cette juridiction a été saisie par le titulaire de la promesse d'une demande tendant à la rédaction en forme authentique et que ce n'est que par voie d'exception que la validité de la promesse a été contestée. • Soc. 12 déc. 1962 : *Bull. civ. IV, n° 892 ; JCP 1963. II. 13351.*

17. En cas de litiges entre preneurs successifs, les différends entre vendeurs et acheteurs du fonds de ferme sont de la compétence de la juridiction de droit commun. • Soc. 1er juill. 1955 : *Bull. civ. IV, n° 588 ; JCP 1956. II. 9280* • 17 mars 1960 : *Bull. civ. IV, n° 276.*

18. Le tribunal paritaire n'est pas compétent pour accorder un délai de grâce à un ancien preneur évincé par congé non contesté. • T. par. baux rur. Rouen, 12 févr. 1964 : *Gaz. Pal. 1964. 1. 391.*

19. Lorsque le bail est résilié, les anciens preneurs étant devenus occupants sans titre, le juge des référés de droit commun est seul compétent. • TGI Niort, 15 mai 1961 : *JCP 1961. II. 12341.* ♦ Le tribunal de grande instance est compétent pour connaître d'une action en garantie du preneur contre un autre occupant, alors du moins qu'il n'y a pas dépendance ou connexité avec l'action principale du bailleur demandant au preneur une indemnité d'occupation. • Civ. 3e, 13 juin 1972 : *Bull. civ. III, n° 385.* ♦ Suite à la résiliation du bail mis à la disposition du GAEC, le tribunal paritaire est fondé à se dire incompétent sur la demande reconventionnelle du GAEC et de ses associés en réparation du préjudice résultant de la résiliation prématurée du bail. • Bourges, 2 févr. 2017 : *Rev. loyers 2017, n° 977, note Roussel.*

20. Mais le tribunal paritaire est compétent pour statuer sur l'action en responsabilité prévue par l'art. 854 [L. 415-3] C. rur. en cas d'incendie même si les compagnies d'assurances sont engagées dans le débat dès lors qu'elles invoquent les droits de chacune des parties. • Soc. 27 mai 1964 : *Bull. civ. IV, n° 444 ; JCP 1964. II. 13887 ; Rev. assur. 1965. 48.* ♦ L'action directe du preneur sur le fondement de l'art. L. 124-3 C. assur. contre l'assureur du bailleur ne s'exerce pas devant le tribunal paritaire des baux ruraux. • Montpellier, 23 juin 2016, n° 1500404 : *Rev. loyers 2016. 337.* ♦ L'incendie ayant affecté des biens faisant l'objet du bail rural et la demande du bailleur ayant trait à l'indemnisation des dégâts subis par le hangar loué, le tribunal paritaire est seul compétent. • Civ. 3e, 4 mars 2009, n° 08-14.426 : *Gaz. Pal. 13-15 sept. 2009. 13.*

21. S'agissant d'une convention d'occupation précaire ne relevant pas du statut, le tribunal paritaire n'a pas compétence pour statuer sur la validité du congé, le litige relevant du tribunal de grande instance. • Nîmes, 7 mai 1987 : *D. 1988. 248, note Beignier.* – Comp. : • Riom, 15 janv. 1990 : *RDI 1991. 115.*

22. Est mal fondée la cour d'appel qui accorde une indemnité d'éviction au prétendu titulaire d'un bail rural sur des parcelles expropriées en se fondant sur la décision du juge de l'expropriation qui n'est pas compétent pour se prononcer sur l'existence d'un bail rural. • Civ. 3e, 12 mars 2003, n° 02-70.005 P.

23. Quasi-délits. La compétence du tribunal paritaire ne saurait s'étendre à une instance fondée sur un quasi-délit tel que les dégâts de gibier résultant de l'exercice du droit de chasse par le bailleur ou celui auquel il a loué ce droit. • Civ. 9 janv. 1952 : *Bull. civ. I, n° 10 ; Gaz. Pal. 1952. 1. 301 ; JCP 1952. II. 6744.* ♦ ... Ou à l'instance relative à des dégâts causés par le gibier provenant d'un autre domaine. • Civ. 16 févr. 1955 : *Bull. civ. II, n° 93 ; Gaz. Pal. 1955. 1. 227* • 8 janv. 1953 : *Bull. civ. IV, n° 19.*

24. Prorogation de compétence, arbitrage. La juridiction du tribunal paritaire, tribunal d'exception, ne saurait être prorogée pour connaître des litiges qui ne sont pas de sa compétence *ratione materiae.* • Soc. 28 juill. 1951 : *Bull. civ. III, n° 625.* ♦ Les litiges concernant les baux ruraux et opposant bailleur et preneur peuvent être soumis par les parties à un arbitrage. • Angers, 27 mars 1953 : *D. 1954. 407, note Savatier.*

25. Domaine de l'État. Si, en principe, l'existence de clauses exorbitantes du droit commun dans un contrat lui donne le caractère administratif et rend la juridiction administrative compétente, les baux du domaine de l'État qui portent sur des biens ruraux sont soumis aux dispositions du statut du fermage, et les tribunaux judiciaires sont compétents pour connaître des litiges les concernant. • T. confl. 22 nov. 1965 : *D. 1966. 258, note Lenoir ; JCP 1956. II. 14483 ; Gaz. Pal. 1966. 2. 47* • Civ. 1re, 2 mai 1966 : *Bull. civ. I, n° 258* • 16 juill. 1986 : *D. 1986. IR 378.* ♦ La cour d'appel est fondée à se déclarer incompétente pour connaître de la demande de reconnaissance d'un bail rural consentie par les collectivités publiques dès lors que la convention comportait des clauses exorbitantes du droit commun, prévoyant que le preneur serait soumis à des contrôles multiples de l'Administration tant dans la fixation d'objectifs de production que dans leur résiliation et leur réalisation. • Civ. 3e, 9 mars 2005 : *JCP 2005. IV. 803 ; AJDA 2005. 853 ; AJDI 2005. 583, note Prigent ; Rev. loyers 2005. 269, note Peignot ; Dr. et patr. 9/2005. 106, note Barbièri ; Gaz. Pal. 23-24 sept. 2005. 17, et 7-8 oct. 2005. 10.* ♦ Ne constitue pas une clause exorbitante du droit commun la dérogation au statut des baux commerciaux conférant un caractère précaire au droit du preneur, et la nature du contrat ne peut être déduite d'une clause attributive de compétence à la juridiction administrative. • Civ. 3e, 2 févr. 2005 : *D. 2005. 891, note Rouquet ; JCP 2005. IV. 1888 ; Gaz. Pal. 7-8 oct. 2005. 13.* ♦ La juridiction administrative est compétente pour connaitre de l'acte administratif par lequel une personne morale de droit public refuse de consentir un bail rural sur son domaine privé. • T. confl. 5 mars 2012, *Romuald X.,* n° 12-03.833 P.

CHAPITRE II COMPOSITION DU TRIBUNAL

BIBL. ▶ Crevel, *RD rur. 2017, n° 10* (loi du 18 nov. 2016).

COMMENTAIRE

La loi n° 2014-1170 du 13 octobre 2014 d'avenir pour l'agriculture, l'alimentation et la forêt avait remplacé le système d'élection des assesseurs des tribunaux paritaires des baux ruraux par un dispositif de désignation par le premier président de la cour d'appel. Cette disposition a été jugée contraire à la Constitution (Décis. Cons. const. n° 2014-701 DC du 9 oct. 2014), et a été reprise par l'article 104 de la loi n° 2016-1547 du 18 novembre 2016 de modernisation de la justice du XXIe siècle, modifiant les articles L. 492-2 et suivants du code rural et de la pêche maritime, et entrant en application le 1er janvier 2018.

A compter du 1er janvier 2020, en application de l'ordonnance n° 2019-964 du 18 septembre 2019, le tribunal paritaire des baux ruraux est rattaché au tribunal judiciaire ou à la chambre de proximité. Les sièges et ressorts des tribunaux paritaires sont fixés et figurent en annexe de l'article D. 491-2. Le président du tribunal judiciaire désigne le président du tribunal paritaire, sur avis du magistrat chargé de la chambre de proximité lorsque le tribunal paritaire y a son siège.

Art. L. 492-1 Le tribunal paritaire est présidé par *(Ord. n° 2019-964 du 18 sept. 2019, art. 21, en vigueur le 1er janv. 2020)* **« un juge du tribunal judiciaire désigné par le président du tribunal judiciaire » ; il comprend, en outre, en nombre égal, des bailleurs non preneurs et des preneurs non bailleurs, répartis, s'il y a lieu, entre deux sections ; l'une des sections est composée de bailleurs et de preneurs à ferme, l'autre de bailleurs et preneurs** *(Ord. n° 2006-870 du 13 juill. 2006)* **« de baux à métayage ».**

1. QPC. Il n'y a pas lieu de renvoyer au Conseil constitutionnel une QPC sur l'art. L. 492-1 qui ne méconnaît ni le principe d'indépendance et d'impartialité des juridictions, ni les exigences de capacité de l'art. 6 de la Déclaration des droits de l'homme. • Civ. 3e, 14 avr. 2016, n° 15-25.425 P : *JCP 2016. 531 ; D. actu. 9 mai 2016 ; RD rur. 2916, n° 145, note Dissaux ; DP entr. agric., Bull. n° 496, p. 7.*

2. Assesseurs. A défaut de preuve contraire, il y a présomption que les assesseurs appelés à exercer leurs fonctions le sont dans des conditions légales. • Soc. 6 juill. 1950 : *Bull. civ. III, n° 572.* – Jurisprudence constante.

3. Les juges investis de leurs fonctions par un acte de l'autorité publique ont en leur faveur la présomption légale qu'ils réunissent les conditions prescrites. • Soc. 22 mars 1952 : *Bull. civ. III, n° 254* • 5 août 1952 : *ibid. III, n° 707.* ♦ Il en est de même en ce qui concerne les membres suppléants. • Soc. 23 mai 1952 : *Bull. civ. III, n° 437.*

4. Lorsqu'un tribunal paritaire ne comporte qu'une seule section, les assesseurs régulièrement élus comme assesseurs bailleurs ou assesseurs preneurs n'ont pas à être désignés au jugement sous une autre qualité. • Soc. 9 mars 1951 : *Bull. civ. III, n° 200.*

5. Composition du tribunal. La composition du tribunal doit être la même le jour des débats et le jour où la décision a été prononcée. • Soc. 19 juill. 1950 : *Bull. civ. III, n° 630.* ♦ La décision ne peut être valablement prononcée que si les membres de la juridiction ont assisté à toutes les audiences et pris part au délibéré. • Civ. 3e, 22 janv. 1971 : *Bull. civ. III, n° 50.* ♦ Mais peu importe que la composition d'un tribunal ait été différente lorsque a été rendu un jugement ordonnant enquête et lorsque a été diligentée l'enquête à l'audience dès lors que l'affaire a été exposée et plaidée devant les juges qui ont statué. • Soc. 23 mai 1952 : *Bull. civ. III, n° 437.*

6. Sections. La section fermage et la section métayage d'un même tribunal paritaire constituent des juridictions différentes. • Soc. 15 janv. 1953 : *Bull. civ. IV, n° 44.* ♦ L'une d'elles est donc qualifiée pour se saisir d'une affaire à l'occasion de laquelle l'autre avait été dessaisie par arrêt de la Cour de cassation. • Même arrêt.

7. Le moyen fondé sur l'incompétence de la section saisie du litige ne peut pas être présenté pour la première fois devant la Cour de cassation. • Soc. 6 juill. 1950 : *Bull. civ. III, n° 572.*

Art. L. 492-2 *(L. n° 2016-1547 du 18 nov. 2016, art. 104-I-1°, en vigueur le 1er janv. 2018)* **Les assesseurs sont désignés pour une durée de six ans par le premier président de la cour d'appel, après avis du président du tribunal paritaire, sur une liste dressée dans le ressort de chaque tribunal paritaire par l'autorité administrative sur proposition des organisations professionnelles les plus représentatives intéressées pour les preneurs non bailleurs ainsi que sur proposition, pour les bailleurs non preneurs, des organisations professionnelles les plus représentatives intéressées et, le cas échéant, des organisations de propriétaires ruraux représentatives au plan départemental. Leurs fonctions peuvent être renouvelées suivant les mêmes formes. En l'absence de liste ou de proposition, le premier président de la cour d'appel peut renouveler les fonctions d'un ou de plusieurs assesseurs pour une durée de six ans.**

Des assesseurs suppléants sont désignés dans les mêmes formes.

Les assesseurs titulaires et suppléants doivent être de nationalité française, être âgés de vingt-six ans au moins, jouir de leurs droits civils, civiques et professionnels et posséder depuis cinq ans au moins la qualité de bailleur ou de preneur de baux à ferme ou à métayage.

V. Instr. technique DGPE/SDPE/2017-815 du 6 oct. 2017 relative à l'application du décret relatif aux tribunaux paritaires des baux ruraux et commissions consultatives paritaires départementales des baux ruraux (NOR : AGRT1726341J, BOM Agriculture n° 2017/42 du 19 oct. 2017).

QPC. Il n'y a pas lieu de renvoyer au Conseil constitutionnel une QPC sur l'art. L. 492-2 qui ne méconnaît ni le principe d'indépendance et d'impartialité des juridictions, ni les exigences de capacité de l'art. 6 de la Déclaration des droits de l'homme. • Civ. 3e, 14 avr. 2016, n° 15-25.425 P : *JCP 2016. 531 ; D. actu. 9 mai 2016 ; RD rur. 2916, n° 145, note Dissaux ; DP entr. agric., Bull. n° 496, p. 7.*

Art. L. 492-3 *Abrogé par L. n° 2016-1547 du 18 nov. 2016, art. 104-I-2°, à compter du 1er janv. 2018.*

Art. L. 492-4 *(L. n° 2016-1547 du 18 nov. 2016, art. 104-I-3°, en vigueur le 1er janv. 2018)* **Avant d'entrer en fonction, les assesseurs titulaires ou suppléants prêtent individuellement, devant le juge** *(Ord. n° 2019-964 du 18 sept. 2019, art. 35)* **« du tribunal judiciaire », le serment de remplir leurs fonctions avec zèle et intégrité et de garder le secret des délibérations.**

1. A défaut de preuve contraire il y a présomption que la formalité du double serment des assesseurs a été observée. • Soc. 8 déc. 1960 : *Bull. civ. IV, n° 1144.*

2. Il y a présomption, à défaut de preuve contraire, que les magistrats appelés à compléter le tribunal ont prêté serment. • Soc. 10 oct. 1958 : *Bull. civ. IV, n° 1019.*

Art. L. 492-5 **Les assesseurs peuvent être récusés :**

1° S'ils ont un intérêt personnel dans la contestation ;

2° S'ils sont parents ou alliés de l'une des parties en ligne directe ou collatérale jusqu'au quatrième degré inclusivement ;

3° Si, dans les cinq années qui ont précédé, il y a eu une action judiciaire civile ou criminelle entre eux et l'une des parties ;

4° S'ils ont donné un avis écrit dans l'affaire ;

5° S'ils sont patrons, ouvriers, employés, bailleurs ou preneurs de l'une des parties en cause.

Le motif de récusation doit être invoqué avant le commencement des plaidoiries devant la juridiction conformément à l'art. 382 anc. C. pr. civ. [art. 342 C. pr. civ..] • Soc. 16 janv. 1953 : *Bull. civ. IV, n° 57 ; D. 1953. 585, note Savatier.*

Art. L. 492-6 **Lorsque, par suite de l'absence d'assesseurs titulaires ou suppléants, régulièrement convoqués, ou de leur récusation, le tribunal paritaire ne peut se réunir au complet, le président statue seul, après avoir pris l'avis des assesseurs présents.**

Il en est de même lorsque, par suite de décès ou de démissions d'assesseurs, le tribunal ne peut provisoirement se réunir au complet.

1. L'art. 18 [COJ, art. L. 443-3] est applicable lorsque les assesseurs ont quitté le siège ou refusé de siéger. • Soc. 12 janv. 1951 : *Bull. civ. III, n° 24 ; S. 1952. 1. 165.*

2. Les mentions du jugement doivent permettre de vérifier si le président a statué seul après avoir pris l'avis des assesseurs présents et si la décision a été rendue dans les formes légales. • Soc. 18 juill. 1958 : *Bull. civ. IV, n° 955.* ♦ Et les juges doivent s'expliquer sur les conditions dans lesquelles le président a dû statuer comme juge unique. • Soc. 6 nov. 1958 : *Bull. civ. IV, n° 1139.* ♦ A cet égard est insuffisante la formule : le tribunal a statué « à la majorité des voix... après avoir délibéré ». • Soc. 6 janv. 1955 : *Bull. civ. IV, n° 4* • 9 oct. 1959 : *ibid. IV, n° 963.* ♦ ... Ou selon laquelle « la décision a été rendue par le tribunal ». • Soc. 20 janv. 1955 : *Bull. civ. IV, n° 48.* ♦ Est nul le jugement qui mentionne être rendu par la formation complète en l'absence d'un assesseur. • Nancy, 11 juin 2015, n° 14/02868 : *RD rur. 2015, n° 230 ; Rev. loyers 2015, n° 959, p. 360.*

3. Est nul le jugement rendu par une formation du tribunal paritaire privant les demandeurs d'un délibéré en nombre impair. • Civ. 3e, 6 avr. 2005, n° 04-10.488 P : *JCP 2005. IV. 1035 ; AJDI 2005. 666 ; Gaz. Pal. 2-4 oct. 2005. 19, et 23-25 juill. 2006. 33.*

Art. L. 492-7 *(L. n° 2010-874 du 27 juill. 2010, art. 63-2°)* **« Le tribunal paritaire est regardé comme constitué dès lors qu'il comprend au moins deux assesseurs titulaires** *(Abrogé par L. n° 2016-1547 du 18 nov. 2016, art. 104-I-4°, à compter du 1er janv. 2018)* **« élus » dans chaque catégorie. »**

Lorsque le tribunal paritaire ne peut être constitué ou ne peut fonctionner pour une cause autre que celles prévues à l'article L. 492-6, le juge du tribunal judiciaire qui le préside constate cet état de fait par ordonnance.

A compter de la date de cette ordonnance, les attributions du tribunal paritaire et celles du président, ainsi que les procédures en cours, sont transférées au tribunal judiciaire.

Lorsque le tribunal paritaire est de nouveau en mesure de fonctionner, le juge du tribunal judiciaire fixe par ordonnance la date à compter de laquelle les affaires devront être à nouveau portées devant cette juridiction.

Le tribunal judiciaire demeure cependant saisi des affaires qui lui ont été soumises en application du deuxième alinéa du présent article.

QPC. Il n'y a pas lieu de renvoyer au Conseil constitutionnel une QPC sur l'art. L. 492-2 qui ne méconnaît ni le principe d'indépendance et d'impartialité des juridictions, ni les exigences de capacité de l'art. 6 de la Déclaration des droits de l'homme. • Civ. 3e, 14 avr. 2016, n° 15-25.425 P : *JCP 2016. 531 ; D. actu. 9 mai 2016 ; RD rur. 2916, n° 145, note Dissaux ; DP entr. agric., Bull. n° 496, p. 7.*

Art. L. 492-8 **En cas de suppression d'un tribunal paritaire, ses attributions ainsi que celles du président de cette juridiction sont dévolues au juge** *(Ord. n° 2019-964 du 18 sept. 2019, art. 35)* **« du tribunal judiciaire » qui statue, dans ce cas, selon les règles de compétence et de procédure applicables devant les tribunaux paritaires.**

Les procédures en cours devant un tribunal paritaire supprimé sont transférées en l'état à la juridiction désormais compétente, sans qu'il y ait lieu de renouveler les actes, formalités et jugements régulièrement intervenus antérieurement à la date de la suppression.

Art. L. 492-9 **Les conditions d'application du présent chapitre sont fixées par décret en Conseil d'État.** — *V. art. R. 492-1 s.*

CHAPITRE III VOIES DE RECOURS

Art. L. 493-1 **Les décisions en dernier ressort peuvent être attaquées par la voie du recours en cassation pour incompétence, excès de pouvoir ou violation de la loi conformément au livre IV du code de l'organisation judiciaire.**

La cour d'appel connaît de l'appel interjeté à l'encontre des autres décisions du tribunal paritaire des baux ruraux conformément au livre III du code de l'organisation judiciaire.

BIBL. ► PEIGNOT, *Gaz. Pal. 12-14 sept. 1999. 2* (déclaration de pourvoi en cassation en matière de baux ruraux).

1. Appel. Est susceptible d'appel la décision d'un tribunal paritaire statuant en conciliation. • Aix-en-Provence, 13 janv. 1983 : *Gaz. Pal. 1983. 1. 335, note Peignot.* ♦ La procédure d'appel étant orale, jugeant valables les moyens présentés par l'appelant le jour de l'audience, V. • Civ. 3e, 16 déc. 1997 : *RD rur. 1998. 67.* ♦ Est mal fondée la cour qui déclare l'appel irrecevable au motif que la déclaration sur papier à lettre d'un avocat n'est pas signée par son auteur mais pour ordre dès lors que l'acte d'appel était signé par un avocat. • Civ. 2e, 10 juill. 2008 : *RD rur. 2008, no 207, note Barbièri.*

2. Appel d'un copreneur. Le bail consenti à des copreneurs étant indivisible, l'appel d'un copreneur contre le jugement ayant prononcé la résiliation du bail produit effet contre l'autre, même si celui-ci n'est pas partie jointe, mais l'appel n'est recevable que si toutes les parties ont été appelées à l'instance. • Civ. 3e, 15 déc. 2016, no 15-24.608 : *RD rur. 2017, no 37, note Crevel.*

3. Tierce opposition. Les héritiers d'une partie décédée en cours d'instance ne sont pas recevables à exercer tierce opposition à l'encontre du jugement rendu contre la partie décédée. • Civ. 3e, 24 janv. 1984 : *Bull. civ. III, no 19.*

LIVRE V ORGANISMES PROFESSIONNELS AGRICOLES *(Décr. n° 90-879 du 28 sept. 1990).*

(Décr. n° 81-276 du 18 mars 1981)

Ont force de loi, dans leur rédaction en vigueur à la date de la présente loi, les dispositions contenues dans la partie Législative du livre V du code rural (L. n° 91-363 du 15 avr. 1991, art. 1er).

BIBL. GÉN. ▶ Agriculture (organisation administrative), *DP entr. agric.*

COMMENTAIRE

Les agriculteurs ont su très tôt fédérer leurs efforts pour répondre aux besoins de leurs exploitations tout en maintenant le caractère individuel de leur structure productive. Ils ont notamment cherché à organiser leur représentation non seulement auprès des pouvoirs publics, mais aussi auprès de chacune des institutions appelées à déterminer des choix ou orientations intéressant l'agriculture. Ils ont également cherché à répondre collectivement aux besoins de fourniture, d'approvisionnement et de soutien technique de leurs exploitations. Enfin, ils ont cherché à céder et valoriser leurs produits dans les meilleures conditions. Cette dernière préoccupation est aujourd'hui plus forte qu'autrefois car si l'exploitant pouvait se contenter de produire sans souci de la vente de sa production en période de pénurie ou de soutien des prix sans limites, il est désormais contraint de prévoir le devenir de son produit pour maintenir ou améliorer son revenu. Il est tenu d'entendre les demandes et exigences du marché et doit y répondre dans un contexte caractérisé par l'abondance de l'offre, la baisse du prix des produits et l'existence de demandes qualitatives de degrés variés. L'agriculteur a besoin à la fois de savoir orienter sa production et de trouver des protections dans des échanges souvent déséquilibrés. Différents groupes existent pour l'aider dans ces tâches. ❑

TITRE I DU RÉSEAU DES CHAMBRES D'AGRICULTURE *(Ord. n° 2006-1207 du 2 oct. 2006).*

BIBL. GÉN. ▶ Chambres d'agriculture, *DP entr. agric.*

COMMENTAIRE

Les chambres d'agriculture ont été créées par la loi du 20 mars 1851 ; leurs membres étaient alors nommés. Elles sont devenues des groupes de représentants élus par une loi de 1919 et surtout par la loi du 3 janvier 1924. Il s'agit d'établissements publics constitués de représentants des exploitants, des propriétaires ruraux ainsi que de représentants des groupements professionnels (banque, assurance, syndicats et coopératives) qui sont tous élus. Elles sont sous la tutelle de l'État. Investies d'une mission de service public, les chambres d'agriculture sont dotées de prérogatives de puissance publique.

La mission des chambres d'agriculture est d'une part de représenter les intérêts de l'agriculture auprès des pouvoirs publics et des autorités territoriales. A ce titre, elles sont appelées à donner leur avis au cours de procédures décisionnelles, elles participent à diverses commissions et peuvent émettre des vœux.

D'autre part, leur mission est de contribuer à l'amélioration de la performance économique, sociale et environnementale des exploitations et de leurs filières. Elles doivent aussi accompagner les agriculteurs dans une démarche entrepreneuriale et responsable dans les territoires, et soutenir la création d'entreprises et le développement de l'emploi. Elles ont un rôle de conseil et de formation. Elles proposent des services d'utilité agricole tels que conseil d'entreprise, assistance technique, étude des sols, amélioration des produits, analyses, service juridique, comptable, formation… Elles recueillent les coutumes et usages dont elles peuvent assurer la codification.

Elles ont aussi à mettre en place des services pour contribuer au développement durable des territoires ruraux, à la préservation et à la valorisation des ressources naturelles mais aussi depuis la loi du 30 octobre 2018, elles doivent favoriser la réduction de l'utilisation des produits phytopharmaceutiques et lutter contre le changement climatique.

Le réseau des chambres d'agriculture a été modifié par l'ordonnance n° 2022-43 du 20 janvier 2022. Il est organisé en chambres départementales, chambres interdépartementales et chambres régionales d'agriculture. Il peut être aussi constitué des chambres d'agriculture de région par fusion de chambres départementales ou interdépartementales avec une chambre régionale. Il peut être également constitué des chambres territoriales, qui n'ont pas la personnalité juridique et se rattachent à la chambre d'agriculture de région, avec une circonscription identique à la chambre départementale ou interdépartementale dont elle est issue ; la chambre territoriale dispose de membres élus, constitue un organisme consultatif et assure des missions territoriales confiées par la chambre de région.

L'établissement public à la tête du réseau est dénommé Chambres d'agriculture France, composé des présidents de chambres départementales, interdépartementales, régionales, interrégionales de région, des présidents des chambres d'agriculture de région et des présidents de chambres territoriales. Il a une mission consultative et d'orientation, et doit animer l'ensemble du réseau qu'il représente. ❑

Art. L. 510-1 *(Ord. nº 2006-1207 du 2 oct. 2006)* **Le réseau des chambres d'agriculture se compose des chambres départementales d'agriculture, des chambres régionales d'agriculture et de** *(Ord. nº 2022-583 du 20 avr. 2022, art. 1er)* **« Chambres d'agriculture France ».**

(L. nº 2010-874 du 27 juill. 2010, art. 70-1º) **« Il comprend également des chambres interdépartementales, des chambres interrégionales d'agriculture et des chambres d'agriculture de région** *(Ord. nº 2022-43 du 20 janv. 2022, art. 1er)* **« ainsi que, le cas échéant, les chambres territoriales qui leurs sont rattachées » créées, après avis concordants des chambres d'agriculture concernées, de** *(Ord. nº 2022-583 du 20 avr. 2022, art. 1er)* **« Chambres d'agriculture France » et des autorités de tutelle, par un décret qui fixe la circonscription et les conditions dans lesquelles la nouvelle chambre d'agriculture se substitue aux chambres d'agriculture ainsi réunies. Lorsque la création d'une chambre interdépartementale, interrégionale ou d'une chambre de région intervient entre deux élections générales, ce décret peut prévoir des mesures transitoires, notamment les conditions dans lesquelles les membres élus des chambres départementales** *(Ord. nº 2022-43 du 20 janv. 2022, art. 1er)* **« , interdépartementales » ou régionales restent en fonction jusqu'au terme de leur mandat, ainsi que les conditions d'administration de la nouvelle chambre jusqu'à cette date. »**

(L. nº 2014-1170 du 13 oct. 2014, art. 3-3º) **« Dans des conditions précisées par décret, le réseau des chambres d'agriculture et, en son sein, chaque établissement** *(Ord. nº 2022-43 du 20 janv. 2022, art. 1er)* **« et chambre territoriale » contribuent à l'amélioration de la performance économique, sociale et environnementale des exploitations agricoles et de leurs filières et accompagnent, dans les territoires, la démarche entrepreneuriale et responsable des agriculteurs ainsi que la création d'entreprises et le développement de l'emploi. »**

Les établissements *(Ord. nº 2022-43 du 20 janv. 2022, art. 1er)* **« et chambres territoriales » qui composent le réseau des chambres d'agriculture ont, dans le respect de leurs compétences respectives, une fonction de représentation des intérêts de l'agriculture auprès des pouvoirs publics et des collectivités territoriales.**

Ils contribuent, par les services qu'ils mettent en place, *(L. nº 2010-788 du 12 juill. 2010, art. 118)* **« au développement durable des territoires ruraux et des entreprises agricoles, ainsi qu'à la préservation et à la valorisation des ressources naturelles** *(L. nº 2018-938 du 30 oct. 2018, art. 85)* **« , à la réduction de l'utilisation des produits phytopharmaceutiques » et à la lutte contre le changement climatique ».**

(Ord. nº 2022-583 du 20 avr. 2022, art. 1er) **« Chambres d'agriculture France »** *(Ord. nº 2022-43 du 20 janv. 2022, art. 1er)* **« , les chambres départementales d'agriculture, les chambres régionales d'agriculture, les chambres interdépartementales d'agriculture, les chambres interrégionales d'agriculture et les chambres d'agriculture de région » sont des établissements publics placés sous la tutelle de l'État et administrés par des élus représentant l'activité agricole, les groupements professionnels agricoles et les propriétaires forestiers.**

Ils sont soumis, pour leurs dettes, aux dispositions de la loi nº 68-1250 du 31 décembre 1968 relative à la prescription des créances sur l'État, les départements, les communes et les établissements publics.

Ils peuvent participer à la création ou faire partie d'associations, de syndicats, de coopératives agricoles, de groupements d'intérêt économique et, généralement, de tout groupement ayant un objet entrant dans leur champ de compétences.

Ils peuvent, avec l'accord de l'autorité de tutelle, participer à la fondation ou au capital de sociétés par actions, à condition que l'objet de celles-ci entre dans le cadre de leur spécialité. Le conseil d'administration de ces sociétés doit comprendre au moins un représentant des établissements du réseau des chambres d'agriculture participants.

Ainsi qu'il est dit à l'article 1er de la loi n° 56-1119 du 12 novembre 1956, l'usage d'une appellation comportant l'emploi des mots : "chambre d'agriculture" est réservé aux seuls établissements publics constitués dans les conditions prévues par les lois en vigueur, sous réserve des seules dérogations accordées à titre précaire par l'article 2 de cette loi. Les infractions sont passibles des peines prévues à l'article 4 de la même loi.

1. Nature juridique. Les établissements publics que la loi n° 94-679 du 8 août 1994 avait qualifiés d'établissements publics « économiques » [anc. art. L. 511-2] n'en sont pas moins des établissements publics administratifs dont seuls certains services peuvent avoir le caractère industriel et commercial. • T. confl. 18 déc. 1995, n° 02987 B.

2. Principe de spécialité. L'intervention des chambres d'agriculture, limitée par la nature agricole de l'intérêt poursuivi dans leurs actions, ne peut consister en l'exercice de la maîtrise d'œuvre dans la construction d'un foyer de jeunes. • CE 28 sept. 1984, n° 36468 A.

3. Principe d'autonomie. S'il appartient au ministre de l'Agriculture d'apprécier la légalité des décisions ou actes des chambres d'agriculture et l'opportunité des propositions budgétaires qui lui sont faites, il ne peut légalement les obliger à se conformer à d'autres règles de fonctionnement que celles qui sont prévues par les dispositions législatives ou réglementaires les concernant. • CE 22 juin 1966, n° 63586 A • 5 oct. 1960, *APCA : Lebon 511.* ♦ V. également art. L. 511-10.

4. Exemple de sanction d'un président de chambre d'agriculture pour les appuis financiers consentis à un syndicat agricole sous forme de mise à disposition d'un salarié, d'octroi d'une subvention et de mise à disposition d'un local. • CDBF 22 déc. 2010, n° 173-666 : *www.ccomptes.fr ; AJDA 2011. 494, note Groper et Michaut.*

Ordonnance n° 2019-59 du 30 janvier 2019,

Relative à l'exercice et au transfert, à titre expérimental, de certaines missions dans le réseau des chambres d'agriculture (JO 31 janv.). — Ratifiée par L. n° 2022-217 du 21 févr. 2022, art. 207-I.

TITRE PRÉLIMINAIRE

Art. 1er A titre expérimental et pour une durée de *(L. n° 2022-217 du 21 févr. 2022, art. 207)* « cinq » ans à compter de la publication de la présente ordonnance :

1° Les chambres départementales d'agriculture, les chambres interdépartementales d'agriculture et les chambres de région exercent, dans un cadre départemental, les missions nouvelles mentionnées aux articles 2 et 3 ;

2° Les chambres régionales d'agriculture peuvent exercer, à titre exclusif, en lieu et place des autres établissements du réseau de leur circonscription, tout ou partie des missions mentionnées à l'article 4, dans les conditions prévues aux articles 5 et 6.

TITRE I. MISSIONS NOUVELLES DES CHAMBRES D'AGRICULTURE EXERCÉES DANS UN CADRE DÉPARTEMENTAL

Art. 2 Les établissements mentionnés au 1° de l'article 1er délivrent aux exploitants agricoles, dans chaque département, une information à caractère général sur la réglementation relative à l'identification des animaux, à la santé et à la protection animales, à la politique agricole commune, à la santé des végétaux et à la protection de l'environnement.

Cette information porte sur les droits et obligations des exploitants, les contrôles susceptibles d'être réalisés et les principales formalités permettant d'assurer la mise en conformité des exploitations.

Elle est adaptée aux caractéristiques géographiques du département, aux zonages environnementaux opposables aux exploitations agricoles et à la nature de leur activité.

Cette information est fournie à titre gratuit par tout moyen et sur tout support.

Art. 3 Les établissements mentionnés au 1° de l'article 1er fournissent aux exploitants agricoles, dans chaque département :

1° Un service d'appui au dépôt des demandes d'aides prévues par les règlements relatifs à la politique agricole commune ;

2° Un diagnostic portant sur leur exploitation, préalablement à une intervention des autorités de contrôle, visant à apprécier le respect par l'exploitant de ses obligations, au titre de la réglementation relative à l'identification des animaux, à la santé et à la protection animales, à la politique agricole commune, à la santé des végétaux et à la protection de l'environnement ;

3° Un service d'assistance à la mise en conformité des exploitations agricoles après tout contrôle réalisé au titre de la réglementation relative à l'identification des animaux, à la santé et à la protection animales, à la politique agricole commune, à la santé des végétaux et à la protection de l'environnement.

Ces services sont fournis à titre onéreux aux exploitants qui les sollicitent.

TITRE II. TRANSFERT DE MISSIONS AU NIVEAU RÉGIONAL

Art. 4 I. — Les chambres régionales d'agriculture peuvent exercer, au terme de la procédure prévue à l'article 5 et dans les conditions prévues à l'article 6, à titre exclusif, en lieu et place des autres établissements du réseau de leur circonscription, l'ensemble des missions suivantes :

1° L'élaboration, après consultation des chambres départementales et interdépartementales, du programme régional de développement agricole et rural mentionné à l'article L. 511-3 du code rural et de la pêche maritime ;

2° Les missions d'animation et de développement des territoires ruraux énumérées à l'article L. 511-4 du même code, dans les conditions prévues à cet article ;

3° Les missions de l'établissement de l'élevage mentionné à l'article L. 653-7 du même code lorsque celui-ci est constitué sous la forme d'un service d'une chambre d'agriculture ;

4° Les missions de mise en valeur des bois et forêts et de promotion des activités agricoles en lien avec la forêt définies à l'article L. 322-1 du code forestier, dans les conditions prévues à cet article.

II. — Outre les missions mentionnées au I, les chambres régionales d'agriculture peuvent exercer, dans les mêmes conditions, l'ensemble des missions mentionnées aux articles 2 et 3, ainsi que tout ou partie des autres missions attribuées aux chambres départementales et interdépartementales par les dispositions législatives et réglementaires en vigueur, à l'exclusion des fonctions de représentation mentionnées à l'article L. 511-1.

Art. 5 En vue d'exercer les missions mentionnées à l'article 4, la chambre régionale d'agriculture soumet aux chambres départementales et interdépartementales situées dans sa circonscription un projet de délibération mentionnant les missions qu'elle entend exercer, ainsi que les moyens correspondants à lui transférer. Les chambres départementales et interdépartementales émettent un avis sur ce projet, dans un délai de trois mois à compter de leur saisine par la chambre régionale. A défaut de délibération dans ce délai, leur avis est réputé défavorable.

La chambre régionale arrête, par une nouvelle délibération, les missions qu'elle décide d'exercer et les moyens correspondants qui lui sont transférés, dès lors qu'au moins deux tiers des chambres départementales et interdépartementales de sa circonscription émettent un avis favorable.

Participent à cette expérimentation les chambres départementales et interdépartementales qui ont émis un avis favorable.

Art. 6 I. — Lors du transfert des missions prévues à l'article 4, les personnels affectés pour l'essentiel à l'accomplissement de ces missions sont transférés de plein droit, jusqu'au terme de l'expérimentation, à la chambre régionale d'agriculture, qui devient leur nouvel employeur.

II. — Les biens, droits et obligations des chambres départementales et interdépartementales d'agriculture afférents à ces mêmes missions sont transférés à la chambre régionale d'agriculture pour la durée de l'expérimentation. L'ensemble des transferts liés à l'expérimentation sont réalisés à titre gratuit et ne donnent lieu au paiement d'aucun droit, ni d'aucune indemnité ou taxe, ni de la contribution prévue à l'article 879 du code général des impôts. Le transfert à la chambre régionale des contrats et conventions en cours passes par les chambres départementales et interdépartementales n'emporte aucun droit à résiliation ou indemnisation pour les cocontractants de ces établissements. Il en va de même lorsqu'un transfert de contrat ou de convention est opéré en fin d'expérimentation au profit des chambres départementales et interdépartementales.

L'agrément délivré au service d'une chambre départementale d'agriculture constituant l'établissement d'élevage mentionné à l'article L. 653-7 du code rural et de la pêche maritime est transféré à la chambre régionale jusqu'au terme de l'expérimentation.

III. — La part du produit de la taxe prévue au premier alinéa du III de l'article 1604 du code général des impôts correspondant aux missions transférées est reversée à la chambre régionale d'agriculture par les chambres départementales et interdépartementales, pour la durée de l'expérimentation.

TITRE III. DISPOSITIONS FINALES

Art. 7 I. — Les missions mentionnées aux articles 2 et 3 sont exercées au plus tard le premier jour du sixième mois suivant l'entrée en vigueur de la présente ordonnance.

II. — La délibération mentionnée au premier alinéa de l'article 5 est adoptée avant le 1er février *(L. nº 2022-217 du 21 févr. 2022, art. 207)* « 2022 ».

III. — Au plus tard *(L. nº 2022-217 du 21 févr. 2022, art. 207)* « douze » mois avant la fin de l'expérimentation, le Gouvernement présente au Parlement un rapport d'évaluation.

CHAPITRE I CHAMBRES DÉPARTEMENTALES ET INTERDÉPARTEMENTALES *(L. nº 2010-874 du 27 juill. 2010, art. 70-2º).*

SECTION 1 Institution et attributions

Art. L. 511-1 *(L. nº 2005-157 du 23 févr. 2005, art. 216-I)* **La chambre départementale d'agriculture constitue, dans chaque département, auprès de l'État ainsi que des collectivités territoriales et des établissements publics qui leur sont rattachés, l'organe consultatif, représentatif et professionnel des intérêts agricoles.** *— V. art. D. 511-1 s.*

Sur la consultation obligatoire des chambres d'agriculture en matière d'agrément des SAFER, V. art. R. 141-3 ; ... en matière d'élaboration du schéma directeur régional des exploitations agricoles, V. art. R. 312-2 ; ... en matière d'élaboration de documents d'urbanisme, V. C. urb., art. L. 132-7. — ***C. urb.***

BIBL. ▶ LANGLADE-DEMOYEN et DESCARGUES, *RD rur. 1971. 21* (rôle consultatif). – MALEZIEUX, *RD rur. 1975. 51* (environnement professionnel et administratif).

Rôle consultatif. En l'absence de disposition législative ou réglementaire, la consultation des chambres d'agriculture n'est pas obligatoire même lorsque des intérêts agricoles sont en cause. • CE 28 déc. 1992, nº 66152.

Art. L. 511-2 *Abrogé par Ord. nº 2006-1207 du 2 oct. 2006.*

Art. L. 511-3 *(L. nº 2005-157 du 23 févr. 2005, art. 216-II)* **Les chambres départementales d'agriculture peuvent être consultées par les personnes publiques mentionnées à l'article L. 511-1 sur toutes les questions relatives à l'agriculture, à la valorisation de ses productions, à la filière forêt-bois, à la gestion de l'espace rural, à la prévention des risques naturels, à la mise en valeur des espaces naturels et des paysages, et, dans l'espace rural, à la protection de l'environnement. Elles peuvent, en outre, émettre des avis et formuler des propositions sur toute question entrant dans leurs compétences et visant le développement durable de l'agriculture et de la forêt, ainsi que promouvoir ou participer à toute action ayant les mêmes objets.**

Elles remplissent les missions suivantes :

— elles assurent l'élaboration de la partie départementale du programme régional de développement agricole et rural ;

— elles contribuent à l'animation et au développement des territoires ruraux ;

— elles participent à la définition du projet agricole élaboré par le représentant de l'État dans le département mentionné à l'article L. 313-1 ;

— elles sont associées, en application *(Ord. nº 2015-1174 du 23 sept. 2015, art. 9-XIV-13º, en vigueur le 1er janv. 2016)* **« de l'article L. 132-7 » du code de l'urbanisme, à l'élaboration des schémas de cohérence territoriale, des schémas de secteur et des plans locaux d'urbanisme ;**

— elles peuvent être consultées, dans leur champ de compétences, par les collectivités territoriales, au cours de l'élaboration de leurs projets de développement économique.

Dans le domaine de la forêt, elles exercent leurs compétences conformément à l'article *(Ord. n° 2012-92 du 26 janv. 2012, art. 4-11°)* **« L. 322-1 » du code forestier.**

Les chambres départementales d'agriculture sont appelées par l'autorité administrative à grouper, coordonner, codifier les coutumes et usages locaux à caractère agricole qui servent ordinairement de base aux décisions judiciaires. Les usages codifiés sont soumis à l'approbation des départements.

1. Rôle consultatif. V. note ss. art. L. 511-1.

2. Intérêt à agir. La chambre d'agriculture ne justifie pas d'un intérêt lui permettant de contester des décisions modifiant un plan d'occupation des sols, aucune de ces décisions n'étant susceptible de porter atteinte aux intérêts collectifs du monde agricole. • CAA Bordeaux, 3 nov. 2005, *Chambre d'agriculture de La Réunion : AJDA 2006. 278*.

3. Usages locaux. BIBL. Lochouarn, *RD rur. 1996. 397* (actualité des usages agricoles). ♦ Il appartient aux juges du fond de décider souverainement qu'une situation de fait est soumise aux dispositions des usages locaux codifiés par une chambre d'agriculture, en particulier pour la mise en œuvre de la présomption de propriété prévue à l'art. 61 (devenu art. L. 161-3) C. rur. • Civ. 3e, 14 juin 1994, n° 92-20.943.

Art. L. 511-4 *(Ord. n° 2006-1207 du 2 oct. 2006)* **Dans le cadre de sa mission d'animation et de développement des territoires ruraux la chambre départementale d'agriculture :**

1° Élabore et met en œuvre, seule ou conjointement avec d'autres établissements du réseau, des programmes d'intérêt général regroupant les actions et les financements concourant à un même objectif. Les services rendus par la chambre aux entreprises agricoles sont retracés dans ces programmes ;

(L. n° 2019-486 du 22 mai 2019, art. 1er) **« 2° Assure une mission d'appui, d'accompagnement et de conseil auprès des personnes exerçant des activités agricoles ; »** — *Les dispositions de l'art. 1er de la L. n° 2019-486 du 22 mai 2019 entrent en vigueur à une date fixée par décret en Conseil d'État, et au plus tard le 1er janv. 2023. Ce décret définit les modalités transitoires mises en œuvre à compter de la mise en place de l'organisme prévu au deuxième alinéa de l'art. L. 123-33 du code de commerce, qui intervient au plus tard le 1er janv. 2021 (L. préc., art. 1er-VIII, JO 23 mai).*

3° Peut remplir, par délégation de l'État et dans des conditions fixées par décret, des tâches de collecte, de traitement et de conservation des données individuelles relatives aux exploitations agricoles aux fins de simplifier les procédures administratives qui leur sont applicables ;

(L. n° 2014-1170 du 13 oct. 2014, art. 31-IV-1°) **« 4° Assure une mission de service public liée à la politique d'installation pour le compte de l'État** *(L. n° 2022-217 du 21 févr. 2022, art. 208)* **« et des autorités chargées de la gestion des aides à l'installation qui le souhaitent », dont les modalités sont définies par décret. En Corse, cette mission est confiée à l'établissement mentionné à l'article L. 112-11 ;**

« 5° Contribue à l'amélioration de l'accès des femmes au statut d'exploitante, par la mise en place d'actions et la diffusion d'informations spécifiques. »

Art. L. 511-4-1 *Ajouté par L. n° 99-574 du 9 juill. 1999 ; abrogé et repris à l'art. L. 514-3 par L. n° 2005-157 du 23 févr. 2005, art. 219-II.*

Art. L. 511-5 Les chambres départementales peuvent faire partie des associations, syndicats, coopératives agricoles et, généralement, de tous groupements ayant un objet agricole, dans la mesure où les dispositions législatives et réglementaires applicables à ces organismes le permettent.

Elles peuvent, avec l'accord de l'autorité supérieure, participer à la fondation ou au capital de sociétés par actions, à condition que l'objet de celles-ci entre dans le cadre de leurs attributions légales. Le conseil d'administration de ces sociétés doit comprendre un représentant de chacune des chambres d'agriculture participantes. — *V. art. R. 511-2.*

Art. L. 511-6 *Abrogé par Ord. n° 2006-1207 du 2 oct. 2006.*

SECTION 2 Composition

Art. L. 511-7 *(L. n° 2014-873 du 4 août 2014, art. 70-1°)* **« Les membres des chambres départementales et régionales d'agriculture sont élus pour six ans au scrutin de liste au sein de plusieurs collèges. » Ils sont rééligibles.**

(L. n° 2014-873 du 4 août 2014, art. 70-2°) **« Les listes de candidats présentées pour chaque collège comportent au moins un candidat de chaque sexe par groupe de trois candidats, sauf impossibilité tenant soit au nombre limité de sièges à pourvoir, soit aux conditions d'éligibilité aux chambres régionales.**

« Un décret en Conseil d'État précise les modalités d'application du présent article. » – *V. art. R. 511-6 s.*

Ne relève pas du pouvoir réglementaire du Premier ministre la mise en œuvre de la parité dans le régime électoral des chambres d'agriculture. • CE, ass., 7 mai 2013, n° 362280 : *Gaz. Pal. 16-17 oct. 2013, note Robbe.*

SECTION 3 Élections

Art. L. 511-8 **Les tribunaux de l'ordre judiciaire sont compétents pour connaître des réclamations relatives à l'établissement des listes électorales pour les chambres d'agriculture.**

Ne peuvent être déférées au tribunal d'instance que les décisions par lesquelles la commission se prononce sur les observations et réclamations formées devant elle. • Civ. 2e, 11 oct. 2007, n° 06-60.308 : *JCP 2007. IV. 3031 ; Gaz. Pal. 25-27 mai 2008. 10.*

Art. L. 511-9 **Sont applicables aux élections faites en vue de l'élection des membres des chambres d'agriculture, les dispositions pénales du chapitre VII du titre I du livre I du code électoral.**

SECTION 4 Fonctionnement

Art. L. 511-10 **L'autorité supérieure fait prononcer par décret l'annulation de tout acte ou délibération étranger aux attributions légales des chambres ou contraires aux lois et à l'ordre public.** – *V. art. R. 511-60.*

Art. L. 511-11 **Les chambres qui contreviennent aux prescriptions législatives ou réglementaires du titre I du présent livre pourront être dissoutes par décret rendu en Conseil des ministres.** – *V. art. R. 511-51.*

SECTION 5 Régime financier

Art. L. 511-12 **Il est pourvu par le conseil départemental du département aux menues dépenses occasionnées par la tenue des sessions des chambres d'agriculture. Ces dépenses sont obligatoires et votées chaque année par le conseil départemental.**

SECTION 6 Chambres interdépartementales

(L. n° 2010-874 du 27 juill. 2010, art. 70-3°)

Art. L. 511-13 **Le présent chapitre est applicable aux chambres interdépartementales mentionnées à l'article L. 510-1.**

SECTION 7 *[ABROGÉE]* Chambres d'agriculture de Guadeloupe, de Guyane, de Martinique, de La Réunion

(Abrogée par Ord. n° 2022-584 du 20 avr. 2022, art. 1er) (L. n° 2014-1170 du 13 oct. 2014, art. 84-V-1°)

Art. L. 511-14 *Abrogé par Ord. n° 2022-584 du 20 avr. 2022, art. 1er.*

SECTIONS 8 *et* 9

Néant.

CHAPITRE II **CHAMBRES RÉGIONALES, INTERRÉGIONALES ET DE RÉGION** *(L. n° 2010-874 du 27 juill. 2010, art. 70-4°).*

(L. n° 2005-157 du 23 févr. 2005, art. 217)

SECTION 1 **Institution et attributions**

Art. L. 512-1 La chambre régionale d'agriculture constitue dans chaque région, auprès de l'État ainsi que des collectivités territoriales et des établissements publics qui leur sont rattachés, l'organe consultatif, représentatif et professionnel des intérêts agricoles.

Les chambres régionales d'agriculture peuvent être consultées par les personnes publiques mentionnées au premier alinéa sur toutes les questions d'intérêt régional relatives à l'agriculture, à la valorisation de ses productions, à l'aménagement des territoires et à la protection de l'environnement. Elles peuvent, en outre, émettre des avis et formuler des propositions sur toute question entrant dans leurs compétences et visant le développement durable du territoire ainsi que promouvoir ou participer à toute action ayant cet objet.

Elles remplissent les missions suivantes :

– elles assurent l'élaboration et la coordination dans les régions des programmes régionaux de développement agricole et rural ;

(L. n° 2014-1170 du 13 oct. 2014, art. 89-I) « – elles assurent l'harmonisation des conditions d'emploi des personnels des chambres d'agriculture de la région, dans le respect des dispositions statutaires et dans un cadre négocié avec les organisations représentatives du personnel ;

« – elles orientent, structurent et coordonnent les actions des chambres départementales d'agriculture, en définissant une stratégie régionale, dans le respect des orientations nationales, et en adoptant le budget nécessaire à la mise en œuvre de cette stratégie, et assurent à leur bénéfice, dans des conditions définies par décret, des missions juridiques, administratives et comptables ainsi que des actions de communication ; »

– elles contribuent à l'élaboration des orientations de la politique contractuelle entre l'État et les régions, des schémas d'aménagement du territoire et de gestion des ressources naturelles intéressant les régions ;

– elles sont consultées lors de l'établissement des *(L. n° 2009-1437 du 24 nov. 2009, art. 57-IV)* « contrats de » plans régionaux de développement des formations *(L. n° 2014-288 du 5 mars 2014, art. 23-XI-1°)* « et de l'orientation » professionnelles des jeunes et des adultes ;

– elles contribuent, dans leur champ de compétences, à l'élaboration des programmes régionaux européens et de la politique des régions dans le domaine économique.

Art. L. 512-1-1 *(L. n° 2018-727 du 10 août 2018, art. 38)* La chambre régionale d'agriculture exerce également, au bénéfice des chambres départementales de sa circonscription et conformément aux orientations fixées par *(Ord. n° 2022-583 du 20 avr. 2022, art. 1er)* « Chambres d'agriculture France », les missions suivantes :

1° Elle analyse les politiques publiques qui relèvent de leurs missions et participe à leur élaboration, leur suivi et leur évaluation ;

2° Elle réalise un suivi des marchés agricoles ainsi que des études économiques et prospectives ;

3° Elle élabore, coordonne et promeut une offre de formation adaptée, axée notamment sur la triple performance économique, sociale et environnementale des exploitations agricoles et de leurs filières ;

4° Elle met au point des prestations certifiées et des outils performants couvrant les domaines technique, économique, environnemental, réglementaire et stratégique ;

5° Elle promeut la création et la reprise d'entreprises agricoles en encourageant les projets agroécologiques.

Art. L. 512-2 *(Ord. n° 2006-1207 du 2 oct. 2006)* La chambre régionale d'agriculture contribue, au plan régional, à l'animation et au développement des territoires ruraux. A ce titre :

1° Elle élabore et met en œuvre, seule ou conjointement avec d'autres établissements du réseau, des programmes d'intérêt général dont le champ excède le cadre d'un département ; ces programmes regroupent les actions et les financements concourant à un même objectif et retracent les services aux entreprises agricoles qui participent à ces actions ;

2° Elle peut remplir, par délégation de l'État et dans des conditions fixées par décret, des tâches de collecte, de traitement et de conservation des données individuelles relatives aux exploitations agricoles aux fins de simplifier les procédures administratives qui leur sont applicables.

SECTION 2 Chambres interrégionales et chambres de région

(L. n° 2010-874 du 27 juill. 2010, art. 70-5°)

Art. L. 512-3 Les articles L. 512-1 et L. 512-2 sont applicables aux chambres interrégionales mentionnées à l'article L. 510-1.

Art. L. 512-4 La chambre d'agriculture de région est constituée par fusion d'une ou plusieurs chambres départementales *(Ord. n° 2022-43 du 20 janv. 2022, art. 2)* « ou interdépartementales » et d'une chambre régionale.

Les articles L. 511-1 à L. 511-12, L. 512-1, L. 512-2 et L. 514-1 sont applicables à la chambre d'agriculture de région.

(Ord. n° 2022-43 du 20 janv. 2022, art. 2) « Les chambres départementales et interdépartementales d'agriculture de la région parties à cette création peuvent être transformées en chambres territoriales, dépourvues de la personnalité juridique, selon les modalités prévues aux articles L. 512-5 et L. 512-6. »

V. Décr. n° 2023-1283 du 26 déc. 2023 portant création de la chambre d'agriculture de région Bretagne (JO 28 déc.) ; Décr. n° 2023-1284 du 26 déc. 2023 portant création de la chambre d'agriculture de région Normandie (JO 28 déc.) ; Décr. n° 2023-1285 du 26 déc. 2023 portant création de la chambre d'agriculture de région Pays de la Loire (JO 28 déc.).

Art. L. 512-5 *(Ord. n° 2022-43 du 20 janv. 2022, art. 2)* La délibération de la chambre régionale d'agriculture proposant la création de la chambre d'agriculture de région accompagnée de la transformation en chambres territoriales des chambres départementales et interdépartementales d'agriculture de sa circonscription parties à sa création, rappelle les missions qui sont assurées par la chambre d'agriculture de région en application des articles L. 512-4 et L. 512-7 et les missions de proximité qui sont ou peuvent être exercées par les chambres territoriales qui lui sont rattachées en application des articles L. 512-9 et L. 512-10.

Les chambres départementales et interdépartementales d'agriculture de la région sont destinataires de la délibération de la chambre régionale d'agriculture et émettent, par délibération de leur session, un avis sur cette délibération dans un délai de trois mois à compter de leur saisine par la chambre régionale d'agriculture. A défaut de délibération dans ce délai, leur avis est réputé défavorable.

La création de la chambre d'agriculture de région, accompagnée de la transformation en chambres territoriales des chambres départementales et interdépartementales parties à sa création est subordonnée, sans préjudice des conditions prévues au deuxième alinéa de l'article L. 510-1, à l'avis favorable d'au moins deux tiers des chambres départementales et interdépartementales situées dans la circonscription de la chambre régionale d'agriculture à l'initiative du projet. Sont parties à la création de la chambre d'agriculture de région et transformées en chambres territoriales qui lui sont rattachées, les chambres départementales et interdépartementales qui ont émis un avis favorable.

Le décret mentionné au deuxième alinéa de l'article L. 510-1 précise les chambres territoriales rattachées à la chambre d'agriculture de région.

Art. L. 512-6 *(Ord. n° 2022-43 du 20 janv. 2022, art. 2)* Les biens, droits et obligations des chambres départementales, interdépartementales et régionale d'agriculture sont transférés à la chambre d'agriculture de région. Ces transferts sont réalisés à titre gratuit et ne donnent lieu à aucune indemnité ou perception d'impôts, de droits ou de taxes de quelque nature que ce soit.

Le transfert à la chambre d'agriculture de région des contrats et conventions en cours passés par les chambres départementales, interdépartementales et régionale d'agriculture parties à sa création n'emporte pas droit à résiliation ou indemnisation pour les cocontractants de ces établissements.

Art. L. 512-7 *(Ord. nº 2022-43 du 20 janv. 2022, art. 2)* **La chambre d'agriculture de région exerce les missions des chambres régionales d'agriculture mentionnées aux articles L. 512-1 à L. 512-2 dans la circonscription des chambres départementales et interdépartementales de la région qui ne sont pas parties à sa création.**

Art. L. 512-8 *(Ord. nº 2022-43 du 20 janv. 2022, art. 2)* **La chambre territoriale rattachée à une chambre d'agriculture de région ne dispose pas de la personnalité juridique.**

Elle conserve une circonscription identique à celle de la chambre départementale ou interdépartementale dont elle est issue.

Pour l'exercice de ses missions, elle dispose de membres élus dans les conditions prévues à l'article L. 511-7.

Art. L. 512-9 *(Ord. nº 2022-43 du 20 janv. 2022, art. 2)* **Dans le cadre des orientations définies par la chambre de région à laquelle elle est rattachée, la chambre territoriale, qui constitue, dans sa circonscription, auprès de l'État ainsi que des collectivités territoriales et des établissements publics qui leur sont rattachés, l'organe consultatif, représentatif et professionnel des intérêts agricoles, assure l'ensemble des missions de proximité suivantes :**

1° Elle assure, sur son territoire, la mise en œuvre de ces orientations ;

2° Elle est associée, en application de l'article L. 132-7 du code de l'urbanisme, à l'élaboration des schémas de cohérence territoriale, des schémas de secteur et des plans locaux d'urbanisme ;

3° Elle peut être consultée, dans le champ de compétences du réseau des chambres d'agriculture, par les collectivités territoriales de son ressort, au cours de l'élaboration de leurs projets de développement économique ;

4° Elle participe à la définition du projet agricole élaboré par le représentant de l'État dans le département ;

5° Elle est chargée des relations avec les services de l'État et des collectivités territoriales de son ressort et participe aux commissions consultatives établies à l'échelle de sa circonscription.

La chambre d'agriculture de région peut saisir pour avis la chambre territoriale qui lui est rattachée sur tout sujet qu'elle estime utile de lui soumettre.

Art. L. 512-10 *(Ord. nº 2022-43 du 20 janv. 2022, art. 2)* **Dans le cadre des orientations définies régionalement, la chambre de région peut confier à la chambre territoriale des missions :**

1° D'animation du développement agricole et rural, en particulier à travers des groupes de proximité et des collectifs d'agriculteurs ;

2° De mise en œuvre d'approches innovantes en matière de développement agricole et rural ;

3° De proposition d'expérimentation en matière de recherche, de développement et d'innovation ;

4° De fourniture à titre accessoire aux exploitants agricoles et aux collectivités territoriales de son ressort de prestations de conseil, d'étude, d'assistance et de formation rémunérées dans des conditions et limites fixées par délibération de la chambre de région.

Art. L. 512-11 *(Ord. nº 2022-43 du 20 janv. 2022, art. 2)* **La chambre de région prononce par délibération l'annulation de toute délibération adoptée par l'une de ses chambres territoriales qui ne peut être rattachée aux missions énumérées aux articles L. 512-9 et L. 512-10. A défaut, l'autorité supérieure fait annuler une telle délibération dans les conditions prévues à l'article L. 511-10.**

Les chambres territoriales qui contreviennent aux prescriptions législatives ou réglementaires du titre I du présent livre peuvent être supprimées par décret. Le mandat des élus d'une chambre territoriale ainsi supprimée prend fin immédiatement.

CHAPITRE III **CHAMBRES D'AGRICULTURE FRANCE** *(Ord. n° 2022-583 du 20 avr. 2022, art. 1er).*

Les mots : « l'Assemblée permanente des chambres d'agriculture », « L'Assemblée permanente des chambres d'agriculture », « l'assemblée permanente des chambres d'agriculture » et « L'assemblée permanente des chambres d'agriculture » sont remplacés par les mots : « Chambres d'agriculture France » dans toutes les dispositions législatives et réglementaires en vigueur (Ord. n° 2022-583 du 20 avr. 2022, art. 1er).

SECTION 1 **Organisation et fonctionnement**

Art. L. 513-1 *(Ord. n° 2022-583 du 20 avr. 2022, art. 1er et 2)* « Chambres d'agriculture France est l'établissement public, placé à la tête du réseau défini à l'article L. 510-1, habilité à représenter auprès de l'État, des collectivités territoriales et de leurs établissements publics, de l'Union européenne ainsi qu'au plan international, les intérêts nationaux de l'agriculture.

« Chambres d'agriculture France peut être consultée par les personnes publiques mentionnées à l'alinéa précédent » *(L. n° 2005-157 du 23 févr. 2005, art. 218)* « sur toutes les questions relatives à l'agriculture, à la valorisation de ses productions, à la filière forêt-bois, à la protection et au développement durable des ressources naturelles, et à l'aménagement du territoire. Elle peut, en outre, émettre des avis et formuler des propositions sur toute question entrant dans ses compétences et visant le développement durable de l'agriculture, de la forêt et du territoire.

« Elle remplit les missions suivantes :

« – *Abrogé par Ord. n° 2006-1207 du 2 oct. 2006.*

« – elle contribue, notamment par ses avis, à la définition des orientations et des conditions de mise en œuvre des politiques agricoles, du développement rural et de l'environnement, définies par l'État et l'Union européenne, ainsi que dans le cadre international ;

« – elle apporte son concours à la coopération pour le développement de l'agriculture des pays tiers ;

« – *Abrogé par Ord. n° 2006-1207 du 2 oct. 2006.* »

(L. n° 2014-1170 du 13 oct. 2014, art. 31-IV-2°) « – elle assure la gestion d'un observatoire national de l'installation pour analyser les données relatives à l'installation et à la transmission, qu'elle recueille notamment auprès de l'établissement mentionné à l'article L. 313-1 et auprès des organismes mentionnés à l'article L. 723-1 » ;

(L. n° 2020-1508 du 3 déc. 2020, art. 24) « – elle assure la collecte et le traitement de données relatives aux exploitations, collectées par les établissements mentionnés à l'article L. 212-7, qui sont notamment requises par le règlement (UE) 2016/429 du Parlement européen et du Conseil du 9 mars 2016 relatif aux maladies animales transmissibles et modifiant et abrogeant certains actes dans le domaine de la santé animale, dit "législation sur la santé animale" ;

« – elle peut assurer la collecte et le traitement de données relatives à l'identification et à la traçabilité des animaux, qui sont requises par le même règlement. »

Art. L. 513-2 *(Ord. n° 2022-583 du 20 avr. 2022, art. 3)* L'établissement Chambres d'agriculture France assure l'animation de l'ensemble du réseau des chambres d'agriculture et représente ce dernier auprès des personnes publiques mentionnées au premier alinéa de l'article L. 513-1.

A ce titre :

1° Il élabore, avec le réseau, la stratégie nationale du réseau des chambres d'agriculture dont il accompagne le déploiement en région ;

2° Il est informé des projets de réorganisation du réseau et les accompagne ;

3° Il gère les projets de portée nationale intéressant le réseau et peut en confier la maîtrise d'ouvrage à un autre établissement de ce réseau. Les dépenses relatives aux projets de portée nationale, adoptés par délibération de Chambres d'agriculture France, constituent pour les établissements du réseau des dépenses obligatoires dont les modalités de répartition sont fixées par décret ;

4° Il développe une offre nationale de services mise en œuvre, éventuellement avec des adaptations locales, par chaque établissement du réseau et en assure le suivi ;

5° Il élabore et met en œuvre, seul ou conjointement avec d'autres établissements du réseau, des programmes d'intérêt général dont le champ excède le cadre régional. Ces programmes regroupent les actions et les financements concourant à un même objectif et retracent les services aux entreprises agricoles qui concourent à ces programmes ;

6° Il crée au bénéfice de l'ensemble des établissements du réseau des services communs dont les règles de fonctionnement et de financement sont fixées par décret ;

7° Il adopte des normes communes, qui peuvent être assorties d'indicateurs d'activité et de performance, pour le suivi de l'exercice des missions des établissements du réseau notamment pour l'établissement des données administratives, immobilières, budgétaires et comptables et la consolidation des comptes du réseau. Il s'assure, avec l'appui des autorités de tutelle, du respect de ces normes ;

8° Il peut diligenter ou mener des audits, à son initiative ou à la demande d'un établissement du réseau, relatifs au fonctionnement ou à la situation financière des établissements, dont les conclusions sont transmises aux établissements concernés et à leur autorité de tutelle. A cet effet, ainsi que pour toutes les missions dont il a la charge, il bénéficie d'un droit d'accès à tous documents et à toutes données et bases de données des établissements. Certaines des recommandations formulées, soumises à une procédure contradictoire, peuvent s'imposer aux établissements audités dans des conditions fixées par voie réglementaire ;

9° Il apporte aux établissements du réseau, de sa propre initiative ou à leur demande, le concours nécessaire à leur fonctionnement et à leurs actions dans les domaines technique, juridique, économique et financier ainsi que dans celui de la communication institutionnelle ;

10° Il définit les orientations et met en œuvre la stratégie du réseau en matière informatique. A ce titre, il gère le système d'information des établissements du réseau ;

11° Il définit la politique d'achats du réseau et assure la fonction de centrale d'achats au sens du code de la commande publique pour le compte des établissements du réseau ;

12° Il définit et suit la mise en œuvre de la politique générale du réseau en matière de gestion des personnels des chambres et met en place une gestion prévisionnelle des emplois, des effectifs et des compétences au niveau national. Dans ce cadre, il représente l'ensemble des établissements du réseau en matière sociale et signe, en leur nom, tout accord national qu'il a négocié, après y avoir été autorisé par la session ou, en cas d'urgence, pendant l'intervalle des sessions, par le conseil d'administration habilité par la session. Il contribue à l'harmonisation nationale des conditions d'emploi et de travail des agents du réseau ;

13° Il réalise des traitements sur les données, y compris à caractère personnel, détenues par les établissements du réseau, notamment aux fins d'établissement d'un état financier et d'un bilan social consolidés du réseau ou de l'exécution de missions d'intérêt public ;

14° Il rend compte des actions menées par les établissements du réseau pour promouvoir la réduction de l'utilisation des produits phytopharmaceutiques en application de l'article L. 510-1, dans le cadre d'un rapport remis chaque année aux ministres chargés de l'agriculture et de l'environnement.

L'établissement Chambres d'agriculture France exerce l'ensemble des missions susmentionnées au bénéfice des organismes inter-établissements du réseau mentionnés à l'avant-dernier alinéa de l'article L. 514-2.

Un décret en Conseil d'État fixe les conditions d'application du présent article.

Art. L. 513-3 *(Ord. n° 2022-583 du 20 avr. 2022, art. 1er)* « Chambres d'agriculture France » *(L. n° 2010-874 du 27 juill. 2010, art. 70-6°)* « est composée des présidents des chambres départementales, interdépartementales, régionales et interrégionales d'agriculture *(Ord. n° 2022-583 du 20 avr. 2022, art. 4)* « , » des présidents des chambres d'agriculture de région *(Ord. n° 2022-583 du 20 avr. 2022, art. 4)* « ainsi que des présidents des chambres territoriales ». *(L. n° 2014-1170 du 13 oct. 2014, art. 89-II)* « Toutefois, le président élu de *(Ord. n° 2022-583 du 20 avr. 2022, art. 1er)* « Chambres d'agriculture France » peut renoncer à son mandat de président de l'une de ces chambres. » Les présidents peuvent être suppléés par un délégué élu dans chaque chambre. Les conditions de représentation des chambres interdépartementales, interré-

gionales et des chambres de région à *(Ord. n° 2022-583 du 20 avr. 2022, art. 1er)* **« Chambres d'agriculture France » sont fixées par décret. »**

(L. n° 2014-1170 du 13 oct. 2014, art. 87-V) **« Peuvent adhérer à** *(Ord. n° 2022-583 du 20 avr. 2022, art. 1er)* **« Chambres d'agriculture France », au nom de leur établissement :**

« – le président de la chambre économique multiprofessionnelle de Saint-Barthélemy ;

« – le président de la chambre consulaire interprofessionnelle de Saint-Martin ;

« – le président de la chambre d'agriculture, de commerce, d'industrie, de métiers et de l'artisanat de Saint-Pierre-et-Miquelon ;

« – le président de la chambre d'agriculture de Nouvelle-Calédonie ;

« – le président de la chambre d'agriculture et de la pêche lagonaire de Polynésie française ;

« – le président de la chambre de commerce, d'industrie, de métiers et de l'agriculture des îles Wallis-et-Futuna. »

(Ord. n° 98-776 du 2 sept. 1998) **« Les modalités de la coopération de chacune de ces chambres avec** *(Ord. n° 2022-583 du 20 avr. 2022, art. 1er)* **« Chambres d'agriculture France » sont définies par une convention passée entre elles. »**

Art. L. 513-4 *(Abrogé par Ord. n° 2022-583 du 20 avr. 2022, art. 5) « L'assemblée permanente des chambres d'agriculture est un établissement public doté de la personnalité civile. »*

(L. n° 99-574 du 9 juill. 1999 ; L. n° 2005-157 du 23 févr. 2005, art. 219-III) **« Les articles L. 514-2, L. 514-3, L. 511-10 et L. 511-11 sont applicables à »** *(Ord. n° 2022-583 du 20 avr. 2022, art. 1er)* **« Chambres d'agriculture France ».**

SECTIONS 2 *ET* 3

Néant.

CHAPITRE IV **DISPOSITIONS COMMUNES** *(Ord. n° 2006-1207 du 2 oct. 2006).*

BIBL. ▸ Tauran, *RD rur. 2020. Étude 34* (les règles applicables au personnel des chambres d'agriculture).

Art. L. 514-1 *(L. n° 2000-1353 du 30 déc. 2000, art. 34-I)* **« Il est pourvu aux dépenses de fonctionnement des chambres départementales d'agriculture, notamment au moyen de la taxe pour frais de chambres d'agriculture prévue par l'article 1604 du code général des impôts. » – CGI.**

Al. 2 à 6 abrogés par L. n° 2014-1654 du 29 déc. 2014, art. 34-II.

COMMENTAIRE

Les chambres d'agriculture perçoivent une imposition additionnelle à la contribution foncière des propriétés non bâties (CGI, art. 1604). Les propriétaires sont donc tenus de l'acquitter mais ils peuvent se faire rembourser la moitié de cette taxe par le locataire du fonds. ☐

Art. L. 514-2 *(L. n° 2005-157 du 23 févr. 2005, art. 219-II et IV ; Ord. n° 2006-1207 du 2 oct. 2006)* **I. – Les chambres d'agriculture peuvent, dans leur circonscription, réaliser des actions d'intérêt général relevant de leurs champs de compétence, créer ou subventionner tous établissements, institutions ou services d'utilité agricole, toutes entreprises collectives d'intérêt agricole.**

Les chambres d'agriculture peuvent passer, dans les limites de leurs compétences, des conventions avec l'État et les collectivités territoriales, ainsi que les établissements publics qui leur sont rattachés, pour intervenir dans les domaines agricole, forestier et rural.

Les chambres d'agriculture peuvent se concerter avec les autres chambres consulaires en vue de créer ou subventionner des œuvres ou entreprises collectives présentant un intérêt commun.

(Ord. n° 2006-1207 du 2 oct. 2006) **« II. – Chaque établissement du réseau des chambres d'agriculture est doté d'un budget unique. Il prévoit et autorise la totalité des**

dépenses et des recettes de l'établissement affectées à son fonctionnement et aux actions retracées dans les programmes d'intérêt général, y compris celles relatives à ses activités industrielles et commerciales.

« III. – Par délibération de leurs assemblées, plusieurs établissements du réseau peuvent décider de réaliser des projets communs sur le territoire de plusieurs départements et confier leur réalisation à l'un d'entre eux.

(L. nº 2010-874 du 27 juill. 2010, art. 70-7º) **« Les établissements du réseau peuvent créer entre eux, notamment pour l'exercice de missions de service public réglementaires, de fonctions de gestion ou d'administration interne, des services communs dont les règles de fonctionnement et de financement sont fixées par décret.**

« Plusieurs chambres d'agriculture peuvent, par convention, contribuer conjointement à la réalisation d'un ou plusieurs projets communs par la mobilisation de moyens humains, matériels ou financiers donnant lieu à un suivi comptable spécifique pour reddition en fin d'exercice, et confier à l'une d'entre elles la gestion administrative et financière de ces projets.

« Les services d'un établissement du réseau peuvent être mis, en totalité ou en partie, à disposition d'un autre établissement du réseau lorsque cette mise à disposition présente un intérêt dans le cadre de la mutualisation des services au sein de la région ou du réseau des chambres d'agriculture. Les modalités de cette mise à disposition sont définies par une convention conclue entre les établissements du réseau concernés. »

« Pour gérer des moyens communs ou mettre en œuvre des actions communes, plusieurs établissements du réseau peuvent créer des organismes disposant de la personnalité juridique et de l'autonomie financière ; la nature de ces personnes morales et leurs modalités de fonctionnement sont fixées par décret.

« Les établissements du réseau peuvent constituer entre eux ou avec d'autres personnes morales des groupements d'intérêt public pour exercer, pendant une durée déterminée, des activités entrant dans leur champ de compétences, ainsi que pour créer et gérer des équipements, des personnels ou des services communs nécessaires à ces activités. Les modalités de constitution et de fonctionnement de ces groupements d'intérêt public sont définies par décret. » – *V. art. D. 514-16 s.*

1. Nature juridique des services d'utilité agricole. Aucune disposition législative ou réglementaire ne dote les services d'utilité agricole d'une personnalité civile distincte de celle de la chambre d'agriculture dont ils relèvent (à propos des établissements de l'élevage constitués sous forme d'établissement départemental d'utilité agricole). • CE 5 oct. 1979, nº 05600 A. ♦ Ces services ne peuvent donc pas contracter. • CE 1er juill. 1960, *APCA : Lebon 442.*

2. Personnels des services d'utilité agricole. Les établissements ou services d'utilité agricole créés par les chambres d'agriculture départementales sont gérés conformément aux lois et usages du commerce et il en résulte que les personnes recrutées par les chambres d'agriculture pour travailler dans ces établissements ou services se trouvent dans une situation de droit privé, quelles que soient les clauses du contrat qui les lient à la chambre, et nonobstant la circonstance qu'elles soient appelées à accomplir en dehors de leurs fonctions principales certaines tâches incombant normalement aux services généraux de la chambre. • T. confl. 1er mars 1993, nº 02845 B. ♦ Les tribunaux judiciaires sont seuls compétents pour connaître des litiges opposant les chambres et le personnel de ces établissements ou services d'utilité agricole. • T. confl. 30 mars 1992, nº 02694 B.

Art. L. 514-3 *(L. nº 2005-157 du 23 févr. 2005, art. 219-II)* **Une commission nationale de concertation et de proposition examine toutes questions relatives aux conditions d'emploi, de travail et de garanties sociales des personnels des chambres d'agriculture. Elle est composée en nombre égal de représentants des organisations syndicales de salariés représentatives des personnels des chambres d'agriculture** *(L. nº 2014-1170 du 13 oct. 2014, art. 89-III)* **« et des organisations syndicales affiliées à une organisation représentative au niveau national, au sens de l'article L. 2122-9 du code du travail, » et de représentants des employeurs, dont le président ou le secrétaire général de** *(Ord. nº 2022-583 du 20 avr. 2022, art. 1er)* **« Chambres d'agriculture France ».**

La commission nationale de concertation et de proposition est habilitée à faire toute proposition à la commission nationale paritaire instituée par la loi nº 52-1311 du 10 décembre 1952 relative à l'établissement obligatoire d'un statut du personnel admi-

nistratif des chambres d'agriculture, des chambres de commerce et d'industrie territoriales et des chambres de métiers. *(L. nº 2014-1170 du 13 oct. 2014, art. 89-III)* « Pour favoriser l'adaptation et l'évolution du statut du personnel des chambres d'agriculture établi par la commission nationale paritaire, la commission nationale de concertation et de proposition engage régulièrement, en cohérence avec les dispositions du code du travail, des négociations dans certains domaines et selon une périodicité définie par décret.

« Les décisions de la commission nationale paritaire sont prises à la majorité de huit voix au moins. Elles sont applicables » à l'ensemble du personnel des chambres d'agriculture. La commission nationale paritaire précise dans ses décisions les mesures nécessaires d'adaptation qui peuvent faire l'objet de négociations au niveau local dans chaque chambre d'agriculture.

La commission nationale paritaire peut saisir la commission nationale de concertation et de proposition de toute question entrant dans les attributions de ladite commission.

Un décret précise les modalités de désignation des membres de la commission nationale de concertation et de proposition ainsi que ses règles de fonctionnement. — *V. art. D. 514-28 s.*

(L. nº 2014-1170 du 13 oct. 2014, art. 89-III) « Les membres de la commission nationale paritaire et de la commission nationale de concertation et de proposition sont renouvelés après chaque mesure d'audience effectuée dans les conditions mentionnées au 3º de l'article L. 514-3-1. »

Art. L. 514-3-1 *(L. nº 2016-1088 du 8 août 2016, art. 21-VII)* « I. — » *(L. nº 2014-1170 du 13 oct. 2014, art. 89-IV)* Au sein du réseau des chambres d'agriculture, sont représentatives les organisations syndicales des personnels des établissements du réseau qui :

1º Satisfont aux critères de représentativité de l'article L. 2121-1 du code du travail, à l'exception de celui mentionné au 5º du même article ;

2º Disposent d'une implantation territoriale équilibrée au sein du réseau des chambres d'agriculture ;

3º Ont recueilli au moins 8 % des suffrages exprimés résultant de l'addition, au niveau national, des suffrages exprimés au premier tour des dernières élections des titulaires aux commissions paritaires des établissements qui composent le réseau des chambres d'agriculture mentionné à l'article L. 510-1 du présent code et des organismes interétablissements mentionnés à l'avant-dernier alinéa du III de l'article L. 514-2. La mesure de l'audience s'effectue lors du renouvellement des commissions paritaires d'établissement.

Toutefois, sont représentatives au niveau régional les organisations syndicales des personnels des établissements du réseau qui satisfont aux critères mentionnés aux 1º et 2º du présent article et qui ont recueilli au moins 10 % des suffrages exprimés résultant de l'addition, au niveau de chaque circonscription d'élection de la chambre régionale d'agriculture, des suffrages exprimés au premier tour des dernières élections des titulaires :

a) Aux commissions paritaires départementales ;

b) A la commission paritaire régionale ;

c) Et aux commissions paritaires des organismes interétablissements mentionnés à l'avant-dernier alinéa du III de l'article L. 514-2 ayant leur siège sur le territoire régional.

Au sein de chaque établissement du réseau, sont représentatives les organisations syndicales des personnels des établissements du réseau qui satisfont aux critères mentionnés aux 1º et 2º du présent article et qui ont recueilli au moins 10 % des suffrages exprimés au premier tour des dernières élections des titulaires aux commissions paritaires de l'établissement concerné.

(L. nº 2016-1088 du 8 août 2016, art. 21-VII) « II. — La convention ou les accords d'établissement sont négociés entre l'employeur et les organisations syndicales de salariés représentatives dans l'établissement.

« La validité d'un accord d'établissement est subordonnée à sa signature par, d'une part, l'employeur ou son représentant et, d'autre part, une ou plusieurs organisations syndicales de salariés représentatives ayant recueilli plus de 50 % des suffrages exprimés en faveur d'organisations représentatives au premier tour des dernières élections des titulaires *(Ord. n° 2017-1718 du 20 déc. 2017, art. 2-I-2°)* « à la commission paritaire de l'établissement concerné », quel que soit le nombre de votants.

« Si cette condition n'est pas remplie et que l'accord a été signé à la fois par l'employeur et par des organisations syndicales représentatives ayant recueilli plus de 30 % des suffrages exprimés en faveur d'organisations représentatives au premier tour des élections mentionnées au deuxième alinéa du présent II, quel que soit le nombre de votants, une ou plusieurs de ces organisations ayant recueilli plus de 30 % des suffrages disposent d'un délai d'un mois à compter de la signature de l'accord pour indiquer qu'elles souhaitent une consultation des salariés visant à valider l'accord. *(Ord. n° 2017-1385 du 22 sept. 2017, art. 10-II)* « Au terme de ce délai, l'employeur peut demander l'organisation de cette consultation, en l'absence d'opposition de l'ensemble des organisations signataires. »

« Si, à l'issue d'un délai de huit jours à compter de cette demande *(Ord. n° 2017-1385 du 22 sept. 2017, art. 10-II)* « ou de l'initiative de l'employeur », les éventuelles signatures d'autres organisations syndicales représentatives n'ont pas permis d'atteindre le taux de 50 % mentionné au même deuxième alinéa et si les conditions mentionnées au troisième alinéa du présent II sont toujours remplies, cette consultation est organisée dans un délai de deux mois.

« La consultation des salariés, qui peut être organisée par voie électronique, se déroule dans le respect des principes généraux du droit électoral et selon les modalités prévues par un protocole spécifique conclu entre l'employeur et *(Ord. n° 2017-1385 du 22 sept. 2017, art. 10-II)* « une ou plusieurs organisations syndicales représentatives ayant recueilli plus de 30 % des suffrages exprimés en faveur d'organisations représentatives au premier tour des élections mentionnées au premier alinéa, quel que soit le nombre de votants. » — *Le 5e al. du § II de l'art. L. 514-3-1, dans sa rédaction résu tant la L. n° 2016-1088 du août 2016 relative au travail, à la modernisation du dialogue social et à la sécurisation des parcours professionnels, est contraire à la Constitution (Décis. Cons. const. n° 2017-664 QPC du 20 oct. 2017, art. 1er, JO 22 oct.).*

« Participent à la consultation les salariés des établissements couverts par l'accord et électeurs au sens des articles L. 2314-15 et L. 2314-17 à L. 2314-18-1 du code du travail.

« L'accord est valide s'il est approuvé par les salariés à la majorité des suffrages exprimés.

« Faute d'approbation, l'accord est réputé non écrit.

« Les conditions d'application du présent II sont identiques à celles prévues pour l'application de l'article L. 2232-12 du même code.

« Les conventions ou accords régionaux sont négociés et conclus entre :

« 1° D'une part, le président de la chambre régionale ou un ou plusieurs représentants, mandatés à cet effet, des employeurs des établissements du réseau relevant du champ d'application de la convention ou de l'accord ;

« 2° D'autre part, les organisations syndicales de salariés représentatives au niveau régional ou dans l'ensemble des établissements du réseau relevant du champ d'application de la convention ou de l'accord.

« La validité d'un accord au niveau régional est subordonnée, d'une part, à sa signature par une ou plusieurs organisations syndicales de salariés représentatives ayant recueilli, aux élections prises en compte pour la mesure de l'audience, au moins 30 % des suffrages exprimés, quel que soit le nombre de votants, et, d'autre part, à l'absence d'opposition d'une ou de plusieurs organisations syndicales de salariés representatives ayant recueilli la majorité des suffrages exprimés à ces mêmes élections, quel que soit le nombre de votants.

« Les conventions ou accords nationaux sont négociés et conclus entre :

« *a)* D'une part, le président de *(Ord. n° 2022-583 du 20 avr. 2022, art. 1er)* « Chambres d'agriculture France » ou un ou plusieurs représentants, mandatés à cet effet, des employeurs des établissements du réseau relevant du champ d'application de la convention ou de l'accord ;

« *b)* D'autre part, les organisations syndicales de salariés représentatives au niveau national.

« La validité d'un accord national est subordonnée, d'une part, à sa signature par une ou plusieurs organisations syndicales de salariés représentatives ayant recueilli, aux élections prises en compte pour la mesure de l'audience, au moins 30 % des suffrages exprimés en faveur d'organisations reconnues représentatives au niveau national, quel que soit le nombre de votants, et, d'autre part, à l'absence d'opposition d'une ou plusieurs organisations syndicales de salariés représentatives ayant recueilli la majorité des suffrages exprimés en faveur des organisations représentatives à ces mêmes élections, quel que soit le nombre de votants. »

(L. n° 2016-1088 du 8 août 2016, art. 59) « Un accord d'entreprise peut définir les conditions et les modalités de diffusion des informations syndicales au moyen des outils numériques disponibles dans l'entreprise, notamment l'intranet et la messagerie électronique de l'entreprise.

« A défaut d'accord, les organisations syndicales présentes dans la chambre d'agriculture et satisfaisant aux critères de respect des valeurs républicaines et d'indépendance, légalement constituées depuis au moins deux ans peuvent mettre à disposition des publications et tracts sur un site syndical accessible à partir de l'intranet de l'entreprise, lorsqu'il existe.

« L'utilisation par les organisations syndicales des outils numériques mis à leur disposition doit satisfaire l'ensemble des conditions suivantes :

« – être compatible avec les exigences de bon fonctionnement et de sécurité du réseau informatique de l'entreprise ;

« – ne pas entraver l'accomplissement normal du travail ;

« – préserver la liberté de choix des salariés d'accepter ou de refuser un message. »

QPC. Les dispositions de l'al. 5 du II de l'art. L. 514-3-1 C. rur. et de l'art. L. 2232-12 C. trav. ont été jugées non constitutionnelles car, prévoyant que seules les organisations syndicales ayant signé un accord d'entreprise ou d'établissement et ayant souhaité le soumettre à la consultation des salariés étaient appelées à conclure le protocole d'organisation de cette consultation, elles instituaient une différence de traitement non justifiée. • Cons. const. 20 oct. 2017, n° 2017-664-QPC : *D. 2017. 2103*.

Art. L. 514-3-2 *(L. n° 2014-1170 du 13 oct. 2014, art. 89-VII)* Le mandat de représentant du personnel des chambres siégeant en commission nationale paritaire ou en commission nationale de concertation et de proposition ainsi que le mandat de délégué syndical, *(Abrogé par Ord. n° 2017-1718 du 20 déc. 2017, art. 2-I-3°) « de délégué syndical central régional, »* de délégué du personnel ou tout autre mandat prévu à l'article L. 2411-1 du code du travail ne peuvent entraîner aucune discrimination en matière, notamment, de recrutement, de conduite et de répartition du travail, de formation professionnelle, d'avancement, de rémunération et d'octroi d'avantages sociaux, de mesures de discipline et de rupture du contrat de travail, conformément à l'article L. 2141-5 du même code.

Le transfert d'un agent siégeant en commission nationale paritaire ou en commission nationale de concertation et de proposition ou d'un agent exerçant un mandat de délégué syndical, *(Abrogé par Ord. n° 2017-1718 du 20 déc. 2017, art. 2-I-3°) « de délégué syndical central régional, »* de délégué du personnel ou tout autre mandat prévu à l'article L. 2411-1 dudit code, dans le cadre d'un transfert partiel ou total d'activité, est soumis à la procédure prévue aux articles L. 2414-1 et L. 2421-9 du même code. La méconnaissance de ces dispositions est punie dans les conditions prévues à l'article L. 2431-1 dudit code.

Le licenciement d'un agent siégeant en commission nationale paritaire ou en commission nationale de concertation et de proposition ou ayant cessé d'y siéger depuis moins de douze mois ou exerçant un mandat de délégué syndical *(Abrogé par Ord. n° 2017-1718 du 20 déc. 2017, art. 2-I-3°) « ou de délégué syndical central régional »* ou ayant cessé de l'exercer depuis moins de douze mois est soumis à la procédure prévue aux articles L. 2411-3 et L. 2421-1 du même code. La méconnaissance de ces dispositions est punie dans les conditions prévues à l'article L. 2431-1 dudit code.

Le licenciement d'un agent exerçant un mandat de délégué du personnel ou tout autre mandat prévu aux articles L. 2411-1 et L. 2411-2 du même code ou ayant cessé de l'exercer depuis moins de six mois ne peut intervenir qu'après autorisation de l'inspecteur du travail. Il est soumis à la procédure prévue à l'article L. 2421-1 dudit code.

La méconnaissance de ces dispositions est punie dans les conditions prévues aux articles L. 2432-1 à L. 2437-1 du même code.

Art. L. 514-4 *(Ord. n° 2006-1207 du 2 oct. 2006)* Les agents des chambres d'agriculture recrutés pour être affectés à des services dont l'activité est principalement de nature industrielle et commerciale relèvent d'une situation contractuelle de droit privé.

(L. n° 2010-874 du 27 juill. 2010, art. 70-8°) « En cas de fusion entre établissements du réseau mentionnés à l'article L. 510-1, le personnel en fonction dans ces établissements est transféré de plein droit au nouvel établissement.

« La même règle est applicable en cas de transfert d'activités intervenu en application de l'article L. 514-2.

(L. n° 2014-1170 du 13 oct. 2014, art. 39-V) « Lorsque survient une modification dans la situation juridique de l'employeur dans les cas de fusion ou de transfert d'activités mentionnés aux deuxième et troisième alinéas, tous les contrats de travail en cours au jour de la modification subsistent entre le nouvel employeur et le personnel de l'établissement. »

« Toutefois, en cas de transfert partiel d'activités, le personnel concerné est mis à disposition, le cas échéant à temps partagé, de l'entité reprenant l'activité.

« Les modalités de transfert ou de mise à disposition sont déterminées par les instances compétentes, après avis de la commission nationale paritaire instaurée en application de la loi n° 52-1311 du 10 décembre 1952 relative à l'établissement obligatoire d'un statut du personnel administratif des chambres d'agriculture, des chambres de commerce et des chambres de métiers. »

Art. L. 514-5 *(L. n° 2010-788 du 12 juill. 2010, art. 151-I)* Dans le domaine de l'eau, les chambres d'agriculture, en tant qu'elles contribuent à la préservation et à la valorisation des ressources naturelles et à la lutte contre les changements climatiques, peuvent solliciter l'autorisation de prélèvement d'eau pour l'irrigation pour le compte de l'ensemble des préleveurs irrigants prévue par le 6° du II de l'article L. 211-3 du code de l'environnement et exercer les compétences découlant de l'octroi de celle-ci.

Art. L. 514-6 *(L. n° 2012-387 du 22 mars 2012, art. 70)* Les chambres d'agriculture sont habilitées à utiliser les articles L. 151-36 à L. 151-40 en vue de la réalisation et de la gestion des ouvrages nécessaires à la mobilisation des ressources en eau destinées à l'irrigation agricole. Le cas échéant, il est procédé à une seule enquête publique au titre de l'article L. 151-37 du présent code, des articles L. 214-1 à L. 214-6 du code de l'environnement et, s'il y a lieu, de la déclaration d'utilité publique.

CHAPITRE V DISPOSITIONS RELATIVES AU STATUT DES SALARIÉS MEMBRES DES CHAMBRES D'AGRICULTURE

(L. n° 85-10 du 3 janv. 1985, art. 48)

Art. L. 515-1 *(L. n° 85-10 du 3 janv. 1985, art. 48)* Le mandat de représentant des salariés à la chambre d'agriculture ne peut entraîner aucune discrimination en matière d'embauche ou de promotion au sein de l'entreprise.

L'exercice du mandat de membre d'une chambre d'agriculture ne peut être une cause de rupture du contrat de travail par l'employeur, à peine de dommages et intérêts au profit du salarié.

Art. L. 515-2 *(L. n° 85-10 du 3 janv. 1985, art. 48)* Les employeurs sont tenus de laisser aux salariés de leur entreprise, élus aux chambres d'agriculture, le temps nécessaire à l'exercice de leur mandat.

Un décret précisera les conditions d'application de cet article.

Art. L. 515-3 *(L. n° 85-10 du 3 janv. 1985, art. 48)* Le temps passé par les salariés hors de l'entreprise pendant les heures de travail pour l'exercice de leur fonction est assimilé à une durée de travail effectif pour la détermination de la durée des congés payés, du droit aux prestations d'assurances sociales et aux prestations familiales ainsi qu'au regard de tous les droits que le salarié tient du fait de son ancienneté dans l'entreprise.

La chambre d'agriculture rembourse aux employeurs des membres élus des deux collèges de salariés les salaires maintenus pour leur permettre d'exercer leur fonction pendant le temps de travail et les avantages et charges sociales y afférents.

Art. L. 515-4 *(L. n° 85-10 du 3 janv. 1985, art. 48)* **Le licenciement par l'employeur d'un salarié exerçant un mandat de membre d'une chambre d'agriculture ou ayant cessé de l'exercer depuis moins de six mois est soumis à la procédure prévue à l'article** *(Ord. n° 2017-1718 du 20 déc. 2017, art. 2-I-4°)* **« L. 2411-3 » du code du travail.**

Il en est de même du licenciement des candidats aux fonctions de membre d'une chambre d'agriculture dès la publication des candidatures pendant une durée de trois mois.

Lorsque le salarié en cause est titulaire d'un contrat à durée déterminée ou d'un contrat de travail temporaire, il bénéficie des mêmes garanties et protections que celles qui sont accordées par l'article *(Ord. n° 2017-1718 du 20 déc. 2017, art. 2-I-4°)* **« L. 2411-3 » précité aux délégués syndicaux titulaires de tels contrats.**

Dans les branches d'activité à caractère saisonnier, les délais de protection définis ci-dessus sont prolongés d'une durée égale à la période habituelle d'interruption de l'activité du salarié.

Les dispositions *(Ord. n° 2017-1718 du 20 déc. 2017, art. 2-I-4°)* **« des articles L. 2422-1 et L. 2422-4 » du code du travail sont applicables aux salariés visés par le présent article.**

Art. L. 515-5 *(L. n° 85-10 du 3 janv. 1985, art. 48)* **Les dispositions des articles L. 515-1 à L. 515-4 du présent code concernant les salariés élus des chambres d'agriculture s'appliquent aux salariés du secteur des industries agricoles et alimentaires désignés comme membres associés par le préfet.**

TITRE II SOCIÉTÉS COOPÉRATIVES AGRICOLES

CHAPITRE I DISPOSITIONS GÉNÉRALES – CONSTITUTION

RÉP. SOCIÉTÉS v° *Coopérative agricole*, par HÉRAIL.

BIBL. GÉN. ▶ Sociétés coopératives agricoles. CUMA, *DP entr. agric.* – Coopératives agricoles. Actualités, *RD rur. 2018. Dossiers 8 s.* – BARBIÈRI, *RD rur. févr. 2006, n° spécial LOA, p. 50* (incidences sur les coopératives agricoles de la loi d'orientation agricole du 5 janv. 2006) ; *RD rur. 2007. Étude 14* (Ord. n° 2006-1225 du 5 oct. 2006 et Décr. n° 2006-1528 du 5 déc. 2006) ; *RD rur. 2008, n° 217* (impact de la loi du 3 juill. 2008 sur les coopératives agricoles). – BERNABE, *RD rur. 2011. Dossier 7* (la coopérative, instrument juridique de la nécessité). – CHOMEL, *RD rur. 2021. Étude 14* (statut des coopératives et transition écologique) ; *RD rur. 2022. Dossier 6* (coopératives et contrôle des concentrations). – CHOMEL, DECLERCK, FILIPPI, FREY et MAUGET, Les coopératives agricoles, *Larcier 2013*. – CONDOMINES, *CCC 2015. Étude 6* (le secteur agricole et l'autorité de la concurrence). – CREVEL et CAMPERGUE, *RD rur. 2017. Étude 27* (les nouveaux modèles de statuts). – EVRARD, *RD rur. 2011. Dossier 8* (de la loi du 5 janv. 2006 à la refonte des statuts types). – GOURLAY, *BJS 1999. 1063* (incidences de la loi d'orientation agricole du 9 juillet 1999). – HÉRAIL, *Dr. sociétés 2002, p. 6* (retrait des associés et sociétés coopératives) ; *BJS 2007. 792* (L. 5 janv. 2006 ; Ord. 5 oct. 2006 ; Décr. 5 déc. 2006) ; *RD rur. 2011. Dossier 9* (aspects contractuels). – HIEZ, *Rev. sociétés 2007. 53* (commentaire de l'Ord. n° 2006-1225 du 5 oct. 2006) ; *JCP E 2006. 1114 et 2007. 1907* (chroniques de droit coopératif). – LORVELLEC, Écrits de droit rural et agroalimentaire, *Dalloz 2002, p. 351* (coopérative et amélioration des productions). – MARTINE, *RD rur. 2000. 157 ; ibid. 2002. 484*. – RAKOTOVAHINI, *RTD com. 2018. 307* (intérêt coopératif). – VALIORGUE, *RD rur. 2021. Étude 5* (la restructuration, question prioritaire de gouvernance des coopératives agricoles). – Le secteur coopératif dans le domaine agricole, *Rapport d'information Ass. nat. n° 5040 du 16 févr. 2022*. – Les coopératives agricoles, quelles transitions ?, AFDR 2021, *RD rur. 2022. Dossiers 1 à 8*.

▶ **Sur la société coopérative européenne :** ALFANDARI et PIOT, *Rev. sociétés 2005. 339* (le statut des membres de la société coopérative européenne). – BAHANS et MENJUCQ, *RD rur. juin-juill. 2008. Dossier 28*. – BARBIÈRI, *RD rur. 2008, n° 217 ; ibid. 2009, n° 140* (formalités d'accès à l'espace européen). – BARSAN, *RD rur. 2018. Dossier 13* (la société coopérative européenne : une opportunité ?). – CATHIARD, *Dr. sociétés 2009, fiches prat. 1, 2 et 10*. – GRANDVUILLEMIN, *JCP E 2003. 1663*. – PARLÉANI, *Rev. sociétés 2004. 75* (le règlement relatif à la société coopérative européenne, et la subtile articulation du droit communautaire et des droits nationaux) ; *Rev. sociétés 2008. 531* (la société coopérative européenne « française » après la loi du 3 juillet

2008). – RODRIGUEZ, *D. 2004. 1219* (la société coopérative européenne : tenants et aboutissants).

COMMENTAIRE

Les coopératives ont d'abord été le moyen que les agriculteurs ont choisi pour faire face aux grandes crises du début du XXe siècle, et en particulier pour opérer les mutations et adaptations rendues nécessaires du fait du phylloxéra. Elles ont été aussi un vecteur du développement et de la modernisation des exploitations. Les coopératives ont ensuite eu des difficultés à s'affirmer comme l'outil permettant de soutenir la commercialisation de la production, comme le moyen pour les agriculteurs de conserver le profit de la transformation de leurs produits. Elles ont néanmoins su évoluer pour constituer aujourd'hui une force économique importante dans le secteur agroalimentaire, et s'imposer comme interface entre l'agriculteur et ses marchés.

Les premières règles coopératives ont été inscrites dans les lois du 29 décembre 1906 et du 5 août 1920 et visaient à organiser le crédit agricole. Les coopératives agricoles se sont vu reconnaître un droit autonome par la loi du 12 juillet 1923 et par celle du 4 septembre 1943. La loi du 10 septembre 1947 a posé le statut de la coopération, mais en laissant subsister les particularismes de la coopérative agricole. Le statut de la coopérative agricole a été modifié à plusieurs reprises après la loi n° 83-657 du 20 juillet 1983.

Cette société spécifique, qui n'est ni civile ni commerciale, est soumise aux articles L. 521-1 et suivants et R. 521-1 et suivants, à la loi du 10 septembre 1947 portant statut de la coopération (modifiée particulièrement par la loi d'économie sociale et solidaire du 31 juillet 2014), aux articles L. 231-1 à L. 231-8 du code de commerce au titre des sociétés à capital variable et aux articles 1832 à 1844-17 du code civil, dispositions relatives au contrat de société. Le régime juridique des coopératives agricoles est marqué par ses particularismes et ses contraintes qui ont permis de justifier, pour cet outil au service des exploitations et de l'agriculture, l'octroi d'un régime fiscal de faveur.

Toute modification du statut engagée pour soutenir l'évolution des coopératives vers une plus grande efficacité économique suppose de maintenir les principes traditionnels de solidarité professionnelle afin de ne pas créer de situation de concurrence inégale entre les différents acteurs du secteur agroalimentaire.

Le règlement n° 1435/2003 du 22 juillet 2003 a posé le statut de la société coopérative européenne ; la loi n° 2008-639 du 3 juillet 2008 a adapté la loi du 10 septembre 1947 pour permettre la constitution de sociétés coopératives européennes et le décret du 22 juin 2009 est venu compléter les dispositions législatives. ❑

SECTION 1 **Dispositions générales**

COMMENTAIRE

La coopérative agricole a pour objet de faire des opérations pour le service des exploitations de ses adhérents. L'article R. 521-1 distingue plusieurs coopératives par leur type d'activité : les coopératives de production, les coopératives d'approvisionnement et les coopératives de services. Une coopérative qui adopte plusieurs de ces activités est polyvalente.

Les coopératives agricoles tirent leur particularisme d'un ensemble de caractères marquant leur fonctionnement. Ainsi, l'engagement d'activité de l'associé coopérateur détermine l'obligation et la mesure de la souscription des parts de capital social. Le capital de la coopérative est variable en application du principe traditionnel de la porte ouverte dont la mise en œuvre n'est cependant pas sans limites. C'est un groupement démocratique où chaque associé dispose d'une voix. La coopérative est marquée par le principe d'exclusivisme qui l'oblige à réaliser son objet social avec ses seuls associés ; c'est ainsi qu'une coopérative de production ne traite que les produits des coopérateurs mais les cède à quiconque s'en rend acquéreur. Une coopérative d'approvisionnement acquiert des fournitures sur tous les marchés disponibles mais au profit de ses seuls adhérents. La coopérative est un groupement acapitaliste parce qu'elle rémunère ses associés par un intérêt plafonné et distribue ses excédents sous forme de ristournes et non de dividendes, et parce qu'elle rembourse les parts à leur valeur nominale et ne distribue pas aux associés le boni de liquidation. La coopérative est aussi un groupement à but non lucratif ce qui signifie qu'elle ne recherche pas le profit pour elle-même mais pour ses adhérents. Enfin, la coopérative agit sur une circonscription territoriale déterminée.

Chacun de ces principes porte clairement une part de contraintes. Ils figurent dans les statuts et dans le règlement intérieur du groupement qui doit se constituer en empruntant les statuts types.

La spécificité coopérative est contrôlée lors de la constitution et en cours d'activité. L'administration était chargée de délivrer un agrément susceptible de retrait. La loi d'orientation agricole n° 2006-11 du 5 janvier 2006 a prévu que l'agrément est désormais délivré et retiré par le Haut Conseil par décision soumise au contrôle du Conseil d'État (art. L. 521-1 et L. 528-1).

Il est notable que les coopératives agricoles ont obtenu, au nom du réalisme économique et de leur nécessaire recherche d'efficacité pour le service de l'agriculture, des dérogations à chacun des principes majeurs qui les caractérisent mais dans des proportions toujours limitées.

Les lois des 13 octobre 2014 et 30 octobre 2018 et l'ordonnance du 24 avril 2019 ont entrepris de réhabiliter le modèle coopératif en multipliant les règles d'information des associés coopérateurs sur les principes et le fonctionnement de la coopérative, depuis l'adhésion et tout au long de l'exécution du contrat coopératif, et notamment en obligeant l'organe chargé de l'administration à remettre à l'associé coopérateur un document récapitulant l'engagement de ce dernier, et ceci au moins après chaque assemblée générale ordinaire. Est recherchée une amélioration des relations entre la coopérative et les associés coopérateurs par la meilleure lisibilité des décisions relatives à la détermination des prix et la répartition de tous les résultats, et par la plus grande transparence de l'activité de l'ensemble de la coopérative, incluant ses filiales. Les dispositions du code de commerce relatives aux contrats agricoles ne s'appliquent pas aux coopératives ; des dispositions particulières ont été posées pour empêcher toute cession des produits à un prix abusivement bas, dans la même logique de préservation de la spécificité du modèle coopératif. ❑

Art. L. 521-1 Les sociétés coopératives agricoles ont pour objet l'utilisation en commun par des agriculteurs de tous moyens propres à faciliter ou à développer leur activité économique, à améliorer ou à accroître les résultats de cette activité.

Les sociétés coopératives agricoles et leurs unions forment une catégorie spéciale de sociétés, distinctes des sociétés civiles et des sociétés commerciales. Elles ont la personnalité morale et la pleine capacité.

Les sociétés coopératives agricoles peuvent se grouper en unions de coopératives agricoles. Sauf stipulation expresse contraire, ces unions sont soumises aux mêmes dispositions que les sociétés coopératives agricoles.

1. L'art. L. 521-1 attribue la personnalité morale aux sociétés coopératives agricoles à condition qu'elles soient immatriculées au registre du commerce et des sociétés, et à défaut la coopérative même constituée avant le 1er juill. 1978, et non immatriculée avant le 1er nov. 2002, est devenue une société en participation. • Civ. 1re, 6 janv. 2021, n° 19-11.949 P : *D. 2021. 78* ; *JCP 2021. 91 ; D. actu. 11 févr. 2021, note Leila Admi ; Defrénois 2021, n° 5, p. 5 ; JCP N 2021. Actu. 198 ; Dr. sociétés 2021, n° 48, note Jullian ; Gaz. Pal. 2021, n° 395, p. 31, note Berlaud ; BJS 2021, n° 4, p. 37, note Saintourens ; Gaz. Pal. 2021, n° 22, p. 81, note Zattara.*

1° NATURE DU LIEN COOPÉRATIF

2. Contrat de coopération. Jurisprudence antérieure à l'arrêté du 25 mars 2009 pour les coopératives de production, collecte et vente. Une coopérative ayant toujours pour objet la mise en commun de moyens par des agriculteurs, ses relations avec ces agriculteurs présentent les caractères d'un mandat, à moins que les statuts ne prévoient que la coopérative achète les produits de ses adhérents. • Civ. 1re, 13 nov. 1985 : *Bull. civ. I, n° 304* • Civ. 24 mars 1953 : *Gaz. Pal. 1953. 1. 371.* ♦ Dans le cas où les statuts prévoient que la coopérative procède à des opérations ponctuelles d'achat et de revente, les juges doivent vérifier dans chaque cas particulier si les éléments constitutifs du contrat de vente sont réunis, en particulier pour imposer à la coopérative les obligations de garantie du vendeur. • Civ. 1re, 20 déc. 1988, *Coop. agric. d'Antibes*, n° 86-15.843. ♦ Les juges apprécient souverainement le sens et la portée du pacte social, et ont pu en déduire que l'apport ne s'analyse pas en une vente mais s'inscrit dans le cadre d'une opération globale comprenant vinification, logement et vente en commun dans le cadre d'un mandat confié à cet effet à la coopérative. • Com. 11 juill.

2006, n° 05-13.103 P : *D. 2006. 2462* ; *JCP 2006. IV. 2814* ; *RD rur. nov. 2006. 34, note Barbièri* ; *RTD civ. 2006. 794, note Revet* ; *Gaz. Pal. 5-6 janv. 2007. 30, note Goni, et 21-23 janv. 2007. 23* • Com. 18 sept. 2012, n° 11-21.744 : *RD rur. 2012, n° 114, obs. Collard* ; *Joly 2012. 814* ; *DP entr. agric., Bull. n° 456, p. 6.*

3. Contrat d'adhésion. Le contrat de coopération conforme aux statuts types obligatoires est valide même s'il est conclu sans que les producteurs puissent y apporter de modification. • Civ. 1re, 20 oct. 1998 : *RD rur. 1998. 563* ; *ibid. 1999. 301.* ♦ Le contrat de coopérateur est un contrat d'adhésion et celui qui le souscrit s'oblige à respecter le règlement intérieur qui appartient intégralement au champ contractuel. • Bordeaux, 24 nov. 2009 : *RD rur. 2010, n° 51, note Barbièri.*

4. Qualité de professionnel. En cas de fourniture de matériel agricole par l'intermédiaire d'une coopérative, celle-ci est reconnue, comme professionnelle, débitrice d'une obligation de renseignement et de conseil envers son adhérent. • Civ. 1re, 20 déc. 1993, n° 91-18.183. ♦ Toutefois, une CUMA n'a pas la qualité de professionnel et même si, statutairement, elle doit assurer l'entretien des machines, elle n'est pas responsable de l'accident dont est victime l'un de ses membres, car elle ne commet pas de faute en s'abstenant de compléter le dispositif de sécurité livré par le constructeur du matériel. • Civ. 1re, 14 juin 1989, n° 85-13.311.

5. Activité pour le compte des associés-coopérateurs. L'activité économique déployée par une coopérative agricole avec ses associés exclut toute notion de clientèle tirée du lien contractuel unissant la coopérative à ses membres et toute action en concurrence déloyale contre la coopérative. • Civ. 3e, 10 oct. 1963 : *Bull. civ. III, n° 178.* ♦ Une coopérative qui, dans ses locaux, vinifie les vins provenant des raisins de l'ancien domaine d'un château, peut utiliser comme dénomination le nom de ce château dès lors que des procédures fiables sont instaurées pour que les raisins de ce domaine ne soient pas mélangés aux raisins n'en provenant pas. • Com. 30 mai 1995 : *D. 1995. IR 200*. ♦ Sur réponse préjudicielle de : • CJCE 29 juin 1994, *Lafforgue c/ Château de Calce*, n° C-403/92. ♦ Sur question préjudicielle de : • Com. 17 déc. 1991 : *D. 1993. 327, note Agostini*. ♦ Lorsqu'une coopérative cesse son activité, un associé coopérateur qui lui rachète les matériels et les bâtiments nécessaires au conditionnement et à la commercialisation de ses produits ne peut être considéré, au sens de l'art. 720 CGI, comme le successeur de la société, car celle-ci n'exerce son activité que pour le compte de ses associés. • Com. 5 mars 1991 : *D. 1991. IR 106*.

6. Mandat apparent. Sont mal fondés les juges qui admettent l'action en paiement direct d'une société contre des coopératives pour des prestations de surpressage de pulpe de betteraves sur le fondement du mandat apparent que les associés coopérateurs auraient donné aux coopératives. • Civ. 1re, 19 déc. 2000 : *RD rur. 2001. 130 et 302* ; *ibid. 2002. 487, note Martine* ; *JCP N 2001. 1043, obs. Pitaud.*

7. Contrats d'intégration. V. ss. art. L 326-5.

2° DROIT EUROPÉEN DE LA CONCURRENCE

8. BIBL. Arhel, *JCP E 1997. I. 626* (applicabilité aux coopératives agricoles) ; Decocq, *CCC 2018. 73* (application du droit de la concurrence à une société coopérative non agricole) ; Hiez, *RTD com. 2018. 399* (coopératives et droit de la concurrence). ♦ Est condamnée la clause de non-concurrence intégrée dans le règlement intérieur du GIE créé par quatre coopératives, faisant interdiction de tout démarchage réciproque de leurs membres, cette clause restreignant la concurrence, cloisonnant les parts de marchés et cristallisant artificiellement les positions respectives. • Cons. conc. 9 mai 2007, décis. n° 07-D-16 : *CCC 2007, n° 182* ; *Lamy dr. aff. 2007. 1033.*

9. Exemption prévue au règlement n° 26/62 du 4 avr. 1962. Le règlement (CEE) n° 26/62 du Conseil du 4 avr. 1962 s'applique exclusivement aux coopératives se livrant à la production et au commerce des produits agricoles, dont la liste figure à l'annexe II du traité de Rome définissant le domaine de la politique agricole commune et dont est exclue la présure d'origine animale, alors qu'elle entre dans la composition des fromages qui eux-mêmes sont mentionnés dans l'annexe II. • CJCE 25 mars 1981, *Cooperatieve Stremsel en Kleurselfabriek c/ Commission*, n° 61/80 : *Rec. CJCE 851.* ♦ Pour les engrais et les produits phytosanitaires : • CJCE 15 déc. 1994, *Gött-rup-Klim*, n° C-250/92 : *Rec. CJCE I-5671* ; *RD rur. 1996. 434, obs. Martine.* ♦ Dans le domaine d'application du règlement n° 26/62 du 4 avr. 1962, les accords fondateurs des coopératives ou marquant l'adhésion de leurs membres sont soustraits à l'application des règles de l'art. 85 du traité de Rome lorsque ces accords concernent des coopératives ressortissant à un seul État membre, ne portent pas sur le prix mais visent plutôt la production ou la vente de produits agricoles ou l'utilisation d'installations communes de stockage, de traitement ou de transformation de ces produits, et enfin n'excluent pas la concurrence ni ne mettent en péril les objectifs de la politique agricole commune. • CJCE 12 déc. 1995, *Luttikhuis c/ Coberco*, n° C-399/93. ♦ Les accords fondateurs des coopératives ou marquant l'adhésion de leurs membres excluent la concurrence lorsque des clauses telles que l'obligation de livraison exclusive et l'imposition d'indemnités de départ excessives lient par leur combinaison les membres de la coopérative durant de longues périodes et les privent ainsi de la possibilité de s'adresser à des opérateurs concurrents. • CJCE 12 déc. 1995, *Hendrik Evert Dijkstra c/ Friesland Coöperatie B.A.*, n° C-319/93 : *JCP E 1996. 309.* ♦ Ces accords heurtent les dispositions de l'art. 85 du traité de Rome s'ils affectent le commerce intracommunautaire, ce qui est le cas lorsqu'ils peuvent, sur la base d'un ensemble d'éléments objectifs de droit ou de fait, exercer une influence directe ou indirecte, actuelle ou potentielle, sur les courants d'échanges entre États membres, dans un sens qui pourrait nuire à la réalisation des objectifs d'un marché unique. • Même arrêt.

3° RÉGIME FISCAL

10. Sur le contrôle des avantages fiscaux octroyés aux coopératives susceptibles d'être qualifiés d'aides d'État, V. • CJUE 8 sept. 2011, nos C-78/08 à C-80/08 : *RD rur. 2012. Chron. 3, p. 16, obs. Gadbin ; RD rur. 2017. Étude 24, note Filleton et Nossereau.* ♦ Les « véritables sociétés coopératives » peuvent jouir du régime d'imposition plus favorable sans relever des aides d'État si elles agissent dans l'intérêt économique de leurs membres, si ceux-ci sont activement impliqués dans l'activité de la société coopérative, s'ils ont droit à une répartition équitable des résultats économiques. L'imposition réduite doit être proportionnée et l'État doit appliquer des procédures de contrôle et de surveillance (Communication de la Commission relative à la notion d'« aide d'État » visée à l'article 107, paragraphe 1, du traité sur le fonctionnement de l'Union européenne, *JOUE n° C 262 du 19 juill. 2016, p. 34*).

Art. L. 521-1-1 *(L. n° 2014-1170 du 13 oct. 2014, art. 13-II-1°)* **La relation entre l'associé coopérateur et la coopérative agricole à laquelle il adhère ou entre une coopérative agricole et l'union de coopératives agricoles à laquelle elle adhère est régie par les principes et règles spécifiques du présent titre et par la loi n° 47-1775 du 10 septembre 1947 portant statut de la coopération et définie dans les statuts et le règlement intérieur des coopératives agricoles ou unions. Elle repose, notamment, sur le caractère indissociable de la double qualité d'utilisateur de services et d'associé mentionné au c du I de l'article L. 521-3.**

(Ord. n° 2019-362 du 24 avr. 2019, art. 1er, en vigueur le 1er juill. 2019) **« Dans un souci de transparence et afin d'assurer une bonne compréhension par tout nouvel associé coopérateur des informations contenues dans les documents qui lui sont remis, notamment le document récapitulatif mentionné au *h* du I de l'article L. 521-3, celui-ci reçoit lors de son adhésion une information sur les valeurs et les principes coopératifs, ainsi que sur les conditions de fonctionnement de la coopérative à laquelle il adhère et les modalites de rémunération qu'elle pratique. »**

BIBL. ▶ Barbieri, *RD rur. 2009, nos 141 et 182 ; DP entr. agric., Bull. n° 496, p. 1* (contrat de coopération et transfert de propriété). – Depasse et Boucher, *RD rur. 2022. Dossier 3* (l'engagement coopératif). – Lachièze, *RD rur. 2018. Dossier 10* (réforme du droit des contrats et coopératives agricoles).

COMMENTAIRE

La loi du 13 octobre 2014 a apporté des clarifications du lien coopératif dans le souci d'assurer une meilleure compréhension de la relation par les associés coopérateurs et, en conséquence, d'en garantir une plus grande solidité. Elle réaffirme l'autonomie du statut de la coopération agricole. C'est ainsi que, sur le fondement de la double qualité d'utilisateur de service et d'associé, le contrat a été qualifié de « relation » entre l'associé coopérateur et la coopérative, ou la coopérative et une union à laquelle elle adhère. Ce terme vise à signifier l'originalité d'un lien et à prévenir toute interprétation réductrice.

Deux arrêtés du 20 février 2020 (*JO 25 févr.*) ont homologué d'une part les modèles de statuts de coopératives (types 1 à 6), et d'autre part les modèles de statuts des unions de sociétés coopératives agricoles (types 1 à 3).

Tous les modèles de statuts peuvent être consultés avec des notes de commentaires sur *juricoop.coop.fr*.

1. Les conditions dans lesquelles les liens unissant une coopérative et un associé peuvent cesser sont régies par les statuts et échappent à l'application de l'art. L. 442-6-I 5° C. com. • Com. 8 févr. 2017, n° 15-23.050 P : *CCC 2017. Alerte 16.*

2. Faute d'avoir notifié son retrait conformément aux dispositions statutaires ou d'avoir reçu l'autorisation de se retirer de la coopérative, l'associé a conservé sa qualité d'associé coopérateur, peu important qu'il ait cessé tout apport. • Civ. 1re, 25 mars 2020, n° 18-17.721 P : *JCP 2020. 724 ; BJS. 2020, n° 9, p. 45, note Brignon ; DP entr. agric., Bull. n° 541/542, p. 1, note Barbieri ; Dr. sociétés 2020. 101, note Hovasse ; LPA 2020, n° 241, p. 20, note Stoffel.*

3. Est mal fondé le rejet du juge commissaire de retenir la connexité entre la dette de la coopérative liée au remboursement des parts sociales et la créance souscrite auprès de la coopérative pour l'utilisation de matériel. • Civ. 3e, 14 déc. 2023, n° 22-15.598 P : *D. 2023. 2236*.

Art. L. 521-2 Les coopératives agricoles et leurs unions sont obligatoirement à capital variable.

Leur durée ne peut excéder quatre-vingt-dix-neuf ans, sauf prorogation.

Les statuts de chaque société coopérative agricole fixent la circonscription territoriale de cette société. Les unions de sociétés coopératives agricoles ont pour circonscription territoriale l'ensemble des circonscriptions des sociétés coopératives adhérentes.

Art. L. 521-3 *(L. nº 2014-1170 du 13 oct. 2014, art. 13-II-2º)* « I. — » Ne peuvent prétendre à la qualité et à la dénomination de coopérative ou d'union que les sociétés dont les statuts prévoient :

a) L'obligation pour chaque coopérateur d'utiliser *(L. nº 2014-856 du 31 juil. 2014, art. 45-I)* « tout ou partie des services » de la société pour une durée déterminée et, corrélativement, de souscrire une quote-part du capital en fonction de cet engagement d'activité ;

b) L'obligation pour la société de ne faire d'opérations qu'avec ses seuls associés coopérateurs *(L. nº 2022-298 du 2 mars 2022, art. 10, en vigueur le 1er janv. 2023)*« et de leur fournir les services correspondant aux activités pour lesquelles ils se sont engagés » ;

c) *(L. nº 92-643 du 13 juill. 1992)* « La limitation de l'intérêt versé au capital souscrit par les associés coopérateurs à un taux au plus égal au taux fixé par l'article 14 de la loi nº 47-1775 du 10 septembre 1947 portant statut de la coopération » ; — *V. cette L. au* ***C. sociétés.***

d) La répartition des excédents annuels disponibles entre les associés coopérateurs proportionnellement aux opérations qu'ils ont réalisées avec leur coopérative lors de l'exercice ;

e) Le remboursement des parts sociales à leur valeur nominale ainsi qu'en cas de liquidation, la dévolution de l'actif net à d'autres coopératives ou à des œuvres d'intérêt général agricole ;

f) *(L. nº 88-1202 du 30 déc. 1988)* « Un droit égal de vote pour chaque coopérateur aux assemblées générales ; pour l'exercice de ce droit, lorsqu'un groupement agricole d'exploitation en commun adhère à une société coopérative, tous les membres du groupement considérés comme chefs d'exploitation agricole sont réputés associés coopérateurs, sans que les chefs d'exploitation membres d'un même groupement puissent, en cette qualité, détenir plus de 49 p. 100 des voix » ;

(L. nº 2014-856 du 31 juill. 2014, art. 45-I) « *g*) Les conditions d'adhésion, de retrait, de radiation et d'exclusion des associés coopérateurs » ;

(Ord. nº 2019-362 du 24 avr. 2019, art. 1er, en vigueur le 1er juill. 2019) « *h*) L'obligation pour l'organe chargé de l'administration de la société de mettre à la disposition de chaque associé coopérateur un document récapitulant l'engagement de ce dernier. Ce document est mis à disposition lors de l'adhésion de l'associé coopérateur, ainsi qu'à chacune de ses modifications et, en tout cas, à l'issue de chaque assemblée générale ordinaire. Il précise le capital social souscrit, la durée d'engagement, la date d'échéance, les modalités de retrait, les quantités et les caractéristiques des produits à livrer, ainsi que les modalités de paiement et de détermination du prix de ces derniers comprenant s'il y a lieu les acomptes et compléments de prix, telles que prévues par le règlement intérieur. »

Toutefois, en ce qui concerne les *b*, *e* et *f* ci-dessus, les coopérateurs peuvent, soit à la fondation, soit en cours de vie sociale, exercer, dans les conditions et limites prévues, les choix qui leur sont couverts par les articles L. 522-5, L. 523-1, L. 523-7 *(L. nº 2008-649 du 3 juill. 2008, art. 25)* « et L. 524-4 ».

(L. nº 2014-1170 du 13 oct. 2014, art. 13-II-2º) « II. — Les statuts peuvent prévoir que la durée d'engagement des nouveaux associés coopérateurs inclut une période probatoire, qui ne peut excéder une année.

« Pendant la période probatoire, ces associés coopérateurs ont les mêmes droits et obligations que les autres associés coopérateurs. A l'expiration de cette période, l'admission est définitive, sauf décision contraire de l'associé coopérateur ou décision motivée du conseil d'administration, l'intéressé ayant été entendu et dûment convoqué.

« A la fin de la période probatoire et en cas de retrait du nouvel associé, celui-ci bénéficie du remboursement de ses parts sociales. »

Les sociétés coopératives ou leurs unions disposent d'un délai de quatorze mois à compter de la publication de l'Ord. n° 2019-362 du 24 avr. 2019 pour modifier leurs statuts et leur règlement intérieur conformément aux dispositions de ladite ordonnance et les transmettre au Haut Conseil de la coopération agricole. Cette obligation est reportée au 1er juill. 2022 pour les sociétés coopératives agricoles ou leurs unions qui ont exclusivement pour objet l'approvisionnement ou les services et dont le chiffre d'affaires annuel est inférieur à 200 000 € hors taxes (Ord. préc., art. 6, JO 25 avr.).

BIBL. ▶ BARBIÈRI, *DP entr. agric., Bull. n° 503, p. 17* (rémunération du capital souscrit). – GONI, *Gaz. Pal. 24-25 juill. 2002. 15* (quelle liberté contractuelle pour les coopératives agricoles ?). – HIRSCH, *RD rur. 2018. Étude 8* (la période probatoire). – LACHAUD, *RD rur. 1999. 267 ; Ann. loyers 2003. 2481* (prime d'arrachage et coopérative). – MARTINE, *RD rur. 2000. 157.* – NOSSEREAU, *RD rur. 2022. Dossier 4* (la rémunération des agriculteurs en coopérative agricole).

I. QUALITÉ D'ASSOCIÉ-COOPÉRATEUR

1. Critère. La qualité d'associé-coopérateur s'acquiert nécessairement par la souscription de parts et non de manière tacite. • Civ. 1re, 25 mai 1992, n° 89-12.108 P • 14 nov. 1995 : *RD rur. 1996. 430, obs. Martine.* ♦ La qualité d'associé-coopérateur ne s'acquiert que par la souscription de parts sociales. • Civ. 1re, 9 nov. 1999, n° 97-14.041 P • 19 déc. 2000, n° 98-11.332 P : *RD rur. 2001. 298 ; Defrénois 2001. 520, note Honorat ; BJS 2001. 524 ; JCP E 2001. 304 ; JCP 2001. IV. 1317 ; JCP N 2001. 1877 ; Gaz. Pal. 8-9 juin 2001. 32* • 10 juill. 2002, n° 99-19.929 P : *RD rur. 2002. 467 ; ibid. 2003. 49 ; JCP 2002. IV. 2531 ; Gaz. Pal. 25-26 oct. 2002. 27 ; RJDA 2002. 981, inf. 1165 ; Dr. sociétés 2002, inf. n° 212 ; BJS 2002. 1238 ; RTD com. 2003. 302, obs. Champaud et Danet.*

II. CONTRAT DE COOPÉRATION

A. NATURE DU CONTRAT

2. V. art. L. 521-1-1.

B. SOURCE DES OBLIGATIONS RÉCIPROQUES

3. *Supériorité des statuts sur les engagements particuliers.* La définition des zones de collecte de coopératives laitières relevant des dispositions statutaires, elle ne peut être modifiée par un accord entre deux coopératives dont les adhérents sont informés par lettre et doit faire l'objet d'une décision prise en assemblée générale extraordinaire. • Civ. 1re, 8 oct. 1996 : *RD rur. 1997. 58.* ♦ Une clause de réserve de propriété inscrite dans un document contractuel signé entre une union et une coopérative adhérente est contraire aux obligations légales et statutaires d'apport et d'exclusivisme et doit être réputée non écrite. • TGI Lyon, ord., 10 janv. 1997, *Sté Cellier des Samsons.* ♦ Le cadre juridique de toute livraison par le coopérateur ne peut être que celui des statuts de la coopérative tant que le contrat de coopération subsiste, et il ne peut lui être substitué un contrat de vente avec réserve de propriété. • Civ. 1re, 13 févr. 2001, n° 98-20.317 P : *D. 2002. 388, note Michalauskas ; JCP 2001. I. 354, n° 14 s., obs. Virassamy ; BJS 2001. 639, note Gourlay ; RD rur. 2001. 194 et 367 ; ibid. 2002. 486, note Martine ; Rev. sociétés 2001. 834, note Saintourens ; Gaz. Pal. 2001. 1. Somm. 1026 ; CCC 2001, n° 83, obs. Leveneur.*

4. *Jurisprudence antérieure à l'Ord. du 24 avr. 2019.* V. art. L. 521-3 II. ♦ Lorsque le bulletin d'adhésion individuel d'un associé coopérateur prévoit une durée d'adhésion différente de celle prévue par les statuts, ces derniers doivent prévaloir car ils déterminent la nature, la durée et les modalités de l'engagement des coopérateurs. • Civ. 1re, 13 juin 1995, n° 93-16.535 P : *RD rur. 1996. 430, obs. Martine.* ♦ L'engagement statutaire doit prévaloir sur les conventions conclues par l'associé et la coopérative dès lors que celles-ci avaient le même objet mais et étaient contradictoires avec l'engagement statutaire. • Com. 8 déc. 2009, n° 08-21.752 : *RD rur. 2010, n° 65, note Barbièri.*

5. *Aggravation des obligations des associés.* Conformément au principe général du droit des sociétés exprimé à l'art. 1836 C. civ., une modification statutaire ne peut aggraver les engagements d'activité des associés à l'égard de la coopérative, à moins qu'ils n'y consentent individuellement, en particulier quand la modification impose l'apport total à des coopérateurs qui n'y étaient pas tenus. • Civ. 1re, 3 avr. 1990 : *RD rur. 1991. 288, obs. Martine.* ♦ Une modification statutaire ne peut augmenter la durée d'engagement des associés sans leur consentement individuel, et ceux-ci demeurent liés par les règles des statuts existant au moment de leur adhésion. • Civ. 1re, 4 avr. 1995, *Cave coop. de Chaintré c/ Bernard de Lavernette.*

C. OBLIGATIONS DE LA COOPÉRATIVE

6. La société coopérative a une obligation de moyen à l'égard de son adhérent engagé par une clause d'apport total. • Civ. 2e, 3 mars 2022, n° 21-13.892 B : *RD rur. 2022, n° 95, note Crevel.*

7. Aucune disposition applicable aux coopératives agricoles n'impose la mutualisation des risques nés de leur activité. • Civ. 1re, 30 nov. 2016, nos 15-23.105 et 15-23.212 P : *RD rur. 2017, n° 90, note Hirsch.*

1° PRIX PAYÉ AUX ASSOCIÉS

8. *Caractère déterminable.* Un contrat de production entre une coopérative et un associé est nul lorsque le prix fixé n'est ni déterminé ni déterminable. • Civ. 1re, 7 mars 1995 : *RD rur. 1995. 273.* ♦ Le prix est déterminable lorsque le contrat prévoit que les produits livrés par un éleveur sont payés conformément au règlement intérieur de la coopérative, compte tenu de la qualité de l'animal et déduction faite des frais de gestion diminués des aides éventuelles perçues de l'État ou de tout organisme extérieur au groupement, par voie de relation avec des éléments qui ne dépendent pas de la seule volonté de la coopérative et en particulier en fonction de la moyenne hebdomadaire des prix d'achat de la coopérative, qui englobe les prix pratiqués pour de nombreuses transactions conclues avec des non-coopérateurs. • Même arrêt. ♦ Dans le silence des statuts quant à la fixation de la rémunération des apports en nature des sociétaires et en l'absence de tout écrit sur ce point, il convient de rechercher, notamment dans la pratique des parties, le prix auquel la coopérative est tenue, lequel peut être un prix syndical ou interprofessionnel. • Civ. 1re, 13 oct. 1993, *Sté Coop. des producteurs de blanquette de Limoux c/ Andrieu et a.*, n° 91-17.261.

9. *Caractère révocable.* L'objet des sociétés coopératives agricoles étant d'assurer ou faciliter la vente des produits agricoles de leurs associés-coopérateurs, elles s'engagent seulement à assurer l'écoulement de la production des associés au prix le plus avantageux en fonction des possibilités et des fluctuations du marché et peuvent donc modifier le prix promis aux associés, à moins que ces derniers ne prouvent que l'engagement sur le prix était irrévocable. • Civ. 1re, 6 juin 1984, *Haon c/ Coop. agric. de Camaret*, n° 83-10.795. ♦ Dans le même sens : • Civ. 1re, 12 juill. 1983, *Mingant c/ Coop. agric. de l'Arrée.*

10. *Versement d'acomptes.* Sauf engagement contraire, la partie du prix versée en début de campagne constitue un acompte provisoire, susceptible de révision en fonction du produit global des ventes effectuées et le liquidateur judiciaire d'une coopérative peut en obtenir restitution auprès des associés-coopérateurs. • Civ. 1re, 22 janv. 1991 : *RD rur. 1991. 228.* ♦ La réduction du montant des acomptes par le conseil d'administration ne constitue qu'une mesure de gestion qui n'a pu délier la coopérative de son obligation contractuelle de paiement de la totalité du prix de marché convenu avec l'associé coopérateur. • Paris, 3 mars 2006 : *RD rur. août-sept. 2006. 39, note Barbièri ; D. 2006. 2399*.

11. La coopérative est tenue de verser à l'associé coopérateur exclu les compléments de prix au prorata de ses apports. • Poitiers, 22 mai 2007 : *RD rur. 2008, n° 9, note Barbièri.*

12. *Prélèvement d'une cotisation syndicale.* Une coopérative ne peut prélever sur le montant de la rémunération des produits apportés par les associés-coopérateurs le montant d'une cotisation à un syndicat. * Rép. min. Alquier : *JOAN 10 oct. 1988, p. 2812.*

2° FOURNITURE DE PRODUITS ET DE SERVICES

13. *Devoir de conseil et d'assistance.* Lorsqu'une coopérative fait accepter à un associé un règlement de production, elle s'engage réciproquement à lui fournir conseil et assistance et engage sa responsabilité lorsque par défaut d'exécution de ces obligations l'associé subit un préjudice. • Montpellier, 5 mars 1992, *Théobald c/ Coop. agric. lauragaise.* ♦ Lorsqu'une coopérative concourt à l'achat d'un matériel par ses associés, elle est tenue envers ces derniers d'une obligation de conseil et d'information quant à la mise au point et au savoir-faire, car elle est mieux à même que le fabricant d'appréhender les conditions d'utilisation du matériel vendu. • Civ. 1re, 20 déc. 1993, *Jurquet et a. c/ Hamel et a.*, n°s 91-18.183 et 91-18.361. ♦ Lorsqu'un contrat d'élevage conclu entre un associé et une coopérative prévoit que le vétérinaire-conseil de celle-ci est charge d'établir le programme sanitaire d'élevage, d'en surveiller l'exécution et d'intervenir lorsque des problèmes sanitaires se produisent en cours d'élevage, cette coopérative engage sa responsabilité lorsqu'elle ne fait pas appel à ce vétérinaire en cas de difficulté sanitaire. • Civ. 1re, 10 mars 1987, *Clergeau c/ CANA*, n° 85-14.076.

14. *Obligation de garantie.* Une coopérative est tenue à l'obligation de garantie du vendeur pour les produits livrés aux coopérateurs lorsque les statuts prévoient la possibilité d'opérations d'achat et de vente et que les éléments constitutifs du contrat de vente se trouvent réunis. • Civ. 1re, 20 déc. 1988, *Coop. agric. d'Antibes*, n° 86-15.843.

15. *Compte courant d'associé-coopérateur.* La position débitrice d'un compte courant d'associé-coopérateur ne peut être assimilée à un emprunt (non-application de l'art. 1415 C. civ.). • Civ. 1re, 22 juin 2004, n° 02-13.551 P : *D. 2004. IR 2269 ; JCP 2004. I. 176 ; Dr. et patr 3/2005. 89, note Barbièri.* ♦ Même sens (non-application du code de la consommation) : • Civ. 1re, 22 févr. 2006 : *Dr. sociétés juin 2006. 22, note F.-X. Lucas ; RJDA 2006, inf 552.* ♦ Les juges sont fondés à déduire du fait que chaque créance de la coopérative restait individualisée et était assortie de taux d'intérêts variés que la coopérative et ses coopérateurs n'avaient pas voulu soumettre leurs relations financières aux règles du compte courant. • Civ. 1re, 15 mars 2005 : *Gaz. Pal. 31 juill.-2 août 2005. 26.*

3° SANCTIONS

16. *Exception d'inexécution.* Un associé-coopérateur auquel la quantité de référence laitière (quota) avait été notifiée par sa coopérative en septembre, soit avec six mois de retard, ne peut invoquer la faute de la coopérative pour se soustraire à ses obligations d'apport. • Civ. 1re, 22 oct. 1996 : *RD rur. 1997. 126.* ♦ Le signataire du contrat de coopération ne peut justifier son défaut d'exécution par le défaut d'information à la souscription sur ses engagements dès lors que ceux-ci sont issus de statuts types obligatoires. • Civ. 1re, 18 juill. 2000 : *RD rur. 2000. 515.* ♦ Pour un cas de refus justifié de livraison, V. • Civ. 1re, 13 oct. 1993 : *préc. note 8.*

17. Dommages-intérêts. Lorsque la responsabilité de la coopérative est engagée, elle peut être tenue d'indemniser l'associé-coopérateur de son entier préjudice, en particulier dû à des difficultés sanitaires et des retards de livraison. • Civ. 1re, 10 mars 1987, *Clergeau c/ CANA,* n° 85-14.076. ♦ ... En cas de résiliation dont la coopérative est responsable faute de justifier d'un comportement suffisamment grave de l'associé coopérateur. • Rennes, 18 mars 2009 : *RD rur. 2009, n° 142, note Barbièri.*

18. Résiliation judiciaire. L'adhérent d'une coopérative peut cesser d'exécuter ses engagements et, sur le fondement de l'article 1184 C. civ., obtenir la résolution judiciaire du contrat de coopération, dès lors que la société a, par une décision irrégulière, violé ses propres obligations telles qu'elles découlent des statuts. • Civ. 1re, 12 mars 1974 : *Bull. civ. I, n° 85* • 17 nov. 1976 : *Rev. sociétés 1977. 713, note Atias* • 29 avr. 1997, *Cave coop. des vignerons d'Aspiran c/ UCOVIC,* n° 95-17.935. ♦ Les coopérateurs ne peuvent rompre unilatéralement leur contrat de coopération avant l'expiration de leur période d'engagement sur le fondement de différends portant sur les choix de gestion opérés par la coopérative, la résolution du contrat ne pouvant être prononcée que si l'une des parties ne satisfait pas à l'engagement conventionnel souscrit envers l'autre. • Civ. 1re, 27 févr. 2001, n° 98-22.346 P : *JCP E 2001. Pan. 689 ; JCP 2001. IV. 1730 ; RD rur. 2001. 255 et 362 ; ibid. 2002. 490, note Martine.* ♦ Même sens : • Civ. 1re, 29 avr. 2003 : *RD rur. 2003. 699.* ♦ Des retards de paiement de l'acompte du fait de difficultés financières qui ne constituent pas de la part de la coopérative une méconnaissance de ses obligations. • Montpellier, 14 oct. 2008 : *RD rur. 2009, n° 113, note Barbièri.* ♦ *Contra* : la résiliation peut être prononcée lorsque la coopérative a commis des fautes de gestion, sans qu'il soit exigé que le sociétaire démontre un motif strictement personnel, exclusif d'un préjudice collectif qui donne ouverture à la seule action sociale. • Civ. 1re, 4 oct. 1977 : *Rev. sociétés 1978. 288, note Atias* • 3 févr. 1981 : *RD rur. 1981. 493, obs. Martine.* ♦ La résolution du contrat de coopération peut être prononcée pour inexécution de l'obligation de payer les prix des apports de récolte, alors même que l'assemblée générale avait approuvé les comptes et donné quitus au conseil d'administration. • Civ. 1re, 17 juill. 1979 : *Bull. civ. I, n° 216* • 21 juill. 1987, *Durand de Corbiac c/ Cave coop. de Bergerac.*

19. Dommages-intérêts. Ayant relevé que la rupture brutale des relations commerciales entre une société et une coopérative a causé à chaque associé de cette dernière un préjudice personnel et distinct de celui que la coopérative aurait pu subir, la société doit indemniser le préjudice de chaque associé. • Com. 26 nov. 2013, nos 12-26.015 et 12-26.332 : *Dr. sociétés 2014. 43, note Hovasse ; CCC 2014. 41, note Mathey.*

D. OBLIGATIONS DU SOCIÉTAIRE

1° L'ENGAGEMENT D'ACTIVITÉ

20. Obligation de livraison. Un sociétaire qui réduit des livraisons à la coopérative envers laquelle il a souscrit un engagement d'apport de l'exclusivité de sa production doit justifier que les quantités livrées correspondent à la production de son exploitation. • Civ. 1re, 25 oct. 1989, *Antoine c/ Coop. laitière agric. de Vy-les-Lure,* n° 87-17.430.

21. Renouvellement de l'engagement. La société coopérative ne peut faire obstacle au renouvellement de l'engagement de son adhérent sauf à recourir à la procédure d'exclusion ou à demander la résolution judiciaire du contrat. • Civ. 1re, 13 déc. 2005, n° 02-20.397 P : *JCP 2006. IV. 1080 ; RD rur. avr. 2006. 25, note Barbièri ; Rev. sociétés 2006. 555, note Saintourens ; Gaz. Pal. 16-17 août 2006 ; RJDA oct. 2006. 968.* ♦ Faute d'acceptation non équivoque de la diminution d'apport décidée unilatéralement par l'adhérent, le contrat s'est reconduit tacitement, et la coopérative est fondée à rejeter la demande de remboursement des parts. • Civ. 1re, 10 avr. 2013 : *DP entr. agric., Bull. n° 464, p. 8, note Martine.*

22. Période d'engagement et année de campagne. Une coopérative n'a pas l'obligation de fixer le début et la fin des années d'engagement des associés-coopérateurs en fonction des textes communautaires faisant débuter en mars les années de campagne laitière. Les statuts, fixant une tacite reconduction des engagements des associés-coopérateurs à partir de janvier à défaut de respect d'un préavis, doivent recevoir application. • Civ. 1re, 26 mars 1996, *Sté coop. laitière de Rocourt c/ Herel,* n° 93-21.822.

23. Durée normale de la vie professionnelle. Selon les dispositions de l'art. 52 de la loi du 24 juill. 1867, tout associé d'une société à capital variable peut en principe se retirer quand il le souhaite, mais les statuts des sociétés coopératives peuvent limiter ce droit de retrait, à condition de ne pas porter atteinte à la liberté individuelle en imposant un engagement d'une durée supérieure à la vie professionnelle du coopérateur. • Civ. 1re, 30 mai 1995 : *RD rur. 1995. 511* • 10 juill. 1995 : *RD rur. 1995. 567 ; ibid. 1996. 431, obs. Martine.* ♦ V. déjà : • Civ. 1re, 27 avr. 1978 : *Rev. sociétés 1978. 772, note Atias.* ♦ Une durée d'engagement de trente ans n'est pas supérieure à la vie professionnelle. • Civ. 1re, 30 mai 1995 : *préc.* ♦ Est mal fondé le tribunal qui déclare la durée d'engagement de 25 ans contraire à la liberté individuelle puisque supérieure à 10 ans, sans rechercher si cet engagement était supérieur ou égal à la durée moyenne de l'activité professionnelle d'un viticulteur. • Civ. 1re, 28 oct. 1997 : *BJS 1998. 49.* ♦ Une durée de soixante ans est excessive. • Civ. 1re, 10 juill. 1995 : *préc.* ♦ Une durée d'engagement de 36 ans est excessive. • Civ. 1re, 18 janv. 2000 : *BJS 2000. 560, note Cathelineau ; JCP 2000. IV. 1399 ; JCP N 2000. Pan. 629 ; RD rur. 2000. 491.* ♦ La durée d'engagement du fils se calcule par la date d'adhésion du père à qui il succède. • Même arrêt. ♦ Même sens : • Civ. 1re, 17 nov. 1998 : *BJS 1999. 284 ; RD rur. 1998. 563.*

24. Preuve. La coopérative n'établit pas par un usage être dispensée de la preuve écrite des obligations de l'associé coopérateur qui les conteste. • Rennes, 5 févr. 2021, n° 17/06007 : *RD rur. 2021, n° 245, note Lebel.*

25. Démission. V. art. R. 522-4.

2° SANCTIONS

26. L'art. 7 de la loi du 10 sept. 1947 prévoyant que les statuts fixent les conditions d'adhésion, de retrait et d'exclusion des associés, une coopérative est mal fondée à prétendre appliquer à un associé une pénalité prévue par le seul règlement intérieur. • Com. 20 févr. 2007, n° 05-19.858 : *RJDA 2007, inf. 635 ; Rev. sociétés 2007. 823, note Hiez.*

27. Action en responsabilité pour défaut de livraison. Une union de coopératives, destinataire final des apports des sociétaires d'une coopérative, a qualité pour intervenir en cause d'appel afin de joindre à l'action de la coopérative sa demande de réparation du préjudice propre qu'elle subit lorsque certains sociétaires cessent brusquement ces apports. • Civ. 1re, 13 nov. 1996, *Bernard c/ Laiterie coop. de Juaye Mondaye,* n° 94-14.689. ♦ La laiterie privée qui reçoit les apports de ces anciens sociétaires coopérateurs peut être solidairement condamnée à indemniser l'union et la coopérative. • Civ. 1re, 13 nov. 1996, *Danone c/ Laiterie coop. de Juaye Mondaye,* n° 94-14.688.

28. Référé. Une coopérative est fondée à demander en reféré la condamnation d'un adhérent à reprendre ses livraisons de lait sur le fondement de son obligation de livrer la totalité des produits de son exploitation. • Civ. 1re, 13 mai 2003, *ULPAC c/ Jouanolou : BJS 2003. 1064, note Barbièri ; RD rur. 2003. 511.*

29. Décision du conseil d'administration. La sanction d'un adhérent coopérateur peut être annulée pour irrespect des dispositions impératives concernant la composition du conseil d'administration. • Civ. 1re, 28 mars 2000, n° 97-20.779 P : *RD rur. 2000. 558 ; JCP 2000. IV. 1869 ; Rev. sociétés 2000. 542, note Saintourens.* ♦ ... Des dispositions statutaires prévues pour appliquer la sanction du défaut d'exécution des obligations de l'associé coopérateur. • Nîmes, 13 janv. 2021, n° 18/03002 : *RD rur. 2021, n° 246, note Lebel.* ♦ Est mal fondée la cour qui exige que la décision du conseil d'administration d'appliquer des pénalités à un associé soit contradictoire et que les intéressés puissent présenter des observations sur les sanctions. • Com. 11 juill. 2006, n° 05-11.019 P : *BJS 2007. 138, note Barbièri ; D. 2006. 2399 ; RJDA 2007, inf. 66 ; RDC 2007. 427, obs. Lucas ; RTD com. 2006. 846, obs. Champaud et Danet.* ♦ La décision d'exclusion prise par le conseil d'administration qui n'est pas un organisme juridictionnel ou disciplinaire établi par la loi, n'est pas soumise aux garanties procédurales de l'art. 6 de la Convention de sauvegarde des droits de l'homme et des libertés fondamentales. • Civ. 1re, 3 nov. 2016, n° 15-22.312 : *RD rur. 2017, n° 57, note Hirsch ; DP entr. agric., Bull. n° 502, p. 9, note Barbièri.*

30. Exclusion. Décision de l'assemblée générale. Les coopératives agricoles constituant une catégorie particulière de sociétés, elles peuvent exclure leurs membres par une décision relevant d'une assemblée générale ordinaire, statuant conformément à l'art. L. 524-15 C. rur. à la majorité des suffrages exprimés, sans que puisse être invoqué l'art. 155 de la L. n° 66-537 du 24 juill. 1966. • Civ. 1re, 5 nov. 1991 : *D. 1991. IR 296 ; BJS 1992. 91, note Gourlay ; Dr. sociétés, n° 26, obs. Bonneau.* ♦ Les statuts de la coopérative, qui priment les dispositions générales régissant le fonctionnement des sociétés à capital variable, ont pu prévoir que le conseil d'administration de la coopérative décide de l'exclusion d'un associé sans intervention de l'assemblée générale. • Com. 13 juill. 2010, n° 09-16.156 P : *BJS 2010. 990, note Le Cannu ; Gaz. Pal. 6-7 oct. 2010, p. 18, note Zattara et Gros ; BICC 2011. 1813 ; D. 2010. 1868, note Lienhard ; JCP 2010. 1676.*

31. Exclusion. Procédure. Une assemblée générale peut prononcer l'exclusion d'un associé après lui avoir refusé l'assistance d'un avocat lors de sa réunion, car cette assemblée générale n'est pas un organisme juridictionnel ou disciplinaire établi par la loi, mais un organe de gestion interne à la société, dont la décision relève du contrôle juridictionnel du tribunal de grande instance puis de la cour d'appel, devant lesquels l'associé a été régulièrement assisté, en sorte que ce dernier ne peut prétendre avoir été victime d'une violation de l'art. 6, § 1, Conv. EDH. • Civ. 1re, 16 juin 1993 : *D. 1993. IR 172 ; Rev. sociétés 1994. 295, note Chartier ; RTD com. 1994. 71, note Jeantin.* ♦ Est irrégulière la procédure d'exclusion sans respect du contradictoire, les intéressés n'ayant pas été autorisés à participer à l'assemblée générale statuant sur leur situation. • Montpellier, 27 mai 2003 : *RD rur. 2004. 116.* ♦ V., pour un exemple de procédure régulière, • Colmar, 13 janv. 2005 : *JCP 2005. IV. 2717.* ♦ En application de l'art. L. 235-1 C. com., la nullité des actes ou délibérations d'une société ne peut résulter que de la violation d'une disposition impérative du droit des sociétés ou des lois qui régissent les contrats ; en conséquence, l'impossibilité pour l'associé exclu de venir s'expliquer devant l'organe décidant de son exclusion n'est pas une cause de nullité de la délibération ayant prononcé son exclusion. • Com. 13 juill. 2010, n° 09-16.156 : *préc. note 30.* ♦ V. aussi • Com. 9 nov. 2010, n° 10-10.150 : *BJS 2011. 114, note Mousseron.*

32. Exclusion. Motifs. L'exclusion d'un associé est justifiée lorsque des accusations de malhonnêteté, de détournements, de spoliations ont été formulées par lui à l'encontre du conseil d'administration, ce qui dépasse le simple exercice du droit de critique et implique la volonté de nuire à la coopérative. • Civ. 1re, 5 nov. 1991 : *préc. note 30.* ♦ V. aussi : • Civ. 1re, 15 juill. 1992 : *BJS 1992. 1096, note Couret* • 2 déc. 1992 : *Dr. sociétés, n° 46, obs. Bonneau.* ♦ La livraison répétée de lait « mouillé » peut justifier l'exclusion, même en l'absence de preuve d'une fraude commise par le sociétaire lui-même. • Civ. 1re, 18 déc. 1990, *Guinchard c/ Coop. agric. de la fromagerie de Charquemont,* n° 88-10.252. ♦ La gravité des insultes, leur répétition, la violence extrême du ton, la grossièreté des propos tenus par un coopérateur s'adressant à d'autres associés et à des chauffeurs de la CUMA justifient l'exclusion prononcée par le conseil d'administration. • Angers, 23 nov. 2004 : *Dr. sociétés juin 2005. 19, obs. F.-X. L.* ♦ V., pour une exclusion justifiée par l'irrespect de l'obligation de livraison exclusive du coopérateur : • Colmar, 13 janv. 2005 : *JCP 2005. IV. 2717.* ♦ ... Par le non-respect d'une règle de production et d'écoulement du produit visé dans l'objet de la coopérative. • Bordeaux, 24 nov. 2009 : *RD rur. 2010, n° 51, note Barbièri.* ♦ Est fondée l'exclusion par la coopérative d'associés coopérateurs coupables de distillation illicite. • Civ. 1re, 3 mars 2011, n° 10-11.529 : *RD rur. 2012. Chron. 1, p. 14, obs. Bahans.* ♦ Est fondée la cour qui, pour apprécier la gravité du manquement du coopérateur, a tenu compte de son ancienneté dans la coopérative, des services rendus et de l'absence d'impact sur la qualité et la notoriété des produits. • Civ. 1re, 6 déc. 2017, n° 16-20.680 P : *RD rur. 2018, n° 30, note Crevel ; DP entr. agric., Bull. n° 516, p. 1, note Mambrini.* ♦ Est mal fondée la cour qui dit bien fondée l'exclusion sans caractériser la récidive des manquements de son sociétaire. • Civ. 1re, 17 janv. 2018, n° 16-12.872 : *DP entr. agric., Bull. n° 516, p. 1, note Mambrini.*

33. L'exclusion peut être prononcée pour des motifs dont les tribunaux apprécient la gravité, ce qu'ils constatent implicitement en retenant que ces motifs justifient la mesure d'exclusion prononcée. • Civ. 1re, 4 févr. 1992, *Filsjean c/ Coop. agric. de la fromagerie de Luhier,* n° 89-12.900. ♦ En revanche, les juges ne peuvent se contenter de constater que la coopérative a respecté les dispositions statutaires régissant la procédure d'exclusion, sans vérifier la réalité et la gravité des fautes retenues par l'assemblée générale. • Civ. 1re, 16 juin 1993 : *Dr. sociétés 1993, n° 156, obs. Bonneau.*

34. Saisine directe des tribunaux. Une société coopérative, même représentée par son président mandaté par le conseil d'administration, ne peut directement saisir un tribunal en vue de faire prononcer des sanctions contre un associé, alors qu'elle est soumise à une procédure statutaire imposant une décision préalable du conseil d'administration sur les sanctions elles-mêmes. • Civ. 1re, 2 avr. 1997 : *JCP E 1997. Pan. 199.* ♦ ... Sans que cette situation puisse être régularisée par une délibération postérieure. • Civ. 1re, 12 juill. 2012, n° 10-19.476 : *RD rur. 2012, n° 85, note Barbièri ; Joly 2012. 793, note Dondero.* ♦ En revanche, les associés exclus peuvent directement saisir les tribunaux sans exercer devant l'assemblée générale le recours purement facultatif prévu par les statuts. • Civ. 1re, 2 déc. 1992 : *Dr. sociétés 1993, n° 46, obs. Bonneau.*

35. Pénalités. Clauses pénales. Une clause pénale est celle par laquelle une personne, pour assurer l'exécution d'une convention, s'engage à quelque chose en cas d'inexécution, et doit être assimilée à une telle clause une disposition statutaire prévoyant le paiement à la coopérative d'une somme compensatrice du préjudice subi égale à la quote-part correspondant aux quantités non livrées au cours d'un exercice, des frais généraux de l'exercice et des dotations aux amortissements. Cette évaluation conventionnelle et forfaitaire du préjudice futur subi par la coopérative du fait de l'inexécution de son obligation de livraison par l'associé peut être modifiée par le juge dans les termes de l'art. 1152 C. civ. • Civ. 1re, 22 oct. 1996 : *RD rur. 1997. 121.* ♦ Même sens : • Civ. 1re, 15 juill. 1999, *ULPAC c/ Dame Marini,* n° 97-13.303. ♦ Ne constitue pas une clause pénale sanctionnant la rupture d'un engagement d'apport le prélèvement de 15 % de la prime d'abandon de superficie viticole au profit de la coopérative, mais une compensation forfaitaire du manque à gagner de celle-ci ; le conseil d'administration ne peut donc en dispenser un coopérateur. • Civ. 1re, 6 juin 2000 : *BJS 2000. 1087, note Barbièri.* ♦ Est fondé l'arrêt qui retient que le calcul des pénalités statutaires devait s'effectuer sur la base des quantités qui auraient dû être apportées pendant la période et non selon les quantités fixées lors de l'adhésion, et c'est dans l'exercice de son pouvoir souverain que le juge use ou non de la faculté ouverte par l'art. 1152 C. civ. • Civ. 1re, 16 sept. 2010, n° 09-67.348.

36. La stipulation d'une clause pénale en cas d'inexécution du contrat de coopération n'interdit pas à la coopérative de poursuivre l'exécution forcée du contrat en vue de contraindre le sociétaire à reprendre ses apports sous astreinte. • Civ. 1re, 21 mars 1995 : *RD rur. 1995. 274.*

37. Pénalités. Dommages-intérêts. Est mal fondée la cour d'appel qui retient que l'indemnité statutaire pour rupture avant terme de l'engagement d'associé-coopérateur a un caractère forfaitaire alors que l'art. 7 des statuts, reproduisant les dispositions impératives des statuts types, prévoit que les sanctions prévues en cas de manquement aux engagements du coopérateur doivent réparer le préjudice subi par la coopérative et sont calculées sur la base de l'exercice restant à courir jusqu'à la fin de son engagement. • Civ. 1re, 18 déc. 2001, ⚖ n° 99-18.044 P : *RD rur. 2002. 66 et 178 ; BJS 2002. 88, note Neau-Leduc.* ♦ La coopérative est fondée à réclamer au coopérateur qui a cessé ses apports une indemnité statutaire correspondant à ses frais fixes pour la période de non-livraison depuis la date d'exclusion jusqu'à la date à laquelle l'engagement coopératif devait prendre fin. • Civ. 1re, 21 oct. 2003 : ⚖ *RD rur. 2004. 7 et 345 ; RJDA 2/2004, inf. 183 ; BJS 2004. 707, note Barbièri* • 27 janv. 2004 : ⚖ *RD rur. 2004. 302.* ♦ Les juges sont mal fondés à prononcer la condamnation d'un coopérateur au paiement de pénalités à une coopérative en l'absence d'éléments chiffrés permettant la reconstitution du calcul des sommes demandées. • Civ. 3e, 21 févr. 2006 : ⚖ *RD rur. juin-juill. 2006. 30, note Barbièri.*

38. Des coopératives exclues de manière injustifiée d'une union, ayant été remboursées de leurs parts à leur valeur nominale, ne pouvaient prétendre ni selon la loi ou les règlements, ni selon les statuts, à des droits sur les réserves, biens et valeurs de l'union et n'ont pu obtenir aucune indemnité, n'établissant ni pertes de revenus relatives à la rémunération de leur production, ni difficulté dans la recherche d'une association pour écouler leur production. • Civ. 1re, 7 oct. 1998, ⚖ n° 97-10.548 P : *Dr. et patr. 3/1999. 94, note Barbièri ; JCP 1998. IV. 3290.*

39. Intérêts de retard. Le règlement intérieur peut fixer dans leur principe et leur montant les intérêts de retard dus par un associé sur un compte débiteur, sans que puisse être invoquée la règle établie à l'art. L. 522-3 C. rur., selon laquelle les statuts peuvent fixer les sanctions applicables en cas d'inexécution de l'engagement des coopérateurs d'utiliser les services de la coopérative. • Civ. 1re, 14 févr. 1990 : ⚖ *D. 1990. IR 74* ✎. ♦ Les coopérateurs doivent être informés du taux des intérêts de retard dans les conditions fixées à l'art. 1907 C. civ. imposant que le taux soit fixé par écrit. Il en est ainsi quand les intérêts sont fixés selon des conditions établies par le règlement intérieur ou par toute autre délibération du conseil d'administration qui constitue un écrit. • Civ. 1re, 13 avr. 1992 : ⚖ *D. 1992. IR 195* ✎. ♦ Les juges du fond doivent vérifier que les sociétaires ont pu bénéficier de l'information nécessaire selon les modalités prévues au règlement intérieur. • Civ. 1re, 26 mars 1996, ⚖ *Boissis c/ Sté coop. de Cozes Saujon*, n° 93-21.822.

Art. L. 521-3-1 *(L. n° 2014-1170 du 13 oct. 2014, art. 13-II-3°) (Ord. n° 2019-362 du 24 avr. 2019, art. 1er, en vigueur le 1er juill. 2019)* « I. — L'organe » chargé de l'administration de la société définit les modalités de détermination et de paiement du prix des apports de produits, des services ou des cessions d'approvisionnement, notamment les acomptes et, s'il y a lieu, les compléments de prix, et propose une répartition des excédents annuels disponibles mentionnés au *d* du I de l'article L. 521-3. Cette répartition est décidée par l'assemblée générale ordinaire. L'ensemble de ces éléments constitue la rémunération de l'associé coopérateur.

(Ord. n° 2019-362 du 24 avr. 2019, art. 1er, en vigueur le 1er juill. 2019) « II. — L'organe chargé de l'administration établit un document présentant la part des résultats de la société coopérative qu'il propose de reverser aux associés coopérateurs à titre de rémunération du capital social et de ristournes ainsi que la part des résultats des filiales destinée à la société coopérative, en expliquant les éléments pris en compte pour les déterminer. Ce document est adressé à chaque associé coopérateur avec sa convocation à l'assemblée générale.

« Lorsque la société coopérative est tenue de désigner un commissaire aux comptes, celui-ci atteste l'exactitude des informations figurant sur le document mentionné au précédent alinéa. Son attestation est jointe à ce document. Si le commissaire aux comptes émet des observations ou s'il refuse de remettre une attestation, il en informe sans délai le Haut Conseil de la coopération agricole.

« III. — L'organe chargé de l'administration présente lors de l'assemblée générale ordinaire un document donnant des informations :

« 1° Sur l'écart entre le prix indiqué lors de la précédente assemblée générale ordinaire, et le prix effectivement payé aux associés coopérateurs pour leurs apports ;

« 2° Sur les écarts constatés entre ce prix et les différents indicateurs relatifs aux coûts de production et aux prix des produits agricoles et alimentaires éventuellement pris en compte dans le règlement intérieur pour fixer les critères et modalités de détermination du prix des apports, ou, à défaut, tous indicateurs disponibles relatifs aux coûts pertinents de production en agriculture et aux prix des produits agricoles et

alimentaires constatés sur les marchés sur lesquels opère la coopérative. Ce document précise que la coopérative engage sa responsabilité si ces informations ne sont pas sincères.

« L'organe chargé de l'administration de la coopérative communique aux associés coopérateurs, selon la fréquence mentionnée dans le règlement intérieur, l'évolution des indicateurs relatifs aux prix des produits agricoles et alimentaires constatés sur les marchés sur lesquels la coopérative opère.

« IV. — Dans le mois qui suit l'assemblée générale ordinaire, une information sur la rémunération définitive globale liée aux apports de l'associé coopérateur, incluant le prix des apports versé sous forme d'acompte et de compléments de prix et les ristournes, est transmise à chaque associé coopérateur. Cette rémunération peut être présentée par unité de mesure ;

« V. — Engage la responsabilité de la coopérative le fait de fixer une rémunération des apports abusivement basse au regard des indicateurs prévus aux articles L. 631-24, L. 631-24-1, L. 631-24-3 et L. 632-2-1 ou de tout autre indicateur public disponible.

« L'action est introduite devant la juridiction civile compétente par le ministre chargé de l'économie, après avis motivé du ministre chargé de l'agriculture ainsi que du Haut Conseil de la coopération agricole, ou, après la procédure de médiation prévue à l'article L. 528-3, par toute personne justifiant d'un intérêt direct et certain.

« Lors de cette action, le ministre chargé de l'économie peut demander à la juridiction saisie d'ordonner la cessation de la pratique mentionnée au premier alinéa du présent V. Il peut également demander le prononcé d'une amende civile dont le montant ne peut être supérieur à cinq millions d'euros. Toutefois, cette amende peut être portée, de manière proportionnée aux avantages tirés du manquement, à 5 % du chiffre d'affaires hors taxes réalisé en France par l'auteur de la pratique mentionnée au premier alinéa du présent V lors du dernier exercice clos depuis l'exercice précédant celui au cours duquel la pratique a été mise en œuvre. La réparation des préjudices subis peut également être demandée.

« La juridiction ordonne systématiquement la publication, la diffusion ou l'affichage de sa décision ou d'un extrait de celle-ci selon les modalités qu'elle précise. Elle peut également ordonner l'insertion de la décision ou de l'extrait de celle-ci dans le rapport établi sur les opérations de l'exercice par l'organe chargé de l'administration de la société coopérative. Les frais sont supportés par la personne condamnée.

« La juridiction peut ordonner l'exécution de sa décision sous astreinte.

« Les litiges relatifs à l'application du présent V sont attribués aux juridictions dont le siège et le ressort sont fixés par décret.

« Le juge des référés peut ordonner, au besoin sous astreinte, la cessation de la pratique abusive ou toute autre mesure provisoire.

« Dans la mise en œuvre de ces dispositions, la juridiction tient compte des spécificités des contrats coopératifs. — *Les dispositions du b du 3° de l'art. 1er de l'Ord. n° 2019-362 du 24 avr. 2019 relative à la coopération agricole sont annulées en tant qu'elles créent un V à l'art. L. 521-3-1 (Décis. n° 430261 du 24 févr. 2021 du Conseil d'État statuant au contentieux, JO 6 mars).*

« VI. — » Lorsque la société procède à la collecte, à l'état brut, de produits *(L. n° 2021-1357 du 18 oct. 2021, art. 5)* **« agricoles et alimentaires figurant sur une liste fixée par décret », l'organe chargé de l'administration détermine des critères relatifs aux fluctuations des prix des matières premières agricoles et alimentaires affectant significativement le coût de production de ces produits. Lorsque ces critères, portés à la connaissance des associés coopérateurs selon des modalités prévues dans le règlement intérieur, sont remplis, l'organe chargé de l'administration délibère sur une éventuelle modification des modalités de détermination du prix des apports de ces produits.** — *V. art. D. 521-4.*

COMMENTAIRE

Dans le souci de conforter l'engagement coopératif, la loi du 13 octobre 2014 a multiplié les mesures de clarification pour garantir compréhension et confiance des associés coopérateurs : le document individuel récapitulatif des engagements, ainsi que l'engagement probatoire (facultatif) doivent y contribuer et permettront également d'écarter les difficultés relatives à la preuve de l'engagement coopératif.

Il en est de même des conditions de détermination de la rémunération de l'associé coopérateur. La renégociation des prix en cas de fluctuation (prévue pour les produits bruts périssables ou issus de cycles courts par l'art. L. 441-8 C. com.) s'exerce mais dans des conditions adaptées à la relation coopérative. ❑

Art. L. 521-3-2 *(Ord. nº 2019-362 du 24 avr. 2019, art. 1er, en vigueur le 1er juill. 2019)* **Le règlement intérieur complète les règles d'organisation et de fonctionnement fixées par les statuts.**

Il précise notamment les règles de composition, de représentation et de remplacement des membres, de quorum, les modalités de convocation, d'adoption et de constatation des délibérations de l'organe chargé de l'administration et le cas échéant des autres instances, statutaires ou non statutaires, mises en place par la coopérative.

Il fixe également :

1° Les critères et modalités de détermination et de révision du prix des apports, comprenant, le cas échéant, les modalités de prise en compte des indicateurs mentionnés à l'avant-dernier alinéa du III de l'article L. 631-24 choisis pour calculer ce prix ;

2° Les modalités de détermination du prix des services ou des cessions d'approvisionnement ;

3° Les modalités pratiques de retrait de l'associé coopérateur ;

4° Les modalités du remboursement des parts sociales qui intervient de droit dans le délai maximal prévu par les statuts.

(L. nº 2022-298 du 2 mars 2022, art. 10, en vigueur le 1er janv. 2023) **« Il peut fixer les modalités de constitution et de reprise de la provision constituée par la coopérative pour engagement de soutien des coopérateurs face aux aléas agricoles ainsi que, le cas échéant, les modalités de constitution et de fonctionnement des caisses de compensation. »**

Le règlement intérieur rappelle les conditions dans lesquelles il peut être recouru à la médiation et, le cas échéant, à tout autre mode de règlement des litiges.

Art. L. 521-3-3 *(Ord. nº 2019-362 du 24 avr. 2019, art. 1er, en vigueur le 1er juill. 2019)* **I. — Lorsque les statuts de la société coopérative prévoient qu'une indemnité est due par l'associé coopérateur en cas de retrait anticipé, cette indemnité est proportionnée aux incidences financières de ce retrait pour la coopérative et tient compte des pertes induites par le retrait de cet associé et de la durée restant à courir jusqu'à la fin de son engagement.**

Dans l'hypothèse où le retrait est motivé par un changement du mode de production permettant l'obtention d'un signe mentionné au 1° de l'article L. 640-2 ou de la mention "issu d'une exploitation de haute valeur environnementale" prévue au 2° du même article, le montant de l'indemnité demandée est réduit, de même que le délai de préavis éventuellement applicable. La coopérative n'est pas tenue d'accorder ces réductions si elle est en mesure de justifier que la valeur supplémentaire générée par ce changement du mode de production est effectivement prise en compte dans la rémunération des apports.

II. — La conclusion ou la modification d'un contrat régissant l'apport de produits, notamment d'un contrat relatif au processus de production de ces apports, entre la coopérative et l'associé coopérateur en cours d'engagement statutaire, oblige les parties à définir une date d'échéance unique pour l'engagement coopératif et pour ce contrat. Celle-ci ne peut pas dépasser la date d'échéance du contrat le plus long.

COMMENTAIRE

L'ordonnance du 24 avril 2019 pose un principe d'unicité des dates d'échéances de l'engagement coopératif et du contrat. ❑

Art. L. 521-4 **Les sociétés coopératives agricoles et leurs unions peuvent convenir de soumettre à des arbitres les contestations qui viendraient à se produire à raison de leurs opérations.**

Art. L. 521-5 **Les sociétés coopératives et leurs unions relèvent de la compétence des juridictions civiles.**

Tribunaux de commerce. Les tribunaux de commerce demeurent compétents pour connaître des contestations relatives aux actes de commerce, tels que définis à l'art. 632 C. com., que les sociétés coopératives ou leurs unions peuvent accomplir avec des tiers non coopérateurs. • Civ. 1re, 18 nov. 1986 : *RTD com. 1987. 76, obs. Alfandari et Jeantin* • Rouen, 9 févr 2006 : *RD rur.*

oct. 2006. 47. ♦ Mais ils sont incompétents pour connaître des litiges relatifs aux achats pour revendre, réputés actes de commerce, effectués par les coopératives, dès lors que ceux-ci sont effectués au profit des agriculteurs coopérateurs. • Com. 18 déc. 2001, n° 99-11.787 P : *D. 2002. AJ 406, note Lienhard ; RD rur. 2002. 246 et 486, note Martine ; RJDA mars 2002, p. 229, n° 270 ; Gaz. Pal. 2002. 2. Somm. 552.*

Art. L. 521-6 Sous réserve des dispositions du présent titre, les sociétés coopératives agricoles et leurs unions sont régies par les dispositions de la loi du 10 septembre 1947 modifiée portant statut de la coopération et du titre III de la loi du 24 juillet 1867 sur les sociétés *[C. com., art. L. 231-1 à L. 231-8]. — V.* ***C. com.*** *et* ***C. sociétés.***

1. Immatriculation. L'art. L. 521-1 attribue la personnalité morale aux sociétés coopératives agricoles à condition qu'elles soient immatriculées au registre du commerce et des sociétés et, à défaut, la coopérative même constituée avant le 1er juill. 1978, et non immatriculée avant le 1er nov. 2002, est devenue une société en participation. • Civ. 1re, 6 janv. 2021, n° 19-11.949 P : *D. 2021. 78 ; JCP 2021. 91 ; D. actu. 11 févr. 2021, note Leila Admi ; Defrénois 2021, n° 5, p. 5 ; JCP N 2021. Actu. 198 ; Dr. sociétés 2021, n° 48, note Jullian ; Gaz. Pal. 2021, n° 395, p. 31, note Berlaud ; BJS 2021, n° 4, p. 37, note Saintourens.*

2. Perte de la qualité de coopérative agricole. L'art. 25 de la loi du 10 sept. 1947 (dans sa rédaction du 13 juill. 1992) induit qu'est en principe interdit l'abandon de la qualité de coopérative agricole par voie de modification statutaire, mais n'exclut pas la perte de cette qualité suite à la disparition de la personnalité morale de la coopérative. • Civ. 1re, 6 janv. 2021, n° 19-11.949 P : *préc. note 1.*

3. Sociétés à capital variable. En application de l'art. 52 de la loi du 24 juill. 1867, dans les sociétés à capital variable, chaque associé peut se retirer lorsqu'il le juge convenable à moins de convention contraire et les statuts des coopératives agricoles peuvent limiter l'exercice de ce droit dans la seule mesure compatible avec le respect de la liberté individuelle. • Civ. 1re, 30 mai 1995 : *RD rur. 1995. 511.*

Art. L. 521-7 *(L. n° 2019-486 du 22 mai 2019, art. 169)* **Les statuts peuvent préciser une raison d'être, constituée des principes dont la société coopérative agricole ou l'union de coopératives agricoles se dote et pour le respect desquels elle entend affecter des moyens dans la réalisation de son activité.**

SECTION 2

Néant.

CHAPITRE II ASSOCIÉS – TIERS NON COOPÉRATEURS

COMMENTAIRE

Dans le souci de permettre le développement de l'efficacité économique des coopératives agricoles, il a été admis différents assouplissements à leur statut. Il a d'une part été admis des exceptions aux principes qui encadrent l'engagement coopératif qui supposent que tout associé souscrive des parts en conséquence et dans la mesure de l'activité qu'il a accepté d'effectuer avec la coopérative. Des associés non coopérateurs ne sont plus désormais admis selon une liste limitative, mais à la seule condition d'être intéressés par l'activité de la coopérative et d'être acceptés par le conseil d'administration. Les associés non coopérateurs doivent détenir moins de la moitié du capital social et ne peuvent détenir plus d'un cinquième des voix à l'assemblée générale. La rémunération de leur apport est seulement constituée d'intérêts dont le montant est plafonné.

Il a d'autre part été posé une exception à l'exclusivisme qui domine l'activité de la coopérative. Celle-ci peut en effet développer une activité avec des tiers non associés. Il s'agit d'une dérogation statutaire ou légale qui s'exerce dans des conditions particulières car les résultats de cette activité font l'objet d'une comptabilité spécifique, d'une taxation de droit commun, et les excédents dégagés sont indisponibles. S'agissant de contrats de production, ceux-ci sont soumis à la réglementation des contrats d'intégration que la jurisprudence écarte pour les contrats de la coopérative avec les associés coopérateurs.

SECTION 1 Associés coopérateurs

Art. L. 522-1 Peuvent être associés coopérateurs d'une société coopérative agricole :

1° Toute personne physique ou morale ayant la qualité d'agriculteur ou de forestier dans la circonscription de la société coopérative agricole ;

2° Toute personne physique ou morale possédant dans cette circonscription des intérêts agricoles qui correspondent à l'objet social de la société coopérative agricole et souscrivant l'engagement d'activité prévu par le *a* du premier alinéa de l'article L. 521-3 ;

3° Tout groupement agricole d'exploitation en commun de la circonscription ;

4° Toutes associations et syndicats d'agriculteurs ayant avec la coopérative agricole un objet commun ou connexe ;

5° D'autres sociétés coopératives agricoles, unions de ces sociétés et sociétés d'intérêt collectif agricole, alors même que leurs sièges sociaux seraient situés en dehors de la circonscription de la société coopérative agricole ;

(L. n° 99-574 du 9 juill. 1999) **« 6° Toute personne physique ou morale ayant la qualité d'agriculteur ou de forestier, ressortissant d'un État membre de la Communauté européenne et dont le domicile ou le siège est situé hors du territoire de la République française dans une zone contiguë à la circonscription de la société coopérative agricole. »**

1. Adhésion des associations syndicales. Les associations foncières de remembrement exécutent les travaux d'amélioration foncière connexes au remembrement dans l'intérêt général de l'aménagement foncier et, même si certains de ces travaux ont un caractère agricole, elles ne possèdent pas des intérêts agricoles et ne peuvent adhérer à une CUMA. • CE 25 nov. 1988 : *RD rur. 1989. 166.* ♦ En revanche, des associations syndicales autorisées dont l'objet est la gestion de marais peuvent adhérer à une CUMA si elles possèdent des intérêts correspondant à l'objet social de la coopérative. • CE 27 oct. 1986, *Coop. de culture mécanique La Crau et Camargue.*

2. Adhésion d'une commune. Une commune ne peut adhérer à une CUMA si elle n'exploite pas directement un domaine agricole. • CE 27 oct. 1986 : *préc. note 1.*

3. Circonscription. Il résulte de l'art. 556 (devenu art. L. 522-1) C. rur., qui est d'ordre public, que seules peuvent être sociétaires d'une coopérative agricole les personnes physiques qui sont agriculteurs dans sa circonscription ou qui possèdent des intérêts entrant dans son objet social, et une cour d'appel ne peut refuser d'annuler l'engagement d'un sociétaire, bien que la circonscription territoriale de la société ne comprît pas alors la commune où l'intéressé était exploitant agricole. • Civ. 1re, 18 avr. 1967, *Marocco c/ Coop. laitière de Rieucros,* n° 65-14.170.

Art. L. 522-2 *(L. n° 99-574 du 9 juill. 1999, art. 60-II)* **Peuvent être associés coopérateurs d'une union de sociétés coopératives, en sus des sociétés coopératives agricoles et de leurs unions, et des coopératives agricoles et de leurs unions constituées en vertu de la législation d'autres États membres de la Communauté européenne, dans la limite du cinquième des voix à l'assemblée générale, toutes autres personnes morales intéressées par l'activité de l'union.**

Art. L. 522-2-1 *(L. n° 91-5 du 3 janv. 1991)* **Les associés coopérateurs doivent en permanence détenir plus de la moitié du capital de la coopérative agricole ou de l'union de sociétés coopératives agricoles.**

(L. n° 2006-11 du 5 janv. 2006, art. 58) **« Le montant total des parts à avantages particuliers doit toujours être inférieur à la moitié du capital social. »**

SECTION 2 Associés non coopérateurs

Art. L. 522-3 *(L. n° 2008-649 du 3 juill. 2008, art. 24)* **« Les statuts de toute société coopérative agricole ou de toute union de sociétés coopératives agricoles peuvent autoriser l'admission comme associé non coopérateur, sous réserve de l'acceptation par le conseil d'administration, de toute personne physique ou morale intéressée par l'activité de la coopérative »** *(L. n° 2014-1170 du 13 oct. 2014, art. 13-II-4°)* **« , notamment les salariés en activité ».**

(L. n° 91-5 du 3 janv. 1991) **« Le capital détenu par les établissements de crédit** *(Ord. n° 2013-544 du 27 juin 2013, art. 13-3°, en vigueur le 1er janv. 2014)* **« , les sociétés de financement » et leurs filiales spécialisées de participation ne peut excéder 20 p. 100 du capital social. »**

(L. n° 2008-649 du 3 juill. 2008, art. 24) **« Lorsqu'un fonds commun de placement d'entreprise souscrit par les salariés de la coopérative ou d'une entreprise comprise dans le champ du même plan ou accord de groupe est associé non coopérateur, le conseil de surveillance de ce fonds dispose** *(L. n° 2014-1170 du 13 oct. 2014, art. 13-*

II-4°) « d'au moins une voix, comptabilisée en tant que voix de salarié en activité, » aux assemblées de la société. »

(L. n° 92-643 du 13 juill. 1992) « Les dispositions de l'article 3 *bis* de la loi n° 47-1775 du 10 septembre 1947 portant statut de la coopération ne sont pas applicables. »

Art. L. 522-4 L'importance et la durée de la participation des associés non coopérateurs sont déterminées par les statuts.

Le capital social des sociétés coopératives agricoles et des unions ayant des associés non coopérateurs est partagé en deux fractions distinguant les apports de fonds des associés coopérateurs et ceux des associés non coopérateurs.

Les parts des associés non coopérateurs n'ouvrent pas droit aux ristournes annuelles sur les éléments d'activité. Elles donnent droit à un intérêt dont les statuts peuvent fixer le taux à deux points au-dessus de celui des parts des associés coopérateurs. Les statuts peuvent aussi leur accorder une priorité sur les parts des associés coopérateurs pour le service de ces intérêts.

Les parts des associés non coopérateurs participent à égalité avec les parts des associés coopérateurs aux revalorisations des parts sociales *(Abrogé par Ord. n° 2010-459 du 6 mai 2010, art. 2)* ***« et au partage de l'actif net de liquidation »***.

Les associés non coopérateurs répondent des dettes sociales à concurrence seulement de leurs parts.

Les associés non coopérateurs sont tenus informés de l'évolution des affaires sociales. Ils ne peuvent détenir ensemble plus d'un cinquième des voix en assemblée générale *(L. n° 2014-1170 du 13 oct. 2014, art. 13-II-5°)* « ou plus d'un quart des voix lorsque les salariés en activité sont majoritaires en leur sein », ces voix pouvant être pondérées dans les conditions fixées statutairement. En outre, aucun associé non coopérateur ne peut disposer de plus de 10 p. 100 des voix.

Lorsque la majorité en voix des associés non coopérateurs le demande, la réunion de l'assemblée générale est de droit, dans la limite d'une fois par an.

SECTION 3 **Tiers non coopérateurs**

Art. L. 522-5 Lorsque les statuts le prévoient, des tiers non coopérateurs peuvent être admis à bénéficier des services d'une société coopérative agricole ou d'une union, dans la limite de 20 p. 100 du chiffre d'affaires annuel. *(L. n° 2014-1170 du 13 oct. 2014, art. 13-II-6°)* « Dans ce cas, la société coopérative ou l'union se soumet à un contrôle de la conformité de sa situation et de son fonctionnement aux principes et règles de la coopération au moins une fois tous les cinq ans. Ce contrôle est effectué par une fédération agréée pour la révision mentionnée à l'article L. 527-1. »

Les opérations ainsi effectuées avec des tiers non associés font l'objet d'une comptabilité spéciale.

Les excédents d'exploitation en provenant ne subissent pas de prélèvement pour l'alimentation de la réserve légale. Ils ne peuvent être ni distribués à titre de ristournes aux associés, ni incorporés au capital social ni répartis entre les associés à la liquidation de la société ou union. Ils sont portés à une réserve indisponible spéciale, laquelle ne peut être utilisée pour amortir des pertes sociales qu'après épuisement des réserves libres d'affectation autres que la réserve légale ; elle doit être, en ce cas, reconstituée par prélèvement prioritaire sur les excédents ultérieurs subsistant après l'alimentation de la réserve légale.

Contrats d'intégration. V. notes 2 s. ss. art. L. 326-5.

Art. L. 522-6 *(L. n° 2014-856 du 31 juill. 2014, art. 46-I)* Par dérogation à l'article L. 522-5, une coopérative d'utilisation de matériel agricole peut réaliser, sans qu'elle ait besoin de le prévoir dans ses statuts, pour le compte des communes de moins de 3 500 habitants, des groupements de communes comprenant au moins trois quarts de communes de moins de 3 500 habitants ou de leurs établissements publics, des travaux agricoles ou d'aménagement rural conformes à son objet, à condition que l'un des adhérents de la coopérative ait le siège de son exploitation agricole dans le ressort territorial de l'une de ces collectivités ou établissements, et que le montant de ces travaux ne dépasse pas 25 % du chiffre d'affaires annuel de la coopérative, dans la limite

de 10 000 €, ou de 15 000 € en zone *(L. n° 2023-1322 du 29 déc. 2023, art. 73)* **« France ruralités revitalisation ».**

COMMENTAIRE

La dérogation à l'exclusivisme autorisée pour les CUMA par la loi du 9 juillet 2001 (disposition codifiée par l'ordonnance n° 2003-1187 du 11 décembre 2003) a été étendue par la loi du 5 janvier 2006, puis par la loi du 31 juillet 2014, qui a également autorisé les CUMA à contribuer aux travaux de salage ou de déneigement, comme les agriculteurs qui peuvent effectuer de tels travaux à la demande des collectivité territoriales (L. n° 99-574 du 9 juill. 1999, art. 10, modifiée en 2014). Est ainsi souligné le rôle privilégié de cette structure dans le développement rural, plus nettement encore dans les zones difficiles, les petites communes n'ayant en effet pas les moyens d'assurer les services d'entretien rural nécessaires et trouvant difficilement à faire exécuter ces travaux. ❑

CHAPITRE III CAPITAL SOCIAL ET DISPOSITIONS FINANCIÈRES

COMMENTAIRE

Les coopératives sont des sociétés à capital variable, en conséquence du caractère spécifique de l'engagement coopératif. Toute entrée hors cession d'un nouvel associé amène une augmentation de capital, et toute sortie une diminution de capital. Il est actuellement souhaité que puissent être faits des remboursements partiels en conséquence d'une réduction négociée des engagements de l'associé coopérateur.

Dans un souci d'équilibre et d'équité entre anciens et nouveaux associés coopérateurs, il a été admis que la valeur des parts puisse être augmentée ou de nouvelles parts distribuées. Ceci peut résulter d'une réévaluation du bilan ou de l'incorporation de réserves libres au capital.

Les coopératives, engagées dans la concurrence avec le secteur industriel de l'agroalimentaire, ont dû construire des stratégies coûteuses en capitaux. En conséquence, il a été permis d'une part de nouvelles sources d'apport au capital coopératif. Les coopératives sont autorisées à émettre dans des conditions limitées des certificats d'investissement qui confèrent au souscripteur un droit financier sans droit de vote ; elles peuvent encore émettre des obligations et des titres participatifs. De plus, il a été accordé aux coopératives de s'ouvrir à l'épargne publique ; aujourd'hui, elles peuvent faire une offre au public de titres financiers sous réserve de justifier d'un capital libéré de 37 000 euros. Ces dispositions n'ont jamais été développées en pratique.

Enfin, il a été permis la souscription de parts sociales à avantages particuliers par tout associé à jour de ses obligations sur le fondement de l'article 11 de la loi du 10 septembre 1947 modifié par la loi du 13 juillet 1992 (V. art. R. 523-5-1). Ces parts permettent d'obtenir une meilleure rémunération, engagent la responsabilité de l'associé dans la seule limite de leur montant, mais elles ne donnent pas de voix supplémentaires ni accès aux réserves.

D'autre part, et toujours pour permettre de meilleures performances économiques, les coopératives ont été autorisées à prendre des participations dans les personnes morales. De telles opérations sont soumises à information ou autorisation. La modification de ces participations n'est par contre pas contrôlée. Cette opportunité a été largement mise en œuvre, soutenant le développement de groupes importants. En conséquence de ces prises de participation, les coopératives peuvent recevoir des bénéfices et sont autorisées à procéder à des distributions de dividendes aux associés coopérateurs et non coopérateurs.

Le rapport Guillaume rédigé à la demande du Premier ministre en 2004 concluait à la nécessité de revoir le mode de distribution des résultats des coopératives pour rendre celles-ci plus attractives. En réponse à cette attente, la loi d'orientation agricole n° 2006-11 du 5 janvier 2006 a prévu un système d'optimisation du capital social visant à organiser des distributions des revenus, à fidéliser les associés coopérateurs, à renforcer les fonds propres de la coopérative sans la contraindre à augmenter le capital. Il a ainsi été prévu que les parts sociales à avantages particuliers peuvent être créées par augmentation de capital ou par conversion de parts sociales, mais ne doivent pas dépasser la moitié du capital social. Et il a été prévu que les dividendes perçus par les coopératives ou leurs unions peuvent être aussi distribués sous forme d'avantages particuliers sur décision de l'assemblée générale (art. L. 523-5-1).

De plus, il est possible de convertir des ristournes en parts sociales d'épargne (art. L. 523-4-1), parts dont le régime doit être précisé par les statuts, un report d'imposition étant prévu pour que la mise en œuvre de cette disposition ne soit pas refusée par les associés coopérateurs (CGI, art. 38). ❑

SECTION 1 **Capital social**

Art. L. 523-1 Le capital social des sociétés coopératives agricoles et de leurs unions peut être augmenté, si les statuts de ces sociétés le prévoient, par prélèvement sur des réserves sociales libres d'affectation.

En cas d'augmentation du capital, celle-ci sera effectuée dans la limite du barème en vigueur fixant le taux de majoration applicable aux rentes viagères.

Cette augmentation, qui ne pourra intervenir qu'après présentation à l'assemblée générale extraordinaire d'un rapport spécial de révision établi par un organisme agréé en application de l'article L. 527-1, est cumulable avec celle prévue *(Ord. nº 2010-459 du 6 mai 2010, art. 2)* **« à l'article L. 523-7 ».**

Les deux opérations cumulées ne peuvent toutefois aboutir à une augmentation de capital social supérieure à celle qui résulterait de l'application du barème visé à l'alinéa 2 ci-dessus.

L'augmentation de capital donne lieu à majoration de la valeur nominale des parts sociales antérieurement émises ou à distribution de nouvelles parts sociales.

(L. nº 92-643 du 13 juill. 1992) **« Les dispositions de l'article 11 *bis* du dernier alinéa de l'article 16 et du dernier alinéa de l'article 18 de la loi nº 47-1775 du 10 septembre 1947 ne sont pas applicables. »** — *V. C. **sociétés.***

Art. L. 523-2 Le capital des sociétés coopératives agricoles et de leurs unions peut être augmenté par modification du rapport statutaire résultant des dispositions de l'article L. 521-3 ***(a)*****.**

Cette décision est prise en assemblée générale extraordinaire réunissant les deux tiers des voix des associés et à la majorité des deux tiers des voix présentes ou représentées.

Art. L. 523-2-1 *(L. nº 92-643 du 13 juill. 1992)* **Lorsque les pertes inscrites au bilan sont supérieures aux réserves autres que la réserve légale, les réserves indisponibles et la réserve constituée pour compenser les parts annulées, le remboursement des parts de l'associé sortant et la part de la réserve visée au deuxième alinéa de l'article 18 de la loi nº 47-1775 du 10 septembre 1947 précitée sont réduits à due concurrence de la contribution de l'associé aux pertes non couvertes par les réserves autres que celles énumérées ci-dessus.**

Art. L. 523-3 Lorsqu'une société coopérative agricole a reçu un prêt sur les disponibilités du fonds forestier national son capital ne peut être réduit, dans les limites fixées par décret en Conseil d'État, que si ce prêt a été intégralement remboursé.

Art. L. 523-4 Le Trésor jouit d'un privilège sur les parts des coopératives forestières pour toutes les sommes dues à raison des prêts en numéraire consentis sur les disponibilités du fonds forestier national.

Art. L. 523-4-1 *(L. nº 2006-11 du 5 janv. 2006, art. 58)* **Il est institué des parts sociales d'épargne, qui résultent de la répartition au titre du** ***e*** **de l'article L. 524-2-1, sur proposition du conseil d'administration et après approbation de l'assemblée générale, d'une partie du résultat distribuable de l'exercice.**

Ces parts sociales constituent une catégorie spécifique du capital social de la coopérative.

Leurs modalités de remboursement et de cession sont soumises à des conditions particulières fixées par les statuts.

SECTION 2

Néant.

SECTION 3 **Prises de participation**

Art. L. 523-5 *Abrogé par L. nº 2014-1545 du 20 déc. 2014, art. 51-1º.*

Art. L. 523-5-1 *(L. nº 91-5 du 3 janv. 1991)* **Les sociétés coopératives agricoles et leurs unions qui** *(Abrogé par L. nº 2014-1545 du 20 déc. 2014, art. 51-2º)* **« , *en application des dispositions de l'article précédent ou dans le cadre de leur engagement coopératif,* » détiennent des participations peuvent distribuer à leurs associés coopérateurs et à leurs associés non coopérateurs, en sus des sommes prévues respectivement aux *c* et *d* de l'article L. 521-3 et au troisième alinéa de l'article L. 522-4, tout ou partie des dividendes qu'elles ont reçus au titre de ces participations. Cette distribution est faite au prorata des parts sociales libérées.**

(L. nº 2006-11 du 5 janv. 2006, art. 58) **« Ces dividendes peuvent constituer, par décision de l'assemblée générale, un avantage particulier au sens de l'article 11 de la loi nº 47-1775 du 10 septembre 1947 portant statut de la coopération et, le cas échéant, sont servis, dans la limite du taux fixé à l'article 14 de cette loi, augmenté de deux points, aux parts sociales à avantages particuliers émises à cet effet ou issues de la conversion des parts sociales détenues par les associés au-delà de leur engagement statutaire. »**

Toutefois, lorsque les résultats propres de la coopérative sont déficitaires, les dividendes sont, à due concurrence, affectés à l'apurement de ce déficit.

SECTION 4 Réévaluation des bilans

Art. L. 523-6 **Les sociétés coopératives agricoles et leurs unions peuvent procéder à la réévaluation de tout ou partie de leurs bilans.**

Art. L. 523-7 **Les réserves de réévaluation des bilans doivent servir, en premier lieu, à amortir les pertes sociales et à combler les insuffisances d'amortissement afférentes aux bilans réévalués.**

Le montant total des subventions reçues *(L. nº 2006-11 du 5 janv. 2006, art. 60)* **« de l'Union européenne, » de l'État, de collectivités publiques ou d'établissements publics est porté à une réserve indisponible spéciale.** *(L. nº 2018-938 du 30 oct. 2018, art. 14)* **« Toutefois, sur décision du conseil d'administration et dans la limite de 50 % de leur montant, ces subventions peuvent être classées comme produits au compte de résultat. »**

En second lieu, les réserves de réévaluation peuvent être incorporées au capital social par décision de l'assemblée générale extraordinaire à l'effet de revaloriser les parts sociales. Cette décision ne pourra être prise qu'après présentation à l'assemblée générale extraordinaire d'un rapport spécial de révision établi par un organisme agréé en application des dispositions de l'article L. 527-1.

En cas de revalorisation des parts sociales, celle-ci sera effectuée dans la limite du barème en vigueur fixant le taux de la majoration applicable aux rentes viagères.

Le reliquat de ces réserves constitue une réserve libre d'affectation.

SECTION 5 Moyens financiers *(L. nº 91-5 du 3 janv. 1991).*

Art. L. 523-8 *(L. nº 85-703 du 12 juill. 1985, art. 7)* **Les sociétés coopératives agricoles et leurs unions peuvent émettre des titres participatifs dans les conditions prévues par les articles 283-6 et 283-7** *[C. com., art. L. 228-36 et L. 228-37]* **de la loi nº 66-537 du 24 juillet 1966 sur les sociétés commerciales modifiée par la loi nº 83-1 du 3 janvier 1983 sur le développement des investissements et la protection de l'épargne.** – *V.* ***C. com.*** *ou* ***C. sociétés.***

BIBL. ▶ Nossereau et Fernandez, *RD rur. 2023. Étude 5* (titres participatifs, un nouveau moyen de financement pour les coopératives agricoles et leurs unions).

Art. L. 523-9 *(Ord. nº 2009-80 du 22 janv. 2009, art. 18, en vigueur le 1er avr. 2009)* **Les sociétés coopératives agricoles et leurs unions peuvent procéder à une offre au public des titres financiers visés aux articles L. 523-8, L. 523-10 et L. 523-11 du présent code, sous réserve de disposer d'un capital dont le montant intégralement libéré ne soit pas** *(L. nº 2009-526 du 12 mai 2009, art. 138-XIV)* **« inférieur » à 37 000 €.**

(Ord. nº 2019-1067 du 21 oct. 2019, art. 20) **« Cette exigence n'est pas applicable aux offres au public mentionnées au 1º ou au 2º de l'article L. 411-2 du code monétaire et financier ou à l'article L. 411-2-1 du même code. »**

Art. L. 523-10 *(L. nº 91-5 du 3 janv. 1991)* **Les sociétés coopératives agricoles et leurs unions peuvent émettre des certificats coopératifs d'investissement dans les conditions prévues par le titre II** *(Ord. nº 2010-459 du 6 mai 2010, art. 2)* **« *quater* » de la loi nº 47-1775 du 10 septembre 1947 portant statut de coopération.** – *V. C. **sociétés**.*

Art. L. 523-11 *(L. nº 91-5 du 3 janv. 1991)* **Les sociétés coopératives agricoles et leurs unions peuvent émettre des obligations ayant le caractère de valeurs mobilières dans les conditions prévues par la loi nº 66-537 du 24 juillet 1966 sur les sociétés commerciales** *[C. com., livre II, titres I et II]* **nonobstant les dispositions du troisième alinéa de l'article 285** *[C. com., art. L. 228-39]* **de cette loi.**

SECTION 6 **Participation et intéressement**

(L. nº 91-5 du 3 janv. 1991)

Art. L. 523-12 *(L. nº 91-5 du 3 janv. 1991)* **Les chapitres I à IV de l'ordonnance nº 86-1134 du 21 octobre 1986 relative à l'intéressement et à la participation des salariés aux résultats de l'entreprise et à l'actionnariat des salariés** *[codifiée au C. trav., art. L. 441-1 s., devenus art. L. 3311-1 s.]* **sont applicables dans les sociétés coopératives agricoles et leurs unions au premier jour du premier exercice qui s'ouvrira après la publication du décret prévu, pour les coopératives agricoles, par l'article 15 de l'ordonnance précitée.**

A titre transitoire, les coopératives agricoles qui font application d'un accord d'intéressement à la date de publication *[JO 6 janv.]* **de la loi nº 91-5 du 3 janvier 1991 modifiant diverses dispositions intéressant l'agriculture et la forêt disposent pour mettre en œuvre la participation d'un délai expirant à la fin du cinquième exercice qui aura été ouvert après la publication de ladite loi.**

Art. L. 523-13 *(L. nº 91-5 du 3 janv. 1991 ; L. nº 2001-152 du 19 févr. 2001, art. 13)* **Le plan d'épargne d'entreprise d'une coopérative agricole ou de plusieurs d'entre elles et de leurs filiales peut affecter les sommes recueillies** *(Abrogé par L. nº 2022-1726 du 30 déc. 2022, art. 163)* ***« chaque année »*** **à l'acquisition de parts sociales de la société ou des sociétés** *(Abrogé par L. nº 2022-1726 du 30 déc. 2022, art. 163)* ***« dans la limite de 50 p. 100 du montant reçu ».***

CHAPITRE IV **ADMINISTRATION**

BIBL. ▸ CHOMEL, *RD rur. 2017. Étude 25* (la gouvernance des coopératives agricoles après les récentes modifications législatives).

COMMENTAIRE

L'administration de la coopérative peut être confiée soit à un conseil d'administration qui désigne son président et à un directeur salarié qui ne doit pas être membre du conseil d'administration, soit à un conseil de surveillance et à un directoire. Le rôle de l'organe chargé de l'administration de la coopérative a été précisé (art. L. 524-1-3) ; les fonctions de ses membres s'exercent gratuitement (principe qui autorise seulement le remboursement de frais et le versement d'une indemnité compensatrice), et une information renforcée est donnée aux associés sur les conditions d'exercice du mandat. L'organe souverain de la coopérative est l'assemblée générale. Elle exerce le pouvoir en formation ordinaire par des décisions prises à la majorité des suffrages exprimés. Les décisions les plus importantes telles que la modification du capital ou des engagements d'activité des associés coopérateurs sont prises à la majorité des deux tiers. Dans les plus grandes coopératives, des assemblées de section sont organisées et désignent des délégués pour participer à l'assemblée générale plénière. La vie des sections est une condition importante du maintien du caractère démocratique de la coopérative.

Mais la première condition de la démocratie dans les coopératives réside dans le principe « un homme, une voix ». Là encore, par souci de bonne gestion et de réalisme économique, il a été admis, toujours par exception, des dérogations à ce principe. Ainsi, chaque membre de GAEC dispose d'une voix (sans que l'ensemble des membres puisse dépasser 49 % des voix). Il peut aussi être introduit une pondération limitée pour majorer le nombre de voix d'un associé coopérateur selon sa part ou selon la nature de son activité, ou pour majorer le nombre de voix d'un associé non coopérateur. La loi d'orientation agricole n° 2006-11 du 5 janvier 2006 a cherché à donner une plus grande réalité au principe de démocratie coopérative. En 2014, la loi d'avenir agricole a encore ajouté des dispositions visant à améliorer la gouvernance coopérative, dans un souci de transparence et de clarification.

Il est donc prévu au titre du droit à l'information des associés, en plus des documents habituellement fournis (art. R. 524-13), la présentation par le conseil d'administration d'un rapport détaillé sur la gestion et la stratégie de la coopérative, mais aussi de ses filiales et des sociétés qu'elle contrôle. L'ordre de délibération précis en huit points de l'assemblée générale annuelle est désormais facultatif.

Le législateur a souhaité également que le droit de la coopérative agricole soit adapté pour tenir compte des évolutions du droit des sociétés vers plus de sécurité et de transparence après les lois du 15 mai 2001 (nouvelles régulations économiques) et du 1er août 2003 (sécurité financière). L'ordonnance n° 2006-1225 du 5 octobre 2006 a donc posé des règles en ce sens et notamment en renforçant le droit de contrôle des associés. Tout associé peut désormais obtenir à tout moment communication des statuts, du règlement intérieur, des comptes annuels, de la liste des administrateurs, des rapports du conseil d'administration ou du directoire et du conseil de surveillance ainsi que ceux des commissaires aux comptes soumis aux assemblées, et les procès-verbaux des assemblées. Il a de plus été prévu une meilleure information par la nature et le contenu des documents à fournir : le rapport annuel du conseil d'administration, ou du directoire, des coopératives exploitant une installation classée doit fournir un ensemble d'informations déterminées. La loi du 13 octobre 2014 organise une meilleure information des associés. De plus, le droit de contrôle est conforté par les précisions apportées aux obligations comptables des groupes ; ceux-ci doivent fournir des comptes consolidés dans les cas prévus par le code de commerce sous réserve de leur taille, ou bien des comptes combinés dans des cas précisément déterminés par le code rural. De telles obligations sont de nature à permettre un meilleur contrôle des opérations des coopératives dans le contexte économique réel où elles évoluent et que la loi contribue à mieux faire apparaître.

L'ordonnance n° 2019-362 du 24 avril 2019 relative à la coopération agricole a particulièrement recherché l'amélioration des relations de la coopérative avec les associés coopérateurs et pour cela oblige l'organisme chargé de l'administration à délivrer une information précise sur l'activité de l'ensemble de la coopérative, sur la détermination des prix et la répartition des résultats. ❑

SECTION 1 Règles de fonctionnement, de direction, d'administration et règles relatives à l'assemblée générale *(L. n° 2006-11 du 5 janv. 2006, art. 58).*

Art. L. 524-1 **Les sociétés coopératives agricoles et leurs unions sont administrées par un conseil d'administration élu par l'assemblée générale des associés. Le conseil d'administration désigne son président.**

Les statuts des sociétés coopératives agricoles et de leurs unions peuvent décider que la gestion de ces sociétés sera assurée par un directoire placé sous le contrôle d'un conseil de surveillance.

Lorsque ces sociétés et leurs unions comptent des associés non coopérateurs, ceux-ci doivent être représentés dans le conseil d'administration ou dans le conseil de surveillance. En ce cas, les membres de ces conseils sont respectivement choisis par un collège d'associés coopérateurs et par un collège d'associés non coopérateurs. Un tiers au plus des sièges de ces conseils peut être attribué au collège des associés non coopérateurs.

Art. L. 524-1-1 *(Ord. n° 2006-1225 du 5 oct. 2006)* **Les statuts peuvent prévoir, pour le calcul du quorum et de la majorité, que sont réputés présents les associés qui participent à l'assemblée par visioconférence ou par des moyens de télécommunications permettant leur identification et garantissant leur participation effective.**

Art. L. 524-1-2 *(Ord. n° 2006-1225 du 5 oct. 2006)* **Sauf disposition contraire des statuts, le règlement intérieur de la coopérative ou de l'union peut prévoir que sont réputés présents, pour le calcul du quorum et de la majorité, les administrateurs, les membres du conseil de surveillance ou les membres du directoire qui participent à la réunion par des moyens de visioconférence ou de télécommunications, permettant leur identification et garantissant leur participation effective.**

Cette disposition n'est pas applicable pour l'adoption des décisions relatives à l'établissement des comptes annuels, d'un inventaire, du rapport aux associés prévu à l'article L. 524-2-1 et aux opérations prévues aux articles L. 524-6-1, L. 524-6-2 et L. 524-6-3 ainsi qu'à toute autre décision prévue par les statuts.

Les statuts peuvent prévoir un droit d'opposition au profit d'un nombre déterminé de membres de l'instance délibérante.

Art. L. 524-1-3 *(L. n° 2014-1170 du 13 oct. 2014, art. 13-II-7°)* L'organe chargé de l'administration de la société assure la gestion de la société et le bon fonctionnement de celle-ci. Sans limitation autre que celle tenant aux pouvoirs et attributions expressément réservés aux assemblées générales par le présent titre ou, éventuellement, par les statuts de chaque coopérative, il dispose des pouvoirs les plus étendus dans la limite de l'objet social.

Il procède aux contrôles et vérifications qu'il juge opportuns. Le président ou le directeur de la société est tenu de communiquer à chaque membre de l'organe chargé de l'administration de la société tous les documents et informations nécessaires à l'exercice de sa mission.

Toute personne appelée à assister aux réunions de l'organe chargé de l'administration de la société est tenue à la discrétion à l'égard des informations présentant un caractère confidentiel et présentées comme telles par cet organe.

Art. L. 524-2 Les statuts des sociétés coopératives agricoles et de leurs unions doivent prévoir, pour l'exercice des fonctions d'administrateur ou de membre du conseil de surveillance, une limite d'âge s'appliquant soit à l'ensemble des administrateurs ou des membres du conseil de surveillance, soit à un pourcentage déterminé d'entre eux.

A défaut de disposition expresse dans les statuts, le nombre des administrateurs ou des membres du conseil de surveillance ayant dépassé l'âge de soixante-dix ans ne pourra être supérieur au tiers des administrateurs ou des membres du conseil de surveillance en fonctions.

Lorsque la limitation statutaire ou légale fixée pour l'âge des administrateurs ou membres du conseil de surveillance est dépassée et à défaut de disposition expresse dans les statuts prévoyant une autre procédure, l'administrateur ou le membre du conseil de surveillance le plus âgé est réputé démissionnaire d'office.

Pour l'exercice des fonctions de membre du directoire, les statuts doivent également prévoir une limite d'âge qui, à défaut d'une disposition expresse, est fixée à soixante-cinq ans. Lorsqu'un membre du directoire atteint la limite d'âge, il est réputé démissionnaire d'office.

Toute nomination intervenue en violation des dispositions qui précèdent est nulle.

Art. L. 524-2-1 *(L. n° 2006-11 du 5 janv. 2006, art. 58)* Lors de l'assemblée générale ordinaire chargée de statuer sur les comptes de l'exercice, le conseil d'administration ou le directoire présente aux associés un rapport détaillé sur la gestion et l'évolution de la coopérative ainsi que sur sa stratégie et ses perspectives à moyen terme. *(Ord. n° 2017-1180 du 19 juill. 2017, art. 12)* « Ce rapport » *(Ord. n° 2019-362 du 24 avr. 2019, art. 2)* « expose, dans un chapitre distinct, les principes et modalités de la gouvernance d'entreprise. » *(Ord. n° 2023-1142 du 6 déc. 2023, art. 24)* « Il comporte également, le cas échéant, les informations en matière de durabilité prévues aux articles L. 22-10-36, L. 232-6-3 et L. 233-28-4 du code de commerce. »

(L. n° 2014-1170 du 13 oct. 2014, art. 13-II-8°) « L'organe chargé de l'administration de la société rend compte dans son rapport de l'activité et du résultat de l'ensemble de la société, des filiales de la société et des sociétés qu'elle contrôle, par branche d'activité. Les sociétés qui détiennent des instruments financiers à terme dont le sous-jacent est constitué en tout ou partie d'une matière première agricole indiquent également dans leur rapport les moyens mis en œuvre pour éviter d'exercer un effet significatif sur le cours de ces matières premières agricoles. Ce rapport inclut des informations, par catégorie de sous-jacent, sur les instruments financiers à terme dont le sous-jacent est constitué d'une matière première agricole qu'elles détiennent.

« Le rapport mentionné au deuxième alinéa du présent article contient aussi les informations relatives à l'application du *(Ord. n° 2019-362 du 24 avr. 2019, art. 2)* « VI » de l'article L. 521-3-1.

« Si la coopérative ou l'union établit des comptes consolidés, ces informations sont incluses dans le rapport de gestion du groupe. »

Après imputation du report à nouveau déficitaire et dotation des réserves obligatoires, l'assemblée générale délibère ensuite sur la proposition motivée d'affectation du résultat présentée par le conseil d'administration ou le directoire *(Ord. n° 2019-362 du 24 avr. 2019, art. 2)* « , conformément à l'article L. 521-3-1 », successivement *(L. n° 2014-1170 du 13 oct. 2014, art. 13-II-8°)* « et s'il y a lieu sur :

« *a)* La rémunération servie aux parts à avantages particuliers » ;

b) L'intérêt servi aux parts sociales ;

c) La distribution, le cas échéant, de tout ou partie des dividendes reçus au titre des participations *(L. n° 2014-1545 du 20 déc. 2014, art. 51-3°)* « dans des filiales de la société coopérative ou dans des sociétés qu'elle contrôle » ;

d) La répartition de ristournes entre les associés coopérateurs proportionnellement aux opérations réalisées avec la coopérative ou l'union et suivant les modalités prévues par les statuts ;

e) La répartition de ristournes sous forme d'attribution de parts sociales entre les associés coopérateurs proportionnellement aux opérations réalisées avec la coopérative ou l'union et suivant les modalités prévues par les statuts d'au moins 10 % des excédents annuels disponibles à l'issue des délibérations précédentes ;

f) La constitution d'une provision pour parfaire l'intérêt servi aux parts sociales ;

g) La constitution d'une provision pour ristournes éventuelles ;

h) La dotation des réserves facultatives.

Ces décisions font l'objet de résolutions particulières.

Art. L. 524-2-2 *(Ord. n° 2006-1225 du 5 oct. 2006)* Pour les coopératives agricoles et les unions exploitant au moins une installation figurant sur la liste prévue *(L n° 2013-619 du 16 juill. 2013, art. 11-IV, en vigueur le 1er juin 2015)* « à l'article L. 515-36 » du code de l'environnement, le rapport annuel du conseil d'administration ou du directoire à l'assemblée générale annuelle de la coopérative agricole ou de l'union :

— expose la politique de prévention du risque d'accident technologique menée par la coopérative agricole ou l'union ;

— rend compte de la capacité de la société à couvrir sa responsabilité civile du fait de l'exploitation de telles installations ;

— précise les moyens prévus par la société pour assurer la gestion de l'indemnisation des victimes en cas d'accident technologique engageant sa responsabilité.

Art. L. 524-2-3 *(Ord. n° 2006-1225 du 5 oct. 2006)* Le rapport annuel du conseil d'administration ou du directoire à l'assemblée générale annuelle de la coopérative agricole ou de l'union indique la proportion de parts sociales détenues par ses salariés *(L. n° 2014-1545 du 20 déc. 2014, art. 52)* « ou par les fonds communs de placement d'entreprise auxquels ces derniers ont souscrit et ceux de ses sociétés filiales ».

Lorsque ces parts représentent plus de 3 % du capital social, les accords d'intéressement ou de participation définissent les modalités d'admission d'au moins un des salariés au titre des associés non coopérateurs au sein du conseil d'administration ou du conseil de surveillance.

Les statuts peuvent prévoir que, lorsque la société coopérative agricole ou l'union comprend des associés non coopérateurs salariés par elle-même, ses filiales ou des organismes coopératifs agricoles auxquels elle adhère, le conseil d'administration ou le conseil de surveillance comprend des membres élus par les salariés de la coopérative ou de l'union, de ses filiales ou des organismes coopérateurs auxquels elle adhère.

Lorsque le nombre des administrateurs ou des membres du conseil de surveillance élus par les salariés est égal ou supérieur à deux, les ingénieurs, cadres et assimilés ont au moins un siège.

Art. L. 524-3 *(L. n° 2014-1170 du 13 oct. 2014, art. 13-II-9°)* Les fonctions de membre du conseil d'administration, du conseil de surveillance ou du directoire sont gratuites et n'ouvrent droit, sur justification, qu'à remboursement de frais, ainsi que, le cas échéant, au paiement d'une indemnité compensatrice du temps consacré à l'administration de la coopérative. L'assemblée générale détermine chaque année une somme globale au titre de l'indemnité compensatrice.

Le rapport mentionné à l'article L. 524-2-1 décrit les modalités de répartition de l'indemnité compensatrice mentionnée au premier alinéa du présent article. Il mentionne les missions spécifiques exercées ainsi que le temps consacré par les membres du conseil d'administration, du conseil de surveillance ou du directoire à l'administration de la société dans l'exercice de leur mandat.

Art. L. 524-3-1 *(L. n° 2014-1170 du 13 oct. 2014, art. 13-II-10°)* Les administrateurs ou les membres du conseil de surveillance et du directoire se voient proposer les formations nécessaires à l'exercice de leurs missions lors de la première année de chaque mandat. L'assemblée générale ordinaire mentionnée à l'article L. 524-2-1 approuve le budget nécessaire à ces formations.

Art. L. 524-4 Dans les sociétés coopératives et unions de sociétés coopératives, chaque associé dispose d'une voix à l'assemblée générale.

Toutefois, les statuts peuvent prévoir une pondération des voix en fonction de l'importance des activités ou de la qualité des engagements de chaque associé au sein de la coopérative, sans que par le jeu de cette pondération, un même associé puisse disposer dans la coopérative de plus d'un vingtième des voix présentes ou représentées à l'assemblée générale ; dans les unions de coopératives comprenant plus de deux associés, chaque associé ne peut disposer de plus des deux cinquièmes des voix. *(Ord. n° 2006-1225 du 5 oct. 2006)* « Dans les unions comprenant deux associés coopérateurs, aucun des deux associés ne peut disposer de plus des trois cinquièmes des voix. »

L'option de pondération des voix régulièrement exercée implique l'acceptation du calcul du quorum des assemblées par application de la pondération malgré le maintien par omission rédactionnelle de l'ancien système des voix non pondéré dans certaines dispositions statutaires. • Civ. 1re, 7 mai 2008, n° 06-17.455 : *JCP E 2008. 1788 ; JCP 2008. IV. 2019 ; RD rur. 2008, n° 149, note Barbièri ; RJDA 2008. 1147 ; Gaz. Pal. 2 déc. 2008. 27.*

Art. L. 524-4-1 *(Ord. n° 2006-1225 du 5 oct. 2006)* Tout associé d'une coopérative agricole ou d'une union de coopératives agricoles a le droit d'obtenir, à toute époque, communication des statuts et *(L. n° 2009-526 du 12 mai 2009, art. 139-VI)* « des règlements intérieurs » et des documents suivants concernant les trois derniers exercices clos :

— les comptes annuels, le cas échéant, les comptes consolidés ou combinés, la liste des administrateurs ou des membres du directoire et du conseil de surveillance ;

— les rapports aux associés du conseil d'administration ou du directoire et du conseil de surveillance, selon le cas, et les rapports des commissaires aux comptes qui ont été soumis à l'assemblée ;

— les procès-verbaux d'assemblées générales ordinaires et extraordinaires ;

(Ord. n° 2019-362 du 24 avr. 2019, art. 2, en vigueur le 1er juill. 2019) « — la liste des filiales et autres sociétés contrôlées par la coopérative ou l'union, localisées en France et à l'étranger, la liste des administrateurs des organes d'administration de ces filiales et sociétés, ainsi que, le cas échéant, les rapports des commissaires aux comptes qui ont été soumis aux assemblées générales de chaque filiale. »

Les statuts peuvent prévoir, au profit des associés, le droit d'obtenir communication d'autres documents leur permettant d'être informés sur la gestion et la marche de la société.

Un décret détermine les conditions de l'envoi ou de la mise à disposition de ces documents.

Art. L. 524-5 Les dispositions de la sous-section 2 de la section 3 du chapitre IV du titre I *[C. com., art. L. 225-57 à L. 225-93]* de la loi du 24 juillet 1966 sur les sociétés commerciales sont adaptées par décret en Conseil d'État au cas des sociétés coopératives et de leurs unions ayant un directoire et un conseil de surveillance. — *V. C. com., art. R. 225-35 s.* — ***C. com.***

Art. L. 524-5-1 *(Ord. n° 2010-459 du 6 mai 2010, art. 2)* Les administrateurs sont responsables individuellement ou solidairement selon les cas, envers la société ou envers les tiers, soit des infractions aux dispositions législatives ou réglementaires applicables aux sociétés coopératives agricoles et à leurs unions, soit des violations des statuts, soit des fautes commises dans leur gestion.

Les membres du conseil de surveillance sont responsables des fautes personnelles commises dans l'exécution de leur mandat. Ils n'encourent aucune responsabilité en raison des actes de la gestion et de leur résultat. Ils peuvent être déclarés civilement responsables des délits commis par les membres du directoire si, en ayant eu connaissance, ils ne les ont pas révélés à l'assemblée générale. Les membres du directoire sont soumis à la même responsabilité que les administrateurs.

L'action en responsabilité contre les administrateurs tant sociale qu'individuelle se prescrit par trois ans à compter du fait dommageable ou, s'il a été dissimulé, de sa révélation. Toutefois lorsque le fait est qualifié de crime, l'action se prescrit par dix ans.

SECTION 2 Comptes sociaux

(L. n° 92-643 du 13 juill. 1992)

Art. L. 524-6 *(Ord. n° 2006-1225 du 5 oct. 2006)* Les comptes annuels comprennent le bilan, le compte de résultat et l'annexe, qui forment un tout indissociable. Ils sont établis conformément aux articles L. 123-12 à L. 123-22 du code de commerce.

Art. L. 524-6-1 *(Ord. n° 2006-1225 du 5 oct. 2006)* Les coopératives agricoles et leurs unions qui contrôlent de manière exclusive ou conjointe une ou plusieurs personnes morales ou exercent une influence notable sur celles-ci dans les conditions définies par l'article L. 233-16 du code de commerce établissent et publient chaque année dans les conditions prévues aux articles L. 233-18 à L. 233-27 de ce code, à la diligence du conseil d'administration ou du directoire, des comptes consolidés ainsi qu'un rapport sur la gestion du groupe.

Le 2° de l'article L. 233-17 du code de commerce est applicable aux coopératives agricoles et à leurs unions, à l'exception de celles *(Ord. n° 2009-80 du 22 janv. 2009, art. 18, en vigueur le 1er avr. 2009)* « dont les titres financiers sont admis aux négociations sur un marché réglementé ».

Art. L. 524-6-2 *(Ord. n° 2006-1225 du 5 oct. 2006)* Lorsque les conditions de la consolidation des comptes ne sont pas réunies, les coopératives agricoles et leurs unions constituant une communauté d'intérêts économiques établissent et publient des comptes combinés.

Une coopérative agricole ou union de coopératives agricoles est considérée comme constituant une communauté d'intérêts économiques avec une autre coopérative agricole, une union de coopératives agricoles ou une autre entité, lorsque existe entre elles un lien de cohésion et d'unité qui peut résulter d'un accord, d'une direction commune ou d'une mise en commun de services à caractère social, commercial, technique ou financier. Une communauté d'intérêts économiques est également réputée exister lorsqu'une coopérative agricole ou une union de coopératives agricoles réalise plus de 50 % de son chiffre d'affaires avec une autre coopérative agricole ou union de coopératives agricoles.

Lorsque des coopératives et unions, membres d'une union de coopératives agricoles, publient des comptes combinés, elles ne sont pas tenues d'intégrer dans le périmètre de la consolidation à laquelle elles doivent le cas échéant procéder ce qui relève de leur adhésion à cette union.

Un rapport sur la gestion du groupe est publié en même temps que les comptes combinés.

Art. L. 524-6-3 *(Ord. n° 2006-1225 du 5 oct. 2006)* Les comptes consolidés ou combinés sont certifiés par deux commissaires aux comptes au moins. Lorsque la coopérative agricole ou l'union de coopératives agricoles *(Ord. n° 2009-80 du 22 janv. 2009, art. 18, en vigueur le 1er avr. 2009)* « a des titres financiers admis aux négociations sur un marché réglementé », l'une au moins des deux personnes chargées du contrôle légal des comptes ne doit pas être salariée d'une fédération agréée pour la révision mentionnée à l'article L. 527-1 du présent code.

Art. L. 524-6-4 *(Ord. nº 2006-1225 du 5 oct. 2006)* Un décret en Conseil d'État fixe les conditions particulières applicables à la consolidation et à la combinaison des comptes des coopératives agricoles et de leurs unions.

Art. L. 524-6-5 *(L. nº 2008-649 du 3 juill. 2008, art. 21)* Par dérogation aux dispositions de l'article 26-31 de la loi nº 47-1775 du 10 septembre 1947 portant statut de la coopération, lorsque la société coopérative européenne exerce une activité agricole, elle établit ses comptes selon les modalités prévues à l'article L. 524-6. Le cas échéant, elle établit des comptes consolidés ou combinés conformément aux articles L. 524-6-1 et L. 524-6-2.

Un décret en Conseil d'État fixe les conditions particulières applicables à la consolidation et à la combinaison des comptes de ces sociétés.

Art. L. 524-6-6 *(L. nº 2015-990 du 6 août 2015, art. 213-II)* Les sociétés coopératives agricoles et leurs unions répondant à la définition des micro-entreprises, au sens de l'article L. 123-16-1 du code de commerce, à l'exception des sociétés mentionnées à l'article L. 123-16-2 du même code, peuvent déclarer que les comptes annuels qu'elles déposent ne sont pas rendus publics.

Les sociétés coopératives agricoles et leurs unions répondant à la définition des petites entreprises, au sens de l'article L. 123-16 dudit code, à l'exception des sociétés mentionnées à l'article L. 123-16-2 du même code, peuvent déclarer que le compte de résultat qu'elles déposent n'est pas rendu public. Les sociétés coopératives agricoles et leurs unions appartenant à un groupe, au sens de l'article L. 524-6-1 du présent code, ne peuvent faire usage de cette faculté.

Les autorités et les personnes morales mentionnées *(L. nº 2019-486 du 22 mai 2019, art. 47)* « à l'avant-dernier » alinéa de l'article L. 232-25 du code de commerce ont toutefois accès à l'intégralité des comptes.

Art. L. 524-6-7 *(Ord. nº 2023-1142 du 6 déc. 2023, art. 24)* I. — Les articles L. 22-10-36, L. 232-6-3 et L. 233-28-4 du code de commerce sont applicables aux coopératives agricoles et à leurs unions qui remplissent les conditions définies aux articles L. 230-1 et L. 230-2 de ce code, selon le cas.

II. — Lorsqu'une coopérative agricole ou union de coopératives agricoles publie des comptes combinés conformément à l'article L. 524-6-4, les dispositions mentionnées au I s'appliquent dans les conditions suivantes :

1º Les termes : "société combinante", "informations combinées en matière de durabilité" et "comptes combinés" doivent être lus à la place des termes : "société consolidante", "informations consolidées en matière de durabilité" et "comptes consolidés" ;

2º L'ensemble mentionné à l'article L. 230-2 du code de commerce est formé par les entreprises comprises dans le périmètre de combinaison, à l'exception des entreprises sur lesquelles est exercée une influence notable au sens de l'article L. 233-17-2 de ce même code.

III. — La publication d'informations combinées en matière de durabilité satisfait à l'obligation relative aux informations consolidées en matière de durabilité, sauf disposition contraire liée à l'admission de titres aux négociations sur un marché réglementé.

IV. — Les dispenses prévues au second alinéa du V de l'article L. 232-6-3 et au V de l'article L. 233-28-4 du code de commerce s'appliquent à toute coopérative agricole ou union de coopératives agricoles comprise dans les informations combinées en matière de durabilité d'une société combinante, sous réserve que cette coopérative ou cette union remplisse l'une des conditions suivantes :

1º Être liée à la société combinante par un lien de combinaison ;

2º Être contrôlée au sens du II ou du III de l'article L. 233-16 du code de commerce par une autre entité elle-même liée à la société combinante par un lien de combinaison ;

3º Être contrôlée au sens du II ou du III de l'article L. 233-16 du code de commerce par la société combinante.

CHAPITRE V AGRÉMENT – CONTRÔLE

SECTION 1 Agrément

Art. L. 525-1 *(Ord. nº 2010-459 du 6 mai 2010, art. 2)* **« Les sociétés coopératives agricoles et leurs unions créées conformément aux textes, règles et principes de la coopération et en conformité avec les** *(L. nº 2011-525 du 17 mai 2011, art. 30)* **« modèles de statuts approuvés par arrêté du ministre chargé de l'agriculture » sont agréées par le Haut Conseil de la coopération agricole »** *(L. nº 2010-874 du 27 juill. 2010, art. 35)* **«, après vérification de cette conformité et de la cohérence entre le projet présenté et le contexte économique dans lequel il s'insère ».**

(Ord. nº 2019-362 du 24 avr. 2019, art. 3, en vigueur le 1er juill. 2019) **« L'agrément est retiré s'il est constaté que les conditions posées à sa délivrance ne sont plus réunies ou lorsqu'une coopérative ou une union n'a pas d'activité, de réunion d'assemblée générale et des organes de gestion depuis plus de trois ans. »**

(L. nº 2006-11 du 5 janv. 2006, art. 58) **« Les décisions qu'il prend à ce titre peuvent être contestées devant le Conseil d'État ».**

(Ord. nº 2019-362 du 24 avr. 2019, art. 3, en vigueur le 1er juill. 2019) **« Toute modification des statuts est portée sans délai à la connaissance du Haut Conseil de la coopération agricole. »** — *V. art. R. 525-1 s. et www.hcca.coop.fr.*

SECTION 2

Néant.

CHAPITRE VI DISSOLUTION – LIQUIDATION – FUSION – SCISSION – APPORT PARTIEL D'ACTIFS *(Ord. nº 2006-1225 du 5 oct. 2006).*

BIBL. GÉN. ▸ VALIORGUE, *RD rur. 2021. Étude 5* (la restructuration, question prioritaire de gouvernance des coopératives agricoles).

SECTION 1 Dissolution – Liquidation *(Ord. nº 2006-1225 du 5 oct. 2006).*

COMMENTAIRE

Les causes de la dissolution d'une coopérative agricole ne présentent pas de particularisme au regard du droit commun. Mais les conditions de la liquidation sont spécifiques et illustrent le caractère acapitaliste de cette structure.

Au cas où existe un excédent d'actif net, la part représentant les réserves indisponibles est affectée à des établissements ou œuvres d'intérêt général agricole, ou encore à des coopératives ou à des unions de coopératives. L'éventuel surplus d'actif peut être réparti entre les associés sous réserve qu'une clause des statuts le prévoie et que l'autorité d'agrément y consente.

Au cas où ne subsisteraient que des pertes, celles-ci sont réparties entre les associés coopérateurs proportionnellement à leur nombre de parts mais dans la limite de deux fois le montant de leurs parts (la responsabilité des associés non coopérateurs est limitée au montant de leurs parts : art. L. 522-4). ❑

Art. L. 526-1 La responsabilité de chaque coopérateur dans le passif de la coopérative ou de l'union est limitée au double du montant des parts qu'en application des statuts il a souscrites ou aurait dû souscrire.

Art. L. 526-2 *(L. nº 2008-649 du 3 juill. 2008, art. 25)* **En cas de dissolution d'une société coopérative ou d'une union de sociétés coopératives, l'excédent de l'actif net sur le capital social augmenté, le cas échéant, dans les conditions définies à l'article L. 523-1 est dévolu soit à d'autres coopératives ou unions de coopératives, soit à des œuvres d'intérêt général agricole.**

Cette dévolution est déclarée auprès du Haut Conseil de la coopération agricole.

Sur la transmission universelle de patrimoine entre deux coopératives agricoles, V. Avis du Haut Conseil de la coopération agricole nº 2010-1 du 7 déc. 2010 (www.hcca.coop).

1. Action en revendication. Est fondé l'arrêt qui accueille l'action des coopérateurs en revendication des stocks conservés par la coopérative lors de la liquidation de celle-ci, au prorata de leurs apports respectifs, les apports n'entraînant pas le transfert de la propriété dans le cadre de l'exécution du mandat confié à la coopérative selon l'appréciation souveraine du pacte social par les juges. • Com. 11 juill. 2006, n° 05-13.103 P : *D. 2006. 2462* ; *JCP 2006. IV. 2814 ; RD rur. nov. 2006. 34, note Barbièri ; RTD civ. 2006. 794, note Revet* ; *Gaz. Pal. 5-6 janv. 2007. 30, note Goni, et 21-23 janv. 2007. 23.*

2. Est mal fondée la cour qui rejette les actions en revendication d'associés coopérateurs sans rechercher si les récoltes confiées à la coopérative n'étaient pas restées la propriété des adhérents en vertu d'un contrat publié, l'action en restitution étant une simple faculté qui n'est soumise à aucun délai. • Com. 18 sept. 2012, n° 11-21.744 : *RD rur. 2012, n° 114, obs. Collard ; Joly 2012. 814 ; DP entr. agric., Bull. n° 456, p. 6.*

3. La société coopérative agricole qui a perdu la personnalité morale faute d'immatriculation est devenue une société en participation qui ne pouvait être liquidée selon les règles propres aux sociétés coopératives agricoles. • Civ. 1re, 6 janv. 2021, n° 19-11.949 P : *D. 2021. 78* ; *JCP 2021. 91 ; D. actu. 11 févr. 2021, note Leila Admi ; Defrénois 2021, n° 5, p. 5 ; JCP N 2021. Actu. 198 ; Dr. sociétés 2021, n° 48, note Jullian ; Gaz. Pal. 2021, n° 395, p. 31, note Berlaud ; BJS 2021, n° 4, p. 37, note Saintourens.*

SECTION 2 **Fusion – Scission – Apport partiel d'actifs**

(Ord. n° 2006-1225 du 5 oct. 2006)

BIBL. GÉN. ► GROS, *Dr. sociétés, janv. 2007. 38* (modernisation du statut des coopératives agricoles). – BARBIÈRI, *RD rur. 2008. Dossier 27* (restructuration des groupes coopératifs). – MELLERIO et GRETEAU, *JCP E 2012. 1670* (les coopératives agricoles à l'heure des rapprochements capitalistiques).

COMMENTAIRE

Il s'est opéré pendant les dernières années d'importantes opérations de rapprochement des coopératives et se sont ainsi constitués des groupes parfois de très grande taille. Ces opérations se sont réalisées alors qu'aucune disposition juridique propre aux coopératives agricoles n'avait été posée.

Cette situation a été modifiée par la loi n° 2006-11 du 5 janvier 2006 et par l'ordonnance n° 2006-1225 du 5 octobre 2006. Ces textes ont été complétés par le décret du 17 avril 2008 (art. R. 526-3 s.).

Le législateur a souhaité que soit posé un cadre juridique précis pour mettre en œuvre les opérations de scission, de fusion et d'apports partiels d'actifs des coopératives et unions de coopératives agricoles dans le souci de rendre ces opérations plus sûres, et de préserver les intérêts des associés coopérateurs comme ceux des tiers.

L'ordonnance précise donc les conditions de chaque procédure : il est désormais posé le principe du nominalisme des évaluations, de la transmission universelle de patrimoine ; de plus, la rétroactivité de l'opération peut être prévue dans les conditions du code de commerce. Des règles protectrices des associés coopérateurs sont posées notamment au regard de leurs engagements d'activité et des conditions d'évolution de ceux-ci. Les droits des créanciers sont également préservés.

Art. L. 526-3 **Une ou plusieurs coopératives agricoles ou unions de coopératives agricoles peuvent, par voie de fusion, transmettre à une société coopérative agricole ou à une union de coopératives agricoles existante ou à une nouvelle coopérative ou union de coopératives l'ensemble de leur patrimoine actif et passif.**

Une coopérative agricole ou une union de coopératives agricoles peut également transmettre, par voie de scission son patrimoine actif et passif à plusieurs sociétés coopératives ou unions de coopératives existantes ou nouvelles.

La fusion ou la scission entraîne la dissolution sans liquidation de la coopérative ou de l'union qui disparaît et la transmission universelle de son patrimoine aux coopératives ou unions bénéficiaires, dans l'État où il se trouve à la date de réalisation définitive de l'opération.

Ces possibilités sont ouvertes à toute coopérative agricole ou union de coopératives agricoles en liquidation à condition que la répartition de ses actifs n'ait pas fait l'objet d'un début d'exécution.

Les apports résultant d'opérations de fusion ou de scission réalisées entre sociétés coopératives agricoles ou unions de coopératives sont inscrits dans les comptes de la

coopérative agricole ou de l'union de coopératives agricoles bénéficiaire pour les valeurs figurant dans le traité d'apport.

Les associés des coopératives agricoles ou unions de coopératives agricoles qui transmettent leur patrimoine par voie de fusion ou de scission deviennent associés des sociétés coopératives agricoles ou des unions bénéficiaires dans les conditions prévues à l'article L. 526-5.

En contrepartie de l'opération de fusion ou de scission les associés reçoivent un nombre entier de parts sociales de la société coopérative agricole ou de l'union bénéficiaire dans les conditions prévues par le contrat pour un montant au plus égal à la valeur nominale des parts sociales qu'ils détenaient dans la société qui transmet son patrimoine. Nonobstant cette disposition, chaque associé reçoit au moins une part sociale de la société ou de l'union bénéficiaire.

Art. L. 526-4 Toute coopérative agricole ou union de coopératives agricoles qui participe à l'une des opérations mentionnées à l'article L. 526-3 établit un projet de fusion ou de scission.

Un décret en Conseil d'État fixe les modalités de publicité et d'information des associés dont le projet doit faire l'objet.

Le projet de fusion ou de scission est soumis à l'assemblée générale extraordinaire des associés de chaque coopérative agricole ou union de coopératives agricoles qui participe à l'opération. L'assemblée générale extraordinaire est réunie dans les conditions de convocation et de quorum applicables aux assemblées générales extraordinaires qui décident les modifications de statuts autres que celles prévues à l'article L. 523-2. Elle adopte le projet qui lui est soumis à la majorité des deux tiers des membres présents ou représentés.

Un rapport spécial de révision sur l'opération envisagée est établi dans des conditions fixées par décret en Conseil d'État ; ce rapport indique notamment les effets de l'opération sur les engagements statutaires de tout ou partie des associés *(Abrogé par L. n° 2009-526 du 12 mai 2009, art. 139-VI)* *« ou adhérents »*, coopérateurs ou non, de la société coopérative ou de l'union de coopératives agricoles.

(Ord. n° 2010-459 du 6 mai 2010, art. 2) « A peine de nullité de sa délibération, l'assemblée générale extraordinaire de chaque coopérative agricole ou union de coopératives agricoles participant à l'opération statue après lecture du rapport spécial de révision mentionné à l'alinéa précédent. »

La prise de contrôle d'une coopérative, formalisée par un traité de fusion, a été autorisée sous conditions de modification des statuts pour permettre aux associés de s'approvisionner auprès des distributeurs de leur choix, et de cession de deux cidreries. • Aut. conc., décis. n° 10-DCC 150 du 10 oct. 2011 : *Groupe Agrial.* ♦ Fusion autorisée en relevant l'absence d'apport exclusif. • Aut. conc., décis. n° 19-DCC 108 du 29 mai 2019 : *RD rur. 2019, n° 122, note Crevel.*

Art. L. 526-5 A la date d'effet de la fusion ou de la scission, les statuts des sociétés bénéficiaires des apports sont opposables aux associés coopérateurs et non coopérateurs de la coopérative ou de l'union qui disparaît.

Toutefois, si l'opération de fusion ou de scission a pour effet d'augmenter les engagements statutaires souscrits par des associés coopérateurs ou non coopérateurs de la coopérative ou de l'union qui disparaît, chacun d'entre eux doit donner son accord.

A défaut d'accord, à la date d'expiration de son engagement d'activité ou de la durée de sa participation, si l'associé, coopérateur ou non, n'a pas exercé son droit de retrait, les engagements prévus par les statuts de la société bénéficiaire de l'apport lui sont opposables à compter de la date du renouvellement de son engagement d'activité ou du renouvellement de sa participation.

Le coopérateur de la coopérative absorbée ne peut soutenir pour échapper à ses obligations ne pas être devenu coopérateur de la coopérative absorbante. • Rennes, 5 févr. 2021, n° 17/06007 : *RD rur. 2021, n° 245, note Lebel.*

Art. L. 526-6 La date d'effet de la fusion ou de la scission est déterminée conformément aux dispositions de l'article L. 236-4 du code de commerce. Toutefois, le caractère éventuellement rétroactif de l'opération est sans effet sur les engagements des associés *(Abrogé par L. n° 2009-526 du 12 mai 2009, art. 139-VI)* *« ou adhérents »*.

Art. L. 526-7 Les créanciers non obligataires et les créanciers qui ne sont pas associés des coopératives agricoles ou des unions participant à l'opération de fusion ou de scission et dont la créance est antérieure à la publicité donnée au projet de fusion ou de scission peuvent former opposition à celui-ci dans des conditions fixées par un décret en Conseil d'État qui détermine le tribunal compétent pour recevoir l'opposition.

Le tribunal peut rejeter l'opposition ou ordonner soit le remboursement des créances, soit la constitution de garanties si la société absorbante ou les sociétés bénéficiaires de la scission en offrent et que ces garanties sont jugées suffisantes par le tribunal.

En cas de scission, les sociétés bénéficiaires peuvent stipuler qu'elles ne seront tenues que de la partie du passif de la société scindée mise à leur charge respective et sans solidarité entre elles. En ce cas, les créanciers obligataires peuvent former opposition dans les conditions prévues ci-après par le présent article.

A défaut de remboursement des créances ou de constitution des garanties ordonnées, la scission est inopposable à ce créancier.

L'opposition formée par un créancier n'a pas pour effet d'interdire la poursuite des opérations de fusion ou de scission.

Les dispositions des articles L. 236-7, *(Ord. n° 2023-393 du 24 mai 2023, art. 12)* « L. 236-14, L. 236-16, L. 236-23, L. 236-24 et L. 236-25 » du code de commerce sont applicables respectivement aux porteurs de titres participatifs et aux créanciers obligataires mentionnés à l'article L. 523-11 du présent code.

Art. L. 526-7-1 *(Ord. n° 2010-459 du 6 mai 2010, art. 2)* La nullité d'une opération de fusion ou de scission ne peut résulter que de la nullité de la délibération de l'une des assemblées qui ont décidé l'opération.

L'action en nullité d'une fusion ou scission visée aux articles L. 526-3 et L. 526-10 se prescrit par six mois à compter de la date de la dernière inscription au registre du commerce et des sociétés rendue nécessaire par l'opération.

Lorsqu'il est possible de porter remède à l'irrégularité susceptible d'entraîner la nullité, le tribunal saisi de l'action en nullité d'une fusion ou d'une scission accorde aux sociétés coopératives agricoles ou unions de coopératives agricoles intéressées un délai pour régulariser la situation.

Art. L. 526-8 I. — Une coopérative agricole ou une union de coopératives agricoles peut apporter une partie de son actif à une autre coopérative agricole ou union de coopératives agricoles. Elles peuvent décider d'un commun accord de soumettre l'opération aux dispositions applicables aux scissions. Dans ce dernier cas, les dispositions des articles L. 526-3, L. 526-4, L. 526-6 *(Ord. n° 2010-459 du 6 mai 2010, art. 2)* « , L. 526-7 et L. 526-7-1 » sont applicables.

II. — Lorsque l'opération d'apport concerne une branche d'activité ou une production donnée au sein d'une branche d'activité, les associés coopérateurs de la coopérative *(L. n° 2009-526 du 12 mai 2009, art. 139-VI)* « ou de l'union de coopératives agricoles » adhérents de la branche d'activité ou contribuant à la production transmise peuvent devenir associés coopérateurs de la société coopérative ou de l'union de coopératives agricoles bénéficiaires du patrimoine dans les conditions identiques à celles prévues pour les opérations de fusion et selon les modalités particulières prévues au présent article.

Un décret en Conseil d'État fixe les conditions dans lesquelles les associés coopérateurs ayant souscrit un engagement d'activité dans la branche d'activité apportée ou pour une production donnée sont consultés sur l'opération.

L'actif et le passif de toute branche d'activité ou d'une production donnée au sein d'une branche d'activité transférée inclut tout ou partie des réserves constituées à partir ou en raison de l'activité ou de la production donnée.

Les dispositions des articles L. 526-3 à *(Ord. n° 2010-459 du 6 mai 2010, art. 2)* « L. 526-7-1 » sont applicables à cette opération.

Art. L. 526-9 Les dispositions de l'article 1844-5 du code civil s'appliquent à toute coopérative agricole ou union de coopératives agricoles qui détient la totalité des parts sociales d'une union de coopératives agricoles à laquelle elle adhère.

En cas de dissolution, celle-ci entraîne la transmission universelle du patrimoine de l'union à la coopérative agricole restée unique associé de l'union dans les conditions et selon les modalités prévues par l'article 1844-5 du code civil.

Sur la transmission universelle de patrimoine entre deux coopératives agricoles, V. Avis du Haut Conseil de la coopération agricole n° 2010-1 du 7 déc. 2010 (www.hcca.coop).

Art. L. 526-10 Lorsque, à compter des formalités de publicité prévues au deuxième alinéa de l'article L. 526-4, et jusqu'à la réalisation de l'opération, la coopérative agricole ou l'union de coopératives agricoles absorbante n'a pas cessé de détenir la totalité des actions ou des parts sociales représentant la totalité du capital de la société absorbée, il n'y a pas lieu à approbation de la fusion par l'assemblée générale extraordinaire de la société absorbée ni à l'information des associés mentionnés au deuxième alinéa de l'article L. 526-4 *(Ord. n° 2010-459 du 6 mai 2010, art. 2)* **« ni à l'établissement du rapport spécial de révision mentionné au quatrième alinéa de l'article L. 526-4 ».**

Ces dispositions peuvent être mises en œuvre à condition que la société absorbée soit une société à responsabilité limitée, une société anonyme ou une société par action simplifiée.

Dernier al. *abrogé par Ord. n° 2010-459 du 6 mai 2010, art. 2.*

CHAPITRE VII FÉDÉRATIONS DE COOPÉRATIVES ET ASSOCIATION NATIONALE DE RÉVISION – SOCIÉTÉS COOPÉRATIVES DE CAUTION MUTUELLE

SECTION 1 Fédérations de coopératives

SOUS-SECTION 1

Néant. — V. art. R. 527-1 s.

SOUS-SECTION 2 Dispositions particulières aux fédérations de coopératives agréées ayant pour objet de procéder aux opérations de révision

COMMENTAIRE

Les coopératives et les unions peuvent constituer des fédérations sous forme d'associations ou de syndicats sans avoir à recevoir d'agrément sauf lorsque leur objet est la révision comptable. Elles sont susceptibles de défendre les intérêts des coopératives, de régler à l'amiable les conflits entre coopératives, de proposer des services communs à plusieurs coopératives ou de réaliser le contrôle des comptes des coopératives. Les coopératives et leurs unions ont l'obligation d'adhérer à une fédération de coopératives agréée dont l'objet est de procéder à la révision pour ses adhérents.

Par ailleurs, le contrôle légal des comptes doit être réalisé par des commissaires aux comptes. Les réviseurs des fédérations ne sont pas exclus de cette mission dès lors qu'ils seront inscrits sur la liste des commissaires aux comptes et il est prévu que le contrôle pourra être assuré par un tel réviseur salarié de la fédération, sous réserve qu'il n'exerce aucune autre mission de contrôle légal que celles de la fédération.

Les fédérations agréées doivent adhérer à l'Association nationale de révision de la coopération agricole qui donne l'agrément des réviseurs dont elle contrôle les activités. L'association nationale de révision participe à l'élaboration des normes de révision publiées par le Haut Conseil de la coopération agricole et en définit les méthodes d'application.

La révision est un contrôle de conformité de l'organisation et du fonctionnement d'une coopérative aux principes et règles coopératifs et à l'intérêt des adhérents. La loi pour l'économie sociale et solidaire du 13 octobre 2014 a étendu l'obligation de révision (art. 25 de la L. du 10 sept. 1947). Elle s'exerce pour les coopératives tous les ans au-delà d'un seuil fixé par décret (V. art. R. 525-9-1), ou après trois exercices déficitaires, ou si les pertes d'un exercice s'élèvent à la moitié au moins du montant le plus élevé atteint par le capital social de la coopérative, ou lorsqu'elle est demandée par un dixième au moins des associés, ou le tiers des administrateurs ou membres du conseil de surveillance, le HCCA, ou tout ministre compétent pour la coopérative. La révision est obligatoire tous les cinq ans pour les coopératives agricoles qui ont fait l'option d'admettre des tiers non associés, et en cas de fusion ou de réévaluation du capital social.

La procédure de révision poursuit un rôle correctif qui s'exerce d'abord sous la forme d'une information destinée à inciter la coopérative à se mettre en conformité. Ce n'est qu'en cas de carence ou de refus de la société coopérative agricole de remédier aux manquements constatés que la procédure de sanction par le Haut Conseil s'engage. ❑

Art. L. 527-1 *(Ord. nº 2006-1225 du 5 oct. 2006)* **« Les coopératives agricoles et leurs unions sont tenues d'adhérer à une fédération de coopératives, agréée par l'autorité administrative, ayant pour objet de procéder, sous le nom de révision, aux contrôles de la conformité de leur situation et de leur fonctionnement aux principes et aux règles de la coopération. »**

(L. nº 2014-1170 du 13 oct. 2014, art. 13-II-11º) **« Cette révision est mise en œuvre par les réviseurs agréés exerçant leur mission au nom et pour le compte d'une fédération agréée pour la révision dont ils sont salariés. »**

Les fédérations agréées doivent adhérer à l'association nationale de révision de la coopération agricole prévue ci-après.

(L. nº 2014-1170 du 13 oct. 2014, art. 13-II-11º) **« Cette dernière assure l'organisation et le contrôle des fédérations agréées pour la révision, notamment pour les opérations de révision conduites en application des articles L. 522-5 et L. 527-1-3. Elle a également pour mission de faciliter le recrutement et la formation des réviseurs, d'agréer ces derniers et de contrôler leurs activités. Elle participe à l'élaboration des normes publiées par le Haut Conseil de la coopération agricole et définit les méthodes de leur application. Elle peut également assurer le suivi et le contrôle de la mise en œuvre de la révision sur délégation du Haut Conseil de la coopération agricole, en application du** *(Ord. nº 2019-362 du 24 avr. 2019, art. 4, en vigueur le 1er juill. 2019)* **« quatrième » alinéa de l'article L. 528-1. Elle assure l'information et la formation sur les normes. »**

Les statuts et le budget de l'association sont soumis à l'approbation de l'autorité supérieure.

(L. nº 2006-11 du 5 janv. 2006, art. 58) **« Ses ressources sont notamment constituées par la contribution du Haut Conseil de la coopération agricole pour la réalisation des missions qu'il lui confie en application du** *(Ord. nº 2019-362 du 24 avr. 2019, art. 4, en vigueur le 1er juill. 2019)* **« quatrième » alinéa de l'article L. 528-1. »**

(Ord. nº 2006-1225 du 5 oct. 2006) **« Les fédérations sont dirigées par un directoire, qui exerce ses fonctions sous le contrôle d'un conseil de surveillance dans les conditions définies aux articles L. 225-57 à L. 225-95-1 du code de commerce. Seuls peuvent être membres du directoire des réviseurs agréés salariés de la fédération. Ils sont désignés par le conseil de surveillance après accord de l'association nationale de révision mentionnée ci-dessus. Ne peuvent siéger au conseil de surveillance les représentants des coopératives agricoles et des unions dont les comptes sont contrôlés par la fédération. »**

Art. L. 527-1-1 *(Ord. nº 2006-1225 du 5 oct. 2006)* **Au sein et pour le compte des fédérations agréées pour la révision mentionnées à l'article L. 527-1, les missions de contrôle légal des comptes sont exercées par les personnes physiques inscrites sur la liste prévue** *(Ord. nº 2016-315 du 17 mars 2016, art. 46)* **« au I de l'article »** *(Ord. nº 2023-1142 du 6 déc. 2023, art. 31)* **« L. 821-13 » du code de commerce. Par dérogation aux dispositions du 2º de l'article** *(Ord. nº 2023-1142 du 6 déc. 2023, art. 31)* **« L. 821-27 » du même code, ces personnes peuvent être salariées par la fédération mais ne peuvent alors exercer d'autres missions de contrôle légal des comptes. Elles peuvent, en revanche, être habilitées, en tant que réviseur agréé, à exercer les missions de contrôle de conformité prévues à l'article L. 527-1.**

Art. L. 527-1-2 *(L. nº 2014-856 du 31 juill. 2014, art. 25-IV)* **Les sociétés coopératives agricoles et leurs unions sont soumises à l'article 25-1 de la loi nº 47-1775 du 10 septembre 1947 portant statut de la coopération.**

Art. L. 527-1-3 *(L. nº 2014-1170 du 13 oct. 2014, art. 13-II-12º)* **La révision est effectuée conformément aux normes élaborées, approuvées et publiées par le Haut Conseil**

de la coopération agricole. Elle donne lieu à un rapport, établi selon les prescriptions du Haut Conseil de la coopération agricole, et à un compte rendu au conseil d administration ou au conseil de surveillance.

(Ord. n° 2019-362 du 24 avr. 2019, art. 4, en vigueur le 1er juill. 2019) « Si le rapport établit que la société coopérative ou l'union méconnaît les principes et les règles de la coopération, le réviseur définit, en lien avec les organes de direction et d'administration, les mesures correctives à prendre ainsi que le délai dans lequel elles doivent être mises en œuvre. »

L'organe chargé de l'administration de la société doit informer l'assemblée générale ordinaire annuelle de la révision effectuée ainsi que des mesures qu'il a prises cu qu'il compte prendre en raison des conclusions du réviseur.

(Ord. n° 2019-362 du 24 avr. 2019, art. 4, en vigueur le 1er juill. 2019) « Le réviseur s'assure de la bonne mise en œuvre des mesures correctives demandées. En cas de carence de la société coopérative ou de l'union à l'expiration des délais accordés, en cas de refus de mettre en œuvre des mesures correctives demandées en réponse à un manquement à la réglementation, ou en cas de refus de se soumettre à la révision, le réviseur transmet une copie de son rapport au Haut Conseil de la coopération agricole. »

Art. L. 527-1-4 *(Ord. n° 2019-362 du 24 avr. 2019, art. 4, en vigueur le 1er juill. 2019)* Un contrôle peut être effectué par une fédération agréée pour la révision à la demande du Haut Conseil de la coopération agricole de façon complémentaire à la révision prévue à l'article L. 527-1.

Le Haut Conseil de la coopération agricole diligente un tel contrôle :

1° S'il l'estime nécessaire au regard de l'instruction des pièces qui doivent lui être transmises annuellement ;

2° S'il est saisi à cet effet par un cinquième au moins des membres de la société dont il a vérifié la qualité au regard de la liste des adhérents qui lui est transmise par la société coopérative ;

3° Si la société coopérative ne met pas à la disposition des associés coopérateurs les documents qui doivent leur être remis ;

4° S'il reçoit du commissaire aux comptes l'information prévue au second alinéa du II de l'article L. 521-3-1 ;

5° S'il est saisi par les agents mentionnés au premier alinéa de l'article L. 631-26 en application du dernier alinéa de l'article L. 528-2.

Ce contrôle donne lieu à un rapport du réviseur, dont une copie est transmise au Haut Conseil de la coopération agricole.

SECTION 2 Sociétés coopératives de caution mutuelle

Art. L. 527-2 Des sociétés coopératives agricoles de caution mutuelle et des unions de ces sociétés peuvent être constituées pour faciliter le recours de leurs adhérents au crédit.

Art. L. 527-3 Les dispositions du titre I, relatif aux sociétés de caution mutuelle, *[C. mon. fin., art. L. 515-4 s.]* de la loi du 13 mars 1917 sur l'organisation du crédit au petit et au moyen commerce et à la petite et moyenne industrie, ainsi que des lois subséquentes, seront adaptées par décret en Conseil d'État au cas des sociétés coopératives agricoles de caution mutuelle et de leurs unions en vue de fixer leurs règles d'activité et de les soumettre aux régimes juridique et fiscal de la coopération agricole.

Toutefois, les sociétés coopératives agricoles de caution mutuelle ne seront pas placées sous le contrôle technique et financier de *(L. n° 2009-715 du 18 juin 2009, art. 1er-II)* « l'organe central des caisses d'épargne et des banques populaires prévu à l'article L. 512-106 » du code monétaire et financier.

CHAPITRE VIII AUTORITÉS COMPÉTENTES EN MATIÈRE DE COOPÉRATION AGRICOLE *(Ord. n° 2019-362 du 24 avr. 2019, art. 5).*

Art. L. 528-1 *(Ord. n° 2019-362 du 24 avr. 2019, art. 5, en vigueur le 1er juill. 2019)* « I. – Le Haut Conseil de la coopération agricole, établissement d'utilité publique doté de la personnalité morale, contribue à la définition, à la mise en œuvre et à l'évaluation des politiques publiques en matière de coopération agricole. » *(L. n° 2006-11 du 5 janv. 2006, art. 58)* Il est le garant du respect des textes, règles et principes de la coopération agricole. Il exerce un rôle permanent d'étude et de proposition dans les domaines juridique et fiscal.

Il assure *(Abrogé par Ord. n° 2019-362 du 24 avr. 2019, art. 5, à compter du 1er juill. 2019)* « ***notamment*** » le suivi de l'évolution économique et financière du secteur coopératif. A cet effet, il recueille, en particulier auprès *(Ord. n° 2019-362 du 24 avr. 2019, art. 5, en vigueur le 1er juill. 2019)* « des coopératives agricoles et unions de coopératives agricoles qui le composent », les informations nécessaires.

Le Haut Conseil délivre et retire l'agrément coopératif aux sociétés coopératives agricoles et à leurs unions dans les conditions prévues par le chapitre V du présent titre. *(L. n° 2014-1170 du 13 oct. 2014, art. 13-II-13°)* « Il a également pour objet de définir les principes et d'élaborer, d'approuver et de publier les normes de la révision, ainsi que de suivre et de contrôler sa mise en œuvre. Il peut déléguer ces missions de suivi et de contrôle après avoir obtenu l'approbation de l'autorité administrative compétente sur le délégataire et le contenu de la délégation. » *(Ord. n° 2019-362 du 24 avr. 2019, art. 5, en vigueur le 1er juill. 2019)* « Il établit un bilan annuel des mises en demeure qu'il a effectuées en application du premier alinéa de l'article L. 528-2.

« Il a pour mission d'élaborer un guide sur les bonnes pratiques de gouvernance des sociétés coopératives et de leurs unions dont les chapitres obligatoires peuvent être fixés par voie réglementaire. Il publie chaque année une mise à jour de son guide de bonnes pratiques et un rapport qui présente une synthèse de sa mise en œuvre dans les sociétés coopératives qui établissent des comptes consolidés. » — *Le guide de bonnes pratiques est publié avant le 1er janv. 2020 (Ord. n° 2019-362 du 24 avr. 2019, art. 6).*

Les statuts et le budget du haut conseil sont soumis à l'approbation de l'autorité administrative compétente. Le Haut Conseil est organisé en sections.

Les sociétés coopératives agricoles et leurs unions sont tenues d'adhérer au Haut Conseil. Ses ressources sont constituées, notamment, par une cotisation obligatoire de chaque société coopérative agricole et union de coopératives agricoles.

(Ord. n° 2019-362 du 24 avr. 2019, art. 5, en vigueur le 1er juill. 2019) « II. — Le Haut Conseil est administré par un comité directeur composé de représentants élus des sociétés coopératives agricoles et de leurs unions ainsi que de personnalités choisies en raison de leur compétence désignées par l'autorité administrative. — *Les deuxième à quatrième phrases du 9e al. deviennent un nouvel al. (Ord. n° 2019-362 du 24 avr. 2019, art. 5-II-f).*

« Une commission consultative composée de représentants des organisations professionnelles agricoles, de représentants de sociétés coopératives agricoles et de leurs unions et, le cas échéant, de personnalités qualifiées est constituée au sein du haut conseil. Elle peut être consultée sur toute question relative à l'application du droit coopératif et au fonctionnement des sociétés coopératives agricoles et de leurs unions. Les conditions dans lesquelles elle se réunit et rend ses avis sont fixées par voie réglementaire. »

(L. n° 2014-1170 du 13 oct. 2014, art. 13-II-13°) « Deux commissaires du Gouvernement sont placés auprès du Haut Conseil : l'un désigné par le ministre chargé de l'agriculture et l'autre désigné par le ministre chargé de l'économie sociale et solidaire. Le commissaire du Gouvernement désigné par le ministre chargé de l'agriculture peut demander l'inscription de questions à l'ordre du jour. Il peut également s'opposer à une délibération du Haut Conseil, dans des conditions précisées par le décret en Conseil d'État prévu au dernier alinéa. »

Le président du Haut Conseil est élu par le comité directeur, en son sein. En cas de partage des voix, il est désigné par le ministre chargé de l'agriculture.

(Ord. n° 2019-362 du 24 avr. 2019, art. 5, en vigueur le 1er juill. 2019) « Le haut conseil établit une charte d'éthique et de déontologie visant à prévenir et traiter les conflits d'intérêt *[intérêts]* dans le cadre de son activité. »

La composition des instances d'administration *(Ord. n° 2019-362 du 24 avr. 2019, art. 5, en vigueur le 1er juill. 2019)* « et de la commission consultative mentionnée au deuxième alinéa du II », l'organisation et le mode de fonctionnement du Haut Conseil sont fixés par décret en Conseil d'État.

COMMENTAIRE

La loi du 5 janvier 2006 a instauré le Haut Conseil de la coopération agricole à la place du Conseil supérieur d'orientation de la coopération agricole, en lui conférant un rôle plus important que ce dernier. Le Haut Conseil est d'une part un organe d'orientation, d'audit, d'étude et de proposition ; il assure un suivi de l'évolution économique et financière du secteur coopératif. Et il contribue à définir, mettre en œuvre et évaluer les politiques publiques en matière de coopération agricole. Le Haut Conseil doit d'autre part veiller au respect des principes et règles par les coopératives agricoles. A ce titre, il délivre l'agrément des coopératives après que celles-ci ont été immatriculées au registre du commerce et des sociétés, les autorisations d'extension de circonscription territoriale, d'apport partiel d'actif notamment. Il doit élaborer et publier les normes de la révision en contrôlant leur mise en œuvre. Il élabore également un guide de bonnes pratiques de gouvernance des sociétés coopératives et de leurs unions (V. *www.hcca.coop*). Son rôle de garant de l'application des principes et du droit coopératif a été accru par l'ordonnance n° 2019-362 du 24 avril 2019. Informé par le rapport de révision de non-conformités aux règles coopératives, le Haut Conseil doit en informer le ministre chargé de l'agriculture, et met en demeure la coopérative de prendre les mesures coercitives nécessaires. A défaut, le Haut Conseil peut demander la convocation d'une assemblée générale, la convoquer lui-même, solliciter une injonction judiciaire ordonnant à la coopérative de se conformer aux principes et règles applicables, ou encore procéder au retrait de l'agrément dans les conditions précisées par le décret du 5 novembre 2019.

Les coopératives et leurs unions doivent adhérer au Haut Conseil et leurs cotisations constituent les ressources de cette structure. ❑

Art. L. 528-2 *(Ord. n° 2019-362 du 24 avr. 2019, art. 5, en vigueur le 1er juill. 2019)* **I. — Lorsqu'il reçoit d'un réviseur le rapport mentionné au dernier alinéa de l'article L. 527-1-3 ou de l'article L. 527-1-4, le Haut Conseil de la coopération agricole en informe le ministre chargé de l'agriculture. Il met s'il y a lieu les organes de direction et d'administration de la société coopérative en cause en demeure de prendre des mesures correctives dans un délai qu'il fixe.**

Lorsque les mesures correctives n'ont pas été prises dans le délai imparti, le Haut Conseil de la coopération agricole peut demander à l'organe d'administration de la coopérative de convoquer une assemblée générale.

Si la coopérative n'organise pas d'assemblée générale dans les deux mois à compter de la demande du Haut Conseil de la coopération agricole, celui-ci convoque lui-même cette assemblée générale aux frais de la coopérative.

Lorsque le fonctionnement normal de la société coopérative ou de l'union n'a pas été rétabli dans un délai de six mois à compter de la réunion de l'assemblée générale, le Haut Conseil de la coopération agricole peut demander au président du tribunal compétent statuant en référé d'enjoindre, le cas échéant sous astreinte, aux organes de direction ou d'administration de la coopérative de se conformer aux principes et règles de la coopération qui sont méconnus.

II. — Les agents mentionnés au premier alinéa de l'article L. 631-26 peuvent demander au Haut Conseil de la coopération agricole de s'assurer que les statuts d'une société coopérative, son règlement intérieur ou les règles ou décisions prévues par ces statuts ou en découlant comportent des dispositions produisant des effets similaires à ceux des clauses mentionnées au III de l'article L. 631-24 et qu'un exemplaire de ces documents est remis aux associés coopérateurs. Dans l'hypothèse où il conclut que les conditions prévues au II de l'article L. 631-24-3 ne sont pas remplies, il en informe les agents qui l'ont sollicité.

Art. L. 528-3 *(Ord. n° 2019-362 du 24 avr. 2019, art. 5, en vigueur le 1er juill. 2019)* **Un médiateur de la coopération agricole est nommé par décret, après avis du comité directeur du Haut Conseil de la coopération agricole. Le chapitre I du titre II de la loi n° 95-125 du 8 février 1995 relative à l'organisation des juridictions et à la procédure civile, pénale et administrative est applicable aux médiations qu'il effectue.**

Les attributions du médiateur de la coopération agricole, les modalités d'exécution de sa mission et les conditions de la contribution du médiateur des relations commerciales agricoles mentionné à l'article L. 631-27 à cette mission sont fixées par décret en Conseil d'État.

COMMENTAIRE

Le médiateur de la coopération agricole doit favoriser le règlement amiable de conflits survenant entre un associé et la coopérative ou entre coopératives et unions ou entre unions de coopératives.

Il se distingue du médiateur des relations commerciales agricoles dont la compétence est étendue à tous les producteurs, coopératives, industries agroalimentaires, distributeurs, pour tout litige relatif à la conclusion ou à l'exécution d'un contrat ayant pour objet la vente ou la livraison de produits agricoles ou alimentaires. Si le litige oppose un associé et sa coopérative sur un contrat d'apport quant au prix ou aux volumes, ou si le litige porte sur les indemnités dues au départ de l'associé avant le terme de son engagement, le médiateur des relations commerciales agricoles instruit le dossier et transmet son avis au médiateur de la coopération agricole qui effectue la médiation.

Depuis l'ordonnance du 24 avril 2019, le médiateur de la coopération agricole est désigné par le ministre chargé de l'agriculture pour trois ans. Il élabore un bilan annuel de ses missions dont il informe le ministre et le Haut Conseil de la coopération agricole, suggérant éventuellement toute adaptation des textes et principes applicables aux coopératives agricoles. Le médiateur est apte à saisir le Haut Conseil de la coopération agricole de toute clause du règlement intérieur ou des statuts des coopératives ou unions, ou de toute pratique qu'il estime non conforme aux principes de la coopération agricole. ❑

CHAPITRE IX DISPOSITIONS PÉNALES – DISPOSITIONS D'APPLICATION

Art. L. 529-1 Les dispositions de l'article 457 de la loi n° 66-537 du 24 juillet 1966 sont applicables à tout commissaire aux comptes de coopératives agricoles ou d'unions de coopératives agricoles. — *V. dorénavant C. com., art. L. 820-1 s.* — ***C. com.***

(Ord. n° 2005-554 du 26 mai 2005, art. 12) **« Les dispositions des articles L. 225-38 à L. 225-43 du code de commerce et la deuxième phrase de l'alinéa 1 de l'article 27 de la loi n° 47-1775 du 10 septembre 1947 sont applicables aux sociétés coopératives agricoles et aux unions de coopératives agricoles. »**

Art. L. 529-2 Est puni d'une amende de 18 000 € tout administrateur d'une société coopérative agricole ou tout mandataire d'une telle société au conseil d'administration d'une union de coopératives :

1° Qui n'a ni la nationalité française, ni celle d'un État membre de la Communauté économique européenne, ni celle d'un pays avec lequel existe un accord de réciprocité ou qui ne bénéficie pas d'une dérogation accordée par le ministre de l'agriculture ;

2° *(Ord. n° 2006-1225 du 5 oct. 2006)* **« Qui participe directement ou indirectement, de façon habituelle ou occasionnelle, à une activité concurrente de celle de la société qu'il administre, lorsque ladite activité est réalisée par une entreprise qui n'est pas contrôlée au sens des dispositions de l'article L. 233-3 du code de commerce, par la coopérative agricole ou l'union qu'il administre » ;**

3° *(L. n° 2008-776 du 4 août 2008, art. 73-VIII)* **« Qui s'est vu interdire l'exercice de la fonction d'administrateur, de gérant ou de directeur. »**

Les dispositions qui précèdent sont applicables aux membres des conseils de surveillance des sociétés coopératives agricoles ou de leurs unions.

Pour la condamnation pour abus de biens sociaux d'un dirigeant de fait d'une coopérative agricole, V. • Crim. 8 févr. 2012, n° 11-81.117 : *Gaz. Pal. 2012. 2944, note Dondero.*

Art. L. 529-3 Est puni de la peine prévue à l'article L. 529-2 le directeur d'une société coopérative agricole ou d'une union de coopératives agricoles :

1° *(Ord. n° 2006-1225 du 5 oct. 2006)* **« Qui participe directement ou indirectement, de façon habituelle ou occasionnelle, à une activité concurrente de celle de la société qu'il dirige ou des unions auxquelles celle-ci est adhérente, lorsque ladite activité est réalisée par une entreprise qui n'est pas contrôlée au sens des dispositions de l'article L. 233-3 du code de commerce, par la coopérative agricole ou l'union qu'il dirige » ;**

2° *(L. nº 2008-776 du 4 août 2008, art. 73-VIII)* « Qui s'est vu interdire l'exercice de la fonction d'administrateur, de gérant ou de directeur. »

Les dispositions qui précèdent sont applicables aux membres des directoires des sociétés coopératives agricoles ou de leurs unions.

Art. L. 529-4 Est puni de la peine prévue à l'article L. 529-2 quiconque exerçant les fonctions de commissaire aux comptes d'une société coopérative agricole ou d'une union de coopératives agricoles :

1° Est parent ou allié jusqu'au quatrième degré inclusivement ou conjoint d'un administrateur de cette société ;

2° Reçoit sous une forme quelconque, à raison de fonctions autres que celles de commissaire aux comptes, un salaire ou une rémunération d'un administrateur de cette société ;

3° S'est vu interdire l'exercice de la fonction d'administrateur, de gérant ou de directeur ou qui est déchu du droit d'exercer cette fonction ;

4° Est le conjoint d'une des personnes ci-dessus mentionnées.

Art. L. 529-5 *(L. nº 2012-387 du 22 mars 2012, art. 27-II)* Toute personne intéressée peut demander au président du tribunal compétent statuant en référé d'enjoindre, le cas échéant sous astreinte, à la personne concernée de faire cesser l'usage irrégulier des mentions suivantes :

1° La mention : "coopérative" employée avec l'un des qualificatifs : "agricole", "paysanne", "rurale" ou "forestière", ou toute autre appellation de nature à assimiler à une société coopérative agricole un organisme qui n'est pas agréé conformément à la réglementation relative au statut juridique de la coopération agricole ;

2° La mention : "union de coopératives agricoles" ou "fédération de coopératives agricoles" ou toute autre dénomination de nature à créer la confusion avec une union ou une fédération agréée ou constituée conformément à la réglementation relative au statut juridique de la coopération agricole.

Le président du tribunal peut, en outre, ordonner la publication de la décision, son affichage dans les lieux qu'il désigne, son insertion intégrale ou par extraits dans les journaux et sa diffusion par un ou plusieurs services de communication au public en ligne qu'il indique, le tout aux frais des dirigeants de l'organisme ayant utilisé la dénomination en cause.

Art. L. 529-6 Les modalités d'application des articles L. 523-1, L. 523-2, *(Abrogé par L. nº 2014-1545 du 20 déc. 2014, art. 51-4°)* « L. 523-5, » L. 527-1, et des chapitres I, II, IV, V et VI du présent titre sont déterminées *(Abrogé par Ord. nº 2010-461 du 6 mai 2010, art. 7)* « *, en tant que de besoin,* » par décret en Conseil d'État.

CHAPITRE X *[ABROGÉ]* DISPOSITIONS PARTICULIÈRES À LA COLLECTIVITÉ TERRITORIALE DE MAYOTTE

(Abrogé par L. nº 96-609 du 5 juill. 1996)

Art. L. 529-7 à L. 529-11 *Créés par L. nº 93-1 du 4 janv. 1993, art. 64 ; abrogés par L. nº 96-609 du 5 juill. 1996, art. 52-II.*

TITRE III SOCIÉTÉS D'INTÉRÊT COLLECTIF AGRICOLE

BIBL. GÉN. ▶ SICA, *DP entr. agric.*

COMMENTAIRE

La SICA a pour but de permettre l'association d'intérêts agricoles et d'intérêts industriels et commerciaux au sein d'une même structure. Cette société interprofessionnelle doit aussi préserver les intérêts agricoles dans la collaboration avec la filière agroalimentaire. La loi du 5 août 1920 a d'abord créé la SICA en lui donnant un objet d'utilité agricole. Le décret du 9 février 1921 a permis que des ruraux non agriculteurs soient membres des SICA, et la loi du 12 juillet 1923 *(DP 1924. 4. 194)* a autorisé la constitution des SICA sous forme de société civile ou de société anonyme. L'article 38 de la loi d'orientation agricole nº 60-808 du 5 août 1960 a donné mission au gouvernement d'adapter le statut des SICA, ce qui a été réalisé par le décret nº 61-868 du 5 août 1961 qui a opéré une nette séparation entre les SICA et les coopératives. Mais la loi n° 85-703 du 12 juillet 1985 a donné le statut de coopérative aux SICA. Cette solution s'explique par le fait que pour transposer en droit français la directive du 13 décembre 1976, la loi n° 81-1162 du 30 décembre 1981 a posé l'interdiction du capital variable pour les sociétés anonymes en l'autorisant par contre pour les coopératives. C'est donc pour maintenir la possible variabilité du capital des SICA constituées sous forme de SA et ainsi éviter des modifications très importantes dans les statuts des SICA qu'il a été choisi de rattacher celles-ci au statut coopératif en prévoyant que la loi n° 47-1775 du 10 septembre 1947 s'applique sous réserve de plusieurs exceptions (C. rur., art. L. 531-1). En réalité, les caractéristiques majeures des SICA font exception aux principes essentiels de la coopération. La SICA apparaît comme une structure distincte de la coopérative par la plus grande ouverture de son sociétariat et par ses moyens d'action plus souples devant permettre d'engager une action mieux adaptée aux marchés. Pour autant le rapport entre coopérative et SICA est moins une opposition qu'une complémentarité, et la réalité révèle qu'elles sont souvent utilisées conjointement dans le développement de projets agroalimentaires. ☐

CHAPITRE I CONSTITUTION

COMMENTAIRE

Les SICA sont réglementées par trois ensembles de textes. Elles sont soumises à la loi n° 47-1775 du 10 septembre 1947 portant statut de la coopération (V. cette loi au **C. sociétés Dalloz**). De plus, les SICA sont soumises aux dispositions qui leur sont propres, qui figurent aux articles L. 531-1 à L. 535-5 et R. 531-1 à R. 535-1 du code rural et qui prévoient précisément les dérogations au statut de la coopération. Enfin, chaque SICA est soumise aux règles juridiques de droit commun de la forme sociale sous laquelle elle a été constituée. ☐

Art. L. 531-1 Les sociétés d'intérêt collectif agricole peuvent se constituer soit sous le régime des sociétés civiles particulières régies par les articles 1832 et suivants du code civil, soit dans les formes prévues pour les sociétés par actions et les sociétés à responsabilité limitée par le code de commerce.

(L. n° 85-703 du 12 juill. 1985, art. 6) **« Les sociétés d'intérêt collectif agricole ont pour objet de créer ou de gérer des installations et équipements ou d'assurer des services soit dans l'intérêt des agriculteurs d'une région rurale déterminée, soit de façon plus générale dans celui des habitants de cette région sans distinction professionnelle.**

« Les sociétés d'intérêt collectif agricole ont le statut de société coopérative et sont régies par la loi n° 47-1775 du 10 septembre 1947 portant statut de la coopération *(L. n° 92-643 du 13 juill. 1992)* **« à l'exception des articles 3, 3 *bis*, 4, 9, des deux derniers alinéas de l'article 11, de l'article 11 *bis*, » du deuxième alinéa de l'article 16 et des deuxième et troisième alinéas de l'article 27. »**

1. Régime social. Les juges qui relèvent que la SICA a qualité de société coopérative et que son objet est conforme à l'art. L. 531-1 C. rur. en déduisent exactement qu'elle bénéficie pour la détermination de la contribution sociale de solidarité de la déduction de l'art. L. 651-3 CSS. • Soc. 31 oct. 2000, n° 99-12.840 P.

2. Capital. A peine de nullité, l'augmentation du capital doit être décidée par la collectivité des associés ou actionnaires si la clause statutaire de variabilité du capital ne mentionne pas le montant maximal du capital autorisé. • Com. 6 févr. 2007 : *RD rur. 2007, n° 155 et n° 288, note Barbièri ; Gaz. Pal. 20-21 juin 2007. 22 ; Dr. sociétés 2007, n° 175, note Mortier.*

3. Coopération. Les SICA relèvent du statut coopératif et les demandes de voir appliquer les statuts non conformes à la loi du 10 sept. 1947 portant statut de la coopération doivent être écartées. • Aix-en-Provence, 26 févr. 2015, n° 14/12062 : *RD rur. 2015, n° 154, note Hirsch.*

Art. L. 531-2 *Abrogé par L. n° 2006-11 du 5 janv. 2006, art. 58.*

COMMENTAIRE

La loi n° 91-5 du 3 janvier 1991 a introduit une procédure de contrôle administratif des SICA en raison des abus qui avaient pu être constatés dans le respect des règles de constitution de leur sociétariat et dans les relations qu'elles entretenaient avec les coopératives (V. art. R. 531-3-1 s. anciens, abrogés). Cette procédure confère une rigidité à cette structure sociétaire. L'ordonnance n° 2005-554 du 26 mai 2005 a prévu la modification des conditions de l'agrément. La loi d'orientation agricole n° 2006-11 du 5 janvier 2006 a supprimé cet agrément, dès lors qu'il a été conclu devant les parlementaires que les caractères de ces groupements étaient désormais bien respectés, et en particulier le caractère interprofessionnel. ❑

CHAPITRE II FONCTIONNEMENT

COMMENTAIRE

L'interprofessionnalité de la SICA est organisée sur deux plans mais suppose le maintien de la dominante agricole.

C'est d'une part le secrétariat qui doit être interprofessionnel. Toute personne physique ou morale industrielle ou commerçante peut être membre de la SICA, mais la composition de cette société doit être interprofessionnelle avec majorité agricole ; les personnes physiques ou morales énumérées à l'article L. 522-1 du code rural qui définit le sociétariat d'une coopérative agricole doivent disposer d'au plus quatre cinquièmes ces voix dans les assemblées générales des SICA constituées depuis le 29 septembre 1967. Il en résulte que doivent être associés, pour pouvoir détenir au moins 20 % des voix dans les assemblées générales, soit des groupements parmi ceux qui sont prévus à l'article 617 de l'ancien code rural mais qui ne figurent pas à l'article L. 522-1, soit des personnes contribuant à l'objet de la société sans pouvoir être membres d'une coopérative agricole.

Le principe coopératif égalitaire qui attribue une voix à chaque associé ne s'applique pas aux SICA (C. rur., art. L. 531-1 qui fait exception à l'art. 9 de la loi du 10 sept. 1947). Le droit de vote est déterminé selon la forme sociale empruntée par la SICA, il est attaché au capital dans les SICA constituées sous forme de SA ou de SARL. Lorsque la SICA est une société civile, chaque associé reçoit soit une seule voix, soit un nombre de voix proportionnel à son capital. Mais, dans tous les cas, les statuts doivent prévoir un système organisant la domination des intérêts agricoles aux assemblées générales. Il n'est pas nécessaire que la domination agricole découle de la répartition du capital mais elle doit être respectée, au moins par un système de pondération des voix. C'est ainsi que les associés agriculteurs, les groupements susceptibles d'adhérer au crédit agricole mutuel (groupements prévus à l'article 617 de l'ancien code rural) et les caisses de crédit agricole mutuel doivent détenir au moins la moitié des voix en assemblée générale (C. rur., art. R. 532-3). De plus, les associés qui ont une des qualités énoncées à l'article L. 522-1 du code rural doivent détenir au plus les quatre cinquièmes des voix en assemblée générale (la règle concerne les SICA constituées après le 29 septembre 1967 ; C. rur., art. L. 532-1). Cependant aucun associé ne doit détenir plus de 40 % des voix. Et lorsque la SICA compte plus de dix associés, aucun d'entre eux ne doit détenir plus de 10 % des voix, à l'exception du crédit agricole mutuel, des coopératives agricoles et leurs unions qui sont susceptibles de recevoir un nombre de voix plus important, déterminé en fonction du nombre de leurs propres sociétaires ou du nombre de membres des sociétés qui y adhèrent (C. rur., art. R. 532-3).

D'autre part, l'activité de la SICA doit avoir un caractère interprofessionnel. L'activité de la SICA n'est pas soumise au respect du principe de l'exclusivisme qui empêche les coopératives de faire bénéficier de leurs services les tiers non sociétaires sauf dérogations législatives précises. Pour autant, l'activité doit répondre à des conditions particulières. La moitié du chiffre d'affaires ou du volume des opérations des SICA au cours d'un exercice donné doit être réalisée avec des sociétaires qui doivent être agriculteurs ou des groupements pouvant s'affilier aux caisses de crédit agricole (C. rur., art. R. 532-4). La condition est précisée plus strictement pour les SICA constituées après le 29 juin 1967.

Cette obligation est écartée pour les SICA soumises à un cahier des charges ; de même, un arrêté conjoint du ministre de l'Agriculture et du ministre chargé du commerce peut faire exception à cette contrainte pour des circonstances économiques exceptionnelles. Enfin, pour les SICA d'électrification rurale, d'habitat rural ou d'adduction d'eau comme pour celles dont l'activité concerne l'ensemble d'une zone rurale, sont comptées dans les 50 % les activités menées avec des agriculteurs ou des groupements susceptibles de s'affilier au crédit agricole mais non associés de la SICA s'ils ont avec la SICA des rapports analogues à ceux que celle-ci entretient avec ses sociétaires (C. rur., art. R. 532-4). ❑

Art. L. 532-1 Les personnes physiques ou morales énumérées à l'article L. 522-1 doivent disposer de moins des quatre cinquièmes des voix dans les assemblées générales des sociétés d'intérêt collectif agricole constituées postérieurement au 29 septembre 1967.

Ces sociétés ne peuvent effectuer plus de 50 p. 100 des opérations de chaque exercice avec des personnes physiques ou morales autres que les associés définis à l'article L. 522-1.

Les modalités d'application du présent article sont déterminées *(Abrogé par Ord. nº 2010-461 du 6 mai 2010, art. 7)* **« , *en tant que de besoin,* » par décret en Conseil d'État.**

CHAPITRE III DISPOSITIONS FINANCIÈRES

(L. nº 91-5 du 3 janv. 1991)

COMMENTAIRE

La participation des associés de SICA aux résultats est marquée par le caractère acapitaliste propre aux coopératives puisqu'il n'y a pas en principe de distribution de dividendes. Il est d'abord nécessaire de procéder à la constitution de réserves dans les conditions posées par le type de société emprunté par chaque SICA. Les dispositions qui rendent obligatoire la constitution d'une réserve dans les coopératives ne sont pas applicables à la SICA. Par contre, il doit être constitué une réserve avec les bénéfices des opérations réalisées avec les non-sociétaires ; il en est de même pour les bénéfices provenant des aides de l'État, des collectivités publiques et d'organismes mentionnés sur une liste réglementaire, qui constituent une « réserve des charges complémentaires de liquidation » (C. rur., art. R. 533-1). Si des excédents sont disponibles, il est d'une part versé un intérêt fixe pour la participation au capital. Il est d'autre part possible de verser aux sociétaires les excédents annuels sous forme de ristournes au prorata des opérations effectuées par eux avec la société, sous réserve que ces excédents n'aient pas été dégagés par des opérations avec des non-sociétaires.

Enfin, les SICA qui détiennent des participations et qui ont reçu à ce titre des dividendes peuvent distribuer ceux-ci en tout ou en partie à leurs associés en sus du versement des ristournes et des intérêts statutaires. La distribution est réalisée au prorata des parts sociales libérées. Si les résultats propres de la SICA sont déficitaires, les dividendes sont affectés à l'apurement de ce déficit. ❑

Art. L. 533-1 *(L. nº 91-5 du 3 janv. 1991)* **Les sociétés d'intérêt collectif agricole qui détiennent des participations peuvent distribuer à leurs associés, en sus du versement de ristournes et d'intérêts statutaires, tout ou partie des dividendes qu'elles ont reçus au titre de ces participations. Cette distribution est faite au prorata des parts sociales libérées.**

Toutefois, lorsque les résultats propres de la société d'intérêt collectif agricole sont déficitaires, les dividendes sont, à due concurrence, affectés à l'apurement de ce déficit.

CHAPITRE IV TRANSFORMATION – DISSOLUTION – LIQUIDATION

(L. nº 91-5 du 3 janv. 1991)

COMMENTAIRE

La SICA peut être transformée en société hors statut coopératif depuis la loi nº 91-5 du 3 janvier 1991. Cette disposition visait à faciliter l'évolution des SICA qui pour mener une activité performante ne pouvaient respecter les contraintes de cette structure. Avant la loi de 1991, le retrait du statut coopératif exposait à la dissolution. La SICA peut aussi être transformée en coopérative agricole. Cette transformation s'opère librement sous réserve que tous les associés de la SICA puissent faire partie du sociétariat de la coopérative. Cette transformation doit être acceptée à l'unanimité si elle a pour conséquence d'aggraver les engagements d'activité ou la responsabilité des associés ; il en est ainsi lorsqu'il s'agit d'une transformation d'une SICA société anonyme ou d'une SICA société à responsabilité limitée puisque la responsabilité des associés est plus lourde dans une coopérative. ❑

Art. L. 534-1 *(L. nº 91-5 du 3 janv. 1991)* **Une société d'intérêt collectif agricole ne peut apporter à ses statuts de modifications entraînant la perte de son statut de coopérative qu'après autorisation** *(L. nº 2014-1545 du 20 déc. 2014, art. 53-III)* **« du ministre chargé de l'agriculture ».**

Les réserves qui, à la date de cette modification, ne sont pas distribuables aux sociétaires *(L. nº 92-643 du 13 juill. 1992)* **« ou incorporables au capital » en vertu des lois et règlements en vigueur conservent ce caractère pendant dix ans.**

L'autorisation prévue au premier alinéa du présent article n'est pas requise pendant une période de trois ans à compter de la publication *[JO 6 janv.]* **de la loi nº 91-5 du 3 janvier 1991 modifiant diverses dispositions intéressant l'agriculture et la forêt ; durant cette période, toute modification des statuts entraînant la perte du statut de coopérative doit être portée à la connaissance du ministre chargé de l'agriculture dans les trente jours de cette modification.**

CHAPITRE V **DISPOSITIONS PÉNALES**

Art. L. 535-1 Les dispositions de l'article L. 529-3 sont applicables aux directeurs de sociétés d'intérêt collectif agricole.

Art. L. 535-2 Les dispositions de l'article L. 529-4 sont applicables aux commissaires aux comptes de sociétés d'intérêt collectif agricole.

Art. L. 535-3 *Abrogé par L. nº 2011-525 du 17 mai 2011, art. 175-I-28º.*

Art. L. 535-4 Les dispositions du deuxième alinéa de l'article L. 529-1 sont applicables aux sociétés d'intérêt collectif agricole.

Art. L. 535-5 *(L. nº 91-5 du 3 janv. 1991)* **Est puni de la peine prévue au premier alinéa de l'article L. 529-2 le président ou le directeur de la société d'intérêt collectif agricole qui contrevient aux dispositions de l'article L. 534-1.**

TITRE IV **SOCIÉTÉS MIXTES D'INTÉRÊT AGRICOLE**

COMMENTAIRE

Créées par l'ordonnance nº 67-813 du 26 septembre 1967 (*JO 27 sept.*), les SMIA n'ont connu aucun succès. Elles organisent une forme d'interprofessionnalité forte selon un modèle *a priori* plus souple que les SICA. Elles prévoient la préservation des intérêts agricoles dans la filière agroalimentaire sous forme d'une minorité de blocage permettant aux agriculteurs de s'opposer aux décisions portant atteinte à leurs intérêts.

Il s'agit de sociétés commerciales : société anonyme, société à responsabilité limitée ou société en commandite par actions, qui ne sont pas soumises au statut de la coopération. Leur objet est la transformation ou la commercialisation des produits agricoles exclusivement ; il s'agit d'une structure seulement « d'aval » au regard de l'exploitation agricole. Ni les activités d'amont, ni l'exploitation agricole elle-même ne peuvent être l'objet de la SMIA. La répartition des recettes y est spécifique. ❑

Art. L. 541-1 Peuvent être constituées, sous le nom de société mixte d'intérêt agricole, les sociétés commerciales non soumises au statut de la coopération et ayant pour objet la transformation ou la commercialisation des produits agricoles, dans lesquelles des parts ou actions représentant au moins 30 p. 100 du capital social sont détenues, directement ou indirectement, soit par une ou plusieurs sociétés coopératives ou unions de sociétés coopératives agricoles, soit par des institutions ou groupements professionnels agricoles mentionnés aux titres I, II, III et VI du présent livre ainsi qu au livre du code rural relatif au crédit agricole. Ces sociétés peuvent bénéficier d'avantages particuliers en vertu de conventions passées avec l'État.

Les actions entrant en compte pour le calcul des proportions mentionnées ci-dessus doivent revêtir la forme nominative.

Art. L. 541-2 Les statuts des sociétés mixtes d'intérêt agricole doivent prévoir que certaines décisions intéressant la gestion de la société et dont l'objet est précisé par décret ne peuvent être prises qu'à une majorité qualifiée de plus de 70 p. 100 des voix présentes ou représentées à l'assemblée générale. — *V. art. D. 541-1.*

Art. L. 541-3 Après prélèvement pour la réserve légale et affectation au capital d'un dividende qui ne pourra être supérieur à 6 p. 100, le bénéfice réalisé par une société mixte d'intérêt agricole au cours d'un exercice, à l'exclusion de toutes plus-values sur actif immobilisé, est, après avoir été diminué de l'impôt sur les sociétés correspondant, divisé en deux parts égales.

La première de ces parts est attribuée aux détenteurs du capital à titre de rémunération complémentaire.

La seconde est affectée aux fournisseurs ou clients de l'entreprise qui ont la qualité d'agriculteur ou d'organisme mentionné à l'article L. 541-1 au prorata des opérations effectuées par chacun d'eux.

Quand ces derniers sont associés ou membres d'un des organismes mentionnés à l'article L. 541-1, lui-même associé, les sommes qui leur reviennent au titre de cette seconde part sont réparties en franchise d'impôt sur les sociétés dans la mesure où elles proviennent d'opérations faites avec eux.

Si la société est soumise aux dispositions de l'ordonnance du 17 août 1967 relative à la participation des salariés aux fruits de l'expansion des entreprises *[C. trav., art. L. 442-1 s., devenus art. L. 3324-1 s.]*, les répartitions prévues aux alinéas 2 et 3 du présent article sont opérées, après prélèvement sur le bénéfice défini à l'alinéa 1er, de la réserve spéciale de participation des salariés, instituée par l'article 2 de ladite ordonnance.

Art. L. 541-4 Les modalités d'application du présent titre sont déterminées *(Abrogé par Ord. n° 2010-461 du 6 mai 2010, art. 7) « , en tant que de besoin, »* par décret en Conseil d'État.

TITRE V ORGANISATIONS DE PRODUCTEURS ET ASSOCIATIONS D'ORGANISATIONS DE PRODUCTEURS

(Ord. n° 2015-1248 du 7 oct. 2015, art. 1er-I)

COMMENTAIRE

L'objectif de l'organisation des producteurs est de permettre une organisation des marchés de nature à réaliser la meilleure adaptation de l'offre à la demande en évitant ainsi pénuries et excédents, et en contribuant à stabiliser le revenu des producteurs. La dispersion des agriculteurs sur le marché et les aléas irréductibles qui marquent la production rendent cette organisation particulièrement nécessaire. Pour cela, l'action doit porter d'une part sur l'organisation de la production elle-même, qui doit être coordonnée en quantité et en qualité avec les attentes du marché, et d'autre part sur la rationalisation de la mise en marché des produits.

L'organisation de producteurs se place entre les agriculteurs et le secteur agroalimentaire. Elle peut, depuis la loi du 5 janvier 2006, être développée dans le secteur forestier. Ce sont des groupements privés, réunissant des professionnels de l'agriculture qui ont décidé librement de les constituer ou d'y adhérer et qui, en conséquence de leur engagement, organisent et respectent des disciplines de production et de commercialisation. Pareilles structures suscitent à la fois la méfiance et l'intérêt des pouvoirs publics. Il y a d'abord une crainte que ces organismes soient de nature à porter atteinte aux règles nationales et communautaires relatives à la liberté des échanges. En même temps, l'intervention de ces groupements est reconnue favorable et les pouvoirs publics les utilisent pour la mise en œuvre de différentes politiques publiques, en particulier en leur donnant la mission de distribuer des aides structurelles. Les pouvoirs publics profitent ainsi de l'existence de groupements privés pour développer une politique de type incitatif, en maintenant cependant sur eux un contrôle permanent. L'organisation des marchés par ces structures est donc mixte. Il doit être souligné que la présence de ces groupements est susceptible d'avoir une grande portée sur l'économie agricole des secteurs concernés.

L'Union européenne a clairement exprimé, notamment dans la réforme de l'organisation commune de marché en 2007, en 2013 et en 2017, que les organisations de producteurs sont un outil important de la mise en œuvre des objectifs de la PAC. Elles doivent contribuer à améliorer la compétitivité des exploitations en optimisant notamment les coûts de production ; elles sont de nature à tenir compte des exigences du marché qu'elles doivent participer à stabiliser par une meilleure maîtrise et coordination de l'offre quantitative et qualitative. Elles permettent de mieux gérer les crises en réduisant les fluctuations de revenus, en contribuant à l'amélioration de la valorisation des produits et à l'augmentation de la consommation, tout en renforçant la protection de l'environnement. Les réformes de l'organisation commune de marché ont donc prévu un encouragement des producteurs à rejoindre les organisations de producteurs dont les moyens ont été accrus, des conditions étant posées pour garantir que l'utilisation des fonds de la Communauté européenne dans ce cadre participe aux objectifs de la PAC. Le règlement n° 1308/2013 du 17 décembre 2013 a maintenu le principe de l'application du droit de la concurrence aux organisations de producteurs et associations d'organisations de producteurs, mais en leur permettant d'y déroger pour les produits sous organisation commune de marché sous réserve de permettre une concentration de l'offre, une mise sur le marché des produits de leurs membres et de permettre une optimisation des coûts de production. Le règlement n° 2017/2393 a modifié le règlement de 2013 pour donner davantage de possibilités d'action aux organisations de producteurs et renforcer la position des agriculteurs : elles ont été autorisées, par dérogation à l'article 101, § 1, du TFUE, à planifier la production, optimiser les coûts de production, mettre sur le marché et négocier des contrats concernant l'offre de produits agricoles au nom de leurs membres pour tout ou partie de leur production en tous secteurs, dispositions susceptibles de mettre en cause le contrôle de proportionnalité de la Cour de justice de l'Union européenne (V. la jurisprudence sous l'art. L. 553-5).

Les groupements de producteurs ont été créés par la loi d'orientation agricole n° 62-933 du 8 août 1962 et par le décret n° 62-1038 du 22 novembre 1962, textes plusieurs fois modifiés. La loi n° 99-574 du 9 juillet 1999 a modifié notamment la dénomination des groupements de producteurs qui sont devenus des organisations de producteurs : l'appellation ainsi retenue par le droit national est désormais conforme à celle employée dans le droit communautaire. La loi d'orientation agricole du 5 janvier 2006 a modifié le droit des organisations de producteurs pour contribuer à une meilleure organisation économique des marchés, pour éviter les effets particulièrement dommageables que toute crise provoque pour les producteurs, cherchant à structurer l'offre dispersée de façon plus déterminante dans un contexte commercial marqué par la variation des prix et par la concentration très forte des acheteurs de la grande distribution.

L'ordonnance n° 2015-1248 du 7 octobre 2015 portant adaptation du code rural et de la pêche maritime au droit de l'Union européenne a procédé à la réécriture du chapitre I du titre V en conformité avec le règlement (UE) n° 1308/2013 du 17 décembre 2013 portant organisation commune des marchés des produits agricoles sans modification importante du fond du droit applicable à ces groupements. Le législateur distingue les organisations de producteurs et associations d'organisations de producteurs constituées pour les produits sous organisation de marché et les autres. ❑

CHAPITRE I ORGANISATIONS DE PRODUCTEURS ET ASSOCIATIONS D'ORGANISATIONS DE PRODUCTEURS RECONNUES DANS LES SECTEURS COUVERTS PAR L'ORGANISATION COMMUNE DES MARCHÉS DES PRODUITS AGRICOLES

(Ord. n° 2015-1248 du 7 oct. 2015, art. 1er-I)

L'Ord. n° 2015-1248 du 7 oct. 2015 portant adaptation du code rural et de la pêche maritime au droit de l'Union européenne est ratifiée par la L. n° 2023-171 du 9 mars 2023, art. 39-5°.

COMMENTAIRE

Les organisations de producteurs ne constituent pas une catégorie autonome de personnes morales. Il s'agit de groupes constitués à l'initiative de producteurs sous diverses formes juridiques, et qui, sous réserve de prévoir des disciplines applicables à leurs membres pour la production et la mise en marché, et à condition de justifier d'une activité économique suffisante, peuvent faire l'objet d'une reconnaissance administrative qui leur confère la qualité d'organisation de producteurs. La loi d'orientation agricole du 5 janvier 2006 a imposé que les groupements soient désormais des structures à vocation économique réelle pour pouvoir être reconnus organisations de producteurs. C'est pourquoi les syndicats ne peuvent plus être admis alors que les coopératives, unions de coopératives, SA, SARL, SAS et groupements d'intérêt économique peuvent être reconnus organisations de producteurs.

En principe, les statuts prévoient que les membres de la structure lui transfèrent la propriété de tout ou partie de leur production. Par exception, la reconnaissance peut être admise s'il est établi que la structure donne aux producteurs les moyens concrets de la commercialisation de leur production, ou si elle y procède pour eux par mandat.

L'appréciation de l'activité économique suffisante s'effectue selon chaque secteur d'activité et fait l'objet de dispositions distinctes (V. art. D. 551-1 et s.). Le décret n° 2018-313 du 27 avril 2018 a modifié la partie réglementaire du code pour la mettre en conformité avec le règlement 1308/2013 du 17 décembre 2013 après sa modification par le règlement 2017/2393 du 13 décembre 2017 qui a renforcé l'action des organisations de producteurs en la sécurisant, afin d'améliorer la situation des agriculteurs dans la chaîne d'approvisionnement. ❑

Art. L. 551-1 L'autorité administrative reconnaît les organisations de producteurs et les associations d'organisations de producteurs dans les secteurs couverts par le règlement portant organisation commune des marchés des produits agricoles dans les conditions prévues par celui-ci.

COMMENTAIRE

Pour la constitution d'organisations de producteurs relevant d'un règlement européen, les États membres se voient reconnaître une compétence liée puisque la Cour de justice des Communautés européennes avait jugé que la reconnaissance devait être accordée au groupement remplissant les conditions posées dans le règlement (V. CJCE 28 mars 1985, *Commission c/ République italienne*, n° C-272/83 : *Rec. CJCE 1067*).

L'appréciation des critères d'activité pour la reconnaissance de chaque organisation renvoie aux dispositions spécifiques prévues par produits dans la partie réglementaire du code rural, modifiée sur ce point par les décrets n° 2018-313 du 27 avril 2018 relatif aux organisations de producteurs, aux associations d'organisations de producteurs et aux groupements de producteurs et n° 2020-717 du 11 juin 2020 relatif aux missions des organisations de producteurs et associations d'organisations de producteurs. ❑

1. Reconnaissance. Une organisation de producteurs peut externaliser ses tâches et les confier à des tiers à condition d'assurer le contrôle des activités externalisées. • CJUE 19 déc. 2013, n° C-500/11 : *Europe 2014. 78 ; AJDA 2014. 336, obs. Aubert, Broussy et Cassagnabère*. ♦ L'externalisation d'une de ses activités par une organisation de producteurs suppose que la solution soit appropriée pour atteindre l'objectif de l'OP, qu'un accord commercial soit conclu et que l'OP reste responsable de l'exercice de l'activité, du contrôle de gestion global et de la surveillance de l'accord commercial. • Trib. UE, 10 déc. 2015, n° T-563/13 : *RD rur. 2016, n° 115, note Gadbin.*

2. L'arrêté du ministre de l'Agriculture, retirant à un syndicat la reconnaissance d'organisation de producteurs, doit être annulé au motif que l'irrespect du règlement européen prévoyant l'OCM n'est pas établi, ni quant à l'organisation de la mise en marché, ni quant au fonctionnement démocratique de l'organisation. • TA Montpellier, 14 mars 2001, *Synd. de producteurs de fruits et légumes Roussillon-Méditerranée : RD rur. 2002. 569, concl. Sellès.*

3. L'autorité nationale en charge de la reconnaissance de l'organisation de producteurs doit vérifier que les producteurs contrôlent effectivement leur organisation et les décisions prises, non seulement par les statuts mais aussi notamment au regard des affiliations des non producteurs, de leur influence déterminante, de l'exercice de la direction de confédérations par les membres producteurs. • CJUE 15 juin 2023, n° C-183/22 : *RD rur. 2023. Étude 23, note Gadbin.*

Art. L. 551-2 Les organisations de producteurs reconnues et les associations d'organisations de producteurs reconnues peuvent demander à l'autorité administrative que les règles qu'elles adoptent soient rendues obligatoires pour les opérateurs non membres de ces organisations ou associations dans les conditions prévues par le règlement portant organisation commune des marchés des produits agricoles.

Ces règles peuvent être étendues par l'autorité administrative dans les conditions prévues par le règlement portant organisation commune des marchés des produits agricoles.

Les États ont le droit d'étendre des dispositions de décisions arrêtées dans le cadre d'OP plus strictes que les réglementations de l'Union européenne ou que les normes adoptées par la Commission économique des Nations Unies pour l'Europe, sauf irrespect du droit de l'Union européenne (procédure, organisation de marché, concurrence). • CJUE 29 juin 2023, nos C-501/22 et C-504/22 : *RD rur. 2023, n° 109, note Gadbin.*

Art. L. 551-3 **Dans les conditions prévues à l'article 165 du règlement (UE) n° 1308/2013 du Parlement européen et du Conseil du 17 décembre 2013 portant organisation commune des marchés des produits agricoles et abrogeant les règlements (CEE) n° 922/72, (CEE) n° 234/79, (CE) n° 1037/2001 et (CE) n° 1234/2007 du Conseil, l'autorité administrative peut décider que les opérateurs économiques individuels ou les groupes d'opérateurs non membres d'une organisation de producteurs ou d'une association d'organisations de producteurs sont redevables à l'organisation des contributions financières mentionnées à ce même article.**

1. Compétence. Le ministre de l'Agriculture n'a pas la compétence pour déterminer conjointement avec le ministre chargé de l'économie, d'une part, l'association d'organisations de producteurs habilitée à prélever ces cotisations obligatoires et, d'autre part, l'autorité compétente pour en arrêter, chaque année, le montant. • CE 4 oct. 2013, n° 355299 : *Gaz. Pal. 16-17 oct. 2013.*

2. Assiette. Sont illégaux les arrêtés autorisant l'association d'organisations de producteurs à percevoir des cotisations assises sur le volume de production par application d'un taux exprimé en euros par tonne alors que les cotisations ne peuvent être assises que sur la valeur des produits ou la superficie ou les deux. • CE 9 avr. 2014, n° 369342.

3. Non-adhérents. Les non-adhérents à une organisation de producteurs ne peuvent être rendus redevables des cotisations versées par les adhérents s'ils sont dans une situation objectivement différente de celle des producteurs adhérents, c'est-à-dire lorsque les règles de l'organisation ne trouvent pas ou ne trouvent que marginalement à s'appliquer auxdits produits. • CJCE 29 janv. 2004, n° C-381/02 : *Rec. CJCE I-1251.*

4. L'extension que les États membres peuvent conférer aux accords, décisions et pratiques d'une organisation de producteurs, association d'organisations de producteurs reconnue représentative d'un produit n'est pas limitée aux seuls producteurs. • Civ. 1re, 27 juin 2018, n° 17-13.760 P : *DP entr. agric., Bull. n° 522, p. 17, note Mambrini ; Gaz. Pal. 2018. 2229.*

5. Illégalité. Est mal fondée l'organisation de producteurs qui demande à des producteurs non affiliés de payer des cotisations lorsque celles-ci sont illégales dans la mesure où elles servent à financer des activités incompatibles avec le droit communautaire, la juridiction nationale devant apprécier quelle partie de la contribution sert à financer de telles activités. • Com. 23 oct. 2001 : *Bull. civ. IV, n° 174 ; RD rur. 2001. 578 ; ibid. 2002. 113 ; Gaz. Pal. 19-20 déc. 2001. 25.* ♦ Est bien fondé le juge qui écarte les dispositions de l'art. 13-V de la loi du 13 oct. 2014 qui valide les cotisations mises en recouvrement auprès des non-membres par des organisations professionnelles reconnues dans le secteur des fruits et légumes au titre de campagnes antérieures à 2014, alors que les arrêtés du 27 déc. 2013 rendant obligatoires ces cotisations pour les producteurs non membres ont été jugés illégaux par les juridictions administratives. • Civ. 1re, 27 juin 2018, n° 17-21.850 P : *D. 2018. 1388.*

CHAPITRE II ORGANISATIONS DE PRODUCTEURS ET ASSOCIATIONS D'ORGANISATIONS DE PRODUCTEURS RECONNUES DANS LES SECTEURS NON COUVERTS PAR L'ORGANISATION COMMUNE DES MARCHÉS DES PRODUITS AGRICOLES

(Ord. n° 2015-1248 du 7 oct. 2015, art. 1er-I)

Art. L. 552-1 **Dans une zone déterminée, les sociétés coopératives agricoles et leurs unions, les sociétés d'intérêt collectif agricole, les associations entre producteurs agricoles régies par les dispositions de la loi du 1er juillet 1901 relative au contrat d'association, les sociétés commerciales et les groupements d'intérêt économique régis par les dispositions du livre II du code de commerce, lorsqu'ils ont pour objet de maîtriser durablement la valorisation de la production agricole ou forestière de leurs membres, associés ou actionnaires, de renforcer l'organisation commerciale des producteurs, d'organiser et de pérenniser la production sur un territoire déterminé, peuvent être reconnus par l'autorité administrative comme organisations de producteurs si :**

1° Dans le cadre de leur compétence et de leurs pouvoirs légaux, ils édictent des règles destinées à :

– adapter la production à la demande des marchés, en quantité et en qualité, en respectant des cahiers des charges et en établissant des relations contractuelles avec leurs partenaires de la filière ;

– instaurer une transparence des transactions et régulariser les cours ;

– mettre en œuvre la traçabilité ;

– promouvoir des méthodes de production respectueuses de l'environnement ;

2° Ils couvrent un secteur ou des secteurs complémentaires de produits agricoles ou forestiers précisés par décret ;

3° Ils justifient d'une activité économique suffisante au regard de la concentration des opérateurs sur les marchés ;

4° Leurs statuts prévoient que tout ou partie de la production de leurs membres, associés ou actionnaires leur est cédé en vue de sa commercialisation.

Des organismes dont les statuts ne satisfont pas à la condition prévue au 4° peuvent être reconnus comme organisations de producteurs s'ils mettent à la disposition de leurs membres les moyens humains, matériels ou techniques nécessaires à la commercialisation de la production de ceux-ci.

Art. L. 552-2 Au vu du bilan mentionné à l'article L. 553-5 et après consultation du Conseil supérieur d'orientation et de coordination de l'économie agricole et alimentaire, le décret mentionné au I de l'article L. 553-1 peut écarter la possibilité de reconnaître des organisations de producteurs pour certains secteurs. Il précise dans ce cas le délai dont disposent les organisations de producteurs reconnues pour mettre leurs statuts en conformité avec le 4° de l'article L. 552-1.

Art. L. 552-3 L'autorité administrative peut suspendre ou retirer la reconnaissance octroyée lorsqu'elle constate que les conditions de cette reconnaissance ne sont plus satisfaites, ou que la gestion technique ou financière est défectueuse, ou que les règlements sur le commerce, la qualité des produits et la police sanitaire ne sont pas respectés.

Art. L. 552-4 Peuvent également être reconnues par l'autorité administrative des associations d'organisations de producteurs constituées, sous l'une des formes juridiques mentionnées à l'article L. 552-1, à l'initiative d'organisations de producteurs reconnues.

Les associations d'organisations de producteurs peuvent exercer toute activité d'une organisation de producteurs et, notamment, prendre des mesures d'adaptation de la production au marché.

Les conditions dans lesquelles les activités des organisations de producteurs peuvent être déléguées aux associations de producteurs sont fixées par décret.

CHAPITRE III DISPOSITIONS COMMUNES

(Ord. n° 2015-1248 du 7 oct. 2015, art. 1er-I)

Art. L. 553-1 I. – Les conditions d'attribution, de suspension et de retrait de la reconnaissance d'une organisation de producteurs ou d'une association d'organisations de producteurs sont fixées par décret.

Le Conseil supérieur d'orientation et de coordination de l'économie agricole et alimentaire mentionné à l'article L. 611-1 est consulté sur les décisions d'attribution, de suspension et de retrait de la reconnaissance d'une organisation de producteurs ou d'une association d'organisations de producteurs.

II. – Ce décret détermine les seuils, en nombre minimal de membres et/ou en volume ou valeur minimale de production commercialisable, au-delà desquels l'activité d'une organisation de producteurs est considérée comme suffisante dans sa zone d'activité. Ces seuils sont revus tous les cinq ans.

Ce décret fixe également les délais d'adaptation consentis aux organisations de producteurs reconnues dont il serait constaté qu'elles ne respectent plus ces seuils.

1. Compétence. Les tribunaux judiciaires sont compétents pour le contentieux du fonctionnement des organisations de producteurs. • CE 3 juill. 1987, n° 75567 A.

2. Est illégale, car fixant une règle nouvelle, la circulaire ministérielle qui prévoit que ne peuvent être reconnus comme organisations de producteurs que les groupes dont les statuts comportent une organisation selon deux niveaux d'engagements des producteurs et justifiant d'un taux de pénétration représentant au moins 10 % des animaux commercialisés dans leur zone, même si le ministre indique qu'il se réserve la possibilité d'accorder exceptionnellement la reconnaissance à des organisations ne remplissant pas les deux critères. • CE 30 avr. 2003, n° 242637 : *RD rur. 2004. 43.*

3. Discipline de production. En application du règlement intérieur, le conseil d'administration d'une union de producteurs peut décider d'appliquer un prix distinct selon le mode de récolte, s'agissant d'un moyen de contrôle de la qualité des produits mis sur le marché et non d'une sanction. • Civ. 1re, 18 juill. 2000, n° 98-17.944 : *RD rur. 2002. 489, note Martine.*

Art. L. 553-2 Des opérateurs, autres que des organisations de producteurs, peuvent adhérer volontairement aux associations d'organisations de producteurs reconnues dans des conditions prévues par décret.

Une organisation de producteurs adhère à une association d'organisations de producteurs pour un produit, un groupe de produits ou une catégorie de produits.

Art. L. 553-3 Les organisations de producteurs reconnues peuvent, si elles bénéficient d'un mandat délivré à cette fin, assurer en justice la défense des droits qu'un ou plusieurs de leurs membres tirent d'un contrat de vente de produits agricoles. Une organisation de producteurs peut agir en justice dans l'intérêt de plusieurs de ses membres pour les litiges mettant en cause un même acheteur et portant sur l'application d'une même clause. Elle peut également, dans les mêmes conditions, les représenter dans le cadre d'une procédure de médiation.

Art. L. 553-4 Les producteurs organisés peuvent bénéficier de priorités dans l'attribution de l'aide que l'État peut apporter pour l'organisation de la production et des marchés, en conformité avec les règles de l'Union européenne. Les aides décidées sont modulées en fonction du degré d'organisation et des engagements des producteurs. Les organisations de producteurs reconnus bénéficient également, à soumission égale, d'un droit de préférence dans les marchés par adjudication ou appel d'offres de l'État, des collectivités locales ou de leurs établissements publics.

Les producteurs organisés peuvent également bénéficier de majorations dans l'attribution des aides publiques à l'investissement dont les objectifs correspondent à ceux poursuivis par l'organisation.

Les dispositions relatives aux marchés publics sont également applicables aux organisations de producteurs agricoles ressortissant des États membres de l'Union européenne présentant des caractéristiques comparables.

Art. L. 553-5 Lorsqu'elle réalise la commercialisation de la totalité ou d'une partie des produits de ses membres, sans transfert de propriété, l'organisation de producteurs procède à cette commercialisation dans le cadre d'un mandat.

Un bilan de l'organisation économique de la production et de l'efficacité des différents modes de commercialisation peut être effectué au regard, notamment, de leur contribution au revenu des producteurs et de leur sécurité juridique vis-à-vis des règles de concurrence.

1. Le Conseil de la concurrence a émis un avis favorable aux associations d'organisations de producteurs de commercialisation aptes à concentrer l'offre à condition qu'elles ne soient pas en position dominante ni sous statut d'association pour exercer leur activité commerciale. Le Conseil a indiqué que les AOP de gouvernance, qui doivent agir pour mieux ajuster l'offre à la demande et prévenir les crises sans commercialiser les produits, ne devraient en aucun cas fixer les prix. Le Conseil indique qu'au contentieux il vérifierait si les pratiques sont autorisées par l'OCM et si les conditions d'exemption de droit commun sont réunies. • Cons. conc. 7 mai 2008, avis n° 08-A-07 : *CCC 2008, n° 183, note Decocq.* ♦ Si l'action des OP et AOP bénéficie d'une dérogation à l'interdiction des ententes prévue à l'art. 101, §1, du TFUE, il n'existe pas de dérogation à l'art. 102 qui sanctionne les abus de position dominante : les OP et AOP reconnues qui seraient dans une telle position doivent être vigilantes. • Aut. conc., avis n° 18-A-04 du 3 mai 2018 : *Gaz. Pal. 2018. 2801, note Deshayes-Courades.*

2. Entente. Condamnation d'une entente entre organisations de producteurs dans le secteur de l'endive. • Aut. conc., décis. n° 12-D-08 du 6 mars 2012 : *CCC 2012. 131, note Bosco ; Lamy Concurrence 2012, n° 32, p. 20, note Selinsky ; JCP E 2012. Actu. 176.* ♦ Infirmée au motif que les pratiques contestées constituaient des dérogations autorisées pendant la période visée. • Paris, 15 mai 2014 : *CCC 2014. Alerte 39, note Wilhem, et n° 168, note Bosco ; DP entr. agric., Bull. n° 475/476, p. 22, note Mambrini.* ♦ Questions préjudicielles à la CJUE pour savoir si les accords, décisions ou pratiques d'organisations de producteurs qui pourraient apparaître anticoncurrentiels peuvent échapper à la prohibition des ententes du seul fait qu'ils pourraient être rattachés aux missions dévolues à ces organisations. • Com. 8 déc. 2015, n° 14-19.589 P : *RD rur. 2016, n° 50, note Bombardier ; Gaz. Pal. 2016. 1756, note Courades ; CCC 2016, n° 46, note Decocq.* ♦ Des pratiques portant sur une concertation relative aux prix ou aux quantités mises sur le marché peuvent être soustraites à l'interdiction des ententes, à l'exclusion des pratiques portant sur la fixation collective de prix minima de vente, lorsqu'elles sont convenues entre membres d'une même organisation de producteurs reconnue dans un même État membre et qu'elles sont strictement nécessaires à la poursuite d'objectifs assignés à ces organismes. • CJUE 14 nov. 2017, *APVE, CERAFEL*, n° C-671/15 (question préjudicielle) : *JCP 2017. 1291 ; DP entr. agric., Bull. n° 513, p. 11, note Bouvier ; CCC 2017. Repère 11, note Bosco, et Alerte 7 ; RD rur. 2018. Étude 1, note Bombardier ; Europe 2018, n° 17, note Idot ; CCC 2018, n° 15, note Decocq ; Gaz. Pal. 2018. 1529, note Deshayes-Courades.* ♦ Est mal fondée la cour qui décide que les pratiques en cause pouvaient être soustraites à l'application des art. 101 du TFUE et L. 420-1 C. com. sans rechercher si les conditions d'une telle soustraction à l'interdiction des ententes étaient réunies. • Com. 12 sept. 2018, n° 14-19.589 P : *D. 2018. 1804 ; JCP 2018. 1113, note Gury et Steinberg ; DP entr. agric., Bull. n° 522, p. 17, note Mambrini ; CCC 2018. 203, note Decocq ; Gaz. Pal. 2018. 2802, note Deshayes-Courades.* ♦ Confirmant l'existence d'une entente, unique, complexe et continue, la cour a réduit le montant des sanctions notamment du fait d'un doute raisonnable et légitime sur le caractère illicite des pratiques au regard des règles de la concurrence. • Paris, 1er juill. 2021, n° 19/0059.

Art. L. 553-6 **Pour le contrôle du respect, par les organisations de producteurs et les associations d'organisations de producteurs, des règles fixées en application du présent titre ou de la réglementation européenne, les agents habilités à constater les manquements à ces règles ont accès aux locaux, installations et lieux à usage professionnel, à l'exclusion des locaux et parties de locaux à usage d'habitation, entre 8 heures et 20 heures, ou, en dehors de ces heures, lorsque l'accès au public est autorisé ou qu'une activité est en cours. Lorsque l'accès des locaux mentionnés au présent alinéa est refusé aux agents, ou lorsque les locaux comprennent des parties à usage d'habitation, l'accès peut être autorisé par ordonnance du juge des libertés et de la détention dans les formes et conditions prescrites à l'article L. 206-1.**

Ils peuvent, sur place ou sur convocation, prendre copie de tous documents professionnels, quel qu'en soit le support, et recueillir les observations de toute personne présente susceptible d'apporter des éléments utiles à l'accomplissement de leurs missions.

Remboursement d'aides illégales. Le remboursement d'aides d'État illégales versées aux producteurs par l'intermédiaire des organisations de producteurs doit peser sur les producteurs et non sur l'organisation de producteurs, sauf à démontrer sa répercussion sur les producteurs. • CJUE 12 févr. 2015, *Commission c/ France*, n° C-37/14 : *RD rur. 2015, n° 196, note Gadbin.*

CHAPITRE IV GROUPEMENTS DE PRODUCTEURS

(Ord. n° 2015-1248 du 7 oct. 2015, art. 1er-I)

Art. L. 554-1 **Pour l'application de l'article 27 du règlement (UE) n° 1305/2013 du 17 décembre 2013 relatif au soutien au développement rural par le Fonds européen agricole pour le développement rural (Feader) et abrogeant le règlement (CE) n° 1698/2005 du Conseil, des groupements de producteurs qui ne satisfont pas aux conditions de leur reconnaissance en qualité d'organisation de producteurs peuvent être reconnus par l'autorité compétente dans des conditions fixées par décret.** — *Le Règl. (UE) 1305/2013 est abrogé, avec effet au 1er janv. 2023, par le Règl. (UE) 2021/2115 du 2 déc. 2021 établissant des règles régissant l'aide aux plans stratégiques devant être établis par les États membres dans le cadre de la politique agricole commune (plans stratégiques relevant de la PAC) et financés par le Fonds européen agricole de garantie (FEAGA) et par le Fonds européen agricole pour le développement rural (Feader).*

TITRE VI JARDINS FAMILIAUX

COMMENTAIRE

L'abbé Lemire, défenseur du « terrianisme », a milité pour la reconnaissance du droit des familles à jouir d'un lopin de terre cultivable. Cette action a donné naissance aux « ligues du coin de terre et du foyer » dont sont issues des associations qui ont encore actuellement pour objet la recherche, l'attribution et éventuellement l'aménagement de parcelles à des personnes qui en assurent la culture. Elles sont aujourd'hui déclarées ou reconnues d'utilité publique. Il est précisé que cette pratique doit être menée dans un but d'autosubsistance. Il ne s'agit ni de jardins d'agrément, ni de parcelles dont les produits pourraient être cédés à titre onéreux. Cette mission sociale étant reconnue d'intérêt général, elle justifie l'attribution d'aides publiques ; de plus, la SAFER et les collectivités publiques sont admises à exercer leur droit de préemption pour la constitution de tels jardins. Enfin, il existe des règles exceptionnelles pour la réparation du préjudice né d'une expropriation de terrains exploités comme jardins familiaux. Ces associations donnent à bail ces parcelles selon le régime de l'article L. 471-1 du code rural. ❑

CHAPITRE I CONSTITUTION

Art. L. 561-1 **Les associations de jardins ouvriers, qui ont pour but de rechercher, aménager et répartir des terrains pour mettre à la disposition du chef de famille, comme tel, en dehors de toute autre considération, les parcelles de terre que leurs exploitants cultivent personnellement, en vue de subvenir aux besoins de leur foyer, à l'exclusion de tout usage commercial, doivent se constituer sous la forme d'associations déclarées ou reconnues d'utilité publique conformément à la loi du 1er juillet 1901.**

Art. L. 561-2 **Les associations ou sociétés qui ont pour but de grouper les exploitants de jardins familiaux pour faciliter l'exploitation de ceux-ci et de favoriser par une propagande éducative le développement des jardins familiaux doivent se constituer sous la forme d'association déclarée, conformément à la loi du 1er juillet 1901.**

CHAPITRE II PRÉEMPTION DE TERRAINS DESTINÉS À LA CRÉATION OU À LA PROTECTION DE JARDINS FAMILIAUX

SECTION 1 Droit de préemption des sociétés d'aménagement foncier et d'établissement rural (SAFER)

Art. L. 562-1 **Les sociétés d'aménagement foncier et d'établissement rural (SAFER) peuvent exercer, à la demande d'un des organismes de jardins familiaux mentionnés aux articles L. 561-1 et L. 561-2 et dans les conditions définies à l'article 7 modifié de la loi n° 62-933 du 8 août 1962** *[C. rur., art. L. 143-1 s.]*, **leur droit de préemption en vue de l'acquisition de terrains destinés à la création ou à l'aménagement de jardins familiaux.**

V. art. R. 562-1.

SECTION 2 Droit de préemption des collectivités locales

Art. L. 562-2 **A la demande des organismes de jardins familiaux, les collectivités locales ou leurs groupements ayant compétence en matière d'urbanisme peuvent également exercer pour le même objet leur droit de préemption, conformément aux dispositions en vigueur du code de l'urbanisme.** — *V. art. R. 562-2 s.*

CHAPITRE III RÉTABLISSEMENT DE JARDINS FAMILIAUX AYANT FAIT L'OBJET D'UNE EXPROPRIATION OU D'UNE CESSION AMIABLE EN VERTU D'UNE DÉCLARATION D'UTILITÉ PUBLIQUE

Art. L. 563-1 **En cas d'expropriation ou de cession amiable, dans le cadre d'une opération déclarée d'utilité publique, de terrains exploités comme jardins familiaux, les associations ou les exploitants évincés membres de ces associations pourront, s'ils le souhaitent, obtenir de l'expropriant qu'il mette à leur disposition des terrains équivalents en surface et en équipements, sans préjudice des indemnités dues pour les frais de réaménagement.** — *V. art. R. 563-1 s.*

CHAPITRE IV AVANTAGES ET SUBVENTIONS

Art. L. 564-1 Des décrets en Conseil d'État règlent les modalités d'application des articles L. 562-1, L. 562-2 et L. 563-1 *(Ord. nº 2010-461 du 6 mai 2010, art. 2-III)* « . Toutefois, sont fixées par décret » *(L. nº 95-101 du 2 févr. 1995)* « les normes auxquelles les jardins familiaux doivent satisfaire » au regard de la protection de l'environnement et de la qualité de la vie afin de pouvoir prétendre aux subventions de l'État destinées soit à l'acquisition de leur emprise, soit à leur aménagement. — *V. art. R. 564-3.*

Art. L. 564-2 Un même organisme de jardins familiaux, dans la mesure où son objet social correspond à plusieurs des buts définis aux articles L. 561-1 et L. 561-2, peut cumuler les avantages prévus à *(L. nº 95-101 du 2 févr. 1995)* « l'article L. 471-6 du code rural et de la pêche maritime » avec ceux prévus au code général des impôts et par des dispositions réglementaires. — *V. CGI, art. 208-5º, 1052-II, 1394-6º, 1461-5º.* — ***CGI.***

Art. L. 564-3 *(L. nº 95-101 du 2 févr. 1995)* Les organismes de jardins familiaux définis à l'article L. 561-1 peuvent bénéficier de subventions d'investissement ou de subventions annuelles de fonctionnement de la part de l'État, des collectivités locales ou de leurs groupements.

TITRE VII DISPOSITIONS RELATIVES À L'OUTRE-MER

(Ord. nº 2016-391 du 31 mars 2016, art. 7, en vigueur le 1er juill. 2016, ratifiée par L. nº 2017-256 du 28 févr. 2017, art. 102)

CHAPITRE I GUADELOUPE, GUYANE, MARTINIQUE, LA RÉUNION ET MAYOTTE

(Ord. nº 2016-391 du 31 mars 2016, art. 7, en vigueur le 1er juill. 2016)

SECTION 1 Champ d'application et références

Art. L. 571-1 Les dispositions du présent livre s'appliquent en Guadeloupe, en Guyane, en Martinique, à La Réunion et à Mayotte sous réserve des exceptions et adaptations prévues au présent chapitre.

SECTION 2 Dispositions générales

Art. L. 571-2 En Guadeloupe, en Guyane, en Martinique *(Ord. nº 2022-584 du 20 avr. 2022, art. 2)* « , à La Réunion et à Mayotte, » un contrat d'objectifs et de performance est établi entre la chambre d'agriculture, l'État, et les collectivités territoriales concourant au financement de la réalisation des objectifs de ce contrat. La périodicité, les modalités d'élaboration et le champ d'application des contrats d'objectifs et de performance sont fixés par décret.

Ce contrat d'objectifs et de performance vise notamment à décliner les orientations du plan régional de l'agriculture durable définies à l'article L. 181-8 ainsi que celles fixées en ce domaine par le schéma d'aménagement régional. Il vise également à promouvoir l'accompagnement et le suivi des groupements d'intérêt économique et environnemental. Il est soumis pour avis au comité mentionné à l'article L. 181-9.

Art. L. 571-3 Pour l'application en Guyane de l'article L. 562-1, la référence à la société d'aménagement foncier et d'établissement rural est remplacée par la référence à l'opérateur foncier mentionné à l'article L. 181-39.

SECTION 3 Dispositions particulières à Mayotte

(Ord. nº 2022-584 du 20 avr. 2022, art. 2)

Art. L. 571-4 Pour l'application du présent livre à Mayotte :

1º Les références à la région, au conseil régional et à son président sont remplacées par les références au département de Mayotte, au conseil départemental et à son président ;

2° Les références à la chambre d'agriculture et à la chambre départementale d'agriculture sont remplacées par les références à la chambre de l'agriculture, de la pêche et de l'aquaculture de Mayotte.

Art. L. 571-5 A Mayotte, une chambre de l'agriculture, de la pêche et de l'aquaculture constitue, auprès de l'État ainsi que des collectivités territoriales et des établissements publics qui leur sont rattachés, l'organe consultatif, représentatif et professionnel des intérêts de l'agriculture, de la pêche et de l'aquaculture.

Art. L. 571-6 La chambre de l'agriculture, de la pêche et de l'aquaculture de Mayotte est un établissement public placé sous la tutelle de l'État et administré par des élus représentant les activités agricoles, de la pêche et de l'aquaculture et les groupements professionnels agricoles, de la pêche et de l'aquaculture.

Art. L. 571-7 Pour l'application des articles L. 511-3 et L. 511-4 à Mayotte, la chambre de l'agriculture, de la pêche et de l'aquaculture de Mayotte exerce les compétences des chambres départementales d'agriculture également dans les secteurs de la pêche et de l'aquaculture.

Le huitième alinéa de l'article L. 511-3 n'est pas applicable à Mayotte.

Art. L. 571-8 La chambre de l'agriculture, de la pêche et de l'aquaculture de Mayotte n'exerce pas la mission relative à l'identification animale prévue à l'article L. 653-12.

Art. L. 571-9 La chambre de l'agriculture, de la pêche et de l'aquaculture de Mayotte peut faire partie d'associations, de syndicats et, généralement, de tous groupements à but non lucratif ayant un objet agricole, de pêche ou d'aquaculture, dans la mesure où les dispositions législatives et réglementaires applicables à ces organismes le permettent.

Elle ne peut créer ou subventionner des établissements, institutions, services d'utilité agricole ou entreprises collectives d'intérêt agricole, halieutique ou aquacole.

Art. L. 571-10 Pour l'application des deux premiers alinéas de l'article L. 514-2, la compétence de la chambre de l'agriculture, de la pêche et de l'aquaculture de Mayotte ne s'exerce pas dans le domaine forestier.

Art. L. 571-11 *Abrogé par Ord. n° 2017-1491 du 25 oct. 2017, art. 24-3°.*

Art. L. 571-12 *Abrogé par Ord. n° 2022-584 du 20 avr. 2022, art. 2.*

CHAPITRE II SAINT-BARTHÉLEMY

(Ord. n° 2016-391 du 31 mars 2016, art. 7, en vigueur le 1er juill. 2016)

Art. L. 572-1 Les dispositions du présent livre s'appliquent à Saint-Barthélemy sous réserve des exceptions et adaptations prévues au présent chapitre.

Art. L. 572-2 Pour l'application du présent code à Saint-Barthélemy, les missions consultatives dévolues aux chambres d'agriculture sont exercées par la chambre économique multiprofessionnelle de Saint-Barthélemy. Des missions autres que consultatives peuvent lui être confiées par l'État dans les conditions fixées à l'article L. 960-2 du code de commerce.

Art. L. 572-3 Le titre V n'est pas applicable à Saint-Barthélemy.

CHAPITRE III SAINT-MARTIN

(Ord. n° 2016-391 du 31 mars 2016, art. 7, en vigueur le 1er juill. 2016)

Art. L. 573-1 Les dispositions du présent livre s'appliquent à Saint-Martin sous réserve des exceptions et adaptations prévues au présent chapitre.

Art. L. 573-2 Pour l'application du présent code à Saint-Martin, les missions consultatives dévolues aux chambres d'agriculture sont exercées par la chambre consulaire interprofessionnelle de Saint-Martin. Des missions autres que consultatives peuvent lui être confiées par l'État dans les conditions fixées à l'article L. 960-2 du code de commerce.

CHAPITRE IV SAINT-PIERRE-ET-MIQUELON

(Ord. nº 2016-391 du 31 mars 2016, art. 7, en vigueur le 1er juill. 2016)

Art. L. 574-1 Les dispositions du présent livre s'appliquent à Saint-Pierre-et-Miquelon sous réserve des exceptions et adaptations prévues au présent chapitre.

Art. L. 574-2 Pour l'application du présent code à Saint-Pierre-et-Miquelon, les attributions dévolues outre-mer aux chambres d'agriculture sont exercées par la chambre d'agriculture, de commerce, d'industrie, de métiers et de l'artisanat de Saint-Pierre-et-Miquelon, conformément aux dispositions des articles L. 917-1 à L. 917-5 du code de commerce.

Art. L. 574-3 Le titre V n'est pas applicable à Saint-Pierre-et-Miquelon.

CHAPITRE V WALLIS-ET-FUTUNA, POLYNÉSIE FRANÇAISE ET NOUVELLE-CALÉDONIE

(Ord. nº 2016-391 du 31 mars 2016, art. 7, en vigueur le 1er juill. 2016)

Les art. L. 582-1 à L. 582-12 et L. 582-13 à L. 582-17, L. 583-1 à L. 583-5, dans leur rédaction en vigueur antérieurement à la publication de l'Ord. nº 2016-391 du 31 mars 2016, sont maintenus en vigueur en tant que la compétence pour les modifier relève de la Nouvelle-Calédonie (Ord. préc., art. 19, JO 1er avr.).

Art. L. 575-1 Les dispositions du présent livre ne sont pas applicables dans les îles Wallis-et-Futuna, en Polynésie française et en Nouvelle-Calédonie.

LIVRE VI PRODUCTION ET MARCHÉS

(L. n° 98-565 du 8 juill. 1998)

Le livre VI du code rural et de la pêche maritime est applicable à Mayotte, sous réserve des dispositions du présent chapitre (Ord. n° 2012-789 du 31 mai 2012, art. 13, JO 1er juin).

BIBL. GÉN. ▶ BIANCHI, *RD rur. 2003. 168* (réglementation européenne de la commercialisation des produits agricoles). – ROCHARD, *RD rur. 2003. 159* (produit agricole et stratégie juridique de commercialisation).

COMMENTAIRE

Les pouvoirs publics participent à l'organisation des marchés agricoles. Ceci découle d'une préoccupation ancienne qui s'est imposée d'abord avec les difficultés nées des périodes de pénurie, mais qui a été confirmée lorsque sont apparus des déséquilibres créés par les situations excédentaires. L'agriculture est aujourd'hui un secteur où l'offre est particulièrement émiettée face aux entreprises agroalimentaires et surtout face aux centrales d'achat ; de plus, l'offre agricole peut connaître des variations importantes et subit en conséquence des variations de prix majeures. Il est donc apparu utile de prévoir des systèmes de régulation pour contenir les prix, préserver ainsi le pouvoir d'achat des citoyens mais aussi le potentiel productif de l'agriculture menacé par les crises successives. Aujourd'hui, les pouvoirs publics ont le souci d'améliorer le fonctionnement des marchés agricoles parce qu'il s'agit d'une condition majeure de l'équilibre économique de l'exploitation agricole dans le contexte d'ouverture du marché mondial. Ils s'attachent en même temps toujours davantage aux attentes des consommateurs, afin de répondre à des demandes qualitatives variées. Les pouvoirs publics s'emploient donc à permettre le déploiement d'interfaces efficaces entre les producteurs et les consommateurs ainsi qu'à trouver des organisations susceptibles d'assurer et de valoriser la sécurité des produits.

Il est clair que la volonté politique française en la matière doit s'accorder avec les mesures issues de la politique agricole commune dont les objectifs sont précisément d'accroître la productivité agricole, d'assurer un niveau de vie aux agriculteurs à parité avec les autres catégories sociales, de stabiliser les marchés, d'assurer la sécurité des approvisionnements, d'assurer des prix raisonnables de livraison aux consommateurs, objectifs qui ne peuvent plus être séparés de la volonté d'assurer la sécurité alimentaire. De plus, l'ouverture des marchés mondiaux pèse sur la mise en place de toute organisation des marchés et de toute régulation des produits.

Un ensemble de dispositions découle de cette volonté d'agir sur la production et les marchés. Il s'agit globalement de mieux adapter l'offre à la demande et d'éviter les variations de prix. Toutes les dispositions relatives à cette organisation ne sont cependant pas groupées dans le livre VI. En effet, ce sont parfois les seuls producteurs qui initient une régulation des marchés ; les dispositions concernant ces actions figurent au livre V où sont réglementées les coopératives, les organisations de producteurs, mais aussi les SICA et les SMIA qui contribuent à cette organisation dans le souci de protéger les intérêts agricoles. De plus, les contrats d'intégration qui participent à l'élaboration de cette régulation des rapports interprofessionnels figurent au livre III.

Le livre VI propose d'abord des systèmes de nature à organiser les marchés par l'intermédiaire des filières que Louis Lorvellec définissait comme « l'ensemble des opérateurs dont l'activité contribue à la transformation ou à l'écoulement d'un produit déterminé jusqu'au consommateur final et dont les intérêts sont interdépendants ». Les moyens d'action proposés sont variés et plus ou moins souples. Il existe en la matière une tradition de cogestion des professionnels et de l'État, mais dans des proportions distinctes selon les secteurs de production. En conséquence de cette réalité, différents systèmes sont proposés. Pour l'organisation du marché de certains produits, ce sont des systèmes où l'État est dominant qui s'imposent ; il en est ainsi tout particulièrement lorsque aucune organisation professionnelle n'a réussi à se mettre en place. Parfois, au contraire, l'organisation professionnelle est initiale et reste principale, avec appel à une participation de l'État pour garantir l'efficacité de son action sur tout un secteur d'activité.

Par ailleurs, le livre VI propose un ensemble de signes de qualité pour protéger et valoriser la production, mais aussi pour contribuer à mieux définir le marché.

Enfin le livre VI comporte un ensemble de dispositions concernant la production, ensemble de mesures quelque peu disparates et curieusement séparées des dispositions concernant l'élevage et la production végétale qui figurent au livre II. ❑

TITRE I DISPOSITIONS GÉNÉRALES

CHAPITRE I ORGANISATION GÉNÉRALE DE LA PRODUCTION ET DES MARCHÉS *(L. nº 2011-1978 du 28 déc. 2011, art. 59-III-1º).*

Art. L. 611-1 *(L. nº 99-574 du 9 juill. 1999 ; Ord. nº 2004-637 du 1er juill. 2004, art. 34-9 ; L. nº 2004-1343 du 9 déc. 2004, art. 78-XXXII)* « Un Conseil supérieur d'orientation et de coordination de l'économie agricole et alimentaire, composé de représentants des ministres intéressés *(L. nº 2014-1170 du 13 oct. 2014, art. 2-I)* « , de l'établissement mentionné à l'article L. 621-1, de l'établissement mentionné à l'article L. 681-3, des régions », de la production agricole, de la transformation et de la commercialisation des produits agricoles, de l'artisanat et du commerce indépendant de l'alimentation, des consommateurs et des associations agréées pour la protection de l'environnement, de la propriété agricole, des syndicats représentatifs des salariés des filières agricoles et alimentaires *(L. nº 2014-1170 du 13 oct. 2014, art. 2-I)* « et du Conseil national de la montagne », participe à la définition, à la coordination, à la mise en œuvre et à l'évaluation de la politique d'orientation des productions et d'organisation des marchés. »

(L. nº 2014-1170 du 13 oct. 2014, art. 2-I) « Le conseil est compétent pour l'ensemble des productions agricoles, agroalimentaires, halio-alimentaires, agro-industrielles et halio-industrielles. Lorsque les questions sur lesquelles il doit se prononcer ont une incidence sur les productions forestières, le Conseil supérieur de la forêt et du bois y est représenté à titre consultatif. Lorsque des questions relatives à la qualité agroalimentaire ou halio-alimentaire sont évoquées au sein du conseil, l'Institut national de l'origine et de la qualité y est représenté à titre consultatif. »

Indépendamment des attributions qui lui sont conférées par les dispositions législatives et réglementaires en vigueur, le conseil examine et peut rendre des avis sur :

1º Les orientations économiques de la politique agricole et agroalimentaire et les orientations relatives à l'utilisation non alimentaire des produits agricoles, notamment en matière d'investissements, de développement agricole et de commerce extérieur ;

2º Les orientations de la politique de qualité dans le domaine agroalimentaire et agro-industriel, notamment les orientations en matière de soutien financier, de protection et de promotion des signes de qualité ;

(L. nº 2014-1170 du 13 oct. 2014, art. 2-I) « 3º Les orientations, notamment celles issues de la concertation menée au sein de l'établissement mentionné à l'article L. 621-1 et au sein de l'établissement mentionné à l'article L. 681-3, » en matière d'organisation économique des producteurs, d'organisation interprofessionnelle et de relations contractuelles unissant la production à son aval ainsi que d'environnement économique au sein duquel évoluent les exploitations agricoles et les entreprises d'aval ;

(L. nº 2014-1170 du 13 oct. 2014, art. 2-I) « 4º » Les règles de mise en marché et de commercialisation lorsqu'elles sont définies par l'autorité administrative compétente. — *Les 4º et 6º sont abrogés ; les 5º et 7º deviennent, respectivement, les 3º et 4º (L. nº 2014-1170 du 13 oct. 2014, art. 2-I-3º, JO 14 oct.).*

(L. nº 2014-1170 du 13 oct. 2014, art. 2-I) « Dans l'objectif de triple performance économique, sociale et environnementale, le conseil veille notamment :

« *a)* A la cohérence de la politique d'adaptation des structures d'exploitation et des actions en faveur du développement rural avec la politique d'orientation des productions, qui résulte de la concertation menée au sein de l'établissement mentionné à l'article L. 621-1 et au sein de l'établissement mentionné à l'article L. 681-3 ;

« *b)* A la cohérence des actions économiques sectorielles conduites par ces établissements avec celles conduites par les organisations interprofessionnelles reconnues ;

« *c)* A la cohérence des actions menées en matière de recherche, d'expérimentation et de développement agricole, financées par le compte d'affectation spéciale "Développement agricole et rural". »

Dans l'exercice de ses compétences, le conseil tient compte de la nécessité d'un développement équilibré *(L. nº 2010-874 du 27 juill. 2010, art. 59-7º)* **« et durable » du territoire et du maintien de l'économie rurale et de l'emploi.**

Certaines attributions du conseil peuvent être exercées, dans les conditions fixées par décret, par des commissions techniques spécialisées comprenant pour partie des personnalités extérieures au conseil.

*2 **derniers al.** abrogés par L. nº 2014-1170 du 13 oct. 2014, art. 2-I. – [L. nº 80-502 du 4 août 1980, art. 4-I.] – Sur la composition du conseil, V. art. D. 611-1 s.*

Art. L. 611-2 **Un fonds de promotion des produits agricoles et alimentaires est créé en vue de promouvoir les exportations de produits agricoles et alimentaires, notamment par une meilleure connaissance des marchés extérieurs et une meilleure adaptation de l'offre aux besoins de ces marchés.**

Ce fonds est alimenté notamment par des cotisations professionnelles.

Un décret en Conseil d'État fixe les modalités de recouvrement et d'affectation de ces cotisations ; il les rend obligatoires, le cas échéant. *– V. art. R. 614-1 s.*

En cas de défaut de paiement des cotisations professionnelles rendues obligatoires, à l'expiration d'un délai de trois mois suivant la date de leur exigibilité, l'organisme chargé de la gestion du fonds de promotion peut, après avoir mis en demeure le redevable de régulariser sa situation, utiliser la procédure d'opposition prévue au 3° *[abrogé]* **de l'article 1143-2** *[ancien]. – [L. nº 80-502 du 4 août 1980, art. 9.]*

Art. L. 611-3 *Abrogé par L. nº 2011-525 du 17 mai 2011, art. 118-7º.*

Art. L. 611-4 *(Ord. nº 2000-550 du 15 juin 2000, art. 9-I ; L. nº 2005-157 du 23 févr. 2005, art. 35-I)* **La situation de crise conjoncturelle affectant ceux des produits figurant sur la liste prévue à l'article** *(Ord. nº 2019-698 du 3 juill. 2019, art. 8)* **« L. 443-2 » du code de commerce est constituée lorsque le prix de cession de ces produits par les producteurs ou leurs groupements reconnus est anormalement bas par rapport à la moyenne des prix observés lors des périodes correspondantes des cinq dernières campagnes, à l'exclusion des deux périodes au cours desquelles les prix ont été respectivement le plus bas et le plus élevé.** *– La liste prévue à l'art. L. 443-2 C. com. comprend les fruits et légumes, à l'exception des pommes de terre de conservation, destinés à être vendus à l'état frais au consommateur, les viandes fraîches, congelées ou surgelées de volailles et de lapins, les œufs, les miels (C. com., art. D. 443-2).*

Al. 2 et 3 abrogés par L. nº 2010-874 du 27 juill. 2010, art. 15-II. – V. désormais art. L. 611-4-1.

Un arrêté conjoint du ministre chargé de l'économie et du ministre chargé de l'agriculture précise, en fonction des différents produits concernés, les modalités d'application du présent article, notamment les modalités de détermination des prix anormalement bas et la durée pendant laquelle ces prix doivent être constatés pour que la crise soit constituée. *– V. Arr. du 24 mai 2005 fixant les modalités d'application de l'art. L. 611-4 (JO 25 mai), mod. par Arr. du 2 mai 2006 (JO 10 mai), Arr. du 26 avr. 2013 (JO 15 mai), Arr. du 4 juill. 2023 (JO 11 juill.).*

Engage la responsabilité de son auteur et l'oblige à réparer le préjudice causé le fait pour un acheteur de produits agricoles ou de denrées alimentaires de faire pratiquer par son fournisseur un prix de cession abusivement bas (C. com., art. L. 442-7, al. 1er). – ***C. com.***

Art. L. 611-4-1 *(L. nº 2010-874 du 27 juill. 2010, art. 15-II)* **Les personnes mentionnées au I de l'article 302 *bis* ZA du code général des impôts peuvent conclure chaque année avec l'État des accords de modération des marges de distribution des fruits et légumes frais.**

Ces personnes doivent, lorsqu'elles sont liées contractuellement à une centrale d'achat ou à une centrale de référencement ou associées à un groupement d'achat, mandater le responsable de cette centrale ou de ce groupement pour signer en leur nom les accords prévus au premier alinéa du présent article.

La marge de distribution visée au premier alinéa s'entend de la différence entre le prix de revente hors taxe au consommateur du produit et son prix d'achat hors taxe.

Ces accords, dont le contenu est précisé par décret en Conseil d'État, sont signés avant le 1er mars de chaque année. Pour l'année 2010, ils sont signés au plus tard un

mois après la publication de ce décret. Ils entrent en application dès que la situation de crise conjoncturelle définie à l'article L. 611-4 est constituée.

Les personnes mentionnées au I de l'article 302 *bis* ZA du code général des impôts, ou le groupement de distributeurs dont elles dépendent, rendent compte, à la demande des ministres chargés de l'agriculture et de l'économie, de l'application des accords.

Le non-respect des accords ou le retard dans leur mise en œuvre est sanctionné d'une amende civile dont le montant ne peut être supérieur à deux millions d'euros. Le montant de l'amende est proportionné à la gravité des faits constatés, au vu notamment du volume de produits en cause et de la durée des périodes de crise. L'action est introduite devant la juridiction civile compétente par le ministère public, par le représentant de l'État dans le département, par le ministre chargé de l'agriculture ou le ministre chargé du commerce.

Art. L. 611-4-2 *(L. nº 2005-157 du 23 févr. 2005, art. 23)* **Un coefficient multiplicateur entre le prix d'achat et le prix de vente des fruits et légumes périssables peut être instauré en période de crises conjoncturelles définies à l'article L. 611-4 ou en prévision de celles-ci. Ce coefficient multiplicateur est supérieur lorsqu'il y a vente assistée.**

Les ministres chargés de l'économie et de l'agriculture fixent le taux du coefficient multiplicateur, sa durée d'application, dans une limite qui ne peut excéder trois mois, et les produits visés après consultation des organisations professionnelles agricoles.

Un décret en Conseil d'État détermine les modalités d'application du présent article et les sanctions applicables en cas de méconnaissance de ses dispositions. *— V. art. D. 616-1 s., et art. R. 671-17 (pén.).*

Art. L. 611-5 *(Ord. nº 2000-550 du 15 juin 2000, art. 9-I)* **Le Gouvernement peut, dans la limite d'un prélèvement au plus égal à 1 % sur les crédits budgétaires affectés au soutien des marchés agricoles, prescrire la distribution, gratuitement ou à prix réduit, à certaines catégories de la population, de denrées alimentaires provenant de productions agricoles excédentaires.** *— [Anc. art. L. 611-3 ; L. nº 68-1245 du 31 déc. 1968, art. 16.]*

Art. L. 611-6 *(L. nº 2010-788 du 12 juill. 2010, art. 109-I)* **Les exploitations agricoles utilisant des modes de production particulièrement respectueux de l'environnement peuvent faire l'objet d'une certification qui comporte plusieurs niveaux d'exigences environnementales dont le plus élevé repose sur des indicateurs de performance environnementale et ouvre seul droit à la mention "exploitation de haute valeur environnementale".** *(L. nº 2018-938 du 30 oct. 2018, art. 47)* **« Cette certification concourt de façon majeure à la valorisation de la démarche agroécologique mentionnée au II de l'article L. 1. » Les modalités de certification des exploitations ainsi que, le cas échéant, le niveau correspondant à une haute valeur environnementale, les modalités de contrôle applicables, les conditions d'agrément des organismes chargés de la mise en œuvre, les mentions correspondantes et leurs conditions d'utilisation sont précisés par décret.**

COMMENTAIRE

La certification environnementale vise à valoriser la démarche d'exploitants agricoles engagés dans le développement de pratiques respectueuses de l'environnement et la diminution d'intrants (art. D. 617-1 s., modifiés par le décret nº 2022-1447 du 18 nov. 2022 pour renforcer les critères, modifier le cahier des charges de la certification, et tenter ainsi de répondre aux nombreuses critiques sur la faible exigence des conditions posées). Cette certification présente trois niveaux : le premier correspond aux obligations posées par les dispositions communautaires de conditionnalité des aides, le second niveau correspond à la certification environnementale de l'exploitation délivrée par un organisme certificateur agréé, et le troisième niveau, intégrant davantage d'exigences, permet l'utilisation de la mention « exploitation de haute valeur environnementale » délivrée également par un organisme certificateur (art. D. 611-18 s.).

La certification agriculture raisonnée est distincte (Décr. nº 2002-631 du 25 avr. 2002). La Commission nationale de certification environnementale a donné un avis favorable pour la reconnaissance au niveau 2 de la certification de l'agriculture raisonnée.

L'agriculture biologique est une autre certification sur des conditions allant au-delà du niveau 3 de la haute valeur environnementale.

Loi nº 2020-1721 du 29 décembre 2020,

De finances pour 2021 (JO 30 déc.).

Art. 151 I. — Les entreprises agricoles disposant d'une certification d'exploitation à haute valeur environnementale au sens de l'article L. 611-6 du code rural et de la pêche maritime en cours de validité au 31 décembre 2021 ou délivrée au cours de *(L. nº 2022-1726 du 30 déc. 2022, art. 53)* « l'une des années 2022 » *(L. nº 2023-1322 du 29 déc. 2023, art. 68)* « , 2023 ou 2024 » bénéficient d'un crédit d'impôt au titre de cette certification.

II. — 1. Le montant du crédit d'impôt mentionné au I s'élève à 2 500 €.

2. Le montant cumulé des aides accordées par l'Union européenne, l'État, les collectivités territoriales ou tout autre organisme public en vue de l'obtention de la certification d'exploitation à haute valeur environnementale, du crédit d'impôt prévu à l'article 244 *quater* L du code général des impôts et du crédit d'impôt prévu au I du présent article ne peut excéder 5 000 €. Le cas échéant, le montant du crédit d'impôt est diminué à concurrence des sommes excédant ce plafond.

3. Pour le calcul du crédit d'impôt des groupements agricoles d'exploitation en commun, les montants mentionnés aux 1 et 2 sont multipliés par le nombre d'associés, sans que le montant du crédit d'impôt ainsi obtenu puisse excéder quatre fois le crédit d'impôt calculé dans les conditions prévues aux mêmes 1 et 2.

III. — Le crédit d'impôt calculé par les sociétés de personnes mentionnées aux articles 8 et 238 *bis* L du code général des impôts ou les groupements mentionnés aux articles 238 *ter*, 239 *quater*, 239 *quater* B, 239 *quater* C et 239 *quinquies* du même code, qui ne sont pas soumis à l'impôt sur les sociétés, peut être utilisé par leurs associés proportionnellement à leurs droits dans ces sociétés ou ces groupements, à condition qu'il s'agisse de redevables de l'impôt sur les sociétés ou de personnes physiques participant à l'exploitation au sens du 1º *bis* du I de l'article 156 dudit code.

IV. — 1. Le crédit d'impôt défini au I est imputé sur l'impôt sur le revenu dû par le contribuable au titre de l'année 2021, ou *(L. nº 2022-1726 du 30 déc. 2022, art. 53)* « au titre de l'année d'obtention de la certification pour les certifications obtenues au cours de l'une des années 2022 » *(L. nº 2023-1322 du 29 déc. 2023, art. 68)* « , 2023 ou 2024 », après les prélèvements non libératoires et les autres crédits d'impôt. Si le montant du crédit d'impôt excède le montant de l'impôt dû au titre de ladite année ou dudit exercice, l'excédent est restitué. Pour les exercices ne coïncidant pas avec l'année civile, le crédit d'impôt correspondant est imputé sur l'impôt sur le revenu dû par le contribuable au titre de l'année au cours de laquelle l'exercice est clos.

2. Le crédit d'impôt défini au I est imputé sur l'impôt sur les sociétés dû par l'entreprise dans les conditions prévues au 1.

3. La société mère est substituée aux sociétés du groupe pour l'imputation sur le montant de l'impôt sur les sociétés dont elle est redevable au titre de chaque exercice des crédits d'impôt dégagés par chaque société du groupe en application du présent article. Les dispositions du 2 s'appliquent à la somme de ces crédits.

V. — Les entreprises déposent une déclaration conforme à un modèle établi par l'administration dans les mêmes délais que la déclaration annuelle de résultat souscrite en application des articles 53 A et 223 du code général des impôts.

La société mère d'un groupe, au sens de l'article 223 A du même code, déclare les crédits d'impôt pour le compte des sociétés du groupe, y compris ceux qui la concernent, lors du dépôt de la déclaration relative au résultat d'ensemble du groupe

VI. — Le bénéfice du crédit d'impôt mentionné au I est subordonné au respect du règlement (UE) nº 1408/2013 de la Commission du 18 décembre 2013 relatif à l'application des articles 107 et 108 du traité sur le fonctionnement de l'Union européenne aux aides de minimis dans le secteur de l'agriculture ou du règlement (UE) nº 717/2014 de la Commission du 27 juin 2014 concernant l'application des articles 107 et 108 du traité sur le fonctionnement de l'Union européenne aux aides de minimis dans le secteur de la pêche et de l'aquaculture.

Art. L. 611-7 *(L. nº 2006-11 du 5 janv. 2006, art. 43-II)* **La production et la valorisation des produits agricoles contribuent au bilan des émissions nationales de gaz à effet de serre et au développement des énergies renouvelables. A ce titre, elles ont**

vocation à participer aux mécanismes de marché destinés à honorer les engagements internationaux en la matière.

BIBL. ▶ Doussan, *RJ envir. 2006. 392* (LOA 2006 et protection de l'environnement).

COMMENTAIRE

La loi d'orientation agricole n° 2006-11 du 5 janvier 2006 a entrepris de favoriser le développement des biocarburants issus de matières végétales, d'une part pour diversifier les sources d'énergie disponibles et augmenter l'indépendance énergétique, d'autre part pour favoriser les énergies contribuant à un bilan environnemental satisfaisant. Très concrètement, cette production doit être considérée dans le bilan des émissions naturelles et des productions d'énergies renouvelables, participant ainsi à l'objectif de réduction des émissions fixé à la France en conséquence de ses engagements internationaux (Convention des Nations unies du 9 mai 1992 ; Protocole de Kyoto du 11 décembre 1997 ; directive 2003/87 du 13 octobre 2003 ; art. L. 229-5 s. du code de l'environnement).

Une telle logique est de nature à contribuer à développer une dynamique économique et financière autour de ces activités participant à une priorité nationale (C. envir., art. L. 229-1). Il est en effet souhaité la création d'une nouvelle source de revenus agricoles, ce qui suppose le développement de la recherche en la matière, la création de structures de transformation, et la détermination de conditions de production sans concurrence avec les cultures alimentaires. Il a été autorisé l'autoconsommation d'huile végétale comme carburant agricole (C. douanes, art. 265 *bis* s.). ❑

Art. L. 611-8 *(L. n° 2014-1170 du 13 oct. 2014, art. 14)* « I. — » *(L. n° 2014-344 du 17 mars 2014, art. 128)* **Dans une optique de valorisation de leur exploitation et de leur terroir, les producteurs agricoles locaux peuvent se réunir dans des magasins de producteurs afin de commercialiser leurs produits dans le cadre d'un circuit court organisé à l'attention des consommateurs. Ils ne peuvent y proposer que des produits de leur propre production, qu'elle soit brute ou transformée. Ces produits doivent représenter en valeur au moins 70 % du chiffre d'affaires total de ce point de vente. Pour les produits transformés ou non, non issus du groupement, les producteurs peuvent uniquement s'approvisionner directement auprès d'autres agriculteurs, y compris organisés en coopératives, ou auprès d'artisans de l'alimentation, et doivent afficher clairement l'identité de ceux-ci et l'origine du produit.**

(L. n° 2014-1170 du 13 oct. 2014, art. 14) « **II. — Le fait de ne pas respecter les obligations prévues au I constitue une pratique commerciale trompeuse au sens de la sous-section 1 de la section 1 du chapitre I du titre II du livre I du code de la consommation.** » — *V. C. consom., art. L. 121-2 s.* — ***C. consom.***

BIBL. ▶ Varennes, *DP entr. agric., Bull. n° 501, p. 1* (vendre en circuit court).

COMMENTAIRE

Les magasins de producteurs ont été reconnus par la loi du 17 mars 2014 relative à la consommation, pour encadrer une pratique en plein développement. Pour écarter toute fraude au détriment du consommateur, le législateur a précisé que la part des produits provenant d'un approvisionnement extérieur ne doit pas dépasser 30% du chiffre d'affaires total du magasin, et que les produits doivent afficher leur origine précise sous peine de constituer une pratique commerciale trompeuse. ❑

CHAPITRE II ASSISTANCE EN MATIÈRE DE RECOUVREMENT INTERNATIONAL

(L. n° 2011-1978 du 28 déc. 2011, art. 59-III-1°)

Art. L. 612-1 **Au sens du présent chapitre, l'État membre requérant s'entend de l'État membre de l'Union européenne qui formule une demande d'assistance et l'État membre requis de l'État membre de l'Union européenne auquel cette demande est adressée.**

Art. L. 612-2 **Pour chacune des dépenses qu'ils sont compétents pour engager à ce titre, les établissements agréés en qualité d'organismes payeurs au sens du règlement**

(CE) n° 1290/2005 du Conseil du 21 juin 2005 relatif au financement de la politique agricole commune peuvent requérir des États membres de l'Union européenne, et ils sont tenus de leur prêter leur concours dans la même mesure, leur assistance en matière de recouvrement, de prises de mesures conservatoires, de notification d'actes ou de décisions, y compris judiciaires, et d'échange de renseignements concernant toutes les créances relatives :

1° Aux restitutions, aux interventions et autres mesures faisant partie du système de recouvrement intégral ou partiel du Fonds européen agricole de garantie et du Fonds européen agricole pour le développement rural, y compris les montants à percevoir dans le cadre de ces actions ;

2° Aux sanctions, amendes, redevances et majorations administratives liées aux créances pouvant faire l'objet d'une demande d'assistance conformément au 1° ;

3° Aux redevances perçues pour les attestations et les documents similaires délivrés dans le cadre des procédures administratives relatives aux sommes mentionnées aux 1° et 2° ;

4° Aux intérêts et frais relatifs aux créances pouvant faire l'objet d'une demande d'assistance au titre du présent article.

Art. L. 612-3 I. – L'organisme payeur compétent n'est pas tenu d'accorder son assistance pour recouvrer des sommes, notifier des actes ou des décisions, y compris judiciaires, prendre des mesures conservatoires ou fournir des renseignements lorsque la demande vise des créances exigibles depuis plus de cinq ans. Ce délai n'est pas opposable lorsqu'une première demande a été formulée avant cette échéance.

II. – Les modalités de computation de ce délai sont les suivantes :

1° Lorsque la créance ou le titre de recouvrement initial font l'objet d'une contestation, le délai de cinq ans court à compter de la date à laquelle il a été définitivement statué sur la créance ou le titre de l'État requérant ;

2° Lorsqu'un délai de paiement ou un paiement échelonné des créances a été accordé au redevable par l'État requérant, le délai de cinq ans court à compter de l'expiration du délai de paiement.

III. – Dans tous les cas, l'organisme payeur compétent n'est pas tenu d'accorder l'assistance lorsque la demande concerne des créances exigibles depuis plus de dix ans.

Art. L. 612-4 I. – Le recouvrement des créances mentionnées à l'article L. 612-2 dont le montant est supérieur ou égal à 1 500 € et la prise de mesures conservatoires relatives à ces créances sont confiés au comptable de l'organisme payeur compétent pour engager la dépense.

II. – Les créances sont recouvrées selon les modalités applicables aux créances de même nature nées sur le territoire national et les intérêts de retard courent à compter de la date de réception de la demande de recouvrement.

III. – Les créances mentionnées au I ne bénéficient d'aucun privilège.

IV. – L'organisme payeur compétent donne suite à la demande d'assistance au recouvrement lorsque la créance a fait l'objet d'un titre de recouvrement.

V. – La demande d'assistance au recouvrement est accompagnée d'un instrument uniformisé établi par l'État membre requérant et permettant l'adoption de mesures exécutoires. Cet instrument reflète la substance du titre exécutoire initial.

Les informations minimales qu'il doit comporter sont fixées par voie réglementaire.

Cet instrument est transmis par l'État requérant. Il constitue le fondement unique des mesures de recouvrement et des mesures conservatoires qui sont prises pour garantir le recouvrement de la créance de cet État et il est directement reconnu comme un titre exécutoire.

VI. – L'assistance au recouvrement est accordée pour autant que la créance ou le titre de recouvrement ne sont pas contestés dans l'État membre requérant et que les procédures de recouvrement appropriées ont été mises en œuvre dans cet État.

En cas d'ouverture d'une procédure amiable entre les organismes payeurs de deux États membres de l'Union européenne relative à la répartition de la charge d'imposition, les mesures de recouvrement de la créance de l'État requérant sont suspendues ou interrompues jusqu'au terme de cette procédure, sans préjudice des éventuelles mesures conservatoires.

Toutefois, en cas de fraude ou d'organisation d'insolvabilité et lorsque l'urgence le commande, les mesures de recouvrement sont poursuivies.

VII. — L'État membre requérant peut également demander l'assistance au recouvrement :

1° Lorsqu'il est manifeste qu'il n'existe pas d'actifs pouvant être recouvrés sur son territoire ou que les procédures de recouvrement ne peuvent aboutir au paiement intégral de la créance et qu'il dispose d'informations spécifiques indiquant que le redevable dispose d'actifs en France ;

2° Lorsque la mise en œuvre des procédures de recouvrement donne lieu à des difficultés ou à un coût disproportionnés pour l'État membre requérant.

VIII. — Dès qu'il est informé par l'État membre requérant ou par le redevable du dépôt d'une contestation relative à la créance ou au titre qu'il est chargé de recouvrer, le comptable compétent suspend la procédure de recouvrement jusqu'à la notification de la décision de l'instance de l'État membre requérant compétente pour statuer sur cette contestation, sauf si celui-ci le saisit d'une demande expresse de poursuite de la procédure de recouvrement assortie d'une déclaration certifiant que son droit national lui permet de recouvrer la créance contestée.

IX. — A la demande de l'État membre requérant ou lorsqu'il l'estime nécessaire, le comptable compétent prend toutes mesures conservatoires utiles pour garantir le recouvrement de la créance de cet État.

X. — Le comptable compétent donne suite à une demande de prise de mesures conservatoires :

1° Lorsque la créance a fait l'objet d'un titre de recouvrement mais que la créance ou le titre de recouvrement sont contestés au moment où la demande est présentée ;

2° Lorsque la créance ne fait pas encore l'objet d'un titre de recouvrement, dans la mesure où la législation de l'État membre requérant permet de prendre des mesures conservatoires en l'absence d'un titre exécutoire.

XI. — Les questions relatives à la prescription de l'action en recouvrement et au caractère interruptif ou suspensif des actes effectués par le comptable pour le recouvrement des créances d'un autre État membre de l'Union européenne sont appréciées selon la législation de l'État membre requérant.

Dans la mesure où la législation de l'État ne permet pas d'interrompre, de suspendre ou de proroger le délai de prescription, les actes effectués par l'organisme payeur compétent sont réputés avoir les mêmes effets interruptifs ou suspensifs que s'ils avaient été accomplis dans l'État membre requérant.

Le présent XI s'applique sans préjudice de la possibilité pour l'État membre requérant de diligenter des actes destinés à interrompre, suspendre ou proroger le délai de prescription de l'action en recouvrement de ses créances.

Art. L. 612-5 I. — L'organisme payeur compétent communique aux administrations des autres États membres de l'Union européenne, à leur demande, toute information vraisemblablement pertinente pour le recouvrement des créances mentionnées aux 1° à 4° de l'article L. 612-2, à l'exception de celle qui ne pourrait être obtenue pour le recouvrement de leurs propres créances de même nature sur la base de la législation en vigueur dans cet État.

II. — L'organisme payeur ne peut fournir des renseignements qui révéleraient un secret *(L. nº 2018-670 du 30 juill. 2018, art. 4)* « des affaires ou un secret » professionnel ou dont la communication serait de nature à porter atteinte à la sécurité ou à l'ordre publics.

Toutefois, il ne peut refuser de fournir ces informations pour la seule raison qu'elles sont détenues par une banque, un autre établissement financier, une personne désignée ou agissant en qualité d'agent ou de fiduciaire ou qu'elles se rapportent à une participation au capital d'une personne.

III. — Les informations échangées dans le cadre des dispositions des articles L. 612-2 à L. 612-6 ne peuvent être transmises qu'aux fins de mise en œuvre de mesures de recouvrement ou conservatoires portant sur les créances mentionnées aux 1° à 4° de l'article L. 612-2 du présent code.

L'administration bénéficiaire de ces informations est soumise au secret professionnel dans les termes des articles 226-13 et 226-14 du code pénal.

IV. – Les informations échangées dans le cadre des dispositions des articles L. 612-2 à L. 612-6 peuvent être invoquées ou utilisées comme preuve par les organismes payeurs compétents.

Art. L. 612-6 Les fonctionnaires des administrations des autres États membres de l'Union européenne dûment habilités par l'autorité requérante par un mandat écrit et autorisés par l'administration française peuvent, selon des modalités fixées par décret en Conseil d'État :

1° Être présents dans les bureaux où les agents exécutent leurs tâches ;
2° Assister aux procédures administratives conduites sur le territoire français ;
3° Interroger les contribuables et leur demander des renseignements ;
4° Examiner des dossiers et recevoir des copies des informations recherchées.

CHAPITRE III ÉCHANGES D'INFORMATIONS ENTRE AUTORITÉS ADMINISTRATIVES

(Ord. nº 2015-1247 du 7 oct. 2015, art. 3)

Art. L. 613-1 Les agents de l'Établissement national des produits de l'agriculture et de la mer (FranceAgriMer), les agents de l'Institut national de l'origine et de la qualité, les agents de l'Agence de services et de paiement, les agents du ministère chargé de l'agriculture, les agents de la direction générale de la concurrence, de la consommation et de la répression des fraudes et ceux de la direction générale des douanes et droits indirects peuvent se communiquer spontanément ou sur demande les informations qu'ils détiennent, notamment celles qui sont recueillies dans le cadre des contrôles relatifs aux produits de l'agriculture qu'ils sont chargés d'effectuer, dans la mesure où ces informations sont nécessaires à l'exercice de leurs missions respectives, sans que puissent y faire obstacle les dispositions relatives au secret professionnel, sous réserve de celles prévues par l'article 11 du code de procédure pénale. *(L. nº 2023-171 du 9 mars 2023, art. 38)* « Pour l'application de la conditionnalité sociale des aides relevant de la politique agricole commune prévue à l'article 14 du règlement (UE) 2021/2115 du Parlement européen et du Conseil du 2 décembre 2021 établissant des règles régissant l'aide aux plans stratégiques devant être établis par les États membres dans le cadre de la politique agricole commune (plans stratégiques relevant de la PAC) et financés par le Fonds européen agricole de garantie (FEAGA) et par le Fonds européen agricole pour le développement rural (Feader), et abrogeant les règlements (UE) nº 1305/2013 et (UE) nº 1307/2013, les agents de l'inspection du travail peuvent communiquer aux agents du ministère chargé de l'agriculture, spontanément ou à leur demande, les informations relatives aux manquements aux règles de la législation du travail mentionnées à l'annexe IV du même règlement ayant fait l'objet d'une décision exécutoire. »

Les agents mentionnés au premier alinéa assermentés pour la recherche et la constatation des infractions peuvent se communiquer spontanément ou sur demande les informations qu'ils détiennent, dans la mesure où ces informations sont nécessaires à l'exercice de leurs missions, sans que puissent y faire obstacle les dispositions de l'article 11 du code de procédure pénale ou celles relatives au secret professionnel.

TITRE II LES ORGANISMES D'INTERVENTION

COMMENTAIRE

Dans leur souci d'organisation des marchés, les pouvoirs publics ont développé des actions dont la part la plus dirigiste a consisté à mettre en place des offices et des sociétés d'intervention. Dans la constitution de ces structures, il n'a pas été abandonné la tradition de cogestion du secteur agricole. Il a tout d'abord été créé des offices regroupant des professionnels auprès des représentants des pouvoirs publics ; ces structures ont fonctionné sous la tutelle de l'État et sous l'autorité de dirigeants désignés par l'État. Leur action a porté sur les produits bruts et de première transformation. Elle a consisté à poser des règles de commercialisation relatives aux produits et aux conditions de leurs échanges, et à mettre en œuvre les politiques de soutien des prix. Leur rôle a été d'exécuter au niveau national les décisions prises dans le cadre de la politique agricole commune. Et cette mission constitue en même temps la limite de leurs prérogatives, car il leur est impossible d'engager des actions qui seraient contraires aux principes communautaires d'organisation des marchés.

Ces offices ont été remplacés par un établissement public administratif FranceAgriMer, placé sous la tutelle du ministre de l'agriculture. Les services des directions régionales du ministère de l'alimentation, de l'agriculture et de la pêche sont regroupés avec les services de FranceAgriMer.

Le ministre a énoncé le triple objectif poursuivi : « adapter l'organisation dans les secteurs de l'agriculture et de la pêche en fonction des évolutions prévisibles au niveau communautaire vers l'achèvement d'une organisation commune de marché unique dans le domaine agricole ; structurer de manière homogène la concertation avec les organisations professionnelles et interprofessionnelles, tout en maintenant dans le nouveau cadre global des conseils d'orientation secteur par secteur ; créer des synergies entre les différentes structures exerçant des métiers de même type, et générer des économies d'échelle à travers un rapprochement et une mise en commun des services régionaux de FranceAgriMer et du ministère ». La mission est proche de celle des offices mais dans une structure qui doit être plus performante.

De plus, des sociétés d'économie mixte peuvent être mises en place avec l'aide de l'État pour s'engager dans la transformation et la commercialisation des productions à la demande des agriculteurs et sous réserve de leur participation. ❑

CHAPITRE I L'ÉTABLISSEMENT NATIONAL DES PRODUITS DE L'AGRICULTURE ET DE LA MER (FRANCEAGRIMER)

(Ord. n° 2009-325 du 25 mars 2009, art. 2)

Dans toutes les autres dispositions législatives en vigueur, et à compter de la création de l'Établissement national des produits de l'agriculture et de la mer (FranceAgriMer), les mots « Office national interprofessionnel des grandes cultures » ou les mots « Office national interprofessionnel de l'élevage et de ses productions » ou les mots « Office national interprofessionnel des fruits, des légumes, des vins et de l'horticulture » ou les mots « Office national interprofessionnel des plantes à parfum, aromatiques et médicinales » ou les mots « Office national interprofessionnel des produits de la mer et de l'aquaculture » sont remplacés par les mots « Établissement national des produits de l'agriculture et de la mer (FranceAgriMer) » (Ord. n° 2009-325 du 25 mars 2009, art. 12-III, JO 27 mars).

BIBL. ▶ Blanquet, *RD rur. 1984. 547* (agence centrale des organismes d'intervention). – D. Denis, *RD rur. 1988. 102* (régulation nationale des marchés agricoles). – Hélin et Lorvellec, *RD rur. 1983. 1* (commentaire de la loi n° 82-847 du 6 oct. 1982). – Jégouzo, *AJDA 1982. 712* (offices agricoles par produits).

COMMENTAIRE

L'office du blé, créé en 1936, s'est imposé en achetant, stockant, fixant les prix et commercialisant le blé, manifestant fortement l'existence d'une intervention des pouvoirs publics sur l'organisation d'un marché agricole. Cet exemple est d'abord resté isolé puisque la régularisation des cours d'autres produits sensibles comme la viande, le lait, le vin et les oléagineux a été ensuite initiée par des sociétés privées sous le contrôle de l'État.

Le fonds d'orientation et de régularisation des marchés agricoles (le FORMA) à partir de 1961 a constitué l'organe déterminant de l'intervention publique sur les marchés agricoles. Puis des établissements publics industriels et commerciaux furent créés en 1968 (le FIRS, fonds d'intervention et de régularisation du sucre), puis en 1972 (l'ONIBEV, office national interprofessionnel du bétail et des viandes), et 1976 (l'ONIVT : office national interprofessionnel des vins de table) en relais de la politique agricole commune. La loi n° 82-847 a posé un principe de renforcement de l'État dans les filières agroalimentaires, permettant la création d'offices d'intervention par décret pour l'organisation des marchés par produits. C'est ainsi que furent créées par décrets du 18 mars 1983 (n° 83-244 à 248), l'ONIVINS (office national interprofessionnel des vins), l'ONIFLHOR (office national interprofessionnel des fruits, des légumes et de l'horticulture), l'ONILAIT (office national interprofessionnel du lait et des produits laitiers), l'ONIVAL (office national interprofessionnel des viandes, élevage et aviculture), l'ONIPPAM (office national interprofessionnel des plantes à parfums aromatiques et médicinales) ; l'ONIOL (office national interprofessionnel des oléagineux, protéagineux et cultures textiles) est issu d'une refonte d'une société interprofessionnelle par décret du 29 décembre 1993 (n° 98-1256). Pour faciliter le fonctionnement de ces établissements publics, industriels et commerciaux, il a été créé une organisation commune pour gérer en particulier le personnel de l'ensemble de ces structures : l'agence centrale des organismes d'intervention dans le secteur agricole (ACOFA). Un office a ensuite été créé pour le développement de l'économie agricole des départements d'outre-mer (ODEADOM ; Décr. n° 84-536 du 11 mai 1986).

La tendance interventionniste a été atténuée par la loi n° 86-1321 du 30 décembre 1986 qui a redonné davantage de pouvoirs aux interprofessions. Ces organisations sous contrôle de l'État, mais cependant à composition interprofessionnelle, ont avant tout reçu la mission de mettre en œuvre les règles communautaires dans l'organisation des marchés dont il s'agit de faciliter la connaissance, de régulariser le fonctionnement pour le meilleur profit des agriculteurs et des consommateurs sans omettre de contribuer au développement des zones défavorisées. Il leur revenait de mener une politique d'orientation des productions, de soutien des revenus notamment en mettant en œuvre des systèmes d'aide et de soutien des prix, ce qui consiste à transcrire les dispositions de la politique agricole commune. Enfin, ces structures doivent participer à l'organisation de la filière dans le souci affirmé par la loi d'orientation agricole du 9 juillet 1999 de promouvoir la qualité des produits. Dans la réalité, les offices ont été accaparés par la mission de gestion des aides communautaires (représentant dix milliards d'euros annuels), les contraignant à délaisser leur rôle d'animation des filières.

En 2001, la Cour des comptes a sévèrement critiqué la façon dont les offices s'acquittaient de leur mission de gestion des aides ; il leur a été reproché de n'avoir aucune vision d'ensemble des exploitations, de gérer sans transparence, de n'avoir en conséquence guère de moyens d'exercer des contrôles efficaces, exposant à des risques de perte des aides mal attribuées, ainsi qu'à des sanctions de la Commission européenne. Enfin, il doit être souligné que si les offices étaient particulièrement adaptés à la gestion des aides par produits dans le cadre des organisations communes de marché, les aides devenues transversales et découplées justifiaient que leur gestion soit détachée des filières. En conséquence, dès 2005, une rationalisation des offices a été engagée. Une fusion de l'ONIC, de l'ONIOL et du FIRS en une seule structure appelée l'office national interprofessionnel des grandes cultures (ONIGC ; C. rur., art. L. 621-12), un rapprochement ONILAIT et OFIVAL pour créer l'office national interprofessionnel de l'élevage et de ses productions, un autre entre ONIVINS et ONIFLHOR pour créer l'office national interprofessionnel des fruits, des légumes, des vins et de l'horticulture : VINIFLHOR, et la centralisation de tous les offices à Montreuil-sous-Bois pour réaliser des économies d'organisation. La loi d'orientation agricole n° 2006-11 du 5 janvier 2006 a élargi le domaine d'application des offices et redéfinit leurs objectifs, les recentrant sur les fonctions au service de la filière, renouvelant leur mission de concertation interprofessionnelle.

L'ordonnance du 25 mars 2009 a créé FranceAgriMer pour regrouper les offices et a donné pour mission à cet établissement public administratif de mettre en œuvre une plus grande cohérence dans l'orientation et le soutien aux filières, de renforcer le suivi économique de celles-ci, de devenir un lieu de concertation et d'arbitrage pour les exploitants, et d'améliorer la réactivité dans la gestion des crises. Le rôle de cet établissement public s'étend aux animaux d'élevage, au lait et produits laitiers, aux fruits et légumes et productions spécialisées, aux produits de l'horticulture, aux vins, aux céréales, aux oléagineux et cultures textiles, au sucre, aux plantes à parfum, aromatiques et médicinales, et aux produits de la mer et de l'aquaculture. Concrètement, FranceAgriMer doit assurer sur les marchés une veille économique et une régulation, doit déclencher des alertes en cas de crise ; doit agir pour le renforcement des filières, pour la prévention des risques susceptibles de les atteindre, dans le souci de mise en application d'une politique de développement durable. Il est souhaité que cet établissement public soutienne l'organisation des producteurs, contribue au dialogue interprofessionnel et au développement des actions de coopération technique. L'ensemble des ces objectifs politiques affichés vise à une meilleure organisation des marchés dans un contexte de crises fréquentes et fortes. La loi du 27 juillet 2010 a élargi les missions de FranceAgriMer qui doit transmettre les données en sa possession à l'Observatoire des prix des produits agricoles et alimentaires, et qui doit tenir à la disposition des interprofessions, organismes et établissements publics des données sur les filières, les marchés et la mise en œuvre des politiques publiques.

Pour l'exercice de sa mission, il est prévu une obligation d'information de FranceAgriMer par toute personne intervenant dans la production, la transformation ou la commercialisation de produits agricoles. La loi Hamon du 17 mars 2014 a doté FranceAgriMer de moyens de contrôle pour lui permettre d'obtenir toute information nécessaire à la connaissance des productions, des marchés, et données du marché extérieur, ainsi qu'aux travaux de l'Observatoire de la formation des prix et des marges des produits alimentaires (art. L. 621-8-2).

Art. L. 621-1 **L'Établissement national des produits de l'agriculture et de la mer (FranceAgriMer) est un établissement public administratif placé sous la tutelle de l'État.**

Le litige opposant l'ONIFLHOR à l'un de ses salariés relève de la compétence du juge judiciaire. • Soc. 17 juill. 2001, n° 99-42.652 P : *JCP 2001. IV. 2758.*

Art. L. 621-2 **L'Établissement national des produits de l'agriculture et de la mer exerce les compétences mentionnées à l'article L. 621-3 dans les domaines de la production de biens agricoles et alimentaires ou de biens non alimentaires issus des matières premières agricoles, ainsi que dans le domaine des produits de la mer, de l'aquaculture et de la pêche professionnelle en eau douce, sous réserve des missions confiées à d'autres établissements publics, notamment ceux mentionnés aux articles L. 313-1 et L. 642-5 et des compétences exercées par les organisations interprofessionnelles de ces différents secteurs.**

(L. n° 2014-1170 du 13 oct. 2014, art. 2-II-1°) **« L'établissement exerce ses compétences conformément aux orientations des politiques de l'État. Il veille à l'articulation des actions qu'il met en œuvre avec celles mises en œuvre par les régions et l'établissement mentionné à l'article L. 681-3 pour l'ensemble des outre-mer, en prenant en compte l'objectif de triple performance économique, sociale et environnementale des filières de production. »**

(L. n° 2013-1229 du 27 déc. 2013, art. 1er-1°) **« En outre, il participe à la mise en œuvre de l'aide aux personnes les plus démunies. »**

Art. L. 621-3 **Les missions de l'établissement mentionné à l'article L. 621-1** *(L. n° 2013-1229 du 27 déc. 2013, art. 1er-2°)* **« relevant des domaines définis au premier alinéa de l'article L. 621-2 » sont les suivantes :**

1° Assurer la connaissance des marchés ;

2° Améliorer le fonctionnement des marchés de façon à assurer, en conformité avec les intérêts des consommateurs, une juste rémunération du travail des professionnels et des conditions normales d'activité aux différents opérateurs des filières ; à cette fin, l'établissement :

– favorise l'organisation des producteurs ainsi que l'organisation des relations entre les diverses professions de chaque filière ;

– encourage l'organisation de la mise en marché au niveau national et international et participe à l'élaboration et à la mise en œuvre des mesures relatives à l'amélioration des conditions de concurrence et à la protection et à l'information des consommateurs ;

3° Renforcer l'efficacité économique des filières, notamment en contribuant à la mise en place d'une politique de développement durable et de qualité ;

(L. n° 2014-1170 du 13 oct. 2014, art. 2-II-2°) **« 3°** ***bis*** **Accompagner, encourager et valoriser l'innovation et l'expérimentation dans les domaines de l'agriculture, de la pêche et de l'aquaculture ; »**

4° Mettre en œuvre les mesures communautaires afférentes à ses missions ;

5° Recueillir et évaluer l'information sur tout risque susceptible de porter préjudice aux intérêts des filières dont l'établissement a la charge ;

6° Alerter les pouvoirs publics en cas de crise, faire toute proposition appropriée et concourir à la mise en œuvre des solutions retenues par l'autorité administrative pour y faire face ;

7° Assurer des fonctions de veille économique et contribuer à des actions de coopération internationale ;

(L. n° 2010-874 du 27 juill. 2010, art. 19-1°) **« 8° Transmettre les données économiques nécessaires à l'observatoire mentionné à l'article** *(L. n° 2016-1691 du 9 déc. 2016, art. 98-II)* **« L. 682-1 » pour l'exercice de ses missions ;**

« 9° Mettre à la disposition des organisations interprofessionnelles reconnues, des instituts et centres techniques et des établissements publics intervenant dans le domaine de l'agriculture, de la pêche et de l'aquaculture les données relatives aux filières, aux marchés et à la mise en œuvre des politiques publiques. »

Dans le cadre de la mission mentionnée au 3°, l'établissement peut concourir à la mise en œuvre de missions tendant à prévenir les maladies des animaux et des végétaux et à assurer la qualité sanitaire des aliments.

1. Aides à la filière. Il ne résulte ni de la L. n° 82-847 du 6 oct. 1982 (devenue art. L. 621-1 s. C. rur.) relative à la création d'offices d'intervention dans le secteur agricole, ni du Décr. n° 83-244 du 18 mars 1983 modifié portant création d'un ONIFLHOR, que les aides que cet office est susceptible d'accorder en vue d'améliorer la rentabilité et la compétitivité des entreprises ainsi que la qualité des productions soient réservées aux entreprises dont les actionnaires ont le statut d'exploitants agricoles. • CE 12 déc. 1997, *Oniflhor*, n° 147007 : *Gaz. Pal. 1998. 2. Pan. dr. adm. 116.*

2. Si les conditions posées pour l'attribution d'une subvention ne sont pas respectées en tout ou partie, sous réserve d'apprécier la proportionnalité des conséquences à tirer de cette méconnaissance, le retrait ou la réduction de la subvention peuvent intervenir sans délai. • CE 13 oct. 2023, n° 462881 B : *DP entr. agric., Bull. n° 578, p. 1, note Debailleul.*

3. Restitution. L'ONIFLHOR est mal fondé à émettre un avis exécutoire en remboursement d'indemnités compensatrices de retrait irrégulièrement perçues dès lors qu'il n'est pas précisé les bases de la liquidation de la créance mise en recouvrement. • TA Pau, 18 nov. 2003, n°s 01-377 et 01-1712 : *RD rur. 2004. 177, concl. Godbillon* • CE 11 janv. 2006, *ONIFLHOR c/ SCA Unipom*, n° 272218 : *RD rur. mai 2006. 30, note Karpenschif.* ♦ L'OFIVAL, pour obtenir le reversement de restitutions octroyées sur les déclarations de la société, a émis un état exécutoire qui doit être annulé dès lors qu'il est fondé sur des éléments distincts de ceux déclarés par la société qui n'a pas été invitée à présenter ses observations. • CE 30 avr. 2003, *Sté Sovico*, n° 183110 : *Gaz. Pal. 19-20 mars 2004.* ♦ La décision de reversement du montant de l'avance sur des aides doit être motivée et précédée d'une procédure contradictoire. • CAA Lyon, 4 mai 2022, n° 20LY01127 : *DP entr. agric., Bull. n° 563/564, p. 13, note Bouvier.* ♦ FranceAgrimer est fondé à demander remboursement des restitutions à l'exportation accordées pour des produits non conformes à la réglementation européenne. • CAA Nantes, 17 juill. 2020, n° 18NO2012 : *DP entr. agric., Bull. n° 543, p. 15, note Bouvier.* ♦ Est mal fondé l'arrêt qui ordonne la restitution de la totalité des aides à l'investissement versées dès lors que le bénéficiaire a procédé à la complète régularisation des installations (autorisation installation classée et permis de construire) avant le contrôle ayant donné lieu à redressement. • CE 15 nov. 2022, n° 451758 B : *Gaz. Pal. 2022, n° 39, p. 32.*

4. Preuve. Il appartient aux organismes d'intervention agricole versant les restitutions à l'exportation d'apporter la preuve de l'inexactitude des déclarations faites par les bénéficiaires selon les procédés prescrits par la réglementation communautaire ou, si cela est devenu matériellement impossible, par tout moyen. • CE 27 juill. 2005, *ONIC*, n° 237277 : *Gaz. Pal. 9-11 avr. 2006. 31.* ♦ L'organisation nationale d'intervention est mal fondée à solliciter la restitution de l'intégralité d'une aide sans justifier du bien-fondé de la méthode d'extrapolation des résultats de contrôle employée. • CE 22 mai 2013, n° 351351 : *Gaz. Pal. 19-20 juin 2013.*

5. Aides illégales. Rejet du recours de la France contre la décision concernant les plans de campagne ayant pour conséquence d'obliger la France à récupérer des aides illégalement versées. • Trib. UE 27 sept. 2012, n^os^ T-139/09 et T-243/09 : *AJDA 2012. 2267, note Aubert, Broussy et Cassagnabère.* ♦ FranceAgrimer est tenu de récupérer avec les intérêts communautaires afférents les aides d'État « plans de campagne » définitivement jugées contraires au droit de l'Union européenne. • CE 10 juill. 2020, n° 429335 : *DP entr. agric., Bull. n° 543, p. 14, note Bouvier.*

Art. L. 621-4 **Les ressources de l'établissement sont principalement constituées par les versements effectués par l'État et la Communauté européenne pour le financement des missions mentionnées à l'article L. 621-3, par le produit de taxes affectées à ces mêmes missions, les revenus de prises de participations financières et produits de cession, les produits financiers ainsi que les emprunts et toutes autres recettes autorisées par les lois et règlements. Elles peuvent également comporter, à titre accessoire, le produit de la vente de publications et la rémunération de travaux et prestations.**

Art. L. 621-5 **L'établissement est doté d'un conseil d'administration et de conseils spécialisés par filière. Il est dirigé par un directeur général nommé par décret.**

Le conseil d'administration comprend, d'une part, *(L. n° 2018-699 du 3 août 2018, art. 74)* **« un député et un sénateur, des représentants » des administrations et établissements publics de l'État,** *(L. n° 2014-1170 du 13 oct. 2014, art. 2-II-3°)* **« des régions »**

et des consommateurs, ainsi que, le cas échéant, au plus deux personnalités choisies en raison de leurs compétences, d'autre part, en majorité, des représentants de la production, de la transformation et de la commercialisation et des représentants des salariés des filières.

Les conseils spécialisés sont composés en majorité de représentants de la production, de la transformation et de la commercialisation. *(L. n° 2014-1170 du 13 oct. 2014, art. 2-II-3°)* « L'État, le cas échéant ses établissements publics, les régions », les salariés de la filière et les consommateurs y sont également représentés.

Le président du conseil d'administration est nommé par décret, sur proposition du conseil d'administration.

Le conseil d'administration est compétent pour l'examen des questions d'intérêt commun à l'ensemble de l'établissement, notamment en matière budgétaire, ainsi que pour la définition des orientations stratégiques dans le domaine de compétence de l'établissement *(L. n° 2014-1170 du 13 oct. 2014, art. 2-II-3°)* « , dans le respect des orientations des politiques publiques définies par l'État ».

Toutefois, la répartition du produit des taxes fiscales affectées instituées dans une filière est décidée par le conseil d'administration, sur proposition du conseil spécialisé correspondant.

Art. L. 621-5-1 *(L. n° 2023-171 du 9 mars 2023, art. 38)* Dans le cadre des dispositions législatives et réglementaires applicables, le directeur général de l'établissement fixe, au nom de l'État, les règles nécessaires à la mise en œuvre des interventions, des aides ou des mesures de soutien dans les domaines dont l'établissement est chargé en application de l'article L. 621-2.

Art. L. 621-6 Les services déconcentrés de l'État compétents en matière d'agriculture au niveau régional sont mis, en tant que de besoin, à disposition de l'établissement pour l'exercice de ses compétences dans des conditions fixées par décret en Conseil d'État. Ils constituent les services territoriaux de l'établissement.

Le préfet de région est le représentant territorial de l'établissement. Des personnels de l'établissement peuvent être affectés dans les services déconcentrés de l'État mis à disposition. Le préfet a autorité hiérarchique sur ces personnels. Le directeur général de l'établissement peut lui déléguer sa signature.

Art. L. 621-7 Pour l'exercice de ses missions, l'établissement peut conclure, après avis du conseil d'administration, des conventions avec les organisations interprofessionnelles reconnues, les instituts ou centres techniques et les établissements publics intervenant dans les secteurs de l'agriculture, de la pêche et de l'aquaculture.

Art. L. 621-8 *(L. n° 2014-1170 du 13 oct. 2014, art. 2-II-4°)* « Les informations nécessaires à la connaissance des productions, des marchés et des données du commerce extérieur ainsi qu'aux travaux de l'observatoire mentionné à l'article *(L. n° 2016-1691 du 9 déc. 2016, art. 98-II)* « L. 682-1 » doivent être fournies à l'établissement mentionné à l'article L. 621-1 par toute personne intervenant dans la production, la transformation ou la commercialisation de produits agricoles et alimentaires, selon des modalités fixées par décret.

« Ces informations ainsi que les catégories d'opérateurs tenus de les transmettre sont celles exigées en application des règlements de l'Union européenne ou celles qui figurent sur une liste établie par décret. »

(L. n° 2010-874 du 27 juill. 2010, art. 19-2°) « Le service statistique public transmet *(L. n° 2014-1170 du 13 oct. 2014, art. 2-II-4°)* « à l'établissement mentionné à l'article L. 621-1 », selon des modalités précisées par convention, les résultats des enquêtes obligatoires, au sens de la loi n° 51-711 du 7 juin 1951 sur l'obligation, la coordination et le secret en matière de statistiques, répondant aux besoins de l'observatoire prévu à l'article » *(L. n° 2016-1691 du 9 déc. 2016, art. 98-II)* « L. 682-1 ». – *[L. n° 82-847 du 6 oct. 1982, art. 10.]*

Art. L. 621-8-1 *(L. n° 2010-874 du 27 juill. 2010, art. 19-3°)* En cas de défaut de réponse à une enquête statistique obligatoire au sens de la loi n° 51-711 du 7 juin 1951 précitée, dont le résultat est transmis, dans les conditions prévues au *(L. n° 2014-1170 du 13 oct. 2014, art. 2-II-5°)* « dernier » alinéa de l'article L. 621-8, à l'établissement mentionné à l'article L. 621-1, le ministre chargé de l'économie peut, après avis du comité du secret statistique et du Conseil national de l'information statistique réuni en comité du contentieux des enquêtes statistiques obligatoires dans les conditions prévues en application du II de l'article 1er *bis* de la loi n° 51-711 du 7 juin 1951 précitée, prévoir la publication par voie électronique par l'établissement susmentionné de la liste des personnes physiques ou morales concernées.

Art. L. 621-8-2 *(L. nº 2014-344 du 17 mars 2014, art. 112-IV)* I. — Le contrôle du respect, par les personnes mentionnées au premier alinéa de l'article L. 621-8, des règles fixées en application de ce même article est effectué par les agents mentionnés à l'article L. 671-1.

II. — Pour l'exercice de leurs missions, les agents mentionnés au I du présent article ont accès aux locaux, installations et lieux à usage professionnel, à l'exclusion des locaux et parties de locaux à usage d'habitation, entre 8 heures et 20 heures ou, en dehors de ces heures, lorsque l'accès au public est autorisé ou qu'une activité est en cours. Lorsque l'accès des locaux mentionnés au présent alinéa est refusé aux agents, ou lorsque les locaux comprennent des parties à usage d'habitation, l'accès peut être autorisé par ordonnance du juge des libertés et de la détention dans les formes et conditions prescrites à l'article L. 206-1.

Ils peuvent, sur place ou sur convocation, prendre copie de tous documents professionnels, quel qu'en soit le support, et recueillir les observations de toute personne présente susceptible d'apporter des éléments utiles à l'accomplissement de leurs missions.

Art. L. 621-9 Les collectivités territoriales *(Abrogé par Ord. nº 2009-325 du 25 mars 2009, art. 2) « et les établissements publics régionaux »*, ou leurs groupements, passent, dans les limites de leurs compétences, des conventions avec *(Ord. nº 2009-325 du 25 mars 2009, art. 2)* « l'établissement mentionné à l'article L. 621-1 » pour intervenir dans les secteurs couverts par *(Ord. nº 2009-325 du 25 mars 2009, art. 2)* « celui-ci ». — *[L. nº 82-847 du 6 oct. 1982, art. 12.]*

Art. L. 621-10 Les salariés désignés en qualité de membres du conseil *(Ord. nº 2009-325 du 25 mars 2009, art. 2)* « d'administration » et des conseils spécialisés *(Ord. nº 2009-325 du 25 mars 2009, art. 2)* « de l'établissement mentionné à l'article L. 621-1 » bénéficient, pour l'exercice de leurs missions, des dispositions des articles L. 515-1 à L. 515-4 concernant les salariés élus membres des chambres d'agriculture. — *[L. nº 82-847 du 6 oct. 1982, art. 33.]*

Art. L. 621-11 *(Ord. nº 2009-325 du 25 mars 2009, art. 2)* Les articles L. 313-5 et L. 313-6 sont applicables à l'établissement.

Art. L. 621-12 *(Ord. nº 2009-325 du 25 mars 2009, art. 2)* Les conditions d'organisation et de fonctionnement de l'établissement sont fixées par décret *(Abrogé par Ord. nº 2010-461 du 6 mai 2010, art. 2) « en Conseil d'État »*. Toutefois, les modalités de présentation de l'état prévisionnel des recettes et des dépenses et de la comptabilité budgétaire sont fixées par décret.

Art. L. 621-12-1 *(L. nº 2006-1666 du 21 déc. 2006, art. 92-II)* I. — *(Ord. nº 2009-325 du 25 mars 2009, art. 2)* « L'établissement mentionné à l'article L. 621-1 » est chargé du recouvrement des droits divers prévus dans le règlement (CE) nº 318/2006 du Conseil, du 20 février 2006, portant organisation commune des marchés dans le secteur du sucre. Les sommes recouvrées sont reversées à l'État.

II. — *(Ord. nº 2009-325 du 25 mars 2009, art. 2)* « L'établissement mentionné à l'article L. 621-1 » est chargé du recouvrement des droits divers prévus dans le règlement (CE) nº 320/2006 du Conseil, du 20 février 2006, instituant un régime temporaire de restructuration de l'industrie sucrière dans la Communauté européenne. Les sommes recouvrées constituent des recettes affectées du fonds européen agricole de garantie.

III. — Les droits divers perçus au titre des I et II sont constatés et recouvrés selon les procédures et sous le bénéfice des privilèges et sûretés prévus en matière de contributions indirectes. Les infractions sont constatées et poursuivies dans les mêmes conditions.

Art. L. 621-13 *(L. nº 2011-1978 du 28 déc. 2011, art. 59-III-2º)* **L'établissement mentionné à l'article L. 621-1 peut requérir des États membres de l'Union européenne et il est tenu de leur prêter assistance en matière de recouvrement, de notification d'actes administratifs ou de décisions, y compris judiciaires, de mesures conservatoires et d'échange de renseignements relatifs à toutes les créances afférentes :**

1º Aux cotisations et autres droits prévus dans le cadre de l'organisation commune des marchés dans le secteur du sucre et perçus sur le fondement de l'article L. 621-12-1 ;

2º Aux sanctions, amendes, redevances et majorations administratives liées aux créances pouvant faire l'objet d'une demande d'assistance en vertu du 1º ;

3º Aux redevances perçues pour les attestations et les documents similaires délivrés dans le cadre des procédures administratives relatives aux sommes mentionnées aux 1º et 2º ;

4º Aux intérêts et frais relatifs aux créances pouvant faire l'objet d'une demande d'assistance au titre du présent article.

Il exerce cette mission dans les conditions et selon les modalités définies aux articles L. 612-3 à L. 612-6.

Art. L. 621-14 *(L. nº 2011-1978 du 28 déc. 2011, art. 59-III-2º)* **Les fonctionnaires des administrations des autres États membres de l'Union européenne dûment habilités par l'autorité requérante par un mandat écrit et autorisés par l'administration française peuvent, selon des modalités fixées par décret en Conseil d'État :**

1º Être présents dans les bureaux où les agents exécutent leurs tâches ;

2º Assister aux procédures administratives conduites sur le territoire français ;

3º Interroger les contribuables et leur demander des renseignements ;

4º Examiner des dossiers et recevoir des copies des informations recherchées.

Art. L. 621-15 *Abrogé par Ord. nº 2006-594 du 23 mai 2006.*

Art. L. 621-16 *Transféré ss. art. L. 666-1 (Ord. nº 2010-459 du 6 mai 2010, art. 5, 13º, JO 7 mai).*

Art. L. 621-17 à L. 621-20 *Abrogés par Ord. nº 2006-594 du 23 mai 2006.*

Art. L. 621-21 et L. 621-22 *Transférés ss. art. L. 666-2 et L. 666-3 (Ord. nº 2010-459 du 6 mai 2010, art. 5, 13º, JO 7 mai).*

Art. L. 621-23 à L. 621-25 *Abrogés par Ord. nº 2006-594 du 23 mai 2006.*

Art. L. 621-26 *Transféré ss. art. L. 666-4 (Ord. nº 2010-459 du 6 mai 2010, art. 5, 13º, JO 7 mai).*

Art. L. 621-27 *Abrogé par Ord. nº 2006-594 du 23 mai 2006.*

Art. L. 621-28 *Transféré ss. art. L. 666-5 (Ord. nº 2010-459 du 6 mai 2010, art. 5, 13º, JO 7 mai).*

Art. L. 621-29 *Abrogé par Ord. nº 2006-594 du 23 mai 2006.*

Art. L. 621-30 *Transféré ss. art. L. 666-6 (Ord. nº 2010-459 du 6 mai 2010, art. 5, 13º, JO 7 mai).*

Art. L. 621-31 *Abrogé par Ord. nº 2006-594 du 23 mai 2006.*

Art. L. 621-32 à L. 621-34 *Transférés ss. art. L. 666-7 à L. 666-9 (Ord. nº 2010-459 du 6 mai 2010, art. 5, 13º, JO 7 mai).*

Art. L. 621-35 à L. 621-37 *Abrogés par Ord. nº 2006-594 du 23 mai 2006.*

Art. L. 621-38 *Abrogé par Ord. nº 2010-461 du 6 mai 2010, art. 5.*

CHAPITRE II *[ABROGÉ]* PAIEMENT, COORDINATION ET CONTRÔLE

(Abrogé par Ord. nº 2009-325 du 25 mars 2009, art. 2)

Art. L. 622-1 *Abrogé par Ord. nº 2009-325 du 25 mars 2009, art. 2.*

CHAPITRE III LES SOCIÉTÉS D'INTERVENTION

Aux termes de l'Ord. n° 2006-594 du 23 mai 2006, art. 2, le présent chapitre, qui portait le numéro II, est devenu le chapitre III, et les art. L. 622-1 et L. 622-2 sont devenus les art. L. 623-1 et L. 623-2.

Art. L. 623-1 **En cas de carence de l'initiative privée et à la demande des organisations agricoles représentatives, l'État facilite la création de sociétés d'économie mixte, notamment avec la participation des producteurs intéressés, qui ont pour objet la transformation ou la commercialisation des produits agricoles ou forestiers.** – *[L. n° 60-808 du 5 août 1960, art. 40.]*

Art. L. 623-2 **Lorsqu'il existe, ou s'il est créé des sociétés d'intervention, des sociétés de développement agricole ou d'économie mixte fonctionnant soit au titre du décret n° 53-933 du 30 septembre 1953 relatif au statut, à l'organisation et au fonctionnement des organismes d'intervention économique de caractère privé, soit au titre de l'ordonnance n° 59-248 du 4 février 1959 relative aux sociétés pour le développement de l'industrie, du commerce et de l'agriculture et leur adaptation à la Communauté européenne, leur action peut être décentralisée dans une aire géographique définie correspondant à un produit agricole déterminé.** – *V. cette Ord. au* ***C. sociétés.***

L'objet desdites sociétés consiste en l'exportation, la régularisation des marchés, l'amélioration de la production de produits agricoles définies aux articles L. 551-1 *(Ord. n° 2015-1248 du 7 oct. 2015, art. 1er-II)* **« , L. 552-1 et L. 552-4 ».**

Ces sociétés peuvent comprendre des exportateurs, des producteurs, des groupements de producteurs, des établissements financiers ou des collectivités publiques.

Les conseils d'administration des organismes ainsi décentralisés comprennent obligatoirement, en plus de la représentation des producteurs prévue par les dispositions en vigueur, au moins un administrateur délégué à cet effet par le comité économique agricole intéressant un secteur identique.

(Ord. n° 2010-461 du 6 mai 2010, art. 4) **« Un décret en Conseil d'État » détermine les conditions d'application des présentes dispositions.** – *[L. n° 62-933 du 8 août 1962, art. 18 ; L. n° 60-808 du 5 août 1960, art. 28, fin du 1er al.]*

Relève de la compétence des juridictions administratives l'action intentée par la société interprofessionnelle des oléagineux en paiement de la caution d'un importateur d'huile d'olive sur le marché communautaire, cette demande participant à l'exécution de la mission de service public, confiée à la société. • CE 3 avr. 1998, *Cie générale de garantie et a.*, n° 175221 A : *RD rur. 1998. 545.*

TITRE III CONTRATS ET ACCORDS INTERPROFESSIONNELS PORTANT SUR DES PRODUITS AGRICOLES OU ALIMENTAIRES

(L. n° 2014-1170 du 13 oct. 2014, art. 15-I).

BIBL. GÉN. ▸ Accords interprofessionnels. Organisation interprofessionnelle agricole et Organisation interprofessionnelle des filières agricoles, *DP entr. agric.* - COURADES, Le droit de la concurrence appliqué au secteur agricole : le cadre d'intervention des organisations économiques agricoles, *Thèse Paris I, 2020.* - DANET, Droit et disciplines de production et de commercialisation en agriculture, *Thèse Paris I, 1982.*

COMMENTAIRE

Les accords interprofessionnels agricoles sont des contrats collectifs qui visent à organiser la commercialisation des produits agricoles. Les représentants de la profession agricole et ceux des industries agroalimentaires, voire de la distribution, concluent des accords destinés à adapter la production au marché, d'un point de vue quantitatif mais aussi qualitatif, à assurer la sécurité alimentaire comme à organiser la traçabilité.

Ces accords peuvent également poser dans les filières le cadre de la contractualisation engagée par la loi de modernisation de l'agriculture de 2010 en prévoyant des contrats types qui définissent les conditions de détermination du prix et ses conditions de révision, le calendrier de livraison, un prix plancher, la durée des contrats, les conditions d'adaptation des volumes à la demande. Il s'agit de permettre ainsi la régulation et l'équilibre du marché, de contribuer à la stabilisation des revenus des agriculteurs, tout en veillant désormais à la sécurité du consommateur. Ces accords interprofessionnels complètent l'action des organisations de producteurs et des associations d'organisations de producteurs qui figurent au livre V, et contribuent au développement du potentiel économique de la filière. Ils prolongent dans certains cas des relations établies dans le cadre de contrats d'intégration qui sont réglementés et figurent dans le livre III.

Ces accords, sous réserve que leur objet soit précisément d'organiser favorablement les marchés et de recevoir l'accord unanime des parties qui les ont élaborés, sont susceptibles, après enquête publique, d'être étendus à tous les opérateurs de la filière. Les statuts ou le règlement intérieur peuvent déroger au principe d'unanimité, sous réserve de dispositions expresses visant certaines activités et prévoyant pour celles-ci l'acceptation unanime des seules professions concernées. Les interprofessions « longues » sont ainsi susceptibles de fonctionner plus aisément. L'extension ne peut viser les guides de bonnes pratiques contractuelles.

Ainsi, les pouvoirs publics reconnaissent que les caractéristiques traditionnelles et naturelles du secteur agricole constituent des handicaps justifiant que soit fait obstacle aux initiatives individuelles de professionnels qui, ne se souciant pas du devenir de la filière, risqueraient, par leur action isolée, de ruiner les efforts d'un groupe professionnel qui s'est mobilisé. Ainsi, tout contrat non conforme aux accords interprofessionnels étendus devient nul de plein droit.

Ces accords particulièrement efficaces n'apparaissent pas toujours compatibles avec les règles nationales et communautaires d'organisation des marchés et surtout avec la prohibition des pratiques anticoncurrentielles. Les articles L. 420-1 et L. 420-2 du code de commerce s'appliquent en effet à ces accords soumis au droit commun de la concurrence. Cependant, l'article L. 420-4 du code de commerce permet, par exception, la mise en œuvre de pratiques anticoncurrentielles sous réserve d'une autorisation législative ou réglementaire obtenue si les conditions suivantes sont réunies : il doit être apporté la preuve d'un progrès économique, il doit être réservé aux utilisateurs une part équitable du profit ainsi obtenu, il doit être établi que la concurrence n'a pas été éliminée pour une partie substantielle des produits en cause, et les restrictions imposées à la concurrence doivent apparaître indispensables pour atteindre le progrès envisagé. La loi du 1er février 1995 a permis une mise en œuvre de cette possible dérogation au droit de la concurrence, sous réserve de décrets pris sur proposition des organisations reconnues. Ces décrets sont cependant apparus trop fragiles pour engager des actions en contradiction avec les règles de la concurrence.

La loi du 9 juillet 1999 a en conséquence tenté de sécuriser la pratique des accords interprofessionnels agricoles en permettant expressément d'une part qu'une interprofession spécifique à un produit sous signe d'identification prenne les dispositions portant restriction à la concurrence (art. L. 632-2-II), et en autorisant d'autre part qu'en cas de crise conjoncturelle affectant certains produits agricoles, des mesures temporaires spécifiques puissent porter atteinte à la libre concurrence (art. L. 611-4), cette dernière mesure ayant été complétée par la loi NRE du 15 mai 2001 pour les accords conclus pour des fruits et légumes en période de crise conjoncturelle (art. L. 611-4-1). Ces deux dernières dispositions ont été abrogées par la loi n° 2005-157 du 23 février 2005 ; de tels accords étaient en effets susceptibles d'être sanctionnés, surtout s'ils posaient un système de détermination des prix. En effet, les règles communautaires de concurrence n'ont prévu aucune dérogation pour de tels accords interprofessionnels de nature à affecter le commerce entre les États membres. Il est aujourd'hui proposé aux entreprises commerciales, lors de situations de crise conjoncturelle, la possibilité de conclure un accord avec l'État pour organiser la répercussion de la baisse des produits sur les prix proposés au consommateur.

La loi du 27 juillet 2010 a prévu la soumission des accords incluant un contrat type participant au développement de la contractualisation de la filière à l'Autorité de la concurrence, afin de consolider par ce contrôle préventif l'action des interprofessions. ❑

CHAPITRE I LE RÉGIME CONTRACTUEL EN AGRICULTURE

BIBL. GÉN. ▶ Barbièri, *RD rur. 2010. Étude 17* (négoce agricole et filières). – Néouze, *RD rur. 2015. Dossier 14* (interprofessions et contractualisation).

COMMENTAIRE

La loi n° 64-678 du 6 juillet 1964 a organisé l'économie contractuelle en agriculture. Elle a prévu un système d'accords sur trois niveaux. Des accords interprofessionnels à long terme entre organisations professionnelles les plus représentatives de producteurs et entreprises agroalimentaires doivent régulariser la production et les marchés. Puis, chaque année, des conventions de campagne peuvent préciser les différents programmes prévus dans l'accord à long terme et, enfin, des contrats types peuvent être établis pour réguler les relations individuelles des agriculteurs et des industriels. Ces accords sont susceptibles de recevoir une homologation et une extension à tous les opérateurs de la filière.

Ces dispositions n'ont pas reçu de véritable application parce que, lorsque le dispositif contractuel a été construit, la constitution même des organisations interprofessionnelles aptes à les mettre en place n'a pas été prévue. L'économie contractuelle agricole ne s'est en réalité développée que lorsque les organisations interprofessionnelles reconnues ont été organisées par la loi du 10 juillet 1975. La loi de modernisation du 27 juillet 2010 a cherché à consolider les interprofessions, en clarifiant les règles déterminant leur fonctionnement, en sécurisant leurs moyens d'action et en les incitant à intervenir dans le développement de la contractualisation en agriculture.

La loi du 13 octobre 2014 a adapté la réglementation française au règlement européen n° 1308/2013 du 17 décembre 2013, précisant les conditions d'extension des accords et les critères de représentativité à retenir lorsque le volume de production représenté par ses membres ne peut être évalué. ❑

SECTION 1 Les accords interprofessionnels à long terme *(L. n° 2010-874 du 27 juill. 2010, art. 12-I).*

Les sections 2, 3 et 4 deviennent respectivement les sous-sections 1, 2 et 3 de la section 1 (L. n° 2010-874 du 27 juill. 2010, art. 12-I-2°, JO 28 juill.).

Art. L. 631-1 *(L. n° 2010-874 du 27 juill. 2010, art. 12-I)* **« La présente section » définit les principes du régime contractuel pouvant être appliqué à la commercialisation des productions agricoles et à l'approvisionnement des producteurs agricoles en vue de promouvoir et réglementer les rapports entre producteurs, acheteurs et transformateurs.**

(L. n° 2010-874 du 27 juill. 2010, art. 12-I) **« Elle » s'applique aux productions agricoles susceptibles d'être en tout ou partie transformées, conditionnées ou stockées et dont la commercialisation peut faire l'objet de prévisions échelonnées sur plusieurs années.** – *[L. n° 64-678 du 6 juill. 1964, art. 1er, al. 1er et 2.]*

BIBL. ▶ DANET, *RD rur. 2002. 428* (contrats de production et organisations professionnelles).

Quotas betteraviers. Est fondée la cour d'appel qui relève que la répartition entre les exploitants successifs des quotas betteraviers est du ressort des accords professionnels. • Civ. 3e, 10 avr. 2002, n° 00-14.941 P. ♦ La reprise de terres louées qui n'avaient fait l'objet d'aucune attribution de quotas ne peut donner lieu à un transfert au bailleur. • Civ. 3e, 30 sept. 2015, n° 14-19.763 : *RD rur. 2016, n° 40, note Grimonprez.*

Art. L. 631-2 **Sur proposition ou après avis des organisations professionnelles ou interprofessionnelles compétentes pour chaque produit, le ministre de l'agriculture et le ministre chargé de l'économie établissent, par arrêté interministériel, la liste des produits qui peuvent être soumis aux dispositions** *(L. n° 2010-874 du 27 juill. 2010, art. 12-I)* **« de la présente section ». Ils la révisent et la complètent chaque année dans les mêmes formes. Le retrait d'un produit précédemment inscrit sur la liste ne peut porter atteinte aux contrats en cours d'exécution dans leurs effets entre les parties.** – *[L. n° 64-678 du 6 juill. 1964, art. 1er, al. 3.]*

SOUS-SECTION 1 Contenu des accords interprofessionnels à long terme *(L. n° 2010-874 du 27 juill. 2010, art. 12-I).*

Art. L. 631-3 **Dans le cadre des objectifs prévus par le Plan en ce qui concerne la production et pour faciliter l'écoulement régulier des produits en cause, des accords interprofessionnels à long terme sont conclus, selon les modalités prévues par** *(L.*

n° 2010-874 du 27 juill. 2010, art. 12-I) « la présente section », entre les acheteurs ou leurs groupements et les organismes les plus représentatifs des producteurs à l'échelon national ou à l'échelon régional.

Les organisations représentatives de la coopération agricole, lorsqu'il en existe dans le secteur de production à l'échelon national — ou à l'échelon régional dans le cas d'un accord régional —, participent à la discussion et, éventuellement, à la signature des accords interprofessionnels à long terme.

Les accords interprofessionnels à long terme peuvent être homologués et rendus obligatoires dans les conditions définies aux articles L. 631-9 et L. 631-10.

Les produits soumis aux accords interprofessionnels bénéficient des mesures d'organisation et de soutien des marchés qui régissent la production considérée. — *[L. n° 64-678 du 6 juill. 1964, art. 1er, al. 4 à 7.]*

1. Concurrence. L'engagement de mise en place d'une interprofession est susceptible d'avoir une plus grande efficacité que les sanctions pécuniaires calculées selon la méthode habituelle. • Aut. conc. 5 mai 2015, décis. n° 15-D-08 (pratiques mises en œuvre dans le secteur de la commercialisation de la viande de volaille).

2. Part de marché. Les démarches associant producteurs, industriels et distributeurs doivent être prudentes quand les parties détiennent une part de marché dépassant le seuil de 30 % prévu par le Règl. (UE) n° 330/2010 du 20 avr. 2010 sur les restrictions verticales. • Aut. conc. 3 mai 2018, avis n° 18-A-04.

Art. L. 631-4 L'accord interprofessionnel à long terme est conclu entre organisations professionnelles nationales les plus représentatives pour un produit défini.

Il peut comporter des modalités régionales ou locales permettant d'en adapter les dispositions aux conditions particulières d'une région ou d'une localité déterminée.

A défaut d'accord national, ou s'il s'agit d'un produit typiquement régional, un accord interprofessionnel à long terme peut être conclu à l'échelon régional par les organisations professionnelles représentatives de cet échelon.

A titre transitoire, en l'absence de tout accord interprofessionnel national ou régional, des accords pluriannuels soumis aux dispositions des articles L. 631-6 à L. 631-8 et L. 631-13 peuvent être conclus entre une ou plusieurs entreprises commerciales ou industrielles groupées, d'une part, et des producteurs groupés dans ce but, d'autre part.

L'accord interprofessionnel a pour but, simultanément :

1° De développer les débouchés intérieurs et extérieurs et d'orienter la production afin de l'adapter quantitativement et qualitativement aux besoins des marchés ;

2° D'améliorer la qualité des produits ;

3° De régulariser les prix ;

4° De fixer les conditions générales de l'équilibre du marché et du déroulement des transactions. — *[L. n° 64-678 du 6 juill. 1964, art. 2.]*

Art. L. 631-5 Lorsque, pour un produit donné, il n'existe pas d'accord interprofessionnel qui leur soit applicable, les producteurs agricoles groupés ou agissant à titre individuel et une entreprise industrielle ou commerciale peuvent conclure des contrats suivant les dispositions de l'article L. 631-14.

Les contrats individuels ainsi conclus doivent être remplacés par un contrat collectif, dans les formes prescrites au quatrième alinéa de l'article L. 631-4, lorsque les deux tiers des producteurs agricoles liés par contrat individuel à une même entreprise industrielle ou commerciale en formulent la demande. — *[L. n° 64-678 du 6 juill. 1964, art. 3.]*

Art. L. 631-6 L'accord interprofessionnel à long terme doit définir le produit, les activités et la zone à l'égard desquels il est applicable ; il doit indiquer la durée de son application et les conditions de son renouvellement. Il ne peut porter atteinte au libre choix du cocontractant dans le respect des disciplines communes visées au 2° de l'article L. 631-7.

L'accord interprofessionnel à long terme doit prévoir les critères d'adaptation :

1° De la production aux exigences de la conjoncture économique ;

2° De la commercialisation et de la transformation à l'évolution de la production et du marché. — *[L. n° 64-678 du 6 juill. 1964, art. 4, al. 1er à 4.]*

Art. L. 631-7 L'accord interprofessionnel à long terme fait obligatoirement application des principes généraux suivants :

1° Confrontation préalable des prévisions de la production et des débouchés en vue de les harmoniser ;

2° Définition des disciplines élaborées en commun par les diverses professions intéressées afin d'adapter le produit considéré aux exigences de la mise en marché ;

3° En dehors de leur production propre, obligation pour les acheteurs de s'approvisionner par contrat préalable pour les quantités ressortissant à l'application du 1° ;

4° Sous réserve de la réglementation en vigueur, détermination des modes de fixation des prix entre les parties contractantes en vue d'obtenir un niveau de prix à la production au moins égal à celui du prix de revient établi sur un rendement moyen de plusieurs années. — *[L. n° 64-678 du 6 juill. 1964, art. 4, al. 5 à 9.]*

Art. L. 631-8 L'accord interprofessionnel à long terme doit également comporter, pour chaque produit, des dispositions permanentes relatives :

1° Au cas de force majeure justifiant une exonération partielle ou totale des obligations des parties ;

2° Aux différentes procédures d'arbitrage auxquelles les parties peuvent décider de recourir en vue de régler les litiges intervenant tant entre les organismes signataires qu'entre les personnes intéressées à l'exécution des accords, notamment aux procédures accélérées concernant la mise en œuvre des conventions de campagne ;

3° A la garantie mutuelle de fourniture et de prise en charge des commandes par les organisations professionnelles signataires de l'accord ;

4° *(L. n° 2006-11 du 5 janv. 2006, art. 53-II)* « Aux cotisations professionnelles assises sur le produit et nécessaires à l'élaboration, à la négociation, à la mise en œuvre et au contrôle de la bonne application des accords » ;

5° Aux sanctions et indemnisations s'appliquant en cas d'inexécution partielle ou totale des obligations. — *[L. n° 64-678 du 6 juill. 1964, art. 5.]*

Art. L. 631-9 L'accord interprofessionnel à long terme peut être homologué par arrêté du ministre de l'agriculture après avis du ministre chargé de l'économie. Il est préalablement soumis pour avis *(Ord. n° 2009-325 du 25 mars 2009, art. 8)* « au conseil d'administration de(s) l'établissement(s) mentionné(s) à l'article L. 621-1 ». — *[L. n° 64-678 du 6 juill. 1964, art. 7, al. 1er.]*

Art. L. 631-10 A la demande de toutes les organisations signataires, l'accord interprofessionnel homologué fait l'objet, en vue de son extension, d'une enquête publique *(L. n° 2010-788 du 12 juill. 2010, art. 242-V-5°)* « réalisée conformément au code de l'expropriation pour cause d'utilité publique ».

Au vu des résultats favorables de cette enquête, qui sont rendus publics, et après avis des chambres d'agriculture, de commerce et d'industrie concernées par l'extension de l'accord, un arrêté interministériel peut conférer à tout ou partie des clauses de l'accord un caractère obligatoire à l'égard des producteurs, acheteurs, transformateurs, quel que soit leur statut juridique.

Dans le cas où l'extension de l'accord porte sur l'ensemble du territoire, l'avis visé à l'alinéa précédent est demandé à *(Ord. n° 2022-583 du 20 avr. 2022, art. 1er)* « Chambres d'agriculture France » et à *(Décr. n° 2015-536 du 15 mai 2015, art. 7)* « CCI France ».

Le délai d'exécution des formalités concernant la procédure d'extension ne peut excéder quatre mois.

Toutefois, l'extension d'un accord interprofessionnel ne comportant pas la signature des organisations représentatives de la coopération agricole ne peut être prononcée qu'après accord de l'organisation coopérative nationale représentant la branche de production intéressée. — *[L. n° 64-678 du 6 juill. 1964, art. 7, al. 2 à 6.]*

Art. L. 631-11 Pour les produits soumis à accord, les groupements et organisations liés par des accords interprofessionnels à long terme homologués bénéficient d'avantages et priorités analogues à ceux prévus par le premier alinéa de l'article L. 551-2. — *[L. n° 64-678 du 6 juill. 1964, art. 8.]*

SOUS-SECTION 2 **Les conventions de campagne et les contrats types** *(L. nº 2010-874 du 27 juill. 2010, art. 12-I).*

Art. L. 631-12 L'accord interprofessionnel à long terme prévoit pour son exécution une convention de campagne et un contrat type.

Les dispositions prises par les producteurs en application des articles L. 551-1 à L. 554-2 contribuent à assurer l'exécution des accords, conventions et contrats ainsi conclus. – *[L. nº 64-678 du 6 juill. 1964, art. 6.]*

Art. L. 631-13 La convention de campagne prise pour l'exécution de l'accord interprofessionnel à long terme adapte chaque année les programmes de transformation, de stockage et de commercialisation en fonction des prévisions de production et de débouchés.

Elle fixe ou adapte également chaque année les prix de campagne en fonction des coûts de production ; elle fixe les cotisations et précise les tonnages auxquels elle s'applique.

Pour les productions annuelles, les dispositions relatives à la campagne en cours doivent être arrêtées ou éventuellement avoir fait l'objet de l'arbitrage prévu au 2º de l'article L. 631-8, avant une date permettant aux producteurs d'engager le processus de production. – *[L. nº 64-678 du 6 juill. 1964, art. 9.]*

Art. L. 631-14 Le ministre de l'agriculture établit, en accord avec les professions intéressées – production, industrie, commerce –, des contrats types par produit.

Les professionnels doivent s'y référer chaque fois qu'ils conviennent de régler leurs relations de vendeurs et d'acheteurs par contrat.

L'objet de ces contrats est de garantir, d'une part, aux producteurs-vendeurs l'enlèvement de leur marchandise et son paiement au prix de campagne et, d'autre part, de garantir aux acheteurs l'approvisionnement de leurs entreprises.

Les clauses sanctionnant la qualité et la régularité des fournitures ainsi que celles qui prévoient la participation des producteurs aux profits éventuels des entreprises sont prévues aux contrats, mais librement débattues entre les signataires. – *[L. nº 64-678 du 6 juill. 1964, art. 32.]*

Art. L. 631-15 I. – En cas de cession totale ou partielle d'une entreprise liée par un accord interprofessionnel à long terme, le cédant est tenu, à peine des sanctions prévues à l'article L. 631-8, de mentionner dans l'acte de cession l'existence dudit accord et le cessionnaire doit s'engager à poursuivre l'exécution de l'accord et des contrats conclus dans le cadre de cet accord.

II. – Les créances privilégiées susceptibles de naître à l'occasion d'un accord interprofessionnel à long terme ou d'un contrat type homologués et leur rang sont indiquées au *(Ord. nº 2021-1192 du 15 sept. 2021, art. 34, en vigueur le 1er janv. 2022)* « 4º » de l'article 2331 du code civil, ci-après reproduit :

Art. 2331 (4º) Les fournitures de subsistances faites au débiteur et à sa famille pendant la dernière année et, pendant le même délai, les produits livrés par un producteur agricole dans le cadre d'un accord interprofessionnel à long terme homologué, ainsi que les sommes dues par tout contractant d'un exploitant agricole en application d'un contrat type homologué. – *[L. nº 64-678 du 6 juill. 1964, art. 10.]*

Art. L. 631-16 Lorsqu'une entreprise industrielle ou commerciale, liée par un accord interprofessionnel à long terme homologué, décide de cesser l'activité prévue au contrat, ce contrat ne peut être résilié de son fait qu'après un préavis d'un an, comportant au moins une campagne entière de livraison, sans préjudice des sanctions prévues à l'article L. 631-8. – *[L. nº 64-678 du 6 juill. 1964, art. 11.]*

Art. L. 631-17 La convention de campagne est conclue par les organisations professionnelles signataires de l'accord. Elle peut l'être également dans le cadre de ce dernier et après accord des organisations nationales, par des organisations régionales ou locales, notamment les groupements de producteurs et comités économiques agricoles prévus aux articles L. 551-1 à L. 552-2. – *[L. nº 64-678 du 6 juill. 1964, art. 12.]*

Art. L. 631-18 Entre producteurs et acheteurs, des contrats types homologués en même temps que les conventions de campagne dans les conditions prévues à l'article

L. 631-14 règlent les rapports et transactions portant sur les produits intéressés, en exécution des accords interprofessionnels et des conventions de campagne. – *[L. n° 64-678 du 6 juill. 1964, art. 13.]*

SOUS-SECTION 3 **Dispositions communes** *(L. n° 2010-874 du 27 juill. 2010, art. 12-I).*

Art. L. 631-19 **Lorsque les accords interprofessionnels à long terme ont reçu un caractère obligatoire par application de l'article L. 631-10, ce caractère obligatoire vaut pour les conventions de campagne et les contrats types.** – *[L. n° 64-678 du 6 juill. 1964, art. 14.]*

Art. L. 631-20 **Lorsqu'un accord interprofessionnel à long terme a été homologué ou étendu, conformément aux dispositions des articles L. 631-9 et L. 631-10, les dépenses qu'il prévoit sont financées par les parties soumises à l'accord.**

Les recettes correspondant à ces dépenses sont recouvrées selon les modalités prévues par l'ordonnance n° 59-2 du 2 janvier 1959 portant loi organique relative aux lois de finances. Elles sont affectées par les organisations professionnelles contractantes aux études et contrôles techniques et économiques, aux actions tendant au développement des débouchés et à la régularisation des prix pour les quantités prévues dans l'accord interprofessionnel à long terme et les conventions de campagne.

En cas de désaccord entre les organisations professionnelles contractantes, le ministre de l'agriculture procède à cette affectation.

La même procédure peut s'appliquer à la perception et au recouvrement des sommes dues à raison des clauses libératoires et du non respect des accords.

Les organisations professionnelles peuvent faire appel à l'État pour assurer tout ou partie de leurs actions de contrôle. Dans cette hypothèse, la rémunération des services rendus est, conformément à l'article 5 de l'ordonnance n° 59-2 du 2 janvier 1959 précitée, instituée par décret pris en Conseil d'État, sur le rapport du ministre de l'agriculture et du ministre chargé de l'économie qui peut en affecter le produit à un fonds de concours particulier. – *[L. n° 64-678 du 6 juill. 1964, art. 15.]*

Art. L. 631-21 **Lorsque leur participation a été formellement stipulée dans les accords interprofessionnels, les caisses de crédit agricole sont autorisées dans les conditions prévues par décrets, pour l'exécution des accords, conventions et contrats homologués, à participer au financement des programmes de commercialisation ou de report des quantités contractées prévues par ces accords.** – *[L. n° 64-678 du 6 juill. 1964, art. 16.]*

Art. L. 631-22 **Les enquêtes statistiques nécessitées par les accords interprofessionnels conclus en application** *(L. n° 2010-874 du 27 juill. 2010, art. 12-I)* **« de la présente section » bénéficient des dispositions de la loi n° 51-711 du 7 juin 1951 sur l'obligation, la coordination et le secret en matière de statistiques.** – *[L. n° 64-678 du 6 juill. 1964, art. 25.]*

Art. L. 631-23 **Des décrets en Conseil d'État précisent** *(Abrogé par Ord. n° 2010-461 du 6 mai 2010, art. 7)* *«, **en tant que de besoin,** »* **les modalités d'application** *(L. n° 2010-874 du 27 juill. 2010, art. 12-I)* **« de la présente section ». Ces décrets déterminent, notamment, les conditions et délais dans lesquels doivent être adaptés aux dispositions des** *(L. n° 2010-874 du 27 juill. 2010, art. 12-I)* **« sous-sections 1 à 3 de la présente section » et des articles L. 326-1 à L. 326-10 les accords interprofessionnels en cours d'exécution et déjà homologués par le ministre de l'agriculture en application de l'article L. 631-14.** – *[L. n° 64-678 du 6 juill. 1964, art. 28.]*

SECTION 2 **Les contrats de vente de produits agricoles**

(L. n° 2010-874 du 27 juill. 2010, art. 12-I)

BIBL. GÉN. ► BARBIÈRI, *RD rur. 2011. Étude 51* (contrat de vente durable). - DEPASSE, *RD rur. 2015. Dossier 19* (contractualisation hors secteur coopératif et déséquilibre significatif des obligations). - DERVILLERS, *RD rur. 2015. Dossier 18* (contractualisation dans le secteur non coopératif). - FABRÈGUE, *RD rur. 2011. Dossier 23* (contractualisation dans la loi du 27 juill. 2010, l'exemple du secteur laitier). - GRIMONPREZ, *CCC 2010. Étude 12* (loi du 27 juill. 2010) ; *RD rur. 2012. Focus 140* (contractualisation : deux ans plus tard). - MANTEAU, *RD rur. 2015.*

Dossier 17 (transfert des contrats de production). – MEZEN, *RTD com. 2012. 693* (la vente de produits agricoles : un contrat de distribution en matière agricole. L. du 27 juill. 2010). – NÉOUZE, *RD rur. 2015. Dossier 14* (interprofessions et contractualisation) ; *RD rur. 2019. Dossier 20* (les contrats de vente de produits agricoles après la L. du 30 oct. 2018). – RIEM, CCC *2021. Alerte 36* (loi EGAlm^2, exposé des motifs). – SALVAT, *RD rur. 2020. Étude 10* (la nature des contrats de première commercialisation des produits agricoles).

COMMENTAIRE

Afin de pérenniser le potentiel de production et la situation des exploitants dans un contexte de marchés où l'agriculteur a un pouvoir de négociation en général faible, le développement de la conclusion de contrats de vente écrits entre producteurs et acheteurs vise à sécuriser le volume d'affaires des agriculteurs, à faire face à la volatilité des prix, à faire en sorte que l'exploitant connaisse mieux ses revenus et puisse en conséquence sécuriser ses investissements. Mais il n'a pas été prévu de faire que ce système puisse constituer une garantie de revenus pour les agriculteurs. Le système des contrats est une technique de consolidation de la production que l'Autorité de la concurrence avait préconisée pour le secteur laitier (avis du 2 octobre 2009).

Un dispositif issu de la loi du 27 juillet 2010 a posé un cadre pour les relations contractuelles en rendant obligatoires des contrats écrits dont le contenu était normalisé. Ce premier système a été modifié par les lois du 17 mars et 30 octobre 2014, par l'ordonnance du 7 octobre 2015 puis par la loi du 9 décembre 2016, sans que le déséquilibre entre les cocontractants ne se réduise réellement. L'ensemble a donc été refondu par la loi n° 2018-938 du 30 octobre 2018 pour l'équilibre des relations commerciales dans le secteur agricole et alimentaire et une alimentation saine, durable et accessible à tous (JO 1er nov.) dans le même souci de donner un meilleur équilibre aux relations dans la chaîne d'approvisionnement alimentaire avec un partage de valeur plus favorable aux producteurs agricoles. Ce dispositif a complété les dispositions du règlement (UE) 2017/2393 du 13 décembre 2017 « Omnibus » qui visait également à mieux partager la valeur dans les contrats et renforcer la position des agriculteurs. La loi n° 2021-1357 du 18 octobre 2021 est intervenue à nouveau pour agir sur l'équilibre des relations commerciales dans la chaîne alimentaire, toujours dans l'objectif pas encore atteint d'assurer à l'agriculteur une plus juste rémunération. La répétition des interventions du législateur en la matière établit sa difficulté à parvenir à un résultat effectif dans ses démarches protectrices du revenu de l'agriculteur, dans un contexte où le rapport des forces sur les marchés concernés reste peu équilibré.

I. La loi du 30 octobre 2018 reprend le projet d'harmonisation des contrats et soutient le regroupement des exploitants pour leur permettre de mieux négocier, mais prévoit un nouveau schéma, en posant une inversion de la construction du prix pour faire en sorte que les acheteurs acceptent des prix en lien avec le coût de production. Ainsi, le contrat doit être précédé d'une proposition écrite du producteur, de l'organisation de producteurs et/ou de l'association d'organisations de producteurs, contenant les critères et modalités de détermination du prix, à partir d'indicateurs relatifs aux coûts de production et à leur évolution en rapport avec les prix constatés sur les marchés définis par les interprofessions et adaptés aux filières. De plus, en cas de mandat de commercialisation sans transfert de propriété donné par le producteur, l'acheteur ne peut déroger à l'accord cadre écrit conclu par l'organisation de producteurs ou l'association d'organisations de producteurs.

Il est prévu la conclusion d'un contrat écrit entre le producteur ou l'organisation de producteurs et le premier acheteur, avec un ensemble de mentions obligatoires telles que le prix ou les conditions de sa détermination comme de sa révision, la durée, les volumes et caractéristiques des produits à livrer, les modalités de collecte des produits, les modalités de paiement, les règles en cas de force majeure, le délai de préavis et les indemnités en cas de résiliation.

Ces contrats sont rendus obligatoires par extension d'un accord professionnel, et à défaut seulement par décret en Conseil d'État. Ce principe de subsidiarité avait été consacré et a été maintenu, puisque l'interprofession doit en priorité assurer la contractualisation et en déterminer les conditions. L'obligation réglementaire ne survient qu'en cas de carence de l'interprofession.

Il faut relever que ces dispositions d'ordre public ne s'appliquent pas aux relations des coopératives avec leurs associés coopérateurs, ni aux ventes directes aux consommateurs, ni aux cessions au bénéfice d'organisations caritatives, ni aux cessions à prix ferme dans les marchés physiques de gros, ni aux relations entre les organisations de producteurs ou associations d'organisations de producteurs avec les producteurs, sous réserve que ces organismes disposent de protections équivalentes aux clauses du dispositif contractuel applicable aux produits agricoles.

Dans l'hypothèse où l'acheteur conclut ensuite un nouveau contrat de vente portant sur un ou plusieurs produits agricoles acquis d'un producteur, ce contrat de vente doit faire références aux indicateurs du contrat d'achat conclu pour l'acquisition de celui-ci.

Des sanctions (amendes administratives) sont prévues en cas d'irrespect de ces dispositions, tant pour l'absence de contrat que pour une irrégularité du contrat.

La clause de renégociation des contrats a été étendue par la loi du 30 octobre 2018, et s'applique sur le fondement d'un ou plusieurs des indicateurs des prix des produits agricoles ou alimentaires (C. com., art. L. 441-8).

II. La loi n° 2021-1357 du 18 octobre 2021 modifie de nouveau le système en instaurant le principe de la contractualisation obligatoire écrite pour la relation du producteur et de son premier acheteur : ce contrat doit être conclu pour au moins trois ans, et il doit contenir des modalités de révision des prix automatiques sur la base d'indicateurs de production. Les clauses d'alignement automatiques sur les prix de la concurrence sont interdites. Le texte prévoit des exceptions à l'application de ce système, en particulier pour laisser place aux accords interprofessionnels. ❑

L'art. 1er de la L. n° 2021-1357 du 18 oct. 2021 est applicable aux accords-cadres et contrats conclus à compter d'une date fixée par décret, pour chaque filière, et au plus tard le 1er janv. 2023. Les accords-cadres et contrats en cours à la date d'entrée en vigueur de l'art. 1er doivent être mis en conformité avec l'art. L. 631-24 lors de leur prochain renouvellement, et au plus tard un an après l'entrée en vigueur de l'art. 1er. Les organisations de producteurs, les associations d'organisations de producteurs ou les producteurs concernés proposent aux acheteurs un avenant à cet effet ou leur demandent par écrit de leur proposer cet avenant. Toutefois, les contrats établis sur la base d'un contrat-type défini dans le cadre d'un accord interprofessionnel étendu peuvent être renouvelés ou prolongés avant la mise en conformité de ce contrat-type. Ils doivent en toute hypothèse être mis en conformité au plus tard un an après l'entrée en vigueur du même art. 1er (L. n° 2021-1357 du 18 oct. 2021, art. 16-I).

V., fixant la date d'entrée en vigueur anticipée, pour les filières bovine, porcine et du lait cru de brebis, de chèvre et de vache, des dispositions de l'art. 1er de la L. n° 2021-1357 du 18 oct. 2021 prévoyant notamment une modification de l'art. L. 631-24 pour rendre obligatoire la conclusion d'un contrat écrit pour la vente de produits agricoles à un premier acheteur, Décr. n° 2021-1416 du 29 oct. 2021 (JO 30 oct.).

Art. L. 631-24 *(L. n° 2021-1357 du 18 oct. 2021, art. 1er)* **« I. — Tout contrat de vente de produits agricoles livrés sur le territoire français est conclu sous forme écrite et est régi, dans le respect des articles 1365 et 1366 du code civil, par le présent article.**

« Le présent article et les articles L. 631-24-1 à L. 631-24-3 ne s'appliquent ni aux ventes directes au consommateur, ni aux cessions réalisées au bénéfice des organisations caritatives pour la préparation de repas destinés aux personnes défavorisées, ni aux cessions à prix ferme de produits agricoles sur les carreaux affectés aux producteurs et situés au sein des marchés d'intérêt national définis à l'article L. 761-1 du code de commerce ou sur d'autres marchés physiques de gros de produits agricoles.

« Un décret en Conseil d'État peut fixer un ou plusieurs seuils de chiffre d'affaires en-dessous desquels le présent article n'est pas applicable aux producteurs ou aux acheteurs de produits agricoles. Ces seuils peuvent, le cas échéant, être adaptés par produit ou par catégorie de produits. » — *V. art. R. 631-6.*

(L. n° 2018-938 du 30 oct. 2018, art. 1er) **II. — La conclusion d'un contrat de vente écrit relatif à la cession à leur premier acheteur de produits agricoles figurant à l'annexe I du règlement (UE) n° 1308/2013 du Parlement européen et du Conseil du 17 décembre 2013 portant organisation commune des marchés des produits agricoles et abrogeant les règlements (CEE) n° 922/72, (CEE) n° 234/79, (CE) n° 1037/2001 et (CE) n° 1234/2007 du Conseil destinés à la revente ou à la transformation en vue**

de la revente est précédée d'une proposition du producteur agricole *(Abrogé par L. nº 2021-1357 du 18 oct. 2021, art. 1er)* *« sauf si, dans le cas où la conclusion d'un contrat écrit n'est pas obligatoire, celui-ci exige de l'acheteur une offre de contrat écrit, conformément au 1 bis des articles 148 et 168 du même règlement »*.

Lorsque le producteur a donné mandat à une organisation de producteurs reconnue dont il est membre ou à une association d'organisations de producteurs reconnue à laquelle appartient l'organisation de producteurs dont il est membre pour négocier la commercialisation de ses produits sans qu'il y ait transfert de leur propriété, la conclusion par lui d'un contrat écrit avec un acheteur pour la vente des produits en cause est *(L. nº 2021-1357 du 18 oct. 2021, art. 1er ; L. nº 2023-221 du 30 mars 2023, art. 21)* « précédée de la conclusion et est subordonnée » au respect des stipulations de l'accord-cadre écrit avec cet acheteur par l'organisation de producteurs ou l'association d'organisations de producteurs. L'organisation de producteurs ou l'association d'organisations de producteurs propose à l'acheteur un accord-cadre écrit conforme aux prescriptions du présent article. La proposition de contrat ou d'accord-cadre écrit est le socle unique de la négociation au sens de l'article *(Ord. nº 2019-698 du 3 juill. 2019, art. 8)* « L. 441-1 » du code de commerce. Tout refus de la proposition de contrat ou d'accord-cadre écrit par le premier acheteur ainsi que toute réserve sur un ou plusieurs éléments de cette proposition doivent être motivés et transmis à l'auteur de la proposition dans un délai raisonnable au regard de la production concernée.

III. — La proposition de contrat ou d'accord-cadre écrit mentionnée au II et le contrat ou l'accord-cadre écrit conclu comportent *a minima* les clauses relatives :

(L. nº 2021-1357 du 18 oct. 2021, art. 1er) « 1° Au prix et aux modalités de révision automatique, à la hausse ou à la baisse, de ce prix, selon une formule librement déterminée par les parties, ou aux critères et modalités de détermination du prix, parmi lesquels la pondération des indicateurs mentionnés au quinzième alinéa du présent III ; »

2° A la quantité *(L. nº 2021-1357 du 18 oct. 2021, art. 1er)* « totale », à l'origine et à la qualité des produits concernés qui peuvent ou doivent être livrés ;

3° Aux modalités de collecte ou de livraison des produits ;

4° Aux modalités relatives aux procédures et délais de paiement ;

5° A la durée du contrat ou de l'accord-cadre *(L. nº 2021-1357 du 18 oct. 2021, art. 1er)* « , qui ne peut être inférieure à trois ans » ;

6° Aux règles applicables en cas de force majeure ;

7° Au délai de préavis et à l'indemnité éventuellement applicables dans les différents cas de résiliation du contrat. Dans l'hypothèse où la résiliation est motivée par une modification du mode de production, le délai de préavis et l'indemnité éventuellement applicables sont réduits. *(L. nº 2021-1357 du 18 oct. 2021, art. 1er)* « En cas d'aléa sanitaire ou climatique exceptionnel indépendant de la volonté des parties, aucune pénalité ne peut être imposée à un producteur ne respectant pas les volumes prévus au contrat.

« La durée minimale des contrats de vente et accords-cadres mentionnée au 5° du présent III peut être augmentée jusqu'à cinq ans par extension d'un accord interprofessionnel en application de l'article L. 632-3 ou, à défaut, par décret en Conseil d'État. L'accord interprofessionnel ou le décret en Conseil d'État peut prévoir que la durée minimale des contrats portant sur un produit dont le producteur a engagé la production depuis moins de cinq ans est augmentée, dans la limite de deux ans. Un producteur peut renoncer, expressément et par écrit, à ces augmentations de la durée minimale du contrat.

« Les contrats portant sur un produit dont le producteur a engagé la production depuis moins de cinq ans ne peuvent être résiliés par l'acheteur avant le terme de la période minimale, sauf en cas d'inexécution par le producteur ou en cas de force majeure. Ils fixent la durée de préavis applicable en cas de non-renouvellement.

« Lorsqu'un acheteur a donné son accord à la cession d'un contrat par le producteur à un autre producteur engagé dans la production depuis moins de cinq ans, la durée restant à courir du contrat cédé, si elle est inférieure à la durée minimale fixée en application du présent III, est prolongée pour atteindre cette durée.

« Sont considérés comme un producteur ayant engagé une production depuis moins de cinq ans l'exploitant qui s'est installé ou a démarré une nouvelle production au cours de cette période ainsi qu'une société agricole intégrant un nouvel associé répondant aux conditions fixées au présent alinéa et détenant au moins 10 % de son capital social.

« Un décret en Conseil d'État précise les produits considérés comme relevant de la même production pour l'application du présent article.

« Les dispositions relatives à la durée minimale du contrat prévues au présent III ne sont applicables ni aux produits soumis à accises, ni aux raisins, moûts et vins dont ils résultent.

« La proposition de contrat ou d'accord-cadre constitue le socle de la négociation entre les parties. Au titre des critères et modalités de révision ou de détermination du prix mentionnés au 1° du présent III, elle prend en compte un ou plusieurs indicateurs relatifs aux coûts pertinents de production en agriculture et à l'évolution de ces coûts. Dans le contrat ou dans l'accord-cadre, les parties définissent librement ces critères et ces modalités de révision ou de détermination du prix en y intégrant, outre le ou les indicateurs issus du socle de la proposition », un ou plusieurs indicateurs relatifs aux prix des produits agricoles et alimentaires constatés sur le ou les marchés sur lesquels opère l'acheteur et à l'évolution de ces prix ainsi qu'un ou plusieurs indicateurs relatifs aux quantités, à la composition, à la qualité, à l'origine et à la traçabilité des produits ou au respect d'un cahier des charges. Dans le cadre de leurs missions et conformément au règlement (UE) n° 1308/2013 du Parlement européen et du Conseil du 17 décembre 2013 précité, les organisations interprofessionnelles élaborent et *(L. n° 2021-1357 du 18 oct. 2021, art. 1er)* « publient » des indicateurs, qui servent d'indicateurs de référence. Elles peuvent, le cas échéant, s'appuyer sur l'observatoire mentionné à l'article L. 682-1 ou sur l'établissement mentionné à l'article L. 621-1. *(L. n° 2021-1357 du 18 oct. 2021, art. 1er)* « A défaut de publication, par une organisation interprofessionnelle, des indicateurs de référence dans les quatre mois suivant la promulgation de la loi n° 2021-1357 du 18 octobre 2021 visant à protéger la rémunération des agriculteurs, les instituts techniques agricoles les élaborent et les publient dans les deux mois suivant la réception d'une telle demande formulée par un membre de l'organisation interprofessionnelle. »

Les contrats, accords-cadres et propositions de contrat et d'accord-cadre mentionnés au premier alinéa du présent III comportent également, le cas échéant, la clause mentionnée à l'article L. 441-8 du code de commerce et celle prévue à l'article 172 *bis* du règlement (UE) n° 1308/2013 du Parlement européen et du Conseil du 17 décembre 2013 précité.

(L. n° 2021-1357 du 18 oct. 2021, art. 1er) « Les contrats, accords-cadres et propositions de contrat et d'accord-cadre mentionnés au premier alinéa du présent III ne comportent pas de clauses ayant pour effet une renégociation ou une modification automatique du prix liée à l'environnement concurrentiel. »

IV. — La proposition d'accord-cadre écrit et l'accord-cadre conclu mentionnés au premier alinéa du III précisent en outre :

1° La quantité totale, l'origine et la qualité des produits agricoles à livrer par les producteurs membres de l'organisation ou les producteurs représentés par l'association ;

2° La répartition des quantités à livrer entre les producteurs membres de l'organisation ou les producteurs représentés par l'association et les modalités de cession des contrats ;

3° Les modalités de gestion des écarts entre le volume ou la quantité à livrer et le volume ou la quantité effectivement livrés par les producteurs membres de l'organisation ou les producteurs représentés par l'association ;

4° Les règles organisant les relations entre l'acheteur et l'organisation de producteurs ou l'association d'organisations de producteurs, notamment les modalités de la négociation sur les quantités et le prix ou les modalités de détermination du prix entre l'acheteur et l'organisation de producteurs ou l'association d'organisations de producteurs ;

5° Les modalités de transparence instaurées par l'acheteur auprès de l'organisation de producteurs ou de l'association d'organisations de producteurs, précisant les modalités de prise en compte des indicateurs figurant dans le contrat conclu avec l'acheteur en application de l'article L. 631-24-1.

L'acheteur transmet chaque mois à l'organisation de producteurs ou à l'association d'organisations de producteurs avec laquelle un accord-cadre a été conclu les éléments figurant sur les factures individuelles des producteurs membres ayant donné un mandat de facturation à l'acheteur et l'ensemble des critères et modalités de détermination du prix d'achat aux producteurs. Les modalités de transmission de ces informations sont précisées dans un document écrit.

V. – Pour les volumes en cause, l'établissement de la facturation par le producteur est délégué à l'organisation de producteurs ou à l'association d'organisations de producteurs commercialisant ses produits. Lorsque les membres de cette organisation ou de cette association réunis en assemblée générale le décident, ou à défaut d'organisation de producteurs ou d'association d'organisations de producteurs, cette facturation peut être déléguée à un tiers ou à l'acheteur. Dans tous les cas, l'établissement de la facturation fait l'objet d'un mandat écrit distinct et qui ne peut être lié au contrat.

Le mandat de facturation est renouvelé chaque année par tacite reconduction.

Le producteur peut révoquer ce mandat à tout moment, sous réserve d'un préavis d'un mois.

VI. – *(L. n° 2021-1357 du 18 oct. 2021, art. 1er)* « Sans préjudice du 5° du III, » le contrat écrit ou l'accord-cadre écrit est prévu pour une durée, le cas échéant, au moins égale à la durée minimale fixée par un accord interprofessionnel étendu en application de l'article L. 632-3 et est renouvelable par tacite reconduction pour une période équivalente, sauf stipulations contraires. Il fixe la durée de préavis applicable en cas de non-renouvellement. Lorsque ce préavis émane de l'acheteur, il ne peut être inférieur à trois mois.

VII. – La proposition de contrat ou la proposition d'accord-cadre soumise à l'acheteur en application du II par le producteur agricole, l'organisation de producteurs ou l'association d'organisations de producteurs est annexée au contrat écrit ou à l'accord-cadre écrit.

(L. n° 2021-1357 du 18 oct. 2021, art. 1er) « VIII. – Lorsque le contrat ou l'accord-cadre ne comporte pas de prix déterminé, l'acheteur communique au producteur et à l'organisation de producteurs ou à l'association d'organisations de producteurs, avant le premier jour de la livraison des produits concernés par le contrat, de manière lisible et compréhensible, le prix qui sera payé. » *(L. n° 2023-221 du 30 mars 2023, art. 21)* « Le présent VIII n'est pas applicable aux contrats de vente comportant des stipulations justifiant de les qualifier de contrats financiers, au sens du III de l'article L. 211-1 du code monétaire et financier, ou comportant une indexation à de tels contrats ou des stipulations qui prévoient la conclusion d'un contrat financier pour la détermination du prix. Il ne s'applique pas non plus aux contrats conclus par les collecteurs mentionnés à l'article L. 666-1 du présent code lorsqu'ils prévoient une indexation conformément au 1° du III du présent article, en l'absence de contrat financier de référence.

« IX. – Pour déterminer les indicateurs utilisés au titre du présent article, les parties peuvent notamment s'appuyer sur les modalités de fixation du prix des systèmes de garantie et des labels de commerce équitable définis à l'article 60 de la loi n° 2005-882 du 2 août 2005 en faveur des petites et moyennes entreprises. »

Dans la clause de prix des contrats de vente de produits agricoles mentionnés à l'art. L. 631-24, les parties peuvent convenir de bornes minimales et maximales entre lesquelles les critères et les modalités de détermination ou de révision du prix, intégrant notamment un ou plusieurs indicateurs relatifs aux coûts pertinents de production en agriculture, produisent leurs effets (L. n° 2021-1357 du 18 oct. 2021, art. 2-I) ; V., fixant les conditions d'une expérimentation de l'utilisation obligatoire d'un modèle de rédaction de la clause mentionnée au I de l'art. 2 de la loi du 18 oct. 2021 en ce qui concerne la viande bovine, Décr. n° 2021-1415 du 29 oct. 2021 (JO 30 oct.).

V. aussi Décr. n° 2021-1426 du 29 oct. 2021 fixant la liste des produits alimentaires, catégories de produits alimentaires ou produits destinés à l'alimentation des animaux de compagnie exclus du champ d'application de l'art. L. 441-1-1 du code de commerce (JO 31 oct.), mod. par Décr. n° 2022-1325 du 13 oct. 2022 (JO 16 oct.) ; Arr. du 31 juill. 2023 fixant la liste des produits agricoles et alimentaires pour lesquels le I de l'art. L. 441-8 du code de commerce n'est pas applicable (JO 4 août), mod. par Arr. du 15 févr. 2024 (JO 27 févr.).

Sur les coopératives et la contractualisation, V. Avis du Haut Conseil de la coopération agricole n° 2-2012-2 du 26 juin 2012 (www.hcca.coop).

BIBL. ▶ AUBIN-BROUTÉ, *RD rur. 2017. Étude 33* (contrats de vente de produits agricoles et droit commun des contrats). – NOSSEREAU, *RD rur. 2022. Étude 36* (la contractualisation coopérative agricole). – VALMARY, *Gaz. Pal. 10 oct. 2023, p. 9* (standardisation du contrat de vente des produits agricoles).

Art. L. 631-24-1 *(L. nº 2018-938 du 30 oct. 2018, art. 1er)* **Lorsque l'acheteur revend des produits agricoles ou des produits alimentaires comportant un ou plusieurs produits agricoles, le contrat de vente prend en compte les indicateurs mentionnés** *(L. nº 2021-1357 du 18 oct. 2021, art. 1er)* **« au quinzième » alinéa du III de l'article L. 631-24 figurant dans le contrat d'achat conclu pour l'acquisition de ces produits.**

Dans l'hypothèse où le contrat conclu pour l'acquisition de ces produits comporte un prix déterminé, le contrat de vente mentionné au premier alinéa du présent article prend en compte un ou plusieurs indicateurs relatifs aux prix des produits agricoles concernés.

L'acheteur communique à son fournisseur, selon la fréquence convenue entre eux et mentionnée dans le contrat écrit ou l'accord-cadre écrit, l'évolution des indicateurs relatifs aux prix des produits agricoles et alimentaires constatés sur les marchés sur lesquels il opère.

Art. L. 631-24-2 *(L. nº 2021-1357 du 18 oct. 2021, art. 1er)* **Par dérogation au I de l'article L. 631-24, en vertu de l'extension d'un accord interprofessionnel en application de l'article L. 632-3 ou, en l'absence d'accord étendu, en vertu d'un décret en Conseil d'État qui précise les produits ou catégories de produits concernés, pris après concertation avec les organisations interprofessionnelles compétentes, le contrat de vente ou l'accord-cadre peut ne pas être conclu sous forme écrite. Dans cette hypothèse, si le contrat est tout de même conclu sous forme écrite, il est régi par l'article L. 631-24, à l'exception du 5° du III du même article L. 631-24. Lorsque la durée du contrat est inférieure à trois ans, par dérogation au 1° du même III, il peut ne pas comporter de clause relative aux modalités de révision automatique, à la hausse ou à la baisse, du prix fixe. La durée du contrat peut alors tenir compte de la durée des contrats par lesquels l'acheteur revend des produits comportant un ou plusieurs produits agricoles.**

Au cas où un accord est adopté et étendu après la publication du décret en Conseil d'État mentionné au premier alinéa du présent article, l'application de celui-ci est suspendue pendant la durée de l'accord.

Pour les produits ou catégories de produits agricoles pour lesquels il n'existe pas d'interprofession représentative, la dérogation prévue au même premier alinéa fait l'objet d'une demande, motivée et accompagnée de toutes données utiles à l'appréciation de sa pertinence, par une organisation professionnelle représentant des producteurs.

Dans le cas où la conclusion d'un contrat écrit n'est pas obligatoire, le producteur peut exiger de l'acheteur une offre de contrat écrit, conformément au 1 *bis* des articles 148 et 168 du règlement (UE) nº 1308/2013 du Parlement européen et du Conseil du 17 décembre 2013 portant organisation commune des marchés des produits agricoles et abrogeant les règlements (CEE) nº 922/72, (CEE) nº 234/79, (CE) nº 1037/2001 et (CE) nº 1234/2007 du Conseil. — *V. art. R. 631-6-1.*

Art. L. 631-24-3 *(L. nº 2018-938 du 30 oct. 2018, art. 1er)* **I. — Les articles L. 631-24 à L. 631-24-2 sont d'ordre public.**

II. — Les articles L. 631-24 à L. 631-24-2 ne sont pas applicables aux relations des sociétés coopératives agricoles mentionnées à l'article L. 521-1 avec leurs associés coopérateurs, non plus qu'aux relations entre les organisations de producteurs et associations d'organisations de producteurs bénéficiant d'un transfert de propriété des produits qu'elles commercialisent et les producteurs membres si leurs statuts, leur règlement intérieur ou des règles ou décisions prévues par ces statuts ou en découlant comportent des dispositions produisant des effets similaires à ceux des clauses mentionnées au III de l'article L. 631-24. Un exemplaire de ces documents est remis aux associés coopérateurs ou aux producteurs membres de l'organisation de producteurs ou de l'association d'organisations de producteurs en cause.

Lorsque la coopérative, l'organisation de producteurs ou l'association d'organisations de producteurs commercialise des produits agricoles dont elle est propriétaire ou des

produits alimentaires comportant un ou plusieurs produits agricoles livrés par ses membres, le contrat de vente prend en compte les indicateurs utilisés pour la rémunération des apports des producteurs ou, en cas de prix déterminé, relatifs aux prix des produits agricoles concernés.

Lorsqu'une entreprise commercialise des produits agricoles ou des produits alimentaires comportant un ou plusieurs produits agricoles livrés dans le cadre d'un contrat d'intégration conclu, au sens des articles L. 326-1 à L. 326-10, entre un producteur agricole et cette entreprise, le contrat de vente prend en compte, le cas échéant, les indicateurs utilisés et mentionnés dans le contrat d'intégration qui les lie.

III. — Les articles L. 631-24 à L. 631-24-2 ne sont pas applicables aux contrats passés avec les entreprises sucrières par les producteurs de betteraves ou de canne à sucre.

(L. n° 2021-1357 du 18 oct. 2021, art. 1er) « Toutefois, dans le cadre de leurs missions et conformément au règlement (UE) n° 1308/2013 du Parlement européen et du Conseil du 17 décembre 2013 portant organisation commune des marchés des produits agricoles et abrogeant les règlements (CEE) n° 922/72, (CEE) n° 234/79, (CE) n° 1037/2001 et (CE) n° 1234/2007 du Conseil, les organisations interprofessionnelles élaborent et publient les indicateurs mentionnés au quinzième alinéa du III de l'article L. 631-24 du présent code. »

IV. — Les contrats types définis dans le cadre d'accords interprofessionnels étendus dans les conditions prévues aux articles L. 632-3 et L. 632-4 peuvent préciser et compléter les clauses mentionnées au III de l'article L. 631-24.

Art. L. 631-24-4 *(L. n° 2016-1691 du 9 déc. 2016, art. 95)* Pendant une période de sept ans à compter de la publication de la loi n° 2016-1691 du 9 décembre 2016 relative à la transparence, à la lutte contre la corruption et à la modernisation de la vie économique, les contrats conclus entre producteurs et acheteurs mentionnés à l'article L. 631-24 et les obligations qui en découlent lorsqu'ils portent sur l'achat de lait de vache ne peuvent, à peine de nullité, faire l'objet d'une cession à titre onéreux, totale ou partielle.

Les dispositions du présent article sont d'ordre public. — *Les art. L. 631-24-1 et L. 631-24-2 deviennent, respectivement, les art. L. 631-24-4 et L. 631-24-5 (L. n° 2018-938 du 30 oct. 2018, art. 1er).*

COMMENTAIRE

La pratique de cession des contrats de vente de lait a été sanctionnée par la loi du 9 décembre 2016 relative à la transparence, à la lutte contre la corruption et à la modernisation de la vie économique. Acheter de tels contrats permettait à un producteur de stabiliser ses ventes et donc sa production sur un volume accru. Ces cessions ont d'une part constitué une nouvelle charge pesant sur la production et sur l'installation de nouveaux agriculteurs, et d'autre part contribué à une forme de restructuration générant des déséquilibres entre exploitations et entre territoires. ❑

Art. L. 631-24-5 *(L. n° 2016-1691 du 9 déc. 2016, art. 95)* Pendant une période de sept ans à compter de la publication de la loi n° 2016-1691 du 9 décembre 2016 relative à la transparence, à la lutte contre la corruption et à la modernisation de la vie économique, les contrats conclus entre producteurs et acheteurs mentionnés à l'article L. 631-24 et les obligations qui en découlent lorsqu'ils portent sur l'achat de lait autre que le lait de vache ne peuvent, à peine de nullité, faire l'objet d'une cession à titre onéreux, totale ou partielle.

Les dispositions du présent article sont d'ordre public. — *Les art. L. 631-24-1 et L. 631-24-2 deviennent, respectivement, les art. L. 631-24-4 et L. 631-24-5 (L. n° 2018-938 du 30 oct. 2018, art. 1er).*

Art. L. 631-25 *(L. n° 2018-938 du 30 oct. 2018, art. 2)* Est passible d'une amende administrative, dont le montant ne peut être supérieur à 2 % du chiffre d'affaires hors taxes du dernier exercice clos ou, dans le cas des organisations de producteurs ou associations d'organisations de producteurs assurant la commercialisation des produits sans transfert de propriété, à 2 % du chiffre d'affaires agrégé de l'ensemble des producteurs dont elles commercialisent les produits :

1° Le fait, pour un producteur, une organisation de producteurs, une association d'organisations de producteurs ou un acheteur de produits agricoles de conclure un contrat écrit ou un accord-cadre écrit ne comportant pas toutes les clauses mentionnées à l'article L. 631-24 ou comprenant une délégation de facturation en méconnaissance du V du même article L. 631-24 ;

2° Le fait, pour un producteur ou un acheteur, de conclure un contrat ne respectant pas, en méconnaissance du II dudit article L. 631-24, les stipulations d'un accord-cadre ;

3° *(L. n° 2021-1357 du 18 oct. 2021, art. 1er)* **« Lorsque la conclusion de contrats de vente et d'accords-cadres écrits a été rendue facultative dans les conditions prévues à l'article L. 631-24-2, » le fait, pour un acheteur, de ne pas proposer une offre écrite de contrat au producteur qui en a fait la demande, en méconnaissance du paragraphe 1 *bis* des articles 148 et 168 du règlement (UE) n° 1308/2013 du Parlement européen et du Conseil du 17 décembre 2013 précité, ou de proposer une offre écrite de contrat ne comportant pas toutes les clauses mentionnées à l'article L. 631-24 ou comprenant une délégation de facturation, en méconnaissance du V du même article L. 631-24 ;**

4° Le fait, pour un acheteur, de ne pas transmettre, par écrit, à l'auteur de la proposition de contrat ou d'accord-cadre, tout refus ou toute réserve sur un ou plusieurs éléments de cette proposition de manière motivée et dans un délai raisonnable au regard de la production concernée ;

5° Le fait, pour un acheteur, de ne pas transmettre les informations prévues au dernier alinéa du IV dudit article L. 631-24 et à l'article L. 631-24-1 ;

6° Lorsque la conclusion de contrats de vente et d'accords-cadres écrits *(L. n° 2021-1357 du 18 oct. 2021, art. 1er)* **« n'a pas été rendue facultative » dans les conditions prévues à l'article L. 631-24-2 :**

***a)* Le fait, pour une organisation de producteurs reconnue ou une association d'organisations de producteurs reconnue agissant comme mandataire de ses membres pour négocier la commercialisation des produits dont ces derniers sont propriétaires, de ne pas proposer au premier acheteur de ces produits un accord-cadre écrit ;**

***b)* Le fait, pour un producteur, de faire délibérément échec à la conclusion d'un contrat écrit en ne proposant pas de contrat à l'acheteur de ses produits ;**

***c)* Le fait, pour un acheteur, d'acheter des produits agricoles à un producteur sans avoir conclu de contrat écrit avec ce producteur, sans avoir conclu d'accord-cadre écrit avec l'organisation de producteurs ou l'association d'organisations de producteurs à laquelle il a donné mandat pour négocier la commercialisation de ses produits ou sans respecter les dispositions prises en application du III du même article L. 631-24-2.**

Le montant de l'amende est proportionné à la gravité des faits constatés, notamment au nombre et au volume des ventes réalisées en infraction. Il peut être porté au double en cas de réitération du manquement dans un délai de cinq ans à compter de la première commission des faits. L'autorité administrative compétente peut, en outre, ordonner la publication de la décision ou d'un extrait de celle-ci dans les publications, journaux ou services de communication au public par voie électronique, dans un format et pour une durée proportionnés à la sanction infligée. Cette publication est systématiquement ordonnée en cas de réitération du manquement dans un délai de cinq ans à compter de la première commission des faits.

L'action de l'administration pour la sanction des manquements mentionnés au présent article se prescrit par trois années révolues à compter du jour où le manquement a été commis si, dans ce délai, il n'a été fait aucun acte tendant à la recherche, à la constatation ou à la sanction de ce manquement.

Art. L. 631-25-1 *(L. n° 2014-1170 du 13 oct. 2014, art. 15-II-C)* **Le fait de ne pas respecter le délai fixé au troisième alinéa** *(L. n° 2023-221 du 30 mars 2023, art. 20)* **« du I » de l'article L. 441-8 du code de commerce, de ne pas établir le compte rendu prévu à ce même troisième alinéa ou de porter atteinte, au cours de la renégociation, aux secrets de fabrication ou au secret des affaires est passible d'une amende administrative dont le montant et les conditions de prononcé sont définis** *(L. n° 2015-990 du 6 août 2015, art. 33-II)* **« au quatrième » alinéa du même article.**

Art. L. 631-26 *(L. n° 2018-938 du 30 oct. 2018, art. 3)* **« Les manquements mentionnés à l'article L. 631-25 sont constatés par des agents désignés dans des conditions fixées par décret en Conseil d'État. » Ces manquements sont constatés par procès-verbal dans les conditions fixées par les articles L. 450-2 et L. 450-3 du code de commerce et les dispositions prises pour leur application. Le double du procès-verbal, accompagné de toutes les pièces utiles et mentionnant le montant de l'amende administrative encourue, est notifié à la personne physique ou morale concernée.**

Le procès-verbal indique la possibilité pour l'intéressé de présenter, dans un délai d'un mois, ses observations écrites ou orales. A l'issue de ce délai, le procès-verbal, accompagné le cas échéant des observations de l'intéressé, est transmis à l'autorité administrative compétente qui peut, par décision motivée et après une procédure contradictoire, prononcer la sanction prévue à l'article L. 631-25 du présent code.

L'intéressé est informé de la possibilité de former un recours gracieux, hiérarchique ou contentieux contre cette décision, dans un délai de deux mois à compter de la notification de la sanction.

(L. n° 2018-938 du 30 oct. 2018, art. 3) **« Les agents mentionnés au premier alinéa du présent article peuvent, après une procédure contradictoire, enjoindre à l'auteur d'un des manquements mentionnés à l'article L. 631-25 de se conformer à ses obligations, en lui impartissant un délai raisonnable ne pouvant pas excéder trois mois. Si, à l'issue de ce délai, le manquement persiste, l'agent le constate par un procès-verbal qu'il transmet à l'autorité administrative compétente pour prononcer la sanction, dans les conditions prévues au deuxième alinéa du présent article. »** *— Sur la liste des agents en charge de la constatation des manquements mentionnés à l'art. L. 631-25, V. art. R. 631-15.*

SECTION 3 Le médiateur des relations commerciales agricoles

(L. n° 2014-1170 du 13 oct. 2014, art. 15-II-D)

COMMENTAIRE

Le médiateur des contrats agricoles est devenu le médiateur des relations commerciales agricoles avec un rôle accru.

Son premier rôle est de tenter d'amener les parties à trouver un accord pour mettre fin à un conflit né d'un contrat de vente ou de livraison agricole, ou de renégociation de prix. La médiation est obligatoire pour tout conflit portant sur la conclusion ou sur l'exécution d'un contrat ou accord-cadre de vente de produits agricoles ou alimentaires, sauf si celui-ci prévoit le recours à un autre type de médiation ou à l'arbitrage. En cas d'échec de la médiation, un comité de règlement des différends commerciaux doit être saisi avant toute action devant le juge qui doit statuer sur la base des recommandations du médiateur.

Le médiateur a également la mission de veiller et d'intervenir sous forme d'avis et de recommandations pour l'amélioration de l'équilibre des relations contractuelles dans son domaine d'activité.

Art. L. 631-27 **Un médiateur des relations commerciales agricoles est nommé par décret.**

Il peut être saisi de tout litige relatif à la conclusion ou à l'exécution d'un contrat ayant pour objet la vente ou la livraison de produits agricoles, ou la vente ou la livraison de produits alimentaires destinés à la revente ou à la transformation, y compris les litiges liés à la renégociation du prix prévue à l'article L. 441-8 du code de commerce *(L. n° 2016-1691 du 9 déc. 2016, art. 94-III, en vigueur le 1er avr. 2017)* **« ou à un accord-cadre prévu** *(L. n° 2018-938 du 30 oct. 2018, art. 4)* **« à » l'article L. 631-24 du présent code ».** *(L. n° 2018-938 du 30 oct. 2018, art. 4)* **« Il peut demander aux parties communication de tout élément nécessaire à la médiation. » Il prend toute initiative de nature à favoriser la résolution amiable du litige entre parties.**

(L. n° 2018-938 du 30 oct. 2018, art. 4) **« Il recommande la suppression ou la modification des projets de contrat et d'accord-cadre ou des contrats et accords-cadres dont il estime qu'ils présentent un caractère abusif ou manifestement déséquilibré ou qu'il estime non conformes au III de l'article L. 631-24. »**

Il peut faire toutes recommandations sur l'évolution de la réglementation relative aux relations contractuelles mentionnées au deuxième alinéa du présent article, qu'il transmet aux ministres chargés de l'économie et de l'agriculture.

Il peut également émettre un avis sur toute question transversale relative aux relations contractuelles, à la demande d'une organisation interprofessionnelle ou d'une organisation professionnelle ou syndicale *(L. n° 2018-938 du 30 oct. 2018, art. 4)* « ou de sa propre initiative.

« Il peut saisir le ministre chargé de l'économie de toute clause des contrats ou accords-cadres ou de toute pratique liée à ces contrats ou accords-cadres qu'il estime présenter un caractère abusif ou manifestement déséquilibré afin que le ministre puisse, le cas échéant, introduire une action devant la juridiction compétente.

« Il peut émettre à la demande d'une organisation membre d'une interprofession tout avis ou recommandation sur les indicateurs mentionnés *(L. n° 2021-1357 du 18 oct. 2021, art. 1er)* « au quinzième » alinéa du III de l'article L. 631-24. »

Sur demande conjointe des ministres chargés de l'économie et de l'agriculture, il peut émettre des recommandations sur les modalités de partage équitable de la valeur ajoutée entre les étapes de production, de transformation, de commercialisation et de distribution des produits agricoles et alimentaires.

Ces avis et recommandations précisent comment sont pris en compte les différents modes de production, de transformation et de commercialisation, notamment ceux des produits issus de l'agriculture biologique ou bénéficiant d'un autre signe d'identification de la qualité et de l'origine.

(L. n° 2018-938 du 30 oct. 2018, art. 4) « Il peut décider de rendre *(L. n° 2021-1357 du 18 oct. 2021, art. 11)* « publics » ses conclusions, avis ou recommandations, y compris ceux auxquels il est parvenu au terme d'une médiation, sous réserve de l'information préalable des parties s'agissant des litiges prévus au deuxième alinéa du présent article. »

(L. n° 2021-1357 du 18 oct. 2021, art. 11) « Il peut également rendre publics les refus des parties de communiquer les éléments nécessaires à la médiation des litiges prévus au même deuxième alinéa. »

Il peut saisir la commission d'examen des pratiques commerciales prévue à l'article L. 440-1 du *(L. n° 2018-938 du 30 oct. 2018, art. 4)* « code de commerce ». – *L'art. 4 de la L. n° 2018-938 du 30 oct. 2018 n'est pas applicable aux procédures de médiation en cours à la date de publication de la loi (L. préc., art. 96-III, JO 1er nov.).*

BIBL. ▶ AUBIN-BROUTÉ, *RD rur. 2017. Étude 7* (le contentieux du paiement dans les contrats de commercialisation des produits agricoles). – NOSSEREAU, *RD rur. 2022. Étude 36* (la contractualisation coopérative agricole).

Art. L. 631-27-1 *(L. n° 2016-1691 du 9 déc. 2016, art. 104)* Pour chacune des filières agricoles, une conférence publique de filière est réunie chaque année avant le 31 décembre, sous l'égide de l'Établissement national des produits de l'agriculture et de la mer mentionné à l'article L. 621-1.

Elle réunit notamment les représentants des producteurs, des organisations de producteurs, des entreprises et des coopératives de transformation industrielle des produits concernés, de la distribution et de la restauration hors domicile.

La conférence publique de filière examine la situation et les perspectives d'évolution des marchés agricoles et agroalimentaires concernés au cours de l'année à venir. Elle propose, au regard de ces perspectives, une estimation des coûts de production en agriculture et de leur évolution pour l'année à venir, en tenant compte de la diversité des bassins et des systèmes de production.

Les modalités d'application du présent article, notamment la délimitation des filières agricoles et la composition de la conférence, sont définies par décret.

SECTION 4 Le règlement des litiges

(L. n° 2014-1170 du 13 oct. 2014, art. 15-II-D)

Art. L. 631-28 *(L. n° 2018-938 du 30 oct. 2018, art. 4)* Tout litige entre professionnels relatif à *(L. n° 2021-1357 du 18 oct. 2021, art. 11)* « la conclusion ou à » l'exécution d'un contrat ou d'un accord-cadre mentionné à l'article L. 631-24 ayant pour objet la vente de produits agricoles ou alimentaires doit, préalablement à toute saisine

du juge, faire l'objet d'une procédure de médiation par le médiateur des relations commerciales agricoles *(L. n° 2021-1357 du 18 oct. 2021, art. 11)* **« et, en cas d'échec de la médiation, d'une saisine du comité de règlement des différends commerciaux agricoles mentionné à l'article L. 631-28-1 », sauf si le contrat prévoit un autre dispositif de médiation ou en cas de recours à l'arbitrage** *(L. n° 2021-1357 du 18 oct. 2021, art. 11)* **« et sauf pour certaines filières, dont la liste est définie par décret, pour lesquelles des modes alternatifs de règlement des différends ont été mis en place ».** — *V. art. D. 631-4-1.*

Le médiateur des relations commerciales agricoles fixe la durée de la médiation, qui ne peut excéder un mois, renouvelable une fois sous réserve de l'accord préalable de chaque partie. Le chapitre I du titre II de la loi n° 95-125 du 8 février 1995 relative à l'organisation des juridictions et à la procédure civile, pénale et administrative est applicable à cette médiation.

(L. n° 2021-1357 du 18 oct. 2021, art. 11) **« En cas d'échec de la médiation, dans un délai d'un mois à compter du constat de cet échec, toute partie au litige, après en avoir informé les parties, peut saisir le comité de règlement des différends commerciaux agricoles. Toute partie à un litige relatif à l'exécution d'un contrat peut, le cas échéant, saisir le président du tribunal compétent pour qu'il statue sur le litige selon la procédure accélérée au fond sur la base des recommandations du médiateur des relations commerciales agricoles. La saisine du président du tribunal compétent selon ces modalités est également ouverte au terme du délai prévu au présent alinéa.**

« Par dérogation au premier alinéa, en cas d'échec de la médiation portant sur un litige mentionné au cinquième alinéa de l'article L. 441-8 du code de commerce, toute partie au litige peut directement saisir le juge compétent. » — *V. note ss. art. L. 631-27.*

En cas de trouble manifestement illicite ou de dommage imminent, la procédure de médiation obligatoire et préalable de l'art. L. 631-28 ne fait pas obstacle à la saisine du juge des référés. • Civ. 1re, 24 nov. 2021, ☎ n° 20-15.789 P : *JCP 2021. 1320.*

Art. L. 631-28-1 *(L. n° 2021-1357 du 18 oct. 2021, art. 11)* **I. — Le comité de règlement des différends commerciaux agricoles connaît des litiges mentionnés à l'article L. 631-28 du présent code, à l'exception des litiges mentionnés au cinquième alinéa de l'article L. 441-8 du code de commerce, et statue sur le litige sur la base des recommandations non contraignantes du médiateur des relations commerciales agricoles.**

Il établit et rend publiques des lignes directrices qui précisent les modalités d'application des articles L. 631-24 et L. 631-24-2 du présent code.

II. — Il comprend cinq membres, nommés pour une durée de cinq ans par décret pris sur le rapport du ministre chargé de l'agriculture :

1° Un membre ou ancien membre du Conseil d'État, de la Cour de cassation, de la Cour des comptes ou des autres juridictions administratives ou judiciaires, président du comité ;

2° Deux personnalités choisies en raison de leur expérience passée en matière de relation commerciale ;

3° Une personnalité ayant exercé son activité dans le secteur de la production de produits agricoles ;

4° Une personnalité ayant exercé son activité dans le secteur de la transformation, notamment de produits agricoles.

Le comité comprend également cinq membres suppléants, désignés dans les mêmes conditions que les membres titulaires.

L'écart entre le nombre de femmes et le nombre d'hommes parmi l'ensemble des membres, d'une part, et parmi les membres titulaires, d'autre part, n'est pas supérieur à un.

En cas de vacance de la présidence du comité ou en cas d'empêchement pour quelque cause que ce soit, les fonctions du président sont provisoirement exercées par son suppléant.

Le mandat des membres du comité n'est renouvelable qu'une seule fois.

Les membres du comité de règlement des différends commerciaux agricoles exercent leurs fonctions en toute impartialité, sans recevoir d'instruction du Gouvernement, ni d'aucune institution, personne ou entreprise, ni d'aucun organisme.

III. – Le comité dispose d'un secrétariat et peut faire appel à des rapporteurs extérieurs mis à disposition par l'État.

Dans l'exercice de leurs fonctions, les agents mis à la disposition du comité exercent leurs fonctions en toute impartialité, sans recevoir d'instruction du Gouvernement, ni d'aucune institution, personne ou entreprise, ni d'aucun organisme.

Ils sont tenus au secret professionnel pour les faits, actes et renseignements dont ils ont connaissance en raison de leurs fonctions.

Art. L. 631-28-2 *(L. nº 2021-1357 du 18 oct. 2021, art. 11)* L'instruction et la procédure devant le comité de règlement des différends commerciaux agricoles sont contradictoires. Chaque partie peut être assistée ou représentée par toute personne de son choix.

Le comité délibère à la majorité des membres présents. Il ne peut délibérer que si tous ses membres, titulaires ou suppléants, sont présents. Il délibère hors la présence du rapporteur.

Les débats devant le comité ont lieu en séance publique après lecture du rapport par le rapporteur. Toutefois, le huis clos est de droit si l'une des parties le demande. Le président du comité peut également décider que la séance a lieu ou se poursuit hors la présence du public, si la préservation du secret des affaires l'exige.

Le comité se prononce dans un délai d'un mois à compter de la date de la saisine. Le délai peut être porté à deux mois si la production de documents est demandée à l'une ou l'autre des parties. Ce délai de deux mois peut être prorogé sous réserve de l'accord de la partie qui a saisi le comité.

Art. L. 631-28-3 *(L. nº 2021-1357 du 18 oct. 2021, art. 11)* I. – Pour les litiges relatifs à la conclusion d'un contrat ou d'un accord-cadre, la décision du comité de règlement des différends commerciaux agricoles est motivée et précise les conditions devant être remplies pour assurer la conformité du contrat aux articles L. 631-24 et L. 631-24-2.

Pour les litiges relatifs à l'exécution ou à la renégociation d'un contrat ou d'un accord-cadre, la décision du comité est motivée et précise les modifications devant être apportées au contrat ou à l'accord-cadre pour assurer la conformité du contrat aux mêmes articles L. 631-24 et L. 631-24-2.

II. – Le comité peut enjoindre aux parties de se conformer à sa décision. Cette injonction peut être assortie d'une astreinte pour contraindre les parties :

1º Pour les litiges relatifs à la conclusion d'un contrat ou d'un accord-cadre, à conclure un contrat à certaines conditions conformes aux articles L. 631-24 et L. 631-24-2, en application de la décision mentionnée au I du présent article ;

2º Pour les litiges relatifs à l'exécution ou à la renégociation d'un contrat ou d'un accord-cadre, à modifier ou à renégocier un contrat pour le mettre en conformité avec les articles L. 631-24 et L. 631-24-2, en application de la décision mentionnée au I du présent article.

L'astreinte est prononcée dans la limite de 5 % du chiffre d'affaires journalier moyen par jour de retard à compter de la date fixée par le comité. Le chiffre d'affaires pris en compte est calculé sur la base des comptes de l'entreprise relatifs au dernier exercice clos à la date de la décision.

L'astreinte mentionnée au 1º du présent II est prononcée jusqu'à la conclusion du contrat en application de la décision mentionnée au I ou jusqu'à ce qu'une partie décide de mettre fin à la négociation du contrat. Dans ce cas, cette partie notifie sa décision au président du comité.

L'astreinte mentionnée au 2º du présent II est prononcée jusqu'à la modification du contrat en application de la décision mentionnée au I ou jusqu'à ce qu'il soit mis fin à la relation contractuelle, le cas échéant dans le respect du délai de préavis prévu au contrat.

L'astreinte est liquidée par le comité, qui en fixe le montant définitif, et est recouvrée comme une créance de l'État étrangère à l'impôt et au domaine.

III. – Le comité peut, après avoir entendu les parties en cause, prendre les mesures conservatoires qui lui apparaissent nécessaires.

Ces mesures ne peuvent intervenir que s'il est porté une atteinte grave et immédiate aux intérêts de l'une des parties au litige.

Pour les litiges relatifs à la conclusion d'un contrat ou d'un accord-cadre, les mesures conservatoires sont exécutées jusqu'à la conclusion du contrat en application de la décision mentionnée au I ou jusqu'à ce qu'une partie décide de mettre fin à la négociation du contrat. Dans ce cas, cette partie notifie sa décision au président du comité.

Pour les litiges relatifs à l'exécution ou à la renégociation d'un contrat ou d'un accord-cadre, les mesures conservatoires sont exécutées jusqu'à la modification du contrat en application de la décision mentionnée au même I ou jusqu'à ce qu'il soit mis fin à la relation contractuelle, le cas échéant dans le respect du délai de préavis prévu au contrat.

Les mesures conservatoires doivent rester strictement limitées à ce qui est nécessaire pour faire face à l'urgence.

IV. — La décision est notifiée aux parties.

V. — Si les injonctions ou les mesures prévues aux II et III ne sont pas respectées, le comité peut prononcer une sanction pécuniaire dans les conditions prévues à l'article L. 631-25.

Art. L. 631-28-4 *(L. n° 2021-1357 du 18 oct. 2021, art. 11)* **Les décisions et les mesures conservatoires prises par le comité de règlement des différends commerciaux agricoles en application de l'article L. 631-28-3 sont susceptibles de recours en annulation ou en réformation devant la cour d'appel de Paris.**

Le recours n'est pas suspensif. Toutefois, le sursis à exécution de la décision peut être ordonné par le premier président de la cour d'appel de Paris si elle est susceptible d'entraîner des conséquences manifestement excessives ou s'il est survenu, après sa notification, des faits nouveaux d'une exceptionnelle gravité.

Le président du comité peut former un pourvoi en cassation contre l'arrêt de la cour d'appel de Paris ayant annulé ou réformé une décision prise en application de la présente section et peut présenter des observations devant la Cour de cassation.

Art. L. 631-29 *Abrogé par L. n° 2021-1357 du 18 oct. 2021, art. 11.*

CHAPITRE II LES ORGANISATIONS PROFESSIONNELLES AGRICOLES

BIBL. GÉN. ▶ J. Chevallier, *RD rur. 1976. 69.* - Lorvellec, *RD rur. 1991. 25* (avenir des organisations professionnelles). - Néri, *RD rur. 2013. Étude 4* (les contributions volontaires obligatoires, un phénomène financier méconnu).

COMMENTAIRE

La loi du 10 juillet 1975 (modifiée par les lois du 4 juillet 1980, du 1er février 1995, du 1er juillet 1999, du 9 juillet 2001 et du 27 juillet 2010) a donné le cadre nécessaire au développement de l'économie contractuelle agricole. L'autorité administrative peut en effet accorder une reconnaissance à des groupements interprofessionnels librement constitués. Il convient pour cela que les organisations les plus représentatives de la production agricole, sylvicole ou forestière, du secteur de la pêche maritime ou de l'aquaculture, aient constitué un groupement avec les organisations les plus représentatives de la transformation, de la commercialisation ou de la distribution, pour un produit ou un groupe de produits, et pour l'ensemble du territoire en principe. Par exception, des organisations interprofessionnelles régionales peuvent être reconnues pour les vins sous indication géographique. La loi du 13 octobre 2014 a affiné les critères de la représentativité. Et ce groupement, personne privée dont la forme juridique n'est pas imposée, doit avoir une activité de gestion quantitative et qualitative des marchés, développer et favoriser l'économie contractuelle dans la filière, et doit notamment contribuer à la sécurité alimentaire. Pour accomplir son rôle, le groupement interprofessionnel doit conclure des accords professionnels et prévoir des dispositifs spécifiques de conciliation et d'arbitrage pour le traitement des litiges nés de l'application des accords. Il peut également, depuis la loi du 27 juillet 2010, diffuser des indicateurs de marché. Ce dispositif a été voulu pour rendre la contractualisation plus efficace, mais ces indicateurs non obligatoires ne devront jamais être utilisés pour « fixer » les prix.

Il peut exister des organisations interprofessionnelles spécifiques, c'est-à-dire que, parallèlement à une organisation interprofessionnelle principale par produit, une organisation peut se constituer pour un produit porteur de signe de qualité ou de la mention « montagne » ou encore de la mention « agriculture biologique ». Cette possibilité ne peut plus devenir une obligation (Ord. n° 2015-1248 du 7 oct. 2015). Une telle structuration vise à permettre la meilleure valorisation des produits.

Il existait en 2010 soixante-quatorze interprofessions, dont vingt-neuf pour les vins et boissons, quatorze pour les viandes et volailles, douze pour les céréales et grandes cultures, huit pour les fruits et légumes et l'horticulture, et sept pour les produits laitiers. Il a été souligné qu'un trop grand nombre de structures était défavorable à la structuration et au renforcement de l'offre.

La reconnaissance administrative a pour principal avantage de permettre au groupement de conclure des accords susceptibles d'être étendus après enquête publique, c'est-à-dire rendus obligatoires pour tous les membres de la filière, même ceux n'appartenant pas à l'interprofession, avec mise en œuvre de sanctions de droit privé. Les lois successives ont depuis 2005 allongé la liste des objectifs susceptibles d'être poursuivis et mis en œuvre dans les accords susceptibles d'extension pour permettre aux interprofessions une action plus déterminante dans la structuration, l'extension et la régulation des marchés, en les engageant à développer le potentiel économique des marchés des produits, y compris pour des valorisations non alimentaires ainsi que dans des perspectives internationales. La reconnaissance administrative a également pour conséquence que l'interprofession est consultée sur les orientations des politiques concernant la filière. La reconnaissance permet aussi de percevoir des cotisations sur le fondement de l'arrêté d'extension ainsi que des aides publiques. Il est prévu des dispositions facilitant le recouvrement de ces cotisations (V. art. D. 632-8 et R. 632-8-1). Depuis 1986, les groupements interprofessionnels reconnus peuvent se voir transférer les compétences des offices publics par produits. Enfin, il leur est permis de solliciter des dommages et intérêts pour irrespect des accords par contrat dans le secteur de production.

La reconnaissance suppose de respecter les contraintes du contrôle de l'État sur l'activité du groupement et les comptes, et d'établir à cet effet des bilans pour chacun des accords étendus.

La Commission européenne a encore indiqué que le financement des interprofessions par des cotisations volontaires rendues obligatoires ne soulève pas de difficultés, mais les cotisations sont assimilées à des taxes parafiscales, ce qui a pour conséquence des conditions d'utilisation très strictes de ces fonds (communiqué Commission européenne IP/08/1935 du 10 déc. 2008). Il existe une opposition à cette analyse au motif que les cotisations n'ont qu'une utilité privée, ne sont pas à la disposition de la puissance publique et ne constituent que des ressources privées. ❑

SECTION 1 Dispositions générales

Art. L. 632-1 *(L. n° 2010-874 du 27 juill. 2010, art. 20-1°)* **Les groupements constitués à leur initiative par les organisations professionnelles** *(L. n° 2014-1170 du 13 oct. 2014, art. 17-I-1°)* **« représentant la production agricole** *(L. n° 2018-938 du 30 oct. 2018, art. 6)* **« , y compris les groupements constitués par des organisations de producteurs ou des associations d'organisations de producteurs, » et, selon les cas, la transformation, la commercialisation et la distribution peuvent, s'ils représentent une part significative de ces secteurs d'activité, » faire l'objet d'une reconnaissance en qualité d'organisations interprofessionnelles par l'autorité administrative compétente après avis du Conseil supérieur d'orientation et de coordination de l'économie agricole et alimentaire soit au niveau national, soit au niveau d'une zone de production, par produit ou groupe de produits déterminés s'ils** *(Ord. n° 2015-1248 du 7 oct. 2015, art. 3-1°)* **« poursuivent, notamment, un ou plusieurs des objectifs énumérés au point *c* du paragraphe 1 ou au point *c* du paragraphe 3 de l'article 157 du règlement (UE) n° 1308/2013 du Parlement européen et du Conseil du 17 décembre 2013 portant organisation commune des marchés des produits agricoles, pour les produits couverts par ce règlement, ou, pour les autres produits, » un ou plusieurs des objectifs suivants :**

1° Favoriser l'adaptation de l'offre à la demande, suivre les comportements et les besoins des consommateurs, améliorer la connaissance du secteur concerné et contribuer à la gestion des marchés, par une meilleure adaptation des produits aux plans quantitatif et qualitatif et par leur promotion ;

2° Développer les démarches contractuelles au sein des filières concernées ;

3° Renforcer la sécurité alimentaire et la sécurité sanitaire des aliments, en particulier par la traçabilité des produits ;

4° Favoriser l'innovation et les programmes de recherche appliquée, d'expérimentation et de développement, y compris en réalisant des investissements dans le cadre de ces programmes ;

5° Maintenir et développer le potentiel économique du secteur et concourir à la valorisation alimentaire et non alimentaire des produits ;

6° Développer sur les marchés intérieurs et extérieurs l'information et la promotion relatives aux produits et filières concernés ;

7° Favoriser les démarches collectives visant à prévenir et à gérer les risques et aléas liés à la production, à la transformation, à la commercialisation et à la distribution des produits agricoles et alimentaires, notamment les aléas et risques sanitaires, phytosanitaires et environnementaux ;

8° Œuvrer en faveur de la qualité des produits, notamment par l'élaboration et la mise en œuvre de normes techniques, de disciplines de qualité, de règles de définition, de conditionnement, de transport, de présentation et de contrôle, si nécessaire jusqu'au stade de la vente au détail des produits.

Les organisations professionnelles *(L. n° 2018-938 du 30 oct. 2018, art. 6)* **« , y compris les groupements constitués par des organisations de producteurs ou des associations d'organisations de producteurs, » membres de l'organisation interprofessionnelle qui exercent le même type d'activité identifiable dans la filière concernée peuvent se regrouper en collèges représentant les différents stades de cette filière.**

Les organisations interprofessionnelles peuvent associer les organisations représentatives des consommateurs et des salariés des entreprises du secteur pour le bon exercice de leurs missions.

Les organisations interprofessionnelles reconnues pour un groupe de produits déterminés peuvent créer en leur sein des sections spécialisées compétentes pour un ou plusieurs de ces produits.

COMMENTAIRE

Les accords conclus par une organisation interprofessionnelle reconnue peuvent prévoir les conditions des réfactions tarifaires au bénéfice d'un acheteur, d'un distributeur ou d'un prestataire de services pour l'achat de fruits et légumes frais livrés à la commande en cas de non-conformité qualitative ou gustative (C. com., art. L. 443-2). ❑

1. Représentativité. **BIBL.** Schwartz, *RD rur. 1994. 256.* ♦ Un syndicat représentant une part significative de l'abattage peut prétendre être considéré comme une organisation représentative de la filière de la pintade, alors qu'aucun texte n'impose en revanche une représentation spécifique des petits producteurs. • CE 18 févr. 1994, *Ch. synd. des centres agréés d'abattage et de conditionnement des produits de basse-cour et a. : RD rur. 1994. 258.* ♦ Une association constituée pour contribuer à la valorisation des produits et des secteurs de l'horticulture et du paysage peut avoir notamment pour membre des architectes et entreprises paysagistes et être reconnue organisation interprofessionnelle. • CE 15 mars 2000, *Union nationale des intérêts professionnels horticoles : RD rur. 2000. 635 ; Gaz. Pal. 11-13 févr. 2001. Pan. 33.*

2. Section. L'AFIDOL avait qualité pour demander paiement de cotisations à un exploitant puisqu'elle s'est fondée sur l'arrêté portant extension d'un accord interprofessionnel conclu par les organisations professionnelles représentatives en son sein et puisqu'elle s'est vu reconnaître par le ministre le caractère de section spécialisée de l'ONIDOL, organisation nationale interprofessionnelle reconnue. • Civ. 1re, 13 nov. 2008, n° 06-16.453 : *D. 2008. 2943 ; JCP 2008. IV. 2973 ; RD rur. 2009, nos 18 et 83, note Barbièri ; Gaz. Pal. 6-7 mai 2009. 13.*

3. Notion de produit. En reconnaissant une organisation nationale interprofessionnelle de la pintade, les ministres signataires n'ont pas commis d'erreur manifeste d'appréciation. • CE 18 févr. 1994 : *préc. note 1.*

4. Contentieux. Les tribunaux judiciaires sont compétents pour connaître d'une demande de dommages-intérêts présentée par un agriculteur contre une organisation interprofessionnelle reconnue, à propos d'un litige né de l'application d'un accord professionnel relatif à la détermination des prix payés aux producteurs par les industriels, en l'absence d'exercice de prérogatives de puissance publique. • T. confl. 14 févr. 2005, n° 05-03.432 P : *Gaz. Pal. 29-30 juill. 2005. 9 ; RD rur. août-sept. 2005. 44.*

5. Le comité interprofessionnel du gruyère est recevable en son action en réparation du préjudice porté par l'atteinte illicite à l'appellation d'origine dont il est chargé d'assurer la défense. • Com. 23 oct. 2007, n° 06-12.022.

Décret n° 2014-572 du 2 juin 2014,

Relatif à la reconnaissance des organisations interprofessionnelles (JO 4 juin).

Art. 1er Les organisations interprofessionnelles qui ont été reconnues avant le 1er janvier 2014 ou, en ce qui concerne le secteur du lait et des produits laitiers, avant le 2 avril 2012, en application des articles L. 632-1 et L. 632-12 du code rural et de la pêche maritime, sont réputées reconnues comme organisations interprofessionnelles au sens de l'article 157 du règlement (UE) n° 1308/2013 du 17 décembre 2013 susvisé.

Art. L. 632-1-1 *(L. n° 2010-874 du 27 juill. 2010, art. 20-2°)* **Dans les conditions prévues à l'article L. 632-1, pour le secteur de la pêche maritime et de l'aquaculture, les groupements constitués notamment par des associations ou des organisations de producteurs ou leurs unions et, selon les cas, par les organisations professionnelles les plus représentatives de la transformation, de la commercialisation et de la distribution peuvent faire l'objet d'une reconnaissance en qualité d'organisation interprofessionnelle par l'autorité administrative compétente** *(Abrogé par Ord. n° 2015-1248 du 7 oct. 2015, art. 3-2°)* ***« après avis du Conseil supérieur d'orientation des politiques halieutique, aquacole et halioalimentaire »*** **soit au niveau national, soit au niveau d'une zone de production, par produit ou groupe de produits déterminés.**

Art. L. 632-1-2 *(L. n° 2010-874 du 27 juill. 2010, art. 20-2°)* **Pour le secteur de la forêt et des produits forestiers, les groupements constitués par les organisations professionnelles et les organismes les plus représentatifs selon leurs spécialités de la production sylvicole et de plants forestiers, de la récolte et, selon les cas, de la transformation, de la commercialisation, de la distribution et de la mise en œuvre des produits forestiers ou dérivés du bois peuvent faire l'objet d'une reconnaissance en qualité d'organisations interprofessionnelles par l'autorité administrative compétente après avis du Conseil supérieur de la forêt** *(L. n° 2014-1170 du 13 oct. 2014, art. 67-II-3°)* **« et du bois » soit au niveau national, soit au niveau d'une zone de production, par produit ou groupe de produits déterminés. Outre les objectifs énoncés à l'article L. 632-1, ces groupements peuvent :**

1° Participer à la mise en œuvre des démarches de certification forestière contribuant au développement de la forêt et du bois ;

2° Favoriser la diffusion, y compris par la formation, des techniques de fabrication et de mise en œuvre des produits forestiers ou dérivés du bois.

(L. n° 2014-1170 du 13 oct. 2014, art. 17-I-2°) **« Les organisations interprofessionnelles reconnues pour un groupe de produits déterminés peuvent créer en leur sein des sections spécialisées compétentes pour un ou plusieurs de ces produits. Si elle est demandée par un groupement composé dans les conditions prévues au premier alinéa et représentant au moins 70 % de la production d'un ou plusieurs produits, la création d'une section spécialisée correspondant à ce groupement ne peut être refusée. »**

Art. L. 632-1-3 *(L. n° 2010-874 du 27 juill. 2010, art. 20-2°)* **Les organisations interprofessionnelles répondant aux conditions mentionnées aux articles L. 632-1 ou L. 632-1-2 ne peuvent être reconnues que si leurs statuts prévoient la désignation d'une instance de conciliation pour les litiges pouvant survenir entre organisations professionnelles membres à l'occasion de l'application des accords interprofessionnels, des contrats types et des guides de bonnes pratiques contractuelles ainsi que les modalités de cette conciliation, et disposent qu'en cas d'échec de celle-ci le litige est déféré à l'arbitrage. Les statuts doivent également désigner l'instance appelée à rendre l'arbitrage et en fixer les conditions.**

L'exécution de la sentence arbitrale et les recours portés contre cette sentence relèvent de la compétence des juridictions de l'ordre judiciaire.

Al. 3 et 4 abrogés par Ord. n° 2015-1248 du 7 oct. 2015, art. 3-3°. – V. désormais art. L. 632-12.

Art. L. 632-1-4 *(Ord. n° 2016-391 du 31 mars 2016, art. 8-2°, en vigueur le 1er juill. 2016)* **La collectivité de Corse constitue une zone de production au sens de l'article**

L. 632-1 dans laquelle, pour des produits ou groupes de produits inscrits sur une liste fixée par décret, une organisation interprofessionnelle peut être reconnue. – *L'art. L. 681-11 devient l'art. L. 632-1-4 et la deuxième phrase est supprimée (Ord. n° 2016-391 du 31 mars 2016, art. 8-2°, JO 1er avr.).*

Décret n° 2007-948 du 15 mai 2007,

Fixant la liste des produits ou groupes de produits pour lesquels une interprofession agricole peut être reconnue dans la collectivité de Corse (JO 16 mai).

Art. 1er Sans préjudice d'une extension future, la liste des produits ou groupes de produits pour lesquels une interprofession agricole peut être reconnue dans la collectivité de Corse est la suivante :

— le vin ;

— les fruits et légumes et les produits issus des fruits et légumes ;

— les produits issus des ovins et des caprins ;

— les produits issus des bovins *(Décr. n° 2008-666 du 2 juill. 2008, art. 1er)* « ;

« — l'oléiculture et les produits issus de l'oléiculture ».

Art. L. 632-2 *(L. n° 2010-874 du 27 juill. 2010, art. 20-3°)* « I. – Il ne peut être reconnu qu'une organisation interprofessionnelle par produit ou groupe de produits. Lorsqu'une organisation interprofessionnelle nationale est reconnue, les organisations interprofessionnelles régionales constituent des comités de cette organisation interprofessionnelle nationale et sont représentées au sein de cette dernière.

« Par exception au premier alinéa, et sous réserve de la pertinence économique de la zone géographique pour laquelle elles sont compétentes, des organisations interprofessionnelles à compétence régionale peuvent être reconnues dans le secteur viticole pour un vin sous indication géographique ou un groupe de vins sous indications géographiques. Pour les vins d'appellation d'origine contrôlée, l'existence d'une organisation interprofessionnelle de portée générale reconnue exclut la possibilité de reconnaître des organisations interprofessionnelles spécifiques. La reconnaissance, en application de la première phrase du présent alinéa, d'une organisation interprofessionnelle à compétence régionale emporte modification, par exclusion du ou des produits concernés, de la reconnaissance de l'organisation interprofessionnelle nationale correspondante. Les accords conclus par l'organisation interprofessionnelle nationale et étendus en application de l'article L. 632-3 cessent de s'appliquer à ces produits.

« Par exception au premier alinéa, des organisations interprofessionnelles spécifiques peuvent également être reconnues pour un produit d'appellation d'origine contrôlée ou un groupe de produits d'appellation d'origine contrôlée, et pour des produits qui bénéficient d'une même indication géographique protégée, d'un même label ou d'une même certification de conformité ou écocertification de gestion durable mentionnés au titre IV du présent livre ou *(L. n° 2014-1170 du 13 oct. 2014, art. 67-II-4°)* « à l'article L. 121-2-1 » du code forestier. *(Abrogé par Ord. n° 2015-1248 du 7 oct. 2015, art. 3-4°)* ***« La création de sections ou de commissions consacrées aux produits issus de l'agriculture biologique au sein des organisations interprofessionnelles de portée générale peut être rendue obligatoire dans des conditions fixées par décret. Les organisations interprofessionnelles concernées définissent les modalités de fonctionnement de ces sections ou commissions. »*** Des sections ou des commissions consacrées aux produits assortis de la dénomination "montagne" *(Ord. n° 2015-1248 du 7 oct. 2015, art. 3-4°)* « ou aux produits issus de l'agriculture biologique » peuvent être créées au sein des organisations interprofessionnelles de portée générale. Une organisation interprofessionnelle spécifique à compétence nationale peut, par ailleurs, être reconnue pour les produits issus de l'agriculture biologique et une organisation interprofessionnelle spécifique à compétence nationale pour les produits assortis de la dénomination "montagne". Chaque fois qu'une organisation interprofessionnelle de portée générale existe pour les produits ou groupes de produits concernés, l'autorité administrative visée au premier alinéa de l'article L. 632-1 du présent code recueille l'avis de l'organisation générale préalablement à sa décision sur la demande de reconnaissance et aucun accord soumis par l'organisation interprofessionnelle spécifique ne peut être étendu par l'autorité admi-

nistrative susvisée en l'absence de règles de coordination établies entre elle et l'organisation générale et notifiées à l'autorité administrative susvisée. »

II. — *Abrogé par Ord. n° 2015-1248 du 7 oct. 2015, art. 3-4°-c.*

BIBL. ▶ BARTHE, *RD rur. 2015. Dossier 23* (vins en réserve en Champagne : incidences pratiques et juridiques du nouveau régime). – BÉLIARD, *RD rur. 2009. Dossier 30* (les vins en réserve : une originalité champenoise).

1. Organisation interprofessionnelle. Partie civile. Le GNIS ne peut se porter partie civile pour obtenir réparation du préjudice causé à ses adhérents par la commercialisation illicite de variétés non inscrites sur le catalogue officiel des variétés, n'étant pas habilité à exercer les droits de la partie civile à l'égard des infractions portant atteinte aux intérêts qu'il a pour mission de protéger. • Crim. 8 janv. 2008, n° 07-80.534.

2. Accord. Arbitrage. L'obligation prévue dans l'engagement d'achat et de livraison des planteurs de betterave de respecter un accord interprofessionnel prévoyant une clause de conciliation et d'arbitrage en cas de litige est applicable aux litiges relatifs à la restitution des pulpes et n'est pas inopposable à une société agissant comme ayant droit de ses adhérents. • Civ. 1re, 6 mars 2007, n° 04-16.204 P.

Art. L. 632-2-1 *(L. n° 2010-874 du 27 juill. 2010, art. 20-4°)* **Les organisations interprofessionnelles reconnues peuvent être consultées sur les orientations et les mesures des politiques de filière les concernant.**

Elles peuvent définir, dans le cadre d'accords interprofessionnels, des contrats types, dont elles peuvent demander l'extension à l'autorité administrative, intégrant *(L. n° 2018-938 du 30 oct. 2018, art. 5)* **« des modèles de rédaction, notamment des clauses énumérées aux III et IV de l'article L. 631-24 et, le cas échéant, de la clause prévue à l'article L. 441-8 du code de commerce, ainsi que des clauses relatives à » des mesures de régulation des volumes dans le but d'adapter l'offre à la demande. Elles peuvent également, dans le cadre de ces accords, prévoir les modalités de suivi des contrats exécutés en application des contrats types et établir des guides de bonnes pratiques contractuelles qui ne peuvent pas faire l'objet d'une extension.** *(Abrogé par L. n° 2018-938 du 30 oct. 2018, art. 5) (L. n° 2014-1170 du 13 oct. 2014, art. 17-I-4°)* ***« Les deux premiers alinéas de l'article L. 441-8 du code de commerce sont applicables à ces contrats types. Les quatre premiers alinéas de ce même article sont applicables aux contrats conclus en application de ces contrats types. »***

Afin d'améliorer la connaissance *(L. n° 2018-938 du 30 oct. 2018, art. 5)* **« et la transparence des marchés et de contribuer à une meilleure coordination de la mise sur le marché des produits », les organisations interprofessionnelles peuvent** *(L. n° 2018-938 du 30 oct. 2018, art. 5)* **« publier des données statistiques agrégées relatives aux coûts de production, aux prix, accompagnées le cas échéant d'indicateurs de prix, aux volumes et à la durée des contrats précédemment conclus, et en réalisant des analyses sur les perspectives d'évolution du marché au niveau régional, national ou international », ainsi que tout élément de nature à éclairer la situation de la filière.** *(L. n° 2018-938 du 30 oct. 2018, art. 5)* **« Dans le cadre de leurs missions et conformément au règlement (UE) n° 1308/2013 du Parlement européen et du Conseil du 17 décembre 2013 portant organisation commune des marchés des produits agricoles et abrogeant les règlements (CEE) n° 922/72, (CEE) n° 234/79, (CE) n° 1037/2001 et (CE) n° 1234/2007 du Conseil, elles élaborent et** *(L. n° 2021-1357 du 18 oct. 2021, art. 1er)* **« publient les indicateurs mentionnés au quinzième » alinéa du III de l'article L. 631-24 ainsi rendus publics. La fréquence de diffusion des données statistiques et indicateurs ainsi que leur ancienneté sont adaptées aux spécificités des produits de chaque filière, notamment leur caractère périssable et non stockable. Les organisations interprofessionnelles peuvent formuler des recommandations sur la manière de les prendre en compte pour la détermination, la révision et la renégociation des prix. Conformément à l'article 157 du règlement (UE) n° 1308/2013 du Parlement européen et du Conseil du 17 décembre 2013 portant organisation commune des marchés des produits agricoles et abrogeant les règlements (CEE) n° 922/72, (CEE) n° 234/79, (CE) n° 1037/2001 et (CE) n° 1234/2007 du Conseil, elles peuvent rédiger des clauses types de répartition de la valeur au sens de l'article 172** ***bis*** **du même règlement. »**

Elles peuvent, dans le cadre d'accords interprofessionnels qui ne peuvent pas faire l'objet d'une extension, imposer à leurs membres l'étiquetage de l'indication du pays d'origine des produits agricoles, alimentaires ou produits de la mer, bruts ou transformés.

Art. L. 632-2-2 *(L. nº 2010-874 du 27 juill. 2010, art. 20-4º) (Abrogé par Ord. nº 2015-1248 du 7 oct. 2015, art. 3-5º)* ***« Dans le secteur vitivinicole, »*** **les organisations interprofessionnelles reconnues peuvent constituer des fédérations pour leur confier des missions prévues par les articles L. 632-1 à L. 632-2 ou par la législation de l'Union européenne et répondant à leur intérêt collectif. Une organisation interprofessionnelle peut également, par voie de convention, autoriser une autre organisation interprofessionnelle à agir pour son compte dans l'exercice de certaines de ses missions.**

Art. L. 632-3 *(L. nº 2010-874 du 27 juill. 2010, art. 20-5º)* **Les accords conclus dans le cadre d'une organisation interprofessionnelle reconnue peuvent être étendus, pour une durée déterminée, en tout ou partie, par l'autorité administrative compétente dès lors qu'ils prévoient des actions communes ou visant un intérêt commun conformes à l'intérêt général et compatibles avec la législation de l'Union européenne.**

1. Objet des accords. Les objectifs qui peuvent être recherchés dans le cadre des accords interprofessionnels étendus ne sont pas limitativement énumérés par la loi et d'autres peuvent être pris en compte, en particulier celui d'une extension des débouchés par l'accroissement de la demande du produit qui a motivé la création de l'organisation interprofessionnelle. • CE 25 juill. 1980, nº 15442 à nº 15446 B. ♦ Le ministre est légalement fondé à prononcer l'extension de l'accord du comité interprofessionnel des produits de l'aquaculture, créant une cotisation destinée à financer des actions permettant de mieux connaître le marché, améliorer la qualité des produits, promouvoir les produits sur les marchés ainsi que la recherche appliquée à l'expérimentation et le développement des relations professionnelles et interprofessionnelles. • CE 21 nov. 2001, nº 221163 : *RD rur. 2002. 113.* ♦ Est conforme à la loi l'accord étendu prévoyant l'affectation des aides au financement d'actions pour développer la consommation, améliorer la production et la qualité des produits ou promouvoir le progrès technique ou économique. • CE 21 juin 2006, nº 271450 : *RD rur. août-sept. 2006. 40.*

2. Influence du droit communautaire. L'extension d'un accord interprofessionnel doit se dérouler dans des conditions conformes aux règles communautaires de l'organisation commune de marché éventuellement applicables, et en particulier aux règles relatives à l'extension des accords professionnels et interprofessionnels du secteur des fruits et légumes. • CE 20 nov. 1996, nº 140780 B. ♦ Peut faire l'objet d'extension l'accord interprofessionnel prévoyant l'apposition d'estampilles en vue de la commercialisation de certains fruits et légumes après approbation de la Commission européenne régulièrement consultée, même si cette extension n'a pas été précédée d'une consultation des producteurs de la zone concernée. • CE 3 avr. 1998, nº 174074 B : *RD rur. 1998. 545.* ♦ Est non fondé le recours contre l'arrêté ministériel portant extension de l'accord interprofessionnel établissant une réduction de 5 % de la production de canard, dès lors que cet accord ne comportait aucune obligation de pratiquer un prix déterminé et qu'il n'a pas fait l'objet d'observations de la Commission. • CE 17 mai 2004, nº 255246. ♦ L'arrêté d'extension des accords du comité interprofessionnel des vins du Roussillon décidant de la mise en réserve d'une part de la production au-delà d'un seuil par hectare n'est pas contraire à la réglementation européenne. • CE 12 juin 2006, nºs 269407 A et 278196 : *RD rur. août-sept. 2006. 45 ; Gaz. Pal. 10-12 déc. 2006. 15.* ♦ Un accord interprofessionnel ne peut être étendu dès lors qu'il prévoit la mention sur les bouteilles de vins bénéficiant d'une AOP ou d'une IGP d'une référence qui ne peut être rendue obligatoire que par les cahiers des charges de ces produits. • CE 22 oct. 2021, nº 441653 : *RD rur. 2022, nº 11, note Crevel.*

3. Le gouvernement doit notifier les arrêtés d'extension des accords interprofessionnels instituant des cotisations obligatoires lorsqu'ils instituent des aides d'État au sens des art. 87 et 88 du traité. • CE 7 nov. 2008, nº 282920 A : *JCP 2009. I. 130, note Plessix ; RD rur. 2008, nº 246 ; RTD com. 2009. 294, note Orsoni.* ♦ L'arrêté d'extension de l'accord instituant des cotisations dans le cadre de l'organisation interprofessionnelle n'avait pas à être notifié à la Commission européenne dès lors que les aides financées en contrepartie ne peuvent être tenues comme accordées par l'État. • CE 21 juin 2006, nº 271450 B : *RD rur. août-sept. 2006. 40.* ♦ Est fondé le défaut de notification préalable à la Commission européenne de l'arrêté d'extension d'un accord instituant des cotisations dans le cadre d'une organisation interprofessionnelle dès lors que les ressources ainsi collectées ne se traduisent par aucune dépense supplémentaire ou atténuation des recettes pour l'État, d'autres collectivités publiques ou des personnes agissant pour leur compte, que les actions financées par ces cotisations sont établies et mises en œuvre de façon autonome par l'organisation interprofessionnelle sans être soumises à un contrôle autre que de régularité, et que ce produit n'est jamais mis à disposition des collectivités publiques. • CE 7 mai 2008, nºs 278820 B et 279020 : *RD rur. 2008, nº 151 ; Dr. adm. 2008, nº 160, note Glaser ; Gaz. Pal. 3 mars 2009. 25.*

4. Les États membres n'ont pas compétence pour étendre aux producteurs non affiliés les accords interprofessionnels conclus par l'organisation de producteurs en présence d'une organisation commune de marchés comportant une réglementation exhaustive de certaines normes de production ou de commercialisation. • Com. 23 oct. 2001, ⚖ n° 00-10.631 P : *RD rur. 2001. 578 ; ibid. 2002. 113 ; Gaz. Pal. 19-20 déc. 2001. 25.*

Art. L. 632-4 *(L. n° 99-574 du 9 juill. 1999)* **« L'extension de tels accords est subordonnée à l'adoption de leurs dispositions par les professions représentées dans l'organisation interprofessionnelle, par une décision unanime. »** *(L. n° 2010-874 du 27 juill. 2010, art. 20-6°)* **« Toutefois, les statuts ou le règlement intérieur peuvent prévoir une liste d'activités pour lesquelles la règle de l'unanimité ne s'applique qu'aux seules professions concernées par ces activités. A défaut, les accords ne concernant qu'une partie des professions représentées dans l'organisation interprofessionnelle sont adoptés à l'unanimité de ces seules professions, à condition qu'aucune autre profession ne s'y oppose. »**

(L. n° 2014-1170 du 13 oct. 2014, art. 17-I-5°) **« L'extension des accords est également subordonnée au respect des conditions prévues par le droit de l'Union européenne applicable à ces accords.**

« Pour l'application de l'article 164 du règlement (UE) n° 1308/2013 du Parlement européen et du Conseil du 17 décembre 2013 portant organisation commune des marchés des produits agricoles et abrogeant les règlements (CEE) n° 922/72, (CEE) n° 234/79, (CE) n° 1037/2001 et (CE) n° 1234/2007 du Conseil, la représentativité des organisations interprofessionnelles est appréciée en tenant compte de la structuration économique de chaque filière. Les volumes pris en compte sont ceux produits, transformés ou commercialisés par les opérateurs professionnels auxquels sont susceptibles de s'appliquer les obligations prévues par les accords. En outre, lorsque la détermination de la proportion du volume de la production ou de la commercialisation ou de la transformation du produit ou des produits concernés pose des problèmes pratiques, l'organisation interprofessionnelle est regardée comme représentative si elle représente deux tiers de ces opérateurs ou de leur chiffre d'affaires.

« Pour la production, ces conditions sont présumées respectées lorsque des organisations syndicales d'exploitants agricoles représentant au total au moins 70 % des voix aux élections des chambres d'agriculture participent à l'organisation interprofessionnelle, directement ou par l'intermédiaire d'associations spécialisées adhérentes à ces organisations.

« Pour tout secteur d'activité, ces conditions sont présumées respectées lorsque l'organisation interprofessionnelle démontre que l'accord dont l'extension est demandée n'a pas fait l'objet, dans le mois suivant sa publication par cette organisation, de l'opposition d'organisations professionnelles réunissant des opérateurs économiques de ce secteur d'activité représentant au total plus du tiers des volumes du secteur d'activité concerné. »

(L. n° 2006-11 du 5 janv. 2006, art. 53-II) **« Lorsqu'un accord est proposé par une section créée en application du dernier alinéa** *(Abrogé par L. n° 2010-874 du 27 juill. 2010, art. 20-6°)* ***« du II »*** **de l'article L. 632-1** *(L. n° 2014-1170 du 13 oct. 2014, art. 17-I-5°)* **« et du dernier alinéa de l'article L. 632-1-2 », ses dispositions sont validées par la section puis adoptées par l'organisation interprofessionnelle dans les conditions prévues au premier alinéa du présent article. »**

Lorsque l'extension est décidée, les mesures ainsi prévues sont obligatoires *(Abrogé par L. n° 2010-874 du 27 juill. 2010, art. 20-6°)* ***« , dans la zone de production intéressée, »*** **pour tous les membres des professions constituant cette organisation interprofessionnelle.**

(L. n° 2014-1170 du 13 oct. 2014, art. 17-I-5°) **« Lorsque l'accord inclut un contrat mentionné au deuxième alinéa de l'article L. 632-2-1 ou à l'article L. 631-24, l'autorité administrative peut le soumettre à l'Autorité de la concurrence. »** *(L. n° 2010-874 du 27 juill. 2010, art. 20-6°)* **« Celle-ci rend son avis dans le délai de deux mois ; si l'autorité n'a pas rendu son avis à l'expiration de ce délai, l'autorité compétente peut étendre l'accord. »**

L'autorité compétente dispose d'un délai de deux mois à compter de la réception de la demande présentée par l'organisation interprofessionnelle pour statuer sur l'extension sollicitée. *(L. n° 2010-874 du 27 juill. 2010, art. 20-6°)* **« Lorsque l'Autorité de la concurrence est saisie, ce délai est de trois mois. »** *(L. n° 2014-1170 du 13 oct. 2014, art. 17-I-5°)* **« Lorsque la communication de documents complémentaires est nécessaire**

à l'instruction de la demande d'extension, l'autorité compétente peut prolonger ce délai de deux mois non renouvelables. Lorsque l'accord est notifié en application de l'article 8 de la directive 98/34/ CE du Parlement européen et du Conseil du 22 juin 1998 prévoyant une procédure d'information dans le domaine des normes et réglementations techniques et des règles relatives aux services de la société de l'information, les délais d'instruction sont suspendus jusqu'à la réception de l'avis de la Commission européenne ou l'expiration du délai qui lui est imparti.

« Si, au terme du délai qui lui est imparti pour statuer sur la demande d'extension, l'autorité compétente n'a pas notifié sa décision, cette demande est réputée acceptée. »

Les décisions de refus d'extension doivent être motivées. — *[L. n° 75-600 du 10 juill. 1975, art. 2, al. 8 à 11.]*

1. Adoption. Pour qu'un accord soit étendu, il n'est pas nécessaire que la décision de chaque famille ait été prise à l'unanimité des membres qui la composent, mais entre les délégués désignés par chaque famille doit être recherché et obtenu un accord unanime. • CE 25 juill. 1980, *Adam et a.*, n°s 15442 à 15446 B • CE 26 mars 2008, *EURL Les cidres de la ville d'Ys*, n° 035492 : *Gaz. Pal. 2 oct. 2008. 21.* ♦ Est fondée l'extension d'accords conformes aux objectifs de l'art. L. 632-3, signés par la totalité des représentants des professions concernées et qui n'ont fait l'objet d'aucune opposition de la Commission européenne. • CE 17 déc. 2003, *Coordination nationale pour la défense des semences fermières*, n°s 241645 et 24763. ♦ V. aussi jurisprudence ss. art. L. 632-3, note 2. ♦ Si la procédure n'est pas irrégulière du seul fait qu'en l'absence de règles en disposant autrement, les familles professionnelles ne se soient pas prononcées par des votes séparés, c'est à la condition que la procédure de vote permette de vérifier que chaque famille a adopté l'accord conformément aux règles statutaires. • CE 26 mars 2008 : *préc.* • 28 nov. 2011 : *DP entr. agric., Bull. n° 447, p. 16, note Mambrini.* ♦ Les États ont le droit d'étendre des dispositions d'accords plus stricts que les réglementations de l'Union européenne ou que les normes adoptées par la Commission économique des Nations Unies pour l'Europe, sauf irrespect du droit de l'Union européenne (procédure, organisation de marché, concurrence). • CJUE 29 juin 2023, n^os C-501/22 et C-504/22 : *RD rur. 2023, n° 109, note Gadbin.*

2. Procédure d'extension. La décision ministérielle doit être publiée, même si elle est une acceptation implicite car, à défaut de publication, l'extension ne pourrait produire effet à l'égard des membres des professions constituant l'interprofession. • CE 12 févr. 1992, *Synd. des fabricants et affineurs de fromage Cantal*, n° 97048 : *RD rur. 1992. 308.* ♦ Le juge est mal fondé à faire droit à la demande de l'association interprofessionnelle des vins de Loire en paiement de cotisations auprès d'un producteur sans vérifier si les arrêtés d'extension des accords interprofessionnels avaient été publiés. • Civ. 2e, 23 oct. 2008, n° 07-18.169. ♦ Le fait que la demande d'extension n'ait été adressée qu'au seul ministre chargé de l'agriculture n'entache pas la décision implicite d'acceptation d'un vice de procédure. • CE 28 nov. 2011 : *DP entr. agric., Bull. n° 447, p. 16, note Mambrini.*

3. Portée. En présence d'un accord interprofessionnel étendu relatif aux fruits et légumes, expressément déclaré applicable aux négociants, conclu dans le cadre d'une organisation interprofessionnelle dont fait partie la grande distribution, une société gérant une grande surface n'est liée que si elle est membre d'un groupement professionnel adhérent à l'organisation interprofessionnelle. • Civ. 1re, 1er déc. 1993, *Interfel c/ SA Faldis*, n° 90-15.339. ♦ L'extension des accords interprofessionnels relatifs aux oléagineux conduit à les rendre obligatoires aux fabricants d'aliments composés pour animaux. • CE 13 nov. 1996, *Synd. nat. des industriels de la nutrition animale*, n° 125952 : *RD rur. 1997. 186.* ♦ La décision d'extension d'un accord professionnel et l'habilitation à prélever la cotisation résultant de cet accord ne peuvent légalement concerner que les membres des professions constituant l'organisation interprofessionnelle en cause, ce qui ne saurait comprendre les producteurs destinant leur production à un usage personnel excluant toute commercialisation avant ou après transformation. • CE 3 févr. 2003, *M. Haas*, n° 24594 : *RD rur. 2003. 216 et 569 ; AJDA 2003. 503, concl. Séners ; RTD com. 2003. 284, obs. Orsoni ; Gaz. Pal. 11-13 janv. 2004. 13.* ♦ Les entreprises assurant la vente en gros ou en détail de produits des filières bovine, ovine et équine quels qu'en soient les modes de conservation et de conditionnement relèvent d'une profession constituant l'organisation interprofessionnelle INTERBEV, même si elles n'ont pas participé à la création de cette interprofession et même si les produits surgelés sont sur un marché distinct des produits frais au regard du droit de la concurrence et les dispositions de l'accord interprofessionnel peuvent leur être rendues obligatoires. • CE 25 févr. 2008, *Féd. Syndigel*, n° 278124 : *RD rur. 2008, n° 97.*

4. Date d'effet. L'arrêté ministériel d'extension étant publié, les mesures de l'accord interprofessionnel produisaient effet pour toute la campagne considérée, les dates de sortie de chais postérieures à la date de conclusion des avenants étendus devant être prises en considération pour l'appréciation du bien-fondé des demandes en paiement de cotisations. • Civ. 1re, 9 déc. 2015, n° 14-16.548 P : *RD rur. 2016, n° 82, note Tauran ;*

Gaz. Pal. 5 janv. 2016. 7. ♦ Les dispositions réglementaires rendant obligatoire le versement de cotisations à une organisation interprofessionnelle dans le cadre de l'extension d'un accord interprofessionnel doivent produire effet pour l'ensemble de la campagne et l'entrée en vigueur de telles dispositions dès le début d'une campagne n'est légale qu'à condition d'intervenir avant la fin de la campagne. • CE 1er oct. 2018, n° 413681 B : *Gaz. Pal. 13 nov. 2018, obs. Graveleau.*

5. Durée. Le défaut de mention de la durée de l'extension est une cause de nullité de l'arrêté qui la prononce. • CE 29 juill. 1994, *Chevallier*, n° 111603 : *RD rur. 1995. 56.*

6. Concurrence. Des négociations sur les conditions de vente des produits des filières bovines, porcines, avicoles, peuvent s'ouvrir en cas de variation excessive des prix de l'alimentation animale (sous conditions cumulatives). • Aut. conc., avis n° 11-A-11 du 12 juill. 2011 : *DP entr. agric., Bull. n° 443, p. 16, note Torrès ; CCC 2011. 235, note Malaurie-Vignal.* ♦ Avis favorable pour les accords interprofessionnels prévoyant des contrats types jugés préserver la liberté de négociation des acteurs de la filière sur la durée, les quantités et le prix dans le secteur de la dinde. • Aut. conc., avis n° 11-A-12 du 27 juill. 2011 : *DP entr. agric., Bull. n° 445, p. 9, note Mambrini.* ♦ ... Dans le secteur du vin. • Aut. conc., avis n° 11-A-14 du 26 sept. 2011 : *DP entr. agric., Bull. n° 445, p. 9, note Mambrini ; D. actu. 7 oct. 2011, obs. Delpech ; RD rur. 2012. Chron. 1, p. 13, note Bahans.*

7. Contrôle du juge. Est mal fondée la cour d'appel qui écarte l'obligation de paiement d'un GFA au motif de l'illégalité de la décision de l'organisation interprofessionnelle au regard de l'art. L. 632-4 alors qu'elle aurait dû rechercher même d'office s'il était manifeste, au vu d'une jurisprudence établie, que la contestation de la légalité de l'acte administratif en cause pouvait être accueillie par le juge judiciaire sans renvoyer au juge administratif par voie de question préjudicielle. • Civ. 1re, 9 déc. 2015 : *préc. note 4.*

Art. L. 632-5 Les dispositions du *(Ord. n° 2015-1248 du 7 oct. 2015, art. 3-6°)* **« 1° du I de l'article L. 420-4 du code de commerce » sont applicables aux accords étendus conclus dans le cadre des organisations interprofessionnelles agricoles** *(L. n° 2001-602 du 9 juill. 2001, art. 26)* **« ou sylvicoles » reconnues. — C. com.**

Les organisations interprofessionnelles reconnues peuvent demander à l'autorité administrative compétente de prendre les décrets mentionnés au *(Ord. n° 2015-1248 du 7 oct. 2015, art. 3-6°)* **« II » du même article.** — *[L. n° 75-600 du 10 juill. 1975, art. 2, al. 12 et 13].*

BIBL. ▶ BARBIÉRI, *RD rur. 2023. Repère 2* (entre chaînes de valeurs et grilles tarifaires, la fuyante équité). – COURIVAUD, Concurrence en matière agricole, *J.-Cl. Conc. consom., fasc. 132.*

1° DROIT COMMUNAUTAIRE

1. Domaine. La fixation d'un prix minimum d'achat pour un produit semi-fini est susceptible d'affecter le commerce entre États membres lorsque ce produit constitue la matière première d'un autre produit qui est commercialisé ailleurs dans la Communauté, sans égard au fait que ce produit bénéficie d'une appellation d'origine. • CJCE 30 janv. 1985, *BNIC c/ Guy Clair*, n° 123/83 : *RTD eur. 1985. 392, obs. De Cockborne ; RD rur. 1985. 155, note D. Denis.* ♦ L'art. 85, al. 1er, du traité de Rome ne peut être invoqué à l'appui de la prétention du redevable d'une cotisation établie par un accord interprofessionnel étendu car ce texte interdit les ententes qui consistent, notamment, à fixer, de façon directe ou indirecte, les prix d'achat ou de vente ou à limiter ou contrôler les productions, alors que le problème posé est le prélèvement de cotisations et non la fixation de prix par l'organisation interprofessionnelle. • Civ. 1re, 23 févr. 1994, n° 92-14.103 P.

2. Ententes prohibées. La fixation d'un prix minimal et l'établissement de quotas de production assortis de cotisations en cas de dépassement sont condamnés en application des dispositions de l'art. 85 du traité de Rome. • CJCE 30 janv. 1985 : *préc. note 1* • 3 déc. 1987, *BNIC c/ Aubert*, n° 136/86 : *D. 1998. Somm. 169, obs. Cartou ; RD rur. 1988. 217, note D. Denis.*

3. L'arrêté interministériel fixant les quotas de production et les prix de retrait pris sur le fondement d'un accord unanime au sein du bureau national interprofessionnel du cognac ne porte pas atteinte aux règles de la concurrence dès lors que des professionnels non membres de l'organisation professionnelle pouvaient formuler d'autres propositions. • Cons. conc. 21 juill. 2006 : *CCC oct. 2006. 23, obs. Malaurie-Vignal.*

2° DROIT FRANÇAIS

4. « Bonnes » ententes. Les dispositions du 1° de l'art. 10 de l'ordonnance n° 86-1243 du 1er déc. 1986 s'appliquent exclusivement aux accords interprofessionnels étendus. • Comm. conc. Avis 20 nov. 1980, *Pratiques constatées sur le marché du vin de Cahors : BOCC 9 déc. 1980.*

5. Exemption par catégorie. Les dispositions du dernier al. de l'art. 10 de l'ordonnance n° 86-1243 du 1er déc. 1986 permettent l'exemption au bénéfice d'accords interprofessionnels, tant qu'ils ne favorisent pas artificiellement la hausse des prix au moyen de pratiques concertées. • Cons. conc. 28 avr. 1992, *Fromage de Cantal*, n° 92-D-30 : *BOCC 16 juin 1992.* ♦ V. également : • Cons. conc.

8 juill. 1998, *Gruyère de Comté,* n° 98-D-54 : *BOCC 7 oct. 1998.*

6. Entente. Le CEA régional des fruits et légumes de Bretagne et trois organisations de producteurs ont été sanctionnés pour ententes pour avoir, après une importante crise, posé des conditions d'agrément des acheteurs sur le marché au cadran, procédé à des fixations arbitraires des prix, introduit des clauses anticoncurrentielles, organisé un marché à terme fictif. • Cons. conc. 15 mars 2005, n° 05-D-10 : *Gaz. Pal. 5-6 août 2005. 15.* ♦ Sont condamnées trois organisations agricoles qui ont élaboré et diffusé un barème de frais de séchage du maïs. • Cons. conc. 9 mai 2007, décis. n° 07-D-16 : *CCC 2007, n° 182 ; Lamy dr. aff. 2007. 1033.*

7. Ententes. Des pratiques concertées sur le prix du raisin et du vin d'Alsace par des organisations professionnelles et interprofessionnelles ont été sanctionnées. • Aut. conc., décis. n° 20-D-12 du 17 sept. 2020 : *RD rur. 2020, n° 174, note Bouniol.* – V. aussi • Aut. conc., décis. n° 18-D-06 du 23 mai 2018. ♦ Sanction d'une association interprofessionnelle (ARIPA) pour des pratiques structurant le marché du poisson et restreignant l'autonomie des entreprises dans ce secteur. • Aut. conc., décis. n° 22-D-21 du 16 nov. 2022. ♦ La décision de l'autorité de la concurrence est confirmée en ce qu'elle a reconnu une restriction de concurrence organisée par un syndicat professionnel et une organisation interprofessionnelle dans le secteur du vin d'Alsace, mais la sanction prononcée a été modérée au regard de la confusion entretenue par l'administration sur la régularité des pratiques, du contexte d'évolution de la PAC et des contraintes du droit de la concurrence rendant complexe l'articulation des règles respectives. • Paris, 12 mai 2022, n° 20/156067.

Art. L. 632-6 Les organisations interprofessionnelles reconnues, mentionnées aux articles L. 632-1 *(L. n° 2010-874 du 27 juill. 2010, art. 20-7°)* **« à L. 632-2 », sont habilitées à prélever, sur tous les membres des professions les constituant, des cotisations résultant des accords étendus selon la procédure fixée aux articles L. 632-3 et L. 632-4** *(Ord. n° 2015-1248 du 7 oct. 2015, art. 3-7°)* **« et, s'il y a lieu, à l'article 165 du règlement (UE) n° 1308/2013 du Parlement européen et du Conseil du 17 décembre 2013, » et qui, nonobstant leur caractère obligatoire, demeurent des créances de droit privé.** — *V. art. D. 632-7 s.*

(L. n° 99-574 du 9 juill. 1999) **« Lorsque l'assiette de la cotisation résulte d'une déclaration de l'assujetti et que celui-ci omet d'effectuer cette déclaration, l'organisation interprofessionnelle peut, après mise en demeure restée infructueuse au terme d'un délai d'un mois, procéder à une évaluation d'office dans les conditions précisées par l'accord étendu. »**

Des cotisations peuvent en outre être prélevées sur les produits importés *(L. n° 2014-1170 du 13 oct. 2014, art. 17-I-6°)* **« lorsque ceux-ci bénéficient également des accords mentionnés au premier alinéa ». A la demande des interprofessions bénéficiaires, ces cotisations sont recouvrées en douane, à leurs frais.**

(L. n° 2014-1170 du 13 oct. 2014, art. 17-I-6° ; Ord. n° 2015-1248 du 7 oct. 2015, art. 3-7°) **« L'accord étendu peut préciser les conditions dans lesquelles les redevables de la cotisation compensent les coûts induits pour l'organisation interprofessionnelle par une absence de déclaration ou par un paiement en dehors des délais qu'il prévoit. »** — *[L. n° 75-600 du 10 juill. 1975, art. 3.]*

BIBL. ▶ Bachelier, *RD rur. 1989. 173* (légalité des taxes parafiscales au bénéfice du GNIS). – Coutrelis, *RD rur. 1994. 363* (légalité des cotisations au regard des droits français et communautaire). – Néri, *RD rur. 2013. Étude 4* (les contributions volontaires obligatoires, un phénomène financier méconnu).

1. QPC. Les dispositions qui permettent aux organisations interprofessionnelles, constituées par produit ou groupe de produits, de percevoir de leurs membres des cotisations qui tendent au financement d'activités en faveur de leurs membres et dans le cadre défini par la loi ne constituent pas des impositions de toutes natures et sont conformes à la Constitution. • Cons. const. 17 févr. 2012, n° 2011-221 QPC : *JO 18 févr. ; RD rur. 2012. Étude 12, note Degoffe ; RD rur. 2013. Chron. 2, p. 12, obs. Bahans* • CE 21 nov. 2012, n° 346421 : *RD rur. 2013, n° 127, note Degoffe.*

2. Redevables. Participe à la filière pintade au sens de l'accord professionnel étendu le professionnel qui, en déterminant les volumes à commander aux accouveurs, en convenant de la prise en charge par les éleveurs et en choisissant les fournisseurs d'aliments, a une activité de planification de la production ; il est donc redevable de cotisations comme membre d'une profession constituant l'organisation interprofessionnelle de la pintade. • Civ. 1re, 6 juin 2000, n° 98-13.806 P : *RD rur. 2001. 56.* ♦ Interfel regroupant les professionnels de la production, du commerce et de la distribution, ne peut demander les cotisations prévues par les accords étendus, aux sociétés qui opèrent des transformations sur des produits frais (4e gamme). • Civ. 1re, 11 mars 2010, n° 08-21.612 : *D. 2010. 832 ; JCP 2010. 761 ; RD rur. 2010, n° 80, note Barbièri ; Gaz. Pal. 2010. Pan.*

1131. ♦ Une organisation professionnelle agricole reconnue par arrêté ministériel, constituée par des organisations représentatives et investie d'une mission de service public pour le contrôle de l'AOC, peut recouvrer des cotisations peu important qu'elle soit issue de la fusion de comités interprofessionnels. • Com. 11 mars 2008, n° 06-12.855 : *RD rur. 2008, n° 90, note Barbièri.*

3. Contentieux. Est mal fondé l'arrêt qui déclare le tribunal d'instance incompétent au motif qu'il est convenu dans tous les engagements d'achat et de livraison que les contestations pouvant naître de l'application des accords interprofessionnels relèvent de l'arbitrage alors qu'il s'agissait de connaître de la contestation d'un prélèvement de cotisations obligatoires due à l'organisation professionnelle. • Civ. 1re, 2 oct. 2002, n° 00-10.693 P : *JCP 2002. IV. 2792 ; RD rur. 2003. 8 et 187 ; Gaz. Pal. 20-21 juin 2003. 30.*

4. Action en paiement. Le tribunal est mal fondé à exiger que le comité interprofessionnel apporte la preuve des sommes dues alors qu'il n'est pas contesté que les cotisations ont été rendues obligatoires par extension d'un accord interprofessionnel. • Civ. 1re, 26 oct. 2004, n° 02-15.366.

5. Est irrégulier le refus du ministre d'étendre un avenant augmentant certaines contributions volontaires obligatoires dans la filière viticole fondé d'une part au motif que le contexte économique est particulièrement contraint pour les viticulteurs du fait d'une récolte historiquement faible en 2017, et d'autre part au motif que l'organisation demandant l'extension de l'avenant disposait d'un montant de réserves supérieur à 4 millions d'euros. • CE 27 déc. 2019, n° 422958 B : *Gaz. Pal. 2020, n° 3, p. 35.*

6. Cotisations et CEDH. Alors même qu'elle perçoit des taxes parafiscales, une organisation interprofessionnelle reconnue est fondée à percevoir des cotisations sur les membres des professions qui la constituent conformément aux accords régulièrement étendus, sans qu'il y ait atteinte aux dispositions de la Convention européenne des droits de l'homme et des libertés fondamentales. • Civ. 1re, 9 mars 2004 : *RD rur. 2004. 589, note B. G. ; Gaz. Pal. 1er-3 août 2004. 28.* ♦ Le CIVAS, personne morale de droit privé, investie d'une mission de service public, ne dispose pas de la latitude lui permettant de la tenir pour une association au sens de l'art. 11 de la Conv. EDH. • Civ. 1re, 9 mars 2004, n° 99-19.922 P. ♦ Même sens pour l'association Inter Rhone, V. • Civ. 1re, 14 janv. 2016, n° 14-26.443 P : *RD rur. 2016, n° 127, note Visse-Causse.* ♦ L'action de l'association Interloire ne méconnaît pas le principe de la liberté d'association car les membres de la profession n'avaient pas l'obligation d'adhérer et le prélèvement de cotisation s'impose légalement à tous les membres des professions représentées au sein de l'organisation professionnelle reconnue investie d'une mission de service public. • Com. 11 mars 2008 : *RD rur. 2008, n° 90, note Barbièri* • 3 mars 2009, n° 07-16.645 : *RD rur. 2009, n° 83, note Barbièri.* ♦ Les contestations relatives aux cotisations dues en application d'un accord professionnel étendu portent sur des droits et obligations de caractère civil au sens de l'art. 6, § 1, de la Conv. EDH, et le pouvoir de contrôle des juridictions judiciaires répond aux exigences de ce texte, dès lors qu'il s'exerce sur la régularité de la procédure, sur la matérialité des faits et sur l'application des lois servant de fondement à la décision litigieuse. • Civ. 1re, 20 mars 2013, n° 12-11.859 : *RD rur. 2013, n° 148, note Tauran.* ♦ L'obligation de paiement des cotisations au comité interprofessionnel de la dinde française ne porte pas atteinte à la liberté des professionnels de la filière agro-alimentaire de la viande de dinde de ne pas être membre d'une association. • Civ. 1re, 6 avr. 2016, n° 15-13.736 P : *JCP 2016. 491 ; DP entr. agric., Bull. n° 496, p. 17, note Mambrini ; Gaz. Pal. 8 nov. 2016, p. 43.* ♦ Est conforme à l'art. 1er du protocole additionnel à la Convention de sauvegarde des droits de l'Homme l'obligation d'acquitter les cotisations obligatoires. Est mal fondée la cour qui condamne au paiement de CVO au motif que ce sont des contributions et qu'il y a pas lieu d'exiger que les lois qui prévoient l'obligation de paiements répondent à une exigence d'intérêt général alors qu'il devait être assuré un contrôle de proportionnalité entre les exigences d'intérêt général et les intérêts des individus concernés. • Civ. 1re, 30 nov. 2016, n° 15-21.946 P : *D. 2016. 2469.*

7. La cour, qui constate que le mécanisme des accords interprofessionnels a été institué par la loi et permet le prélèvement de cotisations résultant des accords étendus selon une procédure exigeant que les accords aient été pris à l'unanimité des professions représentées, déduit justement qu'est satisfaite la condition de légalité de l'ingérence qui constitue l'obligation d'acquitter les cotisations telle qu'elle résulte de l'art. 1er du protocole 1 additionnel à la Convention de sauvegarde des droits de l'homme. • Civ. 1re, 30 nov. 2016, n° 15-21.946 P : *D. actu. 13 janv. 2017, note Prigent ; JCP 2016. 1411 ; RD rur. 2017, n° 201, note Barbièri.* ♦ L'obligation d'acquitter les cotisations interprofessionnelles doit répondre à l'exigence d'intérêt général pour être conforme à l'art. 1er du protocole de la Convention de sauvegarde. • Même arrêt.

8. Est mal fondée la cour qui fait peser sur la société la charge de démontrer l'absence de rapport raisonnable de proportionnalité entre le montant des cotisations qu'elle doit et le but poursuivi par l'association. • Civ. 1re, 23 sept. 2020, n° 18-25.260 P : *RD rur. 2020. Repère 10, note Barbieri ; JCP 2020. 1136 et 1342, note Tauran.*

9. Cotisations et droit communautaire. Une cotisation interprofessionnelle est une imposition intérieure au sens de l'art. 95 du traité de Rome et, lorsque les actions financées par la cotisation bénéficient spécifiquement aux produits français sans que, pour autant, la charge en soit pour eux entièrement compensée, cette imposition intérieure est discriminatoire au sens de l'art. 95 du traité. • Com. 17 oct. 1995, ☎ n° 94-11.214 P. ♦ V. également • CJCE 22 sept. 1988, *Unilec c/ Larroche Frères*, n° 212/87 : *Rec. CJCE 5075 ; Gaz. Pal. 1988. 2. Somm. 504, note Holleaux.* ♦ Un producteur français est sans intérêt à invoquer l'illégalité d'une cotisation interprofessionnelle française au regard de l'art. 95 du traité de Rome. • Com. 17 oct. 1995 : ☎ *préc.* ♦ A été jugé légal et non contraire au droit communautaire l'arrêté du ministre de l'agriculture étendant deux décisions du comité interprofessionnel des produits de l'aquaculture fixant le montant des cotisations des professionnels des secteurs de la truite, des poissons marins d'élevage et de l'esturgeon, ne constituant ni une imposition intérieure à caractère discriminatoire, ni des aides de l'État justifiant une notification préalable à la Commission. • CE 10 août 2005 : ☎ *RD rur. nov. 2005. 42, concl. Aguila.* ♦ Le comité national interprofessionnel des palmipèdes à foie gras est fondé à demander paiement de cotisations sur le fondement d'accords étendus dès lors qu'il ne procède à aucune mesure d'intervention sur le marché, ne fixe pas de prix, ni de quotas, n'achète pas de stock et n'a aucun monopole de production ou de commercialisation direct ou indirect, n'a demandé l'extension d'aucun accord impliquant une intervention sur le marché par fixation de prix ou de quantité et n'a donc aucune activité contraire au droit communautaire et n'exerce aucun abus de position dominante. • Com. 10 mai 2006, ☎ n° 02-17.573. ♦ Question est posée par le Conseil d'État à la CJUE pour savoir si la décision d'extension d'un accord interprofessionnel instituant une cotisation est relative à une aide d'État. • CE 28 nov. 2011 : *DP entr. agric., Bull. n° 447, p. 16, note Mambrini.* ♦ Ne constitue pas une aide d'État une cotisation à la charge des producteurs de blé tendre dont le produit est reversé aux titulaires d'une protection communautaire d'obtention végétale en application du dispositif réglementaire permettant à des agriculteurs d'utiliser des semences de ferme. • CE 21 nov. 2012, ☎ n° 346421 : *préc. note 1.* ♦ Les contributions volontaires obligatoires instituées par les organisations interprofessionnelles étendues par l'autorité administrative ne constituent pas des aides d'État. • CJUE 30 mai 2013, ☎ n° C-677/11 : *RD rur. 2013, n° 175, note Gadbin ; DP entr. agric., Bull. n° 464, p. 11, note Mambrini ; RD rur. 2015. Chron. 1, obs. Bahans et Menjucq.* ♦ Même sens : • CE 26 déc. 2013, ☎ n°s 353483 et 353485 : *RD rur. 2014, n° 89, note Tauran.*

10. Facturation et mention de la CVO. V. Avis de la commission d'examen des pratiques commerciales du 7 oct. 2016 (*CCC 2016. Alerte 83*).

Art. L. 632-7 **Tout contrat de fourniture de produits, passé entre personnes physiques ou morales ressortissant à un accord étendu, et qui n'est pas conforme aux dispositions de cet accord, est nul de plein droit. L'organisation interprofessionnelle dans le cadre de laquelle a été conclu l'accord, ainsi que chacune des organisations professionnelles qui la constituent, sont recevables à demander la reconnaissance de cette nullité au juge du contrat.**

En cas de violation des règles résultant des accords étendus, il est alloué par le juge du tribunal judiciaire, à la demande de l'organisation interprofessionnelle et à son profit, une indemnité dont les limites sont comprises entre 76,22 € et la réparation intégrale du préjudice subi.

Dans tous les cas, la mise en œuvre des sanctions prévues à l'alinéa précédent ne fait pas obstacle à l'application éventuelle de celles prévues par les contrats de fourniture ainsi que par les règlements intérieurs des groupements coopératifs agricoles en cause, en cas de défaut d'exécution des clauses de ces règlements.

(L. n° 2005-157 du 23 févr. 2005, art. 47 et 48) **« Si le contrat de fourniture, atteint d'une nullité de plein droit, porte sur un produit soumis à accises, l'administration compétente peut, sur proposition de l'organisation interprofessionnelle intéressée, suspendre la mise en circulation de ce produit.**

« Si le contrat de fourniture ou son exécution ne sont pas conformes aux dispositions prévues à l'article L. 632-6 ou *(Ord. n° 2015-1248 du 7 oct. 2015, art. 3-8°)* **« à l'article 167 du règlement (UE) n° 1308/2013 du Parlement européen et du Conseil du 17 décembre 2013 portant organisation commune des marchés des produits agricoles » et fixées dans l'accord étendu, et qu'il porte sur un produit soumis à accises, l'administration compétente peut, sur proposition de l'organisation interprofessionnelle intéressée, suspendre la mise en circulation de ce produit sans qu'il soit besoin de faire constater au préalable la nullité du contrat par le juge. Un décret en Conseil d'État fixe les conditions d'application du présent alinéa.** — *V. art. R. 632-8-1 à R. 632-8-9.*

« Les services placés sous l'autorité des ministres chargés de l'économie, du budget, de l'agriculture et de la pêche, ainsi que les organismes placés sous leur tutelle, peu-

vent communiquer aux organisations interprofessionnelles reconnues en application *(L. n° 2010-874 du 27 juill. 2010, art. 20-8°)* **« des articles L. 632-1 à L. 632-2, agissant pour leur compte ou pour le compte d'autres organisations en application de l'article L. 632-2-2, et aux fédérations constituées en application de ce même article par des organisations interprofessionnelles reconnues » les informations directement disponibles relatives à la production, à la commercialisation** *(L. n° 2006-11 du 5 janv. 2006, art. 53-II)* **« , aux échanges extérieurs » et à la transformation des produits,** *(L. n° 2014-1170 du 13 oct. 2014, art. 17-I-7°)* **« dont elles doivent disposer pour atteindre les objectifs au titre desquels elles ont été reconnues. Ils peuvent également leur communiquer les données nécessaires à l'établissement et à l'appel des cotisations permettant leur financement et prévues par un accord satisfaisant aux conditions mentionnées au premier alinéa de l'article L. 632-4, que cet accord soit rendu obligatoire ou non. Les conditions de cette communication sont » précisées par voie de convention, après avis de la Commission d'accès aux documents administratifs et de la Commission nationale de l'informatique et des libertés. »** – *[L. n° 75-600 du 10 juill. 1975, art. 4.]*

1. La majoration de retard résultant de l'accord interprofessionnel étendu a une nature réglementaire et ne peut être modifiée par le juge sur le fondement de l'art. 1152 C. civ. • Civ. 1re, 20 mars 2013, n° 12-11.859 : *RD rur. 2013, n° 148, note Tauran.*

2. Les sommes susceptibles d'être allouées aux organisations interprofessionnelles en application de l'art. L. 632-7 en cas de contravention aux stipulations d'un accord interprofessionnel étendu n'ont pas le caractère de sanctions professionnelles entrant dans le champ de la loi d'amnistie, mais elles ont une nature indemnitaire. • Civ. 1re, 3 avr. 2007, n° 05-14.908 P : *RD rur. 2007, n° 301, note Barbièri ; JCP 2007. IV. 1951 ; Gaz. Pal. 26 janv. 2008. 14.*

Art. L. 632-8 *Abrogé par L. n° 2014-1170 du 13 oct. 2014, art. 17-I-8°.*

Art. L. 632-8-1 *(L. n° 99-574 du 9 juill. 1999)* **Les organisations interprofessionnelles reconnues rendent compte chaque année aux autorités administratives compétentes de leur activité et fournissent :**

– les comptes financiers ;

– un rapport d'activité et le compte rendu des assemblées générales ;

– un bilan d'application de chaque accord étendu.

Elles procurent aux autorités administratives compétentes tous documents dont la communication est demandée par celles-ci pour l'exercice de leurs pouvoirs de contrôle.

Art. L. 632-9 **Les organisations interprofessionnelles créées par voie législative ou réglementaire existant à la date du 11 juillet 1975 peuvent, sur leur demande, bénéficier des dispositions des articles** *(L. n° 2010-874 du 27 juill. 2010, art. 20-9°)* **« L. 632-2-1 » à L. 632-7.**

(L. n° 2014-1170 du 13 oct. 2014, art. 17-I-9°) **« Sans préjudice de la possibilité dont elles disposent de demander à l'autorité compétente de modifier les dispositions qui les régissent conformément à leur proposition, les organisations interprofessionnelles créées par voie législative ou réglementaire qui ont été reconnues comme organisations interprofessionnelles, au sens de l'article 157 du règlement (UE) n° 1308/2013 du Parlement européen et du Conseil du 17 décembre 2013 portant organisation commune des marchés des produits agricoles et abrogeant les règlements (CEE) n° 922/72, (CEE) n° 234/79, (CE) n° 1037/2001 et (CE) n° 1234/2007 du Conseil, peuvent décider d'adopter de nouveaux statuts, en se fondant expressément sur la présente disposition, à la majorité des deux tiers des membres de leur organe délibérant et à l'unanimité des familles professionnelles qui les composent.**

« Ces nouveaux statuts sont notifiés à l'autorité mentionnée à l'article L. 632-1. Leur dépôt en préfecture fait l'objet d'un avis publié au *Journal officiel*.

« A compter de cette publication, sont abrogées celles des dispositions législatives ou réglementaires régissant leur organisation et leur fonctionnement qui sont rendues inapplicables du fait de l'adoption de ces nouveaux statuts. La liste des dispositions ainsi abrogées est rendue publique dans l'avis mentionné au troisième alinéa. » – *[L. n° 75-600 du 10 juill. 1975, art. 5.]*

Interprofessions anciennes. Il résulte du rapprochement des art. 1er et 5 de la loi du 10 juill. 1975 (devenus art. L. 632-1 et L. 632-9 C. rur.) que la création par la loi ou un décret tient lieu de reconnaissance en qualité d'organisation interprofessionnelle par l'autorité administrative aux conditions posées par ce dernier texte ; les modalités de reconnaissance instaurées par l'art. 1er de la loi du 10 juill. 1975 ne sont applicables qu'aux groupements constitués par les organisations elles-mêmes après la promulgation de cette loi. • Civ. 1re, 23 févr. 1994, ☎ no 92-14.103 P. ♦ La demande du bénéfice des dispositions des art. 2 à 4 de la loi du 10 juill. 1975 (devenus art. L. 632-3 à L. 632-7 C. rur.), n'étant soumise à aucune forme particulière, s'évince nécessairement des décisions d'extension des accords conclus dans le cadre des organisations créées par voie législative ou réglementaire. • Civ. 1re, 23 févr. 1994 : ☎ *préc.*

Art. L. 632-10 Les organismes à caractère interprofessionnel représentatifs de la production, de la transformation et de la commercialisation de denrées de qualité produites dans des régions délimitées, régies par des dispositions législatives ou réglementaires ou des décisions de justice antérieures au 5 juillet 1980, conservent leurs prérogatives et ne peuvent être associés sans leur consentement à une organisation interprofessionnelle à vocation plus étendue.

Les accords conclus dans le cadre d'une organisation interprofessionnelle à vocation plus étendue à laquelle les organismes visés au premier alinéa ne sont pas associés ne leur sont pas applicables. — *[L. no 80-502 du 4 juill. 1980, art. 14-I.]*

Art. L. 632-11 Sont exonérés de droits de timbre, de droits d'enregistrement, de taxe de publicité foncière et ne donnent pas lieu au versement *(Ord. no 2010-638 du 10 juin 2010, art. 9-VI, en vigueur le 1er janv. 2013)* « de la contribution prévue à l'article 879 du code général des impôts » les transferts sans contrepartie de l'ensemble de l'actif et du passif, opérés lors de la dissolution d'organismes interprofessionnels agricoles, au profit d'une organisation interprofessionnelle reconnue au sens des articles L. 632-1 à L. 632-9 exerçant la même activité. — *[L. no 90-558 du 2 juill. 1990, art. 9.]*

Art. L. 632-12 *(Ord. no 2015-1248 du 7 oct. 2015, art. 3-9o)* « La présente section ne s'applique aux organisations interprofessionnelles dont les conditions de reconnaissance sont fixées par la législation de l'Union européenne que dans la mesure où ses dispositions » sont compatibles avec celle-ci.

Les conditions de reconnaissance et de retrait de reconnaissance des organisations interprofessionnelles sont fixées par décret en Conseil d'État. — *Les deux derniers alinéas de l'art. L. 632-1-3 deviennent l'art. L. 632-12 (Ord. no 2015-1248 du 7 oct. 2015, art. 3-3o, JO 8 oct.).*

SECTION 2 *[ABROGÉE]* L'organisation professionnelle laitière

(Abrogée par L. no 2014-1170 du 13 oct. 2014, art. 17-I-8o)

Art. L. 632-13 et L. 632-14 *Abrogés par L. no 2014-1170 du 13 oct. 2014, art. 17-I-8o.*

TITRE IV LA VALORISATION DES PRODUITS AGRICOLES, FORESTIERS OU ALIMENTAIRES ET DES PRODUITS DE LA MER

(Ord. no 2006-1547 du 7 déc. 2006, en vigueur le 1er janv. 2007)

L'Ord. no 2006-1547 du 7 déc. 2006 est ratifiée par L. no 2007-1821 du 24 déc. 2007, art. 1er (JO 27 déc.).

BIBL. GÉN. ▶ Appellations d'origine et indications de provenance, *DP entr. agric.* – Amisse-Gautier, *RD rur. 2003. 680* (signes nationaux de qualité et régulation publique). – Barthe, *RD rur. 2011. Dossier 21* (l'harmonisation des signes de qualité). – Charlier et Ngo, *RD rur. 2010. Étude 27* (agriculture des signes de qualité et agriculture OGM : les enjeux de la coexistence). – Chavanne et Burst, Droit de la propriété industrielle, *Dalloz, 5e éd., 1998, p. 853 s.* – Denis, La vigne et le vin, régime juridique, *Sirey, 1989 ;* Appellation d'origine et indication de provenance, *Dalloz 1995.* – Dorison, *RD rur. 2011. Dossier 19* (prise en compte de la qualité des produits agricoles par le droit de l'urbanisme). – Fontaine, Les indications géographiques et le système de la marque communautaire, *EGYP 2010.* – Hermon et Doussan, Production agricole et droit de l'environnement, *Lexis Nexis 2012.* – Lebel, *RD rur. 2010. Dossier 13* (Ord. du 6 mai 2010). – Lorvellec, *RD rur. 1999. 463* (le droit face à la recherche de qualité des produits agricoles et alimentaires) ; Écrits de droit rural et agroalimentaire, *D. 2002. 385* et *399* (protection internationale des signes de qualité). – Mandel, *RD rur. 2015. Étude 10* (la retenue en douane des marchandises portant atteinte à une indication géographique). – Olszak, Droit des appellations d'origine et indications de provenance, *éd. Tec. et Doc. 2001* ; *RTD com. 2003. 617* (appellations d'origine et indications de provenance au Canada). – Peignot et Petit, *RD rur. 1999. 446* (le contrôle qualitatif et sanitaire du produit et son organisation en France). – Robbe et Millard, *RD rur. 2014. Étude 17* (protection des mentions traditionnelles). – Rochard, La protection internationale des indications géographiques, *Publications de la faculté de droit et des sciences sociales de Poitiers PUF 2002* ; *RD rur. 2004. 607* (terme et caractère générique). – Romain-Prot, La protection internationale des signes de qualité, *Thèse Nantes 1997*. – Visse-Causse, L'appellation d'origine, *Thèse Reims Champagne-Ardenne 2004* ; Appellation d'origine, valorisation des terroirs, *ADEF 2007* ; *RD rur. 2010. Étude 2* (de la nécessité d'une qualification juridique respectant une institution des terroirs).

▸ **Droit européen :** Chaltiel, *LPA 7 sept. 2004, p. 3*. – Gadbin, *RD rur. 2011. Dossier 22* (le livre vert de la commission sur la qualité des produits agricoles). – Gencarelli, *Rev. dr. Union européenne 2005. 4, p. 761* (signes distinctifs de qualité dans le secteur agroalimentaire et droit communautaire). – Lecerf et Durodez, *JCP E 1994. I. 402*. – Rochard, *RD rur. 1996. 362*. – Ruzek, *RD rur. 2009. Étude 7* (la stratégie communautaire de protection des indications géographiques en question). – Salignon, *Rev. Marché unique eur. 1994, n° 4, p. 107*. – Visse-Causse, *RD rur. 2016. Étude 1* (protection de l'AO par l'action en contrefaçon).

COMMENTAIRE

La mise en œuvre de la politique de valorisation de la production agricole se traduit notamment par la création de signes d'identification et de certification de la qualité et de l'origine des produits.

D'une part, ces signes ont pour objectif d'offrir une réponse aux attentes des consommateurs, et ainsi de leur apporter des informations exactes sur le produit. Ces signes ont été institués à l'origine dans le but de garantir une qualité minimum et d'empêcher les fraudes ; ils participent désormais de la définition de normes de qualité variées et renforcées. Ils permettent d'identifier les produits et de structurer l'offre sur des critères déterminés parmi lesquels figurent l'origine géographique, les techniques de production ou de transformation.

D'autre part, ces signes participent de la politique agricole. D'abord, la valorisation de la production ainsi organisée détermine une partition des marchés permettant à l'agriculteur d'accéder au segment de commercialisation le plus profitable au regard de sa production et donc de stabiliser et d'augmenter ses revenus. De plus, les signes d'identification contribuent à l'aménagement rural et au développement durable. Les critères fondés sur les caractères du terroir permettent de stabiliser une production régionale, et de valoriser des zones défavorisées où les conditions de production sont plus difficiles et moins rentables.

Ces signes d'identification ne doivent jamais faire obstacle à la libre circulation des produits et doivent en conséquence reposer sur les caractéristiques particulières et exactes des produits.

Les signes d'identification sont aujourd'hui nombreux et leur multiplicité ne contribue pas à la meilleure lisibilité de l'offre. D'autant plus que s'y ajoutent les marques, les labels privés, et des signes distinctifs d'un autre ordre, outre de nombreux autres signes variés librement apposés (médailles, distinctions commerciales...). Les consommateurs ont fait connaître un souhait de simplification des signes en usage. Le législateur a entendu cette demande de lisibilité et a engagé une réforme pour faire en sorte que le consommateur identifie mieux le sens des différents signes, mentions et identifiants portés sur les produits. Il a donc, par la loi du 5 janvier 2006, classé les modes de valorisation des produits agricoles, forestiers ou alimentaires et des produits de la mer en trois catégories.

Les règlements n°s 509 et 510/2006 du 20 mars 2006 relatifs à la protection des indications géographiques et des appellations d'origine des produits agricoles et des denrées alimentaires abrogent ceux du 14 juillet 1992 et ont fait suite à une décision du groupe spécial de l'OMC du 15 mars 2005 *(JDI 2005. 961, note Ruiz Fabre)*. Le droit français a été modifié en conséquence. Ces règlements ont été eux-mêmes abrogés et le régime communautaire de nouveau modifié pour les produits agricoles et agroalimentaires par le règlement n° 1151/2012 du 21 novembre 2012 relatif aux systèmes de qualité applicables aux produits agricoles et aux denrées alimentaires, dans un souci d'unification et de clarification. Ce règlement ne s'applique pas aux boissons spiritueuses ni aux produits de la vigne ; le secteur vitivinicole conserve sa réglementation spécifique. ☐

Art. L. 640-1 **La politique conduite dans le domaine de la qualité et de l'origine des produits agricoles, forestiers ou alimentaires et des produits de la mer** *(L. n° 2007-1821 du 24 déc. 2007, art. 2)* **« répond » aux objectifs suivants :**

— promouvoir la diversité des produits et l'identification de leurs caractéristiques, ainsi que leur mode de production ou leur origine, pour renforcer l'information des consommateurs et satisfaire leurs attentes ;

— renforcer le développement des secteurs agricoles, halieutiques, *(L. n° 2016-816 du 20 juin 2016, art. 74-2°)* **« aquacoles, » forestiers et alimentaires et accroître la qualité des produits par une segmentation claire du marché ;**

— fixer sur le territoire la production agricole, forestière ou alimentaire et assurer le maintien de l'activité économique notamment en zones rurales défavorisées par une valorisation des savoir-faire et des bassins de production ;

— répartir de façon équitable les fruits de la valorisation des produits agricoles, *(L. n° 2016-816 du 20 juin 2016, art. 74-2°)* **« aquacoles, » forestiers ou alimentaires et des produits de la mer entre les producteurs, les transformateurs et les entreprises de commercialisation ;**

(L. n° 2021-1104 du 22 août 2021, art. 278) **« — encourager la structuration de filières respectueuses de l'environnement et de la biodiversité, notamment au regard de pratiques agroécologiques, de l'utilisation de matières premières durables, de modes de transformation responsables et de circuits de production et de consommation de proximité. »**

Art. L. 640-2 **Les produits agricoles, forestiers ou alimentaires et les produits de la mer peuvent, dans les conditions prévues par le présent titre et lorsqu'il n'y a pas de contradiction avec la réglementation** *(Ord. n° 2015-1246 du 7 oct. 2015, art. 6-I)* **« de l'Union européenne », bénéficier d'un ou plusieurs modes de valorisation appartenant aux catégories suivantes :**

1° Les signes d'identification de la qualité et de l'origine :

— le label rouge, attestant la qualité supérieure ;

— l'appellation d'origine, l'indication géographique *(Abrogé par Ord. n° 2010-459 du 6 mai 2010, art. 4) « protégée »* **et la spécialité traditionnelle garantie, attestant la qualité liée à l'origine ou à la tradition ;**

— la mention "agriculture biologique", attestant la qualité environnementale *(Ord. n° 2015-1246 du 7 oct. 2015, art. 2-I)* **« et le respect du bien-être animal » ;** *— Un décret fixe les conditions dans lesquelles, au plus tard le 1er janv. 2030, les signes d'identification de la qualité et de l'origine mentionnés au 1° de l'art. L. 640-2 intègrent dans leurs cahiers des charges les dispositions pour que les exploitations concernées répondent aux exigences prévues pour faire l'objet de la certification prévue à l'art. L. 611-6 (L. n° 2018-938 du 30 oct. 2018, art. 48, en vigueur le 1er janv. 2021).*

2° Les mentions valorisantes :

— la *(Ord. n° 2015-1246 du 7 oct. 2015, art. 2-I)* **« mention » "montagne" ;**

— le qualificatif "fermier" ou la mention *(L. n° 2007-1821 du 24 déc. 2007, art. 2)* **« "produit » de la ferme" ou "produit à la ferme" ;**

(Ord. n° 2015-1246 du 7 oct. 2015, art. 2-I) **« — la mention "produit de montagne" ; »**

— les termes "produits pays" *(Ord. n° 2015-1246 du 7 oct. 2015, art. 2-I)* **« en Guadeloupe, en Guyane, en Martinique, à La Réunion »** *(L. n° 2010-874 du 27 juill. 2010, art. 6)* **« , à Mayotte, Saint-Pierre-et-Miquelon, Saint-Barthélemy, Saint-Martin et Wallis-et-Futuna » ;**

(Abrogé par L. n° 2009-526 du 12 mai 2009, art. 64-II) « — la dénomination (L. n° 2007-1821 du 24 déc. 2007, art. 2) « "vin » de pays", suivie d'une zone de production ou d'un département ; »

(L. n° 2010-788 du 12 juill. 2010, art. 109-II) **« — la mention "issus d'une exploitation de haute valeur environnementale". »**

3° La démarche de certification *(Ord. n° 2015-1246 du 7 oct. 2015, art. 2-I)* **« de conformité » des produits.**

Produit fermier. Est illégal le décret qui permet l'utilisation du qualificatif « fermier » dans les cas où l'affinage est réalisé hors de l'exploitation agricole avec pour seule condition qu'un système d'identification des produits soit réalisé. • CE 28 oct. 2009, n° 307014 : *CCC 2010. 111, note Raymond.*

Art. L. 640-2-1 *(L. n° 2021-1104 du 22 août 2021, art. 276)* **Les produits agricoles, forestiers ou alimentaires et les produits de la mer, bruts ou transformés peuvent, dans le respect de la réglementation de l'Union européenne et sans préjudice de l'application de l'article L. 640-2, bénéficier de labels privés. Ces labels privés, issus d'une démarche collective, sont encadrés par un cahier des charges précis, qui garantit notamment une qualité particulière, des conditions de production respectueuses de l'environnement ou la juste rémunération du producteur agricole, distinguant ces produits des produits similaires habituellement commercialisés.**

La mise en œuvre de ce cahier des charges et la conformité des produits qui bénéficient du label à ce même cahier des charges font l'objet d'un contrôle régulier.

Art. L. 640-3 *(Ord. n° 2010-461 du 6 mai 2010, art. 2-IV)* **Les modalités d'application des chapitres I et II du présent titre sont fixées par décret en Conseil d'État.** *(Ord. n° 2015-1246 du 7 oct. 2015, art. 2-II)* **« Toutefois, des dispositions communes à plusieurs produits peuvent être fixées par décret sur proposition de l'Institut national de l'origine et de la qualité et après avis, s'il y a lieu, des organismes de défense et de gestion intéressés. »**

CHAPITRE I LES MODES DE VALORISATION DE LA QUALITÉ ET DE L'ORIGINE

(Ord. n° 2006-1547 du 7 déc. 2006, en vigueur le 1er janv. 2007)

BIBL. GÉN. ▶ Label et signes de valorisation des produits, *DP entr. agric.* – OLSZAK, *Gaz. Pal. 15-18 août 2007. 9* (note sous CE, ord. réf., 12 févr. 2007 rejetant la contestation de la légalité de l'ordonnance). – LEBEL, *RD rur. 2009, n° 183* (Décr. 7 oct. 2009).

SECTION 1 Les signes d'identification de la qualité et de l'origine

SOUS-SECTION 1 Le label rouge

COMMENTAIRE

Le label rouge est, selon l'article L. 640-2, un signe d'identification de la qualité et de l'origine attestant de la qualité supérieure. C'est un groupement de producteurs ou de transformateurs constitué en organisme de défense et de gestion qui doit prendre l'initiative de faire une demande de label. Le dossier est déposé à l'INAO qui l'instruit, organisant une procédure nationale ouvrant droit à opposition. Le label rouge est reconnu par arrêté ministériel homologuant le cahier des charges. Les membres du groupement demandeur pourront en faire usage sous contrôle de l'organisme certificateur agréé selon un plan de contrôle approuvé pour chaque cahier des charges par l'INAO.

Lorsque la qualité des produits courants de cette catégorie s'améliore, les exigences posées pour le label doivent être obligatoirement relevées.

Le label ne peut être utilisé pour des produits porteurs d'une appellation d'origine, ni pour des vins de pays. Par contre, un produit peut porter un label rouge et une IGP ou une spécialité traditionnelle garantie. Le label peut comporter une référence géographique si le nom utilisé est une dénomination devenue générique du produit ou si le label est associé à une IGP et si cela a été expressément demandé par les organisations de défense et de gestion pour le label et l'IGP. ❑

Art. L. 641-1 **Peuvent bénéficier d'un label rouge les denrées alimentaires et les produits agricoles non alimentaires et non transformés.**

Le label rouge atteste que ces denrées et produits possèdent des caractéristiques spécifiques établissant un niveau de qualité supérieure, résultant notamment de leurs conditions particulières de production ou de fabrication et conformes à un cahier des charges, qui les distinguent des denrées et produits similaires habituellement commercialisés.

Art. L. 641-2 *(Ord. nº 2010-459 du 6 mai 2010, art. 4)* **« Une denrée ou un produit autre qu'un produit vitivinicole ou une boisson spiritueuse peut cumuler un label rouge avec une indication géographique ou une spécialité traditionnelle garantie, mais non avec une appellation d'origine. »**

(L. nº 2007-1821 du 24 déc. 2007, art. 3) **« Un label rouge ne peut comporter de référence géographique ni dans sa dénomination ni dans son cahier des charges, sauf :**

« – si le nom utilisé constitue une dénomination devenue générique du produit ;

« – ou si le label rouge est associé à une indication géographique protégée enregistrée ou transmise aux fins d'enregistrement par l'autorité administrative et si les organismes de défense et de gestion, reconnus ou ayant sollicité leur reconnaissance, pour le label rouge et l'indication géographique protégée concernés, en font expressément la demande dans le cadre des articles L. 641-3 et L. 641-11. »

1. Condamnation de la France pour avoir laissé subsister des labels contenant des indications géographiques régionales pour des produits alimentaires. • CJCE 6 mars 2003, nº C-6/02 : *Europe 2003, inf. 168.*

2. Un label rouge peut être demandé par un groupement dont la dénomination inclut la mention d'une région et le cahier des charges peut porter mention de ce groupement. • CE 11 févr. 2011, nºs 321975 et 322004 : *CCC 2011. 128, note Raymond ; Gaz. Pal. 23-24 févr. 2011. 345.*

Art. L. 641-3 **La demande tendant à l'homologation d'un label rouge est présentée par un groupement de producteurs ou de transformateurs auquel a été reconnue la qualité d'organisme de défense et de gestion au sens du présent titre ou qui la sollicite.**

Art. L. 641-4 **L'homologation d'un label rouge est prononcée, sur proposition de l'Institut national de l'origine et de la qualité, par un arrêté du ou des ministres intéressés.** *(Ord. nº 2015-1246 du 7 oct. 2015, art. 3-1º)* **« Des conditions de production communes à plusieurs produits peuvent être définies par arrêté des mêmes ministres, sur proposition de l'Institut national de l'origine et de la qualité, après avis des organismes de défense et de gestion intéressés. »**

V. art. R. 641-1 à R. 641-10.

SOUS-SECTION 2 **L'appellation d'origine**

RÉP. COM. vº *Appellation d'origine*, par OLSZAK.

BIBL. GÉN. ▶ AGOSTINI, *Mél. Derruppé, Litec 1991, p. 399* (appellations d'origine et marques). – BIENAYMÉ, *RD rur. 1995. 419* (AOC). – BRUNAND et BRUSSETTI, *Dr. et patr. 1999, nº 75, p. 61* (rapports entre marques et appellations d'origine). – LE GOFFIC, *RD rur. 2007. Étude 37* (l'appellation d'origine, reconnaissance juridique du terroir ?). – LORVELLEC, *Mél. Burst, Litec 1997, p. 311* (protection internationale des AOC). – OLSZAK, *RD rur. mai 2006. 6* (nouveaux règlements sur les AO, IGP et STG) – PIATTI, *RTD com. 1999. 557* (l'appellation d'origine, essai de qualification). – RAVILLARD, *Lamy dr. aff. avr. 2008. 69.* – SHAMING, *D. 2001. 532* (appellation d'origine et marques). – VISSE-CAUSSE, *RD rur. nov. 2005. 19* (la loi du 23 févr. 2005 et la législation sur les appellations d'origine) ; *RD rur. 2018. Étude 23* (le lien d'appellation d'origine) ; *Dr. et patr. 6/2019, p. 28* (nature juridique de l'appellation d'origine).

COMMENTAIRE

L'appellation d'origine est un signe géographique pour un produit agricole, forestier, alimentaire, un produit de la mer, brut ou transformé, qui porte des spécificités naturelles et humaines découlant de la zone dont il est originaire.

Les pratiques consistant à désigner des produits naturels ou manufacturés par des appellations géographiques sont très anciennes. Les premières protections accordées à ce titre relevaient de la seule répression des fraudes. La loi du 1er août 1905 a donné au gouvernement le pouvoir de procéder à des délimitations géographiques pour des appellations ; la mise en œuvre de ce texte a été réduite et parfois délicate. La loi du 6 mai 1919 a permis la reconnaissance de l'appellation d'origine par le juge reconnu apte à définir l'aire et les conditions de production du produit dans une décision opposable à tous par exception à l'effet relatif de la chose jugée, mais de telles reconnaissances sont restées rares. Les appellations se sont alors multipliées sans demande de protection. Ensuite, le décret-loi du 30 juillet 1935, la loi nº 66-482 du 6 juillet 1966, la loi du 28 novembre 1955 ont défini les procédures de reconnaissance administrative, tout en maintenant une reconnaissance judiciaire. L'ordonnance n° 2006-1547 du 7 décembre 2006 a redéfini les conditions et la procédure de reconnaissance des appellations d'origine.

Les conditions et la procédure d'enregistrement des AOP ont été modifiées par le règlement n° 1151/2012 du 21 novembre 2012 applicable aux produits agricoles et aux denrées alimentaires. Il est prévu un enregistrement unique des appellations d'origine au niveau de l'Union européenne. Un produit jouissant d'une notoriété, portant des spécificités liées à son terroir par les conditions de climat, d'hydrographie, de géologie mais aussi par le savoir-faire local, par ses conditions de production conformes à des usages locaux, loyaux et constants, a pu se voir reconnaître par arrêté, après une procédure d'agrément, le droit d'utiliser le nom d'un pays, d'une localité, d'une région comme appellation d'origine. Les produits bénéficiant d'une appellation d'origine contrôlée entrant dans le champ d'application du règlement européen doivent également avoir reçu une appellation d'origine protégée ; le refus d'AOP entraîne la perte de l'AOC.

L'utilisation de l'appellation d'origine est réglementée et contrôlée. L'appellation reçoit une protection civile et pénale contre tout emploi pour les produits similaires. De plus, la zone géographique est protégée et l'existence d'une appellation est prise en considération dans la préparation des documents d'aménagement et d'urbanisme, dans les procédures d'implantation d'installations classées ou de toute activité économique, dans les procédures d'expropriation et de remembrement.

L'appellation d'origine reçoit une protection internationale dont le principe avait été prévu par la convention d'Union de Paris du 20 mars 1883, et qui a ensuite été précisée à Washington pour intégrer l'indication de provenance en 1911 et à La Haye en 1924 pour intégrer l'appellation d'origine. Les pays membres ont conclu des accords pour prévoir plus nettement les conditions de protection de ces signes distinctifs. Il en a été ainsi pour l'indication de provenance par l'arrangement de Madrid le 14 avril 1891, et le 31 octobre 1958 pour l'appellation d'origine par l'arrangement de Lisbonne. L'Union européenne a adhéré à l'acte de Genève du 20 mai 2015, qui procède à la révision de l'arrangement de Lisbonne, afin de garantir la protection internationale des appellations d'origine : l'entrée en vigueur pour les parties contractantes est fixée au 26 février 2020. ❑

Art. L. 641-5 **Peuvent bénéficier d'une appellation d'origine contrôlée les produits agricoles, forestiers ou alimentaires et les produits de la mer, bruts ou transformés, qui remplissent les conditions fixées par les dispositions de l'article L. 115-1** *[L. 431-1]* **du code de la consommation, possèdent une notoriété dûment établie et dont la production est soumise à des procédures** *(Abrogé par Ord. n° 2010-459 du 6 mai 2010, art. 4)* **« *d'agrément* » comportant une habilitation des opérateurs, un contrôle des conditions de production et un contrôle des produits.** – *V. **C. consom.***

Est fondée l'annulation du refus d'agrément en AOC d'un lot de vin dès lors que deux lots de la même récolte avaient été agréés et que les dégustateurs n'ont pu différencier les vins des différents lots. • CAA Marseille, 26 mai 2008, *INAO/SCEA du Clos St-Georges,* n° 06MA00931.

Art. L. 641-6 **La reconnaissance d'une appellation d'origine contrôlée est proposée par l'Institut national de l'origine et de la qualité, après avis** *(Ord. n° 2015-1246 du 7 oct. 2015, art. 3-2°)* **« du groupement d'opérateurs qui sollicite la reconnaissance en *qualité d'organisme* » de défense et de gestion prévu à l'article L. 642-17.**

La proposition de l'institut porte sur la délimitation de l'aire géographique de production, définie comme la surface comprenant les communes ou parties de communes propres à produire l'appellation d'origine, ainsi que sur la détermination des conditions de production qui figurent dans un cahier des charges *(Abrogé par Ord. n° 2010-459 du 6 mai 2010, art. 4)* ***« et des conditions d'agrément de l'appellation d'origine contrôlée ».***

(L. n° 2014-1170 du 13 oct. 2014, art. 25-VII) **« Ces conditions de production peuvent comporter des mesures destinées à favoriser la préservation des terroirs. »**

1. Révision. Jurisprudence antérieure à l'Ord. du 7 déc. 2006. L'INAO peut engager la révision de la délimitation de l'aire géographique d'une zone d'appellation d'origine sans demande préalable du syndicat de défense intéressé. • CE 29 juin 1998, ☎ *Gonnet et a. : RD rur. 1999. 112.*

♦ Pour réviser la délimitation de l'aire de l'appellation, l'INAO, qui a préalablement pris l'avis du syndicat général des vignerons de champagne et qui a permis aux propriétaires de présenter leurs réclamations, n'a pas commis d'irrégularité de procédure. • CE 9 juin 1999, *M. et Mme Fontaine*, nº 161711. ♦ Même sens, l'association des viticulteurs d'Alsace représentant les syndicats viticoles locaux ayant été consultée avant approbation par le comité national de l'INAO du projet de délimitation de l'aire AOC. • CE 7 nov. 2001, *Asen*, nº 224291.

2. Aucune disposition ne fait obligation à l'INAO de permettre aux viticulteurs ayant sollicité le classement des parcelles leur appartenant de présenter des observations sur les éléments soumis à l'appréciation du comité national des vins et eaux-de-vie. • CE 5 déc. 2005, *Assoc. des viticulteurs monbadonnais*, nº 264034.

3. L'INAO ne commet pas d'erreur manifeste d'appréciation en excluant de l'aire d'appellation « champagne » des parcelles qui en faisaient partie auparavant, de faible pente et alors que des parcelles voisines y sont incluses, au motif que les terrains n'étaient pas plantés en vigne en 1927 ou consacrés à la viticulture avant l'invasion phylloxérique. • CE 9 juin 1999, *M. et Mme Fontaine : préc. note 1.* ♦ Même sens : • CE 30 juin 2000, *Maillard et a.*, nº 158468 : *RD rur. 2001. 52.* ♦ ... En refusant de proposer l'inclusion dans l'aire de l'appellation Champagne une commune sur laquelle existaient des vignes avant l'invasion phylloxérique mais où il n'apparaît pas qu'il y ait eu une production destinée à la champagnisation ni que l'appellation ait été revendiquée de 1919 à 1924. • CE 27 juill. 2006, nº 269283 : *RD rur. oct. 2006. 48.*

4. Est annulée la décision de l'INAO qui refuse d'inclure des parcelles dans l'aire d'appellation « Puisseguin St Émilion » au motif qu'il n'y a jamais eu usage de cette dénomination sur cette zone et que la commune où sont situées les terres était jusque-là dans une autre appellation, sans tenir compte des caractères géologiques, topographiques et pédologiques. • CE 17 sept. 1999, *Assoc. des viticulteurs monbadonnais*, nº 183632 : *RD rur. 2000. 295.* ♦ Est justifié le refus de l'INAO de modifier les périmètres des différentes AOC du Cognac, fondé sur un examen global de l'appellation, malgré une similitude géologique des parcelles. • CE 6 oct. 1999, *Union synd. des calcaires du Blanzacais*, nº 159522 : *RD rur. 2000. 295.* ♦ Est fondé le rejet par l'INAO de la demande de modification de l'aire de production de l'AOC Puisseguin St Émilion, fondé sur les différents facteurs physiques et humains caractéristiques des territoires. • *CE 5 déc. 2005 : préc. note 2.* ♦ V. un exemple de décret jugé ne comportant pas d'erreur manifeste d'appréciation dans l'exclusion de parcelles de l'aire d'appellation « Margaux » sur des critères précis, • CE 30 déc. 2009, nº 311113 : *Dr. adm. 2010. 48, note Georgopoulos ; Gaz. Pal. 2010. 1008, note Robbe.* ♦ Dans le même sens, pour un refus d'extension de l'aire « Saint Julien » sur des critères naturels et humains, V. • CE 12 juill. 2012, nº 346813 : *RD rur. 2013. Chron. 2, p. 13, obs. Bahans.* ♦ V., pour un refus d'inclusion sur des facteurs seulement naturels, • CE 24 nov. 2017, nº 394915 B. ♦ La délimitation de l'aire géographique d'une appellation d'origine est définie par commune ou ensemble de communes, et à l'intérieur de chaque commune selon un parcellaire cadastral précis, déterminé selon un cumul de critères naturels (géologiques, composition des sols et climatiques) et humains (histoire du vignoble, conduite des vignes). • CE 10 févr. 2014, nº 356113 A.

5. L'INAO peut prendre en compte les usages locaux loyaux et constants pour définir le cahier des charges relatif aux AOC sans être tenu de s'y conformer. • CE 9 févr. 2012, nº 335041 : *RD rur. 2012, nº 54, note Biagini-Girard ; RD rur. 2013. Chron. 2, p. 13, obs. Bahans* • 1er août 2013, nº 359949 : *RD rur. 2013. Alerte 139.* ♦ La commission d'experts de l'INAO doit fonder sa délimitation de l'aire géographique de production à la fois sur des facteurs naturels, géologiques, pédologiques, climatiques, mais aussi humains. • CE 12 juin 2013, nº 350214 : *RD rur. 2015. Chron. 1, p. 9, obs. Menjucq et Bahans.*

6. Le rejet de la demande de révision de l'aire géographique a un caractère réglementaire qui n'est pas au nombre des décisions devant être motivées. • CE 12 juill. 2012, nº 346813 : *préc. note 4.*

7. Un recours pour excès de pouvoir est irrecevable contre la seule proposition de définition de l'aire d'appellation par l'INAO qui n'a qu'un caractère préparatoire à la décision. • CE 29 sept. 2003, *Legrand*, nº 247888 : *RFDA 2003. 1259 ; RD rur. 2004. 286 et 66, obs. Rochard ; Gaz. Pal. 31 mars-1er avr. 2004. 15.* ♦ Ne peut être invoquée la nullité d'un décret de délimitation d'une zone AOC pour irrespect des procédures que s'est fixé l'INAO en dehors de toute définition ou renvoi de la loi pour édicter cette procédure. • CE 10 févr. 2014, nº 356113 A : *Gaz. Pal. 26-27 févr. 2014 ; RD rur. 2014, nº 155, note Olszak.*

8. La décision de l'INAO qui procède à une nouvelle délimitation de l'aire d'appellation d'origine ne porte pas une atteinte grave au droit de propriété ni à une liberté fondamentale qui ne se rattacherait pas à un pouvoir de l'autorité administrative et ne constitue pas une voie de fait de la compétence des juridictions judiciaires. • Civ. 1re, 30 sept. 2009, nº 08-17.438 : *D. 2010. 309, note Visse-Causse ; RD rur. 2010, nº 34, note Renard-Payen ; JCP N 2010. 1207, nº 3.*

9. Responsabilité. La responsabilité de l'INAO peut être engagée par le propriétaire lorsque les refus de proposer un domaine dans l'aire d'une appellation d'origine ont été successivement annulés par le Conseil d'État. • CAA Bordeaux, 6 avr. 2004, *INAO.*

Art. L. 641-7 *(L. nº 2009-526 du 12 mai 2009, art. 63)* **« La reconnaissance d'une appellation d'origine contrôlée est prononcée par un** *(Ord. nº 2015-1246 du 7 oct. 2015, art. 3-3º)* **« arrêté du ou des ministres intéressés » qui homologue un cahier des charges où figurent notamment la délimitation de l'aire géographique de production de cette appellation ainsi que ses conditions de production. »**

Cette reconnaissance est prononcée par décret en Conseil d'État lorsque les propositions de l'Institut national de l'origine et de la qualité comportent l'extension d'une aire de production *(Ord. nº 2015-1246 du 7 oct. 2015, art. 3-3º)* **« faisant » l'objet d'une délimitation par une loi spéciale ou une révision des conditions de production déterminées par une loi spéciale.**

(Ord. nº 2015-1246 du 7 oct. 2015, art. 3-3º) **« Sous réserve du deuxième alinéa du présent article, les modifications apportées aux cahiers des charges homologués par décret en Conseil d'État ou par décret en application du premier alinéa du présent article dans sa rédaction en vigueur avant la publication de l'ordonnance nº 2015-1246 du 7 octobre 2015 sont adoptées par arrêté du ou des ministres intéressés. »**

V. Décr. nº 2008-668 du 2 juill. 2008 relatif aux cahiers des charges des appellations d'origine contrôlées (JO 5 juill.), mod. par Décr. nº 2010-1464 du 30 nov. 2010 (JO 2 déc.), Décr. nº 2012-155 du 30 janv. 2012 (JO 1er févr.), Décr. nº 2013-1247 du 23 déc. 2013 (JO 28 déc.).

1. Définition de l'appellation. Le décret définissant les caractéristiques concernant l'aire de production et les règles de fabrication du produit est conforme à la définition d'une appellation d'origine dès lors : ... qu'elles sont en lien avec les facteurs naturels propres à la zone, même s'il n'a pas été posé comme condition que le produit soit fabriqué exclusivement avec du lait de vaches Salers. • CE 7 juill. 2004, nº 248375 : *Gaz. Pal. 20-22 févr. 2005. 9.* ♦ ... Qu'un lien est établi entre le milieu géographique et les caractéristiques, la qualité, la spécificité et la typicité des produits obtenus. • CE 1er août 2013, nº 59949 : *RD rur. 2013. Alerte 139.* ♦ Doit être annulé l'arrêté d'homologation du cahier des charges qui élargit l'appellation Clairette de Die sans aucun élément historique ou factuel pour justifier la notoriété et l'antériorité de la production de vins mousseux rosés et alors que cette production était interdite sur l'aire de l'AOC par la loi 20 déc. 1957. • CE 12 janv. 2018, nº 406847 B : *RD rur. 2018, nº 233, note Olszak.* – V. aussi Vissé-Causse, *RD rur. 2018. Étude 23* (le lien d'appellation d'origine).

2. Conditions de production. A été jugé conforme à la réglementation nationale et communautaire le décret qui réserve le bénéfice de l'appellation d'origine contrôlée aux exploitants qui réalisent toutes les étapes de la production dans le périmètre délimité. • CE 30 déc. 1998, nº 182783 B : *RD rur. 1999. 489.* ♦ Aucune disposition n'impose que pour bénéficier d'une AOC un produit de mutage comme le pommeau de Bretagne doive être constitué d'au moins un produit AOC. • CE 17 nov. 2010, nº 328763 : *Gaz. Pal. 1er-2 déc. 2010 ; LPA 21 févr. 2012, note Manson.* ♦ Est mal fondée la demande d'annulation de l'arrêté modifiant le cahier des charges du comté pour interdire le robot de traite. • CE 31 déc. 2020, nº 415751.

3. Aire géographique. N'est pas affecté d'une erreur manifeste d'appréciation le décret qui définit l'aire de production sur des critères objectifs tels que l'altitude des prairies d'élevage, leur flore, la localisation des usages loyaux et constants, tout en veillant à maintenir l'unité des limites administratives des communes. • CE 5 nov. 2003, nos 230438 et 230796 : *Gaz. Pal. 11-12 août 2004. 9.* ♦ Est nul l'arrêté d'homologation de cahier des charges où l'aire géographique est déterminée sans prise en compte de facteurs humains spécifiques. • CE 19 juin 2017, nº 402876 : *Gaz. Pal. 2017. 2349.* ♦ Est justifiée l'exclusion par l'INAO de parcelles ne répondant pas aux caractéristiques naturelles définies par le cahier des charges pour l'AOC « Pauillac ». • CE 14 oct. 2019, nº 417843 : *DP entr. agric., Bull. nº 534, p. 15, note Debailleul.*

4. Détournement de notoriété. Doit être annulé le décret du 19 sept. 2003 créant l'appellation « Chaume Premier cru des coteaux du Layon » au motif que cette nouvelle appellation est de nature à susciter une confusion dans l'esprit du consommateur, à créer l'apparence d'une hiérarchisation des vins favorable à la nouvelle appellation et donc à détourner ou affaiblir la notoriété de l'appellation « Quarts-de-Chaume » reconnue en 1954. • CE 27 juill. 2005, nº 261989 A : *D. 2006. 310, note Agostini et Thévenin ; RD rur. nov. 2005. 28, concl. De Silva ; Gaz. Pal. 31 déc. 2005. 18, note Graveleau : ibid. 19-20 mai 2006. 44.*

5. Marque. Sauf si une marque a atteint une notoriété telle qu'enregistrer une AOP homonyme risquerait d'engendrer une confusion dans l'esprit du consommateur, la circonstance qu'une dénomination géographique fasse l'objet d'une marque déposée ne fait pas obstacle à la création de cette dénomination comme appellation d'origine. • CE 26 mai 2008, nos 297326 et 297327 : *RD rur. 2008, nº 152 ; Gaz. Pal. 3 mars 2009. 24.*

6. Mention facultative. La possibilité ouverte par le décret relatif à l'AOC « Salers » de faire figurer comme une modalité facultative de l'appellation d'origine la mention « tradition Salers » sur les fromages issus de la transformation de lait provenant exclusivement de troupeaux de vaches « Salers », et sous réserve d'une déclaration à l'INAO, n'est pas de nature à induire le consommateur en erreur. • CE 7 juill. 2004, n° 248375 : *Gaz. Pal. 20-22 févr. 2005. 9.*

7. Champagne. Bien que la L. du 16 nov. 1984 n'ait prononcé aucune abrogation expresse, elle permet d'apporter d'éventuelles modifications par décret en Conseil d'État aux règles fixées pour la délimitation de l'AOC Champagne par la L. du 6 mai 1919 en se fondant sur d'autres critères tels que la nature du sol et du sous-sol, la pente du terrain, son exposition, l'environnement, les usages actuels et antérieurs. • CE 27 juill. 2006, n° 269283 : *RD rur. oct. 2006. 48 ; Dr. adm. 2007, n° 15.* ♦ Le décret retenant qu'aucune parcelle d'une commune ne peut être retenue pour ouvrir droit à l'AOC Champagne est fondé dès lors que l'antériorité ne constitue pas à elle seule un critère donnant droit au classement des parcelles, et qu'il ne ressort pas du dossier comportant une analyse détaillée des sols, sous-sols, de l'environnement, du climat et de la situation géographique, que le premier ministre aurait commis une erreur manifeste d'appréciation. • CE 14 déc. 2005, n° 251489. ♦ Le décret délimitant l'aire de production de vin AOC Champagne a été jugé régulier alors qu'il prévoit une surface très supérieure à la surface plantée en vignes avant l'invasion phylloxérique. • CE 13 juin 2003, n° 241332 : *RD rur. 2004. 117.*

8. Liberté du commerce. Les dispositions limitant la zone de collecte, les conditions de fabrication et de conservation visent à préserver la qualité et l'identité du « comté » bénéficiant d'une AOC et ne portent pas une atteinte excessive à la liberté d'entreprendre, ni à la liberté du commerce et de l'industrie. • CE 29 mars 2000, n° 205253 B : *RD rur. 2000. 558 ; Gaz. Pal. 11-13 févr. 2001. Pan. 34.* ♦ La modification du cahier des charges du reblochon qui rend difficile l'usage de robots de traite ne constitue pas une atteinte disproportionnée aux libertés du commerce et de l'industrie, d'entreprendre, ni au principe de libre concurrence. • CAA Lyon, 14 déc. 2021, n° 20LY00420 : *RD rur. 2022, n° 94, concl. Deliancourt, note Bombardier.*

9. Concurrence. Seul le Conseil d'État peut apprécier les restrictions de concurrence que pourrait comporter le décret proposé par l'INAO, mais le Conseil de la concurrence est compétent pour vérifier si, lors des discussions préparatoires du texte prévoyant les conditions d'une appellation d'origine, les entreprises membres du comité interprofessionnel ont poursuivi un plan anticoncurrentiel destiné à évincer du marché tel type de producteur concurrent. • Cons. conc. n° 07-D-10 du 28 mars 2007 : *CCC 2007, n° 129, note Decocq.*

10. Droit de propriété. Le décret excluant les terres du requérant de l'aire de production de l'appellation d'origine contrôlée d'un vin n'a pas été jugé constituer une atteinte aux biens susceptibles d'être protégés par la convention européenne de sauvegarde des droits de l'homme et des libertés fondamentales. • CE 6 mars 2002, n° 226248 : *LPA 10 août 2004. 19, note Olszak* • CE 19 nov. 2008, n° 303739 B. ♦ L'appellation n'est pas un accessoire de la propriété foncière. • Reims, 28 avr. 2008, *Dongel/INAO : JCP 2009. IV. 1557.* ♦ Le droit à l'appellation d'origine ne constitue pas un droit acquis attaché aux parcelles en tant qu'accessoires du droit de propriété. • Civ. 1re, 30 sept. 2009, n° 08-17.438 : *D. 2010. 309, note Visse-Causse ; RD rur. 2010, n° 34, note Renard-Payen ; JCP N 2010. 1207, n° 3.*

11. Déclassement. Le litige relatif au déclassement relève de la juridiction administrative, car il ne s'agit pas d'une atteinte au droit de propriété ou à une liberté fondamentale. • Reims, 28 avr. 2008, *Dongel/INAO : préc. note 10.*

12. Le délai de recours contre les décisions de classement des « 1ers grands crus classés » prise en application du cahier des charges de l'appellation d'origine « St Émilion grand cru » court à compter de la publication de l'arrêté d'homologation de la liste approuvée par le comité national des appellations d'origine relatives aux vins de l'INAO. • CE 12 févr. 2021, n° 431597 B : *Gaz. Pal. 16 mars 2021, p. 42.*

13. Il ne peut être excipé pour contester la légalité d'un décret homologuant le cahier des charges d'une AOC de l'illégalité dont seraient entachées les décisions du directeur de l'INAO relatives à la reconnaissance d'un organisme de défense et de gestion. • CE 17 nov. 2010, n° 328763 : *préc. note 2.*

14. Sur l'utilisation de mentions traditionnelles, V. • CE 26 févr. 2014, n°s 356006 et 360563 : *RD rur. 2015. Chron. 1, p. 11, obs. Bahans et Menjucq.*

Art. L. 641-8 **Les dispositions des articles L. 115-2 à L. 115-4 et L. 115-8 à L. 115-15** *[L. 431-2 s.]* **du code de la consommation ne sont pas applicables aux produits bénéficiant d'une appellation d'origine contrôlée.**

Art. L. 641-9 **Les appellations d'origine définies par voie législative ou réglementaire avant le 1er juillet 1990 sont considérées comme répondant aux conditions de l'article L. 641-5. Toute modification ultérieure des textes définissant ces appellations doit intervenir conformément à la procédure prévue par les articles L. 641-6 et L. 641-7.**

Les appellations d'origine en vigueur au 1er juillet 1990 *(Ord. n° 2016-391 du 31 mars 2016, art. 8-1°, en vigueur le 1er juill. 2016)* **« en Guadeloupe, en Guyane, en Martinique et à La Réunion » conservent leur statut.**

Art. L. 641-10 **Doivent solliciter le bénéfice d'une appellation d'origine protégée les produits agricoles ou alimentaires entrant dans le champ d'application du** *(Ord. nº 2015-1246 du 7 oct. 2015, art. 6-II)* **« règlement (UE) nº 1151/2012 du Parlement européen et du Conseil du 21 novembre 2012 relatif aux systèmes de qualité applicables aux produits agricoles et aux denrées alimentaires »** *(Ord. nº 2010-459 du 6 mai 2010, art. 4)* **« ainsi que les produits vitivinicoles entrant dans le champ d'application du »** *(Ord. nº 2015-1246 du 7 oct. 2015, art. 6-II)* **« règlement (UE) nº 1308/2013 du Parlement européen et du Conseil du 17 décembre 2013 portant organisation commune des marchés des produits agricoles et abrogeant les règlements (CEE) nº 922/72, (CEE) nº 234/79, (CE) nº 1037/2001 et (CE) nº 1234/2007 du Conseil » auxquels une appellation d'origine contrôlée a été reconnue.**

Si le produit ne satisfait pas aux conditions posées par *(Ord. nº 2010-459 du 6 mai 2010, art. 4)* **« les règlements mentionnés » à l'alinéa précédent et se voit refuser** *(Ord. nº 2015-1246 du 7 oct. 2015, art. 3-4º)* **« ou annuler » le bénéfice de l'appellation d'origine protégée, il perd celui de l'appellation d'origine contrôlée qui lui a été reconnue.**

V. art. R. 641-11 s.

L'homologation d'un cahier des charges après réduction de l'aire géographique exige qu'une procédure nationale d'opposition ait été mise en œuvre sur cette modification conformément aux exigences du droit communautaire et national. • CE 6 mars 2014, *Assoc. des producteurs de Bourgogne en Beaujolais*, nº 356100 : *RD rur. 2014, nº 130, concl. Daumas, note Lavialle ; RD rur. 2015. Chron. 1, p. 9, obs. Bahans et Menjucq.*

SOUS-SECTION 3 L'indication géographique *(Ord. nº 2010-459 du 6 mai 2010, art. 4).*

BIBL. ▶ BAHANS, *Dr. et patr. 6/2019, p. 42* (cadre européen de la relation entre indication géographique et marque). – LASSAUT et LE MEUR-BAUDRY, *RD rur. 2001. 140* (IGP). – LE GOFFIC, *RD rur. 2014. Étude 11* (dégénérescence des indications géographiques). – OLSZAK, *RD rur. mai 2006. 6* (nouveaux règlements sur les AO, IGP et STG). – RUZEK, *RD rur. 2009. Étude 7* (la stratégie communautaire de protection des indications géographiques en question).

COMMENTAIRE

L'indication géographique protégée est un signe d'identification de la qualité et de l'origine géographique attestant d'une typicité du produit issu d'une zone spécifique. Il s'agit d'un signe prévu par le règlement nº 1151/2012 du 21 novembre 2012 relatif aux systèmes de qualité applicables aux produits agricoles et aux denrées alimentaires (V. *App., vº Qualité des produits agricoles*,), qui prévoit un enregistrement unique des indications géographiques protégées au niveau de l'Union européenne.

L'indication géographique protégée autorise la désignation d'un produit agricole ou d'une denrée alimentaire par le nom d'un lieu qui doit être celui de sa production, de sa transformation ou de son élaboration. De plus, une qualité, la réputation ou une autre caractéristique de ce produit ou denrée doit être attribuée à son origine géographique.

La loi du 17 mars 2014 a créé l'indication géographique (CPI, art. L. 721-2) pour la valorisation exclusivement des productions industrielles et artisanales. ❑

Art. L. 641-11 *(Ord. nº 2010-459 du 6 mai 2010, art. 4)* **Doivent solliciter le bénéfice d'une indication géographique protégée les produits agricoles ou alimentaires qui satisfont aux conditions posées par le** *(Ord. nº 2015-1246 du 7 oct. 2015, art. 6-II)* **« règlement (UE) nº 1151/2012 du Parlement européen et du Conseil du 21 novembre 2012 relatif aux systèmes de qualité applicables aux produits agricoles et aux denrées alimentaires » ou, pour les produits vitivinicoles, aux conditions posées par le** *(Ord. nº 2015-1246 du 7 oct. 2015, art. 6-II)* **« règlement (UE) nº 1308/2013 du Parlement européen et du Conseil du 17 décembre 2013 portant organisation commune des marchés des produits agricoles et abrogeant les règlements (CEE) nº 922/72, (CEE) nº 234/79, (CE) nº 1037/2001 et (CE) nº 1234/2007 du Conseil » et qui font l'objet, pour l'application de ces règlements, d'un cahier des charges proposé par l'Institut national de l'origine et de la qualité, homologué par arrêté du ou des ministres intéressés.**

Si le produit ne satisfait pas aux conditions posées par les règlements mentionnés au précédent alinéa et se voit refuser *(Ord. n° 2015-1246 du 7 oct. 2015, art. 3-5°)* **« ou annuler » le bénéfice de l'indication géographique protégée, il perd le bénéfice de l'homologation de son cahier des charges.**

(L. n° 2010-874 du 27 juill. 2010, art. 22) **« Un décret précise les conditions d'application du présent article à Saint-Pierre-et-Miquelon. »**

1. L'arrêté délimitant l'aire géographique de l'IGP Rillettes du Mans est entaché d'illégalité car il n'est pas démontré l'existence d'un lien exclusif ou prédominant entre la réputation de ce produit et les 19 cantons inclus dans la zone du cahier des charges et aucune qualité ou technique de fabrication ne peut être attribuée à la seule zone délimitée. • CE 16 juin 2010, n° 311504 : *RJDA 2011. inf. 582.*

2. Est régulier l'arrêté délimitant l'aire géographique en vue de l'enregistrement de l'IGP « Sel de Guérande » fondée sur la notoriété de la dénomination qui tient à l'histoire de l'activité dans la zone ainsi qu'à l'effort de développement et de publicité entrepris depuis plusieurs décennies. • CE 6 juin 2012, n° 348084 : *RD rur. 2013, n° 62, note Visse-Causse.*

3. Sont nuls les arrêtés d'homologation des IGP à défaut de justification par les cahiers des charges d'un usage de production antérieur corroborant l'existence du lien géographique du produit avec l'origine. • CE 26 avr. 2013, n°s 355941 et 355942 : *RD rur. 2015. Chron. 1, obs. Bahans et Menjucq* • 6 mars 2015, n°s 358998, 358999, 359001 : *RD rur. 2016. Étude 8, note Olszak* • 10 mai 2019, n° 418082 : *Gaz. Pal. 2019. 1826.* ♦ Est fondée l'extension de l'IGP Var pour les vins mousseux dès lors que la production est attestée depuis le début du XXe siècle, que l'antériorité de cet usage viticole est continue, que le lien avec l'origine géographique est établi par le cahier des charges. • CE 3 déc. 2014, n° 359030. – V. aussi • CE 3 déc. 2014, n° 358995.

4. Indication géographique « Méditerranée » des vins mousseux. L'homologation d'un cahier des charges d'une IGP n'intervient que si le cahier précise les éléments qui permettent d'attribuer à une origine géographique déterminée une caractéristique particulière du produit, et le lien avec l'origine géographique ne peut être reconnu que pour une production existante depuis un temps suffisant pour établir ce lien. • CE 14 déc. 2016, n°s 396658 s. : *RD rur. 2017, n° 50, note Olszak.*

Art. L. 641-11-1 *(Ord. n° 2010-459 du 6 mai 2010, art. 4)* **Doivent solliciter l'enregistrement comme indication géographique les boissons spiritueuses qui satisfont aux conditions posées par le règlement (CE) n° 110/2008 du Parlement européen et du Conseil du 15 janvier 2008 concernant la définition, la désignation, la présentation, l'étiquetage et la protection des indications géographiques des boissons spiritueuses et abrogeant le règlement (CEE) n° 1576/89 du Conseil et qui font l'objet, pour l'application de ce règlement, d'un cahier des charges d'appellation d'origine contrôlée proposé par l'Institut national de l'origine et de la qualité et homologué conformément à l'article L. 641-7 ou d'un cahier des charges d'indication géographique proposé par l'Institut national de l'origine et de la qualité et homologué par arrêté du ou des ministres intéressés.**

(Ord. n° 2015-1246 du 7 oct. 2015, art. 3-6°) **« Si la demande d'enregistrement en indication géographique est refusée ou si l'enregistrement en indication géographique est annulé en application de l'article 18 du règlement (CE) n° 110/2008, le produit perd le bénéfice de l'homologation de son cahier des charges. »**

Art. L. 641-11-2 *(Ord. n° 2015-1246 du 7 oct. 2015, art. 3-7°)* **Pour bénéficier de la protection comme indication géographique, doivent faire l'objet d'une demande d'enregistrement les produits vinicoles aromatisés qui satisfont aux conditions posées par le règlement (UE) n° 251/2014 du Parlement européen et du Conseil du 26 février 2014 concernant la définition, la description, la présentation, l'étiquetage et la protection des indications géographiques des produits vinicoles aromatisés et abrogeant le règlement (CEE) n° 1601/91 du Conseil et qui font l'objet, pour l'application de ce règlement, d'un cahier des charges proposé par l'Institut national de l'origine et de la qualité, homologué par arrêté du ou des ministres intéressés.**

La protection de l'indication géographique est subordonnée à l'intervention de la décision de la Commission européenne accordant cette protection conformément à l'article 16 de ce règlement.

Si la demande d'enregistrement en indication géographique est refusée par la Commission en application des articles 14 ou 16 de ce règlement ou si l'enregistrement en

indication géographique est annulé en application de l'article 25 du même règlement, le produit perd le bénéfice de l'homologation de son cahier des charges.

SOUS-SECTION 4 La spécialité traditionnelle garantie

BIBL. ▸ FONTAINE, *RD rur. 2022. Étude 27* (les spécialités traditionnelles garanties : quel avenir pour ces signes européens de la qualité ?).

COMMENTAIRE

La spécialité traditionnelle garantie (STG) était prévue par le règlement n° 509/2006 du 20 mars 2006, établissant une typicité par le lien à des pratiques traditionnelles. La spécialité traditionnelle garantie fait suite à l'attestation de spécificité qui n'avait pas reçu d'application en France. Aucune spécialité traditionnelle garantie n'a été enregistrée pour la France jusqu'en 2012. Le règlement n° 1151/2012 du 21 novembre 2012 relatif aux systèmes de qualité applicables aux produits agricoles et aux denrées alimentaires a maintenu ce signe distinctif en tentant de le rendre plus compréhensible et opérationnel, et en conséquence plus attrayant (V. App., v° *Qualité des produits agricoles*, 🏛).

Le produit agricole ou la denrée doit, pour recevoir une spécificité traditionnelle garantie, être marqué d'une spécificité lui permettant de le distinguer d'autres produits de même catégorie. Et ce produit doit être obtenu à partir de matières premières traditionnelles ou avoir une composition, un mode de production ou de transformation traditionnel. Il doit être apporté la preuve du caractère traditionnel par l'ancienneté sur le marché, et la spécificité ne doit pas résider dans l'origine géographique.

Le règlement du 21 novembre 2012 prévoit l'obligation de demander que le nom soit réservé (des dispositions transitoires pour les spécialités traditionnelles garanties antérieures dont le nom n'était pas réservé sont prévues). ❑

Art. L. 641-12 **Peuvent être reconnus comme spécialité traditionnelle garantie les produits agricoles ou alimentaires qui satisfont aux conditions posées par le** *(Ord. n° 2015-1246 du 7 oct. 2015, art. 3-8°)* **« règlement (UE) n° 1151/2012 du Parlement européen et du Conseil du 21 novembre 2012 relatif aux systèmes de qualité applicables aux produits agricoles et aux denrées alimentaires » et qui font l'objet, pour l'application de ce règlement, d'un cahier des charges proposé par l'Institut national de l'origine et de la qualité, homologué par arrêté du ou des ministres intéressés.**

(Ord. n° 2015-1246 du 7 oct. 2015, art. 3-8°) **« Si la demande d'enregistrement en spécialité traditionnelle garantie est refusée ou si l'enregistrement en spécialité traditionnelle garantie est annulé en application de l'article 54 du règlement (UE) n° 1151/2012, le produit perd le bénéfice de l'homologation de son cahier des charges. »**

V. art. R. 641-11 s.

SOUS-SECTION 5 L'agriculture biologique

BIBL. ▸ Agriculture biologique, *DP entr. agric.* – BILLET, *Envir. 2009. Étude 11* (Grenelle de l'environnement, acte 1). – BOUALILI, *RD rur. 2008. Étude 4* (le statut de l'agriculture biologique). – DOUSSAN, *RJ envir. 4/2005, p. 389.* – GADBIN, *RD rur. 2019. Repère 1* (la production biologique à l'épreuve de marchés trop porteurs ?). – GIRAUDEL, L'agriculture biologique, une agriculture durable ?, *PULIM 1996.* – MICHEL, *RD rur. 1999. 29* (production biologique : de l'environnement à la qualité ?). – ROCHETEAU, *LPA 2013, n° 159, p. 17* (Règl. UE n° 203/2012). – HOUPERT et BOTREL, *Rapport Sénat n° 277 du 29 janv. 2020* (les financements consacrés à l'agriculture biologique). – Le soutien à l'agriculture biologique, *Rapport de la Cour des comptes du 30 juin 2022.*

COMMENTAIRE

La loi du 4 juillet 1980 a prévu l'homologation de cahiers des charges définissant les conditions d'une agriculture sans produits chimiques de synthèse, puis la loi du 30 décembre 1988 a précisé l'organisation de l'agriculture biologique dans une logique de production de qualité.

Cette réglementation s'est trouvée conforme au droit communautaire qui a posé une organisation rigoureuse par un règlement n° 2092/91 du Conseil du 24 juin 1991 pour la production végétale, modifié par un règlement n° 1804/99 du Conseil du 18 juillet

1999 pour étendre l'application du dispositif à la production animale. Les modes de production sont définis strictement depuis la sélection des produits, la culture et les traitements, ainsi que les méthodes de transformation. Cette réglementation européenne participe à la recherche de la qualité des productions tout autant qu'à la protection de l'environnement et à la volonté de développement durable. Ce règlement avait été modifié dans un souci de simplification et de mise en cohérence des contrôles des denrées alimentaires par le règlement n° 834/2007 du 28 juin 2007 (applicable au 1er janvier 2009). Un nouveau règlement européen (Règl. UE 2018/848 du 30 mai 2018 modifié par le Règl. UE 2020/1693 du 11 nov. 2020) vise à permettre le développement de la production « bio » européenne, en précisant notamment les règles de production et en prévoyant l'adaptation des procédures pour les plus petits producteurs, tout en assurant un contrôle fiable des méthodes de production pour offrir des garanties au consommateur et conserver sa confiance, en particulier au regard des produits importés. Sa date d'application initialement prévue au 1er janvier 2021 a été reportée au 1er janvier 2022.

La loi d'orientation agricole n° 2006-11 du 5 janvier 2006 a classé la mention agriculture biologique comme signe d'identification de la qualité et de l'origine, attestant de la « qualité environnementale du produit ». Peuvent porter le signe d'identification « agriculture biologique » les produits conformes au règlement européen en vigueur ou aux conditions posées par arrêté homologué conjointement par le ministre de l'agriculture et le ministre de la consommation à l'issue d'une instruction organisée par l'INAO.

Les produits reconnus conformes portent la marque de certification AB déposée par le ministère de l'agriculture, attestant ainsi du respect de la réglementation en vigueur à toutes les phases de production. Cette conformité est certifiée puis vérifiée par les organismes de contrôle agréés selon un plan de contrôle approuvé par l'INAO. Le règlement du 28 juin 2007 a rendu obligatoire l'utilisation du logo biologique de l'Union européenne pour tous les produits biologiques d'origine communautaire (sans exclure l'apposition des logos nationaux ou privés).

Les produits importés de pays tiers à l'Union européenne ne peuvent porter une telle mention que s'ils ont fait l'objet d'une procédure de vérification des conditions posées par la réglementation européenne.

Sous réserve de certaines conditions, les terres exploitées selon le mode de production biologique peuvent être exonérées de taxe foncière pour cinq ans, cet avantage profitant au preneur exploitant sous cette forme (CGI, art. 1395 G).

La loi de programmation relative à la mise en œuvre du Grenelle de l'environnement fixe des objectifs qualitatifs et quantitatifs à l'action de l'État dans le domaine de l'environnement. Parmi ceux-ci, il était prévu de parvenir à une production biologique suffisante pour répondre d'une manière durable à la demande croissante des consommateurs et aux objectifs de développement du recours aux produits biologiques dans la restauration collective publique ou à des produits saisonniers à faible impact environnemental. La surface agricole utile en agriculture biologique devait atteindre 20 % en 2020. La loi du 30 octobre 2018 a revu cet objectif en fixant la surface qui devait être mise en agriculture biologique au sens de l'article L. 641-13 à 15 % de la surface agricole utile (SAU) au 31 décembre 2022, l'Union européenne ayant fixé en mai 2022 un objectif de 18 % en 2027 et 25 % en 2030.

La part de l'agriculture biologique a progressé en France de 3 % de la SAU en 2010 à 10 % en 2021, mais il a été constaté en 2021 une baisse de la production des produits bio par les consommateurs. La Cour des comptes a préconisé une amplification des soutiens publics à l'agriculture biologique (*Rapport du 30 juin 2022*). ❑

Art. L. 641-13 Peuvent bénéficier de la mention "agriculture biologique" les produits agricoles, transformés ou non, qui satisfont *(Ord. n° 2010-459 du 6 mai 2010, art. 4)* **« aux exigences de la réglementation** *(Ord. n° 2015-1246 du 7 oct. 2015, art. 6-I)* **« de l'Union européenne » relative à la production biologique et à l'étiquetage des produits biologiques » ou, le cas échéant, aux conditions définies par les cahiers des charges homologués par arrêté du ou des ministres intéressés sur proposition de l'Institut national de l'origine et de la qualité.**

V. Règl. (UE) 2018/848 du Parlement européen et du Conseil du 30 mai 2018 relatif à la production biologique et à l'étiquetage des produits biologiques, et abrogeant le Règl. (CE) n° 834/2007 du Conseil (JOUE n° L 150 du 14 juin, Rect. JOUE n° L 186 du 24 juill., Rect. JOUE n° L 260 du 17 oct., Rect. JOUE n° L 262 du 19 oct., Rect. JOUE n° L 270 du 29 oct., Rect. JOUE n° L 305 du 26 nov. 2019, Rect. JOUE n° L 7 du 11 janv. 2021, Rect. JOUE n° L 204 du 10 juin 2021, Rect. JOUE n° L 318 du 9 sept. 2021, Rect. JOUE n° L 227 du 1er sept. 2022, Rect. JOUE n° L 233 du 8 sept. 2022), mod. par Règl. (UE) 2020/1693 du 11 nov. 2020 (JOUE n° L 381 du 13 nov.), Règl. délégués (UE) 2021/715 du 20 janv. 2021 et (UE) 2021/716 du 9 févr. 2021 (JOUE n° L 151 du 3 mai), Règl. délégué (UE) 2021/1006 du 12 avr. 2021 (JOUE n° L 222 du 22 juin), Règl. délégué (UE) 2021/1691 du 12 juill. 2021 (JOUE n° L 334 du 22 sept.), Règl. délégué (UE) 2021/1697 du 13 juill. 2021 (JOUE n° L 336 du 23 sept.) ; Règl. d'exécution (UE) 2021/279 de la Commission du 22 févr. 2021 portant modalités d'application du Règl. (UE) 2018/848 en ce qui concerne les contrôles et les autres mesures visant à garantir la traçabilité et la conformité dans la production biologique, ainsi que l'étiquetage des produits biologiques (JOUE n° L 62 du 23 févr., Rect. JOUE n° L 178 du 20 mai) ; Règl. délégué (UE) 2021/771 de la Commission du 21 janv. 2021 complétant le règlement (UE) 2018/848 en établissant des critères et conditions spécifiques applicables aux contrôles documentaires effectués dans le cadre des contrôles officiels de la production biologique et des contrôles officiels portant sur les groupes d'opérateurs (JOUE n° L 165 du 11 mai) ; Règl. délégué (UE) 2021/1698 de la Commission du 13 juill. 2021 complétant le règlement (UE) 2018/848 par des règles de procédure concernant la reconnaissance des autorités et organismes de contrôle qui ont compétence pour effectuer des contrôles portant sur les opérateurs et groupes d'opérateurs certifiés biologiques et sur les produits biologiques dans les pays tiers, et par des règles concernant leur supervision et les contrôles et autres tâches à effectuer par ces autorités et organismes de contrôle (JOUE n° L 336 du 23 sept.).

V. art. R. 641-26 à R. 641-31.

1. Sanction. Sont coupables de tromperie les prévenus qui ont vendu en connaissance de cause comme étant de l'agriculture biologique du blé ne présentant pas cette qualité car récolté sur les parcelles traitées avec une substance active de désherbage interdite par le règlement CE n° 2092/91 du 24 juin 1991. • Crim. 5 oct. 2004, n° 04-80.058 : *RJDA 2005. 1161.*

2. Le Règl. 834/2007 du Conseil du 28 juin 2007 n'autorise pas l'apposition du logo de production biologique de l'Union européenne sur les produits issus d'animaux ayant fait l'objet d'un abattage rituel sans étourdissement préalable. • CJUE 26 févr. 2019, n° C-497/17 : *D. 2019. 486 ; ibid. 805, note Marchadier ; RD rur. 2019, n° 68, notes Gadbin et Cintrat ; Europe 2019, n° 158, note Rigaux.*

3. Intrants. Question préjudicielle est posée à la Cour de justice de l'Union européenne pour déterminer si la notion d'élevage industriel est distincte de la notion d'élevage hors sol, et quels sont les critères de l'élevage industriel pour statuer sur le recours contre le guide de lecture des règlements européens établi par l'INAO qui interdit l'utilisation des produits provenant d'élevages industriels sur les terres biologiques. • CE 12 avr. 2023, n° 445611 : *DP entr. agric., Bull. n° 573, p. 13, note Debailleul.*

4. Est annulé le refus de l'INAO d'abroger une disposition de son guide de lecture des règlements de l'Union européenne relatifs à la production biologique interdisant le chauffage des serres du 21 déc. au 30 avr. • CE 28 juin 2023, n° 452089 B : *RD rur. 2023, n° 99, note Gadbin ; DP entr. agric., Bull. n° 576, p. 20, note Debailleul.*

SECTION 2 **Les mentions valorisantes**

SOUS-SECTION 1 **Les mentions "montagne" et "produit de montagne"** *(Ord. n° 2015-1246 du 7 oct. 2015, art. 3-9°).*

COMMENTAIRE

La dénomination « Montagne » est une mention valorisante pour les produits agricoles alimentaires et les produits agricoles non alimentaires et non transformés. Le règlement n° 1151/2012 du 21 novembre 2012 relatif aux systèmes de qualité applicables aux produits agricoles et denrées alimentaires, entré en vigueur le 3 janvier 2013, précise les conditions d'utilisation (art. 31-1, App., v° *Qualité des produits agricoles*). Le consommateur est ainsi informé de la provenance des produits. Mais cette dénomination ne correspond à aucun niveau de qualité garantie.

Art. L. 641-14 *(Ord. n° 2015-1246 du 7 oct. 2015, art. 3-10°)* **Peuvent être assortis de la mention "montagne" les produits agricoles non alimentaires et non transformés et les produits destinés à la consommation humaine autres que ceux énumérés à l'annexe I du traité sur le fonctionnement de l'Union européenne, qui sont produits et élaborés**

dans les zones de montagne et qui répondent aux conditions fixées par décret en Conseil d'État.

Ce décret peut subordonner l'utilisation de cette mention à une déclaration préalable à l'autorité administrative.

Art. L. 641-15 *(Ord. n° 2015-1246 du 7 oct. 2015, art. 3-10°)* **Les dispositions de l'article L. 641-14 ne sont pas applicables aux produits légalement produits ou commercialisés dans l'un des États membres de l'Union européenne ou en Turquie ou dans l'un des États parties à l'accord sur l'Espace économique européen, qui emploient dans leur étiquetage ou leur présentation la mention "montagne".**

Art. L. 641-16 *(Ord. n° 2015-1246 du 7 oct. 2015, art. 3-10°)* **La mention "produit de montagne" peut être utilisée pour décrire les produits destinés à la consommation humaine énumérés à l'annexe I du traité sur le fonctionnement de l'Union européenne et définis au paragraphe 1 de l'article 31 du règlement (UE) n° 1151/2012 du Parlement européen et du Conseil du 21 novembre 2012 relatif aux systèmes de qualité applicables aux produits agricoles et aux denrées alimentaires et qui respectent les dispositions de ce règlement et des actes d'exécution pris pour son application ainsi que les dispositions prises par décret en Conseil d'État pour sa mise en œuvre.**

Afin de permettre le contrôle du respect de ces dispositions dans les conditions prévues à l'article 34 de ce règlement, ce décret peut subordonner l'utilisation de la mention "produit de montagne" à une déclaration préalable à l'autorité administrative.

Art. L. 641-17 Les organismes de recherche et de développement agricoles, les instituts techniques et les *(Ord. n° 2009-325 du 25 mars 2009, art. 8)* « établissement(s) mentionné(s) à l'article L. 621-1 » dans le secteur agricole et alimentaire concourent à l'élaboration de programmes spécifiques aux productions agricoles de montagne et à la promotion de produits de qualité, notamment par le développement des procédures de certification et d'appellation. — *[L. n° 85-30 du 9 janv. 1985, art. 32.] — Anc. art. L. 644-1.*

Art. L. 641-18 *Abrogé par Ord. n° 2015-1246 du 7 oct. 2015, art. 3-11°.*

V. art. R. 641-32 à R. 641-44.

SOUS-SECTION 2 Les autres mentions valorisantes

Art. L. 641-19 Sans préjudice des réglementations communautaires ou nationales en vigueur à la date de promulgation de la loi n° 99-574 du 9 juillet 1999 d'orientation agricole et des conditions approuvées à la même date pour bénéficier d'un label agricole, l'utilisation du qualificatif "fermier", des mentions "produit de la ferme", "produit à la ferme" *(Abrogé par Ord. n° 2010-459 du 6 mai 2010, art. 4)* « , *"vin de pays"* » et des termes "produits pays" est subordonnée au respect de conditions fixées par décret.

(L. n° 2020-699 du 10 juin 2020, art. 6) **« Pour les fromages fermiers, lorsque le processus d'affinage est effectué en dehors de l'exploitation en conformité avec les usages traditionnels, l'information du consommateur doit être assurée en complément des mentions prévues au premier alinéa selon des modalités fixées par décret. »**

V. art. R. 641-45 à R. 641-57.

Doivent être distingués par leur finalité et leur régime juridique les signes d'identification de la qualité et de l'origine et les mentions valorisantes « fermier », « produit de la ferme » ou « produit à la ferme » qui indiquent une origine fermière des produits évoquant, dans l'esprit de l'acheteur ou du consommateur, une élaboration de ces produits, à ses différents stades, sous la responsabilité directe de l'exploitant selon des méthodes excluant les techniques de production à caractère industriel. • CE 11 févr. 2011, n°s 321975 et 322004 : *CCC 2011. 128, note Raymond ; Gaz. Pal. 23-24 févr. 2011. 345.*

Art. L. 641-19-1 *(L. n° 2010-788 du 12 juill. 2010, art. 109-III)* **Ne peuvent bénéficier de la mention : "issus d'une exploitation de haute valeur environnementale" que les produits agricoles, transformés ou non, qui sont issus d'exploitations bénéficiant de la mention : "exploitation de haute valeur environnementale" en application de l'article L. 611-6.**

SECTION 3 La certification de conformité

COMMENTAIRE

La certification de conformité atteste qu'une denrée alimentaire ou un produit agricole non alimentaire et non transformé porte des caractéristiques spécifiques relatives à ses conditions de production, transformation ou conditionnement.

Les organisations professionnelles et les organismes certificateurs proposent un ensemble d'exigences de production, de transformation et de conditionnement du produit, ainsi que des recommandations pour la présentation des produits au consommateur. Ces règles établies par produit ou ensemble de produits sont homologuées par arrêté des ministres de l'Agriculture et de la Consommation. C'est parmi celles-ci que l'opérateur doit choisir les supports de sa certification pour constituer un cahier des charges. Le certificat est ensuite délivré par un organisme certificateur accrédité qui contrôle le respect par l'opérateur de la mise en œuvre des normes retenues dans le cahier des charges.

La démarche de certification lorsqu'elle a été validée par l'organisme est déclarée au ministre de l'Agriculture qui procède, sauf opposition, à l'enregistrement et à la publication.

Le produit peut porter un logo certifié par le ministre de l'Agriculture et de la Consommation mais l'étiquette doit faire apparaître les caractéristiques qui ont été certifiées et le nom de l'organisme certificateur.

Cette procédure est fermée aux produits portant une appellation d'origine ou un label.

Art. L. 641-20 **Peuvent faire l'objet d'une certification de conformité les denrées alimentaires et les produits agricoles non alimentaires et non transformés qui respectent des règles portant, selon le cas, sur la production, la transformation ou le conditionnement, fixées par produit ou par famille de produits par arrêté du ou des ministres intéressés.**

Art. L. 641-21 *(Ord. n° 2010-459 du 6 mai 2010, art. 4)* **« Les produits bénéficiant d'une appellation d'origine ou d'un label rouge, ainsi que les produits vitivinicoles** *(Ord. n° 2015-1246 du 7 oct. 2015, art. 3-12°)* **« , les produits vinicoles aromatisés » et les boissons spiritueuses bénéficiant d'une indication géographique, ne peuvent faire l'objet d'une certification de conformité. »**

Le certificat de conformité ne peut comporter de mention géographique, à moins que celle-ci figure dans la dénomination devenue générique du produit.

Art. L. 641-22 **Les déclarations d'engagement dans une démarche de certification sont enregistrées par le ministre chargé de l'agriculture.**

Art. L. 641-23 **Le certificat de conformité est délivré par un organisme certificateur accrédité.**

Art. L. 641-24 **L'organisme certificateur est accrédité dans des conditions fixées par le décret** *(L. n° 2007-1821 du 24 déc. 2007, art. 2)* **« en Conseil d'État » prévu à l'article L. 640-3.**

V. art. R. 641-58 à R. 641-68.

CHAPITRE II RECONNAISSANCE ET CONTRÔLE DES SIGNES D'IDENTIFICATION DE LA QUALITÉ ET DE L'ORIGINE

(Ord. n° 2006-1547 du 7 déc. 2006, en vigueur le 1er janv. 2007)

SECTION 1 Dispositions générales

Art. L. 642-1 **Les cahiers des charges des signes d'identification de la qualité et de l'origine prévus aux articles L. 641-1, L. 641-6, L. 641-11,** *(Ord. n° 2010-459 du 6 mai 2010, art. 4)* **« L. 641-11-1 »** *(Ord. n° 2015-1246 du 7 oct. 2015, art. 4-1°)* **« , L. 641-11-2 », L. 641-12 et L. 641-13 peuvent, afin d'assurer le respect des** *(Ord. n° 2010-459 du 6 mai 2010, art. 4)* **« conditions de contrôle » ou de certification des produits,**

instituer des obligations déclaratives et imposer la tenue de registres à toute personne intervenant dans les conditions de production, de transformation ou de conditionnement des produits.

V. notes ss. art. L. 351-8.

Art. L. 642-2 **Au cahier des charges d'une appellation d'origine** *(Ord. n° 2010-459 du 6 mai 2010, art. 4 ; L. n° 2011-525 du 17 mai 2011, art. 31)* **« ou d'une indication géographique concernant un produit vitivinicole,** *(Ord. n° 2015-1246 du 7 oct. 2015, art. 4-2°)* **« un produit vinicole aromatisé » ou une boisson spiritueuse » est associé soit un plan de contrôle, soit un plan d'inspection. Au cahier des charges d'un autre signe d'identification de la qualité et de l'origine est associé un plan de contrôle.**

(Ord. n° 2015-1246 du 7 oct. 2015, art. 4-2°) **« Un plan de contrôle ou d'inspection peut être constitué :**

« – de dispositions de contrôle communes à plusieurs cahiers des charges ou à plusieurs organismes de contrôle ;

« – de dispositions de contrôle spécifiques.

« Un plan de contrôle comprend la liste des mesures sanctionnant les manquements aux conditions fixées pour bénéficier d'un signe d'identification de la qualité et de l'origine. »

Art. L. 642-3 **Un organisme de contrôle, qui peut être un organisme certificateur ou un organisme d'inspection, effectue sur la base du plan de contrôle ou du plan d'inspection, les opérations de contrôle chez les opérateurs. Ces organismes sont accrédités et agréés dans les conditions fixées par le décret prévu à l'article L. 640-3.**

Constitue un opérateur au sens du présent chapitre toute personne qui participe effectivement aux activités de production, de transformation *(Ord. n° 2015-1246 du 7 oct. 2015, art. 4-3°)* **« , d'élaboration ou de conditionnement prévues par le cahier des charges d'un produit bénéficiant d'un signe d'identification de la qualité et de l'origine ».**

(L. n° 2018-938 du 30 oct. 2018, art. 38) **« Toute personne qui participe effectivement aux activités de conditionnement prévues ou non par le cahier des charges des produits vitivinicoles bénéficiant d'un signe d'identification de la qualité et de l'origine constitue un opérateur au sens du présent chapitre. »**

L'utilisation d'un signe d'identification de la qualité et de l'origine est subordonnée *(L. n° 2009-526 du 12 mai 2009, art. 63)* **« à l'identification des opérateurs auprès de l'organisme de défense et de gestion en vue de leur habilitation, au respect du plan de contrôle ou du plan d'inspection approuvé par l'Institut national de l'origine et de la qualité, et » aux résultats des contrôles effectués.** *(Ord. n° 2015-1246 du 7 oct. 2015, art. 4-3°)* **« Ces contrôles peuvent être réalisés hors de l'aire géographique de production. »**

Art. L. 642-4 *(Ord. n° 2015-1246 du 7 oct. 2015, art. 4-4°)* **Dans le respect du droit de l'Union européenne, à titre exceptionnel et pour faire face à une situation de catastrophe naturelle, de mauvaises conditions météorologiques formellement reconnues par l'autorité administrative ou d'application de mesures sanitaires ou phytosanitaires, l'autorité administrative peut prendre, dans des conditions définies par décret, toute mesure utile modifiant temporairement une condition de production.**

Art. L. 642-4-1 *(L. n° 2020-105 du 10 févr. 2020, art. 45)* **Sauf exceptions dûment justifiées, les cahiers des charges des signes d'identification de la qualité et de l'origine prévus aux articles L. 641-1, L. 641-6, L. 641-11, L. 641-11-1 et L. 641-11-2 autorisent la vente non préemballée. Au plus tard le 1er janvier 2030, les cahiers des charges précisent, en tant que de besoin, les conditions de mise en œuvre de la vente non préemballée ; ceux qui l'interdisent justifient cette interdiction.**

SECTION 2 **L'Institut national de l'origine et de la qualité (INAO)**

COMMENTAIRE

L'Institut national des appellations d'origine (INAO) a été créé en 1935 pour les produits viticoles. Sa compétence a été progressivement élargie en 1990 à tous les produits agroalimentaires bruts ou transformés. La loi d'orientation agricole n° 2006-11 du 5 janvier 2006 l'a transformé en Institut national de l'origine et de la qualité, en maintenant cependant la possibilité d'user de la dénomination « INAO ». Il s'agit d'un établissement public administratif placé sous la tutelle du ministre de l'agriculture. Il est composé de représentants de professionnels de la production, de la transformation et du négoce, de représentants des consommateurs, de personnalités qualifiées et de membres de l'administration. Il travaille en collaboration avec les organismes de défense et de gestion ainsi qu'avec les organismes de contrôle (organismes de certification et organismes d'inspection). Il constitue une autorité reconnue par l'Union européenne pour la réalisation des contrôles en matière d'alimentation animale et dans le domaine vitivinicole.

Avant la loi du 5 janvier 2006, sa mission était seulement centrée sur les appellations d'origine. Désormais, l'Institut met en œuvre les procédures relatives à tous les signes d'identification de la qualité et de l'origine, propose leur reconnaissance, précise l'évolution des cahiers des charges et détermine comment doit être effectué le contrôle du respect des conditions posées. A cet effet, il prononce la reconnaissance des organismes de défense et de gestion des produits et prononce l'agrément des organismes de contrôle. Il vérifie les conditions et les résultats des contrôles du respect des cahiers des charges et prononce éventuellement des sanctions en conséquence des manquements. Il est apte à émettre tout avis et toute proposition dans son domaine de compétence. Il est aussi appelé à représenter et à défendre les signes de qualité et d'origine en France et à l'étranger, par des actions promotionnelles mais éventuellement aussi par des actions judiciaires.

L'ordonnance n° 2006-1547 du 7 décembre 2006, le décret n° 2007-30 du 5 janvier 2007 et le décret n° 2009-1195 du 7 octobre 2009 ont posé une nouvelle organisation de l'INAO reposant sur cinq comités nationaux recevant dans leur action les avis des comités régionaux.

A compter du 1er janvier 2022, les comités nationaux incluront les représentants des associations de protection de l'environnement agréées (C. envir., art. L. 141-1 s.), et la majorité sera constituée des représentants des professionnels. ❑

SOUS-SECTION 1 Missions

Art. L. 642-5 **L'Institut national de l'origine et de la qualité, dénommé « INAO », est un établissement public administratif de l'État chargé de la mise en œuvre des dispositions législatives et réglementaires relatives aux signes d'identification de la qualité et de l'origine énumérés au 1° de l'article L. 640-2.**

A ce titre, l'Institut, notamment :

1° Propose la reconnaissance des produits susceptibles de bénéficier des signes d'identification de la qualité et de l'origine et la révision de leurs cahiers des charges ;

2° Prononce la reconnaissance des organismes qui assurent la défense et la gestion des produits bénéficiant d'un signe d'identification de la qualité et de l'origine ;

3° Définit les principes généraux du contrôle *(Abrogé par Ord. n° 2015-1246 du 7 oct. 2015, art. 4-5°)* ***« et approuve les plans de contrôle ou d'inspection »*** **;**

4° Prononce l'agrément des organismes de contrôle et assure leur évaluation ;

5° S'assure du contrôle du respect des cahiers des charges et, le cas échéant, prend les mesures sanctionnant leur méconnaissance ;

6° Donne son avis sur les dispositions relatives à l'étiquetage et à la présentation de chacun des produits relevant de sa compétence ;

7° Peut être consulté sur toute question relative aux signes d'identification de la qualité et de l'origine et peut proposer toute mesure concourant au bon fonctionnement, au développement ou à la valorisation d'un signe dans une filière ;

8° Contribue à la défense et à la promotion des signes d'identification de la qualité et de l'origine tant en France qu'à l'étranger ;

(L. n° 2010-874 du 27 juill. 2010, art. 59-8°) **« 9° Peut être consulté par les organismes de défense et de gestion sur les prescriptions environnementales ou relatives au bien-être animal mentionnées à l'article L. 642-22 » ;**

(Ord. n° 2015-1246 du 7 oct. 2015, art. 4-5°) **« 10° Détermine les dispositions de contrôle communes à plusieurs cahiers des charges ou à plusieurs organismes de contrôle ;**

« 11° Approuve les plans de contrôle ou d'inspection. »

BIBL. ▶ DENIS, *RD rur. 1999. 40* (délimitation d'aire viticole d'AOC). – MENJUCQ et RUFFIE, *RD rur. juin-juill. 2006. 11* (recours contre les décisions de l'INAO en matière d'agrément des AOC).

1. V. notes ss. art. L. 641-6.

2. Partie civile. L'INAO est recevable en sa constitution de partie civile pour obtenir réparation du dommage causé par la contravention de défaut de tenue du registre des entrées et sorties des produits viticoles de l'exploitation du prévenu. • Rennes, 7 sept. 2006 : *RD rur. nov. 2006. 37.* ♦ ... Ou par une infraction de publicité de nature à induire en erreur. • Crim. 2 oct. 2007, n° 06-85.312 P : *Lamy Dr. aff. nov. 2007, p. 43 ; RD rur. 2008, n° 10 ; Gaz. Pal. 28-29 nov. 2007. 9.*

3. Le ministre étant seul auteur de la décision d'homologation du classement des crus de l'AOC Saint-Émilion Grand Cru dont l'exécution a été suspendue par le juge des référés, l'INAO ne justifie pas des conditions pour former tierce opposition contre l'ordonnance attaquée. • CE 3 sept. 2007, *INAO*, n° 304714.

Art. L. 642-5-1 *(L. n° 2008-595 du 25 juin 2008, art. 5)* **Lorsque cela est nécessaire à la protection d'un signe d'identification de la qualité et de l'origine mentionné au 1° de l'article L. 640-2, l'organisme de défense et de gestion concerné ou l'Institut national de l'origine et de la qualité propose à l'autorité administrative toute mesure particulière de renforcement de cette protection concernant les organismes génétiquement modifiés.**

SOUS-SECTION 2 Organisation et fonctionnement

Art. L. 642-6 **L'Institut national de l'origine et de la qualité comprend un conseil permanent, des comités nationaux spécialisés dans les différentes catégories de produits valorisés ou les différents signes d'identification de la qualité et de l'origine et un conseil compétent en matière d'agréments et de contrôles.**

Art. L. 642-7 **Le président du conseil permanent est nommé par un arrêté des ministres chargés de l'agriculture, du budget et de la consommation. Les membres et les présidents des comités nationaux et du conseil compétent en matière d'agréments et de contrôles sont nommés dans les conditions fixées par le décret en Conseil d'État prévu à l'article L. 640-3.**

Art. L. 642-8 **Le conseil permanent est composé des présidents des comités nationaux et du conseil compétent en matière d'agréments et de contrôles ainsi que d'autres membres desdits comités et conseil.** *(Ord. n° 2015-1246 du 7 oct. 2015, art. 4-6°)* **« Il comprend également des représentants des personnels de l'Institut. »**

Le conseil permanent détermine la politique générale de l'institut s'agissant des signes d'identification de la qualité et de l'origine et établit le budget de l'établissement.

Art. L. 642-9 **Les comités nationaux sont composés de représentants des professionnels, de représentants des administrations et de personnalités qualifiées assurant notamment la représentation des consommateurs** *(L. n° 2020-1525 du 7 déc. 2020, art. 23, en vigueur le 1er janv. 2022)* **« et d'associations de protection de l'environnement agréées au titre de l'article L. 141-1 du code de l'environnement ». Ils comprennent également au moins un membre de chacun des autres comités nationaux et du conseil compétent en matière d'agréments et de contrôles.** *(L. n° 2020-1525 du 7 déc. 2020, art. 23, en vigueur le 1er janv. 2022)* **« Les représentants des professionnels constituent au moins la moitié des membres des comités nationaux. Les présidents des comités nationaux sont désignés par arrêté conjoint des ministres chargés de l'agriculture et de la consommation parmi les représentants des professionnels. »**

La composition des comités nationaux assure une représentation équilibrée des différents secteurs et signes en cause.

Les comités nationaux sont dotés chacun d'une commission permanente et, en tant que de besoin, de comités régionaux.

Chacun des comités nationaux exerce notamment les compétences dévolues à l'Institut national de l'origine et de la qualité par les 1°, 6° et 7° de l'article L. 642-5 *(L. n° 2020-1525 du 7 déc. 2020, art. 23)* **« du présent code » pour les produits et les signes qui sont de sa compétence.**

Art. L. 642-10 **Le conseil compétent en matière d'agréments et de contrôles est composé de représentants des organismes de contrôle, de représentants des professionnels**

choisis parmi les membres des comités nationaux, de représentants de l'administration et de personnalités qualifiées assurant notamment la représentation des consommateurs.

Ce conseil exerce notamment les compétences dévolues à l'Institut national de l'origine et de la qualité par le 3° de l'article L. 642-5.

Art. L. 642-11 L'Institut national de l'origine et de la qualité est dirigé par un directeur nommé dans les conditions fixées par le décret en Conseil d'État prévu à l'article L. 640-3.

Le directeur exerce notamment les compétences dévolues à l'institut par les 2°, 4° *(Ord. n° 2015-1246 du 7 oct. 2015, art. 4-7°)* « , 5° et 11° » de l'article L. 642-5. Il rend les avis sollicités de l'institut pour la protection des aires de production délimitées.

(Ord. n° 2015-1246 du 7 oct. 2015, art. 4-7°) « Le directeur exerce, également, la compétence dévolue à l'institut par le 10° de l'article L. 642-5, après avis du conseil compétent en matière d'agréments et de contrôles. »

SOUS-SECTION 3 Ressources

Art. L. 642-12 L'Institut national de l'origine et de la qualité dispose, pour toutes les dépenses qui lui incombent en application du présent titre, d'une dotation budgétaire de l'État. Il dispose également des ressources résultant de textes particuliers et peut en outre recevoir tous subventions, dons et legs.

Art. L. 642-13 *(L. n° 2007-1822 du 24 déc. 2007, art. 89)* Il est établi un droit sur les produits bénéficiant d'une appellation d'origine *(L. n° 2010-874 du 27 juill. 2010, art. 72-II ; L. n° 2012-1509 du 29 déc. 2012, art. 94-I-1°)* « , d'une indication géographique ou d'un label rouge ». *(L. n° 2011-1977 du 28 déc. 2011, art. 46-V-V-2°)* « Ce droit est affecté à l'Institut national de l'origine et de la qualité, ci-après dénommé "l'institut", dans la limite » *(L. n° 2023-1322 du 29 déc. 2023, art. 156)* « d'un plafond annuel ».

Les taux des droits sont fixés sur proposition du conseil permanent de l'institut et après avis du comité national compétent, par arrêté *(L. n° 2012-1509 du 29 déc. 2012, art. 94-I-2°)* « des ministres chargés du budget et de l'agriculture », dans les limites suivantes :

(L. n° 2012-1510 du 29 déc. 2012, art. 86-1°) « 0,15 € » par hectolitre pour les vins d'appellation d'origine ;

(L. n° 2012-1510 du 29 déc. 2012, art. 86-2°) « 0,12 € par hectolitre ou 1,2 € » par hectolitre d'alcool pur pour les boissons alcoolisées d'appellation d'origine autres que les vins ;

(L. n° 2009-1674 du 30 déc. 2009, art. 92-I ; L. n° 2012-1510 du 29 déc. 2012, art. 86-3° et 4°) « 0,03 € par hectolitre pour les produits vitivinicoles bénéficiant d'une indication géographique protégée ;

« 0,075 € par hectolitre ou 0,75 € par hectolitre d'alcool pur pour les boissons alcoolisées bénéficiant d'une indication géographique » *(L. n° 2010-874 du 27 juill. 2010, art. 72-II)* « autres que les produits vitivinicoles bénéficiant d'une indication géographique protégée » ;

(L. n° 2012-1510 du 29 déc. 2012, art. 86-5°) « 10 € » par tonne pour les produits agroalimentaires ou forestiers d'appellation d'origine autres que les vins et les boissons alcoolisées ;

(L. n° 2012-1510 du 29 déc. 2012, art. 86-6°) « 7,5 € » par tonne pour les produits bénéficiant d'une indication géographique protégée *(L. n° 2009-1674 du 30 déc. 2009, art. 92-I)* « , autres que les produits vitivinicoles et boissons alcoolisées ».

(L. n° 2012-1509 du 29 déc. 2012, art. 94-I-3°) « 0,075 € par hectolitre ou 0,75 € par hectolitre d'alcool pur pour les boissons alcoolisées bénéficiant d'un label rouge autres que les produits vitivinicoles bénéficiant d'une indication géographique ;

« 7,5 € par tonne pour les produits bénéficiant d'un label rouge autres que les produits vitivinicoles et boissons alcoolisées. »

Ce droit est acquitté annuellement par les opérateurs habilités, sur la base des quantités produites en vue d'une commercialisation en appellation d'origine *(L. n° 2012-1509 du 29 déc. 2012, art. 94-I-4°)* « , en indication géographique ou en label rouge » au cours de l'année précédente. Sur proposition du conseil permanent de l'institut et après avis du comité national compétent, cette base peut être la moyenne des quantités produites au cours des deux ou des trois années précédentes.

Les quantités produites en vue d'une commercialisation en appellation d'origine ou en indication géographique *(Abrogé par L. n° 2012-1509 du 29 déc. 2012, art. 94-I-5°)* « *protégée* » sur lesquelles le droit est perçu s'entendent déduction faite des quantités retirées volontairement par l'opérateur. Elles incluent les produits destinés au consommateur final ou à des entreprises de transformation, sur le marché intérieur ou à l'exportation, et quel qu'en soit le conditionnement.

(L. n° 2012-1509 du 29 déc. 2012, art. 94-I-6°) « Les quantités produites en vue d'une commercialisation en label rouge sur lesquelles le droit est perçu s'entendent déduction faite des quantités retirées volontairement par l'opérateur et des quantités sur lesquelles est perçu un droit au titre d'une indication géographique. Elles incluent les produits destinés au consommateur final ou à des entreprises de transformation, sur le marché intérieur ou à l'exportation, et quel qu'en soit le conditionnement. »

Les quantités sur lesquelles ces droits sont perçus sont établies sur la base des déclarations effectuées par les opérateurs habilités dans des conditions précisées par les arrêtés fixant le montant des droits.

Pour les produits bénéficiant d'une indication géographique protégée, le droit est exigible sur les quantités produites à partir de la date de publication du règlement de la Commission européenne enregistrant la dénomination dans le registre des appellations d'origine protégée et des indications géographiques protégées prévu par le *(Ord. n° 2015-1246 du 7 oct. 2015, art. 4-8°)* « règlement (UE) n° 1151/2012 du Parlement européen et du Conseil du 21 novembre 2012 relatif aux systèmes de qualité applicables aux produits agricoles et aux denrées alimentaires », ou dès publication de l'arrêté prévu à l'article L. 641-11 homologuant le cahier des charges de l'indication géographique protégée si ce cahier des charges comprend des dispositions organisant la protection transitoire de cette dénomination dans les conditions prévues par le *(Ord. n° 2015-1246 du 7 oct. 2015, art. 4-8°)* « règlement (UE) n° 1151/2012 du Parlement européen et du Conseil du 21 novembre 2012 », précité.

Les droits sont liquidés et recouvrés auprès des opérateurs habilités par l'institut selon les règles et sous les garanties, privilèges et sanctions prévus en matière de contributions indirectes.

V. Arr. du 27 mars 2015 relatif aux droits établis au profit de l'Institut national de l'origine et de la qualité (JO 9 avr.).

Art. L. 642-14 L'organisme de défense et de gestion mentionné à l'article L. 642-17 peut assurer, par délégation de l'Institut national de l'origine et de la qualité, la liquidation et le recouvrement des droits acquittés par les producteurs en application de l'article *(Ord. n° 2015-1246 du 7 oct. 2015, art. 4-9°)* « L. 642-13 », selon les règles et sous les garanties, privilèges et sanctions prévus en matière de contributions indirectes.

SOUS-SECTION 4 Agents

Art. L. 642-15 *(Ord. n° 2009-325 du 25 mars 2009, art. 3)* Les dispositions des articles L. 313-5 et L. 313-6 sont applicables à l'établissement.

Art. L. 642-16 Les agents de l'Institut national de l'origine et de la qualité participant à des opérations de contrôles incombant à l'institut sont assermentés.

V. art. R. 642-1 à R. 642-32.

SECTION 3 Les organismes de défense et de gestion

COMMENTAIRE

L'ordonnance n° 2006-1547 a reconnu l'existence des organismes de défense et de gestion et a posé les conditions de leur reconnaissance ainsi que leurs fonctions, unifiant cette structure pour l'ensemble des signes distinctifs de la qualité et de l'origine. Jusque-là il existait diverses catégories d'organisations professionnelles et tout particulièrement les syndicats de défense des appellations d'origine qui se chargeaient de la gestion des signes de qualité, dont ils étaient souvent les initiateurs.

Pour pouvoir demander la reconnaissance d'un signe de qualité ou d'origine, les groupements professionnels doivent être reconnus par l'INAO comme « organisations de défense et de gestion » sur un critère de représentativité. Ils doivent établir qu'ils constituent une émanation équilibrée de l'ensemble des opérateurs concernés par le produit, y compris dans son éventuelle dimension interprofessionnelle selon le produit concerné. Cette exigence s'impose en raison du caractère sélectif des signes qui vont être mis en place et justifie que l'on vérifie que la représentation de tous les opérateurs concernés par le produit est bien assurée. Il est notable que cette exigence est importante pour le succès du développement du produit sous signe d'identification de qualité ou d'origine car la collaboration des différents opérateurs, tout particulièrement pour les produits dont l'élaboration est interprofessionnelle, est concrètement déterminante.

Les organismes de défense et de gestion élaborent les cahiers des charges pour la reconnaissance du signe et les soumettent à l'INAO. Ils contribuent aussi à la mise en œuvre de ces signes, participant à l'élaboration des plans de contrôle, comme aux actions de défense et de promotion. ❑

SOUS-SECTION 1 Reconnaissance

Art. L. 642-17 La défense et la gestion d'un produit bénéficiant d'un label rouge, d'une appellation d'origine, d'une indication géographique *(Abrogé par Ord. n° 2010-459 du 6 mai 2010, art. 4)* **« *protégée* » ou d'une spécialité traditionnelle garantie est assurée par un organisme doté de la personnalité civile.**

Un même organisme peut assurer la défense et la gestion de plusieurs produits.

L'organisme sollicite sa reconnaissance en qualité d'organisme de défense et de gestion au sens des dispositions du présent titre à l'occasion de la demande d'attribution du signe de la qualité et de l'origine au produit dont il entend assurer la défense et la gestion.

Art. L. 642-18 La reconnaissance de la qualité d'organisme de défense et de gestion est subordonnée à la condition que les règles de composition et de fonctionnement de cet organisme assurent, pour chacun des produits pour lesquels un signe est revendiqué, la représentativité des opérateurs et une représentation équilibrée des différentes catégories d'opérateurs, ou des familles professionnelles regroupant les opérateurs s'agissant des organisations interprofessionnelles reconnues qui exercent les missions des organismes de défense et de gestion.

1. Un syndicat est mal fondé à contester le décret définissant les conditions de production des fromages susceptibles de se prévaloir d'une AOC en se fondant sur le défaut de représentativité équilibrée des familles professionnelles de la filière au comité interprofessionnel doté des prérogatives de l'art. L. 642-18 dès lors que le décret attaqué ne reconnaît pas à ce comité la qualité d'organisation de défense et de gestion du produit. • CE 7 mars 2008, ⚖ n° 305830.

2. L'acte par lequel le directeur de l'INAO prononce la reconnaissance d'un organisme de défense et de gestion d'un produit bénéficiant d'une appellation d'origine a un caractère réglementaire. • CE 17 nov. 2010, *Synd. de défense du pommeau de Bretagne en AOC*, n° 328763 : *Gaz. Pal. 1er-2 déc. 2010.*

Art. L. 642-19 Une organisation interprofessionnelle ne peut se voir reconnaître la qualité d'organisme de défense et de gestion que si elle a été reconnue en application des articles L. 632-1 à L. 632-12 ou créée par la loi et qu'elle assumait au 1er janvier 2007 les missions dévolues jusqu'à cette date aux syndicats de défense des appellations d'origine.

L'organisation interprofessionnelle qui se voit reconnaître comme organisme de défense et de gestion assure de façon distincte les missions qui lui sont dévolues au titre de chacune de ces qualités.

Art. L. 642-20 Les conditions dans lesquelles les organismes de défense et de gestion sont reconnus et leur gestion assurée sont fixées par le décret *(L. n° 2007-1821 du 24 déc. 2007, art. 2)* **« en Conseil d'État » prévu à l'article L. 640-3.**

Art. L. 642-21 Les opérateurs, au sens de l'article L. 642-3, sont tous adhérents de l'organisme de défense et de gestion, sauf si celui-ci est une organisation interprofessionnelle *(L. n° 2007-1821 du 24 déc. 2007, art. 2)* **« mentionnée à l'article L. 642-19 ».**

Ordonnance du 7 déc. 2006. En subordonnant pour les vignerons producteurs d'une AOC l'utilisation de celle-ci à l'adhésion à un organisme de défense et de gestion, l'ordonnance ne porte pas atteinte à la liberté d'association et à la liberté syndicale et ne comporte pas d'erreur manifeste d'appréciation. • CE, réf., 12 févr. 2007, nº 301131 : *Gaz. Pal. 15-18 août 2007. 2582, note Olszak.*

SOUS-SECTION 2 **Missions**

Art. L. 642-22 **L'organisme de défense et de gestion contribue à la mission d'intérêt général de préservation et de mise en valeur des terroirs, des traditions locales et des savoir-faire ainsi que des produits qui en sont issus.**

Pour chaque produit bénéficiant d'un signe d'identification de la qualité et de l'origine dont il assure la défense et la gestion, l'organisme :

— élabore le projet de cahier des charges, contribue à son application par les opérateurs et participe à la mise en œuvre des plans de contrôle et d'inspection *(L. nº 2009-526 du 12 mai 2009, art. 63)* **« , notamment en réalisant les contrôles internes qu'ils prévoient auprès des opérateurs » ;**

— tient à jour la liste des opérateurs, qu'il transmet périodiquement à l'organisme de contrôle et à l'Institut national de l'origine et de la qualité ;

— participe aux actions de défense et de protection du nom, du produit et du terroir, à la valorisation du produit ainsi qu'à la connaissance statistique du secteur ;

— met en œuvre les décisions du comité national qui le concernent.

(L. nº 2010-874 du 27 juill. 2010, art. 59-9º) **« Il peut élaborer une charte de bonnes pratiques contenant des dispositions de nature à préserver certaines caractéristiques environnementales de son terroir ou des dispositions spécifiques en matière de bien-être animal ; le respect de cette charte n'est pas une condition d'obtention du signe d'identification de la qualité et de l'origine. »**

Il peut se livrer à d'autres activités en rapport avec les missions de gestion et de défense du signe d'identification de la qualité et de l'origine qui lui incombent, sous réserve qu'elles soient financées par des moyens autres que le produit de la cotisation prévue par l'article L. 642-24.

L'ensemble de ces missions s'exerce dans la limite des missions exercées par les organisations interprofessionnelles au sein desquelles les producteurs des produits sous signe d'identification de la qualité et de l'origine sont représentés.

Art. L. 642-23 **L'organisme de défense et de gestion communique à l'Institut national de l'origine et de la qualité, sur sa demande, toute information collectée à l'occasion de l'exécution de ses missions.**

SOUS-SECTION 3 **Financement**

Art. L. 642-24 *(L. nº 2009-526 du 12 mai 2009, art. 63)* **« Pour le financement des missions visées à l'article L. 642-22, l'assemblée générale de l'organisme de défense et de gestion peut décider le versement par ses adhérents d'une cotisation annuelle dont elle fixe les modalités de calcul et de recouvrement. »**

Chaque opérateur communique alors à l'organisme de défense et de gestion les informations nécessaires au calcul de cette cotisation.

SOUS-SECTION 4 **Suivi**

Art. L. 642-25 **L'organisme de défense et de gestion communique, à la demande de l'Institut national de l'origine et de la qualité, son budget et, le cas échéant, les modalités de calcul des taux de cotisation votés, ses bilan et compte de résultats, le rapport d'activité, le compte rendu des assemblées générales et tous documents nécessaires au suivi et au contrôle de son activité.**

Art. L. 642-26 **Lorsqu'un organisme de défense et de gestion ne remplit plus les conditions auxquelles est subordonnée sa reconnaissance ou lorsqu'il n'assure plus ses missions, le directeur de l'Institut national de l'origine et de la qualité peut, après l'avoir entendu et, le cas échéant, lui avoir proposé les mesures propres à remédier aux insuffisances constatées, prononcer, après avis du comité national compétent,**

(Ord. n° 2015-1246 du 7 oct. 2015, art. 4-10°) **« la suspension pour une durée maximale de six mois ou » le retrait de sa reconnaissance.**

V. art. R. 642-33 à R. 642-36.

SECTION 4 Le contrôle du cahier des charges

COMMENTAIRE

Un organisme de contrôle accrédité ou agréé par l'INAO sur des critères de compétence et d'indépendance va vérifier la mise en œuvre du cahier des charges des différents signes de qualité et de l'origine. L'INAO exerce un contrôle permanent sur ces structures et peut suspendre ou retirer leur agrément ou leur accréditation.

D'une part, les organismes certificateurs délivrent la certification pour les produits sous label, sous IGP, sous STG, pour l'agriculture biologique et pour certaines appellations d'origine. Ils maintiennent leur contrôle et peuvent suspendre ou retirer la certification en informant l'INAO de la mesure prise. D'autre part, les organismes d'inspection contrôlent que les produits portant une appellation d'origine sont conformes aux cahiers des charges. Les sanctions proposées par les organismes d'inspection sont prononcées par l'INAO.

Dans les deux cas, le contrôle des produits s'effectue selon un plan qui est élaboré par les organismes de contrôle en collaboration avec les organismes de défense et de gestion. Ce plan fait l'objet d'un contrôle de l'INAO qui en assure la publication sur son site internet pour chaque produit. ❑

SOUS-SECTION 1 Dispositions générales

Art. L. 642-27 **Le contrôle du respect du cahier des charges d'un produit bénéficiant d'un signe d'identification de la qualité et de l'origine est effectué, sur la base du plan de contrôle ou d'inspection approuvé, par un organisme tiers offrant des garanties de compétence, d'impartialité et d'indépendance agréé dans les conditions prévues par la présente section, pour le compte ou sous l'autorité de l'Institut national de l'origine et de la qualité.**

L'organisme qui délègue certaines tâches de contrôle à un prestataire extérieur s'assure que celui-ci offre des garanties identiques. *(Ord. n° 2010-459 du 6 mai 2010, art. 4)* **« Toutefois, les examens analytiques ne peuvent être réalisés que par des laboratoires habilités par l'Institut national de l'origine et de la qualité. »** — *Le silence gardé par l'administration à l'expiration du délai de quatre mois sur une demande d'habilitation des laboratoires chargés des examens analytiques dans le cadre du contrôle du respect du cahier des charges d'un produit bénéficiant d'un signe d'identification de la qualité et de l'origine vaut décision d'acceptation (Décr. n° 2014-1297 du 23 oct. 2014, JO 1er nov.).*

L'examen organoleptique auquel sont soumises les appellations d'origine *(Ord. n° 2010-459 du 6 mai 2010, art. 4)* **« et le cas échéant les produits vitivinicoles bénéficiant d'une indication géographique protégée et les boissons spiritueuses bénéficiant d'une indication géographique » est effectué par une commission composée de professionnels compétents et d'experts, dans des conditions garantissant un examen indépendant et impartial des produits.**

Tous les frais exposés pour les nécessités du contrôle du respect du cahier des charges sont à la charge des opérateurs, que le contrôle soit assuré par un organisme certificateur ou par un organisme d'inspection et par l'Institut national de l'origine et de la qualité. — *V. Arr. du 30 juin 2008 relatif aux modalités de remboursement des dépenses engagées par l'Institut national de l'origine et de la qualité (INAO) pour le traitement des constats de manquements aux cahiers des charges des appellations d'origine et des indications géographiques protégées (JO 22 juill.), mod. par Arr. du 26 déc. 2011 (JO 3 janv. 2012), Arr. du 18 janv. 2012 (JO 2 févr.).*

1. L'INAO est fondé à refuser un certificat d'agrément pour un volume de vin AOC au motif d'une « couleur faible acide ». • CAA Bordeaux, 4 sept. 2007, *SARL J.-P. et P. Amoreau*, n° 05BX01023.

2. Est fondé le refus d'agrément d'un vin par l'INAO lorsque la commission régionale a formé un avis défavorable et qu'aucune erreur manifeste n'entache le dossier. • CAA Bordeaux, 4 sept. 2007, n° 05BX01244.

3. Le refus définitif d'agrément annulé pour irrégularité de la composition de la commission de dégustation ne constitue pas une voie de fait de la compétence du juge judiciaire, mais un vice de forme rattaché au pouvoir confié à l'INAO dans la délivrance des certificats d'agrément. • Bordeaux, 18 févr. 2010, n° 09/0101459.

SOUS-SECTION 2 Les organismes certificateurs

Art. L. 642-28 Les organismes certificateurs ont pour mission d'assurer la certification des produits bénéficiant d'un label rouge, *(Abrogé par Ord. n° 2015-1246 du 7 oct. 2015, art. 4-11°)* *« d'une indication géographique »* *(Abrogé par Ord. n° 2010-459 du 6 mai 2010, art. 4)* *« protégée »*, d'une spécialité traditionnelle garantie ou du signe "agriculture biologique" et, le cas échéant, celle des produits bénéficiant d'une appellation d'origine *(Ord. n° 2015-1246 du 7 oct. 2015, art. 4-11°)* « ou d'une indication géographique ».

Art. L. 642-29 *(Ord. n° 2015-1246 du 7 oct. 2015, art. 4-12°)* « L'organisme certificateur élabore, pour chaque cahier des charges, les dispositions spécifiques du plan de contrôle prévu à l'article L. 642-2.

« Ces dispositions sont élaborées » en concertation avec l'organisme de défense et de gestion intéressé, sauf lorsqu'il concerne un produit sollicitant le bénéfice de la mention "agriculture biologique".

Art. L. 642-30 L'organisme certificateur décide l'octroi, le maintien et l'extension de la certification. Il prend les mesures sanctionnant les manquements au cahier des charges et peut, après avoir permis aux opérateurs de produire des observations, prononcer la suspension ou le retrait de la certification.

SOUS-SECTION 3 Les organismes d'inspection

Art. L. 642-31 *(Ord. n° 2015-1246 du 7 oct. 2015, art. 4-13°)* Les organismes d'inspection ont pour mission d'effectuer les opérations de contrôle des produits pour lesquels l'article L. 642-2 prévoit que sont associés à leur cahier des charges un plan d'inspection.

Art. L. 642-32 L'organisme d'inspection élabore, pour chaque cahier des charges, en concertation avec l'organisme de défense et de gestion *(Abrogé par Ord. n° 2010-459 du 6 mai 2010, art. 4)* *« de l'appellation d'origine »* intéressé, *(Ord. n° 2015-1246 du 7 oct. 2015, art. 4-14°)* « les dispositions spécifiques du plan d'inspection » prévu à l'article L. 642-2.

Le directeur de l'institut, après avis de l'organisme de défense et de gestion, établit la liste des mesures sanctionnant les manquements au cahier des charges.

Cette liste peut notamment prévoir la prescription de toute mesure complémentaire permettant d'apprécier l'ampleur des manquements constatés, l'institution de contrôles préalables des produits et la suspension ou le retrait de la possibilité d'utiliser, sous quelque forme ou dans quelque but que ce soit, le signe d'identification de l'origine et de la qualité, pour un lot ou pour l'ensemble de la production de l'opérateur en cause.

Le retrait d'habilitation de production sous AOC prononcé par le directeur de l'INAO a été jugé disproportionné. • TA Dijon, 22 mai 2017, n° 1503058 : *D. actu. 1er juin 2017.*

Art. L. 642-33 Au vu du rapport établi par l'organisme d'inspection, le directeur de l'Institut national de l'origine et de la qualité, après avoir mis les opérateurs en mesure de produire des observations, décide des mesures sanctionnant les manquements.

Il peut assortir leur prononcé d'une mise en demeure de se conformer au cahier des charges selon un calendrier déterminé.

SOUS-SECTION 4 Évaluation par l'Institut national de l'origine et de la qualité

Art. L. 642-34 L'Institut national de l'origine et de la qualité assure une évaluation régulière des organismes chargés du contrôle du respect des cahiers des charges.

A cette fin, les agents assermentés de l'institut peuvent réaliser toute vérification utile auprès des opérateurs, et peuvent, à tout moment où une activité professionnelle susceptible de faire l'objet du contrôle susmentionné est en cours, accéder à tous locaux, terrains ou moyens de transport à usage professionnel.

L'opérateur est tenu de fournir tous les éléments d'information relatifs aux contrôles réalisés par les organismes en cause.

Art. L. 642-35 **Les agents assermentés de l'Institut national de l'origine et de la qualité et du ministère chargé de l'agriculture, les** *(L. n° 2011-525 du 17 mai 2011, art. 94-XII-8°)* **« agents de la concurrence, de la consommation et de la répression des fraudes » et ceux de la direction générale des douanes et des droits indirects peuvent se communiquer spontanément ou sur demande les informations recueillies dans le cadre des contrôles relatifs aux produits bénéficiant de signes d'identification de la qualité et de l'origine, dans la mesure où ces informations sont nécessaires à l'exercice de leurs missions respectives et sans que puissent y faire obstacle les dispositions de l'article 11 du code de procédure pénale ou celles relatives au secret professionnel.**

V. art. R. 642-37 à R. 642-60.

CHAPITRE III **PROTECTION DES SIGNES D'IDENTIFICATION DE LA QUALITÉ ET DE L'ORIGINE**

(Ord. n° 2006-1547 du 7 déc. 2006, en vigueur le 1er janv. 2007)

SECTION 1 **Protection des dénominations reconnues**

Art. L. 643-1 **L'appellation d'origine ne peut jamais être considérée comme présentant un caractère générique et tomber dans le domaine public.**

Le nom qui constitue l'appellation d'origine ou toute autre mention l'évoquant ne peuvent être employés pour aucun produit similaire, sans préjudice des dispositions législatives et réglementaires en vigueur le 6 juillet 1990. Ils ne peuvent être employés pour aucun établissement et aucun autre produit ou service, lorsque cette utilisation est susceptible de détourner ou d'affaiblir la notoriété de l'appellation.

1. Est nul le décret reconnaissant l'appellation d'origine contrôlée « Chaume » susceptible de détourner ou affaiblir la notoriété de l'appellation « Quarts-de-Chaume ». • CE 30 mars 2009, n° 304990 : *RD rur. 2010. Étude 5, note Georgopoulos ; Gaz. Pal. 18-19 sept. 2009. 15.* ♦ Rejet du recours de la société de viticulture du Jura en annulation de l'AOC Corrèze autorisant les viticulteurs à apposer le nom de « vin paillé » sur leurs bouteilles. • CE 7 nov. 2019, n° 416076 : *AJDA 2020. 530, note Clergerie et Dourriès*.

2. N'est pas illicite toute comparaison qui, pour des produits n'ayant pas d'appellation d'origine, se rapporte à des produits bénéficiant d'une telle appellation. • CJCE 19 avr. 2007, *De Landsteer Emmanuel c/ Comité interprofessionnel du vin de Champagne*, n° C-381/05 : *D. 2007. AJ 1418, obs. Rondey*. ♦ Est fondée l'action aux fins d'interdiction d'utilisation de l'appellation Champagne dès lors que le risque de détournement et d'affaiblissement de la notoriété était caractérisé. • Com. 25 nov. 2014, n° 13-19.870 : *RD rur. 2015, n° 36, note Olszak ; ibid. Chron. 1, p. 10, obs. Bahans et Menjucq.*

3. Constitue le délit d'usurpation d'appellation d'origine « Châteauneuf-du-pape » la commercialisation de vins sous la marque « Enclave des papes ». • Crim. 22 févr. 2011, n° 10-80.721.

4. Relève du champ d'application du Regl. UE (1308/2013) l'utilisation d'une AOP telle que Champagne comme partie de la dénomination d'une denrée alimentaire qui ne répond pas au cahier des charges de cette AOP. • CJUE 20 déc. 2017, n° C-393/16 : *RD rur. 2018, n° 64, note Georgopoulos ; Europe 2018, n° 59, note Rigaux.* ♦ L'utilisation de la dénomination « champagne sorbet » ne constitue pas une exploitation indue de la réputation de l'AOP Champagne si le produit a pour caractéristique essentielle un goût généré principalement par la présence de cet ingrédient dans la composition. • Même arrêt.

Art. L. 643-2 **L'utilisation d'indication d'origine ou de provenance ne doit pas être susceptible d'induire le consommateur en erreur sur les caractéristiques du produit, de détourner ou d'affaiblir la notoriété d'une dénomination reconnue comme appellation d'origine ou enregistrée comme indication géographique** *(Abrogé par Ord. n° 2010-459 du 6 mai 2010, art. 4)* **« protégée » ou comme spécialité traditionnelle garantie, ou, de façon plus générale, de porter atteinte, notamment par l'utilisation abusive d'une mention géographique dans une dénomination de vente, au caractère spécifique de la protection réservée aux appellations d'origine, aux indications géographiques** *(Abrogé par Ord. n° 2010-459 du 6 mai 2010, art. 4)* **« protégées » et aux spécialités traditionnelles garanties.**

Pour les produits ne bénéficiant pas d'une appellation d'origine ou d'une indication géographique *(Abrogé par Ord. n° 2010-459 du 6 mai 2010, art. 4)* **« protégée », l'utilisa-**

tion d'une indication d'origine ou de provenance doit s'accompagner d'une information sur la nature de l'opération liée à cette indication, dans tous les cas où cela est nécessaire à la bonne information du consommateur.

Toutefois, cette disposition ne s'applique pas aux vins, aux vins aromatisés, aux boissons aromatisées à base de *(Ord. n° 2010-459 du 6 mai 2010, art. 4)* **« produits vitivinicoles », aux cocktails aromatisés de produits vitivinicoles ainsi qu'aux** *(Ord. n° 2010-459 du 6 mai 2010, art. 4)* **« boissons spiritueuses ».**

Tout opérateur utilisant une indication d'origine ou de provenance pour une denrée alimentaire ou un produit agricole ou alimentaire et non transformé doit disposer des éléments justifiant cette utilisation et être en mesure de les présenter à toute réquisition des agents *(Ord. n° 2016-301 du 14 mars 2016, art. 16-7°, en vigueur le 1er juill. 2016)* **« mentionnés aux articles L. 511-3 et L. 511-22 » du code de la consommation.**

Un décret en Conseil d'État, pris en application de l'article *(Ord. n° 2016-301 du 14 mars 2016, art. 16-7°, en vigueur le 1er juill. 2016)* **« L. 412-1 » du code de la consommation, définit les conditions d'application du présent article.**

1. Indication d'origine. Est mal fondée la décision du directeur de l'INPI qui refuse d'enregistrer la marque « Les cadets d'Aquitaine », sans rechercher si la marque litigieuse était de nature à induire en erreur le consommateur et à affecter son comportement économique. • Com. 17 déc. 2003, n° 98-23.501 : *D. 2004. IR 2139 ; ibid. 2139, note Bahans et Menjucq ; Gaz. Pal. 4-6 avr. 2004. 22.*

2. Est fondé le rejet de la demande d'enregistrement de la marque « Aoste excellence » pour les produits de charcuterie autres que ceux bénéficiant de l'appellation « Valle d'Aosta » puisque la marque était déposée postérieurement à l'enregistrement de deux appellations d'origine protégées dont elle reprenait l'une des composantes évoquant l'origine du produit et puisque la marque désignait des produits identiques à ceux couverts par les appellations d'origine protégées. • Civ. 1re, 31 janv. 2006, n° 04-13.676 : *RLDA 2006, inf. 128 ; Gaz. Pal. avr. 2006. 23 ; RJDA 2006, inf. 716 ; D. 2006. 2324* • Lyon, 10 mai 2007 : *D. 2007. 2837, obs. Durrande.* ♦ La dénomination grana n'étant pas générique et « grana padano » étant une AOP, l'appellation « grana biraghi » ne peut donc être enregistrée comme marque communautaire. • TPICE 12 sept. 2007, n° T-291/03 : *RD rur. août-sept. 2008, chron. 2, p. 19, note V.R.*

3. Constitue une atteinte à l'appellation d'origine « Comté » la vente d'un gruyère générique dans un emballage portant une indication de provenance en Franche-Comté et la mention « issu d'une tradition séculaire en Franche-Comté » avec revendication de qualités similaires à celles du gruyère d'appellation Comté. • Colmar, 8 déc. 2005 : *JCP 2006. IV. 2059.*

4. L'arrêté homologuant un cahier des charges pour la dénomination « fleur de sel de Camargue » ne crée pas de risque de confusion avec la dénomination « fleur de sel de Guérande ». • CE. 27 déc. 2019, n° 425492 B : *Gaz. Pal. 2020, n° 5, p. 41.*

5. Est fondé l'avis de la direction de la concurrence interdisant la mention « fabriqué en Normandie » sur l'étiquette d'un fromage ne répondant pas au cahier des charges de l'AOP « camembert de Normandie ». • CE 22 juill. 2022, n° 447234 B : *AJDA 2022. 2448.*

6. Une AOP n'est pas protégée uniquement contre l'utilisation par un tiers de la dénomination enregistrée mais aussi contre la reproduction de la forme ou de l'apparence du produit couvert par la dénomination enregistrée lorsque cette reproduction peut induire le consommateur à croire que le produit est couvert par l'AOP. • Com. 14 avr. 2021, n° 17-25.822 P. ♦ V. aussi • CJUE 17 déc. 2020, n° C-490/19 en réponse à la question préjudicielle posée par • Com. 19 juin 2019, n° 17-25.822 : *RD rur. 2019. Repère 9, obs. Barbiéri.*

Art. L. 643-3 Les conditions d'utilisation simultanée d'une marque *(Ord. n° 2019-1169 du 13 nov. 2019, art. 13)* **« de produits ou de services » et d'un signe d'identification de la qualité ou de l'origine pour l'étiquetage d'une denrée alimentaire ou d'un produit agricole non alimentaire et non transformé, à l'exception des vins, des boissons spiritueuses et des produits intermédiaires, sont, ainsi qu'il est dit à l'article L. 112-4 du code de la consommation, précisées par décret en Conseil d'État.**

Marque et exploitation viticole. Un signe désignant un vin sous le nom d'une exploitation ne peut être déposé sans tromperie en tant que marque que par une personne garantissant la récolte et la vinification en ce lieu. • Com. 30 mai 2007 : *D. 2007. 2696, note Agostini ; JCP 2007. IV. 2380.*

Art. L. 643-3-1 *(L. n° 2014-1170 du 13 oct. 2014, art. 23-II)* **Tout organisme qui a pour mission de contribuer à la protection d'une appellation d'origine ou d'une indication géographique mentionnées aux articles L. 641-5, L. 641-10, L. 641-11 et**

L. 641-11-1 du présent code peut demander au directeur de l'Institut national de l'origine et de la qualité d'exercer le droit d'opposition à l'enregistrement d'une marque qu'il tient de l'article *(Ord. n° 2019-1169 du 13 nov. 2019, art. 13)* « L. 712-4-1 » du code de la propriété intellectuelle dès lors qu'il y a un risque d'atteinte au nom, à l'image, à la réputation ou à la notoriété de l'un de ces signes.

Art. L. 643-3-2 *(L. n° 2014-1170 du 13 oct. 2014, art. 23-II)* A la demande d'un organisme de défense et de gestion d'un vin ou d'un spiritueux bénéficiant d'une appellation d'origine et après avis de l'interprofession compétente, lorsqu'elle existe, le ministre chargé de l'agriculture peut rendre obligatoire, par arrêté, l'apposition sur chaque contenant d'un dispositif unitaire permettant d'authentifier le produit mis à la commercialisation.

Le dispositif d'authentification mentionné au premier alinéa doit être conforme à un cahier des charges technique défini par décret.

Le non-respect de l'obligation prévue au présent article entraîne une suspension de l'habilitation de l'opérateur.

Art. L. 643-3-3 *(L. n° 2014-1170 du 13 oct. 2014, art. 23-II)* L'utilisation à des fins commerciales de termes susceptibles d'induire le public en erreur sur le fait que les produits concernés bénéficient d'un signe officiel de la qualité et de l'origine constitue une pratique prohibée par le 2° du I de l'article L. 121-1 du code de la consommation.

Indication géographique. Sur la notion d'évocation d'une indication géographique justifiant l'interdiction du terme utilisé pour désigner un produit, en dehors de tout risque de confusion (Verlados et Calvados), V. • CJUE 21 janv. 2016, ☎ *Viiniverla,* n° C-75/15 : *Europe 2016. 91, note Rigaux ; RD rur. 2016, n° 211, note Petit.* ♦ Sur les notions d'utilisation commerciale indirecte de l'indication géographique enregistrée, d'évocation de celle-ci et d'indication fausse ou fallacieuse, V. • CJUE 7 juin 2018, ☎ n° C-44/17 : *Europe 2018, n° 313, note Péraldi-Leneuf.*

SECTION 2 Protection des aires de production délimitées

Art. L. 643-4 Tout organisme de défense et de gestion d'une appellation d'origine peut saisir l'autorité administrative compétente s'il estime que le contenu d'un document d'aménagement ou d'urbanisme en cours d'élaboration, un projet d'équipement, de construction, d'exploitation du sol ou du sous-sol, d'implantation d'activités économiques est de nature à porter atteinte à l'aire ou aux conditions de production, à la qualité ou à l'image du produit d'appellation.

Préalablement à toute décision, cette autorité administrative doit recueillir l'avis du ministre *(L. n° 2007-1821 du 24 déc. 2007, art. 2)* « chargé » de l'agriculture, pris après consultation de l'Institut national de l'origine et de la qualité.

Le ministre *(L. n° 2007-1821 du 24 déc. 2007, art. 2)* « chargé » de l'agriculture dispose, pour donner son avis, d'un délai de trois mois à compter de la date à laquelle il est saisi par l'autorité administrative.

Lorsqu'elle décide de ne pas suivre l'avis du ministre, l'autorité administrative en précise les motifs dans sa décision.

Un décret en Conseil d'État fixe les modalités d'application du présent article.

BIBL. ▶ DORISON, *RD rur. 2011. Dossier 19* (prise en compte de la qualité des produits agricoles par le droit de l'urbanisme).

Art. L. 643-5 L'Institut national de l'origine et de la qualité est consulté lorsqu'une installation soumise à l'autorisation prévue par l'article L. 512-1 du code de l'environnement est projetée dans les communes comportant une aire de production d'un produit d'appellation d'origine *(Ord. n° 2017-80 du 26 janv. 2017, art. 12-1°, en vigueur le 1er mars 2017)* « dans les conditions définies par le décret en Conseil d'État prévu par l'article *(Ord. n° 2020-7 du 6 janv. 2020, art. 12)* « L. 181-32 » du même code ».

Art. L. 643-6 *Abrogé par Ord. n° 2017-80 du 26 janv. 2017, art. 12-2°, à compter du 1er mars 2017.*

V. art. R. 643-1 s.

CHAPITRE IV DISPOSITIONS PARTICULIÈRES À CERTAINS SECTEURS

(Ord. n° 2006-1547 du 7 déc. 2006, en vigueur le 1er janv. 2007)

SECTION 1 Secteur des vins et spiritueux

BIBL. GÉN. ▶ AGOSTINI, *RD rur. 2003. 236* (étiquetage des vins) ; *RD rur. 2009. Étude 1* (les marques viticoles). – AUDIER, *RD rur. 2003. 241* (marques et indications géographiques de la filière viti-vinicole). – AZEMA, *RTD com. 2008. 540* (les dangers de la marque géographique). – BAHANS, *RD rur. 2009. Étude 15* (réforme de l'étiquetage des vins). – BAHANS et MENJUCQ, Droit de la vigne et du vin, *coll. Litec professionnels, droit rural Feret, 2e éd. 2010*. – BARTHE, *RD rur. 2014. Dossier 2* (aspects juridiques et réglementaires de la vente de vin). – DEBREZ, *D. 2005. 285* (délimitations des AOC viti-vinicoles). – GEORGOPOULOS, *RD rur. 2010. Étude 28* (la protection renforcée des appellations d'origine à l'égard des marques viticoles) ; *RD rur. 2012. Étude 4* (les marques commerciales nationales à l'épreuve des indications géographiques européennes) ; *RD rur. 2014. Dossier 5* (l'export du vin). – GIRARDEAU, *RD rur. août-sept. 2005. 18* (AO et OMC). – GONI, *RD rur. 2003. 229* (règles européennes d'étiquetage du vin). – MAUBLANC, *RD rur. 2023. Chron. 5* (les nouveaux signes distinctifs de la qualité environnementale en matière viticole). – MORNET, *RD rur. 2004. 613* (désignation du vin et commercialisation). – OLSZAK, *Gaz. Pal. 7-8 oct. 2005. 3* (le vin et les appellations géographiques dans la loi relative au développement des territoires ruraux) ; *RD rur. 2009. Étude 5* (le goût des vins AOP et IGP : description et contrôle des caractéristiques organoleptiques). – ROMAIN-PROT, *RD rur. 1999. 581* (accord entre la Communauté européenne et l'Australie relatif au commerce du vin). – ROBBE, *RD rur. 2011. Dossier 18* (le cahier des charges, support juridique des signes de qualité). – VISSE-CAUSSE, *RD rur. 2014, n° 4* (usage et enregistrement d'une indication géographique d'une boisson spiritueuse).

COMMENTAIRE

La réglementation communautaire ne prévoit plus la catégorie des vins de qualité produits dans des régions déterminées *(VQPRD)* qui s'opposait à celle des vins de table. Elle prévoit seulement les catégories des vins avec ou sans indication géographique. S'ils portent une indication géographique, il s'agit d'une AOP ou d'une IGP viticole sous contrôle de la Commission européenne.

La législation française avait permis que soient distingués les vins d'appellation d'origine (reconnus par décret) et les vins délimités de qualité supérieure (VDQS). Cette dernière mention était un label qui était délivré par le syndicat de défense de chaque appellation sous contrôle de l'INAO si les modalités fixées par chaque arrêté du ministre de l'agriculture et de la consommation étaient respectées ; cependant, cette mention a disparu le 31 décembre 2011.

Les vins sans indication géographique sont susceptibles de porter un millésime, un cépage et une indication de provenance (l'État membre d'origine) à condition de ne pas créer de risque de confusion avec une indication géographique protégée (art. R. 665-18).

La mention « vin de pays » que pouvaient porter les vins portant une IGP a été abrogée.

La mise en place des signes de qualité en matière viticole sous l'influence communautaire entraîne les modifications successives des étiquettes et le consommateur doit s'habituer à ces identifications renouvelées. ❑

SOUS-SECTION 1 Dispositions applicables aux vins et spiritueux revendiquant une appellation d'origine ou une indication géographique ou en bénéficiant *(Ord. n° 2010-459 du 6 mai 2010, art. 4)*.

Art. L. 644-1 *Abrogé par Ord. n° 2010-459 du 6 mai 2010, art. 4.*

Art. L. 644-2 *(Ord. n° 2015-1246 du 7 oct. 2015, art. 5-1°)* « Est » **interdit dans la dénomination des vins, vins mousseux et vins pétillants n'ayant pas droit à une appellation d'origine l'emploi du mot "crémant".**

Art. L. 644-3 Les conditions de production au sens des articles L. 641-5 à L. 641-7 s'entendent notamment de l'aire de production, des cépages, des rendements, du titre alcoométrique volumique naturel minimum du vin, des procédés de culture et de vinification ou de distillation et, le cas échéant, du conditionnement.

1. Rendement. Est nul l'arrêté qui prévoit deux rendements de base distincts pour une même récolte de vins AOC selon le type de vinification choisi. • CE 16 juin 2000, *M. Chéreau et a.*, n° 193153 : *RD rur. 2001. 52.* ♦ Même sens : • CE 27 mai 2002, *ANVM*, n° 221471.

2. Conditionnement. Si des exploitations sont réunies, le nom de chacune d'elle, précédé de « domaine » ou « château » peut encore être utilisé sur les étiquettes si la vinification de la production est bien séparée. • CE 11 déc. 1998, *Conf. nat. des caves particulières : RD rur. 1999. 424.*

3. Procédés de culture. Le comité national des vins et eaux-de-vie de l'INAO est fondé à refuser que le bâchage des vignes lors des périodes de gel soit admis pour la production de vins d'appellation d'origine, sauf pour une utilisation temporaire expérimentale autorisée, dès lors que ce procédé avait une influence sur le méso-climat de la vigne et modifiait les caractéristiques fondamentales des terroirs et parce que ce procédé n'avait pas fait la preuve de son efficacité absolue contre le gel. • CE 2 nov. 2005, *Sté Bouillon SA*, n° 260691.

4. Aucun texte réglementaire ni aucun principe n'imposent à l'INAO de suivre une procédure contradictoire préalablement à une décision de ne pas prendre en compte certaines des parcelles inscrites dans l'aire d'appellation d'une aire d'AOC viticole dans la déclaration de récolte annuelle. • CE 17 déc. 2008, *Interloire*, n° 308924.

5. Zone de proximité immédiate. Doit être annulé le décret relatif à l'appellation d'origine contrôlée qui délimite une aire de proximité immédiate au sein de laquelle est autorisée à titre dérogatoire la vinification hors de l'aire géographique de production : ... dès lors que celle-ci n'est pas justifiée par des critères objectifs et rationnels, et introduit une différence de traitement entre producteurs qui ne correspond pas à une différence de situation ou à un motif d'intérêt général en rapport avec les objectifs du cahier des charges. • CE 9 mars 2012, n° 334575 : *RD rur. 2012, n° 74, note Georgopoulos ; RD rur. 2013. Chron. 2, p. 13, obs. Bahans ; JCP 2012. 454 ; Gaz. Pal. 2012. 1120, obs. Graveleau* • 17 déc. 2013, n° 356102 : *RD rur. 2014, n° 78, note Robbe ; ibid. 2015. Chron. 1, obs Bahans et Menjucq.* ♦ ... Et alors que les communes écartées n'ont pas une vocation viticole moindre. • CE 17 déc. 2013, n° 356102 : *préc.* ♦ Doit être annulé le décret qui ne prévoit la délimitation d'aucune zone de proximité immédiate et exclut donc du bénéfice de l'appellation tous les producteurs qui ne procèdent pas aux opérations de vinification, d'élaboration et d'élevage de l'aire géographique de production. • CE 27 janv. 2017, n° 388054 : *RD rur. 2017, n° 120, concl. Daumas ; Gaz. Pal. 2017. 591.* ♦ La délimitation d'une aire de proximité immédiate doit être justifiée par des critères objectifs et rationnels en rapport avec les facteurs naturels et humains de l'appellation d'origine. • CE 12 déc. 2018, n° 409449 • 29 déc. 2021, n° 439869 : *RD rur. 2022, n° 51, note Abramowitch.*

Art. L. 644-4 *Abrogé par Ord. n° 2015-1246 du 7 oct. 2015, art. 5-2°.*

Art. L. 644-5 **Pour l'application de l'article L. 642-18 aux organismes de défense et de gestion des vins à appellation d'origine, la représentativité des opérateurs est appréciée à partir des seules personnes établissant la déclaration de récolte prévue à l'article 407 du code général des impôts.**

L'organisme de défense et de gestion peut cependant associer d'autres opérateurs.

Lorsque les conditions de production d'une appellation attribuée par l'Institut national de l'origine et de la qualité sont susceptibles de s'imposer à des opérateurs qui ne sont pas représentés dans l'organisme de défense et de gestion, celui-ci recueille l'avis de ceux de ces opérateurs qui sont membres du comité régional intéressé de l'Institut national de l'origine et de la qualité et, dans le secteur des eaux-de-vie de vin, l'avis de l'interprofession compétente lorsqu'elle existe.

Art. L. 644-5-1 *(Ord. n° 2010-459 du 6 mai 2010, art. 4)* **Pour l'application de l'article L. 642-18 aux organismes de défense et de gestion des produits vitivinicoles enregistrés en tant qu'indication géographique protégée, la représentativité des opérateurs est appréciée à partir des seules personnes établissant une déclaration de production** *(Abrogé par L. n° 2020-699 du 10 juin 2020, art. 12)* **« au sens du règlement (CE) n° 436/2009 ».**

L'organisme de défense et de gestion peut cependant associer d'autres opérateurs.

Lorsque les conditions de production d'une indication géographique protégée sont susceptibles de s'imposer à des opérateurs qui ne sont pas représentés dans l'organisme de défense et de gestion, celui-ci recueille l'avis de ceux de ces opérateurs désignés par les syndicats les plus représentatifs.

Art. L. 644-6 **Tout récoltant** *(Ord. n° 2010-459 du 6 mai 2010, art. 4)* **« ou producteur » qui entend donner à son produit une appellation d'origine** *(Ord. n° 2010-459 du 6 mai 2010, art. 4)* **« ou une indication géographique protégée » est tenu de l'indiquer**

dans sa déclaration de récolte *(Ord. n° 2010-459 du 6 mai 2010, art. 4)* « ou de production ».

Art. L. 644-7 Tout vin bénéficiant d'une appellation d'origine peut être commercialisé sous l'appellation la plus générale à laquelle il peut prétendre d'après les usages locaux, loyaux et constants, sous réserve que cette appellation soit inscrite dans les registres vitivinicoles au sens de la réglementation *(Ord. n° 2015-1246 du 7 oct. 2015, art. 6-I)* « de l'Union européenne » en vigueur.

Le décret a pu régulièrement inclure dans l'aire parcellaire de l'AOC « Coteaux du Layon » l'aire parcellaire de l'AOC « Quarts de A. » afin de permettre aux vins de cette AOC de porter l'appellation « Coteaux du Layon » complétée de la dénomination géographique « A. ». • CE 26 févr. 2014, n° 356103 : *RD rur. 2015. Chron. 1, p. 11, obs. Menjucq et Bahans.*

Art. L. 644-8 *Abrogé par Ord. n° 2010-459 du 6 mai 2010, art. 4.*

Art. L. 644-9 *Abrogé par Ord. n° 2015-1246 du 7 oct. 2015, art. 5-2°.*

Art. L. 644-9-1 *(L. n° 2007-1821 du 24 déc. 2007, art. 5)* Les organismes de contrôle visés à l'article L. 642-27 et les organismes de défense et de gestion visés à l'article L. 642-17 peuvent être admis, sur leur demande formulée auprès de l'Institut national de l'origine et de la qualité, à bénéficier de données du casier viticole informatisé dans des conditions définies par arrêté du ministre chargé de l'agriculture et du ministre chargé du budget. Dans ce cadre, ils peuvent consulter ou être rendus destinataires de certaines *(Ord. n° 2018-1125 du 12 déc. 2018, art. 20)* « données à caractère personnel » dès lors qu'elles sont nécessaires à l'exercice des missions de contrôle qui leur sont confiées par le présent titre. En tant que de besoin, ils fournissent à l'Institut national de l'origine et de la qualité les données résultant de leurs contrôles, nécessaires à la mise à jour du casier viticole informatisé. — *Le silence gardé par l'administration à l'expiration d'un délai de deux mois vaut décision de rejet pour la demande d'autorisation d'accès aux données du casier viticole informatisé (Décr. n° 2014-1298 du 23 oct. 2014, JO 1er nov., Rect. JO 8 nov.).*

SOUS-SECTION 2 Vins de liqueur, cidres, poirés et hydromels

(Ord. n° 2023-1210 du 20 déc. 2023, art. 36)

Art. L. 644-10 Seul peut être fabriqué, expédié, vendu, mis en vente ou détenu en vue de la vente sous la mention "vin doux naturel" le produit de la vigne dont la production est traditionnelle et d'usage et qui répond aux conditions cumulatives suivantes :

1° Il relève de la catégorie "vin de liqueur" telle qu'elle est définie par les dispositions mentionnées à l'article L. 665-10 ;

2° Il est élaboré selon les pratiques œnologiques autorisées telles que définies par les dispositions mentionnées à l'article L. 665-11 ;

3° Il répond aux conditions prescrites pour cette mention au 7 du B de l'annexe III du règlement délégué (UE) 2019/934 mentionné au 2° de l'article L. 665-11.

L'article L. 665-16 est applicable aux produits élaborés en méconnaissance du présent article et qui sont saisis chez un producteur ou négociant.

Art. L. 644-11 Seuls peuvent être fabriqués, expédiés, vendus, mis en vente ou détenus en vue de la vente sous le nom "cidre", "poiré" ou "hydromel" les produits répondant aux définitions déterminées par décret en Conseil d'État.

SOUS-SECTION 3 Contrôle et sanctions

(Ord. n° 2023-1210 du 20 déc. 2023, art. 36)

Art. L. 644-12 Les infractions aux dispositions de la sous-section 2 de la présente section ainsi qu'aux textes pris pour leur application sont recherchées, constatées, poursuivies et sanctionnées dans les conditions prévues par les dispositions de la présente sous-section ainsi que par celles du livre II du code général des impôts et du livre des procédures fiscales qui sont applicables aux contributions indirectes.

Art. L. 644-13 Est punie d'une amende fiscale d'un montant compris entre 100 € et 750 € ainsi que d'une pénalité proportionnelle dont le montant est compris entre une

fois et cinq fois la valeur des produits vitivinicoles sur lesquels a porté la fraude, ainsi que de la confiscation de ces produits la méconnaissance :

1° Des obligations de destruction prévues par voie réglementaire en application du présent titre en cas de dépassement du rendement maximal prévu pour les vins et eaux-de-vie bénéficiant d'une appellation d'origine ou d'une indication géographique protégée ;

2° Des articles L. 644-10 et L. 644-11 et des textes pris pour leur application.

Si le contrevenant commet, dans les cinq ans qui suivent une transaction ou une condamnation née d'une infraction réprimée par le présent article et devenue définitive, une nouvelle infraction de même nature, le montant maximal de la pénalité proportionnelle prévue au premier alinéa est doublé.

Lorsque la personne mise en examen n'a jamais été l'objet d'un procès-verbal suivi de condamnation ou de transaction, les tribunaux peuvent, dans les conditions établies par les articles 734 à 736 du code de procédure pénale, décider qu'il sera sursis à l'exécution de la peine pour la partie excédant la somme servant de base au calcul de la pénalité proportionnelle mentionnée au 2°, sauf si l'infraction est également punie d'une peine d'emprisonnement.

SECTION 2 **Secteur des volailles**

Art. L. 644-14 **Pour les volailles ne bénéficiant pas d'un mode de valorisation au sens de l'article L. 640-2, la référence aux modes d'élevage concernant l'alimentation ne peut être utilisée, dans le respect de la réglementation** *(Ord. n° 2015-1246 du 7 oct. 2015, art. 6-I)* **« de l'Union européenne » en vigueur, que dans des conditions fixées par décret portant notamment sur les modalités de contrôle régulier.**

La référence au mode d'élevage "élevé à l'intérieur, système extensif" et "sortant à l'extérieur", ainsi qu'à l'âge d'abattage, ne peut être utilisée que sur les volailles bénéficiant d'un label rouge, d'une appellation d'origine, du signe "agriculture biologique" ou de la démarche de certification des produits.

Les mentions "fermier – élevé en plein air" ou "fermier – élevé en liberté" ne peuvent être utilisées que sur les volailles bénéficiant d'un label rouge, d'une appellation d'origine ou du signe "agriculture biologique".

Toutefois, ces dispositions ne s'appliquent pas aux productions à petite échelle destinées à la vente directe ou locale mentionnées à l'article L. 654-3 du code rural et de la pêche maritime.

SECTION 3 **Produits de la pêche**

(L. n° 2010-788 du 12 juill. 2010, art. 170)

Art. L. 644-15 **Les produits issus de la pêche durable peuvent bénéficier d'un écolabel. Les conditions auxquelles ils doivent répondre pour en bénéficier sont déterminées dans un référentiel dont les modalités d'élaboration et de contrôle de son application par des organismes accrédités sont fixées par décret.**

TITRE V **LES PRODUCTIONS ANIMALES**

COMMENTAIRE

Le titre V annonce des dispositions relatives aux productions animales. Il s'agit cependant d'un ensemble incomplet, dès lors que le livre II comporte d'importantes dispositions relatives à ces produits (traçabilité, dispositions sanitaires, établissements manipulant des denrées animales, registre d'élevage, transport) et que de nombreuses dispositions applicables en la matière ne sont pas codifiées. Il est seulement prévu dans le titre V d'abord des dispositions relatives à des pratiques qui subsistent dans une faible mesure, permettant l'usage des fonds d'une commune ou section de commune par l'ensemble de ses habitants. Suivent des dispositions visant à organiser les conditions de la reproduction des animaux dans un souci de contrôle et d'amélioration génétique des troupeaux sous contrôle d'un organisme public disposant d'établissements dans chaque département. Ce dispositif a soutenu l'amélioration de la qualité du cheptel par sélection des reproducteurs, et donc a permis la progression de la productivité des élevages. Il a permis la production de semences plus performantes en même temps que progressaient les techniques et les connaissances génétiques. Sont également prévues dans ce titre les conditions de l'organisation de l'insémination artificielle dans des conditions renouvelées par la loi d'orientation agricole du 5 janvier 2006 qui a abrogé le monopole des centres qui existaient jusqu'alors sous le contrôle de l'administration de l'agriculture. La même loi prévoit la mise en place d'une interprofession pour veiller à la poursuite de l'amélioration du matériel génétique et aux conditions de sa diffusion. Par ailleurs, ce titre V inclut des mesures sur la commercialisation des produits animaux avec des règles relatives aux abattoirs et certaines dispositions relatives aux marchés et cotations d'animaux et de viandes. ❑

CHAPITRE I LA VAINE PÂTURE

BIBL. ► A. DUMAS, *D. 1971. Chron. 3.*

COMMENTAIRE

La vaine pâture est un droit des habitants d'une commune de faire paître leurs animaux sur les champs de chacun après récolte et jusqu'à ensemencement, dans la mesure où les terrains ne sont pas clos. Les propriétaires tenus de respecter ce droit peuvent s'en affranchir en décidant de se clore, ce qui suppose qu'ils versent une indemnisation ou qu'ils abandonnent une part de leur propriété en conséquence. De plus, ces propriétaires perdent le droit de vaine pâture sur le terrain d'autrui proportionnellement aux terrains qu'ils soustraient eux-mêmes de l'exercice de ce droit (C. civ., art. 648).

Il s'agit d'une survivance de l'Ancien Régime. Une coutume ou un titre persiste mais à condition qu'il ait été sollicité un maintien non rejeté de ce droit avant la fin du XIXe siècle. ❑

Art. L. 651-1 Le droit de vaine pâture appartenant à la généralité des habitants et s'appliquant en même temps à la généralité d'une commune ou d'une section de commune, en vertu d'une ancienne loi ou coutume, d'un usage immémorial ou d'un titre, n'est reconnu que s'il a fait l'objet avant le 9 juillet 1890 d'une demande de maintien non rejetée par le conseil départemental ou par un décret en Conseil d'État. — *[Anc. C. rur., art. 189.]*

1. Droit de paissance. Un droit de « paissance » constitué à titre perpétuel par une convention des parties ne peut disparaître au moyen d'un rachat décidé unilatéralement par la commune qui avait acquis les terrains pour y installer un aérodrome, car ce droit de simple usage ne se confond pas avec un droit de vaine pâture. • Civ. 3e, 20 févr. 1979, *Galut c/ Cne de Rodez,* n° 77-13.676 P.

2. Droit de vive et grasse pâture. Le droit de vive et grasse pâture, distinct du droit de vaine pâture car il s'exerce en tout temps de l'année, constitue selon les cas un droit d'usage. • Civ. 9 janv. 1889 : *S. 1889. 1. 118* • 21 juin 1921 : *D. 1925. 1. 27 ; S. 1922. 1. 361, note Solus.* ♦ ... Une servitude. • 1er mai 1888 : *D. 1888. 1. 209.* ♦ V. aussi : • Civ. 3e, 18 mars 1987, *Rousselot c/ Roux et a.,* n° 85-12.648. ♦ ... Ou une copropriété. • Civ. 14 mai 1877 : *S. 1878. 1. 322* • 23 janv. 1900 : *S. 1900. 1. 215.* ♦ Pour le régime du rachat, V. ss. art. L. 651-10.

3. Droit de parcours. Sur la différence entre le droit de parcours supprimé par la loi du 9 juill. 1889 et la servitude de pacage, V. • Civ. 28 juin 1910 : *D. 1911. 138, concl. Feuilloley.*

Art. L. 651-2 La vaine pâture s'exerce soit par troupeau séparé, soit au moyen du troupeau en commun, conformément aux usages locaux sans qu'il puisse être dérogé aux dispositions des articles 647 et 648 du code civil et à celles du présent chapitre. — *[Anc. C. rur., art. 190.]*

Art. L. 651-3 Dans aucun cas et dans aucun temps, la vaine pâture ne peut s'exercer sur les prairies artificielles.

Elle ne peut avoir lieu sur aucune terre ensemencée ou couverte d'une production quelconque faisant l'objet d'une récolte, tant que la récolte n'est pas enlevée. — *[Anc. C. rur., art. 191.]*

Art. L. 651-4 Le droit de vaine pâture ne fait jamais obstacle à la faculté que conserve tout propriétaire soit d'user d'un nouveau mode d'assolement ou de culture, soit de se clore. Tout terrain clos est affranchi de la vaine pâture. — *[Anc. C. rur., art. 192, al. 1er.] — V. art. R. 651-1.*

Clôture continue. L'exercice du droit de se clore mettant fin au droit de vaine pâture s'exerce par l'édification d'un obstacle à la progression des animaux, dépourvu de brèches. • Cass. 29 mars 1841 : *D. 1841. 1. 198.*

Art. L. 651-5 **L'usage du troupeau en commun n'est pas obligatoire.**

Tout ayant droit peut renoncer à cette communauté et faire garder par troupeau séparé le nombre de têtes de bétail qui lui est attribué par la répartition générale. – *[Anc. C. rur., art. 193.]*

Art. L. 651-6 **La quantité de bétail, proportionnée à l'étendue du terrain de chacun, est fixée, dans chaque commune ou section de commune, entre tous les propriétaires ou fermiers exploitants, domiciliés ou non domiciliés, à tant de têtes par hectare, d'après les règlements et usages locaux. En cas de difficulté, il y est pourvu par délibération du conseil municipal.** – *[Anc. C. rur., art. 194.]*

Art. L. 651-7 **Tout chef de famille domicilié dans la commune, alors même qu'il n'est ni propriétaire ni fermier d'une parcelle quelconque des terrains soumis à la vaine pâture, peut mettre sur lesdits terrains, soit par troupeau séparé, soit dans le troupeau commun, six bêtes à laine et une vache avec son veau, sans préjudice des droits plus étendus qui lui sont accordés par l'usage local ou le titre.** – *[Anc. C. rur., art. 195.]*

Art. L. 651-8 **Le droit de vaine pâture doit être exercé directement par les ayants droit et ne peut être cédé.** – *[Anc. C. rur., art. 196.]*

Art. L. 651-9 **Les conseils municipaux peuvent réglementer le droit de vaine pâture, notamment pour en suspendre l'exercice en cas d'épizootie, de dégel ou de pluies torrentielles, pour cantonner les troupeaux de différents propriétaires ou les animaux d'espèces différentes, pour interdire la présence d'animaux dangereux ou malades dans les troupeaux.** – *[Anc. C. rur., art. 197.]*

Art. L. 651-10 **Sur la proposition du conseil municipal faite après enquête, le conseil départemental peut supprimer le droit de vaine pâture. En cas de divergence entre le conseil municipal et le conseil départemental, il est statué par décret en Conseil d'État.**

Néanmoins, la vaine pâture fondée sur un titre, et établie sur un héritage déterminé, soit au profit d'un ou plusieurs particuliers, soit au profit de la généralité des habitants d'une commune, est maintenue et continue à s'exercer conformément aux droits acquis. Mais le propriétaire de l'héritage grevé peut toujours s'affranchir soit moyennant une indemnité fixée à dire d'experts, soit par voie de cantonnement. – *[Anc. C. rur., art. 198 et 199.]*

1. Domaine. Le rachat et le cantonnement peuvent être imposés au titulaire d'un droit de vive et grasse pâture. • Civ. 4 févr. 1863 : *S. 1866. 1. 352* (motifs) • 21 juin 1921 : *D. 1925. 1. 27 ; S. 1922. 1. 361, note Solus.* ♦ Ils sont exclus en présence d'une réserve de droit de « paissance » prévue par une clause d'une convention de vente de terrains. • Civ. 3e, 20 févr. 1979, *Galut c/ Cne de Rodez,* n° 77-13.676.

2. Expertise. Les juges du fond ne sont pas tenus de désigner un expert en l'absence d'une demande spéciale des parties. • Civ. 1re, 19 juill. 1966, *Cne de Carces c/ Pellepol,* n° 65-10.691.

CHAPITRE II *[ABROGÉ]* LA PRODUCTION DE SEMENCE DES ANIMAUX DOMESTIQUES

(Abrogé par Ord. n° 2006-1548 du 7 déc. 2006)

CHAPITRE III REPRODUCTION, AMÉLIORATION ET PRÉSERVATION DU PATRIMOINE GÉNÉTIQUE DES ANIMAUX D'ÉLEVAGE *(Ord. n° 2006-1548 du 7 déc. 2006 ; Ord. n° 2021-485 du 21 avr. 2021, art. 1er).*

SECTION 1 Dispositions générales

(Ord. n° 2006-1548 du 7 déc. 2006)

Art. L. 653-1 *(Ord. n° 2021-485 du 21 avr. 2021, art. 1er)* **Le présent chapitre fixe les règles applicables à la reproduction des espèces domestiques de rente bovine, ovine,**

caprine, porcine et équine, ainsi qu'à l'amélioration et à la préservation de leurs ressources génétiques.

Les règles zootechniques et généalogiques applicables aux espèces mentionnées au premier alinéa sont définies par le règlement (UE) 2016/1012 du Parlement européen et du Conseil du 8 juin 2016 relatif aux conditions zootechniques et généalogiques applicables à l'élevage, aux échanges et à l'entrée dans l'Union de reproducteurs de race pure, de reproducteurs porcins hybrides et de leurs produits germinaux et par les dispositions du présent chapitre.

Un décret en Conseil d'État détermine les conditions d'application de ce règlement, notamment l'autorité administrative de l'État chargée de sa mise en œuvre, les conditions dans lesquelles l'instruction des demandes d'agrément des organismes et établissements de sélection et des demandes d'approbation des programmes de sélection, ainsi que la réalisation des contrôles officiels peuvent être déléguées par l'État aux établissements mentionnés aux articles L. 621-1 et L. 696-1 ou, s'agissant des espèces équines, à l'Institut français du cheval et de l'équitation, et les conditions dans lesquelles peut être confié aux directeurs de ces établissements le pouvoir d'infliger, pour le compte de l'État, des sanctions administratives.

Art. L. 653-2 *(Ord. n° 2021-485 du 21 avr. 2021, art. 1er)* Les règles mentionnées à l'article L. 653-1 et les dispositions du règlement mentionné à l'article L. 653-2 peuvent être rendues applicables, en tout ou partie, à d'autres espèces animales, par décret en Conseil d'État, avec les adaptations nécessaires.

SECTION 2 Activités de sélection

(Ord. n° 2021-485 du 21 avr. 2021, art. 1er)

L'Ord. n° 2021-485 du 21 avr. 2021 relative à la reproduction, à l'amélioration et à la préservation du patrimoine génétique des animaux d'élevage est ratifiée par la L. n° 2023-171 du 9 mars 2023, art. 39-7°.

Art. L. 653-3 Sont soumis à approbation préalable dans les conditions prévues à la section 2 du chapitre II du règlement (UE) 2016/1012 du Parlement européen et du Conseil du 8 juin 2016 :

1° Les programmes de sélection portant sur les espèces équines, lorsque les animaux concernés ou les descendants issus de leurs produits germinaux sont destinés à faire l'objet d'un contrôle de performances ou d'une évaluation génétique ;

2° Les programmes de sélection portant sur les espèces bovines, ovine, caprine et porcine, lorsque les animaux concernés ou leurs produits germinaux sont destinés à être utilisés en monte publique.

Pour l'application du présent chapitre, on entend par "monte publique" toute opération consistant à assurer la reproduction d'animaux d'élevage, nécessitant le déplacement temporaire d'animaux ou le transport de leurs produits germinaux en vue de leur utilisation en dehors de leur lieu de détention ou de production.

Art. L. 653-4 Lorsque l'autorité administrative mentionnée à l'article L. 653-1 décide de réaliser, conformément à l'article 38 du règlement (UE) 2016/1012 du Parlement européen et du Conseil du 8 juin 2016, un programme de sélection avec des reproducteurs de race pure, elle en confie la mise en œuvre, sous son contrôle, à un institut technique mentionné à l'article L. 653-13 ou, s'agissant des espèces équines, à l'Institut français du cheval et de l'équitation.

Les conditions dans lesquelles le respect des dispositions prévues par le règlement mentionné au premier alinéa est contrôlé, conformément à l'article 40 de ce règlement, sont fixées par décret en Conseil d'État.

Art. L. 653-5 Lorsque la transmission de données zootechniques et informations génétiques par un organisme de sélection à un autre organisme de sélection conduisant un programme de sélection portant sur la même race est nécessaire à la conduite par ce dernier, à la demande de l'éleveur, de ses missions de certification des généalogies et d'évaluation génétique, et que ces deux organismes de sélection ne parviennent pas à un accord sur les modalités de transmission de ces données et informations, l'autorité administrative peut fixer les modalités de cette transmission.

Un décret en Conseil d'État précise les conditions d'application du présent article, en particulier le délai à partir duquel, en l'absence d'accord entre les parties, l'autorité administrative peut imposer les modalités de cette transmission, ainsi que les catégories de données zootechniques et d'informations génétiques qui en sont l'objet.

Art. L. 653-6 **Les organismes tiers, autres que les organismes publics, auxquels peuvent être déléguées des activités de contrôle des performances des équidés en vertu de l'article 27 du règlement (UE) 2016/1012 du Parlement européen et du Conseil du 8 juin 2016 sont agréés dans des conditions prévues par décret en Conseil d'État.** — *V. Arr. du 20 juill. 2022 portant agrément d'un organisme tiers chargé de l'enregistrement et du contrôle des performances des équidés (JO 24 juill.).*

SECTION 3 Surveillance et conservation des ressources zoogénétiques

(Ord. n° 2021-485 du 21 avr. 2021, art. 1er)

Art. L. 653-7 **Afin de permettre la mise en œuvre des contrôles administratifs, le suivi des ressources zoogénétiques et des activités de recherche scientifique répondant à un motif d'intérêt public, un décret en Conseil d'État peut imposer à tout opérateur intervenant dans les domaines de la sélection et de la reproduction animales de verser dans une base de données les données zootechniques et les informations génétiques relatives aux animaux qu'il détient.**

Le décret mentionné au premier alinéa précise les modalités d'accès aux données contenues dans cette base de données. — *Les données collectées dans les conditions prévues en application du 4° du II de l'art. L. 653-2 dans sa rédaction antérieure à l'Ord. n° 2021-485 du 21 avr. 2021 sont transférées dans la base de données mentionnée à l'art. L. 653-7 (Ord. préc., art. 5-I).*

Art. L. 653-8 **Lorsque cela s'avère nécessaire pour préserver ou développer la diversité du patrimoine génétique d'une race, un décret en Conseil d'État peut imposer aux détenteurs de certains matériels génétiques d'en déposer une quantité suffisante auprès d'un organisme assurant la cryoconservation du patrimoine zoogénétique national. Ce dépôt ne modifie pas la propriété de ces matériels.**

SECTION 4 Reproduction animale

(Ord. n° 2021-485 du 21 avr. 2021, art. 1er)

Art. L. 653-9 *(Ord. n° 2021-485 du 21 avr. 2021, art. 1er)* **Des décrets en Conseil d'État déterminent :**

1° Les règles applicables à la monte privée et à la monte publique naturelle et artificielle ;

2° Les règles auxquelles sont soumis les essais de nouvelles races, les essais de croisements ou de techniques de reproduction artificielle, y compris le clonage, le choix et l'utilisation des animaux reproducteurs employés en monte naturelle ou artificielle, ainsi que leurs modalités de contrôle ;

3° Les garanties, en particulier d'ordre zootechnique, exigées pour la mise sur le marché des animaux reproducteurs et de leurs produits germinaux, d'une race, d'une lignée ou d'un croisement.

Art. L. 653-10 *(Ord. n° 2006-1548 du 7 déc. 2006)* **Le régime des activités de stockage et de mise en place de la semence des ruminants, qui doit notamment garantir la traçabilité de cette semence, est défini par décret en Conseil d'État.**

L'activité de mise en place de la semence en monte publique artificielle est soumise à déclaration préalable. Les opérateurs pratiquant cette activité doivent être titulaires de l'agrément sanitaire prévu à l'article L. 222-1 en qualité de centre de collecte de sperme ou centre de stockage de semence, sauf s'il s'agit d'éleveurs pratiquant l'insémination de leur troupeau. — *Les art. L. 653-4, L. 653-5 et L. 653-7 deviennent respectivement les art. L. 653-10, L. 653-15 et L. 653-12 (Ord. n° 2021-485 du 21 avr. 2021, art. 1er-4°).*

Art. L. 653-11 *(Ord. n° 2015-1682 du 17 déc. 2015, art. 2-3°, en vigueur le 1er janv. 2016)* **« Les personnes exerçant des activités de mise en place, de collecte et de conditionnement du sperme des équidés sont tenues de se déclarer auprès de l'autorité**

administrative, qui procède à leur enregistrement au vu de la présentation d'un diplôme, titre ou certificat exigé pour l'exercice de cette activité, figurant sur une liste établie par décret. »

(Ord. nº 2008-507 du 30 mai 2008, art. 45) **« Les professionnels ressortissants d'un État membre de la Communauté européenne ou d'un autre État partie à l'Espace économique européen légalement établis sur le territoire d'un de ces États sont dispensés** *(Ord. nº 2015-1682 du 17 déc. 2015, art. 2-3º, en vigueur le 1er janv. 2016)* **« d'enregistrement » s'ils exercent leur activité de façon temporaire et occasionnelle en France, dans les conditions prévues à l'article L. 204-1. »** — *L'art. L. 653-13 devient l'art. L. 653-11 (Ord. nº 2021-485 du 21 avr. 2021, art. 1er-6º).*

SECTION 5 Établissements de l'élevage, instituts techniques nationaux et établissements publics

(Ord. nº 2021-485 du 21 avr. 2021, art. 1er)

SOUS-SECTION 1 Les établissements de l'élevage

(Ord. nº 2021-485 du 21 avr. 2021, art. 1er)

Art. L. 653-12 *(Ord. nº 2006-1548 du 7 déc. 2006)* **Pour chaque département, groupe de départements, région ou groupe de régions** *(Abrogé par Ord. nº 2021-1370 du 20 oct. 2021, art. 8, à compter du 21 avr. 2024)* ***« l'autorité administrative agrée »*** **un établissement de l'élevage** *(Ord. nº 2021-1370 du 20 oct. 2021, art. 8, en vigueur le 21 avr. 2024)* **« est » constitué soit sous la forme d'un service au sein d'une chambre d'agriculture, soit par création d'un organisme doté de la personnalité morale dans les conditions prévues au III de l'article L. 514-2.**

(Abrogé par Ord. nº 2021-1370 du 20 oct. 2021, art. 8, à compter du 21 avr. 2024) ***« Toutefois, cet agrément peut être maintenu à des organismes constitués avant la publication de l'ordonnance nº 2006-1548 du 7 décembre 2006 selon d'autres formes juridiques. »***

(Ord. nº 2021-485 du 21 avr. 2021, art. 1er) **« L'établissement de l'élevage contribue au développement de l'élevage des animaux des espèces bovines, ovine, caprine, porcine, cunicoles et avicoles dans sa circonscription en associant les différents acteurs des filières concernées.**

« *(Abrogé par Ord. nº 2021-1370 du 20 oct. 2021, art. 8, à compter du 21 avr. 2024)* ***« Dans le domaine de l'identification, »*** **cet établissement assure l'enregistrement de la parenté des bovins, défini comme l'enregistrement des informations relatives aux parents des animaux, fournies par l'éleveur naisseur, ainsi que de la race qu'il a déclarée. »**

(Abrogé par Ord. nº 2021-1370 du 20 oct. 2021, art. 8, à compter du 21 avr. 2024) ***« Les conditions d'octroi et de retrait de l'agrément, ainsi que les conditions dans lesquelles la qualité d'établissement de l'élevage peut être maintenue par l'autorité administrative aux organismes constitués avant la publication de l'ordonnance nº 2006-1548 du 7 décembre 2006 selon d'autres formes juridiques, sont définies par décret en Conseil d'État. »*** — *Les art. L. 653-4, L. 653-5 et L. 653-7 deviennent respectivement les art. L. 653-10, L. 653-15 et L. 653-12 (Ord. nº 2021-485 du 21 avr. 2021, art. 1er-4º).*

SOUS-SECTION 2 Les instituts techniques nationaux

(Ord. nº 2021-485 du 21 avr. 2021, art. 1er)

Art. L. 653-13 *(Ord. nº 2021-485 du 21 avr. 2021, art. 1er)* **Conformément aux orientations définies par le ministre de l'agriculture et en liaison avec les organisations professionnelles intéressées, des instituts techniques nationaux contribuent à l'animation de l'activité des établissements de l'élevage.**

Ils assument les missions d'intérêt commun, notamment des missions de préservation du patrimoine zoogénétique et procèdent, en particulier, aux recherches appliquées de portée générale. — *V. art. R. 653-29.*

SOUS-SECTION 3 L'Institut français du cheval et de l'équitation

Cette sous-section ne comprend pas de dispositions législatives.

SOUS-SECTION 4 *[ABROGÉE]* **L'établissement public "Haras national du Pin"** *(Ord. n° 2021-485 du 21 avr. 2021, art. 1er).*

(Abrogée par L. n° 2022-217 du 21 févr. 2022, art. 269) (L. n° 2014-1170 du 13 oct. 2014, art. 95-I-4°)

L'établissement public administratif "Haras national du Pin" est dissous à compter du 30 juin 2022 (V. Décr. n° 2022-941 du 27 juin 2022 fixant les modalités et le calendrier de la dissolution de l'établissement public administratif « Haras national du Pin », JO 28 juin).

Art. L. 653-13-2 à L. 653-13-6 *Abrogés par L. n° 2022-217 du 21 févr. 2022, art. 269.*

SECTION 6 Les services d'intérêt économique général pour l'accès au progrès génétique

(Ord. n° 2021-485 du 21 avr. 2021, art. 1er)

Art. L. 653-14 *(Ord. n° 2021-485 du 21 avr. 2021, art. 1er)* **Afin de contribuer à l'aménagement du territoire et de préserver la diversité du patrimoine zoogénétique, des services d'intérêt économique général sont organisés, pour certaines espèces, par décret en Conseil d'État, dès lors que cela s'avère nécessaire :**

1° Pour permettre à tout éleveur, quel que soit le lieu de son exploitation, de participer à un programme de sélection et de bénéficier des services fournis dans le cadre de ce programme ;

2° Pour permettre à tout éleveur, quel que soit le lieu de son exploitation, de bénéficier de services de distribution et de mise en place de semence en monte publique ;

3° Pour assurer la conservation et la diffusion de races locales ou menacées.

Art. L. 653-15 *(L. n° 2006-11 du 5 janv. 2006, art. 93 ; Ord. n° 2006-1548 du 7 déc. 2006)* **Afin de contribuer à l'aménagement du territoire et de préserver la diversité génétique, il est institué un service universel de distribution et de mise en place de la semence des ruminants en monte publique, assuré dans le respect des principes d'égalité, de continuité et d'adaptabilité au bénéfice de tous les éleveurs qui en font la demande.**

Le service universel est assuré par des opérateurs agréés par le ministre chargé de l'agriculture à l'issue d'un appel d'offres. Chaque opérateur est agréé pour une ou plusieurs zones géographiques, après évaluation des conditions techniques et tarifaires qu'il propose.

A titre transitoire, lors de la mise en place du service universel, le ministre chargé de l'agriculture peut, sans recourir à l'appel d'offres, accorder cet agrément pour une période maximale de trois ans aux centres de mise en place de la semence antérieurement autorisés.

Les coûts nets imputables aux obligations du service universel sont évalués sur la base d'une comptabilité appropriée tenue par les opérateurs agréés.

Un fonds de compensation assure le financement de ces coûts. Toutefois, quand ces derniers ne représentent pas une charge excessive pour l'opérateur agréé, aucun versement ne lui est dû. L'État participe à l'abondement de ce fonds.

Un décret en Conseil d'État détermine les modalités d'application du présent article. Il précise notamment les conditions d'attribution et de retrait de l'agrément des opérateurs, les modalités de règlement amiable des différends liés à l'exécution du service universel, ainsi que la définition de la monte publique. — *[Anc. art. L. 653-7.] — Les art. L. 653-4, L. 653-5 et L. 653-7 deviennent respectivement les art. L. 653-10, L. 653-15 et L. 653-12 (Ord. n° 2021-485 du 21 avr. 2021, art. 1er-4°).*

V. art. R. 653-97 s.

L'art. L. 653-15 reste en vigueur jusqu'à la création du service d'intérêt économique général mentionné au 2° de l'art. L. 653-14 et, au plus tard, jusqu'au 31 déc. 2022 (Ord. n° 2021-485 du 21 avr. 2021, art. 5-II).

COMMENTAIRE

La décision du Conseil de la concurrence (n° 04-D-49) en date du 28 octobre 2004 a relevé l'irrégularité du monopole des centres d'insémination artificielle. La loi d'orientation agricole du 5 janvier 2006 a donc mis fin à ce monopole, décision prenant effet au

1er janvier 2007, et a posé le principe d'un service universel de distribution de la semence devant garantir un accès égal et continu des producteurs à la semence. Des opérateurs sélectionnés par appel d'offres seront agréés pour réaliser ce service. Un fonds de compensation devra soutenir l'accès à ce service pour les exploitants ayant les revenus les plus faibles.

Il doit être relevé que l'ancienne réglementation a été condamnée par la Cour de justice des Communautés européennes sur recours en manquement (CJCE 17 juill. 2008, n° C-389/05, Commission c/ France : *Rec. CJCE I-5337 ; Europe 2008, n° 316, note Simon ; RD rur. 2009. Chron. 2, p. 10, note Gadbin*). ❑

SECTION 7 Contrôles administratifs et mesures en cas de manquement

(Ord. n° 2021-485 du 21 avr. 2021, art. 1er)

Art. L. 653-16 Les fonctionnaires et agents chargés du contrôle des activités régies par le règlement (UE) 2016/1012 du Parlement européen et du Conseil du 8 juin 2016 ou par le présent chapitre peuvent, sur place ou sur convocation, prendre connaissance de tout document professionnel, quel qu'en soit le support, en obtenir copie par tout moyen et sur tout support et recueillir sur convocation ou sur place les renseignements et justifications utiles à l'accomplissement de leurs missions. Ils peuvent notamment accéder aux systèmes informatisés de gestion de l'information tenus par les opérateurs réalisant tout ou partie d'un programme de sélection.

Ils ont accès aux locaux où se déroulent les activités mentionnées au premier alinéa et à tous les lieux où se trouvent des animaux ou leurs produits germinaux, à l'exclusion des locaux à usage de domicile, entre 8 heures et 20 heures ou, en dehors de ces heures, lorsque l'accès au public est autorisé ou lorsqu'une activité est en cours.

Ils peuvent procéder ou faire procéder, de jour et de nuit, à l'ouverture des véhicules à usage professionnel dans lesquels sont transportés des animaux et y pénétrer, sauf si ces véhicules ne sont pas utilisés à des fins professionnelles au moment du contrôle.

Lorsque l'accès des locaux mentionnés au premier alinéa est refusé aux agents, ou lorsque les locaux comprennent des parties à usage d'habitation, l'accès peut être autorisé par ordonnance du juge des libertés et de la détention dans les formes et conditions prescrites par l'article L. 206-1.

Art. L. 653-17 Outre les mesures prévues à l'article 47 du règlement (UE) 2016/1012 du Parlement européen et du Conseil du 8 juin 2016, en cas de manquement aux dispositions de ce règlement ou du présent chapitre ou à leurs dispositions d'application, relatives à l'agrément des organismes de sélection, à l'approbation ou à la conduite des programmes de sélection, ou à l'utilisation et à la commercialisation des animaux et de leurs produits germinaux, l'autorité administrative peut procéder à la saisie conservatoire des animaux et de leurs produits germinaux ainsi que des instruments ayant servi à la collecte, au conditionnement, à la conservation et à l'utilisation des produits germinaux.

La saisie est ordonnée pour la durée strictement nécessaire à la vérification et à la mise en conformité de ces animaux, produits germinaux et instruments. Si la mise en conformité n'est pas effectuée dans le délai de mise en demeure imparti ou en cas d'impossibilité de mise en conformité, il est procédé, aux frais du propriétaire, à la vente, à l'abattage ou à la castration de l'animal saisi ou à la destruction des produits germinaux.

Art. L. 653-18 I. — Les manquements, par les organismes et établissements de sélection, aux dispositions du règlement (UE) 2016/1012 du Parlement européen et du Conseil du 8 juin 2016 ou du présent chapitre ou à leurs dispositions d'application, relatives à l'agrément des organismes de sélection, à l'approbation des programmes de sélection et à la conduite des programmes de sélection approuvés, notamment pour ce qui concerne les droits garantis aux éleveurs, sont passibles d'une amende administrative dont le montant ne peut excéder 200 000 euros.

II. — Les manquements à l'obligation de verser des données zootechniques et des informations génétiques dans la base de données mentionnée à l'article L. 653-7 sont passibles d'une amende administrative dont le montant ne peut excéder 200 000 euros.

III. — Les manquements aux règles d'inscription dans un livre ou dans un registre généalogique d'un programme de sélection approuvé exposent l'organisme ou établis-

sement de sélection responsable à une amende administrative dont le montant ne peut excéder 900 euros par animal concerné, ainsi qu'à la radiation du livre ou du registre ou au déclassement en section annexe du livre des animaux concernés et de leur descendance.

IV. — Les manquements aux obligations prévues en matière d'évaluation génétique et de publication de ses résultats sont passibles d'une amende administrative dont le montant ne peut excéder 100 000 euros.

V. — Les amendes prévues par le présent article ne peuvent être prononcées au-delà d'un délai de six ans à compter de la constatation des manquements. Pour fixer leur montant, l'autorité administrative prend en compte les circonstances et la gravité du manquement, ainsi que la situation économique de son auteur.

CHAPITRE IV LES ANIMAUX ET LES VIANDES

Art. L. 654-1 **Les modalités d'identification, de classement, de marquage et de pesée lors des opérations de vente et d'abattage d'animaux ou de viandes d'espèces entrant dans le domaine de compétence** *(Ord. n° 2009-325 du 25 mars 2009, art. 8)* **« de l'établissement mentionné à l'article L. 621-1 » sont fixées par décret. Ce décret précise notamment les conditions dans lesquelles ces informations sont fournies à l'éleveur.** — *[L. n° 82-847 du 6 oct. 1982, art. 17.]*

SECTION 1 Les abattoirs

Loi n° 2018-938 du 30 octobre 2018,

Pour l'équilibre des relations commerciales dans le secteur agricole et alimentaire et une alimentation saine, durable et accessible à tous (JO 1er nov.).

Art. 71 Dans un délai de six mois à compter de l'entrée en vigueur de la présente loi, à titre expérimental et sur la base du volontariat, pour une durée de deux ans, un dispositif de contrôle par vidéo des postes de saignée et de mise à mort, visant à évaluer l'efficacité des protocoles et l'application de la réglementation du bien-être animal, est mis en œuvre.

Un décret, pris après avis de la Commission nationale de l'informatique et des libertés, précise les catégories d'établissements concernés, les procédés de mise en œuvre de ce contrôle vidéo, les modalités de recueil de l'avis conforme du comité social et économique ou, à défaut, des institutions représentatives du personnel, les modalités de maintenance, d'utilisation ainsi que les règles d'archivage et de mise à disposition et de recueil des données collectées par les enregistrements vidéo aux fins d'éventuels contrôles administratifs. — *V. Décr. n° 2019-379 du 26 avr. 2019 relatif à l'expérimentation de dispositif de contrôle par vidéo en abattoir (JO 28 avr.).*

Art. 73 A titre expérimental et pour une durée de quatre ans à compter de la publication du décret prévu au dernier alinéa du présent article, des dispositifs d'abattoirs mobiles sont expérimentés dans l'objectif d'identifier les éventuelles difficultés d'application de la réglementation européenne.

L'expérimentation fait l'objet d'une évaluation, notamment de sa viabilité économique et de son impact sur le bien-être animal, dont les résultats sont transmis au Parlement au plus tard six mois avant son terme. Cette évaluation établit des recommandations d'évolution du droit de l'Union européenne.

Un décret en Conseil d'État précise les modalités d'application du présent article. — *V. Décr. n° 2019-324 du 15 avr. 2019 relatif à l'expérimentation de dispositifs d'abattoirs mobiles (JO 16 avr.) ; Arr. du 31 mai 2019 fixant la liste des pièces du dossier à transmettre par les exploitants d'abattoir mobile souhaitant participer à l'expérimentation de dispositifs d'abattoirs mobiles (JO 8 juin).*

SOUS-SECTION 1 Dispositions générales

(Ord. n° 2005-1127 du 8 sept. 2005)

Art. L. 654-2 *Abrogé par L. n° 2009-526 du 12 mai 2009, art. 62-I.*

Art. L. 654-3 **Les tueries particulières sont interdites.**

Sont seules autorisées les tueries de volailles et de lagomorphes, installées dans une exploitation par un éleveur pour son seul usage, dans lesquelles est abattu annuellement un nombre d'animaux inférieur à un seuil fixé par décret. Ce décret fixe également la destination des animaux abattus ainsi que les conditions d'aménagement, d'équipement et de fonctionnement de ces tueries.

Art. L. 654-3-1 *(L. n° 2018-938 du 30 oct. 2018, art. 70)* **L'exploitant de chaque établissement d'abattage désigne, pour l'aider à assurer le respect des mesures de protection des animaux au moment de leur mise à mort et des opérations annexes, une personne responsable de la protection animale.**

Art. L. 654-3-2 *(L. n° 2018-938 du 30 oct. 2018, art. 70)* **Chaque établissement d'abattage établit les procédures appropriées de recueil des signalements émis par les membres de leur personnel ou par des collaborateurs extérieurs et occasionnels régies par les I et II de l'article 8 de la loi n° 2016-1691 du 9 décembre 2016 relative à la transparence, à la lutte contre la corruption et à la modernisation de la vie économique.**

SOUS-SECTION 2 **Gestion et exploitation des abattoirs publics**

(Ord. n° 2005-1127 du 8 sept. 2005)

Art. L. 654-4 **L'exploitation de tout abattoir public comporte la prestation des services nécessaires à la transformation d'un animal vivant en denrée commercialisable. Elle est assurée, quel que soit le régime sous lequel elle est poursuivie, par un exploitant unique.**

Art. L. 654-5 **L'exploitant d'un abattoir public est seul habilité à exécuter, dans l'enceinte de l'abattoir, les opérations d'abattage et celles qui s'y rattachent directement, qui sont déterminées par décret.**

(L. n° 2009-526 du 12 mai 2009, art. 62-I) **« L'exploitant peut se livrer à la commercialisation des abats et des sous-produits qui ne sont pas récupérés par les usagers de l'abattoir. »**

Art. L. 654-6 **Les usagers des abattoirs publics peuvent, dans des conditions définies par décret** *(Abrogé par Ord. n° 2010-461 du 6 mai 2010, art. 2) « en Conseil d'État »* **:**

1° Lorsque des opérations de manipulation, de préparation, de transformation, de conditionnement ou d'entreposage des produits d'origine animale destinés à la consommation humaine ne sont pas réalisées par l'exploitant dans l'enceinte de l'abattoir, y exécuter lesdites opérations ;

2° Dans des cas limitativement prévus par ce décret, réaliser les mêmes opérations pour les sous-produits animaux non destinés à la consommation humaine visés par le *(Ord. n° 2015-616 du 4 juin 2015, art. 7-2°)* **« règlement (CE) n° 1069/2009 du Parlement européen et du Conseil du 21 octobre 2009 », ainsi que leur commercialisation, dans les conditions prévues par celui-ci.** *— N'est pas applicable à Saint-Barthélemy et à Saint-Pierre-et-Miquelon le 2° de l'art. 7 de l'Ord. n° 2015-616 du 4 juin 2015 (Ord. préc., art. 12-3°, JO 5 juin).*

Art. L. 654-7 **Lorsque la collectivité locale ou le groupement de collectivités locales exploite l'abattoir en régie, celle-ci doit être dotée de l'autonomie financière ou de la personnalité civile.**

Lorsque la collectivité locale ou le groupement de collectivités locales délègue l'exploitation de son abattoir, le cahier des charges détermine, dans le cas où la société gestionnaire n'est pas constituée par les représentants des professions intéressées, les conditions dans lesquelles ces dernières sont représentées auprès de l'organisme gestionnaire.

SOUS-SECTION 3 **Taxes et redevances** *(Ord. n° 2005-1127 du 8 sept. 2005).*

Art. L. 654-8 *Abrogé par L. n° 2009-526 du 12 mai 2009, art. 113-II, à compter du 1er janv. 2010.*

Art. L. 654-9 *(L. n° 2009-526 du 12 mai 2009, art. 113-II, en vigueur le 1er janv. 2010)* **Les services rendus par les abattoirs publics sont rémunérés par les usagers dans les**

conditions prévues par l'article L. 2333-1 du code général des collectivités territoriales. – *CGCT*.

Art. L. 654-10 **Le régime des redevances sanitaires d'abattage et de découpage est défini par les articles 302 *bis* N à 302 *bis* W du code général des impôts.** – *V. art. R. 654-23.*

Art. L. 654-11 *(Ord. nº 2005-1127 du 8 sept. 2005)* **Les services mentionnés à l'article L. 654-4 peuvent être rémunérés, en sus des redevances ou droits prévus par la réglementation en vigueur, par des redevances fixées par la collectivité locale ou le groupement de collectivités locales propriétaire de l'abattoir.**

Art. L. 654-12 à L. 654-20 *Abrogés.*

SECTION 2 Commercialisation et distribution de la viande

Art. L. 654-21 *(L. nº 2014-344 du 17 mars 2014, art. 112-V)* **« L'identification et la classification » des viandes, la coupe des carcasses destinées à la commercialisation sont réglementées par arrêtés conjoints du ministre de l'agriculture et du ministre chargé du commerce, en tenant compte de la nécessité d'harmoniser ces méthodes dans le cadre de la Communauté européenne et des échanges extérieurs.**

Un représentant des producteurs organisés peut assister aux diverses opérations d'identification et de classification. – *[L. nº 65-543 du 8 juill. 1965, art. 13, al. 1er (1re phrase) et 2.]*

Sur l'identification des animaux de boucherie, V. art. L. 212-6 s. et D. 212-13 s.

Art. L. 654-22 *(L. nº 2014-344 du 17 mars 2014, art. 112-VI)* **La cotation des animaux vivants et des viandes est établie, dans les principaux bassins de production définis par décret, à partir des informations recueillies en application de l'article L. 621-8.**

Art. L. 654-23 *Abrogé par L. nº 2014-344 du 17 mars 2014, art. 112-VII.*

Art. L. 654-24 **Un décret en Conseil d'État peut établir, pour les marchés de gros de viandes, des règles particulières de gestion. Il peut notamment déterminer les conditions d'accès du marché à certaines catégories d'acheteurs ou de vendeurs, dont les groupements de producteurs reconnus, et définir les obligations des usagers, les modalités de vente et les règles de cotation et d'affichage des cours.**

Ce décret doit prévoir la possibilité, pour des bouchers détaillants groupés en coopératives d'achat et ayant passé des contrats d'achat direct avec des producteurs ou des groupements de producteurs, de disposer d'un emplacement sur ces marchés et d'y effectuer des opérations commerciales réservées exclusivement à leurs adhérents. – *[L. nº 65-543 du 8 juill. 1965, art. 16.]*

V. art. R. 654-24 s.

SECTION 3 La production et la commercialisation de certains produits animaux

Art. L. 654-25 à L. 654-27 *Abrogés par Ord. nº 2015-1682 du 17 déc. 2015, art. 2-4º, à compter du 1er janv. 2016.*

Art. L. 654-27-1 *(L. nº 2006-11 du 5 janv. 2006, art. 74)* **Le foie gras fait partie du patrimoine culturel et gastronomique protégé en France. On entend par foie gras, le foie d'un canard ou d'une oie spécialement engraissé par gavage.**

COMMENTAIRE

La notion de « patrimoine culturel et gastronomique protégé » constitue une nouveauté juridique dont la portée apparaît *a priori* très incertaine. Ce classement du foie gras dans une catégorie inconnue découle d'une situation conjoncturelle particulière. Le foie gras est un produit qui en France est issu de l'élevage de trente millions de canards par an, et qui génère 30 000 emplois. La filière a fait connaître ses vives inquiétudes sur le devenir de son activité dans le contexte européen où les considérations liées au bien-être animal reçoivent une audience certaine, et où quelques pays interdisent déjà cette production. En réponse, a été votée dans la loi d'orientation agricole du 5 janvier 2006 cette disposition visant à « sécuriser et pérenniser » le foie gras, mesure qui ne peut pour autant être tenue pour une protection absolue. ❑

SECTION 4 La production et la vente du lait

Art. L. 654-28 *Abrogé par Ord. n° 2015-1248 du 7 oct. 2015, art. 5-I-1°.*

Art. L. 654-29 *(Ord. n° 2000-550 du 15 juin 2000, art. 9-I ; Ord. n° 2015-1248 du 7 oct. 2015, art. 5-I-2°)* **Les dispositions des articles L. 654-30 et L. 671-12 s'appliquent aux laits de vache, de chèvre et de brebis.** – *[Anc. art. L. 654-28 ; L. n° 69-10 du 3 janv. 1969, art. 1er.]*

Art. L. 654-30 *(Ord. n° 2000-550 du 15 juin 2000, art. 9-I)* **Le lait est payé aux producteurs en fonction de sa composition et de sa qualité hygiénique et sanitaire. Des critères relatifs aux propriétés du lait en vue de sa transformation et aux caractéristiques des produits susceptibles d'être obtenus à partir de ce lait peuvent en outre être utilisés pour la détermination du prix, s'ils permettent de caractériser la qualité du lait au départ de l'exploitation.**

Un décret définit la nature, les modalités et la durée des engagements qui doivent lier les producteurs et les acheteurs de lait et précise la nature et les modalités de mise en œuvre des critères cités au premier alinéa. – *[Anc. art. L. 654-29 ; L. n° 69-10 du 3 janv. 1969, art. 2, al. 1er et 2.] – V. art. D. 654-29 s.*

Art. L. 654-31 *(Ord. n° 2000-550 du 15 juin 2000, art. 9-I)* **Des accords interprofessionnels peuvent définir des grilles de classement du lait, en fonction des critères et des règles prévus au décret mentionné à l'article L. 654-30 et dans le respect des règles de la politique agricole commune. Ces accords peuvent être homologués en application des articles L. 632-12 et L. 632-13 ou étendus en application des articles L. 632-1 à L. 632-9.** – *[Anc. art. L. 654-30 ; L. n° 69-10 du 3 janv. 1969, art. 2, al. 3.]*

Art. L. 654-32 à L. 654-34 *Abrogés par Ord. n° 2015-1248 du 7 oct. 2015, art. 5-I-1°.*

TITRE VI LES PRODUCTIONS VÉGÉTALES

BIBL. ▸ *DP entr. agric., Bull. n° 501-1, p. 4* (loi du 8 août 2016, contribution agricole au maintien d'une biodiversité optimale).

COMMENTAIRE

Dans le livre « Production et marchés », le titre VI annonce les dispositions relatives aux productions végétales. En réalité, figurent dans ce titre quelques mesures relatives aux semences et aux obtentions végétales, et quelques dispositions relatives à la commercialisation de certains produits végétaux tels que fruits, légumes et produits horticoles. Ce titre ne regroupe pas l'ensemble des dispositions relatives à la production végétale et à sa commercialisation puisqu'une partie essentielle de cette matière figure dans le livre II. ❑

CHAPITRE PRÉLIMINAIRE LA CONSERVATION DES RESSOURCES PHYTOGÉNÉTIQUES POUR L'AGRICULTURE ET L'ALIMENTATION *(L. n° 2011-1843 du 8 déc. 2011, art. 18).*

(L. n° 2010-874 du 27 juill. 2010, art. 59-10°)

Art. L. 660-1 **Pour l'application de l'article 12 du traité international sur les ressources phytogénétiques pour l'alimentation et l'agriculture, il est constitué une collection nationale de ressources phytogénétiques composée des collections mises à disposition de l'État à cette fin par les organismes publics ou privés auxquels elles appartiennent.**

Art. L. 660-2 *(L. n° 2011-1843 du 8 déc. 2011, art. 18)* **La conservation des ressources phytogénétiques pour l'agriculture et l'alimentation est organisée, dans l'intérêt général en vue de leur utilisation durable, en particulier pour la recherche scientifique, l'innovation et la sélection variétale appliquée, en tant qu'élément du patrimoine agricole et alimentaire national vivant, dans le but d'éviter la perte irréversible de ressources phytogénétiques stratégiques.**

Pour être enregistrée comme ressource phytogénétique pour l'agriculture et l'alimentation, une ressource phytogénétique d'une espèce végétale cultivée ou d'une forme sauvage apparentée doit satisfaire aux conditions suivantes :

1° Présenter un intérêt actuel ou potentiel pour la recherche scientifique, l'innovation ou la sélection variétale appliquée ;

2° Ne pas figurer au Catalogue officiel des espèces et variétés de plantes cultivées, sauf dans des cas précisés par arrêté du ministre chargé de l'agriculture, notamment en cas de variétés de conservation ;

3° Ne pas faire l'objet d'un certificat d'obtention végétale.

Art. L. 660-3 *(L. nº 2011-1843 du 8 déc. 2011, art. 18)* **Est identifiée comme ressource phytogénétique patrimoniale toute ressource phytogénétique satisfaisant aux conditions d'enregistrement définies à l'article L. 660-2 et notoirement connue comme faisant partie de l'histoire agricole, horticole, forestière et alimentaire nationale, sur le territoire national, notamment du fait qu'elle est représentative de cette histoire, qu'elle a été diffusée ou est présente sur le territoire ou qu'elle est emblématique d'une région.**

La conservation des ressources phytogénétiques patrimoniales est organisée, dans l'intérêt général, dans des conditions de nature à faciliter l'accès des citoyens, de toute personne physique ou morale et de la communauté internationale à des échantillons de ces ressources compte tenu de leur intérêt global pour l'agriculture et l'alimentation.

Ces ressources sont intégrées dans la collection nationale des ressources phytogénétiques mentionnée à l'article L. 660-1.

Art. L. 660-4 *(L. nº 2011-1843 du 8 déc. 2011, art. 18)* **Les conditions d'enregistrement et de reconnaissance des ressources phytogénétiques définies aux articles L. 660-2 et L. 660-3 ainsi que les modalités de conservation et de valorisation des échantillons de ces ressources sont précisées par décret.** *— V. art. D. 660-1 s.*

CHAPITRE I **LES PRODUCTIONS DE SEMENCES ET DE PLANTS** *(Ord. nº 2010-459 du 6 mai 2010, art. 5).*

SECTION 1 **Zones de protection**

(Ord. nº 2010-459 du 6 mai 2010, art. 5)

COMMENTAIRE

Par une mesure de police administrative, un zonage peut être mis en œuvre pour assurer une protection de la production de semences et de plants, en organisant les conditions permettant d'assurer la pureté variétale et la défense contre les parasites. ❑

Art. L. 661-1 **Afin de prévenir l'altération des semences ou des plants des espèces végétales qui se reproduisent par fécondation croisée ou sont susceptibles d'être gravement affectés par des attaques parasitaires, des zones de protection peuvent être créées, dans le périmètre desquelles l'autorité administrative peut réglementer le choix et l'emplacement des cultures.** *— [L. nº 72-1140 du 22 déc. 1972, art. 1er.]*

Art. L. 661-2 **Chaque zone de protection est créée par arrêté du ministre de l'agriculture, au vu des résultats d'une enquête publique** *(Ord. nº 2010-459 du 6 mai 2010, art. 5)* **« dont la durée ne peut être inférieure à quinze jours »** *(L. nº 2010-788 du 12 juill. 2010, art. 240-XI-4º)* **« réalisée conformément au chapitre III du titre II du livre I du code de l'environnement ».**

La suppression d'une zone avant la date qui a été initialement prévue peut être prononcée selon la procédure fixée au premier alinéa. *— [L. nº 72-1140 du 22 déc. 1972, art. 2.]*

Art. L. 661-3 **Un décret en Conseil d'État précise les modalités d'application** *(Ord. nº 2010-459 du 6 mai 2010, art. 5)* **« des articles L. 661-1 et L. 661-2 ».** *— [L. nº 72-1140 du 22 déc. 1972, art. 4.] — V. art. R. 661-12 s.*

SECTION 2 **Bois et plants de vigne**

(Ord. nº 2010-459 du 6 mai 2010, art. 5)

Art. L. 661-4 Les règles relatives à la sélection, la plantation, la production, la circulation, la distribution et la commercialisation du matériel de multiplication végétative de la vigne sont fixées par décret. Ce décret fixe :

– les conditions dans lesquelles ces matériels sont sélectionnés, produits et multipliés en tenant compte des différents modes de reproduction ;

– les conditions de leur inscription au catalogue officiel des variétés de vigne dont les matériels de multiplication peuvent être commercialisés ;

– les conditions de contrôle, par l'autorité administrative ou par l'organisme que celle-ci désigne, du respect par les professionnels des règles fixées en application du présent article ;

– les règles permettant d'assurer la traçabilité des produits depuis le producteur jusqu'au consommateur ;

– les conditions dans lesquelles la méconnaissance des règles mentionnées au présent article peut justifier la destruction des matériels de multiplication.

Art. L. 661-5 En vue d'assurer la qualité génétique et sanitaire des matériels de multiplication végétative de la vigne, *(Abrogé par Ord. nº 2015-1682 du 17 déc. 2015, art. 2-5º, à compter du 1er janv. 2016)* ***« tout producteur de ces matériels, notamment »*** les établissements de sélection pour les matériels de base initiaux nécessaires à la prémultiplication et les établissements de prémultiplication pour les matériels de base nécessaires à la plantation des vignes mères de porte-greffes ou de greffons destinées à la production des matériels certifiés, *(Ord. nº 2015-1682 du 17 déc. 2015, art. 2-5º, en vigueur le 1er janv. 2016)* « sont soumis » à un agrément délivré par l'autorité administrative.

La délivrance de l'agrément est subordonnée à des conditions relatives à la formation du personnel et à l'équipement des producteurs qui sont adaptées à la nature de leur activité de production et définies par arrêté du ministre chargé de l'agriculture. *(Abrogé par L. nº 2018-1317 du 28 déc. 2018, art. 26)* ***« La délivrance de l'agrément donne lieu à la perception de la redevance prévue** (L. nº 2016-1918 du 29 déc. 2016, art. 68-II-1º)* ***« à l'article 1606 du code général des impôts ». »***

L'agrément peut être retiré lorsque les conditions nécessaires à son octroi ne sont plus remplies ou en cas de manquement grave aux règles définies en application de l'article L. 661-4.

Art. L. 661-6 *(Ord. nº 2015-1682 du 17 déc. 2015, art. 2-6º, en vigueur le 1er janv. 2016)* Tout négociant de matériel de multiplication végétative de la vigne ou producteur de matériels de multiplication végétative autres que ceux mentionnés à l'article L. 661-5 doit déclarer son activité à l'établissement mentionné à l'article L. 621-1.

La déclaration donne lieu à l'inscription sur une liste tenue par l'établissement mentionné au premier alinéa. *(Abrogé par L. nº 2018-1317 du 28 déc. 2018, art. 26)* ***« Les personnes morales ou physiques inscrites sur cette liste sont assujetties à la redevance prévue** (L. nº 2016-1918 du 29 déc. 2016, art. 68-II-2º)* ***« à l'article 1606 du code général des impôts ». »***

Art. L. 661-7 Il est interdit de détenir en vue de la vente ou de la plantation, de mettre en vente ou de vendre, ainsi que d'acheter, de transporter, de planter, comme producteur ou comme porte-greffes, ou de greffer, quelles que soient les dénominations locales qui leur sont données, les cépages provisoirement tolérés et les cépages prohibés.

Art. L. 661-7-1 *(Ord. nº 2015-1247 du 7 oct. 2015, art. 2-I)* Les manquements commis à compter du 1er janvier 2016 aux règles relatives à la plantation de vignes mères de porte-greffes et à la production de bois et plants de vigne fixées en application de l'article L. 661-4 sont passibles d'une amende administrative égale au plus à 3 750 €.

Les personnes habilitées à rechercher et constater les manquements visés au premier alinéa sont désignées par décret. Ces manquements peuvent être constatés dans un délai de dix ans à compter de leur commission.

Ils disposent des pouvoirs énumérés au II et au III de l'article L. 665-5-5 et reçoivent tout élément utile en application du IV du même article.

Une amende ne peut être prononcée qu'après respect de la procédure prévue au I de l'article L. 665-5-5. Sont applicables à cette amende les dispositions du IV de l'article L. 665-5-4.

SECTION 3 **Semences et matériels de multiplication des végétaux autres que les bois et plants de vigne et les matériels forestiers de reproduction**

(L. n° 2011-1843 du 8 déc. 2011, art. 2)

Art. L. 661-8 **Les règles relatives à la sélection, la production, la protection, le traitement, la circulation, la distribution** *(L. n° 2014-1170 du 13 oct. 2014, art. 59)* **« et l'entreposage » des semences, des matériels de multiplication des végétaux, des plants et plantes ou parties de plantes destinés à être plantés ou replantés, autres que les matériels de multiplication végétative de la vigne et les matériels forestiers de reproduction, ci-après appelés "matériels",** *(L. n° 2014-1170 du 13 oct. 2014, art. 59)* **« en vue de leur commercialisation, ainsi que les règles relatives à leur commercialisation » sont fixées par décret en Conseil d'État. Ce décret fixe :**

1° Les conditions dans lesquelles ces matériels sont sélectionnés, produits, multipliés et, le cas échéant, certifiés, en tenant compte des différents modes de reproduction ;

2° Les conditions d'inscription au Catalogue officiel des différentes catégories de variétés dont les matériels peuvent être commercialisés ;

3° Les règles permettant d'assurer la traçabilité des produits depuis le producteur jusqu'au consommateur.

(L. n° 2016-1087 du 8 août 2016, art. 11-1°) **« La cession, la fourniture ou le transfert, réalisé à titre gratuit** *(L. n° 2020-699 du 10 juin 2020, art. 10)* **« ou à titre onéreux » de semences ou de matériels de reproduction des végétaux d'espèces cultivées de variétés appartenant au domaine public à des utilisateurs finaux non professionnels ne visant pas une exploitation commerciale de la variété n'est pas soumis aux dispositions du présent article, à l'exception des règles sanitaires relatives à la sélection et à la production. »**

BIBL. ▶ DESSAINJEAN, *RD rur. 2020, n° 158* (vente de variétés du domaine public aux non-professionnels à des fins non commerciales). – MAMBRINI et SCHWENGLER, *DP entr. agric.. Bull. n° 478, p. 1* (un pas de plus vers l'émancipation des semences de ferme, loi du 13 oct. 2014). – *DP entr. agric., Bull. n° spécial 501-1, p. 4* (contribution de l'agriculture au maintien d'un biodiversité optimale ; loi du 8 août 2016).

COMMENTAIRE

Les agriculteurs peuvent produire des semences à partir de leurs propres récoltes, d'une part à partir d'une variété protégée par un certificat d'obtention végétale figurant sur une liste établie par décret sous réserve de payer à l'obtenteur une rémunération prélevée sur les livraisons (contribution volontaire obligatoire), d'autre part à partir de variétés du domaine public.

En principe, les semences ne peuvent être commercialisées que si elles sont issues d'une variété inscrite au catalogue officiel des espèces et variétés. Par exception, l'article L. 661-8 issu de la loi Biodiversité du 8 août 2016 permet la cession à titre gratuit à titre onéreux de semences ou matériels de reproduction des végétaux du domaine public à des utilisateurs non professionnels, sans rechercher une exploitation commerciale et en respectant des contraintes sanitaires. Le Conseil constitutionnel a jugé contraire à l'égalité devant la loi la disposition législative qui permettait les cessions à titre onéreux de semences et matériels de reproduction des végétaux par des associations régies par la loi du 1er juillet 1901 (Cons. const. 4 août 2016, n° 2016-737-DC : *AJDA 2016. 1605*).

La loi n° 2020-699 du 10 juin 2020 a élargi l'exception en permettant la cession de ces semences aux non-professionnels à titre onéreux.

Il est également possible de faire échange de ces semences non protégées par un certificat d'obtention végétale entre exploitants, produites sur l'exploitation hors contrat de multiplication de semences ou de plants destinés à être commercialisés (art. L. 315-5) ❑

Art. L. 661-9 **Toute personne physique ou morale exerçant une activité de production, de protection, de traitement ou de commercialisation des matériels mentionnés**

(L. n° 2016-1087 du 8 août 2016, art. 11-2°) « au premier alinéa de » l'article L. 661-8 déclare son activité à l'autorité compétente pour le contrôle.

Néanmoins, les activités exclusivement de multiplication de semences pour le compte de tiers peuvent être dispensées par décret de cette obligation.

Art. L. 661-10 Dans les conditions imposées par la réglementation européenne, les personnes physiques ou morales exerçant les activités mentionnées *(L. n° 2016-1087 du 8 août 2016, art. 11-2°)* « au premier alinéa de » l'article L. 661-8 peuvent être tenues de mettre en place, pour ces activités, une procédure de contrôle interne qui est subordonnée à une supervision par l'autorité compétente pour le contrôle et, le cas échéant, à la reconnaissance de son laboratoire en application de l'article L. 661-15.

Lorsque la réglementation européenne le prévoit, les fournisseurs des matériels mentionnés *(L. n° 2016-1087 du 8 août 2016, art. 11-2°)* « au premier alinéa de » l'article L. 661-8 sont soumis à agrément ou autorisation dans des conditions fixées par décret en Conseil d'État.

Art. L. 661-11 I. — Le contrôle du respect par les professionnels des règles fixées en application de la présente section est effectué par les agents mentionnés à l'article L. 250-2 et les agents d'autres autorités compétentes pour le contrôle désignées par arrêté du ministre chargé de l'agriculture et présentant des garanties de compétence, d'impartialité et d'indépendance nécessaires à l'exercice de cette mission. Ces agents ont accès, lorsqu'ils sont à usage professionnel, aux locaux, lieux et installations, à l'exclusion des locaux et parties de locaux à usage d'habitation, ainsi qu'aux moyens de transport, entre huit heures et vingt heures ou en dehors de ces heures lorsque l'accès au public est autorisé ou qu'une activité mentionnée *(L. n° 2016-1087 du 8 août 2016, art. 11-3°)* « au premier alinéa de » l'article L. 661-8 est en cours.

Lorsque l'accès des locaux mentionnés au premier alinéa du présent article est refusé aux agents, ou lorsque les locaux comprennent des parties à usage d'habitation, l'accès peut être autorisé par ordonnance du juge des libertés et de la détention dans les formes et conditions prescrites à l'article L. 206-1.

II. — Pour l'exercice de leurs missions, ces agents peuvent, sur place ou sur convocation, prendre copie de tous documents professionnels, quel qu'en soit le support, et recueillir les observations de toute personne présente susceptible d'apporter des éléments utiles à leurs missions.

Ils peuvent prélever ou faire prélever sous leur contrôle des échantillons pour analyse.

Les frais engagés lors des contrôles, et notamment le coût des analyses et des prises d'échantillons, sont à la charge des personnes mentionnées à l'article L. 661-9.

Art. L. 661-12 Lorsque les contrôles mettent en évidence que des matériels mentionnés *(L. n° 2016-1087 du 8 août 2016, art. 11-4°)* « au premier alinéa de » l'article L. 661-8 ne sont pas conformes aux règles prises en application de ce même article, les agents de l'autorité compétente pour le contrôle mettent les professionnels en demeure de se conformer aux dispositions en vigueur dans un délai déterminé. S'il n'est pas satisfait à cette mise en demeure dans le délai fixé, ces agents proposent à l'autorité compétente pour le contrôle d'interdire la commercialisation des matériels en cause et peuvent proposer la suspension ou le retrait de l'agrément ou de l'autorisation prévus à l'article L. 661-10. En cas de manquement d'une particulière gravité, le juge des libertés et de la détention peut, à la demande de l'autorité compétente pour le contrôle, ordonner la destruction des produits non conformes.

Art. L. 661-13 Les matériels ne peuvent être importés de pays tiers à l'Union européenne ou à l'Espace économique européen s'ils ne respectent pas des normes de qualité équivalentes à celles fixées pour les matériels produits ou commercialisés dans l'Union européenne. En cas de non-conformité, les agents mentionnés à l'article L. 250-2 peuvent ordonner le refoulement des matériels de multiplication des végétaux, plants ou plantes importés ou prescrire toute mesure appropriée, exécutée aux frais de l'importateur.

L'exécution de tout ou partie des opérations de contrôle prévues au premier alinéa du présent article peut être confiée par l'autorité administrative et sous sa responsabi-

lité aux autres autorités compétentes pour le contrôle mentionnées à l'article L. 661-11.

SECTION 4 Laboratoires

(L. nº 2011-1843 du 8 déc. 2011, art. 2)

Art. L. 661-14 Le contrôle du respect des dispositions des sections 2 et 3 du présent chapitre est assuré au moyen notamment d'analyses de laboratoire.

Sont habilités à réaliser ces analyses :

1º Les laboratoires agréés à cette fin par l'autorité administrative ;

2º Les laboratoires nationaux de référence définis à l'article L. 661-16.

Art. L. 661-15 Les laboratoires réalisant des analyses d'autocontrôle peuvent être soumis par l'autorité compétente pour le contrôle à une procédure de reconnaissance de qualification selon les modalités définies par arrêté du ministre chargé de l'agriculture.

Art. L. 661-16 Le ministre chargé de l'agriculture peut désigner des laboratoires nationaux de référence chargés notamment du développement, de l'optimisation, de la validation de méthodes d'analyse, de l'élaboration et de la proposition à l'autorité compétente pour le contrôle de protocoles d'échantillonnage, de la participation à la normalisation et de l'encadrement technique du réseau des laboratoires agréés et reconnus.

Art. L. 661-17 Les laboratoires agréés ou reconnus sont tenus de se soumettre, à leurs frais et à tout moment, au contrôle du respect des conditions de leur agrément ou de leur reconnaissance.

Art. L. 661-18 Les modalités d'application de la présente section sont fixées par décret en Conseil d'État. – *V. art. R. 661-52 s.*

CHAPITRE II LES OBTENTIONS VÉGÉTALES

RÉP. COM. vº *Obtentions végétales,* par BOUCHE.

BIBL. GÉN. ▶ Obtentions végétales, *DP entr. agric.* – BUFFET-DELMAS D'AUTANE et DOAT, *Propr. industrielle mai 2004. 8* (protection des plantes, entre brevet et certificat d'obtention végétale). – DESSAINJEAN, *Thèse Rouen Normandie 2019* (la réservation des innovations variétales). – GALLOUX, *RTD com. 2007. 526* ; *RTD com. 2012. 751* (loi du 8 déc. 2011 et décret du 5 juill. 2012 portant publication de la convention internationale du 2 déc. 1961). – TELLIER-LONIEWSKI et MAURIELLO, *Gaz. Pal. 18-19 oct. 2006. 10* (allongement de la durée de protection des certificats d'obtention végétale).

COMMENTAIRE

Une variété végétale nouvelle distincte des espèces connues, homogène et stable, découverte ou créée par l'homme, peut recevoir la protection reconnue aux obtentions végétales. Il existe une protection nationale prévue aux articles L. 623-1 et suivants du code de la propriété intellectuelle qui consiste en la délivrance d'un certificat par le comité de la protection des obtentions végétales. Il existe également une protection communautaire organisée sur le fondement du règlement nº 2100/94 du 27 juillet 1994 et du règlement nº 1239/95 du 31 mai 1995 mettant en œuvre la convention internationale de Paris du 2 décembre 1961, permettant l'obtention d'un certificat de protection communautaire par l'Office communautaire des variétés végétales installé à Angers. Les protections ne se cumulent pas mais elles confèrent dans les deux hypothèses un droit exclusif d'exploitation pour vingt-cinq ans (trente pour certaines espèces). ☐

Art. L. 662-1 Le Comité de la protection des obtentions végétales, placé auprès du ministre de l'agriculture, est composé suivant les dispositions prévues au chapitre II du titre I du livre IV du code de la propriété intellectuelle. – *V. CPI, art. L. 412-1.* – ***CPI.***

BIBL. ▶ BERNAULT, *Mél. Le Guidec, LexisNexis 2014* (le cas des semences de ferme). – MÉTAY, *RD rur. 2009. Étude 4* (semences de ferme et droit d'obtention végétale). – RUZEK, *RD rur. août-sept. 2008, Chron. 2, p. 23* (privilège de l'agriculteur).

Art. L. 662-2 Les conditions de délivrance des certificats d'obtention végétale répondent aux dispositions de la section 1 du chapitre III du titre II du livre VI du code de la propriété intellectuelle. — *V. CPI, art. L. 623-1 s.* — ***CPI.***

Art. L. 662-3 Les droits et obligations attachés aux certificats d'obtention végétale ainsi que les actions qui en découlent répondent aux dispositions prévues aux articles L. 623-17 à L. 623-31 du code de la propriété intellectuelle. — *V.* ***CPI.***

CHAPITRE III LES PLANTES GÉNÉTIQUEMENT MODIFIÉES

(L. n° 2008-595 du 25 juin 2008, art. 6-II)

BIBL. ▸ Billet, *RD rur. 2008. Étude 13* (index raisonné de la loi OGM du 25 juin 2008). – Trouilly, *Envir. 2008, n° 123* (loi du 25 juin 2008). – Trébulle, *JCP 2008. Actu. 526* (loi du 25 juin 2008).

▸ Sur la décision n° 2008-564 DC relative aux OGM, V. Conseil constitutionnel 19 juin 2008, *JCP 2008. II. 10138, note Levade ; AJDA 2008. 1614, note Dord*.

COMMENTAIRE

La loi du 25 juin 2008 pose les règles de coexistence des cultures avec et sans organismes génétiquement modifiés. Il est ainsi prévu, en application des principes d'information, de transparence et de précaution, la déclaration des parcelles cultivées avec OGM, des règles de distance de culture, un système de responsabilité objective mais non exclusive du producteur d'OGM qui doit souscrire une garantie financière. L'exclusion des cultures OGM est possible par l'autorité administrative dans les parcs nationaux ou naturels régionaux afin de protéger les signes de qualité. Un règlement doit fixer le seuil permettant de définir ce qui est regardé comme « sans organisme génétiquement modifié », dans l'attente d'une définition communautaire.

Certaines de ces obligations font l'objet de sanctions pénales. La sanction aux opposants aux cultures OGM est aggravée pour les parcelles où sont développées des cultures autorisées de l'article L. 553-3 du code de l'environnement.

L'administration peut ordonner la destruction totale ou partielle des cultures en cas d'irrespect des conditions techniques de production, stockage et transport de végétaux OGM.

Art. L. 663-1 *(L. n° 2008-595 du 25 juin 2008, art. 10)* **Le détenteur de l'autorisation visée à l'article L. 533-3 du code de l'environnement ou l'exploitant mettant en culture des organismes génétiquement modifiés ayant fait l'objet d'une autorisation de mise sur le marché doit déclarer auprès de l'autorité administrative les lieux où sont pratiquées ces cultures.**

Il doit également informer, préalablement aux semis, les exploitants des parcelles entourant les cultures d'organismes génétiquement modifiés.

Un décret précise les informations qui doivent être communiquées à l'autorité administrative, notamment en ce qui concerne les parcelles cultivées, les dates d'ensemencement et la nature des organismes génétiquement modifiés cultivés, et définit les modalités de mise en œuvre de l'obligation d'information prévue à l'alinéa précédent.

L'autorité administrative établit un registre national indiquant la nature et la localisation des parcelles culturales d'organismes génétiquement modifiés. Les préfectures assurent la publicité de ce registre par tous moyens appropriés, notamment sa mise en ligne sur l'internet.

Art. L. 663-2 *(L. n° 2008-595 du 25 juin 2008, art. 6-II)* **La mise en culture, la récolte, le stockage et le transport des végétaux autorisés au titre de l'article L. 533-5 du code de l'environnement ou en vertu de la réglementation** *(L. n° 2015-1567 du 2 déc. 2015, art. 21)* **« européenne » sont soumis au respect de conditions techniques notamment relatives aux distances entre cultures ou à leur isolement, visant à éviter la présence accidentelle d'organismes génétiquement modifiés dans d'autres productions** *(L. n° 2015-1567 du 2 déc. 2015, art. 21)* **« et toute contamination transfrontalière dans les États membres de l'Union européenne où la culture de ces organismes génétiquement modifiés est interdite sur tout ou partie de leur territoire ».**

Ces conditions techniques sont fixées par arrêté du ministre chargé de l'agriculture, pris après avis *(Ord. n° 2021-1325 du 13 oct. 2021, art. 6, en vigueur le 1er janv. 2022)*

« de l'Agence nationale de sécurité sanitaire de l'alimentation, de l'environnement et du travail, mentionnée à l'article L. 1313-1 du code de la santé publique » et du ministre chargé de l'environnement. Leur révision régulière se fait sur la base de travaux scientifiques et des données de la surveillance biologique du territoire définie à l'article L. 251-1 du présent code.

Les conditions techniques relatives aux distances sont fixées par nature de culture. Elles définissent les périmètres au sein desquels ne sont pas pratiquées de cultures d'organismes génétiquement modifiés. Elles doivent permettre que la présence accidentelle d'organismes génétiquement modifiés dans d'autres productions soit inférieure au seuil établi par la réglementation *(L. n° 2015-1567 du 2 déc. 2015, art. 21)* « européenne ».

Art. L. 663-3 *(L. n° 2008-595 du 25 juin 2008, art. 6-II)* Le respect des conditions techniques prévues à l'article L. 663-2 est contrôlé par les agents mentionnés *(L. n° 2011-525 du 17 mai 2011, art. 30)* « à l'article L. 250-2 ». Ces agents sont habilités à procéder ou à faire procéder, dans les conditions fixées par arrêté du ministre chargé de l'agriculture, à tous prélèvements et analyses nécessaires à l'exercice de cette mission. — *V. Arr. du 22 déc. 2010 (JO 29 déc.).*

En cas de non-respect de ces conditions, l'autorité administrative peut ordonner la destruction totale ou partielle des cultures.

Les frais entraînés par ces sanctions sont à la charge de l'exploitant.

Art. L. 663-4 *(L. n° 2008-595 du 25 juin 2008, art. 8)* I. — Tout exploitant agricole mettant en culture un organisme génétiquement modifié dont la mise sur le marché est autorisée est responsable, de plein droit, du préjudice économique résultant de la présence accidentelle de cet organisme génétiquement modifié dans la production d'un autre exploitant agricole, lorsque sont réunies les conditions suivantes :

1° Le produit de la récolte dans laquelle la présence de l'organisme génétiquement modifié est constatée est issu d'une parcelle ou d'une ruche située à proximité d'une parcelle sur laquelle est cultivé cet organisme génétiquement modifié et a été obtenu au cours de la même campagne de production ;

2° Il était initialement destiné soit à être vendu en tant que produit non soumis à l'obligation d'étiquetage mentionnée au 3°, soit à être utilisé pour l'élaboration d'un tel produit ;

3° Son étiquetage est rendu obligatoire en application des dispositions communautaires relatives à l'étiquetage des produits contenant des organismes génétiquement modifiés.

II. — Le préjudice mentionné au I est constitué par la dépréciation du produit résultant de la différence entre le prix de vente du produit de la récolte soumis à l'obligation d'étiquetage visée au 3° du même I et celui d'un même produit, présentant des caractéristiques identiques, non soumis à cette obligation.

Sa réparation peut donner lieu à un échange de produits ou, le cas échéant, au versement d'une indemnisation financière.

III. — Tout exploitant agricole mettant en culture un organisme génétiquement modifié dont la mise sur le marché est autorisée doit souscrire une garantie financière couvrant sa responsabilité au titre du I.

IV. — Un décret en Conseil d'État précise les modalités d'application du présent article.

Est soumise à autorisation préalable la mise sur le marché de miel et de compléments alimentaires s'ils contiennent un pollen porteur d'OGM, quand bien même la présence d'OGM serait fortuite. • CJUE 6 sept. 2011, n° C-442/09 : *DP entr. agric., Bull. n° 445, p. 13, note Inserguet-Brisset ; AJDA 2011. 2339, Chron. Aubert, Broussy et Donnat ; Europe 2011. 434, note Meister.*

Art. L. 663-5 *(L. n° 2008-595 du 25 juin 2008, art. 8)* Les dispositions de l'article L. 663-4 ne font pas obstacle à la mise en cause, sur tout autre fondement que le préjudice mentionné au II du même article, de la responsabilité des exploitants mettant en culture un organisme génétiquement modifié, des distributeurs et des détenteurs de l'autorisation de mise sur le marché et du certificat d'obtention végétale.

CHAPITRE IV LES FRUITS, LES LÉGUMES ET L'HORTICULTURE *(Ord. n° 2010-459 du 6 mai 2010, art. 5).*

Le chapitre III du titre VI du livre VI devient le chapitre IV du même titre, et les art. L. 663-1 à L. 663-7 deviennent respectivement les art. L. 664-1 à L. 664-7 (L. n° 2008-595 du 25 juin 2008, art. 6-I, JO 26 juin).

SECTION 1 Ventes et achats *(Ord. n° 2023-1210 du 20 déc. 2023, art. 33).*

Art. L. 664-1 Les producteurs-vendeurs de fruits, de légumes ou de fleurs bénéficient sur les marchés municipaux de détail d'un droit global d'attribution d'emplacement de vente minimal de 10 % des surfaces pouvant faire l'objet de concessions.

Ce droit est exercé nominativement par les producteurs-vendeurs à l'occasion de chaque répartition suivant l'ordre chronologique de présentation de leurs demandes à l'organisme répartiteur des emplacements. – *[L. n° 68-690 du 31 juill. 1968, art. 29.] – Anc. art. L. 663-1.*

Art. L. 664-2 Les achats par les négociants, de fruits et légumes frais mis en marché par les producteurs s'opèrent :

1° Soit auprès des groupements de producteurs reconnus ;

2° Soit auprès des marchés physiques *(Abrogé par Ord. n° 2009-325 du 25 mars 2009, art. 8) « agréés en application de l'article L. 621-11 »* ou auprès des marchés d'intérêt national.

Dans le but de connaître les prix, les volumes et les qualités des produits vendus, l'achat direct à des producteurs par les négociants est progressivement contrôlé, produit par produit ou par groupe de produits et, éventuellement, région par région. Ce contrôle est effectué par *(Ord. n° 2009-325 du 25 mars 2009, art. 8)* « l'établissement mentionné à l'article L. 621-1 », directement ou sous sa responsabilité soit par les groupements de producteurs, soit par les marchés physiques agréés ou par les marchés d'intérêt national. Les modalités de ce contrôle sont fixées par décret.

Par dérogation aux dispositions du quatrième alinéa, les producteurs peuvent également vendre directement aux négociants détaillants et aux consommateurs dans des limites géographiques et quantitatives fixées par décision administrative.

Les modes de mise en marché prévus au présent article peuvent être limités par la procédure d'extension des règles déterminée par les articles L. 554-1 et L. 554-2.

Les ventes des producteurs aux transformateurs doivent être conformes soit aux dispositions fixées au présent article, soit à des contrats types approuvés par les pouvoirs publics selon les procédures prévues soit par les articles L. 631-1 à L. 631-13, L. 631-15 à L. 631-23, soit par les articles L. 632-1 à L. 632-9, soit par l'article L. 631-14 et l'article 2 de la loi n° 60-808 du 5 août 1960 d'orientation agricole. – *[L. n° 82-847 du 6 oct. 1982, art. 15.] – Anc. art. L. 663-2.*

Art. L. 664-3 Les dispositions de l'article *(Ord. n° 2010-459 du 6 mai 2010, art. 5)* « L. 664-2 » sont rendues applicables par décrets au marché des produits horticoles et à celui de la pomme de terre de conservation. Ces décrets peuvent préciser les adaptations nécessaires, notamment en ce qui concerne la vente entre producteurs et négociants. – *[L. n° 82-847 du 6 oct. 1982, art. 16.] – Anc. art. L. 663-3.*

SECTION 2 Distillation

(Ord. n° 2023-1210 du 20 déc. 2023, art. 33)

SOUS-SECTION 1 Appareils de distillation

Art. L. 664-4 L'appareil de distillation s'entend de l'alambic et de tout autre appareil propre à la distillation, la repasse, le repassage, la rectification, la déshydratation, la récupération, la régénération ou tout autre procédé de fabrication ou de production d'eaux-de-vie ou d'esprits.

Art. L. 664-5 Tout fabricant ou marchand d'appareils de distillation est tenu, trois jours au moins avant le commencement de la fabrication ou du commerce, de faire la déclaration de sa profession à l'administration et de désigner le nombre, la nature et la capacité des appareils ou portions d'appareils qu'il a en sa possession dans le lieu de son domicile ou ailleurs.

Art. L. 664-6 Le fabricant ou marchand d'appareils de distillation inscrit, sur un registre spécial dont la présentation peut être exigée par les agents de l'administration, ses fabrications et ses réceptions successives, ainsi que les noms et demeures des personnes auxquelles il a livré, à quelque titre que ce soit, des appareils ou portions d'appareils.

Au fur et à mesure de leur achèvement ou de leur réception, les appareils et portions d'appareils de distillation en la possession des fabricants et marchands sont pris en compte.

Les excédents sont saisissables.

Les manquants non justifiés donnent lieu, pour chaque appareil ou portion d'appareil de distillation, à l'application des pénalités encourues.

Art. L. 664-7 Nul ne peut importer, acquérir à titre gratuit ou onéreux, louer ou faire réparer ou transformer un appareil ou des portions d'appareils de distillation sans y avoir été préalablement autorisé par l'administration dans des conditions fixées par arrêté du ministre chargé du budget.

Cette autorisation est accordée aux distillateurs de profession, exploitants d'ateliers publics, syndicats et associations coopératives ou aux personnes justifiant de la nécessité d'utiliser des appareils ou portions d'appareils de distillation pour des besoins professionnels autres que la production de boissons alcooliques.

Une justification de cette autorisation est fournie à l'importateur, au vendeur, au donateur, au loueur ou au réparateur ou transformateur.

Tout particulier qui cède un appareil ou portion d'appareil de distillation fait connaître à cette administration dans les quinze jours de la cession, le nom et l'adresse de l'acheteur.

Art. L. 664-8 Les appareils ou portions d'appareils de distillation ne peuvent circuler en tous lieux, en dehors des propriétés privées, qu'en vertu des documents de circulation prévus par arrêté du ministre chargé du budget et sous réserve de respecter les formalités déterminées par cet arrêté.

Toutefois, les appareils ou portions d'appareils de distillation destinés à être réparés ou transformés circulent sous couvert de l'autorisation administrative mentionnée à l'article L. 664-7 et les appareils des distillateurs ambulants circulent dans les conditions prévues à l'article L. 664-20.

Art. L. 664-9 Tout détenteur d'appareils ou de portions d'appareils de distillation est tenu de faire à l'administration, dans les cinq jours qui suivent son entrée en possession, une déclaration énonçant le nombre, la nature et la capacité de ses appareils ou portions d'appareils.

Les appareils sont poinçonnés dans les conditions déterminées par arrêté du ministre chargé du budget.

Les appareils demeurent scellés pendant les périodes où il n'en est pas fait usage, sauf dans les départements du Bas-Rhin, du Haut-Rhin et de la Moselle.

Les appareils sont déposés dans un local agréé par l'administration. Les appareils d'une personne physique qui ne les utilise pas dans le cadre d'une activité professionnelle peuvent également être conservés au domicile de cette dernière. Dans les départements mentionnés à l'alinéa précédent, ils peuvent également être conservés dans des conditions fixées par arrêté du ministre chargé du budget.

Art. L. 664-10 L'administration délivre, dans les conditions déterminées par arrêté du ministre chargé du budget, des dispenses révocables, générales ou personnelles, de la formalité de scellement aux personnes suivantes :

1° Le détenteur d'appareils de distillation d'essai définis par l'arrêté mentionné au premier alinéa ;

2° L'établissement scientifique et d'enseignement pour les appareils exclusivement destinés à des expériences ;

3° Le pharmacien diplômé ;

4° La personne qui justifie de la nécessité de faire emploi d'appareils de distillation pour des usages déterminés et qui ne mettent en œuvre aucune matière alcoolique.

Art. L. 664-11 L'État peut racheter, dans des conditions déterminées par arrêté conjoint du ministre chargé du budget et du ministre chargé de l'industrie, les appareils de distillation qui étaient utilisés pour la production d'alcool.

Art. L. 664-12 Des arrêtés du ministre chargé du budget déterminent la date et les modalités de l'apposition de compteurs agréés par l'administration sur les appareils de distillation utilisés par les distillateurs de profession ou pour leur compte.

Les indications des compteurs font foi, jusqu'à preuve contraire, pour la prise en charge des quantités d'alcool produites.

Les compteurs utilisés par les distillateurs de profession ou pour leur compte sont achetés ou loués par les intéressés.

Le relevé de ces compteurs est opéré, au plus tard, quinze jours après la fin des travaux.

SOUS-SECTION 2 Opérations de distillation

§ 1 Dispositions générales

Art. L. 664-13 La distillation est une activité de production d'alcool soumise, à ce titre, aux dispositions de l'article L. 3322-12 du code de la santé publique.

Art. L. 664-14 La distillation est réalisée dans un établissement fixe dont les conditions d'agencement, les règles d'exploitation et autres mesures propres à assurer la prise en charge et les obligations des distillateurs, en particulier celles résultant des articles L. 26 et L. 32 du livre des procédures fiscales, sont déterminées par décret.

§ 2 Dispositions propres aux bouilleurs de cru

Art. L. 664-15 Le bouilleur de cru s'entend de toute personne qui distille ou fait distiller des fruits ou des produits issus de fruits qu'il a cultivés à partir d'une parcelle de terrain sur laquelle il est titulaire d'un droit.

Art. L. 664-16 La distillation réalisée par un bouilleur de cru ou pour son compte est réalisée, dans des conditions déterminées par décret, dans un des lieux suivants :

1° L'établissement fixe mentionné à l'article L. 664-14 ;

2° L'atelier public mentionné à l'article L. 664-17 ;

3° Le local d'un syndicat professionnel ou association coopérative de distillation mentionné à l'article L. 664-18 ;

4° Le local mentionné au deuxième alinéa de l'article L. 664-19 ;

5° Tout local professionnel au sens de l'article L. 26 du livre des procédures fiscales préalablement déclaré à l'administration dans les conditions déterminées par arrêté du ministre chargé du budget ;

6° Le domicile de personnes physiques dans les départements du Bas-Rhin, du Haut-Rhin et de la Moselle.

Par dérogation à l'article L. 3322-12 du code de la santé publique, dans les situations mentionnées aux 2° à 4°, la distillation peut ne pas être réalisée en suspension de l'accise. Dans ce cas, l'opération de production est soumise aux mesures de suivi et de gestion mentionnées aux 2° à 5° de l'article L. 311-39 du code des impositions sur les biens et services. Ces mesures de suivi et de gestion peuvent être adaptées par arrêté du ministre chargé du budget dans les départements du Bas-Rhin, du Haut-Rhin et de la Moselle.

Art. L. 664-17 A la demande des conseils municipaux ou d'organisations représentant les intérêts des bouilleurs, il est ouvert au moins un atelier public de distillation par commune pour les besoins des bouilleurs de cru.

Cet atelier est situé sur des emplacements ou locaux publics que l'administration désigne, après avis du conseil municipal. Les périodes et les heures de travail sont fixées par l'administration.

Art. L. 664-18 Est considéré comme un syndicat ou une association coopérative le groupement constitué par des bouilleurs de cru afin de mutualiser leurs opérations de distillation dans les conditions suivantes :

1° La distillation est réalisée dans des locaux gérés par ce groupement, agréés par l'administration et soumis aux conditions prévues à l'article L. 664-14 ;

2° Seuls sont distillés les produits des membres du groupement.

Les membres de chaque groupement sont solidairement responsables de toutes les infractions commises dans le local commun.

Les syndicats professionnels ou associations coopératives peuvent toutefois présenter à l'agrément de l'administration deux de leurs membres qui sont solidairement responsables des infractions commises dans le local commun. Ces deux membres sont également redevables de l'accise sur les manquants constatés en application de l'article L. 313-38-1 du code des impositions sur les biens et services. L'exercice de cette faculté ne porte pas atteinte au recours contre les membres du syndicat ou les associés, tel qu'il est réglé par les statuts.

§ 3 Dispositions propres aux distillateurs ambulants

Art. L. 664-19 L'activité de distillateur ambulant fait l'objet d'une autorisation personnelle d'exercice accordée dans des conditions déterminées par arrêté du ministre chargé du budget.

Par dérogation à l'article L. 664-14, la distillation est réalisée par le distillateur ambulant dans tout local dont il dispose autre que le domicile des personnes physiques.

Les mesures de suivi et de gestion mentionnées à l'article L. 311-39 du code des impositions sur les biens et services sont adaptées aux spécificités de cette activité.

Art. L. 664-20 Les conditions de conservation, d'utilisation et de circulation des appareils de distillation des distillateurs ambulants sont déterminées par décret en Conseil d'État.

SOUS-SECTION 3 Contrôle et sanctions

Art. L. 664-21 Les infractions aux dispositions de la présente section sont recherchées, constatées, poursuivies et sanctionnées dans les conditions prévues par les dispositions de la présente sous-section ainsi que par celles du livre II du code général des impôts et du livre des procédures fiscales qui sont applicables aux contributions indirectes, sans préjudice des dispositions du titre V du livre III de la troisième partie du code de la santé publique.

Art. L. 664-22 Sauf lorsqu'elles sont spécialement réprimées par d'autres dispositions, les infractions aux dispositions des sous-sections 1 et 2 sont punies cumulativement :

1° D'une amende dont le montant est compris entre 100 € et 750 € ;

2° D'une pénalité proportionnelle dont le montant est compris entre une fois et trois fois celui de la valeur des appareils, objets, produits ou marchandises sur lesquels a porté la fraude.

Si le contrevenant commet, dans les cinq ans qui suivent une transaction ou une condamnation née d'une infraction réprimée par le présent article et devenue définitive, une nouvelle infraction de même nature, le montant maximal de la pénalité proportionnelle prévue au 2° est doublé.

Si le contrevenant commet, dans les cinq ans qui suivent une transaction ou une condamnation née d'une infraction réprimée par le présent article et devenue définitive, une nouvelle infraction de même nature, le montant maximal de la pénalité proportionnelle prévue au 2° est doublé.

Cette amende et cette pénalité proportionnelle se cumulent, le cas échéant, avec la confiscation des objets, produits ou marchandises saisis en contravention, des biens et avoirs qui sont le produit direct ou indirect de l'infraction et avec les peines d'emprisonnement prévues par d'autres dispositions.

Lorsque la personne mise en examen n'a jamais été l'objet d'un procès-verbal suivi de condamnation ou de transaction, les tribunaux peuvent, dans les conditions établies par les articles 734 à 736 du code de procédure pénale, décider qu'il sera sursis à l'exécution de la peine pour la partie excédant la somme servant de base au calcul de la pénalité proportionnelle mentionnée au 2°, sauf si l'infraction est également punie d'une peine d'emprisonnement.

§ 1 Appareils de distillation

Art. L. 664-23 En cas de transport d'appareils de distillation dans les conditions prévues à l'article L. 664-8 et à défaut de représentation au lieu de destination déclaré ou au point de sortie du territoire, des appareils ou portions d'appareils pour lesquels des expéditions ont été délivrées, un procès-verbal est dressé.

L'expéditeur est rendu responsable de la contravention, à moins qu'il ne mette l'administration en mesure d'exercer des poursuites contre la personne à qui incombe le défaut de décharge du document de circulation.

Art. L. 664-24 En cas d'utilisation d'un appareil non déclaré en application de l'article L. 664-9, les infractions relevant du présent paragraphe sont imputées aux propriétaires, exploitants et utilisateurs de l'appareil ainsi qu'aux personnes pour les besoins desquelles il est utilisé et à celles qui le transportent.

Art. L. 664-25 Les appareils ou portions d'appareils de distillation qui n'ont été ni déclarés, ni poinçonnés en application de l'article L. 664-9 sont considérés comme objets prohibés et détruits par les soins de l'administration.

Art. L. 664-26 Sont punis d'une peine d'un an d'emprisonnement et de la saisie et confiscation des moyens de transport, récipients, emballages, ustensiles, mécaniques, machines ou appareils :

1° La fabrication, le transport, la vente et la détention sans déclaration d'appareils ou de portions d'appareils de distillation ;

2° L'utilisation d'un appareil de distillation non déclaré ;

3° Les distillations à l'aide d'appareils de distillation non munis des compteurs réglementaires ainsi que les manœuvres ayant pour objet de fausser sciemment les indications des compteurs ou de nuire à leur fonctionnement régulier.

§ 2 Activités de distillation

Art. L. 664-27 Sans préjudice des pénalités applicables et des obligations qui en résultent sur le plan fiscal, la personne qui a enlevé ou laissé enlever de chez elle des spiritueux sans le document de circulation prévu au 4° de l'article L. 311-39 du code des impositions sur les biens et services est exclue de plein droit du bénéfice des dispositions applicables aux bouilleurs de cru prévues au paragraphe 2 de la sous-section 2 la section 2 du présent chapitre pendant la campagne au cours de laquelle l'infraction a été commise et la campagne suivante.

Les quantités de spiritueux en sa possession sont déclarées à l'administration sans délai.

Art. L. 664-28 Sans préjudice des pénalités applicables et des obligations qui en résultent sur le plan fiscal, est exclue de plein droit du bénéfice des dispositions applicables aux bouilleurs de cru prévues au paragraphe 2 de la sous-section 2 de la section 2 du présent chapitre la personne qui a fait l'objet de l'une des condamnations ou mesures suivantes :

1° Une condamnation pour crime ;

2° Une condamnation définitive pour fabrication ou transport clandestins d'alcool ou une transaction conclue après un procès-verbal pour le même objet ;

3° Une transaction ou une condamnation pour ivresse publique ou prononcée en application des articles L. 234-1 et L. 234-8 du code de la route ;

4° Une condamnation prononcées en application des articles 222-8, 222-10, 222-12, 222-13, 222-14, 227-15 ou 227-16 du code pénal ou une mesure de retrait de l'autorité parentale en application des articles 378 ou 378-1 du code civil.

Art. L. 664-29 En cas de méconnaissance des procédures mentionnées au 5° de l'article L. 311-39 du code des impositions sur les biens et services ou à l'article L. 664-20 du présent code, le permis de circulation cesse de produire ses effets et le distillateur ambulant ne peut en obtenir un nouveau avant un délai de six mois, porté à un an en cas de récidive.

Le présent article ne s'applique pas lorsque la faute est imputable au bouilleur de cru pour le compte duquel la distillation est réalisée.

Art. L. 664-30 Sont punies d'une amende de 6 000 € :

1° La méconnaissance de l'article L. 664-7 ;

2° L'utilisation à titre professionnel d'un appareil de distillation ambulant sans être titulaire de l'autorisation prévue à l'article L. 664-19 ;

En cas de récidive, une peine d'emprisonnement d'un an peut en outre être prononcée.

Est considéré comme en état de récidive légale quiconque ayant été condamné pour un délit prévu par l'une des législations ayant pour objet la prévention ou la répression de l'alcoolisme, ou par la législation sur la police des débits de boissons, a, dans les cinq ans qui suivent la date à laquelle cette condamnation est devenue définitive, commis un nouveau délit réprimé par le présent article.

Art. L. 664-31 Sont punies d'un an d'emprisonnement et de la saisie et confiscation des moyens de transport, récipients, emballages, ustensiles, mécaniques, machines ou appareil, sans préjudice des autres sanctions applicables :

1° Les fraudes commises dans les distilleries à l'aide de souterrains ou tout autre moyen d'adduction ou de transport dissimulé d'alcool ;

2° La fabrication, distillation ou revivification d'eaux-de-vie et esprits dans les communes où la fabrication et la distillation des eaux-de-vie et esprits sont interdites.

CHAPITRE V LES PRODUITS DE LA VIGNE

(Ord. n° 2010-459 du 6 mai 2010, art. 5)

SECTION 1 Culture et vinification

(Ord. n° 2023-1210 du 20 déc. 2023, art. 36)

Art. L. 665-1 *(Ord. n° 2010-459 du 6 mai 2010, art. 5)* L'irrigation des vignes aptes à la production de raisins de cuve est interdite à partir d'une date fixée par décret.

Art. L. 665-2 *(L. n° 2010-874 du 27 juill. 2010, art. 7)* Un système de cotations pour les vins, dont les modalités sont définies par décret, est mis en œuvre en application du règlement (CE) n° 436/2009 de la Commission du 26 mai 2009 portant modalités d'application du règlement (CE) n° 479/2008 du Conseil en ce qui concerne le casier viticole, les déclarations obligatoires et l'établissement des informations pour le suivi du marché, les documents accompagnant les transports des produits et les registres à tenir dans le secteur vitivinicole.

Dans l'objectif de collecter les données nécessaires à l'établissement des cotations, les transactions portant sur des produits issus de la vigne, conclues au stade de la première commercialisation sur le territoire national entre les producteurs, les groupements de producteurs ou les caves coopératives et leurs acheteurs, font l'objet d'un contrat visé :

— par l'organisation interprofessionnelle compétente si un accord interprofessionnel étendu dans les conditions définies aux articles L. 632-3 et L. 632-4 le prévoit ;

— ou, à défaut, par l'établissement mentionné à l'article L. 621-1.

Ce visa est délivré dans les plus brefs délais. *(Abrogé par Ord. n° 2015-1247 du 7 oct. 2015, art. 1er-1°) « L'absence de visa entraîne l'interdiction de circulation du produit concerné. »*

La liste des produits soumis à cette obligation est fixée par arrêté conjoint des ministres chargés du budget et de l'agriculture. — *V. Arr. du 10 juill. 2012 établissant la liste des produits prévue à l'art. L. 665-2 (JO 24 juill.).*

Lorsqu'une organisation interprofessionnelle vise un contrat, elle transmet les données mentionnées au deuxième alinéa du présent article à l'établissement mentionné à l'article L. 621-1 dans des conditions définies par décret.

Dern. al. abrogé par L. n° 2018-938 du 30 oct. 2018, art. 1er.

Art. L. 665-3 *(L. n° 2008-776 du 4 août 2008, art. 23)* Le premier acheteur de boissons alcooliques *(Ord. n° 2023-1210 du 20 déc. 2023, art. 36)* « relevant des catégories fiscales des vins ou des autres boissons fermentées non mousseuses au sens de l'article L. 313-15 du code des impositions sur les biens et services » doit verser au vendeur ou à son subrogé, dans un délai de dix jours francs suivant la conclusion du contrat de vente, un acompte représentant au moins 15 % du montant de la commande. Le solde est réglé dans les conditions prévues au 4° *(Ord. n° 2019-698 du 3 juill. 2019, art. 8)* « du II de l'article L. 441-11 » du code de commerce.

Le premier alinéa s'applique à défaut d'accords interprofessionnels rendus obligatoires dans les conditions prévues par le chapitre II du titre III du présent livre ou de décisions prises dans ce domaine par les interprofessions mentionnées à l'article L. 632-9 ou par celles instituées par la loi du 12 avril 1941 portant création d'un comité interprofessionnel du vin de Champagne.

Dern. al. abrogé par Ord. n° 2019-738 du 17 juill. 2019, art. 11. — Anc. art. L. 664-8 (Ord. n° 2010-459 du 6 mai 2010, art. 5, 11°, JO 7 mai).

Art. L. 665-4 *(Ord. n° 2015-1247 du 7 oct. 2015, art. 1er-2°)* Les agents de l'administration des douanes et droits indirects sont habilités à contrôler le respect des dispositions nationales et du droit de l'Union européenne applicables aux régimes de plantation, aux déclarations portant sur les informations relatives aux caractéristiques des parcelles viticoles *(Abrogé par L. n° 2020-699 du 10 juin 2020, art. 12) « mentionnées au paragraphe 1 de l'article 3 du règlement (CE) n° 436/2009 de la Commission du 26 mai 2009 et dont les détails et spécifications sont repris à l'annexe I de ce règlement »*, aux déclarations de plantations, d'arrachage de vignes et de surgreffage, à la plantation de vignes mères de greffons et à l'élimination des sous-produits de la vinification par les producteurs, dans les conditions prévues aux articles L. 26, L. 27 et L. 34 du livre des procédures fiscales.

Ils peuvent intervenir dans les surfaces viticoles afin de procéder :

— au contrôle de la régularité des mentions portées sur les déclarations réglementaires qui doivent être établies lors de la création ou de la modification du parcellaire d'une exploitation ;

— au contrôle du respect de la gestion du potentiel vitivinicole prévu par la réglementation du droit de l'Union européenne.

Les agents de l'administration des douanes et droits indirects ont accès aux surfaces viticoles pendant les intervalles de temps fixés aux articles L. 27 et L. 34 du livre des procédures fiscales.

Art. L. 665-4-1 *(L. n° 2010-874 du 27 juill. 2010, art. 24)* Afin de réduire ou d'éliminer les excédents, le ministre chargé de l'agriculture peut, sur la base de critères objectifs et non discriminatoires, imposer par arrêté des opérations de distillation de crise à tout ou partie des producteurs, sur tout ou partie du territoire national et pour une ou plusieurs catégories de vin.

Art. L. 665-5 *(Ord. n° 2015-1247 du 7 oct. 2015, art. 1er-3°)* I. — Le non-respect de l'obligation d'arracher les plantations faites sans détenir les droits correspondants, prévue par l'article 85 *bis* du règlement (CE) n° 1234/2007 du Conseil du 22 octobre 2007 maintenu en vigueur en vertu du *i* du point *b* du paragraphe 1 de l'article 230 du règlement (UE) n° 1308/2013 du Parlement européen et du Conseil du 17 décembre 2013, est sanctionné par une amende fiscale de 12 000 € par hectare. Elle est applicable annuellement à compter de la notification de la constatation de l'irrégularité et jusqu'à l'arrachage effectif de la superficie concernée.

II. — Les infractions commises avant le 1er janvier 2016 aux dispositions relatives aux régimes de plantation, aux déclarations de plantations et d'arrachage, à la plantation de vignes mères de porte-greffes et à la production de bois et plants de vigne sont passibles d'une amende fiscale de 450 € par hectare ou fraction d'hectare de vignes plantées irrégulièrement, sans préjudice de l'arrachage des plantations irrégulières, cette amende étant applicable annuellement pendant toute la durée de la plantation.

III. — Sauf dans les cas d'exonération prévus par le paragraphe 4 de l'article 89 du règlement (UE) n° 1306/2013 du Parlement européen et du Conseil du 17 décembre 2013, les manquements commis à compter du 1er janvier 2016 sont sanctionnés dans les conditions suivantes : *— Le Règl. (UE) 1306/2013 est abrogé par le Règl. (UE) 2021/2116 du 2 déc. 2021 relatif au financement, à la gestion et au suivi de la politique agricole commune, applicable à partir du 1er janv. 2023.*

1° Tout défaut de déclaration ou toute fausse déclaration portant sur les informations relatives aux caractéristiques des parcelles viticoles *(Abrogé par L. n° 2020-699 du 10 juin 2020, art. 12) « mentionnées au paragraphe 1 de l'article 3 du règlement (CE) n° 436/2009 de la Commission du 26 mai 2009 et dont les détails et spécifications sont repris à l'annexe I de ce règlement,* » ainsi que tout défaut de déclaration ou toute fausse déclaration de plantation, d'arrachage ou de surgreffage est sanctionné par une amende fiscale égale au plus à 1 000 € par hectare de vigne ;

2° Le fait de planter des vignes sans autorisation, y compris par défaut de notification préalable au titre de l'un des quatre cas d'exemption d'autorisation mentionnés au paragraphe 4 de l'article 62 du règlement (UE) n° 1308/2013 du Parlement européen et du Conseil du 17 décembre 2013 ou sans détenir l'autorisation de plantation correspondante, est sanctionné par une amende fiscale égale au plus à 15 000 € ; cette amende s'applique pour chaque année écoulée depuis que les vignes ont été plantées sans autorisation ou sans notification préalable ;

3° Le non-respect par le producteur de l'obligation, prévue à l'article 71 du règlement (UE) n° 1308/2013 du Parlement européen et du Conseil du 17 décembre 2013, d'arracher à ses frais les vignes plantées sans autorisation est sanctionné par une amende fiscale de :

a) 6 000 à 30 000 € par hectare, si le producteur procède à l'arrachage des vignes dans les quatre mois suivant la date à laquelle l'irrégularité lui a été notifiée conformément au paragraphe 2 de l'article 71 du règlement (UE) n° 1308/2013 du Parlement européen et du Conseil du 17 décembre 2013 ; ou

b) 12 000 à 60 000 € par hectare, si le producteur procède à l'arrachage des vignes au cours de la première année suivant l'expiration du délai de quatre mois ci-dessus ou ;

c) 20 000 à 100 000 € par hectare, si le producteur procède à l'arrachage des vignes après la première année suivant l'expiration du délai de quatre mois ci-dessus.

Conformément aux dispositions du troisième alinéa de l'article 5 du règlement délégué (UE) 2015/560 de la Commission du 15 décembre 2014, les amendes mentionnées aux *a*, *b* et *c* sont fixées en fonction du revenu annuel moyen par hectare généré dans la zone où se situent ces vignes.

Si le producteur n'a pas procédé à l'arrachage dans les quatre mois suivant la date à laquelle l'irrégularité lui a été notifiée conformément au paragraphe 2 de l'article 71 du règlement (UE) n° 1308/2013 du Parlement européen et du Conseil du 17 décembre 2013 et après mise en demeure restée sans effet, l'État procède à cet arrachage aux frais du producteur, dans les deux ans suivant l'expiration de cette période de quatre mois.

IV. — Les manquements visés au présent article peuvent être constatés dans un délai de dix ans à compter de la date de leur commission.

BIBL. ▶ BARTHE, *RD rur. 2017. Dossier 17* (autorisations et contrôle des plantations viticoles). – BIENVENU, *Dr. et patr. 6/2018, p. 48* (crise des autorisations de plantation dans l'appellation Cognac).

1. L'infraction de plantation irrégulière est un délit continu qui perdure tant que l'arrachage n'a pas été effectué. • Crim. 3 juin 2015, n° 13-87.405 : *RTD com. 2015. 606, obs. Bouloc*.

2. En déduisant de la durée anormale du bail et de l'investissement des preneurs qui n'ont pas réclamé d'indemnité de sortie le caractère fictif des baux, la cour a caractérisé en conséquence l'infraction dans le transfert des droits de plantation. • Crim. 20 sept. 2000, n° 99-83.348.

Art. L. 665-5-1 *(Ord. n° 2015-1247 du 7 oct. 2015, art. 1er-4°)* I. — Les manquements aux dispositions relatives à l'élimination des sous-produits de la vinification prévues par décret sont sanctionnés par une amende fiscale de 1 000 € par hectolitre d'alcool pur non éliminé.

II. — Les manquements aux règles régissant la tenue des registres relatifs à l'élimination des sous-produits de la vinification prévues par décret sont sanctionnés par une amende fiscale de 100 € par hectolitre d'alcool pur non enregistré. Le montant de cette amende ne peut pas être inférieur à 500 €.

III. — Les manquements visés aux I et II peuvent être constatés dans un délai de trois ans à compter de la date de leur commission.

Art. L. 665-5-2 *(Ord. n° 2015-1247 du 7 oct. 2015, art. 1er-4°)* Les organismes de contrôle mentionnés à l'article L. 642-3 et les organismes de défense et de gestion mentionnés à l'article L. 642-17 transmettent aux agents mentionnés à l'article

L. 665-4 tout élément utile à la recherche et à la constatation des manquements mentionnés aux articles L. 665-5 et L. 665-5-1.

Art. L. 665-5-3 *(Ord. n° 2015-1247 du 7 oct. 2015, art. 1er-4°)* Les manquements visés aux articles L. 665-5 et L. 665-5-1 sont recherchés, constatés et poursuivis selon les procédures applicables en matière de contributions indirectes.

Art. L. 665-5-4 *(Ord. n° 2015-1247 du 7 oct. 2015, art. 1er-4°)* I. — Sauf dans les cas d'exonération prévus par le paragraphe 4 de l'article 89 du règlement (UE) n° 1306/2013 du Parlement européen et du Conseil du 17 décembre 2013, est sanctionné par une amende administrative le fait pour un producteur :

1° De ne pas utiliser conformément au paragraphe 3 de l'article 62 du règlement (UE) n° 1308/2013 du Parlement européen et du Conseil du 17 décembre 2013 une autorisation de plantation nouvelle ou de ne l'utiliser que partiellement avant l'expiration de sa durée de validité ;

2° De ne pas respecter les engagements pris, dans des conditions prévues par décret en application des articles 2 et 4 du règlement délégué (UE) 2015/560 de la Commission du 15 décembre 2014, et mentionnés à l'annexe I, parties A et B et à l'annexe II, partie A, point 3, partie B, partie D et partie I, points I et II de ce règlement, en contrepartie de la délivrance d'une autorisation de plantation nouvelle ou en cas de restriction des replantations ;

3° De ne pas respecter les conditions liées à l'utilisation d'une autorisation issue de la conversion de droits de plantation fixées par décret ;

4° De ne pas respecter, pour la replantation, les règles fixées par les cahiers des charges mentionnés aux articles L. 641-7 et L. 641-11 pour les appellations d'origine et indications géographiques concernées, lorsque des restrictions à la replantation sont mises en place en vertu de la réglementation du droit de l'Union européenne ;

5° De ne pas respecter les règles relatives à l'encépagement, prévues par le numéro 4 du point 1. 2 de l'annexe I du règlement (CE) n° 436/2009 de la Commission du 26 mai 2009 et les cahiers des charges mentionnés aux articles L. 641-7 et L. 641-11 pour les appellations d'origine et indications géographiques concernées ;

6° De ne pas respecter l'interdiction d'irriguer prévue à l'article L. 665-1.

II. — L'amende sanctionnant les manquements visés aux 1° à 4° du I, d'un montant égal au plus à 6 000 € par hectare, est proportionnée à la gravité des faits constatés.

Ce montant peut être porté au double en cas de réitération du manquement dans un délai de deux ans, à compter de la première constatation des faits.

L'amende sanctionnant les manquements visés aux 2° à 4° du I est applicable annuellement, jusqu'à la régularisation du manquement.

Le montant de l'amende sanctionnant les manquements visés aux 5° et 6° du I est de 3 750 €.

III. — Les manquements visés aux 1° à 4° du I peuvent être constatés dans un délai de dix ans à compter de la date de leur commission.

Les manquements visés aux 5° et 6° du I peuvent être constatés dans un délai de trois ans à compter de la date de leur commission.

L'autorité administrative compétente pour sanctionner les manquements visés au I peut, en outre, procéder à la publication de la décision ou d'un extrait de celle-ci.

IV. — Les amendes administratives prononcées sur le fondement du présent article sont recouvrées comme les créances de l'État étrangères à l'impôt et au domaine. Leur produit est affecté au budget de l'État. — *Le Règl. (UE) 1306/2013 est abrogé par le Règl. (UE) 2021/2116 du 2 déc. 2021 relatif au financement, à la gestion et au suivi de la politique agricole commune, applicable à partir du 1er janv. 2023.*

Art. L. 665-5-5 *(Ord. n° 2015-1247 du 7 oct. 2015, art. 1er-4°)* I. — Les personnes habilitées à rechercher et constater les manquements visés à l'article L. 665-5-4 sont désignées par décret. Leurs constatations à l'issue de contrôles administratifs ou sur place sont retracées dans un rapport de contrôle, qui est communiqué à l'auteur des manquements. Ce dernier peut présenter ses observations dans un délai maximal de dix jours.

A l'issue de ce délai, le rapport de contrôle, accompagné des observations de l'intéressé, est transmis au directeur général de l'établissement mentionné à l'article L. 621-1 qui peut, par décision motivée et après respect d'une procédure contradictoire indiquant le montant de l'amende administrative encourue, prononcer la sanction prévue à l'article L. 665-5-4.

II. – Les agents mentionnés au I ont accès aux locaux, surfaces viticoles, installations et lieux à usage professionnel, à l'exclusion des locaux et parties de locaux à usage d'habitation, entre 8 heures et 20 heures ou, en dehors de ces heures, lorsque l'accès au public est autorisé ou qu'une activité est en cours, en présence soit :

– du directeur de l'établissement ou de son représentant ou, à défaut, de l'un de ses préposés ;

– du producteur.

Lorsque l'accès aux locaux est refusé aux agents ou lorsque les locaux comprennent des parties à usage d'habitation, l'accès peut être autorisé par ordonnance du juge des libertés et de la détention dans les formes et conditions prescrites à l'article L. 206-1.

III. – Les agents mentionnés au I peuvent, sur place ou sur convocation, prendre connaissance de tout document professionnel, quel qu'en soit le support, en obtenir copie par tout moyen et sur tout support et recueillir sur convocation ou sur place les renseignements et justifications utiles à l'accomplissement de leurs missions.

IV. – Les organismes de contrôle mentionnés à l'article L. 642-3 et les organismes de défense et de gestion mentionnés à l'article L. 642-17 transmettent aux agents mentionnés au I tout élément utile à la recherche et à la constatation des manquements mentionnés à l'article L. 665-5-4.

Art. L. 665-6 *(L. nº 2014-1170 du 13 oct. 2014, art. 22)* Le vin, produit de la vigne, les terroirs viticoles ainsi que les cidres et poirés, les boissons spiritueuses et les bières issus des traditions locales font partie du patrimoine culturel, gastronomique et paysager protégé de la France.

Art. L. 665-7 *(Ord. nº 2015-1247 du 7 oct. 2015, art. 1er-5º)* Les conditions d'application du régime d'autorisations de plantation de vigne prévu par le règlement (UE) nº 1308/2013 du Parlement européen et du Conseil du 17 décembre 2013 et par les règlements pris pour son application sont fixées par décret. Ce décret peut rendre obligatoire la transmission par voie électronique des demandes d'autorisation de plantation ou de replantation de superficies en vigne et de conversion de droits de plantation en autorisations, ainsi que des déclarations imposées aux producteurs à raison du suivi de la gestion du potentiel de production viticole.

Art. L. 665-8 *(Ord. nº 2015-1247 du 7 oct. 2015, art. 1er-5º)* Lorsque l'autorité administrative met en œuvre, pour une appellation d'origine protégée ou pour un groupe d'appellation d'origine protégée, la limitation prévue par le point *b* du paragraphe 2 de l'article 63 du règlement (UE) nº 1308/2013 du Parlement européen et du Conseil du 17 décembre 2013 ou fixe les critères d'éligibilité ou de priorité mentionnés aux paragraphes 1 et 2 de son article 64, elle le fait sur proposition de l'Institut national de l'origine et de la qualité, après avis des organismes de défense et de gestion intéressés.

Art. L. 665-9 *(Ord. nº 2015-1247 du 7 oct. 2015, art. 1er-5º)* La commercialisation des produits issus de superficies destinées à la culture de vignes mères de greffons et des superficies destinées à l'expérimentation au sens de la réglementation européenne sur la gestion du potentiel de production peut être autorisée dans des conditions fixées par décret.

SECTION 2 Catégories de produits de la vigne et pratiques œnologiques autorisées

(Ord. nº 2023-1210 du 20 déc. 2023, art. 36)

SOUS-SECTION 1 Obligations

Art. L. 665-10 Les catégories de produits de la vigne s'entendent de celles définies à la partie II de l'annexe VII du règlement (UE) nº 1308/2013 du Parlement européen et du Conseil du 17 décembre 2013 portant organisation commune des marchés des produits agricoles et abrogeant les règlements (CEE) nº 922/72, (CEE) nº 234/79, (CE) nº 1037/2001 et (CE) nº 1234/2007 du Conseil.

Art. L. 665-11 Les pratiques œnologiques autorisées s'entendent de celles qui répondent aux obligations déterminées par :

1° L'annexe VIII au règlement (UE) n° 1308/2013 mentionné à l'article L. 665-10 ;

2° Le règlement délégué (UE) 2019/934 de la Commission du 12 mars 2019 complétant le règlement (UE) n° 1308/2013 du Parlement européen et du Conseil en ce qui concerne les zones viticoles où le titre alcoométrique peut être augmenté, les pratiques œnologiques autorisées et les restrictions applicables à la production et à la conservation de produits de la vigne, le pourcentage minimal d'alcool pour les sous-produits et leur élimination, et la publication des fiches de l'OIV.

Art. L. 665-12 Seul peut être fabriqué, expédié, vendu, mis en vente ou détenu en vue de la vente sous la mention "vin", le produit relevant de la première des catégories des produits de la vigne mentionnée à l'article L. 665-10, élaboré dans le respect des pratiques œnologiques autorisées.

Art. L. 665-13 Sont interdites la fabrication, la circulation et la détention des piquettes telles qu'elles sont définies à la partie IV de l'annexe II du règlement mentionné à l'article L. 665-10.

Art. L. 665-14 Aux fins de l'application des dispositions de l'article L. 665-20, les vendanges fraîches sont réputées relever du tarif de l'accise applicable aux produits relevant de la catégorie fiscale des vins tranquilles mentionnés à l'article L. 313-20 du code des impositions sur les biens et services, à raison d'un hectolitre de vin pour 130 litres ou 130 kilogrammes de vendanges.

Art. L. 665-15 Les déclarations des opérations d'enrichissement, d'acidification, de désacidification ou de concentration des vins prévues au point 4 de la section D de la partie I de l'annexe VIII au règlement (UE) n° 1308/2013 mentionnée à l'article L. 665-10 sont souscrites par voie électronique.

Art. L. 665-16 Les produits élaborés en méconnaissance des pratiques œnologiques autorisées mentionnées à l'article L. 665-11 qui sont saisis chez le producteur ou le négociant sont transformés en alcool après paiement de leur valeur ou sont détruits.

En attendant la solution du litige, le prévenu est tenu de conserver gratuitement les produits intacts.

SOUS-SECTION 2 Contrôle et sanctions

Art. L. 665-17 Les infractions aux dispositions de la sous-section 1 de la présente section ainsi qu'aux textes pris pour leur application sont recherchées, constatées, poursuivies et sanctionnées dans les conditions prévues par les dispositions de la présente sous-section ainsi que par celles du livre II du code général des impôts et du livre des procédures fiscales qui sont applicables aux contributions indirectes.

Art. L. 665-18 Est puni d'une amende fiscale d'un montant compris entre 100 € et 750 € ainsi que d'une pénalité proportionnelle dont le montant est compris entre une fois et cinq fois la valeur des produits vitivinicoles sur lesquels a porté la fraude, ainsi que de la confiscation de ces produits :

1° Le recours à une pratique œnologique qui n'est pas autorisée par les dispositions mentionnées à l'article L. 665-11 ou des textes pris pour leur application.

2° La méconnaissance des articles L. 665-12 et L. 665-13.

Si le contrevenant commet, dans les cinq ans qui suivent une transaction ou une condamnation née d'une infraction réprimée par le présent article et devenue définitive, une nouvelle infraction de même nature, le montant maximal de la pénalité proportionnelle prévue au premier alinéa est doublé.

Cette amende et cette pénalité proportionnelle se cumulent, le cas échéant, avec la confiscation des objets, produits ou marchandises saisis en contravention, des biens et avoirs qui sont le produit direct ou indirect de l'infraction et avec les peines d'emprisonnement prévues par d'autres dispositions.

Lorsque la personne mise en examen n'a jamais été l'objet d'un procès-verbal suivi de condamnation ou de transaction, les tribunaux peuvent, dans les conditions établies par les articles 734 à 736 du code de procédure pénale, décider qu'il sera sursis à l'exécution de la peine pour la partie excédant la somme servant de base au calcul de la pénalité proportionnelle mentionnée au 2°, sauf si l'infraction est également punie d'une peine d'emprisonnement.

Art. L. 665-19 La méconnaissance des obligations déclaratives de l'article L. 665-15 est punie d'une amende d'un montant compris entre 100 € et 750 €.

SECTION 3 Documents de circulation, déclarations de production, de stock et de récolte, registres

(Ord. n° 2023-1210 du 20 déc. 2023, art. 36)

Art. L. 665-20 Sont recherchées, constatées, poursuivies et sanctionnées dans les conditions prévues par les dispositions de la présente section ainsi que par celles du livre II du code général des impôts et du livre des procédures fiscales qui sont applicables aux contributions indirectes, les infractions aux obligations suivantes :

1° Celles résultant des dispositions des chapitres IV à VI du règlement délégué (UE) 2018/273 de la Commission du 11 décembre 2017 complétant le règlement (UE) n° 1308/2013 du Parlement européen et du Conseil en ce qui concerne le régime d'autorisations de plantations de vigne, le casier viticole, les documents d'accompagnement et la certification, le registre des entrées et des sorties, les déclarations obligatoires, les notifications et la publication des informations notifiées, complétant le règlement (UE) n° 1306/2013 du Parlement européen et du Conseil en ce qui concerne les contrôles et les sanctions applicables, modifiant les règlements (CE) n° 555/2008, (CE) n° 606/2009 et (CE) n° 607/2009 de la Commission et abrogeant le règlement (CE) n° 436/2009 de la Commission et le règlement délégué (UE) 2015/560 de la Commission ;

2° Celles résultant des dispositions des chapitres IV et V du règlement d'exécution (UE) 2018/274 de la Commission du 11 décembre 2017 portant modalités d'application du règlement (UE) n° 1308/2013 du Parlement européen et du Conseil en ce qui concerne le régime d'autorisations de plantations de vigne, la certification, le registre des entrées et des sorties, les déclarations et les notifications obligatoires, et du règlement (UE) n° 1306/2013 du Parlement européen et du Conseil en ce qui concerne les contrôles y relatifs, et abrogeant le règlement d'exécution (UE) 2015/561 de la Commission ;

3° Celles résultant de l'article L. 665-21 du présent code.

Art. L. 665-21 La déclaration de récolte prévue à l'article 33 du règlement délégué mentionné au 1° de l'article L. 665-20 est souscrite dans les conditions déterminées par décret.

Les déclarations de production, de stocks et de récolte prévues respectivement aux articles 31, 32 et 33 du même règlement sont souscrites par voie électronique.

Un décret précise les modalités d'application du présent article dans les limites et sous les conditions prévues à l'article 24 du règlement d'exécution (UE) 2018/274 mentionné au 2° de l'article L. 665-20.

Art. L. 665-22 Est puni des peines applicables à l'auteur principal de l'infraction toute personne qui a incité un viticulteur à fausser sa déclaration de récolte et a lui-même, à cette fin, porté des mentions inexactes son propre registre d'entrée de vendanges ou sa déclaration de production.

Art. L. 665-23 Pour toute infraction aux dispositions régissant la déclaration de récolte, de production ou de stock, le tribunal prononce l'affichage du jugement.

Art. L. 665-24 La méconnaissance des obligations relatives aux documents d'accompagnement ou aux déclarations de récolte, de production ou de stock résultant des chapitres IV et VI du règlement délégué (UE) 2018/273 mentionné au 1° de l'article L. 665-20, du chapitre V du règlement d'exécution (UE) 2018/274 mentionné au 2° du même article et de l'article L. 665-21 est punie cumulativement :

1° D'une amende dont le montant est compris entre 100 € et 750 € ;

2° D'une pénalité proportionnelle dont le montant est compris entre une et trois fois la valeur des produits sur lesquels a porté la fraude.

Si l'infraction résulte exclusivement d'un excès ou d'une insuffisance des quantités déclarées, la pénalité est assise sur la valeur des produits en excès ou insuffisamment déclarés.

Si le contrevenant commet, dans les cinq ans qui suivent une transaction ou une condamnation née d'une infraction réprimée par le présent article et devenue définitive, une nouvelle infraction de même nature, le montant maximal de la pénalité proportionnelle prévue au 2° est doublé.

Lorsque la personne mise en examen n'a jamais été l'objet d'un procès-verbal suivi de condamnation ou de transaction, les tribunaux peuvent, dans les conditions établies par les articles 734 à 736 du code de procédure pénale, décider qu'il sera sursis à l'exécution de la peine pour la partie excédant la somme servant de base au calcul de la pénalité proportionnelle mentionnée au 2°, sauf si l'infraction est également punie d'une peine d'emprisonnement.

Les dispositions de l'article 1795 du code général des impôts sont également applicables en cas d'usage de logiciels, systèmes ou interventions techniques qui y sont mentionnés en vue de permettre la réalisation d'un fait réprimé par le présent article.

Art. L. 665-25 La méconnaissance des obligations déclaratives résultant du deuxième alinéa de l'article L. 665-21 est punie d'une amende d'un montant compris entre 100 € et 750 €.

Art. L. 665-26 La méconnaissance des obligations relatives au registre des entrées et sorties et résultant du chapitre V du règlement délégué (UE) 2018/273 mentionné au 1° de l'article L. 665-20 et du chapitre IV du règlement d'exécution (UE) 2018/274 mentionné au 2° du même article est punie :

1° D'une amende de 15 € par omission ou inexactitude sur le registre des entrées et sorties ;

2° Pour les infractions ne relevant pas du 1°, de l'amende et la pénalité proportionnelle prévue à l'article L. 665-24.

CHAPITRE VI LES CÉRÉALES

(Ord. n° 2010-459 du 6 mai 2010, art. 5)

Art. L. 666-1 *(L. n° 2010-874 du 27 juill. 2010, art. 73-II)* La commercialisation des céréales détenues par les producteurs est opérée exclusivement par l'intermédiaire des personnes physiques ou morales déclarées à cet effet et dénommées collecteurs de céréales.

Un décret fixe le contenu de cette déclaration et détermine les conditions dans lesquelles ces personnes exercent leur activité, notamment les équipements qu'elles doivent détenir, leurs obligations en matière comptable et les informations qu'elles doivent communiquer à l'autorité administrative.

En cas d'inobservation par un collecteur de céréales des obligations qui lui incombent, le directeur général de l'établissement mentionné à l'article L. 621-1 peut, après l'avoir mis à même de présenter ses observations, décider de lui interdire, à titre temporaire ou définitif, l'exercice de cette activité.

BIBL. ▶ Jacquez et Grimonprez, *RD rur. 2023. Étude 19* (l'interdiction faite aux agriculteurs de vendre directement leur grain).

1. Responsabilité. L'ONIC engage sa responsabilité sur le fondement de l'art. 1382 C. civ. lorsqu'il consent à viser une déclaration de stocks presque totalement fictive sans chercher à en vérifier la sincérité, alors qu'il n'avait jamais soumis la société en cause à un contrôle « physique » de ses stocks. Il commet ainsi une négligence dans l'exercice d'activités portant sur des opérations commerciales et soumises, comme telles, au droit commun. • Civ. 1re, 20 juill. 1988, n° 86-17.826 P.

2. Sur une faute lourde et la responsabilité de l'ONIC et de l'ONIGC dans leur mission de contrôle d'un collecteur agréé, V. • CAA Versailles, 19 mars 2013, n° 11VE01923 : *RD rur. 2013, n° 215, rapp. Locatelli, note Barbièri.*

Art. L. 666-2 Les *(L. n° 2010-874 du 27 juill. 2010, art. 73-II)* « collecteurs de céréales déclarés » peuvent créer, en contrepartie des céréales qu'ils détiennent effectivement ou qui sont détenues par leurs mandataires, des effets avalisés par l'*(Ord. n° 2009-325 du 25 mars 2009, art. 8)* « établissement mentionné à l'article L. 621-1 »

et remis à tout établissement de crédit. *(L. n° 2010-874 du 27 juill. 2010, art. 75-I)* **« L'établissement mentionné au même article L. 621-1 peut exiger, après contrôle et expertise du risque financier, que les collecteurs déclarés adhèrent au préalable à une société de caution mutuelle. »**

Pour les négociants en grains agréés en qualité de collecteurs, l'octroi de l'aval est subordonné à la condition *(Abrogé par L. n° 2010-874 du 27 juill. 2010, art. 75-I)* ***« qu'ils aient adhéré à une société de caution mutuelle et »*** **qu'ils soient soumis à des obligations et à des règles de contrôle équivalentes à celles applicables aux coopératives en vertu du statut juridique de la coopération agricole et des dispositions fixées par décret** *(Abrogé par Ord. n° 2009-325 du 25 mars 2009, art. 8)* ***« en Conseil d'État »*****.**

Les dispositions du premier alinéa sont applicables aux effets créés par les coopératives de céréales ou par les organismes assimilés en contrepartie des céréales livrées par ces groupements à l'*(Ord. n° 2009-325 du 25 mars 2009, art. 8)* **« établissement mentionné à l'article L. 621-1 » et faisant l'objet d'un règlement différé.**

En cas de livraison différée, le vendeur remet à la coopérative un effet ou un reçu pour une somme égale à l'acompte touché par lui. *(Ord. n° 2006-594 du 23 mai 2006)* **« En contrepartie de ces reçus ou effets, les coopératives peuvent créer », avec l'assentiment de l'***(Ord. n° 2009-325 du 25 mars 2009, art. 8)* **« établissement mentionné à l'article L. 621-1 », des effets collectifs avalisés par ledit** *(Ord. n° 2009-325 du 25 mars 2009, art. 8)* **« établissement » et escomptés dans les conditions prévues par le premier alinéa du présent article.**

Les reçus des vendeurs doivent être, s'il y a lieu, annexés aux effets créés par les coopératives, avalisés par l'*(Ord. n° 2009-325 du 25 mars 2009, art. 8)* **« établissement mentionné à l'article L. 621-1 » et escomptés dans les conditions prévues à l'alinéa précédent.** — *[Décr. n° 91-317 du 25 mars 1991, art. 1er ; L. du 15 août 1936, art. 23, al. 2 à 5.] — Anc. art. L. 621-21 (Ord. n° 2010-459 du 6 mai 2010, art. 5, 13°, JO 7 mai).*

Art. L. 666-3 **Lorsque l'***(Ord. n° 2009-325 du 25 mars 2009, art. 8)* **« établissement mentionné à l'article L. 621-1 » est appelé à payer en tout ou partie au lieu et place du débiteur auquel son aval a été donné, ce débiteur doit verser à l'***(Ord. n° 2009-325 du 25 mars 2009, art. 8)* **« établissement mentionné à l'article L. 621-1 » des intérêts de retard calculés, à compter de l'échéance, à un taux supérieur de 2 % à celui de l'avance ayant fait l'objet de l'aval.**

L'*(Ord. n° 2009-325 du 25 mars 2009, art. 8)* **« établissement mentionné à l'article L. 621-1 » possède, pour le recouvrement de sa créance en principal et intérêts, un privilège dans les conditions définies ci-dessous.**

Ce privilège, qui ne peut primer celui du porteur du warrant agricole tel qu'il résulte de l'article L. 342-12, porte sur les meubles et effets mobiliers des personnes physiques ou morales auxquelles l'*(Ord. n° 2009-325 du 25 mars 2009, art. 8)* **« établissement mentionné à l'article L. 621-1 » a dû se substituer en vertu de son aval. Il prend rang immédiatement après les privilèges fiscaux au profit du Trésor.**

Le même privilège est accordé aux sociétés de caution mutuelle *(Abrogé par L. n° 2010-874 du 27 juill. 2010, art. 73-II et 75-II)* ***« des négociants en grains déclarés en qualité de collecteurs »*** **lorsqu'elles ont donné leur aval aux effets créés par leurs sociétaires dans les conditions prévues au deuxième alinéa de l'article** *(Ord. n° 2010-459 du 6 mai 2010, art. 5)* **« L. 666-2 ».**

Indépendamment de l'exercice du privilège sur les meubles et effets mobiliers, l'agent de recouvrement peut requérir, à concurrence du montant en principal de la créance de l'*(Ord. n° 2009-325 du 25 mars 2009, art. 8)* **« établissement mentionné à l'article L. 621-1 », l'inscription d'une hypothèque sur les immeubles des groupements ou sociétés auxquels ledit** *(Ord. n° 2009-325 du 25 mars 2009, art. 8)* **« établissement » a dû se substituer en vertu de son aval.**

Cette inscription est requise, nonobstant toute opposition, sur production d'une copie de l'état exécutoire délivré en vertu de l'article 2 du décret-loi du 30 octobre 1935 tendant à améliorer et à faciliter le fonctionnement du service du contentieux et de l'Agence judiciaire du Trésor.

(Ord. n° 2010-638 du 10 juin 2010, art. 9-VI, en vigueur le 1er janv. 2013) **« Pour l'accomplissement de la formalité, la taxe de publicité foncière et la contribution de sécurité immobilière prévue à l'article 879 du code général des impôts sont dues lors**

de la radiation de l'inscription. » – *L'Ord. n° 2010-638 du 10 juin 2010 (JO 11 juin) modifie l'ancien art. L. 621-22, devenu L. 666-3 en vertu de l'Ord. n° 2010-459 du 6 mai 2010, art. 5-13° (JO 7 mai).*

Al. 8 abrogé par Ord. n° 2006-594 du 23 mai 2006.

(Ord. n° 2009-325 du 25 mars 2009, art. 8) **« L'établissement mentionné à l'article L. 621-1 » peut exercer, dans les conditions prévues par** *(Ord. n° 2016-131 du 10 févr. 2016, art. 6-XV, en vigueur le 1er oct. 2016)* **« l'article 1341-1 » du code civil, tous les droits et actions du débiteur auquel il a dû se substituer.** – *[Décr. n° 91-317 du 25 mars 1991, art. 2 ; L. du 15 août 1936, art. 23 bis, al. 1er à 4 et 6 à 10.] – Anc. art. L. 621-22 (Ord. n° 2010-459 du 6 mai 2010, art. 5, 13°, JO 7 mai).*

Art. L. 666-4 *(Ord. n° 2006-594 du 23 mai 2006)* **Les** *(L. n° 2010-874 du 27 juill. 2010, art. 73-II)* **« collecteurs de céréales déclarés » sont tenus de régler le prix des céréales au moment du transfert de propriété, sous réserve des prélèvements à opérer au titre des diverses taxes et cotisations à caractère obligatoire venant en déduction du prix.** – *Anc. art. L. 621-26 (Ord. n° 2010-459 du 6 mai 2010, art. 5, 13°, JO 7 mai).*

Art. L. 666-5 *(Ord. n° 2006-594 du 23 mai 2006)* **Les ventes faites par les** *(L. n° 2010-874 du 27 juill. 2010, art. 73-II)* **« collecteurs de céréales déclarés » doivent être payées à la livraison effective des céréales.** – *Anc. art. L. 621-28 (Ord. n° 2010-459 du 6 mai 2010, art. 5, 13°, JO 7 mai).*

Art. L. 666-6 *(Ord. n° 2006-594 du 23 mai 2006)* **La production de farine de blé tendre destinée à la consommation humaine en France métropolitaine est subordonnée à la détention d'un contingent de meunerie ouvrant droit à l'exploitation d'un moulin dans la limite d'une quantité annuelle déterminée de blé tendre. La capacité d'écrasement autorisée au titre de chaque contingent de meunerie peut être augmentée par acquisition ou location de droits de mouture détachés d'un autre contingent. L'***(Ord. n° 2009-325 du 25 mars 2009, art. 8)* **« établissement mentionné à l'article L. 621-1 » enregistre les contingents et droits de mouture, leurs titulaires et leur transfert.**

Les moulins dotés d'une capacité d'écrasement inférieure à un seuil défini par décret sont dispensés de l'obligation de détenir un contingent sous réserve qu'ils soient enregistrés.

Les modalités de l'enregistrement des moulins de faible capacité ainsi que les conditions dans lesquelles contingents et droits de mouture sont calculés, enregistrés et peuvent être transférés entre moulins sont définies par décret.

Les contingents de meunerie et droits de mouture mentionnés au présent article sont ceux qui existent à la date de publication de l'ordonnance n° 2006-594 du 23 mai 2006. – *Anc. art. L. 621-30 (Ord. n° 2010-459 du 6 mai 2010, art. 5, 13°, JO 7 mai).*

Art. L. 666-7 Toutes les taxes, cotisations, redevances ou produits quelconques perçus par les services de l'État soit pour le compte de l'*(Ord. n° 2009-325 du 25 mars 2009, art. 8)* **« établissement mentionné à l'article L. 621-1 », soit en application de la présente section, sont constatés et recouvrés selon les procédures et sous le bénéfice des privilèges et sûretés prévus en matière de contributions indirectes. Les infractions sont constatées et poursuivies dans les mêmes conditions.** – *[L. du 15 août 1936, art. 27 bis.] – Anc. art. L. 621-32 (Ord. n° 2010-459 du 6 mai 2010, art. 5, 13°, JO 7 mai).*

1. Répétition des taxes indues. L'art. 8 du décret n° 80-854 du 30 oct. 1980 ne s'applique pas aux taxes qui ont été instituées au profit de l'ONIC et qui étaient constatées et recouvrées selon le régime des contributions indirectes, soit en vertu des textes institutifs, soit en vertu de l'art. 21-III de la loi n° 86-19 du 6 janv. 1986. • Com. 18 oct. 1994 : *D. 1995. 154, note B. Mathieu*. ♦ Le contribuable qui désire contester tout ou partie de cette taxe doit d'abord adresser une réclamation au service territorial de l'administration des Impôts dont dépend le lieu de l'imposition, sans pouvoir prétendre que les réclamations relatives à des taxes parafiscales devraient être adressées au représentant qualifié de l'organisme bénéficiaire. • Com. 16 déc. 1997, *Dir. gén. des douanes et droits indirects c/ Sté Sofral,* n° 96-10.872. ♦ La taxe de stockage sur les céréales présente le caractère d'une contribution indirecte, qui impose au juge administratif de décliner sa compétence relativement à une demande de restitution des sommes versées. • CE 8 août 1990, *Pieto aliments : RJF 1990. 1381.*

2. Détournement. Un syndicat agricole est recevable à se constituer partie civile en cas de détournement du produit de la taxe parafiscale destinée au financement des actions du secteur céréalier. • Crim. 28 mars 2006, n° 05-82.143 P.

Art. L. 666-8 *(Ord. n° 2006-594 du 23 mai 2006)* Est puni, dans les conditions de l'article 1791 du code général des impôts, de 750 € d'amende et, le cas échéant, d'une pénalité dont le montant est compris entre une fois et une fois et demie celui des droits fraudés ou compromis, sans préjudice de la confiscation des marchandises :

1° Le fait de collecter, d'acheter, de stocker ou de céder des céréales en méconnaissance des dispositions des articles *(Ord. n° 2010-459 du 6 mai 2010, art. 5)* « L. 666-1, L. 666-4 et L. 666-5 » et des dispositions réglementaires prises pour leur application ;

2° Le fait, pour l'exploitant d'un moulin, de ne pas satisfaire aux obligations d'enregistrement prévues à l'article *(Ord. n° 2010-459 du 6 mai 2010, art. 5)* « L. 666-6 » et aux dispositions réglementaires prises pour son application.

Toute personne qui, en infraction aux dispositions du premier alinéa de l'article *(Ord. n° 2010-459 du 6 mai 2010, art. 5)* « L. 666-6 », produit de la farine sans détenir un contingent ou dépasse la quantité d'écrasement dont elle dispose au titre de ses contingents et droits de mouture est punie de 750 € d'amende et, le cas échéant, d'une pénalité dont le montant est compris entre une fois et une fois et demie celui du prix moyen des droits de mouture par quintal de blé tendre broyé irrégulièrement sans préjudice de la confiscation des produits saisis en contravention. Le prix moyen est celui constaté l'année du dépassement ou de la production irrégulière. En outre, l'exploitant est tenu de régulariser sa situation dans les meilleurs délais par le rachat des droits de mouture correspondant au dépassement constaté.

Toutes les amendes infligées en vertu de la présente section sont perçues au bénéfice de l'*(Ord. n° 2009-325 du 25 mars 2009, art. 8)* « établissement mentionné à l'article L. 621-1 ».

Les infractions mentionnées au présent article sont recherchées, constatées et poursuivies par les agents de la direction générale des douanes et droits indirects ou par les contrôleurs agréés à cet effet par le ministre de l'agriculture qui ont, dans l'exercice de leur mandat, les mêmes pouvoirs que ces agents.

Les poursuites sont exercées devant les tribunaux correctionnels suivant la procédure propre à la direction générale des douanes et droits indirects en matière de contributions indirectes, au vu des procès-verbaux dressés par les agents précités, à la requête du directeur général des douanes et droits indirects, qui a le pouvoir de transaction. – *Anc. art. L. 621-33 (Ord. n° 2010-459 du 6 mai 2010, art. 5, 13°, JO 7 mai).*

Art. L. 666-9 Les coopératives agricoles de céréales peuvent, sans perdre le bénéfice des dispositions du 1 de l'article 207 du code général des impôts, louer tout ou partie de leurs magasins à l'*(Ord. n° 2009-325 du 25 mars 2009, art. 8)* « établissement mentionné à l'article L. 621-1 » en vue du logement des *(Ord. n° 2006-594 du 23 mai 2006)* « céréales d'intervention ». – *[L. du 15 août 1936, art. 5, dernier al.] – Anc. art. L. 621-34 (Ord. n° 2010-459 du 6 mai 2010, art. 5, 13°, JO 7 mai).*

CHAPITRE VII LES OLÉAGINEUX

(Ord. n° 2010-459 du 6 mai 2010, art. 5)

Art. L. 667-1 Le montant de la pénalité, qu'en application de l'article 3 du règlement (CEE) n° 2262/84 du Conseil, du 17 juillet 1984, prévoyant des mesures spéciales dans le secteur de l'huile d'olive, l'agence spécifique ou l'organisme habilité à assurer les tâches dévolues à cette agence peut, en cas de fausse déclaration, infliger, après observation d'une procédure contradictoire, à l'oléiculteur ou à l'organisation de producteurs ne peut être ni inférieur au montant des aides irrégulièrement perçues ou réclamées, ni supérieur au double de ce montant. – *[L. n° 90-85 du 23 janv. 1990, art. 49.] – Anc. art. L. 664-7 (Ord. n° 2010-459 du 6 mai 2010, art. 5, 9°, JO 7 mai).*

Art. L. 667-2 *(L. n° 2010-874 du 27 juill. 2010, art. 73-II-3°)* La commercialisation des oléagineux détenus par les producteurs est opérée exclusivement par l'intermédiaire des personnes physiques ou morales déclarées à cet effet et dénommées collecteurs d'oléagineux. Les deux derniers alinéas de l'article L. 666-1 leur sont applicables.

CHAPITRE VIII LES PLANTES À PARFUM, AROMATIQUES ET MÉDICINALES

(Ord. nº 2010-459 du 6 mai 2010, art. 5)

Art. L. 668-1 Les dispositions prévues *(Ord. nº 2015-1682 du 17 déc. 2015, art. 2-7º, en vigueur le 1er janv. 2016)* « à l'article L. 668-2 » sont applicables aux plantes, parties de plantes et produits issus de la première transformation des espèces et variétés végétales à parfum, aromatiques et médicinales, dont la liste est fixée par décret *(Abrogé par Ord. nº 2010-461 du 6 mai 2010, art. 2) « en Conseil d'État ».* – *[L. nº 82-847 du 6 oct. 1982, art. 24.] – Anc. art. L. 664-4 (Ord. nº 2010-459 du 6 mai 2010, art. 5-8º, JO 7 mai).*

Art. L. 668-2 Aucun enlèvement à la propriété des produits énumérés par le décret pris en application de l'article *(Ord. nº 2010-459 du 6 mai 2010, art. 5)* « L. 668-1 » ne peut être effectué si le transporteur n'est pas muni d'un document établi par l'expéditeur et indiquant notamment les quantités et les qualités des produits transportés.

Cette disposition ne s'applique pas aux transports effectués en vue de la livraison aux commerçants détaillant et aux particuliers.

Al. 3 abrogé par Ord. nº 2015-1682 du 17 déc. 2015, art. 2-8º, à compter du 1er janv. 2016. – [L. nº 82-847 du 6 oct. 1982, art. 25.] – Anc. art. L. 664-5 (Ord. nº 2010-459 du 6 mai 2010, art. 5, 8º, JO 7 mai).

Art. L. 668-3 *Abrogé par Ord. nº 2015-1682 du 17 déc. 2015, art. 2-9º, à compter du 1er janv. 2016.*

CHAPITRE IX POLITIQUE GÉNÉTIQUE DES SEMENCES ET PLANTS

(L. nº 2010-788 du 12 juill. 2010, art. 117)

Art. L. 669-1 La politique génétique des semences et plants permet la sélection végétale, la traçabilité des productions, la protection et l'information de l'utilisateur et la sécurisation de l'alimentation. Elle contribue à la durabilité des modes de production, à la productivité agricole, à la protection de l'environnement, à l'adaptation au changement climatique et au développement de la biodiversité cultivée.

Sont définis par décret en Conseil d'État les principes selon lesquels les différentes catégories de variétés sont évaluées, inscrites et commercialisées et selon lesquels la diffusion des informations correspondantes est assurée.

TITRE VII DISPOSITIONS PÉNALES

Art. L. 671-1 Outre les officiers et agents de police judiciaire énumérés aux articles 16 et 20 du code de procédure pénale, sont habilités à constater les infractions aux dispositions des articles L. 621-8, *(Abrogé par Ord. nº 2009-325 du 25 mars 2009, art. 8) « L. 621-11, »* L. 654-1, L. 654-25, L. 654-26, *(Ord. nº 2010-459 du 6 mai 2010, art. 6)* « des chapitres IV, V, VII et VIII du titre VI », ainsi que les contraventions qui sont prévues par les décrets pris pour leur application :

1º Les agents *(Ord. nº 2009-325 du 25 mars 2009, art. 8)* « de(s) établissement(s) mentionné(s) à l'article L. 621-1 » agréés et commissionnés par le ministre de l'agriculture dans des conditions fixées par décret en Conseil d'État ;

2º Les agents des services déconcentrés du ministère de l'agriculture agréés et commissionnés à cet effet par le ministre de l'agriculture dans des conditions fixées par décret en Conseil d'État ;

3º Les *(L. nº 2011-525 du 17 mai 2011, art. 94-XII-8º)* « agents de la concurrence, de la consommation et de la répression des fraudes » ;

4º *(Ord. nº 2006-1224 du 5 oct. 2006)* « Les agents mentionnés » *(Ord. nº 2015-616 du 4 juin 2015, art. 7-3º)* « aux 1º à 6º du I de l'article L. 205-1 » ;

*(Abrogé par Ord. nº 2010-177 du 23 févr. 2010, art. 20-III) « 5º **Les médecins inspecteurs départementaux de la santé ;** »*

6º Les agents chargés de la métrologie légale ;

7º Les agents des douanes ;

8° Les agents des services déconcentrés de la direction générale des *(Ord. n° 2010-420 du 27 avr. 2010, art. 117)* « finances publiques ».

Les infractions sont constatées par des procès-verbaux. – *[L. n° 82-847 du 6 oct. 1982, art. 29.]*

Art. L. 671-1-1 *(Ord. n° 2005-554 du 26 mai 2005, art. 8)* I. – Outre les officiers et agents de police judiciaire agissant conformément aux dispositions du code de procédure pénale, les agents des services de l'État chargés de l'agriculture, habilités et assermentés à cet effet dans les conditions fixées par décret en Conseil d'État, sont chargés de rechercher et de constater les infractions aux dispositions des articles *(L. n° 2006-11 du 5 janv. 2006, art. 57)* « L. 611-4-2, » L. 632-12, L. 654-29, L. 654-30, L. 654-31 et des textes pris pour leur application.

(L. n° 2006-11 du 5 janv. 2006, art. 57 ; L. n° 2011-525 du 17 mai 2011, art. 94-XII-8°) « Les agents de la concurrence, de la consommation et de la répression des fraudes sont également chargés de rechercher et de constater les infractions aux dispositions de l'article L. 611-4-2 et aux textes pris pour son application. »

II. – Pour la recherche et la constatation de ces infractions, les agents mentionnés au I ont accès aux locaux, installations et lieux, véhicules de transport à usage professionnel, à l'exclusion des locaux à usage d'habitation, entre 8 heures et 20 heures ou en dehors de ces heures lorsqu'une activité professionnelle liée à l'objet du contrôle est en cours.

Ces agents peuvent demander la communication des livres, factures ou de tous autres documents professionnels et commerciaux et en prendre copie. Ils peuvent recueillir sur convocation ou sur place les renseignements et les justifications propres à l'accomplissement de leur mission.

Ils peuvent prélever des échantillons de lait ou de produits laitiers en vue de faire procéder à leur analyse par les laboratoires mentionnés à l'article L. 202-1, dans des conditions fixées par décret en Conseil d'État.

Les infractions énumérées au I sont constatées par des procès-verbaux qui font foi jusqu'à preuve contraire.

Ces procès-verbaux doivent être adressés, à peine de nullité, dans les huit jours qui suivent leur clôture au procureur de la République.

Une copie du procès-verbal est adressée dans le même délai à la personne qui a fait l'objet du constat de l'infraction.

Art. L. 671-1-2 *(Ord. n° 2021-485 du 21 avr. 2021, art. 2)* I. – Sont habilités à rechercher et à constater les infractions aux dispositions du règlement (UE) 2016/1012 du Parlement européen et du Conseil du 8 juin 2016, aux dispositions du chapitre III du titre V du présent livre, et des textes pris pour leur application, dans les limites des circonscriptions où ils sont affectés :

1° Les agents mentionnés à l'article L. 671-1 ;

2° Les agents de l'établissement mentionné à l'article L. 696-1 et, pour ce qui concerne les espèces équines, de l'Institut français du cheval et de l'équitation, agréés et commissionnés par le ministre chargé de l'agriculture.

Ces agents sont assermentés à cet effet dans des conditions prévues par décret.

II. – Les agents mentionnés au I peuvent, sur place ou sur convocation, prendre connaissance de tout document professionnel, quel qu'en soit le support, en obtenir copie par tout moyen et sur tout support et recueillir sur convocation ou sur place les renseignements et justifications utiles à l'accomplissement de leurs missions. Ils peuvent notamment accéder aux systèmes informatisés de gestion de l'information tenus par les opérateurs réalisant tout ou partie d'un programme de sélection.

Ils peuvent rechercher et constater les infractions mentionnées au I dans tous les lieux où l'accès est autorisé au public. Après avoir informé du lieu de leur déplacement le procureur de la République, qui peut s'y opposer, ils ont accès aux locaux où se déroulent les activités régies par les dispositions mentionnées au I, et à tous les lieux où se trouvent des animaux ou leurs produits germinaux à l'exclusion des locaux à usage de domicile, entre 8 heures et 20 heures ou, en dehors de ces heures, lorsque l'accès au public est autorisé ou lorsqu'une activité est en cours. Ils peuvent procéder ou faire procéder, de jour et de nuit, à l'ouverture des véhicules à usage professionnel

dans lesquels sont transportés des animaux et y pénétrer, sauf si ces véhicules ne sont pas utilisés à des fins professionnelles au moment du contrôle.

Art. L. 671-2 **Est puni d'une amende de 9 000 € quiconque a mis obstacle à l'exercice régulier de la mission de contrôle et de vérification des agents énumérés à l'article L. 671-1.** – *[L. n° 82-847 du 6 oct. 1982, art. 30.]*

Art. L. 671-3 **Les dispositions de l'article 21 du texte annexé au décret du 24 avril 1936 relatif à la codification des textes législatifs concernant l'organisation et la défense du marché du blé, concernant le refus de vérification, sont applicables aux opérations des collecteurs agréés, des moulins et des personnes prêtant leur entremise pour l'exécution desdites opérations, tant sur les céréales que sur les produits de mouture.** – *[L. du 15 août 1936, art. 7, al. 7.]*

Art. L. 671-4 **Les infractions aux dispositions des articles** *(Ord. n° 2006-1547 du 7 déc. 2006)* **« L. 644-6 à L. 644-8 » sont punies d'un emprisonnement d'un an et d'une amende de 4 500 €.**

Les tribunaux peuvent aussi ordonner la publication du jugement de condamnation intégralement ou par extrait dans tels journaux qu'ils désignent ainsi que son affichage aux portes du domicile et des magasins du condamné, le tout aux frais de celui-ci.

Est punie des peines mentionnées au présent article toute fausse déclaration ayant pour but d'obtenir une des expéditions prévues par les articles 23 et 24 de la loi du 31 mars 1903, par l'article 25 de la loi du 6 août 1905, sans préjudice des sanctions prévues par les lois fiscales. – *[L. du 6 mai 1919, art. 22.]*

Art. L. 671-5 *(Ord. n° 2006-1547 du 7 déc. 2006, en vigueur le 1er janv. 2007)* **I. – Les dispositions pénales relatives aux appellations d'origine sont fixées à l'article L. 115-16** *[L. 453-1 s.]* **du code de la consommation.**

II. – Les dispositions pénales relatives au label rouge sont fixées à l'article L. 115-20 *[L. 432-2 et L. 453-4]* **du code de la consommation.**

III. – Les dispositions pénales relatives aux appellations d'origine protégées, aux indications géographiques protégées et aux spécialités traditionnelles garanties sont fixées à l'article L. 115-22 *[L. 432-4 et L. 453-5]* **du code de la consommation. – C. *consom.***

1. Appellation d'origine. Constitue une utilisation abusive de l'AOC « Cahors » l'utilisation de la marque « Atrium du Cahors ». • Agen, 15 janv. 1998 : *RD rur. 1998. 505.* ♦ Constitue une tromperie sur l'origine la vente de vin « Nuits-Saint-Georges déclassé » qui laisse croire de plus à l'existence de deux qualités au sein d'une même AOC. • Besançon, 12 nov. 1987 : *RD rur. 1998. 505.* ♦ Sont mal fondés les juges du fond qui n'ont pas cherché si l'utilisation pour un vin non classé d'une bouteille de type « flûte d'Alsace », accompagnée d'un bouchon portant la mention « mis en bouteille en Alsace » ne pouvait constituer le délit d'apposition d'une fausse appellation d'origine. • Crim. 26 avr. 2000, n° 98-87.547 P : *RTD com. 2000. 1032, obs. Bouloc ; RD rur. 2000. 316 et 635.*

2. Appellation composée. Jurisprudence antérieure au Règl. n° 1151/2012 du 21 nov. 2012. N'est pas justifiée la décision de relaxe du chef d'usurpation de l'appellation d'origine « Époisse de Bourgogne » sans explication sur le caractère générique du nom époisse, et sans rechercher si l'emploi de cette dénomination ne constituait pas une usurpation au regard du Règl. n° 2081-92 par rapport à la dénomination complète et n'était pas de nature à induire le public en erreur sur l'origine des produits. • Crim. 6 févr. 2001, n° 99-85.219 P : *RTD com. 2001. 792, obs. Bouloc ; JCP 2001. IV. 2106 ; Gaz. Pal. 24-28 août 2001. 43.*

3. Le responsable de l'atelier de production des fromages ne respectant pas les normes de fabrication et le technicien de la coopérative informé de cette situation qui ne s'y est pas opposé, sont coupables d'apposition inexacte d'une appellation d'origine. • Crim. 1er avr. 1998 : *RD rur. 1998. 545.* ♦ Condamnation des dirigeants d'une coopérative coupables du délit de déclaration mensongère en vue d'obtenir le bénéfice d'une appellation d'origine, s'agissant d'une fraude dont le caractère systématique établit qu'elle ne relève pas de l'initiative individuelle des coopérateurs, ces poursuites étant indépendantes de l'action pour le prononcé des sanctions fiscales réprimant les fausses déclarations de récolte. • Crim. 3 nov. 2005, n° 05-81.023.

4. Est mal fondée la cour d'appel qui relaxe le prévenu du chef de mise en vente d'un miel sous une appellation inexacte au motif qu'il n'y a pas de risque d'équivoque entre la dénomination litigieuse « miel fleurs des Vosges » et l'AOC « miel de sapin des Vosges ». • Crim. 21 janv. 2003, n° 02-81.660 P : *RJDA 2003. 571 ; JCP 2003. IV. 1525 ; JCP E 2003. 421.*

5. Est coupable de tentative de tromperie le propriétaire d'une exploitation viticole détenant en vue de leur commercialisation, des vins ne justifiant pas d'existence légale car non conforme à l'AOC, la déclaration annuelle de récolte ne correspondant pas aux quantités récoltées et stockées, l'excédent représentant 11 % de la récolte devait entraîner la perte de l'AOC pour toute la récolte. • Rennes, 7 sept. 2006 : *RD rur. nov. 2006. 37 ; JCP 2006. IV. 3465.*

6. Est coupable d'usurpation d'appellation contrôlée celui qui utilise la dénomination « Enclave des papes » dans le secteur du vin, en vallée du Rhône, en utilisant les documents publicitaires et en présentant les bouteilles pour semer la confusion dans l'esprit du consommateur pour évoquer l'AOC « Châteauneuf-du-pape ». • Crim. 22 févr. 2011, nos 10-80.721 et 10-80.723.

7. Label. V., pour un exemple de condamnation pour publicité trompeuse par utilisation du terme « label » dans la mention « label 100 % saveur 100 % consommateur » accompagnant la marque collective « reconnu saveur de l'année », • Versailles, 23 sept. 2004 : *RJDA 2005, inf. 902.*

8. Ingrédient AO. Jurisprudence antérieure au Règl. n° 1151/2012 du 21 nov. 2012. Est fondée la condamnation des dirigeants ayant commercialisé un produit « mac cheese au beaufort fondu » dès lors que ces sandwichs ne contenaient que 51 % de beaufort. • Crim. 30 juin 2009, n° 08-86.919 : *D. 2009. 2163 ; D. 2010. 181, note Agostini.* ♦ Est mal fondée la relaxe prononcée par les juges contre les dirigeants ayant commercialisé les sandwichs « mac cheese sauce au reblochon » et « mac cheese sauce à la tomme de Savoie fondue » sans rechercher si l'emploi de ces signes d'identification de la qualité et de l'origine des fromages ne méconnaissaient pas les dispositions législatives organisant leur protection. • Crim. 30 juin 2009 : *préc.*

Art. L. 671-6 *(Ord. n° 2006-1547 du 7 déc. 2006, en vigueur le 1er janv. 2007)* **Les dispositions pénales relatives à la certification de conformité des produits agricoles et alimentaires sont fixées à l'article L. 115-26** *[L. 433-2 et L. 453-7]* **du code de la consommation. — *C. consom.***

Art. L. 671-7 *(Ord. n° 2006-1547 du 7 déc. 2006, en vigueur le 1er janv. 2007)* **Les dispositions pénales relatives à la mention "agriculture biologique" sont fixées à l'article L. 115-24** *[L. 432-6 et L. 453-6]* **du code de la consommation. — *C. consom.***

Art. L. 671-8 *Abrogé par Ord. n° 2006-1548 du 7 déc. 2006.*

Art. L. 671-9 *(Ord. n° 2006-1548 du 7 déc. 2006)* **I. — Est puni d'un emprisonnement de deux ans et d'une amende de** *(L. n° 2014-344 du 17 mars 2014, art. 133-VII)* **« 300 000 €, dont le montant peut être porté, de manière proportionnée aux avantages tirés du manquement, à 10 % du chiffre d'affaires moyen annuel, calculé sur les trois derniers chiffres d'affaires annuels connus à la date des faits » :**

1° Le fait de tromper un cocontractant sur un élément quelconque permettant d'apprécier la valeur zootechnique d'un animal présenté à la vente, vendu ou utilisé pour toute technique de reproduction naturelle ou artificielle, ou sur la valeur technique du matériel de reproduction ;

2° Le fait, en usant de manœuvres frauduleuses, de vendre ou, moyennant la remise d'une somme d'argent, d'utiliser :

— pour la monte des reproducteurs ne répondant pas, par leur valeur génétique ou leurs aptitudes, aux normes alléguées ;

— du matériel de reproduction ne répondant pas, en raison de son origine ou de son conditionnement, à la valeur technique qui lui est prêtée.

II. — La tentative des délits prévus par le présent article est punie des mêmes peines.

Sont mal fondées les dispositions d'un arrêt ordonnant la publication de la condamnation de vétérinaires ayant pratiqué l'insémination artificielle en infraction à la loi car elles constituent une peine complémentaire non prévue par la loi. • Crim. 1er févr. 2000, n° 98-85.850.

Art. L. 671-10 *(Ord. n° 2006-1548 du 7 déc. 2006)* **I. — Est puni d'une amende de 4 500 € :**

1° Le fait, en méconnaissance des règles prévues à l'article *(Ord. n° 2021-485 du 21 avr. 2021, art. 4)* **« L. 653-10 », d'exercer les activités de stockage ou de mise en place de la semence des ruminants sans les avoir préalablement déclarées ou sans respecter les dispositions réglementaires permettant de garantir la traçabilité de la semence ;**

2° Le fait d'exercer les activités de collecte, de conditionnement ou de mise en place de la semence des équidés sans *(Ord. n° 2015-1682 du 17 déc. 2015, art. 2-10°, en* *vigueur le 1er janv. 2016)* « respecter les conditions de diplôme, titre ou certificat prévues » à l'article *(Ord. n° 2021-485 du 21 avr. 2021, art. 4)* « L. 653-11 ».

(Abrogé par L. n° 2009-526 du 12 mai 2009, art. 125-XX) « Pour les personnes morales, l'amende est fixée selon les modalités prévues à l'article 131-38 du code pénal. »

II. — Les personnes reconnues pénalement responsables de l'infraction définie au I encourent également les peines complémentaire suivantes :

— la confiscation de l'animal reproducteur, du matériel de reproduction et du matériel utilisé pour la collecte, le conditionnement et la conservation du matériel de reproduction ;

— la fermeture définitive ou pour une durée de cinq ans au plus de l'établissement ayant servi à commettre l'infraction ;

— l'affichage de la décision prononcée ou la diffusion de celle-ci soit par la presse écrite, soit par tout moyen de communication au public par voie électronique.

Art. L. 671-11 *Abrogé par Ord. n° 2006-1548 du 7 déc. 2006.*

Art. L. 671-12 *Abrogé par Ord. n° 2010-461 du 6 mai 2010, art. 5.*

Art. L. 671-13 Toute atteinte portée sciemment aux droits du titulaire d'un certificat d'obtention végétale tels que prévus à l'article L. 662-2 est punie suivant les articles L. 623-32 à L. 623-35 du code de la propriété intellectuelle.

Art. L. 671-14 *(L. n° 2008-595 du 25 juin 2008, art. 10)* Est puni de six mois d'emprisonnement et de 30 000 € d'amende le non-respect par les opérateurs de leurs obligations mentionnées à l'article L. 663-1.

Art. L. 671-15 *(L. n° 2008-595 du 25 juin 2008, art. 7)* Est puni de deux ans d'emprisonnement et de 75 000 € d'amende :

1° Le fait de ne pas respecter une ou plusieurs conditions techniques relatives aux distances entre cultures prévues à l'article L. 663-2 ;

2° Le fait de ne pas avoir déféré à une des mesures de destruction ordonnée par l'autorité administrative en application de l'article L. 663-3 ;

3° Le fait de détruire ou de dégrader une parcelle de culture autorisée en application des articles L. 533-5 et L. 533-6 du code de l'environnement.

Lorsque l'infraction visée au 3° porte sur une parcelle de culture autorisée en application de l'article L. 533-3 du code de l'environnement, la peine est portée à trois ans d'emprisonnement et 150 000 € d'amende.

Les personnes physiques encourent également les peines complémentaires d'affichage de la décision prononcée ou de diffusion de celle-ci soit par la presse écrite, soit par tout moyen de communication au public par voie électronique.

Les personnes morales encourent, outre l'amende prévue au premier alinéa de l'article 131-38 du code pénal, les peines prévues au 9° de l'article 131-39 du même code.

1. La personne qui a été condamnée pour le délit de dégradation grave d'un bien appartenant à autrui, fait désormais réprimé par l'infraction spécifique de l'art. L. 671-15 C. rur., est fondée à refuser de se soumettre au prélèvement biologique. • Crim. 22 juin 2010, n° 10-80.957 : *LPA 2011, n° 33, p. 12, note Dreyer.*

2. Jurisprudence antérieure à la loi du 25 juin 2008. L'action des faucheurs volontaires des essais de culture de maïs OGM en plein champ constitue le délit de destruction d'un bien appartenant à autrui commis en réunion. • Toulouse, 15 nov. 2005 : *D. 2006. 178*. ♦ *Contra* : • T. corr. Orléans, 9 déc. 2005, *Sté Monsanto c/ Dufour : Envir. janv. 2006. 9, note Gossement ; RJ envir. 2007. 53, note Monteillet.* ♦ Les risques pour la santé et l'environnement que présenteraient les OGM ne constituent pas un état de nécessité justifiant la destruction d'une plantation génétiquement modifiée. • Crim. 18 févr. 2004 : *Envir. 2004. Inf. 78 ; RJ envir. 2005. 502* • 7 févr. 2007 : *D. 2007. 573, obs. Darsonville , et 1310, note Feldman ; JCP 2007. 10059, note Trébulle ; Envir. 2007, n° 357 ; LPA 27 sept. 2007, p. 3* • Orléans, 26 févr. 2008, n° 07-00.472. ♦ L'état de nécessité n'est pas établi par les prévenus, car la non-transposition de la directive du 12 mars 2001 ne constitue pas un danger, la directive n'interdisant pas les expérimentations en plein champ, et puisqu'il n'est pas établi que les actes de destruction ont été nécessaires à la sauvegarde d'une personne ou d'un bien. • Orléans, 27 juin 2006 : *RD rur. 2006. 52 ; JCP 2006. IV. 3180*, infirmant • T. corr. Orléans, 9 déc. 2005 : *préc.* • Versailles, 22 mars 2007 : *RD rur. 2007, n° 308.*

3. Amnistie. Est éteinte l'action publique contre trois personnes ayant fauché un champ de colza transgénique dès lors que la loi du 6 août 2002 donne le bénéfice de l'amnistie aux auteurs de délits de caractère agricole ou rural, et la circonstance de la pluralité d'auteurs ne pouvait plus être retenue en raison de l'arrêt des poursuites à compter du jour de la promulgation de la loi d'amnistie. • Crim. 31 oct. 2006 : *RD rur. 2007, n° 67.*

4. La responsabilité de l'État n'a pas été jugée engagée par la destruction d'une parcelle de plants de maïs destinés à des expérimentations scientifiques par le collectif des « faucheurs volontaires ». • TA Clermont-Ferrand, 17 nov. 2005, *Sté Biogemma et a. c/ Préfet du Puy-de-Dôme : AJDA 2005. 2264.*

Art. L. 671-16 *(L. n° 2011-525 du 17 mai 2011, art. 30)* **Le fait de faire obstacle à l'exercice des fonctions des agents mentionnés à l'article L. 250-2 agissant en application de l'article L. 663-3 est sanctionné conformément aux dispositions de l'article L. 205-11.**

Art. L. 671-17 *(Ord. n° 2010-459 du 6 mai 2010, art. 6)* **I. — Est puni de 15 000 € d'amende le fait de planter des vignes de variétés à raisins de cuve sans droit de plantation en méconnaissance des dispositions de l'article 85 *octies* du règlement (CE) n° 1234/2007 du Conseil du 22 octobre 2007 (règlement "OCM unique").** — *Le Règl. (CE) n° 1234/2007 est abrogé et remplacé à partir du 1er janv. 2014 par le Règl. (UE) n° 1308/2013 du 17 déc. 2013.*

II. — Est puni d'une amende de 3 750 € le fait :

***a)* De ne pas respecter les obligations de déclaration de plantation et d'arrachage, prévues par le présent code ;**

***b)* De ne pas respecter les règles relatives à l'encépagement, prévues par le 4 du 1.2 du 1 de l'annexe I du règlement (CE) n° 436/2009 de la Commission du 26 mai 2009 et les cahiers des charges des appellations d'origine et indications géographiques ;**

***c)* De ne pas respecter les dispositions relatives à la plantation de vignes mères de porte-greffes et à la production de bois et plants de vigne fixées en application de l'article L. 661-4 ;**

***d)* De ne pas procéder à la distillation des sous-produits de la vinification, lorsqu'elle est rendue obligatoire ;**

***e)* D'irriguer des vignes en méconnaissance des dispositions de l'article L. 665-1.**

A titre de peine complémentaire, l'affichage ou la diffusion de la décision peuvent être ordonnés dans les conditions prévues par l'article 131-35 du code pénal pour les personnes physiques et par le 9° de l'article 131-39 du même code pour les personnes morales.

III. — Les infractions mentionnées au présent article sont constatées, par procès-verbal qui fait foi jusqu'à preuve contraire, par les agents des douanes et droits indirects ainsi que les agents assermentés de l'établissement mentionné à l'article L. 621-1 à l'occasion de l'exercice de leurs fonctions.

Les infractions mentionnées au présent article sont recherchées, constatées et poursuivies selon les procédures applicables en matière de contributions indirectes, et sans préjudice de la mise en œuvre des dispositions de l'article L. 665-4.

(Ord. n° 2015-1247 du 7 oct. 2015, art. 2-II) **« Les dispositions du présent article sont applicables aux infractions commises avant le 1er janvier 2016. »**

V. art. R. 671-1 à R. 671-18.

L'infraction de plantation irrégulière est un délit continu qui perdure tant que l'arrachage n'a pas été effectué. • Crim. 3 juin 2015, n° 13-87.405 : *RTD com. 2015. 606, obs. Bouloc.*

TITRE VIII **OBSERVATOIRES** *(L. n° 2010-874 du 27 juill. 2010, art. 19-4c ; Ord. n° 2016-391 du 31 mars 2016, art. 8-4°).*

(L. n° 2006-11 du 5 janv. 2006, art. 56)

A compter du 1er juill. 2016, le titre IX devient le titre VIII et l'art. L. 692-1 devient l'art. L. 682-1 (Ord. n° 2016-391 du 31 mars 2016, art. 8-4°, JO 1er avr.).

CHAPITRE II **OBSERVATOIRE DE LA FORMATION DES PRIX ET DES MARGES DES PRODUITS ALIMENTAIRES**

(L. n° 2010-874 du 27 juill. 2010, art. 19-4°)

Art. L. 682-1 **L'Observatoire de la formation des prix et des marges des produits alimentaires, placé auprès du ministre chargé de l'alimentation et du ministre chargé de la consommation, a pour mission d'éclairer les acteurs économiques et les pouvoirs publics sur la formation des prix et des marges au cours des transactions au sein de la**

chaîne de commercialisation des produits alimentaires, qu'il s'agisse de produits de l'agriculture, de la pêche ou de l'aquaculture.

Les modalités de désignation du président de l'observatoire, le fonctionnement de l'observatoire ainsi que sa composition sont définis par décret. *(L. n° 2018-699 du 3 août 2018, art. 75)* **« Deux députés et deux sénateurs siègent au comité de pilotage de l'observatoire. »**

L'observatoire analyse les données nécessaires à l'exercice de ses missions *(L. n° 2016-1691 du 9 déc. 2016, art. 98-I)* **« . Il peut les demander directement aux entreprises ou les obtenir par l'intermédiaire de l'établissement mentionné à l'article L. 621-1 et du service statistique public auprès duquel elles sont recueillies. »** *(L. n° 2018-938 du 30 oct. 2018, art. 8)* **« La liste des établissements refusant de communiquer les données nécessaires à l'exercice des missions de l'observatoire peut faire l'objet d'une publication par voie électronique. »**

Il étudie les coûts de production au stade de la production agricole, les coûts de transformation et les coûts de distribution dans l'ensemble de la chaîne de commercialisation des produits agricoles. *(L. n° 2018-938 du 30 oct. 2018, art. 7)* **« Il examine, à l'échelle de chaque filière, la prise en compte des indicateurs mentionnés** *(L. n° 2021-1357 du 18 oct. 2021, art. 1er)* **« au quinzième » alinéa du III de l'article L. 631-24, à l'article L. 631-24-1 et au II de l'article L. 631-24-3 ainsi que la répartition de la valeur ajoutée tout au long de la chaîne de commercialisation des produits agricoles qui en résulte »** *(L. n° 2023-221 du 30 mars 2023, art. 5)* **« , notamment celle des produits issus de l'agriculture biologique ».**

(L. n° 2016-1691 du 9 déc. 2016, art. 98-I) **« Il compare, sous réserve des données disponibles équivalentes, ces résultats à ceux des principaux pays européens.**

(L. n° 2018-938 du 30 oct. 2018, art. 7) **« Il peut être saisi par l'un de ses membres, par le médiateur des relations commerciales agricoles ou par une organisation interprofessionnelle pour donner un avis sur les indicateurs de coûts de production ou de prix des produits agricoles et alimentaires mentionnés** *(L. n° 2021-1357 du 18 oct. 2021, art. 1er)* **« au quinzième » alinéa du III de l'article L. 631-24 ou sur les méthodes d'élaboration de ces indicateurs. »** *(L. n° 2021-1357 du 18 oct. 2021, art. 3)* **« L'observatoire publie, chaque trimestre, un support synthétique reprenant l'ensemble des indicateurs, rendus publics, relatifs aux coûts pertinents de production en agriculture mentionnés au même quinzième alinéa, à l'article L. 631-24-1 et aux II et III de l'article L. 631-24-3. »**

(Abrogé par L. n° 2018-938 du 30 oct. 2018, art. 8) ***« Lorsque les dirigeants d'une société commerciale transformant des produits agricoles ou commercialisant des produits alimentaires n'ont pas procédé au dépôt des comptes dans les conditions et délais prévus aux articles L. 232-21 à L. 232-23 du code de commerce, le président de l'observatoire peut saisir le président du tribunal de commerce afin que ce dernier adresse à la société une injonction de le faire à bref délai sous astreinte. Le montant de cette astreinte ne peut excéder 2 % du chiffre d'affaires journalier moyen hors taxes réalisé en France par la société au titre de cette activité, par jour de retard à compter de la date fixée par l'injonction. »***

« L'observatoire remet chaque année un rapport au Parlement.

« L'observatoire procède, par anticipation au rapport annuel, à la transmission des données qui lui sont demandées par les commissions permanentes compétentes et par les commissions d'enquête de l'Assemblée nationale et du Sénat sur la situation des filières agricoles et agroalimentaires. » — *L'art. L. 692-1 devient l'art. L. 682-1 (Ord. n° 2016-391 du 31 mars 2016, art. 8-4°, JO 1er avr.).*

COMMENTAIRE

Cet Observatoire, créé par la loi de modernisation agricole du 27 juillet 2010, a remplacé l'Observatoire de la formation des prix et des marges, créé par décret en 2008, qui était doté d'un comité de pilotage consacré aux filières alimentaires. Cette création a fait également disparaître l'Observatoire des produits agricoles et alimentaires dépendant du Conseil supérieur d'orientation.

Ce nouvel Observatoire doit permettre de mieux connaître les prix d'achat, de vente, donc les marges, de mieux comprendre les mécanismes de création des prix alimentaires et la répartition de la valeur ajoutée. Cette transparence donnée aux marchés est destinée à trouver de meilleurs équilibres dans la formation des prix, dans un contexte où les producteurs sont nombreux et dispersés alors que les acheteurs sont concentrés. Il a été précisé lors de sa création qu'il s'agissait d'un outil de transparence au service des pouvoirs publics et des filières mais pas d'un indicateur de prix. L'Observatoire peut recueillir des informations de FranceAgriMer, de toute entreprise et de tout service statistique. ❑

TITRE IX DISPOSITIONS RELATIVES À L'OUTRE-MER

(Ord. nº 2016-391 du 31 mars 2016, art. 8-5º, en vigueur le 1er juill. 2016, ratifiée par L. nº 2017-256 du 28 févr. 2017, art. 102)

CHAPITRE I GUADELOUPE, GUYANE, MARTINIQUE, LA RÉUNION ET MAYOTTE

(Ord. nº 2016-391 du 31 mars 2016, art. 8-5º, en vigueur le 1er juill. 2016)

SECTION 1 Champ d'application et références

Art. L. 691-1 Les dispositions du présent livre s'appliquent en Guadeloupe, en Guyane, en Martinique, à La Réunion et à Mayotte sous réserve des exceptions et adaptations prévues au présent chapitre.

Art. L. 691-2 Pour l'application du présent livre à Mayotte :

1º Les références à la région, au conseil régional et à son président sont remplacées par les références au Département de Mayotte, au conseil départemental et à son président ;

2º Les références à la chambre d'agriculture sont remplacées par les références à la chambre de l'agriculture, de la pêche et de l'aquaculture de Mayotte.

Art. L. 691-3 Ne sont pas applicables en Guadeloupe, en Guyane, à la Martinique, à La Réunion et à Mayotte :

1º Les articles L. 666-1 à L. 666-9 ;

2º L'article L. 671-3.

Art. L. 691-4 Le chapitre I du titre V n'est pas applicable à Mayotte.

SECTION 2 Dispositions communes

Art. L. 691-5 La Guadeloupe, la Guyane, la Martinique, La Réunion et Mayotte constituent chacune une zone de production au sens de l'article L. 632-1, dans laquelle une organisation interprofessionnelle peut être reconnue. Les dispositions du premier alinéa du I de l'article L. 632-2 ne s'appliquent pas à ces zones de production.

Art. L. 691-6 En Guadeloupe, en Guyane, en Martinique, à La Réunion et à Mayotte, le représentant de l'État incite les organisations de producteurs les plus représentatives au niveau local à ouvrir des négociations dans le but de constituer une ou plusieurs organisations interprofessionnelles en application de l'article L. 691-5 ou, à défaut, de conclure des accords interprofessionnels à long terme prévus à l'article L. 631-1 ou des contrats de vente de produits agricoles mentionnés à l'article L. 631-24.

Ces négociations peuvent déboucher sur la mise en place d'un observatoire régional de suivi de la structuration des filières agricoles et agroalimentaires se réunissant périodiquement et dont le pilotage est assuré par le comité mentionné à l'article L. 181-9.

CHAPITRE II SAINT-BARTHÉLEMY

(Ord. nº 2016-391 du 31 mars 2016, art. 8-5º, en vigueur le 1er juill. 2016)

Art. L. 692-1 Les dispositions du présent livre s'appliquent à Saint-Barthélemy sous réserve des exceptions et adaptations prévues au présent chapitre.

Art. L. 692-2 Ne sont pas applicables à Saint-Barthélemy :

1º Les titres V et VI ;

2º Les articles L. 671-3 et L. 671-9 à L. 671-17.

Sauf disposition contraire, les dispositions faisant référence aux règlements européens ne sont pas applicables.

Art. L. 692-3 Pour l'application à Saint-Barthélemy des articles L. 611-4-1 et L. 632-11, la référence au code général des impôts est remplacée par la référence à la réglementation applicable localement.

CHAPITRE III **SAINT-MARTIN**

(Ord. nº 2016-391 du 31 mars 2016, art. 8-5º, en vigueur le 1er juill. 2016)

Art. L. 693-1 Les dispositions du présent livre s'appliquent à Saint-Martin sous la seule réserve des exceptions et adaptations prévues au présent chapitre.

Art. L. 693-2 *(Ord. nº 2023-1210 du 20 déc. 2023, art. 34)* Ne sont pas applicables à Saint-Martin :

1º Les sous-sections 2 et 3 et de la section 1 du chapitre IV du titre IV ;

2º Au sein du titre VI :

a) La section 2 du chapitre IV ;

b) L'article L. 665-3 ;

c) Les sections 2 et 3 du chapitre V ;

3º Les articles L. 666-1 à L. 666-9 ;

4º L'article L. 671-3.

Art. L. 693-3 Pour l'application à Saint-Martin des articles L. 611-4-1 et L. 632-11, la référence au code général des impôts est remplacée par la référence à la réglementation applicable localement.

CHAPITRE IV **SAINT-PIERRE-ET-MIQUELON**

(Ord. nº 2016-391 du 31 mars 2016, art. 8-5º, en vigueur le 1er juill. 2016)

Art. L. 694-1 Les dispositions du présent livre s'appliquent à Saint-Pierre-et-Miquelon sous la seule réserve des exceptions et adaptations prévues au présent chapitre.

Art. L. 694-2 *(Ord. nº 2023-1210 du 20 déc. 2023, art. 34)* Ne sont pas applicables à Saint-Pierre-et-Miquelon :

1º La section 2 du chapitre IV du titre VI ;

2º Les articles L. 654-28 à L. 654-30 ;

3º Les articles L. 666-1 à L. 666-9 ;

4º L'article L. 671-3.

Art. L. 694-3 Pour l'application à Saint-Pierre-et-Miquelon des articles L. 611-4-1 et L. 632-11, la référence au code général des impôts est remplacée par la référence à la réglementation applicable localement.

Art. L. 694-4 *(L. nº 2018-938 du 30 oct. 2018, art. 10)* I. – Pour l'application de l'article L. 631-24-2 à Saint-Pierre-et-Miquelon :

1º Le I est ainsi rédigé :

"I. – La conclusion ou la proposition de contrats de vente écrits peut être rendue obligatoire par un arrêté des ministres chargés de l'agriculture, de la consommation et des outre-mer, qui précise les produits ou catégories de produits concernés.

"Toutefois, le premier alinéa du présent I ne s'applique pas aux entreprises dont le chiffre d'affaires est inférieur à un seuil défini par l'arrêté mentionné au même premier alinéa." ;

2º Le II est ainsi modifié :

a) Le premier alinéa est ainsi rédigé :

"II. – L'arrêté des ministres chargés de l'agriculture, de la consommation et des outre-mer fixe la durée minimale du contrat de vente, qui ne peut excéder cinq ans, sauf renonciation expresse écrite du producteur. Il peut prévoir que la durée minimale des contrats portant sur un produit dont le producteur a engagé la production depuis moins de cinq ans est augmentée dans la limite de deux ans." ;

b) Au début de la seconde phrase de l'avant-dernier alinéa, les mots : "Le décret en Conseil d'État ou l'accord interprofessionnel" sont remplacés par les mots : "L'arrêté des ministres chargés de l'agriculture, de la consommation et des outre-mer".

Art. L. 694-5 *(Ord. nº 2021-485 du 21 avr. 2021, art. 3)* **Les règles relatives à la reproduction et à l'amélioration génétique des animaux d'élevage, applicables en métropole en vertu du règlement (UE) nº 2016/1012 du Parlement européen et du Conseil du 8 juin 2016, sont applicables à Saint-Pierre-et-Miquelon.**

CHAPITRE V WALLIS-ET-FUTUNA, POLYNÉSIE FRANÇAISE ET NOUVELLE-CALÉDONIE

(Ord. nº 2016-391 du 31 mars 2016, art. 8-5º, en vigueur le 1er juill. 2016)

L'ancien art. L. 683-1 (réd. Ord. nº 2007-1801 du 21 déc. 2007), dans sa rédaction antérieure à l'Ord. nº 2016-391 du 31 mars 2016, est maintenu en vigueur en tant que la compétence pour le modifier relève de la Polynésie française ou de la Nouvelle-Calédonie (Ord. préc., art. 19, JO 1er avr.).

Art. L. 695-1 **Sous réserve des dispositions applicables de plein droit, les dispositions du présent livre ne s'appliquent dans les îles Wallis-et-Futuna que dans la mesure et les conditions prévues par le présent chapitre.**

Art. L. 695-2 **Sont applicables dans les îles Wallis-et-Futuna, sous réserve des adaptations prévues à la présente section, les dispositions du présent livre mentionnées dans la colonne de gauche du tableau ci-après, dans leur rédaction indiquée dans la colonne de droite du même tableau :**

DISPOSITIONS APPLICABLES	DANS LEUR RÉDACTION
L. 662-1 à L. 662-3	Résultant de la loi nº 98-565 du 8 juillet 1998 relative à la partie législative du titre VI (nouveau) du code rural
L. 671-13	Résultant de la loi nº 98-565 du 8 juillet 1998 relative à la partie législative du titre VI (nouveau) du code rural

Art. L. 695-3 **Les dispositions du présent livre ne sont pas applicables en Polynésie française ni en Nouvelle-Calédonie.**

CHAPITRE VI OFFICE DE DÉVELOPPEMENT DE L'ÉCONOMIE AGRICOLE D'OUTRE-MER

(Ord. nº 2016-391 du 31 mars 2016, art. 8-5º, en vigueur le 1er juill. 2016)

Art. L. 696-1 **Les conditions dans lesquelles les missions prévues aux articles L. 621-2 et L. 621-3 sont exercées en Guadeloupe, en Guyane, en Martinique, à La Réunion, à Mayotte, à Saint-Barthélemy, à Saint-Martin et à Saint-Pierre-et-Miquelon par l'établissement public dénommé Office de développement de l'économie agricole d'outre-mer sont fixées par décret. Il peut également intervenir à Wallis-et-Futuna par voie de convention passée avec la collectivité.**

Les articles L. 313-5 et L. 313-6 sont applicables à cet établissement public.

LIVRE VII DISPOSITIONS SOCIALES

(Ord. n° 2000-550 du 15 juin 2000)

COMMENTAIRE

L'article 1er de la loi n° 60-808 du 5 août 1960 a posé notamment comme objectif la parité sociale entre les exploitants, les salariés agricoles et les autres catégories professionnelles. A ce titre la loi visait à assurer au travail agricole une rémunération équivalente à celle des autres secteurs d'activité et cherchait à offrir aux exploitants comme aux salariés agricoles une protection sociale efficace.

L'objectif de parité a été repris et de nouvelles dispositions ont été posées pour y parvenir par les lois d'orientation agricole n° 80-502 du 4 juillet 1980 et n° 99-574 du 9 juillet 1999. Peu à peu, il s'est ainsi développé un alignement de l'ensemble du droit social agricole sur le droit commun du travail et de la sécurité sociale.

Le droit du travail est resté cependant longtemps dérogatoire pour l'agriculture, en raison des traditions mais aussi des conditions économiques propres à ce secteur d'activité. Aujourd'hui, il n'y a pas une totale assimilation au droit commun du travail puisqu'il reste quelques spécificités découlant des conditions objectives du travail agricole qui impose des dispositions particulières quant à la durée du travail, tant dans l'amplitude des journées que dans la périodicité des périodes d'activité.

Le droit de la sécurité sociale agricole s'est développé de façon autonome dans un contexte où les charges sociales apparaissaient lourdes par rapport aux revenus réputés faibles mais cependant mal connus, et où les conditions démographiques étaient défavorables au développement de prestations fortes. Une branche institutionnelle propre à la protection sociale est la première manifestation de l'autonomie d'un système qui est cependant en voie d'alignement, tant dans les principes dominant les cotisations que dans la nature des prestations proposées. ❑

TITRE I RÉGLEMENTATION DU TRAVAIL SALARIÉ

BIBL. GÉN. ▸ Capellari, *RD rur. 2016. Dossier 17* (les prestations subséquentes à la mort d'un assuré assujetti au régime agricole). – Coursier, *RD rur. 2007. Étude 11* (facteurs humains dans le secteur rural). – Simon, *RD rur. 2000. 25.* – Tauran, *RD rur. août-sept. 2006. 25* (l'originalité du droit du travail en agriculture) ; *RD rur. 2007. Étude 21* (tourisme rural et droit social) ; *RD rur. 2009. Étude 6* (conventions et accords collectifs en agriculture) ; *RD rur. 2010. Étude 3* (particularités territoriales dans l'application du droit social agricole) ; *RD rur. 2010. Fiche prat. 2* (l'emploi des travailleurs saisonniers en agriculture) ; *RD rur. 2010. Étude 11* (les services de santé au travail en agriculture) ; *RD rur. 2011. Étude 14* (travailleur forestier et droit social).

CHAPITRE I DISPOSITIONS GÉNÉRALES

Art. L. 711-1 Le présent titre a pour objet la réglementation du travail salarié dans les établissements ou activités agricoles qu'il définit, sans préjudice des dispositions du livre II du code du travail qui sont applicables à ces établissements ou activités. Il s'applique également aux apprentis.

CHAPITRE II TITRE EMPLOI SIMPLIFIÉ AGRICOLE

Art. L. 712-1 *(L. n° 2023-1250 du 26 déc. 2023, art. 19)* **I. — Tout employeur, à l'exclusion des particuliers employeurs, qui fait appel, au moyen d'un ou de plusieurs contrats de travail à durée déterminée répondant à des conditions de durée et de niveau de rémunération fixées par décret, à l'exclusion des contrats mentionnés à l'article L. 1242-3 du code du travail, à des salariés occupés aux activités ou dans les exploitations, entreprises ou établissements mentionnés aux 1°, 2° et 6° de l'article L. 722-20 du présent code peut souscrire au service dénommé : "titre emploi simplifié agricole" proposé par les caisses de mutualité sociale agricole.**

II. — Le titre emploi simplifié agricole permet aux employeurs mentionnés au I du présent article de satisfaire aux formalités et obligations prévues aux articles L. 712-4 à L. 712-7 du présent code.

Par dérogation aux articles L. 3242-1 et L. 3242-3 du code du travail, lorsqu'il est fait usage de ce titre pour des travaux saisonniers, les salariés sont rémunérés à l'issue de chaque campagne saisonnière, et au moins une fois par mois.

III. – Un décret en Conseil d'État fixe les modalités d'application du présent article.

IV. – Le titre emploi simplifié agricole proposé par les caisses de mutualité sociale agricole ne peut être utilisé qu'en France métropolitaine.

Volet salarié. Doivent être requalifiés en contrat de travail à durée indéterminée les contrats conclus pour une durée d'un mois dès lors que l'employeur n'a remis la partie du TESA correspondant au contrat de travail qu'à la fin de la dernière journée de travail. • Soc. 13 mars 2013, n° 11-28.697 : *Gaz. Pal. 27-28 mars 2013.* ♦ En l'absence de remise au salarié du volet du TESA qui lui est destiné et à défaut par ailleurs de contrat de travail à durée déterminée, même si le document a été envoyé à la MSA, la relation de travail doit être requalifiée en contrat de travail à durée indéterminée. • Nancy, 31 janv. 2006 : *JCP 2006. IV. 1102.*

CHAPITRE II *BIS* TITRE EMPLOI-SERVICE AGRICOLE

(L. n° 2014-1170 du 13 oct. 2014, art. 37)

Art. L. 712-2 *(L. n° 2023-1250 du 26 déc. 2023, art. 19)* **« Tout employeur, à l'exception des entreprises » mentionnées aux articles L. 1251-42 et L. 1252-1 du code du travail, dont les salariés relèvent du régime des salariés agricoles** *(Abrogé par L. n° 2018-1203 du 22 déc. 2018, art. 18)* ***« et répondent aux conditions fixées à l'article L. 712-3 du présent code »*** **peut adhérer à un service d'aide à l'accomplissement de ses obligations en matière sociale, dénommé : "Titre emploi-service agricole" et proposé par les caisses de mutualité sociale agricole.** *(L. n° 2018-1203 du 22 déc. 2018, art. 18)* **« Le titre emploi-service agricole ne peut être utilisé qu'en France métropolitaine. »**

(L. n° 2023-1250 du 26 déc. 2023, art. 19) **« Les particuliers employeurs peuvent bénéficier du dispositif prévu au premier alinéa du présent article pour l'emploi des personnes mentionnées aux 2° et 3° de l'article L. 722-20 du présent code. »**

Art. L. 712-3 *Abrogé par L. n° 2018-1203 du 22 déc. 2018, art. 18.*

Art. L. 712-4 **Le recours au service titre emploi-service agricole permet notamment à l'***(L. n° 2023-1250 du 26 déc. 2023, art. 19)* **« employeur » :**

1° D'obtenir le calcul des rémunérations dues aux salariés en tenant compte des stipulations des conventions collectives applicables au secteur d'activité professionnelle concerné ainsi que de l'ensemble des cotisations et contributions créées par la loi et des cotisations et contributions conventionnelles obligatoires ou non ;

2° De souscrire *(L. n° 2023-1250 du 26 déc. 2023, art. 19)* **« la déclaration sociale nominative mentionnée à l'article L. 133-5-3 du code de la sécurité sociale ou, le cas échéant, d'établir les formalités et les déclarations auxquelles la déclaration sociale nominative se substitue ».**

Art. L. 712-5 **A partir des informations recueillies auprès de l'***(L. n° 2023-1250 du 26 déc. 2023, art. 19)* **« employeur », les caisses de mutualité sociale agricole délivrent à** *(L. n° 2023-1250 du 26 déc. 2023, art. 19)* **« ce dernier », pour remise au salarié, un bulletin de paie qui est réputé remplir les conditions prévues à l'article L. 3243-2 du code du travail.**

Art. L. 712-6 **L'employeur qui utilise le titre emploi-service agricole est réputé satisfaire, par la remise au salarié et l'envoi à la caisse de mutualité sociale agricole des éléments du titre emploi qui leur sont respectivement destinés, aux formalités suivantes :**

1° Les règles relatives à l'établissement d'un contrat de travail, dans les conditions prévues à l'article L. 1221-1 du code du travail ;

2° La déclaration préalable à l'embauche prévue à l'article L. 1221-10 du même code ;

3° La délivrance d'un certificat de travail prévue à l'article L. 1234-19 dudit code ;

4° L'établissement d'un contrat de travail écrit prévu dans les conditions et délais définis aux articles *(L. n° 2023-1250 du 26 déc. 2023, art. 19)* **« L. 1221-5-1, » L. 1242-12, L. 1242-13 et** *(L. n° 2016-1088 du 8 août 2016, art. 8-VIII-2°)* **« L. 3123-6 » du même code ;**

(L. n° 2023-1250 du 26 déc. 2023, art. 19) **« 5° La tenue du registre mentionné à l'article L. 1221-13 du même code ;**

« 6° La déclaration mentionnée à l'article 87-0 A du code général des impôts. »

Art. L. 712-7 **L'employeur ayant recours au titre emploi-service agricole peut donner mandat à un tiers en vue d'accomplir les formalités correspondantes** *(L. n° 2023-1250 du 26 déc. 2023, art. 19)* **« dans les conditions prévues à l'article L. 133-11 du code de la sécurité sociale ».**

Art. L. 712-8 **La date d'entrée en vigueur qui ne peut pas être postérieure au** *(Ord. n° 2015-682 du 18 juin 2015, art. 7)* **« 1er janvier 2017 » et les modalités d'application du présent chapitre sont déterminées par décret.**

CHAPITRE III DURÉE DU TRAVAIL

COMMENTAIRE

La durée du travail en agriculture était de 2 400 heures annuelles, soit 48 heures par semaine jusqu'au 1er janvier 1975. Il a donc fallu près de trente ans pour que l'agriculteur puisse commencer à jouir d'une durée du travail légale égale à celle des autres secteurs économiques. Cependant, le régime agricole de la durée du travail connaît toujours des spécificités importantes qui découlent du souci de permettre l'accomplissement des travaux agricoles en respectant les exigences principalement dictées par les conditions naturelles et climatiques.

L'ordonnance du 15 juin 2000 a permis la codification des dispositions sociales du code rural, intégrant diverses dispositions du code du travail. Cependant, toutes les dispositions applicables à la durée du travail ne sont pas intégrées dans le code rural. Certaines figurent dans le seul code du travail visant cependant dans leur champ d'application les entreprises agricoles (C. trav., art. L. 212-4-2 et L. 227-1 *in fine* par ex.) ; d'autres font l'objet d'un renvoi exprès du code rural (V. art. L. 713-19).

Cette technique de codification illustre la volonté d'établir un lien avec le code du travail tout en construisant un système propre à un secteur qui conserve ses particularités et qui nécessite une organisation du travail adaptée. La technique de renvoi à l'application du code du travail a pour avantage d'associer immédiatement l'agriculture à toute réforme sociale, tandis que les dispositions sociales spécifiques dans le code rural n'évoluent qu'à condition de prendre spécifiquement de nouvelles mesures propres à l'agriculture.

Un accord national du 23 décembre 1981, étendu par arrêté du 3 mars 1982 et plusieurs fois modifié, prévoit des aménagements de la durée du travail applicables à toute exploitation agricole et forestière, entreprise de travaux agricoles et CUMA notamment. Un accord national du 18 juillet 2002 étendu par arrêté du 28 octobre 2002 prévoit pour ces entreprises des dispositions spécifiques aux salariés engagés par contrat à durée déterminée et donc aux saisonniers. La loi n° 2005-157 du 23 février 2005 a assoupli la durée du travail en prévoyant un nouveau cas de travail autorisé le dimanche, pour permettre le développement des activités touristiques dans le cadre des exploitations agricoles. ❑

SECTION 1 Dispositions générales

Art. L. 713-1 **Sont soumis aux dispositions du présent chapitre :**

1° Les exploitations, entreprises et établissements énumérés aux 1° à 4° de l'article L. 722-1, à l'exception des entreprises de travaux agricoles qui effectuent un travail aérien ;

2° Les employeurs des salariés mentionnés aux 2°, 3° *(L. n° 2007-1223 du 21 août 2007, art. 1er-IX)* **« , 6°, 6° *bis*, 6° *ter*, 6° *quater* et au 12° » de l'article L. 722-20 et des salariés occupés aux travaux forestiers définis à l'article L. 722-3, à l'exception des établissements publics administratifs.**

Contrat saisonnier. La faculté pour un employeur de conclure des contrats à durée déterminée successifs avec le même salarié afin de pourvoir un emploi saisonnier n'est assortie d'aucune limite au-delà de laquelle s'instaurerait entre les parties une relation de travail globale à durée indéterminée. • Soc. 26 oct. 2011, n° 09-43.205 : *D. 2011. 2662* ; *RD rur. 2012, n° 19, note Tauran.*

Art. L. 713-2 *(L. nº 2016-1088 du 8 août 2016, art. 8-VIII-3º)* Le code du travail s'applique aux salariés mentionnés à l'article L. 713-1 du présent code, à l'exception des dispositions pour lesquelles le présent livre a prévu des dispositions particulières.

Art. L. 713-3 à L. 713-5 *Abrogés par L. nº 2016-1088 du 8 août 2016, art. 8-VIII-5º.*
V. art. R. 713-1 s.

SECTION 2 Heures supplémentaires

Art. L. 713-6 à L. 713-12 *Abrogés par L. nº 2008-789 du 20 août 2008, art. 21-II.*

Art. L. 713-13 *(L. nº 2016-1088 du 8 août 2016, art. 8-VIII-4º)* I. — Par dérogation à l'article L. 3121-22 du code du travail, pour les exploitations, entreprises, établissements et employeurs mentionnés aux 1º à 4º de l'article L. 722-1 du présent code, aux 2º et 3º de l'article L. 722-20 et au 6º du même article L. 722-20, pour les seules entreprises qui ont une activité de production agricole, la limite de quarante-quatre heures est calculée sur une période de douze mois consécutifs. Les mêmes exploitations, entreprises, établissements et employeurs peuvent être autorisés à dépasser le plafond de soixante heures mentionné à l'article L. 3121-21 du code du travail à la condition que le nombre total d'heures supplémentaires effectuées au-delà de ce plafond n'excède pas soixante heures au cours d'une période de douze mois consécutifs.

II. — Pour l'application de l'article L. 3121-34 du même code, les branches d'activité à caractère saisonnier mentionnées à l'article L. 3132-7 dudit code sont les exploitations, entreprises, établissements et employeurs mentionnés aux 1º à 4º de l'article L. 722-1 du présent code, aux 2º et 3º de l'article L. 722-20 et au 6º du même article L. 722-20, pour les seules entreprises qui ont une activité de production agricole.

SECTION 3 Répartition et aménagement du temps de travail

Art. L. 713-14 à L. 713-18 *Abrogés par L. nº 2008-789 du 20 août 2008, art. 21-II.*

SECTION 4 Dispositions diverses

Art. L. 713-19 *Abrogé par L. nº 2016-1088 du 8 août 2016, art. 8-VIII-5º.*

Art. L. 713-20 Un décret en Conseil d'État fixe les obligations mises à la charge des employeurs en vue de permettre le contrôle de l'application des dispositions légales et conventionnelles relatives à la durée et à l'aménagement du temps de travail. — *[Anc. art. 995.] — V. art. R. 713-35 s.*

Art. L. 713-21 En cas de litige relatif à l'existence ou au nombre d'heures de travail effectuées, l'employeur doit fournir au juge les éléments de nature à justifier les horaires effectivement réalisés par le salarié. Au vu de ces éléments et de ceux fournis par le salarié à l'appui de sa demande, le juge forme sa conviction après avoir ordonné, en cas de besoin, toutes les mesures d'instruction qu'il estime utiles. — *[Anc. art. 992-1.]*

Art. L. 713-22 *(Ord. nº 2007-329 du 12 mars 2007, art. 8)* Les dispositions relatives à l'affichage des horaires prévues à l'article L. 3171-1 du code du travail ne sont pas applicables aux chefs d'établissements employant des salariés mentionnés à l'article L. 713-1 du présent code.

Sur les pénalités en matière de durée du travail agricole, V. art. R. 719-3.

CHAPITRE IV REPOS ET CONGÉS *(Ord. nº 2007-329 du 12 mars 2007, art. 8).*

SECTION 1 Repos hebdomadaire

Art. L. 714-1 I. — Chaque semaine, les salariés entrant dans le champ d'application de l'article L. 713-1 ont droit à un repos, à prendre le dimanche, d'une durée minimale de vingt-quatre heures consécutives, auquel s'ajoute le repos prévu à l'article *(L. nº 2016-1088 du 8 août 2016, art. 8-VIII-6º)* « L. 3131-1 du code du travail ».

II. — Lorsque le travail du dimanche est indispensable au fonctionnement de l'entreprise, le repos hebdomadaire peut être donné pour tout ou partie du personnel, soit toute l'année, soit à certaines époques de l'année seulement, suivant l'une des modalités ci-après :

1° Un autre jour que le dimanche sous réserve que le jour de repos tombe le dimanche au moins une fois sur quatre ;

2° Une demi-journée le dimanche avec un repos compensateur d'une journée par roulement et par quinzaine ;

3° Par roulement à condition que le jour de repos tombe le dimanche au moins deux fois par mois ;

(L. n° 2005-157 du 23 févr. 2005, art. 19) « 4° Par roulement pour les activités d'accueil touristique qui ont pour support l'exploitation. »

Le décret mentionné au VII détermine en particulier les cas dans lesquels l'employeur est admis de plein droit à donner le repos hebdomadaire suivant l'une de ces modalités. Dans les autres cas, l'employeur qui désire faire usage de l'une de ces dérogations doit en faire la demande *(Ord. n° 2010-104 du 28 janv. 2010)* « à l'autorité administrative compétente ».

III. — Une convention ou un accord collectif étendu peut prévoir la possibilité de donner le repos hebdomadaire suivant l'une des modalités prévues aux 1° et 2° du II dans les exploitations de polyculture associées à des activités d'élevage exercées à titre principal qui n'emploient qu'un salarié polyvalent.

IV. — En outre, le repos hebdomadaire peut être donné par roulement lorsque le travail est organisé de façon continue :

1° Pour des raisons techniques ;

2° Pour des raisons économiques à condition qu'une convention ou un accord collectif étendu ou une convention ou un accord d'entreprise ait prévu une telle organisation. A défaut de convention ou d'accord collectif étendu ou de convention ou d'accord d'entreprise, un décret en Conseil d'État peut prévoir les conditions dans lesquelles cette dérogation peut être accordée.

V. — En cas de circonstances exceptionnelles, notamment de travaux dont l'exécution ne peut être différée, le repos hebdomadaire peut être suspendu pour une durée limitée ; les intéressés bénéficieront, au moment choisi d'un commun accord entre l'employeur et le salarié, d'un repos d'une durée égale au repos supprimé.

VI. — Les dérogations aux dispositions du I ne sont pas applicables aux enfants, non libérés de l'obligation scolaire, qui exécutent des travaux légers pendant les vacances scolaires.

VII. — Un décret en Conseil d'État, pris après avis de la sous-commission des conventions et accords, dans la formation spécifique aux professions agricoles, de la commission nationale de la négociation collective fixe l'ensemble des mesures nécessaires à l'application du présent article. — *[Anc. art. 997, al. 1er à 12.]* — *V. art. R. 714-1 s.*

Art. L. 714-2 Les jeunes travailleurs de moins de dix-huit ans ainsi que les jeunes de moins de dix-huit ans qui accomplissent des stages d'initiation ou d'application en milieu professionnel dans le cadre d'un enseignement alterné ou d'un cursus scolaire bénéficient de deux jours de repos consécutifs.

Lorsque les caractéristiques particulières de l'activité le justifient, une convention ou un accord collectif étendu *(L. n° 2004-391 du 4 mai 2004, art. 43-II)* « ou un accord d'entreprise ou d'établissement » peut définir les conditions dans lesquelles il peut être dérogé aux dispositions du précédent alinéa pour les jeunes libérés de l'obligation scolaire, sous réserve qu'ils bénéficient d'une période minimale de repos de trente-six heures consécutives. A défaut d'accord, un décret en Conseil d'État définit les conditions dans lesquelles cette dérogation peut être accordée par l'inspecteur du travail. — *[Anc. art. 997, al. 13 et 14.]*

Art. L. 714-3 *(Ord. n° 2017-1718 du 20 déc. 2017, art. 2-I-5°)* « Une convention d'entreprise ou d'établissement ou, à défaut, une convention de branche » peut prévoir que les entreprises agricoles ayant une activité à caractère industriel et qui fonctionnent à l'aide d'un personnel d'exécution composé de deux groupes dont l'un a pour seule fonction de remplacer l'autre pendant le ou les jours de repos accordés à celui-ci sont autorisées à donner le repos hebdomadaire un jour autre que le dimanche. Cette dérogation s'applique également au personnel nécessaire à l'encadrement de l'équipe de suppléance.

Al. 2 abrogé par L. n° 2004-391 du 4 mai 2004, art. 43-II.

(Ord. n° 2017-1718 du 20 déc. 2017, art. 2-I-5°) « La convention prévue » au premier alinéa comporte obligatoirement des dispositions concernant :

1° Les conditions particulières de mise en œuvre de la formation du personnel travaillant en équipe de suppléance et la rémunération du temps de formation ;

2° Les modalités d'exercice du droit des salariés de l'équipe de suppléance d'occuper un emploi autre que de suppléance.

La rémunération des salariés est majorée d'au moins 50 % par rapport à celle qui serait due pour une durée équivalente effectuée suivant l'horaire normal de l'entreprise. Cette majoration ne s'applique pas lorsque les salariés de l'équipe de suppléance sont amenés à remplacer durant la semaine les salariés partis en congé.

(L. n° 2004-391 du 4 mai 2004, art. 43-II) « A défaut de convention *(Abrogé par Ord. n° 2017-1718 du 20 déc. 2017, art. 2-I-5°)* *« ou d'accord »*, l'utilisation de la dérogation prévue au premier alinéa est subordonnée à l'autorisation de *(Ord. n° 2017-1718 du 20 déc. 2017, art. 2-I-5°)* « l'agent de contrôle de l'inspection du travail donnée après avis du comité social et économique, s'il existe », dans des conditions déterminées par décret en Conseil d'État. » — *[Anc. art. 997-1.] — V. art. R. 714-11 s.*

Art. L. 714-4 Les dispositions de l'article L. 221-16-1 du code du travail sont applicables aux établissements mentionnés à l'article L. 711-1.

SECTION 2 Repos quotidien

Art. L. 714-5 et L. 714-6 *Abrogés par L. n° 2016-1088 du 8 août 2016, art. 8-VIII-5°.*

SECTION 3 Dispositions applicables aux organismes de mutualité agricole

Art. L. 714-7 Pour l'application des chapitres III et IV du présent titre, les conventions ou accords conclus par des organismes de mutualité agricole avec une ou plusieurs organisations de salariés ont, à l'égard desdits organismes et de leurs salariés, les mêmes effets que des conventions ou accords collectifs étendus à la condition d'avoir été agréés par le ministre chargé de l'agriculture. — *[Ord. n° 82-109 du 30 janv. 1982, art. 12.]*

Sur les pénalités en matière de repos hebdomadaire en agriculture, V. art. R. 719-4 et R. 719-5.

SECTION 4 Congé payé annuel

(Ord. n° 2007-329 du 12 mars 2007, art. 8)

Art. L. 714-8 *Abrogé par L. n° 2016-1088 du 8 août 2016, art. 8-VIII-5°.*

CHAPITRE V DISPOSITIONS RELATIVES AUX JEUNES TRAVAILLEURS

Art. L. 715-1 Les limitations et interdictions relatives à l'âge d'admission au travail, à la durée du travail et au travail de nuit, telles qu'elles résultent des articles *(Ord. n° 2012-789 du 31 mai 2012, art. 20-2°)* « L. 4153-1 à L. 4153-3 et L. 4153-5, L. 3162-1 et L. 3162-2, L. 3162-3, L. 3163-1, L. 3164-1 et L. 3163-3 » du code du travail sont applicables dans les exploitations, entreprises, établissements et aux employeurs définis à l'article L. 713-1.

Leurs conditions particulières d'application à ces exploitations, entreprises, établissements et employeurs sont fixées par décret en Conseil d'État. — *[Anc. art. 983.] — V. art. R. 715-1 s.*

CHAPITRE VI HÉBERGEMENT ET PARTICIPATION DES EMPLOYEURS AGRICOLES À L'EFFORT DE CONSTRUCTION *(L. n° 2006-11 du 5 janv. 2006, art. 29).*

BIBL. GÉN. ▶ TAURAN, *RD rur. 2022. Alerte 25* (nouveautés en matière d'aides au logement des salariés agricoles).

Art. L. 716-1 Lorsque les exploitations, entreprises, établissements ou employeurs définis à l'article L. 713-1 assurent l'hébergement des salariés et des membres de leur famille, cet hébergement doit satisfaire à des conditions, notamment d'hygiène et de confort, fixées par décret et tenant compte, le cas échéant, des conditions locales. *– V. art. R. 716-1 à R. 716-25.*

Ces dispositions sont également applicables en cas d'hébergement de stagiaires. *– [Anc. art. 984.]*

Art. L. 716-2 *(L. nº 2006-11 du 5 janv. 2006, art. 29)* Sous réserve des dispositions conventionnelles qui leur sont éventuellement applicables, les employeurs, à l'exception de l'État, des collectivités territoriales et de leurs établissements publics, occupant au minimum cinquante salariés agricoles définis par l'article L. 722-20, doivent consacrer des sommes représentant 0,45 % au moins *(Ord. nº 2018-474 du 12 juin 2018, art. 5)* « des revenus d'activité tels qu'ils sont pris en compte pour la détermination de l'assiette des cotisations définie à l'article L. 242-1 du code de la sécurité sociale versés » par eux à leurs salariés sous contrat à durée indéterminée au cours de l'exercice écoulé au financement, notamment par l'octroi de prêts ou d'aides accordés à leurs salariés :

a) De rénovation du patrimoine rural bâti destiné aux logements sociaux, de construction ou d'acquisition de logements en zone rurale, d'acquisition ou d'aménagement de terrains destinés exclusivement à la construction de logements sociaux en zone rurale ;

b) De prise en charge temporaire, en cas de difficultés exceptionnelles des emprunteurs, d'une partie des remboursements des prêts immobiliers destinés à l'accession sociale à la propriété ;

c) D'aides directes à des personnes physiques pour le changement de logement ou le maintien dans celui-ci et l'accès au logement locatif, de garanties de loyer et charges apportées aux bailleurs ;

d) De dépenses d'accompagnement social dans le domaine du logement ;

(L. nº 2012-387 du 22 mars 2012, art. 81-I) « *e)* D'interventions à caractère très social dans le domaine du logement, notamment sous la forme d'opérations relatives au logement ou à l'hébergement des personnes défavorisées. »

Les employeurs qui, au moyen de leurs ressources propres, ont investi au cours d'un exercice une somme supérieure à celle prévue au premier alinéa peuvent reporter l'excédent sur les exercices postérieurs.

(L. nº 2019-486 du 22 mai 2019, art. 11, en vigueur le 1er janv. 2020) « Pour l'application du présent article, l'effectif salarié et le franchissement du seuil de cinquante salariés sont appréciés selon les modalités prévues à l'article L. 130-1 du code de la sécurité sociale. »

Les modalités d'application du présent article sont fixées par décret en Conseil d'État. *– V. art. R. 716-26 à R. 716-37.*

Art. L. 716-3 *(L. nº 2006-872 du 13 juill. 2006, art. 103)* Les employeurs n'ayant pas procédé, au 31 décembre de l'année suivant celle du paiement des rémunérations, aux investissements prévus à l'article L. 716-2 sont assujettis à une cotisation de 2 % du montant visé au premier alinéa du même article.

(L. nº 2018-771 du 5 sept. 2018, art. 37, en vigueur le 1er janv. 2019) « Le versement de cette cotisation est effectué auprès du comptable public compétent accompagné d'un bordereau établi selon un modèle fixé par l'administration comportant les informations relatives à la participation des employeurs agricoles à l'effort de construction et déposé au plus tard le 30 avril de la deuxième année qui suit le versement des rémunérations mentionnées au premier alinéa du même article L. 716-2. »

Cette cotisation est recouvrée *(Ord. nº 2014-275 du 28 févr. 2014, art. 2-2º, en vigueur le 1er avr. 2014)* « sous les sûretés, garanties et sanctions applicables aux taxes sur le chiffre d'affaires. Toutefois la commission prévue à l'article 1651 ou à l'article 1651 H du code général des impôts n'est pas appelée à intervenir dans la procédure de rectification. »

Art. L. 716-4 *(L. nº 2006-872 du 13 juill. 2006, art. 103)* Le montant des rémunérations visé au premier alinéa de l'article L. 716-2 s'entend des rémunérations versées au cours de l'année civile écoulée.

Art. L. 716-5 *(L. nº 2006-872 du 13 juill. 2006, art. 103)* **Les agents des administrations compétentes peuvent exiger des employeurs et des organismes bénéficiaires des investissements de justifier qu'ils ont satisfait aux obligations résultant des dispositions du présent chapitre. Ces agents sont astreints au secret professionnel dans les conditions prévues par le code général des impôts.**

CHAPITRE VII SANTÉ ET SÉCURITÉ AU TRAVAIL *(Ord. nº 2007-329 du 12 mars 2007, art. 8).*

SECTION 1 Services de santé au travail *(Ord. nº 2007-329 du 12 mars 2007, art. 8).*

BIBL. ▶ TAURAN, *RD rur. 2023. Focus 34* (loi nº 2021-1018 du 2 août 2021 : évolution des services de santé en agriculture).

Art. L. 717-1 *(L. nº 2023-1250 du 26 déc. 2023, art. 55)* **« I. — » Sans préjudice** *(L. nº 2023-1250 du 26 déc. 2023, art. 55)* **« du titre II du livre VI de la quatrième partie » du code du travail relatives** *[relatif] (L. nº 2005-157 du 23 févr. 2005, art. 71-I)* **« aux services de santé au travail », les dispositions** *(L. nº 2011-525 du 17 mai 2011, art. 30)* **« de la présente section » sont applicables aux exploitations, entreprises, établissements et employeurs définis à l'article L. 713-1 ainsi qu'aux entreprises artisanales rurales n'employant pas plus de deux salariés de façon permanente.**

(L. nº 2023-1250 du 26 déc. 2023, art. 55) **« II. — Pour le renouvellement périodique de l'examen médical d'aptitude mentionné au II de l'article L. 4624-2 du code du travail, certains actes de cet examen, préalables à la délivrance par le médecin du travail d'un avis d'aptitude, peuvent être délégués à un infirmier en santé au travail, dans le cadre d'un protocole écrit, dans les conditions prévues aux articles L. 4622-8 et L. 4623-9 du code du travail. Lorsque l'infirmier en santé au travail constate des éléments pouvant justifier une inaptitude au poste de travail ou estime nécessaire de proposer l'une des mesures prévues à l'article L. 4624-3 du même code, il oriente sans délai le travailleur vers le médecin du travail pour qu'il réalise tous les actes de l'examen médical d'aptitude.**

« III. — » *(L. nº 2011-867 du 20 juill. 2011, art. 17)* **« L'article L. 4625-2 du code du travail ne s'applique pas aux voyageurs, représentants et placiers dont les employeurs sont mentionnés au premier alinéa du présent article. »**

(L. nº 2023-1250 du 26 déc. 2023, art. 55) **« IV. — »** *(Ord. nº 2005-57 du 26 janv. 2005, art. 6)* **« Les dispositions** *(L. nº 2011-525 du 17 mai 2011, art. 30)* **« de la présente section » ne s'appliquent pas dans les départements d'outre-mer et à Saint-Pierre-et-Miquelon. »**

Art. L. 717-2 *(L. nº 2011-867 du 20 juill. 2011, art. 17)* **« Des décrets déterminent les règles relatives à l'organisation et au fonctionnement des services de santé au travail en agriculture ainsi que** *(L. nº 2021-1018 du 2 août 2021, art. 2, en vigueur le 31 mars 2022)* **« , le cas échéant, les modalités d'application du chapitre II du titre II du livre VI de la quatrième partie et de l'article » L. 4644-1 du code du travail. »** *(L. nº 2005-157 du 23 févr. 2005, art. 71-I)* **« Ils déterminent également les conditions dans lesquelles les exploitants agricoles et les membres non salariés de leur famille peuvent demander à bénéficier des examens du service de santé au travail.** — *V. art. R. 717-1 s.*

« Les dépenses du service de santé au travail sont couvertes par les cotisations des employeurs et, le cas échéant, par celles des exploitants mentionnés ci-dessus. »

(L. nº 2021-1018 du 2 août 2021, art. 2, en vigueur le 31 mars 2022) **« Des décrets en Conseil d'État précisent les modalités de mise en œuvre des chapitres III à V du titre II du livre VI de la quatrième partie du même code. »** — *[Anc. art. 1000-1, al. 1er (partie) et 2.]*

Art. L. 717-2-1 *(L. nº 2005-157 du 23 févr. 2005, art. 71-II, en vigueur le 1er janv. 2007)* **Le conseil central d'administration de la mutualité sociale agricole fixe chaque année, après avis conforme du comité central de la protection sociale des salariés agricoles :**

— le taux de la cotisation due par les employeurs de main-d'œuvre, dont l'assiette est fixée par décret ;

– le montant de la participation due par l'utilisateur d'un salarié temporaire, pour la surveillance médicale spéciale, conformément *(Ord. n° 2012-789 du 31 mai 2012, art. 20-3°)* « aux articles L. 1251-21 à L. 1251-23 » du code du travail ;

– le montant de la participation due par les exploitants mentionnés au premier alinéa de l'article L. 717-2 *(L. n° 2021-1018 du 2 août 2021, art. 13, en vigueur le 31 mars 2022)* « du présent code ;

« – le cas échéant, la grille tarifaire applicable à l'offre de services complémentaires mentionnée à l'article L. 717-3-1 ».

Si les taux et montants susmentionnés n'ont pas été déterminés à l'expiration d'un délai prévu par décret, le ministre chargé de l'agriculture peut les fixer par arrêté. – *V. art. D. 717-68.*

La caisse centrale de la mutualité sociale agricole a pour mission de centraliser les recettes issues de la cotisation due par les employeurs de main-d'œuvre et utilisateurs de salariés temporaires, de procéder aux répartitions de ces recettes et compensations de charges des caisses de mutualité sociale agricole en matière de santé au travail, dans les conditions prévues par décret. – *V. art. D. 717-69.*

Les décisions de l'assemblée générale centrale et du conseil central d'administration de la mutualité sociale agricole sont soumises à l'approbation du ministre chargé de l'agriculture dans les conditions prévues à l'article L. 152-1 du code de la sécurité sociale.

Art. L. 717-3 *(L. n° 2005-157 du 23 févr. 2005, art. 71-I)* Les caisses de mutualité sociale agricole sont responsables de l'application des dispositions concernant l'organisation du service de santé au travail agricole. Elles peuvent, soit instituer en leur sein une section de santé au travail, soit créer une association spécialisée. *(L. n° 2011-867 du 20 juill. 2011, art. 15)* « Par exception aux dispositions de l'article L. 4622-11 du code du travail, le service de santé au travail est administré paritairement selon les modalités prévues au troisième alinéa de l'article L. 723-35 du présent code. » Cependant, toute entreprise peut, lorsque l'importance des effectifs des travailleurs salariés le justifie, être autorisée par l'autorité administrative compétente de l'État à organiser un service autonome de santé au travail.

L'exercice du service de santé au travail est confié à des médecins à temps partiel ou à temps complet. Des décrets déterminent les compétences techniques que ces médecins doivent posséder ainsi que les conditions dans lesquelles les médecins praticiens participent à l'exercice du service de santé au travail. – *[Anc. art. 1000-2 (partie).]* – *V. art. R. 717-50 s.*

Art. L. 717-3-1 *(L. n° 2021-1018 du 2 août 2021, art. 11, en vigueur le 31 mars 2022)* I. – La caisse centrale de la mutualité sociale agricole coordonne la mise en œuvre, par les services de santé au travail des caisses de mutualité sociale agricole, de l'ensemble socle de services prévu à l'article L. 4622-9-1 du code du travail. Celui-ci est adapté à ces services selon des modalités fixées par décret, après avis du comité national de prévention et de santé au travail prévu à l'article L. 4641-2-1 du même code. – *V. Décr. n° 2022-1163 du 18 août 2022 relatif à l'ensemble socle de services à mettre en œuvre par les services de santé au travail en agriculture (JO 20 août).*

La caisse centrale de la mutualité sociale agricole peut proposer une offre de services complémentaires prévue à l'article L. 4622-9-1 dudit code. Elle coordonne sa mise en œuvre par les services de santé au travail des caisses de mutualité sociale agricole.

II. – Les référentiels et les principes guidant l'élaboration du cahier des charges de certification prévu à l'article L. 4622-9-3 du code du travail, adaptés aux modalités d'organisation et de fonctionnement des services de santé au travail des caisses de mutualité sociale agricole, sont fixés par décret, après avis du comité national de prévention et de santé au travail mentionné à l'article L. 4641-2-1 du même code. – *V. art. D. 717-49-1 s.*

Art. L. 717-4 L'autorité administrative compétente fait appel aux médecins inspecteurs du travail mentionnés à l'article L. 612-1 du code du travail pour tous avis, inspections ou enquêtes concernant :

1° L'agrément des organismes chargés *(L. n° 2005-157 du 23 févr. 2005, art. 71-I)* « du service de santé au travail » agricole ;

2° Le contrôle du fonctionnement desdits organismes ;

3° Les maladies et risques professionnels découlant de la mise en œuvre de techniques nouvelles. – *[Anc. art. 1000-3.]*

Art. L. 717-5 Pour l'accomplissement de leur mission, les médecins du travail mentionnés à l'article L. 717-3 ont accès aux exploitations, entreprises et établissements et chez les employeurs définis à l'article L. 717-1.

Ils sont autorisés à faire, aux fins d'analyse, tous prélèvements portant notamment sur les matières mises en œuvre et les produits utilisés. – *[Anc. art. 1000-4.]*

Art. L. 717-6 Les dispositions du premier alinéa de l'article 433-5 du code pénal ainsi que celles des articles 433-6 et 433-7 du même code qui prévoient et répriment l'outrage et la rébellion envers une personne chargée d'une mission de service public sont applicables à ceux qui se rendent coupables de faits de même nature à l'égard d'un médecin du travail.

En outre les personnes physiques qui se rendent coupables des infractions définies aux articles 433-5 et 433-6 du code pénal encourent les peines complémentaires prévues à l'article 433-22 du même code.

Sur les pénalités en matière de services de santé du travail en agriculture, V. art. R. 719-9

SECTION 2 Commissions paritaires d'hygiène, de sécurité et des conditions de travail en agriculture

(Ord. n° 2007-329 du 12 mars 2007, art. 8, en vigueur le 1er mai 2008)

Art. L. 717-7 Des commissions paritaires d'hygiène, de sécurité et des conditions de travail en agriculture sont instituées dans chaque département. Elles sont chargées de promouvoir la formation à la sécurité, de contribuer à l'amélioration des conditions d'hygiène et de sécurité et à l'évaluation des risques pour la sécurité et la santé des travailleurs des exploitations et entreprises agricoles énumérées aux 1°, 2°, 3° et 4° de l'article L. 722-1 du présent code et qui sont dépourvues de comité *(Ord. n° 2017-1718 du 20 déc. 2017, art. 2-I-6°)* « social et économique ». *(L. n° 2011-867 du 20 juill. 2011, art. 15)* « Elles apportent également leur contribution à la prévention *(Ord. n° 2017-1389 du 22 sept. 2017, art. 4-1°, en vigueur le 1er oct. 2017)* « des effets de l'exposition aux facteurs de risques professionnels mentionnés à l'article L. 4161-1 du code du travail ».

« Les modalités de fonctionnement des commissions sont précisées par un accord collectif national étendu ou, à défaut, par décret. »

Le temps passé par les membres salariés aux réunions de la commission est de plein droit considéré comme temps de travail, et rémunéré comme tel. Les intéressés bénéficient en outre d'une autorisation d'absence rémunérée pour exercer leurs fonctions, dans la limite de quatre heures par mois. *(L. n° 2011-867 du 20 juill. 2011, art. 15)* « Les membres employeurs bénéficient d'une indemnité forfaitaire représentative du temps passé d'un montant égal à celui prévu par l'article L. 723-37 pour les administrateurs du troisième collège de la caisse de mutualité sociale agricole. Les frais de déplacement exposés par les membres de la commission, les salaires maintenus par les employeurs ainsi que les cotisations sociales y afférentes et les indemnités représentatives du temps passé sont pris en charge par le Fonds national de prévention créé en application de l'article L. 751-48 et, dans les départements d'outre-mer, par le Fonds national de prévention des accidents du travail et des maladies professionnelles géré par la Caisse nationale de l'assurance maladie » *(Abrogé par Ord. n° 2018-470 du 12 juin 2018, art. 9) « des travailleurs salariés »*.

Les membres salariés des commissions paritaires d'hygiène, de sécurité et des conditions de travail en agriculture bénéficient des dispositions de l'article L. 2411-13 du code du travail.

(L. n° 2011-867 du 20 juill. 2011, art. 15) « Un décret détermine les conditions d'application du présent article. »

SECTION 3 Travaux en hauteur dans les arbres et travaux forestiers

(Ord. n° 2007-329 du 12 mars 2007, art. 8, en vigueur le 1er mai 2008)

Art. L. 717-8 Un décret en Conseil d'État fixe la liste des prescriptions applicables aux travailleurs indépendants qui effectuent des travaux en hauteur dans les arbres, ainsi qu'aux employeurs exerçant directement ces activités.

Art. L. 717-9 Un décret en Conseil d'État détermine les règles d'hygiène et de sécurité, notamment celles relatives à l'aménagement des chantiers, à l'organisation des travaux et aux travailleurs isolés, à respecter sur les chantiers forestiers définis à l'article *(Ord. n° 2012-92 du 26 janv. 2012, art. 4-12°)* « L. 154-1 » du code forestier ainsi que sur les chantiers sylvicoles.

Il fixe également la liste des prescriptions applicables aux donneurs d'ordre, aux travailleurs indépendants ainsi qu'aux employeurs exerçant directement une activité sur les chantiers mentionnés au premier alinéa.

SECTION 4 Coopération en matière de sécurité et de protection de la santé

(L. n° 2014-1170 du 13 oct. 2014, art. 19-1°)

Art. L. 717-10 Les employeurs et travailleurs indépendants qui exercent les activités mentionnées aux 1°, 2° et 4° de l'article L. 722-1 sur un même lieu de travail coopèrent afin de prévenir les risques résultant de leurs interventions simultanées ou successives et adoptent des mesures de prévention des risques professionnels appropriées. Les donneurs d'ordre concourent à la mise en œuvre de ces mesures.

Un décret en Conseil d'État détermine les modalités de cette coopération. – *V. art. R. 717-97.*

CHAPITRE VIII DISPOSITIONS DIVERSES

SECTION 1 Comités des activités sociales et culturelles

Art. L. 718-1 Un comité des activités sociales et culturelles *(L. n° 2014-1170 du 13 oct. 2014, art. 20)* « peut être constitué au plan départemental, interdépartemental ou régional, » au bénéfice des salariés et de leurs familles, employés dans les exploitations ou entreprises mentionnées aux 1° à 4° de l'article L. 722-1, dont l'effectif est inférieur à cinquante salariés et qui n'ont pas de comité d'entreprise.

Une convention ou un accord collectif de travail étendu conclu sur le plan départemental, *(L. n° 2014-1170 du 13 oct. 2014, art. 20)* « interdépartemental ou régional » détermine les modalités de constitution du comité et contient obligatoirement des dispositions concernant :

1° La composition du comité, les modalités de désignation des représentants et la durée de leur mandat ;

2° Les modalités d'exercice du mandat détenu par les représentants des organisations de salariés ;

3° Le taux de la contribution versée par chaque employeur ainsi que les modalités de recouvrement de celle-ci ;

4° La destination des fonds recouvrés et les modalités d'utilisation de ceux-ci.

Le comité est doté de la personnalité civile et détermine ses modalités de fonctionnement dans un règlement intérieur.

Le comité est composé en nombre égal de représentants des organisations syndicales d'employeurs et de salariés agricoles représentatives dans le champ d'application de la convention ou de l'accord. Les représentants sont choisis parmi les salariés et les employeurs entrant dans le champ d'application territorial et professionnel de la convention ou de l'accord collectif de travail étendu.

Le comité exerce les attributions dévolues *(Ord. n° 2017-1718 du 20 déc. 2017, art. 2-I-7°)* « aux comités sociaux et économiques par les articles L. 2312-78 à L. 2312-84 du code du travail ». La contribution qui est versée par les employeurs des salariés mentionnés au premier alinéa du présent article et qui est destinée à couvrir le fonctionnement et les activités sociales et culturelles du comité est assise sur la masse salariale brute.

Les contributions versées et les avantages servis suivent, en matière de cotisations sociales et de fiscalité, le régime applicable aux activités sociales et culturelles des comités d'entreprise. – *[Anc. art. 1000-7.]*

SECTION 2 **Formation professionnelle continue** *(Ord. nº 2007-329 du 12 mars 2007, art. 8).*

Art. L. 718-2 Dans les professions agricoles, les conditions de mise en œuvre des articles L. 932-1 et L. 932-2 *[L. 6321-2 s.]* du code du travail peuvent résulter d'une convention de branche ou d'un accord professionnel étendus. – *[L. nº 99-574 du 9 juill. 1999, art. 43.]*

Art. L. 718-2-1 *(Ord. nº 2007-329 du 12 mars 2007, art. 8)* Les chefs d'exploitation et d'entreprise agricoles bénéficient personnellement du droit à la formation professionnelle continue. A cette fin, ils consacrent chaque année au financement des actions définies à l'article *(Ord. nº 2019-861 du 21 août 2019, art. 5)* « L. 6313-1 » du code du travail une contribution calculée en pourcentage *(L. nº 2023-1250 du 26 déc. 2023, art. 18)* « de l'assiette déterminée à l'article L. 731-15 du présent code ou de l'assiette forfaitaire déterminée » à l'article L. 731-16 du présent code. Son taux ne peut être inférieur à 0,30 %, dans la limite d'une somme dont le montant minimal et maximal est fixé par décret par référence au montant annuel du plafond de la sécurité sociale. Pour les chefs d'exploitation agricole exerçant dans les départements d'outre-mer, le montant de cette contribution varie en fonction de la surface pondérée de l'exploitation mentionnée à l'article L. 762-7 du présent code, dans des conditions fixées par décret.

(L. nº 2009-1437 du 24 nov. 2009, art. 55) « Pour les personnes mentionnées à l'article L. 731-23 qui n'ont pas atteint l'âge déterminé à l'article *(L. nº 2014-1170 du 13 oct. 2014, art. 60-III)* « L. 732-18 », » pour les conjoints et les membres de la famille des chefs d'exploitation ou d'entreprise agricoles mentionnés à l'article L. 732-34 du présent code, ainsi que pour les conjoints ayant opté pour la qualité de conjoint collaborateur d'exploitation ou d'entreprise agricoles mentionnés à l'article L. 321-5 du même code, la contribution est égale au montant minimal prévu à l'alinéa précédent. *(L. nº 2009-1437 du 24 nov. 2009, art. 55)* « Ces personnes bénéficient de la formation professionnelle continue. »

Cette contribution est *(Abrogé par L. nº 2022-172 du 14 févr. 2022, art. 12)* « *directement* » *(L. nº 2014-1170 du 13 oct. 2014, art. 60-III)* « recouvrée et contrôlée par les caisses de mutualité sociale agricole, selon les règles, la périodicité et sous les garanties et sanctions applicables au recouvrement des cotisations dues au titre des régimes de protection sociale agricole et au recouvrement de la cotisation de solidarité mentionnée à l'article L. 731-23 ».

(L. nº 2022-172 du 14 févr. 2022, art. 12, en vigueur le 1er sept. 2022) « Les caisses centrales de mutualité sociale agricole reversent les contributions recouvrées à France compétences, qui procède à la répartition et à l'affectation des fonds conformément à l'article L. 6123-5 du code du travail :

« 1º A un fonds d'assurance formation habilité à cet effet par l'État, dans des conditions fixées par décret en Conseil d'État ;

« 2º A l'organisme mentionné à l'article L. 6333-1 du même code, pour le financement du compte personnel de formation des personnes mentionnées aux deux premiers alinéas du présent article ;

« 3º Aux opérateurs chargés de la mise en œuvre du conseil en évolution professionnelle.

« Les montants des deux fractions de la collecte affectée au financement du compte personnel de formation et au conseil en évolution professionnelle sont déterminés par arrêté des ministres chargés de la formation professionnelle et de l'agriculture.

« Pour l'application du présent article dans les départements d'outre-mer, les caisses générales de sécurité sociale mentionnées à l'article L. 781-2 exercent les fonctions dévolues aux caisses de mutualité sociale agricole. »

V. Arr. du 5 mai 2020 relatif à la répartition de la contribution à la formation professionnelle des travailleurs indépendants relevant du régime agricole (JO 14 mai).

Art. L. 718-2-2 *(Ord. n° 2007-329 du 12 mars 2007, art. 8)* Afin d'améliorer l'exercice des professions agricoles, l'État et les régions contribuent, en liaison avec les organisations professionnelles, dans les conditions prévues aux articles L. 6121-1 *(L. n° 2014-288 du 5 mars 2014, art. 21-III)* « à L. 6121-2-1, L. 6121-4 à L. 6121-7 », L. 6122-1 à L. 6122-4, L. 6332-23 et L. 6332-24 du code du travail, au financement des stages organisés en vue d'assurer la formation des exploitants, salariés des exploitations, aides familiaux, salariés et non-salariés des secteurs para-agricole et agroalimentaire, dans des centres de formation publics ou privés. Une fraction de ces contributions peut être réservée au financement d'actions de formation en alternance organisées dans des conditions fixées par décret au bénéfice des aides familiaux et associés d'exploitation. Les modalités de mise en œuvre de ces actions peuvent faire l'objet d'accords-cadres conclus entre l'État ou une ou plusieurs régions, d'une part, et une ou plusieurs organisations professionnelles ou chambres d'agriculture, d'autre part.

Ces formations sont notamment dispensées dans des centres de formation professionnelle et de promotion agricoles créés par le ministère de l'agriculture dans des conditions fixées par décret, ainsi que dans les chambres d'agriculture.

Indépendamment des sanctions prévues en application des articles L. 6353-1 et L. 6353-2 du code du travail pour les diverses actions de formation professionnelle, certaines de ces dernières pourront donner lieu à la préparation de diplômes des enseignements supérieurs et techniques agricoles.

En outre, conformément aux dispositions des articles L. 6332-9 à L. 6332-12 du code du travail, l'État peut participer au financement de fonds d'assurance formation créés par les professionnels de ce secteur.

Les centres de formation professionnelle et de promotion agricoles publics et les centres privés apportent leur concours, en liaison avec les divers départements ministériels intéressés, à la formation des pluriactifs nécessaires au maintien des exploitations agricoles, à l'équilibre économique et à l'animation du milieu rural. Les centres ci-dessus mentionnés apportent à leurs programmes de formation, lorsqu'ils s'adressent à des personnes appelées à travailler en zone de montagne, dans les zones éligibles aux programmes d'aménagement concerté des territoires ruraux des contrats de plan ou dans les départements d'outre-mer, les adaptations nécessaires pour tenir compte des situations et des besoins particuliers de ces zones liées à l'exercice de la pluriactivité des différentes activités saisonnières et des métiers spécifiques aux territoires concernés.

(L. n° 2014-1170 du 13 oct. 2014, art. 60-IV) « Les centres de formation professionnelle et de promotion agricoles publics et les centres privés contribuent à la formation continue à l'agro-écologie. »

Art. L. 718-2-3 *(L. n° 2009-1437 du 24 nov. 2009, art. 56-II)* Les actions qui ont pour objet de permettre aux repreneurs ou créateurs d'exploitation ou d'entreprise agricole, exerçant ou non une activité, d'acquérir les compétences et connaissances nécessaires pour s'inscrire dans les dispositions relatives à la politique d'installation prévues à l'article L. 330-1 entrent dans le champ d'application de l'article L. 6313-1 du code du travail.

A défaut d'être déjà financées par un organisme de financement de la formation professionnelle continue ou de demandeurs d'emploi, les dépenses de formation engagées par le candidat à la création ou la reprise d'une exploitation agricole sont éligibles au financement du fonds de formation des non-salariés agricoles.

SECTION 3 Contrats de travail

(L. n° 2006-11 du 5 janv. 2006, art. 34)

SOUS-SECTION 1 Contrat emploi-formation agricole *(Ord. n° 2007-329 du 12 mars 2007, art. 8).*

Art. L. 718-3 Dans les exploitations, entreprises, établissements et groupements d'employeurs agricoles où sont employés les salariés visés aux 1° à 4° de l'article L. 722-1, ainsi que ceux des coopératives agricoles visés au 6° de l'article L. 722-20, il peut être conclu un contrat emploi-formation agricole comportant une alternance de périodes de travail et de formation. Ce contrat est régi par les dispositions du 2° de

l'article L. 122-2 du code du travail. Les modalités de la formation sont déterminées par accord entre les partenaires sociaux.

Les coûts relatifs aux périodes de formation sont pris en charge au titre du congé de formation prévu à l'article L. 931-13 du code du travail.

Les dispositions de l'article L. 122-3-4 du même code ne sont pas applicables à ce contrat.

Les employeurs de salariés en contrat emploi-formation agricole bénéficient des exonérations de charges sociales prévues à l'article L. 981-6 du même code.

V. art. D. 718-6 s.

SOUS-SECTION 2 Contrat vendanges

(Ord. nº 2007-329 du 12 mars 2007, art. 8, en vigueur le 1er mai 2008)

Art. L. 718-4 Le contrat vendanges a pour objet la réalisation de travaux de vendanges. Ces travaux s'entendent des préparatifs de la vendange à la réalisation des vendanges, jusqu'aux travaux de rangement inclus.

Art. L. 718-5 Le contrat vendanges a une durée maximale d'un mois. *(L. nº 2012-387 du 22 mars 2012, art. 86)* **« Il précise la durée pour laquelle il est conclu. A défaut, il est réputé être établi pour une durée qui court jusqu'à la fin des vendanges. »**

Un salarié peut recourir à plusieurs contrats vendanges successifs, sans que le cumul des contrats n'excède une durée de deux mois sur une période de douze mois.

Le contrat de vendanges qui a pour terme « la fin des vendanges » ne comporte ni terme précis, ni durée minimale et doit être requalifié en contrat à durée indéterminée. • Soc. 6 oct. 2010, nº 09-65.346 : *RD rur. 2010, nº 134, note Lebel ; Ann. loyers 2011. 988 ; LPA 2012, nº 36, p. 13, note Garcia.*

Art. L. 718-6 Le salarié en congés payés peut bénéficier du contrat vendanges.

Les agents publics peuvent également bénéficier de ce contrat.

Les dispositions de l'article L. 1244-2 du code du travail, relatives au contrat de travail à caractère saisonnier, ne s'appliquent pas aux contrats vendanges.

SECTION 4 Syndicats professionnels

(Ord. nº 2007-329 du 12 mars 2007, art. 8, en vigueur le 1er mai 2008)

Art. L. 718-7 S'ils y sont autorisés par leurs statuts et à condition de ne pas distribuer de bénéfices, même sous forme de ristournes, à leurs membres, les syndicats peuvent :

1º Acheter pour les louer, prêter ou répartir entre leurs membres tous les objets nécessaires à l'exercice de leur profession, matières premières, outils, instruments, machines, engrais, semences, plantes, animaux et matières alimentaires pour le bétail ;

2º Prêter leur entremise gratuite pour la vente des produits provenant exclusivement du travail personnel ou des exploitations des syndiqués ; faciliter cette vente par exposition, annonces, publications, groupement de commandes et d'expéditions, sans pouvoir l'opérer sous leur nom et sous leur responsabilité.

SECTION 5 Conflits collectifs

(Ord. nº 2007-329 du 12 mars 2007, art. 8, en vigueur le 1er mai 2008)

Art. L. 718-8 Les conflits collectifs de travail en agriculture sont portés dans les conditions prévues à l'article L. 2522-1 du code du travail devant une commission nationale ou régionale agricole de conciliation, dont la composition est fixée conformément aux règles prévues à l'article L. 2522-7 du même code.

SECTION 6 Lutte contre le travail illégal

(Ord. nº 2007-329 du 12 mars 2007, art. 8, en vigueur le 1er mai 2008)

Art. L. 718-9 Les chefs d'établissement ou d'entreprise mentionnés *(L. nº 2016-1088 du 8 août 2016, art. 111-III)* **« au 3º de l'article L. 722-1 du présent code doivent, avant le début de chantiers forestiers définis à l'article L. 154-1 du code forestier**

excédant un volume fixé par décret ou de chantiers sylvicoles » portant sur une surface supérieure à un seuil fixé par décret, adresser *(Ord. n° 2010-104 du 28 janv. 2010)* **« à l'autorité administrative compétente » une déclaration écrite comportant le nom, la dénomination sociale de l'entreprise, son adresse, la situation géographique exacte du chantier, la date du début et la date de fin prévisible des travaux et le nombre de salariés qui seront occupés, le cas échéant, sur ce chantier.** *(L. n° 2016-1088 du 8 août 2016, art. 111-III)* **« Cette même déclaration doit également être transmise à la mairie des communes sur le territoire desquelles est situé le chantier. »** – *Sur la sanction du manquement à l'obligation de déclaration, V. art. L. 719-10-1.*

Ils doivent également signaler ce chantier par affichage en bordure *(L. n° 2016-1088 du 8 août 2016, art. 111-III)* **« du chantier sur un panneau comportant le nom, la dénomination sociale de l'entreprise et son adresse ».**

Art. L. 718-10 *Abrogé par Ord. n° 2010-104 du 28 janv. 2010.*

CHAPITRE IX **CONTRÔLE**

Art. L. 719-1 et L. 719-2 *Abrogés par Ord. n° 2010-104 du 28 janv. 2010.*

Art. L. 719-3 *Abrogé par Ord. n° 2016-413 du 7 avr. 2016, art. 11-1°, à compter du 1er juill. 2016.*

Art. L. 719-4 *(Ord. n° 2007-329 du 12 mars 2007, art. 8)* **La procédure de référé prévue à l'article L. 4732-1 du code du travail peut être mise en œuvre pour l'application des articles L. 717-5 à L. 717-11 du présent code.**

Art. L. 719-5 *(Ord. n° 2007-329 du 12 mars 2007, art. 8)* **Les infractions à l'article L. 717-7 sont punies des peines prévues aux articles L. 4741-1, L. 4741-5, L. 4741-9, L. 4741-10, L. 4741-12, L. 4741-14 et L. 4742-1 du code du travail.**

Art. L. 719-6 et L. 719-7 *Abrogés par Ord. n° 2016-413 du 7 avr. 2016, art. 11-1°, à compter du 1er juill. 2016.*

Art. L. 719-8 *(Ord. n° 2007-329 du 12 mars 2007, art. 8)* **Sont punis d'une amende de 4 500 € les travailleurs indépendants, ainsi que les employeurs lorsqu'ils exercent eux-mêmes une activité sur un chantier forestier ou sylvicole ou lors de travaux en hauteur dans les arbres, s'ils n'ont pas mis en œuvre les obligations qui leur incombent en application des articles L. 717-8 et L. 717-9.**

(L. n° 2014-1170 du 13 oct. 2014, art. 19-2°-a) **« Il en est de même pour les travailleurs indépendants et les employeurs lorsqu'ils exercent une activité mentionnée aux 1°, 2° et 4° de l'article L. 722-1 sur un même lieu de travail, s'ils n'ont pas mis en œuvre les obligations prévues à l'article L. 717-10. »**

Art. L. 719-9 *(Ord. n° 2007-329 du 12 mars 2007, art. 8)* **Les infractions aux règles de santé et de sécurité prévues** *(L. n° 2014-1170 du 13 oct. 2014, art. 19-2°-b)* **« aux articles L. 717-9 et L. 717-10 » sont punies des peines prévues aux articles L. 4741-1, L. 4741-2, L. 4741-4, L. 4741-5, L. 4741-9 à L. 4741-12 et L. 4741-14 du code du travail.**

Art. L. 719-10 *(Ord. n° 2016-413 du 7 avr. 2016, art. 11-2°, en vigueur le 1er juill. 2016)* **L'employeur encourt les amendes administratives prévues au premier alinéa de l'article L. 8115-1 et aux articles L. 8115-2 à L. 8115-7 du code du travail en cas de manquement :**

1° Aux dispositions relatives aux durées maximales du travail fixées *(Ord. n° 2017-1718 du 20 déc. 2017, art. 2-I-8°)* **« à l'article L. 713-13 »** *(L. n° 2016-1088 du 8 août 2016, art. 114)* **« du présent code et aux mesures réglementaires prises pour leur application » ;**

2° Aux dispositions relatives à la durée minimale du repos hebdomadaire prévues au I de l'article L. 714-1 *(Abrogé par Ord. n° 2017-1718 du 20 déc. 2017, art. 2-I-8°)* ***« et les dispositions relatives à la durée minimale du repos quotidien fixée aux deux premiers alinéas de l'article L. 714-5, »*** **ainsi qu'aux mesures réglementaires prises pour leur application prévoyant un aménagement par voie de convention ou d'accord collectif ;**

3° Aux dispositions relatives au décompte du temps de travail prévues à l'article L. 713-20 et *(Ord. n° 2017-1718 du 20 déc. 2017, art. 2-I-8°)* **« aux » mesures réglementaires prises pour leur application ;**

4° Aux dispositions de l'article L. 716-1 *(Ord. n° 2017-1718 du 20 déc. 2017, art. 2-I-8°)* « et aux mesures réglementaires prises pour son application » relatives à l'hébergement.

Les sanctions sont mises en œuvre dans les conditions définies à l'article L. 8113-7 du code du travail.

Art. L. 719-10-1 *(L. n° 2018-771 du 5 sept. 2018, art. 101)* I. — Le fait pour la personne physique ou morale accomplissant les travaux mentionnés au 3° de l'article L. 722-1 de ne pas se conformer à l'obligation de déclaration mentionnée à l'article L. 718-9 est passible d'une amende administrative prononcée par l'autorité administrative compétente sur le rapport d'un agent de contrôle de l'inspection du travail mentionné à l'article L. 8112-1 du code du travail.

II. — Le montant maximal de l'amende est de 5 000 € par chantier forestier ou sylvicole non déclaré.

III. — Pour fixer le montant de l'amende, l'autorité administrative prend en compte les circonstances et la gravité du manquement, le comportement de son auteur ainsi que les ressources et les charges de ce dernier.

IV. — Avant toute décision, l'autorité administrative informe par écrit la personne mise en cause de la sanction envisagée en portant à sa connaissance le manquement retenu à son encontre et en l'invitant à présenter, dans un délai fixé par décret en Conseil d'État, ses observations.

A l'issue de ce délai, l'autorité administrative peut, par décision motivée, prononcer l'amende et émettre le titre de perception correspondant. Elle en informe le maire des communes concernées.

Le délai de prescription de l'action de l'autorité administrative pour la sanction du manquement par une amende administrative est de deux années révolues à compter du jour où le manquement a été commis.

V. — L'amende est recouvrée comme les créances de l'État étrangères à l'impôt et au domaine.

Les modalités d'application du présent article sont fixées par décret en Conseil d'État.

Art. L. 719-11 *(Ord. n° 2016-413 du 7 avr. 2016, art. 11-2°, en vigueur le 1er juill. 2016)* Les articles L. 8114-4 à L. 8114-8 du code du travail sont applicables aux contraventions *(Ord. n° 2017-1718 du 20 déc. 2017, art. 2-I-9°)* « prévues au chapitre IX du présent titre, à l'exception des dispositions mentionnées à » l'article L. 719-10.

TITRE II ORGANISATION GÉNÉRALE DES RÉGIMES DE PROTECTION SOCIALE DES PROFESSIONS AGRICOLES

COMMENTAIRE

Le régime de protection sociale des professions agricoles est selon l'article L. 111-2 du code de la sécurité sociale un régime spécifique. Ce régime est autonome, placé sous le contrôle du ministre de l'Agriculture, pour des raisons principalement historiques. Il existait en effet des caisses mutuelles agricoles constituées pour chaque risque jusqu'au décret n° 60-452 du 12 mai 1960 qui en a organisé la fusion dans la seule mutualité sociale agricole. Ce régime soutenu par l'État comporte des spécificités. Il est unitaire dans la mesure où les caisses de MSA gèrent six régimes autonomes, pour l'ensemble très diversifié composé par les non-salariés et par les salariés des professions agricoles. ❑

CHAPITRE I GÉNÉRALITÉS

Art. L. 721-1 La politique sociale agricole relève du ministre chargé de l'agriculture *(L. n° 2008-1330 du 17 déc. 2008, art. 17-I-1°)* « et conjointement, pour ce qui concerne la protection sociale agricole, du ministre chargé de la sécurité sociale ».

Elle est mise en œuvre notamment par la caisse centrale de la mutualité sociale agricole et par les caisses départementales ou pluridépartementales de mutualité sociale agricole. — *[Anc. art. 1001.]*

Art. L. 721-2 *(L. n° 2012-1404 du 17 déc. 2012, art. 37-II-1° ; L. n° 2015-1702 du 21 déc. 2015, art. 32-I-A-4°, en vigueur le 1er janv. 2016)* L'ensemble des charges et des

produits de la branche du régime des salariés agricoles mentionnée au 2° de l'article L. 722-27 sont retracés, dans les conditions fixées aux articles L. 134-3 et L. 134-4 du code de la sécurité sociale, dans les comptes des caisses nationales du régime général, qui en assurent l'équilibre financier.

Le premier alinéa ne peut en aucun cas porter atteinte aux droits définitivement consacrés qu'ont les caisses de mutualité sociale agricole de gérer l'ensemble des régimes sociaux agricoles. – *Anc. art. L. 134-6 CSS (L. n° 2015-1702 du 21 déc. 2015, art. 32-I-A-4°, JO 22 déc.).*

Art. L. 721-3 *(L. n° 2018-699 du 3 août 2018, art. 19)* **I. – Le Conseil supérieur des prestations sociales agricoles comprend parmi ses membres deux députés et deux sénateurs.**

II. – Les missions, la composition, l'organisation et le fonctionnement du conseil sont précisés par décret. – *V. art. D. 721-1 s.*

CHAPITRE II CHAMP D'APPLICATION

COMMENTAIRE

Le régime de protection sociale s'applique à un ensemble constitué de salariés (art. L. 722-20 s.) et de différentes professions agricoles et para-agricoles non salariées (art. L. 722-1 s.). Le champ d'application ainsi dessiné est vaste, incluant autour de l'ensemble des agriculteurs au sens traditionnel des professions de natures diverses qui sont seulement en relation avec l'agriculture. C'est en réalité toute une part du monde rural qui est soumis au régime social agricole.

Il doit être souligné que la définition de l'activité agricole qui constitue le critère d'application du régime social est distincte de celle de l'article L. 311-1 du code rural ainsi que de celle qui détermine l'application de la fiscalité agricole (CGI, art. 63). La sphère agricole au sens social est la plus vaste. Il résulte de cette discordance qu'un professionnel peut être exclu du régime agricole (hors champ d'application des sociétés agricoles ou du bail à ferme), taxé en bénéfices industriels et commerciaux tout en étant affilié à la MSA. Il en est ainsi par exemple des entreprises de travaux agricoles. ❑

SECTION 1 Personnes non salariées des professions agricoles

COMMENTAIRE

Les critères d'assujettissement ont été modifiés par la loi du 13 octobre 2014 d'avenir pour l'agriculture en conséquence notamment de la suppression de la surface minimum d'installation et pour garantir l'équité en tenant compte de la diversité des exploitations agricoles. L'« activité minimum d'assujettissement » est le critère unique exprimé en trois seuils : la superficie, le temps de travail et le revenu professionnel. Celui qui atteint un des seuils est tenu de s'affilier au régime des non-salariés agricoles. ❑

SOUS-SECTION 1 Dispositions générales

Art. L. 722-1 Le régime de protection sociale des non-salariés des professions agricoles est applicable aux personnes non salariées occupées aux activités ou dans les exploitations, entreprises ou établissements énumérés ci-dessous :

1° Exploitations de culture et d'élevage de quelque nature qu'elles soient, exploitations de dressage, d'entraînement, haras ainsi qu'établissements de toute nature dirigés par l'exploitant agricole en vue de la transformation, du conditionnement et de la commercialisation des produits agricoles lorsque ces activités constituent le prolongement de l'acte de production, *(L. n° 2002-73 du 17 janv. 2002, art. 28 ; Ord. n° 2010-461 du 6 mai 2010, art. 7)* **« ou structures d'accueil touristique, précisées par décret, situées sur l'exploitation ou dans les locaux de celle-ci, notamment d'hébergement et de restauration » ;** – *V. art. D. 722-4.*

2° Entreprises de travaux agricoles définis à l'article L. 722-2 ;

3° Travaux forestiers et entreprises de travaux forestiers définis à l'article L. 722-3 ;

4° Établissements de conchyliculture et de pisciculture et établissements assimilés ainsi qu'activités de pêche maritime à pied professionnelle telle que définie par décret

(Abrogé par Ord. n° 2010-461 du 6 mai 2010, art. 2) **« en Conseil d'État », sauf pour les personnes qui relèvent du régime social des marins ;**

5° Activité exercée en qualité de non salariés par les mandataires des sociétés ou caisses locales d'assurances mutuelles agricoles dans les conditions prévues par décret *(Abrogé par Ord. n° 2010-461 du 6 mai 2010, art. 2)* **« en Conseil d'État » ;**

Dernier al. *abrogé par L. n° 2012-1404 du 17 déc. 2012, art. 37-I-15°.– [Anc. art. 1144 (partie) et art. 1060, 2° bis (partie).]*

BIBL. ▶ ROCHE, *RD rur. 2014. Étude 15* (tourisme rural, activité au contour social et fiscal complexe). – TAURAN, *RD rur. 2007. Étude 21* (tourisme rural et droit social) ; *RD rur. 2009. Dossier 24* (l'agriculteur pluriactif et le droit social) ; *RD rur. 2020. Étude 17* (droits du conjoint de l'agriculteur en matière de protection sociale). – TURC, *RD rur. 2021. Étude 8* (impact de la pluriactivité sur la protection sociale du travailleur non salarié agricole).

1° EXPLOITANTS

1. Production végétale. Relève du régime agricole une société : qui conclut des contrats de multiplication de semence fourragère avec 456 agriculteurs, qui effectue le suivi des cultures, vérifie la qualité de la production, partage le risque avec les producteurs, dispose d'une serre de 200 m² et de 20 ha pour une production directe de graines. • Amiens, 18 juin 2002, *URSSAF de la Somme c/ SA Laboulet et caisse MSA de la Somme.* ♦ ... Dont les revenus sont conditionnés par les travaux d'entretien d'un parc floral qui constituent des travaux agricoles par nature. • Soc. 6 févr. 2003, n° 01-20.905 P : *JCP 2003. IV. 1588.* ♦ Est mal fondé l'arrêt qui retient la qualité d'exploitant d'un propriétaire qui tire profit des terres sous une forme s'apparentant à la vente d'herbe. • Civ. 2e, 6 juill. 2017, n° 16-16.367 P : *JCP 2017. 870 ; RD rur. 2017, n° 221, note Crevel.* ♦ Le régime de protection sociale des non-salariés agricoles est applicable aux personnes non salariées occupées à des travaux d'élagage et de débroussaillement. • Civ. 2e, 22 sept. 2022, n° 21-12.481 P : *JCP 2022. Actu. 1131 ; RD rur. 2022, n° 179, note Tauran.*

2. Élevage. L'enlèvement de nuit des volailles des bâtiments d'élevage et leur chargement dans des véhicules à destination de l'abattoir répondent à un besoin postérieur à l'activité des éleveurs et ne constituent pas l'ultime opération de cette activité mais une prestation de services dépourvue de caractère agricole. • Soc. 6 févr. 2003, n° 01-11.960 P : *Gaz. Pal. 3 mai 2003. Pan. 18 ; JCP 2003. IV. 1589.*

3. Dès lors que le contrôleur de la MSA a régulièrement évalué le travail : d'un éleveur amateur de chiens à 1000 heures par an, l'assujettissement de ce dernier à la cotisation de solidarité est fondé. • Dijon, 11 janv. 2005 : *RD rur. août-sept. 2005. 46.* ♦ ... D'une personne hébergeant à son domicile un élevage canin publiant des annonces de vente de chiots dont le nombre permet d'affirmer qu'ils ont nécessité plus de 1200 heures de travail, celle-ci doit être affiliée au régime obligatoire de protection sociale de la MSA. • Toulouse, 3 mars 2006 : *RD rur. nov. 2006. 43.*

4. Revenus professionnels. La MSA est mal fondée à affilier d'office le propriétaire de 25 hectares qui laisse pacager dans un but désintéressé deux à cinq chevaux sur ses terres, qui ne cultive pas et ne pratique pas de travaux agricoles. • Poitiers, 18 janv. 2005, *MSA Vienne.* ♦ V. art. D. 731-34.

5. Cessation d'activité. N'est plus autorisé à bénéficier des régimes de protection agricole celui qui a cessé son activité d'exploitant, même s'il continue de commercialiser un stock de produits provenant de l'exploitation. • Soc. 12 oct. 2000, n° 99-12.349 P : *RD rur. 2001. 181 ; Gaz. Pal. 5-6 janv. 2001, p. 21.* ♦ La nourriture et l'entretien des animaux d'une exploitation seize mois après sa liquidation, la demande de subvention pour cette exploitation, constituent la poursuite d'une activité de chef d'exploitation agricole justifiant le maintien de l'affiliation de l'intéressé à la MSA. • Soc. 6 févr. 2003, n° 01-20.085 P : *JCP 2003. IV. 1592.*

6. Terrains communaux. Les marais communaux, partie du domaine privé de la commune, ne sont pas abandonnés dans leur état naturel à la libre disposition des habitants, et la commune réglemente la période de leur utilisation, la nature et le nombre de bêtes à y admettre, fait procéder aux travaux d'entretien ou de drainage et en recouvre le coût par une contribution correspondante, alors que les habitants n'ont pas d'autre charge que le versement de cette contribution individuelle en contrepartie de la jouissance momentanée de ces marais. Une cour d'appel déduit à bon droit que les bénéficiaires du droit de pacage n'entrent pas dans les prévisions des art. 1068 et 1069 [art. L. 731-12] C. rur. et que la commune, même si elle n'en tire pas directement profit, dirige au sens de l'art. 1003-7-1 [art. L. 722-4] l'exploitation des marais communaux non affermés et est à ce titre assujettie à la MSA. • Soc. 6 mai 1987 : *Bull. civ. V, n° 255.*

2° DIVERSIFICATION

7. Commercialisation des produits. Ne peut être affilié au régime social agricole le fils de l'exploitant vivant sur l'exploitation viticole de ses parents, aide familial, dirigeant la société en nom collectif constituée par lui et ses parents pour vendre les produits de l'exploitation. • Soc. 19 févr. 1998, n° 94-14.840.

8. *Transformation.* Ne relève pas du régime agricole une société anonyme dont l'objet principal est la transformation, le conditionnement et la commercialisation de produits provenant d'exploitations agricoles et dont l'activité principale est la vente d'œufs pasteurisés, surgelés, cuits ou en poudre. • Soc. 11 juill. 2002, *URSSAF du Morbihan c/ MSA Morbihan et Sté Cecab distribution*, n° 00-16.177 P : *RD rur. 2002. 538 ; ibid. 2003. 128.*

9. Gîte rural. Jurisprudence antérieure à la loi du 17 janv. 2002. La MSA n'apporte pas la preuve que la location à des touristes d'un local restauré dans le corps de ferme s'intègre dans l'activité de l'exploitation agricole et ne peut donc intégrer les bénéfices de cette location dans l'assiette des cotisations. • Rennes, 17 févr. 1999 : *JCP 1999. IV. 2744* • Soc. 21 nov. 1996, n° 94-21.765 P. ♦ Même sens, pour une activité de restauration sur l'exploitation puisque l'approvisionnement était majoritairement effectué hors de l'exploitation. • Soc. 8 juin 1995, *CMSA de la Loire c/ URSSAF*, n° 9317495. ♦ Les revenus tirés de la location de gîtes ruraux doivent être compris dans l'assiette des cotisations de l'exploitant agricole dès lors que cette activité s'inscrit dans le cadre global des activités agricoles de l'assuré, contribuant notamment à faciliter l'activité équestre de nature agricole. • Angers, 2 nov. 2000 : *JCP 2001. IV. 2853. 2074 ; JCP N 2002. 1276 ; JCP E 2001. 1797.*

3° ARTISANS

10. *Pluriactif.* Par exception, les dispositions de l'art. L. 171-3 CSS ne s'appliquent pas aux médecins conventionnés d'exercice libéral qui exercent à titre secondaire une activité agricole, et ils doivent en conséquence être affiliés au régime des deux activités. • Civ. 2e, 4 mai 2016, n° 15-16.645 P : *RD rur. 2016, n° 248, note Tauran.*

11. *Entretien de bâtiments.* L'entrepreneur de travaux de désinfection et de dératisation de bâtiments agricoles ne peut être immatriculé comme travailleur non salarié des professions agricoles. • Soc. 15 avr. 1999, n° 97-20.358 P : *RD rur. 2000. 115.*

12. *Terrains de sport.* Un entrepreneur créant des terrains de sport ne relève pas du régime vieillesse de la caisse de MSA mais de celle des artisans. • Soc. 20 janv. 2000, n° 98-11.338 P : *D. 2000. IR 53 ; RD rur. 2000. 135 et 492.*

V. jurisprudence ss. art. L. 722-10, note 4.

13. *Distillateur ambulant.* L'exploitant agricole qui de façon intermittente et accessoire transforme les produits d'agriculteurs en alcool relève du régime des travailleurs non salariés non agricoles comme artisan. • Soc. 28 mai 1998 : *RD rur. 1999. 55.*

4° SOCIÉTÉS D'ASSURANCES AGRICOLES

14. *Secrétaire mandataire.* Est mal fondée la caisse de MSA qui a assujetti d'office au régime de protection sociale des non-salariés agricoles une personne pour son activité de secrétaire mandataire d'un organisme d'assurances agricoles moins de 1 200 heures par an. • Soc. 9 mars 2000 : *RD rur. 2000. 635.*

Art. L. 722-2 Sont considérés comme travaux agricoles :

1° Les travaux qui entrent dans le cycle de la production animale ou végétale, les travaux d'amélioration foncière agricole ainsi que les travaux accessoires nécessaires à l'exécution des travaux précédents ;

2° Les travaux de création, restauration et entretien des parcs et jardins *(L. n° 2014-1170 du 13 oct. 2014, art. 34)* « comprenant les travaux de maçonnerie paysagère nécessaires à l'exécution des travaux précédents ». — *[Anc. art. 1144 (partie).]*

Art. L. 722-3 Sont considérés comme travaux forestiers :

1° Les travaux *(L. n° 2001-602 du 9 juill. 2001, art. 14)* « de récolte » de bois, à savoir abattage, ébranchage, élagage, éhouppage, débardage sous toutes ses formes, les travaux précédant ou suivant normalement ces opérations tels que débroussaillement, nettoyage des coupes ainsi que transport de bois effectué par l'entreprise qui a procédé à tout ou partie des opérations précédentes et, lorsqu'ils sont effectués sur le parterre de la coupe, les travaux de façonnage, de conditionnement du bois, de sciage et de carbonisation, quels que soient les procédés utilisés *(L. n° 2014-1170 du 13 oct. 2014, art. 67-II-5°)* « , ainsi que la production de bois et dérivés destinés à l'énergie ou à l'industrie » ;

2° Les travaux de reboisement et de sylviculture, y compris l'élagage, le débroussaillement et le nettoyage des coupes ;

3° Les travaux d'équipement forestier, lorsqu'ils sont accessoires aux travaux ci-dessus.

Ces travaux conservent leur caractère forestier lorsqu'ils sont effectués en dehors du parterre de la coupe par une entreprise ou une section d'entreprise dont l'activité

principale est l'exploitation forestière ou la production de bois brut de sciage. – *[Anc. art. 1144 (partie).]*

Les travaux de débroussaillement, d'abattage et d'élagage ne sont agricoles que s'ils entrent dans le cycle de production d'une exploitation de bois. • Soc. 12 déc. 2002, n° 01-21.070 P : *JCP 2003. IV. 1245* • 17 juin 2003 : *Gaz. Pal. 4-5 avr. 2003. 33.*

Art. L. 722-4 Sont assujettis, dans les conditions fixées par le présent titre et le titre III du présent livre, au régime de protection sociale des non-salariés des professions agricoles :

1° Les chefs d'exploitation ou d'entreprise mentionnés aux 1° à 4° de l'article L. 722-1 sous réserve qu'ils dirigent une exploitation ou une entreprise d'une importance au moins égale ou équivalente à celle définie à l'article L. 722-5, à l'exception des personnes exerçant la profession d'exploitant forestier négociant en bois achetant des coupes en vue de la revente du bois dans des conditions telles que cette activité comporte inscription au registre du commerce *(Ord. n° 2021-1189 du 15 sept. 2021, art. 32, en vigueur le 1er janv. 2023)* **« et des sociétés » ou paiement d'une** *(L. n° 2022-1726 du 30 déc. 2022, art. 55, en vigueur le 1er janv. 2024)* **« cotisation foncière des entreprises » en tant que commerçant. Sont assimilées à des chefs d'entreprise les personnes exerçant en qualité de non salariées l'activité mentionnée au 5° de l'article L. 722-1 ;**

2° Abrogé par L. n° 2012-1404 du 17 déc. 2012, art. 37-I-15°. – [Anc. art. 1003-7-1-I, al. 1er (partie) et art. 1060 (partie).]

Art. L. 722-5 *(L. n° 2014-1170 du 13 oct. 2014, art. 33-1°)* **I. – L'importance minimale de l'exploitation ou de l'entreprise agricole requise pour que leurs dirigeants soient considérés comme chef d'exploitation ou d'entreprise agricole au titre des activités mentionnées à l'article L. 722-1 est déterminée par l'activité minimale d'assujettissement. L'activité minimale d'assujettissement est atteinte lorsqu'est remplie l'une des conditions suivantes :**

1° La superficie mise en valeur est au moins égale à la surface minimale d'assujettissement mentionnée à l'article L. 722-5-1 compte tenu, s'il y a lieu, des coefficients d'équivalence applicables aux productions agricoles spécialisées ;

2° Le temps de travail nécessaire à la conduite de l'activité est, dans le cas où l'activité ne peut être appréciée selon la condition mentionnée au 1°, au moins égal à 1 200 heures par an ;

3° *(L. n° 2023-1250 du 26 déc. 2023, art. 18)* **« L'assiette déterminée en application des articles L. 731-15 et L. 731-23 de la personne est au moins égale » à l'assiette forfaitaire, mentionnée à l'article L. 731-16, applicable** *(L. n° 2015-1702 du 21 déc. 2015, art. 32-IX-1°)* **« à la cotisation d'assurance vieillesse prévue au 1° de l'article L. 731-42 » lorsque cette personne** *(Abrogé par L. n° 2023-1250 du 26 déc. 2023, art. 17)* ***« met en valeur une exploitation ou une entreprise agricole dont l'importance est supérieure au minimum prévu à l'article L. 731-23 et qu'elle »*** **n'a pas fait valoir ses droits à la retraite. Cette condition est réputée remplie lorsque** *(L. n° 2023-1250 du 26 déc. 2023, art. 18)* **« l'assiette diminue mais reste au moins supérieure » à l'assiette forfaitaire précitée minorée de 20 %.**

II. – Si la condition prévue au 1° du I n'est pas remplie, la superficie de l'exploitation ou de l'entreprise agricole est convertie en temps de travail sur la base d'une équivalence entre la surface minimale d'assujettissement et 1 200 heures de travail pour l'appréciation de la condition mentionnée au 2° du même I. Le temps de travail résultant de cette conversion s'ajoute au temps de travail nécessaire à la conduite de l'activité mentionnée au même 2°.

(L. n° 2023-1250 du 26 déc. 2023, art. 17) **« III. – En cas de coexploitation ou d'exploitation sous forme sociétaire, les membres ou associés participant aux travaux sont considérés comme chefs d'exploitation ou d'entreprise agricole si l'activité minimale de l'exploitation ou de l'entreprise agricole est égale à celle fixée aux 1° ou 2° du I.**

« Dans le cas où l'activité minimale est appréciée selon la condition prévue au 3° du même I, seuls les membres ou associés qui remplissent cette condition sont considérés comme chefs d'exploitation ou d'entreprise agricole. »

IV. — Les modalités d'application du présent article sont fixées par décret.

1. Superficie. L'assujettissement d'un gaveur de palmipèdes au régime de protection sociale agricole doit s'apprécier en fonction de son équivalence en superficie ou, à défaut, par référence au temps de travail nécessaire, peu important le revenu susceptible d'en être retiré. • Soc. 18 nov. 1987, *Prost c/ CMSA des Landes,* n° 85-14.695. ♦ La superficie de l'exploitation de chênes truffiers dépassant le seuil d'assujettissement, l'exploitant est redevable des cotisations au régime de protection sociale des personnes non salariées des professions agricoles, sans qu'il soit nécessaire d'établir que la plantation était productive. • Soc. 5 avr. 2001, n° 00-10.367 P : *RD rur. 2001. 500 ; ibid. 2002. 252 ; JCP 2001. IV. 2052 ; JCP E 2001. Pan. 981.* ♦ Est mal fondé le jugement qui retient pour critère de l'affiliation la totalité des parcelles possédées par l'exploitante sans rechercher ni la surface réellement cultivée ni la zone dont relevait l'exploitation. • Civ. 2e, 12 juin 2007, n° 06-15.413 P : *D. 2007. AJ 1965 ; JCP 2007. IV. 2516 ; RD rur. 2007, n° 293, note Tauran.*

2. Seuil d'assujettissement. En cas d'exploitation collective de droit ou de fait, le seuil d'assujettissement de 2 080 heures par an s'apprécie en tenant compte du nombre d'heures de travail que requiert, de l'ensemble des participants, l'exploitation ou l'entreprise, et la participation effective à l'activité ne se limite pas à l'exécution de travaux manuels et peut consister en tâches administratives ou techniques. • Soc. 28 oct. 1987 : *Bull. civ. V, n° 596.*

Art. L. 722-5-1 *(L. n° 2014-1170 du 13 oct. 2014, art. 33-2°)* **La surface minimale d'assujettissement est fixée par arrêté préfectoral, sur proposition de la caisse de mutualité sociale agricole compétente. Sa valeur peut varier selon les régions naturelles ou les territoires infra-départementaux et selon les types de production, à l'exception des productions hors sol.**

La surface minimale d'assujettissement en polyculture-élevage ne peut être inférieure de plus de 30 % à la surface minimale d'assujettissement nationale, sauf dans les zones de montagne ou défavorisées où la limite inférieure peut atteindre 65 % ; la surface minimale d'assujettissement nationale est fixée par arrêté du ministre chargé de l'agriculture. — *La surface minimale d'assujettissement nationale est fixée à douze hectares et demi (Arr. du 13 juill. 2015, JO 23 juill.).*

Pour les productions hors sol, un arrêté du ministre chargé de l'agriculture fixe les coefficients d'équivalence applicables uniformément à l'ensemble du territoire, sur la base de la surface minimale d'assujettissement nationale prévue au deuxième alinéa. — *V. Arr. du 18 sept. 2015 fixant les coefficients d'équivalence pour les productions hors sol (JO 26 sept.).*

Art. L. 722-6 **Par dérogation aux dispositions des articles L. 722-4 et L. 722-5, les personnes qui dirigent une exploitation ou entreprise agricole ne répondant** *(L. n° 2014-1170 du 13 oct. 2014, art. 33-3°)* **« plus à la condition d'activité minimale fixée à l'article L. 722-5 peuvent rester » affiliées, sur leur demande, par décision des conseils d'administration des caisses de mutualité sociale agricole, au régime de protection sociale des personnes non salariées des professions agricoles si elles satisfont à des conditions de nature et de durée d'activité fixées par décret en Conseil d'État. Ce décret détermine les autres mesures d'application du présent** *(L. n° 2014-1170 du 13 oct. 2014, art. 33-3°)* **« alinéa.** — *V. art. R. 722-7 s.*

« Par dérogation aux articles L. 722-4 et L. 722-5, les personnes qui bénéficient du dispositif d'installation progressive mentionné à l'article L. 330-2 et dont *(L. n° 2023-1250 du 26 déc. 2023, art. 18)* **« l'assiette déterminée à l'article L. 731-15 est au moins égale » à l'assiette forfaitaire, mentionnée à l'article L. 731-16, applicable** *(L. n° 2015-1702 du 21 déc. 2015, art. 32-IX-1°)* **« à la cotisation d'assurance vieillesse prévue au 1° de l'article L. 731-42 » minorée de 20 % ou dont la superficie mise en valeur est supérieure au quart de la surface minimale d'assujettissement mentionnée à l'article L. 722-5-1 sont affiliées, sur leur demande, au régime de protection sociale des personnes non salariées des professions agricoles. »** — *[Anc. art. 1003-7-1-II.]*

Art. L. 722-7 **Le régime de protection sociale mentionné à l'article L. 722-4 est applicable aux personnes qui étaient affiliées à la date du 7 juillet 1980 au régime de protection sociale des non salariés des professions agricoles, tout en dirigeant des exploitations ou entreprises agricoles ne répondant pas à la condition d'importance minimale fixée par l'article L. 722-5,** *(L. n° 2014-1170 du 13 oct. 2014, art. 33-4°)* **« dans sa rédaction antérieure à la loi n° 2014-1170 du 13 octobre 2014 d'avenir pour l'agriculture, l'alimentation et la forêt, » sous réserve que leur activité agricole ne**

se réduise pas ultérieurement dans des proportions précisées par décret ; dans ce cas, la décision de maintien dans le régime est prise par les conseils d'administration des caisses de mutualité sociale agricole. – *V. art. D. 722-10 s.*

Al. 2 abrogé par L. nº 2009-526 du 12 mai 2009, art. 51-II. – [Anc. art. 1003-7-1-III.]

SOUS-SECTION 2 Dispositions particulières aux différentes branches

Art. L. 722-8 *(L. nº 2001-1128 du 30 nov. 2001)* **« Le régime de protection sociale des personnes non salariées des professions agricoles comprend quatre branches : »**

1º Les prestations familiales ;

2º L'assurance maladie, invalidité et maternité ;

3º *(L. nº 2010-1330 du 9 nov. 2010, art. 93-II)* **« L'assurance vieillesse et veuvage ; »**

(L. nº 2001-1128 du 30 nov. 2001) **« 4º L'assurance contre les accidents du travail et les maladies professionnelles. »**

§ 1 Prestations familiales

Art. L. 722-9 Les dispositions relatives aux prestations familiales sont applicables dans les conditions fixées au titre III du présent livre :

1º Aux personnes non salariées occupées dans les exploitations ou entreprises remplissant les conditions fixées aux articles L. 722-4 à L. 722-7 ;

2º Abrogé par L. nº 2012-1404 du 17 déc. 2012, art. 37-I-15º. – [Anc. art. 1060, al. 1er, 2º et 3º.]

§ 2 Assurance maladie, invalidité et maternité

Art. L. 722-10 Les dispositions relatives à l'assurance obligatoire maladie, invalidité et maternité des personnes non salariées des professions agricoles sont applicables, sous réserve des traités et accords internationaux *(Abrogé par L. nº 2001-1276 du 28 déc. 2001, art. 74)* **«** ***, à condition que les intéressés résident sur le territoire métropolitain*** **» :**

1º Aux chefs d'exploitation ou d'entreprise agricole mentionnés à l'article L. 722-4 à condition que l'exploitation ou l'entreprise soit située sur le territoire métropolitain et qu'elle ait au moins l'importance définie à l'article L. 722-5, sous réserve des dérogations prévues aux articles L. 722-6 et L. 722-7.

Sont assimilées aux chefs d'exploitation mentionnés à l'alinéa précédent pour le bénéfice *(L. nº 2018-1203 du 22 déc. 2018, art. 71)* **« de la prise en charge des frais de santé en cas de maladie ou de maternité », les personnes ayant cessé leur activité non salariée agricole et qui répondent à des conditions d'âge et de durée d'activité professionnelle fixées par décret. Le maintien de ces droits leur est assuré jusqu'à l'âge auquel elles peuvent prétendre à bénéficier de la pension de retraite prévue à l'article L. 732-18 ;**

2º Aux aides familiaux non salariés et associés d'exploitation, définis par l'article L. 321-6, des chefs d'exploitation ou d'entreprise mentionnés au 1º.

Par aides familiaux, on entend les ascendants, descendants, frères, sœurs et alliés au même degré du chef d'exploitation ou d'entreprise ou de son conjoint, âgés de plus de seize ans, vivant sur l'exploitation ou l'entreprise et participant à sa mise en valeur comme non-salariés ;

(L. nº 2006-11 du 5 janv. 2006, art. 21-I) **« La personne qui devient aide familial à compter du 18 mai 2005 ne peut conserver cette qualité plus de cinq ans ; »**

3º Aux anciens exploitants et à leurs conjoints titulaires de la pension de retraite prévue à l'article L. 732-18, ainsi qu'aux titulaires de la pension de retraite forfaitaire prévue à l'article L. 732-34 ;

4º *a)* Aux *(L. nº 2015-1702 du 21 déc. 2015, art. 59-XI-O-1º)* **« personnes bénéficiant de la prise en charge des frais de santé en application de l'article L. 160-17 du code de la sécurité sociale »,** *(Ord. nº 2006-905 du 20 juill. 2006)* **« ainsi qu'aux collaborateurs d'exploitation ou d'entreprise agricole mentionnés à l'article L. 321-5, » sous réserve qu'ils ne soient pas couverts à titre personnel par un régime obligatoire d'assurance maladie, maternité ;**

(L. nº 2015-1702 du 21 déc. 2015, art. 59-XI-O-1º) **« *b)* Aux enfants qui remplissent les conditions mentionnées à l'article L. 160-2 du code de la sécurité sociale. »**

5° Aux membres non salariés de toute société, quelles qu'en soient la forme et la dénomination, lorsque ces membres consacrent leur activité, pour le compte de la société, à une exploitation ou entreprise agricole située sur le territoire métropolitain, lesdites sociétés étant assimilées, pour l'application du présent régime, aux chefs d'exploitation ou d'entreprise mentionnés au 1° ;

6° *(L. n° 2001-1128 du 30 nov. 2001)* **« Aux titulaires des pensions d'invalidité versées aux victimes d'accidents survenus ou de maladies professionnelles constatées avant le 1er avril 2002 ;**

« 7° Aux titulaires des rentes mentionnées à l'article L. 752-6. » – *[Anc. art. 1106-1-I.]*

BIBL. ▸ SAVIN-BENESTEAU, *RD rur. 2003. 223* (affiliation des membres de sociétés). – TAURAN, *RD rur. 2017. Étude 5* (assujettissement MSA, quel choix pour l'agriculteur).

1. Gérant de société. Les membres non salariés de toute société à objet agricole, quelles qu'en soient la forme et la dénomination, sont assujettis au régime de l'assurance maladie-maternité des exploitants agricoles lorsqu'ils consacrent leur activité pour le compte de la société à une exploitation ou à une entreprise agricole. • Soc. 28 nov. 1991, ⚖ *Bonin c/ CMSA de la Gironde*, n° 89-15.488. ♦ Les fonctions de gérant de société exercées par une seule personne étant indivisibles, celles de gérant d'une société à objet principalement agricole, en l'espèce une SARL, constituent une activité unique de nature agricole. • Soc. 14 juin 1989 : *Bull. civ. V, n° 439.* ♦ Une cour d'appel est mal fondée à écarter l'affiliation d'un gérant non salarié de société agricole au motif que salarié à temps plein ailleurs, il consacre moins de 1200 heures par an à la société, sans rechercher si la salariée de la société participait pour 1200 heures annelles à la mise en valeur de cette entreprise. • Soc. 14 nov. 2002, ⚖ n° 01-20.049 P : *RD rur. 2003. 261 ; JCP 2003. IV. 1036 ; JCP E 2003. 98.* ♦ Le cogérant qui exerce des fonctions de contrôle et de surveillance de la société dont l'activité est de nature agricole, doit être affilié au régime de protection sociale des non salariés agricoles, peu important que ces fonctions n'aient pas été rémunérées. • Civ. 2e, 16 juin 2011, ⚖ n° 10-21.293. ♦ Doit être affilié au régime des non-salariés agricoles le gérant non associé et non rémunéré qui contrôle par personne morale interposée une société exerçant l'activité agricole de paysagiste. • Civ. 3e, 8 oct. 2015, ⚖ n° 14-24.501 P : *JCP 2015. 1172 ; BJS 2015. 653, note Barbièri ; RD rur. 2016, n° 23, note Tauran.*

2. Gérant minoritaire. Relève du régime des non-salariés agricoles le gérant minoritaire non rémunéré d'une SARL qui se consacre entièrement pour le compte de cette société à une activité de nature agricole. • Soc. 2 mars 2000 : ⚖ *JCP N 2001. 547, note Brelet.* ♦ Une personne salariée à temps plein et par ailleurs gérant minoritaire non rémunéré d'une société à vocation agricole ne peut être affiliée au régime de protection sociale des personnes non salariées agricoles sans que soit caractérisée sa participation effective à l'activité agricole de la société. • Soc. 4 juill. 2001 : ⚖ *RD rur. 2001. 632.* ♦ Doit être affilié au régime social des non-salariés agricoles l'associé gérant minoritaire d'une société civile ayant pour objet l'exercice d'activités agricoles, quels que soient le temps nécessaire à son activité de gérance et les autres activités exercées par ailleurs, même en l'absence de rémunération. • Soc. 18 oct. 2001, ⚖ n° 99-21.496 P : *RD rur. 2001. 578 ; ibid. 2002. 114 ; Gaz. Pal. 20-22 janv. 2002, p. 26* • Civ. 2e, 22 juin 2004, ⚖ n° 03-30.026 P : *JCP 2004. IV. 2737 ; JCP E 2004. 1283 ; Gaz. Pal. 22-23 févr. 2005. 29, note Leplaideur, et 10-11 août 2005. 33, obs. Coursier* • 4 avr. 2018, ⚖ n° 17-16.443 : *RD rur. 2018, n° 155, note Tauran.*

3. Associés non salariés. Les membres non salariés d'une société ayant une activité agricole ou connexe à l'agriculture, dans la mesure où ils participent à cette activité, sont assimilés aux chefs d'exploitation ou d'entreprise agricole, et l'absence de rémunération ne suffit pas à exclure leur assujettissement au régime d'assurance maladie, invalidité et maternité des personnes non salariées des professions agricoles, les cotisations étant éventuellement déterminées par référence au temps de travail. • Soc. 28 oct. 1987 : *Bull. civ. V, n° 597.* ♦ L'associé non salarié d'un GFA exploitant, usufruitier de la moitié des parts sociales, qui effectue des déclarations d'embauche et de salaires et les courriers administratifs de l'exploitation possédée et gérée par le GFA, est assujetti au régime de protection sociale des non-salariés agricoles. • Soc. 30 nov. 2000, ⚖ n° 98-22.552 P : *RD rur. 2001. 76 et 239 ; JCP E 2001. Pan. 209 ; JCP 2001. IV. 1187 ; Gaz. Pal. 2001. Somm. 1599 ; ibid. 18-20 mars 2001. Pan. 10.* ♦ Même sens : • Soc. 26 avr. 2001, ⚖ *M. Castillo c/ Caisse MSA de l'Aude*, n° 99-18.309. ♦ Les membres non salariés d'une société doivent être assujettis au régime de protection sociale des non salariés agricoles même si leurs fonctions ont un caractère administratif. • Civ. 2e, 20 mai 2010, ⚖ n° 09-15.104 : *RD rur. 2010, n° 108, note Tauran.*

4. Entreprise agricole. Le gérant non salarié d'une société dont l'objet principal est l'élagage et l'abattage d'arbres au bord des routes relève du régime d'assurance vieillesse des artisans. • Soc. 30 nov. 2000 : ⚖ *RD rur. 2001. 235.*

5. Métayage. Est fondée l'annulation de l'affiliation d'office d'un propriétaire ayant donné à bail à métayage un domaine viticole dès lors qu'il a été constaté que ce bailleur n'était pas occupé à l'exploitation. • Civ. 2e, 19 juin 2008, ⚖ n° 07-14.355 : *RD rur. 2008, n° 154, obs. Tauran ; JCP 2008. IV. 2343.*

Art. L. 722-11 Ne sont pas assujettis au régime d'assurance obligatoire institué par le présent paragraphe 2 les parlementaires, les anciens parlementaires jouissant à ce titre de leur droit à la retraite, ainsi que les invalides, veuves et orphelins de guerre *(Abrogé par L. n° 2015-1702 du 21 déc. 2015, art. 59-XI-O-2°)* ***« mentionnés aux articles L. 381-19 et L. 381-20 du code de la sécurité sociale ».***

Toutefois, les personnes mentionnées à l'alinéa précédent peuvent demander aux caisses de mutualité sociale agricole le bénéfice des dispositions de la loi n° 77-773 du 12 juillet 1977 *[CSS, art. L. 161-16, L. 183-1, R. 161-9 et R. 183-1]* tendant à l'abaissement de l'âge de la retraite pour les anciens déportés ou internés, sans autre condition que celles prévues par cette dernière loi. – *[Anc. art. 1106-1-II, al. 1er.]*

Art. L. 722-12 Sont affiliées et cotisent simultanément aux régimes dont relèvent leurs activités et, éventuellement à celui dont relève leur pension ou leur allocation :

1° Les personnes qui exercent simultanément plusieurs activités dont l'une relève de l'assurance obligatoire instituée par le présent paragraphe 2 ;

2° Les personnes mentionnées au 3° de l'article L. 722-10, ou titulaires d'une pension d'invalidité en application de l'article L. 732-8, qui exercent une activité professionnelle.

Toutefois, lorsqu'en application de l'article 155 du code général des impôts les résultats de l'activité agricole sont retenus pour la détermination des bénéfices industriels et commerciaux, la cotisation d'assurance maladie n'est due qu'au titre de l'activité principale. *(L. n° 2023-1250 du 26 déc. 2023, art. 18)* « Les revenus professionnels de l'ensemble des activités sont pris en compte dans les conditions prévues à l'article L. 731-15 pour le calcul de cette cotisation. » – *[Anc. art. 1106-1-II, al. 2 et 3.]*

Sur les cotisations des personnes qui exercent simultanément une activité non salariée agricole et une activité non salariée non agricole, V. CSS, art. L. 171-3 et D. 171-12 s. – **CSS.**

Art. L. 722-13 Les chefs d'exploitation ou d'entreprise sont tenus de faire procéder à l'immatriculation à l'assurance tant d'eux-mêmes que de toutes personnes vivant sur leur exploitation ou entreprise et entrant dans le champ d'application du présent paragraphe 2, et ils sont tenus de verser les cotisations dues en vertu du présent paragraphe 2.

Les titulaires d'allocations de vieillesse agricole ainsi que les titulaires de pensions de retraite mentionnés au 3° de l'article L. 722-10 et qui ont cessé toute activité professionnelle ou qui n'exploitent qu'une surface inférieure à la moitié de l'exploitation type sont tenus des mêmes obligations pour eux-mêmes, leur conjoint et les enfants mineurs ou assimilés à leur charge. – *[Anc. art. 1106-12, al. 1er et 2.]*

Art. L. 722-14 *Abrogé par L. n° 2013-1203 du 23 déc. 2013, art. 82-I-1°.*

§ 3 Assurance vieillesse et assurance veuvage *(L. n° 2010-1330 du 9 nov. 2010, art. 93-II).*

Art. L. 722-15 Les dispositions relatives à l'assurance vieillesse sont applicables aux personnes non salariées occupées dans les exploitations ou entreprises remplissant les conditions fixées au 1° de l'article L. 722-4 et aux articles L. 722-5 à L. 722-7.

Art. L. 722-16 *(L. n° 2010-1330 du 9 nov. 2010, art. 93-II)* En cas de décès d'un assuré relevant de l'assurance vieillesse mentionnée à l'article L. 722-15, le conjoint survivant résidant en France bénéficie d'une assurance veuvage dans les conditions définies à l'article L. 732-54-5.

§ 4 Assurance volontaire vieillesse

Art. L. 722-17 Peuvent adhérer volontairement à l'assurance vieillesse mentionnée à l'article L. 722-15 les personnes non salariées qui, ayant été occupées en dernier lieu dans les exploitations ou entreprises remplissant les conditions fixées au 1° de l'article L. 722-4 et aux articles L. 722-5 à L. 722-7 et ne *(L. n° 2011-1906 du 21 déc. 2011, art. 89)* « réunissant pas la durée minimale d'assurance ou de périodes reconnues équivalentes mentionnée à l'article L. 732-25 », n'exercent aucune activité professionnelle susceptible de les assujettir à un régime de sécurité sociale.

(L. n° 2014-40 du 20 janv. 2014, art. 32-II) « Les conjoints collaborateurs d'exploitation ou d'entreprise agricole définis au premier alinéa de l'article L. 321-5 peuvent

adhérer volontairement à l'assurance vieillesse mentionnée à l'article L. 722-15, dans les conditions prévues au premier alinéa du présent article. »

Un décret détermine les modalités d'application du *(L. nº 2014-40 du 20 janv. 2014, art. 32-II)* **« présent article » et précise notamment les délais dans lesquels les intéressés doivent demander leur affiliation et le mode de calcul des cotisations.** – *[Anc. art. 1122-8.]*

Art. L. 722-18 **Peuvent adhérer volontairement à l'assurance vieillesse mentionnée à l'article L. 722-15 dans les conditions fixées aux articles L. 732-52 à L. 732-54, les personnes non salariées** *(L. nº 2009-1646 du 24 déc. 2009, art. 72-II)* **« ayant été à la charge, à quelque titre que ce soit, d'un régime obligatoire français d'assurance maladie pendant une durée déterminée, résidant à l'étranger et » occupées dans les exploitations ou entreprises visées aux 1° à 4° de l'article L. 722-1.**

Les modalités d'application du présent article sont déterminées par un décret qui précise notamment les délais dans lesquels les intéressés doivent demander leur affiliation. – *[L. nº 65-555 du 10 juill. 1965, art. 4 et 7, al. 1er.]*

§ 5 Accidents du travail et maladies professionnelles

(L. nº 2001-1128 du 30 nov. 2001, en vigueur le 1er avr. 2002)

Art. L. 722-19 **Le régime d'assurance contre les accidents du travail et les maladies professionnelles des non-salariés des professions agricoles s'applique aux personnes mentionnées à l'article L. 752-1, dans les conditions définies au chapitre II du titre V.**

SECTION 2 Personnes salariées des professions agricoles

SOUS-SECTION 1 Dispositions générales

COMMENTAIRE

La catégorie des salariés soumis au régime de protection sociale agricole est diverse par la nature des activités assurées et par les conditions d'exécution. Il y a d'une part l'ensemble des salariés des exploitations agricoles, dont le nombre se réduit, mais qui, avec la diversification des activités, est occupé à des tâches de plus en plus variées. Il y a également les salariés occupés à l'entretien des jardins et les petits métayers, ainsi que les dirigeants de sociétés ou d'associations agricoles. Et il y a enfin les salariés des établissements de formation agricole, ceux des groupements agricoles et para-agricoles incluant la mutualité, le crédit agricole et la coopération, et ceux des sociétés, groupements et filiales créés par les groupements agricoles et para-agricoles dans leur champ d'activité (sous réserve qu'ils détiennent plus de 50 % du capital et selon leur date de constitution). ❑

Art. L. 722-20 **Le régime de protection sociale des salariés des professions agricoles est applicable, dans les conditions fixées par les titres IV, V et VI du présent livre, aux personnes salariées et assimilées énumérées ci-dessous :**

1° Salariés occupés aux activités ou dans les entreprises ou établissements définis à l'article L. 722-1, à l'exception de l'activité mentionnée au 5° dudit article *(L. nº 2012-1404 du 17 déc. 2012, art. 37-I-14°, en vigueur au plus tard le 1er janv. 2014)* **« , et salariés des entreprises artisanales rurales n'employant pas plus de deux salariés de façon permanente » ;**

2° Gardes-chasse, gardes-pêche, gardes forestiers, jardiniers, jardiniers gardes de propriété et, de manière générale, toutes les personnes qui, n'ayant pas la qualité d'entrepreneur, sont occupées par des groupements et sociétés de toute nature ou des particuliers à la mise en état et à l'entretien des jardins ;

3° Employés de maison au service d'un exploitant agricole lorsqu'ils exercent habituellement leur activité sur le lieu de l'exploitation agricole ;

4° Métayers mentionnés à l'article L. 722-21 ;

5° Personnels enseignants des établissements d'enseignement et de formation professionnelle agricoles privés mentionnés à l'article L. 813-8 ;

6° Salariés des organismes de mutualité agricole, des caisses de crédit agricole mutuel, des chambres d'agriculture, du Centre national pour l'aménagement des structures des

exploitations agricoles, des coopératives agricoles, des sociétés d'intérêt collectif agricole, des sociétés à caractère coopératif dites fruitières, des sociétés agricoles diverses, des syndicats agricoles, des associations syndicales de propriétaires dont l'objet est agricole *(L. nº 2006-11 du 5 janv. 2006, art. 35)* « et, d'une manière générale, de tout groupement professionnel agricole » *(L. nº 2002-73 du 17 janv. 2002, art. 26)* « , de même que les personnels non titulaires de l'établissement "Domaine de Pompadour" dont les contrats ont été transférés à l'Établissement public Les Haras nationaux » *(L. nº 2009-879 du 21 juill. 2009, art. 135)* « ainsi que les agents de droit privé des agences régionales de santé qui demeurent régis par les conventions collectives des organismes de mutualité sociale agricole » ;

(L. nº 2006-11 du 5 janv. 2006, art. 35) « 6° *bis* Salariés de toute société ou groupement créé après le 31 décembre 1988, dans leur champ d'activité, par les organismes cités au 6°, à condition que leur participation constitue plus de 50 % du capital ;

« 6° *ter* *(L. nº 2019-1446 du 24 déc. 2019, art. 9)* « *a)* » Salariés des filiales créées après le 31 décembre 2005 par les sociétés ou groupements mentionnés au 6° *bis*, à la condition que ces filiales se situent dans leur champ d'activité et que lesdits sociétés et groupements détiennent plus de 50 % du capital de ces filiales ;

(L. nº 2019-1446 du 24 déc. 2019, art. 9) « *b)* Salariés des filiales créées après le 31 décembre 2019, par les filiales de coopératives agricoles mentionnées au *a* du présent 6° *ter* et par l'ensemble de leurs filiales successives, à la condition que ces filiales se situent dans leur champ d'activité et que lesdits sociétés et groupements détiennent plus de 50 % du capital de ces filiales ; »

« 6° *quater* Salariés des organismes, sociétés et groupements mentionnés aux 6°, 6° *bis* et 6° *ter*, lorsqu'intervient une modification de la forme ou des statuts desdits organismes, sociétés et groupements, dès lors que cette modification n'entraîne pas la création d'une personne morale nouvelle ; »

7° Apprentis et, sous réserve des dispositions de l'article L. 962-4 du code du travail, stagiaires relevant du régime des assurances sociales agricoles occupés dans les exploitations, entreprises, organismes et groupements ci-dessus énumérés ;

8° Lorsque les sociétés dont ils sont les dirigeants relèvent des dispositions des 1° à 4° de l'article L. 722-1, *(L. nº 2011-525 du 17 mai 2011, art. 35-II)* « présidents du conseil d'administration, présidents-directeurs généraux, directeurs généraux et directeurs généraux délégués » des sociétés anonymes, ainsi que gérants de sociétés à responsabilité limitée, à condition que lesdits gérants ne possèdent pas, ensemble, plus de la moitié du capital social, étant entendu que les parts appartenant, en toute propriété ou en usufruit, au conjoint *(L. nº 2011-525 du 17 mai 2011, art. 35-II)* « , au partenaire lié par un pacte civil de solidarité » et aux enfants mineurs non émancipés d'un gérant sont considérées comme possédées par ce dernier ;

(Ord. nº 2003-1187 du 11 déc. 2003) « 9° Présidents et dirigeants des sociétés par actions simplifiées lorsque ces sociétés relèvent des 1° à 4° de l'article L. 722-1 ;

« 10° Dirigeants des associations ayant un objet agricole, remplissant les conditions prévues au deuxième alinéa du *d* du 1° du 7 de l'article 261 du code général des impôts ;

« 11° Administrateurs des groupements mutualistes relevant du 6° du présent article, dès lors qu'ils perçoivent une indemnité de fonction et ne relèvent pas, à titre obligatoire, d'un régime de sécurité sociale ; »

(L. nº 2006-11 du 5 janv. 2006, art. 35) « 12° Salariés des centres de gestion agréés et des associations de gestion et de comptabilité dont les statuts prévoient que le conseil d'administration est composé en majorité de membres désignés par des organisations professionnelles agricoles ou des chambres d'agriculture ; »

(L. nº 2010-874 du 27 juill. 2010, art. 50-3°) « 13° Par dérogation aux dispositions de l'article L. 6342-1 du code du travail, les personnes effectuant des stages de formation professionnelle continue conformément aux dispositions de la sixième partie du code du travail, lorsque ces stages sont effectués dans le cadre du plan de professionnalisation permettant de bénéficier des aides au titre de la politique d'installation en agriculture mentionnée à l'article L. 330-1 du présent code ;

« 14° Par dérogation aux dispositions de l'article L. 5142-1 du code du travail et du 25° de l'article L. 311-3 du code de la sécurité sociale, les personnes exerçant une activité mentionnée à l'article L. 722-1 du présent code et qui sont liées avec une personne morale par un contrat d'appui au projet d'entreprise, dans les conditions définies par l'article L. 127-1 du code de commerce » ;

(L. n° 2017-1836 du 30 déc. 2017, art. 24-II-1°) « 14° *bis* Par dérogation au 32° de l'article L. 311-3 du code de la sécurité sociale, les entrepreneurs salariés et les entrepreneurs salariés associés mentionnés aux articles L. 7331-2 et L. 7331-3 du code du travail exerçant une activité mentionnée à l'article L. 722-1 du présent code ; »

(L. n° 2014-1554 du 22 déc. 2014, art. 8-II) « 15° Personnes qui contribuent à l'exercice d'une mission définie au premier alinéa du 21° de l'article L. 311-3 du code de la sécurité sociale, dans les conditions fixées au même 21°, étant entendu que le décret mentionné audit 21° est, dans ce cas, pris pour l'application du présent 15° ; »

(L. n° 2019-1446 du 24 déc. 2019, art. 9) « 16° Par dérogation au 31° de l'article L. 311-3 du code de la sécurité sociale, les salariés définis au présent article au titre des sommes ou avantages mentionnés au premier alinéa de l'article L. 242-1-4 du code de la sécurité sociale et attribués en contrepartie d'une activité accomplie dans l'intérêt d'une tierce personne n'ayant pas à leur égard la qualité d'employeur et dont les salariés sont affiliés au régime mentionné au premier alinéa du présent article. »

Les salariés et assimilés définis au présent article sont désignés dans les titres II à VI du présent livre par les termes salariés agricoles. – *[Anc. art. 1144 (partie).]*

BIBL. ▸ TAURAN, *RD rur. 2012. Étude 8* (le personnel du Crédit agricole). – TURC, *RD rur. 2022. Étude 25* (statut social et GAEC).

1° QUALITÉ DE SALARIÉ

1. Salaire « aux pièces ». Une cour d'appel ne peut refuser de considérer comme salariés agricoles des personnes occupées à l'arrachage de légumes sans être astreintes à des horaires fixes, alors qu'elles sont embauchées par un producteur agricole pour un travail déterminé, en des lieux par lui choisis, que leurs rémunérations sont fixées « aux pièces » selon le nombre de sacs remplis, que le producteur en vérifie le nombre, s'assure de la qualité du travail exécuté, ce qui implique que s'il ne leur donne pas de directives précises que ne nécessite pas la nature de leur activité, il n'en exerce pas moins sur les intéressés un contrôle par l'effet même des conditions de leur rémunération qui dépend de la plus ou moins bonne exécution du travail accompli, laissée à sa libre appréciation. • Soc. 10 juin 1990, *CMSA de la Manche c/ Villard,* n° 69-10.377. – Sur la présomption de salariat, V. art. L. 722-23.

2. Bergers communaux. Le recrutement de bergers par voie d'adjudication au prix forfaitaire le moins élevé et la liberté qui leur est laissée dans l'exécution du travail sont de nature à faire présumer l'existence d'un contrat d'entreprise, d'autant que la faculté pour eux de faire assurer leur tâche par des tiers, sous leur propre responsabilité, en tant qu'employeurs et à leur profit, est exclusive d'un lien de subordination. • Soc. 21 nov. 1968, *Cne d'Orcières,* n° 66-12.776.

3. Coopérative. V. jurisprudence ss. art. L. 722-28.

4. Pluriactif salarié. La caisse des travailleurs indépendants doit être appelée à la cause comme la caisse de MSA lorsque le litige porte sur la nature de l'activité principale d'une personne ayant des activités salariées agricoles et non agricoles. • Soc. 28 oct. 1999, n° 97-14.148 P.

5. Gérant non salarié. Sur l'affiliation du gérant majoritaire de la société mère et minoritaire de la filiale sans interposition de la personne morale de la société mère, V. • Civ. 2e, 1er déc. 2011, n° 10-27.193 : *RD rur. 2012, n° 30, note Savin Bénesteau.*

6. Le régime de protection sociale des salariés des professions agricoles est applicable aux présidents et dirigeants des sociétés par actions simplifiées qui exercent une activité agricole. • Civ. 2e, 15 mars 2018, n° 17-15.192 P : *RD rur. 2018, n° 156, note Tauran ; Gaz. Pal. 2018. 1195.* ♦ Le président d'une société par actions simplifiées ne peut être assujetti au régime de protection sociale des exploitants agricoles. • Civ. 2e, 13 oct. 2022, n° 20-23.133 : *RD rur. 2023, n° 20, note Tauran.*

2° ENTREPRISE AGRICOLE

7. Centres de travail pour les handicapés. Les moniteurs des institutions sociales ou médico-sociales qui assurent l'aide aux personnes handicapées ou inadaptées par un travail de nature agricole doivent être affiliés au régime de protection sociale agricole, car ils ont des salariés occupés dans les exploitations de culture et d'élevage, puisque le travail offert aux handicapés est la culture florale ou d'ornement et les cultures maraîchères. • Soc. 5 juin 1997, *ALEFPA et URSSAF de Lille c/ CMSA de la Creuse,* n° 95-20.728.

8. Établissement agricole autonome. Est mal fondée la MSA qui demande l'affiliation au régime agricole des deux seuls salariés d'un établissement d'élevage spécifiquement agricole mais dépourvu de toute autonomie et inscrit dans l'objet commercial d'un groupe de sociétés. • Civ. 2e, 16 déc. 2003, *CMSA Puy-de-Dôme c/ Sté Mas d'Auge,* n° 02-30.710.

9. Travaux forestiers. V. note 1 ss. art. L. 722-1.

Art. L. 722-21 Les métayers mentionnés au 4° de l'article L. 722-20 sont ceux qui travaillent d'ordinaire seuls ou avec l'aide des membres de leur famille ainsi que des associés d'exploitation définis par l'article L. 321-6 et qui :

1° Soit ne possèdent pas à leur entrée dans l'exploitation, pour l'ensemble des terres exploitées par eux, un cheptel mort et vif d'une valeur supérieure à un montant fixé par décret ;

2° Soit exploitent, tant en métayage qu'en fermage ou en faire-valoir direct, des terres dont le revenu cadastral global est au plus égal à une somme fixée par voie réglementaire.

Ne sont considérés comme membres de la famille que le conjoint, les ascendants, descendants, frères, sœurs et alliés au même degré. Sont considérés comme travaillant d'ordinaire seuls ou avec l'aide des membres de leur famille ci-dessus désignés ainsi que des associés d'exploitation au sens de l'article L. 321-6, les métayers n'ayant pas fait appel dans l'année civile écoulée, pour l'ensemble des terres exploitées par eux, en dehors de la main-d'œuvre familiale susvisée, à plus de soixante-quinze journées de travail salarié. Le bénéfice du présent alinéa est conservé aux métayers qui, ayant au moins à leur charge deux enfants de moins de quatorze ans, n'ont pas fait appel, au cours de l'année civile écoulée, à plus de trois cents journées de travail salarié. – *[Anc. art. 1025.]*

1. Conditions financières. Les conditions relatives à la valeur du cheptel et au montant du revenu cadastral sont alternatives et non cumulatives. • Cass., Ch. réun., 24 avr. 1961 : *D. 1961. 418* • Soc. 20 mai 1966 : *Bull. civ. IV, n° 477.*

2. Revenu cadastral. Il est tenu compte seulement du revenu cadastral des surfaces exploitables par le métayer, sans retenir les parties improductives telles que certaines parcelles en nature de landes et de bruyères, permettant de faire pacager le bétail et fournissant la litière, qui ne peuvent être retenues que dans la mesure où leur superficie reste dans une proportion convenable avec les besoins de l'exploitation, ou telles que des terres rendues impropres à a culture par la présence d'arbres forestiers en nombre trop important. • Civ. 2e, 3 oct. 1963 : *Bull. civ. II, n° 574.* ♦ Les terrains bâtis sont également exclus. • Soc. 14 oct. 1965 : *Bull. civ. IV, n° 651.*

Art. L. 722-22 Les ouvriers agricoles travaillant au profit d'un tiers seuls ou avec l'aide de leur famille, avec des outils leur appartenant en propre, sont réputés, pour l'application des titres IV, V et VI du présent livre, bénéficier d'un contrat de travail, que les travaux soient effectués au temps, à la tâche ou au forfait. – *[Anc. art. 1060, al. 2.]*

Art. L. 722-23 Pour l'application du présent livre, toute personne occupée, moyennant rémunération, dans les exploitations ou entreprises de travaux forestiers définis à l'article L. 722-3, est présumée bénéficier d'un contrat de travail. Cette présomption est levée si l'intéressé satisfait à des conditions de capacité ou d'expérience professionnelle et d'autonomie de fonctionnement, qui seront fixées par décret. – *V. art. D. 722-32 s.*

Les conditions prévues par l'alinéa précédent pour la levée de la présomption de salariat sont réputées remplies par les chefs d'exploitation agricole exerçant à titre secondaire, dans les forêts d'autrui, l'activité mentionnée à l'alinéa précédent. – *[Anc. art. 1147-1 et 1147-2.]*

Présomption. La présomption de salariat applicable à toute personne exécutant des travaux forestiers moyennant rémunération et à la demande d'un donneur d'ouvrage ne peut être levée si l'exécutant desdits travaux ne satisfait pas aux conditions imposées par le décret d'application. En conséquence, un tribunal ne peut décider qu'un propriétaire s'étant borné à faire exécuter sur sa propriété une coupe de bois par un bûcheron inscrit au registre du commerce, il n'y avait pas lieu d'appliquer à ces relations la présomption légale de salariat, en prétendant faussement que celle-ci n'a effet que si le contrat a été passé entre deux personnes travaillant au sein d'une même exploitation. • Soc. 24 sept. 1992, n° 90-14.276 P. ♦ La cour d'appel ne peut écarter la présomption sans établir que l'intéressé satisfait à des conditions de capacité, d'expérience professionnelle et d'autonomie, caractérisées d'une part par la qualité personnelle d'employeur de main d'œuvre salariée pour l'exercice de l'activité, et d'autre part, soit par la propriété ou la location permanente d'un outillage excédant les moyens nécessaires à l'exercice d'une activité salariée, soit par l'inscription au RCS ou à un centre de gestion agréé pour la tenue de sa comptabilité. • Civ. 2e, 25 mai 2004, *MSA Loire-Atlantique c/ Sté L'espadon,* n° 02-31.160. ♦ La caisse de MSA est fondée à appeler des cotisations pour le travail d'un exploitant ayant effectué des travaux forestiers contre une rémunération au profit d'une société, sur le fondement de la présomption de salariat, dès lors que la société n'établissait pas que les conditions des art. D. 722-32 et D. 722-33 étaient satisfaites, et peu important l'affiliation de l'intéressé au régime des chefs d'exploitation agricole. • Civ. 2e, 31 mai 2006, n° 05-16.138.♦... L'immatriculation de l'intéressé au registre du commerce et des sociétés et son affiliation au régime des travailleurs indépendants. • Civ. 2e, 17 janv. 2007, n° 05-20.815.

Art. L. 722-24 Lorsqu'une entreprise de travail temporaire a pour objet de mettre des salariés liés par un contrat de travail temporaire exclusivement à la disposition d'entreprises utilisatrices entrant dans le champ d'application de l'article L. 722-1 *(L. n° 2022-1616 du 23 déc. 2022, art. 6)* « ou de l'article L. 722-20 », ces salariés relèvent ou, le cas échéant, continuent de relever du régime applicable aux salariés agricoles. — *[L. n° 72-1 du 3 janv. 1972, art. 22, al. 2.]*

SOUS-SECTION 1 *BIS* Dispositions applicables aux personnels enseignants et de documentation liés à l'État par contrat

Art. L. 722-24-1 *(L. n° 2022-1616 du 23 déc. 2022, art. 6)* Lorsqu'une entreprise de travail temporaire établie à l'étranger met à la disposition d'une entreprise exerçant une activité mentionnée aux articles L. 722-1 ou L. 722-20 des salariés, liés par des contrats de travail temporaire, entrant dans le champ d'application des mêmes articles L. 722-1 ou L. 722-20, dont elle demande le maintien à la législation de sécurité sociale d'un autre État et que les conditions de ce maintien ne sont pas remplies, ces salariés relèvent ou, le cas échéant, continuent de relever du régime applicable aux salariés agricoles.

Art. L. 722-24-2 *(L. n° 2004-1370 du 20 déc. 2004, art. 31-II)* Les dispositions des articles *(L. n° 2023-270 du 14 avr. 2023, art. 1er)* « L. 712-3 et L. 712-9 » du code de la sécurité sociale sont applicables aux personnels enseignants et de documentation liés à l'État par contrat qui sont en activité dans des associations ou organismes responsables des établissements d'enseignement agricole privés liés à l'État par contrat.

(L. n° 2007-1786 du 19 déc. 2007, art. 24-III) « La perte de recettes résultant des dispositions du présent article ne donne pas lieu à application de l'article L. 131-7 du code de la sécurité sociale. » — *L'art. L. 722-24-1 devient l'art. L. 722-24-2 (L. n° 2022-1616 du 23 déc. 2022, art. 6-II-3°).*

SOUS-SECTION 2 Affiliation

Art. L. 722-25 L'affiliation est faite obligatoirement à la diligence de l'employeur, dans un délai déterminé par voie réglementaire après l'embauchage de toute personne non encore immatriculée. — *[Anc. art. 1028, al. 1er (partie).]*

Art. L. 722-26 Lorsque les assurés cessent de relever du régime des assurances sociales des salariés agricoles, il doit être procédé à leur radiation. Cette radiation peut être opérée soit sur la demande de l'intéressé ou de l'employeur, sous réserve de la production des justifications nécessaires, soit sur l'initiative du service chargé du contrôle de l'application de la législation de protection sociale agricole. Elle a effet à compter du premier jour du trimestre civil suivant. — *[Anc. art. 1029.]*

SOUS-SECTION 3 Dispositions particulières aux différentes branches

Art. L. 722-27 Le régime de protection sociale des personnes salariées des professions agricoles comprend trois branches :

1° Les prestations familiales ;

2° Les assurances sociales des salariés qui font l'objet du titre IV ;

3° L'assurance contre les accidents du travail et les maladies professionnelles des salariés qui fait l'objet du chapitre I du titre V.

§ 1 Prestations familiales

Art. L. 722-28 Les dispositions relatives aux prestations familiales des personnes salariées des professions agricoles s'appliquent aux salariés définis à la sous-section 1 de la présente section. — *[Anc. art. 1060, al. 1er, 1°.]*

Coopérative. Une coopérative dotée de la personnalité morale et d'un patrimoine distinct de celui de ses adhérents, passant avec son personnel et les tiers des contrats particuliers, différents de ceux conclus par les sociétaires pour la production elle-même, a ainsi une activité propre qui n'est pas intégrée dans les exploitations agricoles de ses membres, même si elle se borne à écouler, en l'état ou après conditionnement, leurs produits et doit donc être assujettie pour ses salariés au régime agricole des prestations familiales, en vertu des dispositions combinées des art. 1060 et 1144 C. rur., sans pouvoir prétendre que les cotisations afférentes étaient incluses dans les cotisations individuelles payées par chacun de ses adhérents en fonction du revenu cadastral de leurs exploitations et pouvoir se soustraire ainsi elle-même à tout paiement de cotisations. • Soc. 30 oct. 1974, *Sté coop. « L'Arlésienne » c/ CMSA des Bouches-du-Rhône*, n° 73-12.230.

§ 2 Assurances sociales des salariés agricoles

Art. L. 722-29 Sont affiliés obligatoirement aux assurances sociales des salariés agricoles les salariés définis à la sous-section 1 de la présente section. – *[Anc. art. 1024.]*

Qualité de salarié agricole. V. jurisprudence ss. art. L. 722-20.

Art. L. 722-30 Les dispositions de l'article L. 311-7 du code de la sécurité sociale sont applicables aux personnes salariées des professions agricoles de nationalité étrangère, ainsi qu'à leurs ayants droit. – *[Anc. art. 1027.]*

§ 3 Accidents du travail et maladies professionnelles

Art. L. 722-31 L'assurance obligatoire contre les accidents du travail et les maladies professionnelles des salariés des professions agricoles s'applique aux personnes énumérées à l'article L. 751-1 et dans les conditions définies au chapitre I et au titre V.

CHAPITRE III ORGANISMES DE PROTECTION SOCIALE DES PROFESSIONS AGRICOLES

BIBL. ▶ TAURAN, *RD rur. 2007. Étude 33* (la MSA : structure complète).

COMMENTAIRE

La MSA gère le second système de protection sociale français qui constitue un ensemble autonome doté de spécificités, en particulier dans sa structure de gestion. La MSA est une organisation pyramidale et son fonctionnement repose sur des principes démocratiques.

Trois collèges d'électeurs élisent un ensemble de délégués communaux et cantonaux. Les 100 000 délégués cantonaux constituent les assemblées générales des quatre-vingts caisses départementales ; ils élisent des administrateurs des caisses qui veillent à la gestion de la protection sociale et à l'application de la politique sociale dans la circonscription. Chaque conseil d'administration des caisses départementales désigne des délégués qui se réunissent en assemblée générale centrale de la MSA pour désigner le conseil central d'administration de la MSA.

La caisse centrale a un triple rôle : représenter la mutualité agricole auprès des pouvoirs publics, contribuer à la gestion du système de protection sociale par chaque caisse locale, mettre en œuvre une politique sociale incluant notamment l'action sanitaire et sociale et la prévention des risques.

Sur cet ensemble s'exerce la tutelle publique. Celle-ci est assurée par le ministre de l'agriculture au plan national, et par le chef du service régional de l'inspection du travail, de l'emploi et de la politique sociale agricole dans chaque département. ❑

SECTION 1 Organisation générale de la mutualité sociale agricole

Art. L. 723-1 Les organismes de mutualité sociale agricole comprennent les caisses départementales et pluridépartementales de mutualité sociale agricole, la caisse centrale de la mutualité sociale agricole ainsi que leurs associations et groupements mentionnés à l'article L. 723-5. Sauf dispositions contraires du présent chapitre, ils sont soumis aux dispositions du livre I du code de la sécurité sociale.

Les caisses de mutualité sociale agricole sont dotées de la personnalité morale et sont constituées et fonctionnent conformément aux prescriptions du code de la mutualité, sous réserve des dispositions du présent code et du code de la sécurité sociale et des textes pris pour leur application. – *[Anc. art. 1002, al. 1er.]*

1. QPC. Il n'y a pas lieu à poser la question préjudicielle se rapportant à l'adhésion obligatoire au régime de sécurité sociale agricole dès lors que la Cour de justice de l'Union européenne l'a tranchée dans une espèce analogue. • Civ. 2e, 18 juin 2015, n° 14-18.049 P : *JCP 2015. 795 ; RD rur. 2015, n° 207, note Tauran.*

2. Capacité. Les caisses de MSA peuvent ester en justice sans avoir à justifier d'un dépôt de documents en mairie dès lors que leurs statuts ont été approuvés par l'autorité administrative. • Soc. 4 juill. 2001 : *RD rur. 2001. 625* • Civ. 2e, 17 mai 2004, *X. c/ CMSA du Doubs,* n° 02-15.221. ♦ L'organisme de MSA dont les statuts ont été approuvés par arrêté préfectoral dispose de la personnalité morale et de la capacité à agir en justice, sans qu'il soit nécessaire d'effectuer le dépôt des statuts en mairie, et son directeur peut mettre des oppositions à tiers détenteur sans besoin d'une délégation. • Soc. 12 juill. 2001 : *RD rur. 2002. 49* • Civ. 2e, 18 sept. 2003, *X c/ CMSA de Dordogne,* n° 01-16.176 P : *Gaz. Pal. 26-27 mars 2004. 19.*

SOUS-SECTION 1 Caisses départementales et pluridépartementales de mutualité sociale agricole

Art. L. 723-2 **Les caisses de mutualité sociale agricole sont départementales ou pluridépartementales. Elles sont chargées de la gestion des régimes obligatoires de protection sociale des salariés et non salariés des professions agricoles.** *(L. n° 2018-1203 du 22 déc. 2018, art. 52)* **« Elles assurent pour ces personnes l'attribution de la protection complémentaire en matière de santé prévue à l'article L. 861-1 du code de la sécurité sociale. » Elles peuvent être autorisées à gérer des régimes complémentaires d'assurance maladie, maternité, invalidité et de vieillesse pour les personnes non salariées des professions agricoles, dans des conditions fixées par décret en Conseil d'État.**

(L. n° 2004-810 du 13 août 2004, art. 59) **« Elles peuvent accompagner toutes actions visant à favoriser la coordination et l'offre de soins en milieu rural. »** – *L'art. 59 de la L. n° 2004-810 du 13 août 2004 mentionne par erreur l'art. L. 723-12 au lieu de l'art. L. 723-2.*

Les statuts et règlements intérieurs des caisses de mutualité sociale agricole sont approuvés par l'autorité administrative. – *[Anc. art. 1002, al. 2 et 3.]*

V. Arr. du 16 févr. 2010 relatif au modèle des statuts des caisses de mutualité sociale agricole (JO 21 févr.).

Art. L. 723-3 **Les caisses de mutualité sociale agricole comprennent un service du recouvrement, contrôle et contentieux et des sections dont les opérations font l'objet de comptabilités distinctes dans des conditions fixées par décret.**

Le service du recouvrement, contrôle et contentieux est notamment chargé du calcul et du recouvrement des cotisations dues par les ressortissants des régimes obligatoires de protection sociale agricole. Il en met le produit à la disposition des sections intéressées.

Les caisses comprennent obligatoirement les sections suivantes :

1° Assurances sociales des salariés ;

2° Prestations familiales ;

3° *(L. n° 2010-1330 du 9 nov. 2010, art. 93-II)* **« Assurance vieillesse et assurance veuvage des non-salariés » ;**

4° Assurance maladie, invalidité et maternité des non-salariés ;

5° Assurance contre les accidents du travail et les maladies professionnelles des salariés ;

6° Action sanitaire et sociale ;

(L. n° 2001-1128 du 30 nov. 2001) **« 6°** ***bis*** **Assurance contre les accidents du travail et les maladies professionnelles des personnes non salariées mentionnées à l'article L. 752-1 ; »**

(L. n° 2002-308 du 4 mars 2002, art. 4) **« 6°** ***ter*** **Assurance vieillesse complémentaire obligatoire des non-salariés agricoles ; »**

7° Le cas échéant, des sections assurances complémentaires facultatives maladie, invalidité et maternité et assurance vieillesse des non-salariés agricoles.

Les caisses de mutualité sociale agricole peuvent créer toute autre section qui s'avérerait nécessaire après autorisation de l'autorité administrative.

Elles peuvent également, sous leur responsabilité, créer des échelons locaux *(L. nº 2002-73 du 17 janv. 2002, art. 22)* « et confier aux délégués cantonaux élus directement des trois collèges qu'elles désignent toutes missions, qu'ils effectuent à titre gratuit ».

(L. nº 2006-1640 du 21 déc. 2006, art. 137-I) « Les caisses dont la circonscription comporte plusieurs départements peuvent constituer des comités départementaux selon des modalités fixées par leur conseil d'administration. Les conseils d'administration peuvent leur confier des missions, notamment pour animer le réseau des élus locaux de la mutualité sociale agricole. Ces comités départementaux peuvent être consultés sur les demandes individuelles relatives aux cotisations sociales et les aides individuelles relatives à l'action sanitaire et sociale ainsi que sur toutes questions concernant la gestion des régimes agricoles de protection sociale dans le département. Leurs membres peuvent assurer la représentation de la caisse sur mandat du conseil d'administration. Le comité départemental est composé d'administrateurs de la caisse, élus du département concerné, d'un membre désigné par l'union départementale des associations familiales et de délégués cantonaux du même département. Le nombre de membres du comité départemental ne peut excéder le nombre de membres du conseil d'administration d'une caisse départementale. Les dispositions des articles L. 723-36, L. 723-37 et L. 723-42 sont applicables aux membres de ces comités. »

(L. nº 2006-11 du 5 janv. 2006, art. 30) « Elles *[les caisses de mutualité sociale agricole]* contribuent au développement sanitaire et social des territoires ruraux. »

(L. nº 2021-1754 du 23 déc. 2021, art. 98) « Les caisses de mutualité sociale agricole, avec le concours de leur service social, mettent en œuvre des actions de promotion et d'accompagnement de la prévention de la désinsertion professionnelle, afin de favoriser le maintien dans l'emploi de leurs ressortissants dont l'état de santé est dégradé du fait d'un accident ou d'une maladie, d'origine professionnelle ou non, compte tenu de la coordination assurée par la caisse centrale de la mutualité sociale agricole. Ces actions se font en lien, en tant que de besoin, avec les intervenants extérieurs qualifiés, les acteurs de la compensation du handicap et les acteurs de la préorientation et de la réadaptation professionnelles mentionnés à l'article L. 5214-3-1 du code du travail, aux 3° et 4° de l'article L. 5211-2 du même code ainsi qu'au *b* du 5° du I de l'article L. 312-1 du code de l'action sociale et des familles. »

(L. nº 2014-1170 du 13 oct. 2014, art. 33-5°) « Elles proposent au préfet la surface minimale d'assujettissement prévue à l'article L. 722-5-1 » *(L. nº 2021-1754 du 23 déc. 2021, art. 98)* « du présent code ». — *[Anc. art. 1002-1.]*

Art. L. 723-4 En cas de fusion de plusieurs caisses de mutualité sociale agricole, la circonscription de la nouvelle caisse ainsi créée est constituée par l'ensemble des circonscriptions des caisses fusionnées. Les modalités selon lesquelles sont attribués les biens, droits et obligations des caisses intéressées par la fusion sont fixées par décret. Les opérations entraînées par ce transfert, qui n'apporte aucune modification à l'affectation définitive des ressources attribuées à chacun des régimes précédemment gérés par lesdites caisses, bénéficient de l'exonération prévue par l'article 1085 du code général des impôts. — *[Anc. art. 1002-2.]* — *V. art. D. 723-4 s.*

Art. L. 723-4-1 *(L. nº 2007-1786 du 19 déc. 2007, art. 102-I)* Le conseil central d'administration de la mutualité sociale agricole peut décider, sur proposition de l'assemblée générale centrale, la fusion de deux ou plusieurs caisses de mutualité sociale agricole. La date d'effet est fixée au 1er janvier de l'année civile du terme du mandat des membres des conseils d'administration des caisses appelées à fusionner ou au premier jour du mois civil suivant le terme de ce mandat.

Pour l'application du premier alinéa, le conseil central d'administration peut, en lieu et place des conseils d'administration des caisses concernées, constituer en son sein une commission chargée de prendre toutes mesures nécessaires à la mise en place de la nouvelle caisse. Cette commission peut s'adjoindre des personnalités qualifiées désignées par le conseil central d'administration. La composition de cette commission est soumise à l'approbation du ministre chargé de l'agriculture. Les décisions de la commission sont soumises au contrôle de l'État dans les conditions prévues par l'article

L. 152-1 du code de la sécurité sociale et sont exécutoires par les directeurs des caisses concernées dès leur approbation.

Art. L. 723-5 Les caisses de mutualité sociale agricole peuvent, en vue de créer des services d'intérêt commun, se regrouper sous forme d'associations à but non lucratif régies par la loi du 1er juillet 1901 relative au contrat d'association ou de groupements d'intérêt économique.

Les statuts et règlements intérieurs de ces groupements ou associations sont approuvés dans les mêmes conditions que ceux des caisses qui les ont créés. Les modalités de leur fonctionnement sont déterminées par décret en Conseil d'État. — *[Anc. art. 1002-3.] — V. art. R. 723-14 s. — Pour les modèles de statuts, V. art. R. 723-2.*

Art. L. 723-6 La circonscription des caisses fusionnées et celle des associations à but non lucratif créées par regroupement de deux ou plusieurs caisses de mutualité sociale agricole, mentionnées aux articles L. 723-4 et L. 723-5, ne peuvent, sauf dérogation accordée par le ministre chargé de l'agriculture, excéder la circonscription de la région administrative. — *[Anc. art. 1002-3-1.]*

Art. L. 723-7 I. — Les caisses de mutualité sociale agricole et leurs associations peuvent, dans les limites de leur circonscription géographique, constituer des unions avec les organismes d'assurances mutuelles agricoles ou d'autres organismes à but non lucratif se proposant de mener des actions de prévoyance, de solidarité ou d'entraide, en vue de la représentation ou de la valorisation d'intérêts communs.

Ces unions sont administrées par un comité comprenant des représentants de chacun des trois collèges des conseils d'administration des caisses de mutualité sociale agricole et des représentants des conseils d'administration des autres organismes associés.

II. — Les caisses de mutualité sociale agricole peuvent créer avec des tiers des services communs en matière de gestion et d'action sanitaire et sociale ou participer à des services préexistants.

Elles peuvent également conclure des conventions avec des organismes administrés paritairement par les organisations professionnelles et syndicales représentatives des employeurs et des salariés de l'agriculture, notamment en vue du recouvrement, pour le compte de ces organismes, des cotisations qui leur sont dues en application d'une convention ou d'un accord collectif étendu. Ces conventions peuvent stipuler que les caisses de mutualité sociale agricole procèdent au recouvrement et au contrôle de ces cotisations selon les règles et sous les garanties et sanctions applicables au recouvrement des cotisations dues au titre des assurances sociales agricoles obligatoires.

Les caisses de mutualité sociale agricole et leurs associations peuvent également conclure des conventions avec des tiers en vue de la gestion partielle d'une activité en relation directe ou complémentaire avec la mission de service public dont elles sont chargées.

III. — Lorsque la participation financière, directe ou indirecte, des caisses de mutualité sociale agricole et de leurs associations, mentionnées au premier alinéa de l'article L. 723-1, atteint ou dépasse la majorité des parts du capital social des unions d'économie sociale, groupements d'intérêt économique ou sociétés civiles immobilières auxquels elles sont autorisées à participer, les budgets et comptes annuels des unions d'économie sociale, groupements d'intérêt économique et sociétés civiles immobilières sont soumis à l'approbation de *(L. nº 2006-1640 du 21 déc. 2006, art. 41-III et IV, en vigueur le 1er janv. 2008)* « l'organisme de mutualité sociale agricole détenant la participation majoritaire ». Ces dispositions sont également applicables aux unions et associations dont au moins la moitié des moyens de fonctionnement est financée, de manière directe ou indirecte, par les caisses de mutualité sociale agricole et leurs associations.

IV. — Un décret en Conseil d'État fixe les conditions d'application des dispositions prévues *(L. nº 2006-1640 du 21 déc. 2006, art. 41-III)* « aux I et II » ci-dessus. — *[Anc. art. 1237.] — V. art. R. 723-18 s.*

Les caisses de MSA, sous réserve d'avoir conclu des conventions avec des organismes administrés paritairement par les organisations professionnelles et syndicales de l'agriculture, en vue du recouvrement pour le compte de ces organismes des cotisations qui leur sont dues, sont habilitées légalement à déclarer les créances correspondantes, sans être tenues de justifier d'un pouvoir spécial. • Cass., ass. plén., 26 mars 2010 : *JCP 2010. Actu. 383 ; RD rur. 2010, n° 62, note Lebel*, confirmant • Com. 21 févr. 2006, n° 04-20.211 P : *D. 2006. AJ 718, obs. Lienhard ; JCP 2006. IV. 1610 ; Gaz. Pal. 23-25 avr. 2006. 28* • 2 oct. 2007, n° 06-14.284 : *RD rur. 2007, n° 59, note Tauran ; Gaz. Pal. 24 janv. 2008. 52.*

Art. L. 723-8 Les caisses de mutualité sociale agricole sont autorisées à conclure avec les entreprises d'assurance sur la vie visées au 1° de l'article L. 310-1 du code des assurances et les caisses autonomes mutualistes visées à l'article L. 321-1 du code de la mutualité des conventions pour l'encaissement des cotisations et le versement des prestations afférentes aux contrats d'assurance de groupe visés au I de l'article 55 de la loi n° 97-1051 du 18 novembre 1997 d'orientation sur la pêche maritime et les cultures marines. — *[L. n° 97-1051 du 18 nov. 1997, art. 55-VII, al. 2.]*

Art. L. 723-9 Les caisses de mutualité sociale agricole peuvent passer des contrats avec les sociétés mutualistes ayant créé des œuvres sociales *(Abrogé par L. n° 2020-1525 du 7 déc. 2020, art. 17) « dans les conditions prévues aux articles L. 411-1 à L. 411-8 du code de la mutualité »* en vue d'en faire bénéficier leurs adhérents. — *[Anc. art. 1106-11.]*

Art. L. 723-10 Les caisses de mutualité sociale agricole sont tenues de s'affilier, pour la réassurance, à la caisse centrale de la mutualité sociale agricole mentionnée à l'article L. 723-11. — *[Anc. art. 1052.]*

SOUS-SECTION 2 **Caisse centrale de la mutualité sociale agricole**

Art. L. 723-11 La caisse centrale de la mutualité sociale agricole a pour missions :

1° De représenter la mutualité sociale agricole auprès des pouvoirs publics ;

2° De participer à toutes opérations de nature à faciliter l'exercice par les caisses de mutualité sociale agricole de leurs attributions, notamment :

a) En apportant aux caisses l'information et la documentation relatives à l'application de la législation sociale agricole ;

b) En mettant en œuvre des traitements automatisés permettant d'identifier sur le plan national les bénéficiaires des régimes de protection sociale agricole et de centraliser les informations nécessaires à la détermination des prestations dues aux assurés ;

c) (L. n° 2007-1786 du 19 déc. 2007, art. 101-III) « En assurant la fonction de centrale d'achat au sens du code des marchés publics, pour le compte des organismes de mutualité sociale agricole mentionnés à l'article L. 723-1 et en passant, pour son propre compte et celui desdits organismes, des marchés ou des accords-cadres. Les marchés subséquents aux accords-cadres sont passés par la caisse centrale ou les organismes de mutualité sociale agricole » ;

(L. n° 2002-73 du 17 janv. 2002, art. 24) « *d)* En passant des conventions dans les matières et avec les organismes définis aux articles L. 723-7, L. 723-8 et L. 723-9 qui, lorsqu'elles ont été approuvées par le ministre chargé de l'agriculture, sont applicables de droit dans l'ensemble des organismes de Mutualité sociale agricole ; »

(L. n° 2012-1404 du 17 déc. 2012, art. 37-I-1°, en vigueur le 1er janv. 2014) « 3° D'assurer la gestion de risques, de fonds ou de budgets dans les cas prévus par la législation ou la réglementation ; »

4° De gérer les opérations de compensation en matière de gestion, d'action sanitaire et sociale et de contrôle médical des caisses de mutualité sociale agricole ;

5° De procéder aux répartitions des recettes et compensations de charges dans les conditions prévues par décret ;

6° De promouvoir et animer l'action sanitaire et sociale ;

7° De promouvoir la prévention des accidents du travail des salariés agricoles ;

(L. n° 2001-1128 du 30 nov. 2001) « 8° De promouvoir la prévention des accidents du travail des personnes non salariées mentionnées à l'article L. 752-1 ; »

(L. n° 2006-11 du 5 janv. 2006, art. 30) « 9° De contribuer au développement sanitaire et social des territoires ruraux et, par ses avis, à la définition des orientations et des conditions de mise en œuvre de la politique de développement rural en matière sanitaire et sociale ; »

(L. n° 2021-1754 du 23 déc. 2021, art. 98) « 9° *bis* De promouvoir la prévention de la désinsertion professionnelle afin de favoriser le maintien dans l'emploi de ses res-

sortissants dont l'état de santé est dégradé du fait d'un accident ou d'une maladie, d'origine professionnelle ou non, et de coordonner l'action dans ce champ des organismes locaux ; »

(L. n° 2007-1786 du 19 déc. 2007, art. 102-II et 109-III) « 10° De prendre les mesures nécessaires au pilotage du réseau des organismes de mutualité sociale agricole et de confier à certains d'entre eux la charge d'assumer des missions communes ;

(L. n° 2018-1203 du 22 déc. 2018, art. 78) « 10° *bis* De définir les orientations mises en œuvre par les organismes de son réseau en matière de lutte contre le non-recours aux prestations et de simplification des démarches des demandeurs et assurés ou allocataires ; »

« 11° De mettre en œuvre ou de coordonner des actions de contrôle *(Abrogé par L. n° 2016-1827 du 23 déc. 2016, art. 23-II-1°) « sur le service des prestations »* afin de détecter les fraudes et les comportements abusifs. Elle peut requérir la participation des caisses mentionnées à l'article L. 723-2. Elle peut à ce titre utiliser des traitements automatisés des données relatives au service des prestations » *(L. n° 2016-1827 du 23 déc. 2016, art. 23-II-1°)* « et au recouvrement des cotisations » ;

(L. n° 2012-1404 du 17 déc. 2012, art. 37-I-1°, en vigueur le 1er janv. 2014 ; Cons. const. n° 2012-659 QPC du 13 déc. 2012 ; L. n° 2013-1203 du 23 déc. 2013, art. 59-III-a) « 12° D'assurer la gestion commune de la trésorerie des organismes de mutualité sociale agricole mentionnés à l'article L. 723-1. L'individualisation de la trésorerie des différentes branches des régimes des salariés et des non-salariés agricoles est assurée par un suivi permanent en prévision et en réalisation comptable, dans des conditions fixées par décret. »

(L. n° 2022-172 du 14 févr. 2022, art. 12, en vigueur le 1er sept. 2022) « Sous réserve de dispositions législatives ou réglementaires spécifiques, la caisse centrale de la mutualité sociale agricole perçoit des frais de gestion, dont les modalités sont déterminées par convention conclue entre ladite caisse et l'attributaire et approuvée par les ministres chargés de l'agriculture, de la sécurité sociale et, le cas échéant, des autres ministres concernés, pour le recouvrement des cotisations et contributions sociales, ainsi que des majorations et pénalités de retard y afférentes, à l'exclusion de celles dues au titre des régimes de protection sociale agricole dont les caisses locales de mutualité sociale agricole assurent l'application.

« La caisse centrale de la mutualité sociale agricole assure la notification et le versement à chaque attributaire des sommes recouvrées qui lui reviennent. » — *[Anc. art. 1002-4-II.]*

Art. L. 723-12 I. — La caisse centrale de la mutualité sociale agricole contribue à la mise en œuvre de la politique sociale agricole. Elle soumet à cette fin toutes propositions *(L. n° 2010-874 du 27 juill. 2010, art. 37-II)* « aux ministres chargés de l'agriculture et de la sécurité sociale et leur » communique toutes statistiques.

II. — Dans le respect des lois de financement de la sécurité sociale *(Abrogé par L. n° 2008-1330 du 17 déc. 2008, art. 17-I-2°) « et des dispositions des articles L. 731-1 à L. 731-5 »*, l'autorité compétente de l'État conclut avec la caisse centrale de la mutualité sociale agricole une convention d'objectifs et de gestion à caractère pluriannuel. Cette convention détermine pour une période minimale de *(L. n° 2004-1370 du 20 déc. 2004, art. 5)* « quatre » ans les objectifs liés à la gestion des régimes de protection sociale des non-salariés et des salariés des professions agricoles, au service des prestations, au recouvrement des cotisations et des impôts affectés, à l'amélioration du service aux usagers et à la politique d'action sanitaire et sociale et de prévention. Elle détermine également les conditions de conclusion des avenants en cours d'exécution de la convention, notamment en fonction des lois de financement de la sécurité sociale et des modifications importantes de la charge de travail de la caisse centrale liées à l'évolution du cadre législatif et réglementaire de son action, ainsi que le processus d'évaluation contradictoire des résultats obtenus au regard des objectifs fixés. Cette convention définit des orientations pluriannuelles cohérentes avec celles mentionnées dans la convention d'objectifs et de gestion de la branche maladie du régime général.

L'avenant qui est conclu à la suite de la publication de la loi de financement de la sécurité sociale comporte des clauses analogues à celles de l'avenant ayant le même objet de la branche maladie du régime général. La convention d'objectifs et de gestion

est signée, pour le compte de la caisse centrale de la mutualité sociale agricole, par le président du conseil central d'administration et par le directeur de la caisse centrale de la mutualité sociale agricole. *(L. n° 2004-1370 du 20 déc. 2004, art. 5)* **« La convention est transmise au Parlement. Un bilan de son application, notamment au regard des orientations fixées par les lois de financement de la sécurité sociale, lui est également transmis dans les trois années suivant sa signature. » La mise en œuvre de la convention d'objectifs et de gestion fait l'objet de contrats pluriannuels de gestion conclus entre la caisse centrale de la mutualité sociale agricole et chacune des caisses de mutualité sociale agricole.**

Les contrats pluriannuels de gestion sont signés pour chacun des deux organismes par le président du conseil d'administration et par le directeur.

(L. n° 2008-1330 du 17 déc. 2008, art. 17-I-2°) **« II *bis*. — Le conseil central d'administration de la mutualité sociale agricole est saisi pour avis de tout projet de loi ou de tout projet de mesure réglementaire ayant des incidences sur les régimes obligatoires de protection sociale des salariés et des non-salariés des professions agricoles, sur l'action sanitaire et sociale ou sur l'équilibre financier de ces régimes, et notamment des projets de loi de financement de la sécurité sociale.** *(L. n° 2022-355 du 14 mars 2022, art. 1er, en vigueur le 1er sept. 2022)* **« Les avis sur le projet de loi de financement de la sécurité sociale sont rendus sur le texte déposé sur le bureau de l'Assemblée nationale. La saisine est effectuée par le Gouvernement au plus tard le lendemain du dépôt. » Les avis sont motivés.**

« Le conseil peut également faire toutes propositions de modification de nature législative ou réglementaire dans son domaine de compétence.

« Le Gouvernement transmet au Parlement les avis rendus sur les projets de loi et les propositions de modification de nature législative. Il fait connaître dans un délai d'un mois les suites qu'il réserve aux propositions de modification de nature réglementaire.

(L. n° 2022-355 du 14 mars 2022, art. 1er, en vigueur le 1er sept. 2022) **« Par dérogation au troisième alinéa du présent II *bis*, les avis sur le projet de loi de financement de la sécurité sociale sont rendus au Parlement dans un délai de quinze jours à compter du dépôt dudit projet de loi sur le bureau de l'Assemblée nationale. »**

« Un décret en Conseil d'État fixe les modalités d'application du présent II *bis*, et notamment les délais dans lesquels le conseil central d'administration de la mutualité sociale agricole rend ses avis. »

III. — Elle est soumise aux dispositions applicables en matière de gestion administrative, comptable et financière aux caisses départementales et pluridépartementales de mutualité sociale agricole.

IV. — Les statuts de la caisse centrale de la mutualité sociale agricole sont approuvés par le ministre chargé de l'agriculture. — *[Anc. art. 1002-4-III.]*

Art. L. 723-12-1 *(L. n° 2020-1576 du 14 déc. 2020, art. 32)* **« La Caisse centrale de la mutualité sociale agricole contribue à la mise en œuvre de la politique de santé et de la politique de soutien à l'autonomie des personnes âgées et des personnes handicapées ainsi qu'à l'organisation du système de soins et au bon usage de la prévention et des soins. »**

(L. n° 2004-810 du 13 août 2004, art. 60) **Elle contribue à la définition :**

— des orientations de la politique de gestion du risque et des objectifs pour sa mise en œuvre ;

— des principes régissant les actions de contrôle, de prévention et de lutte contre les abus et les fraudes ;

— des objectifs poursuivis pour améliorer la qualité des services rendus à l'usager ;

— des axes de la politique de communication à l'égard des assurés sociaux et des professions de santé.

(L. n° 2020-1576 du 14 déc. 2020, art. 32) **« Elle participe, avec la Caisse nationale de solidarité pour l'autonomie, à la détermination des orientations en faveur du soutien à l'autonomie des personnes âgées et des personnes handicapées. Elle promeut et anime des actions de prévention de la perte d'autonomie et de soutien aux proches aidants. »**

Art. L. 723-12-2 *(L. nº 2008-1330 du 17 déc. 2008, art. 112-II)* **La Caisse centrale de la mutualité sociale agricole approuve, dans les conditions prévues à l'article L. 153-2 du code de la sécurité sociale, les budgets établis par les organismes mentionnés à l'article L. 723-1 du présent code. Elle veille à ce que le total des dépenses de fonctionnement des organismes de mutualité sociale agricole soit contenu dans la limite des crédits fixés par la convention d'objectifs et de gestion. Elle met, le cas échéant, en œuvre les dispositions des articles L. 153-4 et L. 153-5 du code de la sécurité sociale.**

Art. L. 723-12-3 *(L. nº 2009-1646 du 24 déc. 2009, art. 85)* **Le conseil d'administration de la Caisse centrale de la mutualité sociale agricole peut prescrire aux organismes de mutualité sociale agricole toutes mesures tendant à la limitation de leurs dépenses budgétaires ou à une plus grande maîtrise des coûts de gestion administrative et technique et des risques financiers.**

Si les mesures prescrites ne sont pas mises en œuvre, le conseil d'administration peut mettre en demeure l'organisme de prendre, dans un délai déterminé, toutes mesures de redressement utiles.

A titre exceptionnel, si cette mise en demeure reste sans effet, le conseil d'administration de la caisse centrale peut constituer en son sein une commission qui se substitue au conseil d'administration de l'organisme local pour la mise en œuvre des mesures de redressement nécessaires, pour une durée qu'il fixe et qui est strictement nécessaire à cette mise en œuvre.

Cette commission peut s'adjoindre des personnalités qualifiées désignées par le conseil d'administration de la caisse centrale. La composition de cette commission est soumise à l'approbation du ministre chargé de l'agriculture. Les décisions de la commission sont soumises au contrôle de l'État dans les conditions prévues par l'article L. 152-1 du code de la sécurité sociale et sont exécutoires par les directeurs des caisses concernées dès leur approbation.

Art. L. 723-13 *(L. nº 2007-1786 du 19 déc. 2007, art. 102-III)* **La Caisse centrale de la mutualité sociale agricole exerce, au titre des attributions énoncées aux articles L. 723-11, L. 723-12 et L. 723-12-1 un pouvoir de contrôle sur les caisses de mutualité sociale agricole mentionnées à l'article L. 723-2 ainsi que sur les groupements et associations mentionnés à l'article L. 723-5.**

Sans préjudice des dispositions de l'article L. 724-1, elle peut également contrôler la régularité des opérations de liquidation des cotisations et des prestations de sécurité sociale par les caisses de mutualité sociale agricole.

Ces contrôles sont effectués selon des modalités fixées par décret.

Art. L. 723-13-1 *(Ord. nº 2010-104 du 28 janv. 2010)* **« La Caisse centrale de la mutualité sociale agricole » vérifie la pertinence des objectifs de contrôle poursuivis par les organismes de mutualité sociale agricole et les conditions dans lesquelles ces contrôles s'effectuent. Elle donne aux organismes des injonctions en cas de carence, leur demande communication des procès-verbaux dressés à la suite des contrôles et les transmet, le cas échéant, au procureur de la République aux fins de poursuite.** *— [Anc. art. 1246, al. 2 (partie).] — Anc. art. L. 724-5 (Ord. nº 2010-104 du 28 janv. 2010, JO 29 janv.).*

Art. L. 723-13-2 *(L. nº 2010-874 du 27 juill. 2010, art. 37-I)* **La Caisse centrale de la mutualité sociale agricole transmet aux ministres chargés de l'agriculture et de la sécurité sociale, dans des conditions fixées par décret, les informations relatives à la situation sociale, professionnelle, aux contrats de travail et aux éléments de rémunération ou de revenu professionnel agricole** *(L. nº 2023-1250 du 26 déc. 2023, art. 18)* **« et d'assiette des cotisations et contributions sociales » des personnes mentionnées aux articles L. 722-1 et L. 722-20 ainsi qu'aux établissements employeurs. Les informations transmises permettent notamment la constitution d'échantillons statistiquement représentatifs en vue de l'étude des situations et des parcours professionnels des personnes figurant dans ces échantillons, selon les modalités prévues à l'article *7 bis* de la loi nº 51-711 du 7 juin 1951 sur l'obligation, la coordination et le secret en matière de statistiques.** *— V. art. D. 723-254 s.*

Art. L. 723-13-3 *(L. nº 2019-1446 du 24 déc. 2019, art. 70, en vigueur le 1er janv. 2020)* **Il est créé, au sein de la caisse centrale de la mutualité sociale agricole mention-**

née à l'article L. 723-11, un fonds d'indemnisation des victimes de pesticides ayant pour objet la réparation des dommages subis par les victimes mentionnées à l'article L. 491-1 du code de la sécurité sociale. Le fonds comprend un conseil de gestion. Il est représenté à l'égard des tiers par le directeur de la caisse centrale de la mutualité sociale agricole. La mutualité sociale agricole met à disposition du fonds les moyens nécessaires à l'exercice de ses missions.

Le fonds enregistre en recettes :

1° Le produit de la taxe prévue à l'article L. 253-8-2 du présent code pour la part mentionnée au 2° du VI du même article L. 253-8-2 ;

2° Une contribution, dont le montant est défini selon des modalités fixées par décret, de la branche Accidents du travail et maladies professionnelles du régime général de la sécurité sociale, destinée à couvrir les dépenses du fonds engagées au titre des assurés relevant de ce régime ;

3° Une contribution, dont le montant est défini selon des modalités fixées par décret, du régime d'assurance obligatoire contre les accidents du travail et les maladies professionnelles des non-salariés des professions agricoles mentionné à l'article L. 752-1, destinée à couvrir les dépenses du fonds engagées au titre des assurés relevant de ce régime ;

4° Une contribution, dont le montant est défini selon des modalités fixées par décret, du régime d'assurance accidents du code local des assurances sociales en vigueur dans les départements du Haut-Rhin, du Bas-Rhin et de la Moselle, destinée à couvrir les dépenses du fonds engagées au titre des assurés agricoles relevant de ce régime ;

5° Les sommes perçues en application de l'article L. 491-6 du code de la sécurité sociale ;

6° Les produits divers, dons et legs dont le fonds peut bénéficier.

Le fonds enregistre en dépenses :

***a)* La prise en charge des indemnités mentionnées au titre IX du livre IV du code de la sécurité sociale ;**

***b)* Les frais de fonctionnement du fonds et ceux liés à sa gestion.**

Les dépenses et les recettes du fonds sont retracées dans les comptes du régime d'assurance obligatoire contre les accidents du travail et les maladies professionnelles des salariés des professions agricoles mentionné à l'article L. 751-1 du présent code. Si les recettes enregistrées par le fonds ne lui permettent pas d'assurer la couverture des dépenses correspondantes, l'équilibre financier de celui-ci est assuré par l'attribution à due concurrence d'une part du produit des cotisations mentionnées à l'article L. 751-13.

Un décret en Conseil d'État définit les règles d'organisation et de fonctionnement du fonds ainsi que la composition et les compétences du conseil de gestion mentionné au premier alinéa du présent article. – *V. art. R. 723-24-7 s.*

BIBL. ▶ INSERGUET-BRISSET, *DP entr. agric., Bull. n° 536, p. 19* (création d'un fonds pour la réparation des préjudices subis par les victimes des pesticides). - RIVOLLIER, *RD rur. 2024. Dossier 4* (l'indemnisation des agriculteurs victimes de pesticides).

COMMENTAIRE

La loi n° 2019-1446 du 24 décembre 2019 de financement de la sécurité sociale pour 2020 a prévu un fonds d'indemnisation pour réparer les préjudices des victimes de pesticides. Peuvent prétendre à ce dispositif les salariés et non-salariés agricoles, les anciens exploitants, leur conjoint et les membres de leur famille titulaires d'une pension de retraite agricole ayant cessé leur activité non salariée avant le 1er avril 2002. Sont également pris en charge les enfants victimes d'une maladie à la suite d'une exposition prénatale directe aux pesticides en raison de l'activité professionnelle de l'un des parents (Décr. n° 2020-1463 du 27 nov. 2020, *JO 29 nov.*). ❑

SECTION 2 Assemblées générales et conseils d'administration des caisses de mutualité sociale agricole

Art. L. 723-14 **Les caisses de mutualité sociale agricole et la caisse centrale de la mutualité sociale agricole sont administrées par les conseils d'administration de la mutualité sociale agricole élus par les assemblées générales de la mutualité sociale agri-**

cole, élues elles-mêmes dans les conditions fixées à la présente section. – *[Anc. art. 1003, al. 1er.]*

SOUS-SECTION 1 Élections

§ 1 Collèges électoraux

Art. L. 723-15 Les personnes relevant à titre d'assujettis, qu'ils soient bénéficiaires ou cotisants, des caisses de mutualité sociale agricole forment trois collèges électoraux :

1° Le premier collège comprend :

a) *(L. no 2003-591 du 2 juill. 2003, art. 31)* « Les chefs d'exploitations ou d'entreprises mentionnées » à l'article L. 722-1 n'employant pas de main-d'œuvre salariée à titre permanent ;

b) Les membres non-salariés de leur famille travaillant sur l'exploitation ou dans l'entreprise ;

2° Le deuxième collège comprend les salariés agricoles mentionnés à l'article L. 722-20 ;

3° Le troisième collège comprend :

a) *(L. no 2003-591 du 2 juill. 2003, art. 31)* « Les chefs d'exploitations ou d'entreprises mentionnées » à l'article L. 722-1 employant une main-d'œuvre salariée, à titre permanent ;

b) Les membres non-salariés de leur famille travaillant sur l'exploitation ou dans l'entreprise ;

c) Les organismes mentionnés au 6° de l'article L. 722-20.

Les personnes qui bénéficient des prestations en nature de l'assurance maladie du régime des salariés agricoles en qualité de titulaire d'un avantage de vieillesse, d'un avantage d'invalidité ou d'une rente d'accident du travail de ce régime sont rattachées au deuxième collège. Les personnes qui bénéficient des prestations en nature de l'assurance maladie du régime des non-salariés agricoles, en qualité de titulaires d'un avantage de vieillesse ou d'invalidité de ce régime, sont rattachées au collège électoral auquel elles appartenaient à la date de cessation de leur activité agricole non-salariée. *(L. no 2002-73 du 17 janv. 2002, art. 22)* « Les personnes qui, du fait d'une activité agricole exercée précédemment, continuent d'avoir droit aux prestations d'assurance maladie sont rattachées au collège dont elles relevaient avant de cesser leur activité. » – *[Anc. art. 1004.]*

Concubin. Un concubin n'est pas un membre de la famille au sens de l'art. 1004 C. rur. relatif aux élections aux conseils d'administration et aux assemblées générales des caisses de mutualité sociale agricole, et il ne peut être assimilé à un conjoint qui, lui, dans certaines conditions prévues à l'avant-dernier al. de l'art. 1014 [art. L. 723-19] C. rur., peut valablement être électeur. • Civ. 2e, 3 mai 1990 : *D. 1990. IR 131*.

Art. L. 723-16 *Abrogé par L. no 2002-73 du 17 janv. 2002, art. 22.*

Art. L. 723-17 *(L. no 2002-73 du 17 janv. 2002, art. 22)* « Dans chaque canton, les électeurs des premier et troisième collèges élisent six délégués cantonaux et six suppléants, à raison de quatre délégués et quatre suppléants pour le premier collège et de deux délégués et deux suppléants pour le troisième. »

(Ord. no 2004-141 du 12 févr. 2004) « Si, dans le premier collège, le nombre des électeurs d'un ou plusieurs cantons est inférieur à cinquante, le conseil d'administration de la caisse de mutualité sociale agricole réunit deux ou plusieurs cantons limitrophes d'un même département pour former une circonscription électorale regroupant au moins cinquante électeurs ou, à défaut, tous les électeurs du département relevant de ce collège. Si, dans le troisième collège, le nombre des électeurs d'un ou plusieurs cantons est inférieur à dix, le conseil d'administration de la caisse de mutualité sociale agricole réunit deux ou plusieurs cantons limitrophes d'un même département pour former une circonscription électorale regroupant au moins dix électeurs ou, à défaut, tous les électeurs du département relevant de ce collège. Dans l'un comme dans l'autre cas, quelle que soit la circonscription électorale, le nombre de délégués cantonaux par collège est égal au nombre de délégués éligibles dans un seul canton, majoré d'une unité par canton supplémentaire regroupé. »

Sont proclamés élus pour chacun des collèges, les délégués et suppléants ayant obtenu le plus grand nombre de voix au scrutin majoritaire à un tour.

En cas de vacance au sein des délégués cantonaux des premier et troisième collèges, les suppléants des délégués dont les fonctions ont pris fin sont appelés à prendre part à l'assemblée générale de la mutualité sociale agricole jusqu'aux élections cantonales suivantes.

Al. avant-dernier et dernier abrogés par L. nº 2002-73 du 17 janv. 2002, art. 22. – [Anc. art. 1006.]

Art. L. 723-18 **Dans chaque canton, les électeurs du deuxième collège élisent** *(Ord. nº 2004-141 du 12 févr. 2004 ; L. nº 2004-1343 du 9 déc. 2004, art. 78-XII)* **« trois » délégués cantonaux.**

(Ord. nº 2004-141 du 12 févr. 2004 ; L. nº 2004-1343 du 9 déc. 2004, art. 78-XII) **« Toutefois, si le nombre des électeurs d'un ou plusieurs cantons est inférieur à cinquante, le conseil d'administration de la caisse de mutualité sociale agricole réunit deux ou plusieurs cantons limitrophes pour former des circonscriptions électorales groupant au moins cinquante électeurs ou, à défaut, tous les électeurs du département. »** *(L. nº 2002-73 du 17 janv. 2002, art. 22)* **« Dans ce cas, quelle que soit la circonscription électorale, le nombre de délégués cantonaux est égal au nombre de délégués éligibles dans un seul canton, majoré d'une unité par canton supplémentaire regroupé. »**

Les délégués cantonaux sont élus au scrutin de liste à la représentation proportionnelle suivant la règle du plus fort reste sans panachage, rature ou vote préférentiel. Les sièges sont attribués dans l'ordre de présentation des candidats.

Les listes sont présentées par les organisations syndicales de salariés agricoles reconnues représentatives au plan national. Elles doivent comprendre un nombre de candidats égal au moins au nombre de délégués cantonaux à élire et au plus au double de ce nombre. Il est pourvu aux vacances survenant dans le deuxième collège dans l'ordre de présentation de la liste intéressée. – *[Anc. art. 1007.]*

1. Contentieux. Le litige portant sur le caractère représentatif d'un syndicat constitue une contestation de la régularité de la liste des candidatures et il appartient au juge d'instance, saisi dans les trois jours de la publication des listes, de rechercher si un syndicat, tel le Syndicat des travailleurs corses, figure parmi les organisations syndicales de salariés agricoles reconnues représentatives au plan national ou s'il est affilié à l'une de ces organisations. • Civ. 2e, 20 oct. 1994 : *D. 1994. IR 259*.

2. Délégués cantonaux. La loi exige qu'un candidat réside dans le même canton que celui où il se présente, sauf lorsque les deux cantons sont regroupés. • Civ. 2e, 7 mars 1990, *Fournier c/ Auduc*, nº 89-61.507.

Art. L. 723-18-1 *(L. nº 2002-73 du 17 janv. 2002, art. 22)* **Par dérogation aux dispositions des articles L. 723-17 et L. 723-18 :**

(L. nº 2014-1170 du 13 oct. 2014, art. 90) **« 1º Pour les premier et troisième collèges : »**

a) **Les départements des Hauts-de-Seine, de la Seine-Saint-Denis et du Val-de-Marne constituent chacun une circonscription électorale ; le nombre de délégués cantonaux élus directement y est égal au nombre de droit commun pour chaque canton** *(Ord. nº 2004-141 du 12 févr. 2004)* **« groupant au moins le nombre d'électeurs prévu** *(L. nº 2014-1170 du 13 oct. 2014, art. 90)* **« à l'article L. 723-17 », majoré d'une unité par canton n'atteignant pas ces seuils » ;**

b) **Les villes de Paris, Lyon et Marseille constituent chacune une circonscription électorale ; le nombre de délégués cantonaux élus directement y est égal au nombre de droit commun de délégués éligibles dans un canton pour chaque arrondissement** *(Ord. nº 2004-141 du 12 févr. 2004 ; L. nº 2004-1343 du 9 déc. 2004, art. 78-XII)* **« groupant au moins le nombre d'électeurs prévu** *(L. nº 2014-1170 du 13 oct. 2014, art. 90)* **« à l'article L. 723-17 », majoré d'une unité par arrondissement n'atteignant pas ces seuils » ;**

c) Abrogé par Ord. nº 2004-141 du 12 févr. 2004.

(L. nº 2014-1170 du 13 oct. 2014, art. 90) **« 2º Pour le deuxième collège :**

« *a)* Les départements des Hauts-de-Seine, de la Seine-Saint-Denis et du Val-de-Marne constituent chacun une circonscription électorale ; le nombre de délégués can-

tonaux élus directement y est égal, pour le premier canton, au nombre de droit commun prévu à l'article L. 723-18, majoré d'une unité pour chaque canton suivant ;
« *b)* Les villes de Paris, Lyon et Marseille constituent chacune une circonscription électorale ; le nombre de délégués cantonaux élus directement y est égal, pour le premier arrondissement, au nombre de droit commun de délégués éligibles prévu à l'article L. 723-18, majoré d'une unité pour chacun des arrondissements suivants. »

§ 2 Électeurs – Conditions d'éligibilité

Art. L. 723-19 Sont électeurs dans les collèges définis à l'article L. 723-15 à condition de n'avoir pas été condamnés à l'une des peines entraînant ou de nature à entraîner la déchéance des droits civiques, les personnes âgées de seize ans au moins et dont toutes les cotisations personnellement dues par elles et réclamées depuis six mois au moins ont été acquittées.

Lorsque l'employeur est une personne morale, l'électeur est un mandataire désigné par elle à cet effet.

Dès lors qu'il bénéficie des prestations familiales ou d'assurance maladie du régime des salariés agricoles ou du régime des exploitants agricoles et qu'il ne relève pas personnellement d'un des collèges ci-dessus définis, tout conjoint d'une personne ayant la qualité d'électeur est électeur dans le même collège.

Les électeurs sont inscrits sur la liste électorale *(Ord. nº 2004-141 du 12 févr. 2004)* « du canton » de leur résidence. – *[Anc. art. 1014.]*

(L. nº 2002-73 du 17 janv. 2002, art. 22) « Nul ne peut être électeur dans plus d'un des collèges définis à l'article L. 723-15. »

Recevabilité des recours. Une requérante, n'ayant été inscrite ni sur la liste provisoire des électeurs ni sur la liste définitive, à la suite d'une décision erronée de la MSA, et n'ayant, lors de leurs publications, pas formé de recours dans les délais réglementaires, n'avait, au jour du scrutin, ni la qualité d'électeur ni celle de candidat éligible et, en conséquence, n'entrait pas dans la catégorie des personnes admises à contester la régularité des opérations électorales, quelles qu'eussent été les irrégularités commises durant leur cours. • Civ. 2e, 20 juin 1990, ♣ nº 89-61.555 P.

Art. L. 723-20 Sont éligibles dans chacun des collèges ci-dessus définis les électeurs, âgés de dix-huit ans accomplis et appartenant au collège considéré s'ils n'ont pas été frappés au cours des cinq années précédentes d'une condamnation figurant au bulletin nº 2 du casier judiciaire. – *[Anc. art. 1015.]*

Art. L. 723-21 *(L. nº 2002-73 du 17 janv. 2002, art. 22)* Les membres des conseils d'administration ne doivent pas avoir fait l'objet, au cours des cinq années précédant la date de leur élection, d'une condamnation à une peine correctionnelle ou contraventionnelle prononcée pour une infraction aux dispositions du livre VII du présent code.

Ne peuvent être élus comme membres du conseil d'administration d'un organisme de mutualité sociale agricole ou perdent le bénéfice de leur mandat :

1º Les personnes appartenant aux premier et troisième collèges qui n'ont pas satisfait à leurs obligations en matière de déclarations et de paiements obligatoires à l'égard des organismes de mutualité sociale agricole dont elles relèvent ;

2º Les membres du personnel des organismes de mutualité sociale agricole, ainsi que les anciens membres qui ont cessé leur activité depuis moins de cinq ans, s'ils exerçaient une fonction de direction dans l'organisme pour lequel ils sollicitent un mandat, ou qui ont fait l'objet depuis moins de dix ans d'un licenciement pour motif disciplinaire ;

3º Abrogé par Ord. nº 2004-141 du 12 févr. 2004, mod. par L. nº 2004-1343 du 9 déc. 2004, art. 78-XII.

Perdent également le bénéfice de leur mandat les personnes qui cessent de relever d'un régime de protection sociale agricole.

(Ord. nº 2004-141 du 12 févr. 2004 ; L. nº 2004-1343 du 9 déc. 2004, art. 78-XII) « Les administrateurs sont tenus de remettre au directeur de l'organisme de mutualité sociale agricole, dès leur élection et le cas échéant en cours de mandat, une déclaration mentionnant les fonctions d'administrateur, de directeur ou de gérant qu'ils exercent dans des entreprises, institutions ou associations qui bénéficient d'un concours

financier de la part de l'organisme de mutualité sociale agricole ou qui participent à la prestation de travaux, de fournitures ou de services au bénéfice dudit organisme ou à l'exécution des contrats d'assurance, de bail ou de location. Cette déclaration est communiquée par le directeur au conseil d'administration de l'organisme.

« Sauf désignation par le conseil d'administration en qualité de représentants de l'organisme de mutualité sociale agricole, les administrateurs dans la situation prévue à l'alinéa précédent ne peuvent pas prendre part aux délibérations concernant soit les entreprises, associations ou institutions dans lesquelles ils exercent des fonctions de dirigeants, soit les prestations ou contrats auxquels ils participent ou sont parties. »

§ 3 Scrutins

Art. L. 723-22 *(Ord. nº 2004-141 du 12 févr. 2004)* Le conseil d'administration de la mutualité sociale agricole établit les listes électorales et organise les élections.

Art. L. 723-23 *Abrogé par Décr. nº 2014-578 du 4 juin 2014, art. 1er.*

Art. L. 723-24 Les règles établies par les articles *(Abrogé par L. nº 2019-222 du 23 mars 2019, art. 11-III)* « L. 5, » L. 6, L. 7, L. 10, *(L. nº 2016-1048 du 1er août 2016, art. 11-III)* « L. 20 », *(Ord. nº 2004-141 du 12 févr. 2004)* « L. 59, L. 66 et L. 67 », L. 86, L. 110 et L. 114 du code électoral s'appliquent aux opérations électorales concernant les organismes de mutualité sociale agricole.

En outre, les agissements prévus aux articles L. 88, L. 88-1, L. 92 à L. 95, L. 106 à L. 109, L. 113 et L. 116 du même code sont punis des peines prévues respectivement à chacun de ces articles.

Les contestations relatives à l'électorat, à l'éligibilité et à la régularité des opérations électorales sont portées devant le tribunal *(Ord. nº 2019-964 du 18 sept. 2019, art. 35)* « judiciaire » qui statue en dernier ressort. – *[Anc. art. 1019.] — La loi nº 2016-1048 du 1er août 2016 entre en vigueur selon des modalités fixées par décret en Conseil d'État et, au plus tard, le 31 déc. 2019 (L. préc., art. 16-I, JO 2 août) ; la loi nº 2016-1048 du 1er août 2016 rénovant les modalités d'inscription sur les listes électorales entre en vigueur le 1er janv. 2019 (Décr. nº 2018-350 du 14 mai 2018, art. 5-I, JO 16 mai).*

La demande d'annulation de sa candidature sur la liste présentée par un syndicat par Mme X. ne constitue pas une contestation des listes mais une contestation de son éligibilité qui est recevable même si son recours a été formé antérieurement à l'élection. • Civ. 2e, 20 oct. 2005, nº 05-60.051 P.

Art. L. 723-25 *Abrogé par Ord. nº 2004-141 du 12 févr. 2004.*

Art. L. 723-26 Les caisses de mutualité sociale agricole supportent, sur leur budget de fonctionnement, les dépenses administratives afférentes aux opérations électorales prévues à la présente section.

Elles remboursent aux délégués à l'assemblée générale les frais engagés pour l'exercice de leur mandat dans des conditions fixées par décret.

Toutefois, la caisse centrale de la mutualité sociale agricole supporte, sur son propre budget de fonctionnement, les dépenses administratives afférentes aux opérations électorales prévues aux articles L. 723-28 et L. 723-32 ainsi que les frais engagés par les délégués à l'assemblée générale centrale pour l'exercice de leur mandat dans les conditions fixées par le décret visé à l'alinéa précédent. – *[Anc. art. 1021.]*

SOUS-SECTION 2 Assemblées générales

§ 1 Caisses départementales et pluridépartementales

Art. L. 723-27 Les délégués cantonaux des trois collèges, élus pour cinq ans, forment l'assemblée générale départementale de la mutualité sociale agricole.

Lorsque la circonscription de la caisse de mutualité sociale agricole s'étend sur deux ou plusieurs départements, l'assemblée générale comprend les délégués cantonaux des départements de la circonscription. – *[Anc. art. 1008.]*

§ 2 Caisse centrale

Art. L. 723-28 L'assemblée générale centrale de la mutualité sociale agricole est constituée par les délégués élus par leurs pairs au sein du conseil d'administration de chacune des caisses de mutualité sociale agricole, à raison de trois délégués pour le premier collège, de *(L. nº 2002-73 du 17 janv. 2002, art. 22)* « trois » délégués pour le deuxième collège et d'un délégué pour le troisième collège.

(L. nº 2002-73 du 17 janv. 2002, art. 22) « En ce qui concerne les caisses visées à l'article L. 723-30, le nombre de délégués par collège est multiplié par deux. » – *[Anc. art. 1011, al. 1er.]*

SOUS-SECTION 3 Composition et fonctionnement des conseils d'administration

§ 1 Caisses départementales et pluridépartementales

Art. L. 723-29 *(L. nº 2002-73 du 17 janv. 2002, art. 22)* « Le conseil d'administration d'une caisse départementale de mutualité sociale agricole est ainsi composé :

« 1° Vingt-sept membres élus en son sein par l'assemblée générale départementale pour cinq ans, à raison de :

« *a)* Neuf membres élus par les délégués cantonaux du premier collège à la majorité absolue des suffrages exprimés au premier tour et à la majorité relative au second tour ;

« *b)* Douze membres élus par les délégués cantonaux du deuxième collège au scrutin de liste selon la représentation proportionnelle au plus fort reste sans panachage, rature ni vote préférentiel et suivant l'ordre de présentation ;

« *c)* Six membres élus par les délégués cantonaux du troisième collège à la majorité absolue des suffrages exprimés au premier tour et à la majorité relative au second tour. »

2° Deux représentants des familles dont l'un est électeur dans le deuxième collège et l'autre dans le premier ou le troisième collège et qui sont désignés par l'union départementale des associations familiales sur proposition des associations familiales rurales ; le mandat de ces deux administrateurs est également fixé à cinq ans.

Siègent également, avec voix consultative, trois représentants du personnel de la caisse, désignés par le *(Ord. nº 2017-1718 du 20 déc. 2017, art. 2-I-10º)* « comité social et économique » et pris en son sein, à raison de deux représentants des employés et assimilés et d'un représentant des cadres et assimilés. – *[Anc. art. 1009, al. 1er.]*

Art. L. 723-30 Lorsque la circonscription des caisses de mutualité sociale agricole s'étend sur deux ou plusieurs départements, le conseil d'administration comprend :

1° *(L. nº 2002-73 du 17 janv. 2002, art. 22)* « Vingt-sept membres élus par les délégués cantonaux de chaque collège *(Ord. nº 2004-141 du 12 févr. 2004)* « de chacun des départements » réunis en assemblée générale de la caisse pluridépartementale, selon les modalités prévues à l'article L. 723-29, pour cinq ans, à raison de : neuf représentants du premier collège, douze représentants du deuxième collège et six représentants du troisième. » *(L. nº 2006-1640 du 21 déc. 2006, art. 137-II)* « Toutefois, lorsque la circonscription de la caisse s'étend sur plus de trois départements, le nombre d'administrateurs de chacun des départements est égal à neuf, à raison de trois représentants du premier collège, quatre représentants du deuxième collège et deux représentants du troisième collège ;

« 2° Des représentants des familles en nombre égal au nombre de départements inclus dans la circonscription de la caisse, dont au moins un salarié et un non-salarié pour les caisses dont la circonscription comporte trois départements au plus et au moins deux salariés et deux non-salariés pour les caisses dont la circonscription comporte plus de trois départements, désignés conjointement par les unions départementales des associations familiales concernées sur proposition des associations familiales rurales. »

Siègent également, avec voix consultative, trois représentants du personnel de la caisse, désignés par le *(Ord. nº 2017-1718 du 20 déc. 2017, art. 2-I-11º)* « comité social et économique » et pris en son sein, à raison de deux représentants des employés et assimilés et d'un représentant des cadres et assimilés.

(Ord. nº 2004-141 du 12 févr. 2004) « Chaque département est également représenté au sein de chaque collège du conseil d'administration d'une caisse pluridépartementale de mutualité sociale agricole.

« Toutefois, lorsque le nombre de sièges d'un collège n'est pas divisible par le nombre de départements de la circonscription de la caisse de mutualité sociale agricole concernée, le ou les sièges restants sont attribués à celui ou ceux des départements ayant le plus grand nombre d'électeurs dans le collège électoral considéré. » *(L. n° 2006-1640 du 21 déc. 2006, art. 137-II)* « En ce qui concerne la caisse de mutualité sociale agricole de l'Île-de-France, le conseil d'administration est composé dans les conditions prévues par l'article L. 723-29 ; les départements de la Haute-Saône et du Territoire de Belfort, d'une part, et le département des Alpes-de-Haute-Provence et des Hautes-Alpes, d'autre part, sont considérés comme un seul département pour l'application du présent article. » – *[Anc. art. 1010, al. 1er à 3.]*

Art. L. 723-31 Les administrateurs des deuxième et troisième collèges ainsi que le ou les administrateurs représentants des familles, qui appartiennent au deuxième collège, forment le comité de la protection sociale des salariés agricoles.

Les administrateurs des premier et troisième collèges ainsi que le ou les administrateurs représentants des familles, qui relèvent des premier ou troisième collèges, forment le comité de la protection sociale des non-salariés agricoles. – *[Anc. art. 1010, al. 4 et 5.]*

§ 2 Caisse centrale

Art. L. 723-32 *(L. n° 2002-73 du 17 janv. 2002, art. 22)* « Le conseil central d'administration de la mutualité sociale agricole est ainsi composé :

« 1° Vingt-sept membres élus en son sein par l'assemblée générale centrale de la mutualité sociale agricole pour cinq ans, à raison de :

« *a)* Neuf administrateurs élus par les délégués du premier collège à la majorité absolue des suffrages exprimés au premier tour et à la majorité relative au second tour ;

« *b)* Douze administrateurs élus par les délégués du second collège, au scrutin de liste selon la représentation proportionnelle au plus fort reste sans panachage, rature ni vote préférentiel et suivant l'ordre de présentation ;

« *c)* Six administrateurs élus par les délégués du troisième collège à la majorité absolue des suffrages exprimés au premier tour et à la majorité relative au second tour ; »

2° Deux représentants des familles dont l'un relève du deuxième collège et l'autre du premier ou du troisième collège et qui sont désignés par l'union nationale des associations familiales sur la proposition des associations familiales rurales ; le mandat de ces deux administrateurs est également fixé à cinq ans ;

3° Siègent également, avec voix consultative, trois représentants du personnel de la caisse, désignés par le *(Ord. n° 2017-1718 du 20 déc. 2017, art. 2-I-12°)* « comité social et économique » et pris en son sein, à raison de deux représentants des employés et assimilés et d'un représentant des cadres et assimilés. – *[Anc. art. 1011, al. 2.]*

Art. L. 723-33 Les administrateurs centraux des deuxième et troisième collèges ainsi que l'administrateur central représentant les familles qui appartient au deuxième collège forment le comité central de la protection sociale des salariés agricoles.

Les administrateurs centraux des premier et troisième collèges ainsi que l'administrateur central représentant des familles qui appartient au premier ou au troisième collège forment le comité central de la protection sociale des non-salariés agricoles. – *[Anc. art. 1011, al. 3 et 4.]*

Art. L. 723-34 *(L. n° 2008-1330 du 17 déc. 2008, art. 17-I-3°)* « Un » commissaire du Gouvernement assiste aux séances de l'assemblée générale centrale ainsi qu'à celles du conseil central d'administration. – *[Anc. art. 1011, al. 5.]*

Art. L. 723-34-1 *(L. n° 2018-727 du 10 août 2018, art. 35-I)* Un médiateur est désigné pour une durée de trois ans, renouvelable une fois, par le conseil central d'administration de la mutualité sociale agricole.

Il rend un avis sur les réclamations dont il est saisi par tout assuré dont le recours a été rejeté par l'organisme de mutualité sociale agricole auquel il est affilié. Il propose des modifications de la réglementation et présente un rapport annuel au conseil central d'administration de la mutualité sociale agricole qui est transmis au Défenseur des droits.

L'engagement de la procédure de médiation suspend, le cas échéant à compter de la notification portant sur la recevabilité de la réclamation soumise au médiateur et jusqu'à ce que celui-ci ait communiqué ses recommandations aux deux parties, les délais de recours *(L. nº 2018-727 du 10 août 2018, art. 35-II, en vigueur au plus tard le 1er janv. 2019)* « contentieux prévus pour ces réclamations.

« La formation d'un recours contentieux » met fin à la médiation. — *Les dispositions de l'art. 35-II sont applicables à compter de l'entrée en vigueur de l'art. 12 de la loi nº 2016-1547 du 18 nov. 2016 de modernisation de la justice du XXIe siècle, à une date fixée par décret ou au plus tard le 1er janv. 2019 (L. nº 2018-727 du 10 août 2018, art. 35-II).*

§ 3 Pouvoir des conseils d'administration

Art. L. 723-35 Le conseil d'administration règle par ses délibérations les affaires de la caisse. Il rend compte de sa gestion à l'assemblée générale. *(L. nº 2014-1554 du 22 déc. 2014, art. 29-I-1º-a)* « Il statue sur les demandes de remise des pénalités et majorations de retard portant sur des montants supérieurs à un seuil fixé par arrêté des ministres chargés du budget, de la sécurité sociale et de l'agriculture. » — *V. Arr. du 30 juin 2016 relatif au seuil de compétence en matière de remises des pénalités et majorations de retard encourues par les ressortissants des régimes de protection sociale agricole (JO 3 juill.).*

Les comités prévus aux articles L. 723-31 et L. 723-33 sont respectivement consultés pour avis sur les questions intéressant la protection sociale des exploitants agricoles ou celle des salariés agricoles. Ils peuvent proposer la recherche de toutes conventions qui leur paraissent opportunes entre la caisse de mutualité sociale agricole et d'autres organismes de sécurité sociale.

Toutefois, ne peuvent être prises qu'après avis conforme du comité de la protection sociale des salariés les délibérations du conseil d'administration de la caisse portant sur :

1º Les dépenses relatives à la prévention des accidents du travail et des maladies professionnelles ;

2º *(L. nº 2005-157 du 23 févr. 2005, art. 71-I)* « Les dépenses relatives aux services de santé au travail et la nomination ou le licenciement des médecins du travail lorsque la caisse a constitué une section de santé au travail » ;

3º *Abrogé par L. nº 2014-1554 du 22 déc. 2014, art. 29-I-1º-b.*

4º *(Ord. nº 2004-141 du 12 févr. 2004)* « La réunion de plusieurs cantons afin de former des circonscriptions groupant au moins cinquante électeurs du deuxième collège en application du deuxième alinéa de l'article L. 723-18 » ;

5º La conclusion de conventions de gestion aux fins d'assurer, pour le compte de tiers, des services se rattachant à la protection sociale des salariés.

(L. nº 2001-1128 du 30 nov. 2001) « De même, ne peuvent être prises qu'après avis conforme du comité de la protection sociale des non-salariés les délibérations du conseil d'administration de la caisse portant sur :

« *a)* Les dépenses relatives à la prévention des accidents du travail et des maladies professionnelles ;

b) Abrogé par L. nº 2014-1554 du 22 déc. 2014, art. 29-I-1º-b.

« *c)* La conclusion de conventions relatives à la gestion de la protection sociale des non-salariés ; »

(Ord. nº 2004-141 du 12 févr. 2004) « *d)* La réunion de plusieurs cantons afin de former des circonscriptions groupant au moins cinquante électeurs du premier collège ou groupant au moins dix électeurs du troisième collège en application de l'article L. 723-17. » — *[Anc. art. 1012.]*

§ 4 Fonctionnement

Art. L. 723-36 Pour l'exercice de leur mandat, les administrateurs du deuxième collège des caisses de mutualité sociale agricole et du conseil central d'administration de la mutualité sociale agricole bénéficient des dispositions des articles L. 231-9 à L. 231-11 du code de la sécurité sociale. — *[Anc. art. 1022, al. 1er.]*

Art. L. 723-36-1 *(L. nº 2002-73 du 17 janv. 2002, art. 22)* Lorsque le président du conseil d'administration d'une caisse de mutualité sociale agricole est membre du pre-

mier ou du troisième collège, le premier vice-président est élu au sein des administrateurs du deuxième collège.

Lorsque le président est membre du deuxième collège, le premier vice-président est élu au sein des administrateurs des premier et troisième collèges.

Art. L. 723-37 **Les fonctions d'administrateur des organismes de mutualité sociale agricole ne sont pas rémunérées.**

Toutefois, les organismes remboursent :

1° Aux administrateurs, leurs frais de déplacement et de séjour ;

2° Aux employeurs des administrateurs salariés, les salaires maintenus pour leur permettre d'exercer leurs fonctions pendant le temps de travail et les avantages et charges sociales y afférents.

Ils peuvent attribuer des indemnités forfaitaires :

a) Représentatives du temps passé hors des horaires de travail aux administrateurs du deuxième collège ;

b) Représentatives du temps passé à l'exercice de leur mandat, aux administrateurs des premier et troisième collèges, ainsi qu'aux administrateurs retraités du deuxième collège.

Les organismes de la mutualité sociale agricole assurent le financement de la formation des membres des conseils d'administration pour les préparer à l'exercice de leurs fonctions. – *[Anc. art. 1022, al. 2 à 5.]*

§ 5 Contrôle

Art. L. 723-38 **En cas de carence du conseil d'administration ou du directeur d'une caisse de mutualité sociale agricole,** *(L. nº 2008-1330 du 17 déc. 2008, art. 112-II)* **« le conseil d'administration de la Caisse centrale de la mutualité sociale agricole », à l'expiration d'un délai déterminé, peut, au lieu et place du conseil d'administration ou du directeur, ordonner l'exécution d'une dépense ou le recouvrement d'une recette, lorsque la dépense ou la recette a un caractère obligatoire en vertu d'une disposition législative ou réglementaire ou d'une décision de justice.**

L'agent comptable est tenu *(Abrogé par Ord. nº 2022-408 du 23 mars 2022, art. 23)* **« ,** ***sous sa responsabilité,*** **» de procéder à l'exécution de la dépense ou au recouvrement de la recette.**

En cas de désaccord constaté entre le conseil d'administration et un comité de la protection sociale dans chacune des matières énoncées aux 1° à 5° *(Ord. nº 2004-141 du 12 févr. 2004 ; L. nº 2004-1343 du 9 déc. 2004, art. 78-XII)* **« et aux** ***a*** **à** ***d*** **de l'article L. 723-35 »,** *(L. nº 2008-1330 du 17 déc. 2008, art. 112-II)* **« le conseil d'administration de la Caisse centrale de la mutualité sociale agricole » peut, à l'expiration d'un délai déterminé, prendre les décisions y afférentes.** – *[Anc. art. 1023-1.] – V. art. R. 723-112 et R. 723-113.*

Art. L. 723-39 **En cas d'irrégularités graves, de mauvaise gestion ou de carence du conseil d'administration d'un organisme de mutualité sociale agricole, ce conseil peut, à l'expiration d'un délai déterminé, être suspendu ou dissous par un arrêté du ministre chargé de l'agriculture qui nomme un administrateur provisoire.** – *Délai fixé par art. R. 723-114.*

En cas de faute grave d'un administrateur, celui-ci peut être révoqué, après avis du conseil, par arrêté du ministre chargé de l'agriculture. Cette disposition est applicable, dans les conditions prévues par décret en Conseil d'État, en cas de non-paiement par un administrateur des cotisations dont il est redevable en application des articles *(L. nº 2003-775 du 21 août 2003, art. 102)* **« L. 731-25, L. 731-35 à L. 731-38, L. 731-42, L. 741-2 et L. 741-9 »** *(Ord. nº 2004-141 du 12 févr. 2004 ; L. nº 2004-1343 du 9 déc. 2004, art. 78-XII)* **« ou d'omission dans la déclaration à laquelle il est tenu en application de l'article L. 723-21 ».** – *V. art. R. 723-114.*

Les administrateurs révoqués ainsi que les membres d'un conseil d'administration qui a été dissous ne peuvent faire partie d'un conseil d'administration, à quelque titre que ce soit, pendant une durée de quatre ans à compter de la révocation ou de la dissolution. – *[Anc. art. 1023.]*

SOUS-SECTION 4 Mesures d'application

Art. L. 723-40 Les mesures d'application de la présente section sont prises par décret en Conseil d'État. – *[Anc. art. 1023-2.]* – *V. art. R. 723-25 s.*

SECTION 3 Fonctionnement administratif des caisses de mutualité sociale agricole et autres organismes habilités

SOUS-SECTION 1 Rôle et pouvoirs du directeur et de l'agent comptable des caisses de mutualité sociale agricole

Art. L. 723-41 Par dérogation aux dispositions de l'article *(Ord. n° 2017-1718 du 20 déc. 2017, art. 2-I-13°)* « L. 2325-1 du code du travail, la présidence du comité social et économique » d'un organisme de mutualité sociale agricole est assurée par le directeur de l'organisme. – *[Anc. art. 1240-1.]*

SOUS-SECTION 2 Secret professionnel

Art. L. 723-42 Toute personne appelée à l'occasion de ses fonctions ou attributions à intervenir dans l'établissement des cotisations est tenue au secret professionnel dans les conditions et sous les peines des articles 226-13 et 226-14 du code pénal. – *[Anc. art. 1072.]*

Art. L. 723-43 *(L. n° 2009-526 du 12 mai 2009, art. 51-II)* « La Caisse centrale de la mutualité sociale agricole *(L. n° 2013-1203 du 23 déc. 2013, art. 82-I-2°-a)* « est autorisée » à communiquer au ministère chargé de l'agriculture des informations comprenant des données à caractère personnel, à l'exception de données à caractère médical, pour les besoins de l'instruction et du contrôle des conditions d'attribution des aides économiques en faveur de l'agriculture. L'accès à ces données est réservé aux services de l'État, des collectivités territoriales et des organismes chargés du versement de ces aides dans la mesure nécessaire à l'accomplissement de leurs missions de mise en œuvre et de contrôle de ces aides, lorsque le bénéfice de celles-ci est subordonné à la régularité de la situation des entreprises agricoles et des personnes non salariées agricoles au regard des prescriptions du présent code en matière de protection sociale. » *(L. n° 2014-1545 du 20 déc. 2014, art. 35)* « La Caisse centrale de la mutualité sociale agricole est également autorisée à communiquer ces mêmes informations aux administrations chargées de l'instruction des demandes et du contrôle » *(Ord. n° 2021-1843 du 22 déc. 2021, art. 13, en vigueur le 1er janv. 2022)* « des remboursements de l'accise sur les énergies mentionnées à l'article L. 312-1 du code des impositions sur les biens et services ».

(Ord. n° 2010-104 du 28 janv. 2010 ; L. n° 2013-1203 du 23 déc. 2013, art. 82-I-2°-b) « Les caisses de mutualité sociale agricole sont autorisées à communiquer aux services compétents placés sous l'autorité du ministre chargé de l'agriculture les renseignements qu'elles détiennent, à l'exception des informations à caractère médical, pour les besoins desdits services en vue de la promotion de l'emploi agricole ainsi que du contrôle de l'application de la législation et de la réglementation concernant les régimes de protection sociale des salariés et des non-salariés des professions agricoles. »

(L. n° 2004-801 du 6 août 2004, art. 17-VI) « Le contenu, l'emploi et les conditions de cette communication sont déterminés selon les modalités de l'article *(Ord. n° 2018-1125 du 12 déc. 2018, art. 20)* « 48 » de la loi n° 78-17 du 6 janvier 1978 relative à l'informatique, aux fichiers et aux libertés. » – *V. art. R. 723-116 s.*

SOUS-SECTION 3 Moyens informatiques

Cette sous-section ne comporte aucune disposition législative.

SOUS-SECTION 4 Opérations immobilières et marchés

Cette sous-section ne comporte aucune disposition législative.

SOUS-SECTION 5 Contrôle médical

Cette sous-section ne comporte aucune disposition législative.

SOUS-SECTION 6 **Interdictions et pénalités**

Art. L. 723-44 *Al. 1er abrogé par Ord. no 2004-141 du 12 févr. 2004, mod. par L. no 2004-1343 du 9 déc. 2004, art. 78-XII.*

Sauf dérogation expresse accordée par le ministre chargé de l'agriculture, les personnes exerçant les fonctions de directeur ou d'agent comptable d'un organisme de mutualité sociale agricole, ainsi que leur conjoint, ne peuvent exercer l'une des professions suivantes : agent ou courtier d'assurance, directeur ou administrateur d'un établissement de crédit *(Ord. no 2013-544 du 27 juin 2013, art. 13-4o, en vigueur le 1er janv. 2014)* **« , d'une société de financement » ou d'une compagnie d'assurance ou de réassurance, agent d'affaires.**

Les infractions à ces dispositions sont punies de deux ans d'emprisonnement et de 3 750 € d'amende. – *[Anc. art. 1240.]*

Art. L. 723-45 **Est puni de deux mois d'emprisonnement et de 3 750 € d'amende :**

1o Le fait, pour tout administrateur, directeur, agent d'une société ou institution de recevoir, sans avoir été dûment agréé ou autorisé à cet effet, les versements mentionnés à l'article L. 741-9 ;

2o Le fait, pour tout administrateur, directeur ou agent d'un organisme d'assurance, de frauder ou de réaliser une fausse déclaration dans l'encaissement ou dans la gestion de cet organisme.

Les personnes physiques coupables des infractions prévues aux 1o et 2o encourent également la peine complémentaire d'interdiction d'exercer une activité professionnelle ou sociale suivant les modalités de l'article 131-27 du code pénal. – *[Anc. art. 1047.]*

SECTION 4 **Fonctionnement financier et comptable des caisses de mutualité sociale agricole et autres organismes habilités**

Art. L. 723-46 *Al. 1er et 2 abrogés par L. no 2005-1579 du 19 déc. 2005, art. 31-II et III, à compter du 1er janv. 2008.*

Les décisions des assemblées générales des caisses départementales ou pluridépartementales de mutualité sociale agricole et de la caisse centrale de la mutualité sociale agricole ainsi que des associations et groupements d'intérêt économique, mentionnés aux articles L. 717-3 et L. 723-1, sont soumises à l'approbation de l'autorité compétente de l'État dans les mêmes conditions que les délibérations des conseils d'administration desdits organismes. – *[Anc. art. 1242, al. 2 à 4.]*

Art. L. 723-47 **Un décret, pris après consultation de la caisse centrale de la mutualité sociale agricole, fixe les règles relatives à la comptabilité des caisses de mutualité sociale agricole et à l'établissement de leur situation active et passive.** – *[Anc. art. 1250.] – V. art. D. 723-154 s.*

Art. L. 723-48 *(L. no 2008-1330 du 17 déc. 2008, art. 112-II)* **La Caisse centrale de la mutualité sociale agricole exerce un contrôle sur les opérations immobilières des caisses de mutualité sociale agricole et de leurs sociétés civiles immobilières ainsi que sur la gestion de leur patrimoine immobilier. Elle établit le plan immobilier national des organismes de mutualité sociale agricole et autorise les financements nécessaires aux opérations immobilières qu'elle inscrit sur ce plan.**

CHAPITRE IV **CONTRÔLES**

BIBL. GÉN. ▶ TAURAN, *RD rur. 2008, no 195* (contrôles de la caisse centrale de MSA). - TAQUET, *RD rur. 2020. Étude 5* (nouvelles modalités de contrôle des cotisations exercé par les caisses de MSA).

SECTION 1 **Contrôle par l'administration et les agents habilités**

SOUS-SECTION 1 **Contrôle par l'administration**

Art. L. 724-1 **Les opérations des organismes de mutualité sociale agricole sont soumises au contrôle** *(Décr. no 2012-1362 du 6 déc. 2012, art. 1er-1o, en vigueur le 1er janv. 2013)* **« de l'État ». Un décret en Conseil d'État détermine les modalités de ce contrôle et la compétence des agents qui en sont chargés.** – *[Anc. art. 1242, al. 1er.]*

Art. L. 724-2 *(Ord. nº 2010-104 du 28 janv. 2010)* **Les services compétents** *(Décr. nº 2012-1362 du 6 déc. 2012, art. 1er-2º, en vigueur le 1er janv. 2013)* **« de l'État » veillent à l'application de la législation et de la réglementation relatives à la protection sociale des professions agricoles.**

Ils peuvent demander aux caisses de mutualité sociale agricole communication de tous documents et pièces nécessaires à l'exercice de ce contrôle.

Art. L. 724-3 **Les caisses de mutualité sociale agricole communiquent aux services chargés du contrôle de l'application de la législation relative à la protection sociale des professions agricoles, de leur propre initiative ou à la demande de ces derniers, les renseignements dont elles disposent et qui sont relatifs aux risques d'accidents du travail et de maladies professionnelles inhérents aux exploitations ou entreprises agricoles et, en particulier, ceux qui concernent les matières mises en œuvre ou produits utilisés, les résultats des analyses de prélèvements opérés par les agents de la prévention mentionnés à l'article L. 724-8 et les mesures relatives aux ambiances de travail.**

Les services mentionnés au premier alinéa fournissent aux caisses de mutualité sociale agricole les renseignements et la documentation qu'ils possèdent et dont les caisses ont besoin pour procéder à l'étude de toute question relevant de leur compétence. — *[Anc. art. 1244-5, al. 1er et 2.]*

Art. L. 724-4 *(Ord. nº 2010-104 du 28 janv. 2010)* **« L'autorité administrative compétente peut » requérir des caisses de la mutualité sociale agricole communication sur place de tous documents, comptabilité et correspondance relatifs au fonctionnement administratif et financier de ces organismes qui doivent, en outre,** *(Décr. nº 2012-1362 du 6 déc. 2012, art. 1er-3º, en vigueur le 1er janv. 2013)* **« lui fournir, dans les conditions qu'elle fixe », tous documents relatifs à leur gestion.** — *[Anc. art. 1245.]*

Art. L. 724-5 *Transféré ss. art. L. 723-13-1 par Ord. nº 2010-104 du 28 janv. 2010.*

Art. L. 724-6 *Abrogé par Ord. nº 2010-104 du 28 janv. 2010.*

SOUS-SECTION 2 **Contrôle par les agents des caisses de mutualité sociale agricole et les autres agents habilités**

Art. L. 724-7 **Le contrôle de l'application des dispositions relatives aux différentes branches des régimes de protection sociale des non-salariés et salariés agricoles, mentionnées** *(L. nº 2001-1128 du 30 nov. 2001)* **« aux articles L. 722-8 et » L. 722-27** *(L. nº 2015-1702 du 21 déc. 2015, art. 92-II-1º)* **« , le contrôle de l'application des articles L. 732-56 à L. 732-63 »** *(Ord. nº 2019-861 du 21 août 2019, art. 5)* **« , le contrôle des mesures d'action sanitaire et sociale mentionnées au chapitre VI du présent titre II** *(L. nº 2019-1446 du 24 déc. 2019, art. 18)* **« , le contrôle de l'application du deuxième alinéa de l'article L. 725-3 du présent code » ainsi que la vérification du calcul de la contribution mentionnée à l'article L. 5212-9 du code du travail sont confiés » aux caisses de mutualité sociale agricole.** *(L. nº 2000-1257 du 23 déc. 2000, art. 8-III)* **« Pour l'exercice de ce contrôle, une caisse de mutualité sociale agricole peut déléguer à une autre caisse de mutualité sociale agricole ses compétences dans des conditions fixées par décret. »** — *V. art. R. 724-6 s.*

Les agents chargés du contrôle sont agréés dans des conditions définies par arrêté du ministre chargé de l'agriculture. Ils sont assermentés dans les conditions prévues à l'article L. 243-9 du code de la sécurité sociale. — *V. Arr. du 4 févr. 2021 déterminant les conditions d'agrément des agents de contrôle des caisses de mutualité sociale agricole (JO 11 févr.).*

Ces agents ont qualité pour dresser, en cas d'infraction auxdites dispositions, des procès-verbaux faisant foi jusqu'à preuve du contraire. Les caisses de mutualité sociale agricole les transmettent au procureur de la République s'il s'agit d'infractions pénalement sanctionnées. *(L. nº 2014-1554 du 22 déc. 2014, art. 24-II-2º)* **« La deuxième phrase du premier alinéa de l'article L. 243-7 du même code est applicable au régime agricole. »** — *[Anc. art. 1246, al. 1er.]*

1. Sont légales les contraintes établies sur le fondement d'un procès-verbal établi par un contrôleur assermenté de la MSA. • Civ. 2e, 5 avr. 2006 : *RD rur. juin-juill. 2006. 45, obs. Tauran.* ♦ V. aussi jurisprudence ss. art. R. 724-9.

2. Le défaut d'agrément ou d'assermentation des agents de contrôle désignés par les caisses de MSA fait obstacle à ce que les constatations de leur rapport de contrôle constituent le fondement de la décision déterminant pour l'avenir les droits de la personne contrôlée ou remettant en cause des paiements déjà effectués à son profit en ordonnant la récupération de l'indu. • CE 31 juill. 2019, n° 422451 : *RD rur. 2019, n° 156, note Tauran.*

3. Le redressement ne peut porter sur des éléments qui, ayant fait l'objet d'un précédent contrôle dans la même structure, n'ont pas donné lieu à observations de la part de l'organisme effectuant le contrôle, les circonstances restant inchangées. • Civ. 2e, 23 janv. 2020, n° 18-25.373 : *RD rur. 2020, n° 58, note Tauran.*

Art. L. 724-7-1 *(L. n° 2014-1554 du 22 déc. 2014, art. 24-II-1°)* **L'article L. 243-13 du code de la sécurité sociale est applicable au régime agricole.**

Art. L. 724-7-2 *(L. n° 2018-1203 du 22 déc. 2018, art. 18)* **L'article L. 243-16 du code de la sécurité sociale est applicable au régime agricole.**

Art. L. 724-8 *Al. 1er abrogé par Ord. n° 2010-104 du 28 janv. 2010.*

(Ord. n° 2010-104 du 28 janv. 2010) **« Les agents assermentés chargés du contrôle de la prévention des accidents du travail et des maladies professionnelles instituée par l'article L. 751-48 » peuvent se faire présenter les registres et documents relatifs à l'hygiène et à la sécurité, et notamment ceux où sont consignés les observations et mises en demeure de l'inspecteur du travail et les contrôles et vérifications de sécurité.**

Ils ont qualité pour procéder aux prélèvements mentionnés à l'article L. 724-3.

Ont également qualité pour procéder à ces prélèvements les *(L. n° 2010-874 du 27 juill. 2010, art. 76-1°)* **« conseillers en prévention qui sont notamment » chargés du contrôle de la prévention instituée** *(L. n° 2001-1128 du 30 nov. 2001)* **« par les articles L. 751-48 et L. 752-29 ». Les dispositions** *(L. n° 2003-1119 du 26 nov. 2003, art. 62-III)* **« de l'avant-dernier alinéa » de l'article L. 611-8 du code du travail sont applicables à ces prélèvements.** — *[Anc. art. 1244-3, al. 2 (partie), art. 1244-3-1, art. 1244-5, al. 3, et art. 1246, al. 5 (partie).]*

V. Arr. du 9 janv. 2014 relatif aux modalités d'agrément des conseillers en prévention des risques professionnels en agriculture (JO 22 janv.).

Art. L. 724-9 **Les agents** *(Abrogé par L. n° 2010-874 du 27 juill. 2010, art. 76-2°)* *« agréés et assermentés »* **mentionnés aux articles L. 724-7 et L. 724-8** *(L. n° 2016-1827 du 23 déc. 2016, art. 23-II-2°)* **« du présent code bénéficient dans le cadre de leurs fonctions de la protection mentionnée à l'article L. 243-12-3 du code de la sécurité sociale ».**

(L. n° 2000-1352 du 30 déc. 2000, art. 98) **« Les agents visés à l'alinéa précédent peuvent accéder aux informations détenues par les services déconcentrés du ministère chargé de l'agriculture relatives aux exploitations agricoles que ces agents ont la charge de contrôler. A la demande des caisses de mutualité sociale agricole, ces services leur transmettent les données relatives aux bénéficiaires des primes communautaires, dont ils disposent. »**

(L. n° 2016-1827 du 23 déc. 2016, art. 23-II-2°) **« L'article L. 243-7-1 du code de la sécurité sociale est applicable au régime agricole. »** — *[Anc. art. 1244-1, al. 2, art. 1244-3, al. 2 (partie), et art. 1246, al. 5 (partie).]*

Est nul le contrôle au cours duquel les salariés ont été entendus par les agents de contrôle de la MSA hors de l'entreprise ou des lieux de travail, même si l'exploitation avait cessé depuis plusieurs mois. • Civ. 2e, 9 déc. 2003, n° 02-30.705 P : *Gaz. Pal. 4 et 6 avr. 2004. 25 ; JCP 2004. IV. 1268 ; JCP E 2004. 242.*

Art. L. 724-10 **Toute violation de serment par les agents mentionnés aux articles L. 724-7 et L. 724-8 est punie conformément aux articles 226-13 et 226-14 du code pénal.**

Tout agent, non agréé ou ayant eu connaissance officielle que l'agrément lui a été retiré, qui aura exercé ou continué d'exercer sa mission en invoquant les pouvoirs conférés par l'article L. 724-7 sera passible des peines prévues par les articles 432-3 et 432-17 du code pénal. La caisse dont dépend ou a dépendu cet agent sera déclarée civilement responsable de l'amende prononcée, sans préjudice du retrait d'agrément de cette caisse. — *[Anc. art. 1246, al. 3 et 4.]*

SOUS-SECTION 3 Dispositions communes aux agents de l'administration et aux autres agents de contrôle

Art. L. 724-11 *(L. nº 2015-1702 du 21 déc. 2015, art. 92-II-2º)* « Les agents de contrôle agréés et assermentés des caisses de mutualité sociale agricole peuvent demander aux cotisants, aux bénéficiaires de prestations, aux assurés sociaux et à leurs ayants droit leur nom, leur adresse, leur emploi, le montant de leurs revenus ainsi que toute information utile à l'exercice de leur mission.

« Les cotisants, les bénéficiaires de prestations, les assurés sociaux et leurs ayants droit sont tenus de recevoir les agents de contrôle agréés et assermentés des caisses de mutualité sociale agricole qui se présentent pour assurer l'exercice de leurs missions et de leur présenter tous documents nécessaires à l'exercice de leur contrôle ou de leur enquête. »

(Ord. nº 2010-104 du 28 janv. 2010) « Ces dispositions concernent également, pour l'application des dispositions relatives aux accidents du travail et maladies professionnelles des salariés agricoles, les agents chargés du contrôle de la prévention ».

(L. nº 2023-1250 du 26 déc. 2023, art. 5) « Les agents mentionnés au premier alinéa ne sont pas tenus par la qualification donnée par la personne contrôlée aux faits qui leur sont soumis. »

(L. nº 2015-1702 du 21 déc. 2015, art. 92-II-2º) « A l'issue du contrôle, les agents mentionnés au premier alinéa doivent communiquer aux personnes contrôlées leurs observations sur les cotisations et contributions dues, en les invitant à y répondre dans un délai déterminé. » *(L. nº 2016-1827 du 23 déc. 2016, art. 24-II-1º)* « Cette communication engage la période contradictoire préalable à l'envoi de toute mise en demeure en application du *(L. nº 2023-1250 du 26 déc. 2023, art. 13)* « premier alinéa du II » de l'article L. 725-3. »

A l'expiration de ce délai, ils transmettent au directeur de la caisse de mutualité sociale agricole leurs observations accompagnées de la réponse éventuelle de l'intéressé.

(L. nº 2022-1616 du 23 déc. 2022, art. 6) « La durée de la période contradictoire peut être prolongée sur demande du cotisant reçue par l'organisme avant l'expiration du délai initial, *(L. nº 2023-1250 du 26 déc. 2023, art. 5)* « sauf » en cas de constat des infractions mentionnées aux 1º à 4º de l'article L. 8211-1 du code du travail. » – *[Décr. nº 50-1225 du 21 sept. 1950, art. 95 et 96.]*

Sur le contrôle de l'application de la législation sociale agricole, V. art. R. 724-6 s.

Est mal fondée l'annulation des opérations de contrôle et de redressement au motif que l'avis de contrôle n'a pas été adressé par lettre recommandée avec accusé de réception dès lors que la caisse de MSA rapportait la preuve d'avoir avisé l'employeur en temps utile du contrôle envisagé. • Civ. 2e, 16 juill. 2020, nº 19-13.706 : *RD rur. 2020, nº 161, note Tauran.*

Art. L. 724-12 L'inobservation des dispositions générales de prévention établies par application de l'article L. 751-48 et qui ont fait l'objet d'un arrêté d'extension du ministre chargé de l'agriculture ainsi que celle des mesures particulières de prévention rendues obligatoires par arrêté du ministre chargé de l'agriculture pour tous les employeurs d'un secteur professionnel déterminé peut être constatée tant par les inspecteurs et les contrôleurs du travail *(Abrogé par Ord. nº 2010-104 du 28 janv. 2010)* *« placés sous l'autorité du ministre chargé de l'agriculture »* que par les agents chargés du contrôle de la prévention mentionnés à l'article L. 724-8.

Elle peut faire l'objet de procès-verbaux dans les conditions prévues à l'article L. 611-10 du code du travail.

Lorsque certaines de ces dispositions générales sont soumises à un délai d'exécution, ce délai est fixé par accord entre la caisse de mutualité sociale agricole intéressée et *(Ord. nº 2010-104 du 28 janv. 2010)* « l'autorité administrative désignée à cet effet au troisième alinéa de l'article L. 422-1 du code de la sécurité sociale. » – *[Anc. art. 1244-4.]*

Art. L. 724-13 *(L. nº 2016-1827 du 23 déc. 2016, art. 23-II-3º)* I. – En cas d'obstacle à l'accomplissement des fonctions des agents mentionnés à l'article L. 724-7 dans leur mission de contrôle des obligations déclaratives et de paiement des employeurs et des personnes non salariées agricoles mentionnées aux articles L. 722-1 et L. 731-23, ou des agents mentionnés au dernier alinéa de l'article L. 724-8, l'article L. 243-12-1 du code de la sécurité sociale est applicable au régime agricole, sous réserve des adaptations suivantes :

1° Le particulier employeur mentionné au premier alinéa de l'article L. 243-12-1 du code de la sécurité sociale est remplacé par les personnes mentionnées à l'article L. 731-23 du présent code ;

2° Le travailleur indépendant mentionné au même premier alinéa est remplacé par les personnes mentionnées à l'article L. 722-1.

II. – Le fait de faire obstacle à l'accomplissement des fonctions des agents mentionnés à l'article L. 724-7, dans le cadre des opérations de contrôle portant sur l'exactitude des déclarations, attestations et justificatifs de toute nature fournis par les bénéficiaires de prestations, les assurés sociaux et leurs ayants droit en vue de bénéficier des prestations servies au titre des différentes branches des régimes de protection sociale des non-salariés et des salariés agricoles mentionnées aux articles L. 722-8, L. 722-27 et L. 732-56 ou de bénéficier des mesures prévues aux articles L. 726-1 et L. 726-3 entraîne l'application des pénalités prévues aux articles L. 114-17 et *(L. n° 2022-1616 du 23 déc. 2022, art. 98)* « L. 114-17-2 du code de la sécurité sociale dans les conditions fixées aux articles L. 114-17, L. 114-17-1 et L. 114-17-2 du même code ».

III. – Les peines prévues à l'article L. 8114-1 du code du travail sont applicables en cas d'obstacle à fonctions des agents mentionnés au premier alinéa de l'article L. 724-8 du présent code.

SECTION 2 Contrôle financier

Art. L. 724-14 Les organismes de mutualité sociale agricole mentionnés à l'article L. 723-1 sont soumis au contrôle de la Cour des comptes dans les conditions et selon les modalités qui sont fixées par un décret en Conseil d'État. – *[Anc. art. 1247.]*

Art. L. 724-15 Le ministre chargé de l'agriculture peut prendre toutes mesures de contrôle et de redressement jugées utiles à l'égard des organismes dont la situation est déficitaire. Il peut poursuivre les administrateurs, en cas de faute lourde et personnelle, comme civilement responsables de leur mauvaise gestion. – *[Anc. art. 1056 (partie).]*

CHAPITRE V RECOUVREMENT DES COTISATIONS ET CRÉANCES

SECTION 1 Dispositions générales

Art. L. 725-1 Les caisses de mutualité sociale agricole *(Abrogé par L. n° 2013-1203 du 23 déc. 2013, art. 82-I-3°)* *« et les organismes visés à l'article L. 731-30 »* ont la faculté de prélever sur le montant des prestations dues à leurs adhérents, à l'exception des prestations familiales *(L. n° 2001-1128 du 30 nov. 2001)* « , des indemnités journalières visées à l'article L. 752-5 et des rentes visées à l'article L. 752-6 », les cotisations dont ceux-ci sont redevables à leur égard.

Les caisses de mutualité sociale agricole peuvent également régler à celles d'entre elles qui leur en ont fait la demande, pour le compte de leurs adhérents et par prélèvement sur le montant des prestations dues à ces derniers, les cotisations dont ils sont redevables au titre des régimes de protection sociale agricole. – *[Anc. art. 1143-1-I.]*

La liquidation judiciaire d'un exploitant ayant été clôturée pour insuffisance d'actif, la caisse de MSA ne pouvait prélever le montant des cotisations sur les prestations. • Com. 8 juill. 2008, n° 05-20.497 : *RD rur. 2008, n° 184, note Barbièri.*

Art. L. 725-2 Nulle personne physique ou morale ne peut bénéficier des avantages d'ordre économique accordés aux agriculteurs et énumérés dans le décret prévu à l'article L. 725-6 si la régularité de sa situation au regard des organismes chargés de l'application des régimes de protection sociale agricole n'est pas établie. – *[Anc. art. 1143-1-II.] – V. art. R. 725-2.*

Les dispositions de l'art. L. 725-2 ne sont pas incompatibles avec la directive n° 92/49/CEE du 18 juin 1992 et s'appliquent à l'indemnité compensatoire de handicaps naturels. • CAA Nancy, 31 janv. 2005, n° 02NC01051 : *LPA 23 mai 2006. 18, note Zins.*

Art. L. 725-3 *(L. nº 2023-1250 du 26 déc. 2023, art. 13)* « I. — » Les caisses de mutualité sociale agricole sont chargées du recouvrement des cotisations et des majorations et pénalités de retard dues au titre des régimes de protection sociale agricole dont elles assurent l'application.

(L. nº 2019-1446 du 24 déc. 2019, art. 18) « Par dérogation à l'article L. 213-1 du code de la sécurité sociale, elles sont également chargées du recouvrement *(L. nº 2020-1576 du 14 déc. 2020, art. 27)* « :

« *a)* Des cotisations dues pour la couverture des prestations d'assurance maladie et maternité prévues par le statut national des industries électriques et gazières mentionné à l'article 47 de la loi nº 46-628 du 8 avril 1946 sur la nationalisation de l'électricité et du gaz, pour les salariés des sociétés d'intérêt collectif agricole relevant du 6º de l'article L. 722-20 du présent code ;

« *b)* Des cotisations dues pour la couverture des prestations du régime d'assurance vieillesse, invalidité, décès, accidents du travail et maladies professionnelles des industries électriques et gazières mentionné à l'article 16 de la loi nº 2004-803 du 9 août 2004 relative au service public de l'électricité et du gaz et aux entreprises électriques et gazières, pour les salariés des sociétés d'intérêt collectif agricole relevant du 6º de l'article L. 722-20 du présent code.

« Les caisses de mutualité sociale agricole sont chargées du recouvrement des majorations et pénalités de retard afférentes à ces cotisations. »

(Ord. nº 2019-861 du 21 août 2019, art. 5) « Elles sont également chargées du recouvrement de la contribution mentionnée à l'article L. 5212-9 du code du travail. »

(L. nº 2023-1250 du 26 déc. 2023, art. 13) « II. — » *(L. nº 2016-1827 du 23 déc. 2016, art. 24-II-2º)* « Toute action de mise en recouvrement est précédée de l'envoi au cotisant d'une mise en demeure de régulariser sa situation *(L. nº 2018-1203 du 22 déc. 2018, art. 18)* « par lettre recommandée ou par tout moyen donnant date certaine de sa réception ». Le second alinéa de l'article L. 244-2 du code de la sécurité sociale est applicable à cette mise en demeure. »

Indépendamment de la procédure *(L. nº 2019-222 du 23 mars 2019, art. 96-III)* « applicable au contentieux » de la sécurité sociale et de l'action en constitution de partie civile prévue aux articles 418 et 536 du code de procédure pénale, les caisses de mutualité sociale agricole peuvent *(Abrogé par L. nº 2016-1827 du 23 déc. 2016, art. 24-II-2º)* « *, après avoir mis en demeure les redevables de régulariser leur situation,* » recouvrer les cotisations et éventuellement les pénalités dues en utilisant l'une ou plusieurs des procédures suivantes :

1º La contrainte qui comporte, à défaut d'opposition du débiteur devant le *(Ord. nº 2018-358 du 16 mai 2018, art. 3)* « tribunal judiciaire spécialement désigné en application de l'article L. 211-16 du code de l'organisation judiciaire », dans des délais et selon des conditions fixées par décret, tous les effets d'un jugement et qui confère notamment le bénéfice de l'hypothèque judiciaire. *(L. nº 2016-1827 du 23 déc. 2016, art. 24-II-2º)* « Le délai de prescription de l'action en exécution de la contrainte non contestée et devenue définitive est celui mentionné au second alinéa de l'article L. 244-9 du code de la sécurité sociale ; »

2º L'état exécutoire signé par le préfet dans le cadre d'une procédure sommaire dont le recouvrement est effectué comme en matière de contributions directes.

(L. nº 2023-1250 du 26 déc. 2023, art. 13) « III. — » *(L. nº 2022-1616 du 23 déc. 2022, art. 6)* « La caisse centrale de la mutualité sociale agricole assure la notification et le versement à chaque attributaire des sommes recouvrées qui lui reviennent.

« Par dérogation au *(L. nº 2023-1250 du 26 déc. 2023, art. 13)* « premier alinéa du présent III », le versement est effectué à hauteur du montant des sommes dues par les redevables, après application d'un taux forfaitaire fixé au regard du risque de non-recouvrement d'une partie de ces sommes *(L. nº 2023-1250 du 26 déc. 2023, art. 13)* « pour :

« 1º Les cotisations et contributions finançant les régimes de base de sécurité sociale rendus obligatoires par la loi à la charge des salariés ou assimilés mentionnés à l'article L. 722-20 et de leurs employeurs ;

« 2º Les versements, cotisations et contributions mentionnés aux *b*, *c* et *e* du 5º de l'article L. 225-1-1 du code de la sécurité sociale ;

« 3° Les contributions mentionnées à l'article L. 718-2-1 du présent code et à l'article L. 6331-53 du code du travail ;

« 4° Les cotisations mentionnées aux *a* et *b* du I du présent article. »

« Le taux mentionné au *(L. n° 2023-1250 du 26 déc. 2023, art. 13)* « deuxième alinéa du présent III » est fixé, par attributaire ou catégorie d'attributaires, dans des conditions fixées par décret en Conseil d'État, par arrêté des ministres chargés de la sécurité sociale, de l'agriculture et du budget.

« Sans préjudice des dispositions particulières prévoyant d'autres règles d'affectation, le produit des majorations de retard et des pénalités dues par les redevables dans les conditions prévues aux *(L. n° 2023-1250 du 26 déc. 2023, art. 13)* « deuxième à sixième alinéas du présent III » n'est pas reversé aux attributaires. »

(L. n° 2023-1250 du 26 déc. 2023, art. 13) « Le solde résultant, pour la caisse centrale de la mutualité sociale agricole, de l'application du présent III, déduction faite des frais de gestion, est affecté aux branches mentionnées aux articles L. 722-8 et L. 722-27, selon une répartition fixée par arrêté des ministres chargés du budget, de la sécurité sociale et de l'agriculture en fonction des soldes prévisionnels de ces branches. » — *[Anc. art. 1143-2, al. 1er et 2.]*

1. Mise en demeure. La mise en demeure délivrée au titre des cotisations dues est irrégulière dès lors qu'elle ne permet pas au débiteur de connaître la cause et l'étendue de son obligation, et la procédure de redressement qui en est la suite doit être annulée. • Soc. 14 mars 2002, n° 00-10.283 : *RD rur. 2002. 514* • Civ. 2e, 16 juill. 2020, n° 19-15.523 : *RD rur. 2020, n° 163, note Tauran* • 11 mai 2023, n° 21-21.404 : *RD rur. 2023, n° 96, note Tauran.* ♦ La validité d'une mise en demeure n'est pas affectée par la réduction ultérieure du montant de la créance à recouvrer. • Civ. 2e, 7 janv. 2021, n° 19-24.831 : *RD rur. 2021, n° 83, note Tauran.*

2. Contrainte. La contrainte doit préciser à peine de nullité la nature et le montant des cotisations et contributions réclamées et la période à laquelle elles se rapportent sans que soit exigée la preuve d'un préjudice ; elle doit faire référence à des mises en demeure régulières. • Civ. 2e, 16 juill. 2020, n° 19-15.523 : *cité note 1.* ♦ Une contrainte faisant référence à une mise en demeure dont la régularité ne pouvait être contestée et qui permettait à l'assuré de connaître la nature, la cause et l'étendue de son obligation, ne peut être annulée. • Soc. 19 juill. 2001, n° 00-11.255 P : *JCP E 2001. Pan. 1701 ; JCP 2001. IV. 2763* • Civ. 2e, 28 nov. 2019, n° 18-22.089 : *RD rur. 2020, n° 27, note Tauran* • 23 janv. 2020, n° 19-10.769 : *RD rur. 2020, n° 58, note Tauran* • 18 mars 2021, n° 19-24.130 : *RD rur. 2021, n° 180, note Tauran* • 7 avr. 2022, n° 20-21.072 : *RD rur. 2022, n° 180, note Tauran.*

3. L'acte de signification de la contrainte doit mentionner que l'opposition doit être motivée à peine d'irrecevabilité. • Civ. 2e, 23 mars 2004, n° 02-30.119 P : *D. 2004. IR 1208 ; JCP E 2004. 820.*

4. Décès de l'assujetti. Une contrainte peut être valablement délivrée à l'héritier du débiteur défunt, continuateur de sa personne et, comme tel, tenu des dettes et charges de la succession selon sa part héréditaire ; les majorations de retard courent à compter de la date limite d'exigibilité des cotisations, sans qu'il y ait lieu à mise en demeure préalable. • Soc. 11 juill. 1951 : *Bull. civ. V, n° 358.*

5. Opposition. Il peut être fait opposition à une contrainte délivrée pour le recouvrement d'une cotisation sociale alors même qu'il n'y a pas eu contestation de la dette. • Soc. 6 mai 1999, n° 96-17.044 : *RD rur. 2000. 109.* ♦ Faute de recours dans les délais ouverts par la notification d'affiliation et les mises en demeure, la créance de la MSA a acquis un caractère définitif et l'ordonnance d'injonction au tiers détenteur a pu être maintenue. • Soc. 8 juill. 1999, n° 96-22.236 P • Civ. 2e, 16 mars 2004, n° 02-30.124. ♦ Est mal fondée la cour qui dit irrecevable l'opposition d'un exploitant à des contraintes décernées contre lui alors qu'il était en liquidation judiciaire, tandis que l'action en recouvrement ne pouvait être engagée à son encontre. • Civ. 2e, 15 juin 2017, n° 16-11.974 : *RD rur. 2017, n° 262, note Lebel.*

6. Appel des cotisations. Après que son affiliation eut été refusée par la caisse de MSA, un entrepreneur de travaux forestiers peut faire l'objet, de la part de cet organisme, d'une contrainte, notamment pour le recouvrement de cotisations et majorations de retard, après le constat d'un volume d'activité dont l'importance est apparue lors d'un contrôle effectué postérieurement au refus d'affiliation. • Soc. 30 oct. 1997, n° 96-13.519 P.

7. Charge de la preuve. La destinataire des contraintes délivrées par la MSA a la charge de prouver qu'elle n'exploite pas les parcelles inscrites à sa cote et que les contraintes faisaient double emploi avec celles délivrées à l'entreprise qui les exploite. • Soc. 9 avr. 1998, n° 96-10.588 : *RD rur. 1998. 546.*

8. Action paulienne. La caisse de MSA peut exercer une action paulienne pour obtenir paiement des cotisations d'un exploitant agricole débiteur. • Toulouse, 26 juin 2006 : *RD rur. déc. 2006. 32.*

9. Remise des majorations de retard. Le tribunal qui caractérise la bonne foi du redevable de cotisations sociales a pu justement le décharger entièrement des majorations de retard. • Civ. 2e, 10 juill. 2008, n° 07-18.070 : *JCP 2008. IV. 2522 ; Gaz. Pal. 11 avr. 2009. 14.*

10. Le recouvrement des cotisations et contributions d'une personne au régime de protection sociale des travailleurs non salariés agricoles n'entre pas dans le champ de la directive européenne relative aux pratiques commerciales déloyales. • Civ. 2e, 18 juin 2015, n° 14-18.049 P : *JCP 2015. 795 ; D. 2015. 1375 ; RD rur. 2015, n° 207, note Tauran.*

Art. L. 725-3-1 *(L. n° 2004-1370 du 20 déc. 2004, art. 10)* **Les organismes de la mutualité sociale agricole peuvent, pour le recouvrement des sommes indûment versées, engager une action en recouvrement dans les conditions prévues** *(L. n° 2022-1616 du 23 déc. 2022, art. 102)* **« au III de l'article L. 133-4 du code de la sécurité sociale ».**

(L. n° 2021-1754 du 23 déc. 2021, art. 88, en vigueur le 1er janv. 2022) **« En cas de précarité de la situation des bénéficiaires, les organismes de la mutualité sociale agricole peuvent réduire les créances résultant de sommes indûment versées, dans les conditions prévues à l'article L. 256-4 du code de la sécurité sociale. »**

(L. n° 2022-1616 du 23 déc. 2022, art. 100) **« En contrepartie des frais de gestion qu'il engage lorsque le versement indu est le résultat d'une fraude de son adhérent ou d'un prestataire de santé, l'organisme de mutualité sociale agricole recouvre auprès de ce dernier une indemnité équivalant à 10 % des sommes réclamées au titre des prestations versées à tort. »** — *V. art. R. 725-22-1 s.*

Art. L. 725-3-2 *(L. n° 2009-526 du 12 mai 2009, art. 75-II)* **L'article L. 243-7-3 du code de la sécurité sociale est applicable aux cotisations et contributions sociales ainsi qu'aux majorations et pénalités dues par les employeurs de salariés agricoles à la suite du constat de l'infraction de travail dissimulé.**

(L. n° 2022-1616 du 23 déc. 2022, art. 6) **« L'article L. 243-7-4 du code de la sécurité sociale est applicable aux contrôles effectués en application de l'article L. 724-7 du présent code. »**

(L. n° 2012-1404 du 17 déc. 2012, art. 98-III) **« L'article L. 243-7-5 du code de la sécurité sociale est applicable aux régimes de protection sociale agricole, sous réserve de remplacer les références aux articles L. 213-1, L. 611-8 et L. 752-4 du même code par la référence à l'article L. 723-3 du présent code. »**

Art. L. 725-3-3 *Abrogé par L. n° 2023-1250 du 26 déc. 2023, art. 18.*

Art. L. 725-4 *Abrogé par L. n° 2013-1203 du 23 déc. 2013, art. 82-I-4°.*

Art. L. 725-5 **En cas de procédures de sauvegarde ou de redressement ou de liquidation judiciaires, les pénalités ou majorations de retard dues par le redevable à la date du jugement d'ouverture, ainsi que les frais de poursuite, sont remis.** — *[Anc. art. 1143-2, al. 4.]*

1. Constitue une pénalité susceptible de remise la cotisation fixée forfaitairement à titre de sanction pour défaut de déclaration dans les délais dès lors que la caisse a été mise en mesure de calculer le montant des cotisations. • Soc. 6 déc. 2001 : *RD rur. 2002. 247.*

2. La procédure de redressement judiciaire ayant été ouverte avant l'entrée en vigueur des lois du 10 janv. 1994, l'art. L. 725-5 était inapplicable et le tribunal devait rechercher si le débiteur établissait sa bonne foi pour accorder les remises des majorations et pénalités, sans se contenter de déduire cette bonne foi du paiement intégral du passif. • Civ. 2e, 11 juill. 2005, n° 04-30.238.

3. L'art. L. 725-5 n'est pas contraire à l'art. 1er du protocole additionnel à la Convention européenne des droits de l'homme et peut donc empêcher de prononcer l'admission de la créance d'un organisme social à la procédure collective d'une entreprise agricole dès lors que le législateur français a choisi de soustraire ce secteur d'activité au droit commun. • Civ. 2e, 14 févr. 2007, n° 05-21.815 P : *D. 2007. 730 ; RD rur. 2007, n° 203, note Barbièri ; Gaz. Pal. 15-18 août 2007. 14, note Coursier.*

Art. L. 725-6 **Un décret en Conseil d'État détermine les modalités d'application des articles L. 725-1 à L. 725-5 et notamment désigne les personnes ou les organes collectifs habilités à utiliser les procédures de recouvrement énumérées à l'article L. 725-3.** — *[Anc. art. 1143-2, al. 5, et art. 1143-1-III.]* — *V. art. R. 725-1 s.*

Art. L. 725-7 I. — *(Abrogé par L. n° 2016-1827 du 23 déc. 2016, art. 24-II-3°) « Sauf le cas de fraude ou de fausse déclaration, »* **les cotisations dues au titre des régimes de protection sociale agricole mentionnés au présent livre** *(Abrogé par L. n° 2001-1128 du 30 nov. 2001) « à l'exception de celles qui concernent l'assurance accident des personnes non salariées de l'agriculture, »* **et les pénalités de retard y afférentes, se prescrivent par trois ans à compter de l'expiration de l'année civile au titre de laquelle elles sont dues.** *(L. n° 2016-1827 du 23 déc. 2016, art. 24-II-3°)* **« Le délai de prescription de l'action civile en recouvrement résultant de l'application de l'article L. 725-3 est celui mentionné à l'article L. 244-8-1 du code de la sécurité sociale. Il court à compter de l'expiration du délai d'un mois imparti par la mise en demeure. »**

II. — La demande de remboursement des cotisations mentionnées au I se prescrit par *(L. n° 2003-1199 du 18 déc. 2003, art. 70-I)* **« trois » ans à compter de la date à laquelle lesdites cotisations ont été acquittées.**

(L. n° 2003-1199 du 18 déc. 2003, art. 70-II) **« Lorsque l'obligation de remboursement desdites cotisations naît d'une décision juridictionnelle qui révèle la non-conformité de la règle de droit dont il a été fait application à une règle de droit supérieure, la demande de remboursement ne peut porter que sur la période postérieure au 1er janvier de la troisième année précédant celle où la décision révélant la non-conformité est intervenue. »**

En cas de remboursement, les caisses de mutualité sociale agricole *(Abrogé par L. n° 2013-1203 du 23 déc. 2013, art. 82-I-5°) « et les organismes mentionnés à l'article L. 731-30 »* **sont en droit de demander le reversement des prestations servies à l'assuré ; ladite demande doit être faite dans un délai maximum de deux ans à compter du remboursement desdites cotisations.**

Toutefois, lorsque la demande de remboursement des cotisations indûment versées n'a pas été formulée dans le délai de *(L. n° 2003-1199 du 18 déc. 2003, art. 70-I)* **« trois » ans prévu au premier alinéa du présent II, le bénéfice des prestations servies, ainsi que les droits à l'assurance vieillesse restent acquis à l'assuré, sauf cas de fraude ou de fausse déclaration.**

III. — Les délais de prescription prévus aux articles L. 332-1 et L. 355-3 du code de la sécurité sociale sont applicables aux actions intentées par les organismes payeurs des régimes de protection sociale agricole en recouvrement des prestations indûment payées. — *[Anc. art. 1143-3.]*

1. Prescription. La simple omission du cotisant ne pouvant à elle seule être assimilée à une fausse déclaration, la cour a pu à bon droit en déduire la prescription triennale acquise. • Civ. 2e, 14 mars 2007 : *Gaz. Pal. 20-22 juill. 2008, p. 23.* ♦ Pour un exemple de prescription des cotisations et majorations par trois ans, V. • Civ. 2e, 9 déc. 2003, *X. c/ MSA de la Nièvre*, n° 02-30.808.

2. Fraude. Les cotisations dues au titre des régimes agricoles se prescrivent en cas de fraude ou de fausse déclaration par cinq ans à compter de l'expiration de l'année civile au titre de laquelle elles sont dues. • Civ. 2e, 18 févr. 2021, n° 19-14.475 P : *JCP 2021. 299 ; RD rur. 2021, n° 105, note Tauran.*

3. Détermination de la date. Pour vérifier la prescription de l'action en recouvrement des cotisations dans le délai de cinq ans de la mise en demeure, il doit être déterminé la date à laquelle la caisse a envoyé la lettre recommandée de notification de la contrainte au cotisant. • Civ. 2e, 22 oct. 2020, n° 19-16.858 : *RD rur. 2021, n° 18, note Tauran.*

4. La prescription ne court contre la caisse de MSA qui réclame des cotisations salariales suite à une instance prud'homale qu'à compter du moment où elle a eu connaissance de la décision attaquée. • Civ. 2e, 17 juin 2010, n° 09-14.899 : *Gaz. Pal. 2010. 2884, note Coursier.*

5. Interruption. L'envoi par la MSA d'une mise en demeure comportant toutes les mentions requises par le décret du 8 août 1979 moins de trois ans après l'expiration de l'année au titre de laquelle étaient dues les cotisations réclamées a interrompu la prescription des cotisations, puis l'envoi d'une contrainte dont la régularité n'a pas été contestée a interrompu la prescription de l'action en recouvrement. • Soc. 25 nov. 1999 : *RD rur. 2000. 441 ; Gaz. Pal. 10-11 janv. 2001.*

Art. L. 725-8 **En cas de carence d'une caisse de mutualité sociale agricole** *(Abrogé par L. n° 2013-1203 du 23 déc. 2013, art. 82-I-6°) « ou d'un organisme mentionné à l'article L. 731-30 »*, **l'autorité administrative désignée par le ministre chargé de l'agriculture peut se substituer à la caisse** *(Abrogé par L. n° 2013-1203 du 23 déc. 2013, art. 82-I-6°) « ou à l'organisme »* **pour mettre en jeu les procédures prévues à l'article L. 725-3.** — *[Anc. art. 1143-4.]*

Art. L. 725-9 Les articles L. 243-4 et L. 243-5 du code de la sécurité sociale sont applicables au paiement des cotisations, des majorations et pénalités de retard dues aux régimes légaux de protection sociale agricole. Ils sont également applicables, à défaut de dispositions particulières, aux institutions mentionnées à l'article L. 727-2. – *[Anc. art. 1143-5.]*

Art. L. 725-10 Est entachée d'une nullité d'ordre public toute clause ou convention conclue par toute personne légalement tenue de cotiser à un régime d'assurance obligatoire institué par le présent livre et garantissant les risques couverts à titre obligatoire par lesdits régimes, lorsque cette personne n'est pas à jour des cotisations dues à ce titre au moment de la conclusion ou du renouvellement du contrat.

Un décret en Conseil d'État précise les peines encourues par toute personne physique proposant ou faisant souscrire et tout assuré souscrivant une telle clause ou convention. – *V. art. R. 725-25-1.*

Les personnes condamnées pour avoir fait souscrire des clauses ou conventions entachées d'une nullité d'ordre public sont tenues solidairement responsables des cotisations d'assurance maladie, d'allocations familiales et d'assurance vieillesse qui auraient dû être versées par l'assuré depuis la date de souscription desdites clauses ou conventions. – *[Anc. art. 1143-6.]*

Art. L. 725-11 Nonobstant toutes dispositions législatives ou réglementaires contraires, les dispositions de l'article L. 355-2 du code de la sécurité sociale sont applicables aux allocations, pensions et rentes des régimes d'assurance vieillesse et d'assurance invalidité des personnes non salariées des professions agricoles. – *[Anc. art. 1143-7.]*

Art. L. 725-12 *(L. nº 2016-1827 du 23 déc. 2016, art. 24-II-4º)* I. – En cas de fraude ou de fausse déclaration, les délais mentionnés au I de l'article L. 725-7 et au 1º *(L. nº 2023-1250 du 26 déc. 2023, art. 13)* « du II » de l'article L. 725-3 sont portés à cinq ans.

II. – Dans le cas d'un contrôle mentionné aux articles L. 724-7 et L. 724-11, le délai de prescription des cotisations, contributions, pénalités et majorations de retard est suspendu pendant la période contradictoire mentionnée au *(L. nº 2023-1250 du 26 déc. 2023, art. 5)* « cinquième » alinéa de l'article L. 724-11.

Art. L. 725-12-1 *(L. nº 2010-658 du 15 juin 2010, art. 7-II)* L'article L. 133-4-7 du code de la sécurité sociale est applicable aux chefs d'exploitation ou d'entreprise agricole *(L. nº 2022-1616 du 23 déc. 2022, art. 6)* « et aux personnes redevables de la cotisation de solidarité mentionnée à l'article L. 731-23 du présent code » qui optent pour le statut de l'entrepreneur individuel à responsabilité limitée défini aux articles L. 526-6 à L. 526-21 du code de commerce *(L. nº 2022-1616 du 23 déc. 2022, art. 6)* « ou pour celui de l'entrepreneur individuel défini à la section 3 du chapitre VI du titre II du livre V du même code ».

Art. L. 725-12-2 *(L. nº 2014-1554 du 22 déc. 2014, art. 91-II)* Lorsqu'un redressement de cotisations sociales opéré par l'organisme mentionné à l'article L. 723-3 a une incidence sur les droits des salariés au titre de l'assurance vieillesse, cet organisme procède à la rectification de leurs droits.

En cas de constat de travail dissimulé, au sens des articles L. 8221-3 et L. 8221-5 du code du travail, révélant une situation de collusion entre l'employeur et son salarié, cette rectification ne peut être réalisée qu'à compter du paiement du redressement.

Art. L. 725-12-3 *(L. nº 2023-1250 du 26 déc. 2023, art. 13)* L'article L. 243-1-3 du code de la sécurité sociale est applicable au paiement des cotisations et contributions sociales dues au titre des indemnités relatives aux périodes de congés des salariés des employeurs affiliés aux caisses de congés mentionnées à l'article L. 3141-32 du code du travail et versées aux salariés relevant de la protection sociale des personnes salariées agricoles.

Par dérogation à l'article L. 725-3 du présent code, les cotisations mentionnées au 2º de l'article L. 243-1-3 du code de la sécurité sociale sont recouvrées et contrôlées par les organismes mentionnés aux articles L. 213-1 et L. 752-4 du même code, selon les règles et sous les garanties et sanctions applicables au recouvrement des cotisations dues au régime général.

SECTION 2 **Sanctions et dispositions diverses**

Art. L. 725-13 Est puni d'une amende de 4 500 €, le fait :

1° Abrogé par L. n° 2005-1579 du 19 déc. 2005, art. 92-VI.

2° Pour tout intermédiaire, d'offrir ou de faire offrir ses services, moyennant émoluments convenus d'avance, à un allocataire ou à un assuré en vue de lui faire obtenir des prestations qui peuvent lui être dues.

Les personnes physiques encourent également la peine complémentaire de diffusion de la décision par voie de presse écrite ou tout moyen de communication audiovisuelle, dans les conditions prévues aux articles 131-10 et 131-35 du code pénal. – *[Anc. art. 1089 (partie).]*

Art. L. 725-14 et L. 725-15 *Abrogés par L. n° 2015-1702 du 21 déc. 2015, art. 92-II-3°.*

Art. L. 725-16 Est puni *(L. n° 2023-1250 du 26 déc. 2023, art. 9)* « des peines prévues à l'article L. 114-13 du code de la sécurité sociale » le fait d'avoir, moyennant une rémunération quelconque, offert, accepté de prêter ou prêté des services à un chef d'exploitation ou d'entreprise en vue de lui permettre de se soustraire aux obligations mises à sa charge par l'article L. 731-42.

Les personnes physiques coupables de l'infraction prévue au présent article encourent également la peine complémentaire d'interdiction d'exercer une activité professionnelle et sociale, suivant les modalités de l'article 131-27 du code pénal.

Elles encourent également la peine d'inéligibilité aux tribunaux de commerce, aux chambres de commerce, d'agriculture ou de métiers, aux conseils de prud'hommes, à la mutualité sociale agricole, ou d'incapacité à faire partie des comités et conseils consultatifs constitués auprès du Gouvernement. – *[Anc. art. 1135.]*

Art. L. 725-17 Lorsqu'un assujetti à la branche des prestations familiales des professions agricoles n'a pas demandé son affiliation à une caisse de mutualité sociale agricole, le préfet l'inscrit sur la liste des assujettis et détermine la cotisation dont il est redevable.

Cette cotisation est majorée de 10 %. Le recouvrement en est opéré comme en matière de contributions directes. Le montant de la cotisation est versé à la caisse désignée par l'employeur défaillant et, à défaut, à la caisse du lieu de la profession. – *[Anc. art. 1080, al. 1er et 2.]*

Art. L. 725-18 Sont applicables *(L. n° 2003-775 du 21 août 2003, art. 102)* « à l'assurance vieillesse *(L. n° 2010-1330 du 9 nov. 2010, art. 93-II)* « et à l'assurance veuvage » des non-salariés » :

1° Les dispositions de la législation en matière d'assurances sociales des salariés agricoles relatives aux exemptions fiscales, à l'incessibilité et à l'insaisissabilité des allocations ;

2° Les dispositions de la législation en matière de prestations familiales des professions agricoles relatives au contrôle des assujettis et des bénéficiaires, au recouvrement des cotisations, aux sanctions en cas de non-versement des cotisations ou de fraude. – *[Anc. art. 1138 et 1142-28.]*

Pension insaisissable. Est exclue du dessaisissement du débiteur en liquidation judiciaire la fraction insaisissable des arrérages de pension de retraite servie aux non-salariés des professions agricoles. • Soc. 16 mars 2000, n° 97-19.504 : *RD rur. 2000. 557.*

Art. L. 725-19 Le chef d'exploitation ou d'entreprise dont l'exploitation ou l'entreprise fait l'objet d'une liquidation judiciaire et qui ne remplit plus les conditions pour relever d'un régime d'assurance maladie obligatoire peut bénéficier, à compter du jugement de liquidation judiciaire, des dispositions de l'article L. 161-8 du code de la sécurité sociale. – *[Anc. art. 1106-12, al. 4.]*

Art. L. 725-20 Indépendamment des majorations de retard dues pour les cotisations qui n'ont pas été acquittées dans le délai réglementaire, les caisses de mutualité sociale agricole sont fondées à poursuivre, auprès de l'employeur, dans les conditions fixées aux alinéas suivants, le remboursement des prestations de maladie de longue durée effectivement servies par elles aux salariés de l'exploitation ou de l'entreprise. Cette sanction est encourue lorsque, à la date de l'arrêt de travail, l'employeur n'avait pas acquitté l'intégralité des cotisations d'assurances sociales agricoles dues pour son personnel.

Cette sanction est limitée au remboursement des prestations effectivement servies aux assurés, entre la date de l'arrêt de travail provoqué par l'affection visée à l'article L. 324-1 du code de la sécurité sociale et la date de l'acquittement des cotisations impayées par l'employeur pour l'ensemble de son personnel lors de l'arrêt de travail du salarié agricole.

Ce remboursement ne pourra, d'autre part, être supérieur au montant des cotisations dues pour l'ensemble du personnel à la date de l'arrêt de travail.

Les dispositions de l'article L. 725-3 sont applicables au recouvrement des sommes dues en application du présent article. — *[Anc. art. 1033-1.]*

Art. L. 725-21 *(L. n° 2011-1906 du 21 déc. 2011, art. 38)* En cas de récidive dans les conditions prévues aux articles L. 244-4 et L. 244-6 du code de la sécurité sociale, l'employeur qui a retenu par devers lui indûment la cotisation ouvrière précomptée sur le salaire en application de l'article L. 741-20 du présent code est puni des peines prévues aux articles L. 244-5 et L. 244-6 du code de la sécurité sociale.

1. QPC. Est contraire à la Constitution l'art. 725-1 qui prévoit une différence de traitement entre les auteurs d'infractions identiques qui n'est pas justifiée par une différence de situation des employeurs agricoles et des autres employeurs au regard de l'infraction réprimée. • Cons. const. 9 sept. 2011, n° 2011-161-QPC : *RD rur. 2012, n° 29, note Tauran.*

2. Est mal fondée la condamnation d'un exploitant en redressement judiciaire pour rétention indue des cotisations précomptées sur les salaires pour la période antérieure au jugement d'ouverture exigibles postérieurement à ce jugement. • Crim. 24 janv. 2006, n° 05-82.519 P : *RD rur. avr. 2006. 34, note Robert.*

Art. L. 725-22 *Abrogé par L. n° 2013-1203 du 23 déc. 2013, art. 27-II-C.*

Art. L. 725-22-1 *(L. n° 2012-1404 du 17 déc. 2012, art. 98-III)* Les articles L. 243-7-6 et L. 243-7-7 du code de la sécurité sociale sont applicables aux régimes de protection sociale agricole, sous réserve de remplacer la référence à l'article L. 243-7 du même code par la référence à l'article L. 724-7 du présent code.

Les modalités d'application du présent article sont déterminées par décret en Conseil d'État.

SECTION 3 **Droits des cotisants**

(Ord. n° 2005-651 du 6 juin 2005)

Art. L. 725-23 Lorsqu'un cotisant a appliqué la législation relative aux cotisations et contributions sociales selon une interprétation admise par une circulaire ou une instruction du ministre chargé de l'agriculture publiée conformément à la loi n° 78-753 du 17 juillet 1978 portant diverses mesures d'amélioration entre l'administration et le public et diverses dispositions d'ordre administratif, social et fiscal *[CRPA, livre III]* ou à l'article 5-1 de l'ordonnance n° 2004-164 du 20 février 2004 relative aux modalités et effets de la publication des lois et de certains actes administratifs *[CRPA, art. L. 221-17]*, les caisses de mutualité sociale agricole *(Abrogé par L. n° 2013-1203 du 23 déc. 2013, art. 82-I-8°)* « *, les organismes assureurs mentionnés à l'article L. 731-30 et le groupement d'assureurs mentionné à l'article L. 752-14* » ne peuvent procéder à aucun redressement de cotisations et contributions sociales, pour la période pendant laquelle le cotisant a appliqué l'interprétation en vigueur, en soutenant une interprétation différente de celle admise par l'administration.

Art. L. 725-24 *(Ord. n° 2015-1628 du 10 déc. 2015, art. 3-2°, en vigueur le 1er janv. 2016)* I. — L'article L. 243-6-3 du code de la sécurité sociale est applicable au régime agricole sous réserve des adaptations particulières suivantes :

(Ord. n° 2019-861 du 21 août 2019, art. 5) « 1° Les deux premiers alinéas du I sont ainsi rédigés : »

(L. n° 2018-1203 du 22 déc. 2018, art. 18) « I. — Les caisses de mutualité sociale agricole se prononcent de manière explicite sur toute demande d'une personne posant une question nouvelle et non dépourvue de caractère sérieux ayant pour objet de connaître

l'application à une situation précise de la législation relative aux conditions d'affiliation aux régimes agricoles ou de la législation relative aux cotisations et contributions de sécurité sociale contrôlées par ces organismes. »

(Ord. nº 2019-861 du 21 août 2019, art. 5) **« Les caisses de mutualité sociale agricole se prononcent également sur toute demande relative à l'obligation d'emploi des travailleurs handicapés mentionnée aux articles L. 5212-2 et suivants du code du travail. »**

2º Le contrôle mentionné au troisième alinéa du I de cet article du code de la sécurité sociale est celui prévu aux articles L. 724-7 et L. 724-11 ;

3º Le rôle de l'Agence centrale des organismes de sécurité sociale mentionné au quatrième alinéa du I, au deuxième alinéa du III et au IV de cet article du code de la sécurité sociale est rempli par la Caisse centrale de la mutualité sociale agricole ;

4º Le rapport mentionné au IV de cet article du code de la sécurité sociale est transmis aux ministres en charge de la sécurité sociale et de l'agriculture.

II. — Abrogé par L. nº 2018-1203 du 22 déc. 2018, art. 18.

Art. L. 725-25 *(L. nº 2023-1250 du 26 déc. 2023, art. 5)* **L'article L. 243-7-2 du code de la sécurité sociale est applicable au régime agricole sous réserve des adaptations particulières suivantes :**

1º Les compétences exercées par les organismes mentionnés aux articles L. 213-1 et L. 752-1 du code de la sécurité sociale sont exercées par les caisses de mutualité sociale agricole ;

2º Le dernier alinéa est ainsi rédigé :

"Le présent article n'est pas applicable aux actes pour lesquels un cotisant a préalablement fait usage des dispositions de l'article L. 725-24 du code rural et de la pêche maritime en fournissant aux caisses de mutualité sociale agricole tous éléments utiles pour apprécier la portée véritable de ces actes et lorsque ces organismes n'ont pas répondu dans les délais requis."

Art. L. 725-26 *(L. nº 2016-1827 du 23 déc. 2016, art. 21-II)* **Les articles L. 243-6-5 et** *(L. nº 2017-1836 du 30 déc. 2017, art. 9-II)* **« L. 243-6-8 » du code de la sécurité sociale sont applicables au régime agricole.**

CHAPITRE VI ACTION SANITAIRE ET SOCIALE

Art. L. 726-1 Le conseil d'administration de la caisse de mutualité sociale agricole fixe les principes généraux et les moyens de la politique d'action sanitaire et sociale menée par la caisse, après avis d'un comité composé paritairement de non-salariés et de salariés, membres du conseil d'administration.

Ce comité est appelé également à instruire les demandes de subventions et à attribuer les prêts et toutes aides à caractère individuel et collectif, dans le cadre de la politique fixée par le conseil. — *[Anc. art. 1013.]*

Art. L. 726-2 *Abrogé par L. nº 2013-1203 du 23 déc. 2013, art. 82-I-10º.*

Art. L. 726-3 *(L. nº 2006-1640 du 21 déc. 2006, art. 26)* **Le conseil d'administration de la caisse de mutualité sociale agricole** *(L. nº 2013-1203 du 23 déc. 2013, art. 82-I-11º-a)* **« peut » financer des actions destinées à venir en aide aux assurés éprouvant des difficultés pour régler les cotisations légales de sécurité sociale, la contribution sociale généralisée et la contribution pour le remboursement de la dette sociale. Un décret en Conseil d'État détermine les conditions d'application du présent article. Il fixe notamment les cotisations et contributions éligibles à ces actions, la nature des aides, les modalités de fixation de l'enveloppe annuelle maximum affectée à chaque caisse** *(Abrogé par L. nº 2013-1203 du 23 déc. 2013, art. 82-I-11º-b) **« et aux assureurs mentionnés aux articles L. 731-30 et L. 752-13 »***, **ainsi que la procédure applicable.**

CHAPITRE VI *BIS* LUTTE CONTRE LE NON-RECOURS

(L. nº 2020-1576 du 14 déc. 2020, art. 82)

Art. L. 726-4 Les dispositions de l'article L. 261-1 du code de la sécurité sociale s'appliquent aux organismes de sécurité sociale relevant du présent livre.

CHAPITRE VII RETRAITE ET PRÉVOYANCE COMPLÉMENTAIRES

SECTION 1 Personnes non salariées

Art. L. 727-1 Les personnes non salariées assujetties au régime de protection sociale des professions agricoles peuvent contracter auprès des caisses de mutualité sociale agricole des assurances complémentaires de l'assurance maladie, maternité et vieillesse dans les conditions déterminées par un décret en Conseil d'État. – *[Anc. art. 1049.]*

SECTION 2 Personnes salariées

Art. L. 727-2 I. – Les institutions de retraite complémentaire auxquelles, en application de l'article L. 921-1 du code de la sécurité sociale, doivent être affiliés les salariés agricoles sont régies par les dispositions du titre II du livre IX de ce code. Toutefois, elles fonctionnent avec l'autorisation et sous le contrôle du ministre chargé de l'agriculture.

II. – Les institutions de prévoyance autorisées avant la date du 10 août 1994 par le ministre chargé de l'agriculture à fonctionner exclusivement au bénéfice des salariés agricoles sont maintenues. Elles sont régies par les dispositions du titre III du livre IX du code de la sécurité sociale et *(L. n° 2010-1249 du 22 oct. 2010, art. 12-VIII ; L. n° 2013-672 du 26 juill. 2013, art. 24-I)* « entrent dans le champ de compétence de l'Autorité de contrôle prudentiel et de résolution ». – *[Anc. art. 1050.]*

Art. L. 727-3 Par dérogation aux dispositions des articles L. 911-3 et L. 911-4 du code de la sécurité sociale, les accords collectifs ayant pour objet exclusif la détermination des garanties mentionnées à l'article L. 911-1 de ce code au profit des seuls salariés agricoles sont étendus par arrêté du ministre chargé de l'agriculture après avis motivé de la sous-commission des conventions et accords de la commission nationale de la négociation collective et élargis, en tout ou partie, par arrêté du ministre chargé de l'agriculture et du ministre chargé du budget sur proposition ou après avis motivé de la sous-commission précitée. – *[Anc. art. 1051.]*

TITRE III PROTECTION SOCIALE DES PERSONNES NON SALARIÉES DES PROFESSIONS AGRICOLES

CHAPITRE I FINANCEMENT

COMMENTAIRE

Le financement du régime de protection sociale des personnes non salariées des professions agricoles est d'abord assuré par les cotisations. Cependant, cette source est insuffisante et des recettes doivent être apportées en complément pour assurer l'équilibre du régime. En effet, la démographie agricole est marquée par un important déséquilibre entre le nombre des actifs, qui ne cesse de diminuer, et le nombre des retraités qui augmente.

De plus, les possibilités contributives du secteur agricole sont faibles et insuffisantes pour permettre d'y servir des prestations à parité avec les autres catégories sociales.

En conséquence, des impôts, taxes, amendes, donc des ressources fiscales, parafiscales, ainsi que des subventions et des compensations sont affectées ou apportées par l'État. Initialement, le Parlement votait chaque année le BAPSA (budget annexe des prestations sociales agricoles) en annexe de la loi de finances pour assurer l'équilibre. Désormais, le fonds de financement des prestations sociales géré par un établissement public assure cette mission sous contrôle de l'État. De plus, les compensations sont opérées entre régimes d'assurances obligatoires (V. CSS, art. D. 134-2 à D. 134-4). ❑

SECTION 1 Ressources du régime de protection sociale des non-salariés agricoles

(L. n° 2008-1330 du 17 déc. 2008, art. 17-I-4°)

Art. L. 731-1 La mutualité sociale agricole est chargée de la gestion et du service des prestations sociales des non-salariés agricoles, de la gestion des participations et contributions mises à la charge du régime de protection sociale des non-salariés agricoles

ainsi que du recouvrement des contributions et cotisations correspondantes et de la gestion de la trésorerie des différentes branches du régime.

Art. L. 731-2 **Le financement des** *(L. n° 2012-1404 du 17 déc. 2012, art. 37-I-3°, en vigueur le 1er janv. 2014)* **« assurances » maladie, invalidité et maternité du régime de protection sociale des non-salariés agricoles** *(Abrogé par L. n° 2012-1404 du 17 déc. 2012, art. 37-I-3°, à compter du 1er janv. 2014)* **« , *à l'exclusion des dépenses complémentaires mentionnées à l'article L. 731-10,* » est assuré par :**

(L. n° 2012-1404 du 17 déc. 2012, art. 37-I-3°, en vigueur le 1er janv. 2014) **« 1° Les cotisations dues par les assujettis ; »**

2° Une fraction du produit des contributions mentionnées aux articles L. 136-1, L. 136-6, L. 136-7 et L. 136-7-1 du code de la sécurité sociale, *(L. n° 2015-1702 du 21 déc. 2015, art. 32-IX-2°)* **« en proportion des contributions sur les revenus d'activité acquittées par les personnes affiliées à chaque régime » ;**

3° Abrogé par L. n° 2012-1404 du 17 déc. 2012, art. 73-VIII-C.

(L. n° 2012-1404 du 17 déc. 2012, art. 24-III-1°) **« 4° Le produit des contributions mentionnées aux articles 520 B et 520 C du code général des impôts ; »**

5° Une fraction égale à *(L. n° 2019-1446 du 24 déc. 2019, art. 25)* **« 46,60 % »** *(L. n° 2011-1906 du 21 déc. 2011, art. 27-II)* **« du produit »** *(Ord. n° 2021-1843 du 22 déc. 2021, art. 13, en vigueur le 1er janv. 2022)* **« de l'accise sur les alcools mentionnée à l'article L. 313-1 du code des impositions sur les biens et services perçue sur les produits relevant de la catégorie fiscale des alcools » ;**

(L. n° 2022-1616 du 23 déc. 2022, art. 20) **« 6° Une dotation de la Caisse nationale des allocations familiales versée en application du 6° de l'article L. 223-1 du code de la sécurité sociale ; »**

7° Abrogé par L. n° 2011-1906 du 21 déc. 2011, art. 27-II.

8° à 10° Abrogés par L. n° 2016-1827 du 23 déc. 2016, art. 34-II-1°.

(Abrogé par L. n° 2020-1576 du 14 déc. 2020, art. 77, à compter du 1er janv. 2021) ***« 11° Les subventions du fonds spécial d'invalidité mentionné à l'article L. 815-26 du même code ; »***

12° Le remboursement versé par la Caisse nationale de solidarité pour l'autonomie en application de l'article L. 14-10-5 du code de l'action sociale et des familles ;

13° Une dotation de la Caisse nationale de l'assurance maladie *(Abrogé par Ord. n° 2018-470 du 12 juin 2018, art. 9)* ***« des travailleurs salariés »*** **destinée à assurer l'équilibre financier de la branche** *(L. n° 2012-1404 du 17 déc. 2012, art. 71-III, en vigueur le 1er janv. 2014)* **« dans les conditions fixées par l'article L. 134-11-1 du code de la sécurité sociale » ;**

14° Les impôts, taxes et amendes qui sont affectés à la branche ;

15° Toute autre ressource prévue par la loi.

Art. L. 731-3 **Le financement** *(L. n° 2012-1404 du 17 déc. 2012, art. 37-I-4°)* **« de l'assurance » vieillesse et veuvage du régime de protection sociale des non-salariés agricoles** *(Abrogé par L. n° 2012-1404 du 17 déc. 2012, art. 37-I-4°)* **« , *à l'exclusion des dépenses complémentaires mentionnées à l'article L. 731-10,* » est assuré par :**

(L. n° 2012-1404 du 17 déc. 2012, art. 37-I-4°) **« 1° Les cotisations dues par les assujettis ; »**

2° Le produit des cotisations de solidarité mentionnées à l'article L. 731-23 ;

2° bis Abrogé par Ord. n° 2021-1843 du 22 déc. 2021, art. 13, à compter du 1er janv. 2022.

3° *(L. n° 2011-1906 du 21 déc. 2011, art. 27-II ; L. n° 2012-1404 du 17 déc. 2012, art. 24-III-2°)* **« Une fraction égale à** *(L. n° 2023-1250 du 26 déc. 2023, art. 16)* **« 24,51 % » du produit** *(Ord. n° 2021-1843 du 22 déc. 2021, art. 13, en vigueur le 1er janv. 2022)* **« de l'accise sur les alcools mentionnée à l'article L. 313-1 du code des impositions sur les biens et services perçue sur les produits relevant de la catégorie fiscale des alcools »** *(L. n° 2022-1157 du 16 août 2022, art. 9)* **« ainsi que le produit de cette même accise perçue sur les produits relevant des autres catégories fiscales » ;**

4° Abrogé par Ord. n° 2021-1843 du 22 déc. 2021, art. 13, à compter du 1er janv. 2022.

(Ord. n° 2021-1843 du 22 déc. 2021, art. 13, en vigueur le 1er janv. 2022) **« 4° *bis* La part de la contribution prévue à l'article 1613 *quater* du code général des impôts rela-**

tive au montant prévu » *(L. nº 2018-1317 du 28 déc. 2018, art. 199)* **« au 1º du II du même article 1613 *quater* » ;**

« 4º *ter* Le produit de la cotisation sur les boissons alcooliques instituée à l'article L. 245-7 du code de la sécurité sociale ; »

5º Le versement du solde de compensation résultant, pour l'assurance vieillesse, de l'application de l'article L. 134-1 du code de la sécurité sociale ;

6º La contribution du fonds mentionné à l'article L. 135-1 du même code, dans les conditions prévues par l'article L. 135-2 de ce code ;

*6º **bis** Abrogé par L. nº 2017-1836 du 30 déc. 2017, art. 28-IV-1º.*

7º Les impôts, taxes et amendes qui sont affectés à la branche ;

(L. nº 2010-1330 du 9 nov. 2010, art. 83-2º) **« 7º *bis* Une contribution de la branche Accidents du travail et maladies professionnelles couvrant les dépenses supplémentaires engendrées par les départs en retraite à l'âge prévu à l'article L. 732-18-3 ; »**

8º Toute autre ressource prévue par la loi.

Art. L. 731-4 La couverture des prestations familiales servies aux non-salariés agricoles est assurée dans les conditions prévues à l'article L. 241-6 du code de la sécurité sociale.

Art. L. 731-5 La Caisse centrale de la mutualité sociale agricole peut recourir à des ressources non permanentes dans les limites prévues par la loi de financement de la sécurité sociale de l'année. La convention conclue entre la Caisse centrale de la mutualité sociale agricole et les établissements financiers est approuvée par les ministres chargés de l'agriculture, de la sécurité sociale et du budget.

(L. nº 2014-1554 du 22 déc. 2014, art. 31-II) **« Le régime des exploitants agricoles peut recourir à des prêts et avances auprès de l'Agence centrale des organismes de sécurité sociale, dans les conditions prévues à l'article L. 225-1-4 du code de la sécurité sociale. »**

Art. L. 731-6 *à* L. 731-9 *Abrogés par L. nº 2008-1330 du 17 déc. 2008, art. 17-I-4º.*

SECTION 2 Cotisations

SOUS-SECTION 1 Dispositions générales

BIBL. ► Tauran et Raynal, *RD rur. 2018. Étude 13* (les revenus pris en compte dans le calcul des cotisations de sécurité sociale des non-salariés agricoles).

Art. L. 731-10 Les cotisations à la charge des assujettis aux prestations familiales et aux assurances maladie, invalidité, *(L. nº 2010-1330 du 9 nov. 2010, art. 93-II)* **« maternité, vieillesse et veuvage » des non-salariés des professions agricoles sont** *(L. nº 2014-892 du 8 août 2014, art. 2-IV-1º)* **« recouvrées » par les caisses de mutualité sociale agricole** *(Abrogé par L. nº 2013-1203 du 23 déc. 2013, art. 82-I-12º) « et les organismes mentionnés à l'article L. 731-30 ».* *(L. nº 2012-1404 du 17 déc. 2012, art. 37-I-5º, en vigueur le 1er janv. 2014)* **« Le taux de ces cotisations est fixé par décret. »** *(L. nº 2014-892 du 8 août 2014, art. 2-IV-1º)* **« Le taux de la cotisation de prestations familiales est fixé en application de l'article L. 242-12 du code de la sécurité sociale. »**

Al. 2 et 3 abrogés par L. nº 2008-1330 du 17 déc. 2008, art. 17-I-5º, et L. nº 2012-1404 du 17 déc. 2012, art. 37-I-5º. – [Anc. art. 1003-8.]

Art. L. 731-10-1 *(L. nº 2008-1330 du 17 déc. 2008, art. 18-1º)* **Les cotisations dues par les personnes mentionnées aux articles L. 722-9, L. 722-10 et L. 722-15 sont fixées pour chaque année civile. Pour le calcul de ces cotisations, la situation du chef d'exploitation ou d'entreprise agricole est appréciée au premier jour de l'année civile au titre de laquelle elles sont dues.**

En cas de cessation d'activité au cours d'une année civile, le chef d'exploitation ou d'entreprise agricole est tenu au paiement des cotisations mentionnées au premier alinéa au titre de l'année civile entière.

En cas de décès du chef d'exploitation ou d'entreprise agricole, les cotisations mentionnées au premier alinéa dues au titre de l'année au cours de laquelle est survenu le décès sont calculées au prorata de la fraction de l'année considérée comprise entre le 1er janvier et la date du décès. Toutefois, le conjoint survivant peut opter pour le calcul des cotisations d'assurance vieillesse prévu au premier alinéa.

1. QPC. Rejet de la demande de renvoi de la question de constitutionnalité de l'art. L. 731-10-1, al. 2, au motif que ses dispositions ne constituent pas une rupture caractérisée de l'égalité devant les charges publiques. • Civ. 2e, 3 oct. 2019, n° 19-40.025 : *RD rur. 2019, n° 155, note Tauran.*

2. Cessation d'activité. La situation du chef d'exploitation agricole est appréciée au premier jour de l'année civile et, en cas de cessation d'activité, l'exploitant est tenu des cotisations de l'année civile entière. • Civ. 2e, 4 avr. 2013, n° 12-13.795 • 13 févr. 2014, n° 13-11.806 • 12 févr. 2015, n° 14-12.078 : *RD rur. 2015, n° 125.*

3. Jurisprudence antérieure à la loi du 17 déc. 2008. Un entrepreneur forestier n'est pas redevable des contributions sociales pour l'année entière lorsqu'il cesse son activité en cours d'année, car si le recouvrement est soumis à l'annualité, l'assiette des contributions se calcule sur le revenu des personnes assujetties. • Civ. 2e, 24 juin 2003 : *JCP 2003. IV. 2467 ; JCP E 2003. 1285.*

Art. L. 731-11 **Les cotisations relatives aux prestations familiales, à l'assurance** *(L. n° 2015-1702 du 21 déc. 2015, art. 32-IX-3°)* **« invalidité » et à l'assurance vieillesse dues par les chefs d'exploitation ou d'entreprise mentionnés au 1° de l'article L. 722-4 ne peuvent être inférieures à des minima définis par décret.** *(Abrogé par L. n° 2000-1352 du 30 déc. 2000, art. 39-III)* ***« En ce qui concerne les cotisations d'assurance maladie, ces minima peuvent être modulés pour tenir compte de l'importance de l'exploitation ou de l'entreprise. »*** — *[Anc. art. 1003-7-1-IV.]*

Art. L. 731-12 **I. — Toute personne inscrite à la matrice cadastrale des propriétés non bâties est tenue, dans un délai déterminé** *[délai de deux mois : V. ancien art. 1068]* **à compter de la demande qui lui en est faite par la caisse de mutualité sociale agricole compétente, de déclarer à cette caisse :**

1° Dans l'hypothèse de fermage ou de métayage, la situation, la superficie et les références cadastrales des biens affermés ou donnés en métayage ainsi que les noms et domiciles des fermiers ou métayers ;

2° En cas d'indivision, les noms et domiciles des indivisaires ;

3° Le cas échéant, la mutation dont les biens auraient fait l'objet depuis moins de deux ans à compter du 1er janvier de l'année de la demande de la caisse.

A défaut de réponse dans le délai déterminé *[de deux mois]*, **la caisse de mutualité sociale agricole fait, par lettre recommandée avec avis de réception, sommation au propriétaire intéressé de fournir les renseignements demandés. A défaut de réponse par lettre recommandée dans un délai déterminé** *[délai d'un mois : V. ancien art. 1068]*, **le propriétaire est considéré comme exploitant et redevable à ce titre des cotisations dues.**

II. — En cas d'usufruit, le nu-propriétaire est tenu de faire connaître à la caisse le nom et le domicile de l'usufruitier ; celui-ci est tenu aux mêmes obligations que les personnes mentionnées au I du présent article. — *[Anc. art. 1068 (partie) et 1069.]*

Art. L. 731-13 **Les** *(L. n° 2001-602 du 9 juill. 2001, art. 19)* **« jeunes chefs d'exploitation ou d'entreprise agricole » bénéficient d'une exonération partielle des cotisations** *(Abrogé par L. n° 2012-1404 du 17 déc. 2012, art. 37-I-6°)* ***« techniques et complémentaires »*** **d'assurance maladie, invalidité et maternité** *(L. n° 2012-1404 du 17 déc. 2012, art. 71-I-1°)* **« à l'exception de la cotisation prévue pour financer les prestations mentionnées à l'article L. 732-4, et des cotisations » de prestations familiales et d'assurance vieillesse agricole dont ils sont redevables pour eux-mêmes et au titre de leur exploitation** *(L. n° 2001-602 du 9 juill. 2001, art. 19)* **« ou entreprise ».**

(L. n° 2007-1786 du 19 déc. 2007, art. 18) **« Cette exonération est applicable pendant cinq années civiles aux chefs d'exploitation ou d'entreprise agricole à titre principal à compter de la première année au titre de laquelle des cotisations d'assurance maladie, invalidité et maternité, de prestations familiales et d'assurance vieillesse agricole sont dues. Toutefois, en cas de cessation temporaire d'activité avant la fin de la période d'exonération, le bénéfice de celle-ci est suspendu. Il est rétabli à la reprise d'activité pour la durée d'exonération restant à courir à condition que la cessation d'activité n'excède pas une durée fixée par décret. » Pour bénéficier de l'exonération, ils doivent être âgés de dix-huit ans au moins et de quarante ans au plus à la date de leur affiliation au régime de protection sociale des personnes non-salariées agricoles ; un décret détermine les dérogations qui peuvent être apportées à ces limites d'âge.**

(L. n° 2022-1158 du 16 août 2022, art. 3) **« Les jeunes chefs d'exploitation ou d'entreprise agricole qui bénéficient de l'exonération mentionnée au premier alinéa du**

présent article peuvent opter pour un taux réduit de cotisations, selon les modalités prévues au I de l'article L. 621-3 du code de la sécurité sociale. Cette option s'exprime de manière définitive auprès des organismes mentionnés à l'article L. 723-3 du présent code. » — *NDLR* : *L'art. 3-II-1°-a de la L. n° 2022-1158 insérait cet alinéa après le deuxième alinéa, or la version de Légifrance de l'art. L. 731-13 le place par erreur avant le deuxième alinéa.*

Les taux d'exonération, le plafond des exonérations *(L. n° 2022-1158 du 16 août 2022, art. 3)* **« , le montant minimal de cotisations dont les jeunes chefs d'exploitation ou d'entreprise agricole sont redevables et les modalités d'exercice de l'option prévue au troisième alinéa du présent article » sont déterminés par décret.** — *[L. n° 99-1140 du 29 déc. 1999, art. 8.] — V. art. D. 731-51 s.*

Le régime d'exonération des cotisations dont les jeunes chefs d'exploitation sont redevables n'est pas contraire à la convention européenne des droits de l'homme ni au pacte international relatif aux droits civils et politiques du 19 déc. 1996. • Bourges, 12 mars 2004, *Marten de Koning c/ MSA du Cher.*

Art. L. 731-13-1 *(L. n° 2012-1404 du 17 déc. 2012, art. 41-1°)* **Lorsque les données nécessaires au calcul des cotisations n'ont pas été transmises, celles-ci sont calculées à titre provisoire par les organismes chargés du recouvrement sur une base majorée déterminée par référence aux dernières données connues ou sur une base forfaitaire. Dans ce cas, il n'est tenu compte d'aucune exonération dont pourrait bénéficier le cotisant.**

Le cotisant reste tenu de fournir les données mentionnées au premier alinéa. Sous réserve qu'il continue d'en remplir les conditions éventuellement exigées, le montant des cotisations finalement dues tient compte des exonérations applicables. Le cotisant est, en outre, redevable d'une pénalité calculée sur ce montant et recouvrée sous les mêmes garanties et sanctions que ces cotisations.

Les modalités d'application du présent article sont fixées par décret en Conseil d'État.

Art. L. 731-13-2 *(L. n° 2020-1576 du 14 déc. 2020, art. 25)* **I. — Les personnes mentionnées aux articles L. 722-4 et L. 731-23 ont l'obligation de déclarer par voie dématérialisée les éléments nécessaires au calcul de leurs cotisations et contributions sociales dans le cadre de la souscription de la déclaration prévue à l'article 170 du code général des impôts selon les modalités déterminées au même article 170. Dans les cas où la déclaration mentionnée audit article 170 n'est pas souscrite dans les conditions mentionnées à la première phrase du présent alinéa, les personnes mentionnées aux articles L. 722-4 et L. 731-23 sont tenues d'effectuer la déclaration pour le calcul de leurs cotisations et contributions sociales par voie dématérialisée auprès des caisses de mutualité sociale agricole dont elles relèvent.**

Toutefois, peuvent procéder à ces mêmes formalités sur support papier les personnes qui, en application de l'article 1649 *quater* B *quinquies* du code général des impôts, ne sont pas tenues d'effectuer par voie dématérialisée la déclaration prévue à l'article 170 du même code.

Les caisses de mutualité sociale agricole mentionnées à l'article L. 723-1 du présent code reçoivent de l'administration fiscale, à leur demande ou à celle des personnes mentionnées au premier alinéa du présent I, les informations nominatives nécessaires au calcul des cotisations et contributions.

Le numéro d'inscription au répertoire national d'identification des personnes physiques peut être utilisé pour les échanges prévus au présent I. Les modalités selon lesquelles ces échanges sont réalisés sont déterminées par un décret en Conseil d'État.

II. — Les personnes mentionnées au premier alinéa du I procèdent par voie dématérialisée au versement des cotisations et contributions sociales.

III. — La méconnaissance de l'obligation de déclaration ou de versement par voie dématérialisée définie au premier alinéa du I et au II du présent article entraîne l'application de la majoration prévue, dans l'un ou l'autre cas, au II de l'article L. 133-5-5 du code de la sécurité sociale. — *L'art. L. 731-13-2 est applicable à compter des déclarations transmises en 2022 au titre des revenus de l'année 2021 (L. n° 2020-1576 du 14 déc. 2020, art. 25-I-B).*

§ 1 Assiette des cotisations

V. Arr. du 21 mars 2022 fixant les modèles d'imprimés à utiliser pour l'application des art. L. 731-14 à L. 731-23 (JO 29 mars).

Art. L. 731-14 *(L. n° 2023-1250 du 26 déc. 2023, art. 18)* Les cotisations de sécurité sociale dues par les chefs d'exploitation ou d'entreprise agricole sont assises sur l'assiette définie à l'article L. 136-4 du code de la sécurité sociale et, au titre des activités mentionnées à l'article L. 136-3 du même code dont l'exercice relève du champ défini aux articles L. 722-1 à L. 722-3 du présent code, sur l'assiette mentionnée à l'article L. 136-3 du code de la sécurité sociale.

Cette assiette est établie après déduction des sommes mentionnées aux articles L. 3312-4, L. 3324-5 et L. 3332-27 du code du travail versées au bénéfice des chefs d'exploitation ou d'entreprise agricole.

Elle inclut le montant des revenus de remplacement sans lien avec une affection de longue durée, au sens des 3° et 4° de l'article L. 160-14 du code de la sécurité sociale, qui leur sont versés :

1° A l'occasion de la maladie, de la maternité, de la paternité et de l'accueil de l'enfant au titre des contrats mentionnés aux deux derniers alinéas du I de l'article 154 *bis* du code général des impôts ;

2° Par les organismes de sécurité sociale.

Art. L. 731-14-1 *Abrogé par L. n° 2023-1250 du 26 déc. 2023, art. 18.*

Art. L. 731-15 *(L. n° 2023-1250 du 26 déc. 2023, art. 18)* I. — Les cotisations des chefs d'exploitation et d'entreprise agricole sont calculées sur la moyenne des revenus professionnels, déterminés en application de l'article L. 731-14, se rapportant aux trois années antérieures à celle au titre de laquelle les cotisations sont dues.

II. — Par dérogation au I du présent article, les chefs d'exploitation ou d'entreprise agricole peuvent, dans des conditions fixées par décret, opter pour que leurs cotisations soient calculées sur les revenus professionnels, définis à l'article L. 731-14, se rapportant à l'année précédant celle au titre de laquelle les cotisations sont dues.

Le décret mentionné au premier alinéa du présent II fixe notamment le délai minimal dans lequel les chefs d'exploitation ou d'entreprise doivent formuler cette option préalablement à sa prise d'effet, sa durée minimale de validité et les conditions de sa reconduction et de sa dénonciation.

Les chefs d'exploitation ou d'entreprise agricole ayant dénoncé l'option ne peuvent la réexercer dans un délai de six ans.

Art. L. 731-16 Les cotisations sont calculées, à titre provisionnel, sur une assiette forfaitaire lorsque la durée d'assujettissement ne permet pas de connaître les revenus professionnels servant de base à celles-ci et font l'objet d'une régularisation lorsque ces revenus sont connus. *(Abrogé par Ord. n° 2018-474 du 12 juin 2018, art. 5) « Sous réserve de l'article L. 731-20, et »* par dérogation aux dispositions prévues au *(L. n° 2023-1250 du 26 déc. 2023, art. 18)* « I » de l'article L. 731-15, les cotisations sont calculées, pour la première année, sur les revenus d'une seule année et, pour la deuxième année, sur la moyenne des revenus des deux années. *(L. n° 2016-1827 du 23 déc. 2016, art. 12-I-2°)* « Les revenus imposés au titre de l'article 64 *bis* du code général des impôts s'entendent, pour la première année, des recettes d'une seule année, diminuées de l'abattement prévu au même article 64 *bis* et, pour la deuxième année, de la moyenne des recettes des deux années, diminuées du même abattement. » *(Abrogé par L. n° 2023-1250 du 26 déc. 2023, art. 18) « Un décret fixe les modalités d'application de ces dispositions. »*

Toutefois, par dérogation au précédent alinéa, *(L. n° 2008-1330 du 17 déc. 2008, art. 77-III)* « lorsque le conjoint collaborateur défini par l'article L. 321-5 » s'installe en qualité de coexploitant ou d'associé, au sein d'une coexploitation ou d'une société formées entre les conjoints, et qu'il a participé aux travaux de ladite exploitation ou entreprise agricole et a donné lieu à ce titre au versement de la cotisation prévue au 1° de l'article L. 731-42 pendant la période prise en compte pour le calcul des cotisations en application *(L. n° 2023-1250 du 26 déc. 2023, art. 18)* « de l'article L. 731-15 », il n'est pas fait application de l'assiette forfaitaire provisionnelle et ses cotisations sont calculées sur la part, correspondant à sa participation aux bénéfices, *(L. n° 2023-*

1250 du 26 déc. 2023, art. 18) « de l'assiette déterminée pour l'ensemble de l'exploitation ou de l'entreprise en application du même article L. 731-15 ». *(L. nº 2008-1330 du 17 déc. 2008, art. 77-III)* « Le présent alinéa est également applicable à la personne liée par un pacte civil de solidarité au chef d'exploitation ou d'entreprise agricole qui a opté pour le statut de collaborateur prévu à l'article L. 321-5. »

Par dérogation au premier alinéa du présent article, en cas de transfert de la qualité de chef d'exploitation ou d'entreprise entre des conjoints quels qu'en soient le motif et les modalités, les cotisations dues par le conjoint poursuivant la mise en valeur de l'exploitation ou de l'entreprise sont assises sur la totalité *(L. nº 2023-1250 du 26 déc. 2023, art. 18)* « de l'assiette déterminée en application de l'article L. 731-15 ». *(L. nº 2015-1702 du 21 déc. 2015, art. 14-I-2º)* « Toutefois, en cas de décès du chef d'exploitation ou d'entreprise agricole, le conjoint poursuivant la mise en valeur de l'exploitation ou de l'entreprise agricole peut, dans des conditions fixées par décret, opter pour le calcul des cotisations et contributions sociales sur une assiette forfaitaire selon les modalités mentionnées au premier alinéa. » *(L. nº 2010-1594 du 20 déc. 2010, art. 25)* « Le présent alinéa est également applicable à la personne liée par un pacte civil de solidarité au chef d'exploitation ou d'entreprise agricole. »

Les dispositions des deux alinéas précédents ne sont applicables que si la consistance de l'exploitation ou de l'entreprise n'est pas affectée à l'occasion des modifications visées auxdits alinéas au-delà de proportions définies par décret. — *[Anc. art. 1003-12-III.]*

Art. L. 731-17 *Abrogé par L. nº 2013-1203 du 23 déc. 2013, art. 9-I-C.*

Art. L. 731-18 et L. 731-19 *Abrogés par L. nº 2023-1250 du 26 déc. 2023, art. 18.*

Art. L. 731-20 *Abrogé par Ord. nº 2018-474 du 12 juin 2018, art. 5.*

Art. L. 731-21 *Abrogé par L. nº 2023-1250 du 26 déc. 2023, art. 18.*

Art. L. 731-22 *(Ord. nº 2005-1127 du 8 sept. 2005)* Lorsque les personnes mentionnées à l'article L. 722-4 estiment que les revenus professionnels pris en compte pour le calcul de leurs cotisations sociales *(L. nº 2023-1250 du 26 déc. 2023, art. 18)* « , dans les conditions prévues à l'article L. 731-15, » subissent une variation, ces cotisations peuvent, sur demande des intéressés formulée auprès de la caisse de mutualité sociale agricole, être calculées au titre des appels fractionnés ou des versements mensuels sur la base *(L. nº 2023-1250 du 26 déc. 2023, art. 18)* « d'une assiette » intégrant cette variation dès le début de l'année civile au titre de laquelle ces cotisations sont dues.

(Abrogé par L. nº 2021-1754 du 23 déc. 2021, art. 20) ***« Une majoration de retard de 10 % est appliquée sur l'insuffisance de versement des appels fractionnés ou des versements mensuels lorsque les revenus définitifs de l'année considérée sont supérieurs de plus d'un tiers aux revenus estimés par l'intéressé pour cette même année. Les conditions dans lesquelles des remises gracieuses des majorations prévues au présent article peuvent être accordées sont fixées par l'arrêté mentionné à l'article R. 731-75. »***

Art. L. 731-22-1 *(L. nº 2010-874 du 27 juill. 2010, art. 36-I)* Les chefs d'exploitation ou d'entreprise agricole soumis au régime réel d'imposition peuvent demander à verser, en complément des cotisations appelées au titre de l'année en cours, un à-valoir sur le montant des cotisations exigibles l'année suivante. Cet à-valoir ne peut excéder *(L. nº 2015-1702 du 21 déc. 2015, art. 14-I-3º)* « 75 % » du montant des dernières cotisations appelées. La demande des intéressés doit être formulée auprès de la caisse de mutualité sociale agricole dont ils relèvent.

§ 2 Cotisations de solidarité

COMMENTAIRE

La cotisation de solidarité persiste au terme d'une évolution législative prolongée, pour les personnes qui dirigent une exploitation ou une entreprise agricole dont l'importance est inférieure au seuil d'assujettissement au régime de protection sociale des non-salariés agricoles. Cette exploitation doit être au moins du quart de la surface minimale d'assujettissement et de moins d'une SMA, ou l'activité est d'au moins 150 heures et de moins de 1200 heures par an. L'assiette de cette cotisation est constituée des revenus professionnels de cette activité ou, à défaut de revenu, est calculée sur la base d'une assiette forfaitaire provisoire.

Le critère d'assujettissement est l'acte d'exploitation procurant des revenus professionnels. L'entretien d'une propriété foncière et les activités de loisir réalisées à titre privé ne sont pas assimilés à des actes d'exploitation (art. D. 731-14). ❑

Art. L. 731-23 *(Abrogé par L. n° 2023-1250 du 26 déc. 2023, art. 17) (L. n° 2014-1170 du 13 oct. 2014, art. 33-6°)* **« *Sous réserve du 3° du I de l'article L. 722-5,* »** *(L. n° 2006-1640 du 21 déc. 2006, art. 28-III)* **les personnes qui dirigent une exploitation ou une entreprise agricole dont l'importance est inférieure à celle définie à l'article L. 722-5 et supérieure à un minimum fixé par décret ont à leur charge une cotisation de solidarité calculée en pourcentage de leurs revenus professionnels** *(L. n° 2023-1250 du 26 déc. 2023, art. 18)* **« déterminés en application de » l'article L. 731-14, afférents à l'année précédant celle au titre de laquelle la cotisation est due.** *(L. n° 2023-1250 du 26 déc. 2023, art. 18)* **« Pour les personnes relevant de l'article 64 *bis* du code général des impôts, les »** *(L. n° 2016-1827 du 23 déc. 2016, art. 12-I-4°)* **« recettes afférentes à l'année précédant celle au titre de laquelle les cotisations sont dues** *(L. n° 2023-1250 du 26 déc. 2023, art. 18)* **« sont » diminuées de l'abattement prévu au même article 64 *bis*. »** *(L. n° 2023-1250 du 26 déc. 2023, art. 18)* **« Lorsque l'assiette n'est pas connue », la cotisation de solidarité est déterminée sur la base d'une assiette forfaitaire provisoire déterminée dans des conditions fixées par décret. Cette assiette forfaitaire est régularisée lorsque** *(L. n° 2023-1250 du 26 déc. 2023, art. 18)* **« l'assiette est définitivement connue ». Le taux de la cotisation est fixé par décret.**

(L. n° 2023-1250 du 26 déc. 2023, art. 18) **« L'article L. 725-12-1 est applicable »** *(L. n° 2010-658 du 15 juin 2010, art. 7-II)* **« aux personnes mentionnées au présent article. »**

(L. n° 2014-1170 du 13 oct. 2014, art. 33-6°) **« Les personnes mentionnées au présent article cessent d'être redevables de cette cotisation dès lors qu'elles remplissent les conditions mentionnées au 3° du I de l'article L. 722-5. »** – *V. art. D. 731-34 s.*

BIBL. ▶ TAURAN, *RD rur. 2015. Étude 17* (la cotisation de solidarité due à la MSA).

1. QPC. N'apparaît pas sérieuse la question de constitutionnalité de l'art. L. 731-23, dès lors que la cotisation de solidarité ne conduit pas à une rupture de l'égalité devant l'impôt et que le renvoi au pouvoir réglementaire pour préciser l'assiette et le taux de cette imposition reste conforme aux exigences de l'al. 11 du préambule de la Constitution de 1946. • Civ. 2e, 13 juin 2013, n° 13-40.019 : *JCP 2013. 799 ; RD rur. 2013, n° 218, note Tauran.*

2. Présomption d'exploitation. En application de l'art. 1003-7-1 (VI) [repris en substance à l'art. L. 731-23] C. rur., la cotisation de solidarité doit être mise à la charge du propriétaire qui ne justifie pas que ses terres étaient confiées à des tiers, eux-mêmes affiliés à la MSA. • Soc. 26 févr. 1998, *Gibily c/ CMSA du Lot*, n° 95-21.035. ♦ Pour valider une contrainte, un jugement ne peut énoncer qu'un propriétaire, qui ne justifie pas avoir donné ses terres à bail, en est l'exploitant présumé et que, à supposer qu'elles soient incultes par défaut d'entretien et de mise en valeur, il n'en demeure pas moins tenu du paiement de la cotisation de solidarité, alors que la cotisation de solidarité n'est due que si l'exploitation est mise en valeur. • Soc. 6 juin 1996 : *RD rur. 1996. 393.* ♦ Toutefois, la caisse de MSA doit établir que, quelle que soit la nature sous laquelle elles figuraient au cadastre, les parcelles faisaient l'objet, sous la direction du destinataire d'une contrainte, d'une mise en valeur effective. • Soc. 8 juill. 1993, *Mme Pouzin c/ CMSA Ardèche*, n° 91-15.115.

3. Calcul de la cotisation. Les revenus professionnels agricoles pris en compte par l'administration fiscale pour le calcul de l'impôt afférent, et qui servent au calcul de la cotisation de solidarité de l'année qui suit, sont retenus par cette administration après déduction des seules charges d'exploitation que mentionnent les dispositions fiscales applicables. • Civ. 2e, 28 mars 2013, n° 12-13.906.

4. Jurisprudence antérieure à la loi du 13 oct. 2014. Un artisan qui dirige une exploitation agricole, dont la superficie est inférieure à celle prévue à l'art. L. 722-5 et supérieure au seuil prévu par décret, a la charge d'une cotisation de solidarité. • Civ. 2e, 15 sept. 2016, nos 15-12.277 et 15-27.372 : *RD rur. 2017, n° 58, note Tauran.*

Art. L. 731-24 *Abrogé par L. n° 2006-11 du 5 janv. 2006, art. 20.*

SOUS-SECTION 2 Dispositions particulières

§ 1 Prestations familiales

Art. L. 731-25 **Les personnes mentionnées à l'article L. 722-4 versent, au titre des prestations familiales, une cotisation pour elles-mêmes, à la caisse de mutualité sociale agricole à laquelle elles sont affiliées.**

(L. n° 2014-892 du 8 août 2014, art. 2-IV-2°) **« Cette cotisation** *(L. n° 2023-1250 du 26 déc. 2023, art. 18)* **« , dont le taux est fixé par décret, est assise sur l'assiette déterminée en application des articles L. 731-15, L. 731-16 et » L. 731-22. Son taux fait l'objet d'une réduction, dans les conditions prévues** *(L. n° 2017-1836 du 30 déc. 2017, art. 8-II-1°)* **« à l'article L. 613-1 » du code de la sécurité sociale. »** – *[Anc. art. 1061 (partie) et 1062, al. 1er (partie).]*

Art. L. 731-26 *Abrogé par L. n° 2023-1250 du 26 déc. 2023, art. 18.*

Art. L. 731-27 **Lorsqu'il y a contrat de métayage, la cotisation est dans tous les cas supportée moitié par le propriétaire et moitié par le métayer nonobstant toute convention contraire.** – *[Anc. art. 1066.]*

Art. L. 731-28 **Sont exonérés de toute cotisation :**

1° Les chefs d'exploitation ou d'entreprise agricole non employeurs de main-d'œuvre, présents sous les drapeaux le 1er janvier de l'année au titre de laquelle les cotisations auraient dû être établies ;

2° Abrogé par L. n° 2012-1404 du 17 déc. 2012, art. 37-I-15°. – *[Anc. art. 1073 (partie).]*

Art. L. 731-29 *(Abrogé par L. n° 2009-526 du 12 mai 2009, art. 51-II) « Les comités départementaux des prestations sociales agricoles et »* **Les caisses de mutualité sociale agricole peuvent accorder des remises exceptionnelles de cotisations partielles ou totales dans le cas où la situation des assujettis le justifie, notamment en raison de leur âge ou de leur incapacité physique.** – *[Anc. art. 1077.]*

§ 2 Assurance maladie, invalidité et maternité

COMMENTAIRE

Les chefs d'exploitation et leur famille, les membres non salariés de sociétés agricoles et les titulaires d'une pension d'invalidité ou d'une rente sont tenus de s'affilier au régime d'assurance maladie, invalidité, maternité depuis la loi n° 61-89 du 25 janvier 1961. Depuis la loi du 23 décembre 2013, cette affiliation se fait à la MSA uniquement, la loi prévoyant l'unification de la gestion des régimes de base d'assurance maladie maternité invalidité des exploitants agricoles (AMEXA), qui n'ont plus le choix de l'organisme gérant ce régime. Dans un souci d'amélioration du service public et afin de dégager des économies de gestion, un regroupement de gestion à la MSA a été opéré, avec transfert des droits et obligations des organismes assureurs et de la gestion des réserves antérieurement constituées par ces organismes qui étaient spécifiquement habilités pour cette gestion par arrêté ministériel. Cette réforme a été facilitée par le constat d'une diminution de la part des assureurs privés dans la gestion des régimes AMEXA et ATEXA. ❑

Art. L. 731-30 *(L. n° 2013-1203 du 23 déc. 2013, art. 82-I-13°)* **Les personnes mentionnées à l'article L. 722-10 sont assurées par les caisses de mutualité sociale agricole.**

Art. L. 731-31 à L. 731-34 *Abrogés par L. n° 2013-1203 du 23 déc. 2013, art. 82-I-14°.*

Art. L. 731-35 **Les cotisations dues pour la couverture des risques mentionnés à l'article L. 732-3 au titre des bénéficiaires définis aux 1° et 5° de l'article L. 722-10 sont calculées en pourcentage** *(L. n° 2023-1250 du 26 déc. 2023, art. 18)* **« de l'assiette du chef d'exploitation ou d'entreprise, déterminée en application des articles L. 731-15, L. 731-16 et » L. 731-22.** *(L. n° 2015-1702 du 21 déc. 2015, art. 32-IX-4°)* **« Leurs taux sont fixés par décret. »**

(L. n° 2017-1836 du 30 déc. 2017, art. 8-II-2°) **« Le taux de la cotisation due pour la couverture des risques mentionnés aux 1° et 3° de l'article L. 732-3 par le chef**

d'exploitation ou d'entreprise agricole exerçant son activité à titre exclusif ou principal fait l'objet d'une réduction dans les conditions prévues à l'article L. 621-3 du code de la sécurité sociale » *(Abrogé par L. n° 2023-1250 du 26 déc. 2023, art. 18) (L. n° 2022-1158 du 16 août 2022, art. 3)* ***« pour les travailleurs indépendants mentionnés au 2° de l'article L. 621-1 du même code ».***

(L. n° 2001-1275 du 28 déc. 2001, art. 120-III ; Ord. n° 2010-104 du 28 janv. 2010) **« Pour la couverture des prestations d'invalidité du collaborateur d'exploitation ou d'entreprise défini à l'article L. 321-5** *(L. n° 2017-1836 du 30 déc. 2017, art. 8-II-2°)* **« du présent code », prévues à l'article L. 732-8, une cotisation forfaitaire, dont les modalités sont fixées par décret, est due par les chefs d'exploitation ou d'entreprise agricole. »** – *[Anc. art. 1106-6.]*

Art. L. 731-35-1 *(L. n° 2012-1404 du 17 déc. 2012, art. 71-I-2°, en vigueur le 1er janv. 2014)* **Pour la couverture des prestations mentionnées à l'article L. 732-4, une cotisation forfaitaire est à la charge du chef d'exploitation ou d'entreprise agricole.** – *V. Arr. du 22 déc. 2023 fixant le montant de la cotisation forfaitaire prévue à l'art. L. 731-35-1 (JO 27 déc.).*

Cette cotisation, qui est due par le chef d'exploitation ou d'entreprise agricole exerçant son activité à titre exclusif ou principal, est valable à la fois pour lui-même et pour les personnes mentionnées aux 2° et 3° du même article L. 732-4.

La charge des prestations prévues audit article L. 732-4 ainsi que les frais de gestion et de contrôle médical sont couverts intégralement par le produit de la cotisation dont le montant est fixé, en tant que de besoin, chaque année, par arrêté des ministres chargés de l'agriculture et de la sécurité sociale, après avis d'une section spécialisée du Conseil supérieur des prestations sociales agricoles comprenant des représentants de la Caisse centrale de la mutualité sociale agricole *(Abrogé par L. n° 2013-1203 du 23 déc. 2013, art. 82-I-15°)* ***« , du groupement mentionné à l'article L. 731-31 »*** **et des organisations représentatives des chefs d'exploitation ou d'entreprise agricole.**

Les modalités d'application du présent article sont fixées par décret. – *V. art. R. 731-80 s.*

Art. L. 731-35-2 *(L. n° 2012-1404 du 17 déc. 2012, art. 71-I-2°, en vigueur le 1er janv. 2014)* **La Caisse centrale de la mutualité sociale agricole gère un fonds spécial destiné à financer les prestations mentionnées à l'article L. 732-4 et alimenté par les cotisations prévues à l'article L. 731-35-1.**

Les excédents constatés chaque année donnent lieu à report automatique sur les exercices suivants.

La Caisse centrale de la mutualité sociale agricole rend compte annuellement de la gestion de ce fonds spécial à la section spécialisée du Conseil supérieur des prestations sociales agricoles mentionnée à l'article L. 731-35-1.

Art. L. 731-36 **Les cotisations des aides familiaux et des associés d'exploitation mentionnés au 2° de l'article L. 722-10 sont calculées en pourcentage des cotisations dues pour eux-mêmes par les chefs d'exploitation ou d'entreprise. Leur taux est fixé par décret.**

Ces cotisations ne peuvent excéder le montant de la cotisation d'un chef d'exploitation ou d'entreprise percevant un revenu, fixé par décret par référence au salaire minimum de croissance. – *[Anc. art. 1106-6-1-I.]*

Art. L. 731-37 **Les cotisations dues par les retraités sont calculées en pourcentage des pensions de retraite servies pendant l'année en cours par le régime de base à l'exclusion des bonifications ou majorations pour enfants autres que les annuités supplémentaires.** – *[Anc. art. 1106-6-1-II.]*

Art. L. 731-38 *(L. n° 2001-1128 du 30 nov. 2001)* **Les cotisations dues pour les personnes mentionnées au 6° de l'article L. 722-10** *(Abrogé par L. n° 2012-1404 du 17 déc. 2012, art. 37-I-7°, à compter du 1er janv. 2014)* ***« , pour la couverture des risques assurés et des dépenses complémentaires y afférentes, »*** **sont intégralement à la charge des organismes assureurs débiteurs des pensions d'invalidité versées aux victimes d'accidents survenus ou de maladies professionnelles constatées avant le 1er avril 2002.**

Les personnes mentionnées au 7° de l'article L. 722-10 sont exonérées de cotisations au titre des rentes visées à l'article L. 752-6.

Art. L. 731-39 Bénéficient d'une exemption totale de cotisations :

1° Les titulaires de la pension de retraite mentionnée à l'article L. 732-18 et les titulaires de la retraite forfaitaire accordée en vertu de l'article L. 732-34, percevant l'allocation supplémentaire prévue au livre VIII du code de la sécurité sociale, lorsqu'ils ont cessé toute activité professionnelle ou exploitent moins de trois hectares, sous réserve des coefficients d'équivalence prévus à l'article L. 312-5 du présent code ;

2° Les personnes mentionnées au 4° de l'article L. 722-10. — *[Anc. art. 1003-7-1-V et 1106-7.]*

Art. L. 731-40 Les personnes exerçant à titre principal une activité professionnelle non-salariée agricole et à titre secondaire d'autres activités, et dont le montant des cotisations dues pour la couverture des risques mentionnés à l'article L. 732-3 est égal au montant des cotisations minimales, sont redevables de cotisations réduites dans des proportions tenant compte du montant des cotisations dues au titre de leurs activités secondaires. Les modalités de cette réduction sont déterminées par décret. — *[Anc. art. 1106-8.]*

Art. L. 731-41 Des décrets en Conseil d'État fixent *(Abrogé par Ord. n° 2010-461 du 6 mai 2010, art. 7)* « *, en tant que de besoin,* » les modalités et conditions d'application du régime de l'assurance maladie, invalidité et maternité des non-salariés des professions agricoles, notamment les mesures de coordination concernant le cas où l'assuré relève simultanément de ce régime d'assurance et d'un autre régime obligatoire d'assurance. — *[Anc. art. 1250-1.]*

§ 3 Assurance vieillesse et assurance veuvage *(L. n° 2010-1330 du 9 nov. 2010, art. 93-II).*

Art. L. 731-42 Les cotisations dues pour la couverture des dépenses de prestations de l'assurance vieillesse *(L. n° 2010-1330 du 9 nov. 2010, art. 93-II)* « et de l'assurance veuvage » sont à la charge du chef d'exploitation ou d'entreprise *(L. n° 2023-1250 du 26 déc. 2023, art. 18)* « . Elles » comprennent :

1° Une cotisation due pour chaque personne non salariée âgée d'au moins *(L. n° 2003-775 du 21 août 2003, art. 98-I)* « seize ans », à l'exception des personnes mentionnées à l'article L. 732-28 et calculée, dans la limite du plafond prévu à l'article L. 241-3 du code de la sécurité sociale, en pourcentage *(L. n° 2023-1250 du 26 déc. 2023, art. 18)* « de l'assiette déterminée en application des articles L. 731-15, L. 731-16 et » L. 731-22 ;

2° *(L. n° 2000-1352 du 30 déc. 2000, art. 102 ; L. n° 2003-775 du 21 août 2003, art. 98-I ; Ord. n° 2010-104 du 28 janv. 2010)* « *a)* Une cotisation due pour chaque chef d'exploitation ou d'entreprise, calculée dans les conditions définies au 1° ;

« *b)* Une cotisation due pour chaque aide familial défini au 2° de l'article L. 722-10 à partir de l'âge de seize ans ainsi qu'une cotisation due pour le collaborateur d'exploitation ou d'entreprise défini à l'article L. 321-5 ; l'assiette de ces cotisations est déterminée forfaitairement dans des conditions fixées par décret » ;

3° Une cotisation à la charge de chaque chef d'exploitation ou d'entreprise, calculée sur la totalité *(L. n° 2023-1250 du 26 déc. 2023, art. 18)* « de l'assiette déterminée en application des articles L. 731-15, L. 731-16 et » L. 731-22.

Les taux des cotisations mentionnées aux 1° à 3° ci-dessus sont fixés par décret. — *[Anc. art. 1123, 1124 et 1125.]*

Art. L. 731-43 et L. 731-44 *Abrogés par L. n° 2003-775 du 21 août 2003, art. 102.*

SECTION 3 Autres ressources

Art. L. 731-45 Les ressources des assurances maladie, maternité et invalidité garantissant les personnes mentionnées du 1° au 5° de l'article L. 722-10 sont notamment constituées par une fraction du produit des contributions sociales mentionnées aux articles L. 136-1, L. 136-6, L. 136-7 et L. 136-7-1 du code de la sécurité sociale.

Al. 2 abrogé par L. n° 2012-1404 du 17 déc. 2012, art. 37-I-8°, à compter du 1er janv. 2014. — [Anc. art. 1106-6-3.]

CHAPITRE II **PRESTATIONS**

BIBL. ▶ Capellari, *RD rur. 2016. Dossier 17* (les prestations subséquentes à la mort d'un assuré assujetti au régime agricole).

SECTION 1 **Prestations familiales**

Art. L. 732-1 Les prestations familiales servies aux personnes non salariées des professions agricoles, mentionnées à l'article L. 722-9, sont celles qui sont énumérées à l'article L. 511-1 du code de la sécurité sociale. Sauf dispositions contraires, les dispositions du livre V dudit code leur sont applicables. – *[Anc. art. 1090.]*

Art. L. 732-2 Les prestations familiales visées à l'article L. 732-1, servies aux personnes non salariées des professions agricoles, sont calculées sur les mêmes bases que celles des salariés des professions commerciales et industrielles. – *[Anc. art. 1092.]*

SECTION 2 **Assurance maladie, invalidité, décès et maternité** *(L. n° 2021-1754 du 23 déc. 2021, art. 98).*

Art. L. 732-3 Les personnes non salariées des professions agricoles mentionnées à l'article L. 722-10 sont obligatoirement assurées à l'égard des risques suivants :

1° *a)* Maladie ;

b) Accidents des enfants mineurs de seize ans et assimilés qui n'exercent pas d'activité professionnelle, ainsi que des suites que peuvent entraîner lesdits accidents pour les victimes après l'âge de seize ans ou, le cas échéant, de vingt ans, dès lors qu'elles demeurent assujetties à l'assurance obligatoire en application de l'article L. 722-10 ;

c) Accidents des titulaires de pension de retraite ou d'allocations de vieillesse agricole mentionnés au 3° de l'article L. 722-10 et des assujettis visés au 6° du même article ainsi que de leurs conjoints *(Abrogé par L. n° 2001-1128 du 30 nov. 2001)* « *, lorsque les uns et les autres n'exercent pas d'activité professionnelle* » ;

d) Rechutes consécutives aux accidents du travail survenus aux assujettis mentionnés aux 1° à 5° inclus de l'article L. 722-10, antérieurement à la date du 1er juin 1967, lorsque ces accidents ont été pris en charge au titre de l'adhésion du chef d'exploitation aux dispositions relatives à l'assurance contre les accidents de la vie privée, du travail et des maladies professionnelles ;

e) Suites des accidents survenus dans un régime obligatoire d'assurance maladie dont relevaient soit en qualité d'assurés, soit en qualité d'ayants droit, les personnes visées à l'article L. 722-10 avant leur assujettissement au régime de protection sociale des non-salariés agricoles ;

f) Accidents survenus aux personnes visées aux 1°, 2° et 5° de l'article L. 722-10 dans l'exercice d'une activité secondaire non salariée non agricole ;

g) Accidents survenus aux personnes qui bénéficient du maintien de leurs droits aux prestations en nature de la présente assurance en vertu des articles L. 161-8, L. 161-9, *L. 161-10*, *L. 161-11*, *L. 161-13* et L. 161-15 du code de la sécurité sociale, L. 962-1 du code du travail, ou du 3° de l'article L. 722-10 du présent code ; – *Les art. L. 161-10, L. 161-11 et L. 161-13 CSS sont abrogés par L. n° 2015-1702 du 21 déc. 2015, art. 59-XI-N (JO 22 déc.).*

h) Accidents survenus en service ou à l'occasion du service aux personnes mentionnées à l'article L. 722-10, qui ont la qualité de sapeur-pompier volontaire ;

(L. n° 2001-1128 du 30 nov. 2001, en vigueur le 1er avr. 2002) « *i)* Accidents survenus aux personnes visées aux 1°, 2°, 4°, 5°, 6° et 7° de l'article L. 722-10, lorsque ces accidents ne sont pas pris en charge en application du chapitre II du titre V du présent livre. »

2° Invalidité ;

3° Maternité. – *[Anc. art. 1106-2-I.]*

Art. L. 732-4 *(L. n° 2012-1404 du 17 déc. 2012, art. 71-I-3°, en vigueur le 1er janv. 2014)* Bénéficient d'indemnités journalières lorsqu'ils se trouvent dans l'incapacité physique, temporaire, constatée par le médecin traitant, de continuer ou de reprendre le travail pour cause de maladie ou d'accident de la vie privée :

1° Les chefs d'exploitation ou d'entreprise agricole mentionnés au 1° de l'article L. 722-4 exerçant à titre exclusif ou principal ;

2° Les collaborateurs d'exploitation mentionnés à l'article L. 321-5 des chefs d'exploitation ou d'entreprise agricole mentionnés au 1° du présent article ;

3° Les aides familiaux et les associés d'exploitation mentionnés au 2° de l'article L. 722-10 des chefs d'exploitation ou d'entreprise agricole mentionnés au 1° du présent article.

(L. n° 2023-567 du 7 juill. 2023, art. 2) « Les indemnités journalières sont servies à l'expiration d'un délai de carence aux assurés ayant une durée minimale d'affiliation dans le régime. La durée d'indemnisation est plafonnée.

« Par dérogation au cinquième alinéa du présent article, l'indemnité journalière versée à l'assuré pour la première incapacité de continuer ou de reprendre le travail est accordée sans délai en cas :

« *a)* De décès de son enfant âgé de moins de vingt-cinq ans ou de décès d'une personne âgée de moins de vingt-cinq ans dont l'assuré a la charge effective et permanente, dans un délai de treize semaines à compter de cette date ;

« *b)* De constat d'une incapacité de travail faisant suite à une interruption spontanée de grossesse ayant eu lieu avant la vingt-deuxième semaine d'aménorrhée » *(L. n° 2023-1250 du 26 déc. 2023, art. 64)* « ou à une interruption de grossesse pratiquée pour motif médical prévue aux articles L. 2213-1 à L. 2213-5 du code de la santé publique ».

(L. n° 2013-1203 du 23 déc. 2013, art. 59-II-2°-a) « En cas d'interruption de travail, l'assuré envoie au service du contrôle médical de la caisse de mutualité sociale agricole, dans un délai déterminé par décret, un avis d'arrêt de travail qui comporte la signature du médecin. En cas de non-respect de ce délai, le directeur de la caisse de mutualité sociale agricole peut mettre en œuvre une sanction. Un décret fixe le niveau de cette sanction, dans la limite de sept jours de suspension d'indemnités à compter de la réception de l'arrêt de travail par la caisse, ainsi que les conditions dans lesquelles elle est prononcée. »

(L. n° 2019-1446 du 24 déc. 2019, art. 85) « L'article L. 323-3 *(Abrogé par L. n° 2020-1576 du 14 déc. 2020, art. 67)* « ***, à l'exception de l'avant-dernier alinéa,*** » ainsi que les articles » *(L. n° 2016-1827 du 23 déc. 2016, art. 63-I-1°)* « L. 323-3-1, » *(L. n° 2013-1203 du 23 déc. 2013, art. 59-II-2°-b)* « L. 323-5, » L. 323-6 et L. 323-7 du code de la sécurité sociale sont applicables au service des prestations prévues au présent article. *(L. n° 2016-1827 du 23 déc. 2016, art. 63-I-1°)* « Dans ce cas, les caisses de mutualité sociale agricole exercent les fonctions dévolues aux caisses primaires d'assurance maladie. »

Les modalités d'application du présent article sont fixées par décret.

Art. L. 732-4-1 *(L. n° 2012-1404 du 17 déc. 2012, art. 71-I-4°, en vigueur le 1er janv. 2014)* L'indemnité journalière est égale à une fraction du gain forfaitaire annuel mentionné à l'article L. 752-5. Elle est majorée à l'issue de périodes d'incapacité fixées par décret.

Art. L. 732-5 Les dispositions des articles L. 315-1, L. 315-2 *(L. n° 2002-1487 du 20 déc. 2002, art. 29-X)* « et L. 315-2-1 » du code de la sécurité sociale sont applicables au régime d'assurance maladie, invalidité et maternité des personnes non salariées des professions agricoles.

Des décrets fixent les conditions de liaison et de coordination entre les contrôles médicaux des régimes d'assurances sociales et le contrôle médical de l'aide sociale. Ce contrôle est organisé sous l'égide du haut comité médical. – *[Anc. art. 1106-2-IV.]*

Art. L. 732-6 *(L. n° 2012-1404 du 17 déc. 2012, art. 71-I-5°, en vigueur le 1er janv. 2014)* Les prestations allouées en application de l'article L. 732-3 sont, sous réserve des articles L. 732-4 et L. 732-7 à L. 732-9, celles que prévoit la section 2 du chapitre II du titre IV du présent livre relative à l'assurance maladie, maternité, invalidité des salariés des professions agricoles.

Art. L. 732-6-1 *et* L. 732-7 *Abrogés par L. n° 2013-1203 du 23 déc. 2013, art. 82-I-16°.*

Art. L. 732-8 Les prestations d'invalidité sont dues aux chefs d'exploitation et d'entreprise, aux aides familiaux et aux associés d'exploitation, mentionnés aux 1°, 2° et 5° de l'article L. 722-10 *(L. n° 2001-1275 du 28 déc. 2001, art. 120-II ; Ord. n° 2010-104* *du 28 janv. 2010)* « ainsi qu'aux collaborateurs d'exploitation ou d'entreprise agricole mentionnés à l'article L. 321-5 qui perçoivent leurs prestations en nature du présent régime », dans le cas où, en raison de son état de santé, l'intéressé est reconnu comme totalement inapte à l'exercice de la profession agricole.

Elles sont également allouées aux chefs d'exploitation ou d'entreprise mentionnés au 1° de l'article L. 722-10 *(L. n° 2001-1275 du 28 déc. 2001, art. 120-I ; Ord. n° 2010-104 du 28 janv. 2010)* « et aux collaborateurs d'exploitation ou d'entreprise agricole mentionnés à l'article L. 321-5 qui perçoivent leurs prestations en nature du présent régime » ainsi qu'aux époux coexploitants et aux associés exploitants d'une exploitation agricole à responsabilité limitée constituée conformément à l'article L. 324-1 et mentionnés à l'article L. 324-8, qui présentent une invalidité réduisant au moins des deux tiers leur capacité à l'exercice de la profession agricole.

Les invalides, leurs conjoints et leurs enfants à charge bénéficient des prestations en nature de la présente assurance pour la maladie, la maternité et, lorsqu'ils n'exercent pas d'activité professionnelle, pour les accidents qui leur surviennent.

Lorsque l'inaptitude totale ou la réduction partielle de la capacité à l'exercice de la profession agricole résulte pour partie d'un accident ou d'une maladie professionnelle, l'intéressé peut néanmoins prétendre aux prestations d'invalidité dès lors que cette réduction de capacité ou cette inaptitude est imputable pour moins de la moitié à l'accident ou à la maladie professionnelle.

(L. n° 2019-1446 du 24 déc. 2019, art. 84) « Les montants des prestations annuelles d'invalidité servies au titre d'une inaptitude totale ou partielle ne peuvent être inférieurs à des montants minimaux, ni être supérieurs à des montants maximaux exprimés en pourcentage du plafond annuel mentionné à l'article L. 241-3 du code de la sécurité sociale, fixés par décret en Conseil d'État. »

(L. n° 2021-1754 du 23 déc. 2021, art. 98) « Le conjoint survivant d'un assuré titulaire d'une pension d'invalidité, lorsqu'il est lui-même atteint d'une invalidité de nature à lui ouvrir droit à la prestation d'invalidité mentionnée aux deux premiers alinéas du présent article, bénéficie d'une pension de veuve ou de veuf. Cette pension est calculée, liquidée et servie dans des conditions fixées par décret en Conseil d'État. »

Les dispositions d'application du présent article sont fixées *(Abrogé par Ord. n° 2010-461 du 6 mai 2010, art. 7)* « ***, en tant que de besoin,*** » par décret en Conseil d'État. – *[Anc. art. 1106-3-2°.]*

Art. L. 732-8-1 *(L. n° 2013-1203 du 23 déc. 2013, art. 59-II-4°)* Si la caisse de mutualité sociale agricole n'en a pas pris l'initiative, l'assuré peut déposer lui-même une demande de pension d'invalidité qui, pour être recevable, doit être présentée dans un délai déterminé par décret.

Art. L. 732-9 I. – Pour les personnes mentionnées au 1° de l'article L. 722-12, le droit aux prestations est ouvert dans le régime dont relève leur activité principale ; toutefois si l'activité salariée exercée simultanément avec leur activité principale non salariée agricole répond aux conditions de durée du travail ou de versement de cotisations prévues à l'article L. 313-1 du code de la sécurité sociale pour l'ouverture du droit aux prestations en espèces des assurances maladie et maternité, les intéressés perçoivent lesdites prestations qui leur sont servies par le régime d'assurance maladie dont ils relèvent au titre de leur activité salariée.

(L. n° 2014-1554 du 22 déc. 2014, art. 9-III-1°) « II. – Pour les personnes mentionnées au 2° de l'article L. 722-12, le droit aux prestations en nature est ouvert dans l'un ou l'autre des régimes auxquels elles sont affiliées, selon des modalités définies par décret. » – *[Anc. art. 1106-3-3°.]*

Activité principale. V. jurisprudence ss. art. L. 722-1.

Art. L. 732-9-1 *(L. n° 2021-1754 du 23 déc. 2021, art. 98)* Il est garanti aux ayants droit des chefs d'exploitation et d'entreprise, des aides familiaux et des associés d'exploitation, mentionnés aux 1°, 2° et 5° de l'article L. 722-10, ainsi qu'aux collaborateurs d'exploitation ou d'entreprise agricole mentionnés à l'article L. 321-5 dont le présent régime assure la prise en charge des frais de santé le paiement d'un capital décès, égal à un montant forfaitaire déterminé par décret, en cas de décès des assurés mentionnés au présent alinéa ayant une durée minimale d'affiliation dans le régime des non-salariés agricoles déterminée par décret.

Le versement du capital est effectué par priorité aux personnes qui étaient, au jour du décès, à la charge effective, totale et permanente de l'assuré.

Si aucune priorité n'est invoquée dans un délai déterminé, le capital est attribué au conjoint survivant non séparé de droit ou de fait, au partenaire auquel le défunt était lié par un pacte civil de solidarité ou, à défaut, aux descendants et, dans le cas où le de cujus ne laisse ni conjoint survivant, ni partenaire d'un pacte civil de solidarité, ni descendants, aux ascendants.

Le capital est incessible et insaisissable, sauf pour le paiement de dettes alimentaires ou le recouvrement du capital indûment versé à la suite d'une manœuvre frauduleuse ou d'une fausse déclaration.

Art. L. 732-10 *(L. n° 2018-1203 du 22 déc. 2018, art. 71)* Les assurées mentionnées aux 1° et 2°, au *a* du 4° et au 5° de l'article L. 722-10 du présent code qui cessent leur activité en raison de leur maternité pendant la durée minimale prévue à l'article L. 331-3 du code de la sécurité sociale bénéficient, sur leur demande et sous réserve de se faire remplacer par du personnel salarié, d'une allocation de remplacement pour couvrir les frais exposés par leur remplacement dans les travaux de l'exploitation agricole.

Lorsque le remplacement prévu au premier alinéa du présent article ne peut pas être effectué, les assurées mentionnées au *(L. n° 2021-1754 du 23 déc. 2021, art. 98)* « même premier alinéa » qui cessent leur activité pendant la durée minimale prévue à l'article L. 331-3 du code de la sécurité sociale bénéficient, dans des conditions déterminées par décret, d'indemnités journalières forfaitaires.

L'allocation de remplacement ou les indemnités journalières sont accordées à compter du premier jour de leur arrêt de travail, dans des conditions fixées par décret, aux assurées mentionnées aux premier et deuxième alinéas du présent article dont il est reconnu que la grossesse pathologique est liée à l'exposition *in utero* au diéthylstilbestrol.

V. Décr. n° 2008-537 du 5 juin 2008 relatif à l'allocation de remplacement pour congé de maternité des personnes non salariées des professions agricoles en cas de grossesse pathologique liée à l'exposition in utero au diéthylstilbestrol (DES) (JO 7 juin) ; Décr. n° 2021-5 du 5 janv. 2021 relatif au versement d'une allocation de remplacement aux personnes non salariées des professions agricoles pour faire face à l'épidémie de covid-19 (JO 6 janv.).

Art. L. 732-10-1 *(L. n° 2013-404 du 17 mai 2013, art. 17-2°) (L. n° 2018-1203 du 22 déc. 2018, art. 71)* « Lorsque les assurés » *(Ord. n° 2018-470 du 12 juin 2018, art. 6)* « adoptent ou accueillent un enfant dans les conditions mentionnées au deuxième alinéa de l'article L. 161-6 du code de la sécurité sociale, les *(L. n° 2018-1203 du 22 déc. 2018, art. 71)* « assurés mentionnés » aux 1° et 2°, au *a* du 4° et au 5° de l'article L. 722-10 bénéficient, » sur leur demande et sous réserve de se faire remplacer par du personnel salarié dans les travaux de l'exploitation agricole, d'une allocation de remplacement *(L. n° 2018-1203 du 22 déc. 2018, art. 71)* « ou, lorsque le remplacement ne peut pas être effectué, des indemnités journalières prévues au deuxième alinéa de l'article L. 732-10, attribuées sans condition de durée minimale d'interruption d'activité ».

(Abrogé par Ord. n° 2018-470 du 12 juin 2018, art. 6) ***« L'allocation de remplacement est également accordée aux personnes mentionnées au premier alinéa du présent article titulaires de l'agrément mentionné à l'article L. 225-2 du code de l'action sociale et des familles lorsqu'elles adoptent ou accueillent un enfant en vue de son adoption par décision de l'autorité étrangère compétente, à condition que l'enfant ait été autorisé, à ce titre, à entrer sur le territoire français. »***

Les durées maximales d'attribution de l'allocation *(L. n° 2018-1203 du 22 déc. 2018, art. 71)* « de remplacement ou des indemnités journalières » sont *(Ord. n° 2018-470 du 12 juin 2018, art. 6)* « , sans préjudice des dispositions du premier alinéa de l'article L. 161-6 du code de la sécurité sociale, celles prévues à l'article L. 331-7 du même code ».

Art. L. 732-11 Le bénéfice de l'allocation de remplacement prévue *(L. n° 2013-404 du 17 mai 2013, art. 17-3°)* « aux articles L. 732-10 *(L. n° 2014-1554 du 22 déc. 2014,* *art. 45-II-1°)* « , **L. 732-10-1** et **L. 732-12-2** » est également accordé aux non-salariés agricoles mentionnés » aux 1°, 2° et 5° de l'article **L. 722-10** qui perçoivent leurs prestations du régime de leur activité salariée, au prorata de leur activité à temps partiel sur l'exploitation *(L. n° 2013-404 du 17 mai 2013, art. 17-3°)* « lorsqu'ils » répondent à des conditions de durée maximale d'activité salariée précisées par le décret en Conseil d'État prévu à l'article **L. 732-13**. – *[Anc. art. 1106-3-1, al. 1er (partie).]*

Art. L. 732-12 *(L. n° 2007-1786 du 19 déc. 2007, art. 57-III)* Un décret en Conseil d'État détermine les mesures d'application des articles **L. 732-10** *(L. n° 2013-404 du 17 mai 2013, art. 17-4°)* « , **L. 732-10-1** » et **L. 732-11**, en particulier la ou les périodes de remplacement ouvrant droit au bénéfice de l'allocation ainsi que la durée maximale d'attribution de cette allocation, notamment lorsque l'accouchement a lieu plus de six semaines avant la date initialement prévue et exige l'hospitalisation postnatale de l'enfant.

Les durées maximales d'attribution de l'allocation de remplacement sont équivalentes aux périodes pendant lesquelles les salariées reçoivent une indemnité journalière de repos en application des articles **L. 331-3** et **L. 331-4** du code de la sécurité sociale.

Al. 3 abrogé par L. n° 2013-404 du 17 mai 2013, art. 17-4°. – V. art. R. 732-17 s.

Art. L. 732-12-1 *(L. n° 2020-1576 du 14 déc. 2020, art. 73, en vigueur le 1er juill. 2021)* « Le père ainsi que, le cas échéant, le conjoint ou concubin de la mère ou la personne liée à elle par un pacte civil de solidarité, lorsqu'ils appartiennent aux catégories mentionnées aux 1° et 2°, au *a* du 4° et au 5° de l'article **L. 722-10**, bénéficient, à l'occasion de la naissance d'un enfant, sur leur demande, d'une allocation de remplacement.

« Pour bénéficier de l'allocation prévue au premier alinéa du présent article, les intéressés doivent se faire remplacer par du personnel salarié dans leurs travaux, cesser leur activité professionnelle pendant une durée minimale *(L. n° 2023-1250 du 26 déc. 2023, art. 110)* « et dans un délai maximal, fixés par décret, à compter de la date de naissance effective ou initialement prévue » et ne pas reprendre cette activité pendant la durée d'indemnisation. »

(L. n° 2018-1203 du 22 déc. 2018, art. 72) « Lorsque l'état de santé de l'enfant nécessite son hospitalisation dans les conditions prévues à l'article **L. 1225-35** du code du travail, l'allocation de remplacement est attribuée pendant la période d'hospitalisation, dans la limite d'une durée maximale fixée par décret. »

(L. n° 2021-1754 du 23 déc. 2021, art. 98) « Lorsque le remplacement prévu aux trois premiers alinéas du présent article ne peut pas être effectué, les assurés mentionnés aux 1° et 2°, au a du 4° et au 5° de l'article **L. 722-10** bénéficient dans des conditions déterminées par décret, d'indemnités journalières forfaitaires. »

(L. n° 2001-1246 du 21 déc. 2001, art. 55-XVIII) « Un décret détermine les modalités d'application du présent article et notamment les montants et la durée maximale d'attribution de » *(L. n° 2021-1754 du 23 déc. 2021, art. 98)* « l'allocation de remplacement et des indemnités journalières forfaitaires ». – *V. art. D. 732-27 s.*

Art. L. 732-12-2 *(L. n° 2014-1554 du 22 déc. 2014, art. 45-II-2°)* En cas de décès de la mère au cours de la période d'indemnisation de la cessation d'activité comprise, selon le cas, soit entre la naissance de l'enfant et la fin de l'indemnisation au titre du régime d'assurance maternité, soit entre la naissance de l'enfant et la fin du maintien de traitement lié à la maternité, le père, lorsqu'il appartient à l'une des catégories mentionnées aux 1° et 2°, au *a* du 4° et au 5° de l'article **L. 722-10** bénéficie, dans des conditions fixées par décret, d'un droit à indemnisation pour la durée restant à courir entre la date du décès et la fin de la période d'indemnisation dont aurait bénéficié la mère, sans qu'il soit fait application des conditions prévues à l'article **L. 732-15**. Pendant cette durée, le père bénéficie de l'allocation *(L. n° 2018-1203 du 22 déc. 2018, art. 71)* « de remplacement ou des indemnités journalières dans les conditions prévues » à l'article **L. 732-10**, sous réserve qu'il cesse toute activité sur l'exploitation ou dans l'entreprise agricole.

Le père peut demander le report de tout ou partie de la période d'indemnisation à laquelle il a droit, dans les conditions fixées au premier alinéa de l'article **L. 331-5** du code de la sécurité sociale.

Lorsque le père de l'enfant ne demande pas à bénéficier de l'allocation *(L. nº 2018-1203 du 22 déc. 2018, art. 71)* « de remplacement ou des indemnités journalières », le droit prévu au présent article est accordé au conjoint de la mère ou à la personne liée à elle par un pacte civil de solidarité ou vivant maritalement avec elle, sous réserve qu'il appartienne aux catégories mentionnées au premier alinéa du présent article.

Art. L. 732-12-3 *(L. nº 2020-692 du 8 juin 2020, art. 1er)* En cas de décès d'un enfant âgé de moins de vingt-cinq ans ou d'une personne âgée de moins de vingt-cinq ans à sa *[leur]* charge effective et permanente et dans un délai d'un an à compter de cette date, les assurés mentionnés aux articles L. 732-10 et L. 732-12-1 bénéficient des indemnisations respectivement prévues aux mêmes articles L. 732-10 et L. 732-12-1 pendant une durée de quinze jours, qui peuvent être fractionnés dans des conditions déterminées par décret, sous réserve de cesser toute activité professionnelle. — *Ces dispositions s'appliquent pour les décès intervenus à compter du 1er juill. 2020 (L. nº 2020-692 du 8 juin 2020, art. 1er-V).*

Art. L. 732-13 *Al. 1er abrogé par Ord. nº 2003-1187 du 11 déc. 2003.*

(L. nº 2001-1246 du 21 déc. 2001, art. 56-IV) « Les dépenses afférentes au service des allocations de remplacement versées en application de l'article L. 732-12-1 font l'objet d'un remboursement par la Caisse nationale des allocations familiales à l'État. »

Art. L. 732-14 L'action de l'assuré pour le paiement des prestations de l'assurance maladie se prescrit par deux ans, à compter du premier jour du trimestre civil suivant celui auquel se rapportent lesdites prestations ; pour le paiement des prestations maternité elle se prescrit par deux ans à partir de la date de la première constatation de la grossesse. — *[Anc. art. 1106-5, al. 2.]*

Art. L. 732-15 L'absence des cotisations d'assurance maladie, lorsqu'elle est le fait de la mauvaise foi du bénéficiaire, peut conduire, dans des conditions déterminées par un décret, à la suspension du versement des prestations *(L. nº 2012-1404 du 17 déc. 2012, art. 71-I-8º ; L. nº 2013-1203 du 23 déc. 2013, art. 59-III-b)* « en nature » de l'assurance maladie à l'assuré social ; toutefois, cette sanction n'affecte pas les ayants droit de la personne convaincue de mauvaise foi.

(L. nº 2013-1203 du 23 déc. 2013, art. 59-II-1º) « Pour bénéficier du règlement des indemnités journalières prévues à l'article L. 732-4, l'assuré doit être à jour de la cotisation mentionnée à l'article L. 731-35-1.

« Lorsque le tribunal arrête un plan de sauvegarde ou de redressement judiciaire en application du livre VI du code de commerce ou lorsque la commission des chefs des services financiers et des représentants des organismes de sécurité sociale et de l'assurance chômage ou la caisse de mutualité sociale agricole accorde à l'assuré un étalement du paiement des cotisations, ce dernier est rétabli dans ses droits aux indemnités journalières à compter du prononcé du jugement ou de la décision de la commission ou de la caisse, sous réserve que l'échéancier de paiement concernant la cotisation mentionnée à l'article L. 731-35-1 soit respecté.

« Un décret fixe les conditions d'application du présent article. » — *[L. nº 99-641 du 27 juill. 1999, art. 6-III.]*

Art. L. 732-16 Des décrets en Conseil d'État déterminent les conditions d'organisation et de financement des actions de prévention, notamment des examens de santé, dont bénéficient à certaines périodes de la vie les ressortissants de l'assurance maladie, invalidité, maternité mentionnée à la présente section. — *[Anc. art. 1250-2.] — V. art. R. 732-30 s.*

Art. L. 732-17 Des décrets en Conseil d'État pris après consultation du haut comité médical de la sécurité sociale prévoient toutes mesures utiles pour assurer la coordination des examens de santé mentionnés à l'article L. 732-16, avec toute autre visite de médecine préventive organisée en application d'une autre disposition législative ou réglementaire et notamment en application des dispositions relatives *(L. nº 2005-157 du 23 févr. 2005, art. 71-I)* « aux services de santé au travail » qui figurent au chapitre VI du titre I. — *[L. nº 66-958 du 26 déc. 1966, art. 3.]*

SECTION 3 **Assurance vieillesse et assurance veuvage** *(L. nº 2010-1330 du 9 nov. 2010, art. 93-II)*.

COMMENTAIRE

La loi nº 52-799 du 10 juillet 1952 a créé un régime d'assurance vieillesse obligatoire agricole, prévoyant une allocation unique d'un montant uniforme qui n'était servie que sous condition de ressources plafonnées. La loi nº 55-21 du 5 janvier 1955 a créé un véritable régime de retraite obligatoire pour les agriculteurs et leurs conjoints prévoyant la perception d'une retraite de base pour ceux qui, âgés de 65 ans, avaient eu une activité agricole d'au moins quinze ans et cotisé cinq ans, ainsi qu'une retraite complémentaire dont le nombre de points était établi selon le revenu cadastral. Le fonds national de solidarité a été créé dans la même période pour faire face aux besoins des anciens exploitants les plus faibles économiquement. La loi d'orientation du 5 août 1960 a fixé l'objectif de parité de l'agriculture avec les autres secteurs de l'économie. Ce projet n'a pas été suivi d'effets significatifs pour la retraite des exploitants en dehors de l'allocation complémentaire de la loi du 21 novembre 1961 supprimée par la loi du 23 décembre 1964. Les lois du 4 juillet 1980 et du 6 janvier 1986 ont entrepris à nouveau de poursuivre l'objectif de parité. En 1980, est distinguée la retraite forfaitaire reçue pleinement pour vingt-cinq ans de retraite proportionnelle. En 1986, est amorcé l'abaissement de l'âge de la retraiteà 60 ans, et prévu la pleine retraite pour 37,5 annuités ; il a été également exigé pour obtenir le versement de la retraite la cessation de l'activité professionnelle. Il était en effet souhaité que la retraite participe à la politique des structures et à la libération des fonds au profit de l'installation d'exploitants.

Depuis la loi du 21 août 2003, seule l'activité non salariée agricole doit cesser et certains cumuls sont désormais autorisés. Il est ainsi permis à l'exploitant retraité de poursuivre l'exploitation d'une superficie limitée (C. rur., art. L. 732-39), de même qu'il est autorisé à conserver une activité de tourisme rural séparée de toute activité agricole (CSS, art. L. 161-22).

La loi nº 2014-40 du 20 janvier 2014 garantissant l'avenir et la justice du système de retraites a allongé la durée d'assurance nécessaire pour pouvoir bénéficier d'une pension à taux plein.

La loi nº 2023-270 du 14 avril 2023 a reculé l'âge de la retraite à 64 ans avec application progressive. ❑

Art. L. 732-17-1 *(L. nº 2023-270 du 14 avr. 2023, art. 11)* **La condition d'âge prévue à l'article L. 732-18 est abaissée d'au moins un an, dans des conditions fixées par décret, pour les assurés mentionnés à l'article L. 732-29 et pour les assurés bénéficiaires d'un départ à la retraite au titre des articles L. 732-18-1 et L. 732-18-4. Cette condition d'âge est abaissée d'une durée pouvant aller jusqu'à neuf ans pour les assurés mentionnés à l'article L. 732-18-2 du présent code et d'une durée ne pouvant excéder deux ans pour les assurés mentionnés à l'article L. 351-6-1 du code de la sécurité sociale.**

SOUS-SECTION 1 **Assurance vieillesse**

COMMENTAIRE

Le secteur agricole a commencé à mettre en place un système de retraite obligatoire pour les non-salariés agricoles plus de vingt ans après qu'un tel régime eut été imposé pour les salariés.

Le retard dans cette constitution, les revenus mal connus et souvent faibles, le déficit démographique dans ce secteur économique, ont amené un système souvent critiqué pour son coût et son manque de transparence. Les réformes se sont succédé pour parvenir progressivement à la parité d'un régime tant dans son mode de financement que dans le service des prestations.

Le chef d'exploitation, les membres de la famille et le conjoint du chef d'exploitation cotisent à l'assurance vieillesse individuelle pour obtenir une fraction de retraite forfaitaire (AVI). Ils cotisent également à l'assurance vieillesse agricole pour obtenir une retraite proportionnelle en points (AVA). Les cotisations s'appliquent, selon des taux réglementaires, sur les revenus professionnels dans la limite du plafond de sécurité sociale pour l'assurance vieillesse individuelle et l'assurance vieillesse agricole plafonnée ; et pour les seuls chefs d'exploitation, s'ajoute une cotisation d'assurance vieillesse agricole déplafonnée.

De plus, depuis le 1er janvier 2003, les non-salariés agricoles ont l'obligation de cotiser à un régime de retraite complémentaire géré par la MSA, qui leur permet d'acquérir des points. La pension annuelle obtenue se détermine en multipliant le nombre de points par la valeur du point. La reversion au conjoint survivant est prévue pour ce régime complémentaire.

Enfin, le chef d'exploitation et sa famille peuvent encore souscrire une retraite complémentaire facultative auprès de la compagnie d'assurance ou de la mutuelle qu'ils choisissent librement à condition de justifier de la régularité de leur situation au regard du régime d'assurance vieillesse agricole. ☐

§ 1 Dispositions générales

Art. L. 732-18 *(L. nº 2010-1330 du 9 nov. 2010, art. 21-I)* **L'assurance vieillesse garantit une pension de retraite à l'assuré qui en demande la liquidation à partir de l'âge mentionné à l'article L. 161-17-2 du code de la sécurité sociale.** — *V. art. R. 732-39.*

BIBL. ▶ Tauran, *RD rur. mai 2006. 13* (assurance vieillesse en agriculture : principales règles et illustrations jurisprudentielles) ; *RD rur. 2012. Étude 1* (retraite des agriculteurs : la pénibilité du travail et ses incidences sur le droit à pension) ; *JCP S 2014. 1037* (le nouveau droit des pensions de retraite) ; *RD rur. 2014. Alerte 12* (réforme des retraites 2014, impact prévisible en agriculture) ; *RD rur. 2014. Étude 6* (principales incidences en agriculture de la réforme des retraites de la loi du 20 janv. 2014) ; *RD rur. 2020. Étude 30* (revalorisation des retraites agricoles par la loi du 3 juillet 2020) ; *RD rur. 2023, nº 76* (mise en œuvre de la loi du 14 avril 2023 dans la profession agricole). – *RD rur. 2011. Dossiers 10 à 16* (la retraite du vigneron).

Art. L. 732-18-1 *(L. nº 2003-775 du 21 août 2003, art. 99-I, en vigueur le 1er janv. 2004)* **L'âge prévu à l'article L. 732-18 est abaissé pour les personnes ayant exercé une activité non salariée agricole qui ont commencé leur activité avant** *(L. nº 2023-270 du 14 avr. 2023, art. 11)* **« un des quatre âges, dont le plus élevé ne peut excéder vingt et un ans, » et dans des conditions déterminées par décret et ont accompli une durée totale d'assurance et de périodes reconnues équivalentes dans le régime d'assurance vieillesse des personnes non salariées des professions agricoles et, le cas échéant, dans un ou plusieurs autres régimes obligatoires, au moins égale à un seuil défini par décret** *(L. nº 2023-270 du 14 avr. 2023, art. 11)* **« , qui ne peut être supérieure à la durée d'assurance mentionnée au deuxième alinéa de l'article L. 161-17-3 du code de la sécurité sociale », tout ou partie de cette durée totale ayant donné lieu à cotisations à la charge de l'assuré. Un décret précise les modalités d'application du présent article.** *(L. nº 2014-40 du 20 janv. 2014, art. 26-II)* **« Il indique notamment les modalités selon lesquelles peuvent être réputées avoir donné lieu au versement de cotisations** *(L. nº 2023-270 du 14 avr. 2023, art. 11)* **« à la charge de l'assuré » une partie des périodes de service national et certaines périodes d'assurance validées en application de l'article L. 351-3 du code de la sécurité sociale ou de dispositions légales ou réglementaires ayant le même objet, applicables à des régimes obligatoires de base d'assurance vieillesse, selon les conditions propres à chacun de ces régimes »** *(L. nº 2023-270 du 14 avr. 2023, art. 11)* **« , ainsi que les périodes validées en application des articles L. 381-1 et L. 381-2 du même code et les périodes pendant lesquelles les fonctionnaires, les magistrats et les militaires vérifiaient les conditions d'affiliation à l'assurance vieillesse du régime général mentionnées aux mêmes articles L. 381-1 et L. 381-2, mais étaient affiliés à un régime spécial ».** — *V. art. D. 732-40.*

Art. L. 732-18-2 *(L. nº 2003-775 du 21 août 2003, art. 99-II, en vigueur le 1er janv. 2004)* **La condition d'âge prévue à l'article L. 732-18 est abaissée dans des conditions fixées par décret pour les assurés handicapés qui ont accompli, alors qu'ils étaient atteints d'une incapacité permanente** *(L. nº 2014-40 du 20 janv. 2014, art. 36-I)* **« d'au moins 50 % », une durée d'assurance dans le régime d'assurance vieillesse des per-**

sonnes non salariées des professions agricoles et, le cas échéant, dans un ou plusieurs autres régimes obligatoires au moins égale à une limite définie par décret, *(Abrogé par L. n° 2023-270 du 14 avr. 2023, art. 11)* ***« tout ou partie de »*** **cette durée ayant donné lieu à cotisations à la charge de l'assuré.**

(L. n° 2005-102 du 11 févr. 2005, art. 28-I) **« La pension des intéressés est majorée en fonction de la durée ayant donné lieu à cotisations considérée, dans les conditions précisées par décret. »** — *V. art. D. 732-41.*

Art. L. 732-18-3 *(L. n° 2010-1330 du 9 nov. 2010, art. 83-1°)* **I. — La condition d'âge prévue à l'article L. 732-18 est abaissée** *(L. n° 2023-270 du 14 avr. 2023, art. 17)* **« à soixante ans » pour les assurés qui justifient d'une incapacité permanente au sens de l'article L. 752-6 au moins égale à un taux déterminé par décret, lorsque cette incapacité est reconnue au titre d'une maladie professionnelle mentionnée au second alinéa de l'article L. 752-2 ou d'un accident du travail mentionné au premier alinéa du même article et ayant entraîné des lésions identiques à celles indemnisées au titre d'une maladie professionnelle.**

II. — La pension de vieillesse liquidée en application du présent article est calculée au taux plein même si l'assuré ne justifie pas de la durée requise d'assurance ou de périodes équivalentes dans le régime d'assurance vieillesse des personnes non salariées des professions agricoles et un ou plusieurs autres régimes obligatoires.

(L. n° 2023-270 du 14 avr. 2023, art. 17) **« III. — Lorsque l'assuré justifie d'une incapacité permanente d'un taux inférieur à celui mentionné au I du présent article et que cette incapacité est reconnue au titre d'une maladie professionnelle mentionnée au second alinéa de l'article L. 752-2 ou au titre d'un accident de travail mentionné au premier alinéa du même article L. 752-2, la condition d'âge prévue à l'article L. 732-18 est abaissée de deux ans et le II du présent article s'applique, sous réserve : »**

1° Que le taux d'incapacité permanente de l'assuré soit au moins égal à un taux déterminé par décret ;

2° Que l'assuré ait été exposé, pendant un nombre d'années déterminé par décret, à un ou plusieurs facteurs de risques professionnels mentionnés à l'article *(L. n° 2014-40 du 20 janv. 2014, art. 7-IV)* **« L. 4161-1 » du code du travail ;**

3° Qu'il puisse être établi que l'incapacité permanente dont est atteint l'assuré est directement liée à l'exposition à ces facteurs de risques professionnels.

Une commission pluridisciplinaire dont l'avis s'impose à l'organisme débiteur de la pension de retraite est chargée de valider les modes de preuve apportés par l'assuré et d'apprécier l'effectivité du lien entre l'incapacité permanente et l'exposition aux facteurs de risques professionnels. La composition, le fonctionnement et le ressort territorial de cette commission ainsi que les éléments du dossier au vu desquels elle rend son avis sont fixés par décret.

(Ord. n° 2017-1389 du 22 sept. 2017, art. 4-2°, en vigueur le 1er oct. 2017) **« Les conditions prévues aux 2° et 3° ne sont pas applicables lorsque l'incapacité permanente est reconnue au titre d'une maladie professionnelle consécutive à un ou des facteurs de risques mentionnés au 1° et au *a* du 2° de l'article L. 4161-1 du code du travail. Un arrêté fixe la liste des maladies professionnelles concernées. L'avis de** *(Ord. n° 2017-1718 du 20 déc. 2017, art. 2-I-14°)* **« la commission pluridisciplinaire mentionnée à l'avant-dernier alinéa » n'est dans ce cas pas requis. »**

Le non-salarié agricole dont l'incapacité permanente de travail procède d'accidents survenus avant la loi du 30 nov. 2001, et qui n'ont pas été pris en charge au titre de la branche accident du travail maladie professionnelle instituée par cette loi, ne peut prétendre au dispositif de retraite anticipée pour pénibilité. • Civ. 2e, 4 avr. 2018, n° 17-16.043 P : *JCP 2018. 484 ; RD rur. 2018, n° 153, note Tauran.*

Art. L. 732-18-4 *(L. n° 2023-270 du 14 avr. 2023, art. 11)* **La condition d'âge prévue à l'article L. 732-18 est abaissée, dans des conditions fixées par décret, pour les assurés reconnus inaptes au travail dans les conditions prévues à l'article L. 351-7 du code de la sécurité sociale et pour ceux justifiant d'une incapacité permanente au moins égale à un taux fixé par décret.**

Art. L. 732-19 **Les caisses de mutualité sociale agricole sont chargées de servir la pension de retraite mentionnée à l'article L. 732-18 dans les conditions prévues à la présente sous-section.**

Elles sont également chargées de verser l'allocation de vieillesse due en application des dispositions législatives et réglementaires en vigueur antérieurement au 1er janvier 1986.

En outre, elles servent les prestations de l'assurance volontaire vieillesse mentionnée aux articles L. 722-17 et L. 722-18 et au paragraphe 4 de la présente sous-section. – *[Anc. art. 1110, al. 1er (partie).]*

1. Prescription. L'action en remboursement de la caisse de MSA des arrérages de pension trop versés après le décès de l'assuré se prescrit par cinq ans par application de l'art. 2277 C. civ. • Soc. 26 oct. 2000 : *JCP 2000. IV. 2853.*

2. Pension indue. L'absence de vérification de la situation personnelle de l'assuré bénéficiaire de la pension indûment versée pendant neuf ans après son décès caractérise la faute de l'organisme social justifiant sa condamnation au paiement de dommages-intérêts aux héritiers poursuivis pour restitution des pensions versées à tort. • Soc. 6 juill. 2000 : *RD rur. 2001. 114.*

Art. L. 732-20 **Un décret détermine les conditions dans lesquelles sont validées, au regard de l'assurance vieillesse, les années au cours desquelles les personnes non salariées des professions agricoles auront cotisé au titre de l'assurance facultative vieillesse mentionnée à l'article L. 727-1.** – *[Anc. art. 1120, al. 2.]*

Art. L. 732-21 *(L. nº 2001-1246 du 21 déc. 2001, art. 63-II)* **« L'interruption d'activité résultant de maladie ou d'infirmité graves empêchant toute activité professionnelle ne prive pas l'intéressé de droit à la pension de retraite** *(L. nº 2012-1404 du 17 déc. 2012, art. 77-I)* **« , composée des pensions de retraite forfaitaire et de retraite proportionnelle dans les conditions prévues aux 1º et 2º de l'article L. 732-24. Les modalités de calcul de la pension sont fixées par décret ».**

« Toute période de service national légal, de mobilisation ou de captivité est, sans condition préalable, assimilée à une période d'assurance pour l'ouverture du droit à la liquidation des avantages vieillesse. »

Sauf dans la mesure où elle s'impute sur la durée de la peine, toute période de détention provisoire accomplie par une personne qui, au moment de son incarcération, relevait de l'assurance prévue à la présente sous-section est également prise en considération pour l'ouverture du droit à pension.

(L. nº 2018-771 du 5 sept. 2018, art. 51, en vigueur le 1er janv. 2019) **« Les périodes pendant lesquelles l'assuré a bénéficié de l'allocation mentionnée à l'article L. 5424-25 du code du travail sont prises en considération pour l'ouverture du droit à pension, dans des conditions fixées par décret. »** – *[Anc. art. 1110, al. 2 et 3.]*

Art. L. 732-22 **Dans le bail à métayage, le preneur et le bailleur sont considérés comme chefs d'exploitation, le premier sous réserve qu'il ne soit pas assujetti au régime des assurances sociales des salariés agricoles, le second sous réserve de l'application de l'article** *(L. nº 2017-1836 du 30 déc. 2017, art. 15-IX)* **« L. 171-6-1 » du code de la sécurité sociale.** – *[Anc. art. 1110, al. 4.]*

§ 2 Pension de retraite

Art. L. 732-23 *(L. nº 2023-270 du 14 avr. 2023, art. 11)* **Les anciens prisonniers de guerre bénéficient d'une pension à un âge variant suivant la durée de captivité, dans des conditions fixées par décret.**

Les anciens prisonniers de guerre évadés de guerre, au delà d'un certain temps de captivité, et les anciens prisonniers rapatriés pour maladie peuvent choisir le régime le plus favorable.

Aucune partie de mois n'est prise en considération.

Les trois premiers alinéas s'appliquent à tous les anciens combattants pour leur durée de service actif passé sous les drapeaux.

Art. L. 732-24 **Les chefs d'exploitation ou d'entreprise agricole qui ont exercé à titre exclusif ou à titre principal une activité agricole non salariée ont droit à une pension de retraite qui comprend :**

1º Une pension de retraite forfaitaire dont le montant maximal attribué pour une durée minimale d'activité agricole non salariée est égal à celui de l'allocation aux vieux travailleurs salariés *(L. nº 2014-892 du 8 août 2014, art. 9-V-1º)* **« au 1er janvier 2014**

et est revalorisé dans les conditions prévues à l'article L. 161-23-1 du code de la sécurité sociale ». Lorsque la durée d'activité a été inférieure à cette durée minimale, le montant de la retraite est calculé proportionnellement à cette durée ;

2° Une pension de retraite proportionnelle dont le montant est calculé en fonction des cotisations versées en application du 2° de l'article L. 731-42 ainsi que de la durée d'assurance et qui est revalorisée *(L. n° 2015-1702 du 21 déc. 2015, art. 89-III-1°)* **« dans les conditions prévues à » l'article** *(L. n° 2014-892 du 8 août 2014, art. 9-V-2°)* **« L. 161-23-1 » du code de la sécurité sociale.**

Avant-dernier al. abrogé par L. n° 2000-1352 du 30 déc. 2000, art. 99-IV.

Dernier al. abrogé par L. n° 2001-1275 du 28 déc. 2001, art. 117-III. – [Anc. art. 1121, al. 1er, 1° (partie) et 2°.]

Art. L. 732-24-1 *(L. n° 2023-87 du 13 févr. 2023, art. unique)* **I. — La Nation se fixe pour objectif de déterminer, à compter du 1er janvier 2026, le montant de la pension de base des non-salariés des professions agricoles en fonction des vingt-cinq années civiles d'assurance les plus avantageuses.**

II. — Les modalités d'application du I sont définies par décret en Conseil d'État. – *Dans un délai de trois mois à compter de la promulgation de la loi, le Gouvernement remet au Parlement un rapport précisant les modalités de mise en œuvre de l'art. L. 732-24-1 dans le respect des spécificités du régime d'assurance vieillesse des non-salariés des professions agricoles et de la garantie du niveau des pensions et des droits acquis (L. n° 2023-87 du 13 févr. 2023, art. unique-II, JO 14 févr.).*

Art. L. 732-25 **Pour les assurés qui demandent la liquidation de leurs droits à retraite** *(L. n° 2010-1330 du 9 nov. 2010, art. 21-II)* **« avant l'âge prévu** *(L. n° 2023-270 du 14 avr. 2023, art. 10)* **« au premier alinéa de l'article L. 161-17-2 du code de la sécurité sociale augmenté de trois » années » et qui ne justifient pas, tant dans le régime institué par le présent chapitre que dans un ou plusieurs autres régimes obligatoires, d'une durée minimale d'assurance ou de périodes reconnues équivalentes** *(L. n° 2014-40 du 20 janv. 2014, art. 2-V)* **« égale à la durée mentionnée à l'article L. 161-17-3 du code de la sécurité sociale », il est appliqué un coefficient de minoration au montant de la pension de retraite forfaitaire et de la pension de retraite proportionnelle. Ce coefficient n'est pas applicable au montant de la pension de retraite forfaitaire et de la pension de retraite proportionnelle liquidées en application** *(L. n° 2023-270 du 14 avr. 2023, art. 11)* **« des articles L. 732-18-2 et L. 732-18-4 du présent code, ni aux assurés mentionnés aux 3°, 4° *bis* et 5° de l'article L. 351-8 du code de la sécurité sociale, dans des conditions fixées par décret. Le coefficient de minoration n'est pas applicable aux assurés dont l'âge mentionné à l'article L. 732-18 du présent code est abaissé dans les conditions prévues à l'article L. 732-18-1. » –** *[Anc. art. 1121, al. 2 (partie).]*

Art. L. 732-25-1 *(L. n° 2003-775 du 21 août 2003, art. 99-IV, en vigueur le 1er janv. 2004)* **La durée d'assurance ayant donné lieu à cotisations à la charge du chef d'exploitation ou d'entreprise agricole dans le régime d'assurance vieillesse des personnes non salariées des professions agricoles et à la charge de l'assuré dans un ou plusieurs autres régimes obligatoires, accomplie après l'âge prévu à l'article L. 732-18 et au-delà de la durée minimale prévue à l'article L. 732-25, donne lieu à une majoration de la pension dans des conditions fixées par décret. –** *V. art. D. 732-42.*

(L. n° 2011-1906 du 21 déc. 2011, art. 86-IV) **« Toutefois, les bonifications de durée de services et majorations de durée d'assurance, à l'exclusion de celles accordées au titre des enfants et du handicap, prévues par les dispositions législatives et réglementaires, quel que soit le régime de retraite de base au titre duquel elles ont été acquises, ne sont pas prises en compte dans la durée d'assurance tous régimes confondus pour apprécier le dépassement de la durée minimale mentionnée au premier alinéa. Un décret fixe la liste des bonifications et majorations auxquelles s'applique le présent alinéa. »**

Art. L. 732-25-2 *(L. n° 2023-270 du 14 avr. 2023, art. 11)* **Pour les assurés qui bénéficient d'au moins un trimestre de majoration de durée d'assurance au titre des dispositions des articles L. 351-4 ou L. 351-4-1 du code de la sécurité sociale étendues au régime d'assurance vieillesse des non-salariés des professions agricoles en application**

de l'article L. 732-38 du présent code, la durée d'assurance ayant donné lieu à cotisations à la charge du chef d'exploitation ou d'entreprise agricole ou de l'assuré, accomplie l'année précédant l'âge mentionné à l'article L. 161-17-2 du code de la sécurité sociale, lorsque celui-ci est égal ou supérieur à soixante-trois ans, et au delà de la durée minimale mentionnée à l'article L. 732-25 du présent code ouvre droit à une majoration de pension dans les mêmes conditions que celles prévues au premier alinéa de l'article L. 732-25-1, sous réserve de l'application du second alinéa du même article L. 732-25-1.

Un décret en Conseil d'État détermine les conditions dans lesquelles le présent article s'applique aux assurés affiliés à plusieurs régimes légaux ou rendus légalement obligatoires d'assurance vieillesse, afin que soient pris en compte, pour le bénéfice de la majoration de pension mentionnée au premier alinéa du présent article, des trimestres de majoration de durée d'assurance ou de bonification accordés à l'assuré au même titre que ceux mentionnés au même premier alinéa par les autres régimes.

Art. L. 732-26 Le total de la pension de retraite forfaitaire et de la pension de retraite proportionnelle ne peut dépasser un montant qui est fixé en fonction du nombre d'annuités des intéressés et par référence au montant des pensions de retraite servies par le régime général de la sécurité sociale. — *[Anc. art. 1121, al. 3.]*

Art. L. 732-27 Les conditions d'application des dispositions des articles L. 732-24 à L. 732-26 sont fixées par décret en Conseil d'État. — *V. art. R. 732-60 s.*

Un décret fixe les modalités selon lesquelles sont prises en compte pour le calcul de la pension de retraite proportionnelle les cotisations versées par les chefs d'exploitation ou d'entreprise ayant cotisé au titre des assurances sociales agricoles, obligatoires ou facultatives. — *[Anc. art. 1121, al. 4.]*

Art. L. 732-27-1 *(L. n° 2003-775 du 21 août 2003, art. 101, en vigueur le 1er janv. 2004)* Sont prises en compte par le régime d'assurance vieillesse des personnes non salariées des professions agricoles, pour l'assurance vieillesse, sous réserve du versement de cotisations fixées dans des conditions définies par décret garantissant la neutralité actuarielle et dans la limite totale de douze trimestres d'assurance, les périodes d'études *(L. n° 2018-166 du 8 mars 2018, art. 11)* « mentionnées au 1° du I de l'article L. 351-14-1 du code de la sécurité sociale » *(Abrogé par L. n° 2014-40 du 20 janv. 2014, art. 27-IV)* *« et n'ayant pas donné lieu à affiliation à un régime d'assurance vieillesse »*, lorsque le régime d'assurance vieillesse des personnes non salariées des professions agricoles est le premier régime d'affiliation à l'assurance vieillesse après lesdites études. *(Abrogé par L. n° 2018-166 du 8 mars 2018, art. 11)* *« Ces périodes d'études doivent avoir donné lieu à l'obtention d'un diplôme, l'admission dans les grandes écoles et classes du second degré préparatoires à ces écoles étant assimilée à l'obtention d'un diplôme. Les périodes d'études ayant permis l'obtention d'un diplôme équivalent délivré par un État membre de l'Union européenne peuvent également être prises en compte. »*

(L. n° 2014-40 du 20 janv. 2014, art. 27-IV) « Par dérogation aux conditions prévues au premier alinéa, le montant du versement de cotisations prévu au même alinéa peut être abaissé par décret pour les périodes de formation initiale, dans des conditions et limites tenant notamment *(L. n° 2023-270 du 14 avr. 2023, art. 10)* « à l'âge de l'assuré à la date de la demande, qui ne peut être inférieur à trente ans », et au nombre de trimestres éligibles à ce montant spécifique. » — *V. art. D. 732-44 s.*

Art. L. 732-28 Les personnes ayant exercé, concurremment avec une activité salariée, une activité agricole non salariée ne présentant qu'un caractère accessoire peuvent seulement prétendre à la pension de retraite proportionnelle. — *[Anc. art. 1121-1, al. 1er.]*

Art. L. 732-29 *(L. n° 2023-270 du 14 avr. 2023, art. 26)* Les articles L. 161-22-1-5 à L. 161-22-1-9 du code de la sécurité sociale sont applicables aux assurés relevant du régime des personnes non salariées des professions agricoles.

Art. L. 732-30 *(L. n° 2019-1446 du 24 déc. 2019, art. 82)* I. — La pension de retraite de l'assuré bénéficiaire de l'allocation aux adultes handicapés mentionnée aux articles L. 821-1 et L. 821-2 du code de la sécurité sociale est liquidée à la date à laquelle l'assuré atteint l'âge prévu à l'article *(L. n° 2023-270 du 14 avr. 2023, art. 11)*

« L. 732-18-4 » du présent code, sauf s'il s'y oppose dans des conditions fixées par décret. L'entrée en jouissance de la pension de retraite est fixée au premier jour du mois suivant la date à laquelle le pensionné atteint cet âge.

II. — Le I du présent article n'est pas applicable lorsque l'assuré bénéficiaire de l'allocation aux adultes handicapés exerce une activité professionnelle à la date à laquelle il atteint l'âge mentionné à l'article *(L. n° 2023-270 du 14 avr. 2023, art. 11)* « L. 732-18-4 ».

Art. L. 732-31 à L. 732-33 *Abrogés par L. n° 2001-1275 du 28 déc. 2001, art. 117-III.*

Art. L. 732-34 Le conjoint du chef d'exploitation ou d'entreprise agricole, sous réserve des dispositions du dernier alinéa du présent article, et les membres de la famille ont droit à la pension de retraite forfaitaire dans les conditions prévues au 1° de l'article L. 732-24.

Les membres de la famille s'entendent des ascendants, descendants, frères, sœurs et alliés au même degré du chef d'exploitation ou d'entreprise ou de son conjoint. Dès lors qu'ils ne justifient pas de leur affiliation à un régime légal ou réglementaire de retraite à raison de l'exercice d'une activité professionnelle personnelle, qu'ils ne sont pas atteints d'une incapacité absolue de travail et qu'ils ne sont pas bénéficiaires des dispositions des chapitres V et VI du titre III du code de la famille et de l'aide sociale *[aide sociale aux personnes âgées et aux personnes handicapées : V. désormais CASF, art. L. 231-1 s., L. 241-1 s.]*, le conjoint et les membres de la famille vivant sur l'exploitation sont présumés, sauf preuve contraire, participer à la mise en valeur de celle-ci.

Les membres de la famille âgés d'au moins *(L. n° 2003-775 du 21 août 2003, art. 98-II, en vigueur le 1er janv. 2004)* « seize ans » et ayant la qualité d'aide familial défini par le 2° de l'article L. 722-10 ont également droit à la pension de retraite proportionnelle dans les conditions prévues aux 2° des articles L. 732-24 et L. 762-29.

Al. 4 abrogé par L. n° 2000-1352 du 30 déc. 2000, art. 99-V.

(L. n° 2008-1330 du 17 déc. 2008, art. 77-III) « A compter du 1er janvier 2009, le conjoint participant aux travaux, au sens de la deuxième phrase du deuxième alinéa du présent article, opte pour une des qualités prévues à l'article L. 321-5. » — *[Anc. art. 1122-1, al. 1er, 2 et 4.]*

Art. L. 732-35 I. — *(L. n° 2008-1330 du 17 déc. 2008, art. 77-III)* « Le collaborateur d'exploitation ou d'entreprise défini à l'article L. 321-5 a droit à une pension de retraite qui comprend : »

1° Une pension de retraite forfaitaire dans les conditions prévues au 1° de l'article L. 732-24 et sous réserve des dispositions de l'article L. 732-28 ;

2° Une pension de retraite proportionnelle dans les conditions prévues, selon le cas, au 2° de l'article L. 732-24 ou au 2° de l'article L. 762-29.

Les personnes mentionnées au premier alinéa du présent I peuvent, pour les périodes antérieures au 1er janvier 1999, qui seront définies par décret, pendant lesquelles elles ont cotisé et acquis des droits en qualité de conjoint au régime d'assurance vieillesse des personnes non salariées des professions agricoles en application de l'article L. 732-34 et du 1° de l'article L. 731-42, acquérir des droits à la pension de retraite proportionnelle moyennant le versement de cotisations afférentes à ces périodes. *(Abrogé par L. n° 2008-1330 du 17 déc. 2008, art. 77-III)* ***« Les conjoints dont la situation était régie au 31 décembre 1998 par les dispositions de l'article L. 732-34 et qui n'ont pas opté avant le*** *(L. n° 2000-1352 du 30 déc. 2000, art. 99-VI)* ***« 1er janvier 2001 » pour le statut de conjoint collaborateur mentionné à l'article L. 321-5 en conservant ce statut de manière durable dans les conditions fixées par le décret prévu au*** *(L. n° 2001-1275 du 28 déc. 2001, art. 117-IV)* ***« deuxième alinéa du II de l'article L. 732-54-2 », ne peuvent effectuer de rachat au titre du présent alinéa. »*** Les conditions d'application du présent alinéa sont fixées par un décret qui précise notamment le mode de calcul des cotisations et le nombre maximum d'années pouvant faire l'objet du rachat.

II. — Les chefs d'exploitation ou d'entreprise agricole *(L. n° 2001-1275 du 28 déc. 2001, art. 117-I)* « ainsi que les aides familiaux » qui ont participé aux travaux de l'exploitation ou de l'entreprise en qualité de conjoint peuvent également acquérir des droits à la retraite proportionnelle au titre de cette période, dans les conditions prévues au dernier alinéa du I du présent article. — *[Anc. art. 1122-1-1-I, al. 1er et 2, et II.]*

Art. L. 732-35-1 *(L. nº 2003-775 du 21 août 2003, art. 100)* Les personnes dont la pension de retraite de base prend effet postérieurement au 31 décembre 2003 peuvent demander la prise en compte, par le régime d'assurance vieillesse des personnes non salariées des professions agricoles, de périodes d'activité accomplies en qualité d'aide familial défini au 2° de l'article L. 722-10.

Par dérogation aux dispositions du 2° de l'article L. 722-10, les périodes d'activité accomplies en tant qu'aide familial à compter de l'âge de quatorze ans peuvent être prises en compte par le régime d'assurance vieillesse des personnes non salariées des professions agricoles.

(L. nº 2008-1330 du 17 déc. 2008, art. 78) « Un décret détermine les conditions d'application du présent article et notamment les modalités selon lesquelles les demandes de versement de cotisations correspondant à ces périodes doivent être présentées. Il précise également le mode de calcul des cotisations selon qu'elles sont prises en compte pour l'ouverture du droit et le calcul des pensions de vieillesse au titre des seuls régimes des salariés et non-salariés des professions agricoles ou au titre de l'ensemble des régimes de base légalement obligatoires. » — *V. art. D. 732-47-1 s.*

Art. L. 732-36 *Abrogé par L. nº 2009-1646 du 24 déc. 2009, art. 67-II, à compter du 1er mars 2010.*

Art. L. 732-37 Les dispositions du 5° de l'article L. 351-8 du code de la sécurité sociale sont rendues applicables, selon des modalités fixées par décret en Conseil d'État, au régime d'assurance vieillesse des non-salariés des professions agricoles défini à la présente section. — *[L. nº 73-1051 du 21 nov. 1973, art. 2.]*

Art. L. 732-38 Des décrets fixent les conditions dans lesquelles les dispositions des articles L. 351-4 et L. 351-12 du code de la sécurité sociale peuvent être étendues au régime d'assurance vieillesse des non-salariés des professions agricoles.

(L. nº 2006-1640 du 21 déc. 2006, art. 108-I) « Les dispositions prévues *(L. nº 2014-40 du 20 janv. 2014, art. 38-IV)* « aux articles L. 351-4-1 et L. 351-4-2 » du même code sont rendues applicables à ce régime. » — *[L. nº 75-3 du 3 janv. 1975, art. 11.]*

Art. L. 732-39 *(L. nº 2023-270 du 14 avr. 2023, art. 26)* « I. — » *(L. nº 2003-775 du 21 août 2003, art. 103)* « Le service d'une pension de retraite, prenant effet postérieurement au 1er janvier 1986, liquidée par le régime d'assurance vieillesse des personnes non salariées des professions agricoles et dont l'entrée en jouissance intervient à compter *(Décr. nº 2004-860 du 24 août 2004, art. 1er-II)* « d'un âge fixé par voie réglementaire », est subordonné à la cessation définitive de l'activité non salariée agricole. »

Le service d'une pension de retraite *(Abrogé par L. nº 2003-775 du 21 août 2003, art. 103)* « *ou allocation* » liquidée par *(L. nº 2023-270 du 14 avr. 2023, art. 26)* « un régime d'assurance vieillesse de base » est suspendu dès lors que l'assuré reprend une activité non salariée agricole.

(L. nº 2023-270 du 14 avr. 2023, art. 26) « II. — Les dispositions du I » ne sont pas applicables aux assurés ayant obtenu, avant le 1er janvier 1986, le service d'une pension de vieillesse liquidée postérieurement au 31 mars 1983 dans un des régimes énumérés au *(L. nº 2023-270 du 14 avr. 2023, art. 26)* « deuxième » alinéa de l'article L. 161-22 du code de la sécurité sociale ou d'une pension de vieillesse liquidée postérieurement au 30 juin 1984 *(L. nº 2014-40 du 20 janv. 2014, art. 19-VI)* « dans un régime d'assurance vieillesse des professions artisanales, industrielles et commerciales ».

(L. nº 2023-270 du 14 avr. 2023, art. 26) « III. — » *(L. nº 2008-1330 du 17 déc. 2008, art. 88-VII)* « Par dérogation *(L. nº 2023-270 du 14 avr. 2023, art. 26)* « au I », et sous réserve que l'assuré ait liquidé ses pensions de vieillesse personnelles auprès de la totalité des régimes légaux ou rendus légalement obligatoires, de base et complémentaires, français et étrangers, ainsi que des régimes des organisations internationales dont il a relevé, une pension de vieillesse peut être entièrement cumulée avec une activité donnant lieu à assujettissement au régime de protection sociale des non-salariés des professions agricoles dans les conditions mentionnées au *(L. nº 2014-1170 du 13 oct. 2014, art. 33-7°)* « 2° du I de l'article L. 722-5 ou en fonction de coefficients d'équivalence fixés pour les productions hors sol mentionnés au 1° de ce même I » :

« *a)* A partir de l'âge prévu au 1° de l'article L. 351-8 du code de la sécurité sociale ;

« *b)* A partir de l'âge prévu au premier alinéa de l'article L. 351-1 du même code, lorsque l'assuré justifie d'une durée d'assurance et de périodes reconnues équivalentes mentionnée au deuxième alinéa du même article au moins égale à la limite mentionnée au même alinéa. »

(L. nº 2011-1906 du 21 déc. 2011, art. 90) **« Par dérogation** *(L. nº 2023-270 du 14 avr. 2023, art. 26)* **« au I du présent article » et sous réserve que l'assuré ait liquidé ses pensions de vieillesse personnelles auprès de la totalité des régimes légaux ou rendus légalement obligatoires, de base et complémentaires, français et étrangers, ainsi que des régimes des organisations internationales dont il a relevé, les personnes mentionnées à l'article L. 321-5 et au 2º de l'article L. 722-10 du présent code qui justifient des conditions fixées aux *a* et *b* du présent** *(L. nº 2023-270 du 14 avr. 2023, art. 26)* **« III » peuvent cumuler leur pension de vieillesse non salariée agricole avec une activité professionnelle non salariée agricole exercée sur une exploitation ou entreprise agricole donnant lieu à assujettissement du chef d'exploitation ou d'entreprise agricole. »**

(L. nº 2023-270 du 14 avr. 2023, art. 26) **« IV. — Le I du présent article ne fait » pas obstacle à l'exercice des activités énumérées aux 1º, 2º, 3º, 4º** *(L. nº 2002-1487 du 20 déc. 2002, art. 46-II)* **« , 5º »** *(L. nº 2023-270 du 14 avr. 2023, art. 26)* **« , 7º et 9º » de l'article L. 161-22 du code de la sécurité sociale.**

(L. nº 2014-1170 du 13 oct. 2014, art. 33-7º) **« L'arrêté mentionné à l'article L. 722-5-1 détermine, dans la limite maximale des deux cinquièmes de la surface minimale d'assujettissement, la superficie dont un agriculteur est autorisé à poursuivre l'exploitation ou la mise en valeur sans que cela fasse obstacle au service des prestations d'assurance vieillesse liquidées par un régime obligatoire. »**

(L. nº 2023-270 du 14 avr. 2023, art. 26) **« V. — »** *(L. nº 2014-40 du 20 janv. 2014, art. 20-IV)* **« La pension due par un régime de retraite légalement obligatoire dont l'âge d'ouverture des droits, le cas échéant sans minoration, est supérieur à l'âge prévu à l'article L. 161-17-2 du code de la sécurité sociale n'est pas retenue pour apprécier la condition de liquidation de l'ensemble des pensions de retraite, et ce jusqu'à ce que l'assuré ait atteint l'âge à partir duquel il peut liquider cette pension ou, en cas de minoration, l'âge auquel celles-ci prennent fin. »**

(L. nº 2023-270 du 14 avr. 2023, art. 26) **« Le présent article n'est pas applicable à l'assuré qui demande ou qui bénéficie d'une pension au titre de l'article L. 732-29 du présent code, de l'article L. 89 *bis* du code des pensions civiles et militaires de retraite ou de l'article L. 161-22-1-5 du code de la sécurité sociale.**

« VI. — L'article L. 161-22 du code de la sécurité sociale ne s'applique pas aux personnes relevant du présent article. La poursuite ou la reprise d'une activité par les personnes mentionnées au III du présent article et, sous réserve du respect des conditions prévues aux deux derniers alinéas du même III, par les personnes mentionnées au IV donne lieu à la constitution de nouveaux droits à pension dans les conditions prévues à l'article L. 161-22-1-1 du code de la sécurité sociale. » — *[Anc. art. L. 353-1.]*

Sur les conditions de cumul de la retraite agricole avec l'aide aux enfants exploitants, V. Rép. min. nº 21751 (JO Sénat Q, 30 juin 2016, p. 2893).

1. Les dispositions de l'art. L. 732-39 favorisent l'installation des jeunes agriculteurs, de sorte qu'elles poursuivent un but d'intérêt général qui ne méconnaît pas l'art. 1 du protocole additionnel nº 1 à la Conv. EDH. • Civ. 2e, 29 nov. 2018, nº 17-27.943 P : *RD rur. 2018, nº 149, note Tauran ; JCP 2018. 1349 ; DP entr. agric., Bull. nº 525, p. 5, note Brelet.*

2. Est rejetée la contestation de l'obligation pour l'exploitant agricole de cesser son activité pour percevoir sa pension de retraite formée sur le fondement du droit de l'Union européenne comme sur celui de la Convention européenne des droits de l'homme. • Civ. 2e 29 nov. 2018, nº 17-27.943 : *RD rur. 2019, nº 25, note Tauran.*

3. La parcelle dite de subsistance peut être exploitée indifféremment en propriété ou en location à partir du moment où le bailleur accepte de continuer à la louer et sous réserve du statut du fermage. * Rép. min. nº 18562 : *JO Sénat 4 févr. 2021, p. 718.*

Art. L. 732-40 **Sur demande de l'assuré motivée par l'impossibilité de céder, notamment dans les conditions normales du marché, son exploitation en pleine propriété ou selon les modalités prévues au livre IV et après avis de la commission départementale d'orientation de l'agriculture, instituée par l'article L. 313-1** *[ancien ; V. désormais art.*

R. 313-1 s.], **l'intéressé peut être autorisé par le préfet à poursuivre la mise en valeur de son exploitation sans que l'exercice de cette activité professionnelle fasse obstacle au service des prestations d'assurance vieillesse liquidées par un régime obligatoire** *(L. n° 2023-270 du 14 avr. 2023, art. 26)* **« dans les conditions prévues à l'article L. 161-22-1-1 du code de la sécurité sociale » : cette autorisation, renouvelable dans les mêmes formes, est donnée pour une durée limitée ne pouvant excéder un maximum fixé par décret.**

(L. n° 2023-270 du 14 avr. 2023, art. 26) **« L'article L. 161-22 du même code ne s'applique pas aux assurés mentionnés au premier alinéa du présent article. »** — *[Anc. art. L. 353-2.]*

Le préfet est mal fondé à refuser l'autorisation de mise en valeur de ses terres par un agriculteur bénéficiant d'un avantage de vieillesse dès lors que ce dernier n'a pas réussi à céder ses terres à un prix égal à leur valeur vénale effective, même si cette valeur est supérieure à celle fixée par le barème indicatif arrêté par le ministre de l'agriculture. • CE 8 juin 1998, *Min. agric. c/ Petit*, n° 156474 : *RD rur. 1999. 60.*

§ 3 Pension de réversion

COMMENTAIRE

En cas de décès de l'assuré, son conjoint ou ex-conjoint a droit à une fraction de la retraite qui était versée à l'assuré ou lui aurait été versée s'il avait atteint l'âge de la retraite.

La loi n° 2003-775 du 21 août 2003 a supprimé la condition d'âge qui existait précédemment pour bénéficier de la réversion. En conséquence, l'allocation de veuvage qui prévoyait le versement pendant trois ans d'une pension d'un montant dégressif aux fins de faciliter une reprise d'activité professionnelle du survivant a été supprimée au 1er juillet 2004. Cette allocation est maintenue dans un cadre strictement transitoire.

Art. L. 732-41 **En cas de décès d'un chef d'exploitation ou d'entreprise agricole, son conjoint survivant a droit à une pension de réversion** *(L. n° 2008-1330 du 17 déc. 2008, art. 74-V)* **« à partir d'un âge et dans des conditions déterminés par décret »** *(L. n° 2003-775 du 21 août 2003, art. 102)* **« si ses ressources personnelles ou celles du ménage n'excèdent pas des plafonds fixés par décret ».** *(L. n° 2023-270 du 14 avr. 2023, art. 26)* **« Lorsque, à la suite de la reprise ou de la poursuite d'une activité dans les conditions prévues au 2° de l'article L. 161-22-1 du code de la sécurité sociale, l'assuré était titulaire d'une nouvelle pension de retraite, celle-ci ouvre droit à une pension de réversion dans les mêmes conditions. »**

Cette pension de réversion est d'un montant égal à un pourcentage fixé par décret de la pension de retraite forfaitaire et de la pension de retraite proportionnelle dont bénéficiait ou eût bénéficié l'assuré.

(L. n° 2003-775 du 21 août 2003, art. 102) **« Lorsque son montant majoré des ressources mentionnées au premier alinéa excède les plafonds prévus, la pension de réversion est réduite à due concurrence du dépassement. »**

Si le chef d'exploitation ou d'entreprise est décédé avant d'avoir demandé la liquidation de sa pension de retraite, le conjoint survivant continuant l'exploitation peut, pour le calcul de sa pension de retraite, ajouter à ses annuités propres celles qui ont été acquises par le défunt. — *[Anc. art. 1122.]*

V. art. D. 732-89 s.

Art. L. 732-41-1 *(L. n° 2020-1576 du 14 déc. 2020, art. 103)* **L'article L. 732-41 n'est pas applicable dans le cas où le conjoint survivant a été définitivement condamné à la peine complémentaire d'interdiction de percevoir la pension due au conjoint survivant ou divorcé prévue aux articles 221-9-2 ou 222-48-3 du code pénal.**

Art. L. 732-42 **Le conjoint survivant des personnes mentionnées au premier alinéa de l'article L. 732-34 a droit, dans les conditions énoncées au premier alinéa de l'article L. 732-41, à une pension de réversion dont le montant est égal à un pourcentage, fixé par décret, de la pension de retraite forfaitaire et, le cas échéant, de la pension de retraite proportionnelle dont bénéficiait ou eût bénéficié l'assuré.**

Lorsque le conjoint survivant est titulaire d'avantages personnels de vieillesse ou d'invalidité, il est fait application des dispositions prévues au troisième alinéa de l'article L. 732-41. – *[Anc. art. 1122-1, al. 3.]*

Art. L. 732-43 Le conjoint survivant des personnes mentionnées à l'article L. 732-28 a droit, dans les conditions énoncées au premier alinéa de l'article L. 732-41, à une pension de réversion dont le montant est égal à un pourcentage, fixé par décret, de la pension de retraite proportionnelle dont bénéficiait ou eût bénéficié l'assuré. Lorsque le conjoint survivant est titulaire d'avantages personnels de vieillesse ou d'invalidité, il est fait application des dispositions prévues au troisième alinéa de l'article L. 732-41. – *[Anc. art. 1121-1, al. 2.]*

Art. L. 732-44 Le conjoint survivant du collaborateur d'exploitation ou d'entreprise agricole a droit, dans les conditions énoncées au premier alinéa de l'article L. 732-41, à une pension de réversion d'un montant égal à un pourcentage, fixé par décret, de la retraite forfaitaire et de la retraite proportionnelle dont bénéficiait ou eût bénéficié l'assuré décédé.

Lorsque le conjoint survivant est titulaire d'avantages personnels de vieillesse ou d'invalidité, il est fait application des dispositions prévues au troisième alinéa de l'article L. 732-41. – *[Anc. art. 1122-1-1-I, al. 3.]*

Art. L. 732-45 Les dispositions des premier, deuxième et troisième alinéas de l'article L. 732-41 et des articles L. 732-42 et L. 732-43 sont applicables aux pensions de réversion prenant effet à compter du 1er janvier 1995. – *[L. no 95-95 du 1er févr. 1995, art. 71-V.]*

Art. L. 732-46 Les pensions de réversion ayant pris effet antérieurement au 1er janvier 1995 sont régies par les dispositions du présent article.

I. – En cas de décès d'un chef d'exploitation ou d'entreprise agricole, son conjoint survivant a droit à une pension de réversion, s'il remplit des conditions de ressources personnelles, de durée de mariage et d'âge définies par décret et sous réserve qu'il ne soit pas lui-même bénéficiaire d'un avantage au titre d'un régime de sécurité sociale. Toutefois, dans le cas où l'avantage personnel non cumulable est d'un montant inférieur à la pension de réversion susceptible d'être accordée, celle-ci est servie sous forme de complément différentiel.

Cette pension de réversion se compose de la retraite forfaitaire et d'un pourcentage, fixé par décret, de la pension de retraite proportionnelle dont bénéficiait ou eût bénéficié l'assuré.

II. – Le conjoint survivant des personnes mentionnées au premier alinéa de l'article L. 732-34 a droit, dans les conditions énoncées au premier alinéa du I, à une pension de réversion qui se compose de la pension de retraite forfaitaire et, le cas échéant, d'un pourcentage fixé par décret de la pension de retraite proportionnelle dont bénéficiait ou eût bénéficié l'assuré.

III. – Le conjoint survivant des personnes mentionnées à l'article L. 732-28 a droit, s'il n'est pas lui-même bénéficiaire d'un avantage au titre d'un régime de sécurité sociale, et s'il satisfait à des conditions d'âge, de ressources personnelles et de durée du mariage fixées par décret, à une pension de réversion dont le montant est égal à un pourcentage fixé par voie réglementaire de la pension de retraite proportionnelle dont bénéficiait ou aurait pu bénéficier l'assuré. Toutefois, dans le cas où l'avantage personnel non cumulable est d'un montant inférieur à la pension de réversion susceptible d'être accordée, celle-ci est servie sous forme de complément différentiel.

IV. – Une majoration est applicable dans les conditions fixées par décret aux pensions servies au titre de l'assurance vieillesse aux conjoints survivants, bénéficiaires ou susceptibles de bénéficier d'un avantage personnel de vieillesse ou d'invalidité.

V. – Par dérogation aux dispositions des I, II et III, les conjoints survivants âgés de moins de soixante ans au 1er janvier 1995 peuvent, dans les conditions fixées par décret, demander à bénéficier des dispositions de l'article L. 732-41, à compter du premier jour du mois qui suit la date à laquelle ils bénéficient ou sont susceptibles de bénéficier d'un avantage personnel de vieillesse ou d'invalidité. – *[L. no 95-95 du 1er févr. 1995, art. 71-VI. ; Anc. art. 1121-1, al. 2, 1122, al. 1er et 2, et 1122-1, al. 3.]*

Art. L. 732-47 Dans le cas de divorce, lors du décès d'une personne mentionnée aux articles L. 732-24, L. 732-28 et L. 732-34, la pension de réversion prévue aux articles L. 732-41 à L. 732-46 est attribuée ou répartie dans les mêmes conditions que celles qui sont fixées à l'article L. 353-3 du code de la sécurité sociale, selon des modalités fixées par décret. – *[Anc. art. 1122-2.]*

Art. L. 732-48 Le montant des pensions de réversion visées aux articles L. 732-41 à L. 732-44 ne peut être inférieur à un montant minimum, fixé par décret pour chacune des pensions susmentionnées, en tenant compte de la durée d'assurance lorsque celle-ci est inférieure à la durée d'assurance déterminée par ce décret. – *[Anc. art. 1122-9.]*

Art. L. 732-49 Lorsqu'un assuré a disparu de son domicile depuis plus d'un an, son conjoint a droit à la pension de réversion dans les conditions et sous les réserves prévues à l'article L. 353-2 du code de la sécurité sociale. – *[Anc. art. 1122-2-2.]*

Art. L. 732-50 Le conjoint survivant qui n'est pas titulaire d'un avantage personnel de vieillesse d'un régime de base obligatoire et qui satisfait à une condition d'âge fixée par décret a droit à une majoration forfaitaire de sa pension de réversion pour chaque enfant dont il a la charge au sens du *b* du 4° de l'article L. 722-10 et qui n'a pas atteint un âge déterminé.

Cette majoration n'est pas due lorsque le conjoint survivant bénéficie ou est susceptible de bénéficier de prestations pour charge d'enfant, du fait du décès de l'assuré, dans le régime obligatoire d'assurance vieillesse de base dont celui-ci relevait.

(L. nº 2003-775 du 21 août 2003, art. 102) « Elle est revalorisée suivant les modalités prévues par l'article L. 351-11 du code de la sécurité sociale. »

Le bénéfice de cette majoration est supprimé *(Abrogé par L. nº 2003-775 du 21 août 2003, art. 102, à compter du 1er janv. 2004)* *« en cas de remariage, de vie maritale ou »* lorsque l'une des conditions mentionnées au premier alinéa cesse d'être remplie, à l'exception de la condition d'âge exigée du titulaire.

Les dispositions du présent article s'appliquent également aux conjoints mentionnés aux articles L. 732-47 et L. 732-49. – *[Anc. art. 1122-2-3.]*

Art. L. 732-51 Toute pension de réversion dont le bénéfice a été sollicité au titre de l'assurance vieillesse régie par la présente sous-section peut faire l'objet d'une avance financée sur les fonds d'action sanitaire et sociale, remboursée par les fonds des prestations légales, dans la limite des droits établis au titre de cette assurance. – *[Anc. art. 1122-6.]*

Art. L. 732-51-1 *(L. nº 2008-1330 du 17 déc. 2008, art. 74-IV)* La pension de réversion est assortie d'une majoration lorsque le conjoint survivant atteint l'âge mentionné au 1° de l'article L. 351-8 du code de la sécurité sociale et que la somme de ses avantages personnels de retraite et de réversion servis par les régimes d'assurance vieillesse légaux ou rendus légalement obligatoires, de base et complémentaires, français et étrangers, ainsi que par les régimes des organisations internationales, n'excède pas un plafond fixé par décret. La majoration est égale à un pourcentage fixé par décret de la pension de réversion. Lorsque le total de cette majoration et de ces avantages excède ce plafond, la majoration est réduite à due concurrence du dépassement.

Le conjoint survivant ne peut bénéficier des dispositions du présent article que s'il a fait valoir les avantages personnels de retraite et de réversion auxquels il peut prétendre auprès des régimes légaux ou rendus légalement obligatoires, de base et complémentaires, français et étrangers, ainsi qu'auprès des régimes des organisations internationales.

§ 4 Assurance volontaire vieillesse

Art. L. 732-52 Les personnes qui adhèrent à l'assurance volontaire prévue par l'article L. 722-18 peuvent, pour des périodes postérieures au 1er juillet 1952 pendant lesquelles elles ont exercé leur activité hors du territoire français, acquérir des droits aux prestations d'assurance vieillesse moyennant le versement de cotisations *(L. nº 2009-1646 du 24 déc. 2009, art. 72-II)* « égales à celles dues en application de l'article L. 732-27-1 ».

La même faculté est offerte, pour acquérir les mêmes droits, aux personnes de nationalité française qui ont exercé hors du territoire français, ainsi qu'au conjoint survivant des personnes qui auraient rempli les conditions requises pour bénéficier du présent article. – *[L. nº 65-555 du 10 juill. 1965, art. 5.]*

Art. L. 732-53 Le décret prévu à l'article L. 722-18 fixe les conditions dans lesquelles sont prises en compte, pour l'attribution des pensions de retraite, les périodes d'exercice par les personnes mentionnées à l'article L. 732-52 d'une activité agricole non salariée antérieure au 1er juillet 1952. – *[L. nº 65-555 du 10 juill. 1965, art. 7, al. 2.]*

Art. L. 732-54 Des arrêtés fixent le montant des versements à effectuer au titre des cotisations prévues à l'article L. 731-42 par les personnes exerçant ou ayant exercé une activité agricole. – *[L. nº 65-555 du 10 juill. 1965, art. 6, al. 2.]*

§ 5 Majoration des retraites

(L. nº 2008-1330 du 17 déc. 2008, art. 77-I)

Art. L. 732-54-1 Peuvent bénéficier d'une majoration de la pension de retraite servie à titre personnel les personnes dont cette pension a pris effet :

1º Avant le 1er janvier 2002 lorsqu'elles justifient d'une durée minimale d'assurance fixée par décret ; pour l'appréciation de cette durée, sont prises en compte les périodes accomplies à titre exclusif ou principal dans le régime d'assurance vieillesse des personnes non salariées des professions agricoles et les périodes d'affiliation obligatoire à l'assurance vieillesse du régime général de sécurité sociale en application *(L. nº 2023-270 du 14 avr. 2023, art. 25)* **« des articles L. 381-1 et L. 381-2 » du code de la sécurité sociale ;**

2º A compter du 1er janvier 2002 *(L. nº 2014-40 du 20 janv. 2014, art. 33-1º)* **« et avant le 1er février 2014, » lorsqu'elles justifient des conditions prévues par les articles** *(L. nº 2011-1906 du 21 déc. 2011, art. 91)* **« L. 732-18-3, » L. 732-23 et L. 732-25 du présent code, dans leur rédaction en vigueur à la date d'effet de la pension de retraite, pour ouvrir droit à une pension à taux plein dans le régime d'assurance vieillesse des personnes non salariées des professions agricoles et qu'elles remplissent des conditions fixées par décret de durées minimales d'assurance accomplies à titre exclusif ou principal dans ce régime ;**

(L. nº 2014-40 du 20 janv. 2014, art. 33-2º) **« 3º A compter du 1er février 2014 lorsqu'elles justifient** *(L. nº 2016-1827 du 23 déc. 2016, art. 63-I-3º)* **« d' » une pension à taux plein dans le régime d'assurance vieillesse des personnes non salariées des professions agricoles. »**

Les personnes mentionnées ci-dessus ne peuvent bénéficier de la majoration que si elles ont fait valoir l'intégralité des droits en matière d'avantage de vieillesse auxquels elles peuvent prétendre auprès des régimes légaux ou rendus légalement obligatoires, de base et complémentaires, français et étrangers, ainsi qu'auprès des régimes des organisations internationales.

Art. L. 732-54-2 La majoration de pension mentionnée à l'article L. 732-54-1 a pour objet de porter le total des droits propres et dérivés servis à l'assuré par le régime d'assurance vieillesse de base des personnes non salariées des professions agricoles à un montant minimum.

Le montant minimum est calculé en tenant compte des périodes d'assurance accomplies à titre exclusif ou principal dans le régime d'assurance vieillesse des personnes non salariées des professions agricoles dans des limites fixées par décret. *(Abrogé par L. nº 2021-1679 du 17 déc. 2021, art. 1er, à compter du 1er janv. 2022)* ***« Il est différencié en fonction de la qualité de l'assuré et selon qu'il bénéficie ou est susceptible de bénéficier d'une pension de réversion prévue aux articles L. 732-41 à L. 732-46. »*** *(L. nº 2023-270 du 14 avr. 2023, art. 18)* **« Le montant minimum est revalorisé, au 1er janvier de chaque année, d'un taux au moins égal à l'évolution, depuis le 1er janvier précédent, du salaire minimum de croissance mentionné à l'article L. 3231-2 du code du travail. La majoration de pension servie à l'assuré est revalorisée dans les conditions prévues à l'article L. 161-23-1 du code de la sécurité sociale. »**

Art. L. 732-54-3 Lorsque le montant de la majoration de pension prévue à l'article L. 732-54-2 augmentée du montant des pensions de droit propre et de droit dérivé

servies à l'assuré par les régimes légaux ou rendus légalement obligatoires, de base et complémentaires, français et étrangers, ainsi que les régimes des organisations internationales excède un plafond *(L. n° 2021-1679 du 17 déc. 2021, art. 1er, en vigueur le 1er janv. 2022)* « dont le montant est *(L. n° 2023-270 du 14 avr. 2023, art. 18)* « fixé par décret et est au moins » égal à celui de l'allocation de solidarité aux personnes âgées prévu, pour une personne seule, à l'article L. 815-4 du code de la sécurité sociale », la majoration de pension est réduite à due concurrence du dépassement.

Pour le service de la majoration de pension, le montant des pensions de droit propre et de droit dérivé servies à l'assuré par les régimes légaux ou rendus légalement obligatoires, de base et complémentaires, français et étrangers, ainsi que les régimes des organisations internationales est contrôlé en fonction des pensions déclarées à l'administration fiscale, qui fournit les données nécessaires à cet effet à la Caisse centrale de la mutualité sociale agricole.

Le plafond prévu au premier alinéa est revalorisé dans *(L. n° 2023-270 du 14 avr. 2023, art. 18)* « des conditions fixées par décret ».

Le cas échéant, le montant de la majoration est recalculé en fonction du montant des pensions versées au bénéficiaire, de l'évolution du montant minimum prévu à l'article L. 732-54-2 du présent code et de l'évolution du plafond prévu au premier alinéa du présent article.

Art. L. 732-54-3-1 *(L. n° 2014-40 du 20 janv. 2014, art. 35-II)* Dans le cas où un assuré peut prétendre à la fois à la majoration mentionnée à l'article L. 732-54-1 et au complément différentiel de retraite complémentaire obligatoire mentionné à l'article L. 732-63, la majoration mentionnée à l'article L. 732-54-1 est servie en priorité.

Art. L. 732-54-4 Un décret fixe les modalités d'application du présent paragraphe et précise notamment le mode de calcul de la majoration et les conditions suivant lesquelles les durées d'assurance mentionnées aux précédents articles sont déterminées ainsi que les modalités retenues pour l'appréciation du plafond.

SOUS-SECTION 1 *BIS* Assurance veuvage

(L. n° 2010-1330 du 9 nov. 2010, art. 93-II)

Art. L. 732-54-5 Les dispositions relatives à l'assurance veuvage prévues aux articles L. 356-1 à L. 356-4 du code de la sécurité sociale sont applicables au régime de protection sociale des personnes non salariées des professions agricoles.

Les prestations de cette assurance sont servies par les caisses de mutualité sociale agricole.

SOUS-SECTION 1 *TER* Pension d'orphelin

(L. n° 2023-1250 du 26 déc. 2023, art. 101)

Art. L. 732-54-6 Le chapitre VIII du titre V du livre III du code de la sécurité sociale est applicable au régime des non-salariés des professions agricoles. Pour l'application des articles L. 358-1 et L. 358-2 du même code, les mots : "régime général" sont remplacés par les mots : "régime des non-salariés des professions agricoles".

SOUS-SECTION 2 Paiement des pensions

(L. n° 2003-775 du 21 août 2003, art. 105)

Art. L. 732-55 Les pensions de retraite mentionnées à la sous-section 1 de la présente section ainsi que leurs majorations et accessoires sont payables mensuellement et à terme échu dans des conditions fixées par décret et à compter du 1er janvier 2004. — *V. art. D. 732-148 s.*

SOUS-SECTION 3 Assurance vieillesse complémentaire obligatoire

(L. n° 2002-308 du 4 mars 2002, art. 2)

BIBL. ▶ TAQUET, *Gaz. Pal. 24-25 juill. 2002, p. 23* (loi du 4 mars 2002).

Art. L. 732-56 I. — Sont affiliées au régime de l'assurance vieillesse complémentaire obligatoire les personnes occupées au 1er janvier 2003, ou postérieurement à cette

date, en qualité de chef d'exploitation ou d'entreprise agricole, aux activités ou dans les exploitations, entreprises ou établissements visés aux 1° à 5° de l'article L. 722-1.

Sont affiliés à compter du 1er janvier 2003 et durant toute la période de perception de l'allocation de préretraite les titulaires de cette allocation mentionnés au deuxième alinéa du II de l'article 9 de la loi n° 91-1407 du 31 décembre 1991 modifiant et complétant les dispositions du code rural et de la loi n° 90-85 du 23 janvier 1990 relatives aux cotisations sociales agricoles et créant un régime de préretraite agricole.

Sont affiliées les personnes qui, au 1er janvier 2003 ou postérieurement, relèvent en qualité de chef d'exploitation ou d'entreprise agricole du régime de l'assurance volontaire vieillesse mentionnée aux articles L. 722-17 et L. 722-18.

Sont affiliés à compter du 1er janvier 2003 les chefs d'exploitation ou d'entreprise agricole non retraités :

— titulaires de pensions d'invalidité, mentionnés au 6° de l'article L. 722-10 ;

— titulaires de rentes, mentionnés au 7° de l'article L. 722-10, et au *(L. n° 2022-1616 du 23 déc. 2022, art. 94)* **« premier » alinéa de l'article L. 752-6.**

II. — Bénéficient en outre du présent régime les chefs d'exploitation ou d'entreprise agricole dont la retraite servie à titre personnel a pris effet :

1° Avant le 1er janvier 1997 et qui justifient de périodes minimum d'activité non salariée agricole et d'assurance en qualité de chef d'exploitation ou d'entreprise agricole accomplies à titre exclusif ou principal. Un décret précise les modalités suivant lesquelles les périodes d'assurance et les minima précédemment mentionnés sont déterminés ;

2° Entre le 1er janvier 1997 et le 1er janvier 2003 *(L. n° 2023-270 du 14 avr. 2023, art. 18)* **« , qui ont liquidé leur pension à taux plein dans le régime d'assurance vieillesse des personnes non salariées des professions agricoles et qui justifient » de périodes minimum d'assurance effectuées en qualité de chef d'exploitation ou d'entreprise agricole à titre exclusif ou principal. Un décret détermine les modalités de fixation des minima précédemment mentionnés.**

III. — Les personnes dont la retraite servie à titre personnel prend effet postérieurement au 31 décembre 2002 et qui remplissent les conditions précisées au 2° du II bénéficient du présent régime pour leurs périodes accomplies comme chef d'exploitation ou d'entreprise agricole à titre exclusif ou principal avant le 1er janvier 2003.

(L. n° 2010-1330 du 9 nov. 2010, art. 90-1°) **« IV. — Sont affiliées au régime de l'assurance vieillesse complémentaire obligatoire les personnes ayant, à compter du 1er janvier 2011 ou postérieurement à cette date, la qualité d'aide familial telle que définie au 2° de l'article L. 722-10 ou la qualité de collaborateur d'exploitation ou d'entreprise agricole telle que définie à l'article L. 321-5. »**

(L. n° 2014-40 du 20 janv. 2014, art. 34-I) **« V. — Bénéficient également du présent régime les personnes ayant, pour les périodes antérieures au 1er janvier 2003, exercé à titre exclusif ou principal en qualité de chef d'exploitation ou d'entreprise agricole lorsque l'assuré ne justifie pas d'une durée minimale d'assurance à ce titre et les personnes ayant, pour les périodes antérieures au 1er janvier 2011, exercé à titre exclusif ou principal en qualité d'aide familial défini à l'article L. 732-34, en qualité de conjoint participant aux travaux défini au même article L. 732-34 ou en qualité de collaborateur d'exploitation ou d'entreprise agricole défini à l'article L. 732-35 dont la retraite servie à titre personnel a pris effet :**

« 1° Avant le 1er janvier 1997 et qui justifient d'un minimum de périodes d'assurance au titre d'activités non salariées agricoles accomplies à titre exclusif ou principal ;

« 2° Entre le 1er janvier 1997 et le 1er janvier 2014 *(L. n° 2023-270 du 14 avr. 2023, art. 18)* **« , qui ont liquidé leur pension à taux plein dans le régime d'assurance vieillesse des personnes non salariées des professions agricoles et qui justifient » d'un minimum de périodes d'assurance au titre d'activités non salariées agricoles accomplies à titre exclusif ou principal.**

« Un décret détermine le nombre maximal d'années retenues pour le bénéfice du régime et les durées minimales d'assurance requises.

« VI. — Les personnes dont la retraite servie à titre personnel prend effet après le 31 décembre 2013 et qui remplissent les conditions *(Abrogé par L. n° 2023-270 du 14 avr. 2023, art. 18)* ***« de durée d'assurance »*** **mentionnées au 2° du V bénéficient du présent régime pour les périodes accomplies à titre exclusif ou principal en qualité de chef d'exploi-**

tation ou d'entreprise agricole d'aide familial, de conjoint participant aux travaux ou de collaborateur d'exploitation ou d'entreprise agricole définies au même V. »

V. art. D. 732-151.

La règle de l'annualité des cotisations se rapporte exclusivement au calcul des cotisations de l'assurance de base et n'a pas d'effet sur la détermination de la période minimale d'assurance exigée pour la retraite complémentaire obligatoire. • Civ. 2e, 19 févr. 2009, n° 07-22.017 : *RD rur. 2009. 70, note Tauran.*

Art. L. 732-57 **La gestion du régime d'assurance vieillesse complémentaire obligatoire des professions non salariées agricoles est assurée par les caisses de mutualité sociale agricole.**

La Caisse centrale de la mutualité sociale agricole est chargée du placement des disponibilités du présent régime selon des modalités prévues par décret.

Les opérations relatives au régime complémentaire obligatoire devront faire l'objet de comptes distincts de ceux du régime de base institué en application du chapitre II des titres II et III du présent livre et de ceux des autres régimes gérés par les caisses de mutualité sociale agricole.

Les modalités de service des prestations dues aux affiliés du régime d'assurance vieillesse complémentaire obligatoire des professions non salariées agricoles sont fixées par décret.

Art. L. 732-58 **Le régime d'assurance vieillesse complémentaire obligatoire est financé :**

– *(L. n° 2010-1330 du 9 nov. 2010, art. 90-2°)* **« par le produit des cotisations dues, au titre de ce régime, par les chefs d'exploitation ou d'entreprise agricole pour leurs propres droits et, le cas échéant, pour les droits des bénéficiaires mentionnés au IV de l'article L. 732-56 ; »**

(L. n° 2016-1827 du 23 déc. 2016, art. 34-II-3°) **« – par une fraction, fixée à** *(L. n° 2023-1250 du 26 déc. 2023, art. 16)* **« 28,89 % », du produit »** *(Ord. n° 2021-1843 du 22 déc. 2021, art. 13, en vigueur le 1er janv. 2022)* **« de l'accise sur les alcools mentionnée à l'article L. 313-1 du code des impositions sur les biens et services perçue sur les produits relevant de la catégorie fiscale des alcools » ;**

(L. n° 2023-270 du 14 avr. 2023, art. 18) **« – par les contributions et les subventions de l'État. »**

Les ressources du régime couvrent les charges de celui-ci telles qu'énumérées ci-après :

– les prestations prévues à l'article L. 732-60 ;

– les frais de gestion.

Dernier al. abrogé par L. n° 2014-40 du 20 janv. 2014, art. 47-I-1°.

Art. L. 732-58-1 *(L. n° 2014-40 du 20 janv. 2014, art. 47-I-2°)* **Le conseil d'administration de la Caisse centrale de la mutualité sociale agricole assure le suivi de l'équilibre financier du régime. Il adresse tous les trois ans aux ministres chargés de l'agriculture, de la sécurité sociale et du budget un rapport détaillant la situation financière du régime, ses perspectives d'équilibre de long terme ainsi que les risques auxquels il est exposé. Un décret en Conseil d'État précise les modalités d'application du présent alinéa.**

Sur la base du rapport mentionné au premier alinéa, le conseil d'administration de la Caisse centrale de la mutualité sociale agricole propose aux ministres chargés de l'agriculture, de la sécurité sociale et du budget les règles d'évolution des paramètres du régime sur les trois années à venir. Ces propositions permettent de garantir l'équilibre de long terme du régime.

Art. L. 732-59 **Les cotisations visées à l'article L. 732-58 sont calculées sur la totalité** *(L. n° 2023-1250 du 26 déc. 2023, art. 18)* **« de l'assiette déterminée en application des articles L. 731-15, L. 731-16 et L. 731-22 », sans que l'assiette puisse être inférieure à un minimum fixé par décret.** – *V. art. D. 732-155.*

Pour les personnes visées aux deuxième à sixième alinéas du I de l'article L. 732-56, l'assiette des cotisations est égale au minimum précité.

(L. n° 2010-1330 du 9 nov. 2010, art. 90-3°) « Pour les personnes mentionnées au IV de l'article L. 732-56, l'assiette des cotisations est égale à un montant forfaitaire fixé par décret. »

Les cotisations sont dues par les chefs d'exploitation ou d'entreprise agricole visés au I de l'article L. 732-56 à compter du 1er janvier 2003.

Les frais de gestion visés à l'article L. 732-58 sont couverts par un prélèvement sur le montant des cotisations, dans une limite fixée par décret.

(L. n° 2014-40 du 20 janv. 2014, art. 47-I-3°) « L'arrêté mentionné à l'article L. 732-60-1 ou, à défaut, le décret mentionné au dernier alinéa du même article fixe le ou les taux de cotisation. » — *V. art. D. 732-165.*

Art. L. 732-60 Les *(L. n° 2010-1330 du 9 nov. 2010, art. 90-4°)* « chefs d'exploitation ou d'entreprise agricole affiliés » au présent régime bénéficient, à compter de la date d'effet de leur retraite mentionnée à l'article L. 732-24 et au plus tôt au 1er *(L. n° 2002-1575 du 30 déc. 2002, art. 113)* « avril » 2003, d'une retraite exprimée en points de retraite complémentaire. *(L. n° 2010-1330 du 9 nov. 2010, art. 90-4°)* « Les aides familiaux et les collaborateurs d'exploitation ou d'entreprise agricole affiliés au présent régime bénéficient, à compter de la date d'effet de leur retraite mentionnée aux articles L. 732-34 et L. 732-35, et au plus tôt au 1er janvier 2011, d'une retraite exprimée en points de retraite complémentaire. » Les pensions dues au titre de l'assurance vieillesse complémentaire obligatoire par répartition sont payées mensuellement.

(L. n° 2014-40 du 20 janv. 2014, art. 47-I-4°) « Le nombre annuel de points est déterminé en fonction de l'assiette retenue pour le calcul des cotisations, prévue à l'article L. 732-59, et des valeurs d'achat fixées par l'arrêté mentionné à l'article L. 732-60-1 ou, à défaut, par le décret mentionné au dernier alinéa du même article. Un » décret détermine le nombre annuel de points portés *(L. n° 2023-270 du 14 avr. 2023, art. 18)* « au compte des personnes mentionnées aux II, III, V et VI de l'article L. 732-56 » ainsi que le nombre maximum d'années susceptibles de donner lieu à attribution de points pour les personnes mentionnées aux *(L. n° 2023-270 du 14 avr. 2023, art. 18)* « mêmes II, III, V et VI ».

Le montant annuel de la prestation du régime d'assurance vieillesse complémentaire obligatoire alloué au bénéficiaire est obtenu par le produit du nombre total de points de retraite porté au compte de l'intéressé par la valeur de service du point de retraite.

(L. n° 2014-40 du 20 janv. 2014, art. 47-I-4°) « L'arrêté mentionné à l'article L. 732-60-1 ou, à défaut, le décret mentionné au dernier alinéa du même article fixe les valeurs de service et les valeurs d'achat du point de retraite. » — *V. art. D. 732-166.*

Art. L. 732-60-1 *(L. n° 2014-40 du 20 janv. 2014, art. 47-I-5°)* Dans le cadre du plan triennal défini à l'article L. 732-58-1, le conseil d'administration de la Caisse centrale de la mutualité sociale agricole propose aux ministres chargés de l'agriculture, de la sécurité sociale et du budget une évolution triennale des valeurs de service du point de retraite, des valeurs d'achat du point de retraite ainsi que des taux de cotisation. L'impact de ces évolutions doit être évalué dans le rapport mentionné au second alinéa du même article L. 732-58-1. Au vu de cette proposition, les ministres chargés de l'agriculture, de la sécurité sociale et du budget arrêtent les évolutions des paramètres précités.

Si, au cours du plan triennal, sur la base d'études actuarielles, le conseil d'administration de la Caisse centrale de la mutualité sociale agricole considère que l'évolution des paramètres n'est plus de nature à assurer la pérennité financière du régime, il propose aux ministres chargés de l'agriculture, de la sécurité sociale et du budget des corrections de ces paramètres sur cette période. Au vu de cette proposition, les ministres chargés de l'agriculture, de la sécurité sociale et du budget arrêtent les évolutions des paramètres précités.

Les modifications proposées ne peuvent excéder des plafonds de variations annuelles, définis par décret en Conseil d'État.

A défaut de plan triennal permettant de garantir l'équilibre de long terme du régime, les valeurs de service du point de retraite, les valeurs d'achat du point de retraite et les taux de cotisation sont modifiés par décret.

Art. L. 732-61 Les cotisations visées à l'article L. 732-59 sont recouvrées et contrôlées par les caisses de mutualité sociale agricole, selon les règles et sous les garanties et sanctions applicables au recouvrement des cotisations dues au titre des régimes de sécurité sociale des personnes non salariées des professions agricoles.

Les dispositions de l'article L. 725-10 sont applicables aux personnes mentionnées au I de l'article L. 732-56.

Art. L. 732-62 *(L. nº 2014-40 du 20 janv. 2014, art. 34-III)* I. — En cas de décès d'une personne non salariée agricole, son conjoint survivant a droit à une pension de réversion du régime complémentaire s'il est âgé d'au moins cinquante-cinq ans et si le mariage a duré au moins deux ans. Toutefois, lorsqu'au moins un enfant est issu du mariage, aucune condition de durée du mariage n'est exigée.

Lorsque la pension de retraite n'a pas été liquidée au jour du décès de l'assuré, la pension de réversion est versée sans condition d'âge si le conjoint survivant est invalide au moment du décès ou le devient ultérieurement ou s'il a au moins deux enfants à charge au moment du décès de l'assuré.

La pension de réversion est d'un montant égal à 54 % de la pension de retraite complémentaire dont bénéficiait ou aurait bénéficié l'assuré à la date de son décès.

En cas de décès, à compter du 1er janvier 2003, d'un chef d'exploitation ou d'entreprise agricole dont la pension de retraite de base n'a pas été liquidée au jour de son décès, son conjoint survivant, s'il remplit les conditions prévues aux premier ou deuxième alinéas du présent I, a droit, au plus tôt au 1er février 2014, à une pension de réversion du régime complémentaire, au titre des points gratuits dont aurait pu bénéficier le chef d'exploitation ou d'entreprise agricole s'il remplissait au jour de son décès les conditions prévues au 2º du II de l'article L. 732-56. Cette pension est d'un montant égal à 54 % des droits dont aurait bénéficié l'assuré.

II. — Si le chef d'exploitation ou d'entreprise agricole est décédé avant d'avoir demandé la liquidation de sa pension de retraite, le conjoint survivant qui continue l'exploitation sans avoir demandé la liquidation de sa pension de réversion peut, pour le calcul de sa pension de retraite complémentaire obligatoire, ajouter à ses annuités propres celles qui ont été acquises par le défunt.

(L. nº 2020-1576 du 14 déc. 2020, art. 103) « III. — En cas de condamnation définitive d'une personne à l'une des peines complémentaires mentionnées aux articles 221-9-2 et 222-48-3 du code pénal, les I et II du présent article ne sont pas applicables. »

Les modalités d'application du présent article sont fixées par décret.

Art. L. 732-63 *(L. nº 2014-40 du 20 janv. 2014, art. 35-I)* I. — Peuvent bénéficier d'un complément différentiel de points de retraite complémentaire obligatoire les personnes dont la pension de retraite de base servie à titre personnel prend effet :

1º Avant le 1er janvier 1997 et qui justifient de périodes minimales d'activité non salariée agricole et d'assurance en qualité de chef d'exploitation ou d'entreprise agricole accomplies à titre exclusif ou principal ;

2º A compter du 1er janvier 1997 *(L. nº 2023-270 du 14 avr. 2023, art. 18)* « , qui liquident leur pension à taux plein dans le régime d'assurance vieillesse des personnes non salariées des professions agricoles et qui justifient » de périodes minimales d'assurance accomplies en qualité de chef d'exploitation ou d'entreprise agricole, à titre exclusif ou principal.

(L. nº 2020-839 du 3 juill. 2020, art. 1er) « Les personnes mentionnées au présent I ne peuvent bénéficier d'un complément différentiel de points de retraite complémentaire obligatoire que si elles ont fait valoir l'intégralité des droits en matière d'avantage de vieillesse auxquels elles peuvent prétendre auprès des régimes légaux ou rendus légalement obligatoires, de base et complémentaires, français et étrangers, ainsi qu'auprès des régimes des organisations internationales.

« II. — Ce complément différentiel a pour objet de porter les droits propres servis à l'assuré par le régime d'assurance vieillesse de base et par le régime de retraite complémentaire obligatoire des personnes non salariées des professions agricoles à un montant minimal lors de la liquidation de ces droits. »

III. — Ce montant minimal est déterminé en fonction de la durée d'assurance au titre d'une activité non salariée agricole et des périodes d'assurance en qualité de chef d'exploitation ou d'entreprise agricole, accomplies, à titre exclusif ou principal, par

l'assuré dans le régime d'assurance vieillesse de base des personnes non salariées des professions agricoles.

IV. — Pour une carrière complète de chef d'exploitation ou d'entreprise agricole, accomplie à titre exclusif ou principal, ce montant minimal annuel est égal à un pourcentage de 1 820 fois le montant du salaire minimum de croissance retenu après déduction des contributions et cotisations obligatoires dues au titre des régimes de base et complémentaire légalement obligatoire des salariés agricoles *(L. n° 2020-839 du 3 juill. 2020, art. 1er)* **« en vigueur le 1er janvier de l'année civile au cours de laquelle la pension de retraite prend effet. Ce pourcentage est égal à 85 % ».**

Un décret fixe les modalités d'application du présent article et précise notamment le mode de calcul du complément différentiel de points de retraite complémentaire obligatoire et les conditions suivant lesquelles les durées d'assurance mentionnées aux I à III sont prises en compte pour le calcul du montant minimal annuel, les modalités d'appréciation de la carrière complète et les modalités selon lesquelles sont appréciés les droits propres servis à l'assuré.

(L. n° 2020-839 du 3 juill. 2020, art. 1er, en vigueur au plus tard le 1er janv. 2022) **« V. — Lorsque le montant des pensions de droit propre servies à l'assuré par les régimes légaux ou rendus légalement obligatoires, de base et complémentaires incluant le montant du complément différentiel de points de retraite complémentaire obligatoire, français et étrangers, ainsi que par les régimes des organisations internationales excède un plafond fixé par décret, le complément différentiel est réduit à due concurrence du dépassement.**

« Les modalités de revalorisation du plafond mentionné au premier alinéa du présent V sont fixées par décret. » *— L'art. 1er de la L. n° 2020-839 du 3 juill. 2020 entre en vigueur à une date fixée par décret, et au plus tard le 1er janv. 2022. Il est également applicable aux pensions de retraite ayant pris effet avant le 1er janv. 2022, dans les conditions suivantes : 1° la valeur du salaire minimum de croissance est celle en vigueur le 1er janv. 2022 ; 2° l'application du V ne peut avoir pour conséquence une baisse de la pension de retraite complémentaire (L. n° 2020-839 du 3 juill. 2020, art. 1er-II).*

CHAPITRE III RECOURS DES CAISSES CONTRE LES TIERS PAYEURS

(L. n° 2014-1554 du 22 déc. 2014, art. 16-II-1°, en vigueur le 1er juill. 2015)

Art. L. 733-1 **Le chapitre VI du titre VII du livre III du code de la sécurité sociale est applicable aux prestations servies en application du chapitre II du présent titre.**

Pour l'application ce même chapitre VI, les caisses de mutualité sociale agricole sont substituées aux caisses d'assurance maladie.

TITRE IV PROTECTION SOCIALE DES PERSONNES SALARIÉES DES PROFESSIONS AGRICOLES

COMMENTAIRE

Les lois du 5 avril 1928 et du 30 avril 1930 ont institué un régime général de protection sociale pour les salariés agricoles. Ce régime est resté longtemps peu favorable par le niveau faible des prestations. Le souci d'établir la parité avec les autres catégories socio-économiques a amené un alignement progressif du système de cotisations et du régime des prestations servies. Il subsiste des particularités pour le régime des salariés agricoles qui découlent des spécificités des conditions de l'emploi agricole et en particulier du caractère fréquemment saisonnier des contrats de travail.

Les caisses de MSA assurent le recouvrement des cotisations dont l'assiette est constituée par la rémunération réelle des assujettis, cette rémunération ne pouvant être inférieure aux minimums légal et conventionnel. Le taux technique affecté au financement des prestations est déterminé par un décret qui fixe l'affectation à chaque risque et la répartition de la contribution entre employeur et salarié. Les taux complémentaires déterminent les cotisations à la charge des seuls employeurs pour assurer les ressources nécessaires aux organismes de contrôle médical et d'action sanitaire et sociale. Les taux sont fixés par arrêté préfectoral dans chaque département.

Les prestations servies dans le cadre des assurances sociales agricoles en cas de maladie, maternité, invalidité, décès, vieillesse conservent quelques spécificités au regard du régime général alors que les prestations familiales sont en agriculture les mêmes que dans le régime général.

CHAPITRE I COTISATIONS ET AUTRES FINANCEMENTS

SECTION 1 Dispositions générales

Art. L. 741-1 Les cotisations dues au titre des prestations familiales et des assurances sociales pour l'emploi de salariés agricoles *(L. n° 2011-525 du 17 mai 2011, art. 36)* **« peuvent être calculées par les caisses de mutualité sociale agricole qui les recouvrent dans des conditions déterminées par décret ».** *(L. n° 2012-1404 du 17 déc. 2012, art. 37-I-9°, en vigueur le 1er janv. 2014)* **« Le taux de ces cotisations est fixé selon les modalités prévues aux articles »** *(L. n° 2014-892 du 8 août 2014, art. 2-IV-3°)* **« L. 241-6 et L. 241-6-1 du code de la sécurité sociale ainsi que, sauf dérogations prévues par décret, aux articles L. 241-2** *(L. n° 2017-1836 du 30 déc. 2017, art. 9-IV)* **« , L. 241-2-1 » et L. 241-3 du même code ».**

Al. 2 abrogé par L. n° 2012-1404 du 17 déc. 2012, art. 37-I-9°, à compter du 1er janv. 2014.

Al. 3 abrogé par L. n° 2011-525 du 17 mai 2011, art. 36. — [Anc. art. 1003-8 (partie).]

Art. L. 741-1-1 *(L. n° 2003-1199 du 18 déc. 2003, art. 71-II)* **L'employeur dont l'entreprise ne comporte pas d'établissement en France remplit ses obligations relatives aux déclarations et versements des contributions et cotisations sociales d'origine légale ou conventionnelle auxquelles il est tenu au titre de l'emploi de personnel salarié auprès d'un organisme de recouvrement unique, désigné par arrêté du ministre chargé de l'agriculture.** *(Abrogé par L. n° 2023-1250 du 26 déc. 2023, art. 13)* ***« Pour remplir ses obligations*** *(L. n° 2017-1836 du 30 déc. 2017, art. 14-V)* ***« et par dérogation au premier alinéa de l'article L. 741-20 », l'employeur peut désigner un représentant résidant en France qui est personnellement responsable des opérations déclaratives et du versement des sommes dues. »*** **Les modalités d'application du présent article sont** *(Abrogé par Ord. n° 2010-461 du 6 mai 2010, art. 7)* ***« , en tant que de besoin, »*** **déterminées par décret en Conseil d'État.**

Art. L. 741-1-2 *(L. n° 2012-1404 du 17 déc. 2012, art. 41-2°)* **L'article L. 242-12-1 du code de la sécurité sociale est applicable aux cotisations dues au titre de l'emploi de salariés agricoles.**

SECTION 2 Prestations familiales

Art. L. 741-2 Les employeurs occupant des salariés agricoles au sens de l'article L. 722-20 sont tenus de cotiser au titre des prestations familiales, pour ces salariés, à la caisse de mutualité sociale agricole à laquelle ces salariés sont affiliés. — *[Anc. art. 1061 (partie).]*

Art. L. 741-3 *(L. n° 2014-892 du 8 août 2014, art. 2-IV-4°)* **Les cotisations mentionnées à l'article L. 741-2 sont assises sur** *(Ord. n° 2018-474 du 12 juin 2018, art. 5)* **« les revenus d'activité tels qu'ils sont pris en compte pour la détermination de l'assiette des cotisations dues au titre des assurances sociales agricoles définie à l'article L. 741-10 ».**

Art. L. 741-4 Les dispositions des articles *(L. n° 2022-1616 du 23 déc. 2022, art. 9)* **« L. 241-13, »** *(L. n° 2003-47 du 17 janv. 2003, art. 11-III ; L. n° 2007-1223 du 21 août 2007, art. 1er-IX ; L. n° 2008-1330 du 17 déc. 2008, art. 19-I ; Ord. n° 2010-104 du 28 janv. 2010 ; L. n° 2012-354 du 14 mars 2012, art. 2-III ; L. n° 2012-958 du 16 août 2012, art. 1er-III-B ; Ord. n° 2018-474 du 12 juin 2018, art. 5 ; L. n° 2022-217 du 21 févr. 2022, art. 129)* **« L. 241-18 à L. 241-20 et L. 242-4-3 » du code de la sécurité sociale sont applicables aux** *(Ord. n° 2018-474 du 12 juin 2018, art. 5)* **« revenus d'activité » versés aux salariés agricoles.** — *[Anc. art. 1062-1.]*

Art. L. 741-4-1 *Abrogé par L. n° 2011-1977 du 28 déc. 2011, art. 114-I-1°.*

Art. L. 741-4-2 *(L. n° 2006-11 du 5 janv. 2006, art. 31)* **Les dispositions de l'article L. 741-15-2 sont applicables aux cotisations d'allocations familiales.**

Art. L. 741-5 *Abrogé par L. n° 2018-1203 du 22 déc. 2018, art. 8.*

Art. L. 741-6 *Abrogé par Ord. n° 2003-1213 du 18 déc. 2003, art. 2, à compter du 1er juill. 2005.*

Art. L. 741-7 **Sont exonérées de toute cotisation au titre des prestations familiales pour leurs salariés :**

1° Les coopératives d'utilisation de matériel agricole régulièrement agréées, sauf pour leur personnel administratif ou des ateliers de réparations ;

2° Les associations intermédiaires prévues à l'article L. 322-4-16-3 du code du travail. — *[Anc. art. 1073 (partie).]*

Art. L. 741-8 **L'employeur est tenu de justifier à tout moment aux agents chargés de l'application des dispositions de la présente section de son affiliation à une caisse de mutualité sociale agricole par des pièces émanant de celle-ci et attestant qu'il est à jour de ses cotisations.**

Les employeurs des professions agricoles utilisant des travailleurs étrangers sont tenus de présenter, à l'appui des demandes d'introduction ou de régularisation de situation de ces travailleurs, le label de la caisse de mutualité sociale agricole à laquelle ils sont affiliés. — *[Anc. art. 1067.]*

SECTION 3 Assurances sociales

Art. L. 741-9 **Les ressources des assurances sociales des salariés agricoles sont constituées :**

I. — Pour l'assurance maladie, maternité, invalidité et décès :

1° Par une cotisation assise :

***a)* Sur les** *(Ord. n° 2018-474 du 12 juin 2018, art. 5)* **« revenus d'activité » perçus par les assurés, à la charge des employeurs** *(Abrogé par L. n° 2017-1836 du 30 déc. 2017, art. 8-II-3°) « et des assurés »*,

***b)* Sur les avantages de retraite, soit qu'ils aient été financés en tout ou partie par une contribution de l'employeur, soit qu'ils aient donné lieu à rachat de cotisations, à l'exclusion des bonifications ou majorations pour enfants autres que les annuités supplémentaires, à la charge des titulaires,**

***c)* Sur les allocations et revenus de remplacement mentionnés à l'article L. 131-2 du code de la sécurité sociale, à la charge des titulaires ;**

2° Par une fraction du produit des contributions sociales mentionnées aux articles L. 136-1, L. 136-6, L. 136-7, L. 136-7-1 du code de la sécurité sociale ;

(L. n° 2022-1616 du 23 déc. 2022, art 20) **« 3° Par une dotation de la Caisse nationale des allocations familiales versée en application du 6° de l'article L. 223-1 du code de la sécurité sociale. »**

II. — *(L. n° 2010-1330 du 9 nov. 2010, art. 84-1°)* **« Pour l'assurance vieillesse et veuvage :**

« 1° Par une cotisation assise :

« *a)* Sur les *(Ord. n° 2018-474 du 12 juin 2018, art. 5)* **« revenus d'activité » perçus par les assurés dans la limite du plafond défini à l'article L. 241-3 du code de la sécurité sociale, à la charge des employeurs et des assurés ;**

« *b)* Sur la totalité des *(Ord. n° 2018-474 du 12 juin 2018, art. 5)* **« revenus d'activité » perçus par les assurés, à la charge des employeurs et des salariés ;**

« 2° Par une contribution de la branche Accidents du travail et maladies professionnelles couvrant les dépenses supplémentaires engendrées par les départs en retraite à l'âge prévu à l'article L. 351-1-4 du code de la sécurité sociale » *(Ord. n° 2017-1389 du 22 sept. 2017, art. 4-3°, en vigueur le 1er janv. 2018)* **« et par les départs en retraite mentionnés au 3° du I de l'article L. 4163-7 du code du travail » ;**

3° Abrogé par L. n° 2016-1827 du 23 déc. 2016, art. 34-II-4°.

(L. n° 2023-1250 du 26 déc. 2023, art. 13) **« La cotisation prévue aux *b* et *c* du 1° du I du présent article est recouvrée et contrôlée selon les règles et sous les garanties et sanctions applicables au recouvrement des cotisations et contributions de sécurité sociale par les organismes mentionnés aux articles L. 213-1 et L. 752-4 du code de la sécurité sociale. »** — *[Anc. art. 1031, al. 1er, 3 et 4.]*

Est fondée l'intégration dans l'assiette des cotisations sociales à la charge de l'entraîneur de chevaux de course les gains de courses versés à des entraîneurs salariés montant en courses des chevaux appartenant à leur employeur. • Civ. 2e, 29 juin 2004 : *JCP 2004. IV. 2812 ; JCP E 2004. 1380 ; Gaz. Pal. 20-22 févr. 2005. 28, et 7-8 oct. 2005. 23, obs. Coursier.* ♦ Est soumise à cotisation la prime allouée par la Société d'encouragement du cheval français aux entraîneurs et redistribuée à leurs salariés lorsque ces derniers gagnaient une course. • Civ. 2e, 29 juin 2004, *SCEA Écurie Le Trémont c/ CMSA Orne-Sarthe*, no 03-30.211.

Art. L. 741-10 *(Ord. no 2018-474 du 12 juin 2018, art. 5)* **« L'assiette des cotisations dues au titre des assurances sociales agricoles est déterminée selon les dispositions applicables à l'assiette des cotisations définie à l'article L. 242-1 du code de la sécurité sociale** *(L. no 2019-1446 du 24 déc. 2019, art. 22)* **« ainsi que selon les dispositions de la sous-section 1 de la section 1 du chapitre II du titre IV du livre II du même code », sous les réserves mentionnées dans la présente section. »**

(Ord. no 2010-104 du 28 janv. 2010) **Pour les** *(L. no 2014-1170 du 13 oct. 2014, art. 31-III-1o)* **« candidats à l'installation effectuant un stage d'application en exploitation » dans le cadre de la politique d'installation prévue à l'article L. 330-1 et auquel est subordonné le bénéfice des aides de l'État à l'installation en agriculture, l'assiette des cotisations est constituée par les sommes versées au stagiaire par l'exploitant maître de stage, déduction faite des frais de transport, de nourriture et de logement réellement engagés par le stagiaire ou imputés par l'exploitant sur la rémunération du stagiaire.**

Al. 3 abrogé par Ord. no 2018-474 du 12 juin 2018, art. 5.

Art. L. 741-10-1 à L. 741-10-4 *Abrogés par Ord. no 2010-104 du 28 janv. 2010.*

Art. L. 741-11 *(Ord. no 2010-104 du 28 janv. 2010)* **Au cas où un salarié relève simultanément du régime applicable aux professions agricoles et du régime applicable aux professions non agricoles, la limite mentionnée au premier alinéa de l'article L. 242-3 susmentionné s'applique en ce qui concerne les cotisations patronales, séparément aux salaires agricoles et aux salaires non agricoles, et, en ce qui concerne la cotisation** *(Ord. no 2018-474 du 12 juin 2018, art. 5)* **« salariale », à l'ensemble des rémunérations perçues par le salarié. L'excédent des cotisations éventuellement perçues est remboursé annuellement à l'assuré.**

Art. L. 741-12 Les dispositions des articles *(Ord. no 2010-104 du 28 janv. 2010)* **« L. 241-3-1 et » L. 242-8 à L. 242-10 du code de la sécurité sociale sont applicables aux cotisations dues pour l'emploi de salariés agricoles à temps partiel.**

Art. L. 741-13 *Al. 1er abrogé par L. no 2014-1554 du 22 déc. 2014, art. 13-II-1o.*

(Ord. no 2010-104 du 28 janv. 2010) **« Les taux des contributions patronales et** *(Ord. no 2018-474 du 12 juin 2018, art. 5)* **« salariales » dues pour les stagiaires remplissant les conditions fixées par décret en Conseil d'État peuvent être réduits par arrêté des ministres chargés de l'agriculture, du budget et de la sécurité sociale. »**

Art. L. 741-14 Des décrets fixent *(Abrogé par Ord. no 2010-104 du 28 janv. 2010) « le plafond mentionné au a du II de l'article L. 741-9 ainsi que »* **les différents taux des cotisations et les exonérations accordées aux bénéficiaires d'avantages de retraite ou des revenus de remplacement mentionnés à l'article L. 131-2 du code de la sécurité sociale, dont les ressources sont insuffisantes.** — *[Anc. art. 1031, al. 5.] — V. CSS, art. R. 243-36 s., D. 242-12 s. —* **CSS.**

Art. L. 741-15 Les dispositions *(L. no 2003-47 du 17 janv. 2003, art. 11-III ; L. no 2007-1223 du 21 août 2007, art. 1er-IX ; L. no 2008-1330 du 17 déc. 2008, art. 19-I ; L. no 2012-958 du 16 août 2012, art. 3-III ; Ord. no 2018-474 du 12 juin 2018, art. 5 ; L. no 2018-1203 du 22 déc. 2018, art. 7)* **« des articles L. 241-13, L. 241-17 à L. 241-20 et L. 242-4-3 » du code de la sécurité sociale sont applicables aux cotisations dues au titre des salariés agricoles.** — *[Anc. art. 1031, al. 16.]*

Art. L. 741-15-1 *Abrogé par Ord. no 2015-1248 du 7 oct. 2015, art. 6-I.*

Art. L. 741-15-2 *Abrogé par Ord. no 2018-474 du 12 juin 2018, art. 5.*

Art. L. 741-16 *(L. no 2018-1203 du 22 déc. 2018, art. 8)* **« I. — Les employeurs relevant du régime de protection sociale des professions agricoles sont exonérés des coti-**

sations mentionnées au I de l'article L. 241-13 du code de la sécurité sociale pour les travailleurs occasionnels qu'ils emploient.

« Pour l'application du premier alinéa du présent I, les cotisations à la charge de l'employeur dues au titre des régimes de retraite complémentaire légalement obligatoires mentionnés à l'article L. 921-4 du code de la sécurité sociale figurant à l'article L. 241-13 du même code sont remplacées par les cotisations de la retraite complémentaire obligatoire des salariés versées aux institutions de retraite complémentaire mentionnées à l'article L. 727-2 du présent code. »

(L. n° 2010-237 du 9 mars 2010, art. 13) **« Les travailleurs occasionnels agricoles sont des salariés dont le contrat de travail relève du 3° de l'article L. 1242-2 ou de l'article L. 1242-3 du code du travail pour des tâches temporaires liées au cycle de la production animale et végétale** *(L. n° 2014-1654 du 29 déc. 2014, art. 84-I-1°)* **« mentionnées aux 1°, 3°, à l'exclusion des tâches réalisées par des entreprises de travaux forestiers, et 4° de l'article L. 722-1 du présent code » et aux activités de transformation, de conditionnement et de commercialisation de produits agricoles lorsque ces activités, accomplies sous l'autorité d'un exploitant agricole, constituent le prolongement direct de l'acte de production.**

(L. n° 2018-1203 du 22 déc. 2018, art. 8) **« Cette exonération est déterminée conformément à un barème dégressif linéaire fixé par décret.**

« Pour les cotisations dues au titre des rémunérations dues au titre des périodes courant à compter du 1er janvier 2019, l'exonération est totale pour une rémunération mensuelle inférieure ou égale au salaire minimum de croissance majoré de 20 % et devient nulle pour une rémunération mensuelle égale ou supérieure au salaire minimum de croissance majoré de 60 %. »

« Pour le calcul de l'exonération, la rémunération mensuelle et le salaire minimum de croissance sont définis dans les conditions prévues aux quatrième et cinquième phrases du premier alinéa du III de l'article L. 241-13 du code de la sécurité sociale *(L. n° 2010-1594 du 20 déc. 2010, art. 12-II)* **« dans leur rédaction en vigueur au 31 décembre 2010 ».**

« II. — Les demandeurs d'emploi inscrits à ce titre sur la liste mentionnée au 3° *(L. n° 2023-1196 du 18 déc. 2023, art. 6-II)* **« du I » de l'article L. 5312-1 du code du travail depuis une durée fixée par décret sont assimilés à des travailleurs occasionnels lorsqu'ils sont recrutés par contrat à durée indéterminée par un groupement d'employeurs exerçant des activités mentionnées au I. »**

III. — *Abrogé par L. n° 2014-1654 du 29 déc. 2014, art. 84-I-1°.*

IV. — *Abrogé par L. n° 2010-1657 du 29 déc. 2010, art. 144-I, à compter du 1er janv. 2011.*

V. — Les coopératives d'utilisation du matériel agricole mettant des salariés à la disposition de leurs adhérents ne bénéficient pas des dispositions du présent article.

VI. — Un décret fixe les modalités d'application du présent article, notamment *(L. n° 2010-237 du 9 mars 2010, art. 13)* **« la durée maximale d'exonération » par année civile.**

Au-delà de la période maximale d'application *(L. n° 2010-237 du 9 mars 2010, art. 13)* **« de l'exonération mentionnée à l'alinéa précédent, l'employeur déclare à la caisse de mutualité sociale agricole, pour chaque salarié, s'il renonce à ladite exonération pendant la période où elle s'est appliquée », au profit de la réduction prévue par l'article L. 241-13 du code de la sécurité sociale sur l'ensemble de la période de travail.**

(L. n° 2010-237 du 9 mars 2010, art. 13) **« VII. —** *(L. n° 2018-1203 du 22 déc. 2018, art. 8)* **« L'exonération prévue au I du présent article donne lieu à compensation intégrale par l'État. » Le bénéfice des dispositions du présent article ne peut être cumulé avec celui d'une autre exonération totale ou partielle de cotisations patronales ou l'application de taux spécifiques, d'assiettes ou montants forfaitaires de cotisations, à l'exception de la déduction forfaitaire prévue à l'article L. 241-18 du code de la sécurité sociale. »** — *L'art. L. 741-16 est abrogé à compter du 1er janv. 2026 (L. n° 2018-1203 du 22 déc. 2018, art. 8-II-4°, mod. par L. n° 2020-1576 du 14 déc. 2020, art. 16, puis par L. n° 2022-1616 du 23 déc. 2022, art. 8-I).*

Art. L. 741-16-1 et L. 741-17 *Abrogés par L. n° 2018-1203 du 22 déc. 2018, art. 8.*

Art. L. 741-18 La contribution *(Ord. n° 2018-474 du 12 juin 2018, art. 5)* « salariale » n'est pas due par les apprentis et stagiaires qui ne perçoivent aucune rémunération en espèces. – *[Décr. n° 50-444 du 20 avr. 1950, art. 2, dernier al.]*

Art. L. 741-19 Le versement des cotisations est suspendu pendant la période du service national ou en cas d'appel sous les drapeaux. – *[Anc. art. 1031, al. 11.]*

Art. L. 741-20 La cotisation de l'employeur reste exclusivement à sa charge, toute convention contraire étant nulle de plein droit.

La contribution du salarié est précomptée sur la rémunération de l'assuré, lors du paiement de celle-ci. Le salarié ne peut s'opposer au prélèvement de cette contribution. Le paiement du salaire effectué sous déduction de la cotisation *(Ord. n° 2018-474 du 12 juin 2018, art. 5)* « salariale » vaut acquit de cette cotisation à l'égard du salarié de la part de l'employeur. – *[Anc. art. 1031, al. 7 et 8.]*

Art. L. 741-21 Les cotisations dues sur les avantages de retraite ainsi que sur les allocations et revenus de remplacement sont précomptées, lors de chaque versement, par l'organisme débiteur de ces pensions ou allocations. – *[Anc. art. 1031, al. 9.]*

Art. L. 741-22 Les dispositions des articles L. 725-1 à L. 725-9, L. 725-20 et L. 725-21 s'appliquent au recouvrement des cotisations mentionnées à l'article L. 741-20, sous réserve d'adaptations fixées par voie réglementaire. – *[Anc. art. 1031, al. 10.]*

Art. L. 741-23 *(L. n° 2002-73 du 17 janv. 2002, art. 27)* Les cotisations d'assurances sociales des salariés agricoles sont obligatoirement versées par les employeurs à la caisse de mutualité sociale agricole compétente dans des conditions déterminées par décret.

Art. L. 741-24 *Abrogé par Ord. n° 2010-104 du 28 janv. 2010.*

Art. L. 741-25 Sauf disposition contraire, des décrets en Conseil d'État fixent les conditions d'application de la présente section. – *[Décr. n° 50-444 du 20 avr. 1950, art. 19.]*

SECTION 4 **Dispositions diverses**

Art. L. 741-26 Les dispositions de l'article L. 241-12 du code de la sécurité sociale sont applicables aux cotisations dues au titre de l'emploi de salariés agricoles. – *[Anc. art. 1031-2.]*

Art. L. 741-27 *(L. n° 2007-1786 du 19 déc. 2007, art. 17-III)* « I. – Les dispositions du II de l'article L. 241-10 du code de la sécurité sociale sont applicables aux cotisations patronales d'assurances sociales et d'allocations familiales dues pour l'emploi d'accueillants familiaux mentionnés à l'article L. 441-1 du code de l'action sociale et des familles par les groupements professionnels agricoles mentionnés au 6° de l'article L. 722-20 du présent code qui ont passé un contrat conforme aux articles L. 442-1 et L. 444-3 du code de l'action sociale et des familles. » – *Du fait de la création du § I par la loi du 19 déc. 2007, art. 17-III, les § I à IV sont devenus les § II à V.*

II. – Les dispositions prévues au III de l'article L. 241-10 du code de la sécurité sociale sont applicables aux cotisations patronales d'assurances sociales *(Abrogé par L. n° 2007-1786 du 19 déc. 2007, art. 22-IV)* « *, d'accidents du travail* » et d'allocations familiales, dues par les associations et organismes sur les rémunérations des salariés affiliés au régime de protection sociale agricole, dans les conditions mentionnées par cet article.

Les conditions d'application de l'exonération prévue au III de l'article L. 241-10 précité au bénéfice des associations et organismes visés au premier alinéa sont fixées par décret. Celui-ci détermine notamment les informations et pièces que les associations et organismes précités doivent produire auprès des caisses de mutualité sociale agricole ainsi que les modalités permettant aux caisses de mutualité sociale agricole de vérifier la qualité de bénéficiaires des prestations mentionnées aux *b*, *c*, *d* et *e* du I de l'article L. 241-10 précité ou des prestations d'aide ménagère visées au III du même article. – *V. Décr. n° 2000-688 du 20 juill. 2000 (JO 23 juill.).*

III. – Les caisses de mutualité sociale agricole procèdent auprès des associations et organismes affiliés au régime agricole et bénéficiant de l'exonération prévue à l'article

L. 241-10 précité à des contrôles identiques à ceux réalisés par les caisses de sécurité sociale auprès des associations et organismes relevant du régime général, afin de s'assurer de la régularité des opérations financières et comptables et d'apprécier la qualité des prestations servies.

(L. n° 2012-1404 du 17 déc. 2012, art. 14-III) **« IV. — Les I et I *bis* de l'article L. 241-10 du code de la sécurité sociale sont applicables aux rémunérations versées aux personnes mentionnées au 2° de l'article L. 722-20 du présent code, employées par des particuliers pour la mise en état et l'entretien des jardins, et au 3° du même article. »**

V. — Abrogé par L. n° 2010-1657 du 29 déc. 2010, art. 200-IV, à compter du 1er janv. 2011. — [Anc. art. 1031-4.]

Art. L. 741-28 *(L. n° 2003-721 du 1er août 2003, art. 36-III)* **Les dispositions de l'article L. 243-1-1 du code de la sécurité sociale s'appliquent aux personnes visées aux 8° et 9° de l'article L. 722-20 du présent code.**

Art. L. 741-29 *(L. n° 2008-1330 du 17 déc. 2008, art. 19-I)* **L'article L. 241-15 du code de la sécurité sociale est applicable pour la mise en œuvre des mesures d'exonération ou de réduction de cotisations prévues par le présent code ou par toute autre disposition législative ou réglementaire.**

Art. L. 741-30 *(L. n° 2012-387 du 22 mars 2012, art. 77)* **Par dérogation au 1° du II de l'article L. 741-9 du présent code, l'article L. 241-3-2 du code de la sécurité sociale est applicable aux employeurs agricoles.**

CHAPITRE II **PRESTATIONS**

SECTION 1 **Prestations familiales**

Art. L. 742-1 Les dispositions des articles L. 732-1 et L. 732-2 sont applicables aux salariés agricoles. — *[Anc. art. 1090 et 1091.]*

Art. L. 742-2 Le bénéfice des prestations familiales au titre de salarié ne peut être accordé qu'aux personnes inscrites à une caisse de mutualité sociale agricole et dont la situation est régulière à l'égard de cet organisme. — *[Anc. art. 1091-1.]*

SECTION 2 **Assurances sociales**

Art. L. 742-3 Les caisses de mutualité sociale agricole servent aux salariés agricoles et à leurs ayants droit en cas de maladie, de maternité, d'invalidité, de vieillesse *(L. n° 2010-1330 du 9 nov. 2010, art. 93-II)* **« , de veuvage »** *(L. n° 2003-775 du 21 août 2003, art. 102)* **« et de décès », les prestations prévues par le code de la sécurité sociale. A cet effet, sont applicables au régime des assurances sociales agricoles :**

1° *(L. n° 2015-1702 du 21 déc. 2015, art. 59-XI-O-3°)* **« Le chapitre préliminaire du titre VI du livre I du code de la sécurité sociale, à l'exception de l'article L. 160-5, »** *(L. n° 2008-1330 du 17 déc. 2008, art. 83-II)* **« l'article L. 173-7 du code de la sécurité sociale, » les dispositions suivantes du livre III du code de la sécurité sociale : articles L. 311-5,** *(Abrogé par L. n° 2015-1702 du 21 déc. 2015, art. 59-XI-O-3°)* *« L. 311-9, L. 311-10, »* **chapitres III, IV et V du titre I, titre II à l'exception de l'article L. 321-3 et du chapitre V, titres III et IV, titre V à l'exception du »** *(L. n° 2011-1906 du 21 déc. 2011, art. 85-V)* **« 7° de l'article L. 351-3 et du chapitre VII », titre VI, titre VII, article L. 383-1.** *(L. n° 2010-1330 du 9 nov. 2010, art. 84-2°)* **« Pour l'application de l'article L. 351-1-4 du code de la sécurité sociale, la référence : "l'article L. 411-1" est remplacée par la référence : "au premier alinéa de l'article L. 751-6 du code rural et de la pêche maritime" » ;**

2° Le titre VIII du livre IV du code de la sécurité sociale à l'exclusion des articles L. 482-1 à L. 482-4.

Pour l'application de ces dispositions, la référence au régime général est remplacée par la référence au régime des assurances sociales agricoles et les caisses de mutualité sociale agricole sont substituées aux caisses primaires d'assurance maladie *(L. n° 2021-1754 du 23 déc. 2021, art. 110, en vigueur le 1er janv. 2022)* **« et aux caisses d'assurance retraite et de la santé au travail. »**

(Abrogé par L. n° 2023-270 du 14 avr. 2023, art. 26) « Pour l'application du 2° du II de l'article L. 351-15 du code de la sécurité sociale, la référence à l'article L. 311-3 du même code est remplacée par la référence à l'article L. 722-20 du présent code. » — [Anc. art. 1038.]

Art. L. 742-4 **Bénéficient pour eux-mêmes et leurs ayants droit des prestations en nature des assurances maladie et maternité les métayers mentionnés à l'article L. 722-21 ayant cessé leur activité et qui répondent à des conditions d'âge et de durée d'activité fixées par décret. Le maintien de ces droits leur est assuré jusqu'à l'âge auquel ils peuvent prétendre à bénéficier de la pension de retraite du régime des assurances sociales agricoles.** — *[Anc. art. 1039.] — V. Décr. n° 90-1030 du 15 nov. 1990 (JO 21 nov.), mod. par Décr. n° 91-876 du 3 sept. 1991 (JO 7 sept.).*

Art. L. 742-5 **Les dispositions des articles L. 732-16 et L. 732-17 s'appliquent aux salariés agricoles.** — *[Anc. art. 1250-2.]*

TITRE V ACCIDENTS DU TRAVAIL ET MALADIES PROFESSIONNELLES *(L. n° 2001-1128 du 30 nov. 2001).*

CHAPITRE I ASSURANCE OBLIGATOIRE DES SALARIÉS DES PROFESSIONS AGRICOLES

BIBL. ► TAURAN, *RD rur. mars 2007. 17.*

COMMENTAIRE

La loi n° 72-965 du 25 octobre 1972 a imposé l'assurance accident du travail et maladie professionnelle pour l'ensemble des salariés du secteur agricole et en a confié la gestion à la MSA.

Les cotisations sont assises sur les rémunérations soumises à cotisations sociales. Les établissements employeurs font l'objet d'un classement par la MSA selon un arrêté ministériel fixant chaque catégorie de risque. Cet arrêté détermine également le taux de cotisation applicable par catégorie.

Les prestations servies sont les mêmes que celles du régime de droit commun. ❑

SECTION 1 Champ d'application

SOUS-SECTION 1 Bénéficiaires

Art. L. 751-1 **I. — Il est institué un régime d'assurance obligatoire contre les accidents du travail et les maladies professionnelles des salariés des professions agricoles qui s'applique aux salariés agricoles mentionnés à l'article L. 722-20.**

II. — Bénéficient également du présent régime :

1° Les élèves des établissements d'enseignement technique et de formation professionnelle agricoles pour les accidents survenus par le fait ou à l'occasion de cet enseignement ou de cette formation ;

2° Les personnes ne bénéficiant pas à un autre titre des dispositions du présent chapitre qui participent bénévolement au fonctionnement d'organismes à objet social sans caractère lucratif créés au profit des professions agricoles en vertu ou pour l'application d'un texte législatif ou réglementaire, et dont la liste est établie par décret ;

3° Les salariés agricoles désignés, en application de l'article L. 992-8 du code du travail, pour siéger dans une commission, un conseil ou un comité administratifs ou paritaires, pour les accidents survenus par le fait ou à l'occasion de leurs missions ;

4° Les salariés agricoles accomplissant un stage de formation dans les conditions prévues par les articles L. 236-10 *[L. 4523-10]*, **L. 434-10 et L. 451-1 du code du travail, pour les accidents survenus par le fait ou à l'occasion de cette formation ;**

5° Les bénéficiaires des allocations mentionnées au 4° de l'article L. 322-4 *[R. 5131-1]* **du code du travail pour les accidents survenus par le fait ou à l'occasion des actions favorisant leur reclassement ;**

6° Les bénéficiaires des allocations versées au titre de l'article L. 322-3 du code du travail pour les accidents survenus par le fait ou à l'occasion des actions favorisant leur reconversion ;

7° Les salariés agricoles désignés, dans les conditions définies à l'article L. 225-8 du code du travail, pour siéger dans une instance instituée par une disposition législative ou réglementaire auprès d'une autorité de l'État, pour les accidents survenus par le fait ou à l'occasion de leurs missions, dans la mesure où ils ne bénéficient pas à un autre titre des dispositions du présent article ;

(L. n° 2008-1330 du 17 déc. 2008, art. 18-5°) **« 8° Les élèves et étudiants des établissements autres que ceux mentionnés au 1° effectuant, auprès d'un employeur relevant du régime agricole, un stage dans les conditions définies à l'article** *(L. n° 2011-893 du 28 juill. 2011, art. 27-IV)* **« L. 612-8 du code de l'éducation », pour les accidents survenus par le fait ou à l'occasion de stages effectués dans le cadre de leur scolarité ou de leurs études ; »**

(L. n° 2016-1827 du 23 déc. 2016, art. 63-I-4°) **« 9° Les bénéficiaires de mises en situation dans les établissements et services définis au *a* du 5° du I de l'article L. 312-1 du code de l'action sociale et des familles ayant une activité agricole, prescrites dans les conditions fixées au 19° de l'article L. 412-8 du code de la sécurité sociale, au titre des accidents survenus par le fait ou à l'occasion de leur participation à ces mises en situation ; »**

(L. n° 2010-874 du 27 juill. 2010, art. 50-1°) **« 10° Par dérogation aux dispositions du 2° de l'article L. 412-8 du code de la sécurité sociale, les personnes effectuant des stages de formation professionnelle continue conformément aux dispositions de la sixième partie du code du travail, pour les accidents survenus par le fait ou à l'occasion de cette formation, lorsque celle-ci est effectuée dans le cadre du plan de professionnalisation permettant de bénéficier des aides au titre de la politique d'installation en agriculture mentionnée à l'article L. 330-1 du présent code, y compris si cette formation est effectuée par des salariés en partie hors du temps de travail dans les conditions fixées par le chapitre I du titre II du livre III de la sixième partie du code du travail ;**

« 11° Par dérogation aux dispositions de l'article L. 5142-1 du code du travail et du 14° de l'article L. 412-8 du code de la sécurité sociale, dans des conditions fixées par voie réglementaire, les personnes exerçant une activité mentionnée à l'article L. 722-1 du présent code et bénéficiaires d'un appui à la création ou à la reprise d'une activité économique au titre de l'article L. 127-1 du code de commerce » ;

(L. n° 2017-1836 du 30 déc. 2017, art. 24-II-2°) **« 12° Par dérogation au 17° de l'article L. 412-8 du code de la sécurité sociale, les entrepreneurs salariés et les entrepreneurs salariés associés mentionnés aux articles L. 7331-2 et L. 7331-3 du code du travail exerçant une activité mentionnée à l'article L. 722-1 du présent code » ;**

(L. n° 2021-1754 du 23 déc. 2021, art. 98) **« 13° Les personnes bénéficiaires d'indemnités journalières en application des articles L. 732-4, L. 742-3, L. 751-8 et L. 752-5 du présent code, menant des actions de formation professionnelle ou d'autres actions d'évaluation, d'accompagnement, d'information et de conseil dans les conditions prévues à l'article L. 323-3-1 du code de la sécurité sociale ou au quatrième alinéa de l'article L. 433-1 du même code et à l'article L. 752-5-2 du présent code. »**

III. — En ce qui concerne les personnes mentionnées au II, des décrets déterminent à qui incombent les obligations de l'employeur et fixent les bases des cotisations et celles des indemnités. — *[Anc. art. 1144 (partie) et 1145.]* — *V. art. D. 751-2 s.*

Stagiaire. Un établissement d'enseignement agricole lié par contrat d'association à l'État, reconnu employeur coupable d'une faute inexcusable, a été condamné à assumer seul le versement des indemnités dues à un élève victime d'un accident pendant un stage. • CE 28 mai 2001, *ESAT de Giel*, n° 206267 : *RD rur. 2001. 558.*

Art. L. 751-2 *Abrogé par L. n° 2003-775 du 21 août 2003, art. 18-V, à compter du 1er janv. 2005.*

Art. L. 751-3 **Si une personne mentionnée au I de l'article L. 751-1 est occupée par un même employeur principalement à un travail prévu audit article, et occasionnel-**

lement à une autre tâche, les dispositions du présent chapitre s'appliquent aux accidents qui surviendraient au cours de cette autre tâche. – *[Anc. art. 1147.]*

Art. L. 751-4 Les dispositions du présent chapitre ne sont pas applicables :

1° Aux assurés des professions agricoles des départements du Haut-Rhin, du Bas-Rhin et de la Moselle, qui relèvent du code local des assurances sociales du 19 juillet 1911, ainsi que des dispositions du chapitre I du titre VI du présent livre ;

2° Abrogé par Ord. n° 2012-789 du 31 mai 2012, art. 16-III. – [L. n° 72-965 du 25 oct. 1972, art. 18 et 19.]

Art. L. 751-5 Les victimes d'accidents survenus ou de maladies constatées après le 30 juin 1973, ou leurs ayants droit, qui ne remplissaient pas les conditions prévues par la législation applicable à la date de survenance de l'accident ou de constatation de la maladie, mais qui apporteraient la preuve qu'ils auraient rempli et continueraient à remplir les conditions requises par des dispositions nouvelles, modifiant ou complétant le présent chapitre, intervenues postérieurement à la date de l'accident ou de la constatation médicale de la maladie pourront demander le bénéfice de ces dernières dispositions.

Les droits résultant des dispositions de l'alinéa précédent prendront effet, en ce qui concerne les prestations, de la date du dépôt de la demande.

Ces prestations se substituent, pour l'avenir, aux autres avantages accordés à la victime ou à ses ayants droit, pour le même accident, au titre des assurances sociales. Si l'accident a donné lieu à réparation au titre du droit commun, le montant desdites réparations éventuellement revalorisé dans les conditions fixées par décret en Conseil d'État est déduit du montant des avantages accordés à la victime ou à ses ayants droit en exécution du présent article. – *[Anc. art. 1184.]*

SOUS-SECTION 2 Définition de l'accident du travail

Art. L. 751-6 Est considéré comme accident du travail, quelle qu'en soit la cause, l'accident survenu par le fait ou à l'occasion du travail à toute personne mentionnée à l'article L. 751-1, salariée ou travaillant, à quelque titre ou en quelque lieu que ce soit, pour un ou plusieurs employeurs ou chefs d'exploitation ou d'entreprise agricole.

Est également considéré comme accident du travail, lorsque la victime ou ses ayants droit apportent la preuve que l'ensemble des conditions ci-après sont remplies ou lorsque l'enquête permet à la caisse de mutualité sociale agricole de disposer sur ce point de présomptions suffisantes, l'accident survenu à un travailleur mentionné au premier alinéa ci-dessus pendant le trajet d'aller et retour entre :

1° Sa résidence principale, une résidence secondaire présentant un caractère de stabilité ou tout autre lieu où le travailleur se rend de façon habituelle pour des motifs d'ordre familial et le lieu de travail. *(Ord. n° 2006-905 du 20 juill. 2006)* « Ce trajet peut ne pas être le plus direct lorsque le détour est rendu nécessaire par la pratique régulière du covoiturage » ;

2° Le lieu du travail et le restaurant, la cantine ou, d'une manière plus générale, le lieu où le travailleur prend habituellement ses repas, et dans la mesure où le parcours n'a pas été interrompu ou détourné pour un motif dicté par l'intérêt personnel et étranger aux nécessités essentielles de la vie courante ou indépendant de l'emploi. – *[Anc. art. 1146.]*

SECTION 2 Dispositions relatives aux maladies professionnelles

Art. L. 751-7 Les dispositions concernant les maladies professionnelles figurant au titre VI du livre IV du code de la sécurité sociale sont applicables au régime défini au présent chapitre.

Des *(Ord. n° 2005-804 du 18 juill. 2005, art. 15)* « décrets » fixent les modalités d'application du précédent alinéa. – *[Anc. art. 1170.] – V. art. R. 751-17 s.*

Sur les tableaux des maladies professionnelles, V. art. R. 751-25.

Sur l'organisation et la composition de la commission supérieure des maladies professionnelles en agriculture, V. art. D. 751-19 s.

SECTION 3 Prestations

Art. L. 751-8 Les dispositions du titre III et du chapitre III du titre IV du livre IV du code de la sécurité sociale relatives aux prestations en matière d'accidents du travail et de maladies professionnelles sont applicables au régime défini au présent chapitre. *(L. nº 2008-1330 du 17 déc. 2008, art. 18-6º)* « Toutefois, l'article L. 434-1 du code de la sécurité sociale n'est pas applicable aux personnes mentionnées au 8º du II de l'article L. 751-1 du présent code. »

Al. 2 abrogé par Ord. nº 2010-461 du 6 mai 2010, art. 5. — [Anc. art. 1148.]

L'incapacité permanente consécutive à un accident du travail ou à une maladie professionnelle d'un salarié agricole est appréciée à la date de consolidation de l'état de la victime. • Civ. 2e, 15 mars 2018, nº 17-15.400 P : *RD rur. 2018. 119, note Tauran.*

SECTION 4 Faute de l'assuré ou d'un tiers

Art. L. 751-9 Les dispositions des articles L. 451-1 à L. 455-2 du code de la sécurité sociale sont applicables au régime défini au présent chapitre.

Toutefois, à la référence au livre III *[titre VI du livre I]* du code de la sécurité sociale contenue au premier alinéa de l'article L. 453-1, est substituée la référence à l'article L. 742-3 du code rural et de la pêche maritime. En outre, l'indemnité forfaitaire prévue à l'article L. 454-1 du code de la sécurité sociale et recouvrée par un organisme de mutualité sociale agricole auprès d'un tiers responsable d'un accident constitue une recette de gestion pour ledit organisme.

Des décrets en Conseil d'État fixent les modalités d'application du premier alinéa du présent article. — *[Anc. art. 1149.]*

SECTION 5 Organisation et financement

SOUS-SECTION 1 Dispositions générales

Art. L. 751-10 L'assurance obligatoire des salariés des professions agricoles contre les accidents du travail et les maladies professionnelles est gérée par les caisses de mutualité sociale agricole. Elle est financée par les contributions des employeurs et par le versement du solde de compensation prévu par les articles L. 134-7 à L. 134-11 du code de la sécurité sociale.

Al. 2 abrogé par L. nº 2010-237 du 9 mars 2010, art. 13. — [Anc. art. 1150.]

Art. L. 751-11 Les caisses de mutualité sociale agricole :

1º Déterminent le taux des cotisations de chaque employeur et recouvrent les sommes dues ;

2º Exercent sans préjudice des dispositions du 7º de l'article L. 723-11 des actions de prévention contre les accidents du travail et les maladies professionnelles dans les conditions prévues à la section 8 du présent chapitre.

Des décrets fixent les conditions dans lesquelles sont organisées les opérations de liquidation et de paiement prévues au présent titre, y compris les frais d'appareillage. — *[Anc. art. 1151 (partie).]*

SOUS-SECTION 2 Financement

Art. L. 751-12 Les ressources doivent couvrir intégralement les charges, ci-après énumérées :

1º Prestations prévues aux articles L. 751-8 et L. 751-42 à L. 751-47 ;

2º Dépenses de prévention ;

3º Frais de gestion, de contrôle médical, d'action sanitaire et sociale ;

4º Dépenses relatives, en ce qui concerne les salariés agricoles, à des accidents survenus et à des maladies professionnelles constatées avant le 1er juillet 1973 et constituées par :

a) La revalorisation des rentes allouées en application de la législation alors en vigueur ;

b) L'allocation mentionnée à l'article L. 753-14 et les frais d'appareillage mentionnés à l'article L. 753-19 ;

c) Les rentes accordées au titre de l'article L. 753-4 ;

d) La réparation des accidents survenus par fait de guerre ;

e) Les frais de rééducation prévus à l'article L. 753-23 ;

5° Dépenses supplémentaires pouvant résulter, en ce qui concerne les salariés agricoles, de l'application des modalités techniques de la fourniture, de la réparation et du renouvellement des appareils de prothèse ou d'orthopédie, prévues par les articles L. 431-1 à L. 431-3 du code de la sécurité sociale, en faveur des victimes d'accidents du travail survenus antérieurement au 1er janvier 1955 ;

(L. n° 2010-1330 du 9 nov. 2010, art. 84-3°) « 6° Le montant » *(Ord. n° 2017-1389 du 22 sept. 2017, art. 4-4°, en vigueur le 1er janv. 2018)* « mentionné au premier alinéa de l'article L. 751-13-1 ». – *[Anc. art. 1153.]*

Art. L. 751-13 La cotisation due à la caisse de mutualité sociale agricole par chaque employeur est assise sur les *(Ord. n° 2018-474 du 12 juin 2018, art. 5)* « revenus d'activité tels qu'ils sont pris en compte pour la détermination de l'assiette des cotisations définie à l'article L. 741-10 ».

Al. 2 abrogé par Ord. n° 2010-104 du 28 janv. 2010.

Un décret en Conseil d'État précise *(Abrogé par Ord. n° 2010-461 du 6 mai 2010, art. 7)* « ***, en tant que de besoin,*** » les conditions d'application du présent article. – *[Anc. art. 1154.] – V. art. D. 751-74 s.*

Art. L. 751-13-1 *(Ord. n° 2017-1389 du 22 sept. 2017, art. 4-5°, en vigueur le 1er janv. 2018)* « Le montant couvrant les dépenses supplémentaires engendrées par les départs en retraite à l'âge fixé en application de l'article L. 351-1-4 du code de la sécurité sociale et les dépenses supplémentaires engendrées par le dispositif mentionné à l'article L. 4163-1 du code du travail » *(L. n° 2010-1330 du 9 nov. 2010, art. 84-4°)* « est pris en compte dans les éléments de calcul de la cotisation qui peuvent être modulés par secteur d'activité dans des conditions déterminées par décret. »

(Ord. n° 2017-1389 du 22 sept. 2017, art. 4-5°, en vigueur le 1er janv. 2018) « Le montant mentionné à l'alinéa précédent est fixé chaque année par la loi de financement de la sécurité sociale. Ce montant peut tenir compte des prévisions financières pour les cinq prochaines années et, le cas échéant, des recommandations du comité de suivi mentionné à l'article L. 114-4 du code de la sécurité sociale. »

Art. L. 751-14 Pour tenir compte des risques particuliers encourus par les salariés mis à la disposition d'utilisateurs par les entreprises de travail temporaire, le coût de l'accident et de la maladie professionnelle mentionnés aux articles L. 751-6 et L. 751-7 est mis pour partie à la charge de l'entreprise utilisatrice si celle-ci au moment de l'accident est soumise au paiement des cotisations mentionnées à l'article L. 751-13. En cas de défaillance de cette dernière, ce coût est supporté intégralement par l'employeur. Ces dispositions ne font pas obstacle à ce que le juge procède à une répartition différente, en fonction des données de l'espèce.

Dans le cas où un salarié intérimaire engage une action en responsabilité fondée sur la faute inexcusable de l'employeur, sans qu'il y ait eu mise en cause de l'entreprise utilisatrice, l'entreprise de travail temporaire est tenue d'appeler en la cause l'entreprise utilisatrice pour qu'il soit statué dans la même instance sur la demande du salarié intérimaire et sur la garantie des conséquences financières d'une reconnaissance éventuelle de faute inexcusable.

Un décret en Conseil d'État détermine les cas et modalités d'application du présent article et notamment la part du coût de l'accident du travail ou de la maladie professionnelle mise à la charge de l'entreprise utilisatrice ainsi que les documents que l'entreprise de travail temporaire et l'entreprise utilisatrice doivent s'adresser sur leur demande. – *[Anc. art. 1154-1.]*

Art. L. 751-14-1 *(L. n° 2007-294 du 5 mars 2007, art. 6)* Le coût de l'accident du travail ou de la maladie professionnelle, tels que définis aux articles L. 751-6 et L. 751-7 et imputables au service du salarié dans la réserve sanitaire définie au chapitre II du titre III du livre I de la troisième partie du code de la santé publique, est mis en totalité à la charge de l'État, selon des modalités définies par décret.

Art. L. 751-15 Un arrêté du ministre chargé de l'agriculture fixe annuellement, pour chaque catégorie de risque, le taux des cotisations après avis de la section des acci-

dents du travail du Conseil supérieur des prestations sociales agricoles, saisie par le ministre des propositions établies par la caisse centrale de la mutualité sociale agricole. *(L. nº 2023-270 du 14 avr. 2023, art. 5)* **« Cet arrêté prévoit que les modalités de calcul du taux de cotisation permettent la mutualisation entre les entreprises des coûts liés aux maladies professionnelles dont l'effet est différé dans le temps, dans l'objectif de favoriser l'emploi des salariés âgés. »** – *[Anc. art. 1155.]*

Art. L. 751-16 **Les caisses de mutualité sociale agricole classent dans les différentes catégories retenues par le ministre chargé de l'agriculture les risques particuliers à chaque employeur. Ce classement peut être contesté soit par l'employeur, soit par l'autorité administrative devant la** *(L. nº 2016-1547 du 18 nov. 2016, art. 12-V-2º)* **« juridiction compétente pour connaître du contentieux mentionné au** *(L. nº 2019-222 du 23 mars 2019, art. 96-III)* **« 7º de l'article L. 142-1 » du code de la sécurité sociale ».**

Les employeurs communiquent le montant total des salaires par catégories de risques telles que prévues au premier alinéa. – *[Anc. art. 1156 ; L. nº 90-86 du 23 janv. 1990, art. 1er-VII.]*

Art. L. 751-17 **Les dispositions** *(Abrogé par L. nº 2010-1594 du 20 déc. 2010, art. 12-II) « de l'article L. 241-13 et »* *(L. nº 2007-1786 du 19 déc. 2007, art. 17-IV, en vigueur le 1er oct. 2007)* **« de l'article L. 241-18 » du code de la sécurité sociale sont applicables aux cotisations d'accidents du travail dues au titre des salariés agricoles.**

(L. nº 2014-892 du 8 août 2014, art. 2-IV-5º) **« La réduction prévue à l'article L. 241-13 du même code s'impute sur les cotisations mentionnées au premier alinéa du présent article, à hauteur du taux fixé par l'arrêté mentionné à la dernière phrase du troisième alinéa de l'article L. 241-5 du même code. »** – *[Anc. art. 1157-1.]*

Art. L. 751-17-1 et L. 751-17-2 *Abrogés par L. nº 2007-1786 du 19 déc. 2007, art. 22-IV.*

Art. L. 751-18 *Abrogé par L. nº 2012-1509 du 29 déc. 2012, art. 93-I-3º.*

Art. L. 751-19 *Abrogé par L. nº 2014-1554 du 22 déc. 2014, art. 13-II-2º.*

Art. L. 751-20 *Abrogé par L. nº 2018-1203 du 22 déc. 2018, art. 8.*

Art. L. 751-21 **Les caisses de mutualité sociale agricole peuvent accorder des ristournes sur la cotisation ou imposer des cotisations supplémentaires dans les conditions fixées par arrêté du ministre chargé de l'agriculture, pour tenir compte selon le cas :**

1º Soit des mesures de prévention ou de soins prises par l'employeur ;

2º Soit des risques exceptionnels présentés par l'exploitation révélés notamment par une infraction constatée en application de l'article L. 611-10 du code du travail ou résultant de l'inobservation des mesures individuelles ou collectives de prévention décidées par application de l'article L. 751-48. – *V. Arr. du 3 févr. 2012 relatif aux avances, aux subventions, aux prêts et à l'attribution de ristournes sur cotisations ou à l'imposition de cotisations supplémentaires en matière d'accidents du travail et de maladies professionnelles des salariés agricoles (JO 9 févr.), mod. par Arr. du 27 févr. 2020 (JO 5 mars), Arr. du 20 déc. 2022 (JO 24 déc.), Arr. du 12 déc. 2023 (JO 28 déc.).*

Pour l'imposition d'une cotisation supplémentaire, en dehors du cas d'infraction constatée en application de l'article L. 611-10 du code du travail, l'envoi d'une injonction préalable n'est pas exigé en ce qui concerne les dispositions générales de prévention ayant fait l'objet d'un arrêté d'extension du ministre chargé de l'agriculture et les mesures particulières de prévention rendues obligatoires par arrêté du ministre chargé de l'agriculture pour tous les employeurs d'un secteur professionnel déterminé, à moins que ces arrêtés n'en aient disposé autrement.

(L. nº 2010-1594 du 20 déc. 2010, art. 96-I) **« Il en est de même pour l'imposition découlant d'une répétition dans un établissement, dans un délai déterminé, de certaines situations particulièrement graves de risque exceptionnel définies par arrêté qui ont déjà donné lieu à une première injonction à cet établissement. »**

Il en est de même pour l'imposition d'une cotisation supplémentaire plus élevée en cas de récidive dans un délai de trois ans ou en cas de persistance, après l'expiration

du délai fixé, de la situation ayant donné lieu à l'imposition d'une cotisation supplémentaire.

La cotisation supplémentaire est due à partir de la date à laquelle ont été constatés les risques exceptionnels. *(L. n° 2010-1594 du 20 déc. 2010, art. 96-I)* « Le taux de la cotisation supplémentaire, la durée pendant laquelle elle est due et son montant forfaitaire minimal sont fixés par arrêté. »

Les décisions des caisses sont susceptibles de recours devant la *(Ord. n° 2018-358 du 16 mai 2018, art. 3)* « juridiction » mentionnée à l'article L. 751-16.

En cas de carence de la caisse, l'autorité administrative peut statuer, sauf recours devant ladite *(Ord. n° 2018-358 du 16 mai 2018, art. 3)* « juridiction ». — *[Anc. art. 1158.] — Les dispositions de l'Ord. n° 2018-358 du 16 mai 2018 entrent en vigueur à la date fixée par le décret mentionné au premier al. du I de l'art. 114 de la L. n° 2016-1547 du 18 nov. 2016 de modernisation de la justice du XXI*e *siècle, et au plus tard le 1*er *janv. 2019 (Ord. préc., art. 8, JO 17 mai).*

Art. L. 751-22 L'arrêté mentionné au premier alinéa de l'article L. 751-21 fixe le pourcentage du montant des cotisations d'accidents du travail et de maladies professionnelles et la part minimale du produit des cotisations supplémentaires qui doivent être affectés à l'attribution des ristournes prévues au même article et des avances mentionnées à l'article L. 751-49. — *[Anc. art. 1158-1, al. 2.]*

Art. L. 751-23 Les métayers mentionnés à l'article L. 722-21 sont seuls tenus au paiement de la cotisation envers la caisse. Le propriétaire des biens exploités est tenu de reverser au métayer une part de cotisation proportionnelle à sa part dans les produits de l'exploitation. — *[Anc. art. 1159.]*

Art. L. 751-24 *(L. n° 2002-73 du 17 janv. 2002, art. 33)* La part des cotisations affectée aux dépenses de prévention ainsi qu'aux frais de gestion, de contrôle médical et d'action sanitaire et sociale est fixée par arrêté prévu à l'article L. 751-15.

Art. L. 751-25 Les dispositions relatives aux procédures de recouvrement et aux délais de prescription des articles L. 725-3 à L. 725-7 sont applicables aux sommes dues en application des articles L. 751-35 et L. 751-36. — *[Anc. art. 1161.]*

SECTION 6 Formalités, procédure et contentieux

SOUS-SECTION 1 Formalités liées à l'accident

Art. L. 751-26 L'employeur soit personnellement, soit par l'intermédiaire d'un de ses préposés, doit, dans un délai fixé par décret, déclarer à la caisse de mutualité sociale agricole tout accident dont il a eu connaissance directement ou indirectement et remettre à la victime une feuille d'accident.

(L. n° 2020-1576 du 14 déc. 2020, art. 100) « L'employeur, dès lors qu'il remplit des conditions fixées par décret, peut » remplacer la déclaration des accidents n'entraînant ni arrêt de travail, ni soins médicaux par une inscription sur un registre ouvert à cet effet *(L. n° 2020-1576 du 14 déc. 2020, art. 100)* « , selon des modalités prévues par décret ».

Ce registre est tenu à la disposition des agents de contrôle des caisses *(L. n° 2020-1576 du 14 déc. 2020, art. 100)* « , des agents chargés du contrôle de la prévention » et des services chargés de l'inspection du travail.

Lorsqu'un accident ayant fait l'objet d'une simple inscription sur un registre entraîne ultérieurement un arrêt de travail ou des soins médicaux, l'employeur est tenu d'adresser à la caisse la déclaration prévue au premier alinéa.

Tout manquement à l'obligation de déclaration ou d'inscription sur le registre prévue au premier et au deuxième alinéas est sanctionné dans les conditions fixées par l'article L. 471-1 du code de la sécurité sociale. — *[Anc. art. 1163.]*

La décision de la MSA de reconnaître le caractère professionnel de l'accident est inopposable à l'employeur qui n'a été informé d'aucun élément essentiel de la procédure d'instruction par la caisse, ni de la possibilité de consulter le dossier, ni de la date à laquelle la caisse prévoyait de prendre sa décision, ni de sa possibilité de présenter des observations avant toute décision. • Civ. 2e, 5 juill. 2005, n° 04-30.060 P : *JCP 2005. IV. 3036 ; RD rur. nov. 2005. 40, note Prétot.*

Art. L. 751-27 L'employeur est tenu de délivrer à la victime une feuille d'accident. Le praticien consulté par la victime est tenu d'établir en double exemplaire un certificat, d'en adresser un à la caisse de mutualité sociale agricole et de remettre l'autre à la victime.

Il en est de même lors de la constatation de la guérison de la blessure sans incapacité permanente ou, s'il y a incapacité permanente, au moment où est constatée la consolidation. – *[Anc. art. 1164.]*

Art. L. 751-28 Lorsque le praticien consulté par la victime ne s'est pas conformé, sauf impossibilité due à l'urgence, aux prescriptions relatives à l'établissement et à la transmission des certificats médicaux, la caisse, et, dans le cas prévu au deuxième alinéa de l'article L. 432-3 du code de la sécurité sociale, la victime ou ses ayants droit ne sont pas tenus au paiement des honoraires. – *[Anc. art. 1165.]*

Art. L. 751-29 *Abrogé par Ord. nº 2006-905 du 20 juill. 2006.*

Art. L. 751-30 Les dispositions *(Ord. nº 2006-905 du 20 juill. 2006)* « des articles L. 441-3 et L. 442-4 » du code de la sécurité sociale sont applicables. – *[Anc. art. 1167.]*

Art. L. 751-31 La caisse de mutualité sociale agricole fixe la date de guérison ou de consolidation de la blessure et, dans ce dernier cas, établit des propositions relatives au taux d'incapacité permanente de travail. – *[Anc. art. 1168.]*

Art. L. 751-32 *Abrogé par L. nº 2019-222 du 23 mars 2019, art. 96-III.*

SOUS-SECTION 2 **Contrôle et procédure postérieurs à l'accident**

Art. L. 751-33 Le contrôle médical de la victime pendant la période d'incapacité temporaire et en cas de rechute est exercé selon les règles applicables en matière d'assurance maladie des salariés agricoles.

Les mêmes sanctions sont applicables. – *[Anc. art. 1172.]*

Art. L. 751-34 Les caisses de mutualité sociale agricole prennent en charge dans les mêmes conditions qu'en matière d'assurance maladie des salariés agricoles et suivant des modalités fixées par décret en Conseil d'État, les honoraires et frais de déplacement de praticiens, les frais de déplacement des victimes et les frais d'expertise de ces dernières exposés du fait du contrôle médical.

Toutefois, la juridiction compétente peut mettre à la charge de la victime ou de ses ayants droit tout ou partie des frais et honoraires entraînés par des examens ou expertises prescrits à leur demande lorsque celle-ci est reconnue comme étant manifestement abusive. – *[Anc. art. 1173.]*

SOUS-SECTION 3 **Sanctions**

Art. L. 751-35 Indépendamment des majorations de retard dues pour les cotisations qui n'ont pas été acquittées dans le délai réglementaire, les caisses de mutualité sociale agricole sont fondées à poursuivre auprès de l'employeur, dans les conditions fixées aux alinéas suivants, le remboursement des prestations d'accidents du travail effectivement servies par elles aux salariés de l'entreprise.

Cette sanction est encourue lorsque, à la date de l'accident du travail, l'employeur n'avait pas acquitté l'intégralité des cotisations d'accidents du travail dues pour son personnel.

Cette sanction est limitée au remboursement des prestations effectivement servies entre la date d'accident du travail et la date de l'acquittement des cotisations impayées par l'employeur pour l'ensemble de son personnel lors de l'accident du travail du salarié ou assimilé.

Ce remboursement ne peut, d'autre part, être supérieur au montant des cotisations dues pour l'ensemble du personnel à la date de l'accident du travail. – *[Anc. art. 1176.]*

Art. L. 751-36 La caisse de mutualité sociale agricole peut réclamer le remboursement de la totalité des dépenses faites par elle à la suite d'un accident à l'employeur qui n'a pas déclaré celui-ci ou n'a pas remis à la victime une feuille d'accident dans les conditions réglementaires.

Ce remboursement ne peut, d'autre part, être supérieur à un montant fixé par décret. – *[Anc. art. 1177, al. 1er et 2.] – V. art. D. 751-140.*

Art. L. 751-37 La caisse de mutualité sociale agricole poursuit auprès de l'employeur de toute personne étrangère travaillant ou ayant travaillé pour le compte de celui-ci sans *(L. nº 2016-1827 du 23 déc. 2016, art. 63-I-5º)* « remplir la condition de régularité du séjour prévue à l'article L. 111-2-3 » du code de la sécurité sociale le remboursement de la totalité des dépenses qu'elle supporte pour cette personne au titre du présent chapitre.

(L. nº 2013-1203 du 23 déc. 2013, art. 84-I) « Il en est de même lorsque la personne se trouvait en situation de travail dissimulé, au sens des articles L. 8221-3 et L. 8221-5 du code du travail.

« Dans les cas mentionnés au présent article ainsi qu'à l'article L. 751-36 du présent code, la caisse de mutualité sociale agricole peut prononcer la pénalité prévue à l'article L. 162-1-14 du code de la sécurité sociale. » – *[Anc. art. 1177, al. 3.]*

Art. L. 751-38 Les obligations mises à la charge de l'employeur des salariés agricoles par le présent chapitre incombent à l'entreprise de travail temporaire mentionnée à l'article L. 722-24. – *[L. nº 72-1 du 3 janv. 1972, art. 28.]*

Art. L. 751-39 Pour permettre à l'entreprise de travail temporaire de s'acquitter des obligations mises à sa charge par les articles L. 751-26 et L. 751-27 en cas d'accident du travail agricole, l'utilisateur ou le chef de l'entreprise utilisatrice doit déclarer à l'entreprise de travail temporaire tout accident dont il a eu connaissance et qui a atteint un salarié mis à sa disposition par ladite entreprise de travail temporaire. – *[L. nº 72-1 du 3 janv. 1972, art. 29.]*

Art. L. 751-40 Les pénalités prévues aux articles *(L. nº 2005-1579 du 19 déc. 2005, art. 92-VI ; L. nº 2013-1203 du 23 déc. 2013, art. 86-IV)* « L. 471-2 et L. 471-4 » du code de la sécurité sociale sont applicables en cas d'agissements identiques ayant lieu dans le cadre de l'application du présent chapitre. – *[Anc. art. 1175, al. 2.]*

SOUS-SECTION 4 **Dispositions diverses**

Art. L. 751-41 Les dispositions des articles L. 442-7 et L. 482-4 du code de la sécurité sociale sont applicables à l'assurance contre les accidents du travail et les maladies professionnelles des salariés agricoles. – *[Anc. art. 1175, al. 1er.]*

SECTION 7 **Accidents survenus ou maladies constatées avant le 1er juillet 1973**

Art. L. 751-42 Les victimes d'accidents survenus ou de maladies constatées avant le 1er juillet 1973, qui ne remplissaient pas les conditions fixées par la législation alors en vigueur, ou leurs ayants droit, ont droit à une allocation lorsqu'ils apportent la preuve qu'ils auraient rempli et continuent à remplir l'ensemble des conditions exigées, pour obtenir une rente, par les dispositions du présent chapitre, ou par les textes intervenus postérieurement au 1er juillet 1973.

L'allocation ne peut être attribuée à la victime que lorsque, par suite d'un ou de plusieurs accidents du travail ou de maladies professionnelles, le taux d'incapacité permanente est au moins égal à 10 %. Le montant de l'allocation est calculé par l'application de règles fixées aux articles L. 434-2 et L. 434-8 du code de la sécurité sociale sur la base du salaire minimum prévu à l'article L. 434-16 dudit code.

Le titulaire de l'allocation prévue au premier alinéa, dont l'infirmité résultant de l'accident ou de la maladie nécessite un appareil de prothèse ou d'orthopédie a droit à la fourniture, à la réparation et au renouvellement de cet appareil *(L. nº 2008-1330 du 17 déc. 2008, art. 98-II)* « dans les conditions prévues à l'article L. 432-3 » du code de la sécurité sociale. – *[Anc. art. 1178.]*

Art. L. 751-43 I. – La victime d'un accident du travail survenu ou d'une maladie professionnelle constatée avant le 1er juillet 1973 qui, en raison des conséquences de l'accident ou de la maladie et par suite d'une aggravation survenue postérieurement à l'expiration du délai défini au dernier alinéa du présent article, est atteinte d'une incapacité permanente de travail l'obligeant à avoir recours à l'assistance d'une tierce personne pour effectuer les actes ordinaires de la vie reçoit :

1° S'il y a lieu, une allocation portant le montant annuel de sa rente à celui de la rente calculée sur la base du taux d'incapacité permanente totale ;

2° *(L. n° 2012-1404 du 17 déc. 2012, art. 85-III-2°, en vigueur le 1er mars 2013)* « La prestation complémentaire pour recours à tierce personne mentionnée à l'article » L. 434-2 du code de la sécurité sociale.

II. — Il incombe au demandeur d'apporter la preuve :

1° De l'incapacité permanente totale, si elle n'avait pas été constatée antérieurement, en application de la loi du 15 décembre 1922 modifiée ;

2° Du lien de cause à effet entre les conséquences de l'accident ou de la maladie et l'état de la victime ;

3° Du caractère obligatoire de l'assistance d'une tierce personne.

Le délai mentionné au premier alinéa est le délai de trois ans ouvert en vue d'une demande de révision à compter soit de la date à laquelle cesse d'être due l'indemnité journalière, soit de la date de l'accord intervenu concernant l'attribution d'une rente. — *[Anc. art. 1179.]*

Art. L. 751-44 Le conjoint survivant de la victime d'un accident du travail survenu ou d'une maladie professionnelle constatée avant le 1er juillet 1973, dont le décès, directement imputable aux conséquences de l'accident ou de la maladie, s'est produit postérieurement à l'expiration du délai mentionné au dernier alinéa de l'article L. 751-43, reçoit une allocation lorsqu'il apporte la preuve que le décès de la victime est directement imputable aux conséquences de l'accident ou de la maladie.

L'allocation est attribuée dans les conditions fixées par les dispositions de l'article L. 434-8 du code de la sécurité sociale sur la base du salaire minimum prévu à l'article L. 434-16 dudit code. — *[Anc. art. 1180.]*

Art. L. 751-45 Si l'accident ou la maladie a donné lieu à réparation, les prestations accordées en application des articles L. 751-42 à L. 751-44 sont réduites du montant de la rente correspondant à la réparation accordée, éventuellement revalorisé dans les conditions fixées par décret en Conseil d'État. — *[Anc. art. 1181.] — V. art. R. 751-151.*

Art. L. 751-46 Les allocations et majorations accordées en vertu des articles L. 751-42 à L. 751-44 sont revalorisées par application *(L. n° 2015-1702 du 21 déc. 2015, art. 89-III-2°)* « du coefficient mentionné » à l'article L. 434-17 du code de la sécurité sociale.

Elles sont dues à compter de la date de la demande et au plus tôt à partir du 1er juillet 1973. Toutefois, en ce qui concerne les décès survenus après le 30 juin 1973, le conjoint survivant a droit à l'allocation à compter de la date du décès, si sa demande a été présentée dans les six mois suivant cette date. — *[Anc. art. 1182.]*

Art. L. 751-47 Les victimes d'accidents survenus ou de maladies professionnelles constatées avant le 1er juillet 1973 ont droit à la prise en charge, dans les conditions de délais prévues par la législation alors en vigueur, des frais médicaux, chirurgicaux, pharmaceutiques et des frais d'hospitalisation entraînés par une rechute rendant nécessaire un traitement médical, qu'il y ait ou non incapacité temporaire. — *[Anc. art. 1183.]*

V. art. R. 751-144 s.

SECTION 8 **Prévention**

Art. L. 751-48 Des décrets en Conseil d'État déterminent les conditions dans lesquelles sont définies et mises en œuvre les mesures destinées à assurer la prévention contre les accidents du travail et les maladies professionnelles des salariés agricoles ainsi que les moyens de financement correspondants et les modalités de la participation paritaire des employeurs et des salariés notamment dans des comités techniques auprès des caisses de mutualité sociale agricole chargés de la gestion de la prévention. — *[Anc. art. 1171.] — V. art. R. 751-154 s.*

Art. L. 751-49 Dans une limite fixée par voie réglementaire, des avances peuvent être accordées par les caisses de mutualité sociale agricole aux employeurs qui souscrivent aux conditions de la convention d'objectifs, préalablement approuvée par la caisse centrale de la mutualité sociale agricole et fixant un programme d'actions de

prévention spécifique à leur branche d'activité. Ces avances pourront être acquises aux employeurs dans les conditions prévues par la convention.

(L. n° 2010-1594 du 20 déc. 2010, art. 96-II) **« Les caisses mentionnées au premier alinéa peuvent également accorder, dans des conditions définies par arrêté, des subventions aux entreprises éligibles aux programmes de prévention nationaux définis par la Caisse centrale de la mutualité sociale agricole après avis des comités techniques nationaux. Ces programmes précisent les risques et les catégories d'entreprises éligibles ainsi que les montants financiers susceptibles d'être alloués. Une subvention ne peut être accordée à une entreprise que si** *(Ord. n° 2017-1718 du 20 déc. 2017, art. 2-I-15°)* **« le comité social et économique a été, le cas échéant, informé » des mesures de prévention préalablement à leur mise en œuvre. »** – *[Anc. art. 1158-1, al. 1er.]*

CHAPITRE II ASSURANCE CONTRE LES ACCIDENTS DU TRAVAIL ET LES MALADIES PROFESSIONNELLES DES NON-SALARIÉS AGRICOLES ET DES PERSONNES MENTIONNÉES À L'ARTICLE L. 731-23 *(Ord. n° 2006-1647 du 21 déc. 2006)*.

(L. n° 2001-1128 du 30 nov. 2001)

BIBL. GÉN. ▶ SCHOETTL, *LPA 24 déc. 2001, p. 4* (constitutionnalité de la nouvelle couverture accidents du travail des exploitants agricoles ; Cons. const. 27 nov. 2001). – TAQUET, *Gaz. Pal. 24-25 juill. 2002, p. 19* (loi 30 nov. 2001).

COMMENTAIRE

La loi n° 66-950 du 22 décembre 1966 a rendu obligatoire le régime d'assurance accidents du travail maladie professionnelle pour les chefs d'exploitation et leurs proches. Auparavant, cette assurance était facultative. La loi n° 2001-1128 du 30 novembre 2001 a entièrement refondu le régime assurance accident des exploitants agricoles (AAEXA).

La loi du 23 décembre 2013 pour le financement de la sécurité sociale a unifié les régimes de base d'assurance maladie maternité invalidité des exploitants agricoles (AMEXA) et des accidents du travail et maladies professionnelles (ATEXA). Désormais, l'intégralité de cette gestion est confiée à la MSA. La part des assureurs privés spécifiquement habilités qui pouvaient être choisis par les exploitants pour la gestion de ces régimes avait diminué. C'est pourquoi le libre choix des organismes de gestion par les assurés a été écarté au profit d'une gestion unique par la seule MSA. Cette décision a été expliquée par la recherche d'une réduction des coûts de gestion et par le souci de renforcer la logique de guichet unique de la protection sociale agricole.

Un arrêté ministériel détermine les différentes catégories d'entreprises selon le risque en y affectant un taux de cotisation. ❑

SECTION 1 Champ d'application

(L. n° 2001-1128 du 30 nov. 2001)

Art. L. 752-1 *(Ord. n° 2006-1647 du 21 déc. 2006)* **« I. – » Sont obligatoirement assurés contre les accidents du travail et les maladies professionnelles, lorsqu'ils sont occupés dans les exploitations, entreprises ou établissements énumérés aux 1° à 5° de l'article L. 722-1 :**

1° Les personnes mentionnées au premier alinéa du 1° et aux 2° et 5° de l'article L. 722-10 du présent code, y compris les personnes visées à l'article L. 171-3 du code de la sécurité sociale ;

2° *(L. n° 2005-157 du 23 févr. 2005, art. 66-II)* **« Les conjoints mentionnés au *a* du 4° de l'article L. 722-10 participant à la mise en valeur de l'exploitation ou de l'entreprise, ainsi que ceux qui participent à l'activité non salariée non agricole lorsque le chef ou l'associé d'exploitation est rattaché au seul régime agricole des non-salariés agricoles en application de l'article L. 171-3 du code de la sécurité sociale, que les conjoints soient ou non couverts à titre personnel par un régime obligatoire d'assurance maladie, maternité, à l'exception des conjoints des personnes visées au 3° de l'article L. 722-10 » ;**

3° Les enfants mentionnés au *b* du 4° de l'article L. 722-10 du présent code participant occasionnellement aux travaux de l'exploitation, sous réserve qu'ils soient âgés d'au moins quatorze ans.

Le respect de l'obligation d'assurance prévue au présent chapitre incombe au chef d'exploitation ou d'entreprise agricole pour lui-même et les autres personnes mentionnées au présent article, les enfants mentionnés au 3° bénéficiant d'une présomption d'affiliation.

(Ord. n° 2006-1647 du 21 déc. 2006) **« II. — Sont obligatoirement assurées pour leur propre compte contre les accidents du travail et les maladies professionnelles les personnes mentionnées à l'article L. 731-23 dont l'exploitation ou l'entreprise agricole répond à des critères de superficie ou de temps travaillé fixés par décret, à l'exception de celles qui bénéficient à un autre titre de l'assurance prévue au présent chapitre. »** — *V. art. R. 752-1-1.*

III. — Abrogé par L. n° 2013-1203 du 23 déc. 2013, art. 82-I-17°.

(L. n° 2010-1594 du 20 déc. 2010, art. 26) **« IV. — L'obligation d'assurance prévue au I n'est pas applicable aux bailleurs à métayage. »**

1. Est fondée la cour qui retient que l'exercice d'une activité agricole non salariée à titre secondaire par un avoué à temps complet soumis à ce titre au régime des professions libérales justifie son affiliation d'office à la caisse de MSA au régime d'assurance contre les accidents du travail en l'absence de choix entre la caisse de MSA et un organisme régi par le code des assurances ou celui de la mutualité. • Civ. 2e, 25 avr. 2007 : *Gaz. Pal. 4-5 juill. 2007. 19, note Coursier et 15-18 août 2007.*

2. L'irrespect de l'obligation d'assurance contre les accidents du travail et de la vie privée n'empêche pas l'exploitant de bénéficier de l'aide médicale et le cas échéant de la possibilité de faire valoir des droits effectifs aux prestations en nature de l'assurance maladie ou à une autre garantie ayant le même objet. • CE 6 mars 2002, *Dpt du Gers c/ Hilario*, n° 226298.

3. Les prestations relatives à des accidents survenus ou à des maladies professionnelles déclarées avant le 1er avril 2002 restent dues au titre des contrats d'assurance obligatoires contre ces risques souscrits antérieurement à cette date, sans qu'il y ait lieu de distinguer la date de reconnaissance du caractère professionnel de la maladie. • Civ. 2e, 26 mars 2015, n° 14-11.729 P : *Gaz. Pal. 5-9 avr. 2015 ; D. actu. 14 avr. 2015 ; RD rur. 2015, n° 206, note Tauran.*

4. La seule mise à la retraite pour inaptitude au travail décidée par la caisse du RSI ne suffit pas à établir la cessation d'activité agricole et l'absence d'obligation aux cotisations d'accidents du travail et maladies professionnelles des non-salariés agricoles. • Civ. 2e, 5 nov. 2015, n° 14-26.123 P : *JCP 2015. 1295.*

Art. L. 752-2 **Est considéré comme accident du travail l'accident survenu par le fait ou à l'occasion du travail sur le lieu de l'exploitation, de l'entreprise, de l'établissement ou du chantier ou dans les conditions prévues à l'article L. 325-1 à toute personne visée à l'article L. 752-1. Est également considéré comme accident du travail tout accident dont l'assuré apporte la preuve qu'il est survenu pendant le trajet d'aller et retour entre son domicile, son lieu de travail et tout lieu où il est susceptible de se rendre dans l'exercice de son activité.**

Sont considérées comme maladies professionnelles les maladies inscrites aux tableaux des maladies définies au titre VI du livre IV du code de la sécurité sociale.

Est considérée comme accident du travail la chute d'un exploitant agricole d'une échelle sur un chantier de démolition d'un hypermarché dès lors qu'il est établi qu'il récupérait gratuitement de la ferraille pour réaliser un couloir de contention pour bovins. • Rennes, 29 mars 2006 : *JCP 2006. IV. 2490.*

SECTION 2 Prestations

(L. n° 2001-1128 du 30 nov. 2001)

SOUS-SECTION 1 Dispositions générales

Art. L. 752-3 **En cas d'accidents du travail ou en cas de maladies professionnelles, les prestations accordées aux bénéficiaires de l'assurance prévue au présent chapitre comprennent, dans les conditions fixées aux articles suivants :**

1° La couverture :

— des frais médicaux, chirurgicaux, pharmaceutiques et d'hospitalisation ;

– des frais de fourniture, de réparation et de renouvellement des appareils de prothèse et d'orthopédie ;

– des frais de réadaptation fonctionnelle, de rééducation professionnelle *(Ord. nº 2017-1389 du 22 sept. 2017, art. 4-6º, en vigueur le 1er oct. 2017)* « , de reclassement et de reconversion professionnelle » ;

– des frais de transport de la victime à sa résidence habituelle ou à l'établissement hospitalier et, d'une façon générale, des frais nécessités par le traitement, la réadaptation fonctionnelle et la rééducation professionnelle ;

(L. nº 2014-1554 du 22 déc. 2014, art. 83-I) « 2º Une indemnité journalière pour les chefs ou les collaborateurs d'exploitation ou d'entreprise agricole, les aides familiaux et les associés d'exploitation pendant la période d'incapacité temporaire de travail ; »

3º Une rente en cas d'incapacité permanente de l'assuré et, en cas de mort du chef d'exploitation ou d'entreprise agricole *(Ord. nº 2006-1647 du 21 déc. 2006)* « ou d'un assuré mentionné au II de l'article L. 752-1 », une rente à ses ayants droit ;

4º La couverture des frais funéraires de la victime.

Pour l'application du présent chapitre, les exploitants et les membres non salariés de toute société mentionnés au 5º de l'article L. 722-10 sont considérés comme chefs d'exploitation ou d'entreprise agricole.

SOUS-SECTION 2 Prestations en nature

Art. L. 752-4 Les dispositions des articles L. 432-1 à L. 432-10 *(Ord. nº 2017-1389 du 22 sept. 2017, art. 4-7º, en vigueur le 1er oct. 2017)* « , L. 432-12 » et L. 442-8 du code de la sécurité sociale sont applicables aux prestations prévues à la présente section sous les réserves suivantes :

– pour l'application de l'article L. 432-1, la référence aux 1º et 3º de l'article L. 431-1 est remplacée par la référence aux 1º et 4º de l'article L. 752-3 du présent code ; pour l'application des articles L. 432-7 et L. 432-9, la référence à l'article L. 433-1 est remplacée par la référence à l'article L. 752-5 du présent code ;

– la feuille d'accident mentionnée à l'article L. 432-3 s'entend de celle prévue à l'article L. 752-24 du présent code ;

– les *(L. nº 2013-1203 du 23 déc. 2013, art. 82-I-18º)* « caisses de mutualité sociale agricole » exercent les fonctions dévolues aux caisses primaires d'assurance maladie.

Les modalités d'application du présent article sont déterminées par décret.

SOUS-SECTION 3 Prestations en espèces

Art. L. 752-5 *(L. nº 2014-1554 du 22 déc. 2014, art. 83-II)* Bénéficient d'indemnités journalières pendant la période d'incapacité temporaire de travail :

1º Les chefs d'exploitation ou d'entreprise agricole mentionnés au 1º de l'article L. 722-4 ;

2º Les collaborateurs d'exploitation ou d'entreprise agricole mentionnés à l'article L. 321-5 ;

3º Les aides familiaux et les associés d'exploitation mentionnés au 2º de l'article L. 722-10.

Les indemnités journalières sont servies à l'expiration d'un délai, déterminé par décret, à compter du point de départ de l'incapacité de travail et pendant toute la période d'incapacité de travail qui précède soit la guérison complète, soit la consolidation de la blessure ou le décès, ainsi que dans le cas de rechute prévu au chapitre III du titre IV du livre IV du code de la sécurité sociale.

L'indemnité est égale à une fraction du gain forfaitaire annuel fixé par arrêté des ministres chargés de l'agriculture et de la sécurité sociale. Elle est majorée à l'issue d'une période d'incapacité fixée par décret. Elle est incessible et insaisissable.

V., fixant ce gain forfaitaire annuel pour la période du 1er avr. au 31 déc. 2002, Arr. du 22 févr. 2002 (JO 26 févr.) ; ... pour l'année 2003, Arr. du 22 janv. 2003 (JO 29 janv.) ; ... pour l'année 2004, Arr. du 18 déc. 2003 (JO 30 déc.) ; ... pour l'année 2005, Arr. du 16 déc. 2004 (JO 28 déc.) ; ... pour l'année 2006, Arr. du 17 janv. 2006 (JO 31 janv.) ; ... pour l'année 2007, Arr. du 16 janv. 2007 (JO 24 janv.) ; ... pour l'année 2008, Arr. du 4 janv. 2008 (JO 20 janv.) ; ... pour la période du 1er avr. 2009 au 31 mars 2010, Arr. du 8 avr. 2009 (JO 12 avr.), mod. par Arr. du 21 avr. 2009 (JO 15 mai) ; ... pour la période du 1er avr. 2010 au 31 mars 2011, Arr. du

29 mars 2010 (JO 1er avr.) ; … pour la période du 1er avr. 2011 au 31 mars 2012, Arr. du 30 mars 2011 (JO 13 avr.) ; … pour la période du 1er avr. 2012 au 31 mars 2013, Arr. du 30 mars 2012 (JO 5 avr.) ; … pour la période du 1er avr. 2013 au 31 mars 2014, Arr. du 21 mars 2013 (JO 29 mars) ; … pour la période du 1er avr. 2014 au 31 mars 2015, Arr. du 27 mars 2014 (JO 30 mars) ; … pour la période du 1er avr. 2015 au 31 mars 2016, Arr. du 9 avr. 2015 (JO 16 avr.) ; … pour la période du 1er avr. 2016 au 31 mars 2017, Arr. du 15 mars 2016 (JO 19 mars) ; … pour la période du 1er avr. 2017 au 31 mars 2018, Arr. du 28 mars 2017 (JO 31 mars) ; … pour la période du 1er avr. 2018 au 31 mars 2019, Arr. du 30 mars 2018 (JO 8 avr.) ; … pour la période du 1er avr. 2019 au 31 mars 2020, Arr. du 29 mars 2019 (JO 10 avr.) ; … pour la période du 1er avr 2020 au 31 mars 2021, Arr. du 31 mars 2020 (JO 2 avr.) ; … pour la période du 1er avr. 2021 au 31 mars 2022, Arr. du 1er avr. 2021 (JO 7 avr.) ; … pour la période du 1er avr. 2022 au 31 mars 2023, Arr. du 30 mars 2022 (JO 2 avr.) ; … pour la période du 1er avr. 2023 au 31 mars 2024, Arr. du 30 mars 2023 (JO 1er avr.).

Art. L. 752-5-1 *(L. n° 2019-1446 du 24 déc. 2019, art. 85)* **« Une indemnité journalière est servie en cas de délivrance par le médecin traitant d'un certificat autorisant un travail aménagé ou à temps partiel si ce travail est reconnu par le médecin-conseil de la mutualité sociale agricole comme de nature à favoriser la guérison ou la consolidation de la blessure. »**

(L. n° 2016-1827 du 23 déc. 2016, art. 63-I-6°, en vigueur le 1er janv. 2018) **A compter de la date de reconnaissance par le médecin-conseil de** *(L. n° 2019-1446 du 24 déc. 2019, art. 85)* **« l'autorisation d'effectuer un travail aménagé ou à temps partiel et pour toute la durée de ce travail », la majoration de l'indemnité, mentionnée au dernier alinéa de l'article L. 752-5, n'est pas due.**

La durée de versement de l'indemnité journalière ainsi que son montant sont déterminés par décret. *(L. n° 2020-1576 du 14 déc. 2020, art. 67)* **« Le délai mentionné à l'avant-dernier alinéa de l'article L. 752-5 n'est pas applicable pour le versement de cette indemnité. »**

Art. L. 752-5-2 *(L. n° 2016-1827 du 23 déc. 2016, art. 63-I-7°)* **Le versement de l'indemnité journalière ne fait pas obstacle à ce que l'assuré demande, avec l'accord du médecin traitant, à accéder aux actions de formation professionnelle continue prévues à l'article L. 6313-1 du code du travail ou à des actions d'évaluation, d'accompagnement, d'information ou de conseil auxquelles la caisse de Mutualité sociale agricole participe, sous réserve qu'après avis du médecin-conseil, la durée de ces actions soit compatible avec la durée prévisionnelle de l'arrêt. La caisse fait part de son accord à l'assuré.**

(L. n° 2021-1754 du 23 déc. 2021, art. 98) **« Les actions d'accompagnement auxquelles la caisse mentionnée au premier alinéa du présent article peut participer à la demande de l'assuré comprennent notamment :**

« 1° L'essai encadré, organisé selon des modalités définies par décret ;

« 2° La convention de rééducation professionnelle mentionnée à l'article L. 5213-3-1 du code du travail, qui donne lieu au versement d'indemnités selon des modalités définies par décret en Conseil d'État.

« Ces actions se font en lien avec les acteurs de la compensation du handicap et les acteurs de la réadaptation selon les territoires. »

Art. L. 752-6 *(L. n° 2022-1616 du 23 déc. 2022, art. 94)* **« Lorsqu'un assuré mentionné aux I ou II de l'article L. 752-1 est victime d'un accident du travail ou d'une maladie professionnelle, une rente lui est attribuée si son taux d'incapacité permanente est égal ou supérieur à un taux fixé par décret. »** *— V. art. D. 752-26.*

Le taux d'incapacité permanente est déterminé par *(L. n° 2022-1616 du 23 déc. 2022, art. 94)* **« la caisse » d'après la nature de l'infirmité, l'état général, l'âge, les facultés physiques et mentales de la victime ainsi que d'après ses aptitudes et sa qualification professionnelles, compte tenu du barème indicatif d'invalidité mentionné à l'article L. 434-2 du code de la sécurité sociale** *(Abrogé par L. n° 2019-222 du 23 mars 2019, art. 96-III)* ***« et sur avis conforme d'une commission des rentes des non-salariés agricoles. Le taux proposé par la commission des rentes des non-salariés agricoles ne peut être inférieur à celui proposé par le service du contrôle médical de la caisse de mutualité sociale agricole ».***

(L. n° 2022-1616 du 23 déc. 2022, art. 94) **« Pour les chefs d'exploitation ou d'entreprise agricole relevant du I de l'article L. 752-1 du présent code, la rente est égale au gain forfaitaire annuel mentionné à l'article L. 752-5 multiplié par le taux d'incapa-**

cité, qui peut être préalablement réduit ou augmenté, selon des modalités définies par décret, en fonction de la gravité de l'incapacité.

« Pour les autres assurés mentionnés au I de l'article L. 752-1, la rente est égale, en cas d'incapacité permanente totale, au gain forfaitaire annuel mentionné à l'article L. 752-5 et, en cas d'incapacité permanente partielle, à la moitié de ce gain multipliée par le taux d'incapacité, qui peut être préalablement réduit ou augmenté, selon des modalités définies par décret, en fonction de la gravité de l'incapacité.

« Pour les assurés relevant du II de l'article L. 752-1, la rente est égale à un pourcentage, fixé par arrêté du ministre chargé de l'agriculture, du gain forfaitaire annuel mentionné à l'article L. 752-5 multiplié par le taux d'incapacité, qui peut être préalablement réduit ou augmenté, selon des modalités définies par décret, en fonction de la gravité de l'incapacité.

« La rente est revalorisée chaque année dans les conditions prévues à l'article L. 434-17 du code de la sécurité sociale. »

Dans le cas où l'incapacité permanente *(Abrogé par L. n° 2013-1203 du 23 déc. 2013, art. 71-1°)* « *est totale et* » oblige la victime à avoir recours à l'assistance d'une tierce personne pour effectuer les actes ordinaires de la vie, *(L. n° 2012-1404 du 17 déc. 2012, art. 85-III-1°, en vigueur le 1er mars 2013)* « cette victime a droit à la prestation complémentaire pour recours à tierce personne prévue » au troisième alinéa de l'article L. 434-2 du code de la sécurité sociale *(L. n° 2013-1203 du 23 déc. 2013, art. 71-2°)* « dans les conditions prévues au même alinéa ».

En cas d'accidents successifs, le taux ou la somme des taux d'incapacité permanente antérieurement reconnue constitue le point de départ de la réduction ou de l'augmentation *(L. n° 2022-1616 du 23 déc. 2022, art. 94)* « prévues aux troisième à cinquième alinéas » du présent article pour le calcul de la rente afférente au dernier accident.

Les rentes servies en vertu de l'assurance prévue au présent chapitre sont viagères, incessibles et insaisissables.

Faute. La caisse de MSA qui malgré la déclaration régulière de l'assuré de sa rente accidents lui verse une allocation adulte handicapé au taux plein commet une faute justifiant le versement de dommages-intérêts pour réparer le préjudice financier de l'assuré à qui il est réclamé le tropperçu d'allocation adulte handicapé. • Soc. 29 mars 2001, *CMSA Côtes-d'Armor c/ P. Connan*, n° 99-18.098.

Art. L. 752-7 Lorsque *(L. n° 2021-1754 du 23 déc. 2021, art. 98)* « l'assuré mentionné au I ou » *(Ord. n° 2006-1647 du 21 déc. 2006)* « au II de l'article L. 752-1 » est décédé des suites de l'accident du travail ou de la maladie professionnelle, *(Ord. n° 2006-905 du 20 juill. 2006)* « le conjoint ou le concubin ou la personne liée à lui par un pacte civil de solidarité ainsi que les enfants » bénéficient de rentes dans les conditions prévues aux articles L. 434-8 à L. 434-12 du code de la sécurité sociale. *(Ord. n° 2006-1647 du 21 déc. 2006)* « Ces rentes sont déterminées sur la base, selon le cas, du gain forfaitaire annuel ou du pourcentage de ce gain mentionnés *(L. n° 2022-1616 du 23 déc. 2022, art. 94)* « aux troisième à cinquième alinéas » de l'article L. 752-6 du présent code, et revalorisées selon les coefficients mentionnés à ce même *[au septième]* alinéa. »

Art. L. 752-8 Les dispositions de l'article L. 431-2 du code de la sécurité sociale sont applicables au régime institué par le présent chapitre, à l'exception de la référence à la clôture de l'enquête et du dernier alinéa de cet article.

SOUS-SECTION 4 **Révision – Rechute**

Art. L. 752-9 Les dispositions des articles L. 443-1 et L. 443-2 du code de la sécurité sociale sont applicables aux prestations prévues à la présente section sous les réserves suivantes :

– pour l'application des troisième et quatrième alinéas de l'article L. 443-1, les références au troisième alinéa de l'article L. 434-2 et aux articles L. 434-7 et suivants sont remplacées respectivement par les références au sixième alinéa de l'article L. 752-6 et à l'article L. 752-7 du présent code ;

– les organismes assureurs exercent les fonctions dévolues aux caisses primaires d'assurance maladie.

SOUS-SECTION 5 **Frais funéraires**

Art. L. 752-10 En cas d'accident suivi de mort, les frais funéraires sont payés par l'organisme assureur dans la limite des frais exposés, sans que leur montant puisse excéder le montant maximum fixé en application de l'article L. 435-1 du code de la sécurité sociale.

SOUS-SECTION 6 **Dispositions diverses**

Art. L. 752-11 Les modalités d'application de la présente section sont déterminées par décret. – *V. art. R. 752-15 s.*

SECTION 3 **Organisation et financement**

(L. nº 2001-1128 du 30 nov. 2001)

SOUS-SECTION 1 **Organisation**

Art. L. 752-12 Les organismes de mutualité sociale agricole sont chargés :

(Abrogé par L. nº 2013-1203 du 23 déc. 2013, art. 82-I-19º-a) « – de certifier l'immatriculation des assurés auprès d'un des organismes mentionnés à l'article L. 752-13 ;

« – de contrôler le respect de l'obligation d'assurance en liaison avec l'autorité administrative ; »

– d'assurer le contrôle médical selon les modalités prévues aux articles L. 315-1 à L. 315-3 du code de la sécurité sociale ;

– d'animer et de coordonner les actions de prévention des accidents du travail et des maladies professionnelles dans les conditions prévues à la section 6 du présent chapitre ;

– de classer les exploitations ou entreprises agricoles dans les différentes catégories de risques dont la liste est établie par arrêté du ministre chargé de l'agriculture ;

(Abrogé par L. nº 2013-1203 du 23 déc. 2013, art. 82-I-19º-a) « – de centraliser les ressources du régime institué par le présent chapitre et de les répartir entre les organismes assureurs, en fonction des prestations à servir et des frais de gestion ; »

(L. nº 2013-1203 du 23 déc. 2013, art. 82-I-19º-b) « – de transmettre au ministre chargé de l'agriculture les informations nécessaires au fonctionnement du régime. »

Art. L. 752-13 *(L. nº 2013-1203 du 23 déc. 2013, art. 82-I-20º)* Les personnes mentionnées à l'article L. 752-1 sont assurées par les caisses de mutualité sociale agricole.

Art. L. 752-14 *Abrogé par L. nº 2013-1203 du 23 déc. 2013, art. 82-I-21º.*

Art. L. 752-15 Est entachée de nullité d'ordre public toute clause ou convention conclue par tout organisme assureur non autorisé à garantir les risques régis par le présent chapitre. Un décret en Conseil d'État précise les peines encourues par l'organisme assureur proposant ou faisant souscrire et tout assuré souscrivant une telle clause ou convention. – *V. art. R. 752-54.*

Al. 2 abrogé par L. nº 2013-1203 du 23 déc. 2013, art. 82-I-22º.

V. art. R. 752-37 s.

SOUS-SECTION 2 **Financement**

Art. L. 752-16 Le régime institué par le présent chapitre est financé par les cotisations des non-salariés agricoles. Ces cotisations sont à la charge des chefs d'exploitation ou d'entreprise agricole. Elles comprennent :

1º Une cotisation due par les chefs d'exploitation ou d'entreprise pour eux-mêmes, modulée en fonction des taux de risques applicables aux diverses catégories dans lesquelles les exploitations ou les entreprises ont été classées et dont le montant est fixé par arrêté du ministre chargé de l'agriculture ; il est opéré une réduction du montant de la cotisation due pour eux-mêmes par les chefs d'exploitation ou d'entreprise agricole à titre secondaire, y compris ceux mentionnés à l'article L. 171-3 du code de la sécurité sociale ;

2º Une cotisation due pour les personnes mentionnées aux 2º et *a* du 4º de l'article L. 722-10, calculée en pourcentage des cotisations dues pour eux-mêmes par les chefs

d'exploitation ou d'entreprise ; ce pourcentage est fixé par l'arrêté prévu à l'alinéa précédent ; il est opéré une réduction du montant de la cotisation due pour les personnes relevant d'un régime de protection sociale autre que le régime des non-salariés agricoles au titre de leur activité principale.

(Ord. nº 2006-1647 du 21 déc. 2006) **« Le régime est également financé par les cotisations dues par les assurés mentionnés au II de l'article L. 752-1 pour eux-mêmes. Le montant de ces cotisations est fixé par l'arrêté prévu au 1º. »**

V. Arr. du 19 déc. 2023 portant fixation en métropole au titre de l'année 2024 du montant des cotisations dues au titre du régime de l'assurance contre les accidents du travail et les maladies professionnelles des non-salariés agricoles et des personnes mentionnées à l'art. L. 731-23 du code rural et de la pêche maritime et de la part des cotisations affectées à chaque catégorie de dépenses de ce régime (JO 23 déc.) ; Arr. du 22 déc. 2023 portant fixation pour 2024 du montant des cotisations dues au titre du régime de l'assurance obligatoire des non-salariés agricoles contre les accidents du travail et les maladies professionnelles et le montant de la part des cotisations affectée à chaque catégorie de dépenses de ce régime, en Guadeloupe, en Guyane, en Martinique, à La Réunion, à Saint-Barthélemy, à Saint-Martin et à Mayotte (JO 24 déc.).

Art. L. 752-17 **Les ressources du régime institué par le présent chapitre doivent couvrir intégralement ses charges, ci-après énumérées :**

1º Prestations prévues à la section 2 du présent chapitre ;

2º Dépenses de prévention ;

3º Frais de gestion et de contrôle médical ;

(L. nº 2010-1330 du 9 nov. 2010, art. 83-3º) **« 4º Contribution mentionnée au 7º *bis* de l'article L. 731-3. »**

Un arrêté du ministre chargé de l'agriculture fixe, pour chacune des catégories d'exploitation ou d'entreprise mentionnées au 1º de l'article L. 752-16, le montant de la cotisation due par les chefs d'exploitation ou d'entreprise agricole, après avis d'une section spécialisée du Conseil supérieur des prestations sociales agricoles comprenant des représentants de la Caisse centrale de la mutualité sociale agricole *(Abrogé par L. nº 2013-1203 du 23 déc. 2013, art. 82-I-23º)* ***« , du groupement mentionné à l'article L. 752-14 »*** **et des organisations représentatives des chefs d'exploitation ou d'entreprise agricole.**

(L. nº 2010-1330 du 9 nov. 2010, art. 83-3º) **« Le montant de la contribution mentionnée au 7º *bis* de l'article L. 731-3 est pris en compte dans les éléments de calcul de la cotisation qui peuvent être modulés par secteur d'activité dans des conditions déterminées par décret. »**

Art. L. 752-18 **La Caisse centrale de la mutualité sociale agricole gère un fonds de réserve destiné à financer les rentes mentionnées au 3º de l'article L. 752-3 et alimenté par une fraction des cotisations mentionnées à l'article L. 752-16, fixée par arrêté du ministre chargé de l'agriculture. La caisse centrale rend compte annuellement de la gestion de ce fonds à un comité de gestion.**

Art. L. 752-19 **Le classement des exploitations ou des entreprises agricoles dans les différentes catégories prévues à l'article L. 752-12 peut être contesté par le chef d'exploitation ou d'entreprise ou par l'autorité administrative devant la** *(L. nº 2016-1547 du 18 nov. 2016, art. 12-V-1º)* **« juridiction compétente pour connaître du contentieux mentionné au »** *(L. nº 2019-222 du 23 mars 2019, art. 96-III)* **« 7º de l'article L. 142-1 »** *[du code de la sécurité sociale]*.

Art. L. 752-20 **Les cotisations mentionnées à l'article L. 752-16 sont recouvrées et contrôlées par les caisses de mutualité sociale agricole** *(Abrogé par L. nº 2013-1203 du 23 déc. 2013, art. 82-I-24º)* ***« et le groupement mentionné à l'article L. 752-14 »*****, selon les règles et sous les garanties et sanctions applicables au recouvrement des cotisations dues au titre des régimes de sécurité sociale des non-salariés des professions agricoles, sous réserve des dispositions spécifiques applicables au régime institué par le présent chapitre.**

Les cotisations sont calculées, pour une année donnée, au prorata de la durée d'affiliation audit régime pendant l'année considérée.

Art. L. 752-21 **Les modalités d'application de la présente sous-section sont déterminées par décret.** – *V. art. D. 752-56 s.*

SECTION 4 Faute de l'assuré ou d'un tiers

(L. n° 2001-1128 du 30 nov. 2001)

Art. L. 752-22 L'assurance ne garantit pas les conséquences d'une faute intentionnelle de la victime.

Art. L. 752-23 Lorsque la lésion dont l'assuré est atteint est imputable à un tiers, la victime ou ses ayants droit conservent contre l'auteur de l'accident le droit de demander la réparation du préjudice causé, conformément aux règles du droit commun, dans la mesure où ce préjudice n'est pas réparé par application du présent chapitre. *(L. n° 2013-1203 du 23 déc. 2013, art. 82-I-25°-a)* « La caisse de mutualité sociale agricole est tenue » de servir à l'assuré les prestations prévues par le présent chapitre, sauf recours de sa part contre l'auteur responsable de l'accident dans les conditions prévues au deuxième alinéa.

Si la responsabilité du tiers auteur de l'accident est entière ou si elle est partagée avec la victime, *(L. n° 2013-1203 du 23 déc. 2013, art. 82-I-25°-b)* « la caisse de mutualité sociale agricole est admise » à poursuivre le remboursement des prestations mises à sa charge à due concurrence de la part d'indemnité incombant au tiers qui répare l'atteinte à l'intégrité physique de la victime, à l'exclusion de la part d'indemnité, de caractère personnel, correspondant aux souffrances physiques et morales par elle endurées et au préjudice esthétique et d'agrément. De même, en cas d'accident suivi de mort, la part d'indemnité correspondant au préjudice moral des ayants droit leur demeure acquise.

La victime ou ses ayants droit sont admis à faire valoir les droits résultant pour eux de l'action en indemnité formée en application des dispositions du premier alinéa par priorité sur ceux de *(L. n° 2013-1203 du 23 déc. 2013, art. 82-I-25°-c)* « la caisse de mutualité sociale agricole » en ce qui concerne son action en remboursement.

La victime ou ses ayants droit doivent appeler *(L. n° 2013-1203 du 23 déc. 2013, art. 82-I-25°-c)* « la caisse de mutualité sociale agricole » en déclaration de jugement commun *(L. n° 2006-1640 du 21 déc. 2006, art. 25-VI)* « ou réciproquement » ; à défaut, la nullité du jugement sur le fond peut être demandée pendant deux ans à compter de la date à partir de laquelle ledit jugement est devenu définitif, soit à la requête du ministère public, soit à la demande de *(L. n° 2013-1203 du 23 déc. 2013, art. 82-I-25°-c)* « la caisse de mutualité sociale agricole » ou du tiers responsable lorsque ces derniers y ont intérêt.

(L. n° 2011-1906 du 21 déc. 2011, art. 120-V) « Le cinquième alinéa de l'article L. 454-1 et l'article L. 454-2 du code de la sécurité sociale sont applicables aux non-salariés agricoles. »

Ne sont pas regardés comme des tiers pour l'application du présent article, sauf dans le cas où le dommage résulte d'une faute intentionnelle commise par eux, le conjoint, les enfants, ascendants, descendants, alliés en ligne directe, salariés du chef d'entreprise ou d'exploitation, ainsi que toute personne vivant habituellement au foyer de celui-ci.

L'immunité édictée par l'art. L. 752-23 ne bénéficie qu'aux personnes visées par ce texte et ne fait pas obstacle à l'exercice par le tiers payeur qui a servi à la victime des prestations mentionnées à l'art. 29 de la L. du 5 juill. 1985 de son recours contre l'assureur de responsabilité de l'une de ces personnes. • Civ. 2e, 23 oct. 2014, n°s 13-11.612, 13-15.068 et 13-25.486 : *RD rur. 2015, n° 75, note Tauran.*

SECTION 5 Formalités, procédure et contentieux

(L. n° 2001-1128 du 30 nov. 2001)

Art. L. 752-24 *(L. n° 2013-1203 du 23 déc. 2013, art. 59-II-3°-a)* « Tout accident du travail et toute maladie professionnelle dont sont victimes le chef d'exploitation ou les autres personnes mentionnées à l'article L. 752-1 est déclaré à la caisse de mutualité sociale agricole, dans un délai et des conditions fixés par décret. En cas de non-respect de ce délai, le directeur de la caisse de mutualité sociale agricole peut mettre en œuvre une sanction. Un décret fixe le niveau de cette sanction, dans la limite de sept jours de suspension d'indemnités à compter de la réception de l'arrêt de travail par la caisse, ainsi que les conditions dans lesquelles elle est prononcée. Il appartient à la caisse de mutualité sociale agricole saisie d'une déclaration d'accident d'apporter la preuve de son caractère non professionnel. »

En vue de son indemnisation, la victime remet au praticien consulté la feuille d'accident délivrée par l'organisme assureur auprès duquel elle est assurée.

La date de guérison ou de consolidation de la blessure est fixée par *(L. n° 2013-1203 du 23 déc. 2013, art. 59-II-3°-b)* « la caisse de mutualité sociale agricole sur avis du service du contrôle médical », connaissance prise du certificat médical du praticien consulté.

Art. L. 752-25 *(L. n° 2013-1203 du 23 déc. 2013, art. 82-I-26°-a)* « La caisse de mutualité sociale agricole, destinataire d'une déclaration d'accident du travail ou de maladie professionnelle, est tenue » de servir à la victime, à titre provisionnel, la totalité des prestations dudit régime jusqu'à la date à laquelle la décision de prise en charge ou de refus de prise en charge est devenue définitive.

Lorsque la décision de refus de prise en charge est devenue définitive, soit parce que l'assuré ne l'a pas contestée dans les délais impartis, soit à la suite d'une décision judiciaire définitive, le montant des prestations mentionnées au premier alinéa est remboursé à *(L. n° 2013-1203 du 23 déc. 2013, art. 82-I-26°-b)* « la caisse de mutualité sociale agricole » par l'organisme d'assurance maladie dont relève la victime, à concurrence des prestations dues au titre de sa législation. L'organisme d'assurance maladie assure dès lors le versement des prestations nécessitées par l'état de la victime à la suite de l'accident.

En cas de contestation par la victime d'une décision de refus de prise en charge portant sur la nature du risque, *(L. n° 2013-1203 du 23 déc. 2013, art. 82-I-26°-c)* « la caisse de mutualité sociale agricole est tenue » d'appeler l'organisme d'assurance maladie en intervention forcée dans l'instance ; à défaut, la décision judiciaire définitive n'est pas opposable à l'organisme d'assurance maladie.

(L. n° 2013-1203 du 23 déc. 2013, art. 82-I-26°-d) « La caisse de mutualité sociale agricole est fondée » à poursuivre auprès du chef d'exploitation ou d'entreprise agricole le remboursement des prestations indûment perçues par les personnes mentionnées à l'article L. 752-1, pour la part excédant le montant des prestations qui auraient dû être versées au titre de la législation d'assurance maladie. L'indu est recouvré selon les règles et sous les garanties et sanctions applicables au recouvrement des cotisations dues au titre des régimes de sécurité sociale des non-salariés des professions agricoles.

En cas d'accident du travail survenu ou de maladie professionnelle constatée alors que le chef d'exploitation ou d'entreprise agricole n'a pas satisfait à l'obligation d'assurance visée à l'article L. 752-1, l'organisme d'assurance maladie dont relève la victime est tenu de servir, à titre provisionnel, les prestations dans les conditions de sa législation, jusqu'au terme de la procédure d'affiliation *(Abrogé par L. n° 2013-1203 du 23 déc. 2013, art. 82-I-26°-e)* « *d'office* ».

Régime antérieur à la loi du 30 nov. 2001. L'assureur est fondé à refuser sa garantie en constatant que la victime de l'accident du travail n'avait pas été déclarée comme aide familiale. • Civ. 2e, 7 avr. 2005 : *RD rur. 2005, inf. 335, note Pimbert.*

Art. L. 752-26 *(L. n° 2013-1203 du 23 déc. 2013, art. 82-I-27°)* « La caisse de mutualité sociale agricole » a la faculté de prélever sur le montant des indemnités journalières et des rentes éventuellement dues au chef d'exploitation ou d'entreprise agricole, en application des dispositions des articles L. 752-5 et L. 752-6, les cotisations dont celui-ci est redevable pour lui-même et pour les autres personnes mentionnées à l'article L. 752-1 à la date de l'accident.

Art. L. 752-27 *Dispositions déclarées non conformes à la Constitution par décision du Conseil constitutionnel n° 2001-451 DC du 27 novembre 2001 (JO 1er déc.).*

Art. L. 752-28 Les pénalités prévues aux articles *(L. n° 2005-1579 du 19 déc. 2005, art. 92-VI ; L. n° 2013-1203 du 23 déc. 2013, art. 86-IV)* « L. 471-2, à l'exception du 2°, et L. 471-4 » ainsi que les dispositions de l'article L. 482-4 du code de la sécurité sociale sont applicables à l'assurance prévue au présent chapitre.

SECTION 6 **Prévention**

(L. n° 2001-1128 du 30 nov. 2001)

Art. L. 752-29 La Caisse centrale de la mutualité sociale agricole anime et coordonne les actions susceptibles de prévenir les risques liés aux accidents du travail et aux maladies professionnelles dont peuvent être victimes les personnes mentionnées à l'article L. 752-1. Elle gère un fonds de prévention alimenté par une fraction des cotisations mentionnées à l'article L. 752-16, fixée par arrêté du ministre chargé de l'agriculture. — *Sur ce fonds de prévention, V. art. D. 752-63 s.*

Une commission de la prévention des accidents du travail des non-salariés agricoles, composée de représentants de l'État, de la Caisse centrale de la mutualité sociale agricole *(Abrogé par L. n° 2013-1203 du 23 déc. 2013, art. 82-I-28°)* « *, des organismes assureurs* » et des organisations représentatives des chefs d'exploitation ou d'entreprise agricole, est chargée de définir les mesures de prévention des accidents du travail et des maladies professionnelles, comprenant notamment des actions de formation aux risques et des expertises médicales et techniques réalisées lors de l'installation des jeunes agriculteurs.

Art. L. 752-29-1 *(L. n° 2005-157 du 23 févr. 2005, art. 72-I)* Avant le 1er janvier 2010, une structure de sécurité anti-retournement équipe les tracteurs en service sur une exploitation. Le ministre chargé de l'agriculture fixe par arrêté les prescriptions techniques relatives à ces véhicules, leurs modalités de vérification et les conditions d'agrément de ces vérifications. — *V. Arr. du 4 oct. 2022 fixant les prescriptions techniques relatives aux structures de sécurité anti-retournement équipant les tracteurs agricoles ou forestiers en service (JO 9 oct.).*

SECTION 7 **Dispositions diverses**

(L. n° 2001-1128 du 30 nov. 2001)

Art. L. 752-30 Les personnes ayant adhéré volontairement à la législation sur les accidents du travail applicable aux salariés agricoles antérieurement au 1er juillet 1973 ont droit aux allocations et majorations prévues aux articles L. 751-43 et L. 751-44.

Art. L. 752-31 Les dispositions du présent chapitre ne sont pas applicables aux personnes mentionnées à l'article L. 761-19.

Art. L. 752-32 Sauf disposition contraire, les modalités d'application du présent chapitre sont déterminées par décret en Conseil d'État.

CHAPITRE III **ACCIDENTS DU TRAVAIL INTERVENUS AVANT LE 1er JUILLET 1973** *(L. n° 2016-1827 du 23 déc. 2016, art. 34-II-5°).*

BIBL. ▶ TAURAN, *RD rur. 2016. Étude 15* (le Fonds commun des accidents du travail agricole).

SECTION 1 **Dispositions générales**

Art. L. 753-1 *(L. n° 2016-1827 du 23 déc. 2016, art. 34-II-6°, en vigueur le 1er janv. 2018)* « Les caisses mentionnées à l'article L. 723-2 assurent » la charge des dépenses prévues au présent chapitre, ainsi que de celles résultant des articles L. 751-42 à L. 751-44, L. 751-46 et *(L. n° 2001-1128 du 30 nov. 2001)* « L. 752-30 ».

(L. n° 2016-1827 du 23 déc. 2016, art. 34-II-6°, en vigueur le 1er janv. 2018) « Elles peuvent déléguer par convention ces compétences à une autre caisse mentionnée au même article L. 723-2. » — *[Anc. art. 1203, al. 1er.] — V. art. D. 753-1 s.*

Art. L. 753-2 *(L. n° 2016-1827 du 23 déc. 2016, art. 34-II-7°, en vigueur le 1er janv. 2018)* Les sociétés et organismes d'assurance peuvent transmettre le service des rentes et la charge des frais de renouvellement d'appareillage dont ils demeurent tenus aux caisses mentionnées à l'article L. 723-2 ou à une caisse délégataire en application de l'article L. 753-1, à charge pour eux de transmettre en même temps à ces caisses l'actif correspondant à ces engagements.

Un décret fixe les conditions et modalités de ces transferts.

SECTION 2 *[ABROGÉE]* Ressources du fonds commun des accidents du travail agricole

(Abrogée par L. nº 2016-1827 du 23 déc. 2016, art. 34-II-8º)

Art. L. 753-3 *Abrogé par L. nº 2016-1827 du 23 déc. 2016, art. 34-II-8º.*

SECTION 3 Dépenses relatives aux accidents du travail intervenus avant le 1er juillet 1973 *(L. nº 2016-1827 du 23 déc. 2016, art. 34-II-9º).*

SOUS-SECTION 1 Garantie du paiement des rentes

Art. L. 753-4 A défaut, soit par les chefs d'exploitation ou d'entreprise débiteurs, soit par les sociétés d'assurance à primes fixes ou mutuelles, ou les syndicats de garantie liant solidairement tous les adhérents, de s'acquitter, au moment de leur exigibilité, des indemnités mises à leur charge à la suite d'accidents ayant entraîné la mort ou une incapacité permanente de travail, le paiement en est assuré aux intéressés par *(L. nº 2016-1827 du 23 déc. 2016, art. 34-II-10º, en vigueur le 1er janv. 2018)* « les caisses mentionnées à l'article L. 723-2 ».

Al. 2 abrogé par L. nº 2016-1827 du 23 déc. 2016, art. 34-II-10º, à compter du 1er janv. 2018. — [Anc. art. 1204 et 1234 (partie).]

Art. L. 753-5 *(L. nº 2016-1827 du 23 déc. 2016, art. 34-II-11º, en vigueur le 1er janv. 2018)* « Les caisses mentionnées à l'article L. 723-2 exercent » un recours contre les chefs d'exploitation ou d'entreprises débiteurs, pour le compte desquels des sommes ont été payées par *(L. nº 2016-1827 du 23 déc. 2016, art. 34-II-11º, en vigueur le 1er janv. 2018)* « elles », conformément aux dispositions de l'article L. 753-4.

En cas d'assurance du chef d'exploitation ou d'entreprise, *(L. nº 2016-1827 du 23 déc. 2016, art. 34-II-11º, en vigueur le 1er janv. 2018)* « elles jouissent, pour le remboursement de leurs avances », du privilège de l'article 2332 du code civil sur l'indemnité due par l'assureur et *(L. nº 2016-1827 du 23 déc. 2016, art. 34-II-11º, en vigueur le 1er janv. 2018)* « n'ont » plus de recours contre le chef d'exploitation ou d'entreprise. *— [Anc. art. 1205.]*

Art. L. 753-6 Un décret en Conseil d'État détermine les conditions d'application des articles L. 753-4 et L. 753-5 et notamment les formes du recours à exercer contre les chefs d'exploitation ou d'entreprise débiteurs ou les sociétés d'assurances et les syndicats de garantie, ainsi que les conditions dans lesquelles les victimes d'accidents ou leurs ayants droit sont admis à réclamer à la caisse le paiement de leurs indemnités.

Les décisions judiciaires n'emportent hypothèque que si elles sont rendues au profit *(L. nº 2016-1827 du 23 déc. 2016, art. 34-II-12º, en vigueur le 1er janv. 2018)* « des caisses mentionnées à l'article L. 723-2 exerçant leur recours » contre les chefs d'exploitation ou d'entreprise ou les compagnies d'assurances. *— [Anc. art. 1206.]*

SOUS-SECTION 2 Majorations de rentes

Art. L. 753-7 *(L. nº 2016-1827 du 23 déc. 2016, art. 34-II-13º, en vigueur le 1er janv. 2018)* « Les caisses mentionnées à l'article L. 723-2 supportent » la dépense des majorations de rentes, de l'allocation ainsi que de la bonification mentionnées à l'article L. 753-8.

La majoration à la charge *(L. nº 2016-1827 du 23 déc. 2016, art. 34-II-13º, en vigueur le 1er janv. 2018)* « des caisses mentionnées au même article L. 723-2 » est égale à la différence entre la rente revalorisée, comme définie à l'article L. 753-8, et la rente allouée.

Les majorations de rentes et bonifications mentionnées à la présente sous-section ne sont pas applicables aux accidents du travail survenus et maladies professionnelles constatées après le 30 juin 1973. *— [Anc. art. 1216, al. 1er, 1225 et 1234 (partie).]*

Art. L. 753-8 Les majorations de rentes, bonification et allocation mentionnées à l'article L. 753-7 comportent :

1º Les majorations résultant, en application de l'article 10 de la loi nº 54-892 du 2 septembre 1954 tendant à la revalorisation des indemnités dues au titre des législations sur les accidents du travail et les maladies professionnelles, de la revalorisation des rentes allouées en réparation d'accidents du travail survenus ou de maladies professionnelles constatées avant le 1er septembre 1954, ayant entraîné la mort ou une incapacité permanente au moins égale à 10 % ;

2° Les majorations résultant de la revalorisation de chaque rente comme indiquée au 1°, lorsqu'une même victime bénéficie de plusieurs rentes à raison d'accidents du travail successifs, quel que soit le taux d'incapacité correspondant, si celui qui résulte de l'ensemble des accidents est au moins égal à 10 % ;

3° La bonification annuelle ajoutée aux majorations précédentes ou à l'allocation mentionnée à l'article L. 753-14 dans le cas où l'accident a occasionné une incapacité totale de travail obligeant la victime à avoir recours à l'assistance d'une tierce personne pour effectuer les actes ordinaires de la vie. *(L. n° 2012-1404 du 17 déc. 2012, art. 85-III-3°, en vigueur le 1er mars 2013)* « Son montant est calculé conformément aux dispositions prévues pour la prestation complémentaire pour recours à tierce personne mentionnée au troisième alinéa de l'article » L. 434-2 du code de la sécurité sociale ;

4° La majoration calculée comme indiqué au 1° due aux assurés des professions agricoles bénéficiaires de l'assurance facultative si leur rente a été liquidée sur un gain déclaré qui, à la date de l'accident, était égal ou supérieur au salaire moyen prévu par la législation en vigueur pour les professions agricoles avant le 1er juillet 1973.

Pour les assurés facultatifs dont la rente a été liquidée sur un gain inférieur au salaire moyen susvisé, la rente nouvelle est égale à celle que le titulaire aurait obtenue sur la base d'un gain annuel fixé par arrêté, cette rente étant réduite dans la proportion du gain déclaré par rapport au salaire moyen, sans pouvoir être inférieure à celle qui résulterait du gain annuel minimum susceptible d'être déclaré au titre de l'assurance facultative.

Toutefois, les assurés facultatifs dont la rente a été liquidée au titre d'un accident du travail survenu avant le 1er avril 1943 bénéficient sans conditions de la majoration prévue au premier alinéa du présent 4° ;

Al. abrogé par L. n° 2001-1128 du 30 nov. 2001, à compter du 1er avr. 2002.

5° Les majorations résultant de l'application *(L. n° 2015-1702 du 21 déc. 2015, art. 89-III-4°)* « du coefficient de revalorisation prévu » à l'article L. 434-17 du code de la sécurité sociale s'appliquant aux rentes revalorisées et bonifiées comme indiqué aux 1°, 2°, 3° et 4° ainsi qu'à l'allocation mentionnée à l'article L. 753-14 ;

6° Les majorations mentionnées aux 2°, 3°, 4° et 5° pour les accidents du travail survenus et maladies professionnelles constatées entre le 1er septembre 1954 et le 30 juin 1973 ayant entraîné la mort ou une incapacité permanente au moins égale à 10 %.

Dans le cas de faute inexcusable de la victime ou de son employeur, la rente revalorisée en application des 1° et 2° sera réduite ou augmentée dans la proportion où la rente initiale avait été réduite ou augmentée en raison de la faute inexcusable.

Toutefois, la rente ainsi obtenue ne pourra être supérieure à la limite prévue à l'article L. 452-2 du code de la sécurité sociale, cette limite étant elle-même affectée du coefficient de revalorisation mentionné au 1°. – *[Anc. art. 1217 (partie), 1218, 1219, 1221, 1222, 1223 et 1234 (partie).]*

Art. L. 753-9 Les revalorisations prévues aux 1° et 5° de l'article L. 753-8 sont applicables au salaire défini à l'article L. 434-6 du code de la sécurité sociale pour fixer la limite de cumul des rentes d'accidents du travail avec certaines pensions d'invalidité. – *[Anc. art. 1224.]*

Art. L. 753-10 Dans tous les cas où, en application de la législation en vigueur pour les professions agricoles antérieurement au 1er juillet 1973, la rente a été remplacée, en totalité ou en partie, par un capital ou par une rente réversible sur la tête du conjoint, le remplacement est supposé, pour le calcul de la majoration, ne pas avoir été effectué. – *[Anc. art. 1229.]*

Art. L. 753-11 En cas de nouveau mariage, le conjoint survivant cesse de plein droit de bénéficier de la majoration à la date d'exigibilité de l'indemnité substituée à la rente en vertu des articles L. 434-7 et L. 434-8 du code de la sécurité sociale. – *[Anc. art. 1230.]*

Art. L. 753-12 Dans la mesure où les augmentations des rentes résultant de l'application des arrêtés de revalorisation ne seraient pas compensées par les primes ou cotisations couvrant le risque agricole, ces augmentations seraient supportées, pour les accidents antérieurs au 1er janvier suivant la date d'effet desdits arrêtés, par *(L. nº 2016-1827 du 23 déc. 2016, art. 34-II-14º, en vigueur le 1er janv. 2018)* « les caisses mentionnées à l'article L. 723-2 » suivant des modalités et dans les conditions déterminées par décret. — *[Anc. art. 1227.]*

Art. L. 753-13 Sous réserve des traités et conventions internationales, les étrangers ou leurs ayants droit qui ne résident pas ou cessent de résider sur le territoire français ne peuvent bénéficier des dispositions de la présente sous-section. — *[Anc. art. 1216, al. 2 (partie).]*

SOUS-SECTION 3 Allocation pour accidents antérieurs au 1er juillet 1973

Art. L. 753-14 Si, au moment où l'accident du travail s'est produit, la profession de la victime n'était pas encore assujettie aux dispositions de la législation en vigueur pour les professions agricoles antérieurement au 1er juillet 1973, une allocation est accordée à la victime ou, en cas d'accident mortel, à ses ayants droit. — *[Anc. art. 1231, al. 1er.]*

Art. L. 753-15 Le montant annuel de l'allocation mentionnée à l'article L. 753-14, servie par *(L. nº 2016-1827 du 23 déc. 2016, art. 34-II-14º, en vigueur le 1er janv. 2018)* « les caisses mentionnées à l'article L. 723-2 », est calculé selon les modalités fixées au présent titre pour les rentes et majorations de rentes et sur la base du salaire annuel minimum prévu à l'article L. 434-16 du code de la sécurité sociale. — *[Anc. art. 1220 et 1231, al. 2.]*

Art. L. 753-16 L'allocation mentionnée à l'article L. 753-14 ne peut être attribuée à la victime que lorsque, par suite d'un ou de plusieurs accidents du travail ou maladies professionnelles, le taux de l'incapacité permanente est au moins égal à 10 %.

Toutefois, si l'accident a donné lieu à réparation, l'allocation définie à l'alinéa précédent est réduite du montant de la rente correspondant à la réparation accordée, éventuellement revalorisé dans les conditions fixées par décret en Conseil d'État. — *[Anc. art. 1231, al. 3 et 4.] — V. art. D. 753-12.*

Art. L. 753-17 Le caractère professionnel de l'accident mentionné à l'article L. 753-14 et le degré d'incapacité permanente de travail qui en est résulté directement sont fixés, sans appel, par ordonnance du président du tribunal judiciaire du lieu de l'accident. — *[Anc. art. 1231, al. 5.]*

Art. L. 753-18 Les dispositions de l'article L. 753-14 sont également applicables aux travailleurs salariés ou assimilés au sens de la législation en vigueur pour les professions agricoles antérieurement au 1er juillet 1973, victimes d'accidents survenus ou de maladies constatées alors que lesdits accidents ou maladies ne pouvaient pas donner lieu à indemnisation aux termes de la législation en vigueur, ou à leurs ayants droit, lorsqu'ils apportent la preuve qu'ils auraient rempli et continuent à remplir l'ensemble des conditions exigées pour obtenir une rente par les dispositions nouvelles modifiant ou complétant ladite législation.

L'allocation prend effet de la date de présentation de la demande. — *[Anc. art. 1231-1.]*

Art. L. 753-19 Les bénéficiaires des articles L. 753-14 et L. 753-18, dont le droit à l'appareillage a été reconnu dans les formes légales, reçoivent les appareils de prothèse ou d'orthopédie nécessaires en raison de leur infirmité, suivant les modalités techniques de fourniture, de réparation et de renouvellement prévues pour les victimes d'accidents du travail régis par le livre IV du code de la sécurité sociale.

La charge de l'appareillage est supportée par *(L. nº 2016-1827 du 23 déc. 2016, art. 34-II-14º, en vigueur le 1er janv. 2018)* « les caisses mentionnées à l'article L. 723-2 » ou, selon le cas, l'État employeur.

Il est statué sur le droit à l'appareillage dans les conditions fixées par l'article L. 753-17. — *[Anc. art. 1231-1 bis.] — V. art. D. 753-9.*

Art. L. 753-20 Dans les cas mentionnés aux articles L. 751-42 à L. 751-44, *(L. n° 2001-1128 du 30 nov. 2001)* « L. 752-30 » et L. 753-14 à L. 753-19, *(L. n° 2016-1827 du 23 déc. 2016, art. 34-II-14°, en vigueur le 1er janv. 2018)* « les caisses mentionnées à l'article L. 723-2 » ou, selon le cas, l'État employeur sont subrogés dans les droits que la victime pourrait faire valoir contre les tiers responsables. – *[Anc. art. 1231-2.]*

SOUS-SECTION 4 Dispositions diverses

Art. L. 753-21 Si, au moment où s'est produit un accident mortel du travail, la profession de la victime était assujettie à la législation sur le risque professionnel, la qualité d'ayant droit de la victime est et demeure déterminée par la législation en vigueur au jour de l'accident. – *[Anc. art. 1232.]*

Art. L. 753-22 Si, à la suite d'un accident du travail, la victime ne peut arriver à exercer la même profession, ou ne peut le faire qu'après une nouvelle adaptation, elle a le droit d'être admise gratuitement dans une école ou autre institution assurant la rééducation professionnelle des mutilés ou réformés de la guerre en vertu du chapitre V du titre VII du livre I du code des pensions militaires d'invalidité et des victimes de la guerre pour y apprendre l'exercice d'une profession de son choix, sous réserve de présenter les conditions d'aptitudes requises.

En aucun cas, la rééducation ne peut se traduire pour l'ayant droit par une réduction des avantages qui lui ont été accordés en vertu du présent titre.

Les frais de rééducation sont supportés par *(L. n° 2016-1827 du 23 déc. 2016, art. 34-II-14°, en vigueur le 1er janv. 2018)* « les caisses mentionnées à l'article L. 723-2 » sauf dans le cas d'accidents du travail survenus et de maladies professionnelles constatées après le 30 juin 1973, quelle que soit la qualité de la victime. – *[Anc. art. 1209, 1210 et 1234 (partie).]*

TITRE VI DISPOSITIONS SPÉCIALES

CHAPITRE I DÉPARTEMENTS DU HAUT-RHIN, DU BAS-RHIN ET DE LA MOSELLE

SECTION 1 Assurances sociales des salariés agricoles

SOUS-SECTION 1 Bénéficiaires et prestations

Art. L. 761-1 En aucun cas, les avantages accordés aux prestataires du régime agricole ne peuvent être inférieurs à ceux dont bénéficient les prestataires du régime général. – *[Anc. art. 1263.]*

Art. L. 761-2 Sous réserve des dispositions de la présente section, sont applicables aux salariés agricoles des départements du Haut-Rhin, du Bas-Rhin et de la Moselle *(L. n° 2015-1702 du 21 déc. 2015, art. 59-XI-O-4°)* « l'article L. 311-5 », les chapitres III, IV et V du titre I, le titre II à l'exception de l'article L. 321-3, les titres III, IV, V, VI et VII et l'article L. 383-1 du titre VIII du livre III du code de la sécurité sociale. – *[Anc. art. 1257, al. 1er.]*

Art. L. 761-3 *(L. n° 2012-355 du 14 mars 2012, art. 1er-IV)* « Le régime local d'assurance maladie complémentaire obligatoire des départements du Bas-Rhin, du Haut-Rhin et de la Moselle s'applique aux membres des professions agricoles et forestières relevant des assurances sociales agricoles mentionnés aux 1° et 2° :

« 1° Salariés d'une entreprise ayant son siège social dans le département du Haut-Rhin, du Bas-Rhin ou de la Moselle, quel que soit leur lieu de travail en France métropolitaine, et salariés travaillant dans l'un de ces trois départements pour une entreprise ayant son siège hors de ces départements ;

« 2° Personnes mentionnées aux 4° à 11° du II de l'article L. 325-1 du code de la sécurité sociale. »

Il est également applicable aux *(L. n° 2015-1702 du 21 déc. 2015, art. 59-XI-O-5°)* « personnes mentionnées à l'article L. 161-1 du code de la sécurité sociale à la charge effective et permanente des » assurés mentionnés ci-dessus.

(Abrogé par L. nº 2014-1554 du 22 déc. 2014, art. 9-III-2º) « Par dérogation aux dispositions de l'article L. 161-6 du code de la sécurité sociale, » le bénéfice de ce régime est subordonné aux conditions d'ouverture des droits des assurés mentionnés ci-dessus.

Ce régime assure à ses bénéficiaires des prestations servies en complément de celles du régime des assurances sociales agricoles pour couvrir tout ou partie de la participation laissée à la charge de l'assuré en application de l'article *(L. nº 2015-1702 du 21 déc. 2015, art. 59-XI-O-5º)* « L. 160-13 » du code de la sécurité sociale. Il peut également prendre en charge tout ou partie du forfait journalier prévu à l'article L. 174-4 du même code.

Ces prestations sont déterminées par le conseil d'administration de l'instance de gestion spécifique de ce régime dans des conditions fixées par décret. – *[Anc. art. 1257-1-II.]*

Art. L. 761-4 Les assurés qui, avant le 5 juin 1951, ont relevé du code local des assurances sociales du 19 juillet 1911 et de la loi du 20 décembre 1911, ont droit aux avantages résultant pour eux des dispositions de la présente section au titre des assurances vieillesse et invalidité.

Les assurés qui ont obtenu avant le 1er juillet 1956 le bénéfice de l'ordonnance du 18 octobre 1945 et des articles 4 et 11 de la loi nº 48-1306 du 23 août 1948 portant modification du régime de l'assurance vieillesse, sont soumis au régime défini par ces dispositions. – *[Anc. art. 1258.]*

Art. L. 761-4-1 *(L. nº 2001-602 du 9 juill. 2001, art. 22)* Dans les départements du Haut-Rhin, du Bas-Rhin et de la Moselle, les bûcherons et les ouvriers recrutés par les communes, les établissements publics de coopération intercommunale ayant compétence pour la gestion forestière et les établissements publics mentionnés aux articles *(Ord. nº 2012-92 du 26 janv. 2012, art. 4-13º)* « L. 232-1 et L. 233-1 » du code forestier, pour être affectés aux travaux forestiers visés à l'article L. 722-3 dans les forêts de ces communes ou de ces établissements, sont des salariés agricoles dont les contrats de travail relèvent des dispositions du présent livre et du code du travail. *(L. nº 2005-157 du 23 févr. 2005, art. 62)* « Ils peuvent, dans les mêmes conditions, être affectés aux travaux d'entretien du patrimoine naturel des communes et des établissements publics précités. »

Est compétent le conseil de prud'hommes de Strasbourg pour le litige opposant la commune à un bûcheron sylviculteur exécutant des travaux forestiers, la loi ne réservant pas la qualité de salarié de droit privé aux seuls bûcherons et ouvriers affectés à des travaux forestiers s'inscrivant dans le cadre d'une activité commerciale des collectivités publiques d'Alsace-Moselle qui les emploient. • Soc. 28 oct. 2015, nº 14-15.262 P : *RD rur. 2016, nº 54, note Tauran.*

SOUS-SECTION 2 **Financement**

Art. L. 761-5 Le régime local d'assurance maladie complémentaire obligatoire des départements du Bas-Rhin, du Haut-Rhin et de la Moselle applicable aux assurés des professions agricoles et forestières est financé par :

1º Une cotisation à la charge des salariés des professions agricoles et forestières d'une entreprise ayant son siège social dans le département du Bas-Rhin, du Haut-Rhin ou de la Moselle, quel que soit leur lieu de travail en France métropolitaine, et des salariés des professions agricoles et forestières travaillant dans l'un de ces trois départements pour une entreprise ayant son siège hors de ces départements. *(Ord. nº 2018-474 du 12 juin 2018, art. 5)* « Cette cotisation est calculée sur les revenus d'activité tels qu'ils sont pris en compte pour la détermination de l'assiette des cotisations définie à l'article L. 741-10 et précomptée par leurs employeurs au bénéfice de ce régime ; »

2º *(L. nº 2002-73 du 17 janv. 2002, art. 37-II)* « Une cotisation à la charge des assurés relevant du présent chapitre et entrant dans les catégories visées aux 5º à 11º du II de l'article L. 325-1 du code de la sécurité sociale, assise sur les avantages de vieillesse d'un régime de base, d'un régime complémentaire ou d'un régime à la charge de l'employeur, que ces avantages soient servis au titre d'une législation française ou d'une législation d'un autre État, et sur les allocations et revenus de remplacement mentionnés à l'article L. 131-2 du même code. Les modalités de prise en compte des avantages de vieillesse acquis au titre de la législation d'un autre État pour le calcul de la cotisation prélevée sur les avantages servis par un régime français sont déterminées par décret. La cotisation est précomptée par les organismes débiteurs français au bénéfice du régime local lors de chaque versement de ces avantages ou allocations et versée directement à ce régime » ;

3° Une cotisation à la charge des employeurs mentionnés au 1° du présent article.

Les cotisations prévues aux 1°, 2° et 3° sont recouvrées par les caisses de mutualité sociale agricole selon les règles et avec les garanties et sanctions applicables au recouvrement des cotisations d'assurances sociales agricoles. – *[Anc. art. 1257-1-I.]*

Art. L. 761-6 Le taux des cotisations à la charge des employeurs et des salariés est fixé par décret. – *[Anc. art. 1259, al. 1er (partie).]*

Art. L. 761-7 Les dispositions de l'article L. 725-20 sont applicables aux départements du Haut-Rhin, du Bas-Rhin et de la Moselle. – *[Anc. art. 1259, al. 3.]*

Art. L. 761-8 L'employeur est tenu d'établir une déclaration à la caisse de mutualité sociale agricole intéressée dans les conditions fixées par le décret prévu à l'article L. 761-6. – *[Anc. art. 1259, al. 2 (partie).]*

SOUS-SECTION 3 **Organisation et contrôle**

Art. L. 761-9 La gestion des assurances sociales des salariés agricoles dans les départements du Haut-Rhin, du Bas-Rhin et de la Moselle est assurée par les caisses de mutualité sociale agricole. – *[Anc. art. 1260, al. 1er (partie).]*

Art. L. 761-10 L'instance de gestion du régime local d'assurance maladie complémentaire obligatoire, spécifique aux assurés des professions agricoles et forestières, est administrée par un conseil d'administration composé de membres des professions agricoles et forestières dont les attributions et la répartition sont fixées par décret. – *V. art. D. 761-24 s.*

Les modalités de fonctionnement de cette instance de gestion spécifique sont fixées par décret en Conseil d'État. – *V. art. R. 761-26 s.*

Le conseil d'administration fixe, chaque année, les taux de cotisations mentionnées à l'article L. 761-5, pour permettre de garantir le respect de l'équilibre financier du régime et le financement des frais de gestion du régime. Les dispositions de l'article *(L. nº 2008-1330 du 17 déc. 2008, art. 24-II)* « L. 131-9 » du code de la sécurité sociale ne sont pas applicables à ces cotisations. Le conseil d'administration détermine également les exonérations accordées en cas d'insuffisance des ressources *(L. nº 2014-1554 du 22 déc. 2014, art. 7-IV)* « selon les modalités prévues au deuxième alinéa » de l'article L. 380-2 du même code.

L'affiliation *(Abrogé par L. nº 2016-1827 du 23 déc. 2016, art. 64-III) « et l'immatriculation »* au régime local, le recouvrement des cotisations et le service des prestations sont assurés par les caisses de mutualité sociale agricole concernées selon les conditions fixées par une convention conclue entre le conseil d'administration de l'instance de gestion spécifique et la caisse centrale de la mutualité sociale agricole approuvée par le ministre chargé de l'agriculture.

Le contrôle de l'État sur la gestion du régime et le fonctionnement de l'instance de gestion spécifique s'exerce dans les mêmes conditions que pour les organismes de mutualité sociale agricole. – *[Anc. art. 1257-1-III.]*

Art. L. 761-10-1 *(L. nº 2002-73 du 17 janv. 2002, art. 37-IV)* Le conseil d'administration de l'instance de gestion spécifique du régime local fixe les principes généraux et les moyens de la politique d'action sanitaire et sociale destinée aux bénéficiaires du régime local agricole, notamment à ceux exposés au risque de précarité ou d'exclusion. Il attribue des aides à caractère individuel ou collectif, sous réserve de ne pas compromettre l'équilibre financier du régime.

SECTION 2 **Assurance accidents et maladies professionnelles des salariés et des non-salariés des professions agricoles**

NDLR : *L'intitulé ci-dessus était primitivement placé avant l'art. L. 761-10. C'est la L. nº 2002-73 du 17 janv. 2002, art. 29-II, qui l'a inséré avant l'art. L. 761-11.*

Art. L. 761-11 La réparation des accidents et des maladies professionnelles dans les départements du Haut-Rhin, du Bas-Rhin et de la Moselle est régie par les dispositions

du code local des assurances sociales du 19 juillet 1911, ainsi que par les dispositions de la présente section. – *[L. nº 72-965 du 25 oct. 1972, art. 19-II, al. 1er.]*

SOUS-SECTION 1 Dispositions communes

Art. L. 761-12 **Le montant maximum de la cotisation uniforme prévue à l'article 1006 du code local des assurances sociales est fixé par l'assemblée générale des délégués des caisses d'assurance-accidents agricoles de ces départements et ne pourra pas dépasser un montant fixé par voie réglementaire.** – *[L. nº 88-1202 du 30 déc. 1988, art. 53 (partie).]*

SOUS-SECTION 2 Salariés agricoles

§ 1 Bénéficiaires

Art. L. 761-13 **Les personnes mentionnées à l'article L. 761-2 sont soumises au régime d'assurance-accidents du code local des assurances sociales du 19 juillet 1911 applicable aux membres des professions agricoles.** – *[Anc. art. 1262, al. 1er.]*

(L. nº 2001-1128 du 30 nov. 2001) **« Elles sont également soumises aux dispositions des articles L. 724-8, L. 724-9 et L. 724-10 du présent code. »**

Art. L. 761-14 **Bénéficient également des dispositions de l'article L. 761-13 :**

1° Les élèves des établissements d'enseignement technique et de formation professionnelle agricoles pour les accidents survenus par le fait ou à l'occasion de cet enseignement ou de cette formation ;

2° Les personnes qui participent bénévolement au fonctionnement d'organismes à objet social sans caractère lucratif créés dans les départements du Haut-Rhin, du Bas-Rhin et de la Moselle au profit des professions agricoles, en vertu ou pour l'application d'un texte législatif ou réglementaire, lorsqu'elles ne bénéficient pas déjà de ces dispositions à un autre titre ; un décret détermine la nature desdits organismes et en établit la liste ;

3° Les salariés d'exploitation ou d'entreprise agricole ayant leur siège dans les départements du Haut-Rhin, du Bas-Rhin et de la Moselle désignés, en application de l'article L. 992-8 du code du travail, pour siéger dans une commission, un conseil ou un comité administratifs ou paritaires, pour les accidents survenus par le fait ou à l'occasion de leurs missions ;

4° Les salariés accomplissant un stage de formation dans les conditions prévues par les articles L. 236-10, L. 434-10 et L. 451-1 du code du travail, pour les accidents survenus par le fait ou à l'occasion de cette formation ;

5° Les bénéficiaires des allocations mentionnées au 4° de l'article L. 322-4 du code du travail pour les accidents survenus par le fait ou à l'occasion des actions favorisant leur reclassement ;

6° Les bénéficiaires des allocations versées au titre de l'article L. 322-3 du code du travail pour les accidents survenus par le fait ou à l'occasion des actions favorisant leur reconversion ;

7° Les salariés d'exploitation ou d'entreprise agricole ayant leur siège dans les départements du Haut-Rhin, du Bas-Rhin ou de la Moselle désignés, dans les conditions définies à l'article L. 225-8 du code du travail, pour siéger dans une instance instituée par une disposition législative ou réglementaire auprès d'une autorité de l'État pour les accidents survenus par le fait ou à l'occasion de leurs missions, dans la mesure où ils ne bénéficient pas à un autre titre des dispositions du présent article.

Des décrets fixent les modalités de prise en charge, par les caisses d'assurance-accidents agricoles des départements du Haut-Rhin, du Bas-Rhin et de la Moselle, des risques susceptibles de survenir aux personnes mentionnées au présent article ainsi que les bases des cotisations et des indemnités ; ils déterminent également la personne morale ou physique à qui incombent les obligations de l'employeur. – *[Anc. art. 1252-2.]* – *V. art. D. 761-39 s.*

§ 2 **Prestations**

Art. L. 761-15 *(L. n° 2002-73 du 17 janv. 2002, art. 34)* **En aucun cas, les avantages accordés aux bénéficiaires de la présente sous-section ne peuvent être inférieurs à ceux dont bénéficient les salariés des professions non agricoles.**

Art. L. 761-16 **Les salariés des professions agricoles et forestières mentionnées au livre III [deuxième partie] du code local des assurances sociales bénéficient des dispositions des articles suivants du code de la sécurité sociale : L. 411-2,** *(Ord. n° 2017-1718 du 20 déc. 2017, art. 2-I-16°)* **« L. 432-12, » L. 433-2, L. 434-1 et L. 434-2 à L. 434-10, L. 434-13 à L. 434-16, L. 452-1 à L. 452-4, L. 454-1,** *(L. n° 2014-1554 du 22 déc. 2014, art. 16-II-2°, en vigueur le 1er juill. 2015)* **« L. 454-2, » L. 455-1, L. 455-1-1, L. 455-2 et L. 455-3.**

Ils bénéficient également, dans des conditions fixées par décret, des dispositions des articles L. 461-1 à L. 461-8 du même code. – *[Anc. art. 1251, al. 1er, et 1252, al. 1er.]*

Art. L. 761-17 **La liquidation et la charge de l'ensemble des prestations dues aux salariés mentionnés à l'article** *(L. n° 2002-73 du 17 janv. 2002, art. 34)* **« L. 761-13 » pour les accidents survenus après le 1er septembre 1954 sont assumées par l'organisme d'assurance dont ils relèvent.**

La cotisation complémentaire qui peut être mise à la charge de l'employeur en cas de majoration de rente en faveur de la victime, conformément aux dispositions des cinquième et sixième alinéas de l'article L. 452-2 du code de la sécurité sociale, est recouvrée par l'organisme d'assurance dont ils relèvent. – *[Anc. art. 1251, al. 2.]*

Art. L. 761-18 **Sous réserve de l'application des décisions de justice devenues définitives et des délais de prescription, les dispositions de l'article L. 411-2 du code de la sécurité sociale sont applicables aux accidents antérieurs à la date du 14 janvier 1989.** – *[L. n° 89-18 du 13 janv. 1989, art. 21-II.]*

SOUS-SECTION 3 **Non-salariés agricoles**

Art. L. 761-19 **Les personnes non salariées des professions agricoles et forestières mentionnées au livre III, 2e partie, du code local des assurances sociales du 19 juillet 1911 sont soumises au régime d'assurance-accidents du code local précité, sous réserve de la présente sous-section. Elles bénéficient également, dans des conditions fixées par décret, des dispositions de l'article L. 461-1 du code de la sécurité sociale** *(L. n° 2014-1554 du 22 déc. 2014, art. 16-II-3°, en vigueur le 1er juill. 2015)* **« ainsi que des articles** *(Ord. n° 2017-1718 du 20 déc. 2017, art. 2-I-17°)* **« L. 432-12, » L. 454-1 et L. 454-2 du même code ».**

Art. L. 761-20 *(Ord. n° 2003-1187 du 11 déc. 2003)* **« Un décret fixe les modalités de prise en charge, par les caisses d'assurance accidents agricoles des départements du Haut-Rhin, du Bas-Rhin et de la Moselle, des accidents de la vie privée survenus aux personnes mentionnées à l'article L. 761-19. »** – *V. Décr. n° 2004-405 du 4 mai 2004 (JO 11 mai).*

Les caisses participent en fonction de leurs charges aux moyens de financement qui pourraient être prévus en faveur du régime d'assurance obligatoire contre les accidents de la vie privée des personnes non salariées. – *[Anc. art. 1252-1.]*

Art. L. 761-21 **Pour les assurés des professions agricoles et forestières mentionnés à l'article** *(L. n° 2002-73 du 17 janv. 2002, art. 29-III)* **« L. 761-19 », le gain annuel moyen servant de base au calcul des rentes et à la majoration de celles déjà liquidées est fixé en application des dispositions de l'article 938 du code local des assurances sociales. Cette fixation prend effet à la même date que les dispositions prévues en faveur des assurés agricoles facultatifs du régime général.**

Les règles de calcul et les conditions d'attribution des rentes et allocations sont celles définies aux chapitres IV et V du titre III du livre IV du code de la sécurité sociale.

Un décret permet aux caisses débitrices d'adapter aux besoins de la profession les prestations revenant aux personnes mentionnées à l'alinéa précédent et la franchise établie pour leur attribution. – *[Anc. art. 1251, al. 3, et 1252, al. 2 (partie) et al. 3 (partie).] – V. art. D. 761-62 s.*

SECTION 3 **Retraite anticipée et prise en compte des effets de l'exposition à certains facteurs de risques professionnels** *(Ord. n° 2017-1718 du 20 déc. 2017, art. 2-I-18°).*

(L. n° 2014-1170 du 13 oct. 2014, art. 36-I)

Art. L. 761-22 Les articles L. 351-1-4 du code de la sécurité sociale et L. 732-18-3 du présent code sont applicables dans les départements du Bas-Rhin, du Haut-Rhin et de la Moselle.

Pour l'appréciation de l'incapacité physique permanente, il est fait application des articles L. 761-16 et L. 761-21.

Les modalités d'application du présent article sont fixées par décret.

Art. L. 761-23 Une contribution couvrant les dépenses supplémentaires engendrées par les départs en retraite à l'âge prévu aux articles L. 351-1-4 du code de la sécurité sociale et L. 732-18-3 du présent code *(Ord. n° 2017-1718 du 20 déc. 2017, art. 2-I-19°)* « et les dépenses supplémentaires engendrées par le dispositif mentionné à l'article L. 4163-1 du code du travail » est mise à la charge du régime local d'assurance accidents agricoles régi par le code local des assurances sociales du 19 juillet 1911 applicable dans les départements du Bas-Rhin, du Haut-Rhin et de la Moselle.

Art. L. 761-24 Une convention conclue entre la Caisse centrale de mutualité sociale agricole et les caisses d'assurance accidents agricoles des départements du Bas-Rhin, du Haut-Rhin et de la Moselle détermine les relations financières nécessaires au versement de la contribution mentionnée à l'article L. 761-23.

CHAPITRE II SALARIÉS ET NON-SALARIÉS DES PROFESSIONS AGRICOLES RÉSIDANT À L'ÉTRANGER *(Ord. n° 2016-391 du 31 mars 2016, art. 9-3°).*

A compter du 1er juill. 2016, au titre VI, les divisions Chapitre II : Protection sociale des non-salariés des professions agricoles en Guadeloupe, en Guyane, à la Martinique, à La Réunion, à Mayotte, à Saint-Barthélemy et à Saint-Martin, Chapitre III : Protection sociale des salariés agricoles en Guadeloupe, en Guyane, à la Martinique, à La Réunion, à Mayotte, à Saint-Barthélemy et à Saint-Martin et Chapitre III bis : Réglementation du travail des salariés agricoles à Mayotte sont abrogées ; le chapitre IV du titre VI devient le chapitre II et les art. L. 764-1 à L. 764-8 deviennent les art. L. 762-1 à L. 762-8 (Ord. n° 2016-391 du 31 mars 2016, art. 9-2° et 3°, JO 1er avr.).

SECTION 1 **Salariés détachés à l'étranger**

Art. L. 762-1 Les salariés, détachés temporairement à l'étranger par leur employeur pour y exercer une activité salariée ou assimilée, qui demeurent soumis aux dispositions des titres II à VII du présent livre en vertu de conventions ou de règlements internationaux, sont réputés, pour l'application de ces dispositions, avoir leur résidence et leur lieu de travail en France. — *[Anc. art. 1263-1.]*

Art. L. 762-2 Si l'article L. 764-1 *[L. 762-1]* ne leur est pas ou ne leur est plus applicable, les salariés détachés temporairement à l'étranger par leur employeur pour y exercer une activité salariée ou assimilée rémunérée par cet employeur sont soumis aux dispositions des titres II à VII du présent livre à la condition que l'employeur s'engage à s'acquitter de l'intégralité des cotisations dues.

La durée maximale pendant laquelle les salariés mentionnés au précédent alinéa peuvent être soumis à ces dispositions est fixée par voie réglementaire.

Pour l'application de ces dispositions, ils sont réputés avoir leur résidence et leur lieu de travail en France. — *[Anc. art. 1263-2.]*

Art. L. 762-3 *(Ord. n° 2003-1187 du 11 déc. 2003)* Les dispositions de l'article L. 761-7 du code de la sécurité sociale s'appliquent aux bénéficiaires de la présente section et à leurs ayants droit.

SECTION 2 *[ABROGÉE]* **Salariés expatriés**

(Abrogée par L. n° 2018-1214 du 24 déc. 2018, art. 7)

Art. L. 762-4 *Abrogé par L. n° 2018-1214 du 24 déc. 2018, art. 7.*

SECTION 3 *[ABROGÉE]* **Exploitants agricoles exerçant à l'étranger** *(Ord. n° 2003-1187 du 11 déc. 2003).*

(Abrogée par L. n° 2018-1214 du 24 déc. 2018, art. 7)

Art. L. 762-5 *Abrogé par L. n° 2018-1214 du 24 déc. 2018, art. 7.*

SECTION 4 *[ABROGÉE]* **Pensionnés des régimes agricoles d'assurance vieillesse résidant à l'étranger** *(Ord. n° 2003-1187 du 11 déc. 2003).*

(Abrogée par L. n° 2018-1214 du 24 déc. 2018, art. 7)

Art. L. 762-6 *Abrogé par L. n° 2018-1214 du 24 déc. 2018, art. 7.*

SECTION 5 **Dispositions communes** *(Ord. n° 2003-1187 du 11 déc. 2003).*

Art. L. 762-7 *(Ord. n° 2003-1187 du 11 déc. 2003)* Les dispositions du chapitre VI du titre VI du livre VII du code de la sécurité sociale s'appliquent aux personnes mentionnées aux sections 2, 3 et 4 du présent chapitre.

Art. L. 762-8 *(Ord. n° 2003-1187 du 11 déc. 2003)* Les mesures nécessaires à l'application du présent chapitre sont déterminées par décret en Conseil d'État.

TITRE VII ORGANISMES D'ASSURANCE ET DE RÉASSURANCE MUTUELLES AGRICOLES

Art. L. 771-1 Les sociétés ou caisses d'assurance ou de réassurance mutuelles agricoles qui sont gérées et administrées gratuitement, qui n'ont en vue et qui, en fait, ne réalisent aucun bénéfice, sont affranchies des formalités de publicité prescrites par l'article 4 de la loi n° 66-537 du 24 juillet 1966 sur les sociétés commerciales *[C. com., art. L. 210-4].*

Les sociétés ou caisses d'assurances et de réassurances mutuelles agricoles peuvent se constituer en se soumettant aux prescriptions du titre I du livre IV du code du travail.

Elles relèvent des dispositions de l'article L. 322-27 du code des assurances. — *[Anc. art. 1235.]* — V. ***C. assur.***

Sont exonérés de la cotisation foncière des entreprises ... les caisses locales d'assurances mutuelles agricoles régies par l'art. L. 771-1 C. rur. qui ont au plus deux salariés ou mandataires rémunérés (CGI, art. 1451-I-4°). — **CGI.**

Les adhérents des caisses de MSA ne peuvent prétendre exercer le droit de retrait des membres de syndicats professionnels. • Soc. 22 mars 2001, ☎ *Simorre c/ CMSA de l'Ariège : RD rur. 2001. 428.*

Art. L. 771-2 Les conseils d'administration des caisses d'assurance ou de réassurance mutuelles agricoles sont élus pour six ans. — *[Anc. art. 1238.]*

Art. L. 771-3 Les fonctions de membre des conseils d'administration des caisses d'assurance ou de réassurance mutuelles agricoles sont gratuites. Toutefois, les membres des conseils d'administration peuvent être remboursés de leurs frais de déplacement et de séjour et indemnisés de la perte de leur temps de travail sur la base du salaire de l'ouvrier agricole le mieux rémunéré du département.

Le personnel salarié ne peut pas faire partie du conseil d'administration de l'organisme qui l'emploie. — *[Anc. art. 1239.]*

Art. L. 771-4 Sauf dérogation expresse accordée par le ministre chargé de l'agriculture, les personnes exerçant les fonctions de membres du conseil d'administration des caisses d'assurance ou de réassurance mutuelles agricoles, ainsi que leur conjoint, ne peuvent exercer l'une des professions suivantes : agent ou courtier d'assurance, directeur ou administrateur *(Ord. n° 2013-544 du 27 juin 2013, art. 13-5°, en vigueur le 1er janv. 2014)* « d'une société de financement, » d'un établissement de crédit autre que le crédit agricole, d'une compagnie d'assurance ou de réassurance ou d'une caisse de sécurité sociale autre qu'une caisse de mutualité sociale agricole, agent d'affaires.

Sauf dérogation expresse accordée par le ministre chargé de l'agriculture, les personnes exerçant les fonctions de directeur ou d'agent comptable des caisses d'assurance ou de réassurance mutuelles agricoles, ainsi que leur conjoint, ne peuvent exercer l'une des professions suivantes : agent ou courtier d'assurance, directeur ou administrateur *(Ord. n° 2013-544 du 27 juin 2013, art. 13-5°, en vigueur le 1er janv. 2014)* « d'une société de financement, » d'un établissement de crédit autre que le crédit agricole, d'une compagnie d'assurance ou de réassurance ou d'une caisse de sécurité sociale, agent d'affaires.

Les infractions à ces dispositions sont punies de deux ans d'emprisonnement et de 3 750 € d'amende. — *[Anc. art. 1240.]*

TITRE VIII DISPOSITIONS RELATIVES À L'OUTRE-MER

(Ord. n° 2016-391 du 31 mars 2016, art. 9-1°, en vigueur le 1er juill. 2016, ratifiée par L. n° 2017-256 du 28 févr. 2017, art. 102)

CHAPITRE I GUADELOUPE, GUYANE, MARTINIQUE, LA RÉUNION, MAYOTTE, SAINT-BARTHÉLEMY ET SAINT-MARTIN

(Ord. n° 2016-391 du 31 mars 2016, art. 9-1°, en vigueur le 1er juill. 2016)

SECTION 1 Champ d'application et références

Art. L. 781-1 Les dispositions du présent livre s'appliquent en Guadeloupe, en Guyane, en Martinique, à La Réunion, à Mayotte, à Saint-Barthélemy et à Saint-Martin sous réserve des exceptions et adaptations prévues au présent chapitre.

SECTION 2 Dispositions communes à la protection sociale des non-salariés agricoles

Art. L. 781-2 La gestion des différentes branches de la protection sociale des non-salariés des professions agricoles en Guadeloupe, en Guyane, en Martinique, à la Réunion et à Saint-Martin est assurée par les caisses mentionnées à l'article L. 752-1 du code de la sécurité sociale :

1° Pour les prestations familiales, la caisse d'allocations familiales ;

2° Pour l'assurance vieillesse et l'assurance vieillesse complémentaire obligatoire et, dans les conditions fixées par décret, pour l'assurance maladie, invalidité et maternité, la caisse générale de sécurité sociale.

Ces caisses relèvent pour l'assurance vieillesse de la caisse centrale de la mutualité sociale agricole.

A Saint-Barthélemy, la gestion des différentes branches de la protection sociale des non-salariés des professions agricoles est assurée par une caisse de mutualité sociale agricole dans les conditions fixées aux troisième et quatrième alinéas de l'article L. 752-1 du même code.

Art. L. 781-3 Pour la Guadeloupe, la Guyane, la Martinique, La Réunion, Mayotte, Saint-Barthélemy et Saint-Martin, la Caisse centrale de la mutualité sociale agricole retrace, en recettes et en dépenses, les opérations résultant des sections 2 à 7 du présent chapitre à l'exclusion des dépenses de gestion et des recettes correspondantes ainsi que des dépenses et recettes concernant l'action sociale prévue aux articles L. 752-7 et L. 752-8 du code de la sécurité sociale.

Art. L. 781-4 En Guadeloupe, en Guyane, en Martinique, à la Réunion et à Saint-Martin, les dispositions des articles L. 752-7 et L. 752-8 du code de la sécurité sociale sont applicables à l'action sociale menée en faveur des non-salariés des professions agricoles et de leurs familles.

A Saint-Barthélemy, la caisse compétente en matière d'assurance maladie des non-salariés agricoles est chargée de promouvoir l'action sociale en faveur des bénéficiaires de la section 4 du chapitre I du présent titre.

Art. L. 781-5 Les chefs d'exploitation ou d'entreprise, les bénéficiaires des allocations familiales, les titulaires des pensions de retraites ou allocations de Guadeloupe, Guyane, Martinique, La Réunion, Mayotte, Saint-Barthélemy et Saint-Martin sont tenus de recevoir à toute époque les directeurs et les inspecteurs de la sécurité sociale qui se présentent pour vérifier l'application régulière des dispositions du présent titre.

Ces dispositions s'appliquent aux agents de contrôle assermentés *(L. n° 2020-1576 du 14 déc. 2020, art. 28)* « et agréés » des caisses d'allocations familiales, des caisses générales de sécurité sociale et de la caisse de mutualité sociale agricole mentionnée à l'article L. 781-2.

Les fonctionnaires et agents mentionnés aux deux premiers alinéas ont accès dans les exploitations et entreprises intéressées et peuvent demander communication sur place de tous documents et pièces nécessaires à l'accomplissement de leur mission de contrôle.

Les dispositions du présent article s'appliquent également aux agents de contrôle assermentés *(L. n° 2020-1576 du 14 déc. 2020, art. 28)* « et agréés » des caisses mentionnées à l'article L. 781-44.

Art. L. 781-6 Les exploitants agricoles de Guadeloupe, Guyane, Martinique, La Réunion, Mayotte, Saint-Barthélemy et Saint-Martin exerçant leur activité sur des exploitations de moins de quarante hectares pondérés sont exonérés, dans des conditions fixées par décret, des cotisations relatives :

1° Aux prestations familiales ;

2° A l'assurance maladie, invalidité, maternité à l'exception de la cotisation prévue pour financer les prestations mentionnées à l'article L. 781-21 ;

3° A l'assurance vieillesse.

Si, au cours d'une année civile, la surface d'exploitation vient à dépasser le seuil de quarante hectares pondérés, dans le cadre d'une diversification de la production ou de la mise en valeur de terres incultes, de terres laissées à l'abandon ou de terres insuffisamment exploitées, le bénéfice intégral de l'exonération est maintenu dans la limite de quarante hectares pondérés pour une période de cinq ans à compter de l'année civile de réalisation du dépassement de ce seuil, dans des conditions fixées par décret.

Art. L. 781-7 Les dispositions applicables en matière de sécurité sociale en Guadeloupe, en Guyane, en Martinique, à La Réunion, à Mayotte, à Saint-Barthélemy et à Saint-Martin en ce qui concerne le recouvrement des cotisations et en ce qui concerne la procédure et les sanctions pénales prévues au chapitre IV du titre IV du livre II du code de la sécurité sociale sont applicables en matière de prestations familiales des non-salariés agricoles.

Les dispositions applicables en matière de sécurité sociale en Guadeloupe, en Guyane, en Martinique, à La Réunion, à Mayotte, à Saint-Barthélemy et à Saint-Martin en ce qui concerne le recouvrement des cotisations, les pénalités, le contentieux, la saisissabilité et la cessibilité des prestations sont applicables à l'assurance maladie, invalidité, maternité et à l'assurance vieillesse des non-salariés agricoles.

SECTION 3 Prestations familiales

Art. L. 781-8 Les non-salariés agricoles exerçant leur activité en Guadeloupe, en Guyane, en Martinique, à La Réunion, à Saint-Barthélemy et à Saint-Martin bénéficient des prestations familiales mentionnées au chapitre V du titre V du livre VII du code de la sécurité sociale, dans les conditions prévues par la présente section et par les articles L. 755-3, L. 755-4, L. 755-11, L. 755-16 à L. 755-22 du code de la sécurité sociale.

Art. L. 781-9 Est considérée comme exploitant agricole pour l'application de la présente section en Guadeloupe, en Guyane, en Martinique, à La Réunion, à Mayotte, à Saint-Barthélemy et à Saint-Martin, toute personne mettant en valeur, en une qualité autre que celle de salarié, une exploitation dont l'importance est au moins égale à un minimum fixé par décret et évaluée en superficie pondérée.

Un décret fixe les critères d'équivalence utilisés pour le calcul de cette superficie pondérée, compte tenu de la nature des productions végétales et animales.

En application de ces critères, un arrêté interministériel détermine les coefficients d'équivalence applicables dans chaque collectivité.

Une personne est réputée mettre en valeur une exploitation d'une importance égale au minimum mentionné au premier alinéa si elle exerce une activité de production végétale ou animale pour laquelle le coefficient d'équivalence mentionné au troisième alinéa n'est pas prévu et dès lors que cette activité requiert un temps de travail au moins égal à un seuil fixé par décret.

Art. L. 781-10 Le paiement des allocations familiales est subordonné à la justification du versement préalable des cotisations échues.

Art. L. 781-11 Les cotisations varient en fonction de la superficie pondérée de l'exploitation ; un décret fixe les modalités de calcul de ces cotisations.

L'assiette des cotisations dues par les associés exploitants d'une exploitation agricole à responsabilité limitée constituée conformément au chapitre IV du titre II du livre III est répartie entre les associés exploitants dans les conditions prévues à l'article L. 731-26.

Art. L. 781-12 Les exonérations de cotisations prévues à de l'article L. 731-28 sont applicables au régime institué par la présente section.

Art. L. 781-13 Un décret fixe les conditions dans lesquelles est assurée la couverture par chaque caisse de l'ensemble des charges résultant de l'application de la présente section. Il précise notamment les conditions dans lesquelles sont mises à la disposition des caisses par la caisse centrale de la mutualité sociale agricole les sommes nécessaires à la couverture de ces charges.

SECTION 4 Assurance maladie, invalidité et maternité

Art. L. 781-14 Les dispositions relatives à l'assurance maladie, invalidité et maternité des non-salariés agricoles figurant aux titres II et III du présent livre sont applicables aux personnes résidant en Guadeloupe, en Guyane, en Martinique, à La Réunion, à Mayotte, à Saint-Barthélemy et à Saint-Martin dans les conditions et sous les réserves précisées à la présente section.

Art. L. 781-15 Ne sont pas applicables en Guadeloupe, en Guyane, en Martinique, à La Réunion, à Mayotte, à Saint-Barthélemy et à Saint-Martin les dispositions de l'article L. 723-9 ainsi que toutes dispositions contraires à la présente section.

Art. L. 781-16 Pour l'application des articles L. 731-13, L. 731-35-1 et L. 732-15 concernant la cotisation prévue pour financer les prestations mentionnées à l'article L. 732-4, la référence à l'article L. 732-4 est remplacée par la référence à l'article L. 781-21.

Art. L. 781-17 Les dispositions des articles L. 145-1 à L. 145-9-2, L. 162-9, L. 162-11, L. 162-28, L. 162-32, L. 162-35, L. 244-9, *(L. nº 2023-1250 du 26 déc. 2023, art. 9)* « L. 114-13, L. 114-18, L. 244-13, L. 244-14 », L. 281-2, L. 322-2, et le chapitre VI du titre VII du livre III du code de la sécurité sociale sont applicables au régime institué par la présente section.

Les dispositions de l'article L. 355-2 du code de la sécurité sociale s'appliquent aux pensions d'invalidité servies en application de la présente section.

Art. L. 781-18 Des décrets fixent les modalités d'application du régime mentionné à la présente section. Ils peuvent déterminer les règles de coordination de ce régime avec les autres régimes de sécurité sociale.

Art. L. 781-19 Pour l'application en Guadeloupe, en Guyane, en Martinique, à La Réunion, à Mayotte, à Saint-Barthélemy et à Saint-Martin du 1º de l'article L. 722-10, l'exploitation doit être située dans l'une de ces collectivités et avoir une superficie au moins égale au minimum prévu à l'article L. 781-9.

Les dispositions de la présente section s'appliquent aux anciens exploitants et à leurs conjoints titulaires de la pension de retraite prévue à la section 5 du présent chapitre, ainsi qu'aux titulaires de l'allocation de vieillesse due en application des dispositions législatives ou réglementaires en vigueur antérieurement au 1er janvier 1990, lorsqu'ils sont membres de la famille de l'exploitant et qu'ils ont donné lieu à cotisation pendant au moins cinq ans. Toutefois, le bénéfice du présent alinéa n'est accordé aux intéressés que lorsqu'ils entraient, à la date à laquelle ils ont abandonné l'exploitation ou l'entreprise, dans les catégories des personnes visées par les dispositions combinées du premier alinéa du présent article et des 1º ou 2º de l'article L. 722-10.

Art. L. 781-20 Au titre des assurances maladie et maternité, les prestations auxquelles peuvent prétendre les bénéficiaires de la présente section sont celles prévues au titre V du livre VII du code de la sécurité sociale.

L'assurance maladie prend aussi en charge les suites des accidents survenus dans un régime obligatoire d'assurance maladie dont relevaient soit en qualité d'assuré, soit en qualité d'ayant droit, les personnes mentionnées à l'article L. 781-14 avant leur assujettissement au présent régime.

Elle couvre également :

1° Les conséquences des accidents dont sont victimes les enfants mineurs de seize ans et assimilés mentionnés à l'article L. 722-10 qui n'exercent pas d'activité professionnelle, ainsi que les suites que peuvent entraîner lesdits accidents pour les victimes après l'âge de seize ans ou, le cas échéant, de vingt ans, dès lors qu'elles demeurent assujetties au régime d'assurance obligatoire institué par la présente section ;

2° Les conséquences des accidents dont sont victimes les titulaires d'une pension de retraite ou de l'allocation de vieillesse versée en application des dispositions législatives ou réglementaires en vigueur antérieurement au 1er janvier 1990 et les assujettis titulaires d'une pension d'invalidité versée aux victimes d'accidents de la vie privée et d'accidents du travail survenus ou de maladies professionnelles constatées avant le 1er avril 2002 ou d'une rente mentionnée à l'article L. 752-6, ainsi que leur conjoint.

Sous réserve des dispositions de l'alinéa qui précède, l'assurance ne couvre pas les conséquences des accidents du travail, des maladies professionnelles lors même qu'il n'y aurait pas affiliation au régime mentionné à la section 7 du présent chapitre.

Art. L. 781-21 Bénéficient d'indemnités journalières lorsqu'ils se trouvent dans l'incapacité physique temporaire, constatée par le médecin traitant, de continuer ou de reprendre le travail pour cause de maladie ou d'accident de la vie privée :

1° Les chefs d'exploitation ou d'entreprise agricole mentionnés à l'article L. 781-9 exerçant à titre exclusif ou principal ;

2° Les collaborateurs d'exploitation ou d'entreprise agricole mentionnés à l'article L. 321-5 des chefs d'exploitation ou d'entreprise agricole mentionnés au 1° du présent article ;

3° Les aides familiaux et les associés d'exploitation mentionnés à l'article L. 722-10 des chefs d'exploitation ou d'entreprise agricole mentionnés au 1° du présent article.

Les indemnités journalières sont servies à l'expiration d'un délai de carence, réduit en cas d'hospitalisation, aux assurés ayant une durée minimale d'affiliation dans le régime. *(L. n° 2023-567 du 7 juill. 2023, art. 2)* « Par dérogation, en cas de constat d'une incapacité de travail faisant suite à une interruption spontanée de grossesse ayant eu lieu avant la vingt-deuxième semaine d'aménorrhée *(L. n° 2023-1250 du 26 déc. 2023, art. 64)* « ou à une interruption de grossesse pratiquée pour motif médical prévue aux articles L. 2213-1 à L. 2213-5 du code de la santé publique », l'indemnité journalière est accordée sans délai. » La durée d'indemnisation est plafonnée.

Les modalités d'application du présent article sont fixées par décret.

Art. L. 781-22 Les prestations au titre de l'assurance invalidité sont celles qui sont attribuées en application de l'article L. 732-3 et sont prévues aux articles L. 732-8 et L. 732-9 pour ce qui concerne l'invalidité.

Art. L. 781-23 Les conditions d'ouverture du droit aux prestations mentionnées aux articles L. 781-20 et L. 781-22 sont celles qui sont applicables aux bénéficiaires de l'assurance maladie, invalidité, maternité mentionnée à l'article L. 722-10.

Art. L. 781-24 Le montant des cotisations dues pour la couverture des risques obligatoirement assurés en application de la présente section ainsi que leurs modalités d'appel et d'exigibilité sont fixés par décret.

L'assiette des cotisations dues par les associés exploitants d'une exploitation agricole à responsabilité limitée constituée en application de l'article L. 324-1 est répartie entre les associés exploitants dans les conditions prévues à l'article L. 731-26.

Art. L. 781-25 Les dispositions du deuxième alinéa de l'article L. 722-13 s'appliquent aux personnes mentionnées à l'article L. 781-19 si la superficie pondérée exploitée est inférieure au minimum prévu à l'article L. 781-9.

Art. L. 781-26 Bénéficient d'une exonération totale de cotisations les personnes mentionnées au deuxième alinéa de l'article L. 781-19 percevant l'allocation supplémentaire prévue au livre IV du code de la sécurité sociale, ainsi que les titulaires de l'allocation de vieillesse agricole âgés de moins de soixante-cinq ans qui, hormis la condition d'âge, remplissent les conditions d'attribution de l'allocation supplémentaire précitée.

Art. L. 781-27 Un décret fixe les conditions dans lesquelles est assurée la couverture par chaque caisse de l'ensemble des charges résultant de l'application de la présente section. Il précise notamment les conditions dans lesquelles sont mises à la disposition des caisses par la caisse centrale de la mutualité sociale agricole, les sommes nécessaires à la couverture de ces charges.

Art. L. 781-28 Les caisses générales de sécurité sociale compétentes en Guadeloupe, en Guyane, en Martinique, à La Réunion, et à Saint-Martin, ainsi que la caisse de mutualité sociale agricole mentionnée à l'article L. 781-2 à Saint-Barthélemy, sont chargées de promouvoir l'action sociale en faveur des bénéficiaires de la présente section.

SECTION 5 Assurance vieillesse et assurance veuvage

Art. L. 781-29 Les dispositions des articles L. 722-16, L. 722-17, L. 731-42 et celles de la section 3 du chapitre II du titre III du présent livre relatives à l'assurance vieillesse sont applicables aux personnes non salariées agricoles de Guadeloupe, de Guyane, de Martinique, de La Réunion, de Mayotte, de Saint-Barthélemy et de Saint-Martin dans les conditions et sous les réserves énoncées à la présente section.

Les caisses mentionnées aux troisième et cinquième alinéas de l'article L. 781-2 et au premier alinéa de l'article L. 781-44 sont chargées de servir la pension de retraite mentionnée à l'article L. 732-18 et l'allocation vieillesse due en application des dispositions législatives et réglementaires antérieures au 1er janvier 1990.

Art. L. 781-30 Ne sont applicables à l'assurance vieillesse en Guadeloupe, en Guyane, en Martinique, à La Réunion, à Mayotte, à Saint-Barthélemy et à Saint-Martin ni les articles L. 732-19, L. 732-21, L. 732-22, L. 732-24, L. 732-25, L. 732-26, L. 732-27 ni l'article L. 731-42 en tant qu'il fixe les modalités de calcul des cotisations mentionnées audit article, ni les dispositions contraires à celles de la présente section.

Art. L. 781-31 Est considérée comme exploitant agricole pour l'application de la présente section toute personne mettant en valeur, en une qualité autre que celle de salarié, une exploitation répondant aux conditions fixées à l'article L. 781-9.

L'interruption d'activité résultant de maladie ou d'infirmité grave empêchant toute activité professionnelle ne prive pas l'intéressé de droit à la pension de retraite, composée des pensions de retraite forfaitaire et de retraite proportionnelle dans les conditions prévues aux 1° et 2° de l'article L. 781-32. Les modalités de calcul de la pension sont fixées par décret.

L'interruption d'activité résultant d'un fait de guerre empêchant toute activité professionnelle ne prive pas l'intéressé du droit à la retraite.

Sauf dans la mesure où elle s'impute sur la durée de la peine, toute période de détention provisoire accomplie par une personne qui, au moment de son incarcération, relevait de l'assurance prévue à la présente section est également prise en considération pour l'ouverture du droit à pension.

Art. L. 781-32 Les chefs d'exploitation ou d'entreprise agricole qui ont exercé à titre exclusif ou à titre principal une activité non salariée agricole ont droit à une pension de retraite qui comprend :

1° Une pension de retraite forfaitaire dont le montant maximal attribué pour une durée minimale d'activité non salariée agricole est égal à celui de l'allocation aux vieux travailleurs salariés au 1er janvier 2014 et est revalorisé dans les conditions prévues à l'article L. 161-23-1 du code de la sécurité sociale ; lorsque la durée d'activité a été inférieure à cette durée minimale, le montant de la retraite est calculé proportionnellement à cette durée ;

2° Une pension de retraite proportionnelle dont le montant est calculé en fonction des cotisations versées en application du 2° de l'article L. 731-42 ainsi que de la durée d'assurance et qui est revalorisée chaque année suivant les coefficients fixés en application de l'article L. 161-23-1 du code de la sécurité sociale.

Art. L. 781-33 Pour les assurés qui demandent la liquidation de leurs droits à une pension de retraite avant l'âge prévu *(L. n° 2023-270 du 14 avr. 2023, art. 10)* « au premier alinéa de l'article L. 161-17-2 du code de la sécurité sociale augmenté de trois » années et qui ne justifient pas, tant dans le régime institué par le présent chapitre que dans un ou plusieurs autres régimes obligatoires, d'une durée minimale d'assurance ou de périodes reconnues équivalentes, il est appliqué un coefficient de minoration au montant de la pension de retraite forfaitaire et de la pension de retraite proportionnelle. Ce coefficient n'est pas applicable au montant de la pension de retraite forfaitaire et de la pension de retraite proportionnelle liquidée en application *(L. n° 2023-270 du 14 avr. 2023, art. 11)* « des articles L. 732-18-2 et L. 732-18-4 du présent code, ni aux assurés mentionnés aux 3°, 4° *bis* et 5° de l'article L. 351-8 du code de la sécurité sociale, dans des conditions fixées par décret. Le coefficient de minoration n'est pas applicable aux assurés dont l'âge mentionné à l'article L. 732-18 du présent code est abaissé dans les conditions prévues à l'article L. 732-18-1 ».

Art. L. 781-34 Le total de la pension de retraite forfaitaire et de la pension de retraite proportionnelle ne peut dépasser un montant qui est fixé en fonction du nombre d'annuités des intéressés et par référence au montant des pensions de retraite servies par le régime général de la sécurité sociale.

Art. L. 781-35 Les conditions d'application des dispositions des articles L. 781-32 à L. 781-34 sont fixées par décret en Conseil d'État.

Art. L. 781-36 La cotisation prévue au 1° de l'article L. 731-42 varie en fonction de la superficie pondérée de l'exploitation. Un décret fixe les modalités de calcul de cette cotisation.

Les modalités de calcul et les taux des cotisations prévues au 2° de l'article L. 731-42 sont fixés par décret. Les personnes morales de droit privé exploitant des terres sont assujetties au paiement de cette cotisation.

SECTION 6 Assurance vieillesse complémentaire obligatoire

Aux art. L. 781-37, L. 781-39, L. 781-41 et L. 781-42, dans leur rédaction issue de l'Ord. n° 2016-391 du 31 mars 2016, les mots « en Guadeloupe, en Guyane, en Martinique, à La Réunion, à Saint-Barthélemy et à Saint-Martin, ainsi qu'à Mayotte à compter du 1er janvier 2019, » sont le 1er janvier 2019 remplacés par les mots « en Guadeloupe, en Guyane, en Martinique, à La Réunion, à Mayotte, à Saint-Barthélemy et à Saint-Martin » (Ord. préc., art. 18-II, JO 1er avr.).

Art. L. 781-37 Les dispositions de la sous-section 3 de la section 3 du chapitre II du titre III du présent livre relatives à l'assurance vieillesse complémentaire obligatoire des personnes non salariées, à l'exclusion des modalités de l'assiette définies à l'article L. 732-59 et de celles de l'article L. 732-61, sont applicables en Guadeloupe, en Guyane, en Martinique, à La Réunion, à Saint-Barthélemy et à Saint-Martin, ainsi qu'à Mayotte à compter du 1er janvier 2019, dans les conditions et sous les réserves précisées à la présente section.

Art. L. 781-38 Les cotisations dues au titre de l'assurance vieillesse complémentaire obligatoire des non-salariés agricoles sont assises sur une assiette forfaitaire fixée par décret. Un décret fixe le taux des cotisations.

Art. L. 781-39 Les modalités de gestion du régime d'assurance vieillesse complémentaire obligatoire des non-salariés agricoles en Guadeloupe, en Guyane, en Martinique, à La Réunion, à Saint-Barthélemy et à Saint-Martin, ainsi qu'à Mayotte à compter du 1er janvier 2019, sont fixées par décret.

Art. L. 781-40 *(Abrogé par L. n° 2023-270 du 14 avr. 2023, art. 18) « Pour l'application de l'article L. 732-56, la référence à l'article L. 781-33 est substituée à la référence à l'article L. 732-25 et »* pour l'application de l'article L. 732-60, la référence à l'article L. 781-32 est substituée à la référence à l'article L. 732-24.

(L. n° 2020-839 du 3 juill. 2020, art. 3) « Pour l'application de l'article L. 732-63, les dispositions relatives aux périodes minimales d'assurance accomplies en qualité de chef d'exploitation ou d'entreprise agricole à titre exclusif ou principal, mentionnées au I du même article L. 732-63, ne sont pas applicables. La durée d'assurance pour le cal-

cul du montant minimal mentionnée au III dudit article L. 732-63 est majorée dans des conditions fixées par décret permettant de tenir compte des spécificités des carrières de chef d'exploitation ou d'entreprise agricole dans les collectivités énumérées à l'article L. 781-37.

« L'article L. 732-63 s'applique également aux assurés qui justifient du droit à une pension à taux plein au titre du régime d'assurance vieillesse de base des personnes non salariées des professions agricoles. » — *L'art. 3 de la L. n° 2020-839 du 3 juill. 2020 entre en vigueur le 1er janv. 2022. Il est applicable aux pensions de retraite ayant pris effet avant le 1er janv. 2022 (L. n° 2020-839 du 3 juill. 2020, art. 3-II et III).*

Art. L. 781-41 Les dispositions applicables en matière de sécurité sociale en Guadeloupe, en Guyane, à la Martinique, à La Réunion, à Saint-Barthélemy et à Saint-Martin, ainsi qu'à Mayotte à compter du 1er janvier 2019, en ce qui concerne le recouvrement des cotisations, les pénalités, le contentieux, la saisissabilité et la cessibilité des prestations sont applicables à l'assurance vieillesse complémentaire obligatoire des non-salariés agricoles.

SECTION 7 Accidents du travail et maladies professionnelles

Art. L. 781-42 Les dispositions du chapitre II du titre V du présent titre sont applicables aux personnes non salariées des professions agricoles exerçant leur activité en Guadeloupe, en Guyane, à la Martinique, à La Réunion, à Saint-Barthélemy et à Saint-Martin, ainsi qu'à Mayotte à compter du 1er janvier 2019, sous réserve des adaptations nécessaires à leur mise en œuvre qui sont déterminées par décret en Conseil d'État.

Pour l'application de ces dispositions, les caisses générales de sécurité sociale, la caisse de mutualité sociale agricole mentionnée à l'article L. 781-2 et la caisse mentionnée au premier alinéa de l'article L. 781-44 exercent les fonctions dévolues aux caisses de mutualité sociale agricole en métropole.

SECTION 8 Protection sociale des salariés agricoles

Art. L. 781-43 Les salariés employés dans le secteur agricole en Guadeloupe, en Guyane, en Martinique, à La Réunion, à Saint-Barthélemy et à Saint-Martin sont régis par les dispositions du titre V du livre VII du code de la sécurité sociale.

Ces dispositions sont exclusives des dispositions des titres II, IV et V du présent livre *(L. n° 2021-1754 du 23 déc. 2021, art. 104)* « , à l'exception des tableaux de maladies professionnelles établis, révisés et complétés selon les modalités prévues pour l'application de l'article L. 751-7, qui leur sont applicables lorsqu'ils ont exercé les travaux mentionnés dans ces tableaux ».

SECTION 9 Dispositions particulières à Mayotte

SOUS-SECTION 1 Protection sociale des non-salariés agricoles

Art. L. 781-44 A Mayotte, la gestion des différentes branches de la protection sociale des non-salariés des professions agricoles, à l'exception du service des prestations familiales, est assurée par une caisse de la mutualité sociale agricole désignée par arrêté conjoint des ministres chargés de l'agriculture et de la sécurité sociale. Une convention entre cette caisse et la caisse de sécurité sociale de Mayotte définit l'appui technique local qu'apporte cette dernière, notamment pour l'accueil des prestataires.

Le service des prestations familiales pour les non-salariés des professions agricoles est assuré par l'organisme gestionnaire mentionné à l'article 19 de l'ordonnance n° 2002-149 du 7 février 2002 relative à l'extension et la généralisation des prestations familiales et à la protection sociale dans la collectivité départementale de Mayotte.

(L. n° 2022-1616 du 23 déc. 2022, art. 92, en vigueur le 1er janv. 2024) « La caisse mentionnée au premier alinéa du présent article assure, pour les assurés non salariés agricoles, l'attribution de la protection complémentaire en matière de santé prévue à l'article 21-13 de l'ordonnance n° 96-1122 du 20 décembre 1996 relative à l'amélioration de la santé publique, à l'assurance maladie, maternité, invalidité, décès et auto-

nomie, au financement de la sécurité sociale à Mayotte et à la caisse de sécurité sociale de Mayotte. »

Pour les besoins de l'application du présent livre, les dispositions du code de la sécurité sociale auxquelles les dispositions du présent code renvoient sont applicables à Mayotte dans les conditions prévues au présent titre.

Art. L. 781-45 **A Mayotte, les dispositions des articles 15 à 17 de l'ordonnance n° 2002-149 du 7 février 2002 modifiée relative à l'extension et la généralisation des prestations familiales et à la protection sociale dans la collectivité départementale de Mayotte sont applicables à l'action sociale menée en faveur des non-salariés des professions agricoles et de leurs familles.**

Art. L. 781-46 **Les non-salariés agricoles exerçant leur activité à Mayotte bénéficient des prestations familiales dans les conditions prévues à l'ordonnance n° 2002-149 du 7 février 2002 modifiée relative à l'extension et la généralisation des prestations familiales et à la protection sociale dans la collectivité départementale de Mayotte.**

Art. L. 781-47 **La caisse compétente pour Mayotte en matière d'assurance maladie des non-salariés agricoles est chargée de promouvoir l'action sociale en faveur des bénéficiaires de la section 4 du chapitre I du présent titre.**

SOUS-SECTION 2 **Protection sociale des salariés agricoles**

Art. L. 781-48 Les salariés employés dans le secteur agricole à Mayotte sont régis par les dispositions de l'ordonnance n° 96-1122 du 20 décembre 1996 modifiée relative à l'amélioration de la santé publique, à l'assurance maladie, maternité, invalidité et décès, au financement de la sécurité sociale à Mayotte et à la caisse de sécurité sociale de Mayotte, de l'ordonnance n° 2002-149 du 7 février 2002 modifiée relative à l'extension et la généralisation des prestations familiales et à la protection sociale dans la collectivité départementale de Mayotte, de l'ordonnance n° 2002-411 du 27 mars 2002 modifiée relative à la protection sanitaire et sociale à Mayotte, de l'ordonnance n° 2006-1588 modifiée du 13 décembre 2006 relative au régime de prévention, de réparation et de tarification des accidents du travail et des maladies professionnelles à Mayotte.

Ces dispositions sont exclusives des dispositions des titres II, IV et V du présent livre *(L. n° 2021-1754 du 23 déc. 2021, art. 104)* « , à l'exception des tableaux de maladies professionnelles établis, révisés et complétés selon les modalités prévues pour l'application de l'article L. 751-7, qui leur sont applicables lorsqu'ils ont exercé les travaux mentionnés dans ces tableaux ».

SOUS-SECTION 3 **Réglementation du travail des salariés agricoles**

Art. L. 781-49 A Mayotte, les dispositions du titre I du présent livre sont applicables aux employeurs agricoles définis à l'article L. 781-9 ainsi qu'*(Ord. n° 2017-1491 du 25 oct. 2017, art. 24-1°)* « aux entreprises de travaux agricoles au sens de l'article L. 722-2, aux entreprises de travaux forestiers au sens de l'article L. 722-3, » aux coopératives et groupements d'employeurs agricoles.

Art. L. 781-50 *(Ord. n° 2017-1491 du 25 oct. 2017, art. 24-2°)* Pour l'application des articles L. 716-2 et L. 718-2-1 à Mayotte, les dispositions du code de la sécurité sociale relatives à l'assiette des cotisations sociales et au plafond annuel de la sécurité sociale auxquels ces articles renvoient sont celles applicables à Mayotte.

Art. L. 781-51 Pour l'application du titre I du présent livre à Mayotte, les attributions de la chambre d'agriculture sont exercées par la chambre de l'agriculture, de la pêche et de l'aquaculture de Mayotte.

Art. L. 781-52 et L. 781-53 *Abrogés par Ord. n° 2017-1491 du 25 oct. 2017, art. 24-3°.*

CHAPITRE II **SAINT-PIERRE-ET-MIQUELON**

(Ord. n° 2016-391 du 31 mars 2016, art. 9-1°, en vigueur le 1er juill. 2016)

Art. L. 782-1 Les personnes non salariées des professions agricoles sont régies à Saint-Pierre-et-Miquelon par les dispositions de l'ordonnance n° 77-1102 du 26 sep-

tembre 1977 modifiée portant extension et adaptation au département de Saint-Pierre-et-Miquelon de diverses dispositions relatives aux affaires sociales.

Art. L. 782-2 **Les salariés des professions agricoles sont régis à Saint-Pierre-et-Miquelon par les dispositions de l'ordonnance n° 77-1102 du 26 septembre 1977 modifiée portant extension et adaptation au département de Saint-Pierre-et-Miquelon de diverses dispositions relatives aux affaires sociales.**

CHAPITRE III WALLIS-ET-FUTUNA, POLYNÉSIE FRANÇAISE, NOUVELLE-CALÉDONIE

(Ord. n° 2016-391 du 31 mars 2016, art. 9-1°, en vigueur le 1er juill. 2016)

Art. L. 783-1 **Les dispositions du présent livre ne sont pas applicables dans les îles Wallis-et-Futuna, en Polynésie française et en Nouvelle-Calédonie.**

LIVRE VIII ENSEIGNEMENT, FORMATION PROFESSIONNELLE ET DÉVELOPPEMENT AGRICOLES – RECHERCHE AGRONOMIQUE

(L. nº 93-935 du 22 juill. 1993)

Art. L. 800-1 *(L. nº 2014-1170 du 13 oct. 2014, art. 60-I-1º)* **Les établissements ou organismes d'enseignement, de formation professionnelle, de développement agricole et de recherche agronomique et vétérinaire mentionnés aux articles L. 811-8, L. 812-3, L. 813-1, L. 813-10, L. 820-2 et L. 830-1 du présent code et à l'article L. 152-1 du code forestier assurent l'acquisition et la diffusion de connaissances et de compétences permettant de répondre aux enjeux de performance économique, sociale, environnementale et sanitaire des activités de production, de transformation et de services liées à l'agriculture, à l'alimentation, aux territoires ou à la sylviculture, notamment par l'agro-écologie et par le modèle coopératif et d'économie sociale et solidaire.**

Ils participent, en lien avec les professionnels des secteurs concernés, aux politiques d'éducation, de recherche, de développement scientifique, technologique et d'innovation, de sécurité alimentaire, de sécurité sanitaire et de santé publique, de développement agricole, de développement durable, de promotion de l'agro-écologie, dont l'agriculture biologique, et de cohésion des territoires, aux niveaux national, européen et international.

Ils élaborent et mettent en œuvre, dans des conditions fixées par décret, des projets communs dans les domaines mentionnés aux deux premiers alinéas. – *Sur ces projets communs, V. art. D. 800-1 s.*

TITRE I ENSEIGNEMENT ET FORMATION PROFESSIONNELLE AGRICOLES

Art. L. 810-1 *(Ord. nº 2000-549 du 15 juin 2000, art. 6)* **Les dispositions du code de l'éducation s'appliquent aux formations, établissements et personnels qui relèvent du ministère de l'agriculture, dans le respect** *(L. nº 2005-380 du 23 avr. 2005, art. 84)* **« du présent titre ».** – *V. C.* ***éduc.***

Art. L. 810-2 *(L. nº 2014-1170 du 13 oct. 2014, art. 60-I-2º)* **Un médiateur de l'enseignement agricole technique et supérieur reçoit les réclamations concernant le fonctionnement du service public de l'enseignement agricole dans ses relations avec les usagers et ses agents. Il peut également se voir confier par le ministre chargé de l'agriculture une mission de médiation à titre préventif ou lors de situations conflictuelles.**

CHAPITRE I DISPOSITIONS RELATIVES À L'ENSEIGNEMENT ET À LA FORMATION PROFESSIONNELLE PUBLICS AUX MÉTIERS DE L'AGRICULTURE, DE LA FORÊT, DE LA NATURE ET DES TERRITOIRES *(L. nº 2010-874 du 27 juill. 2010, art. 9-6º).*

BIBL. ▸ TAURAN, *RD rur. 2020. Étude 9* (enseignement et formation professionnelle agricole : permanences, transformations et perspectives d'avenir).

SECTION 1 Dispositions générales

Art. L. 811-1 *(L. nº 2010-874 du 27 juill. 2010, art. 9-7º)* **« L'enseignement et la formation professionnelle publics aux métiers de l'agriculture, de la forêt, de la nature et des territoires »** *(L. nº 99-574 du 9 juill. 1999)* **ont pour objet d'assurer, en les associant, une formation générale et une formation technologique et professionnelle dans les métiers de l'agriculture, de la forêt, de l'aquaculture, de la transformation et de la commercialisation des produits agricoles ainsi que dans d'autres métiers concourant au développement de ceux-ci, notamment dans les domaines des services et de l'aménagement de l'espace agricole, rural et forestier, de la gestion de l'eau et de l'environnement.** *(L. nº 2010-874 du 27 juill. 2010, art. 9-1º)* **« Ils contribuent à l'éducation au développement durable »** *(L. nº 2016-41 du 26 janv. 2016, art. 116)* **« , à la promotion de la santé et à la mise en œuvre de leurs principes »** *(L. nº 2014-1170 du 13 oct.*

2014, art. 60-I-3°) « , ainsi qu'à la promotion de la diversité des systèmes de production agricole » *(L. n° 2018-938 du 30 oct. 2018, art. 72)* « et à la sensibilisation au bien-être animal ». Ils contribuent au développement personnel des élèves, étudiants, apprentis et stagiaires, à l'élévation et à l'adaptation de leurs qualifications et à leur insertion professionnelle et sociale.

Ils remplissent les missions suivantes :

1° Ils assurent une formation générale, technologique et professionnelle initiale et continue ;

2° Ils participent à l'animation *(L. n° 2005-157 du 23 févr. 2005, art. 205 et 211)* « et au développement des territoires ;

« 3° Ils contribuent à l'insertion scolaire, sociale et professionnelle des jeunes et à l'insertion sociale et professionnelle des adultes » ;

4° *(L. n° 2010-874 du 27 juill. 2010, art. 9-1°)* « Ils contribuent aux activités de développement, d'expérimentation et d'innovation agricoles et agroalimentaires ; »

5° Ils participent à des actions de coopération internationale, notamment en favorisant les échanges et l'accueil d'élèves, apprentis, étudiants, stagiaires et enseignants.

(L. n° 2010-874 du 27 juill. 2010, art. 9-7°) « L'enseignement et la formation professionnelle publics aux métiers de l'agriculture, de la forêt, de la nature et des territoires » sont organisés dans le cadre de l'éducation permanente, selon les voies de la formation initiale et de la formation continue. Ils constituent une composante du service public d'éducation et de formation. *(L. n° 2014-1170 du 13 oct. 2014, art. 63-II-1°)* « Ils participent au service public du numérique éducatif et de l'enseignement à distance prévu au deuxième alinéa de l'article L. 131-2 du code de l'éducation. » Ils relèvent du ministre de l'agriculture. Ils sont dispensés dans le respect des principes de laïcité, de liberté de conscience et d'égal accès de tous au service public. *(L. n° 2014-1170 du 13 oct. 2014, art. 60-I-3°)* « Ils participent également à la lutte contre les stéréotypes sexués *(L. n° 2016-41 du 26 janv. 2016, art. 116)* « et à la mission de promotion de la santé à l'école mentionnée à l'article L. 121-4-1 du code de l'éducation ». Les régions sont associées à la mise en œuvre des missions prévues aux 2° à 5°. »

Art. L. 811-2 *(L. n° 2010-874 du 27 juill. 2010, art. 9-7°)* « L'enseignement et la formation professionnelle publics aux métiers de l'agriculture, de la forêt, de la nature et des territoires » *(L. n° 99-574 du 9 juill. 1999)* assurent des formations qui peuvent s'étendre de la classe de quatrième du collège à l'enseignement supérieur inclus. Ces formations sont organisées de façon à faciliter les poursuites d'études, les changements d'orientation et le passage entre les formations sous contrats de travail de type particulier et celles sous statut scolaire. A cet effet, sont créées des classes préparatoires et des classes d'adaptation ainsi qu'un service d'orientation commun à l'enseignement général, technologique et professionnel et à l'enseignement et la *(L. n° 2010-874 du 27 juill. 2010, art. 9-8°)* « formation professionnelle aux métiers de l'agriculture, de la forêt, de la nature et des territoires ». Les élèves, étudiants, apprentis et stagiaires disposent de l'ensemble des informations de nature à leur permettre l'élaboration d'un projet d'orientation. Ils bénéficient notamment d'une information sur l'évolution de la demande de qualification, les professions et les formations qui y préparent.

Les formations assurées par *(L. n° 2010-874 du 27 juill. 2010, art. 9-7°)* « l'enseignement et la formation professionnelle publics aux métiers de l'agriculture, de la forêt, de la nature et des territoires » sont dispensées suivant des programmes et référentiels nationaux, qui en précisent respectivement le contenu et les objectifs et qui sont arrêtés soit par le ministre de l'agriculture, soit conjointement par le ministre de l'agriculture et le ministre chargé de l'éducation nationale, soit par le ministre chargé de l'éducation nationale. Ces formations sont organisées en cycles.

Sous réserve des dispositions *(Ord. n° 2009-1534 du 10 déc. 2009)* « *[des articles]* L. 6211-1, L. 6211-2, *(L. n° 2018-217 du 29 mars 2018, art. 23)* « L. 6222-44 », L. 6221-1, L. 6232-6, L. 6232-8 à L. 6232-10, L. 6313-1 à L. 6313-11, L. 6324-5 et L. 6325-2 » du code du travail, les formations dispensées par l'enseignement général, technologique et professionnel et la *(L. n° 2010-874 du 27 juill. 2010, art. 9-9°)* « formation professionnelle publics aux métiers de l'agriculture, de la forêt, de la nature et des territoires » sont sanctionnées par des diplômes d'État ou des diplômes nationaux

reconnus équivalents aux diplômes de même niveau de l'enseignement général, technologique et professionnel.

(L. nº 2014-1170 du 13 oct. 2014, art. 60-I-4º) **« L'organisation des diplômes mentionnés au troisième alinéa permet leur acquisition progressive et, à cet effet, la délivrance d'une attestation validant les acquis de ceux qui ont suivi la formation qui y prépare. Cette attestation détermine le niveau des connaissances et des capacités acquises et peut prendre la forme d'unités capitalisables. Les modalités d'utilisation de cette attestation en vue d'une obtention ultérieure du diplôme sont précisées par décret. »**

Art. L. 811-3 **La nature, les taux et conditions d'attribution des aides aux familles des élèves de l'enseignement agricole public seront progressivement harmonisés avec ceux de l'enseignement général, technologique et professionnel.** — *[L. nº 84-579 du 9 juill. 1984, art. 3.]*

Art. L. 811-4 **Les statuts des personnels des établissements visés à l'article L. 811-8 sont harmonisés, jusqu'à réalisation de la parité, avec ceux des corps homologues de l'enseignement général, technologique et professionnel, de telle sorte que l'ensemble de ces personnels soit en mesure d'exercer ses fonctions selon les mêmes conditions et avec les mêmes garanties dans les établissements relevant de l'enseignement général, technologique et professionnel et dans les établissements relevant de l'enseignement agricole.** — *[L. nº 84-579 du 9 juill. 1984, art. 9.]*

Art. L. 811-4-1 *(L. nº 99-574 du 9 juill. 1999)* **L'inspection de l'enseignement agricole concourt à la mise en œuvre de la politique éducative arrêtée par le ministre de l'agriculture. Elle participe notamment au contrôle et à l'évaluation des établissements, des agents et des formations.**

Art. L. 811-5 **Les établissements de formation initiale assurent une formation à temps plein comportant des séquences pédagogiques dispensées dans l'établissement et sous forme de stages pratiques dans des exploitations ou entreprises** *(Ord. nº 2009-1534 du 10 déc. 2009)* **« des secteurs de l'agriculture, de la forêt, de l'aquaculture, de la transformation et de la commercialisation des produits agricoles, des services et de l'aménagement de l'espace agricole, rural et forestier, de la gestion de l'eau et de l'environnement ».**

Chaque établissement établit *(Ord. nº 2009-1534 du 10 déc. 2009)* **« le projet d'établissement », dans la limite des prescriptions fixées sur le plan national en ce qui concerne les programmes, les calendriers scolaires, le recrutement et l'orientation des élèves** *(L. nº 2014-1170 du 13 oct. 2014, art. 60-I-6º)* **« , cette dernière procédure faisant l'objet d'un plan d'action au sein du projet » ; il détermine de même les modalités et les rythmes de son fonctionnement. Des personnes extérieures à l'établissement peuvent être appelées à participer à certaines séquences pédagogiques.**

(L. nº 2014-1170 du 13 oct. 2014, art. 60-I-6º) **« Un Comité national d'expertise de l'innovation pédagogique est chargé d'accompagner les innovations pédagogiques et les expérimentations dans l'enseignement agricole. »**

Conformément à la mission définie au *(Ord. nº 2009-1534 du 10 déc. 2009)* **« 2º de l'article L. 811-1 », l'enseignement agricole doit permettre, là où le besoin existe, la connaissance et la diffusion des langues et cultures régionales.** — *[L. nº 84-579 du 9 juill. 1984, art. 8.]*

SECTION 2 **Dispositions relatives aux compétences des régions et de l'État**

Art. L. 811-6 *(L. nº 2014-1170 du 13 oct. 2014, art. 60-I-7º)* **Des arrêtés ministériels précisent, pour chaque établissement d'enseignement agricole et vétérinaire ou, en cas de pluralité d'établissements d'une même catégorie, pour chaque catégorie d'établissements, les conditions d'admission, le montant des droits de scolarité et les conditions d'attribution des aides à la mobilité internationale accordées aux élèves, étudiants, apprentis et stagiaires de l'enseignement agricole.**

En tenant compte de la spécialité du diplôme préparé, le ministre chargé de l'agriculture peut prévoir, pour l'accès aux sections préparatoires au brevet de technicien supérieur agricole, un pourcentage minimal d'élèves titulaires d'un baccalauréat professionnel agricole, ainsi que des critères appropriés de vérification de leurs aptitudes. — *Le silence gardé par l'administration pendant deux mois vaut décision de rejet de la* *demande d'autorisation d'admission dans les établissements publics locaux d'enseignement et de formation professionnelle agricole (Décr. n° 2014-1296 du 23 oct. 2014, JO 1er nov.).*

Art. L. 811-7 **L'État prend en charge la totalité des dépenses relatives aux établissements visés aux articles L. 811-11 et L. 812-2.**

(*L. n° 2004-809 du 13 août 2004, art. 82-XII*) « L'État prend en charge la rémunération du personnel de direction exerçant dans les établissements publics locaux mentionnés à l'article L. 811-8. »

La construction, la reconstruction, l'extension, les grosses réparations, l'équipement et le fonctionnement des établissements publics locaux visés à l'article L. 811-8 sont à la charge des régions. – *[Anc. art. L. 815-4.]*

SECTION 3 Dispositions relatives aux établissements d'enseignement et de formation

Art. L. 811-8 (*L. n° 2010-874 du 27 juill. 2010, art. 9-2°*) **« I. — Tout établissement public local d'enseignement et de formation professionnelle agricole assure une formation générale, technologique et professionnelle initiale et peut dispenser une formation continue, dans les métiers énoncés à l'article L. 811-1.**

« A ce titre, il regroupe plusieurs centres :

« 1° Un ou plusieurs lycées d'enseignement général et technologique agricole, lycées professionnels agricoles ou lycées d'enseignement général, technologique et professionnel agricole ;

« 2° Un ou plusieurs centres de formation professionnelle et de promotion agricoles ou centres de formation d'apprentis qui dispensent les formations mentionnées au présent chapitre ;

(*L. n° 2014-1170 du 13 oct. 2014, art. 60-I-8°*) **« 3° Un ou plusieurs ateliers technologiques ou exploitations agricoles qui assurent l'adaptation et la formation aux pratiques professionnelles et qui contribuent à la démonstration, à l'expérimentation et à la diffusion des techniques nouvelles, en cohérence avec les orientations des politiques publiques pour l'agriculture. »**

« Il a pour siège soit un lycée d'enseignement général et technologique agricole, soit un lycée professionnel agricole, soit un lycée d'enseignement général, technologique et professionnel agricole et dispose d'un centre relevant de chacune des catégories mentionnées aux 2° et 3°. »

(*L. n° 2014-1170 du 13 oct. 2014, art. 60-I-8°*) **« Les agents contractuels recrutés pour exercer leurs fonctions dans les centres de formation professionnelle et de promotion agricoles ou dans les centres de formation d'apprentis mentionnés au 2° peuvent être recrutés sur les emplois ouverts par le conseil d'administration de l'établissement, à temps complet ou incomplet en fonction des besoins du service. »**

(*L. n° 2005-157 du 23 févr. 2005, art. 214*) **« Les personnels, autres que le directeur, recrutés pour exercer leurs fonctions dans les ateliers technologiques ou exploitations agricoles mentionnés au 3° sont des salariés de droit privé qui sont régis par les dispositions du livre VII du présent code ou par celles du code du travail. »**

(Abrogé par L. n° 2010-874 du 27 juill. 2010, art. 9-2°) ***« Dans un délai de cinq ans à compter de la promulgation de la loi n° 99-574 du 9 juillet 1999 d'orientation agricole, les lycées d'enseignement général et technologique agricoles et les lycées professionnels agricoles prennent la forme de lycées d'enseignement général, technologique et professionnel agricoles. »***

(*L. n° 99-574 du 9 juill. 1999*) **Ces établissements sont dotés de la personnalité civile et de l'autonomie administrative et financière. Ils peuvent être implantés sur plusieurs sites si la nature ou l'importance des activités le justifie.**

Chaque centre de formation dispose de l'autonomie pédagogique et éducative.

En application (*Ord. n° 2009-1534 du 10 déc. 2009*) **« des articles L. 312-6 et L. 312-7 du code de l'éducation », des enseignements artistiques sont dispensés, à titre obligatoire ou facultatif, dans les établissements publics d'enseignement mentionnés au présent article.**

(*L. n° 2010-874 du 27 juill. 2010, art. 9-2°*) **« II. — »** (*L. n° 2014-1170 du 13 oct. 2014, art. 60-I-8°*) **« Chaque établissement public local d'enseignement et de formation professionnelle agricoles établit un projet d'établissement, qui définit les modalités particulières de sa contribution à la mise en œuvre des missions de l'enseignement et de**

la formation professionnelle publics aux métiers de l'agriculture, de l'alimentation, de la forêt, de la nature et des territoires mentionnées à l'article L. 811-1 et décrit sa politique en matière d'échanges internationaux et de participation à des activités de coopération internationale. » *(L. n° 2005-157 du 23 févr. 2005, art. 208-1°)* **« Le projet d'établissement est établi dans le respect** *(L. n° 2014-1170 du 13 oct. 2014, art. 60-I-8°)* **« des orientations des politiques publiques pour l'agriculture, du projet stratégique national pour l'enseignement agricole et du schéma prévisionnel national des formations de l'enseignement agricole mentionnés » à l'article L. 814-2, du schéma prévisionnel régional des formations mentionné à l'article L. 214-1 du code de l'éducation, du** *(L. n° 2009-1437 du 24 nov. 2009, art. 57-IV)* **« contrat de » plan régional de développement des formations** *(L. n° 2014-288 du 5 mars 2014, art. 23-XI-2°)* **« et de l'orientation » professionnelles mentionné à l'article L. 214-13 du même code et des programmes et référentiels nationaux mentionnés à l'article L. 811-2 du présent code. Il est défini en cohérence avec le projet régional de l'enseignement agricole mentionné à l'article** *(Ord. n° 2009-1534 du 10 déc. 2009)* **« L. 814-5 » du présent code. Il définit les modalités de la participation de l'établissement au développement des territoires dans lesquels celui-ci s'insère.**

(L. n° 2010-874 du 27 juill. 2010, art. 9-2°) **« Sous réserve de l'autorisation préalable de l'autorité académique, la partie pédagogique du projet d'établissement peut prévoir la réalisation d'expérimentations, d'une durée maximale de cinq ans, portant sur l'enseignement et son organisation et l'organisation pédagogique de la classe** *(L. n° 2014-1170 du 13 oct. 2014, art. 60-I-8°)* **« , des équipes pédagogiques » ou de l'établissement. Ces expérimentations sont préparées par le conseil de l'éducation et de la formation prévu à l'article L. 811-9-1. Elles font l'objet d'une évaluation annuelle. »**

« Le projet d'établissement est élaboré sous la responsabilité du chef d'établissement. Il est adopté par le conseil d'administration de l'établissement » *(Abrogé par Ord. n° 2009-1534 du 10 déc. 2009)* ***« dans les conditions prévues par l'article L. 421-5 du code de l'éducation »*** **pour une durée de trois à cinq ans. »**

La mise en œuvre du projet d'établissement fait l'objet d'une évaluation dans des conditions fixées par le ministre de l'agriculture.

Al. 15 à 18 abrogés par Ord. n° 2009-1534 du 10 déc. 2009.

Art. L. 811-9 **Les établissements publics locaux mentionnés à l'article précédent sont administrés par un conseil d'administration composé de trente membres.**

Celui-ci comprend :

1° Pour un tiers, des représentants de l'État, de la région, du département, de la commune et des établissements publics intéressés à la formation et à la recherche agricole ;

2° Pour un tiers, des représentants élus du personnel de l'établissement ;

3° Pour un tiers, des représentants élus des élèves, des parents d'élèves et, le cas échéant, des représentants des associations d'anciens élèves, ainsi que des représentants des organisations professionnelles et syndicales représentatives des employeurs, exploitants et salariés agricoles.

Les représentants des collectivités territoriales comprennent deux représentants de la région, un représentant du département et un représentant de la commune siège de l'établissement.

Les représentants des organisations professionnelles et syndicales sont au nombre de cinq. Lorsque la formation dispensée le justifie, ils comprennent un ou plusieurs représentants des professions para-agricoles.

Le conseil d'administration élit son président en son sein, parmi les personnes extérieures à l'établissement. – *[Anc. art. L. 815-1, al. 4 à 8.]*

Art. L. 811-9-1 *(L. n° 2010-874 du 27 juill. 2010, art. 9-3°)* **Dans chaque établissement public local d'enseignement et de formation professionnelle agricole, il est institué un conseil de l'éducation et de la formation présidé par le chef d'établissement. Il a pour mission de favoriser la concertation notamment entre les professeurs et les formateurs, en particulier sur l'élaboration de la partie pédagogique du projet d'établissement et sur l'individualisation des parcours de formation des élèves, étudiants, apprentis et stagiaires. Il prépare les expérimentations pédagogiques prévues au II de l'article L. 811-8. Sa composition est fixée par décret.**

Art. L. 811-9-2 *(L. nº 2019-828 du 6 août 2019, art. 4)* **Dans chaque établissement public local d'enseignement et de formation professionnelle agricole relevant du ministère chargé de l'agriculture, la commission d'hygiène et de sécurité se réunit en formation restreinte pour connaître des questions de conditions de vie au travail. Les conditions d'application du présent article sont fixées par décret.** – *V. Décr. nº 2021-1316 du 8 oct. 2021 relatif aux commissions d'hygiène et de sécurité des établissements publics locaux d'enseignement et de formation professionnelle agricoles et à leur formation restreinte (JO 10 oct.).*

Sur la légalité confirmée du Décr. nº 2021-1316 du 8 oct. 2021, V. • CE 28 oct. 2022, nº 459354 : *RD rur. 2023, nº 17, note Tauran.*

Art. L. 811-10 *(L. nº 99-574 du 9 juill. 1999)* **« Les écoles spécialisées dont la responsabilité et la charge incombent à l'État dans les conditions prévues au VI de l'article 14** *[C. éduc., art. L. 211-4]* **de la loi nº 83-663 du 22 juillet 1983 précitée installées sur un domaine appartenant à l'État ou mis à la disposition de l'État jouissent » de la personnalité civile et de l'autonomie financière et constituent des établissements publics nationaux.** – *[Anc. art. L. 815-2.] – L'art. L. 811-10 est abrogé à compter de la date d'entrée en vigueur du décret définissant l'autorité compétente pour prendre, en ce qui concerne les établissements publics locaux d'enseignement et de formation professionnelle agricole, les décisions que la partie législative du code de l'éducation confie au recteur ou à l'inspecteur d'académie ; à compter de cette abrogation, l'art. L. 811-11 devient l'art. L. 811-10 (Ord. nº 2009-1534 du 10 déc. 2009, art. 1er, 4º, JO 11 déc.).*

SECTION 4 Groupements d'établissements publics locaux d'enseignement et de formation professionnelle agricoles

(L. nº 2014-1170 du 13 oct. 2014, art. 60-I-9º)

Art. L. 811-12 **Pour la mise en œuvre des missions de l'enseignement et de la formation professionnelle agricoles, les établissements publics locaux d'enseignement et de formation professionnelle agricoles peuvent s'associer en groupement d'établissements, dans des conditions définies par décret.** – *V. art. D. 811-76-1 s.*

CHAPITRE II DISPOSITIONS PROPRES À L'ENSEIGNEMENT SUPÉRIEUR AGRICOLE ET VÉTÉRINAIRE PUBLIC

SECTION 1 Dispositions générales

(L. nº 2014-1170 du 13 oct. 2014, art. 64-I-1º)

Art. L. 812-1 *(L. nº 99-574 du 9 juill. 1999)* **« L'enseignement supérieur agricole public a pour objet d'assurer la formation d'ingénieurs,** *(L. nº 2020-1674 du 24 déc. 2020, art. 45)* **« de vétérinaires, de paysagistes, de cadres spécialisés, d'enseignants et de chercheurs ». Il constitue une composante du service public de l'enseignement supérieur.**

« Dans le cadre des *(Ord. nº 2009-1534 du 10 déc. 2009)* **« règles définies au chapitre III du titre II du livre I du code de l'éducation », l'enseignement supérieur agricole public :**

« 1º Dispense des formations en matière de production agricole, forestière, aquacole et des produits de la mer, de transformation et de commercialisation de ces productions, d'industrie agroalimentaire et d'alimentation, d'industries liées à l'agriculture, de santé et de protection animales et végétales, d'hygiène, de qualité et de sécurité de l'alimentation, d'aménagement, de développement, de gestion et de protection de l'espace rural, de la forêt, de l'eau, des milieux naturels et du paysage ;

(L. nº 2014-1170 du 13 oct. 2014, art. 64-I-2º) **« 2º Contribue à l'éducation à l'environnement et au développement durable et à la mise en œuvre de ses principes ;**

« 3º Participe à la politique de développement scientifique par des activités de recherche fondamentale, appliquée et clinique ;

« 4º Conduit des actions de recherche, d'innovation et d'ingénierie dans les domaines de l'éducation et de la formation ;

« 5° Contribue, en collaboration avec les organismes compétents, à la veille scientifique et technique, à l'innovation technologique et au développement ainsi qu'à la valorisation des résultats de la recherche, en se fondant notamment sur des expérimentations conduites dans ses exploitations, centres hospitaliers universitaires vétérinaires et installations techniques et sur des travaux de recherche menés avec l'implication des partenaires ;

« 6° Participe à la diffusion de l'information scientifique et technique ;

« 7° Concourt à la mise en œuvre de la coopération scientifique, technique et pédagogique internationale, notamment par la conclusion de conventions d'échanges d'étudiants, d'enseignants-chercheurs, d'enseignants et de chercheurs ;

« 8° Contribue à la construction de l'espace européen de l'enseignement supérieur et de la recherche et à l'attractivité du territoire national, notamment par la conclusion de conventions ;

« 9° Promeut la diversité des recrutements et la mixité et contribue à l'insertion sociale et professionnelle des étudiants ;

« 10° Assure un appui à l'enseignement technique agricole, notamment par la formation initiale et continue de ses personnels et par le transfert des résultats de la recherche, en particulier dans le domaine de l'agro-écologie. »

« L'enseignement supérieur agricole public est régulièrement évalué.

« L'enseignement supérieur agricole public est dispensé selon les voies de la formation initiale et de la formation continue. Il comprend des formations supérieures professionnelles, des formations supérieures de spécialisation et des formations doctorales. »

(L. nº 2020-1674 du 24 déc. 2020, art. 45) « Les personnels des écoles nationales vétérinaires titulaires d'un diplôme, certificat ou titre de vétérinaire, non ressortissants d'un État membre de l'Union européenne ou d'un autre État partie à l'accord sur l'Espace économique ou de la Confédération suisse, sont autorisés à effectuer des actes de médecine et de chirurgie des animaux dans le cadre exclusif de leurs activités d'enseignement et de recherche. »

(L. nº 2014-1170 du 13 oct. 2014, art. 64-I-3°) « Les agents contractuels recrutés pour exercer leurs fonctions dans les établissements d'enseignement supérieur agricole peuvent être recrutés sur les emplois ouverts par le conseil d'administration de l'établissement, à temps complet ou incomplet en fonction des besoins du service. »

(L. nº 2019-828 du 6 août 2019, art. 20) « Les établissements d'enseignement supérieur agricole peuvent recruter, pour exercer leurs fonctions dans les exploitations agricoles et les centres hospitaliers universitaires vétérinaires de ces établissements, des salariés de droit privé. Ces salariés, lorsqu'ils exercent leurs fonctions dans les exploitations agricoles, sont régis par les dispositions du code du travail, à l'exception des dispositions pour lesquelles le livre VII du présent code prévoit des dispositions particulières.

(L. nº 2020-1674 du 24 déc. 2020, art. 45) « Chaque école nationale vétérinaire comprend un centre hospitalier universitaire vétérinaire qui est un centre de soins aux animaux dans lequel, dans le respect du bien-être animal, sont organisés des enseignements et de la recherche. »

« Lorsqu'ils exercent leurs fonctions dans les centres hospitaliers universitaires vétérinaires, ces salariés sont régis par les dispositions du code du travail. »

« Le ministre chargé de l'enseignement supérieur est associé à la tutelle et à la définition du projet pédagogique des établissements d'enseignement supérieur agricoles publics.

« Les établissements d'enseignement supérieur agricoles publics peuvent être *(L. nº 2013-660 du 22 juill. 2013, art. 38-VI)* « accrédités » par le ministre chargé de l'enseignement supérieur, après avis conforme du ministre de l'agriculture, à délivrer, dans leurs domaines de compétences, seuls ou conjointement avec des établissements publics à caractère scientifique, culturel et professionnel, » *(L. nº 2013-660 du 22 juill. 2013, art. 38-VI)* « des diplômes nationaux de deuxième et troisième cycles ainsi que des diplômes nationaux du premier cycle ayant un objectif d'insertion professionnelle ».

Après concertation avec toutes les parties concernées, les dispositions des *(Ord. nº 2009-1534 du 10 déc. 2009)* « articles L. 611-1, L. 612-1 à L. 612-7, L. 613-1 *(L. nº 2022-1598 du 21 déc. 2022, art. 10)* « et L. 613-2 » du code de l'éducation, *(Abrogé par Ord. n° 2021-1747 du 22 déc. 2021, art. 3)* **« du premier alinéa de son article L. 614-3, »** celles du titre I du livre VII, à l'exception des articles L. 713-5 à L. 713-8 et celles des articles L. 811-5, L. 811-6, L. 951-1, L. 951-2, L. 952-1, L. 952-3, L. 952-6, L. 952-13 et L. 953-1 à L. 953-4 peuvent être étendues » par décret en Conseil d'État, en totalité ou en partie, avec, le cas échéant, les adaptations nécessaires, aux secteurs de formation et aux établissements d'enseignement supérieur qui relèvent de l'autorité ou du contrôle du ministre de l'agriculture, après accord de ce dernier et avis des conseils d'administration des établissements intéressés. — *[Anc. art. L. 814-1, al. 1er à 6.]*

Art. L. 812-2 Les établissements d'enseignement supérieur agricole et vétérinaire, installés sur un domaine appartenant à l'État ou mis à la disposition de l'État, jouissent de la personnalité civile et de l'autonomie financière et constituent des établissements publics nationaux sans préjudice de l'application à ces établissements des dispositions générales applicables à l'enseignement supérieur. — *[Anc. art. L. 815-2.]*

Art. L. 812-3 *(L. n° 99-574 du 9 juill. 1999)* Les établissements d'enseignement supérieur agricole publics sont créés par décret et dirigés par un directeur.

Lorsque ces établissements n'ont pas l'une des formes précisées par *(Ord. n° 2009-1534 du 10 déc. 2009)* « le code de l'éducation », ils respectent les dispositions suivantes.

Ils sont administrés par un conseil d'administration où siègent des représentants de l'État, des collectivités territoriales, des enseignants-chercheurs et des autres enseignants, des étudiants et élèves, des personnels administratifs, techniques, ouvriers et de service et des professions et activités éducatives, économiques et de recherche présentant un lien avec les missions de l'établissement.

Au sein de la représentation des enseignants-chercheurs et des autres enseignants qui constitue au moins 20 % du total des sièges du conseil d'administration, le nombre des professeurs et personnels de niveau équivalent doit être égal à celui des autres personnels.

Le conseil d'administration élit son président en son sein, parmi les personnes extérieures à l'établissement et n'assurant pas la représentation de l'État.

Le conseil d'administration détermine les statuts et structures internes de l'établissement.

Sans préjudice des dispositions relatives au régime financier et comptable des établissements d'enseignement et de formation professionnelle agricoles, les délibérations du conseil d'administration sont exécutoires au plus tard dans le délai d'un mois suivant soit leur transmission au ministre de l'agriculture, soit leur transmission conjointe au ministre de l'agriculture et au ministre chargé de l'enseignement supérieur, sauf opposition notifiée par l'un ou l'autre de ces ministres.

Chaque établissement élabore et arrête un projet d'établissement.

Un décret en Conseil d'État fixe les modalités d'application du présent article.

Art. L. 812-4 Les établissements d'enseignement supérieur publics relevant du ministre de l'agriculture peuvent passer avec des établissements d'enseignement supérieur privés des conventions de coopération en vue de la formation initiale et continue d'ingénieurs, de paysagistes et plus généralement de cadres spécialisés dans les domaines mentionnés au deuxième alinéa de l'article L. 812-1. — *[L. n° 84-1285 du 31 déc. 1984, art. 7, 3°.] — Anc. art. L. 812-3 (L. n° 99-574 du 9 juill. 1999, art. 128-I).*

Art. L. 812-5 *(L. n° 2013-660 du 22 juill. 2013, art. 59)* Le pouvoir disciplinaire à l'égard des enseignants-chercheurs, enseignants et usagers est exercé en premier ressort par le conseil d'administration de l'établissement constitué en section disciplinaire.

Le président de la section disciplinaire est un professeur de l'enseignement supérieur ; il est élu en leur sein par l'ensemble des enseignants-chercheurs membres de la section disciplinaire.

Un décret en Conseil d'État précise la composition, les modalités de désignation des membres et le fonctionnement de la section disciplinaire.

Art. L. 812-6 *(L. n° 2014-1170 du 13 oct. 2014, art. 64-I-4°)* Le ministre chargé de l'agriculture peut prévoir des conditions particulières d'accès aux formations d'ingénieur, au sein des établissements d'enseignement supérieur agricole publics, pour des élèves titulaires d'un baccalauréat professionnel agricole ayant suivi une classe prépa-

ratoire professionnelle dans un établissement d'enseignement et de formation professionnelle agricoles. En cas d'échec, les élèves peuvent valider leurs acquis en vue de l'obtention d'un diplôme de l'enseignement supérieur court ou d'une autre certification, selon des modalités définies par décret.

Les établissements d'enseignement supérieur agricole mettent en place des dispositifs d'accompagnement pédagogique destinés aux étudiants en difficulté.

SECTION 2 *[ABROGÉE]* Institut agronomique, vétérinaire et forestier de France

(Abrogée par L. n° 2020-1674 du 24 déc. 2020, art. 46)

L'Institut agronomique, vétérinaire et forestier de France est dissous à compter du 1er janv. 2021. Les biens, droits et obligations de l'établissement sont transférés à l'Institut national de recherche pour l'agriculture, l'alimentation et l'environnement (V. art. R. 831-1 s.) à compter de cette même date. Ces transferts sont effectués à titre gratuit et ne donnent lieu ni à versement de la contribution prévue à l'art. 879 du code général des impôts, ni à perception d'impôts, de droit ou de taxes de quelque nature que ce soit (L. n° 2020-1674 du 24 déc. 2020, art. 46-I).

Art. L. 812-7 à L. 812-9 *Abrogés par L. n° 2020-1674 du 24 déc. 2020, art. 46.*

SECTION 3 Dispositions diverses relatives à l'enseignement supérieur agricole

(L. n° 2014-1170 du 13 oct. 2014, art. 64-I-5°)

Art. L. 812-10 **Par dérogation à l'article L. 613-1 du code de l'éducation, les établissements d'enseignement supérieur, de recherche et de coopération créés par un traité signé par la France et dont l'un des instituts au moins est situé en France peuvent être accrédités au titre de cet institut par les ministres chargés de l'agriculture et de l'enseignement supérieur pour délivrer des diplômes nationaux.**

Art. L. 812-11 **L'établissement de l'enseignement supérieur agricole public chargé de la formation des personnels enseignants et d'éducation de l'enseignement agricole peut être accrédité par arrêté conjoint des ministres chargés de l'agriculture et de l'enseignement supérieur. Cette accréditation emporte l'habilitation de l'établissement pour délivrer le diplôme national de master dans les domaines des métiers de l'enseignement, de l'éducation et de la formation.**

Pour la mise en œuvre de cette mission, l'établissement mentionné au premier alinéa établit des partenariats avec les autres établissements d'enseignement supérieur agricole publics et avec au moins une des écoles mentionnées à l'article L. 721-1 du code de l'éducation.

Les modalités d'accréditation sont celles définies par l'arrêté mentionné au même article L. 721-1.

CHAPITRE III DISPOSITIONS RELATIVES AUX ÉTABLISSEMENTS D'ENSEIGNEMENT AGRICOLE PRIVÉS SOUS CONTRAT

SECTION 1 Dispositions générales

Art. L. 813-1 **Les établissements d'enseignement et de formation professionnelle agricoles privés dont l'association ou l'organisme responsable a passé un contrat avec l'État participent au service public d'éducation et de formation** *(L. n° 2014-1170 du 13 oct. 2014, art. 63-II-2°)* **« , notamment au service public du numérique éducatif et de l'enseignement à distance prévu au deuxième alinéa de l'article L. 131-2 du code de l'éducation ». Ils relèvent du ministre de l'agriculture. Leurs enseignements sont dispensés dans le respect des principes de liberté de conscience, d'égal accès de tous à l'éducation et de liberté de l'enseignement, qui implique notamment qu'un tel établissement puisse, à ces conditions, naître d'une initiative privée.**

(L. n° 99-574 du 9 juill. 1999) **« L'enseignement et la** *(L. n° 2010-874 du 27 juill. 2010, art. 9-10°)* **« formation professionnelle aux métiers de l'agriculture, de la forêt, de la nature et des territoires » dispensés par** *(Ord. n° 2009-1534 du 10 déc. 2009)* **« les établissements » mentionnés au premier alinéa ont pour objet d'assurer, en les associant, une formation générale et une formation technologique et professionnelle dans les métiers de l'agriculture, de la forêt, de l'aquaculture, de la transformation et**

de la commercialisation des produits agricoles ainsi que dans d'autres métiers concourant au développement de ceux-ci, notamment dans les domaines des services et de l'aménagement de l'espace agricole, rural, forestier, de la gestion de l'eau et de l'environnement. *(L. n° 2010-874 du 27 juill. 2010, art. 9-4°)* « Ils contribuent à l'éducation au développement durable et à la mise en œuvre de ses principes » *(L. n° 2014-1170 du 13 oct. 2014, art. 60-I-10°)* « , ainsi qu'à la promotion de la diversité des systèmes de production agricole ». Ils contribuent au développement personnel des élèves, étudiants, apprentis et stagiaires, à l'élévation et à l'adaptation de leur qualification et à leur insertion professionnelle et sociale.

« Ils remplissent les missions suivantes :

« 1° Ils assurent une formation générale, technologique et professionnelle *(Ord. n° 2009-1534 du 10 déc. 2009)* « initiale et continue » ;

« 2° Ils participent à l'animation *(L. n° 2005-157 du 23 févr. 2005, art. 205 et 210)* « et au développement des territoires ;

« 3° Ils contribuent à l'insertion scolaire, sociale et professionnelle des jeunes et à l'insertion sociale et professionnelle des adultes ; — *Les 2° bis, 3° et 4° deviennent les 3°, 4° et 5° (Ord. n° 2009-1534 du 10 déc. 2009, art. 1er, 8°, JO 11 déc.).*

« 4° *(L. n° 2010-874 du 27 juill. 2010, art. 9-4°)* « Ils contribuent aux activités de développement, d'expérimentation et d'innovation agricoles et agroalimentaires ; »

« 5° Ils participent à des actions de coopération internationale, notamment en favorisant les échanges et l'accueil d'élèves, apprentis, *(Ord. n° 2009-1534 du 10 déc. 2009)* « étudiants », stagiaires et enseignants.

« L'enseignement et la *(L. n° 2010-874 du 27 juill. 2010, art. 9-11°)* « formation professionnelle privés aux métiers de l'agriculture, de la forêt, de la nature et des territoires » sont organisés dans le cadre de l'éducation permanente, selon les voies de la formation initiale et de la formation continue, sans que dans ce dernier cas leur mise en œuvre relève du contrat prévu au premier alinéa du présent article. » — *[L. n° 84-1285 du 31 déc. 1984, art. 1er.]*

Art. L. 813-2 *(L. n° 99-574 du 9 juill. 1999)* Les formations de l'enseignement agricole privé peuvent s'étendre de la classe de quatrième du collège jusqu'à la dernière année de formation de techniciens supérieurs. Ces formations sont organisées de façon à faciliter les poursuites d'études, les changements d'orientation et le passage entre les formations sous contrats de travail de type particulier et celles sous statut scolaire. Les élèves, étudiants, apprentis et stagiaires disposent de l'ensemble des informations de nature à leur permettre l'élaboration d'un projet d'orientation. Ils bénéficient notamment d'une information sur l'évolution de la demande de qualification, les professions et les formations qui y préparent.

Les formations assurées par l'enseignement et la *(L. n° 2010-874 du 27 juill. 2010, art. 9-11°)* « formation professionnelle privés aux métiers de l'agriculture, de la forêt, de la nature et des territoires » sont dispensées suivant des programmes et référentiels nationaux, qui en précisent respectivement le contenu et les objectifs et qui sont arrêtés soit par le ministre de l'agriculture, soit conjointement par le ministre de l'agriculture et le ministre de l'éducation nationale, soit par le ministre de l'éducation nationale. Ces formations sont organisées en cycles. Là où le besoin existe, des actions permettant la connaissance et la diffusion des langues et cultures régionales sont organisées dans les établissements.

Des enseignements artistiques sont assurés à titre obligatoire ou facultatif dans les établissements mentionnés au présent article.

Sous réserve des dispositions *(Ord. n° 2009-1534 du 10 déc. 2009)* « des articles L. 6211-1, L. 6211-2, *(L. n° 2018-217 du 29 mars 2018, art. 23)* « L. 6222-44 », L. 6221-1, L. 6232-6, L. 6232-8 à L. 6232-10, L. 6313-1 à L. 6313-11, L. 6324-5 et L. 6325-2 » du code du travail, les formations dispensées par l'enseignement général, technologique et professionnel et la *(L. n° 2010-874 du 27 juill. 2010, art. 9-11°)* « formation professionnelle privés aux métiers de l'agriculture, de la forêt, de la nature et des territoires » sont sanctionnées par des diplômes d'État ou des diplômes nationaux reconnus équivalents aux diplômes de même niveau de l'enseignement général, technologique et professionnel.

(L. nº 2014-1170 du 13 oct. 2014, art. 60-I-11º) « L'organisation des diplômes mentionnés au quatrième alinéa permet leur acquisition progressive et, à cet effet, la délivrance d'une attestation validant les acquis de ceux qui ont suivi la formation qui y prépare. Cette attestation détermine le niveau des connaissances et des capacités acquises et peut prendre la forme d'unités capitalisables. Les modalités d'utilisation de cette attestation en vue d'une obtention ultérieure du diplôme sont précisées par décret. »

(L. nº 2005-157 du 23 févr. 2005, art. 208-2º) « Chaque établissement privé d'enseignement et de *(L. nº 2010-874 du 27 juill. 2010, art. 9-10º)* « formation professionnelle aux métiers de l'agriculture, de la forêt, de la nature et des territoires » établit un projet d'établissement qui définit les modalités particulières de sa contribution à la mise en œuvre des missions de l'enseignement et de la formation professionnelle agricoles mentionnées à l'article L. 813-1 *(L. nº 2014-1170 du 13 oct. 2014, art. 60-I-11º)* « et décrit sa politique en matière d'échanges internationaux et de participation à des activités de coopération internationale ». Le projet d'établissement est établi dans le respect *(L. nº 2014-1170 du 13 oct. 2014, art. 60-I-11º)* « des orientations des politiques publiques pour l'agriculture, du projet stratégique national pour l'enseignement agricole et du schéma prévisionnel national des formations de l'enseignement agricole mentionnés » à l'article L. 814-2, du schéma prévisionnel régional des formations mentionné à l'article L. 214-1 du code de l'éducation, du *(L. nº 2009-1437 du 24 nov. 2009, art. 57-IV)* « contrat de » plan régional de développement des formations *(L. nº 2014-288 du 5 mars 2014, art. 23-XI-2º)* « et de l'orientation » professionnelles mentionné à l'article L. 214-13 du même code et des programmes et référentiels nationaux mentionnés à l'article L. 811-2 du présent code. Il est défini en cohérence avec le projet régional de l'enseignement agricole mentionné à l'article *(Ord. nº 2009-1534 du 10 déc. 2009)* « L. 814-5 » du présent code. Il définit les modalités de la participation de l'établissement au développement des territoires dans lesquels celui-ci s'insère.

(L. nº 2010-874 du 27 juill. 2010, art. 9-5º) « Sous réserve de l'autorisation préalable de l'autorité académique, la partie pédagogique du projet d'établissement peut prévoir la réalisation d'expérimentations, d'une durée maximale de cinq ans, portant sur l'enseignement et son organisation et l'organisation pédagogique de la classe ou de l'établissement. Ces expérimentations font l'objet d'une évaluation annuelle. »

« Le projet d'établissement est élaboré sous la responsabilité du chef d'établissement. Il est adopté par le conseil d'administration de l'association ou organisme responsable de l'établissement *(Abrogé par Ord. nº 2009-1534 du 10 déc. 2009)* *« dans les conditions prévues par l'article L. 421-5 du code de l'éducation »* pour une durée de trois à cinq ans ».

La mise en œuvre du projet d'établissement fait l'objet d'une évaluation dans des conditions fixées par le ministre de l'agriculture.

Les dispositions de l'article L. 811-3 sont applicables aux établissements d'enseignement agricole privé sous contrat. – *[L. nº 84-1285 du 31 déc. 1984, art. 2.]*

Art. L. 813-3 L'association ou l'organisme responsable d'un établissement d'enseignement agricole privé doit, lorsqu'il désire que cet établissement participe au service public et bénéficie à ce titre d'une aide financière de l'État, demander à souscrire un contrat avec l'État. Par ce contrat, l'association ou l'organisme s'engage notamment :

1º A se conformer, pour les filières prévues dans ce contrat, au schéma prévisionnel national des formations de l'enseignement agricole mentionné à l'article L. 814-2 ;

2º A offrir aux élèves des formations dispensées par des personnels qui présentent les qualifications requises par la réglementation en vigueur ;

3º A respecter les programmes nationaux et, dans le cadre de leur projet pédagogique, à préparer les élèves aux diplômes d'État de l'enseignement agricole ;

4º A se prêter aux contrôles administratifs, pédagogiques et financiers de l'État ;

5º A respecter les droits et à faire respecter les obligations de ses personnels, tels qu'ils sont prévus aux articles suivants.

L'État ne peut contracter que pour les formations qui correspondent aux besoins définis par le schéma prévisionnel national des formations de l'enseignement agricole et dans la limite des crédits inscrits à cet effet dans la loi de finances.

Toute modification du schéma prévisionnel peut entraîner la révision du contrat.

Des contrats types sont approuvés par décret en Conseil d'État. – *[L. nº 84-1285 du 31 déc. 1984, art. 3.]*

Art. L. 813-4 Les fédérations nationales représentatives d'associations ou d'organismes responsables d'établissements d'enseignement agricole privés peuvent recevoir directement une aide de l'État au titre des missions d'intérêt commun que leurs adhérents leur confient, indépendamment des missions d'enseignement et de formation des maîtres. – *[L. nº 84-1285 du 31 déc. 1984, art. 6.]*

Art. L. 813-5 L'État peut contribuer aux frais d'investissements afférents aux établissements d'enseignement agricole sous contrat, à l'exclusion des dépenses de première construction. – *[L. nº 84-1285 du 31 déc. 1984, art. 8.]*

Art. L. 813-6 L'association ou l'organisme peut demander l'intégration dans l'enseignement public de l'établissement dont il est responsable.

La demande ne peut être agréée qu'après accord de la collectivité publique intéressée. En cas d'agrément, les personnels en fonctions sont soit titularisés et reclassés dans les cadres de l'enseignement agricole public, soit maintenus en qualité de contractuels. – *[L. nº 84-1285 du 31 déc. 1984, art. 9.]*

Art. L. 813-7 Tout différend concernant l'application des articles L. 813-3, L. 813-5, L. 813-8 et L. 813-9 est soumis, avant tout recours contentieux, à une commission de conciliation dont la composition est fixée par décret en Conseil d'État, par référence à la composition du Conseil national de l'enseignement agricole, et qui est instituée auprès du ministre de l'agriculture. – *[L. nº 84-1285 du 31 déc. 1984, art. 13.]*

SECTION 2 Dispositions particulières à chaque catégorie d'établissements sous contrat

Art. L. 813-8 Dans les établissements dont les formations sont dispensées dans les conditions prévues au premier alinéa de l'article L. 811-5, l'association ou l'organisme responsable, et lié à l'État par contrat, désigne le chef d'établissement qui doit détenir les titres et présenter les qualifications comparables à ceux requis dans l'enseignement agricole public. Cette désignation est aussitôt notifiée à l'autorité administrative. Le chef d'établissement détient l'autorité au sein de l'établissement. *(L. nº 2019-828 du 6 août 2019, art. 27)* « Il est associé à l'appréciation de la valeur professionnelle des enseignants et aux décisions » concernant le déroulement de leur carrière.

Les personnels enseignants et de documentation de ces établissements sont nommés par le ministre de l'agriculture, après vérification de leurs titres et de leurs qualifications, sur proposition du chef d'établissement. Ils sont liés par un contrat de droit public à l'État, qui les rémunère directement par référence aux échelles *(L. nº 2020-1721 du 29 déc. 2020, art. 229)* « de rémunération d'agents publics » exerçant des fonctions comparables et ayant *(Ord. nº 2019-861 du 21 août 2019, art. 5)* « les mêmes niveaux de qualification ». *(L. nº 2005-5 du 5 janv. 2005, en vigueur le 1er sept. 2005)* « En leur qualité d'agent public, ils ne sont pas, au titre des fonctions pour lesquelles ils sont employés et rémunérés par l'État, liés par un contrat de travail à l'établissement au sein duquel l'enseignement leur est confié. *(L. nº 2020-1721 du 29 déc. 2020, art. 229)* « Un décret en Conseil d'État précise les modalités de cette rémunération. »

« Nonobstant l'absence de contrat de travail avec l'établissement, les personnels enseignants mentionnés à l'alinéa précédent sont, pour l'application des articles *(Ord. nº 2017-1718 du 20 déc. 2017, art. 2-I-20º)* « L. 4523-11, L. 4523-14, L. 4523-15, L. 4523-16, L. 4523-17, L. 2311-2 et L. 2312-8 » du code du travail, pris en compte dans le calcul des effectifs de l'établissement, tel que prévu à l'article *(Ord. nº 2017-1718 du 20 déc. 2017, art. 2-I-20º)* « L. 1111-2 du même code. Ils sont électeurs et éligibles pour les élections des membres du comité social et économique ». Ils bénéficient de ces institutions dans les conditions prévues par le code du travail. Les rémunérations versées par l'État à ces personnels sont prises en compte pour le calcul de la masse salariale brute, tel que prévu à l'article *(Ord. nº 2017-1718 du 20 déc. 2017, art. 2-I-20º)* « L. 2312-83 » du même code, et la détermination du rapport entre la

contribution aux institutions sociales et le montant global des salaires, mentionné à l'article *(Ord. nº 2017-1718 du 20 déc. 2017, art. 2-I-20º)* **« L. 2312-81 » du même code. »**

Lorsqu'un emploi est à pourvoir, le chef d'établissement est tenu de donner priorité aux candidats qualifiés qui auraient perdu leur emploi par suite de la suppression totale ou partielle d'une filière dans l'établissement même ou dans un autre établissement d'enseignement agricole privé relevant du présent article. *(L. nº 2005-5 du 5 janv. 2005)* **« Un décret en Conseil d'État précise les conditions de recrutement par concours et les garanties d'emploi dont les lauréats bénéficient. » Une commission, dont la composition est fixée par décret, peut être saisie des différends concernant l'application du présent alinéa.**

Le contrat type liant le personnel enseignant et de documentation à l'État est approuvé par décret en Conseil d'État.

L'association ou l'organisme intéressé reçoit une subvention de fonctionnement versée par élève et par an qui tient compte des conditions de scolarisation et qui est déterminée en fonction du coût moyen des charges de personnel non enseignant et des dépenses, autres que celles visées au deuxième alinéa du présent article, des formations correspondantes de l'enseignement agricole public. — *[L. nº 84-1285 du 31 déc. 1984, art. 4.]*

Il ne revient pas à l'État de prendre en charge la rémunération des heures de délégation effectuées par les enseignants des établissements d'enseignement agricole privés sous contrat pour accomplir un mandat électif dans une institution représentative du personnel. • CE 10 mars 2022, nº 441913 B : *Gaz. Pal. 15 mars 2022, p. 32 ; RD rur. 2022, nº 85, note Tauran.*

Art. L. 813-8-1 *(L. nº 2014-1170 du 13 oct. 2014, art. 60-I-12º)* **Il est institué, auprès du ministre chargé de l'agriculture, un comité consultatif ministériel compétent à l'égard des personnels enseignants et de documentation mentionnés à l'article L. 813-8.**

Ce comité est chargé de connaître des questions relatives aux effectifs, aux emplois et aux compétences ainsi que des questions d'ordre statutaire intéressant les personnels mentionnés au premier alinéa du présent article.

Ce comité comprend des représentants de l'administration et des représentants des personnels mentionnés au même premier alinéa. Seuls les représentants des personnels sont appelés à prendre part aux votes.

Les représentants des personnels mentionnés audit premier alinéa siégeant au comité consultatif ministériel sont élus au scrutin de liste avec représentation proportionnelle. L'article 9 *bis* de la loi nº 83-634 du 13 juillet 1983 portant droits et obligations des fonctionnaires est applicable à cette élection, sous réserve que les mots : "organisations syndicales de fonctionnaires" et "union de syndicats de fonctionnaires" s'entendent, respectivement, comme : "organisations syndicales des personnels enseignants et de documentation mentionnés à l'article L. 813-8 du code rural et de la pêche maritime" et "union de syndicats des personnels enseignants et de documentation mentionnés à l'article L. 813-8 du code rural et de la pêche maritime".

Un décret en Conseil d'État précise les conditions d'application du présent article.

Art. L. 813-8-2 *(L. nº 2014-1170 du 13 oct. 2014, art. 60-I-12º)* **Les représentants des personnels enseignants et de documentation mentionnés à l'article L. 813-8 siégeant à la commission consultative mixte, instituée auprès du ministre chargé de l'agriculture, sont élus au scrutin de liste avec représentation proportionnelle. L'article 9 *bis* de la loi nº 83-634 du 13 juillet 1983 précitée est applicable à ces élections, selon les modalités prévues à l'article L. 813-8-1. Un décret en Conseil d'État précise les conditions d'application du présent article.**

Art. L. 813-9 **Pour les associations ou organismes, liés à l'État par un contrat, qui offrent des formations à temps plein en conjuguant, selon un rythme approprié, les enseignements théoriques et pratiques dispensés d'une part dans l'établissement même et d'autre part dans le milieu agricole et rural, l'aide financière de l'État est calculée sur la base :**

1º Du nombre de postes de formateurs nécessaires à la mise en œuvre de filières de formation retenues par le schéma prévisionnel national, compte tenu des modalités

d'organisation interne de ces filières au sein des établissements ou des groupes d'établissements ;

2° Du coût d'un poste, déterminé pour chaque filière de formation, par référence au coût moyen des formateurs qui participent aux filières analogues existant dans les établissements, mentionnés à l'article L. 813-8.

Cette base de calcul est fixée par décret.

Pour bénéficier de l'aide de l'État, les associations, les organismes ou leurs groupements doivent assurer, directement ou indirectement, la totalité des enseignements d'une ou de plusieurs filières de formation.

Le décret en Conseil d'État qui fixe les modalités d'application du présent article définit également les garanties supplémentaires dont les agents recrutés par les associations et les organismes responsables, et soumis à leur autorité, bénéficient en ce qui concerne notamment leurs droits et obligations professionnels, les procédures disciplinaires, les cas de licenciement et l'exercice du droit syndical. – *[L. n° 84-1285 du 31 déc. 1984, art. 5.]*

Art. L. 813-10 1° Peuvent, si leur organisme de gestion a souscrit avec l'État un contrat portant sur l'exécution des missions définies au présent paragraphe, concourir au service public dans le cadre de la loi n° 84-52 du 26 janvier 1984 sur l'enseignement supérieur et recevoir une aide de l'État les établissements d'enseignement supérieur privés relevant du ministre de l'agriculture qui :

a) Assurent la formation initiale et continue d'ingénieurs, de paysagistes, d'enseignants, de chercheurs, de responsables d'entreprises *(L. n° 2020-1674 du 24 déc. 2020, art. 45)* « , de vétérinaires » et plus généralement de cadres spécialisés dans les matières définies au 1° de l'article L. 812-1 ;

b) Participent à la politique de développement agricole et rural par les activités de recherche fondamentale et appliquée ;

c) Concourent à la mise en œuvre de la coopération internationale et technique.

Les articles L. 813-5 et L. 813-6 leur sont applicables.

2° Les associations ou organismes qui sont responsables d'un établissement offrant une formation pédagogique aux chefs d'établissement et aux enseignants des établissements d'enseignement agricole privés sous contrat peuvent souscrire un contrat avec l'État et en recevoir une aide ; les modalités particulières de ce contrat sont fixées par décret.

Les établissements d'enseignement supérieur privés visés au présent article participent aux missions de service public définies *(L. n° 2014-1170 du 13 oct. 2014, art. 64-II)* « aux 1° à 9° de » l'article L. 812-1. – *[L. n° 84-1285 du 31 déc. 1984, art. 7-1° et 2° ; C. rur., art. L. 814-1, al. 7.]*

Art. L. 813-11 *(L. n° 2020-1674 du 24 déc. 2020, art. 45)* Les établissements d'enseignement supérieur privés à but non lucratif relevant de l'article L. 813-10 du présent code et reconnus d'intérêt général en application de l'article L. 732-1 du code de l'éducation peuvent être agréés par le ministre chargé de l'agriculture, pour assurer une formation préparant au diplôme d'État de docteur vétérinaire.

Le directeur de la formation vétérinaire des établissements ainsi agréés justifie des conditions requises pour l'exercice de la profession de vétérinaire prévues à l'article L. 241-1 du présent code.

Les établissements ainsi agréés sont régulièrement évalués dans les mêmes conditions que les écoles nationales vétérinaires.

En cas de non-respect du code de déontologie vétérinaire par les vétérinaires employés par l'établissement dans l'exercice de leurs fonctions au sein de l'établissement, le ministre chargé de l'agriculture peut suspendre ou retirer l'agrément.

Les conditions d'application du présent article sont fixées par décret en Conseil d'État. – *V. art. R. 813-70-1 s.*

CHAPITRE IV CONSEILS DE L'ENSEIGNEMENT AGRICOLE

Art. L. 814-1 Le Conseil national de l'enseignement agricole est présidé par le ministre de l'agriculture et composé de *(L. n° 99-574 du 9 juill. 1999)* « soixante-quatre » membres ainsi répartis :

1° *a*) Huit représentants de l'État ;

b) Trois représentants des régions ;

c) Trois représentants des établissements publics intéressés ;

d) Six représentants des associations et organismes responsables d'établissements d'enseignement agricole privés ayant passé un contrat avec l'État et de leurs fédérations représentatives ;

2° Vingt représentants des organisations syndicales représentatives des personnels des établissements d'enseignement agricole publics et privés, dont cinq au moins représentant les organisations syndicales représentatives des personnels des établissements d'enseignement agricole privés ayant passé un contrat avec l'État ;

3° *a*) Dix représentants des organisations représentatives des parents d'élèves de l'enseignement agricole dont deux au moins représentant les organisations représentatives des parents d'élèves des établissements d'enseignement agricole privés ayant passé un contrat avec l'État et un représentant des organisations nationales représentatives des associations familiales rurales ;

b) Dix représentants des organisations professionnelles et syndicats représentatifs des employeurs, des exploitants et des salariés agricoles ;

(L. nº 99-574 du 9 juill. 1999) « 4° Quatre représentants des élèves et étudiants ; »

Ce conseil peut également comprendre, à titre consultatif et dans la limite du dixième de ses membres, des personnalités désignées en raison de leurs compétences, notamment dans le domaine de la recherche et des activités para-agricoles.

Le Conseil national de l'enseignement agricole assure la représentation de l'enseignement agricole au sein du Conseil supérieur de l'éducation.

Les modalités d'application du présent article sont fixées par décret en Conseil d'État. *– [L. nº 84-579 du 9 juill. 1984, art. 4 et 6, al. 2.]*

Art. L. 814-2 Le Conseil national de l'enseignement agricole peut être saisi pour avis de toute question de son ressort par un quart de ses membres ou par le Gouvernement. Il donne obligatoirement son avis sur tout avant-projet de loi ou de décret concernant l'enseignement agricole.

(L. nº 2004-809 du 13 août 2004, art. 75-III) « Il est saisi pour avis du rapport d'évaluation mentionné à l'article L. 211-1 du code de l'éducation. »

(L. nº 99-574 du 9 juill. 1999) « Il donne un avis sur le projet de schéma prévisionnel national des formations de l'enseignement agricole. Ce schéma, qui tient compte des besoins de formation exprimés par les régions, est arrêté pour une période de cinq années par le ministre de l'agriculture. *(L. nº 2014-1170 du 13 oct. 2014, art. 60-I-13º)* « Il est établi en respectant le projet stratégique national pour l'enseignement agricole, qui est également arrêté pour une période de cinq ans par le même ministre, après une concertation avec l'ensemble des composantes de l'enseignement agricole, les collectivités territoriales et les organisations professionnelles et syndicales représentatives des employeurs, des exploitants et des salariés agricoles. » La conduite du dispositif national de l'enseignement général, technologique et professionnel et de la *(L. nº 2010-874 du 27 juill. 2010, art. 9-8º)* « formation professionnelle aux métiers de l'agriculture, de la forêt, de la nature et des territoires » est assurée par l'État sur le fondement de ce schéma » *(L. nº 2014-1170 du 13 oct. 2014, art. 60-I-13º)* « et de ce projet stratégique ».

En cas de modifications substantielles, au cours de la période de validité du schéma, des bases qui ont servi à son établissement, ce schéma peut faire l'objet de modifications partielles sur proposition du Conseil national de l'enseignement agricole.

Les modalités d'application du présent article sont fixées par décret en Conseil d'État. *– [L. nº 84-579 du 9 juill. 1984, art. 5 et 6, al. 2.]*

Art. L. 814-3 Le Conseil national de l'enseignement supérieur et de la recherche agricole, agroalimentaire et vétérinaire est placé auprès du ministre de l'agriculture. Il est consulté notamment sur les questions relatives aux missions des établissements publics assurant des formations supérieures relevant du ministre de l'agriculture et sur la politique proposée par les pouvoirs publics pour assurer la cohésion de ces formations. Les représentants des personnels et des étudiants sont élus. La composition, les attributions et les modalités de fonctionnement de ce conseil sont fixées par décret *(Abrogé par Ord. nº 2009-1534 du 10 déc. 2009)* « *en Conseil d'État* ».

Il exerce notamment une partie des compétences dévolues au Conseil national de l'enseignement agricole.

Le ministre de l'agriculture présente chaque année au Conseil national de l'enseignement supérieur et de la recherche agricole, agroalimentaire et vétérinaire un rapport sur l'état de l'enseignement supérieur agricole, agroalimentaireet vétérinaire. Ce rapport est rendu public.

Le Conseil national de l'enseignement agricole reste informé et consulté sur les grandes orientations de l'enseignement supérieur dépendant du ministre de l'agriculture. – *[L. n° 90-85 du 23 janv. 1990, art. 46.]*

Art. L. 814-4 *(Ord. n° 2009-1534 du 10 déc. 2009)* Le Conseil national de l'enseignement supérieur et de la recherche agricole, agroalimentaire et vétérinaire statue en appel et en dernier ressort sur les décisions prises par les instances disciplinaires des établissements d'enseignement supérieur relevant du ministre chargé de l'agriculture compétentes à l'égard des enseignants-chercheurs, enseignants et usagers de ces établissements.

(L. n° 2011-525 du 17 mai 2011, art. 34) « Toutefois, il est appelé à statuer en premier et dernier ressort lorsqu'une section disciplinaire n'a pas été constituée ou lorsqu'aucun jugement n'est intervenu six mois après la date à laquelle les poursuites disciplinaires ont été engagées devant la juridiction disciplinaire compétente. »

Le Conseil national de l'enseignement supérieur et de la recherche agricole, agroalimentaire et vétérinaire est également compétent pour examiner les demandes en relèvement des exclusions, déchéances et incapacités prononcées par les instances disciplinaires mentionnées au premier alinéa, dans les conditions prévues aux articles *(Ord. n° 2014-691 du 26 juin 2014, art. 6, en vigueur le 1er sept. 2015)* « L. 232-5 à L. 232-7 » du code de l'éducation.

Le Conseil national de l'enseignement supérieur et de la recherche agricole, agroalimentaire et vétérinaire statuant en matière disciplinaire comprend des représentants des enseignants-chercheurs, des enseignants et des représentants des usagers. Dans le cas où les usagers n'usent pas de leur droit de se faire représenter au sein de la formation compétente du Conseil national de l'enseignement supérieur et de la recherche agricole, agroalimentaire et vétérinaire statuant en matière disciplinaire et dans le cas où, étant représentés, ils s'abstiennent d'y siéger, cette formation peut valablement délibérer en l'absence de leurs représentants. Le président du Conseil national de l'enseignement supérieur et de la recherche agricole, agroalimentaire et vétérinaire statuant en matière disciplinaire est un professeur de l'enseignement supérieur agricole, élu en leur sein par l'ensemble des enseignants-chercheurs membres de cette juridiction.

Lorsque le Conseil national de l'enseignement supérieur et de la recherche agricole, agroalimentaire et vétérinaire statuant en matière disciplinaire statue à l'égard d'enseignants-chercheurs ou d'enseignants, la formation compétente ne comprend que des enseignants-chercheurs et enseignants d'un rang égal ou supérieur à celui de la personne déférée devant elle.

La composition, les modalités et la durée de désignation des membres des formations compétentes à l'égard des enseignants-chercheurs, des enseignants et des usagers et leur fonctionnement sont définies par décret en Conseil d'État.

Art. L. 814-5 Dans chaque région siège un comité régional de l'enseignement agricole composé de représentants des mêmes catégories que celles visées à l'article L. 814-1 et dans les mêmes proportions. Ce comité est saisi pour avis du projet de schéma prévisionnel régional des formations qui doit comporter une section relative à l'enseignement agricole. *(Ord. n° 2009-1534 du 10 déc. 2009)* « Son avis est transmis, d'une part, au conseil régional et, d'autre part, au conseil institué dans chaque académie en application de l'article L. 234-1 du code de l'éducation, qui est également compétent en matière d'enseignement agricole public. Ce conseil émet un avis sur le schéma prévisionnel des formations de l'enseignement agricole et sur les demandes d'ouverture des établissements privés ». – *[C. éduc., art. L. 214-13.]*

(L. n° 99-574 du 9 juill. 1999) « Le comité régional de l'enseignement agricole est consulté sur le projet de *(L. n° 2009-1437 du 24 nov. 2009, art. 57-IV)* « contrat de » plan régional de développement des formations *(L. n° 2014-288 du 5 mars 2014,*

art. 23-XI-3°) « et de l'orientation » professionnelles des jeunes prévu par l'article 83 *[C. éduc., art. L. 214-13]* de la loi n° 83-8 du 7 janvier 1983 précitée et sur le projet régional de l'enseignement agricole.

« Le schéma prévisionnel régional prévu *(Ord. n° 2009-1534 du 10 déc. 2009)* « à l'article L. 214-1 du code de l'éducation » et le plan régional de développement des formations professionnelles des jeunes défini *(Ord. n° 2009-1534 du 10 déc. 2009)* « à l'article L. 214-13 du code de l'éducation » prennent en compte les orientations et objectifs du schéma prévisionnel national des formations de l'enseignement agricole. »

Les modalités d'application du présent article sont fixées par décret en Conseil d'État. *– [L. n° 84-579 du 9 juill. 1984, art. 6.] – L'art. L. 814-4 devient l'art. L. 814-5 (Ord. n° 2009-1534 du 10 déc. 2009, art. 1er, 11°, JO 11 déc.).*

CHAPITRE V DISPOSITIONS PARTICULIÈRES

SECTION 1 Dispositions particulières aux zones de montagne

Art. L. 815-1 Dans les régions comprenant une zone de montagne au sens des articles 3 et 4 de la loi n° 85-30 du 9 janvier 1985 relative au développement et à la protection de la montagne, les établissements d'enseignement agricole inclus dans le schéma prévisionnel des formations et les programmes visés au premier alinéa de l'article 10 de la même loi prennent en considération, dans l'accomplissement de leurs missions de développement agricole et rural, les conditions spécifiques de l'environnement naturel, économique et social des différents massifs de montagne. *(L. n° 2014-1170 du 13 oct. 2014, art. 60-I-14°)* « Ils veillent à proposer une offre suffisamment diversifiée de formations bi-qualifiantes. » *– [L. n° 85-30 du 9 janv. 1985, art. 10, al. 2.]*

SECTION 2 Dispositions particulières aux départements d'outre-mer

Art. L. 815-2 *Abrogé par Ord. n° 2009-1534 du 10 déc. 2009, art. 1er-14°.*

SECTION 3 Dispositions pénales

Art. L. 815-3 Quiconque aura usurpé l'un des titres d'ingénieur agronome, d'ingénieur agricole, d'ingénieur des industries agricoles et alimentaires ou d'ingénieur horticole sera puni des peines prévues par l'article *(L. n° 92-1336 du 16 déc. 1992, art. 334)* « 433-17 » du code pénal.

Ces pénalités s'appliquent également aux personnes qui auront conféré l'un ou l'autre de ces titres ou délivré des diplômes comportant l'une ou l'autre de ces appellations. *– [Anc. art. L. 814-2.]*

Art. L. 815-4 Seront punis des peines prévues par l'article *(L. n° 92-1336 du 16 déc. 1992, art. 334)* « 433-17 » du code pénal :

1° Ceux qui auront usurpé le titre de docteur vétérinaire accordé conformément aux dispositions de la loi du 31 juillet 1923 ou le titre de vétérinaire ;

2° Ceux qui, étant régulièrement docteurs vétérinaires sans être docteurs en médecine, n'auront pas fait suivre leur titre de docteur du titre de vétérinaire. *– [Anc. art. L. 814-3.]*

TITRE II DÉVELOPPEMENT AGRICOLE

(L. n° 99-574 du 9 juill. 1999)

BIBL. ► TAURAN, *RD rur. 2008. Étude 5* (la formation professionnelle agricole).

Art. L. 820-1 Le développement agricole a pour mission de contribuer à l'adaptation permanente de l'agriculture et du secteur de la transformation des produits agricoles aux évolutions scientifiques, technologiques, économiques et sociales dans le cadre des objectifs de développement durable, de qualité des produits, de protection de l'environnement, d'aménagement du territoire et de maintien de l'emploi en milieu rural.

Relèvent du développement agricole :

(L. n° 2014-1170 du 13 oct. 2014, art. 4-VIII) « – l'accompagnement des démarches collectives vers des pratiques et des systèmes permettant d'associer performances économique, sociale et environnementale, en particulier ceux relevant de l'agro-écologie ; »

– la mise en œuvre d'actions de recherche finalisée et appliquée ;
– la conduite d'études, d'expérimentations et d'expertises ;
– la diffusion des connaissances par l'information, la démonstration, la formation et le conseil ;
– l'appui aux initiatives locales entrant dans le cadre de sa mission.

La politique du développement agricole est définie et mise en œuvre par concertation entre l'État et les *(L. nº 2014-1170 du 13 oct. 2014, art. 4-VIII)* « autres personnes concernées, en particulier les organisations professionnelles agricoles et les collectivités territoriales ». Elle est régulièrement évaluée.

Art. L. 820-2 Les actions de développement agricole sont réalisées de façon concertée avec le concours de l'État et éventuellement des collectivités territoriales par des organismes publics ou privés, en particulier les chambres d'agriculture, les établissements d'enseignement agricole *(L. nº 2014-1170 du 13 oct. 2014, art. 64-III)* « , les instituts et centres techniques liés aux professions mentionnées à l'article L. 830-1 ainsi que leurs structures nationales de coordination » et les groupements professionnels à caractère technique, économique et social *(L. nº 2014-1170 du 13 oct. 2014, art. 4-IX)* « , notamment les organismes nationaux à vocation agricole et rurale et les organismes regroupant des entités dont l'objet légal ou réglementaire s'inscrit dans les missions du développement agricole ».

Art. L. 820-3 *(L. nº 2005-1719 du 30 déc. 2005, art. 52-III)* « L'État concourt par le compte d'affectation spéciale "Développement agricole et rural" au financement des programmes de développement agricole et rural. » Ces programmes sont élaborés dans des conditions fixées par décret en Conseil d'État.

Art. L. 820-4 *Abrogé par L. nº 2005-1719 du 30 déc. 2005, art. 52-III.*

Art. L. 820-5 *Abrogé par L. nº 2006-11 du 5 janv. 2006, art. 91.*

TITRE III **RECHERCHE AGRONOMIQUE ET VÉTÉRINAIRE**

(L. nº 99-574 du 9 juill. 1999)

Art. L. 830-1 *(L. nº 2006-11 du 5 janv. 2006, art. 43-V)* « La recherche agronomique et vétérinaire concourt au développement et à la compétitivité de la filière agricole et du secteur de la transformation des produits agricoles. Elle répond en priorité aux impératifs de la gestion durable de l'espace rural, de la valorisation de la biomasse, de la sécurité et de la qualité des produits alimentaires et de la préservation des ressources naturelles mondiales. Elle s'appuie sur le développement de la recherche fondamentale *(L. nº 2014-1170 du 13 oct. 2014, art. 64-IV)* « , sur la recherche appliquée et sur l'innovation technologique ». »

Elle est conduite dans les organismes publics exerçant des missions de recherche et les établissements d'enseignement supérieur. *(L. nº 2006-11 du 5 janv. 2006, art. 91)* « Les instituts et centres techniques liés aux professions et les centres d'innovation technologique répondant à des conditions fixées par décret y concourent. Les entreprises de la filière agricole et de la transformation des produits agricoles peuvent également y concourir. » Le ministre de l'agriculture assure conjointement avec le ministre chargé de la recherche ou, le cas échéant, avec d'autres ministres intéressés, la tutelle de ces organismes publics exerçant des missions de recherche. — *Sur les instituts techniques, V. art. D. 823-1 s.*

Le ministre de l'agriculture assure la coordination des activités de recherche agronomique *(L. nº 2014-1170 du 13 oct. 2014, art. 64-IV)* « , agroalimentaire » et vétérinaire et veille à leur adaptation aux objectifs de la politique agricole.

Les organismes publics de recherche exercent auprès des pouvoirs publics une mission d'expertise, notamment dans les domaines de la préservation de la santé publique et de l'environnement. A ce titre, ils contribuent à l'identification et à l'évaluation des risques en matière de sécurité sanitaire des produits agricoles et de protection des ressources et milieux naturels.

L'évaluation de la recherche agronomique et vétérinaire repose sur des procédures d'appréciation périodique portant à la fois sur les personnels, les équipes, les programmes et les résultats.

TITRE IV DISPOSITIONS RELATIVES À L'OUTRE-MER

(Ord. n° 2016-391 du 31 mars 2016, art. 10, en vigueur le 1er juill. 2016, ratifiée par L. n° 2017-256 du 28 févr. 2017, art. 102)

CHAPITRE I GUADELOUPE, GUYANE, MARTINIQUE, LA RÉUNION ET MAYOTTE

(Ord. n° 2016-391 du 31 mars 2016, art. 10, en vigueur le 1er juill. 2016)

Art. L. 841-1 Les dispositions du présent livre s'appliquent en Guadeloupe, en Guyane, en Martinique, à La Réunion et à Mayotte sous réserve des exceptions et adaptations prévues au présent chapitre.

Art. L. 841-2 Pour l'application du présent livre en Guyane, les références à la région, au conseil régional et au président du conseil régional sont remplacées respectivement par les références à la collectivité territoriale de Guyane, à l'Assemblée de Guyane et au président de l'Assemblée de Guyane.

Art. L. 841-3 Pour l'application du présent livre en Martinique, les références à la région, au conseil régional et au président du conseil régional sont remplacées respectivement par les références à la collectivité territoriale de Martinique, à l'Assemblée de Martinique et, selon les cas, au président de l'Assemblée de Martinique pour les attributions liées à la présidence de l'assemblée délibérante et au président du conseil exécutif de Martinique pour les attributions dévolues à l'autorité exécutive de la collectivité.

Art. L. 841-4 Pour l'application du présent livre à Mayotte :

1° Les références à la région, au conseil régional et au président du conseil régional sont remplacées respectivement par les références au Département de Mayotte, au conseil départemental de Mayotte et au président du conseil départemental de Mayotte ;

2° Les références au préfet de région sont remplacées par la référence au préfet du Département de Mayotte ;

3° Les références aux chambres régionale ou départementale d'agriculture sont remplacées par la référence à la chambre de l'agriculture, de la pêche et de l'aquaculture de Mayotte.

Art. L. 841-5 Les sections 2 et 3 du chapitre I du titre I ne sont pas applicables à Mayotte.

Art. L. 841-6 Les dispositions du septième alinéa de l'article L. 811-8 sont applicables à l'établissement public national d'enseignement et de formation professionnelle agricoles de Mayotte.

CHAPITRE II SAINT-BARTHÉLEMY, SAINT-MARTIN ET SAINT-PIERRE-ET-MIQUELON

(Ord. n° 2016-391 du 31 mars 2016, art. 10, en vigueur le 1er juill. 2016)

Art. L. 842-1 Les dispositions du présent livre s'appliquent à Saint-Barthélemy, Saint-Martin et Saint-Pierre-et-Miquelon.

CHAPITRE III WALLIS-ET-FUTUNA, POLYNÉSIE FRANÇAISE ET NOUVELLE-CALÉDONIE

(Ord. n° 2016-391 du 31 mars 2016, art. 10, en vigueur le 1er juill. 2016)

Art. L. 843-1 Sous réserve des dispositions applicables de plein droit, les dispositions du présent livre ne s'appliquent à Wallis-et-Futuna que dans la mesure et les conditions prévues par le présent chapitre.

Art. L. 843-2 Sont applicables à Wallis-et-Futuna, sous réserve des adaptations prévues au présent chapitre, les dispositions du présent livre mentionnées dans la colonne

de gauche du tableau ci-après, dans leur rédaction indiquée dans la colonne de droite du même tableau :

DISPOSITIONS APPLICABLES	DANS LEUR RÉDACTION
L. 800-1	Résultant de la loi n° 2014-1170 d'avenir pour l'agriculture, l'alimentation et la forêt
L. 810-1	Résultant de la loi n° 2005-380 du 23 avril 2005 d'orientation et de programme pour l'avenir de l'école
L. 810-2	Résultant de la loi n° 2014-1170 d'avenir pour l'agriculture, l'alimentation et la forêt
L. 811-1	Résultant de la loi n° 2014-1170 d'avenir pour l'agriculture, l'alimentation et la forêt
L. 811-2 (alinéas 1 et 2)	Résultant de la loi n° 2010-874 du 27 juillet 2010 de modernisation de l'agriculture et de la pêche
L. 811-4-1	Résultant de la loi n° 99-574 du 9 juillet 1999 d'orientation agricole
L. 811-5	Résultant de la loi n° 2014-1170 d'avenir pour l'agriculture, l'alimentation et la forêt
L. 811-8 (7e alinéa)	Résultant de la loi n° 2014-1170 d'avenir pour l'agriculture, l'alimentation et la forêt
L. 814-1	Résultant de la loi n° 99-574 du 9 juillet 1999 d'orientation agricole
L. 814-2	Résultant de la loi n° 2014-1170 d'avenir pour l'agriculture, l'alimentation et la forêt

Art. L. 843-3 **Les dispositions du septième alinéa de l'article L. 811-8 sont applicables à l'établissement public national d'enseignement et de formation professionnelle agricoles de Wallis-et-Futuna.**

Art. L. 843-4 **Les dispositions du présent livre ne sont pas applicables en Polynésie française ni en Nouvelle-Calédonie.**

LIVRE IX PÊCHE MARITIME ET AQUACULTURE MARINE

(Ord. n° 2010-462 du 6 mai 2010)

L'Ord. n° 2010-462 du 6 mai 2010 créant un livre IX du code rural relatif à la pêche maritime et à l'aquaculture marine est ratifiée par la L. n° 2010-874 du 27 juill. 2010, art. 74 (JO 28 juill.) ; l'Ord. n° 2011-866 du 22 juill. 2011 adaptant à l'outre-mer diverses dispositions relatives à la pêche de la loi de modernisation de l'agriculture et de la pêche est ratifiée par la L. n° 2013-1029 du 15 nov. 2013, art. 1er-II-1° (JO 16 nov.).

RÉP. COM. v° *Pêche maritime,* par Cudennec.

RÉP. EUR. v° *Pêche,* par Daillier.

BIBL. GÉN. ▸ Beurier, Droits maritimes, *Dalloz Action 2009-2010.* – Billet, *EEI 2023. Alerte 62* (plan d'action de la Commission du 21 février 2023). – Chaussade et Guillaume, Pêche et aquaculture, pour une exploitation durable des ressources vivantes de la mer et du littoral, *PUR 2006.* – Cleach, Rapport « marée amère », *AN n° 1322, Sénat n° 132, 2008-2009.* – Cudennec et Curtil, *RD rur. 1998. 335 et 345* (L. du 18 nov. 1997). – Curtil, *RD rur. 2014. Dossier 15* (la réforme de la politique commune de la pêche). – Delebecque, *DMF 2002. 686* (l'activité de pêche, une activité civile ou commerciale). – Dupilet, *Rapport avr. 2001* (le règlement des conflits d'usage dans la zone côtière entre pêche professionnelle et autres activités). – Gonzalez et Fernizeau, *DMF 2008. 1050* (mer et responsabilité). – Gaonach, *RD rur. 2010. Dossier 16* (Ord. n° 2010-462 du 6 mai 2010). – Glazer, *Dr. adm. 2008, n° 11* (la compétence pour fixer les tailles minimales de capture). – Hélin, *RFDA 1993. 549* (le droit de l'aquaculture marine). – Miner, *RD rur. 1998. 402* (L. du 18 nov. 1997). – Morin, *DMF 1996. 223* (l'art. 633 C. com. et la pêche maritime) ; *RD rur. 1998. 295* (la pêche maritime, une activité quasi agricole) ; *DMF 1999. 470* (Décr. du 9 janv. 1852). – Pompei, *Annuaire droit maritime et océanique 2003. 295* (nature juridique de l'activité de pêche maritime). – Proutière-Maulion, *DMF 1998. 206* (L. du 18 nov. 1997) ; *ibid. 1188* (premiers décrets d'application de la loi d'orientation) ; *RD rur. 1998. 346* (du statut de l'entreprise de pêche) ; *RD rur. 1999. 519* (de la nature juridique des droits de pêche) ; *D. 2000. 647* (essai sur la nature juridique du poisson de mer) ; *Annuaire de droit maritime et océanique Nantes, TXX. 2002. 271* (ordonnancement juridique français des pêches maritimes en Méditerranée) ; *Neptunus 2006, n° 12-4* (nature juridique du quota de pêche). – Tanguy, *Rapports juin 2006* (pêche maritime), *1er déc. 2008* (aquaculture) – Lutte contre la pêche illicite, *Rapport spécial de la Cour des comptes européenne 2022, n° 20.*

COMMENTAIRE

Le livre IX s'applique à la pêche maritime et aux activités d'élevage et de cultures marines. La pêche maritime est une cueillette de choses communes en eaux salées prévue aux articles 714 et 715 du code civil, qui est réglementée dans les conditions d'une activité commerciale. L'élevage d'animaux marins (poissons, coquillages, crustacés) et la culture de végétaux marins (algues) constituent par contre des activités agricoles civiles (C. rur., art. L. 311-1).

La pêche a historiquement été une liberté que le droit est venu limiter dès que sont apparus les risques de la surexploitation de la ressource pour assurer le devenir même de l'activité. La « surpêche », la « surcapacité d'exploitation » ont amené à rechercher les conditions d'un équilibre entre ressources et exploitation et ont justifié l'apparition de restrictions. Ce mouvement s'est traduit dans le droit international notamment par la Convention de Genève du 29 avril 1958 sur la pêche et la conservation des ressources biologiques de la haute mer (rendue applicable en France par le décret n° 70-1212 du 15 déc. 1970) qui pose la liberté d'accès à la ressource tout en reconnaissant à l'État riverain un pouvoir de protection et de réglementation de la pêche. La Convention de Montego Bay du 10 décembre 1986 a posé ensuite le principe de liberté d'accès à la ressource, avec de possibles limitations par les États pour la conservation et la gestion des ressources biologiques, en posant la reconnaissance de la zone économique exclusive de moins de 200 milles depuis les lignes de base où l'État se voit reconnaître les droits d'organisation de l'exploitation et de gestion des ressources.

La politique commune de la pêche (PCP) illustre la même tendance. Elle a pour objectif la durabilité des ressources halieutiques sur le plan environnemental ; elle vise à ce que l'exploitation s'établisse selon un rendement maximum durable conforme aux engagements pris par l'Union européenne au sommet mondial sur le développement durable de Johannesburg en 2002, et à faire en sorte que les activités de pêche laissent des stocks à un niveau suffisant sans dégradation du milieu marin. Elle pose la liberté d'accès à des navires sous pavillon des États membres à toutes les eaux communautaires sous réserve des 12 milles côtiers jusqu'en 2012, constituant une zone de pêche commune justifiant une politique réglementaire s'appliquant à tous. Les règlements communautaires successifs (en dernier lieu, V. Règl. UE n°s 1379 et 1380/2013 du 11 déc. 2013, App., v° *Pêche maritime et aquaculture marine*,) ont prévu une réglementation de l'accès aux ressources, selon les zones, espèces, périodes, en limitant la flotte... dans un objectif d'exploitation durable et de préservation des stocks halieutiques. Il est désormais prévu une obligation générale de débarquement des produits capturés, ce qui vient modifier la détermination des possibilités de pêche des États jusque-là fixées selon les débarquements. Cette politique de développement durable doit également assurer l'approvisionnement du marché communautaire, en organisant la commercialisation des produits et le traitement des importations, avec le souci d'assurer un revenu décent aux pêcheurs. ❑

TITRE I DISPOSITIONS COMMUNES

CHAPITRE I DISPOSITIONS GÉNÉRALES

Art. L. 911-1 *(L. n° 2016-816 du 20 juin 2016, art. 75-1°)* **« Sont soumis au présent livre :**

« 1° L'exercice de la pêche maritime, c'est-à-dire la capture des animaux et la récolte des végétaux marins, en mer, sur l'estran et dans la partie des fleuves, rivières, étangs et canaux où les eaux sont salées ;

« 2° L'exercice de l'aquaculture, c'est-à-dire la conchyliculture, la pisciculture, les élevages marins et les autres cultures marines, qui constituent des activités d'exploitation du cycle biologique d'espèces aquatiques, végétales ou animales. Ces activités d'exploitation comprennent notamment le captage, l'élevage, la finition, la purification, l'entreposage, le conditionnement, l'expédition ou la première mise en marché des produits. »

Pour l'application du présent livre, des décrets fixent les limites des affaires maritimes et les points de cessation de la salure des eaux pour les fleuves et rivières affluant directement ou indirectement à la mer.

L'activité de pêche à pied est une activité agricole au sens de l'art. L. 311-1. • Poitiers, 21 juin 2011 : *RD rur. 2011, n° 140, obs. Lebel.*

Art. L. 911-2 **La politique des pêches maritimes, de l'aquaculture marine et des activités halio-alimentaires a pour objectifs, en conformité avec les principes et les règles de la politique commune des pêches et dans le respect des engagements internationaux :**

1° De permettre d'exploiter durablement et de valoriser le patrimoine collectif que constituent les ressources halieutiques auxquelles la France accède, tant *(L. n° 2016-816 du 20 juin 2016, art. 75-2°)* **« sur l'estran que dans ses eaux sous juridiction ou souveraineté et » dans les autres eaux où elle dispose de droits de pêche en vertu d'accords internationaux ou dans les zones de haute mer** *(L. n° 2016-1087 du 8 août 2016, art. 98-I)* **« , dans le cadre d'une approche écosystémique afin de réduire au minimum les incidences négatives sur l'environnement » ;**

2° De favoriser le développement de la recherche dans *(L. n° 2016-816 du 20 juin 2016, art. 75-2°)* **« les filières des pêches maritimes, de l'aquaculture marine, en mer et à terre, et des activités halioalimentaires » ;**

3° De faciliter l'adaptation aux marchés intérieurs et extérieurs *(L. n° 2016-816 du 20 juin 2016, art. 75-2°)* **« des filières des pêches maritimes et de l'aquaculture marine, qui comprennent » les activités de production, de transformation et de commercialisation ;**

4° De promouvoir une politique de qualité et d'identification des produits ;

5° De créer les conditions assurant le maintien et le renouvellement *(L. n° 2016-816 du 20 juin 2016, art. 75-2°)* **« des flottes des pêches maritimes et de l'aquaculture adaptées à ces objectifs ainsi que le développement et la modernisation des entreprises de l'aval des filières » ;**

6° De développer les activités d'aquaculture marine, notamment *(L. n° 2016-816 du 20 juin 2016, art. 75-2°)* **« les activités d'aquaculture marine en mer et à terre, en faci-**

litant l'implantation de sites aquacoles en zone littorale et à proximité de celle-ci, en facilitant l'approvisionnement d'eau de mer en quantité suffisante sur ces sites et » en veillant à la qualité du milieu ;

7° D'assurer la modernisation et le développement d'activités diversifiées au bénéfice de l'économie des régions littorales.

Art. L. 911-3 **Les dispositions du présent livre s'appliquent, en conformité avec les dispositions prévues par le traité sur le fonctionnement de l'Union européenne et dans le respect des engagements internationaux de la France, dans les zones sous juridiction ou sous souveraineté française, ainsi qu'en tout lieu aux ressortissants français et aux navires battant pavillon français dans le respect des accords internationaux et de la souveraineté des pays tiers.**

COMMENTAIRE

L'État a, au regard de la politique commune des pêches, une compétence déléguée, supposant d'une part de compléter les décisions communautaires lorsque celles-ci le prévoient ou le permettent, et d'autre part d'assurer la sanction du respect des dispositions communautaires. L'État garde toute compétence dans les eaux où la réglementation communautaire ne s'applique pas. ❑

Art. L. 911-4 **Les dispositions de la loi n° 71-1060 du 24 décembre 1971 relative à la délimitation des eaux territoriales ne portent pas atteinte à l'exercice des droits de pêche accordés à certains navires étrangers dans les conditions prévues par les accords internationaux, les règlements de l'Union européenne et le droit interne français.**

CHAPITRE II ORGANISATIONS PROFESSIONNELLES

COMMENTAIRE

La politique commune de la pêche organise l'exploitation durable de la ressource halieutique dans un souci environnemental, économique et social, en définissant des objectifs et les outils de leur mise en œuvre : il s'agit de droits à produire et d'un ensemble de normes techniques (réglementation des matériels et engins de pêche, des zones, périodes, taille des espèces débarquées... ; V. Règl. UE n°s 1379 et 1380/2013 du 11 décembre 2013, App., v° *Pêche maritime et aquaculture marine*, 🏛).

La gestion des droits à produire et le contrôle de la mise en œuvre de la politique commune de la pêche relèvent de la compétence de chaque État qui a l'obligation d'en rendre compte.

En France, cette mission a été partagée entre l'État et les organisations professionnelles, mais ce système présentait des défauts (V. Rapport au gouvernement de M. Paul Roncière, 2008) : d'une part, le manque de lisibilité de la répartition des compétences suscitait un contentieux ; d'autre part, il a été relevé que le système devait être allégé et optimisé afin de générer de moindres coûts pour une profession dont le nombre d'entreprises est en constante diminution ; enfin, le fonctionnement des institutions n'était pas celui d'une véritable interprofession contribuant à l'adaptation des marchés par une action significative sur la rencontre de l'offre et de la demande. La loi du 27 juillet 2010 a donc revu l'organisation de l'interprofession et ajusté les compétences et les pouvoirs des organisations de producteurs pour remédier à ces défauts et répondre aux besoins soulignés. ❑

SECTION 1 Organisation professionnelle des pêches maritimes et des élevages marins

COMMENTAIRE

L'organisation interprofessionnelle définie en 1945 reposait sur un ensemble de comités établi sur trois niveaux : un comité national, quatorze comités régionaux et trente-neuf comités locaux. Il s'agissait d'un système où les pêcheurs, éleveurs marins, coopératives maritimes, professions du premier achat et de la transformation devaient adhérer obligatoirement, où les comités étaient composés de membres élus respectant la parité employeur/salarié. Le comité national et les comités régionaux déterminaient la mise en œuvre des règles internationales, communautaires et nationales de leur compétence.

Cette organisation a été modifiée par la loi du 27 juillet 2010. D'une part, l'organisation a été recentrée sur la production. L'adhésion des professionnels de la filière reste obligatoire pour tous, mais les professionnels du premier achat et de la transformation prennent une voix consultative. D'autre part, les trois niveaux sont maintenus mais les comités locaux deviennent départementaux ou interdépartementaux et ont une compétence d'information, de conseil, de représentation des intérêts des pêcheurs, sauf délégation de pouvoir du comité régional. Enfin, l'élaboration des politiques publiques est modifiée : les décisions sont désormais prises par l'autorité administrative sur proposition des organisations professionnelles, ce qui met fin au système des délibérations approuvées. La composition paritaire a été maintenue. Le système électif a été aménagé. Les missions et compétences ont été précisées et ajustées dans une nouvelle répartition entre organisations professionnelles. ❑

Art. L. 912-1 Les membres des professions qui, quel que soit leur statut, se livrent aux activités de production *(Abrogé par L. nº 2010-874 du 27 juill. 2010, art. 88-1º)* **« ,** ***de premier achat et de transformation*** **» des produits des pêches maritimes et des élevages marins adhèrent obligatoirement à une** *(L. nº 2010-874 du 27 juill. 2010, art. 88-1º)* **« organisation professionnelle » des pêches maritimes et des élevages marins.**

Cette organisation comprend un comité national, des comités régionaux et des comités *(L. nº 2010-874 du 27 juill. 2010, art. 88-1º)* **« départementaux ou interdépartementaux », dotés de la personnalité morale et de l'autonomie financière.**

Les comités régionaux sont créés au niveau d'une ou de plusieurs régions administratives disposant d'une façade maritime.

(L. nº 2010-874 du 27 juill. 2010, art. 88-1º) **« Les comités départementaux ou interdépartementaux sont créés dans les mêmes conditions au niveau d'un ou de plusieurs départements disposant d'une façade maritime et dans la limite du ressort du comité régional dont ils relèvent.**

« Lorsque, dans un département disposant d'une façade maritime, aucun comité départemental ou interdépartemental n'est créé, le comité régional compétent exerce dans ce département les compétences dévolues aux comités départementaux ou interdépartementaux.

« Les comités régionaux et les comités départementaux ou interdépartementaux peuvent constituer en leur sein des antennes locales, auxquelles ils peuvent déléguer certaines fonctions relevant de leurs missions de proximité. »

Est irrecevable la constitution d'un comité régional des pêches qui n'est habilité par aucun texte à exercer les droits reconnus à la partie civile en ce qui concerne l'atteinte causée aux intérêts que cet organisme a pour mission de défendre, pour une infraction de rejet illicite d'hydrocarbures. • Crim. 16 janv. 2007, ⚖ nº 05-86.580.

Art. L. 912-2 *(L. nº 2010-874 du 27 juill. 2010, art. 88-2º)* **Dans le respect des règles de l'Union européenne, des accords internationaux auxquels la France est partie et des lois et règlements nationaux, le comité national mentionné à l'article L. 912-1 est un organisme de droit privé chargé de missions de service public, qui a notamment pour mission :**

a) **D'assurer la représentation et la promotion des intérêts généraux des professionnels exerçant une activité de pêche maritime ou d'élevage marin ;**

b) **De participer à l'élaboration des réglementations en matière de gestion des ressources halieutiques et de récolte des végétaux marins** *(L. nº 2016-1087 du 8 août 2016, art. 92-II-1º)* **« ainsi qu'à la protection, la conservation et la gestion des milieux et écosystèmes contribuant au bon état des ressources halieutiques » ;**

c) **De participer à la réalisation d'actions économiques et sociales en faveur des membres des professions concernées ;**

d) **De participer à la mise en œuvre des politiques publiques de protection et de mise en valeur de l'environnement, afin notamment de favoriser une gestion durable de la pêche maritime et des élevages marins ;**

e) **D'exercer, dans le secteur de la pêche maritime et des élevages marins, les fonctions prévues à l'article** *(Ord. nº 2014-135 du 17 févr. 2014, art. 3-12º)* **« L. 521-2 » du code de la recherche ;**

f) D'émettre des avis sur les questions dont il peut être saisi dans le cadre de l'élaboration des dispositions législatives et réglementaires applicables aux équipages et salariés de la pêche maritime et des élevages marins, notamment en matière de sécurité, de formation et de promotion des métiers ;

g) De favoriser la concertation en matière de gestion des ressources halieutiques, notamment avec les représentants des organisations de consommateurs et des associations de protection de l'environnement ;

h) De défendre, dans le cadre de l'élaboration de ses avis et dans celui de sa participation à l'élaboration des réglementations, notamment au niveau européen, les particularités et problématiques ultramarines à prendre en compte dans leur diversité territoriale, avec le concours des comités régionaux concernés.

Art. L. 912-3 *(L. n° 2010-874 du 27 juill. 2010, art. 88-2°)* I. — Dans le respect des règles de l'Union européenne, des accords internationaux auxquels la France est partie et des lois et règlements nationaux, les comités régionaux mentionnés à l'article L. 912-1 ont pour mission :

a) D'assurer la représentation et la promotion au niveau régional des intérêts généraux des professionnels exerçant une activité de pêche maritime ou d'élevage marin ;

b) De participer à l'élaboration et à l'application des réglementations en matière de gestion des ressources halieutiques pour les espèces qui ne sont pas soumises à des totaux autorisés de captures ou à des quotas de captures en application d'un règlement de l'Union européenne et de récolte des végétaux marins *(L. n° 2016-1087 du 8 août 2016, art. 92-II-2°)* « ainsi qu'à la protection, la conservation et la gestion des milieux et écosystèmes contribuant au bon état des ressources halieutiques » ;

c) De participer à l'élaboration des réglementations encadrant l'usage des engins et la cohabitation des métiers de la mer ;

d) De participer à la réalisation d'actions économiques et sociales en faveur de leurs membres ;

e) De participer aux politiques publiques régionales de protection et de mise en valeur de l'environnement, afin notamment de favoriser une gestion durable de la pêche maritime et des élevages marins ;

f) D'apporter un appui scientifique et technique à leurs membres, ainsi qu'en matière de sécurité, de formation et de promotion des métiers de la mer.

(Abrogé par Ord. n° 2011-866 du 22 juill. 2011, art. 2) « Les comités régionaux situés dans les départements d'outre-mer exercent dans le secteur de la pêche maritime et des élevages marins les fonctions prévues à l'article L. 342-2 du code de la recherche. »

Les comités régionaux peuvent déléguer certaines de leurs compétences aux comités départementaux ou interdépartementaux de leur ressort.

II. — Les comités départementaux ou interdépartementaux ont pour mission :

a) D'assurer la représentation et la promotion, au niveau départemental, des intérêts généraux des professionnels exerçant une activité de pêche maritime ou d'élevage marin ;

b) D'assurer, auprès des entreprises de pêche et des salariés de ces entreprises, une mission d'information et de conseil.

Art. L. 912-4 *(L. n° 2010-874 du 27 juill. 2010, art. 88-2°)* I. — Le comité national mentionné à l'article L. 912-1 est administré par un conseil composé de représentants des chefs des entreprises de pêche maritime et d'élevage marin, de représentants des coopératives maritimes mentionnées aux articles L. 931-5 et suivants, de représentants des organisations de producteurs telles que définies à la section 3 du présent chapitre et de représentants des élevages marins. Il comprend également des représentants des comités régionaux mentionnés à l'article L. 912-1.

En outre, participent aux travaux de ce comité, avec voix consultative, des représentants des entreprises de premier achat et de transformation de la filière des pêches maritimes et des élevages marins.

II. — Les comités régionaux et les comités départementaux ou interdépartementaux sont administrés par un conseil composé de représentants des équipages et salariés des entreprises de pêche maritime et d'élevage marin et des chefs de ces entreprises, de représentants des coopératives maritimes mentionnées aux articles L. 931-5 et suivants, de représentants des organisations de producteurs telles que définies à la section

3 du présent chapitre *(Abrogé par L. n° 2011-525 du 17 mai 2011, art. 30)* ***« et de représentants des chefs d'entreprise d'élevage marin ».***

Les conseils des comités régionaux comprennent également des représentants des comités départementaux ou interdépartementaux.

En outre, participent aux travaux de ces conseils, avec voix consultative, des représentants des entreprises de premier achat et de transformation de la filière des pêches maritimes et des élevages marins.

(L. n° 2016-816 du 20 juin 2016, art. 75-3°) **« II** ***bis.*** **— Les membres des conseils du comité national, des comités régionaux et des comités départementaux et interdépartementaux sont âgés de moins de soixante-cinq ans à la date de leur élection ou de leur désignation. »**

III. — Les conseils du comité national, des comités régionaux et départementaux élisent en leur sein un bureau.

Art. L. 912-5 *(L. n° 2010-874 du 27 juill. 2010, art. 88-2°)* **Les membres des conseils des comités sont nommés par l'autorité administrative dans les conditions suivantes :**

— les membres des comités départementaux ou interdépartementaux représentant les équipages et salariés des entreprises de pêche maritime et d'élevage marin et les chefs de ces entreprises sont élus au niveau départemental ;

— les membres des comités régionaux représentant les équipages et salariés des entreprises de pêche maritime et d'élevage marin et les chefs de ces entreprises sont élus au niveau régional ;

— les autres membres des comités départementaux ou interdépartementaux et des comités régionaux, ainsi que la totalité des membres du comité national, sont nommés sur proposition de leurs organisations représentatives.

L'autorité administrative arrête la composition des comités.

SECTION 2 Organisation professionnelle de la conchyliculture

COMMENTAIRE

L'organisation interprofessionnelle de la conchyliculture a été modifiée par la loi du 27 juillet 2010 pour établir une plus grande autonomie législative des structures de ce secteur, et pour engager une extension de compétence dans une mise en œuvre rationalisée. Ainsi, les règles applicables à l'organisation interprofessionnelle représentative de la conchyliculture sont prévues au livre IX du code rural sans renvoi au livre VI de ce code.

Le comité national se voit reconnaître trois missions spécifiques qui ne sont pas reconnues aux comités régionaux et seul le comité national compte des représentants des entreprises de la distribution et de la transformation des produits conchylicoles. Les délibérations du comité national et des comités régionaux sont prises à la majorité de leurs membres dans les secteurs de leur compétence et toutes leurs décisions peuvent être rendues obligatoires à tous par l'autorité administrative.

Un registre d'immatriculation des entreprises conchylicoles et un répertoire des candidats à l'installation ont été instaurés ; il y a lieu de relever que ces registres avaient déjà été mis en place et que la loi de juillet 2010 a donné un support légal à une pratique déjà engagée de fait dans les sections régionales.

Le respect des règles posées par l'organisation professionnelle est contrôlé non plus seulement par les agents des affaires maritimes mais aussi par tous les agents habilités par le code de la consommation. ❑

Art. L. 912-6 Les membres des professions qui, quel que soit leur statut, se livrent aux activités de production, de distribution et de transformation des produits de la conchyliculture adhèrent obligatoirement à une organisation interprofessionnelle de la conchyliculture.

Cette organisation comprend un comité national et des comités régionaux dotés de la personnalité morale et de l'autonomie financière.

Les comités régionaux sont créés dans chaque bassin de production *(L. n° 2010-874 du 27 juill. 2010, art. 89-1°)* **« ou ensemble de bassins de production ».**

Art. L. 912-7 Les missions du comité national et des comités régionaux de la conchyliculture comprennent :

1° La représentation et la promotion des intérêts généraux de ces activités ;

2° La participation à l'organisation d'une gestion équilibrée des ressources *(L. n° 2016-1087 du 8 août 2016, art. 92-II-3°)* « ainsi qu'à la protection, la conservation et la gestion des milieux et écosystèmes contribuant au bon état des ressources conchylicoles » ;

3° L'association à la mise en œuvre de mesures d'ordre et de précaution destinées à harmoniser les intérêts de ces secteurs ;

4° La participation à l'amélioration des conditions de production et, d'une manière générale, la réalisation d'actions économiques et sociales en faveur des membres des professions concernées ;

5° La faculté de réaliser des travaux d'intérêt collectif ;

6° La participation à la défense de la qualité des eaux conchylicoles.

(L. n° 2010-874 du 27 juill. 2010, art. 89-2°) « Le comité national est en outre chargé :

« 1° De promouvoir les produits issus de la conchyliculture ;

« 2° D'améliorer la connaissance du secteur conchylicole et de favoriser l'adaptation quantitative et qualitative de l'offre à la demande des produits conchylicoles ;

« 3° D'harmoniser les pratiques de production et de commercialisation. »

Art. L. 912-7-1 *(L. n° 2010-874 du 27 juill. 2010, art. 89-3°)* Sont créés et gérés par l'organisation interprofessionnelle de la conchyliculture :

(L. n° 2014-1170 du 13 oct. 2014, art. 35-III) « – un registre d'immatriculation des entreprises conchylicoles, composé à partir de la déclaration obligatoire de toute personne physique ou morale exerçant des activités de cultures marines, qui mentionne, notamment, la forme juridique et la consistance de la ou des exploitations sur lesquelles les activités sont exercées ; »

– un répertoire des candidats à l'installation dans le secteur de la conchyliculture.

Art. L. 912-8 Les organes dirigeants du comité national et des comités régionaux sont composés de représentants :

1° Des exploitants des diverses activités conchylicoles *(Abrogé par L. n° 2010-874 du 27 juill. 2010, art. 89-4°)* *« ou de leurs conjoints »*, formant la majorité des membres de ces organes ;

2° Des salariés employés à titre permanent dans ces exploitations ;

3° *(L. n° 2010-874 du 27 juill. 2010, art. 89-4°)* « Les organes dirigeants du comité national comprennent, en outre, des représentants des entreprises de la distribution et de la transformation des produits de la conchyliculture. »

Art. L. 912-9 L'autorité administrative arrête la composition des organes dirigeants des comités mentionnés à l'article L. 912-8 dans les conditions suivantes :

1° Pour les organes dirigeants des comités régionaux représentant les exploitants des diverses activités conchylicoles *(Abrogé par L. n° 2010-874 du 27 juill. 2010, art. 89-5°)* *« ou leurs conjoints »*, les membres sont nommés sur proposition de leurs organisations représentatives ; à défaut d'accord entre ces organisations, il est procédé à des élections ;

2° Pour les organes dirigeants du comité national représentant les exploitants des diverses activités conchylicoles *(Abrogé par L. n° 2010-874 du 27 juill. 2010, art. 89-5°)* *« ou leurs conjoints »*, les membres sont nommés sur proposition des comités régionaux, parmi leurs membres ;

3° Les membres des organes dirigeants des comités régionaux et du comité national représentant les salariés d'exploitation et les entreprises de la distribution et de la transformation des produits de la conchyliculture sont nommés sur proposition de leurs organisations représentatives.

Art. L. 912-10 *(L. n° 2010-874 du 27 juill. 2010, art. 89-6°)* Peuvent être rendues obligatoires par l'autorité administrative les délibérations, adoptées à la majorité des membres des organes dirigeants du comité national et des comités régionaux, portant sur les compétences attribuées à ces comités en application de l'article L. 912-7.

Les comités régionaux de la conchyliculture sont chargés d'appliquer au niveau régional les délibérations du comité national de la conchyliculture rendues obligatoires dans les conditions prévues au premier alinéa.

SECTION 3 **Organisations de producteurs**

BIBL. ▸ GADBIN, *RD rur. 2020, n° 86* (organisations de producteurs du secteur pêche : un rôle majeur dans l'exercice d'une mission d'intérêt général).

COMMENTAIRE

L'organisation commune de la pêche prévoit l'action des professionnels exercée dans les organisations de producteurs, qui sont depuis le règlement de 1999 portant organisation commune des marchés dans le secteur des produits de la pêche et de l'aquaculture, reconnues comme les éléments de base de l'OCM dont elles assurent « le fonctionnement décentralisé ». Le regroupement des producteurs dans ces organisations apparaît comme « une nécessité économique pour renforcer la position des producteurs sur le marché », confirmée par le règlement de l'Union européenne n° 1379/2013 du 11 décembre 2013 (V. App., v° *Pêche maritime et aquaculture marine*, 🏛).

Sur une zone déterminée, les professionnels se regroupent volontairement sous forme de société, groupement d'intérêt économique ou association aux fins de prendre des mesures propres à assurer l'exercice rationnel de la pêche et l'amélioration des conditions de vente de leur production. Ces groupements doivent contribuer à l'objectif de développement durable affiché par la politique commune de la pêche, prendre toute mesure pour réduire les captures non souhaitées, améliorer la sélectivité des engins de pêche, lutter contre la pêche illicite. Sous réserve du respect des critères de représentativité posés par la réglementation de l'Union européenne, ils peuvent être reconnus par l'autorité administrative. La reconnaissance de l'organisation de producteurs lui permet de solliciter de l'autorité administrative, sous contrôle de la Commission, l'extension des disciplines posées aux non-adhérents, et ouvre l'accès aux crédits prévus par l'Union européenne permettant de financer la compensation des retraits imposés aux producteurs. Ces organisations vont agir sur la production en recherchant l'adaptation de l'offre au marché (elles doivent présenter un programme opérationnel annuel sur la gestion des quotas de capture et promouvoir des actions sur la qualité) et sur la régulation des marchés. Le système de retrait est remplacé par un mécanisme d'aide au stockage des produits, avec traitements des produits retirés (V. Règl. n° 1379/2013 préc.).

La loi de modernisation du 27 juillet 2010 a rationalisé l'organisation professionnelle du secteur de la pêche en confiant de nouvelles missions aux organisations de producteurs, et en précisant les pouvoirs de sanctions de celles-ci sur leurs adhérents. ❑

Art. L. 912-11 *(Ord. n° 2015-1248 du 7 oct. 2015, art. 4-I-1°)* **L'autorité administrative reconnaît les organisations de producteurs et les associations d'organisations de producteurs de produits de la pêche et de produits de l'aquaculture, dans les conditions prévues par le règlement portant organisation commune des marchés dans le secteur des produits de la pêche et de l'aquaculture.**

Le règlement du fonds européen pour les affaires maritimes et la pêche n° 508/2014 du 15 mai 2014 impose une obligation pour les États membres de prendre les mesures nécessaires pour que les organisations de producteurs puissent bénéficier d'un financement tant pour la préparation que pour la mise en œuvre des plans de production et de commercialisation. • CJUE 19 déc. 2019, n° C-386/18 : *RD rur. 2020, n° 86, note Gadbin.*

Art. L. 912-12 *(Ord. n° 2015-1248 du 7 oct. 2015, art. 4-I-1°)* **Une organisation de producteurs reconnue ou une association d'organisations de producteurs reconnue peut demander à l'autorité administrative que les règles qu'elle adopte soient rendues obligatoires pour les producteurs non membres de cette organisation ou association dans les conditions prévues par le règlement portant organisation commune des marchés dans le secteur des produits de la pêche et de l'aquaculture.**

Art. L. 912-12-1 *(L. n° 2010-874 du 27 juill. 2010, art. 87-6°)* **Les organisations de producteurs prévoient dans leurs statuts les sanctions applicables à leurs adhérents en cas de manquement aux règles de gestion durable des sous-quotas définies** *(Abrogé par Ord. n° 2015-1248 du 7 oct. 2015, art. 4-I-2°)* ***« dans le programme opérationnel de campagne de pêche ou »*** **dans les plans de gestion des efforts de pêche mentionnés à l'article L. 921-5.**

Ces statuts prévoient notamment :

– des sanctions pécuniaires dont le montant ne peut excéder le chiffre d'affaires de l'expédition maritime au cours de laquelle les manquements commis ont été constatés, ainsi que la possibilité de suspendre ou de retirer les autorisations de pêche délivrées aux adhérents de l'organisation en application de l'article L. 921-2 ;

– que les intéressés sont avisés au préalable des faits relevés à leur encontre et des sanctions qu'ils encourent, ainsi que du délai dont ils disposent pour faire valoir leurs observations ;

– que les sanctions mentionnées au premier alinéa ne peuvent être prononcées plus d'un an à compter de la date de constatation des faits.

Les dispositions des articles L. 921-4 et L. 921-5 relatives à l'allocation de quotas de captures ou d'efforts de pêche ne sont pas applicables aux organisations de producteurs dont les statuts ne satisfont pas aux dispositions du présent article.

En cas de carence d'une organisation de producteurs, l'autorité administrative peut se substituer à celle-ci dans son pouvoir de sanction en exerçant les pouvoirs prévus à l'article L. 946-1.

Art. L. 912-13 *(Ord. nº 2015-1248 du 7 oct. 2015, art. 4-I-3º)* Les modalités d'extension des règles mentionnées à l'article L. 912-12 sont précisées par décret en Conseil d'État.

En cas de violation de ces règles, les organisations de producteurs peuvent demander réparation du préjudice qui leur est causé.

Art. L. 912-14 Les règles relatives à la reconnaissance et au contrôle des organisations de producteurs *(Ord. nº 2015-1248 du 7 oct. 2015, art. 4-I-4º)* « et des associations d'organisations de producteurs dans le secteur des pêches maritimes et de l'aquaculture marine sont » précisées par décret.

SECTION 4 **Dispositions diverses**

Art. L. 912-15 Les organismes créés pour l'application des articles L. 912-1 et L. 912-6 sont soumis à la tutelle du ministre chargé des pêches maritimes et de l'aquaculture marine.

Le ministre peut suspendre l'exécution de toute mesure prise par ces organismes.

Art. L. 912-16 *(L. nº 2016-816 du 20 juin 2016, art. 76)* I. – Les ressources des organismes créés en application des articles L. 912-1 et L. 912-6 sont notamment assurées par le produit de cotisations professionnelles prélevées, en fonction de leur objet, sur tout ou partie des membres des professions qui y sont représentées et qui, nonobstant leur caractère obligatoire, demeurent des créances de droit privé.

II. – Toute action en recouvrement des cotisations professionnelles obligatoires dues en application du I du présent article est obligatoirement précédée d'une mise en demeure adressée par lettre recommandée avec demande d'avis de réception invitant le redevable à régulariser sa situation dans un délai d'un mois.

III. – La mise en demeure précise le montant des cotisations professionnelles obligatoires restant exigibles et les périodes concernées.

IV. – Le délai de prescription de l'action civile en recouvrement des cotisations professionnelles obligatoires court à compter de l'expiration du délai d'un mois imparti par la lettre de mise en demeure.

Art. L. 912-16-1 *(L. nº 2010-874 du 27 juill. 2010, art. 88-3º)* Le statut social des membres des organisations mentionnées aux articles L. 912-1 et L. 912-6 est défini respectivement à l'article L. 12 du code des pensions de retraite des marins français du commerce, de pêche ou de plaisance, par le décret-loi du 17 juin 1938 relatif à la réorganisation et à l'unification du régime d'assurance des marins et aux articles L. 722-1 et L. 722-20 du présent code. Les modalités d'application sont définies par décret en Conseil d'État.

Les comités mentionnés aux articles L. 912-1 et L. 912-6 fixent par leurs délibérations le montant ainsi que les modalités de versement des indemnités forfaitaires qui peuvent être allouées à leurs membres.

Art. L. 912-17 Un décret en Conseil d'État fixe les modalités d'application du présent chapitre, et notamment les modalités de création, d'organisation et de fonction-

nement des organismes prévus aux sections 1 et 2 et de tenue des consultations électorales prévues aux articles L. 912-4 et L. 912-9.

CHAPITRE III SYSTÈME D'INFORMATION

Art. L. 913-1 **Les dispositions contenues aux articles 9, 10, 12, et 92 du règlement CE n° 1224/2009 du Conseil du 20 novembre 2009 sont rendues applicables à une date antérieure au 1er août 2011 fixée par décret en Conseil d'État aux navires battant pavillon français non immatriculés dans l'Union européenne.**

Ces dispositions, à l'exception de celles de l'article 92, sont rendues applicables dans les mêmes conditions aux navires battant pavillon étranger opérant dans les eaux françaises de Mayotte, Saint-Pierre-et-Miquelon, Nouvelle-Calédonie, Polynésie française, Clipperton, Terres australes et antarctiques françaises et de Wallis-et-Futuna.

CHAPITRE IV INSTANCES CONSULTATIVES ET PARTICIPATION DU PUBLIC

(L. n° 2010-874 du 27 juill. 2010, art. 82-I)

Art. L. 914-1 et L. 914-2 *Abrogés par Décr. n° 2013-420 du 23 mai 2013, art. 33-I.*

Art. L. 914-3 *(L. n° 2012-1460 du 27 déc. 2012, art. 10, en vigueur le 1er janv. 2013)* **Lorsqu'elles ne sont pas soumises, par les dispositions législatives qui leur sont applicables, à une procédure particulière organisant la participation du public à leur élaboration, les décisions des personnes publiques prises en application de la législation nationale ou des règlements de l'Union européenne relatifs à la pêche maritime et à l'aquaculture marine ayant une incidence sur l'environnement sont soumises à participation du public dans les conditions et limites prévues** *(Ord. n° 2013-714 du 5 août 2013, art. 7, en vigueur le 1er sept. 2013)* **« aux articles L. 120-1 à L. 120-2 du code de l'environnement ».**

TITRE II CONSERVATION ET GESTION DES RESSOURCES HALIEUTIQUES

BIBL. ▶ LAULIER, *RD rur. 2011. Étude 15* (régime juridique de l'accès aux ressources halieutiques à l'épreuve de la théorie classique du patrimoine).

CHAPITRE I DISPOSITIONS GÉNÉRALES

COMMENTAIRE

La politique commune de la pêche vise à la conservation de la ressource et à la durabilité de son exploitation, en adaptant en conséquence la capacité des entreprises de pêche. Les outils de mise en œuvre de cette politique sont : les totaux autorisés de capture (TAC) fixés chaque année par le Conseil de l'Union européenne selon les évaluations scientifiques des ressources, qui limitent le tonnage de capture par espèce et par zone par la flotte communautaire ; les efforts de pêche qui sont des limitations posées à l'activité des navires ; les normes techniques quant au maillage des filets, aux engins, zones et périodes prohibés, à la taille ou au poids minimal des espèces débarquées.

Les droits à produire sont répartis entre les États qui doivent en assurer la gestion et la distribution et garantir le contrôle de leur utilisation.

La gestion et la distribution de ces droits ont été modifiées en France par la loi du 27 juillet 2010 dans un souci de rationaliser la distribution des moyens aux entreprises. Le principe d'incessibilité des droits à produire a été maintenu comme une condition de l'égalité d'accès à la ressource halieutique. Les autorisations de pêche des entreprises ou navires sont délivrées pour les espèces soumises aux totaux autorisés de capture ou à des quotas de capture par l'autorité administrative ou par les organisations de producteurs, et pour les autres espèces par l'autorité administrative, par le Comité national des pêches maritimes et des élevages marins ou par les comités régionaux.

Les quotas nationaux de capture et les efforts de pêche sont répartis par l'autorité administrative entre, d'une part, les organisations de producteurs ou leurs unions qui en assurent la gestion selon un programme opérationnel qu'ils établissent et, d'autre part, les navires qui n'adhèrent pas à une organisation de producteurs.

Par ailleurs, la mise en exploitation des navires suppose une autorisation préalable qui permet à l'autorité administrative de contrôler la flotte de pêche sur des critères de viabilité et de qualification.

Les décrets et arrêtés fixent les autres réglementations de l'exercice de la pêche maritime. ❑

SECTION 1 **Autorisation des activités de pêche maritime**

Art. L. 921-1 **Dans le respect des objectifs mentionnés à l'article L. 911-2, la récolte des végétaux marins,** *(Ord. nº 2015-1248 du 7 oct. 2015, art. 4-II-1º)* **« les opérations de pêche à des fins scientifiques, » l'exercice de la pêche maritime embarquée à titre professionnel ou de loisir, de la pêche maritime non embarquée à titre professionnel ou de loisir, de la pêche sous-marine à titre professionnel ou de loisir et de la pêche à pied à titre professionnel ou non peuvent être soumis à la délivrance d'autorisations.**

Ces autorisations ont pour objet de permettre à une personne physique ou morale pour un navire déterminé, d'exercer ces activités pendant des périodes, dans des zones, pour des espèces ou groupe d'espèces et, le cas échéant, avec des engins et pour des volumes déterminés. Elles couvrent une période maximale de douze mois. Elles ne sont pas cessibles.

Art. L. 921-2 **Les autorisations mentionnées à l'article L. 921-1 sont délivrées par l'autorité administrative ou sous son contrôle, pour une durée déterminée, en tenant compte des trois critères suivants :**
— l'antériorité des producteurs ;
— les orientations du marché ;
— les équilibres économiques.

(L. nº 2010-874 du 27 juill. 2010, art. 87-1º) **« Les autorisations de pêche des espèces soumises à un total autorisé de captures ou à des quotas de captures en application de la réglementation européenne sont délivrées par l'autorité administrative ou, sous son contrôle, par des organisations de producteurs ou leurs unions. Pour les autres espèces, les autorisations de pêche sont délivrées par l'autorité administrative ou, sous son contrôle, par le comité national ou par les comités régionaux des pêches maritimes et des élevages marins. »**

Un décret en Conseil d'État précise les conditions d'exercice des activités mentionnées à l'article L. 921-1, les modalités de délivrance des autorisations ainsi que les modalités d'application des critères.

1. La Commission est fondée à décider de l'arrêt anticipé de la pêche sur le fondement du seul risque pour les États membres de dépasser le quota alloué. • TPIUE 27 févr. 2013, nº T-367/10 : *RD rur. 2013, nº 109, note Curtil.*

2. Rejet des recours en indemnisation des thoniers après que les mesures d'urgence de la Commission ont interdit la pêche du thon rouge avant le terme de validité de leur permis et l'épuisement des quotas. • CJUE 14 oct. 2014, nºs C-12/13P, C-13/13P et C-611/12P : *Envir. 2014. Alerte 121 ; RD rur. 2015, nº 107, note Curtil ; Europe 2014. 523, obs. Roset.*

3. Rejet de la contestation du taux de capture commun fixé par la Conseil pour le grenadier des roches et le grenadier Berglax. • CJUE 11 janv. 2017, nº C-128/15 : *Europe 2017. 109, note Roset ; RD rur. 2017, nº 180, obs. D G.*

Art. L. 921-2-1 *(L. nº 2010-874 du 27 juill. 2010, art. 87-5º)* **L'autorité administrative peut, après avis du comité national ou des comités régionaux mentionnés à l'article L. 912-1, prendre des mesures d'ordre et de précaution destinées à organiser la compatibilité entre les métiers dans les eaux sous souveraineté ou juridiction française et décider de mesures techniques particulières pour organiser une exploitation rationnelle de la ressource de pêche, notamment dans les frayères et nourriceries, ou rendre obligatoires les délibérations adoptées à la majorité des membres des conseils du comité national et des comités régionaux dans ces mêmes domaines.**

Art. L. 921-2-2 *(L. nº 2010-874 du 27 juill. 2010, art. 87-5º)* **Lorsqu'elles réglementent la pêche des espèces soumises à un total autorisé de captures ou à des quotas**

de captures en application d'un règlement de l'Union européenne, les mesures prévues par le présent livre et les textes pris pour son application sont soumises pour avis au comité national mentionné à l'article L. 912-1 et aux comités régionaux d'outre-mer concernés.

Pour les autres espèces, l'autorité administrative peut, après avis du comité national ou des comités régionaux mentionnés à l'article L. 912-1, prendre les mesures nécessaires à la mise en œuvre du présent livre et des textes pris pour son application, ou rendre obligatoires les délibérations adoptées à cette fin à la majorité des membres des conseils du comité national et des comités régionaux.

Art. L. 921-3 Un navire de pêche battant pavillon français ne peut se voir délivrer une autorisation de pêche ou n'est autorisé à pêcher sur les quotas nationaux que lorsqu'il a un lien économique réel avec le territoire de la République française et qu'il est dirigé et contrôlé à partir d'un établissement stable situé sur le territoire français.

Un décret en Conseil d'État fixe les critères de détermination et de vérification de l'existence du lien économique réel au sens du premier alinéa.

Art. L. 921-4 L'autorité administrative procède à la répartition de quotas de captures et d'efforts de pêche, institués en vertu de la réglementation *(Ord. nº 2015-1248 du 7 oct. 2015, art. 4-II-2º)* « de l'Union européenne » ou nationale, en sous-quotas affectés soit à des organisations de producteurs ou à leurs unions qui en assurent la gestion, soit à des navires ou à des groupements de navires *(L. nº 2010-874 du 27 juill. 2010, art. 87-2º)* « lorsque ces derniers n'adhèrent pas à une organisation de producteurs ». Cette répartition est valable pour une période maximale de douze mois. Les droits résultant de ces sous-quotas ne sont pas cessibles.

Art. L. 921-5 *(L. nº 2010-874 du 27 juill. 2010, art. 87-3º)* « Lorsque l'autorité administrative a alloué, au titre de la répartition prévue aux articles L. 921-2 et L. 921-4, tout ou partie de certains quotas de captures ou d'efforts de pêche à des organisations de producteurs ou à leurs unions, celles-ci assurent la meilleure utilisation des sous-quotas sur la base *(Abrogé par Ord. nº 2015-1248 du 7 oct. 2015, art. 4-II-3º)* ***« d'un programme opérationnel de campagne de pêche prévu par l'article 9 du règlement (CE) nº 104/2000 du Conseil du 17 décembre 1999*** *[abrogé et remplacé à compter du 1er janv. 2014 par le Règl. (UE) nº 1379/2013 du 11 déc. 2013]* ***portant organisation commune des marchés dans le secteur des produits de la pêche et de l'aquaculture ou »*** d'un plan de gestion durable des captures ou efforts de pêche. Ces programmes et plans, qui peuvent faire l'objet d'évolutions en cours d'année, sont établis dans le respect des objectifs déterminés à l'article L. 911-2 et des critères mentionnés à l'article L. 921-2 et fixent respectivement les règles de répartition des sous-quotas de captures et d'efforts de pêche entre les adhérents des organisations de producteurs. »

Les conditions d'application du présent article sont précisées par un décret en Conseil d'État qui détermine notamment les conséquences qu'entraîne, pour l'attribution des quotas répartis l'année suivante, la méconnaissance des prescriptions de l'alinéa précédent et qui fixe les conditions dans lesquelles le plan de gestion mentionné à cet alinéa fait l'objet d'une publicité ainsi que d'une communication à l'établissement mentionné à l'article L. 621-1.

Art. L. 921-6 Un programme d'adaptation des capacités de capture de la flotte de pêche professionnelle maritime aux ressources halieutiques disponibles est arrêté par décret, après consultation du Comité national des pêches maritimes et des élevages marins. Il précise, par espèce ou groupe d'espèces, zone ou groupe de zones d'une même façade maritime, et éventuellement par type de pêche, les objectifs à atteindre ainsi que les conditions dans lesquelles sont déterminées les mesures permettant d'adapter les capacités de capture de la flotte de pêche aux ressources halieutiques disponibles.

Art. L. 921-7 La mise en exploitation des navires est soumise à une autorisation préalable dite permis de mise en exploitation des navires de pêche professionnelle qui précise, s'il y a lieu, les zones d'exploitation autorisées.

Le permis de mise en exploitation des navires de pêche professionnelle est exigé pour tout navire de pêche professionnelle maritime avant la déclaration de nouvelles capacités de pêche dans le fichier de la flotte de pêche *(Ord. nº 2015-1248 du 7 oct. 2015, art. 4-II-2°)* « de l'Union européenne », sans préjudice de la délivrance des autorisations de pêche maritimes à caractère général ou spécifiques prévues par la réglementation *(Ord. n° 2015-1248 du 7 oct. 2015, art. 4-II-2°)* « de l'Union européenne » ou nationale. Il est exigé pour tout navire de pêche professionnelle maritime, notamment avant la construction, l'importation, la modification de la capacité de pêche ou la délivrance d'une autorisation générale d'activité de pêche maritime à l'issue d'une période d'inactivité de plus de six mois, en conformité avec la réglementation *(Ord. n° 2015-1248 du 7 oct. 2015, art. 4-II-2°)* « de l'Union européenne ».

La délivrance du *(L. n° 2016-816 du 20 juin 2016, art. 16-IV-1°)* « permis d'armement » est subordonnée à la présentation d'un permis de mise en exploitation des navires de pêche professionnelle lorsque celui-ci est exigible. Il est procédé au retrait du *(L. n° 2016-816 du 20 juin 2016, art. 16-IV-1°)* « permis d'armement » dans le cas d'une modification de capacité de capture du navire faite sans qu'ait été obtenu le permis de mise en exploitation des navires de pêche professionnelle correspondant.

Les conditions d'attribution des permis de mise en exploitation des navires de pêche professionnelle, qui en aucun cas ne seront cessibles, sont fixées par décret en Conseil d'État. Ce décret détermine, en fonction des objectifs prévus à l'article L. 921-6 et de la situation effective des capacités de capture de la flotte, les critères de délivrance des permis.

Il précise les conditions et modalités *(Ord. n° 2015-1248 du 7 oct. 2015, art. 4-II-4°)* « de délivrance de la licence européenne de pêche et » d'enregistrement des navires de pêche professionnelle dans un registre national ainsi que les modalités de gestion de ce registre qui doit alimenter le fichier de la flotte de pêche *(Ord. n° 2015-1248 du 7 oct. 2015, art. 4-II-2°)* « de l'Union européenne ».

Il fixe les sanctions en cas de non-respect des conditions d'attribution d'un permis de mise en exploitation.

En tenant compte de l'intérêt qui s'attache d'une part à limiter une éventuelle spéculation sur les navires de pêche et d'autre part à éviter que les limitations résultant de l'établissement d'un contingent annuel de capacité ne soient contournées, l'auteur du décret prévoyant les conditions et critères de délivrance des permis d'exploitation selon les objectifs de la loi ne porte pas atteinte à la liberté du commerce et de l'industrie. • CE 3 déc. 2001, *Sté armement à la pêche Jego Quere*, n° 227171.

Art. L. 921-8 *Abrogé par L. n° 2011-525 du 17 mai 2011, art. 30.*

SECTION 2 Dispositions applicables aux navires battant pavillon d'un État étranger

Art. L. 921-9 Dans les eaux maritimes placées sous souveraineté ou juridiction française, les activités de pêche maritime sont, sous réserve des dispositions du traité sur le fonctionnement de l'Union européenne et des textes pris pour son application, interdites aux navires battant pavillon d'un État étranger.

Par dérogation au premier alinéa, des autorisations de pêche à bord des navires battant pavillon d'États étrangers peuvent être délivrées :

a) Dans les conditions prévues par le traité sur le fonctionnement de l'Union européenne et les règlements pris pour son application ;

b) En application des accords internationaux passés par l'Union européenne ou la France dans les limites de leur application.

SECTION 3 Autres dispositions

Art. L. 921-10 *(L. n° 2010-874 du 27 juill. 2010, art. 92-I)* « Des dispositions particulières à la pêche maritime dans les parcs nationaux, les réserves intégrales, les réserves naturelles et les parcs naturels marins sont prévues aux articles L. 331-4-1, L. 331-14, L. 331-16, L. 332-3 et L. 334-5 du code de l'environnement. »

Les activités de pêche maritime sont soumises aux dispositions du titre I du livre IV du code de l'environnement relatives à la protection de la flore et de la faune et aux dispositions du livre III et du livre VII du même code prévoyant la protection des habitats menacés.

CHAPITRE II MESURES TECHNIQUES RELATIVES À LA PÊCHE MARITIME

SECTION 1 Taille minimale et protection des juvéniles

Art. L. 922-1 **Un décret fixe les conditions dans lesquelles peuvent être prises les mesures de détermination des espèces pour lesquelles un arrêté du ministre chargé des pêches maritimes fixe les coefficients de conversion en poids vifs et la taille ou le poids minimal des captures.** – *V. art. D. 922-1 s.*

SECTION 2 Restrictions spatiales et temporelles

Art. L. 922-2 **Un décret en Conseil d'État détermine les conditions dans lesquelles peuvent être prises toutes mesures :**

1° D'ordre et de précaution propres à assurer la conservation *(L. n° 2010-874 du 27 juill. 2010, art. 87-4°)* **« et la gestion durable » des ressources et à régler l'exercice de la pêche, et notamment toutes mesures d'interdiction permanente ou temporaire ou de réglementation de l'exercice de la pêche de certaines espèces ou avec certains engins dans certaines zones.**

2° De classement des gisements naturels coquilliers et de définition de leurs conditions d'exploitation.

Un décret détermine les mesures de délimitation des réserves ou des cantonnements interdits à toute pêche ou de définition des restrictions de pêche destinées à favoriser l'implantation des structures artificielles aux fins d'exploitation et de mise en valeur des ressources biologiques ou à protéger les exploitations de cultures marines.

SECTION 3 Autres dispositions

Art. L. 922-3 **Des décrets fixent les conditions dans lesquelles peuvent être prises les mesures de détermination des règles relatives à la dimension du maillage des filets et aux caractéristiques techniques des navires ainsi que de définition des engins, instruments et appareils utilisés à des fins de pêche et des modes de pêche, d'autorisation de certains types ou procédés de pêche en vue d'une gestion rationnelle de la ressource de pêche, de définition du pourcentage de prises accessoires de certaines espèces pour certains types de pêche ou avec certains engins et de réglementation de l'emploi des appâts.** – *V. art. D. 922-9 s.*

Sont aussi définies par décret les conditions d'exécution d'opérations accessoires de la pêche à bord des navires. – *V. art. R. 922-24 s.*

L'entrée en vigueur du règlement de 2006 est sans effet sur la validité de la mesure technique nationale plus restrictive adoptée antérieurement, car l'interdiction additionnelle lorsqu'elle s'applique à des navires battant pavillon français, est conforme à la politique commune de la pêche et proportionnée à la réalisation de ses objectifs de préservation du milieu marin, et ne porte pas atteinte au principe d'égalité de traitement. • Crim. 9 sept. 2014, n° 13-86.043 : *JCP 2014. 1037 ; D. 2014. 1878*.

Art. L. 922-4 *Abrogé par L. n° 2010-874 du 27 juill. 2010, art. 90-II.*

CHAPITRE III AQUACULTURE MARINE

BIBL. ▶ Hélin, *RFDA 1993. 549* (le droit de l'aquaculture marine). – Miner, Le droit des exploitations de cultures marines, *Thèse Brest 1991 ; RD rur. 1993. 106* (les différentes formes juridiques des exploitations de cultures marines) ; *RD rur. 1998. 402* (loi du 18 nov. 1997 et les cultures marines). – Proutière-Maulion, Les cultures marines, *in Droits maritimes, p. 1053 s., Dalloz Action 2009-2010.*

COMMENTAIRE

L'aquaculture marine est l'activité de production animale ou végétale en milieu aquatique ; il s'agit d'une activité agricole de nature civile. Ce secteur dont la production était en 2007 de 235 000 tonnes pour 542 millions d'euros stagne depuis 1990. Il recouvre la conchyliculture (4 200 entreprises en 2007), qui inclut principalement la production d'huîtres (60 %) et celle de moules (40 %), l'algoculture, qui est une activité dont le développement est encore très faible en France, et la pisciculture marine, qui se développe peu (40 entreprises dont 8 assurent 80 % des ventes). Si 50 % du poisson consommé dans le monde provient de l'aquaculture, cette production est assurée pour 70 % par la Chine.

Le développement de l'aquaculture dans ce contexte est donc vivement souhaité pour répondre à une forte demande de produits de la mer. Mais ce développement est limité par la concurrence d'autres usagers du littoral et de l'espace public maritime ; il existe une demande forte de terrains pour des implantations résidentielles, pour des structures touristiques, avec utilisation du domaine public pour des raisons économiques et de loisirs. Il en résulte des contentieux de l'implantation de nouvelles structures aquacoles, d'autant plus que leur impact environnemental est souvent mis en cause.

Pour permettre le développement de l'activité de culture marine, il a donc été prévu, d'une part, une stricte procédure d'implantation des entreprises d'aquaculture soumises à une autorisation d'exploitation du domaine public maritime réglementée par le décret du 22 mars 1983 modifié par le décret du 14 septembre 1987 ; il s'agit d'une autorisation d'exploitation domaniale délivrée sous conditions, en échange d'une redevance et après enquête administrative préalable et enquête publique. Les fermes aquacoles sont également soumises au régime des installations classées du code de l'environnement. D'autre part, la loi du 27 juillet 2010 a prévu un outil de planification spatiale de l'espace maritime, élaboré par le préfet de région en concertation avec les collectivités territoriales, les établissements publics et professionnels concernés, les représentants de la protection de l'environnement, recensant les sites d'exploitation existants et prévoyant les sites propices à réserver ; ce document doit prendre en compte les orientations nationales et communautaires en matière d'aquaculture ainsi que le schéma directeur d'aménagement et de gestion des eaux, et le schéma de mise en valeur de la mer (ou le chapitre s'y rapportant inclus dans le schéma de cohérence territoriale), sans qu'il ait été posé d'exigence de compatibilité avec ces documents. ❑

Art. L. 923-1 **Aucun établissement d'élevage des animaux marins de quelque nature qu'il soit, aucune exploitation de cultures marines ni dépôt de coquillages ne peuvent être implantés sur le rivage de la mer, le long des côtes ni dans la partie des fleuves, rivières, étangs et canaux où les eaux sont salées sans une autorisation spéciale délivrée par l'autorité administrative à l'issue d'une enquête publique d'une durée de quinze jours au moins. Cette enquête est ouverte dans la commune limitrophe des lieux considérés et dans les communes voisines. Sont consultables les documents relatifs à la demande initiale ainsi que ceux relatifs aux demandes concurrentes éventuelles.**

Un décret en Conseil d'État détermine les conditions et modalités suivant lesquelles cette autorisation est accordée ou retirée.

1. Sur la compatibilité reconnue d'un établissement de bouchots à moules avec les usages normaux du domaine public maritime en vue de la promenade et la baignade, V. • CE 13 mai 1963 : *AJDA 1963. 343.*

2. Les concessions ont un caractère personnel et seule la valeur patrimoniale des parcs à huîtres est tombée en communauté. • Civ. 1re, 8 déc. 1987, n° 86-12.426 P • 14 mars 2006, n° 03-19.728 P.

3. Sont nulles les autorisations d'exploitation de cultures marines nécessitant l'implantation de bouchots délivrées après enquête publique, mais sans considérer que ces travaux sont au nombre de ceux prévus à l'annexe 1 de l'art. R. 123-1 C. envir. supposant une enquête publique distincte. • CE 17 sept. 2010, *Cne de Sangatte*, n° 320970 : *AJDA 2011. 228, note Caille.*

Art. L. 923-1-1 *(L. n° 2010-874 du 27 juill. 2010, art. 85-I)* **Des schémas régionaux de développement de l'aquaculture marine sont établis dans chaque région comportant une façade maritime afin de recenser les sites existants et les sites propices au développement d'une aquaculture marine durable.** *(L. n° 2016-816 du 20 juin 2016, art. 75-4°)* **« Ces schémas recensent également les possibilités d'installation de fermes aquacoles en milieu fermé. »**

Ces schémas sont élaborés par le représentant de l'État dans la région en concertation avec des représentants élus des collectivités territoriales, des représentants des établissements publics et des professionnels concernés, ainsi que des personnalités qualifiées choisies en raison de leurs compétences en matière de protection de l'environnement et d'usage et de mise en valeur de la mer et du littoral.

Le représentant de l'État dans la région prend en compte les orientations nationales et de l'Union européenne en matière d'aquaculture marine et s'assure que le schéma prend en compte les autres documents de planification et notamment les schémas directeurs d'aménagement et de gestion des eaux mentionnés à l'article L. 212-1 du code de l'environnement et, s'il existe, le schéma de mise en valeur de la mer ou, au sein d'un schéma de cohérence territoriale, le chapitre individualisé valant schéma de mise en valeur de la mer.

Les projets de schémas sont mis pendant une durée minimale d'un mois à la disposition du public sous des formes, notamment électroniques, de nature à permettre son information et sa participation. Les schémas, éventuellement modifiés pour tenir notamment compte des observations recueillies, sont ensuite établis par arrêté préfectoral.

Au plus tard à l'issue d'un délai fixé par décret, un bilan de la mise en œuvre du schéma est effectué. Ce bilan est porté à la connaissance du public, notamment par voie électronique. Le représentant de l'État dans la région décide, après avis des collectivités territoriales intéressées, sa poursuite ou sa mise à jour. A défaut d'une décision du représentant de l'État dans la région, le schéma reste en vigueur. Il est procédé à la révision du schéma selon la procédure prévue pour son élaboration.

L'autorité administrative prend en compte ces schémas lors de la délivrance des autorisations d'utilisation du domaine public maritime mentionnées à l'article L. 2124-1 du code général de la propriété des personnes publiques.

(Ord. nº 2020-745 du 17 juin 2020, art. 5) « A l'exception des schémas de cohérence territoriale, des plans locaux d'urbanisme, des documents en tenant lieu et des cartes communales, les » documents de planification et les projets de l'État, des collectivités territoriales et de leurs groupements prennent en compte ces schémas, *(L. nº 2016-816 du 20 juin 2016, art. 81)* « en veillant à la réalisation de l'objectif de développement de la production aquacole défini à l'article L. 2 du présent code. Ils ne font obstacle ni à l'installation ou à l'extension des établissements aquacoles ni à l'accessibilité des zones aquacoles ». — *V. art. D. 923-1 s.*

Art. L. 923-2 Un décret détermine les conditions générales d'installation et d'exploitation des établissements de cultures marines, y compris de ceux alimentés en eau de mer provenant de forages ainsi que des établissements permanents de capture et des structures artificielles.

Art. L. 923-3 Un décret détermine les mesures propres à prévenir l'apparition, enrayer le développement et à favoriser l'extinction des maladies affectant les animaux et végétaux marins.

CHAPITRE IV ZONES DE CONSERVATION HALIEUTIQUES

(L. nº 2016-1087 du 8 août 2016, art. 98-II)

Art. L. 924-1 Une zone de conservation halieutique est un espace maritime et, le cas échéant, fluvial pouvant s'étendre jusqu'à la limite des eaux territoriales, qui présente un intérêt particulier pour la reproduction, la croissance jusqu'à maturité ou l'alimentation d'une ressource halieutique et dont il convient de préserver ou restaurer les fonctionnalités afin d'améliorer l'état de conservation des ressources concernées.

Art. L. 924-2 Le périmètre de la zone de conservation halieutique est délimité en tenant compte des objectifs d'amélioration des stocks concernés. La zone est constituée des substrats nécessaires à l'espèce en cause, de la colonne d'eau surjacente ou, le cas échéant, de ces deux compartiments. Les substrats peuvent être des éléments du domaine public maritime naturel mentionnés aux 1° et 2° de l'article L. 2111-4 du code général de la propriété des personnes publiques et du domaine public fluvial naturel défini à l'article L. 2111-7 du même code jusqu'à la limite de la salure des eaux.

Art. L. 924-3 I. — Le projet de création d'une zone de conservation halieutique est fondé sur une analyse qui en établit l'importance au regard de l'intérêt mentionné à l'article L. 924-1 du présent code, en tenant compte de l'intérêt du maintien des actions et activités existantes. Il est soumis à la procédure de participation du public prévue à l'article L. 120-1 du code de l'environnement.

II. — Le classement en zone de conservation halieutique est effectué par un décret pris après avis du bureau du Conseil national de la mer et des littoraux. Ce décret :

1° Définit le périmètre de la zone et les modalités de son évolution ;

2° Fixe la durée du classement ;

3° Définit les objectifs de conservation ;

4° Désigne une autorité administrative chargée de mettre en œuvre les mesures de conservation ;

5° Définit les modalités de suivi et d'évaluation périodique des mesures mises en œuvre.

Art. L. 924-4 L'autorité administrative désignée en application de l'article L. 924-3 prend toute mesure de conservation permettant la réalisation des objectifs de préservation ou de restauration des fonctionnalités halieutiques de la zone de conservation. Elle peut réglementer ou interdire, dans tout ou partie de la zone et, le cas échéant, pour une période déterminée, les actions et activités susceptibles d'y être exercées.

Art. L. 924-5 Pendant la durée du classement, des modifications limitées du périmètre ou de la réglementation de la zone de conservation halieutique peuvent être décidées au vu des résultats de l'évaluation, après avoir été soumises à la procédure de participation du public prévue à l'article L. 120-1 du code de l'environnement. Il en va de même de l'abrogation du décret de classement.

A l'expiration du classement, la durée du classement peut être prorogée, dans les mêmes conditions.

Art. L. 924-6 Un décret en Conseil d'État fixe les modalités d'application du présent chapitre. — *V. art. R. 924-1 s.*

TITRE III ENTREPRISES ET COMMERCIALISATION DES PRODUITS DE LA MER

CHAPITRE I ENTREPRISES DE LA PÊCHE MARITIME ET DE L'AQUACULTURE MARINE

SECTION 1 Dispositions générales

Art. L. 931-1 Toute activité de pêche maritime pratiquée, à titre professionnel, à bord d'un navire et en vue de la commercialisation des produits est réputée commerciale sauf lorsqu'elle est exercée à titre individuel sur des navires d'une longueur inférieure ou égale à douze mètres ou effectuant habituellement des sorties de moins de vingt-quatre heures.

SECTION 2 Sociétés de pêche artisanales et coopératives maritimes

SOUS-SECTION 1 Sociétés de pêche artisanales

Art. L. 931-2 La société de pêche artisanale est une société soumise au régime d'imposition des sociétés de personnes ou une société *(L. n° 2016-816 du 20 juin 2016, art. 75-5°)* « de capitaux et dont au moins 51 % » des droits sociaux et des droits de vote sont détenus par un ou des pêcheurs qui en assurent en droit la direction et sont embarqués sur le ou les deux navires dont la société est :

(L. n° 2016-816 du 20 juin 2016, art. 75-5°) « 1° Soit totalement propriétaire ou copropriétaire majoritaire, y compris suite à une opération de financement participatif et de mobilisation de l'épargne locale ;

« 2° Soit copropriétaire avec un armement coopératif agréé dans le cadre d'une accession progressive à la propriété dans un délai qui ne peut excéder quinze ans ;

« 3° Soit exploitante.

« Pour l'application du présent article, les parts détenues par les ascendants, les descendants ou les conjoints des marins pêcheurs sont assimilées à celles détenues par ces derniers. »

Art. L. 931-3 La participation à une société de pêche artisanale telle que définie à l'article L. 931-2 ne doit pas avoir pour effet de mettre les pêcheurs associés ainsi que leur famille, pour tout ce qui touche leurs statuts économique et social de marins pêcheurs, dans une situation moins favorable que celle des pêcheurs artisans exploitant*[s]* en entreprise individuelle et que celle des familles de pêcheurs artisans.

Art. L. 931-4 Les dispositions de l'article L. 931-3 sont également applicables aux veufs et veuves des marins propriétaires ou copropriétaires visés ci-dessus ainsi qu'aux orphelins, jusqu'à ce que le plus jeune ait atteint l'âge de la majorité légale.

SOUS-SECTION 2 Coopératives maritimes

Art. L. 931-5 Les sociétés coopératives maritimes ont pour objet :

1° La réalisation de toute opération susceptible de permettre le maintien ou de favoriser le développement de la pêche maritime, de l'aquaculture marine et de toute autre activité maritime, ainsi que l'exercice en commun de ces activités ;

2° La fourniture de services répondant aux besoins professionnels individuels ou collectifs de leurs associés.

Toute modification d'activité fait l'objet d'une déclaration à l'autorité compétente.

Les associés se choisissent librement et disposent de droits égaux quelle que soit l'importance de la part du capital social détenue par chacun d'eux. Il ne peut être établi entre eux de discrimination suivant la date de leur admission.

Par la souscription ou l'acquisition d'une part sociale, l'associé s'engage à participer aux activités de la société coopérative ; les statuts peuvent déterminer le nombre de parts à souscrire ou à acquérir par chaque associé en fonction de son engagement d'activité.

Art. L. 931-6 Peuvent seuls être associés d'une société coopérative maritime :

1° Les marins de la marine marchande, les personnes physiques pratiquant à titre professionnel les cultures marines, notamment les bénéficiaires d'autorisation d'exploitation des cultures marines et les personnes physiques résidentes ou établies dans l'un des pays de l'Union européenne, dont l'activité est identique à celle des personnes mentionnées ci-dessus.

2° Les personnes ayant exercé les activités visées au 1°, retraitées ou ayant, pour cause d'incapacité physique, cessé d'exercer leur profession.

3° Après le décès des personnes visées aux 1° et 2° ci-dessus, leurs ascendants, leur conjoint et, jusqu'à la majorité du plus jeune, leurs enfants.

4° Les sociétés n'ayant comme associés que les personnes mentionnées ci-dessus.

5° Les personnes morales pratiquant, à titre principal ou accessoire, la pêche maritime ou les cultures marines.

6° D'autres sociétés coopératives maritimes et leurs unions.

7° Les salariés des sociétés et des personnes visées aux 1°, 4°, 5° et 6°.

8° Toute personne physique ou morale apportant à la coopérative un appui moral et financier.

Les membres des catégories définies aux 1°, 2°, 3° et 4° ci-dessus doivent représenter au moins les deux tiers du nombre des associés de la coopérative.

Art. L. 931-7 Lorsque les personnes mentionnées au 8° de l'article L. 931-6 n'ont pas vocation à bénéficier des services de la coopérative, ni à participer aux opérations définies au deuxième alinéa de l'article L. 931-5, elles sont dites "associés non coopérateurs".

Les associés non coopérateurs jouissent de tous les autres droits reconnus aux associés coopérateurs.

Les statuts peuvent prévoir, par dérogation au cinquième alinéa de l'article L. 931-5, que les parts sociales des associés non coopérateurs donnent droit à rémunération dans les conditions prévues à l'article 14 de la loi n° 47-1775 du 10 septembre 1947 portant statut de la coopération.

Art. L. 931-8 Lorsque le conjoint du chef d'entreprise de pêche maritime est inscrit en tant que collaborateur au registre du commerce et des sociétés, l'un ou l'autre peut participer aux assemblées générales des organismes de coopération, de mutualité ou de crédit maritime et est éligible aux organes ou conseils d'administration ou de surveillance des organismes précités.

Il en va de même du chef d'entreprise conchylicole et de son conjoint, collaborateur ou coexploitant.

Toute clause contraire dans les statuts de ces organismes est réputée non écrite.

Art. L. 931-9 Les sociétés coopératives maritimes peuvent admettre des tiers non associés à bénéficier de leurs services ou à participer à la réalisation des opérations entrant dans leur objet, à l'exclusion des opérations de gestion technique et financière. Cette faculté doit être mentionnée dans les statuts.

Les opérations effectuées avec des tiers non associés font l'objet d'une comptabilité séparée. Elles ne peuvent excéder le cinquième du chiffre d'affaires de la société coopérative.

Si les comptes font apparaître un dépassement de cette proportion, la société dispose d'un délai d'un an pour régulariser la situation.

Art. L. 931-10 Les sociétés coopératives maritimes sont régies par les dispositions de la présente sous-section et, en ce qu'elles ne sont pas contraires à celles-ci, par les dispositions du code de commerce, notamment des articles L. 231-1, L. 231-3 à L. 231-8, de la loi n° 47-1775 du 10 septembre 1947 portant statut de la coopération et, en ce qui concerne les coopératives constituées sous forme de société civile, par les dispositions du titre IX du livre III du code civil.

Art. L. 931-11 Les sociétés coopératives maritimes sont inscrites sur une liste dressée à cet effet par l'autorité administrative compétente, dans des conditions fixées par décret pris après avis du Conseil supérieur de la coopération.

L'utilisation de l'appellation de "société coopérative maritime" est réservée aux sociétés coopératives maritimes régulièrement inscrites sur la liste mentionnée à l'alinéa précédent.

L'emploi illicite de cette appellation ou de toute expression de nature à prêter à confusion avec celle-ci est puni de 4 500 € d'amende. Les personnes physiques coupables de cette infraction encourent également la peine complémentaire d'affichage ou de diffusion de la décision prononcée, dans les conditions prévues par l'article 131-35 du code pénal.

Les actes et documents émanant de la société coopérative et destinés aux tiers, notamment les lettres, factures, annonces et publications diverses, doivent indiquer lisiblement la dénomination sociale de la coopérative précédée ou suivie immédiatement des mots : "société coopérative maritime à capital variable", accompagnée de la mention de la forme sous laquelle la société est constituée.

Dern. al. abrogé par Ord. n° 2015-1248 du 7 oct. 2015, art. 4-III.

Art. L. 931-12 Les sociétés coopératives maritimes sont des sociétés à capital variable constituées sous forme de société à responsabilité limitée ou de société anonyme.

Elles peuvent à tout moment, par une décision des associés prise dans les conditions requises pour la modification des statuts, passer de l'une à l'autre de ces formes. Cette modification n'entraîne pas la création d'une personne morale nouvelle.

Toutefois, les sociétés coopératives maritimes qui se livrent à l'aquaculture marine peuvent être constituées sous forme de société civile.

Art. L. 931-13 Une société coopérative maritime ne peut participer au capital d'une autre société que si cette dernière exerce une activité identique ou complémentaire à la sienne.

Elle doit informer préalablement l'autorité administrative compétente de toute prise de participation qu'elle se propose de réaliser.

Art. L. 931-14 Le capital des sociétés coopératives maritimes est représenté par des parts sociales nominatives. Leur valeur nominale est uniforme et ne peut être inférieure à un montant fixé par décret.

Le capital social ne peut être réduit à une somme inférieure à la moitié du capital le plus élevé atteint depuis la constitution de la société. En aucun cas, il ne peut être ramené à un montant inférieur au capital de fondation.

Lorsque la société coopérative maritime est constituée sous forme de société civile, chaque associé ne supporte les pertes que jusqu'à concurrence de dix fois le montant des parts qu'il détient.

L'article 11 *bis* de la loi n° 47-1775 du 10 septembre 1947 portant statut de la coopération n'est pas applicable.

Art. L. 931-15 Chaque associé dispose d'une seule voix dans les assemblées.

Sur première convocation, l'assemblée générale ordinaire ou l'assemblée des associés ne délibère valablement que si sont présents ou représentés un quart au moins des associés inscrits au jour de la convocation s'il s'agit d'une société anonyme ou d'une société civile, ou la moitié au moins dans le cas d'une société à responsabilité limitée.

Lorsque le quorum de l'assemblée générale ordinaire ou extraordinaire ou de l'assemblée des associés n'est pas atteint, une seconde assemblée est convoquée. Sur seconde convocation, l'assemblée délibère valablement quel que soit le nombre des associés présents ou représentés, sauf pour les sociétés coopératives constituées sous forme de sociétés à responsabilité limitée pour lesquelles la présence de la moitié des associés reste requise. Pour ces sociétés, sur troisième convocation, l'assemblée délibère valablement quel que soit le nombre des associés présents ou représentés.

L'assemblée qui a pour objet la modification des statuts ne délibère valablement, sur première convocation, que si la moitié des associés inscrits au jour de la convocation sont présents ou représentés.

Une majorité des deux tiers des voix dont disposent les associés présents ou représentés est requise pour toute décision modifiant les statuts, quelle que soit la forme sous laquelle la société coopérative maritime est constituée.

Art. L. 931-16 Lorsque la société coopérative maritime exerce plusieurs activités distinctes, ou a plusieurs établissements, ou lorsque la société coopérative étend son activité sur plusieurs départements, les statuts peuvent prévoir que l'assemblée générale ou l'assemblée des associés est précédée par des assemblées de section auxquelles s'appliquent les règles de composition, de convocation, de tenue, de quorum, de majorité et de procès-verbal des assemblées générales ou assemblées des associés.

Ces assemblées de section délibèrent séparément sur le même ordre du jour. Elles élisent des délégués qui sont réunis, sur le même ordre du jour, dans un délai maximum d'un mois suivant la dernière assemblée de section ; cette réunion est réputée être l'assemblée générale ou l'assemblée des associés.

Les statuts déterminent la répartition des associés en section et fixent le nombre de délégués par section.

Les modalités d'application du présent article sont précisées par décret.

Art. L. 931-17 Sauf disposition spéciale des statuts, l'admission de nouveaux associés est décidée par l'assemblée générale ordinaire ou l'assemblée des associés.

Les statuts déterminent les modalités d'exclusion des associés. La décision d'exclusion d'un associé est prise dans les conditions retenues pour son admission sauf le droit pour l'intéressé de faire appel de la décision devant l'assemblée dans le cas où ce n'est pas celle-ci qui a pris la décision d'exclusion. L'assemblée statue dans le délai d'un mois à compter de la date à laquelle a été formé l'appel, celui-ci devant intervenir au plus tard quinze jours après la notification de la décision d'exclusion.

Tout associé peut se retirer de la société coopérative dans les conditions prévues aux statuts. L'associé qui se retire de la société coopérative ou qui en est exclu reste tenu pendant cinq ans envers les associés et envers les tiers de toutes les obligations existant au jour où cette décision a pris effet.

En cas de retrait ou d'exclusion, la dernière phrase du dernier alinéa de l'article 18 de la loi n° 47-1775 du 10 septembre 1947 portant statut de la coopération n'est pas applicable.

Art. L. 931-18 Les fonctions de mandataire ne donnent pas lieu à rémunération.

Toutefois, les mandataires qui exercent effectivement une fonction de direction de la société coopérative maritime peuvent percevoir une rémunération.

Art. L. 931-19 Le solde créditeur du compte de résultat de l'exercice, diminué des pertes reportées, est appelé excédent net de gestion.

Art. L. 931-20 Après application, le cas échéant, des dispositions de l'article L. 931-24, l'excédent net de gestion est réparti en tenant compte des règles suivantes :

1° Une fraction au moins égale à 15 % est affectée à la constitution d'un compte spécial indisponible.

Ce compte ne peut excéder le niveau le plus élevé atteint par les capitaux propres de la société coopérative diminués de son propre montant.

Il est destiné à garantir les engagements pris par la société coopérative à l'égard des tiers.

Il n'ouvre aucun droit aux associés et n'est susceptible ni d'être partagé entre eux, ni de faire l'objet de remboursement en cas de départ d'un associé pour quelque cause que ce soit, ni d'être incorporé au capital social.

Si les comptes font apparaître un dépassement de la limite prévue au troisième alinéa du présent article, la société dispose d'un délai d'un an pour régulariser la situation.

2° Après dotation au compte spécial indisponible et à la réserve prévue à l'article 18 de la loi n° 47-1775 du 10 septembre 1947 portant statut de la coopération, les reliquats peuvent être affectés :

a) Au service de l'intérêt aux parts sociales qui y donnent droit ;

b) A la répartition, à titre de ristournes, entre les associés proportionnellement aux opérations qu'ils ont réalisées avec la société coopérative et suivant les modalités prévues par les statuts. Si une société coopérative maritime effectue des opérations impliquant des activités différentes, elle établit des comptabilités distinctes dont les modalités sont fixées par son règlement intérieur en vue d'assurer pour l'ensemble des reliquats un partage équitable au prorata de la part prise par chacun des associés dans les activités de la coopérative.

Art. L. 931-21 En cas de pertes résultant des opérations avec les associés, l'assemblée générale ou l'assemblée des associés peut décider leur répartition immédiate à raison de la part prise par chacun des associés dans les différentes activités de la société coopérative. Les modalités de cette répartition sont déterminées par les statuts. A défaut d'une répartition immédiate, les pertes sont imputées sur le capital social ou reportées sur l'exercice suivant.

Les pertes ne peuvent être imputées sur le compte spécial indisponible qu'en cas de dissolution ou de cessation d'activité.

Art. L. 931-22 La part de l'excédent net de gestion résultant des opérations effectuées avec les tiers non associés est portée en totalité à un compte de réserve.

Cette réserve ne peut être ni répartie entre les associés, ni incorporée au capital. Si les pertes résultant des opérations effectuées avec les tiers excèdent cette réserve, elles sont immédiatement réparties. A défaut, elles sont imputées sur le capital social ou reportées sur l'exercice suivant.

Cette réserve ne peut être utilisée pour amortir des pertes sociales visées à l'article L. 931-21 qu'après épuisement du compte spécial indisponible.

Art. L. 931-23 L'assemblée des associés ou l'assemblée générale peut décider la transformation en parts sociales de tout ou partie des ristournes distribuables aux associés.

Les deux derniers alinéas de l'article 16 de la loi n° 47-1775 du 10 septembre 1947 portant statut de la coopération ne sont pas applicables.

Art. L. 931-24 Les sociétés coopératives maritimes peuvent constituer des unions de coopératives soumises aux dispositions de la présente sous-section.

Toutefois :

1° Ces unions peuvent admettre comme associés toute personne physique ou morale intéressée directement par leur objet, et notamment les organismes et organisations professionnels du secteur des pêches maritimes et de l'aquaculture marine. Le nombre de ces associés ne peut excéder le quart du nombre total des membres de l'union.

2° Selon des modalités prévues par les statuts, le nombre de voix dont dispose chaque société coopérative peut être proportionnel au montant des opérations réalisées par elle avec l'union ou au nombre de ses associés. Le rapport entre le nombre de voix détenues par deux coopératives ne peut excéder trois.

Art. L. 931-25 Les sociétés coopératives maritimes et leurs unions sont habilitées à recevoir des dons, legs et subventions.

Art. L. 931-26 Les sociétés coopératives maritimes et leurs unions sont soumises au contrôle du ministre chargé de la pêche maritime et de l'aquaculture marine. Lorsque ce contrôle fait apparaître la violation de dispositions législatives ou réglementaires, les sociétés coopératives sont radiées par décision motivée de la liste prévue à l'article L. 931-12 dans un délai ne pouvant excéder deux ans à compter de la mise en demeure du ministre les invitant à régulariser leur situation.

La radiation est prononcée lorsque l'inscription ou le maintien sur la liste a été obtenu sur la foi de documents inexacts ou lorsque les sociétés concernées viennent à perdre le caractère de société coopérative.

Un décret en Conseil d'État détermine les modalités d'application du présent article.

Art. L. 931-27 *(L. n° 2014-856 du 31 juill. 2014, art. 25-V)* Les sociétés coopératives maritimes et leurs unions sont soumises aux articles 25-1 à 25-5 de la loi n° 47-1775 du 10 septembre 1947 portant statut de la coopération.

Art. L. 931-28 En vue de faciliter l'exercice par leurs membres des activités mentionnées à l'article L. 931-5, des sociétés coopératives d'intérêt maritime peuvent être constituées par les personnes visées aux 5°, 6° et 7° de l'article L. 931-6, entre elles ou avec les personnes morales pratiquant des activités économiques dérivées ou complémentaires de la pêche et des cultures marines.

Le nombre de voix afférentes aux membres de la catégorie visée au 8° de l'article L. 931-6 ne peut dépasser le quart de l'ensemble des voix.

Art. L. 931-29 Les sociétés coopératives d'intérêt maritime sont régies par les articles L. 931-5, L. 931-9 à L. 931-20 et L. 931-23 à L. 931-26.

Art. L. 931-30 Les sociétés coopératives maritimes et les sociétés coopératives d'intérêt maritime peuvent constituer entre elles des unions.

SECTION 3 Gestion des risques de production

(L. n° 2016-816 du 20 juin 2016, art. 78)

Art. L. 931-31 Des fonds de mutualisation agréés par l'autorité administrative contribuent à l'indemnisation des pertes économiques découlant de phénomènes climatiques défavorables, d'incidents environnementaux et des coûts de sauvetage de pêcheurs ou de navires de pêche en cas d'accident de mer au cours de leurs activités de pêche.

Ces fonds de mutualisation sont financés par les versements effectués par les entreprises de la pêche maritime et, pour les secteurs relevant de la politique commune de la pêche, par l'Union européenne et par l'État.

L'affiliation des entreprises de pêche à un fonds de mutualisation peut être rendue obligatoire par décret en Conseil d'État.

Les règles régissant, selon les métiers de pêche ou les risques couverts, l'établissement et le fonctionnement des fonds de mutualisation, les conditions de leur agrément, les conditions et les modalités de l'indemnisation des entreprises de pêche ainsi que la gestion et le contrôle du respect de ces règles sont fixées par décret en Conseil d'État.

V. aussi Décr. n° 2023-439 du 5 juin 2023 portant création d'une aide à la trésorerie pour les entreprises de pêche (JO 7 juin) ; Arr. du 8 juin 2023 relatif à la mise en œuvre d'une aide visant au soutien des entreprises de pêche pour faire face à l'augmentation des prix des matières premières et notamment de l'énergie liée à l'agression de la Russie contre l'Ukraine (JO 21 juin), mod. par Arr. du 27 juill. 2023 (JO 1er août) ; Décr. n° 2023-1185 du 15 déc. 2023 portant création d'une aide à la trésorerie pour les entreprises de pêche (JO 16 déc.) ; Arr. du 18 déc. 2023 relatif à la mise en œuvre d'une aide à la trésorerie pour les entreprises de pêche (JO 28 déc.).

CHAPITRE II COMMERCIALISATION, TRANSBORDEMENT, DÉBARQUEMENT ET TRANSFORMATION DES PRODUITS DE LA MER

SECTION 1 Conditions et modalités de débarquement et transbordement

Art. L. 932-1 Lorsque les règlements de l'Union européenne relatifs au régime de conservation et de gestion des ressources de la pêche ou à l'organisation commune des marchés des produits de la mer ou au régime de contrôle de la politique commune de la pêche l'exigent ou le permettent, ou lorsque la pêche maritime s'exerce dans le cadre d'activités ne relevant pas du champ d'application de ces règlements, l'autorité administrative fixe les conditions et les modalités de débarquement et de transbordement des produits de la pêche maritime et de l'aquaculture marine destinés à être mis sur le marché, conformément aux objectifs mentionnés à l'article L. 911-2 et dans des conditions fixées par décret en Conseil d'État. L'autorité administrative prend notamment en compte l'existence de garanties relatives à l'efficience du régime de contrôle, au respect des obligations déclaratives attachées aux produits débarqués ou transbordés et à leur vente et de leur qualité sanitaire, à la pesée, au volume et à la valeur des produits. — *V. art. D. 932-1 s.*

SECTION 2 **Obligations déclaratives**

Art. L. 932-2 Lorsque les règlements de l'Union européenne relatifs au régime de conservation et de gestion des ressources de la pêche ou à l'organisation commune des marchés des produits de la mer ou au régime de contrôle de la politique commune de la pêche l'exigent ou le permettent, ou lorsque la pêche maritime s'exerce dans le cadre d'activités ne relevant pas du champ d'application de ces règlements, l'autorité administrative fixe, dans des conditions précisées par décret en Conseil d'État, les règles relatives aux obligations déclaratives pesant sur les pêcheurs, les producteurs, les premiers acheteurs, les transporteurs, les importateurs et les exportateurs, leurs organisations reconnues et les organismes gestionnaires de halles à marée, en ce qui concerne leurs activités respectives. — *V. art. R. 913-1.*

Art. L. 932-3 Les obligations incombant aux professionnels en ce qui concerne la pesée, le tri par espèce, par taille, par calibre et par qualité ainsi que le mode de présentation et l'étiquetage de ces produits sont définis par décret en Conseil d'État. — *V. art. R. 932-4 s.*

SECTION 3 **Mareyage**

Art. L. 932-4 Exerce une activité de mareyage tout commerçant qui assure le premier achat des produits de la pêche maritime et de l'aquaculture destinés à la consommation humaine en vue de leur commercialisation et qui dispose à cet effet d'un établissement de manipulation des produits de la pêche. Cet établissement doit faire l'objet d'un agrément sanitaire.

Art. L. 932-5 *(L. nº 2010-874 du 27 juill. 2010, art. 86)* La première vente des produits de la pêche maritime débarqués en France par des navires français s'effectue selon l'une des modalités suivantes :

a) Par l'intermédiaire d'une halle à marée agréée ; — *V. art. D. 932-8 s.*

b) De gré à gré à un premier acheteur enregistré dans les conditions prévues par la législation européenne ; dans ce cas, la vente fait l'objet d'un contrat de vente écrit comportant les clauses énumérées *(L. nº 2018-938 du 30 oct. 2018, art. 1er)* « aux 1° à 7° du III de l'article L. 631-24 » ; — *V. art. D. 932-19.*

c) Au détail, uniquement à des fins de consommation privée. — *V. art. D. 932-20.*

Les modalités de vente en halle à marée agréée, les conditions dans lesquelles sont organisées les relations entre, d'une part, les organismes gestionnaires des halles à marée agréées et, d'autre part, les producteurs, les acheteurs et leurs organisations, la durée minimale des contrats visés au *b* ainsi que les modalités de la vente au détail prévue au *c* sont définies par décret.

Sanction partielle d'un arrêté municipal limitant la vente directe aux consommateurs du produit de leur pêche par les artisans pêcheurs. • TA Amiens, 24 mai 2011, nº 0900C13 : *AJDA 2011. 2375*.

Art. L. 932-6 *(L. nº 2014-1170 du 13 oct. 2014, art. 2-III)* L'établissement mentionné à l'article L. 621-1 gère, dans des conditions fixées par décret, un fonds destiné à compléter le cautionnement constitué par les acheteurs en halle à marée pour garantir les achats auxquels ils procèdent ou envisagent de procéder. Les collectivités territoriales ou leurs groupements peuvent participer, par le versement de dotations, à la constitution de ce fonds. A cet effet, ils passent avec l'établissement gestionnaire du fonds une convention, qui précise notamment les conditions dans lesquelles celui-ci les tient informés de l'état des engagements du fonds ainsi que les conditions de restitu-

tion des dotations versées en cas de modification substantielle des règles de fonctionnement du fonds ou de cessation de son activité.

TITRE IV CONTRÔLES ET SANCTIONS

V. Instr. du Gouvernement du 17 févr. 2015 relative à la coordination opérationnelle du régime de contrôle applicable à la politique commune des pêches (NOR : DEVM1427857J, BOME n° 2015/4 du 10 mars 2015) ; Note technique du 16 oct. 2015 relative à la mise en œuvre de la traçabilité des produits de la pêche et de l'aquaculture au titre du Règl. (CE) n° 1224/2009 instituant un régime communautaire de contrôle afin d'assurer le respect des règles de la politique commune de la pêche (NOR : DEVM1522553N, BOME n° 2015/20 du 10 nov. 2015) ; Note technique du 30 mai 2016 relative au plan national de contrôle des produits de la pêche maritime et de l'aquaculture marine bis-annuel 2016-2017 (NOR : DEVM1611684N, BOME n° 2016/11 du 25 juin 2016).

COMMENTAIRE

Les modalités d'exercice de la pêche maritime sont fixées principalement par les règlements communautaires. S'agissant d'une politique visant à préserver la ressource et à assurer son développement durable, il est déterminant de garantir le respect des règles par les pêcheurs. Il est de la responsabilité de chaque État membre de l'Union européenne de participer au contrôle de l'application de la politique commune des pêches dans ses eaux et sur son territoire, dans les conditions prévues par le règlement (CE) n° 1224/2009 du Conseil du 20 novembre 2009 instituant un régime communautaire de contrôle afin d'assurer le respect des règles de la politique commune de la pêche, qui précise les responsabilités des États membres, de la Commission et de l'agence communautaire de contrôle des pêches.

L'ordonnance du 6 mai 2010 a permis de préciser la répartition des compétences des agents de contrôle de l'application de la réglementation : dans le cadre des pouvoirs de police administrative (chapitre I), dans le cadre de la police administrative sous contrôle judiciaire et dans le cadre de la police judiciaire (chapitres II à IV). ❑

CHAPITRE I CONTRÔLES DE POLICE ADMINISTRATIVE

SECTION 1 Champ d'application

Art. L. 941-1 Les contrôles de police administrative sont destinés à assurer le respect de la réglementation prévue par les dispositions du présent livre, par les règlements de l'Union européenne pris au titre de la politique commune de la pêche, par les engagements internationaux de la France et par les textes pris pour leur application ainsi que les délibérations rendues obligatoires en application des articles *(L. n° 2010-874 du 27 juill. 2010, art. 88-4°)* **« L. 912-10 et L. 921-2-1 et du second alinéa de l'article L. 921-2-2 ».**

Art. L. 941-2 Les contrôles prévus à l'article L. 941-1 portent sur toute activité :

a) De pêche maritime et d'aquaculture marine ;

b) De transformation, commercialisation, importation et exportation des produits issus des activités de pêche maritime et d'aquaculture marine ;

c) De fabrication d'engins de pêche maritime.

SECTION 2 Opérations de contrôle

Art. L. 941-3 Pour l'exercice de leurs missions, les agents chargés de la police des pêches maritimes en application de l'article L. 941-1 effectuent leurs contrôles à toutes heures à bord des navires ou engins flottants.

Art. L. 941-4 Les agents chargés de la police des pêches maritimes peuvent donner à tout navire ou engin flottant l'ordre de stopper et, le cas échéant, de relever son matériel de pêche.

Ils peuvent procéder à bord à tout examen des ponts et locaux de différentes zones du navire ou engin flottant, des captures et des produits qui en sont issus, des matériels de pêche, des installations de stockage ou de traitement, des équipements propulsifs, des matériels de navigation, de localisation et de déclaration, ainsi que de tous documents de bord, notamment ceux qui sont relatifs à l'enregistrement des captures.

Ils peuvent, avec l'accord du capitaine, faire procéder au déroutement du navire ou engin flottant jusqu'au port désigné par l'autorité maritime compétente en vue des contrôles ou vérifications à faire et procéder alors à la pose de scellés et conserver les documents de bord jusqu'à leur remise à l'autorité compétente.

Art. L. 941-5 Pour l'exercice de leurs missions, les agents chargés de la police des pêches maritimes ont accès à toutes heures aux halles à marée.

Ils ont aussi accès, lorsqu'ils sont à usage professionnel, aux locaux, lieux, installations, à l'exclusion des locaux et parties de locaux à usage d'habitation, ainsi qu'aux moyens de transport, dans lesquels ont vocation à s'appliquer les dispositions qu'ils contrôlent. Ils ne peuvent y accéder qu'entre 8 heures et 20 heures ou en dehors de ces heures lorsque l'accès au public est autorisé ou lorsqu'à l'intérieur de ces locaux sont en cours des activités de transformation, de conditionnement, de transport ou de commercialisation des produits des pêches.

Art. L. 941-6 Lorsque l'accès des locaux mentionnés au second alinéa de l'article L. 941-5 est refusé aux agents, ou lorsque les locaux comprennent des parties à usage d'habitation, l'accès peut être autorisé par ordonnance du juge des libertés et de la détention dans les formes et conditions prescrites par l'article L. 206-1.

Art. L. 941-7 Pour l'exercice de leurs missions, les agents chargés de la police des pêches maritimes peuvent, sur place ou sur convocation, prendre copie de tous documents professionnels, quel qu'en soit le support, et recueillir les observations de toute personne présente susceptible d'apporter des éléments utiles à leurs missions.

Art. L. 941-8 Pour les nécessités des contrôles qu'ils conduisent, les agents chargés de la police administrative des pêches maritimes peuvent se communiquer spontanément, sans que puisse y faire obstacle le secret professionnel auquel ils sont, le cas échéant, tenus, les informations et documents détenus ou recueillis dans l'exercice de leurs missions de police administrative prévues par le présent livre.

Art. L. 941-9 *(L. nº 2021-1104 du 22 août 2021, art. 283)* Afin d'assurer l'exercice de leurs missions de police administrative prévues à l'article L. 941-1 et la constatation des infractions passibles des sanctions prévues au présent titre, les agents chargés de la police des pêches maritimes peuvent procéder à la captation, à l'enregistrement et à la transmission d'images ainsi que de données physiques au moyen de caméras et capteurs installés sur des aéronefs circulant sans personne à bord et opérés par un télépilote. Seuls sont destinataires de ces données les agents mentionnés à l'article L. 942-1 qui ont besoin d'en connaître pour l'accomplissement de ces missions.

Le recours aux aéronefs mentionnés au premier alinéa du présent article n'est rendu possible que dans le cadre de missions de contrôles en mer, ou mises en œuvre dans les espaces maritimes relevant de la souveraineté et de la juridiction françaises, visant à assurer le respect des dispositions du présent livre applicables dans ces espaces. Il doit être justifié au regard des circonstances de chaque intervention, pour une durée adaptée auxdites circonstances et qui ne peut être permanente.

Les caméras sont équipées de dispositifs techniques permettant de garantir l'intégrité des données ainsi collectées.

Lorsqu'elles sont mises en œuvre dans l'espace public, les opérations mentionnées au premier alinéa sont réalisées de telle sorte qu'elles ne visualisent pas les images de locaux affectés à un usage privé ou d'habitation.

Lorsque les enregistrements liés à ces opérations donnent lieu à une procédure administrative, ils sont conservés jusqu'à l'expiration des délais de recours contre les actes pris dans le cadre de cette procédure et, en cas de recours contentieux, jusqu'à la clôture des procédures juridictionnelles et l'épuisement des voies de recours. Lorsqu'ils ne donnent pas lieu à une procédure administrative, ils sont effacés au bout d'une période de six mois.

Hors situations d'urgence, dans le cas où les prises de vue sont susceptibles de rendre possible l'identification, directe ou indirecte, des personnes physiques, le public potentiellement concerné est préalablement informé du survol.

Les nouvelles technologies ainsi mises en œuvre sont sans incidence sur l'exercice des droits des personnes concernées prévus par la loi nº 78-17 du 6 janvier 1978 relative à l'informatique, aux fichiers et aux libertés.

Les modalités d'application du présent article, notamment les modalités d'information du public prévue au sixième alinéa, sont précisées par un décret en Conseil d'État, pris après avis de la Commission nationale de l'informatique et des libertés.

CHAPITRE II RECHERCHE ET CONSTATATION DES INFRACTIONS

SECTION 1 Agents chargés de la recherche et *[de]* la constatation des infractions

Art. L. 942-1 **I. — Sans préjudice des compétences des officiers et agents de police judiciaire, sont habilités à rechercher et à constater les infractions prévues et réprimées par le présent livre :**

1° Les administrateurs, officiers *(L. n° 2013-431 du 28 mai 2013, art. 31-VI-4°)* **« du corps technique et administratif » des affaires maritimes.**

2° Les commandants, commandants en second ou officiers des bâtiments de la marine nationale et les commandants des aéronefs militaires affectés à la surveillance maritime ainsi que les officiers mariniers désignés par l'autorité administrative. — *V. art. R. 942-1.*

(L. n° 2013-431 du 28 mai 2013, art. 31-VI-4°) **« 3° Les fonctionnaires affectés dans les services exerçant des missions de contrôle dans le domaine des affaires maritimes sous l'autorité ou à la disposition du ministre chargé de la mer ».**

4° *Abrogé par L. n° 2013-431 du 28 mai 2013, art. 31-VI-4°.*

5° Les agents des douanes.

6° Les agents mentionnés *(Ord. n° 2015-616 du 4 juin 2015, art. 8)* **« aux 1° à 6° du I de l'article L. 205-1 ».**

7° Les agents de la concurrence, de la consommation et de la répression des fraudes.

(L. n° 2016-1087 du 8 août 2016, art. 100-I-1°) **« 8° Les inspecteurs de l'environnement mentionnés à l'article L. 172-1 du code de l'environnement, qui interviennent dans les conditions définies aux articles L. 172-1 à L. 172-17 du même code, sous réserve des dispositions du chapitre III du titre IV du livre IX du présent code qui leur sont applicables.**

« II. — Dans l'exercice de leurs fonctions, les agents assermentés des réserves naturelles mentionnés aux articles L. 332-20 et L. 332-22 du code de l'environnement sont également habilités à rechercher et à constater les infractions prévues et réprimées par le présent livre. »

Les agents de l'ONEMA étaient habilités à établir le procès-verbal de constatation de leurs opérations de contrôle, de surveillance et des faits susceptibles de constituer des infractions à la pêche du saumon, en aval de la limite de salure des eaux. • TGI Bayonne, 11 juin 2009 : *Envir. 2011, n° 49, note Boyer.*

Art. L. 942-2 **Les gardes jurés et les prud'hommes pêcheurs assermentés sont habilités à rechercher et constater les infractions prévues et réprimées par le présent livre dans le ressort territorial dont ils relèvent.**

Pour l'exercice de cette mission, ils disposent des pouvoirs définis *(L. n° 2016-816 du 20 juin 2016, art. 75-6°)* **« aux articles L. 942-3 et L. 942-4, aux deux premiers alinéas de l'article L. 942-5, à l'article L. 942-6 »** *(L. n° 2016-1087 du 8 août 2016, art. 100-I-2°)* **« , à l'article L. 942-8 et au deuxième alinéa de l'article L. 943-1.**

« Les gardes jurés doivent être agréés par l'autorité administrative.

« Ne peuvent être agréés comme gardes jurés :

« 1° Les personnes dont le comportement est incompatible avec l'exercice de ces fonctions, en particulier si elles ne remplissent pas les conditions de moralité et d'honorabilité requises, au vu notamment des mentions portées au bulletin n° 2 de leur casier judiciaire ou dans les traitements automatisés de données à caractère personnel mentionnés à l'article 230-6 du code de procédure pénale ;

« 2° Les agents mentionnés à l'article L. 942-1 du présent code ;

« 3° Les membres des professions qui se livrent, quel que soit leur statut, aux activités de production de produits des pêches maritimes et des élevages marins.

« Un décret en Conseil d'État précise les conditions d'application du présent article, notamment les modalités d'obtention de l'agrément, les conditions dans lesquelles

celui-ci peut être suspendu ou retiré, les conditions d'assermentation des gardes jurés, les principaux éléments de leur tenue vestimentaire ainsi que les conditions d'exercice de leurs missions. » — *V. art. R. 942-1-1 s.*

Est un organisme de droit privé chargé d'une mission de service public une prud'homie de pêcheurs qui vise à défendre les intérêts et discipliner l'exercice de leur profession, qui est dotée d'attributions de nature juridictionnelle, qui concourt à la constatation d'infractions et régit les activités de pêche en édictant des règlements à caractère d'acte administratif. • CE 7 juill. 2022, n° 459789 B : *AJDA 2022. 2076, rapp. Le Corre ; Gaz. Pal. 30 août 2022, n° 26, p. 39.*

SECTION 2 Opérations de recherche et de constatation des infractions

Art. L. 942-3 **Lorsqu'un agent mentionné à l'article L. 942-1 entend dresser procès-verbal à l'encontre d'une personne qui refuse ou se trouve dans l'impossibilité de justifier de son identité, il en rend compte immédiatement à tout officier de police judiciaire territorialement compétent qui peut lui ordonner de la retenir sur place ou de la conduire dans un local de police afin de vérifier son identité conformément à l'article 78-3 du code de procédure pénale.**

Art. L. 942-4 **Après avoir informé du lieu de leur déplacement le procureur de la République, qui peut s'y opposer, les agents mentionnés au I de l'article L. 942-1 peuvent procéder à la recherche et la constatation des infractions prévues et réprimées par le présent livre :**

1° A toutes heures à bord des navires ou engins flottants ;

2° A toutes heures dans les halles à marée ;

3° Entre huit heures et vingt heures dans tous les locaux ou installations à usage professionnel et à bord des moyens de transport utilisés pour l'exercice des professions relatives à la pêche maritime ou l'aquaculture marine, la transformation, la commercialisation, le transport, l'importation et l'exportation des produits issus de la pêche maritime ou de l'aquaculture marine ;

4° En dehors de ces heures, dans les locaux ou installations mentionnés au 3° lorsqu'ils sont ouverts au public ou lorsqu'une activité de transformation, de conditionnement, de transport ou de commercialisation y est en cours.

Lorsque les lieux comportent des parties à usage d'habitation, celles-ci ne peuvent être visitées afin de rechercher et constater des infractions qu'entre huit heures et vingt heures, par des agents mentionnés aux 1°, 2°, 3° *(L. n° 2013-431 du 28 mai 2013, art. 31-VI-5° ; L. n° 2016-1087 du 8 août 2016, art. 100-I-3°)* **« ou 5° à 8° » du I de l'article L. 942-1, avec accord de l'occupant ou, à défaut,** *(Abrogé par L. n° 2010-874 du 27 juill. 2010, art. 92-I)* ***« sur autorisation du juge des libertés et de la détention et »*** **en présence d'un officier de police judiciaire agissant conformément aux dispositions du code de procédure pénale relatives aux perquisitions, visites domiciliaires et saisies des pièces à conviction.**

Art. L. 942-5 **Les agents mentionnés** *(L. n° 2010-874 du 27 juill. 2010, art. 92-I)* **« à l'article L. 942-1 » peuvent donner à tout navire ou engin flottant l'ordre de stopper et, le cas échéant, de relever son matériel de pêche.**

Ils peuvent monter à bord et procéder à tout examen des ponts et locaux de toutes zones du navire ou engin flottant, des captures et des produits qui en sont issues *[issus]*, **des matériels de pêche, des installations de stockage ou de traitement, des équipements propulsifs, des matériels de navigation, de localisation et de déclaration, ainsi que de tous documents de bord, notamment ceux qui sont relatifs à l'enregistrement des captures.**

Ils peuvent faire procéder au déroutement du navire ou engin flottant jusqu'au port désigné par l'autorité maritime compétente en vue des contrôles ou vérifications à faire et procéder alors à la pose de scellés et conserver les documents de bord jusqu'à leur remise à l'autorité compétente.

Art. L. 942-6 **Les agents mentionnés** *(L. n° 2010-874 du 27 juill. 2010, art. 92-I)* **« à l'article L. 942-1 » peuvent :**

1° Vérifier les documents professionnels de toute nature propres à faciliter l'accomplissement de leur mission et en prendre copie ;

2° Recueillir les observations de toute personne présente susceptible d'apporter des éléments utiles à leurs constatations ;

3° Procéder à des prélèvements aux fins d'analyse sur des produits ou des animaux soumis à leur contrôle.

Art. L. 942-7 Sur réquisition écrite du procureur de la République, les agents mentionnés à l'article L. 942-1, lorsqu'ils ne disposent pas de tels pouvoirs, peuvent, à toute heure et en tout lieu ouvert à la circulation, afin de procéder aux contrôles des véhicules susceptibles de transporter des produits de la mer :

1° Faire sommer de s'arrêter par un officier ou agent de police judiciaire, un administrateur, officier, *(L. n° 2013-431 du 28 mai 2013, art. 31-VI-6°)* « fonctionnaire de catégorie A ou B affecté dans les services exerçant des missions de contrôle dans le domaine des affaires maritimes sous l'autorité ou à la disposition du ministre chargé de la mer », un agent des douanes ou un agent de police judiciaire adjoint munis des insignes extérieurs et apparents de leur qualité, tout véhicule à usage professionnel ;

2° Faire ouvrir, visiter et contrôler tout véhicule transportant ou susceptible de transporter des produits de la mer ;

3° En cas de refus de la visite afin de contrôle ou de saisie, immobiliser le véhicule durant le temps nécessaire à l'information du procureur de la République, sans dépasser le délai de deux heures.

Art. L. 942-8 Les agents mentionnés à l'article L. 942-1 ont le droit de requérir directement la force publique pour la recherche et la constatation des infractions prévues et réprimées par le présent livre, ainsi que pour l'appréhension et la saisie des filets, des engins, des matériels, des équipements utilisés en plongée et en pêche sous-marines, de tous instruments utilisés à des fins de pêche, des véhicules, des navires ou engins flottants ayant servi à pêcher ou à transporter des produits obtenus en infraction, ainsi que des produits des pêches et de leur valeur.

Art. L. 942-9 Pour les nécessités de l'enquête qu'ils conduisent, les agents mentionnés aux articles L. 942-1 et L. 942-2 peuvent se communiquer spontanément, sans que puisse y faire obstacle le secret professionnel auquel ils sont le cas échéant tenus, les informations et documents détenus ou recueillis dans l'exercice de leurs missions de police judiciaire prévues par le présent livre.

SECTION 3 Assermentation et valeur probante des procès-verbaux

Art. L. 942-10 Les agents civils de l'État mentionnés aux 1° à 6° du I de l'article L. 942-1 *(Abrogé par L. n° 2016-1087 du 8 août 2016, art. 100-I-4°)* ***« et les agents de l'établissement public mentionné au 8° du même I »*** doivent être assermentés dans des conditions définies par décret en Conseil d'État.

Art. L. 942-11 Les procès-verbaux signés par les agents mentionnés *(L. n° 2016-1087 du 8 août 2016, art. 100-I-5°)* « aux articles L. 942-1 et L. 942-2 » font foi jusqu'à preuve contraire.

CHAPITRE III MESURES CONSERVATOIRES

COMMENTAIRE

A titre conservatoire, les agents visés à l'article L. 942-1 peuvent appréhender tout équipement, instrument, navire, utilisés pour une pêche constitutive d'infraction, de même que les produits de cette activité. Ils peuvent aussi appréhender tout matériel prohibé.

Ces agents dressent procès-verbal d'appréhension et remettent les biens à l'autorité compétente dans les trois jours pour réaliser, toujours à titre conservatoire, la saisie de ces biens. Un procès-verbal de saisie peut être établi avec une requête au juge des libertés et de la détention dans un délai de 72 heures pour les navires, engins et véhicules. Ce juge peut confirmer la saisie ou décider de la remise en circulation ; il peut également donner main levée de la saisie contre cautionnement.

S'agissant des filets et instruments de pêche saisis, la juridiction ou l'autorité administrative peuvent décider de la confiscation. S'agissant des produits de la pêche, l'autorité décidant de la saisie décide de leur destination. La juridiction du fond ou l'autorité administrative peuvent confirmer cette décision, décider de confisquer ou de restituer le produit ou sa valeur. S'agissant des navires, leur confiscation peut être ordonnée par le juge pénal à titre de peine complémentaire (V. C. rur., art. L. 945-5). ❑

Art. L. 943-1 **Les agents mentionnés** *(L. nº 2010-874 du 27 juill. 2010, art. 92-I)* **« à l'article L. 942-1 » peuvent, en vue de les remettre à l'autorité compétente pour les saisir, procéder à l'appréhension des filets, des engins, des matériels, des équipements utilisés en plongée ou en pêche sous-marines, de tous instruments utilisés à des fins de pêche, des véhicules, des navires ou engins flottants ayant servi à pêcher ou à transporter des produits obtenus en infraction ainsi que des produits qui sont susceptibles de saisie ou des sommes reçues en paiement de ces produits et, plus généralement, de tout objet ayant servi à commettre l'infraction ou destiné à la commettre.**

(L. nº 2016-1087 du 8 août 2016, art. 100-I-6º) **« Les agents mentionnés à l'article L. 942-2 peuvent, dans les mêmes conditions, procéder à l'appréhension des mêmes objets et produits, à l'exception des véhicules, des navires ou engins flottants ainsi que des sommes reçues en paiement de produits susceptibles de saisie.**

« Les agents mentionnés aux articles L. 942-1 et L. 942-2 » peuvent également appréhender en tout temps et en tous lieux les filets, engins et instruments de pêche prohibés en vue de leur saisie. La recherche de ces objets peut être faite dans les locaux de vente et de fabrication.

L'appréhension donne lieu à l'établissement d'un procès-verbal. La remise des biens appréhendés à l'autorité compétente pour les saisir doit intervenir dans un délai qui ne peut excéder trois jours ouvrés à compter de l'appréhension. *(L. nº 2014-1170 du 13 oct. 2014, art. 96-1º)* **« Ce délai peut être dépassé en cas de force majeure ou à la demande expresse de la personne mise en cause. »**

Les agents mentionnés *(L. nº 2010-874 du 27 juill. 2010, art. 92-I)* **« à l'article L. 942-1 » ont qualité pour procéder à l'apposition des scellés et conserver les documents de bord en vue de leur remise à l'autorité compétente.**

Art. L. 943-2 **Sont compétents pour** *(L. nº 2010-874 du 27 juill. 2010, art. 92-I)* **« opérer » la saisie des biens appréhendés conformément à l'article L. 943-1 :**

***a)* Dans les départements littoraux de métropole, le directeur départemental des territoires et de la mer et ses adjoints ;**

***b)* Dans les autres départements de métropole, le directeur départemental de la protection des populations et ses adjoints ou le directeur départemental de la cohésion sociale et de la protection des populations et ses adjoints.**

Art. L. 943-3 **L'autorité compétente déroute ou fait dérouter jusqu'au port qu'elle aura désigné le navire ou l'engin flottant qui a servi à commettre l'infraction. Elle dresse procès-verbal de la saisie. Le navire ou l'engin flottant est consigné entre les mains du service territorialement compétent en application de l'article L. 943-2.**

L'autorité compétente fait conduire à l'endroit qu'elle aura désigné le véhicule ayant servi à transporter des produits obtenus en infraction. Elle dresse un procès-verbal de saisie. Le véhicule est consigné entre les mains du service territorialement compétent en application de l'article L. 943-2.

Art. L. 943-4 *(L. nº 2014-1170 du 13 oct. 2014, art. 96-2º)* **Dans un délai qui ne peut excéder trois jours ouvrés à compter de la saisie, l'autorité compétente adresse au juge des libertés et de la détention du lieu de la saisie une requête accompagnée du procès-verbal de saisie aux fins de confirmation de la saisie.**

Le juge des libertés et de la détention peut confirmer la saisie, conditionner la mainlevée de celle-ci au versement d'un cautionnement dont il fixe le montant et les modalités de versement, dans les conditions fixées à l'article 142 du code de procédure pénale, ou décider la remise en libre circulation du navire, de l'engin flottant ou du véhicule.

L'ordonnance du juge des libertés et de la détention doit être rendue dans un délai qui ne peut excéder trois jours à compter de la réception de la requête mentionnée au premier alinéa du présent article et, en tout état de cause, dans un délai qui ne peut excéder six jours à compter de l'appréhension prévue à l'article L. 943-1 du présent code.

Lorsque le délai de trois jours ouvrés prévu au même article L. 943-1 pour la remise des biens appréhendés à l'autorité compétente pour les saisir est prolongé pour des raisons de force majeure ou à la demande expresse de la personne mise en cause, le délai de six jours prévu au troisième alinéa du présent article peut être dépassé de la durée de cette prolongation.

QPC antérieure à la L. nº 2014-1170 du 13 oct. 2014. Présente un caractère sérieux la question de constitutionnalité de l'art. L. 943-5. • Crim. 14 janv. 2014, nº 13-82.971. ♦ *Contra* : • Crim. 7 août 2013, nº 13-90.014 : *RD rur. 2013, nº 238, note Tauran.* ♦ Sont inconstitutionnelles les dispositions des art. L. 943-4 et L. 943-5 pour défaut de caractère contradictoire de la procédure et en l'absence de voie de droit permettant la remise en cause de la décision du juge autorisant la saisie et fixant le cautionnement. • Cons. const. 21 mars 2014, nº 2014-375 QPC : *JO 23 mars ; D. 2014. 730*.

Art. L. 943-5 *(L. nº 2014-1170 du 13 oct. 2014, art. 96-2º)* A tout moment, et tant qu'aucune juridiction n'a été saisie pour statuer au fond, le juge des libertés et de la détention peut, à la demande de l'autorité compétente, de la personne mise en cause, du propriétaire du navire, de l'engin flottant ou du véhicule, ou des tiers ayant des droits sur le navire, l'engin flottant ou le véhicule, ordonner la mainlevée de la saisie, la restitution ou la modification du cautionnement.

Le juge des libertés et de la détention statue sur cette demande dans un délai qui ne peut excéder cinq jours. Il peut conditionner la mainlevée de la saisie au versement d'un cautionnement dont il fixe le montant et les modalités de versement, dans les conditions fixées à l'article 142 du code de procédure pénale.

V. ss. art. L. 943-4.

Art. L. 943-6 Le juge des libertés et de la détention peut, à la demande de l'autorité compétente, ordonner la destruction du navire, de l'engin flottant ou du véhicule lorsqu'il présente un risque pour la sécurité des personnes ou pour l'environnement. Les frais sont à la charge de l'auteur de l'infraction ou de son commettant.

Art. L. 943-6-1 *(L. nº 2014-1170 du 13 oct. 2014, art. 96-4º)* Les ordonnances du juge des libertés et de la détention prises sur le fondement des articles L. 943-4, L. 943-5 et L. 943-6 sont motivées et notifiées à l'autorité compétente, à la personne mise en cause et, s'ils sont connus, au propriétaire et aux tiers ayant des droits sur le navire, l'engin flottant ou le véhicule, qui peuvent les déférer à la chambre de l'instruction par déclaration au greffe du tribunal dans les cinq jours qui suivent leur notification.

La personne mise en cause, le propriétaire du navire et les tiers ayant des droits sur le navire peuvent adresser toutes observations écrites ou être entendus par la chambre de l'instruction.

La chambre de l'instruction statue dans un délai de cinq jours à compter de la déclaration d'appel.

L'appel contre la décision du juge des libertés et de la détention ordonnant la destruction d'un navire, d'un engin flottant ou d'un véhicule sur le fondement de l'article L. 943-6 est suspensif.

L'appel contre les autres ordonnances du juge des libertés et de la détention rendues sur le fondement des articles L. 943-4, L. 943-5 et L. 943-6 n'est pas suspensif. Toutefois, l'autorité compétente peut demander au premier président près la cour d'appel ou à son délégué de déclarer le recours suspensif lorsque le juge des libertés et de la détention a ordonné la remise en circulation du navire, de l'engin flottant ou du véhicule et qu'il existe un risque sérieux de réitération de l'infraction ou qu'il est nécessaire de garantir le paiement des amendes. Dans ce cas, l'appel, accompagné de la demande qui se réfère au risque sérieux de réitération de l'infraction ou à la nécessité de garantir le paiement des amendes, est formé dans un délai de six heures à compter de la notification de l'ordonnance à l'autorité compétente et transmis au premier président de la cour d'appel ou à son délégué. Celui-ci décide, sans délai, s'il y a lieu de donner à cet appel un effet suspensif, en fonction du risque sérieux de réitération de l'infraction ou de la nécessité de garantir le paiement des amendes, par une ordonnance motivée rendue contradictoirement qui n'est pas susceptible de recours. Le navire, l'engin flottant ou le véhicule est maintenu à disposition de l'autorité compétente jusqu'à ce que cette ordonnance soit rendue et, si elle donne un effet suspensif à l'appel de l'autorité compétente, jusqu'à ce qu'il soit statué sur le fond.

Art. L. 943-7 L'autorité compétente en application de l'article L. 943-2 décide la saisie des filets, engins et instruments de pêche prohibés en tout temps et en tous lieux y compris dans les locaux de vente et de fabrication. La juridiction saisie au fond ou l'autorité administrative compétente pour prononcer la sanction en ordonne la destruction.

Lorsqu'ils ont servi à pêcher en infraction à la réglementation prévue à l'article L. 941-1, les filets, les engins, les matériels, les équipements utilisés en plongée et en pêche sous-marines, d'une manière générale tous instruments utilisés à des fins de pêche qui ne sont pas visés au premier alinéa du présent article peuvent être saisis par l'autorité compétente. La juridiction saisie au fond ou l'autorité administrative compétente pour prononcer la sanction peut prononcer leur confiscation et ordonner qu'ils seront vendus, remis aux institutions spécialisées aux fins de l'enseignement maritime, ou décider leur destruction ou leur restitution.

(L. nº 2010-874 du 27 juill. 2010, art. 92-I) « Quelle que soit cette destination, l'auteur de l'infraction ou son commettant supporte les frais résultant de l'opération correspondante et peut être tenu d'en assurer, sous le contrôle de l'autorité compétente, la réalisation matérielle, même s'il s'agit d'une vente ou d'une remise à titre gratuit ou onéreux. »

Art. L. 943-8 L'autorité territorialement compétente qui a prononcé la saisie des produits des pêches réalisées en infraction à la réglementation prévue à l'article L. 941-1 décide de leur destination.

Cette destination peut être soit la vente aux enchères publiques ou de gré à gré, au mieux des conditions du marché, soit la remise à un établissement scientifique, d'enseignement, industriel ou de bienfaisance, soit la destruction, soit, lorsqu'il s'agit de produits vivants, la réimmersion. La remise au bénéfice d'un établissement industriel est faite à titre onéreux.

Quelle que soit cette destination, l'auteur de l'infraction ou son commettant supporte les frais résultant de l'opération correspondante et peut être tenu d'en assurer, sous le contrôle de l'autorité compétente, la réalisation matérielle même s'il s'agit d'une vente ou d'une remise à titre gratuit ou onéreux. Dans le cas de vente aux enchères publiques, l'autorité compétente peut assigner le gestionnaire de la halle à marée à procéder à l'opération.

Lorsque les produits ont été vendus sans avoir fait l'objet d'une saisie, l'autorité compétente peut saisir les sommes provenant de la vente.

La juridiction saisie au fond ou l'autorité administrative compétente pour prononcer la sanction peut confirmer la destination donnée aux produits et ordonner leur confiscation ou leur restitution, ou celles des valeurs correspondantes.

Art. L. 943-9 Les armateurs ou les capitaines de navires ne peuvent, du fait de la saisie du navire ou de l'engin flottant, de la saisie ou de la confiscation *(L. nº 2010-874 du 27 juill. 2010, art. 92-I)* « des filets, engins et instruments de pêche ou » des produits de la pêche et de l'aquaculture marine, se soustraire à l'exécution des obligations des contrats d'engagement des équipages, notamment en matière de rémunération, lorsque la responsabilité de ces derniers n'est pas engagée dans la commission de l'infraction à l'origine de la mesure de saisie ou de la peine de confiscation.

Art. L. 943-10 Un décret en Conseil d'État précise les conditions et les formalités relatives au déroulement de la saisie, à la désignation d'un gardien de la saisie, au choix de la destination des engins, matériels, instruments, véhicules, navires, engins flottants, produits, montants des ventes et sommes saisis ainsi que les modalités de leur restitution lorsque la juridiction ou l'autorité compétente n'en aura pas ordonné la confiscation ou la vente.

CHAPITRE IV POURSUITES JUDICIAIRES

Art. L. 944-1 Les délits et contraventions en matière de pêche maritime sont jugés :

1° Pour les navires français, par le tribunal du port où l'infraction est constatée, par le tribunal du port où le navire a été conduit ou, à défaut, par le tribunal du port d'immatriculation ;

2° Pour les navires étrangers, par le tribunal du port où le navire a été conduit ou, s'il n'a pas été conduit au port, par le tribunal de la résidence administrative de l'agent qui a constaté l'infraction.

Art. L. 944-2 L'agent qui constate un délit prévu et réprimé par le présent livre, en même temps qu'il transmet les pièces de la procédure au procureur de la République, en adresse copie à l'autorité mentionnée à l'article L. 943-2. Celle-ci transmet dans les meilleurs délais un avis au procureur de la République.

(L. n° 2016-1087 du 8 août 2016, art. 100-I-7°) « Les agents mentionnés à l'article L. 942-2 du présent code transmettent les pièces de la procédure au procureur de la République selon les modalités énoncées à l'article 29 du code de procédure pénale. »

Les poursuites en matière de délit de pêche maritime ne sont pas subordonnées à l'avis de l'autorité administrative. • Crim. 15 mai 2018, n° 17-83.203 P : *JCP 2018. 705.*

Art. L. 944-3 Lorsque des poursuites sont engagées par le ministère public, l'autorité mentionnée à l'article L. 943-2 ou son représentant ainsi que le chef du service de l'agent ayant constaté l'infraction peuvent présenter des observations écrites ou orales devant le tribunal.

Art. L. 944-4 Les organisations professionnelles instituées en application *(L. n° 2010-874 du 27 juill. 2010, art. 87-7°)* « des articles L. 912-1, L. 912-6 et L. 912-11 » peuvent exercer les droits reconnus à la partie civile en ce qui concerne les faits qui constituent une infraction aux dispositions du présent livre *(L. n° 2019-773 du 24 juill. 2019, art. 5)* « , du titre I du livre II et du titre III du livre IV du code de l'environnement et des règlements pris pour leur » application et portant un préjudice direct ou indirect aux intérêts collectifs qu'elles ont pour objet de défendre.

1. Est bien fondée la cour qui a condamné un prévenu pour pêche de produits de taille et de poids prohibés, pêche avec un engin dont l'usage est interdit, et qui a relevé que la fédération des organisations de producteurs de la pêche artisanale, l'organisation des pêcheries de l'Ouest-Bretagne et le comité régional de pêches maritimes et des élevages marins ont tous personnellement souffert du dommage causé par les infractions qui ont porté atteinte aux ressources halieutiques qu'elles ont pour objet de protéger, et prononcé des condamnations civiles en appréciant souverainement leurs préjudices. • Crim. 22 mai 1996, n° 95-83.686.

2. Les juges sont mal fondés à allouer des dommages-intérêts à l'organisation des pêcheries de l'Ouest-Bretagne et à la fédération des organisations de production de pêche artisanale, sans rechercher si ces organisations sont habilitées par la loi à se porter partie civile. • Crim. 6 nov. 1997, n° 96-83.030 • 15 juin 1999, n° 98-84.421.

3. En admettant la constitution de partie civile du comité des pêches sans rechercher si cet organisme dont la constitution était contestée, se trouve habilité, en cas d'infractions à la police de la pêche, à se constituer partie civile en vertu d'une disposition législative applicable dans les Terres australes et antarctiques françaises, la cour n'a pas donné de base légale à sa décision. • Crim. 16 janv. 2007, n° 05-84.690.

4. Est mal fondée la cour qui dit recevable à se constituer partie civile une association de six producteurs représentant 75 % de la production crevettière et chargée de l'organisation des marchés, et négocier les quotas alors que la loi a transféré l'exercice des droits de la partie civile aux organisations professionnelles. • Crim. 15 févr. 2000, n° 98-81.647.

5. Est fondée la cour qui condamne les prévenus au paiement d'indemnités au syndicat aquacole et à la section régionale de la conchyliculture au motif que l'infraction (exploitation sans autorisation d'un établissement ostréicole) a causé un préjudice direct ou indirect aux intérêts collectifs qu'ils ont pour objectif de défendre. • Crim. 3 oct. 2000, n° 99-85.085.

6. Le comité régional des pêches maritimes et élevages marins de Bretagne, celui des Pays de Loire, l'organisation des pêcheries de l'Ouest Bretagne, la fédération des organisations de producteurs de la pêche artisanale, qui sont concernés par le contrôle, la gestion, ou la protection des ressources halieutiques, ont personnellement souffert du dommage directement causé par les infractions à la réglementation de la pêche maritime (taille et poids des produits, engins interdits) et le préjudice n'est pas réductible aux poissons pêchés illicitement dans la mesure où il a été porté atteinte à leur objet légal ou statutaire. • Crim. 22 mai 1996, n° 95-83.686.

Art. L. 944-5 *(L. n° 2010-874 du 27 juill. 2010, art. 92-I-8°)* **La juridiction peut, compte tenu des circonstances et notamment des conditions de travail de l'intéressé, décider que le paiement des amendes prononcées à raison des faits commis par le capitaine ou un membre de l'équipage d'un navire est en totalité ou en partie à la charge de l'armateur, qu'il soit propriétaire ou non du navire.**

Elle peut aussi, dans les mêmes conditions, mettre à la charge de l'exploitant d'un établissement de cultures marines et dépôts de coquillages ou d'une installation aquacole le paiement des amendes prononcées à raison des faits commis par ses préposés.

CHAPITRE V **SANCTIONS PÉNALES**

COMMENTAIRE

L'ordonnance du 6 mai 2010 a codifié en les regroupant les dispositions du décret du 9 janvier 1852 et l'article 36 de la loi n° 97-1051 du 18 novembre 1997, mais a aussi prévu des incriminations nouvelles en réponse aux dispositions des règlements CE n° 1005/2008 du Conseil du 29 septembre 2008 établissant un système communautaire destiné à prévenir, à décourager et à éradiquer la pêche illicite, non déclarée et non réglementée, et n° 1224/2009 du Conseil du 20 novembre 2009 instituant un régime communautaire de contrôle afin d'assurer le respect des règles de la politique commune de la pêche. ❑

SECTION 1 **Sanctions des infractions en matière de pêche maritime et d'aquaculture marine**

Art. L. 945-1 **Est puni de deux ans d'emprisonnement et de 375 000 € d'amende le fait :**

1° De détruire, détourner ou tenter de détruire ou de détourner les filets, engins, matériels, équipements, véhicules, navires, engins flottants ou produits de la pêche appréhendés ou saisis et confiés à sa garde ;

2° De faire obstacle à l'appréhension ou à la saisie des filets, engins, matériels, équipements, véhicules, instruments, navires, engins flottants utilisés pour les pêches en infraction à la réglementation prévue par les dispositions du présent livre, par les règlements de l'Union européenne pris au titre de la politique commune de la pêche, par les textes pris pour leur application, par les engagements internationaux de la France, ainsi que par les délibérations rendues obligatoires en application des articles *(L. n° 2010-874 du 27 juill. 2010, art. 88-4°)* **« L. 912-10 et L. 921-2-1 et du second alinéa de l'article L. 921-2-2 », ainsi que des produits de ces pêches ou des sommes provenant de leur vente ;**

3° De ne pas donner aux produits saisis la destination décidée par le tribunal ou l'autorité compétente.

Dans les cas prévus aux 2° et 3°, lorsque le prévenu a agi en qualité de préposé, le tribunal peut, compte tenu des circonstances de fait ou des conditions de travail du préposé, décider que le paiement des amendes prononcées est mis en totalité ou en partie à la charge du commettant.

1. La Cour a caractérisé le délit d'opposition à l'appréhension des engins de pêche et du produit de la pêche. • Crim. 11 janv. 2005, n° 04-84.147.

2. Constitue le délit d'obstacle à l'appréhension et à la saisie le capitaine qui jette à l'eau le chalut découvert et laissé en garde du patron en attendant la mise sous scellés ainsi que le matériel utilisé pour masquer les signes d'identité du bateau. • Crim. 24 oct. 1991, n° 90-83.221.

Art. L. 945-2 **I. – Est puni d'un an d'emprisonnement et de 75 000 € d'amende le fait, pour un capitaine de navire :**

1° De dissimuler ou de falsifier les éléments d'identification d'un navire ;

2° De naviguer avec un navire dont les éléments d'identification sont inexistants, dissimulés ou falsifiés ;

3° Pour les capitaines de navire battant pavillon d'un État n'appartenant pas à l'Union européenne ou leurs représentants, de pêcher, de détenir à bord, de débarquer, de transborder, de transférer, de mettre en vente, de transporter ou d'acheter des organismes marins en l'absence d'autorisation ou en méconnaissance des termes

de l'autorisation accordée, dans les eaux maritimes sous souveraineté ou juridiction française et dans la partie des fleuves, rivières, canaux, étangs où les eaux sont salées ;

4° Pour les capitaines de navire battant pavillon d'un autre État membre de l'Union européenne ou leurs représentants, de pêcher en infraction à l'article 17 du règlement (CE) n° 2371/2002 du Conseil du 20 décembre 2002 ou aux dispositions nationales définissant les modalités d'accès, dans les eaux maritimes sous souveraineté ou juridiction française et dans la partie des fleuves, rivières, canaux, étangs où les eaux sont salées ; — *Le Règl. (CE) n° 2371/2002 est abrogé et remplacé à partir du 1er janv. 2014 par le Règl. (UE) n° 1380/2013 du 11 déc. 2013.*

5° De se soustraire ou de tenter de se soustraire, en mer, aux contrôles en refusant d'obtempérer aux sommations de stopper faites en application des articles L. 941-4 et L. 942-5.

II. — Est puni d'un an d'emprisonnement et de 75 000 € d'amende le fait pour toute personne d'exploiter, gérer ou posséder, en droit ou en fait, un navire ayant pris part à des activités de pêche ou de faire commerce de produits qui en sont issus, dans l'un des cas suivants :

***a)* Le navire est sans immatriculation ;**

***b)* L'immatriculation du navire a été retirée ;**

***c)* Le navire est inscrit sur une des listes mentionnées aux articles 27 et 30 du règlement (CE) n° 1005/2008 du 29 septembre 2008 ou sur une liste issue d'une organisation régionale de gestion des pêches recensant les navires qui pratiquent la pêche illicite, non déclarée et non** *(L. n° 2011-525 du 17 mai 2011, art. 30)* **« réglementée » ;**

***d)* L'État de pavillon du navire est inscrit sur la liste mentionnée à l'article 33 du même règlement.**

1. La cour est fondée à reconnaître les éléments de l'infraction de pêche sans licence en zone exclusive française sans retenir que le GPS aurait dû faire l'objet des vérifications prévues par le Décr. du 6 mai 1988, ni que le GPS ne permettrait pas de relever le point d'infraction précisément. • Crim. 14 sept. 1999, n° 98-87.673.

2. Ne donne pas de base légale à sa décision la cour qui condamne un prévenu pour avoir pêché sans licence dans la zone économique exclusive française avec un navire étranger en déclarant que peu importe le contenu des filets au moment de l'interception, seule étant prise en considération la position du navire en position de pêche. • Crim. 15 févr. 2000, n° 98-81.647.

3. Le délit d'obstacle au contrôle de bord est applicable à toute personne autre que le capitaine en titre du navire ou celui qui est autorisé à s'y substituer, qui s'oppose en mer au contrôle. • Crim. 7 nov. 2006, n° 06-83.092.

Art. L. 945-3 **Est puni de six mois d'emprisonnement et de 15 000 € d'amende le fait :**

1° De refuser ou d'entraver les contrôles et visites à bord des navires ou engins flottants ainsi qu'à l'intérieur des installations, des locaux et des véhicules à usage professionnel, effectués par les agents chargés de la police des pêches maritimes en application de l'article L. 941-1 ou par les agents mentionnés à l'article L. 942-1 ;

2° De dissimuler ou de tenter de dissimuler à la vue des officiers et agents chargés de la police des pêches les captures ou engins et documents détenus à bord ;

3° De refuser ou d'entraver les contrôles d'une exploitation de cultures marines, d'une exploitation aquacole, d'un établissement permanent de capture ou d'une structure artificielle, effectués par les agents chargés de la police des pêches maritimes en application de l'article L. 941-1 ou par les agents mentionnés à l'article L. 942-1.

1. La Cour a caractérisé le délit d'obstacle en récidive à contrôle de police en mer (refus d'ouvrir une trappe supposée permettre l'accès à la soute gas-oil et fermant un local fermé et réfrigéré). • Crim. 16 déc. 2003, n° 03-80.522 : *DMF 2004. 774, note Proutière-Maulion.*

2. Si le fait pour un capitaine de navire de pêche de compléter le journal de pêche communautaire après l'arrivée au port pour éviter de se voir reprocher la contravention d'inscription d'information incomplète ou erronée commise avant cette arrivée ne permet pas de caractériser le délit de faux, il appartient néanmoins aux juges saisis d'une poursuite sous cette dernière qualification de vérifier si la modification de ce registre, intervenue après la mise en œuvre d'une visite à bord par les agents chargés de la police des pêches, n'est pas constitutive du délit d'entrave au contrôle. • Crim. 14 déc. 2004, n° 04-83.551 : *DMF 2005. 956, note Proutière-Maulion.*

Art. L. 945-4 *(L. nº 2016-1087 du 8 août 2016, art. 140)* « I. – » Est puni de 22 500 € d'amende le fait :

1° De pêcher sans licence de pêche, sans permis de pêche spécial et, d'une manière générale, sans autorisation de pêche délivrée en application de la réglementation ;

2° De pêcher avec un navire ou un engin flottant dont les caractéristiques ne sont pas conformes à celles indiquées sur sa licence ou autorisation de pêche ;

3° De pratiquer la pêche dans une zone ou à une profondeur interdite ou de pêcher certaines espèces dans une zone, à une profondeur ou période où leur pêche est interdite ;

4° De pêcher une espèce soumise à quota, au titre d'une autorisation délivrée par l'autorité française, sans avoir un lien économique réel avec le territoire de la République française ou sans être dirigé et contrôlé à partir d'un établissement stable situé sur le territoire français ;

5° De débarquer, transborder ou transférer des produits de pêche maritime et de l'aquaculture marine dans des zones interdites ou sans respecter les conditions fixées par les textes ou l'autorité administrative compétente concernant les notifications préalables, les autorisations, les ports désignés, les lieux et les horaires ;

6° De détenir à bord tout engin, dispositif, instrument ou appareil prohibé ou en infraction avec les règles relatives à sa détention ou utiliser un nombre d'engins ou d'appareils destinés à la pêche supérieur à celui autorisé ;

7° De détenir à bord ou d'utiliser pour la pêche des explosifs, des armes à feu, des substances soporifiques ou toxiques de nature à détruire ou altérer les animaux, les végétaux marins et leur milieu ;

8° De pêcher avec un engin ou d'utiliser à des fins de pêche tout instrument, appareil, moyen de détection ou de recueil d'information embarqué ou extérieur au navire dont l'usage est interdit ou de pratiquer tout mode de pêche interdit ;

9° De fabriquer, détenir ou mettre en vente un engin dont l'usage est interdit ;

10° De pratiquer la pêche avec un engin ou d'utiliser à des fins de pêche tout instrument ou appareil dans une zone ou à une période où son emploi est interdit ou de détenir à bord ou d'utiliser un engin de manière non conforme aux dispositions fixant des mesures techniques de conservation et de gestion des ressources ;

11° D'accepter un engagement à bord, participer à des opérations conjointes de pêche, aider ou ravitailler un navire entrant dans l'un des cas énumérés au II de l'article L. 945-2 ;

12° De ne pas se conformer aux obligations déclaratives concernant le navire, ses déplacements, les opérations de pêche, les captures et les produits qui en sont issus, l'effort de pêche réalisé, les engins de pêche, le stockage, la transformation, le transbordement, le transfert ou le débarquement des captures et des produits qui en sont issus, la commercialisation, l'importation, l'exportation et le transport des produits de la pêche et de l'aquaculture marine ;

13° De ne pas respecter les obligations relatives à l'enregistrement et à la communication des données requises dans le cadre du système de surveillance des navires de pêche par satellite ou tout autre moyen de repérage ainsi que dans le cadre du système de déclarations par voie électronique ;

14° De mettre en vente, vendre, stocker, transporter, exposer ou, en connaissance de cause, acheter des produits de la pêche et de l'aquaculture marine pratiquées dans les conditions visées aux 1°, 3°, 5°, 8°, 10°, 12° et 13° ;

15° De pêcher, *(L. nº 2011-525 du 17 mai 2011, art. 30)* « détenir à bord, » transborder, transférer, débarquer, transporter, exposer, vendre, stocker ou, en connaissance de cause, acheter des produits de la pêche et de l'aquaculture marine en quantité ou en poids supérieur à celui autorisé ou dont la pêche est interdite ou qui n'ont pas la taille, le calibre ou le poids requis ou enfreindre les obligations *(L. nº 2011-525 du 17 mai 2011, art. 30)* « ou interdictions » relatives à l'arrimage, au tri, à la pesée, au rejet, au marquage, à la mutilation, à la préparation et à la transformation des captures ;

16° De ne pas respecter l'obligation de débarquement d'espèces capturées au cours d'une opération de pêche lorsque la réglementation l'exige ;

17° De détenir à bord, transporter, exposer à la vente, vendre sous quelque forme que ce soit ou, en connaissance de cause, acheter les produits de la pêche provenant de navires ou embarcations non titulaires d'un *(L. n° 2016-816 du 20 juin 2016, art. 16-IV-2°)* « permis d'armement » de pêche ou de la pêche sous-marine ou à pied pratiquée à titre non professionnel ;

18° D'immerger des organismes marins dans des conditions irrégulières ;

19° De former ou immerger sans autorisation une exploitation de cultures marines, une exploitation aquacole, un établissement permanent de capture ou une structure artificielle ; ces exploitations, établissements ou structures formés ou immergés sans autorisation sont détruits aux frais du condamné ;

20° D'exploiter un établissement de cultures marines en infraction à la réglementation générale des cultures marines, aux prescriptions des schémas des structures des exploitations de cultures marines ;

21° D'enfreindre les mesures arrêtées en vue de prévenir l'apparition, d'enrayer le développement ou de favoriser l'extinction des maladies affectant les animaux ou végétaux marins ;

22° D'exercer l'activité de mareyage sans disposer d'un établissement de manipulation des produits de la pêche ayant fait l'objet d'un agrément sanitaire.

(L. n° 2016-1087 du 8 août 2016, art. 140) « II. — Sont punis de six mois d'emprisonnement et de 50 000 € d'amende les faits prévus aux 1° à 4°, 6° à 8° et 10° du I lorsque l'espèce concernée est l'anguille européenne *(anguilla anguilla)*, y compris le stade alevin, l'esturgeon européen *(acipenser sturio)* ou le saumon atlantique *(salmo salar)*, ainsi que le fait de mettre en vente, vendre, stocker, transporter, exposer ou, en connaissance de cause, acheter le poisson de ces espèces pêché dans lesdites conditions. »

1. Droit européen. A été validé le dispositif de sanctions irlandais prévoyant en cas de pêche illicite, outre des amendes, la saisie des captures et des engins de pêche non conformes. • CJUE 11 févr. 2021, n° C-77/20 : *Europe 2021, n° 118, note Rigaux.*

2. Infractions. La cour a caractérisé tous les éléments : du délit de pêche en mer avec des engins dont l'usage est interdit (pêche à la palangre). • Crim. 6 nov. 1997, n° 96-83.030. ♦ ... De l'infraction d'exploitation sans autorisation d'un établissement ostréicole. • Crim. 3 oct. 2000, n° 99-85.085. ♦ ... Du délit de pêche prohibée et usage d'engin de pêche prohibé (civelles, filet type gangui). • Crim. 11 janv. 2005, n° 04-84.147. ♦ ... Du délit de pêche à la palourde en zone interdite. • Même arrêt.

3. Contrôle. Le contrôle de la conformité des produits issus de la pêche maritime, dont la taille ou le poids sont réglementés, doit s'exercer à tous les stades de la commercialisation de ces produits et incombe notamment au grossiste qui en a fait l'achat à la criée pour les revendre à une centrale d'achat sur un marché d'intérêt national. • Crim. 14 déc. 2010, n° 10-82.495 : *RD rur. 2011, n° 83 ; LPA 21 févr. 2012, note Dreyer.*

4. Complicité. Caractérise la complicité du délit de pêche et détention de poissons sous taille et hors quota l'arrêt qui relève que le prévenu a personnellement donné l'ordre d'aménager la cache et de conserver les produits de la pêche et hors quota. • Crim. 14 sept. 1999, n° 98-86.107.

5. Taille ou poids prohibé. Le règlement qui définit les caractéristiques commerciales que doivent présenter certaines espèces de poissons proposées à la vente ne pouvait servir de fondement légal à l'incrimination de pêche de produits de la mer de taille, calibre ou poids prohibé. • Crim. 15 mai 2018, n° 17-83.203 P : *JCP 2018. 705.*

Art. L. 945-4-1 *(L. n° 2014-1170 du 13 oct. 2014, art. 96-5°)* Lorsqu'une infraction prévue aux articles L. 945-1 à L. 945-3 a été commise au-delà de la mer territoriale, seules les peines d'amende peuvent être prononcées.

Art. L. 945-4-2 *(L. n° 2016-1087 du 8 août 2016, art. 100-I-8°)* I. — Est puni de six mois d'emprisonnement et de 22 500 € d'amende le fait de ne pas respecter, y compris par négligence ou par imprudence, les règles et interdictions édictées par le décret de classement d'une zone de conservation halieutique en application de l'article L. 924-3. Pour les infractions à caractère intentionnel, la tentative est punie des mêmes peines.

II. — Le tribunal peut ordonner, dans un délai qu'il détermine, des mesures destinées à remettre en état les lieux auxquels les faits incriminés ont porté atteinte ou à réparer les dommages causés à l'environnement. L'injonction peut être assortie d'une astreinte journalière au plus égale à 3 000 €, pour une durée de trois mois au plus.

SECTION 2 Peines complémentaires

Art. L. 945-5 *(L. n° 2016-1087 du 8 août 2016, art. 100-I-9°)* « **I. – La personne coupable d'une infraction prévue par le présent titre encourt également** », **à titre de peine complémentaire :**

1° La peine d'affichage de la décision prononcée ou la diffusion de celle-ci dans les conditions prévues à l'article 131-35 et au 9° de l'article 131-39 du code pénal ;

2° La suspension ou le retrait de la licence de pêche, du permis de pêche spécial, du permis de mise en exploitation et, d'une manière générale, de toute autorisation de pêche délivrée en application de la réglementation pour une durée maximale d'un an, sans préjudice des dispositions prévues par l'article 92 du règlement (CE) n° 1224/2009 du 20 novembre 2009 ;

3° La confiscation de la chose qui a servi ou était destinée à commettre l'infraction ou de la chose qui en est le produit, ainsi que la confiscation de tout navire, installation, véhicule ou engin appartenant au condamné dans les conditions prévues par l'article 131-21 et au 9° de l'article 131-39 du code pénal ;

4° Pour les personnes physiques, l'interdiction d'exercer une activité professionnelle ou sociale, notamment un commandement, à l'occasion de laquelle l'infraction a été commise, pour une durée qui ne peut excéder cinq ans dans les conditions prévues aux articles 131-27 à 131-29 du code pénal ;

5° Pour les personnes morales, la dissolution dans les conditions prévues au 1° de l'article 131-39 du code pénal ;

6° Pour les personnes coupables d'une infraction prévue au 19° ou 20° *(L. n° 2016-1087 du 8 août 2016, art. 141)* « **du I** » **de l'article L. 945-4, la destruction à leurs frais de l'exploitation de cultures marines, de l'installation aquacole, de l'établissement permanent de capture ou de la structure artificielle concernés.**

(L. n° 2016-1087 du 8 août 2016, art. 100-I-9°) « **II. – La personne physique condamnée pour une infraction prévue au I de l'article L. 945-4-2 encourt également, à titre de peine complémentaire, l'immobilisation, pendant une durée qui ne peut excéder un an, du véhicule, du navire, du bateau, de l'embarcation ou de l'aéronef dont elle s'est servie pour commettre l'infraction, si elle en est le propriétaire.** »

Est mal fondé l'arrêt qui condamne le coupable du délit de pêche maritime en zone interdite à titre de peines complémentaires à la confiscation de l'embarcation qui n'est pas prévue par la loi, à la confiscation de palourdes qui ne proviennent pas de l'infraction visée et à la confiscation d'engins de pêche sans vérifier s'ils n'étaient pas revendiqués par un tiers de bonne foi. • Crim. 11 janv. 2005, n° 04-84.147.

CHAPITRE VI SANCTIONS ADMINISTRATIVES

Art. L. 946-1 Indépendamment des sanctions pénales qui peuvent être prononcées *(L. n° 2010-874 du 27 juill. 2010, art. 88-5°)* « **et sous réserve de l'article L. 946-2** », **les manquements à la réglementation prévue par les dispositions du présent livre, les règlements de l'Union européenne pris au titre de la politique commune de la pêche et les textes pris pour leur application, y compris les manquements aux obligations déclaratives et de surveillance par satellite qu'ils prévoient, et par les engagements internationaux de la France peuvent donner lieu à l'application par l'autorité administrative d'une ou plusieurs des sanctions suivantes :**

1° Une amende administrative égale au plus :

a) **A cinq fois la valeur des produits capturés, débarqués, transférés, détenus, acquis, transportés ou mis sur le marché en violation de la réglementation, les modalités de calcul étant définies par décret en Conseil d'État ;**

b) **A un montant de 1 500 € lorsque les dispositions du *a* ne peuvent être appliquées.**

Lorsque la quantité des produits capturés, débarqués, détenus, acquis, transportés ou mis sur le marché en violation de la réglementation est supérieure au quintal, l'amende est multipliée par le nombre de quintaux de produits en cause.

En cas de manquement aux règles relatives aux systèmes de surveillance par satellite d'une durée supérieure à une heure, l'amende est multipliée par le nombre d'heures passées en manquement à ces règles.

En cas de manquements aux autres règles relatives aux obligations déclaratives, l'amende est appliquée autant de fois qu'il y a de manquement à ces règles.

Les montants d'amende mentionnés aux *a* et *b* peuvent être portés au double en cas de réitération du manquement dans un délai de cinq ans.

L'autorité administrative peut, compte tenu des circonstances et notamment des conditions de travail de l'intéressé, décider que le paiement des amendes prononcées à raison des faits commis par le capitaine ou un membre de l'équipage d'un navire est en totalité ou en partie à la charge de l'armateur, qu'il soit propriétaire ou non du navire.

Elle peut aussi, dans les mêmes conditions, mettre à la charge de l'exploitant d'un établissement de cultures marines et dépôts de coquillages ou d'une installation aquacole le paiement des amendes prononcées à raison des faits commis par ses préposés.

2° La suspension ou le retrait de toute licence ou autorisation de pêche ou titre permettant l'exercice du commandement d'un navire délivré en application de la réglementation ou du permis de mise en exploitation ;

3° L'attribution au titulaire de licence de pêche ou au capitaine du navire de points dans les conditions prévues à l'article 92 du règlement (CE) n° 1224/2009 du 20 novembre 2009 et l'inscription au registre national des infractions à la pêche maritime ;

4° La suspension ou le retrait de l'autorisation d'exploiter une concession de cultures marines ou une installation aquacole.

L'autorité administrative compétente peut, en outre, ordonner la publication de la décision ou d'un extrait de celle-ci.

Art. L. 946-2 Les manquements aux *(L. n° 2010-874 du 27 juill. 2010, art. 88-6°)* « mesures prises par l'autorité administrative en application de l'article L. 921-2-1, du second alinéa de l'article L. 921-2-2 et aux » délibérations rendues obligatoires en application des articles *(L. n° 2010-874 du 27 juill. 2010, art. 88-4°)* « L. 912-10 et L. 921-2-1 et du second alinéa de l'article L. 921-2-2 » peuvent donner lieu au prononcé par l'autorité administrative d'une amende administrative dont le montant unitaire ne peut dépasser le maximum prévu pour la contravention de la 5e classe. L'amende est appliquée autant de fois qu'il y a de quintaux de produits capturés, débarqués, détenus, acquis, transportés ou mis sur le marché. Le produit de ces amendes est versé à l'Établissement national des invalides de la marine.

En outre peut être prononcée la sanction prévue au 2° de l'article L. 946-1. La suspension ou le retrait du titre permettant l'exercice du commandement d'un navire ne peut excéder trois ans.

Art. L. 946-3 L'autorité administrative peut infliger une amende à une organisation de producteurs si celle-ci ne s'est pas assurée, à l'occasion de l'adhésion d'un producteur provenant d'une autre organisation, que celui-ci avait respecté à l'égard de cette dernière l'ensemble de ses obligations en matière de préavis, telles que fixées par la réglementation de l'Union européenne portant organisation commune des marchés des produits de la pêche et de l'aquaculture. Le montant maximal de cette amende ne peut excéder celui des cotisations à acquitter par le producteur en cause à son organisation d'origine au titre des deux années précédentes. Le produit de cette amende est attribué à l'établissement public institué en vertu de l'article L. 621-1.

Art. L. 946-4 Les amendes prévues aux articles L. 946-1 à L. 946-3 sont proportionnées à la gravité des faits constatés et tiennent compte notamment de la valeur du préjudice causé aux ressources halieutiques et au milieu marin concerné.

Art. L. 946-5 Les intéressés sont avisés au préalable des faits relevés à leur encontre, des dispositions qu'ils ont enfreintes et des sanctions qu'ils encourent. L'autorité compétente leur fait connaître le délai dont ils disposent pour faire valoir leurs observations écrites et, le cas échéant, les modalités s'ils en font la demande selon lesquelles ils peuvent être entendus. Elle les informe de leur droit à être assisté du conseil de leur choix.

Art. L. 946-6 La décision de l'autorité administrative ne peut être prise plus d'un an à compter de la constatation des faits.

Elle peut faire l'objet d'un recours de pleine juridiction devant la juridiction administrative.

Art. L. 946-7 *(L. nº 2010-874 du 27 juill. 2010, art. 87-8º)* Le comité national et les comités régionaux mentionnés à l'article L. 912-1 prévoient, dans les délibérations rendues obligatoires en application des articles L. 921-2-1 et L. 921-2-2, les conditions dans lesquelles ils peuvent suspendre ou retirer les autorisations de pêche qu'ils délivrent en application du cinquième alinéa de l'article L. 921-2.

Les intéressés sont avisés au préalable des faits relevés à leur encontre et des sanctions qu'ils encourent ainsi que du délai dont ils disposent pour faire valoir leurs observations.

La suspension ou le retrait de l'autorisation de pêche ne peut être prononcé plus d'un an à compter de la date de constatation des faits.

En cas de carence du comité national ou d'un comité régional, l'autorité administrative peut se substituer à celui-ci dans son pouvoir de sanction en exerçant les pouvoirs prévus à l'article L. 946-1.

Art. L. 946-8 *(L. nº 2016-816 du 20 juin 2016, art. 75-7º)* Les organisations de producteurs mentionnées à l'article L. 912-11 peuvent, en application de l'article L. 912-12-1 :

1º Infliger une sanction pécuniaire dont le montant ne peut excéder le chiffre d'affaires de l'expédition maritime au cours de laquelle les manquements aux règles de gestion durable des sous-quotas ont été constatés ;

2º Suspendre ou retirer les autorisations de pêche qu'elles délivrent en application de l'avant-dernier alinéa de l'article L. 921-2.

Les adhérents intéressés sont avisés au préalable des faits relevés à leur encontre et des sanctions qu'ils encourent, ainsi que du délai dont ils disposent pour faire valoir leurs observations.

La sanction pécuniaire, la suspension ou le retrait des autorisations de pêche ne peuvent être prononcés au-delà d'un délai d'un an à compter de la date de constatation des faits.

En cas de carence de l'organisation de producteurs, l'autorité administrative peut se substituer à celle-ci dans son pouvoir de sanction en exerçant les pouvoirs prévus à l'article L. 946-1.

TITRE V DISPOSITIONS RELATIVES À L'OUTRE-MER

(Ord. nº 2016-391 du 31 mars 2016, art. 11, en vigueur le 1er juill. 2016, ratifiée par L. nº 2017-256 du 28 févr. 2017, art. 102)

CHAPITRE I A OBJECTIFS DE LA POLITIQUE DES PÊCHES MARITIMES ET DE L'AQUACULTURE DANS LES OUTRE-MER

(L. nº 2016-816 du 20 juin 2016, art. 83)

Art. L. 951-1 A Outre ceux définis à l'article L. 911-2, la politique des pêches maritimes et de l'aquaculture dans les outre-mer a pour objectif, dans un contexte spécifique lié à une insularité, à un éloignement marqué, à une faible superficie, à un relief et des climats difficiles et à une dépendance économique, de valoriser au mieux les productions locales de la pêche et de l'aquaculture en s'appuyant sur les dispositions de la politique commune de la pêche applicable aux régions ultrapériphériques.

CHAPITRE I GUADELOUPE, GUYANE, MARTINIQUE, LA RÉUNION ET MAYOTTE

(Ord. nº 2016-391 du 31 mars 2016, art. 11, en vigueur le 1er juill. 2016)

SECTION 1 Champ d'application et références

Art. L. 951-1 Les dispositions du présent livre s'appliquent en Guadeloupe, en Guyane, en Martinique, à La Réunion et à Mayotte sous réserve des exceptions et adaptations prévues au présent chapitre.

SECTION 2 **Dispositions communes**

Art. L. 951-2 En Guadeloupe, en Guyane, en Martinique, à La Réunion et à Mayotte, les compétences en matière de gestion et de conservation des ressources biologiques de la mer sont exercées dans les conditions prévues à l'article L. 4433-15-1 du code général des collectivités territoriales.

Art. L. 951-3 Les comités régionaux des pêches maritimes et des élevages marins de Guadeloupe, de Guyane, de Martinique et de La Réunion sont des organismes de droit privé chargés de missions de service public, qui, outre les missions exercées en application de l'article L. 912-3, sont également chargés :

1° D'exercer, dans le secteur de la pêche maritime et des élevages marins, les fonctions prévues à l'article L. 521-2 du code de la recherche ;

2° De participer à l'élaboration de la réglementation relative à la pêche maritime de loisir applicable dans la région.

Art. L. 951-4 Pour son application en Guadeloupe, en Guyane, à la Martinique et à La Réunion, l'article L. 912-4 est ainsi modifié :

1° Au cinquième alinéa, les mots : "avec voix consultative" sont remplacés par les mots : "avec voix délibérative" ;

2° Il est complété par un alinéa ainsi rédigé :

"Des représentants des associations de la pêche maritime de loisir peuvent également être désignés par l'autorité administrative pour participer, avec voix consultative, aux travaux des comités régionaux des pêches maritimes et des élevages marins. Ils siègent lorsque l'ordre du jour comporte des questions relatives à l'élaboration de la réglementation applicable à la pêche maritime de loisir."

Art. L. 951-5 En Guadeloupe, en Guyane, à la Martinique et à La Réunion, les autorisations de pêche mentionnées à l'article L. 921-2 sont, indépendamment des espèces, délivrées par l'autorité administrative ou, sous son contrôle, par les comités régionaux des pêches maritimes et des élevages marins.

Art. L. 951-6 Pour son application en Guadeloupe, en Guyane, en Martinique, à La Réunion et à Mayotte, l'article L. 921-2-2 est complété par un alinéa ainsi rédigé :

"La réglementation de la pêche maritime de loisir en Guadeloupe, en Guyane, en Martinique et à La Réunion est prise par l'autorité administrative, après avis du comité régional des pêches maritimes et des élevages marins. A Mayotte, cette réglementation est prise par l'autorité administrative après consultation de la chambre de l'agriculture, de la pêche et de l'aquaculture de Mayotte."

Art. L. 951-7 La compétence attribuée au représentant de l'État dans la région en matière de schéma régional de développement de l'aquaculture marine par l'article L. 923-1-1 est exercée, dans les conditions prévues à l'article L. 4433-15-1 du code général des collectivités territoriales :

1° En Guadeloupe et à La Réunion, par le président du conseil régional ;

2° En Guyane, par le président de l'assemblée de Guyane ;

3° En Martinique, par le président du conseil exécutif de Martinique ;

4° A Mayotte, par le président du conseil départemental.

Art. L. 951-8 Sont compétents en Guadeloupe, en Guyane, en Martinique, à La Réunion et à Mayotte pour décider la saisie des biens appréhendés conformément à l'article L. 943-1 le directeur de la mer et ses adjoints.

SECTION 3 **Dispositions particulières à la Guyane**

Art. L. 951-9 Pour l'application de l'article L. 943-6-1 en Guyane :

1° Les deux premiers alinéas sont ainsi rédigés :

"Les ordonnances du juge des libertés et de la détention prises sur le fondement des articles L. 943-4, L. 943-5, L. 943-6 et L. 951-10 sont motivées et notifiées à l'autorité compétente et à la personne mise en cause qui peuvent les déférer par tous moyens à la chambre d'instruction dans les deux jours qui suivent leur notification. Si la personne mise en cause ne comprend pas suffisamment le français, elle est assistée d'un interprète qui doit prêter serment d'apporter son concours à la justice en son honneur et en sa conscience.

"La personne mise en cause peut adresser toutes observations écrites ou être entendue par la chambre de l'instruction." ;

2° A l'avant-dernier alinéa, la référence : "de l'article L. 943-6" est remplacée par les références : "des articles L. 943-6 et L. 951-10" et, à la première phrase du dernier alinéa, la référence : "et L. 943-6" est remplacée par les références : ", L. 943-6 et L. 951-10".

Art. L. 951-10 En Guyane, le juge des libertés et de la détention peut, à la demande de l'autorité compétente, ordonner la destruction des seules embarcations dépourvues de pavillon qui ont servi à commettre les infractions mentionnées à l'article L. 945-4, constatées par procès-verbal, dont la conservation n'est plus nécessaire à la manifestation de la vérité, lorsqu'il n'existe pas de mesures techniques raisonnablement envisageables pour empêcher définitivement le renouvellement de ces infractions dans le respect des traités et accords internationaux en vigueur. Les frais sont à la charge de l'auteur de l'infraction ou de son commettant.

SECTION 4 Dispositions particulières à Mayotte

(Ord. nº 2022-584 du 20 avr. 2022, art. 3)

Art. L. 951-11 Pour l'application du présent livre à Mayotte, les références aux comités régional et départemental des pêches et des élevages marins et au comité régional de la conchyliculture sont remplacées par les références à la chambre de l'agriculture, de la pêche et de l'aquaculture de Mayotte.

Les missions mentionnées aux *a*, *d* et *e* du I et aux *a* et *b* du II de l'article L. 912-3, aux 1° et 4° de l'article L. 912-7 et aux 1° et 2° de l'article L. 951-3 peuvent être déléguées par la chambre de l'agriculture, de la pêche et de l'aquaculture dans des conditions fixées par décret.

CHAPITRE II SAINT-BARTHÉLEMY

(Ord. nº 2016-391 du 31 mars 2016, art. 11, en vigueur le 1er juill. 2016)

Art. L. 952-1 Les dispositions du présent livre s'appliquent à Saint-Barthélemy sous réserve des exceptions et adaptations prévues au présent chapitre.

Art. L. 952-2 Pour l'application à Saint-Barthélemy de l'article L. 923-1-1 du présent code :

1° La compétence attribuée au représentant de l'État dans la région en matière de schéma régional de développement de l'aquaculture marine est exercée, dans les conditions prévues à l'article L. 4433-15-1 du code général des collectivités territoriales par le président du conseil territorial ;

2° La référence au représentant de l'État dans la région est remplacée par la référence au représentant de l'État à Saint-Barthélemy ;

3° La référence à la région est remplacée par la référence à la collectivité territoriale de Saint-Barthélemy ;

4° La référence à l'arrêté préfectoral est remplacée par la référence à l'arrêté du représentant de l'État à Saint-Barthélemy ;

5° Les références aux dispositions du code de l'environnement sont remplacées par les références correspondantes de la réglementation localement applicable ;

6° La référence aux orientations de l'Union européenne n'est pas applicable.

Art. L. 952-3 Ne sont pas applicables à Saint-Barthélemy :

1° Le chapitre II du titre I ;

2° Les chapitres I et II du titre II.

Sauf mention contraire, les dispositions faisant référence à des règlements européens ne sont pas applicables.

Art. L. 952-4 Conformément aux dispositions de l'article L.O. 6214-6 du code général des collectivités territoriales, les règles relatives à la conservation et à la gestion des ressources halieutiques sont fixées par délibération du conseil territorial de Saint-Barthélemy.

Art. L. 952-5 Pour l'application à Saint-Barthélemy de l'article L. 932-5, les mots : "enregistré dans les conditions prévues par la législation européenne" ne sont pas applicables et les mots : "un contrat de vente écrit comportant les clauses énumérées *(L. nº 2018-938 du 30 oct. 2018, art. 1er)* « aux 1° à 7° du III de l'article L. 631-24 »" sont remplacés par les mots : "une facture".

Art. L. 952-6 Les infractions énoncées à l'article L. 945-4 à la réglementation édictée en application de l'article L. 952-4 sont punies des sanctions prévues aux articles L. 945-4 et L. 945-5.

Les sanctions administratives prévues à l'article L. 946-1 sont applicables aux infractions à la réglementation édictée en application de l'article L. 952-4.

Art. L. 952-7 Pour son application à Saint-Barthélemy, l'article L. 941-2 est complété par un alinéa ainsi rédigé :

"III. — Les agents commissionnés et assermentés de la collectivité ou de ses établissements publics sont habilités à rechercher et constater les infractions à la réglementation édictée en application de l'article L. 952-4."

CHAPITRE III SAINT-MARTIN

(Ord. nº 2016-391 du 31 mars 2016, art. 11, en vigueur le 1er juill. 2016)

Art. L. 953-1 Les dispositions du présent livre s'appliquent à Saint-Martin sous réserve des exceptions et adaptations prévues au présent chapitre.

Art. L. 953-2 Pour l'application à Saint-Martin de l'article L. 923-1-1 du présent code :

1° La compétence attribuée au représentant de l'État dans la région en matière de schéma régional de développement de l'aquaculture marine est exercée, dans les conditions prévues à l'article L. 4433-15-1 du code général des collectivités territoriales par le président du conseil territorial ;

2° La référence au représentant de l'État dans la région est remplacée par la référence au représentant de l'État à Saint-Martin ;

3° La référence à la région est remplacée par la référence à la collectivité territoriale de Saint-Martin ;

4° La référence à l'arrêté préfectoral est remplacée par la référence à l'arrêté du représentant de l'État à Saint-Martin.

Art. L. 953-3 Pour l'application à Saint-Martin de l'article L. 932-5, les mots : "un contrat de vente écrit comportant les clauses énumérées *(L. nº 2018-938 du 30 oct. 2018, art. 1er)* « aux 1° à 7° du III de l'article L. 631-24 »" sont remplacés par les mots : "une facture".

CHAPITRE IV SAINT-PIERRE-ET-MIQUELON

(Ord. nº 2016-391 du 31 mars 2016, art. 11, en vigueur le 1er juill. 2016)

Art. L. 954-1 Les dispositions du présent livre s'appliquent à Saint-Pierre-et-Miquelon sous réserve des exceptions et adaptations prévues au présent chapitre.

Art. L. 954-2 Pour l'application à Saint-Pierre-et-Miquelon de l'article L. 923-1-1 :

1° La référence au représentant de l'État dans la région est remplacée par la référence au représentant de l'État à Saint-Pierre-et-Miquelon ;

2° La référence à la région est remplacée par la référence à la collectivité territoriale de Saint-Pierre-et-Miquelon ;

3° La référence à l'arrêté préfectoral est remplacée par la référence à l'arrêté du représentant de l'État à Saint-Pierre-et-Miquelon ;

4° La référence aux orientations de l'Union européenne n'est pas applicable.

CHAPITRE V WALLIS-ET-FUTUNA

(Ord. nº 2016-391 du 31 mars 2016, art. 11, en vigueur le 1er juill. 2016)

Art. L. 955-1 Sous réserve des dispositions applicables de plein droit, les dispositions du présent livre ne s'appliquent dans les îles Wallis-et-Futuna que dans la mesure et les conditions prévues par le présent chapitre.

Art. L. 955-2 La pêche est interdite aux navires battant pavillon d'un État étranger dans les eaux maritimes placées sous souveraineté ou juridiction française s'étendant au large des côtes du territoire des îles Wallis-et-Futuna.

Des dérogations aux dispositions du premier alinéa sont accordées conformément aux accords ou arrangements internationaux et selon des modalités fixées par décret.

Les navires battant pavillon d'un État étranger sont soumis à la réglementation française des pêches applicable aux eaux maritimes dans lesquelles des droits de pêche sont accordés.

Art. L. 955-3 Pour l'exercice des compétences réservées à l'État en application des articles 7 et 8 de la loi n° 61-814 du 29 juillet 1961 conférant aux îles Wallis-et-Futuna le statut de territoire d'outre-mer et du 13° de l'article 40 du décret n° 57-811 du 22 juillet 1957 relatif aux attributions de l'assemblée territoriale, du conseil territorial et de l'administrateur supérieur des îles Wallis-et-Futuna, sont applicables aux eaux sous souveraineté ou juridiction françaises s'étendant au large du territoire des îles Wallis-et-Futuna, sous réserve des adaptations prévues au présent chapitre et des dispositions des articles 711-3 et 711-4 du code pénal, les dispositions du présent livre mentionnées dans la colonne de gauche du tableau ci-après, dans leur rédaction indiquée dans la colonne de droite du même tableau : — *Tableau rectifié au JO 29 juin 2016, et mod. par L. n° 2016-1087 du 8 août 2016, art. 100-II (JO 9 août).*

DISPOSITIONS APPLICABLES	DANS LEUR RÉDACTION
L. 941-1	Résultant de la loi n° 2010-874 du 27 juillet 2010 de modernisation de l'agriculture et de la pêche
L. 941-2	Résultant de l'ordonnance n° 2010-462 du 6 mai 2010 créant un livre IX du code rural relatif à la pêche maritime et à l'aquaculture marine
L. 941-3 à L. 941-8	Résultant de l'ordonnance n° 2010-462 du 6 mai 2010 créant un livre IX du code rural relatif à la pêche maritime et à l'aquaculture marine
L. 942-1	Résultant de l'ordonnance n° 2015-616 du 4 juin 2015 modifiant le code rural et de la pêche maritime en vue d'assurer la conformité de ses dispositions avec le droit de l'Union européenne et modifiant les dispositions relatives à la recherche et à la constatation des infractions aux dispositions de son livre II
L. 942-3	Résultant de l'ordonnance n° 2010-462 du 6 mai 2010 créant un livre IX du code rural relatif à la pêche maritime et à l'aquaculture marine
L. 942-4	Résultant de la loi n° 2013-431 du 28 mai 2013 portant diverses dispositions en matière d'infrastructures et de services de transports
L. 942-5 et L. 942-6	Résultant de la loi n° 2010-874 du 27 juillet 2010 de modernisation de l'agriculture et de la pêche

DISPOSITIONS APPLICABLES	DANS LEUR RÉDACTION
L. 942-7	Résultant de la loi n° 2013-431 du 28 mai 2013 portant diverses dispositions en matière d'infrastructures et de services de transports
L. 942-8 à L. 942-11	Résultant de l'ordonnance n° 2010-462 du 6 mai 2010 créant un livre IX du code rural relatif à la pêche maritime et à l'aquaculture marine
L. 943-1	Résultant de la loi n° 2014-1170 du 13 octobre 2014 d'avenir pour l'agriculture, l'alimentation et la forêt
L. 943-3	Résultant de l'ordonnance n° 2010-462 du 6 mai 2010 créant un livre IX du code rural relatif à la pêche maritime et à l'aquaculture marine
L. 943-4	Résultant de la loi n° 2014-1170 du 13 octobre 2014 d'avenir pour l'agriculture, l'alimentation et la forêt
L. 943-5	Résultant de la loi n° 2014-1170 du 13 octobre 2014 d'avenir pour l'agriculture, l'alimentation et la forêt
L. 943-6	Résultant de l'ordonnance n° 2010-462 du 6 mai 2010 créant un livre IX du code rural relatif à la pêche maritime et à l'aquaculture marine
L. 943-6-1	Résultant de la loi n° 2014-1170 du 13 octobre 2014 d'avenir pour l'agriculture, l'alimentation et la forêt
L. 943-7	Résultant de la loi n° 2010-874 du 27 juillet 2010 de modernisation de l'agriculture et de la pêche
L. 943-8	Résultant de l'ordonnance n° 2010-462 du 6 mai 2010 créant un livre IX du code rural relatif à la pêche maritime et à l'aquaculture marine
L. 943-9	Résultant de la loi n° 2010-874 du 27 juillet 2010 de modernisation de l'agriculture et de la pêche
L. 943-10	Résultant de l'ordonnance n° 2010-462 du 6 mai 2010 créant un livre IX du code rural relatif à la pêche maritime et à l'aquaculture marine

DISPOSITIONS APPLICABLES	DANS LEUR RÉDACTION
L. 944-1 à L. 944-3	Résultant de l'ordonnance n° 2010-462 du 6 mai 2010 créant un livre IX du code rural relatif à la pêche maritime et à l'aquaculture marine
L. 944-4 et L. 944-5	Résultant de la loi n° 2010-874 du 27 juillet 2010 de modernisation de l'agriculture et de la pêche
L. 945-1	Résultant de la loi n° 2010-874 du 27 juillet 2010 de modernisation de l'agriculture et de la pêche
L. 945-2	Résultant de la loi n° 2011-525 du 17 mai 2011 de simplification et d'amélioration de la qualité du droit
L. 945-3	Résultant de l'ordonnance n° 2010-462 du 6 mai 2010 créant un livre IX du code rural relatif à la pêche maritime et à l'aquaculture marine
L. 945-4	Résultant de la loi n° 2011-525 du 17 mai 2011 de simplification et d'amélioration de la qualité du droit
L. 945-4-1	Résultant de la loi n° 2014-1170 du 13 octobre 2014 d'avenir pour l'agriculture, l'alimentation et la forêt
L. 945-5	Résultant de l'ordonnance n° 2010-462 du 6 mai 2010 créant un livre IX du code rural relatif à la pêche maritime et à l'aquaculture marine

Toutefois, le délai de trois jours ouvrés entre l'appréhension et la remise à l'autorité compétente pour les saisies, tel que fixé à l'article L. 943-1, est augmenté du temps de navigation nécessaire pour rejoindre le port de conduite désigné par l'autorité maritime.

Le délai de six jours entre l'appréhension d'un navire ou d'un engin flottant et l'ordonnance de confirmation de la saisie prononcée par le juge des libertés et de la détention mentionné à l'article L. 943-4 est augmenté de la même durée.

Art. L. 955-4 Sont compétents, dans le territoire des îles Wallis-et-Futuna, pour décider la saisie des biens appréhendés conformément à l'article L. 943-1, le directeur du service des affaires maritimes et ses adjoints.

CHAPITRE VI POLYNÉSIE FRANÇAISE

(Ord. n° 2016-391 du 31 mars 2016, art. 11, en vigueur le 1er juill. 2016)

Art. L. 956-1 Sous réserve des dispositions applicables de plein droit, les dispositions du présent livre ne s'appliquent en Polynésie française que dans la mesure et les conditions prévues par le présent chapitre.

Art. L. 956-2 La pêche est interdite aux navires battant pavillon d'un État étranger dans les eaux maritimes placées sous souveraineté ou juridiction française s'étendant au large des côtes de la Polynésie française.

Des dérogations aux dispositions du premier alinéa sont accordées conformément aux accords ou arrangements internationaux et selon des modalités fixées par décret.

Les navires battant pavillon d'un État étranger sont soumis à la réglementation française des pêches applicable aux eaux maritimes dans lesquelles des droits de pêche sont accordés.

Art. L. 956-3 Pour l'exercice des compétences de l'État mentionnées aux 2° et 9° de l'article 14 de la loi organique n° 2004-192 du 25 février 2004 portant statut d'autonomie de la Polynésie française, sont applicables aux eaux sous souveraineté ou juridiction françaises s'étendant au large de la Polynésie française, sous réserve des adaptations prévues au présent chapitre et des dispositions des articles 711-3 et 711-4 du code pénal, les dispositions du présent livre mentionnées dans la colonne de gauche du tableau ci-après, dans leur rédaction indiquée dans la colonne de droite du même tableau : — *Tableau rectifié au JO 29 juin 2016, et mod. par L. n° 2016-1087 du 8 août 2016, art. 100-II (JO 9 août).*

DISPOSITIONS APPLICABLES	DANS LEUR RÉDACTION
L. 941-1	Résultant de la loi n° 2010-874 du 27 juillet 2010 de modernisation de l'agriculture et de la pêche
L. 941-2	Résultant de l'ordonnance n° 2010-462 du 6 mai 2010 créant un livre IX du code rural relatif à la pêche maritime et à l'aquaculture marine
L. 941-3 à L. 941-8	Résultant de l'ordonnance n° 2010-462 du 6 mai 2010 créant un livre IX du code rural relatif à la pêche maritime et à l'aquaculture marine
L. 942-1	Résultant de l'ordonnance n° 2015-616 du 4 juin 2015 modifiant le code rural et de la pêche maritime en vue d'assurer la conformité de ses dispositions avec le droit de l'Union européenne et modifiant les dispositions relatives à la recherche et à la constatation des infractions aux dispositions de son livre II
L. 942-3	Résultant de l'ordonnance n° 2010-462 du 6 mai 2010 créant un livre IX du code rural relatif à la pêche maritime et à l'aquaculture marine
L. 942-4	Résultant de la loi n° 2013-431 du 28 mai 2013 portant diverses dispositions en matière d'infrastructures et de services de transports
L. 942-5 et L. 942-6	Résultant de la loi n° 2010-874 du 27 juillet 2010 de modernisation de l'agriculture et de la pêche
L. 942-7	Résultant de la loi n° 2013-431 du 28 mai 2013 portant diverses dispositions en matière d'infrastructures et de services de transports

DISPOSITIONS APPLICABLES	DANS LEUR RÉDACTION
L. 942-8 à L. 942-11	Résultant de l'ordonnance n° 2010-462 du 6 mai 2010 créant un livre IX du code rural relatif à la pêche maritime et à l'aquaculture marine
L. 943-1	Résultant de la loi n° 2014-1170 du 13 octobre 2014 d'avenir pour l'agriculture, l'alimentation et la forêt
L. 943-3	Résultant de l'ordonnance n° 2010-462 du 6 mai 2010 créant un livre IX du code rural relatif à la pêche maritime et à l'aquaculture marine
L. 943-4	Résultant de la loi n° 2014-1170 du 13 octobre 2014 d'avenir pour l'agriculture, l'alimentation et la forêt
L. 943-5	Résultant de la loi n° 2014-1170 du 13 octobre 2014 d'avenir pour l'agriculture, l'alimentation et la forêt
L. 943-6	Résultant de l'ordonnance n° 2010-462 du 6 mai 2010 créant un livre IX du code rural relatif à la pêche maritime et à l'aquaculture marine
L. 943-6-1	Résultant de la loi n° 2014-1170 du 13 octobre 2014 d'avenir pour l'agriculture, l'alimentation et la forêt
L. 943-7	Résultant de la loi n° 2010-874 du 27 juillet 2010 de modernisation de l'agriculture et de la pêche
L. 943-8	Résultant de l'ordonnance n° 2010-462 du 6 mai 2010 créant un livre IX du code rural relatif à la pêche maritime et à l'aquaculture marine
L. 943-9	Résultant de la loi n° 2010-874 du 27 juillet 2010 de modernisation de l'agriculture et de la pêche
L. 943-10	Résultant de l'ordonnance n° 2010-462 du 6 mai 2010 créant un livre IX du code rural relatif à la pêche maritime et à l'aquaculture marine
L. 944-1 à L. 944-3	Résultant de l'ordonnance n° 2010-462 du 6 mai 2010 créant un livre IX du code rural relatif à la pêche maritime et à l'aquaculture marine
L. 944-4 et L. 944-5	Résultant de la loi n° 2010-874 du 27 juillet 2010 de modernisation de l'agriculture et de la pêche

DISPOSITIONS APPLICABLES	DANS LEUR RÉDACTION
L. 945-1	Résultant de la loi n° 2010-874 du 27 juillet 2010 de modernisation de l'agriculture et de la pêche
L. 945-2	Résultant de la loi n° 2011-525 du 17 mai 2011 de simplification et d'amélioration de la qualité du droit
L. 945-3	Résultant de l'ordonnance n° 2010-462 du 6 mai 2010 créant un livre IX du code rural relatif à la pêche maritime et à l'aquaculture marine
L. 945-4	Résultant de la loi n° 2011-525 du 17 mai 2011 de simplification et d'amélioration de la qualité du droit
L. 945-4-1	Résultant de la loi n° 2014-1170 du 13 octobre 2014 d'avenir pour l'agriculture, l'alimentation et la forêt
L. 945-5	Résultant de l'ordonnance n° 2010-462 du 6 mai 2010 créant un livre IX du code rural relatif à la pêche maritime et à l'aquaculture marine

Toutefois, le délai de trois jours ouvrés entre l'appréhension et la remise à l'autorité compétente pour les saisies, tel que fixé à l'article L. 943-1, est augmenté du temps de navigation nécessaire pour rejoindre le port de conduite désigné par l'autorité maritime.

Le délai de six jours entre l'appréhension d'un navire ou d'un engin flottant et l'ordonnance de confirmation de la saisie prononcée par le juge des libertés et de la détention mentionné à l'article L. 943-4 est augmenté de la même durée.

Art. L. 956-4 Sont compétents, en Polynésie française, pour décider la saisie des biens appréhendés conformément à l'article L. 943-1, le directeur du service des affaires maritimes et ses adjoints.

CHAPITRE VII NOUVELLE-CALÉDONIE

(Ord. n° 2016-391 du 31 mars 2016, art. 11, en vigueur le 1er juill. 2016)

Art. L. 957-1 Sous réserve des dispositions applicables de plein droit, les dispositions du présent livre ne s'appliquent en Nouvelle-Calédonie que dans la mesure et les conditions prévues par le présent chapitre.

Art. L. 957-2 La pêche est interdite aux navires battant pavillon d'un État étranger dans les eaux maritimes placées sous souveraineté ou juridiction française s'étendant au large des côtes de la Nouvelle-Calédonie.

Des dérogations aux dispositions du premier alinéa sont accordées conformément aux accords ou arrangements internationaux et selon des modalités fixées par décret.

Les navires battant pavillon d'un État étranger sont soumis à la réglementation française des pêches applicable aux eaux maritimes dans lesquelles des droits de pêche sont accordés.

Art. L. 957-3 Pour l'exercice des compétences de l'État mentionnées aux 2°, 12° et 14° du I et au 5° du II de l'article 21 de la loi organique n° 99-209 du 19 mars 1999 relative à la Nouvelle-Calédonie, sont applicables aux eaux sous souveraineté ou juridiction françaises s'étendant au large de la Nouvelle-Calédonie, sous réserve des adap-

tations prévues au présent chapitre et des dispositions des articles 711-3 et 711-4 du code pénal, les dispositions du présent livre mentionnées dans la colonne de gauche du tableau ci-après, dans leur rédaction indiquée dans la colonne de droite du même tableau : *– Tableau rectifié au JO 29 juin 2016, et mod. par L. n° 2016-1087 du 8 août 2016, art. 100-II (JO 9 août).*

DISPOSITIONS APPLICABLES	DANS LEUR RÉDACTION
L. 941-1	Résultant de la loi n° 2010-874 du 27 juillet 2010 de modernisation de l'agriculture et de la pêche
L. 941-2	Résultant de l'ordonnance n° 2010-462 du 6 mai 2010 créant un livre IX du code rural relatif à la pêche maritime et à l'aquaculture marine
L. 941-3 à L. 941-8	Résultant de l'ordonnance n° 2010-462 du 6 mai 2010 créant un livre IX du code rural relatif à la pêche maritime et à l'aquaculture marine
L. 942-1	Résultant de l'ordonnance n° 2015-616 du 4 juin 2015 modifiant le code rural et de la pêche maritime en vue d'assurer la conformité de ses dispositions avec le droit de l'Union européenne et modifiant les dispositions relatives à la recherche et à la constatation des infractions aux dispositions de son livre II
L. 942-3	Résultant de l'ordonnance n° 2010-462 du 6 mai 2010 créant un livre IX du code rural relatif à la pêche maritime et à l'aquaculture marine
L. 942-4	Résultant de la loi n° 2013-431 du 28 mai 2013 portant diverses dispositions en matière d'infrastructures et de services de transports
L. 942-5 et L. 942-6	Résultant de la loi n° 2010-874 du 27 juillet 2010 de modernisation de l'agriculture et de la pêche
L. 942-7	Résultant de la loi n° 2013-431 du 28 mai 2013 portant diverses dispositions en matière d'infrastructures et de services de transports
L. 942-8 à L. 942-11	Résultant de l'ordonnance n° 2010-462 du 6 mai 2010 créant un livre IX du code rural relatif à la pêche maritime et à l'aquaculture marine
L. 943-1	Résultant de la loi n° 2014-1170 du 13 octobre 2014 d'avenir pour l'agriculture, l'alimentation et la forêt

DISPOSITIONS APPLICABLES	DANS LEUR RÉDACTION
L. 943-3	Résultant de l'ordonnance n° 2010-462 du 6 mai 2010 créant un livre IX du code rural relatif à la pêche maritime et à l'aquaculture marine
L. 943-4	Résultant de la loi n° 2014-1170 du 13 octobre 2014 d'avenir pour l'agriculture, l'alimentation et la forêt
L. 943-5	Résultant de la loi n° 2014-1170 du 13 octobre 2014 d'avenir pour l'agriculture, l'alimentation et la forêt
L. 943-6	Résultant de l'ordonnance n° 2010-462 du 6 mai 2010 créant un livre IX du code rural relatif à la pêche maritime et à l'aquaculture marine
L. 943-6-1	Résultant de la loi n° 2014-1170 du 13 octobre 2014 d'avenir pour l'agriculture, l'alimentation et la forêt
L. 943-7	Résultant de la loi n° 2010-874 du 27 juillet 2010 de modernisation de l'agriculture et de la pêche
L. 943-8	Résultant de l'ordonnance n° 2010-462 du 6 mai 2010 créant un livre IX du code rural relatif à la pêche maritime et à l'aquaculture marine
L. 943-9	Résultant de la loi n° 2010-874 du 27 juillet 2010 de modernisation de l'agriculture et de la pêche
L. 943-10	Résultant de l'ordonnance n° 2010-462 du 6 mai 2010 créant un livre IX du code rural relatif à la pêche maritime et à l'aquaculture marine
L. 944-1 à L. 944-3	Résultant de l'ordonnance n° 2010-462 du 6 mai 2010 créant un livre IX du code rural relatif à la pêche maritime et à l'aquaculture marine
L. 944-4 et L. 944-5	Résultant de la loi n° 2010-874 du 27 juillet 2010 de modernisation de l'agriculture et de la pêche
L. 945-1	Résultant de la loi n° 2010-874 du 27 juillet 2010 de modernisation de l'agriculture et de la pêche
L. 945-2	Résultant de la loi n° 2011-525 du 17 mai 2011 de simplification et d'amélioration de la qualité du droit

DISPOSITIONS APPLICABLES	DANS LEUR RÉDACTION
L. 945-3	Résultant de l'ordonnance n° 2010-462 du 6 mai 2010 créant un livre IX du code rural relatif à la pêche maritime et à l'aquaculture marine
L. 945-4	Résultant de la loi n° 2011-525 du 17 mai 2011 de simplification et d'amélioration de la qualité du droit
L. 945-4-1	Résultant de la loi n° 2014-1170 du 13 octobre 2014 d'avenir pour l'agriculture, l'alimentation et la forêt
L. 945-5	Résultant de l'ordonnance n° 2010-462 du 6 mai 2010 créant un livre IX du code rural relatif à la pêche maritime et à l'aquaculture marine

Toutefois, le délai de trois jours ouvrés entre l'appréhension et la remise à l'autorité compétente pour les saisies, tel que fixé à l'article L. 943-1, est augmenté du temps de navigation nécessaire pour rejoindre le port de conduite désigné par l'autorité maritime.

Le délai de six jours entre l'appréhension d'un navire ou d'un engin flottant et l'ordonnance de confirmation de la saisie prononcée par le juge des libertés et de la détention mentionné à l'article L. 943-4 est augmenté de la même durée.

Art. L. 957-4 Sont compétents, en Nouvelle-Calédonie, pour décider la saisie des biens appréhendés conformément à l'article L. 943-1, le directeur du service des affaires maritimes et ses adjoints.

CHAPITRE VIII TERRES AUSTRALES ET ANTARCTIQUES FRANÇAISES ET ÎLE DE CLIPPERTON

(Ord. n° 2016-391 du 31 mars 2016, art. 11, en vigueur le 1er juill. 2016)

SECTION 1 Champ d'application

Art. L. 958-1 Sous réserve des dispositions applicables de plein droit, les dispositions du présent livre ne s'appliquent au territoire des Terres australes et antarctiques françaises et à l'île de Clipperton que dans la mesure et les conditions prévues par le présent chapitre.

SECTION 2 Dispositions particulières aux Terres australes et antarctiques françaises

Art. L. 958-2 Sous réserve des dispositions des articles L. 958-4 à L. 958-14, sont applicables aux eaux sous souveraineté ou juridiction française s'étendant au large des îles australes françaises et des îles Éparses les dispositions du présent livre mentionnées dans la colonne de gauche du tableau ci-après, dans leur rédaction indiquée dans la colonne de droite du même tableau : *– Tableau rectifié au JO 29 juin 2016, et mod. par L. n° 2016-1087 du 8 août 2016, art. 100-II (JO 9 août).*

DISPOSITIONS APPLICABLES	DANS LEUR RÉDACTION
L. 941-1	Résultant de la loi n° 2010-874 du 27 juillet 2010 de modernisation de l'agriculture et de la pêche
L. 941-2	Résultant de l'ordonnance n° 2010-462 du 6 mai 2010 créant un livre IX du code rural relatif à la pêche maritime et à l'aquaculture marine
L. 941-3 à L. 941-8	Résultant de l'ordonnance n° 2010-462 du 6 mai 2010 créant un livre IX du code rural relatif à la pêche maritime et à l'aquaculture marine
L. 942-1	Résultant de l'ordonnance n° 2015-616 du 4 juin 2015 modifiant le code rural et de la pêche maritime en vue d'assurer la conformité de ses dispositions avec le droit de l'Union européenne et modifiant les dispositions relatives à la recherche et à la constatation des infractions aux dispositions de son livre II
L. 942-3	Résultant de l'ordonnance n° 2010-462 du 6 mai 2010 créant un livre IX du code rural relatif à la pêche maritime et à l'aquaculture marine
L. 942-4	Résultant de la loi n° 2013-431 du 28 mai 2013 portant diverses dispositions en matière d'infrastructures et de services de transports
L. 942-5 et L. 942-6	Résultant de la loi n° 2010-874 du 27 juillet 2010 de modernisation de l'agriculture et de la pêche
L. 942-7	Résultant de la loi n° 2013-431 du 28 mai 2013 portant diverses dispositions en matière d'infrastructures et de services de transports
L. 942-8 à L. 942-11	Résultant de l'ordonnance n° 2010-462 du 6 mai 2010 créant un livre IX du code rural relatif à la pêche maritime et à l'aquaculture marine
L. 943-1	Résultant de la loi n° 2014-1170 du 13 octobre 2014 d'avenir pour l'agriculture, l'alimentation et la forêt
L. 943-3	Résultant de l'ordonnance n° 2010-462 du 6 mai 2010 créant un livre IX du code rural relatif à la pêche maritime et à l'aquaculture marine

DISPOSITIONS APPLICABLES	DANS LEUR RÉDACTION
L. 943-4	Résultant de la loi n° 2014-1170 du 13 octobre 2014 d'avenir pour l'agriculture, l'alimentation et la forêt
L. 943-5	Résultant de la loi n° 2014-1170 du 13 octobre 2014 d'avenir pour l'agriculture, l'alimentation et la forêt
L. 943-6	Résultant de l'ordonnance n° 2010-462 du 6 mai 2010 créant un livre IX du code rural relatif à la pêche maritime et à l'aquaculture marine
L. 943-6-1	Résultant de la loi n° 2014-1170 du 13 octobre 2014 d'avenir pour l'agriculture, l'alimentation et la forêt
L. 943-7	Résultant de la loi n° 2010-874 du 27 juillet 2010 de modernisation de l'agriculture et de la pêche
L. 943-8	Résultant de l'ordonnance n° 2010-462 du 6 mai 2010 créant un livre IX du code rural relatif à la pêche maritime et à l'aquaculture marine
L. 943-9	Résultant de la loi n° 2010-874 du 27 juillet 2010 de modernisation de l'agriculture et de la pêche
L. 943-10	Résultant de l'ordonnance n° 2010-462 du 6 mai 2010 créant un livre IX du code rural relatif à la pêche maritime et à l'aquaculture marine
L. 944-1 à L. 944-3	Résultant de l'ordonnance n° 2010-462 du 6 mai 2010 créant un livre IX du code rural relatif à la pêche maritime et à l'aquaculture marine
L. 944-4 et L. 944-5	Résultant de la loi n° 2010-874 du 27 juillet 2010 de modernisation de l'agriculture et de la pêche
L. 945-1	Résultant de la loi n° 2010-874 du 27 juillet 2010 de modernisation de l'agriculture et de la pêche
L. 945-2	Résultant de la loi n° 2011-525 du 17 mai 2011 de simplification et d'amélioration de la qualité du droit
L. 945-3	Résultant de l'ordonnance n° 2010-462 du 6 mai 2010 créant un livre IX du code rural relatif à la pêche maritime et à l'aquaculture marine

DISPOSITIONS APPLICABLES	DANS LEUR RÉDACTION
L. 945-4	Résultant de la loi n° 2011-525 du 17 mai 2011 de simplification et d'amélioration de la qualité du droit
L. 945-4-1	Résultant de la loi n° 2014-1170 du 13 octobre 2014 d'avenir pour l'agriculture, l'alimentation et la forêt
L. 945-5	Résultant de l'ordonnance n° 2010-462 du 6 mai 2010 créant un livre IX du code rural relatif à la pêche maritime et à l'aquaculture marine
L. 946-1 et L. 946-2	Résultant de la loi n° 2010-874 du 27 juillet 2010 de modernisation de l'agriculture et de la pêche
L. 946-3 à L. 946-6	Résultant de l'ordonnance n° 2010-462 du 6 mai 2010 créant un livre IX du code rural relatif à la pêche maritime et à l'aquaculture marine

Toutefois, le délai de trois jours ouvrés entre l'appréhension et la remise à l'autorité compétente pour les saisies, tel que fixé à l'article L. 943-1, est augmenté du temps de navigation nécessaire pour rejoindre le port de conduite désigné par l'autorité maritime.

Le délai de six jours entre l'appréhension d'un navire ou d'un engin flottant et l'ordonnance de confirmation de la saisie prononcée par le juge des libertés et de la détention mentionné à l'article L. 943-4 est augmenté de la même durée.

Art. L. 958-3 Dans les Terres australes et antarctiques françaises, l'autorité compétente pour opérer la saisie est le directeur de la mer Sud Océan indien et ses adjoints.

Lorsque, en application des articles L. 943-5 ou L. 943-7, il est procédé à la vente de tout instrument ou navire qui a servi à la pêche, à la chasse d'animaux marins ou à l'exploitation des produits de la mer, en infraction aux dispositions des articles L. 958-4 à L. 958-14, les produits des ventes sont versés, déduction faite de tous frais, au budget du territoire des Terres australes et antarctiques françaises. Il en est de même pour les ventes des produits des pêches mentionnés à l'article L. 943-8.

Art. L. 958-4 L'exercice de la pêche maritime et de la chasse aux animaux marins et l'exploitation des produits de la mer dans les Terres australes et antarctiques françaises sont régis par les dispositions de la présente section.

Celles-ci sont applicables sur toute l'étendue du territoire et dans les eaux maritimes placées sous souveraineté française. Elles sont également applicables dans la zone économique s'étendant au large des côtes des îles australes françaises et des îles Éparses.

Art. L. 958-5 Nul ne peut exercer la pêche ou la chasse aux animaux marins ou se livrer à l'exploitation des produits de la mer, que ce soit à terre ou à bord des navires, sans avoir obtenu une autorisation.

Ces autorisations sont délivrées ou retirées par l'autorité administrative qui détermine les modalités de gestion de la ressource, concernant notamment les interdictions applicables à la capture, à la récolte et à l'exploitation industrielle et commerciale des espèces marines animales et végétales, dans les conditions fixées par décret.

Art. L. 958-6 L'usage de cette autorisation peut donner lieu à la perception, par le territoire, d'un droit assis sur les produits pêchés, chassés ou exploités.

Le montant de ce droit est fixé, par espèce et dans la limite de 1 820 € par tonne capturée, par arrêté de l'administrateur supérieur des Terres australes et antarctiques françaises pris sur avis du conseil consultatif institué par l'article 3 de la loi n° 55-1052 du 6 août 1955 portant statut des Terres australes et antarctiques françaises et de l'île de Clipperton.

Ce droit est versé à l'issue de chaque campagne de pêche, lors du dépôt de la déclaration des captures souscrite par le bénéficiaire de l'autorisation. Il est liquidé sur la base d'un état rendu exécutoire par l'administrateur supérieur. En cas d'omission ou d'insuffisance de déclaration et en cas d'absence ou de retard de paiement du droit, l'administrateur supérieur peut procéder à des rappels de droit jusqu'à la fin de la troisième année suivant l'année au cours de laquelle le droit devait être acquitté. En cas d'infraction aux obligations déclaratives et en cas de défaut ou de retard de paiement, le droit à acquitter peut être majoré d'une pénalité de 40 %.

Art. L. 958-7 Tout navire de pêche ou aménagé pour le transport du poisson pénétrant dans la zone économique s'étendant au large des côtes des îles australes françaises et des îles Éparses a obligation de signaler son entrée dans ladite zone ainsi que sa sortie et de déclarer le tonnage de poisson*[s]* détenu à bord.

Art. L. 958-8 Est puni de 300 000 € d'amende le fait :

1° D'exercer la pêche, la chasse aux animaux marins, sans avoir obtenu au préalable l'autorisation exigée par l'article L. 958-5 ;

2° De procéder à l'exploitation des produits de la mer à terre ou à bord d'un navire, sans avoir obtenu au préalable l'autorisation exigée par l'article L. 958-5 ;

3° D'omettre de signaler son entrée et sa sortie dans la zone économique ou de déclarer le tonnage de poissons détenu à bord ;

4° De se livrer à la pêche, dans les zones ou aux époques interdites, en infraction aux dispositions prévues à l'article L. 958-5.

Toutefois, le maximum légal prévu au premier alinéa sera augmenté de 75 000 € par tonne pêchée au-delà de 2 tonnes sans avoir obtenu l'autorisation prévue à l'article L. 958-5 ou en infraction aux dispositions relatives aux zones et aux époques interdites et prises en application de l'article L. 958-5.

Le recel au sens de l'article 321-1 du code pénal des produits pêchés sans avoir obtenu l'autorisation prévue à l'article L. 958-5 ou en infraction aux dispositions relatives aux zones et aux époques interdites et prises en application de l'article L. 958-5 est puni des mêmes peines.

Art. L. 958-9 Sauf autorisation régulièrement accordée en vue d'un usage autre que la pêche et dont la justification devra être produite à toute réquisition, est puni de 30 000 € d'amende le fait de détenir à bord d'un navire armé pour la pêche ou utilisé en vue d'entreposer ou traiter des produits de la mer soit de la dynamite ou des substances explosives autres que la poudre pour l'usage des armes à feu, soit des substances ou appâts de nature à enivrer ou à détruire les poissons, crustacés ou toutes autres espèces animales.

Art. L. 958-10 Est puni de 45 000 € d'amende le fait de faire usage, pour la pêche, soit de la dynamite ou de toute autre matière explosive, soit de substances ou d'appâts de nature à enivrer ou à détruire les poissons, crustacés ou toutes autres espèces animales.

Art. L. 958-11 Est puni de 45 000 € d'amende le fait de recueillir, transporter, mettre en vente ou vendre le produit des pêches effectuées en infraction à l'article L. 958-10.

Art. L. 958-12 Est puni de 15 000 € d'amende le fait de contrevenir aux dispositions réglementaires prises en application de l'article L. 958-5 qui concerne les modes de pêche, les restrictions apportées à l'exercice de la pêche, de la chasse aux animaux marins et à la capture ou à la récolte des produits de la mer, l'installation et l'exploitation d'établissements de pêche ou d'industries ayant pour objet la transformation, le traitement ou la conservation des produits de la mer.

Ces dispositions ne sont pas applicables aux infractions prévues au deuxième alinéa de l'article L. 958-8.

Art. L. 958-13 Nonobstant les dispositions des articles 132-2 à 132-5 du code pénal, les peines prononcées pour l'une des infractions prévues aux articles L. 958-9 à

L. 958-12 se cumulent, sans possibilité de confusion, avec celles prononcées, le cas échéant, pour l'infraction prévue à l'article L. 958-8.

Art. L. 958-14 Les infractions sont recherchées et constatées, outre par les officiers et agents de police judiciaire, par les agents énumérés à l'article L. 942-1, par les chefs de district des Terres australes et antarctiques françaises, *[par]* les personnes chargées d'une mission de contrôle à bord de navires, dûment habilitées à cet effet par l'administrateur supérieur des Terres australes et antarctiques françaises et assermentées.

Les infractions portant sur le transport et la consommation de produits d'origine maritime n'ayant pas la taille réglementaire ou obtenus par l'emploi d'explosifs ou de substances ou appâts de nature à enivrer ou détruire les poissons, crustacés ou toutes autres espèces animales peuvent également être constatées au port de débarquement par les officiers, fonctionnaires et agents habilités en vertu des dispositions générales de police et des dispositions du présent code.

SECTION 3 Dispositions particulières à l'île de Clipperton

Art. L. 958-15 Le délai de trois jours ouvrés entre l'appréhension et la remise à l'autorité compétente pour les saisies, tel que fixé à l'article L. 943-1, est augmenté du temps de navigation nécessaire pour rejoindre le port de conduite désigné par l'autorité maritime.

Le délai de six jours entre l'appréhension d'un navire ou d'un engin flottant et l'ordonnance de confirmation de la saisie prononcée par le juge des libertés et de la détention mentionné à l'article L. 943-4 est augmenté de la même durée.

DEUXIÈME PARTIE : RÉGLEMENTAIRE

LIVRE I L'AMÉNAGEMENT ET L'ÉQUIPEMENT DE L'ESPACE RURAL

(Décr. n° 92-1290 du 11 déc. 1992)

TITRE I LE DÉVELOPPEMENT ET L'AMÉNAGEMENT DE L'ESPACE RURAL

CHAPITRE I DISPOSITIONS GÉNÉRALES

Art. D. 111-1 *(Décr. n° 2011-531 du 16 mai 2011, art. 1er)* **I. — Le plan régional de l'agriculture durable comprend :**

— un diagnostic fondé sur les enjeux économiques, sociaux et environnementaux identifiés à l'échelle des territoires pertinents au sein de la région ;

— l'exposé des orientations stratégiques de la politique agricole, agroalimentaire et agro-industrielle *(Abrogé par Décr. n° 2015-686 du 17 juin 2015, art. 1er-1°)* **« *de l'État* » dans la région ;**

— l'énoncé des actions de l'État *(Décr. n° 2015-686 du 17 juin 2015, art. 1er-1°)* **« et de la région » correspondant à ces orientations et des actions spécifiques ou complémentaires prévues par les deuxième et troisième alinéas de l'article L. 111-2-1 ainsi que, le cas échéant, des recommandations faites aux acteurs des secteurs concernés et aux collectivités territoriales pour contribuer à leur réalisation ;**

— en tant que de besoin, des documents cartographiques indicatifs ;

— la liste des indicateurs permettant de suivre la mise en œuvre des orientations pendant la durée du plan et les modalités de ce suivi.

II. — Les orientations stratégiques tiennent notamment compte des enjeux économiques, sociaux et environnementaux suivants :

— l'aménagement et le développement durable des territoires ruraux ;

— les modalités de protection et de mise en valeur des terres agricoles, et, le cas échéant, la préservation de l'agriculture de montagne ;

— la préservation et la gestion des ressources naturelles, des milieux naturels et de la biodiversité ;

— la conception et le développement de pratiques et de systèmes de production innovants, conciliant efficacité économique et performance écologique ;

— le développement des productions bénéficiant d'un mode de valorisation de la qualité et de l'origine et notamment le développement de l'agriculture biologique ;

— le développement des filières de production, de transformation et de commercialisation ;

— l'engagement des exploitations agricoles dans une démarche de certification environnementale ;

— la maîtrise de la consommation d'énergie et le développement des énergies renouvelables d'origine agricole ;

— la préservation et la déclinaison régionale de modèles alimentaires visant à garantir la sécurité alimentaire, la santé publique et l'accès de tous à une alimentation de qualité.

(Décr. n° 2015-686 du 17 juin 2015, art. 1er-1°) **« Les orientations stratégiques visent notamment, sur la base de ces enjeux, à promouvoir et pérenniser les systèmes de production agroécologiques définis à l'article L. 1. »**

Art. R. 111-2 *(Décr. n° 2011-531 du 16 mai 2011, art. 1er)* **Les grandes orientations du plan régional de l'agriculture durable prennent en compte les orientations du schéma régional du climat, de l'air et de l'énergie prévu par l'article L. 222-1 du code de l'environnement, pour le secteur agricole, ayant pour objet la réduction des émissions de gaz à effet de serre, l'adaptation des territoires et des activités aux changements climatiques et la réduction ou la prévention de la pollution atmosphérique ainsi**

que les objectifs quantitatifs de développement de la production d'énergie renouvelable de ce schéma.

Art. R. 111-3 *(Décr. nº 2017-1246 du 7 août 2017, art. 2-1º)* Pour l'application du troisième alinéa de l'article L. 111-2-1 relatif à l'élaboration du plan régional de l'agriculture durable, le préfet de région et le président du conseil régional sont assistés par la commission régionale de l'économie agricole et du monde rural prévue par l'article R. 313-45.

Art. R. 111-3-1 *(Décr. nº 2017-1246 du 7 août 2017, art. 2-2º)* Le projet de plan validé par le préfet est à la disposition du public pendant un mois au siège de la préfecture de région, des préfectures et des sous-préfectures des départements concernés et par voie électronique sur le site internet de la préfecture de région.

S'il y a lieu, le projet est transmis à la commission permanente des comités de massif concernés qui dispose d'un délai de deux mois à compter de cette transmission pour émettre son avis.

Les observations du public sur le projet de plan sont consignées sur des registres ouverts à cet effet dans les lieux où il est mis à disposition ou adressées par écrit ou par voie électronique au préfet de région.

Un avis faisant connaître les dates d'ouverture et de clôture de la consultation, son objet et les modalités de dépôt des observations du public est publié quinze jours au moins avant le début de la consultation sur le site internet de la préfecture de région et inséré dans un journal régional diffusé dans toute la région, ou à défaut dans un journal national.

Art. R. 111-3-2 *(Décr. nº 2017-1246 du 7 août 2017, art. 2-2º)* A l'issue de la consultation mentionnée à l'article R. 111-3-1, et au vu des observations formulées ainsi que, le cas échéant, de l'avis émis par la commission permanente des comités de massif concernés, le plan régional de l'agriculture durable est après approbation du conseil régional, arrêté par le préfet de région. Cet arrêté est publié au recueil des actes administratifs de la préfecture de région.

Le plan arrêté est tenu à la disposition du public dans les préfectures de la région et des départements concernés ainsi que sur le site internet de la préfecture de région.

Art. R. 111-4 *(Décr. nº 2011-531 du 16 mai 2011, art. 1er)* Le suivi de la mise en œuvre du plan régional de l'agriculture durable est assuré par la commission régionale de l'économie agricole et du monde rural, qui en établit un état annuel.

La commission peut, à cette occasion, présenter des projets de modification du plan. Lorsqu'elles sont retenues par le préfet de région, les modifications sont effectuées conformément à la procédure prévue pour son élaboration.

Art. D. 111-5 *(Décr. nº 2011-531 du 16 mai 2011, art. 1er)* L'établissement du bilan de la mise en œuvre du plan régional de l'agriculture durable est décidé par le préfet au vu des états annuels, et au plus tard avant la fin de la septième année suivant la date d'approbation de ce plan.

Le bilan est établi par le préfet de région avec l'assistance de la commission régionale de l'économie agricole et du monde rural prévue par l'article R. 313-45.

A l'issue de ce bilan, le préfet de région *(Décr. nº 2015-686 du 17 juin 2015, art. 1er-3º)* « et le président du conseil régional décident » le maintien en vigueur du plan ou sa révision. Il est procédé à la révision du plan selon la procédure prévue pour son élaboration.

Si un bilan du plan régional de l'agriculture durable n'a pas été établi huit ans après la date de publication de l'arrêté l'approuvant, ce plan est réputé caduc.

Art. R. 111-6 à R. 111-12 *Abrogés par Décr. nº 2010-1627 du 23 déc. 2010, à compter du 1er janv. 2011.*

CHAPITRE II **L'AMÉNAGEMENT RURAL**

SECTION 1 **L'affectation de l'espace agricole et forestier**

(Décr. n° 2001-244 du 20 mars 2001)

SOUS-SECTION 1 **Document de gestion de l'espace agricole et forestier**

Art. R. 112-1-1 *et* R. 112-1-2 *Abrogés par Décr. n° 2011-531 du 16 mai 2011, art. 2.*

SOUS-SECTION 2 **Zones agricoles protégées**

Art. R. 112-1-4 Le préfet du département établit un projet de délimitation et de classement d'une zone agricole en tant que zone agricole protégée.

La délimitation d'une zone peut être proposée au préfet par une ou plusieurs communes intéressées.

Art. R. 112-1-5 Le dossier de proposition contient :

a) Un rapport de présentation qui comprend notamment une analyse détaillée des caractéristiques agricoles et de la situation de la zone dans son environnement et qui précise les motifs et les objectifs de sa protection et de sa mise en valeur ;

b) Un plan de situation ;

c) Un plan de délimitation du ou des périmètres de la zone d'une échelle telle que chaque parcelle soit clairement identifiable.

Art. R. 112-1-6 Le projet de zone agricole protégée est soumis pour accord au conseil municipal de la ou des communes intéressées.

Il est ensuite adressé pour avis, par le préfet, à la chambre d'agriculture, à la commission départementale d'orientation de l'agriculture, à l'Institut national de l'origine et de la qualité quand le projet de périmètre inclut une aire d'appellation d'origine et le cas échéant *(Décr. n° 2017-1246 du 7 août 2017, art. 2-3°)* « aux organismes de défense et de gestion mentionnés à l'article L. 642-17 ».

Leur avis est notifié dans le délai de deux mois à compter de la réception dudit projet. A défaut de notification dans ce délai, l'avis est réputé favorable.

Art. R. 112-1-7 Le projet de zone agricole protégée est soumis à enquête publique par le préfet dans les conditions définies *(Décr. n° 2017-1246 du 7 août 2017, art. 2-4°)* « au chapitre III du titre II du livre I » du code de l'environnement.

Art. R. 112-1-8 Au vu des résultats de l'enquête publique et des avis, le projet de zone agricole protégée est soumis à la délibération de l'ensemble des conseils municipaux concernés.

Après avoir recueilli leur accord, le préfet décide par arrêté le classement en tant que zone agricole protégée.

Art. R. 112-1-9 L'arrêté préfectoral créant la zone agricole protégée est affiché un mois dans chaque mairie concernée et publié au recueil des actes administratifs de la préfecture du département. Mention en est, en outre, insérée en caractères apparents dans deux journaux diffusés dans le département. L'arrêté et les plans de délimitation sont tenus à la disposition du public à la préfecture et dans chacune des communes concernées.

Les effets juridiques attachés à la création de la zone ont pour point de départ l'exécution de l'ensemble des formalités de publication prévues au présent article. Pour l'application du présent alinéa, la date à prendre en compte pour l'affichage en mairie est celle du premier jour où il est effectué.

Art. R. 112-1-10 Les avis de la chambre d'agriculture et de la commission départementale d'orientation agricole sur un changement d'affectation ou de mode d'occupation des sols sollicités en application du deuxième alinéa de l'article L. 112-2 sont réputés favorables s'ils ne sont pas émis dans le délai de deux mois à compter de la réception du dossier.

Si le changement d'affectation concerne une aire d'appellation, le préfet peut consulter l'Institut national de l'origine et de la qualité suivant les modalités prévues à l'alinéa précédent.

SOUS-SECTION 3 **Préservation des espaces naturels, agricoles et forestiers** *(Décr. n° 2015-644 du 9 juin 2015, art. 1er-1°).*

(Décr. n° 2011-189 du 16 févr. 2011)

Art. D. 112-1-11 *(Décr. n° 2015-644 du 9 juin 2015, art. 1er-2°-a)* « I. – Dans les départements métropolitains autres que ceux de Corse et ceux mentionnés *(Décr. n° 2017-1246 du 7 août 2017, art. 2-5°)* « aux articles D. 112-1-11-1 et D. 112-1-11-2 », la commission départementale de la préservation des espaces naturels, agricoles et forestiers prévue à l'article L. 112-1-1 comprend, outre le préfet, président :

« 1° Le président du conseil départemental ;

« 2° Deux maires désignés par l'association des maires du département dont, si le département comprend des zones de montagne, au moins un représentant d'une commune ou d'un établissement public de coopération intercommunale situé en tout ou partie dans ces zones ;

« 3° Le président d'un établissement public ou d'un syndicat mixte mentionné à l'article *(Décr. n° 2015-1783 du 28 déc. 2015, art. 9-XI, en vigueur le 1er janv. 2016)* « L. 143-16 » du code de l'urbanisme et ayant son siège dans le département, désigné par l'association des maires du département ;

« 4° Lorsque le territoire du département comprend l'une des métropoles créées en application du titre I du livre II de la cinquième partie du code général des collectivités territoriales, le président du conseil de la métropole ;

« 5° Le président de l'association départementale ou interdépartementale des communes forestières, lorsque cette association existe ;

« 6° Le directeur de la direction départementale des territoires ou de la direction départementale des territoires et de la mer ;

« 7° Le président de la chambre d'agriculture compétente pour le département ;

« 8° Le président de chacune des organisations syndicales départementales représentatives au niveau départemental habilitées en application de l'article 1er du décret n° 90-187 du 28 février 1990 relatif à la représentation des organisations syndicales d'exploitants agricoles au sein de certains organismes ou commissions ;

« 9° Le président d'une association locale affiliée à un organisme national à vocation agricole et rurale agréé par arrêté du ministre chargé de l'agriculture ;

« 10° Un membre proposé par une organisation représentative des propriétaires agricoles dans le département ;

« 11° Le président du syndicat départemental ou interdépartemental des propriétaires forestiers ;

« 12° Le président de la fédération départementale ou interdépartementale des chasseurs ;

« 13° Le président de la chambre départementale des notaires ;

« 14° Les présidents de deux associations agréées de protection de l'environnement, désignées par le préfet ;

« 15° Le cas échéant, le directeur de l'Institut national de l'origine et de la qualité (INAO).

« Un représentant de la société d'aménagement foncier et d'établissement rural compétente pour le département participe aux réunions avec voix consultative.

« Le directeur de l'agence locale de l'Office national des forêts siège avec voix consultative, lorsque la commission traite de questions relatives aux espaces forestiers. »

(Décr. n° 2015-644 du 9 juin 2015, art. 1er-2°-b et c) « II. – La commission peut se doter d'un règlement intérieur. »

Les membres de la commission *(Décr. n° 2015-644 du 9 juin 2015, art. 1er-2°-c)* « mentionnés aux 2°, 3°, 9°, 10° et 14° » sont nommés pour une durée de six ans, renouvelable, par arrêté du préfet.

Art. D. 112-1-11-1 *(Décr. n° 2015-644 du 9 juin 2015, art. 1er-3°)* « I. – Dans la région d'Île-de-France, les compétences des commissions départementales de la préservation des espaces naturels, agricoles et forestiers, des départements de Paris, des Hauts-de-Seine, de la Seine-Saint-Denis et du Val-de-Marne sont exercées par une commission interdépartementale de la préservation des espaces naturels, agricoles et forestiers.

« II. — Elle comprend, outre le préfet de région d'Île-de-France, préfet de Paris, président :

« 1° Par roulement annuel, le président du *(Décr. n° 2017-1246 du 7 août 2017, art. 2-6°)* **« conseil départemental » du Val-de-Marne, de la Seine-Saint-Denis, des Hauts-de-Seine ou de Paris ;**

« 2° Deux maires désignés par les associations des maires de ces départements ;

« 3° Un président d'établissement public ou de syndicat mixte mentionné à l'article *(Décr. n° 2015-1783 du 28 déc. 2015, art. 9-XI, en vigueur le 1er janv. 2016)* **« L. 153-60 » du code de l'urbanisme et ayant son siège dans l'un des départements concernés, désigné par les associations des maires de ces départements ;**

« 4° Le président du conseil de la métropole du Grand Paris ; *— Le 4° du II de l'art. D. 112-1-11-1 entre en vigueur le 1er janv. 2016 (Décr. n° 2015-644 du 9 juin 2015, art. 2-I, JO 11 juin).*

« 5° Le directeur régional et interdépartemental de l'alimentation, de l'agriculture et de la forêt ;

(Décr. n° 2021-261 du 10 mars 2021, art. 4, en vigueur le 1er avr. 2021) **« 6° Le directeur régional et interdépartemental de l'environnement, de l'aménagement et des transports ; »**

« 7° *Abrogé par Décr. n° 2021-261 du 10 mars 2021, art. 4, à compter du 1er avr. 2021.*

« 8° Le président de la chambre interdépartementale d'agriculture d'Île-de-France ;

« 9° Le président de chacune des organisations syndicales d'exploitants agricoles à vocation générale habilitées en application de l'article 1er du décret n° 90-187 du 28 février 1990 ;

« 10° Le président d'une association locale affiliée à un organisme national à vocation agricole et rurale agréé par arrêté du ministre en charge de l'agriculture ;

« 11° Le membre de la commission interdépartementale d'orientation de l'agriculture représentant les propriétaires agricoles ;

« 12° Le président du centre régional de la propriété forestière ;

« 13° Les présidents de la chambre interdépartementale des notaires de Paris, de la Seine-Saint-Denis et du Val-de-Marne et de la chambre départementale des notaires des Hauts-de-Seine ;

« 14° Les présidents de deux associations agréées pour la protection de l'environnement désignées par le préfet de région d'Île-de-France, préfet de Paris ;

« 15° Le président de la fédération interdépartementale des chasseurs d'Île-de-France ;

« 16° Le cas échéant, le directeur de l'Institut national de l'origine et de la qualité (INAO).

« Un représentant de la société d'aménagement foncier et d'établissement rural compétente pour les départements en cause participe aux réunions avec voix consultative.

« Le directeur général de l'Office national des forêts siège avec voix consultative, lorsque la commission traite de questions relatives aux espaces forestiers. »

(Décr. n° 2011-1901 du 19 déc. 2011) **III. — Les modalités d'organisation et de fonctionnement de cette commission sont identiques à celles fixées à l'article D. 112-1-11.**

Art. D. 112-1-11-2 *(Décr. n° 2015-644 du 9 juin 2015, art. 1er-4°)* **Une même commission exerce les compétences de la commission départementale de la préservation des espaces naturels, agricoles et forestiers pour le département du Rhône et la métropole de Lyon.**

Cette commission comprend, outre les membres mentionnés au I de l'article D. 112-1-11, le président du conseil de la métropole de Lyon. Les II et III du même article lui sont applicables.

Art. D. 112-1-11-3 *(Décr. n° 2017-1822 du 28 déc. 2017, art. 1er-1°)* **« I. — En Corse, la commission territoriale de la préservation des espaces naturels, agricoles et forestiers mentionnée à l'article L. 112-1-2 comprend :**

« 1° Un conseiller exécutif désigné par le président du conseil exécutif de Corse ;

« 2° Quatre conseillers à l'Assemblée de Corse désignés par celle-ci ; »

(Décr. n° 2016-161 du 17 févr. 2016, art. 1er, en vigueur le 1er avr 2016) **3° Un maire et un représentant d'une commune ou d'un établissement public de coopération inter-**

communale situé en tout ou partie en zone de montagne, désignés par les deux associations départementales des maires ;

4° Le président d'un établissement public ou d'un syndicat mixte mentionné *(Décr. nº 2017-1246 du 7 août 2017, art. 2-7º)* **« à l'article L. 143-16 du code de l'urbanisme », désigné par les deux associations départementales des maires ;**

5° Le directeur de chacune des directions départementales des territoires et de la mer ;

6° Le président de la chambre d'agriculture de Corse et les présidents de chacune des chambres départementales d'agriculture ;

7° Par département, le président de chacune des organisations syndicales départementales représentatives au niveau départemental habilitées en application de l'article 1er du décret n° 90-187 du 28 février 1990 relatif à la représentation des organisations syndicales d'exploitants agricoles au sein de certains organismes ou commissions ;

8° Un membre proposé par une organisation représentant les propriétaires agricoles ;

9° Le président de la chambre régionale des notaires ;

10° Les présidents de deux associations agréées de protection de l'environnement désignées par le préfet de Corse ;

11° Le président du centre régional de la propriété forestière ;

12° Un représentant des chasseurs désigné par les fédérations départementales des chasseurs ;

13° Le président d'une association locale affiliée à un organisme national à vocation agricole et rurale désignée par le préfet de Corse ;

14° Le cas échéant, le directeur de l'Institut national de l'origine et de la qualité.

Peuvent participer aux réunions avec voix consultative :

– le président de l'office de développement agricole de la Corse ;

– le président-directeur général de la société d'aménagement foncier et d'établissement rural ;

– le directeur régional de l'Office national des forêts lorsque la commission traite de questions relatives aux espaces forestiers.

II. – La commission peut se doter d'un règlement intérieur.

Les membres de la commission mentionnés aux 2°, 3°, 4°, 8°, 10°, 12°, 13° sont nommés pour une durée de six ans, renouvelable, par arrêté du préfet de Corse.

SOUS-SECTION 4 **Observatoire des espaces naturels, agricoles et forestiers** *(Décr. nº 2015-779 du 29 juin 2015, art. 1er-1º).*

(Décr. nº 2011-786 du 28 juin 2011)

Art. D. 112-1-12 **L'***(Décr. nº 2015-779 du 29 juin 2015, art. 1er-2º)* **« observatoire des espaces naturels, agricoles et forestiers, placé auprès du ministre chargé de l'agriculture, exerce les missions énumérées à l'article L. 112-1 »** *[et]* **publie annuellement un rapport sur son activité.**

Art. D. 112-1-13 *(Décr. nº 2015-779 du 29 juin 2015, art. 1er-3º)* **L'observatoire des espaces naturels, agricoles et forestiers comprend :**

1° Un député et un sénateur ;

2° Cinq représentants des associations de collectivités territoriales :

***a)* Le président de l'Association des maires de France et le président de la Fédération nationale des communes forestières ;**

***b)* Le président de l'Assemblée des départements de France ;**

***c)* Le président de l'Association des régions de France ;**

***d)* Le président de l'Association des communautés de France ;**

3° Trois représentants d'associations de protection de l'environnement agréées au titre de l'article L. 141-1 du code de l'environnement ;

4° Un représentant des parcs naturels de France ;

5° Deux représentants de *(Ord. nº 2022-583 du 20 avr. 2022, art. 1er)* **« Chambres d'agriculture France » proposés par celle-ci ;**

6° Le président de l'organe délibérant de chacune des organisations syndicales d'exploitants agricoles à vocation générale habilitées en application de l'article 3 du décret n° 90-187 du 28 janvier 1990 relatif à la représentation des organisations syn-

dicales d'exploitants agricoles au sein de certains organismes cu commissions ; – *V. désormais art. R. 514-37 s.*

7° Le président de l'organisation la plus représentative des propriétaires agricoles ;
8° Le président de l'organisation la plus représentative des propriétaires forestiers ;
9° Le directeur général de l'Office national des forêts ;
10° Le directeur de l'Institut national de l'origine et de la qualité ;
11° Cinq représentants de l'État :
– le secrétaire général du ministère chargé de l'agriculture ;
– le directeur général de la performance économique et environnementale des entreprises ;
– le directeur de l'habitat, de l'urbanisme et des paysages ;
– le directeur de l'eau et de la biodiversité ;
– le commissaire général à l'égalité des territoires.

Les membres de l'observatoire des espaces naturels, agricoles et forestiers mentionnés aux 3° à 5° sont nommés pour une durée de cinq ans, renouvelable, par arrêté du ministre chargé de l'agriculture.

Sous réserve des dispositions de la présente section, l'observatoire se réunit et fonctionne dans les conditions prévues par les articles 3 à 15 du décret n° 2006-672 du 8 juin 2006 relatif à la création, à la composition et au fonctionnement de commissions administratives à caractère consultatif *[CRPA, art. R. 133-3 s.]*.

Les membres de l'observatoire autres que ceux mentionnées aux 3°, 4° et 5° peuvent se faire suppléer dans les conditions prévues par l'article 3 du décret du 8 juin 2006 précité *[CRPA, art. R. 133-3]*.

Les membres de l'observatoire mentionnés aux 3°, 4° et 5° peuvent se faire suppléer par un membre de l'organisme auquel ils appartiennent.

Art. D. 112-1-14 Le président de l'*(Décr. n° 2015-779 du 29 juin 2015, art. 1er-4°)* « observatoire des espaces naturels, agricoles et forestiers » est nommé par arrêté du ministre chargé de l'agriculture pour une durée de cinq ans parmi les membres mentionnés aux 1° et 2° de l'article D. 112-1-13. En cas d'absence ou d'empêchement, il est remplacé par un des représentants mentionnés aux deux premiers tirets du *(Décr. n° 2015-779 du 29 juin 2015, art. 1er-4°)* « 11° » de l'article D. 112-1-13.

Art. D. 112-1-15 L'*(Décr. n° 2015-779 du 29 juin 2015, art. 1er-5°)* « observatoire des espaces naturels, agricoles et forestiers » se réunit au moins une fois par an en formation plénière, sur convocation de son président, qui fixe l'ordre du jour.

Les délibérations de l'observatoire sont prises à la majorité simple sans condition de quorum. Le président a voix prépondérante en cas de partage égal des voix.

Art. D. 112-1-16 L'*(Décr. n° 2015-779 du 29 juin 2015, art. 1er-5°)* « observatoire des espaces naturels, agricoles et forestiers » élabore son règlement intérieur. Il peut constituer des groupes de travail spécialisés et associer à ses travaux toute personne pouvant contribuer à la réalisation de ses missions. Il est doté d'un comité technique chargé de préparer son programme de travail. La composition et les modalités de fonctionnement du comité technique sont précisées par le règlement intérieur.

Art. D. 112-1-17 Les fonctions de président ou de membre de l'*(Décr. n° 2015-779 du 29 juin 2015, art. 1er-5°)* « observatoire des espaces naturels, agricoles et forestiers » et du comité technique ne donnent pas lieu à rémunération.

SOUS-SECTION 5 Compensation collective visant à consolider l'économie agricole du territoire

(Décr. n° 2016-1190 du 31 août 2016, art. 1er)

Art. D. 112-1-18 I. – Font l'objet de l'étude préalable prévue au premier alinéa de l'article L. 112-1-3 les projets de travaux, ouvrages ou aménagements publics et privés soumis, par leur nature, leurs dimensions ou leur localisation, à une étude d'impact de façon systématique dans les conditions prévues à l'article R. 122-2 du code de l'environnement et répondant aux conditions suivantes :

– leur emprise est située en tout ou partie soit sur une zone agricole, forestière ou naturelle, délimitée par un document d'urbanisme opposable et qui est ou a été affectée à une activité agricole au sens de l'article L. 311-1 dans les cinq années précédant la date de dépôt du dossier de demande d'autorisation, d'approbation ou d'adoption du projet, soit sur une zone à urbaniser délimitée par un document d'urbanisme opposable qui est ou a été affectée à une activité agricole au sens de l'article L. 311-1 dans les trois années précédant la date de dépôt du dossier de demande d'autorisation, d'approbation ou d'adoption du projet, soit, en l'absence de document d'urbanisme délimitant ces zones, sur toute surface qui est ou a été affectée à une activité agricole dans les cinq années précédant la date de dépôt du dossier de demande d'autorisation, d'approbation ou d'adoption du projet ;

— la surface prélevée de manière définitive sur les zones mentionnées à l'alinéa précédent est supérieure ou égale à un seuil fixé par défaut à cinq hectares. Par arrêté pris après avis de la commission prévue aux articles L. 112-1-1, L. 112-1-2 et L. 181-10, le préfet peut déroger à ce seuil en fixant un ou plusieurs seuils départementaux compris entre un et dix hectares, tenant notamment compte des types de production et de leur valeur ajoutée. Lorsque la surface prélevée s'étend sur plusieurs départements, le seuil retenu est le seuil le plus bas des seuils applicables dans les différents départements concernés.

II. — Lorsqu'un projet est constitué de plusieurs travaux, installations, ouvrages ou autres interventions au sens du dernier alinéa du III de l'article L. 122-1 du code de l'environnement, la surface mentionnée à l'alinéa précédent correspond à celle prélevée pour la réalisation de l'ensemble du projet.

Art. D. 112-1-19 L'étude préalable comprend :

1° Une description du projet et la délimitation du territoire concerné ;

2° Une analyse de l'état initial de l'économie agricole du territoire concerné. Elle porte sur la production agricole primaire, la première transformation et la commercialisation par les exploitants agricoles et justifie le périmètre retenu par l'étude ;

3° L'étude des effets positifs et négatifs du projet sur l'économie agricole de ce territoire. Elle intègre une évaluation de l'impact sur l'emploi ainsi qu'une évaluation financière globale des impacts, y compris les effets cumulés avec d'autres projets connus ;

4° Les mesures envisagées et retenues pour éviter et réduire les effets négatifs notables du projet. L'étude établit que ces mesures ont été correctement étudiées. Elle indique, le cas échéant, les raisons pour lesquelles elles n'ont pas été retenues ou sont jugées insuffisantes. L'étude tient compte des bénéfices, pour l'économie agricole du territoire concerné, qui pourront résulter des procédures d'aménagement foncier mentionnées aux articles L. 121-1 et suivants ;

5° Le cas échéant, les mesures de compensation collective envisagées pour consolider l'économie agricole du territoire concerné, l'évaluation de leur coût et les modalités de leur mise en œuvre.

Dans le cas mentionné au II de l'article D. 112-1-18, l'étude préalable porte sur l'ensemble du projet. A cet effet, lorsque sa réalisation est fractionnée dans le temps, l'étude préalable de chacun des projets comporte une appréciation des impacts de l'ensemble des projets. Lorsque les travaux sont réalisés par des maîtres d'ouvrage différents, ceux-ci peuvent demander au préfet de leur préciser les autres projets pour qu'ils en tiennent compte.

Art. D. 112-1-20 Les documents évaluant les impacts des projets sur l'environnement prescrits par le code de l'environnement tiennent lieu de l'étude préalable prévue à l'article D. 112-1-19 s'ils satisfont à ses prescriptions.

Art. D. 112-1-21 I. — L'étude préalable est adressée par le maître d'ouvrage au préfet par tout moyen permettant de rapporter la preuve de sa date de réception.

Le préfet transmet l'étude préalable, y compris lorsqu'elle est établie sous la forme mentionnée à l'article D. 112-1-20, à la commission prévue aux articles L. 112-1-1, L. 112-1-2 et L. 181-10 qui émet un avis motivé sur l'existence d'effets négatifs notables du projet sur l'économie agricole, sur la nécessité de mesures de compensation collective et sur la pertinence et la proportionnalité des mesures proposées par le maître d'ouvrage. Le cas échéant, la commission propose des adaptations ou des compléments à ces mesures et émet des recommandations sur les modalités de leur mise en œuvre. A l'expiration d'un délai de deux mois à compter de sa saisine, l'absence d'avis sur les mesures de compensation proposées vaut absence d'observation.

II. — Lorsque les conséquences négatives des projets de travaux, ouvrages ou aménagements publics et privés sont susceptibles d'affecter l'économie agricole de plusieurs départements, le maître d'ouvrage adresse l'étude préalable au préfet du département dans lequel se situent la majorité des surfaces prélevées, qui procède à la consultation des préfets des autres départements concernés par le projet et recueille leurs avis, rendus après consultation dans chaque département de la commission prévue aux articles L. 112-1-1, L. 112-1-2 et L. 181-10. Il peut prolonger le délai prévu à l'alinéa précédent d'un mois en cas de besoin.

III. — Le préfet notifie au maître d'ouvrage son avis motivé sur l'étude préalable dans un délai de quatre mois à compter de la réception du dossier ainsi que, le cas échéant, à l'autorité décisionnaire du projet. Lorsque l'avis de plusieurs préfets est requis en application du II du présent article, le préfet du département dans lequel se situe la majorité des surfaces prélevées est chargé de la notification de ces avis dans les mêmes conditions.

A défaut d'avis formulé dans ce délai, le préfet est réputé n'avoir aucune observation à formuler sur l'étude préalable.

Lorsque le préfet estime que l'importance des conséquences négatives du projet sur l'économie agricole impose la réalisation de mesures de compensation collective, son avis et l'étude préalable sont publiés sur le site internet de la préfecture. Lorsque l'avis de plusieurs préfets est requis en application du II du présent article, les avis des préfets des départements et l'étude préalable sont publiés sur le site internet de chacune des préfectures des départements concernés par le projet dès lors que l'un des préfets consultés estime que l'importance des conséquences négatives du projet sur l'économie agricole impose la réalisation de mesures de compensation collective.

Art. D. 112-1-22 *(Décr. n° 2021-1348 du 14 oct. 2021, art. 1er)* Tout maître d'ouvrage, dont le projet doit conduire à la mise en œuvre de mesures de compensation collective agricole, peut consigner tout ou partie des sommes destinées au financement desdites mesures à la caisse des dépôts et consignations.

La consignation est effectuée sur production d'un arrêté du préfet et de tout document de nature à justifier les droits et l'identité du demandeur.

Les modalités de déconsignation et le sort des intérêts de consignation sont prévus dans l'arrêté de consignation.

Art. D. 112-1-23 Le maître d'ouvrage informe le préfet de la mise en œuvre des mesures de compensation collective selon une périodicité adaptée à leur nature. — *L'art. D. 112-1-22 devient l'art. D. 112-1-23 (Décr. n° 2021-1348 du 14 oct. 2021, art. 1er-II).*

SOUS-SECTION 6 Réduction substantielle des surfaces affectées à des productions bénéficiant d'une appellation d'origine protégée et atteinte substantielle aux conditions de production de l'appellation

(Décr. n° 2016-1886 du 26 déc. 2016, art. 1er)

Art. D. 112-1-24 Pour l'application du cinquième alinéa de l'article L. 112-1-1 :

1° Une réduction des surfaces affectées à des productions bénéficiant d'une appellation d'origine protégée est considérée comme substantielle lorsqu'elle porte soit sur plus d'un pour cent de l'aire géographique de cette appellation, soit, le cas échéant, sur plus de deux pour cent de l'aire comprise dans le périmètre géographique d'une commune ou, le cas échéant, d'un établissement public de coopération intercommunale.

2° Une atteinte aux conditions de production d'une appellation d'origine protégée est considérée comme substantielle lorsqu'elle est de nature à rendre un produit non conforme au cahier des charges de l'appellation. — *L'art. D. 112-1-23 devient l'art. D. 112-1-24 (Décr. n° 2021-1348 du 14 oct. 2021, art. 1er-II).*

Art. D. 112-1-25 La commission prévue aux articles L. 112-1-1, L. 112-1-2, L. 181-10 et L. 184-6 est saisie des projets mentionnés au cinquième alinéa de l'article L. 112-1-1 par le préfet territorialement compétent ou, à Saint-Martin, par le représentant de l'État dans la collectivité. Elle rend son avis au plus tard trois mois à compter de cette saisine. A défaut de réponse dans ce délai, l'avis est réputé favorable.

L'autorité mentionnée au premier alinéa transmet l'avis de la commission à l'autorité administrative compétente qui approuve le projet. — *L'art. D. 112-1-24 devient l'art. D. 112-1-25 (Décr. n° 2021-1348 du 14 oct. 2021, art. 1er-II).*

SECTION 2 Les chartes intercommunales de développement et d'aménagement

Les art. R. 112-2-1 à R. 112-2-5 ci-dessous reprennent sans changement le texte des anciens art. R. 112-2 à R. 112-5 (Décr. n° 2001-244 du 20 mars 2001, art. 1er-II).*

Art. R.* 112-2-1 Le projet de périmètre de la zone d'application de la charte intercommunale de développement et d'aménagement est proposé par délibérations concordantes des conseils municipaux des communes concernées au préfet de département si le territoire défini par le projet de charte est tout entier situé à l'intérieur d'un même département.

Il est proposé au préfet de région, sous couvert du préfet de département, lorsque le territoire défini par le projet de charte concerne une agglomération de plus de 100 000 habitants ou des communes appartenant à plusieurs départements situés dans une seule région, ou aux préfets de région, sous couvert du préfet de département, lorsqu'il concerne des communes appartenant à plusieurs départements situés dans des régions différentes.

(Décr. n° 2017-1246 du 7 août 2017, art. 2-8°) « Les préfets transmettent pour avis le projet de périmètre de la charte aux conseils départementaux et, dans les cas prévus au deuxième alinéa de l'article L. 5223-1 du code général des collectivités territoriales, aux conseils régionaux concernés. »

Faute de réponse dans un délai de six mois à compter de la réception de ce projet, l'avis de ces assemblées est réputé favorable. — *[Décr. n° 84-503 du 26 juin 1984, art. 1er.]*

Art. R.* 112-2-2 Le périmètre mentionné à l'article *(Décr. n° 2017-1246 du 7 août 2017, art. 2-9°)* « R.* 112-2-1 » est arrêté selon le cas par le préfet du département ou de région.

Lorsque le territoire couvert par la charte s'étend sur plusieurs départements situés dans plusieurs régions, le périmètre est arrêté conjointement par les préfets de région concernés. Cet arrêté désigne celui des préfets de région qui sera chargé d'exercer les compétences prévues à l'article *(Décr. n° 2017-1246 du 7 août 2017, art. 2-9°)* « R.* 112-2-3 ». — *[Décr. n° 84-503 du 26 juin 1984, art. 2.]*

Art. R.* 112-2-3 Le préfet compétent notifie l'arrêté aux communes et en assure la publication dans le Recueil des actes administratifs de l'État dans le ou les départements ; mention de cet arrêté est faite dans deux journaux locaux.

Il notifie également l'arrêté aux départements et aux régions et, le cas échéant, aux organismes gestionnaires des parcs naturels régionaux.

A compter de la publication de l'arrêté, les organismes professionnels économiques et sociaux mentionnés au troisième alinéa de l'article *(Décr. n° 2017-1246 du 7 août 2017, art. 2-10°)* « L. 5223-1 du code général des collectivités territoriales » disposent d'un délai de trois mois pour faire part aux communes de leur demande de concertation lors de l'élaboration de la charte. — *[Décr. n° 84-503 du 26 juin 1984, art. 3.]*

Art. R.* 112-2-4 *(Décr. n° 2017-1246 du 7 août 2017, art. 2-11°)* « Sans préjudice de l'application de l'article L. 2131-6 du code général des collectivités territoriales, chacune des communes intéressées transmet un exemplaire de la charte, accompagné de la délibération qui l'approuve, aux préfets ayant arrêté le périmètre. » Les préfets constatent la concordance des délibérations et pourvoient à la publication, dans deux journaux locaux, de l'accord intervenu sur la charte.

Un exemplaire de la charte est en outre transmis, par les soins des communes intéressées, à chacune des personnes morales qui ont participé à l'élaboration de la charte. — *[Décr. n° 84-503 du 26 juin 1984, art. 4.]*

Art. R.* 112-2-5 *(Décr. n° 2017-1246 du 7 août 2017, art. 2-12°)* Les conditions de classement en parc naturel régional d'une zone faisant l'objet de chartes intercommunales sont fixées, en application de l'article L. 333-1 du code de l'environnement, par les articles R. 333-1 à R. 333-16 du même code.

SECTION 3 Les organismes de développement et d'aménagement rural

SOUS-SECTION 1 Les sociétés d'aménagement régional

Art. R. 112-6 *(Décr. n° 2008-995 du 22 sept. 2008)* Les travaux nécessaires à la mise en valeur d'une région déterminée, prévus à l'article L. 112-8, font l'objet de programmes établis à la diligence du préfet de région du lieu du siège de l'organisme en cause ou, lorsque la région bénéficie du transfert de compétence mentionné à l'article L. 112-8, à la diligence du conseil régional.

L'État ou, lorsqu'elle bénéficie du transfert de compétence susmentionné, la région définit les orientations relatives à l'aménagement, l'entretien, la gestion et, le cas échéant, l'extension des ouvrages concernés.

Art. R. 112-7 L'étude et l'exécution des travaux mentionnés à l'article R. 112-6 et éventuellement l'exploitation des ouvrages peuvent faire l'objet d'une concession unique accordée par décret pris dans les conditions fixées à l'article L. 112-8, à l'initiative d'un ou des ministres compétents, en accord avec le ministre chargé de l'économie et des finances et après avis du ministre chargé de l'aménagement du territoire, sur le rapport des ministres intéressés *(Décr. n° 2008-995 du 22 sept. 2008)* « ou, lorsque la région bénéficie du transfert de compétence mentionné à l'article L. 112-8, par délibération du conseil régional ». — *[Décr. n° 55-253 du 3 févr. 1955, art. 1er, al. 2.]*

Art. R. 112-8 L'organisme concessionnaire bénéficie des droits et servitudes prévus par les textes législatifs et réglementaires en vigueur pour les concessionnaires et exploitants de travaux et ouvrages publics de la nature de ceux qui sont concédés. Il est chargé de la poursuite des expropriations qui auront fait l'objet d'une déclaration d'utilité publique.

Les travaux exécutés ont le caractère de travaux publics. — *[Décr. n° 55-253 du 3 févr. 1955, art. 2.]*

Art. R. 112-9 Au décret *(Décr. n° 2008-995 du 22 sept. 2008)* « ou à la délibération du conseil régional portant concession » sont annexés une convention générale et un cahier des charges général déterminant respectivement, d'une part, l'objet, la durée et les modalités économiques et financières de la concession, d'autre part, les modalités de l'exécution et de l'exploitation des ouvrages.

La convention et le cahier des charges doivent avoir été soumis pour avis au Conseil d'État *(Décr. n° 2008-995 du 22 sept. 2008)* « lorsque l'État est l'autorité concédante ».

Le cas échéant, si la concession comporte l'exécution des travaux par tranches successives d'un programme général, des conventions et cahiers des charges particuliers approuvés par décret en Conseil d'État *(Décr. n° 2008-995 du 22 sept. 2008)* « ou, lorsque la région bénéficie du transfert de compétence mentionné à l'article L. 112-8, par délibération du conseil régional, » peuvent préciser, au fur et à mesure de la réalisation du programme, les conditions de l'exécution de chacune de ces tranches. — *[Décr. n° 55-253 du 3 févr. 1955, art. 3.]*

Art. R. 112-10 La convention générale fixe notamment :

1° Les modalités générales du financement des investissements et les rapports financiers *(Décr. n° 2008-995 du 22 sept. 2008)* « entre l'autorité concédante et le concessionnaire » ;

2° Les justifications comptables que celui-ci est tenu de fournir, la date de leur présentation ainsi que la ou les autorités auxquelles elles seront adressées. Sauf disposition contraire de la convention, les modalités de l'établissement et de la présentation des bilans et des comptes sont conformes au plan comptable. — *[Décr. n° 55-253 du 3 févr. 1955, art. 4.]*

Art. R. 112-11 Le cahier des charges général fixe notamment :

1° Les conditions dans lesquelles sont exécutés les travaux, leur échelonnement et éventuellement les conditions d'exploitation des ouvrages ;

2° Les mesures de coordination rendues nécessaires par l'existence d'autres concessionnaires ou exploitants d'ouvrages ou de services publics, en particulier les conventions dont l'intervention peut être rendue obligatoire entre le concessionnaire, les collectivités locales, établissements publics et autres organismes intéressés. — *[Décr. n° 55-253 du 3 févr. 1955, art. 5.]*

Art. R. 112-12 Les cahiers des charges particuliers et les conventions particulières peuvent déterminer notamment :

1° Les délais dans lesquels les projets d'exécution devront être présentés et les travaux achevés ;

2° Les normes techniques relatives à l'étude de détail et à l'exécution des ouvrages ;

3° Les clauses techniques d'exploitation des ouvrages ;

4° Les clauses financières de l'exploitation, notamment celles relatives au prix des prestations du concessionnaire qui pourront varier selon l'usage auquel elles sont destinées. — *[Décr. n° 55-253 du 3 févr. 1955, art. 6.]*

Art. R. 112-13 *(Décr. n° 2008-995 du 22 sept. 2008)* Les statuts de l'organisme titulaire de la concession et, en l'absence des statuts, ses règles d'organisation en ce qui concerne le fonctionnement de la concession, sont approuvés, lorsque l'État est l'autorité concédante, par un décret en Conseil d'État ou, lorsque la région est l'autorité concédante, par délibération du conseil régional.

SOUS-SECTION 2 Les offices de Corse

§ 1 L'office du développement agricole et rural de Corse

Art. R. 112-14 L'office de développement agricole et rural de Corse mentionné à l'article L. 112-11, est un établissement public à caractère industriel et commercial, doté de la personnalité civile et de l'autonomie financière.

L'office coordonne l'ensemble des actions de développement de l'agriculture et de développement du milieu rural.

L'office est consulté *(Décr. n° 2017-1246 du 7 août 2017, art. 2-13°)* « par la collectivité de Corse sur toutes les questions de sa compétence » relatives à la modernisation et au développement de l'agriculture et notamment lors de l'élaboration du schéma d'aménagement de la Corse, pour ce qui concerne le développement agricole et rural. — *[Décr. n° 83-705 du 28 juill. 1983, art. 1er-2, al. 1er, et 5.]*

Art. R. 112-15 Pour l'exécution de ses missions, l'office peut notamment :

1° Procéder aux études d'ensemble ou sectorielles quelle que soit leur nature ainsi qu'aux travaux d'équipements liés aux exploitations agricoles ;

2° Procéder aux études et mener des actions d'animation et d'assistance commerciale afin de faciliter l'organisation des producteurs ou le contrôle de la production et des débouchés ;

3° Procéder aux études et mener des actions de mise en valeur en vue du développement de l'agriculture, de la forêt ainsi que du développement en milieu rural de l'aquaculture, du tourisme et de l'artisanat ;

4° Réaliser des programmes spéciaux au titre des règlements communautaires ;

5° Assurer la distribution des aides financières à des exploitations agricoles et à leurs groupements ;

6° Participer à toutes actions d'assistance technique et de coopération internationale.

L'office ne peut acquérir que les immeubles et meubles nécessaires à son fonctionnement. — *[Décr. n° 83-705 du 28 juill. 1983, art. 6 et 7.]*

Art. R. 112-16 Le conseil d'administration de l'office du développement agricole et rural de Corse comprend vingt-huit membres. Il est constitué comme suit :

1° Cinq membres désignés par l'assemblée de Corse ;

2° Un représentant de chacun des deux départements de Corse, désignés par les conseils départementaux de ces départements ;

3° Pour chaque département *(Abrogé par Décr. n° 2017-1246 du 7 août 2017, art. 2-14°)* *« de la région »* de Corse, un membre désigné par la chambre d'agriculture ;

4° Pour chaque département *(Abrogé par Décr. n° 2017-1246 du 7 août 2017, art. 2-14°)* *« de la région »* de Corse, cinq membres désignés par les organisations représentatives des chefs d'exploitation agricole ;

5° Un représentant des salariés des exploitations agricoles ;

6° Un membre désigné par la caisse régionale de crédit agricole mutuel de Corse ;

7° Un membre désigné par la Société d'aménagement foncier et d'établissement rural de Corse ;

8° Deux représentants des coopératives agricoles, désignés par la fédération régionale des coopératives agricoles ;

9° Un membre désigné par l'office d'équipement hydraulique de Corse ;

10° Deux représentants du personnel de l'office désignés par accord entre les organisations syndicales les plus représentatives ;

11° Un représentant du ministre *(Décr. n° 2017-1246 du 7 août 2017, art. 2-14°)* « chargé » de l'agriculture. — *[Décr. n° 83-705 du 28 juill. 1983, art. 8.]*

Art. R. 112-17 La désignation des membres mentionnés au 4° de l'article R. 112-16 se fait proportionnellement aux voix obtenues par ces organisations lors des élections aux chambres d'agriculture au sein du collège mentionné au 1° de l'article *(Décr. n° 2017-1246 du 7 août 2017, art. 2-15°)* « R. 511-8 ». Cette répartition s'effectue suivant le système de la plus forte moyenne.

La désignation du membre mentionné au 5° de l'article R. 112-16 est effectuée par l'organisation représentative des salariés des exploitations agricoles ayant obtenu le plus grand nombre de voix lors des élections aux chambres d'agriculture au sein du collège mentionné au 3° de l'article *(Décr. n° 2017-1246 du 7 août 2017, art. 2-15°)* « R. 511-8 ».

Les membres choisis au 1° de l'article R. 112-16 sont désignés par l'assemblée de Corse lors de chaque renouvellement de son bureau.

Les autres membres du conseil d'administration sont désignés pour une durée de trois ans.

Le mandat des membres sortants peut être renouvelé.

Les membres du conseil d'administration décédés ou démissionnaires et ceux qui, en cours de mandat, perdent la qualité au titre de laquelle ils ont été désignés sont remplacés. Dans ce cas, le mandat des nouveaux membres expire à la date à laquelle aurait normalement pris fin celui de leur prédécesseur.

Les membres du conseil d'administration ont le droit de se faire représenter pour une séance déterminée par un de leurs collègues désigné *(Décr. n° 2017-1246 du 7 août 2017, art. 2-15°)* « par tout moyen permettant d'établir date et origine certaine » ; un membre du conseil d'administration ne peut être mandataire que d'un seul de ses collègues. — *[Décr. n° 83-705 du 28 juill. 1983, art. 9 et 10.]*

Art. R. 112-18 Les membres du conseil ne peuvent prendre ou conserver aucun intérêt, occuper aucune fonction dans les entreprises traitant avec l'établissement pour des marchés de travaux ou des marchés de fournitures ou assurer des prestations pour des entreprises. Ils ne peuvent en aucun cas prêter leur concours à titre onéreux à l'établissement.

Les membres du conseil d'administration bénéficient du remboursement des frais de déplacement ou de séjour effectivement supportés par eux à l'occasion des réunions du conseil *(Décr. n° 2017-1246 du 7 août 2017, art. 2-16°)* « conformément aux dispositions du décret n° 2006-781 du 3 juillet 2006 fixant les conditions et les modalités de règlement des frais occasionnés par les déplacements temporaires des personnels civils de l'État ».

Le mandat de membre du conseil d'administration de l'office ne donne lieu à aucune rémunération. Toutefois, les membres prévus aux 4° et 5° de l'article R. 112-16 peuvent être indemnisés de la perte de leur temps de travail sur la base du salaire de l'ouvrier agricole le mieux rémunéré du département. — *[Décr. n° 83-705 du 28 juill. 1983, art. 11 et 13.]*

Art. R. 112-19 Le conseil d'administration peut valablement siéger lorsque vingt et un au moins de ses membres ont été régulièrement désignés.

Dans le cas où le conseil d'administration de l'office ne disposerait plus de ce nombre minimum de membres, il y serait pourvu par arrêté du préfet de région, après avis de l'assemblée de Corse. Dans ce dernier cas, le président en exercice serait tenu d'assurer la gestion des affaires courantes de l'office jusqu'à ce que, cet arrêté étant intervenu, le nouveau conseil puisse valablement siéger. — *[Décr. n° 83-705 du 28 juill. 1983, art. 12.]*

Art. R. 112-20 Dès sa désignation et après chaque renouvellement de ses membres, le conseil d'administration élit en son sein, à la majorité absolue au premier tour et, le cas échéant, à la majorité relative au second tour, un président et deux vice-présidents chargés, dans l'ordre fixé par le conseil, de remplacer le président en cas d'absence ou d'empêchement. – *[Décr. nº 83-705 du 28 juill. 1983, art. 14.]*

Art. R. 112-21 Le conseil d'administration se réunit sur la convocation de son président, qui fixe l'ordre du jour de la séance, aussi souvent qu'il est nécessaire et au moins trois fois par an.

Le président est tenu de convoquer le conseil sur un ordre du jour déterminé à la demande de plus de la moitié des membres en exercice ou du commissaire du Gouvernement.

Sauf en cas d'urgence, le lieu, la date et l'ordre du jour sont portés au moins deux semaines à l'avance à la connaissance des membres du conseil, du commissaire du Gouvernement et du directeur de l'office.

Le commissaire du Gouvernement ou son représentant, le *(Décr. nº 2012-1247 du 7 nov. 2012, art. 2)* « contrôleur budgétaire », le directeur de l'office, l'agent comptable et les *(Décr. nº 2017-1246 du 7 août 2017, art. 2-17º)* « directeurs départementaux des territoires et de la mer » assistent aux séances avec voix consultative. – *[Décr. nº 83-705 du 28 juill. 1983, art. 15.]*

Art. R. 112-22 Le conseil d'administration ne peut valablement délibérer que si les deux tiers au moins des membres régulièrement désignés assistent à la séance ou sont représentés.

Toutefois, si le quorum n'est pas atteint, une nouvelle séance du conseil pourra être convoquée sur le même ordre du jour, séparée de la première par un intervalle de quinze jours francs au moins. Les délibérations seront alors valables quel que soit le nombre des membres présents ou représentés.

Les délibérations sont prises à la majorité absolue des membres présents ou représentés ; en cas de partage des voix, celle du président est prépondérante.

Les délibérations font l'objet de procès-verbaux signés par le président et notifiés aux membres du conseil d'administration, au commissaire du Gouvernement et au *(Décr. nº 2012-1247 du 7 nov. 2012, art. 2)* « contrôleur budgétaire ». – *[Décr. nº 83-705 du 28 juill. 1983, art. 16.]*

Art. R. 112-23 Le conseil d'administration règle les affaires de l'établissement. Il délibère notamment dans les matières suivantes :

1º La fixation du siège de l'établissement ;

2º Les conditions générales d'organisation et de fonctionnement de l'établissement ;

3º Les programmes généraux d'activités et d'investissements ;

4º *(Décr. nº 2012-1247 du 7 nov. 2012, art. 2)* « Le budget » et, le cas échéant, les états rectificatifs en cours d'année ;

5º Les comptes de chaque exercice et l'affectation des résultats ;

6º Les emprunts ;

7º Les acquisitions, échanges et aliénations de biens immobiliers ainsi que les prises et cessions de bail supérieur à trois ans ;

8º Les prises, extensions et cessions de participations financières ;

9º Les marchés de travaux, de fournitures et de services ;

10º Les conditions générales de tarification de vente des produits de l'exploitation et des prestations de service ;

11º Les conditions générales de passation, de financement et de contrôle des marchés ;

12º Les conditions générales de recrutement, d'emploi et de rémunération des personnels de l'établissement ;

13º La fixation des effectifs des personnels et la répartition des emplois dans les différentes catégories ;

14º Le rapport annuel d'activité de l'établissement ;

15º L'acceptation ou le refus des dons et legs ;

16º La désignation de son représentant au conseil d'administration de l'office d'équipement hydraulique et dans les autres établissements ou sociétés où l'office est susceptible d'être représenté.

Le conseil d'administration décide toutes actions judiciaires.

Il donne son avis sur les questions qui lui sont soumises.

Le conseil d'administration peut déléguer certaines de ses attributions au directeur de l'office, dans les domaines cités aux 6°, 7°, 9° et 15° du présent article. Cette délégation doit être renouvelée tous les trois ans.

Le conseil d'administration arrête son règlement intérieur, qui fixe notamment les conditions dans lesquelles seront organisées et tenues les réunions du conseil et établis les ordres du jour et les procès-verbaux. – *[Décr. n° 83-705 du 28 juill. 1983, art. 17 à 19.]*

Art. R. 112-24 Le directeur de l'office est nommé, selon les règles et conditions de recrutement définies par le conseil d'administration, par le président du conseil d'administration après avis du préfet de *(Abrogé par Décr. n° 2017-1246 du 7 août 2017, art. 2-18°)* *« la région »* Corse et du président de l'assemblée de Corse.

Les fonctions de directeur sont incompatibles avec la qualité de membre du conseil d'administration de l'office. – *[Décr. n° 83-705 du 28 juill. 1983, art. 20.]*

Art. R. 112-25 Le directeur dirige l'office et assure le fonctionnement de l'ensemble des services.

Il prépare les réunions du conseil d'administration, met en œuvre ses décisions et lui rend compte de leur exécution.

Dans le cadre des règles définies par le conseil d'administration, il a notamment qualité pour :

1° Liquider et ordonnancer les dépenses ;

2° Administrer les recettes ;

3° Déterminer l'emploi des fonds disponibles et le placement des réserves et procéder aux acquisitions et aliénations ;

4° Décider les prises et cessions de bail de biens immobiliers lorsque la durée du bail n'est pas supérieure à trois ans ;

5° Approuver les marchés de travaux et de fournitures dans les limites fixées par le conseil d'administration et passer au nom de l'établissement tous actes, contrats et marchés ;

6° Engager, gérer et licencier les agents de l'établissement.

Il représente l'office en justice et dans tous les actes de la vie civile.

Le directeur peut, sous sa responsabilité, donner délégation de signature à des agents de l'office. – *[Décr. n° 83-705 du 28 juill. 1983, art. 21.]*

Art. R. 112-26 Le commissaire du Gouvernement auprès de l'office du développement agricole et rural est le préfet de *(Abrogé par Décr. n° 2017-1246 du 7 août 2017, art. 2-18°)* *« la région »* Corse.

Il reçoit, dans les conditions qu'il fixe, copie des délibérations du conseil d'administration et, le cas échéant, des décisions prises par délégation de celui-ci et dont il estime la communication nécessaire.

Il peut, dans un délai de huit jours à compter de leur transmission, demander un nouvel examen de ces délibérations et décisions. Cette demande doit être motivée. L'exécution de la délibération ou de la décision est suspendue jusqu'à ce nouvel examen. Les délibérations et décisions qui n'ont pas fait l'objet dans le délai de huit jours d'une demande de réexamen ou, dans le cas d'une telle demande, les nouvelles délibérations et décisions sont de plein droit exécutoires.

Au vu d'une délibération ou décision résultant d'un nouvel examen, le commissaire du Gouvernement peut, dans les deux mois suivant sa transmission, saisir le tribunal administratif s'il estime qu'elle est contraire à la légalité. Il informe le président du conseil d'administration ainsi que le président de l'assemblée de Corse. Il peut assortir son recours d'une demande de sursis à exécution. Il est fait droit à cette demande si l'un des moyens invoqués dans la requête paraît, en l'état de l'instruction, sérieux et de nature à justifier l'annulation de la délibération ou la décision attaquée.

Aucune délibération du conseil d'administration ou décision prise par délégation de celui-ci ne peut engager financièrement l'État sans son accord. Cet accord est réputé donné si le commissaire du Gouvernement n'a pas fait connaître son opposition dans le délai de deux mois à compter de la transmission faite en application du deuxième alinéa du présent article.

Les délibérations du conseil d'administration relatives aux matières mentionnées au premier alinéa, 8°, de l'article R. 112-23 ne sont exécutoires qu'après leur approbation par le commissaire du Gouvernement et par le président de l'assemblée de Corse. *– [Décr. n° 83-705 du 28 juill. 1983, art. 22.]*

Art. R. 112-27 Un *(Décr. n° 2012-1247 du 7 nov. 2012, art. 2)* « contrôleur budgétaire » est nommé par arrêté du ministre chargé de l'économie et des finances.

Il dispose d'un pouvoir d'information, de conseil et de suggestion sur le fonctionnement économique et financier de l'office. Il transmet ses avis et suggestions au président du conseil d'administration et au commissaire du Gouvernement. L'assemblée de Corse peut, si elle le désire, le consulter sur des sujets relatifs au fonctionnement économique et financier de l'office.

Il a entrée avec voix consultative aux séances du conseil d'administration. Il reçoit dans les mêmes conditions que les membres du conseil d'administration les convocations, ordres du jour et tous autres documents qui doivent lui être adressés avant chaque séance. Il se fait communiquer tout document nécessaire à l'exercice de ses missions. *– [Décr. n° 83-705 du 28 juill. 1983, art. 23.]*

Art. R. 112-28 Les procès-verbaux des délibérations du conseil d'administration sont notifiés à l'assemblée de Corse.

L'office est tenu de communiquer tout document que l'assemblée juge utile de lui demander.

L'office soumet à l'assemblée de Corse avant le 1er novembre de chaque année un projet de budget qui tient compte des orientations du plan de *(Décr. n° 2017-1246 du 7 août 2017, art. 2-19°)* « la collectivité ». L'assemblée dispose d'un délai d'un mois pour formuler, par avis motivé, d'éventuelles propositions de modification.

Une délibération du conseil d'administration de l'office ou une décision prise par délégation de celui-ci ne peut engager financièrement *(Décr. n° 2017-1246 du 7 août 2017, art. 2-19°)* « la collectivité » qu'avec l'accord de l'assemblée de Corse. *– [Décr. n° 83-705 du 28 juill. 1983, art. 24 et 25.]*

Art. R. 112-29 Les ressources de l'établissement doivent lui permettre de faire face à l'ensemble de ses charges d'équipement, d'exploitation, de fonctionnement et d'intervention. Elles comprennent notamment :

1° Les produits de l'exploitation ;

2° Les sommes versées en rémunération de toutes activités auxquelles l'établissement se livre et de tous services rendus par lui ;

3° Les participations et subventions de l'État (en particulier celles reçues du ministère de l'agriculture au titre des grands aménagements régionaux), des collectivités territoriales, d'organismes publics ou des instances communautaires ;

4° Les droits et redevances que l'établissement peut être autorisé à percevoir ;

5° Les emprunts qu'il pourra contracter et les avances qui lui seront consenties ;

6° Le remboursement des prêts et avances éventuellement consentis par l'établissement ;

7° Le produit des participations ;

8° Les produits financiers ;

9° Le produit des publications ;

10° Les produits des dons et legs.

L'établissement peut bénéficier d'une dotation en capital de l'État, des collectivités territoriales ou de tout autre organisme public. *– [Décr. n° 83-705 du 28 juill. 1983, art. 26.]*

Art. R. 112-30 L'office est soumis au régime financier et comptable défini par *(Décr. n° 2012-1247 du 7 nov. 2012, art. 19)* « le titre I du décret n° 2012-1246 du 7 novembre 2012 relatif à la gestion budgétaire et comptable publique ».

Un document annexe au budget retrace respectivement les opérations de fonctionnement et d'intervention de l'office de développement agricole et rural de Corse.

Un agent comptable est nommé par arrêté du ministre chargé du budget après avis du conseil d'administration. Il est mis fin à ses fonctions dans les mêmes conditions. Il exerce ses fonctions dans les conditions prévues *(Décr. n° 2017-1246 du 7 août 2017, art. 2-20°)* « pour les agents comptables mentionnés par l'article L. 1617-1 du code général des collectivités territoriales ».

Des régies de dépenses et de recettes peuvent être *(Décr. n° 2017-1246 du 7 août 2017, art. 2-20°)* « créées dans les conditions fixées par le décret du 7 novembre 2012 susmentionné ».

L'office est soumis au contrôle de la chambre régionale des comptes. – *[Décr. n° 83-705 du 28 juill. 1983, art. 27.]*

Art. R. 112-31 Les agents de l'office sont régis par un statut arrêté par le conseil d'administration en application du 12° de l'article R. 112-23 et approuvé par arrêté conjoint des ministres chargés de l'intérieur, du budget et de l'agriculture.

Des fonctionnaires de l'État ou des collectivités territoriales peuvent être détachés auprès de l'office. Celui-ci peut faire appel à des personnels temporaires, contractuels, occasionnels ou saisonniers. – *[Décr. n° 83-705 du 28 juill. 1983, art. 28.]*

§ 2 L'office d'équipement hydraulique de Corse

Art. R. 112-32 L'office d'équipement hydraulique de Corse, mentionné à l'article L. 112-12, est un établissement public à caractère industriel et commercial, doté de la personnalité civile et de l'autonomie financière.

L'office a pour mission, dans le cadre du plan de *(Décr. n° 2017-1246 du 7 août 2017, art. 2-19°)* « la collectivité » approuvé par l'assemblée de Corse, l'aménagement et la gestion de l'ensemble des ressources hydrauliques de Corse pour les usages autres qu'énergétiques.

A cet effet, il étudie, réalise et exploite les équipements nécessaires au prélèvement, au stockage et au transfert des eaux.

De même, il étudie, réalise, exploite des réseaux collectifs d'irrigation et d'assainissement des terres agricoles.

Il peut, à la demande des collectivités locales, étudier, réaliser ou exploiter les équipements nécessaires à la distribution d'eau potable ainsi qu'au traitement des eaux usées.

Il peut, à la demande de *(Décr. n° 2017-1246 du 7 août 2017, art. 2-19°)* « la collectivité » de Corse, étudier, réaliser ou exploiter des ouvrages à destination énergétique dont la puissance est inférieure à 8 000 kW. – *[Décr. n° 83-704 du 28 juill. 1983, art. 1er et 2.]*

Art. R. 112-33 L'office assure, en liaison avec l'office de développement agricole et rural de Corse, les actions d'accompagnement liées à la mise en valeur des terres dans les périmètres irrigués.

A ce titre, il procède à des expérimentations et diffuse les techniques de conduite de l'irrigation dans le cadre des programmes pluriannuels de développement.

Il peut apporter également son concours technique à l'office de développement agricole et rural de Corse pour les actions de mise en valeur engagées par cet organisme, incluant des opérations d'irrigation.

L'office est consulté lors de l'élaboration du schéma d'aménagement de la Corse pour ce qui concerne l'implantation des équipements d'infrastructure et la localisation des activités dans le domaine de l'eau. – *[Décr. n° 83-704 du 28 juill. 1983, art. 3 et 6.]*

Art. R. 112-34 L'office peut intervenir en tant que :

a) Concessionnaire de l'État, notamment dans le cadre de l'article L. 112-8 ;

b) Concessionnaire ou exploitant pour le compte des collectivités territoriales ;

c) Maître d'ouvrage recevant délégation des collectivités territoriales ou de toute autre personne de droit public ou privé ; en particulier les collectivités territoriales peuvent lui déléguer la maîtrise d'ouvrage d'équipements mentionnés au cinquième alinéa de l'article R. 112-32 ;

d) Maître d'œuvre ;

e) Prestataire de services.

En dehors *(Abrogé par Décr. n° 2017-1246 du 7 août 2017, art. 2-21°)* *« de la région »* de Corse, ou à l'étranger, il peut se voir confier des études ou des travaux dans les domaines où il aura acquis une expérience particulière. – *[Décr. n° 83-704 du 28 juill. 1983, art. 4 et 5.]*

Art. R. 112-35 Le conseil d'administration de l'office d'équipement hydraulique de Corse comprend trente-deux membres. Il est constitué comme suit :

1° Dix-sept membres désignés par l'assemblée de Corse ;

2° Un représentant de chacun des deux départements de Corse, désigné par les conseils départementaux de ces départements ;

3° Sept représentants des organisations professionnelles agricoles dont :

a) Pour chaque département *(Abrogé par Décr. n° 2017-1246 du 7 août 2017, art. 2-21°)* « *de la région* » de Corse, un membre désigné par la chambre d'agriculture ;

b) Un membre désigné par chacune des trois organisations syndicales ayant obtenu, dans le collège des chefs d'exploitation agricole, le plus grand nombre de voix lors des élections aux chambres d'agriculture ;

c) Un membre désigné par la caisse régionale de crédit agricole mutuel de la Corse ;

d) Un membre désigné par le syndicat des irrigants ;

4° Un membre désigné par les chambres de commerce et d'industrie territoriales de Corse ;

5° Un représentant de l'office de développement agricole et rural de Corse, désigné par le conseil d'administration de cet office ;

6° Deux représentants du personnel de l'office, désignés par accord entre les organisations syndicales les plus représentatives ;

7° Un représentant du ministre chargé de l'agriculture ;

8° Un représentant du ministre chargé de l'environnement. — *[Décr. n° 83-704 du 28 juill. 1983, art. 7.]*

Art. R. 112-36 Les membres choisis au 1° de l'article R. 112-35 sont désignés par l'assemblée de Corse lors de chaque renouvellement de son bureau.

Les autres membres du conseil d'administration sont désignés pour une durée de trois ans.

Le mandat des membres sortants peut être renouvelé.

Les membres du conseil d'administration décédés ou démissionnaires et ceux qui, en cours de mandat, perdent la qualité au titre de laquelle ils ont été désignés sont remplacés. Dans ce cas, le mandat des nouveaux membres expire à la date à laquelle aurait normalement pris fin celui de leur prédécesseur.

Les membres du conseil d'administration ont le droit de se faire représenter pour une séance déterminée par un de leurs collègues désigné *(Décr. n° 2017-1246 du 7 août 2017, art. 2-22°)* « par tout moyen permettant d'établir date et origine certaine » ; un membre du conseil d'administration ne peut être mandataire que d'un seul de ses collègues. — *[Décr. n° 83-704 du 28 juill. 1983, art. 8.]*

Art. R. 112-37 Les membres du conseil ne peuvent prendre ou conserver aucun intérêt, occuper aucune fonction dans les entreprises traitant avec l'établissement pour des marchés de travaux ou des marchés de fournitures ou assurer des prestations pour des entreprises. Ils ne peuvent en aucun cas prêter leurs concours à titre onéreux à l'établissement.

Les membres du conseil d'administration bénéficient du remboursement des frais de déplacement ou de séjour effectivement supportés par eux à l'occasion des réunions du conseil *(Décr. n° 2017-1246 du 7 août 2017, art. 2-23°)* « conformément aux dispositions du décret n° 2006-781 du 3 juillet 2006 fixant les conditions et les modalités de règlement des frais occasionnés par les déplacements temporaires des personnels civils de l'État ».

Le mandat de membres du conseil d'administration de l'office ne donne lieu à aucune rémunération. Toutefois, les membres prévus *(Décr. n° 2017-1246 du 7 août 2017, art. 2-23°)* « aux *b* et *d* du 3° de l'article R. 112-35 » peuvent être indemnisés de la perte de leur temps de travail sur la base du salaire de l'ouvrier agricole le mieux rémunéré du département. — *[Décr. n° 83-704 du 28 juill. 1983, art. 9 et 11.]*

Art. R. 112-38 Le conseil d'administration peut valablement siéger lorsque vingt-quatre au moins de ses membres ont été régulièrement désignés.

Dans le cas où le conseil d'administration de l'office ne disposerait plus de ce nombre minimum de membres, il y serait pourvu par arrêté du préfet de *(Décr. n° 2017-1246 du 7 août 2017, art. 2-24°)* « Corse », après avis de l'assemblée de Corse. Dans ce cas, le président en exercice est tenu d'assurer la gestion des affaires courantes de l'office jusqu'à ce que, cet arrêté étant intervenu, le nouveau conseil puisse valablement siéger. – *[Décr. n° 83-704 du 28 juill. 1983, art. 10.]*

Art. R. 112-39 Dès leur désignation et après chaque renouvellement de ses membres, le conseil d'administration élit en son sein, à la majorité absolue au premier tour et, le cas échéant, à la majorité relative au second tour, un président et deux vice-présidents chargés, dans l'ordre fixé par le conseil, de remplacer le président en cas d'absence ou d'empêchement. – *[Décr. n° 83-704 du 28 juill. 1983, art. 12.]*

Art. R. 112-40 Le conseil d'administration se réunit sur la convocation de son président, qui fixe l'ordre du jour de la séance, aussi souvent qu'il est nécessaire et au moins trois fois par an.

Le président est tenu de convoquer le conseil sur un ordre du jour déterminé, à la demande de plus de la moitié des membres en exercice ou du commissaire du Gouvernement.

Sauf en cas d'urgence, le lieu, la date et l'ordre du jour sont portés au moins deux semaines à l'avance à la connaissance des membres du conseil, du commissaire du Gouvernement et du directeur de l'office.

Le commissaire du Gouvernement, ou son représentant, un représentant de l'assemblée de Corse, le *(Décr. n° 2012-1247 du 7 nov. 2012, art. 2)* « contrôleur budgétaire », le chef du service régional *(Décr. n° 2017-1246 du 7 août 2017, art. 2-25°)* « chargé de l'aménagement des eaux, les directeurs départementaux des territoires et de la mer », le directeur de l'office et l'agent comptable assistent aux séances avec voix consultative. – *[Décr. n° 83-704 du 28 juill. 1983, art. 13.]*

Art. R. 112-41 Le conseil d'administration ne peut valablement délibérer que si les deux tiers au moins des membres régulièrement désignés assistent à la séance ou sont représentés.

Toutefois, si le quorum n'est pas atteint, une nouvelle séance du conseil pourra être convoquée sur le même ordre du jour, séparée de la première par un intervalle de quinze jours francs au moins. Les délibérations seront alors valables quel que soit le nombre des membres présents ou représentés.

Les délibérations sont prises à la majorité absolue des membres présents ou représentés ; en cas de partage des voix, celle du président est prépondérante.

Les délibérations font l'objet de procès-verbaux signés par le président et notifiés aux membres du conseil d'administration, au commissaire du Gouvernement et au *(Décr. n° 2012-1247 du 7 nov. 2012, art. 2)* « contrôleur budgétaire ». – *[Décr. n° 83-704 du 28 juill. 1983, art. 14.]*

Art. R. 112-42 Le conseil d'administration règle les affaires de l'établissement. Il délibère notamment dans les matières suivantes :

1° La fixation du siège de l'établissement ;

2° Les conditions générales d'organisation et de fonctionnement de l'établissement ;

3° Les programmes généraux d'activités et d'investissements ;

4° L'état annuel des prévisions des recettes et des dépenses et, le cas échéant, les états rectificatifs en cours d'année ;

5° Les comptes de chaque exercice et l'affectation des résultats ;

6° Les emprunts ;

7° Les acquisitions, échanges et aliénations de biens immobiliers ainsi que les prises et cessions de bail supérieures à trois ans ;

8° Les prises, extensions et cessions de participations financières ;

9° Les marchés de travaux, de fournitures et de services ;

10° Les conditions générales de tarification de vente des produits de l'exploitation et des prestations de services ;

11° Les conditions générales de passation, de financement et de contrôle des marchés ;

12° Les conditions générales de recrutement, d'emploi et de rémunération des personnels de l'établissement ;

13° La fixation des effectifs des personnels et la répartition dans les différentes catégories ;

14° Le rapport annuel d'activité de l'établissement ;

15° L'acceptation ou le refus des dons et legs ;

16° La désignation de son représentant au conseil d'administration de l'office de développement agricole et rural et dans les autres établissements ou sociétés où l'office est susceptible d'être représenté.

Le conseil d'administration décide toutes actions judiciaires.

Il donne son avis sur les questions qui lui sont soumises.

Le conseil d'administration peut déléguer certaines de ses attributions au directeur de l'office dans les domaines cités aux 6°, 7°, 9° et 15° du présent article. Cette délégation doit être renouvelée tous les trois ans.

Le conseil d'administration arrête son règlement intérieur qui fixe notamment les conditions dans lesquelles seront organisées et tenues les réunions du conseil et établis les ordres du jour et les procès-verbaux. – *[Décr. n° 83-704 du 28 juill. 1983, art. 15 à 17.]*

Art. R. 112-43 Le directeur de l'office est nommé selon les règles et conditions de recrutement définies par le conseil d'administration, par le président du conseil d'administration après avis du préfet de *(Abrogé par Décr. n° 2017-1246 du 7 août 2017, art. 2-18°) « la région »* Corse et du président de l'assemblée de Corse.

Les fonctions de directeur sont incompatibles avec la qualité de membre du conseil d'administration de l'office. – *[Décr. n° 83-704 du 28 juill. 1983, art. 18.]*

Art. R. 112-44 Le directeur dirige l'office et assure le fonctionnement de l'ensemble des services.

Il prépare les réunions du conseil d'administration, met en œuvre ses décisions et lui rend compte de leur exécution.

Dans le cadre des règles définies par le conseil d'administration, il a notamment qualité pour :

1° Liquider et ordonnancer les dépenses ;

2° Administrer les recettes ;

3° Déterminer l'emploi des fonds disponibles et le placement des réserves et procéder aux acquisitions et aliénations ;

4° Décider les prises et cessions de bail de biens immobiliers lorsque la durée du bail n'est pas supérieure à trois ans ;

5° Approuver les marchés de travaux et de fournitures dans les limites fixées par le conseil d'administration et passer au nom de l'établissement tous actes, contrats et marchés ;

6° Engager, gérer et licencier les agents de l'établissement.

Il représente l'office en justice et dans tous les actes de la vie civile.

Le directeur peut, sous sa responsabilité, donner délégation de signature à des agents de l'office. – *[Décr. n° 83-704 du 28 juill. 1983, art. 19.]*

Art. R. 112-45 Le commissaire du Gouvernement auprès de l'office d'équipement hydraulique est le préfet de *(Abrogé par Décr. n° 2017-1246 du 7 août 2017, art. 2-18°) « la région »* Corse.

Il reçoit, dans les conditions qu'il fixe, copie des délibérations du conseil d'administration et, le cas échéant, des décisions prises par délégation de celui-ci et dont il estime la communication nécessaire.

Il peut, dans un délai de huit jours à compter de leur transmission, demander un nouvel examen de ces délibérations et décisions. Cette demande doit être motivée. L'exécution de la délibération ou de la décision est suspendue jusqu'à ce nouvel examen. Les délibérations et décisions qui n'ont pas fait l'objet dans le délai de huit jours d'une demande de réexamen, ou, dans le cas d'une telle demande, les nouvelles délibérations et décisions, sont de plein droit exécutoires.

Au vu d'une délibération ou décision résultant d'un nouvel examen, le commissaire du Gouvernement peut, dans les deux mois suivant sa transmission, saisir le tribunal administratif s'il estime qu'elle est contraire à la légalité. Il en informe le président du conseil d'administration ainsi que le président de l'assemblée de Corse. Il peut assortir son recours d'une demande de sursis à exécution. Il est fait droit à cette demande si l'un des moyens invoqués dans la requête paraît, en l'état de l'instruction, sérieux et de nature à justifier l'annulation de la délibération ou de la décision attaquée.

Aucune délibération du conseil d'administration ou décision prise par délégation de celui-ci ne peut engager financièrement l'État sans son accord. Cet accord est réputé donné si le commissaire du Gouvernement n'a pas fait connaître son opposition dans le délai de deux mois à compter de la transmission faite en application du deuxième alinéa du présent article.

Les délibérations relatives aux matières mentionnées au 8° de l'article R. 112-42 ne sont exécutoires qu'après leur approbation par le commissaire du Gouvernement et par le président de l'assemblée de Corse. — *[Décr. n° 83-704 du 28 juill. 1983, art. 20.]*

Art. R. 112-46 Un *(Décr. n° 2012-1247 du 7 nov. 2012, art. 2)* « contrôleur budgétaire » est nommé par arrêté du ministre chargé de l'économie et des finances.

Il dispose d'un pouvoir d'information, de conseil et de suggestion sur le fonctionnement économique et financier de l'office. Il transmet ses avis et suggestions au président du conseil d'administration et au commissaire du Gouvernement. L'assemblée de Corse peut, si elle le désire, le consulter sur des sujets relatifs au fonctionnement économique et financier de l'office.

Il a entrée avec voix consultative aux séances du conseil d'administration. Il reçoit dans les mêmes conditions que les membres du conseil d'administration les convocations, ordre du jour et tous autres documents qui doivent lui être adressés avant chaque séance. Il se fait communiquer tout document nécessaire à l'exercice de ses missions. — *[Décr. n° 83-704 du 28 juill. 1983, art. 21.]*

Art. R. 112-47 Les procès-verbaux des délibérations du conseil d'administration sont notifiés à l'assemblée de Corse.

L'office est tenu de communiquer tout document que l'assemblée juge utile de lui demander.

L'office soumet à l'assemblée de Corse, avant le 1er novembre de chaque année, un projet de budget qui tient compte des orientations du plan de *(Décr. n° 2017-1246 du 7 août 2017, art. 2-19°)* « la collectivité ». L'assemblée dispose d'un délai d'un mois pour formuler par avis motivé d'éventuelles propositions de modification.

Une délibération du conseil d'administration ou une décision prise par délégation de celui-ci ne peut engager financièrement *(Décr. n° 2017-1246 du 7 août 2017, art. 2-19°)* « la collectivité » de Corse qu'avec l'accord de l'assemblée de Corse. — *[Décr. n° 83-704 du 28 juill. 1983, art. 22.]*

Art. R. 112-48 Les ressources de l'établissement doivent lui permettre de faire face à l'ensemble de ses charges d'équipement, d'exploitation, de fonctionnement et d'intervention. Elles comprennent notamment :

1° Les produits de l'exploitation ;

2° Les sommes versées en rémunération de toutes activités auxquelles l'établissement se livre et de tous services rendus par lui ;

3° Les participations et subventions de l'État (en particulier celles reçues du ministère de l'agriculture au titre des grands aménagements régionaux), des collectivités territoriales, d'organismes publics ou des instances communautaires. Il peut en particulier recevoir des subventions du Fonds national pour le développement des adductions d'eau conformément aux programmes établis par les conseils départementaux de Corse, en application de l'article L. 371-7 du code des communes *[CGCT, art. L. 2335-11 et L. 3232-3]* ;

4° Les droits et redevances que l'établissement peut être autorisé à percevoir ;

5° Les emprunts qu'il pourra contracter et les avances qui lui seront consenties ;

6° Le remboursement des prêts et avances éventuellement consentis par l'établissement ;

7° Le produit des participations ;

8° Les produits financiers ;

9° Le produit des publications ;

10° Le produit des dons et legs.

L'établissement peut bénéficier d'une dotation en capital de l'État, des collectivités territoriales ou de tout autre organisme public. — *[Décr. n° 83-704 du 28 juill. 1983, art. 23.]*

Art. R. 112-49 L'office est soumis au régime financier et comptable défini par *(Décr. n° 2012-1247 du 7 nov. 2012, art. 19)* « le titre I du décret n° 2012-1246 du 7 novembre 2012 relatif à la gestion budgétaire et comptable publique ».

Un document annexe au budget retrace respectivement les opérations de fonctionnement et d'intervention de l'office.

Un agent comptable est nommé par arrêté du ministre chargé du budget, après avis du conseil d'administration. Il est mis fin à ses fonctions dans les mêmes conditions. Il exerce ses fonctions dans les conditions prévues *(Décr. n° 2017-1246 du 7 août 2017, art. 2-20°)* « pour les agents comptables mentionnés par l'article L. 1617-1 du code général des collectivités territoriales ».

Des régies de dépenses et de recettes peuvent être *(Décr. n° 2017-1246 du 7 août 2017, art. 2-20°)* « créées dans les conditions fixées par le décret du 7 novembre 2012 susmentionné ».

L'office est soumis au contrôle de la chambre régionale des comptes. — *[Décr. n° 83-704 du 28 juill. 1983, art. 24 et 25.]*

Art. R. 112-50 Les agents de l'office sont régis par un statut arrêté conjointement par les ministres chargés de l'intérieur, du budget et de l'agriculture après délibération du conseil d'administration dans les conditions prévues au 12° de l'article R. 112-42.

Des fonctionnaires de l'État ou des collectivités territoriales peuvent être détachés auprès de l'office. Celui-ci peut également faire appel à des personnels temporaires, contractuels, occasionnels ou saisonniers. — *[Décr. n° 83-704 du 28 juill. 1983, art. 26.]*

SECTION 4 *[ABROGÉE]* Fonds de gestion de l'espace rural

(Abrogée par Décr. n° 2017-1246 du 7 août 2017, art. 2-26°)

Art. D. 112-51 *à* D. 112-54 *Abrogés par Décr. n° 2017-1246 du 7 août 2017, art. 2-26°.*

Art. R. 112-55 *Abrogé par Décr. n° 95-360 du 5 avr. 1995.*

SECTION 5 *[ABROGÉE]* Disposition particulière aux régions de Guadeloupe, de Guyane, de Martinique et de La Réunion

(Abrogée par Décr. n° 2013-754 du 14 août 2013, art. 2-II)

Art. R. 112-56 *Abrogé par Décr. n° 2013-754 du 14 août 2013, art. 2-II.*

CHAPITRE III L'AGRICULTURE DE MONTAGNE ET DE CERTAINES ZONES DÉFAVORISÉES

SECTION 1 La mise en valeur pastorale *(Décr. n° 2017-1246 du 7 août 2017, art. 2-32°).*

Art. R. 113-1 Sont considérés comme agriculteurs pour l'application de l'article L. 113-3 et, par suite, peuvent constituer des groupements pastoraux :

1° Les propriétaires d'animaux cotisant :

a) Dans les départements de la métropole à une caisse de mutualité sociale agricole, *(Décr. n° 2017-1246 du 7 août 2017, art. 2-27°)* « en application des dispositions de l'article L. 722-4 » ;

b) (Décr. n° 2016-781 du 10 juin 2016, art. 2-1°, en vigueur le 1er juill. 2016) « En Guadeloupe, en Guyane, en Martinique, à La Réunion et à Saint-Martin », à une caisse de sécurité sociale, *(Décr. n° 2017-1246 du 7 août 2017, art. 2-27°)* « en application des dispositions de l'article L. 781-2 ;

« *c)* A Mayotte, à la caisse désignée à l'article L. 781-44 ; »

2° Les autres éleveurs montagnards ne remplissant pas les conditions prévues au 1° et résidant dans la commune où le groupement pastoral a son exploitation ou dans une commune du voisinage. — *[Décr. n° 73-27 du 4 janv. 1973, art. 1er.]*

Art. R. 113-2 Les groupements pastoraux sont des sociétés qui doivent être constituées, quelle que soit leur forme juridique, avec un capital variable.

Les statuts et les règlements intérieurs des groupements ne doivent comporter aucune clause de nature à empêcher l'adhésion des éleveurs montagnards voisins des terres exploitées par les groupements. – *[Décr. nº 73-27 du 4 janv. 1973, art. 2.]*

Art. R. 113-3 Sous réserve des dispositions des statuts, le règlement intérieur définit les obligations respectives du groupement et des propriétaires des animaux ainsi que, d'une manière générale, les conditions de l'exploitation poursuivie par le groupement. – *[Décr. nº 73-27 du 4 janv. 1973, art. 3.]*

Art. R. 113-4 L'agrément est donné aux groupements par le préfet, après avis de la *(Décr. nº 96-373 du 2 mai 1996)* « commission départementale d'orientation de l'agriculture » *(Décr. nº 2017-1822 du 28 déc. 2017, art. 1er-2º)* « ou, en Corse, de la commission territoriale d'orientation de l'agriculture mentionnée à l'article D. 313-4 ».

Dans les départements comportant des régions d'économie montagnarde à prédominance pastorale et pour l'application des articles L. 113-2 à L. 113-5, sont appelées à délibérer les personnes suivantes qui doivent y exercer leur activité ou y posséder leur propriété :

(Décr. nº 2017-1246 du 7 août 2017, art. 2-28º) « 1º Deux fonctionnaires nommés par le préfet ;

« 2º Une personne qualifiée en matière d'économie montagnarde ;

« 3º Deux conseillers départementaux élus par le conseil départemental ;

« 4º Deux maires de communes rurales désignés par l'association départementale des maires ou, à défaut, élus par les maires du département ;

« 5º Un notaire présenté par la chambre des notaires ;

« 6º Deux propriétaires de terres pastorales dont un exploitant et un non-exploitant ;

« 7º Deux agriculteurs exploitants de terres pastorales dont un au moins ne doit pas être propriétaire ;

« 8º Un représentant de la propriété forestière ne relevant pas du régime forestier ;

« 9º Un représentant de la propriété forestière relevant du régime forestier. » – *[Décr. nº 73-27 du 4 janv. 1973, art. 4.]*

Art. R.* 113-5 La demande d'agrément est présentée au préfet du département où le groupement se propose d'exploiter la superficie pastorale la plus importante. Elle est accompagnée, en quatre exemplaires au moins :

1º Des statuts ;

2º Du règlement intérieur ;

3º De la liste nominative des associés, toutes indications nécessaires étant fournies sur la possibilité pour chacun d'eux de faire légalement partie du groupement et sur l'importance de sa participation dans le groupement ;

4º De la liste des communes où le groupement se propose d'exercer son activité.

Lorsque le groupement exerce également son activité dans un autre département, le préfet consulte le préfet de ce département qui recueille, en tant que de besoin, l'avis de la *(Décr. nº 96-373 du 2 mai 1996)* « commission départementale d'orientation de l'agriculture » qu'il préside.

Il doit être justifié par le groupement, avant l'octroi de l'agrément, de l'accomplissement des formalités auxquelles il est tenu *(Décr. nº 2017-1246 du 7 août 2017, art. 2-29º)* « en application de l'article L. 331-2 ». – *[Décr. nº 73-27 du 4 janv. 1973, art. 5.]*

Art. R. 113-6 L'agrément ne peut être accordé pour une durée inférieure à neuf ans. Son refus doit être motivé.

L'octroi ou le refus d'agrément doit être notifié par lettre recommandée avec demande d'avis de réception.

L'agrément est donné compte tenu, notamment, des intérêts techniques, économiques et sociaux indiqués à l'article L. 113-2 et d'une organisation rationnelle de l'élevage. – *[Décr. nº 73-27 du 4 janv. 1973, art. 6.]*

Art. R. 113-7 Le nombre des animaux qui sont la propriété soit du groupement, soit de ses adhérents, ou qui sont confiés au groupement par des éleveurs montagnards du voisinage non adhérents doit être au moins égal à celui fixé, le cas échéant, par le préfet.

Le groupement doit avoir obtenu la disposition, pour une durée minimum de trois ans, de pâturages situés en région d'économie montagnarde à prédominance pastorale, d'une superficie en rapport avec le nombre d'animaux réunis par lui dans les conditions prévues à l'alinéa précédent. Ce rapport est apprécié, compte tenu de la charge en bétail susceptible d'assurer une mise en valeur équilibrée des pâturages ; le groupement peut, toutefois, afin d'assurer la correspondance entre les besoins des troupeaux et la production fourragère annuelle, utiliser des pâturages dont il n'a obtenu la disposition que pour une année ou prendre des animaux en pension pour la durée d'une année.

Le groupement ne peut accepter d'animaux appartenant à des tiers que si ceux-ci s'engagent à observer les obligations auxquelles sont tenus les membres du groupement qui lui confient leurs animaux. – *[Décr. nº 73-27 du 4 janv. 1973, art. 7.]*

Art. R.* 113-8 L'agrément peut être retiré par le préfet lorsque l'activité du groupement n'est pas conforme aux conditions qui ont été mises à son octroi ou aux dispositions législatives et réglementaires relatives aux groupements pastoraux ou que le groupement doit observer.

(Décr. nº 2017-1246 du 7 août 2017, art. 2-30º) « Le retrait de l'agrément doit être motivé. Il ne peut intervenir qu'après une mise en demeure, restée vaine, de régulariser la situation. La mise en demeure fixe le délai imparti pour la régularisation. Le retrait de l'agrément est pris après avis de la commission départementale d'orientation de l'agriculture. »

Il est notifié avec demande d'avis de réception. – *[Décr. nº 73-27 du 4 janv. 1973, art. 8.]*

Art. D. 113-9 *(Décr. nº 2013-754 du 14 août 2013, art. 2-III)* Des subventions peuvent être accordées aux groupements pastoraux dans le cas de mise en valeur des pâturages prévu aux articles D. 142-17, D. 142-18 et D. 142-20 du code forestier.

Art. R. 113-10 Un groupement pastoral peut adhérer à un groupement de producteurs reconnus dans la région où il exploite les terres pastorales et dans celle où se trouvent les exploitations personnelles des propriétaires des troupeaux rassemblés. – *[Décr. nº 73-27 du 4 janv. 1973, art. 10.]*

Art. R. 113-11 Les zones dans lesquelles les dispositions des articles L. 113-2 à L. 113-4 sont applicables en vertu du 2º de l'article L. 113-5 sont délimitées par arrêté conjoint du ministre de l'agriculture et du ministre chargé de l'économie et des finances. – *[L. nº 72-12 du 3 janv. 1972, art. 1er, al. 2, 2º.]*

Art. R. 113-12 Les groupements pastoraux peuvent bénéficier d'une aide de démarrage destinée à alléger leurs charges de constitution et de première gestion, dans les conditions prévues à *(Décr. nº 2017-1246 du 7 août 2017, art. 2-31º)* « l'article D. 343-33 ».

SECTION 2 **La compensation des handicaps naturels** *(Décr. nº 2017-1246 du 7 août 2017, art. 2-32º).*

SOUS-SECTION 1 **Critères de délimitation des zones agricoles défavorisées**

Art. D. 113-13 Les zones agricoles défavorisées comprennent des zones de montagne ainsi que d'autres zones dans lesquelles l'activité agricole est nécessaire afin d'assurer le maintien d'un minimum de peuplement et la sauvegarde de l'espace naturel. – *[Décr. nº 77-566 du 3 juin 1977, art. 1er.]*

Art. D. 113-14 La zone de montagne comprend des communes ou parties de communes caractérisées par une limitation considérable des possibilités d'utilisation des terres et un accroissement important des coûts des travaux dus selon les cas :

1º A l'existence, en raison de l'altitude, de conditions climatiques très difficiles, se traduisant par une période de végétation sensiblement raccourcie ;

2º A la présence à une altitude moindre, dans la majeure partie du territoire, de fortes pentes telles que la mécanisation ne soit pas possible ou bien nécessite l'utilisation d'un matériel particulier très onéreux ;

3º A la combinaison de ces deux facteurs lorsque l'importance du handicap résultant de chacun d'eux pris séparément est moins accentuée ; dans ce cas, le handicap résul-

tant de cette combinaison doit être équivalent à celui qui découle des situations mentionnées aux 1° ou 2°. – *[Décr. n° 77-566 du 3 juin 1977, art. 2, al. 1er.]*

V. dernièrement, portant classement de communes ou parties de communes en zones défavorisées (montagne), Arr. du 29 mars 2019 (JO 30 mars), Arr. du 13 mai 2019 (JO 14 mai), Arr. du 14 févr. 2020 (JO 16 févr.), Arr. du 17 mars 2020 (JO 26 mars), Arr. du 10 déc. 2020 (JO 13 déc.), Arr. du 29 mars 2021 (JO 30 mars), Arr. du 30 mars 2021 (JO 25 avr.), Arr. du 29 nov. 2021 (JO 3 déc.), Arr. du 2 mars 2022 (JO 6 mars), Arr. du 23 mars 2022 (JO 25 mars), Arr. du 13 mars 2023 (JO 16 mars), Arr. du 28 févr. 2024 (JO 1er mars).

Art. D. 113-15 *(Décr. n° 2019-243 du 27 mars 2019, art. 1er)* **Les autres zones agricoles défavorisées sont constituées :**

– des zones autres que les zones de montagne qui sont soumises à des contraintes naturelles importantes, dites ZSCN, telles que définies au 3 de l'article 32 du règlement (UE) n° 1305/2013 du 13 décembre 2013 ;

– des autres zones soumises à des contraintes spécifiques, dites ZSCS, telles que définies au 4 de l'article 32 du règlement (UE) n° 1305/2013 du 13 décembre 2013.

Leurs éléments de définition sont ceux précisés dans le cadre national, pris en application du 3 de l'article 6 du règlement (UE) n° 1305/2013 du 13 décembre 2013, approuvé par la décision d'exécution C (2019) 1769 de la Commission du 27 février 2019. – *Le Règl. (UE) 1305/2013 est abrogé, avec effet au 1er janv. 2023, par le Règl. (UE) 2021/2115 du 2 déc. 2021 établissant des règles régissant l'aide aux plans stratégiques devant être établis par les États membres dans le cadre de la politique agricole commune (plans stratégiques relevant de la PAC) et financés par le Fonds européen agricole de garantie (FEAGA) et par le Fonds européen agricole pour le développement rural (Feader).*

Art. D. 113-16 Les zones définies à l'article D. 113-15 se subdivisent en :

***a)* Régions de piedmont des zones de montagne définies à l'article D. 113-14 et dont les critères de délimitation sont prévus par arrêtés des ministres chargés de l'agriculture et de l'économie et des finances ;**

***b)* Autres régions défavorisées.** – *[Décr. n° 77-566 du 3 juin 1977, art. 4.]*

V. Arr. du 2 août 1979 relatif aux critères de délimitation des zones de piedmont (JO 4 août).

Art. D. 113-17 Les délimitations prévues aux articles D. 113-14 à D. 113-16 sont effectuées par arrêté conjoint des ministres chargés de l'agriculture et de l'économie et des finances.

Toutefois les rectifications de délimitation d'importance secondaire et, en tout état de cause, limitées à 0,5 p. 100 de la superficie agricole utile nationale, peuvent être décidées par arrêté du ministre *(Décr. n° 2017-1246 du 7 août 2017, art. 2-33°)* **« chargé » de l'agriculture.**

Al. 3 abrogé par Décr. n° 2019-243 du 27 mars 2019, art. 1er. – [Décr. n° 77-566 du 3 juin 1977, art. 5.]

V. Arr. du 27 mars 2019 portant délimitation des zones agricoles défavorisées (JO 29 mars), mod. par Arr. du 9 juin 2020 (JO 12 juin), Arr. du 15 mars 2023 (JO 19 mars).

SOUS-SECTION 2 **Aides compensatoires des handicaps naturels et spécifiques permanents** *(Décr. n° 2016-1050 du 1er août 2016, art. 1er-1°).*

(Décr. n° 2001-535 du 21 juin 2001)

§ 1 Régime des indemnités compensatoires de handicaps naturels et spécifiques au titre de la programmation de la politique agricole commune ayant débuté en 2014

(Décr. n° 2023-245 du 3 avr. 2023, art. 1er)

Art. D. 113-18 *(Décr. n° 2016-1050 du 1er août 2016, art. 1er-2°)* **Peuvent bénéficier des aides compensatoires de handicaps naturels et spécifiques, dans les conditions prévues par le cadre national ou les programmes de développement rural régionaux de la France prévus aux 2 et 3 de l'article 6 du règlement (UE) n° 1305/2013 du Parlement européen et du Conseil du 17 décembre 2013 relatif au soutien au développement rural par le Fonds européen agricole pour le développement rural (FEADER) pour la période 2015-2020 et approuvés par la Commission européenne, les agriculteurs actifs au sens de l'article 9 du règlement (UE) n° 1307/2013 du Parlement européen et du**

Conseil du 17 décembre 2013 établissant les règles relatives aux paiements directs en faveur des agriculteurs au titre des régimes de soutien relevant de la politique commune et de l'article D. 615-18. — *Les Règl. (UE) 1305/2013 et 1307/2013 sont abrogés, avec effet au 1er janv. 2023, par le Règl. (UE) 2021/2115 du 2 déc. 2021 établissant des règles régissant l'aide aux plans stratégiques devant être établis par les États membres dans le cadre de la politique agricole commune (plans stratégiques relevant de la PAC) et financés par le Fonds européen agricole de garantie (FEAGA) et par le Fonds européen agricole pour le développement rural (Feader).*

1. Condition de résidence. Les autorités nationales sont fondées à poser une condition de résidence pour l'obtention d'une indemnité compensatoire de handicaps naturels. • CJCE 22 oct. 1998, *Jokela*, n° C-9/97 : *RD rur. 1998. 572 ; Rec. CJCE I-6267* • CAA Marseille, 28 mai 2004, n°s 00MA02296 et 01MA00148. ♦ Exemple de contrôle judiciaire de la condition de résidence appréciée par le préfet pour fonder son refus d'attribution de l'indemnité compensatoire de handicaps naturels. • TA Bastia, 19 sept. 2002, *Allegrini-Simonetti : AJDA 2002. 1349, concl. Alladio*.

2. Contrôle. Les États membres doivent effectuer sur place des contrôles qui portent sur la totalité des engagements et obligations d'un bénéficiaire qu'il est possible de contrôler au moment de la visite (obligation de comptage sur place des animaux pour vérifier la densité du bétail sur l'exploitation du bénéficiaire). • CJUE 26 janv. 2017, n° C-373/15 : *RD rur. 2017, n° 275, note Petit.* ♦ Les contrôles sur la gestion des primes bovines servant à vérifier les exigences de conditionnalité en matière de paiement direct ne suffisent pas à vérifier la condition de chargement à l'hectare et des contrôles sur place devaient être effectués. • TPIUE 1er févr. 2018, n° T-518/15 : *RD rur. 2018, n°s 123 et 161, note Gadbin.*

Art. D. 113-19 *(Décr. n° 2016-1050 du 1er août 2016, art. 1er-2°)* **Le calcul des aides allouées à chaque agriculteur est effectué selon les règles définies par le programme de développement rural régional de la région où sont situées les surfaces agricoles de l'exploitation bénéficiaire et, le cas échéant, par le cadre national mentionné à l'article D. 113-18.**

Un arrêté conjoint des ministres chargés de l'agriculture et du budget détermine les modalités de définition des sous-zones à l'intérieur de chaque zone défavorisée. Cet arrêté précise, en tant que de besoin, les règles d'éligibilité exposées dans le cadre national ou les programmes de développement rural régionaux. Il détermine les surfaces et les catégories de cheptel retenues pour le calcul du taux de chargement lorsqu'un tel critère est prévu par le cadre national ou le programme de développement rural régional applicable à la région concernée. Ce même arrêté précise les modalités de mise en œuvre du mécanisme de stabilisation budgétaire des crédits de l'État assurant le cofinancement relevant du Fonds européen agricole pour le développement rural prévu dans le cadre national ou les programmes de développement rural régionaux. — *V. Arr. du 1er août 2016 pris en application du décret n° 2016-1050 du 1er août 2016 fixant les conditions d'attribution des indemnités compensatoires de handicaps naturels permanents dans le cadre de l'agriculture de montagne et des autres zones défavorisées, et modifiant le code rural et de la pêche maritime, et modifiant l'arrêté du 9 oct. 2015 relatif aux modalités d'application concernant le système intégré de gestion et de contrôle, l'admissibilité des surfaces au régime de paiement de base et l'agriculteur actif dans le cadre de la politique agricole commune à compter de la campagne 2015 (JO 2 août), mod. par Arr. du 24 nov. 2021 (JO 4 déc.).*

Un arrêté conjoint des ministres chargés de l'agriculture et du budget fixe, chaque année et pour chaque région, le montant du coefficient de stabilisation déterminant le montant définitif de l'indemnité de chaque bénéficiaire.

Les surfaces situées hors de la région dans laquelle est situé le siège d'exploitation sont indemnisées conformément aux règles relatives aux zones défavorisées retenues par le programme de développement rural de la région où elles sont situées.

Art. D. 113-20 *(Décr. n° 2016-1050 du 1er août 2016, art. 1er-2°)* **En cas de non-respect des critères d'admissibilité qui conditionnent l'attribution des aides, l'autorité de gestion mentionnée à l'article 78 de la loi n° 2014-58 du 27 janvier 2014 de modernisation de l'action publique territoriale et d'affirmation des métropoles refuse ou retire tout ou partie des paiements, dans les conditions définies aux titres II et III du règlement délégué (UE) n° 640/2014 de la Commission du 11 mars 2014 complétant le règlement (UE) n° 1306/2013 du Parlement européen et du Conseil en ce qui concerne le système intégré de gestion et de contrôle, les conditions relatives au refus ou au retrait des paiements et des sanctions administratives applicables aux paiements**

directs, le soutien au développement rural et la conditionnalité, sous réserve des dispositions de l'article D. 113-21.

Les retraits ou le refus des paiements prononcés en application du premier alinéa s'appliquent à l'année de la demande. — *Le Règl. (UE) 1306/2013 est abrogé par le Règl. (UE) 2021/2116 du 2 déc. 2021 relatif au financement, à la gestion et au suivi de la politique agricole commune, applicable à partir du 1er janv. 2023 ; le Règl. (UE) n° 640/2014 est abrogé par le Règl. délégué (UE) 2022/1172 du 4 mai 2022 complétant le Règl. (UE) 2021/2116 en ce qui concerne le système intégré de gestion et de contrôle lié à la politique agricole commune et l'application et le calcul des sanctions administratives en matière de conditionnalité, avec effet au 1er janv. 2023.*

Art. D. 113-21 *(Décr. n° 2016-1050 du 1er août 2016, art. 1er-2°)* Lorsque le calcul du montant de l'aide est déterminé par application d'un taux de chargement prévu par le cadre national ou le plan de développement rural régional concerné, l'autorité de gestion peut prononcer la déchéance de tout ou partie de l'aide dans les conditions fixées ci-dessous.

Lorsque le montant constaté, qui est le montant de l'aide résultant de la prise en compte des éléments relatifs aux animaux et aux surfaces constatés à la suite d'un contrôle, est supérieur ou égal au montant déclaré, qui est le montant de l'aide résultant de la prise en compte des mêmes éléments déclarés par le demandeur pour l'attribution des différentes aides agricoles, le montant de l'aide est égal au montant déclaré.

Lorsque le montant constaté est inférieur au montant déclaré, le montant de l'aide est égal au montant constaté diminué d'une pénalité liée à l'amplitude de l'écart, mesurée par un taux d'écart défini comme la différence entre les deux montants rapportée à la valeur du montant constaté. La pénalité est égale :

— à zéro si le taux d'écart est inférieur ou égal à 3 % ;

— au double du taux d'écart multiplié par le montant constaté si celui-ci est supérieur à 3 % et inférieur ou égal à 20 % ;

— à 100 % du montant constaté si le taux d'écart est supérieur à 20 %.

Si le taux d'écart est supérieur à 50 %, la pénalité est égale à 100 % du montant constaté. En outre, les montants des aides éventuellement demandées par le bénéficiaire au titre des années suivantes sont diminués ou supprimés jusqu'à ce que le montant total cumulé de ces pénalités soit égal à la différence entre le montant déclaré et le montant constaté.

Pour le calcul de la pénalité, lorsque le montant unitaire correspondant au taux de chargement déclaré est inférieur ou égal au montant unitaire correspondant au taux de chargement constaté, le montant unitaire retenu, pour les zones concernées, est celui correspondant au taux de chargement déclaré. Lorsque le montant unitaire correspondant au taux de chargement constaté est inférieur au montant unitaire correspondant au taux de chargement déclaré, le montant unitaire retenu, pour les zones concernées, est celui correspondant au taux de chargement constaté majoré de 5 %.

§ 2 Régime des indemnités compensatoires de handicaps naturels et spécifiques au titre de la programmation de la politique agricole commune débutant en 2023

(Décr. n° 2023-245 du 3 avr. 2023, art. 1er)

Art. D. 113-22 Les dispositions du présent paragraphe ne sont pas applicables aux indemnités compensatoires de handicaps naturels et spécifiques versées en Corse dont la gestion a été confiée à cette collectivité en application de l'article 78 de la loi n° 2014-58 du 27 janvier 2014 relative à la modernisation de l'action publique territoriale et d'affirmation des métropoles.

Pour l'application du présent paragraphe, les surfaces fourragères sont les prairies, parcours, landes, estives, plantes fourragères et céréales consommés par les animaux de l'exploitation (ruminants, équidés et porcins). Elles comprennent également les surfaces fourragères en pâturage collectif déclarées par les entités collectives pour la part que l'agriculteur utilise.

Art. D. 113-23 En application de l'article 71 du règlement (UE) n° 2021/2115 du Parlement européen et du Conseil du 2 décembre 2021, sont mises en place les aides suivantes :

1° Des indemnités compensatoires de handicaps naturels et spécifiques pour les zones de montagne ;

2° Des indemnités compensatoires de handicaps naturels et spécifiques pour les zones soumises à des contraintes naturelles ;

3° Des indemnités compensatoires de handicaps naturels et spécifiques pour les zones soumises à des contraintes spécifiques.

Art. D. 113-24 Sont éligibles à l'aide mentionnée au 1° de l'article D. 113-23 les agriculteurs actifs exploitant, dans les zones de montagne au sens de l'article D. 113-14, des surfaces cultivées destinées à la commercialisation ou des surfaces fourragères.

Pour recevoir l'aide sur les surfaces fourragères, l'agriculteur doit détenir un cheptel d'au moins cinq unités de gros bétail, une surface fourragère d'au moins trois hectares et respecter le chargement minimal et le chargement maximal définis pour chaque sous-zone établie en application de l'article D. 113-26.

Pour recevoir l'aide sur les surfaces cultivées destinées à la commercialisation, l'agriculteur doit détenir au moins un hectare de surfaces cultivées.

Art. D. 113-25 Sont éligibles aux aides mentionnées aux 2° et 3° de l'article D. 113-23 les agriculteurs actifs exploitant respectivement, dans les zones soumises à des contraintes naturelles ou dans les zones soumises à des contraintes spécifiques au sens de l'article D. 113-15, des surfaces fourragères.

Pour recevoir l'aide sur ces surfaces fourragères, l'agriculteur doit détenir un cheptel d'au moins cinq unités de gros bétail, une surface fourragère d'au moins trois hectares, respecter le chargement minimal et le chargement maximal définis pour chaque sous-zone établie en application de l'article D. 113-26 et avoir son siège d'exploitation en zone défavorisée.

Art. D. 113-26 Les préfets de région déterminent, par arrêté, des sous-zones départementales. En zone de montagne, les sous-zones sont les zones de montagne, de montagne sèche, de haute montagne et de haute montagne sèche. En zone soumise à des contraintes spécifiques ou naturelles, les sous-zones sont les zones de piémont, de piémont sec, de zones défavorisées simples sèches, de zones défavorisées simples non sèches, de marais poitevin mouillé et de marais poitevin desséché. Pour chaque sous-zone, le préfet de région précise les modalités de calcul des montants des aides conformément à l'article D. 113-28.

Les surfaces situées hors de la région dans laquelle est situé le siège d'exploitation sont éligibles aux aides conformément aux règles relatives aux zones défavorisées retenues par l'arrêté préfectoral de la région où elles sont situées.

Art. D. 113-27 Un arrêté du ministre chargé de l'agriculture précise les conditions d'éligibilité aux aides des agriculteurs pluriactifs et détermine notamment les surfaces et les catégories d'animaux retenues pour le calcul du taux de chargement.

Il détermine la part fixe du montant de l'aide pour les surfaces fourragères.

Il précise les modalités de mise en œuvre du mécanisme de stabilisation budgétaire des crédits de l'État assurant le cofinancement relevant du Fonds européen agricole pour le développement rural.

Un arrêté conjoint des ministres chargés de l'agriculture et du budget fixe, chaque année et pour chaque région, le montant du coefficient de stabilisation déterminant le montant définitif de l'indemnité de chaque bénéficiaire. — *V. Arr. du 11 avr. 2023 fixant les conditions d'attribution des indemnités compensatoires de handicaps naturels dans le cadre de l'agriculture de montagne et des autres zones défavorisées (JO 13 avr.), mod. par Arr. du 21 avr. 2023 (JO 23 avr.) ; Arr. du 3 oct. 2023 fixant le coefficient stabilisateur budgétaire appliqué aux montants des indemnités compensatoires de handicap naturel au titre de la campagne 2023 (JO 5 oct.) ; Arr. du 6 oct. 2023 fixant le coefficient stabilisateur budgétaire appliqué aux montants des indemnités compensatoires de handicap naturel au titre de la campagne 2023 à Mayotte (JO 7 oct.) ; Arr. du 24 nov. 2023 fixant le coefficient stabilisateur budgétaire appliqué aux montants des indemnités compensatoires de handicap naturel au titre de la campagne 2023, hors Corse (JO 26 nov.) ; Arr. du 16 févr. 2024 fixant le coefficient stabilisateur budgétaire appliqué aux montants des indemnités compensatoires de handicap naturel au titre de la campagne 2023 en Corse (JO 20 févr.).*

Art. D. 113-28 I. – Pour les surfaces fourragères, le montant de l'aide comprend une part fixe, dans la limite de 75 hectares, dont le montant est fixé par arrêté du ministre chargé de l'agriculture, et une part variable, dégressive au-delà de 25 hectares et plafonnée à 50 hectares attribuée en fonction de la localisation géographique des surfaces de l'exploitation. Des modulations sont appliquées, dans des conditions fixées par arrêté du ministre chargé de l'agriculture, par le préfet pour tenir compte du chargement, de la part de l'activité principale non agricole pour les exploitants pluriactifs, de la part de la surface agricole utile située en zone défavorisée et de la bonification pour les élevages de petits ruminants. – *V. Arr. du 11 avr. 2023 fixant les conditions d'attribution des indemnités compensatoires de handicaps naturels dans le cadre de l'agriculture de montagne et des autres zones défavorisées, art. 4 et 5 (JO 13 avr.), mod. par Arr. du 21 avr. 2023 (JO 23 avr.).*

En zone de montagne, la modulation tient compte d'une bonification pour les élevages mixtes de bovins et de porcins. En zone soumise à des contraintes naturelles ou spécifiques, la modulation tient compte d'une bonification pour les prairies du marais poitevin.

II. – Pour les surfaces cultivées destinées à la commercialisation, le montant de l'aide comprend une part variable, dans la limite de 25 hectares, attribuée en fonction de la localisation des surfaces de l'exploitation. Des modulations sont appliquées, dans des conditions fixées par arrêté du ministre chargé de l'agriculture, pour tenir compte de la part de l'activité principale non agricole pour les exploitants pluriactifs et pour tenir compte de la part de la surface agricole utile située en zone défavorisée.

III. – Le montant de l'aide à l'exploitation divisé par le nombre d'hectares primés ne peut être inférieur à 25 euros par hectare et est plafonné à 450 euros par hectare en zone de montagne au sens de l'article D. 113-14 et à 250 euros par hectare en zone soumise à des contraintes naturelles ou en zone soumise à des contraintes spécifiques au sens de l'article D. 113-15.

IV. – Pour les groupements agricoles d'exploitation en commun totaux, ce calcul est effectué selon les modalités prévues à l'article D. 323-52.

Art. D. 113-28-1 En cas de non-respect des conditions d'octroi des aides, tout ou partie des paiements sont refusés. Lorsque l'aide a été octroyée, le préfet peut prononcer la déchéance de tout ou partie de celle-ci. Les retraits et les refus des paiements s'appliquent à l'année de la demande.

Art. D. 113-28-2 Lorsque le montant constaté, qui est le montant de l'aide résultant de la prise en compte des éléments relatifs aux animaux et aux surfaces constatés à la suite d'un contrôle, est supérieur ou égal au montant déclaré, qui est le montant de l'aide résultant de la prise en compte des éléments déclarés, le montant de l'aide est égal au montant déclaré.

Lorsque le montant constaté est inférieur au montant déclaré, le montant de l'aide est égal au montant constaté diminué d'une sanction liée à l'amplitude de l'écart, mesurée par un taux d'écart défini comme la différence entre les deux montants divisée par la valeur du montant constaté. La sanction est égale :

– à zéro si le taux d'écart est inférieur ou égal à 5 % ;

– à une fois et demie le taux d'écart multiplié par le montant constaté, si le taux d'écart est supérieur à 5 % et inférieur ou égal à 30 % ;

– à 100 % du montant constaté si le taux d'écart est supérieur à 30 % et inférieur ou égal à 50 % ;

Si le taux d'écart est supérieur à 50 %, la sanction est égale à 100 % du montant constaté, auquel est ajouté 0,5 fois le taux d'écart multiplié par le montant constaté.

Pour le calcul de la sanction, lorsque le montant unitaire correspondant au taux de chargement déclaré est inférieur ou égal au montant unitaire correspondant au taux de chargement constaté, le montant unitaire retenu, pour les zones concernées, est celui correspondant au taux de chargement déclaré. Lorsque le montant unitaire correspondant au taux de chargement constaté est inférieur au montant unitaire correspondant au taux de chargement déclaré, le montant unitaire retenu, pour les zones concernées, est celui correspondant au taux de chargement constaté majoré de 5 %.

(Décr. n° 2023-919 du 4 oct. 2023, art. 1er) « En cas de fausses déclarations ou d'usage de faux documents, la sanction financière est égale à 100 % du montant cons-

taté, auquel est ajouté la moitié du taux d'écart multiplié par le montant constaté. En outre, le demandeur est exclu de l'accès à l'indemnité compensatoire de handicaps naturels la campagne suivant celle au titre de laquelle la sanction est prononcée. » – *L'art. D. 113-28-2 est applicable aux aides octroyées au titre de la programmation ayant débuté en 2014, pour les demandes d'aides déposées après le 1er janv. 2023 (Décr. no 2023-245 du 3 avr. 2023, art. 3).*

SOUS-SECTION 3 Les autres mesures en faveur des investissements

Art. D. 113-29 **Dans l'ensemble des zones agricoles défavorisées, des aides aux investissements collectifs, tendant à l'amélioration de la productivité fourragère, peuvent être accordées dans les conditions suivantes :**

***a)* Ces aides sont attribuées, conformément aux dispositions en vigueur en matière d'améliorations pastorales, aux collectivités locales, aux associations foncières pastorales autorisées ou constituées d'office, aux groupements forestiers ainsi qu'aux groupements pastoraux agréés, pour l'aménagement et l'équipement des pâturages et des alpages exploités en commun ;**

***b)* Elles peuvent revêtir la forme de subventions en capital, à un taux compris entre 10 et 30 p. 100, complétées par des prêts du Crédit agricole, en vue de faciliter l'acquisition d'équipements pour améliorer la conservation des fourrages par les groupements agricoles, conformément au régime applicable aux groupements concernés. –** *[Décr. no 77-566 du 3 juin 1977, art. 20.]*

V. Arr. du 23 nov. 2004 (JO 1er déc.) relatif aux aides accordées aux exploitations agricoles pour l'acquisition de matériel agricole en zone de montagne ; Arr. du 23 nov. 2004 (JO 1er déc.) relatif aux aides accordées aux coopératives d'utilisation de matériels agricoles pour l'acquisition de matériel agricole en zone de montagne.

SOUS-SECTION 4 *[ABROGÉE]* Dispositions particulières aux départements d'outre-mer

(Abrogée par Décr. no 2001-535 du 21 juin 2001)

CHAPITRE IV L'AGRICULTURE DE CERTAINES ZONES SOUMISES À DES CONTRAINTES ENVIRONNEMENTALES

(Décr. no 2007-882 du 14 mai 2007)

V. Circ. 30 mai 2008 relative à l'application du Décr. no 2007-882 du 14 mai 2007 relatif à certaines zones soumises à contraintes environnementales et modifiant le code rural, codifié ss. les art. R. 114-1 à R. 114-10 (BOME no 14/2008).

SECTION 1 Régime des zones d'érosion, humides et de protection des aires d'alimentation des captages *(Décr. no 2013-194 du 5 mars 2013, art. 1er-I).*

Art. R. 114-1 *(Décr. no 2017-1246 du 7 août 2017, art. 2-34o)* **Les dispositions de la présente section sont applicables :**

1o Aux zones d'érosion mentionnées à l'article L. 114-1 du présent code et au 5o du II de l'article L. 211-3 du code de l'environnement ;

2o Aux zones humides d'intérêt environnemental particulier définies par le *a* du 4o du II de l'article L. 211-3 du code de l'environnement ;

3o Aux zones de protection des aires d'alimentation des captages définies par le 5o du II du même article ;

4o Aux bassins connaissant d'importantes marées vertes mentionnés au 8o du II du même article.

Art. R. 114-2 **Constituent des zones d'érosion au sens du présent chapitre les parties du territoire où, en raison notamment de la nature des sols, des conditions de leur occupation, de l'absence de couvert végétal ou de haies, de leur déclivité, les modes de gestion du sol ont favorisé, soit une érosion des sols provoquant une accélération de l'écoulement des eaux de ruissellement à l'origine de dommages causés en aval ou susceptibles d'en causer, soit une érosion diffuse des sols agricoles de nature à compromettre la réalisation des objectifs de bon état des eaux, ou le cas échéant de bon potentiel écologique, prévus par l'article L. 212-1 du code de l'environnement.**

Art. R. 114-3 La délimitation des zones énumérées par l'article R. 114-1 est faite par arrêté du préfet, après avis du conseil départemental de l'environnement et des risques sanitaires et technologiques, de la chambre départementale d'agriculture et, le cas échéant, de la commission locale de l'eau.

Sont en outre consultés :

— pour la délimitation d'une zone dans laquelle l'érosion des sols peut créer des dommages importants en aval, la commission départementale des risques naturels majeurs ;

— pour la délimitation d'une zone humide d'intérêt environnemental particulier, la commission départementale de la nature, des paysages et des sites et les collectivités territoriales intéressées ainsi que les groupements de propriétaires et d'exploitants, les associations agréées de protection de la nature, les fédérations de pêcheurs et de chasseurs dont le préfet souhaite recueillir l'avis et qui figurent sur une liste arrêtée par lui.

Les avis sont réputés favorables s'ils n'interviennent pas dans un délai de deux mois à compter de la transmission du projet.

Art. R. 114-4 Lorsqu'une autorisation a été accordée, au titre de l'article R. 1321-7 ou R. 1321-42 du code de la santé publique, d'utiliser pour la production d'eau destinée à la consommation humaine des eaux souterraines ou superficielles non conformes aux limites de qualité et situées dans le périmètre envisagé pour une zone de protection des aires d'alimentation des captages, ledit périmètre doit, le cas échéant, inclure la zone dans laquelle s'applique le plan de gestion des ressources en eau défini pour l'obtention de l'autorisation.

La délimitation du périmètre et le programme d'actions prévu par l'article R. 114-6 *(Décr. n° 2017-1246 du 7 août 2017, art. 2-35°)* « du présent code » sont alors fixés par le préfet par un même arrêté.

Art. R. 114-5 Les dispositions de l'article R. 114-4 sont également applicables lorsque le périmètre envisagé pour une zone de protection des aires d'alimentation des captages est, pour partie, situé dans une zone où est mise en œuvre une action contractuelle ayant pour objet le bon état des eaux ou leur bon potentiel écologique.

Art. R. 114-6 Pour chaque zone délimitée ou envisagée, le préfet établit un programme d'action.

Ce programme d'action est compatible avec les dispositions du schéma directeur d'aménagement et de gestion de l'eau et, selon le cas, se conforme ou tient compte des mesures réglementaires ou contractuelles mises en œuvre dans le domaine de l'eau et des milieux aquatiques sur la zone.

Il mentionne, le cas échéant, les aménagements dont la réalisation est envisagée dans la zone sur le fondement de l'article L. 211-7 du code de l'environnement en précisant leurs maîtres d'ouvrages, le calendrier et les modalités de leur réalisation.

Ce programme définit les mesures à promouvoir par les propriétaires et les exploitants, parmi les actions suivantes :

1° Couverture végétale du sol, permanente ou temporaire ;

2° Travail du sol, gestion des résidus de culture, apports de matière organique favorisant l'infiltration de l'eau et limitant le ruissellement ;

3° Gestion des intrants, notamment des fertilisants, des produits phytosanitaires et de l'eau d'irrigation ;

4° Diversification des cultures par assolement et rotations culturales ;

5° Maintien ou création de haies, talus, murets, fossés d'infiltration et aménagements ralentissant ou déviant l'écoulement des eaux ;

6° Restauration ou entretien d'un couvert végétal spécifique ;

7° Restauration ou entretien de mares, plans d'eau ou zones humides.

Le programme d'action détermine les objectifs à atteindre selon le type d'action pour chacune des parties de la zone concernées, en les quantifiant dans toute la mesure du possible, et les délais correspondants.

Il présente les moyens prévus pour atteindre ces objectifs et indique notamment les aides publiques dont certaines mesures peuvent bénéficier ainsi que leurs conditions et modalités d'attribution.

Il expose les effets escomptés sur le milieu et précise les indicateurs quantitatifs qui permettront de les évaluer.

Il comprend une évaluation sommaire de l'impact technique et financier des mesures envisagées sur les propriétaires et exploitants concernés.

(Décr. nº 2012-675 du 7 mai 2012, art. 2-2º) **« Les modalités d'établissement du programme d'action, notamment le contenu des mesures, sont, en tant que de besoin, précisées par arrêté pris conjointement par les ministres chargés de l'agriculture et de l'environnement. »**

V. Décr. nº 2008-453 du 14 mai 2008 relatif à l'indemnité compensatoire de contraintes environnementales (JO 15 mai), mod. par Décr. nº 2009-1404 du 16 nov. 2009 (JO 18 nov.) ; Arr. du 14 mai 2008 relatif à l'instauration d'une indemnité compensatoire de contraintes environnementales dans certaines zones de protection des aires d'alimentation des captages (JO 15 mai), mod. par Arr. du 16 nov. 2009 (JO 18 nov.).

Le préfet a pu retenir un objectif commun à l'ensemble des mesures formant le programme d'action, et prévoir un projet imposant d'implanter et maintenir en prairie la zone sensible, sans pouvoir interdire l'abreuvement direct des animaux aux cours d'eau. • CAA Nantes, 23 déc. 2014, nº 13NT02134 : *RD rur. 2015, nº 116, note Hernandez-Zakine.*

Art. R. 114-7 **Le préfet soumet le projet de programme d'action aux consultations prévues par l'article R. 114-3 ainsi que, le cas échéant, à l'établissement public territorial de bassin prévu par l'article L. 213-12 du code de l'environnement.**

Il arrête le programme d'action.

Art. R. 114-8 **Le préfet peut, à l'expiration d'un délai de trois ans suivant la publication du programme d'action, compte tenu des résultats de la mise en œuvre de ce programme** *(Décr. nº 2017-1246 du 7 août 2017, art. 2-36º)* **« au regard » des objectifs fixés, décider de rendre obligatoires, dans les délais et les conditions qu'il fixe, certaines des mesures préconisées par le programme.**

(Décr. nº 2017-1246 du 7 août 2017, art. 2-36º) **« Toutefois :**

« 1º Dans les zones de protection des aires d'alimentation des captages délimitées en application de l'article R. 114-4 et dans les douze mois qui suivent la publication du programme d'action, le préfet rend obligatoires les mesures de ce programme pour lesquelles il estime que les objectifs prévus ne seront pas atteints à l'issue de cette période de douze mois ;

« 2º Dans les bassins connaissant d'importantes marées vertes délimités en application du 8º du II de l'article L. 211-3 du code de l'environnement, le préfet peut, à l'expiration d'un délai d'un an suivant la publication du programme d'action et compte tenu de la mise en œuvre de ce programme en regard des objectifs fixés, décider de rendre obligatoires, dans les délais et les conditions qu'il fixe, certaines des mesures préconisées par le programme. »

Les mesures sont rendues obligatoires par arrêté préfectoral pris après les consultations prévues par l'article R. 114-7 *(Décr. nº 2017-1246 du 7 août 2017, art. 2-36º)* **« du présent code ».**

L'arrêté préfectoral est affiché dans les mairies des communes intéressées pendant au moins un mois.

Ces mesures s'appliquent sans préjudice des dispositions à caractère obligatoire prises au titre d'autres législations ou réglementations. — *Les divisions « I », « II », « II bis », « III » et « IV » sont supprimées (Décr. nº 2017-1246 du 7 août 2017, art. 2-36º).*

Décret nº 2007-1281 du 29 août 2007, *relatif à certaines zones de protection des aires d'alimentation des captages (JO 30 août).* **Art. 1er** Par dérogation aux II et III de l'article R. 114-8 du code rural, afin d'assurer l'exécution de l'arrêt de la Cour de justice des Communautés européennes du 8 mars 2001 susvisé *[arrêt nº C-266/99]*, sont obligatoires, à compter du 1er janvier 2008, les mesures des programmes d'actions qui seront arrêtés par les préfets pour les zones de protection des aires d'alimentation des prises d'eau suivantes :

— dans le département des Côtes-d'Armor, prises d'eau du barrage de l'Arguenon à Pléven, du Bizien à Hengoat, du Gouessant à Saint-Trimoël, du Guindy à Plouguiel, de l'Ic à Binic et de l'Urne à Trégueux ;

— dans le département du Finistère, prises d'eau de l'Aber-Vrac'h à Kernilis et de l'Horn à Plouénan ;

— dans le département d'Ille-et-Vilaine, prise d'eau des Échelles à Montours (Quincampois).

1. Est régulier le décret pris sur le fondement de l'art. L. 211-3 C. envir. et prévoyant par dérogation à l'art. R. 114-8 C. rur. que dans les zones d'alimentation des prises d'eau qu'il énumère, les mesures des programmes d'action seront obligatoires dès le 1er janv. 2008 dès lors qu'il s'agit de tirer les conséquences d'une procédure en manquement engagée contre la France relative à la qualité des eaux destinées à la production d'eau alimentaire. • CE 10 avr. 2009, *Assoc. pour le maintien de l'élevage en Bretagne*, n° 310184 : *Envir. 2009, n° 84, note Sousse.*

2. Dans une zone de protection d'une aire d'alimentation d'un captage d'eau potable, il peut être établi un programme d'action qui comporte sur un même objet des dispositions différentes de celles d'un programme d'action applicable à une zone vulnérable à la pollution des eaux par les nitrates d'origine agricole si les mesures ne sont pas moins contraignantes que celles du programme d'action applicable à la zone vulnérable dont elle relève. • CAA Nantes, 23 déc. 2014, n° 13NT02134 : *RD rur. 2015, n° 116, note Hernandez-Zakine.*

Art. R. 114-9 **Le programme d'action et, le cas échéant, le périmètre de la zone sont révisés selon la procédure prévue pour leur élaboration, compte tenu des résultats obtenus.**

Art. R. 114-10 **Est puni de la peine d'amende prévue pour les contraventions de la 5e classe, le fait, pour le propriétaire ou l'exploitant d'un terrain, de ne pas respecter l'une des mesures du programme d'action rendues obligatoires dans les conditions prévues à l'article R. 114-8** *(Décr. n° 2007-1281 du 29 août 2007, art. 1er)* **« et par le décret n° 2007-1281 du 29 août 2007 ».** — *V. ce Décr. ss. art. R. 114-8.*

La récidive de la contravention prévue au présent article est réprimée conformément aux articles 132-11 et 132-15 du code pénal.

SECTION 2 Aide à la protection des exploitations et des troupeaux contre la prédation du loup et de l'ours

(Décr. n° 2022-1756 du 30 déc. 2022, art. 1er)

Art. D. 114-11 **En application des articles 70 et 73 du règlement (UE) n° 2021/2115 du Parlement européen et du Conseil du 2 décembre 2021 est mise en place une aide à la protection des exploitations et des troupeaux contre la prédation du loup et de l'ours.**

Cette aide est mise en œuvre sous la forme d'un appel à projets. — *V. Instruction technique DGPE/SDPE/2024-21 du 10 janv. 2024 sur l'appel à projets relatif à l'aide à la protection des exploitations et des troupeaux contre la prédation du loup et de l'ours pour l'année 2024 (BOM Agriculture n° 3 du 18 janv.).*

Elle est versée sous forme de subvention ayant pour objet la protection des exploitations et des troupeaux contre la prédation du loup et de l'ours.

Elle soutient les dépenses de gardiennage renforcé ou de surveillance renforcée, d'achat, d'entretien, de stérilisation ou de tests de comportement de chiens de protection, d'investissements matériels, d'analyse de vulnérabilité des élevages face au risque de prédation ou d'accompagnement technique.

Un arrêté conjoint des ministres chargés de l'agriculture, de l'environnement et du budget définit le contenu de la demande, notamment l'identification du demandeur, et les modalités de la demande. Le demandeur indique son numéro SIRET dans sa demande d'aide. — *Les aides octroyées pour des opérations de protection de l'environnement dans les espaces ruraux ayant fait l'objet de contrats de protection de l'environnement dans les espaces ruraux au titre de la programmation de la politique agricole commune ayant débuté en 2014 restent régies par les dispositions en vigueur à la date de publication du Décr. n° 2022-1756 du 30 déc. 2022 (Décr. préc., art. 3, JO 31 déc.).*

V. Arr. du 30 déc. 2022 relatif à l'aide à la protection des exploitations et des troupeaux contre la prédation du loup et de l'ours (JO 31 déc.), mod. par Arr. du 20 juill. 2023 (JO 22 juill.). Arr. du 26 déc. 2023 (JO 28 déc.) ; Arr. du 4 mai 2023 relatif à la mise en place de mesures d'effarouchement de l'ours brun dans les Pyrénées pour prévenir les dommages aux troupeaux (JO 5 mai) ; Instruction technique DGPE/SDPE/2024-20 du 10 janv. 2024 relative à l'aide à la protection des exploitations et des troupeaux contre la prédation du loup et de l'ours à partir de la campagne 2023 (BOM Agriculture n° 3 du 18 janv.).

Art. D. 114-12 Les bénéficiaires de l'aide sont :

1° Les agriculteurs, à titre individuel ou en société ;
2° Les groupements pastoraux ;
3° Les associations d'éleveurs ;
4° Les associations foncières pastorales ;
5° Les commissions syndicales gestionnaires d'estives ;
6° Les collectivités territoriales ;
7° Les groupements d'employeurs.

Art. D. 114-13 Les dépenses mentionnées au troisième alinéa de l'article D. 114-11 sont éligibles à l'aide lorsqu'elles sont engagées pour la protection de troupeaux d'ovins ou de caprins situés sur le territoire de communes incluses dans le champ de zones établies annuellement selon des modalités définies par arrêté conjoint des ministres chargés de l'agriculture, du budget et de l'environnement en fonction de la pression de prédation et de la dynamique d'extension des aires de présence du loup et de l'ours.

Le bénéfice de l'aide est en outre subordonné au respect d'engagements, dont celui de tenir à jour un cahier de pâturage. Ces engagements sont définis dans la décision attribuant l'aide.

Un arrêté conjoint des ministres chargés de l'agriculture, de l'environnement et du budget précise les modalités de calcul du montant de l'aide, dont le niveau maximal de l'aide qui peut être accordé, lequel tient compte notamment de la taille du troupeau, de la durée et du lieu de pâturage et du mode de conduite. Cet arrêté détermine les types d'engagements pris par le bénéficiaire selon la nature des dépenses réalisées, ainsi que les périodes au cours desquelles les dépenses sont éligibles.

V. Décr. n° 2019-722 du 9 juill. 2019 relatif à l'indemnisation des dommages causés aux troupeaux domestiques par le loup, l'ours et le lynx (JO 11 juill.), mod. par Décr. n° 2021-299 du 19 mars 2021 (JO 21 mars), Décr. n° 2023-490 du 20 juin 2023 (JO 22 juin) ; Arr. du 22 févr. 2024 pris pour son application (JO 23 févr.).

Art. D. 114-14 *(Décr. n° 2022-1755 du 30 déc. 2022, art. 1er)* L'autorité compétente pour octroyer ou retirer l'aide ou appliquer une sanction financière est le préfet de département dans lequel se situe la zone mentionnée à l'article D. 114-13 où a lieu la durée de pâturage du troupeau la plus longue. Lorsqu'il n'y a pas de pâturage dans l'une de ces zones, l'autorité compétente est le préfet de département dans lequel le demandeur a son siège.

Art. D. 114-15 *(Décr. n° 2023-1279 du 26 déc. 2023, art. 1er)* L'aide prévue à l'article D. 114-11 est retirée lorsque le bénéficiaire a méconnu un engagement général prévu par l'arrêté pris pour l'application du troisième alinéa de l'article D. 114-13 et défini dans la décision d'attribution de l'aide.

Le retrait donne lieu au remboursement, par le bénéficiaire, de la totalité de l'aide perçue, majorée des intérêts calculés au taux légal.

Art. D. 114-16 *(Décr. n° 2023-1279 du 26 déc. 2023, art. 1er)* I. — Lorsque le bénéficiaire a méconnu un engagement spécifique à un type de dépense mentionné au quatrième alinéa de l'article D. 114-11 et défini dans la décision d'attribution de l'aide, celle-ci est retirée pour le seul type de dépense concerné.

Pour les engagements liés au gardiennage et à la surveillance, les engagements sont réputés méconnus lorsqu'il est constaté, à l'issue d'un contrôle, que la durée de gardiennage ou de surveillance est inférieure à la moitié de la durée ayant été déterminée dans la décision d'attribution de l'aide.

Par dérogation au premier alinéa, lorsque la décision d'attribution de l'aide a prévu l'obligation de mettre conjointement en œuvre plusieurs types de dépenses, la méconnaissance d'un engagement concernant l'un de ces types de dépenses entraîne le retrait de la totalité de l'aide.

II. — Une réduction de l'aide peut être appliquée lorsque, à la suite d'un contrôle administratif, il est constaté que la taille du troupeau, la durée ou le lieu de pâturage ou le mode de conduite sont différents de ceux déclarés par le bénéficiaire de l'aide.

Un arrêté conjoint des ministres chargés de l'agriculture, de l'environnement, et du budget précise les modalités d'application de cette réduction.

III. – Les réductions de l'aide mentionnées aux I et II du présent article sont appliquées au titre de l'année du constat du manquement. Lorsqu'il est constaté que le manquement a été commis sur plusieurs années, la réduction est appliquée sur l'ensemble de ces années. Le montant total des remboursements ne peut pas excéder le montant total de l'aide perçue.

Art. D. 114-17 *(Décr. nº 2023-1279 du 26 déc. 2023, art. 1er)* Les cas de force majeure et de circonstances exceptionnelles mentionnés à l'article D. 614-29 doivent être notifiés au préfet par le bénéficiaire de l'aide, ou son ayant droit, au plus tard 30 jours ouvrés à compter du jour où il est en mesure d'y procéder.

Dans le cas où le bénéficiaire de l'aide ne peut pas poursuivre ses engagements du fait de l'aménagement ou de la restauration, par une personne publique ou par une personne privée chargée d'une mission de service public, des terrains utilisés, les engagements définis dans la décision attribuant l'aide peuvent être modifiés par le préfet. Si toute modification est impossible, l'engagement prend fin et l'aide déjà versée ne donne pas lieu à remboursement.

CHAPITRE V *[ABROGÉ]* DISPOSITIONS PARTICULIÈRES À L'OUTRE-MER

(Abrogé par Décr. nº 2013-754 du 14 août 2013, art. 3-II)

Art. D. 115-1 à D. 115-7 *Abrogés par Décr. nº 2013-754 du 14 août 2013, art. 3-II.*

TITRE II L'AMÉNAGEMENT FONCIER RURAL

CHAPITRE I DISPOSITIONS COMMUNES AUX DIVERS MODES D'AMÉNAGEMENT FONCIER

Art. R. 120-1 *Abrogé par Décr. nº 2006-394 du 30 mars 2006.*

SECTION 1 Les commissions d'aménagement foncier

SOUS-SECTION 1 Les commissions communales et intercommunales

Art. R.* 121-1 *(Décr. nº 2006-394 du 30 mars 2006)* « Lorsque le conseil départemental a décidé, en application de l'article L. 121-2, d'instituer une commission communale ou intercommunale d'aménagement foncier, son président procède aux désignations qui relèvent de sa compétence et, selon le cas, provoque la désignation ou l'élection des membres de cette commission dans les conditions prévues aux articles L. 121-3, L. 121-4, L. 121-5 ou L. 121-5-1.

« Le président du conseil départemental désigne un suppléant à chacun des membres qu'il désigne. »

(Décr. nº 2005-1173 du 12 sept. 2005) « Le commissaire enquêteur, président de la commission communale ou intercommunale d'aménagement foncier, est désigné par le président du tribunal judiciaire dans le ressort duquel la commission a son siège parmi les personnes figurant sur la liste d'aptitude mentionée à l'article L. 123-4 du code de l'environnement et possédant des compétences en matière d'agriculture, d'aménagement foncier ou de droit de la propriété. Son choix n'est pas limité à la liste établie dans le ressort du département. Un président suppléant est désigné dans les mêmes conditions.

« Le commissaire enquêteur président de la commission est indemnisé par le département des vacations effectuées et des frais de déplacement engagés pour l'exécution de sa mission. Le président du conseil départemental fixe le nombre des vacations qui lui sont allouées sur la base du nombre d'heures qu'il déclare avoir consacrées à la présidence en tenant compte de la complexité des opérations d'aménagement considérées. Le taux de la vacation et les modalités de remboursement de frais de déplacement sont ceux fixés en application de l'article R. 123-10 du code de l'environnement. »

Lorsqu'une commission intercommunale est instituée dans les départements du Haut-Rhin, du Bas-Rhin et de la Moselle et que les communes intéressées ne se trouvent pas dans le ressort d'un même bureau du livre foncier, chacun des juges du livre foncier dont dépendent les communes intéressées est, pour l'application de l'article L. 128-1 *(Décr. nº 2017-1246 du 7 août 2017, art. 3-1º)* « du présent code », membre de la commission. — *[Décr. nº 86-1415 du 31 déc. 1986, art. 1er.]*

Art. R.* 121-1-1 *Abrogé par Décr. nº 2006-394 du 30 mars 2006.*

Art. R. 121-2 En cas de vacance, il est procédé au remplacement du ou des membres intéressés dans les mêmes conditions que celles prévues pour leur désignation ou pour leur élection.

Al. 2 abrogé par Décr. nº 2006-394 du 30 mars 2006. — [Décr. nº 86-1415 du 31 déc. 1986, art. 2.]

Art. R. 121-3 *(Décr. nº 2006-394 du 30 mars 2006)* La délibération du conseil départemental instituant la commission communale ou intercommunale d'aménagement foncier et l'arrêté de son président la constituant sont affichés, pendant 15 jours au moins, à la mairie de chacune des communes faisant l'objet de l'aménagement foncier, et publiés au recueil des actes administratifs du département.

Art. R. 121-4 La commission communale a son siège à la mairie.

Elle se réunit sur convocation de son président aux jour, heure et lieu qu'il fixe.

(Décr. nº 2006-394 du 30 mars 2006) « Elle ne peut valablement délibérer que lorsque la moitié au moins de ses membres dont le président ou le président suppléant sont présents. »

Sur seconde convocation, elle peut siéger quel que soit le nombre des membres présents.

Elle délibère à la majorité des membres présents. En cas de partage égal des voix, celle du président est prépondérante.

Il est tenu procès-verbal des séances sur un registre coté et paraphé avec indication des membres présents. Les procès-verbaux sont signés par le président et par le secrétaire.

Le secrétariat de la commission est assuré par un agent *(Décr. nº 2006-394 du 30 mars 2006)* « des services du conseil départemental ».

Dernier al. abrogé par Décr. nº 2006-394 du 30 mars 2006.

Art. R. 121-5 *(Décr. nº 2006-394 du 30 mars 2006)* Le président du conseil départemental désigne la commune où siège la commission intercommunale dans son arrêté la constituant. La commission délibère dans les conditions et selon les modalités prévues à l'article R. 121-4.

Art. R. 121-5-1 *(Décr. nº 2006-394 du 30 mars 2006)* La commission communale ou intercommunale spécifique prévue à l'article L. 121-5-1 délibère dans les conditions et selon les modalités prévues aux articles R. 121-4 et R. 121-5. Toutefois sont appelés à siéger à titre consultatif :

1º Lorsque le périmètre de l'opération comprend des parcelles situées dans une aire d'appellation d'origine contrôlée, un représentant de l'Institut national de l'origine et de la qualité ;

2º Lorsque le périmètre de l'opération comprend des parcelles relevant du régime forestier, un représentant de l'Office national des forêts.

Art. R. 121-6 *(Décr. nº 2006-394 du 30 mars 2006)* Les décisions de la commission communale ou intercommunale d'aménagement foncier sont affichées, pendant quinze jours au moins, à la mairie de chacune des communes faisant l'objet de l'aménagement foncier. Elles sont transmises au président du conseil départemental et au préfet.

Les décisions des commissions communales ou intercommunales sont, en outre, notifiées aux intéressés. Les réclamations formées contre ces décisions doivent être introduites devant la commission départementale dans un délai d'un mois à dater de la notification ou, dans le cas où il n'a pu être procédé à la notification, dans un délai d'un mois à dater de l'affichage de ces décisions dans la ou les communes où sont localisées les terres qui font l'objet de l'aménagement foncier.

1. Seule la notification de la décision fixant les attributions de chaque propriétaire fait courir le délai pour introduire une réclamation devant la commission départementale. • CE 2 févr. 2011, n° 332454 : *AJDA 2011. 248* ; *Gaz. Pal. 16-17 févr. 2011.*

2. A défaut d'indication dans la notification de la possibilité de contester la décision dans le délai d'un mois, aucune tardiveté ne peut être opposée à la réclamation d'un propriétaire. • CE 28 juill. 1999, *Min. agric. c/ Moncel,* n° 151936 • CAA Nancy, 5 août 2004, *Franck,* n° 00NC00215.

3. Faute de respecter le délai d'un mois de l'art. R. 121-6 pour saisir la commission départementale, cette dernière ne peut modifier les attributions décidées par la commission communale d'aménagement foncier. • CAA Nancy, 12 déc. 2002, *Mme Francart,* n° 97NC01080 : *RFDA 2003. 615* .

SOUS-SECTION 2 Les commissions départementales

Art. R.* 121-7 *(Décr. n° 2006-394 du 30 mars 2006)* **La commission départementale est constituée par le président du conseil départemental qui procède aux désignations qui relèvent de sa compétence et provoque les désignations et élections prévues aux articles L. 121-8** *(Décr. n° 2017-1246 du 7 août 2017, art. 3-2°)* **« du présent code » et L. 121-9** *(Décr. n° 2017-1246 du 7 août 2017, art. 3-2°)* **« du même code ».**

Le commissaire enquêteur, président de la commission, est désigné et indemnisé dans les conditions prévues à l'article R. 121-1.

Les deux maires de communes rurales sont désignés par l'association départementale des maires ou, à défaut, sont élus par les maires du département.

Pour l'application des dispositions du 9° de l'article L. 121-8 *(Décr. n° 2017-1246 du 7 août 2017, art. 3-2°)* **« du présent code », le président du conseil départemental désigne deux représentants d'associations agréées en vertu de l'article L. 141-1 du code de l'environnement** *(Abrogé par Décr. n° 2017-1246 du 7 août 2017, art. 3-2°)* ***« ou d'associations mentionnées à l'article L. 433-2 de ce code »*** **ainsi que deux suppléants.**

Un suppléant est désigné dans les mêmes conditions que celles prévues pour la désignation des titulaires en ce qui concerne chacun des conseillers départementaux et des maires prévus au 2° de l'article L. 121-8 *(Décr. n° 2017-1246 du 7 août 2017, art. 3-2°)* **« du présent code » et chacun des maires et délégués communaux prévus au 5° de l'article L. 121-9** *(Décr. n° 2017-1246 du 7 août 2017, art. 3-2°)* **« du même code ».**

Art. R. 121-8 **En cas de vacance, il est procédé au remplacement du ou des membres intéressés dans les mêmes conditions que celles prévues pour leur désignation ou pour leur élection.** – *[Décr. n° 86-1415 du 31 déc. 1986, art. 8.]*

Art. R. 121-9 *(Décr. n° 2006-394 du 30 mars 2006)* **La délibération du conseil départemental instituant la commission départementale d'aménagement foncier et l'arrêté de son président la constituant sont publiés au recueil des actes administratifs du département.**

Art. R. 121-10 *(Décr. n° 2006-394 du 30 mars 2006)* **La commission départementale a son siège à l'hôtel du département. Elle délibère dans les conditions et selon les modalités prévues à l'article R. 121-4.**

1. ***Délibérations.*** Lorsque, pour une même opération, plusieurs délibérations sont nécessaires, les membres qui assistent à la délibération doivent avoir assisté aux séances précédentes. • CE 13 mai 1983, *Min. agric. c/ Perraguin : RD rur. 1984. 173.* ♦ Est irrégulière la procédure de la commission départementale qui rend une décision sous la présidence d'un magistrat qui n'a pas présidé la séance au cours de laquelle la commission a procédé à un premier examen des réclamations. • CE 19 déc. 2008, n° 312387 : *RD rur. 2009, n° 69 ; Gaz. Pal. 29-30 juill. 2009. 27.*

2. ***Sanction.*** Est nulle la décision de la commission prise alors que le quorum de ses membres n'est pas atteint. • CAA Nantes, 11 mars 2003, *Chambon,* n° 00NT01816.

3. ***Impartialité.*** Est nulle la décision de la commission départementale dont un membre a siégé sur la réclamation d'une société dont il détenait des actions. • CE 22 oct. 2010, *Sté agricole de Francières,* n° 323896 : *Gaz. Pal. 2010. Pan. 3694.*

Art. R. 121-11 **Les intéressés présentent par écrit à la commission départementale d'aménagement foncier leurs observations et réclamations. Sur leur demande adressée par écrit au président de cette commission, ils sont entendus par celle-ci.**

La commission départementale peut en outre convoquer devant elle ceux des intéressés qu'elle juge devoir être entendus.

Les observations et réclamations adressées par écrit à la commission sont inscrites sur un registre d'ordre ; il en est donné récépissé. Il est tenu procès-verbal des dires des intéressés. — *[Décr. nº 86-1415 du 31 déc. 1986, art. 11.]*

1. Est illégale la décision de la commission départementale statuant sur une réclamation d'un requérant et qui modifie les attributions d'un propriétaire dès lors que ce dernier n'a pas été convoqué à la séance de la commission d'examen de la contestation. • CE 5 mars 1999, *Mme Gendre,* nº 169286. ♦ Dans cette hypothèse, l'administration doit aviser le propriétaire de l'existence de la réclamation et lui indiquer la possibilité de formuler des observations. • CE 28 juill. 1999, *Min. agric. et développement rural c/ Mme Péroux,* nº 140394. ♦ La procédure de modification des attributions initiales par la commission départementale d'aménagement foncier est irrégulière dès lors que les intéressés n'ont pas été avisés en temps utile ni mis à même de présenter leurs observations. • CAA Douai, 15 sept. 2005, nº 03DA01181 : *RD rur. 2006, nº 88.*

2. Est nulle la procédure au cours de laquelle la propriétaire a pu assister à la commission départementale mais sans avoir été destinataire d'aucun document préalable, ce qui ne lui avait pas permis de conclure utilement sur la modification parcellaire arrêtée par la commission. • CAA Douai, 8 oct. 2009, *Gauthier,* nº 08DA01358. ♦ Ont été mis en mesure de porter leurs observations à la commission les intéressés convoqués par une lettre ne leur donnant pas d'indications sur les modifications demandées par les réclamants, si l'information sur les modifications envisagées a été portée à leur connaissance lors des phases précédentes du remembrement. • CE 22 oct. 2010, *Sté Agricole de Francières,* nº 323896 : *Gaz. Pal. 2010. Pan. 3694.*

3. Est illégale la décision de la commission départementale dès lors que les propriétaires n'ont pas été auditionnés par ladite commission mais par une délégation issue de celle-ci. • CAA Paris, 10 nov. 2004, nº 01PA01079.

4. La commission n'est pas tenue de convoquer le conseil des requérants à la séance pendant laquelle sera examinée leur réclamation. • CE 3 juill. 2000, *Épx Bravy,* nº 158545.

Art. R. 121-12 *(Décr. nº 2006-394 du 30 mars 2006)* **La commission procède à l'instruction des réclamations et à l'examen des observations dans les formes qu'elle détermine. Elle statue par une seule décision sur toutes les réclamations formées contre une même opération dans le délai de six mois à compter de l'expiration du délai de réclamation fixé au second alinéa de l'article R. 121-6. Cette décision est régulière dès lors que plus de la moitié des membres de la commission ont participé à l'ensemble des séances d'instruction et sont présents lors de la délibération finale.**

Les décisions de la commission départementale sont notifiées aux intéressés, au président du conseil départemental et au préfet.

1. Instruction. La commission a pu, dans le cadre d'une instruction régulière lors d'une visite sur les lieux, s'abstenir de recueillir les observations des propriétaires concernés ; la présence de tiers est sans incidence sur la régularité de la visite. • CE 19 avr. 2000, *Min. Agric. c/ M. et Mme Noire,* nº 172133.

2. La commission départementale ne peut statuer sur des réclamations justifiant un examen étalé sur plusieurs séances que si tous les membres de la commission ont assisté à toutes les séances précédentes. • CAA Douai, 13 nov. 2007, *Min. Agric. et Pêche c/ Cne d'Herlier,* nº 07DA00700 : *AJDA 2008. 36, note Le Garzic.*

Art. R. 121-13 à R. 121-16 *Abrogés par Décr. nº 2005-1716 du 28 déc. 2005.*

SOUS-SECTION 3 **Dispositions communes** *(Décr. nº 2017-1246 du 7 août 2017, art. 3-3º).*

Art. R. 121-17 Devant toutes les commissions d'aménagement foncier, les propriétaires, personnes physiques ou morales, ont la faculté de se faire représenter soit par un avocat inscrit au barreau *(Abrogé par Décr. nº 2012-634 du 3 mai 2012, art. 21-8º-b)* ***« ou par un avoué près la cour d'appel »*****, soit par toute personne dûment mandatée.**

(Décr. nº 2006-394 du 30 mars 2006) **« Les séances des commissions d'aménagement foncier ne sont pas publiques. »** — *[Décr. nº 86-1415 du 31 déc. 1986, art. 17.]*

Est régulière la procédure lorsque le réclamant a été informé de la date de la séance de la commission nationale pendant laquelle sa réclamation devait être examinée ainsi que de la faculté de présenter des observations ou de se faire représenter, même si l'avocat ayant représenté le réclamant dans l'instance antérieure n'a pas été informé de la date de réunion de la commission. • CE 27 oct. 1999, *Lacroix,* nº 162430.

Art. R. 121-18 Les membres des commissions prévues à la présente section doivent jouir de leurs droits civils, avoir atteint leur majorité et, sous réserve des conventions internationales, être de nationalité française *(Décr. nº 2006-394 du 30 mars 2006)* « ou ressortissant d'un État membre de *(Décr. nº 2017-1246 du 7 août 2017, art. 3-4º)* « l'Union » européenne ».

Les fonctions de membre d'une commission communale ou intercommunale et celles de membre d'une commission départementale sont incompatibles. Cette incompatibilité ne s'applique pas aux élus désignés en raison de leur mandat et aux agents de l'administration.

(Décr. nº 2006-394 du 30 mars 2006) « Les membres des commissions qui représentent des collectivités territoriales sont à nouveau désignés dans un délai de 4 mois suivant chaque élection renouvelant leur assemblée délibérative. Ils demeurent membres de la commission jusqu'à la désignation de leur successeur. » — *[Décr. nº 86-1415 du 31 déc. 1986, art. 18.]*

Un fonctionnaire de la DDAF peut participer aux séances des commissions communales et départementales. • CE 16 nov. 1998, *Épx Bravy*, nº 158545.

Art. R. 121-19 Lorsqu'un *(Décr. nº 2006-394 du 30 mars 2006)* « membre d'une commission » d'aménagement foncier, n'a pas assisté à trois réunions consécutives sans excuse légitime, il peut, après avoir été invité à fournir des explications, être déclaré démissionnaire par le *(Décr. nº 2006-394 du 30 mars 2006)* « président du conseil départemental ». — *[Décr. nº 86-1415 du 31 déc. 1986, art. 19.]*

SECTION 2 Choix du mode d'aménagement foncier et détermination du périmètre

Art. R. 121-20 *(Décr. nº 2006-394 du 30 mars 2006)* L'étude d'aménagement, qui prend en considération les informations portées à la connaissance du président du conseil départemental par le préfet en application de l'article L. 121-13, a pour objet de permettre à la commission communale ou intercommunale et au conseil départemental d'apprécier l'opportunité de la réalisation d'un aménagement foncier, ses modalités et son périmètre et de définir pour sa mise en œuvre des recommandations permettant de respecter les objectifs énoncés à l'article L. 111-2.

Elle comporte, au titre de l'analyse de l'état initial du site susceptible de faire l'objet de l'aménagement et de son environnement, une analyse des structures foncières, de l'occupation agricole et forestière, des paysages et espaces naturels, notamment des espaces remarquables ou sensibles, ainsi que des espèces végétales et animales et une analyse des risques naturels existants sur ce site et des différentes infrastructures.

Elle présente des recommandations pour la détermination et la conduite des opérations quant à la prévention des risques naturels relatifs notamment à l'érosion des sols, quant à l'équilibre de la gestion des eaux, à la préservation des espaces naturels remarquables ou sensibles, des paysages et des habitats des espèces protégées ainsi qu'à la protection du patrimoine rural.

Cette étude tient lieu, pour la réalisation de l'étude d'impact prévue à l'article R. 123-10, de l'analyse de l'état initial du site.

Art. R. 121-20-1 *(Décr. nº 2006-394 du 30 mars 2006)* La proposition d'aménagement foncier faite par la commission en application du I de l'article L. 121-14 comporte, outre la délimitation du périmètre de l'opération, les prescriptions que devront respecter le plan et les travaux connexes en vue de satisfaire aux objectifs assignés aux procédures d'aménagement foncier rural par les articles L. 111-2 et L. 121-1 du présent code et aux principes posés par l'article L. 211-1 du code de l'environnement ainsi qu'une liste des travaux susceptibles d'être interdits ou soumis à autorisation par le président du conseil départemental en application de l'article L. 121-19 *(Décr. nº 2017-1246 du 7 août 2017, art. 3-5º)* « du présent code » dans le périmètre proposé. Elle précise, le cas échéant, si la commission propose de faire application des dispositions *(Décr. nº 2017-1246 du 7 août 2017, art. 3-5º)* « des articles L. 123-4-1 et L. 123-23 du même code ». Elle mentionne, s'il y a lieu, les communes qui ne sont pas incluses dans le périmètre d'aménagement proposé et sur lesquelles les travaux connexes envisagés sont susceptibles d'avoir un effet notable au regard des articles L. 211-1, L. 341-1 et suivants et L. 414-1 du code de l'environnement.

Art. R. 121-20-2 *(Décr. nº 2006-394 du 30 mars 2006)* Le président du conseil départemental fixe la liste des travaux interdits ou soumis à autorisation en application de l'article L. 121-19.

Art. R. 121-21 *(Décr. nº 2006-394 du 30 mars 2006)* L'enquête publique prévue au II de l'article L. 121-14 *(Décr. nº 2017-1246 du 7 août 2017, art. 3-6º)* « du présent code » est organisée conformément aux articles *(Décr. nº 2017-1246 du 7 août 2017, art. 3-6º)* « L. 123-4 à L. 123-19 » et aux articles R. 123-7 à R. 123-23 du code de l'environnement et aux présentes dispositions. Toutefois, le président du conseil départemental exerce les compétences dévolues au préfet *(Décr. nº 2017-1246 du 7 août 2017, art. 3-6º)* « par les dispositions précitées du code de l'environnement ». Il peut se faire représenter.

Le commissaire enquêteur est désigné selon les modalités prévues aux articles R. 123-8 et R. 123-9 *(Décr. nº 2017-1246 du 7 août 2017, art. 3-6º)* « du même code ».

Le dossier soumis à l'enquête comprend :

1º La proposition de la commission communale ou intercommunale établie en application de l'article R. 121-20-1 *(Décr. nº 2017-1246 du 7 août 2017, art. 3-6º)* « du présent code » ;

2º Un plan faisant apparaître le périmètre retenu pour le mode d'aménagement envisagé ;

3º L'étude d'aménagement prévue à l'article L. 121-1 *(Décr. nº 2017-1246 du 7 août 2017, art. 3-6º)* « du même code », ainsi que l'avis de la commission communale ou intercommunale d'aménagement foncier sur les recommandations contenues dans cette étude ;

4º Les informations mentionnées à l'article L. 121-13 *(Décr. nº 2017-1246 du 7 août 2017, art. 3-6º)* « de ce code », portées à la connaissance du président de conseil départemental par le préfet ;

5º En cas d'application du deuxième alinéa de l'article L. 121-15 *(Décr. nº 2017-1246 du 7 août 2017, art. 3-6º)* « de ce code », il indique le montant de la participation financière exigée des propriétaires par le conseil départemental.

Un avis portant ces indications est notifié à tous les propriétaires de terrains situés à l'intérieur du périmètre, figurant au 1er janvier de l'année dans la documentation cadastrale. Cet avis est affiché à la mairie des communes sur le territoire desquelles l'aménagement est projeté ainsi, le cas échéant, que de chacune des communes mentionnées à l'article R. 121-20-1 *(Décr. nº 2017-1246 du 7 août 2017, art. 3-6º)* « de ce code ».

Commissaire enquêteur. Est annulé l'arrêté préfectoral ordonnant la mise en œuvre de l'opération d'aménagement au motif que le commissaire enquêteur désigné était maire de la commune concernée par l'opération et propriétaire de terres dans le périmètre visé. • CE 30 déc. 1998, *Racaud*, nº 146979.

Art. R. 121-21-1 *(Décr. nº 2006-394 du 30 mars 2006)* A l'issue de l'enquête, le président du conseil départemental sollicite l'avis du conseil municipal de chacune des communes pour lesquelles les travaux sont susceptibles d'avoir des effets notables mentionnées à l'article R. 121-20-1. Ne peuvent être pris en considération que les avis exprimés au plus tard un mois après la saisine du conseil municipal. Si l'opération projetée est située ou comporte des effets dans le périmètre d'un schéma d'aménagement de gestion des eaux, le président du conseil départemental communique le dossier pour information à la commission locale de l'eau. S'il y a lieu, il le communique pour avis à la personne publique gestionnaire du domaine public fluvial. Si celle-ci ne s'est pas prononcée dans le délai d'un mois à compter de sa saisine, son avis est réputé favorable.

Ces avis sont affichés dans les mairies concernées par l'aménagement foncier et transmis au préfet par le président du conseil départemental.

Art. R. 121-22 *(Décr. n° 2006-394 du 30 mars 2006)* I. — Les avis mentionnés au II de l'article L. 121-14, émis par la commission communale ou intercommunale et, dans les deux mois de sa saisine, par le conseil municipal, sont affichés, pendant quinze jours au moins, à la mairie de chacune des communes faisant l'objet de la proposition d'aménagement foncier. Le conseil départemental transmet ces avis au préfet.

II. — Au vu de l'étude d'aménagement le préfet fixe les prescriptions à respecter par les commissions dans l'organisation du plan du nouveau parcellaire et l'élaboration du programme de travaux en vue de satisfaire aux dispositions législatives et réglementaires applicables à la zone considérée. Cet arrêté est transmis au président du conseil départemental et au maire de chacune des communes faisant l'objet de la proposition d'aménagement foncier ainsi qu'à la commission. Il est affiché, pendant quinze jours au moins, à la mairie de chacune de ces communes et à la mairie de chacune des communes mentionnées à l'article R. 121-20-1. Il fait l'objet d'une insertion au recueil des actes administratifs de l'État dans le département.

Art. R. 121-23 *(Décr. n° 2006-394 du 30 mars 2006)* La délibération du conseil départemental ou, en cas d'application de l'article L. 123-24, l'arrêté de son président ordonnant l'opération fait l'objet des mesures de publicité prévues à l'article précédent.

Art. R. 121-24 *(Décr. n° 2006-394 du 30 mars 2006)* Si le conseil départemental refuse d'engager ou de poursuivre la procédure d'aménagement foncier en application des articles L. 121-13 et L. 121-14, il en informe les commissions d'aménagement foncier, le ou les conseils municipaux et le préfet.

SECTION 3 Financement et exécution des opérations

Art. R. 121-25 *(Décr. n° 2006-394 du 30 mars 2006)* Lorsqu'en application du troisième alinéa de l'article L. 121-15, le conseil départemental exige des propriétaires une participation financière, le montant de celle-ci est soumise à enquête publique.

L'avis d'enquête est accompagné d'un document destiné à recueillir l'accord des propriétaires et, le cas échéant, celui du ou des exploitants qui ont accepté de se substituer en tout ou partie aux propriétaires pour la prise en charge des frais engagés.

Ce document dûment rempli et signé par chaque propriétaire, et le cas échéant par l'exploitant, doit être adressé par lettre recommandée avec accusé de réception au secrétariat de la commission communale ou intercommunale d'aménagement foncier ou remis au siège de la commission contre récépissé avant l'expiration du délai de l'enquête publique.

Pour le calcul de l'accord de la majorité qualifiée des propriétaires prévue au troisième alinéa de l'article L. 121-15, chaque propriétaire dispose d'une seule voix par compte cadastral de propriété et seul l'accord exprès est comptabilisé.

Art. R. 121-25-1 *(Décr. n° 2006-394 du 30 mars 2006)* Le ministre chargé de l'agriculture procède à l'inscription des géomètres experts sur la liste des géomètres experts agréés en matière d'aménagement foncier après avoir recueilli l'avis d'une commission dont il détermine par arrêté la composition et les modalités de fonctionnement. L'agrément est délivré au vu de l'expérience du géomètre expert et de ses qualifications en matière d'aménagement foncier rural ou en matière agricole. — *V. Arr. du 25 janv. 2007 (JO 13 févr.).*

Art. D. 121-25-2 *(Décr. n° 2006-397 du 31 mars 2006)* Pour pouvoir réaliser les études mentionnées au dernier alinéa de l'article L. 121-16, le technicien signataire du marché d'étude qui n'est pas géomètre expert doit :

— être titulaire de titres ou de diplômes de l'enseignement supérieur au moins de niveau III dans les domaines de l'agriculture, de l'aménagement du territoire, de l'environnement ou du paysage ;

— et justifier d'une participation préalable à la réalisation d'au moins trois de ces études.

SECTION 4 Modifications de la voirie

Art. R. 121-26 *(Décr. n° 2006-394 du 30 mars 2006)* Lorsque les emprises nécessaires à la création ou à la modification de tracé ou d'emprise des voies communales ou des chemins ruraux ne sont pas prélevées sur les apports de la commune, la commune indemnise les propriétaires qui apportent des terrains nécessaires à ces emprises, ces terrains étant alors déduits des apports de ces propriétaires. Le montant de l'indemnisation est fixé comme en matière d'expropriation.

Ces dispositions sont applicables à la modification de tracé ou d'emprise des voies départementales.

SECTION 5 **Dispositions conservatoires et clôture des opérations**

Art. R. 121-27 *(Décr. nº 2006-394 du 30 mars 2006)* « Le président du conseil départemental met en demeure toute personne qui a exécuté ou fait exécuter des travaux en infraction avec les dispositions de l'article L. 121-19 de remettre les lieux en l'état où ils se trouvaient à la date de l'arrêté mentionné à cet article. »

Si les travaux de remise en état ne sont pas achevés dans le délai de trois mois suivant la réception par l'intéressé de la mise en demeure, adressée par lettre recommandée avec demande d'avis de réception, *(Décr. nº 2006-394 du 30 mars 2006)* « le président du conseil départemental » peut prescrire l'exécution d'office des travaux aux frais du contrevenant. Le cas échéant, le montant des frais est avancé par le département ; les poursuites pour le recouvrement de ces frais ont lieu comme en matière de contributions directes. — *[Décr. nº 86-1415 du 31 déc. 1986, art. 26.]*

(Décr. nº 2006-394 du 30 mars 2006) « Les arrêtés de mise en demeure du président du conseil départemental sont transmis au maire de la commune du lieu d'exécution des travaux et à la commission communale ou intercommunale d'aménagement foncier. »

Art. R. 121-28 La demande d'autorisation de mutation de propriétés comprises dans un périmètre d'aménagement foncier, prévue à l'article L. 121-20, doit être présentée sur papier libre et signée par les intéressés, leur mandataire ou un notaire. Elle doit préciser la désignation cadastrale et la superficie de la ou des parcelles ou parties de parcelles faisant l'objet du projet de mutation. Elle est adressée, par lettre recommandée avec demande d'avis de réception, au président de la commission communale ou intercommunale d'aménagement foncier. Elle peut aussi être déposée à la mairie, siège de la commission communale ou intercommunale, qui en délivre récépissé et la transmet au président de la commission communale ou intercommunale.

Al. 2 abrogé par Décr. nº 2007-70 du 18 janv. 2007, art. 1er-I-1º.

(Décr. nº 2006-394 du 30 mars 2006) « Cette demande n'est plus recevable si elle parvient à la commission communale ou intercommunale après l'approbation du plan d'aménagement foncier agricole et forestier ou, dans le cas d'échanges et cessions amiables d'immeubles ruraux et forestiers, après la décision de la commission départementale. »

Art. R.* 121-29 *(Décr. nº 2006-394 du 30 mars 2006)* I. — Lorsque les travaux connexes prévus par la commission communale ou intercommunale sont soumis à autorisation au titre d'une autre législation, notamment au titre des articles L. 214-1 et suivants et L. 341-1 et suivants du code de l'environnement, la commission soumet le projet de travaux et le nouveau parcellaire correspondant à l'autorité administrative compétente pour délivrer cette autorisation. Après accord de cette dernière, elle approuve le plan et le projet de travaux. Si la commission départementale saisie en application de l'article L. 121-7 *(Décr. nº 2017-1246 du 7 août 2017, art. 3-7º)* « du présent code » modifie la consistance des travaux ainsi approuvés, elle soumet le projet ainsi modifié à l'accord de l'autorité administrative compétente avant de l'arrêter. La délibération de la commission mentionne les accords recueillis.

Sous réserve des dispositions *(Décr. nº 2017-1246 du 7 août 2017, art. 3-7º)* « du 2º de l'article R. 214-3 du code de l'environnement », les accords mentionnés à l'alinéa précédent sont délivrés selon la procédure applicable à l'autorisation requise sans qu'il soit besoin de renouveler les consultations et enquêtes prévues en application du présent code.

II. — Le préfet prononce s'il y a lieu, en application de l'article L. 126-3 *(Décr. nº 2017-1246 du 7 août 2017, art. 3-7º)* « du présent code », la protection des boisements linéaires, haies ou plantations d'alignement existants ou à créer identifiés par la commission d'aménagement foncier conformément au 6º de l'article L. 123-8. Son

arrêté est transmis au président du conseil départemental et affiché, pendant quinze jours au moins, à la mairie de chacune des communes faisant l'objet de l'aménagement foncier. Il fait également l'objet d'une insertion au recueil des actes administratifs de l'État dans le département et d'un avis dans un journal diffusé dans le département.

III. – Au vu du plan et du projet des travaux connexes approuvés par la commission communale ou intercommunale ou, si la commission départementale a été saisie, au vu du plan et du projet de travaux approuvés par cette dernière, le président du conseil départemental ordonne le dépôt du plan du nouveau parcellaire en mairie, constate la clôture des opérations à la date de ce dépôt et ordonne, le cas échéant, l'exécution des travaux connexes. Son arrêté est affiché, pendant quinze jours au moins, à la mairie de chacune des communes faisant l'objet de l'aménagement foncier et de chacune des communes mentionnées à l'article R. 121-20-1. Il est notifié à l'association foncière créée en application de l'article L. 123-9 et aux communes, maîtres d'ouvrage des travaux connexes mentionnés à l'article L. 123-8. Il fait l'objet d'une insertion au recueil des actes administratifs du département et d'un avis dans un journal diffusé dans le département.

IV. – Lorsque le plan de l'aménagement foncier est modifié par la commission départementale pour l'exécution d'une décision d'annulation prononcée par le juge administratif, le président du conseil départemental prend, au vu du plan ainsi modifié, un nouvel arrêté de clôture de l'opération dans les formes prévues à l'article L. 121-21. La publicité de cet arrêté est effectuée conformément aux dispositions du III ci-dessus.

Lorsque la commission est conduite, pour l'exécution de la décision d'annulation, à modifier la consistance des travaux connexes antérieurement approuvés, elle sollicite à nouveau l'accord de l'autorité administrative conformément au I du présent article avant d'approuver le plan et les travaux modifiés.

1. V. jurisprudence ss. art. L. 121-14.

2. Application dans le temps. Le décret du 30 mars 2006 n'a pas eu pour effet de dessaisir le préfet de sa compétence pour les procédures d'aménagement foncier ordonnées avant le 1er janv. 2006 (qui restaient régies par l'art. R. 121-29 dans sa rédaction antérieure au décret du 30 mars 2006). • CE 23 avr. 2008, *Min. Agric. c/ Candelot*, n° 311156 : *AJDA 2008. 1398*.

Art. R.* 121-30 *(Décr. nº 2006-394 du 30 mars 2006)* **Après la clôture des opérations, s'il apparaît que l'exécution des prescriptions qui ont été imposées pour la réalisation des travaux connexes soumis à autorisation au titre de l'article L. 214-1 du code de l'environnement ne suffit pas à assurer le respect des principes posés à l'article L. 211-1 de ce code, le préfet peut fixer par arrêté des prescriptions complémentaires de nature à en assurer le respect, notamment en ce qui concerne les ouvrages collectifs décidés par les commissions d'aménagement foncier dont la réalisation, l'entretien et la gestion sont assurés par** *(Décr. nº 2007-70 du 18 janv. 2007, art. 1er-I-2º)* **« l'association foncière » ou la commune. Cet arrêté fait l'objet des mesures de publicité prévues au II de l'article R. 121-22** *(Décr. nº 2017-1246 du 7 août 2017, art. 3-8º)* **« du présent code ».**

SECTION 6 Dispositions pénales

Art. R.* 121-31 *(Décr. nº 95-88 du 27 janv. 1995 ; Décr. nº 2006-394 du 30 mars 2006)* **« Les agents assermentés appartenant aux services du département ou de l'État chargés de l'agriculture, de la forêt ou de l'environnement qui peuvent constater les infractions en matière d'aménagement foncier relevant des articles L. 121-19, L. 126-4 et R. 126-9 doivent appartenir à un corps de fonctionnaires de catégorie A ou B ou être d'un niveau équivalent. »**

Ils doivent être nommément habilités *(Décr. nº 2006-394 du 30 mars 2006)* **« respectivement par le président du conseil départemental ou » par le préfet, prêter serment devant le tribunal judiciaire de leur résidence et faire enregistrer le procès-verbal de leur prestation de serment au greffe des tribunaux judiciaires dans le ressort desquels ils exercent leurs fonctions. La prestation de serment n'a pas à être renouvelée en cas de changement de résidence de l'agent.** – *[Décr. nº 86-1415 du 31 déc. 1986, art. 28.]*

Art. R. 121-32 *(Décr. n° 2006-394 du 30 mars 2006)* Les procès-verbaux constatant des infractions sont transmis par les agents assermentés, dans les cinq jours qui suivent leur clôture, au procureur de la République. Une copie de ces procès-verbaux est adressée au préfet et au président du conseil départemental.

SECTION 7 Cas de certaines petites parcelles

(Décr. n° 96-548 du 18 juin 1996)

Art. R. 121-33 Pour l'application des dispositions *(Décr. n° 2003-531 du 19 juin 2003)* « du premier alinéa » de l'article L. 121-24, les parcelles ainsi cédées doivent faire partie d'un compte de propriété ne dépassant pas, par nature de culture, le seuil fixé par la commission départementale d'aménagement foncier.

(Décr. n° 2003-531 du 19 juin 2003) « Pour l'application des dispositions du deuxième alinéa de l'article L. 121-24, la limite de 7 500 € s'applique par propriétaire cédant. »

Les parcelles répondant aux conditions posées à l'article L. 121-24 ne peuvent être cédées selon les modalités prévues à cet article qu'à des personnes physiques ou morales propriétaires de parcelles situées dans le périmètre de l'aménagement foncier considéré ou à la société d'aménagement foncier et d'établissement rural ou, lorsque la réalisation d'un grand ouvrage public est prévue, au maître de cet ouvrage.

Art. R. 121-34 Avant d'autoriser la cession, la commission communale ou intercommunale d'aménagement foncier vérifie que le cédant est le propriétaire désigné par des documents cadastraux. Elle s'assure, le cas échéant, de la mise en œuvre des dispositions prévues au dernier alinéa de l'article L. 123-13.

Art. R. 121-35 Dans le cas où, en application de l'article L. 133-2, il n'est pas créé d'association foncière, le montant des soultes correspondant à la cession est versé à la commune où se situe la parcelle cédée. Le versement des soultes aux cédants est assuré par la commune sur décision de la commission communale ou intercommunale d'aménagement foncier.

Art. R.* 121-35-1 *(Décr. n° 2003-531 du 19 juin 2003)* En cas de cession d'immeuble forestier réalisée en application *(Décr. n° 2006-394 du 30 mars 2006 ; Décr. n° 2017-1246 du 7 août 2017, art. 3-9°)* « des articles L. 124-5 à L. 124-12 » et dès lors qu'il n'est pas créé d'association foncière, le montant des soultes correspondant est versé à la commune où se situe la parcelle cédée. Le versement des soultes à leurs bénéficiaires est assuré par la commune sur décision de la commission communale ou intercommunale créée en application de l'article L. 121-5-1.

CHAPITRE II *[ABROGÉ]* LA RÉORGANISATION FONCIÈRE

(Abrogé par Décr. n° 2006-394 du 30 mars 2006)

CHAPITRE III L'AMÉNAGEMENT FONCIER AGRICOLE ET FORESTIER

(Décr. n° 2006-394 du 30 mars 2006).

SECTION 1 La nouvelle distribution parcellaire

SOUS-SECTION 1 Détermination des apports et classement en valeur de productivité réelle *(Décr. n° 2006-394 du 30 mars 2006).*

Art. R. 123-1 La commission communale ou intercommunale d'aménagement foncier détermine, en fonction de la vocation culturale des fonds, la ou les natures de culture à l'intérieur du périmètre d'aménagement foncier agricole et forestier.

Dans chaque nature de culture, elle distingue une ou plusieurs classes en fonction de la productivité des fonds.

Pour chaque classe, elle fixe par unité de surface le nombre de points exprimant la valeur de productivité réelle des fonds. — *[Décr. n° 86-1417 du 31 déc. 1986, art. 1er.]*

Art. R. 123-2 La commission fait procéder aux opérations nécessaires pour préciser la nature et l'étendue des droits de chaque propriétaire sur les parcelles soumises à l'aménagement foncier agricole et forestier et déterminer l'apport de chacun des intéressés en prenant pour base la surface cadastrale des propriétés ou, en cas de bornage ayant donné lieu à un procès-verbal, la contenance définie sur le plan de bornage publié ou sur ce procès-verbal.

Elle détermine ensuite la nature de culture et la classe correspondante pour chaque parcelle ou partie de parcelle. Elle fixe, en conséquence, la valeur de productivité réelle de chaque parcelle. — *[Décr. nº 86-1417 du 31 déc. 1986, art. 2.]*

La commission doit examiner chaque compte de propriété indépendamment des liens de parenté des requérants. • CAA Nantes, 15 oct. 2002, *Cts Tual*, nº 00NT01768.

Art. R. 123-3 Les opérations définies *(Décr. nº 2017-1246 du 7 août 2017, art. 3-10º)* « aux articles R. 123-1 et R. 123-2 » prennent en considération l'état des fonds à la date *(Décr. nº 2006-394 du 30 mars 2006)* « de la délibération du conseil départemental ou, en cas d'application de l'article L. 123-24, de l'arrêté de son président ordonnant l'opération d'aménagement foncier ». — *[Décr. nº 86-1417 du 31 déc. 1986, art. 3.]*

La fixation de la productivité réelle des parcelles par les commissions d'aménagement foncier régulièrement appréciée à la date de l'arrêté préfectoral arrêtant le périmètre, ne peut plus être modifiée pour tenir compte des conditions d'exploitation postérieures à l'arrêté. • CE 15 oct. 2004, *Trioreau*, nº 248435.

Art. R. 123-4 Lorsque le périmètre d'aménagement foncier agricole et forestier est longé ou traversé par une route à grande circulation, son tracé est communiqué au gestionnaire de cette voie afin de lui permettre de donner son avis sur les mesures à prendre, lors de l'élaboration du projet d'aménagement foncier agricole et forestier, en matière d'accès ou de traversées pour assurer la sécurité de la circulation. — *[Décr. nº 86-1417 du 31 déc. 1986, art. 4.]*

Art. R. 123-5 Lorsque la commission a établi le projet de classement et d'évaluation des parcelles, elle constitue un *(Décr. nº 2006-394 du 30 mars 2006)* « dossier » qui comprend :

1º Un mémoire explicatif justifiant les opérations définies à l'article R. 123-1 ;

2º Un plan indiquant pour chaque parcelle ou partie de parcelle la nature de culture et la classe retenues par la commission ;

3º Un état indiquant pour chaque parcelle ou partie de parcelle, avec les renseignements cadastraux, la surface et l'estimation en valeur de productivité réelle ;

4º Un état des propriétés indiquant, pour chaque propriétaire, les parcelles paraissant lui appartenir avec l'indication de leur surface et de leur estimation en valeur de productivité réelle. — *[Décr. nº 86-1417 du 31 déc. 1986, art. 5.]*

Art. R. 123-6 *(Décr. nº 2006-394 du 30 mars 2006)* Le dossier ainsi composé est soumis pendant un mois à la consultation des propriétaires, par le président de la commission communale ou intercommunale qui décide de la date d'ouverture et de clôture de la consultation.

Les intéressés peuvent consulter le dossier déposé à la mairie de la commune où la commission a son siège, pendant la durée de la consultation. Ils peuvent adresser au plus tard huit jours après la fin de la consultation leurs observations au président de la commission communale ou intercommunale. Celui-ci établit sur les résultats de la consultation un rapport qu'il transmet à la commission.

Art. R. 123-7 *(Décr. nº 2006-394 du 30 mars 2006)* Un avis indiquant les dates, lieux et modalités de la consultation prévue à l'article R. 123-6 est affiché à la mairie des communes faisant l'objet de l'aménagement foncier. Cet avis précise que les droits réels et les actions qui y sont attachées grevant les parcelles comprises dans le périmètre seront transférés de plein droit sur les parcelles attribuées lors du transfert de propriété prévu à l'article L. 121-21.

Notification de cet avis est faite à chacun des propriétaires dont les terrains sont compris dans le périmètre ou à leurs représentants. Lorsqu'il n'a pu être procédé à cette notification, l'acte de notification est déposé à la mairie de la ou des communes de la situation des terrains.

Cette notification comporte, pour chaque propriétaire, l'état des propriétés mentionné au 4º de l'article R. 123-5 ainsi que l'avis prévu au premier alinéa du présent article.

Ces mesures de publicité doivent intervenir au plus tard quinze jours avant l'ouverture de la consultation.

SOUS-SECTION 2 Établissement du projet de remembrement

Art. R. 123-8 *(Décr. nº 2006-394 du 30 mars 2006)* « Au vu des résultats de la consultation prévue à l'article R. 123-6, compte tenu notamment des observations des propriétaires et du rapport du président de la commission communale ou intercommunale et des indications relatives aux servitudes et aux droits réels *(Décr. nº 2017-1246 du 7 août 2017, art. 3-11º)* « obtenues » en application des articles *(Décr. nº 2007-70 du 18 janv. 2007, art. 1er-I-8º)* « D. 127-1 et D. 127-2 » ou, dans les départements du Haut-Rhin, du Bas-Rhin et de la Moselle, en application des dispositions du *(Décr. nº 2017-1246 du 7 août 2017, art. 3-11º)* « décret nº 2009-1193 du 7 octobre 2009 relatif au livre foncier et à son informatisation dans les départements du Bas-Rhin, du Haut-Rhin et de la Moselle », la commission établit le projet de nouveau parcellaire et de programme de travaux connexes de l'aménagement foncier agricole et forestier. »

(Décr. nº 2001-611 du 9 juill. 2001) « La création de plusieurs parcelles formant un seul îlot, afin de respecter les lieudits figurant sur le plan cadastral initial ainsi que d'identifier les emprises foncières correspondant à la mise en œuvre *(Décr. nº 2006-394 du 30 mars 2006)* « du 6º de l'article L. 123-8 », constitue l'une des exceptions mentionnées à l'article L. 123-6. »

Pour l'application de l'article L. 123-13, lorsqu'un propriétaire possède une ou plusieurs parcelles grevées séparément de droits réels autres que des servitudes, la commission ne peut lui attribuer en échange une ou plusieurs parcelles que si ces droits réels peuvent être reportés sur la ou les parcelles attribuées. Dans ce cas, la commission fixe la contenance et l'emplacement de la ou des parcelles substituées au point de vue de l'exercice des droits réels à chacune des parcelles d'apport.

La commission fait reporter provisoirement sur le terrain les limites des parcelles dont l'attribution est envisagée. — *[Décr. nº 86-1417 du 31 déc. 1986, art. 8.]*

Art. R. 123-8-1 *(Décr. nº 95-88 du 27 janv. 1995)* La commission communale ou intercommunale d'aménagement foncier peut demander aux conseils municipaux des communes sur le territoire desquels les travaux visés aux 1º, 2º, 3º, 4º et 5º de l'article L. 123-8 sont envisagés s'ils acceptent d'assurer la maîtrise d'ouvrage de tout ou partie de ces travaux. Dans le cas de travaux visés au 6º du même article, la demande est obligatoire.

Le programme comporte pour chaque commune et pour chaque nature de travaux une estimation du coût.

Art. D. 123-8-2 *(Décr. nº 2007-594 du 24 avr. 2007)* Dans les cas mentionnés à l'avant-dernier alinéa de l'article L. 123-4, le montant de la soulte est fixé par référence à la superficie de la parcelle d'apport et du type de production réalisé sur celle-ci. La soulte prend en compte notamment la perte de revenu, la perte d'accès au marché des produits biologiques et la perte des aides accordées au titre de l'agriculture biologique.

Le versement de la soulte au bénéficiaire est assuré par le département sur décision des commissions d'aménagement foncier, au plus tard dans les deux mois suivant le transfert de propriété résultant de la clôture des opérations.

Art. R. 123-9 *(Décr. nº 2006-394 du 30 mars 2006)* Le projet ainsi établi est soumis par le président du conseil départemental à une enquête publique organisée conformément aux articles L. 123-4 et suivants du code de l'environnement, aux articles R. 123-7 à R. 123-23 du code de l'environnement et aux articles R. 123-10 à R. 123-12 du présent code. Toutefois, le président du conseil départemental exerce les compétences dévolues au préfet par ces dispositions.

Est nul le refus du directeur départemental de l'agriculture et de la forêt de communiquer les registres de réclamations déposés pendant l'enquête publique au motif général que cette communication porterait atteinte au secret de la vie privée. • CE 26 janv. 2011, *Saffray*, nº 310270.

Art. R. 123-10 Le dossier soumis à l'enquête publique comprend les pièces suivantes :

1° *(Décr. n° 95-88 du 27 janv. 1995)* « Le plan d'aménagement foncier agricole et forestier comportant l'indication des limites, de la contenance et de la numérotation cadastrale des nouvelles parcelles dont l'attribution est envisagée, la désignation des chemins, routes et lieux-dits, l'identité des propriétaires et, le cas échéant, l'identification des emprises des boisements linéaires, haies et plantations d'alignement en application du 6° de l'article L. 123-8 » *(Décr. n° 2006-394 du 30 mars 2006)* « et autres structures paysagères » ;

2° Un tableau comparatif de la valeur des nouvelles parcelles à attribuer à chaque propriétaire avec celle des terrains qui lui appartiennent. Ce tableau indiquera les soultes que devront recevoir certains propriétaires, dans les cas prévus à l'article L. 123-4, ainsi que les tolérances prévues en application *(Décr. n° 2006-394 du 30 mars 2006)* « de cet article » ;

3° *(Décr. n° 95-88 du 27 janv. 1995)* « Un mémoire justificatif des échanges proposés précisant les conditions de prise de possession des parcelles *(Décr. n° 2006-394 du 30 mars 2006)* « aménagées » et les dates auxquelles cette prise de possession aura lieu compte tenu des natures de cultures et des habitudes locales et, le cas échéant, de la conformité du projet des travaux connexes et *(Décr. n° 2006-394 du 30 mars 2006 ; Décr. n° 2007-70 du 18 janv. 2007, art. 1er-I-3°)* « du nouveau plan parcellaire correspondant aux prescriptions édictées dans l'arrêté préfectoral mentionné au III de l'article L. 121-14 » ;

« 4° L'indication du ou des maîtres d'ouvrage des travaux connexes prévus à l'article L. 123-8, avec pour chacun d'eux l'assiette des ouvrages qui leur est attribuée, et le programme de ces travaux arrêté par la commission communale ou intercommunale d'aménagement foncier avec l'estimation de leur montant et de la part qui revient aux propriétaires et aux communes ;

« 5° L'étude d'impact définie *(Décr. n° 2016-1110 du 11 août 2016, art. 8-1° et 2° ; Décr. n° 2017-1246 du 7 août 2017, art. 3-12°)* « à l'article R. 122-5 du code de l'environnement.

« Lorsque le projet d'aménagement foncier agricole et forestier comporte des travaux mentionnés au troisième alinéa de l'article R. 121-20 du présent code, l'étude d'impact inclut les éléments prescrits au 4° du II de l'article R. 214-6 du code de l'environnement ». – *V.* ***C. envir.***

***(Décr. n° 2006-394 du 30 mars 2006)* « Lorsque le projet d'aménagement foncier comporte des travaux qui sont de nature à affecter de façon notable un site Natura 2000, l'étude d'impact inclut une évaluation de leurs incidences au regard des objectifs de conservation du site et tient lieu de l'évaluation prévue à l'article L. 414-4 » *(Décr. n° 2017-1246 du 7 août 2017, art. 3-12°)* « du même code. »**

6° Abrogé par Décr. n° 2006-394 du 30 mars 2006.

L'absence d'étude d'impact dans le dossier soumis à enquête publique vicie toutes les décisions prises ensuite par la commission départementale. • CAA Nancy, 17 janv. 2002 : *RD rur. 2002. 371 ; RFDA 2002. 637*.

Art. R. 123-11 *(Décr. n° 2006-394 du 30 mars 2006)* **L'enquête publique est ouverte par le président du conseil départemental ou son représentant.**

Le commissaire enquêteur est désigné selon les modalités prévues *(Décr. n° 2017-1246 du 7 août 2017, art. 3-13°)* « à l'article R. 123-5 » du code de l'environnement.

1. ***Commissaire enquêteur.*** Est nul l'arrêté ordonnant le remembrement lorsque le commissaire enquêteur désigné est propriétaire de terres situées à l'intérieur du périmètre concerné. • CE 5 mai 2000 : *RD rur. 2000. 636.* ♦ L'absence de motivation du commissaire enquêteur constitue une irrégularité de l'arrêté préfectoral. • CAA Nancy, 5 août 2004, *Lemoine*, n° 99NC00070.

2. Les registres de réclamation mis à disposition du public pendant la durée de l'enquête publique afférente à des opérations de remembrement comportent des informations relatives à l'environnement au sens de l'art. L. 124-1 C. envir., et sont donc communicables sur ce fondement. • CE 26 janv. 2011, *Saffray*, n° 310270.

Art. R. 123-12 *(Décr. n° 2006-394 du 30 mars 2006)* **L'avis de publicité de l'enquête est notifié aux propriétaires dans les conditions prévues à l'article D. 127-3 par les soins du président du conseil départemental.**

SOUS-SECTION 3 Dispositions spécifiques au projet d'aménagement foncier agricole et forestier en valeur vénale

(Décr. n° 2006-394 du 30 mars 2006)

Art. R. 123-13 Lorsqu'en application de l'article L. 123-4-1, le conseil départemental décide de déroger aux dispositions de l'article L. 123-4 :

1° Les dispositions de l'article R. 123-1, le deuxième alinéa de l'article R. 123-2 et le 2° de l'article R. 123-10 ne sont pas applicables ;

2° Le dossier mentionné à l'article R. 123-5 soumis à la consultation des propriétaires prévue par l'article R. 123-6 comprend :

– un plan indiquant, pour chaque parcelle ou partie de parcelles, la contenance cadastrale, la surface, le nom du propriétaire désigné par la documentation cadastrale et, le cas échéant, celui de l'exploitant ;

– un état indiquant, pour chaque parcelle ou partie de parcelle, les renseignements cadastraux notamment la contenance cadastrale, la surface ;

– un état des propriétés indiquant, pour chaque propriétaire, les parcelles paraissant lui appartenir avec l'indication de leur surface et tous éléments déterminants de la valeur des fonds et de leurs conditions d'exploitation ;

3° Au vu des résultats de la consultation des propriétaires prévue à l'article R. 123-6, la commission établit un projet d'aménagement foncier agricole et forestier appliquant la règle d'équivalence en valeur vénale prévue à l'article L. 123-4-1.

Dans ce cas, les pièces prévues au 2° de l'article R. 123-10 consistent en un tableau indiquant uniquement les soultes que devront recevoir certains propriétaires pour respecter la règle de l'équivalence en valeur vénale posée par l'article L. 123-4-1 et celles dues en raison des cessions de parcelles prévues à l'article L. 121-24.

SOUS-SECTION 4 Détermination des attributions et publicité foncière *(Décr. n° 2006-394 du 30 mars 2006).*

Art. R. 123-14 La commission communale ou intercommunale prend connaissance des réclamations et observations formulées lors de l'enquête ainsi que du rapport d'enquête et des conclusions.

Elle entend les propriétaires, s'ils l'ont demandé *(Décr. n° 2006-394 du 30 mars 2006)* « dans leur réclamation ou par lettre adressée au président de la commission communale ou intercommunale », et statue.

Les décisions de la commission sont notifiées et affichées dans les conditions prévues *(Décr. n° 2006-394 du 30 mars 2006)* « à l'article R. 121-6 » et, le cas échéant, font l'objet de réclamations devant la commission départementale dans les conditions prévues *(Décr. n° 2017-1246 du 7 août 2017, art. 3-14°)* « au même article ». – *[Décr. n° 86-1417 du 31 déc. 1986, art. 14 et 15.]*

Art. D. 123-15 Les titulaires de droits réels mentionnés à l'article D. 127-3 sont avertis, dans les mêmes formes, de l'affichage des décisions prises et de ce que la date de cet affichage constitue le point de départ du délai d'un mois imparti par l'article R. 121-6 pour présenter leurs observations devant la commission départementale.

Le même avis est adressé aux titulaires de droits réels révélés par les extraits complémentaires délivrés au président de la commission postérieurement à la date de la notification de l'ouverture de l'enquête prévue *(Décr. n° 2006-394 du 30 mars 2006)* « à l'article R. 123-11 ». – *[Décr. n° 56-112 du 24 janv. 1956, art. 4.]*

SECTION 2 Les chemins d'exploitation et les travaux connexes d'amélioration foncière

Art. R. 123-16 Quand elle est demandée par le bureau de l'association foncière mentionnée à l'article L. 123-9 et acceptée par le conseil municipal, l'intégration au réseau des chemins ruraux de la commune des chemins d'exploitation créés en application de l'article L. 123-8 est dispensée d'enquête publique. – *[Décr. n° 86-1417 du 31 déc. 1986, art. 27.]*

SECTION 3 **Les effets de l'aménagement foncier agricole et forestier** *(Décr. nº 2006-394 du 30 mars 2006).*

Art. R. 123-17 *(Décr. nº 2006-394 du 30 mars 2006)* L'envoi en possession provisoire prévu par l'article L. 123-10 fait l'objet d'une insertion dans un journal diffusé dans le département.

Art. R. 123-18 *(Décr. nº 2006-394 du 30 mars 2006)* La modification de la circonscription territoriale des communes en application de l'article L. 123-5 est prononcée par le préfet, à la demande des commissions communales ou intercommunales ou, le cas échéant, de la commission départementale et après avis des conseils municipaux et du conseil départemental. Elle ne donne pas lieu à enquête dans les communes intéressées ni à la constitution d'une commission syndicale. Cette modification, dont les frais sont à la charge du département, doit intervenir le plus tôt possible après la clôture de l'opération d'aménagement foncier agricole et forestier.

A cette fin, le président du conseil départemental notifie au préfet son arrêté ordonnant le dépôt et l'affichage du plan définitif d'aménagement foncier agricole et forestier. L'arrêté du préfet portant modification de circonscription territoriale est publié au recueil des actes administratifs de l'État dans le département dans le mois qui suit cette notification et fait l'objet d'une insertion dans un journal diffusé dans le département.

Art. R. 123-19 Lorsque la commission départementale d'aménagement foncier est saisie, en application des dispositions de l'article L. 123-17, d'un projet de division de parcelles comprises dans un périmètre *(Décr. nº 2006-394 du 30 mars 2006)* « aménagé », elle est tenue de se prononcer dans un délai de deux mois à compter de sa saisine. A l'expiration de ce délai, cette commission est réputée avoir entériné le projet qui lui est soumis. — *[Décr. nº 86-1417 du 31 déc. 1986, art. 28.]*

SECTION 4 **Dispositions particulières**

SOUS-SECTION 1 **Dispositions particulières aux zones forestières** *(Décr. nº 2006-394 du 30 mars 2006).*

Art. R. 123-20 *(Décr. nº 2006-394 du 30 mars 2006)* L'aménagement foncier des zones forestières est soumis aux dispositions des sections 1 à 3 du présent chapitre sous réserve des dispositions suivantes. Toutefois, ces dispositions particulières ne s'appliquent pas si le conseil départemental a décidé de faire application des dispositions des articles L. 123-4-1 ou L. 123-23.

Art. R. 123-21 *(Décr. nº 2006-394 du 30 mars 2006)* Par dérogation à l'article R. 123-1, la commission communale ou intercommunale d'aménagement foncier détermine les types de peuplement dans la zone forestière du périmètre d'aménagement foncier.

Pour chaque peuplement, elle distingue une ou plusieurs classes en fonction de la productivité des fonds.

Pour chaque classe, elle fixe par unité de surface le nombre de points exprimant la valeur de productivité réelle des fonds et les modalités de calcul de la valeur d'avenir des peuplements.

Art. R. 123-22 *(Décr. nº 2006-394 du 30 mars 2006)* Par dérogation au deuxième alinéa de l'article R. 123-2, la commission détermine, pour chaque parcelle ou partie de parcelle, les types de peuplement forestier pour les parcelles boisées ou à boiser ainsi que les classes correspondantes. Elle fixe, en conséquence, la valeur de productivité réelle des parcelles et détermine la valeur d'avenir des peuplements forestiers correspondants.

Art. R. 123-23 *(Décr. nº 2006-394 du 30 mars 2006)* Pour les parcelles ou parties de parcelles boisées et à boiser, le plan prévu au 2° de l'article R. 123-5 indique les limites des zones forestières et le ou les types de peuplement forestier et les classes retenues par la commission ; les états prévus aux 3° et 4° du même article mentionnent l'estimation en valeur de productivité réelle et l'estimation en valeur d'avenir des peuplements forestiers.

Le dossier comporte un mémoire justifiant les opérations définies à l'article R. 123-21.

Art. R. 123-24 *(Décr. n° 2006-394 du 30 mars 2006)* Lors de la notification mentionnée à l'article R. 123-7, il est indiqué aux propriétaires des parcelles boisées ou à boiser en zone forestière comprises dans un périmètre d'aménagement foncier agricole et forestier qu'il peut être dérogé avec leur accord, conformément aux dispositions de l'article L. 123-19 *(Abrogé par Décr. n° 2017-1246 du 7 août 2017, art. 3-15°) « du code rural et de la pêche maritime »*, à l'une des règles d'équivalence en valeur de productivité réelle et en valeur d'avenir, prescrites pour chaque type de peuplement forestier par le même article et que des compensations entre parcelles forestières et non forestières peuvent avoir lieu conformément aux dispositions de l'article L. 123-20.

Cet accord doit être constaté par écrit, daté et signé par les intéressés ; quelle qu'en soit la forme, il comporte les références des parcelles ou parties de parcelles auxquelles il s'applique et fait mention expresse de celle des équivalences à laquelle il est dérogé.

Cet accord est établi devant le président de la commission ou lui est adressé avant l'approbation par celle-ci du projet d'aménagement.

Art. R. 123-25 *(Décr. n° 2006-394 du 30 mars 2006)* Le dossier soumis à enquête est composé des pièces énumérées à l'article R. 123-10, assorties, s'il y a lieu, des précisions ou des compléments indiqués ci-après :

S'agissant des parcelles ou parties de parcelles boisées ou à boiser comprises dans un périmètre d'aménagement foncier incluant des zones forestières régi par la présente sous-section, le tableau comparatif mentionné au 2° de l'article R. 123-10 présente sur une ligne distincte la valeur d'avenir des peuplements forestiers qui y sont implantés. Pour les mêmes parcelles ou parties de parcelles, est jointe au dossier l'indication des écarts en pourcentage et des surfaces fixés par la commission départementale et dans la limite desquels peuvent être apportées, pour la région forestière dans laquelle est compris le périmètre d'aménagement, des dérogations aux règles d'équivalence prescrites par l'article L. 123-19 et les compensations maximum entre parcelles forestières et non forestières prévues par les dispositions de l'article L. 123-20.

Le dossier soumis à l'enquête publique comprend en outre les pièces suivantes :

a) Un plan du périmètre faisant apparaître la délimitation des terres agricoles, d'une part, forestières, d'autre part, prévue à l'article *(Décr. n° 2017-1246 du 7 août 2017, art. 3-16°)* « L. 123-21 » et qui, à l'issue des opérations, sera soumise à l'approbation du préfet ;

b) La proposition de la commission concernant les mesures d'interdiction et de réglementation des plantations et des semis d'essences forestières dont les terres agricoles pourront faire l'objet en application *(Abrogé par Décr. n° 2017-1246 du 7 août 2017, art. 3-16°) « du 1° »* de l'article L. 126-1 et de l'article L. 126-5 ;

c) L'indication des tolérances retenues, pour le secteur et, par suite, pour le périmètre d'aménagement, par la commission départementale en application de l'article *(Décr. n° 2017-1246 du 7 août 2017, art. 3-16°)* « L. 123-20 » et relatives aux superficies de terrains boisés et non boisés qui peuvent faire l'objet d'une compensation.

Art. R. 123-26 *(Décr. n° 2006-394 du 30 mars 2006)* Le dossier soumis à l'enquête publique comprend en outre les pièces suivantes :

a) La proposition de la commission, le cas échéant, concernant la délimitation, d'une part, des terres agricoles, d'autre part, des terres forestières ;

b) La proposition de la commission concernant les mesures d'interdiction et de réglementation des plantations et des semis d'essences forestières dont les terres agricoles pourront faire l'objet en application de l'article L. 126-1 et de l'article L. 123-21 ;

c) L'indication des tolérances retenues par la commission départementale en application des articles L. 123-19 et L. 123-20.

Art. R. 123-27 à R. 123-29 *Abrogés par Décr. n° 2006-394 du 30 mars 2006.*

SOUS-SECTION 2 **Les opérations liées à la réalisation de grands ouvrages publics**

Art. R. 123-30 *(Décr. n° 2006-394 du 30 mars 2006)* « L'aménagement foncier lié à la réalisation d'un grand ouvrage public au sens de l'article L. 123-24 est soumis aux

dispositions des sections 1 à 3 du présent chapitre sous réserve des dispositions de la présente sous-section.

« Le caractère linéaire, le cas échéant, d'un ouvrage ou partie d'ouvrage est constaté par la décision portant déclaration d'utilité publique. Cette décision mentionne expressément, s'il y a lieu, l'application des dispositions des articles L. 123-24 et L. 352-1 » *(Abrogé par Décr. n° 2017-1246 du 7 août 2017, art. 3-15°)* ***« du code rural et de la pêche maritime ».***

(Décr. n° 96-548 du 18 juin 1996 ; Décr. n° 2006-394 du 30 mars 2006) **« Lorsque la réalisation d'un ouvrage est envisagée, les conseils départementaux des départements intéressés désignent, après avis des commissions départementales d'aménagement foncier, les communes dans lesquelles il y a lieu de constituer les commissions communales d'aménagement foncier en vue de l'application des dispositions des articles L. 123-24 à L. 123-26 et L. 133-1 à L. 133-7. »**

Al. 4 et 5 abrogés par Décr. n° 2006-394 du 30 mars 2006.

Art. R. 123-31 *(Décr. n° 2006-394 du 30 mars 2006)* **« En application du dernier alinéa de l'article L. 121-2, le conseil départemental constitue, au plus tard à compter de la publication de l'arrêté d'ouverture de l'enquête publique prévue à l'article** *(Décr. n° 2014-1635 du 26 déc. 2014, art. 4-XII, en vigueur le 1er janv. 2015)* **« R. 112-12 » du code de l'expropriation pour cause d'utilité publique, la commission communale ou intercommunale d'aménagement foncier prévue aux articles L. 121-3 à L. 121-5 dans chacune des communes désignées en application de l'article R. 123-30. »**

Il peut instituer des commissions intercommunales lorsqu'il y a lieu, pour plusieurs communes limitrophes, de poursuivre en commun des opérations *(Décr. n° 2001-611 du 9 juill. 2001)* **« d'aménagement foncier ».** *(Décr. n° 2006-394 du 30 mars 2006)* **« Cette création est de droit dans les cas prévus au premier alinéa de l'article L. 121-4. »**

Un représentant du maître d'ouvrage et un représentant de l'administration chargée du contrôle de l'opération *(Décr. n° 2006-394 du 30 mars 2006)* **« le cas échéant, siègent », à titre consultatif, au sein de chaque commission communale ou intercommunale.** — *[Décr. n° 63-393 du 10 avr. 1963, art. 2.]*

Art. R. 123-32 *(Décr. n° 2006-394 du 30 mars 2006)* **I. — Le maître de l'ouvrage communique au conseil départemental l'étude d'impact du projet en vue de la réalisation de l'étude d'aménagement prévue à l'article L. 121-13.**

Si la commission communale ou intercommunale ne s'est pas prononcée dans le délai prévu à l'article L. 121-13 sur l'opportunité de procéder à des opérations d'aménagement foncier, elle est réputée avoir refusé les opérations d'aménagement foncier.

II. — Conformément aux dispositions de l'article R. 121-20-1, la commission établit sa proposition d'aménagement foncier ou propose de renoncer à l'opération d'aménagement foncier envisagée. S'il s'agit d'un ouvrage linéaire, elle propose soit d'exclure l'emprise de l'ouvrage du périmètre d'aménagement foncier, soit de prélever cette emprise, moyennant indemnité, sur la totalité des terrains compris dans le périmètre d'aménagement foncier.

Cette proposition intervient dans le délai de huit mois à compter de la demande mentionnée au IV de l'article L. 121-14.

III. — En application du III de l'article L. 121-14, le préfet peut fixer des prescriptions complémentaires que devront respecter les commissions d'aménagement foncier.

IV. — Dans le cas où la société d'aménagement foncier et d'établissement rural, les collectivités territoriales et leurs groupements ou l'État sont apporteurs de terrains dans ce périmètre, l'assiette de l'ouvrage peut être constituée en tout ou en partie, sous réserve de l'accord de chacun d'entre eux, par les apports fonciers dont ils disposent.

Dans le cas où l'assiette de l'ouvrage n'est pas couverte en totalité par les apports des propriétaires indiqués à l'alinéa précédent, un prélèvement est opéré sur les autres propriétaires, conformément aux dispositions de l'article R. 123-34.

Art. R. 123-33 *(Décr. n° 2006-394 du 30 mars 2006)* **Si, pour répondre aux besoins de cohérence de l'aménagement rural d'un territoire communal ou intercommunal, le conseil départemental décide d'étendre le périmètre d'aménagement foncier au-delà de la zone perturbée par l'ouvrage, le cas échéant après le complément nécessaire de**

l'étude d'aménagement, cette extension est à la charge du département conformément aux dispositions de l'article L. 121-15.

L'arrêté du président du conseil départemental ordonnant l'opération identifie, dans le périmètre d'aménagement foncier, les parcelles incluses dans la partie liée à la réalisation du grand ouvrage, à la charge du maître d'ouvrage, et celles incluses dans l'extension du périmètre, à la charge du conseil départemental.

Art. R. 123-34 *Al. 1er abrogé par Décr. n° 2006-394 du 30 mars 2006.*

Lorsque l'emprise de l'ouvrage est exclue du périmètre *(Décr. n° 96-548 du 18 juin 1996)* **« d'aménagement foncier », les parcelles situées sur cette emprise sont acquises par le maître de l'ouvrage, à l'amiable ou par voie d'expropriation, sans contribution des propriétaires des autres parcelles comprises dans ce périmètre.**

Lorsque, au contraire, il a été décidé que l'emprise de l'ouvrage *(Décr. n° 2006-394 du 30 mars 2006)* **« linéaire » serait prélevée sur les terrains compris à l'intérieur du périmètre** *(Décr. n° 96-548 du 18 juin 1996)* **« d'aménagement foncier », ce dernier doit englober toutes les parcelles ou parties de parcelles situées à l'intérieur de l'emprise de l'ouvrage** *(Décr. n° 2006-394 du 30 mars 2006)* **« linéaire » à la condition qu'elles ne soient pas soustraites** *(Décr. n° 2001-611 du 9 juill. 2001)* **« à l'aménagement foncier » par application des dispositions des articles L. 123-2 et L. 123-3.**

Sont toutefois soustraits *(Décr. n° 2001-611 du 9 juill. 2001)* **« à l'aménagement foncier » les immeubles qui, par suite d'une utilisation non agricole ou d'une destination étrangère à leur utilisation agricole effective, ont une valeur vénale sensiblement différente de celle qui correspond à leur utilisation agricole possible.**

Le périmètre *(Décr. n° 96-548 du 18 juin 1996)* **« d'aménagement foncier » doit être déterminé de telle sorte que le prélèvement, correspondant à l'emprise de l'ouvrage, à opérer sur les propriétaires des parcelles incluses dans ce périmètre ne dépasse pas le vingtième de la superficie des terrains qu'il englobe.**

Dans le cas prévu au *(Décr. n° 2006-394 du 30 mars 2006)* **« deuxième » alinéa du présent article, chaque propriétaire de parcelles incluses dans le périmètre subit, sur l'ensemble de son apport à l'opération** *(Décr. n° 96-548 du 18 juin 1996)* **« d'aménagement foncier », un prélèvement proportionnel à la valeur de son apport et tel que le total des prélèvements soit égal à la valeur d'apport des terrains situés sur l'emprise de l'ouvrage et inclus dans le périmètre** *(Décr. n° 96-548 du 18 juin 1996)* **« d'aménagement foncier ».** – *[Décr. n° 63-393 du 10 avr. 1963, art. 5.]*

L'équivalence prescrite doit s'apprécier compte par compte en comparant les attributions de chaque propriétaire non à ses apports réels mais à ses apports réduits après déduction d'une quote-part de la surface nécessaire aux ouvrages collectifs. • CE 9 juill. 2014, n° 365053 • CAA Bordeaux, 25 juin 2015, n° 14BX02250 : *RD rur. 2015, n° 234, note Peignot.*

Art. R. 123-35 **Lorsque l'emprise de l'ouvrage a été définitivement délimitée, conformément aux dispositions du code de l'expropriation pour cause d'utilité publique, les prélèvements prévus par l'article R. 123-34** *(Décr. n° 2017-1246 du 7 août 2017, art. 3-17°)* **« du présent code » sont reportés sur cette emprise.** *(Décr. n° 96-548 du 18 juin 1996)* **« Les terrains inclus dans celle-ci deviennent, lors du transfert de propriété mentionné à l'article** *(Décr. n° 2006-394 du 30 mars 2006)* **« L. 121-21 »** *(Décr. n° 2017-1246 du 7 août 2017, art. 3-17°)* **« du même code », la propriété de l'association foncière ou, le cas échéant, en totalité ou partie, celle de la société d'aménagement foncier et d'établissement rural, des collectivités territoriales et de leurs groupements, ou de l'État. » Ces terrains doivent être cédés au maître de l'ouvrage.**

Les indemnités d'expropriation, calculées selon les règles posées par le code de l'expropriation, afférentes aux différents droits exercés sur les terrains compris dans l'emprise de l'ouvrage public, et notamment aux droits d'exploitation exercés ou non par des propriétaires sont, dans le cas prévu au présent article, déterminées distinctement selon leur objet. *(Décr. n° 96-548 du 18 juin 1996)* **« Elles sont dues, suivant le cas, à l'association foncière, à la société d'aménagement foncier et d'établissement rural, aux collectivités territoriales et à leurs groupements ou à l'État. » Le maître de l'ouvrage notifie le montant de ses offres aux parties concernées. Celles-ci lui font connaître, par écrit, leur acceptation ou, en cas de refus, le montant détaillé de leur demande.**

A défaut d'accord amiable avec le maître de l'ouvrage, le montant des indemnités est fixé par la juridiction compétente en matière d'expropriation, saisie par la partie la plus diligente. – *[Décr. n° 63-393 du 10 avr. 1963, art. 6.]*

Art. R. 123-36 *(Décr. n° 96-548 du 18 juin 1996)* L'association foncière répartit les indemnités reçues entre les titulaires des divers droits exercés sur les terrains qui sont inclus dans le périmètre de l'aménagement foncier et qui font l'objet d'apports en vue de cet aménagement, la répartition se fait en tenant compte de la valeur en productivité des terrains et, le cas échéant, de la valeur d'avenir des peuplements forestiers apportés. – *[Décr. n° 63-393 du 10 avr. 1963, art. 7.]*

Art. R. 123-37 Le maître de l'ouvrage peut, lorsque l'emprise de l'ouvrage a été définitivement délimitée dans les conditions indiquées à l'article R. 123-35, être, sur sa demande, autorisé par arrêté préfectoral, pris après avis de la commission départementale d'aménagement foncier, à occuper les terrains situés dans l'emprise de l'ouvrage avant le transfert de propriété résultant de la clôture des opérations *(Décr. n° 96-548 du 18 juin 1996)* « d'aménagement foncier ».

Lorsque le préfet a pris les arrêtés prévus aux articles 1er et 3 de la loi du 29 décembre 1892 sur les dommages causés à la propriété privée par l'exécution de travaux publics, les agents de l'administration peuvent pénétrer dans les propriétés privées en se conformant à la procédure prévue aux articles 1er, 4, 5 et 7 de la même loi.

(Décr. n° 96-548 du 18 juin 1996) « Le maître de l'ouvrage doit, avant de pouvoir occuper les terrains et sur la demande de l'association foncière ou, le cas échéant, de la société d'aménagement foncier et d'établissement rural, des collectivités territoriales et de leurs groupements, ou de l'État, consigner une indemnité provisionnelle d'un montant égal à l'évaluation du *(Décr. n° 2014-551 du 27 mai 2014, art. 26-1°)* « directeur départemental ou, le cas échéant, régional des finances publiques ». Cette consignation ne fait pas obstacle au droit de l'association foncière ou des propriétaires susmentionnés de contester le montant des indemnités d'expropriation, comme il est prévu à l'article R. 123-35.

« Il doit, en outre, payer chaque année jusqu'au transfert définitif de propriété aux propriétaires et aux exploitants des terrains qu'il est autorisé à occuper une indemnité de privation de jouissance conforme à l'évaluation du *(Décr. n° 2014-551 du 27 mai 2014, art. 26-1°)* « directeur départemental ou, le cas échéant, régional des finances publiques ». En cas d'obstacle au paiement, l'indemnité sera consignée. » – *[Décr. n° 63-393 du 10 avr. 1963, art. 8.]*

Art. R. 123-38 *(Décr. n° 96-548 du 18 juin 1996)* Dans les cas où, en application de l'article L. 123-24, le maître de l'ouvrage doit remédier aux dommages causés aux exploitations par les expropriations en participant financièrement à l'exécution d'opérations d'aménagement foncier et de travaux connexes, sont mises à sa charge ou à celle de son concessionnaire :

(Décr. n° 2006-394 du 30 mars 2006) « 1° Les dépenses relatives aux opérations d'aménagement foncier exécutées dans le périmètre d'aménagement foncier perturbé par la réalisation du grand ouvrage ;

« 2° Les dépenses relatives aux seuls travaux connexes à l'aménagement foncier rendus nécessaires par le projet de grand ouvrage et qui auront été approuvés par le conseil départemental, sur proposition de la commission départementale d'aménagement foncier ainsi que les travaux résultant de l'application des dispositions du III de l'article L. 121-14. »

Art. R. 123-39 *(Décr. n° 2006-394 du 30 mars 2006)* En cas de réalisation d'ouvrages ou d'aménagements mentionnés à l'article L. 123-24 ne présentant pas un caractère linéaire :

1° L'emprise des ouvrages est exclue du périmètre d'aménagement foncier ;

2° La superficie comprise à l'intérieur du périmètre d'aménagement foncier ne peut excéder vingt fois celle des terrains faisant l'objet de l'expropriation.

Art. R.* 123-40 à R.* 123-42 *Abrogés par Décr. n° 2007-70 du 18 janv. 2007, art. 1er-I-4°.*

SOUS-SECTION 3 Les aménagements et équipements communaux

Néant.

SOUS-SECTION 4 Dispositions particulières aux aires d'appellation d'origine contrôlée *(Décr. nº 2006-394 du 30 mars 2006).*

(Décr. nº 96-548 du 18 juin 1996)

Art. R. 123-43 *(Décr. nº 2001-611 du 9 juill. 2001)* **Pour l'application des dispositions de l'article L. 123-4** *(Décr. nº 2006-394 du 30 mars 2006)* **« et L. 123-4-1 » relatives aux parcelles situées dans une aire délimitée d'appellation contrôlée, les propriétaires de parcelles doivent faire parvenir leur demande par lettre recommandée au président de la commission communale ou intercommunale d'aménagement foncier, avant la clôture de** *(Décr. nº 2006-394 du 30 mars 2006)* **« la consultation des propriétaires » mentionnée à l'article R. 123-6.**

Art. R. 123-44 *(Décr. nº 2001-611 du 9 juill. 2001)* **Pour l'application des dispositions de l'article L. 123-4** *(Décr. nº 2006-394 du 30 mars 2006)* **« et de l'article L. 123-4-1 » relatives aux parcelles situées dans une aire délimitée d'appellation contrôlée, les parcelles ayant fait l'objet d'une délimitation parcellaire en appellation d'origine contrôlée font l'objet d'une nature de culture particulière.**

Art. R. 123-45 *(Décr. nº 2001-611 du 9 juill. 2001)* **Les dispositions de l'article L. 123-4** *(Décr. nº 2006-394 du 30 mars 2006)* **« et de l'article L. 123-4-1 » relatives aux parcelles situées dans une aire délimitée d'appellation contrôlée s'appliquent à ces parcelles, qu'elles soient plantées ou non.**

SOUS-SECTION 5 *[ABROGÉE]*

(Abrogée par Décr. nº 2006-394 du 30 mars 2006)

Art. R. 123-46 *Abrogé.*

CHAPITRE IV LES ÉCHANGES ET CESSIONS AMIABLES D'IMMEUBLES RURAUX *(Décr. nº 2006-394 du 30 mars 2006).*

SECTION 1 Les échanges et cessions d'immeubles ruraux en l'absence de périmètre d'aménagement foncier *(Décr. nº 2006-394 du 30 mars 2006).*

Art. R. 124-1 *(Décr. nº 2006-394 du 30 mars 2006)* **En application des articles L. 124-3 et L. 124-4, les propriétaires peuvent transmettre à la commission départementale d'aménagement foncier un dossier comprenant :**

1º Le projet des échanges et cessions ou l'acte notarié ;

2º Tous renseignements, en particulier un plan parcellaire, permettant à la commission d'apprécier l'utilité des échanges et cessions au regard des objectifs fixés à l'aménagement foncier par l'article L. 121-1.

La commission peut subordonner la reconnaissance de l'utilité de l'opération aux conditions qu'elle estime nécessaires.

Art. R. 124-2 *(Décr. nº 2006-394 du 30 mars 2006)* **Le conseil départemental fixe par délibération les modalités de prise en charge des frais occasionnés par les échanges et cessions établis par actes notariés mentionnés à l'article L. 124-4.**

Art. R. 124-3 *Abrogé par Décr. nº 2006-394 du 30 mars 2006.*

Art. D. 124-4 *(Décr. nº 2006-394 du 30 mars 2006)* **« Le projet d'échanges et cessions ou l'acte notarié contient notamment :**

« 1º La désignation des parties à l'acte conformément aux dispositions des articles 5 et 6 du décret nº 55-22 du 4 janvier 1955 » ; *— V. ce Décr., relatif à la publicité foncière, au* ***C. civ.***

2º La désignation, conformément à l'article 7 du décret nº 55-22 du 4 janvier 1955, des immeubles échangés *(Décr. nº 2006-394 du 30 mars 2006)* **« et cédés » (commune, section, numéro, lieudit, contenance, nature de culture) et, en outre, l'origine de pro-**

priété, le mode d'exploitation, la désignation des bâtiments assurés contre l'incendie avec la date et le numéro de la police ;

3° L'estimation, par les parties, de la valeur des immeubles échangés *(Décr. n° 2006-394 du 30 mars 2006)* **« et cédés » et, le cas échéant, le montant** *(Décr. n° 2006-394 du 30 mars 2006)* **« et les modalités de recouvrement des soultes » ;**

4° L'indication du mode et, éventuellement, des conditions de l'exploitation, ainsi que l'énumération des inscriptions d'hypothèques *(Abrogé par Décr. n° 2021-1889 du 29 déc. 2021, art. 2, à compter du 1er janv. 2022) « **et de privilèges** »*, **des droits réels, y compris les servitudes actives ou passives, qui portent sur les immeubles, avec l'indication des actes ou décisions judiciaires leur ayant donné naissance et les références de la formalité** *(Décr. n° 2012-1462 du 26 déc. 2012, art. 35-XIII-1°)* **« exécutée au service de la publicité foncière » (date, volume, numéro) ;**

5° Éventuellement, le consentement exprès et sans réserve donné par les bénéficiaires *(Décr. n° 2021-1889 du 29 déc. 2021, art. 2, en vigueur le 1er janv. 2022)* **« d'hypothèques inscrites » ou de droits réels publiés autres que les servitudes, au transfert de leurs droits sur les immeubles attribués et à la mainlevée des inscriptions grevant les immeubles abandonnés ;**

6° *(Décr. n° 2006-394 du 30 mars 2006)* **« Pour les actes d'échanges et cessions établis par acte notarié, » les modalités de répartition entre les coéchangistes des frais auxquels donnent lieu le contrat d'échange et le renouvellement des inscriptions d'hypothèques** *(Abrogé par Décr. n° 2021-1889 du 29 déc. 2021, art. 2, à compter du 1er janv. 2022) « **et privilèges** »* **ainsi que le renouvellement de la publication des autres droits réels ;**

« 7° La mention que les échanges et cessions sont faits conformément aux dispositions soit de l'article L. 124-3, soit de l'article L. 124-4. »

Art. D. 124-5 **Lorsque les immeubles échangés** *(Décr. n° 2006-394 du 30 mars 2006)* **« et cédés » sont grevés d'hypothèques** *(Abrogé par Décr. n° 2021-1889 du 29 déc. 2021, art. 2, à compter du 1er janv. 2022) « **, privilèges** »* **ou droits réels autres que les servitudes, et si les titulaires de ces droits ne donnent pas dans l'acte leur consentement au transfert,** *(Décr. n° 2006-394 du 30 mars 2006)* **« le projet d'échanges et cessions rendu exécutoire par le président du conseil départemental ou l'acte d'échanges et cessions établi par acte notarié sont respectivement notifiés par le président du conseil** *(Décr. n° 2017-1246 du 7 août 2017, art. 3-18°)* **« départemental » ou par le notaire », au domicile d'élection de chacun desdits titulaires, par lettre recommandée avec demande d'avis de réception.**

Dans le délai d'un mois à compter de la première présentation de la lettre recommandée, constatée sur l'avis de réception, tout créancier inscrit et tout titulaire d'un droit réel autre qu'une servitude peut faire opposition au transfert de son droit par lettre recommandée adressée au greffe du tribunal judiciaire du lieu de la situation des immeubles.

En cas d'opposition, l'acte d'échange *(Décr. n° 2006-394 du 30 mars 2006)* **« et de cession » est soumis à l'homologation du président du tribunal judiciaire du lieu de la situation des immeubles ou de la partie de ces immeubles ayant le revenu cadastral le plus élevé.**

L'absence d'opposition est constatée par un certificat délivré par le greffe. — *[Décr. n° 56-112 du 24 janv. 1956, art. 12.]*

Bail. Aucune condition de forme ni de délai n'est exigée pour porter à la connaissance du preneur à bail un échange d'immeubles ruraux. • Civ. 3e, 19 mars 2008, n° 07-11.359 : *RD rur. 2008, n° 80, note Crevel ; D. 2008. 1061 ; JCP N 2008. 363 ; JCP 2008. IV. 1751 ; Rev. loyers 2008. 277, note Peignot.*

Art. D. 124-6 *Abrogé par Décr. n° 2006-394 du 30 mars 2006.*

Art. D. 124-7 *(Décr. n° 2006-394 du 30 mars 2006)* **« Les échanges et cessions rendus exécutoires par le président du conseil** *(Décr. n° 2017-1246 du 7 août 2017, art. 3-18°)* **« départemental » et ceux établis par acte notarié sont publiés dans les deux mois : »**

Soit de leur date, si les créanciers inscrits ou les titulaires de droits réels autres que les servitudes ont donné dans les actes leur consentement au transfert ;

Soit de l'expiration du délai prévu au second alinéa de l'article D. 124-5 si, le consentement n'ayant pas été donné dans les actes, il n'est pas formé opposition ;

Soit de la décision judiciaire définitive sur l'opposition. — *[Décr. nº 56-112 du 24 janv. 1956, art. 13-2º.]*

Art. D. 124-8 **Les certificats de non-opposition, les certificats de non-appel et les copies exécutoires des décisions judiciaires relatives à l'homologation sont délivrés par les greffes compétents dans les huit jours de la réquisition qui leur en est faite par** *(Décr. nº 2006-394 du 30 mars 2006)* **« le président du conseil** *(Décr. nº 2017-1246 du 7 août 2017, art. 3-18º)* **« départemental » ou » le notaire par lettre recommandée avec demande d'avis de réception.** — *[Décr. nº 56-112 du 24 janv. 1956, art. 13, 3º.]*

Art. D. 124-9 *(Décr. nº 2006-394 du 30 mars 2006)* **« La publication des échanges et cessions rendus exécutoires par le président du conseil** *(Décr. nº 2017-1246 du 7 août 2017, art. 3-18º)* **« départemental » qui ont fait l'objet de l'opposition mentionnée à l'article L. 124-1 et la publication de l'acte d'échanges et cessions établi par acte notarié sont effectuées selon les modalités fixées par le décret » nº 55-22 du 4 janvier 1955 et le décret nº 55-1350 du 14 octobre 1955 et sous les sanctions prévues par ces textes et par l'article 851 du code général des impôts.** — *V. ces Décr. relatifs à la publicité foncière, au* **C. civ.**

Le document déposé *(Décr. nº 2006-394 du 30 mars 2006)* **« lors de la publication » doit contenir éventuellement, à la suite de l'expédition ou de l'extrait de l'acte d'échange :**

Soit la copie du certificat du greffe du tribunal judiciaire constatant qu'aucune opposition ne lui a été adressée *(Décr. nº 2006-394 du 30 mars 2006)* **« en ce qui concerne l'acte notarié » ;**

Soit la copie de l'ordonnance du président du tribunal judiciaire homologuant l'acte d'échange ainsi que la copie du certificat de non-appel ;

Soit la copie de l'arrêt de la cour d'appel, si celui-ci homologue l'acte d'échange. — *[Décr. nº 56-112 du 24 janv. 1956, art. 14-1º.]*

Art. D. 124-10 *(Décr. nº 2012-1462 du 26 déc. 2012, art. 35-XIII-2º)* **« Pour chacun des immeubles à échanger et à céder, l'extrait prévu au dernier alinéa de l'article 7 du décret nº 55-22 du 4 janvier 1955 modifié est remis au service de la publicité foncière au moment du dépôt du document à publier. »**

Si les immeubles échangés *(Décr. nº 2006-394 du 30 mars 2006)* **« et cédés » sont situés dans une commune à cadastre rénové, cet extrait** *(Abrogé par Décr. nº 2012-1462 du 26 déc. 2012, art. 35-XIII-2º) « **(modèle 1)** »*, **qui doit avoir moins de** *(Décr. nº 2006-394 du 30 mars 2006)* **« six mois de date au jour de l'acte notarié ou de la décision du président du conseil** *(Décr. nº 2017-1246 du 7 août 2017, art. 3-18º)* **« départemental » prise en application de l'article L. 124-3 » — sauf dans le cas mentionné au deuxième alinéa de l'article 84 du décret nº 55-1350 du 14 octobre 1955 — est complété, pour valoir extrait d'acte, dans les conditions fixées par l'article 22 du même décret.** — *[Décr. nº 56-112 du 24 janv. 1956, art. 14-2º.]*

Art. D. 124-11 **Le transfert des hypothèques** *(Abrogé par Décr. nº 2021-1889 du 29 déc. 2021, art. 2, à compter du 1er janv. 2022) « **et privilèges** »*, **avec leur rang antérieur, sur les immeubles substitués à ceux précédemment affectés à la garantie, n'a lieu que si les inscriptions opérées avant la publication de l'acte d'échange sont renouvelées à la diligence du** *(Décr. nº 2006-394 du 30 mars 2006)* **« notaire rédacteur ».**

Le renouvellement, effectué en même temps que la publication *(Décr. nº 2006-394 du 30 mars 2006)* **« de l'acte d'échanges et cessions établi par acte notarié » et dans les conditions fixées par les articles 61 et suivants du décret nº 55-1350 du 14 octobre 1955, conserve l'hypothèque** *(Abrogé par Décr. nº 2021-1889 du 29 déc. 2021, art. 2, à compter du 1er janv. 2022) « **ou le privilège** »* **jusqu'à la date fixée par le créancier conformément aux dispositions de l'article 2435 du code civil. Les bordereaux de renouvellement doivent contenir la désignation détaillée des immeubles dégrevés et celle des immeubles grevés à la suite de l'échange.**

La radiation des inscriptions antérieures à la publication *(Décr. nº 2006-394 du 30 mars 2006)* **« de l'acte d'échanges et cessions établi par acte notarié », en tant qu'elles grèvent les immeubles échangés, est effectuée** *(Décr. nº 2012-1462 du 26 déc.*

2012, art. 35-XIII-3°) « par le service de la publicité foncière » dans les conditions fixées par les articles 2440 et suivants du code civil. – *[Décr. n° 56-112 du 24 janv. 1956, art. 15-1°.]*

Art. D. 124-12 Le transfert des autres droits réels, à l'exclusion des servitudes, résultant d'actes ou de décisions judiciaires publiés, sur les immeubles substitués par l'échange à ceux qui étaient spécialement affectés à l'exercice de ces droits, n'est opposable aux tiers tels qu'ils sont définis à l'article 30-1 du décret n° 55-22 du 4 janvier 1955, qu'à compter de la publication *(Décr. n° 2006-394 du 30 mars 2006)* « de la décision du président du conseil *(Décr. n° 2017-1246 du 7 août 2017, art 3-18°)* « départemental » prise en application de l'article L. 124-3 ou de l'acte d'échanges et cessions établi par acte notarié ». – *[Décr. n° 56-112 du 24 janv. 1956, art. 15-2°.]*

SECTION 2 **Les échanges et cessions amiables dans un périmètre d'aménagement foncier** *(Décr. n° 2006-394 du 30 mars 2006).*

SOUS-SECTION 1 **Dispositions communes** *(Décr. n° 2006-394 du 30 mars 2006).*

Art. R. 124-13 *(Décr. n° 2006-394 du 30 mars 2006)* La demande de désignation d'une personne chargée de représenter un propriétaire ou des indivisaires dans la procédure prévue à l'article L. 124-6 est faite par le président du conseil départemental au juge chargé du service du tribunal judiciaire du lieu de la situation des biens. Elle est formée soit par assignation, si l'identité et l'adresse de certains indivisaires sont connues, soit par requête.

L'ordonnance de désignation est notifiée à la diligence du président du conseil départemental, par lettre recommandée avec demande d'avis de réception, à la personne désignée ainsi qu'aux indivisaires dont l'identité et l'adresse sont connues et, s'il y a lieu, au notaire chargé du règlement de la succession. L'ordonnance n'est exécutoire qu'après ces notifications.

Art. R. 124-14 *(Décr. n° 2006-394 du 30 mars 2006)* Le dossier de l'enquête publique prévue par l'article L. 124-5, destinée à recueillir les observations des propriétaires et des titulaires de droits réels et personnels sur l'étendue de leurs droits ainsi que les offres de cessions et d'échanges de parcelles, comprend :

1° Un plan indiquant :

a) Pour chaque parcelle ou partie de parcelle : la surface, le nom du propriétaire désigné par les documents cadastraux ;

b) Les routes, voies, y compris de défense des forêts contre l'incendie, et chemins d'exploitation ;

c) Les points d'eau, cours d'eau et émissaires d'évacuation des eaux ;

2° Un état des propriétés indiquant, pour chaque propriétaire, les parcelles et parties de parcelles paraissant lui appartenir ;

3° Le cas échéant, un état des parcelles susceptibles de faire l'objet d'une procédure d'appréhension au titre des biens vacants et sans maître ou des biens présumés vacants et sans maître ;

4° Un registre permettant de recueillir les offres de cessions et d'échanges de parcelles.

L'enquête, d'une durée d'un mois, est organisée selon les modalités et les formes prévues aux articles R. 123-6 et R. 123-7 *(Abrogé par Décr. n° 2017-1246 du 7 août 2017, art. 3-19°)* *« du présent code »*.

La notification de l'avis d'enquête ne comporte, pour chaque propriétaire, que l'état des propriétés définies au 2° du présent article.

Art. R. 124-15 *(Décr. n° 2006-394 du 30 mars 2006)* A l'issue de l'enquête, le rapport et les conclusions du commissaire enquêteur ainsi que le registre d'offres de cessions et d'échanges de parcelles sont mis à disposition du public en mairie pendant une durée d'un mois.

Art. R. 124-16 *(Décr. n° 2006-394 du 30 mars 2006)* La notification aux propriétaires des décisions prises par la commission départementale d'aménagement foncier en application des articles L. 124-8 et L. 124-12 doit comporter, pour chaque propriétaire, le plan des échanges et cessions le concernant et, le cas échéant, l'indication des soultes d'échanges et de cessions qu'il aura à supporter ou dont il bénéficiera.

Art. R. 124-17 *(Décr. nº 2006-394 du 30 mars 2006)* A compter de la décision de la commission départementale approuvant le plan des échanges et cessions, le président du conseil départemental ordonne, en application de l'article L. 121-21, le dépôt en mairie du plan du nouveau parcellaire, constate la clôture des opérations à la date de ce dépôt et assure la publicité du nouveau parcellaire dans les conditions prévues au III de l'article R. 121-29.

SOUS-SECTION 2 Échanges et cessions amiables d'immeubles ruraux dans un périmètre d'aménagement foncier *(Décr. nº 2006-394 du 30 mars 2006)*.

Art. R. 124-18 *(Décr. nº 2006-394 du 30 mars 2006)* Au vu de l'enquête prévue à l'article L. 124-5, la commission départementale fixe le délai imparti aux propriétaires pour déposer les projets qu'ils ont établis avec le concours du géomètre expert. Ce délai est notifié à tous les propriétaires du périmètre et affiché en mairie jusqu'à son expiration.

Les projets doivent indiquer les références cadastrales des parcelles ou parties de parcelles concernées, le nom du ou des propriétaires des parcelles, le montant des soultes résultant des cessions de l'article L. 121-24 *(Abrogé par Décr. nº 2017-1246 du 7 août 2017, art. 3-20º)* ***« du code rural et de la pêche maritime »*** et des soultes résultant des projets d'échanges, mentionnées au deuxième alinéa de l'article L. 124-7 *(Abrogé par Décr. nº 2017-1246 du 7 août 2017, art. 3-20º)* ***« du présent code »***, le nom du ou des bénéficiaires de ces soultes ainsi que l'existence de servitudes et de titulaires de droits réels. Dans ce cas, le projet d'échange fixe la contenance et l'emplacement de la ou des parcelles substituées, du point de vue de l'exercice des droits réels, à chacune des parcelles d'apport.

Le plafond des soultes mentionné au deuxième alinéa de l'article L. 124-7 est calculé par compte de propriété, en déduisant du montant total des soultes d'échanges versées par ce compte le montant total des soultes d'échanges qui lui sont dues.

Art. R. 124-19 *(Décr. nº 2006-394 du 30 mars 2006)* Le plan des projets d'échanges et cessions est simultanément affiché en mairie, où il doit pouvoir être consulté jusqu'à son approbation par la commission départementale en application de l'article L. 124-8.

Les titulaires de droits réels mentionnés à l'article D. 127-3 *(Abrogé par Décr. nº 2017-1246 du 7 août 2017, art. 3-15º)* ***« du code rural et de la pêche maritime »*** sont avertis, dans les formes prévues à cet article, de cet affichage et de ce que la date de cet affichage constitue le point de départ du délai d'un mois qui leur est imparti pour présenter leurs observations devant la commission départementale avant que celle-ci prenne sa décision.

Art. R. 124-20 *(Décr. nº 2006-394 du 30 mars 2006)* Peuvent faire l'objet de mutations au titre des échanges et cessions d'immeubles forestiers les parcelles en nature de bois et forêts et les terrains à boiser inclus dans le périmètre de l'opération.

SOUS-SECTION 3 Échanges et cessions amiables d'immeubles forestiers dans un périmètre d'aménagement foncier *(Décr. nº 2006-394 du 30 mars 2006)*.

Art. R. 124-21 *(Décr. nº 2006-394 du 30 mars 2006)* Au vu des résultats de l'enquête prévue par l'article L. 124-5, la commission communale ou intercommunale fixe, en application des dispositions de l'article *(Décr. nº 2017-1246 du 7 août 2017, art. 3-21º)* « L. 124-11 », le délai imparti aux propriétaires pour déposer les projets qu'ils ont établis avec le concours du géomètre expert. Ce délai est notifié à tous les propriétaires du périmètre et affiché en mairie jusqu'à son expiration.

Les dispositions des deuxième et troisième alinéas de l'article R. 124-18 sont applicables aux projets d'échanges et cessions d'immeubles forestiers et aux soultes de l'article L. 124-10.

Art. R. 124-22 *(Décr. nº 2006-394 du 30 mars 2006)* Quand elle estime qu'un projet n'est pas conforme aux objectifs de l'aménagement forestier, la commission communale ou intercommunale le renvoie aux propriétaires ou à leurs représentants, par lettre recommandée avec accusé de réception, en motivant ce renvoi. Elle leur impartit un délai pour proposer un nouveau projet. Le rejet éventuel de ce dernier, notifié dans les mêmes conditions, peut faire l'objet d'un recours devant la commission départementale d'aménagement foncier dans le délai prévu à l'article R. 121-6 *(Abrogé par Décr. n° 2017-1246 du 7 août 2017, art. 3-15°)* *« du code rural et de la pêche maritime »*.

Pour les propriétaires qui renoncent à présenter un nouveau projet, le délai du recours devant la commission départementale court à dater de l'expiration du délai imparti pour la présentation d'un nouveau projet.

Art. R. 124-23 *(Décr. n° 2006-394 du 30 mars 2006)* La commission transmet au président de la commission départementale d'aménagement foncier les projets d'échanges et de cessions conformes aux objectifs de l'aménagement forestier.

Le plan des échanges et cessions est simultanément affiché en mairie, où il doit pouvoir être consulté jusqu'à l'intervention de la décision de la commission départementale d'aménagement foncier.

Les titulaires de droits réels mentionnés à l'article D. 127-3 *(Abrogé par Décr. n° 2017-1246 du 7 août 2017, art. 3-22°)* *« du code rural et de la pêche maritime »* sont avertis, dans les formes prévues à cet article, de l'affichage du plan des échanges et cessions et de ce que la date de cet affichage constitue le point de départ du délai d'un mois qui leur est imparti par l'article R. 121-6 *(Abrogé par Décr. n° 2017-1246 du 7 août 2017, art. 3-22°)* *« du même code »* pour présenter leurs observations devant la commission départementale.

Art. R. 124-24 *(Décr. n° 2017-1411 du 27 sept. 2017, art. 2-1°)* Le silence gardé par la commission communale d'aménagement foncier, pendant un délai de trois mois à l'issue du délai qu'elle a fixé en application de l'article L. 124-11, sur une demande tendant à ce que soit entériné un projet d'échanges et cessions amiables d'immeubles forestiers dans un périmètre d'aménagement foncier, mentionné au même article, vaut décision d'acceptation.

Art. R. 124-25 *(Décr. n° 2017-1411 du 27 sept. 2017, art. 2-1°)* Le silence gardé par la commission départementale d'aménagement foncier, pendant un délai de six mois à l'issue du délai fixé en application de l'article L. 124-11, sur une demande tendant à ce que soit pris en compte un projet d'échanges et cessions amiables, préalablement entériné par la commission communale d'aménagement foncier, d'immeubles forestiers dans un périmètre d'aménagement foncier, vaut décision d'acceptation.

CHAPITRE V LA MISE EN VALEUR DES TERRES INCULTES OU MANIFESTEMENT SOUS-EXPLOITÉES

SECTION 1 Demandes individuelles

Art. R. 125-1 Les demandes présentées au préfet en application de l'article L. 125-1 doivent indiquer notamment la désignation cadastrale du fonds, les nom, qualité et domicile du demandeur et du propriétaire et, si le propriétaire n'est pas le titulaire du droit d'exploitation, les nom, qualité et domicile de ce dernier. Si le demandeur ne connaît pas les nom, qualité et domicile du propriétaire et du titulaire du droit d'exploitation, il doit justifier des recherches faites pour les connaître.

Ces demandes doivent comporter en outre toutes précisions de nature à établir l'état d'inculture ou de sous-exploitation manifeste du fonds. – *[Décr. n° 78-1071 du 8 nov. 1978, art. 1er.]*

Art. R. 125-2 Dans les huit jours suivant la date de réception de la demande, *(Décr. n° 2006-394 du 30 mars 2006)* « le préfet demande au président du conseil départemental de saisir » la commission départementale d'aménagement foncier qui, dans les trois mois, se prononce sur l'état d'inculture ou de sous-exploitation manifeste du fonds et donne son avis sur la possibilité d'une mise en valeur agricole ou pastorale du fonds.

La commission désigne une délégation composée d'au moins deux de ses membres, chargée de constater, sur les lieux mêmes, l'état du fonds. Le ou les demandeurs, le propriétaire et, s'il y a lieu, le titulaire du droit d'exploitation sont convoqués à la visite des lieux, quinze jours au moins avant la date de cette visite. La délégation peut entendre toute personne susceptible d'éclairer son information.

La commission se prononce sur le rapport de la délégation et, après avoir entendu les intéressés, s'ils l'ont demandé par lettre adressée au président. – *[Décr. n° 78-1071 du 8 nov. 1978, art. 2.]*

Art. R. 125-3 Dans le délai de quinze jours suivant son intervention, la décision de la commission départementale d'aménagement foncier, prise conformément à l'article L. 125-1 et relative à l'état d'inculture ou de sous-exploitation manifeste d'un fonds, est affichée un mois durant à la mairie de la commune où est situé le fonds ainsi qu'à la mairie de chacune des communes limitrophes.

A la décision précitée est annexé un avis, reproduisant le texte des articles L. 125-1 à L. 125-4 et précisant le nom et le domicile du propriétaire ou du mandataire, afin de permettre à tout candidat à l'exploitation du fonds de se faire connaître du propriétaire, du mandataire ou du préfet du département. – *[Décr. n° 78-1071 du 8 nov. 1978, art. 3.]*

Art. R. 125-4 Lorsqu'il est appelé à intervenir en application de l'article L. 125-4, le tribunal paritaire des baux ruraux est saisi par la partie la plus diligente.

Tout jugement portant sur les conditions de jouissance et le montant du fermage est notifié au demandeur, au propriétaire, au mandataire et à l'attributaire du droit d'exploitation. Si l'identité ou le domicile de l'un ou de l'autre est inconnu, ou s'il n'a pas été désigné de mandataire, le jugement est notifié au maire de la commune de la situation du fonds. Cette notification vaut notification à partie. Le maire doit procéder à l'affichage du jugement pendant une durée d'un an. – *[Décr. n° 78-1071 du 8 nov. 1978, art. 4.]*

SECTION 2 Initiatives publiques

Art. R. 125-5 *(Décr. n° 2006-394 du 30 mars 2006)* La délibération du conseil départemental prise en application de l'article L. 125-5 est publié au Recueil des actes administratifs du département et fait l'objet d'un affichage en mairie de chacune des communes intéressées pendant une durée d'un mois et d'une insertion dans un journal diffusé dans le département. – *[Décr. n° 78-1071 du 8 nov. 1978, art. 5.]*

Art. R. 125-6 Le projet d'état des fonds incultes ou manifestement sous-exploités dressé par la commission communale ou intercommunale d'aménagement foncier est soumis *(Décr. n° 2006-394 du 30 mars 2006)* « à une consultation des propriétaires et exploitants. Le dossier comprend : »

Un plan parcellaire portant indication des parcelles ou parties de parcelles dont l'inscription à l'état des fonds incultes ou manifestement sous-exploités est proposée ;

Un état parcellaire, avec la désignation cadastrale de chaque parcelle ou partie de parcelle ;

Un mémoire justificatif.

(Décr. n° 2006-394 du 30 mars 2006) « La consultation, d'une durée d'un mois, est organisée selon les modalités et les formes prévues aux articles R. 123-6 et R. 123-7 *(Abrogé par Décr. n° 2017-1246 du 7 août 2017, art. 3-19°)* « *du présent code* ».

A l'issue *(Décr. n° 2006-394 du 30 mars 2006)* « de la consultation, la commission prend connaissance des réclamations et observations, » entend les intéressés s'ils l'ont demandé par lettre adressée à son président et arrête l'état définitif.

Ce dernier est affiché en mairie et transmis au préfet *(Décr. n° 2006-394 du 30 mars 2006)* « et au conseil départemental » avec l'ensemble du dossier. – *[Décr. n° 78-1071 du 8 nov. 1978, art. 7.]*

Art. R. 125-7 *(Décr. n° 2006-394 du 30 mars 2006)* « Le président du conseil départemental » soumet l'état dressé par la commission communale ou intercommunale à la commission départementale d'aménagement foncier.

Les intéressés peuvent présenter à la commission départementale leurs observations et réclamations. La commission départementale entend les intéressés s'ils l'ont demandé par lettre adressée à son président. Elle peut convoquer ceux des intéressés qu'elle juge devoir être entendus. Les observations et réclamations adressées par écrit à la commission sont inscrites sur un registre d'ordre et il en est donné récépissé. Il est tenu procès-verbal des dires des intéressés.

L'avis de la commission départementale est transmis au préfet *(Décr. nº 2006-394 du 30 mars 2006)* « et au conseil départemental.

« L'état des fonds susceptibles d'une remise en valeur, arrêté par délibération du conseil départemental, est affiché à la mairie des communes intéressées accompagné du plan parcellaire des fonds et fait l'objet d'une insertion au recueil des actes administratifs du département et dans un journal diffusé dans le département. »

Art. R. 125-8 La révision triennale de l'état des fonds incultes ou manifestement sous-exploités, prévue au quatrième alinéa de l'article L. 125-5, a lieu dans les mêmes conditions que l'établissement de l'état initial. Toutefois, le propriétaire ou le titulaire du droit d'exploitation peut, si un fonds inculte ou manifestement sous-exploité déterminé a été mis en valeur, demander la radiation de ce fonds.

Le préfet constate la réalité de la mise en culture et *(Décr. nº 2006-394 du 30 mars 2006)* « demande au conseil départemental de prononcer » la radiation après avis de la commission départementale. — *[Décr. nº 78-1071 du 8 nov. 1978, art. 9.]*

Art. R. 125-9 Chaque extrait de l'état des fonds incultes ou manifestement sous-exploités, prévu au cinquième alinéa de l'article L. 125-5, est notifié à chaque propriétaire et, s'il y a lieu, à chaque titulaire du droit d'exploitation, et fait en outre l'objet de la publicité dont les conditions sont déterminées au premier alinéa de l'article R. 125-3, la durée de l'affichage étant toutefois portée à deux mois.

A chaque extrait publié est joint un avis reproduisant les dispositions des articles L. 125-1 à L. 125-7 et indiquant à tout candidat éventuel la faculté qui lui est offerte de demander au préfet l'autorisation d'exploiter le fonds inculte ou manifestement sous-exploité. — *[Décr. nº 78-1071 du 8 nov. 1978, art. 11.]*

SECTION 3 **Dispositions communes**

Art. R. 125-10 La demande de désignation d'un mandataire, en application de l'article L. 125-2 ou du sixième alinéa de l'article L. 125-5, est adressée par le préfet au juge du tribunal judiciaire du lieu de la situation des biens. Elle est formée soit par assignation, si l'identité et l'adresse de certains indivisaires sont connues, soit par requête.

L'ordonnance désignant un mandataire est notifiée à la diligence du préfet, par lettre recommandée avec demande d'avis de réception, au mandataire désigné, ainsi qu'aux indivisaires dont l'identité et l'adresse sont connues et, s'il y a lieu, au notaire chargé du règlement de la succession. L'ordonnance n'est exécutoire qu'après ces notifications. — *[Décr. nº 78-1071 du 8 nov. 1978, art. 12.]*

Art. R. 125-11 Les demandes, notifications et communications prévues aux articles L. 125-1 à L. 125-7, ainsi qu'à l'article R. 125-1, sont faites par lettre recommandée avec demande d'avis de réception. — *[Décr. nº 78-1071 du 8 nov. 1978, art. 13.]*

Art. D. 125-12 Les délais dans lesquels le préfet doit prendre l'arrêté constatant la non-remise en valeur, prévu à l'avant-dernier alinéa de l'article L. 125-3 et au premier alinéa de l'article L. 125-6, sont fixés l'un et l'autre à un mois. — *[Décr. nº 78-1071 du 8 nov. 1978, art. 14.] — L'art. R. 125-12 devient l'art. D. 125-12 (Décr. nº 2017-1246 du 7 août 2017, art. 3-23º, JO 9 août).*

Art. R. 125-13 A l'expiration du délai d'un an défini aux articles L. 125-3, L. 125-4 et L. 125-6, le préfet, *(Décr. nº 2006-394 du 30 mars 2006)* « après avoir demandé au président du conseil départemental de recueillir », selon les cas, l'avis de la commission départementale d'aménagement foncier ou celui de la commission communale ou intercommunale d'aménagement foncier constate la remise en valeur du fonds.

La commission désigne une délégation composée d'au moins deux de ses membres chargée de vérifier sur les lieux mêmes de l'exploitation la remise en valeur du fonds.

Le propriétaire, le mandataire ou, s'il y a lieu, le titulaire du droit d'exploitation est convoqué quinze jours au moins avant la date prévue pour la visite des lieux. La délégation peut en outre entendre toute personne pouvant compléter son information.

L'état du fonds est apprécié, d'une part, par rapport au plan de remise en valeur prescrit, d'autre part, par comparaison avec les conditions d'exploitation des parcelles de valeur culturale similaire des exploitations agricoles à caractère familial situées à proximité. – *[Décr. nº 78-1071 du 8 nov. 1978, art. 14-1.]*

Art. R. 125-14 La notification ou la publication prévues au troisième alinéa de l'article L. 125-10 est faite soit par lettre recommandée soit, à défaut d'identification des propriétaires ou de leurs ayants droit, par voie d'affichage en mairie de la situation des biens et par publication dans un journal d'annonces du département.

La juridiction administrative mentionnée au deuxième alinéa de l'article L. 125-12 est le tribunal administratif.

CHAPITRE VI L'AMÉNAGEMENT AGRICOLE ET FORESTIER

SECTION 1 L'interdiction et la réglementation des semis, plantations et replantations d'essences forestières *(Décr. nº 2003-237 du 12 mars 2003).*

Art. R. 126-1 *(Décr. nº 2006-394 du 30 mars 2006)* Pour la mise en œuvre des dispositions de l'article L. 126-1, le conseil départemental fixe par délibération, pour tout ou partie du territoire du département :

1º Les orientations qu'il entend poursuivre en matière de réglementation des boisements conformément aux objectifs prévus au premier alinéa de l'article L. 126-1. Ces orientations précisent notamment les conditions dans lesquelles la réglementation envisagée concourt au maintien à la disposition de l'agriculture de terre qui contribuent à un meilleur équilibre économique des exploitations, à la préservation du caractère remarquable des paysages, à la protection des milieux naturels présentant un intérêt particulier, à la gestion équilibrée de la ressource en eau telle que définie à l'article L. 211-1 du code de l'environnement et à la prévention des risques naturels ;

2º S'il prévoit de réglementer le reboisement après coupe rase, le seuil de surface mentionné au deuxième alinéa du même article, pour chaque grande zone forestière homogène ;

3º Les zones dans lesquelles des plantations et des semis d'essences forestières peuvent être interdits ou réglementés ainsi que la reconstitution après coupe rase, s'il y a lieu ;

4º Les obligations déclaratives auxquelles sont soumis les propriétaires dans les périmètres réglementés, préalablement à tous semis, à toutes plantations ou, le cas échéant, toutes replantations dans les périmètres réglementés. – *A l'art. R. 126-1, les divisions « a », « b », « c », « d » sont remplacées respectivement par les divisions « 1º », « 2º », « 3º » et « 4º » et les cinq derniers alinéas deviennent l'art. R. 126-1-1 (Décr. nº 2017-1246 du 7 août 2017, art. 3-24º, JO 9 août).*

Art. R. 126-1-1 *(Décr. nº 2017-1246 du 7 août 2017, art. 3-24º)* Le projet de délibération est soumis pour avis à la chambre départementale d'agriculture et au Centre national de la propriété forestière, accompagné d'un rapport qui recense :

1º Les massifs forestiers protégés ;

2º Les zones agricoles protégées prévues notamment à l'article L. 112-2 du présent code ;

3º Les zones et espaces protégés au titre de l'environnement et des paysages ;

4º Les zones figurant dans les inventaires de patrimoine naturel et des paysages.

Art. R. 126-2 *(Décr. nº 2017-1246 du 7 août 2017, art. 3-25º)* Dans les zones mentionnées au 3º de l'article R. 126-1, le conseil départemental peut, à l'intérieur de périmètres déterminés et pour une durée qu'il fixe :

1º Interdire tous semis, plantations et replantations d'essences forestières ;

2º Limiter les semis, plantations et replantations à certaines essences forestières ;

3º Restreindre les semis, plantations et replantations à certaines destinations telles que la création de boisements linéaires, haies ou plantations d'alignement ou à l'installation de sujets isolés ;

4º Fixer une distance minimale avec les fonds voisins, supérieure à celle prévue à l'article 671 du code civil, pour les semis, plantations et replantations, compte tenu de la nature des cultures habituellement pratiquées et, le cas échéant, par type d'essence.

Art. R. 126-3 *(Décr. nº 2006-394 du 30 mars 2006)* Dans les communes comprises dans une des zones mentionnées au *(Décr. nº 2017-1246 du 7 août 2017, art. 3-26º)*

« 3° » de l'article R. 126-1, le département charge la commission communale ou intercommunale, constituée s'il y a lieu dans les conditions prévues aux articles L. 121-3 à L. 121-5, de lui proposer des mesures de réglementation des boisements et de délimitation des périmètres correspondants, dans un délai qu'il prescrit et qui ne peut être inférieur à un an.

Sur la base de cette proposition, le département établit un projet de réglementation des boisements qui précise la délimitation parcellaire du ou des périmètres et la teneur des interdictions ou restrictions qui y sont envisagées.

Art. R. 126-4 *(Décr. n° 2006-394 du 30 mars 2006)* Le projet de réglementation des boisements est soumis à enquête publique selon les modalités prévues à l'article R. 123-9. Toutefois, les dispositions des articles R. 123-10 et R. 123-12 ne sont pas applicables.

Le dossier d'enquête publique comprend les pièces suivantes :

1° La délibération du conseil départemental prévue à l'article R. 126-1 ;

2° Un plan comportant le tracé du ou des périmètres délimités en application du deuxième alinéa de l'article R. 126-3 ;

3° Le détail des interdictions et des restrictions de semis, plantations ou replantations d'essences forestières envisagées à l'intérieur de chacun des périmètres ;

4° La liste, établie sur la base des documents cadastraux, des parcelles comprises dans le ou les périmètres et de leurs propriétaires.

Art. R. 126-5 *(Décr. n° 2006-394 du 30 mars 2006)* A l'issue de l'enquête, le département sollicite l'avis du conseil municipal de chaque commune concernée, du ou des établissements publics de coopération intercommunale compétents, le cas échéant, en matière d'aménagement de l'espace, du *(Décr. n° 2010-326 du 22 mars 2010, art. 3-IV)* « Centre national » de la propriété forestière et de la chambre départementale d'agriculture. Les avis sont réputés favorables s'ils n'ont pas été rendus dans un délai de trois mois.

Art. R. 126-6 *(Décr. n° 2006-394 du 30 mars 2006)* Au vu des résultats de l'enquête publique et des consultations mentionnées à l'article R. 126-5, le département fixe la délimitation des périmètres et les règlements qui s'y appliquent.

La délibération est transmise à chaque commune intéressée en vue d'y être affichée pendant quinze jours au moins et tenue à la disposition du public. Elle fait l'objet d'un avis publié dans un journal local diffusé dans tout le département.

Les périmètres de réglementation des boisements sont reportés dans les plans locaux d'urbanisme dans les conditions prévues *(Décr. n° 2015-1783 du 28 déc. 2015, art. 9-XI, en vigueur le 1er janv. 2016)* « à titre d'information, sur les documents graphiques, des plans locaux d'urbanisme ».

Art. R. 126-7 *(Décr. n° 2006-394 du 30 mars 2006)* Lorsque le département a chargé la commission communale ou intercommunale d'aménagement foncier d'élaborer une proposition de réglementation des boisements, il peut édicter, à l'intérieur des périmètres envisagés et à titre conservatoire, des mesures transitoires d'interdiction ou de restriction des semis, plantations ou replantations d'essences forestières. Ces mesures sont caduques à compter de la publication des règlements définitifs et, au plus tard, quatre ans à compter de leur édiction.

Art. R. 126-8 *(Décr. n° 2006-394 du 30 mars 2006)* La révision de la réglementation des boisements intervient selon la même procédure.

Art. R. 126-8-1 *(Décr. n° 2003-237 du 12 mars 2003)* Dans les zones définies en application du 1° de l'article L. 126-1, les plantations ou replantations de sapins de Noël ne sont pas soumises aux interdictions et réglementations des boisements et reboisements édictées en application des articles R. 126-2 et R. 126-6. Les producteurs qui souhaitent procéder à des semis, plantations ou replantations de sapins de Noël doivent adresser au *(Décr. n° 2006-394 du 30 mars 2006)* « président du conseil départemental » du département où seront situées les plantations une déclaration annuelle de production répondant aux conditions prévues par le troisième alinéa de l'article L. 126-1.

Le *(Décr. nº 2006-394 du 30 mars 2006)* « président du conseil départemental » vérifie que la déclaration a pour objet une production de sapins de Noël répondant aux conditions fixées par le décret pris en application du 4e alinéa de l'article L. 126-1.

Art. R. 126-9 *(Décr. nº 2006-394 du 30 mars 2006)* Est puni de l'amende prévue pour les contraventions de la quatrième classe le fait de semer, de planter ou de replanter des essences forestières en méconnaissance des réglementations des boisements prévues au présent chapitre ou de ne pas déférer à la mise en demeure prévue à l'article R. 126-10.

Art. R. 126-10 *(Décr. nº 2006-394 du 30 mars 2006)* Lorsque des semis, plantations ou replantations d'essences forestières sont entrepris en méconnaissance des réglementations des boisements ou des mesures transitoires mentionnées à l'article R. 126-7, le président du conseil départemental met en demeure le propriétaire de détruire le boisement irrégulier dans un délai qu'il lui assigne et qui ne peut excéder deux ans.

Si le propriétaire n'y défère pas dans le délai prescrit, la destruction d'office, à ses frais, peut être ordonnée par le président du conseil départemental. Il arrête le mémoire des travaux faits et le rend exécutoire contre le propriétaire.

Art. R. 126-10-1 *Abrogé par Décr. nº 2006-394 du 30 mars 2006.*

SECTION 2 Entretien des terrains interdits de boisement

(Décr. nº 2003-237 du 12 mars 2003)

Art. R. 126-11 Lorsque le *(Décr. nº 2006-394 du 30 mars 2006)* « président du conseil départemental » constate que l'enfrichement ou le boisement spontané d'un terrain présente un des risques mentionnés *(Décr. nº 2017-1246 du 7 août 2017, art. 3-27º)* « à » l'article *(Décr. nº 2006-394 du 30 mars 2006)* « L. 126-2 », il informe le propriétaire par lettre recommandée avec demande d'avis de réception des obligations de débroussaillement qui lui incombent et dont il doit s'acquitter dans un délai de six mois à compter de la réception de la lettre recommandée. Si le propriétaire n'a pas exécuté les travaux dans le délai imparti, la commune ou l'établissement public de coopération intercommunale compétent peut faire procéder aux travaux de débroussaillement selon la procédure définie aux articles R. 151-40 à R. 151-47.

SECTION 3 Protection des boisements linéaires, haies et plantations d'alignements *(Décr. nº 2017-1246 du 7 août 2017, art. 3-28º).*

La section 5 devient la section 3 et les art. R. 126-33 à R. 126-38 deviennent les art. R. 126-12 à R. 126-17 (Décr. nº 2017-1246 du 7 août 2017, art. 3-28º, JO 9 août).

Art. R. 126-12 La demande de protection *(Décr. nº 2006-394 du 30 mars 2006)* « de structures paysagères arborées ou de vergers de hautes tiges ou » d'éléments végétaux formée, en application de l'article *(Décr. nº 2006-394 du 30 mars 2006 ; Décr. nº 2017-1246 du 7 août 2017, art. 3-29º)* « L. 126-3 », par le propriétaire des parcelles d'assiette des éléments à protéger est adressée au préfet. Lorsque ces éléments séparent ou morcellent des parcelles attenantes données à bail, la demande est présentée conjointement par le bailleur et le preneur.

Le préfet se prononce en tenant compte des intérêts de la politique des structures des exploitations agricoles, de la politique forestière et du respect et de la mise en valeur des milieux naturels, du patrimoine rural et des paysages.

Art. R. 126-13 Tout travail ou toute utilisation du sol de nature à détruire un élément protégé au titre de l'article *(Décr. nº 2006-394 du 30 mars 2006)* « L. 126-3 » doit, préalablement à toute exécution, être autorisé par le préfet. La demande d'autorisation qui précise l'implantation, la nature et les caractéristiques des végétaux concernés est accompagnée des pièces définies par arrêté du ministre de l'agriculture.

Dans le cas où ces éléments végétaux ont été identifiés par la commission communale d'aménagement foncier en application *(Décr. nº 2017-1246 du 7 août 2017, art. 3-30º)* « du 6º de l'article L. 123-8 », le préfet transmet la demande pour avis à la commission départementale d'aménagement foncier qui se prononce dans un délai de trois mois ; si à l'expiration de ce délai la commission ne s'est pas prononcée, son avis est réputé favorable.

(Décr. nº 2006-394 du 30 mars 2006) « Le préfet statue sur la demande d'autorisation en tenant compte des intérêts mentionnés à l'article » *(Décr. nº 2017-1246 du 7 août 2017, art. 3-30º)* « R. 126-12 ». *(Abrogé par Décr. nº 2017-1411 du 27 sept. 2017, art. 2-2º) « Le silence gardé pendant plus de cinq mois à compter de la demande vaut décision d'autorisation. » — L'art. 2-2º du décret nº 2017-1411 du 27 sept. 2017 modifie l'art. R. 126-34, renuméroté R. 126-13 par le décret nº 2017-1246 du 7 août 2017 (art. 3-28º).*

Art. R. 126-14 La commission communale ou intercommunale d'aménagement foncier peut, dans le cadre des procédures régies par le titre II du présent livre, demander au préfet l'abrogation de la décision de protection édictée en application de l'article *(Décr. nº 2006-394 du 30 mars 2006)* « L. 126-3 ». La demande de la commission est soumise aux règles fixées à l'article *(Décr. nº 2017-1246 du 7 août 2017, art. 3-31º)* « R. 126-13 ».

Art. R. 126-15 *(Décr. nº 95-488 du 28 avr. 1995)* Les boisements linéaires, haies et plantations d'alignement susceptibles d'être protégés en application de l'article *(Décr. nº 2006-394 du 30 mars 2006 ; Décr. nº 2017-1246 du 7 août 2017, art. 3-32º)* « L. 126-3 » :

a) Sont constitués d'espèces ligneuses buissonnantes et de haute tige figurant sur une liste fixée par arrêté du ministre chargé des forêts. Ils sont structurés selon des modalités fixées par ce même arrêté ; — *V. Arr. du 28 avr. 1995 (JO 30 avr.).*

b) Doivent avoir une surface minimale de 500 mètres carrés. La surface des haies est égale au produit de leur longueur par une largeur forfaitaire, fixée à cinq mètres pour les haies constituées d'espèces buissonnantes et à dix mètres pour les haies d'arbres de haute tige.

(Décr. nº 96-548 du 18 juin 1996) « Les vergers de haute tige susceptibles d'être protégés en application de l'article *(Décr. nº 2006-394 du 30 mars 2006 ; Décr. nº 2017-1246 du 7 août 2017, art. 3-32º)* « L. 126-3 » :

« *a)* Sont constitués d'espèces fruitières et de variétés figurant sur une liste fixée par arrêté du ministre chargé de l'agriculture ; cet arrêté fixe également une densité minimale des plantations ;

« *b)* Doivent avoir une superficie minimale de vingt ares. »

Art. R. 126-16 *(Décr. nº 95-488 du 28 avr. 1995)* L'emprise et l'indication des parcelles cadastrales sur lesquelles sont situés les *(Décr. nº 96-548 du 18 juin 1996)* « boisements linéaires, haies, plantations d'alignement ou vergers de hautes tiges », dont la protection est prononcée, doivent être matérialisées sur un plan parcellaire annexé à l'arrêté préfectoral prononçant la protection ou sur le plan des aménagements fonciers prévu à l'article L. 121-21. L'arrêté précise les éléments techniques visés à l'article ci-dessus.

Art. R. 126-17 *(Décr. nº 95-488 du 28 avr. 1995)* Les boisements linéaires, haies ou *(Décr. nº 2006-394 du 30 mars 2006)* « autres structures paysagères arborées ainsi que les » plantations d'alignement nouvellement protégés doivent être portés à la connaissance de l'administration des impôts dans les formes et délais définis à l'article 1406 du code général des impôts.

Les emprises ainsi créées, matérialisées dans les conditions prévues à l'article ci-dessus, seront considérées comme nature de culture se rapportant au groupe des bois.

CHAPITRE VII DISPOSITIONS DIVERSES ET COMMUNES

Art. D. 127-1 Les dispositions *(Décr. nº 2006-394 du 30 mars 2006)* « du présent chapitre » relatives à la publication des procès-verbaux et au transfert des droits réels autres que les servitudes s'appliquent aux immeubles échangés à l'issue *(Décr. nº 2006-394 du 30 mars 2006)* « des opérations mentionnées aux 1º et 2º de l'article L. 121-1, à l'exception de celles mentionnées à l'article L. 124-4 ».

(Décr. nº 2006-394 du 30 mars 2006) « Les transferts de propriété et de droits réels résultant de ces opérations sont incorporés, aux frais du département, dans les documents hypothécaires et, en ce qui concerne les départements du Haut-Rhin, du Bas-Rhin et de la Moselle dans le livre foncier ainsi que dans les documents cadastraux. »

Art. D. 127-2 *(Décr. nº 2006-394 du 30 mars 2006)* « Dès que la commission communale d'aménagement foncier a procédé aux formalités prévues aux articles R. 123-6 et R. 123-7 ou à l'article R. 124-12, ou dès la réception du projet d'échanges et cessions mentionné à l'article L. 124-3 par la commission départementale, le président de ces commissions requiert » *(Décr. nº 2012-1462 du 26 déc. 2012, art. 35-XIII-4º)* « le service de la publicité foncière de lui délivrer dans les trois mois les renseignements concernant :

« 1º Les inscriptions d'hypothèques » *(Abrogé par Décr. nº 2021-1889 du 29 déc. 2021, art. 2, à compter du 1er janv. 2022)* ***« et de privilèges »*** grevant les immeubles intéressés ;

2º *(Décr. nº 2012-1462 du 26 déc. 2012, art. 35-XIII-4º)* « Les actes et décisions judiciaires publiés au fichier immobilier et portant ou constatant » la mutation de ces immeubles ou constatant l'existence de saisies, résolutions, restrictions au droit de disposer et, en général, de tous droits réels, du chef tant des propriétaires dénommés aux bulletins individuels que des propriétaires postérieurs à ces derniers *(Abrogé par Décr. nº 2012-1462 du 26 déc. 2012, art. 35-XIII-4º)* ***« lorsqu'ils seront connus du conservateur »***.

Le président de la commission communale *(Décr. nº 2006-394 du 30 mars 2006)* « ou de la commission départementale, selon les cas mentionnés au premier alinéa, requiert, en outre, *(Décr. nº 2012-1462 du 26 déc. 2012, art. 35-XIII-4º)* « le service de la publicité foncière de lui délivrer », jusqu'à la date de la clôture des opérations telle que définie aux articles L. 121-21, L. 123-12 et L. 124-3, » des extraits complémentaires, au fur et à mesure qu'interviennent de nouvelles formalités de publicité de la nature de celles mentionnées à l'alinéa ci-dessus et concernant les immeubles intéressés.

Les derniers extraits devront être délivrés au plus tard dans les quinze jours qui suivent la date de la clôture des opérations. — *[Décr. nº 56-112 du 24 janv. 1956, art. 1er et 2.]*

Art. D. 127-3 L'ouverture *(Décr. nº 2006-394 du 30 mars 2006)* « de l'enquête prévue à l'article » R. 123-9 est notifiée, un mois à l'avance, soit par voie administrative, soit par lettre recommandée avec demande d'avis de réception, aux titulaires de droits réels révélés tant par les extraits délivrés en application de l'article D. 127-2 que par ceux délivrés jusqu'à la date de cette notification. — *[Décr. nº 56-112 du 24 janv. 1956, art. 3.]*

Art. D. 127-4 A la date de la clôture *(Décr. nº 2007-70 du 18 janv. 2007, art. 1er-I-6º)* « des opérations » et nonobstant tout recours juridictionnel, le président de la commission communale requiert *(Décr. nº 2012-1462 du 26 déc. 2012, art. 35-XIII-5º)* « le service de la publicité foncière de publier » le procès-verbal, en déposant deux expéditions certifiées exactement collationnées, dont l'une est établie sur une formule dont le modèle est arrêté par *(Décr. nº 2012-1462 du 26 déc. 2012, art. 35-XIII-5º)* « le directeur général des finances publiques » et le directeur chargé de l'aménagement rural au ministère de l'agriculture et de la forêt. *(Décr. nº 2006-394 du 30 mars 2006)* « Toutefois, la réquisition est formulée par le président du conseil *(Décr. nº 2017-1246 du 7 août 2017, art. 3-33º)* « départemental » en cas d'échanges et cessions mentionnés à l'article L. 124-3 :

« 1º Lorsque les immeubles échangés et cédés ne sont pas grevés d'hypothèques *(Abrogé par Décr. nº 2021-1889 du 29 déc. 2021, art. 2, à compter du 1er janv. 2022)* « , ***privilèges »*** ou droits réels autres que les servitudes ;

« 2º Lorsque les titulaires de ces droits donnent dans ledit projet soumis à la commission départementale leur consentement au transfert de leurs créances sur les nouvelles parcelles ;

« 3º Lorsque le projet n'a pas fait l'objet de l'opposition prévue à l'article L. 124-1 dans le délai d'un mois mentionné au deuxième alinéa de l'article R. 124-4. » — *Les divisions « a », « b », « c » sont remplacées respectivement par les divisions « 1º », « 2º » et « 3º » (Décr. nº 2017-1246 du 7 août 2017, art. 3-33º, JO 9 août).*

Le procès-verbal doit indiquer, pour chaque propriétaire, la liste des anciennes parcelles et celle des nouveaux lots. Il indique, également, les servitudes actives ou passives, subsistantes en application de l'article *[des articles]* L. 123-14 *(Décr. nº 2006-394 du 30 mars 2006)* « et L. 124-1 » ou constituées lors des opérations d'aménagement foncier, grevant les parcelles attribuées ou leur profitant. En vue de renouveler, en ce qui les concerne, la publicité légale antérieure, le procès-verbal doit, en outre, mentionner avec la désignation de leurs titulaires les droits réels autres que les servitudes

(Abrogé par Décr. n° 2021-1889 du 29 déc. 2021, art. 2, à compter du 1er janv. 2022) « , ***privilèges*** » et hypothèques, grevant les immeubles échangés ou *(Décr. n° 2007-70 du 18 janv. 2007, art. 1er-I-5°)* « cédés », et qui s'exercent désormais sur les immeubles attribués.

La désignation des propriétaires et des autres titulaires de droits réels est faite conformément aux articles 5 et 6 du décret n° 55-22 du 4 janvier 1955 portant réforme de la publicité foncière et certifiée dans les conditions prévues aux articles 38, 81 et 82 du décret n° 55-1350 du 14 octobre 1955 pris pour l'application du décret n° 55-22 du 4 janvier 1955, sous peine de refus du dépôt. — *[Décr. n° 56-112 du 24 janv. 1956, art. 5-1°.] — V. ces Décr. au* **C. civ.**

Art. D. 127-5 Dès l'expiration d'un délai de quinze jours, à compter de la clôture des opérations, le président de la commission communale notifie à tous les titulaires de créances hypothécaires ou privilégiées révélés par les extraits délivrés en exécution de l'article D. 127-2 qu'il leur appartient de procéder au renouvellement de leurs inscriptions dans les conditions fixées à l'article D. 127-6. *(Décr. n° 2006-394 du 30 mars 2006 ; Décr. n° 2017-1246 du 7 août 2017, art. 3-34°)* « Le président du conseil départemental procède de même dans les cas mentionnés aux 1° et 2° de l'article D. 127-4, ainsi que, dans un délai d'un mois, dans le cas mentionné au 3° ».

Il les informe, notamment, que, par application des articles L. 123-12 *(Décr. n° 2006-394 du 30 mars 2006)* « et L. 124-1 », les inscriptions prises antérieurement se trouvent périmées du jour du transfert de propriété, en tant qu'elles grèvent les immeubles *(Décr. n° 2006-394 du 30 mars 2006)* « échangés ». Ces immeubles doivent être désignés de façon détaillée dans la notification. — *[Décr. n° 56-112 du 24 janv. 1956, art. 5-2°.]*

Art. D. 127-6 Les inscriptions d'hypothèques *(Abrogé par Décr. n° 2021-1889 du 29 déc. 2021, art. 2, à compter du 1er janv. 2022) « et privilèges »* prises avant la date de clôture des opérations ne conservent leur rang antérieur sur les immeubles attribués par *(Décr. n° 2006-394 du 30 mars 2006)* « les opérations mentionnées à l'article R. 127-1 » que si elles sont renouvelées à la diligence des créanciers dans le délai de six mois à dater de la clôture des opérations.

Ces dispositions s'appliquent à tous les immeubles grevés compris dans le périmètre *(Décr. n° 2006-394 du 30 mars 2006)* « de ces opérations ».

Le renouvellement, qui conserve l'hypothèque *(Abrogé par Décr. n° 2021-1889 du 29 déc. 2021, art. 2, à compter du 1er janv. 2022) « ou le privilège »* jusqu'à la date fixée par le créancier conformément à l'article 2435 du code civil, s'opère *(Décr. n° 2012-1462 du 26 déc. 2012, art. 35-XIII-6°)* « par le dépôt au service de la publicité foncière » de deux bordereaux signés et certifiés exactement collationnés contenant exclusivement, sous peine de rejet de la formalité :

1° Les réquisition et indication liminaires prévues au 1 de l'article 61 du décret n° 55-1350 du 14 octobre 1955 ;

2° Une copie certifiée collationnée par le président de la commission communale de la notification faite en exécution de l'article D. 127-5 ;

3° Le nom et le domicile de la personne à qui le rejet doit éventuellement être notifié ;

4° Le cas échéant, le capital de la créance garantie, s'il est inférieur à celui qui fait l'objet de l'inscription antérieure.

(Décr. n° 2012-1462 du 26 déc. 2012, art. 35-XIII-6°) « L'exemplaire du bordereau conservé dans les registres du service de la publicité foncière » doit, sous peine de rejet, être établi sur formule réglementaire.

La radiation des inscriptions antérieures en tant qu'elles grèvent les immeubles échangés ou *(Décr. n° 2007-70 du 18 janv. 2007, art. 1er-I-5°)* « cédés » est effectuée *(Décr. n° 2012-1462 du 26 déc. 2012, art. 35-XIII-6°)* « par le service de la publicité foncière », au vu de ces bordereaux. — *[Décr. n° 56-112 du 24 janv. 1956, art. 6.]*

Art. D. 127-7 Les notifications aux titulaires de droits réels prévues aux articles D. 123-15, *(Décr. n° 2006-394 du 30 mars 2006)* « R. 124-16, » D. 127-3 et D. 127-5 sont faites au domicile élu par ces titulaires dans les documents *(Décr. n° 2012-1462 du 26 déc. 2012, art. 35-XIII-7°)* « déposés au service de la publicité foncière » ou, à défaut de domicile élu, au domicile indiqué dans ces documents. – *[Décr. n° 56-112 du 24 janv. 1956, art. 8.]*

Art. D. 127-8 Les extraits mentionnés à l'article D. 127-2 ne sont requis et délivrés que pour les formalités annotées au fichier immobilier créé par le décret n° 55-22 du 4 janvier 1955. – *[Décr. n° 56-112 du 24 janv. 1956, art. 8 bis-I.]*

Art. D. 127-9 Les notifications et avis prévus aux articles D. 123-15 *(Décr. n° 2006-394 du 30 mars 2006)* « , R. 124-16 » et D. 127-3 sont étendus aux titulaires de droits réels ayant fait l'objet d'actes ou décisions transcrits avant le 1er janvier 1956 et dont l'existence a été signalée au président de la commission communale soit par les titulaires eux-mêmes, soit par toute autre personne intéressée.

Afin de permettre aux titulaires de droits réels ou à toute autre personne intéressée de signaler au président de la commission communale d'aménagement foncier l'existence des droits réels dont il s'agit, les mesures de publicité suivantes sont appliquées :

1° Toute personne à qui sont adressés en qualité de propriétaire la notification et l'état des propriétés prévus à l'article R. 123-7 *(Décr. n° 2006-394 du 30 mars 2006)* « ou R. 124-12 » est invitée à faire connaître, le cas échéant, sous pli séparé destiné au président de la commission communale d'aménagement foncier, parmi les parcelles dont elle est propriétaire, celles qui, en vertu des titres transcrits avant le 1er janvier 1956, sont grevées de droits réels, ainsi que le nom et l'adresse des titulaires de ces droits et, éventuellement pour les servitudes, l'indication des parcelles auxquelles elles profitent ou qui en sont grevées ;

2° *(Décr. n° 2006-394 du 30 mars 2006)* « Les délibérations du *(Décr. n° 2017-1246 du 7 août 2017, art. 3-35°)* « conseil départemental » et les arrêtés du président du conseil départemental ordonnant et clôturant les opérations en application des articles L. 121-14, L. 121-21 ou L. 124-3 sont notifiés », aussitôt après leur intervention, à la Caisse nationale de crédit agricole, aux caisses régionales intéressées de crédit agricole ainsi qu'au Crédit foncier de France.

Ils sont notifiés dans les mêmes conditions *(Décr. n° 2006-394 du 30 mars 2006)* « au préfet du département, » au conseil supérieur du notariat et au conseil national des barreaux qui en avisent toutes les chambres départementales des notaires et tous les barreaux près les tribunaux judiciaires dans le délai d'un mois à compter de la date de la réception de la notification.

Ils sont enfin notifiés dans les mêmes conditions à la chambre départementale des notaires et aux barreaux près les tribunaux judiciaires intéressés qui en avisent leurs membres dans le délai d'un mois à compter de la date de la réception de la notification ;

3° L'ouverture des enquêtes prévues aux articles *(Décr. n° 2006-394 du 30 mars 2006)* « R. 123-9 et R. 124-12 » est notifiée, quinze jours à l'avance, par le président de la commission communale, aux établissements et organismes énumérés ci-dessus. Les chambres départementales des notaires et les conseils de l'ordre des avocats intéressés en avisent leurs membres dans le délai de huit jours à compter de la date de la réception de la notification. – *Les divisions « 3° » et « 4° » deviennent respectivement les divisions « 2° » et « 3° » (Décr. n° 2017-1246 du 7 août 2017, art. 3-35°, JO 9 août).*

Art. R. 127-10 Seuls sont mentionnés au procès-verbal, conformément à l'article D. 127-4, les droits réels signalés au président de la commission communale d'aménagement foncier en exécution du premier alinéa de l'article D. 127-9.

Les dispositions des alinéas 4 à 7 de l'article 2428 du code civil sont applicables.

La radiation des inscriptions antérieures, en tant qu'elles grèvent les immeubles *(Décr. n° 2007-70 du 18 janv. 2007, art. 1er-I-5°)* « cédés » ou échangés, est effectuée *(Décr. n° 2012-1462 du 26 déc. 2012, art. 35-XIII-8°)* « par le service de la publicité foncière » au vu de ces bordereaux. – *[Décr. n° 56-112 du 24 janv. 1956, art. 8 bis-III.]*

Art. D. 127-11 Les titulaires de droits réels autres que les servitudes, ayant fait l'objet d'actes, décisions ou bordereaux transcrits ou publiés avant le 1er janvier 1956, qui, faute d'avoir connu les opérations *(Décr. n° 2006-394 du 30 mars 2006)* « mentionnées à l'article D. 127-1 », n'ont pas renouvelé la publicité et n'ont pu, de ce fait, exercer leurs droits et recouvrer, en totalité ou en partie, leur créance, peuvent obtenir une indemnité correspondant à la perte subie s'ils établissent avoir fait toute diligence en vue de sauvegarder leurs droits.

Au cas d'octroi d'une telle indemnité, *(Décr. n° 2006-394 du 30 mars 2006)* « le département » est subrogé dans les droits des créanciers ou autres titulaires. – *[Décr. n° 56-112 du 24 janv. 1956, art. 8 bis-IV.]*

Art. D. 127-12 A compter du 1er janvier 1956, les conservateurs des hypothèques sont dispensés de délivrer des extraits des formalités publiées avant le 1er janvier 1956, quelles que soient la date et l'étendue des réquisitions déposées.

Dans tous les cas où les extraits mentionnés à l'article D. 127-2 n'auront pas encore été délivrés, le président de la commission communale appréciera, compte tenu de l'état d'avancement des travaux, s'il y a lieu d'inviter les propriétaires à fournir les renseignements prévus au 1° de l'article D. 127-9. – *[Décr. n° 59-338 du 21 févr. 1959, art. 2, al. 1er et 2.]*

Art. D. 127-13 *(Décr. n° 2006-394 du 30 mars 2006)* Toutes dépenses et tous frais nécessités pour l'exécution du présent chapitre sont compris dans les frais des opérations d'aménagement foncier mis à la charge du département en application des dispositions du premier alinéa de l'article L. 121-15.

CHAPITRE VIII DISPOSITIONS PARTICULIÈRES À CERTAINES COLLECTIVITÉS TERRITORIALES

SECTION 1 Dispositions particulières aux départements du Haut-Rhin, du Bas-Rhin et de la Moselle

Néant.

SECTION 2 Dispositions particulières à la collectivité de Corse

SOUS-SECTION 1 Commissions communales ou intercommunales d'aménagement foncier

(Décr. n° 2017-1822 du 28 déc. 2017, art. 1er)

Art. R. 128-1 Les dispositions des articles R. 121-1 à R. 121-6 et R. 121-17 à R. 121-19, dans leur rédaction modifiée par l'article L. 128-2, sont applicables aux commissions communales ou intercommunales d'aménagement foncier créées en Corse sous réserve des adaptations suivantes :

1° Au premier alinéa de l'article R. 121-1 et à l'article R. 121-3, les mots : "son président" sont remplacés par les mots : "le président du conseil exécutif de Corse" ;

2° Au dernier alinéa de l'article R. 121-4, les mots : "du conseil départemental" sont remplacés par les mots : "de la collectivité de Corse" ;

3° La première phrase de l'article R. 121-5 est remplacée par la phrase : "L'Assemblée de Corse désigne la commune où siège la commission intercommunale dans sa délibération l'instituant." ;

4° Au dernier alinéa de l'article R. 121-6, les mots : "commission départementale" sont remplacés par les mots : "commission d'aménagement foncier de Corse".

SOUS-SECTION 2 Commission d'aménagement foncier de Corse

(Décr. n° 2017-1822 du 28 déc. 2017, art. 1er-3°)

Art. R. 128-2 Le président du conseil exécutif de Corse procède aux désignations qui relèvent de sa compétence et provoque les désignations et élections prévues à l'article L. 128-3 du présent code.

Le commissaire enquêteur, président de la commission d'aménagement foncier de Corse, est désigné par les présidents des tribunaux judiciaires d'Ajaccio et de Bastia dans les conditions mentionnées à l'article R. 121-1. Il est indemnisé par la collectivité de Corse dans les conditions fixées par ce même article.

Art. R. 128-3 L'Assemblée de Corse élit un suppléant pour chaque conseiller mentionné au 2° de l'article L. 128-3.

Un suppléant est désigné dans les mêmes conditions que celles prévues pour la désignation des titulaires en ce qui concerne les représentants des maires mentionnés au 4° et les représentants des associations mentionnés au 10° du même article.

Art. R. 128-4 L'arrêté par lequel le président du conseil exécutif de Corse procède aux désignations relevant de sa compétence est publié au recueil des actes administratifs de la collectivité de Corse. La liste des membres et suppléants désignés et élus en application de l'article L. 128-3 et des articles R. 128-2 et R. 128-3 est publiée, par les soins du président du conseil exécutif de Corse, au recueil des actes administratifs de la collectivité de Corse.

Art. R. 128-5 Les dispositions des articles R. 121-8 et R. 121-10 à R. 121-19, dans leur rédaction modifiée par l'article L. 128-2, sont applicables à la commission d'aménagement foncier de Corse sous réserve de l'adaptation suivante : la première phrase de l'article R. 121-10 est remplacée par la phrase : "La commission d'aménagement foncier de Corse a son siège fixé par délibération de l'Assemblée de Corse".

SECTION 3 *[ABROGÉE]* Dispositions particulières aux départements d'outre-mer

(Abrogée par Décr. n° 2012-824 du 26 juin 2012, art. 3-VI)

TITRE III LES ASSOCIATIONS FONCIÈRES

CHAPITRE I DISPOSITIONS COMMUNES

Art. R. 131-1 Les associations foncières régies par le présent titre sont des établissements publics à caractère administratif. Elles sont soumises pour leur fonctionnement et leur administration aux dispositions *(Décr. n° 2006-504 du 3 mai 2006, art. 84)* « du décret n° 2006-504 du 3 mai 2006 *[portant application de l'Ord. n° 2004-632 du 1er juill. 2004 relative aux associations syndicales de propriétaires]* », sous réserve des dérogations prévues par les chapitres suivants.

CHAPITRE II *[ABROGÉ]* LES ASSOCIATIONS FONCIÈRES DE RÉORGANISATION FONCIÈRE

(Abrogé par Décr. n° 2006-504 du 3 mai 2006, art. 84)

CHAPITRE III LES ASSOCIATIONS FONCIÈRES D'AMÉNAGEMENT FONCIER AGRICOLE ET FORESTIER *(Décr. n° 2006-504 du 3 mai 2006, art. 84).*

SECTION 1 Dispositions générales

Art. R. 133-1 Lorsqu'il y a lieu, en application des articles L. 123-9, L. 133-1, L. 133-2 et L. 133-3, de créer une association foncière d'aménagement foncier agricole et forestier, celle-ci est instituée, par un arrêté du préfet, entre les propriétaires des terrains inclus dans le périmètre d'aménagement foncier agricole et forestier. – *[Décr. n° 86-1417 du 31 déc. 1986, art. 17.]*

La création d'une association foncière ne peut légalement intervenir que lorsque un remembrement a été ordonné et son périmètre défini par arrêté. • CE 10 sept. 2007, *Min. agric. c/ Huet*, n° 283273.

Art. R. 133-2 Si ce périmètre s'étend sur le territoire de plusieurs communes, le préfet désigne la commune où l'association aura son siège. Si le périmètre s'étend à des communes appartenant à des départements différents, les préfets intéressés, par un arrêté *(Décr. n° 2017-1246 du 7 août 2017, art. 4-1°)* « conjoint », désignent le siège de l'association ; celle-ci est placée sous le contrôle du préfet du département dans lequel elle a son siège. – *[Décr. n° 86-1417 du 31 déc. 1986, art. 18.]*

Art. R. 133-3 L'association est administrée par un bureau qui comprend :

a) Le maire ou un conseiller municipal désigné par lui ;

b) Des propriétaires dont le nombre total est fixé par le préfet et qui sont désignés pour six ans, par moitié par le conseil municipal et par moitié par la chambre d'agriculture *(Décr. n° 2006-504 du 3 mai 2006, art. 84)* **« après avis du** *(Décr. n° 2010-326 du 22 mars 2010, art. 3-IV)* **« Centre national » de la propriété forestière », parmi les propriétaires de parcelles incluses dans le périmètre d'aménagement foncier agricole et forestier répondant aux conditions fixées au premier alinéa de l'article R. 121-18 ;**

c) *(Décr. n° 2006-504 du 3 mai 2006, art. 84)* **« Un conseiller départemental »** *(Décr. n° 2017-1822 du 28 déc. 2017, art. 1er-4°)* **« ou, en Corse, un conseiller exécutif désigné par le président du conseil exécutif de Corse ».**

Dans le cas d'un aménagement foncier agricole et forestier intercommunal, le préfet fixe le nombre des propriétaires qui seront désignés au titre de chaque commune. Dans la même hypothèse ainsi que dans le cas mentionné *(Décr. n° 2006-504 du 3 mai 2006, art. 84)* **« au premier alinéa de l'article L. 121-4 », le maire de chaque commune concernée ou un conseiller municipal désigné par lui fait partie du bureau.** – *[Décr. n° 86-1417 du 31 déc. 1986, art. 19.]*

Art. R. 133-4 Le bureau élit en son sein parmi ceux de ses membres prévus au *a* et au *b* de l'article R. 133-3 le président, qui est chargé de l'exécution de ses délibérations.

Il élit également en son sein le vice-président et le secrétaire. – *[Décr. n° 86-1417 du 31 déc. 1986, art. 20.]*

Art. R. 133-5 Le bureau règle par ses délibérations les affaires de l'association.

Ses attributions sont, notamment, celles exercées par les syndicats des associations syndicales autorisées en application *(Décr. n° 2006-504 du 3 mai 2006, art. 84)* **« de l'article 26 du décret n° 2006-504 du 3 mai 2006** *[portant application de l'Ord. n° 2004-632 du 1er juill. 2004 relative aux associations syndicales de propriétaires]* **».**

Ses délibérations sont exécutoires dans un délai d'un mois à compter de leur transmission au préfet, sauf opposition de celui-ci. – *[Décr. n° 86-1417 du 31 déc. 1986, art. 21.]*

1. Habilitation. Le bureau d'une association foncière de remembrement est compétent pour habiliter le président à agir en justice. • CE 28 févr. 2000, *Assoc. foncière de remembrement de Remenoville*, n° 145553.

2. Recours. Le délai de deux mois pour agir contre une délibération de l'association foncière commence à partir de son affichage en mairie. • CE 28 févr. 2000 : *préc. note 1.*

Art. R. 133-6 *(Décr. n° 2006-504 du 3 mai 2006, art. 84)* **« Par dérogation au deuxième alinéa de l'article 44 du décret n° 2006-504 du 3 mai 2006, il est créé une seule commission d'appel d'offres compétente pour les travaux liés aux opérations d'aménagement foncier visés soit à l'article L. 123-8, soit aux deux premiers alinéas de l'article L. 133-6. »**

Pour l'exécution des travaux de l'association foncière d'aménagement foncier agricole et forestier, les compétences attribuées *(Décr. n° 2006-504 du 3 mai 2006, art. 84)* **« par le décret précité au président » et au syndicat sont exercées, respectivement, par le président et par le bureau. Les dispositions** *(Décr. n° 2006-504 du 3 mai 2006, art. 84)* **« de l'article 48 » de ce décret ne sont pas applicables à ces travaux.**

L'exécution immédiate des travaux urgents peut être ordonnée par le président à charge pour ce dernier d'en informer aussitôt le préfet et de convoquer le bureau dans les plus brefs délais.

Le préfet peut suspendre les travaux ainsi ordonnés par le président.

Le droit de prescrire d'office l'exécution des mêmes travaux et d'y faire procéder aux frais de l'association dans les conditions fixées à *(Décr. n° 2006-504 du 3 mai 2006, art. 84)* **« l'article 49 du décret précité » appartient au préfet, quand il n'y est pas pourvu par le président et qu'un retard peut avoir des conséquences nuisibles à l'intérêt public.** – *[Décr. n° 86-1417 du 31 déc. 1986, art. 22.]*

Art. R. 133-7 *(Décr. n° 2006-504 du 3 mai 2006, art. 84)* **Pour l'établissement du budget de l'Association foncière d'aménagement foncier agricole et forestier, les compétences attribuées par les articles 58 à 64 du décret n° 2006-504 du 3 mai 2006 au syndicat sont exercées par le bureau.**

Est fondée la demande de décharge de redevance dès lors que le projet de budget n'a pas été soumis à consultation. • CE 15 avr. 2016, n° 372130 : *DP entr. agric., Bull. n° 496, p. 8.*

Art. R. 133-8 **Les dépenses relatives aux travaux connexes prévues à l'article L. 123-8 sont réparties par le bureau proportionnellement à la surface attribuée à chaque propriétaire par l'aménagement foncier agricole et forestier, à l'exception des dépenses afférentes aux travaux d'hydraulique qui sont réparties selon leur degré d'intérêt.**

Le montant des taxes *(Décr. n° 2006-504 du 3 mai 2006, art. 84)* **« ou redevances » syndicales est fixé annuellement par le bureau. Les rôles sont rendus exécutoires par le préfet.**

La comptabilité de l'association est tenue par le receveur municipal de la commune, siège de l'association.

(Décr. n° 2006-504 du 3 mai 2006, art. 84) **« Pour le recouvrement des taxes et pour la comptabilité de l'Association foncière d'aménagement foncier agricole et forestier, les compétences attribuées par le décret n° 2006-504 du 3 mai 2006 au président ou à l'ordonnateur et au syndicat sont exercées, respectivement, par le président et par le bureau.**

« Les cinquième et sixième alinéas de l'article 54 du décret n° 2006-504 du 3 mai 2006 ne sont applicables aux associations régies par le présent chapitre que lorsque l'instance introduite devant la juridiction administrative est relative à une taxe due à raison de travaux décidés sur le fondement des deux premiers alinéas de l'article L. 133-6. »

BIBL. ▶ Rebière, *RD rur. 2001. 489* (contentieux du financement des travaux connexes au remembrement).

Un propriétaire est fondé à demander décharge des taxes syndicales dès lors qu'il est établi que le bureau de l'association syndicale ne s'est pas prononcé sur leur montant. • CAA Nantes, 3 déc. 2002, *Deloge*, n° 99NT02193 : *RD rur. 2003. 403.*

Art. R. 133-9 *(Décr. n° 2006-504 du 3 mai 2006, art. 84)* **Une association foncière d'aménagement foncier agricole et forestier peut, à tout moment, être transformée en association syndicale autorisée, sous réserve que soient remplies les conditions de l'article 39 de l'ordonnance n° 2004-632 du 1er juillet 2004.**

Lorsque l'objet en vue duquel l'association avait été créée est épuisé ou dans les cas prévus à l'article 40 de l'ordonnance précitée, le préfet peut, sur proposition du bureau de l'association, prononcer la dissolution de celle-ci après l'accomplissement par l'association des conditions imposées par les dispositions de l'article 42 de cette ordonnance et, s'il y a lieu, par le préfet, en vue de l'acquittement des dettes ou dans l'intérêt public. — *[Décr. n° 86-1417 du 31 déc. 1986, art. 25.]*

1. La dissolution de l'association ayant accompli sa mission est prononcée par arrêté préfectoral, après délibération du conseil municipal acceptant l'incorporation des biens de l'association dans le patrimoine privé de la commune ainsi que la reprise de l'actif et du passif de ladite association, puis réalisation des actes administratifs de cession des biens à la commune. * Rép. min. n° 19321 : *JO Sénat Q 8 sept. 2011, p. 2326 ; JCP N 2011. Actu. 718.*

2. Fin des travaux connexes. V. * Rép. min. n° 9017 : *JO Sénat Q 4 avr. 2019, p. 1810.*

Art. R. 133-10 *(Décr. n° 2006-504 du 3 mai 2006, art. 84)* **Lorsque la réalisation des travaux mentionnés aux deux premiers alinéas de l'article L. 133-6 est envisagée, les ouvrages et travaux envisagés font l'objet de l'enquête publique prévue à l'article 12 de l'ordonnance n° 2004-632 du 1er juillet 2004.**

L'assemblée générale des propriétaires est convoquée selon les règles prescrites à l'article 19 du décret n° 2006-504 du 3 mai 2006.

Les dépenses correspondant aux travaux sont mises à la charge des propriétaires en fonction de l'intérêt que présentent les travaux pour leur propriété conformément aux dispositions du II de l'article 31 de ladite ordonnance.

SECTION 2 Règles particulières au recouvrement du financement en cas de secondes opérations d'aménagement foncier prévues à l'article L. 121-15

(Décr. n° 2006-504 du 3 mai 2006, art. 84)

Art. R. 133-11 La participation des propriétaires et exploitants au financement des secondes opérations d'aménagement foncier prévues à l'article L. 121-15 fait l'objet d'un rôle distinct des rôles destinés au financement des travaux connexes de l'article L. 123-8 ou à celui des travaux décidés par l'association foncière en application des deux premiers alinéas de l'article L. 133-6.

Le recouvrement de la participation des propriétaires et exploitants par l'association foncière s'effectue comme en matière de contributions directes, conformément aux dispositions des articles 51 à 56 du décret n° 2006-504 du 3 mai 2006.

Art. R. 133-12 Lorsque l'exploitant s'est engagé à se substituer à son propriétaire pour prendre en charge soit la totalité du financement de l'opération d'aménagement foncier soit la partie correspondant à son exploitation, l'association foncière adresse directement à l'exploitant le rôle mentionné à l'article *(Décr. n° 2017-1246 du 7 août 2017, art. 4-2°)* « R. 133-11 ».

Art. R. 133-13 *Abrogé.*

SECTION 3 Règles particulières à la réalisation de grands ouvrages publics

Art. R. 133-14 Les dispositions *(Décr. n° 2006-504 du 3 mai 2006, art. 84)* « des articles R. 133-1 à R. 133-11 » sont applicables aux aménagements fonciers agricoles et forestiers réalisés en application de l'article L. 123-24. — *[Décr. n° 68-386 du 26 avr. 1968, art. 1er, al. 1er.]*

Art. R. 133-15 Les modalités particulières d'intervention de l'association foncière dans les opérations liées à la réalisation de grands ouvrages publics présentant un caractère linéaire sont celles définies aux articles R. 123-35 à R. 123-38.

CHAPITRE IV *[ABROGÉ]* LES ASSOCIATIONS FONCIÈRES D'AMÉNAGEMENT AGRICOLE ET FORESTIER

(Abrogé par Décr. n° 2006-504 du 3 mai 2006, art. 84)

CHAPITRE V LES ASSOCIATIONS FONCIÈRES PASTORALES

SECTION 1 Dispositions communes

Art. R. 135-1 *Abrogé par Décr. n° 2006-504 du 3 mai 2006, art. 84.*

Art. R. 135-2 Pour l'application de l'article L. 135-8, le préfet consulte les conseils municipaux intéressés, puis le conseil départemental, sur le programme de travaux à entreprendre et sur le projet de répartition des dépenses qui en résulte, compte tenu de l'intérêt que l'association foncière pastorale, d'une part, chacune des collectivités territoriales intéressées, d'autre part, peut trouver directement ou indirectement dans les travaux qui seront réalisés.

Un arrêté du préfet fixe la quote-part des dépenses incombant à chaque collectivité territoriale, conformément à l'avis exprimé par le conseil départemental.

Ces travaux donnent lieu à tenue d'une comptabilité distincte par l'association syndicale. — *[Décr. n° 73-26 du 4 janv. 1973, art. 2.]*

Art. R. 135-3 Des subventions peuvent être accordées aux associations foncières pastorales dans les cas prévus aux articles *(Décr. n° 2012-836 du 29 juin 2012, art. 4-1°, en vigueur le 1er juill. 2012)* « D. 142-17, D. 142-18 et D. 142-20 » du code forestier.

En vue de faciliter la constitution des associations foncières pastorales autorisées ou constituées d'office, une aide peut être accordée pour les frais engagés avant la création de l'association. Un arrêté conjoint des ministres chargés respectivement de l'économie et des finances, du budget et de l'agriculture précise les conditions d'attribution de cette aide. — *Le montant maximum de l'aide est fixé à 10 000 F par association [soit*

1 524,5 €] par l'Arr. du 23 oct. 1978 relatif aux conditions d'application du décret n° 78-1031 du 23 oct. 1978 (JO 25 oct.).

Les associations foncières pastorales peuvent bénéficier d'une aide au démarrage dans les conditions prévues pour les groupements pastoraux à l'article R. 113-12 *(Décr. n° 2017-1246 du 7 août 2017, art. 4-3°)* **« du présent code ».** — *[Décr. n° 78-1031 du 23 oct. 1978, art. 1er et 2.]*

V. Arr. du 10 févr. 1997 relatif à l'aide de démarrage aux groupements pastoraux et aux associations foncières pastorales (JO 11 févr.), mod. par Arr. du 22 juill. 2014 (JO 30 juill.).

Art. R. 135-4 **Une association foncière pastorale autorisée ou constituée d'office doit, après prélèvement correspondant à ses frais de gestion et à la constitution éventuelle de provisions justifiées par les nécessités de sa gestion, répartir chaque année entre ses membres les recettes tirées de la mise en valeur pastorale ou forestière des biens desdits membres, en fonction du degré de contribution de chaque propriété à la formation de ces recettes.**

Al. 2 et 3 abrogés par Décr. n° 2006-504 du 3 mai 2006, art. 84.

Si *(Décr. n° 2006-504 du 3 mai 2006, art. 84)* **« le syndicat refuse » d'adopter un état de répartition des recettes, le préfet, après mise en demeure, en fait établir un par un agent désigné à cet effet.**

Il peut y avoir compensation, dans les mains du receveur comptable, entre les charges incombant à chaque associé et la quote-part de recettes lui revenant au vu des pièces justificatives établies par *(Décr. n° 2006-504 du 3 mai 2006, art. 84)* **« le président de l'association » constituée d'office, agissant en qualité d'ordonnateur.** — *[Décr. n° 73-26 du 4 janv. 1973, art. 4.]*

Art. R. 135-5 **Lorsqu'il est mis fin aux droits d'usage grevant des biens compris dans le périmètre d'une association foncière pastorale autorisée ou constituée d'office, les propriétaires ayant acquis cette qualité à l'issue des procédures auxquelles il est recouru conformément à l'article L. 135-9 peuvent, dans un délai de trois mois à compter du jour de l'établissement de leur nouveau droit, délaisser leurs immeubles dans les conditions définies à l'article L. 135-4 et dans les formes prévues** *(Décr. n° 2006-504 du 3 mai 2006, art. 84)* **« à l'article 15 du décret n° 2006-504 du 3 mai 2006** *[portant application de l'Ord. n° 2004-632 du 1er juill. 2004 relative aux associations syndicales de propriétaires]* **».**

Le tribunal compétent de l'ordre judiciaire mentionné au deuxième alinéa de l'article L. 135-9 et à l'article L. 135-10 est le tribunal judiciaire. — *[Décr. n° 73-26 du 4 janv. 1973, art. 5.]*

Art. R. 135-6 *(Décr. n° 2006-504 du 3 mai 2006, art. 84)* **« La demande de distraction transmise au préfet sur le fondement de l'article L. 135-7 précise l'objet de la distraction, les moyens prévus pour la réalisation du projet et éventuellement les modalités de la compensation foncière offerte à l'association. »**

L'arrêté préfectoral portant distraction du terrain fixe la date à laquelle celle-ci interviendra compte tenu des engagements que l'association aurait pu contracter sur les terrains distraits.

Il détermine les charges restant attachées au fonds distrait :

1° Au titre des emprunts déjà contractés par l'association, dont il est précisé la nature, le montant et la durée ;

2° Au titre de l'entretien des équipements collectifs dont il continuera à bénéficier.

(Décr. n° 2006-504 du 3 mai 2006, art. 84) **« La désignation des propriétés et l'identité des propriétaires sont précisées dans l'arrêté. Celui-ci fait l'objet des mesures de publicité prescrites par l'article 15 du décret n° 2006-504 du 3 mai 2006. »**

Les propriétaires dont les terres ont été distraites du périmètre d'une association foncière pastorale autorisée continuent à participer aux assemblées générales pour les questions intéressant les équipements collectifs pour lesquels ils sont redevables de charges.

Avant le 1er février de chaque année, *(Décr. n° 2006-504 du 3 mai 2006, art. 84)* **« le président de l'association ou le préfet s'il se substitue aux organes défaillants d'une association constituée d'office » mentionne sur le plan parcellaire de l'association les**

terres ayant donné lieu à distraction et tient à jour l'état nominatif de leurs propriétaires. – *[Décr. nº 73-26 du 4 janv. 1973, art. 6.]*

SECTION 2 Dispositions propres aux associations foncières pastorales autorisées

Art. R. 135-7 Doivent être annexés au procès-verbal de l'assemblée générale constitutive d'une association foncière pastorale autorisée ou d'une assemblée générale ayant pour objet l'extension du périmètre d'une telle association les engagements retenus, conformément au 2º du premier alinéa de l'article L. 135-3, en vue de l'acquisition des terres qui pourront être délaissées, suivant leur situation et leur valeur. – *[Décr. nº 73-26 du 4 janv. 1973, art. 7.]*

Art. R. 135-8 *(Décr. nº 2006-504 du 3 mai 2006, art. 84)* L'assemblée générale délibère :

a) Sur la gestion du syndicat qui lui rend compte, lors de chaque assemblée générale ordinaire, des opérations accomplies depuis la précédente assemblée générale ordinaire ;

b) Sur la fixation du montant maximum des emprunts qui peuvent être votés par le syndicat et sur les emprunts qui, soit par eux-mêmes, soit réunis aux emprunts non encore remboursés, dépassent ce montant maximum ;

c) Sur les propositions de dissolution ou de modification de l'acte d'association prévues au chapitre IV du titre III de l'ordonnance nº 2004-632 du 1er juillet 2004 ;

d) Sur toutes les questions dont l'examen lui est confié par une loi, un décret ou les statuts ;

e) Le cas échéant et dans les conditions de majorité prévues aux articles L. 135-3 et L. 135-5, sur le programme de travaux neufs et de grosses réparations qui lui est proposé par le syndicat.

Toutefois, en cas d'urgence, les travaux ne figurant pas au programme adopté par l'assemblée générale peuvent être engagés par le syndicat, à charge pour ce dernier de convoquer une assemblée générale extraordinaire en vue de leur approbation.

L'assemblée générale extraordinaire ne délibère que sur les questions qui lui sont soumises par le syndicat ou le préfet et qui sont mentionnées dans l'ordre du jour joint à la convocation.

Art. R. 135-9 Lorsqu'une association foncière pastorale autorisée ne réalise pas elle-même les équipements mentionnés au dernier alinéa de l'article L. 135-1, un cahier des charges doit énoncer les obligations respectives de l'association et des tiers auxquels cette réalisation a été confiée.

Les projets, devis, moyens de réalisation et cahier des charges relatifs à ces équipements sont soumis à l'approbation du préfet.

Les conventions passées pour la gestion de ces équipements par des tiers, conformément au dernier alinéa de l'article L. 135-1, précisent l'étendue des autorisations consenties par l'association foncière pastorale et la rémunération qui lui est due pour l'utilisation tant des terres de son périmètre que des équipements qu'elle aura réalisés en totalité ou en partie.

L'application du dernier alinéa de l'article L. 135-1 donne lieu à des états distincts de répartition des dépenses et à la tenue d'une comptabilité distincte. – *[Décr. nº 73-26 du 4 janv. 1973, art. 9.]*

SECTION 3 Dispositions propres aux associations foncières pastorales constituées d'office

Art. R. 135-10 Lorsque l'état d'abandon des fonds ou leur défaut d'entretien est de nature à constituer un danger pour ces fonds ou pour les fonds situés à leur voisinage, l'arrêté préfectoral prévu à *(Décr. nº 2006-504 du 3 mai 2006, art. 84)* « l'article 13 de l'ordonnance nº 2004-632 du 1er juillet 2004 » prévient les intéressés qu'à défaut de constitution d'une association autorisée il pourra être constitué d'office une association syndicale en application de l'article L. 135-6 et que le droit de délaissement sera alors régi par le deuxième alinéa de l'article L. 135-4 et par les dispositions du présent article.

Le projet d'arrêté préfectoral portant constitution d'office d'une association syndicale *(Décr. nº 2006-504 du 3 mai 2006, art. 84)* « , établi conformément aux prescriptions du chapitre I du titre III et de l'article 74 du décret n° 2006-504 du 3 mai 2006 », est joint aux pièces de l'enquête sur la formation de l'association autorisée en vue de recueillir les observations éventuelles des intéressés.

Al. 3 à 8 abrogés par Décr. n° 2006-504 du 3 mai 2006, art. 84.

Dans les trois mois de la publication dudit arrêté, les propriétaires mentionnés au deuxième alinéa de l'article L. 135-4 peuvent délaisser leurs immeubles sans indemnité au profit de l'association *(Décr. n° 2006-504 du 3 mai 2006, art. 84)* « selon les modalités prévues par l'article 15 du décret n° 2006-504 du 3 mai 2006 ». La validité de ce délaissement est toutefois subordonnée à la condition que le bien soit libre de toute sûreté réelle et n'ait pas fait l'objet de saisie au jour de la publication de l'acte de délaissement au fichier immobilier.

Al. 10 abrogé par Décr. n° 2006-504 du 3 mai 2006, art. 84.

L'avis des collectivités territoriales et de la chambre d'agriculture, consultées en application du deuxième alinéa de l'article L. 135-6, doit parvenir au préfet dans le délai d'un mois. – *[Décr. n° 73-26 du 4 janv. 1973, art. 10.]*

CHAPITRE VI LES ASSOCIATIONS FONCIÈRES AGRICOLES

La division « Section 2. – Associations foncières agricoles autorisées » est supprimée et les art. R. 136-2 à R. 136-11 deviennent respectivement les art. R. 136-1 à R. 136-10 (Décr. n° 2017-1246 du 7 août 2017, art. 4-4°, JO 9 août).

Art. R. 136-1 Pour l'application de l'article L. 136-6, la demande de désignation d'une personne chargée de représenter un propriétaire ou des indivisaires est formée soit par assignation, si l'identité et l'adresse de certains indivisaires sont connues, soit par requête.

L'ordonnance de désignation est notifiée à la diligence du préfet par lettre recommandée, avec demande d'avis de réception, à la personne désignée ainsi qu'aux indivisaires dont l'identité ou l'adresse sont connues et, s'il y a lieu, au notaire chargé du règlement de la succession. L'ordonnance n'est exécutoire qu'après ces notifications. – *[Décr. n° 91-994 du 27 sept. 1991, art. 2.]*

Art. R. 136-2 Le dossier d'enquête prévu à l'article L. 136-4 comprend :

1° Le périmètre englobant les terrains intéressés ;

2° L'état des propriétés et des propriétaires relatifs à ces terrains établis, à défaut d'autres moyens de preuve, à partir des documents cadastraux ;

3° Le projet de statuts précisant : le siège et l'objet de l'association ; les rapports entre l'association et ses membres, à savoir le minimum d'étendue de terrain ou d'intérêt qui donne à chaque propriétaire le droit de faire partie de l'assemblée générale, le maximum de voix à attribuer à chaque intéressé et à chaque catégorie d'intéressés suivant l'étendue des terrains et les intérêts qu'ils représentent, le nombre de mandats dont un même fondé de pouvoir peut être porteur aux assemblées générales, le nombre de syndics à nommer, leur répartition, s'il y a lieu, entre les diverses catégories d'intéressés et la durée de leurs fonctions, les conditions d'éligibilité des syndics et les règles relatives au renouvellement du syndicat ; ainsi que les bases de répartition des recettes et des dépenses, tenant compte de l'intérêt des propriétaires à leur formation, y compris pour les actes confiés dans le cadre des mandats de gestion et d'exploitation directe prévus à l'article L. 136-2 ;

4° Le programme des travaux et des ouvrages, avec une estimation de leur montant, ainsi que les bases de répartition des dépenses relatives à leur exécution et à leur entretien ;

5° Les engagements d'acquérir les biens dont le ou les propriétaires opteraient, dans les conditions de l'article L. 136-8, pour le délaissement.

En outre, le dossier d'enquête comprend les pièces prévues *(Décr. n° 2017-1246 du 7 août 2017, art. 4-5°)* « à l'article R. 123-8 du code de l'environnement ». – *V. C. **envir.***

(Décr. n° 2006-504 du 3 mai 2006, art. 2-II) « L'autorité administrative mentionnée à l'article L. 136-4 *(Décr. n° 2017-1246 du 7 août 2017, art. 4-5°)* « du présent code » est le préfet du département dans le ressort duquel l'association ou l'union a ou a prévu d'avoir son siège. » – *[Décr. n° 91-994 du 27 sept. 1991, art. 3.]*

Art. R. 136-3 L'association doit, après prélèvement correspondant à ses frais de gestion et à la constitution éventuelle de provisions justifiées par les nécessités de sa gestion, répartir chaque année entre ses membres les recettes propres de l'association issues de la mise en valeur des fonds en fonction du degré de contribution de chaque propriété à la formation des recettes. — *[Décr. n° 91-994 du 27 sept. 1991, art. 4.]*

Art. R. 136-4 En application de l'article L. 136-2, l'association assure la gestion des fonds compris dans son périmètre dans le cadre des mandats qui lui sont confiés.

Elle ne peut cependant procéder à une exploitation directe qu'à titre exceptionnel pour une durée maximale de trois ans et s'il s'agit d'un fonds qui n'a fait l'objet d'aucune proposition de location, y compris de la part de la société d'aménagement foncier et d'établissement rural, depuis six mois au moins. Cette période de trois ans peut être prolongée par le préfet après avis de la *(Décr. n° 96-373 du 2 mai 1996)* « commission départementale d'orientation de l'agriculture ». — *[Décr. n° 91-994 du 27 sept. 1991, art. 5.]*

Art. R. 136-5 Les recettes et les dépenses effectuées par l'association dans le cadre d'un mandat donné par un propriétaire sont retracées dans une comptabilité distincte de celle de l'association.

Les recettes encaissées pour le compte des propriétaires ne peuvent faire l'objet d'états exécutoires. Le recouvrement s'effectue selon les règles du droit privé. — *[Décr. n° 91-994 du 27 sept. 1991, art. 6.]*

Art. R. 136-6 Lorsqu'une association ne réalise pas elle-même les travaux et ouvrages mentionnés à l'article L. 136-2, un cahier des charges doit énoncer les obligations respectives de l'association et des tiers auxquels cette réalisation est confiée.

Les projets, devis, moyens de réalisation et cahier des charges relatifs à ces travaux et ouvrages sont soumis à l'approbation du préfet.

Les conventions passées pour la gestion de ces équipements par des tiers précisent l'étendue des autorisations consenties par l'association et la rémunération qui lui est due pour l'utilisation tant des terrains de son périmètre que des équipements qu'elle aura réalisés en totalité ou en partie. — *[Décr. n° 91-994 du 27 sept. 1991, art. 7.]*

Art. R. 136-7 La demande de distraction d'une terre incluse dans le périmètre de l'association est adressée au préfet par le propriétaire ou son représentant par lettre recommandée avec demande d'avis de réception.

La demande précise l'objet de la distraction, les moyens prévus pour la réalisation du projet et éventuellement les modalités de la compensation foncière offerte à l'association.

L'arrêté portant distraction du terrain fixe la date à laquelle celle-ci interviendra compte tenu des engagements que l'association aurait pu contracter sur les terrains distraits. Il détermine les charges restant attachées au fonds distrait :

1. Au titre des emprunts déjà contractés par l'association dont il est précisé la nature, le montant et la durée ;

2. Au titre de l'entretien des équipements collectifs dont il continuera à bénéficier.

Cet arrêté fait l'objet des mesures de publicité prévues *(Décr. n° 2006-504 du 3 mai 2006, art. 84)* « au troisième alinéa de l'article 15 du décret n° 2006-504 du 3 mai 2006 *[portant application de l'Ord. n° 2004-632 du 1er juill. 2004 relative aux associations syndicales de propriétaires]* ».

Les propriétaires dont les terres ont été distraites du périmètre continuent à participer aux assemblées générales pour les questions intéressant les dépenses collectives pour lesquelles ils sont redevables de charges.

Avant le 1er février de chaque année, le directeur mentionne sur le plan parcellaire de l'association les terres ayant donné lieu à distraction et tient à jour l'état nominatif de leurs propriétaires.

L'arrêté préfectoral prévu au dernier alinéa de l'article L. 136-10 fait l'objet des mesures de publicité prévues *(Décr. n° 2006-504 du 3 mai 2006, art. 84)* « au troisième alinéa de l'article 15 du décret n° 2006-504 du 3 mai 2006 ». — *[Décr. n° 91-994 du 27 sept. 1991, art. 8.]*

Art. R. 136-8 Doivent être annexés au procès-verbal de l'assemblée générale constitutive ou de l'assemblée générale ayant pour objet l'extension du périmètre de l'asso-

ciation les engagements retenus, conformément à l'article L. 136-7, en vue de l'acquisition des terres qui pourront être délaissées suivant leur situation et leur valeur.

Lorsque le préfet est saisi dans les conditions *(Décr. n° 2006-504 du 3 mai 2006, art. 84)* **« de l'article 15 du décret n° 2006-504 du 3 mai 2006** *[portant application de l'Ord. n° 2004-632 du 1er juill. 2004 relative aux associations syndicales de propriétaires]* **» d'une déclaration de délaissement, il en avertit les candidats retenus aux termes de l'alinéa précédent.**

Les offres des différents candidats sont classées par ordre de priorité par décision motivée du préfet. *(Abrogé par Décr. n° 2017-1411 du 27 sept. 2017, art. 2-4°)* ***« La décision du préfet est notifiée aux candidats par lettre recommandée avec demande d'avis de réception dans les quatre mois de l'arrêté autorisant l'association ou modifiant le périmètre de celle-ci. »*** *— L'art. 2-4° du décret n° 2017-1411 du 27 sept. 2017 modifie l'art. R. 136-9, renuméroté R. 136-8 par le décret n° 2017-1246 du 7 août 2017 (art. 4-4°).*

Le versement des indemnités par l'acquéreur désigné a lieu *(Décr. n° 2014-1635 du 26 déc. 2014, art. 4-XII, en vigueur le 1er janv. 2015)* **« conformément aux articles R. 312-1 et R. 323-1 à R. 323-14 du code de l'expropriation pour cause d'utilité publique ».** *— [Décr. n° 91-994 du 27 sept. 1991, art. 9.]*

Art. R.* 136-8-1 *(Décr. n° 2017-1411 du 27 sept. 2017, art. 2-3°)* **Le silence gardé par le préfet sur une demande d'autorisation d'acquisition de terres délaissées par leur propriétaire et incluses dans le périmètre d'une association foncière agricole, mentionnée à l'article R. 136-8, vaut décision de rejet.**

Art. R. 136-8-2 *(Décr. n° 2017-1411 du 27 sept. 2017, art. 2-3°)* **La décision mentionnée à l'article R.* 136-8-1 naît au terme d'un délai de quatre mois après publication de l'arrêté autorisant l'association foncière agricole ou modifiant son périmètre.**

Art. R. 136-9 **En sus des questions qui lui sont réservées** *(Décr. n° 2006-504 du 3 mai 2006, art. 84)* **« par l'article 20 de l'ordonnance n° 2004-632 du 1er juillet 2004 », l'assemblée générale se prononce, le cas échéant, dans les limites des mandats confiés à l'association, sur la location des terrains à des fins non agricoles, ni pastorales ni forestières. Elle définit, sur proposition du syndicat, les obligations respectives de l'association, des propriétaires et des locataires qui devront être mentionnées au contrat. –** *[Décr. n° 91-994 du 27 sept. 1991, art. 10.]*

Art. R. 136-10 **Les associations foncières agricoles autorisées pourront recevoir une aide pour leur constitution dans les conditions fixées par arrêté conjoint du ministre chargé de l'agriculture et de la forêt et du ministre chargé du budget. Cette aide sera versée au vu des justificatifs, certifiés par le préfet ou son représentant, des dépenses engagées pour leur constitution. –** *[Décr. n° 91-994 du 27 sept. 1991, art. 11.]*

TITRE IV LES SOCIÉTÉS D'AMÉNAGEMENT FONCIER ET D'ÉTABLISSEMENT RURAL

BIBL. GÉN. ▸ BESSON, DE LOS ANGELÈS et BOSSE-PLATIÈRE, *JCP N 2016. 1100* (loi d'avenir agricole, entrée en vigueur et difficultés d'interprétation, Décr. n° 2015-954 du 31 juill. 2015). – CREVEL, *RD rur. 2016. Étude 4* (Décr. du 31 juill. 2015). – GILARDEAU, *RD rur. 2000. 371* ou *JCP N 2000. 1658.* – LACHAUD, *Ann. loyers 2000. 1605 ; RD rur. 2000. 466.* – ROUSSEL, *DP entr. agric., Bull. n° 488, p. 9* (emprise des SAFER sur le foncier agricole dans les années à venir). – WOITIER, *RD rur. 2015. Étude 22* (essor du droit de préemption des SAFER).

CHAPITRE I MISSIONS ET FONCTIONNEMENT

SECTION 1 Missions

SOUS-SECTION 1 Dispositions générales

(Décr. n° 2015-954 du 31 juill. 2015, art. 1er-1°)

Art. R. 141-1 *(Décr. n° 2000-671 du 10 juill. 2000)* **I. — En application des articles L. 141-1 à L. 141-5, les sociétés d'aménagement foncier et d'établissement rural peuvent notamment :**

(Décr. n° 2015-954 du 31 juill. 2015, art. 1er-2°, en vigueur le 1er janv. 2016) « 1° Procéder à l'attribution, par cession ou par substitution, des biens mentionnés au 1° du II de l'article L. 141-1, au bénéfice :

« — soit de propriétaires ou d'exploitants dont les propriétés ou les exploitations sont mal adaptées à une mise en valeur rationnelle ou n'atteignent pas une dimension économique viable au regard des critères du schéma directeur régional des exploitations agricoles ;

« — soit d'agriculteurs que cette opération permet d'installer ou de maintenir ;

« — soit de personnes qui s'engagent à louer les biens dans les conditions déterminées à l'article R. 142-2 ;

« — soit de personnes physiques ou morales qui concourent à la diversité des paysages, à la protection des ressources naturelles et au maintien de la diversité biologique ;

« — soit de personnes dont elles établissent que leur projet satisfait à l'un des objectifs de l'article L. 111-2, ou facilite la réorientation des terres, bâtiments ou exploitations vers des usages non agricoles en vue de favoriser le développement rural ainsi que la protection de la nature et de l'environnement au sens de l'article L. 141-3 ;

« 2° Réaliser, sur des immeubles leur appartenant, des études et des travaux, en vue de faciliter la mise en valeur agricole, ainsi que de favoriser la protection de la nature et de l'environnement et le développement rural ; »

3° Réaliser, sur des immeubles appartenant à des tiers, des études liées à l'aménagement foncier ou à la mise en valeur du sol et être associées à la réalisation des travaux correspondants ;

4° Effectuer ou provoquer des échanges dans les conditions fixées aux articles L. 124-1 à *(Décr. n° 2015-954 du 31 juill. 2015, art. 1er-2°, en vigueur le 1er janv. 2016)* « L. 124-12 » ;

5° Participer à la mise en valeur des terres incultes ou manifestement sous-exploitées, dans les conditions et limites fixées aux articles L. 125-1 à L. 125-15 ;

(Décr. n° 2015-954 du 31 juill. 2015, art. 1er-2°, en vigueur le 1er janv. 2016) « 6° Exploiter les informations qu'elles détiennent en vue d'assurer la transparence du marché foncier rural et mettre les résultats obtenus à la disposition du public ; »

7° Se livrer ou prêter leur concours à des opérations d'entremise relatives au louage régi par le livre IV au bénéfice d'exploitants au titre d'une installation, d'un maintien, d'un agrandissement ou d'un remaniement parcellaire de leur exploitation. Le mandat écrit donné par le propriétaire ou le candidat à l'exploitation comporte les indications mentionnées au II ci-dessous.

II. — Pour l'exercice de la mission mentionnée au 7° ci-dessus, les sociétés d'aménagement foncier et d'établissement rural doivent justifier annuellement auprès des commissaires du Gouvernement d'une garantie financière d'un montant minimal de *(Décr. n° 2001-318 du 11 avr. 2001)* « 30 000 € » résultant d'une caution écrite fournie par un établissement de crédit *(Décr. n° 2014-1315 du 3 nov. 2014, art. 15)* « ou une société de financement » habilité à donner cette caution ou une entreprise d'assurance agréée à cet effet, ainsi que d'une assurance couvrant les risques pécuniaires de leur responsabilité civile professionnelle.

La garantie financière fournie en application du *(Décr. n° 2015-954 du 31 juill. 2015, art. 1er-2°, en vigueur le 1er janv. 2016)* « cinquième alinéa du III » de l'article L. 141-1 s'applique à toute créance ayant pour origine un versement ou une remise effectué à l'occasion de la mission mentionnée au 7° ci-dessus. Elle intervient sur les seules justifications présentées par le créancier à l'organisme garant, établissant que la créance est certaine et exigible et que la société d'aménagement foncier et d'établissement rural garantie est défaillante, sans que le garant puisse opposer au créancier le bénéfice de division et de discussion.

La défaillance de la société d'aménagement foncier et d'établissement rural garantie peut résulter soit d'un dépôt de bilan, soit d'une sommation de payer par exploit d'huissier ou lettre recommandée avec demande d'avis de réception, suivie du refus ou demeurée sans effet pendant un mois.

Le paiement est effectué par le garant dans un délai de trois mois à compter de la présentation de la demande écrite, accompagnée des justificatifs. Si plusieurs demandes sont reçues pendant ce délai, une répartition a lieu au marc le franc dans le cas où le montant total des demandes excéderait le montant de la garantie.

Le garant dont la garantie a été mise en jeu est subrogé de plein droit dans les droits du créancier désintéressé, dans la limite du remboursement ou de la restitution faite par lui.

La société d'aménagement foncier et d'établissement rural doit, préalablement à la recherche d'un preneur ou d'une exploitation à louer, détenir un mandat écrit précisant son objet, sa durée, les modalités de la reddition des comptes, les conditions de détermination de la rémunération, ainsi que l'indication de la ou des parties, qui en auront la charge.

Le montant de la rémunération due à la société d'aménagement foncier et d'établissement rural ainsi que l'indication de la ou des parties qui en ont la charge sont portés dans le bail. Il en est de même, le cas échéant, des honoraires de rédaction d'actes ou autres frais liés à l'exécution du mandat. Aucune rémunération, aucun frais, ne peut être exigé ou accepté avant la signature du bail par les parties.

Art. R. 141-2 *(Décr. n° 93-1009 du 18 août 1993)* I. — Dans le cadre du concours technique prévu à l'article L. 141-5, les sociétés d'aménagement foncier et d'établissement rural peuvent être chargées par *(Décr. n° 2011-247 du 4 mars 2011, art. 2)* « l'État, » les collectivités territoriales ou les établissements publics qui leur sont rattachés et pour leur compte notamment des missions suivantes :

1° L'assistance à la mise en œuvre des droits de préemption *(Décr. n° 2015-954 du 31 juill. 2015, art. 1er-3°, en vigueur le 1er janv. 2016)* « et de préférence » dont ces personnes morales sont titulaires ;

2° La négociation de transactions immobilières portant sur les immeubles mentionnés à l'article L. 141-1 ;

3° La gestion du patrimoine foncier agricole de ces personnes morales ;

4° La recherche et la communication d'informations relatives au marché foncier ;

5° L'aide à la mise en œuvre et au suivi des politiques foncières en zone rurale.

II. — Les missions de concours technique mentionnées aux 2° et 3° ci-dessus font l'objet d'un mandat spécial écrit *(Décr. n° 2011-247 du 4 mars 2011, art. 2)* « de l'État, » de la collectivité territoriale ou de l'établissement public précisant notamment les conditions dans lesquelles la société d'aménagement foncier et d'établissement rural est autorisée à recevoir, verser ou remettre des sommes d'argent, biens, effets ou valeurs, les modalités de reddition de compte ainsi que le montant de sa rémunération.

Les sociétés d'aménagement foncier et d'établissement rural qui entendent se livrer aux opérations visées à l'alinéa précédent doivent justifier auprès du mandant d'une garantie financière forfaitaire d'un montant de *(Décr. n° 2001-318 du 11 avr. 2001)* « 30 000 € » résultant d'un engagement de caution fourni par un établissement de crédit *(Décr. n° 2014-1316 du 3 nov. 2014, art. 12-1°)* « , une société de financement » ou une entreprise d'assurance habilitée à cette fin. Si elles sont autorisées par le mandant à l'occasion des opérations susmentionnées à détenir des fonds, le montant du cautionnement devra être relevé à concurrence de l'importance des fonds dont la détention est envisagée.

En outre elles doivent justifier d'une assurance contre les conséquences pécuniaires de leur responsabilité civile professionnelle.

Le mandat est transmis par la société aux commissaires du Gouvernement par lettre recommandée avec demande d'avis de réception *(Décr. n° 2015-954 du 31 juill. 2015, art. 1er-3°, en vigueur le 1er janv. 2016)* « ou par voie électronique ». Il est accompagné des justifications du cautionnement et de l'attestation d'assurance. A l'expiration du délai de deux mois suivant la réception de cette communication, les décisions du commissaire du Gouvernement sont réputées favorables.

Le refus doit être motivé.

Les opérations confiées par le mandat ne peuvent être entreprises avant l'approbation expresse ou tacite de celui-ci par les commissaires du Gouvernement.

III. — Pour les missions de concours technique autres que celles visées aux 2° et 3° du I, la société d'aménagement foncier et d'établissement rural adresse aux commissaires du Gouvernement les conventions conclues avec *(Décr. n° 2011-247 du 4 mars 2011, art. 2)* « l'État, » la collectivité territoriale ou l'établissement public.

Les commissaires du Gouvernement peuvent s'opposer par décision motivée à l'exécution de ces conventions, leur contrôle ne portant que sur l'objet et le montant de celles-ci.

Si dans le délai *(Décr. nº 2015-954 du 31 juill. 2015, art. 1er-3º, en vigueur le 1er janv. 2016)* **« d'un mois » à compter de la date de réception de la convention, les commissaires du Gouvernement n'ont pas notifié leur décision à la société d'aménagement foncier et d'établissement rural, celles-ci sont réputées favorables.** — *L'art. D. 141-2 devient l'art. R. 141-2 à partir du 1er janv. 2016 (Décr. nº 2015-954 du 31 juill. 2015, art. 1er-3º, JO 2 août).*

SOUS-SECTION 2 Conditions de transmission des informations nécessaires à l'exercice des missions

(Décr. nº 2015-954 du 31 juill. 2015, art. 1er-4º, en vigueur le 1er janv. 2016)

BIBL. ▶ LORISSON et DUPUIS-BERNARD, *JCP N 2018. 1127* (information et droit de préemption des SAFER, tableau synoptique). – DE LOS ANGELES, *JCP N 2022. Actu. 1227* (accès au foncier agricole et décret Sempastous). – MALLET, *RD rur. 2023. Alerte 2* (délivrance de l'autorisation préalable à la prise de contrôle des sociétés possédant ou exploitant du foncier agricole) ; *Defrénois 2022, nº 50-52, p. 9* (décret nº 2022-1515 du 2 déc. 2022, nouvelle procédure de contrôle des cessions de parts de sociétés détenant du foncier agricole).

Art. R. 141-2-1 **Pour l'application du I de l'article L. 141-1-1, le notaire chargé d'instrumenter ou, dans le cas d'une cession de parts ou actions de société sans intervention d'un** *(Décr. nº 2022-1515 du 2 déc. 2022, art. 2, en vigueur le 1er janv. 2023)* **« notaire, le cédant ou le cessionnaire » fait connaître, à la société d'aménagement foncier et d'établissement rural territorialement compétente, deux mois avant la date envisagée pour la cession, la nature et la consistance du bien ou du droit mobilier ou immobilier cédé, l'existence de l'un des obstacles à la préemption prévus aux articles L. 143-4 et L. 143-6, le prix ou la valeur et les conditions demandées ainsi que les modalités de l'aliénation projetée. Il indique la désignation cadastrale des parcelles cédées ou de celles dont la société dont les parts sont cédées est propriétaire ou qu'elle exploite, leur localisation, le cas échéant la mention de leur classification dans un document d'urbanisme ou l'existence d'un mode de production biologique. Le** *(Décr. nº 2022-1515 du 2 déc. 2022, art. 2, en vigueur le 1er janv. 2023)* **« notaire, le cédant ou le cessionnaire », fait également connaître à la société les nom, prénoms, date de naissance, domicile et profession des parties à l'acte de cession. Cette obligation n'est pas applicable aux cessions d'actions mentionnées au 3º du II de l'article L. 141-1 lorsque la société dont les titres sont cédés est admise aux négociations sur un marché réglementé ou sur un système multilatéral de négociation.**

En cas de cession de la totalité des parts ou actions de la société, le *(Décr. nº 2022-1515 du 2 déc. 2022, art. 2, en vigueur le 1er janv. 2023)* **« notaire, le cédant ou le cessionnaire », transmet également à la société d'aménagement foncier et d'établissement rural concernée ses statuts à jour, le bilan et le compte de résultats de ses trois derniers exercices, l'avant-contrat de cession, les contrats en cours, les conventions de garantie d'actif et de passif et, s'il y a lieu et s'ils existent, tout engagement faisant peser sur la société dont les parts ou actions sont cédées une incidence financière ainsi que tout élément relatif à sa situation contentieuse.**

La société d'aménagement foncier et d'établissement rural peut, en outre, demander au notaire ou *(Décr. nº 2022-1515 du 2 déc. 2022, art. 2, en vigueur le 1er janv. 2023)* **« au cédant ou cessionnaire », dans le délai prévu au premier alinéa, des éléments d'information complémentaire nécessaires à l'appréciation des conditions de transmission des parts ou actions. Le délai de deux mois prévu pour l'exercice du droit de préemption est suspendu à compter de la réception de cette demande par le** *(Décr. nº 2022-1515 du 2 déc. 2022, art. 2, en vigueur le 1er janv. 2023)* **« notaire, le cédant ou le cessionnaire ». Il reprend à compter de la réception par la société des documents ou de l'indication par le** *(Décr. nº 2022-1515 du 2 déc. 2022, art. 2, en vigueur le 1er janv. 2023)* **« notaire, le cédant ou le cessionnaire » des raisons pour lesquelles il est dans l'impossibilité de les communiquer.**

(Décr. nº 2022-1515 du 2 déc. 2022, art. 2, en vigueur le 1er janv. 2023) **« Pour toutes les opérations sociétaires, y compris les cessions de parts ou d'actions de sociétés, l'information est complétée par les éléments suivants :**

« 1° L'indication de la nature de l'opération ;

« 2° Les coordonnées de la société faisant l'objet de l'opération ;

« 3° La surface totale, par commune et par nature de culture, ainsi que le mode de détention ou d'exploitation des biens immobiliers agricoles détenus ou exploités par la société faisant l'objet de l'opération ;

« 4° Les prises de participation, directes ou indirectes, de la société faisant l'objet de l'opération dans des sociétés détenant en propriété ou en jouissance des biens immobiliers à usage ou à vocation agricole ou détenant des droits sur de telles sociétés, ainsi que l'ensemble des surfaces concernées ;

« 5° Les coordonnées des parties prenantes à l'opération ainsi que la surface des biens immobiliers à usage ou à vocation agricole qu'elles détiennent ou exploitent et, lorsque la partie prenante à l'opération est une société, sa composition, son objet et les titres sociaux détenus par les associés ;

« 6° La liste des prises de participation, directes ou indirectes, des parties prenantes à l'opération, dans des sociétés détenant en propriété ou en jouissance des biens immobiliers à usage ou à vocation agricole ou détenant des droits sur de telles sociétés, ainsi que l'ensemble des surfaces que chaque société détient ;

« 7° Le cas échéant, la justification que l'opération est exemptée en application du V de l'article L. 333-2.

« La transmission des informations relatives aux opérations sociétaires, complétée le cas échéant par la demande mentionnée à l'article L. 333-3, assurée selon les modalités prévues par le IV de l'article L. 141-1-1, est accompagnée d'un formulaire dont le modèle est établi par arrêté du ministre chargé de l'agriculture.

« Le déclarant atteste sur l'honneur de l'exactitude des informations déclarées. »

En cas de démembrement du droit de propriété, le *(Décr. n° 2022-1515 du 2 déc. 2022, art. 2, en vigueur le 1er janv. 2023)* « notaire, le cédant ou le cessionnaire », fait, en outre, connaître à la société la consistance et la valeur des droits démembrés, la durée de l'usufruit et son mode d'exploitation et les pouvoirs des titulaires des droits.

L'obligation d'information des SAFER ne méconnaît pas l'art. 8 de la Convention européenne des droits de l'homme car l'ingérence dans le droit au respect de la vie privée et familiale des parties à une opération de cession est proportionnée aux finalités d'intérêt général poursuivies par le législateur et le pouvoir réglementaire. • CE 15 mars 2017, n° 393894 : *AJDA 2017. 1153 ; RD rur. 2017, n° 194, obs. Travely ; JCP N 2017. 1217, note Travely.*

Art. R. 141-2-2 Lorsque la vente, l'échange, l'apport en société mentionnés à l'article R. 141-2-1 ou la cession de la totalité des parts ou actions de sociétés ayant pour objet principal l'exploitation ou la propriété agricole porte conjointement sur des terrains à vocation agricole et des droits à paiement, le notaire, ou le cédant, fait également connaître à la société d'aménagement foncier et d'établissement rural l'ensemble des éléments nécessaires à l'identification des droits à paiement cédés.

Art. R. 141-2-3 *Abrogé par Décr. n° 2022-1515 du 2 déc. 2022, art. 3, à compter du 1er janv. 2023.*

Art. R. 141-2-4 Toute personne chargée de dresser un acte de cession entre vifs conclue à titre onéreux ou gratuit portant sur des biens ou droits mobiliers ou immobiliers mentionnés au II de l'article L. 141-1 est tenue de rappeler aux parties les dispositions de la présente sous-section et d'indiquer dans l'acte que ces dispositions ont été observées.

Art. D. 141-2-5 *(Décr. n° 2022-1715 du 28 déc. 2022, art. 1er)* I. — Les exploitants agricoles auprès de qui la société d'aménagement foncier et d'établissement rural peut, pour l'application du 3° de l'article L. 141-1-2, solliciter l'accord en vue d'accéder aux données les concernant sont le bénéficiaire de la prise de contrôle soumise à autorisation préalable, les personnes morales qu'il contrôle, ainsi que la société faisant l'objet de la prise de contrôle et les personnes morales qu'elle contrôle.

II. — Les données nominatives du casier viticole informatisé pouvant être transmises aux sociétés d'aménagement foncier et d'établissement rural sont celles issues du relevé des superficies plantées rattaché au dossier des exploitants agricoles concernés. Les données du registre parcellaire graphique pouvant être transmises aux sociétés d'aménagement foncier et d'établissement rural sont relatives à la forme, à la surface et aux cultures des parcelles agricoles rattachées au dossier des exploitants agricoles concernés.

III. — Les conditions dans lesquelles les sociétés d'aménagement foncier et d'établissement rural accèdent aux données mentionnées au II sont précisées par convention entre ces sociétés et l'Agence de services et de paiement pour les données du registre parcellaire graphique, et entre ces sociétés et les directions régionales des douanes et des droits indirects pour les données du casier viticole informatisé.

IV. — Les conventions définissent le contenu détaillé des données transmises, les dates de ces données, les modalités de transmission, et les conditions d'utilisation et de conservation des informations ainsi obtenues par la société d'aménagement foncier et d'établissement rural.

SECTION 2 Fonctionnement

SOUS-SECTION 1 Agrément et zone d'action

Art. R. 141-3 L'agrément des sociétés d'aménagement foncier et d'établissement rural prévu à l'article L. 141-6 est accordé par arrêté conjoint du ministre de l'agriculture et du ministre chargé des finances, après consultation des chambres *(Décr. nº 2015-954 du 31 juill. 2015, art. 2-1º, en vigueur le 1er janv. 2016)* « régionales d'agriculture » et avis des *(Décr. nº 96-373 du 2 mai 1996)* « commissions départementales d'orientation de l'agriculture » concernées.

Al. 2 abrogé par Décr. nº 2015-954 du 31 juill. 2015, art. 2-1º, à compter du 1er janv. 2016.

Al. 3 abrogé par Décr. nº 2000-671 du 10 juill. 2000. — [Décr. nº 61-610 du 14 juin 1961, art. 1er.]

Art. R. 141-4 Seules peuvent être agréées les sociétés dont les statuts prévoient ou qui s'engagent à prévoir dans leurs statuts, dans un délai de trois mois à compter de la publication de l'arrêté d'agrément :

1º Le caractère nominatif des actions ;

2º Les mesures de nature à assurer le respect des dispositions de l'article L. 141-7 relatif aux buts non lucratifs des sociétés ;

(Décr. nº 2015-954 du 31 juill. 2015, art. 2-2º, en vigueur le 1er janv. 2016) « 3º Les éléments mentionnés au II de l'article L. 141-6, notamment la présence au sein du conseil d'administration de la société de trois collèges, en recherchant une répartition équilibrée du nombre de membres entre ces collèges. Le collège mentionné au *c* du 1º du II de cet article comporte, notamment, un représentant de l'agence de services et de paiement et un représentant de la structure mentionnée au 2º du II de l'article L. 141-6. »

La représentation des collectivités territoriales est assurée, le cas échéant, dans les mêmes conditions que celles prévues pour les sociétés d'économie mixte locales, par *(Décr. nº 2012-363 du 14 mars 2012)* « les articles L. 1524-5 et R. 1524-3 à R. 1524-5 du code général des collectivités territoriales ». — *V.* **CGCT**.

4º L'approbation par le ministre de l'agriculture du choix du président élu et de la nomination, le cas échéant, d'un directeur *(Décr. nº 2015-954 du 31 juill. 2015, art. 2-2º, en vigueur le 1er janv. 2016)* « général ou de directeurs généraux délégués » ; cette approbation pouvant, en cas de faute ou de carence, être retirée par décision motivée de ce ministre ;

5º En cas de refus d'approbation ou de retrait de l'approbation donnée, l'élection d'un autre président ou la nomination d'un autre directeur *(Décr. nº 2015-954 du 31 juill. 2015, art. 2-2º, en vigueur le 1er janv. 2016)* « général ou de directeurs généraux délégués » dans un délai déterminé par le ministre de l'agriculture ;

6º *(Décr. nº 2000-671 du 10 juill. 2000)* « La mise en place d'un comité technique consultatif dans chacun des départements *(Décr. nº 2015-954 du 31 juill. 2015, art. 2-2º, en vigueur le 1er janv. 2016)* « et chacune des collectivités à statut particulier » figurant dans la zone d'action de la société d'aménagement foncier et d'établissement rural. »

(Décr. nº 2010-687 du 24 juin 2010, art. 49-I) « Dans la région d'Île-de-France, les compétences des comités techniques des départements de Paris et des Hauts-de-Seine,

du département de la Seine-Saint-Denis et de celui du Val-de-Marne sont exercées respectivement par les comités techniques départementaux des Yvelines, du Val-d'Oise et de l'Essonne. » — *[Décr. nº 61-610 du 14 juin 1961, art. 2.] — Les divisions « 5º », « 6º », « 7º » deviennent respectivement les divisions « 4º », « 5º » et « 6º » (Décr. nº 2017-1246 du 7 août 2017, art. 5-1º, JO 9 août).*

Art. R. 141-5 *(Décr. nº 2000-671 du 10 juill. 2000)* **Le comité technique est présidé par le président de la société d'aménagement foncier et d'établissement rural ou son représentant siégeant au conseil d'administration. Il comprend, en particulier :**

1º Des actionnaires de la société d'aménagement foncier et d'établissement rural propres au département considéré ;

2º *(Décr. nº 2015-954 du 31 juill. 2015, art. 2-3º, en vigueur le 1er janv. 2016)* **« Des représentants des organisations syndicales à vocation générale d'exploitants agricoles représentatives au niveau départemental, ou leurs suppléants ; »**

3º Le représentant d'une association départementale des maires ;

4º *(Décr. nº 2012-363 du 14 mars 2012)* **« Le directeur départemental des territoires ou le directeur départemental des territoires et de la mer » ou son représentant ;**

5º *(Décr. nº 2012-363 du 14 mars 2012)* **« Le directeur départemental des finances publiques » ou son représentant ;**

6º Le directeur de la société d'aménagement foncier et d'établissement rural ou son représentant ;

7º *(Décr. nº 2012-363 du 14 mars 2012)* **« Un représentant d'associations de protection de l'environnement agréées au titre de l'article L. 141-1 du code de l'environnement »** *(Décr. nº 2015-954 du 31 juill. 2015, art. 2-3º, en vigueur le 1er janv. 2016)* **« et un représentant de la fédération départementale des chasseurs ».**

Il peut entendre toute personne dont il souhaite recueillir l'avis.

Il donne son avis sur les projets d'attribution par cession ou par substitution prévus au 1º et les projets de louage prévus au 7º de l'article R. 141-1 *(Décr. nº 2017-1246 du 7 août 2017, art. 5-2º)* **« du présent code » et** *(Décr. nº 2015-954 du 31 juill. 2015, art. 2-3º, en vigueur le 1er janv. 2016)* **« , sur les baux mentionnés à l'article L. 142-4 et au troisième alinéa de l'article L. 142-6 ainsi que » sur toute question qui lui est soumise par le président de la société d'aménagement foncier et d'établissement rural.**

Un règlement intérieur fixant la composition et le fonctionnement des comités techniques départementaux est établi par la société d'aménagement foncier et d'établissement rural et agréé par son conseil d'administration. *(Décr. nº 2015-954 du 31 juill. 2015, art. 2-3º, en vigueur le 1er janv. 2016)* **« Il est approuvé par les commissaires du Gouvernement. Leurs décisions sont réputées favorables à l'expiration d'un délai de trois mois à compter de la réception par eux de ce règlement.**

« Les débats des comités techniques départementaux sont secrets. Les membres des comités techniques départementaux sont tenus au secret professionnel pour les faits, actes et renseignements dont ils ont pu avoir connaissance en raison de leurs fonctions. » — *Les tirets précédant les al. 2 à 8 sont remplacés successivement par les numérotations « 1º », « 2º », « 3º », « 4º », « 5º », « 6º », « 7º », la lettre minuscule suivant chacun des numéros ainsi insérés devient une lettre majuscule (Décr. nº 2017-1246 du 7 août 2017, art. 5-2º, JO 9 août).*

Art. R. 141-6 *(Décr. nº 2000-671 du 10 juill. 2000)* **« La zone d'action des sociétés d'aménagement foncier et d'établissement rural est définie par l'arrêté d'agrément de telle sorte que chaque société ait seule la responsabilité des opérations sur un même territoire. »**

La zone d'action d'une société peut être modifiée, si l'intérêt public le commande, par un arrêté interministériel concerté pris selon la procédure prévue à l'article R. 141-3, soit à la demande de la société, soit d'office ; dans ce dernier cas, la société doit, avant cette modification, avoir été invitée à présenter ses observations.

L'arrêté modifiant la zone et, le cas échéant, les conventions conclues entre l'État et la société en cause, ou, sous réserve de l'approbation du ministre de l'agriculture et du ministre chargé des finances, les conventions conclues directement entre les sociétés d'aménagement foncier et d'établissement rural intéressées précise les conséquences, notamment financières, de la définition nouvelle de la zone.

Dans le cas où les opérations qui n'incombent plus à la société en cause du fait de la modification de la zone d'action incombent désormais à une autre société, celle-ci est subrogée dans les droits et obligations de la société en cause afférents auxdites opérations ; elle peut bénéficier, en particulier, des avances et subventions qui leur ont été affectées. Dans le cas contraire, la société en cause peut être tenue d'achever, dans le délai de cinq ans, ces opérations ; la société doit rembourser les prêts dont elle a bénéficié en vue d'opérations non poursuivies. — *[Décr. n° 61-610 du 14 juin 1961, art. 5.]*

V. par exemple Arr. du 3 déc. 2018 relatif au traité de transfert de l'activité réalisée sur le territoire du département de la Vendée par la société d'aménagement foncier et d'établissement rural Poitou-Charentes au profit de la société d'aménagement foncier et d'établissement rural Pays de la Loire (JO 8 déc.).

Art. R. 141-7 *(Décr. n° 2000-671 du 10 juill. 2000)* **Les sociétés d'aménagement foncier et d'établissement rural soumettent à l'approbation** *(Décr. n° 2020-68 du 30 janv. 2020, art. 15, en vigueur le 1er févr. 2020)* **« du préfet de la région dans laquelle elles ont leur siège » leur programme pluriannuel d'activité et leur communiquent un compte rendu annuel d'activité.** *(Décr. n° 2015-954 du 31 juill. 2015, art. 2-4°, en vigueur le 1er janv. 2016)* **« Les documents sont adressés par chaque société à ses commissaires du Gouvernement qui les transmettent** *(Décr. n° 2020-68 du 30 janv. 2020, art. 15, en vigueur le 1er févr. 2020)* **« au préfet », accompagnés de leur avis. »**

Art. D. 141-7-1 *(Décr. n° 2011-247 du 4 mars 2011, art. 1er)* **Après analyse des** *(Décr. n° 2015-1018 du 18 août 2015, art. 1er-1°)* **« informations dont elles sont destinataires, en application du I de l'article L. 141-1-1 », les sociétés d'aménagement foncier et d'établissement rural transmettent chaque année aux préfets une synthèse statistique à l'échelle départementale portant sur l'évolution des prix et l'ampleur des changements de destination des terres agricoles au titre de l'année écoulée. Ces données statistiques, et le cas échéant les cartographies susceptibles de les accompagner, sont établies d'une manière homogène et selon une méthodologie identique dans tous les départements.**

Pour contribuer à la définition des indicateurs d'évolution mentionnés à l'article L. 112-1, la Fédération nationale des sociétés d'aménagement foncier et d'établissement rural réalise annuellement une synthèse nationale de ces données départementales, qu'elle transmet au ministre chargé de l'agriculture.

Une convention entre le ministre chargé de l'agriculture et la Fédération nationale des sociétés d'aménagement foncier et d'établissement rural précise les modalités techniques *(Décr. n° 2015-1018 du 18 août 2015, art. 1er-1°)* **« et statistiques » de ces transmissions.**

Art. R. 141-8 Toute société, qui ne se conforme pas à ses obligations, notamment qui ne met pas en œuvre le programme prévu à l'article R. 141-7, peut se voir retirer l'agrément par arrêté interministériel concerté pris selon la procédure définie à l'article R. 141-3 après avoir, au préalable, été mise en demeure de remplir ses obligations ou invitée à présenter ses observations.

L'arrêté détermine les effets du retrait d'agrément.

Les dispositions des deux derniers alinéas de l'article R. 141-6 sont applicables. — *[Décr. n° 61-610 du 14 juin 1961, art. 6.]*

SOUS-SECTION 2 **Les commissaires du Gouvernement**

BIBL. ▶ BOSSE-PLATIÈRE, *RD rur. 2019. Étude 10* (les commissaires du gouvernement près des SAFER).

Art. R. 141-9 Le ministre de l'agriculture et le ministre chargé des finances nomment chacun pour siéger auprès d'une société un commissaire du Gouvernement et, le cas échéant, *(Décr. n° 2018-819 du 27 sept. 2018, art. 1er)* **« un ou plusieurs commissaires adjoints ».**

Les commissaires du Gouvernement représentent le Gouvernement auprès de la société. *(Décr. n° 2015-954 du 31 juill. 2015, art. 2-5°, en vigueur le 1er janv. 2016)* **« Ils exercent un contrôle sur le fonctionnement de la société et sur les conditions dans lesquelles elle exerce ses missions. Ils informent les ministres chargés de l'agriculture et des finances des résultats de ce contrôle. Ils peuvent diligenter des audits de ces sociétés. » Ils assistent aux assemblées générales de toute nature et aux réunions du conseil**

d'administration ; ils y sont convoqués et en reçoivent les ordres du jour ; les procès-verbaux des assemblées générales et des délibérations du conseil d'administration et les décisions prises par délégation de celui-ci leur sont communiqués. Chacun des commissaires du Gouvernement peut, dans les huit jours de cette communication, demander une nouvelle délibération ou un nouvel examen de la décision prise. Les commissaires du Gouvernement se prononcent dans les conditions prévues aux articles R. 141-10, R. 141-11 et R. 142-1 sur les différents projets de la société.

La société soumet aux commissaires du Gouvernement les conventions qu'elle a conclues conformément aux dispositions du deuxième alinéa de l'article L. 141-2, *(Décr. n° 2006-821 du 7 juill. 2006)* **« des articles L. 143-7-1 et R. 143-19 et des articles R. 123-30 à R. 123-38 ». Dans le délai de deux mois après la réception de cette communication, les décisions des commissaires du Gouvernement sont réputées favorables. Le refus doit être motivé.** *(Décr. n° 93-1009 du 18 août 1993 ; Décr. n° 2015-954 du 31 juill. 2015, art. 2-5°, en vigueur le 1er janv. 2016)* **« Ces dispositions ne sont pas applicables aux opérations mentionnées aux 1°, 4° et 5° du I de l'article R. 141-2 pour lesquelles les sociétés d'aménagement foncier et d'établissement rural peuvent apporter leur concours technique aux collectivités territoriales et aux établissements publics qui leur sont rattachés. »**

Les commissaires du Gouvernement peuvent procéder à toutes investigations, se faire communiquer tous documents émanant de la société ou reçus par elle et faire toutes observations utiles à ses dirigeants.

Les oppositions ou refus d'approbation des commissaires du Gouvernement sont susceptibles d'être annulés ou réformés par décision du ministre de l'agriculture et du ministre chargé des finances dans le délai de vingt jours suivant la réclamation de la société d'aménagement foncier et d'établissement rural, qui doit elle-même être introduite dans le délai de cinq jours à compter de la réception par la société des oppositions ou refus susmentionnés.

Si aucune décision n'est prise par les ministres dans le délai de vingt jours, la réclamation de la société d'aménagement foncier et d'établissement rural est réputée rejetée. — *[Décr. n° 61-610 du 14 juin 1961, art. 8.]*

Art. R. 141-10 La société tient informés les commissaires du Gouvernement des acquisitions auxquelles elle a procédé et des adjudications auxquelles elle veut prendre part.

Les acquisitions d'un montant supérieur à celui fixé par un arrêté concerté du ministre de l'agriculture et du ministre chargé des finances doivent être soumises à l'approbation préalable des commissaires du Gouvernement : ceux-ci peuvent en outre à tout moment décider que certaines acquisitions, inférieures au montant déterminé par cet arrêté, doivent être également soumises à leur approbation. — *Montant fixé à 180 000 € (75 000 € en Guadeloupe, en Martinique, à La Réunion et à Mayotte) par Arr. du 16 mai 1962, art. 1er, mod. en dernier lieu par Arr. du 17 nov. 2021 (JO 25 nov.).*

Le refus d'approbation des commissaires du Gouvernement doit être motivé et intervenir au plus tard dans un délai d'un mois à compter du jour où l'acquisition projetée leur a été soumise, faute de quoi la société peut procéder à cette acquisition. Cependant, en cas d'offre d'achat par la société d'aménagement foncier et d'établissement rural à ses propres conditions conformément aux dispositions de l'article L. 143-10, l'accord de chacun des commissaires du Gouvernement doit être exprès. Lorsqu'il s'agit d'une adjudication, le délai maximal imparti aux commissaires du Gouvernement pour se prononcer est fixé à quinze jours. — *[Décr. n° 61-610 du 14 juin 1961, art. 9.]*

1. Le commissaire du gouvernement peut s'opposer à la décision de préemption dès lors que l'exploitant faisait l'acquisition de vergers à proximité du siège de son exploitation pour en abandonner de plus éloignés. • CE 28 nov. 2008, n° 299064 : *Gaz. Pal. 4 avr. 2009, p. 35.*

2. Le commissaire du gouvernement n'est pas tenu de comparer le projet du candidat acquéreur à celui d'un autre exploitant ayant informé la SAFER de sa future candidature, aucun appel de candidatures à l'acquisition n'étant prévu avant la préemption. • CE 28 nov. 2008, n° 299064 : *préc. note 1.*

Art. R. 141-11 *(Décr. n° 2000-671 du 10 juill. 2000)* **Les projets d'attribution par cession ou par substitution ou de louage par entremise** *(Décr. n° 2015-954 du 31 juill. 2015, art. 2-6°, en vigueur le 1er janv. 2016)* **« ou concernant des baux mentionnés à**

l'article L. 142-4 ou au troisième alinéa de l'article L. 142-6 » sont soumis, avec l'avis du comité technique départemental, aux commissaires du Gouvernement en vue de leur approbation. Leur refus d'approbation doit être motivé et intervenir, au plus tard, dans un délai d'un mois à compter de la date de réception du projet. Passé ce délai, le projet est considéré comme approuvé.

1. Aucun texte n'exige que la demande d'avis aux commissaires du gouvernement revête la forme d'une lettre recommandée avec avis de réception. • Civ. 3e, 15 mai 2008, n° 07-16.817 : *JCP 2008. IV. 2064 ; Gaz. Pal. 2 déc. 2008. 17.*

2. L'annulation de la décision du commissaire du gouvernement qui concourt à la perte d'une chance de l'intéressé d'acquérir les terres dans un secteur où les terres agricoles disponibles sont rares justifie la condamnation de l'État à une indemnisation. • CE 10 avr. 2009, *Moracchini,* n° 295774.

SOUS-SECTION 3 **Dispositions comptables et financières** *(Décr. n° 2015-954 du 31 juill. 2015, art. 2-7°).*

Art. R. 141-12 **Les subventions** *(Abrogé par Décr. n° 2000-671 du 10 juill. 2000) « de fonctionnement »* **liées aux sujétions résultant des missions de service public des sociétés d'aménagement foncier et d'établissement rural ou celles allouées au titre d'aides exceptionnelles sont réparties selon des modalités fixées par un arrêté conjoint du ministre de l'agriculture et du ministre chargé des finances.** — *[Décr. n° 61-610 du 14 juin 1961, art. 15.]*

V. Arr. du 15 nov. 2019 relatif au financement des opérations des sociétés d'aménagement foncier et d'établissement rural de Corse, de Guadeloupe, de Martinique et de La Réunion (JO 6 déc.).

Art. R. 141-13 *(Décr. n° 2015-954 du 31 juill. 2015, art. 2-7°, en vigueur le 1er janv. 2016)* **Le Fonds national de péréquation mentionné au 2° du II de l'article L. 141-6 est doté de statuts adoptés par l'assemblée générale de la structure qui le gère.**

Ces statuts déterminent notamment :

1° Les conditions d'intervention du fonds, dans l'objectif de corriger ou compenser les handicaps structurels de certaines sociétés d'aménagement foncier et d'établissement rural en raison des caractéristiques du marché foncier sur son territoire, d'apporter un appui technique, et éventuellement financier, pour analyser, restructurer et développer une société qui en fait la demande et de mener, au niveau national, des actions d'investissement, de recherche, d'adaptation et d'innovation ;

2° Les conditions dans lesquelles sont prises les décisions accordant les concours du fonds ;

3° Les conditions dans lesquelles le fonds est alimenté par des contributions forfaitaires et des contributions proportionnelles à leur chiffre d'affaires acquittées par les sociétés adhérentes, notamment les conditions dans lesquelles est fixé leur montant.

Ces statuts sont approuvés par décision conjointe des ministres chargés de l'agriculture et des finances.

Chaque année, un rapport d'activité du fonds est adressé aux ministres chargés de l'agriculture et des finances.

Art. R. 141-14 *(Décr. n° 2015-954 du 31 juill. 2015, art. 2-7°, en vigueur le 1er janv. 2016)* **La comptabilité analytique prévue à l'article L. 141-8-1 est établie selon une grille commune approuvée par décision conjointe des ministres chargés de l'agriculture et des finances.**

CHAPITRE II **OPÉRATIONS IMMOBILIÈRES**

SECTION 1 **Procédure d'attribution** *(Décr. n° 2000-671 du 10 juill. 2000).*

Art. R. 142-1 *(Décr. n° 2000-671 du 10 juill. 2000)* **Les biens sont attribués par les sociétés d'aménagement foncier et d'établissement rural aux candidats, personnes physiques ou morales, capables d'en assurer la gestion, la mise en valeur ou la préservation, compte tenu notamment de leur situation familiale, de leur capacité financière d'acquérir le bien et de le gérer, de l'existence de revenus non agricoles, de leurs compétences professionnelles et de leurs qualités personnelles, ainsi que de l'intérêt économique, social ou environnemental de l'opération.** *(Décr. n° 2015-954 du 31 juill. 2015,* *art. 3-1°, en vigueur le 1er janv. 2016)* « La capacité financière du candidat est évaluée par la société d'aménagement foncier et d'établissement rural qui peut exiger de lui la production de tout document de nature à l'établir. »

Les sociétés d'aménagement foncier et d'établissement rural peuvent céder ces biens à des personnes qui s'engagent à les louer, par bail rural ou par conventions visées à l'article L. 481-1, à des preneurs, personnes physiques ou morales, répondant aux critères de l'alinéa précédent et ayant reçu l'agrément de la société, à condition que l'opération permette *(Décr. n° 2015-954 du 31 juill. 2015, art. 3-1°, en vigueur le 1er janv. 2016)* « l'installation ou réinstallation d'agriculteurs, le maintien de ceux-ci sur leur exploitation ou la consolidation d'exploitations afin que celles-ci atteignent une dimension économique viable au regard des critères du schéma directeur régional des exploitations agricoles ».

Pour l'application de chacun des alinéas ci-dessus, au cas où aucune personne répondant aux conditions requises ci-dessus ne se porte candidate, la société peut attribuer le bien à tout autre candidat.

La société d'aménagement foncier et d'établissement rural peut imposer aux candidats un cahier des charges comportant l'engagement du maintien pendant un délai minimal de dix ans de l'usage agricole ou forestier ou de la qualité environnementale des biens attribués, et soumettant, pendant ce même délai, toute opération de cession à titre onéreux en propriété ou en jouissance desdits biens à son accord préalable. *(Décr. n° 2006-821 du 7 juill. 2006)* « Ce délai minimal est porté à dix-huit ans si le bien attribué est situé dans un périmètre de protection et de mise en valeur des espaces agricoles et naturels périurbains délimité en application de l'article » *(Décr. n° 2015-1783 du 28 déc. 2015, art. 9-XI, en vigueur le 1er janv. 2016)* « L. 113-16 du code de l'urbanisme ».

(Décr. n° 2022-1515 du 2 déc. 2022, art. 4) « Lorsqu'une personne morale est retenue attributaire de biens ou de droits immobiliers à usage ou à vocation agricole ou lorsqu'une personne physique ou morale est retenue attributaire de parts ou actions de sociétés mentionnées au 3° du II de l'article L. 141-1, le cahier des charges comporte, pour l'attributaire, l'engagement de maintenir pour une durée d'au moins dix ans à compter de la date de la cession, selon le cas, l'usage ou la destination agricole des biens attribués, ou l'usage ou la destination agricole des parcelles détenues en propriété ou en jouissance par la société dont les titres sont cédés ainsi que la conservation des titres sociaux acquis. Il comporte également l'engagement de soumettre, pendant ce même délai, à l'accord préalable de la société d'aménagement foncier et d'établissement rural, selon le cas, toute opération sur la propriété ou la jouissance des biens ou droits immobiliers attribués ou sur celle des mêmes biens ou droits détenus par la société dont les titres sont cédés. »

(Décr. n° 2015-954 du 31 juill. 2015, art. 3-1°, en vigueur le 1er janv. 2016) « Le cahier des charges peut prévoir que l'attributaire est tenu au respect d'engagements visant à la mise en œuvre de pratiques agricoles adaptées ou concourant à la protection de l'environnement ou à la mise en valeur des paysages. La durée de ces engagements est adaptée en fonction de l'enjeu à protéger et des stratégies définies par l'État, les collectivités territoriales ou leurs établissements publics ou approuvées par ces personnes publiques. Elle ne peut excéder trente ans.

« Le cahier des charges est intégré dans la partie de l'acte de vente qui fait l'objet d'une publicité foncière. »

Pour l'application du second alinéa du 1° du III de l'article L. 141-1 *(Décr. n° 2017-1246 du 7 août 2017, art. 5-3°)* « du présent code », le prix fixé par le cahier des charges prend en considération, notamment, la valeur du bien réactualisée au jour du délaissement, augmentée des impenses utiles et nécessaires, et diminuée des dépréciations éventuelles. A défaut d'indication dans le cahier des charges, le prix est fixé par le juge de l'expropriation.

Art. D. 142-1-1 *(Décr. n° 2015-1018 du 18 août 2015, art. 1er-2°)* Lorsqu'un ensemble constitué de terrains à vocation agricole et de droits à paiement de base fait l'objet d'une préemption dans les conditions définies au quatrième alinéa de l'article L. 143-1, la société d'aménagement foncier et d'établissement rural indique dans l'appel à candidatures prévu à l'article R. 142-3, que les terrains et les droits à paiement de base qui y sont attachés seront cédés conjointement.

A défaut de candidat pour la totalité des terrains et droits à paiement, la société d'aménagement foncier et d'établissement rural peut procéder à une cession par lots, la répartition des droits à paiement de base s'opérant alors proportionnellement à la valeur unitaire de chacun des lots rétrocédés.

Lorsque l'acquéreur désigné n'est pas lui-même exploitant, il s'engage à louer les terrains et les droits qui y sont attachés au même preneur, ayant reçu l'agrément de la société dans les conditions prévues au deuxième alinéa de l'article R. 142-1. En cas de pluralité de preneurs, les droits à paiement de base sont répartis dans les conditions prévues à l'alinéa précédent.

En l'absence de candidat à la rétrocession en propriété, la société d'aménagement foncier et d'établissement rural prend, au plus tard, à la date limite de dépôt de la demande unique prévue par l'article 12 du règlement (UE) n° 809/2014 de la Commission du 17 juillet 2014 suivant l'acquisition des biens, toutes dispositions en vue de consentir à un exploitant agricole un bail dans les conditions prévues à l'article L. 142-4. S'il y a plusieurs candidats à la location des biens, leur situation est examinée au regard des priorités du schéma mentionné à l'article L. 312-1.

Lorsque tout ou partie des terrains à vocation agricole objet de la préemption perd son usage agricole, les droits à paiement de base correspondant sont transférés à la réserve. — *Le Règl. d'exécution (UE) n° 809/2014 est abrogé par le Règl. d'exécution (UE) 2022/1173 du 31 mai 2022 établissant les modalités d'application du Règl. (UE) 2021/2116 en ce qui concerne le système intégré de gestion et de contrôle dans la politique agricole commune, avec effet au 1er janv. 2023.*

Art. R. 142-2 *(Décr. n° 2000-671 du 10 juill. 2000)* **Lorsqu'une société d'aménagement foncier et d'établissement rural envisage d'affecter une exploitation acquise, créée ou restructurée à l'installation d'agriculteurs exploitant individuellement ou en commun, ceux-ci, pour bénéficier de cette installation, doivent justifier, outre les conditions prévues au premier alinéa de l'article** *(Décr. n° 2015-954 du 31 juill. 2015, art. 3-2°, en vigueur le 1er janv. 2016)* **« R. 142-1 », de leur appartenance à l'une des catégories suivantes :**

1° *(Décr. n° 2015-954 du 31 juill. 2015, art. 3-2°, en vigueur le 1er janv. 2016)* **« Nouveaux agriculteurs, y compris ceux engagés dans une démarche d'installation progressive au sens de l'article L. 331-1 » ;**

2° Agriculteurs expropriés, dont le fonds a disparu ou est devenu inexploitable dans des conditions normales ;

3° *(Décr. n° 2015-954 du 31 juill. 2015, art. 3-2°, en vigueur le 1er janv. 2016)* **« Agriculteurs privés de la totalité de leur exploitation du fait de l'exercice du droit de reprise du propriétaire » ;**

4° Agriculteurs cédant librement des terres qu'ils exploitent, nécessaires à une restructuration foncière ou une installation réalisée avec le concours de la société d'aménagement foncier et d'établissement rural.

Pendant un délai de dix ans au moins, l'attributaire ou ses ayants cause doit recueillir l'accord de la société d'aménagement foncier et d'établissement rural approuvé par les commissaires du Gouvernement, pour toute cession conduisant au morcellement d'une exploitation attribuée en application du présent article ou pour tout changement de sa destination agricole ou forestière. Les commissaires du Gouvernement se prononcent dans les conditions fixées à l'article R. 141-11. — *Les divisions « a », « c », « d », « e » deviennent respectivement les divisions « 1° », « 2° », « 3° » et « 4° » (Décr. n° 2017-1246 du 7 août 2017, art. 5-4°, JO 9 août).*

Art. R. 142-3 *(Décr. n° 2000-671 du 10 juill. 2000)* **Avant toute décision d'attribution, les sociétés d'aménagement foncier et d'établissement rural procèdent à la publication d'un appel de candidatures avec l'affichage à la mairie de la commune de la situation du bien, pendant un délai minimum de quinze jours, d'un avis comportant, notamment, la désignation sommaire du bien, sa superficie totale, le nom de la commune, celui du lieudit ou la référence cadastrale et la mention de sa classification dans un document d'urbanisme, s'il en existe.** *(Décr. n° 2015-954 du 31 juill. 2015, art. 3-3°, en vigueur le 1er janv. 2016)* **« L'accomplissement de cette formalité est certifié par le maire qui adresse, à cette fin, un certificat d'affichage à la société d'aménagement foncier et d'établissement rural. »** *(Décr. n° 2015-713 du 22 juin 2015, art. 3-I)* **« Cet avis**

est également publié sur le site internet des préfectures de département et de région concernées. »

Cet avis indique le délai *(Décr. n° 2015-954 du 31 juill. 2015, art. 3-3°, en vigueur le 1er janv. 2016)* **« , qui ne peut excéder quinze jours après la fin de l'affichage, » dans lequel les candidatures doivent être présentées et précise que des compléments d'information peuvent être obtenus auprès du siège de la société d'aménagement foncier et d'établissement rural.**

(Décr. n° 2015-954 du 31 juill. 2015, art. 3-3°, en vigueur le 1er janv. 2016) **« Pour les biens acquis à l'amiable d'un montant supérieur à celui prévu par l'article R. 141-10, pour tous les biens acquis par voie de préemption ainsi que pour les biens comprenant des terrains boisés de moins de 10 hectares appelés à être attribués dans les conditions prévues à l'article** *(Décr. n° 2017-1246 du 7 août 2017, art. 5-5°)* **« L. 142-5-1 », un avis de même contenu que celui prévu au premier alinéa est publié dans un journal diffusé dans l'ensemble du département, ainsi que sur le site internet de la société d'aménagement foncier et d'établissement rural territorialement compétente. La date et l'heure de cette publication sont mentionnées dans l'avis. L'accomplissement de cette formalité de publicité est certifié par le directeur général de la société d'aménagement foncier et d'établissement rural. »**

Il n'y a pas obligation de procéder à un appel de candidatures quand la décision d'attribution intervient en vue de la réalisation de grands ouvrages publics dans le cadre des conventions mentionnées aux articles R. 123-30 à R. 123-38 ou résulte d'un échange multilatéral d'immeubles ruraux au sens de l'article L. 124-1. *(Décr. n° 2012-363 du 14 mars 2012)* **« Il en va de même quand la décision d'attribution intervient en vue de la réalisation d'un projet d'intérêt général en faveur d'une collectivité territoriale ou d'un établissement public qui lui est rattaché, avec lesquels la société d'aménagement foncier et d'établissement rural a conclu, en application de l'article L. 141-5, une convention ayant reçu l'accord de ses commissaires du gouvernement dans les conditions prévues au troisième alinéa de l'article R. 141-9. »**

1. Sont mal fondés les juges qui constatent l'irrespect des formalités de publicité de l'appel de candidature et qui rejettent la demande de nullité de la rétrocession faute de preuve d'un grief ou d'un préjudice du demandeur. • Civ. 3e, 29 sept. 2004, n° 03-12.927 P : *Gaz. Pal. 28-30 nov. 2004 ; Rev. loyers 2005. 156, note Peignot ; AJDI 2005. 315, note Prigent*.

2. Les conditions de publicité des décisions de rétrocession sont prescrites à peine de nullité sans que le demandeur à l'annulation ait à rapporter la preuve d'un grief. • Civ. 3e, 3 oct. 2007, n° 06-16.083 : *D. 2007. AJ 2670 ; JCP 2007. IV. 2971 ; RD rur. 2007, n° 362, note Roussel ; Gaz. Pal. 25-27 mai 2008. 10 ; AJDI 2008. 405, obs. Prigent* • 19 févr. 2014, n° 12-18.286 : *JCP N 2014. 1171, note Barbièri ; JCP N 2014. Actu. 329 ; JCP 2014. 335 ; RD rur. 2014, n° 68, note Bosse-Platière.*

3. Peuvent seules être retenues pour l'attribution des biens les candidatures postérieures à la publication d'un appel et répondant à l'offre au public telle que présentée par la SAFER aux conditions proposées. • Civ. 3e, 20 mai 2021, n° 20-14.573 P : *Gaz. Pal. 22 juin 2021, p. 33 ; Defrénois 16 juin 2021, p. 13 ; JCP 2021. 605 ; DP entr. agric., Bull. n° 554, p. 12, note Roussel.*

4. La cour est mal fondée à juger que les mesures de publicité s'exercent avant toute décision de rétrocession alors qu'elles doivent s'exercer à chaque décision d'attribution. • Civ. 3e, 9 janv. 2008 : *JCP 2008. IV. 1240 ; JCP N 2008. Actu. 178 ; RD rur. 2008, n° 145, note Roussel.* ♦ Après désistement de l'attributaire d'un lot, la SAFER n'a pas l'obligation de procéder à nouveau aux mesures de publicité et ceux qui ont renoncé n'ont pas la qualité de candidats évincés. • Civ. 3e, 17 mars 2016, n° 14-28.389 : *JCP N 2016 Actu. 530 ; Gaz. Pal. 2016. 1755.*

Art. R. 142-4 *(Décr. n° 2000-671 du 10 juill. 2000)* **Lorsque la société d'aménagement foncier et d'établissement rural a attribué un bien acquis à l'amiable, elle est tenue de faire procéder, au plus tard dans le mois suivant la signature de l'acte authentique, à l'affichage, pendant un délai de quinze jours, à la mairie de la commune de la situation de ce bien, d'un avis comportant la désignation sommaire du bien avec notamment la superficie totale, le nom de la commune, celui du lieudit ou la référence cadastrale, le nom et la qualité du cessionnaire ainsi que les conditions financières de l'opération.** *(Décr. n° 2018-77 du 7 févr. 2018, art. 1er)* **« Dans le délai d'un mois à compter du premier jour de cet affichage, » la société d'aménagement foncier et d'établissement rural informe les candidats non retenus des motifs qui ont déterminé son**

choix. *(Décr. nº 2015-713 du 22 juin 2015, art. 3-II)* **« Lorsque le choix est motivé par un refus d'approbation du projet d'attribution mentionné à l'article R. 141-11, elle adresse au candidat concerné copie du refus motivé du commissaire du Gouvernement. »**

L'affichage en mairie fait courir le délai de recours prévu à l'article L. 143-14. *(Décr. nº 2015-954 du 31 juill. 2015, art. 3-4º, en vigueur le 1er janv. 2016)* **« L'accomplissement de ces formalités est certifié par le maire qui adresse à cette fin un certificat d'affichage à la société d'aménagement foncier et d'établissement rural. »**

BIBL. ► BOSSE-PLATIÈRE, *JCP N 2018. Actu. 226* (délai d'un mois pour notifier les motifs de rétrocession aux candidats évincés).

1. Recours. Le délai d'action pour contester en justice les décisions de préemption court de la publication ou de l'affichage, sans faire exception pour l'acquéreur évincé, nonobstant la notification personnelle prévue pour ce dernier. • Civ. 3e, 25 sept. 2002, nº 01-03.638 P : *JCP 2002. IV. 2723 ; Gaz. Pal. 22-23 nov. 2002. 13 ; ibid. 20-21 juin 2003. 30 ; RD rur. 2003. 122 ; AJDI. 2003. 281, obs. Plazy*.

2. Sanction. Est mal fondé le juge qui rejette la demande de nullité de la décision de rétrocession alors que les candidats non retenus n'ont pas été informés des motifs ayant déterminé les choix de la SAFER et n'ont pu en conséquence vérifier leur conformité avec les objectifs définis par la loi. • Civ. 3e, 18 févr. 2009, nº 08-10.575 : *JCP 2009. 1482 ; RD rur. 2009, nº 82 ; Gaz. Pal. 12-16 juill. 2009. 10.*

3. Jurisprudence antérieure au Décr. du 7 févr. 2018. L'art. R. 142-4 n'impose pas à la SAFER un délai pour informer les candidats non retenus des motifs qui ont déterminé son choix. • Civ. 3e, 19 nov. 2014, nº 13-22.120 : *RD rur. 2015, nº 86, note Krajevski.*

Art. R. 142-5 *(Décr. nº 2000-671 du 10 juill. 2000)* **Les sociétés d'aménagement foncier et d'établissement rural ne peuvent, pour l'application des articles L. 141-1 à L. 141-5, garder des immeubles plus de cinq ans sous réserve des dispositions de l'article L. 142-5.**

Les demandes de prolongation du délai de conservation des biens font, en application de l'article L. 142-5, l'objet d'une demande motivée de la société d'aménagement foncier et d'établissement rural adressée aux commissaires du Gouvernement.

La décision de prolongation est prise par les commissaires du Gouvernement, après avis de la chambre d'agriculture et de la commission départementale d'orientation de l'agriculture.

Sanction. L'obligation des SAFER de rétrocéder les fonds préemptés dans le délai de cinq ans n'est assorti d'aucune sanction et n'est pas édictée à peine de nullité ou de caducité de la préemption. • Civ. 3e, 15 mai 2008, nº 07-11.945 : *D. 2008. 1554 ; RD rur. 2008, nº 143, note Crevel ; JCP 2008. IV. 2065.*

Art. R. 142-6 Les opérations immobilières réalisées par les sociétés d'aménagement foncier et d'établissement rural ne sont pas soumises aux dispositions du décret nº 86-455 du 14 mars 1986 portant suppression des commissions des opérations immobilières et de l'architecture et fixant les modalités de consultation du service des domaines *[abrogé]. — [Décr. nº 61-610 du 14 juin 1961, art. 17.] — V. désormais CGPPP, art. R. 1211-1 s. —* ***CGPPP.***

SECTION 2 Mise à disposition d'immeubles

Art. R. 142-7 L'État, les collectivités et établissements publics peuvent, dans les conditions fixées aux articles R. 142-8 à R. 142-12, mettre à la disposition des sociétés d'aménagement foncier et d'établissement rural agréées les immeubles qui leur appartiennent, et notamment ceux qu'ils ont acquis à l'amiable ou par expropriation, en vue de la réalisation d'opérations d'aménagement foncier telles qu'elles sont définies à l'article L. 121-1. — *[Décr. nº 67-759 du 1er sept. 1967, art. 1er.]*

Art. R. 142-8 Les dispositions de la présente section ne sont pas applicables à ceux des bois et forêts *(Décr. nº 2017-1246 du 7 août 2017, art. 5-6º)* **« du domaine de l'État » dont** *(Décr. nº 2015-954 du 31 juill. 2015, art. 3-5º, en vigueur le 1er janv. 2016)* **« l'article L. 3211-5 du code général de la propriété des personnes publiques » prévoit que l'aliénation n'est possible qu'en vertu d'une loi.**

Les bois, forêts et terrains à boiser appartenant à des communes, sections de communes, départements et établissements publics et *(Décr. n° 2017-1246 du 7 août 2017, art. 5-6°)* **« relevant du » régime forestier ne peuvent être mis à la disposition des sociétés d'aménagement foncier et d'établissement rural que sous réserve de leur distraction préalable du régime forestier prononcée par le** *(Décr. n° 2017-1246 du 7 août 2017, art. 5-6°)* **« ministre chargé des forêts ».** – *[Décr. n° 67-759 du 1er sept. 1967, art. 2.]*

Art. R. 142-9 **Si la personne publique décide l'aliénation du bien, il y est procédé de gré à gré, dans les conditions fixées par la réglementation en vigueur.**

Si le bien qui doit être cédé a été acquis à la suite d'une expropriation poursuivie en vue de la réalisation d'une des opérations d'aménagement foncier définies à l'article L. 121-1 et si ces opérations ne sont pas achevées au moment de la cession, l'acte de cession doit comporter l'engagement par l'acquéreur de mener à bien les opérations dont il s'agit au lieu et place de l'expropriant. – *[Décr. n° 67-759 du 1er sept. 1967, art. 3.]*

Art. R. 142-10 *(Décr. n° 2017-1246 du 7 août 2017, art. 5-7°)* **Les cessions à l'amiable aux sociétés d'aménagement foncier et d'établissement rural d'immeubles appartenant à l'État sont régies par l'article R. 3211-24 du code général de la propriété des personnes publiques.**

Code général de la propriété des personnes publiques

Art. R. 3211-24 Pour l'application des dispositions de l'article L. 142-7 du code rural et de la pêche maritime, les immeubles appartenant à l'État peuvent, quelle que soit leur valeur, être cédés à l'amiable aux sociétés d'aménagement foncier et d'établissement rural, dans les conditions prévues au 1° de l'article R. 3211-7.

Lorsqu'il s'agit de fonds incultes, les cessions peuvent être consenties dans les mêmes formes au profit des organismes mentionnés à l'article L. 112-8 du code rural et de la pêche maritime. – *[C. dom. Ét., art. R. 147-1.]*

Art. R. 142-11 *(Décr. n° 2011-1612 du 22 nov. 2011, art. 11)* **Si le cédant est une collectivité territoriale, un de ses établissements publics ou un groupement de collectivités territoriales, le prix de cession de l'immeuble ne doit pas être inférieur à la valeur réelle des biens établie par expertise du directeur départemental des finances publiques, lorsque celui-ci doit être consulté.**

Art. R. 142-12 **Si la personne publique propriétaire d'immeubles utilisables pour les opérations définies à l'article L. 121-1 décide de ne pas les aliéner, au moins momentanément, elle peut, par convention, charger la société d'aménagement foncier et d'établissement rural compétente d'en assurer l'aménagement ou la mise en valeur dans un délai qui ne peut excéder celui prévu aux articles L. 142-4 et L. 142-5.**

La convention intervenant entre la personne publique et ladite société est soumise à l'approbation du ou des commissaires du Gouvernement.

La convention conclue peut être un bail emphytéotique.

La convention, lorsqu'elle n'est pas un tel bail, doit obligatoirement comporter l'engagement de la personne publique de louer ou de céder l'immeuble, avec l'accord du ou des commissaires du Gouvernement, à un candidat ayant l'agrément de la société. – *[Décr. n° 67-759 du 1er sept. 1967, art. 6.]*

CHAPITRE III DROIT DE PRÉEMPTION

BIBL. ▶ BÉGUIN, *RD rur. 2001. 614* (décret 10 juill. 2000, notification simplifiée et guide d'utilisation). – BESSON, BOSSE-PLATIÈRE, COLLARD et TRAVELY, *JCP N 2015. Actu. 869* (dernières actualités en matière de SAFER). – LACHAUD, *Ann. loyers 2002. 1591* (recours contre le décret du 10 juill. 2000).

SECTION 1 Objet et champ d'application

Art. R. 143-1 *(Décr. n° 2015-954 du 31 juill. 2015, art. 4-1°, en vigueur le 1er janv. 2016)* **I. — L'autorité administrative compétente de l'État mentionnée au premier ali-**

néa de l'article L. 143-7 est le préfet de la région dans laquelle la société a son siège. La demande de la société est publiée sur le site internet de la préfecture de région concernée pendant une durée d'un mois.

Les avis mentionnés au premier alinéa de l'article L. 143-7 sont réputés rendus à l'expiration d'un délai de cinq semaines à compter de la réception de leur saisine.

L'autorité administrative mentionnée au premier alinéa transmet au ministre chargé de l'agriculture la demande de la société accompagnée des avis recueillis, de la synthèse des observations du public et de ses propositions.

II. – Le décret qui confère à une société d'aménagement foncier et d'établissement rural le droit de préemption mentionné par l'article L. 143-1 est pris sur proposition du ministre chargé de l'agriculture.

Il détermine les zones au sein desquelles le droit de préemption peut s'exercer et les circonscriptions administratives au sein desquelles elles se situent. Le cas échéant, il fixe pour tout ou partie de ces zones, la superficie minimale des terrains auxquels il peut s'appliquer.

Est illégal le décret autorisant la SAFER à exercer le droit de préemption dès lors que les avis favorables de la CDOA et de la chambre d'agriculture ne comportaient l'exposé d'aucun motif, et puisque le préfet avait seulement défini le nouveau périmètre par la seule mention « dans les mêmes conditions que précédemment ». • CE 10 janv. 2007, ☎ *Goblet*, n° 292214 : *RD rur. 2007, n° 96, obs. Roussel.*

Art. R. 143-2 *(Décr. n° 2015-954 du 31 juill. 2015, art. 4-1°, en vigueur le 1er janv. 2016)* **Sont considérés comme biens mobiliers, pour l'application de l'article L. 143-1, les cheptels mort ou vif, les stocks nécessaires à l'exploitation ou tout autre élément ou investissement réalisé en vue d'améliorer le fonds ou de diversifier et de commercialiser la production, attachés aux biens immobiliers définis au même article.**

BIBL. ▸ DELORME et GOSSEIN, *JCP N 2005. 172* (DPU et droit de préemption de la SAFER). – HEIMANN et ARRIGONI, *RD rur. 2000. 436* (plantations et foncier, les modalités d'intervention de la SAFER). – ROUSSEL, *JCP N 2007. 32* (terrain à vocation agricole).

1. Rejet du recours pour excès de pouvoir contre les dispositions de cet art. issues du décret du 31 mars 2015. • CE 15 mars 2017, ☎ n° 393894 : *AJDA 2017. 1153* ; *RD rur. 2017, n° 194, obs. Travely.*

Jurisprudence antérieure à la loi du 13 oct. 2014

2. Friches. Des terres mal exploitées, couvertes de friches et de taillis, peuvent être soumises au droit de préemption de la SAFER dès lors que le statut fiscal et administratif de ce fonds est resté agricole au jour de la vente. • Versailles, 24 juin 1999 : *BICC 15 mai 2000, n° 651.* ♦ La SAFER peut exercer son droit de preemption sur des terres paraissant à l'abandon faute d'être cult vées dès lors qu'il n'est pas établi qu'elles n'ont pas gardé une vocation agricole. • Riom, 20 avr. 2006 : *RD rur. oct. 2006. 44.*

3. TOM. Sur l'appréciation de la vocation agricole de terrains en Nouvelle-Calédonie, V. • Civ. 3e, 8 févr. 2006, ☎ n° 04-18.560 P : *Gaz. Pal. 8-10 oct. 2006. 27 ; JCP N 2007. 37, note Roussel.*

Art. R. 143-3 *(Décr. n° 2000-671 du 10 juill. 2000)* **Les acquisitions énumérées au 4° de l'article L. 143-4 faites par les salariés agricoles, les aides familiaux, les associés d'exploitation, les fermiers ou métayers évincés ainsi que les agriculteurs à titre principal expropriés ne sont exemptées du droit de préemption que si elles concernent des fonds qui doivent constituer une exploitation agricole ou forestière.**

L'acquéreur doit s'engager pour lui et ses ayants cause à procéder à l'exploitation et conserver la destination agricole du bien pendant une durée de dix ans à compter de la date de transfert de propriété. Son engagement d'installation personnelle dans l'année de l'acquisition doit être joint à la déclaration préalable à cette acquisition.

Seules peuvent être considérées comme salariés agricoles, aides familiaux et associés d'exploitation pour l'application du 4° de l'article L. 143-4 les personnes ayant l'une de ces qualités au moment de l'acquisition depuis au moins un an et justifiant de l'expérience et de la capacité professionnelles exigées des attributaires d'exploitations vendues par les sociétés d'aménagement foncier et d'établissement rural, en application du premier alinéa de l'article R. 142-1.

Si les terrains à acquérir mentionnés au 5° *(a)* de l'article L. 143-4 sont destinés à la construction, aux aménagements industriels ou à l'extraction de substances minérales, l'acquéreur doit s'engager à donner aux terrains cette destination *(Décr. n° 2012-363* *du 14 mars 2012)* « dans un délai qui ne peut excéder trois ans à compter de la date de réception de la notification par la société d'aménagement foncier et d'établissement rural ». Cet engagement doit être joint à la notification préalable de l'opération.

Lorsqu'il s'agit de terrains destinés à la construction de maisons individuelles, l'exception n'est applicable que dans la mesure où le terrain vendu a une superficie inférieure à 2 500 mètres carrés par maison, ou à la superficie minimale exigée par la réglementation, si elle est supérieure. Cette exception profite sans limitation de superficie aux terrains destinés à la construction d'immeubles collectifs, à condition que les constructions à édifier couvrent, avec leurs cours et jardins, la totalité des terrains acquis. Pour les terrains destinés à la construction d'immeubles non affectés à l'habitation pour les trois quarts au moins de leur superficie totale, elle est applicable dans la limite des surfaces occupées par les constructions à édifier et par les dépendances nécessaires à l'exploitation de ces constructions.

SECTION 2 Conditions d'exercice

SOUS-SECTION 1 Conditions générales

Art. R. 143-4 *(Décr. n° 2015-954 du 31 juill. 2015, art. 4-2°, en vigueur le 1er janv. 2016)* Lorsqu'une société d'aménagement foncier et d'établissement rural entend exercer le droit de préemption partielle prévu à l'article L. 143-1-1, elle fait connaître son intention au notaire selon les mêmes modalités que celles prévues à l'article R. 143-6, si la notification adressée par le notaire du vendeur à la société en application des articles R. 141-2-1 ou R. 141-2-2 comporte des valeurs distinctes pour chaque catégorie de biens.

Si la notification adressée par le notaire du vendeur à la société ne comporte qu'un montant global pour les biens relevant des trois catégories mentionnées à l'article L. 143-1-1, la société d'aménagement foncier et d'établissement rural présente une offre de prix pour les terrains à usage agricole ou à vocation agricole et les biens mobiliers qui leur sont attachés, ou sur ces terrains et l'une des catégories de biens mentionnées aux 1° et 2° de cet article ou sur ces deux catégories. Cette offre de prix doit avoir au préalable fait l'objet d'un accord exprès des commissaires du Gouvernement. Elle rappelle les possibilités d'action offertes au vendeur par les dispositions du dernier alinéa de l'article L. 143-1-1 et de l'article L. 143-1-2.

La décision du vendeur est portée à la connaissance de la société d'aménagement foncier et d'établissement rural par le notaire chargé d'instrumenter. Si elle n'est pas parvenue à cette société dans un délai de deux mois à compter du jour de la réception par le vendeur de la notification de l'offre d'achat, le vendeur est réputé avoir accepté celle-ci.

Si le vendeur accepte l'offre d'achat sous réserve d'être indemnisé de la perte de valeur des biens non compris dans cette offre, la société dispose d'un délai d'un mois pour faire connaître au notaire sa décision d'acceptation, de refus ou de renonciation à l'achat, en indiquant l'avis des commissaires du Gouvernement. Si le vendeur n'accepte pas l'offre d'achat, ou si la société n'accepte pas l'indemnisation demandée, cette décision de refus manifeste le désaccord des parties sur le montant de l'indemnisation et ouvre à la partie la plus diligente un délai de quinze jours pour saisir le tribunal judiciaire compétent afin qu'il en fixe le montant.

Si le vendeur n'accepte pas une préemption partielle et exige que la société d'aménagement foncier et d'établissement rural se porte acquéreur de l'ensemble des biens aliénés, cette société peut soit accepter cette acquisition aux prix et conditions d'aliénation, soit renoncer à préempter. La décision de la société doit être parvenue au notaire dans le délai d'un mois à compter de la date de réception de la décision du vendeur. Le silence de la société à l'expiration de ce délai vaut renonciation et rétractation.

Dans tous les cas, la société d'aménagement foncier et d'établissement rural notifie sa décision au notaire chargé d'instrumenter et au vendeur, dans les conditions prévues à l'article R. 143-6.

1. Rejet de la demande d'annulation du décret soutenue pour création d'une insécurité juridique dès lors qu'en cas de préemption partielle et de désaccord des parties sur le montant de l'indemnisation, l'abstention du vendeur comme de la SAFER de saisir le tribunal dans le délai imparti emporte renonciation des deux parties à la préemption. • CE 15 mars 2017, n° 393894 : *AJDA 2017. 1153 ; RD rur. 2017, n° 194, obs Travely ; JCP N 2017. 1217, note Travely.*

2. L'accord amiable de cession du propriétaire et de la SAFER destiné à éluder les honoraires de l'agent immobilier n'ouvre pas droit à la commission contractuelle prévue mais à des dommages-intérêts. • Civ. 3e, 8 juin 2010 : *JCP N 2010. 1252.*

3. L'exercice par l'acquéreur de sa faculté de substitution impose une notification mentionnant l'identité complète de l'acquéreur substitué faisant courir un nouveau délai au bénéfice de la SAFER. • Civ. 3e, 3 mai 2012, n° 11-10.788 : *DP entr. agric., Bull. n° 452, p. 6 ; JCP N 2012. Actu. 532, et 1333, note Barbièri ; JCP 2012. 631 ; RD rur. 2012, n° 59, note Crevel ; Rev. loyers 2012. 272, note Peignot ; Gaz. Pal. 2012. 1758 ; Defrénois 2012. 40614, note Delorme et Barbièri ; AJDI 2012. 763, note Prigent .* ♦ V. aussi note 6 ss. art. L. 143-8.

4. Jurisprudence antérieure au 1er mars 2016. S'agissant d'une vente globale de biens indivisibles, la SAFER ne disposait pas de droits de se porter acquéreur de la totalité du bien, ni de conduire à une division forcée de l'objet de la vente. • Civ. 3e, 30 sept. 2015, n° 14-22.262 : *DP entr. agric., Bull. n° 491, p. 12, note Roussel ; AJDI 2015. 870 ; JCP N 2015. Actu. 991, Rev. loyers 2015. 518, note Peignot ; Defrénois 2015. 1309, note Roussel ; RD rur. 2016, n° 44, note Grimonprez.*

Art. D. 143-4-1 *Abrogé par Décr. n° 2015-954 du 31 juill. 2015, art. 4-2°, à compter du 1er janv. 2016.*

Art. R. 143-5 *(Décr. n° 2015-954 du 31 juill. 2015, art. 4-2°, en vigueur le 1er janv. 2016)* **Pour l'application du 8° de l'article L. 143-2, la société d'aménagement foncier et d'établissement rural ne peut exercer son droit de préemption qu'après avoir recueilli préalablement l'avis du directeur régional de l'environnement, de l'aménagement et du logement, ou le cas échéant du directeur du parc national ou régional compétent ou du directeur du conservatoire de l'espace littoral et des rivages lacustres, ou, pour la région Île-de-France, du directeur de l'agence des espaces verts.**

Art. R. 143-6 La société d'aménagement foncier et d'établissement rural qui exerce le droit de préemption notifie au notaire chargé d'instrumenter par lettre recommandée avec demande d'avis de réception *(Décr. n° 2012-363 du 14 mars 2012)* **« ou sous forme électronique dans les conditions prévues aux articles 1316-1 et 1316-4** *[1366 et 1367]* **du code civil » sa décision signée par le président de son conseil d'administration ou par toute personne régulièrement habilitée à cet effet. La décision de préemption indique l'identification cadastrale des biens concernés et leur prix d'acquisition. Elle précise en outre en quoi la préemption répond à l'un ou à plusieurs des objectifs prévus par les dispositions de l'article L. 143-2.**

Cette décision ainsi motivée est notifiée également à l'acquéreur évincé, par lettre recommandée avec demande d'avis de réception, dans un délai de quinze jours à compter de la date de réception de la notification faite au notaire.

Une analyse de cette décision est adressée dans le même délai au maire de la commune intéressée en vue de son affichage en mairie pendant quinze jours. *(Décr. n° 2015-954 du 31 juill. 2015, art. 4-3°, en vigueur le 1er janv. 2016)* **« L'accomplissement de cette formalité est certifié par le maire qui adresse à cette fin un certificat d'affichage à la société d'aménagement foncier et d'établissement rural. »** — *[Décr. n° 62-1235 du 20 oct. 1962, art. 4 bis.]*

1. Notification au notaire. La SAFER, contrairement au preneur à bail, doit notifier sa décision de préempter au notaire chargé par le propriétaire d'instrumenter et d'accomplir en son nom l'ensemble des formalités. • Civ. 3e, 24 nov. 2021, n° 20-18.576 : *RD rur. 2022, n° 3, note Bosse-Platière et Sahut ; Defrénois 2022, n° 19, p. 28, note Roussel.*

2. Notification à l'acquéreur évincé. L'acquéreur n'ayant pas retiré la lettre recommandée de la SAFER lui notifiant la préemption, la cour d'appel est mal fondée à accueillir sa demande d'annulation de la préemption pour défaut de notification, ajoutant une condition de remise à personne de la lettre recommandée que les textes ne comportent pas. • Civ. 3e, 20 avr. 2005, n° 04-10.701 P : *JCP 2005. IV. 2724 ; AJDI 2005. 666 ; Gaz. Pal. 7-8 oct. 2005 et 27-28 janv. 2006.* ♦ A défaut d'envoi par la SAFER de sa décision de préemption à l'acquéreur à une adresse valable, la notification est inexistante et la préemption nulle. • Civ. 3e, 21 févr. 2019, n° 17-19.370 : *Defrénois 2019, n° 11, p. 9 ; RD rur. 2019, n° 48, note Bosse-Platière ; DP entr. agric., Bull. n° 529, p. 9, note Roussel.* ♦ Est mal fondée l'annulation de la préemption notifiée aux acquéreurs pressentis désignés par le notaire, même si cette désignation dans la déclaration d'intention d'aliéner était erronée. • Civ. 3e, 6 juin 2019, n° 17-26.821 : *AJDI 2019. 651*. ♦ Le délai maximal dans lequel la décision de préemption doit être notifiée à l'acquéreur évincé n'impose pas que cette notification soit effectuée postérieurement à celle faite à la personne chargée de dresser l'acte d'aliénation. • Civ. 3e, 18 janv. 2023, n° 21-14.496 P : *JCP 2023. Actu. 159 ; JCP N 2023. Actu. 257 ; Defrénois 2023, n° 4-5, p. 5 ; Gaz. Pal. 7 févr. 2023, p. 31 ; Dr. sociétés 2023, n° 71* • 18 janv. 2023, n° 21-14.523 : *JCP N 2023. 1160, note Bosse-Platière.*

3. L'affichage en mairie de l'analyse de la décision de préemption fait courir le délai de recours contentieux mais l'omission de cette seule formalité est sans incidence sur la validité de la décision. • Civ. 3e, 19 nov. 2020, n° 19-21.469 P : *D. 2020. 2344 ; D. actu. 21 déc. 2020, note Prigent ; JCP 2020. 1378 ; JCP N 2020. Actu. 987 ; DP entr. agric., Bull. n° 546, p. 9, note Roussel ; RD rur. 2021, n° 28 et JCP N 2021. 1189, note Bosse-Platière ; AJDI 2021. 536*.

4. Les parties à la vente ne peuvent être assurées de la décision de la SAFER au vu d'une décision de renonciation de celle-ci signée pour ordre sans mention du nom de son auteur et les parties ne peuvent se prévaloir d'un mandat apparent. • Civ. 3e, 19 janv. 2010, n° 09-12.257 : *AJDI 2010. 136*.

5. Aucun appel de candidature à l'acquisition n'est prévu avant la préemption. • CE 28 nov. 2008, n° 299064 : *Gaz. Pal. 4 avr. 2009. 35.*

6. La SAFER doit, à peine de nullité, notifier aux adjudicataires évincés la préemption par lettre recommandée dans les quinze jours de la notification faite à la personne chargée de dresser l'acte d'aliénation. • Civ. 3e, 29 juin 2011, n° 10-30.272 : *D. 2011. 1971 ; RD rur. 2011, n° 116, note Roussel ; JCP 2011. 889 ; DP entr. agric., Bull. n° 444, p. 13 ; Gaz. Pal. 2011. 2488* • 11 oct. 2018, n° 17-16.174 : *JCP N 2018. Actu. 833.*

Art. R. 143-7 **Lorsqu'un droit de préemption ou un droit préférentiel primant celui de la société d'aménagement foncier et d'établissement rural en application des articles L. 143-6 et L. 143-8 est susceptible d'être exercé avant l'aliénation :**

1° Le notaire chargé d'instrumenter doit informer la société de l'existence de ce droit ;

2° Hors le cas de l'adjudication forcée ou volontaire, le même notaire fait connaître à la société, dans le délai de huit jours à compter de la date à laquelle il en a eu connaissance, la décision explicite ou implicite prise, sur la préemption, par le titulaire de ce droit prioritaire ;

3° Le délai d'exercice du droit de préemption de la société court à compter de la date de la réception de cette décision ;

4° La société peut, dans tous les cas, déclarer exercer son droit de préemption sous réserve que le titulaire d'un droit qui prime le sien ne l'exerce pas. — *[Décr. n° 62-1235 du 20 oct. 1962, art. 5.]*

Le tribunal compétent de l'ordre judiciaire mentionné au deuxième alinéa de l'article L. 143-8 est le tribunal judiciaire.

Art. R. 143-8 *(Décr. n° 2000-671 du 10 juill. 2000)* **Au cas où les aliénations prévues au présent chapitre interviennent sans le concours d'un notaire, la personne chargée de dresser l'acte d'aliénation est** *(Abrogé par Décr. n° 2015-954 du 31 juill. 2015, art. 4-4°, à compter du 1er janv. 2016)* ***« tenue de procéder aux déclarations prévues au même chapitre. Cette personne est »*** **également destinataire des informations et déclarations auxquelles la société d'aménagement foncier et d'établissement rural est tenue de procéder.**

Art. R. 143-9 *et* R. 143-10 *Abrogés par Décr. n° 2015-954 du 31 juill. 2015, art. 4-5°, à compter du 1er janv. 2016.*

Art. R. 143-11 *(Décr. n° 2000-671 du 10 juill. 2000)* **Avant de rétrocéder les biens préemptés, la société d'aménagement foncier et d'établissement rural prend les mesures de publicité prévues à l'article R. 142-3.** *(Décr. n° 2018-77 du 7 févr. 2018, art. 1er)* **« Dans le délai d'un mois à compter du premier jour de l'affichage prévu au troisième alinéa, » la décision de rétrocession est notifiée, avec indication des motifs ayant déterminé le choix de l'attributaire, aux candidats non retenus, et par lettre recommandée avec demande d'avis de réception, à l'acquéreur évincé.**

La décision de rétrocession comporte, outre la motivation de l'opération, les mentions prévues à l'article R. 142-4.

Cette décision fait l'objet, dans un délai d'un mois à compter du jour de la signature de l'acte authentique, d'un affichage, pendant quinze jours, à la mairie de la commune

de situation des biens. Cet affichage constitue le point de départ du recours prévu à l'article L. 143-14. *(Décr. n° 2015-954 du 31 juill. 2015, art. 4-3°, en vigueur le 1er janv. 2016)* **« L'accomplissement de cette formalité est certifié par le maire qui adresse à cette fin un certificat d'affichage à la société d'aménagement foncier et d'établissement rural. »**

1. QPC. V. note 1 ss. art. L. 143-14.

2. Délai de notification. La notification de la décision de rétrocession n'est assortie d'aucun délai ; sa date est sans effet sur la décision de rétrocession. • Civ. 3e, 21 juin 2000, *Thiebaux c/ SAFER de Bourgogne et a. : JCP N 2001. 547 ; Gaz. Pal. 3-4 oct. 2001, p. 22.*

SOUS-SECTION 2 **Fixation du prix**

Art. R. 143-12 **Lorsqu'en application de l'article L. 143-10 la société d'aménagement foncier et d'établissement rural estime que le prix et les conditions de l'aliénation sont exagérés, elle adresse au notaire chargé d'instrumenter, selon la procédure prévue au premier alinéa de l'article R. 143-6, sa décision de préemption assortie de l'offre d'achat établie à ses propres conditions.**

Cette notification doit en outre comporter l'indication de l'accord exprès des commissaires du Gouvernement et le rappel des dispositions concernant les différentes possibilités d'action qui s'offrent alors au vendeur.

L'offre ferme d'achat de la société d'aménagement foncier et d'établissement rural doit être parvenue au notaire dans un délai de deux mois à compter de la date de réception par la société de la notification prévue *(Décr. n° 2015-954 du 31 juill. 2015, art. 4-6°, en vigueur le 1er janv. 2016)* **« aux articles R. 141-2-1 et R. 141-2-3 » ou, le cas échéant, de la notification adressée dans les délais prévus au 2° de l'article R. 143-7.**

Si le vendeur accepte l'offre d'achat ou retire le bien de la vente, sa décision doit être portée à la connaissance de la société d'aménagement foncier et d'établissement rural, par le notaire chargé d'instrumenter. Le délai de six mois à l'expiration duquel le vendeur, en cas de silence de sa part, est réputé avoir accepté l'offre d'achat de la société à ses propres conditions court du jour de la réception par le notaire de la notification prévue au premier alinéa du présent article. La décision de retrait doit être parvenue à la société avant l'expiration de ce délai.

S'il décide de demander la révision du prix et des conditions proposées par la société, le vendeur assigne celle-ci devant le tribunal judiciaire *(Décr. n° 2015-954 du 31 juill. 2015, art. 4-6°, en vigueur le 1er janv. 2016)* **« ou, dans le cas prévu au troisième alinéa de l'article L. 143-7-1, devant le juge de l'expropriation, » qui se prononce dans les conditions prescrites à l'article L. 412-7.**

Le tribunal apprécie de la même façon en cas d'apport en société *(Décr. n° 2015-954 du 31 juill. 2015, art. 4-6°, en vigueur le 1er janv. 2016)* **« , de cession d'usufruit ou de nue-propriété » et en cas d'échange la valeur des biens faisant l'objet de la préemption.**

Dans le délai d'un mois à compter du jour où le jugement est devenu définitif, la décision de la société d'aménagement foncier et d'établissement rural doit être parvenue au notaire chargé d'instrumenter. La décision du vendeur est notifiée par le notaire à la société et doit lui être parvenue dans le délai de trois ans à compter du même jour.

Le silence de l'une ou de l'autre des parties pendant le délai dont elles disposent respectivement vaut renonciation, selon le cas, à l'acquisition ou à la vente aux prix et conditions fixés par le tribunal. — *[Décr. n° 62-1235 du 20 oct. 1962, art. 10.]*

Le propriétaire qui répond par lettre à la SAFER qu'il conteste son offre qu'il juge dérisoire n'a pas été jugé avoir retiré son bien de la vente dans le délai de six mois de la notification. • Civ. 3e, 3 oct. 2012, n° 11-19.069 : *RD rur. 2012, n° 83, note Crevel ; DP entr. agric., Bull. n° 457, p. 8 ; JCP N 2012. 952.*

SOUS-SECTION 3 **Dispositions applicables en cas d'adjudication**

Art. R. 143-13 *(Décr. n° 2000-671 du 10 juill. 2000)* **« Dans le cas d'adjudication volontaire ou forcée les dispositions de l'article L. 412-11 sont applicables. Pour l'application du deuxième alinéa de l'article L. 143-8, le tribunal compétent de l'ordre**

judiciaire est le tribunal judiciaire. La société d'aménagement foncier et d'établissement rural doit, un mois au moins avant l'adjudication, être prévenue des conditions de celle-ci par la personne chargée de dresser l'acte d'aliénation. Elle doit également être informée, dans les huit jours, par cette même personne, des reports et des décisions d'adjudication. » La société d'aménagement foncier et d'établissement rural, lorsqu'elle décide d'exercer son droit de préemption, doit en avertir les commissaires du Gouvernement. Ceux-ci peuvent, dans tous les cas, s'opposer à la préemption envisagée dans les conditions fixées au troisième alinéa de l'article R. 141-10. — *[Décr. n° 62-1235 du 20 oct. 1962, art. 3, al. 3.]*

Toute personne chargée de procéder à l'adjudication d'un bien mentionné à l'article R. 143-10 est tenue de rappeler aux parties les dispositions du présent chapitre et de leur indiquer que ces dispositions ont été observées.

La SAFER satisfait à la procédure en avertissant les commissaires du gouvernement par lettre simple. • Aix-en-Provence, 17 janv. 2006 : *RD rur. oct. 2006. 44.*

Art. R. 143-14 Dans le cas où le décret conférant le droit de préemption à la société d'aménagement foncier et d'établissement rural prévoit que s'appliqueront les dispositions de l'article L. 143-12 relatives aux adjudications volontaires, le notaire chargé de procéder à une adjudication pour des biens relevant de ces dispositions doit, deux mois au moins avant la date fixée pour l'adjudication, présenter à la société une offre amiable indiquant le prix demandé ainsi que la date, le lieu et les modalités prévus pour l'adjudication.

Dans le délai de deux mois à compter de la date de réception de cette offre amiable, la décision de la société doit être parvenue au notaire chargé d'instrumenter.

Si la société d'aménagement foncier et d'établissement rural accepte l'offre amiable, la vente est réalisée à son profit, après accomplissement, le cas échéant, des procédures destinées à mettre les titulaires des droits de préemption prioritaires en mesure de les exercer.

Si elle renonce, soit expressément, soit tacitement, l'adjudication peut alors se dérouler ; une nouvelle convocation doit cependant être adressée à la société d'aménagement foncier et d'établissement rural, conformément au premier alinéa de l'article L. 412-11, si une modification intervient dans la date, le lieu ou les modalités de l'adjudication mentionnés dans l'offre amiable qui lui a été préalablement notifiée.

Si la société estime le prix et les conditions de l'offre amiable exagérés, la notification de sa décision doit contenir son offre d'achat, faite à ses propres conditions. Les dispositions prévues à l'article R. 143-12 sont alors applicables, sauf en ce qui concerne la référence au 2° de l'article R. 143-7. Le délai de trois ans pendant lequel le vendeur, qui, après avoir demandé au tribunal de fixer le prix de son bien, a retiré celui-ci de la vente, ne peut procéder à une adjudication volontaire, a pour point de départ le jour où le jugement fixant le prix de la vente est devenu définitif. — *[Décr. n° 62-1235 du 20 oct. 1962, art. 5 bis.]*

SOUS-SECTION 4 Dispositions applicables à l'intérieur des périmètres délimités pour la protection et la mise en valeur des espaces agricoles et naturels périurbains

(Décr. n° 2006-821 du 7 juill. 2006)

Art. R. 143-15 I. — L'obligation de déclarer l'intention d'aliéner prévue aux *(Décr. n° 2015-954 du 31 juill. 2015, art. 4-7°, en vigueur le 1er janv. 2016)* « articles R. 141-2-1 et R. 141-2-3 » est applicable aux ventes de terrains, bâtis ou non bâtis, ou d'ensembles de droits sociaux donnant vocation à l'attribution en propriété ou en jouissance de terrains situés à l'intérieur des périmètres délimités en application de l'article *(Décr. n° 2015-1783 du 28 déc. 2015, art. 9-XI, en vigueur le 1er janv. 2016)* « L. 113-16 » du code de l'urbanisme.

II. — Elle est faite auprès de la société d'aménagement foncier et d'établissement rural qui la transmet dès réception au département.

III. — Le département dispose d'un délai d'un mois à compter de cette transmission pour informer la société d'aménagement foncier et d'établissement rural de son intention d'exercer son droit de préemption.

IV. – Lorsque le département décide d'exercer son droit de préemption, la société d'aménagement foncier et d'établissement rural, dans le délai de deux mois suivant la date à laquelle la déclaration d'intention d'aliéner lui est parvenue, notifie cette décision au notaire chargé d'instrumenter et, dans les quinze jours suivant la réception de cette décision par ce dernier, à l'acquéreur évincé. *(Décr. n° 2015-954 du 31 juill. 2015, art. 4-7°, en vigueur le 1er janv. 2016)* « A l'intérieur de ce délai, la société peut proposer au propriétaire de faire application de la procédure de révision du prix de vente prévue à l'article L. 143-10 *(Décr. n° 2017-1246 du 7 août 2017, art. 5-8°)* « du présent code ». Si celui-ci n'accepte pas cette offre, il peut soit retirer son bien de la vente, soit saisir le juge de l'expropriation territorialement compétent pour demander une fixation du prix de ce bien, dans les conditions prévues par le troisième alinéa de l'article L. 143-7-1. »

V. – Les acquisitions résultant de l'exercice, par la société d'aménagement foncier et d'établissement rural, à la demande et au nom du département, du droit de préemption prévu par le 9° de l'article L. 143-2 ne sont pas soumises à l'approbation préalable des commissaires du Gouvernement.

VI. – Si le département ne répond pas dans le délai d'un mois ou s'il renonce à exercer son droit, la société d'aménagement foncier et d'établissement rural peut, dans le délai de deux mois suivant lequel l'intention d'aliéner lui a été notifiée, avec l'accord de ses commissaires du Gouvernement, exercer le droit de préemption qui lui est reconnu au titre des 1° à 8° de l'article L. 143-2.

Art. R. 143-16 I. – Les obligations de déclaration et d'information prévues à l'article R. 143-13 sont applicables aux adjudications volontaires ou forcées de terrains, bâtis ou non bâtis, ou d'ensembles de droits sociaux donnant vocation à l'attribution en propriété ou en jouissance de terrains situés à l'intérieur des périmètres délimités en application de l'article *(Décr. n° 2015-1783 du 28 déc. 2015, art. 9-XI, en vigueur le 1er janv. 2016)* « L. 113-16 » du code de l'urbanisme.

II. – La société d'aménagement foncier et d'établissement rural informe le département du prix de la dernière enchère dans le délai d'une semaine suivant l'adjudication.

III. – Le département dispose d'un délai de deux semaines à compter de cette transmission pour informer la société d'aménagement foncier et d'établissement rural de son intention d'exercer son droit de préemption.

IV. – Lorsque le département décide d'exercer son droit de préemption, la société d'aménagement foncier et d'établissement rural, dans le délai de deux mois suivant la date à laquelle la déclaration d'intention d'aliéner lui est parvenue, notifie cette décision à la personne chargée de dresser l'acte d'aliénation et, dans les quinze jours suivant la réception de cette décision par ce dernier, à l'acquéreur évincé. Elle adresse copie de la décision au maire de la commune où est situé le bien en vue de son affichage en mairie pendant quinze jours et, le cas échéant, au président de l'établissement public de coopération intercommunale compétent en matière de plan local d'urbanisme.

V. – Si le département ne répond pas dans le délai de deux semaines ou s'il renonce à exercer son droit, la société d'aménagement foncier et d'établissement rural peut, dans le délai d'un mois suivant lequel l'intention de vente lui a été notifiée, avec l'accord de ses commissaires du Gouvernement, exercer le droit de préemption qui lui est reconnu au titre des 1° à 8° de l'article L. 143-2 *(Décr. n° 2017-1246 du 7 août 2017, art. 5-9°)* « du présent code ».

Art. R. 143-17 Les déclarations et les notifications prévues aux articles R. 143-15 et R. 143-16 sont faites par lettre recommandée avec accusé de réception ou par déclaration ou notification établie et conservée sous forme électronique.

Art. R. 143-18 Un acte authentique est dressé pour constater le transfert de propriété dans un délai de deux mois à compter de la notification, par la société d'aménagement foncier et d'établissement rural, de la décision du département d'exercer son droit de préemption.

Art. R. 143-19 La convention prévue par l'article L. 143-7-1 pour fixer les modalités de financement des opérations conduites par la société d'aménagement foncier et d'éta-

blissement rural pour le compte du département est conclue pour une période d'au moins quatre ans, renouvelable.

Un arrêté conjoint des ministres chargés de l'agriculture, des collectivités territoriales et de l'économie et des finances précise le contenu de ces conventions.

SOUS-SECTION 5 *[ABROGÉE]* Contentieux

(Abrogée par Décr. n° 2015-954 du 31 juill. 2015, art. 4-8°, à compter du 1er janv. 2016)

SECTION 3 Dispositions diverses

Art. R. 143-20 *(Décr. n° 2015-954 du 31 juill. 2015, art. 4-9°, en vigueur le 1er janv. 2016)* **L'autorité administrative mentionnée au III de l'article L. 141-1-1 est le préfet de région.**

Art. R. 143-21 Un arrêté conjoint du ministre de l'agriculture et du garde des sceaux, ministre de la justice, peut rendre obligatoires, pour les déclarations à faire en vertu *(Décr. n° 2006-821 du 7 juill. 2006 ; Décr. n° 2015-954 du 31 juill. 2015, art. 4-10°, en vigueur le 1er janv. 2016)* **« des articles R. 141-2-1, R. 141-2-2, R. 143-13, R. 143-15 et R. 143-16 », des modèles de déclaration et indiquer la nature des pièces justificatives à joindre, le cas échéant, auxdites déclarations.** — *[Décr. n° 62-1235 du 20 oct. 1962, art. 9 ; ancien art. R. 143-16, modifié.]*

Art. R. 143-22 Les déclarations et décisions prévues au présent chapitre doivent, sauf dispositions contraires, être notifiées par lettre recommandée avec demande d'avis de réception ou par acte d'huissier de justice. — *[Décr. n° 62-1235 du 20 oct. 1962, art. 11 ; ancien art. R. 143-17.]*

Art. R. 143-23 Tous actes ou décisions de justice emportant mutation au profit de la société d'aménagement foncier et d'établissement rural, notamment dans les conditions prévues à l'alinéa 2 de l'article L. 412-11, sont assujettis à la publicité foncière. — *[Décr. n° 62-1235 du 20 oct. 1962, art. 14 ; ancien art. R. 143-18.]*

CHAPITRE IV *[ABROGÉ]* DISPOSITIONS PARTICULIÈRES AUX DÉPARTEMENTS D'OUTRE-MER

(Abrogé par Décr. n° 2016-781 du 10 juin 2016, art. 2-4°, à compter du 1er juill. 2016)

Art. R. 144-1 à R. 144-6 *Abrogés par Décr. n° 2016-781 du 10 juin 2016, art. 2-4°, à compter du 1er juill. 2016.*

Art. R. 144-7 *Abrogé par Décr. n° 2012-363 du 14 mars 2012.*

TITRE V LES ÉQUIPEMENTS ET LES TRAVAUX DE MISE EN VALEUR

CHAPITRE I LES TRAVAUX OU OUVRAGES

SECTION 1 Les travaux exécutés par l'État

SOUS-SECTION 1 Travaux excédant les possibilités des collectivités territoriales

Art. R. 151-1 Le ministre de l'agriculture, lorsqu'il décide de prendre en considération l'exécution de travaux par application de l'article L. 151-1, prescrit la consultation des organisations professionnelles et des collectivités territoriales intéressées prévue audit article. — *[Décr. n° 52-367 du 1er avr. 1952, art. 1er.]*

Art. R. 151-2 Le préfet du département où l'exécution des travaux est prévue procède à ces consultations. Il arrête, sur le rapport du chef du service technique compétent, la liste des organisations qui seront consultées. Il doit dans tous les cas recueillir l'avis des conseils municipaux des communes intéressées, de la chambre départementale d'agriculture, *(Décr. n° 2017-1246 du 7 août 2017, art. 6-1°)* **« de l'organisation**

syndicale agricole la plus représentative dans le département » et du conseil départemental. – *[Décr. n° 52-367 du 1er avr. 1952, art. 2.]*

Art. R. 151-3 Le préfet adresse à chacun des organismes consultés un dossier comprenant :

1° Une notice explicative indiquant l'économie générale de l'opération, le programme des travaux projetés, leur coût, la plus-value à escompter ;

2° Tous plans, devis et renseignements divers nécessaires à la présentation d'un avis.

L'avis demandé doit être fourni dans un délai de deux mois, à compter de l'envoi du dossier ; en cas d'absence d'avis fourni dans ce délai, l'organisme consulté est considéré comme favorable au projet. – *[Décr. n° 52-367 du 1er avr. 1952, art. 3.]*

Art. R. 151-4 Lorsque tous les avis ont été recueillis ou après l'expiration du délai dans lequel ils auraient pu l'être, le chef du service technique intéressé fait des propositions sur la suite à donner à l'opération ; ces propositions sont transmises par le préfet avec son avis au ministre de l'agriculture.

Lorsque les travaux doivent être exécutés dans deux départements au moins, *(Décr. n° 2017-1246 du 7 août 2017, art. 6-2°)* « un arrêté du Premier ministre désigne un préfet coordonnateur du projet ». – *[Décr. n° 52-367 du 1er avr. 1952, art. 4.]*

Art. R. 151-5 Un arrêté du ministre de l'agriculture fixe la consistance des travaux et en prescrit l'exécution par l'État. Il est adressé au préfet qui, dès sa réception, prend les mesures nécessaires pour que les ouvrages soient remis après leur achèvement aux groupements désignés par l'article L. 151-3. A cet effet, il engage ou provoque l'ouverture de la procédure nécessaire, soit à la modification des statuts des associations syndicales autorisées existantes, notamment par l'extension de leur périmètre, soit à leur union, soit à la création de nouvelles associations.

L'enquête et l'instruction portent également, le cas échéant, sur le projet de décret à intervenir en cas d'échec de la tentative de constitution d'une association syndicale autorisée susceptible de prendre en charge les ouvrages.

En cas d'échec de la tentative de constitution d'une association syndicale autorisée ou d'une union de telles associations, *(Décr. n° 2017-1246 du 7 août 2017, art. 6-3°)* « une association syndicale est constituée d'office ». – *[Décr. n° 52-367 du 1er avr. 1952, art. 5.]*

Art. R. 151-6 Si la constitution d'une association syndicale ou d'une union d'associations syndicales ne peut intervenir après la mise en service des ouvrages, cette exploitation est assurée pour le compte de l'association ou de l'union dont la création est poursuivie, soit par l'État, soit par une collectivité territoriale ou un établissement public qui accepte.

Les modalités de cette exploitation sont déterminées par décret en Conseil d'État. – *[Décr. n° 52-367 du 1er avr. 1952, art. 6.]*

Art. R. 151-7 Le ministre de l'agriculture peut donner délégation au préfet du département où se trouve le siège de l'association pour accorder, s'il y a lieu, l'autorisation préalable prévue au premier alinéa de l'article L. 151-3.

Le service de l'État compétent pour assurer l'entretien des ouvrages dans les conditions prévues au troisième alinéa de l'article L. 151-3 est la *(Décr. n° 2017-1246 du 7 août 2017, art. 6-4°)* « direction départementale des territoires ».

Art. R. 151-8 Lorsque quatre années se sont écoulées depuis la fin de l'année civile au cours de laquelle ont été mis en exploitation des ouvrages réalisés dans les conditions fixées par les articles L. 151-1 à L. 151-4, le préfet du département intéressé doit proposer au ministre de l'agriculture, sur avis du *(Décr. n° 2017-1246 du 7 août 2017, art. 6-5°)* « directeur départemental des territoires », d'ouvrir la procédure en vue d'établir le montant de la plus-value apportée par cette mise en exploitation et la fraction de cette plus-value qui devra être versée à l'État. – *[Décr. n° 60-1174 du 2 nov. 1960, art. 1er.]*

Art. R. 151-9 Sur décision du ministre de l'agriculture, le préfet convoque une commission qui a pour mission :

1° D'établir une évaluation globale de la plus-value annuelle acquise par les fonds. Cette plus-value est estimée par zones homogènes dont la commission détermine les limites à l'intérieur du périmètre de chaque association syndicale ;

2° De proposer la fraction de la plus-value globale dont chaque association est redevable envers le Trésor public et qu'elle doit percevoir sur ses membres par voie de taxes syndicales ;

3° De proposer la durée de perception de cette fraction de plus-value. – *[Décr. n° 60-1174 du 2 nov. 1960, art. 2.]*

Art. R. 151-10 *(Décr. n° 2017-1246 du 7 août 2017, art. 6-6°)* La commission est composée, outre le préfet, qui la préside, des membres suivants :

1° Trois agents de la direction départementale des territoires, dont l'un est rapporteur ;

2° Deux agents de la direction générale des finances publiques ayant au moins le grade d'inspecteur, désignés par le directeur départemental des finances publiques ;

3° Deux membres du conseil départemental désignés par cette assemblée *(Décr. n° 2017-1822 du 28 déc. 2017, art. 1er-5°)* « ou, en Corse, par un conseiller exécutif désigné par le président du conseil exécutif de Corse et un conseiller à l'Assemblée de Corse désigné par celle-ci » ;

4° Deux membres de la chambre d'agriculture désignés par cet organisme.

Art. R. 151-11 La commission se prononce à la majorité des voix ; en cas de partage égal des voix, celle du président est prépondérante. – *[Décr. n° 60-1174 du 2 nov. 1960, art. 4.]*

Art. R. 151-12 Le préfet adresse au ministre de l'agriculture un dossier en double exemplaire contenant, avec son avis, le ou les procès-verbaux des séances de la commission et toutes les pièces indispensables à l'étude de l'affaire.

Au vu de ce dossier, le ministre de l'agriculture détermine, après consultation du ministre chargé de l'économie et des finances, comme éléments devant servir de base à l'enquête, le montant de la plus-value globale annuelle, la fraction de cette plus-value qui devrait être reversée au Trésor, ainsi que la durée de la période sur laquelle devrait porter le reversement.

Ces éléments sont notifiés au ou aux préfets compétents, en vue de l'enquête prévue aux articles R. 151-14, R. 151-15 et R. 151-16. – *[Décr. n° 60-1174 du 2 nov. 1960, art. 5.]*

Art. R. 151-13 Lorsque les fonds intéressés s'étendent sur plusieurs départements, chaque préfet procède à la constitution de la commission comme il est dit à l'article R. 151-10. Le préfet centralisateur, désigné par le ministre en application du deuxième alinéa de l'article R. 151-4, convoque en commission plénière les membres des commissions de département en vue d'établir des propositions d'ensemble. – *[Décr. n° 60-1174 du 2 nov. 1960, art. 6.]*

Art. R. 151-14 Chaque préfet prend dans son département, sur l'invitation du ministre de l'agriculture et dans le mois de la notification prévue au dernier alinéa de l'article R. 151-12, un arrêté par lequel il prescrit l'ouverture d'une enquête et désigne un commissaire enquêteur n'ayant aucun intérêt dans l'affaire.

L'enquête porte sur le montant global de la plus-value dans chacune des zones où les divers fonds présentent des plus-values semblables, sur la fraction de la plus-value à percevoir par l'État, sur la durée de la perception et, le cas échéant, sur la répartition de la charge entre les associations syndicales autorisées.

Le dossier d'enquête comprend, outre l'arrêté préfectoral ci-dessus mentionné :

1° Un plan des lieux faisant apparaître les zones dans lesquelles les plus-values des différents fonds sont comparables ;

2° Une notice explicative indiquant pour chaque zone le montant de la plus-value envisagée par rapport à la productivité générale des fonds à l'époque où les ouvrages ont été mis en exploitation ;

3° Un état portant, en regard du nom de chaque association, la fraction de la plus-value qu'elle sera chargée de récupérer annuellement sur ses membres.

Un exemplaire de ce dossier est déposé à la mairie de chacune des communes sur le territoire desquelles s'étendent les fonds intéressés. – *[Décr. n° 60-1174 du 2 nov. 1960, art. 7.]*

Art. R. 151-15 *(Décr. n° 2017-1246 du 7 août 2017, art. 6-7°)* L'enquête publique prévue par l'article R. 151-14 est organisée conformément aux dispositions du chapitre IV du titre III du livre I du code des relations entre le public et l'administration.

Art. R. 151-16 A l'issue de l'enquête, le préfet, ou, le cas échéant, le préfet centralisateur adresse au ministre de l'agriculture, aux fins de publication du décret en Conseil d'État prévu à l'article L. 151-5, deux exemplaires du dossier de l'enquête ouverte dans le ou les départements, contenant, outre les pièces de cette enquête, tous autres documents utiles ainsi que son avis. — *[Décr. n° 60-1174 du 2 nov. 1960, art. 9.]*

Art. R. 151-17 Le décret en Conseil d'État, pris sur le rapport des ministres chargés de l'agriculture, de l'économie et des finances, fixant le montant global de la plus-value annuelle, la fraction de cette plus-value à récupérer sur chaque association syndicale, ainsi que la durée des versements est affiché à la mairie des communes intéressées et inséré au Recueil des actes administratifs de l'État dans le ou les départements.

Il est également signifié, par la voie administrative, à chacun des groupements intéressés en vue de la répartition de la somme mise à sa charge entre ses membres. Cette répartition est faite comme en matière de *(Décr. n° 2006-504 du 3 mai 2006, art. 84)* « redevances syndicales, dans les conditions fixées par l'ordonnance n° 2004-632 du 1er juillet 2004 et le décret n° 2006-504 du 3 mai 2006 ».

Le cas échéant, le *(Décr. n° 2014-551 du 27 mai 2014, art. 26-3°)* « directeur départemental ou, le cas échéant, régional des finances publiques » peut demander au préfet d'inscrire d'office au budget des associations, conformément à *(Décr. n° 2006-504 du 3 mai 2006, art. 84)* « l'article 61 du décret précité », les crédits nécessaires à l'acquittement des dettes exigibles au titre des versements de plus-value. — *[Décr. n° 60-1174 du 2 nov. 1960, art. 10.]*

Art. R. 151-18 Si un associé déclare délaisser son immeuble par application de l'article L. 151-6, les groupements mentionnés à l'article L. 151-3 sont déchargés du versement de la fraction de plus-value afférente à l'immeuble délaissé.

Ce délaissement est fait au profit de l'État.

La déclaration de délaissement, faite dans les conditions prévues à *(Décr. n° 2006-504 du 3 mai 2006, art. 84)* « l'article 15 du décret n° 2006-504 du 3 mai 2006 », est réitérée par un acte reçu par le préfet en la forme administrative.

Les droits des créanciers régulièrement inscrits sur les immeubles délaissés *(Décr. n° 2021-1888 du 29 déc. 2021, art. 5, en vigueur le 1er janv. 2022)* « avant la publication au fichier immobilier de l'acte de délaissement » sont reportés sur l'indemnité, compte tenu du rang de préférence qui leur est reconnu par les textes qui les régissent.

L'acte de délaissement ne donne lieu à aucune perception au profit du Trésor. — *[Décr. n° 60-1174 du 2 nov. 1960, art. 11.]*

Art. R. 151-19 Lorsque, par suite de variation dans les prix, il y a lieu de réviser l'évaluation de la plus-value annuelle et de sa fraction à récupérer par l'État, il est procédé à cette révision dans les formes et conditions fixées pour les évaluations initiales par les articles R. 151-9 à R. 151-18.

La révision est décidée par le ministre de l'agriculture. Les prix à prendre en considération pour l'intervention de cette décision sont, dans les régions de monoculture, les cours officiellement constatés de la denrée agricole essentielle produite par les exploitations comprises dans la zone qui bénéficie de la plus-value et, dans les régions de polyculture, la moyenne pondérée des cours des trois principales denrées produites par les exploitations situées dans cette zone. La procédure de révision ne peut être engagée que si une différence de 25 p. 100 en plus ou en moins est constatée entre les prix ainsi définis et les prix en vigueur au moment de l'évaluation initiale de la plus-value ou de la dernière révision de cette évaluation. — *[Décr. n° 60-1174 du 2 nov. 1960, art. 12.]*

Art. R. 151-20 La fraction de la plus-value annuelle dont l'association syndicale est constituée débitrice est versée *(Décr. n° 2014-551 du 27 mai 2014, art. 26-4°)* « à la direction départementale ou, le cas échéant, régionale des finances publiques » dans le ressort duquel *[de laquelle]* l'association a son siège. Le paiement de la première annuité est opéré dans les délais d'un an à compter du jour de l'avertissement délivré par le

(Décr. n° 2014-551 du 27 mai 2014, art. 26-4°) « directeur départemental ou, le cas échéant, régional des finances publiques » et les paiements suivants d'année en année à compter de la date fixée pour le premier paiement.

A défaut de paiement à l'échéance, les sommes dues portent de plein droit intérêt au taux légal sans préjudice de l'application des dispositions prévues à l'article R. 151-17. – *[Décr. n° 60-1174 du 2 nov. 1960, art. 13.]*

Art. R. 151-21 Le *(Décr. n° 2014-551 du 27 mai 2014, art. 26-3°)* « directeur départemental ou, le cas échéant, régional des finances publiques » peut accorder aux associations syndicales débitrices, sur leur demande, des délais de paiement dans la limite maximum de deux ans et pour des sommes n'excédant pas la moitié de leur dette annuelle, lorsque ces associations établissent n'avoir pu assurer en temps utile le recouvrement de certaines cotisations malgré le recours aux mesures de poursuite dont elles disposent. Les sommes dont le versement est ainsi différé portent de plein droit intérêt au taux légal. – *[Décr. n° 60-1174 du 2 nov. 1960, art. 14.]*

Art. R. 151-22 Des remises partielles de dettes peuvent être accordées à l'association débitrice pour une année par le *(Décr. n° 2014-551 du 27 mai 2014, art. 26-3°)* « directeur départemental ou, le cas échéant, régional des finances publiques » après avis de la commission prévue à l'article R. 151-9, lorsque des cas fortuits causent à la moitié au moins de la surface totale des exploitations comprises dans l'association, des dégâts entraînant la perte de la moitié de leur récolte.

Le montant de la remise est proportionnel à l'importance de la perte subie. – *[Décr. n° 60-1174 du 2 nov. 1960, art. 15.]*

SOUS-SECTION 2 Travaux exécutés à la demande des collectivités territoriales et des établissements publics

Art. R. 151-23 Les conditions de remboursement à l'État d'une fraction des dépenses d'établissement, par les collectivités territoriales et les établissements publics auxquels sont remis les ouvrages en application des articles L. 151-3 et L. 151-4, sont fixées par un arrêté des ministres chargés de l'agriculture, de l'intérieur, de l'économie et des finances. – *[Anc. art. 151-1.]*

SOUS-SECTION 3 Travaux de recherche d'eau

Art. D. 151-24 Les travaux ou recherches définis à l'article D. 151-25 ayant pour objet la création ou l'aménagement de points d'eau en vue de la réalisation de projets d'alimentation en eau potable des communes rurales peuvent, en application de l'article L. 151-10, être entrepris par l'État sur la décision du ministre de l'agriculture. – *[Décr. 31 oct. 1950, art. 1er.]*

Art. D. 151-25 Les dépenses sont prises en charge par l'État avec la participation financière ultérieure des collectivités utilisatrices ; elles sont imputées sur les crédits ouverts pour chaque année au budget de l'État en vue de l'octroi de subventions aux travaux d'alimentation en eau potable.

Elles ont trait aux opérations suivantes :

1° Études préalables sur le terrain, au laboratoire ou au cabinet : sondages d'essais, jaugeages et essais de débit, études géologiques ou physico-chimiques, analyses physiques, chimiques ou bactériologiques, et, d'une manière générale, tous essais et études ayant pour objet la vérification de la quantité et de la qualité des eaux dont l'utilisation est envisagée ;

2° Travaux : dans le cadre des études mentionnées au 1° et, pour en permettre la poursuite, les travaux ci-après pourront, s'il y a lieu, être exécutés dans les mêmes conditions : travaux de captage des sources et émergences, exécution des puits et forages (à l'exclusion des stations de pompage), drainage et galeries captantes ; travaux de galeries filtrantes ; travaux de barrages souterrains et de serrement de nappes ;

3° En ce qui concerne spécialement les barrages-réservoirs : travaux ayant pour but la connaissance exacte de la nature des terrains, de l'étanchéité de la cuvette et de celle du sous-sol de l'emprise du barrage ; l'obtention préalable de cette étanchéité ; étude sur modèles réduits ; établissement du projet complet d'exécution. – *[Décr. 31 oct. 1950, art. 2.]*

Art. D. 151-26 Si les recherches s'avèrent infructueuses ou les points d'eau inutilisables, les dépenses restent intégralement à la charge de l'État. – *[Décr. 31 oct. 1950, art. 3.]*

Art. D. 151-27 Si les travaux aboutissent à la reconnaissance ou à la création des points d'eau dont l'utilisation est envisagée, ceux-ci pourront être cédés par l'État à la collectivité utilisatrice, maître de l'œuvre, qui devra s'engager à participer à la dépense dans les conditions prévues aux articles D. 151-25 et D. 151-28. – *[Décr. 31 oct. 1950, art. 4.]*

Art. D. 151-28 La participation financière de la collectivité utilisatrice aux dépenses faites par l'État est déterminée en fonction du taux de la subvention calculée d'après le barème en vigueur au ministère de l'agriculture pour les travaux d'alimentation en eau potable, que cette subvention soit ou non accordée.

Le taux de cette participation est fixé comme suit : – *[Décr. 31 oct. 1950, art. 5.]*

TAUX PRÉVU POUR LE CALCUL de la subvention	TAUX DE LA PARTICIPATION financière de la collectivité
Taux inférieur à 25 %	25 %
Taux compris entre 25 et 34 %	20 %
Taux compris entre 35 et 44 %	15 %
Taux compris entre 45 et 54 %	10 %
Taux égal ou supérieur à 55 %	5 %

Art. D. 151-29 Le montant de la participation financière de la collectivité utilisatrice des travaux mentionnés à l'article D. 151-25 est rattaché au budget de l'État par voie de fonds de concours.

Si ladite collectivité reçoit une subvention pour l'exécution des travaux d'utilisation de l'eau, le montant de sa participation aux dépenses engagées par l'État pour l'exécution des travaux mentionnés à l'article D. 151-25 est précompté sur le ou les mandats émis pour le montant brut de la subvention. – *[Décr. 31 oct. 1950, art. 6.]*

SOUS-SECTION 4 Travaux de drainage

Néant.

SOUS-SECTION 5 Dispositions communes

Néant.

SECTION 2 Les travaux concédés par l'État

La sous-section 2 de la section 2 du chapitre I et les art. R. 151-30 à R. 151-38 sont abrogés ; la division « Sous-section 3 - Travaux d'irrigation » de la section 2 du chapitre I est abrogée, les art. R. 151-39 à R. 151-42 deviennent les art. R. 151-30 à R. 151-33, les art. R. 151-43 et R. 151-44 sont abrogés, les art. R. 151-45 à R. 151-47 deviennent les art. R. 151-34 à R. 151-36, l'art. R. 151-48 est abrogé et les art. R. 151-49 et R. 151-50 deviennent les art. R. 151-37 et R. 151-38 (Décr. nº 2017-1246 du 7 août 2017, art. 6-8º et 9º, JO 9 août).

Art. R. 151-30 *(Décr. nº 2017-1246 du 7 août 2017, art. 6-10º)* Les contestations relatives à l'application de l'article L. 151-33 sont jugées par le tribunal administratif.

SECTION 3 Les travaux exécutés par les personnes morales autres que l'État

SOUS-SECTION 1 Travaux prescrits ou exécutés par les départements, les communes, leurs groupements et les syndicats mixtes ainsi que par les concessionnaires de ces collectivités

Art. R. 151-31 Lorsqu'une des personnes morales mentionnées à l'article L. 151-36 prend l'initiative de se charger, avec ou sans participation ultérieure des intéressés, de travaux entrant dans l'une des catégories énumérées audit article, le préfet fait instruire l'affaire par le *(Décr. nº 2017-1246 du 7 août 2017, art. 6-11º)* « directeur départemental des territoires ».

S'il apparaît, *(Décr. nº 2017-1246 du 7 août 2017, art. 6-11º)* « au vu de son rapport », que les conditions posées par l'article L. 151-36 sont réunies, le préfet ordonne par arrêté l'ouverture de l'enquête qui doit précéder l'intervention de la décision administrative prévue à l'article L. 151-37.

Si les travaux doivent s'étendre sur le territoire de plusieurs communes ou de plusieurs départements, l'intervention de l'arrêté ordonnant l'ouverture de l'enquête est subordonnée à la création d'un syndicat de communes ou d'une institution interdépartementale.

Lorsque les travaux concernent plusieurs départements, le préfet compétent pour centraliser les mesures d'instruction est celui où est situé le siège de l'institution interdépartementale ou du syndicat de communes. — *[Décr. nº 72-835 du 7 août 1972, art. 1er.]*

Art. R. 151-32 Le dossier d'enquête comprend :

Le plan indiquant la situation des ouvrages et le périmètre intéressé par les travaux ;

L'avant-projet accompagné d'une notice explicative ;

L'évaluation sommaire des dépenses par catégorie de travaux ;

Un mémoire définissant les modalités prévues pour l'exploitation et l'entretien de l'aménagement ;

Un projet d'arrêté.

(Décr. nº 2011-2019 du 29 déc. 2011, art. 7) « Le dossier comprend également l'étude d'impact définie à l'article R. 122-5 du code de l'environnement, lorsque celle-ci est requise en application des articles R. 122-2 et R. 122-3 du même code. »

Lorsque la participation des intéressés aux dépenses est prévue, le dossier de l'enquête comprend en outre :

1. Un mémoire explicatif indiquant par catégorie de travaux :

a) La proportion des dépenses restant à la charge de l'organisme maître de l'ouvrage ;

b) La proportion dans laquelle cet organisme demande à être autorisé à faire participer chaque catégorie d'intéressés aux charges de premier établissement et aux frais d'exploitation et d'entretien ;

c) En vue de fixer les bases générales de répartition, les critères retenus pour faire participer les intéressés auxdites charges et l'importance relative de ces critères en tenant compte de la mesure dans laquelle les intéressés ont rendu l'aménagement nécessaire ou utile ou y trouvent leur intérêt ;

d) Les éléments de calcul qui seront utilisés pour l'estimation des participations aux dépenses des différents intéressés ;

2. L'état des propriétaires des parcelles du périmètre intéressé ainsi que des collectivités territoriales ou des personnes physiques ou morales appelées à participer aux dépenses. — *[Décr. nº 72-835 du 7 août 1972, art. 2.]*

Art. R. 151-33 *(Décr. nº 2017-1246 du 7 août 2017, art. 6-12º)* L'enquête publique est organisée conformément aux dispositions du chapitre IV du titre III du livre I du code des relations entre le public et l'administration.

Art. R. 151-34 L'enquête terminée, le dossier est communiqué par le préfet du département ou le *(Décr. nº 2017-1246 du 7 août 2017, art. 6-13º)* « préfet coordonnateur au directeur départemental des territoires ».

Si, d'après les résultats de l'enquête, il est jugé nécessaire d'apporter au projet des modifications susceptibles d'en changer les dispositions essentielles, notamment dans le cas d'un changement dans la nature des ouvrages projetés ou dans la définition des critères pour la fixation des participations des intéressés, ou d'étendre le périmètre de l'opération, le projet modifié, ou seulement son complément, est soumis à l'organe délibérant de la personne morale qui a pris l'initiative des travaux conformément à l'article L. 151-36 et, dans le cas où elle entend poursuivre l'opération, à une nouvelle enquête, totale ou partielle, dans les mêmes formes que ci-dessus.

Le *(Décr. nº 2017-1246 du 7 août 2017, art. 6-13º)* « directeur départemental des territoires », le cas échéant après l'accomplissement des formalités complémentaires prévues à l'alinéa précédent, transmet le dossier avec ses propositions définitives au préfet

du département ou au *(Décr. n° 2017-1246 du 7 août 2017, art. 6-13°)* **« préfet coordonnateur ».** – *[Décr. n° 72-835 du 7 août 1972, art. 6.]*

Art. R. 151-35 **Si les travaux doivent s'étendre sur le territoire d'un seul département, le préfet statue par arrêté dans les conditions fixées à l'article L. 151-37.**

Si les travaux doivent s'étendre sur deux départements ou plus, il est statué par arrêté conjoint des préfets intéressés.

Il peut être pourvu à la constitution d'office d'une association syndicale par arrêté préfectoral aux conditions prévues à l'article L. 151-39. – *[Décr. n° 72-835 du 7 août 1972, art. 7.]*

Art. R. 151-36 **Lorsqu'il est nécessaire de prononcer la déclaration d'utilité publique des travaux, soit en vue de recourir éventuellement à l'expropriation d'immeubles ou de droits réels immobiliers, et notamment de droits à usage de l'eau, soit pour autoriser la dérivation des eaux dans les conditions prévues à** *(Décr. n° 2017-1246 du 7 août 2017, art. 6-14°)* **« l'article L. 215-13 du code de l'environnement, l'enquête d'utilité publique et celle mentionnée aux articles R. 151-31 à R. 151-35 du présent code » peuvent être poursuivies simultanément.** – *[Décr. n° 72-835 du 7 août 1972, art. 8.]*

Art. R. 151-37 *(Décr. n° 2017-1246 du 7 août 2017, art. 6-15°)* **Lorsque l'opération doit être précédée d'une enquête publique régie par les dispositions de l'article R. 123-1 du code de l'environnement, cette enquête peut être réalisée conjointement avec celle mentionnée à l'article R. 151-33 du présent code.**

SOUS-SECTION 2 Travaux exécutés par les associations syndicales

Art. R. 151-38 **Les associations syndicales mentionnées à l'article L. 151-41 sont, en ce qui concerne les modalités de leur constitution ainsi que pour leur administration et leur fonctionnement, soumises aux dispositions du** *(Décr. n° 2006-504 du 3 mai 2006, art. 84)* **« décret n° 2006-504 du 3 mai 2006** *[portant application de l'Ord. n° 2004-632 du 1er juill. 2004 relative aux associations syndicales de propriétaires]* **».**

CHAPITRE II LES SERVITUDES

SECTION 1 Servitude pour l'établissement de canalisations publiques d'eau ou d'assainissement

Art. R. 152-1 **Les personnes publiques définies au premier alinéa de l'article L. 152-1 et leurs concessionnaires, à qui les propriétaires intéressés n'ont pas donné les facilités nécessaires à l'établissement, au fonctionnement ou à l'entretien des canalisations souterraines d'eau potable ou d'évacuation d'eaux usées ou pluviales, peuvent obtenir l'établissement de la servitude prévue audit article, dans les conditions déterminées aux articles R. 152-2 à R. 152-15.** – *[Décr. n° 64-153 du 15 févr. 1964, art. 1er.]*

Art. R. 152-2 **Sauf dispositions contraires de l'arrêté préfectoral prévu à l'article R. 152-10 décidant, dans l'intérêt de l'exploitation de la parcelle que traverse la canalisation, que la servitude n'entraîne pas certains des effets énumérés au présent article, la servitude donne à son bénéficiaire le droit :**

1° D'enfouir dans une bande de terrain dont la largeur est fixée par le préfet, mais qui ne pourra dépasser trois mètres, une ou plusieurs canalisations, une hauteur minimum de 0,60 mètre étant respectée entre la génératrice supérieure des canalisations et le niveau du sol après les travaux ;

2° D'essarter, dans la bande de terrain prévue au 1° ci-dessus et, le cas échéant, dans une bande plus large déterminée par l'arrêté préfectoral, les arbres susceptibles de nuire à l'établissement et à l'entretien de la canalisation ;

3° D'accéder au terrain dans lequel la conduite est enfouie, les agents chargés du contrôle bénéficiant du même droit d'accès ;

4° D'effectuer tous travaux d'entretien et de réparation conformément aux dispositions de l'article R. 152-14. – *[Décr. n° 64-153 du 15 févr. 1964, art. 2.]*

Art. R. 152-3 **La servitude oblige les propriétaires et leurs ayants droit à s'abstenir de tout faire de nature à nuire au bon fonctionnement, à l'entretien et à la conservation de l'ouvrage.** – *[Décr. n° 64-153 du 15 févr. 1964, art. 3.]*

Art. R. 152-4 La personne morale de droit public maître de l'ouvrage ou son concessionnaire, qui sollicite le bénéfice de l'article L. 152-1, adresse à cet effet une demande au préfet.

A cette demande sont annexés :

1° Une note donnant toutes précisions utiles sur l'objet des travaux et sur leur caractère technique ;

2° Le plan des ouvrages prévus ;

3° Le plan parcellaire des terrains sur lesquels l'établissement de la servitude est envisagé, avec l'indication du tracé des canalisations à établir, de la profondeur minimum à laquelle les canalisations seront posées, de la largeur des bandes prévues aux 1° et 2° de l'article R. 152-2 et de tous les autres éléments de la servitude. Ces éléments devront être arrêtés de manière que la canalisation soit établie de la façon la plus rationnelle et que la moindre atteinte possible soit portée aux conditions présentes et futures de l'exploitation des terrains ;

4° La liste par commune des propriétaires, établie à l'aide d'extraits des documents cadastraux délivrés par le service du cadastre ou à l'aide des renseignements délivrés *(Décr. n° 2012-1462 du 26 déc. 2012, art. 35-XIII-8°)* « par le service de la publicité foncière » au vu du fichier immobilier ou par tous autres moyens.

(Décr. n° 2016-1110 du 11 août 2016, art. 8-3°) « Lorsque les travaux ont pour objet l'établissement de canalisations souterraines d'adduction d'eau relevant du tableau annexé à l'article R. 122-2 du code de l'environnement, la demande est accompagnée, le cas échéant, de l'étude d'impact définie à l'article R. 122-5 du même code. » — *[Décr. n° 64-153 du 15 févr. 1964, art. 4.] — V.* ***C. envir.***

Art. R. 152-5 *(Décr. n° 2017-1246 du 7 août 2017, art. 6-16°)* Après consultation des services intéressés et notamment du directeur départemental des territoires, le préfet prescrit, par arrêté, l'ouverture d'une enquête dans chacune des communes où sont situés les terrains devant être grevés de la servitude. Cette enquête est réalisée conformément aux dispositions du chapitre IV du titre III du livre I du code des relations entre le public et l'administration.

Art. R. 152-6 *Abrogé par Décr. n° 2017-1246 du 7 août 2017, art. 6-17°.*

Art. R. 152-7 Notification individuelle du dépôt du dossier est faite par le demandeur aux propriétaires intéressés, dans les formes et suivant les conditions prévues aux articles *(Décr. n° 2014-1635 du 26 déc. 2014, art. 4-XII, en vigueur le 1er janv. 2015)* « R. 131-6 et R. 131-7 » du code de l'expropriation pour cause d'utilité publique.

Cette notification comporte la mention du montant de l'indemnité proposée en réparation du préjudice causé par l'établissement de la servitude et par toutes les sujétions pouvant en découler. — *[Décr. n° 64-153 du 15 févr. 1964, art. 7.]*

Art. R. 152-8 *Abrogé par Décr. n° 2017-1246 du 7 août 2017, art. 6-17°.*

Art. R. 152-9 Si le commissaire enquêteur propose des modifications au tracé ou à la définition des servitudes et si ces modifications tendent à appliquer la servitude à des propriétés nouvelles ou à aggraver la servitude antérieurement prévue, notification directe en est faite par le demandeur aux intéressés dans les formes prévues à l'article R. 152-7.

Les intéressés ont un nouveau délai de huit jours pour prendre connaissance à la mairie du plan modifié et présenter leurs observations.

A l'expiration de ce délai, le commissaire enquêteur, dans un délai maximum de huit jours, transmet le dossier avec ses conclusions au préfet par l'intermédiaire du *(Décr. n° 2017-1246 du 7 août 2017, art. 6-18°)* « directeur départemental des territoires ». — *[Décr. n° 64-153 du 15 févr. 1964, art. 9.]*

Art. R. 152-10 Le préfet statue par arrêté sur l'établissement des servitudes. Dans l'arrêté, les propriétés sont désignées et l'identité des propriétaires est précisée conformément aux dispositions *(Décr. n° 2014-1635 du 26 déc. 2014, art. 4-XII, en vigueur le 1er janv. 2015)* « de l'article R. 132-2 du code de l'expropriation pour cause d'utilité publique ».

Au cas où la définition du tracé et des servitudes par le préfet doit être différente de celle soumise à l'enquête et doit l'aggraver, les dispositions de l'article R. 152-9 *(Décr.*

n° 2017-1246 du 7 août 2017, art. 6-19°) « du présent code » relatives à une nouvelle consultation des intéressés et du commissaire enquêteur sont applicables. – *[Décr. n° 64-153 du 15 févr. 1964, art. 10.]*

Art. R. 152-11 L'arrêté préfectoral est notifié au demandeur *(Abrogé par Décr. n° 2017-1246 du 7 août 2017, art. 6-20°)* ***« et au directeur départemental de l'équipement »*** et affiché à la mairie de chaque commune intéressée.

Il est également notifié à chaque propriétaire, à la diligence du demandeur, par lettre recommandée avec demande d'avis de réception.

Au cas où un propriétaire intéressé ne pourrait être atteint, la notification est faite au fermier, locataire, gardien ou régisseur de la propriété ou, à défaut, au maire de la commune où se trouve celle-ci. – *[Décr. n° 64-153 du 15 févr. 1964, art. 11.]*

Art. R. 152-12 Lorsque les travaux font l'objet d'une déclaration d'utilité publique et que le demandeur est en mesure, avant celle-ci, de déterminer les parcelles qui seront grevées par la servitude et de fournir le tracé précis des canalisations à établir, l'enquête prévue par les articles R. 152-5 à R. 152-9 peut être menée en même temps que l'enquête parcellaire avec laquelle elle peut être confondue. – *[Décr. n° 64-153 du 15 févr. 1964, art. 12.]*

Art. R. 152-13 Le montant des indemnités dues en raison de l'établissement de la servitude est fixé conformément aux dispositions en vigueur en matière d'expropriation pour cause d'utilité publique ; il couvre le préjudice subi par la réduction permanente du droit des propriétaires des terrains grevés. – *[Décr. n° 64-153 du 15 févr. 1964, art. 13.]*

Art. R. 152-14 La date du commencement des travaux sur les terrains grevés de servitudes est portée à la connaissance des propriétaires et exploitants huit jours au moins avant la date prévue pour le début des travaux. Un état des lieux doit, si cela est nécessaire, être dressé contradictoirement en vue de la constatation éventuelle des dommages pouvant résulter desdits travaux.

L'indemnisation des dommages résultant des travaux est fixée, à défaut d'accord amiable, par le tribunal administratif en premier ressort. – *[Décr. n° 64-153 du 15 févr. 1964, art. 14.]*

Art. R. 152-15 Si le rejet d'une demande de permis de construire a pour motif l'exercice du droit de servitude dans la parcelle considérée, son propriétaire peut requérir son acquisition totale par le maître de l'ouvrage, soit à l'amiable, soit par voie d'expropriation.

Si le permis de construire est accordé sous réserve d'un déplacement des canalisations, les frais de ce déplacement sont à la charge du bénéficiaire de la servitude. – *[Décr. n° 64-153 du 15 févr. 1964, art. 15.]*

SECTION 2 **Servitude de passage des conduites d'irrigation**

Art. R. 152-16 Les personnes publiques définies à l'article L. 152-3 et leurs concessionnaires, à qui les propriétaires intéressés n'ont pas donné les facilités nécessaires à l'établissement, au fonctionnement ou à l'entretien des canalisations souterraines destinées à l'irrigation, peuvent demander et obtenir l'établissement de la servitude prévue audit article dans les conditions déterminées aux articles R. 152-2 à R. 152-15. – *[Décr. n° 61-604 du 13 juin 1961.]*

SECTION 3 **Servitude de passage des engins mécaniques et de dépôt pour l'entretien des canaux d'irrigation**

Art. R. 152-17 L'établissement de la servitude prévue à l'article L. 152-7 et destinée à permettre les opérations d'entretien par engins mécaniques des canaux d'irrigation a lieu suivant la procédure définie aux articles R. 152-18 à R. 152-24. – *[Décr. n° 61-605 du 13 juin 1961, art. 1er.]*

Art. R. 152-18 La personne à qui incombe l'entretien des canaux et qui désire obtenir l'établissement d'une servitude adresse au préfet, par l'intermédiaire du *(Décr. n° 2017-1246 du 7 août 2017, art. 6-21°)* « directeur départemental des territoires », une demande tendant à faire déclarer l'utilité publique de cet établissement. – *[Décr. n° 61-605 du 13 juin 1961, art. 2.]*

Art. R. 152-19 Il est procédé à l'enquête préalable à la déclaration d'utilité publique *(Décr. n° 2014-1635 du 26 déc. 2014, art. 4-XII, en vigueur le 1er janv. 2015)* « dans les conditions prévues pour les enquêtes publiques relevant du premier alinéa de l'article L. 110-1 du code de l'expropriation pour cause d'utilité publique ».

Toutefois, le dossier que le préfet soumet à l'enquête ne contient obligatoirement que les documents suivants :

1° Une notice explicative indiquant l'objet et les motifs de la demande ;

2° Un plan général de l'ouvrage faisant apparaître les sections du canal le long desquelles l'application de la servitude de passage est demandée ainsi que les endroits prévus pour le dépôt des produits de curage et de faucardement ;

3° L'avis du *(Décr. n° 2017-1246 du 7 août 2017, art. 6-21°)* « directeur départemental des territoires ». – *[Décr. n° 61-605 du 13 juin 1961, art. 3.]*

Art. R. 152-20 Il est procédé, soit en même temps que l'enquête définie à l'article R. 152-19, soit après l'intervention de la déclaration d'utilité publique, à une enquête parcellaire dans les conditions définies *(Décr. n° 2014-1635 du 26 déc. 2014, art. 4-XII, en vigueur le 1er janv. 2015)* « au titre III du livre I du code de l'expropriation pour cause d'utilité publique », sous réserve des adaptations rendues nécessaires par l'objet de l'enquête, et notamment de celles précisées ci-dessous :

1° Le plan parcellaire mentionné *(Décr. n° 2014-1635 du 26 déc. 2014, art. 4-XII, en vigueur le 1er janv. 2015)* « au 1° du I de l'article R. 131-3 du code de l'expropriation pour cause d'utilité publique » comporte l'indication des diverses sujétions résultant des servitudes, et notamment celle de la largeur des terrains grevés ;

2° La notification individuelle faite par le demandeur aux intéressés et prévue à l'article *(Décr. n° 2014-1635 du 26 déc. 2014, art. 4-XII, en vigueur le 1er janv. 2015)* « R. 131-6 du code de l'expropriation pour cause d'utilité publique » doit comporter la mention du montant de l'indemnité offerte pour l'établissement des servitudes ;

3° A l'arrêté préfectoral, mentionné *(Décr. n° 2014-1635 du 26 déc. 2014, art. 4-XII, en vigueur le 1er janv. 2015)* « à l'article R. 132-1 du code de l'expropriation pour cause d'utilité publique », est substitué un arrêté définissant les servitudes. – *[Décr. n° 61-605 du 13 juin 1961, art. 4.]*

Art. R. 152-21 Le texte de l'arrêté préfectoral mentionné au 3° de l'article R. 152-20 et définissant les servitudes est notifié par lettre recommandée au demandeur et affiché à la mairie de chacune des communes intéressées.

Notification d'un extrait de cet arrêté est faite, à la diligence du demandeur, à chaque propriétaire intéressé par lettre recommandée avec demande d'avis de réception.

Au cas où la résidence du propriétaire est inconnue, la notification de l'extrait est faite au fermier, locataire, gardien ou régisseur de la propriété ou, à défaut, au maire de la commune où se trouve cette propriété. – *[Décr. n° 61-605 du 13 juin 1961, art. 5.]*

Art. R. 152-22 Si, dans le délai de trois mois à partir de la notification prévue à l'article R. 152-21, aucun accord n'a pu s'établir sur le montant des indemnités relatives à l'application des servitudes, le juge de l'expropriation peut être saisi *(Décr. n° 2014-1635 du 26 déc. 2014, art. 4-XII, en vigueur le 1er janv. 2015)* « dans les conditions prévues par le livre III du code de l'expropriation pour cause d'utilité publique ». – *[Décr. n° 61-605 du 13 juin 1961, art. 6.]*

Art. R. 152-23 Tout propriétaire d'un terrain grevé d'une servitude de dépôt peut, à toute époque, exiger du bénéficiaire de cette servitude l'acquisition de ce terrain. Il lui adresse à cet effet, avec demande d'avis de réception, une mise en demeure.

S'il n'est pas déféré à cette demande dans le délai d'un an, le propriétaire peut saisir le juge de l'expropriation en vue de l'intervention d'une ordonnance prononçant le transfert de la propriété et en vue de la détermination du montant de l'indemnité. L'arrêté définissant la servitude tient lieu d'arrêté de cessibilité.

Il est procédé, sous réserve des adaptations nécessaires, *(Décr. n° 2014-1635 du 26 déc. 2014, art. 4-XII, en vigueur le 1er janv. 2015)* « conformément aux dispositions du livre III du code de l'expropriation pour cause d'utilité publique ». – *[Décr. n° 61-605 du 13 juin 1961, art. 7.]*

Art. R. 152-24 Toute construction, toute élévation de clôture fixe, toute plantation à l'intérieur des zones soumises à la servitude doivent, pour l'application du premier alinéa de l'article L. 152-8, faire l'objet d'une demande d'autorisation adressée au préfet par lettre recommandée avec demande d'avis de réception.

La demande d'autorisation indique :

1° Le nom et l'adresse du pétitionnaire ainsi que sa qualité de propriétaire, de locataire ou d'usufruitier ;

2° L'emplacement, la nature, la disposition de la construction, de la clôture ou de la plantation envisagée.

Le préfet statue sur la demande après consultation du gestionnaire du canal et avis du *(Décr. nº 2017-1246 du 7 août 2017, art. 6-21º)* « directeur départemental des territoires ». Il fixe éventuellement dans sa décision les conditions auxquelles doit être subordonnée la réalisation du projet.

En cas de rejet de la demande, le préfet notifie immédiatement sa décision au pétitionnaire.

La décision du préfet est portée à la connaissance du maire de la commune sur le territoire de laquelle est située la propriété intéressée.

La demande à laquelle aucune réponse n'a été faite dans le délai de trois mois à compter de la date d'avis de sa réception est considérée, en ce qui concerne l'application de l'article L. 152-7, comme agréée sans conditions. – *[Décr. nº 61-605 du 13 juin 1961, art. 7.]*

SECTION 4 Servitude de passage des engins mécaniques et de dépôt pour l'entretien de certains canaux d'assainissement

Art. R. 152-25 L'établissement de la servitude prévue à l'article L. 152-13, et destinée à permettre les opérations d'entretien par engins mécaniques de certains émissaires d'assainissement n'ayant pas le caractère de cours d'eau naturels, a lieu suivant la procédure définie aux articles R. 152-18 à R. 152-24. A la référence faite dans ces articles à l'article L. 152-7 est substituée la référence à l'article L. 152-13. – *[Décr. nº 61-605 du 13 juin 1961, art. 1er.]*

SECTION 5 Servitude dite d'aqueduc

Art. R. 152-26 Les contestations mentionnées à l'article L. 152-16 sont portées devant le juge du tribunal judiciaire. – *[COJ, art. R.* 321-9, 15º.]*

Il est procédé comme en matière sommaire et, s'il y a lieu, il peut n'être nommé qu'un seul expert. – *[Anc. art. 125, al. 2.]*

SECTION 6 Servitude d'appui

Art. R. 152-27 Les contestations auxquelles peuvent donner lieu l'application des articles L. 152-17 et L. 152-18 sont portées devant le juge du tribunal judiciaire.

Il est procédé comme en matière sommaire et, s'il y a lieu, il peut n'être nommé qu'un seul expert. – *[Anc. art. 128, al. 2.]*

SECTION 7 Servitude d'écoulement

Art. R. 152-28 Les contestations mentionnées à l'article L. 152-23 sont portées devant le juge du tribunal judiciaire. – *[COJ, art. R.* 321-9, 15º.]*

Il est procédé comme en matière sommaire et, s'il y a lieu, il peut n'être nommé qu'un seul expert. – *[Anc. art. 138, al. 2.]*

SECTION 8 Servitude de passage pour l'exécution de travaux, l'exploitation et l'entretien d'ouvrages

(Décr. nº 2005-115 du 7 févr. 2005)

Art. R. 152-29 La servitude prévue à l'article L. 151-37-1 permet l'exécution des travaux, l'exploitation et l'entretien des ouvrages ainsi que le passage sur les propriétés privées des fonctionnaires et agents chargés de la surveillance, des entrepreneurs ou ouvriers, ainsi que des engins mécaniques strictement nécessaires à la réalisation des opérations.

Cette servitude est d'une largeur maximale de 6 mètres. Pour les cours d'eau, cette distance est mesurée par rapport à la rive. Lorsque la configuration des lieux ou la présence d'un obstacle fixe l'exigent pour permettre le passage des engins mécaniques, cette largeur peut être étendue dans la limite de 6 mètres comptés à partir de cet obstacle.

La servitude respecte autant que possible les arbres et plantations existants.

Les terrains bâtis ou clos de murs à la date d'institution de la servitude ainsi que les cours et les jardins attenants aux habitations sont exempts de la servitude en ce qui concerne le passage des engins mécaniques.

Art. R. 152-30 La personne morale de droit public mentionnée à l'article L. 151-36 *(Abrogé par Décr. n° 2017-1246 du 7 août 2017, art. 6-22°)* *« du code rural et de la pêche maritime »* qui sollicite l'institution de la servitude de passage adresse sa demande au préfet.

Sont joints à cette demande :

1° Une notice explicative indiquant l'objet et les motifs de la demande ;

2° La liste des parcelles et, le cas échéant, des cours d'eau ou sections de cours d'eau pour lesquels l'institution de la servitude est demandée et les plans correspondants ;

3° La liste des propriétaires dont les terrains sont susceptibles d'être affectés par la servitude ;

4° Une note détaillant les modalités de mise en œuvre de la servitude, notamment son assiette pour permettre le passage des engins mécaniques en tenant compte de la configuration des lieux et en indiquant les clôtures, arbres et arbustes dont la suppression est nécessaire.

Lorsque le dossier est complet, le préfet le soumet à l'enquête publique.

L'enquête publique préalable à l'institution de la servitude est réalisée dans les conditions *(Décr. n° 2014-1635 du 26 déc. 2014, art. 4-XII)* « prévues » *(Décr. n° 2016-308 du 17 mars 2016, art. 6-VI)* « par le chapitre IV du titre III du livre I du code des relations entre le public et l'administration ».

Une notification du dépôt du dossier en mairie est faite par le bénéficiaire de la servitude à chacun des propriétaires intéressés.

Art. R. 152-31 La publicité de l'arrêté préfectoral instituant la servitude est opérée par affichage à la mairie de chacune des communes concernées. En outre, une notification individuelle de l'arrêté est faite par le bénéficiaire de la servitude à chacun des propriétaires intéressés.

Art. R. 152-32 La modification de la servitude est effectuée dans les conditions prévues pour son institution. La suppression de la servitude est prononcée par arrêté préfectoral.

Art. R. 152-33 La servitude est annexée au plan local d'urbanisme dans les conditions définies *(Décr. n° 2015-1783 du 28 déc. 2015, art. 9-XI, en vigueur le 1er janv. 2016)* « à l'article L. 153-60 » du code de l'urbanisme.

Art. R. 152-34 A la demande de la personne morale mentionnée à l'article R. 152-30, en cas d'inobservation des dispositions prévues par l'arrêté instituant la servitude, le préfet met en demeure le contrevenant de s'y conformer.

Art. R. 152-35 Le fait de contrevenir à l'arrêté de mise en demeure mentionné à l'article R. 152-34 est puni de l'amende prévue pour les contraventions de la 5e classe.

Al. 2 abrogé par Décr. n° 2010-671 du 18 juin 2010, art. 5-XII.

TITRE VI LES CHEMINS RURAUX ET LES CHEMINS D'EXPLOITATION

COMMENTAIRE

Le décret n° 2009-1693 du 29 décembre 2009 relatif à la répartition des compétences entre le tribunal de grande instance et le tribunal d'instance *(JO 31 déc.)* rendait le tribunal de grande instance compétent pour les litiges relatifs à la propriété et à la suppression des chemins ruraux et sentiers d'exploitation.

CHAPITRE I LES CHEMINS RURAUX

SECTION 1 Chemins incorporés à la voirie rurale

Art. D. 161-1 L'incorporation dans la voirie rurale des chemins mentionnés à l'article L. 161-6 et aux premier et deuxième alinéas de l'article L. 161-7 entraîne la cessation de l'activité correspondante des organismes chargés de leur gestion.

La prise de possession effective par la commune de ces chemins prend effet du jour de la signature d'un procès-verbal de remise dressé entre les représentants qualifiés des parties intéressées.

Ce procès-verbal est notifié par le maire au président ou au directeur de l'ancien organisme gestionnaire et à son receveur. Ceux-ci disposent d'un délai de six mois, à compter de la date de cette notification, pour apurer les comptes. – *[Décr. n° 64-527 du 5 juin 1964, art. 4.]*

Art. D. 161-2 Le montant de la taxe prévue au premier alinéa de l'article L. 161-7 est fixé, pour chaque chemin, par le conseil municipal. – *[Décr. n° 64-527 du 5 juin 1964, art. 5.]*

Art. D. 161-3 Le conseil municipal arrête la liste des propriétés assujetties au paiement de la taxe et répartit celle-ci en fonction de l'intérêt de chacune d'elles aux travaux.

La délibération est prise après une enquête publique effectuée *(Décr. n° 2017-1246 du 7 août 2017, art. 7-1°)* « dans les formes prévues au chapitre IV du titre III du livre I du code des relations entre le public et l'administration ». – *[Décr. n° 64-527 du 5 juin 1964, art. 6.]*

Art. D. 161-4 Lorsque le conseil municipal reconduit la liste des propriétés imposées et les taxes fixées par l'ancien organisme gestionnaire des chemins incorporés à la voirie rurale, il n'y a pas lieu de faire application des dispositions du deuxième alinéa de l'article D. 161-3. – *[Décr. n° 64-527 du 5 juin 1964, art. 7.]*

SECTION 2 Acceptation et exécution des souscriptions volontaires

Art. D. 161-5 Des souscriptions volontaires en espèces et en nature peuvent être offertes aux communes pour le financement des travaux projetés sur les chemins ruraux.

Le conseil municipal se prononce sur les propositions des souscripteurs. La publication de la délibération vaut avis d'acceptation ou de refus des souscriptions. – *[Décr. n° 64-527 du 5 juin 1964, art. 1er.]*

Art. D. 161-6 Le conseil municipal fixe les conditions d'exécution des souscriptions en nature, les délais ainsi que les modalités de réception des travaux ou fournitures correspondantes. – *[Décr. n° 64-527 du 5 juin 1964, art. 2.]*

Art. D. 161-7 Les souscriptions en espèces sont rendues exécutoires dans les formes prévues par *(Décr. n° 2017-1246 du 7 août 2017, art. 7-2°)* « l'article R. 2342-4 du code général des collectivités territoriales ». – *[Décr. n° 64-527 du 5 juin 1964, art. 3.]* – *V.* **CGCT.**

SECTION 3 Caractéristiques techniques

Art. D. 161-8 I. – Les caractéristiques techniques générales des chemins ruraux sont fixées de manière à satisfaire, suivant les conditions imposées par la géographie des lieux et les structures agraires, à la nature et à l'importance des divers courants de desserte des terres et bâtiments d'exploitation tels qu'ils peuvent être déterminés dans le cadre d'une prévision d'ensemble des besoins de la commune, compte tenu des cultures pratiquées et des matériels utilisés.

Le tracé, le profil en long et le profil en travers de tout chemin rural construit postérieurement au 3 décembre 1969 doivent être arrêtés en fonction des dessertes et communications à assurer et dans le souci de le réaliser avec des caractéristiques homogènes.

La chaussée et les ouvrages d'art doivent pouvoir supporter avec un entretien normal les efforts dus aux véhicules, matériels et modes de traction couramment utilisés dans la commune.

II. – Sauf circonstances particulières appréciées par le conseil municipal dans une délibération motivée, aucun chemin rural ne doit avoir une largeur de plate-forme supérieure à 7 mètres et une largeur de chaussée supérieure à 4 mètres. Des surlargeurs doivent toutefois être ménagées à intervalles plus ou moins rapprochés pour permettre le croisement des véhicules et matériels lorsque, sur des sections données, la nature du trafic le justifie.

Au passage sous les ouvrages d'art, la largeur de la plate-forme doit être au moins égale à celle de la plate-forme en section courante, mais sans pouvoir dépasser le maximum de 7 mètres prévu à l'alinéa précédent.

Le tracé des chemins ruraux doit être aussi rectiligne que possible et le rayon des courbes en plan aussi grand que les circonstances locales le permettent.

La valeur des déclivités doit être réduite au minimum, compte tenu de la configuration des lieux.

Les profils en long et en travers doivent être établis de manière à assurer l'écoulement des eaux pluviales et l'assainissement de la plate-forme.

III. – Sous les ouvrages d'art qui franchissent un chemin rural, un tirant d'air d'au moins 4,30 mètres doit être réservé sur toute la largeur de la chaussée.

Les surcharges de calcul et d'épreuve des ouvrages d'art supportant les chemins ruraux sont déterminées comme pour les voies communales. – *[Décr. n° 69-897 du 18 sept. 1969, art. 1er à 3.]*

Art. D. 161-9 Les prescriptions des II et III de l'article D. 161-8 s'appliquent aux chemins ruraux et ouvrages d'art construits après le 3 octobre 1969.

Elles s'appliquent également, sauf circonstances particulières, appréciées par le conseil municipal dans une délibération motivée, aux chemins ruraux et ouvrages d'art qui, existant à cette date, seraient l'objet, après la même date, d'aménagements entraînant de profondes modifications de leurs caractéristiques. – *[Décr. n° 69-897 du 18 sept. 1969, art. 4.]*

SECTION 4 Mesures générales de police

Art. D. 161-10 Dans le cadre des pouvoirs de police prévus à l'article L. 161-5, le maire peut, d'une manière temporaire ou permanente, interdire l'usage de tout ou partie du réseau des chemins ruraux aux catégories de véhicules et de matériels dont les caractéristiques sont incompatibles avec la constitution de ces chemins, et notamment avec la résistance et la largeur de la chaussée ou des ouvrages d'art. – *[Décr. n° 69-897 du 18 sept. 1969, art. 6.]*

Est partiellement annulé l'arrêté municipal interdisant la circulation de véhicules motorisés sur un chemin rural pouvant supporter le passage d'engins agricoles lourds et encombrants. • CAA Douai, 2 avr. 2020, n° 18DA01218 : *RD rur. 2020, n° 104, note Lochouarn.* ♦ Est illégale une interdiction de toute circulation sur un chemin rural en dehors des zones présentant un intérêt particulier, même ne s'appliquant pas aux véhicules nécessaires aux travaux agricoles, forestiers ou de service public. • TA Amiens, 27 mai 2003, *Simonet*, n° 01-2499. – V. aussi note 2 ss. art. L. 161-5.

Art. D. 161-11 Lorsqu'un obstacle s'oppose à la circulation sur un chemin rural, le maire y remédie d'urgence.

Les mesures provisoires de conservation du chemin exigées par les circonstances sont prises, sur simple sommation administrative, aux frais et risques de l'auteur de l'infraction et sans préjudice des poursuites qui peuvent être exercées contre lui. – *[Décr. n° 69-897 du 18 sept. 1969, art. 7.]*

1. Le maire qui doit apprécier l'obstacle s'opposant à la circulation sur le chemin rural, notamment sur l'ampleur de la gêne occasionnée et les conséquences, ne peut être regardé comme se trouvant en situation de compétence liée pour prendre les mesures prévues par l'art. D. 161-11. • CE 24 févr. 2020, n° 421086 B : *AJDA 2020. 429 ; D. actu. 2 mars 2020, obs. Benoit ; Dr. adm. 2020, n° 27, note Éveillard ; AJDA 2020. 1496, note Le Roux ; RD rur. 2020, n° 91, note Lochouarn ; Gaz. Pal. 2020, n° 10, p. 44, obs. Seroc.*

2. Sauf urgence, le maire doit respecter la procédure contradictoire avant de mettre en demeure une personne de retirer un obstacle à la circulation sur un chemin rural. • CAA Nantes, 4 déc. 2020, ☎ n° 20NT00704 : *DP entr. agric., Bull. n° 548, p. 22, note Lagarde.*

3. Le maire peut faire procéder à l'enlèvement et à la réfection du chemin aux frais du responsable. • CAA Bordeaux, 7 mai 2014, ☎ n° 12BX02372. ♦ Le juge peut enjoindre au maire de rétablir un chemin rural mis en culture par des agriculteurs riverains. • CAA Douai, 31 mai 2018, ☎ n° 16DA00092. ♦ ... Éventuellement sous astreinte. • CAA Marseille, 9 juill. 2018, ☎ n° 16MA03254.

SECTION 4 *BIS* Recensement

(Décr. n° 2022-1652 du 26 déc. 2022, art. 1er)

Art. R. 161-11-1 L'enquête prévue au deuxième alinéa de l'article L. 161-6-1 a lieu dans les formes fixées par le titre I du livre I du code de l'expropriation pour cause d'utilité publique, sous réserve des dispositions particulières édictées par la présente section.

Un arrêté du maire de la commune sur le territoire de laquelle doit se dérouler le recensement désigne un commissaire enquêteur ou une commission d'enquête et précise l'objet de l'enquête, la date à laquelle celle-ci sera ouverte et les heures et le lieu où le public pourra prendre connaissance du dossier et formuler ses observations. L'indemnité due au commissaire enquêteur ou aux membres de la commission d'enquête est fixée par le maire.

Art. R. 161-11-2 La durée de l'enquête publique ne peut être inférieure à quinze jours ni supérieure à dix-huit mois.

Le dossier d'enquête comprend :

a) La délibération du conseil municipal mentionnée au premier alinéa de l'article L. 161-6-1 ;

b) Une notice explicative ;

c) Un projet de tableau récapitulatif des chemins ruraux de la commune ;

d) Un plan de situation.

Huit jours au moins avant l'ouverture de l'enquête, le maire ayant pris l'arrêté prévu à l'article R. 161-11-1 fait procéder à la publication, en caractères apparents, d'un avis au public l'informant de l'ouverture de l'enquête dans deux journaux régionaux ou locaux diffusés dans tout le département. Cet avis est ensuite rappelé dans les huit premiers jours suivant le début de celle-ci et, éventuellement, mis en ligne sur le site internet de la commune. Si la commune ne dispose pas d'un site internet, cet avis est publié, à sa demande, sur le site internet des services de l'État dans le département.

En outre, huit jours au moins avant l'ouverture de l'enquête et pendant toute la durée de celle-ci, l'arrêté d'ouverture de l'enquête publique est publié par voie d'affiches et, éventuellement, par tout autre procédé, dans la commune sur le territoire de laquelle le recensement doit avoir lieu.

Art. R. 161-11-3 A l'expiration du délai d'enquête, le registre d'enquête est clos et signé par le commissaire enquêteur ou le président de la commission d'enquête qui, dans le délai d'un mois à compter de la date de clôture de l'enquête, transmet au maire de la commune concernée par le recensement, le dossier et le registre accompagnés de ses conclusions motivées.

Une copie du rapport dans lequel le commissaire enquêteur ou la commission d'enquête énonce ses conclusions motivées est déposée à la mairie de la commune où s'est déroulée l'enquête.

Les demandes de communication des conclusions motivées du commissaire enquêteur ou de la commission d'enquête, formées en application de l'article L. 112-1 du code de l'expropriation pour cause d'utilité publique, sont adressées au maire de la commune où s'est déroulée l'enquête. Celui-ci peut soit inviter le demandeur à prendre connaissance de ces conclusions à la mairie dans laquelle une copie de ce document a été déposée, soit lui en adresser une copie, soit assurer la publication de ces conclusions en vue de leur diffusion aux demandeurs.

Art. D. 161-11-4 La liste des informations comprises dans le tableau récapitulatif des chemins ruraux mentionné à l'article L. 161-6-1 est arrêtée par le ministre chargé de l'agriculture. — *V. Arr. du 16 févr. 2023 précisant le contenu du tableau récapitulatif du recensement des chemins ruraux (JO 2 mars).*

SECTION 5 **Bornage**

Art. D. 161-12 Les limites assignées aux chemins ruraux sont fixées, soit par le plan parcellaire annexé à la délibération du conseil municipal portant ouverture ou modification des emprises du chemin, soit par la procédure du bornage.

Elles peuvent être, à titre individuel, constatées par un certificat de bornage délivré par le maire en la forme d'arrêté à toute personne qui en fait la demande, sans préjudice des droits des tiers.

A défaut de plans ou de bornes, le maire peut, sous réserve des dispositions de l'article D. 161-13, délivrer le certificat de bornage au vu des limites de fait telles qu'elles résultent de la situation des lieux ou qu'elles peuvent être établies par tous moyens de preuve de droit commun.

Aucune construction, reconstruction ou installation de mur ou clôture ne peut être effectuée à la limite des chemins ruraux sans que ce certificat ait été préalablement demandé. – *[Décr. nº 69-897 du 18 sept. 1969, art. 8.]*

Art. D. 161-13 Lorsqu'il n'existe pas de titres, de bornes ou de documents permettant de connaître les limites exactes d'un chemin rural au droit des propriétés riveraines ou qu'une contestation s'élève à ce sujet, il peut être procédé à l'initiative de la partie la plus diligente à une délimitation à l'amiable conformément aux prescriptions de l'article 646 du code civil.

Le géomètre expert désigné dresse, à l'issue de l'opération, un procès-verbal de bornage et, si l'une des parties en fait la demande, des bornes sont plantées aux emplacements choisis ; la délimitation et l'établissement de bornes se font à frais communs sauf convention expresse de répartition différente des charges.

Si l'accord ne se réalise pas ou si la délimitation ne peut être effectuée par suite du refus, de l'incapacité juridique ou de l'absence des intéressés, une action en bornage peut être intentée devant le tribunal judiciaire de la situation du lieu ; l'action ne peut être intentée par le maire que sur autorisation du conseil municipal. – *[Décr. nº 69-897 du 18 sept. 1969, art. 9.]*

SECTION 6 **Conservation et surveillance**

Art. D. 161-14 Il est expressément fait défense de nuire aux chaussées des chemins ruraux et à leurs dépendances ou de compromettre la sécurité ou la commodité de la circulation sur ces voies, notamment :

1º D'y faire circuler des catégories de véhicules et de matériels dont l'usage a été interdit par arrêté du maire, dans les conditions prévues à l'article D. 161-10 ;

2º De les dépaver, d'enlever les pierres ou autres matériaux destinés aux travaux de ces chemins ou déjà mis en œuvre ;

3º De labourer ou de cultiver le sol dans les emprises de ces chemins et de leurs dépendances ;

4º De faire sur l'emprise de ces chemins des plantations d'arbres ou de haies ;

5º De creuser aucune cave sous ces chemins ou leurs dépendances ;

6º De détériorer les talus, accotements, fossés, ainsi que les marques indicatives de leurs limites ;

7º De rejeter sur ces chemins et leurs dépendances des eaux insalubres ou susceptibles de causer des dégradations, d'entraver l'écoulement des eaux de pluie, de gêner la circulation ou de nuire à la sécurité publique ;

8º De mettre à rouir des plantes textiles dans les fossés ;

9º De mutiler les arbres plantés sur ces chemins ;

10º De dégrader les appareils de signalisation et leurs supports, les bornes ou balises des chemins, les plantations, les ouvrages d'art ou leurs dépendances, les revêtements des chaussées et, d'une façon générale, tout ouvrage public situé dans les emprises du chemin, notamment les supports de lignes téléphoniques ou de distribution d'énergie électrique ou d'éclairage public ;

11º De faire des dessins ou inscriptions ou d'apposer des placards, papillons ou affiches sur ces mêmes chemins et ouvrages ;

12º De déposer sur ces chemins des objets ou produits divers susceptibles de porter atteinte à la sécurité de la circulation, notamment d'y jeter des pierres ou autres

matières, d'y amener par des véhicules, en provenance des champs riverains, des amas de terre, d'abandonner sur la chaussée des produits tombés de chargements mal assurés, tels que fumiers, pulpes, graviers, gravois, et d'une manière générale de se livrer à tout acte portant atteinte ou de nature à porter atteinte à l'intégrité des chemins ruraux et des ouvrages qu'ils comportent, à en modifier l'assiette ou à y occasionner des détériorations. – *[Décr. n° 69-897 du 18 sept. 1969, art. 10.]*

Art. D. 161-15 Nul ne peut, sans autorisation délivrée par le maire, faire aucun ouvrage sur les chemins ruraux et notamment ouvrir, sur le sol de ces chemins ou de leurs dépendances, aucune fouille ou tranchée ou enlever de l'herbe, de la terre, du gravier, du sable ou autres matériaux, y installer des canalisations, y faire aucun dépôt, de quelque nature que ce soit, y étendre aucune espèce de produits ou matières. – *[Décr. n° 69-897 du 18 sept. 1969, art. 11.]*

Art. D. 161-16 Nul ne peut sans autorisation du maire :

1° Ouvrir des fossés ou canaux le long des chemins ruraux ;

2° Exploiter des carrières à proximité de ceux de ces chemins qui doivent en assurer la desserte ;

3° Rejeter sur les chemins ruraux l'égout des toits ou les eaux ménagères ;

4° Établir sur les fossés de ces chemins des barrages, écluses, passages permanents ou temporaires ;

5° Établir des accès à ces chemins ;

6° Procéder à l'émission de nappes fumigènes destinées à défendre certaines cultures.

Les installations fixes ou mobiles d'irrigation doivent être établies de manière à éviter que leur jet cause des dégradations aux chemins ruraux. Le maire peut, en fonction de la situation des lieux et des matériels utilisés, prescrire toutes les mesures conservatoires nécessaires.

Les autorisations individuelles précisent les différentes conditions d'exécution qui leur sont particulières, tant en ce qui concerne la conformation des ouvrages que leurs modalités d'exécution. – *[Décr. n° 69-897 du 18 sept. 1969, art. 12.]*

Art. D. 161-17 L'exécution de toute excavation de quelque nature qu'elle soit doit faire l'objet d'une déclaration préalable en mairie dès lors que la distance qui la sépare de la limite du chemin est inférieure à 5 mètres ou à cette distance augmentée de 1 mètre par mètre de profondeur ; au-delà de 10 mètres il n'y a pas lieu à déclaration.

Le maire peut, en tant que de besoin, prescrire toute mesure destinée à sauvegarder l'intégrité du chemin et la sécurité de ses utilisateurs.

Le présent article ne s'applique pas aux excavations qui sont soumises à des dispositions spéciales au titre de la législation sur les mines, minières et carrières. – *[Décr. n° 69-897 du 18 sept. 1969, art. 13.]*

Art. D. 161-18 Sur le parcours des chemins ruraux, les entrées des champs, les accès aux cours de ferme, les raccordements des chemins d'exploitation et en général tous accès aux propriétés riveraines que les propriétaires sont autorisés à établir doivent être convenablement empierrés ou stabilisés sur une longueur suffisante pour éviter toute détérioration du chemin.

Ces travaux doivent être exécutés de façon à ne pas gêner l'écoulement des eaux et à ne pas modifier les profils en long et en travers des chaussées et des accotements.

Ces dispositions ne dérogent en rien aux conditions d'aménagement des accès aux chemins ruraux qui peuvent, le cas échéant, être imposées par application de *(Décr. n° 2017-1246 du 7 août 2017, art. 7-3°)* **« l'article R. 111-5 du code de l'urbanisme ».** – *[Décr. n° 69-897 du 18 sept. 1969, art. 14.]*

Art. D. 161-19 Les propriétaires des terrains supérieurs ou inférieurs bordant les chemins ruraux sont tenus d'entretenir en bon état les ouvrages construits à leurs frais par eux ou pour leur compte et destinés à soutenir les terres. – *[Décr. n° 69-897 du 18 sept. 1969, art. 15.]*

SECTION 7 **Dispositions relatives à l'écoulement des eaux, aux plantations, à l'élagage et au curage des fossés**

Art. D. 161-20 Les propriétés riveraines situées en contrebas des chemins ruraux sont assujetties à recevoir les eaux qui découlent naturellement de ces chemins.

Les propriétaires riverains de ces chemins ne peuvent faire aucune œuvre tendant à empêcher le libre écoulement des eaux qu'ils sont tenus de recevoir et à les faire séjourner dans les fossés ou refluer sur le sol du chemin. – *[Décr. nº 69-897 du 18 sept. 1969, art. 16.]*

Art. D. 161-21 L'ouverture de fossés ou canaux le long d'un chemin rural ne peut être autorisée à moins de 0,50 mètre de la limite du chemin. Ces fossés ou canaux doivent avoir un talus d'un mètre de base au moins pour un mètre de hauteur.

Tout propriétaire ayant fait ouvrir des fossés ou canaux sur son terrain le long d'un chemin rural doit les entretenir de manière à empêcher que les eaux nuisent à la viabilité du chemin. Si les fossés ou canaux ouverts par des particuliers sur leur terrain le long d'un chemin rural ont une profondeur telle qu'elle puisse présenter quelque danger, les propriétaires sont tenus de prendre les dispositions qui leur sont prescrites pour assurer la sécurité de la circulation ; injonction leur est faite à cet effet par arrêté du maire. – *[Décr. nº 69-897 du 18 sept. 1969, art. 17.]*

Art. D. 161-22 Les plantations d'arbres et de haies vives peuvent être faites le long des chemins ruraux sans conditions de distance, sous réserve que soient respectées les servitudes de visibilité et les obligations d'élagage prévues à l'article D. 161-24.

Toutefois, dans un souci de sûreté et de commodité du passage, le maire peut, par arrêté, désigner les chemins de sa commune le long desquels les plantations devront être placées à des distances au plus égales à celles prévues pour les voies communales. – *[Décr. nº 69-897 du 18 sept. 1969, art. 18.]*

Art. D. 161-23 Les plantations privées existant dans l'emprise du chemin peuvent être conservées lorsqu'elles ne troublent pas la sûreté ou la commodité du passage ; elles ne peuvent en aucun cas être renouvelées.

Lorsque la viabilité du chemin rend nécessaire leur destruction, les propriétaires sont mis en demeure, par arrêté du maire, d'avoir à les enlever dans un délai déterminé.

Si les plantations ont plus de trente ans d'âge, le droit des propriétaires se résout en une indemnité qui est réglée à l'amiable ou, à défaut, comme en matière d'expropriation. – *[Décr. nº 69-897 du 18 sept. 1969, art. 19.]*

Art. D. 161-24 Les branches et racines des arbres qui avancent sur l'emprise des chemins ruraux doivent être coupées, à la diligence des propriétaires ou exploitants, dans des conditions qui sauvegardent la sûreté et la commodité du passage ainsi que la conservation du chemin.

Les haies doivent être conduites à l'aplomb de la limite des chemins ruraux.

Dans le cas où les propriétaires riverains négligeraient de se conformer à ces prescriptions, les travaux d'élagage peuvent être effectués d'office par la commune, à leurs frais, après une mise en demeure restée sans résultat. – *[Décr. nº 69-897 du 18 sept. 1969, art. 20.]*

SECTION 8 **Aliénation des chemins ruraux dans les cas prévus aux articles L. 161-10 et L. 161-10-1** *(Décr. nº 2015-955 du 31 juill. 2015, art. 1er-1º).*

(Décr. nº 2002-227 du 14 févr. 2002)

Art. R. 161-25 *(Décr. nº 2015-955 du 31 juill. 2015, art. 1er-2º)* L'enquête prévue aux articles L. 161-10 et L. 161-10-1 a lieu dans les formes fixées *(Décr. nº 2016-308 du 17 mars 2016, art. 6-VI)* « par le chapitre IV du titre III du livre I du code des relations entre le public et l'administration », sous réserve des dispositions particulières édictées par la présente section.

Un arrêté du maire ou, dans les cas prévus à l'article L. 161-10-1, un arrêté conjoint des maires des communes concernées par l'aliénation désigne un commissaire enquêteur ou une commission d'enquête et précise l'objet de l'enquête, la date à laquelle celle-ci sera ouverte et les heures et le lieu où le public pourra prendre connaissance du dossier et formuler ses observations. L'indemnité due au commissaire enquêteur ou aux membres de la commission d'enquête est fixée par le maire ou, conjointement, par les maires des communes concernées par l'aliénation.

Art. R. 161-26 *(Décr. nº 2015-955 du 31 juill. 2015, art. 1er-2º)* La durée de l'enquête publique est fixée à quinze jours.

Le dossier d'enquête comprend :

a) Le projet d'aliénation ;

b) Une notice explicative ;

c) Un plan de situation ;

d) S'il y a lieu, une appréciation sommaire des dépenses.

Quinze jours au moins avant l'ouverture de l'enquête, le ou les maires ayant pris l'arrêté prévu à l'article R. 161-25 font procéder à la publication, en caractères apparents, d'un avis au public l'informant de l'ouverture de l'enquête dans deux journaux régionaux ou locaux diffusés dans tout le département ou tous les départements concernés.

En outre, quinze jours au moins avant l'ouverture de l'enquête et pendant toute la durée de celle-ci, l'arrêté d'ouverture de l'enquête publique est publié par voie d'affiches et, éventuellement, par tout autre procédé dans les communes concernées par l'aliénation. Cet arrêté est également affiché aux extrémités du chemin ou des chemins concernés et sur le tronçon faisant l'objet du projet d'aliénation.

Art. R. 161-27 *(Décr. nº 2015-955 du 31 juill. 2015, art. 1er-3º)* « A l'expiration du délai d'enquête, le registre d'enquête est clos et signé par le commissaire enquêteur ou le président de la commission d'enquête qui, dans le délai d'un mois à compter de la date de clôture de l'enquête, transmet au maire ou aux maires des communes concernées par l'aliénation, le dossier et le registre accompagnés de ses conclusions motivées. En cas d'avis défavorable du commissaire enquêteur ou de la commission d'enquête, la délibération du conseil municipal ou, dans les cas prévus à l'article L. 161-10-1, les délibérations concordantes des conseils municipaux décidant l'aliénation sont motivées. »

En outre, pour les chemins inscrits sur le plan départemental des itinéraires de promenade et de randonnée, les conseils municipaux doivent, préalablement à toute délibération décidant de leur suppression ou de leur aliénation, avoir proposé au conseil départemental un itinéraire de substitution approprié à la pratique de la promenade et de la randonnée.

SECTION 9 **Dispositions diverses** *(Décr. nº 2002-227 du 14 févr. 2002).*

Art. R. 161-28 Les infractions aux dispositions des articles D. 161-8 à D. 161-24 relatives à la conservation des chemins ruraux sont constatées et poursuivies dans les conditions prévues par le code de procédure pénale. – *[Décr. nº 69-897 du 18 sept. 1969, art. 21.] – Les divisions « I » et « II » sont supprimées et le mot « pourvuivies » est remplacé par le mot « poursuivies » (Décr. nº 2017-1246 du 7 août 2017, art. 7-4º, JO 9 août).*

Art. R. 161-29 Les prescriptions visant à compléter dans le cadre de chaque département les dispositions des articles D. 161-8 à D. 161-24 sont prises en la forme d'arrêté préfectoral, après avis du conseil départemental, au vu du règlement type ci-annexé. Cet arrêté est publié au Recueil des actes administratifs de l'État dans le département.

Toute modification ou addition jugée ultérieurement nécessaire intervient dans les mêmes formes. – *[Décr. nº 69-897 du 18 sept. 1969, art. 22.]*

CHAPITRE II LES CHEMINS ET LES SENTIERS D'EXPLOITATION

Art. R. 162-1 *(Décr. nº 2009-1693 du 29 déc. 2009, art. 6)* Le juge du tribunal judiciaire statue sur toutes les difficultés relatives aux travaux prévus par l'article L. 162-2.

TITRE VII LES EXPERTS FONCIERS ET AGRICOLES ET LES EXPERTS FORESTIERS

(Décr. nº 2006-1345 du 6 nov. 2006)

CHAPITRE I LE CONSEIL NATIONAL DE L'EXPERTISE FONCIÈRE, AGRICOLE ET FORESTIÈRE

SECTION 1 **Le comité du Conseil national de l'expertise foncière, agricole et forestière**

Art. R. 171-1 Le comité du Conseil national de l'expertise foncière, agricole et forestière est composé de quatre à quatorze membres.

La répartition des sièges au sein du comité entre les représentants des experts fonciers et agricoles et les représentants des experts forestiers est calculée lors de chaque renouvellement du comité en fonction du nombre respectif d'experts de chacune de ces catégories inscrits sur la liste mentionnée à l'article R. 171-9.

Chaque tranche de cent experts, arrondie à l'unité supérieure, ouvre droit à un siège, sans que le nombre de sièges dont disposent, d'une part, les experts fonciers et agricoles, d'autre part, les experts forestiers, puisse être inférieur à deux et supérieur à sept.

Art. R. 171-2 Les membres du comité sont élus par l'assemblée générale pour une durée de quatre ans.

Le comité est renouvelé par moitié tous les deux ans. Les membres démissionnaires, décédés ou qui perdent la qualité au titre de laquelle ils sont désignés sont remplacés par l'assemblée générale suivante. Le mandat du nouveau membre expire à la date à laquelle aurait normalement pris fin celui du membre qu'il remplace.

Art. R. 171-3 Sont électeurs les experts fonciers et agricoles et les experts forestiers inscrits sur la liste mentionnée à l'article R. 171-9, à jour de leurs cotisations.

Art. R. 171-4 Pour être éligibles au comité, les experts fonciers et agricoles et les experts forestiers doivent être âgés d'au moins vingt-cinq ans et être à jour de leurs cotisations.

Les organisations les plus représentatives mentionnées à l'article L. 171-1 communiquent au président du comité, par lettre recommandée avec demande d'avis de réception ou remise contre récépissé, les noms des candidats qu'elles proposent.

(Décr. n° 2015-1768 du 24 déc. 2015, art. 5-1°, en vigueur le 1er janv. 2016) « Le président du comité diffuse aux membres du conseil national les noms des candidats proposés lors de l'envoi de la convocation à l'assemblée générale devant procéder à l'élection des membres du comité. »

Art. R. 171-5 Les experts sont convoqués en assemblée générale par le président du comité. L'assemblée générale procède pour chaque siège à l'élection au scrutin majoritaire à deux tours. Seuls les électeurs présents ou représentés prennent part au vote. Nul n'est élu au premier tour, s'il n'a réuni la majorité absolue des suffrages exprimés. Au second tour, est élu celui qui a recueilli le plus de suffrages.

Le règlement intérieur du conseil national fixe les modalités de la convocation à l'assemblée générale, du dépôt des candidatures ainsi que du scrutin.

Art. R. 171-6 A l'issue de l'assemblée générale qui a procédé à son renouvellement par moitié, le comité élit en son sein pour une durée de deux ans, au scrutin secret, un bureau comprenant deux représentants des experts fonciers et agricoles et deux représentants des experts forestiers, dont le président et le vice-président du comité. Le président et le vice-président ne peuvent pas appartenir à la même catégorie d'experts. Le mandat de président n'est pas immédiatement renouvelable.

Le bureau se réunit *(Abrogé par Décr. n° 2015-1768 du 24 déc. 2015, art. 5-2°, à compter du 1er janv. 2016)* *« au moins deux fois par an, »* sur convocation de son président. Il est notamment chargé de préparer les dossiers de demande d'inscription sur la liste mentionnée à l'article R. 171-9.

En cas de partage égal des voix, celle du président est prépondérante.

Art. R. 171-7 Le comité se réunit au moins deux fois par an sur convocation de son président qui établit l'ordre du jour. Ce dernier est joint à la convocation.

Tout membre du comité peut, en cas d'empêchement, donner pouvoir pour le représenter à un autre membre du comité. Aucun membre ne peut détenir plus d'un pouvoir.

Le comité délibère valablement si deux tiers de ses membres sont présents ou représentés. Si le quorum n'est pas atteint, le comité est convoqué dans les quinze jours avec le même ordre du jour. Il délibère alors valablement quel que soit le nombre de membres présents.

Le comité se prononce à la majorité des deux tiers des membres présents ou représentés.

Le président peut appeler toute personnalité extérieure au comité à participer à ses travaux avec voix consultative.

Art. R. 171-8 Le comité administre le conseil national dont il établit le règlement intérieur. Il prépare le budget dont les ressources sont constituées, notamment, par la cotisation annuelle prévue par l'article L. 171-1.

Le budget et le *(Décr. nº 2015-1768 du 24 déc. 2015, art. 5-3º, en vigueur le 1er janv. 2016)* « montant des cotisations annuelles » sont soumis au vote de l'assemblée générale, statuant à la majorité de ses membres présents ou représentés, avant le 31 décembre de l'année précédant celle à laquelle ils s'appliquent.

SECTION 2 Dispositions relatives à la liste des experts fonciers et agricoles ou forestiers et à la libre prestation de services *(Décr. nº 2009-180 du 16 févr. 2009).*

SOUS-SECTION 1 Liste des experts fonciers et agricoles ou forestiers

(Décr. nº 2009-180 du 16 févr. 2009)

Art. R. 171-9 La liste des experts fonciers et agricoles *(Décr. nº 2009-180 du 16 févr. 2009)* « ou » des experts forestiers est établie par le comité avant le 1er janvier de chaque année *(Décr. nº 2015-1768 du 24 déc. 2015, art. 5-4º, en vigueur le 1er janv. 2016)* « et est mise à jour chaque trimestre dans les mêmes conditions ». Cette liste est publiée dans le mois qui suit la décision du comité, par voie d'affichage au siège du conseil national et par tout autre moyen approprié. Elle est notifiée au ministre chargé de l'agriculture.

Avant tout refus d'inscription ou de réinscription sur la liste, le comité met l'intéressé en mesure de présenter ses observations dans un délai qu'il fixe.

Art. R. 171-9-1 *(Décr. nº 2017-1411 du 27 sept. 2017, art. 2-5º)* Le silence gardé pendant un délai de trois mois par le comité du Conseil national de l'expertise foncière, agricole et forestière sur une demande d'inscription ou de réinscription sur la liste des experts fonciers et agricoles ou des experts forestiers, mentionnée à l'article R. 171-9, vaut décision d'acceptation.

Art. R. 171-10 Peuvent demander leur inscription sur la liste prévue à l'article R. 171-9, en qualité d'expert foncier et agricole ou d'expert forestier, les personnes physiques remplissant les conditions suivantes :

1º *(Décr. nº 2015-1768 du 24 déc. 2015, art. 5-5º, en vigueur le 1er janv. 2016)* « Justifier d'une pratique professionnelle des missions d'expertises mentionnées au premier alinéa de l'article L. 171-1 pendant au moins sept années, sauf à justifier de la détention d'un titre ou diplôme correspondant au minimum à quatre années d'études post-secondaires dans les disciplines agricoles, agronomiques, environnementales, forestières, juridiques ou économiques, ou dans les domaines de l'aménagement du territoire, des paysages, ou de l'urbanisme, et de trois années de pratique professionnelle. » Le comité vérifie que les titres et diplômes présentés à l'appui de la demande d'inscription sur la liste mentionnée à l'article R. 171-9 correspondent au niveau de formation exigé, après, en tant que de besoin, consultation des ministères dont relèvent les enseignements faisant l'objet des titres et diplômes concernés ;

(Abrogé par Décr. nº 2015-1768 du 24 déc. 2015, art. 5-5º, à compter du 1er janv. 2016) *« Les autres candidats doivent justifier d'une pratique professionnelle d'au moins 7 ans ; »*

La pratique professionnelle exigée au présent 1º s'entend de l'exercice, soit à titre personnel, soit sous la responsabilité d'un maître de stage, des missions d'expertise mentionnées au premier alinéa de l'article L. 171-1 ;

(Décr. nº 2015-1768 du 24 déc. 2015, art. 5-5º, en vigueur le 1er janv. 2016) « 2º Ne pas avoir fait l'objet, au cours des cinq dernières années, d'une condamnation pour des faits contraires à l'honneur, à la probité ou aux bonnes mœurs en relation avec la pratique professionnelle, ni avoir été sanctionné en application des dispositions du titre V du livre VI du code du commerce ; »

3º Ne pas avoir été l'auteur de faits de même nature ayant donné lieu à une sanction disciplinaire ou administrative de destitution, radiation, révocation, de retrait d'agrément ou d'autorisation ;

4º Ne pas avoir été frappé de faillite personnelle ou d'une autre mesure d'interdiction en application du chapitre III du titre V du livre VI du code de commerce.

Les experts peuvent, le cas échéant, exercer leurs missions dans le cadre de l'une des sociétés prévues *(Décr. nº 2013-340 du 22 avr. 2013, art. 2)* « par les dispositions du chapitre III du présent titre », ou de toute autre société dont le capital est détenu en majorité par des experts fonciers et agricoles, ou des experts forestiers, ou des anciens experts, sous réserve que ceux-ci n'aient pas été radiés.

Art. R. 171-11 Le candidat qui sollicite son inscription sur la liste mentionnée à l'article R. 171-9 adresse sa demande au conseil national *(Abrogé par Décr. nº 2015-1768 du 24 déc. 2015, art. 5-6º, à compter du 1er janv. 2016) « avant le 1er mai »* par lettre recommandée avec demande d'avis de réception.

Il déclare le département où il a établi ou se propose d'établir son domicile professionnel, ainsi que, le cas échéant, toutes les fonctions et activités professionnelles qu'il exerce ou se propose d'exercer.

Dans le cas où il apparaît que ces fonctions ou activités, ou une partie d'entre elles, sont, en vertu du deuxième alinéa de l'article L. 171-1, incompatibles avec celles d'expert foncier et agricole ou d'expert forestier, il doit s'engager par écrit et sur l'honneur à en cesser l'exercice à compter de la notification de son inscription sur la liste.

Art. R. 171-12 Le candidat doit joindre à sa demande :

1. Les documents établissant son état civil ;
2. Une copie des titres ou diplômes dont il entend se prévaloir ou à défaut une attestation en tenant lieu ;
3. Les pièces justificatives de la pratique professionnelle requise ;
4. *Un curriculum vitae* dans lequel sont indiquées les activités professionnelles que le candidat a exercées antérieurement avec l'indication des dates et lieux d'exercice ;
5. Une justification ou, à défaut, un engagement de souscription d'une police d'assurance de responsabilité civile professionnelle précisant les risques couverts et les montants de garanties dans l'exercice des activités mentionnées à l'article L. 171-1. Le comité fixe les montants minima des garanties à souscrire ;
6. *(Décr. nº 2010-959 du 25 août 2010, art. 3 ; Décr. nº 2015-1768 du 24 déc. 2015, art. 5-7º, en vigueur le 1er janv. 2016)* « Un extrait de casier judiciaire nº 3 datant de moins de trois mois ou pour les professionnels ressortissants d'un État membre de l'Union européenne ou d'un autre État partie à l'accord sur l'Espace économique européen, une attestation datant de moins de trois mois certifiant que son détenteur n'encourt, à la date de sa délivrance, aucune interdiction, même temporaire, d'exercer ; »

(Décr. nº 2015-1768 du 24 déc. 2015, art. 5-7º, en vigueur le 1er janv. 2016) « 7. Une déclaration sur l'honneur ou tout autre moyen de preuve attestant que l'intéressé remplit les conditions mentionnées au 2º de l'article R. 171-10 et au deuxième alinéa de l'article L. 171-1 ;

« 8. Le cas échéant, une déclaration de l'activité envisagée sous forme sociétaire. »

(Décr. nº 2009-180 du 16 févr. 2009) « A ces documents est jointe, en tant que de besoin, leur traduction en langue française. Le conseil national accuse réception du dossier du demandeur dans le délai d'un mois à compter de sa réception en lui demandant tout document manquant. »

Art. R. 171-12-1 *(Décr. nº 2009-180 du 16 févr. 2009)* Pour les ressortissants d'un État membre de *(Décr. nº 2015-1768 du 24 déc. 2015, art. 5-8º, en vigueur le 1er janv. 2016)* « l'Union européenne ou d'un autre État partie à l'accord sur l'Espace économique européen qui souhaitent exercer la profession d'expert foncier et agricole ou d'expert forestier sur le territoire national, le comité du Conseil national de l'expertise foncière, agricole et forestière procède à une comparaison entre, d'une part, la formation requise en France pour être inscrit sur la liste prévue à l'article L. 171-1 et, d'autre part, celle reçue par le demandeur, ainsi que les connaissances, aptitudes et compétences qu'il a acquises au cours de son expérience professionnelle ou lors de son apprentissage tout au long de la vie ayant fait l'objet d'une validation par un organisme compétent ».

Lorsque cet examen fait apparaître une différence substantielle de formation au regard des qualifications requises pour l'accès à la profession et son exercice en France, que les connaissances acquises par le demandeur au cours de son expérience profes-

sionnelle ne sont pas de nature à combler, en tout ou en partie, le comité subordonne l'inscription *(Décr. nº 2015-1768 du 24 déc. 2015, art. 5-8º, en vigueur le 1er janv. 2016)* **« du demandeur sur la liste des experts fonciers et agricoles ou forestiers au respect des conditions du 5º de l'article R. 204-5 ».**

Art. R. 171-12-2 *(Décr. nº 2009-180 du 16 févr. 2009)* **L'épreuve d'aptitude porte sur les matières dont la connaissance est requise pour exercer la profession d'expert foncier et agricole ou d'expert forestier et qui ne sont couvertes ni par les diplômes, certificats ou titres dont le demandeur fait état, ni par les connaissances** *(Décr. nº 2015-1768 du 24 déc. 2015, art. 5-9º, en vigueur le 1er janv. 2016)* **« , aptitudes et compétences professionnelles » qu'il a acquises au cours de son expérience professionnelle. Dans tous les cas, elle porte sur la connaissance des règles déontologiques applicables à cette profession.**

Art. R. 171-12-3 *(Décr. nº 2009-180 du 16 févr. 2009)* **Dans le délai maximal de trois mois à compter de la réception du dossier complet, le comité informe le candidat, par lettre recommandée avec demande d'avis de réception, soit de sa décision de l'inscrire sur la liste des experts fonciers et agricoles ou forestiers établie** *(Décr. nº 2015-1768 du 24 déc. 2015, art. 5-10º, en vigueur le 1er janv. 2016)* **« lors de la prochaine mise à jour trimestrielle, soit de sa décision de subordonner son inscription sur cette liste au respect des conditions du 5º de l'article R. 204-5 ».**

La décision est motivée.

Elle comporte, le cas échéant, l'indication de la durée et du contenu du stage ainsi que de la liste des matières faisant l'objet de l'épreuve *(Décr. nº 2015-1768 du 24 déc. 2015, art. 5-10º, en vigueur le 1er janv. 2016)* **« d'aptitude.**

« L'épreuve d'aptitude est organisée dans un délai maximal de six mois permettant l'inscription du candidat sur la liste dans les conditions prévues au premier alinéa du présent article. »

Art. R. 171-13 **Tout changement intervenu au regard des conditions prévues aux articles R. 171-10 et R. 171-11, dans la situation des personnes ayant sollicité ou obtenu leur inscription sur la liste mentionnée à l'article R. 171-9, doit être porté, sans délai, par l'intéressé à la connaissance du bureau du comité.**

Art. R. 171-14 **Chaque année, le comité vérifie que, compte tenu, notamment, des changements ayant pu intervenir dans la situation de l'expert, il continue à remplir les conditions requises pour figurer sur la liste mentionnée à l'article R. 171-9. Le maintien de cette inscription est subordonné à la production par l'intéressé de la justification de souscription d'une police d'assurance prévue au 5º de l'article R. 171-12. A l'occasion de cette production, l'intéressé fournit les attestations des formations continues suivies pour l'application de l'article R. 171-16.**

Art. R. 171-15 **Les experts ayant atteint l'âge de soixante-cinq ans et qui justifient avoir été inscrits pendant 5 ans consécutifs au moins sur la liste mentionnée à l'article R. 171-9 ou sur la liste prévue par le décret nº 75-1022 du 27 octobre 1975 peuvent demander l'honorariat au comité qui statue sur leur demande.**

Art. R. 171-16 **Le comité détermine les obligations minimales de formation continue auxquelles doivent satisfaire les experts en vue du maintien de leur inscription sur la liste mentionnée à l'article R. 171-9.**

Art. R. 171-17 **L'expert qui cesse ou interrompt son activité ne figure plus sur la liste mentionnée à l'article R. 171-9. S'il souhaite reprendre cette activité, sa réinscription est de droit dans les trois ans qui suivent son interruption d'activité. Passé ce délai, sa demande de réinscription est examinée dans les conditions prévues aux articles R. 171-11 et R. 171-12.**

SOUS-SECTION 2 **Dispositions relatives à la libre prestation de services** *(Décr. nº 2009-180 du 16 févr. 2009).*

Art. R. 171-17-1 **Pour l'application de l'article L. 171-2, et préalablement à sa première prestation de services, ou en cas de changement de sa situation, le professionnel ressortissant d'un autre État membre de** *(Décr. nº 2015-1768 du 24 déc. 2015, art. 5-*

11°, en vigueur le 1er janv. 2016) « l'Union » européenne ou partie à l'accord sur l'Espace économique européen qui souhaite effectuer de façon temporaire et occasionnelle des missions d'expertise foncière et agricole ou forestière doit faire parvenir au Conseil national de l'expertise foncière, agricole et forestière les documents suivants :

1° Une preuve de sa nationalité ;

2° Une attestation certifiant qu'il est légalement établi dans un État membre de *(Décr. nº 2015-1768 du 24 déc. 2015, art. 5-11°, en vigueur le 1er janv. 2016)* « l'Union » européenne ou dans un État partie à l'accord sur l'Espace économique européen pour y exercer les activités d'expertise mentionnées à l'article L. 171-1 et qu'il n'encourt lors de la délivrance de l'attestation aucune interdiction, même temporaire, d'exercer ;

3° Une preuve de ses qualifications professionnelles ou la preuve, par tout moyen, qu'il a exercé les activités d'expertise foncière et agricole ou forestière pendant au moins *(Décr. nº 2015-1768 du 24 déc. 2015, art. 5-11°, en vigueur le 1er janv. 2016)* « une année ou à temps partiel pendant une durée équivalente, au cours des dix années précédentes dans un ou plusieurs États membres », lorsque l'activité ou la formation y conduisant n'y est pas réglementée ;

4° Une information relative à la souscription de police d'assurance précisant la raison sociale et l'adresse de l'entreprise d'assurance, les références et la période de validité du contrat, l'étendue et le montant des garanties.

Cette déclaration est renouvelée une fois par an si le professionnel compte fournir des services d'une manière temporaire et occasionnelle sur le territoire national au cours de l'année concernée.

A ces documents est jointe, en tant que de besoin, leur traduction en langue française.

Art. R. 171-17-2 Les prestations sont effectuées sous le titre professionnel porté dans l'État d'établissement. Dans le cas où le titre professionnel n'existe pas dans l'État d'établissement, le professionnel fait mention de son titre de formation.

Art. R. 171-17-3 Le professionnel est tenu au respect des obligations et règles professionnelles prévues aux articles R. 172-2 à R. 172-8.

SECTION 3 Procédure disciplinaire devant le comité du Conseil national de l'expertise foncière, agricole et forestière

SOUS-SECTION 1 Le comité siégeant en matière disciplinaire

Art. R. 171-18 Le comité siégeant en matière disciplinaire dans les conditions fixées à la présente section connaît des manquements aux règles professionnelles, à la probité, à l'honneur et à la délicatesse.

Art. R. 171-19 La peine de la suspension temporaire prévue à l'article L. 171-1 est comprise entre trois mois et trois ans. Le professionnel faisant l'objet d'une peine de suspension temporaire doit, dès le moment où la décision est devenue définitive, s'abstenir de se prévaloir du titre d'expert foncier et agricole ou d'expert forestier.

Art. R. 171-20 Le fait de ne plus être inscrit sur la liste mentionnée à l'article R. 171-9 ne fait pas obstacle à ce que le comité connaisse des manquements commis par une personne inscrite sur cette liste à la date de ces manquements.

Art. R. 171-21 Lorsqu'il siège en matière disciplinaire, le comité est composé des membres en exercice, à l'exception du président de celui-ci ainsi que, le cas échéant, d'autres membres ayant eu directement à connaître des faits à l'origine de la poursuite. Conformément à l'article L. 171-1, il est présidé par un membre du Conseil d'État désigné par le vice-président.

SOUS-SECTION 2 La procédure devant le comité siégeant en matière disciplinaire

Art. R. 171-22 Toute réclamation ou toute plainte relative à des faits susceptibles d'entraîner des poursuites disciplinaires déposée contre un expert est adressée au président du comité qui la communique sans délai à l'intéressé. S'il estime que l'affaire est susceptible de donner lieu à l'exercice de l'action disciplinaire, le président saisit le président du comité siégeant en matière disciplinaire.

Art. R. 171-23 Le président du comité siégeant en matière disciplinaire désigne comme rapporteur l'un des membres du comité. Le rapporteur convoque et entend le président du comité, l'expert poursuivi et, s'il l'estime utile, la personne à l'origine de la plainte ainsi que toute personne susceptible d'éclairer l'instruction. Il procède à toute enquête et à toute confrontation qu'il juge nécessaires. Il est dressé procès-verbal de toute audition. Le procès-verbal est signé par le rapporteur et la personne entendue. Le rapporteur transmet le rapport d'instruction au président du comité siégeant en matière disciplinaire au plus tard dans les trois mois de sa désignation. Copie en est adressée au procureur de la République près le tribunal judiciaire compétent, si ce dernier a pris l'initiative de l'action disciplinaire.

Art. R. 171-24 L'intéressé et le président du comité sont convoqués à l'audience par lettre recommandée avec demande d'avis de réception un mois avant la date fixée pour celle-ci.

S'il l'estime utile, le président du comité siégeant en formation disciplinaire peut également convoquer la personne à l'origine de la plainte et des témoins. La convocation mentionne les dispositions de l'article R. 171-25.

Art. R. 171-25 L'expert mis en cause ou le défenseur de son choix, ainsi que le président du comité, peuvent prendre connaissance au siège du comité du dossier disciplinaire et du rapport d'instruction mentionné à l'article R. 171-23.

Art. R. 171-26 Le comité siégeant en matière disciplinaire ne peut statuer que si les deux tiers des membres qui le constituent assistent à la séance. L'expert intéressé comparaît en personne. Il peut se faire assister par un expert, autre qu'un membre du comité, inscrit sur la liste mentionnée à l'article R. 171-9 et par un avocat. Si l'intéressé régulièrement convoqué ne se présente pas, le comité siégeant en formation disciplinaire peut néanmoins statuer.

Art. R. 171-27 Le président du comité siégeant en matière disciplinaire préside l'audience qui est publique. Il dirige les débats. Il peut, d'office ou à la demande de l'intéressé, interdire au public l'accès de la salle pendant tout ou partie de l'audience dans l'intérêt de l'ordre public ou lorsque le respect de la vie privée le justifie.

Le président donne la parole au rapporteur pour la lecture de son rapport. Il procède ensuite à l'interrogatoire de l'intéressé et, le cas échéant, à l'audition de la personne à l'origine de la plainte et des témoins. Il donne la parole au président du comité. L'intéressé et son défenseur ont la parole en dernier.

Après avoir entendu les parties, et hors leur présence, le comité délibère. En cas de partage égal des voix, celle du président est prépondérante.

Le comité peut ordonner un complément d'enquête. Dans ce cas, l'affaire est renvoyée à une audience ultérieure.

La décision est lue en audience publique. Elle peut comporter des modalités relatives à sa publication.

Art. R. 171-28 Les décisions prises en matière disciplinaire sont motivées et mentionnent les noms des membres du comité qui ont siégé. Une expédition de la décision signée par le président du comité siégeant en formation disciplinaire est notifiée par lettre recommandée avec demande d'avis de réception :

– au président du comité ;
– à l'intéressé ;
– le cas échéant, aux personnes ou autorités à l'origine de la plainte.

Toute notification d'une décision prise en matière disciplinaire doit comporter la mention selon laquelle un recours en cassation contre cette décision peut être formé auprès du Conseil d'État dans le délai de deux mois à compter de ladite notification.

SOUS-SECTION 3 L'exécution des sanctions disciplinaires

Art. R. 171-29 La suspension ou la radiation emportent, pendant la durée de la sanction dans le premier cas, et à titre définitif dans le second cas, interdiction de se prévaloir du titre d'expert foncier et agricole ou d'expert forestier. La personne radiée ou, pendant la durée de la suspension, la personne suspendue ne figure plus sur la liste mentionnée à l'article R. 171-9.

CHAPITRE II DEVOIRS PROFESSIONNELS DES EXPERTS FONCIERS ET AGRICOLES ET DES EXPERTS FORESTIERS

(Décr. nº 2008-1426 du 22 déc. 2008, art. 1er)

Art. R. 172-1 Les dispositions du présent chapitre sont applicables aux experts fonciers et agricoles, aux experts forestiers et aux sociétés d'experts fonciers et agricoles et d'experts forestiers inscrits sur la liste mentionnée aux articles R. 171-9 et suivants.

SECTION 1 Règles personnelles

Art. R. 172-2 Les experts fonciers et agricoles et les experts forestiers acceptent les missions qui leur sont confiées dans les limites de leurs compétences et de celles de leurs collaborateurs. Ils doivent se prononcer en toute impartialité et exercer leur activité dans le respect des dispositions du présent titre.

Les experts sont tenus de respecter, en toutes circonstances, les règles de l'honneur, de la probité et de l'éthique professionnelle. Ils doivent agir avec conscience professionnelle et selon les règles de l'art.

Art. R. 172-3 Les experts sont tenus de sauvegarder leur indépendance en toutes circonstances. Ils doivent refuser toute mission en relation avec leurs intérêts personnels, les intérêts de leurs parents ou de leurs collaborateurs ou associés.

SECTION 2 Devoirs envers les clients

Art. R. 172-4 Préalablement à tout commencement d'exécution, les experts conviennent par écrit avec leur mandant de la consistance et de la durée estimée de la mission et du montant des honoraires qui doivent être en rapport avec l'étendue et la difficulté prévisible de la mission. L'expert qui a accepté une mission est tenu, sauf cas de force majeure, de l'accomplir jusqu'à son achèvement et dans les délais fixés. En cas d'impossibilité, il doit en informer immédiatement son mandant et, le cas échéant, convenir avec lui d'un nouveau délai. Si l'expert se trouve confronté à un problème hors de sa compétence, il recourt aux services d'un sachant. Si ce recours entraîne des frais supplémentaires pour son mandant, il obtient préalablement son accord.

Tout au long de leur mission, les experts conseillent leur client dans le choix des opérations qui correspondent le mieux à ses besoins.

Art. R. 172-5 Les experts sont soumis à une obligation de discrétion professionnelle à l'égard de toute information dont ils ont connaissance dans le cadre de leurs missions. Sous réserve des dispositions législatives qui leur en font obligation, ils ne peuvent communiquer les pièces, qui leur sont confiées, ni leur rapport d'expertise, qui ne peut être transmis à une tierce personne qu'après accord du mandant. Ils veillent au respect de ces règles par leurs collaborateurs.

SECTION 3 Devoirs entre les confrères

Art. R. 172-6 Les experts doivent s'abstenir de tous propos, actes ou comportements tendant à nuire à un confrère ou portant atteinte à l'honorabilité ou à la réputation de la profession.

Art. R. 172-7 Les experts ne peuvent faire état de leur titre d'expert foncier et agricole ou d'expert forestier dans le cadre d'une publicité individuelle ou collective ou dans le cadre d'un démarchage que pour promouvoir l'activité professionnelle qu'ils exercent à ce titre. Ils doivent s'abstenir d'utiliser des modes de publicité ou des messages publicitaires qui seraient de nature à déconsidérer la profession.

Art. R. 172-8 Les experts s'abstiennent de toute pratique déloyale à l'égard de leurs confrères.

SECTION 4 De la surveillance et du contrôle

Art. R. 172-9 Les experts fonciers et agricoles et les experts forestiers communiquent au comité du Conseil national de l'expertise foncière, agricole et forestière les informations relatives à l'ensemble de leur activité professionnelle nécessaires à la surveillance, par ce comité, du respect des règles énoncées à l'article L. 171-1 et aux chapitres I et II du présent titre et, notamment, des règles relatives aux incompatibilités. Le comité du Conseil national de l'expertise foncière, agricole et forestière peut donner aux experts des conseils en ce domaine.

Art. R. 172-10 Les experts justifient annuellement auprès de ce comité :

1° De la souscription du contrat d'assurance mentionné à l'article R. 171-14 par la production d'une attestation qui comporte les mentions suivantes :

a. La raison sociale de l'entreprise d'assurance ;

b. La période de validité du contrat ;

c. Le nom et l'adresse du souscripteur ;

d. L'étendue et le montant des garanties.

2° Des formations suivies en rapport avec l'activité d'expert foncier et agricole ou forestier ;

3° De tout changement intervenu dans la situation de l'expert conformément à l'article R. 171-13. — *Les divisions « 1 », « 2 », « 3 », « 4 » sont remplacées respectivement par les divisions « a », « b », « c » et « d » (Décr. n° 2017-1246 du 7 août 2017, art. 8-1°, JO 9 août).*

CHAPITRE III LES SOCIÉTÉS D'EXERCICE EN COMMUN DES PROFESSIONS D'EXPERT FONCIER ET AGRICOLE ET D'EXPERT FORESTIER

(Décr. n° 2013-340 du 22 avr. 2013, art. 1er)

SECTION 1 Sociétés civiles professionnelles

(Décr. n° 2013-340 du 22 avr. 2013, art. 1er)

SOUS-SECTION 1 Constitution de la société

§ 1 Dispositions générales

Art. R. 173-1 Deux ou plusieurs personnes physiques, inscrites sur la liste des experts fonciers et agricoles et des experts forestiers prévue à l'article L. 171-1 ou remplissant les conditions pour être inscrites sur cette liste, peuvent constituer entre elles une société civile professionnelle pour l'exercice en commun de leurs activités d'expertise.

Ces sociétés reçoivent l'appellation de sociétés civiles professionnelles d'experts fonciers et agricoles ou de sociétés civiles professionnelles d'experts forestiers ou de sociétés civiles professionnelles d'experts fonciers et agricoles et d'experts forestiers.

Les associés ne peuvent porter que le titre d'expert foncier et agricole associé ou d'expert forestier associé, à l'exclusion de celui d'expert foncier et agricole ou d'expert forestier.

Art. R. 173-2 La société est constituée sous la condition suspensive de son inscription sur la liste des experts fonciers et agricoles et des experts forestiers.

La demande d'inscription doit être présentée collectivement par les associés dans l'année de la constitution de la société, par lettre recommandée avec demande d'avis de réception, au Comité national mentionné à l'article L. 171-1.

Elle doit être accompagnée des pièces justificatives suivantes :

1° Un exemplaire des statuts et, s'il en a été établi un, du règlement intérieur ainsi que, le cas échéant, une expédition ou une copie de l'acte constitutif ;

2° Les documents établissant l'état civil de chacun des associés ;

3° Les associés non encore inscrits doivent joindre les documents nécessaires à leur demande d'inscription personnelle sur la liste, énumérés à l'article R. 171-12 ;

4° Une attestation du greffier du tribunal de commerce ou du tribunal judiciaire statuant commercialement du lieu du siège social constatant le dépôt au greffe de la demande et des pièces nécessaires à l'immatriculation ultérieure de la société au registre du commerce et des sociétés.

Art. R. 173-3 L'inscription ne peut être accordée que si la situation de chacun des associés répond aux conditions du port du titre, si les statuts sont conformes aux dispositions législatives ou réglementaires en vigueur.

§ 2 Statuts, capital, parts sociales, parts en industrie

Art. R. 173-4 Si les statuts sont établis par acte sous seing privé, il en est dressé autant d'originaux qu'il est nécessaire pour la remise d'un exemplaire à chaque associé et pour satisfaire aux dispositions de la présente section.

Art. R. 173-5 Sans préjudice des dispositions qu'en vertu des articles 8, 10, 11, 14, 15, 19, 20 et 24 de la loi n° 66-879 du 29 novembre 1966 relative aux sociétés civiles professionnelles *[abrogée]*, ils peuvent contenir, concernant notamment la répartition des parts, les gérants, la dénomination sociale, la répartition des bénéfices, les dettes sociales, les cessions des parts sociales et la dissolution de la société et des dispositions de la section 2 du chapitre I du présent titre, les statuts doivent indiquer :

1° Le siège social de la société ;

2° La durée pour laquelle la société est constituée ;

3° Les nom, prénom, date et lieu de naissance, nationalité, situation matrimoniale, profession et domicile de chaque associé ;

4° La nature et l'évaluation distincte de chacun des apports effectués par les associés ;

5° Le montant du capital social, le nombre, le montant nominal et la répartition des parts sociales représentatives de ce capital social ;

6° L'affirmation de la libération totale ou partielle, suivant le cas, des apports concourant à la formation du capital social ;

7° Le nombre de parts d'intérêts attribuées à chaque apporteur en industrie. — *Sur les sociétés civiles professionnelles, V. dorénavant Ord. n° 2023-77 du 8 févr. 2023 relative à l'exercice en société des professions libérales réglementées, art. 5 à 33 (JO 9 févr.).*

Art. R. 173-6 Peuvent faire l'objet d'apports en propriété ou en jouissance à une société civile professionnelle concernée par la présente réglementation :

1° Tous droits incorporels mobiliers, ou immobiliers et, notamment, le droit pour un associé ou ses ayants droit de présenter la société comme successeur auprès de sa clientèle ;

2° Tous documents et toutes archives ;

3° Tous objets mobiliers à usage professionnel ;

4° Tous immeubles ou locaux utiles à l'exercice de la profession ;

5° Toutes sommes en numéraire.

Les apports en industrie qui, en vertu de l'article 1843-2 du code civil, ne concourent pas à la formation du capital social peuvent donner lieu à l'attribution de parts d'intérêts. Celles-ci sont incessibles. Elles doivent être annulées lorsque leur titulaire perd sa qualité d'associé pour quelque cause que ce soit.

Art. R. 173-7 Le montant nominal de chaque part sociale ne peut être inférieur à 1 500 euros.

Les parts sociales ne peuvent être données en nantissement.

Les parts sociales représentant un apport en numéraire doivent être libérées lors de la souscription de la moitié au moins de leur montant nominal.

La libération du surplus doit intervenir, en une ou plusieurs fois, soit aux dates prévues par les statuts, soit sur décision de l'assemblée des associés et au plus tard dans le délai de deux ans à compter de l'inscription de la société sur la liste.

Dans les huit jours de leur réception, les fonds provenant de la libération des apports en numéraire sont déposés, pour le compte de la société, à la Caisse des dépôts et consignations, chez un notaire ou dans une banque. Le retrait de ces fonds est effectué par le mandataire de la société sur justification de l'inscription de celle-ci sur la liste.

§ 3 Immatriculation de la société et publicité de sa constitution

Art. R. 173-8 Par dérogation aux articles 22, 24 et 26 du décret n° 78-704 du 3 juillet 1978, relatif à l'application de la loi n° 78-9 du 4 janvier 1978 modifiant le titre IX du livre III du code civil, la société est dispensée d'insérer dans un journal d'annonces légales les avis prévus auxdits articles.

Art. R. 173-9 La demande d'immatriculation de la société au registre du commerce et des sociétés est établie dans les conditions prévues aux articles R. 123-53 et suivants du code de commerce à l'exception de celles qui sont énoncées aux 1° et 2° de l'article R. 123-54 de ce code.

La demande doit indiquer également les nom et prénom du gérant, ou que tous les associés sont gérants.

Art. R. 173-10 Le Comité national mentionné à l'article L. 171-1 du présent code adresse une ampliation de la décision d'inscription de la société sur la liste au greffe du tribunal de commerce ou du tribunal judiciaire statuant commercialement où a été déposée la demande d'immatriculation au registre du commerce et des sociétés.

Au reçu de cette ampliation, le greffier procède à l'immatriculation de la société au registre du commerce et des sociétés.

SOUS-SECTION 2 Fonctionnement de la société

§ 1 Administration de la société

Art. R. 173-11 Les statuts organisent la gérance et déterminent les pouvoirs des gérants dans les conditions prévues par l'article 11 de la loi n° 66-879 du 29 novembre 1966.

Art. R. 173-12 Toute décision excédant les pouvoirs des gérants est prise par les associés réunis en assemblée générale. Cette assemblée doit se réunir au moins une fois par an. Elle doit être également réunie lorsqu'un ou plusieurs associés, représentant au moins la moitié en nombre ou le quart du capital social, en font la demande au gérant en indiquant l'ordre du jour proposé.

Art. R. 173-13 En dehors des cas prévus par les articles R. 173-16 et R. 173-20, les décisions sont prises à la majorité des voix dont disposent les associés présents ou représentés.

Dans tous les cas, les statuts peuvent prévoir une majorité plus forte ou même l'unanimité des associés pour toutes les décisions ou seulement pour celles qu'ils énumèrent.

Art. R. 173-14 Toute délibération de l'assemblée donne lieu à l'établissement d'un procès-verbal signé par les associés présents et indiquant notamment la date et le lieu de la réunion, les questions inscrites à l'ordre du jour, l'identité des associés présents ou représentés, un résumé des débats, le texte des résolutions mises aux voix et le résultat des votes.

Les procès-verbaux sont établis sur un registre spécial, préalablement coté et paraphé en conformité avec les dispositions de l'article 45 du décret n° 78-704 du 3 juillet 1978. Le registre est conservé au siège social. Il peut être consulté par tout associé.

Art. R. 173-15 Chaque associé dispose d'un nombre de voix égal quel que soit le nombre de parts qu'il possède. Toutefois les statuts peuvent attribuer un nombre de voix réduit aux associés qui n'exercent leur profession qu'à temps partiel.

Un associé peut donner mandat écrit à un autre associé de le représenter à l'assemblée. Toutefois, un associé ne peut être porteur de plus de deux mandats.

L'assemblée ne peut délibérer valablement que si les trois quarts au moins des associés sont présents ou représentés. Si le quorum n'est pas atteint, les associés doivent être convoqués une nouvelle fois et l'assemblée délibère valablement si deux associés au moins sont présents ou représentés.

Art. R. 173-16 La modification des statuts et la prorogation de la société ainsi que l'adoption ou la modification du règlement intérieur sont décidées à la majorité de trois quarts de l'ensemble des associés. L'augmentation des engagements des associés ne peut être décidée qu'à l'unanimité.

Art. R. 173-17 Après la clôture de chaque exercice, le ou les gérants établissent, dans les conditions fixées par les statuts, les comptes annuels de la société et un rapport sur les résultats de celle-ci.

Les documents mentionnés à l'alinéa précédent sont soumis à l'approbation de l'assemblée des associés dans les trois mois qui suivent la clôture de l'exercice. A cette fin, ils sont adressés à chaque associé, avec le texte des résolutions proposées, quinze jours au moins avant la réunion de l'assemblée générale et, au plus tard, avec la convocation à cette assemblée.

Art. R. 173-18 Chaque associé peut, à toute époque, prendre connaissance des rapports et comptes sociaux concernant les exercices antérieurs, des registres des procès-verbaux, de tous registres et documents comptables dont la tenue est prescrite par les dispositions législatives ou réglementaires relatives à la profession et, plus généralement, de tous documents détenus par la société.

Art. R. 173-19 La rémunération servie aux parts du capital social ne peut excéder le taux des avances sur titres de la Banque de France.

Le surplus des bénéfices est, après constitution éventuelle de réserves, réparti entre les associés selon des bases de répartition périodique fondées sur les critères professionnels fixés par les statuts.

§ 2 Cession et transmission de parts sociales

Cession entre vifs par un associé

Art. R. 173-20 Les parts sociales sont librement cessibles entre associés sauf stipulation contraire des statuts.

Elles ne peuvent être cédées à des tiers, à titre onéreux ou gratuit, qu'avec le consentement de la société exprimé dans les conditions prévues à l'article 19 de la loi n° 66-879 du 29 novembre 1966 et, dans le cas où le cessionnaire n'est pas déjà inscrit sur la liste des experts fonciers et agricoles et des experts forestiers, si celui-ci remplit les conditions requises pour exercer ses activités.

En ce cas, la cession est conclue dans la condition suspensive de l'inscription du cessionnaire sur cette liste.

Art. R. 173-21 Dans le cas où un associé décide de céder des parts à un tiers étranger à la société, le projet de cession des parts sociales est notifié à la société et à chacun des associés soit par lettre recommandée avec demande d'avis de réception, soit dans l'une des formes prévues à l'article 1690 du code civil.

Dans le délai de deux mois à compter de la notification du projet de cession par le cédant à la société, la société notifie son consentement exprès à la cession ou son refus dans les formes prévues à l'alinéa précédent. Si la société n'a pas fait connaître sa décision, le consentement est implicitement donné.

Art. R. 173-22 Dans le cas où la société refuse de consentir à la cession, elle dispose d'un délai de six mois à compter de la notification de son refus pour notifier à l'associé, dans l'une des formes prévues au premier alinéa de l'article R. 173-21 *(Décr. n° 2017-1246 du 7 août 2017, art. 8-2°)* « susmentionné », un projet de cession ou de rachat de ses parts, qui constitue engagement du cessionnaire ou de la société.

Si le prix proposé pour la cession ou le rachat n'est pas accepté par le cédant, il est fixé conformément aux dispositions de l'article 1843-4 du code civil.

Lorsque l'associé cédant refuse de signer l'acte portant cession de ses parts au prix ainsi fixé, il est passé outre à ce refus deux mois après la sommation, à lui faite par la société dans l'une des formes prévues au premier alinéa de l'article R. 173-21, et demeurée infructueuse.

Si la cession porte sur la totalité des parts sociales détenues par l'associé, celui-ci perd sa qualité d'associé à l'expiration du délai prévu à l'alinéa précédent. Le prix de cession des parts est consigné à la diligence du cessionnaire.

Art. R. 173-23 Lorsqu'un associé entend se retirer de la société en application de l'article 21 de la loi n° 66-879 du 29 novembre 1966, il notifie sa décision à la société dans l'une des formes prévues au premier alinéa de l'article R. 173-21.

La société dispose d'un délai de six mois à compter de cette notification pour notifier à l'associé, dans la même forme, soit un projet de cession de ses parts à un associé ou à un tiers inscrit sur la liste des experts fonciers et agricoles ou des experts forestiers ou remplissant les conditions d'inscription, soit un projet de rachat desdites parts par la société. Cette notification implique un engagement du cessionnaire ou de la société qui se porte acquéreur. Il est fait, en tant que de besoin, application des dispositions des deuxième, troisième et quatrième alinéas de l'article R. 173-21.

Art. R. 173-24 L'associé radié définitivement de la liste dispose d'un délai de six mois à compter du jour où la radiation est devenue définitive pour céder ses parts sociales.

Si, à l'expiration de ce délai, aucune cession n'est intervenue, il est procédé conformément aux dispositions de l'article R. 173-23.

Art. R. 173-25 Sous réserve des règles de protection et de représentation des incapables, les dispositions de l'article R. 173-24 sont applicables à la cession des parts sociales de l'associé frappé d'interdiction légale ou placé sous le régime de la tutelle des majeurs.

Cession après décès d'un associé

Art. R. 173-26 Le délai prévu par le deuxième alinéa de l'article 24 de la loi n° 66-879 du 29 novembre 1966 pour la cession des parts de l'associé décédé est fixé à un an à compter du décès de l'associé. Il peut être renouvelé par le préfet à la demande des ayants droit de l'associé décédé et avec le consentement de la société donné dans les conditions prévues pour la cession des parts sociales par le premier alinéa de l'article 19 de la loi précitée.

Art. R. 173-27 Si pendant le délai prévu à l'article précédent le ou les ayants droit décident de céder les parts sociales de leur auteur à un tiers étranger à la société, il est procédé conformément aux dispositions du deuxième alinéa de l'article R. 173-20 et des articles R. 173-21 et R. 173-22. Pendant le même délai, si la société, les associés survivants ou un ou plusieurs de ceux-ci acceptent, en accord avec le ou les ayants droit de l'expert décédé, d'acquérir les parts sociales de celui-ci, il est procédé conformément aux dispositions de l'article R. 173-21.

Art. R. 173-28 Toute demande d'un ou de plusieurs ayants droit d'un associé décédé tendant à l'attribution préférentielle à leur profit des parts sociales de leur auteur est notifiée à la société et à chacun des associés dans l'une des formes prévues au premier alinéa de l'article R. 173-21.

Art. R. 173-29 Lorsque, à l'expiration du délai prévu à l'article R. 173-26, les ayants droit de l'associé décédé n'ont pas exercé la faculté de céder les parts sociales de leur auteur et si aucun consentement préalable de l'attribution préférentielle n'a été donné par la société, celle-ci dispose d'une année pour acquérir, dans les conditions prévues à l'article R. 173-22, les parts sociales de l'associé décédé.

Si les parts sociales sont cédées à un tiers, les dispositions du deuxième alinéa de l'article R. 173-20 et des articles R. 173-21 et R. 173-22 sont applicables.

Si elles sont acquises par la société, par les associés ou par certains d'entre eux, il est procédé conformément aux dispositions de l'article R. 173-22.

Publicité de la cession des parts sociales

Art. R. 173-30 La publicité de la cession des parts est accomplie conformément aux dispositions de l'article 52 du décret n° 78-704 du 3 juillet 1978. Dans le cas prévu au troisième alinéa de l'article R. 173-22, la publicité de la cession est accomplie par le dépôt dans les mêmes conditions de deux copies certifiées conformes de la sommation adressée au cédant accompagnées des justifications de la notification ou de la signification de cette sommation.

Art. R. 173-31 Dans le délai d'un mois, le cessionnaire informe de la cession le Comité national mentionné à l'article L. 171-1.

§ 3 Modification des statuts

Art. R. 173-32 Dans les limites prévues au dernier alinéa de l'article R. 173-1, le nombre des associés peut être augmenté au cours de l'existence de la société, avec ou sans augmentation du capital social.

Art. R. 173-33 Si la constitution des réserves ou le dégagement de plus-value le permet, il est procédé périodiquement à l'augmentation du capital social. Les parts sociales ainsi créées sont attribuées aux associés, y compris à ceux qui n'ont apporté que leur industrie, dans les conditions déterminées au deuxième alinéa de l'article R. 173-19, pour la répartition des bénéfices.

Cette augmentation de capital ne peut intervenir avant la libération totale des parts sociales correspondant à des apports en numéraire.

Art. R. 173-34 Toute modification des statuts est portée, dans le délai d'un mois, par le gérant ou par les gérants, à la connaissance du Comité national.

Le règlement intérieur, s'il est établi après la demande d'inscription, et toute modification de ce règlement sont portés à la connaissance du Comité national dans les mêmes conditions.

§ 4 Retrait d'un associé

Art. R. 173-35 L'associé dont l'apport est exclusivement d'industrie doit, pour se retirer de la société, notifier à celle-ci sa décision dans les formes prévues au premier alinéa de l'article R. 173-21. Son retrait prend effet à la date qu'il indique ou, à défaut, à celle de cette notification. Toutefois, les statuts peuvent prévoir que le retrait ne prendra effet qu'à l'expiration d'un délai, sans que ce délai puisse excéder six mois à compter de la notification faite par l'associé.

Art. R. 173-36 L'associé titulaire de parts sociales peut, à la condition d'en informer la société dans les formes prévues au premier alinéa de l'article R. 173-21, cesser l'activité professionnelle qu'il exerce au sein de cette société avant la fin de la procédure de cession ou de rachat de ses parts. Il doit, le cas échéant, respecter le délai fixé par les statuts, sans que ce délai puisse excéder six mois à compter de la notification relative à la cessation d'activité.

Art. R. 173-37 L'associé perd, à compter de sa cessation d'activité, les droits attachés à sa qualité d'associé, à l'exception toutefois des rémunérations afférentes aux apports en capital et de sa part éventuelle dans le capital et dans les réserves et les plus-values d'actif ; il cesse à la même date d'être soumis aux incompatibilités et interdictions attachées à cette qualité.

La cessation d'activité professionnelle d'un associé est portée par le gérant ou par les gérants à la connaissance du Comité national.

§ 5 Exercice de la profession

Art. R. 173-38 Les dispositions législatives et réglementaires relatives au port du titre d'expert foncier et agricole et d'expert forestier ainsi qu'à l'exercice de cette profession sont applicables aux membres de la société et, dans la mesure où elles sont applicables aux personnes morales, à la société civile professionnelle elle-même.

Obligations, interdictions et incompatibilités diverses

Art. R. 173-39 La qualification de société civile professionnelle d'expert foncier et agricole ou de société civile professionnelle d'expert forestier ou de société civile professionnelle d'expert foncier et agricole et d'expert forestier, à l'exclusion de toute autre, doit accompagner la dénomination sociale dans toute correspondance et tout document émanant de la société. Elle est complétée par le numéro d'immatriculation de la société au registre du commerce et des sociétés.

Dans les actes professionnels, chaque associé se présente sous son nom personnel et indique, en plus de son nom de famille, la dénomination sociale de la société déterminée conformément aux dispositions de l'article 8 de la loi n° 66-879 du 29 novembre 1966.

Art. R. 173-40 Un associé peut exercer sa profession à titre individuel ; il peut également être membre d'une autre société civile professionnelle.

Art. R. 173-41 La qualité d'expert foncier et agricole associé ou d'expert forestier associé est assimilée à celle d'expert foncier et agricole ou d'expert forestier pour la collation du titre d'expert foncier et agricole honoraire ou d'expert forestier honoraire.

Comptabilité et assurance

Art. R. 173-42 Tous les registres et documents sont ouverts et établis au nom de la société.

Art. R. 173-43 Il appartient à la société de justifier de l'assurance de responsabilité professionnelle prévue au troisième alinéa de l'article 16 de la loi n° 66-879 du 29 novembre 1966.

§ 6 Discipline

Art. R. 173-44 La société peut faire l'objet de poursuites disciplinaires indépendamment de celles qui pourraient être intentées contre les associés. Les sanctions et la procédure disciplinaires prévues aux articles L. 171-1 et R. 171-18 à R. 171-29 sont applicables aux sociétés régies par la présente section qui sont représentées dans cette procédure conformément à leurs statuts.

Art. R. 173-45 L'associé radié définitivement de la liste est tenu de se retirer de la société, celui qui est radié temporairement peut être contraint, par décision unanime des autres associés, à se retirer de la société. Les parts sociales de l'associé radié sont cédées dans les conditions prévues à l'article R. 173-24.

SOUS-SECTION 3 **Dissolution et liquidation de la société**

§ 1 Dissolution

Art. R. 173-46 La dissolution anticipée de la société ne peut être décidée que par les trois quarts au moins des associés.

Art. R. 173-47 La société est dissoute de plein droit par le décès simultané de tous ses associés ou par le décès du dernier survivant.

Art. R. 173-48 Dans le cas de radiation de tous les associés de la liste des experts fonciers et agricoles et des experts forestiers, la société est dissoute de plein droit. Dans ces conditions, les associés ne peuvent être nommés liquidateurs.

Art. R. 173-49 S'il ne subsiste qu'un associé, celui-ci peut, dans le délai prévu au deuxième alinéa de l'article 26 de la loi n° 66-879 du 29 novembre 1966, céder une partie de ses parts à un tiers inscrit sur la liste des experts fonciers et agricoles ou des experts forestiers, ou remplissant les conditions pour cette inscription. A défaut, la société peut être dissoute dans les conditions prévues audit article.

Art. R. 173-50 Toute décision judiciaire constatant la nullité ou prononçant la dissolution d'une société est portée à la connaissance du Comité national par le *(Décr. n° 2017-1100 du 15 juin 2017, art. 4-1°)* « greffe » de la juridiction saisie.

§ 2 Liquidation

Art. R. 173-51 En aucun cas, les fonctions de liquidateur ne peuvent être confiées à une personne contre laquelle une radiation temporaire ou définitive a été prononcée.

Art. R. 173-52 L'acte de nomination des liquidateurs, quelle que soit sa forme, est adressé par les soins de ces derniers au Comité national. Le liquidateur informe le comité de la clôture de la liquidation.

Art. R. 173-53 Dans les cas prévus par le deuxième alinéa de l'article 37 de la loi n° 66-879 du 29 novembre 1966 concernant les sociétés adoptant le statut des sociétés coopératives, l'actif net de la société subsistant après extinction du passif et le remboursement du capital est réparti entre les associés au prorata des parts détenues par chacun d'eux, y compris les parts correspondant aux apports en industrie.

SECTION 2 **Sociétés d'exercice libéral**

(Décr. n° 2013-340 du 22 avr. 2013, art. 1er)

Art. R. 173-54 Les dispositions de la présente section régissent les sociétés constituées en application du titre I de la loi n° 90-1258 du 31 décembre 1990 relative à l'exercice sous forme de sociétés des professions libérales soumises à un statut législatif ou réglementaire ou dont le titre est protégé et dont l'objet social est l'exercice en commun des professions d'expert foncier et agricole ou d'expert forestier. Ces sociétés portent la dénomination de société d'exercice libéral d'experts fonciers et agricoles ou d'experts forestiers. — *La L. n° 90-1258 du 31 déc. 1990 est abrogée par l'Ord. n° 2023-77 du 8 févr. 2023 relative à l'exercice en société des professions libérales réglementées (JO 9 févr.).*

Art. R. 173-55 Les actes et documents destinés aux tiers, notamment les lettres, factures, annonces et publications diverses, émanant d'une société d'exercice libéral d'experts fonciers et agricoles ou d'experts forestiers doivent indiquer la dénomination sociale précédée ou suivie immédiatement, selon le cas :

— soit de la mention "société d'exercice libéral à responsabilité limitée d'experts fonciers et agricoles ou d'experts forestiers" ou de la mention "SELARL d'experts fonciers et agricoles ou d'experts forestiers" ;

— soit de la mention "société d'exercice libéral à forme anonyme d'experts fonciers et agricoles ou d'experts forestiers" ou de la mention "SELAFA d'experts fonciers et agricoles ou d'experts forestiers" ;

— soit de la mention "société d'exercice libéral en commandite par actions d'experts fonciers et agricoles ou d'experts forestiers" ou de la mention "SELCA d'experts fonciers et agricoles ou d'experts forestiers" ;

— soit de la mention "société d'exercice libéral par actions simplifiées d'experts fonciers et agricoles ou d'experts forestiers" ou de la mention "SELAS ou d'experts forestiers",

ainsi que de l'énonciation de son capital social, de son siège social et de la mention de son inscription sur la liste des experts fonciers et agricoles et des experts forestiers prévue à l'article L. 171-1.

Art. R. 173-56 La demande d'inscription de la société sur la liste des experts fonciers et agricoles et des experts forestiers doit être présentée, dans l'année de la constitution de la société, par les associés, par lettre recommandée avec demande d'avis de réception adressée au Comité national mentionné à l'article L. 171-1. Elle doit être accompagnée des pièces suivantes :

1° De la justification qu'il est satisfait par les personnes physiques se proposant d'exercer au sein de la société d'exercice libéral des professions d'expert foncier et agricole ou d'expert forestier aux conditions prévues à l'article L. 171-1 ;

2° Un exemplaire des statuts et, s'il en a été établi un, du règlement intérieur ainsi que, le cas échéant, une expédition ou une copie de l'acte constitutif ;

3° Les documents établissant l'état civil de chacun des associés ;

4° Une attestation du greffier du tribunal de commerce ou du tribunal judiciaire statuant commercialement du lieu du siège social constatant le dépôt au greffe de la demande et des pièces nécessaires à l'immatriculation ultérieure de la société au registre du commerce et des sociétés ;

5° La répartition du capital entre les associés.

Toute modification de l'un quelconque de ces éléments devra être notifiée dans un délai de trois mois et dans les mêmes conditions que la demande d'inscription.

Art. R. 173-57 Le Comité national mentionné à l'article L. 171-1 adresse une copie de la décision d'inscription de la société sur la liste au greffe du tribunal de commerce ou du tribunal judiciaire statuant commercialement où a été déposée la demande d'immatriculation au registre du commerce et des sociétés.

Au reçu de cette copie, le greffier procède à l'immatriculation de la société au registre du commerce et des sociétés.

Art. R. 173-58 La majorité du capital des sociétés d'exercice libéral constituées pour l'exercice de la profession d'expert foncier et agricole ou d'expert forestier doit être détenue par des experts fonciers et agricoles ou des experts forestiers en exercice.

Art. R. 173-59 La détention directe ou indirecte de parts ou actions du capital social d'une société d'exercice libéral d'experts fonciers et agricoles ou d'experts forestiers est interdite :

— aux personnes physiques ou morales exerçant une activité consistant à acquérir de façon habituelle des biens mobiliers ou immobiliers en vue de leur revente ;

— aux personnes physiques ou morales mentionnées aux articles L. 511-1 et L. 519-1 du code monétaire et financier et aux personnes physiques ou morales mentionnées aux articles L. 310-1 et L. 511-1 du code des assurances ;

— aux personnes physiques ou morales exerçant l'une des activités suivantes : négociants ou courtiers en bois, exploitants forestiers, scieurs, fabricants de meubles, pépiniéristes, entreprises de reboisement ;

— aux collectivités publiques et à leurs groupements, aux établissements publics et aux sociétés d'économie mixte.

Art. R. 173-60 L'associé expert foncier et agricole ou expert forestier est exclu de la société s'il a fait l'objet d'une radiation définitive de la liste.

L'associé expert foncier et agricole ou expert forestier peut être exclu de la société s'il a fait l'objet d'une radiation temporaire de la liste.

La décision d'exclusion est décidée dans les conditions de majorité prévue par les statuts.

Art. R. 173-61 Tout associé exclu dispose pour céder ses parts sociales ou actions d'un délai de six mois à compter de la notification qui lui est faite de cette décision par la société, par l'envoi d'une lettre recommandée avec demande d'avis de réception.

Pendant ce délai, l'associé exclu perd les rémunérations liées à l'exercice de son activité professionnelle et son droit d'assister et de voter aux assemblées de la société. Il conserve son droit à percevoir les dividendes distribués au titre de ses parts sociales ou actions.

Les parts sociales ou actions de l'associé exclu sont achetées soit par un acquéreur agréé par la société, soit par la société qui doit alors réduire son capital. A défaut d'accord amiable, le prix de rachat est déterminé dans les conditions prévues par l'article 1843-4 du code civil.

Art. R. 173-62 L'associé radié de la liste à titre temporaire, non exclu de la société, conserve pendant la durée de sa peine sa qualité d'associé avec tous les droits et obligations qui en découlent, à l'exclusion de sa vocation aux rémunérations versées par la société en relation avec l'exercice de son activité professionnelle.

La radiation de la liste d'un associé d'une société d'exercice libéral, constituée pour l'exercice des professions d'expert foncier et agricole ou d'expert forestier, emporte l'interdiction d'exercer pour la société elle-même lorsque l'intéressé est seul à exercer au sein de celle-ci.

Art. R. 173-63 Les sociétés d'exercice libéral, constituées pour l'exercice des professions d'expert foncier et agricole ou d'expert forestier, peuvent être radiées de la liste pour faute professionnelle grave d'un ou de plusieurs associés, dans les conditions prévues par les articles L. 171-1 et R. 171-18 à R. 171-29 *(Abrogé par Décr. n° 2017-1246 du 7 août 2017, art. 8-3°) « du présent code ».*

CHAPITRE IV **LES SOCIÉTÉS DE PARTICIPATIONS FINANCIÈRES DE PROFESSION LIBÉRALE**

(Décr. n° 2013-340 du 22 avr. 2013, art. 1er)

Art. R. 174-1 Des experts fonciers et agricoles ou des experts forestiers peuvent constituer, dans les conditions prévues à l'article 31-1 de la loi n° 90-1258 du 31 décembre 1990, une ou plusieurs sociétés de participations financières de professions libérales d'experts fonciers et agricoles, ou d'experts forestiers ayant pour objet la détention de parts ou d'actions de sociétés d'exercice libéral constituées pour l'exercice de cette même profession ou de groupements de droit étranger ayant pour objet l'exercice de cette même profession.

Le complément du capital et des droits de vote peut également être détenu :

1° Pendant un délai de dix ans à compter de la cessation de toute activité professionnelle par des personnes physiques qui ont exercé la profession d'expert foncier et agricole ou d'expert forestier ;

2° Par les ayants droit des personnes physiques mentionnées aux alinéas qui précèdent, pendant un délai de cinq ans suivant le décès de celles-ci ;

3° Par les personnes exerçant une profession libérale soumise à un statut législatif ou réglementaire ou dont le titre est protégé autre que les professions libérales de santé ou les professions libérales juridiques ou judiciaires.

Ces sociétés sont régies par les dispositions du livre II du code de commerce, sous réserve des dispositions du présent chapitre. – *V. C. com.*

Art. R. 174-2 Les personnes mentionnées à l'article R. 173-59 et les titulaires de charges d'officiers publics et ministériels ne peuvent détenir de parts ou actions du capital social d'une société de participations financières de professions libérales d'experts fonciers et agricoles ou d'experts forestiers en application des 1°, 2° ou 3° de l'article R. 174-1.

Art. R. 174-3 La société fait l'objet d'une demande d'inscription sur une liste spéciale établie par le comité du Conseil national de l'expertise foncière agricole et forestière, en application de l'article L. 171-1. La demande est formulée par un mandataire commun désigné par les associés. Elle est accompagnée d'une copie des statuts de la société et de la liste des associés avec indication, selon le cas, de leur profession ou de leur qualité suivie, pour chacun, de la mention de la part de capital et des droits de vote qu'il détient dans la société.

Art. R. 174-4 Le comité du Conseil national de l'expertise foncière agricole et forestière statue sur la demande d'inscription dans les conditions prévues à l'article L. 171-1.

Art. R. 174-5 Sans préjudice des dispositions prévues aux articles R. 123-31 et suivants du code du commerce relatives à l'immatriculation au registre du commerce et des sociétés, une copie de l'inscription de la société sur la liste spéciale établie par le comité est adressée par le mandataire commun au greffe du tribunal où a été déposée la demande d'immatriculation au registre du commerce et des sociétés.

A la réception de ce document, le greffier procède à l'immatriculation et en informe le comité du Conseil national de l'expertise foncière agricole et forestière.

Art. R. 174-6 La société de participations financières de professions libérales d'experts fonciers et agricoles, ou d'experts forestiers fait connaître au comité du Conseil national de l'expertise foncière agricole et forestière, dans un délai de trente jours à compter de la date à laquelle il se produit, tout changement dans la situation déclarée en application de l'article R. 174-3.

Art. R. 174-7 Si la société de participations financières de professions libérales d'experts fonciers et agricoles, ou d'experts forestiers cesse de se conformer aux dispositions législatives et réglementaires en vigueur, le comité l'invite à régulariser la situation dans un délai qui ne peut excéder six mois.

Si, à l'expiration de ce délai, la société n'a pas régularisé la situation, le président du comité peut inviter les associés, par lettre recommandée avec accusé de réception, à prononcer la dissolution anticipée de la société selon les formes prévues par les statuts. Il adresse une copie de ce courrier au président du comité siégeant en matière disciplinaire dans les conditions prévues par la sous-section 1 de la section 3 du chapitre I du présent titre.

Art. R. 174-8 Chaque société de participations financières de professions libérales d'experts fonciers et agricoles, ou d'experts forestiers peut faire l'objet d'un contrôle par le comité du Conseil national de l'expertise foncière agricole et forestière portant sur le respect des dispositions législatives et réglementaires qui régissent la composition de son capital, la répartition des droits de vote au sein de la société et l'étendue de ses activités.

A ce titre, le comité peut solliciter la transmission de tout document nécessaire à ce contrôle.

Art. R. 174-9 Le non-respect des dispositions régissant la constitution et le fonctionnement des sociétés de participations financières des professions libérales d'experts fonciers et agricoles ou d'experts forestiers par les experts fonciers et agricoles ou experts forestiers associés d'une telle société peut donner lieu à des poursuites disciplinaires dans les conditions et selon la procédure prévues en application de l'article L. 171-1.

Art. R. 174-10 En cas de liquidation, le liquidateur est choisi parmi les associés de la société de participations financières de professions libérales d'experts fonciers et agricoles ou d'experts forestiers.

Plusieurs liquidateurs peuvent être désignés.

Le liquidateur peut être remplacé pour cause d'empêchement, ou pour tout autre motif grave, par le président du tribunal judiciaire du lieu du siège social de la société statuant sur requête à la demande du liquidateur lui-même, des associés ou de leurs ayants droit, ou du président du comité du Conseil national de l'expertise foncière, agricole et forestière.

Art. R. 174-11 La dissolution de la société est portée à la connaissance du président du comité du Conseil national de l'expertise foncière agricole et forestière à la diligence du liquidateur, qui lui fait parvenir une expédition de la délibération des associés ou de la décision de justice qui l'a nommé dans ses fonctions.

Le liquidateur dépose au greffe chargé de la tenue du registre du commerce et des sociétés où la société est inscrite, pour être versée au dossier ouvert au nom de la société, la copie de l'expédition prévue au premier alinéa dont tout intéressé peut obtenir communication.

Art. R. 174-12 Le liquidateur procède à la cession des parts ou actions que la société de participations financières de professions libérales d'experts fonciers et agricoles, ou d'experts forestiers détient dans la ou les sociétés d'exercice de la profession d'expert foncier et agricole, ou d'expert forestier.

Art. R. 174-13 Le liquidateur informe le comité du Conseil national de l'expertise foncière, agricole et forestière ainsi que le greffier chargé de la tenue du registre du commerce et des sociétés où est immatriculée la société, de la clôture des opérations de liquidation.

TITRE VIII **DISPOSITIONS RELATIVES À L'OUTRE-MER**

(Décr. nº 2016-781 du 10 juin 2016, art. 2-5º, en vigueur le 1er juill. 2016)

CHAPITRE I **GUADELOUPE, GUYANE, MARTINIQUE, LA RÉUNION ET MAYOTTE**

(Décr. nº 2016-781 du 10 juin 2016, art. 2-5º, en vigueur le 1er juill. 2016)

SECTION 1 **Champ d'application et dispositions générales**

Art. D. 181-1 Les dispositions du présent livre (partie réglementaire) s'appliquent en Guadeloupe, en Guyane, en Martinique, à La Réunion et à Mayotte sous réserve des exceptions et adaptations prévues au présent chapitre.

Art. D. 181-2 Pour l'application du présent livre (partie réglementaire) en Guyane :

1º Les références à la région et au département, au conseil régional et au conseil départemental, au président du conseil régional et au président du conseil départemental sont remplacées respectivement par les références à la collectivité territoriale de Guyane, à l'assemblée de Guyane et au président de l'assemblée de Guyane ;

2º Les références aux plans ou schémas régionaux sont remplacées par les références aux plans ou schémas territoriaux de Guyane ;

3º Les références aux commissions régionales ou départementales sont remplacées par les références aux commissions territoriales de Guyane ;

4º La référence aux sociétés d'aménagement foncier et d'établissement rural est remplacée par la référence à l'opérateur foncier mentionné à l'article L. 181-39.

Art. D. 181-3 Pour l'application du présent livre (partie réglementaire) en Martinique :

1º Les références à la région et au département, au conseil régional et au conseil départemental, au président du conseil régional et au président du conseil départemental sont remplacées respectivement par les références à la collectivité territoriale de Martinique, à l'assemblée de Martinique et, selon les cas, au président de l'assemblée de Martinique pour les attributions liées à la présidence de l'assemblée délibérante et au président du conseil exécutif de Martinique pour les attributions dévolues à l'autorité exécutive de la collectivité ;

2° Les références aux plans ou schémas régionaux sont remplacées par les références aux plans ou schémas territoriaux de Martinique ;

3° Les références aux commissions régionales ou départementales sont remplacées par les références aux commissions territoriales de Martinique.

Art. D. 181-4 Pour l'application du présent livre (partie réglementaire) à Mayotte :

1° Les références à la région, au conseil régional et au président du conseil régional sont remplacées respectivement par les références au Département de Mayotte, au conseil départemental de Mayotte et au président du conseil départemental de Mayotte ;

2° Les références au préfet de région sont remplacées par la référence au préfet du Département de Mayotte ;

3° Les références aux plans et schémas régionaux sont remplacées par les références aux plans et schémas du Département de Mayotte ;

4° Les références aux chambres régionale ou départementale d'agriculture sont remplacées par la référence à la chambre de l'agriculture, de la pêche et de l'aquaculture de Mayotte ;

5° Les références à la société d'aménagement foncier et d'établissement rural sont remplacées par la référence à l'opérateur foncier mentionné à l'article L. 181-49.

Art. R. 181-5 Ne sont pas applicables à Mayotte :

1° L'article D. 142-1-1 ;

2° Le chapitre I du titre VI.

Art. R. 181-6 Les membres du comité d'orientation stratégique et de développement agricole institué par l'article L. 181-9 sont regroupés en quatre collèges :

1° Un collège comprenant des représentants de l'État, de ses établissements publics, des représentants des collectivités territoriales et de leurs groupements, ainsi que des représentants des chambres consulaires ;

2° Un collège comprenant des représentants des secteurs de la production, de la transformation, de la commercialisation et des interprofessions agricoles, ainsi que des représentants du monde rural ;

3° Un collège comprenant des représentants des organisations professionnelles agricoles, des syndicats professionnels et des syndicats de salariés de l'agriculture, et des organismes gestionnaires des régimes de protection sociale des non-salariés et des salariés de l'agriculture ;

4° Un collège comprenant des représentants des organismes d'enseignement, de formation et de recherche agricoles, des représentants des associations agréées de protection de l'environnement et des associations de consommateurs, des représentants des entreprises de services bancaires, d'assurance, de conseil et de gestion pour le secteur de l'agriculture, ainsi que des personnalités qualifiées.

Le préfet arrête la composition du comité après consultation du président de la collectivité avec lequel il assure conjointement la présidence du comité. Le total des membres des quatre collèges ne peut excéder quarante-deux et aucun collège ne peut comporter plus d'un tiers des membres du comité.

Art. R. 181-7 Les compétences conférées par le présent code ou par le code forestier à la commission départementale d'orientation de l'agriculture mentionnée à l'article R. 313-1, ainsi qu'à ses sections ou formations spécialisées, et celles conférées par le présent code à la commission régionale de l'économie agricole et du monde rural mentionnée à l'article R. 313-45, sont exercées par le comité d'orientation stratégique et de développement agricole.

Art. R. 181-8 Le fonctionnement du comité d'orientation stratégique et de développement agricole est régi par les dispositions des articles 8 et 9 du décret n° 2006-665 du 7 juin 2006 relatif à la réduction du nombre et à la simplification de la composition de diverses commissions administratives et par celles des articles R. 133-3 à R.* 133-15 du code des relations entre le public et l'administration.

Son secrétariat est assuré par la direction de l'alimentation, de l'agriculture et de la forêt.

Art. R. 181-9 Le comité d'orientation stratégique et de développement agricole élabore son règlement intérieur. Ce règlement intérieur prévoit la constitution de sections spécialisées au sein du comité, notamment afin d'exercer les compétences définies à l'article R. 181-7.

Art. R. 181-10 Pour l'application à La Réunion de l'article R. 111-3, les mots : "président du conseil régional" sont remplacés par les mots : "président du conseil départemental".

SECTION 2 Préservation des terres agricoles

Art. D. 181-11 La commission départementale de la préservation des espaces naturels, agricoles et forestiers prévue à l'article L. 181-10 est composée, outre le préfet qui la préside :

1° Du directeur et d'un autre représentant de la direction de l'alimentation, de l'agriculture et de la forêt et du directeur de l'environnement, de l'aménagement et du logement ;

2° D'un maire désigné par l'association des maires ainsi que :

a) En Guadeloupe et à La Réunion, du président du conseil régional et du président du conseil départemental ;

b) En Guyane, du président et d'un autre membre de l'assemblée de Guyane désigné par celle-ci ;

c) En Martinique, du président du conseil exécutif et d'un membre de l'assemblée de Martinique ;

d) A Mayotte, du président du conseil départemental et d'un autre représentant du conseil départemental ;

3° Du président de la chambre d'agriculture, du président de la société d'aménagement foncier et d'établissement rural et d'un représentant des propriétaires agricoles ;

4° De trois présidents d'associations agréées de protection de l'environnement.

Siègent avec voix consultative à la commission :

1° Le directeur de l'Établissement public du Parc national, s'il en existe, lorsque des questions relatives au cœur du Parc national ou au territoire des communes ayant vocation à adhérer à la charte du parc concerné sont à l'ordre du jour ;

2° Le directeur régional de l'Office national des forêts, lorsque des questions relatives aux espaces forestiers sont à l'ordre du jour.

Art. D. 181-12 Sauf disposition particulière prévue à la présente section, le fonctionnement de la commission départementale de la préservation des espaces naturels, agricoles et forestiers est régi par les dispositions des articles R. 133-3 à R.* 133-15 du code des relations entre le public et l'administration.

La commission peut se doter d'un règlement intérieur.

SECTION 3 Mise en valeur des terres incultes ou manifestement sous-exploitées

Art. R. 181-13 Avant de solliciter l'avis de la commission départementale d'aménagement foncier prévu par l'article L. 181-16, le président du conseil départemental :

1° Fait établir une liste des parcelles susceptibles de se voir appliquer les dispositions des articles L. 181-16 à L. 181-28 et un extrait du plan cadastral correspondant à ces parcelles ou, en l'absence de cadastre, tout plan parcellaire en tenant lieu ;

2° Fait rechercher et dresser la liste du ou des propriétaires et, le cas échéant, du ou des titulaires de droit d'exploitation autres que le ou les propriétaires de chacune des parcelles ;

3° Fait établir une analyse de l'état d'exploitation de ces parcelles par comparaison avec les conditions d'exploitation des parcelles de valeur culturale similaire des exploitations agricoles à caractère familial situées à proximité ainsi qu'un projet de cahier des charges pour leur exploitation ;

4° Recense les dispositions législatives et réglementaires relatives notamment à la protection de l'environnement ou à l'urbanisme applicables à la zone considérée.

Art. R. 181-14 Le président du conseil départemental adresse à chaque propriétaire ou titulaire de droit d'exploitation intéressé, par tout moyen permettant d'établir date certaine, l'extrait du plan cadastral ou le document en tenant lieu, de la liste des propriétaires et exploitants ainsi que l'analyse de l'état d'exploitation et le projet de cahier des charges des terres qui le concernent.

Il l'informe que l'état d'inculture ou de sous-exploitation manifeste de ses terres l'expose à l'une des mises en demeure prévues aux articles L. 181-17 à L. 181-22 et, s'il s'agit d'un propriétaire titulaire du droit d'exploitation, à l'expropriation prévue à l'article L. 181-23 ; il l'invite, le cas échéant, à fournir toutes indications précises nécessaires relatives à son identité et, s'il n'est pas le propriétaire ou l'exploitant ou s'il ne l'est pas seul, toutes indications relatives à l'identité des autres intéressés dont l'administration n'aurait pas connaissance.

Le président du conseil départemental fait publier, dans les mairies des communes où se trouvent les terres, les documents prévus aux 1° et 2° de l'article R. 181-13 et mention de ce que les documents prévus aux 3° et 4° du même article sont tenus à la disposition des propriétaires ou exploitants concernés à la mairie. L'avis, qui fait l'objet d'un affichage pendant une durée d'un mois, précise les lieux et dates auxquels les intéressés pourront présenter leurs réclamations.

Le président du conseil départemental saisit la commission départementale d'aménagement foncier en lui communiquant les documents prévus à l'article R. 181-13. S'il n'a pas sollicité cet avis dans le délai de six mois à compter de la demande du conseil départemental, de la chambre d'agriculture ou du préfet, ce dernier le met en demeure de procéder à cette saisine. Si, à la suite de cette mise en demeure, le président du conseil départemental n'a pas saisi la commission départementale d'aménagement foncier dans le délai prévu au deuxième alinéa de l'article L. 181-17, le préfet procède à cette saisine et, le cas échéant, aux opérations définies à l'article R. 181-13 et au présent article.

Art. R. 181-15 La demande de désignation d'un mandataire en application de l'article L. 181-18 est faite par le préfet au juge du tribunal judiciaire du lieu de la situation des biens. Elle est formée dans les conditions prévues par les articles 53 et suivants du code de procédure civile.

L'ordonnance désignant un mandataire est notifiée à la diligence du préfet par lettre recommandée avec demande d'avis de réception au mandataire désigné ainsi qu'aux indivisaires dont l'identité et l'adresse sont connues, et, s'il y a lieu, au notaire chargé du règlement de la succession. L'ordonnance n'est exécutoire qu'après ces notifications.

Art. R. 181-16 Pendant le délai d'un mois de publication en mairie prévu au troisième alinéa de l'article R. 181-14, une enquête publique administrative est diligentée dans les conditions fixées par le chapitre IV du titre III du livre I du code des relations entre le public et l'administration. Par exception aux dispositions de l'article R. 134-15 de ce code, le commissaire enquêteur est désigné par le président de la commission départementale d'aménagement foncier.

A l'issue de l'enquête, et après la publication, le cas échéant par voie électronique, de la note prévue à l'article L. 181-16, la commission départementale d'aménagement foncier prend connaissance des réclamations et des observations ainsi que de l'avis du commissaire enquêteur. Elle entend les intéressés s'ils l'ont demandé par lettre adressée à son président, ainsi que le préfet ou son représentant. Elle donne son avis sur la liste des terres incultes ou manifestement sous-exploitées, sur l'opportunité de mettre en œuvre la procédure définie aux articles L. 181-15 à L. 181-25 et sur les projets de cahiers des charges. Elle transmet ses avis accompagnés de l'ensemble du dossier au préfet et adresse copie de ses avis au président du conseil départemental.

Art. R. 181-17 Le préfet arrête la liste des terres incultes ou manifestement sous-exploitées et le cahier des charges correspondant à chacune d'elles. Il est alors valablement procédé par le préfet, quels que soient les propriétaires et titulaires de droits d'exploitation, aux mesures prévues aux articles L. 181-17 à L. 181-23, dès lors que ces mesures sont prises à l'encontre tant des propriétaires et des titulaires de droits d'exploitation identifiés par l'administration en application de l'article R. 181-13 auxquels les communications prévues au premier alinéa de l'article R. 181-14 ont été adressées, que des propriétaires et titulaires de droit d'exploitation qui se sont révélés dans le mois de la publication en mairie prévue au troisième alinéa de l'article R. 181-14.

Le projet de mise en valeur agricole du fonds, prévu à l'article L. 181-20, est cohérent avec le cahier des charges mentionné au premier alinéa.

Art. R. 181-18 A l'expiration du délai fixé par la mise en demeure pour mettre en valeur les terres, le préfet, après avoir recueilli l'avis de la commission départementale d'aménagement foncier, saisie par le président du conseil départemental, constate que le fonds a ou non été remis en valeur, ou que la remise en valeur ne respecte pas le cahier des charges ou le projet de mise en valeur agricole du fonds prévu à l'article L. 181-20, et décide de la poursuite de la procédure en application des articles L. 181-20, L. 181-22, L. 181-23 et L. 181-26.

La commission désigne une délégation composée d'au moins deux de ses membres chargée de vérifier, sur les lieux mêmes de l'exploitation, la remise en valeur du fonds. L'exploitant est convoqué quinze jours au moins avant la date prévue pour la visite des lieux ; la délégation peut, en outre, entendre toute personne susceptible de compléter son information.

L'état du fonds est apprécié, d'une part, par rapport au cahier des charges, d'autre part, par comparaison avec les conditions d'exploitation des parcelles de valeur culturale similaire des exploitations agricoles à caractère familial situées à proximité. L'état de remise en valeur est estimé au regard du projet de mise en valeur agricole du fonds.

Si, dans le délai de quatre mois de la demande du préfet, le président du conseil départemental n'a pas saisi la commission départementale d'aménagement foncier en vue de recueillir son avis, le préfet procède à cette saisine.

Art. R. 181-19 La publicité prévue au premier alinéa de l'article L. 181-20 et destinée à faire connaître aux bénéficiaires éventuels la faculté qui leur est offerte de demander l'attribution d'une autorisation d'exploiter peut consister en l'affichage à la mairie de la commune où se trouve les terres, ainsi qu'à la mairie des communes limitrophes, durant un mois, d'un état des parcelles déclarées incultes ou manifestement sous-exploitées précisant pour chacune d'elles la superficie, les références au plan cadastral ou au plan parcellaire, le nom du propriétaire ou du mandataire, et, le cas échéant, le nom du titulaire du droit d'exploitation, ou à la mise à la disposition par voie électronique sur le site internet de la préfecture.

Cette publicité commence dans le mois qui suit le délai de deux mois prévu au premier alinéa de l'article L. 181-19. Durant toute la durée de la publicité, le cahier des charges, mentionné à l'article L. 181-25 et auquel devra se soumettre l'attributaire du droit d'exploitation, peut être consulté par les candidats à l'attribution sur le site internet de la préfecture ou dans les mairies mentionnées à l'alinéa précédent.

Les candidats à l'attribution doivent, dans le mois qui suit le délai de publicité mentionné à l'alinéa premier, adresser leur demande au préfet par tout moyen permettant d'établir date certaine, précisant les références de la parcelle au plan cadastral ou au plan parcellaire.

S'il y a plusieurs demandeurs remplissant les critères de priorité prévus à l'article L. 181-20, l'autorisation d'exploiter est accordée compte tenu notamment de l'âge, de la situation de famille, de la capacité professionnelle et du degré d'intérêt que présente pour chacun d'eux l'exploitation du fonds, ainsi que de la politique d'aménagement foncier poursuivie dans le département.

Le montant de l'indemnité d'occupation prévue à l'article L. 181-21, en l'absence d'accord entre le propriétaire et le bénéficiaire du bail désigné par le préfet sur le montant du fermage, est fixé par le préfet sur la base des minima arrêtés respectivement pour les loyers des terres nues et des bâtiments d'exploitation et, le cas échéant, pour les bâtiments d'habitation conformément aux dispositions de l'article L. 461-7.

Art. R. 181-20 Soit à l'initiative du préfet, soit à la demande du propriétaire ou de l'exploitant, que ce dernier soit choisi par le propriétaire ou désigné par l'administration, le cahier des charges peut faire l'objet à tout moment d'un modificatif établi dans les mêmes conditions que le cahier des charges initial.

A la demande du propriétaire ou de l'exploitant, que ce dernier soit choisi par le propriétaire ou désigné par l'administration, le projet de mise en valeur peut faire l'objet à tout moment, sur demande motivée auprès du préfet, d'un modificatif établi dans les mêmes conditions que le projet de mise en valeur initial.

Art. R. 181-21 Le délai prévu au quatrième alinéa de l'article L. 181-23 est de dix ans à compter de l'intervention de l'autorisation d'exploiter.

A l'expiration du délai fixé au cinquième alinéa du même article, la commission départementale d'aménagement foncier vérifie l'état de culture ou d'insuffisance de mise en valeur des terres.

Art. R. 181-22 Le préfet passe, au nom de l'État, avec la société d'aménagement foncier et d'établissement rural une convention prévoyant notamment :

1° Les conditions financières de cession des terres à la société ;

2° L'engagement de la société de prendre en charge, pour le compte de l'État, l'indemnisation des propriétaires expropriés ;

3° Le programme des travaux à réaliser, qui doit être conforme aux dispositions soumises à l'enquête préalable à la déclaration d'utilité publique, ainsi que le calendrier de ces réalisations ;

4° Les cahiers des charges prévus par l'article L. 181-25, qui sont établis par la société d'aménagement foncier et d'établissement rural.

Art. R. 181-23 Lorsque les terres expropriées sont grevées d'une ou de plusieurs inscriptions *(Abrogé par Décr. nº 2021-1888 du 29 déc. 2021, art. 6, à compter du 1er janv. 2022) « de privilèges ou »* d'hypothèques, et à moins que les créanciers inscrits ne renoncent expressément à être immédiatement désintéressés et n'acceptent de prendre de nouvelles inscriptions sur les terres rendues à leur précédent propriétaire, les terres ne peuvent être restituées que dans la mesure où leur valeur correspond à la partie de l'indemnité excédant celle nécessaire au désintéressement desdits créanciers.

SECTION 4 Mesures en faveur de l'exploitation de biens agricoles en indivision

Art. D. 181-24 Pour l'application du deuxième alinéa de l'article L. 181-29, la société d'aménagement foncier et d'établissement rural ou l'opérateur foncier qui en tient lieu procède à l'appel à candidats par affichage à la mairie de la commune du lieu de situation du bien dans les conditions et délai prévus aux deux premiers alinéas de l'article R. 142-3.

L'appel à candidats est publié pendant le même délai sur le site internet, lorsqu'il existe, de la société d'aménagement foncier et d'établissement rural, ou de l'opérateur foncier qui en tient lieu, et sur celui de la préfecture concernée.

Préalablement à la mise en œuvre de la publicité, la société d'aménagement foncier et d'établissement rural ou l'opérateur foncier qui en tient lieu indique aux indivisaires les frais occasionnés par cette démarche dont ils supportent la charge.

A l'issue du délai de publication la société d'aménagement foncier et d'établissement rural ou l'opérateur foncier qui en tient lieu informe les propriétaires des candidatures recueillies.

Si l'identité ou l'adresse d'un ou plusieurs indivisaires n'est pas connue, l'appel à candidatures fait également l'objet, au frais des indivisaires, de l'insertion d'un avis, en caractères apparents, dans un journal diffusé sur l'ensemble du territoire de la collectivité et à la diffusion d'au moins deux communiqués par une radio locale mentionnant la localisation des biens et leurs références cadastrales.

Art. D. 181-25 Pour l'application du troisième alinéa de l'article L. 181-29, les indivisaires titulaires d'au moins deux tiers des droits indivis sur un bien agricole donné à bail notifient leur intention de renouveler ce bail aux autres indivisaires, au moins vingt-quatre mois avant son expiration, par lettre recommandée avec accusé réception ou par tout autre moyen permettant d'établir date certaine.

A peine de nullité, cette notification mentionne le nom des indivisaires auteurs de la notification et le nombre de droits indivis détenus par chacun d'eux, la localisation des biens et leurs références cadastrales, ainsi que le nom du preneur et la date prévue de renouvellement du bail.

Si l'identité ou l'adresse d'un ou plusieurs indivisaires n'est pas connue, les indivisaires mentionnés au premier alinéa rendent publique leur intention de renouveler le bail, au moins vingt-quatre mois avant son expiration, en procédant :

1° A l'affichage pendant deux mois des informations mentionnées au deuxième alinéa à la mairie de la commune où se trouve le bien concerné ;

2° A l'insertion d'un avis, en caractères apparents, dans un journal diffusé sur l'ensemble du territoire de la collectivité concernée, et à la diffusion d'au moins deux communiqués par une radio locale.

Art. D. 181-26 L'acte par lequel l'intention de vente est signifiée aux indivisaires ou publiée en application du deuxième alinéa de l'article L. 181-30, et celui par lequel le projet d'aliénation est notifié ou rendu public en application du quatrième alinéa du même article, mentionne, à peine de nullité, le nom des indivisaires qui ont notifié ou, le cas échéant, accepté le projet de vente et le nombre de droits indivis détenus par chacun d'eux, la localisation des biens et leurs références cadastrales, l'intention de vente, et indique à qui les indivisaires doivent faire connaître leur décision, ainsi que, le cas échéant, la personne à laquelle ils peuvent s'adresser pour obtenir des informations complémentaires. Il rappelle les dispositions des quatrième et cinquième alinéas de l'article L. 181-30.

Si l'identité ou l'adresse d'un ou plusieurs indivisaires n'est pas connue, la personne saisie de l'intention d'aliénation procède, au frais des indivisaires, à l'affichage à la mairie de la commune où se trouve le bien concerné selon le cas de l'intention ou du projet d'aliénation, dans les conditions et délais prévus aux deux premiers alinéas de l'article R. 142-3, ainsi qu'à l'insertion d'un avis en caractères apparents, dans un journal diffusé sur l'ensemble du département du territoire de la collectivité concernée et à la diffusion d'au moins un communiqué par voie radiophonique.

La société d'aménagement foncier et d'établissement rural ou l'opérateur foncier qui en tient lieu indiquera aux indivisaires, le cas échéant, le montant des frais occasionnés par cette démarche.

Préalablement à la mise en œuvre de la publicité, la personne saisie indique aux indivisaires les frais occasionnés par cette démarche dont ils supportent la charge.

SECTION 5 Contrôle du morcellement des terres agricoles

Art. R. 181-27 La déclaration prévue à l'article L. 181-31 comporte :

1° Les nom, prénom et adresse complète du déclarant ;

2° La contenance en surface de la parcelle pour laquelle une division est envisagée ;

3° Le numéro cadastral de la parcelle lorsqu'il existe ;

4° Une copie de l'acte de propriété de la parcelle ou, à Mayotte, de toute autre forme de titre de possession ;

5° Une copie du bail si la parcelle fait déjà l'objet d'une location ;

6° Le nombre et la surface des lots envisagés ;

7° Les nom, prénom, adresse complète et profession de chacun des bénéficiaires de la division ;

8° Les motifs du projet de division de la parcelle et l'utilisation projetée de chacun des lots.

Dans le cas où, après la division, l'exploitation agricole est poursuivie sur tout ou partie des lots, la déclaration indique en outre le numéro d'affiliation au régime agricole de protection sociale des bénéficiaires et précise le projet de mise en valeur de ces lots, sur lequel l'avis du comité d'orientation stratégique et de développement agricole aura été préalablement recueilli en application de l'article R. 181-7. Cet avis est joint à la déclaration.

Dans le cas où, après la division, tout ou partie des lots est affecté à d'autres utilisations que l'exploitation agricole, le dossier comporte une description détaillée de l'utilisation envisagée accompagnée le cas échéant d'un plan de financement.

La commission départementale d'aménagement foncier peut entendre le pétitionnaire ou les bénéficiaires potentiels de la division envisagée, à leur demande ou si elle le juge utile. Ces auditions ne peuvent avoir pour effet de prolonger le délai mentionné à l'article L. 181-32.

Art. R. 181-28 Le délai mentionné à l'article L. 181-32 dont dispose la commission départementale d'aménagement foncier pour se prononcer est de trois mois à compter de la réception du dossier complet de déclaration. Ce dossier, dont le modèle est établi par arrêté du ministre chargé de l'agriculture, est transmis à la commission par tout moyen permettant d'établir la date certaine de sa réception.

SECTION 6 Sociétés d'aménagement foncier et d'établissement rural

Art. R. 181-29 Pour l'application en Guadeloupe, en Martinique et à La Réunion de l'article R. 141-1, le 5° est ainsi rédigé :

"5° Participer à la mise en valeur des terres incultes, des terres laissées à l'abandon et des terres insuffisamment exploitées dans les conditions et dans les limites fixées aux articles L. 181-14 à L. 181-28 ;".

Art. R. 181-30 Pour l'application en Guadeloupe, en Martinique et à La Réunion de l'article R. 141-9, le premier alinéa est ainsi rédigé :

"Deux commissaires du Gouvernement sont nommés auprès de chaque société, l'un par décision du ministre chargé de l'agriculture prise après avis du ministre chargé de l'outre-mer, l'autre par décision du ministre chargé des finances. Chaque commissaire du Gouvernement peut être pourvu d'un adjoint désigné dans les mêmes conditions.".

Art. R. 181-31 Le ministre chargé de l'outre-mer est associé aux actes de l'autorité administrative suivants lorsqu'ils concernent le fonctionnement des sociétés d'aménagement foncier et d'établissement rural constituées en Guadeloupe, en Martinique et à La Réunion :

1° L'arrêté accordant l'agrément, mentionné à l'article R. 141-3 ;

2° L'approbation du choix du président élu et de la nomination, le cas échéant, d'un directeur, mentionnée *(Décr. n° 2017-1246 du 7 août 2017, art. 9)* « au 4° de l'article R. 141-4 » ;

3° La détermination du délai, mentionné au 6° de l'article R. 141-4 en cas d'élection d'un autre président ou de nomination d'un autre directeur, après refus d'approbation ou retrait de l'approbation ;

4° L'arrêté, mentionné à l'article R. 141-6, modifiant la zone d'action de la société et, le cas échéant, les conventions conclues avec l'État ou entre sociétés ;

5° L'approbation du programme annuel d'opérations, mentionnée à l'article R. 141-7 ;

6° La décision d'annuler ou de réformer des oppositions ou des refus d'approbation des commissaires du Gouvernement, mentionnée à l'avant-dernier alinéa de l'article R. 141-9 ;

7° L'arrêté fixant le montant supérieur des acquisitions qui n'ont pas à être soumises à l'approbation des commissaires du Gouvernement, mentionné au deuxième alinéa de l'article R. 141-10 ;

8° La décision de prolongation du délai de conservation des biens prise en application de l'article R. 142-5.

Art. R. 181-32 Le décret autorisant l'exercice du droit de préemption des sociétés d'aménagement foncier et d'établissement rural constituées en Guadeloupe, en Martinique et à La Réunion, mentionné à l'article R. 143-1, est pris sur proposition du ministre chargé de l'agriculture et du ministre chargé de l'outre-mer.

Art. R. 181-33 Pour l'application en Guadeloupe, en Martinique et à La Réunion de l'article R. 143-13, la première phrase *[est]* remplacée par les dispositions suivantes :

"Dans les cas de vente faite par adjudication volontaire ou forcée, sans préjudice de l'application des dispositions de l'article R. 143-14, la société d'aménagement foncier et d'établissement rural doit, cinq jours au moins avant la date de l'adjudication, à peine de nullité de la vente, y être convoquée soit par le notaire en cas d'adjudication volontaire, soit par le greffier de la juridiction en cas d'adjudication forcée. La convocation doit indiquer la date et les modalités de la vente. La société d'aménagement foncier et d'établissement rural doit, en outre, un mois au moins avant l'adjudication, être prévenue des conditions de celle-ci par la personne chargée de l'aliénation.

"La société d'aménagement foncier et d'établissement rural dispose d'un délai d'un mois à compter de l'adjudication amiable, ou d'un délai de dix jours dans les autres cas d'adjudication pour faire connaître au notaire ou au greffier, par exploit d'huissier, sa décision de se substituer à l'adjudicataire.".

SECTION 7 Dispositions particulières à la Guyane

Art. D. 181-34 La commission prévue par le deuxième alinéa de l'article L. 181-39 comprend, outre le préfet de Guyane qui la préside :

1° Le président de l'assemblée de Guyane ;

2° Le président de la chambre d'agriculture ;

3° Un maire, désigné par l'association des maires ;

4° Deux représentants des syndicats d'exploitants agricoles les plus représentatifs au niveau de la collectivité territoriale ;

5° Un représentant d'association de protection de l'environnement agréée et un représentant de la fédération des chasseurs ;

6° Un représentant de l'*(Décr. nº 2019-1580 du 31 déc. 2019, art. 5)* **« Office français de la biodiversité » ;**

7° Le directeur de l'alimentation, de l'agriculture et de la forêt ;

8° Le directeur de l'environnement, de l'aménagement et du logement ;

9° Le directeur régional des finances publiques ;

10° Deux personnalités qualifiées.

Les membres mentionnés aux 4°, 5°, 6° et 10° sont nommés par le préfet pour une durée de trois ans renouvelable. Le membre mentionné au 3° est désigné pour la même durée.

Le fonctionnement de cette commission est régi par les dispositions des articles R. 133-3 à R.* 133-15 du code des relations entre le public et l'administration.

Les membres de la commission sont tenus à une obligation de confidentialité des informations portées à leur connaissance dans le cadre de ce mandat et des débats de la commission.

Art. D. 181-34-1 *(Décr. nº 2023-245 du 3 avr. 2023, art. 2)* **Pour leur application en Guyane, le deuxième alinéa de l'article D. 113-22, ainsi que les articles D. 113-23, D. 113-25 et D. 113-28 sont ainsi rédigés :**

Art. D. 113-22 Pour l'application du présent paragraphe, les surfaces fourragères sont les prairies, parcours, plantes fourragères annuelles, céréales et protéagineux consommés par les animaux (ruminants, équidés et porcins) de l'exploitation.

Art. D. 113-23 En application de l'article 71 du règlement (UE) nº 2021/2115 du Parlement européen et du Conseil du 2 décembre 2021, sont mises en place des indemnités compensatoires de handicaps naturels et spécifiques pour les zones soumises à des contraintes spécifiques.

Art. D. 113-25 Sont éligibles à l'aide mentionnée à l'article D. 113-23 les agriculteurs actifs exploitant, dans les zones soumises à des contraintes spécifiques au sens de l'article D. 113-15, des surfaces en culture fruitière permanente et semi-permanente, des surfaces fourragères, des surfaces en cultures légumières hors légumes frais et des surfaces cultivées sur "abattis traditionnels" sédentarisés. Les surfaces en culture fruitière permanente et semi-permanente comprennent les vergers spécialisés, les vergers associant des plantes annuelles dits "vergers créoles", la canne à sucre et les cultures patrimoniales.

Pour être éligible, l'agriculteur doit diriger une exploitation d'au moins la moitié d'un hectare de surface agricole utile et retirer au moins 50 % de son revenu professionnel de l'exploitation agricole. Lorsque le revenu agricole est nul ou inférieur au revenu non agricole, les agriculteurs peuvent être éligibles si leurs revenus non agricoles sont inférieurs à la moitié du salaire minimum interprofessionnel de croissance.

Pour recevoir l'aide sur les surfaces fourragères, l'agriculteur doit détenir un cheptel d'au moins deux unités de gros bétail, une surface fourragère éligible d'au moins deux hectares et respecter un chargement compris entre 0,4 et 3 unités de gros bétail par hectare.

Pour recevoir l'aide sur les surfaces cultivées *(Abrogé par Décr. nº 2023-919 du 4 oct. 2023, art. 1er)* « *destinées à la commercialisation* », l'agriculteur doit détenir au moins la moitié d'un hectare en surfaces cultivées éligibles.

Art. D. 113-28 I. — Le montant des aides allouées à chaque agriculteur comprend un paiement de base variable selon le type de surface. Ce montant est dégressif selon le type de surface. Des modulations sont appliquées, pour les surfaces fourragères, en fonction du taux de chargement. Les modalités de calcul sont fixées par arrêté du ministre chargé de l'agriculture.

II. — Le montant total de l'ICHN à l'échelle de l'exploitation divisé par le nombre d'hectares primés ne peut être inférieur à 25 euros par hectare.

III. — Pour les groupements agricoles d'exploitation en commun totaux, ce calcul est effectué selon les modalités prévues à l'article R. 323-52.

SECTION 8 Dispositions particulières à Mayotte

SOUS-SECTION 1 Aménagement foncier et aménagement rural

Art. R. 181-35 Pour l'application à Mayotte de l'article R. 112-1-9, les mots : "dans deux journaux diffusés dans le département" sont remplacés par les mots : "dans un journal diffusé dans le département ainsi que par des communiqués diffusés par des moyens radiophoniques".

Art. R. 181-36 Pour l'application à Mayotte de l'article R. 112-2-3, les mots : "dans deux journaux locaux" sont remplacés par les mots : "dans un journal diffusé dans le département ainsi que par des communiqués diffusés par des moyens radiophoniques".

Art. R. 181-37 Pour l'application à Mayotte de l'article D. 112-54, les sixième et septième alinéas sont remplacés par les dispositions suivantes :

"— le directeur de l'alimentation, de l'agriculture et de la forêt ;

"— le directeur de l'environnement, de l'aménagement et du logement ;".

Art. R. 181-38 Pour l'application à Mayotte de l'article R. 113-1, les mots : "En Guadeloupe, en Guyane, en Martinique, à La Réunion et à Saint-Martin, à une caisse de sécurité sociale, en vertu des dispositions des articles 1106-17 à 1106-25 ou 1142-1 à 1142-11 ou 1142-12 à 1142-24 du même livre" sont remplacés par les mots : "A Mayotte, à la caisse de mutualité sociale agricole mentionnée à l'article L. 781-44".

Art. R. 181-39 Pour l'application à Mayotte de la section 4 du chapitre III du titre II du présent livre :

1° L'intitulé de la sous-section 1 est remplacé par l'intitulé : "Dispositions particulières aux zones forestières et agroforestières" ;

2° Aux articles R. 123-20 et R. 123-23, après le mot : "forestières", sont insérés les mots : "et agroforestières" ;

3° Aux articles R. 123-21 et R. 123-24, après le mot : "forestière", sont insérés les mots : "et agroforestière" ;

4° Au deuxième alinéa de l'article R. 123-25, après le mot : "forestières", sont insérés les mots : "et agroforestières" ;

5° Au quatrième alinéa de l'article R. 123-25 et au deuxième alinéa de l'article R. 123-26, après le mot : "forestières", sont insérés les mots : "ou agroforestières".

Art. R. 181-40 Pour l'application à Mayotte des articles R. 126-5 et R. 133-3, les mots : "Centre national de la propriété forestière" sont remplacés par le mot : "préfet".

SOUS-SECTION 2 Opérateur foncier

Art. R. 181-41 Le chapitre I du titre IV du présent livre (partie réglementaire) n'est pas applicable à Mayotte.

L'opérateur foncier mentionné à l'article L. 181-49 exerce ses missions en matière d'opérations immobilières ou d'exercice du droit de préemption conformément aux dispositions des chapitres II et III du même titre relatives aux sociétés d'aménagement foncier et d'établissement rural.

Pour l'application des dispositions du deuxième alinéa, outre le commissaire du Gouvernement auprès de l'établissement public foncier ou d'aménagement mentionné à l'article L. 321-36-1 du code de l'urbanisme, un deuxième commissaire du Gouvernement est désigné auprès de cet opérateur foncier par décision du ministre chargé de l'agriculture prise après avis du ministre chargé de l'outre-mer.

Art. D. 181-42 La commission départementale mentionnée à l'article L. 181-49 est présidée par le préfet de Mayotte. Elle comprend également :

1° Le président du conseil départemental ;

2° Le président de la chambre de l'agriculture, de la pêche et de l'aquaculture de Mayotte ;

3° Un maire, désigné par l'association départementale des maires ;
4° Deux représentants des syndicats d'exploitants agricoles les plus représentatifs au niveau départemental ;
5° Un représentant d'association de protection de l'environnement agréée et d'un représentant des fédérations départementales des chasseurs ou de tout autre représentant d'instance cynégétique ;
6° Le directeur de l'alimentation, de l'agriculture et de la forêt ;
7° Le directeur de l'environnement, de l'aménagement et du logement ;
8° Le directeur régional des finances publiques ;
9° Le directeur de l'établissement public foncier ou d'aménagement mentionné à l'article L. 321-36-1 du code de l'urbanisme ;
10° Le directeur régional de l'Agence de services et de paiement à Mayotte ;
11° Deux personnalités qualifiées désignées par le préfet.

Le fonctionnement de cette commission est régi par les dispositions des articles R. 133-3 à R.* 133-15 du code des relations entre le public et l'administration.

La durée du mandat des membres désignés aux 3°, 4°, 5° et 11° est fixée par l'article 9 du décret n° 2006-665 du 7 juin 2006 relatif à la réduction du nombre et à la simplification de la composition de diverses commissions administratives.

Les membres de la commission sont tenus à une obligation de confidentialité concernant les informations portées à leur connaissance dans le cadre de ce mandat et les débats de la commission.

Art. R. 181-43 Pour l'application à Mayotte de l'article R. 142-3, le troisième alinéa est ainsi rédigé :
"Pour les biens acquis à l'amiable d'un montant supérieur à celui prévu par l'article R. 141-10, et pour tous les biens acquis par voie de préemption, un avis est publié en caractères apparents dans un journal diffusé dans l'ensemble du département, sur les sites internet de la préfecture et de la chambre de l'agriculture, de la pêche et de l'aquaculture de Mayotte et affiché dans chacune des communes pendant une durée d'au moins trois semaines."

SOUS-SECTION 3 **Régime des indemnités compensatoires de handicaps naturels et spécifiques au titre de la programmation de la politique agricole commune débutant en 2023**

(Décr. n° 2023-245 du 3 avr. 2023, art. 2)

Art. D. 181-44 Pour leur application à Mayotte, les articles D. 113-23, D. 113-25 et D. 113-28 sont ainsi rédigés :

Art. D. 113-23 En application de l'article 71 du règlement (UE) n° 2021/2115 du Parlement européen et du Conseil du 2 décembre 2021, sont mises en place les aides suivantes :
1° Des indemnités compensatoires de handicaps naturels et spécifiques pour les zones soumises à des contraintes naturelles ;
2° Des indemnités compensatoires de handicaps naturels et spécifiques pour les zones soumises à des contraintes spécifiques.

Art. D. 113-25 Sont éligibles aux aides mentionnées à l'article D. 113-23 les agriculteurs actifs exploitant, dans les zones soumises à des contraintes naturelles ou dans les zones soumises à contraintes spécifiques au sens de l'article D. 113-14, des surfaces d'une superficie agricole de plus de dix ares. *(Décr. n° 2023-919 du 4 oct. 2023, art. 1er)* « Les surfaces retenues pour le calcul de l'indemnité sont l'ensemble des surfaces agricoles utiles situées dans les zones à contraintes naturelles et spécifiques. »

Art. D. 113-28 I. — Le montant des aides allouées à chaque agriculteur comprend un paiement de base qui est dégressif en fonction de la surface de l'exploitation agricole. Les modalités de calcul sont fixées par arrêté du ministre chargé de l'agriculture.
II. — Le montant total de l'ICHN à l'échelle de l'exploitation divisé par le nombre d'hectares primés ne peut être inférieur à 25 euros par hectare.

SECTION 9 Dispositions particulières à la Guadeloupe

(Décr. nº 2023-245 du 3 avr. 2023, art. 2)

Art. D. 181-45 Pour leur application en Guadeloupe, le deuxième alinéa de l'article D. 113-22, ainsi que les articles D. 113-23, D. 113-24, D. 113-25 et D. 113-28 sont ainsi rédigés :

Art. D. 113-22 Pour l'application du présent paragraphe, les surfaces fourragères sont les prairies, parcours, plantes fourragères annuelles, céréales et protéagineux consommés par les animaux (ruminants, équidés et porcins) de l'exploitation.

Art. D. 113-23 En application de l'article 71 du règlement (UE) nº 2021/2115 du Parlement européen et du Conseil du 2 décembre 2021, sont mises en place les aides suivantes :

1º Des indemnités compensatoires de handicaps naturels et spécifiques pour les zones de montagne ;

2º Des indemnités compensatoires de handicaps naturels et spécifiques pour les zones soumises à des contraintes spécifiques.

Art. 113-24 Sont éligibles à l'aide mentionnée au 1º de l'article D. 113-23 les agriculteurs actifs qui ont une activité agricole principale dans les zones de montagne au sens de l'article D. 113-14 et qui exploitent des surfaces cultivées destinées à la commercialisation, en maraîchage, canne à sucre, banane, arboriculture, horticulture ornementale, cultures vivrières, patrimoniales ou des surfaces fourragères, à l'exception des agriculteurs pluriactifs qui ont une activité principale non agricole avec des revenus non agricoles supérieurs à deux salaires minimum de croissance.

Pour recevoir l'aide sur les surfaces fourragères, l'agriculteur doit détenir un cheptel d'au moins deux unités de gros bétail, une surface fourragère éligible d'au moins deux hectares et respecter le chargement minimal et le chargement maximal définis pour chaque sous-zone.

Pour recevoir l'aide sur les surfaces cultivées destinées à la commercialisation, l'agriculteur doit détenir au moins la moitié d'un hectare en surfaces cultivées éligibles.

Art. 113-25 Sont éligibles à l'aide mentionnée au 2º de l'article D. 113-23 les agriculteurs actifs ayant une activité agricole principale et exploitant, dans les zones soumises à des contraintes spécifiques au sens de l'article D. 113-15, des surfaces cultivées destinées à la commercialisation, en maraîchage, canne à sucre, arboriculture, horticulture ornementale, cultures vivrières, patrimoniales ou des surfaces fourragères, à l'exception des agriculteurs pluriactifs qui ont une activité principale non agricole avec des revenus non agricoles supérieurs à la moitié du salaire minimum de croissance.

Pour recevoir l'aide sur les surfaces fourragères, l'agriculteur doit détenir un cheptel d'au moins deux unités de gros bétail, une surface fourragère éligible d'au moins deux hectares et respecter le chargement minimal et le chargement maximal définis pour chaque sous-zone.

Pour recevoir l'aide sur les surfaces cultivées destinées à la commercialisation, l'agriculteur doit détenir au moins la moitié d'un hectare en surfaces cultivées éligibles.

Art. D. 113-28 I. — Le montant des aides allouées à chaque agriculteur comprend un paiement de base variable selon le type de surface. Ce montant est dégressif au-delà des 25 premiers hectares. Des modulations sont appliquées, pour les surfaces fourragères, en fonction du taux de chargement. Les modalités de calcul sont fixées par arrêté du ministre chargé de l'agriculture.

II. — Le montant total de l'ICHN à l'échelle de l'exploitation divisé par le nombre d'hectares primés ne peut être inférieur à 25 euros par hectare et est plafonné à 450 euros par hectare.

III. — Pour les groupements agricoles d'exploitation en commun totaux, ce calcul est effectué selon les modalités prévues à l'article R. 323-52.

SECTION 10 **Dispositions particulières à La Réunion**

(Décr. n° 2023-245 du 3 avr. 2023, art. 2)

Art. D. 181-46 Pour leur application à La Réunion, le deuxième alinéa de l'article D. 113-22, ainsi que les articles D. 113-23, D. 113-24, D. 113-25, et D. 113-28 sont ainsi rédigés :

Art. D. 113-22 Pour l'application du présent paragraphe, les surfaces fourragères peuvent être utilisées pour l'alimentation du cheptel ou pour la commercialisation.

Art. D. 113-23 En application de l'article 71 du règlement (UE) n° 2021/2115 du Parlement européen et du Conseil du 2 décembre 2021, sont mises en place les aides suivantes :

1° Des indemnités compensatoires de handicaps naturels et spécifiques pour les zones de montagne ;

2° Des indemnités compensatoires de handicaps naturels et spécifiques pour les zones soumises à des contraintes spécifiques.

Art. D. 113-24 Sont éligibles à l'aide mentionnée au 1° de l'article D. 113-23 les agriculteurs actifs exploitant, dans les zones de montagne au sens de l'article D. 113-14, des surfaces fourragères ou des surfaces cultivées. L'agriculteur doit diriger une exploitation agricole ayant une superficie agricole utilisée de plus de deux hectares.

Pour recevoir l'aide sur les surfaces fourragères, l'agriculteur doit détenir un cheptel d'au moins deux unités de gros bétail et une surface fourragère éligible d'au moins deux hectares.

Pour recevoir l'aide sur les surfaces cultivées, l'agriculteur doit détenir au moins la moitié d'un hectare en surfaces cultivées éligibles.

Art. D. 113-25 Sont éligibles à l'aide mentionnée au 2° de l'article D. 113-23 les agriculteurs actifs exploitant, dans les zones soumises à des contraintes spécifiques au sens de l'article D. 113-15, des surfaces fourragères ou des surfaces cultivées. L'agriculteur doit diriger une exploitation agricole ayant une superficie agricole utilisée de plus de deux hectares.

Pour recevoir l'aide sur les surfaces fourragères, l'agriculteur doit détenir un cheptel d'au moins deux unités de gros bétail et une surface fourragère éligible d'au moins deux hectares.

Pour recevoir l'aide sur les surfaces cultivées, l'agriculteur doit détenir au moins la moitié d'un hectare en surfaces cultivées éligibles.

Art. D. 113-28 I. — Le montant des aides allouées à chaque agriculteur comprend un paiement de base variable selon que les surfaces sont situées en zone irriguée ou non-irriguée. Ce montant est dégressif selon le type de surface. Des modulations sont appliquées en tenant compte des exploitants pluriactifs et, pour les surfaces fourragères, du taux de chargement. Les modalités de calcul sont fixées par arrêté du ministre chargé de l'agriculture.

II. — Le montant total de l'ICHN à l'échelle de l'exploitation divisé par le nombre d'hectares primés ne peut être inférieur à 25 euros par hectare et est plafonné à 450 euros par hectares.

III. — Pour les groupements agricoles d'exploitation en commun totaux, ce calcul est effectué selon les modalités prévues à l'article R. 323-52.

SECTION 11 **Dispositions particulières à la Martinique**

(Décr. n° 2023-245 du 3 avr. 2023, art. 2)

Art. D. 181-47 Pour leur application en Martinique, le deuxième alinéa de l'article D. 113-22, ainsi que les articles D. 113-23, D. 113-24, D. 113-25 et D. 113-28 sont ainsi rédigés :

Art. D. 113-22 Pour l'application du présent paragraphe, les surfaces fourragères peuvent être utilisées pour l'alimentation du cheptel ou pour la commercialisation.

Art. D. 113-23 En application de l'article 71 du règlement (UE) n° 2021/2115 du Parlement européen et du Conseil du 2 décembre 2021, sont mises en place les aides suivantes :

1° Des indemnités compensatoires de handicaps naturels et spécifiques pour les zones de montagne ;

2° Des indemnités compensatoires de handicaps naturels et spécifiques pour les zones soumises à des contraintes spécifiques.

Art. D. 113-24 Sont éligibles à l'aide mentionnée au 1° de l'article D. 113-23 les agriculteurs actifs exploitant, dans les zones de montagne au sens de l'article D. 113-14, des surfaces fourragères quelle que soit leur destination ou toutes les surfaces végétales destinées à la commercialisation.

Lorsque la surface totale de l'exploitation est inférieure ou égale à deux hectares, la commercialisation n'est pas exigée.

Le plafond des surfaces éligibles à l'aide est fixé à quinze hectares pour les surfaces fourragères et à dix hectares pour les surfaces destinées à la commercialisation.

L'agriculteur doit diriger une exploitation agricole dont la superficie agricole admissible est comprise entre la moitié d'un hectare et moins de 25 hectares.

Art. D. 113-25 Sont éligibles à l'aide mentionnée au 2° de l'article D. 113-23 les agriculteurs actifs exploitant, dans les zones soumises à contraintes spécifiques au sens de l'article D. 113-14, des surfaces fourragères quelle que soit leur destination ou toutes les surfaces végétales destinées à la commercialisation. L'agriculteur doit diriger une exploitation agricole dont la superficie agricole admissible est comprise entre la moitié d'un hectare et moins de 25 hectares.

Lorsque la surface primée totale de l'exploitation est inférieure ou égale à deux hectares, la commercialisation n'est pas exigée.

(Décr. n° 2023-919 du 4 oct. 2023, art. 1er) « Le plafond des surfaces éligibles à l'aide est fixé à quinze hectares pour les surfaces fourragères et à dix hectares tant pour les surfaces en cultures maraîchères et vivrières destinées à la commercialisation que pour les autres surfaces végétales destinées à la commercialisation. »

Art. D. 113-28 I. — Le montant des aides allouées à chaque agriculteur, dont les modalités de calcul sont fixées par le ministre chargé de l'agriculture, comprend un paiement de base variable selon les types de surface et dégressif par tranches de 5 hectares et plafonnés à 10 ou 15 hectares selon les types de culture.

II. — Seuls les montants d'aide supérieurs à 100 euros sont versés.

Le montant total de l'ICHN à l'échelle de l'exploitation divisé par le nombre d'hectares primés ne peut être inférieur à 25 euros par hectare.

III. — Pour les groupements agricoles d'exploitation en commun totaux, ce calcul est effectué selon les modalités prévues à l'article R. 323-52.

CHAPITRE II SAINT-BARTHÉLEMY

(Décr. n° 2016-781 du 10 juin 2016, art. 2-5°, en vigueur le 1er juill. 2016)

SECTION 1 Champ d'application et dispositions générales

Art. D. 182-1 Les dispositions du présent livre (partie réglementaire) s'appliquent à Saint-Barthélemy sous réserve des exceptions et adaptations prévues au présent chapitre.

Art. D. 182-2 Pour l'application du présent livre (partie réglementaire) à Saint-Barthélemy :

1° Les références à la région et au conseil régional, au département et au conseil départemental, à la commune, aux groupements de communes, au conseil municipal et à l'assemblée délibérante de l'établissement public de coopération intercommunale sont remplacées par les références à la collectivité de Saint-Barthélemy et au conseil territorial ;

2° Les références au président du conseil régional, au président du conseil départemental, au maire ou au président de l'établissement public de coopération intercommunale sont remplacées par la référence au président du conseil territorial de Saint-Barthélemy ;

3° Les références au préfet de région ou au préfet de département sont remplacées par la référence au représentant de l'État à Saint-Barthélemy ;

4° Les références au code général des impôts sont remplacées par les références aux dispositions ayant le même objet applicables localement.

Art. R. 182-3 Ne sont pas applicables à Saint-Barthélemy :

1° Les articles D. 111-1, R. 111-2, R. 112-1-4 à R. 112-1-10, R. 112-2-1 à R. 112-2-5, R. 112-6 à R. 112-13, R. 113-1 à D. 113-29 et D. 114-11 à D. 114-20 ;

2° Le titre II ;

3° Le titre III ;

4° Le titre IV.

Sauf disposition contraire, les dispositions faisant référence aux règlements européens ne sont pas applicables.

Art. R. 182-4 Pour l'application à Saint-Barthélemy des articles R. 114-1 à R. 114-10 :

1° La référence aux dispositions du code de l'environnement est remplacée par la référence aux dispositions du code de l'environnement de Saint-Barthélemy ayant le même objet ;

2° Les références au conseil départemental de l'environnement et des risques sanitaires et technologiques, à la commission locale de l'eau, à la commission départementale des risques naturels majeurs, à la commission départementale de la nature, des paysages et des sites sont remplacées par la référence à l'Agence territoriale de l'environnement ;

3° La référence à la chambre départementale d'agriculture est remplacée par la référence à la chambre économique multiprofessionnelle de Saint-Barthélemy ;

4° La référence au préfet est remplacée par la référence du président du conseil territorial.

SECTION 2 Commission territoriale de l'agriculture, de la pêche et de l'aquaculture

Art. R. 182-5 La commission territoriale de l'agriculture, de la pêche et de l'aquaculture de Saint-Barthélemy exerce les attributions conférées par le présent code et par le code forestier aux instances ci-après :

1° La commission départementale d'orientation agricole ;

2° La commission communale, intercommunale et départementale d'aménagement foncier ;

3° La commission départementale de la préservation des espaces naturels, agricoles et forestiers ;

4° La commission consultative des baux ruraux ;

5° La commission régionale de l'économie agricole et du monde rural ;

6° La commission des recours contre les refus d'autorisation d'exploiter ;

7° Le comité régional d'orientation de la politique sanitaire animale et végétale ;

8° La commission des cultures marines.

Art. R. 182-6 La commission territoriale de l'agriculture, de la pêche et de l'aquaculture de Saint-Barthélemy comprend, outre ses co-présidents :

1° Trois membres du conseil territorial, élus en son sein ;

2° Trois représentants des services de l'État, désignés par le représentant de l'État ;

3° Le président de la chambre économique multiprofessionnelle de Saint-Barthélemy et deux ressortissants de cet établissement public représentant les activités agricoles, la pêche ou l'aquaculture.

D'autres membres peuvent être appelés à participer aux travaux de la commission en fonction de son ordre du jour, dans les conditions énoncées à l'article R. 182-7.

Art. R. 182-7 Participent également, avec voix délibérative, aux travaux de la commission territoriale de l'agriculture, de la pêche et de l'aquaculture de Saint-Barthélemy :

1° Lorsqu'elle exerce les compétences de la commission départementale d'orientation agricole prévue par l'article R. 313-2 :

a) Un représentant de la Caisse de prévoyance sociale de Saint-Barthélemy, désigné par le président de cet organisme ;

b) Un représentant de l'Agence territoriale de l'environnement désigné par son président ;

2° Lorsqu'elle exerce les compétences de la commission communale, intercommunale ou départementale d'aménagement foncier prévue par les articles L. 121-3, L. 121-4 et L. 121-8 : un représentant de l'Agence territoriale de l'environnement désigné par son président ;

3° Lorsqu'elle exerce les compétences de la commission départementale de la préservation des espaces naturels, agricoles et forestiers prévue par l'article L. 112-1-1 : un représentant de l'Agence territoriale de l'environnement désigné par son président ;

4° Lorsqu'elle exerce les compétences de la commission consultative des baux ruraux prévue à l'article L. 461-5 : un notaire, désigné par le représentant de l'État ;

5° Lorsqu'elle exerce les compétences de la commission régionale de l'économie agricole et du monde rural prévue à l'article R. 313-45 :

a) Un représentant de l'Agence territoriale de l'environnement désigné par son président ;

b) Un représentant des activités équestres, désigné par les co-présidents de la commission ;

6° Lorsqu'elle exerce les compétences du comité régional d'orientation de la politique sanitaire animale et végétale prévu à l'article D. 200-5 : un docteur vétérinaire, désigné par les co-présidents de la commission ;

7° Lorsqu'elle exerce les compétences de la commission des cultures marines prévue par l'article D. 914-3 : un représentant des activités de cultures marines, désigné par les co-présidents de la commission.

Art. R. 182-8 Le fonctionnement de la commission territoriale de l'agriculture, de la pêche et de l'aquaculture de Saint-Barthélemy est régi par les dispositions des articles 8 et 9 du décret n° 2006-665 du 7 juin 2006 relatif à la réduction du nombre et à la simplification de la composition de diverses commissions administratives et par celles des articles R. 133-3 à R.* 133-15 du code des relations entre le public et l'administration.

La commission élabore son règlement intérieur.

Le secrétariat de la commission est assuré par les services du représentant de l'État.

CHAPITRE III SAINT-MARTIN

(Décr. n° 2016-781 du 10 juin 2016, art. 2-5°, en vigueur le 1er juill. 2016)

SECTION 1 Champ d'application et dispositions générales

SOUS-SECTION 1 Champ d'application

Art. D. 183-1 Les dispositions du présent livre (partie réglementaire) s'appliquent à Saint-Martin sous réserve des exceptions et adaptations prévues au présent chapitre.

Art. D. 183-2 Pour l'application du présent livre (partie réglementaire) à Saint-Martin :

1° Les références à la région et au conseil régional, au département et au conseil départemental, à la commune, aux groupements de communes, au conseil municipal et à l'assemblée délibérante de l'établissement public de coopération intercommunale sont remplacées par les références à la collectivité de Saint-Martin et au conseil territorial ;

2° Les références au président du conseil régional, au président du conseil départemental, au maire ou au président de l'établissement public de coopération intercommunale sont remplacées par la référence au président du conseil territorial de Saint-Martin ;

3° Les références au préfet de région ou au préfet de département sont remplacées par la référence au représentant de l'État à Saint-Martin ;

4° Les références aux chambres départementales ou régionales d'agriculture sont remplacées par la référence à la chambre consulaire interprofessionnelle de Saint-Martin ;

5° Les références au code général des impôts sont remplacées par les références aux dispositions ayant le même objet applicables localement.

Art. R. 183-3 Ne sont pas applicables à Saint-Martin :

1° Les articles R. 112-2-1 à R. 112-2-5 ;

2° Les articles R. 112-6 à R. 112-13 ;

3° Les articles R. 121-7 à R. 121-12 ;

4° Les articles R. 125-1 à R. 125-14.

SOUS-SECTION 2 Comité d'orientation stratégique et de développement agricole

Art. R. 183-4 Le comité d'orientation stratégique et de développement agricole de Saint-Martin exerce les attributions conférées par le présent code et par le code forestier aux instances ci-après :

1° La commission départementale d'orientation agricole ;

2° La commission communale, intercommunale et départementale d'aménagement foncier ;

3° La commission départementale de la préservation des espaces naturels, agricoles et forestiers ;

4° La commission consultative des baux ruraux ;

5° La commission régionale de l'économie agricole et du monde rural ;

6° La commission des recours contre les refus d'autorisation d'exploiter ;

7° Le comité régional d'orientation de la politique sanitaire animale et végétale ;

8° La commission des cultures marines.

Art. R. 183-5 Le comité d'orientation stratégique et de développement agricole de Saint-Martin comprend, outre ses co-présidents :

1° Trois membres du conseil territorial, élus en son sein ;

2° Trois représentants des services de l'État, désignés par le représentant de l'État ;

3° Le président de la chambre consulaire interprofessionnelle de Saint-Martin et deux membres de cet établissement public représentant les activités agricoles et l'aquaculture.

D'autres membres peuvent être appelés à participer aux travaux de la commission en fonction de son ordre du jour, dans les conditions énoncées à l'article R. 183-6.

Art. R. 183-6 Participent également, avec voix délibérative, aux travaux du comité d'orientation stratégique et de développement agricole de Saint-Martin :

1° Lorsqu'il exerce les compétences de la commission départementale d'orientation agricole prévue par l'article R. 313-2 :

a) Un représentant de la Caisse générale de sécurité sociale compétente pour Saint-Martin, désigné par le président de cet organisme ;

b) Un représentant d'association de protection de l'environnement désigné par les co-présidents du comité ;

2° Lorsqu'il exerce les compétences de la commission communale, intercommunale ou départementale d'aménagement foncier prévue par les articles L. 121-3, L. 121-4 et L. 121-8 : un représentant d'association de protection de l'environnement désigné par les co-présidents du comité ;

3° Lorsqu'il exerce les compétences de la commission départementale de la préservation des espaces naturels, agricoles et forestiers prévue par les articles L. 112-1-1 et L. 184-6 : un représentant d'association de protection de l'environnement désigné par les co-présidents du comité ;

4° Lorsqu'il exerce les compétences de la commission consultative des baux ruraux prévue à l'article L. 411-4 : un notaire, désigné par le représentant de l'État ;

5° Lorsqu'il exerce les compétences de la commission régionale de l'économie agricole et du monde rural prévue à l'article R. 313-45 :

a) Un représentant d'association de protection de l'environnement, désigné par les co-présidents du comité ;

b) Un représentant d'association du secteur des équidés, désigné par les co-présidents du comité ;

6° Lorsqu'il exerce les compétences du comité régional d'orientation de la politique sanitaire animale et végétale prévu à l'article D. 200-5 :

a) Un docteur vétérinaire, désigné par les co-présidents du comité ;

b) Un représentant d'association cynégétique, désigné par les co-présidents du comité ;

7° Lorsqu'il exerce les compétences de la commission des cultures marines prévue par l'article D. 914-3 : un représentant des activités de cultures marines, désigné par les co-présidents du comité.

Art. R. 183-7 Le fonctionnement du comité stratégique et de développement agricole de Saint-Martin est régi par les dispositions des articles 8 et 9 du décret n° 2006-665 du 7 juin 2006 relatif à la réduction du nombre et à la simplification de la composition de diverses commissions administratives et par celles des articles R. 133-3 à R.* 133-15 du code des relations entre le public et l'administration.

Le comité élabore son règlement intérieur.

Le secrétariat du comité est assuré par les services du représentant de l'État.

SECTION 2 Mise en valeur des terres incultes et manifestement sous-exploitées

Art. R. 183-8 Avant de solliciter l'avis du comité d'orientation stratégique et de développement agricole prévu par l'article L. 183-11, le président du conseil territorial :

1° Fait établir une liste des parcelles susceptibles de se voir appliquer les dispositions des articles L. 183-12 à L. 183-23 et un extrait du plan cadastral correspondant à ces parcelles ou, en l'absence de cadastre, tout plan parcellaire en tenant lieu ;

2° Fait rechercher et dresser la liste du ou des propriétaires et, le cas échéant, du ou des titulaires de droit d'exploitation autres que le ou les propriétaires de chacune des parcelles ;

3° Fait établir une analyse de l'état d'exploitation de ces parcelles par comparaison avec les conditions d'exploitation des parcelles de valeur culturale similaire des exploitations agricoles à caractère familial situées à proximité ainsi qu'un projet de cahier des charges pour leur exploitation ;

4° Recense les dispositions législatives et réglementaires relatives notamment à la protection de l'environnement ou à l'urbanisme applicables à la zone considérée.

Art. R. 183-9 Le président du conseil territorial adresse à chaque propriétaire ou titulaire de droit d'exploitation intéressé, par tout moyen permettant d'établir date certaine, l'extrait du plan cadastral ou le document en tenant lieu, de la liste des propriétaires et exploitants ainsi que l'analyse de l'état d'exploitation et le projet de cahier des charges des terres qui le concernent.

Il l'informe que l'inculture ou la sous-exploitation manifeste de ses terres l'exposent à l'une des mises en demeure prévues aux articles L. 183-12 à L. 183-17 et, s'il s'agit d'un propriétaire titulaire du droit d'exploitation, à l'expropriation prévue à l'article L. 183-18 ; il l'invite, le cas échéant, à fournir toutes indications précises nécessaires relatives à son identité et, s'il n'est pas le propriétaire ou l'exploitant ou s'il ne l'est pas seul, toutes indications relatives à l'identité des autres intéressés dont l'administration n'aurait pas connaissance.

Le président du conseil territorial fait publier, au siège de la collectivité, les documents prévus aux 1° et 2° de l'article R. 183-8 et mention de ce que les documents prévus aux 3° et 4° du même article sont tenus à la disposition des propriétaires ou exploitants concernés au siège de la collectivité. L'avis qui fait l'objet d'un affichage pendant une durée d'un mois précise les lieux et dates auxquels les intéressés pourront présenter leurs réclamations.

Le président du conseil territorial saisit le comité d'orientation stratégique et de développement agricole en lui communiquant les documents prévus à l'article R. 183-8. S'il n'a pas sollicité cet avis dans le délai de six mois à compter de la demande du conseil territorial, de la chambre consulaire interprofessionnelle ou du représentant de l'État, ce dernier le met en demeure de procéder à cette saisine. Si, à la suite de cette mise en demeure, le président du conseil territorial n'a pas saisi le comité d'orientation stratégique et de développement agricole dans le délai prévu au deuxième alinéa de l'article L. 183-14, le représentant de l'État procède à cette saisine et, le cas échéant, aux opérations définies à l'article R. 183-8 et au présent article.

Art. R. 183-10 La demande de désignation d'un mandataire en application de l'article L. 183-13 est faite par le représentant de l'État au juge du tribunal judiciaire du lieu de la situation des biens. Elle est formée dans les conditions prévues par les articles 53 et suivants du code de procédure civile.

L'ordonnance désignant un mandataire est notifiée à la diligence du représentant de l'État par tout moyen permettant d'établir date certaine au mandataire désigné ainsi qu'aux indivisaires dont l'identité et l'adresse sont connues, et, s'il y a lieu, au notaire chargé du règlement de la succession. L'ordonnance n'est exécutoire qu'après ces notifications.

Art. R. 183-11 Pendant le délai d'un mois de publication prévu au troisième alinéa de l'article R. 183-9, une enquête publique administrative est diligentée dans les conditions fixées par le chapitre IV du titre III du livre I du code des relations entre le public et l'administration. Par exception aux dispositions de l'article R. 134-15 de ce code, le commissaire enquêteur est désigné par les co-présidents du comité d'orientation stratégique et de développement agricole exerçant les compétences de la commission départementale d'aménagement foncier.

A l'issue de l'enquête, et après la publication, le cas échéant par voie électronique, de la note prévue à l'article L. 183-11, le comité d'orientation stratégique et de développement agricole prend connaissance des réclamations et des observations ainsi que de l'avis du commissaire enquêteur. Il entend les intéressés s'ils l'ont demandé par lettre adressée à ses co-présidents. Il donne son avis sur la liste des terres incultes ou manifestement sous-exploitées, sur l'opportunité de mettre en œuvre la procédure définie aux articles L. 183-12 à L. 183-23 et sur le ou les projets de cahiers des charges.

Art. R. 183-12 Le représentant de l'État arrête la liste des terres incultes ou manifestement sous-exploitées et le cahier des charges correspondant à chacune d'elles. Il est alors valablement procédé par le représentant de l'État, quels que soient les propriétaires et titulaires de droits d'exploitation, aux mesures prévues aux articles L. 183-12 à L. 183-18, dès lors que ces mesures sont prises à l'encontre tant des propriétaires et des titulaires de droits d'exploitation identifiés par l'administration en application de l'article R. 183-8 auxquels les communications prévues au premier alinéa de l'article R. 183-9 ont été adressées, que des propriétaires et titulaires de droit d'exploitation qui se sont révélés dans le mois de la publication au siège de la collectivité prévue au deuxième alinéa de l'article R. 183-9.

Le projet de mise en valeur agricole du fonds, prévu à l'article L. 183-15, est cohérent avec le cahier des charges mentionné au premier alinéa.

Art. R. 183-13 A l'expiration du délai fixé par la mise en demeure pour mettre en valeur les terres, le représentant de l'État, après avoir recueilli l'avis du comité d'orientation stratégique et de développement agricole, saisi par le président du conseil territorial, constate que le fonds a ou non été remis en valeur ou que la remise en valeur ne respecte pas le cahier des charges ou le projet de mise en valeur agricole du fonds prévu à l'article L. 183-15 et décide de la poursuite de la procédure en application des articles L. 183-15, L. 183-17, L. 183-18 et L. 183-21.

Le comité désigne une délégation composée d'au moins deux de ses membres chargée de vérifier, sur les lieux mêmes de l'exploitation, la remise en valeur du fonds. L'exploitant est convoqué quinze jours au moins avant la date prévue pour la visite des lieux ; la délégation peut, en outre, entendre toute personne susceptible de compléter son information.

L'état du fonds est apprécié, d'une part, par rapport au cahier des charges, d'autre part, par comparaison avec les conditions d'exploitation des parcelles de valeur agronomique ou zootechnique similaire des exploitations agricoles à caractère familial situées à proximité. L'état de remise en valeur est estimé au regard du projet de mise en valeur agricole du fonds.

Si, dans le délai de quatre mois de la demande du représentant de l'État, le président du conseil territorial n'a pas saisi le comité d'orientation stratégique et de développement agricole en vue de recueillir son avis, le représentant de l'État procède à cette saisine.

Art. R. 183-14 La publicité prévue au premier alinéa de l'article L. 183-15 et destinée à faire connaître aux bénéficiaires éventuels la faculté qui leur est offerte de demander l'attribution d'une autorisation d'exploiter peut consister en l'affichage au siège de la collectivité territoriale, durant un mois, d'un état des parcelles déclarées incultes ou manifestement sous-exploitées précisant pour chacune d'elles la superficie, les références au plan cadastral ou au plan parcellaire, le nom du propriétaire ou du mandataire, et, le cas échéant, le nom du titulaire du droit d'exploitation. Elle peut aussi consister en la mise à la disposition des mêmes informations par voie électronique sur le site internet de la préfecture ou sur celui de la collectivité territoriale.

Cette publicité doit commencer dans le mois qui suit le délai de deux mois prévu au premier alinéa de l'article L. 183-14. Durant toute la durée de la publicité, le cahier des charges, défini à l'article L. 183-20 et auquel devra se soumettre l'attributaire du droit d'exploitation, doit pouvoir être consulté par les candidats à l'attribution sur le site internet de la préfecture ou sur celui de la collectivité territoriale.

Les candidats à l'attribution doivent, dans le mois qui suit le délai de publicité mentionné à l'alinéa premier, adresser leur demande au représentant de l'État par tout moyen permettant d'établir date certaine précisant les références de la parcelle au plan cadastral ou au plan parcellaire.

S'il y a plusieurs demandeurs remplissant les critères de priorité prévus à l'article L. 183-15, l'autorisation d'exploiter est accordée compte tenu notamment de l'âge, de la situation de famille, de la capacité professionnelle et du degré d'intérêt que présente pour chacun d'eux l'exploitation du fonds, ainsi que de la politique d'aménagement foncier poursuivie dans le département.

Le montant de l'indemnité d'occupation prévue à l'article L. 183-16 en l'absence d'accord entre le propriétaire et le bénéficiaire du bail désigné par le représentant de l'État sur le montant du fermage, est fixé par le représentant de l'État sur la base des minima arrêtés respectivement pour les loyers des terres nues et des bâtiments d'exploitation et, le cas échéant, pour les bâtiments d'habitation conformément aux dispositions de l'article L. 461-7.

Art. R. 183-15 Soit à l'initiative du représentant de l'État, soit à la demande du propriétaire ou de l'exploitant, que ce dernier soit choisi par le propriétaire ou désigné par l'administration, le cahier des charges peut faire l'objet à tout moment d'un modificatif établi dans les mêmes conditions que le cahier des charges initial.

A la demande du propriétaire ou de l'exploitant, que ce dernier soit choisi par le propriétaire ou désigné par l'administration, le projet de mise en valeur peut faire l'objet à tout moment, sur demande motivée auprès du représentant de l'État, d'un modificatif établi dans les mêmes conditions que le projet de mise en valeur initial.

Art. R. 183-16 Le délai prévu au deuxième alinéa de l'article L. 183-18 est de dix ans à compter de l'intervention de l'autorisation d'exploiter.

A l'expiration du délai fixé au troisième alinéa du même article, le comité d'orientation stratégique et de développement agricole vérifie l'état de culture ou d'insuffisance de mise en valeur des terres.

Art. R. 183-17 Lorsque les terres expropriées sont grevées d'une ou de plusieurs inscriptions *(Abrogé par Décr. n° 2021-1888 du 29 déc. 2021, art. 6, à compter du 1er janv. 2022)* *« de privilèges ou »* d'hypothèques, et à moins que les créanciers inscrits ne renoncent expressément à être immédiatement désintéressés et n'acceptent de prendre de nouvelles inscriptions sur les terres rendues à leur précédent propriétaire, les terres ne peuvent être restituées que dans la mesure où leur valeur correspond à la partie de l'indemnité excédant celle nécessaire au désintéressement desdits créanciers.

SECTION 3 Mesures en faveur de l'exploitation des terres agricoles en indivision

Art. D. 183-18 Pour l'application du deuxième alinéa de l'article L. 183-24, le notaire procède à l'appel à candidatures par affichage au siège de la collectivité dans les conditions et délai prévus aux deux premiers alinéas de l'article R. 142-3.

L'appel à candidatures est publié pendant le même délai sur le site internet, lorsqu'il existe, de l'étude notariale, sur celui de la préfecture et sur celui de la collectivité.

Préalablement à la mise en œuvre de la publicité, le notaire indique aux indivisaires les frais occasionnés par cette démarche dont ils supportent la charge.

A l'issue du délai de publication le notaire informe les propriétaires des candidatures recueillies.

Si l'identité ou l'adresse d'un ou plusieurs indivisaires n'est pas connue, l'appel à candidatures fait également l'objet, au frais des indivisaires, de l'insertion d'un avis, en caractères apparents, dans un journal diffusé sur l'ensemble du territoire de la collectivité et à la diffusion d'au moins deux communiqués par une radio locale mentionnant la localisation des biens et leurs références cadastrales.

Art. D. 183-19 Pour l'application du troisième alinéa de l'article L. 183-24, les indivisaires titulaires d'au moins deux tiers des droits indivis sur un bien agricole donné à bail notifient leur intention de renouveler ce bail aux autres indivisaires, au moins vingt-quatre mois avant son expiration, par lettre recommandée avec accusé réception ou par tout autre moyen permettant d'établir date certaine.

A peine de nullité, cette notification mentionne le nom des indivisaires auteurs de la notification et le nombre de droits indivis détenus par chacun d'eux, la localisation des biens et leurs références cadastrales, ainsi que le nom du preneur et la date prévue de renouvellement du bail.

Si l'identité ou l'adresse d'un ou plusieurs indivisaires n'est pas connue, les indivisaires mentionnés au premier alinéa rendent publique leur intention de renouveler le bail, au moins vingt-quatre mois avant son expiration, en procédant :

1° A l'affichage pendant deux mois des informations mentionnées au deuxième alinéa au siège de la collectivité ;

2° A l'insertion d'un avis, en caractères apparents, dans un journal diffusé sur l'ensemble du territoire de la collectivité concernée, et à la diffusion d'au moins deux communiqués par une radio locale.

Art. D. 183-20 L'acte par lequel l'intention de vente est signifiée aux indivisaires ou publiée en application du deuxième alinéa de l'article L. 183-25, et celui par lequel le projet d'aliénation est notifié ou rendu public en application du quatrième alinéa du même article, mentionnent, à peine de nullité, le nom des indivisaires qui ont notifié ou, le cas échéant, accepté le projet de vente et le nombre de droits indivis détenus par chacun d'eux, la localisation des biens et leurs références cadastrales, l'intention de vente, et indique *[indiquent]* à qui les indivisaires doivent faire connaître leur décision, ainsi que, le cas échéant, la personne à laquelle ils peuvent s'adresser pour obtenir des informations complémentaires. Ils rappellent les dispositions des quatrième et cinquième alinéas de l'article L. 183-25.

Si l'identité ou l'adresse d'un ou plusieurs indivisaires n'est pas connue, la personne saisie de l'intention d'aliénation procède, aux frais des indivisaires, à l'affichage au siège de la collectivité, selon le cas de l'intention ou du projet d'aliénation, dans les conditions et délais prévus aux deux premiers alinéas de l'article R. 142-3, ainsi qu'à l'insertion d'un avis en caractères apparents, dans un journal diffusé sur l'ensemble du territoire de la collectivité concernée et à la diffusion d'au moins un communiqué par voie radiophonique.

Le notaire indique aux indivisaires, le cas échéant, le montant des frais occasionnés par cette démarche.

Préalablement à la mise en œuvre de la publicité, la personne saisie indique aux indivisaires les frais occasionnés par cette démarche dont ils supportent la charge.

SECTION 4 Contrôle du morcellement des terres agricoles

Art. R. 183-21 La déclaration prévue à l'article L. 183-26 comporte :

1° Les nom, prénom et adresse complète du déclarant ;

2° La contenance en surface de la parcelle pour laquelle une division est envisagée ;

3° Le numéro cadastral de la parcelle lorsqu'il existe ;

4° Une copie de l'acte de propriété de la parcelle ;

5° Une copie du bail si la parcelle fait déjà l'objet d'une location ;

6° Le nombre et la surface des lots envisagés ;

7° Les nom, prénom, adresse complète et profession de chacun des bénéficiaires de la division ;

8° Les motifs du projet de division de la parcelle et l'utilisation projetée de chacun des lots.

Dans le cas où, après la division, l'exploitation agricole est poursuivie sur tout ou partie des lots, la déclaration indique en outre le numéro d'affiliation au régime agricole de protection sociale des bénéficiaires et précise le projet de mise en valeur de ces

lots, sur lequel l'avis du comité d'orientation stratégique et de développement agricole aura été préalablement recueilli. Cet avis est joint à la déclaration.

Dans le cas où, après la division, tout ou partie des lots est affecté à d'autres utilisations que l'exploitation agricole, le dossier comporte une description détaillée de l'utilisation envisagée accompagnée le cas échéant d'un plan de financement.

Le comité d'orientation stratégique et de développement agricole peut entendre le pétitionnaire ou les bénéficiaires potentiels de la division envisagée, à leur demande ou si elle le juge utile. Ces auditions ne peuvent avoir pour effet de prolonger le délai mentionné à l'article L. 183-27.

Art. R. 183-22 **Le délai mentionné à l'article L. 183-27 dont dispose le comité d'orientation stratégique et de développement agricole pour se prononcer est de trois mois à compter de la réception du dossier complet de déclaration. Ce dossier, dont le modèle est établi par arrêté du ministre chargé de l'agriculture, est transmis au comité par tout moyen permettant d'établir la date certaine de sa réception.**

SECTION 5 Régime des indemnités compensatoires de handicaps naturels et spécifiques au titre de la programmation de la politique agricole commune débutant en 2023

(Décr. n° 2023-245 du 3 avr. 2023, art. 2)

Art. D. 183-23 Pour leur application à Saint-Martin, le deuxième alinéa de l'article D. 113-22, ainsi que les articles D. 113-23, D. 113-24, D. 113-25 et D. 113-28 sont ainsi rédigés :

Art. D. 113-22 Pour l'application du présent paragraphe, les surfaces fourragères sont les prairies, parcours, plantes fourragères annuelles, céréales et protéagineux consommés par les animaux (ruminants, équidés et porcins) de l'exploitation.

Art. D. 113-23 En application de l'article 71 du règlement (UE) n° 2021/2115 du Parlement européen et du Conseil du 2 décembre 2021, sont mises en place les aides suivantes :

1° Des indemnités compensatoires de handicaps naturels et spécifiques pour les zones de montagne ;

2° Des indemnités compensatoires de handicaps naturels et spécifiques pour les zones soumises à des contraintes spécifiques.

Art. 113-24 Sont éligibles à l'aide mentionnée au 1° de l'article D. 113-23 les agriculteurs actifs qui ont une activité agricole principale dans les zones de montagne au sens de l'article D. 113-14 et qui exploitent des surfaces cultivées destinées à la commercialisation, en maraîchage, canne à sucre, banane, arboriculture, horticulture ornementale, cultures vivrières, patrimoniales ou des surfaces fourragères, à l'exception des agriculteurs pluriactifs qui ont une activité principale non agricole avec des revenus non agricoles supérieurs à deux salaires minimum de croissance.

Pour recevoir l'aide sur les surfaces fourragères, l'agriculteur doit détenir un cheptel d'au moins deux unités de gros bétail, une surface fourragère éligible d'au moins deux hectares et respecter le chargement minimal et le chargement maximal définis pour chaque sous-zone.

Pour recevoir l'aide sur les surfaces cultivées destinées à la commercialisation, l'agriculteur doit détenir au moins la moitié d'un hectare en surfaces cultivées éligibles.

Art. 113-25 Sont éligibles à l'aide mentionnée au 2° de l'article D. 113-23, les agriculteurs actifs ayant une activité agricole principale et exploitant, dans les zones soumises à des contraintes spécifiques au sens de l'article D. 113-15, des surfaces cultivées destinées à la commercialisation, en maraîchage, canne à sucre, arboriculture, horticulture ornementale, cultures vivrières, patrimoniales ou des surfaces fourragères, à savoir les prairies, parcours, plantes fourragères annuelles, céréales et protéagineux consommés par les animaux de l'exploitation, à l'exception des agriculteurs pluriactifs qui ont une activité principale non agricole avec des revenus non agricoles supérieurs à la moitié du salaire minimum de croissance.

Pour recevoir l'aide sur les surfaces fourragères, l'agriculteur doit détenir un cheptel d'au moins deux unités de gros bétail, une surface fourragère éligible d'au moins deux hectares et respecter le chargement minimal et le chargement maximal définis pour chaque sous-zone.

Pour recevoir l'aide sur les surfaces cultivées destinées à a commercialisation, l'agriculteur doit détenir au moins la moitié d'un hectare en surfaces cultivées éligibles.

Art. D. 113-28 I. — Le montant des aides allouées à chaque agriculteur comprend un paiement de base variable selon le type de surface. Ce montant est dégressif au-delà des 25 premiers hectares et plafonné à 50 hectares. Des modulations sont appliquées, pour les surfaces fourragères, en fonction du taux de chargement. Les modalités de calcul sont fixées par arrêté du ministre chargé de l'agriculture.

II. — Le montant total de l'ICHN à l'échelle de l'exploitation divisé par le nombre d'hectares primés ne peut être inférieur à 25 euros par hectare et est plafonné à 450 euros par hectare.

III. — Pour les groupements agricoles d'exploitation en commun totaux, ce calcul est effectué selon les modalités prévues à l'article R. 323-52.

CHAPITRE IV SAINT-PIERRE-ET-MIQUELON

(Décr. nº 2016-781 du 10 juin 2016, art. 2-5º, en vigueur le 1er juill. 2016)

SECTION 1 Champ d'application et dispositions générales

Art. D. 184-1 Les dispositions du présent livre (partie réglementaire) s'appliquent à Saint-Pierre-et-Miquelon sous réserve des exceptions et adaptations prévues au présent chapitre.

Art. D. 184-2 Pour l'application à Saint-Pierre-et-Miquelon du présent livre (partie réglementaire) :

1º Les références à la région et au conseil régional, au département et au conseil départemental, sont remplacées par les références à la collectivité de Saint-Pierre-et-Miquelon et au conseil territorial ;

2º Les références au président du conseil régional et au président du conseil départemental sont remplacées par la référence au président du conseil territorial de Saint-Pierre-et-Miquelon ;

3º Les références au préfet de région ou au préfet de département sont remplacées par la référence au représentant de l'État à Saint-Pierre-et-Miquelon ;

4º Les références au code général des impôts sont remplacées par les références aux dispositions ayant le même objet applicables localement.

Art. R. 184-3 Ne sont pas applicables à Saint-Pierre-et-Miquelon :

1º Le titre II ;

2º Le titre III ;

3º Le titre IV ;

4º Le titre VI.

Art. R. 184-4 Pour son application à Saint-Pierre-et-Miquelon, l'article R. 111-3 est ainsi rédigé :

Art. R. 111-3 Pour l'élaboration du plan territorial de l'agriculture durable, le préfet et le président du conseil territorial sont, pour l'application du quatrième alinéa de l'article L. 184-4, assistés par la commission territoriale de l'agriculture et de l'aquaculture prévue par l'article L. 184-5.

Le projet de plan validé par le préfet est à la disposition du public pendant un mois au siège de la préfecture et par voie électronique sur le site internet de la préfecture.

Les observations du public sur le projet de plan sont consignées sur des registres ouverts à cet effet dans les lieux où il est mis à disposition ou adressées par écrit ou par voie électronique au préfet.

Un avis faisant connaître les dates d'ouverture et de clôture de la consultation, son objet et les modalités de dépôt des observations du public est publié quinze jours au moins avant le début de la consultation sur le site internet de la préfecture et inséré dans un journal local habilité à recevoir les annonces légales.

A l'issue de cette consultation, et au vu des observations formulées, le plan territorial de l'agriculture durable est, après approbation du conseil territorial, arrêté par le préfet. Cet arrêté est publié au recueil des actes administratifs de la préfecture.

Le plan arrêté est tenu à la disposition du public à la préfecture ainsi que sur le site internet de la préfecture.

Art. R. 184-5 Pour l'application de l'article R. 113-1 à Saint-Pierre-et-Miquelon, le *b* est ainsi rédigé :

"*b)* A la Caisse de prévoyance sociale de Saint-Pierre-et-Miquelon au titre d'activités agricoles ;".

SECTION 2 Commission territoriale de l'agriculture et de l'aquaculture

Art. R. 184-6 La commission territoriale de l'agriculture et de l'aquaculture de Saint-Pierre-et-Miquelon exerce les attributions conférées par le présent code et par le code forestier aux instances ci-après :

1° La commission départementale d'orientation agricole ;

2° La commission communale, intercommunale et départementale d'aménagement foncier ;

3° La commission départementale de la préservation des espaces naturels, agricoles et forestiers ;

4° La commission consultative des baux ruraux ;

5° La commission régionale de l'économie agricole et du monde rural ;

6° La commission des recours contre les refus d'autorisation d'exploiter ;

7° Le comité régional d'orientation de la politique sanitaire animale et végétale ;

8° La commission des cultures marines.

Art. R. 184-7 La commission territoriale de l'agriculture et de l'aquaculture de Saint-Pierre-et-Miquelon comprend, outre ses co-présidents :

1° Trois membres du conseil territorial, élus en son sein ;

2° Trois représentants des services de l'État, désignés par le préfet ;

3° Le président de la chambre d'agriculture, de commerce, d'industrie, des métiers et de l'artisanat de Saint-Pierre-et-Miquelon et deux membres de cet établissement public représentant les activités agricoles et l'aquaculture.

D'autres membres peuvent être appelés à participer aux travaux de la commission en fonction de son ordre du jour, dans les conditions énoncées à l'article R. 184-8.

Art. R. 184-8 Participent également, avec voix délibérative, aux travaux de la commission territoriale de l'agriculture et de l'aquaculture de Saint-Pierre-et-Miquelon :

1° Lorsqu'elle exerce les compétences de la commission départementale d'orientation agricole prévue par l'article R. 313-2 :

a) Un représentant de la commune de Saint-Pierre et un représentant de la commune de Miquelon, élus par chaque conseil municipal ;

b) Un représentant de la Caisse de prévoyance sociale de Saint-Pierre-et-Miquelon, désigné par le président de cet organisme ;

c) Un représentant d'association de protection de l'environnement désigné par les co-présidents de la commission ;

2° Lorsqu'elle exerce les compétences de la commission communale, intercommunale ou départementale d'aménagement foncier prévue par les articles L. 121-3, L. 121-4 et L. 121-8 :

a) Un représentant de la commune de Saint-Pierre et un représentant de la commune de Miquelon, élus par chaque conseil municipal ;

b) Un représentant d'association de protection de l'environnement désigné par les co-présidents de la commission ;

3° Lorsqu'elle exerce les compétences de la commission départementale de la préservation des espaces naturels, agricoles et forestiers prévue par les articles L. 112-1-1 et L. 184-6 : un représentant d'association de protection de l'environnement désigné par les co-présidents de la commission ;

4° Lorsqu'elle exerce les compétences de la commission consultative des baux ruraux prévue à l'article L. 411-4 : un notaire, désigné par le préfet ;

5° Lorsqu'elle exerce les compétences de la commission régionale de l'économie agricole et du monde rural prévue à l'article R. 313-45 :

a) Un représentant d'association de protection de l'environnement, désigné par les co-présidents de la commission ;

b) Un représentant d'association du secteur des équidés, désigné par les co-présidents de la commission territoriale ;

6° Lorsqu'elle exerce les compétences du comité régional d'orientation de la politique sanitaire animale et végétale prévu à l'article D. 200-5 :

a) Un docteur vétérinaire, désigné par les co-présidents de la commission ;

b) Un représentant d'association cynégétique, désigné par les co-présidents de la commission ;

7° Lorsqu'elle exerce les compétences de la commission des cultures marines prévue par l'article D. 914-3 : un représentant des activités de cultures marines, désigné par les co-présidents de la commission.

Art. R. 184-9 Le fonctionnement de la commission territoriale de l'agriculture et de l'aquaculture de Saint-Pierre-et-Miquelon est régi par les dispositions des articles 8 et 9 du décret n° 2006-665 du 7 juin 2006 relatif à la réduction du nombre et à la simplification de la composition de diverses commissions administratives et par celles des articles R. 133-3 à R.* 133-15 du code des relations entre le public et l'administration.

La commission élabore son règlement intérieur.

Le secrétariat de la commission est assuré par le direction des territoires, de l'alimentation et de la mer.

CHAPITRE V WALLIS-ET-FUTUNA, POLYNÉSIE FRANÇAISE ET NOUVELLE-CALÉDONIE

(Décr. n° 2016-781 du 10 juin 2016, art. 2-5°, en vigueur le 1er juill. 2016)

Art. D. 185-1 Les dispositions du présent livre (partie réglementaire) ne sont pas applicables dans les îles Wallis-et-Futuna, en Polynésie française et en Nouvelle-Calédonie.

LIVRE II ALIMENTATION, SANTÉ PUBLIQUE VÉTÉRINAIRE ET PROTECTION DES VÉGÉTAUX *(Décr. nº 2012-63 du 19 janv. 2012).*

(Décr. nº 2003-768 du 1er août 2003)

TITRE PRÉLIMINAIRE DISPOSITIONS COMMUNES

(Décr. nº 2006-7 du 4 janv. 2006)

Art. R. 200-1 *(Décr. nº 2021-1858 du 28 déc. 2021, art. 2)* Au sens du présent livre et des textes pris pour son application, on entend par :

1° Analyse officielle : tout essai, analyse ou diagnostic par un laboratoire d'un échantillon prélevé dans le cadre d'un contrôle officiel ou d'une autre activité officielle ;

2° Autocontrôle : tout examen, vérification, prélèvement, ou toute autre forme de contrôle sous la responsabilité d'un propriétaire ou détenteur d'animaux, d'une entreprise du secteur alimentaire, de l'alimentation animale ou de la production végétale ou de leurs délégataires afin de s'assurer par eux-mêmes du respect des dispositions des titres II, III et V du présent livre et des textes pris pour leur application ;

3° Méthode officielle : toute méthode autorisée au sens de l'article 34 du règlement (UE) 2017/625 du Parlement européen et du Conseil du 15 mars 2017 ou retenue par le ministre chargé de l'agriculture pour la réalisation d'une analyse officielle ;

4° Analyse d'autocontrôle : tout essai, analyse ou diagnostic par un laboratoire d'un échantillon prélevé dans le cadre d'un autocontrôle ;

5° Analyse d'autocontrôle reconnue : analyse d'autocontrôle réalisée par un laboratoire ayant été soumis à une procédure de reconnaissance de qualification conformément au premier alinéa de l'article L. 202-3 ;

6° Méthode reconnue : toute méthode publiée au *Bulletin officiel* du ministère chargé de l'agriculture pour la réalisation d'une analyse d'autocontrôle reconnue.

CHAPITRE PRÉLIMINAIRE COMITÉS CONSULTATIFS D'ORIENTATION DE LA POLITIQUE SANITAIRE ANIMALE ET VÉGÉTALE

(Décr. nº 2012-846 du 30 juin 2012)

SECTION 1 Conseil national d'orientation de la politique sanitaire animale et végétale

(Décr. nº 2012-846 du 30 juin 2012)

Art. D. 200-2 Le Conseil national d'orientation de la politique sanitaire animale et végétale, placé auprès du ministre chargé de l'agriculture, est consulté sur :

– la liste des dangers sanitaires de première et deuxième catégorie *(Décr. nº 2019-1349 du 12 déc. 2019, art. 1er)* « en santé animale ;

« – les mesures que le ministre chargé de l'agriculture envisage de prendre sur le fondement des articles 29, 31 ou 52 du règlement (UE) 2016/2031 du 26 octobre 2016 ;

« – la liste des organismes nuisibles aux végétaux définis en application du 6° de l'article L. 251-3 ; »

– les programmes collectifs volontaires de prévention, de surveillance et de lutte contre certains dangers sanitaires soumis à approbation dans un objectif de cohérence nationale ;

– les dispositions du code de déontologie vétérinaire ;

– la liste des programmes collectifs volontaires approuvés pour lesquels l'adhésion est une condition préalable à une qualification sanitaire ou à une certification sanitaire en vue des échanges et des exportations vers les pays tiers ;

– la liste des dangers sanitaires de deuxième catégorie donnant lieu à transmission d'informations en application du *(Décr. nº 2019-1188 du 15 nov. 2019, art. 1er, en vigueur le 14 déc. 2019)* « *[de l']* avant-dernier » alinéa de l'article L. 201-7 ;

– le plan national d'intervention sanitaire d'urgence en santé animale et végétale.

Il est consulté sur les orientations en matière de politique sanitaire animale et végétale. Il peut être consulté sur les projets de mesure réglementaire en matière de pro-

tection et de santé des animaux et des végétaux ou sur toute autre question relative à la santé et à la protection des animaux et des végétaux. *(Décr. n° 2016-768 du 9 juin 2016, art. 1er-1°)* **« Il peut également être consulté par le ministre chargé de l'agriculture sur toute question relative à l'identification des animaux. »** — *Le Conseil national d'orientation de la politique sanitaire animale et végétale est renouvelé jusqu'au 8 juin 2025 (Décr. n° 2020-781 du 23 juin 2020, art. 1er, JO 26 juin).*

Art. D. 200-3 **Le Conseil national d'orientation de la politique sanitaire animale et végétale est présidé par le ministre chargé de l'agriculture ou son représentant. Il est constitué de deux sections spécialisées dans les domaines respectivement de la santé animale et de la santé végétale et d'une formation plénière comprenant des membres de ces deux sections.**

En fonction de la nature de la consultation, le président attribue les saisines ou questions qui lui sont adressées à la formation plénière ou à l'une des sections spécialisées. Il peut mettre en place des comités d'experts chargés de préparer les travaux des sections dans des domaines particuliers, notamment *(Décr. n° 2016-768 du 9 juin 2016, art. 1er-2°)* **« ceux des animaux de compagnie, de l'identification et de la traçabilité des animaux ».**

Il fonctionne dans les conditions prévues par *(Décr. n° 2016-768 du 9 juin 2016, art. 1er-3°)* **« les articles R.* 133-1 à R.* 133-15 du code des relations entre le public et l'administration » et par un règlement intérieur.**

Art. D. 200-4 **Le Conseil national d'orientation de la politique sanitaire animale et végétale comprend, outre son président :**

I. — Section spécialisée dans le domaine de la santé animale :

1° Le président de *(Ord. n° 2022-583 du 20 avr. 2022, art. 1er)* **« Chambres d'agriculture France » ;**

2° Le président de chacune des organisations syndicales à vocation générale d'exploitants agricoles mentionnées à *(Décr. n° 2017-1246 du 7 août 2017, art. 11-1°)* **« l'article R. 514-39 » ;**

3° Le président de COOP de France ;

4° Le président de l'Association des centres techniques agricoles ;

5° Le président de la Fédération nationale des groupements de défense sanitaire ;

6° Le président de la Fédération des syndicats vétérinaires de France ;

7° Le président du Conseil supérieur de l'ordre des vétérinaires ;

8° Le président de la Société nationale des groupements techniques vétérinaires ;

9° Le président de la Fédération française des commerçants en bestiaux ;

10° Le président du Syndicat de l'industrie du médicament vétérinaire et réactif ;

11° Le président du Syndicat national des industries de l'alimentation animale ;

12° Le président de l'Union nationale des coopératives agricoles d'élevage et d'insémination animale ;

13° Le président du Conseil national de la protection animale.

II. — Section spécialisée dans le domaine de la santé végétale :

1° Le président de *(Ord. n° 2022-583 du 20 avr. 2022, art. 1er)* **« Chambres d'agriculture France » ;**

2° Le président de chacune des organisations syndicales à vocation générale d'exploitants agricoles mentionnées à *(Décr. n° 2017-1246 du 7 août 2017, art. 11-1°)* **« l'article R. 514-39 » ;**

3° Le président de COOP de France ;

4° Le président de l'Association des centres techniques agricoles ;

5° Le président de la Fédération nationale de lutte contre les organismes nuisibles ;

6° Le président du *(Décr. n° 2021-965 du 20 juill. 2021, art. 3)* **« SEMAE » ;**

7° Le président de la Fédération du négoce agricole ;

8° Le président de l'Union des industries de protection des plantes ;

9° Le président de la Fédération nationale pour l'environnement ;

10° Le président de France Bois Forêt ;

11° Le président de l'Union française des semenciers ;

12° Le président de la Fédération nationale des producteurs de l'horticulture et des pépinières.

III. — Formation plénière :

1° Le président de *(Ord. n° 2022-583 du 20 avr. 2022, art. 1er)* « Chambres d'agriculture France » ;

2° Le président de chacune des organisations syndicales à vocation générale d'exploitants agricoles mentionnées à *(Décr. n° 2017-1246 du 7 août 2017, art. 11-1°)* « l'article R. 514-39 » ;

3° Le président de COOP de France ;

4° Le président de l'Association des centres techniques agricoles ;

5° Le président de la Fédération nationale de lutte contre les organismes nuisibles ;

6° Le président de la Fédération nationale des groupements de défense sanitaire ;

7° Le président de la Fédération des syndicats vétérinaires de France ;

8° Le président de la Société nationale des groupements techniques vétérinaires ;

9° Un membre de la section spécialisée dans le domaine de la santé animale et un membre de la section spécialisée dans le domaine de la santé végétale, désignés par chaque section en fonction du sujet à traiter en formation plénière.

IV. — Participent aux travaux de chaque section spécialisée et de la formation plénière, avec voix consultative :

— le directeur général de l'alimentation ;

— le *(Décr. n° 2015-490 du 29 avr. 2015, art. 3)* « directeur général de la performance économique et environnementale des entreprises » ;

— le directeur général de la santé ;

— le directeur général des douanes et des droits indirects ;

— le directeur du budget ;

— le directeur de l'eau et de la biodiversité ;

— le directeur général de l'Agence nationale de sécurité sanitaire des aliments, de l'environnement et du travail ;

— le directeur général de l'Établissement national des produits de l'agriculture et de la mer (FranceAgriMer) ;

— un directeur départemental chargé de la protection des populations nommé par le ministre chargé de l'agriculture ;

— un directeur régional de l'alimentation, de l'agriculture et de la forêt nommé par le ministre chargé de l'agriculture.

V. — Le directeur général de l'Office national des forêts et le président-directeur général de l'Institut national de la recherche agronomique *[Institut national de recherche pour l'agriculture, l'alimentation et l'environnement]* participent, avec voix consultative, aux travaux de la section spécialisée dans le domaine de la santé végétale.

VI. — Le directeur général de l'*(Décr. n° 2019-1580 du 31 déc. 2019, art. 5)* « Office français de la biodiversité » participe, avec voix consultative, aux travaux de la section spécialisée dans le domaine de la santé animale.

SECTION 2 Conseils régionaux d'orientation de la politique sanitaire animale et végétale

(Décr. n° 2012-842 du 30 juin 2012, art. 2)

Art. D. 200-5 Le conseil régional d'orientation de la politique sanitaire animale et végétale placé auprès du préfet de région est consulté sur :

a) Les schémas régionaux de maîtrise des dangers sanitaires soumis à l'approbation de l'autorité administrative par les associations sanitaires régionales en application de l'article L. 201-12 ;

b) Les demandes d'inscription des dangers sanitaires de deuxième catégorie faisant l'objet de programmes collectifs volontaires approuvés sur la liste mentionnée au quatrième alinéa de l'article L. 201-7 ;

c) Les programmes collectifs volontaires de prévention, de surveillance et de lutte contre certains dangers sanitaires soumis à approbation par l'association régionale sanitaire.

Il peut être consulté sur toute autre question relative à la santé et à la protection des animaux et des végétaux.

Art. D. 200-6 Le conseil régional d'orientation de la politique sanitaire animale et végétale est présidé par le préfet de région ou son représentant. Il comprend notam-

ment les préfets des départements situés dans le ressort de la région ou leurs représentants, des représentants de collectivités territoriales, de l'association sanitaire régionale, des organisations professionnelles agricoles et vétérinaires, des associations cynégétiques et des laboratoires d'analyses agréés.

Le conseil régional d'orientation de la politique sanitaire animale et végétale est constitué de deux sections spécialisées dans les domaines respectivement de la santé animale et de la santé végétale et d'une formation plénière comprenant des membres de ces deux sections. L'arrêté du préfet de région désignant les membres du conseil régional d'orientation de la politique sanitaire animale et végétale détermine à quelle formation du conseil chacun est affecté.

En fonction de la nature de la consultation, le président de la formation plénière attribue les saisines ou questions qui lui sont adressées à la formation plénière ou à l'une des sections spécialisées.

CHAPITRE I **DISPOSITIONS GÉNÉRALES RELATIVES À LA PRÉVENTION, À LA SURVEILLANCE ET À LA LUTTE CONTRE LES DANGERS SANITAIRES CONCERNANT LES ANIMAUX ET LES VÉGÉTAUX** *(Décr. nº 2012-842 du 30 juin 2012, art. 3-1º).*

SECTION 1 **Définitions et champ d'application**

(Décr. nº 2012-845 du 30 juin 2012, art. 1er)

Art. D. 201-1 **La liste des dangers sanitaires de première et de deuxième catégorie est établie, en application de l'article L. 201-1, par arrêté du ministre chargé de l'agriculture.**

(Décr. nº 2019-1349 du 12 déc. 2019, art. 1er) **« Par dérogation au deuxième alinéa de l'article D. 200-2, le ministre chargé de l'agriculture peut inscrire, sans consultation préalable du Conseil national d'orientation de la politique sanitaire animale et végétale, un danger sanitaire émergent en santé animale dont seules les manifestations sont connues dans la liste des dangers sanitaires de première catégorie, pour une période maximale de trois ans. Au plus tard à l'issue de cette période, il est statué sur la catégorisation du danger. »**

Art. D. 201-2 et D. 201-3 *Abrogés par Décr. nº 2019-1349 du 12 déc. 2019, art. 1er.*

Art. D. 201-4 **La liste prévue à l'article L. 201-2 est composée des espèces énumérées ci-dessous :**

1º Espèces ou taxons domestiques :

— mammifères : famille des bovidés, camélidés, suidés, équidés, léporidés, canidés et félidés ;

— oiseaux : ordre des galliformes, ansériformes et columbiformes ;

— poisson : carpe koï ;

— insectes : variétés domestiques de l'abeille (*Apis* spp.) ;

2º Espèces non domestiques tenues en captivité :

— mammifères : famille des bovidés, camélidés, suidés, équidés, léporidés, canidés et félidés ;

— oiseaux : ordre des galliformes, ansériformes, columbiformes et struthioniformes ;

3º Toute espèce animale tenue en captivité dans un établissement destiné à la présentation au public ou à la vente de spécimens vivants ;

4º Toute espèce de gibier dont la chasse est autorisée ;

5º Toute espèce de crustacés, mollusques et poissons élevée à des fins d'aquaculture ;

6º Toute espèce animale faisant l'objet de mesures de prévention, de surveillance ou de lutte réglementées au niveau européen.

SECTION 2 **Modalités communes de prévention, de surveillance et de lutte contre les dangers sanitaires de première et de deuxième catégorie**

(Décr. nº 2012-842 du 30 juin 2012, art. 3-8º)

Art. R. 201-5 *(Décr. nº 2021-1858 du 28 déc. 2021, art. 2)* **Les mesures prévues au 1º du I de l'article L. 201-4 sont prises par le préfet de département.**

Art. D. 201-5-1 *(Décr. n° 2012-845 du 30 juin 2012, art. 5)* **Le ministre chargé de l'agriculture arrête le plan national d'intervention sanitaire d'urgence mentionné à l'article L. 201-5, après avis du Conseil national d'orientation de la politique sanitaire animale et végétale** *(Abrogé par Décr. n° 2021-1858 du 28 déc. 2021, art. 2)* *« et de l'Agence nationale de sécurité sanitaire de l'alimentation, de l'environnement et du travail en ce qui concerne les mesures de maîtrise des dangers sanitaires ».*

L'adaptation et la mise en œuvre de ce plan sanitaire au niveau départemental s'inscrit dans le dispositif opérationnel ORSEC défini par le décret n° 2005-1157 du 13 septembre 2005 relatif au plan ORSEC et *(Décr. n° 2017-1246 du 7 août 2017, art. 11-3°)* **« défini à la section 1 du chapitre I du titre IV du livre VII du code de la sécurité intérieure ».**

SECTION 3 Rôle des personnes autres que l'État dans la surveillance, la prévention et la lutte contre les dangers sanitaires

(Décr. n° 2012-842 du 30 juin 2012, art. 3-9°)

SOUS-SECTION 1 Information sur les dangers sanitaires de première et de deuxième catégorie

(Décr. n° 2012-842 du 30 juin 2012, art. 3-10°)

Art. D. 201-6 **Des arrêtés du ministre chargé de l'agriculture déterminent la nature des données et informations devant faire l'objet d'une collecte en application** *(Décr. n° 2017-1246 du 7 août 2017, art. 11-4°)* **« de l'article L. 201-3 ».**

Dans ce cadre, les responsables des laboratoires *(Décr. n° 2017-1246 du 7 août 2017, art. 11-4°)* **« mentionnés » aux articles L. 202-1 et L. 202-3 sont tenus de communiquer les résultats d'analyses, y compris d'autocontrôles, qu'ils détiennent, accompagnés des informations pertinentes, concernant des animaux, des végétaux, des produits végétaux, des aliments pour animaux ou des denrées alimentaires d'origine animale** *(Décr. n° 2012-842 du 30 juin 2012, art. 3-10°-a)* **« ou végétale » détenus sur le territoire national.**

Les arrêtés prévus au premier alinéa peuvent imposer que cette communication soit faite par voie informatique. Ces données et informations sont transmises et conservées dans des conditions assurant leur confidentialité. Elles ne peuvent être exploitées et diffusées qu'une fois rendues anonymes.

Ces arrêtés définissent les modalités selon lesquelles les départements, par l'intermédiaire des laboratoires d'analyses départementaux, les laboratoires nationaux de référence dans le cadre de la convention prévue à l'article R. 202-5, les vétérinaires et les organisations professionnelles agricoles et vétérinaires peuvent être associés à la collecte et au traitement de ces données et informations.

Le ministre chargé de l'agriculture organise la diffusion des informations ainsi collectées auprès des instances d'évaluation des risques et des organisations professionnelles. *— L'art. R. 201-6 devient l'art. D. 201-6 (Décr. n° 2012-842 du 30 juin 2012, art. 3-4°, JO 1er juill.).*

Art. R. 201-6-1 *(Décr. n° 2019-378 du 26 avr. 2019, art. 1er)* **I. — L'agrément mentionné à l'article L. 201-3 est délivré, par le ministre chargé de l'agriculture, après avis du Conseil national d'orientation de la politique sanitaire animale et végétale (section spécialisée dans la santé animale), à l'issue d'un appel à candidature lancé par le ministre, à des personnes qui :**

1° Répondent à des conditions d'aptitude, d'expérience et de compétences techniques nécessaires à la tenue d'un fichier d'informations épidémiologiques relatives au suivi sanitaire des animaux comportant des données personnelles ;

2° Apportent des garanties quant à leur capacité à tenir celui-ci de manière indépendante et impartiale à l'égard des personnes mentionnées à l'article R. 201-6-3 ;

3° S'engagent à respecter les règles de gestion des données prévues par le cahier des charges mentionné au II et les règles préservant la confidentialité des données et informations couvertes par le secret professionnel ou le secret en matière commerciale.

II. — L'appel à candidature comporte un cahier des charges, arrêté par le ministre chargé de l'agriculture, qui précise notamment les obligations et délais de communication des informations en cas de crise sanitaire.

III. – Le dossier de candidature est adressé au ministre chargé de l'agriculture. Sa composition est fixée par arrêté du même ministre. Il comporte notamment, lorsqu'il s'agit d'une personne morale, les statuts, les éléments de nature financière permettant de s'assurer de sa capacité à assurer ses missions ainsi que, le cas échéant, des informations relatives à la composition de son actionnariat et *(Décr. nº 2021-631 du 21 mai 2021, art. 12, en vigueur le 1er nov. 2021)* « son numéro unique d'identification ».

Art. R. 201-6-2 *(Décr. nº 2019-378 du 26 avr. 2019, art. 1er)* L'agrément peut être suspendu, pendant une durée qui ne peut excéder un an, ou retiré, lorsque les conditions d'agrément ne sont plus remplies.

La personne intéressée est préalablement informée des motifs et de la nature des mesures envisagées et mise en mesure de présenter des observations écrites, et le cas échéant, sur sa demande, des observations orales.

La décision de suspension ou de retrait d'agrément désigne l'institution ou le service public qui, à titre provisoire, assure les missions pour lesquelles l'agrément avait été délivré.

Art. R. 201-6-3 *(Décr. nº 2019-378 du 26 avr. 2019, art. 1er)* Lorsque le ministre chargé de l'agriculture en a délégué la collecte et le traitement en application de l'article L. 201-3, la transmission des données et informations, est effectuée par les personnes, services ou organismes contribuant au suivi sanitaire des animaux, auprès de la personne agréée, le cas échéant par voie dématérialisée. Cette transmission peut, dans les mêmes conditions, être réalisée par les propriétaires ou les détenteurs des animaux.

Art. R. 201-6-4 *(Décr. nº 2019-378 du 26 avr. 2019, art. 1er)* Les catégories de données à caractère personnel et les informations enregistrées dans le fichier mentionné au 1º de l'article R. 201-6-1 sont :

– les nom, prénom, adresse postale, numéro de téléphone et adresse électronique du propriétaire ou détenteur des animaux ;

– le lieu de détention des animaux ;

– l'origine et la destination des animaux détenus ;

– toute information d'ordre sanitaire concernant les animaux détenus.

Art. R. 201-6-5 *(Décr. nº 2019-378 du 26 avr. 2019, art. 1er)* Les données et informations enregistrées sont conservées, selon l'espèce concernée, pendant une durée fixée par arrêté du ministre chargé de l'agriculture, dans la limite de dix ans suivant la mort de l'animal.

Art. R. 201-6-6 *(Décr. nº 2019-378 du 26 avr. 2019, art. 1er)* Les droits d'accès et de rectification, prévus par les articles 15 et 16 du règlement du 27 avril 2016 susvisé, s'exercent auprès de la personne agréée.

Art. R. 201-6-7 *(Décr. nº 2019-378 du 26 avr. 2019, art. 1er)* Outre les personnes, services ou organismes mentionnés à l'article R. 201-6-3, peuvent être destinataires de tout ou partie des données à caractère personnel et des informations mentionnées à l'article R. 201-6-4, à raison de leurs attributions respectives et du besoin d'en connaître :

– les préfets ;

– les officiers et agents de police judiciaire ;

– les maires ;

– les organismes à vocation statistique pour l'analyse et l'information ;

– les organismes payeurs des aides agricoles ;

– les organismes qui contribuent à l'amélioration génétique des animaux ou à la recherche ;

– les personnes chargées de l'équarrissage ;

– les agents habilités à procéder aux contrôles des dispositions relatives à la santé des animaux et à la salubrité des denrées alimentaires d'origine animale.

Art. D. 201-7 *(Décr. nº 2019-1188 du 15 nov. 2019, art. 1er, en vigueur le 14 déc. 2019)* « I. – L'autorité administrative destinataire des informations mentionnées aux premier et cinquième alinéas de l'article L. 201-7 est le préfet du département du lieu d'implantation de l'établissement ou de l'exploitation ou du lieu d'exercice de l'activité en cause ou, lorsque le propriétaire ou détenteur d'animaux n'est pas un professionnel, le préfet du département de son domicile.

« L'autorité administrative destinataire des informations mentionnées au deuxième alinéa de l'article L. 201-7 est le préfet de la région du lieu d'implantation de l'établissement ou de l'exploitation ou du lieu d'exercice de l'activité en cause ou, lorsque le propriétaire ou détenteur de végétaux n'est pas un professionnel, le préfet de la région de son domicile. »

(Décr. n° 2012-845 du 30 juin 2012, art. 2) II. — En application *(Décr. n° 2017-1246 du 7 août 2017, art. 11-5°)* « de l'avant-dernier alinéa de l'article L. 201-7 », le ministre chargé de l'agriculture établit la liste des dangers sanitaires de deuxième catégorie donnant lieu à des obligations d'information, après avis du Conseil national d'orientation de la politique sanitaire animale et végétale.

L'inscription sur cette liste de dangers sanitaires de deuxième catégorie faisant l'objet d'un programme collectif volontaire approuvé peut être demandée au préfet de région par l'association sanitaire régionale ou par une ou plusieurs organisations représentant les propriétaires ou détenteurs d'animaux *(Abrogé par Décr. n° 2019-1188 du 15 nov. 2019, art. 1er, à compter du 14 déc. 2019) « ou de végétaux »* siégeant au comité régional d'orientation de la politique sanitaire animale et végétale.

Le préfet de région transmet cette demande au ministre chargé de l'agriculture après avis du comité régional d'orientation de la politique sanitaire animale et végétale.

III. — Lorsqu'un danger sanitaire de deuxième catégorie figurant sur la liste mentionnée au II fait uniquement l'objet d'un programme collectif volontaire approuvé, l'information est transmise à l'association sanitaire régionale.

Dans tous les autres cas, l'information est transmise dans les conditions prévues au I.

(Décr. n° 2019-1188 du 15 nov. 2019, art. 1er, en vigueur le 14 déc. 2019) « IV. — L'autorité administrative mentionnée aux troisième et quatrième alinéas de l'article L. 201-7 est le préfet du département du lieu d'implantation de l'établissement ou de l'exploitation ou du lieu d'exercice de l'activité en cause.

« V. — L'autorité administrative mentionnée au dernier alinéa de l'article L. 201-7 est celle mentionnée au deuxième alinéa du I lorsque le risque sanitaire concerne les végétaux et celle mentionnée au premier alinéa du même I dans les autres cas. »

Art. R. 201-8 *Abrogé par Décr. n° 2012-842 du 30 juin 2012, art. 3-2°.*

Art. D. 201-9 Les communications prévues *(Décr. n° 2012-842 du 30 juin 2012, art. 3-10°-b)* « à l'article L. 201-7 » doivent comporter l'ensemble des informations pertinentes dont disposent les personnes auxquelles s'appliquent ces obligations et, notamment lorsque ces communications reposent sur des résultats d'autocontrôles, les informations mentionnées à l'article *(Décr. n° 2012-842 du 30 juin 2012, art. 3-10°-b)* « R. 202-21-2 ». — *L'art. R. 201-9 devient l'art. D. 201-9 (Décr. n° 2012-842 du 30 juin 2012, art. 3-10°-b, JO 1er juill.).*

Art. D. 201-10 Le détenteur d'une denrée ou d'un aliment pour animaux *(Décr. n° 2012-842 du 30 juin 2012, art. 3-10°-c)* « soumis à l'obligation d'information prévue à l'article L. 201-7 » en conserve un échantillon représentatif dans des conditions en préservant la traçabilité et ne gênant pas l'interprétation d'analyses de laboratoire ultérieures.

Lorsqu'un laboratoire informe l'autorité administrative *(Décr. n° 2012-842 du 30 juin 2012, art. 3-10°-c)* « en application de l'article L. 201-7 » sur la base des résultats de l'analyse d'un échantillon, il est tenu d'assurer, dans la mesure du possible, la conservation du reliquat de cet échantillon et des souches de micro-organismes isolées dans cet échantillon.

Ces échantillons et souches doivent être tenus à la disposition des services auxquels ont été communiqués les résultats d'analyses pendant un mois au moins, sauf prescription particulière de ces services. — *L'art. R. 201-10 devient l'art. D. 201-10 (Décr. n° 2012-842 du 30 juin 2012, art. 3-10°-c, JO 1er juill.).*

Art. R. 201-11 Les propriétaires et détenteurs d'animaux ou de denrées alimentaires d'origine animale concernés par l'enquête épidémiologique consécutive à une toxi-infection alimentaire, à un cas humain de maladie zoonotique ou à un foyer de *(Décr. n° 2012-842 du 30 juin 2012, art. 3-10°-d)* « maladie réglementée au sens de l'article

D. 221-2 » tiennent à la disposition de l'autorité administrative mentionnée à l'article R. 201-5, dès qu'ils en sont informés, tout échantillon et résultat d'analyse utile à l'enquête. Ils font parvenir au laboratoire désigné par l'autorité administrative qui en fait la demande les analytes isolés dans le cadre de leurs autocontrôles. Ils veillent à ce que les conditions de conservation des échantillons et analytes ne gênent pas l'interprétation d'analyses de laboratoire ultérieures et en préservent la traçabilité. De plus, ils n'entreprennent aucune mesure susceptible de gêner le déroulement de l'enquête sans l'autorisation de l'autorité administrative.

Les responsables de laboratoires concernés par une enquête épidémiologique mentionnée à l'alinéa précédent tiennent à la disposition de l'autorité administrative, dès qu'ils en sont informés, tout échantillon, analyte isolé et résultat d'analyse utile à l'enquête.

SOUS-SECTION 2 **Les organismes à vocation sanitaire**

(Décr. n° 2012-842 du 30 juin 2012, art. 3-11°)

Art. R. 201-12 Les organismes à vocation sanitaire mentionnés à l'article L. 201-9 dont l'objet social est d'exercer leurs activités sur l'ensemble du territoire d'une région peuvent être reconnus par arrêté du *(Décr. n° 2019-1393 du 18 déc. 2019, art. 1er)* « préfet de région » pour le domaine animal ou le domaine végétal.

Un seul organisme à vocation sanitaire peut être reconnu par domaine d'activité pour une région donnée. Un organisme à vocation sanitaire régional peut comporter des sections départementales.

Rejet du recours en annulation formé contre les dispositions de cet art. • CE 22 juill. 2015, n° 362203 : *Gaz. Pal. 2016. 3324.*

Art. R. 201-13 La reconnaissance d'un organisme à vocation sanitaire est subordonnée au respect des conditions suivantes :

1° Avoir pour objet principal la protection de l'état sanitaire des animaux, des aliments pour animaux, des denrées alimentaires d'origine animale ou des végétaux et produits végétaux ;

2° Accepter l'adhésion de plein droit de tout propriétaire ou détenteur d'animaux ou de végétaux entrant dans le champ d'intervention de l'organisme ;

3° Justifier d'un fonctionnement garantissant la représentation équilibrée des adhérents ;

4° Employer des personnes disposant de compétences techniques dans le domaine animal ou végétal, garanties notamment par une formation initiale dans les domaines vétérinaire ou phytosanitaire et par une mise à jour de leurs connaissances ;

5° Disposer de moyens permettant d'assurer une gestion comptable séparée pour l'exercice de chacune de leurs activités ;

6° Justifier, pour le domaine concerné, l'exercice d'actions sanitaires sur l'aire d'intervention considérée ;

7° Disposer d'un système de permanence et de diffusion de l'information, mobilisable en cas de crise sanitaire, pour les dangers sanitaires de première et de deuxième catégorie ;

8° Présenter des garanties d'indépendance et d'impartialité, notamment vis-à-vis des intérêts économiques particuliers des adhérents.

Art. R. 201-14 Un arrêté du préfet de région fixe le délai pour présenter les demandes de reconnaissance. Cet arrêté rappelle les exigences réglementaires prévues par l'article R. 201-13.

La demande de reconnaissance est accompagnée d'un dossier dont le contenu est précisé par arrêté du ministre chargé de l'agriculture. — *V. Arr. du 4 janv. 2013 (JO 15 janv.).*

(Abrogé par Décr. n° 2019-1393 du 18 déc. 2019, art. 1er) ***« Après instruction, le préfet transmet au ministre chargé de l'agriculture la demande assortie du dossier et accompagnée de son avis. »*** *(Abrogé par Décr. n° 2017-1411 du 27 sept. 2017, art. 2-6°)* ***« A défaut d'intervention d'un arrêté ministériel dans les six mois suivant le dépôt de la demande de reconnaissance, celle-ci est réputée refusée. »***

La reconnaissance est accordée à l'organisme à vocation sanitaire pour une durée de cinq ans.

V. Arr. du 19 déc. 2019 portant reconnaissance des organismes à vocation sanitaire dans le domaine animal ou végétal (JO 22 déc.).

Art. R.* 201-14-1 *(Décr. nº 2019-1393 du 18 déc. 2019, art. 1er)* Le silence gardé sur une demande de reconnaissance d'un organisme à vocation sanitaire mentionnée aux articles R. 201-14 et R. 201-17 vaut décision de rejet.

Art. R. 201-14-2 *(Décr. nº 2017-1411 du 27 sept. 2017, art. 2-7º)* La décision mentionnée à l'article R.* 201-14-1 naît au terme d'un délai de *(Décr. nº 2021-1858 du 28 déc. 2021, art. 2)* « quatre mois ».

Art. R. 201-15 L'organisme à vocation sanitaire informe le préfet de région de toute évolution de ses statuts ou de tout changement susceptible de remettre en cause le respect des conditions au vu desquelles il a été reconnu.

Art. R. 201-16 Lorsque les conditions de reconnaissance ne sont plus remplies par un organisme à vocation sanitaire, le préfet de région met celui-ci en demeure de se mettre en conformité, dans un délai qu'il fixe et qui ne peut excéder six mois.

En l'absence de mise en conformité à l'expiration de ce délai, et après que l'organisme à vocation sanitaire a été mis en mesure de présenter ses observations, le *(Décr. nº 2019-1393 du 18 déc. 2019, art. 1er)* « préfet de région » peut décider la suspension pour une durée ne pouvant excéder deux mois ou le retrait de la reconnaissance.

Art. R. 201-17 Pour certaines espèces dont la liste est fixée par arrêté du ministre chargé de l'agriculture, un organisme à vocation sanitaire peut être reconnu *(Décr. nº 2019-1393 du 18 déc. 2019, art. 1er)* « par le ministre chargé de l'agriculture » pour une aire d'intervention nationale.

Un arrêté du ministre chargé de l'agriculture fixe le délai pour présenter les demandes de reconnaissance. Cet arrêté rappelle les exigences réglementaires prévues par l'article R. 201-13.

La demande de reconnaissance accompagnée du dossier prévu à l'article R. 201-14 est adressée *(Abrogé par Décr. nº 2019-1393 du 18 déc. 2019, art. 1er) « au préfet de région où se situe le siège social de l'organisme ou »* au ministre chargé de l'agriculture.

La procédure d'instruction des demandes et la durée de validité de la reconnaissance sont définies conformément *(Décr. nº 2019-1393 du 18 déc. 2019, art. 1er)* « au dernier alinéa » de l'article R. 201-14.

SOUS-SECTION 3 Les organisations vétérinaires à vocation technique

(Décr. nº 2012-842 du 30 juin 2012, art. 3-12º)

Art. R. 201-18 Les organisations vétérinaires à vocation technique mentionnées au troisième alinéa de l'article L. 201-9 dont l'objet social est d'exercer leurs activités sur l'ensemble du territoire d'une région peuvent être reconnues par arrêté du *(Décr. nº 2019-1393 du 18 déc. 2019, art. 1er)* « préfet de région ».

Une seule organisation vétérinaire à vocation technique peut être reconnue pour une région donnée. Une organisation vétérinaire à vocation technique peut comporter des sections départementales.

Art. R. 201-19 La reconnaissance d'une organisation vétérinaire à vocation technique est subordonnée au respect des conditions suivantes :

1º Exercer des actions de formation et d'encadrement technique des vétérinaires ;

2º Justifier de moyens de nature à satisfaire à l'ensemble des missions qui peuvent lui être confiées ;

3º Accepter l'adhésion de plein droit de tout vétérinaire exerçant la profession vétérinaire dans l'aire géographique d'intervention ;

4º Justifier d'un fonctionnement garantissant la représentation équilibrée des adhérents ;

5º Présenter des garanties d'indépendance et d'impartialité, notamment vis-à-vis des intérêts économiques particuliers des adhérents.

Art. R. 201-20 Un arrêté du préfet de région fixe le délai pour présenter les demandes de reconnaissance. Cet arrêté rappelle les exigences réglementaires prévues par l'article R. 201-19.

La demande de reconnaissance, accompagnée d'un dossier dont le contenu est précisé par arrêté du ministre chargé de l'agriculture, est adressée au préfet de région. — *V. Arr. du 4 janv. 2013 (JO 15 janv.).*

(Abrogé par Décr. n° 2019-1393 du 18 déc. 2019, art. 1er) ***« Après instruction, le préfet transmet au ministre chargé de l'agriculture la demande assortie du dossier et accompagnée de son avis. »*** *(Abrogé par Décr. n° 2017-1411 du 27 sept. 2017, art. 2-8°)* ***« A défaut d'intervention d'un arrêté ministériel dans les six mois suivant le dépôt de la demande de reconnaissance, celle-ci est réputée refusée. »***

V. Arr. du 19 déc. 2019 portant reconnaissance des organisations vétérinaires à vocation technique (JO 27 déc.).

Art. R.* 201-20-1 *(Décr. n° 2017-1411 du 27 sept. 2017, art. 2-9°)* Le silence gardé par le *(Décr. n° 2019-1393 du 18 déc. 2019, art. 1er)* « préfet de région » sur une demande de reconnaissance d'une organisation vétérinaire à vocation technique, mentionnée à l'article R. 201-20, vaut décision de rejet.

Art. R. 201-20-2 *(Décr. n° 2017-1411 du 27 sept. 2017, art. 2-9°)* La décision mentionnée à l'article R.* 201-20-1 naît au terme d'un délai de *(Décr. n° 2021-1858 du 28 déc. 2021, art. 2)* « quatre mois ».

Art. R. 201-21 La reconnaissance accordée à une organisation vétérinaire à vocation technique a une durée de validité de cinq ans.

Art. R. 201-22 L'organisation vétérinaire à vocation technique informe le préfet de région de toute évolution de ses statuts ou de tout changement susceptible de remettre en cause le respect des conditions au vu desquelles elle a été reconnue.

Art. R. 201-23 Lorsque les conditions donnant lieu à la délivrance de la reconnaissance ne sont plus remplies, le préfet de région met en demeure l'organisation vétérinaire à vocation technique en bénéficiant de se mettre en conformité dans un délai qu'il fixe et qui ne peut excéder six mois.

En l'absence de mise en conformité à l'expiration de ce délai et après que l'organisation vétérinaire à vocation technique a été mise en mesure de présenter ses observations, le *(Décr. n° 2019-1393 du 18 déc. 2019, art. 1er)* « préfet de région » peut décider la suspension pour une durée ne pouvant excéder deux mois ou le retrait de la reconnaissance.

SOUS-SECTION 4 Les associations sanitaires régionales

(Décr. n° 2012-842 du 30 juin 2012, art. 3-13°)

Art. R. 201-24 Les associations sanitaires régionales prévues à l'article L. 201-11 sont reconnues par arrêté du *(Décr. n° 2019-1393 du 18 déc. 2019, art. 1er)* « préfet de région ».

Art. R. 201-25 La reconnaissance d'une association sanitaire régionale est subordonnée au respect des conditions suivantes :

1° Disposer de statuts conformes aux dispositions des 1° à 5° de l'article L. 201-11 ;

2° Transmettre au préfet de région dès l'obtention de la reconnaissance puis chaque année la liste actualisée des membres de l'association, en distinguant les adhérents de plein droit des autres adhérents ;

3° Justifier de compétences, directement ou à travers ses membres, sur l'ensemble des dangers sanitaires de première et deuxième catégorie d'intérêt pour la région ;

4° Le cas échéant, justifier du respect de l'article R. 201-27.

Art. R. 201-26 La demande de reconnaissance est adressée par l'association au préfet de région compétent, accompagnée d'un dossier dont le contenu est précisé par arrêté du ministre chargé de l'agriculture. — *V. Arr. du 4 janv. 2013 (JO 15 janv.).*

(Abrogé par Décr. n° 2019-1393 du 18 déc. 2019, art. 1er) ***« Après instruction, le préfet transmet au ministre chargé de l'agriculture la demande assortie du dossier et accompagnée***

de son avis. » (Abrogé par Décr. n° 2017-1411 du 27 sept. 2017, art. 2-10°) « A défaut d'intervention d'un arrêté ministériel dans les six mois suivant le dépôt de la demande de reconnaissance, celle-ci est réputée refusée. »

La reconnaissance d'association sanitaire régionale est délivrée pour une durée de cinq ans.

Art. R.* 201-26-1 *(Décr. n° 2017-1411 du 27 sept. 2017, art. 2-11°)* Le silence gardé par le *(Décr. n° 2019-1393 du 18 déc. 2019, art. 1er)* « préfet de région » sur une demande de reconnaissance d'une association sanitaire régionale, mentionnée à l'article R. 201-26, vaut décision de rejet.

Art. R. 201-26-2 *(Décr. n° 2017-1411 du 27 sept. 2017, art. 2-11°)* La décision mentionnée à l'article R.* 201-26-1 naît au terme d'un délai de six mois.

Art. R. 201-27 A la demande d'au moins 60 % des exploitants de la région appartenant à une même filière, l'association sanitaire régionale constitue en son sein une section spécialisée de cette filière.

Les décisions intéressant cette filière, notamment celles relevant du schéma régional de maîtrise des dangers sanitaires, sont adoptées par l'organe délibérant à l'initiative de la section spécialisée.

Rejet du recours en annulation formé contre les dispositions de cet art. • CE 22 juill. 2015, n° 362203 : *Gaz. Pal. 2016. 3324.*

Art. R. 201-28 En application du dernier alinéa de l'article L. 201-12, lorsque des missions sont confiées à l'association sanitaire régionale par l'autorité administrative dans les conditions prévues aux articles L. 201-9 et L. 201-13, ces missions peuvent être exécutées par ses membres, sous la responsabilité de l'association sanitaire régionale. Les sections spécialisées veillent à la bonne exécution des missions intéressant leur filière.

Lorsque les missions confiées à l'association sanitaire régionale au titre de l'article L. 201-9 ou L. 201-13 sont mises en œuvre par des organismes tiers, l'association sanitaire régionale s'assure que ces organismes respectent les conditions prévues à l'article R. 201-13 ou à l'article R. 201-42.

Art. R. 201-29 L'association sanitaire régionale informe le préfet de région de toute évolution de ses statuts ou de tout changement relatif à sa composition.

Lorsque les conditions donnant lieu à la reconnaissance ne sont plus remplies, le préfet de région met en demeure l'association sanitaire régionale de se mettre en conformité dans un délai qu'il fixe et qui ne peut excéder six mois.

En l'absence de conformité à l'expiration de ce délai et après que l'association sanitaire régionale a été mise en mesure de présenter ses observations, le *(Décr. n° 2019-1393 du 18 déc. 2019, art. 1er)* « préfet de région » peut décider la suspension pour une durée ne pouvant excéder deux mois ou le retrait de la reconnaissance.

Art. D. 201-30 *(Décr. n° 2012-845 du 30 juin 2012, art. 4)* Toute demande d'approbation d'un programme collectif volontaire de prévention, de surveillance ou de lutte contre un danger sanitaire portant sur tout ou partie d'une région est adressée par l'association sanitaire régionale au préfet de région.

Le préfet de région transmet cette demande au ministre chargé de l'agriculture après avis du comité régional d'orientation de la politique sanitaire animale et végétale.

Art. D. 201-31 *(Décr. n° 2012-845 du 30 juin 2012, art. 4)* Le ministre chargé de l'agriculture peut approuver ces programmes, après avis du Conseil national d'orientation de la politique sanitaire animale et végétale.

En vue de l'approbation, le ministre vérifie, sur la base d'une analyse étayée par des documents fournis par l'association sanitaire régionale :

– le caractère avéré du risque présenté par le danger sanitaire pour les espèces concernées dans l'aire considérée ;

– la nécessité de mettre en place des mesures collectives pour maîtriser ce risque ;

– l'absence, dans le cadre de ce programme, d'entraves non justifiées aux mouvements commerciaux ou non commerciaux d'animaux, de végétaux ou de leurs produits sur le territoire.

Le ministre transmet la notification d'approbation du programme collectif volontaire à l'association sanitaire régionale par l'intermédiaire du préfet de région avant la publication mentionnée à l'article D. 201-33.

Art. D. 201-32 *(Décr. nº 2012-845 du 30 juin 2012, art. 4)* Le ministre chargé de l'agriculture peut arrêter, après consultation du Conseil national d'orientation de la politique sanitaire animale et végétale, la liste des programmes collectifs volontaires approuvés pour lesquels l'adhésion à ces programmes est une condition préalable à une qualification sanitaire ou à une certification sanitaire en vue des échanges et des exportations vers les pays tiers.

Art. D. 201-33 *(Décr. nº 2012-845 du 30 juin 2012, art. 4)* Les programmes collectifs volontaires approuvés sont publiés au *Bulletin officiel* du ministère chargé de l'agriculture.

Art. D. 201-34 *(Décr. nº 2012-845 du 30 juin 2012, art. 4)* Toute modification apportée à un programme collectif volontaire approuvé est transmise par l'association sanitaire régionale concernée au préfet de région. Lorsque les modifications apportées sont substantielles, il est statué sur le maintien de l'approbation du programme, selon les modalités prévues aux articles D. 201-30 et D. 201-31.

Lorsque les modifications d'un programme modifient les conditions de qualification sanitaire ou de certification sanitaire officielle en vue des échanges intracommunautaires ou des exportations vers les pays tiers, le ministre chargé de l'agriculture statue, après avis du Conseil national d'orientation de la politique sanitaire animale et végétale, sur le maintien du programme sur la liste visée à l'article D. 201-32. Lorsque l'approbation d'un programme collectif volontaire est retirée, ce programme est supprimé de la liste visée à l'article D. 201-32.

Art. D. 201-35 *(Décr. nº 2012-845 du 30 juin 2012, art. 4)* Tout programme approuvé qui n'est pas mis en œuvre pendant deux ans ou qui présente des dispositions contraires à une réglementation postérieure à son approbation peut se voir retirer cette approbation.

Art. D. 201-36 *(Décr. nº 2012-845 du 30 juin 2012, art. 4)* Le schéma régional de maîtrise des dangers sanitaires mentionné à l'article L. 201-12 est approuvé par le préfet de région après avis du conseil régional d'orientation de la politique sanitaire animale et végétale et du comité de l'administration régionale.

La liste des éléments constitutifs du schéma régional de maîtrise des dangers sanitaires ainsi que les modalités de l'approbation de ce schéma par le préfet de région sont fixées par arrêté du ministre chargé de l'agriculture. – *V. Arr. du 31 déc. 2014 relatif au schéma régional de maîtrise des dangers sanitaires précisant les orientations et directives en matière de prévention, de surveillance et de lutte contre les dangers sanitaires qu'il désigne (JO 10 janv. 2015).*

SOUS-SECTION 5 Réseaux de surveillance et de prévention des dangers sanitaires

(Décr. nº 2012-842 du 30 juin 2012, art. 3-14º)

Art. D. 201-37 Les réseaux de surveillance et de prévention mentionnés *(Décr. nº 2012-842 du 30 juin 2012, art. 3-14º-a)* « à l'article L. 201-10 » sont constitués par arrêtés du ministre chargé de l'agriculture.

L'arrêté constituant un réseau définit notamment :

– le champ d'intervention, l'objet, l'organisation et les modalités de fonctionnement du réseau ;

– la nature des données et informations devant être collectées ainsi que leurs destinataires et les modalités de leur traitement et de leur diffusion ;

– les catégories d'organismes ou de personnes adhérant au réseau en application *(Décr. nº 2012-842 du 30 juin 2012, art. 3-14º-a)* « de l'article L. 201-10 » ainsi que les obligations auxquelles ils sont tenus ;

– les missions de surveillance et de prévention confiées, le cas échéant, aux vétérinaires sanitaires et aux organismes et organisations mentionnés *(Décr. nº 2012-842 du 30 juin 2012, art. 3-14º-a)* « à l'article L. 201-9 », le cahier des charges auquel ces organismes et organisations doivent satisfaire pour que ces missions puissent leur être confiées, ainsi que les modalités de contrôle de l'exécution de ces missions ;

— les modalités selon lesquelles les propriétaires ou détenteurs d'animaux, de denrées alimentaires d'origine animale ou d'aliments pour animaux, ou *(Décr. n° 2012-842 du 30 juin 2012, art. 3-14°-a)* « de végétaux » prennent en charge les frais de fonctionnement du réseau. — *Anc. art. R. 201-2 (Décr. n° 2012-842 du 30 juin 2012, art. 3-3°, JO 1er juill.).*

Art. D. 201-38 Les propriétaires ou les détenteurs d'animaux, de végétaux, de produits végétaux, d'aliments pour animaux ou de denrées alimentaires d'origine animale peuvent charger les laboratoires réalisant des analyses dans le cadre d'un réseau de surveillance ou de prévention des risques sanitaires de transmettre leurs résultats d'examens ou d'analyses aux destinataires désignés dans l'arrêté prévu à l'article *(Décr. n° 2012-842 du 30 juin 2012, art. 3-14°-b)* « D. 201-37 ». Cette transmission est réputée réalisée sous leur responsabilité. — *Anc. art. R. 201-3 (Décr. n° 2012-842 du 30 juin 2012, art. 3-3°, JO 1er juill.).*

SOUS-SECTION 6 La délégation de tâches particulières de contrôle

(Décr. n° 2012-842 du 30 juin 2012, art. 3-15°)

Art. D. 201-39 *(Décr. n° 2021-1858 du 28 déc. 2021, art. 2)* Les organismes ou catégories d'organismes présentant des garanties de compétence, d'indépendance et d'impartialité mentionnés au premier alinéa de l'article L. 201-13 comprennent :

1° L'organisme mentionné au 1° du II de l'article R. 251-16 ;

2° Les organismes désignés en application de l'article R. 661-41 ;

3° Les organismes mentionnés aux articles L. 221-2 et L. 321-1 du code forestier ;

(Décr. n° 2023-600 du 12 juill. 2023, art. 1er) « 4° Les organismes accrédités, en fonction de la nature des tâches déléguées, conformément à la norme ISO/IEC 17020 ou à la norme ISO/IEC 17025 par le Comité français d'accréditation (COFRAC) ou par tout organisme européen équivalent signataire de l'accord multilatéral pris dans le cadre de la coordination européenne des organismes d'accréditation. »

Art. R. 201-39-1 *(Décr. n° 2021-1858 du 28 déc. 2021, art. 2)* Les organismes mentionnés au premier alinéa de l'article L. 201-13 peuvent, dans leur périmètre géographique et leur champ de compétence, et lorsqu'ils répondent aux conditions prévues au b de l'article 29 du règlement (UE) 2017/625 du Parlement européen et du Conseil du 15 mars 2017, se voir déléguer par l'autorité compétente mentionnée à l'article R. 201-42 certaines tâches de contrôle officiel dans les domaines prévus aux *(Décr. n° 2023-599 du 12 juill. 2023, art. 1er)* « *a, c,* » *d, e, f, g* et *h* du 2 de l'article 1er du même règlement, et aux 1°, 2°, 3°, 5° et 6° du I de l'article L. 250-1.

A la demande de l'autorité délégante, l'organisme délégataire lui communique toute pièce de nature à attester qu'il respecte les conditions de la délégation.

Lorsque l'organisme délégataire ne remplit plus les conditions prévues au b de l'article 29 du règlement (UE) 2017/625 du Parlement européen et de Conseil du 15 mars 2017, l'autorité délégante met en demeure celui-ci de se mettre en conformité dans un délai qu'elle fixe et qui ne peut excéder six mois. En l'absence de mise en conformité à l'expiration de ce délai et après que l'organisme a été mis en mesure de présenter ses observations, elle met fin à la délégation.

Art. R. 201-40 *(Décr. n° 2021-1858 du 28 déc. 2021, art. 2)* Les organismes mentionnés au premier alinéa de l'article L. 201-13 peuvent également se voir déléguer certaines tâches liées aux autres activités officielles dès lors qu'ils répondent aux conditions prévues au b du 1 de l'article 31 du règlement (UE) 2017/625 du Parlement européen et de Conseil du 15 mars 2017.

Art. R. 201-41 *(Décr. n° 2021-1858 du 28 déc. 2021, art. 2)* La délégation prévue aux articles R. 201-39-1 et R. 201-40 fait l'objet d'une convention conclue avec l'autorité compétente mentionnée à l'article R. 201-42.

La délégation peut porter sur les tâches suivantes :

1° En ce qui concerne le secteur végétal :

a) Les actes prévus à l'article L. 251-1 pour la surveillance du territoire ;

b) Le contrôle de l'exécution des mesures ordonnées au titre du II de l'article L. 201-4 ;

c) Les prélèvements dans le cadre des inspections et contrôles réalisés en application des dispositions des chapitres III, V et VII du titre V ;

d) Tout contrôle et prélèvement réalisés en application des chapitres préliminaires et I du titre V ;

e) Les prélèvements et vérifications documentaires dans le cadre des inspections et contrôles relatifs à la dissémination dans l'environnement d'organismes génétiquement modifiés ;

2° En ce qui concerne le secteur animal :

a) L'organisation et la mise en œuvre des mesures de surveillance obligatoires relatives aux dangers sanitaires de première ou de deuxième catégorie ;

b) Le contrôle des résultats d'examens prévus par cette surveillance ;

c) Le contrôle des mesures prescrites par arrêté préfectoral de mise sous surveillance en application de l'article L. 223-6-1 ;

d) La tenue à jour de la liste des vétérinaires détenteurs d'une habilitation sanitaire définie au chapitre III du présent titre, des missions, des formations et des aires géographiques pour lesquelles ils sont habilités, et de leurs qualifications ;

e) Le suivi des activités des vétérinaires sanitaires ;

(Décr. n° 2023-599 du 12 juill. 2023, art. 1er) « 3° En ce qui concerne la sécurité sanitaire des aliments :

« *a)* Tout contrôle ou prélèvement relevant de contrôles officiels ou d'autres activités officielles réalisé en vue de l'application des dispositions du titre III ;

« *b)* Tout contrôle ou prélèvement relevant de contrôles officiels ou d'autres activités officielles réalisé en vue de l'application des dispositions des titres I et II du livre IV du code de la consommation et des dispositions mentionnées au 2° de l'article L. 511-12 du même code ;

« *c)* Le contrôle de l'exécution des mesures ordonnées en application de l'article L. 232-1 du présent code et de l'article L. 521-7 du code de la consommation. »

Art. R. 201-42 *(Décr. n° 2021-1858 du 28 déc. 2021, art. 2)* I. — L'autorité administrative mentionnée *(Décr. n° 2023-599 du 12 juill. 2023, art. 1er)* « au premier alinéa de l'article L. 201-13 » est le ministre chargé de l'agriculture pour les délégations nationales et le préfet de région dans les autres cas.

II. — Toutefois, l'autorité administrative est, pour l'application de la section 2 du chapitre VI du règlement (UE) 2016/2031 du Parlement européen et du Conseil du 26 octobre 2016 :

1° En ce qui concerne les semences d'espèces agricoles et potagères, les plants de pomme de terre, les plants d'espèces potagères et les plants de fraisiers soumis à contrôle et à certification au titre de la section 3 du chapitre I du titre VI du livre VI du présent code, le chef du service technique mentionné à l'article 6 du décret n° 62-585 du 18 mai 1962 relatif au Groupement national interprofessionnel dans le domaine des semences et plants (SEMAE) ;

2° En ce qui concerne les matériels de multiplication végétative de la vigne soumis à certification au titre de la section 2 du chapitre I du titre VI du livre VI, le directeur général de l'établissement mentionné à l'article L. 621-1 ;

3° En ce qui concerne les matériels de multiplication fruitiers des espèces de l'annexe 1 de la directive 2008/90/CE, hors plants de fraisiers, certifiés ou CAC (Conformité Agricole Communautaire), détenus par des opérateurs professionnels agréés à la certification fruitière, le directeur général du Centre Technique Interprofessionnel des Fruits et Légumes.

Art. R. 201-43 *(Décr. n° 2021-1858 du 28 déc. 2021, art. 2)* « L'autorité délégante mentionnée à l'article R. 201-42 » contrôle l'exercice des tâches déléguées.

L'organisme délégataire fournit, à la demande de l'*(Décr. n° 2021-1858 du 28 déc. 2021, art. 2)* « autorité délégante », tous dossiers et éléments techniques ou financiers relatifs à l'exécution des tâches déléguées.

Dans le cadre de la convention et de l'exécution des tâches déléguées, l'organisme délégataire se soumet à l'ensemble des suivis, évaluations et supervisions que décide l'*(Décr. n° 2021-1858 du 28 déc. 2021, art. 2)* « autorité délégante ». A ce titre, l'orga-

nisme délégataire fait connaître à l'autorité administrative compétente, sur sa demande, le lieu d'exécution de ses missions pour un contrôle sur place.

Art. D. 201-44 *Abrogé par Décr. n° 2021-1858 du 28 déc. 2021, art. 2.*

SECTION 4 **Dispositions pénales** *(Décr. n° 2012-842 du 30 juin 2012, art. 3-16°).*

Art. R. 201-45 *(Décr. n° 2009-1658 du 18 déc. 2009)* **I. — Est puni de l'amende prévue pour les contraventions de la 3e classe :**

1° Le fait, pour tout propriétaire ou détenteur d'aliments pour animaux ou de denrées alimentaires d'origine animale, de ne pas transmettre au laboratoire chargé des analyses d'autocontrôle les informations prévues à l'article *(Décr. n° 2012-842 du 30 juin 2012, art. 3-16°)* **« R. 202-21-1 » ;**

2° Le fait, pour tout responsable de laboratoire, de ne pas transmettre les informations prévues par les arrêtés mentionnés à l'article *(Décr. n° 2012-842 du 30 juin 2012, art. 3-16°)***« D. 201-6 » ou de ne pas respecter les modalités prévues par ces arrêtés pour cette transmission.**

II. — Est puni de l'amende prévue pour les contraventions de la 4e classe :

1° Le fait, pour tout responsable de laboratoire, de ne pas effectuer les notifications prévues à l'article *(Décr. n° 2012-842 du 30 juin 2012, art. 3-16°)* **« L. 201-7 » ou de ne pas les accompagner des informations prévues à l'article** *(Décr. n° 2012-842 du 30 juin 2012, art. 3-16°)* **« D. 201-9 » ;**

2° Le fait, pour tout propriétaire ou détenteur d'aliments pour animaux ou de denrées alimentaires d'origine animale, de ne pas assurer la conservation des échantillons prévue par les articles *(Décr. n° 2012-842 du 30 juin 2012, art. 3-16°)* **« D. 201-10 » et R. 201-11 ;**

3° Le fait, pour tout propriétaire ou détenteur d'animaux, de végétaux ou de produits végétaux, d'aliments pour animaux ou de denrées alimentaires d'origine animale, de ne pas conserver ou de ne pas tenir à disposition de l'autorité administrative les informations et les résultats d'analyses mentionnés à l'article *(Décr. n° 2012-842 du 30 juin 2012, art. 3-16°)* **« R. 202-21-2 ».**

III. — Est puni de l'amende prévue pour les contraventions de la 5e classe :

1° Le fait, pour tout propriétaire ou détenteur d'animaux, de végétaux ou de produits végétaux, d'aliments pour animaux ou de denrées alimentaires d'origine animale tenu d'adhérer à un réseau d'épidémiosurveillance, de ne pas respecter les obligations prévues par l'article *(Décr. n° 2012-842 du 30 juin 2012, art. 3-16°)* **« D. 201-37 » ou de ne pas s'acquitter des frais de fonctionnement du réseau mis à sa charge en application du même article ;**

(Décr. n° 2017-1246 du 7 août 2017, art. 11-7°) **« 2° » Sous réserve du 2° du II, le fait, pour tout propriétaire ou détenteur d'animaux ou de denrées alimentaires d'origine animale concerné par une enquête épidémiologique, de ne pas respecter les obligations qui lui sont imposées en application de l'article R. 201-11.**

IV. — La récidive des infractions énoncées *(Décr. n° 2018-721 du 3 août 2018, art. 1er)* **« au » III ci-dessus est réprimée conformément aux dispositions du premier alinéa de l'article 132-11 et de l'article 132-15 du code pénal.** — *Anc. art. R. 201-14 (Décr. n° 2012-842 du 30 juin 2012, art. 3-7°, JO 1er juill.).*

CHAPITRE II **LABORATOIRES ET RÉACTIFS** *(Décr. n° 2012-843 du 30 juin 2012, art. 1er-1°-a).*

SECTION 1 **Laboratoires** *(Décr. n° 2012-843 du 30 juin 2012, art. 1er-1°-b).*

Art. R. 202-1 *Transféré, avec modifications, à l'art. R. 200-1, par Décr. n° 2006-1364 du 9 nov. 2006, art. 1er.*

SOUS-SECTION 1 **Laboratoires nationaux de référence** *(Décr. n° 2012-843 du 30 juin 2012, art. 1er-1°-c).*

Art. R. 202-2 Les laboratoires nationaux de référence mentionnés à l'article L. 202-2 sont désignés pour un ou plusieurs domaines de compétence par arrêté du ministre

chargé de l'agriculture. – *V. Arr. du 30 mars 2023 désignant les laboratoires nationaux de référence dans le domaine de la santé publique vétérinaire et phytosanitaire (JO 12 avr.).*

Art. R. 202-3 *(Décr. n° 2021-1858 du 28 déc. 2021, art. 2)* **Seuls peuvent être désignés en tant que laboratoires nationaux de référence les laboratoires qui satisfont aux obligations prévues à l'article 100 du règlement (UE) 2017/625 du Parlement européen et du Conseil du 15 mars 2017 et présentent des garanties appropriées de confidentialité et d'indépendance vis-à-vis de toute personne physique ou morale exerçant une activité de production, d'importation ou de commercialisation de produits ou de biens en rapport avec leur domaine de compétence.**

Art. R. 202-4 *Abrogé par Décr. n° 2021-1858 du 28 déc. 2021, art. 2.*

Art. R. 202-5 *(Décr. n° 2021-1858 du 28 déc. 2021, art. 2)* **Les laboratoires nationaux de référence sont chargés, dans leur domaine de compétence, outre les responsabilités et tâches prévues à l'article 101 du règlement (UE) 2017/625 du Parlement européen et du Conseil du 15 mars 2017 :**

1° De la participation à la normalisation des méthodes d'analyse ;

2° Le cas échéant, de la réalisation d'analyses officielles et notamment de la confirmation de résultats d'analyses réalisées par des laboratoires agréés ou reconnus ;

3° D'assurer une veille scientifique et technique.

Une convention passée entre le ministre chargé de l'agriculture et chaque laboratoire national de référence précise les conditions de réalisation de ces missions ainsi que d'éventuelles missions particulières pouvant lui être confiées en fonction de son domaine de compétence.

Art. R. 202-6 **Les laboratoires nationaux de référence transmettent chaque année au ministre chargé de l'agriculture un rapport d'activité.**

(Abrogé par Décr. n° 2021-1858 du 28 déc. 2021, art. 2) ***« L'activité scientifique de chaque laboratoire national de référence est soumise tous les quatre ans à une évaluation par des experts désignés par le ministre chargé de l'agriculture. »***

Art. R. 202-7 **Le ministre chargé de l'agriculture peut retirer la qualité de laboratoire national de référence à un laboratoire qui ne respecte pas une ou plusieurs de ses missions ou obligations ou ne satisfait plus aux exigences mentionnées à l'article R. 202-3.**

Si un laboratoire national de référence souhaite mettre fin à l'exercice de ses missions, il en informe le ministre chargé de l'agriculture au moins six mois avant l'arrêt de ses activités.

SOUS-SECTION 2 **Laboratoires agréés** *(Décr. n° 2012-843 du 30 juin 2012, art. 1er-1°-d).*

§ 1 Réalisation des analyses officielles *(Décr. n° 2012-843 du 30 juin 2012, art. 1er-1°-e).*

Art. R. 202-8 **Seuls les laboratoires nationaux de référence et les laboratoires agréés à cette fin par le ministre chargé de l'agriculture dans les conditions prévues** *(Décr. n° 2012-843 du 30 juin 2012, art. 1er-1-m)* **« au paragraphe 2 »** *(Décr. n° 2017-1246 du 7 août 2017, art. 11-8°)* **« de la présente sous-section » peuvent réaliser des analyses officielles.**

(Abrogé par Décr. n° 2021-1858 du 28 déc. 2021, art. 2) ***« En cas d'urgence, lorsque les laboratoires mentionnés à l'alinéa précédent ne peuvent réaliser certaines analyses officielles, le ministre chargé de l'agriculture peut agréer à titre temporaire un laboratoire ne répondant pas aux conditions prévues à l'article R. 202-10. »***

§ 2 Demande d'agrément, renouvellement, suspension et retrait *(Décr. n° 2012-843 du 30 juin 2012, art. 1er-1°-f).*

Art. R. 202-9 *(Décr. n° 2010-780 du 8 juill. 2010)* **« L'agrément prévu à l'article L. 202-1 est délivré par le ministre chargé de l'agriculture à un laboratoire pour un ou plusieurs types d'analyses. »**

Le ministre chargé de l'agriculture peut subordonner l'agrément à la capacité de réaliser plusieurs types d'analyses relevant d'un même domaine de compétence.

V. Arr. du 19 déc. 2007 fixant les conditions générales d'agrément des laboratoires d'analyses dans le domaine de la santé publique vétérinaire et de la protection des végétaux (JO 19 janv. 2008).

Art. R. 202-10 *(Décr. nº 2021-1858 du 28 déc. 2021, art. 2)* Seuls peuvent être agréés les laboratoires qui satisfont aux obligations prévues à l'article 37 du règlement (UE) 2017/625 du Parlement européen et du Conseil du 15 mars 2017 et présentent des garanties de confidentialité et d'indépendance vis-à-vis de toute personne physique ou morale exerçant une activité de production, d'importation ou de commercialisation de produits ou de biens en rapport avec le domaine analytique concerné.

Art. R. 202-11 *Abrogé par Décr. nº 2021-1858 du 28 déc. 2021, art. 2.*

Art. R. 202-12 Les demandes d'agrément sont adressées au ministre chargé de l'agriculture. La liste des pièces du dossier de demande est fixée par arrêté du ministre chargé de l'agriculture.

Lorsqu'un laboratoire comporte plusieurs établissements, chaque établissement doit présenter une demande d'agrément.

Art. R.* 202-12-1 *(Décr. nº 2017-1411 du 27 sept. 2017, art. 2-12º)* Le silence gardé par le ministre chargé de l'agriculture sur une demande d'agrément de laboratoire, mentionnée à l'article R. 202-9, vaut décision de rejet.

Art. R. 202-13 Toute modification des conditions d'exercice des activités du laboratoire telles qu'énoncées dans le dossier de demande d'agrément doit être portée sans délai à la connaissance du ministre chargé de l'agriculture.

Si l'importance ou la nature des modifications le justifie, le ministre peut demander au responsable du laboratoire de déposer dans un délai de six mois une nouvelle demande d'agrément.

Art. R. 202-14 A tout moment, en cas de manquement aux obligations résultant *(Décr. nº 2012-843 du 30 juin 2012, art. 1er-1º-n)* « de la présente sous-section » et des actes pris pour son application, le ministre chargé de l'agriculture peut suspendre l'agrément d'un laboratoire ou procéder à son retrait.

Art. R. 202-15 *Abrogé par Décr. nº 2010-780 du 8 juill. 2010.*

§ 3 Obligations des laboratoires agréés *(Décr. nº 2012-843 du 30 juin 2012, art. 1er-1º-g).*

Art. R. 202-16 Le ministre chargé de l'agriculture peut désigner toute personne qualifiée pour contrôler, sur pièces ou sur place, le respect des dispositions *(Décr. nº 2012-843 du 30 juin 2012, art. 1er-1º-n)* « de la présente sous-section » par les laboratoires agréés. Ceux-ci sont tenus de participer à tout processus d'évaluation technique demandé par le ministre chargé de l'agriculture.

Art. R. 202-17 Les analyses mentionnées à l'article R. 202-8 sont réalisées par les laboratoires agréés conformément aux méthodes officielles *(Décr. nº 2021-1858 du 28 déc. 2021, art. 2)* « définies à l'article R. 200-1.

« Le » ministre chargé de l'agriculture peut autoriser un laboratoire agréé à utiliser d'autres méthodes sous réserve que la preuve soit apportée de leur équivalence avec les méthodes officielles.

(Abrogé par Décr. nº 2021-1858 du 28 déc. 2021, art. 2) ***« Lorsqu'une nouvelle méthode officielle est publiée pour un type d'analyse donné, les laboratoires agréés pour ce type d'analyse disposent d'un délai de dix-huit mois à dater de la publication pour obtenir l'accréditation relative à cette nouvelle méthode officielle. »***

Art. R. 202-18 *(Décr. nº 2023-1358 du 28 déc. 2023, art. 1er)* Les laboratoires agréés satisfont en permanence aux obligations prévues aux articles 37, 38 et 39 du règlement (UE) 2017/625 du Parlement européen et du Conseil du 15 mars 2017. Ils traitent les analyses mentionnées à l'article R. 202-8 de manière prioritaire et confidentielle.

Art. R. 202-19 Un laboratoire agréé peut, à titre exceptionnel, sous-traiter les analyses officielles qui lui sont demandées, sous réserve de les confier à un autre laboratoire agréé pour le même type d'analyses et d'en informer le service de l'État *(Décr. nº 2021-1858 du 28 déc. 2021, art. 2)* « ou le délégataire » qui a demandé l'analyse.

Ces obligations s'appliquent également lorsqu'une analyse officielle doit être complétée ou confirmée par un autre laboratoire.

Lorsqu'une analyse officielle est confiée à un autre laboratoire dans les conditions prévues aux alinéas précédents, il incombe au premier laboratoire auquel ont été confiés les échantillons d'en transmettre les résultats au service de l'État qui a demandé l'analyse selon les modalités fixées par arrêté du ministre chargé de l'agriculture.

La sous-traitance d'analyses d'échantillons reçus dans le cadre de la mise en œuvre des dispositions de l'article R. 202-16 est interdite.

Art. R. 202-20 Un arrêté du ministre chargé de l'agriculture fixe les cas et conditions dans lesquels les échantillons ou les analytes isolés dans les échantillons ainsi que les documents qui les concernent doivent être conservés par les laboratoires agréés et, le cas échéant, transmis à un autre laboratoire ou à un organisme de recherche.

(Abrogé par Décr. n° 2023-1358 du 28 déc. 2023, art. 1er) « Les laboratoires agréés peuvent être tenus d'adresser au ministre chargé de l'agriculture un rapport annuel d'activité. »

Art. R. 202-20-1 *(Décr. n° 2023-1358 du 28 déc. 2023, art. 1er)* En cas de menace ou d'atteinte graves à la sécurité de l'alimentation, à la santé publique vétérinaire ou à la protection des végétaux, les laboratoires agréés mettent leurs capacités à la disposition du représentant de l'État dans le département.

A cette fin, ils organisent un système d'astreinte de leurs personnels et disposent de capacités analytiques dans des proportions leur permettant de remplir leur mission dans l'hypothèse où surviendraient des maladies classées parmi les dangers mentionnés au I de l'article L. 201-1 ou faisant l'objet, en cas de crise sanitaire, d'une instruction spécifique du ministre chargé de l'agriculture. Une convention passée avec l'État définit les obligations qui leur incombent à ce titre.

Art. R. 202-20-2 *(Décr. n° 2023-1358 du 28 déc. 2023, art. 1er)* Les laboratoires agréés participent, à la demande du représentant de l'État dans le département, à la surveillance épidémiologique, sanitaire et biologique du territoire et aux plateformes d'épidémiosurveillance définies à l'article L. 201-14.

Art. R. 202-20-3 *(Décr. n° 2023-1358 du 28 déc. 2023, art. 1er)* Lorsqu'un laboratoire agréé n'est plus en mesure d'assurer définitivement tout ou partie des missions qui lui sont confiées en application de la présente sous-section, il en avertit le représentant de l'État dans le département et en détaille les motifs, par lettre recommandée avec accusé de réception. Il respecte un préavis de six mois, à compter de la réception de ce courrier, avant de cesser les activités concernées.

Art. R. 202-20-4 *(Décr. n° 2023-1358 du 28 déc. 2023, art. 1er)* Chaque année avant le 30 juin, les laboratoires agréés transmettent au représentant de l'État dans le département un bilan de leurs activités réalisées au titre des missions définies par la présente sous-section.

Art. R. 202-20-5 Il est interdit à un laboratoire agréé de faire référence à son agrément sans préciser pour quels types d'analyses il est agréé. — *L'art. R. 202-21 devient l'art. R. 202-20-5 (Décr. n° 2023-1358 du 28 déc. 2023, art. 1er-I-4°).*

§ 4 Financement des laboratoires agréés

(Décr. n° 2023-1358 du 28 déc. 2023, art. 1er)

Art. R. 202-20-6 Les laboratoires départementaux agréés en application du troisième alinéa de l'article L. 202-1 et les autres laboratoires agréés en application du cinquième alinéa du même article perçoivent une compensation au titre des obligations de service public dont ils sont chargés en application des articles 37, 38 et 39 du règlement (UE) 2017/625 du Parlement européen et du Conseil du 15 mars 2017 et de la présente sous-section.

Art. R. 202-20-7 La compensation mentionnée à l'article R. 202-20-6 est versée dans le cadre d'une convention, d'une durée de cinq ans renouvelable, conclue à cet effet entre les services compétents de l'État et le laboratoire concerné.

Cette convention précise la nature des obligations de service public, les mandataires et le territoire concernés. Elle est conforme à un modèle type annexé à un arrêté du ministre chargé de l'agriculture.

Elle comporte :

— les paramètres de calcul de la compensation versée au titre des obligations de service public mentionnées à l'article R. 202-20-6, les modalités de versement et de révision de la compensation ;

— le dispositif de suivi et d'évaluation de l'exercice de la mission, les modalités de récupération d'éventuelles surcompensations, les moyens de prévenir celles-ci et le régime des pénalités ;

— ses modalités de modification et de résiliation.

Les conventions sont modifiées chaque année pour définir le montant prévisionnel de la compensation.

Un arrêté du ministre chargé de l'agriculture peut fixer la clé de répartition des charges entre les activités liées à la réalisation des obligations de service public et les autres activités exercées par laboratoire. A défaut, cette clé est fixée par chaque convention. — *V. Arr. du 9 févr. 2024 pris pour l'application de l'art. R. 202-20-7 (JO 29 févr.).*

Les conventions mentionnées à l'art. R. 202-20-7 sont conclues au plus tard le premier jour du septième mois suivant celui de la publication du Décr. nº 2023-1358 du 28 déc. 2023 au Journal officiel de la République française (Décr. préc., art. 2, JO 30 déc.).

SOUS-SECTION 3 **Laboratoires reconnus** *(Décr. nº 2012-843 du 30 juin 2012, art. 1er-1º-h).*

§ 1 Réalisation des analyses d'autocontrôle *(Décr. nº 2012-843 du 30 juin 2012, art. 1er-1º-i).*

Art. R. 202-21-1 Toute personne réalisant un prélèvement sur un animal, des végétaux ou des produits végétaux, un aliment pour animaux ou une denrée alimentaire d'origine animale pour la constitution d'un échantillon en vue d'une analyse d'autocontrôle doit l'identifier comme tel dès sa constitution. Cet échantillon doit être accompagné lors de son acheminement au laboratoire d'un document comportant les informations dont la liste est fixée par arrêté du ministre chargé de l'agriculture. — *Anc. art. R. 201-12 (Décr. nº 2012-842 du 30 juin 2012, art. 3-6º, JO 1er juill.).*

Art. R. 202-21-2 Le propriétaire ou le détenteur d'animaux, de végétaux ou de produits végétaux, d'aliments pour animaux ou denrées alimentaires d'origine animale enregistre et conserve les informations relatives aux autocontrôles ainsi que les résultats des analyses correspondants et les tient à la disposition de l'autorité administrative mentionnée à l'article R. 201-5 pendant une durée de trois ans après la date de réalisation de l'autocontrôle ou du prélèvement. Cette durée peut être modifiée par arrêté du ministre chargé de l'agriculture en raison d'un risque sanitaire particulier ou en fonction de la durée d'utilisation des produits. — *Anc. art. R. 201-13 (Décr. nº 2012-842 du 30 juin 2012, art. 3-6º, JO 1er juill.).*

Art. R. 202-22 Seuls les laboratoires reconnus peuvent réaliser les analyses d'autocontrôle dont la liste est fixée par arrêté du ministre chargé de l'agriculture, dans les limites du domaine analytique pour lequel ils sont reconnus.

Cette liste est établie au regard, notamment, du risque lié à l'objet des analyses d'autocontrôle considérées.

§ 2 Demande de reconnaissance, renouvellement, suspension et retrait *(Décr. nº 2012-843 du 30 juin 2012, art. 1er-1º-j).*

Art. R. 202-23 *(Décr. nº 2010-780 du 8 juill. 2010)* I. — La reconnaissance est délivrée à un laboratoire, pour un ou plusieurs types d'analyses, par le préfet de région du lieu d'implantation du laboratoire.

II. — Un arrêté du ministre chargé de l'agriculture détermine les *(Décr. nº 2021-1858 du 28 déc. 2021, art. 2)* « analyses » pour lesquelles le risque sanitaire justifie qu'elles soient effectuées par des laboratoires accrédités.

Pour obtenir leur reconnaissance pour réaliser ces analyses, les laboratoires doivent être accrédités par le Comité français d'accréditation (COFRAC) ou tout organisme européen équivalent signataire de l'accord multilatéral pris dans le cadre de la Coordi-

nation européenne des organismes d'accréditation, pour la réalisation des analyses faisant l'objet de leur reconnaissance et réaliser ces analyses sous accréditation.

Toutefois, un laboratoire non accrédité peut bénéficier d'une reconnaissance *(Décr. n° 2021-1858 du 28 déc. 2021, art. 2)* **« temporaire » s'il satisfait aux conditions mentionnées au III. Cette reconnaissance provisoire est accordée une seule fois pour un même type d'analyses, pour une durée de** *(Décr. n° 2021-1858 du 28 déc. 2021, art. 2)* **« douze mois renouvelable une fois ».**

III. — Les laboratoires qui demandent leur reconnaissance pour réaliser des analyses autres que celles mentionnées au II doivent :

***a)* Disposer des personnels, locaux, équipements et moyens nécessaires à la réalisation de leurs missions ;**

***b)* Présenter des garanties appropriées d'impartialité vis-à-vis de toute personne physique ou morale exerçant une activité de production, d'importation ou de commercialisation de produits ou de biens en rapport avec le domaine analytique pour lequel la reconnaissance est demandée ;**

***c)* Satisfaire aux critères généraux de fonctionnement des laboratoires d'essais énoncés dans les normes internationales en vigueur.**

V. Arr. du 29 oct. 2012 fixant les conditions de demande de reconnaissance des laboratoires d'analyse de tests de croissance de Listeria monocytogenes dans les denrées alimentaires (JO 7 nov.) ; Arr. du 6 nov. 2014 fixant les conditions de demande de reconnaissance des laboratoires d'analyse pour la recherche de protéines animales transformées dans les matières premières pour aliments des animaux et les aliments composés pour animaux selon une technique d'amplification génique (amplification en chaîne par polymérase, PCR), en ciblant des séquences d'ADN spécifiques par espèce (JO 14 nov.) ; Arr. du 10 nov. 2017 fixant les conditions générales de reconnaissance des laboratoires d'analyse en vue de s'assurer de l'absence d'infection par le virus de l'influenza aviaire dans le cadre des autocontrôles (JO 11 nov.).

Art. R. 202-24 *(Décr. n° 2010-780 du 8 juill. 2010)* **Les demandes de reconnaissance sont accompagnées d'un dossier dont la composition est fixée par arrêté du ministre chargé de l'agriculture.**

Lorsqu'un laboratoire comporte plusieurs établissements, chaque établissement doit demander sa reconnaissance.

Art. R. 202-24-1 *(Décr. n° 2017-1411 du 27 sept. 2017, art. 2-13°)* **Le silence gardé par le préfet de région pendant un délai de quatre mois sur une demande de reconnaissance d'un laboratoire chargé d'assurer les analyses d'autocontrôle, mentionnée à l'article R. 202-23, vaut décision d'acceptation.**

Art. R. 202-25 Toute modification des conditions d'exercice des activités du laboratoire telles qu'énoncées dans le dossier de demande de reconnaissance doit être portée sans délai à la connaissance du préfet.

Si l'importance ou la nature des modifications le justifie, le préfet peut demander au responsable du laboratoire de déposer dans un délai de six mois une nouvelle demande de reconnaissance.

Art. R. 202-26 A tout moment, en cas de manquement aux obligations résultant *(Décr. n° 2012-843 du 30 juin 2012, art. 1er-1°-n)* **« de la présente sous-section » et des textes pris pour son application, le préfet qui a accordé la reconnaissance peut la suspendre ou procéder à son retrait.**

Art. R. 202-27 *(Décr. n° 2010-780 du 8 juill. 2010)* **Pour les laboratoires établis hors de France, les attributions conférées au préfet de région du lieu d'implantation du laboratoire par les dispositions** *(Décr. n° 2012-843 du 30 juin 2012, art. 1er-1°-n)* **« de la présente sous-section » sont exercées par le ministre chargé de l'agriculture, auquel les demandes de reconnaissance mentionnées à l'article R. 202-24 sont adressées.**

(Décr. n° 2021-1858 du 28 déc. 2021, art. 2) **« Pour les laboratoires réalisant des analyses nécessaires à la certification de matériel végétal, les attributions conférées au préfet de région du lieu d'implantation du laboratoire par les dispositions de la présente sous-section sont exercées par l'autorité mentionnée au II de l'article R. 201-42, à laquelle les demandes de reconnaissance mentionnées à l'article R. 202-24 sont adressées. »**

§ 3 Obligations des laboratoires reconnus *(Décr. n° 2012-843 du 30 juin 2012, art. 1er-1°-k)*.

Art. R. 202-28 Le préfet peut désigner toute personne qualifiée pour contrôler, sur pièces ou sur place, le respect des dispositions *(Décr. n° 2012-843 du 30 juin 2012, art. 1er-1°-n)* « de la présente sous-section » par les laboratoires reconnus. Ceux-ci sont tenus de participer à leurs frais à tout processus d'évaluation technique, demandé par le ministre chargé de l'agriculture ou par le préfet.

Art. R. 202-29 Les rapports d'analyses d'autocontrôle réalisées par les laboratoires reconnus doivent permettre l'identification :
– du demandeur ;
– de l'échantillon : nature, état, date de réception ;
– de la date d'analyse ;
– de la méthode d'analyse employée ;
– du résultat de l'analyse, avec, s'il y a lieu, les unités de mesure ;
– le cas échéant, des critères de l'interprétation des résultats.

Art. R. 202-30 Les analyses mentionnées à l'article R. 202-22 sont réalisées par les laboratoires reconnus selon des méthodes reconnues qui font l'objet d'une publication au *Bulletin officiel* du ministère chargé de l'agriculture.

Art. R. 202-31 Un laboratoire reconnu peut sous-traiter les analyses d'autocontrôles qui lui sont demandées sous réserve de les confier à un laboratoire reconnu pour le même type d'analyses. La sous-traitance de l'analyse d'échantillons reçus dans le cadre de la mise en œuvre des dispositions de l'article R. 202-28 est interdite.

Art. R. 202-32 Un arrêté du ministre chargé de l'agriculture fixe les cas et conditions dans lesquels les échantillons ou les analytes isolés dans les échantillons ainsi que les documents qui les concernent doivent être conservés par les laboratoires reconnus et, le cas échéant, transmis à un autre laboratoire ou à un organisme de recherche.

SOUS-SECTION 3 *BIS* Laboratoires réalisant des analyses d'autocontrôle dans les secteurs alimentaire, des sous-produits animaux et de l'alimentation animale

(Décr. n° 2019-332 du 17 avr. 2019, art. 1er, en vigueur le 1er juill. 2021)

Art. D. 202-32-1 La présente sous-section s'applique aux analyses d'autocontrôle mentionnées *(Décr. n° 2021-1858 du 28 déc. 2021, art. 2)* « au 2° » de l'article R. 200-1 qui sont réalisées dans les secteurs alimentaire, des sous-produits animaux ou de l'alimentation animale dans le cadre d'un plan de maîtrise sanitaire établi par l'exploitant en vue de s'assurer du respect des titres II et III du présent livre et des textes pris pour leur application.

§ 1 Analyses d'autocontrôle réalisées par des laboratoires reconnus

Art. D. 202-32-2 Lorsqu'elles sont réalisées par des laboratoires reconnus, les analyses d'autocontrôle mentionnées à l'article D. 202-32-1 sont mises en œuvre conformément aux dispositions de la sous-section 3. Les laboratoires reconnus mentionnés à l'article R. 202-23, à l'exception de ceux qui sont accrédités, sont tenus de participer à un processus d'essai de comparaison inter-laboratoires pour l'analyse considérée selon une fréquence établie à l'article D. 202-32-5.

§ 2 Analyses d'autocontrôle réalisées par des laboratoires non reconnus

Art. D. 202-32-3 I. — Un laboratoire bénéficiant d'une accréditation peut sous-traiter les analyses d'autocontrôle dont la réalisation lui est confiée à un laboratoire bénéficiant, pour les analyses concernées, d'une accréditation délivrée dans les mêmes conditions.

II. — Un laboratoire participant à un processus d'essais de comparaison inter-laboratoires peut sous-traiter les analyses d'autocontrôle dont la réalisation lui est confiée à un laboratoire justifiant, pour les analyses concernées, soit d'une accréditation, soit d'une participation à un processus d'essais de comparaison inter-laboratoires.

§ 3 Dispositions communes

Art. D. 202-32-4 L'accréditation mentionnée à l'article L. 202-3 est délivrée par le Comité français d'accréditation ou par tout organisme européen équivalent signataire de l'accord multilatéral pris dans le cadre de la coordination européenne des organismes d'accréditation pour une analyse donnée.

Art. D. 202-32-5 Les laboratoires qui ne sont pas accrédités participent à un processus d'essais de comparaison inter-laboratoires une fois par an.

Un arrêté du ministre chargé de l'agriculture précise les cas dans lesquels cette fréquence peut être inférieure ou supérieure à un an, notamment en fonction des analyses concernées.

Les exploitants concernés tiennent à la disposition de l'autorité administrative mentionnée à l'article R. 201-5 les deux dernières attestations de participation aux processus d'essais de comparaison inter-laboratoires.

Art. D. 202-32-6 La sous-traitance de l'analyse d'échantillons reçus dans le cadre d'essais de comparaison inter-laboratoires mentionnés au deuxième alinéa de l'article L. 202-3 est interdite.

SOUS-SECTION 4 **Dispositions diverses** *(Décr. n° 2012-843 du 30 juin 2012, art. 1er-1°-l).*

Art. R. 202-33 Des arrêtés du ministre chargé de l'agriculture fixent, en tant que besoin, les modalités d'application *(Décr. n° 2012-843 du 30 juin 2012, art. 1er-1°-o)* « de la présente section ».

Art. R. 202-34 *Abrogé par Décr. n° 2012-843 du 30 juin 2012, art. 1er-1°-p.*

SECTION 2 **Réactifs** *(Décr. n° 2012-843 du 30 juin 2012, art. 1er-2°).*

Art. R. 202-35 Au titre *(Décr. n° 2012-843 du 30 juin 2012, art. 1er-2°-d)* « de la présente section », on entend par :

1° Réactif tout produit ou ensemble de produits destinés aux analyses utilisé exclusivement *in vitro* dans le cadre du dépistage ou du diagnostic dans les domaines de la santé publique vétérinaire et de la protection des végétaux ;

Sont exclus du champ d'application *(Décr. n° 2012-843 du 30 juin 2012, art. 1er-2°-d)* « de cette section » :

– les médicaments vétérinaires tels que définis à l'article L. 5141-1 du code de la santé publique ;

– les dispositifs médicaux de diagnostic *in vitro* tels que définis à l'article L. 5221-1 *(Décr. n° 2017-1246 du 7 août 2017, art. 11-9°)* « du même code », lorsqu'ils sont utilisés dans des conditions identiques à celles ayant fait l'objet d'une certification prévue par l'article L. 5221-2 *(Décr. n° 2017-1246 du 7 août 2017, art. 11-9°)* « de ce code » ;

2° Fabricant l'entreprise ou l'organisme se livrant, en vue de leur mise sur le marché, à titre gratuit ou onéreux, à la fabrication des réactifs mentionnés au 1°.

La fabrication comprend tout ou partie des opérations concernant l'achat des matières premières et des articles de conditionnement, la production, le contrôle de la qualité, la libération des lots, ainsi que les opérations de stockage correspondantes ;

3° Importateur l'entreprise ou l'organisme se livrant, en vue de leur mise sur le marché, à titre gratuit ou onéreux, à l'importation, au stockage, au contrôle de la qualité et à la libération des lots des réactifs mentionnés au 1°, en provenance d'États non membres de *(Décr. n° 2017-1246 du 7 août 2017, art. 11-9°)* « l'Union » européenne et non parties à l'accord sur l'Espace économique européen ;

4° Distributeur l'entreprise se livrant à l'achat et au stockage des réactifs mentionnés au 1°, en vue de leur distribution en l'état. – *Anc. art. R. 203-1 (Décr. n° 2012-843 du 30 juin 2012, art. 1er-2°-c, JO 1er juill.).*

Art. R. 202-36 La liste mentionnée à l'article *(Décr. n° 2017-1246 du 7 août 2017, art. 11-10°)* « L. 202-6 » classe les réactifs en trois catégories, A, B ou C, en fonction des contrôles qu'ils requièrent, compte tenu du domaine dont ils relèvent et du risque sanitaire concerné.

Tout réactif de catégories A, B ou C figurant sur cette liste doit être :

— produit, importé et distribué par des entités ayant mis en œuvre un système de management de la qualité reconnu conforme à la norme ISO 9001 par un organisme certificateur de systèmes de management de la qualité accrédité par un organisme signataire de l'accord multilatéral pris dans le cadre de la coordination européenne des organismes d'accréditation ;

— ou produit et distribué par un laboratoire national de référence mentionné à l'article L. 202-2, accrédité pour cette activité conformément aux dispositions de l'article R. 202-3.

La mise sur le marché d'un réactif de catégorie A n'est pas soumise à d'autre exigence. — *Anc. art. R. 203-2 (Décr. n° 2012-843 du 30 juin 2012, art. 1er-2°-c, JO 1er juill.).*

Art. R. 202-37 La mise sur le marché d'un réactif de catégorie B ou C est subordonnée à la présentation d'une attestation initiale de conformité visant à en garantir la performance et la sécurité, délivrée par le laboratoire national de référence compétent.

La mise sur le marché d'un réactif de catégorie C est subordonnée à la réalisation de contrôles de conformité de lots réalisés par le laboratoire national de référence à la demande du fabricant ou de l'importateur de ce réactif.

Lorsque le laboratoire national de référence constate, à la suite de contrôles de conformité de lots, qu'il y a non-conformité d'un réactif de catégorie B ou C, il peut suspendre ou retirer l'attestation initiale de conformité qu'il a délivrée.

Les conditions de délivrance, de suspension et de retrait de l'attestation initiale de conformité et de réalisation des contrôles de conformité de lots sont précisées par arrêté du ministre chargé de l'agriculture. — *Anc. art. R. 203-3 (Décr. n° 2012-843 du 30 juin 2012, art. 1er-2°-c, JO 1er juill.).*

Art. R. 202-38 Le fabricant, l'importateur ou le distributeur d'un réactif classé en catégorie A, B ou C est tenu d'informer le laboratoire national de référence compétent en cas de perte ou de suspension de la certification de son système de management de la qualité.

Le fabricant, l'importateur ou le distributeur d'un réactif classé en catégorie B ou C est tenu d'informer le laboratoire national de référence compétent des modifications notables des caractéristiques ou de la performance de ce réactif, dans les circonstances et selon les modalités définies par arrêté du ministre chargé de l'agriculture. — *Anc. art. R. 203-4 (Décr. n° 2012-843 du 30 juin 2012, art. 1er-2°-c, JO 1er juill.).*

Art. R. 202-39 Lorsque les résultats obtenus lors d'une utilisation conforme au protocole défini par le fabricant d'un réactif figurant sur la liste mentionnée à l'article *(Décr. n° 2017-1246 du 7 août 2017, art. 11-10°)* « L. 202-6 » permettent de suspecter une variation inattendue de sa performance, l'utilisateur, le fabricant, l'importateur ou le distributeur est tenu d'en informer le laboratoire national de référence compétent sans délai. — *Anc. art. R. 203-5 (Décr. n° 2012-843 du 30 juin 2012, art. 1er-2°-c, JO 1er juill.).*

Art. R. 202-40 Le fabricant, l'importateur ou le distributeur d'un réactif classé en catégorie B ou C doit conserver des échantillons de chaque lot pendant la durée de validité de ce lot et les tenir à la disposition du laboratoire national de référence compétent.

Le fabricant, l'importateur ou le distributeur d'un réactif classé en catégorie B ou C est également tenu de faire pratiquer tout contrôle de conformité demandé par le laboratoire national de référence compétent. Si ce contrôle démontre une non-conformité, il est tenu de rappeler le ou les lots mis en cause. — *Anc. art. R. 203-6 (Décr. n° 2012-843 du 30 juin 2012, art. 1er-2°-c, JO 1er juill.).*

SECTION 3 **Dispositions pénales** *(Décr. n° 2012-843 du 30 juin 2012, art. 1er-2°-a).*

Art. R. 202-41 I. — Est puni de la peine d'amende prévue pour les contraventions de la cinquième classe le fait, pour le fabricant, l'importateur ou le distributeur d'un réactif figurant sur la liste mentionnée à l'article *(Décr. n° 2012-843 du 30 juin 2012, art. 1er-2°-e)* « L. 202-6 » :

— de ne pas communiquer au laboratoire national de référence les informations prévues aux articles *(Décr. n° 2012-843 du 30 juin 2012, art. 1er-2°-e)* « R. 202-38 et R. 202-39 » ;

— de ne pas conserver et tenir des échantillons de chaque lot à disposition du laboratoire national de référence compétent pendant la durée de validité de ce lot, en méconnaissance de l'article *(Décr. n° 2012-843 du 30 juin 2012, art. 1er-2°-e)* **« R. 202-40 » ;**

— de ne pas faire pratiquer les contrôles de conformité de lots prévus à l'article *(Décr. n° 2012-843 du 30 juin 2012, art. 1er-2°-e)* **« R. 202-40 » ;**

— de ne pas effectuer les rappels de lots prévus à l'article *(Décr. n° 2012-843 du 30 juin 2012, art. 1er-2°-e)* **« R. 202-40 ».**

II. — Les personnes physiques encourent également les peines complémentaires prévues à l'article 131-16 (5°) et au premier alinéa de l'article 131-17 du code pénal.

(Décr. n° 2010-671 du 18 juin 2010, art. 5-XII) **« III. — Les personnes morales déclarées pénalement responsables, dans les conditions prévues par l'article 121-2 du code pénal, des infractions définies au I du présent article encourent, outre l'amende suivant les modalités prévues par l'article 131-41 du code pénal, les peines suivantes :**

« — la confiscation de la chose qui a servi ou était destinée à commettre l'infraction ou de la chose qui en est le produit ;

« — l'interdiction pour une durée de trois ans au plus d'émettre des chèques autres que ceux qui permettent le retrait de fonds par le tireur auprès du tiré ou ceux qui sont certifiés. » — *Anc. art. R. 203-7 (Décr. n° 2012-843 du 30 juin 2012, art. 1er-2°-c, JO 1er juill.).*

CHAPITRE III VÉTÉRINAIRES SANITAIRES ET VÉTÉRINAIRES MANDATÉS

(Décr. n° 2012-843 du 30 juin 2012, art. 1er-3°)

SECTION 1 Le vétérinaire sanitaire

(Décr. n° 2012-843 du 30 juin 2012, art. 1er-3°)

V. Arr. du 23 juill. 2012 relatif aux conditions d'exercice du vétérinaire sanitaire (JO 27 juill.).

SOUS-SECTION 1 Désignation

Art. R. 203-1 **I. — Les personnes mentionnées à l'article L. 203-2 tenues de désigner un vétérinaire sanitaire sont :**

1° Les propriétaires et détenteurs d'animaux soumis à des mesures de surveillance, de prévention ou de lutte en vue de la maîtrise ou de l'éradication de dangers sanitaires de première catégorie ou de deuxième catégorie en application des dispositions de l'article L. 201-4 ;

2° Les propriétaires et détenteurs d'animaux sensibles aux dangers sanitaires faisant l'objet d'un plan national d'intervention sanitaire d'urgence en application de l'article L. 201-5 et dont le nombre excède un seuil fixé par arrêté du ministre chargé de l'agriculture ;

3° Les personnes et les responsables d'établissements exerçant les activités de vente ou de présentation au public d'animaux de compagnie domestiques, *(Décr. n° 2022-1354 du 24 oct. 2022, art. 1er)* **« les responsables des établissements mentionnés à l'article L. 214-6-1 et les associations mentionnées à l'article L. 214-6-5 » ;**

(Décr. n° 2017-1246 du 7 août 2017, art. 11-11°) **« 4° Les responsables de postes de contrôles mentionnés à l'article 5 du règlement (CE) n° 1255/97 du 25 juin 1997 modifié ; »**

5° Les responsables des lieux ouverts au public mentionnés à l'article L. 214-15, des établissements mentionnés à l'article D. 236-10, les organisateurs d'expositions d'animaux ou de rassemblements d'animaux autres que les centres de rassemblement mentionnés à l'article R. 233-3-1 et les responsables d'établissements d'élevage, de fourniture ou d'utilisation d'animaux destinés à l'expérimentation animale, soumis à des mesures obligatoires de surveillance au titre de la protection animale et de la santé animale en application des articles L. 214-3, L. 214-15, L. 214-16, L. 214-17 ;

6° Les responsables des centres de collecte de sperme et d'embryon de l'espèce équine et les responsables des établissements où au moins un étalon est exploité en monte naturelle ;

7° Les exploitants de fermes aquacoles, à l'exception des fermes conchylicoles, soumises à agrément conformément à l'article L. 201-4.

II. — Le ministre chargé de l'agriculture, ou, en cas d'urgence, le préfet de département, peut étendre la liste fixée au I, pour une durée et une aire géographique déterminées :

1° A l'ensemble des propriétaires et détenteurs d'animaux sensibles ou susceptibles d'être sensibles à un danger de première catégorie dont les modalités de propagation ne sont pas connues ;

2° Lorsque les modalités de propagation d'un danger sanitaire de première catégorie ou de deuxième catégorie réglementé exigent que l'ensemble des propriétaires et détenteurs d'animaux qui y sont sensibles soient associés pour une lutte efficace.

III. — Les dispositions du I du présent article ne s'appliquent pas aux personnes responsables des écoles vétérinaires.

(Décr. n° 2021-1240 du 27 sept. 2021, art. 1er) « IV. — Les dispositions du I et du II du présent article ne s'appliquent pas aux personnes responsables des établissements relevant de l'autorité ou de la tutelle du ministre de la défense et des formations militaires du ministère de l'intérieur. »

Art. R. 203-2 I. — L'autorité administrative mentionnée à l'article L. 203-3 est le préfet du département où se situent les animaux dont la détention impose la désignation d'un vétérinaire sanitaire.

II. — Les personnes mentionnées au I de l'article R. 203-1 peuvent désigner un vétérinaire habilité déterminé ou plusieurs vétérinaires disposant d'un même domicile professionnel d'exercice, habilités pour l'activité considérée et dont la déclaration mentionnée au deuxième alinéa de l'article R. 203-4 inclut la zone géographique où se situent les animaux.

III. — Tout changement de vétérinaire sanitaire fait l'objet d'une information du préfet du département mentionné au I. Ce changement doit intervenir en dehors des périodes d'exécution et de contrôle des mesures de surveillance ou de prévention ou de lutte prescrites par l'autorité administrative en application de l'article L. 201-4, lorsque ces mesures sont prescrites pour une durée déterminée.

IV. — Tout vétérinaire sanitaire qui a accepté d'être désigné par un propriétaire ou détenteur d'animaux peut renoncer à cette désignation. Il en informe ce dernier au moins un mois à l'avance ainsi que le préfet du département où se situe l'élevage. Dans le cas où les animaux suivis par le vétérinaire font l'objet de mesures prescrites pour une durée déterminée mentionnées au III du présent article, cette renonciation doit intervenir en dehors de ces périodes.

SOUS-SECTION 2 Conditions de délivrance et portée de l'habilitation

Art. R. 203-3 Pour pouvoir bénéficier de l'habilitation prévue à l'article L. 203-1, le vétérinaire doit avoir suivi une formation relative à la réglementation sanitaire et à l'organisation administrative françaises conforme à un référentiel fixé par arrêté du ministre chargé de l'agriculture et satisfait à un contrôle de connaissances dans les conditions définies par ce même arrêté. Cette formation doit être dispensée dans le cadre d'un enseignement supérieur vétérinaire d'un État membre de l'Union européenne ou d'un autre État partie à l'accord sur l'Espace économique européen. — *V. Arr. du 25 nov. 2013 relatif aux obligations en matière de formation préalable à l'obtention de l'habilitation sanitaire (JO 5 déc.).*

Par dérogation à l'alinéa précédent, un vétérinaire qui n'a pas suivi la formation peut bénéficier d'une habilitation, pour une durée maximale d'un an, sous réserve qu'il s'engage à suivre une telle formation et qu'il justifie, au moment de sa demande d'habilitation, de son inscription à une session prévue au cours des douze mois qui suivent.

Art. R. 203-4 Le vétérinaire souhaitant bénéficier de l'habilitation en sollicite l'octroi auprès du préfet du département de son domicile professionnel administratif. La demande est accompagnée d'un dossier dont le contenu est précisé par arrêté du ministre chargé de l'agriculture ; elle comprend la justification du suivi de la formation mentionnée à l'article R. 203-3, ou de l'inscription du vétérinaire à une telle formation, l'indication des espèces et du type d'activité pour lesquels l'habilitation est deman-

dée ainsi que l'indication du ou des domiciles professionnels d'exercice et du domicile professionnel administratif du demandeur.

Le vétérinaire déclare la zone géographique dans laquelle il entend exercer conformément aux dispositions de l'article R. 203-8 ainsi que les vétérinaires susceptibles de le remplacer en application de l'article R. 203-9 ou l'assister en application de l'article R. 203-10.

Pour les vétérinaires mentionnés à l'article L. 241-3, le préfet compétent pour délivrer l'habilitation est celui du département où sont détenus les animaux qui font l'objet de la première prestation de service.

Art. R. 203-5 **L'habilitation est délivrée pour une durée de cinq ans. Elle est renouvelée tacitement par période de cinq ans sous réserve, pour le vétérinaire sanitaire, de justifier à l'issue de chaque période, auprès du préfet ayant délivré l'habilitation, du respect des obligations de formation continue prévues à l'article R. 203-12.**

Art. D. 203-6 **Le préfet ayant délivré l'habilitation communique sa décision au préfet de chaque département où le vétérinaire a déclaré exercer. Dans chaque département, il est établi une liste des vétérinaires habilités exerçant dans le département régulièrement mise à jour et publiée par voie électronique.**

Cette liste précise le type d'activité et les espèces pour lesquels les vétérinaires sont habilités. Elle mentionne également les suspensions et les retraits d'habilitation.

Art. R. 203-7 **I. – Le vétérinaire sanitaire qui souhaite modifier les activités ou les espèces animales pour lesquelles il a été habilité en présente la demande auprès du préfet ayant délivré l'habilitation qui accepte la modification sollicitée si celle-ci n'est pas de nature à remettre en cause le bon exercice des missions.**

II. – Le vétérinaire sanitaire habilité informe, dans les meilleurs délais, le préfet lui ayant délivré l'habilitation de tout changement de situation susceptible de remettre en cause les conditions dans lesquelles l'habilitation lui a été délivrée et le bon exercice de ses missions. Il l'informe notamment de ses projets de modification de ses domiciles professionnels d'exercice ou de son domicile professionnel administratif. Il l'informe également de toute modification de sa zone géographique d'exercice.

III. – Le vétérinaire sanitaire peut renoncer à son habilitation, sous réserve d'en informer le préfet ayant délivré celle-ci au plus tard trois mois avant la date à laquelle il entend cesser d'exercer les activités liées à cette habilitation.

IV. – Le préfet ayant délivré l'habilitation informe les préfets des départements dans lesquels le vétérinaire exerce ses missions des modifications apportées à l'habilitation mentionnées au I, des modifications signalées par le vétérinaire mentionnées au II ou du renoncement du vétérinaire à son habilitation.

SOUS-SECTION 3 Conditions d'exercice de leurs missions par les vétérinaires sanitaires

§ 1 Zone géographique d'exercice

Art. R. 203-8 **Le vétérinaire sanitaire exerce les missions pour lesquelles il est habilité au plus dans cinq départements. Sauf en ce qui concerne les vétérinaires mentionnés à l'article L. 241-3, ces départements incluent :**

***a)* Un ou plusieurs départements siège d'un domicile professionnel d'exercice du vétérinaire ;**

***b)* Le cas échéant, des départements limitrophes entre eux et dont un au moins est limitrophe d'un département siège d'un domicile professionnel d'exercice.**

Toutefois, les vétérinaires sanitaires habilités pour le suivi d'élevages d'intérêt génétique particulier ou d'élevages de certaines espèces dont la liste est fixée par le ministre chargé de l'agriculture et ceux habilités pour le suivi des établissements mentionnés aux *a* à *c* de l'article R. 222-1 peuvent intervenir sur l'ensemble du territoire national.

§ 2 Conditions de remplacement ou d'assistance des vétérinaires sanitaires

Art. R. 203-9 **En cas d'empêchement, le vétérinaire sanitaire peut se faire remplacer par un autre vétérinaire sanitaire mentionné dans sa demande d'habilitation.**

Le vétérinaire remplaçant ne peut réaliser des interventions, à ce titre, que si les espèces et les activités concernées entrent dans le champ de son habilitation et si les exploitations ou les personnes pour le compte desquelles il intervient sont incluses dans l'aire géographique d'intervention qu'il a déclarée.

A tout moment au cours de son habilitation le vétérinaire sanitaire peut désigner d'autres remplaçants, sous réserve d'en informer le préfet lui ayant délivré l'habilitation qui communique, le cas échéant, cette information au préfet du département où s'effectuent les remplacements.

Art. R. 203-10 Le vétérinaire sanitaire peut se faire assister :

1° Par toute personne mentionnée à l'article L. 241-6 justifiant du suivi de la formation mentionnée au I de l'article R. 203-3 ;

2° Dans des conditions fixées par arrêté du ministre chargé de l'agriculture et pour des interventions qui ne sont pas des actes vétérinaires, par des techniciens salariés d'un vétérinaire ou d'une société de vétérinaires habilités à exercer, d'une organisation de producteurs reconnue en vertu de l'article L. 551-1, d'un organisme à vocation sanitaire reconnu en application de l'article L. 201-9 ou d'un organisme relevant du chapitre III du titre V du livre VI.

Ces personnes sont placées sous l'autorité et la responsabilité du vétérinaire sanitaire lors de l'intervention. Sauf si elles y sont invitées par l'autorité administrative en application de l'article L. 241-11, elles ne peuvent pas assister le vétérinaire sanitaire dans l'exécution des opérations de police sanitaire mentionnées au I de l'article L. 203-8.

§ 3 Obligations

Art. R. 203-11 Le vétérinaire doit refuser toute désignation en tant que vétérinaire sanitaire en dehors de l'aire géographique qu'il a déclarée. Il doit également refuser une désignation qui, en s'ajoutant aux responsabilités qu'il a acceptées de prendre en charge, mentionnées à l'article L. 203-1, ne lui permettrait plus de garantir le bon exercice de ses missions pour l'ensemble des exploitations dans des conditions techniques et des délais satisfaisants, y compris en cas d'urgence sanitaire.

Il doit refuser toute désignation qui ne lui permettrait pas de respecter le nombre maximal d'animaux suivis déterminé par les arrêtés conjoints du ministre chargé de la santé et du ministre chargé de l'agriculture pris en application de l'article R. 5141-112-2 du code de la santé publique.

Il ne doit pas être propriétaire des animaux, ni détenir de participation financière dans l'exploitation, l'établissement de détention d'animaux ou la manifestation dans lesquels il intervient en qualité de vétérinaire sanitaire.

Art. R. 203-12 Les vétérinaires sanitaires dont l'activité s'exerce sur des bovins, ovins, caprins, volailles ou porcs doivent satisfaire à une obligation de formation continue, garantissant la mise à jour de leurs connaissances pratiques et théoriques. Ils suivent des sessions de formation, organisées sous l'autorité du préfet de région, conformes à un référentiel et selon une périodicité définis par arrêté du ministre chargé de l'agriculture.

Les obligations de formation continue des autres vétérinaires sanitaires sont fixées par arrêté du ministre chargé de l'agriculture.

Les vétérinaires justifiant avoir suivi une formation analogue à celles prévues aux deux premiers alinéas du présent article dans un État membre de l'Union européenne ou un autre État partie à l'accord sur l'Espace économique européen sont réputés remplir l'obligation de formation continue.

V. Arr. du 16 mars 2007 relatif aux obligations en matière de formation continue nécessaire à l'exercice des missions du vétérinaire sanitaire (JO 5 avr.), mod. par Arr. du 23 juill. 2012 (JO 27 juill.), Arr. du 21 sept. 2017 (JO 3 oct.), Arr. du 18 nov. 2020 (JO 26 nov.) ; Arr. du 16 mars 2007 relatif à l'indemnisation des frais entraînés par les obligations de formation continue nécessaires à l'exercice des missions confiées aux vétérinaires sanitaires (JO 5 avr.), mod. par Arr. du 23 juill. 2012 (JO 27 juill.).

Art. R. 203-13 Le vétérinaire ne bénéficiant plus d'une habilitation, quel qu'en soit le motif, doit en informer dans les meilleurs délais les personnes mentionnées à l'article R. 203-1 qui l'ont désigné.

§ 4 Rémunération des vétérinaires sanitaires

Art. R. 203-14 I. — Les interventions mentionnées à l'article L. 203-1, dont les tarifs de rémunération sont fixés par voie de convention ou, à défaut, par l'autorité administrative, dans les conditions prévues à l'article L. 203-4, sont les visites et les actes effectués pour le dépistage, l'immunisation ou le traitement des animaux vis-à-vis des maladies réglementées. Des arrêtés du ministre chargé de l'agriculture précisent la liste de ces interventions. Les tarifs de rémunération applicables sont publiés sur le site internet de la préfecture de chaque département. — *V. Arr. du 27 juin 2017 établissant la liste des interventions relatives à des mesures de surveillance ou de prévention obligatoires mentionnées à l'art. L. 203-1 (JO 29 juin).*

(Décr. n° 2012-843 du 30 juin 2012, art. 1er-4°) « II. — Les tarifs de rémunération des vétérinaires sanitaires qui exécutent les opérations mentionnées au I sont fixés chaque année par des conventions départementales passées entre, d'une part, deux vétérinaires sanitaires désignés par le préfet, l'un sur proposition de l'ordre régional des vétérinaires et l'autre sur proposition de l'organisation syndicale des vétérinaires la plus représentative dans le département, et, d'autre part, deux représentants des éleveurs propriétaires ou détenteurs d'animaux, l'un désigné par le président de la chambre d'agriculture et l'autre par l'organisme à vocation sanitaire agréé au titre de l'article L. 225-1. Les représentants titulaires des vétérinaires sanitaires et des éleveurs peuvent être remplacés par des suppléants désignés dans les mêmes conditions. »

(Décr. n° 2012-843 du 30 juin 2012, art. 1er-5°) « III. — Les conventions sont passées soit pour l'année civile, soit pour la durée des opérations. Plusieurs conventions peuvent être conclues dans le même département pour tenir compte des périodes d'exécution des opérations selon les espèces intéressées.

« Le préfet convoque chaque année les parties deux mois au moins avant la date prévue pour l'entrée en vigueur des conventions. »

(Décr. n° 2012-843 du 30 juin 2012, art. 1er-6°) « IV. — Si le préfet n'agrée pas les tarifs retenus par les parties à la convention, il provoque une nouvelle réunion en faisant connaître les motifs de son désaccord. Un nouveau refus d'agrément vaut constat de carence et entraîne la fixation des tarifs par arrêté préfectoral.

« Les tarifs fixés par voie conventionnelle ou administrative sont publiés au recueil des actes administratifs de la préfecture ainsi que dans deux journaux régionaux ou locaux diffusés dans le département et affichés dans les mairies. » — *Anc. art. R. 221-18, R. 221-19 et R. 221-20 (Décr. n° 2012-843 du 30 juin 2012, art. 1er-4° à 6°, JO 1er juil.).*

Le ministre n'a pas compétence pour fixer de nouvelles modalités de rémunération des opérations de prophylaxie collective des animaux exécutées par les vétérinaires sanitaires. • CE 17 févr. 2010, *Synd. national des vétérinaires d'exercice libéral*, n° 323496 : *Gaz. Pal. 3-4 mars 2010. 1124.*

SOUS-SECTION 4 Suspension et retrait de l'habilitation

Art. R. 203-15 I. — S'il apparaît que l'étendue des activités et le nombre d'exploitations ou de personnes pour lesquelles celui-ci a accepté d'être désigné ne permettent plus de garantir le respect des conditions prévues à l'article R. 203-11, le préfet ayant délivré l'habilitation le met en demeure de renoncer à une partie de ces activités ou exploitations dans un délai qu'il fixe.

II. — L'autorité administrative mentionnée à l'article R. 203-4 peut suspendre ou retirer tout ou partie de l'habilitation dans les cas suivants :

1° Si les conditions pour son obtention ne sont plus remplies ;

2° En l'absence d'information de l'autorité administrative par le vétérinaire de la suspicion ou de la présence, dans une exploitation au sein de laquelle il intervient, d'un danger sanitaire soumis à un plan d'urgence en application de l'article L. 201-5, ou d'un danger sanitaire de la première ou de la deuxième catégorie, ou d'une maladie, pour lesquels l'autorité administrative a pris des mesures tendant à recueillir des informations épidémiologiques, en application de l'article L. 201-3 ou de toute autre disposition par laquelle elle impose cette obligation d'information aux vétérinaires sanitaires ;

3° En cas de refus du vétérinaire de concourir à l'exécution d'opérations de police sanitaire conformément aux dispositions de l'article L. 203-7 ;

4° En cas de non-respect, par le vétérinaire sanitaire :

a) Des conditions d'exercice de son activité définies aux articles R. 203-8 à R. 203-11 et par son habilitation ;

b) Des modalités techniques, administratives et, le cas échéant, financières de mise en œuvre des mesures de prévention, de surveillance ou de lutte dont l'autorité administrative prescrit, en application de l'article L. 203-1, qu'elles doivent être réalisées par un vétérinaire sanitaire ;

c) Des obligations mentionnées à l'article L. 203-6 ;

d) Des conditions d'exercice fixées par l'autorité administrative lorsque le vétérinaire sanitaire concourt à l'exécution d'opérations de police sanitaire en application de l'article L. 203-7.

III. — Préalablement à l'exécution des mesures mentionnées aux I et II du présent article, sauf en cas d'urgence, l'intéressé est mis à même de présenter ses observations.

Art. R. 203-16 Lorsque le préfet modifie, suspend ou retire l'habilitation d'un vétérinaire, en application de l'article R. 203-15, il en informe les préfets des départements où ce dernier exerce ses activités. Il en informe également le président du conseil régional de l'ordre des vétérinaires compétent.

SOUS-SECTION 5 Vétérinaires des armées

(Décr. nº 2021-1240 du 27 sept. 2021, art. 1er)

Art. R. 203-16-1 Les missions des vétérinaires sanitaires sont réalisées, pour l'ensemble des établissements relevant de l'autorité du ministre de la défense ou de sa tutelle et pour les formations militaires du ministère de l'intérieur, par des vétérinaires des armées faisant l'objet de l'habilitation prévue à l'article L. 203-1 par arrêté du ministre de la défense.

L'autorité administrative mentionnée aux articles L. 203-6 et L. 203-7 est le ministre de la défense. Les vétérinaires des armées ne peuvent être mandatés en application de l'article L. 203-8 qu'après autorisation de ce ministre.

Art. R. 203-16-2 Les articles R. 203-3 à R. 203-16 ne sont pas applicables aux vétérinaires des armées.

Art. R. 203-16-3 Le ministre de la défense s'assure que les vétérinaires des armées disposent des compétences et de la formation nécessaires à la réalisation de leurs missions.

Art. R. 203-16-4 Le vétérinaire des armées peut se faire assister :

1° Par toute personne mentionnée à l'article L. 241-6 justifiant du suivi de la formation mentionnée au premier alinéa de l'article R. 203-3 ;

2° Dans des conditions fixées par arrêté du ministre de la défense et du ministre chargé de l'agriculture et pour des interventions qui ne sont pas des actes vétérinaires, par des militaires, des fonctionnaires ou des agents non titulaires de l'État mentionnés au VII de l'article L. 231-2-2.

Ces personnes sont placées sous l'autorité et la responsabilité du vétérinaire des armées lors de l'intervention.

Sauf si elles y sont invitées par l'autorité administrative en application de l'article L. 241-11, elles ne peuvent pas assister le vétérinaire des armées dans l'exécution des opérations de police sanitaire mentionnées au I de l'article L. 203-8.

Les personnes mentionnées au 1° qui, en application des dispositions de l'article L. 241-8-1, assistent le vétérinaire des armées dans le cadre d'un engagement à servir dans la réserve opérationnelle, en informent l'ordre des vétérinaires.

SECTION 2 Le vétérinaire mandaté par l'autorité administrative

(Décr. nº 2012-844 du 30 juin 2012, art. 1er-1º)

V. Arr. du 23 juill. 2012 relatif aux conditions de formation, de désignation et d'exercice des vétérinaires mandatés pour les opérations de police sanitaire prévues à l'art. L. 203-8 (JO 27 juill.).

Art. D. 203-17 L'appel à candidatures prévu à l'article L. 203-9 est émis par le préfet compte tenu des besoins liés à chaque mission mentionnée à l'article L. 203-8 dans son département.

L'avis d'appel à candidatures est publié dans un journal d'annonces légales ainsi que sur le site internet de la préfecture du département concerné.

Il précise notamment le contenu et la durée des missions qui seront confiées, les exploitations ou espèces concernées, les critères de choix entre les candidats, les documents nécessaires à l'examen des candidatures et les délais à respecter.

Il indique les modalités selon lesquelles les candidats peuvent obtenir copie du projet de convention mentionné à l'article L. 203-9 ainsi que les tarifs de rémunération fixés dans les conditions prévues à l'article L. 203-10.

Art. D. 203-18 Le candidat s'engage à effectuer ses missions en toute indépendance et impartialité.

Il ne doit pas être propriétaire des animaux, ni détenir de participation financière dans l'exploitation, l'établissement de détention d'animaux ou la manifestation dans lesquels il intervient.

Sa réponse à l'appel à candidatures est accompagnée d'une déclaration d'intérêts.

Art. D. 203-19 Le candidat doit avoir suivi une formation portant sur le cadre réglementaire des missions pour lesquelles il est mandaté, ou, à défaut, s'engager à la suivre dans un délai maximum de six mois à compter de sa désignation par le préfet.

Le contenu de la formation et les modalités de sa réalisation peuvent être précisés par arrêté du ministre chargé de l'agriculture.

Art. D. 203-20 A l'issue de l'examen des candidatures, le préfet fait connaître son choix aux candidats.

La convention mentionnée à l'article L. 203-9 désignant le vétérinaire, pour une durée de cinq ans, est signée au plus tard à l'issue de la formation prévue à l'article D. 203-19. A l'exception des vétérinaires mandatés en application de l'article L. 203-7 et des vétérinaires mandatés en application de la procédure d'urgence prévue à l'article L. 203-8, la liste des vétérinaires mandatés est publiée sous format électronique par le préfet.

Art. D. 203-21 Les dispositions de la présente section sont applicables sous réserve des dispositions particulières à certaines interventions prévues par les titres I et II du présent livre.

Art. D. 203-22 *(Décr. n° 2021-1858 du 28 déc. 2021, art. 2)* Le préfet peut déléguer à l'organisation vétérinaire à vocation technique mentionnée à l'article L. 201-9 territorialement compétente la publication de l'appel à candidature mentionné à l'article L. 203-9, la réception des candidatures, la vérification du respect des conditions du mandatement, ainsi que la tenue à jour de la liste des candidats, des missions et des aires géographiques pour lesquelles ils sont candidats, de leurs qualifications et, le cas échéant, des modalités de suppléance proposées.

CHAPITRE IV **LIBRE PRESTATION DE SERVICES ET LIBERTÉ D'ÉTABLISSEMENT** *(Décr. n° 2015-1768 du 24 déc. 2015, art. 2).*

(Décr. n° 2009-328 du 25 mars 2009, art. 2)

Art. R. 204-1 *(Décr. n° 2015-1768 du 24 déc. 2015, art. 3-1° et 2°, en vigueur le 1er janv. 2016)* « I. — » *(Décr. n° 2017-513 du 7 avr. 2017, art. 2)* « La déclaration écrite préalable à la première prestation de service, mentionnée au deuxième alinéa de l'article L. 204-1, est adressée à l'autorité qui est compétente à raison du lieu d'exercice de la première prestation de services. » Elle comprend les informations relatives aux assurances ou autres moyens de protection personnelle ou collective souscrits par le déclarant pour couvrir sa responsabilité professionnelle.

Elle est accompagnée des documents suivants :

1° Une preuve de la nationalité du professionnel ;

2° Une attestation certifiant que le professionnel est légalement établi dans un État membre de *(Décr. n° 2015-1768 du 24 déc. 2015, art. 3-3°, en vigueur le 1er janv. 2016)* « l'Union » européenne ou dans un État partie à l'accord sur l'Espace économique européen et exerce une ou plusieurs professions dont l'exercice en France nécessite la détention d'un certificat de capacité, et qu'il n'encourt, lors de la délivrance de l'attestation, aucune interdiction, même temporaire, d'exercer ;

3° Une preuve de ses qualifications professionnelles ;

4° *(Décr. n° 2015-1768 du 24 déc. 2015, art. 3-4°, en vigueur le 1er janv. 2016)* « La preuve par tout moyen, dans le cas prévu au premier alinéa de l'article L. 204-1 où ni l'activité professionnelle ni la formation y conduisant ne sont réglementées dans l'État membre d'établissement, que le professionnel a exercé cette activité pendant une année ou à temps partiel pendant une durée équivalente au cours des dix années précédentes. » *(Décr. n° 2011-909 du 28 juill. 2011)* « Cette justification n'est pas requise lorsque la formation conduisant à cette profession est réglementée dans l'État membre ou partie à l'accord sur l'Espace économique européen dans lequel elle a été validée. »

La déclaration et les documents joints peuvent être transmis par tout moyen.

Cette déclaration est renouvelée *(Décr. n° 2015-1768 du 24 déc. 2015, art. 3-5°, en vigueur le 1er janv. 2016)* « une fois par an ainsi que » en cas de changement de situation professionnelle.

A ces documents est jointe, en tant que de besoin, leur traduction en langue française.

(Décr. n° 2015-1768 du 24 déc. 2015, art. 3-6° et 7°, en vigueur le 1er janv. 2016) « Dans le cas prévu au dernier alinéa de l'article L. 204-1, dès lors que la différence entre les qualifications professionnelles du prestataire et la formation exigée n'est pas compensée par l'expérience professionnelle du prestataire ou par les connaissances, aptitudes et compétences acquises lors d'un apprentissage tout au long de la vie ayant fait l'objet d'une validation par un organisme compétent de l'État membre dans lequel elle a été acquise, le prestataire est mis à même de démontrer qu'il a acquis les connaissances, aptitudes et compétences manquantes par une épreuve d'aptitude dont le contenu et les modalités sont prévus par arrêté du ministre chargé de l'agriculture.

« II. — Lorsqu'en application du troisième alinéa de l'article L. 204-1, la déclaration donne lieu à une vérification des qualifications professionnelles, l'autorité compétente dispose d'un délai d'un mois, à compter de la réception de la déclaration, pour informer le prestataire soit de sa décision de permettre la prestation ou de le soumettre à une épreuve d'aptitude, soit de la difficulté susceptible de provoquer du retard dans sa prise de décision, en lui précisant les raisons de ce retard. Dans ce dernier cas, l'autorité compétente prend sa décision dans un délai de deux mois à compter de la résolution de la difficulté, et en tout état de cause dans un délai maximum de trois mois à compter de l'information du prestataire quant à l'existence de cette difficulté.

« L'autorité compétente dispose, pour mettre en œuvre l'épreuve d'aptitude, d'un délai d'un mois à compter de sa décision de soumettre le prestataire à une telle épreuve.

« En l'absence de réponse de l'autorité compétente dans les délais prévus au premier alinéa, ou en cas de non-respect du délai mentionné à l'alinéa précédent, la prestation de service peut être effectuée. »

Art. R. 204-2 *(Décr. n° 2015-1768 du 24 déc. 2015, art. 4, en vigueur le 1er janv. 2016)* Pour les professions auxquelles l'accès ou dont l'exercice est réglementé par le présent code, les professionnels ressortissants d'un État membre de l'Union européenne ou d'un autre État partie à l'accord sur l'Espace économique européen, autres que ceux mentionnés aux articles L. 204-1 et R. 204-1, justifient auprès de l'autorité compétente de la possession d'un titre de formation ou d'une attestation de compétence requis par un autre État membre pour accéder à la même profession sur son territoire ou pour l'y exercer.

Les professionnels mentionnés au premier alinéa peuvent également accéder aux mêmes professions s'ils disposent d'attestations de compétence ou de preuves de titre de formation délivré par un autre État membre qui ne réglemente pas la profession et justifient avoir exercé cette profession dans un État membre à temps plein pendant une année ou à temps partiel pendant une durée totale équivalente au cours des dix années précédentes. Cette justification n'est toutefois pas requise lorsque la formation conduisant à cette activité et possédée par le demandeur est réglementée dans l'État membre ou partie à l'accord sur l'Espace économique européen dans lequel elle a été validée.

Art. R. 204-3 *(Décr. n° 2015-1768 du 24 déc. 2015, art. 4, en vigueur le 1er janv. 2016)* L'accès à la profession ou son exercice par un professionnel mentionné à l'article

R. 204-2 peut être subordonné, après prise en compte de son expérience professionnelle et de son apprentissage tout au long de la vie ayant fait l'objet d'une validation par un organisme compétent, à un stage d'adaptation d'une durée maximale de trois ans ou à une épreuve d'aptitude réalisée dans le délai maximal de six mois à compter de la décision la lui imposant, dans l'un des cas suivants :

1° Lorsque la formation possédée par le professionnel porte sur des matières substantiellement différentes de celles couvertes par le titre de formation requis en France ;

2° Lorsqu'une ou plusieurs activités professionnelles relevant d'une profession réglementée en France n'existent pas dans la profession correspondante dans l'État membre d'origine du demandeur et que la formation requise en France porte sur des matières substantiellement différentes de celles couvertes par l'attestation de compétence ou le titre de formation du demandeur.

Le contenu et les modalités du stage ou de l'épreuve d'aptitude sont déterminés, dans les conditions mentionnées à l'article R. 204-5, selon la différence de niveau de qualification existant entre celui que possède le professionnel et le niveau exigé en France, par arrêté du ministre chargé de l'agriculture.

Art. R. 204-4 *(Décr. n° 2015-1768 du 24 déc. 2015, art. 4, en vigueur le 1er janv. 2016)* Les niveaux de qualification mentionnés à l'article R. 204-3 sont les suivants :

1° Attestation de compétence délivrée par une autorité compétente à la suite soit :
– d'une formation ne faisant pas partie d'un certificat ou d'un diplôme ;
– d'une formation générale du niveau de l'enseignement primaire ou secondaire ;
– d'un examen spécifique sans formation préalable ;
– de l'exercice à temps plein de la profession dans un État membre pendant trois années consécutives ou à temps partiel pendant une durée équivalente au cours des dix dernières années ;

2° Certificat sanctionnant un cycle d'études secondaires général, complété par un cycle d'études ou de formation professionnelle ou par le stage ou la pratique professionnelle requis, ou un cycle d'études secondaires technique ou professionnel, complété le cas échéant par un cycle d'études ou de formation professionnelle ou par le stage ou la pratique professionnelle requis ;

3° Diplôme d'une formation de l'enseignement postsecondaire d'une durée minimale d'un an ou d'une durée équivalente à temps partiel, accessible après l'accomplissement d'un cycle d'études secondaires ou une formation professionnelle, ou diplôme d'une formation réglementée ou d'une formation professionnelle, avec des compétences supérieures à celles prévues au 2° ;

4° Diplôme d'une formation de l'enseignement postsecondaire d'une durée minimale de trois ans et maximale de quatre ans ou d'une durée équivalente à temps partiel, dispensée dans une université, un établissement d'enseignement supérieur ou dans un autre établissement de niveau équivalent ;

5° Diplôme d'un cycle d'études postsecondaires d'une durée minimale de quatre ans ou d'une durée équivalente à temps partiel, dispensé dans une université, un établissement d'enseignement supérieur ou dans un autre établissement de niveau équivalent.

Art. R. 204-5 *(Décr. n° 2017-513 du 7 avr. 2017, art. 3)* Lorsque l'autorité compétente décide, en application de l'article R. 204-3, de subordonner l'accès à la profession ou son exercice par un professionnel à un stage d'adaptation ou une épreuve d'aptitude, elle le fait dans les conditions suivantes :

1° Quand le niveau de formation exigé en France pour l'exercice d'une profession correspond à celui mentionné au 1° de l'article R. 204-4, le demandeur, quel que soit son niveau de formation, est soumis, à son choix, à une épreuve d'aptitude ou à un stage d'adaptation ;

2° Quand le niveau de formation exigé en France pour l'exercice d'une profession correspond à celui mentionné au 2° de l'article R. 204-4, le demandeur, quel que soit son niveau de formation, est soumis, à son choix, à une épreuve d'aptitude ou à un stage d'adaptation ;

3° Quand le niveau de formation exigé en France pour l'exercice d'une profession correspond à celui mentionné au 3° de l'article R. 204-4, le demandeur est soumis, à son choix, à une épreuve d'aptitude ou à un stage d'adaptation ; toutefois, si le niveau de formation dans l'État d'origine correspond à celui mentionné au 1° de l'article

R. 204-4, le choix d'une épreuve d'aptitude ou d'un stage d'adaptation relève de l'autorité compétente ;

4° Quand le niveau de formation exigé en France pour l'exercice d'une profession correspond à celui mentionné au 4° de l'article R. 204-4, le demandeur est soumis, à son choix, à une épreuve d'aptitude ou à un stage d'adaptation ; toutefois :

a) Si le niveau de formation dans l'État d'origine correspond à celui mentionné au 2° de l'article R. 204-4, le choix d'une épreuve d'aptitude ou d'un stage d'adaptation relève de l'autorité compétente ;

b) Si le niveau de formation dans l'État d'origine correspond à celui mentionné au 1° du même article, le choix d'une épreuve d'aptitude ou d'un stage d'adaptation relève de l'autorité compétente, qui peut imposer à la fois l'épreuve et le stage ;

5° Quand le niveau de formation exigé en France, pour l'exercice d'une profession, correspond à celui mentionné au 5° de l'article R. 204-4, le demandeur est soumis, à son choix, à une épreuve d'aptitude ou à un stage d'adaptation ; toutefois :

a) Si le niveau de formation dans l'État d'origine correspond à celui mentionné au 2° de l'article R. 204-4, le choix d'une épreuve d'aptitude ou d'un stage d'adaptation relève de l'autorité compétente ;

b) Si le niveau de formation dans l'État d'origine correspond à celui mentionné au 1° du même article, le choix d'une épreuve d'aptitude ou d'un stage de formation relève de l'autorité compétente, qui peut également refuser l'accès à la profession et son exercice.

Art. R. 204-6 *(Décr. n° 2015-1768 du 24 déc. 2015, art. 4, en vigueur le 1er janv. 2016)* L'autorité compétente dispose d'un délai d'un mois pour accuser réception de la demande et solliciter du pétitionnaire, le cas échéant, les pièces manquantes. La décision d'autoriser l'exercice de la profession en cause, dûment motivée, intervient dans un délai de trois mois à compter de la réception du dossier complet, qui peut être prorogé d'un mois. L'absence de réponse de l'autorité compétente dans les délais prévus vaut décision d'acceptation.

Les demandeurs soumis à un stage d'adaptation ou à une épreuve d'aptitude sont réputés détenir les qualifications professionnelles nécessaires pour exercer la profession en cause, selon le cas à l'issue du stage ou à compter de la date de notification de leur réussite à l'épreuve d'aptitude.

Art. R. 204-7 *(Décr. n° 2017-513 du 7 avr. 2017, art. 4)* Est puni de l'amende prévue pour les contraventions de la cinquième classe le fait pour un professionnel ressortissant d'un État membre de l'Union européenne ou d'un autre État partie à l'accord sur l'Espace économique européen d'effectuer sur le territoire national des prestations de services relevant des professions mentionnées au premier alinéa de l'article L. 204-1 sans en faire la déclaration préalable mentionnée au deuxième alinéa du même article, ou en transmettant une déclaration préalable incomplète ou ne répondant pas aux exigences prévues à l'article R. 204-1.

La récidive de la contravention prévue au présent article est réprimée conformément aux articles 132-11 et 132-15 du code pénal.

CHAPITRE V **DISPOSITIONS PÉNALES** *(Décr. n° 2011-537 du 17 mai 2011).*

(Décr. n° 2009-1658 du 18 déc. 2009)

SECTION 1 **Assermentation** *(Décr. n° 2011-537 du 17 mai 2011).*

Art. R. 205-1 Les agents mentionnés *(Décr. n° 2011-537 du 17 mai 2011)* « au I de l'article L. 205-1 et à l'article L. 212-13, qui ne sont pas assermentés pour l'exercice d'une autre mission judiciaire, » prêtent, devant le tribunal judiciaire de leur résidence administrative, le serment suivant : "Je jure et promets de bien et loyalement remplir mes fonctions et d'observer en tout les devoirs qu'elles m'imposent. Je jure également de ne rien révéler ou utiliser de ce qui sera porté à ma connaissance à l'occasion de l'exercice de mes fonctions".

La prestation de serment n'a pas à être renouvelée en cas de changement de grade ou d'emploi ou de changement de résidence administrative.

Art. R. 205-2 Une carte professionnelle délivrée aux agents mentionnés à l'article R. 205-1 par le *(Décr. n° 2011-537 du 17 mai 2011)* « préfet » ou par son représentant atteste de leur assermentation.

(Décr. n° 2011-537 du 17 mai 2011) « Pour les agents en poste dans les services à compétence nationale, la carte est délivrée par le ministre chargé de l'agriculture. »

(Décr. n° 2021-1858 du 28 déc. 2021, art. 2) « Pour les agents de l'institut français du cheval et de l'équitation, la carte professionnelle est délivrée par le directeur général de l'institut. »

SECTION 2 Transaction pénale

(Décr. n° 2011-537 du 17 mai 2011)

Art. R. 205-3 La proposition de transaction prévue par l'article L. 205-10 est faite par :

— le préfet du département pour les infractions constatées par un agent placé sous son autorité ;

— le préfet de région dans les autres cas.

Art. R. 205-4 La proposition de transaction mentionne *(Décr. n° 2018-721 du 3 août 2018, art. 1er)* « la nature des faits reprochés et leur qualification juridique, » le montant de l'amende et, s'il y a lieu, les obligations tendant à faire cesser l'infraction, à éviter son renouvellement ou à réparer le dommage, ainsi que le délai de réalisation de chacune de ces obligations.

Art. R. 205-5 L'autorité administrative notifie la proposition de transaction en double exemplaire à l'auteur de l'infraction dans le délai, décompté à partir de la date de la clôture du procès-verbal, de quatre mois pour les contraventions et d'un an pour les délits.

S'il l'accepte, l'auteur de l'infraction en retourne un exemplaire signé dans le délai d'un mois à compter de sa réception. L'autorité administrative transmet alors l'ensemble du dossier de transaction pour accord au procureur de la République.

Si l'auteur de l'infraction n'a pas retourné un exemplaire signé dans le délai prévu à l'alinéa précédent, la proposition de transaction est réputée rejetée.

SECTION 3 Sanction de l'inexécution des injonctions de l'administration

(Décr. n° 2011-1866 du 12 déc. 2011, art. 1er)

Art. R. 205-6 *(Décr. n° 2018-721 du 3 août 2018, art. 1er)* « I. — » Est puni de l'amende prévue pour les contraventions de la cinquième classe le fait de ne pas exécuter ou d'apporter une entrave à l'exécution :

— d'une mise en demeure prononcée en application de l'article L. 206-2 ;

— d'une mesure ordonnée en application de l'article L. 221-4 ;

— d'une décision prévue au 1° ou au 2° du troisième alinéa de l'article L. 230-5 ;

— d'une décision prise en application du 2° ou du 3° du I ou du 2° du IV de l'article L. 231-2-2 ;

— *(Décr. n° 2018-721 du 3 août 2018, art. 1er)* « d'une mise en demeure prononcée » en application des articles L. 233-1 ou L. 235-2 ;

— d'une mesure ordonnée en application du IV de l'article L. 234-1 ou des articles L. 234-3 et L. 234-4.

Les personnes coupables d'une infraction prévue au présent article encourent également les peines complémentaires prévues par les 5° et *(Décr. n° 2022-1354 du 24 oct. 2022, art. 3)* « 8° » de l'article 131-16 du code pénal pour les personnes physiques et par l'article 131-43 du même code pour les personnes morales.

La récidive de ces contraventions est réprimée conformément à l'article 132-11 du code pénal pour les personnes physiques et à l'article 132-15 du même code pour les personnes morales.

(Décr. n° 2018-721 du 3 août 2018, art. 1er) « II. — Est puni de l'amende prévue pour les contraventions de la troisième classe le fait de ne pas exécuter une injonction d'afficher une décision prise en application du dernier alinéa du I de l'article L. 233-1 ou du dernier alinéa du I de l'article L. 235-2. »

SECTION 4 Prélèvements et saisies

(Décr. nº 2021-1858 du 28 déc. 2021, art. 2)

Art. R. 205-7 Les échantillons prélevés en application du II de l'article L. 205-7 sont placés sous scellé porteur d'un numéro d'ordre unique.

Le prélèvement fait immédiatement l'objet d'un procès-verbal relatant les circonstances du prélèvement et indiquant les numéros d'ordre des échantillons. Le détenteur du produit faisant l'objet d'un prélèvement peut faire insérer au procès-verbal toutes les déclarations qu'il juge utiles. Il est invité à signer le procès-verbal. En cas de refus, mention en est faite par l'agent habilité. Un récépissé est laissé au détenteur.

Art. R. 205-8 Le prélèvement mentionné au II de l'article L. 205-7 est réalisé en trois échantillons. Le premier échantillon est transmis au laboratoire pour analyse, le deuxième échantillon est laissé au détenteur et le troisième échantillon est conservé par le service de contrôle. Mention en est faite au procès-verbal, ainsi que des conditions de conservation de l'échantillon ou du refus par le détenteur de le conserver.

Par dérogation au premier alinéa, un arrêté du ministre chargé de l'agriculture prévoit les cas dans lesquels, pour des raisons techniques, le prélèvement ne peut être réalisé en trois échantillons.

Art. R. 205-9 Dans le cadre de la recherche et de la constatation des infractions, les échantillons dont la non-conformité à la réglementation n'a pas été établie sont remboursés à leur valeur le jour du prélèvement toutes taxes comprises. Si le détenteur déclare renoncer au remboursement, il en est fait mention dans le procès-verbal de prélèvement.

Art. R. 205-10 Les documents, produits, objets, estampilles et marques saisis en application du III de l'article L. 205-7 sont immédiatement inventoriés.

Les documents saisis en application du 1º du III de l'article L. 205-7 sont cotés et annexés au procès-verbal.

Les produits, objets, estampilles, marques et documents saisis en application du 2º du III de l'article L. 205-7 sont placés sous scellés porteurs d'un numéro d'ordre unique ou attachés à une étiquette portant un tel numéro. Ces numéros sont repris sur le procès-verbal de saisie.

Le détenteur des biens saisis peut faire insérer au procès-verbal toutes les déclarations qu'il juge utiles. Il est invité à signer le procès-verbal. En cas de refus, mention en est faite par l'agent habilité.

Le procès-verbal est transmis au procureur de la République, accompagné le cas échéant des documents, produits, objets, estampilles et marques saisis, dans les délais prévus à l'article L. 205-3. Copie en est laissée au détenteur.

Les documents, produits, objets, estampilles et marques saisis sont restitués dans les conditions prévues aux articles 41-4 et 99 du code de procédure pénale.

CHAPITRE VI DISPOSITIONS RELATIVES AUX POUVOIRS DE POLICE ADMINISTRATIVE

(Décr. nº 2011-537 du 17 mai 2011)

SECTION 1 Inspections et contrôles

(Décr. nº 2021-1858 du 28 déc. 2021, art. 2)

Art. R. 206-1 Sont habilités à procéder à l'inspection et au contrôle que nécessite l'application du présent livre, des règlements et décisions de l'Union européenne ayant le même objet et des textes pris pour leur application :

1º Les inspecteurs de santé publique vétérinaire ;

2º Les ingénieurs ayant la qualité d'agent du ministère chargé de l'agriculture ;

3º Les techniciens des services du ministère chargé de l'agriculture.

Art. R. 206-2 Outre les agents mentionnés à l'article R. 206-1, sont habilités à procéder à l'inspection et au contrôle que nécessite l'application du présent titre, des règlements et décisions de l'Union européenne ayant le même objet et des textes pris pour leur application :

1° En ce qui concerne les animaux :

a) Les fonctionnaires et les agents non titulaires de l'État compétents en matière sanitaire figurant sur une liste établie par arrêté du ministre chargé de l'agriculture ;

b) Les vétérinaires et préposés sanitaires contractuels de l'État pour les missions définies dans leur contrat ;

c) Les fonctionnaires et les agents non titulaires de l'Office français de la biodiversité, intervenant dans les conditions définies à la section 1 du chapitre I du titre VII du livre I du code de l'environnement, pour ce qui concerne les animaux de la faune sauvage ;

2° En ce qui concerne les végétaux :

a) Les fonctionnaires ou agents contractuels de l'État, lorsqu'ils répondent à des conditions de qualification fixées par décret, liées notamment à leur formation ou leur expérience professionnelle ;

b) Les inspecteurs de l'agence nationale de sécurité sanitaire de l'alimentation, de l'environnement et du travail, en ce qui concerne la production, la formulation, l'emballage et l'étiquetage des produits phytopharmaceutiques, des matières fertilisantes, des supports de culture et de leurs adjuvants. Ces agents sont désignés par le directeur général de l'agence ;

c) Les agents de l'Office national des forêts, du Centre national professionnel de la propriété forestière et de l'Institut national de l'information géographique et forestière, en ce qui concerne l'état sanitaire de la forêt et des produits forestiers, à l'exception des inspections et contrôles en vue des échanges à l'importation et à l'exportation.

Art. R. 206-2-1 Les fonctionnaires et les agents contractuels de l'État mentionnés au *a* du 2° de l'article R. 206-2 justifient :

1° Soit d'un diplôme ou titre au moins égal au niveau V de la nomenclature interministérielle des niveaux de formation, inscrit au répertoire national des certifications professionnelles et d'une expérience professionnelle de contrôleur de cinq ans minimum, ramenée à trois ans lorsque cette expérience est en lien avec la protection des végétaux ;

2° Soit d'un diplôme ou titre au moins égal au niveau IV de la nomenclature interministérielle des niveaux de formation, inscrit au répertoire national des certifications professionnelles et d'une expérience professionnelle de contrôleur de trois ans minimum, ramenée à un an lorsque cette expérience est en lien avec la protection des végétaux ;

3° Soit d'un diplôme ou titre au moins égal au niveau III de la nomenclature interministérielle des niveaux de formation, inscrit au répertoire national des certifications professionnelles, sanctionnant une formation en agriculture ou environnement.

SECTION 2 Prérogatives

(Décr. n° 2021-1858 du 28 déc. 2021, art. 2)

Les art. R. 206-1 à R. 206-3 deviennent respectivement les art. R. 206-3 à R. 206-5 (Décr. n° 2021-1858 du 28 déc. 2021, art. 2-27°).

Art. R. 206-3 *(Décr. n° 2021-1858 du 28 déc. 2021, art. 2)* L'autorité administrative mentionnée à l'article L. 206-2 est celle ayant délivré le certificat, autorisation ou agrément permettant l'activité concernée ou, à défaut, le préfet du lieu de constatation du manquement.

Art. R. 206-4 Les suspensions d'agrément ou de certificat de capacité prononcées en application de l'article L. 206-2 ne peuvent excéder une durée de trois mois. A l'issue de ce délai, si le titulaire ne s'est pas conformé à l'injonction, *(Décr. n° 2021-1858 du 28 déc. 2021, art. 2)* « l'autorité administrative mentionnée à l'article R. 206-3 » engage la procédure de retrait.

Art. R. 206-5 A Paris, les attributions dévolues par le présent livre au préfet du département sont exercées par le préfet de police.

TITRE I LA GARDE ET LA CIRCULATION DES ANIMAUX ET DES PRODUITS ANIMAUX

CHAPITRE PRÉLIMINAIRE INSPECTIONS ET CONTRÔLES

(Décr. nº 2021-1858 du 28 déc. 2021, art. 3)

Art. R. 210-1 Outre les agents mentionnés à l'article R. 206-1, sont habilités à procéder à l'inspection et au contrôle que nécessite l'application du présent titre, à l'exception du chapitre I :

1° Les agents mentionnés au 1° de l'article R. 206-2 ;

2° Les vétérinaires des armées ainsi que les autres militaires, les fonctionnaires et les agents non titulaires de l'État, relevant de l'autorité technique du service de santé des armées dans l'exercice de ses compétences en matière vétérinaire, et figurant sur une liste établie par arrêté du ministre chargé de la défense, pour les organismes relevant de son autorité ou de sa tutelle, ou sur une liste établie par arrêté du ministre de l'intérieur, pour les formations militaires relevant de son autorité.

CHAPITRE I LA GARDE DES ANIMAUX DOMESTIQUES ET SAUVAGES APPRIVOISÉS OU TENUS EN CAPTIVITÉ

SECTION 1 Les animaux de rente

Art. R. 211-1 Le juge compétent de l'ordre judiciaire mentionné au deuxième alinéa de l'article L. 211-1 est le juge du tribunal judiciaire.

L'ordonnance rendue par le juge est affichée sur papier libre et sans frais à la porte de la mairie.

Le montant des frais et des dommages est prélevé sur le produit de la vente.

L'opposition à l'ordonnance est recevable après le délai de huitaine, si le juge du tribunal judiciaire reconnaît qu'il y a lieu, en raison des circonstances, de relever l'opposant de la rigueur du délai.

Art. R. 211-2 Pour l'application des dispositions de l'article L. 211-7, les murs, les palissades en planches jointes, les haies vives ou sèches, sans solution de continuité, doivent avoir une hauteur de deux mètres au-dessus du sol et s'étendre sur au moins deux mètres de chaque côté de la ruche.

Art. D. 211-2-1 *(Décr. nº 2022-1012 du 18 juill. 2022, art. 1er)* Tout détenteur d'un équidé atteste de sa connaissance des besoins spécifiques de l'espèce dans les conditions prévues à l'article D. 214-37-1.

SECTION 2 Les animaux dangereux et errants

SOUS-SECTION 1 Dispositions générales

Art. R. 211-3 *Abrogé par Décr. nº 2022-1354 du 24 oct. 2022, art. 2.*

Art. D. 211-3-1 *(Décr. nº 2008-1158 du 10 nov. 2008)* L'évaluation comportementale prévue à l'article L. 211-14-1 *(Abrogé par Décr. nº 2017-1246 du 7 août 2017, art. 12-1º) « du présent code »* est réalisée dans le cadre d'une consultation vétérinaire. Elle a pour objet d'apprécier le danger potentiel que peut représenter un chien. L'évaluation comportementale est effectuée, sur des chiens préalablement identifiés conformément aux dispositions de l'article L. 212-10, par un vétérinaire inscrit sur une liste départementale établie par le *(Décr. nº 2018-820 du 27 sept. 2018, art. 1er)* « Conseil national de l'ordre des vétérinaires ».

Art. D. 211-3-1-1 *(Décr. nº 2017-167 du 9 févr. 2017, art. 2)* Tout vétérinaire en exercice inscrit au tableau de l'ordre peut être inscrit sur une ou plusieurs listes départementales.

La demande d'inscription est adressée, par écrit, au conseil régional de l'ordre des vétérinaires dans le ressort duquel le vétérinaire a déclaré son domicile professionnel administratif. Un arrêté du ministre chargé de l'agriculture fixe la composition du dos-

sier de demande d'inscription. – *V. Arr. du 9 févr. 2017 relatif à la composition du dossier d'inscription des vétérinaires sur une liste départementale en vue de réaliser des évaluations comportementales des chiens susceptibles d'être dangereux (JO 11 févr.).*

La liste départementale mentionne l'identité, l'adresse du ou des domiciles professionnels d'exercice et les coordonnées téléphoniques du vétérinaire praticien.

Art. D. 211-3-1-2 *(Décr. nº 2017-167 du 9 févr. 2017, art. 2)* **Les listes départementales sont publiées sur le site internet du Conseil national de l'ordre des vétérinaires.**

Art. D. 211-3-1-3 *(Décr. nº 2017-167 du 9 févr. 2017, art. 2)* **Le conseil national de l'ordre prononce la radiation de la liste :**

1º En cas de manquement à l'obligation de transmission d'informations prévue à l'article D. 211-3-2, après que l'intéressé a été mis en demeure de régulariser sa situation dans un délai déterminé ;

2º En cas de suspension d'exercice prononcée par la chambre régionale ou nationale de discipline.

Un vétérinaire ne peut solliciter sa réinscription sur une liste départementale qu'à l'issue d'un délai de six mois à compter de la notification de sa radiation de la liste dans le cas mentionné au 1º, ou à l'issue de la suspension d'exercice dans le cas mentionné au 2º.

Art. D. 211-3-2 *(Décr. nº 2008-1158 du 10 nov. 2008)* **Le vétérinaire en charge de l'évaluation comportementale classe le chien à l'un des quatre niveaux de risque de dangerosité suivants :**

Niveau 1 : le chien ne présente pas de risque particulier de dangerosité en dehors de ceux inhérents à l'espèce canine.

Niveau 2 : le chien présente un risque de dangerosité faible pour certaines personnes ou dans certaines situations.

Niveau 3 : le chien présente un risque de dangerosité critique pour certaines personnes ou dans certaines situations.

Niveau 4 : le chien présente un risque de dangerosité élevé pour certaines personnes ou dans certaines situations.

Selon le niveau de classement du chien, le vétérinaire propose des mesures préventives visant à diminuer la dangerosité du chien évalué et émet des recommandations afin de limiter les contacts avec certaines personnes et les situations pouvant générer des risques.

Il peut conseiller de procéder à une nouvelle évaluation comportementale et indiquer le délai qui doit s'écouler entre les deux évaluations.

En cas de classement du chien au niveau de risque 4, le vétérinaire informe son détenteur ou son propriétaire qu'il lui est conseillé de placer l'animal dans un lieu de détention adapté ou de faire procéder à son euthanasie. Un lieu de détention adapté est un lieu dans lequel, sous la responsabilité du propriétaire ou du détenteur, l'animal ne peut pas causer d'accident.

A l'issue de la visite, le vétérinaire en charge de l'évaluation communique les conclusions de l'évaluation comportementale au maire de la commune de résidence du propriétaire ou du détenteur du chien et, le cas échéant, au maire qui a demandé l'évaluation comportementale en application de l'article L. 211-11 ainsi qu'au fichier national canin. Les modalités de transmission au fichier national canin des informations relatives à l'évaluation comportementale canine et la teneur de ces informations sont fixées par arrêté du ministre de l'agriculture et de la pêche. – *V. Arr. du 19 août 2013 relatif à la teneur et aux modalités de transmission au fichier national d'identification des carnivores domestiques des informations relatives à l'évaluation comportementale canine en application de l'art. D. 211-3-2 (JO 27 août).*

Art. D. 211-3-3 *(Décr. nº 2008-1158 du 10 nov. 2008)* **Le propriétaire ou le détenteur d'un chien mentionné à l'article L. 211-12 est tenu de renouveler l'évaluation comportementale prévue à l'article L. 211-14-1 dans les conditions définies ci-après :**

1º Si l'évaluation comportementale conclut que le chien est classé au niveau de risque 2, elle doit être renouvelée dans un délai maximum de trois ans ;

2º Si l'évaluation comportementale conclut que le chien est classé au niveau de risque 3, elle doit être renouvelée dans un délai maximum de deux ans ;

3° Si l'évaluation comportementale conclut que le chien est classé au niveau de risque 4, elle doit être renouvelée dans le délai maximum d'un an.

Art. D. 211-3-4 *(Décr. n° 2011-768 du 28 juin 2011)* Le ministre chargé de l'agriculture publie chaque année un rapport sur les résultats des évaluations comportementales des chiens mentionnées aux articles L. 211-14-1 et L. 211-14-2, établi à partir des données du fichier national canin.

SOUS-SECTION 2 Lieux de dépôt adaptés aux animaux dangereux

Art. R. 211-4 *(Décr. n° 2017-1246 du 7 août 2017, art. 12-2°)* Le lieu de dépôt adapté mentionné à l'article L. 211-11 est :

1° Pour les animaux appartenant à des espèces domestiques, un espace clos aménagé de façon à satisfaire aux besoins biologiques et physiologiques de l'espèce. Le lieu de dépôt peut être une fourrière au sens de l'article L. 211-24. Il doit être gardé ou surveillé dans les conditions définies à l'article R. 273-5 du code de la sécurité intérieure ;

2° Pour les animaux appartenant à des espèces non domestiques, un établissement d'élevage ou de présentation au public d'animaux vivants régi par les dispositions des articles L. 211-11 à L. 211-27 du présent code.

Art. R. 211-4-1 *(Décr. n° 2017-1246 du 7 août 2017, art. 12-2°)* Les frais mis à la charge du propriétaire ou du gardien de l'animal comprennent les dépenses relatives à la capture de l'animal, à son transport, à son séjour et à sa garde dans le lieu de dépôt mentionné à l'article R. 211-4.

Art. R. 211-4-2 *(Décr. n° 2017-1246 du 7 août 2017, art. 12-2°)* Le responsable du lieu de dépôt propose au préfet un ou plusieurs vétérinaires en vue de leur mandatement pour exercer la mission définie au troisième alinéa de l'article L. 211-11.

SOUS-SECTION 3 Détention des chiens de la 1re et de la 2e catégorie

BIBL. ▶ Corpart, *RD rur. 2010, n° 33* (commentaire du Décr. n° 2009-1768 du 30 déc. 2009).

Art. R. 211-5 *(Décr. n° 2009-1768 du 30 déc. 2009)* Le permis de détention mentionné au I de l'article L. 211-14 est délivré par arrêté du maire de la commune où réside le propriétaire ou le détenteur du chien. Il précise le nom et l'adresse ou la domiciliation du propriétaire ou du détenteur, l'âge, le sexe, le type, le numéro d'identification et la catégorie du chien.

Le maire mentionne dans le passeport européen pour animal de compagnie, prévu par *(Décr. n° 2022-1354 du 24 oct. 2022, art. 2-2°)* « le règlement (UE) n° 576/2013 du Parlement européen et du Conseil du 12 juin 2013 relatif aux mouvements non commerciaux d'animaux de compagnie », le numéro et la date de délivrance du permis de détention. — *A compter du 21 avr. 2026, les mots « passeport européen » sont remplacés par les mots « document d'identification » et la référence au règlement (UE) n° 576/2013 du Parlement européen et du Conseil du 12 juin 2013 relatif aux mouvements non commerciaux d'animaux de compagnie est remplacée par la référence au règlement (UE) 2016/429 du Parlement européen et du Conseil du 9 mars 2016 relatif aux maladies animales transmissibles et modifiant et abrogeant certains actes dans le domaine de la santé animale (Décr. n° 2022-1354 du 24 oct. 2022, art. 2-3° et 5-II).*

Art. R. 211-5-1 *(Décr. n° 2009-1768 du 30 déc. 2009)* Le détenteur à titre temporaire, au sens du V de l'article L. 211-14, d'un chien de la 1re ou 2e catégorie telles que définies à l'article L. 211-12, doit pouvoir justifier de sa qualité. Il doit notamment être en mesure de présenter à toute réquisition des forces de police ou de gendarmerie le permis ou la copie du permis de détention mentionné au I de l'article L. 211-14 ou, le cas échéant, le permis provisoire ou la copie du permis provisoire mentionné au II de l'article L. 211-14, du propriétaire ou détenteur du chien.

Art. D. 211-5-2 *(Décr. n° 2008-897 du 4 sept. 2008)* Le permis provisoire de détention mentionné au II de l'article L. 211-14 est délivré par arrêté du maire de la commune où réside le propriétaire ou le détenteur de l'animal.

Il précise le nom et l'adresse du propriétaire ou du détenteur du chien, l'âge, le sexe, le type, le numéro d'identification et la catégorie du chien.

Il expire à la date du premier anniversaire du chien.

Le maire mentionne dans le passeport pour animal de compagnie le numéro et la date de délivrance du permis provisoire de détention.

Art. R. 211-5-2-1 *(Décr. nº 2017-1411 du 27 sept. 2017, art. 2-14º)* Le silence gardé par le maire sur une demande de permis de détention ou de permis provisoire, requis pour la détention de chiens de 1re ou de 2e catégorie, mentionnée aux articles L. 211-14, R. 211-5 et R. 211-5-2, vaut décision de rejet.

Art. R. 211-5-3 *(Décr. nº 2009-376 du 1er avr. 2009)* La formation permettant d'obtenir l'attestation mentionnée à l'article L. 211-13-1, d'une durée d'une journée, comporte une partie théorique, relative à la connaissance des chiens et de la relation entre le maître et le chien, aux comportements agressifs et à leur prévention, ainsi qu'une partie pratique consistant en des démonstrations et des mises en situation. Le programme est fixé par arrêté conjoint des ministres chargés de l'agriculture et de l'intérieur. *— V. Arr. du 8 avr. 2009 (JO 22 avr.), mod. par Arr. du 15 déc. 2009 (JO 30 déc.).*

Art. R. 211-5-4 *(Décr. nº 2009-376 du 1er avr. 2009)* A l'issue de la journée de formation, le formateur agréé délivre aux personnes l'ayant suivie l'attestation d'aptitude mentionnée à l'article L. 211-13-1.

L'attestation d'aptitude comporte :

— les nom, prénom et adresse de la personne ayant suivi la formation ;
— le lieu, la date et l'intitulé de la formation ;
— le numéro et la date d'agrément préfectoral du formateur ;
— la signature et le cachet du formateur ;

Un exemplaire de l'attestation est remis à son titulaire par le formateur, qui en adresse, à fin de conservation, le cas échéant par voie électronique, un second exemplaire au préfet du département dans lequel le titulaire réside.

Art. R. 211-5-5 *(Décr. nº 2009-376 du 1er avr. 2009)* Les personnes habilitées à dispenser la formation et à délivrer l'attestation d'aptitude mentionnées à l'article L. 211-13-1 sont agréées pour une durée de cinq ans par le préfet du département dans lequel elles sont domiciliées.

Le préfet délivre l'agrément aux personnes ayant fait acte de candidature auprès de lui et justifiant sur dossier d'une qualification ou d'une expérience reconnue dans le domaine de l'éducation canine ainsi que d'une capacité à accueillir des groupes et à organiser des formations collectives. Les conditions de qualification ou d'expérience des formateurs ainsi que les prescriptions relatives à l'accueil et au déroulement de la formation sont fixées par arrêté conjoint des ministres chargés de l'agriculture et de l'intérieur. *— V. Arr. du 8 avr. 2009 (JO 2 mai), mod. par Arr. du 20 mai 2011 (JO 1er juin).*

L'agrément est également accordé, dans des conditions fixées par un arrêté conjoint des ministres chargés de l'agriculture et de l'intérieur, aux ressortissants des autres États membres de la Communauté européenne ou d'un État partie à l'accord sur l'Espace économique européen dont les conditions de qualification ou d'expérience sont équivalentes à celles mentionnées ci-dessus.

L'agrément vaut attestation d'aptitude au sens du I de l'article L. 211-13-1.

La liste des personnes agréées dans le département est établie et mise à jour par le préfet qui en adresse copie aux maires du département. Elle indique les coordonnées professionnelles des formateurs et les lieux de délivrance des formations. Elle est tenue à la disposition du public à la préfecture et dans les mairies.

Le préfet peut diligenter un contrôle sur pièces ou sur place de la conformité des formations dispensées aux dispositions de l'article R. 211-5-3 et de son arrêté d'application. En cas de non-conformité, il peut retirer l'agrément, après avoir mis l'intéressé en mesure de présenter ses observations.

Art. R. 211-5-5-1 *(Décr. nº 2017-1411 du 27 sept. 2017, art. 2-15º)* Le silence gardé par le préfet sur une demande d'agrément d'un formateur autorisé à dispenser la formation requise pour la détention de chiens dangereux, mentionnée à l'article R. 211-5-5, vaut décision de rejet.

Art. R. 211-5-6 *(Décr. nº 2009-376 du 1er avr. 2009)* Les ressortissants d'un État membre de la Communauté européenne ou d'un autre État partie à l'accord sur l'Espace économique européen qui dispensent la formation et délivrent l'attestation d'aptitude mentionnées à l'article L. 211-13-1 de façon temporaire ou occasionnelle sur le territoire national sont réputés remplir les conditions de qualification et d'expérience prévues à l'article R. 211-5-5 sous réserve d'être légalement établis dans un de ces États pour y exercer cette activité et, lorsque ni l'activité ni la formation y conduisant ne sont réglementées, de l'avoir exercée, dans cet État, pendant au moins deux ans au cours des dix années qui précèdent la prestation.

Lorsqu'ils effectuent pour la première fois leur prestation en France, les prestataires doivent en informer au préalable l'autorité administrative par une déclaration écrite dont le contenu et la procédure de dépôt sont précisés par arrêté conjoint des ministres chargés de l'intérieur et de l'agriculture. Une telle déclaration est renouvelée une fois par an si le prestataire compte fournir des services d'une manière temporaire ou occasionnelle au cours de l'année concernée.

Art. R. 211-6 La stérilisation des chiens mâles et femelles de la 1re catégorie, prévue au II de l'article L. 211-15, ne peut s'opérer que par voie chirurgicale et de manière irréversible.

Elle donne lieu à la délivrance d'un certificat établi par le vétérinaire et qui est remis au propriétaire de l'animal ou à son détenteur.

Art. R. 211-7 Il est justifié du respect de l'obligation d'assurance instituée au II de l'article L. 211-14 par la présentation d'une attestation spéciale établie par l'assureur.

Dans le cas où le souscripteur du contrat n'est pas le propriétaire ou le détenteur de l'animal, l'attestation mentionne le nom du propriétaire du chien ou du détenteur.

SOUS-SECTION 4 **Dressage des chiens au mordant**

Art. R. 211-8 Le dressage au mordant, mentionné à l'article L. 211-17, ne peut être pratiqué que :

1° Pour la sélection des chiens de race, dans le cadre des épreuves de travail organisées par une association agréée par le ministre chargé de l'agriculture ;

2° Pour le dressage et l'entraînement des chiens utilisés dans les activités de gardiennage, surveillance ou transport de fonds. Les séances sont organisées au sein des entreprises qui exercent ces activités, dans les établissements de dressage mentionnés *(Décr. n° 2016-758 du 7 juin 2016, art. 3-II)* « au I de l'article L. 214-6-1 », ou sous le contrôle d'une association agréée par le ministre chargé de l'agriculture pour pratiquer la sélection canine.

Un arrêté du ministre chargé de l'agriculture et du ministre de l'intérieur fixe les modalités d'application du présent article.

V. Arr. du 26 oct. 2001 relatif à l'exercice de l'activité de dressage des chiens au mordant et aux modalités de demande et de délivrance du certificat de capacité s'y rapportant (JO 9 nov.).

Art. R. 211-9 *(Décr. n° 2015-1768 du 24 déc. 2015, art. 6-1°, en vigueur le 1er janv. 2016)* « I. — » Le dossier de demande du certificat de capacité, prévu à l'article L. 211-17, est adressé au préfet du département dans lequel le postulant a son domicile.

Le préfet peut délivrer le certificat de capacité aux postulants qui justifient :

1° Soit d'une durée minimale de cinq années d'exercice de l'une des activités mentionnées à l'article R. 211-8, en produisant un certificat de travail ou une attestation d'activité délivrée dans des conditions fixées par arrêté du ministre chargé de l'agriculture ;

2° Soit de la possession d'un diplôme, titre ou certificat figurant sur une liste publiée par arrêté du ministre chargé de l'agriculture ;

3° Soit de connaissances et de compétences suffisantes attestées par le directeur régional de l'alimentation, de l'agriculture et de la forêt *(Décr. n° 2017-513 du 7 avr. 2017, art. 5)* « de la région Auvergne-Rhône-Alpes ». Le contenu, les modalités d'évaluation des connaissances et des compétences ainsi que la liste des établissements habilités à participer à cette évaluation sont définis par arrêté du ministre chargé de l'agriculture.

Les pièces constituant le dossier de demande du certificat de capacité et les modalités de présentation de ce dossier et de délivrance du certificat sont fixées par arrêté

conjoint du ministre chargé de l'agriculture et du ministre de l'intérieur. – *V. Arr. du 26 oct. 2001, préc. ss. art. R. 211-8.*

(Décr. n° 2015-1768 du 24 déc. 2015, art. 6-1°, en vigueur le 1er janv. 2016) **« II. – L'attestation de connaissances et de compétences mentionnée au 3° du I est également attribuée,** *(Décr. n° 2017-513 du 7 avr. 2017, art. 5)* **« par le directeur régional de l'alimentation, de l'agriculture et de la forêt de la région Auvergne-Rhône-Alpes, » selon des modalités fixées par arrêté du ministre chargé de l'agriculture, aux professionnels, autres que ceux mentionnés à l'article L. 204-1, ressortissants d'un État membre de l'Union européenne ou d'un autre État partie à l'accord sur l'Espace économique européen dans les conditions prévues aux articles R. 204-2 et R. 204-3.**

« En cas de différence substantielle entre la formation requise en France pour exercer l'activité mentionnée à l'article L. 211-17 et les connaissances acquises du demandeur, le 1° de l'article R. 204-5 s'applique. »

(Décr. n° 2017-513 du 7 avr. 2017, art. 5) **« III. – Pour l'exercice à titre temporaire et occasionnel de l'activité de dressage des chiens au mordant, l'autorité compétente mentionnée à l'article R. 204-1 est le directeur régional de l'alimentation, de l'agriculture et de la forêt de la région Auvergne-Rhône-Alpes. »**

V. Arr. du 17 juill. 2000 relatif aux justificatifs de connaissances et de compétences requis pour l'obtention du certificat de capacité pour le dressage de chiens au mordant (JO 25 août), mod. par Arr. du 16 nov. 2001 (JO 27 nov.), Arr. du 9 juin 2009 (JO 17 juin), Arr. du 12 nov. 2021 (JO 25 nov.).

Art. R. 211-9-1 *(Décr. n° 2017-1411 du 27 sept. 2017, art. 2-16°)* **Le silence gardé par le préfet sur une demande de délivrance d'un certificat de capacité requis pour le dressage d'un chien au mordant, mentionnée à l'article R. 211-9, vaut décision de rejet.**

Art. R. 211-10 Les frais de l'évaluation mentionnée au 3° de l'article R. 211-9 sont supportés par le candidat. Ils donnent lieu à la perception par l'État d'une redevance pour services rendus qui est exigible à l'occasion de chaque demande.

Le montant et les modalités de perception de cette redevance sont précisés par arrêté conjoint des ministres chargés de l'agriculture et du budget. – *V. Arr. du 27 déc. 2001 fixant les modalités de perception de la redevance due par les candidats pour la délivrance de l'attestation de connaissances et de compétences requise pour le dressage de chiens au mordant (JO 29 déc.), mod. par Arr. du 24 juill. 2023 (JO 30 juill.).*

SOUS-SECTION 5 **Mesures particulières à l'égard des animaux errants**

Art. R. 211-11 Pour l'application des articles L. 211-21 et L. 211-22, le maire prend toutes dispositions de nature à permettre une prise en charge rapide de tout animal errant ou en état de divagation qui serait trouvé accidenté ainsi que de tout animal qui serait trouvé errant ou en état de divagation en dehors des heures et des jours ouvrés de la fourrière ou de la structure qu'il a désignée comme lieu de dépôt.

Il peut, le cas échéant, passer des conventions avec des cabinets vétérinaires pour assurer la prise en charge de ces animaux ainsi que rechercher et contacter leur propriétaire lorsque l'animal est identifié.

Art. R. 211-12 Le maire informe la population, par un affichage permanent en mairie, ainsi que par tous autres moyens utiles, des modalités selon lesquelles les animaux mentionnés aux articles L. 211-21 et L. 211-22, trouvés errants ou en état de divagation sur le territoire de la commune, sont pris en charge.

Doivent être notamment portés à la connaissance du public :

***a)* Les coordonnées des services compétents pour la capture et la prise en charge de ces animaux, ainsi que les conditions dans lesquelles il peut être fait appel à ces services ;**

***b)* L'adresse, le numéro de téléphone, les jours et les heures d'ouverture de la fourrière et du lieu de dépôt mentionné à l'article L. 211-21 ;**

***c)* Les conditions dans lesquelles les animaux peuvent être remis à leur propriétaire, notamment le montant des frais de garde et d'identification susceptibles d'incomber à celui-ci ;**

d) Les modalités de prise en charge des animaux trouvés errants ou en état de divagation en dehors des heures d'ouverture de la fourrière ou des lieux de dépôt, ou qui sont accidentés.

Lorsque des campagnes de capture des chiens et des chats errants sont envisagées sur tout ou partie du territoire de la commune, le maire est tenu d'informer la population, par affichage et publication dans la presse locale, des lieux, jours et heures prévus, au moins une semaine avant la mise en œuvre de ces campagnes.

Art. D. 211-12-2 *(Décr. nº 2022-1179 du 24 août 2022, art. 1er, en vigueur le 1er janv. 2023)* Les gestionnaires de fourrière justifient soit :

1° Avoir suivi une formation dans un établissement habilité par le ministre chargé de l'agriculture afin d'acquérir les connaissances relatives aux besoins biologiques, physiologiques, comportementaux et à l'entretien des chiens et des chats ;

2° Posséder une certification professionnelle, à condition que la formation suivie pour son obtention comporte un enseignement relatif au bien-être des chiens et des chats d'une durée au moins égale à six heures. La liste des certifications reconnues est établie par arrêté du ministre chargé de l'agriculture.

SECTION 3 Colombiers – Colombophilie civile

(Décr. nº 2011-537 du 17 mai 2011)

Les art. R. 212-1 à R. 212-12 deviennent respectivement les art. R. 211-13 à R. 211-24 et sont intégrés dans une section 3 créée à la fin du chapitre I et intitulée Colombiers – Colombophilie civile (Décr. nº 2011-537 du 17 mai 2011, art. 2-2º, JO 19 mai).

Art. R. 211-13 La fédération colombophile française contrôle la conformité de l'activité des associations colombophiles aux dispositions définies aux articles *(Décr. nº 2011-537 du 17 mai 2011)* « R. 211-14 à R. 211-23 ».

Art. R. 211-14 L'adhésion à une association colombophile donne lieu à l'attribution par la fédération colombophile française d'une licence colombophile. Ce document est soumis annuellement au visa de la fédération.

Art. R. 211-15 Toute personne créant, transférant ou fermant un colombier de pigeons voyageurs en fait la déclaration à l'association colombophile dont elle est membre dans le délai d'un mois.

Art. R. 211-16 Tout pigeon voyageur né en métropole et *(Décr. nº 2013-754 du 14 août 2013, art. 5-III ; Décr. nº 2017-1246 du 7 août 2017, art. 12-3º)* « en Guadeloupe, en Guyane, en Martinique, à La Réunion ou à Mayotte » est muni, au plus tard le dixième jour de sa naissance, d'une bague matricule fermée, sans soudure, et portant le millésime de l'année.

Il est également muni d'une bague portant le nom de son propriétaire et son adresse ou, à défaut, le nom et l'adresse de l'association colombophile à laquelle ce dernier appartient.

Tout pigeon voyageur vivant ou circulant en France doit être porteur de la bague matricule française ou de la bague analogue d'une fédération étrangère.

Art. R. 211-17 La fédération colombophile française est chargée de la répartition des bagues matricules dont elle contrôle l'usage.

La bague est accompagnée d'un certificat d'immatriculation portant le même numéro qu'elle.

En cas de changement de propriétaire, le certificat d'immatriculation des pigeons voyageurs est transmis au nouveau propriétaire.

Les détenteurs de pigeons voyageurs sont responsables de leurs bagues matricules.

Les pigeons voyageurs des services de l'État sont porteurs de bagues d'un modèle spécial.

Art. R. 211-18 La fédération peut, dans les conditions fixées par ses statuts, faire procéder par ses agents assermentés au contrôle des colombiers de pigeons voyageurs. Les colombophiles sont tenus de se prêter à ces opérations.

Les colombiers contenant des pigeons voyageurs mélangés avec des pigeons non voyageurs sont interdits.

Art. R. 211-19 Les lâchers sur le territoire national de pigeons voyageurs sont effectués sous le contrôle de la fédération colombophile française, qui délivre un permis de lâcher.

Toutefois, les lâchers d'entraînement de pigeons voyageurs français effectués à moins de cent kilomètres du colombier ne sont pas soumis à la délivrance d'un permis de lâcher.

La fédération peut, en outre, accorder des dérogations à l'obligation de demander un permis de lâcher pour les lâchers d'entraînement de pigeons voyageurs français effectués à plus de cent kilomètres du colombier et pour les lâchers d'entraînement de pigeons voyageurs étrangers.

Les convois de pigeons voyageurs doivent être accompagnés d'un permis de lâcher délivré par la fédération.

Les lâchers de pigeons voyageurs soumis à la délivrance d'un permis ont lieu en présence d'un membre de la fédération.

Les lâchers ne peuvent avoir lieu que dans les communes inscrites sur une liste établie par la fédération après accord du préfet du département concerné.

Art. R. 211-20 Les lâchers de pigeons voyageurs sont interdits, sauf dérogation spéciale accordée à la fédération colombophile française par l'autorité compétente, sur les aérodromes civils, militaires ou mixtes, dans toute l'étendue des places fortes militaires ou maritimes et dans les zones de protection des établissements militaires, maritimes ou aéronautiques.

Art. R. 211-21 En cas de menace pour la salubrité, la sûreté et la sécurité publiques, le préfet du département concerné peut interdire tout lâcher, qu'il s'agisse d'un vol d'entraînement ou de concours national ou international. Il en informe la fédération colombophile française.

Art. R. 211-22 En cas de circonstances graves touchant à l'ordre public, la fédération colombophile française communique la liste nominative des colombophiles au ministre de l'intérieur et au ministre de la défense.

Art. R. 211-23 Le président de la fédération colombophile française est agréé par le ministre de l'intérieur. Le retrait de cet agrément provoque une nouvelle élection.

Art. R. 211-24 Les agents assermentés de la fédération colombophile française sont habilités à constater les manquements aux statuts et aux règlements intérieurs des associations ou au statut de la fédération susceptibles d'entraîner des sanctions disciplinaires.

CHAPITRE II **LA TRAÇABILITÉ DES ANIMAUX** *(Décr. n° 2023-628 du 18 juill. 2023, art. 1er).*

SECTION 1 **Collecte et traitement des données**

(Décr. n° 2023-628 du 18 juill. 2023, art. 1er)

SOUS-SECTION 1 **Personnes agréées pour la collecte et le traitement des données**

Art. R. 212-14 L'agrément mentionné à l'article *(Décr. n° 2023-628 du 18 juill. 2023, art. 1er)* « L. 212-2 » est délivré, après avis *(Décr. n° 2017-1246 du 7 août 2017, art. 12-4°)* « du Conseil national d'orientation de la politique sanitaire animale et végétale, siégeant dans sa section spécialisée dans la santé animale prévue par l'article D. 200-3, » à des personnes répondant aux conditions d'aptitude, d'expérience et de compétences techniques nécessaires à la tenue d'un fichier nominatif, à l'issue d'un appel à candidatures. *(Décr. n° 2023-628 du 18 juill. 2023, art. 1er)* « Cet appel à candidatures est publié au *Bulletin officiel* du ministère chargé de l'agriculture, accompagné d'un cahier des charges détaillant les missions confiées et les modalités de leur mise en œuvre, arrêté par le ministre chargé de l'agriculture. »

Art. R. 212-14-1 Lorsque la personne agréée ne respecte pas les règles *(Décr. n° 2023-628 du 18 juill. 2023, art. 1er)* « mentionnées à l'article L. 212-1, ou fixées par

la présente section et les dispositions prises pour son application », l'agrément peut être suspendu, pendant une durée qui ne peut excéder un an, ou retiré, après avis *(Décr. n° 2017-1246 du 7 août 2017, art. 12-5°)* **« du Conseil national d'orientation de la politique sanitaire animale et végétale, siégeant dans sa section spécialisée dans la santé animale prévue par l'article D. 200-3 ».**

La personne intéressée est préalablement informée des motifs et de la nature des mesures envisagées et mise en mesure de présenter des observations écrites et, le cas échéant, sur sa demande, des observations orales.

La décision de suspension ou de retrait d'agrément désigne l'institution ou le service public qui, à titre provisoire, assure les missions pour lesquelles l'agrément avait été délivré.

SOUS-SECTION 2 Les traitements de données

(Décr. n° 2023-628 du 18 juill. 2023, art. 1er)

V. Arr. du 23 févr. 2012 fixant les modalités de gestion et de fonctionnement du système d'information sur l'élevage (JO 3 mars) ; Arr. du 5 mars 2012 agréant le gestionnaire du système d'information de l'élevage (JO 20 avr.) ; Arr. du 2 juill. 2019 agréant le gestionnaire de la base de données nationale de traçabilité des porcins et fixant les modalités de gestion et de fonctionnement de ladite base (JO 17 juill.) ; Arr. du 4 déc. 2019 agréant le gestionnaire de la base de données nationale d'abattage des bovins et fixant les modalités de gestion et de fonctionnement de ladite base (JO 7 oct. 2020) ; Arr. du 4 déc. 2019 agréant le gestionnaire de la base de données nationale de traçabilité des ovins et des caprins et fixant les modalités de gestion et de fonctionnement de ladite base (JO 7 oct. 2020).

Art. R. 212-14-1-1 **Les bases de données informatiques constituées en application des articles L. 212-2 et L. 212-11 comportent les informations prévues par le paragraphe 1 de l'article 109 du règlement (UE) 2016/429 du Parlement européen et du Conseil du 9 mars 2016 relatif aux maladies animales transmissibles, par les actes délégués mentionnés à son paragraphe 2, et par le présent chapitre.**

Art. R. 212-14-2 **Les données enregistrées sont conservées, selon l'espèce concernée, pendant une durée maximale de** *(Décr. n° 2023-628 du 18 juill. 2023, art. 1er)* **« dix ans » suivant la déclaration de décès de l'animal.**

En l'absence de déclaration de décès, les données sont conservées un an au plus après l'âge maximal que peuvent atteindre les animaux de l'espèce concernée.

Ces durées de conservation ne s'appliquent pas aux équidés enregistrés qui sont inscrits dans un livre généalogique.

L'arrêté mentionné à l'article R. 212-14-5 précise pour chaque traitement la durée de conservation des données propre à chaque espèce *(Décr. n° 2023-628 du 18 juill. 2023, art. 1er)* **« et les modalités de cette conservation ».**

Art. R. 212-14-3 **Les données sont mises à jour soit par les personnes, services ou organismes chargés de l'identification des animaux, soit par le responsable du traitement, saisi, le cas échéant, par le propriétaire ou le détenteur de l'animal, soit directement par ces derniers au moyen d'un accès personnel et sécurisé.**

(Décr. n° 2023-628 du 18 juill. 2023, art. 1er) **« En outre, le responsable du traitement met à jour les données mentionnées au premier alinéa lorsque les agents chargés du contrôle du respect des exigences règlementaires en matière d'identification et d'enregistrement des animaux le demandent. »**

Art. R. 212-14-4 **Peuvent être destinataires des données, dans la limite de leurs attributions et aux seules fins prévues** *(Décr. n° 2023-628 du 18 juill. 2023, art. 1er)* **« à l'article L. 212-2 » :**

— les personnes, services ou organismes qui contribuent à l'identification des animaux ;
— les préfets ;
— les agents des services de police et des unités de gendarmerie nationales ;
— les agents des services de secours contre l'incendie ;
— les maires ;
— les organismes à vocation statistique pour l'analyse et l'information ;
— les organismes à vocation sanitaire ;

— les organismes payeurs des aides agricoles ;

— les organismes qui contribuent à l'amélioration génétique des animaux ou la recherche ;

— les personnes ou organismes mentionnés *(Décr. nº 2016-758 du 7 juin 2016, art. 3-III)* « aux articles L. 214-6-1, L. 214-6-2 et L. 214-6-3 » ;

— les personnes chargées de l'équarrissage ;

— les agents et organismes mentionnés aux *(Décr. nº 2021-1858 du 28 déc. 2021, art. 3)* « articles L. 231-4 et R. 206-1, au 1º de l'article R. 206-2, et au 2º du I de l'article R. 231-3-7-1 » ;

(Décr. nº 2023-628 du 18 juill. 2023, art. 1er) « — l'établissement public mentionné à l'article L. 513-1 ;

« — les fonds de mutualisation mentionnés à l'article L. 361-3.

« Peuvent également être destinataires des données, les services de communication au public et les annonceurs autorisant la diffusion d'offres de cession de carnivores domestiques sur leur service, pour mettre en œuvre le système de contrôle préalable mentionné à l'article L. 214-8-2 ».

Art. R. 212-14-5 Les traitements propres à chaque espèce ou groupe d'espèces sont autorisés par arrêté du ministre chargé de l'agriculture ou, le cas échéant, par arrêté conjoint du ministre de l'agriculture et d'un ou plusieurs autres ministres intéressés. Cet arrêté précise les modalités d'établissement, de contrôle et d'exploitation des données traitées.

Art. R. 212-14-6 *(Décr. nº 2023-628 du 18 juill. 2023, art. 1er)* Outre les informations mentionnées à l'article L. 212-2, les informations prévues au I de l'article L. 214-6-4, qui sont transmises au fichier national par les personnes exerçant des activités mentionnées aux articles L. 214-6-1, L. 214-6-2 et L. 214-6-3 sont les suivantes :

1º Le nombre d'animaux détenus, par espèce, dans les locaux ainsi que les capacités d'accueil de ces derniers ;

2º Pour chaque carnivore domestique détenu :

a) Le motif de son entrée et sa provenance ;

b) Le motif de sa sortie de l'établissement et, le cas échéant, sa destination ;

c) Son état général au moment de son entrée et de sa sortie des locaux et, le cas échéant, le certificat vétérinaire ;

d) Toute information relative à une suspicion ou une infection de rage ;

e) Son statut vis-à-vis de la stérilisation.

SECTION 2 Identification des animaux

SOUS-SECTION 1 Instances consultatives et traitements de données

SOUS-SECTION 2 Identification des espèces bovine, ovine, caprine et porcine

§ 1 Dispositions communes

Art. R. 212-15 Les établissements de l'élevage établissent et tiennent à jour un fichier des animaux qu'ils identifient. Ils communiquent *(Décr. nº 2017-1246 du 7 août 2017, art. 12-6º)* « aux directions départementales de la protection des populations » et ceux-ci *[celles-ci]* leur communiquent les informations relatives à l'identification des animaux dans les zones qui leur sont communes. La liste des organismes ou services pouvant avoir accès aux fichiers des établissements de l'élevage est fixée par arrêté du ministre chargé de l'agriculture. — *[Anc. art. R. 653-7.]*

Art. R. 212-16 Les établissements de l'élevage assurent, dans des conditions fixées par arrêté du ministre chargé de l'agriculture, l'immatriculation des cheptels ou ensembles de cheptels auxquels appartiennent les animaux qu'ils identifient ; ils établissent et tiennent à jour un répertoire des cheptels immatriculés. — *[Anc. art. R. 653-8.] — V. Arr. du 30 juill. 2014 relatif à l'enregistrement des exploitations et des détenteurs (JO 8 août), mod. par Arr. du 29 mars 2018 (JO 12 avr.).*

Art. D. 212-16-1 *(Décr. nº 2007-1792 du 19 déc. 2007)* Les contrôles de l'identification et de l'enregistrement des animaux des espèces bovine, ovine et caprine prévus par les règlements de la Commission n° 1082/2003 du 23 juin 2003 et n° 1505/2006 du 11 octobre 2006 peuvent être effectués, à l'exception de la constatation par procès-verbal des infractions, par les agents de l'*(Décr. n° 2009-340 du 27 mars 2009, art. 10-I)* « Agence de services et de paiement », conformément au plan de contrôle communiqué par le *(Décr. n° 2011-537 du 17 mai 2011)* « préfet ». Ils transmettent à celui-ci leurs constatations afin qu'il décide des suites à leur donner.

Art. R. 212-16-2 *(Décr. n° 2010-312 du 22 mars 2010)* Les tarifs des opérations d'identification animale sont fixés par l'établissement de l'élevage agréé, en application de son cahier des charges et en tenant compte, de manière transparente et non discriminatoire, des coûts de revient de chaque catégorie de mission. Ils sont soumis à l'approbation du préfet.

Les tarifs sont établis de manière à éviter de pénaliser les détenteurs des animaux des espèces mentionnées à l'article L. 212-6, dont l'exploitation est isolée ou difficile d'accès.

Si les opérations d'identification sont confiées à un organisme en application de l'article R. 653-48, les tarifs sont fixés par cet organisme dans les mêmes conditions en application de la convention qui le lie à l'établissement de l'élevage.

L'information des éleveurs sur les conditions matérielles et tarifaires des prestations d'identification est effectuée dans les conditions mentionnées à l'article D. 653-54.

§ 2 Dispositions spécifiques au cheptel bovin

Art. D. 212-17 Dans le présent sous-paragraphe, les termes : "animal", "exploitation", "détenteur" s'entendent au sens de l'article 2 du règlement (CE) n° 1760/2000 du Parlement européen et du Conseil du 17 juillet 2000 établissant un système d'identification et d'enregistrement des bovins et concernant l'étiquetage de la viande bovine et des produits à base de viande bovine. — *[Anc. art. R. 653-14.]*

Art. D. 212-18 La base de données nationale d'identification et de traçage des bovins et de leurs produits, créée en application des articles 3 et 5 du règlement (CE) n° 1760/2000 du 17 juillet 2000 du Parlement européen et du Conseil et des articles 14 et 18 de *(Décr. n° 2017-1246 du 7 août 2017, art. 12-7°)* « la directive 64/432/CEE du Conseil du 26 juin 1964 modifiée » relative à des problèmes de police sanitaire en matière d'échanges intracommunautaires d'animaux des espèces bovines et porcines, comporte des informations relatives aux exploitants et aux exploitations, aux animaux qui y sont élevés ou détenus, à leurs mouvements, à leur statut sanitaire ainsi qu'au statut sanitaire des exploitations. *(Décr. n° 2017-1246 du 7 août 2017, art. 12-7°)* « Les modalités de fonctionnement et de gestion de cette base de données sont fixées, dans les conditions prévues par la loi n° 78-17 du 6 janvier 1978 relative à l'informatique, aux fichiers et aux libertés, par arrêté du ministre chargé de l'agriculture. » — *[Anc. art. R. 653-15.] — V. Arr. du 9 déc. 2009 fixant les modalités de gestion et de fonctionnement de la base de données nationale d'abattage des bovins (JO 19 déc.).*

Art. D. 212-19 I. — *(Décr. n° 2006-376 du 23 mars 2006)* « Tout détenteur d'un ou de plusieurs bovins, à l'exclusion des transporteurs et des personnes responsables ou propriétaires de centres de rassemblement, et tout collecteur de cadavres de bovins, est tenu de se déclarer auprès de l'établissement de l'élevage mentionné à l'article *(Décr. n° 2006-1662 du 21 déc. 2006)* « L. 653-7 » afin que celui-ci l'enregistre et lui attribue un numéro national.

« Lorsque l'exploitation détient d'autres espèces animales, le même numéro national d'exploitation est utilisé pour l'ensemble des espèces animales qui s'y trouvent.

« Tout détenteur d'un ou de plusieurs bovins est tenu d'identifier ou de faire identifier chaque animal né sur son exploitation d'élevage.

« Les animaux doivent être identifiés conformément aux dispositions du règlement n° 1760/2000 du Parlement européen et du Conseil du 17 juillet 2000. »

II. — *(Décr. n° 2006-376 du 23 mars 2006)* « Tout animal provenant d'un État membre de l'Union européenne conserve sa marque auriculaire d'origine. Le détenteur doit demander un passeport pour ledit animal lorsque celui-ci n'est pas destiné à un séjour temporaire.

« Tout animal importé de pays tiers, à l'exception de ceux accompagnés d'un certificat sanitaire relatif à l'importation d'animaux de boucherie, doit être réidentifié. Un

passeport est édité pour ledit animal et le lien entre l'identification d'origine du pays tiers et l'identification apposée en France doit être consigné dans le registre des bovins tenu sur l'exploitation ainsi que dans la base de données prévue à l'article D. 212-18. »

III. — Tout détenteur de bovins, à l'exception des transporteurs, doit tenir à jour le registre des bovins défini *(Décr. n° 2017-1246 du 7 août 2017, art. 12-8°)* **« au II de l'article D. 212-21 et complète le passeport conformément aux dispositions prévues au I du même article ».**

IV. — *(Décr. n° 2006-376 du 23 mars 2006)* **« Tout détenteur d'un ou de plusieurs bovins, à l'exception des transporteurs, est tenu de notifier, au gestionnaire de la base de données d'identification mentionnée à l'article D. 212-18 ou à l'établissement de l'élevage mentionné à l'article R. 212-22, les naissances, les déplacements à destination et en provenance de l'exploitation et les morts d'animaux conformément aux dispositions du règlement n° 1760/2000 du Parlement européen et du Conseil du 17 juillet 2000. »**

V. — Tout détenteur de bovins, quelle que soit la provenance de ceux-ci, est tenu de maintenir en permanence l'identification des bovins. *(Décr. n° 2006-376 du 23 mars 2006)* **« A cet effet, il est tenu de signaler à l'établissement de l'élevage » :**

1° La perte d'une marque auriculaire portée par un animal ;

2° La perte des deux marques auriculaires d'un animal, après avoir isolé celui-ci ;

3° La perte des autres éléments nécessaires au système d'identification de l'animal (registre, document de notification ou passeport).

VI. — Il est interdit à tout détenteur d'un bovin de l'exposer, le mettre en vente ou le vendre s'il n'est identifié et accompagné de son passeport conforme aux caractéristiques prévues au I de l'article D. 212-21 ; le passeport est remis à l'acheteur de l'animal à tous les stades de commercialisation.

En cas de prêt, de don ou de mise en pension d'un bovin, les détenteurs successifs sont tenus aux mêmes obligations.

VII. — Tout détenteur d'un bovin ne peut faire circuler celui-ci qu'identifié et accompagné de son passeport conforme aux caractéristiques prévues au I de l'article D. 212-21. Le détenteur doit être en mesure de présenter le passeport immédiatement.

Pour les animaux en provenance de pays tiers, le document prescrit par la réglementation douanière et sanitaire en vigueur tient lieu de passeport lorsque l'animal est :

1° Soit en transit, soit en transhumance ;

2° Soit importé temporairement ;

3° Soit transporté en vue d'une importation définitive.

VIII. — Tout détenteur d'un bovin est tenu de s'assurer que le numéro national d'identification de l'animal, son sexe et son type racial correspondent aux mentions portées sur le passeport et de signaler les différences éventuelles à l'établissement de l'élevage.

(Décr. n° 2006-376 du 23 mars 2006) **« IX. — Sans préjudice des dispositions de l'article L. 221-4, une restriction, partielle ou totale, des mouvements d'entrée et de sortie des animaux de l'exploitation peut être prononcée par le préfet en cas de non-respect des mesures prévues par le présent article.**

« Un arrêté du ministre chargé de l'agriculture précise les conditions d'application du présent article, notamment les modalités d'enregistrement des détenteurs d'animaux et des exploitations, les modalités et les délais d'apposition des marques auriculaires, les modalités et les délais de notification des informations relatives aux animaux et à leurs mouvements et la notion de séjour temporaire. » *— [Anc. art. R. 653-16.] — V. Arr du 6 août 2013 relatif à l'identification des animaux de l'espèce bovine (JO 22 août), mod. par Arr. du 24 sept. 2015 (JO 7 oct.), Arr. du 29 mars 2018 (JO 12 avr.), Arr. du 3 avr. 2023 (JO 13 avr.).*

V. Arr. du 22 févr. 2005 fixant les conditions sanitaires de détention, de circulation et de commercialisation des bovins (JO 23 févr.), mod. par Arr. du 10 août 2006 (JO 30 août).

Sanction. Est coupable de modification frauduleuse de signes distinctifs l'agriculteur qui change les marques auriculaires de plusieurs bovins pour éviter l'abattage de son troupeau après qu'une de ses bêtes a dû être abattue parce qu'atteinte d'encéphalopathie spongiforme. • Crim. 18 nov. 2003, *Ploquin*, n° 03-80.549 P : *RTD com. 2004. 383, obs. Bouloc ; Gaz. Pal. 20-22 juin 2004. 23 ; CCC mai 2004, inf. 87, note G. R. ; RJDA 2004, inf. n° 484 ; JCP 2004. IV. 1104 ; JCP E 2004. 95.*

Art. D. 212-20 Dans les cas prévus par l'article 6-3 du règlement (CE) n° 1760/2000 du Parlement européen et du Conseil mentionné ci-dessus, un arrêté du ministre chargé de l'agriculture peut mettre fin à l'obligation de faire circuler un bovin accompagné de son passeport. *– [Anc. art. R. 653-17.]*

Art. D. 212-21 I. – Un arrêté du ministre chargé de l'agriculture précise les caractéristiques des marques auriculaires et du passeport définies dans le *(Décr. n° 2006-376 du 23 mars 2006)* « règlement (CE) n° 911/2004 de la Commission du 29 avril 2004 » fixant les modalités d'application du règlement (CE) n° 1760/2000 du Parlement européen et du Conseil mentionné ci-dessus en ce qui concerne les marques auriculaires, les registres d'exploitation et les passeports dans le cadre du système d'identification et d'enregistrement des bovins et fixe les modalités d'édition des passeports, les conditions d'agrément, par le ministre chargé de l'agriculture, des marques auriculaires et les obligations auxquelles sont tenus leurs fabricants et revendeurs.

II. – Un arrêté conjoint du ministre chargé de l'agriculture et du ministre chargé de l'économie précise les caractéristiques du registre des bovins institué par le règlement (CE) n° 911/2004 mentionné ci-dessus. *– [Anc. art. R. 653-18.] – V. Arr. du 30 mai 1997 relatif au registre des bovins (JO 1er juin).*

Art. R. 212-22 Les établissements de l'élevage sont chargés, selon des modalités fixées par arrêté du ministre chargé de l'agriculture :

1° De la saisie, de la communication au gestionnaire de la base de données mentionnée à l'article D. 212-18, et de la validation des notifications des informations transmises par les détenteurs de bovins conformément au IV de l'article D. 212-19 ; *– V. Arr. du 7 mars 1997 relatif aux modalités de mise à jour du fichier départemental ou interdépartemental d'identification des bovins (JO 14 mars).*

2° Du contrôle de la fourniture, aux détenteurs, des marques auriculaires d'identification, des registres des bovins, des inventaires d'étable et des passeports, hors volet sanitaire ;

3° De l'identification des animaux importés de pays tiers ;

4° De la mise en conformité de l'identification, en conservant le code national d'identification de la marque auriculaire, des animaux ayant perdu une marque auriculaire ;

5° De la réidentification, en conservant le code national d'identification des marques auriculaires des animaux ayant perdu leurs deux marques auriculaires, après vérification auprès de l'exploitation conformément à l'article 1er, paragraphe 2, du règlement (CE) n° 494/98 de la Commission du 27 février 1998 arrêtant certaines modalités d'application du règlement (CE) n° 1760/2000 du Parlement européen et du Conseil concernant l'application de sanctions administratives minimales dans le cadre du système d'identification et d'enregistrement des bovins ;

6° De l'identification des animaux nés chez un détenteur, aux frais de celui-ci, dès lors que les règles d'identification prévues au I de l'article D. 212-19 ne sont pas respectées ;

7° Du maintien de l'identification des animaux, aux frais du détenteur, dès lors que les obligations du V de l'article D. 212-19 ne sont pas respectées ;

8° De l'information, de la formation et du conseil aux détenteurs pour les opérations d'identification, de maintien de l'identification et de notification à la base de données ;

9° Du contrôle du respect, par tout détenteur de bovin, des règles d'identification, de maintien de l'identification ou de notification à la base de données définies dans le présent paragraphe.

Selon des modalités définies par arrêté du ministre chargé de l'agriculture, l'établissement de l'élevage est tenu d'informer les services compétents du ministère de l'agriculture des anomalies d'identification constatées dans le cadre de l'exécution du 9° du présent article ou de celles qui lui ont été signalées par un détenteur de bovin dans sa zone de compétence.

Le non-respect d'une des obligations résultant de ces missions peut donner lieu à la suspension ou au retrait de l'agrément accordé à l'établissement de l'élevage *(Décr. n° 2006-1662 du 21 déc. 2006)* « dans les conditions prévues par les dispositions de l'article R. 653-43 ». *– [Anc. art. R. 653-19.]*

Art. D. 212-23 Le passeport de chaque bovin, ou son document d'accompagnement pour un bovin en provenance d'un pays tiers, est remis par le détenteur de l'animal :

1° En cas d'introduction de l'animal dans un abattoir, à l'exploitant de l'établissement, lequel doit avant l'abattage s'assurer que le numéro national d'identification de l'animal, son sexe et son type racial correspondent aux mentions portées sur le passeport ou le document d'accompagnement, et le transmettre, en signalant les différences éventuelles, *(Décr. n° 2011-537 du 17 mai 2011)* « au vétérinaire officiel de l'abattoir » ;

2° En cas d'enlèvement du cadavre par un établissement d'équarrissage, à l'exploitant de cet établissement, lequel doit s'assurer que le numéro national d'identification de l'animal, son sexe et son type racial correspondent aux mentions portées sur le passeport ou le document d'accompagnement et le transmettre, en signalant les différences éventuelles, *(Décr. n° 2011-537 du 17 mai 2011)* « au préfet » du département dans lequel l'établissement est situé ;

3° En cas d'exportation vers un pays tiers, *(Décr. n° 2011-537 du 17 mai 2011)* « au préfet du département où a été délivré » le certificat sanitaire. — *[Anc. art. R. 653-20.]* — *V. art. R. 215-11 (pén.).*

§ 3 Dispositions spécifiques aux ovins et caprins

Art. D. 212-24 Dans le présent paragraphe :

— les termes : "animal", "exploitation" et "détenteur" s'entendent au sens de l'article 2 du règlement (CE) n° 21/2004 du 17 décembre 2003 établissant un système d'identification et d'enregistrement des animaux des espèces ovine et caprine ;

— le terme : "centre de rassemblement" s'entend de "tout emplacement, y compris les exploitations, les centres de collectes et les marchés où sont rassemblés des animaux des espèces ovine et caprine issus de différentes exploitations d'origine en vue de la constitution de lots d'animaux". — *[Anc. art. R. 653-29.]*

Art. D. 212-25 La base de données nationale d'identification des ovins et des caprins comporte des informations relatives aux détenteurs, aux exploitations, aux animaux qui y sont détenus et à leurs mouvements.

Les modalités de constitution de cette base, de sa gestion ainsi que de la communication des données qui en sont issues sont déterminées selon les modalités prévues par la loi n° 78-17 du 6 janvier 1978 relative à l'informatique, aux fichiers et aux libertés. — *[Anc. art. R. 653-30.]*

Art. D. 212-26 Tout détenteur d'un ou de plusieurs ovins ou caprins, à l'exception des transporteurs et des personnes responsables ou des propriétaires de centres de rassemblement, est tenu de se déclarer auprès de l'établissement de l'élevage mentionné à l'article *(Décr. n° 2017-1246 du 7 août 2017, art. 12-9°)* « L. 653-7 » afin de se voir attribuer un numéro national d'exploitation selon les modalités définies par arrêté du ministre chargé de l'agriculture. — *[Anc. art. R. 653-31.]*

Art. D. 212-27 I. — Tout détenteur d'un ou de plusieurs ovins ou caprins est tenu d'identifier ou de faire identifier chaque animal né sur son exploitation.

II. — Les animaux doivent être identifiés conformément aux dispositions du règlement (CE) n° 21/2004. Toutefois, ceux qui sont nés avant le 9 juillet 2005 sont identifiés dans les conditions définies par arrêté du ministre chargé de l'agriculture.

III. — Les animaux doivent être identifiés au moyen de repères agréés dans les conditions prévues au A de l'annexe du règlement (CE) n° 21/2004. Cette identification doit être maintenue par le détenteur de l'animal quelle que soit la provenance de celui-ci.

IV. — Conformément aux dispositions du 4 de l'article 4 du règlement (CE) n° 21/2004, les ovins et les caprins importés d'un pays tiers, à l'exception de ceux qui sont accompagnés d'un certificat sanitaire relatif à l'importation d'animaux de boucherie, doivent recevoir une nouvelle identification dans les 14 jours suivant leur introduction dans l'exploitation.

L'arrêté prévu au II précise également les modalités et les délais d'identification des animaux ainsi que les conditions dans lesquelles est apposé un repère d'identification de remplacement lorsque le repère initial a été perdu ou est devenu illisible. — *[Anc. art. R. 653-32.]*

Art. D. 212-28 Sans préjudice des dispositions de l'article L. 221-4, une restriction, partielle ou totale, des mouvements d'entrée et de sortie des animaux de l'exploitation peut être décidée par le *(Décr. n° 2011-537 du 17 mai 2011)* « préfet » en cas de non-respect des mesures prévues par l'article D. 212-27. Un arrêté du ministre chargé de l'agriculture fixe les modalités d'application du présent article. — *[Anc. art. R. 653-33.]*

Art. D. 212-29 Les informations relatives à l'identification et aux mouvements des animaux devant figurer sur le registre d'élevage prévu au II de l'article L. 234-1 et à l'article 5 du règlement (CE) n° 21/2004, définies à ce même article 5, sont précisées et complétées en tant que de besoin par arrêté du ministre chargé de l'agriculture. Cet arrêté fixe les modalités de tenue de la partie du registre relative à l'identification et aux mouvements des animaux. — *[Anc. art. R. 653-34.]*

Art. D. 212-30 Tout animal déplacé sur le territoire national entre deux exploitations distinctes doit être identifié dans les conditions fixées à l'article D. 212-27 et être accompagné du document de circulation prévu à l'article 6 du règlement (CE) n° 21/2004. Les informations devant figurer sur ce document sont définies au C de l'annexe du même règlement, précisées et complétées, en tant que de besoin, par arrêté du ministre chargé de l'agriculture. Cet arrêté définit également les modalités d'utilisation et de conservation du document de circulation. — *[Anc. art. R. 653-35.]*

Art. D. 212-30-1 *(Décr. n° 2009-274 du 10 mars 2009, en vigueur le 15 avr. 2009)* I. — Tout détenteur d'un ou plusieurs ovins ou caprins, à l'exception des transporteurs, est tenu de notifier au gestionnaire de la base de données nationale d'identification mentionnée à l'article D. 212-25 ou à l'établissement de l'élevage mentionné à l'article R. 212-32, au plus tard dans les sept jours, les déplacements de ces animaux à destination ou en provenance de son exploitation conformément aux dispositions de l'article 8 du règlement n° 21/2004 du Conseil du 17 décembre 2003. Il doit être en mesure de justifier de cette notification.

II. — Par dérogation au I, tout détenteur d'un ou plusieurs ovins ou caprins peut confier, par convention, la réalisation de la notification prévue au I à une personne responsable ou propriétaire d'une exploitation ou à un opérateur commercial. La personne chargée de la notification est tenue de se déclarer auprès des services compétents du ministère de l'agriculture afin que ceux-ci procèdent à son enregistrement.

Le détenteur d'un ou plusieurs ovins ou caprins doit être en mesure de justifier, sur demande des agents mentionnés à l'article *(Décr. n° 2021-1858 du 28 déc. 2021, art. 3)* « R. 210-1 », de la notification effectuée par la personne chargée de sa réalisation.

Le ministre chargé de l'agriculture précise, par arrêté, les conditions et les modalités de transmission des notifications de mouvements des animaux au gestionnaire de la base de données nationale d'identification des ovins et caprins et à l'établissement de l'élevage.

Art. D. 212-31 I. — Le détenteur d'un ou de plusieurs ovins ou caprins est tenu d'assurer que les animaux qu'il introduit sur son exploitation ou qu'il transporte sont identifiés dans les conditions prévues à l'article D. 212-27 et qu'ils sont accompagnés du document de circulation prévu à l'article D. 212-30 ou, dans le cas d'introduction en provenance d'un État membre de l'Union européenne ou d'un pays tiers, des documents sanitaires prévus à l'article L. 236-1.

II. — Le détenteur d'un ou de plusieurs ovins ou caprins est tenu de signaler toute anomalie concernant l'identification et les documents accompagnant les animaux qu'il introduit dans son exploitation ou qu'il transporte au *(Décr. n° 2011-537 du 17 mai 2011)* « préfet du département de son implantation ». — *[Anc. art. R. 653-36.]*

Art. R. 212-32 I. — Les établissements de l'élevage sont chargés :

1° De s'assurer du respect, par tout détenteur, des règles d'identification définies dans le présent paragraphe ;

2° D'assurer, le cas échéant, la saisie et la validation des informations transmises par chaque détenteur ainsi que leur communication au gestionnaire de la base de données nationale d'identification mentionnée à l'article D. 212-25 ;

3° De contrôler la fourniture aux détenteurs du matériel agréé nécessaire à la réalisation de l'identification selon les dispositions de l'article D. 212-27 ;

4° D'assurer la fourniture du modèle de document de circulation ;

5° De procéder à l'identification des animaux importés des pays tiers selon les modalités définies à l'article D. 212-27 ;

6° De procéder à l'identification des animaux chez un détenteur et au maintien de cette identification, aux frais de celui-ci, lorsque les règles de l'identification prévues à l'article D. 212-27 ne sont pas respectées ;

7° D'assurer l'information et le conseil aux détenteurs ainsi que leur formation pour les opérations d'identification et le maintien de celle-ci ;

(Décr. n° 2010-313 du 22 mars 2010) « 8° D'assurer, le cas échéant, la validation des notifications des informations transmises par les détenteurs d'ovins et caprins conformément à l'article D. 212-30-1. »

II. – L'établissement de l'élevage informe les services compétents du ministère chargé de l'agriculture des anomalies d'identification constatées dans sa zone de compétence en application du 1° du I du présent article.

Le non-respect par un établissement de l'élevage d'une des obligations résultant de ces missions peut donner lieu à la suspension ou au retrait de son agrément *(Décr. n° 2006-1662 du 21 déc. 2006)* « dans les conditions prévues par les dispositions de l'article R. 653-43 ».

Un arrêté du ministre chargé de l'agriculture précise les modalités d'application du présent article. – *[Anc. art. R. 653-37.]*

Art. D. 212-33 I. – Lors de l'enlèvement d'un cadavre d'ovin ou de caprin, l'exploitant de l'établissement d'équarrissage signale au *(Décr. n° 2011-537 du 17 mai 2011)* « préfet » toute anomalie d'identification qu'il constate.

II. – Les informations devant figurer sur le document d'enlèvement d'un cadavre d'ovin ou de caprin prévues à l'article 7 du règlement (CE) n° 1774/2002 définies à l'annexe II de ce même règlement sont précisées et complétées en tant que de besoin par arrêté du ministre chargé de l'agriculture. – *[Anc. art. R. 653-38.]*

V. art. R. 215-12 (pén.).

V. Arr. du 19 déc. 2005 relatif à l'identification des animaux des espèces ovine et caprine (JO 24 déc.), mod. par Arr. du 20 mars 2009 (JO 2 avr.), Arr. du 27 nov. 2009 (JO 4 déc.), Arr. du 8 déc. 2009 (JO 18 déc.), Arr. du 30 déc. 2010 (JO 1er janv. 2011), Arr. du 1er mars 2011 (JO 10 mars), Arr. du 17 mars 2011 (JO 20 mars), Arr. du 21 déc. 2011 (JO 27 déc.), Arr. du 20 avr. 2012 (JO 5 mai), Arr. du 13 juin 2013 (JO 28 juin), Arr. du 11 déc. 2014 (JO 19 déc.) ; Arr. du 9 déc. 2009 fixant les modalités de gestion et de fonctionnement de la base de données nationale d'identification des ovins et des caprins (JO 19 déc.), mod. par 2 Arr. du 13 juill. 2012 (JO 24 juill.).

§ 4 Dispositions spécifiques aux porcins

Art. D. 212-34 Au sens du présent paragraphe, on entend par :

1° Exploitation : tout établissement, toute construction ou, dans le cas d'un élevage en plein air, tout lieu dans lequel des animaux sont détenus, élevés ou manipulés ;

2° Centre de rassemblement : tout emplacement, y compris les exploitations, les centres de collecte et les marchés où sont rassemblés des animaux de l'espèce porcine issus de différentes exploitations en vue de la constitution de lots d'animaux ;

3° Détenteur : toute personne responsable des animaux à titre permanent ou temporaire, y compris les transporteurs *(Abrogé par Décr. n° 2018-1090 du 4 déc. 2018, à compter du 1er janv. 2019)* ***« , à l'exclusion de celles qui détiennent un unique porcin destiné à leur propre usage ou consommation »*** ;

4° Site d'élevage porcin : bâtiment ou ensemble de bâtiments, parcelle ou ensemble de parcelles d'une même exploitation éloignés des autres bâtiments ou parcelles de la même exploitation d'une distance inférieure ou égale à 500 mètres ; – *Le 4° de l'art. D. 212-34 est supprimé et les 5°, 6° et 7° deviennent respectivement les 4°, 5° et 6° (Décr. n° 2011-537 du 17 mai 2011, art. 2-8°, JO 19 mai).*

5° Porcin : animal de la famille des suidés et du genre *Sus*, de l'espèce *Sus scrofa* et qui comprend notamment le sanglier *"Sus scrofa scrofa"* et le porc domestique *"Sus scrofa domesticus"* ainsi que leurs croisements *(Abrogé par Décr. n° 2012-48 du 16 janv. 2012, art. 2)* ***«, à l'exclusion des animaux de parcs zoologiques qui relèvent d'une réglementation particulière »*** ;

6° Porcin reproducteur (ou porcin d'élevage) : porcin utilisé en vue de la multiplication de l'espèce. — *[Anc. art. D. 653-39-1.]*

SOUS-§ 1 Déclaration des exploitations et des sites d'élevage porcin

Art. D. 212-35 Tout détenteur de porcins, ainsi que tout collecteur de cadavres de porcins à l'exclusion des transporteurs et des personnes responsables ou des propriétaires de centres de rassemblement, est tenu de se déclarer auprès de l'établissement de l'élevage mentionné à l'article *(Décr. n° 2017-1246 du 7 août 2017, art. 12-9°)* « L. 653-7 » afin que celui-ci l'enregistre et lui attribue un numéro national d'exploitation qui lui est propre.

Lorsque l'exploitation détient d'autres espèces animales, le même numéro national d'exploitation est utilisé pour l'ensemble des espèces animales qui s'y trouvent. — *[Anc. art. D. 653-39-2.]*

Art. D. 212-36 Tout détenteur de porcins, à l'exclusion des exploitants d'abattoirs, des transporteurs et des personnes responsables ou des propriétaires de centres de rassemblement, est tenu de déclarer le ou les sites d'élevage constituant son exploitation auprès de l'établissement de l'élevage.

L'établissement de l'élevage attribue à chaque site d'élevage porcin un identifiant particulier en complément du numéro national d'exploitation.

Par dérogation aux dispositions de l'alinéa précédent, le préfet peut autoriser, lorsque cette mesure est de nature à faciliter le suivi sanitaire de l'exploitation, l'attribution d'une identification unique pour un ensemble de bâtiments ou de parcelles séparés d'une distance comprise entre 500 mètres et 5 kilomètres. — *[Anc. art. D. 653-39-3.]*

SOUS-§ 2 Identification des porcins

Art. D. 212-37 Tout détenteur de porcins, à l'exclusion des exploitants d'abattoirs, des transporteurs et des personnes responsables ou des propriétaires de centres de rassemblement, est tenu d'identifier ou de faire identifier les porcins détenus dans son exploitation avant toute sortie d'un site de l'exploitation par apposition du numéro national d'identification du site d'élevage.

Pour les porcins reproducteurs, ce numéro est complété par un numéro individuel.

(Décr. n° 2014-1645 du 26 déc. 2014, art. 1er) « Par dérogation au premier alinéa, lorsque l'approvisionnement d'un site destinataire de porcelets s'effectue auprès d'un unique site fournisseur de porcelets, l'identification des porcins concernés peut intervenir avant la sortie des animaux du site destinataire, à condition que le lien entre les deux sites soit enregistré dans la base de données nationale d'identification des porcins mentionnée à l'article D. 212-39.

« Un arrêté du ministre chargé de l'agriculture précise les modalités de mise en œuvre de cette dérogation. »

Les porcins non destinés à l'abattoir, importés de pays tiers, doivent recevoir une nouvelle identification dans les trente jours suivant leur arrivée dans l'exploitation ou avant toute sortie de celle-ci. Le lien entre l'identification d'origine et l'identification apposée en France doit être consigné dans le registre d'élevage prévu à l'article L. 234-1. — *[Anc. art. D. 653-39-4.]*

V. Arr. du 20 août 2009 relatif à l'identification des sangliers détenus au sein des établissements d'élevage, de vente ou de transit de catégorie A ou de catégorie B (JO 5 sept.), mod. par Arr. du 3 déc. 2009 (JO 17 déc.).

Art. D. 212-38 L'identification des porcins doit être réalisée au moyen de marques auriculaires ou de tatouages infalsifiables, lisibles pendant toute la vie de l'animal et insusceptibles d'être réutilisés ou modifiés. — *[Anc. art. D. 653-39-5.]*

Art. D. 212-39 Il est créé au ministère de l'agriculture une base de données nationale d'identification des porcins comportant des informations relatives aux détenteurs, aux exploitations et à leurs différents sites d'élevage, aux animaux qui y sont élevés ou détenus, à leurs mouvements ainsi que, le cas échéant, à leur statut sanitaire et permettant notamment de déterminer l'exploitation dont proviennent les animaux.

Les modalités de constitution de cette base, de sa gestion ainsi que de la communication des données qui en sont issues sont déterminées selon les modalités prévues par la loi du 6 janvier 1978 relative à l'informatique, aux fichiers et aux libertés. – *[Anc. art. D. 653-39-6.]*

V. Arr. du 17 juill. 2009 fixant les modalités de gestion et de fonctionnement de la base de données nationale d'identification des porcins (JO 25 juill.), mod. par Arr. du 20 oct. 2010 (JO 24 oct.), Arr. du 25 juill. 2011 (JO 6 août).

Art. R. 212-40 L'établissement de l'élevage est chargé :

1° De contrôler le respect, par tout détenteur, des règles d'identification des porcins ;

2° D'assurer, le cas échéant, la saisie, la validation des informations transmises par chaque détenteur et leur communication au gestionnaire de la base de données nationale d'identification mentionnée à l'article D. 212-39 ;

3° D'assurer à la demande du préfet l'identification des animaux, chez tout détenteur et à ses frais, dès lors que les règles d'identification prévues aux articles D. 212-37 et D. 212-38 ne sont pas respectées ;

4° D'assurer l'information, la formation et le conseil aux détenteurs pour les opérations d'identification.

L'établissement de l'élevage informe les services compétents du ministère de l'agriculture des anomalies d'identification constatées dans sa zone de compétence ou de celles qui lui ont été signalées par un détenteur de porcins.

La méconnaissance d'une des obligations résultant de ces missions peut donner lieu à la suspension ou au retrait de l'agrément accordé à l'établissement de l'élevage *(Décr. n° 2006-1662 du 21 déc. 2006)* « dans les conditions prévues par les dispositions de l'article R. 653-43 ». – *[Anc. art. D. 653-39-7.]*

V. art. R. 215-13 (pén.).

V. Arr. du 24 nov. 2005 relatif à l'identification du cheptel porcin (JO 29 nov.), mod. par Arr. du 29 nov. 2007 (JO 8 déc.), Arr. du 17 juill. 2009 (JO 25 juill.), Arr. du 5 mars 2010 (JO 13 mars), Arr. du 20 oct. 2010 (JO 24 oct.), Arr. du 28 janv. 2013 (JO 11 avr.), Arr. du 3 juill. 2014 (JO 12 juill.), Arr. du 10 juill. 2015 (JO 14 juill.), Arr. du 27 nov. 2017 (JO 29 nov.), Arr. du 13 déc. 2018 (JO 20 déc.).

SOUS-§ 3 Dispositions relatives aux déplacements de porcins

Art. D. 212-41 Lors de tout mouvement (y compris entre deux sites d'une même exploitation) les porcins doivent être accompagnés d'un des documents suivants :

1° Un document d'accompagnement permettant d'assurer leur traçabilité en application du 1 de l'article 18 du règlement n° 178/2002 (CE) du Parlement européen et du Conseil du 28 janvier 2002 pour les porcins qui quittent un site ou un centre de rassemblement mais demeurent sur le territoire métropolitain *(Décr. n° 2016-781 du 10 juin 2016, art. 3-1°, en vigueur le 1er juill. 2016)* « ou en Guadeloupe, en Guyane, en Martinique, à La Réunion, à Mayotte ou à Saint-Martin » ;

2° Un certificat sanitaire établi par un vétérinaire officiel *(Abrogé par Décr. n° 2011-537 du 17 mai 2011) « au sens du 4 de l'article D. 212-34 »* pour les porcins à destination d'un État membre ou d'un pays tiers ;

3° Un certificat sanitaire établi par un vétérinaire officiel du pays de provenance pour les porcins en provenance soit d'un État membre soit d'un pays tiers.

Tout détenteur est tenu de s'assurer que tout porcin introduit dans son exploitation ou qu'il transporte (y compris entre deux sites d'une même exploitation) est identifié conformément à l'article D. 212-37 et est accompagné d'un des documents mentionnés ci-dessus. – *[Anc. art. D. 653-39-8.]*

Art. D. 212-42 Tout détenteur de porcins est tenu de notifier au gestionnaire de la base de données nationale d'identification instituée par l'article D. 212-39, au plus tard dans les 7 jours qui suivent :

– les déplacements de porcins à destination et en provenance de son exploitation ;

– les déplacements de porcins à destination et en provenance de chacun des sites d'élevage définis à l'article D. 212-36. – *[Anc. art. D. 653-39-9.]*

Art. D. 212-43 Lors de la collecte d'un cadavre ou d'un lot de cadavres de porcins, le collecteur notifie au gestionnaire de la base de données nationale d'identification les informations relatives à l'exploitation dans laquelle est réalisée cette collecte ainsi qu'aux cadavres collectés. – *[Anc. art. D. 653-39-10.]*

Art. D. 212-44 **Les documents d'accompagnement et les certificats sanitaires relatifs aux échanges, aux exportations ou aux importations ou, le cas échéant, une copie de ces documents doivent être conservés dans le registre d'élevage mentionné à l'article L. 234-1 pendant au moins cinq ans. Ils doivent être tenus à la disposition des fonctionnaires et agents mentionnés à l'article L. 653-15.** – *[Anc. art. D. 653-39-11.]*

Art. D. 212-45 **Un arrêté du ministre chargé de l'agriculture précise les modalités d'application du présent paragraphe et, notamment :**

– les modalités de déclaration des détenteurs à l'établissement de l'élevage et d'attribution du numéro d'exploitation et de site d'élevage ;

– les caractéristiques du matériel d'identification et les procédures selon lesquelles l'identification est réalisée ;

– les modalités selon lesquelles le gestionnaire de la base de données nationale d'identification des porcins est informé des mouvements d'animaux ou des collectes de cadavres de porcins ;

– le modèle et les conditions d'utilisation du document d'accompagnement. – *[Anc. art. D. 653-39-12.]*

V. art. R. 215-13 (pén.).

SOUS-SECTION 3 **Identification et déclaration de détention des équidés et des camélidés** *(Décr. n° 2016-119 du 5 févr. 2016, art. 1er-1°).*

BIBL. ► Carius, *DP entr. agric., Bull. n° 456, p. 1, et n° 457, p. 7* (un passeport pour les équidés). – Trequattrini, *RD rur. 2011, n° 121* (l'obligation de déclaration des détenteurs d'équidés et des lieux de stationnement).

COMMENTAIRE

Le décret n° 2012-1036 du 7 septembre 2012 relatif à l'identification et à la déclaration de détention des équidés domestiques *(JO 9 sept.)* a modifié les règles d'identification des équidés pour entrer en conformité avec le règlement (CE) n° 504/2008 du 6 juin 2008 portant application des directives 90/426/CEE et 90/427/CEE du Conseil en ce qui concerne les méthodes d'identification des équidés *(JOCE n° L 149 du 7 juin)*, et faciliter ainsi la libre circulation des équidés dans l'Union européenne. ❑

§ 1 **Fichiers centraux zootechniques des équidés et des camélidés** *(Décr. n° 2016-119 du 5 févr. 2016, art. 1er-2°).*

Art. D. 212-46 *Al. 1er abrogé par Décr. n° 2017-1326 du 7 sept. 2017, art. 1er-1°.*

(Décr. n° 2016-119 du 5 févr. 2016, art. 1er-3°, en vigueur le 1er juill. 2016) **L'établissement public Institut français du cheval et de l'équitation établit et gère le fichier central zootechnique des équidés et le fichier central zootechnique des camélidés, qui regroupent les informations relatives à la propriété, à la détention et à l'identification des équidés et des camélidés nés ou détenus en France. Le fichier central zootechnique des équidés contient en outre les données sanitaires et zootechniques relatives à ces équidés.**

Des arrêtés du ministre chargé de l'agriculture fixent le contenu et les modalités d'organisation et de fonctionnement de ces fichiers.

V. Arr. du 8 oct. 2014 relatif au fichier central zootechnique des équidés (JO 6 nov.), mod. par Arr. du 25 juin 2018, art. 20 (JO 30 juin).

§ 2 **Déclaration des détenteurs et des propriétaires d'équidés et de camélidés** *(Décr. n° 2016-119 du 5 févr. 2016, art. 1er-4°).*

(Décr. n° 2012-1036 du 7 sept. 2012, art. 1er-5°)

SOUS-§ 1 ***Déclaration des détenteurs d'équidés*** *(Décr. n° 2016-119 du 5 févr. 2016, art. 1er-5°).*

Art. D. 212-47 *(Décr. n° 2010-865 du 23 juill. 2010)* **En application de l'article L. 212-9, tout détenteur d'un ou plusieurs équidés** *(Abrogé par Décr. n° 2017-1326 du*

7 sept. 2017, art. 1er-2°) **« *domestiques* », à l'exception** *(Décr. n° 2012-1036 du 7 sept. 2012, art. 1er-6°-a)* **« des domiciles professionnels d'exercice vétérinaire, des équarrisseurs, des abattoirs » et des transporteurs, est tenu de se déclarer auprès de l'Institut français du cheval et de l'équitation.**

Le détenteur peut confier à l'un des organismes tiers figurant sur une liste fixée par arrêté du ministre chargé de l'agriculture, le soin de réaliser cette déclaration pour son compte.

La déclaration comporte le nom et l'adresse du détenteur, *(Décr. n° 2012-1036 du 7 sept. 2012, art. 1er-6°-b)* **« l'adresse du ou des lieux de stationnement des animaux si celle-ci est différente de l'adresse du détenteur »** *(Abrogé par Décr. n° 2017-1326 du 7 sept. 2017, art. 1er-2°)* **« *ainsi que les informations nécessaires à l'enregistrement des équidés au fichier central* ». Elle doit parvenir à l'Institut français du cheval et de l'équitation avant l'arrivée du premier équidé domestique.**

L'Institut français du cheval et de l'équitation identifie chaque lieu de stationnement par un numéro national unique.

Al. 5 et 6 abrogés par Décr. n° 2017-1326 du 7 sept. 2017, art. 1er-2°. – Anc. art. D. 212-50-1 (Décr. n° 2012-1036 du 7 sept. 2012, art. 1er-5°, JO 9 sept.).

V. Arr. du 26 juill. 2010 précisant les modalités de déclaration des détenteurs d'équidés et des lieux de stationnement (JO 6 août), mod. par Arr. du 14 oct. 2013 (JO 26 oct.).

Art. D. 212-48 *(Décr. n° 2010-865 du 23 juill. 2010)* **Le détenteur, ou l'organisme tiers ayant réalisé la déclaration pour son compte, porte à la connaissance de l'Institut français du cheval et de l'équitation, dans un délai maximum de** *(Décr. n° 2017-1326 du 7 sept. 2017, art. 1er-3°)* **« 30 jours », toute modification des informations déclarées en application de l'article** *(Décr. n° 2012-1036 du 7 sept. 2012, art. 1er-7°-a et b)* **« D. 212-47 ».**

Al. 2 abrogé par Décr. n° 2017-1326 du 7 sept. 2017, art. 1er-3°. – Anc. art. D. 212-50-2 (Décr. n° 2012-1036 du 7 sept. 2012, art. 1er-5°, JO 9 sept.).

Art. D. 212-49 *(Décr. n° 2012-1036 du 7 sept. 2012, art. 1er-8°)* **Sur demande du propriétaire présentée** *(Décr. n° 2017-1326 du 7 sept. 2017, art. 1er-4°)* **« dans un délai de huit mois après la naissance ou de 30 jours après l'introduction depuis un autre État membre ou après l'importation d'un équidé », une carte d'immatriculation contenant son nom et son adresse, ainsi que le nom et, le cas échéant, le numéro d'identification de l'équidé, lui est transmise par l'Institut français du cheval et de l'équitation en sa qualité de gestionnaire du fichier central.**

Le gestionnaire du fichier central est informé du changement de propriétaire de l'équidé par le nouveau propriétaire qui lui retourne, lorsqu'elle a été établie, la carte d'immatriculation de l'animal endossée par l'ancien propriétaire. Le gestionnaire du fichier central établit ou modifie la carte d'immatriculation au nom du nouveau propriétaire. Si le changement de propriétaire intervient avant l'établissement de la carte d'immatriculation, le nouveau propriétaire en informe le gestionnaire du fichier central qui établit la carte d'immatriculation au nom du nouveau propriétaire.

Toute modification des informations déclarées en application du deuxième alinéa est portée à la connaissance de l'Institut français du cheval et de l'équitation dans un délai *(Décr. n° 2017-1326 du 7 sept. 2017, art. 1er-4°)* **« de 30 jours ».**

Dans *(Décr. n° 2017-1326 du 7 sept. 2017, art. 1er-4°)* **« un délai de 30 jours » suivant la mort d'un équidé, le propriétaire transmet la carte d'immatriculation au gestionnaire du fichier central.**

Art. D. 212-50 *(Décr. n° 2010-865 du 23 juill. 2010)* **Un arrêté du ministre chargé de l'agriculture précise le contenu et les modalités** *(Décr. n° 2012-1036 du 7 sept. 2012, art. 1er-9°)* **« des déclarations prévues aux articles D. 212-47, D. 212-48 et D. 212-49 ».** *– Anc. art. D. 212-50-3 (Décr. n° 2012-1036 du 7 sept. 2012, art. 1er-5°, JO 9 sept.).*

SOUS-§ 2 *Déclaration des détenteurs de camélidés*

(Décr. n° 2016-119 du 5 févr. 2016, art. 1er-6°, en vigueur le 1er juill. 2016)

Art. D. 212-50-1 En application de l'article L. 212-9, tout détenteur d'un ou plusieurs camélidés, à l'exception des sociétés vétérinaires mentionnées à l'article L. 241-14 *(Abrogé par Décr. n° 2017-1246 du 7 août 2017, art. 12-11°)* **« *du code rural et***

de la pêche maritime », des équarrisseurs, des abattoirs et des transporteurs, est tenu de se déclarer auprès de l'Institut français du cheval et de l'équitation.

La déclaration comporte au moins le nom et l'adresse du détenteur, le nom et l'adresse du propriétaire s'il est différent.

L'Institut français du cheval et de l'équitation identifie chaque lieu de détention par un numéro national unique.

Art. D. 212-50-2 Le détenteur d'un camélidé porte à la connaissance de l'Institut français du cheval et de l'équitation, dans un délai maximum de deux mois, toute modification des informations déclarées en application de l'article D. 212-50-1, à l'exception des données concernant le changement de propriété, qui doivent être déclarées par le nouveau propriétaire. L'Institut français du cheval et de l'équitation met à jour les données dans le fichier central zootechnique des camélidés dans un délai de huit jours.

Art. D. 212-50-3 L'Institut français du cheval et de l'équitation délivre de façon dématérialisée au propriétaire du camélidé, à sa demande, une attestation contenant les informations liées à l'identité de l'animal.

Art. D. 212-50-4 Un arrêté du ministre chargé de l'agriculture précise le contenu et les modalités des déclarations et attestation prévues aux articles D. 212-50-1 à D. 212-50-3.

§ 3 Identification des équidés et des camélidés *(Décr. n° 2016-119 du 5 févr. 2016, art. 1er-7°).*

(Décr. n° 2012-1036 du 7 sept. 2012, art. 1er-10°)

SOUS-§ 1 *Identification des équidés (Décr. n° 2016-119 du 5 févr. 2016, art. 1er-8°).*

V. Arr. du 25 juin 2018 relatif à l'identification des équidés (JO 30 juin).

Art. D. 212-51 Les équidés détenus en France doivent être identifiés conformément aux dispositions du *(Décr. n° 2017-1326 du 7 sept. 2017, art. 1er-5°)* « règlement d'exécution (UE) 2015/262 de la Commission du 17 février 2015 et par les dispositions du présent sous-paragraphe.

« Sauf en ce qui concerne les dispositions du *a* du 3 de l'article 12 et des articles 29 et 32 du règlement d'exécution (UE) 2015/262 de la Commission du 17 février 2015, pour lesquelles l'autorité compétente est l'Institut français du cheval et de l'équitation, et les dispositions du 2 de l'article 26 et de l'article 31, pour lesquelles l'autorité compétente est le préfet, le ministre chargé de l'agriculture est l'autorité compétente au sens de ce règlement.

« Les détenteurs d'équidés disposent d'un délai maximal de huit mois après la naissance pour effectuer la demande de document d'identification prévue au 1 de l'article 11 de ce règlement.

« Un arrêté du ministre chargé de l'agriculture précise le contenu et les modalités de dépôt des demandes d'enregistrement et de mise à jour du document d'identification d'un équidé. »

V. Arr. du 24 avr. 2009 relatif aux races et appellations des équidés (JO 16 mai), mod. par Arr. du 14 oct. 2009 (JO 29 oct.), Arr. du 3 févr. 2012 (JO 14 févr.), Arr. du 17 déc. 2012 (JO 26 déc.), Arr. du 24 janv. 2013 (JO 1er févr.).

Art. D. 212-52 *Abrogé par Décr. n° 2017-1326 du 7 sept. 2017, art. 1er-6°.*

Art. D. 212-53 *(Décr. n° 2017-1326 du 7 sept. 2017, art. 1er-7°)* Un arrêté du ministre chargé de l'agriculture fixe les modalités de réalisation de l'identification et les caractéristiques que doit respecter le transpondeur utilisé.

Art. D. 212-54 *(Décr. n° 2006-1662 du 21 déc. 2006)* Les frais d'identification, d'immatriculation et de contrôle de filiation sont à la charge du propriétaire de l'équidé concerné. Après transfert de propriété, les frais de délivrance de la nouvelle carte d'immatriculation sont à la charge du nouveau propriétaire. – *[Anc. art. R. 653-49.]*

Art. D. 212-55 *(Décr. n° 2017-1326 du 7 sept. 2017, art. 1er-8°)* L'Institut français du cheval et de l'équitation est le service officiel mentionné au *a* du 1 de l'article 5 du

règlement d'exécution (UE) 2015/262 de la Commission du 17 février 2015 et l'organisme émetteur mentionné au ii) du *c* du 1 du même article.

L'Institut français du cheval et de l'équitation est le point de contact mentionné au 2 de l'article 36 du règlement d'exécution (UE) 2015/262 de la Commission du 17 février 2015 pour la réception des documents d'identification après l'abattage ou la mort de l'animal.

Art. D. 212-55-1 *(Décr. n° 2017-1326 du 7 sept. 2017, art. 1er-9°)* **Les organismes émetteurs mentionnés au 1 de l'article 5 du règlement d'exécution (UE) 2015/262 de la Commission du 17 février 2015 figurent sur une liste publiée sur le site internet du ministère chargé de l'agriculture.**

Art. D. 212-56 *(Décr. n° 2012-1036 du 7 sept. 2012, art. 1er-12°)* **Le détenteur ou le propriétaire informe sous huit jours l'organisme émetteur de la perte du document original d'identification.**

Le préfet est l'autorité compétente mentionnée *(Décr. n° 2017-1326 du 7 sept. 2017, art. 1er-10°)* **« à l'article 31 du règlement (UE) 2015/262 de la Commission du 17 février 2015 ». Pour l'application de ces dispositions, la démonstration que le statut de l'équidé n'a pas été compromis est effectuée par tous moyens. L'absence de présentation de prescription de médicament vétérinaire ne constitue pas un élément suffisant, à lui seul, à démontrer que le statut de l'équidé n'a pas été compromis.**

Art. D. 212-57 *(Décr. n° 2012-1036 du 7 sept. 2012, art. 1er-12°)* **Le préfet peut autoriser le transport d'un équidé de boucherie qui n'est pas identifié conformément aux dispositions de** *(Décr. n° 2017-1326 du 7 sept. 2017, art. 1er-11°)* **« l'article 9 du règlement (UE) 2015/262 de la Commission du 17 février 2015 », directement de l'exploitation de naissance à l'abattoir, dans les conditions prévues** *(Décr. n° 2017-1326 du 7 sept. 2017, art. 1er-11°)* **« au 2 de l'article 26 de ce règlement ».**

SOUS-§ 2 *Identification des camélidés*

(Décr. n° 2016-119 du 5 févr. 2016, art. 1er-9°, en vigueur le 1er juill. 2016)

V. Arr. du 5 févr. 2016 relatif à l'identification des camélidés (JO 7 févr.).

Art. D. 212-57-1 Les camélidés détenus en France sont identifiés par une personne habilitée avant tout mouvement et au plus tard dans les douze mois suivant leur naissance par l'implantation sous-cutanée d'un transpondeur agréé ou par la pose de deux repères auriculaires agréés, dont un électronique, et l'enregistrement dans le fichier central zootechnique des camélidés, selon des modalités définies par arrêté du ministre chargé de l'agriculture.

Art. D. 212-57-2 Tout animal introduit ou importé, sous couvert d'un certificat sanitaire, est identifié dans les deux mois qui suivent son importation ou son introduction sur le territoire national par une personne habilitée selon des modalités définies par arrêté du ministre chargé de l'agriculture.

Si le camélidé est déjà identifié au moyen d'un transpondeur implanté en sous-cutané ou de deux repères auriculaires, dont un électronique, il n'a pas à être identifié à nouveau. Un arrêté du ministre chargé de l'agriculture précise les conditions dans lesquelles les camélidés identifiés sont enregistrés dans le fichier central d'identification des camélidés.

Art. D. 212-57-3 Chaque camélidé est identifié par un numéro d'identification unique et non réutilisable. Les modalités de gestion des numéros d'identification sont précisées par arrêté du ministre chargé de l'agriculture.

Art. D. 212-57-4 Les personnes habilitées à procéder à l'identification des camélidés par implantation sous-cutanée d'un transpondeur sont les vétérinaires répondant aux conditions mentionnées à l'article L. 241-1.

Les détenteurs de camélidés sont habilités pour la pose de repères auriculaires sur les animaux qu'ils détiennent.

Les personnes habilitées transmettent les informations relatives à l'identification de l'animal à l'Institut français du cheval et de l'équitation et lui reversent les frais d'enregistrement dans le fichier dans un délai de huit jours après l'identification.

L'Institut français du cheval et de l'équitation enregistre les données dans les huit jours suivant la déclaration par la personne habilitée.

Art. D. 212-57-5 Les frais d'identification sont à la charge du propriétaire du camélidé.

§ 4 Identificateurs *(Décr. n° 2017-1326 du 7 sept. 2017, art. 1er-12°)*.

Art. D. 212-58 *(Décr. n° 2017-1326 du 7 sept. 2017, art. 1er-13°)* I. — Les personnes souhaitant exercer l'activité d'identificateur d'équidés se déclarent auprès du directeur général de l'Institut français du cheval et de l'équitation.

II. — Peuvent être inscrits sur la liste mentionnée à l'article L. 212-9 par le directeur général de l'Institut français du cheval et de l'équitation :

1° Les vétérinaires en exercice qui établissent répondre aux conditions mentionnées à l'article L. 241-1 ;

2° Les vétérinaires des armées qui établissent être en activité ;

3° Les vétérinaires qui se sont déclarés conformément à l'article L. 241-3 ;

4° Les vétérinaires ayant le statut d'enseignants chercheurs, dans le cadre de leurs missions d'enseignement au sein des écoles nationales vétérinaires, qui établissent être en activité et tenus de réaliser l'identification des équidés dans ce cadre ;

5° Les fonctionnaires ou agents contractuels de l'Institut français du cheval et de l'équitation qui disposent d'une attestation certifiant leur aptitude à l'identification des équidés par relevé des marques naturelles et d'une attestation délivrée à l'issue d'une formation spécifique au marquage actif par implantation d'un transpondeur, dont le contenu et la durée sont définis par arrêté du ministre chargé de l'agriculture.

La liste des identificateurs déclarés est publiée sur le site internet de l'Institut français du cheval et de l'équitation.

III. — Le directeur général de l'Institut français du cheval et de l'équitation prononce la radiation de la liste :

1° Lorsque les conditions exigées pour être inscrit sur la liste ne sont plus remplies ;

2° Pour les personnes mentionnées aux 1° et 3° du II, en cas de suspension d'exercice prononcée par la chambre régionale ou nationale de discipline de l'ordre des vétérinaires ; dans ce cas, un vétérinaire peut solliciter sa réinscription sur la liste à l'issue de la suspension d'exercice.

IV. — Les modalités de déclaration et de mise à jour de la liste sont précisées par arrêté du ministre chargé de l'agriculture.

Art. D. 212-59 Les *(Décr. n° 2017-1326 du 7 sept. 2017, art. 1er-14°)* « vétérinaires inscrits sur la liste prévue à l'article L. 212-9 » peuvent présenter leur candidature auprès du directeur général de l'Institut français du cheval et de l'équitation en vue d'assurer l'encadrement d'un ou de plusieurs *(Décr. n° 2017-1326 du 7 sept. 2017, art. 1er-14°)* « agents procédant » au marquage actif par pose d'un transpondeur. Les modalités de cet encadrement sont fixées par convention.

Art. R. 212-60 *(Décr. n° 2012-1335 du 30 nov. 2012, art. 1er)* L'absence de décision expresse dans un délai de quinze jours à compter de la date de réception de la demande ou, en cas de dossier incomplet, à compter de la date de réception de la dernière des pièces manquantes vaut décision implicite d'habilitation à réaliser l'identification. A la demande de l'intéressé, le préfet délivre l'attestation prévue à l'article 22 de la loi n° 2000-321 du 12 avril 2000 relative aux droits des citoyens dans leurs relations avec les administrés *[CRPA, art. L. 232-2 et L. 232-3]*.

§ 5 Conséquences de l'absence d'identification d'un équidé présenté à l'abattoir

(Décr. n° 2012-1335 du 30 nov. 2012, art. 1er)

Art. D. 212-61 Lorsqu'il est fait application du II de l'article L. 221-4, les frais de mise à mort, d'enlèvement ou d'élimination de l'équidé présenté non identifié ou mal identifié à l'abattoir sont à la charge du propriétaire ou, si le propriétaire n'est pas connu, du détenteur de l'animal à la date de sa présentation à l'abattoir.

§ 6 Obligations de renseignement des vétérinaires

(Décr. n° 2017-1326 du 7 sept. 2017, art. 1er-15°)

Art. D. 212-62 Le vétérinaire qui déclare un équidé impropre à la consommation humaine conformément au 3 de l'article 37 du règlement d'exécution (UE) 2015/262 de la Commission du 17 février 2015 notifie au gestionnaire du fichier central les informations nécessaires à l'enregistrement des mesures prises dans un délai de quatorze jours à compter de la date de signature de la partie II de la section 2 et de l'invalidation de la partie II section 3 du document d'identification.

Les modalités de notification de la déclaration sont précisées par arrêté du ministre chargé de l'agriculture.

SOUS-SECTION 4 Identification des carnivores domestiques

Art. D. 212-63 L'identification obligatoire des chiens, chats et carnivores domestiques *(Décr. n° 2006-1662 du 21 déc. 2006)* « prescrite à l'article L. 212-10 » comporte, d'une part, le marquage de l'animal par tatouage ou tout autre procédé agréé par arrêté du ministre chargé de l'agriculture et, d'autre part, l'inscription sur le ou les fichiers prévus à l'article D. 212-66 des indications permettant d'identifier l'animal. — *Anc. art. R. 221-27.*

V. Arr. du 14 juin 2023 agréant le gestionnaire de la base de données nationale de traçabilité des chiens, des chats et des furets [société Ingenium Animalis] à compter du 1er juill. 2023 (JO 22 juin) ; Arr. du 9 nov. 2023 relatif à l'identification des chiens, chats et furets, l'agrément de leur matériel d'identification et fixant les modalités de mise en œuvre du fichier national d'identification des chiens, chats et furets (JO 17 nov.).

Art. D. 212-64 Un arrêté du ministre chargé de l'agriculture définit les techniques de marquage agréées ainsi que les conditions sanitaires de leur mise en œuvre. — *Anc. art. R. 221-28.*

Art. R. 212-65 *(Décr. n° 2017-513 du 7 avr. 2017, art. 6)* I. — Conformément à l'article L. 212-10, seules les personnes habilitées par le ministre chargé de l'agriculture peuvent procéder au marquage des chiens et des chats en vue de leur identification.

Le ministre chargé de l'agriculture fixe par arrêté les règles relatives à la présentation et à l'instruction de la demande d'habilitation.

II. — Les vétérinaires sont habilités de plein droit.

III. — L'habilitation des personnes appelées à mettre en œuvre des techniques de marquage qui ne relèvent pas de la médecine vétérinaire est prononcée après avis d'une commission comportant au moins un vétérinaire. La commission apprécie la qualification du demandeur au vu de ses connaissances théoriques et pratiques.

IV. — La suspension ou le retrait de l'habilitation peuvent intervenir, y compris pour les praticiens habilités de plein droit, après avis de la commission mentionnée au III ci-dessus, en cas de faute grave commise à l'occasion d'opérations d'identification.

V. — L'habilitation est également attribuée par le ministre chargé de l'agriculture, selon les modalités qu'il fixe par arrêté, aux professionnels autres que ceux mentionnés à l'article L. 204-1, ressortissants d'un État membre de l'Union européenne ou d'un autre État partie à l'accord sur l'Espace économique européen, dans les conditions prévues aux articles R. 204-2 et R. 204-3.

En cas de différences substantielles entre la formation requise en France et les connaissances acquises du demandeur, le 5° de l'article R. 204-5 s'applique.

VI. — L'autorité compétente mentionnée à l'article R. 204-1 est le ministre chargé de l'agriculture.

Art. R.* 212-65-1 *(Décr. n° 2017-1411 du 27 sept. 2017, art. 2-17°)* Le silence gardé par le ministre chargé de l'agriculture sur une demande d'habilitation pour le marquage d'animaux, mentionnée à l'article D. 212-65, vaut décision de rejet.

Art. D. 212-66 Les indications permettant d'identifier les animaux et de connaître le nom et l'adresse de leur propriétaire sont portées à un fichier national.

Al. 2 et 3 abrogés par Décr. n° 2009-605 du 29 mai 2009, art. 2. — Anc. art. R. 221-30.

Art. D. 212-67 *Abrogé par Décr. nº 2009-605 du 29 mai 2009, art. 2.*

Art. D. 212-68 **1º Toute personne procédant au marquage est tenue :**

***a)* De délivrer immédiatement au propriétaire de l'animal un document attestant le marquage ;**

***b)* D'adresser dans les huit jours au gestionnaire du fichier national le document attestant le marquage ;**

2º Le vendeur ou le donateur est tenu :

a) *(Décr. nº 2009-364 du 31 mars 2009)* **« De délivrer immédiatement au propriétaire de l'animal un document attestant l'identification ; »**

***b)* D'adresser dans les huit jours au gestionnaire du fichier national le document attestant la mutation ;**

3º En cas de changement d'adresse, le propriétaire doit signaler celle-ci au fichier national.

Les documents nécessaires à la mise en œuvre des dispositions ci-dessus sont conformes à un modèle arrêté par le ministre chargé de l'agriculture. — *Anc. art. R. 221-32.*

Art. D. 212-69 **L'identification obligatoire des animaux,** *(Décr. nº 2006-1662 du 21 déc. 2006)* **« prescrite à l'article L. 212-10 », est effectuée à la diligence du cédant.** — *Anc. art. R. 221-33.*

Art. D. 212-70 **Dans les départements déclarés infectés de rage par arrêté ministériel, les chiens, les chats et les autres carnivores domestiques doivent être identifiés dans le mois suivant la date de publication de l'arrêté portant déclaration d'infection.** — *Anc. art. R. 221-34.*

Art. D. 212-71 **L'identification des chiens et des chats ou d'autres carnivores domestiques à l'initiative de leur propriétaire ne comporte les effets attachés à l'identification obligatoire** *(Décr. nº 2006-1662 du 21 déc. 2006)* **« prescrite à l'article L. 212-10 » qu'à la condition d'être effectuée selon les règles fixées par le présent paragraphe.** — *Anc. art. R. 221-35.*

V. art. R. 215-15 (pén.).

SOUS-SECTION 5 **Agrément des matériels d'identification destinés à l'identification officielle des animaux des espèces bovine, ovine, caprine, porcine et équine**

(Décr. nº 2011-2088 du 30 déc. 2011)

V. Arr. du 25 janv. 2023 relatif à l'agrément des matériels d'identification destinés à l'identification officielle des animaux des espèces bovine, ovine, caprine et porcine (JO 2 févr.).

Art. R. 212-72 **L'autorité administrative chargée, en application de l'article L. 212-8** *(Abrogé par Décr. nº 2017-1246 du 7 août 2017, art. 12-12º) « du présent code »*, **d'agréer les matériels permettant d'identifier les animaux est le ministre chargé de l'agriculture.**

La liste des matériels d'identification agréés, apposés sur les animaux nés ou importés sur le territoire national, est publiée par arrêté du ministre chargé de l'agriculture.

Le ministre chargé de l'agriculture peut décider de réexaminer l'agrément accordé pour un de ces matériels au cas où celui-ci se révèle inadapté à la fonction attendue ou en cas de modification, tant du matériel que de son processus de fabrication, susceptible de modifier ses caractéristiques physiques ou chimiques.

Si cette modification n'a pas été signalée à l'administration, le ministre chargé de l'agriculture peut suspendre l'agrément du matériel pour une durée n'excédant pas six mois. La suspension peut être levée si des garanties suffisantes sont apportées quant à la remise en conformité des matériels ou à l'absence d'impact de la modification de processus de fabrication sur les propriétés physiques ou chimiques des matériels.

Si, à l'issue de la période de suspension, le titulaire de l'agrément n'a pas apporté les garanties demandées, le ministre chargé de l'agriculture peut retirer l'agrément du modèle concerné.

Art. D. 212-73 *(Décr. nº 2011-2091 du 30 déc. 2011)* **Dans la présente sous-section, on entend par :**

"Moyen d'identification officiel" : tout transpondeur injectable, tatouage, bolus, marque auriculaire ou toute bague de paturon permettant d'identifier officiellement des animaux dont l'identification est obligatoire sur le territoire national.

"Repère d'identification" : toute marque auriculaire ou toute bague de paturon destinée à l'identification pérenne des animaux des espèces bovine, ovine, caprine, porcine et équine sur le territoire national. Sont exclus du champ de la définition les autres moyens d'identification officiels.

"Repère de remplacement" : tout repère destiné à l'identification des animaux des espèces bovine, ovine, caprine, porcine et équine apposé en remplacement d'un repère d'identification devenu illisible ou ayant été perdu par un animal.

"Test officiel" : tout test réalisé par les personnes en charge du contrôle de l'identification des animaux ou par un organisme habilité à cet effet par le ministre chargé de l'agriculture, dont la nature, les protocoles expérimentaux et les règles d'interprétation des résultats sont prévus par un arrêté du ministre chargé de l'agriculture.

Art. D. 212-74 *(Décr. nº 2011-2091 du 30 déc. 2011)* L'agrément est délivré après avis de l'Institut de l'élevage, de l'IFIP-Institut du porc ou de l'Institut français du cheval et de l'équitation sur la conformité des repères d'identification à des spécifications techniques décrites dans un cahier des charges. — *Le premier al. de l'art. D. 212-74 entre en vigueur le 1er juill. 2012 (Décr. nº 2011-2091 du 30 déc. 2011, art. 2, JO 31 déc.).*

Ce cahier des charges est homologué par le ministre chargé de l'agriculture. La vérification de la conformité des repères d'identification à des spécifications techniques décrites dans un cahier des charges comporte des tests de laboratoires et, le cas échéant, de terrain, dont les modalités de réalisation par espèce sont fixées par arrêté du ministre chargé de l'agriculture.

Au vu de résultats intermédiaires non concluants, l'agrément d'un repère d'identification peut être refusé, sans attendre les résultats complets des tests.

Par dérogation aux dispositions du premier alinéa, un agrément provisoire peut être délivré pour des repères d'identification dont la conformité n'a pas été vérifiée à l'issue de tests de terrain ou pour des repères d'identification utilisés à des fins expérimentales ou à des fins de tests d'un modèle si aucune donnée technique officielle n'est encore disponible. L'agrément provisoire est délivré pour une période maximale de *(Décr. nº 2013-120 du 5 févr. 2013, art. 1er)* « trente mois ».

Les modalités de dépôt et la constitution des dossiers d'agrément des repères d'identification sont fixées par arrêté du ministre chargé de l'agriculture.

La conformité des repères d'identification agréés par rapport aux spécifications techniques décrites dans le cahier des charges peut être vérifiée par la réalisation de tests officiels sur les matériels issus des chaînes de fabrication.

Les informations nécessaires au suivi de l'évolution des caractéristiques physiques et chimiques des repères d'identification peuvent être collectées et analysées tout le long de la vie de l'animal. Les spécifications techniques décrites dans les cahiers des charges des moyens d'identification peuvent être adaptées en fonction des résultats collectés. Les modalités de collecte et d'analyse sont précisées par arrêté du ministre chargé de l'agriculture.

Art. R.* 212-74-1 *(Décr. nº 2017-1411 du 27 sept. 2017, art. 2-18º)* Le silence gardé par le ministre chargé de l'agriculture sur une demande d'agrément de matériels d'identification, mentionnée à l'article D. 212-74, vaut décision de rejet.

Art. D. 212-75 *(Décr. nº 2011-2091 du 30 déc. 2011)* Toute création ou modification du cahier des charges mentionné au premier alinéa de l'article D. 212-74 est présentée *(Décr. nº 2017-1246 du 7 août 2017, art. 12-13º)* « au Conseil national d'orientation de la politique sanitaire animale et végétale, siégeant dans sa section spécialisée dans la santé animale prévue par l'article D. 200-3 ».

Le délai de mise en conformité des repères d'identification concernés par un nouveau cahier des charges ou par une modification est fixé par le ministre chargé de l'agriculture et n'excède pas deux ans. La détermination de ce délai est présentée *(Décr. nº 2017-1246 du 7 août 2017, art. 12-13º)* « au conseil susmentionné ».

Art. D. 212-76 *(Décr. nº 2011-2091 du 30 déc. 2011)* Toute modification d'un repère d'identification agréé ou de son processus de fabrication, susceptible de modifier les caractéristiques physiques ou chimiques de ce repère, fait l'objet d'une information préalable du ministre chargé de l'agriculture.

Art. D. 212-77 *(Décr. nº 2011-2091 du 30 déc. 2011)* Les repères d'identification pour lesquels une autorisation officielle d'utilisation a été délivrée dans un autre État membre de l'Union européenne sont agréés dès lors que les caractéristiques physiques et chimiques de ces repères d'identification sont compatibles avec les spécifications fonctionnelles générales des repères agréés en France en ce qui concerne les critères d'inviolabilité, de résistance, de lecture et de tenue des repères. Seules les règles techniques pour lesquelles aucune disposition européenne n'a été édictée sont vérifiées.

SOUS-SECTION 6 Dispositions spécifiques aux animaux des espèces avicoles

(Décr. nº 2022-1670 du 26 déc. 2022, art. 1er, en vigueur le 1er janv. 2023)

Art. D. 212-77-1 En application des dispositions de l'article L. 212-11, les dispositions de l'article L. 212-2 et des articles R. 212-14 à R. 212-14 -5 pris pour son application sont applicables aux animaux des espèces avicoles.

Les opérateurs d'établissement détenant des animaux de ces espèces déclarent au fichier national mentionné à l'article L. 212-2 les mouvements d'animaux à destination et au départ de leur établissement, dans les conditions prévues par l'article R. 212-14-3.

SECTION 3 Circulation et transhumance *(Décr. nº 2006-1662 du 21 déc. 2006)*.

Art. D. 212-78 Le contrat type applicable aux transports publics routiers d'animaux vivants, établi en application de *(Décr. nº 2017-1246 du 7 août 2017, art. 12-14°)* « l'article L. 1432-12 du code des transports », figure en annexe I au présent livre. – *Anc. art. D. 212-13. – V. cette annexe au* ***C. rur.***

Art. R. 212-79 *(Décr. nº 2008-1141 du 4 nov. 2008, art. 1er)* Tout transporteur d'animaux d'aquaculture au sens du *b* du 1 de l'article 3 de la directive 2006/88/CE du 24 octobre 2006 est tenu d'établir un relevé indiquant :

a) La mortalité au cours du transport, en fonction du type de transport et des espèces transportées ;

b) Les fermes aquacoles, zones d'élevage de mollusques et établissements de transformation où s'est rendu le véhicule de transport ;

c) Tout échange d'eau intervenu au cours du transport, en précisant notamment l'origine des eaux nouvelles et le site d'élimination des eaux.

Ce relevé doit être conservé pendant cinq ans et tenu à la disposition des agents de contrôle.

CHAPITRE III LES CESSIONS D'ANIMAUX ET DE PRODUITS ANIMAUX

SECTION 1 Les vices rédhibitoires

SOUS-SECTION 1 Animaux d'élevage ou de rente

Art. R. 213-1 Sont réputés vices rédhibitoires et donnent seuls ouverture aux actions résultant des articles 1641 à 1649 du code civil, sans distinction des localités où les ventes et échanges ont lieu, les maladies ou défauts ci-après, savoir :

1º Pour le cheval, l'âne et le mulet :

a) L'immobilité.

b) L'emphysème pulmonaire.

c) Le cornage chronique.

d) Le tic proprement dit avec ou sans usure des dents.

e) Les boiteries anciennes intermittentes.

f) L'uvéite isolée.

g) L'anémie infectieuse des équidés.

Sont considérés comme atteints d'anémie infectieuse des équidés et peuvent donner lieu à rédhibition les animaux qui ont fait l'objet d'une recherche de la maladie par des épreuves effectuées selon les procédés et critères approuvés par le *(Décr. nº 2012-842 du 30 juin 2012, art. 4)* « Conseil national d'orientation de la politique sanitaire animale et végétale » et dont le résultat a été reconnu positif par un laboratoire agréé par le ministre chargé de l'agriculture en application de l'article L. 224-2-1 *(Décr. nº 2017-1246 du 7 août 2017, art. 12-15º)* « du présent code ». — *Sur les procédés et critères de recherche de la maladie, V. Arr. du 26 juill. 1990 (JO 11 août).*

2º Pour l'espèce porcine :

la ladrerie.

3º Pour l'espèce bovine :

a) La tuberculose.

Sont considérés comme tuberculeux et peuvent donner lieu à rédhibition :

— les animaux cliniquement atteints ;

— les animaux qui ont réagi à l'épreuve de la tuberculine, exclusivement pratiquée suivant les procédés approuvés par le *(Décr. nº 2012-842 du 30 juin 2012, art. 4)* « Conseil national d'orientation de la politique sanitaire animale et végétale » ou qui ont été reconnus tuberculeux par tout autre procédé approuvé par ledit conseil.

b) La rhino-trachéite infectieuse.

Sont considérés comme atteints de rhino-trachéite infectieuse et peuvent donner lieu à rédhibition les animaux qui ont fait l'objet d'une recherche de la maladie par des épreuves effectuées selon des procédés et des critères fixés par le ministre chargé de l'agriculture avec résultat positif. — *V. Arr. du 25 avr. 2001 fixant ces procédés et critères d'établissement d'un diagnostic (JO 2 mai).*

c) La leucose enzootique.

Sont considérés comme atteints de leucose enzootique et peuvent donner lieu à rédhibition les animaux qui ont fait l'objet d'une recherche de la maladie par des épreuves effectuées selon des procédés et des critères approuvés par le *(Décr. nº 2012-842 du 30 juin 2012, art. 4)* « Conseil national d'orientation de la politique sanitaire animale et végétale » et dont le résultat a été reconnu positif par un laboratoire agréé par le ministère chargé de l'agriculture en application de l'article L. 224-2-1 *(Décr. nº 2017-1246 du 7 août 2017, art. 12-15º)* « du présent code ». — *V. aussi Arr. du 31 déc. 1990 fixant les mesures techniques et administratives relatives à la prophylaxie collective et à la police sanitaire de la leucose bovine enzootique, art. 20 s. (JO 1er janv. 1991), mod. par Arr. du 9 août 1995 (JO 2 sept.), Arr. du 25 oct. 1995 (JO 4 nov.), Arr. du 24 déc. 1997 (JO 7 janv. 1998), Arr. du 20 sept. 2006 (JO 7 oct.), Arr. du 1er oct. 2015 (JO 10 oct.), Arr. du 27 oct. 2017 (JO 31 oct.), Arr. du 3 juin 2020 (JO 13 juin).*

4º Pour les espèces bovine, ovine et caprine :

La brucellose.

Sont considérés comme atteints de brucellose et peuvent donner lieu à rédhibition, les animaux qui ont fait l'objet d'une recherche de la maladie par des épreuves effectuées selon des procédés et des critères approuvés par le *(Décr. nº 2012-842 du 30 juin 2012, art. 4)* « Conseil national d'orientation de la politique sanitaire animale et végétale » et dont le résultat a été reconnu positif par un laboratoire agréé par le ministère chargé de l'agriculture. — *V. Arr. du 10 oct. 2013 fixant les mesures techniques et administratives relatives à la prophylaxie collective et à la police sanitaire de la brucellose ovine et caprine, art. 18 (JO 23 oct.).*

SOUS-SECTION 2 Animaux de compagnie

Art. R. 213-2 Sont réputés vices rédhibitoires, pour l'application des articles L. 213-1 et L. 213-2 et donnent seuls ouverture aux actions résultant des articles 1641 à 1649 du code civil, sans distinction des localités où les ventes et échanges ont lieu, les maladies ou défauts portant sur des chiens et des chats :

1º Pour l'espèce canine :

a) La maladie de Carré ;

b) L'hépatite contagieuse (maladie de Rubarth) ;

c) La parvovirose canine ;

d) La dysplasie coxofémorale ; en ce qui concerne cette maladie, pour les animaux vendus avant l'âge d'un an, les résultats de tous les examens radiographiques pratiqués jusqu'à cet âge sont pris en compte en cas d'action résultant des vices rédhibitoires ;

e) L'ectopie testiculaire pour les animaux âgés de plus de six mois ;

f) L'atrophie rétinienne ;

2º Pour l'espèce féline :

a) La leucopénie infectieuse ;

b) La péritonite infectieuse féline ;
c) L'infection par le virus leucémogène félin ;
d) L'infection par le virus de l'immuno-dépression.

Le prognathisme du chiot ne constitue pas un vice rédhibitoire pas plus qu'un vice caché ouvrant droit à l'application de l'art. 1641 C. civ. • Versailles, 24 févr. 2004 : *RD rur. 2005, inf. 334.*

SECTION 2 Action en garantie et expertise

SOUS-SECTION 1 Introduction de l'action et nomination des experts

Art. R. 213-3 Quel que soit le délai pour intenter l'action, l'acheteur, à peine d'être non recevable, doit provoquer dans les délais fixés par l'article R. 213-5, la nomination d'experts chargés de dresser procès-verbal. La requête est présentée verbalement ou par écrit, au juge du tribunal judiciaire du lieu où se trouve l'animal ; ce juge constate dans son ordonnance la date de la requête et nomme immédiatement un ou trois experts qui doivent opérer dans le plus bref délai.

Ces experts vérifient l'état de l'animal, recueillent tous les renseignements utiles, donnent leur avis et, à la fin de leur procès-verbal, affirment par serment la sincérité de leurs opérations.

Art. R. 213-4 La demande est portée devant les tribunaux compétents suivant les règles ordinaires du droit.

Elle est dispensée de tout préliminaire de conciliation et, devant les tribunaux judiciaires, elle est instruite et jugée comme matière sommaire.

SOUS-SECTION 2 Délais pour introduire les actions

Art. R. 213-5 Le délai imparti à l'acheteur d'un animal tant pour introduire l'une des actions ouvertes par l'existence d'un vice rédhibitoire tel qu'il est défini aux articles L. 213-1 à L. 213-9 que pour provoquer la nomination d'experts chargés de dresser un procès-verbal est de dix jours sauf, dans les cas désignés ci-après :

1° Quinze jours pour la tuberculose bovine ;

2° Trente jours pour l'uvéite isolée et l'anémie infectieuse dans l'espèce équine, pour la brucellose, la leucose enzootique et la rhinotrachéite infectieuse dans l'espèce bovine, pour la brucellose dans l'espèce caprine, ainsi que pour les maladies ou défauts des espèces canine ou féline mentionnés à l'article L. 213-3.

Forclusion. V., une application du délai de 30 jours pour une dysplasie coxofémorale et bilatérale de la hanche d'un chiot, • Bordeaux, 30 nov. 2004 : *RD rur. 2005, inf. 333.* ♦ Le délai de dix jours n'a pas commencé à courir dès lors qu'aucune date n'a été portée sur la facture et qu'il n'y a pas d'avis de livraison. • Limoges, 9 févr. 2010 : *JCP 2010. 872.*

Art. R. 213-6 Dans les cas de maladies transmissibles des espèces canine ou féline, l'action en garantie ne peut être exercée que si un diagnostic de suspicion signé par un vétérinaire a été établi selon les critères définis par arrêté du ministre chargé de l'agriculture et dans les délais suivants :

1° Pour la maladie de Carré : huit jours ;

2° Pour l'hépatite contagieuse canine : six jours ;

3° Pour la parvovirose canine : cinq jours ;

4° Pour la leucopénie infectieuse féline : cinq jours ;

5° Pour la péritonite infectieuse féline : vingt et un jours ;

6° Pour l'infection par le virus leucémogène félin : quinze jours. — *Sur les critères du diagnostic de suspicion, V. Arr. du 2 août 1990 (JO 17 août).*

Art. R. 213-7 *(Décr. n° 2017-1246 du 7 août 2017, art. 12-16°)* Les délais prévus aux articles R. 213-5 et R. 213-6 courent à compter de la livraison de l'animal. La mention de cette date est portée sur la facture ou sur l'avis de livraison remis à l'acheteur.

Les délais mentionnés aux articles R. 213-5 à R. 213-8 sont comptés conformément aux articles 640, 641 et 642 du code de procédure civile.

SOUS-SECTION 3 **Procédure relative à l'expertise**

Art. R. 213-8 L'ordonnance portant désignation des experts est signifiée dans les délais prévus à l'article R. 213-5. Cette signification précise la date de l'expertise et invite le vendeur à y assister ou à s'y faire représenter. L'acte énonce également que l'expertise pourra se faire en l'absence des parties.

Le juge compétent peut ordonner de procéder sans délai à l'expertise en raison de l'urgence ou de l'éloignement, les parties étant informées de cette décision par les voies les plus rapides.

Art. R. 213-9 En ce qui concerne la tuberculose bovine, le juge statue sans conciliation préalable sur les actions en rédhibition ou en remboursement de prix après abattage. L'expertise n'est obligatoire que pour les actions en rédhibition.

CHAPITRE IV **LA PROTECTION DES ANIMAUX**

SECTION 1 **Dispositions générales**

SOUS-SECTION 1 **La préservation du patrimoine biologique** *(Décr. nº 2017-1246 du 7 août 2017, art. 12-17º).*

Art. R. 214-6 Les mesures de protection de la faune sauvage, l'autorisation de capture des espèces protégées, la protection des biotopes, la réglementation particulière aux produits antiparasitaires et assimilés, les prises de vue ou de son, en vue de la préservation du patrimoine biologique, répondent aux dispositions prévues aux articles R. 211-1 à R. 211-18 *[art. R. 411-1 à R. 411-21]* du code de l'environnement. – *V. C. envir.*

SOUS-SECTION 2 **La protection du patrimoine génétique des animaux des espèces canines et félines : les livres généalogiques** *(Décr. nº 2017-1246 du 7 août 2017, art. 12-17º).*

Art. D. 214-7 *Abrogé par Décr. nº 2006-991 du 1er août 2006.*

Art. D. 214-8 Il est tenu, pour les animaux *(Décr. nº 2006-991 du 1er août 2006)* « des espèces canines et félines », un livre généalogique unique, divisé en autant de sections que de races.

Le livre est tenu par une fédération nationale agréée, ouverte notamment aux associations spécialisées par race.

L'association spécialisée la plus représentative pour chaque race ou groupe de races, sous réserve qu'elle adhère à la fédération tenant le livre généalogique, dans les conditions prévues par les statuts de ladite fédération, peut être agréée.

L'agrément est accordé en tenant compte notamment de la régularité de la constitution et du fonctionnement de l'association, de la définition de ses objectifs, de l'importance des effectifs concernés et de l'organisation générale de l'élevage canin *(Décr. nº 2006-991 du 1er août 2006)* « et félin ».

L'association spécialisée agréée est alors chargée de définir les standards de la race ainsi que les règles techniques de qualification des animaux au livre généalogique en accord avec la fédération tenant le livre généalogique.

Les agréments prévus ci-dessus et les retraits d'agrément sont prononcés par arrêté du ministre chargé de l'agriculture *(Abrogé par Décr. nº 2017-1246 du 7 août 2017, art. 12-18º) « après avis du conseil supérieur de l'élevage »*.

Plusieurs associations spécialisées par race peuvent être invitées par l'autorité chargée de l'agrément à se regrouper pour constituer des unités suffisamment importantes et des ensembles autant que possible homogènes de races présentant entre elles des affinités.

Art. D. 214-9 Tout litige relatif aux opérations intéressant la sélection de la race, l'inscription au livre généalogique et la confirmation des animaux *(Décr. nº 2006-991 du 1er août 2006)* « de l'espèce canine », intervenant entre la fédération tenant le livre généalogique et une association spécialisée agréée, peut être soumis à l'arbitrage de la commission scientifique et technique prévue à l'article D. 214-15 ; cette commission s'adjoint, à cette occasion, un représentant de l'association spécialisée intéressée ; l'arbitrage de la commission est susceptible d'un recours devant le ministre chargé de l'agriculture.

Art. D. 214-10 La confirmation est obligatoire pour les reproducteurs *(Décr. n° 2006-991 du 1er août 2006)* « de l'espèce canine » des deux sexes ; elle ne peut avoir lieu avant l'âge de dix mois.

Cette confirmation peut être effectuée à partir de critères différents pour chaque sexe et comprendre plusieurs qualifications ; la classe la plus élevée concernant les reproducteurs, pour lesquels il est tenu compte des aptitudes.

Les normes d'âge et les qualifications sont fixées pour chaque race en accord avec la fédération tenant le livre généalogique par les associations spécialisées agréées.

Les opérations de confirmation, dont les modalités d'exécution sont fixées par la fédération tenant le livre généalogique, s'effectuent sur n'importe quel point du territoire métropolitain à l'occasion de rassemblements de chiens organisés avec l'agrément de la fédération tenant le livre généalogique.

En outre, sur demande des éleveurs ayant un ou plusieurs animaux à confirmer, il sera procédé également à l'examen de confirmation en dehors des rassemblements visés ci-dessus. Les frais exposés à cette occasion peuvent être mis à la charge des propriétaires des chiens à confirmer.

Art. D. 214-11 Les inscriptions *(Décr. n° 2006-991 du 1er août 2006)* « des animaux de l'espèce canine » au livre généalogique peuvent s'effectuer selon quatre modalités :

1° Au titre de la descendance, quand il s'agit des sujets issus de géniteurs eux-mêmes inscrits à titre définitif au livre généalogique dans la même section de race ; un certificat provisoire est, dans ce cas, délivré à la naissance de l'animal par la fédération tenant le livre généalogique ; il sera remplacé par un certificat définitif si le chien est confirmé ;

2° A titre initial, sur avis de l'association spécialisée agréée et après examen de l'animal dans les mêmes conditions que pour une épreuve de confirmation *(Abrogé par Décr. n° 2017-1246 du 7 août 2017, art. 12-19°)* « *. Les dispositions du deuxième alinéa du 4° de l'article 4 du décret n° 47-561 du 27 mars 1947 portant réglementation des associations tenant au livre généalogique ne sont pas applicables à l'espèce canine* » ;

3° Pour les sections du livre qui sont fermées, après trois générations successives enregistrées à un livre d'attente, sur avis de l'association spécialisée agréée et après confirmation de l'animal ;

4° Au titre de l'entrée sur le territoire national quand il s'agit d'animaux inscrits à un livre généalogique étranger reconnu par la fédération française tenant le livre généalogique.

L'admission n'est effective qu'après confirmation par un expert français sauf si l'animal a subi dans son pays d'origine un examen reconnu équivalent par l'association spécialisée.

L'inscription est faite avec transcription de la généalogie figurant au livre étranger.

Les certificats provisoires et définitifs d'inscription sont délivrés exclusivement par la fédération tenant le livre généalogique ; ils sont seuls reconnus par le ministère chargé de l'agriculture dans les diverses activités qu'il engage ou qu'il contrôle.

Art. R.* 214-11-1 *(Décr. n° 2017-1411 du 27 sept. 2017, art. 2-19°)* Le silence gardé par la fédération tenant le livre généalogique sur une demande d'inscription définitive au livre généalogique des animaux de l'espèce canine, mentionnée à l'article D. 214-11, vaut décision de rejet.

Art. D. 214-12 Les opérations d'expertise en vue de la confirmation et de l'inscription à titre initial des animaux de l'espèce canine peuvent être confiées à un expert unique choisi sur une liste établie et mise à jour annuellement par la fédération tenant le livre généalogique en accord avec les associations spécialisées agréées.

Appel des décisions de l'expert peut être interjeté dans les deux mois devant la fédération tenant le livre généalogique soit par le propriétaire de l'animal, soit par l'association spécialisée intéressée. La fédération tenant le livre généalogique désignera un jury d'appel composé d'au minimum trois experts choisis dans la liste visée à l'alinéa précédent du présent article, dont un accepté par l'appelant.

Le *(Décr. nº 2011-537 du 17 mai 2011)* « préfet du département dans lequel » doivent avoir lieu les opérations de confirmation est informé des dates et des lieux de rassemblement. Il peut y assister ou s'y faire représenter.

A titre exceptionnel, le ministre chargé de l'agriculture peut désigner une commission composée de deux ou trois personnalités chargées d'examiner si les décisions prises par le jury d'appel répondent au but assigné à l'examen de confirmation, et de proposer éventuellement les solutions nécessaires.

Art. D. 214-13 *(Décr. nº 2006-991 du 1er août 2006)* « Pour les animaux de l'espèce canine » l'envoi des déclarations de saillies par l'éleveur à la fédération tenant le livre généalogique doit avoir lieu dans les quatre semaines suivant la saillie, celui des déclarations de naissance dans un délai qui ne pourra excéder deux semaines suivant la naissance.

Le contrôle de ces déclarations incombe à la fédération tenant le livre généalogique qui, notamment, fera procéder à des visites inopinées des élevages.

Art. D. 214-14 Ne peuvent figurer dans les pedigrees des animaux inscrits que les récompenses obtenues dans des épreuves ou concours officiels organisés par la fédération tenant le livre généalogique, les associations spécialisées agréées et les associations régionales faisant partie de la fédération tenant le livre généalogique.

Art. D. 214-15 Pour l'examen et la solution de toutes les questions relevant des modalités d'application des articles *(Décr. nº 2006-991 du 1er août 2006)* « D. 214-8 » à D. 214-14, il est créé, auprès de la fédération tenant le livre généalogique, une commission scientifique et technique composée en nombre égal, d'une part, d'éleveurs désignés par la fédération tenant le livre généalogique, d'autre part, de personnalités administratives, scientifiques et techniques désignées par le ministre chargé de l'agriculture. Le président de la commission est nommé par le ministre chargé de l'agriculture qui fixe la durée de son mandat.

L'activité de la commission s'inscrit dans le cadre de la politique définie par le ministère chargé de l'agriculture *(Abrogé par Décr. nº 2017-1246 du 7 août 2017, art. 12-18º)* ***« , après avis du conseil supérieur de l'élevage ».***

Les solutions apportées par la commission aux questions qui lui sont soumises sont susceptibles de recours devant le ministre chargé de l'agriculture ; ce recours doit être introduit dans le mois qui suit la notification de la décision.

SOUS-SECTION 4 *[ABROGÉE]* **Modalités de contrôle**

(Abrogée par Décr. nº 2009-1658 du 18 déc. 2009)

Art. R. 214-16 *Abrogé par Décr. nº 2009-1658 du 18 déc. 2009.*

SECTION 2 **L'élevage, le parcage, la garde, le transit**

SOUS-SECTION 1 **Dispositions générales**

Art. R. 214-17 *(Décr. nº 2022-137 du 5 févr. 2022, art. 1er)* « I. – » Il est interdit à toute personne qui, à quelque fin que ce soit, élève, garde ou détient des animaux domestiques ou des animaux sauvages apprivoisés ou tenus en captivité :

1º De priver ces animaux de la nourriture ou de l'abreuvement nécessaires à la satisfaction des besoins physiologiques propres à leur espèce et à leur degré de développement, d'adaptation ou de domestication ;

2º De les laisser sans soins en cas de maladie ou de blessure ;

3º De les placer et de les maintenir dans un habitat ou un environnement susceptible d'être, en raison de son exiguïté, de sa situation inappropriée aux conditions climatiques supportables par l'espèce considérée ou de l'inadaptation des matériels, installations ou agencements utilisés, une cause de souffrances, de blessures ou d'accidents ;

4º D'utiliser, sauf en cas de nécessité absolue, des dispositifs d'attache ou de contention ainsi que de clôtures, des cages ou plus généralement tout mode de détention

inadaptés à l'espèce considérée ou de nature à provoquer des blessures ou des souffrances ;

(Décr. n° 2020-1625 du 18 déc. 2020, art. 1er) **« 5° De mettre en œuvre des techniques d'élevage susceptibles d'occasionner des souffrances inutiles aux animaux compte tenu de la sensibilité de l'espèce concernée et du stade physiologique des animaux.**

« Afin d'assurer des conditions de détention des animaux d'élevage répondant aux impératifs biologiques de leur espèce, le ministre chargé de l'agriculture peut imposer aux éleveurs professionnels le suivi de formations à la mise en œuvre de pratiques d'élevage respectueuses du bien-être animal.

« Tout responsable d'un élevage désigne au sein de son personnel une personne formée au bien-être animal notamment chargée d'y sensibiliser les personnes exerçant leur activité en contact avec les animaux. » — *Le 8e al. de l'art. R. 214-17 entre en vigueur le 1er janv. 2022 (Décr. n° 2020-1625 du 18 déc. 2020, art. 2).*

(Décr. n° 2014-519 du 21 mai 2014, art. 1er) **« Les normes et spécifications techniques permettant de mettre en œuvre les interdictions prévues par les dispositions** *(Décr. n° 2020-1625 du 18 déc. 2020, art. 1er)* **« des 1° à 5° et les conditions de formation au bien-être animal » sont précisées par arrêté du ministre chargé de l'agriculture et, lorsqu'il comporte des dispositions spécifiques à l'outre-mer, du ministre chargé de l'outre-mer. »**

Si, du fait de mauvais traitements ou d'absence de soins, des animaux domestiques ou des animaux sauvages apprivoisés ou tenus en captivité sont trouvés gravement malades ou blessés ou en état de misère physiologique, le préfet prend les mesures nécessaires pour que la souffrance des animaux soit réduite au minimum ; il peut ordonner l'abattage ou la mise à mort éventuellement sur place. Les frais entraînés par la mise en œuvre de ces mesures sont à la charge du propriétaire.

(Décr. n° 2022-137 du 5 févr. 2022, art. 1er) **« II. — Sous réserve des cas mentionnés aux 1°, 4° et 5° de l'article R. 214-78, la mise à mort des poussins des lignées de l'espèce *Gallus gallus* destinées à la production d'œufs de consommation issus de couvoirs est interdite.**

« Ne sont pas regardés comme des poussins des lignées de l'espèce *Gallus gallus* destinées à la production d'œufs de consommation, les poussins de ces lignées destinés à la reproduction.

« Le premier alinéa ne s'applique pas aux poussins utilisés :

« 1° A des fins scientifiques, notamment pour l'industrie pharmaceutique, ou de diagnostic vétérinaire ;

« 2° Dans le cadre d'expériences mentionnées au 1° de l'article R. 214-63 ;

« 3° Pour l'alimentation animale. Un arrêté du ministre chargé de l'agriculture peut préciser les méthodes de mise à mort autorisées dans ce cadre et les souches concernées. — *V. Arr. du 7 nov. 2022 relatif à la mise à mort des poussins des lignées de l'espèce* Gallus gallus *destinées à la production d'œufs de consommation, utilisés pour l'alimentation animale (JO 8 déc.).*

« Les exploitants justifient du respect de la mise en œuvre de l'interdiction prévue par le premier alinéa par la mise en place de matériels permettant de déterminer le sexe de l'embryon au plus tard le quinzième jour d'incubation, ou par tout autre moyen apportant des garanties équivalentes. »

Décret n° 2022-137 du 5 février 2022,

Relatif à l'interdiction de mise à mort des poussins des lignées de l'espèce Gallus gallus destinées à la production d'œufs de consommation et à la protection des animaux dans le cadre de leur mise à mort en dehors des établissements d'abattage (JO 6 févr.).

Art. 3 I. — Les personnes qui exercent, à la date de publication du présent décret, une activité d'accouvage d'œufs des lignées de l'espèce Gallus gallus destinées à la production d'œufs de consommation disposent d'un délai allant jusqu'au 31 décembre 2022 pour mettre en œuvre, par des moyens adaptés, l'interdiction prévue au II de l'article R. 214-17 du code rural et de la pêche maritime, dans sa rédaction issue du présent décret.

Elles justifient de la mise en œuvre de ces moyens auprès du préfet de département selon les modalités suivantes :

1° Au plus tard le 1er mars 2022, elles justifient de la commande de matériels mentionnés au dernier alinéa du II de l'article R. 214-17 du même code ou, à défaut, de l'engagement de démarches permettant la mise en œuvre de l'interdiction par d'autres moyens adaptés ;

2° Au plus tard le 1er juin 2022, elles justifient de l'engagement des travaux permettant l'installation des matériels mentionnés au dernier alinéa du II de l'article R. 214-17 du même code, et de la mise en place des procédés permettant la mise en fonctionnement effective des matériels au plus tard le 31 décembre 2022 ou, à défaut, de la finalisation des démarches engagées.

II. — Les matériels mis en place en application des dispositions du II de l'article R. 214-17 du code rural et de la pêche maritime ne peuvent être considérés comme techniquement obsolètes pendant une période de cinq ans.

V. Arr. du 16 déc. 2021 définissant les modalités de désignation des référents « bien-être animal » dans tous les élevages et l'obligation et les conditions de formation au bien-être animal des personnes désignées référentes dans les élevages de porcs ou de volailles (JO 29 déc.), mod. par Arr. du 7 juill. 2022, art. 2 (JO 24 juill.).

V. aussi Arr. du 21 avr. 2015 établissant des normes minimales relatives à l'hébergement des palmipèdes destinés à la production de foie gras (JO 30 avr.) ; Arr. du 8 oct. 2018 fixant les règles générales de détention d'animaux d'espèces non domestiques (JO 13 oct.), mod. par Arr. du 15 mai 2019, art. 2 (JO 30 mai), 2 Arr. du 14 oct. 2019, art. 5 (JO 22 oct.), 3 Arr. du 24 janv. 2020 (JO 12 févr.), Arr. du 10 mars 2020, art. 3 (JO 14 mai), Arr. du 8 janv. 2021, art. 6 (JO 11 févr.), Arr. du 29 mars 2021 (JO 22 avr.).

Est nulle pour incompétence la décision du maire qui pour mettre fin aux maltraitances constatées sur des animaux les fait enlever de chez leur propriétaire pour les placer. • CAA Nancy, 15 nov. 2010, n° 09NC01433 : *AJDA 2011. 1446*.

Art. R. 214-17-1 *(Décr. n° 2012-843 du 30 juin 2012, art. 2-1°)* **Le préfet de département peut mandater, en application des dispositions des articles L. 203-8 et L. 203-9, des vétérinaires pour établir un bilan clinique de l'état des animaux et de leurs conditions de vie.**

Art. R. 214-18 Il est interdit de garder en plein air des animaux des espèces bovine, ovine, caprine et des équidés :

1° Lorsqu'il n'existe pas de dispositifs et d'installations destinés à éviter les souffrances qui pourraient résulter des variations climatiques ;

2° Lorsque l'absence de clôtures, d'obstacles naturels ou de dispositifs d'attache ou de contention en nombre suffisant est de nature à leur faire courir un risque d'accident.

Les animaux gardés, élevés ou engraissés dans les parcages d'altitude ne sont soumis à ces dispositions qu'en dehors des périodes normales d'estivage. — *V. art. R. 215-4-II (pén.).*

V., établissant les normes minimales relatives à la protection des veaux, Arr. du 20 janv. 1994 (JO 27 janv.), mod. par Arr. du 8 déc. 1997 (JO 14 déc.) ; ... à la protection des porcs, Arr. du 16 janv. 2003 (JO 22 janv., Rect. JO 22 févr.), mod. par Arr. du 24 févr. 2020 (JO 27 févr.), Arr. du 17 nov. 2021 (JO 19 nov.) ; ... à la protection des poules pondeuses, Arr. du 1er févr. 2002 (JO 6 févr.), mod. par Arr. du 25 avr. 2014 (JO 27 avr.) ; ... à la protection des poulets destinés à la production de viande, Arr. du 28 juin 2010 (JO 1er juill.), mod. par Arr. du 14 juin 2016 (JO 29 juin).

V. aussi, fixant les règles générales de fonctionnement et les caractéristiques des installations des établissements d'élevage de ratites, Arr. du 2 avr. 2001 (JO 13 juin) ; ... de bisons, Arr. du 2 avr. 2001 (JO 15 juin).

Art. D. 214-19 La tenue des manifestations destinées à la présentation à la vente d'animaux est subordonnée à la surveillance exercée par au moins un *(Décr. n° 2012-844 du 30 juin 2012, art. 1er-2°)* **« vétérinaire sanitaire ». Ce vétérinaire, désigné et rémunéré par l'organisateur, est notamment chargé de la surveillance :**

1° Des documents d'accompagnement des animaux, qui comportent en particulier les informations sur leur origine ;

2° Du respect de l'identification des animaux conformément aux articles *(Décr. n° 2008-871 du 28 août 2008, art. 1er-3°)* « L. 212-10 », *(Décr. n° 2017-1246 du 7 août 2017, art. 12-20°)* « L. 212-9 » et L. 653-2 ;

3° Du respect de l'état sanitaire et du bien-être des animaux.

Un arrêté du ministre chargé de l'agriculture fixe les modalités de la surveillance vétérinaire selon l'importance de la manifestation et les catégories d'animaux concernés. – *Anc. art. D. 214-34 (Décr. n° 2008-871 du 28 août 2008, art. 1er).*

SOUS-SECTION 2 **Dispositions relatives aux animaux de compagnie** *(Décr. n° 2008-871 du 28 août 2008, art. 1er- 6°).*

Art. R. 214-19-1 *(Décr. n° 2008-871 du 28 août 2008, art. 1er-6°)* La présente sous-section ne s'applique qu'à défaut de dispositions régissant les mêmes activités lorsque l'animal concerné relève également des dispositions régissant les animaux élevés en vue de la consommation ou les animaux non domestiques.

Art. R. 214-20 *Abrogé par Décr. n° 2022-1354 du 24 oct. 2022, art. 2.*

Art. R. 214-21 *(Décr. n° 2008-871 du 28 août 2008, art. 1er-6°)* Les interventions chirurgicales sur des animaux de compagnie à des fins non curatives, autres que la coupe de la queue, sont interdites. Toutefois, une intervention chirurgicale peut être réalisée sur un animal de compagnie par un vétérinaire mentionné à l'article L. 241-1 soit dans l'intérêt propre de l'animal, soit pour empêcher sa reproduction.

(Décr. n° 2009-1768 du 30 déc. 2009) « La vente ou la présentation, lors d'une manifestation destinée à la présentation à la vente d'animaux de compagnie ou lors d'une exposition ou de toute autre manifestation consacrée à des animaux de compagnie, d'animaux ayant subi une intervention chirurgicale en méconnaissance des dispositions de l'alinéa précédent est interdite.

« Les dispositions du présent article ne s'opposent pas à la présentation, lors des manifestations ou expositions visées à l'alinéa précédent, par des ressortissants d'États où l'otectomie est autorisée, d'animaux ayant légalement subi cette intervention. »

Art. R. 214-22 *(Décr. n° 2008-871 du 28 août 2008, art. 1er-6°)* Un arrêté du ministre chargé de l'agriculture détermine les conditions dans lesquelles, selon les espèces, il est procédé à l'euthanasie des animaux de compagnie, par des personnes détenant les compétences nécessaires, dans des conditions limitant les souffrances infligées.

Art. R. 214-23 *(Décr. n° 2008-871 du 28 août 2008, art. 1er-6°)* La sélection des animaux de compagnie sur des critères de nature à compromettre leur santé et leur bien-être ainsi que ceux de leurs descendants est interdite.

Art. R. 214-24 *(Décr. n° 2008-871 du 28 août 2008, art. 1er-6°)* L'exercice des activités d'éducation et de dressage d'un animal de compagnie dans des conditions de nature à lui infliger des blessures ou des souffrances inutiles est interdit.

Art. R. 214-25 *(Décr. n° 2016-758 du 7 juin 2016, art. 1er-1°)* Sous réserve de la réussite à une évaluation des connaissances, l'attestation mentionnée au 3° du I de l'article L. 214-6-1 est délivrée par le directeur régional de l'alimentation, de l'agriculture et de la forêt ou par le directeur de l'alimentation, de l'agriculture et de la forêt en Guadeloupe, en Guyane, en Martinique, à La Réunion et à Mayotte.

Art. R. 214-25-1 *(Décr. n° 2009-328 du 25 mars 2009, art. 4)* L'attestation de connaissances mentionnée *(Décr. n° 2016-758 du 7 juin 2016, art. 1er-2°)* « à » l'article R. 214-25 est également attribuée *(Décr. n° 2017-513 du 7 avr. 2017, art. 7-I)* « par le directeur régional de l'alimentation, de l'agriculture et de la forêt, ou par le directeur de l'alimentation, de l'agriculture et de la forêt en Guadeloupe, en Guyane, en Martinique, à La Réunion et à Mayotte », selon des modalités fixées par arrêté du ministre chargé de l'agriculture, aux professionnels, autres que ceux mentionnés à l'article L. 204-1, ressortissants d'un État membre de *(Décr. n° 2011-537 du 17 mai 2011)* « l'Union » européenne ou d'un autre État partie à l'accord sur l'Espace économique européen *(Décr. n° 2015-1768 du 24 déc. 2015, art. 7-1°, en vigueur le 1er janv. 2016)* « dans les conditions prévues aux articles R. 204-2 et R. 204-3.

« En cas de différence substantielle entre la formation requise en France pour exercer les activités mentionnées au I de l'article L. 214-6-1 *(Décr. nº 2016-758 du 7 juin 2016, art. 1er-2º)* « et aux articles L. 214-6-2 et L. 214-6-3 » et les connaissances acquises du demandeur, le 1º de l'article R. 204-5 s'applique. »

Art. R. 214-25-2 *(Décr. nº 2017-513 du 7 avr. 2017, art. 7-II)* Pour l'exercice à titre temporaire et occasionnel des activités mentionnées au I de l'article L. 214-6-1 et aux articles L. 214-6-2 et L. 214-6-3, l'autorité compétente mentionnée à l'article R. 204-1 est le directeur régional de l'alimentation, de l'agriculture et de la forêt, ou le directeur de l'alimentation, de l'agriculture et de la forêt en Guadeloupe, en Guyane, en Martinique, à La Réunion et à Mayotte.

Art. R. 214-26 *(Décr. nº 2016-758 du 7 juin 2016, art. 1er-3º)* La formation prévue au 3º du I de l'article L. 214-6-1 et l'évaluation des connaissances correspondante sont assurées par des organismes satisfaisant à des conditions fixées dans un cahier des charges arrêté par le ministre chargé de l'agriculture.

La liste de ces organismes de formation habilités est fixée par arrêté du ministre chargé de l'agriculture.

Leur habilitation peut être suspendue ou retirée en cas de non-respect des conditions mentionnées ci-dessus. – *V. Arr. du 26 juill. 2023 portant publication de la liste des organismes de formation habilités à mettre en œuvre l'action de formation professionnelle continue pour les personnes exerçant des activités liées aux animaux de compagnie d'espèces domestiques (JO 3 août).*

Art. R. 214-27 *Abrogé par Décr. nº 2011-537 du 17 mai 2011.*

Art. R. 214-27-1 *(Décr. nº 2008-871 du 28 août 2008, art. 1er-6º-e)* Le titulaire *(Décr. nº 2016-758 du 7 juin 2016, art. 1er-4º)* « d'un des justificatifs mentionnés au 3º du I de l'article L. 214-6-1 » doit procéder à l'actualisation de ses connaissances dans des conditions précisées par arrêté du ministre chargé de l'agriculture. *(Abrogé par Décr. nº 2016-758 du 7 juin 2016, art. 1er-4º)* ***« Lorsque un titulaire du certificat de capacité n'a pas satisfait à cette obligation, son certificat de capacité peut être suspendu par le préfet pour une durée de trois mois ou retiré. »***

Art. R. 214-27-2 *(Décr. nº 2008-871 du 28 août 2008, art. 1er-6º-e)* Les personnes titulaires *(Décr. nº 2016-758 du 7 juin 2016, art. 1er-5º)* « d'un des justificatifs mentionnés au 3º du I de l'article L. 214-6-1 sont tenues de présenter ce justificatif » à toute demande des services de contrôle. *(Abrogé par Décr. nº 2016-758 du 7 juin 2016, art 1er-5º)* ***« Le responsable de l'activité qui les emploie notifie au préfet leur cessation d'activité. »***

Art. R. 214-27-3 *(Décr. nº 2008-871 du 28 août 2008, art. 1er-6º-e)* Un arrêté du ministre chargé de l'agriculture précise les conditions dans lesquelles, eu égard à l'importance et aux caractéristiques de l'activité, au nombre d'animaux, aux espèces concernées, la présence, occasionnelle ou permanente, du titulaire *(Décr. nº 2016-758 du 7 juin 2016, art. 1er-6º)* « d'un des justificatifs mentionnés au 3º du I de l'article L. 214-6-1 » doit être assurée.

Art. R. 214-28 *(Décr. nº 2008-871 du 28 août 2008, art. 1er-6º-e)* Les déclarations mentionnées *(Décr. nº 2022-1354 du 24 oct. 2022, art. 2, en vigueur le 1er déc. 2022)* « aux articles L. 214-6-1 et L. 214-6-5 ainsi qu'au » dernier alinéa de l'article L. 214-7 sont déposées auprès du préfet du département où sont situés les lieux, locaux ou installations utilisés en vue de l'exercice de l'activité au moins trente jours avant le début de celle-ci.

La déclaration donne lieu à la délivrance d'un récépissé de déclaration qui doit être présenté sur demande des services de contrôle dans les lieux où s'exerce l'activité concernée. Un arrêté du ministre chargé de l'agriculture fixe le modèle de la déclaration et du récépissé.

Lorsqu'un établissement où s'exercent une ou plusieurs des activités mentionnées *(Décr. nº 2016-758 du 7 juin 2016, art. 1er-7º)* « aux articles L. 214-6-1, L. 214-6-2 et L. 214-6-3 » *(Décr. nº 2017-1246 du 7 août 2017, art. 12-21º)* « du présent code » relève des dispositions des articles *(Décr. nº 2010-368 du 13 avr. 2010, art. 44)* « L. 512-1, L. 512-7 ou L. 512-8 du code de l'environnement, la demande d'autorisation ou d'enregistrement » ou la déclaration prévue par ces articles vaut déclaration au titre *(Décr. nº 2016-758 du 7 juin 2016, art. 1er-7º)* « du 1º du I de l'article L. 214-6-1 » *(Décr. nº 2017-1246 du 7 août 2017, art. 12-21º)* « du présent code ».

Art. R. 214-28-1 *(Décr. nº 2016-758 du 7 juin 2016, art. 1er-8º)* Le numéro spécifique à la portée prévu au 2º du III de l'article L. 214-6-2 est attribué aux éleveurs par l'inscription sur un livre généalogique reconnu par le ministre chargé de l'agriculture, lors de la déclaration de naissance de l'ensemble des chiens ou chats de la portée. La forme du numéro précise le rang de la portée dans l'année civile. Un accès public aux coordonnées des éleveurs à partir du numéro de portée est assuré par le livre généalogique, dans le respect de la loi nº 78-17 du 6 janvier 1978 relative à l'informatique, aux fichiers et aux libertés.

Art. R. 214-29 *(Décr. nº 2008-871 du 28 août 2008, art. 1er-6º-e)* Les activités mentionnées *(Décr. nº 2016-758 du 7 juin 2016, art. 1er-9º)* « aux articles » *(Décr. nº 2017-1246 du 7 août 2017, art. 12-22º)* « L. 214-6-1 à L. 214-7 » doivent s'exercer dans des locaux et à l'aide d'installations et d'équipements adaptés, selon les espèces concernées, aux besoins biologiques et comportementaux des animaux ainsi qu'aux impératifs sanitaires de l'activité. Les règles applicables à l'aménagement et à l'utilisation de ces locaux, installations et équipements sont précisées par arrêté du ministre chargé de l'agriculture compte tenu des caractéristiques de chaque activité.

Art. R. 214-30 *(Décr. nº 2008-871 du 28 août 2008, art. 1er-6º-e)* La personne responsable d'une activité mentionnée *(Décr. nº 2016-758 du 7 juin 2016, art. 1er-9º)* « aux articles L. 214-6-1, » *(Décr. nº 2022-1354 du 24 oct. 2022, art. 2)* « L. 214-6-2, L. 214-6-3 et L. 214-6-5 » doit établir, en collaboration avec un vétérinaire *(Décr. nº 2012-843 du 30 juin 2012, art. 2-2º)* « sanitaire », un règlement sanitaire régissant les conditions d'exercice de l'activité afin de préserver la santé et le bien-être des animaux en fonction de leur espèce, ainsi que la santé *(Décr. nº 2022-1354 du 24 oct. 2022, art. 2)* « publique » et l'hygiène du personnel. Un arrêté du ministre chargé de l'agriculture précise le contenu de ce règlement et les modalités d'information du personnel chargé de sa mise en œuvre.

La personne responsable de l'activité fait procéder au moins deux fois par an à une visite des locaux par le vétérinaire *(Décr. nº 2012-843 du 30 juin 2012, art. 2-2º)* « sanitaire » de son choix. Ce vétérinaire *(Décr. nº 2012-843 du 30 juin 2012, art. 2-2º)* « sanitaire » est tenu informé sans délai de toute mortalité anormale ou de toute morbidité répétée des animaux. Il propose, le cas échéant, lors de ses visites annuelles, par écrit la modification du règlement sanitaire. Le compte rendu de ses visites ainsi que ses propositions sont portés sur le registre de suivi sanitaire et de santé mentionné à l'article R. 214-30-3.

Un arrêté du ministre chargé de l'agriculture peut prévoir des dérogations à ces obligations en fonction de la taille et de la nature de l'activité.

Art. R. 214-30-1 *(Décr. nº 2008-871 du 28 août 2008, art. 1er-6º-e)* Un arrêté du ministre chargé de l'agriculture précise la durée minimale, adaptée à chaque espèce, durant laquelle un animal de compagnie doit être maintenu dans les locaux, où s'exerce une des activités mentionnées *(Décr. nº 2016-758 du 7 juin 2016, art. 1er-10º)* « à l'article L. 214-6-3 », dans lesquels il est introduit en vue d'être vendu, de façon à limiter les conséquences du déplacement et du changement de milieu sur son bien-être. S'il est l'objet d'une vente, la livraison ne peut avoir lieu qu'à l'expiration de cette période.

Les mêmes dispositions s'appliquent aux animaux destinés à une vente régie par l'article L. 214-7 *(Décr. nº 2016-758 du 7 juin 2016, art. 1er-10º)* « selon des modalités définies par arrêté du ministre chargé de l'agriculture ».

Art. R. 214-30-2 *(Décr. nº 2008-871 du 28 août 2008, art. 1er-6º-e)* Un arrêté du ministre chargé de l'agriculture précise le contenu du document d'information prévu au 2º du I de l'article L. 214-8, et celles de ses mentions essentielles qui doivent figurer sur les équipements utilisés pour la présentation des animaux de compagnie en vue de leur cession à titre gratuit ou onéreux. — *V. Arr. du 31 juill. 2012 relatif aux mentions essentielles devant figurer sur les équipements utilisés pour la présentation des animaux de compagnie d'espèces domestiques en vue de leur cession ainsi qu'au contenu du document d'information et de* *l'attestation de cession mentionnés au I de l'art. L. 214-8 (JO 21 août), mod. par Arr. du 7 juill. 2016 (JO 17 juill.).*

Art. R. 214-30-3 *(Décr. n° 2008-871 du 28 août 2008, art. 1er-6°-e)* **La personne responsable d'une des activités définies** *(Décr. n° 2016-758 du 7 juin 2016, art. 1er-9°)* **« aux articles »** *(Décr. n° 2017-1246 du 7 août 2017, art. 12-22°)* **« L. 214-6-1 à L. 214-7 » doit tenir à jour et être en mesure de présenter à toute réquisition des services de contrôle :**

1° Un registre d'entrée et de sortie des animaux, dûment renseigné, qui comporte le nom et l'adresse des propriétaires ;

2° Un registre de suivi sanitaire et de santé des animaux qui comporte notamment des informations sur les animaux malades ou blessés, les comptes rendus des visites, et les indications et les propositions du vétérinaire *(Décr. n° 2012-843 du 30 juin 2012, art. 2-2°)* **« sanitaire » en charge du règlement sanitaire.**

Un arrêté du ministre chargé de l'agriculture précise le contenu de chaque registre et l'adaptation de ses mentions à la nature et à la taille de l'activité ainsi qu'aux espèces concernées.

Art. R. 214-31 *(Décr. n° 2008-871 du 28 août 2008, art. 1er-6°-e)* **Lors d'une manifestation destinée à la présentation à la vente d'animaux de compagnie, la personne responsable de l'activité s'assure de la présence effective d'au moins un** *(Décr. n° 2012-843 du 30 juin 2012, art. 2-3°)* **« vétérinaire sanitaire » et d'au moins un titulaire** *(Décr. n° 2016-758 du 7 juin 2016, art. 1er-11°)* **« d'un des justificatifs mentionnés au 3° du I de l'article L. 214-6-1 » dans les conditions fixées par l'article R. 214-27-3.**

(Décr. n° 2016-758 du 7 juin 2016, art. 1er-11°) **« Toute personne exerçant une des activités mentionnées aux articles L. 214-6-2 et L. 214-6-3 est tenue de présenter à la demande des services de contrôle le justificatif de l'immatriculation prévue au I de l'article L. 214-6-2 ou à l'article L. 214-6-3 ou, pour les éleveurs qui satisfont aux conditions prévues au III de l'article L. 214-6-2, le justificatif de l'attribution du numéro spécifique à la portée par le livre généalogique reconnu par le ministre chargé de l'agriculture, le cas échéant l'un des justificatifs mentionnés au 3e du I de l'article L. 214-6-1 et la copie du registre d'entrée et de sortie de l'établissement ou de l'élevage concerné. »**

Art. R. 214-31-1 *(Décr. n° 2008-871 du 28 août 2008, art. 1er-6°-e)* **Lors d'une manifestation destinée à la présentation à la vente d'animaux de compagnie ou lors d'une exposition ou de toute autre manifestation consacrée à des animaux de compagnie, la présentation d'animaux malades ou blessés est interdite. Les installations présentant les animaux doivent être conçues et utilisées de manière à respecter les impératifs liés au bien-être des animaux et à éviter toute perturbation et manipulation directe par le public, conformément aux conditions fixées par arrêté du ministre chargé de l'agriculture. Les animaux malades ou blessés doivent être retirés de la présentation au public et placés dans des installations permettant leur isolement et leurs soins, le cas échéant, par un vétérinaire.**

En dehors des manifestations régulièrement déclarées, la présentation des animaux de compagnie en vue d'une cession à titre gratuit ou onéreux ne peut avoir lieu ni sur le trottoir, ni sur la voie publique.

Elle ne peut dans tous les cas avoir lieu dans des véhicules que si ceux-ci sont spécifiquement aménagés pour se conformer aux exigences du premier alinéa en matière d'installation.

Art. D. 214-32 *(Décr. n° 2022-1012 du 18 juill. 2022, art. 1er)* **I. — La rubrique prévue au 1° du VI de l'article L. 214-8 ne peut contenir que des offres de cession d'animaux de compagnie au sens du I de l'article L. 214-6 ou au sens de l'article L. 413-1 A du code de l'environnement, à l'exclusion de toute offre de cession de matériel, nourriture ou produits vétérinaires.**

II. — Les messages de sensibilisation et d'information mentionnés au 2° du VI de l'article L. 214-8 concernent les moyens, y compris financiers, nécessaires à la satisfaction des besoins des animaux relatifs à la santé, l'alimentation, les conditions d'hébergement, l'identification, la socialisation, le sevrage et l'éducation.

Ces messages sont présentés de manière accessible, aisément lisible et sont clairement distinguables des offres qui les accompagnent.

Un arrêté du ministre chargé de l'agriculture précise le contenu de ces messages. – *V. Arr. du 28 juin 2023 relatif aux messages de sensibilisation et d'information devant figurer dans les rubriques spécifiques aux offres de cession en ligne d'animaux de compagnie (JO 4 juill.).*

III. – L'annonce est labellisée, au sens de l'article L. 214-8-2, par l'annonceur ou le service de communication au public après vérification de :

1° La validité de l'enregistrement de l'animal sur le fichier national d'identification des carnivores domestiques mentionné à l'article L. 212-2 ;

2° L'identité du propriétaire de l'animal ;

3° La mention des informations prévues à l'article L. 214-8-1.

L'annonce publiée comporte, après vérification, la mention "annonce vérifiée". – *Les dispositions du III de l'art. D. 214-32 entrent en vigueur le 1er juill. 2023 (Décr. n° 2022-1012 du 18 juill. 2022, art. 2-IV).*

Art. R. 214-32-1 *(Décr. n° 2008-871 du 28 août 2008, art. 1er-6°-e ; Décr. n° 2016-758 du 7 juin 2016, art. 1er-13°)* **La publication d'une offre de cession de chiens ou de chats contient, outre les mentions prévues à l'article L. 214-8-1, la mention "de race" lorsque les chiens ou chats sont inscrits sur un livre généalogique reconnu par le ministère chargé de l'agriculture. Dans tous les autres cas, la mention "n'appartient pas à une race" doit clairement être indiquée. Dans ce dernier cas, la mention "d'apparence" suivie du nom d'une race peut être utilisée lorsque le vendeur peut garantir l'apparence morphologique de cette race à l'âge adulte.**

Art. D. 214-32-2 *(Décr. n° 2008-1216 du 25 nov. 2008)* **I. – Le certificat** *(Décr. n° 2016-758 du 7 juin 2016, art. 1er-14°)* **« vétérinaire mentionné au 3° du I de l'article L. 214-8 », que doit faire établir toute personne qui cède un chien** *(Décr. n° 2016-758 du 7 juin 2016, art. 1er-14°)* **« ou un chat », à titre gratuit ou onéreux, est délivré par un vétérinaire compte tenu, d'une part, des informations portées à sa connaissance et, d'autre part, d'un examen du chien** *(Décr. n° 2016-758 du 7 juin 2016, art. 1er-14°)* **« ou du chat ».** *(Décr. n° 2022-1012 du 18 juill. 2022, art. 1er)* **« Ce certificat est délivré au plus tard trois mois avant la cession. »**

II. – Les informations mentionnées au I sont :

1° L'identité, l'adresse, le cas échéant, la raison sociale du cédant ;

2° Le document justifiant de l'identification de l'animal ;

3° Le cas échéant, le numéro du passeport européen pour animal de compagnie ;

4° Le cas échéant, un certificat vétérinaire de stérilisation ;

5° *(Décr. n° 2022-1012 du 18 juill. 2022, art. 1er)* **« Le cas échéant, » les vaccinations réalisées ;**

(Décr. n° 2016-758 du 7 juin 2016, art. 1er-14°) **« 6° Pour les chiens et chats de race, une copie de la déclaration de naissance inscrite au livre généalogique reconnu par le ministre chargé de l'agriculture ; »**

7° *(Décr. n° 2016-758 du 7 juin 2016, art. 1er-14°)* **« Pour les chiens, » la date et le résultat de la dernière évaluation comportementale si elle a été réalisée.**

III. – Le vétérinaire procède à un *(Décr. n° 2016-758 du 7 juin 2016, art. 1er-14°)* **« examen de l'état de santé apparent du chien ou du chat. Il vérifie la cohérence entre la morphologie et le type racial figurant dans le document justifiant de l'identification de l'animal et, le cas échéant, pour les chiens, » détermine la catégorie à laquelle le chien appartient, au sens de l'article L. 211-12.**

Lorsque le document mentionné au 6° du II n'est pas produit, le vétérinaire indique sur le certificat que le chien *(Décr. n° 2016-758 du 7 juin 2016, art. 1er-14°)* **« ou le chat » n'appartient pas à une race. La mention "d'apparence" suivie d'un nom de race peut être inscrite sur la base des informations données par le cédant.**

Dans le cas où le vétérinaire ne peut pas établir que le chien n'appartient pas à la première catégorie, il mentionne qu'une détermination morphologique devra être réalisée lorsque le chien aura entre 8 et 12 mois.

IV. – Le vétérinaire reporte sur le certificat vétérinaire les informations mentionnées au II et au III, il y précise éventuellement la race du chien *(Décr. n° 2016-758 du 7 juin 2016, art. 1er-14°)* **« ou du chat sur la base du document mentionné au 6° du II. Il mentionne la date d'examen et y appose son cachet et sa signature ».**

Dans le cas où le type racial n'est pas cohérent avec celui précisé sur le document d'identification, le vétérinaire l'indique sur le certificat.

(Décr. nº 2022-1012 du 18 juill. 2022, art. 1er) « V. — Le certificat vétérinaire mentionné au 3° de l'article L. 214-6-6 est délivré, pour les animaux de compagnie autres que les chiens et les chats, à l'issue d'un examen visuel de l'animal.

« VI. — Le cédant ou le refuge ou l'association sans refuge mentionnée à l'article L. 214-6-5 qui confie un animal de compagnie à une famille d'accueil » garde une copie du certificat qui doit être produite à la demande des autorités de contrôle.

Art. D. 214-32-3 *(Décr. nº 2022-1012 du 18 juill. 2022, art. 1er)* I. — Les informations essentielles du contrat d'accueil mentionné au 1° de l'article L. 214-6-6 sont :

1° L'identification, la description et la provenance de l'animal au sens du deuxième alinéa du I de l'article L. 214-6-5 ;

2° Les besoins physiologiques, comportementaux et médicaux de l'animal confié ;

3° La dénomination de l'association et son numéro d'inscription au titre du répertoire national des associations ;

4° Les coordonnées de la famille d'accueil ;

5° Une attestation d'assurance en responsabilité civile de la famille d'accueil ;

6° La durée du placement de l'animal et les modalités de son renouvellement ;

7° Le nombre, par espèce, d'animaux présents simultanément sur le lieu de détention, au regard des règles sanitaires et de protection animale ;

8° Les modalités de prise en charge des frais vétérinaires et de leur remboursement lorsqu'ils sont engagés par le détenteur ;

9° La fréquence des examens par un vétérinaire de l'animal placé qui ne peut être inférieure à un examen par période de vingt-quatre mois, ce délai est réduit à douze mois pour un chat ou un chien ;

10° Les modalités de prise en charge des frais résultant de la détention de l'animal dans des conditions compatibles avec ses besoins ;

11° Les conditions de présentation de l'animal à un potentiel adoptant par la famille d'accueil ;

12° Les conditions de présentation de l'animal à l'association, notamment les visites domiciliaires qui sont annoncées au plus tard deux jours avant la date de visite ;

13° Les conditions de restitution de l'animal à l'association, de son placement définitif dans la famille d'accueil ou de son adoption par celle-ci.

II. — Lorsque le placement en famille d'accueil ne revêt pas un caractère définitif, les associations sans refuge au sens de l'article L. 214-6-5 sont tenues de présenter l'animal à l'adoption deux fois par an, le cas échéant au domicile de la famille d'accueil, ou de maintenir l'offre de cession en ligne de l'animal.

Art. D. 214-32-4 *(Décr. nº 2022-1012 du 18 juill. 2022, art. 1er)* I. — Outre les chats et les chiens, les animaux de compagnie mentionnés au deuxième alinéa du V de l'article L. 214-8 sont les furets et les lagomorphes qui ne sont pas destinés à la consommation humaine.

II. — Le certificat d'engagement et de connaissance mentionné au V de l'article L. 214-8 est délivré pour chaque espèce, par une personne remplissant au moins l'une des conditions prévues au 3° du I de l'article L. 214-6-1.

Ce certificat est signé par le nouvel acquéreur et comporte une mention manuscrite par laquelle il s'engage expressément à respecter les besoins de l'animal.

Ce certificat précise pour l'espèce considérée :

1° Les besoins physiologiques, comportementaux et médicaux en tenant compte de l'état des connaissances scientifiques ;

2° Les obligations relatives à l'identification de l'animal ;

3° Les implications financières et logistiques liées à la satisfaction des besoins physiologiques, comportementaux et médicaux de cette espèce tout au long de la vie de l'animal. — *Le II de l'art. D. 214-32-4 est applicable à compter du 1er oct. 2022 (Décr. nº 2022-1012 du 18 juill. 2022, art. 2-I).*

Art. R. 214-33 *(Décr. nº 2008-871 du 28 août 2008, art. 1er-6°-e)* Lorsque dans des locaux où se pratiquent de façon habituelle *(Décr. nº 2016-758 du 7 juin 2016, art. 1er-15°)* « les activités mentionnées aux articles L. 214-6-1, L. 214-6-2 et L. 214-6-3 », ces activités sont exercées en violation des dispositions prévues aux articles R. 214-29 à R. 214-33 ainsi qu'aux articles D. 212-63 à D. 212-71, ou lorsqu'ils abritent des animaux atteints d'une des maladies transmissibles mentionnées à l'article L. 213-3, le préfet peut prescrire toute mesure de nature à faire cesser les conditions d'insalubrité.

Dans le cas où les locaux abritent des animaux destinés à être cédés, le préfet peut prononcer l'interdiction de cession des animaux. Cette décision préfectorale précise, le cas échéant, la destination des animaux hébergés dans les locaux.

En cas de suspension d'activité dans les conditions prévues à l'article *(Décr. nº 2011-537 du 17 mai 2011)* « L. 206-2 », lorsque le responsable de cette activité n'est pas en mesure d'assurer l'entretien des animaux, il doit procéder à leur placement auprès d'une association de protection des animaux ou d'un autre établissement pouvant les prendre en charge.

Art. R. 214-34 *(Décr. nº 2008-871 du 28 août 2008, art. 1er-6º-e)* Les agents mentionnés à l'article *(Décr. nº 2021-1858 du 28 déc. 2021, art. 3)* « R. 210-1 » sont habilités à consulter et faire une copie de tous les documents en rapport avec les activités exercées et à procéder ou ordonner dans les locaux, à tous prélèvements et toutes analyses sur les animaux nécessaires à l'exercice de leur mission de contrôle.

SOUS-SECTION 3 **Dispositions particulières** *(Décr. nº 2008-871 du 28 août 2008, art. 1er-5º).*

§ 1 Tir aux pigeons vivants

Art. R. 214-35 Il est interdit de pratiquer, sous quelque forme et en quelque lieu que ce soit, le tir aux pigeons vivants consistant à offrir ces animaux comme cibles aux tireurs après les avoir libérés.

§ 2 Maniement des animaux

Art. R. 214-36 L'usage d'un aiguillon, c'est-à-dire de tout objet terminé à l'une de ses extrémités par une fine pointe métallique ou une lame acérée pour exciter ou faire se déplacer des animaux est interdit.

§ 3 Détention des équidés *(Décr. nº 2022-1012 du 18 juill. 2022, art. 1er).*

(Décr. nº 2008-871 du 28 août 2008, art. 1er-5º)

Art. R. 214-37 Le contrôle des établissements ouverts au public pour l'utilisation d'équidés est exercé par le préfet.

Ce contrôle porte sur la sécurité, l'hygiène, l'enseignement, les normes techniques et l'état de la cavalerie de ces établissements selon des prescriptions définies par arrêtés conjoints du ministre chargé de l'agriculture, du ministre de l'intérieur et du ministre chargé des sports.

(Décr. nº 2021-1240 du 27 sept. 2021, art. 2) « Pour les établissements relevant de l'autorité du ministre de la défense ou de sa tutelle et les formations militaires du ministère de l'intérieur, les contrôles de l'exécution des mesures de protection des animaux sont effectués par les vétérinaires des armées. » *— Le § 4 devient le § 3 et l'art. R. 214-48-1 devient l'art. R. 214-37 (Décr. nº 2017-1246 du 7 août 2017, art. 12-23º, JO 9 août).*

Art. D. 214-37-1 *(Décr. nº 2022-1012 du 18 juill. 2022, art. 1er, en vigueur le 31 déc. 2022)* I. — Toute personne qui, dans le cadre de son activité professionnelle, est au contact direct d'un équidé, atteste de sa connaissance des besoins spécifiques de l'espèce en justifiant :

1º Soit d'une expérience professionnelle au contact direct d'équidés, d'une durée minimale de dix-huit mois au moment de l'acquisition ;

2º Soit de la possession d'un diplôme, titre ou certificat figurant sur une liste publiée par arrêté du ministre chargé de l'agriculture ; *— V. Arr. du 29 déc. 2022 listant les diplômes, titres et certificats permettant aux détenteurs professionnels d'équidés d'attester de leur connaissance des besoins de l'espèce (JO 31 déc.).*

II. — Toute personne détenant un équidé à des fins autres que celles mentionnées au I justifie d'un certificat d'engagement et de connaissance délivré par les organismes professionnels de la filière équine figurant sur une liste fixée par arrêté du ministre chargé de l'agriculture ou par un vétérinaire. *— V. Arr. du 29 déc. 2022 listant les organismes professionnels de la filière équine pouvant délivrer le certificat d'engagement et de connaissance pour la détention d'un équidé (JO 31 déc.).*

Ce certificat est signé par le détenteur de l'équidé et comporte une mention manuscrite par laquelle il s'engage expressément à respecter les besoins de l'animal.

Il précise :

1° Les besoins physiologiques, comportementaux et médicaux, y compris en cours de transport, en tenant compte de l'état des connaissances scientifiques ;

2° Les obligations relatives à la traçabilité et à l'identification de l'animal ainsi qu'aux conditions de transport ;

3° Les implications financières et logistiques liées à la satisfaction des besoins physiologiques, comportementaux et médicaux tout au long de la vie de l'équidé.

Les personnes qui, à la date du 31 déc. 2022, détiennent un équidé dans le cadre de leur activité professionnelle sont réputées satisfaire aux conditions prévues au I de l'art. D. 214-37-1 (Décr. nº 2022-1012 du 18 juill. 2022, art. 2-III).

§ 4 Élevages de poules pondeuses

(Décr. nº 2021-1647 du 14 déc. 2021, art. 1er)

Art. D. 214-38 Pour l'application de l'article L. 214-11, constitue un nouveau bâtiment la construction ou la reconstruction, totale ou partielle, d'un bâtiment destiné à l'élevage de poules pondeuses élevées en cage.

Pour l'application de ce même article, constituent un réaménagement de bâtiment :

1° Les travaux ou aménagements d'un bâtiment existant pour le destiner à l'élevage de poules pondeuses en cage ;

2° Les travaux ou aménagements d'un bâtiment existant conduisant à augmenter le nombre de poules pondeuses pouvant y être élevées en cage.

Art. R. 214-39 à R. 214-48 *Abrogés par Décr. nº 2006-1629 du 18 déc. 2006, art. 30.*

SECTION 3 Le transport

Art. R. 214-49 Au sens de la présente section et des textes pris pour son application, on entend par :

1° Transport : tout déplacement d'animaux effectué par un moyen de transport et comprenant chargement et déchargement des animaux ;

2° Lieu de départ : lieu où les animaux sont chargés pour la première fois dans un moyen de transport, ainsi que tout lieu où les animaux ont été nourris et abreuvés et ont profité d'une période de repos d'au moins vingt-quatre heures, à l'exception de tout point d'arrêt ou de transfert. Est également considéré comme lieu de départ tout centre de rassemblement agréé, à la condition que, s'il est distant de plus de cinquante kilomètres du premier lieu de chargement, les animaux y aient profité d'une période de repos suffisante et y aient été, au besoin, nourris et abreuvés ;

3° Lieu de destination : endroit où les animaux sont déchargés pour la dernière fois à l'exclusion de tout point d'arrêt ou de transfert ;

4° Voyage : tout déplacement d'animaux du lieu de départ au lieu de destination ;

5° Point d'arrêt : lieu où le voyage est interrompu pour abreuver, nourrir et faire reposer les animaux pendant au moins vingt-quatre heures ;

6° Période de repos : période continue au cours du voyage pendant laquelle les animaux ne sont pas déplacés grâce à un moyen de transport ;

7° Transporteur : toute personne physique ou morale procédant à un transport d'animaux vivants soit pour son propre compte, soit pour le compte d'un tiers, soit par la mise à disposition d'un tiers d'un moyen de transport destiné au transport d'animaux. Ces transports doivent avoir un caractère commercial et être effectués dans un but lucratif.

Art. R. 214-50 Les dispositions de la présente section sont applicables à tout transport d'animaux vertébrés vivants.

Toutefois, elles ne sont pas applicables :

1° Au transport d'un animal accompagnant une personne physique qui a la responsabilité de l'animal durant le transport ;

2° Au transport d'animaux familiers ou de compagnie accompagnant leur propriétaire ou leur gardien au cours d'un voyage privé ;

3° Aux transports privés sans but lucratif en vue de la transhumance saisonnière ;

4° Aux transports d'animaux vivants effectués sans but lucratif, pour compte propre ou pour le compte d'un tiers, sur une distance de moins de cinquante kilomètres.

Dans le cas prévu aux 1° et 2° ci-dessus, le transport d'animaux dans les voitures particulières et, lorsqu'il est autorisé, dans les véhicules de transport en commun est effectué sous la responsabilité de l'accompagnateur de telle sorte que les animaux disposent d'un espace et d'une aération répondant à leurs besoins vitaux. – *V. art. R. 215-7 (pén.).*

Art. R. 214-51 Tout transporteur effectuant un transport d'animaux vivants sur le territoire national doit être titulaire de l'agrément prévu par l'article L. 214-12. Est réputé titulaire de cet agrément tout transporteur titulaire de l'agrément prévu par *(Décr. n° 2017-1246 du 7 août 2017, art. 12-24°)* « le règlement (CE) n° 1/2005 du Conseil du 22 décembre 2004 relatif à la protection des animaux pendant le transport et les opérations annexes » et délivré par un autre État membre de *(Décr. n° 2011-537 du 17 mai 2011)* « l'Union » européenne.

Pour les transporteurs établis sur le territoire national, cet agrément est délivré par *(Décr. n° 2011-537 du 17 mai 2011)* « le préfet » du département de leur siège social ou de leur principal établissement.

Pour tout transporteur établi dans un pays tiers effectuant des transports sur le territoire de *(Décr. n° 2011-537 du 17 mai 2011)* « l'Union » européenne et ayant choisi d'être agréé par les autorités françaises, l'agrément est attribué par *(Décr. n° 2011-537 du 17 mai 2011)* « le préfet » du département d'un point d'entrée ou de sortie du territoire national ou, le cas échéant, par *(Décr. n° 2011-537 du 17 mai 2011)* « le préfet » du département dans lequel des animaux importés ou exportés doivent être respectivement déchargés ou chargés.

L'agrément est accordé pour cinq ans et est renouvelable sur demande de son titulaire.

Le contenu du dossier de demande d'agrément est défini par arrêté du ministre chargé de l'agriculture. Ce dossier comprend notamment un document par lequel le transporteur s'engage à :

1° Respecter les exigences en matière de santé et de protection animales ;

2° Garantir en permanence la qualification du personnel assurant la fonction de convoyeur au sein de l'entreprise, pour manipuler et transporter les animaux, ainsi que pour donner, en cas de nécessité, les soins appropriés aux animaux transportés. Cette garantie n'est toutefois pas exigée d'un transporteur mettant à la disposition d'un tiers un moyen de transport conçu pour le transport d'animaux sans mise à disposition d'un convoyeur.

Art. R. 214-52 Il est interdit à tout transporteur ainsi qu'à tout propriétaire, expéditeur, commissionnaire, mandataire, destinataire ou tout autre donneur d'ordre d'effectuer ou de faire effectuer un transport d'animaux vivants :

1° Si les animaux n'ont pas été préalablement identifiés et enregistrés, lorsque ces obligations sont prévues par décret ou par arrêté du ministre chargé de l'agriculture ou du ministre chargé de l'environnement, et selon les modalités propres à chaque espèce prévue par ces textes ;

2° Si les animaux sont malades ou blessés, ou sont inaptes au déplacement envisagé ou s'il s'agit de femelles sur le point de mettre bas, sauf dans le cas de transports à des fins sanitaires ou d'abattage d'urgence ;

3° Si les dispositions convenables n'ont pas été prises pour que soient assurés, en cours de transport, la nourriture, l'abreuvement et le repos des animaux, ainsi que, le cas échéant, les soins qui pourraient leur être nécessaires, et en particulier si l'itinéraire prévu n'a pas été porté sur l'un des documents mentionné à l'article R. 214-58 ;

4° Si les dispositions convenables touchant l'organisation du voyage n'ont pas été prises pour que, en cas de retard par rapport à l'itinéraire, l'alimentation, l'abreuvement, le repos et, le cas échéant, les premiers soins apportés aux animaux soient assurés dans le respect des fréquences légales.

Il est interdit à tout propriétaire, expéditeur, commissionnaire, mandataire, destinataire ou tout autre donneur d'ordre d'effectuer ou de faire effectuer un transport d'animaux vivants si le transporteur auquel ils ont recours n'est pas titulaire de l'agrément prévu à l'article R. 214-51. – *V. art. R. 215-6-I (pén.).*

Est mal fondée la cour qui condamne un prévenu pour transport à l'abattoir d'une vache inapte au déplacement alors que le vétérinaire avait conseillé un transport pour vêlage impossible et abattage d'urgence. • Com. 19 déc. 2006, n° 06-83.998 P : *JCP 2007. IV. 1336 ; RD rur. févr. 2007. 55 ; Dr. pénal 2007, n° 36.*

Art. R. 214-53 **Il est interdit à tout transporteur ainsi qu'à tout propriétaire, expéditeur, commissionnaire, mandataire, destinataire ou tout autre donneur d'ordre d'effectuer ou de faire effectuer un transport d'animaux vivants :**

1° Si les véhicules ou moyens de transport quels qu'ils soient ne sont pas conçus ou aménagés conformément à des exigences de confort et de salubrité définies par arrêté du ministre chargé de l'agriculture et de telle sorte que les animaux y disposent d'un espace et d'une aération suffisants et d'une protection appropriée contre les intempéries et les écarts climatiques plus graves ainsi que contre les chocs possibles en fonction de l'espèce considérée et des conditions normales de transport ;

2° Si les dispositions convenables n'ont pas été prises pour que soient éliminés les risques de blessures et les souffrances qui peuvent être évitées pendant le transport ;

3° Si, hors le cas de nécessité absolue, les animaux doivent rester entravés pendant le transport. – *V. art. R. 215-6-I (pén.).*

V. Arr. du 22 juill. 2019 restreignant le transport routier d'animaux vertébrés terrestres vivants durant les épisodes caniculaires (JO 23 juill.).

Art. R. 214-54 **Pour l'application du règlement CE n° 1255/97 du Conseil du 25 juin 1997 concernant les critères communautaires requis aux** *(Décr. n° 2012-843 du 30 juin 2012, art. 2-4°)* **« postes de contrôle » et adaptant le plan de marche visé à la directive 91/628/CEE, l'agrément est délivré par le** *(Décr. n° 2011-537 du 17 mai 2011)* **« préfet » du département où est situé le point d'arrêt** *[poste de contrôle]*. **Il est accordé pour cinq ans et est renouvelable sur demande de son titulaire.**

Le contenu du dossier de la demande d'agrément est défini par arrêté du ministre chargé de l'agriculture.

Art. R. 214-55 **Il est interdit à tout transporteur ainsi qu'à tout propriétaire, expéditeur, commissionnaire, mandataire, destinataire ou tout autre donneur d'ordre d'effectuer ou de faire effectuer un transport d'animaux vivants sans s'être assuré de la présence, à tout moment du voyage, d'un convoyeur qualifié chargé de la garde et du bien-être des animaux transportés, d'assurer leur abreuvement et leur alimentation ainsi que, si nécessaire, de prodiguer dès que possible les premiers soins aux animaux qui se blessent ou tombent malades en cours de transport.** – *V. art. R. 215-6-I (pén.).*

Le convoyeur est soit une personne exclusivement chargée de cette tâche, soit, à défaut, les personnes énumérées ci-après :

1° Le donneur d'ordre sur le lieu de départ jusqu'au chargement inclus ;

2° Le destinataire sur le lieu de destination depuis le déchargement inclus ;

3° Le responsable du point d'arrêt, dans les points d'arrêt, chargement et déchargement inclus ;

4° Le transporteur à tout autre moment du voyage.

Art. R. 214-56 **En cas de nécessité, le convoyeur fait appel à un vétérinaire pour prodiguer les soins aux animaux blessés ou malades pendant le transport.** – *V. art. R. 215-6-I (pén.).*

Si nécessaire, le vétérinaire procède ou fait procéder à l'abattage d'urgence ou à l'euthanasie des animaux considérés.

Art. R. 214-57 *(Décr. n° 2015-1768 du 24 déc. 2015, art. 7-2°, en vigueur le 1er janv. 2016)* **I. – Les modalités d'organisation de la formation mentionnée au paragraphe 4 de l'article 6 du règlement (CE) n° 1/2005 du Conseil du 22 décembre 2004 relatif à la protection des animaux pendant le transport et les opérations annexes et modifiant les directives 64/432/CEE et 93/119/CE et le règlement (CE) n° 1255/97 sont précisées par arrêté du ministre chargé de l'agriculture.**

II. – Le certificat d'aptitude ou de compétence prévu par le paragraphe 5 de l'article 6 du même règlement est délivré par le préfet du département du domicile du convoyeur, dans les conditions et selon des modalités définies par arrêté du ministre chargé de l'agriculture.

III. – Pour la délivrance de l'agrément mentionné à l'article L. 214-12, la qualification des convoyeurs ou conducteurs, ressortissants d'un État membre de l'Union européenne ou d'un autre État partie à l'accord sur l'Espace économique européen, transportant d'autres espèces que celles mentionnées au paragraphe 2 de l'article 17 du même règlement, est examinée dans les conditions prévues aux articles R. 204-2 et R. 204-3 pour l'accès ou l'exercice en liberté d'établissement. En cas de différences substantielles entre la formation requise en France et les connaissances acquises du demandeur, le 1° de l'article R. 204-5 s'applique.

V. Arr. du 14 janv. 2022 relatif aux habilitations ou enregistrements des organismes de formation mettant en œuvre les formations requises pour les personnes exerçant une fonction de conducteur ou de convoyeur d'animaux vivants (JO 20 janv.), mod. par Arr. du 23 nov. 2022, art. 2 (JO 6 déc.) ; Arr. du 26 juill. 2023 portant publication de la liste des organismes de formation habilités à mettre en œuvre les formations requises pour les personnes exerçant une fonction de conducteur ou de convoyeur d'animaux vivants (JO 3 août.).

Art. R. 214-57-1 *(Décr. nº 2017-1411 du 27 sept. 2017, art. 2-20º)* Le silence gardé par le préfet pendant un délai de trois mois sur une demande de validation de la formation de convoyeurs d'animaux vivants, mentionnée à l'article R. 214-57, vaut décision d'acceptation.

Art. R. 214-58 Lorsque, pour une cause quelconque, à l'occasion du transport, l'acheminement des animaux est interrompu ou retardé, ou lorsqu'il est constaté par l'autorité compétente que les dispositions relatives à leur protection en cours de transport ne sont pas respectées, le préfet prend les mesures nécessaires pour que toute souffrance soit épargnée aux animaux ou qu'elle soit réduite au minimum. Il peut ordonner leur mise à mort, éventuellement sur place, dans les cas où des soins appropriés ne pourraient être utilement donnés aux animaux. Le propriétaire ou son mandataire sont, dans cette dernière hypothèse, informés des motifs qui ont rendu la mesure nécessaire.

Art. R. 214-59 *(Décr. nº 2021-1858 du 28 déc. 2021, art. 3)* Outre les agents mentionnés à l'article R. 210-1, les fonctionnaires ou agents de l'État chargés du contrôle des transports terrestres et placés sous l'autorité du ministre chargé des transports pour l'exercice des compétences en matière de contrôle du transport routier sont habilités à contrôler le respect des exigences documentaires fixées par le règlement (CE) nº 1/2005 du Conseil du 22 décembre 2004.

Art. R. 214-60 Le transport d'animaux vivants importés ou en transit, en provenance de pays non-membres de la Communauté européenne, est accompagné d'un des documents visés à l'article R. 214-59.

Le transporteur ou le convoyeur présente à toute réquisition des agents mentionnés au II de l'article R. 214-59 les documents visés audit article.

Art. D. 214-61 *(Décr. nº 2012-844 du 30 juin 2012, art. 1er-2º)* Le préfet de département peut mandater, dans les conditions prévues par l'article L. 203-9, des vétérinaires pour la réalisation de l'inspection des navires de transport du bétail lors du chargement et du déchargement, et de contrôles aux points de sortie de l'Union européenne prévus par les articles 20 et 21 du règlement (CE) nº 1/2005 du Conseil du 22 décembre 2004.

Art. R. 214-62 Des arrêtés du ministre chargé de l'agriculture et, le cas échéant, des ministres intéressés fixent, en tant que de besoin, les modalités d'application de la présente section. – *V. Arr. du 5 nov. 1996 relatif à la protection des animaux en cours de transport (JO 23 nov.), mod. par Arr. du 24 nov. 1999 (JO 25 nov.).*

SECTION 4 L'abattage

SOUS-SECTION 1 Dispositions générales

Art. R. 214-63 Les dispositions de la présente section sont applicables à l'acheminement, à l'hébergement, à l'immobilisation, à l'étourdissement, à l'abattage et la mise à mort des animaux élevés ou détenus pour la production de viandes, de peaux, de fourrures ou d'autres produits et aux procédures de mise à mort des animaux en cas de lutte contre les maladies *(Décr. n° 2012-842 du 30 juin 2012, art. 5-2°)* « réglementées au sens de l'article D. 221-2 ».

Toutefois, elles ne s'appliquent pas :

1° Aux expériences techniques ou scientifiques portant sur ces opérations qui sont effectuées sous le contrôle des services vétérinaires ;

2° Aux animaux mis à mort lors de manifestations culturelles ou sportives traditionnelles ;

3° Au gibier sauvage tué au cours d'une action de chasse.

Art. R. 214-64 *(Décr. n° 2009-1658 du 18 déc. 2009)* I. — Au sens de la présente section et des textes pris pour son application, on entend par :

1° "Établissements d'abattage" : les établissements ou installations non agréés mentionnés à l'article L. 654-3 réalisant l'abattage de volailles et de lagomorphes et les abattoirs ;

2° "Abattoir" : tout établissement ou installation agréé par *(Décr. n° 2011-537 du 17 mai 2011)* « le préfet », utilisé pour l'abattage ou, exceptionnellement, la mise à mort sans saignée des ongulés domestiques, des volailles, des lagomorphes et du gibier d'élevage, y compris les installations destinées au déchargement, à l'acheminement ou à l'hébergement des animaux ;

3° "Acheminement" : le fait de décharger ou de conduire un animal des quais de débarquement, des locaux de stabulation ou des parcs de l'établissement d'abattage jusqu'aux locaux ou emplacements d'abattage ;

4° "Immobilisation" : l'application à un animal de tout procédé conçu pour limiter ses mouvements en vue de faciliter un étourdissement ou une mise à mort efficace ;

5° "Étourdissement" : tout procédé qui, appliqué à un animal, le plonge immédiatement dans un état d'inconscience. Lorsque ce procédé permet un état d'inconscience réversible, la mise à mort de l'animal doit intervenir pendant l'inconscience de celui-ci ;

6° "Mise à mort" : tout procédé qui cause la mort d'un animal ;

7° "Abattage" : le fait de mettre à mort un animal par saignée.

II. — Dans la présente section et les textes pris pour son application, les ongulés domestiques, volailles, lagomorphes et gibier d'élevage correspondent aux espèces mentionnées à l'annexe I du règlement (CE) n° 853/2004 du Parlement européen et du Conseil du 29 avril 2004 fixant des règles spécifiques d'hygiène applicables aux denrées alimentaires d'origine animale.

Art. R. 214-65 Toutes les précautions doivent être prises en vue d'épargner aux animaux toute excitation, douleur ou souffrance évitables pendant les opérations de déchargement, d'acheminement, d'hébergement, d'immobilisation, d'étourdissement, d'abattage ou de mise à mort.

Art. R. 214-66 Les procédés utilisés pour l'immobilisation, l'étourdissement et la mise à mort des animaux sont autorisés par arrêté du ministre chargé de l'agriculture. *— V. Arr. du 12 déc. 1997 relatif aux procédés d'immobilisation, d'étourdissement et de mise à mort des animaux et aux conditions de protection animale dans les abattoirs (JO 21 déc.), mod. par Arr du 28 déc. 2011, art. 3 (JO 29 déc.), Arr. du 31 juill. 2012, art. 9 (JO 21 août).*

SOUS-SECTION 2 Abattage et mise à mort des animaux dans les établissements d'abattage *(Décr. n° 2009-1658 du 18 déc. 2009).*

§ 1 Dispositions générales

Art. R. 214-67 Les locaux, les installations et les équipements des *(Décr. n° 2009-1658 du 18 déc. 2009)* « établissements d'abattage » doivent être conçus, construits,

entretenus et utilisés de manière à épargner aux animaux toute excitation, douleur ou souffrance évitables.

Art. R. 214-68 **Il est interdit à tout responsable d'***(Décr. nº 2009-1658 du 18 déc. 2009)* **« établissement d'abattage » d'effectuer ou de faire effectuer l'abattage ou la mise à mort d'un animal si les dispositions convenables n'ont pas été prises afin de confier les opérations de déchargement, d'acheminement, d'hébergement, d'immobilisation, d'étourdissement, d'abattage ou de mise à mort des animaux à un personnel disposant d'une formation en matière de protection animale ou encadré par une personne ayant cette compétence.** – *V. Arr. du 31 juill. 2012 relatif aux conditions de délivrance du certificat de compétence concernant la protection des animaux dans le cadre de leur mise à mort (JO 21 août), mod. par Arr. du 23 déc. 2013 (JO 28 déc.), Arr. du 12 mars 2018 (JO 27 mars), Arr. du 7 juill. 2022, art. 1er (JO 24 juill.).*

Art. R. 214-69 *(Décr. nº 2009-1658 du 18 déc. 2009)* **I. – L'immobilisation des animaux est obligatoire préalablement à leur étourdissement et à leur mise à mort.**

La suspension des animaux est interdite avant leur étourdissement ou leur mise à mort.

II. – Les dispositions du I ne s'appliquent pas :

1° Aux volailles et aux lagomorphes dans la mesure où il est procédé à leur étourdissement après leur suspension ;

2° Aux animaux dangereux mis à mort d'urgence dans l'enceinte d'un établissement d'abattage.

Art. R. 214-70 *(Décr. nº 2009-1658 du 18 déc. 2009)* **I. – L'étourdissement des animaux est obligatoire avant l'abattage ou la mise à mort, à l'exception des cas suivants :**

1° Si cet étourdissement n'est pas compatible avec la pratique de l'abattage rituel ;

2° Lorsque le procédé utilisé pour la mise à mort du gibier d'élevage a été préalablement autorisé et entraîne la mort immédiate des animaux ;

3° En cas de mise à mort d'urgence.

II. – Les procédés d'étourdissement et de mise à mort mentionnés au I ainsi que les espèces auxquelles ils doivent être appliqués sont fixés par arrêté du ministre chargé de l'agriculture.

(Décr. nº 2011-2006 du 28 déc. 2011, en vigueur le 1er juill. 2012) **« III. – Un abattoir ne peut mettre en œuvre la dérogation prévue au 1° du I que s'il y est préalablement autorisé.**

« L'autorisation est accordée aux abattoirs qui justifient de la présence d'un matériel adapté et d'un personnel dûment formé, de procédures garantissant des cadences et un niveau d'hygiène adaptés à cette technique d'abattage ainsi que d'un système d'enregistrements permettant de vérifier que l'usage de la dérogation correspond à des commandes commerciales qui le nécessitent.

« La demande d'autorisation est adressée au préfet du département du lieu d'implantation de l'abattoir *(Abrogé par Décr. nº 2017-1411 du 27 sept. 2017, art. 2-21°)* ***« qui dispose d'un délai de trois mois à compter de la réception complète du dossier pour statuer sur la demande »*. L'autorisation est accordée par arrêté du préfet. Cet arrêté peut restreindre l'étendue de l'autorisation à certaines catégories d'animaux.**

« Le contenu du dossier de demande d'autorisation est précisé par arrêté du ministre chargé de l'agriculture. – *V. Arr. du 28 déc. 2011, art. 1er (JO 29 déc.).*

« Toute modification des éléments pris en compte pour l'octroi de l'autorisation initiale, de même que la cessation d'activité doivent être notifiées au préfet. Au vu des modifications constatées, celui-ci décide de la nécessité de renouveler ou modifier les conditions de l'autorisation.

« L'autorisation peut être suspendue ou retirée à la demande de l'établissement, ou par le préfet en cas de méconnaissance des conditions de l'autorisation ou des dispositions du présent titre. »

1. Abattage rituel. La dérogation à l'obligation d'étourdissement des animaux destinés à la consommation humaine avant l'abattage constitue un engagement positif de l'État visant à assurer le respect effectif de la liberté d'exercice des cultes. • CEDH 27 juin 2000, *Cha'are Shalom Ve Tsedek c/ France*, nº 27417/95. ♦ La possibilité de déroger à l'obligation d'étourdissement des animaux pour la pratique de l'abattage rituel ne porte pas atteinte au principe de laïcité. • CE

5 juill. 2013, n° 361441 : *AJDA 2013. 1415* ; *Dr. adm. 2013. 85, note Éveillard ; JCP 2013. 894 ; RD rur. 2014. Chron. 2, obs. Darribehaude.* ♦ La dérogation admise par le Règl. 1099/2009 à l'obligation de mise à mort des animaux sans étourdissement préalable en cas d'abattage rituel, qui implique qu'ils soient abattus dans des abattoirs agréés, n'est pas contraire à la liberté de religion. • CJUE 29 mai 2018, n° C-426/16 : *RD rur. 2018, n° 205, note Gadbin.* ♦ L'art. 26 du Règl. du 24 sept. 2009 ne s'oppose pas à la réglementation d'un État membre qui impose dans le cadre de l'abattage rituel un procédé d'étourdissement réversible et insusceptible d'entraîner la mort de l'animal. • CJUE 17 déc. 2020, n° C-336/19 : *D. 2021. 11* ; *JCP 2021. 199, note Gonzalez.* ♦ Le juste équilibre entre protection animale et liberté de culte ne saurait être atteint en France par l'interdiction de l'abattage sans étourdissement préalable et un tel abattage s'exerce en conséquence dans le cadre posé par le Décr. n° 2011-2006 du 28 déc. 2011. * Rép. min. n° 36062 : *JOAN 8 févr. 2022, p. 803.*

2. La dérogation à l'obligation d'étourdissement au moment de la mise à mort des animaux prévue par le I de l'art. R. 214-70 ne peut être regardée comme autorisant des mauvais traitements envers les animaux au sens de l'art. L. 214-3. • CE 4 oct. 2019, n° 423647 B : *AJDA 2019. 1969, note Pastor* ; *Gaz. Pal. 2019. 2956 ; D. actu. 14 oct. 2019, note Pastor ; Gaz. Pal. 2019. 2956.* ♦ Il n'existe pas d'illégalité actuelle de l'art. R. 214-70 au motif tiré de ce que le pouvoir réglementaire, qui doit rechercher le plus grand degré de bien-être animal compatible avec la liberté religieuse, n'a pas imposé le recours à des mesures qui seraient plus protectrices des animaux au moment de leur mise à mort par abattage rituel. • Même décision.

3. Alors même que l'agrément des organismes religieux pour accorder l'habilitation des sacrificateurs est placé sous le contrôle du juge administratif, ceux-ci ne sont pas chargés d'un service public et les décisions d'habilitation des sacrificateurs ne présentent pas le caractère d'actes administratifs. • CE 19 déc. 2018, n° 419773 B : *Gaz. Pal. 2019. 543.*

4. Est bien fondé le rejet de la demande de rendre obligatoire la traçabilité des viandes issues de l'abattage sans étourdissement préalable. • CE 1er juill. 2022, n° 441260 : *AJDA 2022. 2213*.

Art. R.* 214-70-1 *(Décr. n° 2017-1411 du 27 sept. 2017, art. 2-22°)* **Le silence gardé par le préfet sur une demande d'autorisation d'abattage sans étourdissement, mentionnée au III de l'article R. 214-70, vaut décision de rejet.**

Art. R. 214-71 **La saignée doit commencer le plus tôt possible après l'étourdissement et en tout état de cause avant que l'animal ne reprenne conscience.**

Art. R. 214-72 *(Décr. n° 2009-1658 du 18 déc. 2009)* **A l'intérieur des établissements d'abattage, les procédés de mise à mort sans saignée des animaux sont autorisés par arrêté du ministre chargé de l'agriculture pour les animaux suivants :**

1° Les volailles et les lagomorphes mis à mort au moyen de méthodes traditionnelles reconnues par arrêté du ministre chargé de l'agriculture ;

2° Les animaux dangereux mis à mort d'urgence et sur lesquels il est impossible d'effectuer une contention pour une saignée.

§ 2 Abattage rituel

Art. R. 214-73 **Il est interdit à toute personne de procéder ou de faire procéder à un abattage rituel en dehors d'un abattoir. La mise à disposition de locaux, terrains, installations, matériel ou équipement en vue de procéder à un abattage rituel en dehors d'un abattoir est interdite.**

Art. R. 214-74 **Avant l'abattage rituel, l'immobilisation par un procédé mécanique des animaux des espèces bovine, ovine et caprine est obligatoire. L'immobilisation doit être maintenue pendant la saignée.**

Art. R. 214-75 **Sous réserve des dispositions du troisième alinéa du présent article, l'abattage rituel ne peut être effectué que par des sacrificateurs habilités par les organismes religieux agréés, sur proposition du ministre de l'intérieur, par le ministre chargé de l'agriculture.**

Les organismes agréés mentionnés à l'alinéa précédent doivent faire connaître au ministre chargé de l'agriculture le nom des personnes habilitées et de celles auxquelles l'habilitation a été retirée.

Si aucun organisme religieux n'a été agréé, le préfet du département dans lequel est situé l'abattoir utilisé pour l'abattage rituel peut accorder des autorisations individuelles sur demande motivée des intéressés.

Les sacrificateurs doivent être en mesure de justifier de cette habilitation aux agents mentionnés à l'article *(Décr. n° 2021-1858 du 28 déc. 2021, art. 3)* **« R. 210-1 ».**

Est illégale la délibération de la communauté urbaine qui autorise la passation d'un marché public en vue de la réalisation d'un abattoir provisoire pour les fêtes de l'Aïd-el-Kébir, car elle engage une dépense liée à l'exercice d'un culte, en violation de la loi de séparation des Églises et de l'État du 9 déc. 1905. • TA Nantes, 31 mars 2006, *R. Mismetti*, n° 034569 : *AJDA 2006. 847*.

Art. R.* 214-75-1 *(Décr. n° 2017-1411 du 27 sept. 2017, art. 2-23°)* **Le silence gardé par le ministre chargé de l'agriculture sur une demande d'agrément d'organismes religieux, mentionnée à l'article R. 214-75, vaut décision de rejet.**

Art. R. 214-76 *Abrogé par Décr. n° 2005-1716 du 28 déc. 2005.*

SOUS-SECTION 3 **Abattage et mise à mort des animaux hors des établissements d'abattage** *(Décr. n° 2009-1658 du 18 déc. 2009).*

Art. R. 214-77 *(Décr. n° 2009-1658 du 18 déc. 2009)* **Les dispositions des articles R. 214-65, R. 214-66 et R. 214-69 à R. 214-71 sont applicables aux animaux abattus ou mis à mort hors des établissements d'abattage dans les cas prévus au 1° de l'article R. 231-6.**

Art. R. 214-78 *(Décr. n° 2009-1658 du 18 déc. 2009) (Décr. n° 2022-137 du 5 févr. 2022, art. 1er)* **« Sans préjudice de l'article R. 231-6, la mise à mort en dehors des établissements d'abattage est autorisée :**

« 1° En cas de dépeuplement, lorsque l'autorité administrative l'autorise dans le cadre de la lutte contre les maladies animales réglementées mentionnées à l'article L. 221-1 ; »

2° Pour les animaux élevés pour leur fourrure *(Décr. n° 2022-137 du 5 févr. 2022, art. 1er)* **« sous réserve de la notification préalable de leur mise à mort au préfet de département ;**

« 3° Sans préjudice du II de l'article R. 214-17, pour les poussins et embryons refusés dans les couvoirs ;

« 4° Pour les animaux blessés ou atteints d'une maladie entraînant des douleurs ou souffrances intenses, lorsqu'il n'existe pas d'autre possibilité pratique d'atténuer ces douleurs ou souffrances ;

« 5° Pour les poussins mentionnés au premier alinéa du II de l'article R. 214-17 accidentellement non détectés par les moyens mis en œuvre en application du dernier alinéa de ce même II. »

Art. R. 214-79 L'introduction d'un animal vivant dans un établissement *(Décr. n° 2011-537 du 17 mai 2011)* **« d'équarrissage » est interdite. Toutefois,** *(Décr. n° 2011-537 du 17 mai 2011)* **« en cas de nécessité, le préfet » peut accorder une dérogation afin que l'abattage ou la mise à mort d'un animal soit réalisé dans un établissement** *(Décr. n° 2011-537 du 17 mai 2011)* **« d'équarrissage » sous réserve que l'ensemble des opérations soit placé** *(Décr. n° 2011-537 du 17 mai 2011)* **« sous le contrôle d'un agent mentionné à l'article »** *(Décr. n° 2021-1858 du 28 déc. 2021, art. 3)* **« R. 210-1 ».**

SOUS-SECTION 4 **Dispositions finales**

Art. R. 214-80 Les agents mentionnés à l'article *(Décr. n° 2021-1858 du 28 déc. 2021, art. 3)* **« R. 210-1 » assurent un contrôle régulier des** *(Décr. n° 2009-1658 du 18 déc. 2009)* **« établissements d'abattage », afin de vérifier le bon état de fonctionnement des matériels utilisés pour l'immobilisation, l'étourdissement et la mise à mort des animaux et leur utilisation dans des conditions conformes aux dispositions de la présente section.**

Art. R. 214-81 Des arrêtés du ministre chargé de l'agriculture et, le cas échéant, des ministres intéressés fixent, en tant que de besoin, les modalités d'application de la présente section.

Les autorités des États membres peuvent imposer aux abattoirs le moment où l'abattage doit avoir lieu en vue de nommer le vétérinaire officiel aux fins du contrôle de l'abattage et de refuser de dépêcher un tel vétérinaire aux jours et heures définis par l'abattoir, sauf s'il est objectivement nécessaire que les abattages aient lieu un tel jour. • CJUE 5 nov. 2014, n° C-402/13 : *Europe 2015. 35.*

SECTION 5 **Activités diverses soumises à autorisation** *(Décr. n° 2013-118 du 1er févr. 2013, art. 1er-1°).*

SOUS-SECTION 1 **Activité concernant des espèces animales non domestiques**

Art. R. 214-82 **La capture, la production, la détention, l'utilisation, la cession à titre gratuit ou onéreux, le transport, l'importation, l'exportation, la réexportation d'espèces animales non domestiques sont régis par** *(Décr. n° 2017-1246 du 7 août 2017, art. 12-25°)* **« les articles L. 412-1 et L. 412-2** [du code de l'environnement] **». – C. *envir.***

Art. R. 214-83 **Les règles relatives à l'élevage, la vente, la location, le transit et la présentation au public d'espèces animales non domestiques sont déterminées par les dispositions du chapitre III** *(Décr. n° 2017-1246 du 7 août 2017, art. 12-25°)* **« du titre I du livre IV du code de l'environnement (partie réglementaire) ». – C. *envir.***

SOUS-SECTION 2 **Spectacles publics et jeux**

Art. R. 214-84 **Il est interdit de faire participer à un spectacle tout animal dont les caractéristiques ont été modifiées par l'emploi de substances médicamenteuses ou qui a subi une intervention chirurgicale telle que la castration des spécimens d'espèces sauvages ou le dégriffage pour toutes les espèces, à l'exception des interventions pratiquées par un vétérinaire pour des raisons sanitaires.**

Art. R. 214-85 **La participation d'animaux à des jeux et attractions pouvant donner lieu à mauvais traitements, dans les foires, fêtes foraines et autres lieux ouverts au public, est interdite sous réserve des dispositions du troisième alinéa de l'article 521-1 du code pénal.**

Art. R. 214-86 **Sont interdits en tous lieux tous les jeux où un animal vivant sert de cible à des projectiles vulnérants ou mortels, exception faite des activités relevant de la législation sur la chasse.**

V. art. R. 215-9 (pén.).

SECTION 6 **Utilisation d'animaux vivants à des fins scientifiques**

(Décr. n° 2013-118 du 1er févr. 2013, art. 1er-3°)

BIBL. ▶ LEBEL, *RD rur. 2013, n° 155* (Décr. n° 2013-118 et Arr. du 1er févr. 2013). – MARGUÉNAUD, *D. 2006. 1774* (animal, droit communautaire et expérimentation de produits cosmétiques). – SEGURA-CARISSIMI, *Gaz. Pal. 7-11 août 2009. 6* (expérimentation animale et protection des animaux). – ZIANI, *RJ envir. 2006. 425* (droit et expérimentation animale en France).

Convention européenne de Strasbourg du 18 mars 1986,

Sur la protection des animaux vertébrés utilisés à des fins expérimentales ou à d'autres fins scientifiques.

La Convention, signée par la France le 2 sept. 1987 et publiée par le Décr. n° 2001-486 du 6 juin 2001 (JO 8 juin), est mise en œuvre par la Dir. n° 2010/63/UE du Parlement européen et du Conseil du 22 sept. 2010 relative à la protection des animaux utilisés à des fins scientifiques (JOUE n° L 276 du 20 oct., Rect. JOUE n° L 163 du 22 juin 2012, Rect. JOUE n° L 182 du 7 juill. 2016).

V. aussi Décr. n° 2007-409 du 23 mars 2007 (JO 25 mars) portant publication du protocole d'amendement à cette convention, fait à Strasbourg le 22 juin 1998.

SOUS-SECTION 1 **Champ d'application et définitions**

Art. R. 214-87 **Les dispositions de la présente section s'appliquent lorsque des animaux sont utilisés ou destinés à être utilisés dans des procédures expérimentales telles**

que définies à l'article R. 214-89, ou lorsqu'ils sont élevés pour que leurs organes ou tissus puissent être utilisés à des fins scientifiques.

Les dispositions de la présente section s'appliquent jusqu'à ce que les animaux visés au premier alinéa aient été mis à mort, placés dans un système d'élevage approprié ou relâchés dans un habitat approprié.

Ces dispositions s'appliquent aux :

— animaux vertébrés vivants, y compris les formes larvaires autonomes et les formes fœtales de mammifères à partir du dernier tiers de leur développement normal ;

— formes larvaires autonomes et formes fœtales de mammifères à un stade de développement antérieur au dernier tiers de leur développement normal, si l'animal doit être laissé en vie au-delà de ce stade de développement et risque, à la suite des procédures expérimentales menées, d'éprouver de la douleur, de la souffrance ou de l'angoisse ou de subir des dommages durables après avoir atteint ce stade de développement ;

— céphalopodes vivants.

Le recours à un anesthésique, à un analgésique ou à d'autres méthodes destinées à supprimer la douleur, la souffrance, l'angoisse ou les dommages durables ne place pas l'utilisation d'un animal en dehors du champ d'application de la présente section.

Art. R. 214-88 N'entre pas dans le champ d'application de la présente section l'utilisation d'animaux dans les conditions suivantes :

(Abrogé par Décr. n° 2020-274 du 17 mars 2020, art. 1er) « *1° L'utilisation, invasive ou non, à des fins expérimentales ou à d'autres fins scientifiques, des animaux invertébrés, autres que les céphalopodes, des formes embryonnaires des vertébrés ovipares et des formes fœtales de mammifères avant le dernier tiers de leur développement normal sous réserve des dispositions du cinquième alinéa de l'article R. 214-87 ;* »

2° Les actes pratiqués dans les exploitations agricoles à des fins non expérimentales ;

3° Les actes pratiqués à des fins d'élevage reconnues ;

4° Les actes pratiqués dans le but premier d'identifier un animal ;

5° La pratique de la médecine vétérinaire à des fins non expérimentales ;

6° Les essais cliniques vétérinaires nécessaires aux fins d'une autorisation de mise sur le marché d'un médicament vétérinaire ;

7° Les pratiques qui sont susceptibles de causer une douleur, une souffrance, une angoisse ou des dommages durables inférieurs à ceux causés par l'introduction d'une aiguille effectuée conformément aux bonnes pratiques vétérinaires.

Art. R. 214-89 Au sens de la présente section et des textes pris pour son application, on entend par :

1° "Procédure expérimentale" :

— toute utilisation, invasive ou non, d'un animal à des fins expérimentales ou à d'autres fins scientifiques *(Décr. n° 2020-274 du 17 mars 2020, art. 1er)* « , y compris lorsque les résultats sont connus, » ou à des fins éducatives ;

— toute intervention destinée ou de nature à aboutir à la naissance ou à l'éclosion d'un animal ou à la création et à la conservation d'une lignée d'animaux génétiquement modifiés ;

Dès lors que cette utilisation ou cette intervention sont susceptibles de causer à cet animal une douleur, une souffrance, une angoisse ou des dommages durables équivalents ou supérieurs à ceux causés par l'introduction d'une aiguille effectuée conformément aux bonnes pratiques vétérinaires.

La mise à mort d'animaux, à la seule fin d'utiliser leurs organes ou tissus, selon une méthode définie par arrêté conjoint du ministre chargé de l'agriculture et du ministre chargé de la recherche, n'est pas considérée comme une procédure expérimentale ;

2° "Projet" : tout programme de travail répondant à un objectif scientifique défini, utilisant un ou plusieurs modèles animaux, et impliquant une ou plusieurs procédures expérimentales ;

3° "Établissement" : toute installation, tout bâtiment, tout groupe de bâtiments ou tout autre local, y compris, le cas échéant, un endroit non totalement clos ou couvert, ainsi que des installations mobiles ;

4° "Éleveur" : toute personne élevant des animaux des espèces définies par arrêté conjoint des ministres chargés de l'agriculture et de la recherche, en vue de leur utilisation exclusive dans des procédures expérimentales ou en vue de l'utilisation de leurs tissus ou organes à des fins scientifiques, ou élevant d'autres animaux principalement à ces fins, dans un but lucratif ou non ;

5° "Fournisseur" : toute personne autre qu'un éleveur fournissant des animaux en vue de leur utilisation dans des procédures expérimentales ou en vue de l'utilisation de leurs tissus ou organes à des fins scientifiques, dans un but lucratif ou non ;

6° "Utilisateur" : toute personne utilisant des animaux dans des procédures expérimentales ou procédant à la mise à mort d'animaux au sens du dernier alinéa du 1° ;

7° "Affection invalidante" : chez l'homme, toute diminution des capacités physiques ou psychologiques d'une personne ;

8° "Colonie entretenue sans apport d'effectifs extérieurs" : colonie dont les animaux sont élevés uniquement au sein de la colonie ou proviennent d'autres colonies mais n'ont pas été prélevés dans la nature et sont détenus de manière à être habitués à l'être humain.

SOUS-SECTION 2 Protection des animaux utilisés à des fins scientifiques

§ 1 Espèces animales concernées et origine des animaux

Art. R. 214-90 *(Décr. n° 2021-1388 du 25 oct. 2021, art. 1er)* « Les animaux utilisés ou destinés à être utilisés dans des procédures expérimentales appartenant aux espèces dont la liste est fixée par arrêté conjoint des ministres chargés de l'environnement, de l'agriculture et de la recherche doivent répondre aux conditions suivantes :

« 1° Avoir été élevés à cette fin ;

« 2° Provenir soit d'éleveurs ou de fournisseurs agréés selon les modalités prévues aux articles R. 214-99 à R. 214-103, soit d'éleveurs ou de fournisseurs agréés dans d'autres États membres de l'Union ou dans des États membres de l'Espace économique européen conformément aux dispositions de la directive 2010/63/UE du Parlement européen et du Conseil du 22 septembre 2010 relative à la protection des animaux scientifiques, ou, pour les animaux provenant directement d'éleveurs ou de fournisseurs situés hors de l'Espace économique européen, être accompagnés de tous les documents permettant de justifier que la condition prévue au 1° est remplie. »

A compter d'une date fixée par arrêté conjoint des ministres chargés de l'environnement, de l'agriculture et de la recherche, les primates sont issus d'élevages en captivité ou de colonies entretenues sans apport d'effectifs extérieurs.

Des dérogations *(Décr. n° 2021-1388 du 25 oct. 2021, art. 1er)* « au 1° » peuvent être accordées par le ministre chargé de la recherche, après avis des autres ministres concernés, sur la base d'éléments scientifiques dûment justifiés *(Abrogé par Décr. n° 2020-274 du 17 mars 2020, art. 1er)* ***« lorsque la production des éleveurs agréés est insuffisante ou ne convient pas aux besoins spécifiques du projet ».*** — *V. Arr. du 1er févr. 2013 fixant les conditions de fourniture de certaines espèces animales utilisées à des fins scientifiques aux établissements utilisateurs agréés (JO 7 févr.).*

Art. R. 214-91 Les animaux d'espèces domestiques errants ou vivant à l'état sauvage ne sont pas utilisés dans des procédures expérimentales. A titre exceptionnel, des dérogations peuvent être accordées par les ministres chargés de l'agriculture et de la recherche après avis favorable de la *(Décr. n° 2020-274 du 17 mars 2020, art. 1er)* « Commission nationale pour la protection des animaux utilisés à des fins scientifiques » pour autant que les conditions suivantes soient satisfaites :

a) Il existe une nécessité essentielle de mener cette procédure expérimentale qui concerne la santé et le bien-être des animaux de la même espèce ou une menace sérieuse pour la santé humaine ou animale ou pour l'environnement ;

b) Il existe des éléments scientifiques démontrant que la finalité de la procédure expérimentale ne peut être atteinte qu'en utilisant un animal errant ou vivant à l'état sauvage.

Art. R. 214-92 Les animaux d'espèces non domestiques non tenus en captivité ne sont pas utilisés dans des procédures expérimentales. Des dérogations ne peuvent être accordées par les ministres chargés de l'environnement et de la recherche que s'il est démontré scientifiquement que l'objectif de la procédure expérimentale ne peut être atteint en utilisant un animal élevé en vue d'une utilisation dans des procédures expérimentales.

Lorsque les animaux utilisés ou destinés à être utilisés dans les procédures expérimentales sont des spécimens d'espèces protégées en application de l'article L. 411-1 du code de l'environnement, cette dérogation ne peut être accordée que si la dérogation prévue au 4° de l'article L. 411-2 du même code a été accordée.

Lorsque les animaux utilisés ou destinés à être utilisés dans les procédures expérimentales sont des spécimens d'espèces dont la chasse est autorisée, cette dérogation ne peut être accordée que si l'autorisation de prélèvement prévue à l'article L. 424-11 du code de l'environnement a été accordée.

La capture des animaux dans la nature ne peut être effectuée que par une personne disposant des compétences définies par arrêté conjoint des ministres chargés de l'environnement et de l'agriculture et en employant des méthodes ne causant pas aux animaux de douleur, de souffrance, d'angoisse ou de dommages durables qui pourraient être évités.

Tout animal qui, lors de la capture ou après celle-ci, est blessé ou en mauvaise santé est examiné par un vétérinaire et des mesures sont prises pour atténuer autant que possible la souffrance de l'animal.

Art. R. 214-93 L'utilisation dans des procédures expérimentales d'animaux appartenant à des espèces menacées, autres que celles appartenant à l'ordre des primates, énumérées à l'annexe A du règlement (CE) n° 338/97 du Conseil du 9 décembre 1996 relatif à la protection des espèces de faune et de flore sauvages par le contrôle de leur commerce, qui ne relèvent pas du champ d'application de l'article 7, paragraphe 1, de ce règlement, n'est autorisée que pour les procédures expérimentales répondant aux conditions suivantes :

a) La procédure poursuit l'une des finalités visées au i du *b*, au *c* ou au *e* du 1° de l'article R. 214-105 ;

b) Il existe des éléments scientifiques démontrant que la finalité de la procédure ne peut être atteinte en utilisant d'autres espèces que celles énumérées dans l'annexe A du règlement (CE) n° 338/97 du Conseil du 9 décembre 1996.

Art. R. 214-94 I. – L'utilisation de primates dans des procédures expérimentales ne peut être autorisée que pour les procédures expérimentales répondant aux conditions suivantes :

a) La procédure expérimentale poursuit l'une des finalités mentionnées :

– au i du *b* ou au *c* du 1° de l'article R. 214-105 et est appliquée en vue de la prévention, de la prophylaxie, du diagnostic ou du traitement d'affections invalidantes ou susceptibles d'être mortelles ;

– au *a* ou au *e* du 1° de l'article R. 214-105 ;

b) Il existe des éléments scientifiques démontrant que la finalité de la procédure expérimentale ne peut être atteinte en utilisant d'autres espèces que celles appartenant à l'ordre des primates.

II. – L'utilisation, pour des procédures expérimentales, de primates appartenant à des espèces énumérées à l'annexe A du règlement (CE) n° 338/97 du Conseil du 9 décembre 1996 relatif à la protection des espèces de faune et de flore sauvages par le contrôle de leur commerce, qui ne relèvent pas du champ d'application de l'article 7, paragraphe 1, de ce règlement, ne peut être autorisée que pour les procédures expérimentales répondant aux conditions suivantes :

a) La procédure expérimentale poursuit l'une des finalités mentionnées :

– au i du *b* ou au *c* du 1° de l'article R. 214-105 et est appliquée en vue de la prévention, de la prophylaxie, du diagnostic ou du traitement d'affections invalidantes ou susceptibles d'être mortelles ;

– au *e* du 1° de l'article R. 214-105 ;

b) Il existe des éléments scientifiques démontrant que la finalité de la procédure expérimentale ne peut être atteinte en utilisant d'autres espèces que celles appartenant à l'ordre des primates ou en utilisant des espèces non énumérées dans l'annexe A du règlement (CE) n° 338/97 du Conseil du 9 décembre 1996.

III. – Si pour des motifs scientifiquement justifiables la finalité de la procédure expérimentale ne peut être atteinte qu'en utilisant des primates à des fins autres que la prévention, la prophylaxie, le diagnostic ou le traitement d'affections invalidantes ou susceptibles d'être mortelles, le responsable de projet dépose une demande écrite auprès du ministre chargé de la recherche. Après avis de la *(Décr. n° 2020-274 du 17 mars 2020, art. 1er)* « Commission nationale pour la protection des animaux utilisés à des fins scientifiques », le ministre chargé de la recherche peut faire adopter une mesure provisoire cosignée par les ministres chargés de l'environnement, de l'agriculture et de la recherche pour autoriser le projet. La Commission européenne est informée de cette mesure provisoire et peut s'y opposer.

IV. — Les singes appartenant aux genres *Gorilla*, *Pan* et *Pongo* ne sont pas utilisés dans des procédures expérimentales. Par dérogation, si des motifs valables existent, il peut être adopté, par arrêté conjoint des ministres chargés de l'environnement, de l'agriculture et de la recherche, après consultation de la *(Décr. n° 2020-274 du 17 mars 2020, art. 1er)* « Commission nationale pour la protection des animaux utilisés à des fins scientifiques », une mesure provisoire permettant l'utilisation de singes appartenant aux trois genres dont il s'agit dans des procédures expérimentales aux fins de la préservation de l'espèce ou du fait de l'apparition imprévue, chez l'homme, d'une affection clinique invalidante ou susceptible d'être mortelle, poursuivant l'un des objectifs mentionnés au i du *b*, au *c* ou au *e* du 1° de l'article R. 214-105, à condition que l'objectif de la procédure expérimentale ne puisse pas être atteint en recourant à des espèces autres que les singes appartenant à ces trois genres ou à des méthodes alternatives. La Commission européenne est informée immédiatement de cette mesure provisoire et peut s'y opposer.

Art. R. 214-94-1 *(Décr. n° 2017-1411 du 27 sept. 2017, art. 2-24°)* Le silence gardé pendant un délai de huit semaines par l'autorité administrative sur une demande de dérogation aux règles générales de mise en œuvre des procédures d'expérimentation animale, mentionnées aux articles R. 214-90 à R. 214-94, vaut décision de rejet.

§ 2 Conditions d'hébergement et d'entretien des animaux

Art. R. 214-95 Sans préjudice des dispositions de l'article R. 214-17, les responsables et le personnel des établissements utilisateurs, éleveurs et fournisseurs veillent à ce que :

a) Tous les animaux bénéficient d'un logement, d'un environnement, d'une alimentation, d'un apport en eau et de soins appropriés à leur santé et à leur bien-être ;

b) Toute restriction de la capacité d'un animal de satisfaire ses besoins physiologiques et éthologiques soit limitée au strict minimum ;

c) Les conditions d'environnement et les paramètres d'ambiance dans lesquels les animaux sont élevés, détenus ou utilisés fassent l'objet de vérifications quotidiennes ;

d) Des mesures soient prises pour mettre fin dans les délais les plus brefs à toute anomalie ou à toute douleur, toute souffrance, toute angoisse ou tout dommage durable constatés qui pourraient être évités ;

e) Les animaux soient transportés dans des conditions appropriées à leur santé et à leur bien-être.

Un arrêté conjoint des ministres chargés de l'environnement, de l'agriculture et de la recherche définit les normes de soins et d'hébergement. Des dérogations à ces normes pourront être accordées pour des raisons scientifiques ou des raisons liées au bien-être des animaux ou à la santé animale par décision conjointe des mêmes ministres. — *V. Arr. du 1er févr. 2013 fixant les conditions d'agrément, d'aménagement et de fonctionnement des établissements utilisateurs, éleveurs ou fournisseurs d'animaux utilisés à des fins scientifiques et leurs contrôles, art. 3 (JO 7 févr.), mod. par Arr. du 9 déc. 2014 (JO 27 déc.).*

Art. R. 214-95-1 *(Décr. n° 2017-1411 du 27 sept. 2017, art. 2-25°)* Le silence gardé pendant un délai de huit semaines par l'autorité administrative sur une demande de dérogation aux normes de soins et d'hébergement des animaux destinés à l'expérimentation scientifique, mentionnée à l'article R. 214-95, vaut décision de rejet.

Art. R. 214-96 Les chiens, les chats et les primates qui se trouvent dans les établissements utilisateurs, éleveurs ou fournisseurs sont identifiés par un marquage individuel et permanent. Lorsque les animaux sont sevrés, ce marquage est conforme aux modalités prévues pour l'application de l'article L. 212-10.

Les établissements utilisateurs, éleveurs ou fournisseurs sont tenus de conserver les informations individuelles relatives à chaque chien, chat ou primate, définies par arrêté des ministres chargés de l'environnement et de l'agriculture, pendant au moins trois ans après la mort ou le placement de l'animal et de les mettre à la disposition des agents habilités. — *V. Arr. du 1er févr. 2013 fixant les conditions d'agrément, d'aménagement et de fonctionnement des établissements utilisateurs, éleveurs ou fournisseurs d'animaux utilisés à des fins scientifiques et leurs contrôles, art. 7 (JO 7 févr.), mod. par Arr. du 9 déc. 2014 (JO 27 déc.).*

En cas de placement, conformément à l'article R. 214-112, les informations utiles sur les antécédents médicaux, sanitaires et comportementaux figurant dans le dossier individuel mentionné ci-dessus accompagnent l'animal.

Art. R. 214-97 Le responsable d'un établissement utilisateur ou d'un établissement éleveur ou fournisseur d'animaux destinés à des procédures expérimentales tient des registres des animaux dans lesquels sont consignés les éléments de suivi des animaux définis par arrêté conjoint des ministres chargés de l'agriculture et de la recherche.

Ces registres sont conservés pendant cinq années. — *V. Arr. du 1er févr. 2013 fixant les conditions d'agrément, d'aménagement et de fonctionnement des établissements utilisateurs, éleveurs ou fournisseurs d'animaux utilisés à des fins scientifiques et leurs contrôles, art. 6 (JO 7 févr.), mod. par Arr. du 9 déc. 2014 (JO 27 déc.).*

§ 3 Conditions de mise à mort

Art. R. 214-98 La mise à mort est effectuée en limitant le plus possible la douleur, la souffrance et l'angoisse de l'animal, par une personne compétente de l'établissement éleveur, fournisseur ou utilisateur. Toutefois, dans le cas d'une étude sur le terrain, un animal peut être mis à mort en dehors d'un établissement.

La liste et les conditions d'utilisation des méthodes de mise à mort sont précisées par arrêté conjoint des ministres chargés de l'environnement, de l'agriculture et de la recherche et du ministre de la défense. — *V. Arr. du 1er févr. 2013 fixant les conditions d'agrément, d'aménagement et de fonctionnement des établissements utilisateurs, éleveurs ou fournisseurs d'animaux utilisés à des fins scientifiques et leurs contrôles, art. 8 (JO 7 févr.), mod. par Arr. du 9 déc. 2014 (JO 27 déc.).*

Des dérogations concernant les méthodes de mise à mort identifiées dans l'arrêté mentionné à l'alinéa précédent peuvent être accordées par le ministre chargé de la recherche pour autant que, sur la base de données scientifiques, la méthode alternative soit considérée comme équivalente ou sur la base d'éléments scientifiques démontrant que la finalité de la procédure expérimentale ne peut être atteinte par le recours à une méthode de mise à mort spécifiée dans l'arrêté mentionné à l'alinéa précédent.

Les dispositions du premier alinéa et celles de l'arrêté prévu au deuxième alinéa du présent article ne s'appliquent pas lorsqu'un animal est mis à mort en cas d'urgence pour des raisons liées au bien-être des animaux, à la santé publique, à la sécurité publique ou à l'environnement.

Art. R. 214-98-1 *(Décr. nº 2017-1411 du 27 sept. 2017, art. 2-26º)* Le silence gardé pendant un délai de huit semaines par le ministre chargé de la recherche sur une demande de dérogation aux normes de mise à mort des animaux destinés à l'expérimentation scientifique, mentionnée à l'article R. 214-98, vaut décision de rejet.

SOUS-SECTION 3 Agrément et contrôle des établissements éleveurs, fournisseurs et utilisateurs

§ 1 Modalités d'agrément

Art. R. 214-99 Tout établissement éleveur, fournisseur ou utilisateur doit être agréé. A cet effet, sous réserve des dispositions de l'article R. 214-127, une demande d'agrément est adressée par le responsable de l'établissement au préfet du département du lieu d'implantation de l'établissement.

Cette demande est accompagnée d'un dossier dont les éléments sont précisés par arrêté conjoint des ministres chargés de l'agriculture et de la recherche et du ministre de la défense.

(Décr. nº 2020-274 du 17 mars 2020, art. 1er) « Toute procédure expérimentale doit être menée dans un établissement agréé.

« Sur la base d'éléments scientifiques et par dérogation à l'alinéa précédent, l'utilisateur d'un établissement agréé peut être autorisé, dans des conditions définies par arrêté conjoint des ministres chargés de l'agriculture, de la recherche, de l'écologie et de la défense, à réaliser une procédure expérimentale hors d'un établissement agréé. » *— V. Arr. du 1er févr. 2013 fixant les conditions d'agrément, d'aménagement et de fonctionnement des établissements utilisateurs, éleveurs ou fournisseurs d'animaux utilisés à des fins scientifiques et leurs contrôles, art. 1er (JO 7 févr.), mod. par Arr. du 9 déc. 2014, art. 3 (JO 27 déc.).*

Art. R. 214-100 L'agrément est accordé en fonction de la vocation de l'établissement, de la nature de ses installations, des espèces animales hébergées, du type de procédures expérimentales mises en œuvre et de la qualification de son personnel. Le préfet peut restreindre l'étendue de l'agrément demandé ou l'assortir de toute condition jugée utile.

L'agrément est accordé pour une durée de six ans.

Toute modification des éléments pris en compte pour l'octroi de l'agrément initial de même que la cessation d'activité doivent être notifiées au préfet. Le cas échéant, une extension de l'étendue de l'agrément peut être accordée par le préfet, après justification par le responsable de l'établissement.

Une modification de l'agrément est requise dès qu'un changement significatif de la structure ou du fonctionnement de l'établissement éleveur, fournisseur ou utilisateur est susceptible de nuire au bien-être des animaux.

L'agrément devient caduc si l'établissement cesse son activité. Il peut être suspendu ou retiré si les conditions qui ont permis l'octroi de l'agrément ne sont plus respectées, dans les conditions prévues à l'article L. 206-2.

Art. R. 214-100-1 *(Décr. nº 2017-1411 du 27 sept. 2017, art. 2-27º)* Le silence gardé par le préfet sur une demande d'agrément d'un établissement éleveur ou fournisseur d'animaux destinés à l'expérimentation animale, mentionnée aux articles R. 214-99 et R. 214-100, vaut décision de rejet.

§ 2 Exigences relatives au personnel des établissements

Art. R. 214-101 Tout établissement éleveur, fournisseur ou utilisateur doit disposer sur place d'un personnel dont la composition, la formation et le rôle sont définis par arrêté conjoint des ministres chargés de l'agriculture et de la recherche et du ministre de la défense.

Art. R. 214-102 Tout établissement éleveur, fournisseur ou utilisateur doit désigner un vétérinaire sanitaire compétent pour les animaux concernés ou, au cas où cela serait plus approprié pour certaines espèces, un expert ayant les qualifications requises. Ce vétérinaire ou, le cas échéant, l'expert est chargé de donner des conseils sur le bien-être et le traitement des animaux, notamment auprès de la structure mentionnée à l'article R. 214-103.

Art. R. 214-103 Tout établissement éleveur, fournisseur ou utilisateur doit se doter d'une structure chargée du bien-être des animaux dont la composition, le rôle et le fonctionnement sont définis par arrêté conjoint des ministres chargés de l'agriculture et de la recherche et du ministre de la défense. *— V. Arr. du 1er févr. 2013 fixant les conditions d'agrément, d'aménagement et de fonctionnement des établissements utilisateurs, éleveurs ou fournisseurs d'animaux utilisés à des fins scientifiques et leurs contrôles, art. 4 (JO 7 févr.), mod. par Arr. du 9 déc. 2014 (JO 27 déc.).*

Par dérogation à l'alinéa précédent, le préfet peut autoriser un établissement éleveur, fournisseur ou utilisateur de très petite taille à réaliser les tâches confiées à cette structure par d'autres moyens que ceux précisés par l'arrêté mentionné à l'alinéa précédent.

§ 3 Inspection des établissements

Art. R. 214-104 Les agents mentionnés *(Décr. nº 2021-1858 du 28 déc. 2021, art. 3)* « à l'article R. 206-1 et au 1º de l'article R. 206-2 » sont habilités à exercer dans les établissements utilisateurs, les établissements éleveurs et les établissements fournisseurs le contrôle de l'application des dispositions de cette section.

Les établissements éleveurs, fournisseurs et utilisateurs sont inspectés de façon régulière selon les modalités définies par arrêté conjoint des ministres chargés de l'agriculture et de la recherche et du ministre de la défense. — *V. Arr. du 1er févr. 2013 fixant les conditions d'agrément, d'aménagement et de fonctionnement des établissements utilisateurs, éleveurs ou fournisseurs d'animaux utilisés à des fins scientifiques et leurs contrôles, art. 5 (JO 7 févr.), mod. par Arr. du 9 déc. 2014 (JO 27 déc.).*

SOUS-SECTION 4 Procédures expérimentales

§ 1 Licéité, choix et mise en œuvre des procédures expérimentales

Art. R. 214-105 Seules sont licites les procédures expérimentales *(Décr. no 2021-1388 du 25 oct. 2021, art. 1er)* « , menées dans le cadre d'un projet, » qui remplissent les deux conditions suivantes :

1° Avoir un ou plusieurs des objets suivants :

a) La recherche fondamentale ;

b) Les recherches translationnelles ou appliquées menées pour :

i) La prévention, la prophylaxie, le diagnostic ou le traitement de maladies, de mauvais états de santé ou d'autres anomalies ou de leurs effets chez l'homme, les animaux ou les plantes ;

ii) L'évaluation, la détection, le contrôle ou les modifications des conditions physiologiques chez l'homme, les animaux ou les plantes ;

iii) Le bien-être des animaux et l'amélioration des conditions de production des animaux élevés à des fins agronomiques ;

c) L'une des finalités visées au *b* lors de la mise au point, de la production ou des essais de qualité, d'efficacité et d'innocuité de médicaments à usage humain ou vétérinaire, de denrées alimentaires, d'aliments pour animaux et d'autres substances ou produits ;

d) La protection de l'environnement naturel dans l'intérêt de la santé ou du bien-être de l'homme ou de l'animal ;

e) La recherche en vue de la préservation des espèces ;

f) L'enseignement supérieur ou la formation professionnelle ou technique conduisant à des métiers qui comportent la réalisation de procédures expérimentales sur des animaux ou les soins et l'entretien de ces animaux ainsi que la formation professionnelle continue dans ce domaine ;

g) Les enquêtes médico-légales ;

2° Respecter les principes de remplacement, de réduction et de raffinement suivants :

— les procédures expérimentales ont un caractère de stricte nécessité et ne peuvent pas être remplacées par d'autres *(Décr. no 2020-274 du 17 mars 2020, art. 1er)* « stratégies ou » méthodes expérimentales n'impliquant pas l'utilisation d'animaux vivants et susceptibles d'apporter le même niveau d'information ;

— le nombre d'animaux utilisés dans un projet est réduit à son minimum sans compromettre les objectifs du projet. A cet effet, le partage d'organes ou de tissus d'animaux mis à mort est permis entre établissements ;

— les conditions d'élevage, d'hébergement, de soins et les méthodes utilisées sont les plus appropriées pour réduire le plus possible toute douleur, souffrance, angoisse ou dommage durables que pourraient ressentir les animaux.

Ne doivent pas entrer dans les critères de licéité des projets de recherche recourant à des expérimentations sur les animaux vivants ceux qui ont pour but de développer de nouvelles cigarettes moins nocives. * Rép. min. no 42755 : *JOAN 8 févr. 2022, p. 811.*

Art. R. 214-106 Le choix des méthodes utilisées dans les procédures expérimentales doit permettre d'utiliser le moins d'animaux possible pour atteindre les objectifs du projet.

Il est de plus guidé par le souci de sélectionner les procédures expérimentales qui :

a) Sont les plus susceptibles de fournir des résultats satisfaisants ;

b) Satisfont le mieux aux exigences suivantes :

— utiliser les animaux des espèces les moins susceptibles de ressentir de la douleur, de la souffrance, de l'angoisse ou de subir des dommages durables dans les conditions de la procédure expérimentale ;

— causer le moins possible de douleur, de souffrance, d'angoisse ou de dommages durables.

Art. R. 214-107 Dans la mesure du possible, la mort doit être évitée en tant que point limite de la procédure expérimentale et remplacée par des critères d'arrêt précis adaptés et dont la mise en œuvre est aussi précoce que possible. Lorsque la mort ne peut être évitée en tant que point limite, la procédure expérimentale doit être réalisée sur le plus petit nombre possible d'animaux, en réduisant le plus possible la durée, l'intensité de la souffrance et autant que possible en assurant les conditions d'une mort sans douleur.

Art. R. 214-108 Une procédure expérimentale n'est pas mise en œuvre si elle implique une douleur, une souffrance ou une angoisse intenses susceptibles de se prolonger sans qu'il soit possible de les soulager.

Des dérogations au précédent alinéa peuvent être accordées par le ministre chargé de la recherche pour des raisons exceptionnelles dûment justifiées scientifiquement, après avis des autres ministres signataires de l'arrêté mentionné à l'article R. 214-122. Le ministre chargé de la recherche notifie cette mesure provisoire auprès de la Commission européenne, laquelle peut s'y opposer.

Art. R. 214-108-1 *(Décr. n° 2017-1411 du 27 sept. 2017, art. 2-28°)* Le silence gardé pendant un délai de huit semaines par le ministre chargé de la recherche sur une demande de dérogation relative à une procédure expérimentale impliquant l'utilisation d'animaux vivants, mentionnée à l'article R. 214-108, vaut décision de rejet.

Art. R. 214-109 Sauf si cela n'est pas approprié, toutes les procédures expérimentales doivent être pratiquées sous anesthésie générale ou locale et en recourant à des analgésiques ou à toute autre méthode appropriée, afin que la douleur, la souffrance et l'angoisse soient limitées le plus possible.

Les procédures expérimentales entraînant des lésions graves susceptibles de causer une douleur importante ne sont pas conduites sans anesthésie.

La décision de ne pas recourir à l'anesthésie ne peut se justifier que si l'anesthésie est jugée plus traumatisante pour l'animal que la procédure expérimentale elle-même ou si elle est incompatible avec la finalité de la procédure expérimentale.

Les procédures expérimentales incompatibles avec l'emploi d'anesthésiques ou d'analgésiques sont justifiées scientifiquement dans la demande d'autorisation du projet mentionnée à l'article R. 214-122.

L'administration de substances qui empêchent ou limitent la capacité des animaux à exprimer la douleur ne peut être faite sans un niveau adéquat d'anesthésie ou d'analgésie. Dans ce cas, la demande d'autorisation de projet comprend des éléments scientifiques accompagnés de précisions sur le protocole anesthésique ou analgésique.

Lorsque l'anesthésie a cessé de produire son effet, un animal susceptible d'éprouver de la douleur reçoit un traitement analgésique préventif, curatif ou postopératoire, ou est traité au moyen d'autres méthodes appropriées pour soulager la douleur pour autant que cela soit compatible avec la finalité de la procédure expérimentale.

Dès que la finalité de la procédure expérimentale a été atteinte, des mesures appropriées sont prises afin de réduire le plus possible la douleur, la souffrance et l'angoisse de l'animal.

Art. R. 214-110 Une procédure expérimentale est réputée terminée lorsque aucune observation ne doit plus être faite. En ce qui concerne les nouvelles lignées d'animaux génétiquement modifiés, la procédure expérimentale est terminée lorsque aucune douleur, souffrance, angoisse ou dommage durable d'un niveau équivalent ou supérieur à celui causé par l'introduction d'une aiguille n'est plus observé ou escompté sur la descendance.

A l'issue d'une procédure expérimentale, le vétérinaire ou toute autre personne compétente désignée par le responsable du projet décide si l'animal est gardé en vie.

Si un animal est gardé en vie, il reçoit les soins appropriés et est hébergé dans des conditions compatibles avec son état de santé. Il est placé sous la surveillance d'un

vétérinaire ou d'une autre personne compétente désignée par le responsable du projet, dès la fin de la procédure expérimentale, en vue de garantir son bien-être.

Art. R. 214-111 **Un animal n'est pas gardé en vie à l'issue d'une procédure expérimentale s'il est susceptible de continuer à éprouver une douleur, une souffrance ou une angoisse ou de subir l'effet de dommages durables des classes "modérée" ou "sévère" définies par l'arrêté mentionné à l'article R. 214-122. Il est en ce cas mis à mort avant la fin de l'anesthésie ou le plus rapidement possible lorsque la procédure expérimentale a été faite sans anesthésie.**

Art. R. 214-112 **Le placement ou la mise en liberté d'animaux utilisés ou destinés à être utilisés dans des procédures expérimentales, dans un habitat approprié adapté à l'espèce, peuvent être autorisés par le préfet du département du lieu de ce placement ou de cette mise en liberté, sous réserve que :**
— l'état de santé de l'animal, certifié par un vétérinaire, le permette ;
— il n'existe aucun danger pour la santé publique, la santé animale et l'environnement ;
— des mesures appropriées aient été prises pour préserver son bien-être.
Les éleveurs, fournisseurs et utilisateurs dont les animaux sont destinés à être placés doivent disposer d'un programme de placement assurant la socialisation des animaux à placer. Le cas échéant, un programme de réadaptation est mis en place pour les animaux d'espèces de la faune sauvage avant de les relâcher dans leur habitat naturel. La mise en liberté dans le milieu naturel est subordonnée à l'obtention préalable, selon les animaux concernés, des dérogations nécessaires en application du 4° de l'article L. 411-2 du code de l'environnement, des autorisations nécessaires *(Décr. nº 2017-595 du 21 avr. 2017, art. 3-III ; Décr. nº 2017-1246 du 7 août 2017, art. 12-26°)* **« en application du II de l'article L. 411-5 du même code » ou des autorisations nécessaires en application de l'article L. 424-11** *(Décr. nº 2017-1246 du 7 août 2017, art. 12-26°)* **« du même code ».**

Art. R. 214-112-1 *(Décr. nº 2017-1411 du 27 sept. 2017, art. 2-29°)* **Le silence gardé pendant un délai de huit semaines par le préfet sur une demande d'autorisation ou de dérogation de placement ou mise en liberté d'animaux utilisés dans des expérimentations scientifiques, mentionnée à l'article R. 214-112, vaut décision de rejet.**

Art. R. 214-113 **Un animal déjà utilisé dans une procédure expérimentale ne peut être réutilisé dans une nouvelle procédure expérimentale, lorsqu'un autre animal auquel aucune procédure expérimentale n'a été appliquée précédemment pourrait aussi être utilisé, que si les quatre conditions suivantes sont satisfaites :**
a) **La gravité réelle des procédures expérimentales précédentes était de classe "légère" ou "modérée" telle que définie par l'arrêté mentionné à l'article R. 214-122 ;**
b) **Il est démontré que l'animal a pleinement recouvré son état de santé et de bien-être général ;**
c) **La gravité de la nouvelle procédure expérimentale est de classe "légère", "modérée" ou "sans réveil" telle que définie par l'arrêté mentionné à l'article R. 214-122 ;**
d) **Un avis favorable a été donné par un vétérinaire en prenant en considération le sort de l'animal concerné sur toute sa durée de vie.**
Dans des circonstances exceptionnelles, par dérogation au ***a*** **du présent article, et après un examen de l'animal par un vétérinaire, le ministre chargé de la recherche peut autoriser la réutilisation d'un animal, après avoir pris l'avis du comité d'éthique en expérimentation animale, tel que défini à l'article R. 214-117, dont relève l'établissement, pour autant que l'animal n'ait pas été utilisé plus d'une fois dans une procédure expérimentale entraînant une douleur intense, de l'angoisse ou une souffrance équivalente.**

Art. R. 214-113-1 *(Décr. nº 2017-1411 du 27 sept. 2017, art. 2-30°)* **Le silence gardé pendant un délai de huit semaines par le ministre chargé de la recherche sur une demande de dérogation de réutiliser dans une expérimentation scientifique un animal ayant déjà subi une procédure expérimentale, mentionnée à l'article R. 214-113, vaut décision de rejet.**

§ 2 Compétences requises pour concevoir ou réaliser des projets ou procédures expérimentales sur les animaux *(Décr. nº 2020-274 du 17 mars 2020, art. 1er).*

V. Arr. du 1er févr. 2013 relatif à l'acquisition et à la validation des compétences des personnels des établissements utilisateurs, éleveurs et fournisseurs d'animaux utilisés à des fins scientifiques (JO 7 févr.), mod. par Arr. du 9 déc. 2014 (JO 27 déc.) ; Arr. du 1er févr. 2013 relatif à la délivrance et à l'utilisation de médicaments employés par les établissements agréés en tant qu'utilisateurs d'animaux à des fins scientifiques (JO 1er févr.), mod. par Arr. du 18 août 2014 (JO 27 août)

Art. R. 214-114 **Tout établissement utilisateur, éleveur ou fournisseur d'animaux utilisés ou destinés à être utilisés dans** *(Décr. nº 2020-274 du 17 mars 2020, art. 1er)* **« des projets ou des procédures expérimentales » dispose d'un personnel en nombre suffisant et doté d'une qualification appropriée.**

Un arrêté conjoint des ministres chargés de l'environnement, de l'industrie, de la santé, de l'éducation nationale, de l'agriculture et de la recherche et du ministre de la défense définit le niveau d'études et de formation requis pour exercer les fonctions suivantes :

1° La conception ou la réalisation *(Décr. nº 2020-274 du 17 mars 2020, art. 1er)* **« des projets ou des procédures expérimentales » ;**

2° L'application *(Décr. nº 2020-274 du 17 mars 2020, art. 1er)* **« des projets ou des procédures expérimentales » aux animaux ;**

3° Les soins aux animaux ;

4° La mise à mort des animaux.

Art. R. 214-115 **Un niveau d'études et de formation nécessaire pour concevoir ou réaliser** *(Décr. nº 2020-274 du 17 mars 2020, art. 1er)* **« des projets ou des procédures expérimentales » est également reconnu, selon des modalités fixées par arrêté conjoint des ministres chargés de l'agriculture et de la recherche et du ministre de la défense, aux professionnels, autres que ceux mentionnés à l'article R. 214-114, ressortissants d'un État membre de l'Union européenne ou d'un autre État partie à l'accord sur l'Espace économique européen** *(Décr. nº 2015-1768 du 24 déc. 2015, art. 7-3°, en vigueur le 1er janv. 2016)* **« dans les conditions prévues aux articles R. 204-2 et R. 204-3.**

« En cas de différences substantielles entre la formation requise en France et les connaissances acquises du demandeur, le 1° de l'article R. 204-5 s'applique aux professionnels appliquant des procédures d'expérimentation et le 5° du même article s'applique pour la profession de conception et de réalisation d'expérimentation sur animaux. Un arrêté conjoint des ministres chargés de l'agriculture, de la recherche et de la défense fixe le contenu et les modalités des conditions du stage et de l'épreuve d'aptitude mentionnés à l'article R. 204-3. »

Art. R. 214-116 *Abrogé par Décr. nº 2015-1768 du 24 déc. 2015, art. 7-4°, à compter du 1er janv. 2016.*

SOUS-SECTION 5 Autorisation des projets

§ 1 Comités d'éthique en expérimentation animale et évaluation éthique des projets

Art. R. 214-117 **I. — Sous réserve des dispositions de l'article R. 214-127, tout projet fait l'objet d'une évaluation éthique par un comité d'éthique en expérimentation animale agréé par arrêté du ministre chargé de la recherche.** — *V. Arr. du 1er févr. 2013 relatif à l'évaluation éthique et à l'autorisation des projets impliquant l'utilisation d'animaux dans des procédures expérimentales (JO 7 févr.), mod. par Arr. du 9 déc. 2014 (JO 27 déc.), Arr. du 1er sept. 2021 (JO 8 sept.).*

A cet effet, des comités d'éthique en matière d'expérimentation animale sont créés à l'initiative des établissements utilisateurs. Tout établissement utilisateur doit relever d'un seul comité. Plusieurs établissements utilisateurs peuvent dépendre d'un même comité.

II. — Sous réserve des dispositions de l'article R. 214-127, les comités d'éthique en expérimentation animale sont agréés par le ministre chargé de la recherche. Pour être agréé, un comité doit :

1° Justifier de la compétence pluridisciplinaire de ses membres ;

2° Garantir le respect de la charte nationale portant sur l'éthique de l'expérimentation animale mentionnée à l'article R. 214-134 ;

3° Garantir le respect des principes relatifs à l'évaluation éthique ;

4° Présenter des garanties d'indépendance et d'impartialité ;

5° Disposer des moyens de fonctionnement permettant de réaliser l'évaluation éthique des projets dans les délais impartis.

III. – Sous réserve des dispositions de l'article R. 214-127, le ministre chargé de la recherche est informé, dans les plus brefs délais, de toute modification affectant le respect d'une des conditions d'octroi de l'agrément énumérées au II du présent article.

Lorsque les conditions d'agrément ne sont plus remplies, le ministre met le comité d'éthique en demeure de se mettre en conformité, dans un délai qu'il fixe et qui ne peut excéder six mois.

En l'absence de mise en conformité à l'expiration de ce délai, et après que le comité d'éthique a été mis en mesure de présenter ses observations, le ministre peut décider la suspension de l'agrément pour une durée ne pouvant excéder trois mois ou son retrait.

IV. – Un arrêté conjoint des ministres chargés de l'agriculture et de la recherche et du ministre de la défense précise les modalités d'application du présent article, notamment le contenu du dossier de demande d'agrément.

Art. R.* 214-117-1 *(Décr. nº 2017-1411 du 27 sept. 2017, art. 2-31º)* Le silence gardé par le ministre chargé de la recherche sur la demande d'agrément d'un comité d'éthique en expérimentation animale, mentionnée à l'article R. 214-117, vaut décision de rejet.

Art. R. 214-118 Les comités d'éthique en expérimentation animale sont composés, au minimum, de cinq personnes, dont :

1° Une personne justifiant de compétences dans le domaine de la conception *(Décr. nº 2020-274 du 17 mars 2020, art. 1er)* « de projets ou de procédures expérimentales » sur les animaux ;

2° Une personne justifiant de compétences dans le domaine de la réalisation de procédures expérimentales sur les animaux ;

3° Une personne justifiant de compétences dans l'un au moins des domaines suivants :

– soins des animaux ;

– mise à mort des animaux ;

4° Un vétérinaire ;

5° Une personne non spécialisée dans les questions relatives à l'utilisation des animaux à des fins scientifiques.

Tout membre d'un comité d'éthique en expérimentation animale ne peut participer à une délibération à laquelle il est intéressé soit en son nom personnel, soit comme mandataire, à peine de nullité de la délibération.

Art. R. 214-119 L'évaluation éthique des projets mentionnée à l'article R. 214-123 est effectuée par le comité d'éthique en expérimentation animale dont relève l'établissement utilisateur.

Elle permet de vérifier que le projet satisfait aux critères suivants :

1° Le projet est justifié du point de vue scientifique ou éducatif, ou requis par la loi ;

2° Les objectifs justifient l'utilisation des animaux ;

3° Le projet est conçu pour permettre le déroulement des procédures expérimentales dans les conditions les plus respectueuses de l'animal et de l'environnement.

Les modalités de l'évaluation éthique sont fixées par un arrêté conjoint des ministres chargés de l'agriculture et de la recherche et du ministre de la défense.

Lors de l'évaluation éthique des projets, le comité d'éthique en expérimentation animale prend en compte les principes énoncés dans la charte mentionnée à l'article R. 214-134.

Art. R. 214-120 Au vu du dossier fourni pour l'évaluation éthique d'un projet, le comité d'éthique en expérimentation animale dont relève l'établissement peut exiger qu'une appréciation rétrospective de ce projet soit menée à l'issue de la réalisation de celui-ci. Cette appréciation rétrospective est effectuée par le comité selon des modalités fixées par un arrêté conjoint des ministres chargés de l'agriculture et de la recherche et du ministre de la défense.

Les projets utilisant des primates ainsi que les projets impliquant des procédures expérimentales de classe "sévère", dont celles qui, mises en œuvre par dérogation au premier alinéa de l'article R. 214-108, impliquent une douleur, une souffrance ou une angoisse intenses et susceptibles de se prolonger sans qu'il soit possible de les soulager, doivent faire l'objet d'une appréciation rétrospective.

Les projets comprenant uniquement des procédures expérimentales de classe "légère" et "sans réveil" sont exemptés de l'obligation d'appréciation rétrospective.

Art. R. 214-121 Tous les documents pertinents, y compris l'autorisation de projet et le résultat de l'évaluation éthique du projet, sont conservés par l'établissement utilisateur pendant au moins cinq ans à compter de la date d'expiration de l'autorisation du projet et mis à la disposition des agents habilités.

Sans préjudice de l'alinéa précédent, les documents portant sur des projets qui doivent faire l'objet d'une appréciation rétrospective sont conservés jusqu'à l'aboutissement de celle-ci.

Les informations statistiques sur l'utilisation d'animaux dans des procédures expérimentales, y compris des informations sur la gravité réelle des procédures expérimentales et sur l'origine et les espèces de primates utilisés dans des procédures expérimentales, doivent être collectées et transmises chaque année par l'établissement utilisateur au ministre chargé de la recherche.

§ 2 Demande d'autorisation

Art. R. 214-122 Sans préjudice de l'application des dispositions de l'article R. 214-127, la réalisation d'un projet comportant l'exécution d'une ou de plusieurs procédures expérimentales est soumise à l'obtention d'une autorisation accordée par le ministre chargé de la recherche dans les conditions prévues à l'article R. 214-123.

La demande est introduite par le responsable du projet. Elle précise la classe de sévérité ("sans réveil", "légère", "modérée" ou "sévère") des procédures expérimentales utilisées pour la réalisation du projet.

Les modalités de dépôt de la demande et la composition du dossier de cette demande ainsi que les critères de classification des procédures sont précisés par un arrêté conjoint des ministres chargés de l'environnement, de l'agriculture et de la recherche et du ministre de la défense. — *V. Arr. du 1er févr. 2013 relatif à l'évaluation éthique et à l'autorisation des projets impliquant l'utilisation d'animaux dans des procédures expérimentales (JO 7 févr.), mod. par Arr. du 9 déc. 2014 (JO 27 déc.), Arr. du 1er sept. 2021 (JO 8 sept.).*

Art. R. 214-122-1 *(Décr. nº 2017-1411 du 27 sept. 2017, art. 2-32º)* Le silence gardé pendant un délai de huit semaines par le ministre chargé de la recherche sur une demande d'autorisation d'un projet comportant des procédures d'expérimentation animale, mentionnée à l'article R. 214-122, vaut décision de rejet.

Art. R. 214-123 L'autorisation ne peut être accordée à un projet que s'il a fait l'objet d'une évaluation éthique favorable.

L'autorisation est octroyée pour une durée maximale de cinq ans, selon les modalités définies par un arrêté conjoint des ministres chargés de l'agriculture et de la recherche et du ministre de la défense.

Une autorisation peut être accordée à des projets multiples à caractère générique exécutés par un même utilisateur si ces projets visent à répondre à des exigences réglementaires ou s'ils utilisent des animaux à des fins de production ou de diagnostic au moyen de méthodes reconnues.

Art. R. 214-124 Le ministre chargé de la recherche accuse réception de la demande d'autorisation dans les plus brefs délais et indique au demandeur le délai mentionné à l'article R. 214-125 au cours duquel la décision sera prise.

En cas de demande incomplète ou erronée, le ministre chargé de la recherche informe le demandeur, dans les plus brefs délais, de la nécessité de fournir des documents supplémentaires et des conséquences éventuelles sur le calcul du délai applicable.

Le dossier est rendu accessible par la voie électronique au comité d'éthique en expérimentation animale concerné.

Pour les établissements relevant de son autorité ou de sa tutelle, un arrêté du ministre de la défense définit la procédure de traitement des demandes d'autorisation de projet.

Art. R. 214-125 La décision concernant une autorisation de projet est notifiée au plus tard huit semaines après la réception de la demande complète et correcte. Ce délai inclut celui de l'évaluation éthique du projet qui ne peut être supérieure à sept semaines.

Lorsque la complexité ou la nature pluridisciplinaire du projet le justifie, le comité d'éthique en expérimentation animale demande au ministre chargé de la recherche de prolonger le délai de l'évaluation éthique mentionné à l'alinéa précédent pour une durée supplémentaire ne dépassant pas trois semaines. La prolongation ainsi que sa durée sont dûment motivées et notifiées au demandeur avant l'expiration du délai de huit semaines mentionné à l'alinéa précédent.

Art. R. 214-126 I. — Toute modification du projet qui pourrait avoir une incidence négative sur le bien-être des animaux fait l'objet d'une nouvelle demande d'autorisation.

L'octroi d'une nouvelle autorisation de projet s'appuie sur un nouveau résultat favorable de l'évaluation éthique du projet.

La décision relative à une nouvelle demande d'autorisation portant sur une modification du projet est notifiée au plus tard quatre semaines après la réception de la demande.

Ce délai inclut celui de l'évaluation éthique, qui ne peut être supérieur à trois semaines.

II. — Le ministre chargé de la recherche peut retirer l'autorisation de projet lorsque celui-ci n'est pas exécuté en conformité avec l'autorisation.

Le retrait d'une autorisation de projet ne doit pas porter atteinte au bien-être des animaux utilisés ou destinés à être utilisés dans le cadre du projet.

La procédure à suivre pour le renouvellement, la modification ou le retrait des autorisations de projet est fixée par un arrêté conjoint des ministres chargés de l'agriculture et de la recherche et du ministre de la défense.

Art. R. 214-126-1 *(Décr. nº 2017-1411 du 27 sept. 2017, art. 2-33º)* Le silence gardé pendant un délai de quatre semaines par le ministre chargé de la recherche sur une demande d'autorisation des modifications d'un projet autorisé comportant des procédures d'expérimentation animale, mentionnée à l'article R. 214-126, vaut décision de rejet.

SOUS-SECTION 6 Établissements relevant de la défense nationale

V. Arr. du 1er févr. 2013 relatif à l'évaluation éthique et à l'autorisation des projets impliquant l'utilisation d'animaux dans des procédures expérimentales, art. 12 s. (JO 7 févr.), mod. par Arr. du 9 déc. 2014 (JO 27 déc.), Arr. du 1er sept. 2021 (JO 8 sept.) ; Arr. du 16 oct. 2013 relatif à la protection des animaux utilisés à des fins scientifiques dans les établissements relevant du ministre de la défense (JO 30 oct.).

Art. R. 214-127 Pour l'application des dispositions de la présente section, le ministre de la défense est seul compétent pour recevoir et instruire les demandes d'autorisation, d'agrément et de dérogation et pour accorder ou refuser ces autorisations, agréments et dérogations lorsque les procédures expérimentales concernent les établissements relevant de son autorité ou de sa tutelle. Pour le placement ou la mise en liberté prévus à l'article R. 214-112, l'autorisation du préfet du département du lieu de ce placement ou de cette mise en liberté est également demandée.

Le ministre de la défense est seul destinataire des déclarations et informations concernant les établissements relevant de son autorité ou de sa tutelle.

Art. R. 214-128 Lorsque le ministre de la défense adopte par arrêté une des mesures provisoires prévues aux articles R. 214-94 et R. 214-108, il en informe immédiatement les ministres chargés de l'environnement, de l'agriculture et de la recherche. Il informe la Commission européenne de cette mesure provisoire.

Art. R. 214-129 Les inspections prévues par l'article R. 214-104 sont effectuées par des vétérinaires *(Décr. nº 2021-1858 du 28 déc. 2021, art. 3)* « des armées » spéciale-

ment habilités à cet effet par le ministre de la défense, pour les établissements relevant de son autorité ou de sa tutelle.

SOUS-SECTION 7 **Organismes nationaux**

§ 1 Commission nationale pour la protection des animaux utilisés à des fins scientifiques *(Décr. nº 2020-274 du 17 mars 2020, art. 1er).*

Art. R. 214-130 **Il est institué auprès du ministre chargé de l'agriculture et du ministre chargé de la recherche une** *(Décr. nº 2020-274 du 17 mars 2020, art. 1er)* **« Commission nationale pour la protection des animaux utilisés à des fins scientifiques ».**

Cette commission donne son avis sur tout projet de modification de la législation ou de la réglementation relative à l'expérimentation animale et sur les dérogations prévues aux articles R. 214-91 et R. 214-94.

La *(Décr. nº 2020-274 du 17 mars 2020, art. 1er)* **« Commission nationale pour la protection des animaux utilisés à des fins scientifiques » rend au ministre chargé de l'agriculture un avis pour l'approbation des formations des personnes appelées à concevoir les procédures expérimentales et les projets tels que définis à l'article R. 214-89, à utiliser des animaux à des fins scientifiques et à assurer l'entretien et les soins des animaux. Ces formations sont approuvées pour une durée de cinq ans. Leur renouvellement fait l'objet d'un nouvel avis de la commission.**

Elle peut également être consultée par les ministres auprès desquels elle est placée ainsi que par le ministre de la défense ou le ministre chargé de la santé, donner des avis et faire toute proposition qu'elle juge utile sur :

1° L'élevage des animaux utilisés à des fins scientifiques ;

2° Les méthodes de nature à améliorer les conditions de transport, d'hébergement et d'utilisation des animaux utilisés à des fins scientifiques ;

3° La formation des personnes appelées à utiliser des animaux à des fins scientifiques ou éducatives ou à leur apporter des soins ;

4° La mise au point, la validation et la promotion des approches alternatives susceptibles de fournir le même niveau ou un niveau plus élevé d'information que les procédures expérimentales utilisant des animaux, mais sans impliquer l'utilisation d'animaux ou en réduisant le nombre d'animaux utilisés ou en recourant à des procédures expérimentales moins douloureuses ;

5° Le bilan annuel national de l'activité des comités d'éthique, élaboré par le Comité national de réflexion éthique sur l'expérimentation animale.

Art. R. 214-131 **La** *(Décr. nº 2020-274 du 17 mars 2020, art. 1er)* **« Commission nationale pour la protection des animaux utilisés à des fins scientifiques » est aussi chargée :**

— de conseiller les autorités compétentes et les structures chargées du bien-être des animaux sur des questions en rapport avec l'acquisition, l'élevage, l'hébergement, les soins et l'utilisation des animaux dans les procédures expérimentales et de veiller au partage des meilleures pratiques ;

— d'échanger des informations sur le fonctionnement des structures chargées du bien-être des animaux et sur les évaluations de projets avec les comités nationaux des autres États membres afin de partager les meilleures pratiques au sein de l'Union européenne.

Art. R. 214-132 **Outre son président nommé pour cinq ans renouvelables par arrêté conjoint des ministres chargés de l'agriculture et de la recherche, la commission comprend :**

1° Huit représentants de l'État :

***a)* Le directeur chargé de la recherche au ministère chargé de la recherche ou son représentant ;**

***b)* Le directeur chargé de la santé et de la protection animales au ministère chargé de l'agriculture ou son représentant ;**

***c)* Le directeur chargé de l'enseignement supérieur au ministère chargé de l'enseignement supérieur ou son représentant ;**

***d)* Le directeur chargé de l'enseignement scolaire au ministère chargé de l'éducation nationale ou son représentant ;**

e) Le directeur général de la santé au ministère chargé de la santé ou son représentant ;

f) Le directeur chargé de l'industrie au ministère chargé de l'industrie ou son représentant ;

g) Le directeur chargé de la protection de la nature au ministère chargé de l'environnement ou son représentant ;

h) Le directeur central du service de santé des armées au ministère de la défense ou son représentant ;

2° *(Décr. n° 2020-274 du 17 mars 2020, art. 1er)* « Quinze » personnalités qualifiées nommées pour cinq ans renouvelables par arrêté conjoint des ministres chargés de l'agriculture et de la recherche et se répartissant ainsi qu'il suit :

a) Trois personnalités représentant le secteur de la recherche publique ;

b) Trois personnalités proposées par les organisations représentatives du secteur industriel privé ;

c) (Décr. n° 2020-274 du 17 mars 2020, art. 1er) « Six » personnalités proposées par des organisations reconnues d'utilité publique de protection des animaux et de protection de la faune sauvage ;

d) Trois personnalités proposées par les professionnels de l'expérimentation animale.

Pour chacun des membres mentionnés au 2° ci-dessus, un suppléant est nommé dans les mêmes conditions.

La commission se prononce à la majorité des voix des membres présents ou suppléés. En cas de partage égal des voix, la voix du président est prépondérante.

Les membres de la Commission nationale pour la protection des animaux utilisés à des fins scientifiques en fonctions à la date d'entrée en vigueur du Décr. n° 2020-274 du 17 mars 2020 conservent leur mandat jusqu'au terme de celui-ci. Le mandat des trois membres supplémentaires nommés en application du 9° de l'art. 1er du même décret prend fin à la même date que celui des membres maintenus en fonctions par le 1er al. (Décr. préc., art. 2).

Art. R. 214-133 La *(Décr. n° 2020-274 du 17 mars 2020, art. 1er)* « Commission nationale pour la protection des animaux utilisés à des fins scientifiques » se réunit au moins deux fois par an. Elle peut, en outre, être exceptionnellement réunie soit à la demande de l'un des ministres parmi ceux chargés de l'environnement, de l'agriculture, de la recherche et de la santé ou du ministre de la défense, soit à la demande de la moitié de ses membres.

Le président de la commission peut appeler à participer aux séances, à titre consultatif et sur un point déterminé et précisé à l'ordre du jour, toute personne dont il estime opportun de recueillir l'avis.

Le secrétariat de la commission est assuré par les services du ministre chargé de la recherche.

La commission se dote d'un règlement intérieur.

§ 2 Comité national de réflexion éthique sur l'expérimentation animale

Art. R. 214-134 Un Comité national de réflexion éthique sur l'expérimentation animale est placé auprès de la *(Décr. n° 2020-274 du 17 mars 2020, art. 1er)* « Commission nationale pour la protection des animaux utilisés à des fins scientifiques ».

Ce comité a pour mission d'émettre des avis sur les questions éthiques soulevées par l'expérimentation animale.

Il est chargé notamment :

1° D'élaborer, de publier et d'actualiser s'il en est besoin une charte nationale portant sur l'éthique de l'expérimentation animale et de faire toute proposition sur sa mise en application ;

2° De conduire l'élaboration et la mise à jour d'un guide de bonnes pratiques de fonctionnement des comités d'éthique ;

3° D'établir le bilan annuel national d'activité des comités d'éthique et de formuler des recommandations visant à améliorer leurs pratiques ;

4° D'adresser à la *(Décr. n° 2020-274 du 17 mars 2020, art. 1er)* « Commission nationale pour la protection des animaux utilisés à des fins scientifiques » toute recommandation de méthode susceptible d'améliorer le bien-être des animaux utilisés à des fins expérimentales ou à d'autres fins scientifiques.

Art. R. 214-135 Outre son président, le Comité national de réflexion éthique sur l'expérimentation animale comprend quatorze membres, dont :

1° Deux représentants de l'État :

a) Le directeur chargé de la recherche au ministère chargé de la recherche ou son représentant ;

b) Le directeur chargé de la santé et de la protection animales au ministère chargé de l'agriculture ou son représentant ;

2° Deux personnalités qualifiées, professionnels de l'expérimentation animale, choisies dans le secteur public de la recherche et de l'enseignement supérieur ;

3° Deux personnalités qualifiées, professionnels de l'expérimentation animale, proposées par les organisations représentatives du secteur industriel privé, dont un pharmacien ;

4° Une personnalité du secteur médical exerçant tout ou partie de son activité en milieu hospitalier ;

5° Une personnalité du secteur vétérinaire ;

6° Trois personnalités qualifiées dans les domaines de la philosophie, des sciences juridiques et de la sociologie ;

7° Trois personnalités désignées sur proposition d'organisations reconnues d'utilité publique de protection des animaux et de protection de la faune sauvage.

Le président et les membres du comité, mentionnés aux 2° à 7°, sont nommés pour cinq ans renouvelables par arrêté conjoint du ministre chargé de l'agriculture et du ministre chargé de la recherche.

Pour chacun des membres mentionnés aux 2° à 7° ci-dessus, un suppléant est nommé dans les mêmes conditions.

Les membres du comité sont remplacés en cas de démission, de décès ou de cessation des fonctions au titre desquelles ils ont été nommés. Le mandat des nouveaux membres expire à la date à laquelle aurait normalement pris fin celui de leur prédécesseur.

Art. R. 214-136 Le comité se réunit sur convocation de son président et au moins deux fois par an. Il peut également se réunir soit à la demande de l'un des ministres parmi ceux chargés de l'environnement, de l'agriculture, de la recherche, et de la santé ou du ministre de la défense, soit à la demande de la moitié de ses membres.

Le secrétariat du comité est assuré par le secrétariat de la *(Décr. n° 2020-274 du 17 mars 2020, art. 1er)* « Commission nationale pour la protection des animaux utilisés à des fins scientifiques ».

Le comité établit un rapport d'activité annuel qu'il adresse au président de la *(Décr. n° 2020-274 du 17 mars 2020, art. 1er)* « Commission nationale pour la protection des animaux utilisés à des fins scientifiques ».

Le comité établit son règlement intérieur.

§ 3 Dispositions communes aux deux organismes

Art. R. 214-137 Les fonctions de membre de la *(Décr. n° 2020-274 du 17 mars 2020, art. 1er)* « Commission nationale pour la protection des animaux utilisés à des fins scientifiques » et de membre du Comité national de réflexion éthique sur l'expérimentation animale sont exercées à titre gratuit. Elles ouvrent droit aux indemnités de déplacement et de séjour prévues par la réglementation applicable aux fonctionnaires de l'État.

CHAPITRE V **DISPOSITIONS PÉNALES**

Art. R. 215-1 Est puni de la peine d'amende prévue pour les contraventions de la 2e classe :

1. Le fait d'employer pour le marquage des moutons du goudron ou tous produits détériorant la laine ou la peau et ne s'éliminant pas lors du lavage industriel de la laine ;

2. Le fait de fabriquer, mettre en vente ou vendre des produits non agréés destinés au marquage des moutons.

Art. R. 215-2 I. – Est puni des peines prévues pour les contraventions de la 2e classe :

1° Le fait de détenir un chien de la 1re catégorie telle que définie à l'article L. 211-12 dans des transports en commun, des lieux publics, à l'exception de la voie publique, et des locaux ouverts au public ;

2° Le fait de laisser stationner un tel chien dans les parties communes des immeubles collectifs ;

3° Le fait, pour le propriétaire ou le détenteur d'un chien de la 1re ou 2e catégorie, telles que définies à l'article L. 211-12, de laisser son chien non muselé ou non tenu en laisse par une personne majeure, sur la voie publique, dans les lieux publics, locaux ouverts au public ou transports en commun.

II. – Est puni des peines prévues pour les contraventions de la 3e classe :

1° Le fait, pour le propriétaire ou le détenteur d'un chien de la 1re ou 2e catégorie telles que définies à l'article L. 211-12, de ne pas être couvert par une assurance garantissant sa responsabilité civile pour les dommages causés aux tiers par l'animal, conformément au II de l'article L. 211-14 ;

2° Le fait, pour le propriétaire ou le détenteur d'un chien de la 1re ou 2e catégorie telles que définies à l'article L. 211-12, de ne pas avoir fait procéder à la vaccination contre la rage de cet animal ; ces dispositions sont applicables même dans les départements n'ayant pas été officiellement déclarés infectés de rage ;

3° *(Décr. no 2009-1768 du 30 déc. 2009)* « Le fait, pour le propriétaire ou le détenteur d'un chien de la 1re ou 2e catégorie, telles que définies à l'article L. 211-12, de ne pas présenter à toute réquisition des forces de police ou de gendarmerie le permis de détention ou, le cas échéant, le permis provisoire tels que prévus à l'article L. 211-14 ainsi que les pièces attestant qu'il satisfait aux conditions prévues aux *b* et *c* du 1° du II de l'article L. 211-14 ;

« 4° Le fait, pour le détenteur à titre temporaire, au sens du V de l'article L. 211-14, d'un chien de la 1re ou 2e catégorie, telles que définies à l'article L. 211-12, de ne pas présenter à toute réquisition des forces de police ou de gendarmerie les documents mentionnés à l'article R. 211-5-1 ;

« 5° » Le fait, pour le propriétaire ou le détenteur d'un chien de la 1re ou 2e catégorie telles que définies à l'article L. 211-12, de ne pas avoir fait procéder à l'identification de cet animal selon les modalités prévues à l'article *(Décr. no 2008-871 du 28 août 2008, art. 1er, 3o)* « L. 212-10 ».

III. – *(Décr. no 2009-1768 du 30 déc. 2009)* « Est puni des peines prévues pour les contraventions de la 4e classe :

« 1° Le fait, pour le propriétaire ou le détenteur d'un chien de la 1re ou 2e catégorie, telles que définies à l'article L. 211-12, de ne pas être titulaire du permis de détention ou du permis provisoire prévus à l'article L. 211-14 ;

« 2° Le fait de ne pas soumettre son chien à l'évaluation comportementale mentionnée aux articles L. 211-14-1 et L. 211-14-2. »

Sur l'application de l'amende forfaitaire, V. C. pr. pén., art. R. 48-1 (I, 4o, c). – ***C. pr. pén.***

Art. R. 215-3 Le fait de détruire des colonies d'abeilles par étouffage, en vue de récupérer du miel ou de la cire, est puni de la peine d'amende prévue pour les contraventions de la 5e classe.

Les personnes reconnues coupables de la présente infraction encourent également la peine de confiscation du miel et de la cire.

Art. R. 215-4 I. – Est puni de la peine d'amende prévue pour les contraventions de la 4e classe, le fait pour toute personne qui élève, garde ou détient des animaux domestiques ou des animaux sauvages apprivoisés ou en captivité :

1° De les priver de la nourriture ou de l'abreuvement nécessaires à la satisfaction des besoins physiologiques propres à leur espèce et à leur degré de développement, d'adaptation ou de domestication ;

2° De les laisser sans soins en cas de maladie ou de blessure ;

3° De les placer et de les maintenir dans un habitat ou un environnement susceptible d'être, en raison de son exiguïté, de sa situation inappropriée aux conditions climatiques supportables par l'espèce considérée ou de l'inadaptation des matériels,

installations ou agencements utilisés, une cause de souffrances, de blessures ou d'accidents ;

4° D'utiliser, sauf en cas de nécessité absolue, des dispositifs d'attache ou de contention ainsi que de clôtures, des cages ou plus généralement tout mode de détention inadaptés à l'espèce considérée ou de nature à provoquer des blessures ou des souffrances.

(Décr. n° 2008-871 du 28 août 2008, art. 4) **« Les peines complémentaires prévues à l'article R. 654-1 du code pénal s'appliquent. »**

II. – Est puni des mêmes peines, le fait de garder en plein air des bovins, ovins, caprins ou équidés :

1° Lorsqu'il n'existe pas de dispositifs et d'installations destinés à éviter les souffrances qui pourraient résulter des variations climatiques ;

2° Lorsque l'absence de clôtures, d'obstacles naturels ou de dispositifs d'attache ou de contention en nombre suffisant est de nature à leur faire courir un risque d'accident.

III. – Est puni des mêmes peines le fait de pratiquer le tir aux pigeons vivants dans les conditions de l'article R. 214-35 *(Décr. n° 2017-1246 du 7 août 2017, art. 12-27°)* **« du présent code ».**

IV. – Est puni des mêmes peines le fait d'utiliser un aiguillon en méconnaissance des dispositions de l'article R. 214-36 *(Décr. n° 2017-1246 du 7 août 2017, art. 12-27°)* **« du même code ».**

(Décr. n° 2022-137 du 5 févr. 2022, art. 2) **« V. – Est puni de la peine d'amende prévue pour les contraventions de la 5e classe le fait de mettre à mort des poussins en méconnaissance des dispositions du II de l'article R. 214-17. »**

BIBL. ▶ CARIUS, *RD rur. 2018. Dossier 4* (l'agriculteur, la protection animale et le risque pénal).

Sur les contraventions d'atteinte à la vie ou à l'intégrité d'un animal et de mauvais traitements envers un animal, V. C. pén., art. R. 653-1, R. 654-1 et R. 655-1. – ***C. pén.***

Est mal fondée la condamnation du propriétaire d'une jument qui n'appelle le vétérinaire que lorsque le pronostic vital est engagé, dès lors que l'existence de mauvais traitements accomplis intentionnellement n'est pas établie, mais la cour aurait dû rechercher si les faits ne pouvaient constituer la contravention de défaut de soins à animaux domestiques des art. R. 214-17 et R. 215-4. • Crim. 11 janv. 2011, n° 10-85.506 : *Gaz. Pal. 12-14 avr. 2011, p. 1073, note Detraz ; LPA 2012, n° 37, note Dreyer.*

Art. R. 215-5 *(Décr. n° 2008-871 du 28 août 2008, art. 2)* **Est puni de l'amende prévue pour les contraventions de la 4e classe le fait pour toute personne** *(Décr. n° 2022-1354 du 24 oct. 2022, art. 2)* **« ayant recours au placement d'animaux de compagnie auprès de familles d'accueil au sens de l'article L. 214-6-5 ou exerçant une activité de vente, d'élevage, au sens du III de l'article L. 214-6, » de transit ou de garde, d'éducation, de dressage ou de présentation au public de chiens et de chats ou organisant une exposition ou une manifestation consacrée à des animaux de compagnie au sens du** *(Décr. n° 2016-758 du 7 juin 2016, art. 2-1°)* **« I de l'article L. 214-6-1 » ou** *[de l'article]* **L. 214-7 :**

1° De ne pas présenter aux services de contrôle le récépissé de déclaration dans les conditions prévues à l'article R. 214-28 *(Décr. n° 2022-1354 du 24 oct. 2022, art. 2)* **« , à l'exception des éleveurs visés au II de l'article L. 214-6-2 » ;**

2° De placer des animaux dans des locaux ou installations non conformes aux règles fixées en application de l'article R. 214-29 ;

3° De contrevenir aux dispositions des articles *[de l'article]* **R. 214-30 relatives à l'organisation de l'activité, au suivi sanitaire des animaux et aux soins qui leur sont prodigués** *(Décr. n° 2022-1354 du 24 oct. 2022, art. 2)* **« , à l'exception des éleveurs visés au II de l'article L. 214-6-2 » ;**

4° De contrevenir aux dispositions de l'article R. 214-30-1 ou aux dispositions prises pour son application ;

5° De ne pas tenir le registre d'entrée et de sortie des animaux ou le registre de suivi sanitaire et de santé des animaux dans les conditions prévues par l'article R. 214-30-3 et les dispositions prises en application de cet article, ou de ne pas les présenter aux services de contrôle ;

6° De présenter à la vente des animaux de compagnie sans respecter les règles prévues aux articles R. 214-31 et R. 214-31-1 ;

7° De faire obstacle aux prélèvements et analyses prévus par l'article R. 214-34.

Sur l'application de l'amende forfaitaire, V. C. pr. pén., art. R. 48-1 (I, 4°, c). — ***C. pr. pén.***

Art. R. 215-5-1 *(Décr. n° 2022-1354 du 24 oct. 2022, art. 2)* « I. — » *(Décr. n° 2008-871 du 28 août 2008, art. 3)* **Est puni de l'amende prévue pour les contraventions de la 4e classe le fait :**

1° D'attribuer un animal vivant à titre de lot ou prime en méconnaissance des dispositions de l'article L. 214-4 ;

2° De *(Décr. n° 2022-1354 du 24 oct. 2022, art. 2)* **« céder un animal de compagnie à un mineur en l'absence du consentement de ses parents ou des personnes exerçant l'autorité parentale, en méconnaissance du deuxième alinéa du II de l'article L. 214-8 » ;**

3° De vendre des animaux de compagnie ayant subi une intervention chirurgicale en méconnaissance des dispositions de l'article R. 214-21 *(Décr. n° 2009-1768 du 30 déc. 2009)* **« ou de présenter de tels animaux lors d'une manifestation destinée à la présentation à la vente d'animaux de compagnie ou lors d'une exposition ou de toute autre manifestation consacrée à des animaux de compagnie » ;**

4° De sélectionner des animaux de compagnie sur des critères de nature à compromettre leur santé et leur bien-être ainsi que ceux de leurs descendants en méconnaissance de l'article R. 214-23 ;

(Décr. n° 2016-758 du 7 juin 2016, art. 2-2°) **« 5° De ne pas présenter, pour les personnes titulaires d'un des justificatifs mentionnés au 3° du I de l'article L. 214-6-1, ce justificatif aux services de contrôle ou de ne pas avoir procédé à l'actualisation des connaissances prévue à l'article R. 214-27-1 ; »**

6° De proposer à la *(Décr. n° 2016-758 du 7 juin 2016, art. 2-2°)* **« cession » des chiens et chats âgés de huit semaines ou moins en méconnaissance des dispositions du II de l'article L. 214-8 ;**

(Décr. n° 2016-758 du 7 juin 2016, art. 2-2°) **« 7° De céder à titre onéreux ou gratuit un chat ou un chien sans délivrer le certificat vétérinaire dans les conditions prévues au 3° du I et au IV de l'article L. 214-8 ; »**

(Décr. n° 2022-1354 du 24 oct. 2022, art. 2) **« 8° Le fait, pour un annonceur ou un service de communication au public, de ne pas respecter les prescriptions définies à l'article L. 214-8-2 ;**

« 9° Pour le propriétaire de l'animal, de ne pas s'acquitter des frais mentionnés au cinquième alinéa de l'article L. 211-24 ;

« II. — Est puni de l'amende prévue pour les contraventions de la 3e classe :

« 1° Le fait, pour toute personne cédant à titre onéreux ou gratuit un animal de compagnie, de ne pas s'assurer de la signature par l'acquéreur du certificat d'engagement et de connaissance prévu au V de l'article L. 214-8 ;

« 2° Le fait, pour le propriétaire d'un équidé, de ne pas s'assurer, avant un changement de détenteur, que le futur détenteur atteste de sa connaissance des besoins spécifiques de l'espèce en application de l'article L. 211-10-1, dans les conditions prévues à l'article D. 214-37-1 ;

« 3° Le fait de délivrer le certificat prévu à l'article L. 211-10-1 à un futur détenteur d'équidé sans respecter les règles prévues au II de l'article D. 214-37-1, ou de délivrer le certificat prévu au V de l'article L. 214-8 à un futur acquéreur d'un animal de compagnie sans respecter les règles prévues au II de l'article D. 214-32-4 ;

« 4° Le fait, pour toute personne cédant à titre onéreux ou gratuit un animal de compagnie, de ne pas respecter les prescriptions relatives à la remise des documents d'accompagnement prévus aux 1° et 2° du I de l'article L. 214-8 ;

« 5° Le fait, pour toute personne cédant à titre onéreux ou gratuit un animal de compagnie, de ne pas respecter les prescriptions relatives à la publication des offres de cession prévues au VI de l'article L. 214-8 ainsi qu'aux articles L. 214-8-1 et R. 214-32-1 ;

« 6° Le fait, pour tout refuge ou toute association sans refuge ayant recours au placement d'animaux de compagnie auprès de famille d'accueil, de ne pas faire figurer,

dans les contrats d'accueil, tout ou partie des informations essentielles prévues au I de l'article D. 214-32-3. »

Art. R. 215-5-2 *Abrogé par Décr. nº 2022-1354 du 24 oct. 2022, art. 2.*

Art. R. 215-6 I. — Est puni de l'amende prévue pour les contraventions de la 4e classe :

1° Le fait, pour toute personne mentionnée à l'article R. 214-52, effectuant ou faisant effectuer un transport d'animaux vivants, de ne pas s'être préalablement assurée du respect des dispositions prévues aux 1° à 4° de cet article ;

2° Le fait, pour toute personne mentionnée au dernier alinéa de l'article R. 214-52, faisant effectuer un transport d'animaux vivants, de ne pas s'être préalablement assurée que le transporteur auquel elle a recours est titulaire de l'agrément prévu à l'article R. 214-51 ;

3° Le fait, pour toute personne mentionnée à l'article R. 214-53, de ne pas respecter les interdictions ou prescriptions prévues par ledit article ;

4° Le fait, pour toute personne mentionnée au premier alinéa de l'article R. 214-55, de ne pas s'assurer de la présence d'un convoyeur qualifié au sens de l'article R. 214-57 ;

5° Le fait, pour toute personne exerçant les fonctions de convoyeur, de ne pas s'acquitter des obligations prévues au premier alinéa de l'article R. 214-55 et au premier alinéa de l'article R. 214-56.

II. — Est puni de l'amende prévue pour les contraventions de la 3e classe le fait, pour toute personne exerçant les fonctions de convoyeur, de ne pas être en mesure de présenter aux agents chargés du contrôle, pendant le voyage d'animaux vivants, les documents désignés à l'article R. 214-59.

(Décr. nº 2017-1246 du 7 août 2017, art. 12-28º) « III. — » *(Décr. nº 2008-1141 du 4 nov. 2008, art. 1er)* « Est puni de la peine d'amende prévue pour les contraventions de la 3e classe le fait pour tout transporteur d'animaux d'aquaculture au sens du b du 1 de l'article 3 de la directive 2006/88/CE du 24 octobre 2006 de ne pas remplir, à l'issue de chaque transport, le relevé mentionné à l'article R. 212-79 ou de ne pas le conserver pendant la durée prévue au même article. »

Sur l'application de l'amende forfaitaire, V. C. pr. pén., art. R. 48-1 (I, 4º, c). — ***C. pr. pén.***

Art. R. 215-7 Le fait, pour tout accompagnateur mentionné au dernier alinéa de l'article R. 214-50, de ne pas respecter les prescriptions dudit article est puni de l'amende prévue pour les contraventions de la 4e classe.

Sur l'application de l'amende forfaitaire, V. C. pr. pén., art. R. 48-1 (I, 4º, c). — ***C. pr. pén.***

Art. R. 215-8 I. — Est puni de l'amende prévue pour les contraventions de la 5e classe le fait *(Décr. nº 2011-2006 du 28 déc. 2011, en vigueur le 1er juill. 2012)* « de pratiquer l'abattage prévu au 1° du I de l'article R. 214-70 sans détenir l'autorisation mentionnée au III de l'article R. 214-70 ou de ne pas respecter les conditions de délivrance de cette autorisation » ;

II. — Est puni de l'amende prévue pour les contraventions de la 4e classe :

1° Le fait de ne pas se conformer aux prescriptions des articles R. 214-65 à R. 214-68 ;

2° Le fait d'utiliser des procédés d'immobilisation, d'étourdissement et de mise à mort non autorisés par arrêté, conformément aux articles R. 214-66, R. 214-72 et R. 214-74 ;

3° Le fait de procéder ou de faire procéder à une saignée dans des conditions contraires à l'article R. 214-71 ;

4° Le fait de ne pas immobiliser les animaux préalablement à leur étourdissement et, dans le cas de l'abattage rituel, préalablement et pendant la saignée ;

5° Le fait de suspendre un animal conscient, contrairement aux dispositions de l'article R. 214-69 ;

6° Le fait, en dehors des cas prévus à l'article R. 214-70, de ne pas étourdir les animaux avant leur abattage ou leur mise à mort ;

7° Le fait de mettre à disposition des locaux, terrains, installations, matériels ou équipements en vue d'effectuer ou de faire effectuer un abattage rituel en dehors d'un abattoir ;

8° Le fait d'effectuer un abattage familial sans respecter les conditions prévues à l'article R. 214-77 ;

9° Le fait d'introduire un animal vivant dans un établissement d'équarrissage en dehors de l'exception prévue à l'article R. 214-79 ;

10° Le fait de pratiquer un abattage rituel sans y avoir été habilité dans les conditions prévues à l'article R. 214-75.

III. — Est puni de l'amende prévue pour les contraventions de la 3e classe le fait, pour tout sacrificateur, de ne pas être en mesure de justifier de son habilitation.

Sur l'application de l'amende forfaitaire aux contraventions prévues aux II et III, V. C. pr. pén., art. R. 48-1 (I, 4°, c). — ***C. pr. pén.***

Art. R. 215-9 Est puni de la peine d'amende prévue pour les contraventions de la 4e classe, le fait :

1° De faire participer à un spectacle, en méconnaissance de l'article R. 214-84, un animal dont les caractéristiques ont été modifiées ou qui a subi une intervention chirurgicale, en dehors des cas dans lesquels cette participation est autorisée ;

2° De faire participer un animal à des jeux ou attractions pouvant donner lieu à mauvais traitements, dans les lieux visés à l'article R. 214-85, sous réserve des dispositions prévues au troisième alinéa de l'article 521-1 du code pénal ;

3° D'utiliser, en méconnaissance de l'article R. 214-86 *(Décr. n° 2017-1246 du 7 août 2017, art. 12-29°)* « du présent code », un animal vivant comme cible à des projectiles vulnérants ou mortels.

Art. R. 215-10 *(Décr. n° 2013-118 du 1er févr. 2013, art. 2)* I. — Sont punis de la peine d'amende prévue pour les contraventions de la 4e classe :

1° Le fait, pour toute personne responsable d'un établissement utilisateur dans lequel sont pratiquées des procédures expérimentales sur les animaux, de ne pas s'assurer :

a) Que les animaux qui sont utilisés ou destinés à être utilisés dans des procédures expérimentales proviennent d'établissements éleveurs ou fournisseurs, agréés conformément aux dispositions fixées aux articles R. 214-99 à R. 214-103 et R. 214-127 ;

b) Que les animaux détenus reçoivent les soins nécessaires à leur bon état d'entretien prévus par les dispositions de l'article R. 214-17 ;

c) Que les chiens, les chats et les primates détenus soient identifiés par un marquage individuel et permanent ;

d) Que l'établissement dispose d'un agrément en cours de validité, dont le champ est compatible avec les procédures expérimentales qui sont réalisées dans son enceinte ;

e) Que tous les projets mis en œuvre dans l'établissement soient couverts par une autorisation de projet en cours de validité conformément aux dispositions fixées aux articles R. 214-122 à R. 214-126 ;

f) Que les normes auxquelles doivent être conformes les installations mentionnées à l'article R. 214-95 et les textes pris pour son application soient respectées ;

g) Que les personnes mentionnées aux articles R. 214-101 à R. 214-103 soient en nombre suffisant et disposent de la qualification requise ;

h) Que les méthodes définies aux articles R. 214-98 et R. 214-106 à R. 214-113 et aux textes pris pour leur application, lorsqu'il est procédé à l'euthanasie d'animaux, soient respectées ;

2° Le fait, pour toute personne responsable d'un établissement d'élevage ou de fourniture d'animaux destinés à être utilisés dans des procédures expérimentales :

a) De ne pas s'assurer que l'établissement dispose d'un agrément en cours de validité ;

b) De ne pas assurer aux animaux détenus les soins nécessaires à leur bon état d'entretien prévus par les dispositions de l'article R. 214-17 ;

c) De ne pas respecter les règles particulières applicables aux installations et au fonctionnement des locaux mentionnés à l'article R. 214-95 ;

d) De ne pas s'assurer que les chiens, les chats et les primates détenus sont identifiés par un marquage individuel et permanent ;

e) De ne pas recourir aux méthodes définies à l'article R. 214-98 lorsqu'il est procédé à l'euthanasie d'animaux.

II. – Sont punis de la peine d'amende prévue pour les contraventions de la 3ᵉ classe :

1° Le fait, pour toute personne responsable d'un établissement utilisateur dans lequel sont pratiquées des procédures expérimentales sur les animaux, de ne pas être en mesure de présenter aux agents chargés du contrôle les éléments permettant de justifier que les agents placés sous sa responsabilité ont acquis une compétence et qu'ils maintiennent leurs compétences dans le domaine scientifique et spécifique des procédures expérimentales concernées et des espèces animales concernées ;

2° Le fait, pour toute personne responsable d'un établissement utilisateur, éleveur ou fournisseur, de ne pas être en mesure de présenter aux agents chargés du contrôle le registre dûment renseigné permettant d'établir l'origine et la destination des animaux détenus lors du contrôle ou qui ont été détenus antérieurement.

Art. R. 215-11 *(Décr. nº 2018-721 du 3 août 2018, art. 1er)* « I. – » *(Décr. nº 2017-1246 du 7 août 2017, art. 12-30º)* Sans préjudice des dispositions prévues par le règlement nº 494/98 de la Commission du 27 février 1998 arrêtant certaines modalités d'application du règlement nº 820/97 du Conseil concernant l'application de sanctions administratives minimales dans le cadre du système d'identification et d'enregistrement des bovins, est puni de l'amende prévue pour les contraventions de la troisième classe le fait :

1º Par le détenteur de bovin :

a) *(Décr. nº 2018-721 du 3 août 2018, art. 1er)* « A l'exception du fait mentionné au *j*, de contrevenir » aux règles d'identification des bovins définies aux I et II de l'article D. 212-19 ;

b) De contrevenir aux règles de notification des naissances, déplacements et morts définies *(Décr. nº 2018-721 du 3 août 2018, art. 1er)* « au » IV de l'article D. 212-19 ;

c) De contrevenir aux règles de maintien de l'identification, dans les conditions définies au V de l'article D. 212-19 ;

d) De ne pas compléter le passeport conformément au III de l'article D. 212-19 ;

e) D'exposer, mettre en vente, vendre, prêter, donner ou mettre en pension un bovin non identifié ou non accompagné de son passeport, dans les conditions définies au VI de l'article D. 212-19 ;

f) De faire circuler un bovin non identifié ou non accompagné de son passeport, dans les conditions définies au VII de l'article D. 212-19 ;

g) D'omettre de signaler les différences éventuelles entre les mentions portées sur le passeport et le numéro national d'identification de l'animal, son sexe et son type racial, dans les conditions prévues au VIII de l'article D. 212-19 ;

h) De ne pas remettre le passeport dans les cas énumérés à l'article D. 212-23 ;

i) De ne pas respecter la restriction de mouvement prononcée par le préfet en application du IX de l'article D. 212-19 ;

(Décr. nº 2018-721 du 3 août 2018, art. 1er) « *j)* De détenir un animal de l'espèce bovine de plus de vingt et un jours non identifié ; »

2º Par l'exploitant d'abattoir, de ne pas transmettre le passeport ou le document d'accompagnement à l'agent mentionné au 1º de l'article D. 212-23, ou de le transmettre sans signaler les différences éventuelles des mentions de ce document par rapport au numéro national d'identification, au sexe et au type racial de l'animal ;

3º Par l'exploitant de l'établissement d'équarrissage, de ne pas transmettre le passeport ou le document d'accompagnement au responsable administratif désigné au 2º de l'article D. 212-23, ou de le transmettre sans signaler les différences éventuelles des mentions de ce document par rapport au numéro national d'identification, au sexe et au type racial de l'animal.

(Décr. nº 2018-721 du 3 août 2018, art. 1er) « II. – Est puni de l'amende prévue pour la contravention de la cinquième classe le fait, par le détenteur de bovin, de ne pas se déclarer, conformément au I de l'article D. 212-19, auprès de l'établissement de l'élevage mentionné à l'article L. 653-7.

« Les personnes physiques coupables de l'infraction prévue au présent II encourent également les peines complémentaires prévues par les *(Décr. nº 2022-1354 du 24 oct. 2022, art. 3)* « 8º et 9º » de l'article 131-16 du code pénal.

« Les personnes morales déclarées responsables pénalement de l'infraction prévue au présent II encourent également les peines complémentaires prévues par les *(Décr. n° 2022-1354 du 24 oct. 2022, art. 3)* « 8° et 9° » de l'article 131-16 du code pénal en application de l'article 131-43 du même code.

« La récidive de ces contraventions est réprimée conformément aux articles 132-11 et 132-15 du code pénal. »

Art. R. 215-12 *(Décr. n° 2005-1557 du 13 déc. 2005)* I. — Est puni de l'amende prévue par la contravention de la 3e classe le fait pour un détenteur d'un ovin ou d'un caprin :

(Décr. n° 2018-721 du 3 août 2018, art. 1er) « 1° De détenir un animal des espèces ovine ou caprine de plus de six mois non identifié ; »

2° *(Décr. n° 2018-721 du 3 août 2018, art. 1er)* « A l'exception du fait mentionné au 1°, » de contrevenir aux règles d'identification des ovins et des caprins fixées aux I, II, III et IV de l'article D. 212-27 ;

3° De ne pas faire ré-identifier un ou plusieurs ovins ou caprins importés d'un pays tiers dans les conditions prévues au IV de l'article D. 212-27 ;

4° De faire circuler entre deux exploitations distinctes un ou plusieurs ovins ou caprins non identifiés ou non accompagnés du document de circulation en méconnaissance de l'article D. 212-30 ;

5° De ne pas respecter la restriction partielle ou totale de mouvement décidée par le *(Décr. n° 2011-537 du 17 mai 2011)* « préfet » en application de l'article D. 212-28 ;

6° De ne pas s'assurer de la conformité de l'identification et des documents accompagnant le ou les animaux qu'il introduit dans son exploitation ou qu'il transporte en méconnaissance de l'article D. 212-31 ;

7° De ne pas signaler toute anomalie d'identification au *(Décr. n° 2011-537 du 17 mai 2011)* « préfet » de son département d'implantation en méconnaissance de l'article D. 212-31 ;

(Décr. n° 2010-313 du 22 mars 2010) « 8° De ne pas procéder ou de ne pas être en mesure de justifier qu'il a été procédé, dans les conditions prévues à l'article D. 212-30-1, à la notification de déplacements d'ovins ou de caprins. »

II. — Est puni de l'amende prévue par la contravention de la 3e classe le fait pour un exploitant d'un établissement d'équarrissage de ne pas signaler toute anomalie d'identification constatée et de ne pas respecter les dispositions relatives au document d'enlèvement en méconnaissance de l'article D. 212-33.

III. — *(Décr. n° 2010-313 du 22 mars 2010)* « Est puni de l'amende prévue pour la contravention de 3e classe le fait pour la personne chargée, dans les conditions mentionnées au II de l'article D. 212-30-1, de notifier des déplacements d'ovins ou de caprins, de ne pas procéder à cette notification, ou de ne pas justifier y avoir procédé. »

(Décr. n° 2018-721 du 3 août 2018, art. 1er) « IV. — Est puni de l'amende prévue pour la contravention de la cinquième classe le fait, pour un détenteur d'ovin ou de caprin, de ne pas se déclarer, conformément à l'article D. 212-26, auprès de l'établissement de l'élevage mentionné à l'article L. 653-7.

« Les personnes physiques coupables de l'infraction prévue au présent IV encourent également les peines complémentaires prévues par les *(Décr. n° 2022-1354 du 24 oct. 2022, art. 3)* « 8° et 9° » de l'article 131-16 du code pénal.

« Les personnes morales déclarées responsables pénalement de l'infraction prévue au présent IV encourent également les peines complémentaires prévues par les *(Décr. n° 2022-1354 du 24 oct. 2022, art. 3)* « 8° et 9° » de l'article 131-16 du code pénal en application de l'article 131-43 du même code.

« La récidive de ces contraventions est réprimée conformément aux articles 132-11 et 132-15 du code pénal. » — *Anc. art. R. 671-5.*

Art. R. 215-13 *(Décr. n° 2005-482 du 10 mai 2005)* I. — Est puni de l'amende prévue pour les contraventions de la 3e classe le fait pour un détenteur de porcins :

(Abrogé par Décr. n° 2018-721 du 3 août 2018, art. 1er) *« 1° De ne pas procéder aux déclarations prévues aux articles D. 212-35 et D. 212-36 dans les conditions définies à ces articles ; »*

2° De contrevenir aux règles d'identification des porcins définies aux articles D. 212-37 et D. 212-38 ;

3° D'introduire dans une exploitation ou de faire circuler un porcin non identifié dans les conditions définies à l'article D. 212-37 ;

4° Dans le cas prévu par le 1° de l'article D. 212-41, d'introduire dans une exploitation ou de faire circuler un porcin sans le document d'accompagnement mentionné par ces dispositions ;

5° De ne pas notifier au gestionnaire de la base nationale d'identification des porcins les déplacements d'animaux dans les conditions définies par l'article D. 212-42.

II. — Est puni de l'amende prévue pour les contraventions de la 3e classe le fait pour un collecteur de cadavres de porcins :

1° De ne pas procéder à la déclaration prévue à l'article D. 212-35 dans les conditions définies à cet article ;

2° De ne pas notifier au gestionnaire de la base nationale d'identification des porcins les informations concernant la collecte de cadavres d'animaux, dans les conditions définies à l'article D. 212-43.

(Décr. n° 2018-721 du 3 août 2018, art. 1er) « III. — Est puni de l'amende prévue pour la contravention de la cinquième classe le fait, pour un détenteur de porcins, de ne pas procéder aux déclarations prévues aux articles D. 212-35 et D. 212-36 dans les conditions définies à ces articles.

« Les personnes physiques coupables de l'infraction prévue au présent III encourent également les peines complémentaires prévues par les *(Décr. n° 2022-1354 du 24 oct. 2022, art. 3)* « 8° et 9° » de l'article 131-16 du code pénal.

« Les personnes morales déclarées responsables pénalement de l'infraction prévue au présent III encourent également les peines complémentaires prévues par les *(Décr. n° 2022-1354 du 24 oct. 2022, art. 3)* « 8° et 9° » de l'article 131-16 du code pénal en application de l'article 131-43 du même code.

« La récidive de ces contraventions est réprimée conformément aux articles 132-11 et 132-15 du code pénal. » — *Anc. art. R. 671-5-1.*

Art. R. 215-14 *(Décr. n° 2018-721 du 3 août 2018, art. 1er)* I. — Est puni de l'amende prévue pour les contraventions de la troisième classe le fait :

1° De procéder à l'identification d'un équidé ou d'un camélidé sans être inscrit sur la liste prévue à l'article L. 212-9 ;

2° De détenir un équidé ou un camélidé de plus de douze mois non identifié ;

3° De céder à titre onéreux ou gratuit un équidé ou un camélidé jusqu'alors non identifié, sans avoir fait procéder au préalable à son identification ;

4° De vendre ou donner un équidé sans avoir délivré immédiatement au nouveau propriétaire la carte d'immatriculation endossée ;

5° Pour tout nouveau propriétaire d'équidé, de ne pas avoir adressé la carte d'immatriculation au gestionnaire du fichier central, dans les trente jours suivant la mutation ;

6° Pour tout propriétaire ou détenteur d'équidé identifié, de n'avoir pas remis au gestionnaire du fichier central le document d'identification de l'équidé, dans les trente jours après la mort de l'animal ;

7° Pour tout propriétaire ou détenteur d'équidé présenté à l'abattoir, de n'avoir pas remis à l'exploitant ou au gestionnaire de l'abattoir le document d'identification de l'équidé ou les documents prévus en application de l'article D. 212-57 ;

8° Pour tout exploitant ou gestionnaire d'abattoir, d'abattre un équidé non identifié, sauf si son abattage est autorisé en application du II de l'article L. 221-4 ou en application de l'article D. 212-57 ;

9° A l'exception du fait mentionné au 2°, de contrevenir aux règles d'identification des équidés définies au premier alinéa de l'article D. 212-51 ou aux règles d'identification des camélidés définies aux articles D. 212-57-1 et D. 212-57-2 ;

10° De faire attribuer une nouvelle identité à un équidé ou un camélidé déjà identifié ;

11° De retenir le document d'identification d'un équidé ;

12° Pour tout détenteur, de faire circuler un équidé non identifié ou non accompagné de son document d'identification en méconnaissance de l'article D. 212-51, sans respecter les conditions prévues à l'article D. 212-57 ;

13° Pour toute personne responsable d'un établissement d'équarrissage, de ne pas avoir respecté les obligations prévues au paragraphe 1 de l'article 35 du règlement d'exécution (UE) 2015/262 de la Commission du 17 février 2015 établissant des règles conformément aux directives du Conseil 90/427/CEE et 2009/156/CE en cas de mort ou perte d'un équidé.

II. – Est puni de l'amende prévue pour la contravention de la cinquième classe le fait, pour toute personne détenant un ou plusieurs équidés ou camélidés, de ne pas se déclarer conformément aux dispositions de l'article D. 212-47 ou de l'article D. 212-50-1 ou de ne pas signaler, conformément aux dispositions de l'article D. 212-48 ou de l'article D. 212-50-2, toute modification des informations déclarées.

Les personnes physiques coupables de l'infraction prévue au présent II encourent également les peines complémentaires prévues par les *(Décr. n° 2022-1354 du 24 oct. 2022, art. 3)* « 8° et 9° » de l'article 131-16 du code pénal.

Les personnes morales déclarées responsables pénalement de l'infraction prévue au présent II encourent également les peines complémentaires prévues par les *(Décr. n° 2022-1354 du 24 oct. 2022, art. 3)* « 8° et 9° » de l'article 131-16 du code pénal en application de l'article 131-43 du même code.

La récidive de ces contraventions est réprimée conformément aux articles 132-11 et 132-15 du code pénal.

Art. R. 215-15 Est puni de l'amende prévue pour les contraventions de la 4e classe, le fait :

1° De céder un animal mentionné à l'article *(Décr. n° 2008-871 du 28 août 2008, art. 1er, 3°)* « L. 212-10 » sans procéder à l'identification obligatoire prévue par l'article D. 212-63 ;

2° Dans un département infecté par la rage, de ne pas procéder à l'identification des animaux dans les conditions prévues par l'article D. 212-70 ;

3° De procéder ou faire procéder au marquage des animaux mentionnés à l'article D. 212-63 par une technique *(Décr. n° 2018-721 du 3 août 2018, art. 1er)* « ou dans des conditions sanitaires autres que celles prévues » par l'article D. 212-64 ;

4° De *(Décr. n° 2018-721 du 3 août 2018, art. 1er)* « procéder ou faire procéder au marquage des animaux mentionnés à l'article D. 212-63 par une personne autre que les personnes habilitées visées à l'article R. 212-65 » ;

5° De procéder au marquage des dits animaux sans respecter les formalités prévues au 1° de l'article D. 212-68 ;

6° De vendre ou donner un animal mentionné à l'article D. 212-63 sans respecter les formalités prévues au 2° de l'article D. 212-68 ;

(Décr. n° 2008-871 du 28 août 2008, art. 5) « 7° *(Abrogé par Décr. n° 2018-721 du 3 août 2018, art. 1er)* « ***Est puni de l'amende prévue pour les contraventions de la 4e classe le fait*** » de détenir un chien *(Décr. n° 2020-1625 du 18 déc. 2020, art. 1er)* « ou un chat né après le 1er janvier 2012, non identifié en méconnaissance des conditions prévues à » l'article L. 212-10 et des dispositions prises pour son application. » – *Anc. art. R. 228-4.*

Sur l'application de l'amende forfaitaire, V. C. pr. pén., art. R. 48-1 (I, 4°, c). – ***C. pr. pén.***

TITRE II MESURES DE PRÉVENTION, DE SURVEILLANCE ET DE LUTTE CONTRE LES DANGERS ZOOSANITAIRES *(Décr. n° 2012-842 du 30 juin 2012, art. 6).*

CHAPITRE PRÉLIMINAIRE INSPECTIONS ET CONTRÔLES

(Décr. n° 2021-1858 du 28 déc. 2021, art. 4)

Art. R. 220-1 I. – Outre les agents mentionnés à l'article R. 206-1, sont habilités à procéder à l'inspection et au contrôle que nécessite l'application des dispositions des chapitres I à VI du présent titre, des règlements et décisions de l'Union européenne ayant le même objet et des textes pris pour leur application :

1° Les agents mentionnés au 1° de l'article R. 206-2 ;

2° Les vétérinaires des armées ainsi que les autres militaires, les fonctionnaires et les agents non titulaires de l'État, relevant de l'autorité technique du service de santé des

armées dans l'exercice de ses compétences en matière vétérinaire, et figurant sur une liste établie par arrêté du ministre chargé de la défense, pour les organismes relevant de son autorité ou de sa tutelle, ou sur une liste établie par arrêté du ministre de l'intérieur, pour les formations militaires relevant de son autorité.

II. — Sont également habilités à procéder à l'inspection et au contrôle que nécessite l'application des dispositions du chapitre VI du présent titre, pour les contrôles officiels liés à la production de mollusques bivalves, échinodermes, tuniciers et gastéropodes marins vivants, les fonctionnaires affectés dans les services exerçant des missions de contrôle dans le domaine de la pêche de coquillages et la conchyliculture sous l'autorité ou à la disposition du ministre chargé des pêches maritimes.

CHAPITRE I **DISPOSITIONS GÉNÉRALES**

Art. D. 221-1 *(Décr. nº 2012-842 du 30 juin 2012, art. 7-3º)* **En application de l'article L. 201-4 et sous réserve de l'article R. 201-5, le ministre chargé de l'agriculture définit par arrêté les mesures de prévention, de surveillance et de lutte visant les dangers zoosanitaires de première et de deuxième catégorie ainsi que les conditions dans lesquelles le préfet arrête les adaptations départementales de ces mesures.**

Art. D. 221-2 *(Décr. nº 2012-842 du 30 juin 2012, art. 7-3º)* **Pour l'application du présent livre, on entend par maladie réglementée les maladies classées parmi les dangers zoosanitaires de première catégorie ou parmi les dangers zoosanitaires de deuxième catégorie faisant l'objet d'une réglementation.** — *V. Arr. du 3 mai 2022, ss. art. L. 221-1.*

V. aussi, sur ces diverses maladies, outre les dispositions particulières figurant aux art. D. 223-23 s. (rage, fièvre aphteuse, brucellose bovine, peste équine) :

*— **anémie infectieuse des équidés** : Arr. du 23 sept. 1992 fixant les mesures de police sanitaire relatives à l'anémie infectieuse des équidés (JO 26 sept.) ; Arr. du 23 sept. 1992 fixant les mesures financières relatives à la police sanitaire de l'anémie infectieuse des équidés (JO 26 sept.), mod. par Arr. du 15 déc. 1994 (29 déc.), Arr. du 23 juill. 2012 (JO 27 juill.), Arr. du 20 juin 2013, art. 2 (JO 27 juin).*

*— **brucellose ovine et caprine** : Arr. du 10 oct. 2013 fixant les mesures techniques et administratives relatives à la prophylaxie collective et à la police sanitaire de la brucellose ovine et caprine (JO 23 oct.) ; Arr. du 10 oct. 2013 fixant les mesures financières relatives à la lutte contre la brucellose ovine et caprine (JO 23 oct.).*

*— **brucellose des suidés** : Arr. du 14 nov. 2005 fixant les mesures de police sanitaire relatives à la brucellose des suidés en élevage (JO 10 janv. 2006) ; Arr. du 27 août 2002 fixant les mesures financières relatives à la lutte contre la brucellose des suidés domestiques et sauvages en élevage (JO 17 sept.), mod. par Arr. du 30 sept. 2004, art. 14 (JO 23 oct.) et Arr. du 20 juin 2013, art. 4 (JO 27 juin).*

*— **diarrhée virale bovine (BVD)** : Arr. du 31 juill. 2019 fixant des mesures de surveillance et de lutte contre la maladie des muqueuses/diarrhée virale bovine (BVD) (JO 1er août), mod. par Arr. du 17 févr. 2020 (JO 26 févr.).*

*— **encéphalites virales des équidés** : Arr. du 27 juill. 2004 (JO 11 août) (mesures techniques et administratives de police sanitaire), mod. par Arr. du 14 févr. 2011, art. 11 (JO 4 mars).*

*— **encéphalopathie spongiforme bovine** : Arr. du 3 déc. 1990 fixant les mesures de police sanitaire (JO 16 déc.), mod. par Arr. du 2 sept. 1997, art. 1er à 6 (JO 25 sept.), Arr. du 9 juin 2000 (JO 15 juin), Arr. du 5 nov. 2001 (JO 11 nov.), Arr. du 20 févr. 2002 (JO 21 févr.), Arr. du 29 nov. 2002 (JO 10 déc.), Arr. du 22 déc. 2004 (JO 22 janv. 2005), Arr. du 9 sept. 2005 (JO 24 sept.), Arr. du 19 juin 2009 (JO 27 juin), Arr. du 14 févr. 2011, art. 2 (JO 4 mars) ; Arr. du 4 déc. 1990 fixant les mesures financières relatives à la police sanitaire (JO 16 déc.), mod. par Arr. du 28 août 1991 (JO 12 sept.), Arr. du 2 sept. 1997, art. 7 à 11 (JO 25 sept.), Arr. du 9 juin 2000, art. 6 (JO 15 juin), Arr. du 5 nov. 2001, art. 3 (JO 11 nov.), Arr. du 15 mars 2002 (JO 21 mars), Arr. du 4 oct. 2002 (JO 16 oct.), Arr. du 31 oct. 2003 (JO 15 nov.), Arr. du 19 déc. 2003 (JO 29 janv. 2004), Arr. du 14 juin 2004, art. 1er (JO 25 juill.), Arr. du 30 sept. 2004, art. 4 (JO 23 oct.), Arr. du 22 déc. 2004 (JO 22 janv. 2005), Arr. du 23 août 2005 (JO 6 sept.), Arr. du 20 févr. 2006 (JO 7 mars), Arr. du 23 avr. 2007 (JO 29 avr.), Arr. du 20 déc. 2007 (JO 26 déc.), Arr. du 30 déc. 2008 (JO 10 janv. 2009), Arr. du 19 août 2009 (JO 25 août), Arr. du 17 nov. 2009 (JO 1er déc.), Arr. du 23 déc. 2010 (JO 29 déc.), Arr. du 20 juin 2013, art. 1er (JO 27 juin), Arr. du 30 juill. 2013 (JO 7 août).*

— ***fièvre catarrhale du mouton*** : *Arr. du 10 déc. 2008 fixant les mesures financières (JO 17 déc.), mod. par Arr. du 15 avr. 2009 (JO 19 avr.), Arr. du 28 oct. 2009 (JO 1er nov.), Arr. du 26 mars 2010 (JO 30 mars), Arr. du 20 juin 2013, art. 8 (JO 27 juin), Arr. du 26 nov. 2013 (JO 28 nov.), Arr. du 15 oct. 2015 (JO 18 oct.), Arr. du 26 févr. 2016 (JO 27 févr.), Arr. du 23 sept. 2016 (JO 24 sept.), Arr. du 4 juill. 2017 (JO 6 juill.), Arr. du 10 nov. 2017 (JO 11 nov.), Arr. du 23 janv. 2019 (JO 24 janv.), Arr. du 7 janv. 2020 (JO 11 janv.) ; Arr. du 22 juill. 2011 fixant les mesures techniques et administratives (JO 4 août), mod. par Arr. du 27 juill. 2012 (JO 8 août), Arr. du 10 déc. 2012 (JO 12 déc., Rect. JO 29 déc.), Arr. du 26 nov. 2013 (JO 28 nov.), Arr. du 4 juill. 2014 (JO 10 juill.), Arr. du 26 juin 2015 (JO 30 juin), Arr. du 17 sept. 2015 (JO 18 sept.), Arr. du 24 sept. 2015 (JO 25 sept.), Arr. du 1er oct. 2015 (JO 2 oct.), Arr. du 8 oct. 2015 (JO 9 oct.), Arr. du 15 oct. 2015 (JO 16 oct.), Arr. du 16 oct. 2015 (JO 18 oct.), Arr. du 29 oct. 2015 (JO 30 oct.), Arr. du 30 oct. 2015 (JO 1er nov.), Arr. du 5 nov. 2015 (JO 6 nov.), Arr. du 12 nov. 2015 (JO 13 nov.), Arr. du 26 nov. 2015 (JO 27 nov.), Arr. du 10 déc. 2015 (JO 11 déc.), Arr. du 30 déc. 2015 (JO 31 déc.), Arr. du 4 févr. 2016 (JO 5 févr.), Arr. du 11 févr. 2016 (JO 12 févr.), Arr. du 25 févr. 2016 (JO 26 févr.), Arr. du 26 févr. 2016 (JO 27 févr.), Arr. du 17 mars 2016 (JO 18 mars), Arr. du 7 avr. 2016 (JO 8 avr.), 2 Arr. du 15 sept. 2016 (JO 24 sept.), Arr. du 29 sept. 2016 (JO 30 sept.), Arr. du 24 oct. 2016 (JO 25 oct.), Arr. du 10 nov. 2016 (JO 11 nov.), Arr. du 16 févr. 2017 (JO 17 févr.), Arr. du 24 mai 2017 (JO 25 mai), Arr. du 4 juill. 2017 (JO 6 juill.), Arr. du 7 nov. 2017 (JO 8 nov.), Arr. du 16 nov. 2017 (JO 17 nov.), Arr. du 28 déc. 2017 (JO 31 déc.), Arr. du 23 janv. 2019 (JO 24 janv.), Arr. du 7 janv. 2020 (JO 11 janv.).*

— ***influenza aviaire et maladie de Newcastle*** : *2 Arr. du 8 juin 1994 fixant les mesures de lutte contre l'influenza aviaire et la maladie de Newcastle (JO 24 juin), mod. par Arr. du 10 sept. 2001 (JO 25 sept.), Arr. du 14 oct. 2005, art. 4 et 5 (JO 30 oct.), Arr. du 17 mai 2006 (JO 18 mai), Arr. du 13 juill. 2007 (JO 25 juill.), Arr. du 14 févr. 2011, art. 3 (JO 4 mars) ; Arr. du 10 sept. 2001 établissant des mesures financières relatives à la lutte contre les pestes aviaires : maladie de Newcastle et influenza aviaire (JO 25 sept.), mod. par Arr. du 30 sept. 2004, art. 12 (JO 23 oct.), Arr. du 3 mai 2007 (JO 13 mai), Arr. du 26 sept. 2023 (JO 28 sept.), Arr. du 8 févr. 2024 (JO 10 févr.) ; Arr. du 24 févr. 2006 fixant des mesures financières relatives à la prévention contre l'influenza aviaire (JO 25 févr., Rect. JO 28 févr.) ; Arr. du 29 sept. 2021 relatif aux mesures de biosécurité applicables par les opérateurs et les professionnels liés aux animaux dans les établissements détenant des volailles ou des oiseaux captifs dans le cadre de la prévention des maladies animales transmissibles aux animaux ou aux êtres humains (JO 30 sept.), mod. par Arr. du 25 sept. 2023, art. 50 (JO 28 sept.), Arr. du 14 mars 2024, art. 1er (JO 17 mars) ; Arr. du 25 sept. 2023 relatif aux mesures de surveillance, de prévention, de lutte et de vaccination contre l'influenza aviaire hautement pathogène (IAHP) (JO 28 sept.), mod. par Arr. du 14 mars 2024, art. 2 (JO 17 mars) ; Instruction technique DGAL/SDSBEA/2023-651 du 11 oct. 2023 relative à la liste des communes en zone à risque de diffusion (ZRD) et en zone à risque particulier (ZRP) (BOM Agriculture no 42 du 19 oct.) ; Arr. du 14 mars 2024 qualifiant le niveau de risque en matière d'influenza aviaire hautement pathogène (JO 17 mars) : « modéré » sur l'ensemble du territoire métropolitain.*

— ***maladie d'Aujeszky*** : *Arr. du 3 juill. 1995 (JO 28 juill.) ; Arr. du 16 déc. 2002 (JO 20 févr. 2003), mod. par Arr. du 9 mai 2003 (JO 5 juin) (porcs destinés aux échanges intracommunautaires) ; Arr. du 28 janv. 2009 fixant les mesures techniques et administratives relatives à la prophylaxie collective et à la police sanitaire de la maladie d'Aujeszky dans les départements reconnus « indemnes de maladie d'Aujeszky » (JO 13 févr.) ; Arr. du 20 août 2009 fixant diverses mesures financières relatives à la lutte contre la maladie d'Aujeszky (JO 28 août), mod. par Arr. du 17 déc. 2009 (JO 24 déc.).*

— ***maladie hémorragique épizootique*** : *Arr. du 25 oct. 2023 fixant des mesures de surveillance, de prévention et de lutte vis-à-vis de la maladie hémorragique épizootique (JO 28 oct.) ; Instruction technique DGAL/SDSBEA/2023-724 du 24 nov. 2023 relative à la surveillance événementielle de la maladie hémorragique épizootique (MHE) en élevages et dispositions relatives aux mouvements d'animaux sur le territoire continental (BOM Agriculture no 48 du 30 nov.) ; Décr. no 2024-81 du 3 févr. 2024 portant création d'un dispositif d'aide visant à compenser les coûts et les pertes subis par les agriculteurs en raison de la maladie hémorragique épizootique affectant les bovins et les ovins (JO 4 févr.), mod. par Décr. no 2024-136 du 23 févr. 2024 (JO 24 févr.).*

— ***maladie vésiculeuse des suidés*** : *Arr. du 8 juin 1994 (JO 24 juin), mod. par Arr. du 14 oct. 2005, art. 3 (JO 30 oct.), Arr. du 20 févr. 2008 (JO 29 févr.), Arr. du 14 févr. 2011, art. 4 (JO 4 mars).*

— ***morve des équidés*** : *Arr. du 21 nov. 2011 fixant certaines mesures techniques et administratives relatives à la police sanitaire de la morve des équidés (JO 2 déc.).*

— ***nécrose hématopoïétique infectieuse et septicémie hémorragique virale*** : *Arr. du 23 sept. 1999 établissant des mesures financières relatives à la lutte contre les maladies réputées contagieuses* *des poissons (JO 16 oct.), mod. par Arr. du 10 avr. 2002 (JO 17 avr.) et Arr. du 20 juin 2013, art. 3 (JO 27 juin) ; Arr. du 4 nov. 2008 relatif aux conditions de police sanitaire applicables aux animaux et aux produits d'aquaculture et relatif à la prévention de certaines maladies chez les animaux aquatiques et aux mesures de lutte contre ces maladies (JO 7 nov.), mod. par Arr. du 20 juin 2011 (JO 25 juin), Arr. du 27 juin 2018, art. 10 (JO 29 juin) ; Arr. du 27 juin 2018 relatif à la préparation et à la mise en œuvre d'un programme national d'éradication et de surveillance de la septicémie hémorragique virale et la nécrose hématopoïétique infectieuse (JO 29 juin).*

*— **peste porcine africaine** : Arr. du 11 sept. 2003 fixant les mesures de lutte contre la peste porcine africaine (JO 19 oct.), mod. par Arr. du 14 oct. 2005, art. 2 (JO 30 oct.), Arr. du 14 févr. 2011, art. 10 (JO 4 mars) ; Arr. du 17 mars 2004 fixant diverses mesures financières relatives à la lutte contre les pestes porcines (JO 31 mars), mod. par Arr. du 27 févr. 2007 (JO 14 mars), Arr. du 18 nov. 2008 (JO 3 déc.), Arr. du 20 juin 2013 (JO 27 juin) ; Arr. du 16 oct. 2018 relatif aux mesures de biosécurité applicables dans les exploitations détenant des suidés dans le cadre de la prévention de la peste porcine africaine et des autres dangers sanitaires réglementés (JO 17 oct.), mod. par Arr. du 26 févr. 2019 (JO 27 févr.) ; Arr. du 19 oct. 2018 relatif aux mesures de prévention et de surveillance à mettre en place en matière de chasse et d'activité forestière et dans les exploitations de suidés dans le périmètre d'intervention suite à la découverte de cas de peste porcine africaine sur des sangliers sauvages en Belgique (JO 20 oct.), mod. par Arr. du 19 nov. 2018 (JO 20 nov.), Arr. du 7 déc. 2018 (JO 8 déc.), Arr. du 18 janv. 2019 (JO 19 janv.), Arr. du 26 févr. 2019 (JO 27 févr.), Arr. du 3 avr. 2019 (JO 4 avr.), Arr. du 10 avr. 2019 (JO 11 avr.), Arr. du 10 déc. 2019 (JO 13 déc.), Arr. du 20 juill. 2020 (JO 26 juill.), Arr. du 21 déc. 2020 (JO 31 déc.), Arr. du 19 mai 2021 (JO 27 mai) ; Arr. du 29 avr. 2019 relatif aux mesures de prévention de la propagation des dangers sanitaires réglementés via le transport par véhicules routiers de suidés vivants (JO 2 mai), mod. par Arr. du 6 déc. 2023 (JO 13 déc.).*

*— **peste porcine classique** : Arr. du 29 juin 1993 (JO 4 août) (prophylaxie), mod. par Arr. du 3 juill. 1995 (JO 28 juill.), Arr. du 23 juin 2003, art. 59 (JO 10 août) ; Arr. du 23 juin 2003 (JO 10 août) (mesures de lutte), mod. par Arr. du 14 oct. 2005, art. 1er (JO 30 oct.), Arr. du 17 nov. 2006 (JO 6 déc.), Arr. du 27 juill. 2009 (JO 28 août), Arr. du 19 janv. 2011 (JO 23 janv.), Arr. du 14 févr. 2011, art. 9 (JO 4 mars) ; Arr. du 2 oct. 2003 établissant certaines mesures de prophylaxie applicables en raison de la présence de la peste porcine classique chez les sangliers sauvages (JO 21 oct.), mod. par Arr. du 30 sept. 2004, art. 15 (JO 23 oct.), Arr. du 19 janv. 2011 (JO 23 janv.) ; Arr. du 17 mars 2004 fixant diverses mesures financières relatives à la lutte contre les pestes porcines (JO 31 mars), mod. par Arr. du 27 févr. 2007 (JO 14 mars), Arr. du 18 nov. 2008 (JO 3 déc.), Arr. du 20 juin 2013, art. 5 (JO 27 juin).*

*— **pullorose** : Arr. du 29 mars 2011 fixant les mesures techniques et administratives relatives à la lutte contre la pullorose (JO 30 mars).*

*— **rhinotrachéite infectieuse bovine (IBR)** : Arr. du 5 nov. 2021 fixant les mesures de prévention, de surveillance et de lutte contre la rhinotrachéite infectieuse bovine (JO 14 nov.).*

*— **salmonellose aviaire** : Arr. du 26 févr. 2008 relatif aux modalités de la participation financière de l'État à la lutte contre les infections à Salmonella dans les troupeaux de l'espèce Gallus gallus en filière ponte d'œufs de consommation (JO 5 mars), mod. par Arr. du 30 déc. 2008 (JO 4 janv. 2009), Arr. du 20 juin 2013, art. 6 et 7 (JO 27 juin), Arr. du 24 août 2015 (JO 1er sept.) ; Arr. du 26 févr. 2008 relatif à la lutte contre les infections à Salmonella dans les troupeaux de reproduction de l'espèce Gallus gallus en filière chair et fixant les modalités de déclaration des salmonelloses aviaires, visées à l'art. D. 223-1, dans ces mêmes troupeaux (JO 5 mars), mod. par Arr. du 30 déc. 2008 (JO 3 janv. 2009), Arr. du 3 déc. 2009 (JO 15 déc.), Arr. du 14 févr. 2011, art. 14 et 15 (JO 4 mars) ; Arr. du 22 déc. 2009 relatif aux modalités de la participation financière de l'État à la lutte contre les infections à Salmonella dans les troupeaux de reproduction de l'espèce Meleagris gallopavo (JO 29 déc.), mod. par Arr. du 20 juin 2013, art. 10 (JO 27 juin), Arr. du 24 août 2015 (JO 1er sept.) ; Arr. du 24 avr. 2013 relatif à la lutte contre les infections à salmonelles considérées comme dangers sanitaires de première catégorie dans les troupeaux de poulets de chair et de dindes d'engraissement et fixant les modalités de déclaration des salmonelles considérées comme dangers sanitaires de deuxième catégorie dans ces troupeaux (JO 18 mai) ; Arr. du 27 févr. 2023 relatif à la lutte contre les infections à Salmonella dans les troupeaux de l'espèce Gallus gallus en filière ponte d'œufs de consommation et dans les troupeaux de reproducteurs de l'espèce Gallus gallus ou Meleagris gallopavo (JO 4 mars).*

*— **tremblante des espèces ovine et caprine** : Arr. du 22 janv. 2018 relatif au contrôle sanitaire officiel des échanges de reproducteurs ovins et caprins vis-à-vis de la tremblante classique, en vigueur le 1er juill. 2018 (JO 31 janv.) ; Arr. du 2 juill. 2009 fixant les mesures de police sanitaire relatives aux encéphalopathies spongiformes transmissibles ovines (JO 11 juill.), mod. par Arr. du 3 déc.*

2010 (JO 16 déc.), Arr. du 14 févr. 2011, art. 17 (JO 4 mars), Arr. du 17 août 2012, art. 1er (JO 1er sept.), Arr. du 17 juill. 2013, art. 1er et 3 (JO 27 juill.), Arr. du 18 sept. 2013 (JO 22 sept.) ; Arr. du 2 juill. 2009 fixant les mesures de police sanitaire relatives aux encéphalopathies spongiformes transmissibles caprines (JO 14 juill.), mod. par Arr. du 2 mars 2010 (JO 13 mars), Arr. du 3 déc. 2010 (JO 16 déc.), Arr. du 14 févr. 2011, art. 18 (JO 4 mars), Arr. du 21 mars 2011 (JO 26 mars), Arr. du 17 août 2012, art. 2 (JO 1er sept.), Arr. du 17 juill. 2013, art. 2 et 3 (JO 27 juill.), Arr. du 18 sept. 2013 (JO 22 sept.) ; Arr. du 24 juill. 2009 fixant les mesures financières relatives à la police sanitaire et à la surveillance épidémiologique des encéphalopathies spongiformes transmissibles ovines et caprines (JO 5 août), mod. par Arr. du 20 juin 2013, art. 9 (JO 27 juin) ; Arr. du 22 déc. 2014 fixant les mesures techniques et financières relatives au programme national d'amélioration génétique pour la résistance à la tremblante classique du 1er janv. 2014 au 31 déc. 2017 (JO 27 déc.).

*— **trichinellose** : Arr. du 13 avr. 2007 relatif à des mesures de gestion des cas de trichinellose chez les porcins (JO 2 mai).*

*— **tuberculose des bovinés et des caprins** : Arr. du 17 juin 2009 fixant les mesures financières relatives à la lutte contre la brucellose bovine et à la lutte contre la tuberculose bovine et caprine (JO 27 juin), mod. par Arr. du 21 déc. 2010 (JO 29 déc.), Arr. du 6 août 2018 (JO 24 août), Arr. du 22 févr. 2023 (JO 25 févr.) ; Arr. du 7 déc. 2016 relatif à certaines mesures de surveillance et de lutte contre la tuberculose lors de la mise en évidence de cette maladie dans la faune sauvage (JO 17 déc.) ; Arr. du 8 oct. 2021 fixant les mesures techniques et administratives relatives à la prévention, la surveillance et la police sanitaire de l'infection par le complexe Mycobacterium tuberculosis des animaux des espèces bovine, caprine et porcine ainsi que des élevages de camélidés et de cervidés (JO 15 oct.) ; Arr. du 25 juill. 2022 instituant une participation financière de l'État pour le dépistage de la tuberculose bovine (JO 28 juill.), mod. par Arr. du 30 mars 2023 (JO 1er avr.) ; Instruction technique DGAL/SDSBEA/2023-682 du 2 nov. 2023 relative à la prophylaxie tuberculose : précisions sur les modalités techniques de mise en œuvre de la campagne de surveillance de la tuberculose bovine 2023-2024 (BOM Agriculture no 44 du 2 nov.).*

*Sur la **maladie du dépérissement chronique des cervidés**, V. Arr. du 10 mai 2007 fixant les mesures financières relatives à une enquête épidémiologique sur la maladie du dépérissement chronique des cervidés (JO 17 mai).*

Art. D. 221-3 *(Décr. no 2012-842 du 30 juin 2012, art. 7-3o)* **Pour l'application du** *(Décr. no 2019-1188 du 15 nov. 2019, art. 1er, en vigueur le 14 déc. 2019)* **« cinquième » alinéa de l'article L. 201-7 et en l'absence de dispositions particulières, la présence d'un danger zoosanitaire de première ou de deuxième catégorie est établie par l'isolement de l'agent pathogène à la suite d'un examen réalisé par un laboratoire agréé.**

Art. R. 221-4 *(Décr. no 2012-842 du 30 juin 2012, art. 7-3o)* **Lorsque au cours d'une opération de chasse il est constaté ou soupçonné qu'un animal est atteint d'une maladie réglementée, la déclaration au vétérinaire sanitaire prévue au premier alinéa de l'article L. 223-5 peut être adressée au préfet.**

Art. R. 221-5 *à* R. 221-17 *Abrogés par Décr. no 2012-842 du 30 juin 2012, art. 7-1o.*

Art. R. 221-18 *à* R. 221-20 *Transférés ss. les II, III et IV de l'art. R. 203-14 par Décr. no 2012-843 du 30 juin 2012, art. 1er-4o à 6o.*

Art. R. 221-20-1 *Abrogé par Décr. no 2012-842 du 30 juin 2012, art. 7-1o.*

Art. R. 221-21 *à* R. 221-25 *Abrogés par Décr. no 2009-1658 du 18 déc. 2009.*

Art. R. 221-26 *Abrogé par Décr. no 2006-1662 du 21 déc. 2006.*

Art. R. 221-27 *à* R. 221-35 *Transférés aux art. D. 212-63 à D. 212-71 par Décr. no 2006-1662 du 21 déc. 2006.*

Art. R. 221-36 *à* R. 221-38 *Abrogés par Décr. no 2012-842 du 30 juin 2012, art. 7-1o.*

Art. R. 221-39 *Abrogé par Décr. no 2009-1658 du 18 déc. 2009.*

CHAPITRE II CONTRÔLE SANITAIRE DES ACTIVITÉS DE REPRODUCTION ANIMALE

(Décr. nº 2007-818 du 11 mai 2007)

SECTION 1 Règles générales relatives à la délivrance et au retrait des agréments sanitaires

(Décr. nº 2007-818 du 11 mai 2007)

Art. R. 222-1 On entend par :

a) "Station de quarantaine" : un établissement dans lequel sont isolés des animaux reproducteurs mâles destinés à produire du sperme au sein d'un centre de collecte et des animaux boute-en-train ;

b) "Centre de collecte de sperme" : un établissement dans lequel est produit, et le cas échéant mis en place, du sperme destiné à l'insémination animale ;

c) "Centre de stockage de semence" : un établissement dans lequel est stockée, et le cas échéant mise en place, de la semence destinée à l'insémination animale ;

d) "Vétérinaire responsable" : un vétérinaire responsable du respect quotidien des règles sanitaires dans un centre de collecte de sperme, un centre de stockage de semence ou une station de quarantaine ;

e) "Équipe de transplantation embryonnaire" : groupe de techniciens, placé sous la responsabilité d'un vétérinaire et assurant la collecte, le traitement et le stockage d'ovocytes, d'ovules et d'embryons ainsi que la mise en place d'embryons.

La monte naturelle et artificielle, publique ou privée ainsi que la traçabilité du matériel de reproduction sont définies à l'article R. 653-75.

Art. R. 222-2 La délivrance de l'agrément sanitaire aux établissements, équipes de transplantation ou vétérinaires responsables qui y sont soumis est subordonnée à des conditions relatives :

— aux caractéristiques des installations où est exercée l'activité et aux caractéristiques de leurs équipements ;

— à la qualification et aux compétences du personnel affecté à leur fonctionnement et à leur surveillance ;

— à l'aptitude de ces établissements et personnels à assurer la surveillance sanitaire des animaux qui leur sont confiés et la traçabilité de ces animaux et de leur matériel de reproduction ;

— en ce qui concerne les établissements, à la disposition d'un vétérinaire responsable agréé ;

— en ce qui concerne les vétérinaires responsables soumis à agrément, à la détention par ces vétérinaires des qualifications et compétences adaptées à leurs fonctions.

Des arrêtés du ministre chargé de l'agriculture précisent ces conditions conformément aux directives communautaires applicables aux différentes espèces animales et activités.

Art. R. 222-3 L'agrément est délivré par le préfet du département où se situe l'établissement à agréer ou le domicile professionnel du vétérinaire responsable sollicitant l'agrément. La composition du dossier de demande est fixée par arrêté du ministre chargé de l'agriculture.

Les établissements et équipes de transplantation agréées reçoivent un numéro d'enregistrement vétérinaire.

Les établissements, équipes de transplantation et vétérinaires responsables agréés sont soumis à des inspections régulières par les agents mentionnés *(Décr. nº 2011-537 du 17 mai 2011)* « à l'article L. 221-5 ».

Art. R. 222-4 *Abrogé par Décr. nº 2011-537 du 17 mai 2011.*

Art. D. 222-5 Des arrêtés du ministre de l'agriculture précisent les règles de fonctionnement et les règles sanitaires applicables dans les établissements et par les professionnels agréés conformément aux directives communautaires correspondantes. Ces règles de fonctionnement et règles sanitaires sont relatives notamment au statut sanitaire et aux contrôles sanitaires des animaux admis dans les établissements agréés et de leur matériel de reproduction ainsi qu'à l'enregistrement des données correspondantes, aux modalités de traitement et de conservation de ce matériel.

Les centres de collecte de sperme ou de stockage de semence ne peuvent recevoir, détenir et utiliser que de la semence qui provient d'un centre de collecte ou de stockage agréé en France ou dans un autre État membre de *(Décr. nº 2011-537 du 17 mai 2011)* « l'Union » ou dans un État tiers figurant dans la liste établie par la Commission de *(Décr. nº 2011-537 du 17 mai 2011)* « l'Union » et qui est conservée et transportée dans des conditions offrant toute garantie sanitaire.

SECTION 2 Règles spécifiques aux activités relatives à la reproduction des espèces bovine, ovine, caprine et porcine et des carnivores domestiques

(Décr. nº 2007-818 du 11 mai 2007)

SOUS-SECTION 1 Monte publique artificielle

Art. R. 222-6 *(Décr. nº 2017-1246 du 7 août 2017, art. 13-1º)* Sont subordonnées à l'obtention de l'agrément sanitaire prévu à l'article L. 222-1 :

1º Les stations de quarantaine pour les espèces bovine, ovine, caprine et porcine ;

a) Les centres de collecte de sperme pour les espèces bovine, ovine, caprine et porcine ;

b) Les centres de stockage de semence pour les espèces bovine, ovine et caprine ;

c) Les centres de collecte de sperme des carnivores domestiques ;

2º Les équipes de transplantation embryonnaire pour les espèces bovine, ovine, caprine, et porcine ;

3º L'activité de vétérinaire responsable de station de quarantaine, de centre de collecte de sperme ou de stockage de semence mentionnés au 1º.

Conformément à l'article L. 653-4, l'activité de mise en place de la semence des bovins, ovins et caprins est subordonnée à la détention, par le centre de mise en place, de l'agrément en qualité de centre de collecte ou de centre de stockage.

V. Arr. du 11 janv. 2008 fixant les conditions sanitaires exigées pour les agréments visés à l'art. L. 222-1 C. rur. dans le cadre de la monte publique artificielle des animaux de l'espèce bovine (JO 22 janv.).

Art. R. 222-6-1 *(Décr. nº 2017-1411 du 27 sept. 2017, art. 2-34º)* Le silence gardé par le préfet sur une demande d'agrément sanitaire d'un établissement, d'une équipe de transplantation embryonnaire ou d'un vétérinaire, mentionnée à l'article R. 222-6, vaut décision de rejet.

Art. R. 222-7 Un arrêté du ministre chargé de l'agriculture définit les modalités selon lesquelles les données sanitaires relatives aux animaux reproducteurs présents dans les stations de quarantaine, centres de collecte de sperme ou centres de stockage de semence, recueillies en application du présent chapitre, les données relatives aux déplacements de ces animaux entre ces établissements ainsi que les données relatives au contrôle de la qualité des embryons sont centralisées dans une base de données nationale ainsi que les modalités de fonctionnement de cette base et les conditions d'accès et d'utilisation de ces données.

Art. R. 222-8 Les lots de semences et embryons produits par les établissements et équipes agréés en France et destinés au commerce intracommunautaire doivent être accompagnés d'un certificat sanitaire conforme à la réglementation de *(Décr. nº 2017-1246 du 7 août 2017, art. 13-2º)* « l'Union ». Les lots de semence ou embryons provenant d'un centre agréé d'un État membre de *(Décr. nº 2017-1246 du 7 août 2017, art. 13-2º)* « l'Union » européenne ou d'un pays tiers figurant sur la liste mentionnée à l'article D. 222-5 doivent être accompagnés de ce certificat sanitaire.

SOUS-SECTION 2 Monte publique naturelle

(Décr. nº 2007-818 du 11 mai 2007)

Art. R. 222-9 Un arrêté du ministre chargé de l'agriculture fixe les conditions sanitaires que doivent remplir les reproducteurs mâles pour être livrés à la monte publique naturelle. Ces conditions concernent notamment le statut sanitaire de ce reproducteur et des exploitations dans lesquelles celui-ci a été gardé, ainsi que la nature et la fréquence des contrôles sanitaires subis par ce reproducteur.

SOUS-SECTION 3 Monte privée artificielle

(Décr. nº 2007-818 du 11 mai 2007)

Art. R. 222-10 Le ministre chargé de l'agriculture fixe si nécessaire par arrêté les modalités d'identification des doses de matériel de reproduction destiné à la monte privée artificielle, en vue d'assurer leur traçabilité. – *V. art. R. 228-16 (pén.).*

SECTION 3 Activités relatives à la reproduction des équidés soumises à agréments sanitaires et règles spécifiques à ces activités

(Décr. nº 2007-818 du 11 mai 2007)

Art. R. 222-11 Sont subordonnées à l'obtention d'un agrément sanitaire :
– les centres de collecte de sperme des équidés ;
– les équipes de transplantation embryonnaire chez les équidés ;
– l'activité de vétérinaire responsable de centre de collecte.

Les conditions d'agrément, les règles de fonctionnement et règles sanitaires applicables par les établissements ou équipes de transplantation agréés mentionnées à l'article R. 222-2 peuvent être différentes selon que le matériel de reproduction traité par l'établissement ou l'équipe de transplantation est destiné au marché national, aux échanges intracommunautaires ou à l'exportation vers un pays tiers.

V. Arr. du 4 nov. 2010 fixant les conditions d'agrément sanitaire des centres de collecte de sperme d'équidés et les conditions sanitaires d'échanges intracommunautaires de sperme d'équidés (JO 18 nov.).

SECTION 4 Dispositions relatives à la cryobanque nationale

(Décr. nº 2007-818 du 11 mai 2007)

Art. R. 222-12 Les activités de stockage de matériel de reproduction pour le compte de la cryobanque nationale dont la mission est définie à l'article D. 653-11, font l'objet d'un agrément en qualité de centre de stockage de semence, délivré par le préfet du département où se situent ces activités. Cet agrément est subordonné au respect de conditions particulières fixées par arrêté du ministre chargé de l'agriculture pour tenir compte de la diversité des matériels de reproduction déposés, de leur caractère patrimonial et des finalités de leur conservation.

CHAPITRE III LA POLICE SANITAIRE

SECTION 1 Dispositions communes

SOUS-SECTION 1 *[ABROGÉE]* Maladies à déclaration obligatoire n'entraînant pas l'application de mesures de police sanitaire

(Abrogée par Décr. nº 2012-842 du 30 juin 2012, art. 8-IV)

Art. D. 223-1 et D. 223-2 *Abrogés par Décr. nº 2012-842 du 30 juin 2012, art. 8-IV.*

SOUS-SECTION 2 Maladies réglementées entraînant l'application de mesures de police sanitaire *(Décr. nº 2012-842 du 30 juin 2012, art. 8-I-1º).*

§ 1 Mesures générales de lutte dans les foyers

Art. R. 223-3 Lorsqu'une des *(Décr. nº 2012-842 du 30 juin 2012, art. 8-I-2º)* « maladies soumises à un plan national d'intervention sanitaire d'urgence en application de l'article L. 201-5 » est suspectée ou signalée dans une commune, le maire en informe immédiatement le préfet du département et le sous-préfet de l'arrondissement, et leur fait connaître les mesures et les arrêtés qu'il a pris, conformément aux dispositions du présent chapitre, pour empêcher l'extension de la contagion. Le préfet accuse réception au maire et prend s'il y a lieu, dans le plus bref délai, un arrêté pour prescrire les mesures à mettre à exécution.

Les arrêtés des maires et des préfets sont transmis au ministre chargé de l'agriculture, qui peut prendre, par un arrêté spécial, des mesures applicables à plusieurs départements.

Art. R. 223-4 *(Décr. n° 2012-842 du 30 juin 2012, art. 8-I-3°)* « Les animaux présentant des symptômes ou des lésions évocateurs d'une maladie réglementée doivent être considérés comme suspect de la maladie considérée. »

Lorsqu'une maladie *(Décr. n° 2012-842 du 30 juin 2012, art. 8-I-3°)* « réglementée » prend un caractère envahissant, tout état maladif non caractérisé doit entraîner la suspicion. Les mesures relatives à la rage relèvent dans ce cas de l'article D. 223-23.

Doivent être considérés comme contaminés les animaux qui ont cohabité avec des animaux atteints de maladie *(Décr. n° 2012-842 du 30 juin 2012, art. 8-I-3°)* « réglementée » ou qui ont subi le contact d'animaux, de personnes ou d'objets qui auraient été eux-mêmes en contact avec des animaux atteints de maladie *(Décr. n° 2012-842 du 30 juin 2012, art. 8-I-3°)* « réglementée ».

Art. R. 223-4-1 *(Décr. n° 2008-1141 du 4 nov. 2008, art. 1er)* Tout propriétaire, toute personne ayant, à quelque titre que ce soit, la charge des soins ou la garde d'animaux d'aquaculture au sens du *b* du 1 de l'article 3 de la directive 2006/88/CE du 24 octobre 2006 qui constate une hausse de mortalité constituant une présomption d'atteinte par l'une des maladies *(Décr. n° 2012-842 du 30 juin 2012, art. 8-I-4°)* « réglementées », est tenu d'en faire la déclaration immédiate au préfet et au vétérinaire chargé du suivi de ces animaux.

La hausse de mortalité visée à l'alinéa précédent s'entend au sens du *j* de l'annexe I de la directive 2006/88/CE du 24 octobre 2006.

Art. R. 223-5 Les cadavres ou parties de cadavres des animaux morts ou abattus comme atteints de maladie *(Décr. n° 2012-842 du 30 juin 2012, art. 8-I-5°)* « réglementée » sont soit traités conformément aux prescriptions déterminées par un arrêté du ministre chargé de l'agriculture, soit transportés dans un établissement *(Décr. n° 2011-537 du 17 mai 2011)* « d'équarrissage » pour y être détruits.

Dans le cas où aucun de ces moyens ne peut être employé, on a recours à la destruction par le feu ou à l'enfouissement.

Un terrain situé à une distance d'au moins cent mètres des habitations et des cours d'eau et entouré d'une clôture suffisante pour en défendre l'accès aux animaux, peut être réservé pour la destruction par le feu ou l'enfouissement. L'entrée de ce terrain est interdite à toutes personnes autres que celles à qui la garde en sera confiée ou qui procéderont aux opérations de l'enfouissement ou de l'incinération. Aucune récolte de fourrages ne pourra y être effectuée, les herbes poussant sur ce terrain seront brûlées sur place.

Art. R. 223-6 Les locaux, cours, enclos, herbages et pâturages où ont séjourné les animaux atteints de maladies *(Décr. n° 2012-842 du 30 juin 2012, art. 8-I-6°)* « réglementées », ainsi que les objets qui ont été en contact avec les animaux malades, doivent être désinfectés. Les aliments sont détruits et les fumiers et lisiers sont détruits ou désinfectés.

Le mode et les procédés de désinfection sont déterminés par des arrêtés du ministre chargé de l'agriculture *(Abrogé par Décr. n° 2012-842 du 30 juin 2012, art. 8-I-6°)* « , ***rendus après avis du comité consultatif de la santé et de la protection animales*** ».

Art. R. 223-7 Il est interdit de conduire, sous aucun prétexte, même pendant la nuit, aux abreuvoirs communs, les animaux atteints de maladies *(Décr. n° 2012-842 du 30 juin 2012, art. 8-I-7°)* « réglementées ». Cette interdiction s'applique même aux animaux suspects ou simplement contaminés dont la circulation a été permise exceptionnellement.

Art. R. 223-8 Dans le cas d'abattage d'un animal ou de saisie de viande sur instruction de l'administration, le propriétaire joindra à sa demande d'indemnité les pièces qui, pour chaque maladie *(Décr. n° 2012-842 du 30 juin 2012, art. 8-I-8°)* « réglementée », seront déterminées par un arrêté ministériel.

§ 2 Responsabilités spécifiques à certaines collectivités ou administrations

Art. R. 223-9 L'autorité militaire *(Décr. nº 2021-1240 du 27 sept. 2021, art. 3)* « est » chargée de toutes mesures à prendre en ce qui concerne les animaux relevant du ministère de la défense *(Décr. nº 2021-1240 du 27 sept. 2021, art. 3)* « et des formations militaires du ministère de l'intérieur », pour éviter l'introduction et la propagation des maladies *(Décr. nº 2012-842 du 30 juin 2012, art. 8-I-9º)* « réglementées ».

(Décr. nº 2021-1240 du 27 sept. 2021, art. 3) « Lorsqu'il est constaté, à l'intérieur des emprises accueillant des entités relevant de l'autorité du ministre de la défense ou de sa tutelle ou des formations militaires du ministère de l'intérieur, qu'un animal est atteint ou qu'il est soupçonné d'être atteint d'une maladie classée parmi les dangers sanitaires de première catégorie ou parmi les dangers sanitaires de deuxième catégorie faisant l'objet d'une réglementation, le détenteur de l'animal est tenu d'en faire immédiatement la déclaration à un vétérinaire des armées.

« Ce vétérinaire s'assure du respect des dispositions de l'article L. 223-5 et en informe le préfet et le maire dans les plus brefs délais. »

Art. R. 223-10 *Abrogé par Décr. nº 2012-842 du 30 juin 2012, art. 8-IV.*

Art. R. 223-11 *(Décr. nº 2021-1519 du 23 nov. 2021, art. 1er)* Le directeur de l'école nationale vétérinaire ou de la formation vétérinaire assurée par l'établissement agréé sur le fondement de l'article L. 813-11 déclare au préfet du département les maladies réglementées constatées sur les animaux amenés à la consultation ou hospitalisés. Cette déclaration est également faite au préfet du département d'origine de l'animal.

Dans l'enceinte de ces établissements, les mesures de police sanitaire sont appliquées par ces directeurs.

§ 3 Mesures applicables lors de la tenue des foires et des marchés

Art. R. 223-12 Le vétérinaire *(Décr. nº 2012-842 du 30 juin 2012, art. 8-I-11º)* « sanitaire » chargé de l'inspection sanitaire des animaux exposés aux foires et marchés est tenu de porter sans retard à la connaissance du maire et du préfet tous les cas de maladie *(Décr. nº 2012-842 du 30 juin 2012, art. 8-I-11º)* « réglementée » ou de suspicion constatés par lui. Les animaux atteints ou suspects de maladies *(Décr. nº 2012-842 du 30 juin 2012, art. 8-I-11º)* « réglementées » sont immédiatement séquestrés.

Le vétérinaire *(Décr. nº 2012-842 du 30 juin 2012, art. 8-I-11º)* « sanitaire » fait d'urgence une enquête et adresse son rapport au maire et au préfet, conformément à l'article *(Décr. nº 2012-842 du 30 juin 2012, art. 8-I-11º)* « L. 223-5 ».

Art. R. 223-13 et R. 223-14 *Abrogés par Décr. nº 2017-1246 du 7 août 2017, art. 13-3º et 4º.*

Art. R. 223-15 Lorsque la clavelée est constatée, les animaux malades et les contaminés appartenant au même propriétaire sont séquestrés en vue de l'abattage.

Les animaux appartenant à d'autres propriétaires qui ont été en contact sur le marché ou dans les écuries d'auberge avec les malades sont marqués et ne peuvent sortir du marché qu'avec un laissez-passer délivré par le vétérinaire inspecteur.

Art. R. 223-16 *Abrogé par Décr. nº 2012-842 du 30 juin 2012, art. 8-IV.*

Art. R. 223-17 Lorsque la fièvre charbonneuse est constatée, les animaux malades sont séquestrés.

Pendant la durée de la séquestration, le propriétaire peut faire abattre ses animaux malades ; les cadavres sont livrés à l'atelier d'équarrissage, le transfert ayant lieu sous le régime du laissez-passer.

Les animaux contaminés appartenant au même propriétaire doivent retourner sur l'exploitation d'origine, sous le régime du laissez-passer, ce cheptel étant placé sous surveillance sanitaire.

§ 4 Mesures applicables dans les abattoirs et les équarrissages

Art. R. 223-18 Les abattoirs doivent être installés selon les règles d'hygiène et maintenus en bon état d'entretien.

Les locaux qui, dans les abattoirs, ont contenu des animaux atteints ou suspects de maladies contagieuses, sont nettoyés et désinfectés conformément aux prescriptions des arrêtés ministériels aussitôt après l'abattage des animaux.

Les personnels employés dans ces locaux doivent se soumettre aux mesures de désinfection jugées nécessaires.

Art. R. 223-19 *Abrogé par Décr. nº 2012-842 du 30 juin 2012, art. 8-IV.*

Art. R. 223-20 Au cas où l'établissement *(Décr. nº 2011-537 du 17 mai 2011)* « d'équarrissage constituerait un danger de contagion pour les animaux du voisinage, » le préfet prescrit l'exécution des mesures de nettoyage ou de réfection indiquées. Le préfet peut ordonner la fermeture de l'établissement signalé, tant que les mesures indispensables n'auront pas été exécutées.

§ 5 *[ABROGÉ]* Liste des maladies réputées contagieuses

(Abrogé par Décr. nº 2012-842 du 30 juin 2012, art. 8-IV)

Art. D. 223-21 *Abrogé par Décr. nº 2012-842 du 30 juin 2012, art. 8-IV.*

SOUS-SECTION 3 Plans nationaux d'intervention sanitaire d'urgence liés à certaines maladies réglementées *(Décr. nº 2012-842 du 30 juin 2012, art. 8-II-1º).*

(Décr. nº 2006-180 du 17 févr. 2006)

§ 1 Dispositions générales

Art. D. 223-22-1 *Abrogé par Décr. nº 2012-842 du 30 juin 2012, art. 8-IV.*

Art. D. 223-22-2 *(Décr. nº 2017-1246 du 7 août 2017, art. 13-5º)* Pour toutes les maladies animales figurant sur la liste des dangers sanitaires prévue au deuxième alinéa de l'article L. 201-5, un réseau d'alerte est mis en place dans le cadre des plans nationaux d'intervention sanitaire mentionnés au même article aux niveaux national et départemental.

Ce réseau comprend :

1º Les éleveurs et les détenteurs des animaux des espèces sensibles ;

2º Les vétérinaires sanitaires ;

3º Les préfets ;

4º Les laboratoires agréés pour le diagnostic des maladies animales mentionnées à l'article L. 201-5 ;

5º Les laboratoires nationaux de référence ;

6º Les groupes nationaux d'experts ;

7º La direction générale de l'alimentation.

Le ministre chargé de l'agriculture définit par instruction les modalités de fonctionnement de ce réseau, ainsi que la composition et les attributions des groupes nationaux d'experts.

Art. D. 223-22-3 *Abrogé par Décr. nº 2012-842 du 30 juin 2012, art. 8-IV.*

Art. D. 223-22-4 En cas de suspicion ou de confirmation d'une maladie *(Décr. nº 2012-842 du 30 juin 2012, art. 8-II-3º)* « animale réglementée entraînant le déclenchement d'un plan national d'intervention sanitaire d'urgence », sont immédiatement organisés *[organisées]* :

— au ministère chargé de l'agriculture, une cellule nationale de crise placée sous l'autorité de la directrice générale de l'alimentation ou de son représentant ;

— dans les préfectures concernées, des cellules départementales de crise dirigées par les préfets ou leurs représentants.

Le ministre chargé de l'agriculture définit par instruction la composition et les attributions des cellules nationale et départementales de crise.

Art. D. 223-22-5 Afin de renforcer les mesures générales de prévention et de lutte contre les maladies *(Décr. nº 2012-842 du 30 juin 2012, art. 8-II-4º)* « animales figurant sur la liste prévue au deuxième alinéa de l'article L. 201-5 », le ministre chargé de l'agriculture définit par instruction les procédés de désinfection à utiliser selon les situations.

Art. D. 223-22-6 Lorsque des animaux sont abattus pour des raisons sanitaires en dehors d'un abattoir, toute mesure utile doit être prise pour réduire au minimum leur souffrance et le risque de diffusion de l'agent pathogène.

A cette fin, le ministre chargé de l'agriculture définit par instruction les procédés d'abattage utilisables.

§ 2 Mesures en cas de suspicion

Art. D. 223-22-7 Lorsque est signalée la présence d'un animal suspect de l'une des maladies *(Décr. nº 2012-842 du 30 juin 2012, art. 8-II-5º ; Décr. nº 2017-1246 du 7 août 2017, art. 13-6º)* « animales figurant sur la liste des dangers sanitaires prévue au deuxième alinéa de l'article L. 201-5 », le préfet peut prendre *(Abrogé par Décr. nº 2011-537 du 17 mai 2011)* « *, sur proposition du directeur départemental chargé de la protection des populations,* » un arrêté de mise sous surveillance de l'exploitation hébergeant cet animal qui entraîne l'application de tout ou partie des mesures prévues *(Décr. nº 2017-1246 du 7 août 2017, art. 13-6º)* « au même article et à l'article L. 223-8 ».

Art. D. 223-22-8 Lorsque, selon des informations confirmées, des exploitations sont soupçonnées d'avoir été à l'origine de la contamination de l'exploitation hébergeant un animal suspect, ou d'avoir été contaminées à partir de celle-ci, le préfet peut prendre également un arrêté de mise sous surveillance de ces exploitations, dans les conditions prévues aux articles D. 223-22-7 et D. 223-22-9.

Le *(Décr. nº 2011-537 du 17 mai 2011)* « préfet » peut exiger de la part de l'éleveur, des personnes et des organismes disposant d'informations utiles de répondre à toute demande dans le cadre de l'enquête épidémiologique mise en place pour déterminer les exploitations visées à l'alinéa précédent.

Art. D. 223-22-9 Si la suspicion est infirmée, le préfet lève les arrêtés de mise sous surveillance. Si le laboratoire agréé pour le diagnostic confirme la suspicion, le préfet prescrit les mesures prévues au paragraphe 3 de la présente sous-section *(Décr. nº 2017-1246 du 7 août 2017, art. 13-7º)* « dans les conditions fixées par arrêté du ministre chargé de l'agriculture ».

Lorsque l'une des conditions prévues à l'article *(Décr. nº 2012-842 du 30 juin 2012, art. 8-II-6º)* « L. 223-8 » *(Décr. nº 2017-1246 du 7 août 2017, art. 13-7º)* « est vérifiée, et avant l'établissement du diagnostic par le laboratoire agréé, le préfet peut prescrire tout ou partie des mesures prévues au paragraphe 3 de la présente sous-section dans les conditions fixées par arrêté du ministre chargé de l'agriculture ».

Art. D. 223-22-10 Le ministre chargé de l'agriculture définit par arrêtés les modalités techniques de mise en œuvre des dispositions des articles D. 223-22-7 et D. 223-22-9.

§ 3 Mesures en cas de confirmation

Art. D. 223-22-11 Dès qu'un laboratoire agréé confirme une des maladies *(Décr. nº 2012-842 du 30 juin 2012, art. 8-II-7º)* « animales figurant sur la liste prévue au deuxième alinéa de l'article L. 201-5 », le préfet prend, en application des arrêtés du ministre chargé de l'agriculture fixant les mesures de lutte contre ces maladies *(Décr. nº 2012-842 du 30 juin 2012, art. 8-II-7º)* « réglementées » *(Abrogé par Décr. nº 2011-537 du 17 mai 2011)* « *et sur proposition du directeur départemental chargé de la protection des populations,* » un arrêté portant déclaration d'infection.

Cet arrêté peut délimiter un périmètre interdit comprenant, outre l'exploitation hébergeant l'animal reconnu infecté, une zone soumise à des mesures de restriction autour de ladite exploitation.

Art. D. 223-22-12 A l'égard de l'exploitation hébergeant l'animal reconnu infecté, la déclaration d'infection entraîne la mise en œuvre ou le maintien de tout ou partie des mesures mentionnées à l'article D. 223-22-7.

En outre, en application des dispositions de l'article D. 223-22-11, l'exploitation peut être soumise, dans les plus brefs délais, *(Abrogé par Décr. nº 2011-537 du 17 mai 2011)* « *sous le contrôle du directeur départemental chargé de la protection des popula-*

tions, » à tout ou partie des mesures prévues aux articles *(Décr. nº 2012-842 du 30 juin 2012, art. 8-II-8º ; Décr. nº 2017-1246 du 7 août 2017, art. 13-8º)* **« L. 201-5 et L. 223-8 ». En particulier, les prescriptions suivantes peuvent être mises en œuvre :** *(Décr. nº 2017-1246 du 7 août 2017, art. 13-8º)* **« 1º Les animaux ayant quitté l'exploitation avant l'apparition des premiers symptômes, alors qu'ils étaient susceptibles d'être contaminés, sont recherchés et abattus, quel que soit le lieu où ils se trouvent, et leurs cadavres détruits ;**

« 2º Les produits animaux potentiellement vecteurs de l'agent pathogène concerné sont recherchés et détruits ou assainis y compris ceux sortis de l'exploitation avant l'apparition des premiers symptômes alors que les animaux étaient susceptibles d'excréter l'agent pathogène et ceux issus des animaux visés au précédent alinéa. »

Des animaux ne peuvent être réintroduits dans l'exploitation qu'après l'achèvement de la désinfection de l'exploitation et dans les conditions fixées par arrêté du ministre chargé de l'agriculture.

Art. D. 223-22-13 Dans la zone soumise à des mesures de restriction, l'arrêté portant déclaration d'infection prévoit l'application de tout ou partie des mesures prévues aux articles *(Décr. nº 2012-842 du 30 juin 2012, art. 8-II-8º)* **« L. 201-5 » et L. 223-8** *(Abrogé par Décr. nº 2017-1246 du 7 août 2017, art. 13-9º)* ***« du code rural et de la pêche maritime »*.**

Art. D. 223-22-14 Le ministre chargé de l'agriculture précise par arrêtés, pour chaque maladie *(Décr. nº 2012-842 du 30 juin 2012, art. 8-II-9º)* **« animale figurant sur la liste prévue au deuxième alinéa de l'article L. 201-5 », les modalités techniques de mise en œuvre des mesures prévues aux articles D. 223-22-11 à D. 223-22-13 et leur durée d'application.**

Art. D. 223-22-15 A l'égard des exploitations situées ou non dans le périmètre interdit, pour lesquelles une relation épidémiologique avec l'exploitation infectée a été mise en évidence, la déclaration d'infection de cette exploitation entraîne la mise en œuvre ou le maintien des mesures mentionnées aux articles D. 223-22-7 et D. 223-22-9.

Art. D. 223-22-16 A l'égard de toute exploitation faisant l'objet d'un arrêté de mise sous surveillance en raison d'une relation épidémiologique ou de sa situation dans le périmètre interdit, la présence d'un animal présentant des signes cliniques ou nécropsiques de la maladie *(Décr. nº 2012-842 du 30 juin 2012, art. 8-II-10º)* **« réglementée » concernée entraîne, sans attendre l'établissement du diagnostic de laboratoire, la prise d'un arrêté préfectoral portant déclaration d'infection dans les conditions prévues à l'article D. 223-22-11.**

Art. D. 223-22-17 Lorsqu'il estime qu'il y a lieu de procéder à la vaccination d'urgence contre l'une des maladies *(Décr. nº 2012-842 du 30 juin 2012, art. 8-II-11º)* **« animales figurant sur la liste prévue au deuxième alinéa de l'article L. 201-5 », alors que cette vaccination n'est pas autorisée dans l'Union européenne pour la maladie concernée, le ministre chargé de l'agriculture saisit la Commission européenne.**

Toutefois, par dérogation au premier alinéa et conformément aux dispositions européennes, le ministre chargé de l'agriculture peut décider d'instaurer la vaccination d'urgence autour du foyer, après notification à la Commission européenne.

Avant de mettre en œuvre les pouvoirs qu'il tient des deux alinéas précédents, sauf dans l'hypothèse où la nécessité d'intervenir très rapidement ne le permet pas, le ministre chargé de l'agriculture recueille, selon une procédure d'urgence, l'avis du *(Décr. nº 2012-842 du 30 juin 2012, art. 8-II-11º)* **« Conseil national d'orientation de la politique sanitaire animale et végétale ».**

SECTION 2 Dispositions particulières

SOUS-SECTION 1 La rage

§ 1 Restriction à la circulation des chiens

Art. D. 223-23 *(Décr. nº 2017-1246 du 7 août 2017, art. 13-10º)* **« Lorsque la rage prend un caractère envahissant, le préfet peut, pour tout ou partie de son départe-**

ment, et après avoir informé le ministre chargé de l'agriculture, qui peut s'y opposer, des mesures qu'il compte prendre : »

1° Interdire la circulation des chiens même muselés et pourvus d'un collier, à moins qu'ils soient tenus en laisse ;

2° Ordonner que les chiens, même muselés et munis d'un collier, circulant sans être tenus en laisse, devront être immédiatement abattus sur place par les agents de la force publique.

Art. D. 223-24 Les dispositions de l'article *(Décr. n° 2017-1246 du 7 août 2017, art. 13-11°)* « D. 223-23 » ne sont pas applicables aux chiens de berger et de bouvier, mais seulement lorsque ces animaux sont employés pour l'usage auquel ils sont destinés.

§ 2 Définitions

Art. R. 223-25 Est considéré comme :

1° Animal reconnu enragé tout animal pour lequel un diagnostic de rage a été établi par un organisme ou un laboratoire agréé par le ministre chargé de l'agriculture ou le ministre chargé de la santé.

2° Animal suspect de rage :

a) Tout animal sensible à la rage qui présente des symptômes évoquant la rage et non susceptibles d'être rattachés de façon certaine à une autre maladie ;

b) Ou tout animal sensible à la rage qui, en quelque lieu que ce soit, a mordu ou griffé une personne ou un animal, sans raison apparente et contrairement à son comportement habituel.

3° Animal contaminé de rage :

a) Tout animal sensible à la rage qui, au cours d'une période *(Décr. n° 2011-537 du 17 mai 2011)* « dont la durée est définie » par un arrêté du ministre chargé de l'agriculture, a été mordu ou griffé par un animal reconnu enragé ;

b) Ou tout carnivore qui, au cours d'une période dont la durée est définie par un arrêté du ministre chargé de l'agriculture, a été en contact avec un animal reconnu enragé ou pour lequel une enquête des *(Décr. n° 2011-537 du 17 mai 2011)* « services chargés de la protection des populations a conduit à estimer que la probabilité de contact avec un animal reconnu enragé est élevée ».

4° Animal éventuellement contaminé de rage :

a) Tout animal sensible à la rage qui, au cours d'une période dont la durée est définie par un arrêté du ministre chargé de l'agriculture, a été mordu ou griffé par un animal suspect de rage ;

b) Ou tout carnivore qui, au cours d'une période dont la durée est définie par un arrêté du ministre chargé de l'agriculture, a été en contact avec un animal suspect de rage ou pour lequel une enquête des services *(Décr. n° 2011-537 du 17 mai 2011)* « chargés de la protection des populations » n'a pu écarter formellement l'hypothèse d'un tel contact ;

c) Ou tout animal sensible à la rage, non carnivore qui, au cours d'une période dont la durée est définie par un arrêté du ministre chargé de l'agriculture, a été en contact avec un animal reconnu enragé ;

(Décr. n° 2011-537 du 17 mai 2011) « *d)* Ou tout carnivore pour lequel une enquête des services chargés de la protection des populations n'a pu écarter formellement l'hypothèse d'un contact avec un animal enragé au cours d'une période dont la durée est définie par un arrêté du ministre chargé de l'agriculture. »

5° Animal mordeur ou griffeur, tout animal sensible à la rage qui :

a) En quelque lieu que ce soit, a mordu ou griffé une personne ;

b) Ou dans un département officiellement déclaré infecté de rage, a mordu ou griffé soit un animal domestique, soit un animal sauvage apprivoisé ou tenu en captivité ;

c) Ou dans un département indemne de rage, a mordu ou griffé soit un animal domestique, soit un animal apprivoisé ou tenu en captivité, et provient depuis une période dont la durée est définie par un arrêté du ministre chargé de l'agriculture, d'un département officiellement déclaré infecté de rage, ou d'un pays atteint d'enzootie rabique.

Pour la définition des périodes prévues à l'art. R. 223-25 ci-dessus, V. Arr. du 9 août 2011 complétant les dispositions de l'art. R. 223-25 relatif à la lutte contre la rage (JO 12 août).

V. aussi Arr. du 9 août 2011 relatif à des mesures de lutte particulières contre la rage applicables dans la zone de circulation d'un chien ou d'un chat reconnu enragé (JO 12 août).

§ 3 Classification et mesures départementales

Art. R. 223-26 **Lorsqu'un animal a été reconnu enragé, le ministre chargé de l'agriculture peut immédiatement par arrêté déclarer officiellement infecté de rage le département où a été trouvé ou d'où provient cet animal.**

Est considéré comme département indemne de rage tout département qui n'est pas couvert par un arrêté ministériel le déclarant officiellement infecté de rage.

Art. R. 223-27 **Pour être reconnus valablement vaccinés contre la rage, les animaux domestiques et les animaux sauvages apprivoisés ou tenus en captivité doivent être vaccinés dans les conditions prévues par l'autorisation de mise sur le marché du vaccin, par un vétérinaire** *(Décr. n° 2012-842 du 30 juin 2012, art. 8-III-1°)* **« sanitaire » selon des modalités déterminées par le ministre chargé de l'agriculture.**

(Décr. n° 2021-1519 du 23 nov. 2021, art. 1er) **« La vaccination peut être effectuée dans les écoles vétérinaires françaises sous l'autorité du directeur de l'école nationale vétérinaire ou du directeur de la formation vétérinaire assurée par l'établissement agréé sur le fondement de l'article L. 813-11. »**

Pour les animaux relevant du ministère de la défense *(Décr. n° 2011-537 du 17 mai 2011)* **« et pour les animaux relevant d'autres ministères dont les vétérinaires des armées assurent le soutien vétérinaire dans le cadre d'un protocole d'accord interministériel, cette vaccination peut être effectuée par un vétérinaire des armées ».**

V. Arr. du 10 oct. 2008 relatif aux conditions et modalités de la vaccination antirabique des animaux domestiques (JO 23 oct.), mod. par Arr. du 24 oct. 2014 (JO 4 nov.), Arr. du 19 juin 2018 (JO 27 juin).

Art. R. 223-28 **Dans les départements officiellement déclarés infectés de rage, en application de l'article L. 223-15, tous les animaux pour lesquels la vaccination antirabique est obligatoire doivent être vaccinés contre la rage dans le mois suivant la date de publication de l'arrêté ministériel portant déclaration d'infection.** – *V. art. R. 228-8-II (pén.).*

V. Arr. du 5 sept. 2008 relatif à des mesures de lutte contre la rage en Guyane et à l'introduction de carnivores domestiques en Guyane (JO 11 sept.).

Art. R. 223-29 **Dans les départements officiellement déclarés infectés de rage et dans les autres lieux définis par arrêté du ministre chargé de l'agriculture où la vaccination antirabique est imposée, les propriétaires ou les détenteurs de carnivores domestiques doivent être en mesure de présenter à toute réquisition de l'autorité investie des pouvoirs de police un certificat de vaccination antirabique valablement établi et en cours de validité sur lequel est indiqué le numéro d'identification de l'animal.** – *V. art. R. 228-8-I (pén.).*

Art. R. 223-30 **L'arrêté ministériel prévu à l'article R. 223-26 portant déclaration d'infection par la rage d'un département est affiché dans les mairies dudit département et inséré deux fois, à huit jours d'intervalle, dans deux journaux régionaux ou locaux de grande diffusion. En outre, et notamment lorsque l'extension de la maladie revêt un caractère envahissant, le ministre chargé de l'agriculture procède ou fait procéder par les préfets à toute autre mesure de publicité qu'il juge appropriée.**

§ 4 Mesures individuelles de police sanitaire

Art. R. 223-31 **L'arrêté préfectoral de mise sous surveillance prévu au deuxième alinéa de l'article L. 223-9 est rapporté lorsque l'existence de la rage n'a pas été confirmée par le** *(Décr. n° 2011-537 du 17 mai 2011)* **« préfet ».**

Art. R. 223-32 **Le maire peut, par arrêté, ordonner l'abattage des animaux suspects de rage dans le cas où ils présentent un danger pour les personnes ou lorsque les**

circonstances locales ne permettent pas la mise en œuvre effective et immédiate des mesures de surveillance prescrites au deuxième alinéa de l'article L. 223-9.

Conformément aux dispositions prévues à l'article L. 223-10, lorsque des animaux suspects de rage sont mordeurs ou griffeurs, il est sursis à leur abattage, afin qu'ils soient soumis aux dispositions de l'article R. 223-35.

Les animaux suspects de rage dont la conservation par leur propriétaire a été autorisée par arrêté préfectoral ne peuvent faire l'objet d'aucune transaction à titre gratuit ou onéreux, aussi longtemps qu'ils sont soumis aux mesures de surveillance prescrites au deuxième alinéa de l'article L. 223-9. Ils ne peuvent être transportés ni abattus pendant cette période sans autorisation du *(Décr. n° 2011-537 du 17 mai 2011)* « préfet ». — *V. art. R. 228-8-II (pén.).*

Art. R. 223-33 A la demande du préfet, le maire prescrit par arrêté l'abattage sans délai des animaux contaminés de rage, à moins qu'il ne s'agisse d'animaux valablement vaccinés dont la conservation a été reconnue possible dans les conditions fixées par l'arrêté ministériel prévu au quatrième alinéa de l'article L. 223-9.

Les herbivores et les porcins contaminés de rage peuvent être abattus en vue de la consommation, à condition que l'abattage de ces animaux soit pratiqué dans un délai compris entre quarante-huit heures et huit jours après la contamination, et sous réserve d'appartenir à un effectif dans lequel la rage n'a pas été mise en évidence depuis au moins six mois.

Conformément aux dispositions prévues à l'article L. 223-10, lorsque les animaux contaminés de rage sont mordeurs ou griffeurs, le maire sursoit à leur abattage, afin qu'ils soient soumis aux dispositions de l'article R. 223-35.

Les animaux contaminés de rage dont la conservation par leur propriétaire a été autorisée ne peuvent faire l'objet d'aucune transaction à titre gratuit ou onéreux pendant une période fixée par arrêté du ministre chargé de l'agriculture. Ils ne peuvent être transportés ni abattus pendant cette période sans autorisation du *(Décr. n° 2011-537 du 17 mai 2011)* « préfet ». — *V. art. R. 228-8-II (pén.).*

Art. R. 223-34 Un animal éventuellement contaminé de rage est :

1° Soumis *(Décr. n° 2011-537 du 17 mai 2011)* « à des mesures de surveillance définies par le préfet dans le cas où l'animal suspect de rage à l'origine de l'éventuelle contamination » est soumis aux mesures de surveillance prescrites au deuxième alinéa de l'article L. 223-9 ;

2° Ou soumis à des mesures appropriées déterminées par le *(Décr. n° 2011-537 du 17 mai 2011)* « préfet », si l'animal suspect de rage à l'origine d'une éventuelle contamination est inconnu ou en fuite, ou s'il s'agit du cas énoncé au *c* *(Décr. n° 2011-537 du 17 mai 2011)* « ou au *d* » du 4° de l'article R. 223-25.

Le maire peut ordonner par arrêté l'abattage de l'animal éventuellement contaminé de rage dans le cas où il présente un danger pour les personnes ou lorsque les circonstances locales ne permettent pas la mise en œuvre effective et immédiate des mesures de surveillance prescrites au deuxième alinéa de l'article L. 223-9.

Conformément aux dispositions prévues à l'article L. 223-10, lorsqu'un animal éventuellement contaminé de rage est mordeur ou griffeur, le maire sursoit à son abattage, afin qu'il soit soumis aux dispositions de l'article R. 223-35.

L'animal éventuellement contaminé de rage dont la conservation par son propriétaire a été autorisée ne peut faire l'objet d'aucune transaction à titre gratuit ou onéreux pendant une période fixée par arrêté du ministre chargé de l'agriculture. Il ne peut être transporté ni abattu pendant cette période sans autorisation du *(Décr. n° 2011-537 du 17 mai 2011)* « préfet ».

Art. R. 223-35 Indépendamment des mesures prises au titre du deuxième alinéa de l'article L. 223-9, tous les animaux mordeurs ou griffeurs doivent être soumis à une surveillance durant *(Décr. n° 2011-537 du 17 mai 2011)* « une période et selon des modalités définies » par un arrêté du ministre chargé de l'agriculture, dans les conditions prévues par l'article L. 223-10. Cette surveillance comporte l'obligation pour le propriétaire ou le détenteur de soumettre l'animal, vacciné ou non, à trois visites effectuées par un vétérinaire *(Abrogé par Décr. n° 2012-842 du 30 juin 2012, art. 8-III-2°)* *« investi d'un mandat »* sanitaire.

(Décr. nº 2011-537 du 17 mai 2011) « Pour les animaux relevant du ministère de la défense et pour les animaux relevant d'autres ministères dont les vétérinaires des armées assurent le soutien vétérinaire dans le cadre d'un protocole d'accord interministériel, les trois visites précitées peuvent être effectuées par un vétérinaire des armées. »

Il est interdit, pendant cette période de surveillance, au propriétaire ou au détenteur de l'animal de s'en dessaisir, de le vacciner ou de le faire vacciner contre la rage, de l'abattre ou de le faire abattre sans autorisation du *(Décr. nº 2011-537 du 17 mai 2011)* « préfet » selon les modalités prévues par arrêté du ministre chargé de l'agriculture. — *V. art. R. 228-8-II (pén.).*

V. Arr. du 21 avr. 1997 relatif à la mise sous surveillance des animaux mordeurs ou griffeurs (JO 6 mai), mod. par Arr. du 13 avr. 2007 (JO 28 avr.), Arr. du 4 mai 2007 (JO 16 mai).

Art. R. 223-36 La tête ou le cadavre des animaux suspects de rage et des animaux mordeurs ou griffeurs, abattus ou trouvés morts, doit être adressé *(Abrogé par Décr. nº 2011-537 du 17 mai 2011)* « *, sous la responsabilité du directeur départemental chargé de la protection des populations,* » à un organisme ou un laboratoire agréés soit par arrêté du ministre chargé de l'agriculture, soit par arrêté du ministre chargé de la santé. Les organismes et laboratoires agréés par le ministre chargé de l'agriculture sont chargés des examens relatifs au diagnostic de la rage sur les animaux non suspects d'être à l'origine de contamination humaine. Les organismes et laboratoires agréés par le ministre chargé de la santé sont chargés des examens relatifs au diagnostic de la rage sur les animaux suspects d'être à l'origine de contamination humaine.

Les fonctionnaires ou agents des services vétérinaires mentionnés *(Décr. nº 2011-537 du 17 mai 2011)* « à l'article L. 221-5 » sont habilités à pratiquer sur les animaux suspects, contaminés ou éventuellement contaminés de rage, vivants, trouvés morts ou abattus, tout prélèvement utile à l'établissement ou à la confirmation du diagnostic.

§ 5 Délais de mise en fourrière

Art. R. 223-37 Dans les départements officiellement déclarés infectés de rage, au cours des huit jours ouvrés et francs prévus à l'article L. 211-21, seuls les chiens et les chats errants capturés et mis en fourrière, identifiés et vaccinés contre la rage, peuvent être restitués à leur propriétaire sur présentation d'une carte d'identification et d'un certificat de vaccination antirabique, valablement établis antérieurement à la capture de l'animal, et en cours de validité.

Sans préjudice des mesures prises au titre de l'article R. 223-35, dans les fourrières des départements officiellement déclarés infestés de rage, sont abattus :

1º Dans un délai de quatre jours maximum, les chiens et les chats non identifiés ;

2º Après un délai de huit jours ouvrés et francs, les chiens et les chats identifiés non réclamés par leur propriétaire, ou dont le propriétaire n'a pas présenté au gestionnaire de la fourrière la carte d'identification et le certificat de vaccination antirabique de l'animal, valablement établi antérieurement à sa capture, et en cours de validité. — *V. art. R. 228-8-II (pén.).*

SOUS-SECTION 2 La fièvre aphteuse

V. Arr. du 7 mars 2001 relatif à certaines mesures de protection vis-à-vis de la fièvre aphteuse (JO 9 mars), mod. par Arr. du 26 sept. 2001 (JO 30 sept.) ; Arr. du 6 juill. 2001 portant restriction de circulation ou de transport de tout animal des espèces sensibles à la fièvre aphteuse (espèces bovine, ovine, caprine, porcine et autres bi-ongulés) (JO 12 juill.) ; Arr. du 22 mai 2006 fixant des mesures techniques et administratives relatives à la lutte contre la fièvre aphteuse (JO 30 mai), mod. par Arr. du 14 févr. 2011, art. 12 (JO 4 mars) ; Arr. du 22 mai 2006 fixant des mesures financières relatives à la lutte contre la fièvre aphteuse (JO 30 mai).

Art. R. 223-38 Afin de prévenir la diffusion du virus aphteux, un arrêté du ministre chargé de l'agriculture fixe les conditions de transport des prélèvements et des milieux de culture contenant ou soupçonnés de contenir du virus aphteux. Cet arrêté précise les personnes habilitées à expédier et recevoir ces prélèvements et ces milieux de culture ainsi que les modalités d'emballage et d'étiquetage. — *La division « Paragraphe 1 - Dispositions générales » est supprimée et l'art. R. 223-40 devient l'art. R. 223-38 (Décr. nº 2017-1246 du 7 août 2017, art. 13-12º, JO 9 août).*

SOUS-SECTION 3 **La brucellose dans l'espèce bovine** *(Décr. nº 2011-537 du 17 mai 2011, art. 3-14º).*

Les sous-sections 3, 4, 5, 7, 8 et 9 de la section 2 du chapitre III du titre II sont abrogées et les sous-sections 6 et 10 deviennent respectivement les sous-sections 3 et 4 (Décr. nº 2011-537 du 17 mai 2011, art. 3-14º, JO 19 mai).

Art. R. 223-39 L'acquéreur a la possibilité d'intenter l'action en nullité prévue par l'article L. 223-7 même si l'avortement se produit postérieurement à la vente.

L'acquéreur est dispensé de rapporter la preuve que la contamination est antérieure à la vente lorsque la brucellose se manifeste par un avortement dans les quinze jours suivant la livraison. — *L'art. R. 223-80 devient l'art. R. 223-39 (Décr. nº 2017-1246 du 7 août 2017, art. 13-13º, JO 9 août).*

SOUS-SECTION 4 **La peste équine** *(Décr. nº 2011-537 du 17 mai 2011, art. 3-14º).*

Les sous-sections 3, 4, 5, 7, 8 et 9 de la section 2 du chapitre III du titre II sont abrogées et les sous-sections 6 et 10 deviennent respectivement les sous-sections 3 et 4 (Décr. nº 2011-537 du 17 mai 2011, art. 3-14º, JO 19 mai). — Les art. R. 223-99 à R. 223-114 deviennent les art. R. 223-40 à R. 223-54 (Décr. nº 2017-1246 du 7 août 2017, art. 13-14º, JO 9 août).

V. Arr. du 2 févr. 1996 pris pour l'application des art. R. 223-99 à R. 223-114 relatifs à la lutte contre la peste équine (JO 13 févr.).

§ 1 Généralités

Art. R. 223-40 La présente sous-section définit les mesures de lutte à appliquer en cas de suspicion ou de confirmation de la peste équine.

Au sens de la présente sous-section, on entend par "exploitation" un établissement agricole ou d'entraînement, une écurie ou, d'une manière générale, tout local ou toute installation dans lesquels des équidés sont détenus ou élevés de façon habituelle, quelle que soit leur utilisation.

Art. R. 223-41 Les examens de laboratoire en vue du diagnostic de la peste équine ne peuvent être effectués que par l'*(Décr. nº 2011-385 du 11 avr. 2011, art. 11)* **« Agence nationale de sécurité sanitaire de l'alimentation, de l'environnement et du travail ».**

En cas de nécessité, ces examens peuvent être pratiqués par un laboratoire d'un autre État membre inscrit à l'annexe I de la directive 92/35/CEE du 29 avril 1992 établissant les règles de contrôle et les mesures de lutte contre la peste équine.

Les techniques de diagnostic de la peste équine sont fixées par arrêté du ministre chargé de l'agriculture.

§ 2 Mesures de police sanitaire

Art. R. 223-42 1º Lorsque dans une exploitation se trouvent un ou plusieurs équidés suspects de peste équine, le préfet prend, *(Abrogé par Décr. nº 2011-537 du 17 mai 2011)* ***« après avoir recueilli l'avis du directeur départemental chargé de la protection des populations, et »*** **conformément à l'article** *(Décr. nº 2012-842 du 30 juin 2012, art. 8-III-3º)* **« L. 223-8 », un arrêté de mise sous surveillance de cette exploitation, qui entraîne notamment l'application des mesures suivantes :**

a) **Les équidés sont séquestrés et maintenus dans leurs locaux d'hébergement ou dans d'autres lieux protégés contre le vecteur de la maladie ;**

b) **Tout mouvement d'équidés en provenance ou à destination de l'exploitation est interdit ;**

c) **Des visites régulières comportant des recensements, contrôles, examens cliniques, autopsies et prélèvements nécessaires au diagnostic de laboratoire et à l'enquête épidémiologique sont effectuées ;**

d) **Les cadavres des équidés morts dans l'exploitation sont détruits, éliminés, incinérés ou enfouis conformément aux dispositions réglementaires en vigueur ;**

e) **Des moyens appropriés de désinsectisation sont mis en place dans les bâtiments hébergeant les équidés et à leurs abords ;**

f) Une enquête épidémiologique est réalisée en vue de déterminer l'origine possible de l'infection et sa diffusion.

2° Le préfet *(Abrogé par Décr. n° 2011-537 du 17 mai 2011)* « ***, après avis du directeur départemental chargé de la protection des populations,*** » peut placer sous arrêté de mise sous surveillance et appliquer tout ou partie de ces mesures à toute exploitation dont l'implantation, la situation géographique ou les liens épidémiologiques avec l'exploitation suspecte permettent de soupçonner l'origine de l'infection ou une possibilité de contamination.

Un arrêté du ministre chargé de l'agriculture définit les modalités d'application des dispositions qui précèdent.

Pour les territoires dans lequels les équidés vivent en liberté, des dispositions spéciales peuvent être prises par arrêté du ministre chargé de l'agriculture.

Art. R. 223-43 Le préfet lève la mise sous surveillance si le laboratoire mentionné à l'article *(Décr. n° 2017-1246 du 7 août 2017, art. 13-14°)* « R. 223-41 » infirme la suspicion de peste équine.

Art. R. 223-44 La confirmation de l'existence de la peste équine est établie au vu des résultats des analyses effectuées par le laboratoire mentionné à l'article *(Décr. n° 2017-1246 du 7 août 2017, art. 13-14°)* « R. 223-45 ». Si un ou plusieurs foyers ont déjà été confirmés par des analyses, l'existence de la maladie peut également être confirmée pour d'autres animaux sur la base d'éléments cliniques ou épidémiologiques.

Art. R. 223-45 Dès que l'existence de la peste équine est confirmée, le préfet prend, en application de l'article L. 223-8 *(Abrogé par Décr. n° 2011-537 du 17 mai 2011)* « ***, après avis du directeur départemental chargé de la protection des populations*** », un arrêté portant déclaration d'infection.

Sans préjudice de l'application des mesures fixées à l'article *(Décr. n° 2017-1246 du 7 août 2017, art. 13-14°)* « R. 223-42 », cet arrêté prévoit la mise en œuvre, sous contrôle du directeur départemental chargé de la protection des populations, des dispositions suivantes :

1° Dans l'exploitation hébergeant le ou les équidé(s) infecté(s) :

a) L'euthanasie sans délai des équidés atteints ou présentant des signes cliniques de peste équine ; selon les circonstances épidémiologiques, la mise à mort de tous les équidés présents dans le foyer pourra être prescrite sur décision du ministre chargé de l'agriculture ;

b) La destruction, l'élimination, l'incinération ou l'enfouissement des cadavres de ces équidés conformément aux dispositions réglementaires en vigueur ;

2° L'application des mesures prévues à l'article *(Décr. n° 2017-1246 du 7 août 2017, art. 13-14°)* « R. 223-42 » à l'ensemble des exploitations situées dans un rayon de vingt kilomètres autour de l'exploitation infectée ;

3° La réalisation d'une enquête épidémiologique ;

4° La vaccination systématique de tous les équidés se trouvant à l'intérieur de la zone définie au 2° du présent article, sauf instruction contraire du ministre chargé de l'agriculture.

Un arrêté du ministre chargé de l'agriculture définit les modalités d'application du présent article.

Art. R. 223-46 Sans préjudice de l'application des mesures fixées à l'article *(Décr. n° 2017-1246 du 7 août 2017, art. 13-14°)* « R. 223-45 », le ministre chargé de l'agriculture délimite par arrêté la partie de territoire considérée comme infectée de peste équine comprenant :

1° Une zone de protection, incluant la zone mentionnée au 2° de l'article *(Décr. n° 2017-1246 du 7 août 2017, art. 13-14°)* « R. 223-45 », d'un rayon d'au moins cent kilomètres autour de l'exploitation infectée ;

2° Une zone de surveillance, d'une profondeur d'au moins cinquante kilomètres au-delà du périmètre de la zone de protection.

Art. R. 223-47 Dans la zone de protection prévue à l'article *(Décr. n° 2017-1246 du 7 août 2017, art. 13-14°)* « R. 223-46 », les préfets des départements concernés mettent en œuvre les mesures suivantes :

1° Le recensement de toutes les exploitations détenant des équidés ;

2° Le maintien des équidés dans l'exploitation dans laquelle ils se trouvent ;

3° La réalisation de visites périodiques dans les exploitations visées au 1°, comprenant des examens et prélèvements nécessaires au diagnostic. Les dates de ces visites et les observations effectuées seront consignées sur un registre ;

4° La vaccination systématique des équidés détenus dans cette zone lorsqu'elle est rendue obligatoire conformément à l'article *(Décr. n° 2017-1246 du 7 août 2017, art. 13-14°)* « R. 223-53 ».

Art. R. 223-48 Dans la zone de surveillance prévue à l'article *(Décr. n° 2017-1246 du 7 août 2017, art. 13-14°)* « R. 223-46 », les préfets des départements concernés mettent en œuvre les mesures suivantes :

1° L'application des dispositions prévues à l'article *(Décr. n° 2017-1246 du 7 août 2017, art. 13-14°)* « R. 223-47 », à l'exclusion du 4° ;

2° L'interdiction de la vaccination contre la peste équine.

Art. R. 223-49 Un arrêté du ministre chargé de l'agriculture précise les modalités techniques de mise en œuvre des mesures prévues aux articles *(Décr. n° 2017-1246 du 7 août 2017, art. 13-14°)* « R. 223-47 et R. 223-48 » et détermine les conditions dans lesquelles des dérogations au 2° de l'article *(Décr. n° 2017-1246 du 7 août 2017, art. 13-14°)* « R. 223-47 » peuvent être accordées par le préfet pour permettre des déplacements d'animaux sous contrôle officiel.

Art. R. 223-50 La levée de l'arrêté préfectoral portant déclaration d'infection et l'arrêt de la vaccination systématique des équidés sont effectués sur instruction du ministre chargé de l'agriculture.

Tout ou partie des dispositions prévues aux articles *(Décr. n° 2017-1246 du 7 août 2017, art. 13-14°)* « R. 223-46 à R. 223-49 » sont maintenues tant que les résultats des visites périodiques et des enquêtes épidémiologiques n'ont pas permis d'exclure tout risque d'extension ou de persistance de la maladie.

Art. R. 223-51 Lorsque, dans une région donnée, l'épizootie de peste équine présente un caractère d'exceptionnelle gravité, il est fait application, le cas échéant, des mesures complémentaires fixées par l'instance communautaire compétente en application des articles 12 et 19 de la directive 92/35/CEE du 29 avril 1992 établissant les règles de contrôle et les mesures de lutte contre la peste équine.

Art. R. 223-52 Les éleveurs et détenteurs d'équidés sont tenus d'apporter leur concours et de répondre à toute demande *(Décr. n° 2011-537 du 17 mai 2011)* « effectuée par un agent mentionné à l'article L. 221-5 » dans le cadre de l'enquête épidémiologique visée aux articles *(Décr. n° 2017-1246 du 7 août 2017, art. 13-14°)* « R. 223-42 et R. 223-45 ».

Art. R. 223-53 La vaccination contre la peste équine doit être pratiquée à l'aide de vaccins autorisés.

En fonction des circonstances épidémiologiques, météorologiques ou géographiques, le ministre chargé de l'agriculture peut saisir la Commission des Communautés européennes pour étendre l'obligation de vacciner aux équidés détenus dans le reste de la zone de protection, en application de l'article 9, paragraphe 2°, de la directive 92/35/CEE du 29 avril 1992 établissant les règles de contrôle et les mesures de lutte contre la peste équine.

Les équidés vaccinés sont identifiés par une marque claire et permanente selon la méthode agréée par arrêté du ministre chargé de l'agriculture.

§ 3 Plan d'intervention et financement des opérations

Art. R. 223-54 L'État prend à sa charge les visites du *(Décr. n° 2012-842 du 30 juin 2012, art. 8-III-4°)* « vétérinaire mandaté », les prélèvements et les analyses de laboratoire qu'implique toute suspicion de peste équine ainsi que, en cas de foyer, les visites des exploitations telles que prévues aux articles *(Décr. n° 2017-1246 du 7 août 2017, art. 13-14°)* « R. 223-42, R. 223-45, R. 223-47 et R. 223-48 ».

Il sera alloué aux propriétaires d'animaux abattus ou euthanasiés sur ordre de l'administration une indemnité fixée dans les conditions prévues à l'article L. 221-2.

La mise à mort des animaux, le transport des cadavres, leur destruction à l'atelier d'équarrissage, la désinsectisation de l'exploitation sont à la charge de l'État.

Les frais de vaccination, lorsqu'elle est rendue obligatoire, sont à la charge de l'État.

Un arrêté conjoint des ministres chargés de l'agriculture et du budget détermine les modalités de mise en œuvre du présent article.

CHAPITRE IV **MESURES PARTICULIÈRES DE PRÉVENTION, DE SURVEILLANCE ET DE LUTTE** *(Décr. n° 2012-842 du 30 juin 2012, art. 9-1°).*

SECTION 1 **Dispositions communes**

(Décr. n° 2017-1246 du 7 août 2017, art. 13-15°)

Les art. R. 224-3, R. 224-4, R. 224-13, R. 224-17, R. 224-18, R. 224-19 et R. 224-20 deviennent respectivement les art. R. 224-1, R. 224-2, R. 224-3, R. 224-4, R. 224-5, R. 224-6 et R. 224-7 (Décr. n° 2017-1246 du 7 août 2017, art. 13-15°, JO 9 août).

Art. R. 224-1 *(Décr. n° 2012-842 du 30 juin 2012, art. 9-3°)* **« Les fonctionnaires et agents qui peuvent être appelés à exécuter les interventions prévues à l'article L. 241-16 et les opérations mentionnées à l'article L. 223-4 doivent appartenir aux corps ou catégories suivants : »**

1° Corps des inspecteurs de la santé publique vétérinaire ;

2° *(Décr. n° 2011-537 du 17 mai 2011)* **« Ingénieurs ayant la qualité d'agent du ministère chargé de l'agriculture » ;**

3° *(Décr. n° 2011-537 du 17 mai 2011)* **« Corps des techniciens du ministère chargé de l'agriculture » ;**

4° Vétérinaires inspecteurs contractuels ;

5° *(Décr. n° 2011-537 du 17 mai 2011)* **« Corps des contrôleurs sanitaires ».**

Art. R. 224-2 *(Décr. n° 2021-1240 du 27 sept. 2021, art. 4)* **« 1. Les vétérinaires des armées exécutent les opérations de surveillance, de prévention ou de lutte contre les maladies réglementées sur les animaux du ministère de la défense et des formations militaires du ministère de l'intérieur. Ils font appliquer les mesures de police sanitaire sur ces animaux et sur ceux, de toute origine, qui séjournent de manière permanente ou occasionnelle à l'intérieur des emprises des établissements sous l'autorité ou la tutelle du ministre de la défense et des formations militaires du ministère de l'intérieur. »**

2. Les vétérinaires titulaires d'une administration ou d'un établissement public peuvent être habilités par le préfet à exécuter, dans les limites de leurs fonctions, les opérations de *(Décr. n° 2012-842 du 30 juin 2012, art. 7-2°)* **« surveillance, de prévention ou de lutte contre les maladies réglementées » et les opérations de police sanitaire sur les animaux appartenant à leur structure d'affectation ;**

3. *(Décr. n° 2021-1519 du 23 nov. 2021, art. 1er)* **« Les vétérinaires enseignants des écoles vétérinaires françaises » sont habilités, dans le cadre de leurs missions de recherche et d'enseignement, à pratiquer les actes relevant** *(Décr. n° 2021-1519 du 23 nov. 2021, art. 1er)* **« de l'habilitation sanitaire » sur les animaux qu'ils détiennent ou qui leur sont confiés ou présentés.**

Dernier al. abrogé par Décr. n° 2012-842 du 30 juin 2012, art. 7-2°.

Art. R. 224-3 Lorsque les opérations de *(Décr. n° 2012-842 du 30 juin 2012, art. 9-4°)* **« surveillance, de prévention ou de lutte contre les maladies réglementées » concernent plusieurs maladies, elles constituent, pour les** *(Décr. n° 2012-842 du 30 juin 2012, art. 9-4°)* **« vétérinaires sanitaires », un tout indissociable.**

SECTION 2 **Dispositions particulières à la lutte antirabique**

(Décr. n° 2017-1246 du 7 août 2017, art. 13-15°)

Art. R. 224-4 Le ministre chargé de l'agriculture fait procéder, s'il l'estime nécessaire, à la vaccination antirabique des animaux sauvages appartenant aux espèces considérées comme vectrices de la rage, ainsi qu'au suivi de cette vaccination. — *V. Arr. du 18 août 1998 (JO 4 sept.).*

Art. R. 224-5 Le ministre chargé de l'agriculture et le ministre chargé de la chasse déterminent, par un arrêté conjoint, les départements et les conditions dans lesquels il est procédé au contrôle et à la gestion des populations d'animaux sauvages appartenant aux espèces considérées comme vectrices de la rage.

Le préfet précise par arrêté les conditions de mise en œuvre des opérations et habilite, le cas échéant, les personnes chargées de leur exécution.

Art. R. 224-6 Les maires arrêtent les dispositions complémentaires que les circonstances locales rendent nécessaires. Ils informent en particulier les habitants, par tous les moyens qu'ils jugent appropriés, des conditions dans lesquelles se dérouleront les opérations de vaccination, de gestion et de contrôle. Ils veillent à la destination des cadavres des animaux détruits dans le respect de l'arrêté préfectoral prévu au deuxième alinéa de l'article *(Décr. n° 2017-1246 du 7 août 2017, art. 13-15°)* « R. 224-5 ».

Art. R. 224-7 Les collectivités territoriales concernées peuvent participer financièrement à la vaccination antirabique des animaux vecteurs de la rage. Les sommes allouées sont versées au Trésor public pour être rattachées par voie de fonds de concours au budget du *(Décr. n° 2017-1246 du 7 août 2017, art. 13-15°)* « ministère chargé de l'agriculture ».

CHAPITRE V LES CONTRÔLES SANITAIRES FACULTATIFS

Néant.

CHAPITRE VI DES SOUS-PRODUITS ANIMAUX *(Décr. n° 2006-312 du 13 mars 2006).*

SECTION 1 Dispositions générales

Art. R. 226-1 *(Décr. n° 2006-312 du 13 mars 2006)* I. — Les établissements qui assurent une activité d'équarrissage sont installés, aménagés, équipés et entretenus de façon à permettre, du point de vue sanitaire, l'exécution sans danger du travail et l'élaboration de produits finis exempts de substances et de germes nocifs.

(Décr. n° 2009-1658 du 18 déc. 2009) « II. — Les sous-produits des catégories 1 et 2 et les protéines animales transformées de catégorie 3, au sens du règlement (CE) n° 1774/2002 du 3 octobre 2002 établissant des règles sanitaires applicables aux sous-produits animaux non destinés à la consommation humaine, ainsi que les matières d'origine animale mentionnées aux points *b* et *c* du A de la partie II de l'annexe IV du règlement (CE) n° 999/2001 du 22 mai 2001 modifié fixant les règles pour la prévention, le contrôle et l'éradication de certaines encéphalopathies spongiformes transmissibles, sont transportés dans des véhicules et contenants réservés à cet effet.

« Les conditions sanitaires à satisfaire pour la réutilisation à d'autres fins des véhicules et contenants mentionnés à l'alinéa précédent sont fixées par arrêté du ministre chargé de l'agriculture et, le cas échéant, par arrêté conjoint du ministre chargé de l'agriculture et du ministre chargé de la consommation. »

Le taux de la taxe d'abattage a été fixé pour la filière avicole sans lui imputer une part du financement du service public de l'équarrissage qui ne lui incomberait pas. • CE 23 mars 2005, ☖ *Sté Doux : Envir. mai 2005. 34, note P. T.*

Art. R. 226-2 *(Décr. n° 2006-312 du 13 mars 2006)* Pour chaque catégorie de sous-produits animaux ne sont autorisés que des traitements qui permettent d'obtenir des produits finis répondant aux normes fixées par le règlement (CE) n° 1774/2002 du 3 octobre 2002 complété éventuellement par arrêté du ministre chargé de l'agriculture et, le cas échéant, des autres ministres intéressés. — *Le Règl. (CE) n° 1774/2002 du 3 oct. 2002 établissant des règles sanitaires applicables aux sous-produits animaux non destinés à la consommation humaine a été abrogé et remplacé par le Règl. (CE) n° 1069/2009 du 21 oct. 2009 établissant des règles sanitaires applicables aux sous-produits animaux et produits dérivés non destinés à la consommation humaine (JOUE n° L 300 du 14 nov.).*

Art. R. 226-3 *(Décr. n° 2006-312 du 13 mars 2006)* **Les cadavres d'animaux entreposés dans un établissement intermédiaire sont gardés en atmosphère réfrigérée lorsque la durée du stockage dépasse 24 heures.**

La manipulation de cadavres d'animaux, notamment le dépeçage, l'éviscération, la décapitation et l'autopsie, peut être réalisée dans ces établissements intermédiaires, dans les conditions fixées par arrêté du ministre chargé de l'agriculture et, le cas échéant, des autres ministres intéressés. — *V. art. R. 228-12 (pén.).*

Art. D. 226-4 *(Décr. n° 2011-603 du 27 mai 2011)* **Toute personne exerçant une activité d'équarrissage transmet au service chargé de la tenue du registre central unique les données utiles au suivi sanitaire de cette activité. La liste des données et les modalités de leur transmission sont fixées par arrêté ministériel.** — *V. Arr. du 16 juin 2011 (JO 29 juin).*

Art. R. 226-5 *(Décr. n° 2006-312 du 13 mars 2006)* **Les relevés prévus à l'article 9 du règlement (CE) n° 1774/2002 du 3 octobre 2002 sont mis à disposition des administrations chargées de l'application du présent chapitre, à la demande de celles-ci, dans les meilleurs délais.** — *V. art. R. 228-12 (pén.).*

SECTION 2 **Dispositions relatives au service public de l'équarrissage** *(Décr. n° 2006-312 du 13 mars 2006).*

Les art. R. 226-7 à R. 226-15 sont applicables à Mayotte à compter du 1er janv. 2018 (Décr. n° 2013-754 du 14 août 2013, art. 26-V, JO 18 août, mod. par Décr. n° 2014-519 du 21 mai 2014, art. 2, JO 23 mai).

Art. R. 226-6 *Abrogé par Décr. n° 2006-312 du 13 mars 2006, art. 12.*

Art. R. 226-7 *(Décr. n° 2006-312 du 13 mars 2006)* **Sauf lorsqu'en application de l'article L. 226-1 la gestion du service public de l'équarrissage est confiée à l'établissement public mentionné à cet article, le préfet est chargé, dans chaque département, de l'exécution de ce service et passe à cet effet, selon les procédures définies par le code des marchés publics, les marchés nécessaires dont il est la personne responsable au sens de l'article 20 de ce dernier code. Toutefois, lorsque la nature des opérations le justifie, des marchés peuvent être passés avec la même entreprise, pour tout ou partie de la prestation, pour plusieurs départements. En ce cas, le marché désigne le préfet exerçant la fonction de personne responsable au sens de l'article 20 du code des marchés publics.**

Certains marchés nécessaires à l'exécution du service public de l'équarrissage peuvent être passés à l'échelon national lorsque des considérations d'ordre technique ou économique justifient une coordination à un tel niveau. En ce cas, le ministre chargé de l'agriculture exerce la fonction de personne responsable au sens de l'article 20 du code des marchés publics.

Art. R. 226-8 *(Décr. n° 2006-312 du 13 mars 2006, art. 6 et 13)* **Les dépenses afférentes à l'exécution du service public de l'équarrissage, à l'exception des coûts supportés directement par les propriétaires ou les détenteurs de certaines catégories de cadavres d'animaux, sont liquidées et ordonnancées par le directeur de l'établissement public mentionné à l'article L. 226-1, puis mises en paiement par l'agent comptable de l'établissement.**

Dans les cas où le préfet est chargé de l'exécution du service public de l'équarrissage, il demande au préalable à l'établissement de procéder à l'engagement comptable des dépenses correspondantes et atteste le service fait.

Art. R. 226-9 et R. 226-10 *Abrogés par Décr. n° 2006-312 du 13 mars 2006.*

Art. R. 226-11 **Dans chaque commune, l'arrêté du préfet portant à la connaissance du public les noms et adresses des titulaires de marchés chargés de la collecte** *(Décr. n° 2006-312 du 13 mars 2006)* **« des sous-produits animaux relevant du service public de l'équarrissage », ainsi que toutes informations permettant de joindre ceux-ci sans délai, est affiché à la mairie. Un extrait de cet arrêté est également publié dans un organe de presse local.**

Art. R. 226-12 *(Décr. n° 2006-312 du 13 mars 2006)* **Lorsque le propriétaire d'un cadavre d'animal reste inconnu à l'expiration d'un délai de douze heures après la**

découverte de celui-ci, le maire de la commune sur le territoire de laquelle se trouve ce cadavre en avise le titulaire du marché chargé de la collecte et l'invite à procéder à l'enlèvement du cadavre dans un délai de deux jours francs.

Art. R. 226-13 *(Décr. n° 2005-1219 du 28 sept. 2005)* Les délais de déclaration à la personne chargée de l'enlèvement des cadavres et le délai de conservation des matières dont l'élimination est obligatoire prévus à l'article L. 226-6 peuvent être prolongés dans les conditions suivantes :

I. – Sauf dans les cas où s'applique le paragraphe II du présent article, tout cadavre d'animal non soumis au test de dépistage des encéphalopathies spongiformes transmissibles et dont le poids est inférieur à 100 kilogrammes peut être conservé deux mois avant déclaration à la personne responsable de son enlèvement lorsqu'il est entreposé sous régime du froid négatif dans un contenant dûment identifié et réservé à cet usage.

II. – Tout cadavre d'animal mort ou euthanasié à l'abattoir ou mort pendant son transport vers l'abattoir et dont l'élimination est obligatoire peut être conservé dans un contenant dûment identifié et réservé à cet usage pendant sept jours francs avant enlèvement lorsqu'il est entreposé sous régime du froid positif et à une température n'excédant pas + 10° C. Ce délai peut être porté à deux mois lorsque le cadavre est entreposé sous régime du froid négatif.

III. – Les matières animales produites par les abattoirs, les ateliers de découpe et les boucheries, dont l'élimination est obligatoire, peuvent être conservées dans un contenant dûment identifié et réservé à cet usage pendant quinze jours francs avant enlèvement lorsqu'elles sont entreposées sous régime du froid positif et à une température n'excédant pas + 10° C. Ce délai peut être porté à un mois lorsqu'elles sont entreposées sous régime du froid négatif.

(Décr. n° 2006-312 du 13 mars 2006) « IV. – Un arrêté du ministre chargé de l'agriculture fixe les conditions d'hygiène et de fonctionnement du local où sont entreposés les cadavres d'animaux ou les matières animales. »

Art. R. 226-14 *(Décr. n° 2009-1658 du 18 déc. 2009)* Lorsque l'instruction d'une demande présentée en vue de l'obtention des agréments ou des autorisations mentionnés *(Décr. n° 2017-1246 du 7 août 2017, art. 13-16°)* « à l'article L. 226-3 » nécessite des informations complémentaires, le service instructeur peut les réclamer au demandeur en lui impartissant un délai pour les fournir qui ne peut excéder deux mois. Le délai au terme duquel, à défaut de décision expresse, la demande est réputée rejetée est alors prolongé d'une durée égale.

Art. R. 226-15 *(Décr. n° 2009-1658 du 18 déc. 2009)* Une décision de rejet d'agréments ou d'autorisations mentionnés *(Décr. n° 2017-1246 du 7 août 2017, art. 13-16°)* « à l'article L. 226-3 » ne peut faire l'objet d'un recours contentieux qu'après rejet d'un recours gracieux préalable formé contre cette décision.

CHAPITRE VII PHARMACIE VÉTÉRINAIRE ET RÉACTIFS

Au chapitre VII, les divisions « Section 1 - Pharmacovigilance » et « Section 2 - Programmes sanitaires d'élevage et commissions d'agrément des groupements visés aux articles L. 5143-6 et L. 5143-7 du code de la santé publique » sont supprimées (Décr. n° 2017-1246 du 7 août 2017, art. 13-17°, JO 9 août).

Art. D. 227-1 Les dispositions réglementaires relatives à la pharmacovigilance vétérinaire figurent *(Décr. n° 2017-1246 du 7 août 2017, art. 13-17°)* « à la section 9 du chapitre I du titre IV du livre I de la cinquième partie du code de la santé publique ».

Art. R. 227-2 *(Décr. n° 2007-1211 du 10 août 2007, art. 4)* Les dispositions réglementaires relatives aux programmes sanitaires d'élevage et aux groupements autorisés à acheter, détenir et délivrer des médicaments vétérinaires sont fixées par les articles R. 5143-5 à R. 5143-10 du code de la santé publique.

Art. R. 227-3 à R. 227-7 *Abrogés par Décr. n° 2007-1211 du 10 août 2007, art. 4.*

CHAPITRE VIII DISPOSITIONS PÉNALES

Art. R. 228-1 Le fait de contrevenir aux dispositions des textes réglementaires pris en application de l'article L. 221-1 prescrivant des mesures d'abattage en cas de maladie *(Décr. n° 2012-842 du 30 juin 2012, art. 10-1°)* « réglementée », est puni de la peine d'amende prévue pour les contraventions de la 5e classe.

Le fait de contrevenir aux autres dispositions réglementaires prises en application *(Décr. n° 2012-842 du 30 juin 2012, art. 10-1°)* « des articles L. 201-4 et L. 221-1 » est puni de la peine d'amende prévue pour les contraventions de la 4e classe.

Art. R. 228-2 *(Décr. n° 2011-537 du 17 mai 2011)* Est puni de la peine d'amende prévue pour les contraventions de la cinquième classe le fait d'exposer des animaux atteints ou soupçonnés d'être atteints de maladie *(Décr. n° 2012-842 du 30 juin 2012, art. 10-2°)* « réglementée », en contravention avec les dispositions de l'article L. 223-7.

Art. R. 228-3 *Abrogé par Décr. n° 2011-537 du 17 mai 2011.*

Art. R. 228-4 *Transféré à l'art. R. 215-15.*

Art. R. 228-5 Le fait, pour un entrepreneur de transport d'animaux, de ne pas procéder à la désinfection de son matériel ou de tous les lieux visés à l'article L. 221-3, est puni de l'amende prévue pour les contraventions de la 5e classe.

Art. R. 228-6 Est puni de l'amende prévue pour les contraventions de la 5e classe le fait :

1° De ne pas respecter, en cas de maladies *(Décr. n° 2012-842 du 30 juin 2012, art. 10-3°)* « réglementées », les obligations de déclaration, d'isolement, de séparation ou de séquestre, prévues par l'article L. 223-5 ;

2° De ne pas respecter des mesures prescrites par le vétérinaire sanitaire, ou des mesures prescrites par l'arrêté préfectoral de mise sous surveillance ou de déclaration d'infection, en application de l'article L. 223-5 *(Décr. n° 2018-721 du 3 août 2018, art. 1er)* « , de l'article L. 223-6-1 » et de l'article L. 223-8 ;

3° De ne pas respecter, en cas de rage, les obligations de déclaration ou des mesures de surveillance et d'abattage mentionnées par l'article L. 223-9 ;

4° *(Décr. n° 2006-177 du 17 févr. 2006)* « De ne pas respecter, *(Décr. n° 2012-842 du 30 juin 2012, art. 10-3°)* « en cas de maladie réglementée faisant l'objet d'un plan national d'intervention sanitaire d'urgence prévu à l'article L. 201-5 » *(Abrogé par Décr. n° 2017-1246 du 7 août 2017, art. 13-18°)* ***« du code rural et de la pêche maritime »***, les mesures relatives à la circulation des personnes et des véhicules » ;

(Décr. n° 2011-537 du 17 mai 2011, art. 3-35°) « 5° » *(Décr. n° 2008-1141 du 4 nov. 2008, art. 1er)* « De ne pas respecter, pour tout propriétaire ou toute personne ayant, à quelque titre que ce soit, la charge des soins ou la garde d'animaux d'aquaculture au sens du *b* du 1 de l'article 3 de la directive 2006/88/CE du 24 octobre 2006 l'obligation de déclaration de toute hausse de mortalité constatée dans les conditions prévues à l'article R. 223-4-1. La récidive est punie conformément au premier alinéa de l'article 132-11 du code pénal. »

Art. R. 228-7 *(Décr. n° 2018-721 du 3 août 2018, art. 1er)* I. — Les personnes physiques coupables d'une infraction prévue aux articles R. 228-1, R. 228-2, R. 228-5, R. 228-6, R. 228-9 et R. 228-10 encourent également les peines complémentaires prévues par les *(Décr. n° 2022-1354 du 24 oct. 2022, art. 3)* « 5°, 8° et 9° » de l'article 131-16 du code pénal.

Les personnes morales déclarées responsables pénalement des mêmes infractions encourent également les peines complémentaires prévues par les *(Décr. n° 2022-1354 du 24 oct. 2022, art. 3)* « 5°, 8° et 9° » de l'article 131-16 en application de l'article 131-43 du même code.

II. — La récidive des contraventions prévue aux articles R. 228-1, R. 228-2, R. 228-5 et R. 228-6 est réprimée conformément aux articles 132-11 et 132-15 du code pénal.

Art. R. 228-8 I. — Est puni de la peine d'amende prévue pour les contraventions de la 1re classe, dans les départements officiellement déclarés infectés de rage et dans les autres lieux définis par arrêté du ministre chargé de l'agriculture où la vaccination antirabique est imposée, le fait pour tout propriétaire ou détenteur d'un carnivore

domestique de ne pas présenter sur réquisition de l'autorité investie des pouvoirs de police un certificat de vaccination antirabique valablement établi et en cours de validité sur lequel est indiqué le numéro d'identification de l'animal.

II. – Est puni de la peine d'amende prévue pour les contraventions de la 4e classe :

1° Le fait pour tout propriétaire ou détenteur d'un carnivore domestique de ne pas procéder à la vaccination antirabique de son animal dans le mois suivant la date de publication de l'arrêté déclarant infecté de rage le département où il réside ;

2° Le fait pour toute personne pendant la période de conservation autorisée de :

***a)* Procéder à une transaction à titre gratuit ou onéreux d'un animal suspect ou contaminé de rage ;**

***b)* Transporter ou faire transporter un animal suspect ou contaminé de rage sans autorisation du** *(Décr. nº 2011-537 du 17 mai 2011)* **« préfet » ;**

***c)* Abattre ou faire abattre un animal suspect ou contaminé de rage sans autorisation du** *(Décr. nº 2011-537 du 17 mai 2011)* **« préfet » ;**

3° Le fait pour toute personne de faire abattre un herbivore ou un porcin en vue de la consommation, hors du délai prévu au deuxième alinéa de l'article R. 223-33 ;

4° Le fait pour tout propriétaire ou détenteur d'un animal mordeur ou griffeur au sens de l'article R. 223-25, de :

***a)* Ne pas soumettre son animal à chacune des trois visites sanitaires prévues à l'article R. 223-35 pendant la période de surveillance sans autorisation du** *(Décr. nº 2011-537 du 17 mai 2011)* **« préfet » ;**

***b)* Se dessaisir de son animal pendant la période de surveillance, sans autorisation du** *(Décr. nº 2011-537 du 17 mai 2011)* **« préfet » ;**

***c)* Vacciner, faire vacciner, abattre ou fait** *[faire]* **abattre son animal pendant la période de surveillance sans autorisation du** *(Décr. nº 2011-537 du 17 mai 2011)* **« préfet » ;**

5° Dans les départements officiellement déclarés infectés de rage, le fait pour tout gestionnaire d'une fourrière de ne pas abattre ou faire abattre un chien ou un chat :

***a)* Dans un délai de quatre jours maximum, si l'animal n'était pas identifié ;**

***b)* Après un délai de huit jours ouvrés et francs, si l'animal n'a pas été réclamé par son propriétaire ou si ce dernier n'a pas présenté au gestionnaire de la fourrière la carte d'identification et le certificat de vaccination antirabique de l'animal, valablement établis antérieurement à sa capture, et en cours de validité.**

Art. R. 228-9 *(Décr. nº 2006-177 du 17 févr. 2006)* **Est puni de la peine d'amende prévue pour les contraventions de la 4e classe le fait,** *(Décr. nº 2012-842 du 30 juin 2012, art. 10-4º)* **« en cas de maladie réglementée faisant l'objet d'un plan national d'intervention sanitaire d'urgence prévu à l'article L. 201-5 »** *(Abrogé par Décr. nº 2017-1246 du 7 août 2017, art. 13-18º)* ***« du code rural et de la pêche maritime »*, de ne pas respecter les règles d'abattage des animaux fixées par les dispositions réglementaires prises pour l'application de cet article.**

Art. R. 228-10 *(Décr. nº 2006-177 du 17 févr. 2006)* **Est puni de la peine d'amende prévue pour les contraventions de la 5e classe le fait de dissimuler des informations de nature épidémiologique utiles à l'enquête et aux recherches ordonnées** *(Décr. nº 2012-842 du 30 juin 2012, art. 10-5º)* **« dans le cadre d'un plan national d'intervention sanitaire d'urgence prévu à l'article L. 201-5 »** *(Abrogé par Décr. nº 2017-1246 du 7 août 2017, art. 13-18º)* ***« du code rural et de la pêche maritime ».***

Art. R. 228-11 *(Décr. nº 2006-312 du 13 mars 2006)* **Est puni de la peine prévue pour les contraventions de la 5e classe le fait :**

1° S'agissant d'établissements *(Décr. nº 2011-537 du 17 mai 2011)* **« d'équarrissage » ou du traitement de sous-produits animaux, de faire usage d'un local mal aménagé ou mal entretenu, susceptible de contaminer les produits finis ou de créer un danger pour le personnel ;**

2° S'agissant des établissements visés au 1°, de mettre en œuvre des traitements de cadavres ou de sous-produits animaux pour obtenir des produits finis, autres que ceux qui sont autorisés en application de l'article R. 226-2 ;

3° S'agissant des établissements intermédiaires, d'entreposer des cadavres d'animaux ou de réaliser des activités de dépeçage, d'éviscération, de décapitation, d'autopsie dans des conditions autres que celles prévues à l'article R. 226-3 ;

4° S'agissant des personnes chargées d'une activité d'équarrissage, de ne pas procéder aux enlèvements dans les délais prescrits au II de l'article L. 226-6 ;

5° S'agissant des entreprises de transport, de ne pas respecter les règles prévues au chapitre II de l'annexe II du règlement (CE) n° 1774/2002 ou de ne pas respecter les prescriptions prévues au II de l'article R. 226-1 ;

6° S'agissant de toute personne qui expédie, transporte ou reçoit des sous-produits animaux, de ne pas procéder à l'établissement du relevé visé à l'article R. 226-5 *(Décr. n° 2011-603 du 27 mai 2011)* **« ou de ne pas transmettre à l'administration les données mentionnées à l'article D. 226-4 ».** *— Les art. R. 228-12, R. 228-13 et R. 228-16 deviennent respectivement les art. R. 228-11, R. 228-12 et R. 228-13 (Décr. n° 2017-1246 du 7 août 2017, art. 13-19°, JO 9 août).*

Art. R. 228-12 *(Décr. n° 2008-872 du 28 août 2008, art. 2)* **Est puni de la peine prévue pour les contraventions de la 3e classe le fait, pour les personnes redevables de la taxe d'abattage prévue à l'article 1609 *septvicies* du code général des impôts, de ne pas adresser au ministre chargé de l'agriculture ou à l'***(Décr. n° 2009-340 du 27 mars 2009, art. 10-III)* **« établissement » mentionné à l'article L. 226-1** *(Décr. n° 2017-1246 du 7 août 2017, art. 13-19°)* **« du présent code » le relevé prévu au 2° du II de l'article 321 A de l'annexe II au code général des impôts.** *— V. note ss. art. R. 228-11.*

V. Arr. du 24 nov. 2008 relatif aux modalités de transmission des relevés d'activité d'abattage (JO 28 nov.).

Art. R. 228-13 *(Décr. n° 2007-818 du 11 mai 2007)* **I. — Est puni de la contravention de la cinquième classe, le fait de recevoir, détenir ou utiliser de la semence ne provenant pas d'un centre agréé en méconnaissance du second alinéa de l'article D. 222-5.**

II. — Est puni de la contravention de la cinquième classe, le fait de livrer à la monte publique artificielle un reproducteur mâle ne remplissant pas les conditions sanitaires fixées en application de l'article D. 222-5.

III. — Est puni de la contravention de la troisième classe, le fait de procéder à toute monte privée artificielle des espèces bovine, ovine, caprine et porcine en méconnaissance des règles d'identification du matériel génétique fixées par arrêtés du ministre chargé de l'agriculture, en application de l'article R. 222-10.

La récidive de la contravention prévue aux trois premiers alinéas est réprimée conformément aux articles 132-11 et 132-15 du code pénal. *— V. note ss. art. R. 228-11.*

TITRE III QUALITÉ NUTRITIONNELLE ET SÉCURITÉ SANITAIRE DES ALIMENTS *(Décr. n° 2012-63 du 19 janv. 2012).*

CHAPITRE PRÉLIMINAIRE LA POLITIQUE PUBLIQUE DE L'ALIMENTATION

(Décr. n° 2011-778 du 28 juin 2011)

SECTION 1 L'Observatoire de l'alimentation

Art. D. 230-1 L'Observatoire de l'alimentation est placé auprès des ministres chargés de la consommation, de la santé et de l'alimentation. Il est doté d'un conseil d'orientation technique, d'un comité de pilotage, d'un président *(Décr. n° 2020-1234 du 7 oct. 2020, art. 1er)* **« désigné dans les conditions prévues à l'article D. 230-2 » et d'un secrétariat.**

*(Abrogé par Décr. n° 2020-1234 du 7 oct. 2020, art. 1er) « **Il est constitué d'une section nutritionnelle** (Décr. n° 2012-1263 du 14 nov. 2012, art. 1er-1°) « **chargée des questions relatives à l'offre et aux caractéristiques des aliments** », **d'une section sanitaire et d'une section sur l'économie et la sociologie de l'alimentation.** »*

Afin de remplir les missions qui lui sont dévolues par l'article L. 230-3, l'Observatoire de l'alimentation :

(Décr. n° 2012-1263 du 14 nov. 2012, art. 1er-1°) **« — recueille auprès des services et établissements publics compétents les données et études disponibles nécessaires à l'exercice de ses missions ;**

« — demande à ces services et établissements de collecter, en tant que de besoin, des données supplémentaires ou de réaliser des analyses complémentaires ;

« – réalise des études ; »

– construit les indicateurs permettant d'agréger et de suivre dans le temps l'évolution des données qu'il recueille ;

– produit des rapports de synthèse sur les données qu'il a analysées ou fait analyser ;

– met à la disposition des secteurs professionnels (agricole, agroalimentaire et de la distribution) et des pouvoirs publics les données agrégées dont il dispose et l'analyse qu'il en a réalisée ;

– peut passer des conventions.

Art. D. 230-2 *(Décr. nº 2020-1234 du 7 oct. 2020, art. 1er)* La présidence de l'Observatoire de l'alimentation est assurée successivement, à chaque réunion du comité de pilotage ou du conseil d'orientation technique, par le directeur général de l'alimentation, le directeur général de la santé et le directeur général de la concurrence, de la consommation et de la répression des fraudes.

Art. D. 230-3 *(Abrogé par Décr. nº 2020-1234 du 7 oct. 2020, art. 1er) « Outre le président, mentionné à l'article D. 230-1, (Décr. nº 2012-1263 du 14 nov. 2012, art. 1er-3º) « et le vice-président mentionné à l'article D. 230-2, »* le conseil d'orientation technique de l'Observatoire de l'alimentation est composé des membres suivants :

1º Trois représentants de l'État :

– le directeur général de l'alimentation ;

– le directeur général de la santé ;

– le directeur général de la concurrence, de la consommation et de la répression des fraudes.

2º Le directeur général de l'Agence nationale chargée de la sécurité sanitaire de l'alimentation, de l'environnement et du travail ;

3º Le président de l'Institut national de la recherche agronomique *[Institut national de recherche pour l'agriculture, l'alimentation et l'environnement]* ;

(Décr. nº 2020-1234 du 7 oct. 2020, art. 1er) « 4º Le président du Conseil national de l'alimentation ;

« 5º Le président de l'Association nationale des industries alimentaires ;

« 6º Le président de la Fédération du commerce et de la distribution ;

« 7º Le président de la Confédération de la consommation, du logement et du cadre de vie ;

« 8º Le président de la Fédération nationale familles rurales. »

Les représentants de l'État *(Abrogé par Décr. nº 2020-1234 du 7 oct. 2020, art. 1er) « et le vice-président mentionné à l'article D. 230-2 quand il ne supplée pas le président »* assistent au conseil d'orientation technique de l'observatoire sans voix délibérative. Les autres membres du conseil d'orientation technique ont chacun une voix. *(Abrogé par Décr. nº 2020-1234 du 7 oct. 2020, art. 1er) « En cas de partage égal des voix, celle du président est prépondérante.*

« Ce conseil peut se réunir en formation restreinte dans une composition adaptée à chacune des sections de l'Observatoire de l'alimentation. »

Art. D. 230-4 *(Abrogé par Décr. nº 2020-1234 du 7 oct. 2020, art. 1er) « Outre le président mentionné à l'article D. 230-1, »* le comité de pilotage de l'Observatoire de l'alimentation est composé *(Abrogé par Décr. nº 2020-1234 du 7 oct. 2020, art. 1er) « du vice-président mentionné à l'article D. 230-2 et »* des membres cités aux 1º, 2º et 3º de l'article D. 230-3.

Art. D. 230-5 Le conseil d'orientation technique est consulté :

– sur le programme annuel de travail de l'Observatoire de l'alimentation ;

– sur les rapports de synthèse de l'Observatoire ;

– dans le cadre de l'élaboration du règlement intérieur de l'observatoire ;

– sur le rapport annuel d'activité de l'observatoire de l'alimentation.

Il peut formuler des avis sur les projets d'arrêtés portant sur l'obligation de transmission de données pris en application de l'article L. 230-2.

Art. D. 230-6 Le comité de pilotage arrête le programme annuel de travail de l'Observatoire de l'alimentation.

Il valide les rapports de synthèse de l'observatoire.

Il élabore le règlement intérieur de l'observatoire.

Il approuve le rapport annuel d'activité de l'Observatoire de l'alimentation. Ce rapport est rendu public.

Art. D. 230-7 **Le conseil d'orientation technique de l'observatoire se réunit** *(Décr. nº 2012-1263 du 14 nov. 2012, art. 1er-5º)* **« au moins une fois par an », sur convocation de son président qui fixe l'ordre du jour. Il peut également se réunir à la demande de la majorité de ses membres.**

Le comité de pilotage de l'Observatoire de l'alimentation se réunit *(Décr. nº 2012-1263 du 14 nov. 2012, art. 1er-5º)* **« au moins deux fois par an », sur convocation de son président qui fixe l'ordre du jour. Il peut également se réunir à la demande de la majorité de ses membres.**

Les membres du conseil d'orientation technique de l'observatoire et du comité de pilotage, ainsi que le président, exercent leurs fonctions à titre gratuit. Les frais de déplacement, et le cas échéant, de séjour des membres de l'observatoire sont remboursés dans les conditions prévues par la réglementation applicable aux personnels civils de l'État.

Les dispositions des articles 3 à 7 du décret nº 2006-672 du 8 juin 2006 modifié relatif à la création, à la composition et au fonctionnement de commissions paritaires à caractère consultatif *[CRPA, art. R. 133-3 s.]* **sont applicables au conseil d'orientation technique de l'Observatoire de l'alimentation.**

Art. D. 230-8 **Le secrétariat de l'Observatoire de l'alimentation** *(Abrogé par Décr. nº 2020-1234 du 7 oct. 2020, art. 1er) « et de chacune de ses sections »* **est assuré par la direction générale de l'alimentation.**

SECTION 1 *BIS* Le comité régional pour l'alimentation

(Décr. nº 2019-313 du 12 avr. 2019, art. 1er)

Art. D. 230-8-1 **Le comité régional de l'alimentation examine toute question relative à la mise en œuvre au niveau régional du programme national pour l'alimentation défini à l'article L. 1 ainsi qu'à son suivi et son évaluation. Il propose notamment des actions pour faciliter l'atteinte des objectifs définis à l'article L. 230-5-1.**

Sous réserve des dispositions de la présente section, il est régi par les dispositions des articles 8 et 9 du décret nº 2006-665 du 7 juin 2006. Il est réuni au moins une fois par an.

Art. D. 230-8-2 **Le comité régional pour l'alimentation comprend, outre le préfet de région ou son représentant, président :**

— des représentants des administrations intéressées par la mise en œuvre régionale du programme national pour l'alimentation, et notamment du rectorat de région académique ;

— des représentants des collectivités territoriales intéressées, et notamment du conseil régional ;

— des représentants des établissements publics, notamment de l'agence régionale de santé, et des chambres consulaires intéressées ;

— des représentants des organisations professionnelles des secteurs agricole, agroalimentaire et alimentaire ;

— des représentants des associations, dont l'objet est lié à la politique de l'alimentation ;

— des personnalités qualifiées.

Son secrétariat est assuré par la direction régionale de l'alimentation, de l'agriculture et de la forêt ou par la direction de l'alimentation, de l'agriculture et de la forêt.

SECTION 2 L'aide alimentaire

(Décr. nº 2012-63 du 19 janv. 2012)

Art. R. 230-9 à R. 230-18 *Abrogés par Décr. nº 2019-703 du 4 juill. 2019, art. 1er, à compter du 1er oct. 2019. — Sur la lutte contre la précarité alimentaire, V. désormais CASF, art. R. 266-1 s. —* ***CASF.***

Art. D. 230-19 à D. 230-22 *Abrogés par Décr. nº 2019-794 du 26 juill. 2019, art. 1er, à compter du 1er oct. 2019. — V. désormais CASF, art. D. 266-6 s. —* ***CASF.***

Art. R. 230-23 et R. 230-24 *Abrogés par Décr. n° 2019-703 du 4 juill. 2019, art. 1er, à compter du 1er oct. 2019.*

SECTION 3 Qualité nutritionnelle et composition des repas servis en restauration collective *(Décr. n° 2019-351 du 23 avr. 2019, art. 1er).*

(Décr. n° 2011-1227 du 30 sept. 2011, en vigueur le 1er sept. 2012)

Les dispositions du présent décret entrent en vigueur à compter du 1er sept. 2012 pour les services de restauration scolaire servant moins de 80 couverts par jour en moyenne sur l'année (Décr. n° 2011-1227 du 30 sept. 2011, art. 2, JO 2 oct.).

Art. D. 230-24-1 *(Décr. n° 2012-141 du 30 janv. 2012, art. 1er-1°, en vigueur le 1er juill. 2013)* **Au titre de la présente section, on entend par :**

— plat, chacune des composantes d'un repas : entrée, plat protidique, garniture, produit laitier et dessert ;

— restauration universitaire traditionnelle, la restauration universitaire proposant des repas comportant quatre ou cinq plats.

Art. D. 230-25 **Afin d'atteindre l'objectif d'équilibre nutritionnel des repas servis par les services de restauration scolaire** *(Décr. n° 2012-141 du 30 janv. 2012, art. 1er-2°, en vigueur le 1er juill. 2013 ; Décr. n° 2017-1246 du 7 août 2017, art. 14-1°)* **« et par les services de restauration universitaire traditionnelle, sont requis, conformément à l'article L. 230-5 » :**

1° Quatre ou cinq plats proposés à chaque déjeuner ou dîner, dont nécessairement un plat principal *(Décr. n° 2012-141 du 30 janv. 2012, art. 1er-2°, en vigueur le 1er juill. 2013)* **« avec » une garniture, et un produit laitier ;**

2° Le respect d'exigences minimales de variété des plats servis ;

3° La mise à disposition de portions de taille adaptée ;

4° La définition de règles adaptées pour le service de l'eau, du pain, du sel et des sauces.

Un arrêté conjoint du ministre de la défense, des ministres chargés de l'outre-mer et des collectivités territoriales, de la santé, de l'alimentation, de la consommation et de l'éducation nationale précise la nature des exigences sur la diversité des plats servis, sur le service de l'eau, du pain, du sel et des sauces ainsi que sur les tailles des portions d'aliments.

(Décr. n° 2012-141 du 30 janv. 2012, art. 1er-2°, en vigueur le 1er juill. 2013) **« Pour la restauration universitaire, un arrêté conjoint du ministre de la défense, des ministres chargés de l'outre-mer et des collectivités territoriales, de la santé, de l'alimentation, de la consommation et de l'enseignement supérieur précise la nature des exigences sur la diversité des plats servis, sur le service de l'eau, du pain, du sel et des sauces ainsi que sur les tailles des portions d'aliments. »** — *Les tirets précédant les alinéas 2 à 5 sont remplacés successivement par les numérotations « 1° », « 2° », « 3° », « 4° » et la lettre minuscule suivant chacun des numéros ainsi insérés devient une lettre majuscule (Décr. n° 2017-1246 du 7 août 2017, art. 14-1°, JO 9 août).*

V. Arr. du 30 sept. 2011 relatif à la qualité nutritionnelle des repas servis dans le cadre de la restauration scolaire (JO 2 oct.).

Art. D. 230-26 *(Décr. n° 2012-142 du 30 janv. 2012, art. 1er-2°, en vigueur le 1er juill. 2013)* **Afin d'atteindre l'objectif d'équilibre nutritionnel des repas servis par les services de restauration des établissements pénitentiaires, sont requis, conformément à l'article L. 230-5 :**

— le respect d'exigences de variété des plats servis de façon à prévenir les carences ;

— quatre ou cinq plats proposés à chaque déjeuner ou dîner, dont nécessairement un plat principal avec une garniture et un produit laitier ;

— la mise à disposition de portions adaptées.

Les dispositions du présent article sont précisées par un arrêté conjoint du ministre de la justice et des ministres chargés de l'alimentation, de la santé, de la consommation et de l'outre-mer.

Art. D. 230-27 *(Décr. n° 2012-143 du 30 janv. 2012, art. 1er-2°, en vigueur le 1er juill. 2013)* **Afin d'atteindre l'objectif d'équilibre nutritionnel des repas servis par les ser-**

vices de restauration des établissements de santé, sont requis, conformément à l'article L. 230-5 :

— le respect d'exigences minimales de variété des plats servis ;
— quatre ou cinq plats proposés à chaque déjeuner ou dîner ;
— l'adaptation des plats proposés aux goûts, et à l'état de santé des patients ;
— le respect d'exigences en matière de taille des portions et de fréquence des repas.

Les dispositions du présent article, dont ne relèvent pas les services et établissements sociaux et médico-sociaux créés et gérés en application de l'article L. 6111-3 du code de la santé publique, sont précisées par un arrêté conjoint des ministres chargés de l'alimentation, de la santé, de la consommation, de la défense, de l'outre-mer et des collectivités territoriales.

Art. D. 230-28 *(Décr. n° 2012-145 du 30 janv. 2012, en vigueur le 1er juill. 2013)* Afin d'atteindre l'objectif d'équilibre nutritionnel des repas servis par les services de restauration des établissements d'accueil d'enfants de moins de six ans sont requis, conformément à l'article L. 230-5 :

— le respect d'exigences minimales de variété des plats servis ;
— la mise à disposition de portions de taille adaptée à l'âge de l'enfant ;
— la prise en compte de besoins particuliers propres à l'alimentation infantile.

Les dispositions du présent article sont précisées par un arrêté conjoint des ministres chargés de l'alimentation, de la santé, de la consommation, de l'outre-mer, des collectivités territoriales, et de la cohésion sociale et des solidarités.

Art. D. 230-29 *(Décr. n° 2012-144 du 30 janv. 2012, en vigueur le 1er juill. 2013)* Afin d'atteindre l'objectif d'équilibre nutritionnel des repas servis par les services de restauration des établissements sociaux et médico-sociaux, sont requis, conformément à l'article L. 230-5 :

— quatre ou cinq plats proposés à chaque déjeuner ou dîner ;
— le respect d'exigences en matière de taille des portions et de fréquence des repas ;
— l'adaptation des plats proposés aux goûts et habitudes alimentaires des résidents ;
— le respect d'exigences adaptées à l'âge ou au handicap des résidents ;
— la définition de règles adaptées pour le service de l'eau, du pain, du sel et des sauces ;
— le respect d'exigences minimales de variété des plats servis.

Les dispositions du présent article sont précisées par un arrêté conjoint des ministres chargés de l'alimentation, de la santé, de la consommation, de l'outre-mer, des collectivités territoriales et de la cohésion sociale et des solidarités.

Art. D. 230-30 Les gestionnaires *(Décr. n° 2012-141 du 30 janv. 2012, art. 1er-3°, en vigueur le 1er juill. 2013)* « des services de restauration mentionnés à la présente section » tiennent à jour un registre dans lequel sont conservés, sur les trois derniers mois, les documents attestant de la composition des repas, notamment les menus et les fiches techniques descriptives des produits alimentaires achetés auprès des fournisseurs.

Ils sont tenus d'identifier distinctement, sur les menus, les produits de saison entrant dans la composition des repas. — *L'art. D. 230-26 devient l'art. D. 230-27 (Décr. n° 2012-142 du 30 janv. 2012, art. 1er-1°) ; l'art. D. 230-27 devient l'art. D. 230-30 (Décr. n° 2012-143 du 30 janv. 2012, art. 1er-1°).*

Art. R. 230-30-1 *(Décr. n° 2019-351 du 23 avr. 2019, art. 1er, en vigueur le 1er janv. 2022)* La proportion de 50 % de produits servis dans les repas par les restaurants collectifs, mentionnée au I de l'article L. 230-5-1, correspond à la valeur hors taxe des achats de produits remplissant les conditions exigées pour entrer dans le calcul de cette proportion, rapportée à la valeur totale hors taxe des achats des produits destinés à entrer dans la composition des repas servis pour chaque restaurant collectif.

La proportion de 20 % mentionnée à ce même I de l'article L. 230-5-1 correspond à la valeur hors taxe des achats de produits remplissant les conditions exigées pour entrer dans le calcul de cette proportion, rapportée à la valeur totale hors taxe des achats des produits destinés à entrer dans la composition des repas servis pour chaque restaurant collectif.

Ces proportions s'apprécient sur une année civile.

Art. R. 230-30-2 *(Décr. n° 2019-351 du 23 avr. 2019, art. 1er, en vigueur le 1er janv. 2022)* Pour l'application du 1° du I de l'article L. 230-5-1, la prise en compte des coûts imputés aux externalités environnementales liées au produit pendant son cycle de vie est réalisée selon les modalités prévues au 2° de l'article R. 2152-9 du code de la commande publique et au deuxième alinéa de l'article R. 2152-10 du même code.

Pour les personnes morales de droit public mentionnées à l'article L. 230-5-1, la pondération de ce critère parmi les critères de choix de l'offre économiquement la plus avantageuse est fixée par arrêté du ministre chargé de l'agriculture, sans pouvoir être inférieure à 10 % ni supérieure à 30 %. La note qui lui est attribuée représente au minimum quatre dixièmes de la note maximale.

Pour les personnes morales de droit privé mentionnées à l'article L. 230-5-2, les produits sont acquis conformément à une méthode préalablement formalisée leur permettant de justifier la prise en compte des coûts imputés aux externalités environnementales liées au produit à un niveau égal à celui fixé par l'arrêté mentionné au deuxième alinéa.

Art. R. 230-30-3 *(Décr. n° 2019-351 du 23 avr. 2019, art. 1er, en vigueur le 1er janv. 2022)* Les signes ou mentions pris en compte pour l'application du 3° du I de l'article L. 230-5-1 sont :

1° Le label rouge ;

2° L'appellation d'origine ;

3° L'indication géographique ;

4° La spécialité traditionnelle garantie ;

5° La mention "issus d'une exploitation de haute valeur environnementale" ;

6° La mention "fermier" ou "produit de la ferme" ou "produit à la ferme", pour les produits pour lesquels existe une définition réglementaire des conditions de production.

Art. R. 230-30-4 *(Décr. n° 2019-351 du 23 avr. 2019, art. 1er, en vigueur le 1er janv. 2022)* Un bilan statistique de la mise en œuvre des obligations prévues par l'article L. 230-5-1 est établi annuellement, au plus tard le 31 mars de l'année suivant celle de l'exercice considéré, sur la base des éléments transmis, dans des conditions fixées par arrêté du ministre chargé de l'agriculture, par les personnes morales de droit public et de droit privé mentionnées aux articles L. 230-5-1 et L. 230-5-2. — *V. Arr. du 14 sept. 2022 fixant les modalités de transmission par les gestionnaires de restaurants collectifs des données nécessaires à l'établissement du bilan statistique annuel mentionné au V de l'art. L. 230-5-1 (JO 28 sept.).*

SECTION 4 Transmission de données relatives à la production, l'importation, la transformation, la commercialisation et la consommation des produits alimentaires

(Décr. n° 2012-115 du 27 janv. 2012, en vigueur le 1er juill. 2012)

Art. R. 230-31 Pour permettre à l'Observatoire de l'alimentation mentionné à l'article L. 230-3, de recueillir et d'analyser les données contribuant à l'élaboration et à la mise en œuvre de la politique publique de l'alimentation, le ministre chargé de l'alimentation détermine par arrêté, pris après avis de l'observatoire, les données dont la transmission est nécessaire à la réalisation de ces analyses, les producteurs, transformateurs et distributeurs de produits alimentaires, ci-après dénommés opérateurs, auprès desquels ces données sont susceptibles d'être recueillies ainsi que le délai au-delà duquel la transmission pourra être rendue obligatoire.

Art. R. 230-32 Les données mentionnées à l'article R. 230-31 sont celles dont les opérateurs disposent. Elles ont trait :

1° Aux procédés de fabrication à toutes les étapes de production, de la production primaire à la commercialisation ;

2° Aux résultats issus des analyses d'autocontrôle définies dans le plan de maîtrise sanitaire ;

3° A la dénomination, la quantité, l'origine et la composition, y compris nutritionnelle, des denrées alimentaires ;

4° A la nature et à l'origine des matériaux en contact avec les denrées alimentaires ;

5° Aux circuits de commercialisation.

Elles sont transmises à l'Observatoire de l'alimentation par les opérateurs propriétaires de ces données ou par l'intermédiaire de la structure qu'ils mandatent à cet effet.

Art. R. 230-33 L'arrêté mentionné à l'article R. 230-31 précise :
a) La finalité de la collecte ;
b) Les opérateurs concernés ;
c) La nature et le degré d'agrégation des données demandées ;
d) Les formats de leur transmission ;
e) Les conditions de leur utilisation.

Art. R. 230-34 Les données mentionnées à l'article R. 230-31 sont transmises à l'Observatoire de l'alimentation, qui en assure le traitement dans le respect du secret *(Décr. n° 2018-1126 du 11 déc. 2018, art. 3)* « des affaires et du secret professionnel » en garantissant leur anonymat et leur confidentialité.

S'il transmet ces données à d'autres organismes publics ou privés, en vue d'études ou d'analyses, ceux-ci sont soumis, sous sa responsabilité, aux mêmes obligations.

Les données ainsi recueillies ne peuvent être utilisées à d'autres fins que celles nécessaires à l'élaboration et à la mise en œuvre de la politique publique de l'alimentation définie par l'article L. 230-1.

Art. R. 230-35 Si, à l'issue du délai mentionné à l'article R. 230-31, les données nécessaires à l'observatoire mentionnées à ce même article ne lui ont pas été transmises, le ministre chargé de l'alimentation peut mettre en demeure les opérateurs concernés de procéder à la transmission des données dans un délai de deux mois.

A défaut de réponse dans le délai imparti par la mise en demeure, le ministre peut prononcer à l'encontre des personnes physiques ou morales soumises aux obligations de la présente section une amende d'un montant n'excédant pas 1 500 euros.

En cas de réitération du même manquement dans le délai d'un an, le montant de l'amende encourue peut être porté au double.

Ces amendes sont recouvrées au profit du Trésor public selon les procédures prévues pour les créances mentionnées *(Décr. n° 2012-1247 du 7 nov. 2012, art. 1er)* « au décret n° 2012-1246 du 7 novembre 2012 relatif à la gestion budgétaire et comptable publique ».

SECTION 5 Accords collectifs prévus à l'article L. 230-4

(Décr. n° 2012-80 du 23 janv. 2012)

Art. R. 230-36 *(Décr. n° 2017-1246 du 7 août 2017, art. 14-2°)* Le ministre chargé de l'alimentation peut, à la demande d'organisations interprofessionnelles reconnues en application de l'article R. 632-4, de fédérations professionnelles ou de syndicats professionnels représentants des entreprises de la production, de la transformation ou de la distribution d'une famille de produits agricoles ou alimentaires, ou, le cas échéant, d'une ou plusieurs entreprises qui justifient d'un impact significatif sur une famille de produits, accorder la reconnaissance de l'État à des accords collectifs par lesquels les opérateurs concernés s'engagent, par la fixation d'objectifs quantifiés, à l'amélioration de la qualité nutritionnelle et à la promotion des modes de production, de transformation et de distribution durables. Cette reconnaissance est rendue publique sur le site internet du ministère chargé de l'alimentation.

Art. R. 230-36-1 *(Décr. n° 2017-1246 du 7 août 2017, art. 14-2°)* Les engagements sur la qualité nutritionnelle mentionnés à l'article R. 230-36 peuvent notamment porter sur :
1° L'augmentation de la teneur en fruits et légumes ;
2° La réduction de la teneur en sel ;
3° La réduction de la teneur en lipides, notamment lipides totaux et acides gras saturés ;
4° L'augmentation de la teneur en glucides complexes et en fibres ;
5° La réduction de la teneur en glucides simples.

La mise en œuvre de ces engagements doit être conciliée avec la préservation ou l'amélioration de la qualité gustative des produits concernés.

Art. R. 230-36-2 *(Décr. nº 2017-1246 du 7 août 2017, art. 14-2º)* Les engagements sur la promotion de modes de production, de transformation ou de distribution durable mentionnés à l'article R. 230-36 peuvent porter notamment sur :

1º La sélection de produits agricoles ou agroalimentaires composant la denrée issus de modes de production, de transformation ou de distribution durables ;

2º La réduction du gaspillage alimentaire à tous les stades de la chaîne alimentaire et la préservation des ressources naturelles ;

3º La promotion du patrimoine alimentaire et culinaire.

Art. R. 230-36-3 *(Décr. nº 2017-1246 du 7 août 2017, art. 14-2º)* Le ministre chargé de l'alimentation ne peut reconnaître les accords collectifs prévus par l'article R. 230-36 conclus par des opérateurs justifiant d'un impact significatif sur une famille de produits distribués dans les départements, régions et collectivités d'outre-mer que si ces accords comportent des engagements sur la réduction des teneurs des produits en glucides et lipides visant à les rapprocher de celles de produits similaires distribués en métropole.

Art. R. 230-37 Ces accords précisent :

1º La liste des entreprises ou des groupements signataires et leur représentant désigné qui pourra être modifiée par avenant à l'accord ;

2º La ou les familles de produits visées ;

3º Les objectifs quantitatifs et qualitatifs ;

4º Les délais de réalisation des objectifs ;

5º Les actions envisagées ;

6º Les critères permettant de mesurer le respect de ces engagements et l'impact des actions aux échéances définies dans l'accord collectif et au terme de l'accord ;

7º Les modalités de transmission à l'observatoire des éléments visant à assurer le suivi de cet accord ;

8º Les modalités de valorisation des termes de l'accord.

Art. R. 230-38 La mise en œuvre de ces accords fait l'objet de rapports adressés à l'observatoire de l'alimentation mentionné à l'article L. 230-3 par leurs signataires.

Ces rapports rappellent les objectifs des accords, les actions mises en œuvre, le degré de réalisation de ces actions et les difficultés éventuelles.

L'observatoire de l'alimentation rend compte annuellement au ministre chargé de l'alimentation du contenu de ces rapports. Il évalue l'impact des actions mises en œuvre au regard de l'ensemble des données dont il dispose pour l'exercice de ses missions. Le ministre chargé de l'alimentation peut, sur la base du compte rendu de l'observatoire, en cas de constatation du non-respect du contenu de l'accord, et après avoir entendu les représentants du groupement qui ont conclu l'accord, décider du retrait de la reconnaissance. Le retrait est rendu public sur le site internet du ministère chargé de l'alimentation.

CHAPITRE I **DISPOSITIONS GÉNÉRALES**

SECTION 1 **Contrôles officiels** *(Décr. nº 2009-1658 du 18 déc. 2009).*

SOUS-SECTION 1 **Modalités de contrôle**

(Décr. nº 2009-1658 du 18 déc. 2009)

Art. R. 231-1 *(Décr. nº 2012-842 du 30 juin 2012, art. 11-1º)* « En application des articles 19 et 20 du règlement 178/2002/CE du Parlement européen et du Conseil du 28 janvier 2002, les informations concernant » les denrées alimentaires susceptibles d'être préjudiciables à la santé au sens de l'article 14 *(Décr. nº 2017-1246 du 7 août 2017, art. 14-3º)* « de ce règlement » et les aliments pour animaux susceptibles d'être dangereux au sens de l'article 15 *(Décr. nº 2012-842 du 30 juin 2012, art. 11-1º)* « du même règlement doivent être communiquées » sans délai par les propriétaires ou détenteurs de denrées animales ou d'aliments pour animaux auprès de l'autorité administrative désignée en application de l'article *(Décr. nº 2021-1858 du 28 déc. 2021, art. 5)* « L. 423-3 du code de la consommation ». Ces communications concernent tout produit mis sur le marché, y compris les matières premières. Elles incombent en

premier lieu au premier exploitant qui a connaissance du danger, même si ce détenteur de l'information n'est pas celui qui a mis le produit sur le marché, et même si le retrait n'a pas encore commencé.

(Décr. nº 2012-842 du 30 juin 2012, art. 11-1º) **« Les communications mentionnées au précédent alinéa sont faites et les échantillons conservés dans les conditions prévues aux articles D. 201-9 et D. 201-10 »** *(Décr. nº 2017-1246 du 7 août 2017, art. 14-3º)* **« du présent code ».** *— Anc. art. R. 201-7 (Décr. nº 2012-842 du 30 juin 2012, art. 3-5º, JO 1er juill.).*

Art. R. 231-1-1 *(Décr. nº 2012-843 du 30 juin 2012, art. 3)* **Le préfet** *(Abrogé par Décr. nº 2017-1246 du 7 août 2017, art. 14-4º) « de département »* **peut mandater, dans les conditions prévues par l'article L. 203-9, des vétérinaires pour effectuer,** *(Abrogé par Décr. nº 2021-1858 du 28 déc. 2021, art. 5) « dans des lieux d'élevage destinés à la production de denrées alimentaires »* **:**

1º Des contrôles *(Décr. nº 2021-1858 du 28 déc. 2021, art. 5)* **« dans les lieux d'élevage destinés à la production de denrées alimentaires » visant à s'assurer du respect, par les exploitants, des normes sanitaires mentionnées aux II et III de l'article R. 231-13 ;**

(Décr. nº 2021-1858 du 28 déc. 2021, art. 5) **« 2º Des inspections** ***ante mortem*** **prévues à l'article 5 du règlement délégué (UE) 2019/624 de la Commission du 8 février 2019 concernant des règles spécifiques pour la réalisation des contrôles officiels en rapport avec la production de viande et les zones de production et de reparcage des mollusques bivalves vivants conformément au règlement (UE) 2017/625 du Parlement européen et du Conseil du 15 mars 2017 ;**

« 3º Des inspections ***ante mortem*** **pratiquées dans des abattoirs mobiles, conformément au** ***a*** **du paragraphe 2 de l'article 18 du règlement (UE) 2017/625 du Parlement européen et du Conseil du 15 mars 2017 ;**

« 4º Des inspections ***post mortem*** **pratiquées dans des établissements de traitement du gibier, conformément au c du paragraphe 2 de l'article 18 du règlement (UE) 2017/625 du Parlement européen et du Conseil du 15 mars 2017 ;**

« 5º » Des inspections ***ante mortem*** **des volailles dans les salles d'abattage agréées pour contrôler le respect des dispositions de la section 2 du chapitre VI de l'annexe III du règlement nº 853/2004 du Parlement et du Conseil du 29 avril 2004 fixant des règles spécifiques applicables aux denrées alimentaires d'origine animale.**

Lorsque le vétérinaire mandaté ou, le cas échéant, le vétérinaire sanitaire auquel le préfet a demandé de concourir à l'exécution d'opérations de police sanitaire en application de l'article L. 203-7 constate une non-conformité aux dispositions dont il contrôle le respect, il peut prononcer l'une des mesures mentionnées aux alinéas 2º, 3º et 4º du I et au II de l'article L. 231-2-2. *— Les tirets précédant les al. 2 à 4 sont remplacés successivement par les numérotations « 1º », « 2º », « 3º », et la lettre minuscule suivant chacun des numéros ainsi insérés devient une lettre majuscule (Décr. nº 2017-1246 du 7 août 2017, art. 14-4º, JO 9 août).*

Art. R. 231-2 *(Décr. nº 2021-1858 du 28 déc. 2021, art. 5)* **I. — Les échantillons prélevés en application du 6º du I de l'article L. 231-2-1 et des II et 2º du III de l'article L. 231-2-2 sont placés sous scellé porteur d'un numéro d'ordre unique.**

Le prélèvement fait immédiatement l'objet d'un procès-verbal relatant les circonstances du prélèvement et indiquant les numéros d'ordre des échantillons. Le procès-verbal mentionne également :

1º La date, l'heure et le lieu du prélèvement ;

2º Le nombre d'échantillons prélevés et leur numéro d'identification ;

3º La dénomination et la nature des échantillons prélevés ;

4º Les quantités prélevées ;

5º Les conditions de conservation des échantillons ;

6º Le nom, le prénom, la qualité et l'adresse administrative de l'agent qui procède au prélèvement et rédige le procès-verbal ;

7º Le nom, le prénom, la profession et l'adresse du détenteur ou du propriétaire du produit objet du prélèvement ainsi que, si le prélèvement a lieu pendant le transport, le nom et le domicile des expéditeurs et destinataires ;

8° Le cas échéant, le numéro des lots de fabrication et les marques ou étiquettes apposées sur l'emballage du produit.

II. — Le détenteur du produit faisant l'objet d'un prélèvement peut faire insérer au procès-verbal toutes les déclarations qu'il juge utiles. Il est invité à signer le procès-verbal. En cas de refus, mention en est faite par l'agent habilité. Une copie du procès-verbal lui est laissée.

III. — Les dispositions de l'article 35 du règlement (UE) 2017/625 du Parlement européen et du Conseil du 15 mars 2017 s'appliquent à tous les prélèvements d'échantillon réalisés en application du présent livre.

En application du paragraphe 3 de l'article 35 du même règlement, en cas de différend entre les agents habilités et les opérateurs sur la base de l'avis d'un deuxième expert mentionné au paragraphe 1, les opérateurs peuvent demander, à leurs propres frais, l'examen documentaire de l'analyse, de l'essai ou du diagnostic initial et, le cas échéant, une autre analyse, un autre essai ou un autre diagnostic par un autre laboratoire officiel.

Art. R. 231-2-1 *(Décr. n° 2021-1858 du 28 déc. 2021, art. 5)* **Lorsque le détenteur du produit demande la réalisation d'une nouvelle analyse, d'un nouvel essai ou d'un nouveau diagnostic en application du III de l'article R. 231-2, il lui est remis un deuxième échantillon.**

Art. R. 231-2-2 *(Décr. n° 2021-1858 du 28 déc. 2021, art. 5)* **Lorsqu'une décision individuelle défavorable est motivée par un résultat d'analyse, d'essai ou de diagnostic suite à un prélèvement effectué en application des articles L. 231-2 ou L. 231-2-1, la transmission à l'autorité administrative de l'avis du deuxième expert dans les deux mois suivant la notification de la décision vaut recours gracieux contre cette décision.**

Art. R. 231-3 **Toute personne transportant ou détenant des animaux vivants, des produits d'origine animale, des denrées alimentaires en contenant, des aliments pour animaux d'origine animale ou contenant des produits d'origine animale, ou des sous-produits animaux** *(Décr. n° 2021-1858 du 28 déc. 2021, art. 5)* **« et des produits dérivés » est tenue, à la demande des agents mentionnés** *(Décr. n° 2021-1858 du 28 déc. 2021, art. 5)* **« à l'article R. 206-1 et au 2° du I de l'article R. 231-3-7-1 », de présenter tous documents et de donner tous renseignements concernant ces marchandises** *(Décr. n° 2021-1858 du 28 déc. 2021, art. 5)* **« et animaux ». Elle est également tenue de faciliter l'examen des marchandises** *(Décr. n° 2021-1858 du 28 déc. 2021, art. 5)* **« et animaux » et d'apporter aux agents de contrôle l'aide nécessaire à cet examen.**

Art. D. 231-3-1 *(Décr. n° 2021-1858 du 28 déc. 2021, art. 5)* **« Le personnel des abattoirs de volailles et de lagomorphes peut être autorisé par le préfet à participer, dans les conditions prévues à l'article 18, paragraphe 3, du règlement (UE) 2017/625 du Parlement européen et du Conseil du 15 mars 2017, à la réalisation de tâches liées aux contrôles officiels de la production de viande de volailles et lagomorphes, en effectuant les tâches suivantes : »**

(Décr. n° 2011-2090 du 30 déc. 2011) **— contrôle de l'information sur la chaîne alimentaire ;**

— analyse de l'information sur la chaîne alimentaire ;

— contrôle à réception des lots d'animaux ;

— tri des carcasses et des abats manifestement impropres à la consommation.

(Abrogé par Décr. n° 2021-1858 du 28 déc. 2021, art. 5) ***« Le personnel autorisé exerce ces tâches sous la seule autorité et responsabilité du vétérinaire officiel. »***

Il enregistre et notifie au vétérinaire officiel toute non-conformité selon les mêmes procédures que celles établies pour les auxiliaires officiels au sein de l'abattoir.

V. Arr. du 28 juill. 2016 relatif à la conduite à tenir sur le produit face aux anomalies observées sur les carcasses et les viscères dans le domaine du contrôle de la production de viande dans les abattoirs de volailles et de lagomorphes (JO 9 août).

Art. D. 231-3-2 *(Décr. n° 2021-1858 du 28 déc. 2021, art. 5)* **« L'autorisation prévue à l'article D. 231-3-1 est délivrée sur demande de l'exploitant de l'abattoir adressée au préfet.**

« Seuls sont autorisés les membres du personnel qui ont suivi, depuis moins de cinq ans, une formation conforme aux dispositions du chapitre III de l'annexe II du règle-

ment (UE) 2019/624 de la Commission du 8 février 2019, dispensée par un organisme de formation enregistré conformément aux dispositions de l'article L. 6351-1 du code du travail et qui ont réussi un test répondant aux conditions fixées par le même chapitre.

« En outre, le préfet s'assure que l'établissement a appliqué avec succès des bonnes pratiques d'hygiène et des procédures mettant en œuvre l'analyse des risques et la maîtrise des points critiques pendant au moins les douze mois précédant la demande. »

(Décr. nº 2011-2090 du 30 déc. 2011) La composition du dossier de demande d'autorisation et le référentiel de formation sont fixés par arrêté du ministre chargé de l'agriculture. — *V. Arr. du 30 déc. 2011 relatif à la participation du personnel de l'abattoir au contrôle de la production de viande de volailles et de lagomorphes (JO 31 déc.), mod. par Arr. du 21 avr. 2016 (JO 29 avr.).*

Art. D. 231-3-3 *(Décr. nº 2011-2090 du 30 déc. 2011)* Toute modification des éléments sur la base desquels a été délivrée l'autorisation est portée à la connaissance du préfet dans un délai d'un mois et peut donner lieu à modification de l'autorisation.

L'exploitant doit être en mesure de justifier, à tout moment et sur demande d'un vétérinaire officiel, que le personnel réalisant les tâches mentionnées à l'article D. 231-3-1 répond à la condition fixée au second alinéa de l'article D. 231-3-2.

Art. D. 231-3-4 *(Décr. nº 2011-2090 du 30 déc. 2011)* L'autorisation peut être modifiée ou retirée si les conditions mentionnées aux articles D. 231-3-1 et D. 231-3-2 ne sont pas respectées.

Art. D. 231-3-5 *(Décr. nº 2011-2090 du 30 déc. 2011)* Le vétérinaire officiel chargé de l'inspection sanitaire de l'abattoir évalue régulièrement, de façon individuelle et collective, le personnel participant aux contrôles de la viande de volailles et de lagomorphes selon des modalités fixées par arrêté du ministre chargé de l'agriculture.

Lorsque les conclusions de l'évaluation collective indiquent que les opérations réalisées sont susceptibles de conduire à une baisse du niveau d'hygiène dans l'établissement, le vétérinaire officiel ordonne la mise en œuvre des actions correctives appropriées et augmente la fréquence des évaluations. Il peut réaliser une évaluation individuelle des personnels chargés d'assurer ces tâches.

Lorsque les conclusions de l'évaluation individuelle d'une personne indiquent que les opérations qu'elle réalise sont susceptibles de conduire à une baisse du niveau d'hygiène dans l'établissement, le vétérinaire officiel peut imposer la participation de cette personne à une nouvelle formation. Si, après cette nouvelle formation, elle échoue à une nouvelle évaluation individuelle, le vétérinaire officiel en fait rapport au préfet qui modifie ou retire l'autorisation de participation au contrôle officiel de la production de viande en abattoirs de volailles et de lagomorphes.

Art. D. 231-3-6 *(Décr. nº 2011-2090 du 30 déc. 2011)* Lorsque *(Abrogé par Décr. nº 2021-1858 du 28 déc. 2021, art. 5)* **« *, conformément aux dispositions du a du A du chapitre III de la section 3 de l'annexe I du règlement (CE) nº 854/2004 du 24 avril 2004,* »** les conclusions de l'évaluation mentionnée à l'article D. 231-3-5 indiquent une baisse du niveau d'hygiène de l'établissement, *(Décr. nº 2021-1858 du 28 déc. 2021, art. 5)* « le préfet peut retirer, sur la base d'une analyse des risques, » l'autorisation de participation au contrôle officiel de la viande de volailles et de lagomorphes.

Art. D. 231-3-7 *(Décr. nº 2011-2090 du 30 déc. 2011)* L'autorisation peut être retirée sur demande de l'exploitant de l'abattoir. Cette demande indique les motifs pour lesquels il renonce à bénéficier de cette autorisation.

SOUS-SECTION 1 *BIS* Habilitation des agents pour les inspections et contrôles

(Décr. nº 2021-1858 du 28 déc. 2021, art. 5)

Art. R. 231-3-7-1 I. — Outre les agents mentionnés à l'article R. 206-1, sont habilités à procéder à l'inspection et au contrôle que nécessite l'application :

1º Des dispositions de l'article L. 230-5 :

a) Les fonctionnaires et les agents non titulaires de l'État compétents en matière sanitaire figurant sur une liste établie par arrêté du ministre chargé de l'agriculture ;

b) Les vétérinaires et préposés sanitaires contractuels de l'État pour les missions définies dans leur contrat ;

c) Les vétérinaires des armées ainsi que les autres militaires, les fonctionnaires et les agents non titulaires de l'État, relevant de l'autorité technique du service de santé des armées dans l'exercice de ses compétences en matière vétérinaire, et figurant sur une liste établie par arrêté du ministre chargé de la défense, pour les organismes relevant de son autorité ou de sa tutelle, ou sur une liste établie par arrêté du ministre de l'intérieur, pour les formations militaires relevant de son autorité ;

d) Les médecins inspecteurs de santé publique, les ingénieurs du génie sanitaire, les ingénieurs d'études sanitaires, les techniciens sanitaires ainsi que les inspecteurs et les contrôleurs des agences régionales de santé ;

2° Des dispositions de l'article L. 231-1 :

a) Les fonctionnaires et les agents non titulaires de l'État compétents en matière sanitaire figurant sur une liste établie par arrêté du ministre chargé de l'agriculture ;

b) Les vétérinaires et préposés sanitaires contractuels de l'État pour les missions définies dans leur contrat ;

c) Les vétérinaires des armées ainsi que les autres militaires, les fonctionnaires et les agents non titulaires de l'État, relevant de l'autorité technique du service de santé des armées dans l'exercice de ses compétences en matière vétérinaire, et figurant sur une liste établie par arrêté du ministre chargé de la défense, pour les organismes relevant de son autorité ou de sa tutelle, ou sur une liste établie par arrêté du ministre de l'intérieur pour les formations militaires relevant de son autorité ;

d) Pour les contrôles officiels liés à la production de coquillages vivants, les fonctionnaires affectés dans les services exerçant des missions de contrôle dans le domaine de la pêche de coquillages et la conchyliculture sous l'autorité ou à la disposition du ministre chargé de la pêche maritime ;

3° Des dispositions de l'article L. 234-1 :

a) Les agents mentionnés au 1° de l'article R. 206-2 ;

b) Les vétérinaires des armées ainsi que les autres militaires, les fonctionnaires et les agents non titulaires de l'État, relevant de l'autorité technique du service de santé des armées dans l'exercice de ses compétences en matière vétérinaire, et figurant sur une liste établie par arrêté du ministre chargé de la défense, pour les organismes relevant de son autorité ou de sa tutelle, ou sur une liste établie par arrêté du ministre de l'intérieur pour les formations militaires relevant de son autorité ;

c) Pour les contrôles officiels liés à la production de coquillages vivants, les fonctionnaires affectés dans les services exerçant des missions de contrôle dans le domaine de la pêche de coquillages et la conchyliculture sous l'autorité ou à la disposition du ministre chargé de la pêche maritime ;

4° Des dispositions de l'article L. 236-4 :

a) Les agents mentionnés au 1° de l'article R. 206-2 ;

b) Pour les contrôles officiels liés à la production de coquillages vivants, les fonctionnaires affectés dans les services exerçant des missions de contrôle dans le domaine de la pêche de coquillages et la conchyliculture sous l'autorité ou à la disposition du ministre chargé de la pêche maritime ;

5° Des dispositions de l'article L. 236-5 :

a) Les agents mentionnés au 1° de l'article R. 206-2 ;

b) Les vétérinaires des armées ainsi que les autres militaires, les fonctionnaires et les agents non titulaires de l'État, relevant de l'autorité technique du service de santé des armées dans l'exercice de ses compétences en matière vétérinaire, et figurant sur une liste établie par arrêté du ministre chargé de la défense, pour les organismes relevant de son autorité ou de sa tutelle, ou sur une liste établie par arrêté du ministre de l'intérieur pour les formations militaires relevant de son autorité ;

c) Pour les contrôles officiels liés à la production de coquillages vivants, les fonctionnaires affectés dans les services exerçant des missions de contrôle dans le domaine de la pêche de coquillages et la conchyliculture sous l'autorité ou à la disposition du ministre chargé de la pêche maritime ;

II. — Les agents mentionnés au 2° du I exercent leurs missions sur les animaux, sur les produits d'origine animale ou les denrées alimentaires en contenant, sur les sous-produits animaux et sur les aliments pour animaux, sur les médicaments vétérinaires et sur les substances ou préparations mentionnées à l'article L. 234-2 destinées aux animaux, tant à leur entrée en France qu'à l'intérieur du territoire, ainsi que sur les documents détenus par les exploitants du secteur alimentaire ou du secteur de l'alimentation animale.

Art. R. 231-3-7-2 Le préfet de police, à Paris et dans les départements des Hauts-de-Seine, de la Seine-Saint-Denis et du Val-de-Marne, adjoint aux agents mentionnés à l'article R. 206-1 et au 2° du I de l'article R. 231-3-7-1 et place sous leur autorité les agents et les officiers de police judiciaire spécialisés nécessaires à la bonne exécution de leur mission.

Art. R. 231-3-7-3 En application de l'article 55, paragraphe 3, du règlement (UE) 2017/625 du Parlement européen et du Conseil du 15 mars 2017, les agents habilités en application de l'article L. 231-3-7-1 qui n'ont pas la qualité de vétérinaire officiel sont habilités à prendre les décisions concernant les envois de produits de la pêche et de mollusques bivalves, échinodermes, tuniciers et gastéropodes marins vivants destinés à la consommation humaine.

SOUS-SECTION 1-1 Publication des résultats des contrôles officiels relatifs à la sécurité sanitaire dans les établissements du secteur alimentaire

(Décr. n° 2016-1750 du 15 déc. 2016, art. 1er, en vigueur le 1er mars 2017)

Art. D. 231-3-8 Les résultats des contrôles officiels réalisés dans les établissements du secteur alimentaire en application des *(Décr. n° 2021-1858 du 28 déc. 2021, art. 5)* « règlements (UE) 2017/625 du Parlement européen et du Conseil du 15 mars 2017 », (CE) n° 852/2004 du Parlement européen et du Conseil du 29 avril 2004 relatif à l'hygiène des denrées alimentaires et (CE) n° 853/2004 du Parlement européen et du Conseil du 29 avril 2004 fixant des règles spécifiques d'hygiène applicables aux denrées alimentaires d'origine animale font l'objet d'une publication sur les sites internet des ministères chargés de l'agriculture et de la consommation.

Toutefois, pour les établissements dans lesquels les contrôles officiels sont réalisés par les agents mentionnés *(Décr. n° 2021-1858 du 28 déc. 2021, art. 5)* « au *c* du 2° du I de l'article R. 231-3-7-1 », ces résultats font l'objet d'un affichage dans les locaux de l'établissement concerné. — *V. Arr. du 28 févr. 2017 relatif aux modalités d'application du Décr. n° 2016-1750 du 15 déc. 2016 organisant la publication des résultats des contrôles officiels en matière de sécurité sanitaire des aliments (JO 2 mars).*

Art. D. 231-3-9 Les données rendues publiques à l'issue des contrôles mentionnés à l'article D. 231-3-8 sont les suivantes :

1° Le nom de l'établissement ;

2° L'adresse de l'établissement ;

3° La date du dernier contrôle officiel ;

4° La mention relative au niveau d'hygiène évalué lors du dernier contrôle officiel.

La mention relative au niveau d'hygiène est attribuée à l'exploitant de l'établissement, identifié par son numéro SIRET.

Art. D. 231-3-10 Les données rendues publiques en application des articles D. 231-3-8 et D. 231-3-9 restent disponibles, sur les sites internet mentionnés au premier alinéa de l'article D. 231-3-8, ou affichées, dans les locaux des établissements mentionnés au second alinéa du même article, pendant une durée d'un an décomptée à partir de la date de réalisation du contrôle de l'établissement.

Art. D. 231-3-11 La mention relative au niveau d'hygiène de l'établissement, prévue au 4° de l'article D. 231-3-9, est l'une des quatre suivantes :

1° "Niveau d'hygiène très satisfaisant" pour les établissements ne présentant pas de non-conformité, ou présentant uniquement des non-conformités mineures ;

2° "Niveau d'hygiène satisfaisant" pour les établissements présentant des non-conformités qui ne justifient pas l'adoption de mesures de police administrative mais auxquels l'autorité administrative adresse une lettre d'avertissement, ou pour les établissements évalués favorablement lors du contrôle de suivi réalisé après une mise en demeure, une fermeture, un retrait ou une suspension de l'agrément sanitaire ;

3° "Niveau d'hygiène à améliorer" pour les établissements dont l'exploitant a été mis en demeure de procéder à des mesures correctives dans un délai fixé par l'autorité administrative ;

4° "Niveau d'hygiène à corriger de manière urgente" pour les établissements présentant des non-conformités susceptibles de mettre en danger la santé du consommateur et pour lesquels l'autorité administrative ordonne la fermeture administrative ou le retrait ou la suspension de l'agrément sanitaire.

L'exploitant de l'établissement est informé, avant l'attribution de l'une des mentions définies aux 2°, 3° et 4°, et de l'appréciation que les agents compétents pour mener le contrôle envisagent de retenir, et dispose de 15 jours pour faire valoir ses observations sur l'attribution de cette mention et sur sa publication.

Art. D. 231-3-12 Un arrêté des ministres chargés de l'agriculture, de la consommation et de la défense précise les conditions et les modalités d'application *(Décr. n° 2017-1246 du 7 août 2017, art. 14-5°)* « de la présente sous-section ».

SOUS-SECTION 2 Conditions d'hygiène applicables aux animaux, aux produits d'origine animale, aux denrées alimentaires en contenant et aux aliments pour animaux d'origine animale ou contenant des produits d'origine animale

(Décr. n° 2009-1658 du 18 déc. 2009)

V. Arr. du 18 déc. 2009 relatif aux règles sanitaires applicables aux produits d'origine animale et aux denrées alimentaires en contenant (JO 29 déc.), mod. par Arr. du 23 déc. 2011, art. 2 (JO 29 déc.), Arr. du 17 févr. 2015 (JO 28 févr.), Arr. du 19 août 2016 (JO 3 sept.), Arr. du 5 juin 2018 (JO 12 juin), Arr. du 28 juin 2019 (JO 10 juill.).

§ 1 Champ d'application

Art. R. 231-4 Sont soumis aux dispositions de la présente sous-section :

1° Les animaux dont la chair et les produits sont destinés à être livrés au public en vue de la consommation humaine et animale ;

2° Les produits d'origine animale ;

3° Les denrées alimentaires contenant des produits d'origine animale ;

4° Les aliments pour animaux d'origine animale ou contenant des produits d'origine animale ;

5° Les établissements dans lesquels sont préparés, transformés, conservés ou par lesquels sont mis sur le marché les produits, denrées alimentaires et aliments pour animaux mentionnés aux 2°, 3° et 4° ;

6° Les centres de collecte des matières premières destinées à la fabrication de denrées alimentaires ;

7° Les moyens de transport des animaux, produits, denrées alimentaires et aliments pour animaux mentionnés au présent article.

Art. R. 231-5 Les règles de composition et d'étiquetage des produits d'origine animale et des denrées alimentaires en contenant destinés à l'alimentation humaine sont fixées par des décrets pris en application de l'article *(Décr. n° 2017-1246 du 7 août 2017, art. 14-6°)* « L. 412-1 » du code de la consommation.

§ 2 Conditions d'abattage et de préparation

Art. R. 231-6 La mise à mort hors d'un abattoir est autorisée :

1° Dans le cadre des activités mentionnées à l'article L. 654-3 et lors de l'abattage des animaux des espèces caprine, ovine, porcine ainsi que des volailles et des lagomorphes d'élevage, dès lors que cet abattage est réalisé par la personne qui les a élevés et que la totalité des animaux abattus est réservée à la consommation de sa famille ;

2° En application de l'article R. 214-78 ;

3° Pour les animaux se trouvant dans les cas suivants :

a) Les animaux des espèces bovine, porcine et équine ainsi que les ratites abattus d'urgence pour cause d'accident ;

b) Les taureaux mis à mort lors de corridas ;

c) Le grand gibier ongulé d'élevage mis à mort dans l'exploitation d'origine ;
d) Les animaux mis à mort comme dangereux ou susceptibles de présenter un danger.

Art. R. 231-7 *(Décr. nº 2017-1246 du 7 août 2017, art. 14-7º)* Sont soumis, par leur détenteur, à un contrôle des services vétérinaires, destiné à vérifier sa conformité aux normes sanitaires et qualitatives résultant des dispositions mentionnées à l'article R. 231-13 :

1º Tout animal introduit dans un abattoir, avant et après son abattage ;

2º Tout gibier sauvage introduit dans un atelier de traitement ;

3º Tout animal mis à mort en application du 3º de l'article R. 231-6 ; ce contrôle est réalisé par les services vétérinaires dans un abattoir.

Cette conformité est attestée par l'apposition de la marque de salubrité ou de la marque d'identification prévues à l'article 5 du règlement (CE) nº 853/2004 du Parlement européen et du Conseil du 29 avril 2004 fixant des règles spécifiques d'hygiène applicables aux denrées alimentaires d'origine animale ou par arrêté du ministre chargé de l'agriculture.

La mise sur le marché de parties non marquées est interdite.

Art. R. 231-8 Il est interdit de fabriquer, transformer, préparer et mettre sur le marché des produits, denrées alimentaires et aliments pour animaux énumérés à l'article R. 231-4 qui ne répondent pas aux normes sanitaires et qualitatives fixées conformément à l'article R. 231-13.

Art. R. 231-9 Dans le cadre de la lutte contre les encéphalopathies spongiformes transmissibles, des mesures spécifiques portant sur l'abattage des animaux, la préparation, la transformation, l'entreposage et le transport des produits, denrées alimentaires ou aliments pour animaux énumérés à l'article R. 231-4 peuvent être définies par arrêté du ministre chargé de l'agriculture.

Art. R. 231-10 Les produits et les denrées alimentaires énumérés à l'article R. 231-4 doivent être entreposés conformément aux prescriptions fixées au chapitre IX de l'annexe II du règlement (CE) nº 852/2004 du Parlement européen et du Conseil du 29 avril 2004 relatif à l'hygiène des denrées alimentaires.

§ 3 Conditions d'hygiène applicables aux transports

Art. R. 231-11 Les animaux vivants énumérés à l'article R. 231-4 doivent être transportés dans des conditions telles que leur état de santé et d'entretien n'en soit pas altéré.

Les moyens de transport, de chargement et de déchargement doivent être spécialement adaptés aux différentes espèces animales.

Ils doivent être conçus, aménagés et entretenus de façon à ne jamais constituer une source de pollution ou de contamination.

Aussitôt après le déchargement dans les foires, marchés, expositions et abattoirs, ils doivent, ainsi que tous les objets ayant été en contact avec les animaux ou leurs déjections, être nettoyés, lavés et désinfectés.

A cet effet, les marchés et les lieux d'exposition doivent être pourvus d'une installation de nettoyage et de désinfection. Sauf si les litières et les déjections sont immédiatement évacuées, ils doivent également comporter un emplacement aménagé pour leur dépôt.

V. Arr. du 29 avr. 2019 relatif aux mesures de prévention de la propagation des dangers sanitaires réglementés via le transport par véhicules routiers de suidés vivants (JO 2 mai), mod. par Arr. du 6 déc. 2023 (JO 13 déc.).

§ 4 État de santé du personnel

Art. R. 231-12 Des arrêtés conjoints du ministre chargé de l'agriculture, du ministre chargé de la santé et, en ce qui concerne les produits de la mer, du ministre chargé des pêches maritimes peuvent établir des listes de maladies et d'affections qui rendent ceux qui en sont atteints susceptibles de contaminer les denrées alimentaires.

Ces mêmes arrêtés déterminent les conditions dans lesquelles les exploitants des établissements mentionnés à l'article R. 231-4 sont tenus de faire assurer une surveillance médicale appropriée de leur personnel, en vue d'éviter tout risque de contamination des marchandises.

§ 5 Mesures d'exécution

Art. R. 231-13 *(Décr. nº 2011-537 du 17 mai 2011)* I. — En application de l'article L. 231-6, les mesures d'exécution du II de l'article L. 221-4, du *(Décr. nº 2021-1858 du 28 déc. 2021, art. 5)* « chapitre VI » du titre II et des chapitres I à V du titre III du livre II sont constituées des dispositions tant des règlements ou décisions de l'Union européenne énumérés ci-après, le cas échéant modifiées, que des règlements ou décisions pris pour leur application, lorsque ces dispositions concernent des animaux vivants, des produits d'origine animale, des denrées alimentaires en contenant, des aliments pour animaux d'origine animale ou contenant des produits d'origine animale et des *(Décr. nº 2021-1858 du 28 déc. 2021, art. 5)* « sous-produits animaux ou des produits qui en sont dérivés ».

1º L'article 7, ensemble l'annexe IV, l'article 8, ensemble les annexes V et X, l'article 9, ensemble les annexes VI et X, ensemble les points 1 et 2 de l'annexe VII, l'article 15, ensemble l'annexe VIII, l'article 16, ainsi que l'article 20, ensemble le chapitre C de l'annexe X, du règlement (CE) nº 999/2001 du Parlement européen et du Conseil du 22 mai 2001 modifié fixant les règles pour la prévention, le contrôle et l'éradication de certaines encéphalopathies spongiformes transmissibles ;

2º Les articles 14, 15, 17, 19 et 20 du règlement (CE) nº 178/2002 du Parlement européen et du Conseil du 28 janvier 2002 modifié établissant les principes généraux et les prescriptions générales de la législation alimentaire, instituant l'Autorité européenne de sécurité des aliments et fixant les procédures relatives à la sécurité des denrées alimentaires ;

3º L'article 3, ensemble les annexes I et II, les articles 4 à 6 du règlement (CE) nº 852/2004 du Parlement européen et du Conseil du 29 avril 2004 modifié relatif à l'hygiène des denrées alimentaires ;

4º Les articles 3 et 4, ensemble les annexes II et III à l'exception des dispositions du chapitre II et du point 2 du chapitre IV de la section 5 "viandes hachées, préparations de viandes et viandes séparées mécaniquement (VSM)", du point 1 de la section 6 "produits à base de viandes", du point 2 du chapitre VII de la section 7 "mollusques bivalves vivants", du 1 du C du chapitre III, des deuxième et troisième alinéas du point 1 du E du chapitre V de la section 8 "produits de la pêche" des points 1 et 2 du chapitre IV de la section 9 "lait cru, colostrum, produits laitiers et produits à base de colostrum", du paragraphe 3 du chapitre I et du V du chapitre II de la section 10 "œufs et ovoproduits", des points 1 et 2 du chapitre I et du chapitre V de la section 14 "gélatine", des points 1 et 2 du chapitre I et du chapitre V de la section 15 "collagène" de l'annexe III, ainsi que les articles 5, 7 et 8 du règlement (CE) nº 853/2004 du Parlement européen et du Conseil du 29 avril 2004 modifié fixant des règles spécifiques d'hygiène applicables aux denrées alimentaires d'origine animale ;

5º Les articles 2 et 3 du règlement (CE) nº 37/2005 de la Commission du 12 janvier 2005 relatif au contrôle des températures dans les moyens de transport et les locaux d'entreposage et de stockage des aliments surgelés destinés à l'alimentation humaine ;

6º Les articles 4 à 16 et 19 à 21 du règlement (CE) nº 183/2005 du Parlement européen et du Conseil du 12 janvier 2005 modifié établissant des exigences en matière d'hygiène des aliments pour animaux ;

7º L'article 3, ensemble les annexes I et II, les articles 4, 5 et 7, ensemble l'annexe I, et l'article 9 du règlement (CE) nº 2073/2005 de la Commission du 15 novembre 2005 modifié concernant les critères microbiologiques applicables aux denrées alimentaires ;

8º Les articles 1er à 4, ensemble les annexes I à IV *(Décr. nº 2021-1858 du 28 déc. 2021, art. 5)* « et l'article 6 *bis* » du règlement (CE) nº 2074/2005 de la Commission du 5 décembre 2005 modifié établissant les mesures d'application relatives à certains produits régis par le règlement (CE) nº 853/2004 du Parlement européen et du Conseil et à l'organisation des contrôles officiels prévus par les règlements (CE) nº 854/2004 du Parlement européen et du Conseil et (CE) nº 882/2004 du Parlement européen et du Conseil, portant dérogation au règlement (CE) nº 852/2004 du

Parlement européen et du Conseil et modifiant les règlements (CE) n° 853/2004 et (CE) n° 854/2004 ;

9° Les articles 2, 4 et 9 du *(Décr. n° 2021-1858 du 28 déc. 2021, art. 5)* « règlement d'exécution (UE) 2015/1375 de la Commission du 10 août 2015 » fixant les règles spécifiques applicables aux contrôles officiels concernant la présence de *Trichinella* dans les viandes ;

10° Les articles 2 à 4 du règlement (CE) n° 1950/2006 de la Commission du 13 décembre 2006 établissant, conformément à la directive 2001/82/CE du Parlement et du Conseil instituant un code communautaire relatif aux médicaments vétérinaires, une liste de substances essentielles pour le traitement des équidés ; *— La Dir. 2001/82/CE est abrogée et remplacée par le Règl. 2019/6 du Parlement européen et du Conseil du 11 déc. 2018 relatif aux médicaments vétérinaires (JOUE n° L 4 du 7 janv. 2019).*

11° Les articles 3, 8, 9, 11, 16, 22 et 24 du règlement (CE) n° 470/2009 du Parlement européen et du Conseil du 6 mai 2009 établissant des procédures communautaires pour la fixation des limites de résidus des substances pharmacologiquement actives dans les aliments d'origine animale, abrogeant le règlement (CEE) n° 2377/90 du Conseil et modifiant la directive 2001/82/CE du Parlement européen et du Conseil et le règlement (CE) n° 726/2004 du Parlement européen et du Conseil ;

12° Les articles 4, 6, 11 à 15, 17 à 32, 35 à 37, 41, 42, 45 à 49, 51 et 53 du règlement (CE) n° 1069/2009 du Parlement européen et du Conseil du 21 octobre 2009 modifié établissant des règles sanitaires applicables aux sous-produits animaux et produits dérivés non destinés à la consommation humaine et abrogeant le règlement (CE) n° 1774/2002 ;

13° L'article 1er, ensemble l'annexe, du règlement (UE) n° 37/2010 de la Commission du 22 décembre 2009 modifié relatif aux substances pharmacologiquement actives et à leur classification en ce qui concerne les limites maximales de résidus dans les aliments d'origine animale.

II. — Au sens du présent titre et des textes pris pour son application on entend par ″normes sanitaires″ les prescriptions relatives à l'hygiène alimentaire et les règles sanitaires applicables aux exploitants du secteur alimentaire, du secteur des sous-produits animaux et du secteur de l'alimentation animale qui sont définies par les articles L. 212-6 à L. 212-12 et les dispositions réglementaires prises en application de ces articles, les dispositions législatives et réglementaires du chapitre VI du titre II et des chapitres I à V du présent titre, et par les règlements et décisions de l'Union européenne entrant dans le champ d'application des dispositions susmentionnées ainsi que par les arrêtés mentionnés ci-après.

III. — Des arrêtés du ministre chargé de l'agriculture et, le cas échéant, des ministres chargés, respectivement, de la santé, de l'écologie, de la consommation et de la défense fixent les normes sanitaires, qualitatives et techniques auxquelles doivent satisfaire, pour concourir à la maîtrise des dangers et garantir un caractère propre à la consommation :

1° Les animaux, produits, denrées alimentaires et aliments pour animaux énumérés à l'article R. 231-4 ;

2° Les établissements et les moyens de transport des animaux, produits, denrées alimentaires et aliments pour animaux énumérés au même article.

IV. — Ces arrêtés peuvent définir les modalités d'application et les dérogations prévues par les règlements et décisions de l'Union européenne *(Décr. n° 2012-842 du 30 juin 2012, art. 11-2°)* « mentionnés au II ».

V. Arr. du 14 nov. 2012 relatif aux modalités de mise en œuvre des informations sur la chaîne alimentaire dans les filières d'ongulés domestiques et de ratites (JO 18 nov.), mod. par Arr. du 8 sept. 2016 (JO 20 sept.), Arr. du 1er juin 2017 (JO 20 juin), Arr. du 5 juill. 2018 (JO 12 juill.).

SOUS-SECTION 3 Conditions d'hygiène applicables à l'approvisionnement direct du consommateur final ou du commerce de détail fournissant directement le consommateur final en petites quantités de produits primaires d'origine animale, ou à l'approvisionnement direct du commerce de détail fournissant le consommateur final en petites quantités de gibier sauvage ou de viande de gibier sauvage

(Décr. n° 2009-1658 du 18 déc. 2009)

Art. R. 231-14 La présente sous-section s'applique à l'approvisionnement direct par le producteur exerçant son activité sur le territoire national du consommateur final ou du commerce de détail local fournissant directement le consommateur final en petites quantités de produits primaires d'origine animale mentionnée au *c* du 2 de l'article 1er du règlement (CE) n° 852/2004 du Parlement européen et du Conseil du 29 avril 2004 relatif à l'hygiène des denrées alimentaires, ou au *c* du 3 de l'article 1er du règlement (CE) n° 853/2004 du Parlement européen et du Conseil du 29 avril 2004 fixant des règles spécifiques d'hygiène applicables aux denrées alimentaires d'origine animale, ainsi qu'à l'approvisionnement direct par les chasseurs du commerce de détail local fournissant directement le consommateur final en petites quantités de gibier sauvage ou de viandes de gibier sauvage mentionnées au *e* du 3 de l'article 1er du même règlement (CE) n° 853/2004 du 29 avril 2004.

Les dispositions de l'article R. 233-4, celles de la section 2 du chapitre II et du chapitre IV du titre I ainsi que de la section 1 du chapitre III du titre II sont applicables à ces approvisionnements.

Lors du transport, de l'entreposage et de la manipulation des produits primaires sur le lieu de production, les exploitants doivent, dans la mesure du possible, veiller à ce que les produits primaires soient protégés contre toute contamination, notamment celles provenant de l'air, du sol, de l'eau, des aliments pour animaux, des médicaments vétérinaires, des produits phytosanitaires, des biocides et des déchets.

Art. R. 231-15 Les exploitants du secteur alimentaire qui produisent des denrées d'origine animale doivent :

1° S'assurer que l'agencement des locaux permet l'exécution du travail dans des conditions d'hygiène satisfaisantes ;

2° Nettoyer et, au besoin, désinfecter toute installation et tous les équipements utilisés dans le cadre du transport, de l'entreposage et de la manipulation de ces denrées ;

3° S'assurer que les enveloppes, conditionnements et emballages ne sont pas employés ou réemployés dans des conditions telles que l'état sanitaire de ces denrées en soit altéré ;

4° Utiliser de l'eau potable conforme aux dispositions du code de la santé publique ou, lorsque des arrêtés mentionnés à l'article R. 231-13 *(Décr. n° 2017-1246 du 7 août 2017, art. 14-8°)* « du présent code » le prévoient, de l'eau propre au sens du i du 1 de l'article 2 du règlement (CE) n° 852/2004 du Parlement européen et du Conseil du 29 avril 2004 relatif à l'hygiène des denrées alimentaires, de façon à éviter toute contamination. En cas d'utilisation d'une eau potable de ressource privée, l'exploitant devra obtenir, par arrêté préfectoral, une autorisation d'utilisation d'eau destinée à la consommation humaine, conformément aux dispositions de l'article R. 1321-6 du code de la santé publique ;

5° Empêcher, dans la mesure du possible, que les animaux et les organismes nuisibles soient source de contamination ;

6° Entreposer et manipuler les déchets et les substances dangereuses de façon à éviter toute contamination ;

7° S'assurer que les denrées respectent les normes fixées par la législation alimentaire mentionnée *(Décr. n° 2011-537 du 17 mai 2011)* « à l'article L. 231-1 » *(Décr. n° 2017-1246 du 7 août 2017, art. 14-8°)* « du présent code » ;

8° Conserver les denrées à des températures qui n'affectent pas leurs caractéristiques en matière de sécurité.

Art. R. 231-16 Les personnes appelées, en raison de leur emploi, à manipuler les denrées, tant au cours de leur collecte, préparation, traitement, transformation, conditionnement, emballage, transport ou entreposage que pendant leur exposition ou mise en vente, sont astreintes à la plus grande propreté corporelle et vestimentaire.

La manipulation de ces produits est interdite aux personnes atteintes ou porteuses d'une maladie ou d'une affection susceptible d'être transmise par les aliments, s'il existe un danger de contamination, directe ou indirecte, des aliments non maîtrisable par l'application des bonnes pratiques d'hygiène. Le personnel peut être soumis à des obligations de formation dans ce domaine.

Art. R. 231-17 à R. 231-34 *Abrogés par Décr. n° 2009-1658 du 18 déc. 2009.*

SOUS-SECTION 4 Dispositions particulières aux produits de la mer et d'eau douce

§ 1 Conditions sanitaires de production et de mise sur le marché des coquillages vivants

(Décr. n° 2012-1220 du 31 oct. 2012, art. 1er, en vigueur le 1er janv. 2013)

Art. R. 231-35 Sont soumises aux dispositions du présent paragraphe les activités de production et de mise sur le marché des coquillages vivants destinés à la consommation humaine.

On entend par coquillages les espèces marines appartenant aux groupes des mollusques bivalves, des gastéropodes, des échinodermes et des tuniciers.

Art. R. 231-36 Au sens de la présente sous-section, on entend par :

1° Production : les activités, pratiquées à titre professionnel, de pêche ou d'élevage de coquillages juvéniles ou adultes et ayant pour but final la préparation à la vente et à la mise sur le marché pour la consommation humaine ;

2° Élevage : toutes les étapes de culture d'un coquillage ayant pour objectif, par croissance, engraissement, affinage ou par toute autre technique visant à en améliorer les caractéristiques physiques et organoleptiques, l'obtention d'un coquillage de taille et de qualité marchandes destiné à la consommation humaine ;

(Décr. n° 2021-1858 du 28 déc. 2021, art. 5) « 3° Transfert : l'opération consistant à déplacer des coquillages vivants entre des zones de production, des zones de reparcage et vers des établissements de production, de négoce, de purification, d'expédition, de manipulation ou de transformation de coquillages. L'expédition de colis de coquillages vivants depuis un centre d'expédition agréé, ainsi que les opérations ultérieures, ne sont pas des opérations de transfert. »

Art. R. 231-37 Sont déterminés par arrêté du préfet du département après avis du comité régional conchylicole concerné et de la commission des cultures marines :

1° L'emplacement, les limites et le classement des zones de production *(Décr. n° 2021-1858 du 28 déc. 2021, art. 5)* « des mollusques bivalves vivants, dans les conditions définies par l'article 18 du règlement (UE) 2017/625 du Parlement européen et du Conseil du 15 mars 2017 » ;

2° L'emplacement et les limites des zones de reparcage, qui satisfont à la qualité sanitaire des zones de productions classées en A conformément aux points A, B et C du chapitre II de la section 7 de l'annexe III du règlement (CE) n° 853/2004 du 29 avril 2004 fixant des règles spécifiques d'hygiène applicables aux denrées alimentaires d'origine animale.

Ces arrêtés sont publiés au recueil des actes administratifs ainsi que sur le site internet de la préfecture.

Art. R. 231-38 Les règles relatives aux programmes et plans d'échantillonnage prévus par *(Décr. n° 2021-1858 du 28 déc. 2021, art. 5)* « les dispositions du droit de l'Union européenne applicables au classement et au contrôle des zones de production et de reparcage des mollusques bivalves vivants » ainsi qu'à l'exploitation et l'interprétation de leurs résultats et les modalités de classement et de surveillance sanitaire régulière de chaque classe de zone de production et de reparcage sont fixées par arrêté conjoint du ministre chargé de l'agriculture et du ministre chargé de la santé. – *V. Arr. du 6 nov. 2013 relatif au classement, à la surveillance et à la gestion sanitaire des zones de production et des zones de reparcage de coquillages vivants (JO 29 nov.).*

Art. R. 231-39 Pour *(Décr. n° 2021-1858 du 28 déc. 2021, art. 5)* « l'application des dispositions du droit de l'Union européenne relatives aux conditions de fermeture et de réouverture des zones de production de mollusques vivants », l'autorité compétente qui, en cas de contamination momentanée d'une zone ou lorsque la santé publique est

mise en péril, ferme la zone concernée ou en prononce le déclassement est le préfet du département.

Lorsqu'une zone de reparcage ne satisfait plus à la qualité sanitaire des zones de productions classées en A, le préfet de département décide soit la suspension des opérations de reparcage pour une durée maximale de trois mois non reconductible, soit le déclassement de la zone en cause.

Ces décisions sont portées immédiatement à la connaissance de l'agence régionale de santé, des communes et des organisations professionnelles concernés.

Art. R. 231-40 **Le transfert depuis une zone C vers une zone A ou B est limité aux seuls naissains et juvéniles qui y sont captés ou récoltés.**

Par dérogation au point 1 du A du chapitre II de la section 7 de l'annexe III du règlement (CE) n° 853/2004, le captage et la récolte des naissains hors zones classées pour effectuer leur transfert vers une zone de production peuvent être exceptionnellement autorisés par le préfet du département après avis de la commission des cultures marines.

Un arrêté du ministre chargé de l'agriculture fixe les modalités d'application du présent article et précise notamment la liste des espèces et les tailles maximales des naissains ou juvéniles. — *V. Arr. du 6 nov. 2013 fixant les tailles maximales des coquillages juvéniles récoltés en zone C et les conditions de captage et de récolte du naissain en dehors des zones classées (JO 29 nov.).*

Art. R. 231-41 **En application du *c* du point 2 du C du chapitre II de la section 7 de l'annexe III du règlement (CE) n° 853/2004 du 29 avril 2004, le préfet de département peut autoriser, sur la base d'une analyse de risque, le reparcage des coquillages provenant de zones C pour une durée inférieure à deux mois.**

Un arrêté du ministre chargé de l'agriculture précise les modalités de demande d'autorisation. — *V. Arr. du 6 nov. 2013 relatif au classement, à la surveillance et à la gestion sanitaire des zones de production et des zones de reparcage de coquillages vivants (JO 29 nov.).*

Art. R. 231-42 **Le document d'enregistrement mentionné au point 3 du chapitre I de la section 7 de l'annexe III du règlement (CE) n° 853/2004 du 29 avril 2004 accompagne tout lot de coquillages vivants lors de tout transfert.**

Toutefois *(Abrogé par Décr. n° 2021-1858 du 28 déc. 2021, art. 5)* ***« et conformément au point 7 du chapitre I de la section 7 de l'annexe III du règlement (CE) n° 854/2004 du 29 avril 2004 »,*** **le document d'enregistrement n'est pas requis lorsque le transfert est effectué entre des zones et installations d'une même entreprise par le personnel de celle-ci.**

Un arrêté conjoint du ministre chargé de l'agriculture et du ministre chargé de la consommation précise les modalités d'application des dispositions du présent article, notamment, les conditions d'utilisation et de conservation des documents d'enregistrement.

V. Arr. du 29 août 2023 fixant les conditions sanitaires de transfert et de traçabilité des coquillages vivants (JO 3 sept.).

§ 2 Pêche non professionnelle de coquillages vivants

(Décr. n° 2012-1220 du 31 oct. 2012, art. 1er, en vigueur le 1er janv. 2013)

Art. R. 231-43 **La pêche à titre non professionnel des coquillages vivants destinés à la consommation humaine ne peut être pratiquée dans les zones de production que sur les gisements naturels situés dans des zones classées A ou B.**

Les modalités de l'information sanitaire du public se livrant à cette pêche dans des zones classées B sont fixées par un arrêté conjoint du ministre chargé de la santé et du ministre chargé de l'agriculture, après avis de l'Agence nationale de sécurité sanitaire de l'alimentation, de l'environnement et du travail. Cet arrêté est disponible sur le site des ministères chargés de l'agriculture et de la santé.

SECTION 2 **Conditions techniques du transport de denrées alimentaires sous température dirigée** *(Décr. n° 2020-1218 du 2 oct. 2020, art. 2).*

La sous-section 5 de la section 1 du chapitre I du titre III du livre II devient la section 2 du même chapitre (Décr. n° 2020-1218 du 2 oct. 2020, art. 2).

Art. R. 231-44 **Les denrées périssables, c'est-à-dire les denrées alimentaires qui peuvent devenir dangereuses du fait de leur instabilité microbiologique lorsque la tempé-**

rature d'entreposage n'est pas maîtrisée, doivent être transportées dans les conditions fixées par la présente *(Décr. n° 2020-1218 du 2 oct. 2020, art. 3, en vigueur le 1er janv. 2021)* **« section ».** — *V. Arr. du 27 nov. 2020 relatif aux conditions techniques du transport des denrées périssables sous température dirigée (JO 3 déc.), mod. par Arr. du 4 nov. 2021 (JO 10 nov.).*

Art. R. 231-45 *(Décr. n° 2020-1218 du 2 oct. 2020, art. 4, en vigueur le 1er janv. 2021)* **« I. — » Les engins de transport sous température dirigée utilisés pour le transport de denrées périssables sur le territoire français sont construits, commercialisés, exploités, utilisés et entretenus de façon à assurer la sécurité sanitaire des denrées alimentaires, dans l'intérêt de la protection de la santé publique.**

(Décr. n° 2020-1218 du 2 oct. 2020, art. 4, en vigueur le 1er janv. 2021) **« II. — » Seuls peuvent être utilisés pour le transport des denrées périssables les engins de transport suivants dont la conformité aux** *(Décr. n° 2020-1218 du 2 oct. 2020, art. 4, en vigueur le 1er janv. 2021)* **« normes » techniques déterminées par l'accord du 1er septembre 1970 relatif aux transports internationaux de denrées périssables et aux engins spéciaux à utiliser pour ces transports a été attestée dans les conditions fixées par cet accord :**

1° Pour le transport des denrées périssables à l'état congelé, les engins de transport appartenant aux catégories Frigorifique renforcé de classe C ou F, ou Réfrigérant renforcé de classe C ;

2° Pour le transport des denrées périssables à l'état réfrigéré, les engins de transport appartenant à l'une des catégories isothermes, équipés ou non d'un dispositif thermique frigorifique ou réfrigérant ;

(Décr. n° 2020-1218 du 2 oct. 2020, art. 4, en vigueur le 1er janv. 2021) **« III. — Seuls peuvent être utilisés pour le transport des denrées périssables en liaison chaude les engins de transport** *(Décr. n° 2021-1858 du 28 déc. 2021, art. 5)* **« isothermes ou » dotés d'un équipement spécial calorifique.**

« IV. — » Un arrêté du ministre chargé de l'agriculture précise en tant que de besoin les conditions dans lesquelles certaines catégories de denrées périssables doivent être transportées. — *Les tirets précédant les al. 3 à 5 de l'art. R. 231-59-2 devenu l'art. R. 231-45 sont remplacés successivement par les numérotations « 1° », « 2° », « 3° » et la lettre minuscule suivant chacun des numéros ainsi insérés devient une lettre majuscule (Décr. n° 2017-1246 du 7 août 2017, art. 14-9°-c, JO 9 août).*

V. Arr. du 27 nov. 2020 préc.

Art. R. 231-46 Lorsque les transports sont limités au territoire national, les engins utilisés pour transporter des denrées périssables, s'ils ne satisfont pas aux conditions mentionnées à l'article *(Décr. n° 2017-1246 du 7 août 2017, art. 14-9°-b)* **« R. 231-45 », doivent présenter des garanties techniques équivalentes attestées dans les conditions prévues à l'article** *(Décr. n° 2017-1246 du 7 août 2017, art. 14-9°-b)* **« R. 231-48 ».**

Un arrêté du ministre chargé de l'agriculture fixe les caractéristiques des engins présentant de telles garanties. — *V. Arr. du 27 nov. 2020 préc.*

Art. R. 231-47 Par dérogation aux articles *(Décr. n° 2017-1246 du 7 août 2017, art. 14-9°-b)* **« R. 231-45 et R. 231-46 », les engins de transport ne satisfaisant pas aux conditions énoncées à ces articles peuvent être utilisés pour le transport sur le territoire national de denrées périssables lorsque le recours à des engins spéciaux n'est pas nécessaire en raison de la distance parcourue, de conditions climatiques particulières, ou, pour des catégories de produits ayant une inertie thermique suffisante, de la durée du transport.**

Les dispositions du présent article sont précisées par arrêté du ministre chargé de l'agriculture. — *V. Arr. du 27 nov. 2020 préc.*

Art. R. 231-48 Sauf lorsque le recours à un engin spécial n'est pas nécessaire en application de l'article *(Décr. n° 2017-1246 du 7 août 2017, art. 14-9°-b)* **« R. 231-47 », l'utilisateur de l'engin de transport doit disposer d'une attestation** *(Décr. n° 2020-1218 du 2 oct. 2020, art. 5, en vigueur le 1er janv. 2021)* **« de conformité de celui-ci aux normes techniques qui lui sont applicables, délivrée à l'issue d'un examen de conformité » :**

1° Dans les conditions et pour la durée prévues par l'accord du 1er septembre 1970 *(Décr. n° 2020-1218 du 2 oct. 2020, art. 5, en vigueur le 1er janv. 2021)* **« mentionné à l'article R. 231-45, dans les cas prévus par cet article » ;**

2° Selon des modalités et une périodicité prévues par arrêté du ministre chargé de l'agriculture, pour les engins utilisés uniquement sur le territoire national, mentionnés à l'article *(Décr. n° 2017-1246 du 7 août 2017, art. 14-9°-b)* **« R. 231-46 ».**

Pour les engins de transport neufs construits en série d'après un type déterminé, l'attestation *(Décr. n° 2020-1218 du 2 oct. 2020, art. 5, en vigueur le 1er janv. 2021)* **« de conformité peut être délivrée au vu de l'examen de conformité effectué sur le prototype et d'un examen de conformité » par échantillonnage d'engins de la série.**

(Décr. n° 2020-1218 du 2 oct. 2020, art. 5, en vigueur le 1er janv. 2021) **« Sous réserve des dispositions de l'article R. 231-49, » ces attestations sont délivrées par le préfet du département d'immatriculation ou de mise en service de l'engin.** — *Les tirets précédant les al. 2 et 3 de l'art. R. 231-59-5 devenu l'art. R. 231-48 sont remplacés successivement par les numérotations « 1° » et « 2° » et la lettre minuscule suivant chacun des numéros ainsi insérés devient une lettre majuscule (Décr. n° 2017-1246 du 7 août 2017, art. 14-9°-c, JO 9 août).*

V. Arr. du 27 nov. 2020 préc.

Art. R. 231-49 *(Décr. n° 2020-1218 du 2 oct. 2020, art. 6, en vigueur le 1er janv. 2021)* **I. — En application de l'article L. 231-4-1, le ministre chargé de l'agriculture peut déléguer à un organisme tiers les missions suivantes :**

1° L'examen de la conformité des engins de transport des denrées alimentaires sous température dirigée aux normes techniques mentionné à l'article R. 231-48 ;

2° La délivrance des attestations de conformité à ces normes techniques ;

3° La conception, la gestion, la maintenance ainsi que les droits et modalités d'accès par internet à la base de données de délivrance de ces attestations et le contrôle de la fiabilité des données saisies par les télédéclarants ;

4° L'instruction des demandes de reconnaissance des centres de tests mentionnés à l'article R. 231-49-1, notamment la conduite du processus de leur évaluation technique, ainsi que la rédaction du référentiel des tests et examens réalisés par ces centres.

II. — L'octroi de la délégation est subordonné au respect par l'organisme délégataire des conditions suivantes :

1° Posséder l'expertise, l'équipement et les infrastructures nécessaires ;

2° Disposer d'un personnel qualifié et expérimenté, en nombre suffisant ;

3° Présenter toutes garanties d'indépendance, d'impartialité et de confidentialité.

III. — Un arrêté du ministre chargé de l'agriculture désigne l'organisme délégataire à l'issue d'une procédure de sélection préalable présentant toutes les garanties d'impartialité et de transparence et comportant des mesures de publicité permettant aux candidats potentiels de se manifester.

IV. — Pour l'application du règlement (UE) n° 2016/679 du Parlement européen et du Conseil du 27 avril 2016 relatif à la protection des personnes physiques à l'égard du traitement des données à caractère personnel et à la libre circulation de ces données, le ministre chargé de l'agriculture est le responsable du traitement automatisé de données à caractère personnel nécessaires à la délivrance des attestations mentionnées au I.

Conformément aux dispositions du 3° du I, il peut faire appel à l'organisme mentionné à ce I en vue d'effectuer le traitement pour son compte. Dans ce cas, l'organisme délégataire agit en qualité de sous-traitant, au sens du règlement mentionné au premier alinéa, et présente des garanties suffisantes pour mettre en œuvre toute mesure de nature à assurer la conformité du traitement à ce règlement.

Avec l'autorisation écrite préalable du ministre chargé de l'agriculture, la conception, la gestion ou la maintenance du système de délivrance des attestations peuvent être confiées par ce sous-traitant à un prestataire qui présente les mêmes garanties. — *Les dispositions de l'art. R. 231-49 sont applicables à toute procédure de sélection préalable de l'organisme délégataire mentionné à l'art. L. 231-4-1 engagée à compter du lendemain de la publication du Décr. n° 2020-1218 du 2 oct. 2020 (Décr., art. 6, JO 4 oct.).*

V. Arr. du 2 juin 2008 portant désignation de l'organisme délégataire au titre de l'art. R. 231-59-6 [R. 231-49] (JO 6 juin), mod. par Arr. du 16 févr. 2012 (JO 2 mars), Arr. du 7 déc. 2017

(JO 22 déc.), Arr. du 27 mai 2019 (JO 1er juin), Arr. du 8 juin 2020 (JO 13 juin), Arr. du 8 juin 2021 (JO 12 juin), Arr. du 9 juin 2023 (JO 11 juin).

Art. R. 231-49-1 *(Décr. no 2020-1218 du 2 oct. 2020, art. 7, en vigueur le 1er janv. 2021)* **I. — Des centres de tests reconnus peuvent réaliser, aux frais du demandeur, les tests nécessaires à l'examen de conformité prévu à l'article R. 231-48.**

Ces tests sont réalisés selon un référentiel technique reconnu par le ministre chargé de l'agriculture et publié au *Bulletin officiel* du ministère.

II. — Les centres de tests qui demandent leur reconnaissance doivent respecter les conditions suivantes :

1° Disposer de personnels formés et spécialement habilités, des locaux, des équipements et des moyens nécessaires à la réalisation de leurs missions ;

2° Présenter des garanties appropriées d'indépendance, d'impartialité et de confidentialité vis-à-vis de toute personne physique ou morale exerçant une activité de production, de réparation, d'importation ou de commercialisation en lien avec les engins testés et examinés ;

3° Satisfaire aux critères énoncés dans le référentiel technique mentionné au deuxième alinéa du I ;

4° S'engager à se soumettre, à leurs frais, à tout contrôle et processus d'évaluation technique demandé par le ministre chargé de l'agriculture pour la délivrance ou le contrôle de leur reconnaissance.

III. — Les demandes de reconnaissance sont accompagnées d'un dossier dont la composition est fixée par arrêté du ministre chargé de l'agriculture. Leur instruction donne lieu à une évaluation technique qui peut être menée par l'organisme mentionné à l'article R. 231-49.

Toute modification des conditions d'exercice des activités du centre de tests telles qu'énoncées dans le dossier de demande de reconnaissance, y compris la liste des personnels habilités à réaliser les tests, est portée à la connaissance de l'autorité qui a reconnu le centre de test dans un délai d'un mois.

Si l'importance ou la nature des modifications le justifient, il peut être demandé au responsable du centre de tests de déposer dans un délai de six mois une nouvelle demande de reconnaissance.

IV. — A tout moment, en cas de manquement aux obligations résultant du présent article et des textes pris pour son application, la reconnaissance peut être suspendue ou retirée après que l'opérateur a été mis à même de présenter ses observations dans les conditions prévues aux articles L. 121-1, L. 121-2 et L. 122-1 du code des relations entre le public et l'administration.

V. — Les décisions mentionnées au présent article sont prises par le préfet du département d'implantation du centre de tests.

V. Arr. du 27 nov. 2020 préc.

Art. R. 231-49-2 *(Décr. no 2020-1218 du 2 oct. 2020, art. 7, en vigueur le 1er janv. 2021)* **Le silence gardé pendant un délai de quatre mois sur la demande de reconnaissance d'un centre de tests vaut décision d'acceptation.**

Art. R. 231-49-3 *(Décr. no 2020-1218 du 2 oct. 2020, art. 7, en vigueur le 1er janv. 2021)* **Les informations relatives aux missions déléguées détenues par l'organisme délégataire et les centres de tests reconnus sont communiquées aux agents habilités des services du ministre de l'intérieur et des ministres chargés des armées, de l'agriculture, de la consommation et des douanes qui en font la demande pour l'exercice de leurs contrôles.**

Art. R. 231-49-4 *(Décr. no 2020-1218 du 2 oct. 2020, art. 7, en vigueur le 1er janv. 2021)* **Les modalités de la délégation mentionnée à l'article R. 231-49 et, en particulier, sa durée, les conditions exigées de l'organisme délégataire, son contrôle ainsi que les modalités de reconnaissance et de fonctionnement des centres de tests mentionnés à l'article R. 231-49-1 sont précisées par arrêté du ministre chargé de l'agriculture.**

Art. R. 231-50 **Les dispositions de la présente** *(Décr. no 2020-1218 du 2 oct. 2020, art. 8, en vigueur le 1er janv. 2021)* **« section » s'appliquent au transport courant des denrées périssables assuré par les forces armées.**

Pour les transports de denrées périssables adaptés au soutien des forces armées en situation d'opération ou d'entraînement, des dispositions particulières sont fixées par arrêté du ministre de la défense.

V. art. R. 237-7 (pén.).

SECTION 3 *[ABROGÉE]* Mesures d'exécution

(Abrogée par Décr. n° 2009-1658 du 18 déc. 2009)

Art. R. 231-60 *Abrogé par Décr. n° 2009-1658 du 18 déc. 2009.*

CHAPITRE II DISPOSITIONS RELATIVES AUX PRODUITS

(Décr. n° 2009-1658 du 18 déc. 2009)

Art. R. 232-1 L'autorité administrative mentionnée à l'article L. 232-1 est le préfet du lieu d'implantation de l'établissement de l'exploitant mentionné au même article si les produits, denrées alimentaires ou aliments pour animaux se trouvent dans le même département que l'établissement.

Cette autorité est le ministre chargé de l'agriculture lorsque les produits, denrées ou aliments pour animaux sont présents dans plusieurs départements.

CHAPITRE III DISPOSITIONS RELATIVES AUX ÉTABLISSEMENTS

(Décr. n° 2008-872 du 28 août 2008, art. 3)

SECTION 1 Agrément des établissements *(Décr. n° 2017-1246 du 7 août 2017, art. 14-10°).*

(Décr. n° 2009-1658 du 18 déc. 2009)

SOUS-SECTION 1 Agrément des établissements mentionnés à l'article L. 233-2 *(Décr. n° 2011-239 du 3 mars 2011, art. 1er, en vigueur le 1er sept. 2011).*

Art. R. 233-1 Lorsque l'instruction d'une demande présentée en vue de l'obtention de l'agrément ou de l'autorisation mentionnés à l'article L. 233-2 nécessite des informations complémentaires, le service instructeur peut les réclamer au demandeur en lui impartissant, pour les fournir, un délai qui ne peut excéder deux mois. Le délai au terme duquel, à défaut de décision expresse, la demande est réputée rejetée est alors prolongé d'une durée égale.

Art. R. 233-2 Une décision de rejet de la demande mentionnée à l'article R. 233-1 ne peut faire l'objet d'un recours contentieux qu'après rejet d'un recours gracieux préalable formé contre cette décision.

Art. R. 233-2-1 *(Décr. n° 2021-1858 du 28 déc. 2021, art. 5)* Lorsqu'un établissement titulaire d'un agrément délivré sur le fondement de l'article L. 233-2 cesse l'activité au titre de laquelle il a été agréé, l'autorité administrative peut retirer cet agrément selon des modalités fixées par arrêté du ministre chargé de l'agriculture, qui précise notamment la durée d'inactivité au-delà de laquelle ce retrait peut intervenir.

Art. R. 233-3 L'autorité administrative mentionnée à l'article L. 233-2 est le ministre de la défense pour les cuisines centrales placées sous son autorité ou sa tutelle.

SOUS-SECTION 2 Centres de rassemblement

(Décr. n° 2011-239 du 3 mars 2011, art. 1er, en vigueur le 1er sept. 2011)

V. Arr. du 16 déc. 2011 relatif aux conditions d'agrément des centres de rassemblement et d'enregistrement des opérateurs commerciaux et modifiant l'Arr. du 9 juin 1994 relatif aux règles applicables en matière d'échanges d'animaux vivants, de semences et embryons et à l'organisation des contrôles vétérinaires (JO 3 janv. 2012), mod. par Arr. du 3 févr. 2022 (JO 11 févr.).

Art. R. 233-3-1 Au sens de la présente sous-section, on entend par :

— "animaux" : tout animal des espèces domestiques bovine (y compris les espèces *Bison bison, Bison bonasus, Bos indicus* et *Bubalus bubalus*), porcine, ovine, caprine, équine ou asine ou les animaux issus de leurs croisements, et toute volaille et les œufs à couver ;

– "exploitation" : tout établissement, toute construction, toute installation ou, dans le cas d'une exploitation à ciel ouvert, tout lieu dans lequel des animaux sont élevés ou détenus ;

– "centre de rassemblement" : tout emplacement où sont rassemblés des animaux issus de différentes exploitations en vue de la constitution de lots d'animaux destinés aux échanges intracommunautaires, à l'exportation vers des pays tiers ou à l'expédition sur le territoire national. Ne sont pas compris dans cette définition les exploitations d'élevage, les lieux d'exposition ou de manifestations sportives ou culturelles et les établissements d'abattage ;

– "poste de contrôle" : lieu où le transport des animaux est interrompu pour abreuver, nourrir et faire reposer les animaux pendant au moins douze heures.

Art. R. 233-3-2 L'agrément mentionné à l'article L. 233-3 est subordonné au respect de conditions définies par arrêté du ministre chargé de l'agriculture et portant sur :

a) Les caractéristiques des installations et des équipements du centre de rassemblement ;

b) Les compétences du personnel du centre de rassemblement affecté à l'entretien et à la manipulation des animaux ;

c) L'identification, la traçabilité des animaux et la notification de leurs mouvements aux gestionnaires des bases de données ;

d) La surveillance et la maîtrise sanitaires des animaux et du centre de rassemblement.

Art. R. 233-3-3 L'agrément est délivré pour une durée de cinq ans par le préfet du département du lieu d'implantation du centre de rassemblement sur demande du responsable de ce centre. Il est renouvelable sur demande de son titulaire.

Un numéro d'agrément est délivré à chaque détenteur.

L'agrément devient caduc lorsque l'activité n'a pas été exercée dans les trois années suivant sa délivrance ou lorsque son titulaire cesse d'exercer son activité pendant plus de deux années consécutives, sauf cas de force majeure.

Un arrêté du ministre chargé de l'agriculture précise le contenu de la demande d'agrément et les modalités d'instruction des demandes.

Art. R.* 233-3-3-1 *(Décr. n° 2017-1411 du 27 sept. 2017, art. 2-36°)* Le silence gardé par le préfet sur une demande d'agrément de centre de rassemblement d'animaux, mentionnée à l'article R. 233-3-2, vaut décision de rejet.

Art. R. 233-3-4 Lorsque le préfet estime que l'un des éléments du dossier de demande d'agrément est insuffisant ou irrégulier, il invite le demandeur à compléter ou régulariser celui-ci.

Il peut délivrer un agrément provisoire valable pour une durée de six mois pendant laquelle un agent mentionné *(Décr. n° 2021-1858 du 28 déc. 2021, art. 5)* « aux articles R. 201-6 et R. 220-1 » s'assure, par une visite sur place, de la bonne exécution des obligations que le responsable du centre de rassemblement s'est engagé à remplir. Cet agrément provisoire est renouvelable une seule fois pour une durée maximale de six mois, sur demande de son titulaire.

Lorsque le responsable de centre a satisfait à l'ensemble de ses obligations, le préfet délivre l'agrément.

Art. R. 233-3-5 Toute modification apportée au centre de rassemblement ou à son fonctionnement entraînant un changement substantiel des éléments qui constituent le dossier ayant donné lieu à agrément doit être portée avant sa réalisation à la connaissance du préfet avec tous les éléments d'appréciation.

Le préfet peut imposer :

1° Soit des prescriptions nécessaires à la mise en conformité des installations avec les dispositions de la présente section ;

2° Soit le dépôt d'une nouvelle demande d'agrément.

Art. R. 233-3-6 Les locaux de détention des animaux d'un centre de rassemblement doivent être physiquement séparés de tout autre local ou de tout autre lieu où sont également détenus des animaux à d'autres fins.

Les locaux du centre de rassemblement peuvent être utilisés en tant que poste de contrôle, si les deux activités sont séparées dans le temps. Les locaux doivent faire dans ce cas l'objet d'un nettoyage et d'une désinfection, entre le départ des animaux qui y ont été amenés au titre de l'une de ces activités et l'introduction des animaux amenés au titre de l'autre. Un arrêté du ministre chargé de l'agriculture précise les conditions d'application du présent alinéa.

Art. R. 233-3-7 Lorsqu'un agent mentionné *(Décr. n° 2021-1858 du 28 déc. 2021, art. 5)* « aux articles R. 201-6 et R. 220-1 » constate un manquement à l'application des dispositions de la présente sous-section et des arrêtés pris pour son application, ou aux dispositions communautaires et nationales applicables aux maladies *(Décr. n° 2012-842 du 30 juin 2012, art. 11-3°)* « réglementées », à l'identification et à la tenue du registre d'élevage, aux notifications des mouvements des animaux, à la protection animale, ou aux conditions de circulation des animaux, il rédige un rapport relatant les faits constatés et le transmet au préfet, qui peut suspendre ou retirer l'agrément dans les conditions fixées à l'article L. 233-3. Le préfet met en demeure le responsable du centre de rassemblement de se conformer aux exigences qu'il lui prescrit dans un délai qui n'excède pas trois mois. Pendant ce délai, le préfet peut prononcer la suspension de l'agrément. A l'issue de ce délai et en l'absence de mise en conformité, le préfet prononce le retrait de l'agrément.

SECTION 2 **Déclarations** *(Décr. n° 2017-1246 du 7 août 2017, art. 14-10°).*

(Décr. n° 2009-1658 du 18 déc. 2009)

SOUS-SECTION 1 **Déclaration des établissements mentionnés à l'article L. 233-2** *(Décr. n° 2011-239 du 3 mars 2011, art. 2, en vigueur le 1er sept. 2011).*

Art. R. 233-4 Tout exploitant qui met en œuvre l'une des étapes de la production, de la transformation et de la distribution des produits ou denrées alimentaires énumérés à l'article R. 231-4 est tenu de déclarer chacun des établissements dont il a la responsabilité, ainsi que les activités qui s'y déroulent, au préfet du lieu d'implantation de l'établissement, selon les modalités déterminées par arrêté du ministre chargé de l'agriculture.

Toutefois, pour les établissements relevant de l'autorité ou de la tutelle du ministre de la défense *(Décr. n° 2021-1240 du 27 sept. 2021, art. 5)* « et pour les formations militaires du ministère de l'intérieur », les déclarations mentionnées au présent article sont effectuées auprès du service de santé des armées, selon les modalités prévues par arrêté du ministre de la défense.

Art. R. 233-5 I. — Sans préjudice des dispositions de l'article R. 233-4, le ministre chargé de l'agriculture définit, par arrêté, les catégories d'entreprises du secteur alimentaire tenues de communiquer un état quantitatif de leurs activités *(Décr. n° 2011-537 du 17 mai 2011)* « au préfet ».

Les modalités de transmission de ces déclarations et leur contenu sont précisés dans les mêmes conditions.

II. — En outre, tout changement important du niveau d'activité entre deux déclarations est notifié *(Décr. n° 2011-537 du 17 mai 2011)* « au préfet du département » d'implantation de l'entreprise.

SOUS-SECTION 2 **Déclaration des opérateurs commerciaux**

(Décr. n° 2011-239 du 3 mars 2011, art. 2, en vigueur le 1er sept. 2011)

Art. R. 233-6 Au sens de la présente sous-section, on entend par :

— "opérateur commercial" : toute personne physique ou morale qui achète ou vend directement ou indirectement des animaux, à des fins commerciales, qui procède à une rotation régulière de ces animaux et qui, dans un intervalle maximal de trente jours après l'achat d'animaux, les revend ou les déplace des premières installations à d'autres installations ne lui appartenant pas.

Art. R. 233-7 La déclaration prévue à l'article L. 233-3 est faite auprès de l'établissement de l'élevage mentionné à l'article L. 653-7 qui délivre à l'opérateur commercial, après enregistrement, un numéro national d'exploitation.

Art. R. 233-8 Pour être enregistré auprès de l'établissement de l'élevage, l'opérateur commercial doit indiquer :

1° Son nom et son adresse ou, s'il s'agit d'une personne morale, sa dénomination ou sa raison sociale ;

2° La nature de son activité, en précisant si elle est nationale ou internationale.

Un arrêté du ministre chargé de l'agriculture fixe la liste des pièces constituant le dossier de déclaration.

Art. R. 233-9 Toute modification substantielle relative à l'opérateur commercial et à la nature de son activité doit être portée à la connaissance de l'établissement de l'élevage qui a reçu la déclaration.

Art. R. 233-10 Les opérateurs commerciaux doivent justifier auprès des responsables des centres de rassemblement qu'ils sont déclarés conformément aux dispositions de l'article L. 233-3.

SECTION 3 **Dispositions relatives à la formation** *(Décr. n° 2017-1246 du 7 août 2017, art. 14-10°).*

(Décr. n° 2011-731 du 24 juin 2011, en vigueur le 1er oct. 2012)

Les art. D. 233-6, D. 233-7 et D. 233-8 deviennent, respectivement, les art. D. 233-11, D. 233-12 et D. 233-13, à compter du 14 déc. 2012 (Décr. n° 2012-1150 du 12 oct. 2012, art. 3, JO 14 oct.).

Art. D. 233-11 Sont tenus, conformément à l'article L. 233-4, d'avoir dans leur effectif au moins une personne pouvant justifier d'une formation en matière d'hygiène alimentaire adaptée à leur activité les établissements de restauration commerciale relevant des secteurs d'activité suivants :

— restauration traditionnelle ;

— cafétérias et autres libres-services ;

— restauration de type rapide.

Art. D. 233-12 La formation prévue à l'article L. 233-4 peut être délivrée par tout organisme de formation déclaré auprès du préfet de région, conformément à l'article L. 6351-1 du code du travail. Un cahier des charges défini par arrêté du ministre chargé de l'alimentation détermine les conditions auxquelles est soumis l'organisme de formation ainsi que le contenu et la durée de cette formation. — *V. Arr. du 12 févr. 2024 relatif au cahier des charges de la formation spécifique en matière d'hygiène alimentaire adaptée à l'activité des établissements de restauration commerciale (JO 21 févr.).*

Art. D. 233-13 Un arrêté du ministre chargé de l'alimentation précise les diplômes et titres à finalité professionnelle de niveau V et supérieurs, inscrits au répertoire national des certifications professionnelles, dont les détenteurs sont réputés satisfaire à l'obligation de formation prévue par l'article L. 233-4.

SECTION 4 **Contrôle des établissements d'abattage et des ateliers de traitement du gibier** *(Décr. n° 2017-1246 du 7 août 2017, art. 14-10°).*

(Décr. n° 2012-1150 du 12 oct. 2012, art. 2)

Art. D. 233-14 I. — La programmation des contrôles officiels à réaliser dans les établissements d'abattage et les ateliers de traitement du gibier est liée aux risques résultant du tonnage traité dans l'établissement, de l'espèce abattue et des procédés mis en œuvre ainsi qu'à la catégorie dans laquelle l'abattoir, ses différentes chaînes d'abattage ou l'atelier ont été classés en application du II.

II. — Les abattoirs ou leurs chaînes d'abattage et les ateliers de traitement du gibier sauvage sont répartis annuellement par le préfet en catégories selon la fréquence des contrôles officiels à réaliser *(Abrogé par Décr. n° 2021-1858 du 28 déc. 2021, art. 5)* ***« , au sens du 1 de l'article 3 du règlement (CE) n° 882/2004 du 29 avril 2004 ».***

Le préfet notifie à l'exploitant de l'abattoir ou de l'atelier de traitement la décision de classement avant le 31 décembre de l'année au titre de laquelle ce classement est accordé.

Tout recours contentieux à l'encontre de la décision de classement est précédé, à peine d'irrecevabilité, de l'exercice d'un recours préalable auprès du ministre chargé de l'agriculture.

Art. D. 233-15 Pour les abattoirs ou les chaînes d'abattage d'ongulés domestiques, de gibier ongulé d'élevage et de ratites :

— lorsque le degré de conformité à la législation est satisfaisant et constant, que les systèmes d'autocontrôle et de traçabilité appliqués sont pertinents et qu'est mis en œuvre un programme pilote relatif à l'inspection sanitaire en abattoir, l'établissement est classé dans la catégorie A et la fréquence de contrôle est minimale ;

— lorsque le degré de conformité à la législation est satisfaisant et constant, que les systèmes d'autocontrôle et de traçabilité appliqués sont pertinents et que le fonctionnement est adapté à la réalisation de l'inspection sanitaire, l'établissement est classé dans la catégorie B et la fréquence de contrôle est réduite ;

— lorsque le degré de conformité à la législation est satisfaisant et constant et que les systèmes d'autocontrôle et de traçabilité appliqués sont pertinents, l'établissement est classé dans la catégorie C et la fréquence de contrôle est standard ;

— lorsque le degré de conformité à la législation ou les systèmes d'autocontrôle et de traçabilité appliqués doivent être améliorés, l'établissement est classé dans la catégorie D et la fréquence de contrôle est augmentée ;

— lorsque l'établissement ne relève d'aucune des précédentes catégories, l'établissement est classé dans la catégorie E et la fréquence de contrôle est maximale ;

En l'absence de programme pilote applicable à l'espèce considérée, les abattoirs ou les chaînes d'abattage sont répartis entre les catégories B, C, D et E.

Art. D. 233-16 Pour les abattoirs ou les chaînes d'abattage de volailles et de lagomorphes :

— lorsque le degré de conformité à la législation est satisfaisant et constant, que les systèmes d'autocontrôle et de traçabilité appliqués sont pertinents, que le personnel participe aux opérations de contrôle et qu'est mis en œuvre un programme pilote relatif à l'inspection sanitaire en abattoir, l'établissement est classé dans la catégorie A et la fréquence de contrôle est minimale ;

— lorsque le degré de conformité à la législation est satisfaisant et constant, que les systèmes d'autocontrôle et de traçabilité appliqués sont pertinents et que le personnel participe aux opérations de contrôle, l'établissement est classé dans la catégorie B et la fréquence de contrôle est réduite ;

— lorsque le degré de conformité à la législation constaté lors des contrôles officiels ou les systèmes d'autocontrôle et de traçabilité appliqués doivent être améliorés, ou que le personnel ne participe pas aux opérations de contrôle, l'établissement est classé dans la catégorie C et la fréquence de contrôle est augmentée ;

— lorsque l'établissement ne relève d'aucune des précédentes catégories, l'établissement est classé dans la catégorie D et la fréquence de contrôle est maximale.

En l'absence de programme pilote applicable à l'espèce considérée, les abattoirs ou les chaînes d'abattage sont répartis entre les catégories B, C et D.

Art. D. 233-17 Pour les ateliers de traitement du gibier sauvage :

— lorsque le degré de conformité à la législation est très satisfaisant et constant et que les systèmes d'autocontrôle et de traçabilité appliqués sont pertinents, l'établissement est classé dans la catégorie A et la fréquence de contrôle est minimale ;

— lorsque le degré de conformité à la législation est satisfaisant et constant et que les systèmes d'autocontrôle et de traçabilité appliqués sont pertinents, l'établissement est classé dans la catégorie B et la fréquence de contrôle est réduite ;

— lorsque le degré de conformité à la législation ou les systèmes d'autocontrôle et de traçabilité appliqués doivent être améliorés, l'établissement est classé dans la catégorie C et la fréquence de contrôle est augmentée ;

— lorsque l'établissement ne relève d'aucune des précédentes catégories, l'établissement est classé dans la catégorie D et la fréquence de contrôle est maximale.

Art. D. 233-18 L'exploitant de l'abattoir peut conclure avec le préfet un protocole conforme à un modèle fixé par arrêté du ministre chargé de l'agriculture afin de prévoir des modalités de fonctionnement de nature à faciliter l'inspection sanitaire et à

permettre de diminuer le nombre de contrôles. — *V. le modèle du protocole à l'annexe I de l'Arr. du 12 oct. 2012 relatif aux critères pour la catégorisation des établissements d'abattage et de traitement du gibier (JO 14 oct.).*

Art. D. 233-19 **Les critères de pertinence des systèmes d'autocontrôle et de traçabilité mis en œuvre dans les établissements, les critères de caractérisation du degré de conformité à la législation constatés lors des contrôles officiels et les critères permettant de mesurer le degré d'adaptation du fonctionnement de l'abattoir à la réalisation de l'inspection sanitaire sont précisés par arrêté du ministre chargé de l'agriculture.** — *V. Arr. du 12 oct. 2012 relatif aux critères pour la catégorisation des établissements d'abattage et de traitement du gibier (JO 14 oct.).*

SECTION 5 **Mesures de police administrative** *(Décr. n° 2017-1246 du 7 août 2017, art. 14-10°).*

(Décr. n° 2015-228 du 27 févr. 2015, art. 2)

Art. D. 233-20 **L'autorité administrative mentionnée à l'article L. 233-1 est le préfet du département où se situe l'établissement** *(Décr. n° 2021-1240 du 27 sept. 2021, art. 5)* **« ou le ministre de la défense pour les établissements relevant de son autorité ou de sa tutelle ou le ministre de l'intérieur pour les formations militaires relevant de son autorité ».**

CHAPITRE IV DISPOSITIONS RELATIVES AUX ÉLEVAGES

Art. R. 234-1 *Abrogé par Décr. n° 2009-1658 du 18 déc. 2009.*

SECTION 1 **Substances pouvant présenter un danger pour la santé publique** *(Décr. n° 2017-1246 du 7 août 2017, art. 14-11°).*

Art. R. 234-2 *(Abrogé par Décr. n° 2009-1658 du 18 déc. 2009)* **« *I.* — » En application de l'article** *(Décr. n° 2021-1858 du 28 déc. 2021, art. 5)* **« L. 412-1 » du code de la consommation, lorsque certaines substances chimiques ou biologiques pouvant présenter un danger pour la santé publique sont destinées à être administrées directement, en nature ou autrement, aux animaux dont la chair ou les produits sont consommés par l'homme, les ministres chargés de la consommation, de l'agriculture et de la santé peuvent, par arrêté conjoint, en interdire la mise en vente, la vente et la détention en vue de la vente.**

La liste de ces substances est dressée par arrêté conjoint des mêmes ministres.

Sont interdites la mise en vente, la vente et la détention en vue des usages mentionnés au premier alinéa du présent article des substances arsenicales ou antimoniales, quels qu'en soient l'origine et le mode de fabrication.

II et III. — Abrogés par Décr. n° 2009-1658 du 18 déc. 2009.

SECTION 2 **Dispositions relatives aux animaux ayant reçu ou absorbé des substances médicamenteuses ou des additifs et aux denrées alimentaires issues de ces animaux** *(Décr. n° 2017-1246 du 7 août 2017, art. 14-11°).*

Art. R. 234-3 **I. — Les animaux appartenant à des espèces dont la chair ou les produits sont destinés à la consommation humaine ou animale, à qui sont administrés des médicaments ou qui ont consommé des additifs, et les denrées alimentaires qui en sont issues ne peuvent être cédés à un tiers, à titre gratuit ou onéreux, faire l'objet d'échanges intra-communautaires, être exportés, ou, s'agissant des animaux vivants, présentés à l'abattoir, que si les conditions suivantes sont respectées :**

1° Les médicaments administrés ont été prescrits conformément aux dispositions *(Décr. n° 2023-1079 du 22 nov. 2023, art. 4)* **« des articles 106 et 112 à 114 du règlement (UE) 2019/6 du Parlement européen et du Conseil du 11 décembre 2018 relatif aux médicaments vétérinaires » et le temps d'attente de chaque médicament, prévu par l'autorisation de mise sur le marché ou fixé, le cas échéant, par le vétérinaire dans sa prescription, est écoulé ;**

2° Les additifs contenus dans l'alimentation des animaux sont autorisés conformément *(Décr. n° 2011-537 du 17 mai 2011)* **« aux dispositions du règlement (CE)**

n° 1831/2003 du Parlement européen et du Conseil du 22 décembre 2003 relatif aux additifs destinés à l'alimentation des animaux », en ce qui concerne les additifs destinés à l'alimentation des animaux et le délai de retrait prévu, le cas échéant, par l'autorisation est écoulé.

II. — Toutefois, pendant l'écoulement du temps d'attente pour les médicaments ou du délai de retrait pour les additifs, les animaux mentionnés au I, s'ils ne peuvent en aucun cas être présentés à l'abattoir, peuvent être cédés à un tiers, à titre gratuit ou onéreux, faire l'objet d'échanges intra-communautaires ou être exportés à condition d'être accompagnés d'une ordonnance pour les médicaments, ou d'une attestation établie par le détenteur initial pour les additifs.

L'ordonnance ou l'attestation est remise au nouveau détenteur qui en accuse réception. Cet accusé de réception est conservé dans le registre d'élevage du détenteur initial.

Les dispositions du présent paragraphe ne sont pas applicables aux animaux qui ont reçu des médicaments contenant une substance mentionnée au II de l'article L. 234-2 *(Décr. n° 2017-1246 du 7 août 2017, art. 14-12°)* « du présent code ».

III. — Les animaux peuvent être abattus avant la fin du temps d'attente du médicament ou de la période de retrait de l'additif pour des raisons de santé publique ou de protection de la santé animale.

Dans ce cas, lors de la présentation à l'abattoir, le détenteur des animaux informe *(Décr. n° 2011-537 du 17 mai 2011)* « le vétérinaire officiel de l'abattoir », le cas échéant par une mention portée sur le certificat vétérinaire d'information, de ce que les conditions prévues au I ne sont pas remplies.

Les denrées issues de ces animaux sont consignées dans l'attente des résultats des contrôles. Les denrées contenant une quantité de résidus excédant les limites maximales définies dans *(Décr. n° 2011-1027 du 26 août 2011, art. 2)* « le règlement (UE) n° 37/2010 de la Commission du 22 décembre 2009 relatif aux substances pharmacologiquement actives et à leur classification en ce qui concerne les limites maximales de résidus dans les aliments d'origine animale » ne peuvent pas être déclarées propres à la consommation.

Art. R. 234-4 *(Décr. n° 2023-1079 du 22 nov. 2023, art. 4)* I. — Les denrées alimentaires provenant d'un animal ayant été soumis à un essai clinique de médicaments vétérinaires mentionné au V de l'article L. 234-2 ne peuvent être mises sur le marché que si cet essai a été autorisé par le directeur général de l'Agence nationale de sécurité sanitaire de l'alimentation, de l'environnement et du travail, qu'un temps d'attente approprié a été fixé en application du III du présent article et que l'essai s'est déroulé selon le protocole déclaré.

II. — Avant le début de l'essai clinique, le promoteur transmet une copie de l'autorisation de procéder à un essai clinique au préfet du département où l'essai doit se dérouler précisant les noms, prénoms et adresse des investigateurs ainsi que les élevages et le nombre d'animaux concernés et leur identification le cas échéant.

III. — Lorsque l'essai clinique concerne un médicament contenant une substance pharmacologiquement active relevant du règlement (CE) n° 470/2009 du Parlement européen et du Conseil du 6 mai 2009 établissant des procédures communautaires pour la fixation des limites de résidus des substances pharmacologiquement actives dans les aliments d'origine animale et des textes pris pour son application, l'animal ayant fait l'objet de l'essai ne peut être conduit à l'abattoir ou les denrées animales qui en sont issues introduites dans l'alimentation humaine que si le temps d'attente fixé par le directeur de l'Agence nationale de sécurité sanitaire de l'alimentation, de l'environnement et du travail est écoulé.

Ce temps d'attente doit, selon les cas :

a) Être fixé conformément aux dispositions de l'article 115 du règlement (UE) 2019/6 du Parlement européen et du Conseil du 11 décembre 2018 relatif aux médicaments vétérinaires. Il peut le cas échéant être augmenté d'un délai supplémentaire de sécurité pour tenir compte de la nature de la substance testée ;

b) Ou être fixé de manière à ce que la limite maximale de résidus ne soit pas dépassée dans les denrées alimentaires lorsqu'une telle limite maximale de résidus a été fixée en application du règlement (CE) n° 470/2009 du Parlement européen et du Conseil du 6 mai 2009 mentionné ci-dessus ;

Lorsque les animaux doivent être abattus avant la fin du temps d'attente, il appartient à l'investigateur chargé de la conduite de l'essai de faire procéder à la destruction des denrées dans les établissements mentionnés à l'article L. 226-1.

IV. — Lors de la présentation à l'abattoir ou lors de la fourniture des denrées aux transformateurs, l'investigateur délivre un document d'accompagnement reprenant l'autorisation d'essai clinique délivrée par le directeur général de l'Agence nationale de sécurité sanitaire de l'alimentation, de l'environnement et du travail ainsi que la justification du respect du temps d'attente.

Art. R. 234-5 *(Décr. n° 2023-1079 du 22 nov. 2023, art. 4)* Lorsqu'une personne qui détient des animaux appartenant à une des espèces dont la chair ou les produits sont destinés à la consommation humaine envisage de mener des études sur des médicaments autres que ceux mentionnés à l'article R. 234-4, elle doit en faire la déclaration au préfet du département où l'étude est effectuée. Cette déclaration indique les conditions dans lesquelles elle fera assurer, à ses frais, dans un établissement mentionné à l'article L. 226-1, la destruction des animaux objet de l'étude ainsi que de leurs produits.

Un arrêté du ministre chargé de l'agriculture précise le contenu de la déclaration et le délai dans lequel elle doit être adressée au préfet. — *V. Arr. du 21 févr. 2006 pris en application de l'art. R. 234-5 (JO 10 mars).*

SECTION 3 **Médicaments vétérinaires à base de substances réglementées** *(Décr. n° 2017-1246 du 7 août 2017, art. 14-11°).*

Art. D. 234-6 I. — Les médicaments vétérinaires contenant des substances ou catégories de substances à activité anabolisante, anticatabolisante ou bêta-agoniste ne peuvent être administrés à des animaux appartenant à des espèces dont la chair ou les produits sont destinés à la consommation humaine que dans les conditions suivantes :

1° *(Décr. n° 2004-757 du 22 juill. 2004)* « A titre d'usage thérapeutique :

« *a)* La testostérone, la progestérone ou les dérivés donnant facilement les composés initiaux à l'hydrolyse après résorption à l'endroit de l'application, administrés par voie injectable, pour le traitement d'un trouble de la fécondité, à l'exclusion des implants, ou sous forme de spirales vaginales pour le traitement d'un dysfonctionnement ovarien ;

« *b)* Les substances bêta-agonistes :

« — pour l'espèce bovine par voie injectable, pour l'induction de la tocolyse ;

(Décr. n° 2009-504 du 5 mai 2009) « — pour les équidés, pour le traitement des troubles respiratoires, de la maladie naviculaire, de la fourbure aiguë ou l'induction de la tocolyse » ;

« *c)* Le trembolone allyle, ou altrenogest, administré à des équidés *(Abrogé par Décr. n° 2009-504 du 5 mai 2009)* *« et des animaux de compagnie »*, par voie orale, et pour le traitement d'un trouble de la fécondité ;

d) Abrogé par Décr. n° 2009-504 du 5 mai 2009.

« 2° A titre d'usage zootechnique :

« *a)* Les substances à effet hormonal œstrogène, androgène ou gestagène, à l'exception de l'œstradiol 17 bêta ou ses dérivés estérifiés, administrées à titre individuel en vue de la synchronisation du cycle œstral, de la préparation au don et à l'implantation d'embryons ;

« *b)* Les substances à effet androgène, administrées aux alevins de poissons qui ne sont pas destinés à la consommation, pendant les trois premiers mois de leur vie et en vue de l'inversion sexuelle ; »

c) Abrogé par Décr. n° 2009-504 du 5 mai 2009.

II. — Les médicaments mentionnés au I ne doivent pas contenir :

1° Des substances bêta-agonistes induisant un temps d'attente supérieur à vingt-huit jours ;

2° Des substances à effet hormonal dont la mise en forme pharmaceutique ou l'administration provoque un dépôt local ou entraîne un temps d'attente supérieur à quinze jours ;

3° Des substances à effet hormonal pour lesquelles il n'existe pas de réactifs permettant leur identification ou leur dosage, ni le matériel nécessaire à la mise en œuvre d'analyses destinées à détecter des résidus à des taux supérieurs aux limites autorisées.

Art. R. 234-7 *(Décr. n° 2009-1658 du 18 déc. 2009)* **L'administration de médicaments vétérinaires mentionnés à l'article D. 234-6 aux animaux des espèces dont la chair ou les produits sont destinés à l'alimentation humaine doit être effectuée par le vétérinaire prescripteur. Ces traitements sont enregistrés dans le registre d'élevage prévu à l'article L. 234-1 du code rural et de la pêche maritime et dans celui prévu à l'article R. 5141-120 du code de la santé publique.**

Toutefois, peuvent être administrés, sous la responsabilité du vétérinaire prescripteur, des médicaments vétérinaires comportant :

– des hormones, à l'exception de l'œstradiol 17 bêta ou de ses dérivés estérifiés, pour la synchronisation du cycle œstral, la préparation au don et à l'implantation d'embryons ;

– du trembolone allyle par voie orale, chez les équidés ;

– des substances bêta-agonistes, chez les équidés.

(Abrogé par Décr. n° 2021-1858 du 28 déc. 2021, art. 5) ***« Dans ce cas, le vétérinaire prescripteur établit, dans les conditions prévues à l'article R. 5141-111 du code de la santé publique, une ordonnance non renouvelable et mentionne, dans le registre d'élevage prévu à l'article L. 234-1 du code rural et de la pêche maritime, le nom et la fonction de la personne qui administre le médicament. »***

Art. R. 234-8 **En application** *(Décr. n° 2017-1246 du 7 août 2017, art. 14-14°)* **« de l'article L. 5144-1 du code de la santé publique », il est interdit à tout détenteur d'animaux dont la chair ou les produits sont destinés à la consommation humaine :**

1° De détenir des médicaments vétérinaires contenant des substances bêta-agonistes susceptibles d'être utilisées aux fins de l'induction de la tocolyse chez les vaches parturientes ;

2° De détenir d'autres médicaments contenant des substances bêta-agonistes ou à effet anabolisant ou anticatabolisant, sauf en vue des usages prévus aux 1° et 2° du I de l'article D. 234-6 *(Décr. n° 2017-1246 du 7 août 2017, art. 14-14°)* **« du présent code » ;**

3° *(Décr. n° 2004-757 du 22 juill. 2004)* **« De détenir des médicaments contenant l'œstradiol 17 bêta ou ses dérivés estérifiés. »** – *Les divisions « a », « b » et « c » deviennent respectivement les divisions « 1° », « 2° » et « 3° » (Décr. n° 2017-1246 du 7 août 2017, art. 14-14°, JO 9 août).*

SECTION 4 **Mesures de contrôle** *(Décr. n° 2017-1246 du 7 août 2017, art. 14-11°).*

Art. R. 234-9 **Les personnes physiques ou morales qui détiennent des animaux ou qui effectuent les opérations d'abattage des animaux ou de conditionnement ou de première transformation des produits qui en sont issus s'assurent qu'ils respectent les dispositions** *(Décr. n° 2017-1246 du 7 août 2017, art. 14-15°)* **« du présent chapitre » en effectuant des contrôles portant sur les résidus de médicaments vétérinaires, les contaminants chimiques ou les modalités d'utilisation des médicaments vétérinaires et des additifs destinés à l'alimentation animale.**

Art. R. 234-10 **Lorsque, dans l'exercice des pouvoirs qu'ils tiennent des chapitres I à V du présent titre et des textes pris pour son application, les fonctionnaires ou agents mentionnés** *(Décr. n° 2021-1858 du 28 déc. 2021, art. 5)* **« à l'article R. 206-1 et au 2° du I de l'article R. 231-3-7-1 » contrôlent le respect des dispositions relatives à l'utilisation des substances réglementées, ils peuvent effectuer des prélèvements d'échantillons sur les animaux ou leurs produits, sur leurs tissus, phanères, liquides biologiques ou déjections ou sur les aliments ou l'eau de boisson susceptibles d'être distribués aux animaux, dans les conditions prévues par** *(Décr. n° 2021-1858 du 28 déc. 2021, art. 5)* **« les articles R. 231-2 et R. 231-2-1 ».**

Art. R. 234-11 à R. 234-13 *Abrogés par Décr. n° 2021-1858 du 28 déc. 2021, art. 5.*

Art. R. 234-14 **S'il est établi qu'un propriétaire d'animaux ou un responsable d'abattoir a contribué à dissimuler l'utilisation illégale de substances interdites, le préfet du**

département du siège de l'exploitation ou de l'abattoir notifie à l'intéressé, après avoir préalablement recueilli ses observations, qu'il ne pourra, pendant une période de douze mois à compter de cette notification, ni recevoir d'aides communautaires, ni en demander de nouvelles.

CHAPITRE V DISPOSITIONS RELATIVES À L'ALIMENTATION ANIMALE

SECTION 1 Dispositions générales

(Décr. nº 2009-1658 du 18 déc. 2009)

Art. R. 235-1 **Lorsque l'instruction d'une demande présentée en vue de l'obtention de l'agrément ou de l'enregistrement mentionné à l'article L. 235-1 nécessite des informations complémentaires, le service instructeur peut les réclamer au demandeur en lui impartissant pour les fournir un délai qui ne peut excéder deux mois. Le délai au terme duquel, à défaut de décision expresse, la demande est réputée rejetée est alors prolongé d'une durée égale.**

Art. R. 235-2 **Une décision de rejet de la demande mentionnée à l'article R. 235-1 ne peut faire l'objet d'un recours contentieux qu'après rejet d'un recours gracieux préalable formé contre cette décision.**

SECTION 2 Dispositions relatives à la composition des aliments pour animaux

(Décr. nº 2009-1658 du 18 déc. 2009)

Art. R. 235-3 *(Décr. nº 2017-1246 du 7 août 2017, art. 14-17º)* **Les conditions auxquelles doivent satisfaire les matières premières des aliments pour animaux, les aliments composés pour animaux et les additifs qui peuvent être incorporés à ces aliments sont fixées par l'article** *(Décr. nº 2021-1858 du 28 déc. 2021, art. 5)* **« R. 412-39 » du code de la consommation.**

SECTION 3 *[ABROGÉE]* Dispositions applicables à la dissémination volontaire à toutes fins autres que la mise sur le marché de produits destinés à l'alimentation animale composés en tout ou partie d'organismes génétiquement modifiés, autres que les plantes, les semences, les plants et les animaux d'élevage

(Abrogée par Décr. nº 2007-358 du 19 mars 2007, art. 28)

Art. R. 235-4 à R. 235-17 *Abrogés.*

CHAPITRE VI LES IMPORTATIONS, ÉCHANGES INTRACOMMUNAUTAIRES ET EXPORTATIONS

SECTION 1 Redevance à l'exportation et aux échanges intra-Union européenne

(Décr. nº 2022-1130 du 5 août 2022, art. 1er)

Art. D. 236-1 A **Les certificats et autres documents délivrés par les agents mentionnés à l'article L. 236-2 donnant lieu à l'acquittement d'une redevance en application de cet article sont :**

1º Le certificat sanitaire émis dans le système TRACES mentionné au 4 de l'article 133 du règlement (UE) nº 2017/625 du Parlement européen et du Conseil du 15 mars 2017 concernant les contrôles officiels et les autres activités officielles servant à assurer le respect de la législation alimentaire et de la législation relative aux aliments pour animaux ainsi que des règles relatives à la santé et au bien-être des animaux, à la santé des végétaux et aux produits phytopharmaceutiques ;

2º Les attestations officielles régies par l'article 91 du règlement (UE) nº 2017-625 du Parlement et de Conseil du 15 mars 2017 susmentionné.

Art. D. 236-1 B **Préalablement à la demande des documents mentionnés à l'article D. 236-1 A, les exportateurs acquittent un dépôt de garantie à l'établissement mentionné à l'article L. 621-1 (FranceAgriMer).**

Le montant de ce dépôt de garantie correspond au montant de la redevance pour deux mois d'activité pour les exportateurs déjà référencés dans l'application TRACES. Pour les autres exportateurs, le montant du dépôt de garantie correspond au montant de la redevance pour une activité prévisionnelle de deux mois.

FranceAgriMer assure le recouvrement de la redevance et son enregistrement dans un compte spécifique. Il informe les services chargés de la délivrance des documents mentionnés à l'article D. 236-1 A du respect par les exportateurs de leurs obligations relatives à la redevance.

SECTION 2 Les importations et exportations

SOUS-SECTION 1 Importations d'animaux vivants

Néant.

SOUS-SECTION 2 Exportations d'animaux vivants

Art. R. 236-1 Lorsque des animaux présentés à l'exportation sont reconnus atteints ou soupçonnés d'être atteints d'une maladie *(Décr. n° 2012-842 du 30 juin 2012, art. 11-4°)* « figurant sur la liste des dangers sanitaires de première ou deuxième catégorie », le permis d'embarquement est refusé pour ces animaux ainsi que pour tous ceux qui ont été en contact avec eux et qui sont susceptibles de contracter la maladie.

SOUS-SECTION 3 Importations de produits animaux ou d'origine animale

Art. R. 236-2 Les arrêtés prévus à l'article L. 236-4 peuvent dispenser *(Décr. n° 2009-1658 du 18 déc. 2009)* « du contrôle officiel » à l'importation les denrées qui ne sont pas destinées au commerce et dont la quantité ne dépasse pas un poids déterminé.

Art. R. 236-3 *(Décr. n° 2009-1658 du 18 déc. 2009)* Le contrôle officiel peut comporter des prélèvements en vue des analyses de laboratoire nécessaires, selon les modalités définies par arrêté du ministre chargé de l'agriculture.

SOUS-SECTION 4 Exportations d'animaux, de produits d'origine animale ou de denrées alimentaires en contenant ou d'aliments pour animaux d'origine animale ou contenant des produits d'origine animale *(Décr. n° 2009-1658 du 18 déc. 2009).*

Art. R. 236-4 *(Décr. n° 2009-1658 du 18 déc. 2009)* I. — Les établissements mentionnés à l'article R. 233-4 peuvent être soumis à l'obligation d'obtenir un agrément en vue de l'exportation de tout ou partie de leur production, selon des modalités définies par les pays tiers importateurs.

II. — Les animaux, les produits d'origine animale, les denrées alimentaires en contenant et les aliments pour animaux d'origine animale ou contenant des produits d'origine animale présentés à l'exportation sont accompagnés d'un document délivré par le vétérinaire officiel lorsque les pays tiers importateurs l'exigent. La délivrance de ces documents d'accompagnement est subordonnée au respect des exigences définies par les pays tiers importateurs ainsi qu'à celles définies en application du III.

III. — Un arrêté du ministre chargé de l'agriculture détermine, en tant que de besoin, les modalités d'application du présent article.

Art. R. 236-5 Lorsque des denrées exportées sont refoulées vers le territoire français, elles sont soumises, à leur réimportation, aux dispositions fixées en application de l'article L. 236-4.

SECTION 3 Échanges au sein de l'Union européenne

(Décr. n° 2011-1115 du 16 sept. 2011)

SOUS-SECTION 1 Certification officielle en matière d'échanges d'animaux vivants, de semences, ovules et embryons par les vétérinaires mandatés

Art. D. 236-6 Le choix des vétérinaires mentionnés *(Décr. n° 2022-1130 du 5 août 2022, art. 1er)* « à » l'article L. 236-2-1 pour l'exercice des missions de certification officielle en matière d'échanges d'animaux vivants, de semences, ovules et embryons est précédé d'un appel à candidature émis par le préfet compte tenu des besoins en matière de certification dans son département.

L'avis d'appel à candidature est publié dans un journal d'annonces légales ainsi que sur le site internet de la préfecture du département concerné.

Il précise notamment le contenu et la durée des missions qui seront confiées, les exploitations ou espèces concernées, les critères de choix entre les candidats, les documents nécessaires à l'examen des candidatures et les délais à respecter.

Il indique les modalités selon lesquelles les candidats peuvent obtenir copie du projet de convention mentionné à l'article L. 203-9, ainsi que des tarifs de rémunération fixés dans les conditions prévues à l'article L. 203-10.

V. Arr. du 29 sept. 2011 relatif aux conditions de désignation des vétérinaires mandatés pour l'exercice des missions de certification officielle en matière d'échanges au sein de l'Union européenne d'animaux vivants, de semences, ovules et embryons prévu à l'art. D. 236-6 (JO 29 nov.), mod. par Arr. du 14 avr. 2015 (JO 29 avr.).

Art. D. 236-7 Le candidat s'engage à effectuer ses missions de certification officielle en toute indépendance et impartialité.

Il ne peut pas avoir d'intérêt commercial direct dans les échanges d'animaux ou produits à certifier, ni de participation financière personnelle dans les exploitations ou établissements dont ils sont originaires.

Art. D. 236-8 Les candidats doivent avoir suivi une formation portant sur le cadre réglementaire de la certification officielle applicable aux échanges d'animaux vivants, de semences, ovules et embryons, et sur l'établissement des certificats sanitaires requis, ou, à défaut, s'engager à la suivre dans un délai maximum de six mois à compter de leur désignation par le préfet.

Art. D. 236-9 A l'issue de l'examen des candidatures, le préfet fait connaître son choix aux candidats.

La convention mentionnée à l'article L. 203-9 désignant le vétérinaire, pour une durée de cinq ans, est signée au plus tard à l'issue de la formation prévue à l'article D. 236-8. La liste des vétérinaires mentionnés *(Décr. n° 2022-1130 du 5 août 2022, art. 1er)* « à » l'article L. 236-2-1 est publiée sous format électronique par le préfet.

SOUS-SECTION 2 Agrément des établissements procédant à des échanges d'animaux vivants, de semences, ovules et embryons

(Décr. n° 2012-48 du 16 janv. 2012)

Art. D. 236-10 Au sens de la présente sous-section on entend par :

– "établissement" : toute installation permanente et géographiquement limitée, où une ou plusieurs espèces d'animaux sont habituellement détenues ou élevées, à des fins commerciales ou non, et exclusivement dans un ou plusieurs des buts suivants :

– l'exposition de ces animaux aux fins d'éducation du public ;

– la recherche scientifique fondamentale ou appliquée ou l'élevage d'animaux pour les besoins de cette recherche ;

– la conservation des espèces ;

– "échanges intracommunautaires" : les échanges entre États membres de l'Union européenne de spécimens d'animaux ou de spermes, ovules et embryons qui appartiennent aux espèces animales autres que celles visées par les directives 97/12 codifiant la directive 64/432/CEE, 2009/156/CE, 2009/158/CE, 2006/88/CE, 91/68/CEE.

Art. D. 236-11 I. – Les établissements qui procèdent à des échanges intracommunautaires peuvent bénéficier d'un agrément.

II. – L'agrément est délivré par le préfet aux établissements qui en font la demande et qui disposent au préalable, lorsqu'ils y sont soumis, d'une autorisation préfectorale d'ouverture en application de l'article L. 413-3 du code de l'environnement.

La délivrance de l'agrément est subordonnée à des conditions relatives aux caractéristiques techniques d'installations et de fonctionnement de l'établissement, à la qualification et aux compétences de son personnel, aux modalités de suivi des animaux, ainsi qu'aux mesures prises pour la surveillance et la lutte contre les maladies des animaux, précisées par arrêté du ministre chargé de l'agriculture.

Cet arrêté précise les modalités de présentation de la demande. — *V. Arr. du 9 mars 2012 fixant les conditions relatives à l'agrément sanitaire des établissements, à caractère fixe et permanent, détenant des spécimens vivants de la faune locale ou étrangère et procédant à des échanges d'animaux et de leurs spermes, embryons et ovules (JO 27 avr.), mod. par Arr. du 5 juin 2012 (JO 21 juin).*

Art. R. 236-11-1 *(Décr. n° 2017-1411 du 27 sept. 2017, art. 2-37°)* Le silence gardé par le préfet sur une demande d'agrément d'un établissement réalisant des échanges intracommunautaires d'animaux vivants de semences, ovules ou embryons, mentionnée à l'article D. 236-11, vaut décision de rejet.

Art. D. 236-12 I. — Les établissements agréés sont soumis à des contrôles réguliers par un vétérinaire officiel mentionné au V de l'article L. 231-2 du code rural et de la pêche maritime.

II. — Lorsque l'agent mentionné au I ou lorsqu'un des agents mentionnés à l'article L. 221-5 constate un manquement aux dispositions du présent chapitre et aux arrêtés pris pour leur application, il établit un rapport relatant les faits constatés et le transmet au préfet du département dans lequel l'agrément a été délivré.

Le préfet peut suspendre ou retirer l'agrément, en partie ou en totalité, notamment s'agissant des espèces pour lesquelles les échanges sont autorisés, dans les cas suivants :

a) Lorsque tout ou partie des conditions subordonnant sa délivrance ne sont plus remplies ;

b) En cas de notification de suspicion quant à la présence d'une maladie à déclaration obligatoire ou pour laquelle un programme national est reconnu au titre de la directive 92/65/CEE du Conseil du 13 juillet 1992 ;

c) En cas de confirmation d'une maladie à déclaration obligatoire ou pour laquelle un programme national est reconnu au titre de la directive 92/65/CEE du Conseil du 13 juillet 1992 ;

d) En cas de violation de l'interdiction mentionnée à l'article D. 236-13 ;

e) Lorsqu'il est devenu sans objet, notamment en cas de cessation d'activité.

III. — L'agrément est rétabli, en partie ou en totalité par le préfet, lorsque les non-conformités constatées ont cessé.

Art. D. 236-13 I. — Les animaux introduits dans un établissement agréé en application de la présente sous-section ne peuvent provenir que d'un autre établissement agréé, sur le territoire national ou dans un autre État membre de l'Union européenne.

Les animaux détenus par un établissement agréé en application de la présente sous-section ne peuvent quitter cet établissement que pour se rendre dans un établissement agréé situé sur le territoire national ou dans un autre État membre de l'Union européenne.

II. — Par dérogation aux dispositions du I, les animaux ne provenant pas d'un établissement agréé peuvent être introduits dans un établissement agréé, à condition d'être préalablement soumis à une quarantaine sous contrôle officiel, dans les conditions prévues par arrêté du ministre chargé de l'agriculture.

III. — Par dérogation aux dispositions du I, les animaux, à l'exception des primates, provenant d'un établissement agréé peuvent être introduits dans un établissement non agréé dans le respect des exigences établies par les autorités du pays destinataire.

Art. D. 236-14 Le ministre chargé de l'agriculture peut imposer aux établissements agréés des exigences et certifications supplémentaires à celles requises pour la délivrance de l'agrément concernant l'échange d'animaux appartenant à des espèces sensibles et pour lesquelles il existe des garanties additionnelles en vertu de la législation communautaire.

CHAPITRE VII DISPOSITIONS PÉNALES

Art. R. 237-1 *(Décr. n° 2011-1866 du 12 déc. 2011, art. 4-I)* I. — Est puni de l'amende prévue pour les contraventions de la cinquième classe le fait :

1° De faire sortir un animal vivant de l'abattoir sans autorisation du vétérinaire officiel *(Abrogé par Décr. n° 2021-1858 du 28 déc. 2021, art. 5) « , en méconnaissance des dispositions du point 8 du chapitre III de la section 2 de l'annexe I du règlement (CE) n° 854/2004 du 29 avril 2004 »* ;

2° D'amener un équidé à l'abattoir alors qu'il a été déclaré non destiné à l'abattage pour la consommation humaine ;

3° Pour les exploitants du secteur alimentaire gérant des abattoirs, de ne pas respecter les obligations relatives aux animaux vivants prévues aux sections 2 et 3 de l'annexe II du règlement (CE) n° 853/2004 du 29 avril 2004.

Art. R. 237-1-1 *(Décr. n° 2012-842 du 30 juin 2012, art. 11-5°)* Est puni de l'amende prévue pour les contraventions de cinquième classe le fait, pour tout propriétaire ou détenteur d'aliments pour animaux ou de denrées alimentaires d'origine animale, de ne pas effectuer les communications prévues à l'article R. 231-1 ou de ne pas les accompagner des informations prévues à l'article D. 201-9.

La récidive de ces infractions est réprimée conformément aux dispositions du premier alinéa de l'article 132-11 et de l'article 132-15 du code pénal.

Art. R. 237-2 *(Décr. n° 2011-1866 du 12 déc. 2011, art. 4-I)* Est puni de l'amende prévue pour les contraventions de la cinquième classe le fait :

I. — Pour les exploitants du secteur alimentaire et de l'alimentation animale :

1° De ne pas soumettre un animal, avant ou après abattage, à un contrôle des services vétérinaires conformément à l'article R. 231-7 ;

2° De mettre sur le marché des denrées animales ou d'origine animale sans apposition de marques attestant de leur conformité aux normes sanitaires prévues au 1° de l'article 5 du règlement (CE) n° 853/2004 ;

3° De ne pas déclarer à l'autorité administrative un établissement de préparation, de manipulation, de traitement, de transformation, d'entreposage, d'exposition, de vente de denrées animales ou de denrées d'origine animale dans les conditions mentionnées à l'article R. 233-4 ;

4° D'exercer les activités d'un établissement mentionné à l'article R. 233-4 dans des locaux ou emplacements de travail inadaptés ou d'une superficie insuffisante ou dépourvus d'approvisionnement en eau potable ;

5° D'exercer les activités d'un établissement mentionné à l'article R. 233-4 dans des locaux mal éclairés, mal aérés ou ventilés, malaisés à nettoyer ou à désinfecter, mal aménagés, ou à une température inadaptée, ou dans des conditions créant un risque d'insalubrité, ou dans des locaux mal protégés contre les souillures ou toute source d'insalubrité ;

6° D'exercer les activités d'un établissement mentionné à l'article R. 233-4 dans des locaux dépourvus d'installations sanitaires à l'usage du personnel ou dotés d'installations non conformes ;

7° De faire emploi, dans le cadre des activités d'un établissement mentionné à l'article R. 233-4, d'ustensiles, de machines, récipients ou instruments qui ne sont pas bien entretenus et propres ou qui sont susceptibles d'altérer les denrées ;

8° De faire emploi, dans le cadre des activités d'un établissement mentionné à l'article R. 233-4, d'enveloppes, conditionnements ou emballages susceptibles d'altérer l'état sanitaire des denrées ;

(Abrogé par Décr. n° 2021-1858 du 28 déc. 2021, art. 5) « 9° De mettre sur le marché un produit d'origine animale ou une denrée en contenant impropre à la consommation humaine au sens du 5 de l'article 14 du règlement (CE) n° 178/2002 du 28 janvier 2002 ou de ne pas mettre en œuvre les procédures de retrait ou de rappel prévues à l'article 19 du règlement précité ; »

10° De transporter, de charger ou de décharger des animaux vivants destinés à la consommation dans des conditions sanitaires non conformes aux dispositions de l'annexe I du règlement (CE) n° 852/2004 ;

11° De ne pas nettoyer ou désinfecter les engins ou matériels en contact avec ces animaux, après déchargement, ou d'opérer un déchargement de ces animaux dans des lieux ou établissements dépourvus d'installations de nettoyage ou de désinfection ;

12° De transporter, de charger, de décharger des denrées animales ou d'origine animale *(Décr. n° 2021-1858 du 28 déc. 2021, art. 5)* « ou des aliments pour animaux d'origine animale ou contenant des produits d'origine animale ou des sous-produits d'origine animale » avec des moyens ou véhicules mal aménagés, mal entretenus ou présentant un risque de contamination, d'altération ou de souillure, ou sans les équipements nécessaires à la bonne conservation des denrées, contrairement aux prescriptions mentionnées à l'article R. 231-13 ;

13° D'utiliser, pour un transport ou un fret, un engin de transport de denrées animales ou d'origine animale interdit par les prescriptions mentionnées à l'article R. 231-13 ;

14° De manipuler ou faire manipuler des denrées animales ou d'origine animale par une personne non soumise à la surveillance médicale prévue à l'article R. 231-12 ;

15° De manipuler ou faire manipuler une denrée animale ou d'origine animale par une personne susceptible de la contaminer en raison de la méconnaissance des règles d'hygiène personnelle définies au chapitre VIII du règlement (CE) n° 852/2004 du 29 avril 2004 ;

16° De ne pas respecter les exigences relatives aux certificats ou documents requis par les *(Décr. n° 2021-1858 du 28 déc. 2021, art. 5)* « règlements de l'Union européenne mentionnés aux article R. 231-13 et R. 231-42 ;

« 17° D'exercer une activité soumise à agrément en vertu de l'article 10 du règlement (CE) n° 183/2005 du Parlement européen et du Conseil du 12 janvier 2005 dans des installations non conformes aux prescriptions de l'annexe II de ce règlement. »

II. — Est puni de l'amende prévue pour les contraventions de la cinquième classe le fait, pour les exploitants de la production primaire animale du secteur alimentaire et de l'alimentation animale :

1° De ne pas transmettre dans les délais les informations sur la chaîne alimentaire prévues en application de la section 3 de l'annexe II du règlement (CE) n° 853/2004 du 29 avril 2004 ou de transmettre des informations incomplètes ;

2° De ne pas tenir, ou de tenir de façon incomplète, ou de ne pas mettre à jour les registres définis au III de la partie A de l'annexe I du règlement (CE) n° 852/2004 du 29 avril 2004, au II de la partie A de l'annexe I du règlement (CE) n° 183/2005 du 12 janvier 2005 ou à l'article L. 234-1 ;

3° De détenir des animaux dont la chair ou les produits sont destinés à la consommation humaine sans se conformer aux obligations de déclaration prévues aux articles L. 212-9, L. 233-3, L. 234-1, D. 212-19, D. 212-26, D. 212-35 et D. 212-36 ;

4° D'exploiter un centre de rassemblement sans disposer de l'agrément prévu à l'article L. 233-3 ou alors que cet agrément a été suspendu ou retiré.

(Décr. n° 2021-1858 du 28 déc. 2021, art. 5) « III. — Est puni de l'amende prévue pour les contraventions de la cinquième classe le fait, pour un responsable d'activités de commerce de détail ou de distribution, au sens du paragraphe 2 des articles 19 et 20 du règlement (CE) n° 178/2002, de ne pas mettre en œuvre les procédures de retrait ou de rappel prévues par les articles 19 et 20 du même règlement.

« IV. — Est puni de l'amende prévue pour les contraventions de la cinquième classe, le fait pour un exploitant :

« 1° De mettre sur le marché un produit d'origine animale, une denrée alimentaire en contenant autre que préjudiciable à la santé, au sens de l'article 14 du règlement (CE) n° 178/2002, non conforme aux normes sanitaires mentionnées à l'article R. 231-13 ou de ne pas mettre en œuvre les procédures de retrait ou de rappel prévues par l'article 19 du même règlement ;

« 2° De mettre sur le marché un aliment pour animaux d'origine animale ou contenant des produits d'origine animale autre qu'un aliment dangereux, au sens de l'article 15 du règlement (CE) n° 178/2002, non conforme aux normes sanitaires mentionnées à l'article R. 231-13 ou de ne pas mettre en œuvre les procédures de retrait ou de rappel prévues l'article 20 du même règlement. »

La conservation dans les congélateurs d'un restaurant de denrées animales ou d'origine animale dont la date limite de consommation est dépassée ne caractérise pas la mise en vente ou mise en circulation incriminée par les art. R. 231-16 et R. 237-2 C. rur., mais la relaxe ne peut cependant être prononcée sans qu'il soit vérifié si les faits ne peuvent être qualifiés d'infraction à l'art. R. 112-25 C. consom. • Crim. 31 mai 2005, ☎ n° 04-86.384 P.

Art. R. 237-3 *(Décr. n° 2011-1866 du 12 déc. 2011, art. 4-I)* Est puni de l'amende prévue pour les contraventions de la troisième classe le fait, pour les exploitants du secteur alimentaire et de l'alimentation animale :

1° De désosser ou détenir, sans autorisation de l'autorité compétente, une carcasse ou partie de carcasse issue d'animaux de l'espèce bovine et contenant de l'os vertébral considéré comme matériel à risque spécifié au sens de l'annexe V du règlement (CE) n° 999/2001 ;

(Abrogé par Décr. n° 2021-1858 du 28 déc. 2021, art. 5) ***« 2° De mettre sur le marché un produit, une denrée alimentaire ou un aliment pour animaux mentionné à l'article R. 231-4 non conforme aux normes sanitaires mentionnées à l'article R. 231-13 ; »***

3° De mettre sur le marché des aliments pour animaux d'origine animale ou contenant des produits d'origine animale dans un emplacement non signalé comme tel ou non séparé des denrées destinées à la consommation humaine.

Les personnes physiques coupables de l'infraction prévue au présent article encourent également la peine complémentaire prévue par le 5° de l'article 131-16 du code pénal.

Les personnes morales encourent également la peine complémentaire prévue par le 5° de l'article 131-16 en application de l'article 131-43 du même code.

Art. R. 237-4 *(Décr. n° 2011-1866 du 12 déc. 2011, art. 4-I)* **Est puni de l'amende prévue pour les contraventions de la cinquième classe le fait :**

1° *(Décr. n° 2021-1858 du 28 déc. 2021, art. 5)* **« De contrevenir aux dispositions du A du chapitre II de la section 7 de l'annexe III du règlement (CE) n° 853/2004 du Parlement européen et du Conseil du 29 avril 2004 fixant des règles spécifiques d'hygiène applicables aux denrées alimentaires d'origine animale » en récoltant des coquillages soit** *(Décr. n° 2012-1220 du 31 oct. 2012, art. 2-2°, en vigueur le 1er janv. 2013)* **« hors zone classée », soit en méconnaissance des conditions de salubrité fixées pour la zone de production considérée ;**

(Décr. n° 2012-1220 du 31 oct. 2012, art. 2-2°, en vigueur le 1er janv. 2013) **« 2° De récolter des coquillages dans une zone de production fermée ou déclassée en application de l'article R. 231-39 ou de les reparquer dans une zone où les opérations de reparcage ont été suspendues ou qui a été déclassée en application du même article ; »**

3° De se livrer aux activités d'élevage de coquillages destinés à la consommation humaine *(Décr. n° 2012-1220 du 31 oct. 2012, art. 2-2°, en vigueur le 1er janv. 2013)* **« hors zone classée » ;**

4° De contrevenir aux dispositions *(Décr. n° 2012-1220 du 31 oct. 2012, art. 2-2°, en vigueur le 1er janv. 2013)* **« du deuxième alinéa de l'article R. 231-40 » en procédant, sans autorisation du préfet,** *(Décr. n° 2012-1220 du 31 oct. 2012, art. 2-2°, en vigueur le 1er janv. 2013)* **« au captage et à la récolte de naissains hors zone classée ».**

Art. R. 237-5 *(Décr. n° 2011-1866 du 12 déc. 2011, art. 4-I)* **Est puni de l'amende prévue pour les contraventions de la troisième classe le fait :**

(Décr. n° 2012-1220 du 31 oct. 2012, art. 2-3°, en vigueur le 1er janv. 2013) **« 1° De pratiquer le reparcage dans des zones autres que celles délimitées à cet usage par le préfet en vertu du 2° de l'article R. 231-37 ; »**

2° De contrevenir aux dispositions de l'article *(Décr. n° 2012-1220 du 31 oct. 2012, art. 2-3°, en vigueur le 1er janv. 2013)* **« R. 231-43 » en pratiquant la pêche non professionnelle dans des zones de production non classées A ou B.**

Les personnes physiques coupables de l'infraction prévue au présent article encourent également la peine complémentaire prévue par le 5° de l'article 131-16 du code pénal.

Les personnes morales encourent également la peine complémentaire prévue par le 5° de l'article 131-16 en application de l'article 131-43 du même code.

Art. R. 237-6 *(Décr. n° 2011-1866 du 12 déc. 2011, art. 4-I)* **Est puni de l'amende prévue pour les contraventions de la troisième classe le fait, pour les exploitants des établissements de restauration collective :**

1° De ne pas conserver les plats témoins selon les modalités prévues à l'annexe 4 de l'arrêté du 21 décembre 2009 relatif aux règles sanitaires applicables aux activités de commerce de détail, d'entreposage et de transport de produits d'origine animale et denrées alimentaires en contenant ;

2° De ne pas déclarer à l'autorité compétente, dès qu'il en a connaissance, par tout moyen dont il peut justifier, la survenue d'un effet indésirable inhabituel pouvant être

lié à la consommation d'aliments dans son établissement, chez au moins deux consommateurs.

Art. R. 237-7 *(Décr. nº 2017-1246 du 7 août 2017, art. 14-18º)* Est puni de l'amende prévue pour les contraventions de la 4ᵉ classe le fait, dans des circonstances autres que celles mentionnées à l'article R. 231-47, de transporter des denrées périssables :

1º En méconnaissance des règles prévues à l'article R. 231-45 ou fixées en application de l'article R. 231-46 ;

2º Ou sans détenir une attestation de conformité technique de l'engin de transport utilisé, en cours de validité, conformément à l'article *(Décr. nº 2020-1218 du 2 oct. 2020, art. 9, en vigueur le 1er janv. 2021)* « R. 231-48 ».

Art. R. 237-8 *(Décr. nº 2011-1866 du 12 déc. 2011, art. 4-II)* Les personnes physiques coupables d'une infraction prévue aux articles R. 237-1, R. 237-2 et R. 237-4 encourent également la peine complémentaire prévue par *(Décr. nº 2022-1354 du 24 oct. 2022, art. 3)* « les 5º et 8º » de l'article 131-16 du code pénal.

Les personnes morales coupables d'une infraction prévue aux articles R. 237-1, R. 237-2 et R. 237-4 *(Décr. nº 2017-1246 du 7 août 2017, art. 14-19º)* « du présent code » encourent également la peine complémentaire prévue par *(Décr. nº 2022-1354 du 24 oct. 2022, art. 3)* « les 5º et 8º » de l'article 131-16 *(Décr. nº 2017-1246 du 7 août 2017, art. 14-19º)* « du code pénal » en application de l'article 131-43 du même code.

La récidive de ces contraventions est réprimée conformément à l'article 132-11 du code pénal pour les personnes physiques et à l'article 132-15 du même code pour les personnes morales.

TITRE IV L'EXERCICE DE LA PROFESSION DE VÉTÉRINAIRE

(Décr. nº 2017-514 du 10 avr. 2017, art. 2).

CHAPITRE I L'EXERCICE DE LA PROFESSION

SECTION 1 *[ABROGÉE]* Diplômes, certificats ou titres de vétérinaire

(Abrogée par Décr. nº 2020-1520 du 3 déc. 2020, art. 1er)

Art. D. 241-1 à D. 241-8 *Abrogés par Décr. nº 2020-1520 du 3 déc. 2020, art. 1er.*

SECTION 2 Conditions relatives à l'autorisation d'exercer en France la médecine et la chirurgie des animaux

SOUS-SECTION 1 Élèves des écoles nationales vétérinaires

Art. R. 241-9 *(Décr. nº 2021-1519 du 23 nov. 2021, art. 2)* Les élèves des écoles vétérinaires peuvent assister un vétérinaire dans les conditions prévues à l'article L. 241-6 en dehors de leur temps scolaire de présence obligatoire et s'ils remplissent les conditions de nationalité exigées pour l'exercice en France des activités de vétérinaire.

Lorsqu'ils déclarent le nom de leur assistant conformément aux dispositions de l'article L. 241-9, les vétérinaires transmettent au conseil régional de l'ordre son contrat de travail signé.

Art. R. 241-10 *(Décr. nº 2021-1519 du 23 nov. 2021, art. 2)* I. – En cas de manquement grave au code de déontologie vétérinaire par un élève pratiquant la médecine et la chirurgie des animaux en qualité d'assistant, le préfet peut à titre conservatoire, par décision motivée, suspendre l'exercice de la médecine et de la chirurgie vétérinaires par cet élève.

La décision est immédiatement notifiée à l'élève par tout moyen permettant de lui conférer date certaine.

La décision est transmise dans les mêmes conditions au ministre chargé de l'agriculture, au vétérinaire recourant aux services de l'élève, au président du conseil régional de l'ordre des vétérinaires et au directeur d'école nationale vétérinaire ou au directeur de la formation vétérinaire où l'élève est inscrit.

A défaut de décision expresse du ministre chargé de l'agriculture dans le délai et les conditions prévues au IV, la suspension est levée.

II. — Le directeur d'école nationale vétérinaire ou le directeur de la formation vétérinaire assurée par l'établissement agréé sur le fondement de l'article L. 813-11 qui constate des faits ou comportements d'un élève, lors de l'exercice de la médecine et de la chirurgie des animaux dans le cadre des enseignements, constitutifs d'une atteinte au respect des règles de déontologie vétérinaire suffisamment grave pour justifier une interdiction d'exercice adresse au ministre chargé de l'agriculture un rapport circonstancié, sans préjudice des procédures disciplinaires qui peuvent être engagées au sein de l'établissement d'enseignement. Une copie du rapport est transmise au préfet et au président du conseil régional de l'ordre des vétérinaires.

III. — Le préfet de département ou le président de conseil régional de l'ordre des vétérinaires qui, dans sa circonscription, a connaissance d'un non-respect grave du code de déontologie vétérinaire par un élève pratiquant la médecine et la chirurgie des animaux en qualité d'assistant pouvant justifier une interdiction d'exercice adresse au ministre chargé de l'agriculture des observations. Une copie de ses observations est transmise au directeur d'école nationale vétérinaire ou au directeur de la formation vétérinaire où l'élève est inscrit.

IV. — Le ministre chargé de l'agriculture, saisi par les autorités mentionnées aux I, II et III, après avoir informé l'élève concerné dans les conditions prévues aux articles L. 122-1 et L. 122-2 du code des relations entre le public et l'administration, peut interdire à l'élève d'une école vétérinaire française d'exercer la médecine et la chirurgie vétérinaires en application de l'article L. 241-10 pour une durée qui ne peut pas dépasser un an.

Le ministre statue dans le délai de deux mois à compter de sa saisine.

L'interdiction est immédiatement notifiée à l'intéressé par tout moyen permettant de lui conférer date certaine. Copie est adressée au vétérinaire recourant aux services de l'élève, au président du conseil régional de l'ordre des vétérinaires et au directeur d'école nationale vétérinaire ou au directeur de la formation vétérinaire où l'élève est inscrit.

Art. R. 241-11 *et* R. 241-12 *Abrogés par Décr. n° 2021-1519 du 23 nov. 2021, art. 2.*

Art. R. 241-13 *Abrogé par Décr. n° 2012-843 du 30 juin 2012, art. 4-1°.*

Art. R. 241-14 *Abrogé par Décr. n° 2020-1520 du 3 déc. 2020, art. 1er.*

Art. R. 241-15 **Pour l'application de l'article L. 241-11, le ministre chargé de l'agriculture peut faire appel aux services d'élèves des** *(Décr. n° 2021-1519 du 23 nov. 2021, art. 2)* **« écoles vétérinaires françaises » remplissant les conditions prévues à l'article L. 241-6, en cas de survenance d'une épizootie.**

Un arrêté du ministre chargé de l'agriculture constate l'existence d'une telle épizootie et précise les départements où les présentes dispositions entreront en vigueur, la durée pendant laquelle elles le demeureront et les missions particulières qui pourront être confiées aux élèves, notamment en ce qui concerne les interventions prévues à l'article *(Décr. n° 2017-514 du 10 avr. 2017, art. 3-2°)* **« L. 203-1 ».**

Les dispositions de l'article R. 241-14 ne sont pas applicables.

V. Arr. du 18 janv. 2021 relatif à l'appel aux services d'élèves des écoles nationales vétérinaires remplissant les conditions prévues à l'art. L. 241-6 du code rural et de la pêche maritime pour lutter contre l'influenza aviaire hautement pathogène (JO 20 janv.).

SOUS-SECTION 2 **Ressortissants des États membres de l'Union européenne ou des autres États partie à l'accord sur l'Espace économique européen, titulaires du diplôme d'État de docteur vétérinaire** *(Décr. n° 2017-514 du 10 avr. 2017, art. 3-17°).*

Art. R. 241-16 Les ressortissants des États membres de *(Décr. n° 2017-514 du 10 avr. 2017, art. 3-17°)* « l'Union » européenne ou des autres États partie à l'accord sur l'Espace économique européen titulaires du diplôme d'État de docteur vétérinaire peuvent obtenir sur leur demande, du ministre chargé de l'agriculture, l'une des attestations suivantes :

1° Si le diplôme a été délivré entre le 1er septembre 1952 et le 18 décembre 1980, une attestation certifiant que les intéressés ont acquis au cours de leurs études :

a) Une connaissance satisfaisante des sciences sur lesquelles se fondent les activités de vétérinaire ;

b) Une connaissance satisfaisante de la structure et des fonctions des animaux en bonne santé, de leur élevage, de leur reproduction, de leur hygiène en général ainsi que de leur alimentation y compris la technologie mise en œuvre lors de la fabrication et de la conservation des aliments répondant à leurs besoins ;

c) Une connaissance satisfaisante dans le domaine du comportement et de la protection des animaux ;

d) Une connaissance satisfaisante des causes, de la nature, du déroulement, des effets, des diagnostics et du traitement des maladies des animaux, qu'ils soient considérés individuellement ou en groupe ; parmi celles-ci, une connaissance particulière des maladies transmissibles à l'homme ;

e) Une connaissance satisfaisante de la médecine préventive ;

f) Une connaissance satisfaisante de l'hygiène et de la technologie lors de l'obtention, de la fabrication et de la mise en circulation des denrées alimentaires animales ou d'origine animale destinées à la consommation humaine ;

g) Une connaissance satisfaisante en ce qui concerne les dispositions législatives, réglementaires et administratives relatives aux matières ci-dessus énumérées ;

h) Une expérience clinique et pratique satisfaisante, sous surveillance appropriée.

2° Si le diplôme a été obtenu avant le 1er décembre 1952, une attestation certifiant, au vu des justifications présentées par les intéressés, que ceux-ci se sont consacrés effectivement et légalement à l'exercice des activités de vétérinaire pendant au moins trois années au cours des cinq années qui précèdent la délivrance de cette attestation.

Le ministre chargé de l'agriculture délivre l'attestation prévue au 2° ci-dessus aux ressortissants français titulaires d'un diplôme français de docteur vétérinaire autre que le diplôme d'État obtenu avant le 18 décembre 1980, sur la demande, accompagnée des justifications nécessaires, présentée par les intéressés.

Art. R. 241-17 *(Décr. n° 2017-514 du 10 avr. 2017, art. 3-3°)* Le conseil national de l'ordre des vétérinaires, autorité compétente pour la profession de vétérinaire, transmet aux autorités compétentes des États mentionnés à l'article R. 241-16 par l'intermédiaire du système d'information du marché intérieur institué par le règlement n° 1024/2012 du Parlement européen et du Conseil du 25 octobre 2012 et reçoit de leur part les informations relatives aux mesures ou sanctions de caractère professionnel, administratif ou pénal prononcées à l'encontre des vétérinaires migrant au sein de l'Union européenne et de l'Espace économique européen. Il informe le ministre chargé de l'agriculture de ces mesures.

Art. R. 241-18 *(Décr. n° 2017-514 du 10 avr. 2017, art. 3-4°)* « Le conseil régional de l'ordre des vétérinaires » délivre aux vétérinaires qui sont établis en France et qui souhaitent *(Décr. n° 2017-514 du 10 avr. 2017, art. 3-4°)* « exercer leur activité » dans les États mentionnés à l'article R. 241-16 une attestation certifiant que l'intéressé exerce légalement ses activités en France et qu'il est titulaire du diplôme, certificat ou titre requis pour accomplir lesdits actes.

Al. 2 abrogé par Décr. n° 2017-514 du 10 avr. 2017, art. 3-4°.

Art. R. 241-19 *(Décr. n° 2017-514 du 10 avr. 2017, art. 3-5°)* Le ministre chargé de l'agriculture a qualité pour :

— confirmer, à la demande des autorités compétentes d'un autre État membre de l'Union européenne ou partie à l'Espace économique européen, l'authenticité des diplômes, certificats ou titres de vétérinaire dont se prévalent les personnes ayant obtenu leur qualification en France ;

— recueillir auprès de ces autorités la confirmation de l'authenticité des diplômes dont se prévalent les personnes ayant obtenu leur qualification dans l'un de ces États.

Le ministre communique aux autorités compétentes des États mentionnés au deuxième alinéa et à la Commission européenne, par l'intermédiaire du système d'information du marché intérieur institué par le règlement n° 1024/2012 du Parlement européen et du Conseil du 25 octobre 2012, les dispositions législatives, réglementaires et administratives régissant la délivrance du diplôme vétérinaire.

Art. R. 241-20 Lorsqu'il s'établit en France pour exercer la médecine et la chirurgie des animaux ou les activités prévues aux articles du code de la santé publique se rapportant aux médicaments vétérinaires (titre IV, livre I, partie 5 du code de la santé publique) et aux substances et préparations vénéneuses (chapitre II, titre III, livre I, partie 5, du code de la santé publique), le vétérinaire bénéficiant des dispositions des articles *(Décr. nº 2017-1246 du 7 août 2017, art. 15-2º)* « L. 241-2 à L. 241-4 du présent code » *(Décr. nº 2017-514 du 10 avr. 2017, art. 3-6º ; Décr. nº 2017-1246 du 7 août 2017, art. 15-2º)* « présente, dès le début de son activité professionnelle, en application de l'article L. 241-1 du même code, sa demande » d'inscription au tableau de l'ordre des vétérinaires, par lettre recommandée avec demande d'avis de réception, au président du conseil régional dont il dépend.

Sans préjudice des autres pièces ou formalités exigées en vertu du code de déontologie et des règlements de la profession, cette demande doit être *(Décr. nº 2017-514 du 10 avr. 2017, art. 3-6º)* « accompagnée des pièces justificatives mentionnées à l'article R. 242-85. »

Al. 3 et 4 abrogés par Décr. nº 2017-514 du 10 avr. 2017, art. 3-6º.

Art. R. 241-21 *(Décr. nº 2017-514 du 10 avr. 2017, art. 3-7º)* La déclaration prévue au premier alinéa de l'article L. 241-3 est adressée au conseil national de l'ordre des vétérinaires. Elle contient les indications suivantes :

1º Les nom, prénom, lieu et date de naissance, nationalité et adresse professionnelle de l'intéressé ;

2º Une attestation délivrée depuis moins de trois mois par l'autorité compétente de l'État où le vétérinaire est établi certifiant qu'il y exerce légalement les activités de vétérinaire et n'a pas été condamné à une peine d'interdiction d'exercer, même temporairement ;

3º Tout document attestant des qualifications professionnelles de l'intéressé, notamment une copie du diplôme l'autorisant à exercer ;

4º Une attestation d'assurance en responsabilité civile professionnelle couvrant son activité sur le territoire français ;

5º La déclaration du lieu d'exécution de la première prestation de services.

Sur demande du conseil national de l'ordre des vétérinaires, le déclarant fournit une traduction des documents établie par un traducteur assermenté ou habilité à intervenir auprès des autorités judiciaires ou administratives d'un autre État membre de l'Union européenne, d'un État partie à l'accord sur l'Espace économique européen ou de la Confédération suisse.

Le conseil national de l'ordre accuse réception de la déclaration annuelle d'exercice occasionnel et temporaire sur le territoire français dans un délai d'un mois.

Le caractère temporaire et occasionnel de la prestation de services est apprécié au cas par cas, notamment en fonction de sa durée, de sa fréquence, de sa périodicité et de sa continuité.

Art. R. 241-22 *(Décr. nº 2017-514 du 10 avr. 2017, art. 3-7º)* Le vétérinaire intervenant en France dans les conditions prévues à l'article L. 241-3 est soumis à la juridiction disciplinaire de la région ordinale dans le ressort de laquelle il exécute les actes professionnels à raison desquels il est poursuivi.

Art. R. 241-23 *Abrogé par Décr. nº 2004-779 du 28 juill. 2004.*

Art. R. 241-24 *Abrogé par Décr. nº 2012-843 du 30 juin 2012, art. 4-1º.*

SOUS-SECTION 3 **Ressortissants français ou ressortissants d'un autre État membre de l'Union européenne ou d'un autre État partie à l'accord sur l'Espace économique européen, titulaires d'un diplôme, certificat ou titre de vétérinaire émanant d'un pays tiers** *(Décr. nº 2017-514 du 10 avr. 2017, art. 3-17º).*

Art. R. 241-25 En application des dispositions du *(Décr. nº 2017-1246 du 7 août 2017, art. 15-3º)* « cinquième alinéa de l'article L. 241-1 », les vétérinaires de nationalité française ou ressortissants d'un autre État membre de *(Décr. nº 2017-514 du 10 avr. 2017, art. 3-17º; Décr. nº 2017-1246 du 7 août 2017, art. 15-3º)* « l'Union » européenne ou d'un autre État partie à l'accord sur l'Espace économique européen qui sont

titulaires d'un diplôme, certificat ou titre de vétérinaire non prévu par les articles *(Décr. nº 2017-1246 du 7 août 2017, art. 15-3º)* **« L. 241-2 à L. 241-4 » et qui demandent à être autorisés à exercer la médecine et la chirurgie des animaux sont soumis à un contrôle des connaissances comportant des épreuves écrites d'admissibilité et des épreuves orales et pratiques d'admission dans les domaines des sciences cliniques, de l'hygiène, qualité et technologie alimentaires, des productions animales et de la législation sanitaire.**

Les programmes et les modalités d'organisation des épreuves destinées à assurer ce contrôle ainsi que la composition du jury sont fixés par arrêté du ministre chargé de l'agriculture. — *V. Arr. du 18 janv. 2021 relatif à l'organisation du contrôle des connaissances pour les vétérinaires dont le diplôme ne bénéficie pas d'une reconnaissance automatique en France pour exercer la médecine et la chirurgie vétérinaires (JO 26 janv.).*

V. aussi Arr. du 19 sept. 2023 relatif aux épreuves pour l'année 2024 du contrôle de connaissances visé par l'art. L. 241-1 (JO 24 sept.).

Art. R.* 241-25-1 *(Décr. nº 2017-1411 du 27 sept. 2017, art. 2-38º)* **Le silence gardé par le ministre chargé de l'agriculture sur une demande d'autorisation d'exercice de la médecine et de la chirurgie des animaux, mentionnée à l'article R. 241-25, vaut décision de rejet.**

Art. R. 241-26 *(Décr. nº 2017-514 du 10 avr. 2017, art. 3-8º)* **La réussite aux épreuves du contrôle des connaissances prévu à l'article R. 241-25 est rendue publique par arrêté du ministre chargé de l'agriculture. Cet arrêté vaut autorisation d'exercice de la profession de vétérinaire en France, sous réserve de l'inscription à l'ordre des personnes concernées.**

SOUS-SECTION 4 **Enregistrement préalable du diplôme de vétérinaire** *(Décr. nº 2017-514 du 10 avr. 2017, art. 3-10º).*

(Décr. nº 2004-755 du 21 juill. 2004)

Art. R. 241-27 *(Décr. nº 2021-1240 du 27 sept. 2021, art. 6)* **« Sous réserve des dispositions de l'article L. 241-1-1, le »** *(Décr. nº 2017-514 du 10 avr. 2017, art. 3-11º)* **« conseil régional de » l'ordre des vétérinaires est chargé de l'enregistrement sans frais du diplôme mentionné à l'article L. 241-1 du présent code, pour tout vétérinaire de nationalité française ou ressortissant d'un autre État membre de l'Union européenne ou d'un autre État partie à l'accord sur l'Espace économique européen qui remplit les conditions prévues aux articles L. 241-2 à L. 241-5.**

(Décr. nº 2017-514 du 10 avr. 2017, art. 3-11º) **« Tout vétérinaire qui sollicite son enregistrement adresse sa demande au président du conseil régional de l'ordre dans la région où il se propose de fixer son domicile personnel ou son domicile professionnel administratif.**

« La demande d'enregistrement est accompagnée des pièces suivantes :

« — la présentation de l'original ou la production ou l'envoi d'une photocopie lisible d'un passeport ou d'une carte nationale d'identité en cours de validité ;

« — la copie du diplôme d'État de docteur vétérinaire ou d'un diplôme, certificat ou titre de vétérinaire mentionnés à l'article L. 241-2, ainsi que, pour les vétérinaires mentionnés à l'article L. 241-2-1, de l'arrêté ministériel les habilitant à exercer en France. » — *L'art. R. 241-27 est abrogé ; l'art. R. 241-27-1 devient l'art. R. 241-27 (Décr. nº 2017-514 du 10 avr. 2017, art. 3-9º et 11º, JO 11 avr.).*

Art. R. 241-27-1 *Devenu art. R. 241-27 ci-dessus.*

Art. R. 241-27-2 et R. 241-27-3 *Abrogés par Décr. nº 2017-514 du 10 avr. 2017, art. 3-12º.*

SECTION 3 **Spécialisation vétérinaire**

Art. R. 241-28 *(Décr. nº 2021-1519 du 23 nov. 2021, art. 2, en vigueur le 1er juill. 2022)* **« Le titre de vétérinaire spécialiste, dans une spécialité figurant sur la liste arrêtée par le ministre chargé de l'agriculture, est accordé, renouvelé ou retiré par le Conseil national de l'ordre des vétérinaires, selon des conditions prévues par arrêté du**

ministre chargé de l'agriculture et portant notamment sur l'actualisation des connaissances et des compétences. » — *V. Arr. du 26 janv. 2022 fixant la liste des spécialités vétérinaires (JO 3 févr.) ; Arr. du 15 juin 2022 relatif aux conditions d'octroi, de renouvellement et de retrait du titre de vétérinaire spécialiste (JO 22 juin).*

(Décr. n° 2020-1520 du 3 déc. 2020, art. 1er) **1° Aux vétérinaires titulaires d'un diplôme d'études spécialisées vétérinaires mentionné au 3° du I de l'article R. 812-65 ;**

2° Aux vétérinaires titulaires d'un titre reconnu comme équivalent par le conseil national de l'ordre des vétérinaires *(Abrogé par Décr. n° 2021-1519 du 23 nov. 2021, art. 2)* ***« dans des conditions prévues par arrêté, dans une spécialité figurant sur la liste arrêtée par le ministre chargé de l'agriculture ».***

Le conseil national de l'ordre des vétérinaires tient à jour la liste des vétérinaires spécialistes. — *Les vétérinaires à qui le titre de vétérinaire spécialiste a été accordé, avant le 1er juill. 2022, sur le fondement du 1° de l'art. R. 241-28 dans sa rédaction en vigueur à la date de publication du Décr. n° 2021-1519 du 23 nov. 2021 peuvent continuer à se prévaloir de ce titre jusqu'au 30 juin 2027 (Décr. préc., art. 10-I, JO 25 nov.).*

SECTION 4 **Dispositions relatives à l'exercice en commun de la profession vétérinaire en France** *(Décr. n° 2010-780 du 8 juill. 2010).*

SOUS-SECTION 1 **Sociétés civiles professionnelles de vétérinaires**

Art. R. 241-29 **Les sociétés régies par la présente sous-section ont pour objet l'exercice en commun de la médecine et de la chirurgie des animaux.**

Ces sociétés reçoivent l'appellation de sociétés civiles professionnelles de vétérinaires. Chaque associé a la qualité et le titre de vétérinaire associé.

Dernier al. *abrogé par Décr. n° 2004-757 du 22 juill. 2004.*

Art. R. 241-30 **La qualité de vétérinaire associé n'est pas compatible avec l'exercice des fonctions prévues par l'article L. 5142-1 du code de la santé publique.**

Art. R. 241-31 **La société est constituée sous la condition suspensive de son inscription au tableau du conseil régional de l'ordre dans le ressort duquel est fixé son siège.**

La demande d'inscription est présentée collectivement par les associés et adressée au conseil régional de l'ordre par lettre recommandée avec demande d'avis de réception, accompagnée des pièces suivantes :

1° Un exemplaire des statuts et, le cas échéant, une expédition ou une copie de l'acte constitutif ;

2° Un certificat d'inscription au tableau en ce qui concerne chaque associé ;

3° Une attestation du greffier du tribunal de commerce ou du tribunal judiciaire statuant commercialement du lieu du siège social constatant le dépôt au greffe de la demande et des pièces nécessaires à l'immatriculation ultérieure de la société au registre du commerce et des sociétés.

Art. R. 241-32 **Le conseil régional de l'ordre statue sur la demande d'inscription dans les conditions prévues par l'article L. 242-4.**

Art. R. 241-33 **L'inscription ne peut être refusée que si les statuts déposés ne sont pas conformes aux dispositions législatives et réglementaires en vigueur, et notamment au code de déontologie.**

Elle doit être refusée si les pièces exigées à l'article R. 241-31 n'ont pas été communiquées au conseil régional de l'ordre.

Art. R. 241-34 **Le tableau de l'ordre comporte en annexe la liste des sociétés civiles professionnelles de vétérinaires, avec les indications suivantes :**

1° Numéro d'inscription de la société ;

2° Raison sociale et numéro unique d'identification ;

3° Lieu du siège social ;

4° Nom de tous les associés et numéro d'inscription de chacun d'eux au tableau.

Le nom de chaque associé sur le tableau est suivi de la mention "Membre de la société civile professionnelle", ainsi que du nom et du numéro d'inscription de celle-ci.

Art. R. 241-35 **Par dérogation aux articles 22, 24 et 26 du décret n° 78-704 du 3 juillet 1978 relatif à l'application de la loi n° 78-9 du 4 janvier 1978 modifiant le**

titre IX du livre III du code civil, la société est dispensée d'insérer dans un journal d'annonces légales les avis prévus auxdits articles.

Art. R. 241-36 La demande d'immatriculation au registre du commerce et des sociétés est établie dans les conditions prévues *(Décr. n° 2017-1246 du 7 août 2017, art. 15-4°)* « aux articles R. 123-53 et R. 123-55 à R. 123-59 du code de commerce ».

Elle doit reproduire les renseignements prévus au 1° de l'article R. 241-40 *(Décr. n° 2017-1246 du 7 août 2017, art. 15-4°)* « du présent code » complétés par les date et lieu de naissance de chacun des associés et l'indication de leur nationalité. Elle indique également les nom et prénom du gérant ou que tous les associés sont gérants.

Art. R. 241-37 Le président du conseil régional de l'ordre adresse une ampliation de la décision d'inscription de la société au tableau de l'ordre au préfet du département et au greffe du tribunal de commerce ou du tribunal judiciaire statuant commercialement où a été déposée la demande d'immatriculation au registre du commerce et des sociétés ; cette ampliation vaut justification de ce que la société dispose de l'autorisation nécessaire à l'exercice de son activité et de ce que les associés sont eux-mêmes titulaires de l'autorisation, des diplômes ou des titres nécessaires à l'exercice de cette activité.

Au reçu de cette ampliation, le greffier procède à l'immatriculation de la société au registre du commerce et des sociétés.

Art. R. 241-38 Les cabinets ou cliniques dont la continuation d'exploitation a été demandée au conseil régional de l'ordre *(Abrogé par Décr. n° 2017-1246 du 7 août 2017, art. 15-5°)* *« en application de l'article R. 241-82 »* ne sont pas soumis, si cette autorisation est donnée, à l'inscription complémentaire ou à l'immatriculation secondaire prévues par *(Décr. n° 2017-1246 du 7 août 2017, art. 15-5°)* « les articles R. 123-40 à R. 123-43, R. 123-63 et R. 123-67 du code de commerce ». Ils sont toutefois considérés comme des établissements dont l'adresse doit être indiquée dans la demande d'immatriculation de la société, conformément aux dispositions de *(Décr. n° 2017-1246 du 7 août 2017, art. 15-5°)* « l'article R. 123-59 du même code ».

Art. R. 241-39 Si les statuts sont établis par acte sous seing privé, il en est dressé autant d'originaux qu'il est nécessaire pour le dépôt d'un exemplaire au siège social de la société, la remise d'un exemplaire à chaque associé et pour satisfaire aux dispositions de la présente sous-section.

Art. R. 241-40 Sans préjudice des dispositions qu'en vertu des articles 10 et 11 de la loi n° 66-879 du 29 novembre 1966 relative aux sociétés civiles professionnelles les statuts doivent comporter et de celles qu'en vertu des articles 8, 14, 15, 19 et 20 de la même loi, ils peuvent contenir concernant respectivement la répartition des parts, les gérants, la raison sociale, la répartition des bénéfices, les dettes sociales, les cessions des parts sociales, et des dispositions de la présente sous-section, les statuts doivent indiquer :

1° Les nom, prénoms, domicile des associés, leur situation matrimoniale et, le cas échéant, l'existence de clauses, d'actes opposables aux tiers ou de décisions restrictives à la libre disposition de leurs biens ;

2° Le numéro d'inscription à l'ordre des associés ;

3° La qualification détenue et la spécialisation exercée par chacun s'il y a lieu ;

4° La durée pour laquelle la société est constituée ;

5° L'adresse du siège social et du ou des lieux d'exercice ;

6° La nature et l'évaluation distincte de chacun des apports effectués par les associés ;

7° Le montant du capital social, le montant nominal, le nombre et la répartition des parts sociales représentatives de ce capital ;

8° L'affirmation de la libération totale ou partielle, suivant le cas, des apports concourant à la formation du capital social ;

9° Le nombre et la répartition des parts représentatives des apports en industrie.

Art. R. 241-41 Peuvent faire l'objet d'apports à une société civile professionnelle vétérinaire, en propriété ou en jouissance :

1° Tous droits incorporels, mobiliers ou immobiliers, et notamment le droit pour un associé de présenter la société comme successeur à sa clientèle, ou s'il est ayant droit d'un vétérinaire décédé, à la clientèle de son auteur, ainsi que tous documents et archives ;

2° D'une manière générale, tous objets mobiliers à usage professionnel ;

3° Les immeubles ou locaux utiles à l'exercice de la profession ;

4° Toutes sommes en numéraire.

L'industrie des associés, qui, en vertu de l'article 10 de la loi n° 66-879 du 29 novembre 1966, ne concourt pas à la formation du capital, peut donner lieu à l'attribution de parts sociales.

Art. R. 241-42 Les parts sociales, qu'elles concourent ou non à la formation du capital social, ne peuvent être données en nantissement. Leur montant nominal ne peut être inférieur à 15 euros.

Les parts sociales correspondant à des apports en industrie sont incessibles et doivent être annulées lorsque leur titulaire perd sa qualité d'associé, pour quelque cause que ce soit, y compris la dissolution de la société.

Art. R. 241-43 Les parts sociales correspondant à des apports en numéraire doivent être libérées lors de la souscription de la moitié au moins de leur valeur nominale.

La libération du surplus doit intervenir en une ou plusieurs fois, soit aux dates prévues par les statuts, soit par décision de l'assemblée des associés, et au plus tard dans le délai de trois ans à compter de l'inscription de la société au tableau de l'ordre.

Dans les huit jours de leur réception, les fonds provenant des souscriptions en numéraire sont déposés, pour le compte de la société, à la Caisse des dépôts et consignations, chez un notaire ou dans une banque.

Le retrait des fonds provenant de souscriptions en numéraire est effectué par un mandataire de la société sur la seule justification de l'inscription de la société au tableau de l'ordre.

Art. R. 241-44 Les statuts organisent la gérance et déterminent les pouvoirs des gérants dans les conditions prévues par l'article 11 de la loi n° 66-879 du 29 novembre 1966.

Art. R. 241-45 Les décisions qui excèdent les pouvoirs des gérants sont prises par les associés réunis en assemblée.

L'assemblée est réunie au moins une fois par an. Elle est également réunie sur la demande d'au moins la moitié des associés, la demande devant indiquer l'ordre du jour.

Les modalités de convocation de l'assemblée sont fixées par les statuts.

Art. R. 241-46 Chaque associé dispose d'un nombre de voix égal quel que soit le nombre de parts qu'il possède.

Toutefois, lorsque les associés n'exercent qu'à temps partiel, les statuts peuvent leur attribuer un nombre de voix réduit.

En outre, les statuts peuvent attribuer aux associés un nombre de voix réduit aussi longtemps que les parts sociales qu'ils détiennent n'ont pas été entièrement libérées.

Chaque associé peut se faire représenter par un autre associé porteur d'un mandat écrit. Un associé ne peut être porteur de plus de deux mandats.

Art. R. 241-47 Sous réserve des dispositions de l'article 19 de la loi n° 66-879 du 29 novembre 1966 et de celles de la présente sous-section imposant des conditions spéciales de majorité, les décisions sont prises à la majorité des voix dont disposent les associés présents ou représentés.

Toutefois, les statuts peuvent prévoir une majorité plus forte ou même l'unanimité des associés pour toutes les décisions ou seulement pour celles qu'ils énumèrent.

Art. R. 241-48 La modification des statuts et la prorogation de la société ne peuvent être décidées qu'à la majorité des trois quarts des voix des associés présents ou représentés.

Art. R. 241-49 Les délibérations des associés sont soumises aux dispositions des articles 40 à 47 du décret n° 78-704 du 3 juillet 1978.

L'assemblée ne peut délibérer valablement que si les trois quarts au moins des associés sont présents ou représentés. Si le quorum n'est pas atteint, les associés sont convoqués une nouvelle fois et l'assemblée délibère valablement si deux associés au moins sont présents ou représentés.

Le registre prévu par l'article 45 du décret du 3 juillet 1978 précité est préalablement coté et paraphé par le président du conseil régional de l'ordre ou un de ses délégués et seulement à défaut par le *(Décr. nº 2017-1100 du 15 juin 2017, art. 4-1º)* « greffe » du tribunal judiciaire.

Art. R. 241-50 Après la clôture de chaque exercice, le ou les gérants établissent dans les conditions fixées à l'article *(Décr. nº 2017-1246 du 7 août 2017, art. 15-6º)* « 1856 » du code civil un rapport écrit d'ensemble comportant les comptes annuels de la société et un rapport sur ses résultats.

Dans les deux mois qui suivent la clôture de l'exercice, les documents mentionnés à l'alinéa précédent sont soumis à l'approbation de l'assemblée des associés.

A cette fin, lorsque tous les associés sont gérants, ces documents sont adressés à chaque associé avec le texte des résolutions proposées quinze jours au moins avant la réunion de l'assemblée et au plus tard avec la convocation de cette assemblée.

Art. R. 241-51 Indépendamment des dispositions prévues à l'article 1855 du code civil, chaque associé peut, à toute époque, prendre connaissance dans les conditions fixées à l'article 48 du décret nº 78-704 du 3 juillet 1978 des comptes annuels de la société et du rapport sur les résultats de celle-ci ainsi que de tous registres et documents comptables en la possession de la société.

Art. R. 241-52 Sauf dispositions contraires des statuts, les parts sociales sont librement cessibles entre associés.

Elles ne peuvent être cédées à des tiers qu'avec le consentement de la société exprimé dans les conditions prévues à l'article 19 de la loi nº 66-879 du 29 novembre 1966.

Le prix de cession des parts est librement débattu entre les parties.

Art. R. 241-53 Le projet de cession de parts à un tiers et la décision de la société sont exprimés dans les formes prévues par les articles 49 et 50 du décret nº 78-704 du 3 juillet 1978.

Art. R. 241-54 Lorsque la société notifie son consentement exprès à la cession à un tiers ou si elle n'a pas fait connaître sa décision dans les deux mois à compter de la dernière des notifications prévues à l'article R. 241-53, le cessionnaire adresse au président du conseil régional de l'ordre une demande en vue d'être inscrit en qualité de vétérinaire associé.

La demande est accompagnée de l'expédition ou de la copie certifiée conforme de l'acte de cession des parts sociales ainsi que de toutes pièces justificatives, notamment celles qui établissent le consentement donné par la société à la cession.

Art. R. 241-55 Lorsque la société refuse de consentir à une cession à un tiers, elle dispose d'un délai de six mois à compter de la notification de son refus pour notifier à l'associé cédant, dans l'une des formes prévues à l'article R. 241-53, un projet de cession ou de rachat de ces parts qui constitue engagement de l'associé cessionnaire ou de la société qui se porte acquéreur.

Lorsque la société propose que les parts soient rachetées par un tiers, celui-ci devra avoir été au préalable agréé par les associés conformément aux dispositions statutaires.

Si les parts sociales sont acquises par la société ou par un ou plusieurs des associés, il est procédé conformément à l'article R. 241-57.

Art. R. 241-56 La valeur des droits sociaux est déterminée, à défaut d'accord entre les parties, conformément aux dispositions de l'article 1843-4 du code civil.

Art. R. 241-57 Toute convention par laquelle un des associés cède tout ou partie de ses parts sociales à la société, aux autres associés ou à l'un ou plusieurs d'entre eux, est portée à la connaissance du conseil régional de l'ordre par le ou les cessionnaires.

Elle est accompagnée de toutes pièces justificatives comprenant, le cas échéant, la délibération de l'assemblée des associés ayant décidé la réduction du capital social.

Art. R. 241-58 Les articles R. 241-52 à R. 241-55, R. 241-57 et R. 241-72 sont applicables à la cession à titre gratuit de tout ou partie de ses parts sociales par l'un des associés.

Art. R. 241-59 Sous réserve des règles de protection et de représentation des incapables, les dispositions de l'article R. 241-55 sont applicables à la cession des parts sociales de l'associé frappé d'interdiction légale ou placé sous le régime de la tutelle des majeurs. Dans ces cas, le délai de six mois est porté à un an.

Art. R. 241-60 Le délai de cession des parts de l'associé décédé est fixé à un an à compter du décès.

Il peut être renouvelé par le président du conseil régional de l'ordre à la demande des ayants droit de l'associé décédé et avec le consentement de la société donné dans les conditions prévues pour la cession des parts sociales par le premier alinéa de l'article 19 de la loi n° 66-879 du 29 novembre 1966.

Art. R. 241-61 Si, pendant le délai prévu à l'article R. 241-60, les ayants droit décident de céder les parts sociales de leur auteur à un tiers, il est procédé conformément aux dispositions des articles R. 241-52 à R. 241-56.

Art. R. 241-62 Toute demande d'un ou de plusieurs ayants droit d'un associé décédé tendant à l'attribution préférentielle à leur profit des parts sociales de leur auteur est notifiée à la société et à chacun des associés, dans l'une des formes prévues à l'article R. 241-53. Les modalités de cette attribution sont réglées, pour le surplus, par les dispositions des articles R. 241-52 à R. 241-56.

Art. R. 241-63 Lorsqu'à l'expiration du délai prévu à l'article R. 241-60 les ayants droit de l'associé décédé n'ont pas exercé la faculté de céder les parts sociales de leur auteur, et si aucun consentement préalable à l'attribution préférentielle n'a été donné par la société, celle-ci dispose d'une année pour acquérir ou faire acquérir les parts sociales de l'associé décédé, dans les conditions prévues à l'article R. 241-55.

Art. R. 241-64 Si l'acte portant cession de parts sociales est établi sous seing privé, il en est dressé autant d'originaux qu'il est nécessaire pour la remise d'un exemplaire à chaque partie et pour satisfaire aux dispositions des articles R. 241-54 et R. 241-57 et à celles de l'article 52 du décret n° 78-704 du 3 juillet 1978.

En outre, un des originaux ou une expédition de l'acte de cession de part et éventuellement de l'acte modifiant les statuts de la société doivent être expédiés pour information au conseil régional de l'ordre.

Art. R. 241-65 Lorsqu'un associé entend se retirer de la société, il notifie sa décision à la société par lettre recommandée avec demande d'avis de réception.

La société dispose d'un délai de six mois à compter de cette notification pour notifier à l'associé, dans la même force, le projet de cession ou de rachat qui constitue l'engagement du cessionnaire ou de la société de se porter acquéreur.

Lorsque la société propose que les parts soient rachetées par un tiers, celui-ci devra avoir été au préalable agréé par les associés.

En cas de désaccord sur le prix de cession, il est procédé à la fixation du prix dans les conditions de l'article R. 241-56.

Art. R. 241-66 Tout associé qui a fait l'objet d'une condamnation disciplinaire définitive égale ou supérieure à six mois de suspension peut être contraint, par une décision prise à la majorité des autres associés, à se retirer de la société.

Le ou les associés qui ont fait l'objet d'une sanction pour les mêmes faits ne participent pas au vote.

L'associé exclu dispose d'un délai de six mois à compter de la notification qui lui est faite de cette décision par la société, par l'envoi d'une lettre recommandée avec demande d'avis de réception, pour céder ses parts, dans les conditions prévues aux articles 19 et 21 de la loi n° 66-879 du 29 novembre 1966 et aux dispositions de la présente sous-section.

Si, à l'expiration de ce délai, aucune cession n'est intervenue, il est procédé conformément aux dispositions de l'article R. 241-55.

Art. R. 241-67 L'associé radié au tableau perd la qualité d'associé. Ses parts sont cédées dans les conditions déterminées aux articles R. 241-55 et R. 241-56.

Art. R. 241-68 Si, dans le cas visé à l'article R. 241-55, le prix proposé pour la cession ou le rachat n'est pas accepté par le cédant et si celui-ci persiste dans l'intention de céder ses parts, le prix est fixé à la demande de la partie la plus diligente, comme il est dit à l'article R. 241-56.

Lorsque l'associé cédant refuse de signer l'acte portant cession de ses parts au prix ainsi fixé, il est passé outre à ce refus deux mois après sommation à lui faite par la société soit par lettre recommandée avec accusé de réception, soit par acte d'huissier de justice et demeurée infructueuse ; le prix de cession des parts est consigné à la diligence du cessionnaire.

Si la cession porte sur la totalité des parts sociales d'un associé, celui-ci perd la qualité d'associé à l'expiration du délai prévu à l'alinéa précédent.

La publicité de la cession est accomplie conformément aux dispositions de l'article 52 du décret n° 78-704 du 3 juillet 1978 par dépôt de deux copies certifiées conformes de la sommation adressée au cédant, accompagnées des justifications de la notification ou de la signification de cette sommation.

Art. R. 241-69 *(Décr. n° 2017-1246 du 7 août 2017, art. 15-7°)* « Le » nombre des associés peut être augmenté au cours de l'existence de la société avec ou sans augmentation du capital social.

Tout nouvel associé doit produire le certificat d'inscription au tableau.

Art. R. 241-70 Si le nouvel associé entre dans la société en acquérant des parts sociales dont les associés, ou l'un ou certains de ceux-ci, sont titulaires, il est procédé conformément à l'article R. 241-57.

Art. R. 241-71 Si l'entrée d'un nouvel associé dans la société a pour conséquence une augmentation du capital social, les dispositions des articles R. 241-31 à R. 241-33 sont applicables.

Art. R. 241-72 Tout vétérinaire associé qui reçoit à titre onéreux ou gratuit un droit de présentation transmis par un vétérinaire étranger à la société a l'obligation d'en apporter la propriété ou la jouissance à la société à charge pour elle de créer et lui délivrer les nouvelles parts sociales correspondant à ce supplément d'apport.

Art. R. 241-73 Si la constitution de réserves au moyen de bénéfices non distribués ou le dégagement de plus-values d'actif dues à l'industrie des associés le permet, il est procédé à l'augmentation du capital. Toutefois, cette augmentation n'est possible qu'après la libération intégrale des parts.

Toute clause des statuts écartant un associé de l'attribution des parts sociales nouvellement créées en représentation d'une augmentation de capital par incorporation des réserves non distribuées sera réputée non écrite.

Art. R. 241-74 La décision de proroger la société doit être immédiatement portée à la connaissance du conseil régional de l'ordre et une copie du procès-verbal complet de l'assemblée ou l'acte d'où résulte la prorogation, constitué par l'un des originaux si cet acte est sous seing privé, ou par une expédition s'il a été établi sous la forme authentique, doit être déposé au secrétariat du conseil régional de l'ordre par un gérant.

Art. R. 241-75 En cas de modification des statuts, une copie du procès-verbal complet de l'assemblée ou l'acte modificatif constitué par l'un des originaux si celui-ci est sous seing privé, ou par une expédition s'il a été établi sous la forme authentique, est adressé au conseil régional de l'ordre dans un délai de deux mois.

Si les nouvelles dispositions des statuts ne sont pas conformes aux dispositions législatives ou réglementaires et si la régularisation n'en est pas opérée dans le délai imparti par le conseil régional de l'ordre, celui-ci, après avoir appelé les intéressés à présenter leurs observations orales ou écrites, prononce, par décision motivée, la radiation de la société.

En cas d'agrément, le conseil régional de l'ordre statue dans les conditions prévues à l'article R. 241-32.

La publication des modifications est faite ainsi qu'il est prévu *(Décr. n° 2017-1246 du 7 août 2017, art. 15-8°)* « aux articles R. 123-59, R. 123-66 et R. 123-71 du code de commerce ».

Art. R. 241-76 Sous réserve de l'application de la loi n° 66-879 du 29 novembre 1966 et de la présente sous-section, toutes les dispositions législatives et réglementaires relatives à l'exercice de la profession de vétérinaire, et spécialement à la déontologie et à la discipline, sont applicables aux membres de la société et, dans la mesure où elles sont applicables aux personnes morales, à la société civile professionnelle elle-même.

Art. R. 241-77 La société civile professionnelle de vétérinaires a une raison sociale composée du nom d'un ou de tous les associés précédés ou suivis des mots : société civile professionnelle de vétérinaires.

La qualification de société civile professionnelle de vétérinaires, à l'exclusion de toute autre, assortie du numéro unique d'identification, doit accompagner la raison sociale dans toutes les correspondances et tous les documents émanant de la société.

Tous les registres et documents sont ouverts et établis au nom de la société.

Art. R. 241-78 Dans les actes professionnels, chaque associé indique seulement la raison sociale de la société dont il est membre et son patronyme.

Art. R. 241-79 *Abrogé par Décr. n° 2010-780 du 8 juill. 2010.*

Art. R. 241-80 Chaque associé exerce la profession de vétérinaire avec la plus grande indépendance professionnelle et morale dans ses rapports avec les clients et il ne peut être subordonné à un gérant, à un autre associé ou à la société elle-même.

Les membres de la même société ne peuvent représenter des intérêts opposés. En outre, ils ne peuvent être arbitres ou experts dans un litige où un autre des associés est l'expert d'une des parties.

Art. R. 241-81 *Abrogé par Décr. n° 2013-1330 du 31 déc. 2013, art. 1er-13°.*

Art. R. 241-82 *Abrogé par Décr. n° 2010-780 du 8 juill. 2010.*

Art. R. 241-83 *Abrogé par Décr. n° 2012-843 du 30 juin 2012, art. 4-1°.*

Art. R. 241-84 L'associé faisant l'objet d'une peine disciplinaire lui interdisant d'exercer une activité professionnelle pendant sa durée, conserve, pendant le même temps et sous réserve des dispositions de l'article R. 241-66, sa qualité d'associé avec tous les droits et obligations qui en découlent, à l'exclusion de sa vocation aux bénéfices professionnels subsistant après rémunération des parts sociales et constitution éventuelle de réserves.

Art. R. 241-85 La société peut faire l'objet de poursuites disciplinaires indépendamment de celles qui seraient intentées à quelque titre que ce soit contre les associés.

Art. R. 241-86 La suspension du droit d'exercer frappant la société ou tous les associés pendant une durée égale ou supérieure à deux ans entraîne de plein droit la dissolution de la société.

La décision, devenue exécutoire, qui inflige cette sanction, constate la dissolution de la société et prononce sa radiation du tableau de l'ordre et sa liquidation.

Art. R. 241-87 L'assurance de responsabilité civile professionnelle exigée par le troisième alinéa de l'article 16 de la loi n° 66-879 du 29 novembre 1966 est contractée par la société ou par les associés.

Art. R. 241-88 La dissolution anticipée de la société ne peut être décidée que par les trois quarts au moins des associés.

Art. R. 241-89 La radiation du tableau de l'ordre de tous les associés ou de la société entraîne de plein droit la dissolution de celle-ci.

A la diligence du président du conseil régional de l'ordre, une expédition de cette décision est déposée au greffe du tribunal de commerce ou du tribunal judiciaire statuant commercialement, du lieu d'immatriculation pour être versée au dossier ouvert au nom de la société.

Les associés radiés du tableau ne peuvent être liquidateurs.

Art. R. 241-90 S'il ne subsiste qu'un seul associé, celui-ci peut, dans le délai d'un an, céder une partie de ses parts à un ou plusieurs vétérinaires inscrits au tableau de l'ordre.

Art. R. 241-91 Lorsque le ou les liquidateurs sont des vétérinaires, ils doivent remplir les conditions prévues aux articles L. 241-1 et L. 242-1 pour l'exercice de leur profession.

Art. R. 241-92 L'acte de nomination des liquidateurs, quelle que soit sa forme, est adressé par les soins de ces derniers au conseil régional de l'ordre.

Les liquidateurs informent le conseil régional de l'ordre de la clôture des liquidations.

Art. R. 241-93 En cas de fusion ou de scission de société civile professionnelle *(Abrogé par Décr. n° 2017-1246 du 7 août 2017, art. 15-9°)* ***« dans les conditions prévues par l'article 2-1 de la loi n° 66-879 du 29 novembre 1966 »***, la nouvelle société créée ou les sociétés scissionnaires devront accomplir les formalités d'inscription, d'immatriculation et de publicité prévues aux articles R. 241-31 à R. 241-33 et R. 241-36.

SOUS-SECTION 2 **Sociétés d'exercice libéral de vétérinaires**

Art. R. 241-94 Les dispositions de la présente sous-section régissent les sociétés constituées en application du titre I de la loi n° 90-1258 du 31 décembre 1990 relative à l'exercice sous forme de sociétés des professions libérales soumises à un statut législatif ou réglementaire ou dont le titre est protégé et dont l'objet social est l'exercice *(Abrogé par Décr. n° 2017-514 du 10 avr. 2017, art. 3-13°)* ***« en commun »*** de la profession de vétérinaire. Ces sociétés portent la dénomination de société d'exercice libéral de vétérinaires.

Art. R. 241-95 Les actes et documents destinés aux tiers, notamment les lettres, factures, annonces et publications diverses, émanant d'une société d'exercice libéral de vétérinaires doivent indiquer la dénomination sociale précédée ou suivie immédiatement, selon le cas :

1° Soit de la mention Société d'exercice libéral à responsabilité limitée de vétérinaires ou de la mention SELARL de vétérinaires ;

2° Soit de la mention Société d'exercice libéral à forme anonyme de vétérinaires ou de la mention SELAFA de vétérinaires ;

3° Soit de la mention Société d'exercice libéral en commandite par actions de vétérinaires ou de la mention SELCA de vétérinaires, ainsi que de l'énonciation de son capital social, de son siège social et de la mention de son inscription au tableau de l'ordre ;

(Décr. n° 2017-514 du 10 avr. 2017, art. 3-14°) « 4° Soit de la mention Société d'exercice libéral par actions simplifiée de vétérinaires ou de la mention SELAS de vétérinaires, ainsi que de l'énonciation de son capital social, de son siège social et de la mention de son inscription au tableau de l'ordre. »

Art. R. 241-96 Un quart au plus du capital d'une société d'exercice libéral constituée pour l'exercice de la profession de vétérinaire peut être détenu par des personnes physiques ou morales autres que celles mentionnées à l'article 5 de la loi n° 90-1258 du 31 décembre 1990.

Art. R. 241-97 La détention, directe ou indirecte, de parts ou d'actions du capital social d'une société d'exercice libéral de vétérinaires est interdite :

1° Aux personnes physiques ou morales qui, n'exerçant pas la profession de vétérinaire, fournissent des services, produits ou matériels utilisés à l'occasion d'actes vétérinaires ;

2° Aux personnes physiques ou morales exerçant, à titre professionnel, une activité d'élevage ou de transformation des produits animaux.

Art. R. 241-98 La détention de parts ou actions du capital social d'une société d'exercice libéral de vétérinaires est interdite à toute personne radiée du tableau de l'ordre des vétérinaires.

Art. R. 241-99 La société d'exercice libéral de vétérinaires est soumise aux dispositions disciplinaires applicables à la profession de vétérinaire.

Toutefois, la société ne peut faire l'objet de poursuites disciplinaires indépendamment de celles qui seraient intentées à l'encontre des associés exerçant leur profession en son sein.

Art. R. 241-100 L'associé d'une société d'exercice libéral constituée pour l'exercice de la profession de vétérinaire peut en être exclu en cas de sanction disciplinaire définitive ayant pour effet de lui interdire temporairement l'exercice de la profession pendant plus de six mois.

Cette exclusion est décidée par les autres associés statuant à l'unanimité.

Art. R. 241-101 Tout associé exclu dispose pour céder ses parts sociales ou actions d'un délai de six mois à compter de la notification qui lui est faite de cette décision par la société, par l'envoi d'une lettre recommandée avec demande d'avis de réception.

Pendant ce délai, l'associé exclu perd les rémunérations liées à l'exercice de son activité professionnelle et son droit d'assister et de voter aux assemblées de la société. Il conserve son droit à percevoir les dividendes distribués au titre de ses parts sociales ou actions.

Les parts sociales ou actions de l'associé exclu sont achetées, soit par un acquéreur agréé par la société, soit par la société qui doit alors réduire son capital. A défaut d'accord amiable, le prix de rachat des parts sociales est déterminé dans les conditions prévues par l'article 1843-4 du code civil.

Art. R. 241-102 L'associé interdit de ses fonctions à titre temporaire conserve, pendant la durée de sa peine, sa qualité d'associé avec tous les droits et obligations qui en découlent, à l'exclusion de sa vocation aux rémunérations versées par la société en relation avec l'exercice de son activité professionnelle.

En cas de suspension d'exercice de la profession frappant le seul ou tous les associés de la société d'exercice libéral, les actes nécessaires à la gestion de la société sont assurés par un ou plusieurs vétérinaires désignés par le conseil régional de l'ordre.

SOUS-SECTION 3 Dispositions applicables aux autres sociétés

(Décr. n° 2017-514 du 10 avr. 2017, art. 3-16°)

Art. R. 241-102-1 Les dispositions des articles R. 241-99 et R. 241-102 sont applicables aux sociétés mentionnées au 3° de l'article L. 241-17.

Dans les actes et documents destinés aux tiers, la dénomination sociale de ces sociétés doit être immédiatement précédée ou suivie de la mention de la forme de la société ainsi que de l'indication de la profession vétérinaire et de son capital social.

SOUS-SECTION 4 Dispositions communes aux différentes sociétés d'exercice vétérinaire *(Décr. n° 2010-780 du 8 juill. 2010 ; Décr. n° 2017-514 du 10 avr. 2017, art. 3-15°).*

Art. R. 241-103 *(Décr. n° 2010-780 du 8 juill. 2010)* Sous réserve du respect des dispositions du présent code, notamment du IV et du VI de l'article R. 242-48, un vétérinaire peut exercer concomitamment dans plusieurs sociétés d'exercice en commun autorisées dans lesquelles il peut détenir des parts de capital social ou non.

Il peut également exercer concomitamment à titre individuel et au sein d'une ou plusieurs sociétés d'exercice en commun autorisées dans lesquelles il peut détenir ou non des parts de capital social.

CHAPITRE I *BIS* SOCIÉTÉS DE PARTICIPATIONS FINANCIÈRES DE PROFESSION LIBÉRALE DE VÉTÉRINAIRES

(Décr. n° 2012-1392 du 11 déc. 2012, art. 1er)

Art. R. 241-104 Les sociétés de participations financières de profession libérale de vétérinaires sont régies par les dispositions du livre II du code de commerce, sous réserve des dispositions du présent chapitre.

SECTION 1 De la constitution de la société

(Décr. n° 2012-1392 du 11 déc. 2012, art. 1er)

Art. R. 241-105 Des personnes physiques ou morales exerçant la profession de vétérinaire peuvent constituer, dans les conditions prévues à l'article 31-1 de la loi n° 90-

1258 du 31 décembre 1990, une ou plusieurs sociétés de participations financières de profession libérale de vétérinaires.

Le complément du capital et des droits de vote peut également être détenu :

1° Pendant une durée de dix ans à compter de leur cessation d'activité professionnelle, par des personnes physiques qui ont exercé la profession de vétérinaire au sein de la ou des sociétés d'exercice libéral faisant l'objet de la détention de parts ou d'actions ;

2° Par les ayants droit des personnes physiques mentionnées au présent article, pendant une durée de cinq ans suivant le décès de celles-ci.

Art. R. 241-106 **La société fait l'objet d'une demande d'inscription sur la liste spéciale tenue par l'ordre des vétérinaires adressée, par un mandataire commun des associés, au conseil régional de l'ordre dans le ressort duquel se situe son siège social. La demande est accompagnée des pièces suivantes :**

1° Un exemplaire des statuts de la société *(Décr. n° 2017-514 du 10 avr. 2017, art. 4-1°)* **« , signé par tous les associés de la société ou par un mandataire muni d'un pouvoir » ;**

2° La liste des associés avec indication, selon le cas, de leur qualité, et pour chacun d'entre eux, de la part du capital et des droits de vote qu'il détient dans la société ;

3° Toute convention relative au fonctionnement de la société ou aux rapports entre associés ;

(Décr. n° 2017-514 du 10 avr. 2017, art. 4-1°) **« 4° Le règlement des frais d'inscription mentionnés au II de l'article L. 243-2-1. Ce versement reste acquis à l'ordre, quelle que soit la suite donnée à la demande. »**

La demande d'inscription sur la liste spéciale tenue par l'ordre des vétérinaires est accompagnée d'une note d'information désignant les sociétés d'exercice libéral de vétérinaires et les groupements de droit étranger ayant pour objet l'exercice de la profession de vétérinaire dont les parts sociales ou actions sont détenues, à sa constitution, par la société de participations financières de profession libérale de vétérinaires. La note précise la répartition du capital et des droits de vote qui résulte de ces participations.

Il incombe au conseil national de l'ordre des vétérinaires de vérifier le respect de l'ensemble des conditions auxquelles est soumise l'inscription d'une société de participation financière de profession libérale de vétérinaires sur la liste prévue à l'art. R. 241-106. • CE 29 mai 2020, n° 416413 B : *Gaz. Pal. 2020, n° 22, p. 46 ; BJS 2020, n° 10, p. 35, note Barbieri.*

Art. R. 241-107 **Le conseil régional de l'ordre statue sur l'inscription de la société de participations financières de profession libérale de vétérinaires dans les conditions prévues à l'article L. 242-4.**

Art. R. 241-108 **Sans préjudice des dispositions prévues aux articles R. 123-31 et suivants du code de commerce relatives à l'immatriculation au registre du commerce et des sociétés, une copie de l'inscription à l'ordre des vétérinaires de la société de participations financières de profession libérale de vétérinaires est adressée par le mandataire commun au greffe du tribunal de commerce compétent. A la réception de ce document, le greffier procède à l'immatriculation et en informe le président du conseil régional de l'ordre auprès duquel la société est inscrite.**

SECTION 2 **Du fonctionnement et du contrôle de la société**

(Décr. n° 2012-1392 du 11 déc. 2012, art. 1er)

Art. R. 241-109 **La société de participations financières de profession libérale de vétérinaires fait connaître au président du conseil régional de l'ordre,** *(Décr. n° 2017-514 du 10 avr. 2017, art. 4-2°)* **« sans délai », tout changement dans la situation déclarée en application de l'article R. 241-106. Elle lui adresse, dans les mêmes conditions, les pièces justificatives correspondantes** *(Décr. n° 2017-514 du 10 avr. 2017, art. 4-2°)* **« , dont une copie des documents sociaux mentionnant ce changement, certifiée par elle conforme à la version déposée au greffe du tribunal de commerce, ainsi que »** *(Décr. n° 2021-631 du 21 mai 2021, art. 12, en vigueur le 1er nov. 2021)* **« son numéro unique d'identification ».**

Art. R. 241-110 Si la société de participations financières de profession libérale de vétérinaires cesse de se conformer aux dispositions législatives et réglementaires en vigueur relatives à sa constitution et à son fonctionnement, le président du conseil régional de l'ordre la met en demeure de régulariser la situation dans un délai de six mois.

Si, à l'expiration de ce délai, la société n'a pas régularisé sa situation, le président du conseil régional de l'ordre peut inviter les associés à prononcer la dissolution anticipée de la société selon les formes prévues par les statuts.

Art. R. 241-111 Le non-respect des dispositions régissant la constitution et le fonctionnement des sociétés de participations financières de profession libérale de vétérinaires par les associés d'une telle société peut donner lieu à des poursuites disciplinaires dans les conditions prévues par l'article L. 242-7.

SECTION 3 De la dissolution et de la liquidation de la société

(Décr. n° 2012-1392 du 11 déc. 2012, art. 1er)

Art. R. 241-112 En cas de dissolution de la société, le liquidateur est choisi parmi les associés de la société de participations financières de profession libérale de vétérinaires. Plusieurs liquidateurs peuvent être désignés.

Le liquidateur peut être remplacé pour cause d'empêchement, ou pour tout autre motif grave par décision du président du tribunal judiciaire du lieu du siège social de la société statuant en référé, à la demande du liquidateur, des associés ou de leurs ayants droit, ou du président du conseil régional de l'ordre des vétérinaires.

Art. R. 241-113 Le liquidateur informe le président du conseil régional de l'ordre de la dissolution de la société de participations financières de profession libérale de vétérinaires en lui faisant parvenir une expédition de la délibération des associés.

Il dépose au greffe chargé de la tenue du registre du commerce et des sociétés où la société est immatriculée, pour être versée au dossier ouvert au nom de la société, la copie de l'expédition prévue au premier alinéa dont tout intéressé peut obtenir communication.

Art. R. 241-114 Le liquidateur procède à la cession des parts ou actions que la société de participations financières de profession libérale de vétérinaires détient dans les sociétés d'exercice libéral de vétérinaires ou dans les groupements de droit étranger ayant pour objet l'exercice de la profession vétérinaire.

CHAPITRE II L'ORDRE DES VÉTÉRINAIRES

SECTION 1 Rôle et organisation de l'ordre des vétérinaires *(Décr. n° 2017-514 du 10 avr. 2017, art. 5-1°)*.

SOUS-SECTION 1 Rôle du conseil national et des conseils régionaux de l'ordre des vétérinaires

(Décr. n° 2017-514 du 10 avr. 2017, art. 5-2°)

Art. R. 242-1 Le conseil national de l'ordre des vétérinaires et, dans leur ressort territorial, les conseils régionaux, assurent, dans le cadre des missions institutionnelles de l'ordre, les fonctions de représentation de la profession.

Art. R. 242-1-1 *(Décr. n° 2021-1240 du 27 sept. 2021, art. 7)* Lorsque les travaux du conseil national de l'ordre des vétérinaires peuvent avoir des conséquences sur l'exercice des compétences du service de santé des armées en matière vétérinaire, le président du conseil national de l'ordre en informe le ministre de la défense. Un vétérinaire des armées est alors associé à ces travaux.

§ 1 Le conseil national de l'ordre des vétérinaires

Art. R. 242-2 I. – Le conseil national de l'ordre des vétérinaires adopte, après consultation des conseils régionaux, le règlement intérieur de l'ordre, qui précise ses modalités d'organisation et de fonctionnement pour la mise en œuvre des attributions qu'il tient de l'article L. 242-1.

II. – Le conseil national définit les clauses essentielles dont il recommande l'insertion dans les conventions et contrats établis pour l'exercice de la profession de vétérinaire.

§ 2 Les conseils régionaux de l'ordre

Art. R. 242-3 Dans l'étendue de chacune des régions ordinales, le conseil régional de l'ordre surveille l'exercice de la profession de vétérinaire et l'usage des titres et diplômes dont fait état le vétérinaire.

Il veille à la moralité et à l'honneur de la profession vétérinaire et maintient la discipline au sein de l'ordre.

Il veille au respect des dispositions législatives et réglementaires qui régissent la profession.

Il étudie les problèmes qui s'y rapportent et peut en saisir le conseil national.

Il statue sur les demandes d'inscription au tableau de l'ordre et procède aux omissions et radiations du tableau dans les conditions prévues à la section 3.

Art. R. 242-3-1 I. – Afin de permettre au conseil régional de l'ordre d'exercer le contrôle mentionné à l'article L. 242-2, toute personne exerçant la profession de vétérinaire transmet sans délai au conseil régional dont elle dépend les statuts des sociétés ayant un lien avec l'exercice de la profession de vétérinaire dans lesquelles elle prend une participation, ainsi que toute pièce utile à la compréhension du dossier. Elle communique annuellement au conseil régional de l'ordre un état de ses prises de participation.

II. – Lorsque le conseil constate que la prise de participation financière est susceptible de mettre en péril l'exercice de la profession de vétérinaire, il met en demeure l'intéressé, par lettre recommandée avec demande d'avis de réception, de remédier à cette situation.

Ce dernier dispose d'un mois pour notifier au conseil les mesures qu'il a mises en œuvre à cet effet.

L'absence ou l'insuffisance de ces mesures donne lieu à des poursuites disciplinaires.

Art. D. 242-3-2 Le conseil régional de l'ordre transmet annuellement, par voie électronique, le tableau de l'ordre des vétérinaires mentionné au premier alinéa de l'article L. 242-1 à la préfecture ainsi qu'au parquet du tribunal judiciaire du chef-lieu de chacun des départements de la région.

La liste des vétérinaires inscrits au tableau de l'ordre est accessible sur le site internet de l'ordre.

SOUS-SECTION 2 **Composition et fonctionnement des conseils régionaux de l'ordre des vétérinaires et du conseil national de l'ordre des vétérinaires** (*Décr. n° 2017-514 du 10 avr. 2017, art. 5-3°*).

Art. R. 242-4 Le conseil régional de l'ordre se compose de huit à dix-huit conseillers selon les régions et selon les critères suivants :

1° Huit conseillers dans les régions ordinales où le nombre de vétérinaires inscrits au tableau de l'ordre est compris entre 0 et 800 ;

2° Dix conseillers dans les régions ordinales où le nombre de vétérinaires inscrits au tableau de l'ordre est compris entre 801 et 1 000 ;

3° Douze conseillers dans les régions ordinales où le nombre de vétérinaires inscrits au tableau de l'ordre est compris entre 1 001 et 1 200 ;

4° Quatorze conseillers dans les régions ordinales où le nombre de vétérinaires inscrits au tableau de l'ordre est compris entre 1 201 et 1 400 ;

5° Seize conseillers dans les régions ordinales où le nombre de vétérinaires inscrits au tableau de l'ordre est compris entre 1 401 et 1 600 ;

6° Dix-huit conseillers dans les régions ordinales où le nombre de vétérinaires inscrits au tableau de l'ordre est supérieur ou égal à 1 601.

Le nombre de conseillers à élire est déterminé en tenant compte du nombre de vétérinaires inscrits au 30 septembre de l'année précédant les élections.

Les membres des conseils régionaux sont élus pour six ans selon les modalités prévues à la sous-section 3. Ils sont rééligibles.

Les conseils régionaux de l'ordre sont renouvelables tous les trois ans par moitié.

Le conseil régional élit en son sein, pour un mandat de trois ans, un président, un vice-président si le nombre de circonscriptions électorales mentionnées à l'article R. 242-7-1 qui compose la région ordinale est inférieur à trois, ou deux vice-présidents si ce nombre est supérieur ou égal à trois, un secrétaire général et un trésorier. Ceux-ci constituent le bureau du conseil régional.

L'élection du bureau a lieu à bulletin secret, à la majorité absolue au premier tour, à la majorité relative au second tour. En cas d'égalité de suffrages entre deux candidats, le plus jeune est proclamé élu.

En cas de décès, démission ou cessation de fonctions d'un membre du bureau, il est procédé immédiatement à son remplacement dans les conditions prévues pour son élection. Le nouvel élu achève le mandat de son prédécesseur.

Art. R. 242-4-1 Le conseil national de l'ordre des vétérinaires est composé de quatorze membres élus pour six ans par les membres des conseils régionaux selon les modalités prévues à la sous-section 4.

Les membres du conseil national sont renouvelables par moitié tous les trois ans. Ils sont rééligibles.

Le conseil national élit en son sein, pour un mandat de trois ans, un bureau comprenant un président, un vice-président, un secrétaire général et un trésorier, auxquels il peut décider d'adjoindre un ou deux membres supplémentaires. Le conseil national élit également un secrétaire général en charge du greffe de la chambre nationale de discipline.

L'élection du bureau a lieu à bulletin secret, à la majorité absolue au premier tour, à la majorité relative au second tour. En cas d'égalité de suffrages entre deux candidats, le plus jeune est proclamé élu.

En cas de décès, démission ou cessation de fonctions d'un membre du bureau ou du secrétaire général en charge du greffe de la chambre nationale de discipline, il est procédé immédiatement à son remplacement dans les conditions prévues pour son élection. Le nouvel élu achève le mandat de son prédécesseur.

Art. D. 242-4-2 Les membres élus des conseils régionaux ou du conseil national peuvent bénéficier d'indemnités de présence, d'indemnités de mission et d'indemnités de responsabilité.

Les indemnités de présence sont liées à la présence obligatoire des conseillers aux sessions du conseil. Leur montant, par demi-journée, est fixé par le conseil national. Il est révisable annuellement et ne peut excéder un total égal à 8 % du plafond mensuel prévu au premier alinéa de l'article L. 241-3 du code de la sécurité sociale.

Les indemnités de mission sont liées à l'exécution par les conseillers de missions effectuées à la demande de leur conseil. Leur montant horaire est fixé par le conseil national. Il est révisable annuellement lors de la session plénière consacrée au budget et ne peut excéder un total égal à 2 % du plafond mensuel prévu au premier alinéa de l'article L. 241-3 du code de la sécurité sociale.

Les dispositions des deux précédents alinéas sont applicables aux membres des chambres disciplinaires de première instance et d'appel.

Le conseil national de l'ordre détermine, parmi les fonctions des conseillers, celles donnant lieu au versement d'une indemnité de responsabilité. Le montant des indemnités de responsabilité est fixé en fonction des missions et de la charge de travail de chacun. Il est révisable annuellement, par le conseil national pour les élus de ce conseil, ou par le conseil régional intéressé dans le respect du budget alloué à chaque conseil régional par le conseil national.

Art. R. 242-5 *(Décr. nº 2017-514 du 10 avr. 2017, art. 5-3º)* Les conseillers ordinaux suivent un cycle de formation mis en place à leur intention par le conseil national de l'ordre.

Art. R. 242-6 Dans le cas où le fonctionnement d'un conseil régional serait empêché par la volonté de plusieurs de ses membres ou pour toute autre cause, le ministre chargé de l'agriculture peut, après avis du conseil *(Décr. nº 2017-514 du 10 avr. 2017,* *art. 5-16°)* « national », prononcer par arrêté motivé publié au *Journal officiel* la dissolution dudit conseil régional.

Dans des circonstances semblables, le conseil *(Décr. n° 2017-514 du 10 avr. 2017, art. 5-16°)* « national » de l'ordre peut être dissous par décret motivé publié au *Journal officiel* pris sur le rapport du ministre chargé de l'agriculture.

En cas de dissolution d'un conseil régional, le ministre chargé de l'agriculture nomme aussitôt par arrêté une commission provisoire de gestion comprenant cinq membres pour assurer l'administration du conseil régional dissous jusqu'à la constitution d'un nouveau conseil.

En cas de dissolution du conseil *(Décr. n° 2017-514 du 10 avr. 2017, art. 5-16°)* « national » de l'ordre, une commission provisoire de gestion comprenant sept membres est nommée par décret pour assurer l'administration de l'ordre des vétérinaires jusqu'à l'élection d'un nouveau conseil *(Décr. n° 2017-514 du 10 avr. 2017, art. 5-16°)* « national ».

Ces commissions provisoires élisent leur président et, s'il y a lieu, leur vice-président.

Des élections ont lieu dans un délai maximum de quatre mois pour reconstituer le ou les conseils ayant fait l'objet d'une mesure de dissolution, à moins que l'on ne se trouve dans les trois mois qui précèdent le renouvellement partiel ou total de ces conseils.

SOUS-SECTION 3 **Élection des membres des conseils régionaux** *(Décr. n° 2013-1330 du 31 déc. 2013, art. 1er-3°).*

Art. R. 242-7 *(Décr. n° 2017-514 du 10 avr. 2017, art. 5-4°)* « Les membres du conseil régional de l'ordre sont élus par les vétérinaires mentionnés à l'avant-dernier alinéa de l'article L. 242-4-1. »

(Décr. n° 2013-1330 du 31 déc. 2013, art. 1er-4°) Chaque associé d'une société d'exercice en commun est individuellement électeur et éligible au conseil régional de l'ordre sans que la société soit elle-même électrice ou éligible.

Art. R. 242-7-1 *(Décr. n° 2017-514 du 10 avr. 2017, art. 5-5°)* Les régions ordinales sont divisées en circonscriptions électorales. La composition des circonscriptions et le nombre de conseillers éligibles par circonscription électorale sont définis par arrêté du ministre chargé de l'agriculture. — *V. Arr. du 21 mars 2023 fixant la date des élections pour le renouvellement des membres des conseils régionaux de l'ordre des vétérinaires et les circonscriptions électorales, ainsi que le nombre de conseillers à élire par région (JO 25 mars).*

Art. R. 242-8 *(Décr. n° 2013-1330 du 31 déc. 2013, art. 1er-4°)* Le vote a lieu par voie électronique par internet.

Le recours au vote électronique est organisé dans le respect des principes fondamentaux qui commandent les opérations électorales, notamment la sincérité des opérations électorales, l'accès au vote de tous les électeurs, le secret du scrutin, le caractère personnel, libre et anonyme du vote, l'intégrité des suffrages exprimés, la surveillance effective du scrutin et le contrôle *a posteriori* par le juge de l'élection.

Art. R. 242-9 *(Décr. n° 2013-1330 du 31 déc. 2013, art. 1er-4°)* I. — Les fonctions de sécurité du système de vote électronique par internet doivent être conformes au référentiel général de sécurité prévu à l'article 9 de l'ordonnance n° 2005-1516 du 8 décembre 2005 relative aux échanges électroniques entre les usagers et les autorités administratives et entre les autorités administratives.

Le système de vote électronique par internet comporte un dispositif de secours offrant les mêmes garanties et les mêmes caractéristiques que le système principal et capable d'en prendre automatiquement le relais en cas de panne sans que les données en soient altérées.

Une notice explicative détaillant le fonctionnement général du système de vote électronique par internet est mise à disposition.

II. — Les données relatives aux électeurs et à leur vote font l'objet de deux traitements automatisés d'informations distincts, dédiés et isolés, respectivement dénommés "fichier des électeurs" et "contenu de l'urne électronique".

Le traitement "fichier des électeurs" a pour objet de fournir à chaque électeur, à partir de la liste électorale, des codes lui permettant d'exprimer son vote, d'identifier les électeurs ayant voté et d'éditer la liste d'émargement.

Le traitement "contenu de l'urne électronique" a pour objet de recenser les votes exprimés. Les données de ce traitement sont chiffrées et ne peuvent comporter de lien permettant l'identification des électeurs.

Les droits d'accès et de rectification des données s'exercent auprès du *(Décr. n° 2017-514 du 10 avr. 2017, art. 5-15°)* « conseil national » de l'ordre des vétérinaires.

III. — Le système de vote électronique par internet fait l'objet d'une expertise indépendante destinée à vérifier le respect de l'anonymat, de la transparence, du contrôle et de la sincérité du scrutin. Elle couvre l'intégralité du dispositif installé avant le scrutin, l'utilisation du système de vote durant celui-ci et les étapes postérieures au vote.

Un rapport préliminaire d'expertise et l'ensemble des éléments relatifs aux sécurités mises en œuvre sont remis à la Commission nationale de l'informatique et des libertés préalablement à la mise en œuvre du dispositif de vote. Le rapport d'expertise définitif lui est communiqué à sa demande.

IV. — Une commission technique nationale composée de trois membres désignés par le *(Décr. n° 2017-514 du 10 avr. 2017, art. 5-15°)* « conseil national » de l'ordre des vétérinaires parmi les membres élus des conseils régionaux et *(Décr. n° 2017-514 du 10 avr. 2017, art. 5-15°)* « national » veille au bon déroulement des opérations de vote.

Les candidats ne peuvent être membres de la commission technique nationale.

La commission organise les opérations électorales et supervise les actions du prestataire de service gestionnaire du système de vote électronique par internet.

Elle vérifie l'effectivité des dispositifs de sécurité prévus afin de garantir la sécurité des données personnelles et du système de vote dans son ensemble ainsi que les opérations de scellement du système de vote utilisé, des listes des électeurs, des listes des candidats, de la liste d'émargement et des urnes électroniques.

La liste d'émargement et le compteur des votes ne sont accessibles durant le déroulement du scrutin qu'aux membres de la commission technique nationale à des fins de contrôle de celui-ci.

V. — Un arrêté du ministre chargé de l'agriculture précise les caractéristiques et la mise en œuvre des traitements automatisés prévus au II, notamment les catégories de données à caractère personnel enregistrées et les destinataires de ces informations. Il détermine également les garanties entourant le recours à un prestataire externe et les modalités de l'expertise indépendante prévue au III. — *V. Arr. du 31 déc. 2013 relatif à l'élection des conseils régionaux et du Conseil supérieur de l'ordre des vétérinaires (JO 3 janv. 2014).*

Art. R. 242-10 *(Décr. n° 2017-514 du 10 avr. 2017, art. 5-6°)* Pour chaque circonscription électorale de la région ordinale, la liste électorale des vétérinaires remplissant les conditions prévues à l'article R. 242-7 est arrêtée par le président du conseil régional deux mois avant la date des élections fixée par arrêté du ministre chargé de l'agriculture.

Six semaines au moins avant la date des élections, le président du conseil régional notifie à chacun des vétérinaires mentionnés à l'article L. 242-4-1 inscrits au tableau de l'ordre dans le ressort de la région, la période du scrutin et le nombre de conseillers à élire dans la circonscription électorale dont ils font partie. Il précise les modalités du scrutin et les modalités de dépôt des candidatures, ainsi que la date à laquelle celles-ci doivent lui parvenir.

Une profession de foi peut être jointe à la candidature. Elle ne peut être consacrée qu'à la présentation du candidat et à des questions entrant dans le champ de compétence de l'ordre des vétérinaires.

Tout candidat aux fonctions de membre du conseil régional doit être inscrit au tableau de l'ordre et à jour de ses cotisations et ne pas être sous le coup d'une condamnation disciplinaire définitive lui interdisant de faire partie d'un conseil de l'ordre. Il fait acte de candidature auprès du président du conseil régional, par lettre recommandée avec demande d'avis de réception, ou par tout autre moyen garantissant la confidentialité du message et l'identité de son auteur. La candidature doit parvenir au président du conseil régional au plus tard un mois avant la date des élections. Elle

est individuelle. Dès sa réception, le président du conseil régional en vérifie la conformité, il en accuse réception et inscrit le candidat sur la liste des candidats. Le candidat s'engage à respecter les règles de communication envers les électeurs fixées par le règlement intérieur mentionné à l'article R. 242-2.

Deux semaines au moins avant la date des élections, le président du conseil régional adresse aux électeurs la liste des candidats et leurs professions de foi, en précisant à nouveau, en accord avec le président du bureau de vote, la période du scrutin, ainsi que le lieu, la date et l'heure du dépouillement.

Dans le même délai, les électeurs reçoivent également les identifiants permettant le vote électronique par internet ainsi qu'une notice explicative détaillant les opérations de vote. Toute nouvelle demande par un électeur de communication de ces identifiants est transmise par la commission technique nationale au prestataire de service gestionnaire du système de vote électronique par internet. Un arrêté du ministre chargé de l'agriculture précise les modalités de transmission de ces identifiants. — *V. Arr. du 31 déc. 2013 relatif à l'élection des conseils régionaux et du Conseil supérieur de l'ordre des vétérinaires (JO 3 janv. 2014).*

Art. R. 242-11 *(Décr. n° 2017-514 du 10 avr. 2017, art. 5-6°)* **La liste des candidats aux élections est constituée de la liste des noms et prénoms des candidats, classés par ordre alphabétique, sans autre précision. Conformément à l'article L. 242-4-1, elle indique le nombre maximum de noms de chaque sexe à cocher à peine de nullité.**

Art. R. 242-12 *(Décr. n° 2013-1330 du 31 déc. 2013, art. 1er-6°)* **Pour voter, l'électeur se connecte au système à l'aide de son identifiant et de son mot de passe ; il coche sur la liste des candidats les noms des personnes qu'il entend élire. Il ne peut, à peine de nullité de son vote, cocher un nombre de noms supérieur au nombre de sièges à pourvoir.**

Le vote est chiffré dès son émission sur le terminal utilisé par l'électeur, avant sa transmission au fichier "urne électronique". La liaison entre le terminal de vote et le serveur hébergeant le fichier "urne électronique" est également chiffrée.

Après avoir validé son vote, l'électeur dispose d'un accusé de réception électronique. Un vote validé est définitif et ne peut être modifié.

Art. R. 242-13 *(Décr. n° 2013-1330 du 31 déc. 2013, art. 1er-6°)* **Pour les électeurs ne disposant pas d'un accès à internet, un ordinateur permettant de se connecter au site de vote est mis à leur disposition, aux heures et jours ouvrables pendant la période de vote et dans des conditions permettant la confidentialité du vote, dans chaque département concerné par les élections. Lors du vote, l'électeur peut se faire assister par une personne de son choix.**

Art. R. 242-14 **Le dépouillement se fait au jour, à l'heure et au lieu fixés dans l'avis prévu au dernier alinéa de l'article R. 242-10.**

(Décr. n° 2017-514 du 10 avr. 2017, art. 5-7°) **« Il est assuré par un bureau de vote national composé de trois membres du conseil national de l'ordre des vétérinaires désignés par le président de ce conseil. L'un des membres désignés est nommé président du bureau par le président du conseil national. »**

Art. R. 242-15 *(Décr. n° 2013-1330 du 31 déc. 2013, art. 1er-8°)* **I. — Dès la clôture du scrutin, le contenu de l'urne et les listes d'émargement gérés par les serveurs sont figés et scellés automatiquement sur l'ensemble des serveurs, dans des conditions garantissant la conservation des données.**

Avant l'ouverture du dépouillement, le président du bureau de vote et ses assesseurs utilisent leurs clés de déchiffrement dont l'utilisation conjointe permet d'accéder aux données du fichier dénommé "contenu de l'urne électronique" ;

Le président dispose des éléments permettant de vérifier l'intégrité du système.

Après la vérification de l'intégrité du fichier dénommé "contenu de l'urne électronique", le président du bureau de vote et ses assesseurs procèdent publiquement à l'ouverture de l'urne électronique.

II. — Les données suivantes apparaissent de manière lisible à l'écran et font l'objet d'une édition sécurisée permettant leur transposition sur le procès-verbal :

— le nombre d'électeurs ;

— les listes d'émargement définitives ;

– le décompte des électeurs ayant validé leur vote ;
– le nombre de bulletins blancs ou nuls ;
– le nombre de suffrages valablement exprimés ;
– le décompte du nombre de voix obtenues par candidat.

Le bureau de vote vérifie que le nombre total de suffrages reçus par voie électronique correspond au nombre de votants de la liste d'émargement électronique.

Le système de vote électronique par internet est verrouillé après le dépouillement de sorte qu'il soit impossible de reprendre ou modifier le résultat après la décision de clôture du dépouillement prise par le bureau de vote.

(Décr. n° 2017-514 du 10 avr. 2017, art. 5-8°) « III. — Le président du bureau de vote établit et signe les procès-verbaux des opérations de dépouillement.

« Les procès-verbaux comportent obligatoirement les indications suivantes :
« – composition du bureau de vote ;
« – nombre d'électeurs ;
« – nombre de sièges à pourvoir ;
« – nombre de candidats ;
« – nombre de votants ;
« – nombre de suffrages exprimés ;
« – nombre de voix obtenues par chaque candidat, élu ou non ;
« – nombre de sièges pourvus ;
« – les réclamations qui ont été formulées et les pièces qui s'y rapportent.

« La liste des élus par région est publiée sur le site internet de l'ordre dès la fin des opérations de dépouillement. »

Art. R. 242-16 *(Décr. n° 2013-1330 du 31 déc. 2013, art. 1er-8°)* Sont proclamés élus les candidats ayant obtenu le plus grand nombre de voix jusqu'à concurrence du nombre de sièges à pourvoir. En cas d'égalité de suffrages entre deux candidats, le plus *(Décr. n° 2017-514 du 10 avr. 2017, art. 5-9°)* « jeune » est proclamé élu.

Ne peuvent pas être membres élus d'un même conseil de l'ordre deux associés appartenant à une même société de vétérinaires. Le cas échéant, seul celui qui recueille le plus de voix est élu.

Les votes blancs ou nuls ne font pas partie des suffrages exprimés.

*(Abrogé par Décr. n° 2017-514 du 10 avr. 2017, art. 5-9°) « **Le président du bureau de vote établit et signe un procès-verbal des opérations de dépouillement.** »*

Art. R. 242-17 *Abrogé par Décr. n° 2013-1330 du 31 déc. 2013, art. 1er-13°.*

Art. R. 242-18 *(Décr. n° 2013-1330 du 31 déc. 2013, art. 1er-9°)* Le bureau de vote transmet, dans les trois jours, la liste des nouveaux élus et le procès-verbal des opérations de dépouillement au ministre chargé de l'agriculture, au président du Conseil *(Décr. n° 2017-514 du 10 avr. 2017, art. 5-10°)* « national et aux présidents des conseils régionaux de l'ordre ».

Le ministre chargé de l'agriculture publie la liste des élus au *Bulletin officiel* du ministère chargé de l'agriculture.

Art. R. 242-19 *(Décr. n° 2013-1330 du 31 déc. 2013, art. 1er-9°)* Jusqu'à l'expiration des délais de recours et, lorsqu'une action contentieuse a été engagée, jusqu'à la décision juridictionnelle définitive, les fichiers supports comprenant la copie des programmes sources et exécutables, les fichiers d'émargement, de résultats et de sauvegarde sont conservés sous scellés, sous le contrôle de la commission technique nationale.

La procédure de décompte des votes enregistrés doit, si nécessaire, être exécutée de nouveau.

A l'expiration de ces délais, il est procédé à la destruction des fichiers supports sous le contrôle de la commission technique nationale.

SOUS-SECTION 4 **Élection des membres du conseil national de l'ordre** *(Décr. n° 2017-514 du 10 avr. 2017, art. 5-15°).*

Art. R. 242-20 *(Décr. n° 2013-1330 du 31 déc. 2013, art. 1er-10°)* Chaque associé d'une société d'exercice en commun est individuellement électeur et éligible au *(Décr.*

n° 2017-514 du 10 avr. 2017, art. 5-15°) « conseil national » de l'ordre sans que la société soit elle-même électrice ou éligible.

Art. R. 242-21 *(Décr. n° 2017-514 du 10 avr. 2017, art. 5-11°)* Les dispositions des articles R. 242-8, R. 242-9, R. 242-11, R. 242-12, R. 242-14 à R. 242-16, R. 242-18 et R. 242-19 s'appliquent pour les élections au conseil national de l'ordre. Les attributions conférées au président du conseil régional de l'ordre par ces articles sont exercées par le président du conseil national de l'ordre.

Art. R. 242-22 *(Décr. n° 2017-514 du 10 avr. 2017, art. 5-12°)* Six semaines au moins avant la date des élections, le président du conseil national de l'ordre notifie à chacun des conseillers régionaux la date du scrutin, le nombre de conseillers à élire, les modalités du scrutin et les modalités selon lesquelles doivent être présentées les candidatures et la profession de foi, rédigée dans le respect des dispositions du troisième alinéa de l'article R. 242-10, qui leur est jointe, ainsi que le délai dans lequel elles doivent lui parvenir.

Tout candidat aux fonctions de membre du conseil national doit être inscrit au tableau de l'ordre, à jour de ses cotisations et ne pas être sous le coup d'une condamnation disciplinaire définitive lui interdisant de faire partie d'un conseil de l'ordre. Il fait acte de candidature auprès du président du conseil national par lettre recommandée avec demande d'avis de réception ou par tout autre moyen garantissant la confidentialité du message et l'identité de son auteur. La candidature doit parvenir au président du conseil national au plus tard un mois avant la date de l'élection déterminée par arrêté. Elle est individuelle. Dès sa réception, le président du conseil national en vérifie la conformité, en accuse réception et inscrit le candidat sur la liste des candidats. Le candidat s'engage à respecter les règles de communication envers les électeurs fixées par le règlement intérieur mentionné à l'article R. 242-2.

Deux semaines au moins avant la date des élections définie par arrêté, le président du conseil national adresse aux électeurs la liste des candidats et leurs professions de foi. Il précise à nouveau, en accord avec le président du bureau de vote, la période du scrutin, ainsi que le lieu, la date et l'heure du dépouillement.

Dans le même délai, les électeurs reçoivent également les identifiants permettant le vote électronique par internet ainsi qu'une notice explicative détaillant les opérations de vote. Toute nouvelle demande par un électeur de communication de ces identifiants est transmise par la commission technique nationale au prestataire de service gestionnaire du système de vote électronique par internet. Un arrêté du ministre chargé de l'agriculture précise les modalités de transmission de ces identifiants.

Art. R. 242-23 *(Décr. n° 2017-514 du 10 avr. 2017, art. 5-12°)* Chaque membre de conseil régional électeur dispose d'une voix.

Sont proclamés élus les candidats ayant obtenu le plus grand nombre de voix jusqu'à concurrence du nombre de sièges de titulaires à pourvoir. En cas d'égalité des voix, le plus jeune est proclamé élu.

Art. R. 242-24 à R. 242-26 *Abrogés par Décr. n° 2013-1330 du 31 déc. 2013, art. 1er-13°.*

Art. R. 242-27 Nul ne peut être à la fois membre du conseil *(Décr. n° 2017-514 du 10 avr. 2017, art. 5-16°)* « national » et membre du conseil régional. Tout élu doit opter dans la quinzaine qui suit son élection. Faute d'avoir opté dans ledit délai, il sera réputé démissionnaire de ses fonctions de membre du conseil régional.

SOUS-SECTION 5 Dispositions communes aux élections

Art. R. 242-28 Les dates des élections prévues pour le renouvellement de membres des conseils régionaux et du conseil *(Décr. n° 2017-514 du 10 avr. 2017, art. 5-16°)* « national » de l'ordre sont fixées par arrêté du ministre chargé de l'agriculture, publié au *(Décr. n° 2013-1330 du 31 déc. 2013, art. 1er-11°)* « *Bulletin officiel* du ministère chargé de l'agriculture » deux mois au moins avant l'expiration des pouvoirs des membres de ces conseils.

Un intervalle de deux mois au moins doit s'écouler entre la date des dernières élections des membres des conseils régionaux et celle des élections des membres du conseil *(Décr. n° 2017-514 du 10 avr. 2017, art. 5-16°)* « national » de l'ordre.

Art. R. 242-29 Si les élections suivent la dissolution d'un conseil régional ou du conseil *(Décr. n° 2017-514 du 10 avr. 2017, art. 5-16°)* « national » de l'ordre, lors de sa première réunion, celui-ci procède par voie de tirage au sort à la désignation de la moitié de ses membres dont le mandat n'a qu'une durée de trois ans.

Il est dressé procès-verbal de ces opérations et copie est envoyée au ministre chargé de l'agriculture.

Art. R. 242-30 *(Décr. n° 2013-1330 du 31 déc. 2013, art. 1er-12°)* I. — Si une vacance parmi les membres d'un conseil régional ou du Conseil *(Décr. n° 2017-514 du 10 avr. 2017, art. 5-16°)* « national » de l'ordre par suite de décès, démission ou pour toute autre cause, est de nature à entraîner la tenue de nouvelles élections en application du II du présent article, le bureau du Conseil *(Décr. n° 2017-514 du 10 avr. 2017, art. 5-16°)* « national » de l'ordre la déclare, le cas échéant, après en avoir été informé par le conseil régional concerné, auprès du ministre chargé de l'agriculture.

Les démissions, tant au Conseil *(Décr. n° 2017-514 du 10 avr. 2017, art. 5-16°)* « national » qu'aux conseils régionaux, doivent être adressées par lettres recommandées *(Décr. n° 2017-514 du 10 avr. 2017, art. 5-13°)* « ou par tout autre moyen garantissant la confidentialité du message et l'identité de son auteur » au président du Conseil *(Décr. n° 2017-514 du 10 avr. 2017, art. 5-16°)* « national » ou au président du conseil régional qui en accuse réception.

II. — Lorsqu'un conseil régional ou le Conseil *(Décr. n° 2017-514 du 10 avr. 2017, art. 5-16°)* « national » de l'ordre a perdu, par l'effet des vacances survenues, le quart de ses membres, il est, dans le délai de deux mois à compter de la déclaration de vacance, procédé à des élections complémentaires dans les conditions prévues aux sous-sections 3 et 4.

Toutefois, dans l'année qui précède la date des élections pour le renouvellement des membres du conseil concerné, les élections complémentaires ne sont obligatoires qu'au cas où ce conseil a perdu plus de la moitié de ses membres.

Lorsque l'élection complémentaire intervient au moment des élections pour le renouvellement de membres du conseil, ou lorsqu'elle fait suite à plusieurs vacances pour des mandats restant à courir de durées différentes, le conseil procède, lors de sa première réunion, par voie de tirage au sort à la désignation du ou des membres dont le mandat ne court que jusqu'à l'élection suivante, sauf volonté exprimée par un ou plusieurs des élus de réduire la durée de leur mandat.

III. — En cas d'annulation des élections par décision d'une juridiction administrative, le ministre chargé de l'agriculture fixe par arrêté la date des nouvelles élections dans un délai qui ne pourra excéder deux mois à compter de la notification de la décision d'annulation.

Le conseil procède, lors de sa première réunion, par voie de tirage au sort à la désignation des membres dont le mandat ne court que jusqu'à l'élection suivante, sauf volonté exprimée par un ou plusieurs des élus de réduire la durée de leur mandat à trois ans.

Art. R. 242-31 *(Décr. n° 2017-514 du 10 avr. 2017, art. 5-14°)* Préalablement à tout recours contentieux, les réclamations auxquelles donnent lieu les élections aux conseils de l'ordre sont adressées par les électeurs ou les candidats dans les deux mois qui suivent la proclamation des résultats au ministre chargé de l'agriculture, auquel il appartient d'y statuer.

SECTION 2 Code de déontologie vétérinaire

(Décr. n° 2003-967 du 9 oct. 2003)

BIBL. ▸ DESMOULIN-CANSELIER et LEGEAY, *RD rur. 2016. Étude 3* (le code de déontologie vétérinaire de 2015).

SOUS-SECTION 1 Champ d'application

Art. R. 242-32 Les dispositions du code de déontologie vétérinaire s'appliquent :

(Décr. n° 2017-1246 du 7 août 2017, art. 15-10°) « 1° Aux vétérinaires exerçant au titre de l'article L. 241-1 du présent code et des articles L. 5142-1, L. 5143-2, L. 5143-7, L. 5143-8 du code de la santé publique et aux vétérinaires des établissements mentionnés à l'article L. 6213-2 du même code ; »

2° Aux vétérinaires ressortissants d'un des États membres de *(Décr. n° 2015-289 du 13 mars 2015, art. 1er-1°)* « l'Union » européenne ou d'autres États parties à l'accord sur l'Espace économique européen exerçant en France au titre de l'article L. 241-3 *(Décr. n° 2017-1246 du 7 août 2017, art. 15-10°)* « du présent code » ;

(Décr. n° 2015-289 du 13 mars 2015, art. 1er-1°) « 3° Aux sociétés mentionnées à l'article L. 241-17 ; »

(Abrogé par Décr. n° 2021-1519 du 23 nov. 2021, art. 3) « *4° Aux sociétés mentionnées à l'article L. 241-18 ;* »

5° Aux élèves des écoles *(Abrogé par Décr. n° 2021-1519 du 23 nov. 2021, art. 3)* « *nationales* » vétérinaires françaises non encore pourvus du doctorat, exerçant dans les conditions fixées par les articles L. 241-6 à *(Décr. n° 2015-289 du 13 mars 2015, art. 1er-1°)* « L. 241-12 » ;

6° Aux vétérinaires enseignants des écoles nationales vétérinaires *(Abrogé par Décr. n° 2021-1519 du 23 nov. 2021, art. 3)* « *françaises* » exerçant dans les cliniques faisant partie des écoles vétérinaires, pour celles de leurs activités vétérinaires qui ne sont pas indissociables de l'accomplissement de leur mission d'enseignement ou de recherche ;

(Décr. n° 2021-1519 du 23 nov. 2021, art. 3) « 7° Aux vétérinaires enseignants dans un établissement agréé sur le fondement de l'article L. 813-11, exerçant au titre de l'article L. 241-1 et réalisant des actes prévus au I de l'article L. 243-1 dans le cadre de leur mission d'enseignement et de recherche. »

Jurisprudence antérieure au Décr. n° 2015-289. La légalité des articles suivants du code de déontologie vétérinaire [C. rur., art. R. 242-41, R. 242-50, R. 242-56, R. 242-82] a été reconnue et le recours pour excès de pouvoir formé contre le Décr. n° 2003-967 du 9 oct. 2003 a été rejeté. • CE 2 févr. 2005, *Fondation assistance aux animaux : Gaz. Pal. 29-30 juill. 2005. 18.*

SOUS-SECTION 2 Dispositions applicables à tous les vétérinaires

§ 1 Devoirs généraux du vétérinaire

Art. R. 242-33 I. — L'exercice de l'art vétérinaire est personnel. Chaque vétérinaire est responsable de ses décisions et de ses actes.

II. — Le vétérinaire ne peut aliéner son indépendance professionnelle sous quelque forme que ce soit.

III. — Le vétérinaire est tenu de remplir tous les devoirs que lui imposent les lois et règlements. Il accomplit les actes liés à son art selon les règles de bonnes pratiques professionnelles. Il veille à définir avec précision les attributions du personnel placé sous son autorité, à le former aux règles de bonnes pratiques et à s'assurer qu'il les respecte.

IV. — Le vétérinaire respecte les engagements contractuels qu'il prend dans l'exercice de sa profession.

V. — Le vétérinaire est tenu au respect du secret professionnel dans les conditions établies par la loi.

VI. — Le vétérinaire n'exerce en aucun cas sa profession dans des conditions pouvant compromettre la qualité de ses actes.

VII. — Le vétérinaire prend en compte les conséquences de son activité professionnelle sur la santé publique *(Décr. n° 2015-289 du 13 mars 2015, art. 1er-2°)* « notamment en matière d'antibiorésistance.

« VIII. — Le vétérinaire respecte les animaux.

« IX. — Le vétérinaire prend en compte les conséquences de son activité professionnelle sur l'environnement. » — *Les VIII à XV deviennent respectivement les X à XVII (Décr. n° 2015-289 du 13 mars 2015, art. 1er-2°-b, JO 15 mars).*

X. — Le vétérinaire s'abstient, même en dehors de l'exercice de la profession, de tout acte de nature *(Décr. n° 2015-289 du 13 mars 2015, art. 1er-2°)* « à porter atteinte à la dignité de » celle-ci.

XI. — Tout compérage entre vétérinaires, entre vétérinaires et pharmaciens ou toutes autres personnes est interdit.

XII. — Le vétérinaire acquiert l'information scientifique nécessaire à son exercice professionnel, en tient compte dans l'accomplissement de sa mission, entretient et perfectionne ses connaissances.

XIII. — Le vétérinaire accomplit scrupuleusement, dans les meilleurs délais et conformément aux instructions reçues, les missions de service public dont il est chargé par l'autorité administrative. Lorsqu'il est requis par l'administration pour exercer sa mission chez les clients d'un confrère, il se refuse à toute intervention étrangère à celle-ci. Il est interdit à tout vétérinaire d'effectuer des actes de prévention ou de traitement lorsque ces interventions ont été expressément demandées par l'administration à un autre vétérinaire et qu'il en a connaissance.

Le vétérinaire donne aux membres des corps d'inspection toutes facilités pour l'accomplissement de leurs missions.

XIV. — Le vétérinaire peut exercer une autre activité professionnelle compatible avec la réglementation, d'une part, avec l'indépendance et la dignité professionnelles, d'autre part. Cette activité ne doit pas mettre en conflit ses intérêts avec ses devoirs déontologiques, notamment en lui fournissant des moyens de concurrence déloyale vis-à-vis de ses confrères.

XV. — Il est interdit au vétérinaire de couvrir de son titre toute personne non habilitée à un exercice professionnel vétérinaire, et notamment de laisser quiconque travaillant sous son autorité ou sa responsabilité exercer son activité hors des conditions prévues par la loi.

XVI. — Il est interdit au vétérinaire qui assume ou a assumé une responsabilité professionnelle ou qui remplit ou a rempli une fonction administrative ou politique de s'en prévaloir directement ou indirectement à des fins personnelles pour l'exercice de la profession.

XVII. — Il est interdit au vétérinaire de délivrer des médicaments à l'intention des humains, même sur prescription d'un médecin.

(Décr. n° 2015-289 du 13 mars 2015, art. 1er-2°) « XVIII. — Le vétérinaire ne peut pratiquer sa profession comme un commerce ni privilégier son propre intérêt par rapport à celui de ses clients ou des animaux qu'il traite.

« XIX. — Le vétérinaire informe le conseil régional de l'ordre des vétérinaires de tout changement survenant dans sa situation professionnelle, au vu des éléments qu'il est tenu de déclarer, et lui apporte toutes les informations qu'il sollicite aux fins d'exercer les missions mentionnées à l'article L. 242-1. »

§ 2 Autres devoirs

Art. R. 242-34 *Distinctions, qualifications et titres. (Décr. n° 2015-289 du 13 mars 2015, art. 1er-3°)* « Dans le cadre de son activité professionnelle, le vétérinaire peut faire état de distinctions honorifiques reconnues par la République française et de titres et diplômes listés par le *(Décr. n° 2021-1519 du 23 nov. 2021, art. 3)* « Conseil national de l'ordre des vétérinaires ». Il lui est interdit d'usurper des titres ou de se parer de titres fallacieux. »

(Décr. n° 2021-1519 du 23 nov. 2021, art. 3) « Peuvent seuls se prévaloir, dans l'exercice de leur profession, du titre de vétérinaire spécialiste les vétérinaires auxquels le titre de vétérinaire spécialiste est accordé dans les conditions prévues par l'article R. 241-28 et n'a pas fait l'objet d'une mesure de retrait. »

Art. R. 242-35 *(Décr. n° 2015-289 du 13 mars 2015, art. 1er-4°) Communication et information.* Toute communication adressée aux tiers ou aux confrères vétérinaires est libre, et ce quels qu'en soient le support et les modalités, sous réserve d'être conforme aux dispositions réglementant l'exercice de la profession, notamment celles du présent code et celles du code de la santé publique réglementant les médicaments vétérinaires.

La communication du vétérinaire ne doit pas porter atteinte au respect du public ni à la dignité de la profession.

Toute communication préserve le secret professionnel auquel les vétérinaires sont tenus. Elle doit être loyale, honnête et scientifiquement étayée. Elle ne doit pas induire le public en erreur, abuser sa confiance ou exploiter sa crédulité, son manque d'expérience ou de connaissances.

Quand le vétérinaire fait état d'aptitudes professionnelles ou de capacités techniques, il doit être en mesure de les justifier. Il ne peut utiliser de procédés comparatifs ou utiliser le témoignage de tiers.

L'information relative au prix doit être claire, honnête et datée ; elle doit être liée à une offre de services précise et comporter l'ensemble des prestations incluses dans l'offre ; toute offre de services risquant d'entraîner un surcoût pour le client doit donner lieu à une information précise.

Les vétérinaires veillent à ce que les informations qu'ils sont tenus de fournir sur leurs prestations soient mises à disposition ou communiquées de manière claire, non ambiguë et en temps utile avant leur réalisation.

Il est interdit au vétérinaire d'utiliser le logo de l'ordre des vétérinaires, sauf autorisation écrite du président du conseil supérieur de l'ordre.

Le vétérinaire tient à disposition des personnes ayant recours à ses services les informations suivantes :

— les informations relatives à son identification, aux sociétés d'exercice et réseaux professionnels vétérinaires auxquels il appartient, et leurs coordonnées ;

— les coordonnées du conseil régional de l'ordre dont il dépend ;

— les éléments permettant au demandeur d'accéder au code de déontologie ;

— les informations relatives à la prise en charge de sa responsabilité civile professionnelle et les coordonnées de son assureur.

Art. R. 242-36 *Publications.* Dans les publications, le vétérinaire ne peut utiliser les documents ou résultats d'examens et d'observations qui lui ont été fournis par d'autres auteurs qu'en mentionnant la part prise par ces derniers à leur établissement ou en indiquant la référence bibliographique adéquate. Toute communication doit être signée de son auteur. Le vétérinaire auteur d'une communication comportant les indications en faveur *(Décr. n° 2015-289 du 13 mars 2015, art. 1er-5°)* « d'une entreprise ou d'une marque, quel que soit le procédé utilisé, doit mentionner, s'il y a lieu, les liens qui l'attachent à cette entreprise ou à cette marque ».

Art. R. 242-37 *(Décr. n° 2015-289 du 13 mars 2015, art. 1er-6°) Pseudonyme.* Il est interdit au vétérinaire d'utiliser un pseudonyme pour la pratique de la médecine et de la chirurgie des animaux. Pour les autres activités exercées par le vétérinaire en lien avec la profession vétérinaire, l'utilisation d'un pseudonyme fait l'objet d'une déclaration préalable auprès du conseil régional de l'ordre.

Art. R. 242-38 *Certificats et autres documents (Décr. n° 2015-289 du 13 mars 2015, art. 1er-7°).* Le vétérinaire apporte le plus grand soin à la rédaction des certificats ou autres documents qui lui sont demandés et n'y affirme que des faits dont il a vérifié lui-même l'exactitude.

(Décr. n° 2015-289 du 13 mars 2015, art. 1er-7°) « Tout certificat ou autre document analogue est authentifié par la signature et le timbre personnel du vétérinaire qui le délivre ou par sa signature électronique sécurisée. Le timbre comporte les nom et prénom du vétérinaire, l'adresse du domicile professionnel d'exercice et le numéro national d'inscription à l'ordre. »

Les certificats et *(Décr. n° 2015-289 du 13 mars 2015, art. 1er-7°)* « autres documents » doivent être conformes aux dispositions légales et réglementaires en vigueur.

La mise à la disposition d'un tiers de certificats *(Abrogé par Décr. n° 2015-289 du 13 mars 2015, art. 1er-7°)* « *, attestations, ordonnances* » ou autres documents signés sans contenu rédactionnel constitue une faute professionnelle grave.

Le vétérinaire doit rendre compte au président du conseil régional de l'ordre ou à l'autorité compétente, lorsqu'il est chargé d'une mission de service public, des difficultés rencontrées dans l'établissement de ses actes de certification professionnelle.

BIBL. ▶ DE GRANVILLIERS, *RD rur. 2018, n° 11* (devoir d'information du vétérinaire).

§ 3 Relations avec les autres vétérinaires, les autres professionnels de santé et les tiers

Art. R. 242-39 *Confraternité.* Les vétérinaires doivent entretenir entre eux et avec les membres des autres professions de santé des rapports de confraternité.

Al. abrogé par Décr. n° 2015-289 du 13 mars 2015, art. 1er-8°.

Lorsqu'un vétérinaire intervient après un confrère, il doit s'abstenir de tout dénigrement.

Les vétérinaires se doivent mutuellement assistance, conseil et service.

(Décr. nº 2015-289 du 13 mars 2015, art. 1er-8º) **« Si un désaccord professionnel survient entre des confrères, ceux-ci doivent d'abord chercher une conciliation. En cas d'échec de la conciliation, ils sollicitent une médiation ordinale auprès du président du conseil régional de l'ordre. »**

L'absence de conciliation ou de médiation préalable peut être prise en compte par la juridiction disciplinaire pour déterminer un manquement au devoir de confraternité, mais elle ne constitue pas un préalable obligatoire à tout dépôt de plainte devant les instances ordinales disciplinaires et reste sans incidence sur la recevabilité de la saisine du juge disciplinaire par un vétérinaire. • CE 28 sept. 2022, nº 442713 B : *Gaz. Pal. 11 oct. 2022, p. 32 ; AJDA 2023. 60.*

Art. R. 242-40 *(Décr. nº 2015-289 du 13 mars 2015, art. 1er-9º)* ***Conventions et contrats conclus dans le cadre de l'exercice professionnel.*** **Toute convention ou tout contrat liant des vétérinaires entre eux pour l'exercice de la profession, ou liant un vétérinaire à une société ou tout autre tiers pour y exercer la profession de vétérinaire, y compris ceux ayant pour objet le remplacement ou la mise à disposition d'un local professionnel, fait l'objet d'un engagement écrit, daté et signé par les parties.**

Les conventions ou contrats comportent une clause garantissant aux vétérinaires le respect du code de déontologie, ainsi que leur indépendance, dans tous les actes relevant de leur profession.

Les conventions ou contrats mentionnés au présent article sont communiqués sans délai au conseil régional de l'ordre qui en vérifie la conformité avec les dispositions de la présente section. La convention ou le contrat est réputé conforme si, dans les deux mois qui suivent sa réception, le conseil régional de l'ordre n'a pas fait connaître d'observations.

Ni les conventions passées avec des fournisseurs, ni les contrats de soins conclus avec les propriétaires ou les détenteurs d'animaux ne sont soumis aux dispositions du présent article.

Art. R. 242-41 *(Décr. nº 2015-289 du 13 mars 2015, art. 1er-10º)* ***Remplacement du vétérinaire.*** **Le vétérinaire qui remplace un confrère assure le service de la clientèle de ce confrère.**

A l'expiration du remplacement, toutes les informations utiles à la continuité des soins sont transmises au vétérinaire remplacé.

Art. R. 242-42 **Les vétérinaires salariés qui interviennent en dehors des missions qui leur sont confiées par leur contrat de travail sont réputés exercer à titre libéral.**

SOUS-SECTION 3 Dispositions propres à différents modes d'exercice

§ 1 Exercice de la médecine et de la chirurgie des animaux et de la pharmacie vétérinaire

SOUS-§ 1 Diagnostic vétérinaire, prescription et délivrance des médicaments

Art. R. 242-43 ***Règles d'établissement du diagnostic vétérinaire.*** **Le diagnostic vétérinaire a pour objet de déterminer l'état de santé d'un animal ou d'un ensemble d'animaux ou d'évaluer un risque sanitaire.**

Le vétérinaire établit un diagnostic vétérinaire à la suite de la consultation comportant notamment l'examen clinique du ou des animaux. Toutefois, il peut également établir un diagnostic lorsqu'il exerce une surveillance sanitaire et dispense régulièrement ses soins aux animaux en respectant les règles prévues en application de l'article L. 5143-2 du code de la santé publique *(Décr. nº 2015-289 du 13 mars 2015, art. 1er-11º)* **« ou lorsqu'il surveille l'exécution du programme sanitaire d'élevage mentionné à l'article L. 5143-7 du même code ».**

Dans tous les cas, il est interdit au vétérinaire d'établir un diagnostic vétérinaire sans avoir au préalable procédé au rassemblement des commémoratifs nécessaires et sans avoir procédé aux examens indispensables.

Art. R. 242-44 ***Principes à suivre en matière de prescription de médicaments.*** **Toute prescription de médicaments mentionnés** *(Décr. nº 2015-289 du 13 mars 2015, art. 1er-12º)* **« à l'article L. 5143-5 du code de la santé publique est » effectuée après établissement d'un diagnostic vétérinaire dans les conditions fixées à l'article R. 242-43** *(Décr. nº 2017-1246 du 7 août 2017, art. 15-11º)* **« du présent code ».**

Dans les limites fixées par la loi, et en particulier par les dispositions des articles L. 5143-4, L. 5143-5 et L. 5143-6 du code de la santé publique, le vétérinaire est libre de ses prescriptions. Il ne saurait aliéner cette liberté vis-à-vis de quiconque.

Sa prescription est appropriée au cas considéré. Elle est guidée par le respect de la santé publique et la prise en compte de la santé et de la protection animales. Elle est établie compte tenu de ses conséquences, notamment économiques, pour le propriétaire du ou des animaux.

Les vétérinaires peuvent délivrer sans examen préalable des médicaments au détail pour des animaux dont la surveillance sanitaire et les soins leur sont régulièrement confiés, mais ne peuvent s'abstenir de toute visite à l'exploitation où sont élevés ces animaux sans être reconnus coupables d'exercice illégal de la pharmacie. • Crim. 18 juin 2002, n° 01-87.424 P : *Gaz. Pal. 1er-3 févr. 2004. 17.*

Art. R. 242-45 *Rédaction de l'ordonnance.* **L'ordonnance prévue à l'article L. 5143-5 du code de la santé publique est établie conformément à l'article** *(Décr. n° 2015-289 du 13 mars 2015, art. 1er-13°)* **« R. 5141-111 de ce code ».**

Art. R. 242-46 *Pharmacie.* **Sans préjudice des sanctions pénales éventuellement encourues,** *(Décr. n° 2015-289 du 13 mars 2015, art. 1er-14°)* **« le non-respect » par un vétérinaire des dispositions du code de la santé publique relatives à l'exercice de la pharmacie peut donner lieu à des poursuites disciplinaires.**

Le vétérinaire ne doit pas, par quelque procédé ou moyen que ce soit, inciter ses clients à une utilisation abusive de médicaments.

Il doit participer activement à la pharmacovigilance vétérinaire dans les conditions prévues par le code de la santé publique. *(Décr. n° 2015-289 du 13 mars 2015, art. 1er-14°)* **« Il veille à une utilisation prudente et raisonnée des agents antimicrobiens et antiparasitaires afin de limiter le risque d'apparition d'une résistance. »**

SOUS-§ 2 Devoirs envers les clients

Art. R. 242-47 *Clientèle.* **La clientèle du vétérinaire est constituée par l'ensemble des personnes qui lui confient à titre habituel l'exécution d'actes relevant de cet exercice. Elle n'a pas un caractère de territorialité ni d'exclusivité.**

Le détournement ou la tentative de détournement de clientèle est interdit. Le vétérinaire doit s'abstenir de tout acte de concurrence déloyale à l'égard de ses confrères.

(Décr. n° 2015-289 du 13 mars 2015, art. 1er-15°) **« Il est interdit au vétérinaire de se prévaloir de la réalisation d'interventions mentionnées à l'article L. 203-1 ou de missions pour le compte de l'État mentionnées à l'article L. 203-8 pour tenter d'étendre sa clientèle ou en tirer un avantage personnel. »**

Le vétérinaire qui assiste ou remplace un confrère assure le service de la clientèle de ce confrère.

Le vétérinaire sapeur-pompier, dans le cadre de sa mission de service public, et le vétérinaire expert, dans le cadre de la mission confiée par le juge, n'ont ni client ni clientèle.

Art. R. 242-48 *Devoirs fondamentaux.* **I. — Le vétérinaire doit respecter le droit que possède tout propriétaire ou détenteur d'animaux de choisir librement son vétérinaire.**

II. — Il formule ses conseils et ses recommandations, compte tenu de leurs conséquences, avec toute la clarté nécessaire et donne toutes les explications utiles sur le diagnostic, sur la prophylaxie ou la thérapeutique instituée et sur la prescription établie *(Décr. n° 2015-289 du 13 mars 2015, art. 1er-16°)* **« , afin de recueillir le consentement éclairé de ses clients ».**

III. — Il conserve à l'égard des propriétaires ou des détenteurs des animaux auxquels il donne des soins une attitude empreinte de dignité et d'attention, tenant compte en particulier des relations affectives qui peuvent exister entre le maître et l'animal.

IV. — *(Décr. n° 2010-780 du 8 juill. 2010 ; CE 1er oct. 2012, n° 343204 ; Décr. n° 2015-289 du 13 mars 2015, art. 1er-16°)* **« Il assure la continuité des soins aux animaux qui lui sont confiés. La continuité des soins peut également être assurée dans le cadre d'une convention établie entre vétérinaires libéraux et déposée auprès du conseil régional de l'ordre dans les conditions prévues par l'article R. 242-40.**

« Le vétérinaire » informe le public des possibilités qui lui sont offertes de faire assurer ce suivi médical par un confrère.

(Décr. n° 2015-289 du 13 mars 2015, art. 1er-16°) « V. — Lorsqu'il se trouve en présence ou est informé d'un animal malade ou blessé, qui est en péril, d'une espèce pour laquelle il possède la compétence, la technicité et l'équipement adapté, ainsi qu'une assurance de responsabilité civile professionnelle couvrant la valeur vénale de l'animal, il s'efforce, dans les limites de ses possibilités, d'atténuer la souffrance de l'animal et de recueillir l'accord du demandeur sur des soins appropriés. En l'absence d'un tel accord ou lorsqu'il ne peut répondre à cette demande, il informe le demandeur des possibilités alternatives de prise en charge par un autre vétérinaire, ou de décision à prendre dans l'intérêt de l'animal, notamment pour éviter des souffrances injustifiées.

« En dehors des cas prévus par le précédent alinéa, le vétérinaire peut refuser de prodiguer ses soins pour tout autre motif légitime.

« VI. — » Sa responsabilité civile professionnelle doit être couverte par un contrat d'assurance adapté à l'activité exercée.

Jurisprudence antérieure au Décr. n° 2015-289. Doivent être annulées les dispositions de l'art. R. 242-48 qui ont pour effet de fixer à 35 heures hebdomadaires la durée minimale d'ouverture des domiciles professionnels. • CE 1er oct. 2012, *Assoc. de défense des intérêts des vétérinaires dans la transposition de la directive services,* n° 343204 : *Gaz. Pal. 2012. 3091.*

Art. R. 242-49 *Rémunération.* La rémunération du vétérinaire ne peut dépendre de critères qui auraient pour conséquence de porter atteinte à son indépendance ou à la qualité de ses actes de médecine vétérinaire.

Al. 2 abrogé par Décr. n° 2015-289 du 13 mars 2015, art. 1er-17°.

Les honoraires du vétérinaire sont déterminés avec tact et mesure en tenant compte de la nature des soins donnés et des circonstances particulières. Leur présentation doit être explicite en ce qui concerne l'identité du ou des intervenants et la nature des prestations effectuées par chacun. *(Décr. n° 2015-289 du 13 mars 2015, art. 1er-17°)* « Les modalités selon lesquelles est réalisé l'acte de médecine ou de chirurgie, ainsi que les principales caractéristiques du service, si elles ne ressortent pas déjà du contexte, sont connues du bénéficiaire du service. »

Toutes pratiques tendant à abaisser le montant des rémunérations dans un but de concurrence sont interdites au vétérinaire dès lors qu'elles compromettent la qualité des soins. *(Décr. n° 2015-289 du 13 mars 2015, art. 1er-17°)* « Il fournit le prix du service, lorsque le prix est déterminé au préalable ou, à défaut, une méthode de calcul de ce prix ou un devis pour un type de service donné. »

Le vétérinaire doit répondre à toute demande d'information sur ses honoraires ou sur le coût d'un traitement.

La facturation d'un acte en fonction du résultat est interdite.

Dern. al. abrogé par Décr. n° 2015-289 du 13 mars 2015, art. 1er-17°.

Art. R. 242-50 *(Décr. n° 2015-289 du 13 mars 2015, art. 1er-18°) Applications particulières.* Il est interdit d'effectuer des actes de médecine ou de chirurgie des animaux, définis à l'article L. 243-1 du présent code, à titre gratuit ou onéreux, dont peut tirer un bénéfice moral ou matériel une personne physique ou morale non habilitée légalement à exercer la profession vétérinaire et extérieure au contrat de soin.

Les dispositions du précédent alinéa ne n'appliquent pas à la pratique des actes de médecine ou de chirurgie des animaux, par un vétérinaire salarié d'un établissement mentionné *(Décr. n° 2016-758 du 7 juin 2016, art. 3-IV)* « au III de l'article L. 214-6-1 » du présent code ou d'un groupement agréé au titre de l'article L. 5143-6 du code de la santé publique *(Décr. n° 2021-1519 du 23 nov. 2021, art. 3)* « ou par un vétérinaire enseignant dans un établissement agréé sur le fondement de l'article L. 813-11 dans le cadre de sa mission d'enseignement et de recherche au sein de cet établissement ».

SOUS-§ 3 Lieux et modalités d'exercice *(Décr. n° 2015-289 du 13 mars 2015, art. 1er-19°).*

Art. R. 242-51 *Lieux d'exercice de la profession de vétérinaire (Décr. n° 2015-289 du 13 mars 2015, art. 1er-20°).* Sauf cas d'urgence, l'exercice *(Décr. n° 2015-289 du 13 mars 2015, art. 1er-20°)* « de la profession de vétérinaire peut avoir lieu au domicile professionnel d'exercice » autorisé, au domicile du client, au domicile du détenteur du ou

des animaux ou sur les lieux de l'élevage ou tout autre lieu dévolu à l'hébergement des animaux dans le cadre d'une activité liée à l'animal. L'exercice d'une activité vétérinaire foraine est interdit.

Art. R. 242-51-1 *(Décr. n° 2015-289 du 13 mars 2015, art. 1er-21°)* **Les dispositions du présent sous-paragraphe relatives au domicile professionnel ne sont pas applicables aux personnes mentionnées à l'article L. 241-3.**

Art. R. 242-52 ***Domicile professionnel administratif.*** **Le domicile professionnel administratif d'un vétérinaire est le lieu retenu pour l'inscription au tableau de l'ordre.**

Les personnes physiques ou morales exerçant la profession doivent avoir un domicile professionnel administratif unique sur le territoire français.

(Décr. n° 2015-289 du 13 mars 2015, art. 1er-22°) **« Le domicile professionnel administratif constitue, à défaut d'indication contraire du vétérinaire, l'adresse de correspondance pour le conseil régional de l'ordre.**

« Le domicile professionnel administratif peut être confondu avec le domicile personnel, il peut être le domicile professionnel d'exercice ou l'un d'eux en cas de multiplicité de domiciles professionnels d'exercice. »

Art. R. 242-53 *(Décr. n° 2015-289 du 13 mars 2015, art. 1er-23°)* ***Domicile professionnel d'exercice.*** **Le domicile professionnel d'exercice est le lieu d'implantation de locaux professionnels où s'exerce la profession de vétérinaire, accessibles à tout moment par le ou les vétérinaires qui y exercent.**

Tout domicile professionnel d'exercice fait l'objet d'une déclaration au conseil régional de l'ordre dans le ressort duquel sont inscrits le ou les vétérinaires qui y exercent, et ce préalablement à son ouverture. Le conseil régional destinataire de cette déclaration informe le ou les conseils régionaux de la circonscription où se situent, le cas échéant, les autres domiciles professionnels d'exercice.

Tout vétérinaire inscrit à l'ordre et en exercice a au moins un domicile professionnel d'exercice.

Un vétérinaire ou un groupe de vétérinaires ayant pour but l'exercice professionnel en commun peuvent avoir plusieurs domiciles professionnels d'exercice.

L'organisation et l'aménagement des locaux du domicile professionnel d'exercice doivent à la fois garantir l'indépendance du vétérinaire et permettre le respect du secret professionnel. Selon le cas, ni le bail, ni le règlement de copropriété ne comporte de clause portant atteinte à l'indépendance du vétérinaire.

1. Radiation. L'irrégularité du lieu d'exercice d'un vétérinaire au regard de l'art. R. 242-53 peut fonder des poursuites disciplinaires contre celui-ci mais ne peut fonder sa radiation du tableau de l'ordre. • CE 15 nov. 2022, n° 455932 B : *Gaz. Pal. 29 nov. 2022, p. 32 ; AJDA 2023. 266.*

2. Jurisprudence antérieure au Décr. n° 2015-289. Est annulée la phrase de l'art. R. 242-53 disposant que « chaque domicile professionnel d'exercice doit comporter un vétérinaire ayant la fonction de vétérinaire administrateur de domicile professionnel d'exercice ». • CE 1er oct. 2012, *Assoc. de défense des intérêts des vétérinaires dans la transposition de la directive services,* n° 343204 : *Gaz. Pal. 2012. 3091.*

Art. R. 242-54 *(Décr. n° 2015-289 du 13 mars 2015, art. 1er-24°)* ***Catégories d'établissements de soins vétérinaires.*** **L'établissement situé au domicile professionnel d'exercice, où sont amenés les animaux pour y être soignés, est dénommé établissement de soins vétérinaires.**

Les établissements de soins vétérinaires sont : le "cabinet vétérinaire", la "clinique vétérinaire", le "centre de vétérinaires spécialistes" et le "centre hospitalier vétérinaire". Ces appellations ne peuvent être employées que si l'établissement répond aux conditions applicables aux locaux, matériels et au personnel en fonction de l'espèce ou des espèces d'animaux définies par arrêté du ministre chargé de l'agriculture.

Le conseil régional de l'ordre peut autoriser l'exercice de la médecine et de la chirurgie dans d'autres locaux que ceux mentionnés au présent article où sont réunis des moyens spécifiques.

L'établissement géré par une association de protection des animaux, visé *(Décr. n° 2016-758 du 7 juin 2016, art. 3-IV)* **« au III de l'article L. 214-6-1 », est un établissement de soins vétérinaires qui doit satisfaire aux conditions minimales requises pour**

le cabinet vétérinaire. – *V. Arr. du 13 mars 2015 relatif aux catégories d'établissements de soins vétérinaires (JO 25 mars).*

Art. R. 242-55 *(Décr. n° 2015-289 du 13 mars 2015, art. 1er-25°)* ***Dénomination des établissements de soins vétérinaires.*** La dénomination des établissements de soins vétérinaires ne doit ni induire les clients en erreur, ni présenter un caractère déloyal vis-à-vis des confrères.

Il en est de même s'agissant de l'adresse internet du domicile professionnel d'exercice.

Art. R. 242-56 *Abrogé par Décr. n° 2015-289 du 13 mars 2015, art. 1er-26°.*

Art. R. 242-57 ***Vétérinaire à domicile.*** Est dénommée vétérinaire à domicile la personne physique ou morale habilitée à exercer la médecine et la chirurgie des animaux qui, *(Décr. n° 2015-289 du 13 mars 2015, art. 1er-27°)* « n'exerçant pas dans un établissement de soins vétérinaires, exerce sa profession au domicile du client. Le vétérinaire à domicile ne peut exercer cette activité pour le compte d'un vétérinaire ou d'une société possédant par ailleurs un ou plusieurs établissements de soins vétérinaires ».

Les vétérinaires à domicile doivent s'interdire toute dénomination ambiguë ou trompeuse. La dénomination *(Décr. n° 2015-289 du 13 mars 2015, art. 1er-27°)* « sous laquelle ils exercent » doit avoir fait, au préalable, l'objet d'un dépôt au conseil régional de l'ordre.

Art. R. 242-58 *(Décr. n° 2015-289 du 13 mars 2015, art. 1er-28°)* ***Vétérinaire consultant.*** Le vétérinaire consultant est un vétérinaire qui intervient ponctuellement à la demande du praticien qui apporte ses soins habituellement à l'animal.

Cette intervention ponctuelle est portée à la connaissance du client, qui y consent.

Le vétérinaire consultant peut exercer son activité soit à son propre domicile professionnel d'exercice, soit à celui du ou des confrères ayant fait appel à ses services.

La dénomination "vétérinaire consultant" ne constitue pas un titre professionnel.

Art. R. 242-59 *(Décr. n° 2015-289 du 13 mars 2015, art. 1er-29°)* ***Vétérinaire spécialiste.*** Le vétérinaire spécialiste, défini à l'article R. 242-34, doit disposer de l'équipement correspondant à la spécialité qu'il exerce, dans les conditions fixées par un arrêté du ministre chargé de l'agriculture.

Art. R. 242-60 ***Relations entre vétérinaires traitants et vétérinaires consultants*** *(Décr. n° 2015-289 du 13 mars 2015, art. 1er-30°).* Tout vétérinaire remplissant les conditions prévues à l'article L. 241-1 est habilité à pratiquer tous les actes visés à l'article L. 243-1. Toutefois, un vétérinaire ne doit pas entreprendre ou poursuivre des soins ni formuler des prescriptions dans des domaines qui dépassent ses connaissances, son expérience et les moyens dont il dispose.

En cas de besoin, le vétérinaire qui apporte ses soins habituellement à un animal peut adresser le client à un autre vétérinaire praticien, généraliste ou spécialiste. Le choix de *(Décr. n° 2015-289 du 13 mars 2015, art. 1er-30°)* « ce vétérinaire consultant » appartient en dernier ressort au client. En tout état de cause, le vétérinaire traitant met à la disposition *(Décr. n° 2015-289 du 13 mars 2015, art. 1er-30°)* « du vétérinaire consultant » les commémoratifs concernant l'animal.

Le vétérinaire *(Décr. n° 2015-289 du 13 mars 2015, art. 1er-30°)* « consultant » doit rendre compte dans les meilleurs délais et par écrit de ses interventions et prescriptions au vétérinaire *(Décr. n° 2015-289 du 13 mars 2015, art. 1er-30°)* « traitant » qui lui a adressé ce client.

Art. R. 242-61 ***Service de garde.*** *(Décr. n° 2015-289 du 13 mars 2015, art. 1er-31°)* « Les vétérinaires doivent participer à la permanence des soins. La permanence des soins peut être assurée dans le cadre d'une convention établie entre vétérinaires et déposée auprès du conseil régional de l'ordre.

« Dans ce cadre, les vétérinaires doivent faire connaître au public les conditions dans lesquelles ils assurent la permanence des soins aux animaux. Dans tous les cas : »

– le vétérinaire doit répondre à toute demande qui lui est adressée soit directement dans son domaine de compétence, soit en adressant le client à un confrère ;

– il doit s'efforcer de recueillir toutes les informations concernant les éventuelles interventions antérieures d'autres confrères ;

– il doit limiter son intervention aux actes justifiés par l'urgence et inciter le propriétaire ou le détenteur de l'animal à faire assurer le suivi des soins d'urgence par son vétérinaire traitant habituel ;

– il doit rendre compte dans les meilleurs délais et par écrit de ses interventions et prescriptions au vétérinaire que lui indique le propriétaire ou le détenteur de l'animal.

Lors de la création d'un service de garde qui regroupe plusieurs entités d'exercice professionnel, un règlement intérieur est établi. Il prévoit les différentes modalités d'intervention auprès des animaux malades. Il est porté à la connaissance du conseil régional de l'ordre.

Art. R. 242-62 *(Décr. n° 2015-289 du 13 mars 2015, art. 1er-32°) Activités accessoires.* La délivrance des aliments pour animaux visant des objectifs nutritionnels particuliers et, d'une façon générale, celle des produits, matériels et services en rapport avec l'exercice de la médecine et de la chirurgie des animaux, est autorisée en tant qu'elle constitue une activité accessoire à l'exercice de la médecine et de la chirurgie des animaux.

Tout courtage en matière de commerce d'animaux et toute intermédiation d'assurance sont interdits aux vétérinaires exerçant la médecine et la chirurgie des animaux.

Art. R. 242-63 *Exercice en groupe de la profession.* Les vétérinaires peuvent se regrouper pour l'exercice de leur activité professionnelle, à condition que les modalités de ce regroupement *(Décr. n° 2015-289 du 13 mars 2015, art. 1er-33°)* « fassent l'objet d'un contrat écrit respectant l'indépendance de chacun d'eux ».

Art. R. 242-64 *(Décr. n° 2010-780 du 8 juill. 2010)* Un vétérinaire *(Décr. n° 2015-289 du 13 mars 2015, art. 1er-34°)* « ou une société d'exercice » peut s'adjoindre les services de vétérinaires salariés ou de collaborateurs libéraux.

Art. R. 242-65 *(Décr. n° 2015-289 du 13 mars 2015, art. 1er-35°) Clause de non-concurrence et pluralité de domiciles professionnels.* Lorsqu'une clause de non-concurrence existe dans le contrat de travail et lorsque le vétérinaire en cause a exercé pour le compte d'un vétérinaire ou d'une société d'exercice vétérinaire au sein de plusieurs domiciles professionnels d'exercice, les contractants déterminent le domicile professionnel unique à partir duquel la clause sera applicable.

Art. R. 242-66 *Gestion du domicile professionnel.* Hormis les cas prévus à l'article R. 242-69, il est interdit à un vétérinaire de faire gérer de façon permanente un domicile professionnel d'exercice par un confrère ou d'y faire assurer un service de clientèle. La location de clientèle est interdite.

Art. R. 242-67 *Abandon du local professionnel.* Lorsqu'un vétérinaire en exercice abandonne le local professionnel qu'il occupait, un autre vétérinaire ne peut, dans un délai inférieur à un an, établir son domicile professionnel dans ce local ou dans un local situé dans le même bâtiment et à la même adresse sans l'agrément de l'ancien occupant ou de ses ayants droit. En cas de difficulté, le conseil régional de l'ordre est saisi.

Art. R. 242-68 *(Décr. n° 2015-289 du 13 mars 2015, art. 1er-36°) Cessation d'activité.* Le vétérinaire qui cesse son activité professionnelle en informe dans les meilleurs délais le conseil régional de l'ordre en faisant connaître, le cas échéant, le nom de son successeur et les conditions de la clause de non-concurrence lorsqu'elle existe.

Art. R. 242-69 *Dispositions en cas d'absence obligée ou de décès.* En cas d'absence obligée ou de maladie d'un vétérinaire, le service de sa clientèle peut être assuré par ses associés, par un remplaçant ou, en cas d'impossibilité, par ses confrères voisins. Ceux-ci se retirent dès que le vétérinaire indisponible reprend son activité et l'informent de la nature et de la suite de leurs interventions.

En cas de décès ou de disparition d'un vétérinaire, ses associés et ses confrères voisins se mettent pendant le temps nécessaire à la disposition de ses héritiers ou de ses légataires pour assurer la continuité du service de la clientèle. Ils doivent permettre à ces derniers de prendre toutes dispositions utiles pour la sauvegarde de leurs intérêts.

Après le décès d'un vétérinaire ou en cas d'empêchement constaté par le conseil régional de l'ordre, le service de la clientèle peut être assuré, sous le contrôle de celuici, par un ou plusieurs vétérinaires régulièrement inscrits au tableau de l'ordre pendant un délai qui ne peut excéder un an à compter du décès ou de l'empêchement. Les dispositions de l'article R. 242-65 sont applicables aux intéressés.

Le conseil régional de l'ordre veille au respect des droits du conjoint et des héritiers ou légataires.

Passé le délai d'un an, le domicile professionnel d'exercice est réputé fermé. Toutefois, si un enfant du vétérinaire décédé ou empêché est, au moment du décès ou du constat d'empêchement, élève d'un établissement d'enseignement vétérinaire et manifeste par écrit, dans les six mois, l'intention de reprendre la clientèle de son ascendant direct, le conseil régional de l'ordre peut lui accorder les délais nécessaires.

Un délai supplémentaire peut également être accordé aux enfants de vétérinaires, titulaires du diplôme d'études fondamentales vétérinaires, retenus par une obligation contractuelle professionnelle ne dépassant pas deux ans.

SOUS-§ 4 Communication

Art. R. 242-70 *(Décr. nº 2015-289 du 13 mars 2015, art. 1er-37º)* ***Dispositions générales.*** Les dispositions de la présente sous-section s'appliquent sans préjudice des dispositions de l'article R. 242-35.

Les dispositions des art. R. 242-70 à R. 242-77 ont été jugées régulières et conformes à la Dir. du 12 déc. 2006 relative aux services dans le marché intérieur, sauf celles de l'art. R. 242-72. • CE 4 juill. 2012, nº 347285 : *AJDA 2012. 2359*.

Art. R. 242-71 *(Décr. nº 2015-289 du 13 mars 2015, art. 1er-38º)* ***Annuaires et périodiques.*** Lorsque les coordonnées d'un vétérinaire ou d'une société d'exercice figurent dans la liste d'un annuaire ou dans une publication périodique, quel qu'en soit le format, celles-ci comportent les informations suivantes :

– les nom et prénom du vétérinaire ou le nom de l'établissement de soins vétérinaires ou la mention "vétérinaire à domicile" ;

– le cas échéant, l'adresse de l'établissement de soins vétérinaires ;

– les coordonnées téléphoniques.

Art. R. 242-72 *(Décr. nº 2015-289 du 13 mars 2015, art. 1er-39º)* ***Sites internet.*** Tout site internet destiné à présenter l'activité professionnelle d'un vétérinaire fait l'objet d'une déclaration au conseil régional de l'ordre du lieu d'implantation du domicile professionnel administratif.

Le site internet ne peut remplacer la relation entre le praticien et son client. Il préserve la confidentialité des informations personnelles soumises par les visiteurs du site.

Le webmestre est identifié, et une adresse électronique ou un formulaire de contact est facilement accessible sur le site.

Lorsque le site comporte des informations de nature médicale, celles-ci sont datées et la source des informations publiées est citée. Dans ce cas, l'identité du ou des rédacteurs est précisée.

Toute affirmation sur les bienfaits ou les inconvénients de traitements est justifiée.

Art. R. 242-73 *(Décr. nº 2015-289 du 13 mars 2015, art. 1er-40º)* ***Supports de communication.*** L'établissement de soins vétérinaires est signalé par une ou plusieurs plaques. Cette signalisation comporte les éléments suivants :

– les nom et prénoms du vétérinaire ;

– les jours et heures de consultation ;

– les coordonnées téléphoniques ;

– les modalités de prise en charge de la continuité et de la permanence de soins et, le cas échéant, l'adresse et les coordonnées téléphoniques de la structure assurant ce service.

Les établissements de soins vétérinaires, autres que ceux visés *(Décr. nº 2016-758 du 7 juin 2016, art. 3-IV)* « au III de l'article L. 214-6-1 », sont identifiés, au minimum, par une signalétique caractéristique représentée par une enseigne lumineuse blanche et bleue, non clignotante, en forme de croix, dont la dimension totale est de 65 centimètres de longueur, 15 centimètres de hauteur et de 15 centimètres d'épaisseur.

Art. R. 242-74 ***Vitrine.*** Toute vitrine d'exposition de médicaments, produits *(Abrogé par Décr. nº 2015-289 du 13 mars 2015, art. 1er-41º)* « ***, supports de communication*** » et

matériels en rapport direct ou indirect avec l'exercice de la profession, visible de la voie publique, est interdite *(Abrogé par Décr. n° 2015-289 du 13 mars 2015, art. 1er-41°)* ***« , à l'exception de celles permettant une action de communication institutionnelle organisée sous le contrôle du conseil supérieur de l'ordre ».***

Art. R. 242-75 *Abrogé par Décr. n° 2015-289 du 13 mars 2015, art. 1er-42°.*

Art. R. 242-76 *(Décr. n° 2015-289 du 13 mars 2015, art. 1er-43°)* ***Communication à l'attention des tiers non vétérinaires.*** **I. — La communication ne peut pas encourager l'utilisation d'un médicament vétérinaire soumis à prescription.**

L'envoi groupé d'informations tarifaires ou promotionnelles relatives aux médicaments vétérinaires même sous couvert d'une communication technique associée est interdit.

II. — Seule l'apposition sur les véhicules professionnels d'un logotype reprenant exclusivement la croix vétérinaire est autorisée. Les vétérinaires qui assurent une permanence des soins 24 h/24 peuvent compléter le logotype par la mention "Vétérinaire 24 h/24".

En interdisant aux vétérinaires de faire figurer sur leurs véhicules professionnels toute information, y compris celles qui donnant leur nom, adresse et coordonnées, téléphone ou courriel, se limiteraient à permettre de les identifier nominativement et d'accéder à leur activité, les dispositions du II de l'art. L. 242-76 portent une atteinte disproportionnée aux droits des vétérinaires d'avoir accès à une communication communale. • CE 10 juill. 2017, n° 390168 B : *RD rur. 2018. Chron. 2, p. 12, par Philip-Betzler, Darribehaude et Lavigne.*

Art. R. 242-77 *Abrogé par Décr. n° 2015-289 du 13 mars 2015, art. 1er-42°.*

§ 2 Exercice dans les établissements pharmaceutiques mentionnés à l'article R. 5142-1 du code de la santé publique *(Décr. n° 2015-289 du 13 mars 2015, art. 1er-44°).*

Art. R. 242-78 **Le vétérinaire responsable mentionné à l'article L. 5142-1 du code de la santé publique doit veiller au respect de l'éthique professionnelle ainsi que de toutes les prescriptions édictées dans l'intérêt de la santé publique.**

Il est notamment tenu, ainsi que le vétérinaire délégué et les vétérinaires remplaçants ou adjoints dans les limites de leur fonction, aux obligations prévues au III de l'article R. 242-33 *(Décr. n° 2017-1246 du 7 août 2017, art. 15-12°)* **« du présent code et aux articles R. 242-35 à R. 242-38 du même code ».**

Art. R. 242-79 **Le vétérinaire responsable d'une entreprise doit vérifier que toutes dispositions sont prises pour la désignation du vétérinaire ou du pharmacien chargé de son intérim en cas d'absence ou d'empêchement. Il doit veiller à ce que l'intérimaire satisfasse aux conditions requises au regard de sa qualification et de son inscription à l'ordre notamment.**

§ 3 Exercice en qualité de vétérinaire sapeur-pompier

Art. R. 242-80 **Le vétérinaire sapeur-pompier, régi par** *(Décr. n° 2017-1246 du 7 août 2017, art. 15-13°)* **« l'article R. 723-79 du code de la sécurité intérieure », exerce des missions de service public au sein du service de santé et de secours médical du service départemental d'incendie et de secours créé en application de l'article L. 1424-1 du code général des collectivités territoriales.**

Dans le cadre des missions opérationnelles dévolues au service de santé et de secours médical des sapeurs-pompiers, en dehors des avis d'expert, le vétérinaire sapeur-pompier n'est tenu qu'aux soins médico-chirurgicaux conservatoires d'urgence ainsi qu'à la contention médicamenteuse des animaux. A ces fins, il peut délivrer les médicaments nécessaires. — *V. Arr. du 11 déc. 2017 relatif à l'utilisation des médicaments vétérinaires destinés à la capture et à la contention des animaux domestiques ou sauvages par les services d'incendie et de secours (JO 15 déc.).*

Il doit s'assurer de la continuité des soins, en particulier auprès du vétérinaire désigné par le propriétaire ou le détenteur du ou des animaux bénéficiaires d'une intervention des services d'incendie et de secours.

Lors d'une opération publique de secours, il est l'unique référent, charge à lui, si nécessaire, de s'attacher les compétences spécialisées complémentaires ou d'obtenir l'assentiment du directeur départemental des services vétérinaires.

Il lui est interdit d'user de ses fonctions comportant délégation de l'autorité publique pour tenter d'étendre sa clientèle ou d'en tirer un avantage personnel.

Art. R. 242-81 Pour l'application du deuxième alinéa de l'article R. 242-39, lorsqu'un vétérinaire sapeur-pompier est en cause, le président du conseil régional de l'ordre prend l'avis du vétérinaire-chef d'un service départemental d'incendie et de secours désigné par le chef d'état-major *(Décr. nº 2015-289 du 13 mars 2015, art. 1er-45º)* « de la zone de défense et de sécurité ».

§ 4 Exercice au titre de l'expertise et des assurances

Art. R. 242-82 *Expertise.* Les actes d'expertise vétérinaire sont susceptibles d'être pratiqués par tout vétérinaire répondant *(Abrogé par Décr. nº 2015-289 du 13 mars 2015, art. 1er-46º)* « *, en dehors du cadre de l'expertise judiciaire,* » aux dispositions de l'article L. 241-1. Toutefois, le vétérinaire ne doit pas entreprendre ou poursuivre des opérations d'expertise dans des domaines qui dépassent ses connaissances, son expérience et les moyens dont il dispose. Il ne doit pas accepter de mission d'expertise concernant l'un de ses clients. D'une manière générale, il doit veiller à ce que son objectivité ne puisse être mise en cause par les parties.

Les vétérinaires intéressés dans un litige ont l'obligation de fournir aux experts commis par une juridiction tous renseignements utiles à l'accomplissement de leur mission.

Au cours de l'accomplissement d'une mission d'expertise, le vétérinaire doit se refuser à toute intervention étrangère à celle-ci.

(Décr. nº 2015-289 du 13 mars 2015, art. 1er-46º) « Conformément à l'article R. 5141-103 du code de la santé publique, les obligations de déclaration et de signalement s'appliquent au vétérinaire mentionné au présent article. »

Art. R. 242-83 *Vétérinaires conseillers des compagnies d'assurance.* Les vétérinaires intervenant sur un animal à l'occasion d'un litige ou d'un sinistre à la demande d'une compagnie d'assurance n'interviennent pas sans avoir prévenu le vétérinaire traitant de la nature de leur mission et des modalités de leurs interventions.

(Décr. nº 2015-289 du 13 mars 2015, art. 1er-47º) « Conformément à l'article R. 5141-103 du code de la santé publique, les obligations de déclaration et de signalement s'appliquent au vétérinaire mentionné au présent article. »

SOUS-SECTION 4 Dispositions diverses

Art. R. 242-84 *Recours.* Toute décision administrative d'un conseil régional de l'ordre rendue en application des dispositions du présent code de déontologie vétérinaire peut faire l'objet d'un recours administratif devant le conseil supérieur. Seule la décision du conseil supérieur de l'ordre rendue sur ce recours peut faire l'objet d'un recours pour excès de pouvoir devant le Conseil d'État.

Avant l'exercice d'un recours pour excès de pouvoir devant le Conseil d'État, un recours préalable devant le conseil supérieur de l'ordre des vétérinaires est obligatoire sur la décision du conseil régional de l'ordre des vétérinaires qui a fixé les dates d'effet d'une sanction de suspension d'exercice. • CE 20 déc. 2019, nº 417824 B : *Gaz. Pal. 2020, nº 3, p. 34.*

SECTION 3 Inscription, omission et radiation du tableau de l'ordre des vétérinaires *(Décr. nº 2017-514 du 10 avr. 2017, art. 6-1º).*

SOUS-SECTION 1 Inscription au tableau de l'ordre des vétérinaires *(Décr. nº 2017-514 du 10 avr. 2017, art. 6-2º).*

Art. R. 242-85 *(Décr. nº 2017-514 du 10 avr. 2017, art. 6-3º)* « Tout vétérinaire qui sollicite son inscription au tableau de l'ordre adresse sa demande, par lettre recommandée avec demande d'avis de réception ou dans les conditions prévues par l'article L. 112-15 du code des relations entre le public et l'administration, au président du conseil régional de l'ordre dans la circonscription duquel il se propose de fixer son

domicile professionnel administratif dans les conditions prévues par l'article R. 242-52. » Les sociétés soumises à l'inscription au tableau de l'ordre sont inscrites au lieu de leur siège social. Les associés de ces sociétés doivent être également inscrits au tableau de l'ordre du conseil régional dans la circonscription duquel se trouve le siège social de la société *(Décr. n° 2015-289 du 13 mars 2015, art. 2)* **« ou de l'une d'elles ».**

(Décr. n° 2017-514 du 10 avr. 2017, art. 6-3°) **« Le formulaire de demande d'inscription est accompagné » des pièces suivantes :**

1° La présentation de l'original ou la production ou l'envoi d'une photocopie lisible d'un passeport ou d'une carte nationale d'identité en cours de validité ;

2° *(Décr. n° 2017-514 du 10 avr. 2017, art. 6-3°)* **« – la copie du diplôme d'État de docteur vétérinaire ou d'un diplôme, certificat ou titre de vétérinaire mentionnés à l'article L. 241-2, ainsi que, pour les vétérinaires mentionnés à l'article L. 241-2-1, de l'arrêté ministériel les habilitant à exercer en France » ;**

3° Un extrait de casier judiciaire datant de moins de trois mois, remplacé ou complété, pour les vétérinaires originaires de *(Décr. n° 2017-514 du 10 avr. 2017, art. 6-3°)* **« l'Union » européenne ou d'un autre État partie à l'accord sur l'Espace économique européen, par une attestation délivrée depuis moins de trois mois par l'autorité compétente de l'État membre d'origine ou de provenance, certifiant que sont remplies les conditions de moralité et d'honorabilité exigées dans cet État pour l'accès aux activités de vétérinaire ;**

4° Une déclaration manuscrite rédigée en langue française par laquelle, sous la foi du serment, l'intéressé déclare avoir eu connaissance du code de déontologie vétérinaire et s'engage à exercer sa profession avec conscience, honneur et probité ;

5° Si le vétérinaire entend exercer sa profession en partage d'activité, une copie du contrat écrit concernant ce partage d'activité ;

6° Le cas échéant, une copie du contrat établi entre le vétérinaire et son employeur ;

(Décr. n° 2003-1151 du 26 nov. 2003) **« 7° Un justificatif de domicile professionnel administratif ;**

« 8° Pour l'exercice en qualité de vétérinaire responsable, ou de vétérinaire responsable intérimaire d'une entreprise mentionnée à l'article L. 5142-1 du code de la santé publique, de vétérinaire délégué ou de vétérinaire délégué intérimaire d'un établissement de ces mêmes entreprises, la copie du contrat liant le vétérinaire à l'entreprise ou à l'établissement, elle-même accompagnée :

« ***a)*** **De la justification que l'intéressé satisfait aux conditions d'exercice prévues, selon le cas,** *(Décr. n° 2015-289 du 13 mars 2015, art. 2)* **« aux articles R. 5142-16 à R. 5142-18 » ou à l'article R. 5145-14 du code de la santé publique ;**

« ***b)*** **De la copie de l'acte de l'organe social compétent de l'entreprise portant désignation de l'intéressé et fixant ses attributions ;**

« 9° Pour l'exercice en qualité de vétérinaire adjoint dans une entreprise ou un établissement mentionné à l'article L. 5142-1 du code de la santé publique, toute pièce indiquant la nature, les conditions et les modalités d'exercice de cette activité ;

« 10° Pour l'exercice en qualité de vétérinaire lié par la convention prévue *(Décr. n° 2015-289 du 13 mars 2015, art. 2)* **« aux articles R. 5142-54 et R. 5142-60 » du code de la santé publique à une entreprise dont dépend un établissement fabriquant, important ou distribuant des aliments médicamenteux, la copie de la convention liant le vétérinaire à l'entreprise. »**

Tous les documents produits à l'appui de la demande d'inscription *(Décr. n° 2017-514 du 10 avr. 2017, art. 6-3°)* **« sont » accompagnés, s'ils ne sont pas rédigés en français, d'une traduction certifiée par un traducteur assermenté** *(Décr. n° 2008-1335 du 16 déc. 2008)* **« ou habilité à intervenir auprès des autorités judiciaires ou administratives d'un autre État membre de l'Union européenne, d'un État partie à l'accord sur l'Espace économique européen ou de la Confédération suisse ».**

(Décr. n° 2015-289 du 13 mars 2015, art. 2) **« Il peut être exigé du vétérinaire qui sollicite son inscription de rendre préalablement visite à un membre du conseil régional de l'ordre spécialement désigné par le président ou le secrétaire général. »**

(Décr. n° 2017-514 du 10 avr. 2017, art. 6-3°) **« Il peut être également exigé du vétérinaire qu'il fournisse tous éléments de nature à établir qu'il possède les connaissances linguistiques nécessaires à l'exercice de la profession de vétérinaire. »**

Art. R. 242-86 *(Décr. nº 2017-514 du 10 avr. 2017, art. 6-4º)* La demande d'inscription d'une société de vétérinaires est présentée collectivement par les associés, par lettre recommandée avec demande d'avis de réception ou dans les conditions prévues par l'article L. 112-15 du code des relations entre le public et l'administration. S'ils sont en exercice, ceux-ci fournissent leur certificat d'inscription au tableau de l'ordre.

Le formulaire de demande d'inscription est accompagné des pièces suivantes :

1º Un exemplaire des statuts signés par tous les associés de la société ou par un mandataire muni d'un pouvoir mentionnant impérativement l'état civil complet de chaque associé, accompagné du justificatif de leur domicile professionnel administratif et du règlement intérieur s'il a été établi ;

2º Le montant du capital social, le nombre, le montant nominal et la répartition des parts sociales ou actions représentatives de ce capital, ainsi que les critères de répartition des bénéfices ;

3º Un document apportant la preuve de la libération totale ou partielle, suivant le cas, des apports concourant à la formation du capital social ;

4º Une attestation des associés mentionnant l'adresse du ou des domiciles professionnels d'exercice dans lesquels sera exercée l'activité vétérinaire pour le compte de la société ;

5º Le règlement des frais d'inscription mentionnés à l'article L. 243-2-1. Ce versement reste acquis à l'ordre, quelle que soit la suite donnée à la demande.

Tous les documents produits à l'appui de la demande d'inscription doivent être accompagnés, s'ils ne sont pas rédigés en français, d'une traduction certifiée par un traducteur assermenté ou habilité à intervenir auprès des autorités judiciaires ou administratives d'un autre État membre de l'Union européenne, d'un État partie à l'accord sur l'Espace économique européen ou de la Confédération suisse.

Une fois inscrites au tableau de l'ordre, les personnes morales doivent fournir *(Décr. nº 2021-631 du 21 mai 2021, art. 12, en vigueur le 1er nov. 2021)* « le numéro unique d'identification » dans un délai d'un mois.

Toute modification des statuts ou des éléments mentionnés au présent article est notifiée sans délai au conseil régional de l'ordre accompagnée d'une copie des documents sociaux la mentionnant certifiée conforme à la version déposée au greffe du tribunal de commerce *(Abrogé par Décr. nº 2021-631 du 21 mai 2021, art. 12, à compter du 1er nov. 2021)* « *, ainsi que l'extrait K bis en faisant état* ».

Art. R. 242-87 La demande d'inscription est enregistrée lorsque toutes les pièces prévues aux articles R. 242-85 et R. 242-86 ont été reçues par le conseil régional. Un récépissé est adressé par lettre recommandée avec demande d'avis de réception *(Décr. nº 2017-514 du 10 avr. 2017, art. 6-5º)* « ou par tout moyen présentant des garanties équivalentes » au demandeur par le conseil régional de l'ordre. Les délais fixés par l'article L. 242-4 courent à compter *(Décr. nº 2017-514 du 10 avr. 2017, art. 6-5º)* « de la date d'enregistrement de la demande par le conseil régional de l'ordre ».

Art. R.* 242-87-1 *(Décr. nº 2017-1411 du 27 sept. 2017, art. 2-39º)* Le silence gardé par le conseil régional de l'ordre des vétérinaires sur une demande d'inscription au tableau de l'ordre, formulée par une personne physique ou une société, mentionnée respectivement aux articles R. 242-85 et R. 242-86, vaut décision de rejet.

Art. R. 242-88 *(Décr. nº 2017-514 du 10 avr. 2017, art. 6-6º)* I. — Les décisions d'inscription ou de refus d'inscription sont prises par le conseil régional de l'ordre dans les conditions prévues par le III de l'article L. 242-4, après vérification des pièces fournies par le candidat.

L'inscription est refusée si le demandeur ne remplit pas les conditions nécessaires de moralité et d'indépendance. Le conseil régional de l'ordre peut notamment refuser d'inscrire au tableau des candidats qui ont contracté des engagements incompatibles avec les règles de la profession ou susceptibles de priver le praticien de l'indépendance professionnelle nécessaire.

L'inscription est également refusée s'il est constaté, au vu d'un rapport d'expertise réalisée dans les conditions prévues à l'article R. 242-90 ou à l'article R. 242-90-1, une infirmité, un état pathologique ou une insuffisance professionnelle incompatible avec l'exercice de la profession. Cette expertise est ordonnée par le conseil régional, en cas de doute sérieux sur la compétence ou l'aptitude du demandeur, par une décision non susceptible de recours.

La procédure suivie lorsqu'un refus d'inscription est envisagé est la même que celle prévue au II de l'article R. 242-89.

Aucune décision de refus d'inscription ne peut être prise sans que l'intéressé ait été invité quinze jours au moins avant la réunion du conseil à présenter ses explications orales ou écrites.

II. – La décision de refus d'inscription mentionne qu'elle peut faire l'objet d'un recours devant le conseil national de l'ordre dans un délai de deux mois. Elle précise que ce recours n'a pas d'effet suspensif.

Si elle est motivée par une insuffisance professionnelle rendant dangereux l'exercice de la profession, elle mentionne qu'une nouvelle demande d'inscription ne pourra être acceptée sans que le demandeur ait au préalable justifié avoir rempli les obligations de formation qu'elle fixe.

III. – La décision est notifiée au demandeur par lettre recommandée avec demande d'avis de réception ou par tout moyen présentant des garanties équivalentes. Elle est signée, le cas échéant électroniquement, par le président du conseil régional de l'ordre.

La décision est également notifiée, selon les mêmes modalités, au préfet du département du domicile professionnel administratif du vétérinaire, au président du conseil national de l'ordre, ainsi qu'au directeur général de l'Agence nationale de sécurité sanitaire de l'alimentation, de l'environnement et du travail pour les vétérinaires exerçant dans une entreprise ou un établissement mentionné à l'article L. 5142-1 du code de la santé publique.

IV. – Il peut être fait appel de la décision prise sur la demande d'inscription devant le conseil national dans un délai de deux mois. Cet appel n'est pas suspensif.

Dès l'enregistrement du recours, le président du conseil national le communique au conseil régional, qui lui adresse sans délai la décision contestée, le dossier complet sur lequel il s'est prononcé ainsi que ses observations écrites.

Le président désigne un rapporteur parmi les membres du conseil national et en informe l'auteur du recours et le conseil régional intéressé ainsi que, le cas échéant, toute autre personne intéressée. Ceux-ci sont également informés des dates auxquelles ils peuvent consulter le dossier au siège du conseil national. Ils sont invités à présenter leurs explications écrites ou orales au rapporteur, par une lettre recommandée avec demande d'avis de réception qui doit leur parvenir quinze jours au moins avant la date fixée par celui-ci pour la réception ou l'audition de ces observations. Cette lettre indique qu'ils peuvent se faire assister ou représenter par toute personne de leur choix, le conseil régional ne pouvant être représenté que par un de ses membres ou par un avocat.

Le conseil statue dans un délai de trois mois à compter de la réception de la demande.

V. – Le conseil national de l'ordre peut, dans le délai de trois mois à compter de sa notification, réformer ou annuler d'office toute décision d'inscription qui repose sur une inexactitude matérielle ou une erreur manifeste d'appréciation des conditions auxquelles est subordonnée l'inscription.

Le président du conseil national de l'ordre désigne un rapporteur parmi les membres du conseil national et en informe le bénéficiaire de l'inscription et le conseil régional intéressé. Le conseil régional lui adresse sans délai le dossier complet sur lequel il s'est prononcé. La personne intéressée et le conseil régional sont informés des dates auxquelles ils peuvent consulter le dossier au siège du conseil national. Les raisons pour lesquelles il est envisagé de réformer ou annuler la décision d'inscription leur sont communiquées. Ils sont invités à présenter leurs explications écrites ou orales au rapporteur, par une lettre recommandée avec demande d'avis de réception qui doit leur parvenir quinze jours au moins avant la date fixée par celui-ci pour la réception ou l'audition de ces observations. Cette lettre indique que la personne bénéficiaire de l'inscription peut se faire assister ou représenter par toute personne de son choix, le conseil régional ne pouvant être représenté que par un de ses membres ou par un avocat.

Art. R. 242-88-1 *(Décr. n° 2003-1151 du 26 nov. 2003)* Avant tout changement de domicile professionnel administratif ou d'exercice sans changement de région ordinale, le vétérinaire *(Décr. n° 2017-514 du 10 avr. 2017, art. 6-7°)* « en fait » la déclaration au conseil régional de l'ordre dont il relève. Dans le cas où ce changement est accompagné d'un changement de région ordinale, le vétérinaire est tenu au préalable de demander au président du conseil régional de l'ordre dont il relève le transfert de son inscription au tableau du conseil régional de l'ordre dans le ressort duquel sera situé son nouveau domicile. *(Décr. nº 2017-514 du 10 avr. 2017, art. 6-7º)* « Il transmet, à première demande, les éléments permettant au conseil régional de l'ordre dont il relève d'apprécier la clôture des contrats en cours. Celui-ci transfère le dossier finalisé au conseil régional de l'ordre du nouveau domicile professionnel de l'intéressé. »

Le vétérinaire qui change de domicile professionnel administratif ou d'exercice *(Décr. nº 2017-514 du 10 avr. 2017, art. 6-7º)* « communique » au conseil régional de l'ordre dans le ressort duquel il se propose d'exercer tous renseignements concernant son activité professionnelle et en particulier les contrats d'association ou de travail qu'il a contractés ou envisage de contracter à l'occasion de ce changement.

Le vétérinaire exerçant dans une entreprise ou un établissement mentionné à l'article L. 5142-1 du code de la santé publique est tenu de déclarer au préalable au conseil régional de l'ordre dont il relève le changement de son lieu d'exercice ou le changement du siège social de l'entreprise dans laquelle il travaille. Dans le cas où ce changement est accompagné d'un changement de région ordinale, le vétérinaire est tenu de demander au préalable au président du conseil régional de l'ordre dont il relève le transfert de son inscription au tableau du conseil régional de l'ordre dans le ressort duquel sera situé son nouveau lieu d'exercice ou le nouveau siège de l'entreprise.

Le vétérinaire exerçant dans une entreprise ou un établissement mentionné à l'article L. 5142-1 du code de la santé publique qui change de lieu d'exercice ou dont l'entreprise transfère son siège social *(Décr. nº 2017-514 du 10 avr. 2017, art. 6-7º)* « communique » au conseil régional de l'ordre dans le ressort duquel il se propose d'exercer ou dans lequel l'entreprise aura son siège tous renseignements concernant son activité professionnelle et notamment les pièces mentionnées aux 8°, 9° et 10° de l'article R. 242-85.

Les conseils régionaux intéressés informent le *(Décr. nº 2017-514 du 10 avr. 2017, art. 6-7º)* « conseil national » de l'ordre et, pour les vétérinaires exerçant dans une entreprise ou un établissement mentionné à l'article L. 5142-1 du code de la santé publique, le directeur général de l'*(Décr. nº 2011-385 du 11 avr. 2011, art. 11)* « Agence nationale de sécurité sanitaire de l'alimentation, de l'environnement et du travail » de tout changement de domicile professionnel administratif ou d'exercice ou de siège social.

Les transferts d'inscription prévus aux alinéas précédents sont effectués sans délai. – *L'art. R. 242-90 devient l'art. R. 242-88-1 (Décr. nº 2017-514 du 10 avr. 2017, art. 6-7º, JO 11 avr.).*

Art. R. 242-88-2 *(Décr. nº 2021-1240 du 27 sept. 2021, art. 7)* Lorsqu'il relève de l'une des situations statutaires mentionnées à l'article L. 242-11, le vétérinaire en fait la déclaration au conseil régional de l'ordre dont il relève.

SOUS-SECTION 2 **Omission temporaire et radiation du tableau de l'ordre** *(Décr. nº 2017-514 du 10 avr. 2017, art. 6-8º).*

Art. R. 242-89 *(Décr. nº 2017-514 du 10 avr. 2017, art. 6-8º)* I. — Sauf lorsqu'elles sont prononcées à la demande du vétérinaire concerné, les décisions d'omission temporaire ou de radiation prévues à l'avant-dernier alinéa de l'article L. 242-4 sont prises par le conseil régional de l'ordre dans le ressort duquel il a son domicile professionnel administratif dans les conditions prévues au présent article. Elles ne peuvent être motivées par des faits pouvant donner lieu à poursuites disciplinaires en application de l'article L. 242-6.

L'omission temporaire du droit d'exercer est prononcée par le conseil régional de l'ordre pour une période déterminée qui peut être renouvelée. Cette mesure maintient tous les liens existant entre l'ordre et le vétérinaire omis et a pour effet d'interdire à ce dernier, tant qu'elle est en vigueur, l'accomplissement sur le territoire national de tout acte relevant de sa profession.

Le conseil régional de l'ordre est saisi par son président, un autre président de conseil régional de l'ordre ou par le président du conseil national de l'ordre. La saisine, qui est motivée, n'est pas susceptible de recours.

II. — Le président du conseil régional de l'ordre désigne un rapporteur parmi les membres de ce conseil.

Le praticien intéressé et l'auteur de la saisine sont informés des dates auxquelles ils peuvent consulter le dossier au siège de ce conseil. Les raisons pour lesquelles la mesure d'omission temporaire ou de radiation du tableau est envisagée, et, en cas d'expertise, le rapport d'expertise, leur sont communiqués. Ils sont invités à présenter leurs observations écrites ou orales au rapporteur, par une lettre recommandée avec demande d'avis de réception qui doit leur parvenir quinze jours au moins avant la date fixée par celui-ci pour la réception ou l'audition de ces observations. Cette lettre indique que le praticien peut se faire assister ou représenter par toute personne de son choix, l'auteur de la saisine ne pouvant être représenté que par un des membres du conseil qu'il préside ou par un avocat.

III. — La décision prononçant l'omission temporaire ou la radiation est notifiée par lettre recommandée avec demande d'avis de réception, ou par tout moyen présentant des garanties équivalentes, à l'intéressé ainsi qu'au président du conseil national de l'ordre des vétérinaires, au préfet du département du domicile professionnel administratif du vétérinaire et, pour les vétérinaires exerçant dans une entreprise ou un établissement mentionné à l'article L. 5142-1 du code de la santé publique, au directeur général de l'Agence nationale de sécurité sanitaire de l'alimentation, de l'environnement et du travail. *(Décr. n° 2021-1240 du 27 sept. 2021, art. 7)* « Pour les vétérinaires relevant de l'une des situations statutaires mentionnées à l'article L. 242-11, la décision est également notifiée au service de santé des armées. » Elle entre en vigueur huit jours après sa notification à l'intéressé.

La notification mentionnée au précédent alinéa précise que la décision peut faire l'objet d'un recours devant le conseil national de l'ordre des vétérinaires dans un délai de deux mois à compter de sa notification.

IV. — Les correspondances émanant des conseils peuvent être réalisées par toute voie électronique assurant l'authentification du signataire et le secret de la correspondance.

V. — Le recours mentionné au deuxième alinéa du III est suspensif. Le conseil national statue dans les conditions prévues au IV de l'article R. 242-88.

Art. R. 242-90 *(Décr. n° 2017-514 du 10 avr. 2017, art. 6-8°)* I. — En cas d'infirmité ou d'état pathologique rendant dangereux l'exercice de la profession, l'omission temporaire ne peut être ordonnée que sur rapport motivé établi à la demande du conseil régional par un médecin désigné comme expert, choisi en accord entre l'intéressé ou sa famille et le conseil compétent.

En cas de carence de l'intéressé lors de la désignation de l'expert ou de désaccord, la désignation est faite à la demande du président du conseil régional par ordonnance du président du tribunal judiciaire dans le ressort duquel se trouve le domicile professionnel d'exercice de l'intéressé. Cette demande est dispensée de ministère d'avocat.

Le rapport d'expertise est déposé au plus tard six semaines à compter de la désignation de l'expert.

Si l'intéressé ne se présente pas à la convocation fixée par l'expert, une seconde convocation lui est adressée. En cas d'absence de l'intéressé aux deux convocations, l'expert établit un rapport de carence à l'attention du conseil régional de l'ordre, qui peut alors décider l'omission temporaire du tableau du praticien, pour présomption d'infirmité ou d'état pathologique rendant dangereux l'exercice de la profession.

II. — La décision d'omission temporaire mentionne que la reprise de l'exercice professionnel par le vétérinaire ne peut avoir lieu sans qu'au préalable ait été diligentée une nouvelle expertise médicale constatant l'aptitude professionnelle du vétérinaire, dont il lui incombe de demander l'organisation au conseil régional au plus tard deux mois avant l'expiration de la période de suspension.

Si le rapport d'expertise est favorable à la reprise de l'exercice professionnel, le conseil régional de l'ordre compétent conclut que le vétérinaire est apte à exercer sa profession et en informe les autorités compétentes.

Si le rapport d'expertise est défavorable à la reprise de l'exercice professionnel, le conseil régional de l'ordre compétent renouvelle l'omission temporaire ou décide de radier l'intéressé du tableau de l'ordre des vétérinaires.

Les frais et honoraires sont à la charge du conseil régional qui a fait procéder à l'expertise.

Art. R. 242-90-1 *(Décr. n° 2017-514 du 10 avr. 2017, art. 6-8°)* I. — En cas d'insuffisance professionnelle rendant dangereux l'exercice de la profession, l'omission temporaire du tableau est ordonnée sur rapport motivé établi à la demande du conseil régional de l'ordre, par un expert qu'il désigne.

Cet expert est choisi parmi les vétérinaires compétents en matière de formation initiale et continue.

Son rapport est communiqué au vétérinaire objet de la procédure, qui peut faire établir par une personne qualifiée qu'il désigne un autre rapport, qui est joint au dossier.

II. — L'expert procède à l'examen des connaissances théoriques et pratiques de l'intéressé. Le rapport d'expertise est déposé au plus tard dans le délai de six semaines à compter de la nomination de l'expert. Il indique les insuffisances relevées au cours de l'expertise et préconise les moyens d'y pallier par une formation théorique et, si nécessaire, pratique. Si l'intéressé ne se présente pas à la convocation fixée par l'expert, une seconde convocation lui est adressée. En cas d'absence de l'intéressé aux deux convocations, l'expert établit un rapport de carence à l'attention du conseil régional de l'ordre, qui peut alors décider l'omission temporaire du tableau du praticien, pour présomption d'insuffisance professionnelle rendant dangereux l'exercice de la profession.

III. — Avant de se prononcer, le conseil régional de l'ordre peut, par une décision non susceptible de recours, décider de faire procéder à une expertise complémentaire dans les conditions prévues aux I et II du présent article.

IV. — Si le conseil régional n'a pas statué dans le délai de deux mois à compter de la réception de la demande dont il est saisi dans les conditions prévues au dernier alinéa du I de l'article R. 242-89, l'affaire est portée devant le conseil national de l'ordre.

V. — La décision d'omission temporaire du droit d'exercer pour insuffisance professionnelle définit les préconisations de formation du praticien.

La notification de la décision mentionne que la reprise de l'exercice professionnel par le praticien ne pourra avoir lieu sans qu'il ait au préalable justifié auprès du conseil régional de l'ordre avoir mis en œuvre les préconisations de formation définis par cette décision.

VI. — Les frais et honoraires sont à la charge du conseil régional de l'ordre qui a fait procéder à l'expertise, à l'exception de la rémunération de la personne qualifiée éventuellement désignée par le vétérinaire objet de la procédure, qui incombe à ce dernier.

Art. R. 242-90-2 *(Décr. n° 2017-514 du 10 avr. 2017, art. 6-8°)* Un conseil régional de l'ordre peut prononcer, à la demande d'un vétérinaire qui n'exerce pas effectivement sa profession, son omission temporaire du tableau de l'ordre.

La décision d'omission est adressée à l'intéressé par lettre recommandée avec demande d'avis de réception, ou par tout moyen présentant des garanties équivalentes, ainsi qu'au président du conseil national de l'ordre des vétérinaires, au préfet du département du domicile professionnel administratif du vétérinaire, *(Abrogé par Décr. n° 2021-1240 du 27 sept. 2021, art. 7)* « et, » pour les vétérinaires exerçant dans une entreprise ou un établissement mentionné à l'article L. 5142-1 du code de la santé publique, au directeur général de l'Agence nationale de sécurité sanitaire de l'alimentation, de l'environnement et du travail *(Décr. n° 2021-1240 du 27 sept. 2021, art. 7)* « et, pour les vétérinaires relevant de l'une des situations statutaires mentionnées à l'article L. 242-11, au service de santé des armées ». Elle entre en vigueur huit jours après sa notification à l'intéressé.

Art. R. 242-91 *(Décr. n° 2017-514 du 10 avr. 2017, art. 6-8°)* Le vétérinaire qui cesse d'exercer sa profession sur le territoire national demande au conseil régional de l'ordre au tableau duquel il est inscrit de procéder à sa radiation. La décision est notifiée aux personnes mentionnées au II de l'article R. 242-88 *(Décr. n° 2021-1240 du 27 sept. 2021, art. 7)* « et, pour les vétérinaires relevant de l'une des situations statutaires mentionnées à l'article L. 242-11, au service de santé des armées ».

Art. R. 242-91-1 *(Décr. nº 2017-514 du 10 avr. 2017, art. 6-8º)* Le vétérinaire radié est tenu d'informer, pendant une période de cinq ans suivant sa radiation du tableau de l'ordre, le conseil régional dans le ressort duquel était situé son domicile professionnel administratif, de toute modification de ses coordonnées de correspondance.

SECTION 4 Chambre régionale de discipline

Art. R. 242-91-2 *(Décr. nº 2017-514 du 10 avr. 2017, art. 7-1º)* I. — La présente section est applicable aux sociétés mentionnées aux articles L. 241-17 et L. 241-18, ainsi qu'aux personnes mentionnées à l'article L. 242-3-1.

Pour les personnes mentionnées au deuxième alinéa de l'article L. 242-3-1, il convient d'entendre par région ordinale celle dans le ressort de laquelle la personne exerce à titre principal et déclare son adresse de correspondance.

II. — Les circonscriptions disciplinaires constituées par l'arrêté mentionné au premier alinéa de l'article L. 242-5 réunissent au moins deux régions ordinales contiguës.

Art. R. 242-92 Le président de la chambre régionale de discipline est désigné à la requête du président du conseil régional de l'ordre pour une durée de trois ans renouvelable.

Un président suppléant est désigné dans les mêmes conditions que le président.

Art. R. 242-92-1 *(Décr. nº 2017-514 du 10 avr. 2017, art. 7-2º)* Le secrétaire général en charge du greffe de la chambre régionale de discipline mentionné au dernier alinéa de l'article L. 242-5 est élu pour trois ans, par et parmi les conseillers régionaux de l'ordre de la circonscription disciplinaire, par un vote électronique par internet à la majorité relative des voix, dans les conditions prévues à la sous-section 4 de la section 1.

Art. R. 242-93 *(Décr. nº 2017-514 du 10 avr. 2017, art. 7-3º)* L'action disciplinaire contre un vétérinaire ou une société de vétérinaires ne peut être introduite que par l'une des personnes ou autorités suivantes :

— le préfet ;

— le directeur général de l'Agence nationale de sécurité sanitaire de l'alimentation, de l'environnement et du travail ;

— le procureur de la République ;

— le président du conseil national de l'ordre ;

— le président du conseil régional du domicile professionnel administratif ;

— le président d'un autre conseil régional de l'ordre mandaté à cet effet par son conseil ;

— toute personne ayant un intérêt à agir.

La plainte est adressée par lettre recommandée avec demande d'avis de réception au président du conseil régional de l'ordre du domicile professionnel administratif du vétérinaire poursuivi, qui la transmet au secrétaire général en charge du greffe de la chambre régionale de discipline.

Si la plainte émane d'une personne morale, elle est accompagnée de toute pièce habilitant le signataire à la déposer.

En application de l'article L. 242-5, la chambre compétente est celle dans le ressort de laquelle la personne poursuivie a déclaré son domicile professionnel administratif.

Art. R. 242-94 *(Décr. nº 2017-514 du 10 avr. 2017, art. 7-3º)* Le secrétaire général en charge du greffe de la chambre régionale de discipline accuse réception de la plainte. Il notifie à la personne poursuivie, dans les meilleurs délais, les faits qui lui sont reprochés et l'informe qu'elle peut être assistée d'un avocat ou d'un vétérinaire inscrit au tableau de l'ordre sous réserve qu'il ne soit pas conseiller ordinal, par lettre recommandée avec demande d'avis de réception ou par tout moyen présentant des garanties équivalentes.

Pour l'instruction de l'affaire, un rapporteur est nommé par le président de la chambre régionale de discipline parmi les conseillers ordinaux du conseil régional dont dépend administrativement la personne poursuivie.

Le secrétaire général en charge du greffe notifie la nomination du rapporteur au plaignant, à la personne poursuivie et au président du conseil régional saisi de la plainte. Ceux-ci peuvent le récuser dans un délai de huit jours à compter de cette notification,

pour l'une des raisons énumérées à l'article L. 111-6 du code de l'organisation judiciaire.

Le rapport est déposé dans les six mois suivant la nomination du rapporteur. Celui-ci avise le président de la chambre régionale de discipline de toutes difficultés dans l'accomplissement de sa mission et peut lui demander de lui accorder une prolongation de ce délai.

Il résulte du principe d'impartialité qu'alors même que le rapporteur ne délibère pas sur l'affaire qu'il rapporte, l'existence d'une cause de récusation en sa personne entache d'irrégularité la décision prise sur son rapport. • CE 30 nov. 2016, n° 381856 : *Gaz. Pal. 13 déc. 2017.*

Art. R. 242-95 *(Décr. n° 2017-514 du 10 avr. 2017, art. 7-3°)* **I. — Le rapporteur conduit l'instruction, dans le respect des principes de contradiction et d'impartialité.**

II. — Il engage sans délai une procédure de conciliation, sauf s'il dispose d'un procès-verbal constatant l'impossibilité de celle-ci, ou si le plaignant est un président de conseil de l'ordre, le préfet ou le procureur de la République.

Dans le cas où une solution amiable est trouvée, le rapporteur transmet le procès-verbal de conciliation au président du conseil régional et au président de la chambre régionale de discipline. Cette transmission n'est pas susceptible de recours.

En cas de procès-verbal de non-conciliation, le rapporteur procède à l'enquête disciplinaire.

III. — Le rapporteur a qualité pour entendre les parties, recueillir tous témoignages et procéder à toutes constatations utiles à la manifestation de la vérité. Il peut demander aux parties toutes pièces ou tous documents utiles à l'examen du litige.

Le rapporteur peut requérir, après y avoir été autorisé par ordonnance du président de la chambre régionale de discipline, un conseiller ordinal d'un autre conseil régional aux fins de procéder aux actes d'information qu'il estime nécessaires dans les lieux où la chambre n'est pas territorialement compétente.

La réquisition indique l'objet des poursuites. Elle ne peut prescrire que des actes d'instruction se rattachant directement aux faits visés dans la poursuite.

Le conseiller ordinal requis dispose de trois mois pour rendre ses conclusions au rapporteur.

IV. — Lors de son enquête, le rapporteur dresse un procès-verbal de chaque audition. Il est donné lecture à chaque partie ou chaque témoin de ses déclarations. Le procès-verbal est signé par le rapporteur et la personne entendue ou mention est faite qu'il ne peut ou ne veut pas signer.

Si l'instruction met à jour des faits nouveaux, le rapporteur en informe le président de la chambre régionale de discipline, lequel peut ordonner une extension de sa mission, qu'il notifie aux parties et au président du conseil régional de l'ordre.

Le rapport mentionne les diligences accomplies, les déclarations des parties, établit un exposé objectif des faits, et souligne les divergences entre les parties. Il est accompagné des procès-verbaux d'audition des personnes entendues, des constats réalisés, des pièces de la procédure et de leurs bordereaux.

Le rapporteur remet son rapport sur support papier et support dématérialisé au secrétaire général en charge du greffe de la chambre régionale de discipline qui le transmet au président de la chambre régionale de discipline. *(Décr. n° 2021-1026 du 30 juill. 2021, art. 1er)* **« Ce rapport est communiqué au président du conseil régional de l'ordre, au plaignant et à la personne poursuivie, en annexe à la convocation à l'audience. Ceux-ci peuvent prendre connaissance des pièces qui l'accompagnent dans les conditions prévues au deuxième alinéa de l'article R. 242-99. »**

Jurisprudence antérieure au Décr. du 30 juill. 2021. Il est enjoint au Premier ministre d'abroger les dispositions du dernier alinéa du IV de l'art. R. 242-95 qui prévoient la transmission du rapport au président du conseil régional de l'ordre des vétérinaires, alors que les autres parties n'en disposaient pas, en méconnaissance du principe d'égalité des armes. • CE 21 sept. 2020, n° 424360 B : *AJDA 2021. 125*. ♦ Si les règles en vigueur permettent que le vétérinaire qui fait l'objet de poursuites disciplinaires ne peut consulter le rapport qu'à compter de l'envoi de l'avis d'audience, soit postérieurement à sa communication au président de l'instance ordinale, il ressort des pièces de la procédure que les requérants n'ont pas été en l'espèce privés d'une possibilité raisonnable de se défendre les plaçant dans une situation défavorable par rapport au président du conseil national de l'ordre des vétérinaires. • CE 10 juill. 2023, n° 448133 B : *AJDA 2023. 1887*.

Art. R. 242-96 *(Décr. n° 2017-514 du 10 avr. 2017, art. 7-3°)* **Le président de la chambre régionale de discipline fixe la date, le lieu et le rôle de chaque audience. Il statue sur les demandes de renvoi. L'audience peut se tenir par visioconférence.**

Art. R. 242-97 *(Décr. n° 2017-514 du 10 avr. 2017, art. 7-3°)* **Au vu du procès-verbal de conciliation, le président de la chambre régionale de discipline constate par ordonnance l'extinction de l'instance disciplinaire.**

Il peut, par ordonnance motivée rendue sans audience, donner acte des désistements, rejeter les plaintes ne relevant manifestement pas de la chambre régionale, constater qu'il n'y a pas lieu de statuer sur une plainte et rejeter les plaintes manifestement irrecevables ou non fondées.

L'ordonnance peut être frappée d'appel, dans les deux mois de sa notification, devant le président de la chambre nationale de discipline, qui peut soit la confirmer dans les mêmes formes, soit saisir de l'affaire la chambre nationale de discipline.

Art. R. 242-98 *(Décr. n° 2017-514 du 10 avr. 2017, art. 7-3°)* **A l'issue de chaque audience de la chambre régionale de discipline, le président de la chambre ou son suppléant procède, en vue de la tenue de l'audience suivante, au tirage au sort de quatre membres titulaires et quatre membres suppléants parmi les élus ordinaux de la circonscription disciplinaire.**

Ne peuvent pas être tirés au sort :

— les conseillers de la région ordinale du domicile professionnel administratif du vétérinaire poursuivi ;

— les présidents des conseils régionaux de l'ordre de la circonscription disciplinaire ;

— le secrétaire général en charge du greffe de la chambre régionale de discipline.

Les membres suppléants sont appelés à siéger en cas de récusation, désistement ou empêchement d'un ou plusieurs assesseurs dans l'ordre du tirage au sort.

A la fin du tirage au sort, le secrétaire général en charge du greffe de la chambre régionale de discipline dresse un procès-verbal mentionnant les noms des membres titulaires, ainsi que les noms et l'ordre de tirage au sort des membres suppléants. Une copie de ce procès-verbal est transmise par voie électronique aux élus tirés au sort ainsi qu'aux présidents des conseils régionaux de l'ordre de la circonscription disciplinaire.

Art. R. 242-99 *(Décr. n° 2017-514 du 10 avr. 2017, art. 7-3°)* **La convocation à l'audience est adressée par le secrétaire général en charge du greffe de la chambre régionale de discipline à l'auteur de la plainte, à la personne poursuivie, au président du conseil régional du domicile professionnel administratif de la personne poursuivie et, le cas échéant, aux témoins, par lettre recommandée avec demande d'avis de réception, ou par tout moyen présentant des garanties équivalentes, quinze jours au moins avant l'audience. Ce délai est porté à deux mois lorsque le domicile professionnel administratif de la personne poursuivie se situe outre-mer ou que son lieu d'exercice se situe à l'étranger au moment de la procédure disciplinaire.**

Elle indique le délai pendant lequel *(Décr. n° 2021-1026 du 30 juill. 2021, art. 1er)* **« le président du conseil régional de l'ordre, » la personne poursuivie, le plaignant ou leur défenseur pourront consulter le dossier au greffe de la chambre. Cette consultation peut être remplacée, à la demande des parties, par la délivrance d'une copie écrite ou électronique aux frais du demandeur selon des modalités établies par la commission des budgets mentionnée au troisième alinéa du II de l'article L. 242-3-1.**

La convocation adressée à la personne poursuivie énonce les faits qui lui sont reprochés.

La personne poursuivie peut être assistée par un avocat ou par un vétérinaire inscrit au tableau de l'ordre, sous réserve qu'il ne soit pas conseiller ordinal.

Les dispositions de l'art. R. 242-99 ne permettent pas de garantir dans tous les cas le principe de l'égalité des armes dès lors que le vétérinaire faisant l'objet de poursuites disciplinaires dispose d'un délai qui peut n'être que de quinze jours avant l'audience pour consulter le dossier d'instruction, tandis que le président de l'instance ordinale en a communication antérieurement, mais en l'espèce, le requérant n'a pas été placé en situation de désavantage qui aurait rendu la procédure irrégulière. • CE 27 déc. 2022, n° 452531 B : *Gaz. Pal. 14 févr. 2023, p. 29.*

Art. R. 242-100 *(Décr. nº 2017-514 du 10 avr. 2017, art. 7-3º)* Le membre de la chambre régionale de discipline qui estime devoir se désister, le fait savoir avant l'ouverture des débats.

Il peut également être récusé par les parties, s'il relève de l'une des causes prévues par l'article L. 111-6 du code de l'organisation judiciaire.

La demande de récusation est adressée au président de la chambre de discipline avant l'ouverture des débats à peine d'irrecevabilité. La chambre statue immédiatement sur la demande de récusation, sans la participation de celui de ses membres dont la récusation est demandée. La décision ne peut être contestée qu'avec la décision rendue ensuite sur la plainte.

Lorsque la récusation vise l'ensemble des membres de la chambre de discipline, la demande est présentée au président de la chambre nationale de discipline avant que la chambre régionale n'ait statué. L'affaire est ajournée.

La chambre nationale statue sur le bien-fondé de la demande. Si elle y fait droit, elle désigne la chambre régionale de discipline qui sera chargée du jugement de l'affaire. Si elle n'y fait pas droit, elle renvoie l'affaire devant la chambre initialement saisie qui procède alors à son examen au fond.

A la demande du président du conseil national de l'ordre, ou du président de la chambre régionale de discipline saisie d'une affaire, la chambre nationale de discipline peut la dessaisir et renvoyer l'affaire à une autre chambre régionale de discipline dans l'intérêt d'une bonne administration de la justice.

Art. R. 242-101 Le secrétariat de la chambre régionale de discipline est assuré sous la responsabilité du secrétaire *(Décr. nº 2003-1151 du 26 nov. 2003)* « général » *(Décr. nº 2017-514 du 10 avr. 2017, art. 7-4º)* « en charge du greffe de la chambre régionale ».

Art. R. 242-102 *(Décr. nº 2017-514 du 10 avr. 2017, art. 7-5º)* Le président de la chambre dirige les débats. La chambre entend le rapporteur en la lecture de son rapport. *(Décr. nº 2021-1026 du 30 juill. 2021, art. 1er)* « En cas d'absence de celui-ci, le rapport est lu par un membre de la formation de jugement désigné par le président. »

L'auteur de la plainte est entendu ainsi que le président du conseil de l'ordre en ses demandes de peines disciplinaires.

Le président de la chambre régionale procède à l'interrogatoire de la personne poursuivie qui, sauf motif légitime, comparaît en personne, assistée conformément à l'article R. 242-98. Le président recueille ensuite toutes auditions et tous témoignages qu'il estime nécessaires.

Les témoins déposent sous la foi du serment.

Tout membre de la chambre de discipline peut poser toute question par l'intermédiaire du président.

La personne poursuivie a la parole en dernier.

Art. R. 242-103 Les séances de la chambre sont publiques. Toutefois, le président *(Décr. nº 2017-514 du 10 avr. 2017, art. 7-6º)* « de la chambre peut d'office, ou à la demande d'une des parties », interdire au public l'accès de la salle pendant tout ou partie de la séance dans l'intérêt de l'ordre public ou lorsque le respect de la vie privée ou du secret des affaires le justifie.

(Décr. nº 2017-514 du 10 avr. 2017, art. 7-6º) « Le délibéré est secret. Il a lieu hors la présence des parties, du rapporteur, du président du conseil régional compétent et du public. »

Art. R. 242-104 Les sanctions disciplinaires prévues à l'article L. 242-7 sont adoptées à la majorité des voix. *(Abrogé par Décr. nº 2017-514 du 10 avr. 2017, art. 7-7º)* *« Les membres de la chambre régionale de discipline ne peuvent s'abstenir. Le partage égal des voix emporte la décision la plus favorable à la personne poursuivie. »*

Art. R. 242-105 *(Décr. nº 2017-514 du 10 avr. 2017, art. 7-8º)* La décision de la chambre régionale de discipline précise la date de l'audience et la date du prononcé. Elle vise les dispositions législatives et réglementaires dont elle fait application. Elle résume les prétentions des parties. Elle est motivée et mentionne les noms des assesseurs présents. La minute est signée par le président de la chambre de discipline et le secrétaire de séance. Elle est inscrite sur un registre spécial coté et paraphé par le président de la chambre de discipline.

Art. R. 242-106 *(Décr. n° 2017-514 du 10 avr. 2017, art. 7-8°)* Lorsque la chambre régionale de discipline enjoint au vétérinaire poursuivi de suivre une formation conformément au dernier alinéa du I de l'article L. 242-7, elle en fixe les conditions. Le vétérinaire dispose de six mois pour suivre cette formation.

Art. R. 242-107 *(Décr. n° 2017-514 du 10 avr. 2017, art. 7-8°)* Les dépens comprennent :

1° Les frais de citation et le cas échéant les frais des actes d'huissiers ;

2° Les frais de rapport arrêtés selon les modalités établies chaque année par la commission des budgets mentionnée au troisième alinéa du II de l'article L. 242-3-1 ;

3° L'indemnisation des frais de transport des témoins quand ils en font la demande conformément aux modalités établies chaque année par la commission des budgets mentionnée au troisième alinéa du II de l'article L. 242-3-1.

Les dépens sont recouvrés auprès de la personne mentionnée au IV de l'article L. 242-7 par le secrétariat de la chambre régionale de discipline et, le cas échéant, par celui de la chambre nationale de discipline, sous la responsabilité du secrétaire général en charge du greffe des chambres de discipline.

Les frais exposés pour l'exécution de la décision sont à la charge du débiteur.

Art. R. 242-108 *(Décr. n° 2017-514 du 10 avr. 2017, art. 7-8°)* La décision est prononcée publiquement par le président de la chambre régionale ou mise à la disposition des parties au secrétariat du greffe. Une expédition en est notifiée par le secrétaire général en charge du greffe de la chambre régionale de discipline dans le délai d'un mois après son prononcé, par lettre recommandée avec demande d'avis de réception ou par tout moyen offrant les mêmes garanties, à la personne poursuivie, le cas échéant à son avocat, à l'auteur de la plainte, au président du conseil régional de l'ordre compétent et au président du conseil national de l'ordre. La décision indique les délais et voies de recours.

Si la sanction prononcée est la peine de suspension temporaire du droit d'exercer, la décision est notifiée par le secrétaire général en charge du greffe de la chambre régionale de discipline :

1° Au ministre chargé de l'agriculture ;

2° Aux préfets du département du domicile professionnel administratif et des départements de chacun des domiciles professionnels d'exercice ;

3° Au procureur de la République près le tribunal judiciaire dans le ressort duquel le vétérinaire ou les sociétés vétérinaires ont leur domicile professionnel administratif ;

4° A tous les présidents des conseils régionaux de l'ordre ;

5° Au directeur général de l'Agence nationale de sécurité de l'alimentation, de l'environnement et du travail pour les vétérinaires exerçant dans une entreprise ou un établissement mentionné à l'article L. 5142-1 du code de la santé publique ;

(Décr. n° 2021-1240 du 27 sept. 2021, art. 7) « 6° Au ministre de la défense lorsque le vétérinaire relève d'une des positions statutaires mentionnées à l'article L. 242-11. »

Les sanctions prononcées à l'encontre de vétérinaires ou de sociétés vétérinaires dont le domicile professionnel est situé dans un autre État membre de l'Union européenne ou partie à l'accord sur l'Espace économique européen sont communiquées aux autorités de l'État concerné chargées de la médecine vétérinaire.

Les tiers qui demandent copie d'une décision ne peuvent la recevoir que sous forme anonymisée.

Art. R. 242-109 *(Décr. n° 2017-514 du 10 avr. 2017, art. 7-8°)* Lorsqu'une décision de suspension du droit d'exercer est devenue définitive, le conseil régional de l'ordre dans le ressort duquel se trouve le domicile professionnel administratif du vétérinaire ou des sociétés vétérinaires sanctionnées détermine les conditions d'exécution de cette décision et en particulier les dates de cette suspension, et en informe sans délai les personnes énumérées à l'article R. 242-108.

Pendant la période de suspension, le vétérinaire ne peut se faire remplacer, sauf :

— dans les conditions de remplacement prévues aux articles R. 5142-24 à R. 5142-28 du code de la santé publique et à l'article R. 5142-60 du même code ;

— ou dans les conditions prévues par une décision spéciale et motivée du conseil de l'ordre chargé de déterminer les conditions d'exécution de la décision de la chambre de discipline.

Avant l'exercice d'un recours pour excès de pouvoir devant le Conseil d'État, un recours préalable devant le conseil supérieur de l'ordre des vétérinaires est obligatoire sur la décision du conseil régional de l'ordre des vétérinaires qui a fixé les dates d'effet d'une sanction de suspension d'exercice. • CE 20 déc. 2019, n° 417824 B : *Gaz. Pal. 2020, n° 3, p. 34.*

SECTION 5 **Chambre nationale de discipline** *(Décr. n° 2017-514 du 10 avr. 2017, art. 8-1°).*

Art. R. 242-110 *(Décr. n° 2017-514 du 10 avr. 2017, art. 8-2°)* La chambre nationale de discipline siège dans la formation prévue à l'article L. 242-8.

Pour la constitution de la formation compétente pour la profession de vétérinaire, le président du conseil national de l'ordre et le secrétaire général en charge du greffe de la chambre nationale de discipline sont exclus du tirage au sort.

La chambre nationale de discipline établit le règlement intérieur des chambres de discipline.

Art. R. 242-111 *(Décr. n° 2017-514 du 10 avr. 2017, art. 8-2°)* La déclaration d'appel motivée est adressée, dans les deux mois à compter de la notification de la décision de la chambre régionale de discipline, au secrétaire général en charge du greffe de la chambre nationale de discipline qui en accuse réception, la notifie aux parties et en informe le président du conseil national de l'ordre. Il en avise également le secrétaire général en charge du greffe de la chambre régionale de discipline concerné et lui demande de lui adresser le dossier de l'affaire.

Le dossier transmis doit comporter toutes les pièces, sans exception, qui ont été en possession des premiers juges, ainsi que la décision contestée.

Art. R. 242-112 *(Décr. n° 2017-514 du 10 avr. 2017, art. 8-2°)* Dès que l'appel est interjeté, le président de la chambre nationale de discipline désigne un rapporteur choisi au sein du conseil national.

Le rapporteur exécute sa mission conformément aux règles fixées aux I, III et IV de l'article R. 242-95. Lorsqu'il a terminé son instruction, il transmet le dossier accompagné de son rapport écrit au secrétaire général en charge du greffe de la chambre nationale de discipline, qui l'adresse au président de la chambre nationale de discipline. *(Décr. n° 2021-1026 du 30 juill. 2021, art. 1er)* « Pour l'application des deux dernières phrases du IV de l'article R. 242-95, le président du conseil national de l'ordre est substitué au président du conseil régional de l'ordre. »

Sauf lorsqu'il statue par ordonnance, le président de la chambre nationale de discipline fixe la date et le lieu de l'audience.

Art. R. 242-113 *(Décr. n° 2017-514 du 10 avr. 2017, art. 8-2°)* Il est fait application devant la chambre nationale de discipline des règles de procédure définies à l'article R. 242-96, aux deux premiers alinéas de l'article R. 242-97, à l'article R. 242-99, aux trois premiers alinéas de l'article R. 242-100 et aux articles R. 242-101 *(Décr. n° 2021-1026 du 30 juill. 2021, art. 1er)* « à R. 242-107. Pour l'application de ces dispositions devant cette chambre, le président du conseil régional de l'ordre, le président de la chambre régionale de discipline et le secrétaire général en charge du greffe de la chambre régionale de discipline sont remplacés respectivement par le président du conseil national de l'ordre, le président de la chambre nationale de discipline et le secrétaire général en charge du greffe de la chambre nationale de discipline. »

Art. R. 242-114 *(Décr. n° 2021-1026 du 30 juill. 2021, art. 1er)* « Les dispositions de l'article R. 242-108 sont applicables aux décisions de la chambre nationale de discipline. Pour l'application des deux premiers alinéas de cet article, le président de la chambre régionale de discipline et le secrétaire général en charge du greffe de la chambre régionale de discipline sont remplacés respectivement par le président de la chambre nationale de discipline et le secrétaire général en charge du greffe de la chambre nationale de discipline. »

(*Décr. nº 2017-514 du 10 avr. 2017, art. 8-2º*) Les décisions de la chambre nationale de discipline et les ordonnances rendues par son président peuvent être déférées au Conseil d'État par la voie du recours en cassation.

SECTION 6 Vétérinaires des armées

(*Décr. nº 2021-1240 du 27 sept. 2021, art. 7*)

Art. R. 242-115 Les vétérinaires des armées reçoivent, lors de l'enregistrement prévu à l'article L. 241-1-1 du présent code, une attestation délivrée par le ministre de la défense, dont le contenu et les conditions de validité sont fixés par arrêté de ce dernier.

Art. R. 242-116 Pour l'application de l'article R. 241-17 aux vétérinaires des armées en activité, le ministre de la défense exerce les compétences du conseil national de l'ordre des vétérinaires.

Art. R. 242-117 Lorsqu'un conseil régional de l'ordre des vétérinaires est informé qu'un vétérinaire des armées est inscrit sur un de ses tableaux, en méconnaissance des dispositions de l'article L. 242-1, il est procédé sans délai à la mise à jour de ce tableau par la suppression du nom du vétérinaire concerné.

Ce dernier est informé de cette suppression, ainsi que le service de santé des armées.

Art. R. 242-118 Le vétérinaire des armées peut déposer une demande d'inscription, accompagnée des pièces prévues à l'article R. 242-85, au tableau de l'ordre professionnel dans l'année qui précède la date à laquelle il cesse d'être en activité. La décision du ministre de la défense mentionnant cette date est jointe au dossier. L'inscription au tableau ne peut prendre effet avant la date à laquelle l'intéressé cesse d'être en activité.

Les demandes sont instruites selon les modalités prévues par les articles R. 242-85, R. 242-87, R.* 242-87-1, R. 242-88.

Le conseil de l'ordre se prononce sur la demande dans le délai fixé à l'article R. 242-88. Le conseil notifie sans délai à l'intéressé, par lettre recommandée avec demande d'avis de réception, un accord préalable ou un refus d'inscription. L'accord préalable d'inscription tient lieu d'autorisation d'exercice pour accomplir toutes les démarches préalables à un exercice professionnel.

Art. R. 242-119 Lorsqu'un conseil de l'ordre est saisi d'une plainte concernant l'exercice d'un vétérinaire des armées en activité ou concernant un acte mentionné au I de l'article L. 242-11 du présent code, la plainte est transmise dans les meilleurs délais au service de santé des armées.

Lorsque le service de santé des armées est saisi d'une plainte ne relevant pas de celles mentionnées au premier alinéa concernant l'exercice d'un vétérinaire, la plainte est transmise dans les meilleurs délais au conseil de l'ordre concerné.

Art. R. 242-120 Le service de santé des armées et l'ordre se communiquent les informations relatives à des vétérinaires mentionnés au I ou au II de l'article L. 242-12 dont ils pourraient avoir connaissance après transmission initiale d'informations, lorsque ces informations font présumer qu'il existe un danger grave pour la santé publique, la santé des animaux ou l'environnement.

Le service de santé des armées et l'ordre assurent la confidentialité des informations qu'ils échangent. Le vétérinaire est informé de la transmission d'informations le concernant.

Art. R. 242-121 Les informations mentionnées aux I et II de l'article L. 242-12 doivent être nécessaires à la vérification des conditions fixées par ces dispositions. Elles comprennent notamment :

1º Des informations relatives aux sanctions disciplinaires, professionnelles ou pénales qui ont été prononcées à l'encontre du vétérinaire, ainsi qu'aux éventuels recours formés par ce dernier contre ces décisions ;

2º Des informations relatives aux décisions prises en application des articles L. 242-7, L. 242-8, R. 242-90 et R. 242-90-1 ;

3º Des informations relatives à l'existence d'une réforme définitive prévue au 4º de l'article L. 4139-14 du code de la défense ou d'un congé prévu au 1º ou au 2º de l'article L. 4138-11 du même code ;

4° Des informations relatives à des actions disciplinaires introduites par des personnes ou autorités mentionnées à l'article R. 242-93 à l'encontre du vétérinaire ou à des faits graves et précis susceptibles de porter atteinte à l'honneur, à la probité et à la dignité ou d'avoir des conséquences sur l'exercice professionnel de l'intéressé ;

5° Des éléments sur les aptitudes et compétences du vétérinaire.

Art. R. 242-122 Lorsqu'un vétérinaire relève de l'une des situations statutaires mentionnées à l'article L. 242-11, le service de santé des armées et l'ordre échangent dans les meilleurs délais les informations liées à l'existence de faits graves et précis soulevant un doute sérieux quant à l'existence d'un danger grave pour la santé publique, la santé des animaux ou l'environnement. Le vétérinaire concerné est informé de ces transmissions. Le service de santé des armées et l'ordre s'informent mutuellement des mesures prises. L'intéressé en est informé.

CHAPITRE III RÉALISATION DE CERTAINS ACTES DE MÉDECINE ET DE CHIRURGIE DES ANIMAUX PAR DES PERSONNES N'AYANT PAS LA QUALITÉ DE VÉTÉRINAIRE

(Décr. nº 2011-1244 du 5 oct. 2011)

Art. D. 243-1 Sont réputés disposer de compétences adaptées au sens de l'article L. 243-2 les propriétaires ou détenteurs professionnels d'animaux appartenant à des espèces dont la chair ou les produits sont destinés à la consommation humaine, ou leurs salariés, qui remplissent au moins l'une des conditions suivantes :

1° Ils disposent d'une attestation de formation à la pratique des actes énumérés par l'arrêté prévu à l'article L. 243-2 délivrée par un organisme de formation continue ;

2° Ils sont titulaires d'un diplôme ou d'un titre homologué de niveau égal ou supérieur au brevet d'études professionnelles agricoles ou au brevet professionnel agricole ou d'un titre reconnu par un État membre de l'Union européenne ou par un État partie à l'accord sur l'Espace économique européen, conférant le niveau IV agricole, attestant d'une capacité professionnelle agricole ;

3° Ils disposent d'une expérience professionnelle d'au moins un an dans le domaine de l'élevage.

Art. D. 243-2 Sont réputés disposer de compétences adaptées au sens du 6° de l'article L. 243-3 les techniciens qui détiennent une attestation délivrée par un vétérinaire certifiant qu'ils maîtrisent les techniques de contention et les gestes d'intervention applicables à l'espèce et au type d'élevage concernés.

Art. D. 243-3 Sont réputés disposer de compétences adaptées au sens du 7° de l'article L. 243-3 les techniciens salariés d'un vétérinaire ou d'une société de vétérinaires habilités à exercer, d'une organisation de producteurs reconnue, d'un organisme à vocation sanitaire reconnu ou d'un organisme relevant du chapitre III du titre V du livre VI qui remplissent l'une des conditions suivantes :

1° Ils détiennent une licence délivrée conformément aux dispositions de l'article R. 653-96 ;

2° Ils sont titulaires d'un certificat d'aptitude délivré conformément aux dispositions des articles R. 653-87 ou R. 653-87-1 ;

3° Ils sont titulaires d'un diplôme ou d'un titre homologué dans le domaine de l'élevage, de niveau égal ou supérieur au baccalauréat professionnel agricole ou d'un titre reconnu par un État membre de l'Union européenne ou par un État partie à l'accord sur l'Espace économique européen, conférant le niveau IV agricole ;

4° Ils disposent d'une attestation de formation à la pratique des actes énumérés par l'arrêté prévu au 7° de l'article L. 243-3, délivrée par un organisme de formation continue enregistré conformément aux dispositions de l'article L. 6351-1 du code du travail.

Art. D. 243-4 *(Décr. nº 2016-1307 du 3 oct. 2016, art. 1er)* Est réputé disposer des compétences adaptées mentionnées au 13° de l'article L. 243-3 tout technicien sanitaire apicole qui détient un diplôme, un titre à finalité professionnelle ou une attestation de formation délivrée par un organisme enregistré conformément aux dispositions de l'article L. 6351-1 du code du travail établissant :

1° Sa capacité à évaluer l'état sanitaire d'une colonie d'abeilles ainsi qu'à mettre en place et effectuer le programme de suivi prescrit ;

2° Sa capacité à appréhender un problème sanitaire ou zootechnique et assurer le traitement prescrit ;

3° Qu'il détient des connaissances biologiques, zoologiques et sanitaires concernant l'abeille domestique et l'apiculture.

Les connaissances et savoir-faire nécessaires à la maîtrise de ces compétences sont *(Décr. n° 2017-1246 du 7 août 2017, art. 15-15°)* « précisés » par arrêté du ministre chargé de l'agriculture. Elles doivent être actualisées par la formation continue au regard de l'évolution des connaissances et techniques dans le domaine apicole. — *V. Arr. du 3 oct. 2016 relatif aux connaissances et savoir-faire associés constitutifs des compétences adaptées des techniciens sanitaires apicoles (JO 5 oct.).*

Sont également réputés disposer des compétences adaptées mentionnées au 13° de l'article L. 243-3 *(Décr. n° 2017-1246 du 7 août 2017, art. 15-15°)* « du présent code » les professionnels ressortissants d'un État membre de l'Union européenne ou d'un autre État partie à l'accord sur l'Espace économique européen, autres que ceux mentionnés aux articles L. 204-1 et R. 204-1, respectant les conditions prévues aux articles R. 204-2 et R. 204-3. En cas de différence substantielle entre la formation requise en France et les connaissances acquises du demandeur, le 1° de l'article R. 204-5 s'applique. — *Les tirets précédant les alinéas 2 à 4 sont remplacés successivement par les numérotations « 1° », « 2° », « 3° », la lettre minuscule suivant chacun des numéros ainsi insérés devient une lettre majuscule (Décr. n° 2017-1246 du 7 août 2017, art. 15-15°, JO 9 août).*

Art. D. 243-5 *(Décr. n° 2016-1374 du 12 oct. 2016, art. 1er)* Sont réputés disposer des compétences adaptées mentionnées au 11° de l'article L. 243-3, les techniciens dentaires équins qui détiennent un diplôme ou un titre à finalité professionnelle, dont la liste est fixée par arrêté du ministre chargé de l'agriculture, établissant : — *V. Arr. du 12 oct. 2016 relatif aux connaissances et savoir-faire associés aux compétences adaptées à la réalisation d'actes de dentisterie sur les équidés (JO 15 oct.), mod. par Arr. du 12 juill. 2017 (JO 25 juill.), Arr. du 4 avr. 2018 (JO 12 avr.), Arr. du 8 mars 2019 (JO 15 mars), Arr. du 4 janv. 2022 (JO 14 janv.).*

— leur capacité à évaluer l'état de la dentition et de la sphère buccale des équidés ainsi qu'à concevoir, mettre en place et effectuer un programme de suivi adapté ;

— leur capacité à appréhender le comportement des équidés et à maîtriser leur contention.

Ils doivent notamment :

1° Détenir des connaissances anatomiques et physiologiques adaptées à l'odontostomatologie des équidés et savoir évaluer si l'état de l'animal autorise son intervention et si la présence d'un vétérinaire est requise ;

2° Maîtriser l'ensemble des techniques et des actes relevant de leurs compétences et utiliser le matériel nécessaire de façon adéquate dans le respect du bien-être de l'animal ;

3° Posséder des connaissances relatives au comportement de l'équidé leur permettant de mener à bien une intervention en respectant le bien-être de l'animal, sa sécurité et celle des personnels soignants ;

4° Maîtriser les techniques d'approche, de manipulation et de contention physique des équidés.

Les connaissances et savoir-faire nécessaires à la maîtrise de ces compétences sont précisés par arrêté du ministre chargé de l'agriculture. Ils doivent être actualisés par la formation professionnelle continue au regard de l'évolution des connaissances et des techniques de l'odontostomatologie équine.

Sont également réputés disposer des compétences adaptées mentionnées au 11° de l'article L. 243-3, les professionnels ressortissants d'un État membre de l'Union européenne ou d'un autre État partie à l'accord sur l'Espace économique européen, autres que ceux mentionnés aux articles L. 204-1 et R. 204-1, respectant les conditions prévues aux articles R. 204-2 et R. 204-3. En cas de différence substantielle entre la formation requise en France et les connaissances acquises du demandeur, le 2° de l'article R. 204-5 s'applique.

Art. R. 243-6 *(Décr. nº 2017-572 du 19 avr. 2017, art. 1er)* Pour l'application du 12° de l'article L. 243-3, on entend par "acte d'ostéopathie animale" les manipulations ayant pour seul but de prévenir ou de traiter des troubles fonctionnels du corps de l'animal, à l'exclusion des pathologies organiques qui nécessitent une intervention thérapeutique, médicale, chirurgicale, médicamenteuse ou par agents physiques. Ces manipulations sont musculo-squelettiques et myo-fasciales, exclusivement manuelles et externes.

Pour la prise en charge de ces troubles fonctionnels, les personnes réalisant des actes d'ostéopathie animale effectuent des actes de manipulations et mobilisations non instrumentales, directes et indirectes, non forcées.

Art. D. 243-7 *(Décr. nº 2017-573 du 19 avr. 2017, art. 1er)* I. — Sont réputées détenir les compétences prévues au 12° de l'article L. 243-3 les personnes ayant réussi une épreuve d'aptitude composée d'une épreuve d'admissibilité et d'une épreuve pratique accessible après cinq années d'études supérieures et attestant :

— de leur capacité à évaluer une situation clinique, à établir un diagnostic ostéopathique et à déterminer et mettre en œuvre les manipulations ostéopathiques adaptées ;

— de leur capacité à identifier les cas nécessitant une prise en charge par un vétérinaire et excluant toute manipulation pouvant aggraver l'état de l'animal ou porter préjudice au diagnostic, notamment d'une maladie ;

— qu'elles détiennent les connaissances biologiques, anatomiques et physiologiques concernant les animaux traités et les méthodes d'élevage des animaux, ainsi que les connaissances théoriques sur les maladies des animaux.

Les connaissances et savoir-faire nécessaires à la maîtrise de ces compétences ainsi que les modalités d'organisation de l'épreuve et la composition du jury sont précisées par arrêté du ministre chargé de l'agriculture. — *V. Arr. du 19 avr. 2017 précisant les conditions selon lesquelles les personnes mentionnées à l'art. D. 243-7 sont réputées détenir les connaissances et savoir-faire nécessaires à la maîtrise des compétences exigées pour la réalisation d'actes d'ostéopathie animale (JO 21 avr.), mod. par Arr. du 10 juin 2020 (JO 18 juin).*

II. — Sont également réputés disposer des compétences prévues au 12° de l'article L. 243-3 les professionnels ressortissants d'un État membre de l'Union européenne ou d'un autre État partie à l'accord sur l'Espace économique européen, autres que ceux mentionnés aux articles L. 204-1 et R. 204-1, qui respectent les conditions prévues aux articles R. 204-2 et R. 204-3.

Le conseil national de l'ordre des vétérinaires s'assure du respect de ces conditions.

En cas de différence substantielle entre la formation requise en France et les qualifications professionnelles du demandeur, le 5° de l'article R. 204-5 s'applique.

III. — Le conseil national de l'ordre des vétérinaires établit un registre national d'aptitude des personnes ayant réussi l'épreuve d'aptitude mentionnée au I et des professionnels ressortissants d'un État membre de l'Union européenne ou d'un autre État partie à l'accord sur l'Espace économique européen répondant aux conditions mentionnées au II ou aux articles L. 204-1 et R. 204-1.

Art. R. 243-8 *(Décr. nº 2017-572 du 19 avr. 2017, art. 1er)* Les personnes mentionnées au 12° de l'article L. 243-3 respectent les règles de déontologie suivantes :

1° Elles acquièrent l'information scientifique nécessaire à leur exercice professionnel, en tiennent compte dans l'accomplissement de leur mission, entretiennent et perfectionnent leurs connaissances ;

2° Elles sont tenues d'orienter le propriétaire ou le détenteur de l'animal vers un vétérinaire :

— lorsque les symptômes ou les lésions de l'animal nécessitent un diagnostic ou un traitement médical ;

— lorsqu'il est constaté une persistance ou une aggravation de symptômes ou de lésions ;

— si les troubles présentés excèdent le champ des actes qu'elles peuvent accomplir ;

— en cas de douleur prolongée durant les manipulations ou de douleur consécutive à ces dernières.

3° Elles n'entreprennent ni ne poursuivent des soins dans des domaines qui ne relèvent pas de l'ostéopathie animale ou dépassent les moyens dont elles disposent ;

4° Elles ne provoquent pas délibérément la mort d'un animal ;

5° Dans le champ des actes qu'elles peuvent accomplir, elles fournissent au détenteur ou au propriétaire de l'animal qu'elles manipulent une information loyale, claire et appropriée sur son état, et veillent à sa compréhension. Le consentement du détenteur ou du propriétaire de l'animal examiné ou soigné est recherché dans tous les cas ;

6° Elles conseillent et informent le détenteur ou le propriétaire de l'animal sur des produits ou procédés de façon loyale, scientifiquement étayée et n'induisent pas le public en erreur, ni n'abusent de sa confiance, ni n'exploitent sa crédulité, son manque d'expérience ou de connaissances ;

7° Lorsqu'elles sont appelées à réaliser des actes d'ostéopathie animale chez le détenteur ou le propriétaire d'un animal, elles s'assurent du respect de conditions d'hygiène adaptées.

Art. R. 243-9 *(Décr. n° 2017-572 du 19 avr. 2017, art. 1er)* I. — Pour l'inscription sur la liste prévue au 12° de l'article L. 243-3, les personnes qui souhaitent réaliser des actes d'ostéopathie animale adressent au conseil régional de l'ordre des vétérinaires de leur domicile professionnel :

1° Leur nom et adresse professionnelle ;

2° Un engagement écrit à respecter les règles de déontologie énoncées à l'article R. 243-8 ;

3° Tout document ou pièce permettant d'attester de leur inscription sur le registre national d'aptitude mentionné au III de l'article D. 243-7 ;

4° La liste des départements où elles envisagent de réaliser de tels actes.

II. — Toute modification des informations mentionnées aux 1° et 4° du I est portée sans délai à la connaissance du conseil régional de l'ordre des vétérinaires. Celui-ci prend acte de ces modifications et en informe le Conseil national de l'ordre des vétérinaires et le conseil régional de l'ordre de la région où sera situé le nouveau domicile en cas de changement de région d'exercice.

III. — Le Conseil national de l'ordre des vétérinaires agrège les listes tenues à jour à partir des données enregistrées par les conseils régionaux de l'ordre des vétérinaires.

IV. — Pour les professionnels ressortissants d'un État membre de l'Union européenne ou d'un autre État partie à l'accord sur l'Espace économique européen souhaitant effectuer sur le territoire national, à titre temporaire ou occasionnel, des actes d'ostéopathie animale, l'inscription au registre mentionné au III de l'article D. 243-7 vaut inscription sur la liste tenue par le conseil régional de l'ordre des vétérinaires du département où les premiers actes sont réalisés.

Art. R. 243-10 *(Décr. n° 2017-572 du 19 avr. 2017, art. 1er)* Le conseil régional de l'ordre peut retirer de la liste prévue au 12° de l'article L. 243-3, dans les conditions prévues par les articles R. 242-89 à R. 242-90-1, les personnes dont l'infirmité, l'état pathologique ou l'insuffisance professionnelle apparaît de nature à rendre dangereuse la réalisation d'actes d'ostéopathie animale. L'expert mentionné à l'article R. 242-90-1 est désigné par le conseil régional de l'ordre au vu de ses compétences particulières en ostéopathie animale.

Art. R. 243-11 *(Décr. n° 2017-572 du 19 avr. 2017, art. 1er)* Les personnes mentionnées au 12° de l'article L. 243-3 qui ne respectent pas les règles déontologiques mentionnées à l'article R. 243-8 sont poursuivies dans les conditions prévues aux sections 4 et 5 du chapitre II du titre IV du livre II.

TITRE V LA PROTECTION DES VÉGÉTAUX

CHAPITRE PRÉLIMINAIRE INSPECTIONS ET CONTRÔLES

(Décr. n° 2012-974 du 20 août 2012)

Art. R. 250-1 *(Décr. n° 2021-1858 du 28 déc. 2021, art. 6)* I. — Outre les agents mentionnés à l'article R. 206-1, sont habilités à procéder à l'inspection et au contrôle que nécessite l'application du présent titre, des règlements et décisions de l'Union européenne ayant le même objet et des textes pris pour leur application, les agents mentionnés au 2° de l'article R. 206-2.

II. — Sont habilités à procéder à l'inspection et au contrôle que nécessite l'application de la section 2 du chapitre VI du règlement (UE) 2016/2031 du 26 octobre

2016, des règlements et décisions de l'Union européenne ayant le même objet et des textes pris pour leur application :

1° En ce qui concerne les semences d'espèces agricoles et potagères, les plants de pomme de terre, les plants d'espèces potagères et les plants de fraisiers soumis à contrôle et à certification au titre de la section 3 du chapitre I du titre VI du livre VI du présent code, les agents désignés par le chef du service technique mentionné à l'article 6 du décret n° 62-585 du 18 mai 1962 relatif au Groupement national interprofessionnel dans le domaine des semences et plants (SEMAE) ;

2° En ce qui concerne les matériels de multiplication végétative de la vigne soumis à certification en application de l'article R. 661-25, les agents désignés par le directeur général de l'établissement mentionné à l'article L. 621-1 ;

3° En ce qui concerne les matériels de multiplication fruitiers des espèces de l'annexe 1 de la directive 2008/90/CE, hors plants de fraisiers, certifiés ou CAC (Conformité Agricole Communautaire), détenus par des opérateurs professionnels agréés à la certification fruitière, les agents désignés par le directeur général du Centre Technique Interprofessionnel des Fruits et Légumes.

Art. D. 250-1-1 *Abrogé par Décr. n° 2021-1858 du 28 déc. 2021, art. 6.*

Art. R. 250-2 *(Décr. n° 2021-1858 du 28 déc. 2021, art. 6)* **I. — Les échantillons prélevés en application de l'article L. 250-6 sont placés sous scellé porteur d'un numéro d'ordre unique.**

Le prélèvement fait immédiatement l'objet d'un procès-verbal relatant les circonstances du prélèvement et indiquant les numéros d'ordre des échantillons. Le procès-verbal mentionne également :

1° La date, l'heure et le lieu du prélèvement ;

2° Le nombre d'échantillons prélevés et leur numéro d'identification ;

3° La dénomination et la nature des échantillons prélevés ;

4° Les quantités prélevées ;

5° Les conditions de conservation des échantillons ;

6° Le nom, le prénom, la qualité et l'adresse administrative de l'agent qui procède au prélèvement et rédige le procès-verbal ;

7° Le nom, le prénom, la profession et l'adresse du détenteur ou du propriétaire du produit objet du prélèvement ainsi que, si le prélèvement a lieu pendant le transport, le nom et le domicile des expéditeurs et destinataires ;

8° Le cas échéant, le numéro des lots de fabrication et les marques ou étiquettes apposées sur l'emballage du produit.

II. — Le détenteur du produit faisant l'objet d'un prélèvement peut faire insérer au procès-verbal toutes les déclarations qu'il juge utiles. Il est invité à signer le procès-verbal. En cas de refus, mention en est faite par l'agent habilité. Une copie du procès-verbal est laissée au détenteur.

III. — Les dispositions de l'article 35 du règlement (UE) 2017/625 du Parlement européen et du Conseil du 15 mars 2017 s'appliquent à tous les prélèvements d'échantillon réalisés en application du présent livre.

En application du paragraphe 3 de l'article 35 du même règlement, en cas de différend entre les agents habilités et les opérateurs sur la base de l'avis d'un deuxième expert mentionné au paragraphe 1, les opérateurs peuvent demander, à leurs propres frais, l'examen documentaire de l'analyse, de l'essai ou du diagnostic initial et, le cas échéant, une autre analyse, un autre essai ou un autre diagnostic par un autre laboratoire officiel.

IV. — Les échantillons prélevés ne donnent lieu à aucun remboursement.

CHAPITRE I **LA SURVEILLANCE BIOLOGIQUE DU TERRITOIRE**

SECTION 1 **Dispositions générales**

(Décr. n° 2008-1282 du 8 déc. 2008, art. 1er)

Art. D. 251-1 **Le rapport annuel de surveillance biologique du territoire mentionné au I de l'article L. 251-1 est élaboré par le ministre chargé de l'agriculture. Il est rendu public.**

Art. D. 251-1-1 à D. 251-1-9 *Abrogés par Décr. n° 2021-1858 du 28 déc. 2021, art. 6.*

SECTION 2 Les mesures de protection contre les organismes nuisibles

Art. D. 251-2 *Abrogé par Décr. n° 2019-1349 du 12 déc. 2019, art. 2.*
Art. R. 251-2-2 *Abrogé par Décr. n° 2021-1858 du 28 déc. 2021, art. 6.*

SOUS-SECTION 1 Dispositions générales

(Décr. n° 2021-1858 du 28 déc. 2021, art. 6)

Art. D. 251-2-3 *(Décr. n° 2021-1858 du 28 déc. 2021, art. 6)* **« Sont considérés comme mécanismes de solidarité, au sens de l'article L. 251-9, les systèmes d'indemnisation qui visent à couvrir tout ou partie du préjudice financier résultant d'une mesure de destruction concernant des végétaux, produits végétaux et autres objets, au sens de l'article L. 201-2, ordonnée en application du II de l'article L. 201-4 par les agents mentionnés à l'article R. 250-1. »**

(Décr. n° 2007-755 du 9 mai 2007) **Les cotisations aux mécanismes de solidarité peuvent être versées notamment selon les modalités prévues aux articles L. 632-3 et L. 632-6.**

Les indemnisations versées par ces mécanismes sont limitées par l'actif dont ils disposent à tout moment. Leurs organismes gestionnaires ne peuvent pas prendre d'engagements contractuels fixant par avance les conditions et le montant d'indemnisation des préjudices subis.

En aucun cas, l'État ne peut être tenu de participer financièrement ou de se substituer à ces mécanismes, notamment en cas de défaillance de ces derniers. — *Anc. art. D. 251-14-1 (Décr. n° 2012-845 du 30 juin 2012, art. 3-5°, JO 1er juill.) ; les art. D. 251-2-2 et D. 251-2-3 deviennent respectivement les art. D. 251-2-3 et D. 251-2-4 (Décr. n° 2012-1036 du 7 sept. 2012, art. 3-1°, JO 9 sept.).*

Art. R. 251-2-3-1 *(Décr. n° 2021-1858 du 28 déc. 2021, art. 6)* **Les organismes gestionnaires des mécanismes de solidarité mentionnés à l'article D. 251-2-3 doivent présenter des capacités financières suffisantes et sont agréés par le préfet de région, selon des modalités définies par arrêté conjoint des ministres chargés de l'agriculture et de l'économie. Cet arrêté fixe également les conditions dans lesquelles l'agrément peut être retiré.**

V. Arr. du 31 juill. 2008 fixant les modalités d'agrément des organismes gestionnaires des mécanismes de solidarité, d'indemnisation de la destruction ordonnée par l'État des végétaux, produits végétaux et autres objets et de participation de l'État aux frais de lutte contre les organismes nuisibles conformément à l'art. L. 251-9 (JO 26 août), mod. par Arr. du 25 oct. 2010 (JO 3 nov.).

Sur l'agrément du Fonds de solidarité Phyto Forêt, V. Rép. min. Agriculture n° 1449, JOAN Q 14 nov. 2017, p. 5557.

Art. D. 251-2-4 *Abrogé par Décr. n° 2021-1858 du 28 déc. 2021, art. 6.*

Art. D. 251-2-5 *(Décr. n° 2021-1858 du 28 déc. 2021, art. 6)* **Les mesures réglementaires de prévention, de surveillance et de lutte prises en application du II de l'article L. 201-4 sont fixées par arrêté du ministre chargé de l'agriculture ou, en l'absence de celui-ci, par le préfet de région.**

Art. D. 251-2-6 *(Décr. n° 2021-1858 du 28 déc. 2021, art. 6)* **Le ministre chargé de l'agriculture peut définir les conditions dans lesquelles le préfet de région peut adapter, en fonction de la situation locale, les mesures prévues dans les arrêtés pris en application de l'article D. 251-2-5.**

Art. R. 251-2-7 *(Décr. n° 2021-1858 du 28 déc. 2021, art. 6)* **L'autorité administrative compétente pour prendre les mesures individuelles de prévention, de surveillance et de lutte prévues au II de l'article L. 201-4 est le préfet de région.**

Art. D. 251-3 *(Décr. n° 2019-1349 du 12 déc. 2019, art. 2)* **Un arrêté du ministre chargé de l'agriculture établit la liste des organismes nuisibles réglementés en application des 5° et 6° de l'article L. 251-3.**

SOUS-SECTION 2 **Enregistrement des opérateurs et traçabilité** *(Décr. n° 2021-1858 du 28 déc. 2021, art. 6).*

(Décr. n° 2019-1349 du 12 déc. 2019, art. 2)

Art. R. 251-3-1 *(Décr. n° 2021-1858 du 28 déc. 2021, art. 6)* **I. — L'autorité compétente au titre de l'article 65 du règlement (UE) 2016/2031 est le ministre chargé de l'agriculture.**

II. — Sauf dans le cas où une téléprocédure a été mise en place dans les conditions prévues par l'article R. 251-3-2, les dossiers d'enregistrement déposés en application de l'article 66 du règlement (UE) 2016/2031 du Parlement européen et du Conseil du 26 octobre 2016 sont adressés à l'autorité mentionnée à l'article R. 251-16 pour le champ d'action considéré.

III. — Les autorités compétentes peuvent échanger entre elles toutes données utiles à l'exercice de leurs missions.

Art. R. 251-3-2 *(Décr. n° 2021-1858 du 28 déc. 2021, art. 6)* **L'autorité administrative mentionnée à l'article L. 251-6 est le ministre chargé de l'agriculture.**

La téléprocédure mentionnée à l'article L. 251-6, lorsqu'elle est rendue obligatoire par l'autorité administrative, répond aux conditions suivantes :

1° Elle est accessible librement *via* un ou plusieurs sites internet déterminés par l'autorité compétente pour chacune des inscriptions, demandes d'autorisation ou déclarations d'activité concernées ;

2° Ses caractéristiques techniques garantissent la fiabilité de l'identification du demandeur, l'intégrité des documents adressés ainsi que la sécurité et la confidentialité des échanges ;

3° Elle permet d'établir de manière certaine la date de la demande et la date de transmission des pièces qui l'accompagnent.

En cas d'impossibilité matérielle pour l'opérateur d'utiliser la téléprocédure, un formulaire dédié est proposé par l'autorité compétente. Ce formulaire est transmis à une adresse électronique fournie par l'autorité compétente.

Art. D. 251-3-3 *(Décr. n° 2021-1858 du 28 déc. 2021, art. 6)* **Un arrêté du ministre chargé de l'agriculture peut fixer :**

1° La liste des catégories d'opérateurs professionnels soumis à obligation d'enregistrement, en application du dernier alinéa du paragraphe 1 de l'article 65 du règlement (UE) 2016/2031 du Parlement européen et du Conseil du 26 octobre 2016 ;

2° La liste des opérateurs professionnels non soumis à la dérogation prévue par le *a* du paragraphe 3 de l'article 65 du règlement (UE) 2016/2031 du Parlement européen et du Conseil du 26 octobre 2016, en application du dernier alinéa du même paragraphe 3.

Art. D. 251-3-4 *(Décr. n° 2021-1858 du 28 déc. 2021, art. 6)* **Un arrêté du ministre chargé de l'agriculture peut, conformément au paragraphe 1 de l'article 65 du règlement (UE) 2016/2031 du 26 octobre 2016, soumettre à enregistrement certaines catégories d'opérateurs professionnels autres que celles mentionnées aux points *a* à *e* de ce même paragraphe.**

Art. D. 251-4 *à* R. 251-9 *Abrogés par Décr. n° 2021-1858 du 28 déc. 2021, art. 6.*

SOUS-SECTION 3 **Certifications officielles, contrôles officiels et autres activités officielles**

(Décr. n° 2021-1858 du 28 déc. 2021, art. 6)

§ 1 **Dispositions communes**

(Décr. n° 2021-1858 du 28 déc. 2021, art. 6)

Art. R. 251-10 *(Décr. n° 2021-1858 du 28 déc. 2021, art. 6)* **« Lorsqu'une mesure de consignation est prise au titre de la protection contre les organismes nuisibles conformément aux articles L. 201-13, L. 250-6, L. 250-7 ou L. 251-14, elle est notifiée au détenteur des végétaux, produits végétaux ou autres objets. Elle est mise en œuvre**

pour une durée initiale qui ne dépasse pas un mois, qui peut être prolongée d'une durée équivalente, autant de fois que nécessaire pour la gestion du risque phytosanitaire. »

Les lots déclarés contaminés ou susceptibles de l'être sont isolés selon les modalités prescrites par les agents ayant ordonné la consignation.

Il peut être procédé par ces agents à une levée partielle de la consignation.

Art. R. 251-11 *à* R. 251-14 *Abrogés par Décr. nº 2021-1858 du 28 déc. 2021, art. 6.*

§ 2 Règles relatives au certificat phytosanitaire exigé pour l'importation sur le territoire de l'Union européenne

(Décr. nº 2021-1858 du 28 déc. 2021, art. 6)

Art. D. 251-15 Les postes de contrôle frontaliers où peuvent être contrôlés les biens mentionnés au *c, d, e* et *f,* du paragraphe 1 de l'article 47 du règlement (UE) 2017/625 du Parlement européen et du Conseil du 15 mars 2017, lorsque le risque concerne un organisme nuisible aux végétaux, sont désignés par arrêté conjoint des ministres chargés de l'agriculture et des douanes.

§ 3 Règles relatives au passeport phytosanitaire exigé pour la circulation sur le territoire de l'Union européenne

(Décr. nº 2021-1858 du 28 déc. 2021, art. 6)

Art. R. 251-16 *(Décr. nº 2021-1858 du 28 déc. 2021, art. 6)* I. — Pour l'application du présent paragraphe ainsi que de la section 2 du chapitre VI du règlement (UE) 2016/2031, l'autorité administrative compétente est le préfet de la région dans laquelle se trouve le siège social de l'établissement concerné.

II. — Toutefois, l'autorité compétente est :

1° En ce qui concerne les semences d'espèces agricoles et potagères, les plants de pomme de terre, les plants d'espèces potagères et les plants de fraisiers soumis à contrôle et à certification au titre de la section 3 du chapitre 1er du titre VI du livre VI du présent code, le chef du service technique mentionné à l'article 6 du décret nº 62-585 du 18 mai 1962 relatif au Groupement national interprofessionnel dans le domaine des semences et plants (SEMAE) ;

2° En ce qui concerne les matériels de multiplication végétative de la vigne soumis à certification en application de l'article R. 661-25, le directeur général de l'établissement mentionné à l'article L. 621-1 ;

3° En ce qui concerne les matériels de multiplication fruitiers des espèces de l'annexe 1 de la directive 2008/90/CE, hors plants de fraisiers, certifiés ou CAC (Conformité Agricole Communautaire), détenus par des opérateurs professionnels agréés à la certification fruitière, le directeur général du Centre Technique Interprofessionnel des Fruits et Légumes.

Art. D. 251-16-1 *(Décr. nº 2019-1349 du 12 déc. 2019, art. 2)* Un arrêté du ministre chargé de l'agriculture peut préciser le contenu du dossier de la demande d'autorisation de délivrer des passeports phytosanitaires mentionnée à l'article 89 du règlement (UE) 2016/2031 du 26 octobre 2016 ainsi que les modalités d'instruction de ces demandes.

Art. D. 251-16-2 *(Décr. nº 2019-1349 du 12 déc. 2019, art. 2)* En vue d'assurer le contrôle du respect des conditions d'attribution de l'autorisation de délivrer des passeports phytosanitaires ainsi que des obligations associées à cette autorisation, définies par le règlement (UE) 2016/2031 du 26 octobre 2016 et par les actes pris en son application, un arrêté du ministre chargé de l'agriculture peut préciser ces obligations et les modalités de leur application.

Art. D. 251-17 *(Décr. nº 2019-1349 du 12 déc. 2019, art. 2)* I. — Le détenteur d'une autorisation de délivrer des passeports phytosanitaires accordée en vertu de l'article 89 du règlement (UE) 2016/2031 du 26 octobre 2016 notifie dans un délai de trente jours à l'autorité compétente mentionnée à l'article *(Décr. nº 2021-1858 du 28 déc. 2021, art. 6)* « R. 251-16 » tout événement susceptible d'avoir un impact sur les conditions au vu desquelles cette autorisation lui a été accordée.

II. — A tout moment, l'autorité compétente mentionnée à l'article *(Décr. nº 2021-1858 du 28 déc. 2021, art. 6)* « R. 251-16 » peut solliciter du détenteur de l'autorisation les informations lui permettant de s'assurer que les conditions auxquelles est subordonnée l'autorisation sont remplies.

(Décr. nº 2021-1858 du 28 déc. 2021, art. 6) « III. — L'autorisation de délivrer des passeports phytosanitaires cesse de produire ses effets lorsque son titulaire cesse d'exercer son activité pendant plus de deux années. »

Art. D. 251-18 *(Décr. nº 2019-1349 du 12 déc. 2019, art. 2)* Un arrêté du ministre chargé de l'agriculture peut préciser *(Décr. nº 2021-1858 du 28 déc. 2021, art. 6)* « les conditions d'application de la dérogation prévue au paragraphe 2 de l'article 84 du règlement (UE) 2016/2031, ainsi que » les informations et documents qui doivent être transmis lors de la demande de passeport phytosanitaire et les modalités d'instruction de cette demande.

Art. D. 251-19 *(Décr. nº 2019-1349 du 12 déc. 2019, art. 2)* Les conditions d'approbation des plans de gestion du risque phytosanitaire prévus à l'article 91 du règlement (UE) 2016/2031 du 26 octobre 2016 sont précisées par arrêté du ministre chargé de l'agriculture.

Art. R. 251-20 *(Décr. nº 2021-1858 du 28 déc. 2021, art. 6)* Le silence gardé par l'autorité compétente mentionnée à l'article R. 251-16 sur une demande d'autorisation de délivrer des passeports phytosanitaires vaut décision de rejet.

Art. D. 251-21 *Abrogé par Décr. nº 2019-1349 du 12 déc. 2019, art. 2.*

§ 4 Règles relatives aux autres attestations

(Décr. nº 2021-1858 du 28 déc. 2021, art. 6)

Art. R. 251-22 Pour l'application de la section 3 du chapitre VI du règlement (UE) 2016/2031 du Parlement européen et du Conseil du 26 octobre 2016, l'autorité compétente est le préfet de région.

Un arrêté du ministre chargé de l'agriculture peut définir les modalités d'attribution de l'autorisation mentionnée à l'article 98 du règlement (UE) 2016/2031 du Parlement européen et du Conseil du 26 octobre 2016.

Les conditions de formation, d'installation, d'équipement, de traitement, de traçabilité et d'apposition de la marque nécessaires à l'attribution de l'autorisation mentionnée au deuxième alinéa sont détaillées dans un programme de conformité publié au *Bulletin officiel* du ministère chargé de l'agriculture.

Le silence gardé sur une demande d'autorisation mentionnée au deuxième alinéa vaut décision de rejet.

L'autorisation mentionnée au deuxième alinéa devient caduque lorsque son titulaire cesse d'exercer son activité pendant plus de deux années.

Art. D. 251-23 et D. 251-24 *Abrogés par Décr. nº 2019-1349 du 12 déc. 2019, art. 2.*

§ 5 Règles relatives à l'exportation

(Décr. nº 2021-1858 du 28 déc. 2021, art. 6)

Art. R. 251-25 *(Décr. nº 2021-1858 du 28 déc. 2021, art. 6)* Pour l'application de la section 4 du chapitre VI du règlement (UE) 2016/2031 du Parlement européen et du Conseil du 26 octobre 2016, l'autorité compétente est le ministre chargé de l'agriculture.

Un arrêté du ministre chargé de l'agriculture définit les modalités de transmission et d'instruction des demandes de certificat phytosanitaire mentionnées aux articles 100 à 102 du règlement (UE) 2016/2031 du Parlement et du Conseil du 26 octobre 2016.

Art. D. 251-25-1 *Abrogé par Décr. nº 2021-1858 du 28 déc. 2021, art. 6.*

SOUS-SECTION 4 **Dispositions particulières** *(Décr. nº 2021-1858 du 28 déc. 2021, art. 6).*

Art. R. 251-26 *Abrogé par Décr. nº 2021-1858 du 28 déc. 2021, art. 6.*

§ 1 Autorisation concernant les matériels et activités spécifiés

(Décr. nº 2021-1858 du 28 déc. 2021, art. 6)

Art. R. 251-27 *(Décr. nº 2021-1858 du 28 déc. 2021, art. 6)* Sauf dans le cas où une téléprocédure a été mise en place dans les conditions prévues par l'article R. 251-3-2, les demandes d'autorisation prévues par les articles 8, 48 et 58 du règlement (UE) 2016/2031 du Parlement européen et du Conseil du 26 octobre 2016 concernant du matériel spécifié au sens du règlement délégué (UE) 2019/829 de la Commission du 14 mars 2019, sont adressées par le responsable des activités spécifiées, au sens du même règlement, au préfet de la région dans le ressort de laquelle s'exercent ces activités.

Un arrêté du ministre chargé de l'agriculture peut préciser le contenu de la demande d'autorisation.

Art. R. 251-27-1 *(Décr. nº 2021-1858 du 28 déc. 2021, art. 6)* Le silence gardé sur la demande d'autorisation mentionnée à l'article R. 251-27 vaut décision de rejet.

Art. R. 251-28 *(Décr. nº 2021-1858 du 28 déc. 2021, art. 6)* Toute modification susceptible d'avoir un impact sur les conditions au vu desquelles l'autorisation prévue à l'article R. 251-27 a été accordée est portée immédiatement à la connaissance du préfet de région.

Art. R. 251-29 *(Décr. nº 2021-1858 du 28 déc. 2021, art. 6)* Les stations de quarantaine et structures de confinement prévues à l'article 60 du règlement (UE) 2016/2031 du Parlement européen et du Conseil du 26 octobre 2016 sont désignées pour une durée de cinq ans par arrêté du préfet de région, après avis d'experts scientifiques désignés par le ministre chargé de l'agriculture.

L'autorité compétente au titre de l'article 63 du règlement (UE) 2016/2031 du Parlement européen et du Conseil du 26 octobre 2016 est le préfet de région.

Art. R. 251-30 à R. 251-36 *Abrogés par Décr. nº 2021-1858 du 28 déc. 2021, art. 6.*

§ 2 Libération de matériels spécifiés placés dans des stations de quarantaine ou des structures de confinement

(Décr. nº 2021-1858 du 28 déc. 2021, art. 6)

Art. R. 251-37 La libération des matériels spécifiés, au sens du règlement délégué (UE) 2019/829 de la Commission du 14 mars 2019, conformément à l'article 64 du règlement (UE) 2016/2031, appelée "mainlevée officielle", est délivrée par le préfet de région.

Art. R. 251-38 Le responsable des activités est tenu de notifier immédiatement au préfet de région dont il relève tout événement à l'origine ou susceptible d'être à l'origine d'une fuite dans l'environnement d'un matériel spécifié placé en station de quarantaine ou en structure de confinement sous sa responsabilité ou d'un organisme réglementé.

Art. R. 251-39 et R. 251-40 *Abrogés par Décr. nº 2021-1858 du 28 déc. 2021, art. 6.*

SECTION 3 Dispositions pénales *(Décr. nº 2021-1858 du 28 déc. 2021, art. 6).*

Art. R. 251-41 *(Décr. nº 2021-1858 du 28 déc. 2021, art. 6)* Est puni de la peine d'amende prévue pour les contraventions de la 5e classe :

1° Le fait d'apposer la marque mentionnée à l'article 96 du règlement (UE) 2016/2031 du Parlement européen et du Conseil du 26 octobre 2016, ou de réparer les matériaux d'emballage en bois dans le cadre défini par son article 97, sans détenir l'autorisation prévue à son article 98 ;

2° Le fait d'exercer une activité spécifiée sur un matériel spécifié, au sens du règlement délégué (UE) 2019/829 de la Commission du 14 mars 2019, sans détenir l'autorisation prévue à l'article R. 251-27 ou de ne pas en respecter les conditions ;

3° Le fait, pour un opérateur professionnel, d'introduire sur le territoire métropolitain ou de transporter un organisme nuisible réglementé mentionné au 3° de l'article

L. 251-3, sur un végétal destiné à la plantation ou sur un emballage en bois, propice à sa dissémination, quel que soit le stade de l'évolution de cet organisme ;

4° Le fait de mettre en circulation des végétaux, produits végétaux et autres objets mentionnés à l'article R. 251-37 sans avoir obtenu la mainlevée officielle, au sens du même article ;

5° Le fait, pour un opérateur professionnel, de ne pas respecter les obligations d'information prévues au deuxième alinéa de l'article L. 201-7 ou au paragraphe 1 de l'article 33 du règlement (UE) 2016/2031 du Parlement européen et du Conseil du 26 octobre 2016 ;

6° Le fait de ne pas mettre en œuvre les mesures de retrait, d'information et de rappel prévues au paragraphe 6 de l'article 14 du règlement (UE) 2016/2031 du Parlement européen et du Conseil du 26 octobre 2016 ;

7° Le fait d'introduire ou de déplacer sur le territoire national des végétaux, produits végétaux ou autres objets qui ne respectent pas les exigences particulières ou équivalentes prévues à l'article 41 du règlement (UE) 2016/2031 du Parlement européen et du Conseil du 26 octobre 2016 ou dans les actes d'exécution pris pour son application ;

8° Le fait d'introduire ou de déplacer dans une zone protégée nationale des végétaux, produits végétaux ou autres objets qui ne respectent pas les exigences particulières ou équivalentes prévues à l'article 54 du règlement (UE) 2016/2031 du Parlement européen et du Conseil du 26 octobre 2016 ou dans les actes d'exécution pris pour son application ;

9° Le fait de ne pas respecter les mesures provisoires prises par la Commission européenne conformément à l'article 49 du règlement (UE) 2016/2031 du Parlement européen et du Conseil du 26 octobre 2016 ;

10° Le fait de ne pas respecter les exigences générales concernant les véhicules, les machines et les matériaux d'emballage prévues à l'article 59 du règlement (UE) 2016/2031 du Parlement européen et du Conseil du 26 octobre 2016.

Art. R. 251-41-1 *(Décr. n° 2021-1858 du 28 déc. 2021, art. 6)* **Est puni de la peine d'amende prévue pour les contraventions de la 3e classe :**

1° Le fait, pour une personne autre qu'un opérateur professionnel, de ne pas mettre en œuvre l'obligation d'information prévue au deuxième alinéa de l'article L. 201-7 ;

2° Le fait, pour un opérateur professionnel effectuant des ventes à distance, de ne pas se conformer aux articles 45 ou 55 du règlement (UE) 2016/2031 du Parlement européen et du Conseil du 26 octobre 2016 ;

3° Le fait, pour un opérateur professionnel, lorsque cette inscription est obligatoire en vertu de l'article 65 du règlement (UE) 2016/2031 du Parlement européen et du Conseil du 26 octobre 2016, de ne pas procéder à l'inscription sur le registre officiel conformément à l'article 66 ou à l'article R. 251-3-2 ;

4° Le fait de ne pas mettre à jour les informations et déclarations requises pour l'enregistrement sur le registre des opérateurs professionnels dans les conditions prévues au paragraphe 5 de l'article 66 du règlement (UE) 2016/2031 du Parlement européen et du Conseil du 26 octobre 2016 ;

5° Le fait, pour un opérateur professionnel, de ne pas respecter les articles 69 et 70 du règlement (UE) 2016/2031 du Parlement européen et du Conseil du 26 octobre 2016 ;

6° Le fait, pour un opérateur professionnel, de mettre en circulation sur le territoire de l'Union un lot de végétaux, produits végétaux ou autres objets sans passeport phytosanitaire, lorsque celui-ci est exigé en vertu de la section 2 du chapitre VI du règlement (UE) 2016/2031 du Parlement européen et du Conseil du 26 octobre 2016 ;

7° Le fait de délivrer un passeport phytosanitaire sans y être autorisé par l'autorité compétente au sens de l'article 89 du règlement (UE) 2016/2031 du Parlement européen et du Conseil du 26 octobre 2016 ;

8° Le fait, pour un opérateur professionnel, d'importer sur le territoire métropolitain des matériaux d'emballage en bois qui ne respectent pas les exigences de marquage prévues par l'article 43 du règlement (UE) 2016/2031 du Parlement européen et du Conseil du 26 octobre 2016 ou les actes délégués pris en son application ;

9° Le fait de détenir un matériau d'emballage en bois, du bois ou un autre objet mentionné au point 1 de l'article 96 du règlement (UE) 2016/2031 du Parlement européen et du Conseil du 26 octobre 2016 non marqué ou marqué d'une marque non conforme.

SECTION 4 Dispositions diverses *(Décr. nº 2021-1858 du 28 déc. 2021, art. 6).*

(Décr. nº 2007-346 du 14 mars 2007)

Art. D. 251-42 L'autorité administrative mentionnée au V de l'article L. 251-1 est le ministre chargé de l'agriculture.

CHAPITRE II LES GROUPEMENTS DE DÉFENSE CONTRE LES ORGANISMES NUISIBLES

Néant.

CHAPITRE III MISE SUR LE MARCHÉ ET UTILISATION DES PRODUITS PHYTOPHARMACEUTIQUES

(Décr. nº 2012-755 du 9 mai 2012, art. 1er, en vigueur le 1er juill. 2012)

Art. R. 253-1 Le ministre chargé de l'agriculture est, sauf disposition contraire, l'autorité compétente mentionnée au 1 de l'article 75 du règlement (CE) nº 1107/2009 du Parlement européen et du Conseil du 21 octobre 2009 concernant la mise sur le marché des produits phytopharmaceutiques et abrogeant les directives 79/117/CEE et 91/414/CEE du Conseil, ainsi que l'autorité administrative mentionnée au chapitre III du titre V du livre II du présent code (partie législative).

Le maire est incompétent pour réglementer l'utilisation de produits phytosanitaires. • TA Lyon, 12 déc. 2012, ⚖ *Préfet du Rhône*, nº 1200196 : *Envir. 2013, nº 7, note Trouilly.*

Art. R. 253-1-1 *(Décr. nº 2021-1858 du 28 déc. 2021, art. 6)* L'autorité administrative mentionnée au III de l'article L. 253-5-2 est le préfet de région.

SECTION 1 Conditions d'autorisation

SOUS-SECTION 1 Approbation et renouvellement d'approbation des substances actives, phytoprotecteurs et synergistes *(Décr. nº 2015-791 du 30 juin 2015, art. 1er-1º-a).*

Art. D. 253-2 Lorsque la France est désignée comme État membre rapporteur ou corapporteur en application de l'article 7 du règlement (CE) nº 1107/2009, les dossiers de demande d'approbation, de modification des conditions d'approbation ou de renouvellement de l'approbation, y compris d'une substance à faible risque, d'un phytoprotecteur ou d'un synergiste, sont transmis par le producteur ou une association de producteurs à l'Agence nationale de sécurité sanitaire de l'alimentation, de l'environnement et du travail, *(Décr. nº 2017-1246 du 7 août 2017, art. 16-12º)* « dénommée "l'Agence" au présent chapitre », qui en informe sans délai le ministre chargé de l'agriculture.

L'Agence examine la recevabilité de la demande dans les conditions prévues à l'article 9 du règlement (CE) nº 1107/2009. Elle sollicite du demandeur les éléments manquants *(Abrogé par Décr. nº 2019-1393 du 18 déc. 2019, art. 1er)* ***« et transmet au ministre chargé de l'agriculture, le cas échéant, les demandes de confidentialité »***. Elle transmet un projet de rapport d'évaluation et, le cas échéant, les éléments complémentaires dont elle dispose au ministre chargé de l'agriculture. Ce dernier *(Abrogé par Décr. nº 2019-1393 du 18 déc. 2019, art. 1er)* ***« détermine les informations devant rester confidentielles et »*** adresse le rapport d'évaluation à la Commission et à l'Autorité européenne de sécurité des aliments, *(Décr. nº 2017-1246 du 7 août 2017, art. 16-12º)* « dénommée "l'Autorité" au présent chapitre », dans les conditions prévues à l'article 11 du règlement.

L'Agence est destinataire des informations complémentaires demandées par l'Autorité au demandeur, dans les conditions prévues à l'article 12 du règlement, et des informations confirmatives supplémentaires mentionnées au *f* de l'article 6 du règlement.

Elle procède à leur évaluation et transmet les résultats de cette évaluation aux autres États membres, à la Commission européenne et à l'Autorité, dans les conditions prévues par le règlement, après en avoir informé le ministre chargé de l'agriculture et en l'absence d'objection formelle de celui-ci. L'Agence évalue, le cas échéant, l'équivalence mentionnée à l'article 38 du règlement (CE) n° 1107/2009.

Art. D. 253-3 Lorsque la France n'est pas désignée comme État membre rapporteur, l'Agence émet, dans les conditions prévues au 1 de l'article 12 du règlement (CE) n° 1107/2009, des observations écrites, qu'elle transmet à l'Autorité après en avoir informé au moins dix jours auparavant le ministre chargé de l'agriculture et en l'absence d'objection formelle de celui-ci.

Art. D. 253-4 Le ministre chargé de l'agriculture, le cas échéant sur proposition de l'Agence, peut demander le réexamen d'une substance active, d'un phytoprotecteur ou d'un synergiste, conformément aux dispositions de l'article 21 du règlement (CE) n° 1107/2009. La Commission peut solliciter l'appui scientifique et technique de l'Agence sur ce réexamen, dans les conditions prévues au 2 de cet article.

SOUS-SECTION 2 **Dispositions générales applicables aux autorisations de mise sur le marché et d'utilisation des produits phytopharmaceutiques et des adjuvants**

(Décr. n° 2015-791 du 30 juin 2015, art. 1er-1°-b).

Art. R. 253-5 *(Décr. n° 2015-791 du 30 juin 2015, art. 1er-1°-c)* Les décisions relatives aux demandes d'autorisation de mise sur le marché des produits phytopharmaceutiques et des adjuvants vendus seuls ou en mélange ainsi qu'aux demandes de modification, de renouvellement ou de retrait de cette autorisation sont prises par le directeur général de l'Agence.

Sauf dispositions particulières prévues au présent chapitre, ces décisions sont précédées d'une évaluation conduite par l'Agence conformément aux principes uniformes d'évaluation et d'autorisation mentionnés au paragraphe 6 de l'article 29 du règlement (CE) n° 1107/2009 et, pour les demandes relatives aux produits phytopharmaceutiques composés en tout ou partie d'organismes génétiquement modifiés, également après *(Abrogé par Décr. n° 2021-1905 du 30 déc. 2021, art. 7) « l'avis du Haut Conseil des biotechnologies et »* l'accord du ministre chargé de l'environnement.

(Décr. n° 2016-1595 du 24 nov. 2016, art. 2-1°) « La période d'autorisation d'un adjuvant, définie dans l'autorisation, n'excède pas dix ans. »

Ces décisions peuvent être retirées ou modifiées dans les conditions prévues aux articles 44 à 46 et à l'article 51 du même règlement, le cas échéant, après l'évaluation par l'Agence des risques et des bénéfices pour la santé publique et l'environnement que présente le produit, notamment en cas de constatations de non-conformité, laissant supposer que tout ou partie des produits phytopharmaceutiques mis sur le marché ne remplissent pas les conditions fixées dans l'autorisation de mise sur le marché ou sont susceptibles de présenter un risque pour la santé publique ou pour l'environnement.

Lorsque le directeur général de l'Agence transmet l'information mentionnée au troisième alinéa du paragraphe 3 de l'article 36 et au paragraphe 4 de l'article 44 de ce règlement, il en adresse une copie au ministre chargé de l'agriculture.

Le ministre chargé de l'agriculture peut préciser, par arrêté, des modalités d'application des principes uniformes d'évaluation et d'autorisation des produits phytopharmaceutiques.

Art. R. 253-6 *(Décr. n° 2015-791 du 30 juin 2015, art. 1er-1°-c)* Par dérogation à l'article R. 253-5, le ministre chargé de l'agriculture prend les décisions relatives aux autorisations de mise sur le marché mentionnées à l'article 53 du règlement (CE) n° 1107/2009. Il peut solliciter, au préalable, l'avis de l'Agence. Il transmet ses décisions aux ministres chargés, respectivement, de la santé, du travail, de la consommation et de l'environnement.

Art. R. 253-7 *(Décr. n° 2015-791 du 30 juin 2015, art. 1er-1°-c)* Les demandes autres que celles mentionnées à l'article R. 253-14, ne nécessitant pas qu'une évaluation conforme aux conditions définies à l'article R. 253-13 soit réalisée, notamment les demandes de transfert d'une autorisation ou d'un permis à un autre titulaire, de changement de dénomination commerciale d'un produit déjà autorisé, de modification d'une autorisation visant à ajouter une nouvelle dénomination commerciale à un produit déjà autorisé, de retrait d'autorisation ou de permis à l'initiative du titulaire, sont adressées à l'Agence.

Le directeur général de l'Agence dispose d'un délai de deux mois pour statuer sur ces demandes.

Art. D. 253-8 I. — Selon les catégories d'utilisateurs, les autorisations de mise sur le marché, les permis de commerce parallèle ou d'expérimentation des produits phytopharmaceutiques sont délivrés pour l'une des gammes d'usages suivantes :

1° La gamme d'usages "professionnel", correspondant à l'ensemble des usages réservés aux utilisateurs professionnels au sens de l'article R. 254-1 ;

2° La gamme d'usages "amateur", correspondant à l'ensemble des usages également à disposition des utilisateurs non professionnels. Seuls peuvent être autorisés pour la gamme d'usages "amateur" les produits :

— dont la formulation et le mode d'application sont de nature à garantir un risque d'exposition limité pour l'utilisateur. Un arrêté du ministre chargé de l'agriculture précise les catégories de produits ne répondant pas à ce critère ; et

— dont l'emballage et l'étiquette proposés, outre qu'ils sont conformes aux exigences réglementaires relatives aux conditions d'étiquetage en vigueur, répondent aux conditions fixées par arrêté du ministre chargé de l'agriculture.

La décision d'autorisation de mise sur le marché des produits relative à la gamme d'usages "amateur" comporte la mention "emploi autorisé dans les jardins". Sans préjudice des dispositions des articles 40 et 52 du règlement (CE) n° 1107/2009, sont autorisés pour la gamme d'usages "amateur" les produits phytopharmaceutiques bénéficiant d'une autorisation de mise sur le marché dans un autre État membre comportant une mention reconnue équivalente.

Un arrêté du ministre chargé de l'agriculture établit les modalités de mise en conformité des autorisations existantes au regard des deux gammes de produits susvisées. — *V. Arr. du 21 oct. 2015 relatif à la mise en conformité des autorisations de mise sur le marché et permis de commerce parallèle des produits phytopharmaceutiques et des adjuvants au regard des deux gammes d'usage « amateur » et « professionnel » (JO 30 oct.).*

II. — Pour l'application du 1 de l'article 31 du règlement (CE) n° 1107/2009, un catalogue national des usages phytopharmaceutiques, rendu public par le ministre chargé de l'agriculture, répertorie les usages *(Décr. n° 2015-791 du 30 juin 2015, art. 1er-1°-d)* « qui peuvent être autorisés pour les produits phytopharmaceutiques, correspondant » notamment à l'association d'un végétal, produit végétal ou famille de végétaux avec un ravageur, groupe de ravageurs, maladie ou groupe de maladies contre lequel le produit est dirigé ou avec une fonction ou un mode d'application de ces produits.

V. Arr. du 12 avr. 2021 relatif à la mise en œuvre du catalogue national des usages phytopharmaceutiques visés dans les décisions d'autorisation de mise sur le marché et de permis de commerce parallèle des produits phytopharmaceutiques et des adjuvants (JO 21 avr.).

Art. D. 253-9 I. — Un produit de composition strictement identique à un autre produit déjà autorisé sur le territoire national, dit "produit de référence", est dénommé :

— "produit de seconde gamme" lorsque la demande le concernant est présentée par le titulaire de l'autorisation de mise sur le marché du produit de référence et vise une gamme d'usages différente de celle du produit de référence ;

— "produit de revente" lorsque la demande le concernant est présentée par un demandeur distinct du titulaire de l'autorisation de mise sur le marché du produit de référence après accord de ce dernier et vise une gamme d'usages identique ou différente de celle du produit de référence.

II. — Un produit est dénommé "second nom commercial" lorsque la demande le concernant est présentée par le titulaire de l'autorisation de mise sur le marché du produit de référence en vue de modifier l'autorisation de mise sur le marché de ce produit pour lui attribuer une nouvelle dénomination commerciale. La nouvelle dénomination commerciale porte sur une même gamme d'usages et des usages identiques à ceux pour lesquels ce produit a été autorisé, et dans des conditions d'utilisation strictement identiques à celles du produit de référence.

III. – Les modifications intervenues sur les décisions d'autorisation de mise sur le marché concernant les produits de référence visés au I liées à des mesures de gestion des risques en vue de les atténuer ou lorsqu'elles sont prises pour des motifs de santé publique ou de protection de l'environnement s'appliquent aux seconds noms commerciaux, aux produits de seconde gamme, aux produits de revente et aux produits bénéficiant d'un permis de commerce parallèle autorisés pour les mêmes usages.

(Abrogé par Décr. n° 2015-791 du 30 juin 2015, art. 1er-1°-e) « Ces modifications sont publiées par voie électronique. »

IV. – Les modifications intervenues sur les décisions d'autorisation de mise sur le marché concernant les produits de référence visés au I à la demande du titulaire de l'autorisation de ces produits peuvent s'appliquer sur demande de leur titulaire à des autorisations de produits de seconde gamme, de produits de revente ou de permis de commerce parallèle, sous réserve du respect de la réglementation relative à la protection des données.

V. – Pour l'application de l'article 34 du règlement (CE) n° 1107/2009, on entend par produit phytopharmaceutique générique tout produit phytopharmaceutique qui a la même composition qualitative et quantitative en substances actives et le même type de formulation qu'un produit phytopharmaceutique de rattachement et dont les effets sont comparables à ceux de ce produit de rattachement. Les types de formulations sont définis par des normes internationales élaborées à l'initiative des professionnels sous l'égide de l'Organisation de coopération et de développement économique *[économiques]*.

Art. R. 253-10 *(Décr. n° 2015-791 du 30 juin 2015, art. 1er-1°-f)* Un arrêté du ministre chargé de l'agriculture pris sur proposition du directeur général de l'Agence, publié au *Journal officiel* de la République française, précise la composition et les modalités de présentation des dossiers de demandes. – *V. Arr. du 30 juin 2017 fixant la composition et les modalités de présentation des dossiers de demandes relatives à des autorisations de mise sur le marché et à des permis d'expérimentation et de commerce parallèle de produits phytopharmaceutiques, de leurs adjuvants ou de produits mixtes (JO 12 juill.), mod. par Arr. du 11 déc. 2020 (JO 17 déc.).*

Les demandes sont adressées à l'Agence, à l'exception de celles mentionnées à l'article R. 253-6 qui sont adressées au ministre chargé de l'agriculture.

Pour toutes les demandes autres que celles mentionnées à l'article R. 253-7, l'Agence accuse réception du dossier complet dans un délai ne pouvant excéder trente jours. Si le dossier est incomplet, elle sollicite du demandeur, à l'intérieur de ce même délai, la transmission de compléments dans un délai qu'elle lui fixe. Si ces compléments sont transmis par le demandeur dans les délais qui lui ont été impartis et sont conformes à la demande, elle accuse réception du dossier complet dans un délai ne pouvant excéder trente jours à compter de la réception de ces compléments. Si le demandeur n'a pas satisfait à la demande de l'Agence dans le délai imparti, la demande d'autorisation est rejetée comme irrecevable.

Elle prépare, pour chaque demande, un dossier conforme aux conditions fixées à l'article 39 du règlement (CE) n° 1107/2009.

V. Arr. du 23 juill. 2015 relatif aux informations à soumettre à l'Agence nationale de sécurité sanitaire de l'alimentation, de l'environnement et du travail dans le cadre de la mise en œuvre de l'évaluation comparative des produits phytopharmaceutiques en application de l'art. 50 du Règl. (CE) n° 1107/2009 (JO 31 juill.).

Art. R. 253-10-1 *(Décr. n° 2015-791 du 30 juin 2015, art. 1er-1°-g)* Au cours de l'évaluation du produit, l'Agence peut exiger du demandeur qu'il lui fournisse des éléments complémentaires dans les conditions prévues aux articles 33, 37, 52 et 65 du règlement (CE) n° 1107/2009.

Art. R. 253-10-2 *(Décr. n° 2015-791 du 30 juin 2015, art. 1er-1°-g)* Les autorisations de mise sur le marché faisant l'objet d'une demande de renouvellement en application de l'article 43 du règlement (CE) n° 1107/2009 sont prolongées pendant la durée nécessaire au renouvellement de l'autorisation du produit consécutif au renouvellement de l'approbation de la substance active qu'il contient si, pour des raisons indé-

pendantes de la volonté du titulaire de l'autorisation, aucune décision n'est prise sur le renouvellement de l'autorisation avant son expiration.

V. aussi Arr. du 15 déc. 2020 relatif à la composition des dossiers de demande de renouvellement d'autorisation de mise sur le marché arrivant à échéance, lorsque les modalités de renouvellement des produits phytopharmaceutiques prévues au § 2 de l'art. 43 du Règl. (CE) n° 1107/2009 ne sont pas applicables (JO 22 déc.).

Art. R. 253-11 *(Décr. n° 2015-791 du 30 juin 2015, art. 1er-1°-h)* **Le directeur général de l'Agence dispose d'un délai de six mois pour statuer sur les demandes d'autorisation d'un produit défini au quatrième alinéa de l'article L. 253-6, à l'exception des demandes relatives aux produits définis à l'article 47 du règlement (CE) n° 1107/2009 pour lesquelles ce délai est de cent vingt jours.**

Ce délai est porté à huit mois lorsque l'Agence consulte les autres États membres.

Art. R. 253-12 *(Décr. n° 2015-791 du 30 juin 2015, art. 1er-1°-h)* **A l'exception des demandes mentionnées à l'article R. 253-7 et au paragraphe 1 de l'article 41 du règlement (CE) n° 1107/2009, sur lesquelles le silence gardé par l'Agence dans les délais qui lui sont impartis pour statuer vaut décision d'acceptation, le silence gardé par l'autorité compétente dans les délais qui lui sont impartis par le présent chapitre et par ce règlement pour statuer sur les autres demandes vaut décision de rejet.**

Art. R. 253-13 *(Décr. n° 2015-791 du 30 juin 2015, art. 1er-1°-h)* **Des conclusions d'évaluation sont formulées par l'Agence à l'issue des évaluations conduites conformément aux principes uniformes d'évaluation mentionnés au paragraphe 6 de l'article 29 du règlement (CE) n° 1107/2009. Elles comportent une synthèse de chaque point d'évaluation mentionné à l'annexe du règlement (UE) n° 546/2011 de la Commission du 10 juin 2011, assortie de recommandations portant, notamment, sur les conditions d'emploi des produits.**

Art. R. 253-14 *(Décr. n° 2015-791 du 30 juin 2015, art. 1er-1°-h)* **I. — L'Agence procède à l'examen des demandes sans conduire d'évaluation répondant aux conditions mentionnées à l'article R. 253-13 dans les cas suivants :**

1° Demande de changement d'emballage et d'étiquetage ou de changement de classement reposant sur de nouvelles études d'un produit déjà autorisé ;

2° Demande relative aux produits génériques mentionnés à l'article 34 du règlement (CE) n° 1107/2009 ;

3° Demande portant sur des modifications des conditions d'emploi prévues par l'autorisation de mise sur le marché d'un produit déjà autorisé, ou des mentions qui s'y rapportent ;

4° Demande d'extension de l'autorisation pour des usages mineurs mentionnés à l'article 51 du même règlement ;

5° Demande d'extension de l'autorisation pour des usages mineurs ne remplissant pas les conditions mentionnées à l'article 51 de ce règlement ;

6° Demande de changement mineur de la composition d'un produit déjà autorisé ;

7° Demande d'autorisation d'un produit de seconde gamme ou d'un produit de revente.

II. — Le directeur général de l'Agence dispose d'un délai de six mois pour statuer sur ces demandes.

Art. D. 253-15 *(Décr. n° 2015-791 du 30 juin 2015, art. 1er-1°-h)* **Le titulaire d'une autorisation ou d'un permis est tenu de déclarer à l'Agence tout changement d'adresse de sa société, tout changement de sa dénomination sociale, tout ajout d'un site de fabrication ou de production d'un produit déjà autorisé ou tout changement de ce site. La déclaration est accompagnée de l'ensemble des pièces nécessaires à la vérification des informations déclarées.**

Dans un délai de trente jours à compter de la réception de ces pièces, ces informations sont enregistrées par l'Agence qui les rend publiques par voie électronique sur un site internet spécifiquement consacré à ces produits, à l'exception des informations reconnues comme confidentielles.

Art. D. 253-16 *Abrogé par Décr. n° 2015-791 du 30 juin 2015, art. 1er-1°-i.*

Art. D. 253-17 *(Décr. nº 2015-791 du 30 juin 2015, art. 1er-1º-j)* Les décisions relatives à la mise sur le marché et à l'utilisation des produits mentionnés à l'article L. 253-1, ainsi que les conclusions de leur évaluation en application de l'article R. 253-13, sont rendues publiques par voie électronique, dans les meilleurs délais, par l'Agence, à l'exclusion de toute information portant atteinte à la protection des données à caractère personnel ou au secret *(Décr. nº 2018-1126 du 11 déc. 2018, art. 3)* « des affaires ».

SOUS-SECTION 3 Mise sur le marché des produits phytopharmaceutiques composés en tout ou partie d'organismes génétiquement modifiés

Art. D. 253-18 Outre les éléments exigés par l'article R. 533-26 du code de l'environnement, les demandes relatives à la mise sur le marché des produits phytopharmaceutiques composés en tout ou partie d'organismes génétiquement modifiés mentionnées à l'article 48 du règlement (CE) nº 1107/2009 du 21 octobre 2009 comportent :

1º Un dossier, pour chaque substance active contenue dans le produit, lorsqu'elle est différente de l'organisme génétiquement modifié, satisfaisant aux exigences relatives à l'inscription de la substance active sur la liste communautaire prévue par la réglementation de l'Union européenne ;

2º Un dossier relatif au produit phytopharmaceutique comprenant les études et comptes rendus d'essais tels que définis au 3 de l'article 29 du règlement (CE) nº 1107/2009 et démontrant que le produit satisfait, pour les conditions d'emploi demandées, aux exigences de sélectivité, d'efficacité et d'innocuité prévues par la réglementation de l'Union européenne ;

3º Le versement de la taxe mentionnée à l'article L. 535-4 du code de l'environnement.

La composition et les modalités de présentation des dossiers mentionnés au 1º et au 2º sont définies par arrêté des ministres chargés de l'agriculture, de l'environnement, de la santé, de la consommation et de l'industrie.

Art. D. 253-19 Dès réception de la demande, l'Agence transmet *(Abrogé par Décr. nº 2015-791 du 30 juin 2015, art. 1er-1º-k)* ***« au ministre chargé de l'agriculture »*** la synthèse du dossier *(Abrogé par Décr. nº 2015-791 du 30 juin 2015, art. 1er-1º-k)* ***« pour transmission »*** à la Commission européenne et, le cas échéant, la demande de reconnaissance du caractère confidentiel de certaines informations figurant dans la demande d'autorisation.

Lorsque le dossier est complet, elle transmet la demande *(Abrogé par Décr. nº 2021-1905 du 30 déc. 2021, art. 7)* ***« au Haut Conseil des biotechnologies et »*** *(Abrogé par Décr. nº 2015-791 du 30 juin 2015, art. 1er-1º-k)* ***« au ministre chargé de l'agriculture, qui les transmet »*** à la Commission européenne.

(Décr. nº 2021-1905 du 30 déc. 2021, art. 7) « L'agence procède à l'instruction de la demande et établit le rapport d'évaluation prévu à l'article R. 533-30 du code de l'environnement ».

Art. D. 253-20 L'autorisation délivrée dans les conditions prévues à l'article R. 253-5 vaut autorisation de mise sur le marché au sens des dispositions du présent chapitre et de l'article L. 533-5 du code de l'environnement.

Art. D. 253-21 Lorsque la substance active mentionnée au 2 de l'article 2 du règlement (CE) nº 1107/2009 est composée en tout ou partie d'organismes génétiquement modifiés et que la France est désignée comme État membre rapporteur, le rapport d'évaluation est établi par l'Agence *(Abrogé par Décr. nº 2021-1905 du 30 déc. 2021, art. 7)* ***« , qui intègre l'avis du Haut Conseil des biotechnologies »***.

Art. D. 253-22 *Abrogé par Décr. nº 2015-791 du 30 juin 2015, art. 1er-1º-l.*

SOUS-SECTION 4 Permis de commerce parallèle *(Décr. nº 2015-791 du 30 juin 2015, art. 1er-1º-l)*.

Art. R. 253-23 *(Décr. nº 2015-791 du 30 juin 2015, art. 1er-1º-m)* « Le directeur général de l'Agence statue sur les demandes de permis de commerce parallèle ainsi que sur les demandes de modification, de renouvellement ou de retrait de ces permis. Pour établir l'identité des produits par un examen réalisé conformément au paragraphe 3 de l'article 52 du règlement (CE) n° 1107/2009, l'Agence peut utiliser les informations contenues dans le dossier du produit de référence ou celles mises à sa disposition par l'État membre d'origine. »

(Décr. n° 2016-1595 du 24 nov. 2016, art. 2-2°) « Ces décisions peuvent être retirées ou modifiées dans les conditions prévues aux articles 44 à 46 et à l'article 52 du même règlement, le cas échéant, après l'évaluation par l'Agence des risques et des bénéfices pour la santé publique et l'environnement que présente le produit, notamment en cas de constatations de non-conformité, laissant supposer que tout ou partie des produits phytopharmaceutiques mis sur le marché ne remplissent pas les conditions fixées dans le permis ou sont susceptibles de présenter un risque pour la santé publique ou pour l'environnement. »

A la demande du *(Décr. n° 2015-791 du 30 juin 2015, art. 1er-1°-m)* « titulaire », le permis de commerce parallèle peut être renouvelé si les conditions requises pour son obtention sont toujours remplies.

Le permis est prolongé pendant la période nécessaire à la vérification du respect de ces conditions.

Art. D. 253-24 *et* D. 253-25 *Abrogés par Décr. n° 2015-791 du 30 juin 2015, art. 1er-1°-n.*

Art. R. 253-26 *(Décr. n° 2015-791 du 30 juin 2015, art. 1er-1°-o)* « L'Agence » met à la disposition du public par voie électronique une liste régulièrement actualisée des produits dont *(Décr. n° 2015-791 du 30 juin 2015, art. 1er-1°-o)* « l'introduction et l'utilisation sont permises » sur le territoire national suite à la délivrance d'un permis de commerce parallèle, mentionnant l'État membre d'origine et le produit de référence ainsi que les mentions d'étiquetage obligatoires en langue française du produit de référence.

La liste ainsi publiée vaut permis de commerce parallèle pour un usage personnel pour chacun des produits qui y sont listés, pour les personnes mentionnées à l'article R. 253-27.

Art. R. 253-27 I. — Pour l'application de l'article R. 253-26, constitue une introduction de produits phytopharmaceutiques pour usage personnel le fait, pour les personnes exerçant une activité dans une exploitation agricole au sens de l'article L. 311-1, d'introduire, pour les seuls besoins de cette exploitation, un produit phytopharmaceutique pour lequel un permis de commerce parallèle a déjà été délivré. La personne procédant à l'introduction d'un produit phytopharmaceutique pour usage personnel en fait la déclaration au préfet de la région du lieu de sa résidence administrative, en précisant les quantités nécessaires à l'exploitation et la date d'introduction des produits, dans un délai minimum de vingt jours avant cette date. Le préfet accuse immédiatement réception de cette déclaration d'introduction, à laquelle il peut s'opposer dans un délai de quinze jours.

II. — Lorsque la personne mentionnée au I emploie des personnes susceptibles d'utiliser les produits introduits, elle affiche dans son local de stockage des produits phytopharmaceutiques les mentions d'étiquetage obligatoires mentionnées à l'article R. 253-26.

Art. R. 253-28 Le reconditionnement des produits bénéficiant d'un permis de commerce parallèle est interdit, sauf si le *(Décr. n° 2015-791 du 30 juin 2015, art. 1er-1°-p)* « directeur général de l'Agence » l'a autorisé, à la demande du demandeur, dans le cadre de la demande de permis de commerce parallèle.

Le reconditionnement n'est autorisé que sous réserve du respect des conditions suivantes :

1° Le reconditionnement est nécessaire pour accéder au marché national, en raison de ses contraintes spécifiques, liées à l'emballage ou au contenant du produit ;

2° L'intégrité et la traçabilité du produit introduit sont garanties ;

3° Le titulaire de l'autorisation de mise sur le marché du produit introduit a été préalablement informé du reconditionnement envisagé.

Art. R. 253-29 *Abrogé par Décr. n° 2016-1595 du 24 nov. 2016, art. 2-3°.*

SOUS-SECTION 5 **Permis d'expérimentation** *(Décr. n° 2015-791 du 30 juin 2015, art. 1er-1°-l).*

Art. R. 253-30 *(Décr. n° 2015-791 du 30 juin 2015, art. 1er-1°-q)* Les décisions relatives aux demandes de permis mentionnés à l'article 54 du règlement (CE) n° 1107/2009 pour effectuer des essais, expériences ou études de produits phytopharmaceutiques et d'adjuvants ainsi que les décisions faisant suite à une demande de modification, de renouvellement ou de retrait de ce permis sont prises par le directeur général de l'Agence et sont valables pour une durée qui ne peut excéder trois ans, dans les conditions prévues par cet article et par la section 1 du présent chapitre.

(Décr. n° 2016-1595 du 24 nov. 2016, art. 2-4°) « Les productions végétales issues des essais, expériences ou études et susceptibles d'être consommées par l'homme ou l'animal sont détruites, sauf si le permis prévoit une dérogation à l'obligation de destruction des récoltes ou si les essais, expériences ou études portent sur des produits contenant des substances actives inscrites à l'annexe IV du règlement (CE) n° 396/2005 du Parlement européen et du Conseil du 23 février 2005 ou portent sur des médiateurs chimiques utilisés par diffusion passive sans contact avec la végétation. »

Le permis peut être retiré ou modifié par le directeur général de l'Agence s'il apparaît que les conditions exigées pour sa délivrance cessent d'être réunies.

Art. R. 253-31 *(Décr. n° 2015-791 du 30 juin 2015, art. 1er-1°-q)* Les demandes mentionnées au paragraphe 2 de l'article 54 du règlement (CE) n° 1107/2009 sont adressées à l'Agence avant la date prévue pour le début de l'expérimentation, dans des conditions pouvant être précisées par un arrêté du ministre chargé de l'agriculture pris sur proposition du directeur général de l'Agence. Les décisions prises sur les demandes déposées au-delà de ce délai valent pour la campagne de culture suivante.

Le directeur général de l'Agence dispose d'un délai de six mois pour statuer. L'Agence accuse réception du dossier complet dans un délai ne pouvant excéder trente jours.

Si le titulaire du permis souhaite apporter des modifications aux conditions dans lesquelles il procède à l'expérimentation, il est tenu d'en informer préalablement l'Agence, qui peut s'y opposer dans un délai d'un mois.

Art. R. 253-32 I. – Les personnes agréées dans les conditions mentionnées au II de l'article R. 253-38 et les laboratoires reconnus conformes aux bonnes pratiques de laboratoire dans les conditions mentionnées au II de l'article R. 253-39 peuvent réaliser sans permis des essais ou expériences à des fins de recherche ou développement impliquant l'émission dans l'environnement :

– de quantités et sur des surfaces limitées de prototypes de produit phytopharmaceutique contenant de nouvelles substances actives ou de nouvelles compositions ou de nouveaux types de formulation de produits, dont ils sont propriétaires ou par des personnes placées sous leur contrôle ; ou

– d'un produit phytopharmaceutique bénéficiant d'une autorisation, nationale ou délivrée par un autre État membre de l'Union européenne, pour un autre usage, en application du règlement (CE) n° 1107/2009 ; ou

– d'un produit légalement mis sur le marché dont la destination principale n'est pas d'être utilisé à des fins phytosanitaires, mais qui est néanmoins utile dans la protection phytosanitaire.

(Décr. n° 2016-1595 du 24 nov. 2016, art. 2-5°) « Les productions végétales issues des essais, expériences ou études et susceptibles d'être consommées par l'homme ou l'animal sont détruites, sauf si les essais, expériences ou études portent sur des produits contenant des substances actives inscrites à l'annexe IV du règlement (CE) n° 396/2005 du Parlement européen et du Conseil du 23 février 2005 ou portent sur des médiateurs chimiques utilisés par diffusion passive sans contact avec la végétation. »

II. – Un arrêté du ministre chargé de l'agriculture précise les conditions dans lesquelles les essais et expériences peuvent être effectués, notamment les surfaces d'expérimentation autorisées, et les conditions dans lesquelles les personnes réalisant certains essais ou expériences impliquant l'émission dans l'environnement d'un produit phyto-

pharmaceutique sont tenues d'en faire préalablement la déclaration. – *L'art. D. 253-32 devient l'art. R. 253-32 (Décr. n° 2016-1595 du 24 nov. 2016, art. 2-5°, JO 26 nov.).*

V. Arr. du 9 févr. 2016 fixant les conditions applicables aux essais et expériences visés à l'art. D. 253-32 et concernant les produits phytopharmaceutiques (JO 13 févr.).

Art. R. 253-32-1 *(Décr. n° 2015-791 du 30 juin 2015, art. 1er-1°-r)* **Si les essais, les expériences ou les études sont susceptibles de présenter des effets nocifs pour la santé humaine ou animale ou inacceptables pour l'environnement et si aucune mesure de gestion des risques ne permet de les atténuer, le directeur général de l'Agence peut refuser d'accorder le permis ou s'opposer à la réalisation des essais officiellement reconnus mentionnés au II de l'article R. 253-38 ou dans les conditions mentionnées au II de l'article R. 253-39.**

Art. R. 253-33 *(Décr. n° 2015-791 du 30 juin 2015, art. 1er-1°-s)* **Le permis sollicité en vue d'une expérimentation comportant la dissémination volontaire dans l'environnement de produits phytopharmaceutiques composés en tout ou partie d'organismes génétiquement modifiés en application de l'article 54 du règlement (CE) n° 1107/2009 est délivré par le directeur général de l'Agence conformément aux conditions prévues à l'article L. 533-3 du code de l'environnement et après l'accord du ministre chargé de l'environnement.**

(Décr. n° 2021-1905 du 30 déc. 2021, art. 7) **« Elle transmet son avis au ministre chargé de l'environnement. »**

SOUS-SECTION 6 Produits de biocontrôle

(Décr. n° 2022-35 du 17 janv. 2022, art. 1er, en vigueur le 1er févr. 2022)

Art. D. 253-33-1 **I. – Peuvent être inscrits sur les listes mentionnées aux articles L. 253-5 et L. 253-7 les produits phytopharmaceutiques dont les substances actives sont :**

1° Des substances d'origine naturelle animale, végétale ou minérale naturellement présentes et identifiées en l'état dans la nature, qui sont soit extraites d'un matériau source naturel, soit obtenues par voie de synthèse et sont strictement identiques à la substance naturelle ;

2° Des substances issues de procaryotes, eucaryotes unicellulaires ou champignons ;

3° Des micro-organismes et des médiateurs chimiques ;

Toutefois, ne peuvent figurer sur ces listes :

1° Les produits contenant une substance active dont on envisage la substitution conformément aux critères du point 4 de l'annexe II du règlement (CE) n° 1107/2009 ;

2° Les produits dont la classification, comporte, conformément au règlement (CE) n° 1272/2008, l'une des mentions suivantes :

H300, H301, H310, H311, H330, H331, H334, H340, H341, H350, H350i, H351, H360, H360D, H360F, H360FD, H360Df, H360Fd, H361, H361d, H361f, H361fd, H362, H370, H371, H372, H373 ;

3° Les produits dont la classification, conformément au règlement (CE) n° 1272/2008, comporte la mention de danger H400 ou H410, sauf si le type de formulation et le mode d'application conduisent à une exposition négligeable des organismes non ciblés.

II. – Les produits comprenant un dispositif associant un attractant à une substance active à effet insecticide peuvent être inscrits sur les listes mentionnées aux articles L. 253-5 et L. 253-7 sur la base de la conformité du seul attractant aux conditions prévues au I, dès lors que le dispositif permet d'éviter la dissémination de l'insecticide dans l'environnement.

SECTION 2 Confidentialité, information et protection des données

Art. R. 253-34 *(Décr. n° 2019-1393 du 18 déc. 2019, art. 1er)* **Le directeur général de l'agence statue sur toutes les demandes de confidentialité relatives aux substances actives, aux phytoprotecteurs, aux synergistes, aux produits phytopharmaceutiques et à leurs adjuvants qui lui sont transmises. Il notifie sa décision sur ces demandes au moment de la délivrance de la décision d'autorisation de mise sur le marché pour les**

produits phytopharmaceutiques et leurs adjuvants et, pour les substances actives, les phytoprotecteurs et les synergistes, au moment de la transmission du rapport d'évaluation prévu à l'article D. 253-2. Le directeur général de l'agence est l'autorité administrative mentionnée à l'article L. 253-2.

Art. D. 253-35 *(Décr. n° 2015-791 du 30 juin 2015, art. 1er-2°-b)* Tout titulaire d'une autorisation de mise sur le marché et tout bénéficiaire d'une extension d'autorisation pour un usage mineur d'un produit mentionné à l'article 51 du règlement (CE) n° 1107/2009 communique à l'Agence les informations mentionnées à l'article 56 de ce règlement.

Si la première autorisation d'un produit au sein de la "zone sud" définie à l'annexe 1 du même règlement a été délivrée sur le territoire national, l'Agence évalue ces informations dans les conditions prévues au paragraphe 3 de l'article 56 de ce règlement. Le ministre chargé de l'agriculture transmet l'information prévue au deuxième alinéa du même paragraphe de l'article 56 de ce règlement.

Tout titulaire d'un permis de commerce parallèle communique à l'Agence les informations mentionnées au paragraphe 4 de l'article 56 du même règlement ainsi qu'une copie de l'étiquette du produit mise à jour à la suite des modifications intervenues sur le produit de référence, après la délivrance du permis.

Art. D. 253-36 La protection du secret de la composition intégrale des produits, lorsque cette formule est communiquée aux organismes chargés de la toxicovigilance conformément aux dispositions des articles L. 1341-1 et L. 1342-1 du code de la santé publique, est assurée dans les conditions prévues à l'article L. 253-2 *(Décr. n° 2017-1246 du 7 août 2017, art. 16-13°)* « du présent code ».

Art. R. 253-37 *(Décr. n° 2012-755 du 9 mai 2012, art. 1er, en vigueur le 1er janv. 2013)* Les articles R. 523-12 à R. 523-21 du code de l'environnement s'appliquent aux substances à l'état nanoparticulaire entrant dans la composition des produits mentionnés à l'article L. 253-1 *(Décr. n° 2017-1246 du 7 août 2017, art. 16-13°)* « du présent code ». *— V. **C. envir.***

Art. D. 253-37-1 *(Décr. n° 2015-791 du 30 juin 2015, art. 1er-2°-c)* Le demandeur potentiel mentionné au paragraphe 4 de l'article 62 du règlement (CE) n° 1107/2009 fournit à l'Agence tous les éléments permettant d'établir qu'il n'a pas pu trouver d'accord sur le partage de rapports d'essais ou d'études impliquant l'utilisation d'animaux vertébrés avec le ou les titulaires des autorisations correspondantes.

SECTION 3 **Essais, analyses et études**

Art. R. 253-38 I. — Sont considérés comme essais officiels les essais visés au 2.2 de l'annexe au règlement (UE) n° 545/2011 réalisés par des services et organismes énumérés par arrêté du ministre chargé de l'agriculture.

II. — Sont considérés comme essais officiellement reconnus les essais visés au 2.2 de l'annexe au règlement (UE) n° 545/2011 qui font l'objet de déclarations auprès du *(Décr. n° 2015-791 du 30 juin 2015, art. 1er-3°-a)* « directeur général de l'Agence » par le demandeur de l'autorisation de mise sur le marché ou pour le compte de ce dernier et qui sont réalisés par toute personne physique ou morale agréée à cet effet par le ministre chargé de l'agriculture, selon les modalités définies par arrêté, après évaluation de leur conformité aux principes des bonnes pratiques d'expérimentation par le Comité français d'accréditation (COFRAC) ou par un organisme d'accréditation signataire de l'accord multilatéral pris dans le cadre de la coordination européenne des organismes d'accréditation.

Al. 3 abrogé par Décr. n° 2017-1411 du 27 sept. 2017, art. 2-41°.

Art. R.* 253-38-1 *(Décr. n° 2017-1411 du 27 sept. 2017, art. 2-42°)* Le silence gardé par le ministre chargé de l'agriculture sur une demande d'agrément pour la réalisation d'essais officiellement reconnus de produits phytopharmaceutiques, mentionnée à l'article R. 253-38, vaut décision de rejet.

Art. R. 253-38-2 *(Décr. n° 2017-1411 du 27 sept. 2017, art. 2-42°)* La décision mentionnée à l'article R.* 253-38-1 naît au terme d'un délai de trois mois à compter de la remise du rapport d'évaluation de la conformité des essais aux principes des bonnes pratiques d'expérimentation.

Art. R. 253-39 I. – Sont aussi considérés comme officiels au sens du 3 de l'article 29 du règlement (CE) n° 1107/2009 les essais et analyses, non visés à l'article R. 253-38, réalisés par des services et organismes définis par arrêté du ministre chargé de l'agriculture, selon les protocoles et lignes directrices mentionnés au 2° du II.

II. – Sont aussi considérés comme officiellement reconnus au sens du 3 de l'article 29 du règlement (CE) n° 1107/2009 les essais et analyses non visés à l'article R. 253-38 réalisés :

1° Par les laboratoires reconnus conformes aux bonnes pratiques de laboratoire dans les conditions prévues par les articles D. 523-8 à D. 523-11 du code de l'environnement, sous réserve de dérogations particulières en application de décisions communautaires ;

2° Et selon des protocoles communautaires ou internationaux ou, à défaut, selon des lignes directrices dont la reconnaissance est acceptée par le ministre chargé de l'agriculture après avis de l'Agence *(Abrogé par Décr. n° 2021-1905 du 30 déc. 2021, art. 7)* ***« et par le Haut Conseil des biotechnologies lorsqu'il s'agit de produits phytopharmaceutiques composés en tout ou partie d'organismes génétiquement modifiés ».***

Art. R. 253-40 L'Agence tient à jour les listes des rapports d'essais et d'études mentionnées à l'article 60 du règlement (CE) n° 1107/2009. *(Décr. n° 2015-791 du 30 juin 2015, art. 1er-3°-b)* « Les demandes mentionnées au 2 du même article sont faites auprès de l'Agence ».

SECTION 4 **Emballage, étiquetage et publicité** *(Décr. n° 2015-791 du 30 juin 2015, art. 1er-4°-a).*

Art. R. 253-41 Sur les emballages et étiquettes des produits dont la mise sur le marché est autorisée pour la gamme d'usages "amateur", est apposée visiblement la mention "emploi autorisé dans les jardins".

Art. R. 253-42 I. – Les modifications de *(Décr. n° 2015-791 du 30 juin 2015, art. 1er-4°-b)* « classification des produits et de leur étiquetage mentionnées » à l'article L. 253-4 sont notifiées par le titulaire de l'autorisation de mise sur le marché ou du permis de commerce parallèle *(Décr. n° 2015-791 du 30 juin 2015, art. 1er-4°-b)* « à l'Agence » au plus tard deux mois avant la date d'entrée en application d'un règlement pris aux fins d'adaptation au progrès technique et scientifique du règlement (CE) n° 1272/2008.

(Décr. n° 2015-791 du 30 juin 2015, art. 1er-4°-b) « L'Agence » publie le nouveau classement du produit par voie électronique dans un délai maximum de deux mois à compter de la date de notification du changement de classement.

Le titulaire de l'autorisation de mise sur le marché ou du permis de commerce parallèle met sur le marché des produits classés et étiquetés conformément au règlement mentionné au I à la date d'application de ce règlement.

Les stocks de produits dont la première mise sur le marché français est antérieure à l'entrée en application du règlement mentionné au I peuvent être commercialisés pendant une période de six mois suivant la date d'application de ce règlement.

Les stocks de produits dont la première mise sur le marché français est antérieure à l'entrée en application du règlement mentionné au I peuvent être utilisés pendant une période de dix-huit mois suivant la date d'application de ce règlement.

II. – En cas de modification de la décision d'autorisation de mise sur le marché entraînant une modification de l'étiquetage du produit, le titulaire de l'autorisation met sur le marché des produits étiquetés conformément à l'autorisation dans un délai de six mois à compter de la notification de l'autorisation de mise sur le marché de modification et met à jour les étiquettes des produits commercialisés dans ce même délai. Dans les cas où la modification de la décision d'autorisation de mise sur le marché consiste en un élargissement des usages du produit ou en un allègement de ses précautions d'utilisation, ce délai est porté à un an.

Les stocks de produits dont la première mise sur le marché français est antérieure à la date limite de mise à jour des étiquettes des produits peuvent être utilisés pendant une période de douze mois à compter de cette date limite de mise à jour.

Ces délais de mise à jour des étiquettes et d'écoulement des stocks ne s'appliquent pas dans les cas où la décision de modification de l'autorisation de mise sur le marché ou un arrêté du ministre chargé de l'agriculture prévoient des délais différents.

Art. R. 253-43 I. — Les produits mentionnés à l'article L. 253-1 sont mis sur le marché et conservés dans leur contenant et emballage d'origine jusqu'au moment de leur utilisation.

Les emballages utilisés pour les besoins des opérations de manutention doivent présenter les mêmes garanties que celles qui étaient assurées par l'emballage d'origine.

II. — Les conditions d'étiquetage des produits mentionnés à l'article L. 253-1 sont précisées par arrêté des ministres chargés de l'agriculture, de la santé, de l'environnement et de la consommation.

Art. D. 253-43-1 *(Décr. nº 2015-228 du 27 févr. 2015, art. 3)* L'autorité administrative mentionnée à l'article L. 253-5 est le ministre chargé de l'agriculture.

Art. D. 253-43-2 *(Décr. nº 2015-791 du 30 juin 2015, art. 1er-4º-c)* Toute publicité, au sens de l'article 3 du règlement (CE) nº 1107/2009, pour les produits mentionnés à l'article L. 253-1, à l'exception des produits de biocontrôle, doit mentionner, de manière claire et lisible, les phrases suivantes :

"Avant toute utilisation, assurez-vous que celle-ci est indispensable. Privilégiez chaque fois que possible les méthodes alternatives et les produits présentant le risque le plus faible pour la santé humaine et animale et pour l'environnement, conformément aux principes de la protection intégrée."

Cette publicité doit également prévoir un renvoi vers la rubrique "Ecophyto" du site internet du ministère chargé de l'agriculture pour inciter les utilisateurs à s'informer davantage sur les pratiques économes en produits phytopharmaceutiques.

(Décr. nº 2019-321 du 12 avr. 2019, art. 1er, en vigueur le 1er sept. 2019) « La publicité consacre un espace délimité représentant au minimum 1/8e de sa surface totale à un avertissement dédié exclusivement aux risques pour la santé et l'environnement que peut présenter le produit faisant l'objet de la publicité.

« Cet avertissement comporte pour chaque classe ou catégorie de danger pour la santé et l'environnement applicable au produit, de manière claire et lisible, la mention et le pictogramme de danger prévus aux annexes I, III et V du règlement (CE) nº 1272/2008.

« Lorsque cette publicité concerne plusieurs produits, l'avertissement comporte toutes les mentions de danger, sauf en cas de redondance, ainsi que les pictogrammes de danger des classes et catégories les plus défavorables, selon l'ordre de priorité défini par l'article 26 du même règlement.

« Seule peut figurer en quatrième de couverture d'une publication, la publicité pour les produits de biocontrôle définis au deuxième alinéa de l'article L. 253-6 ou les produits composés uniquement de substances de base ou les produits à faible risque au sens du règlement (CE) nº 1107/2009. »

SECTION 5 **Plan d'action national pour une utilisation durable des produits phytopharmaceutiques**

Art. D. 253-44 La "lutte intégrée contre les ennemis des cultures" mentionnée à l'article 55 du règlement (CE) nº 1107/2009 et à l'article L. 253-6 s'entend comme la prise en considération attentive de toutes les méthodes de protection des plantes disponibles et, par conséquent, l'intégration des mesures appropriées qui découragent le développement des populations d'organismes nuisibles et maintiennent le recours aux produits phytopharmaceutiques et à d'autres types d'interventions à des niveaux justifiés du point de vue économique et environnemental, et réduisent ou limitent au maximum les risques pour la santé humaine et l'environnement. La lutte intégrée contre les ennemis des cultures privilégie la croissance de cultures saines en veillant à perturber le moins possible les agro-écosystèmes et encourage les mécanismes naturels de lutte contre les ennemis des cultures.

Art. D. 253-44-1 *(Décr. nº 2019-649 du 27 juin 2019, art. 1er)* L'instance de concertation et de suivi du plan national mentionnée à l'article L. 253-6 est dénommée

"Comité d'orientation stratégique et de suivi" du plan national pour une utilisation des produits phytopharmaceutiques compatible avec le développement durable.

Art. D. 253-44-2 *(Décr. n° 2019-649 du 27 juin 2019, art. 1er)* **Le Comité d'orientation stratégique et de suivi du plan national pour une utilisation des produits phytopharmaceutiques compatible avec le développement durable comprend :**

1° Un collège des représentants de l'État comprenant :

***a)* Le directeur général de l'alimentation ;**

***b)* Le directeur général de la performance économique et environnementale des entreprises ;**

***c)* Le directeur général de l'enseignement et de la recherche ;**

***d)* Le secrétaire général du ministère chargé de l'agriculture ;**

***e)* Le directeur de l'eau et de la biodiversité ;**

***f)* Le directeur général de la prévention des risques ;**

***g)* Le commissaire général au développement durable ;**

***h)* Le directeur général de la santé ;**

***i)* Le directeur général de la recherche et de l'innovation ;**

***j)* Le directeur général des outre-mer ;**

***k)* Le directeur du budget ;**

***l)* Le directeur général de la consommation, de la concurrence et de la répression des fraudes ;**

2° Un collège des représentants des établissements publics de l'État intéressés et des organismes de recherche comprenant :

***a)* Le directeur général de l'Agence française pour la biodiversité ;**

***b)* Le directeur général de l'Agence nationale de sécurité sanitaire de l'alimentation, de l'environnement et du travail ;**

***c)* Le directeur général de l'Agence nationale de santé publique ;**

***d)* Le directeur général de FranceAgriMer ;**

***e)* Le directeur de l'office de développement de l'économie agricole d'outre-mer ;**

***f)* Le directeur de l'Agence française pour le développement et la promotion de l'agriculture biologique ;**

***g)* Le président-directeur général de l'Institut national de recherche agronomique** *[Institut national de recherche pour l'agriculture, l'alimentation et l'environnement]* **;**

***h)* Le directeur général de l'Institut national de recherche en sciences et technologies pour l'environnement et l'agriculture** *[Institut national de recherche pour l'agriculture, l'alimentation et l'environnement]* **;**

***i)* Le président directeur général du Centre de coopération internationale en recherche agronomique pour le développement ;**

***j)* Le directeur de l'Institut agronomique, vétérinaire, et forestier de France ;**

***k)* Le président de l'Institut national du cancer ;**

***l)* Le président-directeur général de l'Institut national de la santé et de la recherche médicale ;**

***m)* Un directeur d'une agence de l'eau, désigné par le ministre chargé de l'environnement ;**

3° Un collège assurant la représentation des collectivités et de leurs établissements publics comprenant :

***a)* Un représentant des communes ;**

***b)* Un représentant des groupements de communes ;**

***c)* Un représentant des régions ;**

***d)* Un représentant des offices de l'eau d'outre-mer ;**

4° Un collège assurant la représentation des exploitants et des salariés agricoles et des organisations de développement agricole comprenant :

***a)* Un représentant de** *(Ord. n° 2022-583 du 20 avr. 2022, art. 1er)* **« Chambres d'agriculture France » ;**

***b)* Un représentant de chacune des organisations professionnelles agricoles représentatives habilitées en application de l'article R. 514-39 ;**

***c)* Un représentant de chacune des organisations représentatives défendant les intérêts des salariés agricoles ;**

***d)* Six autres représentants d'organisations de développement agricole ;**

5° Un collège assurant la représentation des activités de transformation et de commerce agro-alimentaire, des producteurs, des distributeurs, des applicateurs et des utilisateurs non agricoles de produits phytopharmaceutiques, des industries d'approvisionnement en facteur de production et des conseillers à l'utilisation de ces produits, comprenant quatorze membres ;

6° Un collège assurant la représentation des associations de protection de la santé, de l'environnement et de défense des consommateurs comprenant :

a) Sept représentants d'associations nationales de protection de l'environnement agréées au titre de l'article L. 141-1 du code de l'environnement ;

b) Trois représentants d'associations nationales de défense des consommateurs agréées au titre de l'article L. 811-1 du code de la consommation ;

c) Trois représentants d'autres associations compétentes en matière de santé et d'environnement ;

7° De une à quatre personnalités qualifiées au titre de leurs compétences dans les domaines de l'agriculture, de la forêt, de la santé ou de l'environnement.

Art. D. 253-44-3 *(Décr. n° 2019-649 du 27 juin 2019, art. 1er)* I. — Les membres du comité mentionnés aux 1° et 2° de l'article D. 253-44-2 peuvent se faire représenter.

II. — Les membres du comité mentionnés aux 3° à 7° de l'article D. 253-44-2 sont nommés, après désignation par les organisations qu'ils représentent, par arrêté des ministres chargés de l'agriculture, de l'environnement, de la santé et de la recherche, pour une durée de trois ans renouvelable.

Lorsqu'un membre cesse ses fonctions, notamment pour avoir perdu la qualité en raison de laquelle il avait été nommé, son remplacement s'effectue dans les mêmes conditions que la nomination et pour la durée du mandat restant à accomplir.

Les fonctions de membre du Comité s'exercent à titre gratuit.

III. — Le secrétariat du comité est assuré par la direction générale de l'alimentation du ministère chargé de l'agriculture et la direction de l'eau et de la biodiversité du ministère chargé de l'environnement.

SECTION 6 Mesures de précaution

Art. R. 253-45 L'autorité administrative mentionnée à l'article L. 253-7 est le ministre chargé de l'agriculture.

Toutefois, lorsque les mesures visées au premier alinéa de l'article L. 253-7 concernent l'utilisation et la détention de produits visés à l'article L. 253-1, elles sont prises par arrêté conjoint des ministres chargés de l'agriculture, de la santé, de l'environnement et de la consommation.

(Décr. n° 2022-1486 du 28 nov. 2022, art. 1er) « Par dérogation au deuxième alinéa, le préfet encadre ou interdit l'utilisation des produits phytopharmaceutiques dans les sites terrestres Natura 2000, au regard des objectifs de conservation ou de restauration des habitats naturels et des espèces définis dans les documents d'objectifs, lorsque cette utilisation n'est pas effectivement prise en compte par les mesures, prévues au V de l'article L. 414-1 du code de l'environnement, définies dans le cadre des contrats et chartes. »

Art. D. 253-45-1 *(Décr. n° 2015-791 du 30 juin 2015, art. 1er-5°-a)* L'autorité administrative mentionnée au premier alinéa de l'article L. 253-7-1 est le ministre chargé de l'agriculture.

L'autorité administrative mentionnée au troisième alinéa du même article est le préfet du département dans lequel a lieu l'utilisation des produits définis à l'article L. 253-1. *(Décr. n° 2019-1500 du 27 déc. 2019, art. 2)* « Les distances minimales mentionnées à l'article L. 253-7-1 ne peuvent être inférieures aux distances de sécurité minimales fixées en application du 1° de l'article L. 253-7. »

Art. R. 253-46 *(Décr. n° 2017-1246 du 7 août 2017, art. 16-14°)* « L'Agence évalue spécifiquement les risques liés à la pulvérisation aérienne. Les produits phytopharmaceutiques utilisés en pulvérisation aérienne sont expressément approuvés à cet effet sur la base de cette évaluation par décision du » *(Décr. n° 2015-791 du 30 juin 2015, art. 1er-5°-b)* « directeur général de l'Agence ».

Art. D. 253-46-1 (*Décr. n° 2020-1601 du 16 déc. 2020, art. 1er*) **Les substances mentionnées au II de l'article L. 253-8 sont les suivantes :**
– Acétamipride ;
– Flupyradifurone ;
– Sulfoxaflor.

BIBL. ▸ INSERGUET-BRISSET, *DP entr. agric., Bull. n° 521, p. 24* (liste des néonicotinoïdes).

Annulation du décret interdisant le sulfoxaflor et le flupyradifurone. • CE 15 nov. 2022, nos 439133 et 439210 : *EEI 2022. Alerte 150.*

Art. D. 253-46-1-1 (*Décr. n° 2015-791 du 30 juin 2015, art. 1er-5°-c*) **L'autorité administrative mentionnée à l'article L. 253-8-1 est le ministre chargé de l'agriculture.** – *L'art. D. 253-46-1 devient l'art. D. 253-46-1-1 (Décr. n° 2018-675 du 30 juill. 2018, art. 1er).*

Art. D. 253-46-1-2 (*Décr. n° 2019-1500 du 27 déc. 2019, art. 1er*) **L'utilisation des produits phytopharmaceutiques mentionnée au III de l'article L. 253-8 est réalisée dans le cadre de chartes d'engagements des utilisateurs, qui intègrent au moins les mesures de protection suivantes :**
– des modalités d'information des résidents ou des personnes présentes au sens du règlement (UE) 284/2013 ;
– les distances de sécurité et les mesures apportant des garanties équivalentes définies en application de l'article L. 253-7 ;
– des modalités de dialogue et de conciliation entre les utilisateurs et les habitants concernés ;
(*Décr. n° 2022-62 du 25 janv. 2022, art. 1er*) **« – des modalités d'information des résidents et des personnes présentes au sens du règlement (UE) n° 284/2013 préalables à l'utilisation des produits ».**

Les chartes peuvent également inclure :
(*Abrogé par Décr. n° 2022-62 du 25 janv. 2022, art. 1er*) *« – des modalités d'information préalable, y compris des délais de prévenance des résidents ; »*
– le recours à des techniques ou moyens de réduction de la dérive ou de l'exposition des résidents ou des personnes présentes au sens du règlement (UE) 284/2013 ;
– des bonnes pratiques pour l'application des produits phytopharmaceutiques ;
– des modalités relatives aux dates ou horaires de traitements les plus adaptés ;
– des modalités pratiques d'application des distances de sécurité ou de déploiement de mesures anti-dérives.

COMMENTAIRE

Le Conseil d'État a annulé l'article 1er du décret du 27 décembre 2019 après que le Conseil constitutionnel a sanctionné les modalités de concertation avec le public prévues initialement par la loi pour l'adoption des chartes d'engagement (Cons. const. 19 mai 2021, n° 2021-891, V. note 1 ss. art. L. 253-8). Les riverains des zones susceptibles d'être traitées avec des produits phytosanitaires ont été jugés insuffisamment protégés par le dispositif initialement prévu (CE 26 juill. 2021, n° 437815, V. note 4 ss. art. L. 253-8) et un délai de six mois a été donné au gouvernement pour réécrire les articles sanctionnés, ce qui est intervenu avec le décret du 25 janvier 2022 pour ce qui était relatif aux chartes d'engagement des utilisateurs. Par contre, le Conseil d'État a prononcé une astreinte pour contraindre l'État à exécuter la décision du 26 juillet 2021 (CE 22 déc. 2022, n° 462352 : *EEI 2023. Alerte 31, obs. Erstein ; JCP 2023. Actu. 206 ; DP entr. agric., Bull. n° 570, p. 10, note Inserguet-Brisset*) en ce qu'elle porte sur les distances de sécurité pour l'utilisation à proximité des zones d'habitation des produits phytopharmaceutiques classés CMR2. Un arrêté du 14 février 2023 (relatif aux mesures de protection des personnes lors de l'utilisation de certains produits phytopharmaceutiques et modifiant l'arrêté du 4 mai 2017 relatif à la mise sur le marché et à l'utilisation des produits phytopharmaceutiques et de leurs adjuvants visés à l'article L. 253-1 du code rural et de la pêche maritime, *JO 21 mars*) a en conséquence prévu des distances de dix mètres non réductibles. Le Conseil d'État a rejeté la demande d'annulation du décret du 25 janvier 2022 et des arrêtés du 25 janvier et du 14 février 2023 (CE 4 déc. 2023, n° 460892 : *AJDA 2023. 2252 ; D. actu. 12 déc. 2023, note Pastor*).

Art. D. 253-46-1-3 *(Décr. nº 2022-62 du 25 janv. 2022, art. 1er)* Pour les usages agricoles, les organisations syndicales représentatives opérant à l'échelle du département ou la chambre départementale d'agriculture proposent au préfet, à sa demande ou de leur propre initiative, les projets de chartes d'engagements mentionnées au III de l'article L. 253-8. Elles peuvent concerner tout ou partie de l'activité agricole du département.

Chaque charte d'engagements précise les modalités de son élaboration.

Art. D. 253-46-1-4 *(Décr. nº 2022-62 du 25 janv. 2022, art. 1er)* Pour les usages non agricoles, les organisations représentatives, les regroupements d'utilisateurs ou les gestionnaires d'infrastructures linéaires, proposent, de leur propre initiative ou à la demande du préfet ou, le cas échéant, lorsque la charte dépasse le ressort d'un département, à la demande de chaque préfet concerné, les projets de chartes d'engagements mentionnées au III de l'article L. 253-8.

Art. D. 253-46-1-5 *(Décr. nº 2022-62 du 25 janv. 2022, art. 1er)* Dans les deux mois qui suivent la transmission d'un projet de charte, le préfet se prononce sur le caractère adapté des mesures de protection proposées aux objectifs de l'article L. 253-8 et sur sa conformité aux exigences mentionnées à l'article D. 253-46-1-2.

Le préfet peut demander aux organisations concernées de modifier le projet dans un délai qui ne peut être supérieur à deux mois. Le préfet peut réduire ce délai, notamment en cas d'impératif de santé publique.

Lorsque le préfet constate que les mesures prévues par une charte sont adaptées et conformes, il met en œuvre la consultation du public conformément à l'article L. 123-19-1 du code de l'environnement en vue de son adoption.

Pour les usages non agricoles, dans l'hypothèse où plusieurs départements sont concernés, les préfets de département mettent en œuvre conjointement la procédure de consultation du public prévue par l'article L. 123-19-1 du code de l'environnement en vue de l'adoption de la charte par chacun des préfets concernés.

Les décisions préfectorales et les chartes adoptées sont publiées au recueil des actes administratifs et sur le site internet de chaque préfecture concernée.

Chaque utilisateur de produits phytopharmaceutiques dispose d'un exemplaire, le cas échéant dématérialisé, de la charte d'engagements qu'il met en œuvre lors de l'utilisation de produits phytopharmaceutiques.

Art. D. 253-46-1-6 *(Décr. nº 2022-411 du 23 mars 2022, art. 1er)* I. — Lorsqu'un règlement d'exécution adopté en application des articles 20 ou 21 du règlement (CE) nº 1107/2009 du Parlement européen et du Conseil du 21 octobre 2009, retire l'approbation d'une substance active, ou en refuse le renouvellement, pour des raisons liées à la protection de la santé humaine ou animale ou de l'environnement, les produits phytopharmaceutiques qui en contiennent peuvent être, à titre transitoire, produits, stockés et mis en circulation en vue de leur exportation jusqu'à la fin du délai de grâce fixé par le règlement d'exécution.

II. — Lorsque l'approbation d'une substance est arrivée à échéance et que son renouvellement n'est pas demandé, pour des raisons relatives à la protection de la santé humaine ou animale ou de l'environnement, les produits phytopharmaceutiques qui en contiennent peuvent être, à titre transitoire, produits, stockés et mis en circulation en vue de leur exportation jusqu'à une date fixée par un arrêté conjoint des ministres chargés de l'agriculture et de l'environnement. Cette date est déterminée sur la base d'une évaluation de l'impact de l'interdiction de production, de stockage et de mise en circulation en vue de leur exportation des produits contenant les substances concernées. — *L'art. 1er du Décr. du 23 mars 2022 est annulé en tant qu'il insère un II au sein de l'art. D. 253-46-1-6 (Décis. nº 467743 du 5 mars 2024 du Conseil d'État statuant au contentieux, JO 8 mars).*

SECTION 6 *BIS* Phytopharmacovigilance

(Décr. nº 2016-1595 du 24 nov. 2016, art. 1er)

Art. R. 253-46-2 Au sens de la présente section, on entend par "utilisateur professionnel de produit phytopharmaceutique" toute personne mentionnée au 1 de l'article 3 de la directive 2009/128/CE du Parlement européen et du Conseil du 21 octobre 2009 instaurant un cadre d'action communautaire pour parvenir à une utilisation des pesticides compatible avec le développement durable.

Art. R. 253-46-3 La phytopharmacovigilance prévue à l'article L. 253-8-1 est organisée par l'Agence.

A ce titre, et sans préjudice des missions des services de l'État et des organismes participant à la phytopharmacovigilance :

1° Elle participe, conjointement avec ces services et organismes, à la définition des dispositifs de recueil des informations relatives à la phytopharmacovigilance ;

2° Elle procède à l'exploitation des informations recueillies et à l'évaluation des risques ;

3° Elle prend, le cas échéant, les mesures destinées à prévenir ou faire cesser les effets indésirables des produits phytopharmaceutiques, dans le cadre de ses missions concernant les autorisations de mise sur le marché des produits phytopharmaceutiques et des adjuvants ;

4° Elle fournit aux ministres chargés de l'agriculture, de la santé, de l'environnement, du travail et de la consommation les informations sur les risques qu'elle évalue et sur la mise en œuvre des mesures de gestion des risques ;

5° En cas de risque grave pour la santé humaine, la santé animale ou l'environnement, elle informe dans les plus brefs délais les ministres chargés de l'agriculture, de la santé, de l'environnement, du travail et de la consommation. Elle leur propose, le cas échéant, les mesures appropriées, notamment dans le cadre des articles 69 à 71 du règlement (CE) n° 1107/2009.

Art. R. 253-46-4 Les organismes mentionnés à l'article L. 253-8-1 *(Abrogé par Décr. nº 2017-1246 du 7 août 2017, art. 16-15°)* ***« du présent code »*** sont désignés, au titre de leur participation à des dispositifs de surveillance pouvant intéresser la phytopharmacovigilance, par arrêté des ministres chargés de l'agriculture, de la santé, du travail, de la consommation et de l'environnement, pris sur proposition du directeur général de l'Agence. Cet arrêté précise la nature des informations pouvant intéresser la phytopharmacovigilance pour laquelle chaque organisme est désigné. *— V. Arr. du 16 févr. 2017 relatif aux organismes participant à la phytopharmacovigilance (JO 1er mars), mod. par Arr. du 14 déc. 2018 (JO 22 déc.).*

Art. R. 253-46-5 Les organismes désignés participant à la phytopharmacovigilance en application de l'article L. 253-8-1 :

1° Transmettent au moins une fois par an à l'Agence les informations mentionnées à l'article R. 253-46-6 dont ils disposent dans leur domaine de compétence, après en avoir vérifié la fiabilité et la pertinence, à l'exception des données à caractère personnel ;

2° Transmettent également à l'Agence, dans les mêmes conditions, les informations issues des dispositifs de surveillance auxquels ils participent dans leur domaine de compétence ainsi que, le cas échéant, les données résultant de l'exploitation des informations transmises ;

3° Donnent accès à l'Agence, à sa demande et conformément aux dispositions de l'article L. 1313-2 du code de la santé publique, à toute autre information nécessaire à la phytopharmacovigilance ;

4° Alertent sans délai l'Agence lorsqu'ils ont connaissance d'un risque immédiat, grave ou inattendu pour la santé humaine ou animale ou pour l'environnement lié ou susceptible d'être lié à un produit phytopharmaceutique ou à un adjuvant.

Les conditions dans lesquelles ces informations sont transmises à l'Agence sont précisées, en cas de besoin, par arrêté du ministre chargé de l'agriculture sur proposition du directeur général de l'Agence.

Les organismes désignés participant à la phytopharmacovigilance conservent, pendant au moins dix ans, les informations relatives à la phytopharmacovigilance dont ils disposent.

Art. R. 253-46-6 Les informations transmises aux organismes désignés en application du deuxième alinéa de l'article L. 253-8-1 comprennent au moins :

1° La qualité du déclarant ;

2° Le cas échéant, toute information permettant de caractériser les populations humaines, animales ou végétales ou les milieux ayant subi l'incident, l'accident ou l'effet indésirable du produit phytopharmaceutique ou de l'adjuvant concerné ou l'apparition d'une résistance à ce produit, à l'exception des données à caractère personnel ;

3° La nature du produit phytopharmaceutique ou de l'adjuvant concerné, si elle est connue ;

4° La nature et les circonstances de l'effet indésirable constaté ou de la résistance.

Les conditions dans lesquelles ces informations sont transmises aux organismes désignés sont précisées, en cas de besoin, par arrêté du ministre chargé de l'agriculture sur proposition du directeur général de l'Agence.

Art. R. 253-46-7 Les titulaires d'autorisation de mise sur le marché, fabricants, importateurs, distributeurs, utilisateurs professionnels non-salariés, conseillers et formateurs des utilisateurs de produits phytopharmaceutiques fournissent, à la demande des organismes désignés participant à la phytopharmacovigilance ou de l'Agence, toute information complémentaire dont ils auraient connaissance sur les cas qu'ils ont déclarés ou sur les cas qui ont fait l'objet d'une déclaration par un tiers.

L'autorité compétente pour recueillir les informations communiquées par les titulaires d'une autorisation de mise sur le marché, d'un permis de commerce parallèle ou d'un permis d'expérimentation de produit phytopharmaceutique ou adjuvant en application de l'article 56 du règlement (CE) n° 1107/2009 est le directeur général de l'Agence.

Art. R. 253-46-8 L'Agence met en place les moyens permettant à toute personne autre que celles mentionnées au deuxième alinéa de l'article L. 253-8-1 de déclarer toute information dont elle aurait connaissance relative à un incident, à un accident, à un effet indésirable ou à une résistance, lié ou susceptible d'être lié à un produit phytopharmaceutique ou à un adjuvant.

Art. R. 253-46-9 La communication d'informations au titre des dispositions des articles R. 4412-50 et R. 4412-92 du code du travail et de l'article L. 1341-2 du code de la santé publique vaut, pour les utilisateurs professionnels placés sous l'autorité d'un employeur, communication au titre du deuxième alinéa de l'article L. 253-8-1 *(Décr. n° 2017-1246 du 7 août 2017, art. 16-16°)* « du présent code si elle comporte les informations mentionnées à l'article R. 253-46-6 du même code ».

SECTION 7 Élimination des produits dont l'utilisation n'est pas autorisée

Art. R. 253-47 L'autorité administrative mentionnée à l'article L. 253-12 est le préfet de région.

Art. R. 253-48 I. — Les délais mentionnés à l'article L. 253-11 pour les opérations conduisant à l'élimination des produits phytopharmaceutiques sont :

1° D'un an pour les opérations de collecte de ces produits chez les utilisateurs finaux à compter des dates mentionnées à l'article L. 253-11 ;

2° D'un an pour le traitement final de ces produits à compter de l'expiration du délai d'un an visé au 1°.

II. — Lorsque l'urgence ou des risques particuliers pour la santé publique ou l'environnement le justifient, le *(Décr. n° 2015-791 du 30 juin 2015, art. 1er-6°)* « directeur général de l'Agence » peut imposer des délais de collecte et de traitement plus courts que ceux mentionnés au I, dans la décision de retrait du produit phytopharmaceutique concerné.

SECTION 8 Inspection et contrôle

Art. R. 253-49 et R. 253-50 *Abrogés par Décr. n° 2021-1858 du 28 déc. 2021, art. 6.*

Art. R. 253-51 Des arrêtés du ministre chargé de l'agriculture déterminent en tant que de besoin, pour chacun des produits, produits végétaux ou d'origine végétale susceptibles de faire l'objet d'un prélèvement, la quantité à prélever, les procédés nécessaires à l'obtention d'échantillons homogènes ainsi que les modalités de transport et de conservation des échantillons.

Art. R. 253-52 Si les produits, produits végétaux ou d'origine végétale ayant donné lieu à un prélèvement d'échantillons ne font pas l'objet d'une mesure de consignation dans l'attente des résultats d'analyse, les agents mentionnés à l'article *(Décr. n° 2021-1858 du 28 déc. 2021, art. 6)* « R. 250-1 » peuvent demander au détenteur de ces produits de leur faire connaître la destination de ceux-ci.

Art. R. 253-53 I. — En vue de déterminer les risques résultant de la mise sur le marché des produits phytopharmaceutiques et adjuvants qui ne bénéficient pas de l'autorisation ou du permis prévus par les articles R. 253-5 et R. 253-23, les agents mentionnés à l'article *(Décr. n° 2021-1858 du 28 déc. 2021, art. 6)* « R. 250-1 » peuvent, avant d'ordonner le retrait ou la destruction de ces produits, prélever, dans les conditions prévues aux articles *(Décr. n° 2021-1858 du 28 déc. 2021, art. 6)* « R. 250-2, R. 253-51 et R. 253-52 » des échantillons de ceux-ci.

Ces agents peuvent ordonner au détenteur qu'il procède à l'inventaire du stock de ces produits et, dans le cas où ceux-ci sont dispersés, qu'il les entrepose, en un même lieu, dans un délai qu'ils fixent.

Dans l'attente de leur retrait ou de leur destruction, les produits sont consignés et peuvent être mis sous scellés.

II. — S'il apparaît que des produits ne bénéficiant pas d'une autorisation de mise sur le marché ont été cédés, les agents procédant au contrôle peuvent ordonner leur rappel dans un délai qu'ils fixent.

Le cédant est, dans ce cas, tenu de fournir à ces agents des informations relatives *(Abrogé par Décr. n° 2021-1858 du 28 déc. 2021, art. 6)* ***« notamment »*** aux dates de cession des produits, aux quantités de produits cédés, aux nom et adresse du cessionnaire ainsi qu'aux dates de retour et quantités de produits retournés. *(Abrogé par Décr. n° 2021-1858 du 28 déc. 2021, art. 6)* ***« Le contenu de ces informations est défini par arrêté du ministre chargé de l'agriculture. »***

Art. R. 253-54 S'il apparaît, lors des contrôles et inspections, que des produits végétaux ou d'origine végétale ont été traités avec des produits phytopharmaceutiques ne bénéficiant pas d'une autorisation de mise sur le marché ou d'un permis de commerce parallèle, ces produits végétaux ou d'origine végétale sont consignés et font l'objet de prélèvements d'échantillons, dans les conditions prévues aux articles R. 253-49 à R. 253-52, en vue de contrôler leur teneur en résidus.

Lorsque l'analyse des échantillons fait apparaître que leur teneur en résidus est supérieure à la limite maximale autorisée par la réglementation applicable, ces produits végétaux ou d'origine végétale demeurent consignés aussi longtemps que cette teneur reste supérieure aux normes admises.

Si cet objectif ne peut être atteint, les agents mentionnés au I de l'article *(Décr. n° 2021-1858 du 28 déc. 2021, art. 6)* « R. 250-1 » ordonnent la destruction des produits végétaux ou d'origine végétale dont il s'agit dans un délai qu'ils fixent et, si nécessaire, en leur présence.

SECTION 9 Dispositions pénales

(Décr. n° 2015-791 du 30 juin 2015, art. 1er-7°)

Art. R. 253-54-1 *(Décr. n° 2018-721 du 3 août 2018, art. 1er)* I. — Est puni de l'amende prévue pour les contraventions de la cinquième classe le fait, pour les titulaires d'une autorisation de mise sur le marché ou d'un permis de commerce parallèle :

1° De ne pas avoir procédé à la mise à jour de l'étiquetage de leurs produits conformément à l'article L. 253-4 dans le respect des délais prévus au I de l'article R. 253-42 ;

2° De ne pas respecter les délais de mise à jour des étiquettes prévus au II de l'article R. 253-42 ;

3° De ne pas respecter les exigences d'étiquetage prévues à l'article 65 du règlement (CE) n° 1107/2009 du Parlement européen et du Conseil du 21 octobre 2009.

II. — Est puni de la même peine le fait :

1° De mettre sur le marché des végétaux ou produits de végétaux issus de récoltes traitées lors d'essais, expériences ou études sans que le permis d'expérimentation prévoie une dérogation à l'obligation de destruction des récoltes ou sans que les essais, expériences ou études ne portent sur des produits mentionnés au deuxième alinéa de l'article R. 253-30 ;

2° Pour toute personne ayant cédé des produits ne bénéficiant pas d'une autorisation de mise sur le marché ou d'un permis, de ne pas fournir les informations exigées en cas de rappel de ces produits.

La récidive de ces contraventions est réprimée conformément aux articles 132-11 et 132-15 du code pénal.

III. — Est puni de l'amende prévue pour les contraventions de la troisième classe le fait de ne pas déclarer au préfet de région l'introduction d'un produit phytopharmaceutique pour usage personnel dans les conditions prévues au I de l'article R. 253-27.

IV. — Les personnes physiques reconnues coupables de l'une des infractions prévues au présent article encourent également la peine complémentaire prévue au 5° de l'article 131-16 du code pénal.

SECTION 10 Le conseil de surveillance

(Décr. n° 2020-1600 du 16 déc. 2020, art. 1er)

Art. D. 253-54-2 Le conseil de surveillance prévu au II *bis* de l'article L. 253-8 est placé auprès des ministres chargés de l'agriculture et de l'environnement.

Art. D. 253-54-3 Outre les huit parlementaires prévus à l'article L. 253-8, le conseil comprend :

1° Un représentant du Conseil économique, social et environnemental désigné par son président ;

2° Une personnalité désignée en raison de sa compétence en matière d'environnement ;

3° Une personnalité désignée en raison de sa compétence en matière d'agriculture ;

4° Le directeur général de la prévention des risques au ministère chargé de l'environnement ou son représentant ;

5° Le directeur de l'eau et de la biodiversité au ministère chargé de l'environnement ou son représentant ;

6° Le directeur général de la performance économique et environnementale des entreprises au ministère chargé de l'agriculture ou son représentant ;

7° Le directeur général de l'alimentation au ministère chargé de l'agriculture ou son représentant ;

8° Le directeur général de l'enseignement et de la recherche au ministère chargé de l'agriculture ou son représentant ;

9° Le directeur général de la santé au ministère chargé de la santé ou son représentant ;

10° Le président-directeur général de l'Institut national de recherche pour l'agriculture, l'alimentation et l'environnement ou son représentant ;

11° Le directeur général de l'Office français de la biodiversité ou son représentant ;

12° Le président de chacune des organisations professionnelles agricoles représentatives habilitées en application de l'article R. 514-39 ou son représentant ;

(Décr. n° 2021-14 du 8 janv. 2021, art. 1er) « 13° Trois représentants d'associations, organismes et fondations susceptibles d'être désignés pour prendre part au débat sur l'environnement sur le fondement de l'article L. 141-3 du code de l'environnement ; »

14° Le président de l'Institut technique et scientifique de l'apiculture et de la pollinisation ou son représentant ;

15° Le président de l'Institut technique de l'agriculture et de l'alimentation biologiques ou son représentant ;

16° Le président de InterApi - Interprofession des produits de la ruche ou son représentant ;

17° Le président de *(Ord. n° 2022-583 du 20 avr. 2022, art. 1er)* « Chambres d'agriculture France » ou son représentant.

Il comprend également, en fonction de l'ordre du jour, deux représentants de la filière de production et de la transformation et un représentant de l'Institut technique de la filière concernée désignés par le président, ainsi que, le cas échéant, le délégué interministériel pour la filière.

Les mandats des membres parlementaires du conseil et des membres mentionnés aux 1° à 3° et 13° sont d'une durée de cinq ans.

Les membres du conseil mentionnés aux 2°, 3° et 13° sont nommés par arrêté du ministre chargé de l'agriculture.

Les membres mentionnés aux 1° et 13° peuvent être suppléés par un représentant désigné dans les mêmes conditions.

Les membres du conseil dont le siège devient vacant pour quelque cause que ce soit sont remplacés par un membre désigné dans les mêmes conditions que celui qu'il remplace. Le conseil délibère valablement jusqu'au remplacement et pendant un délai maximum de six mois.

Le président du conseil est nommé, parmi ses membres parlementaires, par arrêté conjoint des ministres chargés de l'agriculture et de l'environnement.

Art. D. 253-54-4 Le fonctionnement du conseil est régi par les articles R. 133-3 à R.* 133-15 du code des relations entre le public et l'administration, sous réserve des dispositions qui suivent.

Outre les réunions trimestrielles prévues à l'article L. 253-8, le conseil se réunit, sur un ordre du jour déterminé, à une date fixée par le ministre chargé de l'agriculture et le ministre chargé de l'environnement dans un délai qui ne peut être inférieur à quarante-huit heures à compter de la date de convocation.

Les membres du conseil reçoivent, quarante-huit heures au moins avant la date de la réunion, l'ordre du jour et, le cas échéant, les documents nécessaires à l'examen des affaires qui y sont inscrites.

Le conseil délibère valablement sans condition de quorum. En cas de partage égal des voix, la voix du président est prépondérante.

A l'issue de la réunion du conseil, son avis est réputé rendu.

Les délibérations du conseil peuvent se tenir à distance dans les conditions prévues par l'ordonnance n° 2014-1329 du 6 novembre 2014 relative aux délibérations à distance des instances administratives à caractère collégial.

La direction générale de l'alimentation assure le secrétariat du conseil. Elle assiste le président du conseil pour préparer les séances du conseil, établir les relevés de décisions, avis et rapports et les transmettre à leurs destinataires.

Les frais de déplacement des membres, des experts ou personnalités invitées à titre exceptionnel à une séance du conseil sont remboursés dans les conditions prévues par le décret n° 2006-781 du 3 juillet 2006 fixant les conditions et les modalités de règlement des frais occasionnés par les déplacements temporaires des personnels civils de l'État.

Art. D. 253-55 *Abrogé par Décr. n° 2020-781 du 23 juin 2020, art. 2.*

Art. R. 253-56 à R. 253-96 *Abrogés par Décr. n° 2012-755 du 9 mai 2012.*

CHAPITRE IV **LA MISE EN VENTE, LA VENTE, LA DISTRIBUTION À TITRE GRATUIT, L'APPLICATION ET LE CONSEIL À L'UTILISATION DES PRODUITS PHYTOPHARMACEUTIQUES**

(Décr. n° 2011-1325 du 18 oct. 2011, art. 1er)

Art. R. 254-1 *(Décr. n° 2020-1265 du 16 oct. 2020, art. 1er, en vigueur le 1er janv. 2021)* « I. — » Le présent chapitre définit les conditions dans lesquelles peut être délivré :

1° L'agrément auquel est soumis l'activité de mise en vente, de vente, de distribution à titre gratuit, d'application en prestation de service et de conseil à l'utilisation des produits phytopharmaceutiques, conformément au II de l'article L. 254-1.

L'obtention de cet agrément est notamment soumis à une certification d'entreprise délivrée par un organisme, dénommé "organisme certificateur", reconnu par l'autorité administrative, conformément au 2° du I de l'article L. 254-2 ;

2° Le certificat, dénommé "certificat individuel", nécessaire, conformément à l'article L. 254-3 :

a) A l'exercice des fonctions d'encadrement, de vente, d'application ou de conseil par les personnels des entreprises exerçant les activités mentionnées au II de l'article L. 254-1 ;

b) Aux personnes qui mettent en vente, distribuent et vendent des produits à des personnes autres que les utilisateurs finaux de ces produits mentionnés au IV de l'article L. 254-1 ;

c) Aux personnes physiques qui utilisent les produits phytopharmaceutiques dans le cadre de leur activité professionnelle à titre salarié, pour leur propre compte, ou dans le cadre d'un contrat d'entraide à titre gratuit au sens de l'article L. 325-1.

(Décr. n° 2020-1265 du 16 oct. 2020, art. 1er, en vigueur le 1er janv. 2021) « II. — » Pour l'application du présent chapitre, on entend par :

"Utilisateur professionnel" : toute personne qui utilise des produits phytopharmaceutiques au cours de son activité professionnelle, et notamment les opérateurs, les techniciens, les employeurs et les indépendants, tant dans le secteur agricole que dans d'autres secteurs ;

"Prestataire de service en application" : tout utilisateur professionnel qui applique des produits phytopharmaceutiques pour un tiers dans le cadre d'une prestation de service ;

"Distributeur" : toute personne physique ou morale qui exerce l'activité mentionnée au 1° du II de l'article L. 254-1, notamment les grossistes, les détaillants *[,]* les vendeurs et les fournisseurs ;

(Décr. n° 2015-757 du 24 juin 2015, art. 1er-1°) « "Micro-distributeur" : tout distributeur relevant du régime des micro-entreprises, tel que défini par l'article 50-0 du code général des impôts ; »

(Décr. n° 2020-1265 du 16 oct. 2020, art. 1er, en vigueur le 1er janv. 2021) « "Conseiller à l'utilisation de produits phytopharmaceutiques" : toute personne délivrant à titre professionnel un conseil stratégique mentionné à l'article L. 254-6-2 ou un conseil spécifique mentionné à l'article L. 254-6-3. »

SECTION 1 Conditions d'exercice

Art. D. 254-1-1 *(Décr. n° 2015-228 du 27 févr. 2015, art. 4, en vigueur le 1er janv. 2016)* Les informations mentionnées à l'article L. 254-6-1 sont tenues à la disposition des agents mentionnés aux articles *(Décr. n° 2021-1858 du 28 déc. 2021, art. 6)* « R. 250-1 » et L. 254-11.

SOUS-SECTION 1 Organismes certificateurs

Art. R. 254-2 I. — Les organismes certificateurs mentionnés au 2° du I de l'article L. 254-2 sont reconnus par le ministre chargé de l'agriculture, sous réserve d'être accrédités.

Cette accréditation garantit le respect :

1° Des normes correspondant à l'exercice de l'activité de certification des prestations de service ;

2° D'exigences, notamment liées à la formation des auditeurs, fixées par arrêté du ministre chargé de l'agriculture, permettant de garantir leur compétence pour la certification des entreprises exerçant spécifiquement les activités mentionnées à l'article L. 254-1.

II. — Un organisme non encore accrédité pour la certification des activités mentionnées au II de l'article L. 254-1 peut exercer provisoirement cette activité, sous réserve d'avoir présenté une demande d'accréditation, dont l'instance d'accréditation lui a notifié la recevabilité, par un courrier dont il transmet la copie au ministre chargé de l'agriculture. L'activité de certification peut être exercée pendant une durée maximale de neuf mois à compter de la réception de la recevabilité de la demande par l'instance d'accréditation.

III. — Les organismes certificateurs mentionnés aux I et II figurent sur une liste publiée sur le site internet du ministre chargé de l'agriculture.

Art. R.* 254-2-1 *(Décr. n° 2017-1411 du 27 sept. 2017, art. 2-43°)* Le silence gardé par le ministre chargé de l'agriculture sur une demande de reconnaissance en tant qu'organisme certificateur des activités de vente, de distribution à titre gratuit, d'application et de conseil à l'utilisation des produits phytopharmaceutiques, mentionnée à l'article R. 254-2, vaut décision de rejet.

SOUS-SECTION 2 **Certification d'entreprise**

Art. R. 254-3 La certification d'entreprise, préalable à l'agrément mentionné au II de l'article L. 254-1, est obtenue à l'issue d'un audit réalisé par un organisme certificateur. Cet audit permet de vérifier le respect de référentiels qui précisent les conditions dans lesquelles l'activité pour laquelle l'agrément est sollicité doit être exercée *(Décr. nº 2020-1265 du 16 oct. 2020, art. 1er, en vigueur le 1er janv. 2021)* « , ainsi que la mise en œuvre des moyens nécessaires pour satisfaire aux obligations prévues à l'article L. 254-10-1 ».

Lorsque la certification d'entreprise est délivrée à une personne morale, cet audit porte également sur les établissements tels que définis au III de l'article L. 254-1.

Un arrêté du ministre chargé de l'agriculture précise les modalités d'application du présent article, notamment les référentiels nécessaires aux audits et les écarts critiques associés, conformément aux dispositions du 2° du I de l'article L. 254-2 *(Décr. nº 2020-1265 du 16 oct. 2020, art. 1er, en vigueur le 1er janv. 2021)* « , ainsi que la nature des moyens mentionnés au premier alinéa ». Cet arrêté précise également les conditions dans lesquelles est réalisée la procédure d'échantillonnage, destinée à sélectionner, le cas échéant, lesquels des établissements de la personne morale font l'objet d'un audit.

V. Arr. du 16 oct. 2020 relatif au référentiel de certification prévu à l'article R. 254-3 du code rural et de la pêche maritime pour l'activité « application en prestation de service de produits phytopharmaceutiques » (JO 20 oct.), mod. par Arr. du 21 déc. 2021 (JO 26 déc.) ; Arr. du 16 oct. 2020 relatif au référentiel de certification prévu à l'article R. 254-3 du code rural et de la pêche maritime pour l'activité « distribution de produits phytopharmaceutiques à des utilisateurs non professionnels » (JO 20 oct.) ; Arr. du 16 oct. 2020 relatif au référentiel de certification prévu à l'article R. 254-3 du code rural et de la pêche maritime pour l'activité « distribution de produits phytopharmaceutiques à des utilisateurs professionnels » (JO 20 oct.) ; Arr. du 16 oct. 2020 relatif au référentiel de certification prévu à l'article R. 254-3 du code rural et de la pêche maritime pour l'activité organisation générale » (JO 20 oct.) ; Arr. du 16 oct. 2020 relatif au référentiel de certification pour l'activité « conseils stratégique et spécifique à l'utilisation de produits phytopharmaceutiques » (JO 20 oct.).

Art. R. 254-4 Le contrat mentionné au 3° du I de l'article L. 254-2 prévoit des audits réguliers de l'entreprise et de ses établissements, dont la fréquence est fixée par arrêté du ministre chargé de l'agriculture.

Art. R. 254-5 *(Décr. nº 2020-1265 du 16 oct. 2020, art. 1er, en vigueur le 1er janv. 2021)* I. — Lorsque, à l'occasion de l'audit d'une entreprise certifiée, l'organisme certificateur constate un écart critique par rapport aux exigences des référentiels qui sont applicables à cette entreprise, il lui notifie un délai de mise en conformité qui ne peut excéder un mois pour prendre les mesures propres à corriger cet écart.

Lorsque l'écart porte sur la mise en œuvre des dispositions des articles L. 254-1-1 à L. 254-1-3, si le délai d'un mois n'est pas suffisant pour que l'entreprise prenne les mesures propres à corriger cet écart, ce délai peut être augmenté par l'organisme certificateur dans la limite maximale de six mois, dans des conditions précisées par arrêté du ministre chargé de l'agriculture. L'entreprise fournit à l'organisme certificateur les éléments justifiant de la nécessité d'un délai supplémentaire.

A l'issue du délai de mise en conformité notifié à l'entreprise, la persistance de l'écart donne lieu à la suspension de la certification par l'organisme certificateur.

Un arrêté du ministre chargé de l'agriculture précise les cas et conditions dans lesquelles l'organisme certificateur suspend ou retire la certification, compte tenu de la gravité du manquement constaté.

II. — Dans le cas où, lors de l'audit d'une entreprise certifiée, l'organisme certificateur constate un manquement dans la mise en œuvre des moyens nécessaires pour satisfaire aux obligations mentionnées à l'article L. 254-10-1, il suspend la certification de l'entreprise pour une durée pouvant aller jusqu'à six mois, compte tenu de la gravité du manquement, dans des conditions fixées par arrêté du ministre chargé de l'agriculture.

Le même arrêté précise toutefois les manquements, portant sur l'organisation de l'entreprise, pour lesquels l'organisme certificateur notifie à l'entreprise un délai de mise en conformité pour prendre les mesures propres à les corriger.

III. — L'organisme certificateur notifie au préfet de région, dans un délai maximal de quinze jours, toute suspension ou retrait de la certification délivrée à une entreprise.

Art. R. 254-6 L'avis favorable mentionné au II de l'article L. 254-2 est accordé par un organisme certificateur reconnu aux personnes mentionnées à ce même article sous réserve du respect d'exigences fixées par arrêté du ministre chargé de l'agriculture et prévues dans les référentiels mentionnés à l'article R. 254-3 applicables à leur activité.

Art. R. 254-7 Tout changement dans l'entreprise ou ses établissements susceptible de modifier les conditions au vu desquelles la certification d'entreprise a été accordée est communiqué par le détenteur de l'agrément à l'organisme certificateur dans un délai de quinze jours. L'organisme certificateur met à jour, en fonction des changements constatés, la certification délivrée à l'entreprise.

SOUS-SECTION 3 **Certificats individuels**

Art. R. 254-8 Les certificats mentionnés à l'article L. 254-3 sont des certificats individuels professionnels attestant de l'acquisition par leur titulaire de connaissances appropriées pour exercer les activités d'encadrement, de mise en vente, de vente, d'utilisation à titre professionnel, ou de conseil à l'utilisation des produits phytopharmaceutiques.

Il est délivré un certificat par activité professionnelle mentionnée au premier alinéa, déclinée, le cas échéant, en catégories, définies par arrêté du ministre chargé de l'agriculture.

Art. R. 254-9 I. — Les certificats individuels peuvent être obtenus :

1° Soit à l'issue d'une formation adaptée aux activités professionnelles et catégories concernées *(Décr. n° 2016-1125 du 11 août 2016, art. 1er-1°, en vigueur le 1er oct. 2016)* « intégrant la vérification des connaissances » ;

2° Soit à la suite d'un test *(Abrogé par Décr. n° 2016-1125 du 11 août 2016, art. 1er-1°, à compter du 1er oct. 2016) « assorti, le cas échéant, d'une formation »* ;

3° Soit au vu d'un diplôme ou titre au moins égal au niveau V de la nomenclature interministérielle des niveaux de formation, inscrit au répertoire national des certifications professionnelles et obtenu au cours des cinq années précédant la date de la demande, dont la liste est fixée par arrêté du ministre chargé de l'agriculture.

Le contenu, la durée *(Décr. n° 2016-1125 du 11 août 2016, art. 1er-1°, en vigueur le 1er oct. 2016)* « [,] les modalités de la formation intégrant la vérification des connaissances mentionnée au 1°, » les conditions de réussite au test ainsi que les moyens techniques, pédagogiques, d'encadrement et de suivi à mettre en œuvre par les organismes qui les dispensent sont précisés par arrêté du ministre chargé de l'agriculture ;

(Abrogé par Décr. n° 2016-1125 du 11 août 2016, art. 1er-1°, à compter du 1er oct. 2016) « Les titulaires de l'un des titres ou diplômes mentionnés au 3° délivré par le ministre chargé de l'agriculture à l'issue d'une préparation dans un établissement d'enseignement agricole sont réputés détenir un certificat individuel. »

II. — Les professionnels autres que ceux mentionnés à l'article L. 204-1 ressortissants d'un État membre de l'Union européenne ou d'un autre État partie à l'accord sur l'Espace économique européen qui disposent d'un certificat délivré dans leur État de provenance, conformément aux exigences de la directive 2009/128/CE, sont réputés détenir le certificat mentionné à l'article L. 254-3.

(Décr. n° 2015-1768 du 24 déc. 2015, art. 8, en vigueur le 1er janv. 2016) « III. — Les ressortissants d'un État membre de l'Union européenne ou d'un autre État partie à l'accord sur l'Espace économique européen qui disposent d'un certificat délivré dans leur État d'origine, conformément aux exigences de la directive 2009/128/CE du Parlement européen et du Conseil du 21 octobre 2009 instaurant un cadre d'action communautaire pour parvenir à une utilisation des pesticides compatible avec le développement durable, qui souhaitent exercer à titre temporaire et occasionnel leur activité sur le territoire national, en font préalablement la déclaration au directeur régional de l'alimentation, de l'agriculture et de la forêt du lieu d'exercice de la première prestation de services. Cette déclaration est transmise par tout moyen, accompagné du certificat individuel, et, en tant que besoin, de leur traduction en langue française. Elle est renouvelée chaque année et en cas de changement de situation professionnelle. »

Art. R. 254-10 *(Décr. n° 2016-1125 du 11 août 2016, art. 1er-2°, en vigueur le 1er oct. 2016)* Les certificats individuels peuvent être renouvelés soit à l'issue d'une formation adaptée aux activités professionnelles et catégories concernées, soit dans les conditions prévues aux 2° et 3° de l'article R. 254-9.

La délivrance d'un certificat dans une autre spécialité professionnelle ou une autre catégorie peut être obtenue dans les conditions prévues à l'article R. 254-9.

Le contenu et la durée des programmes de formation sont fixés par arrêté du ministre chargé de l'agriculture.

Art. R. 254-11 Les certificats individuels sont délivrés par le directeur régional de l'alimentation, de l'agriculture et de la forêt, ou par le directeur de l'alimentation, de l'agriculture et de la forêt, du lieu de résidence du demandeur, ou, le cas échéant, du lieu du siège social de l'organisme où ont été réalisés les formations et tests prévus aux 1° et 2° de l'article R. 254-9.

Les certificats sont délivrés pour une durée de cinq ans, renouvelable *(Abrogé par Décr. n° 2016-1125 du 11 août 2016, art. 1er-3°, à compter du 1er oct. 2016)* *« , portée à dix ans pour ceux permettant l'utilisation des produits phytopharmaceutiques dans le cadre d'une activité agricole au sens de l'article L. 311-1 ».*

Art. R. 254-12 La demande de certificat individuel comprend un justificatif attestant du suivi d'une formation dispensée dans les conditions prévues *(Décr. n° 2016-1125 du 11 août 2016, art. 1er-4°, en vigueur le 1er oct. 2016)* « au 1° » de l'article R. 254-9 et, le cas échéant, de la réussite au test afférent mentionné à cet article, ou la copie d'un diplôme ou titre mentionné au 3° de cet article.

(Décr. n° 2016-1125 du 11 août 2016, art. 1er-4°, en vigueur le 1er oct. 2016) « La demande de renouvellement de certificat individuel comprend un justificatif attestant du respect des conditions prévues au premier alinéa de l'article R. 254-10 » *(Décr. n° 2020-1265 du 16 oct. 2020, art. 1er, en vigueur le 1er janv. 2021)* « , ainsi que l'attestation mentionnée au III de l'article R. 254-26-2 si le demandeur est soumis à l'obligation de se faire délivrer un conseil stratégique à l'utilisation de produits phytopharmaceutiques en application de l'article L. 254-6-2 ».

Le certificat individuel, conforme à un modèle arrêté par le ministre chargé de l'agriculture et valable sur l'ensemble du territoire national, est délivré dans un délai de deux mois à compter de la demande selon les modalités fixées par arrêté du ministre chargé de l'agriculture. En l'absence de délivrance du certificat, et sauf notification d'un refus de délivrance, les justificatifs mentionnés *(Décr. n° 2020-1265 du 16 oct. 2020, art. 1er, en vigueur le 1er janv. 2021)* « aux deux premiers alinéas » valent certificat individuel, à compter de l'expiration de ce délai, et pour une durée maximale de deux mois.

Par dérogation au deuxième alinéa de l'art. R. 254-12, jusqu'au 31 déc. 2027 sur le territoire métropolitain et jusqu'au 31 déc. 2028 en Guadeloupe, en Guyane, en Martinique, à La Réunion, à Mayotte et à Saint-Martin, le renouvellement du certificat individuel mentionné au II de l'art. L. 254-3 peut être accordé, pour une durée d'un an, au demandeur soumis à l'obligation de se faire délivrer un conseil stratégique à l'utilisation de produits phytopharmaceutiques en application de l'art. L. 254-6-2, en l'absence de présentation de l'attestation mentionnée au III de l'art. R. 254-26-2, lorsque les autres conditions prévues à l'art. R. 254-12 sont remplies et sous réserve, pour les demandeurs établis sur le territoire métropolitain, de présenter un justificatif de prise de rendez-vous auprès d'un conseiller agréé pour délivrer le conseil stratégique. A l'issue de ce délai d'un an, le certificat pourra être renouvelé pour quatre ans, sous réserve de la présentation de l'attestation mentionnée au III de l'art. R. 254-26-2 (Décr. n° 2023-1277 du 26 déc. 2023, JO 28 déc.).

Art. R. 254-13 Les organismes qui mettent en œuvre les formations et tests mentionnés aux 1° et 2° de l'article R. 254-9 *(Décr. n° 2016-1125 du 11 août 2016, art. 1er-5°, en vigueur le 1er oct. 2016)* « et à l'article R. 254-10 » sont répertoriés par le directeur régional de l'alimentation, de l'agriculture et de la forêt, ou par le directeur de l'alimentation, de l'agriculture et de la forêt, sur une liste mise à la disposition du public.

Art. R. 254-14 Les organismes de formation mentionnés à l'article R. 254-13 doivent être préalablement habilités. Cette habilitation est délivrée par le directeur régional de l'alimentation, de l'agriculture et de la forêt, ou par le directeur de l'alimentation, de l'agriculture et de la forêt, du lieu où sont dispensées les formations ou réalisés les tests, ou, lorsque les formations et tests sont réalisés sur un territoire dépassant celui de la région, *(Décr. n° 2016-1125 du 11 août 2016, art. 1er-6°, en vigueur le 1er oct. 2016)* « par le directeur régional de l'alimentation, de l'agriculture et de la forêt, ou par le directeur de l'alimentation, de l'agriculture et de la forêt, du lieu du siège social de l'organisme ».

Elle est subordonnée au respect des conditions fixées par l'arrêté mentionné *(Décr. n° 2016-1125 du 11 août 2016, art. 1er-6°, en vigueur le 1er oct. 2016)* « au cinquième alinéa de l'article R. 254-9 ». — *V. Arr. du 14 janv. 2022 relatif aux conditions d'habilitation des organismes de formations prévues à l'art. R. 254-14 (JO 20 janv.), mod. par Arr. du 23 nov. 2022, art. 4 (JO 6 déc.).*

Art. R.* 254-14-1 *(Décr. n° 2017-1411 du 27 sept. 2017, art. 2-44°)* Le silence gardé par le directeur régional de l'alimentation, de l'agriculture et de la forêt ou le directeur de l'alimentation, de l'agriculture et de la forêt, sur une demande d'habilitation en tant qu'organisme dispensateur de la formation aux certificats prévus par l'article L. 254-3, mentionnée à l'article R. 254-14, vaut décision de rejet.

SOUS-SECTION 4 Agrément des entreprises

Art. R. 254-15 I. — L'agrément mentionné au II de l'article L. 254-1 est délivré par le préfet de région pour l'exercice des activités suivantes :

1° La distribution des produits phytopharmaceutiques à des utilisateurs professionnels ;

2° La distribution des produits phytopharmaceutiques destinés à des utilisateurs non professionnels ;

3° L'application en prestation de service de produits phytopharmaceutiques ;

(Décr. n° 2020-1265 du 16 oct. 2020, art. 1er, en vigueur le 1er janv. 2021) « 4° Le conseil à l'utilisation des produits phytopharmaceutiques mentionné aux articles L. 254-6-2 et L. 254-6-3, lorsque cette activité s'exerce à titre professionnel.

« Un agrément unique peut être délivré pour l'exercice des activités mentionnées aux 1° à 3°. »

II. — Les référentiels mentionnés à l'article R. 254-3 prévoient la présence dans l'entreprise agréée de personnes titulaires du certificat adapté à leur fonction, mentionné au I de l'article L. 254-3, disponibles en nombre suffisant au moment de la vente pour fournir aux clients les informations appropriées.

III. — Les référentiels mentionnés à l'article R. 254-3 comportent des exigences spécifiques relatives à l'organisation des entreprises sollicitant un agrément pour leur activité propre et celle d'établissements autres que des établissements secondaires, mentionnés au III de l'article L. 254-1.

Art. R. 254-15-1 *(Décr. n° 2015-757 du 24 juin 2015, art. 1er-2°)* I. — Sont exemptés des obligations mentionnées aux 2° et 3° du I de l'article L. 254-2 :

1° Les micro-distributeurs exerçant une activité de jardinerie, de graineterie, d'horticulture ou de pépiniériste qui proposent à la vente des produits phytopharmaceutiques destinés à un usage non professionnel ;

2° Les micro-distributeurs qui ne proposent à la vente, outre, le cas échéant, les produits mentionnés au 1°, que des préparations naturelles peu préoccupantes composées exclusivement d'une ou plusieurs substances de base, ou des produits à faible risque tels que définis à l'article 47 du règlement (CE) n° 1107/2009 du 21 octobre 2009.

II. — Dans le cadre de la demande de l'agrément mentionné au II de l'article L. 254-1, les micro-distributeurs justifient de la souscription de la police d'assurance mentionnée au 1° du I de l'article L. 254-2, de leur soumission au régime de la micro-entreprise et de la détention du certificat individuel mentionné au I de l'article L. 254-3 par l'ensemble du personnel exerçant des fonctions d'encadrement, de vente ou de conseil.

Art. R. 254-16 La demande est adressée au préfet de la région dans laquelle se trouve le siège social de l'entreprise ou, s'agissant des personnes mentionnées à l'article L. 254-5, au préfet de la région dans laquelle a lieu la première prestation d'activité du demandeur ou celle où est implantée l'un de ses établissements sur le territoire national.

La demande, accompagnée des pièces attestant du respect des exigences mentionnées à l'article L. 254-2 *(Décr. n° 2015-757 du 24 juin 2015, art. 1er-3°)* « ou, pour les micro-distributeurs, au II de l'article R. 254-15-1 », précise, le cas échéant, la liste des établissements, au sens du III de l'article L. 254-1, pour lesquels l'agrément est demandé, et identifie, le cas échéant, les sites qui ne sont pas des établissements de l'entreprise, mais où est susceptible de s'exercer une activité de vente, y compris temporairement.

Art. R. 254-17 *(Décr. n° 2017-1411 du 27 sept. 2017, art. 2-45°)* Le silence gardé par le préfet de région sur une demande d'agrément des activités de vente, de distribution à titre gratuit, d'application et de conseil pour l'utilisation de produits phytopharmaceutiques, mentionnée à l'article R. 254-15, vaut décision de rejet.

Art. R. 254-18 Sans préjudice des dispositions de l'article R. 254-7, le détenteur de l'agrément notifie au préfet de région, dans un délai de trente jours, tout changement susceptible d'avoir un impact sur les conditions aux vues *[au vu]* desquelles l'agrément lui a été accordé et relatif, notamment :

1° A la certification délivrée à l'entreprise ;

2° A l'organisme certificateur ;

3° A l'assurance mentionnée au 1° du I de l'article L. 254-2 ;

4° A un rachat de l'entreprise ou de l'un de ses établissements, au sens du III de l'article L. 254-1, ou à une cessation d'activité dans l'un de ces établissements.

(Décr. n° 2015-757 du 24 juin 2015, art. 1er-4°) « Pour les micro-distributeurs, cette notification au préfet de région porte sur tout changement concernant les justificatifs mentionnés au II de l'article R. 254-15-1. »

Le détenteur accompagne cette information de tout justificatif utile, notamment, le cas échéant, la mise à jour du contrat d'assurance prévu au 1° du I de l'article L. 254-2, et la copie du contrat passé avec le nouvel organisme certificateur.

Art. R. 254-19 A tout moment, le préfet de région peut solliciter du détenteur de l'agrément des informations lui permettant de s'assurer que les conditions de l'agrément sont remplies.

(Abrogé par Décr. n° 2020-1265 du 16 oct. 2020, art. 1er, à compter du 1er janv. 2021) ***« Chaque année, le détenteur de l'agrément fournit à cette autorité une copie de l'attestation de la souscription à une police d'assurance couvrant sa responsabilité civile professionnelle ainsi que celle de ses établissements, au sens du III de l'article L. 254-1, pour l'ensemble des activités, avant la date d'expiration du contrat en cours. »***

SECTION 2 Exigences applicables aux ventes de produits phytopharmaceutiques

SOUS-SECTION 1 Ventes de produits phytopharmaceutiques aux utilisateurs non professionnels

Art. R. 254-20 Les distributeurs ne peuvent mettre en vente, vendre ou distribuer à des utilisateurs qui ne sont pas des professionnels au sens de l'article R. 254-1 que des produits dont l'autorisation comporte la mention : "emploi autorisé dans les jardins".

Préalablement à la vente de produits dont l'autorisation ne comporte pas la mention : "emploi autorisé dans les jardins", le distributeur s'assure de la qualité d'utilisateur professionnel de l'acheteur, sur présentation par celui-ci de justificatifs dont la liste est arrêtée par le ministre chargé de l'agriculture. — *V. Arr. du 6 janv. 2016 relatif aux justificatifs requis pour l'achat de produits phytopharmaceutiques de la gamme d'usages « professionnel » (JO 14 janv.), mod. par Arr. du 16 oct. 2020, art. 6 (JO 20 oct.).*

Par dérogation au premier alinéa, sous réserve de justificatifs précisés par arrêté du ministre chargé de l'agriculture, les distributeurs peuvent céder des produits dont l'autorisation ne comporte pas la mention : "emploi autorisé dans les jardins" à des personnes pour le compte desquelles des utilisateurs professionnels vont utiliser les produits phytopharmaceutiques en cause.

(Décr. n° 2012-755 du 9 mai 2012, art. 2, en vigueur le 1er juill. 2012) « Les dispositions du présent article ne s'appliquent pas aux produits phytopharmaceutiques visés par un arrêté de lutte obligatoire contre les organismes nuisibles pris en application de l'article L. 251-8. »

Art. R. 254-21 Les produits dont l'autorisation comporte la mention : "emploi autorisé dans les jardins" sont présentés à des emplacements séparés physiquement des produits dont l'autorisation ne comporte pas cette mention. Ces deux catégories de produits sont indiquées à l'aide d'une signalétique explicite.

SOUS-SECTION 2 Informations pour la vente de produits phytopharmaceutiques

Art. R. 254-22 *(Décr. n° 2020-1265 du 16 oct. 2020, art. 1er, en vigueur le 1er janv. 2021)* Les distributeurs s'assurent que leurs clients disposent des informations mentionnées aux deux premiers alinéas de l'article L. 254-7.

SOUS-SECTION 3 Registre d'activité

Art. R. 254-23 *(Décr. n° 2011-1650 du 25 nov. 2011, art. 9, en vigueur le 1er janv. 2012)* I. – Le registre des ventes mentionné aux I et II de l'article L. 254-6 doit être tenu, pour leur activité propre, et, le cas échéant, pour l'activité de chacun de leurs établissements au sens du III de l'article L. 254-1 *(Décr. n° 2017-1246 du 7 août 2017, art. 16-18°)* « du présent code » ou, en l'absence d'agrément, de chacun de leurs établissements secondaires, tels que définis par l'article R. 123-40 du code de commerce :

1° Par tout distributeur agréé en application du 1° du II de l'article L. 254-1 ;

2° Par tout distributeur de semences traitées *(Décr. n° 2017-1246 du 7 août 2017, art. 16-18°)* « au moyen de produits phytopharmaceutiques ».

Ces distributeurs font l'objet d'une immatriculation à titre principal au registre du commerce et des sociétés.

(Décr. n° 2017-1246 du 7 août 2017, art. 16-18°) « II. – Le registre comporte, pour chaque produit phytopharmaceutique vendu ou distribué à l'utilisateur final, quand ce dernier n'est pas une personne produisant des semences en vue de leur mise sur le marché, les indications suivantes :

« 1° Pour tous les produits :

« *a)* Le nom commercial du produit ;

« *b)* Le numéro d'autorisation de mise sur le marché *(Décr. n° 2020-1265 du 16 oct. 2020, art. 1er, en vigueur le 1er janv. 2021)* « ou de permis de commerce parallèle » ;

« *c)* La quantité vendue ou distribuée exprimée dans l'unité de mesure de ce produit communiquée par le responsable de la mise sur le marché au distributeur en application du II de l'article R. 213-48-13 du code de l'environnement, ou, à défaut, en litres ou en kilogrammes ;

« *d)* Le montant de la redevance correspondant à cette quantité, établi à partir du montant de redevance mentionnée au II de l'article R. 213-48-13 du code de l'environnement ;

« 2° En outre, pour les produits vendus par des distributeurs exerçant l'activité mentionnée au 1° de l'article R. 254-15 du présent code, doivent également figurer sur le registre les indications suivantes :

« *a)* Le numéro de facture et la date de facturation, s'il y a lieu ;

« *b)* Le code postal de l'utilisateur final ;

« *c)* Les références attestant de sa qualité d'utilisateur professionnel, fixées dans un arrêté du ministre chargé de l'agriculture, et dans les conditions qu'il détermine ;

« 3° Pour toutes les semences traitées :

« *a)* L'espèce végétale de la semence traitée ou, dans le cas des mélanges de semences pour gazon, la mention "gazon" ;

« *b)* La quantité vendue, en quintal ou en nombre de milliers de grains ;

« *c)* Le numéro de facture ou la date de facturation s'il y a lieu ;

« *d)* Le code postal de l'utilisateur final ;

« *e)* Pour chaque produit utilisé pour traiter cette semence :

« – le nom commercial du produit ;

« – le numéro d'autorisation de mise sur le marché *(Décr. n° 2020-1265 du 16 oct. 2020, art. 1er, en vigueur le 1er janv. 2021)* « ou de permis de commerce parallèle » ;

« – la quantité de ce produit correspondant à la quantité de semences vendues, établie à partir de la quantité mentionnée au *b* du 2° du III de l'article R. 213-48-13 du code de l'environnement et exprimée dans l'unité de mesure de ce produit communi-

quée par le responsable de la mise sur le marché au distributeur en application du II de ce même article, ou, à défaut, en litres ou en kilogrammes ;

« – le montant de la redevance correspondant à la quantité de semences vendues, établi à partir du montant mentionné au *c* du 2° du III de l'article R. 213-48-13 du code de l'environnement. »

III. – *(Décr. nº 2014-1135 du 6 oct. 2014, art. 2-1º-c, en vigueur le 1er janv. 2015)* **« Un bilan » est établi pour l'année civile précédente ou, en cas de changement de taux en cours d'année, d'une part, pour la période comprise entre le 1er janvier et la date de ce changement et, d'autre part, entre cette même date et le 31 décembre.** *(Décr. nº 2014-1135 du 6 oct. 2014, art. 2-1º-c, en vigueur le 1er janv. 2015)* **« La date de la vente par des distributeurs exerçant l'activité mentionnée au 1° de l'article R. 254-15** *(Décr. nº 2017-1246 du 7 août 2017, art. 16-18º)* **« du présent code », ou par des distributeurs de semences traitées est celle de la facturation à l'utilisateur final. La date de la vente par des distributeurs exerçant l'activité mentionnée au 2° de l'article R. 254-15** *(Décr. nº 2017-1246 du 7 août 2017, art. 16-18º)* **« du même code » est celle de l'encaissement du prix. »**

Ce bilan comporte, pour chaque produit phytopharmaceutique mentionné dans le registre, et pour chaque établissement :

1° Le nom ;

2° Le numéro d'autorisation de mise sur le marché *(Décr. nº 2020-1265 du 16 oct. 2020, art. 1er, en vigueur le 1er janv. 2021)* **« ou de permis de commerce parallèle » ;**

3° L'indication des quantités au cours de la période considérée :

– soit vendues aux assujettis à la redevance pour pollutions diffuses ou aux personnes agréées en vertu du 2° du II du *[de l'article]* **L. 254-1** *(Décr. nº 2017-1246 du 7 août 2017, art. 16-18º)* **« du même code » exerçant l'activité de traitement de semences ;**

– soit utilisées dans le traitement des semences vendues aux assujettis à la redevance pour pollutions diffuses.

Ces quantités sont exprimées dans l'unité de mesure du produit communiquée par le responsable de la mise sur le marché au distributeur ou, à défaut, en litres ou en kilogrammes.

Ce bilan est annexé au registre, dont il fait partie intégrante.

Art. R. 254-23-1 *(Décr. nº 2011-1650 du 25 nov. 2011, art. 10, en vigueur le 1er janv. 2012)* **I. – Les prestataires de traitement de semences agréés en application du 2° du II de l'article L. 254-1 et faisant l'objet d'une immatriculation à titre principal au registre du commerce et des sociétés tiennent pour leur activité propre, et, le cas échéant, pour l'activité de chacun de leurs établissements au sens du III de l'article L. 254-1, le registre de leur utilisation de produits phytopharmaceutiques dans le cadre de leur activité mentionné au II de l'article L. 254-6.**

Ce registre comporte, pour chaque établissement et pour chaque produit phytopharmaceutique utilisé pour le traitement des semences pour le compte de leur utilisateur final quand ce dernier n'est pas une personne produisant des semences en vue de leur mise sur le marché, les indications suivantes :

– la date du traitement ;

– le numéro de facture et la date de facturation ;

– le code postal du commanditaire pour le compte duquel est réalisé le traitement de semence en prestation de service ;

– le nom commercial et le numéro d'autorisation de mise sur le marché *(Décr. nº 2020-1265 du 16 oct. 2020, art. 1er, en vigueur le 1er janv. 2021)* **« ou de permis de commerce parallèle » du produit utilisé pour ce traitement ;**

– l'espèce végétale ou, dans le cas des mélanges de semences pour gazon, la mention "gazon" et la quantité, exprimée en quintaux, de semences traitées au moyen de ce produit ;

– la quantité du produit utilisée exprimée dans l'unité de mesure de ce produit communiquée par le responsable de la mise sur le marché aux prestataires de traitement de semences en application du II de l'article R. 213-48-13 du code de l'environnement, ou, à défaut, en litres ou kilogrammes ;

– le numéro d'agrément de l'établissement d'achat du produit, ou à défaut, son numéro d'identification SIRET ou, en l'absence de ce numéro, sa localisation géographique ;

– le montant de redevance correspondant à la quantité de produit utilisée, établis *[établi]* à partir du montant de redevance mentionné au II de l'article R. 213-48-13 du code de l'environnement.

II. – *(Décr. nº 2014-1135 du 6 oct. 2014, art. 2-2º, en vigueur le 1er janv. 2015)* « Un bilan » est établi pour l'année civile précédente ou, en cas de changement de taux en cours d'année, d'une part, pour la période comprise entre le 1er janvier et la date de ce changement et, d'autre part, entre cette même date et le 31 décembre.

Il comporte, pour chaque établissement et chaque produit phytopharmaceutique acheté auprès d'une personne non redevable de la redevance prévue à l'article L. 213-10-8 du code de l'environnement, et utilisé dans le cadre d'un traitement réalisé pour le compte d'une personne assujettie à la redevance pour pollutions diffuses, le nom, le numéro d'autorisation de mise sur le marché *(Décr. nº 2020-1265 du 16 oct. 2020, art. 1er, en vigueur le 1er janv. 2021)* « ou de permis de commerce parallèle » et l'indication des quantités utilisées au cours de la période considérée, exprimées dans l'unité de mesure du produit communiquée par le responsable de la mise sur le marché au distributeur ou, à défaut, en litres ou en kilogrammes, des produits phytopharmaceutiques achetés.

Ce bilan est annexé au registre dont il fait partie intégrante.

Art. R. 254-23-2 *(Décr. nº 2011-1650 du 25 nov. 2011, art. 11, en vigueur le 1er janv. 2012)* I. – Le registre mentionné à l'article L. 254-3-1 comporte les indications suivantes :

1º Pour chaque produit acheté auprès d'une personne qui n'est pas redevable de la redevance prévue à l'article L. 213-10-8 du code de l'environnement :

– le numéro de facture et la date de facturation ;

– le nom commercial du produit et son numéro d'autorisation de mise sur le marché à l'étranger ;

– le nom du produit français de référence et son numéro d'autorisation de mise sur le marché *(Décr. nº 2020-1265 du 16 oct. 2020, art. 1er, en vigueur le 1er janv. 2021)* « ou de permis de commerce parallèle » en France ;

– la quantité achetée, exprimée dans l'unité de mesure de ce produit mise en ligne par l'agence ou l'office de l'eau, ou, à défaut, en litres ou en kilogrammes ;

– le montant de l'achat ;

– le montant de redevance correspondant à cette quantité, établi à partir du montant de redevance mentionné au II de l'article R. 213-48-13 du code de l'environnement et mis en ligne par l'agence ou l'office de l'eau ;

2º Pour chaque semence traitée acquise auprès d'une personne qui n'est pas redevable de la redevance prévue à l'article L. 213-10-8 du code de l'environnement ou dont le traitement a été réalisé par un prestataire de service qui n'est pas redevable de la redevance prévue à l'article L. 213-10-8 du code de l'environnement :

– le numéro de facture et la date de facturation ;

– l'espèce végétale de la semence ou, dans le cas des mélanges de semences pour gazon, la mention "gazon" ;

– la quantité de semence acquise ou traitée, en quintal ;

– le montant de l'achat ou de la prestation de service ;

– pour chaque produit utilisé pour traiter cette semence :

a) Le nom commercial du produit et le numéro d'autorisation de mise sur le marché à l'étranger ;

b) Le nom du produit de référence et son numéro d'autorisation de mise sur le marché *(Décr. nº 2020-1265 du 16 oct. 2020, art. 1er, en vigueur le 1er janv. 2021)* « ou de permis de commerce parallèle » en France ;

c) La quantité de ce produit correspondant à la quantité de semence, exprimée dans l'unité de mesure de ce produit mise en ligne par l'agence ou l'office de l'eau, ou, à défaut, en litres ou en kilogrammes ;

d) Le montant de redevance correspondant à cette quantité, établi à partir du montant de redevance mentionné au II de l'article R. 213-48-13 du code de l'environnement et mis en ligne par l'agence ou l'office de l'eau.

Ce registre peut être constitué des factures d'achat de produit, de semences traitées ou de prestation de traitement de semences à condition que ces factures recensent toutes les mentions précédemment citées.

II. – *(Décr. n° 2014-1135 du 6 oct. 2014, art. 2-2°, en vigueur le 1er janv. 2015)* « Un bilan » est établi pour l'année civile précédente ou, en cas de changement de taux en cours d'année, d'une part, pour la période comprise entre le 1er janvier et la date de ce changement et, d'autre part, entre cette même date et le 31 décembre. Il comporte, pour chaque produit phytopharmaceutique mentionné au 1° et au 2°, le nom commercial et le numéro d'autorisation de mise sur le marché *(Décr. n° 2020-1265 du 16 oct. 2020, art. 1er, en vigueur le 1er janv. 2021)* « ou de permis de commerce parallèle » en France ainsi que la quantité de chaque produit, exprimée dans l'unité de mesure du produit mise en ligne par l'agence ou l'office de l'eau ou, à défaut, en litres ou en kilogrammes.

Ce bilan est annexé au registre dont il fait partie intégrante.

Art. R. 254-24 Les mentions prévues *(Décr. n° 2011-1650 du 25 nov. 2011, art. 12, en vigueur le 1er janv. 2012)* « aux articles R. 254-23 à R. 254-23-2 » sont portées au registre dans un délai de deux mois à compter de la vente ou de la distribution du produit.

Art. R. 254-25 *(Décr. n° 2011-1650 du 25 nov. 2011, art. 12, en vigueur le 1er janv. 2012)* « Les personnes soumises à la tenue d'un registre mentionné à l'article L. 254-3-1 ou à l'article L. 254-6 tiennent » le registre de façon méthodique et chronologique.

(Décr. n° 2011-1650 du 25 nov. 2011, art. 12, en vigueur le 1er janv. 2012) « Elles peuvent » y porter des mentions autres que celles exigées par *(Décr. n° 2011-1650 du 25 nov. 2011, art. 12, en vigueur le 1er janv. 2012)* « les articles R. 254-23, R. 254-23-1 et R. 254-23-2 », à condition de ne pas porter atteinte à sa lisibilité. Les informations contenues dans le registre figurent sur un support garantissant leur pérennité et leur intégrité. Le registre est conservé pendant une durée de cinq ans suivant l'année de prise en compte de l'enregistrement de la dernière information, pendant laquelle il est tenu à la disposition des autorités de contrôle.

Les enregistrements informatiques doivent pouvoir être édités sur papier et être classés par produits, par date de facturation et par code postal. Ils sont mis à la disposition des autorités de contrôle, à leur demande.

Art. R. 254-26 Avant le 1er avril de chaque année, *(Décr. n° 2011-1650 du 25 nov. 2011, art. 12, en vigueur le 1er janv. 2012)* « les personnes soumises à la tenue d'un registre mentionné à l'article L. 254-3-1 ou à l'article L. 254-6 » transmettent aux agences de l'eau et aux offices de l'eau intéressés, à l'appui de la déclaration de la redevance pour pollutions diffuses, *(Décr. n° 2014-1135 du 6 oct. 2014, art. 2-3°, en vigueur le 1er janv. 2015)* « par voie électronique, dans les conditions définies conjointement par ces agences et offices :

« 1° Pour les distributeurs visés au *a* du III de l'article R. 213-48-21 du code de l'environnement distribuant des produits phytopharmaceutiques à des utilisateurs professionnels et pour ceux visés au *b* du III du même article, le registre établi en application du III de l'article R. 254-23 du présent code relatif à l'année au titre de laquelle la déclaration est établie sans le bilan mentionné au III du même article ;

« 2° Pour les distributeurs visés au *a* du III de l'article R. 213-48-21 du code de l'environnement distribuant des produits phytopharmaceutiques destinés à des utilisateurs non professionnels, le ou les bilans établis en application du III de l'article R. 254-23 du présent code relatifs à l'année au titre de laquelle la déclaration est établie ;

« 3° Pour les personnes visées au *c* du III de l'article R. 213-48-21 du code de l'environnement, le ou les bilans établis en application du II de l'article R. 254-23-1 du présent code relatifs à l'année au titre de laquelle la déclaration est établie ;

« 4° Pour les personnes visées au *d* du III de l'article R. 213-48-21 du code de l'environnement, le ou les bilans établis en application du II de l'article R. 254-23-2 du présent code relatifs à l'année au titre de laquelle la déclaration est établie. »

SECTION 2 *BIS* Exigences applicables à l'activité de conseil à l'utilisation de produits phytopharmaceutiques

(Décr. n° 2020-1265 du 16 oct. 2020, art. 1er, en vigueur le 1er janv. 2021)

Art. R. 254-26-1 I. — Le diagnostic mentionné à l'article L. 254-6-2 est réalisé par écrit en collaboration étroite avec les décideurs de l'entreprise utilisatrice de produits phytopharmaceutiques en tenant compte des informations qu'ils fournissent et de toute information publique utile.

Il analyse l'incidence, pour la définition de la stratégie de l'entreprise en vue de la protection des végétaux ou à toute autre fin prévue au paragraphe 1 de l'article 2 du règlement (CE) n° 1107/2009 du 21 octobre 2009 :

1° Des principales caractéristiques du système d'exploitation ou d'entreprise, notamment des atouts et contraintes liées aux activités économiques exercées ;

2° Des spécificités pédo-climatiques, sanitaires et environnementales des espaces concernés. Il prend notamment en compte à ce titre, la réglementation relative à l'utilisation des produits phytopharmaceutiques applicable à ces espaces. Les caractéristiques sanitaires et environnementales des espaces concernés à intégrer dans le diagnostic sont précisées par arrêté du ministre chargé de l'agriculture.

Il dresse un bilan des mesures de protection intégrée des cultures mises en place par l'entreprise dans les conditions prévues à l'annexe III de la directive 2009/128/CE du 21 octobre 2009.

II. — Lorsque le conseil porte sur une exploitation agricole, le diagnostic comprend également, outre les éléments mentionnés au troisième alinéa du I de l'article L. 254-6-2, un bilan de l'utilisation des produits phytopharmaceutiques et des méthodes alternatives à l'utilisation de ces produits. Ce bilan prend en compte notamment :

1° L'évolution des quantités utilisées par type de produits ;

2° L'indice de fréquence de traitement des principales cultures lorsque celui-ci peut être calculé, pour des parcelles, unités de cultures ou itinéraires techniques considérés comme représentatifs de l'exploitation, son évolution dans le temps et son positionnement par rapport à l'indice de fréquence de traitement régional lorsque celui-ci est disponible ;

3° Le cahier d'enregistrement des traitements phytosanitaires.

Il identifie les facteurs influençant les décisions de recours aux produits phytopharmaceutiques, notamment les conseils spécifiques mentionnés à l'article L. 254-6-3, reçus par l'utilisateur professionnel, ou le recours à des outils d'aide à la décision.

III. — Le diagnostic est accompagné d'une attestation justifiant de son établissement et dont le contenu est précisé par arrêté du ministre chargé de l'agriculture.

Art. R. 254-26-2 I. — Le conseil stratégique à l'utilisation de produits phytopharmaceutiques prévu à l'article L. 254-6-2, établi en étroite collaboration avec les décideurs de l'entreprise, leur recommande des solutions compatibles avec le projet et les contraintes de celle-ci, afin de réduire l'utilisation et les impacts de ces produits dans le respect des dispositions de l'article L. 254-6-4.

Il prend la forme d'un plan d'action composé de recommandations présentées par ordre de priorité, visant notamment à :

1° Réduire l'utilisation des produits phytopharmaceutiques composés de substances actives présentant un des critères d'exclusion énumérés au point 4 de l'annexe II du règlement (CE) n° 1107/2009 du 21 octobre 2009 ou de substances dont on envisage la substitution au sens de l'article 24 du même règlement, ou prévoir la fin de leur usage ;

2° Répondre aux situations d'impasse technique en matière de lutte contre les ennemis des cultures et d'anticiper sur les risques futurs de telles situations, en cas de dépendance aux produits phytopharmaceutiques pour des usages couverts par une seule substance active ;

3° Limiter les risques d'apparition ou de développement de résistances des adventices et des bioagresseurs aux produits phytopharmaceutiques, notamment en cas d'utilisation de variété rendue tolérante aux herbicides.

Le plan d'action mentionne les objectifs de réduction de l'utilisation et des impacts des produits phytopharmaceutiques. Il précise les conditions de sa mise en œuvre, définies avec les décideurs de l'entreprise, notamment le calendrier, les moyens humains, le matériel, les équipements de protection, ainsi que les modalités de suivi. Il indique les éléments sur lesquels se fondent ses recommandations et fournit des informations sur les coûts et incidences économiques de leur mise en œuvre, lorsqu'elles sont disponibles.

II. — Les recommandations portent notamment sur la mise en œuvre d'actions mentionnées à l'article L. 254-10-1 adaptées à l'entreprise, ainsi que des méthodes alternatives définies à l'article L. 254-6-4.

Dans le cas où le conseil stratégique recommande le recours à des produits phytopharmaceutiques autres que des produits de biocontrôle figurant sur la liste prévue à l'article L. 253-5, des produits à faible risque au sens de l'article 47 du règlement (CE) n° 1107/2009 du 21 octobre 2009 ou des produits uniquement composés de substances de base au sens de l'article 23 du même règlement, cette recommandation est justifiée expressément en considérant la situation de l'entreprise et les méthodes alternatives disponibles. La recommandation porte alors en priorité sur l'utilisation de substances au profil toxicologique le plus favorable à la santé humaine et à l'environnement.

Le plan d'actions promeut l'utilisation de matériels, techniques ou méthodes d'application limitant la dérive des produits phytopharmaceutiques et de matériel ou moyens économes en produits.

III. — Le conseil stratégique est accompagné d'une attestation justifiant sa délivrance, dont le contenu est précisé par arrêté du ministre chargé de l'agriculture.

Art. R. 254-26-3 Le diagnostic est actualisé au moins tous les six ans.

Deux conseils stratégiques au moins sont délivrés par période de cinq ans, à un intervalle de deux à trois ans.

Un conseil stratégique est dispensé trois mois au plus tard après l'établissement ou l'actualisation d'un diagnostic.

Le deuxième conseil stratégique réalisé par période de cinq ans dresse, pour l'ensemble des points mentionnés à l'article R. 254-26-2, un bilan du déploiement du plan d'actions, identifie les difficultés et les facteurs de réussite et propose les évolutions nécessaires de ce plan, compte tenu du retour d'expérience de sa mise en œuvre ou des évolutions techniques ou réglementaires. Il évalue les réductions de l'utilisation et de l'impact des produits phytosanitaires intervenues et attendues, sur les mêmes bases que celles qui ont servi à l'élaboration du diagnostic et du premier conseil stratégique.

Art. R. 254-26-4 Par dérogation aux dispositions de l'article R. 254-26-3, un seul conseil stratégique est délivré par période de cinq ans :

1° Pour les exploitations agricoles satisfaisant aux deux conditions suivantes :

a) Leurs surfaces affectées à l'arboriculture, la viticulture, l'horticulture ou aux cultures maraîchères, susceptibles d'être traitées, représentent au total moins de deux hectares ;

b) Leurs surfaces portant d'autres cultures, susceptibles d'être traitées, représentent au total moins de dix hectares ;

2° Pour les utilisateurs professionnels dont les terrains susceptibles d'être traités correspondent à l'emprise d'une infrastructure linéaire d'une longueur de moins de dix kilomètres ;

3° Pour les autres utilisateurs professionnels dont les terrains susceptibles d'être traités ont une superficie de moins de dix hectares.

Pour les exploitations agricoles mentionnées au 1°, le conseil stratégique ne porte que sur les productions principales.

Art. R. 254-26-5 Le conseil spécifique à l'utilisation de produits phytopharmaceutiques mentionné à l'article L. 254-6-3 est établi en tenant compte des éléments communiqués par le décideur de l'entreprise utilisatrice de produits phytopharmaceutiques sur sa stratégie de protection des cultures, des précédents culturaux et des traitements déjà effectués.

Il indique les méthodes alternatives à l'utilisation de produits phytopharmaceutiques disponibles pour lutter contre la cible du traitement recommandé, en prévenir l'apparition ou les dégâts.

Il promeut les actions de réduction de l'utilisation de produits phytopharmaceutiques mentionnées à l'article L. 254-10-1 compatibles avec les spécificités de l'entreprise.

Le conseil spécifique justifie le caractère approprié à la situation de l'entreprise, de toute recommandation d'usage de produits phytopharmaceutiques, sauf lorsqu'il s'agit de méthodes alternatives au sens des 1° et 2° de l'article L. 254-6-4.

Le conseil spécifique recommande en priorité les produits ou substances qui ont le moins d'impacts sur la santé publique et l'environnement.

Les produits phytopharmaceutiques composés de substances présentant un des critères d'exclusion énumérés au point 4 de l'annexe II du règlement (CE) n° 1107/2009 du 21 octobre 2009 ou de substances dont on envisage la substitution au sens de l'article 24 du même règlement ne sont recommandés que lorsqu'aucune autre solution adaptée n'est identifiable.

Art. D. 254-26-6 Le conseil stratégique à l'utilisation de produits phytopharmaceutiques ainsi que le diagnostic sur lequel il est fondé sont conservés par l'utilisateur et par la personne agréée qui les a établis pendant une durée de six ans.

Le conseil spécifique à l'utilisation de produits phytopharmaceutiques est conservé par l'utilisateur et par la personne agréée qui l'a délivré pendant une durée de trois ans.

SECTION 3 Inspections et contrôles

Art. R. 254-27 L'autorité administrative mentionnée à l'article L. 254-9 est le préfet de région, pour les décisions de suspension ou de retrait mentionnées aux 1° et 2°, et le directeur régional de l'alimentation, de l'agriculture et de la forêt ou le directeur de l'alimentation, de l'agriculture et de la forêt *(Décr. n° 2013-754 du 14 août 2013, art. 5-IV)* « en Guadeloupe, en Guyane, en Martinique, à La Réunion ou à Mayotte », pour celles mentionnées au 3° de ce même article.

S'il apparaît, lors de contrôles effectués par les agents mentionnés aux articles *(Décr. n° 2021-1858 du 28 déc. 2021, art. 6)* « R. 250-1 » et L. 254-11, que les conditions d'exercice d'une ou plusieurs activités ne sont pas satisfaites, dans tout ou partie des établissements du détenteur de l'agrément, *(Abrogé par Décr. n° 2020-1265 du 16 oct. 2020, art. 1er, à compter du 1er janv. 2021) « ou que l'obligation prévue à l'article R. 254-19 n'est pas respectée, »* le préfet peut suspendre l'exercice de la ou des activités du détenteur de l'agrément pour tout ou partie de ses établissements, au sens du III de l'article L. 254-1.

Le préfet de région notifie au détenteur de l'agrément la décision de suspension, dans laquelle il indique les motifs de cette mesure ainsi que, le cas échéant, le délai dont dispose le détenteur pour y mettre fin.

A l'issue de ce délai, si le détenteur ne s'est pas conformé aux exigences mentionnées dans la décision de suspension, ou sans délai en cas d'urgence, le préfet de région peut retirer l'agrément du détenteur, pour tout ou partie de ses activités et de ses établissements. *(Décr. n° 2020-1265 du 16 oct. 2020, art. 1er, en vigueur le 1er janv. 2021)* « Le préfet de région informe l'organisme certificateur de l'entreprise concernée de toute décision de suspension ou de retrait dans un délai de quinze jours. »

Art. R. 254-28 I. — S'il apparaît au vu des contrôles exercés par les agents mentionnés aux articles *(Décr. n° 2021-1858 du 28 déc. 2021, art. 6)* « R. 250-1 » et L. 254-11 que le titulaire du certificat individuel a commis un acte contraire aux dispositions mentionnées au 1 de l'article 28 du règlement (CE) n° 1107/2009 du 21 octobre 2009, ou, dans l'exercice de son activité, des manquements à la réglementation relative à l'utilisation des produits phytopharmaceutiques susceptibles de porter atteinte à la santé des personnes ou à l'environnement, le directeur régional de l'alimentation, de l'agriculture et de la forêt, ou le directeur de l'alimentation, de l'agriculture et de la forêt, peut suspendre pour une durée maximale d'un an ou retirer le certificat individuel.

II. — Sauf en cas d'urgence, le titulaire du certificat individuel est averti préalablement des sanctions qu'il encourt et mis à même de présenter ses observations.

III. — Le retrait du certificat individuel est prononcé en cas de nouveau manquement, lorsque le certificat individuel a déjà fait l'objet d'une mesure de suspension.

IV. — Lorsqu'un certificat individuel a fait l'objet d'une mesure de retrait, son titulaire ne peut obtenir un nouveau certificat individuel que dans les conditions définies au 1° ou au 2° de l'article R. 254-9.

Art. R. 254-29 En cas de non-respect par un organisme de formation des exigences fixées en application des 1° et 2° de l'article R. 254-9, le directeur régional de l'alimentation, de l'agriculture et de la forêt, ou le directeur de l'alimentation, de l'agriculture et de la forêt, après avoir mis cet organisme en mesure de présenter ses observations, peut suspendre ou retirer son habilitation, et le retire, le cas échéant, de la liste répertoriant les organismes de formation dont les formations ou tests peuvent donner lieu à la délivrance d'un certificat individuel.

Art. R. 254-30 à R. 254-30-3 *Transférés ss. art. R. 254-38 à R. 254-41.*

SECTION 4 Certificats d'économie de produits phytopharmaceutiques

(Décr. nº 2017-590 du 20 avr. 2017, art. 1er)

Art. R. 254-31 *(Décr. nº 2019-1157 du 7 nov. 2019, art. 2) (Abrogé par Décr. nº 2021-1618 du 10 déc. 2021, art. 1er)* « ***Les produits phytopharmaceutiques mentionnés à l'article L. 254-10 sont les produits définis à l'article L. 253-1 utilisés à des fins agricoles, à l'exception des traitements de semences, des produits de biocontrôle figurant sur la liste prévue à l'article L. 253-5 et des produits utilisés exclusivement dans le cadre des programmes de lutte obligatoire.*** »

(Décr. nº 2021-1618 du 10 déc. 2021, art. 1er) « Les » produits phytopharmaceutiques mentionnés à l'article L. 254-10 sont les produits définis à l'article L. 253-1 pour lesquels l'autorisation de mise sur le marché prévoit un usage agricole, à l'exception des produits de biocontrôle figurant sur la liste prévue à l'article L. 253-5, des produits à faible risque définis à l'article 47 du règlement (CE) nº 1107/2009 du Parlement européen et du Conseil du 21 octobre 2009 concernant la mise sur le marché des produits phytopharmaceutiques et des produits utilisés exclusivement dans le cadre des programmes de lutte obligatoire.

Art. R. 254-32 *(Décr. nº 2021-1618 du 10 déc. 2021, art. 2)* « I. — L'obligation de réalisation d'actions prévue par l'article L. 254-10-1 est calculée sur la base de la moyenne des ventes des produits phytopharmaceutiques définis à l'article R. 254-31 ou, pour les personnes mentionnées au 3° du IV de l'article L. 213-10-8 du code de l'environnement, des achats des mêmes produits inscrits dans le registre mentionné à l'article L. 254-3-1 du présent code, tels qu'enregistrés » dans la banque nationale des ventes réalisées par les distributeurs de produits phytosanitaires (BNV-D) tenue par l'*(Décr. nº 2019-1580 du 31 déc. 2019, art. 5)* « Office français de la biodiversité » au titre de la redevance pour pollutions diffuses prévue à l'article L. 213-10-8 du code de l'environnement, et disponibles au moment de la notification de l'obligation. La moyenne de ces ventes est nommée ci-après référence des ventes *(Décr. nº 2021-1618 du 10 déc. 2021, art. 2)* « et la moyenne de ces achats est nommée ci-après référence des achats ». Les données de vente *(Décr. nº 2021-1618 du 10 déc. 2021, art. 2)* « et d'achat » sont exprimées en nombre de doses unités.

Le nombre de doses unités est défini, pour l'ensemble des substances actives présentes dans les produits phytopharmaceutiques mentionnés à l'article L. 254-10, comme la division entre la quantité vendue de la substance active et sa dose unité de référence. La dose unité de référence de chaque substance active est la moyenne de la quantité de substance active contenue dans la dose maximale autorisée pour chacune des cultures, pondérée par les surfaces agricoles utiles nationales des cultures concernées. La méthodologie de calcul et la valeur des doses unités de référence de chaque substance active *(Décr. nº 2021-1618 du 10 déc. 2021, art. 2)* « , éventuellement par type d'usage, » sont arrêtées par le ministre chargé de l'agriculture. Elles sont publiées au *Bulletin officiel* du ministère chargé de l'agriculture.

(Décr. nº 2021-1618 du 10 déc. 2021, art. 2) « II ». — *(Décr. nº 2019-1157 du 7 nov. 2019, art. 3)* « En cas de modification des données de vente à la suite du dépôt d'une réclamation selon les modalités décrites à l'article R. 213-48-40 du code de l'environnement, l'obligation est réexaminée. »

(Décr. nº 2021-1618 du 10 déc. 2021, art. 2) « III. — Pour la période du 1er janvier *(Décr. nº 2023-1276 du 26 déc. 2023, art. 1er)* « **2024 au 31 décembre 2025** », le ministre chargé de l'agriculture notifie aux obligés leur obligation de réalisation d'actions avant le 31 décembre *(Décr. nº 2023-1276 du 26 déc. 2023, art. 1er)* « **2023** ».

« L'obligation annuelle de réalisation d'actions de chaque obligé est égale à *(Décr. nº 2023-1276 du 26 déc. 2023, art. 1er)* « **5 % de sa référence des ventes ou de sa référence des achats pour les produits de traitement de semences et 15 % de sa référence des ventes ou de sa référence des achats pour les autres produits** ». Son respect s'apprécie au regard de la moyenne des actions réalisées annuellement sur la période du 1er janvier *(Décr. nº 2023-1276 du 26 déc. 2023, art. 1er)* « **2024 au 31 décembre 2025** ».

« La référence des ventes est déterminée selon les modalités suivantes :

« 1° Pour les entreprises obligées créées avant le 2 janvier *(Décr. nº 2023-1276 du 26 déc. 2023, art. 1er)* « **2021** », la référence des ventes est égale à la moyenne des années civiles de la période *(Décr. nº 2023-1276 du 26 déc. 2023, art. 1er)* « **2021 à 2022** », en excluant les valeurs nulles ;

« 2° Pour les entreprises obligées créées entre le 2 janvier *(Décr. nº 2023-1276 du 26 déc. 2023, art. 1er)* « **2021 et le 1er janvier 2022** » inclus, la référence des ventes correspond aux ventes réalisées au cours de l'année civile *(Décr. nº 2023-1276 du 26 déc. 2023, art. 1er)* « **2022** » ;

« 3° Pour les entreprises obligées créées après le 1er janvier *(Décr. nº 2023-1276 du 26 déc. 2023, art. 1er)* « **2022** », la référence des ventes est nulle.

« La référence des achats correspond à la moyenne annuelle des achats calculée sur la base des achats réalisés au cours des années civiles » *(Décr. nº 2023-1276 du 26 déc. 2023, art. 1er)* « **2021 et 2022** ». — *L'art. R. 254-32, dans sa rédaction antérieure au Décr. nº 2023-1276 du 26 déc. 2023, demeure applicable pour l'obligation de réalisation d'actions au titre de la période du 1er janv. 2022 au 31 déc. 2023 (Décr. préc., art. 4).*

Art. R. 254-33 Lorsqu'un obligé cesse une activité soumise à obligation d'économie de produits phytopharmaceutiques *(Décr. nº 2019-1157 du 7 nov. 2019, art. 4)* « ou cède une partie de cette activité », il en informe le ministre chargé de l'agriculture dans un délai d'un mois. Il lui transmet un document justifiant de la cessation d'activité *(Décr. nº 2019-1157 du 7 nov. 2019, art. 4)* « ou de la cession partielle d'activité ». Le cas échéant, il indique l'identité du repreneur de son activité de vente à des utilisateurs professionnels des produits mentionnés à l'article R. 254-31.

Les obligations notifiées à l'obligé ayant cédé son entreprise et les certificats qu'il a obtenus dans les conditions définies à l'article L. 254-10-2 sont transférés au repreneur. *(Décr. nº 2019-1157 du 7 nov. 2019, art. 4)* « Dans le cas d'une cession partielle d'activité, ce transfert est réalisé proportionnellement au chiffre d'affaires des ventes de produits phytopharmaceutiques cédés. »

Lorsque la reprise d'activité intervient antérieurement à la notification de l'obligation prévue à l'article R. 254-32, la référence des ventes du repreneur *(Abrogé par Décr. nº 2021-1618 du 10 déc. 2021, art. 3)* « *mentionnée au III de l'article R. 254-32* » est établie en prenant en compte les ventes correspondant à l'activité reprise et la référence des ventes du cédant est établie en déduisant les ventes correspondant à l'activité cédée.

Art. R. 254-34 Les actions concourant aux économies de produits phytopharmaceutiques réalisées par les obligés *(Abrogé par Décr. nº 2019-1157 du 7 nov. 2019, art. 5)* « *ou les éligibles* » sont conformes à des actions standardisées arrêtées par le ministre chargé de l'agriculture et publiées au *Bulletin officiel* du ministère chargé de l'agriculture.

Pour chaque action standardisée sont définis la nature de l'action, les pièces justifiant de la réalisation de l'action à transmettre à l'occasion de la demande de certificats d'économie de produits phytopharmaceutiques, celles à archiver et à tenir à la disposition des agents chargés des contrôles, le nombre de certificats d'économie de produits phytopharmaceutiques auquel elle ouvre droit annuellement et, le cas échéant, le nombre d'années durant lesquelles l'action ouvre droit à la délivrance de certificats.

La méthodologie permettant d'évaluer les actions standardisées et d'établir le nombre des certificats associés est arrêtée par le ministre chargé de l'agriculture et publiée au *Bulletin officiel* du ministère chargé de l'agriculture.

(Décr. n° 2019-1157 du 7 nov. 2019, art. 5) « Les actions standardisées ne recourent pas à des produits mentionnés au premier alinéa de l'article L. 253-1 du code rural et de la pêche maritime, à l'exclusion des produits de biocontrôle figurant sur la liste prévue à l'article L. 253-5, des produits à faible risque définis à l'article 47 du règlement (CE) n° 1107/2009 du Parlement européen et du Conseil du 21 octobre 2009 concernant la mise sur le marché des produits phytopharmaceutiques et de certains adjuvants définis selon des critères arrêtés par le ministre chargé de l'agriculture et publiés au *Bulletin officiel* du ministère chargé de l'agriculture en fonction de leur origine et des mentions de danger pour la santé et l'environnement qu'ils présentent. »

Art. R. 254-35 I. — Une action mise en œuvre ne peut donner lieu qu'à une seule demande de délivrance de certificats d'économie de produits phytopharmaceutiques.

Cette demande est déposée par l'obligé *(Abrogé par Décr. n° 2019-1157 du 7 nov. 2019, art. 5)* « *ou l'éligible* » qui a mis en place l'action visant à la réalisation d'économies de produits phytopharmaceutiques ou qui en a facilité la mise en œuvre.

Les demandes de délivrance de certificats sont adressées à l'administration exclusivement au moyen d'une application informatique dédiée accessible par voie électronique. Les caractéristiques techniques de cette application garantissent la fiabilité de l'identification du demandeur, l'intégrité des documents adressés ainsi que la sécurité et la confidentialité des échanges. Elles permettent également d'établir de manière certaine la date de la demande et la date de transmission des pièces qui l'accompagnent.

Les demandes de délivrance de certificats d'économie de produits phytopharmaceutiques sont faites *(Décr. n° 2019-1157 du 7 nov. 2019, art. 6)* « du 1er juin » de l'année de mise en œuvre de l'action correspondante *(Décr. n° 2019-1157 du 7 nov. 2019, art. 6)* « jusqu'au 31 mars de l'année suivante », selon des modalités précisées par arrêté du ministre chargé de l'agriculture. L'identification de l'auteur de la demande vaut signature de la demande. — *V. Arr. du 3 mai 2017 relatif aux modalités de demande de délivrance de certificats d'économie de produits phytopharmaceutiques (JO 6 mai).*

(Décr. n° 2021-1618 du 10 déc. 2021, art. 4) « Le ministre chargé de l'agriculture accuse réception de la demande. A compter de la date de réception d'une demande complète, il délivre les certificats dans un délai de trois mois. »

Lorsqu'une demande est incomplète, le ministre chargé de l'agriculture indique au demandeur par voie électronique la liste des pièces et informations manquantes et le délai fixé pour leur production.

(Décr. n° 2019-1157 du 7 nov. 2019, art. 6) « Les pièces justifiant de la réalisation de l'action sont conservées par le premier demandeur d'un certificat d'économie de produits phytopharmaceutiques pendant trois ans à compter de la fin de la dernière année pour laquelle cette action ouvre droit à la délivrance de certificats.

« II. — Un obligé peut acquérir, au titre d'une période d'obligation, des certificats auprès d'un autre obligé jusqu'au *(Décr. n° 2021-1618 du 10 déc. 2021, art. 4)* « 31 juillet » de l'année qui suit la fin de cette période. A l'occasion de chaque transaction portant sur un ou plusieurs certificats, les obligés sont tenus de renseigner le nombre de certificats cédés au moyen de l'application informatique mentionnée au I.

« III. — L'évaluation de l'atteinte des obligations prévue à l'article L. 254-10-1 s'appuie sur l'état du compte des obligés au 1er *(Décr. n° 2021-1618 du 10 déc. 2021, art. 4)* « août » de l'année qui suit la fin de la période d'obligation. »

Art. R. 254-36 Les certificats d'économie de produits phytopharmaceutiques peuvent faire l'objet de contrôles sur pièces *(Décr. n° 2023-1276 du 26 déc. 2023, art. 1er)* « et sur place » portant sur la réalité des actions déclarées, attestée notamment par la production des pièces justificatives énoncées dans l'action standardisée ayant conduit à leur délivrance.

A l'issue de ce contrôle et après que l'obligé *(Abrogé par Décr. n° 2019-1157 du 7 nov. 2019, art. 7)* « *ou l'éligible* » a été mis en mesure de faire valoir ses observations, si des actions déclarées ne peuvent être justifiées, le nombre de certificats d'économie de produits phytopharmaceutiques détenus par l'obligé *(Abrogé par Décr. n° 2019-1157 du*

7 nov. 2019, art. 7) « *ou l'éligible* » est diminué de l'écart constaté entre le nombre de certificats obtenus et le nombre de certificats correspondant à la réalité des justificatifs.

Lorsque l'écart constaté entre le nombre de certificats obtenus et le nombre de certificats correspondant à la réalité des justificatifs est supérieur ou égal à *(Décr. n° 2023-1276 du 26 déc. 2023, art. 1er)* « 10 % et inférieur à 20 % » des certificats d'économie de produits phytopharmaceutiques de l'obligé *(Décr. n° 2019-1157 du 7 nov. 2019, art. 7)* « obtenus » pour l'année correspondante, l'obligé se voit notifier des obligations complémentaires *(Décr. n° 2019-1157 du 7 nov. 2019, art. 7)* « pour la période en cours » par le ministre chargé de l'agriculture correspondant à la moitié des certificats non justifiés.

Lorsque cet écart est supérieur ou égal à *(Décr. n° 2023-1276 du 26 déc. 2023, art. 1er)* « 20 % », les obligations complémentaires correspondent au nombre de certificats non justifiés. — *L'art. R. 254-36, dans sa rédaction antérieure au Décr. n° 2023-1276 du 26 déc. 2023, demeure applicable pour l'obligation de réalisation d'actions au titre de la période du 1er janv. 2022 au 31 déc. 2023 (Décr. préc., art. 4).*

Art. R. 254-37 *(Décr. n° 2019-1157 du 7 nov. 2019, art. 8)* « A l'issue de chaque période d'obligation de réalisation d'actions, le ministre chargé de l'agriculture publie un bilan de la mise en œuvre du dispositif de certificats d'économie de produits phytopharmaceutiques. »

Le bilan comporte notamment le nombre de certificats obtenus par action standardisée, le taux de couverture des obligations par les certificats délivrés et le bilan des certificats obtenus par l'ensemble des obligés *(Abrogé par Décr. n° 2019-1157 du 7 nov. 2019, art. 8)* « *et l'ensemble des éligibles* ».

SECTION 5 Dispositions pénales *(Décr. n° 2023-1276 du 26 déc. 2023, art. 1er).*

La section 3 bis (Dispositions pénales) devient la section 5. Elle comprend les anciens art. R. 254-30 à R. 254-30-3, qui deviennent les art. R. 254-38 à R. 254-41 (Décr. n° 2023-1276 du 26 déc. 2023, art. 1er-I).

Art. R. 254-38 *(Décr. n° 2011-1650 du 25 nov. 2011, art. 13)* I. — Est puni de *(Décr. n° 2018-721 du 3 août 2018, art. 1er)* « l'amende » prévue pour les contraventions de la cinquième classe :

Le fait, pour une personne soumise à l'agrément prévu en application du 1° du II de l'article L. 254-1, de céder à titre onéreux ou gratuit *(Décr. n° 2018-721 du 3 août 2018, art. 1er)* « un produit phytopharmaceutique dont l'autorisation ne comporte pas la mention "emploi autorisé dans les jardins" sans s'être fait présenter les justificatifs prévus en application de l'article R. 254-20 ».

La récidive de cette contravention est réprimée conformément aux articles 132-11 et 132-15 du code pénal.

II. — Est puni de *(Décr. n° 2018-721 du 3 août 2018, art. 1er)* « l'amende » prévue pour les contraventions de la quatrième classe :

1° Le fait de ne pas tenir les registres mentionnés aux articles L. 254-3-1 et à l'article L. 254-6 *(Décr. n° 2017-1246 du 7 août 2017, art. 16-19°)* « du présent code » ;

2° Le fait de ne pas tenir le registre conformément aux articles R. 254-23 à R. 254-26 *(Décr. n° 2017-1246 du 7 août 2017, art. 16-19°)* « du même code » ;

3° Le fait de ne pas transmettre le bilan ou les informations mentionnés à l'article R. 254-26 *(Décr. n° 2017-1246 du 7 août 2017, art. 16-19°)* « du même code » ;

4° Le fait d'exposer des produits phytopharmaceutiques dans les points de vente aux utilisateurs finaux, dans des conditions autres que celles prévues en application de l'article R. 254-21 *(Décr. n° 2017-1246 du 7 août 2017, art. 16-19°)* « du même code ». — *Ancien art. R. 254-30.*

Art. R. 254-39 *(Décr. n° 2018-721 du 3 août 2018, art. 1er; Décr. n° 2020-1265 du 16 oct. 2020, art. 1er)* Est puni de l'amende prévue pour les contraventions de la cinquième classe le fait :

1° Pour un distributeur, de mettre en vente, vendre, ou céder à titre gratuit des produits phytopharmaceutiques, sans détenir le certificat en cours de validité mentionné au I de l'article L. 254-3 ou au IV de l'article L. 254-1 ;

2° Pour un utilisateur professionnel ou un applicateur, d'utiliser des produits phytopharmaceutiques sans détenir le certificat en cours de validité mentionné aux I et II de l'article L. 254-3 ;

3° Pour un conseiller, de prescrire ou préconiser un produit phytopharmaceutique sans détenir le certificat en cours de validité mentionné au I de l'article L. 254-3 ;

4° Pour un établissement détenteur de l'agrément, de ne pas respecter une mesure de suspension d'exercice d'une activité pour tout ou partie de ses établissements prise en application de l'article R. 254-27.

Les personnes physiques reconnues coupables de l'une des infractions prévues *(Décr. nº 2023-1276 du 26 déc. 2023, art. 1er)* **« au présent article » encourent également la peine complémentaire prévue au premier alinéa de l'article 131-17 du code pénal.**

Les personnes morales déclarées pénalement responsables de l'une des infractions prévues au présent I encourent également la peine complémentaire prévue au premier alinéa de l'article 131-17 du code pénal en application de l'article 131-43 du même code.

La récidive de ces contraventions est réprimée conformément aux articles 132-11 et 132-15 du code pénal. — *Ancien art. R. 254-30-1.*

Art. R. 254-40 *(Décr. nº 2018-721 du 3 août 2018, art. 1er)* **Est puni de l'amende prévue pour les contraventions de la troisième classe le fait :**

1° Pour le détenteur de l'agrément, de ne pas communiquer au préfet de région conformément à l'article R. 254-18 les changements susceptibles d'avoir un impact sur les conditions au vu desquelles l'agrément lui a été délivré ;

2° Pour le détenteur de l'agrément, de ne pas afficher son agrément dans les locaux accessibles à la clientèle ou de ne pas y faire référence dans ses documents commerciaux, conformément aux dispositions de l'article L. 254-6, ou de ne pas procéder au retrait de l'affichage ou de la référence en cas de suspension ou de retrait de l'agrément ;

3° De recourir à une entreprise d'application en prestation de service de produits phytopharmaceutiques sans s'être assuré qu'elle était détentrice de l'agrément prévu à l'article L. 254-1. — *Ancien art. R. 254-30-2.*

Art. R. 254-41 *(Décr. nº 2018-721 du 3 août 2018, art. 1er)* **Les personnes physiques reconnues coupables de l'une des infractions prévues** *(Décr. nº 2023-1276 du 26 déc. 2023, art. 1er)* **« par les articles R. 254-38 à R. 254-40 » encourent également la peine complémentaire prévue au 5° de l'article 131-16 du code pénal.** — *Ancien art. R. 254-30-3.*

Art. R. 254-42 *(Décr. nº 2023-1276 du 26 déc. 2023, art. 1er)* **Est puni de l'amende prévue pour les contraventions de la cinquième classe le fait pour un obligé mentionné à l'article L. 254-10-1 de ne pas justifier avoir obtenu au moins 10 % des certificats d'économie de produits phytopharmaceutiques nécessaires pour satisfaire à l'obligation notifiée conformément aux dispositions de l'article R. 254-32 au titre d'une période donnée.** — *L'art. R. 254-42 ne s'applique pas pour l'obligation de réalisaction d'actions au titre de la période du 1er janv. 2022 au 31 déc. 2023 (Décr. nº 2023-1276 du 25 déc. 2023, art. 4).*

CHAPITRE V MISE SUR LE MARCHÉ ET UTILISATION DES MATIÈRES FERTILISANTES, DES ADJUVANTS POUR MATIÈRES FERTILISANTES ET DES SUPPORTS DE CULTURE

(Décr. nº 2015-890 du 21 juill. 2015, art. 1er)

SECTION 1 Délivrance, modification, renouvellement et retrait des autorisations de mise sur le marché et des permis d'introduction ou d'expérimentation

SOUS-SECTION 1 Dispositions communes

Art. R. 255-1 **La demande d'autorisation de mise sur le marché ou de permis peut porter soit sur un seul produit, soit sur un ensemble de produits composés des mêmes matières premières chacun dans des proportions différentes.**

Art. R. 255-2 Dans un délai de trente jours à compter de la réception de la demande d'autorisation ou de permis, l'autorité désignée par l'article L. 1313-1 du code de la santé publique, *(Décr. n° 2017-1246 du 7 août 2017, art. 16-20°)* « dénommée "l'Agence" au présent chapitre », adresse au demandeur soit un accusé de réception du dossier complet, soit une demande de compléments à transmettre dans un délai qu'elle lui fixe et qui ne peut excéder deux mois.

Art. R. 255-3 Au cours de l'évaluation, l'Agence peut solliciter du demandeur la transmission de compléments relatifs à l'efficacité et à l'absence d'effet nocif du produit dans un délai qu'elle lui fixe et qui ne peut excéder un mois pour le permis d'introduction et trois mois dans les autres cas. Le délai d'examen par l'Agence est alors prorogé d'une durée égale au délai de réponse imparti au demandeur.

Art. R. 255-4 Le demandeur est tenu de porter sans délai tout fait nouveau ou tout changement dans les informations fournies lors du dépôt de la demande d'autorisation ou de permis, intervenu pendant l'instruction de sa demande, à la connaissance de l'Agence, qui soumet, le cas échéant, le produit à une évaluation complémentaire.

Art. R. 255-5 Sont dispensées de l'évaluation prévue aux articles L. 255-7 et L. 255-8 les demandes :

— de modification d'une autorisation de mise sur le marché visant à ajouter une nouvelle dénomination commerciale à un produit déjà autorisé ;

— de retrait d'une autorisation de mise sur le marché ou d'un permis d'introduction ou d'expérimentation à l'initiative de son titulaire ;

— de transfert d'une autorisation de mise sur le marché ou d'un permis d'introduction ou d'expérimentation à un autre titulaire que le titulaire initial.

Dans un délai de trente jours à compter de la réception de ces demandes, l'Agence adresse au demandeur soit un accusé de réception du dossier complet, soit une demande de compléments à transmettre dans un délai qu'elle lui fixe et qui ne peut excéder un mois.

Le directeur général de l'Agence dispose d'un délai de deux mois, à compter de l'accusé de réception du dossier complet, pour statuer sur ces demandes. Le silence gardé par le directeur général de l'Agence dans ce délai, le cas échéant prorogé par une demande de compléments, vaut décision d'acceptation de ces demandes.

Art. R. 255-6 La délivrance d'une autorisation ou d'un permis portant sur un produit mixte est subordonnée au dépôt d'un dossier de demande comprenant les éléments requis en application des dispositions du présent chapitre et de celles du chapitre III *(Décr. n° 2017-1246 du 7 août 2017, art. 16-21°)* « du présent titre ».

Un produit mixte est soit composé d'une matière fertilisante ou d'un support de culture et d'un produit phytopharmaceutique, soit de nature à avoir un double effet de produit phytopharmaceutique et de matière fertilisante ou de support de culture.

L'évaluation de cette demande est conduite selon les dispositions du présent chapitre et les dispositions du chapitre III *(Décr. n° 2017-1246 du 7 août 2017, art. 16-21°)* « du présent titre ».

Le directeur général de l'Agence statue sur cette demande par une décision unique dans les délais prévus au chapitre III *(Décr. n° 2017-1246 du 7 août 2017, art. 16-21°)* « du présent titre » ou dans ceux prévus par le présent chapitre s'ils sont plus longs.

Art. R. 255-7 Les décisions relatives à la mise sur le marché et à l'utilisation des produits définis à l'article L. 255-1, ainsi que les conclusions de l'évaluation conduite en application des articles L. 255-7 et L. 255-8, sont rendues publiques par voie électronique dans les meilleurs délais par l'Agence, à l'exclusion de toute information portant atteinte à la protection des données à caractère personnel ou au secret *(Décr. n° 2018-1126 du 11 déc. 2018, art. 3)* « des affaires ».

Art. R. 255-8 La décision d'autorisation de mise sur le marché ou de permis d'introduction d'un produit ou, le cas échéant, d'un ensemble de produits comporte obligatoirement la dénomination du type de produit, son numéro d'autorisation ou de permis, sa dénomination commerciale et ses conditions d'emploi et d'étiquetage.

La décision peut, sans préjudice des dispositions de l'article R. 255-9, indiquer que le titulaire de l'autorisation est tenu de fournir périodiquement des données relatives à ces informations.

Art. R. 255-9 Le titulaire d'une autorisation ou d'un permis est tenu de déclarer à l'Agence tout changement d'adresse de sa société, tout changement de sa dénomination sociale et tout changement ou ajout d'un site de fabrication ou de production du produit ou de l'ensemble de produits objet de l'autorisation ou du permis. Il est, en outre, tenu de déclarer tout changement de la dénomination commerciale de ce produit ou de cet ensemble de produits.

Cette déclaration est accompagnée de toutes les pièces nécessaires à la vérification des informations déclarées.

Art. R. 255-10 La décision d'autorisation ou de permis peut être modifiée à la demande motivée de son titulaire. Une modification ne peut être acceptée que si les conditions auxquelles était subordonnée l'obtention de l'autorisation ou du permis continuent d'être respectées.

Art. R. 255-11 Lorsqu'un produit bénéficiant d'une autorisation de mise sur le marché ou d'un permis d'introduction fait l'objet d'une nouvelle décision d'autorisation ou de permis ou d'une décision de modification des conditions d'emploi ou d'étiquetage, le titulaire de l'autorisation ou du permis est tenu de mettre sur le marché des produits étiquetés conformément à la nouvelle décision ou à la décision de modification et de mettre à jour les étiquettes des produits déjà commercialisés.

Sous réserve de délais différents prévus par la décision de modification de l'autorisation ou du permis ou par une mesure de police prise en application de l'article L. 255-16, le titulaire de l'autorisation ou du permis dispose d'un délai maximal de douze mois à compter de la notification de la décision pour effectuer la mise en conformité des produits mis sur le marché et la mise à jour des étiquettes.

Art. R. 255-12 Lorsqu'un produit ou un ensemble de produits fait l'objet d'un retrait d'autorisation ou de permis par le directeur général de l'Agence, l'importation, la détention en vue de la vente, la mise en vente, la vente, la distribution à titre gratuit et toute utilisation cessent à compter de la date de la notification de la décision de retrait.

Toutefois, le directeur général de l'Agence peut assortir sa décision d'un délai maximal, qui ne peut excéder douze mois, pour la mise sur le marché des stocks, ainsi que d'un délai maximal d'utilisation du produit ou de l'ensemble de produits.

Art. R. 255-13 Un arrêté du ministre chargé de l'agriculture, pris sur proposition du directeur général de l'Agence, fixe le contenu et la composition des dossiers de demandes d'autorisation ou de permis déposés en application des dispositions du présent chapitre. — *V. Arr. du 1er avr. 2020 fixant la composition des dossiers de demandes relatives à des autorisations de mise sur le marché et permis de matières fertilisantes, d'adjuvants pour matières fertilisantes et de supports de culture et les critères à prendre en compte dans la préparation des éléments requis pour l'évaluation (JO 7 avr.), mod. par Arr. du 11 déc. 2020 (JO 18 déc.), Arr. du 6 sept. 2022 (JO 14 sept.).*

Art. R. 255-14 Un arrêté du ministre chargé de l'agriculture, pris après avis du directeur général de l'Agence, peut adopter des lignes directrices définissant les critères à prendre en compte dans la préparation des éléments requis pour l'évaluation prévue aux articles L. 255-7 et L. 255-8. — *V. Arr. du 1er avr. 2020, préc. ss. art. R. 255-13.*

SOUS-SECTION 2 Dispositions particulières à l'autorisation de mise sur le marché

Art. R. 255-15 Le directeur général de l'Agence dispose d'un délai de huit mois à compter de la date de l'accusé de réception du dossier complet pour notifier sa décision au demandeur. Le silence gardé par le directeur général de l'Agence dans ce délai, le cas échéant prorogé par une demande de compléments, vaut décision de refus de l'autorisation demandée.

L'autorisation de mise sur le marché est délivrée pour une durée initiale de dix ans. Elle peut être renouvelée pour une durée équivalente.

La demande de renouvellement est adressée à l'Agence par son titulaire neuf mois avant la date d'échéance de l'autorisation.

Art. R. 255-16 L'autorisation de mise sur le marché faisant l'objet d'une demande de renouvellement déposée conformément à la présente sous-section est prolongée de droit pendant la période nécessaire à la vérification par l'Agence du respect des conditions de renouvellement.

SOUS-SECTION 3 Dispositions particulières à la mise sur le marché par reconnaissance mutuelle

Art. R. 255-17 Le directeur général de l'Agence peut autoriser, par reconnaissance mutuelle, la mise sur le marché d'une matière fertilisante, d'un adjuvant pour matières fertilisantes ou d'un support de culture légalement mis sur le marché dans un autre État membre de l'Union européenne en tant que matière fertilisante, adjuvant pour matières fertilisantes ou support de culture.

La demande comprend tous les éléments attestant que le produit a été légalement mis sur le marché dans l'État membre de référence.

Le directeur général de l'Agence dispose d'un délai de trois mois à compter de la date de l'accusé de réception du dossier complet pour notifier sa décision d'autorisation ou de refus au demandeur. Le silence gardé par le directeur général de l'Agence dans ce délai, le cas échéant prorogé par une demande de compléments, vaut décision d'autorisation.

SOUS-SECTION 4 Dispositions particulières au permis d'introduction

Art. R. 255-18 L'Agence dispose d'un délai de deux mois, à compter de la date de l'accusé de réception du dossier de demande complet, pour rendre la conclusion de son évaluation sur l'identité de la composition du produit dont l'introduction est envisagée en application de l'article L. 255-3 avec celle du produit de référence autorisé en France et pour notifier au demandeur la décision prise sur sa demande. Le silence gardé par le directeur général de l'Agence dans ce délai, le cas échéant prorogé par une demande de compléments, vaut décision de refus du permis demandé.

Art. R. 255-19 La date d'échéance du permis d'introduction est identique à la date d'échéance de l'autorisation du produit de référence en France.

Art. R. 255-20 Au sens et pour l'application de la présente sous-section, deux produits sont réputés identiques s'ils sont fabriqués par la même société ou par deux sociétés associées ou dont l'une travaille sous licence pour le compte de l'autre, selon le même procédé de fabrication et si ces produits présentent les mêmes spécifications, la même composition finale, les mêmes matières premières mises en œuvre dans les mêmes proportions ainsi que les mêmes effets sur la santé humaine et animale et sur l'environnement.

SOUS-SECTION 5 Dispositions particulières au permis d'expérimentation

Art. R. 255-21 Le permis prévu à l'article L. 255-8 est délivré pour une durée qui ne peut excéder trois ans.

Art. R. 255-22 Les demandes sont adressées à l'Agence. Le directeur général de l'Agence dispose d'un délai de cinq mois à compter de l'accusé de réception du dossier complet pour notifier sa décision au demandeur. Le silence gardé par le directeur général de l'Agence dans ce délai, le cas échéant prorogé par une demande de compléments, vaut décision de refus du permis demandé.

Art. R. 255-23 Toute modification des conditions d'expérimentation envisagée par le titulaire du permis doit être préalablement notifiée au directeur général de l'Agence, qui peut s'y opposer dans un délai d'un mois à compter de la réception de la notification.

Art. R. 255-24 Les productions végétales issues des essais, des expériences ou des études susceptibles d'être consommées par l'homme ou l'animal sont détruites, si le permis le prévoit.

Art. R. 255-25 Les essais ou les expériences à des fins de recherche ou de développement portant sur des surfaces limitées et impliquant une quantité limitée de matières fertilisantes, d'adjuvants pour matières fertilisantes ou de supports de culture sont, en application de l'article L. 255-9, dispensés de permis d'expérimentation lorsqu'ils relèvent de l'une des catégories suivantes :

1° Essais réalisés en milieu confiné ;

2° Essais réalisés, sur de nouvelles compositions ou de nouveaux types de formulations, par des personnes physiques ou morales agréées par le ministre chargé de l'agriculture, conformément aux conditions et selon les modalités prévues au II de l'article R. 253-38, qui en sont propriétaires, ou par des personnes agréées placées sous le contrôle de ces dernières ;

3° Essais réalisés, sur des matières fertilisantes, des adjuvants pour matières fertilisantes ou des supports de culture bénéficiant d'une autorisation délivrée par les autorités françaises ou par un autre État membre de l'Union européenne, par des personnes physiques ou morales agréées par le ministre chargé de l'agriculture conformément aux conditions et selon les modalités prévues au II de l'article R. 253-38 ;

4° Essais réalisés, sur un produit par ailleurs légalement mis sur le marché dont la destination actuelle ne figure pas parmi celles mentionnées à l'article L. 255-1, mais qui pourrait, à l'avenir, recevoir l'une de ces destinations, par des personnes physiques ou morales agréées par le ministre chargé de l'agriculture conformément aux conditions et selon les modalités prévues au II de l'article R. 253-38.

Art. R. 255-26 Un arrêté du ministre chargé de l'agriculture précise les modalités selon lesquelles les essais, expériences et études peuvent être effectués sans permis conformément à l'article R. 255-25.

SOUS-SECTION 6 **Dispositions particulières aux autorisations de mise sur le marché et aux permis d'introduction ou d'expérimentation de matières fertilisantes, d'adjuvants pour matières fertilisantes ou de supports de culture composés en tout ou partie d'organismes génétiquement modifiés**

Art. R. 255-27 Lorsqu'ils sont relatifs à des matières fertilisantes, des adjuvants pour matières fertilisantes ou des supports de culture composés en tout ou partie d'organismes génétiquement modifiés, les autorisations et les permis mentionnés au présent chapitre sont délivrés dans les conditions prévues au chapitre III du titre III du livre V du code de l'environnement et à la présente sous-section.

Le directeur général de l'Agence délivre les autorisations prévues à l'article L. 533-3-3 et à l'article L. 533-5-1 du code de l'environnement.

Art. R. 255-28 Outre le dossier technique mentionné à l'article R. 533-26 du code de l'environnement, la demande d'autorisation de mise sur le marché comprend un dossier démontrant l'efficacité et l'absence d'effet nocif du produit dans les conditions d'emploi prescrites ou normales. Le contenu de ce dossier est précisé par un arrêté du ministre chargé de l'agriculture pris sur proposition du directeur général de l'Agence.

Lorsque le dossier est complet, l'Agence transmet la demande et la synthèse du dossier *(Abrogé par Décr. n° 2021-1905 du 30 déc. 2021, art. 7)* ***« au Haut Conseil des biotechnologies et »*** à la Commission européenne et, le cas échéant, la demande relative au caractère confidentiel de certaines informations figurant dans la demande d'autorisation.

(Décr. n° 2021-1905 du 30 déc. 2021, art. 7) « L'agence procède », en parallèle, à l'instruction de la demande. *(Décr. n° 2021-1905 du 30 déc. 2021, art. 7)* « Elle transmet son » avis au ministre chargé de l'environnement. *(Décr. n° 2021-1905 du 30 déc. 2021, art. 7)* « Le directeur » général de l'Agence établit le rapport d'évaluation prévu à l'article R. 533-30 du code de l'environnement.

SOUS-SECTION 7 **Dispositions particulières aux cahiers des charges**

Art. R. 255-29 Le cahier des charges mentionné au 3° de l'article L. 255-5 est approuvé par arrêté du ministre chargé de l'agriculture, après avis de l'Agence. — *V. Arr. du 13 juin 2017 approuvant un cahier des charges pour la mise sur le marché et l'utilisation de digestats de méthanisation agricoles en tant que matières fertilisantes (JO 18 juin).*

SOUS-SECTION 8 Dispositions particulières aux produits conformes à des normes rendues d'application obligatoire

Art. R. 255-30 La liste des dénominations du type de produits relevant de la catégorie définie au 1° de l'article L. 255-5 est publiée au *Bulletin officiel* du ministère en charge de l'agriculture.

SOUS-SECTION 9 Dispositions applicables aux substances naturelles à usage biostimulant et aux préparations naturelles peu préoccupantes en contenant *(Décr. nº 2019-329 du 16 avr. 2019, art. 1er).*

(Décr. nº 2016-532 du 27 avr. 2016, art. 1er)

Art. D. 255-30-1 *(Décr. nº 2019-329 du 16 avr. 2019, art. 1er)* I. — Le procédé accessible à tout utilisateur final mentionné à l'article L. 253-1 correspond, pour l'application de la présente sous-section, à une absence de traitement ou à un traitement reposant exclusivement sur des moyens manuels, mécaniques ou gravitationnels, la dissolution dans l'eau ou dans l'alcool, la flottation, l'extraction par l'eau ou par l'alcool, la distillation à la vapeur ou le chauffage uniquement pour éliminer l'eau.

II. — Une substance naturelle à usage biostimulant est une substance d'origine végétale, animale ou minérale, à l'exclusion des micro-organismes, non génétiquement modifiée, et qui est obtenue par un procédé mentionné au I.

III. — Une substance naturelle à usage biostimulant est autorisée par son inscription sur une liste publiée par arrêté du ministre chargé de l'agriculture. — *V. Arr. du 27 avr. 2016 établissant la liste des substances naturelles à usage biostimulant (JO 30 avr.), mod. par Arr. du 14 juin 2021, art. 2 (JO 17 juin), Arr. du 23 déc. 2022 (JO 31 déc.).*

Cette inscription peut comporter des prescriptions particulières d'utilisation.

Elle est subordonnée, à l'exception des cas où la substance est mentionnée à l'article D. 4211-11 du code de la santé publique, à une évaluation par l'Agence nationale de sécurité sanitaire de l'alimentation, de l'environnement et du travail qui révèle son absence d'effet nocif sur la santé humaine, sur la santé animale et sur l'environnement.

IV. — Par dérogation au III, les substances naturelles à usage biostimulant issues de parties consommables de plantes utilisées en alimentation animale ou humaine sont dispensées de l'évaluation prévue au troisième alinéa du III lorsqu'elles entrent dans la composition d'une préparation naturelle peu préoccupante conforme à un cahier des charges approuvé en application du 3° de l'article L. 255-5.

V. — Un arrêté du ministre chargé de l'agriculture peut préciser les critères de l'évaluation mentionnée au III.

Art. D. 255-30-2 Toute publicité commerciale pour les préparations naturelles peu préoccupantes composées exclusivement de substances naturelles à usage biostimulant ne peut comporter d'autres allégations que celles relatives à leur caractère naturel à usage biostimulant.

Art. D. 255-30-3 L'inscription sur la liste mentionnée à l'article D. 255-30-1 peut être retirée ou modifiée dès lors que l'une des conditions requises pour cette inscription n'est plus remplie.

Les décisions retirant ou modifiant l'inscription peuvent fixer un délai pour permettre l'écoulement des stocks à la commercialisation et à l'utilisation. Le délai ne peut excéder douze mois pour l'écoulement des stocks à la commercialisation.

SECTION 2 Mesures de surveillance des effets et de l'efficacité des produits

Art. R. 255-31 L'autorité administrative compétente pour prendre les mesures prévues à l'article L. 255-16 est le ministre chargé de l'agriculture.

Art. R. 255-32 Le responsable de la mise sur le marché s'assure de l'efficacité et de l'absence d'effet nocif du produit par des analyses appropriées et une analyse des risques. A cet effet, il effectue, sur des échantillons représentatifs du produit tel qu'il est mis sur le marché, des analyses portant sur les teneurs garanties et les paramètres figurant sur l'étiquetage, au moins tous les six mois ou, s'il s'agit d'un produit relevant

de la catégorie définie au 1° de l'article L. 255-5, selon la périodicité et les modalités fixées par les normes rendues d'application obligatoire.

Le responsable de la mise sur le marché tient à la disposition des agents chargés des contrôles les données et résultats d'analyses effectuées sur les produits conformément aux modalités précisées par arrêté conjoint des ministres chargés de l'agriculture et de la consommation. Ces données et ces analyses sont conservées pendant une durée minimale de trois ans par le responsable de la mise sur le marché.

SECTION 3 Contrôles et sanctions

Art. R. 255-33 **Les dispositions relatives aux inspections et aux contrôles prévues** *(Décr. n° 2021-1858 du 28 déc. 2021, art. 6)* **« à la section 8 du chapitre III » s'appliquent à l'inspection et aux contrôles des produits définis à l'article L. 255-1.**

Art. R. 255-34 **Le fait, pour toute personne ayant cédé des matières fertilisantes, des adjuvants pour matières fertilisantes ou des supports de culture ne bénéficiant pas d'une autorisation de mise sur le marché, de ne pas fournir les informations exigées en cas de rappel de ces produits est puni de l'amende prévue pour les contraventions de la cinquième classe.**

CHAPITRE VI RÈGLES RELATIVES AUX MATÉRIELS DESTINÉS À L'APPLICATION DE PRODUITS PHYTOPHARMACEUTIQUES

(Décr. n° 2008-1254 du 1er déc. 2008, art. 1er, en vigueur le 1er janv. 2009)

Art. D. 256-1 *(Décr. n° 2008-1255 du 1er déc. 2008, art. 1er)* **Au sens du présent chapitre, on entend par :**

(Décr. n° 2011-2092 du 30 déc. 2011) **« 1° Pulvérisateur : toute machine telle que définie à l'article R. 4311-4-1 du code du travail destinée à l'application des produits phytopharmaceutiques énumérés à l'article L. 253-1 du présent code ; »**

2° Matériel "neuf" : tout pulvérisateur n'ayant pas été utilisé dans un État membre de *(Décr. n° 2011-537 du 17 mai 2011)* **« l'Union » européenne ;**

3° Matériel "d'occasion" : tout pulvérisateur ayant déjà été utilisé dans un État membre de *(Décr. n° 2011-537 du 17 mai 2011)* **« l'Union » européenne ;**

4° Professionnels du machinisme : tout responsable de la première mise sur le marché national d'un pulvérisateur ou toute personne vendant un pulvérisateur inscrite au registre du commerce mentionné à l'article L. 123-1 du code de commerce ou au *(Décr. n° 2022-1015 du 19 juill. 2022, art. 6, en vigueur le 1er janv. 2023)* **« Registre national des entreprises en tant qu'entreprise du secteur des métiers et de l'artisanat », à l'exception des prestataires de services mentionnés à l'article L. 254-2** *(Décr. n° 2017-1246 du 7 août 2017, art. 16-22°)* **« du présent code » et des coopératives d'utilisation du matériel agricole.**

Art. D. 256-2 *à* D. 256-10 *Inexistants.*

SECTION 1 Modalités du contrôle des pulvérisateurs *(Décr. n° 2017-1246 du 7 août 2017, art. 16-23°).*

(Décr. n° 2008-1255 du 1er déc. 2008, art. 1er, en vigueur le 1er janv. 2009)

Art. D. 256-11 **Le contrôle périodique obligatoire des pulvérisateurs mentionné à l'article L. 256-2 est effectué à la demande du propriétaire par un organisme d'inspection agréé dans les conditions fixées à la** *(Décr. n° 2017-1246 du 7 août 2017, art. 16-24°)* **« section 2 du présent chapitre ».**

Lorsqu'ils ont satisfait à un contrôle de procédure équivalente, dans un État membre de l'Union européenne ou d'un autre État partie à *(Décr. n° 2015-1724 du 21 déc. 2015, art. 2-1°, en vigueur le 1er janv. 2016)* **« l'accord sur » l'Espace économique européen, les matériels visés au premier alinéa sont réputés satisfaire au contrôle périodique obligatoire prévu à l'article L. 256-2, s'ils sont déclarés** *(Décr. n° 2021-106 du 2 févr. 2021, art. 1er, en vigueur le 1er avr. 2021)* **« à l'organisme » mentionné à l'article L. 256-2-1, dans les formes déterminées par celui-ci, au moment de leur introduction sur le sol français.**

Art. D. 256-12 Un identifiant est apposé par l'organisme d'inspection de manière distincte, lisible et indélébile sur chaque pulvérisateur au moment du contrôle, s'il n'existe déjà.

Art. D. 256-13 A l'issue de la procédure de contrôle, l'organisme d'inspection :

1° Appose sur le pulvérisateur une vignette portant la date limite de validité du contrôle ;

2° Délivre au propriétaire un rapport d'inspection qui mentionne, notamment, l'identifiant du pulvérisateur, l'identité de l'organisme d'inspection et de l'inspecteur, la date du contrôle et les conclusions sur l'état de fonctionnement du pulvérisateur ;

Si le rapport d'inspection indique que le pulvérisateur est défaillant, le propriétaire doit, dans un délai de quatre mois suivant la remise de ce rapport, effectuer les réparations nécessaires et soumettre le pulvérisateur réparé à un nouveau contrôle portant sur les points identifiés comme défaillants, par l'organisme d'inspection. *(Décr. n° 2021-1226 du 23 sept. 2021, art. 1er, en vigueur le 1er oct. 2021)* « Le pulvérisateur ne doit pas être utilisé jusqu'à la constatation de sa mise en conformité par l'organisme d'inspection. »

(Décr. n° 2011-2092 du 30 déc. 2011) « La durée de validité d'un contrôle est de *(Décr. n° 2018-721 du 3 août 2018, art. 3, en vigueur le 1er janv. 2021)* « trois » ans à compter de la date de rédaction du rapport attestant du bon fonctionnement du pulvérisateur. » *(Décr. n° 2021-1226 du 23 sept. 2021, art. 1er, en vigueur le 1er oct. 2021)* « Le propriétaire conserve le rapport d'inspection pendant cette durée.

« Le matériel neuf est contrôlé au moins une fois dans un délai de cinq ans après la date d'achat. »

Art. D. 256-14 Des arrêtés conjoints des ministres chargés de l'environnement et de l'agriculture fixent pour chaque catégorie de pulvérisateur :

1° Les modalités et le contenu des contrôles périodiques réalisés par les organismes d'inspection agréés ;

2° L'emplacement et le modèle de l'identifiant et de la vignette apposés par l'organisme d'inspection ;

3° Le modèle, les modalités et les délais de délivrance du rapport d'inspection. — *V. Arr. du 18 déc. 2008 relatif aux modalités de contrôle des pulvérisateurs pris en application du 1° de l'art. D. 256-14 (JO 26 déc.), mod. par Arr. du 6 juin 2016 (JO 21 juin), Arr. du 25 janv. 2023 (JO 16 févr.).*

Art. R. 256-14-1 *(Décr. n° 2021-1226 du 23 sept. 2021, art. 1er, en vigueur le 1er oct. 2021)* Lorsqu'il est constaté qu'un utilisateur professionnel emploie un matériel d'application de produits phytopharmaceutiques ne disposant pas de l'identifiant mentionné à l'article D. 256-12, l'utilisateur est tenu de rapporter, dans un délai de quatre mois à compter de ce constat, la preuve que le matériel a fait l'objet d'un rapport de contrôle à l'issue duquel a été établi un rapport attestant de son bon fonctionnement, datant de moins de trois ans.

Si à l'expiration de ce délai de quatre mois, cette preuve n'est pas apportée, l'autorité administrative mentionnée à l'article R. 254-11 peut suspendre le certificat détenu par l'utilisateur de ce matériel en application de l'article L. 254-3 pour une durée maximale de six mois.

SECTION 2 **Les organismes d'inspection** *(Décr. n° 2017-1246 du 7 août 2017, art. 16-23°).*

(Décr. n° 2008-1255 du 1er déc. 2008, art. 1er, en vigueur le 1er janv. 2009)

Art. D. 256-15 Les organismes d'inspection mentionnés à l'article L. 256-2 sont agréés par l'autorité administrative désignée à l'article R. 256-29.

Art. D. 256-16 I. — Pour être agréé, un organisme d'inspection doit présenter des garanties d'indépendance et de compétence et disposer des moyens nécessaires à l'exécution des tâches pour lesquelles il est agréé. Ces conditions sont réputées remplies lorsque l'organisme est accrédité au titre des annexes A, B, ou C de la norme NF EN ISO/CEI 17020 pour les activités de "contrôle périodique des pulvérisateurs" par le Comité français d'accréditation (COFRAC) ou par tout autre organisme d'accréditation signataire de l'accord de reconnaissance multilatéral établi par la coordination européenne des organismes d'accréditation.

(Décr. n° 2010-944 du 24 août 2010) « Elles sont également réputées remplies lorsque leur respect a été vérifié par les autorités d'un autre État membre de l'Union européenne ou de l'Espace économique européen pour l'exercice de cette même activité sur son territoire. »

II. — La délivrance de l'agrément est également subordonnée à l'engagement par l'organisme d'inspection :

1° De transmettre *(Décr. n° 2021-106 du 2 févr. 2021, art. 1er, en vigueur le 1er avr. 2021)* « à l'organisme mentionné au premier alinéa de l'article L. 256-2-1 » les résultats des contrôles des pulvérisateurs à l'exclusion de toute information nominative ;

2° De mettre en œuvre une organisation et des moyens techniques permettant de faciliter *(Décr. n° 2021-106 du 2 févr. 2021, art. 1er, en vigueur le 1er avr. 2021)* « la mission de l'organisme d'accréditation et l'accès du personnel de cet organisme » et des agents qualifiés pour la recherche et la constatation des infractions mentionnés à l'article L. 256-2 aux installations ;

(Décr. n° 2021-106 du 2 févr. 2021, art. 1er, en vigueur le 1er avr. 2021) « 2° *bis* De transmettre à l'autorité mentionnée à l'article R. 256-29 les résultats des visites de contrôle de ses installations réalisés en application de l'article D. 256-18 » ;

3° D'employer exclusivement des inspecteurs titulaires du certificat mentionné à l'article D. 256-23 correspondant aux catégories de pulvérisateurs qu'ils inspectent ;

(Décr. n° 2021-106 du 2 févr. 2021, art. 1er, en vigueur le 1er avr. 2021) « 4° De s'acquitter auprès de l'organisme mentionné au premier alinéa de l'article L. 256-2-1 des sommes prévues au même article. »

5° *abrogé par Décr. n° 2021-106 du 2 févr. 2021, art. 1er, à compter du 1er avr. 2021.*

III. — Abrogé par Décr. n° 2021-106 du 2 févr. 2021, art. 1er, à compter du 1er avr. 2021.

Art. D. 256-17 *(Décr. n° 2021-106 du 2 févr. 2021, art. 1er, en vigueur le 1er avr. 2021)* L'organisme d'inspection qui souhaite obtenir l'agrément adresse à l'autorité administrative compétente mentionnée à l'article R. 256-29 une demande. Si la demande est recevable, cette autorité en délivre récépissé.

Un arrêté du ministre chargé de l'agriculture définit le contenu de la demande d'agrément.

L'organisme d'inspection informe l'organisme mentionné au premier alinéa de l'article L. 256-2-1 de la suite donnée à sa demande d'agrément, et de toute décision, relative à son agrément, prise par l'autorité administrative mentionnée à l'article R. 256-29.

L'agrément est délivré pour une durée de cinq ans. Il peut prévoir que les interventions de l'organisme agréé sont limitées à certaines catégories d'appareils.

Art. D. 256-18 *(Décr. n° 2021-106 du 2 févr. 2021, art. 1er, en vigueur le 1er avr. 2021)* Le préfet de la région dans laquelle un organisme d'inspection exerce tout ou partie de son activité peut demander à celui-ci de faire réaliser par un organisme d'accréditation des sites de contrôle sur place de ses installations destinées à vérifier notamment la bonne exécution des contrôles qu'il réalise.

Art. D. 256-19 Un organisme d'inspection agréé ne peut exercer une activité de fabrication ou de distribution de produits phytopharmaceutiques mentionnés à l'article L. 253-1. Il peut cependant exercer, ainsi que les inspecteurs qu'il emploie, sous réserve qu'elles ne soient pas confondues avec les activités de contrôle, des activités de conception, de fabrication, de fourniture, d'installation, de conseil, de maintenance ou d'utilisation relatives aux pulvérisateurs.

Art. D. 256-20 *Abrogé par Décr. n° 2021-106 du 2 févr. 2021, art. 1er, à compter du 1er avr. 2021.*

Art. D. 256-20-1 *(Décr. n° 2011-2092 du 30 déc. 2011)* Le récépissé de *(Décr. n° 2021-106 du 2 févr. 2021, art. 1er, en vigueur le 1er avr. 2021)* « la demande d'agrément déposée auprès de l'autorité compétente mentionnée à l'article R. 256-29 » vaut agrément provisoire *(Décr. n° 2021-106 du 2 févr. 2021, art. 1er, en vigueur le 1er avr. 2021)* « sous réserve que la demande d'accréditation du demandeur ait reçu un avis favorable de recevabilité par l'organisme d'accréditation et » si les inspecteurs mention-

nés dans le dossier de demande d'agrément justifient avoir réalisé au moins cinquante contrôles ou diagnostics de pulvérisateurs ou, le cas échéant, avoir suivi un stage d'au moins une semaine au sein d'un organisme d'inspection agréé. Cet agrément provisoire est valable *(Décr. n° 2021-106 du 2 févr. 2021, art. 1er, en vigueur le 1er avr. 2021)* **« jusqu'à ce qu'il ait été statué sur la demande d'accréditation et au plus tard neuf mois » après la date de délivrance du récépissé.**

SECTION 3 **Les centres de formation des inspecteurs** *(Décr. n° 2017-1246 du 7 août 2017, art. 16-23°).*

(Décr. n° 2008-1255 du 1er déc. 2008, art. 1er, en vigueur le 1er janv. 2009)

Art. D. 256-21 **Les centres de formation des inspecteurs mentionnés à l'article L. 256-2 sont agréés par l'autorité administrative désignée à l'article R. 256-30.**

Art. D. 256-22 **Le centre de formation des inspecteurs qui souhaite obtenir l'agrément adresse** *(Décr. n° 2021-106 du 2 févr. 2021, art. 1er en vigueur le 1er avr. 2021)* **« à l'autorité compétente mentionnée à l'article R. 256-30 » une demande.**

Al. 2 et 3 abrogés par Décr. n° 2021-106 du 2 févr. 2021, art. 1er, à compter du 1er avr. 2021.

L'agrément est délivré pour une durée de cinq ans.

Art. R. 256-22-1 *(Décr. n° 2017-1411 du 27 sept. 2017, art. 2-46°)* **Le silence gardé pendant une durée de quatre mois par le ministre chargé de l'agriculture sur une demande d'agrément d'un centre de formation des inspecteurs chargés du contrôle des matériels d'application des produits phytopharmaceutiques, mentionnée à l'article D. 256-22, vaut décision d'acceptation.**

Art. D. 256-23 **Le centre de formation délivre à chacun des inspecteurs un certificat pour la réalisation des contrôles d'une ou plusieurs catégories de pulvérisateurs.**

Ce certificat sanctionne la réussite à un examen à l'issue de la formation assurée par le centre.

Le certificat est valable pour une durée de cinq ans renouvelable. — *V. Arr. du 13 janv. 2022 relatif aux conditions de formation des inspecteurs réalisant les contrôles obligatoires des matériels d'application de produits phytopharmaceutiques et à l'agrément des centres de formation chargés de former les inspecteurs (JO 20 janv.).*

Art. D. 256-24 *(Décr. n° 2021-106 du 2 févr. 2021, art. 1er, en vigueur le 1er avr. 2021)* **« Un arrêté du ministre chargé de l'agriculture » définit le contenu de la demande d'agrément et précise les modalités et les conditions d'agrément des centres de formation qui portent notamment sur :**

— les caractéristiques des installations et des équipements nécessaires à la formation ;
— la qualification et les compétences des enseignants ;

Cet arrêté précise également le contenu et les modalités de la formation conduisant à l'examen sanctionné par la délivrance du certificat mentionné à l'article D. 256-23, ainsi que les modalités et conditions de renouvellement de ce certificat à l'échéance des cinq ans. — *V. Arr. du 13 janv. 2022 relatif aux conditions de formation des inspecteurs réalisant les contrôles obligatoires des matériels d'application de produits phytopharmaceutiques et à l'agrément des centres de formation chargés de former les inspecteurs (JO 20 janv.).*

Art. D. 256-24-1 *(Décr. n° 2010-944 du 24 août 2010)* **Lorsque l'agrément est demandé par un centre de formation des inspecteurs établi sur le territoire d'un autre État membre de l'Union européenne ou de l'Espace économique européen, celui-ci est exempté de la production des pièces déjà fournies pour l'exercice de cette activité dans cet État.**

SECTION 4 **L'organisme technique central du contrôle des pulvérisateurs** *(Décr. n° 2021-106 du 2 févr. 2021, art. 1er).*

(Décr. n° 2008-1255 du 1er déc. 2008, art. 1er)

Art. D. 256-25 *(Décr. n° 2021-106 du 2 févr. 2021, art. 1er, en vigueur le 1er avr. 2021)* **I. — L'organisme mentionné à l'article L. 256-2-1, dénommé Organisme technique**

central du contrôle des pulvérisateurs (OTC-Pulvés), est chargé pour le compte des ministres chargés de l'agriculture et de l'environnement et selon leurs instructions :

1° De recueillir et d'analyser les résultats des contrôles afin de s'assurer de l'homogénéité des contrôles, et de collecter et analyser les informations sur l'état du parc national des pulvérisateurs ;

2° De tenir à jour la liste des organismes d'inspection, des centres de formation agréés et des inspecteurs détenant un certificat ;

3° D'instruire les dossiers des ressortissants de l'Union européenne ou d'États partie à l'accord sur l'Espace économique européen et notamment les dossiers de déclaration de prestation de services occasionnelle ou de demande de reconnaissance de qualification prévus aux articles L. 204-1, L. 204-2 et R. 204-1 à R. 204-6 ;

4° D'assurer un suivi des déclarations de matériels de pulvérisation satisfaisant à un contrôle de procédure équivalente dans un autre État membre de l'Union européenne ou d'un autre État partie à l'accord sur l'Espace économique européen ;

5° D'assurer une veille technologique, normative et réglementaire et de proposer, en fonction des évolutions constatées, des adaptations des méthodes de contrôle, des équipements de contrôle, des référentiels en lien avec la délivrance du certificat, de l'information et de la formation des inspecteurs et de participer, dans cet objectif, aux instances techniques européennes et internationales traitant des pulvérisateurs ;

6° De proposer des formations destinées aux enseignants des centres de formation des inspecteurs agréés ;

7° D'assurer la supervision des organismes délivrant des formations aux inspecteurs des organismes d'inspection ;

8° D'assurer le suivi, en relation avec l'administration, des agréments et des accréditations des organismes d'inspection ;

9° D'animer le réseau des organismes d'inspection et des centres de formation des inspecteurs agréés ;

10° De fournir une assistance technique aux organismes d'inspection ;

11° D'établir des documents d'information à caractère général relatifs au contrôle prévu à l'article L. 256-2 à destination des propriétaires des pulvérisateurs objets de ce contrôle, des organismes d'inspection, des inspecteurs, des centres de formation et des agents mentionnés à l'article L. 256-2 ;

12° D'apporter à l'autorité administrative son expertise en appui des missions de celle-ci pour la recherche et la constatation des infractions aux prescriptions mentionnées à l'article L. 256-1 ;

13° De remettre chaque année aux ministres chargés de l'agriculture et de l'environnement un rapport d'activité présentant notamment l'analyse des résultats des contrôles ainsi que des informations sur l'état du parc national des pulvérisateurs et sur son évolution.

II. — Le ministre chargé de l'agriculture désigne l'organisme mentionné au I à l'issue d'une procédure de sélection préalable présentant toutes les garanties d'impartialité et de transparence et comportant des mesures de publicité permettant aux candidats potentiels de se manifester. — *V. Arr. du 13 avr. 2021 portant désignation de « l'Organisme technique central du contrôle des pulvérisateurs » (OTC-Pulvés) mentionné à l'art. D. 256-25 (JO 14 avr.).*

III. — Pour l'application du règlement (UE) n° 2016/679 du Parlement européen et du Conseil du 27 avril 2016 relatif à la protection des personnes physiques à l'égard des traitements de données à caractère personnel et à la libre circulation de ces données, le ministre chargé de l'agriculture est le responsable du traitement automatisé de données à caractère personnel nécessaires à l'accomplissement des missions mentionnées au I.

L'organisme mentionné au II est son sous-traitant, et présente des garanties suffisantes pour mettre en œuvre toute mesure de nature à assurer la conformité du traitement de données au règlement susmentionné.

Avec l'autorisation écrite du ministre chargé de l'agriculture, la conception, la gestion ou la maintenance des bases de recueil et d'analyse des résultats des contrôles et de l'état du parc national des pulvérisateurs peuvent être confiées par ce sous-traitant à un prestataire qui présente les mêmes garanties.

Art. D. 256-26 *Abrogé par Décr. nº 2021-106 du 2 févr. 2021, art. 1er, à compter du 1er avr. 2021.*

SECTION 5 Agrément des organismes d'inspection et des centres de formation *(Décr. nº 2017-1246 du 7 août 2017, art. 16-23º).*

(Décr. nº 2008-1254 du 1er déc. 2008, art. 1er, en vigueur le 1er janv. 2009)

Art. D. 256-27 *(Décr. nº 2011-2092 du 30 déc. 2011)* **« Est réputé titulaire du certificat mentionné à l'article D. 256-23 le ressortissant d'un État membre de l'Union européenne ou d'un autre État partie à »** *(Décr. nº 2015-1724 du 21 déc. 2015, art. 2-3º, en vigueur le 1er janv. 2016)* **« l'accord sur l'Espace économique européen qui répond aux conditions prévues aux articles R. 204-2 et R. 204-3.**

« En cas de différences substantielles entre la formation requise en France et les connaissances acquises du demandeur, le 1º de l'article R. 204-5 s'applique. »

Le certificat est délivré pour cinq ans. Il est renouvelé après suivi d'une formation spécifique dans un centre de formation agréé.

Art. D. 256-28 *Abrogé par Décr. nº 2015-1724 du 21 déc. 2015, art. 2-4º, à compter du 1er janv. 2016.*

Art. R. 256-29 **Les organismes d'inspection mentionnés à l'article L. 256-2 sont agréés par le préfet de la région dans laquelle ils ont leur siège.**

L'agrément peut être retiré ou suspendu par le préfet de région, si l'organisme d'inspection ne remplit pas ses obligations ou s'il cesse de remplir l'une des conditions qui ont présidé à la délivrance de l'agrément, après que le représentant de l'organisme d'inspection a été invité à présenter ses observations. — *V. Arr. du 29 nov. 2022 relatif à l'agrément des organismes d'inspection des matériels d'application des produits phytopharmaceutiques (JO 10 déc.).*

Art. R. 256-30 **Les centres de formation des inspecteurs mentionnés à l'article L. 256-2 sont agréés par le ministre chargé de l'agriculture.**

L'agrément peut être retiré ou suspendu par le ministre chargé de l'agriculture, si le centre de formation des inspecteurs ne remplit pas ses obligations ou s'il cesse de remplir l'une des conditions qui ont présidé à la délivrance de l'agrément, après que le représentant du centre de formation des inspecteurs a été invité à présenter ses observations.

SECTION 6 Dispositions pénales *(Décr. nº 2017-1246 du 7 août 2017, art. 16-23º).*

(Décr. nº 2008-1254 du 1er déc. 2008, art. 1er, en vigueur le 1er janv. 2009)

Art. R. 256-31 **Est puni de la peine d'amende prévue pour les contraventions de cinquième classe le fait, pour un organisme :**

1º De réaliser des contrôles sans être titulaire de l'agrément mentionné à l'article L. 256-2 ;

2º De faire réaliser un contrôle par un inspecteur non titulaire d'un certificat délivré par un centre de formation mentionné à l'article L. 256-2.

La récidive de ces contraventions est réprimée conformément aux articles 132-11 et 132-15 du code pénal.

Art. R. 256-32 *(Décr. nº 2018-721 du 3 août 2018, art. 1er)* **I. — Est puni de l'amende prévue pour les contraventions de la cinquième classe le fait, pour le propriétaire d'un matériel mentionné à l'article L. 256-1, de ne pas faire procéder au contrôle prévu à l'article L. 256-2.**

La récidive de ces contraventions est réprimée conformément aux articles 132-11 et 132-15 du code pénal.

II. — Est puni de l'amende prévue pour les contraventions de quatrième classe le fait :

1º Pour le propriétaire d'un matériel mentionné à l'article L. 256-1 :

***a)* De ne pas respecter l'obligation de faire réparer, à la suite d'un contrôle, un matériel défaillant et de ne pas le soumettre dans un délai de quatre mois après la remise du rapport d'inspection à un nouveau contrôle ;**

b) De ne pas être en mesure de présenter aux agents mentionnés au troisième alinéa de l'article L. 256-2 le dernier rapport d'inspection datant de moins de *(Décr. n° 2018-721 du 3 août 2018, art. 3, en vigueur le 1er janv. 2021)* « trois » ans établi à la suite d'un contrôle ;

2° Pour l'utilisateur professionnel d'un matériel mentionné à l'article L. 256-1, d'utiliser un matériel dont le propriétaire n'a pas fait procéder au contrôle prévu à l'article L. 256-2 *(Décr. n° 2021-1226 du 23 sept. 2021, art. 1er, en vigueur le 1er oct. 2021)* « ou d'utiliser un matériel déclaré défaillant par le dernier rapport d'inspection ».

CHAPITRE VII LE CONTRÔLE DE LA PRODUCTION PRIMAIRE DES DENRÉES ALIMENTAIRES ET DES PRODUITS DESTINÉS À L'ALIMENTATION ANIMALE OU DES ALIMENTS POUR ANIMAUX D'ORIGINE VÉGÉTALE

(Décr. n° 2009-1658 du 18 déc. 2009)

SECTION 1 Dispositions générales

(Décr. n° 2021-1858 du 28 déc. 2021, art. 6)

Art. R. 257-1 Pour les exploitants exerçant leur activité dans les domaines mentionnés aux 3°, 5° et 6° du I de l'article L. 250-1, sont définies par arrêtés du ministre chargé de l'agriculture :

1° Les modalités de la notification de leurs établissements de production ou de transformation de végétaux prévue à l'article 6 du règlement (CE) n° 852/2004 du Parlement européen et du Conseil du 29 avril 2004 et à l'article 9 du règlement (CE) n° 183/2005 du Parlement européen et du Conseil du 12 janvier 2005 ;

2° Les conditions de tenue du registre prévu à l'annexe I, Partie A, III, du règlement (CE) n° 852/2004 du Parlement européen et du Conseil du 29 avril 2004, à l'annexe I, partie A, II, du règlement (CE) n° 183/2005 du Parlement européen et du Conseil du 12 janvier 2005 et à l'article 67 du règlement (CE) n° 1107/2009 du Parlement européen et du Conseil du 21 octobre 2009 ;

3° Les activités relevant du c du paragraphe 2 de l'article 1er du règlement (CE) n° 852/2004 du Parlement européen et du Conseil du 29 avril 2004 ;

4° Les activités relevant du 2 de l'article 2 du règlement (CE) n° 183/2005 du Parlement européen et du Conseil du 12 janvier 2005.

Art. R. 257-2 Est puni de l'amende prévue pour les contraventions de la cinquième classe le fait, pour les exploitants mentionnés à l'article R. 257-1 :

1° De ne pas notifier à l'autorité compétente les établissements dont ils ont la responsabilité, y compris les modifications significatives de leurs activités ou la fermeture d'un établissement, conformément aux dispositions de l'article 6 du règlement (CE) n° 852/2004 du 29 avril 2004 relatif à l'hygiène des denrées alimentaires, de l'article 9 du règlement (CE) n° 183/2005 du 12 janvier 2005 établissant les exigences en matière d'hygiène des aliments pour animaux et du 1° de l'article R. 257-1.

2° De mettre sur le marché toute production issue de leur établissement producteur de graines germées sans disposer de l'agrément prévu à l'article R. 257-4 ;

3° De ne pas tenir le registre mentionné au 3° de l'article R. 257-1 dans les conditions prévues par l'arrêté ministériel pris pour l'application de cet article ;

4° De ne pas utiliser une eau conforme aux prescriptions du 5°, sous c, de la partie A de l'annexe I du règlement (CE) n° 852/2004 du Parlement européen et du Conseil du 29 avril 2004.

La récidive de cette contravention est réprimée conformément à l'article 132-11 du code pénal pour les personnes physiques et à l'article 132-15 du même code pour les personnes morales.

Art. R. 257-3 Est puni de l'amende prévue pour les contraventions de la troisième classe le fait, pour les exploitants mentionnés à l'article R. 257-1 :

1° De mettre sur le marché une denrée alimentaire d'origine végétale sans respecter une obligation prévue par le règlement (CE) n° 852/2004 du Parlement européen et du Conseil du 29 avril 2004 ou arrêtée conformément à l'article 12 de ce règlement ;

2° De mettre sur le marché un produit destiné à l'alimentation animale ou un aliment pour animal d'origine végétale sans respecter une obligation prévue par le règlement (CE) n° 183/2005 du Parlement européen et du Conseil du 12 janvier 2005 ou arrêtée conformément à l'article 26 de ce règlement.

SECTION 2 Dispositions applicables aux établissements producteurs de graines germées

(Décr. n° 2021-1858 du 28 déc. 2021, art. 6)

Art. R. 257-4 L'agrément mentionné à l'article 2 du règlement (UE) n° 210/2013 de la Commission du 11 mars 2013 relatif à l'agrément des établissements producteurs de graines germées conformément au règlement (CE) n° 852/2004 du Parlement européen et du Conseil est délivré par le préfet de région du lieu d'implantation de l'établissement.

Un arrêté du ministre chargé de l'agriculture précise le contenu du dossier de demande d'agrément.

Art. R. 257-5 L'agrément peut être suspendu pour une durée ne pouvant excéder trois mois ou retiré si les exigences prévues par le règlement (UE) n° 210/2013 de la Commission du 11 mars 2013 ne sont pas respectées.

Art. R. 257-6 Une décision de rejet de la demande d'agrément mentionnée à l'article R. 257-4 ne peut faire l'objet d'un recours contentieux qu'après rejet d'un recours gracieux préalable formé contre cette décision.

CHAPITRE VIII MACRO-ORGANISMES NON INDIGÈNES UTILES AUX VÉGÉTAUX, NOTAMMENT DANS LE CADRE DE LA LUTTE BIOLOGIQUE

(Décr. n° 2012-140 du 30 janv. 2012, art. 1er, en vigueur le 1er juill. 2012)

Art. R. 258-1 Au sens du présent chapitre, on entend par :

– "macro-organisme" : tout organisme autre qu'un micro-organisme tel que défini à l'article 3 du règlement (CE) n° 1107/2009 du Parlement européen et du Conseil du 21 octobre 2009 concernant la mise sur le marché des produits phytopharmaceutiques et abrogeant les directives 79/117/CEE et 91/414/CEE du Conseil ;

– "non indigène" : qui n'est pas établi sur le territoire concerné par l'entrée ou l'introduction dans l'environnement ;

– "territoire" : pour l'application du présent chapitre, sont considérés comme territoires distincts : l'ensemble des départements de la France métropolitaine continentale, la Corse, la Guadeloupe, la Guyane, la Martinique, La Réunion, Mayotte, Saint-Barthélemy, Saint-Martin et Saint-Pierre et Miquelon ;

– "utiles aux végétaux" : utilisés dans le cadre de la lutte contre des organismes nuisibles aux végétaux ou favorisant le développement ou la reproduction des végétaux ;

– "environnement" : espace non confiné d'un territoire, cultivé ou non, y compris les tunnels et les serres ne présentant pas le confinement nécessaire à l'évitement de la dispersion du macro-organisme et la maîtrise du risque potentiel associé ;

– "entrée sur le territoire" : sans autre précision, désigne une entrée limitée à un milieu confiné, sans introduction dans l'environnement.

Art. R. 258-2 I. – Toute personne qui souhaite faire entrer sur un territoire un macro-organisme non indigène utile aux végétaux ne figurant pas sur la liste correspondante visée au II du présent article ou qui souhaite l'introduire dans l'environnement adresse une demande d'autorisation préalable à l'Agence nationale de sécurité sanitaire de l'alimentation, de l'environnement et du travail, qui en informe *(Décr. n° 2016-1595 du 24 nov. 2016, art. 3-1°)* « , selon le cas, la ou les autorités administratives compétentes pour délivrer l'autorisation de mise sur le marché mentionnées à l'article L. 258-1 ».

Dans le cas où la demande d'introduction dans l'environnement prévoit la mise sur le marché du macro-organisme, cette demande est effectuée par le responsable de la mise sur le marché.

II. — Sont dispensés de demande d'autorisation d'entrée sur un territoire et d'introduction dans l'environnement les macro-organismes non indigènes utiles aux végétaux figurant sur une liste spécifique à ce territoire établie par arrêté conjoint des ministres chargés de l'agriculture et de l'environnement, pris après avis de l'Agence nationale de sécurité sanitaire de l'alimentation, de l'environnement et du travail, et du Conseil national de la protection de la nature. Cette liste comprend exclusivement des macro-organismes ayant déjà fait l'objet d'une évaluation favorable du risque phytosanitaire et environnemental, incluant l'impact sur la biodiversité, pour ce territoire ou pour un territoire pour lequel les conditions agricoles, phytosanitaires, environnementales, notamment en termes de climat et de biodiversité, sont comparables. — *V. Arr. du 26 févr. 2015 établissant la liste des macro-organismes non indigènes utiles aux végétaux, notamment dans le cadre de la lutte biologique dispensés de demande d'autorisation d'entrée sur un territoire et d'introduction dans l'environnement (JO 22 avr.).*

Art. R. 258-2-1 *(Décr. n° 2017-1411 du 27 sept. 2017, art. 2-47°)* Le silence gardé pendant un délai de trois mois par le directeur général de l'Agence nationale de sécurité sanitaire de l'alimentation, de l'environnement et du travail sur une demande d'autorisation d'entrée et d'introduction dans l'environnement de macro-organismes non indigènes utiles aux végétaux, mentionnée à l'article R. 258-2, vaut décision de rejet.

Art. R. 258-3 I. — Le dossier de demande d'autorisation comprend :

1° Des informations sur le demandeur ;

2° L'identification taxonomique du macro-organisme concerné ;

3° Les éléments connus de son écologie et de sa biologie ;

4° La finalité de son entrée sur le territoire ou, le cas échéant, de son introduction dans l'environnement ;

5° La description des structures et procédures de détention et d'élevage ;

6° La description des modalités d'entrée sur le territoire ou d'introduction dans l'environnement ;

7° L'analyse, étayée par des documents, de l'efficacité et des bénéfices du macro-organisme concerné et du risque phytosanitaire et environnemental que présente cette opération et les moyens envisagés pour maîtriser ce risque.

La composition détaillée et les modalités de présentation des dossiers de demande sont précisées par arrêté conjoint des ministres chargés de l'agriculture et de l'environnement.

II. — Lorsque la demande concerne un macro-organisme qui a déjà fait l'objet d'une évaluation officielle du risque phytosanitaire et environnemental dans un État dont les conditions agricoles, phytosanitaires, environnementales, notamment en termes de climat et de biodiversité, sont comparables au territoire pour lequel la demande est effectuée, les éléments de cette évaluation peuvent remplacer tout ou partie des informations nécessaires à l'analyse du risque et aux documents prévus au 7° du I selon des conditions fixées par arrêté conjoint des ministres chargés de l'agriculture et de l'environnement.

III. — Lorsque la demande concerne l'entrée d'un macro-organisme sur le territoire, dans le cadre de travaux réalisés à des fins scientifiques en milieu confiné, sans introduction dans l'environnement, le demandeur peut ne pas fournir l'analyse documentée du risque prévue au 7° du I s'il estime que les structures et procédures décrites au 5° garantissent l'efficacité du confinement du macro-organisme à toutes les étapes de l'opération pour la réalisation de ces travaux. Cette faculté ne fait pas obstacle à ce que l'Agence nationale de sécurité sanitaire de l'alimentation, de l'environnement et du travail demande cette pièce dans les conditions prévues au premier alinéa de l'article R. 258-4.

V. Arr. du 28 juin 2012 relatif aux demandes d'autorisation d'entrée sur le territoire et d'introduction dans l'environnement de macro-organismes non indigènes utiles aux végétaux, notamment dans le cadre de la lutte biologique (JO 30 juin).

Art. R. 258-4 Dès réception de la demande, l'Agence nationale de sécurité sanitaire de l'alimentation, de l'environnement et du travail vérifie que le dossier contient l'ensemble des pièces exigées. S'il apparaît que le dossier est incomplet ou irrégulier, elle invite le demandeur à le compléter ou à le régulariser dans un délai qu'elle fixe.

Lorsque le dossier est complet et régulier, elle adresse au demandeur un accusé de réception, dont elle envoie copie *(Décr. n° 2016-1595 du 24 nov. 2016, art. 3-2°)* « à l'autorité administrative compétente ».

L'Agence nationale de sécurité sanitaire de l'alimentation, de l'environnement et du travail transmet son avis aux ministres chargés de l'agriculture et de l'environnement dans un délai de six mois à compter de la réception du dossier complet et régulier. Ce délai est réduit à trois mois *(Décr. n° 2016-1595 du 24 nov. 2016, art. 3-2°)* « dans le cas décrit au II de l'article R. 258-3. Dans le cas mentionné au deuxième alinéa de l'article L. 258-1, l'Agence transmet son avis au préfet de région dans un délai de trois mois à compter de la réception du dossier complet et régulier. »

Art. R. 258-5 I. — L'avis de l'Agence nationale de sécurité sanitaire de l'alimentation, de l'environnement et du travail comprend :

— l'évaluation du risque phytosanitaire ;

— l'évaluation du risque environnemental, en particulier pour la biodiversité ;

— l'évaluation de l'efficacité et des bénéfices attendus de l'emploi du macro-organisme concerné ;

— des recommandations qui peuvent porter sur les conditions d'entrée sur le territoire ou d'introduction dans l'environnement et d'emploi du macro-organisme concerné, et sur les mesures de confinement à mettre en œuvre à toutes les étapes de l'opération pour la réalisation des travaux réalisés à des fins scientifiques en milieu confiné sans introduction dans l'environnement.

II. — Dans les cas prévus au III de l'article R. 258-3 où le dossier de demande ne comporte pas l'analyse étayée de documents du risque phytosanitaire et environnemental, l'avis de l'Agence nationale de sécurité sanitaire de l'alimentation, de l'environnement et du travail porte sur les mesures de confinement à mettre en œuvre à toutes les étapes de l'opération pour la réalisation des travaux.

III. — Lorsque l'Agence nationale de sécurité sanitaire de l'alimentation, de l'environnement et du travail n'a pas émis son avis, ce dernier est réputé défavorable.

Art. R. 258-6 Les ministres chargés de l'agriculture et de l'environnement *(Décr. n° 2016-1595 du 24 nov. 2016, art. 3-3°)* « ou, dans le cas mentionné au deuxième alinéa de l'article L. 258-1, le préfet de la région où se trouve l'établissement où sont réalisées les opérations en milieu confiné » statuent sur la demande dans un délai de trois mois à compter de la réception de l'avis de l'Agence nationale de sécurité sanitaire de l'alimentation, de l'environnement et du travail, ou si celle-ci n'a pas émis d'avis, à compter de l'expiration du délai qui lui est imparti. *(Décr. n° 2016-1595 du 24 nov. 2016, art. 3-3°)* « Lorsqu'il n'a pas été statué sur la demande dans ces délais, elle est réputée rejetée. »

L'autorisation ne peut être délivrée *(Abrogé par Décr. n° 2016-1595 du 24 nov. 2016, art. 3-3°)* « *, par arrêté conjoint des ministres chargés de l'agriculture et de l'environnement,* » que si le macro-organisme non indigène utile aux végétaux considéré ne présente pas, dans les conditions définies, de risque significatif phytosanitaire ou environnemental, notamment sur la biodiversité.

L'arrêté peut fixer la durée de validité de l'autorisation et, s'il y a lieu, des prescriptions particulières que la protection de la santé des végétaux ou de l'environnement rend nécessaires. Ces prescriptions peuvent porter, notamment, sur les conditions d'emploi du macro-organisme concerné, sur l'étiquetage des produits mis sur le marché, sur le suivi post-autorisation ainsi que sur les mesures de confinement pour la circulation, la détention et la manipulation de ce macro-organisme. L'autorisation peut, en outre, prescrire que les conditions d'emploi fixées soient portées de façon apparente, au moins en français, sur l'étiquetage des produits correspondants mis sur le marché.

Les autorisations d'introduction dans l'environnement sont publiées au *Bulletin officiel* du ministère chargé de l'agriculture.

Art. R. 258-7 Le détenteur d'une autorisation d'entrée sur le territoire ou d'introduction dans l'environnement communique immédiatement *(Décr. n° 2016-1595 du 24 nov. 2016, art. 3-4°)* « à l'autorité administrative compétente » et à l'Agence nationale de sécurité sanitaire de l'alimentation, de l'environnement et du travail toute nouvelle information qui pourrait entraîner une modification de l'analyse du risque.

Art. R. 258-8 A la demande du détenteur de l'autorisation ou *(Décr. nº 2016-1595 du 24 nov. 2016, art. 3-5º)* « de sa propre initiative, l'autorité administrative compétente peut » prendre des arrêtés complémentaires. Ces arrêtés peuvent fixer, après avis de l'Agence de sécurité sanitaire de l'alimentation, de l'environnement et du travail, toutes les prescriptions additionnelles que la protection de la santé des végétaux ou de l'environnement rend nécessaires, ou atténuer celles des prescriptions primitives dont le maintien n'est plus justifié.

Le silence gardé plus de trois mois à compter de la réception de la demande du bénéficiaire vaut décision de rejet. Ce délai est porté à quatre mois dans les cas où la consultation de l'Agence de sécurité sanitaire de l'alimentation, de l'environnement et du travail est obligatoire en application du précédent alinéa.

Art. R. 258-9 L'autorisation d'entrée sur le territoire ou d'introduction dans l'environnement peut être retirée ou suspendue par *(Décr. nº 2016-1595 du 24 nov. 2016, art. 3-6º)* « l'autorité administrative compétente » dans les cas suivants :

— si les conditions de l'autorisation ne sont pas respectées ;

— en cas de menace pour la santé des végétaux ou l'environnement.

Préalablement à une suspension ou à un retrait d'autorisation, l'Agence de sécurité sanitaire de l'alimentation, de l'environnement et du travail en est avertie et, sauf en cas d'urgence, le demandeur ou le titulaire de l'autorisation est mis en mesure de présenter ses observations *(Décr. nº 2016-1595 du 24 nov. 2016, art. 3-4º)* « à l'autorité administrative compétente ».

TITRE VI *[ABROGÉ]* L'AGENCE FRANÇAISE DE SÉCURITÉ SANITAIRE DES ALIMENTS

(Abrogé par Décr. nº 2011-385 du 11 avr. 2011, art. 13)

Art. R. 261-1 *Abrogé par Décr. nº 2011-385 du 11 avr. 2011, art. 13. — V. dorénavant CSP, art. R. 1313-1 s. (Agence nationale chargée de la sécurité sanitaire de l'alimentation, de l'environnement et du travail). —* ***CSP.***

TITRE VII DISPOSITIONS RELATIVES À L'OUTRE-MER

(Décr. nº 2016-781 du 10 juin 2016, art. 3-5º, en vigueur le 1er juill. 2016)

CHAPITRE I GUADELOUPE, GUYANE, MARTINIQUE, LA RÉUNION ET MAYOTTE

(Décr. nº 2016-781 du 10 juin 2016, art. 3-5º, en vigueur le 1er juill. 2016)

SECTION 1 Champ d'application et références

Art. D. 271-1 Les dispositions du présent livre (partie réglementaire) s'appliquent en Guadeloupe, en Guyane, en Martinique, à La Réunion et à Mayotte sous réserve des exceptions et adaptations prévues au présent chapitre.

Art. D. 271-2 Pour l'application du présent livre (partie réglementaire) en Guyane :

1º Les références à la région et au département, au conseil régional et au conseil départemental, au président du conseil régional et au président du conseil départemental sont remplacées respectivement par les références à la collectivité territoriale de Guyane, à l'assemblée de Guyane et au président de l'assemblée de Guyane ;

2º Les références aux plans ou schémas régionaux sont remplacées par les références aux plans ou schémas territoriaux de Guyane ;

3º Les références aux commissions régionales ou départementales sont remplacées par les références aux commissions territoriales de Guyane.

Art. D. 271-3 Pour l'application du présent livre (partie réglementaire) en Martinique :

1º Les références à la région et au département, au conseil régional et au conseil départemental, au président du conseil régional et au président du conseil départemental sont remplacées respectivement par les références à la collectivité territoriale de

Martinique, à l'assemblée de Martinique et, selon les cas, au président de l'assemblée de Martinique pour les attributions liées à la présidence de l'assemblée délibérante et au président du conseil exécutif de Martinique pour les attributions dévolues à l'autorité exécutive de la collectivité ;

2° Les références aux plans ou schémas régionaux sont remplacées par les références aux plans ou schémas territoriaux de Martinique ;

3° Les références aux commissions régionales ou départementales sont remplacées par les références aux commissions territoriales de Martinique.

Art. D. 271-4 Pour l'application du présent livre (partie réglementaire) à Mayotte :

1° Les références à la région, au conseil régional et à son président sont remplacées par celles au Département de Mayotte, au conseil général et à son président ;

2° Les références au préfet de région sont remplacées par la référence au préfet de Mayotte ;

3° Les références aux plans et schémas régionaux sont remplacés par les références aux plans et schémas de Mayotte ;

4° Les références aux chambres régionale ou départementale d'agriculture sont remplacées par la référence à la chambre de l'agriculture, de la pêche et de l'aquaculture de Mayotte.

SECTION 2 Dispositions communes

Art. D. 271-5 Pour l'application en Guadeloupe, en Guyane, en Martinique, à La Réunion et à Mayotte des articles D. 212-17 à D. 212-23, des délais spécifiques pour les opérations d'identification des bovins peuvent être définis par arrêté conjoint du ministre chargé de l'agriculture et du ministre chargé de l'outre-mer.

Art. D. 271-6 Pour l'application en Guadeloupe, en Guyane, en Martinique, à La Réunion et à Mayotte de l'article D. 212-27, des délais spécifiques pour les opérations d'identification des ovins et des caprins peuvent être définis par arrêté conjoint du ministre chargé de l'agriculture et du ministre chargé de l'outre-mer.

Art. D. 271-7 Par dérogation aux dispositions de l'article D. 230-20, les personnes morales de droit public ou les personnes morales de droit privé habilitées par le préfet de Guadeloupe, de Guyane, de Martinique, de La Réunion ou de Mayotte, en application des articles R. 230-15 à R. 230-18, peuvent se porter candidates pour bénéficier des denrées obtenues :

1° Soit au moyen de la cession de stocks d'intervention de l'Union européenne ;

2° Soit au moyen des crédits du programme européen d'aide aux plus démunis prévu par le règlement (CE) n° 1234/2007 du Conseil du 22 octobre 2007 portant organisation commune des marchés dans le secteur agricole et dispositions spécifiques en ce qui concerne certains produits de ce secteur (règlement "OCM unique") ;

3° Soit au moyen des crédits du programme national d'aide alimentaire.

Pour bénéficier de ces denrées, ces personnes doivent satisfaire aux conditions suivantes :

1° Avoir son siège social situé dans une collectivité territoriale ayant le statut de région ultrapériphérique de l'Union européenne, pour bénéficier des denrées obtenues au moyen des stocks d'intervention de l'Union européenne ou des crédits du programme européen d'aide aux plus démunis prévu par le règlement (CE) n° 1234/2007 du Conseil du 22 octobre 2007 susmentionné ;

2° Être une association, une union ou une fédération d'associations ou une autre personne morale de droit privé dont l'activité est à vocation régionale ;

3° Disposer d'une équipe permanente de responsables opérationnels.

Art. R. 271-7-1 *(Décr. n° 2021-1235 du 25 sept. 2021, art. 1er)* I. — Pour l'application en Guadeloupe, en Guyane, à la Martinique et à La Réunion de l'article L. 230-5-1, les seuils prévus au I de cet article sont adaptés comme suit :

— à compter du 1er janvier 2022 et jusqu'au 31 décembre 2025, le seuil applicable aux produits répondant à l'une des conditions mentionnées au I de cet article est fixé à 20 % et le seuil applicable aux produits mentionnés au 2° du I du même article est fixé à 5 % ;

– à compter du 1er janvier 2026 et jusqu'au 31 décembre 2029, les seuils mentionnés à l'alinéa précédent sont fixés respectivement à 35 % et 10 %.

II. – Pour l'application à Mayotte de l'article L. 230-5-1, les seuils prévus au I de cet article sont adaptés comme suit :

– à compter du 1er janvier 2022 et jusqu'au 31 décembre 2025, le seuil applicable aux produits répondant à l'une des conditions mentionnées au I de cet article est fixé à 5 % et le seuil applicable aux produits mentionnés au 2° du I du même article est fixé à 2 % ;

– à compter du 1er janvier 2026 et jusqu'au 31 décembre 2029, les seuils mentionnés à l'alinéa précédent sont fixés respectivement à 15 % et 5 % ;

– à compter du 1er janvier 2030 et jusqu'au 31 décembre 2034, ces seuils sont fixés respectivement à 30 % et 10 %.

SECTION 3 Dispositions relatives aux chats et chiens trouvés errants ou en état de divagation

Art. R. 271-8 Pour son application à Mayotte, l'article R. 211-12 est ainsi rédigé :

Art. R. 211-12 A Mayotte, le maire informe la population, par un affichage permanent en mairie ainsi que par tous autres moyens utiles, des modalités selon lesquelles les animaux mentionnés aux articles L. 211-21 et L. 211-22, trouvés errants ou en état de divagation sur le territoire de la commune, sont pris en charge.

Doivent être notamment portés à la connaissance du public :

a) Les coordonnées des services compétents pour la capture et la prise en charge de ces animaux ainsi que les conditions dans lesquelles il peut être fait appel à ces services ;

b) L'adresse, le numéro de téléphone, les jours et les heures d'ouverture du lieu de dépôt mentionné à l'article R. 271-9 ;

c) Les conditions dans lesquelles les animaux identifiés peuvent être remis à leur propriétaire, notamment le montant des frais de garde susceptibles d'incomber à celui-ci ;

d) Les délais dans lesquels les animaux trouvés errants ou en état de divagation sont susceptibles d'être euthanasiés.

Lorsque des campagnes de capture des chiens et des chats errants sont envisagées sur tout ou partie du territoire de la commune, le maire est tenu d'informer la population, par affichage et publication dans la presse locale, des lieux, jours et heures prévus, au moins une semaine avant la mise en œuvre de ces campagnes.

Art. R. 271-9 En Guadeloupe, en Guyane, en Martinique, à La Réunion et à Mayotte, lorsque des chiens ou des chats non identifiés, trouvés errants ou en état de divagation, sont susceptibles de provoquer des accidents ou de présenter un danger pour les personnes ou les animaux, le maire ou, à défaut, le préfet, ordonne leur capture immédiate et leur conduite à la fourrière ou dans des lieux adaptés, désignés par le préfet pour les recevoir.

Les animaux ainsi capturés sont examinés par un vétérinaire sanitaire, qui vérifie s'ils ne sont pas identifiés dans les conditions prévues à l'article L. 212-10, apprécie leur dangerosité ainsi que leur état physiologique.

Il peut être procédé sans délai à l'euthanasie de ces animaux, s'ils sont dangereux pour les personnes ou d'autres animaux, ou gravement malades ou blessés, ou en état de misère physiologique.

Dans les autres cas, les dispositions de l'article L. 211-26 sont applicables. Toutefois, le délai franc de garde de huit jours ouvrés prévu à cet article peut être réduit à quatre jours ouvrés.

Art. R. 271-10 En Guadeloupe, en Guyane, en Martinique, à La Réunion et à Mayotte, sous réserve que ces collectivités territoriales soient indemnes de la rage, le maire peut, par arrêté, faire procéder sous la responsabilité d'un groupe d'habitants de la commune, à la capture des chiens non identifiés, vivant en état de divagation sans propriétaire ou sans gardien particulier, afin de procéder à leur identification conformément à l'article L. 212-10, et à leur stérilisation, préalablement à leur relâcher.

L'identification des animaux est réalisée au nom de la commune.

La gestion, le suivi sanitaire et les conditions de garde, au sens de l'article L. 211-11, de ces animaux sont placés sous la responsabilité du représentant de la commune. Ils peuvent être confiés par le maire, par voie de convention, à une association de protection des animaux.

Art. R. 271-11 **Les dispositions des articles R. 271-9 et R. 271-10 ne font pas obstacle à l'application des prescriptions relatives à la surveillance des animaux mordeurs ou griffeurs prévues par l'article R. 223-35.**

Art. R. 271-12 **Par dérogation à l'article D. 214-10, la confirmation n'est pas obligatoire en Guadeloupe, en Guyane, en Martinique, à La Réunion et à Mayotte. La fédération tenant le livre généalogique délivre, pour les chiens nés dans ces collectivités territoriales, un certificat d'un modèle spécial signalant notamment qu'ils ne pourront être utilisés comme reproducteurs sur le territoire métropolitain qu'après y avoir subi l'examen de confirmation.**

SECTION 3 *BIS* Dispositions relatives aux certificats d'économie de produits phytopharmaceutiques

(Décr. nº 2021-1618 du 10 déc. 2021, art. 5)

Art. R. 271-12-1 *(Décr. nº 2023-1276 du 26 déc. 2023, art. 2)* **Pour l'application de la section 4 du chapitre IV du titre V du livre II en Guadeloupe, en Guyane, en Martinique, à Mayotte et à La Réunion, le deuxième alinéa du III de l'article R. 254-32 est remplacé par les dispositions suivantes :**

"L'obligation annuelle de réalisation d'actions de chaque obligé est égale à 5 % de sa référence des ventes ou des achats."

SECTION 4 Dispositions particulières à Mayotte

Art. D. 271-13 **Pour l'application à Mayotte des articles D. 200-5, D. 200-6, D. 201-7, R. 201-24 à D. 201-36 et D. 201-44 :**

1º Les mots : "conseil régional d'orientation de la politique sanitaire animale et végétale" sont remplacés par les mots : "conseil d'orientation de la politique sanitaire animale et végétale de Mayotte" ;

2º Les mots : "association sanitaire régionale" sont remplacés par les mots : "association mentionnée à l'article L. 271-6" ;

3º La réference à l'article L. 201-11 est remplacée par la référence à l'article L. 271-6.

Art. R. 271-14 **Pour l'application à Mayotte des dispositions du chapitre II du titre I et du chapitre III du titre III du présent livre (partie réglementaire), la référence aux établissements de l'élevage est remplacée par la référence au service de l'élevage de la chambre de l'agriculture, de la pêche et de l'aquaculture de Mayotte.**

Art. R. 271-15 **Pour l'application à Mayotte de l'article R. 223-30, les mots : "inséré deux fois, à huit jours d'intervalle, dans deux journaux régionaux ou locaux de grande diffusion" sont remplacés par les mots : ", à deux reprises à huit jours d'intervalle, publié dans un journal départemental et diffusé à la radio ou à la télévision locales".**

Art. D. 271-16 *Abrogé par Décr. nº 2018-1337 du 28 déc. 2018, art. 5.*

Art. R. 271-17 **Pour l'application à Mayotte du titre IV du présent livre, le conseil régional de l'ordre des vétérinaires et la chambre régionale de discipline compétents sont ceux de l'Île-de-France.**

CHAPITRE II SAINT-BARTHÉLEMY

(Décr. nº 2016-781 du 10 juin 2016, art. 3-5º, en vigueur le 1er juill. 2016)

Art. D. 272-1 **Les dispositions du présent livre (partie réglementaire) s'appliquent à Saint-Barthélemy sous réserve des exceptions et adaptations prévues au présent chapitre.**

Art. D. 272-2 Pour l'application du présent livre (partie réglementaire) à Saint-Barthélemy :

1° Les références à la région et au conseil régional, au département et au conseil départemental, à la commune, aux groupements de communes, au conseil municipal et à l'assemblée délibérante de l'établissement public de coopération intercommunale sont remplacées par les références à la collectivité de Saint-Barthélemy et au conseil territorial ;

2° Les références au président du conseil régional, au président du conseil départemental, au maire ou au président de l'établissement public de coopération intercommunale sont remplacées par la référence au président du conseil territorial de Saint-Barthélemy ;

3° Les références au préfet de région ou au préfet de département sont remplacées par la référence au représentant de l'État à Saint-Barthélemy ;

4° Les mots : "directeur de l'alimentation, de l'agriculture et de la forêt" et les mots : "directeur départemental chargé de la protection des populations" sont remplacés par les mots : "représentant de l'État chargé de l'alimentation" ;

5° Les mots : "directeur régional des entreprises, de la concurrence, de la consommation, du travail et de l'emploi" sont remplacés par les mots : "représentant de l'État chargé de la consommation" ;

6° Les mots : "directions régionales de l'alimentation, de l'agriculture et de la forêt" sont remplacés par les mots : "services de l'État chargés de l'alimentation" ;

7° Les références au code général des impôts sont remplacées par les références aux dispositions ayant le même objet applicables localement.

Art. R. 272-3 Ne sont pas applicables à Saint-Barthélemy :

1° Le chapitre VI du titre II ;

2° Le chapitre VI du titre III ;

3° Les chapitres III, IV et V du titre V.

Sauf disposition contraire, les dispositions faisant référence aux règlements européens ne sont pas applicables.

Art. R. 272-4 A Saint-Barthélemy, lorsque des chiens ou des chats non identifiés, trouvés errants ou en état de divagation, sont susceptibles de provoquer des accidents ou de présenter un danger pour les personnes ou les animaux, le président de la collectivité territoriale ou, à défaut, le représentant de l'État, ordonne leur capture immédiate et leur conduite à la fourrière ou dans des lieux adaptés pour les recevoir, agréés par le représentant de l'État.

Les animaux ainsi capturés sont examinés par un vétérinaire sanitaire, qui vérifie s'ils ne sont pas identifiés dans les conditions prévues à l'article L. 212-10, apprécie leur dangerosité ainsi que leur état physiologique.

Il peut être procédé sans délai à l'euthanasie de ces animaux, s'ils sont dangereux pour les personnes ou d'autres animaux, ou gravement malades ou blessés, ou en état de misère physiologique.

Dans les autres cas, les dispositions de l'article L. 211-26 sont applicables. Toutefois, le délai franc de garde de huit jours ouvrés prévu à cet article peut être réduit à quatre jours ouvrés.

Art. R. 272-5 A Saint-Barthélemy, sous réserve que l'île soit indemne de rage, le président du conseil territorial peut, par arrêté, faire procéder, sous la responsabilité d'un groupe d'habitants de la collectivité, à la capture des chiens non identifiés, vivant en état de divagation sans propriétaire ou sans gardien particulier, afin de procéder à leur identification conformément à l'article L. 212-10, et à leur stérilisation, préalablement à leur relâcher.

L'identification des animaux est réalisée au nom de la collectivité.

La gestion, le suivi sanitaire et les conditions de garde, au sens de l'article L. 211-11, de ces animaux sont placés sous la responsabilité du représentant de la collectivité. Ils peuvent être confiés par le président du conseil territorial, par voie de convention, à une association de protection des animaux.

Art. D. 272-6 Pour son application à Saint-Barthélemy, l'article D. 212-58 est complété par l'alinéa suivant :

"IV. – A défaut de personne répondant aux critères mentionnés au 1° à 4° du I, le représentant de l'État peut habiliter un vétérinaire des services de l'État."

Art. R. 272-7 Les dispositions des articles R. 272-4 et R. 272-5 ne font pas obstacle à l'application des prescriptions relatives à la surveillance des animaux mordeurs ou griffeurs prévues par l'article R. 223-35.

Art. R. 272-8 L'article L. 272-8 est applicable aux entreprises assurant le transport d'animaux vivants établies à Saint-Barthélemy.

L'arrêté préfectoral fixe les règles d'hygiène et de respect du bien-être animal applicables à ces opérations.

Art. D. 272-9 Sauf lorsqu'en application de l'article L. 272-9 du présent code, la gestion du service public de l'équarrissage est confiée à la collectivité territoriale, le représentant de l'État est chargé de l'exécution de ce service et passe à cet effet, selon les procédures définies par le code des marchés publics, les marchés nécessaires dont il est la personne responsable au sens de l'article 20 de ce code.

Art. R. 272-9-1 *(Décr. n° 2023-1079 du 22 nov. 2023, art. 4)* Les dispositions de l'article R. 234-4 sont applicables à Saint-Barthélemy.

Art. R. 272-10 Les distributeurs ne peuvent mettre en vente, vendre ou distribuer à des utilisateurs qui ne sont pas des professionnels que des produits phytopharmaceutiques dont l'autorisation comporte la mention : "emploi autorisé dans les jardins".

Les distributeurs s'assurent que les clients disposent des informations appropriées concernant l'utilisation des produits phytopharmaceutiques, les risques pour la santé et l'environnement, et les consignes de sécurité permettant de gérer les risques en question.

Les utilisateurs non professionnels reçoivent des informations générales sur les risques pour la santé humaine et l'environnement de l'utilisation des produits phytopharmaceutiques, notamment sur les dangers, l'exposition, les conditions appropriées de stockage et les consignes à respecter pour la manipulation, l'application et l'élimination sans danger de ces produits ainsi que, le cas échéant, sur les solutions de substitution présentant un faible risque.

Toute publicité pour les produits phytopharmaceutiques, à l'exception des produits de biocontrôle, mentionne, de manière claire et lisible, les phrases suivantes :

"Avant toute utilisation, assurez-vous que celle-ci est indispensable. Privilégiez chaque fois que possible les méthodes alternatives et les produits présentant le risque le plus faible pour la santé humaine et animale et pour l'environnement, conformément aux principes de la protection intégrée."

Cette publicité prévoit également un renvoi vers la rubrique "Ecophyto" du site internet du ministère chargé de l'agriculture pour inciter les utilisateurs à s'informer davantage sur les pratiques économes en produits phytopharmaceutiques.

Art. D. 272-11 Pour son application à Saint-Barthélemy, l'article D. 251-3 est complété par l'alinéa suivant :

"Le conseil territorial peut en outre, par délibération, compléter les listes d'organismes nuisibles dont l'introduction est interdite, ou de végétaux ou produits végétaux dont l'introduction est soumise à des exigences particulières, mentionnées au présent article."

CHAPITRE III SAINT-MARTIN

(Décr. n° 2016-781 du 10 juin 2016, art. 3-5°, en vigueur le 1er juill. 2016)

Art. D. 273-1 Les dispositions du présent livre (partie réglementaire) s'appliquent à Saint-Martin sous réserve des exceptions et adaptations prévues au présent chapitre.

Art. D. 273-2 Pour l'application du présent livre (partie réglementaire) à Saint-Martin :

1° Les références à la région et au conseil régional, au département et au conseil départemental, à la commune, aux groupements de communes, au conseil municipal et à l'assemblée délibérante de l'établissement public de coopération intercommunale sont remplacées par les références à la collectivité de Saint-Martin et au conseil territorial ;

2° Les références au président du conseil régional, au président du conseil départemental, au maire ou au président de l'établissement public de coopération intercommunale sont remplacées par la référence au président du conseil territorial de Saint-Martin ;

3° Les références au préfet de région ou au préfet de département sont remplacées par la référence au représentant de l'État à Saint-Martin ;

4° Les mots : "directeur de l'alimentation, de l'agriculture et de la forêt" et les mots : "directeur départemental chargé de la protection des populations" sont remplacés par les mots : "représentant de l'État chargé de l'alimentation" ;

5° Les mots : "directeur régional des entreprises, de la concurrence, de la consommation, du travail et de l'emploi" sont remplacés par les mots : "représentant de l'État chargé de la consommation" ;

6° Les mots : "directions régionales de l'alimentation, de l'agriculture et de la forêt" sont remplacés par les mots : "services de l'État chargés de l'alimentation" ;

7° Les références au code général des impôts sont remplacées par les références aux dispositions ayant le même objet applicables localement.

Art. D. 273-3 Pour l'application à Saint-Martin des articles D. 212-17 à D. 212-23, des délais spécifiques pour les opérations d'identification des bovins peuvent être définis par arrêté conjoint du ministre chargé de l'agriculture et du ministre chargé de l'outre-mer.

Art. D. 273-4 Pour l'application à Saint-Martin de l'article D. 212-27, des délais spécifiques pour les opérations d'identification des ovins et des caprins peuvent être définis par arrêté conjoint du ministre chargé de l'agriculture et du ministre chargé de l'outre-mer.

Art. R. 273-5 A Saint-Martin, lorsque des chiens ou des chats non identifiés, trouvés errants ou en état de divagation, sont susceptibles de provoquer des accidents ou de présenter un danger pour les personnes ou les animaux, le président de la collectivité territoriale ou, à défaut, le représentant de l'État, ordonne leur capture immédiate et leur conduite à la fourrière ou dans des lieux adaptés pour les recevoir, agréés par le représentant de l'État.

Les animaux ainsi capturés sont examinés par un vétérinaire sanitaire, qui vérifie s'ils ne sont pas identifiés dans les conditions prévues à l'article L. 212-10, apprécie leur dangerosité ainsi que leur état physiologique.

Il peut être procédé sans délai à l'euthanasie de ces animaux, s'ils sont dangereux pour les personnes ou d'autres animaux, ou gravement malades ou blessés, ou en état de misère physiologique.

Dans les autres cas, les dispositions de l'article L. 211-26 sont applicables. Toutefois, le délai franc de garde de huit jours ouvrés prévu à cet article peut être réduit à quatre jours ouvrés.

Art. R. 273-6 A Saint-Martin, sous réserve que l'île soit indemne de rage, le président du conseil territorial peut, par arrêté, faire procéder, sous la responsabilité d'un groupe d'habitants de la collectivité, à la capture des chiens non identifiés, vivant en état de divagation sans propriétaire ou sans gardien particulier, afin de procéder à leur identification conformément à l'article L. 212-10, et à leur stérilisation, préalablement à leur relâcher.

L'identification des animaux est réalisée au nom de la collectivité.

La gestion, le suivi sanitaire et les conditions de garde, au sens de l'article L. 211-11, de ces animaux sont placés sous la responsabilité du représentant de la collectivité. Ils peuvent être confiés par le président du conseil territorial, par voie de convention, à une association de protection des animaux.

Art. R. 273-7 Les dispositions des articles R. 273-5 et R. 273-6 ne font pas obstacle à l'application des prescriptions relatives à la surveillance des animaux mordeurs ou griffeurs prévues par l'article R. 223-35.

Art. D. 273-8 Pour son application à Saint-Martin, l'article D. 212-58 est complété par l'alinéa suivant :

"IV. — A défaut de personne répondant aux critères mentionnés au 1° à 4° du I, le représentant de l'État peut habiliter un vétérinaire des services de l'État."

Art. R. 273-9 *(Décr. n° 2021-1235 du 25 sept. 2021, art. 1er)* Pour l'application à Saint-Martin de l'article L. 230-5-1, les seuils prévus au I de cet article sont adaptés comme suit :

— à compter du 1er janvier 2022 et jusqu'au 31 décembre 2025, le seuil applicable aux produits répondant à l'une des conditions mentionnées au I de cet article est fixé à 20 % et le seuil applicable aux produits mentionnés au 2° du I du même article est fixé à 5 % ;

— à compter du 1er janvier 2026 et jusqu'au 31 décembre 2029, les seuils mentionnés à l'alinéa précédent sont fixés respectivement à 35 % et 10 %.

CHAPITRE IV SAINT-PIERRE-ET-MIQUELON

(Décr. n° 2016-781 du 10 juin 2016, art. 3-5°, en vigueur le 1er juill. 2016)

SECTION 1 Champ d'application et dispositions générales

Art. D. 274-1 Les dispositions du présent livre (partie réglementaire) sont applicables à Saint-Pierre-et-Miquelon, sous réserve des exceptions et adaptations prévues au présent chapitre.

La réglementation particulière relative au contrôle sanitaire, vétérinaire et phytosanitaire ainsi qu'au fonctionnement des stations de quarantaine, mentionnée au VI de l'article L.O. 6414-1 du code général des collectivités territoriales, est définie à la section 4 du présent chapitre.

Art. D. 274-2 Pour l'application des dispositions réglementaires du présent livre à Saint-Pierre-et-Miquelon :

1° Les références à la région, au département, au conseil régional, au conseil général et à leur président sont remplacées par celles à la collectivité territoriale de Saint-Pierre-et-Miquelon, au conseil territorial et à son président ;

2° Les références au préfet de région ou de département sont remplacées par la référence au préfet de Saint-Pierre-et-Miquelon ;

3° Les références aux plans ou schémas régionaux ou départementaux sont remplacées par les références aux plans ou schémas territoriaux ;

4° Les références aux chambres régionale ou départementale d'agriculture sont remplacées par les références à la chambre d'agriculture, de commerce, d'industrie, de métiers et de l'artisanat de Saint-Pierre-et-Miquelon ;

5° La référence à l'établissement de l'élevage est remplacée par la référence au service de la chambre d'agriculture, de commerce, d'industrie, de métiers et de l'artisanat de Saint-Pierre-et-Miquelon chargé de l'identification des animaux ;

6° Les références au directeur de l'alimentation, de l'agriculture et de la forêt ou au directeur départemental chargé de la protection des populations sont remplacées par la référence au directeur des territoires, de l'alimentation et de la mer ;

7° La référence au *(Décr. n° 2019-914 du 30 août 2019, art. 11, en vigueur le 1er janv. 2020)* « tribunal judiciaire » est remplacée par la référence au tribunal de première instance ;

8° Les références au code général des impôts sont remplacées par les références aux dispositions ayant le même objet applicables localement.

Art. R. 274-3 Ne sont pas applicables à Saint-Pierre-et-Miquelon :

1° Les articles D. 200-5 et D. 200-6 ;
2° Les articles R. 211-13 à R. 211-24 ;
3° L'article D. 212-18 ;
4° L'article D. 212-20 ;
5° L'article D. 212-21 ;
6° L'article D. 212-25 ;
7° A l'article D. 212-27, les II, III et IV ;
8° L'article D. 212-30-1 ;

9° L'article D. 212-39 ;
10° A l'article D. 212-41, le 1° ;
11° L'article D. 212-42 ;
12° Les articles D. 212-47 à D. 212-54 ;
13° Les articles R. 214-49 à R. 214-62 ;
14° Le chapitre VI du titre II ;
15° Le chapitre VI du titre III ;
16° Les articles D. 251-3 à D. 251-25 ;
17° Les chapitres III, IV, V et VI du titre V.

Sauf disposition contraire, les dispositions faisant référence aux règlements européens ne sont pas applicables.

Art. R. 274-4 La liste des diplômes, titres ou certificats d'aptitude professionnelle ainsi que les conditions d'expérience qui peuvent être exigés pour permettre l'agrément d'un agent de l'État ou de la collectivité territoriale de Saint-Pierre-et-Miquelon en vue d'exercer les fonctions mentionnées à l'article L. 274-4 dans les circonstances particulières prévues à cet article sont fixés par arrêté du ministre chargé de l'agriculture. En cas de silence gardé pendant plus de deux mois, l'avis de l'ordre des vétérinaires est réputé rendu.

L'agrément individuel des personnes satisfaisant aux conditions fixées par l'arrêté mentionné au premier alinéa est prononcé par arrêté préfectoral.

SECTION 2 Animaux trouvés errants ou en état de divagation

Art. R. 274-5 A Saint-Pierre-et-Miquelon, lorsque des chiens ou des chats non identifiés, trouvés errants ou en état de divagation, sont susceptibles de provoquer des accidents ou de présenter un danger pour les personnes ou les animaux, le maire ou, à défaut, le préfet, ordonne leur capture immédiate et leur conduite à la fourrière ou dans des lieux adaptés, désignés par le préfet pour les recevoir.

Les animaux ainsi capturés sont examinés par un vétérinaire sanitaire, qui vérifie s'ils ne sont pas identifiés dans les conditions prévues à l'article L. 212-10, apprécie leur dangerosité ainsi que leur état physiologique.

Il peut être procédé sans délai à l'euthanasie de ces animaux, s'ils sont dangereux pour les personnes ou d'autres animaux, ou gravement malades ou blessés, ou en état de misère physiologique.

Dans les autres cas, les dispositions de l'article L. 211-26 sont applicables. Toutefois, le délai franc de garde de huit jours ouvrés prévu à cet article peut être réduit à quatre jours ouvrés.

Art. R. 274-6 A Saint-Pierre-et-Miquelon, sous réserve que l'archipel soit indemne de rage, le maire peut, par arrêté, faire procéder, sous la responsabilité d'un groupe d'habitants de la commune, à la capture des chiens non identifiés, vivant en état de divagation sans propriétaire ou sans gardien particulier, afin de procéder à leur identification conformément à l'article L. 212-10, et à leur stérilisation, préalablement à leur relâcher.

L'identification des animaux est réalisée au nom de la commune.

La gestion, le suivi sanitaire et les conditions de garde, au sens de l'article L. 211-11, de ces animaux sont placés sous la responsabilité du représentant de la commune. Ils peuvent être confiés par le maire, par voie de convention, à une association de protection des animaux.

Art. R. 274-7 Les dispositions des articles R. 274-5 et R. 274-6 ne font pas obstacle à l'application des prescriptions relatives à la surveillance des animaux mordeurs ou griffeurs prévues par l'article R. 223-35.

Art. R. 274-8 Par dérogation à l'article D. 214-10, la confirmation n'est pas obligatoire à Saint-Pierre-et-Miquelon. La fédération tenant le livre généalogique délivre, pour les chiens nés dans cette collectivité, un certificat d'un modèle spécial signalant notamment qu'ils ne pourront être utilisés comme reproducteurs sur le territoire métropolitain qu'après y avoir subi l'examen de confirmation.

Art. R. 274-9 Les dispositions du titre I applicables aux chiens et aux chats trouvés errants ou en état de divagation ainsi que les adaptations prévues par les articles

R. 274-5 à R. 274-7 peuvent également être appliquées aux équidés trouvés errants ou en état de divagation.

SECTION 3 Identification des animaux

Art. D. 274-10 **Pour l'application de la section 2 du chapitre II du titre I du présent livre, la référence au numéro national d'exploitation est remplacée par la référence au numéro territorial d'exploitation.**

Art. D. 274-11 **Pour l'application à Saint-Pierre-et-Miquelon de l'article D. 212-16-1, les mots : "les règlements de la Commission n° 1082/2003 du 23 juin 2003 et n° 1505/2006 du 11 octobre 2006" sont remplacés par les mots : "la réglementation applicable localement".**

Art. D. 274-12 **Pour son application à Saint-Pierre-et-Miquelon, l'article D. 212-19 est ainsi rédigé :**

Art. D. 212-19 I. — Tout détenteur d'un ou de plusieurs bovins, à l'exclusion des transporteurs et des personnes responsables ou propriétaires de centres de rassemblement, et tout collecteur de cadavres de bovins, est tenu de se déclarer auprès du service de la chambre d'agriculture, de commerce, d'industrie, de métiers et de l'artisanat de Saint-Pierre-et-Miquelon chargé de l'identification des animaux afin que celui-ci l'enregistre et lui attribue un numéro d'identification. Tout détenteur d'un ou de plusieurs bovins est tenu d'identifier ou de faire identifier chaque animal né sur son exploitation d'élevage.

II. — Tout animal provenant d'un État membre de l'Union européenne conserve sa marque auriculaire d'origine. Le détenteur doit demander un passeport pour ledit animal lorsque celui-ci n'est pas destiné à un séjour temporaire. Tout animal importé de pays tiers, à l'exception de ceux accompagnés d'un certificat sanitaire relatif à l'importation d'animaux de boucherie, doit être réidentifié. Un passeport est édité pour ledit animal et le lien entre l'identification d'origine du pays tiers et l'identification apposée en France doit être consigné dans le registre des bovins tenu sur l'exploitation.

III. — Tout détenteur de bovins, à l'exception des transporteurs, doit tenir à jour le registre des bovins défini au II de l'article R. 653-18 et complète le passeport conformément aux dispositions prévues au I de l'article D. 212-21.

IV. — Tout détenteur de bovins, quelle que soit la provenance de ceux-ci, est tenu de maintenir en permanence l'identification des bovins. A cet effet, il est tenu de signaler, au service chargé de l'identification :

1° La perte d'une marque auriculaire portée par un animal ;

2° La perte des deux marques auriculaires d'un animal, après avoir isolé celui-ci ;

3° La perte des autres éléments nécessaires au système d'identification de l'animal (registre, document de notification ou passeport).

V. — Il est interdit à tout détenteur d'un bovin de l'exposer, le mettre en vente ou le vendre s'il n'est identifié. En cas de prêt, de don ou de mise en pension d'un bovin, les détenteurs successifs sont tenus aux mêmes obligations.

VI. — Tout détenteur d'un bovin ne peut faire circuler celui-ci qu'identifié et accompagné de son passeport conforme aux caractéristiques prévues au I de l'article D. 212-21. Le détenteur doit être en mesure de présenter le passeport immédiatement. Pour les animaux en provenance de pays tiers, le document prescrit par la réglementation douanière et sanitaire en vigueur tient lieu de passeport lorsque l'animal est :

1° Soit en transit, soit en transhumance ;

2° Soit importé temporairement ;

3° Soit transporté en vue d'une importation définitive.

VII. — Les caractéristiques des marques auriculaires et du passeport des animaux sont définies par arrêté préfectoral.

Art. D. 274-13 **Les propriétaires d'équidés sont tenus de faire procéder à leur identification auprès du service de la chambre d'agriculture, de commerce, d'industrie, de métiers et de l'artisanat de Saint-Pierre-et-Miquelon chargé de l'identification des animaux selon des modalités définies par arrêté préfectoral.**

SECTION 4 Réglementation relative au contrôle sanitaire, vétérinaire et phytosanitaire particulière à Saint-Pierre-et-Miquelon

SOUS-SECTION 1 Santé animale

Art. D. 274-14 Les aéronefs, navires, véhicules ou conteneurs transportant vers ou depuis Saint-Pierre-et-Miquelon des animaux vertébrés vivants dans le cadre d'une activité économique doivent faire l'objet d'un agrément délivré par le préfet de Saint-Pierre-et-Miquelon, qui en fixe la durée. Il est renouvelable.

La délivrance de cet agrément est subordonnée au respect de conditions d'hygiène et de salubrité, de protection du bien-être animal lors du transport et de présentation des certificats sanitaires, marques et documents d'identification des animaux transportés précisées par arrêté préfectoral.

Le respect de ces conditions fait l'objet de contrôles périodiques des services de la direction des territoires, de l'alimentation et de la mer.

Au cas où ces conditions ne seraient plus respectées après une mise en demeure restée sans effet, et après que l'exploitant ait *[a]* été invité à produire ses explications, l'agrément peut être retiré par le préfet.

En cas d'urgence, il peut être suspendu pour une période maximum de six mois.

Art. D. 274-15 Il est interdit à tout navire ou aéronef mentionné à l'article D. 274-14, faisant escale à Saint-Pierre-et-Miquelon, de mettre à terre ou de jeter dans les eaux territoriales les déchets et ordures provenant du bord.

Ces déchets et ordures sont placés dans des containers munis de couvercles étanches laissés à bord. Ces containers scellés dès remplissage sont remis par le bord, sur demande, au service administratif d'enlèvement des déchets soit en cours d'escale, soit avant le départ du navire ou de l'aéronef, pour être éliminés. Les containers sont ensuite nettoyés et désinfectés.

Un certificat de dératisation datant de moins de six mois est exigé pour tout navire en provenance de l'étranger. La mise en place des garde-rats peut être exigée par le préfet quelle que soit la nationalité ou la provenance des navires en fonction des données épidémiologiques.

Art. D. 274-16 Il est interdit de descendre à terre durant une escale tout animal séjournant à bord des navires et aéronefs sauf dans les conditions prévues pour les animaux d'importation.

Art. D. 274-17 L'importation de tous animaux sur pieds des espèces ovine, caprine, bovine, porcine, et de la volaille est interdite sauf s'ils proviennent de France ou d'un autre État membre de l'Union européenne, du Canada ou des États-Unis.

Les importations autorisées d'animaux sur pieds des espèces ovine, caprine, bovine, porcine, équine et la volaille, destinés à l'élevage, à la boucherie ou à l'embouche sont accompagnées d'un certificat sanitaire, conforme au modèle disponible auprès de la direction des territoires de l'alimentation et de la mer, délivré par les autorités sanitaires du pays d'origine. En ce qui concerne les ruminants, ils devront en outre avoir subi les tests de recherche de tuberculose et de brucellose et présenté un résultat négatif.

L'entrée dans l'archipel du bétail sur pieds n'est autorisée que sur la production, d'un laissez-passer délivré après contrôle documentaire par un agent habilité de la direction des territoires, de l'alimentation et de la mer. L'enlèvement de la douane de ces animaux ne peut se faire qu'après un contrôle physique du bétail réalisé dans les mêmes conditions.

Les animaux des espèces bovine, ovine, caprine et porcine soumis au contrôle sont en outre marqués par une agrafe numérotée à l'oreille, qu'ils soient destinés à l'abattoir, à l'embouche ou à l'élevage selon les modalités définies à la section 3 du présent chapitre.

Sont interdits l'enlèvement de la zone sous douane et la circulation dans l'archipel des animaux reconnus atteints de maladie contagieuse à la suite de la visite sanitaire mentionnée au troisième alinéa.

Ces animaux sont, au choix du propriétaire et à ses frais, soit réexpédiés sous sa responsabilité vers le port ou l'aéroport d'embarquement d'origine, soit euthanasiés.

Art. D. 274-18 Les importations d'animaux marins ou d'eau douce provenant de France ou d'un autre État membre de l'Union européenne, du Canada ou des États-Unis et destinés à l'immersion dans les eaux territoriales de l'archipel ou à la pisciculture, sont autorisés sous réserve que l'importateur ait au préalable obtenu de la direction des territoires de l'alimentation et de la mer l'accord d'introduire l'espèce concernée. Les animaux autorisés à l'importation sont accompagnés d'un certificat sanitaire, conforme au modèle disponible auprès de la direction des territoires de l'alimentation et de la mer et délivré par les autorités sanitaires du pays d'origine.

Art. D. 274-19 L'importation de tout animal issu de la faune sauvage, y compris les oiseaux, est interdite.

Une dérogation peut être préalablement accordée au cas par cas par la direction des territoires, de l'alimentation et de la mer.

En cas de débarquement illicite, ces animaux sont immédiatement réexpédiés au point de départ aux frais du transporteur. Lorsqu'il s'agit d'espèces protégées au titre de la convention sur le commerce international des espèces de faune et de flore sauvages menacées d'extinction (CITES), ils sont, aux frais du transporteur, soit réexpédiés au point de départ, soit confiés à un centre de sauvegarde au sens de l'article 8 de cette convention.

Art. D. 274-20 L'importation des carnivores domestiques, à l'exception des chiens de 1re catégorie au sens de l'article L. 211-12, est autorisée sur production de certificats d'identification et de vaccination fixés par arrêté préfectoral, en fonction de l'âge et de la provenance de l'animal.

En cas d'infraction à ces dispositions les animaux seront, au choix du propriétaire et à ses frais, euthanasiés sur place, refoulés sur le navire ou l'aéronef transporteur ou placés dans un lieu de quarantaine.

SOUS-SECTION 2 Sécurité sanitaire de l'alimentation

Art. R. 274-20-1 *(Décr. n° 2023-1079 du 22 nov. 2023, art. 4)* Les dispositions de l'article R. 234-4 sont applicables à Saint-Pierre-et-Miquelon.

Art. D. 274-21 Les denrées alimentaires d'origine animale provenant de France ou d'un autre État-membre de l'Union européenne sont autorisées à l'importation sous réserve d'être emballées dans un contenant avec apposition du marquage sanitaire approprié, et de provenir d'ateliers agréés conformément au règlement (CE) n° 853/2004 du Parlement européen et du Conseil du 29 avril 2004 fixant des règles spécifiques d'hygiène applicables aux denrées alimentaires d'origine animale.

Les denrées alimentaires d'origine animale en provenance du Canada ou des États-Unis sont autorisées à l'importation sous réserve :

1° Pour les viandes fraîches préemballées, d'être accompagnées d'un certificat sanitaire conforme au modèle consultable auprès de la direction des territoires de l'alimentation et de la mer et délivré par les autorités sanitaires du pays d'origine et d'être emballées dans un contenant avec apposition du marquage sanitaire approprié ;

2° Pour les viandes fraîches en carcasse, d'être accompagnées d'un certificat sanitaire conforme au modèle disponible auprès de la direction des territoires de l'alimentation et de la mer et délivré par les autorités sanitaires du pays d'origine et d'être marquées par l'estampille sanitaire de l'abattoir d'origine ;

3° Pour les autres denrées alimentaires d'origine animale, d'être emballées dans un contenant avec apposition du marquage sanitaire approprié.

Les denrées alimentaires d'origine animale provenant d'autres pays sont autorisées à l'importation sous réserve d'être emballées dans un contenant avec apposition du marquage sanitaire approprié, de provenir d'ateliers agréés conformément au règlement européen précité et d'avoir transité par un entrepôt contrôlé par les autorités sanitaires canadiennes, américaines ou européennes.

Art. D. 274-22 Les viandes, abats, charcuteries et volailles fraîches, congelées ou réfrigérées autorisés à l'importation dans l'archipel sont emballés de manière à les protéger de toute souillure.

Les viandes fraîches en carcasse, demi ou quartier, sont suspendues ou transportées de manière à assurer leur intégrité sanitaire et organoleptique.

Les navires ou aéronefs transportant des denrées soumises à des règles particulières de conservation doivent être munis des installations nécessaires au respect de ces règles.

Toute denrée alimentaire d'origine animale importée dans des engins ne pouvant respecter les normes de conservation et de salubrité, ou transportée à une température non conforme, sera saisie et détruite.

Art. D. 274-23 L'importation en provenance de France ou d'un autre État membre de l'Union européenne, du Canada ou des États-Unis et la mise sur le marché de carcasses et de pièces de viandes non débarrassées de l'encéphale et de la moelle épinière des animaux de l'espèce bovine, ovine ou caprine ne sont autorisées que si elles proviennent d'animaux :

1° De l'espèce bovine, âgés de quarante-huit mois au plus ;

2° De l'espèce ovine ou caprine, âgés de douze mois au plus.

L'importation et l'emploi d'aliments destinés aux ruminants, contenant des farines de viandes et d'os ainsi que toute autre protéine d'origine animale, à l'exception des protéines issues du lait et des produits laitiers, sont interdits.

Art. D. 274-24 Les mollusques bivalves vivants en provenance de France ou d'un autre État membre de l'Union européenne, du Canada ou des États-Unis et destinés à la consommation humaine sont autorisés à l'importation sous réserve d'être accompagnés d'un certificat sanitaire "mollusques bivalves vivants" conforme au modèle consultable auprès de la direction des territoires de l'alimentation et de la mer et délivré par les autorités sanitaires du pays d'origine.

Les produits de la pêche en provenance de France ou d'un autre État membre de l'Union européenne, du Canada ou des États-Unis et destinés à la consommation humaine, sont autorisés à l'importation sous réserve d'être emballés dans un contenant avec apposition du marquage sanitaire approprié.

Art. D. 274-25 Toutes les denrées alimentaires d'origine animale importées à Saint-Pierre-et-Miquelon font l'objet d'un contrôle de la part d'un agent habilité de la direction des territoires, de l'alimentation et de la mer.

Les denrées alimentaires d'origine animale ne peuvent être sorties de la zone sous douane qu'après inspection physique dans les mêmes conditions.

En l'absence de chambre sous température dirigée dans les zones portuaire et aéroportuaire, les denrées alimentaires d'origine animale pourront être sorties de la zone sous douane, avec accord préalable de la direction des territoires, de l'alimentation et de la mer sous réserve d'être contrôlées dans l'entrepôt de l'importateur le lendemain matin au plus tard.

SOUS-SECTION 2 *BIS* Qualité nutritionnelle et composition des repas servis en restauration collective

(Décr. n° 2021-1235 du 25 sept. 2021, art. 1er)

Art. R. 274-25-1 Pour l'application à Saint-Pierre-et-Miquelon de l'article L. 230-5-1, à compter du 1er janvier 2022 et jusqu'au 31 décembre 2029, le seuil applicable aux produits répondant à l'une des conditions mentionnées au I de cet article est fixé à 30 % et le seuil applicable aux produits mentionnés au 2° du I du même article est fixé à 10 %.

SOUS-SECTION 3 Protection des végétaux et réglementation phytosanitaire

Art. D. 274-26 La liste des espèces végétales non indigènes dont l'introduction de spécimens vivants dans le milieu naturel, intentionnelle ou accidentelle, est interdite en application de l'article L. 411-3 du code de l'environnement est fixée par arrêté préfectoral.

Art. D. 274-26-1 *(Décr. n° 2017-1283 du 9 août 2017, art. 1er-I)* Les personnes qui importent à Saint-Pierre-et-Miquelon, dans le cadre d'une activité professionnelle, des végétaux, produits végétaux ou autres objets s'immatriculent, en application de l'article L. 274-12, auprès de la direction mentionnée à l'article D. 274-7 au moyen d'un formulaire, dont le contenu est fixé par arrêté préfectoral, disponible auprès de cette direction.

Son dépôt donne lieu à la délivrance d'un numéro d'immatriculation, valable sans limitation de durée, qui doit être porté sur les demandes d'autorisation d'importation mentionnées à l'article D. 274-28.

Tout changement survenant dans l'activité professionnelle est porté sans délai à la connaissance de la direction mentionnée au premier alinéa. S'il y a lieu, il est attribué à cette personne un nouveau numéro d'immatriculation.

Les producteurs agricoles, au sens de l'article L. 374-4, dont la production et la vente remplissent les conditions posées par le dernier alinéa de l'article L. 274-12, sont dispensés de déposer le formulaire d'immatriculation prévu au premier alinéa.

Art. D. 274-26-2 *(Décr. n° 2017-1283 du 9 août 2017, art. 1er-I)* Les personnes immatriculées dans les conditions mentionnées à l'article D. 274-27-1 *[D. 274-26-1]* sont tenues d'informer sans délai les services chargés de la protection des végétaux de toute apparition atypique d'organismes nuisibles ou de toute anomalie relative aux végétaux, produits végétaux et autres objets.

Art. D. 274-27 L'importation dans l'archipel de végétaux, produits végétaux et autres objets est soumise aux conditions suivantes :

1° Le spécimen végétal n'est pas susceptible de menacer les écosystèmes naturels locaux par son caractère envahissant et n'est pas inscrit sur les listes des espèces non indigènes mentionnées à l'article D. 274-26 ;

2° Le spécimen végétal n'est pas susceptible de servir de vecteur à des organismes nuisibles et ne représente pas une menace pour la flore locale ;

3° Le spécimen végétal est répertorié dans une des annexes de la Convention du 3 mars 1973 sur le commerce international des espèces de faune et de flore sauvages menacées d'extinction (CITES) et son importation respecte les conditions de permis ou de certificats qui sont prévues par cette Convention.

L'autorisation d'importation est accordée par la direction des territoires, de l'alimentation et de la mer à partir d'une demande conforme au modèle disponible auprès de ce service.

Art. D. 274-28 La demande d'autorisation d'importation de végétaux, produits végétaux et objets, rédigée par l'importateur, est adressée à la direction des territoires, de l'alimentation et de la mer au moins un mois avant la date prévue de l'importation.

L'autorisation d'importation initiale vaut pour toutes les importations ultérieures de végétaux, produits végétaux et objets de la même espèce végétale et de la même origine.

Le caractère reconductible de l'autorisation peut être rapporté si la situation phytosanitaire de l'archipel le nécessite ou en cas de manquement de l'importateur aux engagements souscrits lors de la demande initiale.

Art. D. 274-29 L'importation des végétaux, produits végétaux et autres objets dans l'archipel est subordonnée à un contrôle exercé par les agents habilités de la direction des territoires, de l'alimentation et de la mer et à la présentation d'un certificat phytosanitaire.

En cas d'importation consécutive à une autorisation d'importation phytosanitaire, un certificat phytosanitaire accompagne le végétal, produit végétal ou autre objet. Ce certificat est exigible à chaque importation et comporte les mentions figurant sur le modèle disponible auprès de l'administration.

Les importateurs ou leurs représentants sont tenus de fournir aux agents chargés des contrôles l'aide nécessaire à la réalisation des inspections. Ils procèdent au déchargement des marchandises et prennent en charge toutes les mesures conservatrices pour assurer leur stockage, le cas échéant, sous température dirigée.

Art. D. 274-30 Par exception aux articles D. 274-27 à D. 274-29 :

1° Les importations de végétaux, produits végétaux et autres objets effectuées par des particuliers depuis la province de Terre-Neuve (Canada) ne sont soumises ni à l'obligation d'une demande d'autorisation à l'importation, ni à l'obligation de présentation d'un certificat phytosanitaire, sous réserve de faire l'objet d'une déclaration en douane ;

2° Les importations de bois depuis la province de Terre-Neuve (Canada) ne sont soumises ni à l'obligation d'une demande d'autorisation à l'importation, ni à l'obligation de présentation d'un certificat phytosanitaire ;

3° Les fleurs, feuillages coupés, fruits et légumes ne sont pas soumis à une demande d'autorisation à l'importation. Ils sont soumis à l'obligation de présentation du certificat phytosanitaire, selon les modalités prévues au premier alinéa de l'article D. 274-29.

Ces importations peuvent toutefois être soumises à des contrôles phytosanitaires.

Art. D. 274-31 Lorsque les conditions d'importation fixées aux articles D. 274-27 à D. 274-30 ne sont pas respectées, la direction des territoires, de l'alimentation et de la mer peut ordonner des mesures de refoulement, de destruction, de congélation, de mise en quarantaine, de mise en consigne, de désinfection, de désinsectisation, de tri ou d'utilisation industrielle des produits concernés, aux frais de l'importateur.

Lorsque ces mesures résultent d'interdictions ou de restrictions phytosanitaires, elle en informe dans les meilleurs délais les services concernés du pays expéditeur.

SOUS-SECTION 4 **Dispositions diverses**

Art. D. 274-32 Les déclarations d'importation au service des douanes des véhicules et des machines agricoles d'occasion importés dans l'archipel, en provenance de pays autres que ceux de l'Union européenne, les États-Unis ou le Canada, sont transmises par ce service à la direction des territoires, de l'alimentation et de la mer. Ces véhicules et machines agricoles sont soumis à une désinfection dès leur débarquement aux frais de l'importateur.

SOUS-SECTION 5 **Sanctions**

Art. R. 274-33 Est puni de l'amende prévue pour les contraventions de la 3e classe :

1° Le fait, pour un propriétaire d'animaux, de contrevenir aux règles d'identification ou de déclaration mentionnées aux articles D. 274-12 et D. 274-13 ;

2° Le fait, pour toute personne, de faire circuler un équidé non identifié ;

3° Le fait, pour toute personne, de disposer des déchets et ordures d'un navire ou aéronef faisant escale à Saint-Pierre-et-Miquelon en méconnaissance des prescriptions énoncées à l'article D. 274-15 ;

4° Le fait, pour le responsable d'un navire provenant de l'étranger, de ne pas pouvoir présenter un certificat de dératisation datant de moins de six mois.

Art. R. 274-34 Est puni de l'amende prévue pour les contraventions de la 4e classe :

1° Le fait, pour toute personne, de transporter des animaux vertébrés vivants dans le cadre d'une activité économique sans l'agrément prévu à l'article D. 274-14 ;

2° Le fait, pour toute personne, d'importer des animaux sur pieds des espèces mentionnées à l'article D. 274-17 ou des animaux marins ou d'eau douce sans les certificats sanitaires exigés ou, pour les ruminants, sans les tests requis ;

3° Le fait, pour toute personne, d'enlever de la zone sous douane des animaux sur pieds des espèces mentionnées à l'article D. 274-17 sans les laissez-passer ou les marques requis ou sans qu'aient été réalisés les contrôles mentionnés à cet article ;

4° Le fait, pour toute personne, d'importer des carnivores domestiques sans les certificats de vaccination prévus à l'article D. 274-20 ;

5° Le fait, pour toute personne, d'enlever de la zone sous douane des denrées alimentaires sans qu'aient été réalisés les contrôles mentionnés à l'article D. 274-25 ;

6° Le fait, pour toute personne, d'importer des véhicules ou machines agricoles d'occasion en infraction aux dispositions de l'article D. 274-32.

Art. R. 274-35 Est puni de l'amende prévue pour les contraventions de la 5e classe :

1° Le fait pour toute personne d'importer un chien de 1re catégorie au sens de l'article L. 211-12 en infraction aux dispositions de l'article D. 274-20 ;

2° Le fait, pour toute personne, d'importer des animaux sur pieds des espèces mentionnées à l'article D. 274-17 ou des animaux marins ou d'eau douce d'une provenance non autorisée ;

3° Le fait, pour toute personne, d'enlever de la zone sous douane des animaux reconnus atteints de maladie contagieuse en infraction aux dispositions de l'article D. 274-17 ;

4° Le fait, pour toute personne, d'importer des animaux issus de la faune sauvage sans la dérogation prévue à l'article D. 274-19 ;

5° Le fait, pour toute personne, d'importer des denrées alimentaires d'origine animale sans les certificats sanitaires ou sans le marquage du contenant ou de la carcasse prévus à l'article D. 274-21 ou des mollusques bivalves et des produits de la pêche sans les certificats sanitaires ou sans le marquage du contenant prévus à l'article D. 274-24 ;

6° Le fait, pour toute personne, d'importer des denrées mentionnées à l'article D. 274-22 en méconnaissance des obligations de protection, de règles de conservation ou de salubrité prescrites à cet article ;

7° Le fait, pour toute personne, d'importer des animaux ou d'importer et d'employer des aliments pour animaux en infraction avec les prescriptions de l'article D. 274-23 ;

8° Le fait, pour toute personne, d'introduire des espèces végétales non indigènes figurant sur la liste mentionnée à l'article D. 274-26 ou d'importer des végétaux, produits végétaux et autres objets sans l'autorisation prévue à l'article D. 274-27 ;

(Décr. n° 2017-1283 du 9 août 2017, art. 1er-II) « 9° Le fait, pour toute personne, de se livrer à titre professionnel à l'importation de végétaux, produits végétaux et autres objets sans disposer du numéro d'immatriculation prévu à l'article D. 274-27-1 *[D. 274-26-1]*. »

CHAPITRE V WALLIS-ET-FUTUNA, POLYNÉSIE FRANÇAISE ET NOUVELLE-CALÉDONIE

(Décr. n° 2016-781 du 10 juin 2016, art. 3-5°, en vigueur le 1er juill. 2016)

Art. D. 275-1 Les dispositions du présent livre (partie réglementaire) ne sont pas applicables dans les îles Wallis-et-Futuna, en Polynésie française et en Nouvelle-Calédonie.

LIVRE III L'EXPLOITATION AGRICOLE

(Décr. nº 96-205 du 15 mars 1996)

TITRE I DISPOSITIONS GÉNÉRALES

CHAPITRE I LES ACTIVITÉS AGRICOLES

SECTION 1 L'entrepreneur individuel à responsabilité limitée

(Décr. nº 2010-1706 du 29 déc. 2010, art. 30)

BIBL. ▶ VARENNES, *DP entr. agric., Bull. mai 2010, p. 2* (l'EIRL : un statut protecteur pour l'agriculteur ?).

Art. R. 311-1 **Les entrepreneurs individuels à responsabilité limitée exerçant une activité agricole au sens de l'article L. 311-1** *(Décr. nº 2019-987 du 25 sept. 2019, art. 36)* **« effectuent » la déclaration d'affectation mentionnée à l'article L. 526-7 du code de commerce auprès** *(Décr. nº 2022-1014 du 19 juill. 2022, art. 19, en vigueur le 1er janv. 2023)* **« du greffier du tribunal de commerce ou du tribunal judiciaire statuant en matière commerciale dans le ressort duquel se trouve le » siège de l'exploitation aux fins d'inscription sur le** *(Décr. nº 2019-987 du 25 sept. 2019, art. 41)* **« registre »** *(Décr. nº 2022-1014 du 19 juill. 2022, art. 19, en vigueur le 1er janv. 2023)* **« spécial des entreprises à responsabilité limitée prévu au 4° de l'article L. 526-7 du code de commerce ».**

COMMENTAIRE

L'entrepreneur individuel à responsabilité limitée agriculteur est autorisé à conserver dans son patrimoine privé les terres de l'exploitation agricole, par dérogation au principe d'affectation de tous les biens nécessaires à l'exercice de l'activité professionnelle. ❑

Art. R. 311-2 à R. 311-2-6 *Abrogés par Décr. nº 2022-1014 du 19 juill. 2022, art. 19, à compter du 1er janv. 2023.*

SECTION 2 Fonds agricole

(Décr. nº 2006-989 du 1er août 2006)

Art. D. 311-3 **Toute personne physique ou morale créant, dans l'exercice de son activité agricole, un fonds agricole doit, en application de l'article L. 311-3, en faire la déclaration auprès** *(Abrogé par Décr. nº 2021-300 du 18 mars 2021, art. 37, à compter du 1er janv. 2023)* ***« du centre de formalités des entreprises »*** **de la chambre d'agriculture du département, du lieu du siège de l'exploitation, aux fins d'inscription sur le registre tenu par cette chambre d'agriculture.**

Art. D. 311-4 **La déclaration comporte les informations suivantes :**

1° Les nom, prénom et adresse du déclarant pour les personnes physiques, la dénomination ou la raison sociale pour les personnes morales ;

2° La forme juridique et le siège de l'entreprise ainsi que, le cas échéant, son numéro d'immatriculation au registre du commerce et des sociétés avec le nom de la ville où se trouve le greffe où elle est immatriculée ;

3° Le numéro unique d'identification de l'établissement auquel le fonds est rattaché ainsi que l'adresse du lieu d'exploitation de ce fonds ;

4° Les références, le cas échéant, des déclarations de fonds agricole effectuées par le déclarant au titre d'un autre de ses établissements.

Art. D. 311-5 *(Abrogé par Décr. nº 2021-300 du 18 mars 2021, art. 37, à compter du 1er janv. 2023)* ***« Le centre de formalités des entreprises de »*** **la chambre d'agriculture délivre un récépissé de déclaration de fonds agricole reproduisant les mentions de la déclaration.**

Le déclarant ou ses ayants droit peuvent obtenir, à leur demande, copie de l'inscription de la déclaration auprès de la chambre d'agriculture.

Une copie de cette inscription peut également être adressée au greffe du tribunal de commerce, à sa demande, lorsque celui-ci est amené à enregistrer une opération sur le fonds en application des chapitres II et III du titre IV du livre I du code de commerce.

Art. D. 311-6 Toute modification portant sur les éléments mentionnés à l'article D. 311-4 doit, dans le délai de trois mois à compter de celle-ci, faire l'objet d'une demande d'inscription modificative par l'exploitant *(Décr. n° 2021-300 du 18 mars 2021, art. 37, en vigueur le 1er janv. 2023)* « à » la chambre d'agriculture compétente.

Une telle demande est également formulée par le titulaire du fonds en cas de nantissement ou par le cédant ou le cessionnaire en cas de cession à titre onéreux ou gratuit du fonds, dans les trois mois à compter de la date de l'acte de nantissement ou de cession.

Ces demandes préciseront, en cas de nantissement, l'identité du créancier gagiste et, en cas de cession, les informations prévues à l'article D. 311-4 pour le cessionnaire.

Les récépissés des déclarations aux fins d'inscriptions modificatives et les copies de ces inscriptions sont délivrés dans les conditions prévues à l'article D. 311-5.

Art. D. 311-7 En cas de cessation totale de l'activité agricole du titulaire du fonds et en l'absence de toute déclaration de cession du fonds dans les conditions prévues à l'article D. 311-6, la chambre d'agriculture pourra, après une mise en demeure adressée au titulaire du fonds restée sans réponse pendant trois mois, procéder d'office à la radiation de l'inscription.

SECTION 3 Qualité d'actif agricole au sein des départements du Haut-Rhin, du Bas-Rhin et de la Moselle

(Décr. n° 2022-1015 du 19 juill. 2022, art. 6, en vigueur le 1er janv. 2023)

Art. D. 311-8 La fraction de la surface minimale d'assujettissement et le nombre d'heures mentionnés à l'article L. 311-2-1 valent respectivement deux cinquièmes et 150 heures.

Art. D. 311-9 à D. 311-17 *Abrogés par Décr. n° 2022-1015 du 19 juill. 2022, art. 6, à compter du 1er janv. 2023.*

SECTION 4 Production et commercialisation de biogaz, d'électricité et de chaleur par la méthanisation

(Décr. n° 2011-190 du 16 févr. 2011)

Art. D. 311-18 Pour que la production et, le cas échéant, la commercialisation de biogaz, d'électricité et de chaleur par la méthanisation soient regardées comme activité agricole en application de l'article L. 311-1, l'unité de méthanisation doit être exploitée et l'énergie commercialisée par un exploitant agricole ou une structure détenue majoritairement par des exploitants agricoles. *(Décr. n° 2017-1771 du 27 déc. 2017, art. 2-6°)* « Ces exploitants agricoles sont, soit des personnes physiques inscrites au registre *(Décr. n° 2022-1015 du 19 juill. 2022, art. 6, en vigueur le 1er janv. 2023)* « national des entreprises avec la qualité d'actif agricole mentionnée » à l'article L. 311-2, soit des personnes morales *(Décr. n° 2022-1015 du 19 juill. 2022, art. 6, en vigueur le 1er janv. 2023)* « dont le ou les associés détenant conjointement au moins 50 % des parts de la société, sont des exploitants agricoles inscrits à ce registre avec la qualité d'actif agricole mentionnée à l'article L. 311-2 ».

Le respect de la condition de provenance des matières premières à partir desquelles l'énergie est produite est apprécié, par exercice, au niveau de la structure gestionnaire de l'unité de méthanisation, et en masse de matières brutes présentées sous leur forme habituelle, sans transformation ni hydratation supplémentaires. Un registre permanent d'admission de ces matières est tenu par cette structure, tel que prévu par les dispositions relatives aux installations classées pour la protection de l'environnement aux articles L. 511-1 et suivants du code de l'environnement. Outre la désignation des matières, leur date de réception et leur tonnage, il indique le nom et l'adresse du producteur.

BIBL. ► ROCHETEAU, *LPA 2012, n° 36, p. 8* (décret du 16 févr. 2011).

SECTION 5 Inventaire des vergers

(Décr. n° 2011-670 du 14 juin 2011)

Art. D. 311-19 L'inventaire des vergers a pour objet de recueillir les informations nécessaires à la connaissance du potentiel de production arboricole française. Il porte sur les espèces fruitières suivantes :

a) Pomme ;
b) Poire ;
c) Pêche-nectarine ;
d) Abricot ;
e) Noix ;
f) Cerise ;
g) Prune ;
h) Raisin de table ;
i) Kiwi ;
j) Agrume.

Art. D. 311-20 Le service de la statistique du ministère chargé de l'agriculture collecte, par espèce et par variété, auprès des exploitants à titre professionnel des vergers de plus d'un hectare des espèces énumérées au D. 311-19, dont la production est commercialisée, les données suivantes :

— les superficies plantées ;
— leur localisation par commune ;
— le nombre d'arbres plantés dans les parcelles (densité de plantation) ;
— l'âge des arbres.

Pour les productions de cerises et raisin de table, la surface minimale des vergers concernés est fixée à 0,5 ha.

Art. D. 311-21 Tout exploitant qui, au cours d'une année, effectue une plantation ou un surgreffage, arrache des arbres en production ou abandonne la production de fruits d'une des espèces mentionnées à l'article D. 311-19 en informe le service de la statistique du ministère chargé de l'agriculture, selon des modalités précisées par arrêté, en fournissant pour chaque surface plantée, surgreffée, arrachée ou abandonnée, et pour chaque espèce concernée, les données mentionnées à l'article D. 311-20, au plus tard le 31 janvier de l'année suivante.

Art. D. 311-22 Les données mentionnées à l'article D. 311-20 sont réunies dans une base de données et font l'objet de traitements automatisés dans le respect des dispositions de la loi n° 78-17 du 6 janvier 1978 relative à l'informatique, aux fichiers et aux libertés.

La communication de ces données peut être effectuée pour le compte des exploitants mentionnés à l'article D. 311-20 par les organisations de producteurs, les associations d'organisations de producteurs, les organisations interprofessionnelles et les organisations professionnelles agricoles.

Des synthèses sont publiées chaque année par le ministère chargé de l'agriculture pour présenter le résultat de l'inventaire, espèce par espèce.

SECTION 6 *[ABROGÉE]* Registre des actifs agricoles

(Abrogée par Décr. n° 2022-1015 du 19 juill. 2022, art. 6, à compter du 1er janv. 2023)
(Décr. n° 2017-916 du 9 mai 2017, art. 1er, en vigueur le 1er juill. 2018)

Art. D. 311-23 à D. 311-36 *Abrogés par Décr. n° 2022-1015 du 19 juill. 2022, art. 6, à compter du 1er janv. 2023.*

CHAPITRE II SCHÉMA DIRECTEUR RÉGIONAL DES EXPLOITATIONS AGRICOLES

(Décr. n° 2015-713 du 22 juin 2015, art. 1er)

Art. R. 312-1 Le schéma directeur régional des exploitations agricoles prévu à l'article L. 312-1 est élaboré par le préfet de région avec l'appui des préfets des départe-

ments concernés. Ce schéma est conforme à un modèle fixé par arrêté du ministre chargé de l'agriculture. — *V. Arr. du 10 mars 2021 fixant le modèle d'arrêté préfectoral portant schéma directeur régional des exploitations agricoles (JO 14 mars).*

Art. R. 312-2 Le schéma directeur régional des exploitations agricoles est arrêté par le préfet de région ou, en Corse, par le préfet de Corse, après avis du conseil régional ou de l'assemblée de Corse, de la chambre régionale d'agriculture et de la commission régionale de l'économie agricole et du monde rural. Ces avis sont réputés rendus à l'issue d'un délai de trois mois à compter de la saisine.

Il est publié au recueil des actes administratifs de la préfecture de région ainsi que sur le site internet des préfectures de la région et des départements concernés.

Le schéma directeur régional des exploitations agricoles est révisé au plus tard tous les cinq ans dans les mêmes conditions.

Art. R. 312-3 Pour fixer le seuil de surface mentionné au II de l'article L. 312-1, le schéma directeur régional des exploitations agricoles prend en compte soit la surface agricole utile moyenne toutes productions confondues, soit la surface agricole utile moyenne par classe d'orientation technico-économique des exploitations particulières, au sens *(Décr. nº 2017-1771 du 27 déc. 2017, art. 2-10º)* **« du *b* de l'article 2 du règlement (CE) nº 1217/2009 du Conseil du 30 novembre 2009 portant création d'un réseau d'information comptable agricole sur les revenus et l'économie des exploitations agricoles dans l'Union européenne », fixées au niveau régional lors du dernier recensement agricole ou, le cas échéant, par l'enquête sur les structures des exploitations agricoles réalisée à la suite de ce recensement.**

Les modalités de calcul des équivalences par type de production et, le cas échéant, par région naturelle ou par territoire, sont fixées par un arrêté du ministre chargé de l'agriculture. — *V. Arr. du 20 juill. 2015 fixant les modalités de calcul des équivalences par type de production, région naturelle ou territoire pour l'établissement du schéma directeur régional des exploitations agricoles (JO 23 juill.).*

CHAPITRE III LES INSTRUMENTS

SECTION 1 La commission départementale d'orientation de l'agriculture

BIBL. ► ROUSSEL, *RD rur. oct. 2006. 57* (note sous le décret du 7 juin 2006).

COMMENTAIRE

La commission départementale d'orientation de l'agriculture est un organe consultatif qui donne son avis au préfet dans la mise en œuvre de l'ensemble de la politique des structures agricoles (aides, élaboration du schéma directeur départemental, mise en œuvre du contrôle des structures…). Elle peut constituer des sections spécialisées (structures, agriculteurs en difficulté, coopération…). Le ministre de l'Agriculture peut constituer une section territoriale si les conditions locales le justifient.

La composition de la commission a été élargie par la loi d'orientation agricole du 9 juillet 1999 pour intégrer des représentants du monde rural (artisanat, association de défense de l'environnement) et des acteurs des marchés agricoles (commerce alimentaire, défense des consommateurs). Ce qui découlait logiquement de l'affirmation du caractère multifonctionnel de l'agriculture par cette même loi.

L'ordonnance nº 2004-637 du 1er juillet 2004 relative à la simplification de la composition et du fonctionnement des commissions administratives et à la réduction de leur nombre a abrogé l'article L. 313-1.

Le décret nº 2006-665 du 7 juin 2006 a été publié avant que ne prennent effet l'abrogation de l'article L. 313-1 et la suppression de cette importante commission. Les dispositions nouvelles ne modifient pas la composition, ni les missions de la précédente commission désormais intégralement régie par des textes réglementaires.

Art. R. 313-1 *(Décr. nº 2006-665 du 7 juin 2006, art. 17)* **La commission départementale d'orientation de l'agriculture, régie par les dispositions des articles 8 et 9 du décret nº 2006-665 du 7 juin 2006, concourt à l'élaboration et à la mise en œuvre, dans le département, des politiques publiques en faveur de l'agriculture, de l'agro-**

industrie et du monde rural. A cette fin, elle est informée de l'utilisation au plan départemental des crédits affectés par *(Décr. n° 2017-1771 du 27 déc. 2017, art. 2-11°)* **« l'Union » européenne, l'État et les collectivités territoriales dans le domaine des activités agricoles et forestières.**

Elle est également consultée sur le projet élaboré par le préfet pour fixer les priorités de la politique d'orientation des productions et d'aménagement des structures d'exploitation.

Elle est notamment chargée d'émettre un avis, dans les cas et selon les modalités prévus par les dispositions législatives ou réglementaires, sur les projets d'actes réglementaires et individuels en matière de structures agricoles, d'aides aux exploitants, aux exploitations, aux cultures et aux modes de production.

Composition. L'article du décret attaqué prévoyant que la commission départementale d'orientation de l'agriculture comprendrait deux représentants d'associations de protection de la nature ou d'organismes gestionnaires de milieux naturels, de la faune ou de la flore doit être annulé pour méconnaissance des dispositions de l'art. L. 313-1. • CE 28 févr. 2001, *Assoc. France Nature Environnement,* n° 213776 : *RD rur. 2001. 366 ; Gaz. Pal. 2001. 2. Somm. 1889, obs. Graveleau ; RJ envir. 2001. 651, note Braud.*

Art. R. 313-2 *(Décr. n° 2001-785 du 27 août 2001 ; Décr. n° 2006-665 du 7 juin 2006, art. 17)* **La commission départementale d'orientation de l'agriculture est placée sous la présidence du préfet ou de son représentant et comprend :**

1° Le président du conseil régional ou son représentant ;

2° Le président du conseil départemental ou son représentant ;

3° Un président d'établissement public de coopération intercommunale ayant son siège dans le département ou son représentant ou, le cas échéant, le représentant d'un syndicat mixte de gestion d'un parc naturel régional ou de pays ;

4° Le *(Décr. n° 2017-1771 du 27 déc. 2017, art. 2-12°)* **« directeur départemental des territoires ou, le cas échéant, des territoires et de la mer » ou son représentant ;**

5° Le *(Décr. n° 2017-1771 du 27 déc. 2017, art. 2-12°)* **« directeur départemental, ou le cas échéant régional, des finances publiques » ou son représentant ;**

6° Trois représentants de la chambre d'agriculture, dont un au titre des sociétés coopératives agricoles autres que celles mentionnées au 8° ;

7° Le président de la caisse de mutualité sociale agricole ou son représentant *(Abrogé par Décr. n° 2016-781 du 10 juin 2016, art. 4-1°, à compter du 1er juill. 2016)* ***« ou, dans les départements d'outre-mer, le président de la caisse générale de sécurité sociale ou son représentant »*** **;**

8° Deux représentants des activités de transformation des produits de l'agriculture, dont un au titre des entreprises agroalimentaires non coopératives, l'autre au titre des coopératives ;

9° Huit représentants des organisations syndicales d'exploitants agricoles à vocation générale habilitées en application de *(Décr. n° 2017-1771 du 27 déc. 2017, art. 2-12°)* **« l'article R. 514-37 », dont au moins un représentant de chacune d'elles ;**

10° Un représentant des salariés agricoles présenté par l'organisation syndicale de salariés des exploitations agricoles la plus représentative au niveau départemental ;

11° Deux représentants de la distribution des produits agroalimentaires, dont un au titre du commerce indépendant de l'alimentation ;

12° Un représentant du financement de l'agriculture ;

13° Un représentant des fermiers-métayers ;

14° Un représentant des propriétaires agricoles ;

15° Un représentant de la propriété forestière ;

16° Deux représentants des associations agréées pour la protection de l'environnement ;

17° Un représentant de l'artisanat ;

18° Un représentant des consommateurs ;

19° Deux personnes qualifiées ;

(Décr. n° 2006-944 du 28 juill. 2006, art. 5) **« 20° S'il y a lieu, un représentant de l'établissement public du parc national situé pour tout ou partie dans le département. »**

Les membres de la commission pour lesquels la possibilité de se faire représenter n'est pas prévue sont pourvus chacun de deux suppléants. — *Anc. art. D. 313-1, modifié.*

Art. R. 313-3 *(Décr. nº 2006-665 du 7 juin 2006, art. 17)* « Une commission interdépartementale d'orientation de l'agriculture exerce, pour les départements de Paris, des Hauts-de-Seine, de la Seine-Saint-Denis et du Val-de-Marne, les attributions reconnues aux commissions départementales d'orientation de l'agriculture.

« Elle est placée sous la présidence du préfet de la région d'Île-de-France, préfet de Paris, ou de son représentant et comprend : »

(Décr. nº 99-731 du 26 août 1999) 1º Le président du conseil régional d'Île-de-France ou son représentant ;

2º Par roulement annuel, le président du conseil départemental du Val-de-Marne, de la Seine-Saint-Denis ou des Hauts-de-Seine ou son représentant ;

3º Un président d'établissement public de coopération intercommunale ayant son siège dans les départements des Hauts-de-Seine, de la Seine-Saint-Denis ou du Val-de-Marne ou son représentant ;

4º Le directeur régional et interdépartemental de l'alimentation, de l'agriculture et de la forêt d'Île-de-France ou son représentant ;

5º Le *(Décr. nº 2014-551 du 27 mai 2014, art. 26-5º)* « directeur régional des finances publiques d'Île-de-France et du département de Paris » ou son représentant ;

6º Trois représentants de la chambre interdépartementale de l'agriculture d'Île-de-France, dont un au titre des sociétés coopératives agricoles autres que celles mentionnées au 8º ;

7º Le président de la caisse de mutualité sociale agricole ou son représentant ;

8º Deux représentants des activités de transformation des produits de l'agriculture, dont un au titre des entreprises agroalimentaires non coopératives, l'autre au titre des coopératives ;

9º Huit représentants des organisations syndicales d'exploitants agricoles à vocation générale habilitées en application de *(Décr. nº 2017-1771 du 27 déc. 2017, art. 2-13º)* « l'article R. 514-37 », dont au moins un représentant de chacune d'elles ;

10º Un représentant des salariés agricoles présenté par l'organisation syndicale de salariés des exploitations agricoles la plus représentative au niveau interdépartemental ;

11º Deux représentants de la distribution des produits agroalimentaires, dont un au titre du commerce indépendant de l'alimentation ;

12º Un représentant du financement de l'agriculture ;

13º Un représentant des fermiers-métayers ;

14º Un représentant des propriétaires agricoles ;

15º Un représentant de la propriété forestière ;

16º *(Décr. nº 2001-785 du 27 août 2001)* « Deux représentants des associations agréées pour la protection de l'environnement » ;

17º Un représentant de l'artisanat ;

18º Un représentant des consommateurs ;

19º Deux personnes qualifiées. *— Anc. art. D. 313-12, modifié.*

Art. D. 313-4 *(Décr. nº 2017-1771 du 27 déc. 2017, art. 2-14º)* Une commission territoriale d'orientation de l'agriculture est instituée en Corse pour exercer les attributions des commissions départementales d'orientation de l'agriculture.

(Décr. nº 2017-1822 du 28 déc. 2017, art. 1er-6º) « Outre le préfet de Corse et le président du conseil exécutif, ou leurs représentants, elle comprend : »

1º Le président de l'Assemblée de Corse ou son représentant ;

(Décr. nº 2017-1822 du 28 déc. 2017, art. 1er-6º) « 2º Un conseiller exécutif désigné par le président du conseil exécutif de Corse ; »

3º Un président d'établissement public de coopération intercommunale ou son représentant, ou, le cas échéant, le représentant d'un syndicat mixte de gestion d'un parc naturel ;

4º Le directeur régional de l'alimentation de l'agriculture et de la forêt ou son représentant ;

5º Les directeurs départementaux des territoires et de la mer ou leurs représentants ;

6º Le directeur régional des finances publiques et les directeurs départementaux des finances publiques ou leurs représentants ;

(Décr. nº 2017-1822 du 28 déc. 2017, art. 1er-6º) « 7º Quatre conseillers à l'Assemblée de Corse désignés par celle-ci ; »

8° Le président de l'ODARC ou son représentant ;
9° Deux représentants de chaque chambre d'agriculture, dont un au titre des sociétés coopératives agricoles ;
10° Le président de la caisse de mutualité sociale agricole ou son représentant ;
11° Un représentant des activités de transformation des produits de l'agriculture ;
12° Six représentants des organisations syndicales d'exploitants agricoles à vocation générale habilitées en application de l'article R. 514-37 ;
13° Un représentant des salariés agricoles présenté par l'organisation syndicale de salariés des exploitations agricoles la plus représentative au niveau territorial ;
14° Un représentant de la distribution des produits agroalimentaires ;
15° Un représentant du financement de l'agriculture ;
16° Un représentant des fermiers-métayers ;
17° Un représentant des propriétaires agricoles ;
18° Un représentant de la propriété forestière ;
19° Un représentant des associations agréées pour la protection de l'environnement ;
20° Un représentant de l'artisanat ;
21° Un représentant des consommateurs ;
22° Un représentant des centres de gestion et d'économie rurale. — *L'art. R. 313-4 devient l'art. D. 313-4 (Décr. n° 2017-1822 du 28 déc. 2017, art. 1er-6°).*

Art. R. 313-5 *(Décr. n° 2006-665 du 7 juin 2006, art. 17)* La commission départementale d'orientation de l'agriculture et les commissions prévues aux articles R. 313-3 et R. 313-4 peuvent créer une ou plusieurs sections spécialisées pour exercer les attributions consultatives qui leur sont dévolues s'agissant de décisions individuelles en matière de structures agricoles, d'aides aux exploitants, aux exploitations, aux cultures et aux modes de production.

Les commissions ne peuvent déléguer aux sections spécialisées leurs attributions consultatives relatives aux questions générales d'orientation des politiques publiques, aux actes réglementaires, aux choix des critères généraux d'attribution des aides individuelles, des références de production ou des droits à aide ainsi qu'aux décisions concernant les sociétés d'aménagement foncier et d'établissement rural.

Les sections spécialisées rendent compte régulièrement de leur activité aux commissions et établissent à leur intention un bilan annuel.

Art. R. 313-6 *(Décr. n° 2006-665 du 7 juin 2006, art. 17)* Les sections sont placées sous la présidence du préfet ou de son représentant.

Sont membres de toutes les sections :
1° Le président du conseil départemental ou son représentant ;
2° Le *(Décr. n° 2017-1771 du 27 déc. 2017, art. 2-15°)* « directeur départemental des territoires et, le cas échéant, des territoires et de la mer » ou son représentant ;
3° Le *(Décr. n° 2017-1771 du 27 déc. 2017, art. 2-15°)* « directeur départemental, ou s'il y a lieu régional, des finances publiques » ou son représentant ;
4° Le président de la chambre d'agriculture ou son représentant ;
5° Les huit représentants des organisations syndicales d'exploitants agricoles à vocation générale mentionnées à l'article R. 313-2.

Conformément à l'avis de la commission départementale d'orientation de l'agriculture, le préfet désigne les autres membres de la commission appelés à siéger dans chaque section en fonction de son objet.

***Dern. al.** abrogé par Décr. n° 2016-781 du 10 juin 2016, art. 4-2c, à compter du 1er juill. 2016. — Anc. art. D. 313-5.*

Art. R. 313-7 *(Décr. n° 2017-1771 du 27 déc. 2017, art. 2-16°)* En Corse, les sections sont placées sous la coprésidence du représentant de l'État dans la collectivité de Corse et du président du conseil exécutif ou leurs représentants.

Sont membres de toutes les sections :
1° Le président de l'Assemblée de Corse ou son représentant ;
(Décr. n° 2017-1822 du 28 déc. 2017, art. 1er-7°) « 2° Un conseiller exécutif désigné par le président du conseil exécutif de Corse ; »
3° Les directeurs départementaux des territoires et de la mer ou leurs représentants ;
4° Le directeur régional des finances publiques et les directeurs départementaux des finances publiques ou leurs représentants ;

5° Le président de l'ODARC ou son représentant ;

6° Les présidents des chambres d'agriculture ou leurs représentants ;

7° Les six représentants des organisations syndicales agricoles à vocation générale habilitées en application de l'article R. 514-37.

Le représentant de l'État dans la collectivité de Corse désigne les autres membres de la commission appelés à siéger dans chaque section en fonction de son objet, en tenant compte de l'avis de la commission territoriale d'orientation agricole.

Art. R. 313-7-1 *(Décr. nº 2015-215 du 25 févr. 2015, art. 1er)* Les commissions mentionnées aux articles R. 313-1, R. 313-3 et R. 313-4 comprennent une formation spécialisée qui exerce les attributions consultatives qui leur sont dévolues s'agissant des décisions individuelles relatives aux groupements agricoles d'exploitation en commun.

La formation spécialisée rend compte de son activité à la commission.

Art. R. 313-7-2 *(Décr. nº 2015-215 du 25 févr. 2015, art. 1er)* La formation spécialisée mentionnée à l'article R. 313-7-1 est présidée par le préfet qui préside la commission. Elle comprend :

1° Trois représentants des services déconcentrés de l'État chargés de l'agriculture compétents dans le ressort de la commission ;

2° Trois agriculteurs désignés sur proposition des représentants des organisations syndicales d'exploitants agricoles membres de la commission ;

3° Un agriculteur membre d'un groupement agricole d'exploitation en commun, représentant les agriculteurs travaillant en commun dans le ressort territorial de la commission, désigné sur proposition de l'Association nationale des sociétés et groupements agricoles pour l'exploitation en commun.

Les membres de la formation spécialisée mentionnés aux 2° et 3° peuvent être choisis en dehors des membres de la commission. Ils sont nommés par le préfet mentionné au premier alinéa, pour une durée de trois ans. Chacun d'eux dispose d'un suppléant, nommé dans les mêmes conditions.

Le président peut, avec l'accord de la formation spécialisée, inviter à assister avec voix consultative aux délibérations de celle-ci toute personne dont l'avis paraît utile, compte tenu de son expertise en matière de gestion et de fonctionnement des exploitations agricoles.

Art. R. 313-8 *(Décr. nº 2006-665 du 7 juin 2006, art. 17)* Le ministre chargé de l'agriculture peut, lorsque les spécificités locales le justifient et sur proposition du préfet, créer une section territoriale de la commission départementale d'orientation de l'agriculture.

Cette section territoriale exerce, sur une partie déterminée du département, les attributions consultatives prévues au troisième alinéa de l'article R. 313-1 en ce qui concerne les décisions individuelles, à l'exception de celles relatives à la répartition des références de production ou des droits à aides. Sur ces dernières matières, ainsi que sur celles prévues aux premier et deuxième alinéas de l'article R. 313-1, elle peut être consultée le cas échéant par la commission.

La composition de la section territoriale est arrêtée par le préfet qui peut y nommer des personnes qui ne sont pas membres de la commission départementale.

Le fonctionnement de la section territoriale suit les règles applicables à la commission départementale d'orientation de l'agriculture.

SECTION 2 L'agence de services et de paiement

(Décr. nº 2009-340 du 27 mars 2009, art. 1er)

Les art. R. 313-13, R. 313-15, R. 313-16 à R. 313-31, R. 313-33, R. 313-35 à R. 313-38, R. 313-40 à R. 313-44 deviennent respectivement les art. D. 313-13, D. 313-15, D. 313-16 à D. 313-31, D. 313-33, D. 313-35 à D. 313-38, D. 313-40 à D. 313-44 (Décr. nº 2016-1801 du 20 déc. 2016, art. 1er-1º, JO 22 déc.).

SOUS-SECTION 1 Dispositions générales

Art. D. 313-13 L'agence de services et de paiement est placée sous la tutelle des ministres chargés de l'agriculture et de l'emploi. Son siège est à Limoges.

Art. D. 313-14 L'agence peut concourir à la mise en œuvre de fonds *(Décr. nº 2017-1771 du 27 déc. 2017, art. 2-17º)* « européens », notamment en qualité d'organisme payeur ou en qualité d'autorité de certification. Des *(Décr. nº 2017-1771 du 27 déc. 2017, art. 2-17º)* « arrêtés des ministres chargés de l'agriculture, de la pêche, de l'emploi et du budget » fixent pour chaque catégorie de fonds *(Décr. nº 2017-1771 du 27 déc. 2017, art. 2-17º)* « européens » les fonctions exercées par l'agence. — *V. Arr. du 12 oct. 2023 portant agrément de l'Agence de services et de paiement comme organisme payeur de dépenses financées par les fonds de financement des dépenses agricoles FEAGA et Feader et comme organisme de coordination en matière de financement de la politique agricole commune (JO 14 oct.).*

L'agence assure également la coordination des établissements publics agréés comme organismes payeurs pour la mise en œuvre de la politique agricole commune et de leurs délégataires. Lorsqu'elle assure la coordination d'opérations de préfinancement national des dépenses des organismes payeurs, elle peut être autorisée, dans les conditions prévues à l'article *(Décr. nº 2016-1801 du 20 déc. 2016, art. 1er-2º)* « D. 313-40 » à recourir à des emprunts ou à des lignes de trésorerie.

L'agence est chargée de la mise en œuvre des procédures de gestion relatives à la conditionnalité des aides au *(Décr. nº 2016-1801 du 20 déc. 2016, art. 1er-2º)* « titre de la conditionnalité des aides de la politique agricole commune », en liaison avec les organismes spécialisés en matière de contrôle, les autorités coordinatrices de contrôle mentionnés à l'article D. 615-52 et les organismes payeurs des aides concernées.

Art. D. 313-15 Outre les missions déterminées par décret en application de l'article L. 313-2, *(Décr. nº 2016-1801 du 20 déc. 2016, art. 1er-3º)* « et dans le cadre des missions déterminées par l'article L. 313-1, l'État ou tout autre personne morale chargée d'une mission de service public » peut confier à l'agence par voie de convention :

(Décr. nº 2016-1801 du 20 déc. 2016, art. 1er-3º) « 1º La gestion de dispositifs d'aides relevant de sa compétence. »

Dans ce cas, l'agence assure notamment, selon les modalités précisées par la convention particulière qu'elle passe avec le *(Décr. nº 2016-1801 du 20 déc. 2016, art. 1er-3º)* « donneur d'ordre concerné » :

a) La gestion des dossiers des bénéficiaires des aides ;

b) La mise en œuvre des paiements et le recouvrement des indus ;

c) La mise en œuvre d'un dispositif de contrôle interne des procédures et des droits des bénéficiaires ;

(Décr. nº 2016-1801 du 20 déc. 2016, art. 1er-3º) « *d)* La mise à disposition du donneur d'ordre, pour chaque dispositif, de restitutions de données physiques et financières à des fins de pilotage, de justification de l'utilisation des fonds, de contrôle de gestion et d'exploitation statistique. Le système d'information de l'agence doit notamment garantir la traçabilité de tous les engagements et les paiements intervenus au titre du dispositif concerné ;

« La convention doit prévoir les modalités et la périodicité de la reddition des comptes, ainsi que la périodicité de transmission et la nature des pièces justificatives des opérations de dépenses et de recettes, dans les conditions prévues par l'article 50 du décret nº 2012-1246 du 7 novembre 2012 relatif à la gestion budgétaire et comptable publique. La reddition des comptes et des pièces justificatives doit être au moins annuelle.

« 2º Des prestations d'assistance technique et administrative telles que prévues à l'article L. 313-1 ».

Art. D. 313-15-1 *(Décr. nº 2015-1330 du 21 oct. 2015, art. 1er)* Le versement de l'allocation pour demandeur d'asile mentionnée à l'article *(Décr. nº 2020-1734 du 16 déc. 2020, art. 10)* « L. 553-1 » du code de l'entrée et du séjour des étrangers et du droit d'asile est assuré par l'Agence de services et de paiement, dans les conditions fixées par une convention conclue avec l'Office français de l'immigration et de l'intégration.

Art. D. 313-16 L'agence peut, pour l'exercice des missions qui lui sont confiées par la loi, créer des filiales ou participer à des groupements d'intérêt public ou d'intérêt économique, après accord du ministre chargé du budget et des ministres de tutelle.

SOUS-SECTION 2 **Organisation et fonctionnement de l'agence**

Art. D. 313-17 Le conseil d'administration de l'agence est présidé par le président-directeur général de l'établissement. Il comprend, outre son président :

1° Douze membres représentant l'État :

a) Le directeur général *(Décr. n° 2016-1801 du 20 déc. 2016, art. 1er-4°)* « de la performance économique et environnementale des entreprises » ou son représentant ;

b) Le directeur des affaires financières, sociales et logistiques au ministère chargé de l'agriculture, ou son représentant ;

c) Le directeur des pêches maritimes et de l'aquaculture ou son représentant ;

d) Le directeur général de la cohésion sociale ou son représentant ;

e) Le directeur de la direction de l'animation et de la recherche, des études et des statistiques ou son représentant ;

f) Le délégué général à l'emploi et à la formation professionnelle ou son représentant ;

g) (Décr. n° 2019-1190 du 18 nov. 2019, art. 3, en vigueur le 1er janv. 2020) « Un représentant du ministre chargé de l'aménagement du territoire désigné par celui-ci » ;

h) Le directeur général de l'aménagement, du logement et de la nature, ou son représentant ;

i) Le directeur du budget ou son représentant ;

j) Le directeur général des finances publiques ou son représentant ;

k) Le directeur général des collectivités locales ou son représentant ;

l) Le *(Décr. n° 2017-1771 du 27 déc. 2017, art. 2-18°)* « directeur général des outre-mer » ou son représentant.

2° *(Décr. n° 2016-1801 du 20 déc. 2016, art. 1er-4°)* « Dix représentants d'établissements et organismes » publics et organisations professionnelles partenaires :

a) Le président de *(Ord. n° 2022-583 du 20 avr. 2022, art. 1er)* « Chambres d'agriculture France » ou son représentant ;

b) Le président du Comité national des pêches maritimes et des élevages marins ou son représentant ;

c) Le président de l'Établissement national des produits de l'agriculture et de la pêche (FranceAgriMer) ou son représentant ;

d) Le président de l'Office de développement de l'économie agricole d'outre-mer ou son représentant ;

(Décr. n° 2016-1801 du 20 déc. 2016, art. 1er-4°) « *e)* Le directeur général de Pôle emploi ou son représentant ;

« *f)* » Cinq personnalités choisies parmi les personnes proposées par les organisations syndicales d'exploitants agricoles représentatives mentionnées à *(Décr. n° 2017-1771 du 27 déc. 2017, art. 2-18°)* « l'article R. 514-39 », nommées par arrêté du ministre chargé de l'agriculture.

Art. D. 313-18 Participent aux travaux du conseil d'administration avec voix consultative :

a) Le commissaire du Gouvernement ;

b) Un représentant de chacun des syndicats représentés au comité technique ;

c) Le président de l'Association des régions de France ou son représentant ;

d) Le président d'une association agréée de protection de l'environnement désignée après avis du ministre chargé de l'écologie, de l'environnement et du développement durables, ou son représentant ;

e) L'agent comptable ;

f) (Décr. n° 2012-1247 du 7 nov. 2012, art. 2) « Le contrôleur budgétaire » ;

g) Un représentant des services déconcentrés désigné par le ministre chargé de l'emploi ;

h) Un directeur régional de l'alimentation, de l'agriculture et de la forêt.

Le président-directeur général peut inviter à assister aux séances, à titre d'expert, toute personne qualifiée dont il estime la présence utile.

Art. D. 313-19 Les personnes désignées *(Décr. n° 2016-1801 du 20 déc. 2016, art. 1er-5°)* « au *f* du 2° de l'article D. 313-17 et au *d* de l'article D. 313-18 » sont nommées pour une durée de trois ans.

Lorsque l'une de ces personnes, par suite de décès, de démission, de départ à la retraite ou pour toute autre cause cesse d'exercer les fonctions en raison desquelles elle a été nommée, avant l'expiration de cette durée de trois ans, il est pourvu à son remplacement dans un délai de trois mois. Ce remplaçant siège jusqu'à l'expiration de la période restant à courir jusqu'à l'expiration de cette durée de trois ans.

Art. D. 313-20 Les membres du conseil d'administration exercent leurs fonctions à titre gratuit.

Les membres du conseil d'administration bénéficient du remboursement des frais de déplacement et de séjour effectivement supportés par eux à l'occasion des réunions du conseil, dans les conditions prévues par la réglementation applicable aux personnels civils de l'État.

Art. D. 313-21 Le conseil d'administration se réunit au moins deux fois par an sur convocation du président-directeur général, qui fixe l'ordre du jour de la séance.

La convocation du conseil d'administration est de droit si elle est demandée par la moitié au moins de ses membres ou par le commissaire du Gouvernement.

Le conseil d'administration ne peut valablement délibérer que si la moitié au moins des membres en exercice sont présents ou représentés. Les délibérations sont adoptées à la majorité des membres présents et représentés. La voix du président-directeur général ou de son suppléant est prépondérante en cas de partage égal des voix.

En cas d'absence du président-directeur général, la présidence de séance est assurée par un vice-président de séance, désigné par les ministres de tutelle parmi les membres représentant l'État.

En cas d'urgence, les délibérations du conseil peuvent être adoptées par des modalités de consultation électronique ou audiovisuelle préservant la collégialité des débats selon les modalités définies par le règlement intérieur du conseil d'administration.

Art. D. 313-22 Le conseil d'administration définit la politique générale de l'établissement ainsi que son organisation générale, notamment sa représentation territoriale, sur proposition du président-directeur général.

I. — Sont soumis à l'approbation du conseil d'administration :

1° Le règlement intérieur du conseil ;

2° Le contrat pluriannuel d'objectifs et de *(Décr. nº 2016-1801 du 20 déc. 2016, art. 1er-6°)* « performance » conclu avec l'État ;

3° *(Décr. nº 2012-1247 du 7 nov. 2012, art. 2 ; Décr. nº 2016-1801 du 20 déc. 2016, art. 1er-6°)* « Le budget initial de l'établissement et les budgets rectificatifs » ;

4° *Abrogé par Décr. nº 2016-1801 du 20 déc. 2016, art. 1er-6°.*

5° Le rapport annuel d'exécution budgétaire et analytique ;

6° *Abrogé par Décr. nº 2016-1801 du 20 déc. 2016, art. 1er-6°.*

7° Le compte financier ;

8° Les conditions générales selon lesquelles sont conclues les conventions en application de l'article L. 313-2 ;

9° Les prises, cessions ou extensions de participations financières ainsi que la création de filiales et la participation à des groupements d'intérêt public ou des groupements d'intérêt économique ;

10° Les emprunts et lignes de trésorerie ;

11° Les opérations d'investissement *(Décr. nº 2016-1801 du 20 déc. 2016, art. 1er-6°)* « d'un montant supérieur à un seuil qu'il détermine » ;

12° Les acquisitions et ventes de biens immobiliers dont la valeur excède un montant fixé par le règlement intérieur du conseil ;

13° Les opérations de transfert d'actifs au profit de l'établissement le conduisant à assumer la gestion et le contrôle des biens transférés ;

14° Les marchés et autres contrats comportant, de la part de l'agence, un engagement financier dont la valeur excède un montant fixé par le règlement intérieur du conseil ;

15° Les transactions d'un montant supérieur à un seuil qu'il détermine ;

16° L'acceptation des dons et legs ;

(Décr. nº 2016-1801 du 20 déc. 2016, art. 1er-6°) « 17° Le schéma pluriannuel de stratégie immobilière ;

« 18° Le schéma directeur des systèmes d'information ;

« 19° Le plan d'actions "achats". »

II. — Le conseil d'administration est tenu informé :

a) Du projet d'établissement ;

b) Des comptes rendus annuels de l'exécution du projet d'établissement et du contrat d'objectifs *(Décr. n° 2016-1801 du 20 déc. 2016, art. 1er-6°)* « et de performance » ;

c) Des opérations financières relatives aux crédits de transfert *(Décr. n° 2016-1801 du 20 déc. 2016, art. 1er-6°)* « et gérés en compte de tiers » ou conclues dans le cadre des missions de coordination des opérations de préfinancement national des dépenses des organismes payeurs ;

d) Des baux et locations d'immeubles d'une durée excédant neuf années ;

e) Des transactions autres que celles mentionnées au 15° du I ;

f) Les *[Des]* conditions générales d'emploi et de rémunération du personnel ;

(Décr. n° 2016-1801 du 20 déc. 2016, art. 1er-6°) « *g)* L'état d'avancement du schéma pluriannuel de stratégie immobilière, du schéma directeur des systèmes d'information et du plan d'actions "achats". »

Nonobstant les dispositions du 12° du I et du *d* du II, l'approbation ou l'information du conseil d'administration n'est pas requise pour l'acquisition et l'aliénation de biens immobiliers ou pour la conclusion de baux, en application de dispositions législatives particulières confiant à l'agence une mission d'intervention foncière.

Le conseil d'administration peut déléguer au président-directeur général certaines de ses attributions dans les limites qu'il détermine, à l'exclusion de celles mentionnées aux 2°, *(Décr. n° 2016-1801 du 20 déc. 2016, art. 1er-6°)* « 3°, 5°, 7° » et 9° et sous réserve que le président-directeur général rende compte, lors de la prochaine séance du conseil d'administration, des décisions qu'il a prises en vertu de cette délégation.

Art. D. 313-23 Les délibérations portant sur les matières mentionnées aux 1°, *(Décr. n° 2016-1801 du 20 déc. 2016, art. 1er-7°)* « 2°, 5° et 14° à 16° du I de l'article D. 313-22 » sont exécutoires à l'expiration d'un délai de quinze jours à compter de la tenue du conseil d'administration, sauf exercice de son droit de veto par le commissaire du Gouvernement dans les conditions prévues à l'article *(Décr. n° 2016-1801 du 20 déc. 2016, art. 1er-7°)* « D. 313-44 ».

(Décr. n° 2012-1247 du 7 nov. 2012, art. 40, en vigueur le 1er janv. 2013) « Les délibérations portant sur les matières mentionnées aux 3° et 7° du I de l'article *(Décr. n° 2016-1801 du 20 déc. 2016, art. 1er-7°)* « D. 313-22 » sont exécutoires dans les conditions prévues par le titre III du décret n° 2012-1246 du 7 novembre 2012 relatif à la gestion budgétaire et comptable publique. »

Toutefois, pour les opérations effectuées au titre des réglementations *(Décr. n° 2016-1801 du 20 déc. 2016, art. 1er-7°)* « européennes », cette approbation est réputée acquise à la date de réception, par les autorités de tutelle, de la délibération et des documents correspondants.

(Décr. n° 2012-1247 du 7 nov. 2012, art. 40, en vigueur le 1er janv. 2013) « Les délibérations portant sur les matières mentionnées aux 9° et 11° à 13° du I de l'article *(Décr. n° 2016-1801 du 20 déc. 2016, art. 1er-7°)* « D. 313-22 » sont approuvées par les ministres de tutelle à défaut d'approbation expresse déjà notifiée et à l'expiration d'un délai d'un mois partant de la date de réception par ces ministres, de ces délibérations et des documents correspondants, à moins que l'une des tutelles n'y fasse opposition pendant ce délai. Lorsqu'un ministre de tutelle demande par écrit des informations ou documents complémentaires, ce délai est suspendu jusqu'à la production de ces informations ou documents. »

Art. D. 313-24 Le président-directeur général est nommé pour une durée de trois ans par décret, sur proposition conjointe des ministres en charge de l'agriculture et de l'emploi.

Il est assisté d'un directeur général délégué qu'il désigne et qui, sous réserve des dispositions de l'article *(Décr. n° 2016-1801 du 20 déc. 2016, art. 1er-8°)* « D. 313-21 », le supplée en cas d'absence ou d'empêchement.

Art. D. 313-25 Le président-directeur général dirige et représente l'Agence de services et de paiement. Il met en œuvre la politique générale et l'organisation territoriale définies par le conseil d'administration et assure la coordination des missions de l'agence. Il prépare les délibérations du conseil d'administration et en assure l'exécution.

Il accomplit tous les actes qui ne relèvent pas du conseil d'administration en vertu de la présente section ou de dispositions de portée générale.

Il recrute, nomme et gère les agents de l'agence.

Il a autorité sur l'ensemble du personnel de l'établissement.

Il représente l'agence en justice et dans tous les actes de la vie civile ; il décide des actions en justice, dont il rend compte au conseil d'administration.

Il passe au nom de l'agence les contrats, conventions, marchés, baux et les actes d'acquisition, de vente et de transaction, sous réserve des attributions conférées au conseil d'administration.

Il définit la politique d'achat de l'établissement.

Il est ordonnateur principal des recettes et des dépenses du budget de l'établissement. Il nomme les ordonnateurs secondaires.

Il a la faculté de conclure des transactions, dans les conditions prévues par les articles 2044 et suivants du code civil.

Il peut déléguer sa signature aux agents placés sous son autorité. Les actes de délégation font l'objet d'une publication au *Bulletin officiel* du ministère de rattachement du commissaire du Gouvernement.

SOUS-SECTION 3 Régime financier et comptable

Art. D. 313-26 *(Décr. n° 2012-1247 du 7 nov. 2012, art. 40, en vigueur le 1er janv. 2013)* L'agence est soumise aux dispositions des titres I et III du décret n° 2012-1246 du 7 novembre 2012 relatif à la gestion budgétaire et comptable publique. — *V. Arr. du 12 avr. 2016 relatif aux modalités d'exercice du contrôle budgétaire sur l'Agence de services et de paiement (ASP) (JO 22 avr.), mod. par Arr. du 10 juin 2020, art. 8 (JO 19 juin), Arr. du 20 déc. 2021 (JO 23 déc.).*

Art. D. 313-27 *(Décr. n° 2012-1247 du 7 nov. 2012, art. 40, en vigueur le 1er janv. 2013)* « Le budget » comprend notamment :

1° En recettes :

a) Les versements de l'État *(Décr. n° 2016-1801 du 20 déc. 2016, art. 1er-9°)* « , de l'Union européenne ou de tout autre personne morale chargée d'une mission de service public » destinés au financement des coûts de fonctionnement et d'investissement de l'agence ;

b) Les versements de l'État *(Décr. n° 2016-1801 du 20 déc. 2016, art. 1er-9°)* « , de l'Union européenne ou de tout autre donneur d'ordre destinés à des dépenses d'intervention et de transfert autres que celles gérées en compte de tiers ;

« *c)* Les remboursements d'avances et de prêts autres que ceux gérés en compte de tiers ; »

d) Le produit des taxes fiscales affectées ;

e) Les contributions des organisations professionnelles et organismes du secteur intéressé ;

f) Le produit du placement des fonds disponibles ;

g) Les dons et legs ;

h) Le produit des actions de formation ;

i) Les revenus procurés par les participations financières ;

j) Le produit des cessions ;

k) Le produit des redevances pour services rendus ;

l) Le produit des ventes, travaux et prestations ;

m) Des recettes diverses.

2° En dépenses :

a) Les dépenses de personnel ;

b) Les dépenses de fonctionnement ;

c) Les dépenses d'investissement ;

(Décr. n° 2016-1801 du 20 déc. 2016, art. 1er-9°) « *d)* Les dépenses d'intervention autres que celles gérées en compte de tiers. » — *Les divisions « f », « g », « h », « i », « k », « l », « m », « n », « o » et « p » deviennent respectivement les divisions « d », « e », « f », « g », « h », « i », « j », « k », « l » et « m » (Décr. n° 2017-1771 du 27 déc. 2017, art. 2-19°).*

Art. D. 313-28 à D. 313-33 *Abrogés par Décr. n° 2016-1801 du 20 déc. 2016, art. 1er-10°.*

Art. R. 313-34 *Abrogé par Décr. n° 2012-1247 du 7 nov. 2012, art. 40, à compter du 1er janv. 2013.*

Art. D. 313-35 *Al. 1er abrogé par Décr. n° 2012-1247 du 7 nov. 2012, art. 40, à compter du 1er janv. 2013.*

Des comptables secondaires peuvent être désignés par le président-directeur général après avis de l'agent comptable principal.

Art. R. 313-36 et R. 313-37 *Abrogés par Décr. n° 2016-1801 du 20 déc. 2016, art. 1er-10°.*

Art. D. 313-38 *(Décr. n° 2016-1801 du 20 déc. 2016, art. 1er-11°)* **La comptabilité analytique distingue les opérations réalisées pour le compte de l'État, en distinguant chaque ministère, et celles réalisées pour le compte d'autres donneurs d'ordre.**

Art. R. 313-39 *Abrogé par Décr. n° 2012-1247 du 7 nov. 2012, art. 40, à compter du 1er janv. 2013.*

Art. D. 313-40 L'agence peut, avec l'autorisation des ministres chargés du budget, de l'économie et, selon le cas, du ministre chargé de l'agriculture ou du ministre chargé de l'emploi, recourir à l'emprunt ou à des lignes de trésorerie.

Art. D. 313-41 En fin d'exercice, les montants recouvrés par l'établissement en application du *(Décr. n° 2016-1801 du 20 déc. 2016, art. 1er-12°)* **« règlement (UE) n° 1306/2013 relatif au financement, à la gestion et au suivi de la politique agricole commune » et qui ont fait l'objet d'une décision de refus d'apurement de la Commission européenne sont reversés au budget** *(Décr. n° 2016-1801 du 20 déc. 2016, art. 1er-12°)* **« de l'État ». Les autres montants qui sont conservés par l'État membre en vertu de la réglementation** *(Décr. n° 2016-1801 du 20 déc. 2016, art. 1er-12°)* **« européenne », y compris les prélèvements forfaitaires au titre des frais de recouvrement des irrégularités et des pénalités en matière de conditionnalité, sont, sauf disposition nationale contraire, conservés par l'établissement.** *– Le Règl. (UE) 1306/2013 est abrogé par le Règl. (UE) 2021/2116 du 2 déc. 2021 relatif au financement, à la gestion et au suivi de la politique agricole commune, applicable à partir du 1er janv. 2023.*

Art. D. 313-42 Le ministre chargé du budget fixe par arrêté les conditions dans lesquelles l'agent comptable peut exercer par sondages le contrôle des dépenses d'intervention.

Art. D. 313-43 Des régies d'avances et de recettes peuvent être créées dans les conditions fixées par le décret n° 2019-798 du 26 juillet 2019 relatif aux régies de recettes et d'avances des organismes publics.

SOUS-SECTION 4 **Tutelle**

Art. D. 313-44 Un commissaire du Gouvernement, nommé par arrêté conjoint des ministres chargés de l'agriculture, de la formation professionnelle et de l'emploi, est placé auprès de l'établissement. Il est suppléé en cas d'empêchement par un commissaire suppléant désigné selon les mêmes modalités. Le commissaire du Gouvernement reçoit les convocations, ordres du jour, procès-verbaux et tous autres documents adressés aux membres du conseil.

Il peut se faire communiquer toutes pièces, documents ou archives, et procéder ou faire procéder à toutes vérifications.

Il dispose d'un droit de veto à l'égard des délibérations du conseil d'administration. Il exerce ce droit dans les quinze jours qui suivent soit la réunion, s'il y a assisté ou y était représenté, soit la réception du procès-verbal de la séance. Le veto du commissaire du Gouvernement a un caractère suspensif jusqu'à ce que les ministres de tutelle se soient prononcés. A défaut de décision expresse de ces ministres dans un délai de vingt jours à compter de l'exercice du droit de veto, la décision devient exécutoire.

Lorsque le commissaire du Gouvernement ou un ministre demande par écrit des informations ou documents complémentaires, les délais mentionnés au précédent alinéa sont suspendus jusqu'à la production de ces informations ou documents.

SECTION 3 Commission régionale de l'économie agricole et du monde rural

(Décr. n° 2006-665 du 7 juin 2006, art. 18)

Les art. R. 313-35, R. 313-37 et R. 313-38, regroupés à la section 3 du chapitre III du titre II du livre III du code rural (partie réglementaire) intitulée Commission régionale de l'économie agricole et du monde rural, deviennent les art. R. 313-45, R. 313-46 et R. 313-47 (Décr. n° 2009-1195 du 7 oct. 2009, art. 1er, JO 9 oct.).

Art. R. 313-45 La commission régionale de l'économie agricole et du monde rural concourt à l'élaboration et à la mise en œuvre, dans la région, des politiques publiques en faveur de l'agriculture, de l'agro-industrie et du monde rural. Elle est régie par les dispositions des articles 8 et 9 du décret n° 2006-665 du 7 juin 2006.

Elle est notamment chargée :

(Décr. n° 2011-531 du 16 mai 2011, art. 3-I) « — d'assister le préfet de région pour l'élaboration du plan régional de l'agriculture durable prévu par l'article L. 111-2-1 ainsi que pour l'établissement du bilan de sa mise en œuvre, et, dans l'intervalle, de dresser les états annuels de cette mise en œuvre et de proposer s'il y a lieu les modifications pouvant être apportées au plan ; »

— de veiller à la cohérence des actions menées en matière de recherche, d'expérimentation, de développement et de formation dans les secteurs agricoles et agro-industriels ;

(Décr. n° 2015-467 du 23 avr. 2015, art. 1er-1°) « — de donner un avis au préfet de région au titre de la procédure de reconnaissance des groupements d'intérêt économique et environnemental mentionnés à l'article L. 315-1 ; »

— d'examiner toute question relative à l'agriculture raisonnée ainsi qu'à la qualité des produits agricoles et des denrées alimentaires ;

— d'étudier, en liaison avec le service public de l'emploi, l'évolution de l'emploi dans les secteurs agricoles et agro-industriels et de proposer toutes mesures de nature à permettre son amélioration tant quantitative que qualitative, notamment en favorisant les actions de reconversion et de formation ;

— d'orienter les actions de l'État en faveur des activités relatives aux équidés domestiques.

Art. R. 313-46 La commission régionale de l'économie agricole et du monde rural est présidée par le préfet de région et comprend des représentants :

— des administrations intéressées et des établissements et organismes sous tutelle ;

— des collectivités territoriales ;

— des chambres consulaires, désignés en leur sein ;

— des filières agricoles et agro-industrielles ;

— de chacune des organisations syndicales d'exploitants agricoles à vocation générale représentatives au niveau départemental, désignés sur proposition de chacune d'entre elles ;

— des syndicats de salariés des secteurs agricole et agroalimentaire ;

— des organismes socioprofessionnels et des associations du secteur des équidés, désignés, lorsqu'il existe, sur proposition du conseil régional des équidés ou du conseil régional des chevaux ;

— des organisations de consommateurs ;

— des associations de protection de la nature, et ;

— des personnalités qualifiées.

Lorsqu'elle est consultée sur les sujets relatifs à l'emploi dans les professions agricoles et les industries agroalimentaires, la commission comprend en outre des représentants des fonds d'assurance formation pour les secteurs de l'agriculture et de l'agroalimentaire.

(Décr. n° 2011-531 du 16 mai 2011, art. 3-II) « Lorsqu'elle exerce les compétences prévues par le troisième alinéa de l'article R. 313-45, la commission peut se réunir dans une formation spécialisée composée notamment de son président et de ses membres représentant les services de l'État et les collectivités territoriales concernés, les chambres d'agriculture, les organisations syndicales d'exploitants agricoles à vocation générale représentatives au niveau départemental et les associations de protection de la nature. » *(Décr. n° 2011-2020 du 29 déc. 2011, art. 24)* « Elle entend le directeur de

l'établissement public du parc national lorsque le cœur du parc national ou le territoire des communes ayant vocation à adhérer à la charte est concerné. »

(Décr. nº 2015-467 du 23 avr. 2015, art. 1er-2º) « Lorsqu'elle exerce les compétences prévues par le cinquième alinéa de l'article R. 313-45, la commission se réunit dans une formation spécialisée. La composition de cette formation spécialisée est arrêtée par le préfet de région, qui y nomme des représentants des catégories mentionnées aux deuxième, troisième, quatrième, cinquième, sixième, neuvième et dixième alinéas. Il peut en outre y nommer des représentants d'organismes compétents en matière agricole ou environnementale, sur proposition de ces organismes. »

Art. R. 313-47 L'instruction des dossiers relatifs aux équidés domestiques est assurée par le représentant de l'établissement public *(Décr. nº 2010-90 du 22 janv. 2010, art. 9)* « Institut français du cheval et de l'équitation ».

CHAPITRE V GROUPEMENTS D'INTÉRÊT ÉCONOMIQUE ET ENVIRONNEMENTAL

(Décr. nº 2014-1173 du 13 oct. 2014, art. 1er)

Art. D. 315-1 La reconnaissance comme groupement d'intérêt économique et environnemental est accordée dans le cadre d'appels à projets organisés par le préfet de région, qui précisent les critères retenus pour le choix des projets et les délais dans lesquels les demandes de reconnaissance peuvent être présentées.

Art. D. 315-2 Toute personne morale souhaitant être reconnue comme groupement d'intérêt économique et environnemental en application de l'article L. 315-1 dépose un dossier présentant un projet pluriannuel conforme à ces dispositions et comprenant les éléments suivants :

1º La liste de ses membres, ses statuts et, le cas échéant, tout autre document attestant qu'elle remplit les conditions posées au deuxième alinéa de l'article L. 315-1 ainsi que le procès-verbal de la réunion de son organe délibérant approuvant le projet présenté ;

2º La présentation du territoire sur lequel est mis en œuvre le projet présenté, des raisons pour lesquelles ce territoire peut être considéré comme cohérent, et des enjeux économiques, environnementaux et sociaux mentionnés au 3º de l'article L. 315-2 auxquels le projet entend apporter une réponse, en cohérence avec les projets territoriaux de développement local existants ;

3º La description des systèmes de production mis en œuvre par les exploitants agricoles qui s'engagent dans le projet au moment du dépôt de la demande de reconnaissance ; cette description est accompagnée d'un diagnostic de la situation initiale des exploitations agricoles sur les plans économique, environnemental et social au regard des enjeux identifiés sur le territoire concerné en application du 2º ;

4º La description des objectifs poursuivis en termes de modification ou de consolidation des systèmes ou des modes de production agricole et des pratiques agronomiques et visant une performance économique, environnementale et sociale ainsi que des indicateurs de suivi qui leur sont associés ;

5º La durée du projet et la justification de cette durée au regard des objectifs à atteindre ;

6º La description des actions proposées et de l'organisation et du fonctionnement collectif des exploitations agricoles permettant d'améliorer leurs performances économique, environnementale et sociale conformément au 2º de l'article L. 315-2, et le calendrier prévisionnel de leur mise en œuvre ; le projet précise les raisons pour lesquelles la démarche et les actions proposées relèvent de l'agroécologie telle que définie au II de l'article L. 1 ; il montre comment différentes techniques et méthodes sont utilisées de façon combinée pour permettre l'évolution du système de production agricole dans son ensemble ;

7º La description des moyens affectés à la mise en œuvre de ces actions, qui détaille notamment :

a) Les mesures d'accompagnement mises en place pour la réalisation du projet ; leur présentation distingue celles qui relèvent de l'appui à l'action collective et au pilotage du projet et celles qui relèvent de l'accompagnement technique pour l'évolution des pratiques agricoles ;

b) Le cas échéant, les partenariats noués par le groupement avec, notamment, les acteurs des filières et des territoires, et leur contribution à la réalisation des objectifs poursuivis ;

8° Les modalités prévues de regroupement, de diffusion et de réutilisation des résultats obtenus sur les plans économique, environnemental et social mentionnées au 4° de l'article L. 315-2 ;

9° Le cas échéant, les aides publiques qui seront mobilisées ou sollicitées dans le cadre du projet ;

10° Tout autre élément que le groupement estime de nature à éclairer la prise de décision sur sa demande de reconnaissance.

Art. D. 315-3 Le préfet de région recueille l'avis de la commission régionale de l'économie agricole et du monde rural mentionnée à l'article R. 313-45 sur les projets présentés.

La reconnaissance comme groupement d'intérêt économique et environnemental est accordée, après avis du président du conseil régional, par arrêté du préfet de région publié au recueil des actes administratifs de la préfecture de région.

Art. D. 315-4 Sont seuls susceptibles d'être retenus par le préfet de région, pour l'évaluation de la qualité du projet, des critères déterminés en fonction des spécificités et des enjeux du territoire concerné et en lien avec :

1° L'appréciation des objectifs en matière de modification ou de consolidation des pratiques agricoles visant la performance économique et environnementale, y compris les pratiques tendant à l'amélioration de la performance sanitaire, et notamment de la démarche système engagée ;

2° L'appréciation des objectifs sociaux portant sur les conditions de travail, l'emploi et la lutte contre l'isolement en milieu rural ;

3° La pertinence technique des actions prévues au regard des objectifs ;

4° La plus-value apportée par l'organisation et le fonctionnement collectifs mis en place dans le cadre du projet ;

5° Le cas échéant, la pertinence des partenariats mobilisés pour la réalisation des actions ;

6° Le caractère innovant du projet et des actions au regard des pratiques existantes au niveau du territoire ou de la région ;

7° La durée et la pérennité du projet ;

8° La pertinence des modalités d'accompagnement des agriculteurs.

Art. D. 315-5 Le suivi du projet est assuré par le préfet de région sur la base des bilans réalisés par la personne morale porteuse du projet.

Ces bilans lui sont transmis au moins tous les trois ans à compter de la date de publication de l'arrêté portant reconnaissance de la qualité de groupement d'intérêt économique et environnemental, pour les bilans intermédiaires, et à l'expiration de la durée du projet pour le bilan final.

Ces bilans comportent les éléments suivants :

1° La description de l'évolution des systèmes de production mis en œuvre par les exploitants agricoles au regard des objectifs, des indicateurs de suivi et du calendrier prévisionnel mentionnés aux 4° et 6° de l'article D. 315-2 ; cette description doit permettre d'appréhender l'évolution des performances économique, environnementale et sociale des exploitations agricoles ;

2° La description des actions effectivement mises en œuvre conformément au projet ;

3° Une synthèse des résultats obtenus ;

4° La description de la contribution du groupement à la capitalisation des résultats mentionnée à l'article D. 315-8 ;

5° Tout autre élément que le groupement estime de nature à éclairer le préfet de région sur son action.

Art. D. 315-6 Si des modifications substantielles interviennent dans le projet mentionné à l'article D. 315-2, la personne morale reconnue comme groupement d'intérêt économique et environnemental en informe immédiatement le préfet de région.

Art. D. 315-7 Le préfet de région peut, par arrêté pris après avis du président du conseil régional et de la commission régionale de l'économie agricole et du monde rural, retirer la reconnaissance comme groupement d'intérêt économique et environnemental, lorsqu'il apparaît, au regard du bilan mentionné à l'article D. 315-5 ou de tout autre élément porté à sa connaissance, que les engagements contenus dans le projet pluriannuel mentionné à l'article D. 315-2 ne sont pas respectés.

Art. D. 315-8 Une capitalisation des résultats obtenus est assurée conformément à l'article L. 315-3, avec un triple objectif :

1° La diffusion et le partage d'expériences sur les actions réalisées et les résultats obtenus sur les plans économique, environnemental et social ;

2° L'utilisation des résultats obtenus par ces groupements dans le cadre de travaux de recherche appliquée ;

3° L'implication dans l'innovation de l'ensemble des acteurs du développement agricole, à l'échelon territorial pertinent, pour produire des connaissances et des ressources diversifiées répondant aux attentes des agriculteurs.

Dans ce cadre, les groupements d'intérêt économique et environnemental sont tenus de mettre à disposition leurs résultats et expériences utiles aux organismes de développement agricole.

Le programme des travaux de coordination menés par la chambre régionale d'agriculture en application de l'article L. 315-3 est soumis à l'avis de la commission régionale agricole et du monde rural mentionnée à l'article R. 313-45.

Art. D. 315-9 En Corse, les attributions conférées par le présent chapitre au préfet de région et au président du conseil régional sont exercées respectivement par le préfet de Corse et le président du conseil exécutif de la collectivité de Corse.

TITRE II LES DIFFÉRENTES FORMES JURIDIQUES DE L'EXPLOITATION AGRICOLE

CHAPITRE I L'EXPLOITATION FAMILIALE À RESPONSABILITÉ PERSONNELLE

SECTION 1 Les rapports entre les époux, les personnes liées par un pacte civil de solidarité et les concubins

(Décr. nº 2006-1313 du 25 oct. 2006)

Art. D. 321-1 *(Décr. nº 2022-1014 du 19 juill. 2022, art. 19, en vigueur le 1er janv. 2023)* I. — L'option choisie pour la qualité de collaborateur d'exploitation ou d'entreprise agricole, en application des trois premiers alinéas de l'article L. 321-5, est notifiée soit à la caisse de mutualité sociale agricole soit à la caisse mentionnée aux articles L. 781-2 et L. 781-44 dont relève le chef d'exploitation ou d'entreprise, par la transmission de l'attestation sur l'honneur mentionnée à l'article D. 321-1-1 et selon les modalités prévues par le même article.

Il en est de même lorsqu'il participe à l'activité non salariée non agricole de celui-ci, dans le cas prévu au deuxième alinéa de l'article L. 321-5.

Le choix effectué par le conjoint, le partenaire lié par un pacte civil de solidarité ou le concubin d'un associé d'une exploitation ou d'une entreprise agricole constituée sous la forme d'une société est porté à la connaissance des associés lors de la première assemblée générale qui suit.

Les membres du couple sont tenus d'informer la caisse de mutualité sociale agricole ou la caisse mentionnée aux articles L. 781-2 et L. 781-44 dont ils relèvent de toute modification intervenue dans les conditions d'exercice de leurs activités professionnelles ou dans leur situation civile ou familiale.

L'option pour la qualité de collaborateur d'exploitation ou d'entreprise agricole prend fin lorsque le collaborateur ne remplit plus les conditions prévues à l'article L. 321-5, notamment en cas de cessation d'activité ou de modification de sa situation civile ou familiale.

Dès que la caisse de mutualité sociale agricole ou la caisse mentionnée aux articles L. 781-2 et L. 781-44 constate que ces conditions ne sont plus réunies, elle avise l'intéressé que, en l'absence de contestation de sa part dans un délai d'un mois à compter de cette notification, il cesse de bénéficier de la qualité de collaborateur d'exploitation ou d'entreprise agricole.

II. — L'option prévue au septième alinéa de l'article L. 321-5 est exercée ainsi qu'il suit par le conjoint du chef d'exploitation exerçant sur l'exploitation ou au sein de l'entreprise agricole une activité professionnelle régulière :

1° L'option pour la qualité de collaborateur s'effectue dans les conditions fixées au I ;

2° L'option pour la qualité de salarié résulte des mentions de la déclaration préalable à l'embauche souscrite par le chef d'exploitation ou d'entreprise agricole en application de l'article L. 1221-10 du code du travail. Elle prend effet à la date d'effet du contrat de travail mentionnée sur cette déclaration ;

3° L'option pour la qualité de chef d'exploitation ou d'entreprise agricole résulte de l'affiliation en cette qualité au régime de protection sociale des personnes non salariées des professions agricoles. Elle prend effet à la date à laquelle la personne remplit les conditions de cette affiliation.

III. — En cas de modification de qualité, l'option nouvelle s'effectue selon les modalités prévues au II.

Art. D. 321-1-1 *(Décr. n° 2021-300 du 18 mars 2021, art. 37, en vigueur le 1er janv. 2023)* « L'organisme unique mentionné à l'article R. 123-1 » *(Décr. n° 2021-300 du 18 mars 2021, art. 12-6°-a, en vigueur le 1er avr. 2021)* « du code de commerce reçoit, dans les conditions prévues par le titre II du livre I du même code : »

(Décr. n° 2019-1092 du 25 oct. 2019, art. 1er) 1° Dans le dossier unique de déclaration de création de l'entreprise agricole, le cas échéant, la déclaration de l'activité professionnelle régulière au sein de l'exploitation ou de l'entreprise agricole du conjoint, du partenaire lié par un pacte civil de solidarité ou du concubin du chef d'exploitation ou d'entreprise agricole et *(Abrogé par Décr. n° 2021-300 du 18 mars 2021, art. 12-6°-b, au plus tard à compter du 1er sept. 2021)* « ***la déclaration*** » du statut choisi par celui-ci, en application de l'article L. 321-5 du présent code *(Décr. n° 2021-300 du 18 mars 2021, art. 12-6°-b, en vigueur au plus tard le 1er sept. 2021)* « , accompagnée d'une attestation sur l'honneur signée du conjoint, du partenaire lié par un pacte civil de solidarité ou du concubin confirmant le choix de ce statut » ; *— V. Arr. du 6 août 2021 relatif à l'attestation sur l'honneur du conjoint, du partenaire lié par un pacte civil de solidarité ou du concubin du chef d'exploitation ou d'entreprise agricole, qui exerce une activité professionnelle régulière dans l'exploitation ou dans l'entreprise agricole (JO 13 août), mod. par Arr. du 8 avr. 2022 (JO 15 avr.).*

2° Le cas échéant et dans les deux mois de la modification de la situation de l'exploitation ou de l'entreprise agricole :

a) La déclaration modificative portant mention que le conjoint, le partenaire lié par un pacte civil de solidarité ou le concubin du chef d'exploitation ou d'entreprise agricole exerce une activité professionnelle régulière au sein de l'exploitation ou de l'entreprise agricole *(Décr. n° 2021-300 du 18 mars 2021, art. 12-6°-c, en vigueur au plus tard le 1er sept. 2021)* « et » du statut choisi par celui-ci en application de l'article L. 321-5 du présent code *(Décr. n° 2021-300 du 18 mars 2021, art. 12-6°-c, en vigueur au plus tard le 1er sept. 2021)* « , accompagnée d'une attestation sur l'honneur signée du conjoint, du partenaire lié par un pacte civil de solidarité ou du concubin confirmant le choix de ce statut » ;

b) La déclaration modificative portant mention que le conjoint, le partenaire lié par un pacte civil de solidarité ou le concubin du chef d'exploitation ou d'entreprise agricole qui exerce une activité professionnelle régulière dans l'entreprise change de statut pour l'exercice de cette activité *(Décr. n° 2021-300 du 18 mars 2021, art. 12-6°-d, en vigueur au plus tard le 1er sept. 2021)* « , accompagnée d'une attestation sur l'honneur signée du conjoint, du partenaire lié par un pacte civil de solidarité ou du concubin confirmant le choix de ce nouveau statut » ;

c) La déclaration modificative portant mention que le conjoint, le partenaire lié par un pacte civil de solidarité ou le concubin du chef d'exploitation ou d'entreprise agricole cesse de remplir les conditions prévues à l'article L. 321-5 du présent code.

(Décr. n° 2021-300 du 18 mars 2021, art. 12-6°-e, en vigueur au plus tard le 1er sept. 2021) « Le format de l'attestation sur l'honneur mentionnée au présent article et les

mentions qu'elle contient sont déterminés par arrêté des ministres chargés de l'économie, de la justice, des affaires sociales et de l'agriculture. » – *Les dispositions des b à e du 6° de l'art. 12 du Décr. n° 2021-300 du 18 mars 2021 entrent en vigueur à une date fixée par l'arrêté prévu au e du 6° de l'art. 12, et au plus tard le 1er sept. 2021 (Décr. préc., art. 48).*

SECTION 2 La transmission de l'exploitation familiale

Aux termes du Décr. n° 2005-368 du 19 avr. 2005, art. 13-I, les anciens art. R. 321-1 à R. 321-6 sont devenus respectivement les art. D. 321-2 à R. 321-7 ci-dessous.

Art. D. 321-2 Le plan de transmission prévu à l'article L. 321-22 est une convention constatée par un acte authentique organisant la transmission à titre onéreux de l'ensemble des éléments constitutifs d'une exploitation agricole individuelle selon les conditions et les modalités mentionnées à la présente section. Seuls peuvent être exclus des biens à usage personnel ou une parcelle de subsistance à condition que ces biens ne soient pas indispensables à l'exploitation. – *[Décr. n° 91-1254 du 12 déc. 1991, art. 1er.]*

Art. D. 321-3 La durée du plan de transmission est au plus de six ans à compter d'une date définie par les parties et figurant dans la convention. – *[Décr. n° 91-1254 du 12 déc. 1991, art. 2.]*

Art. D. 321-4 Sont parties à la convention principale, rédigée en la forme d'un acte authentique, le cédant et le cessionnaire.

Les organismes prêteurs et les bailleurs sont associés dans la convention principale, soit dans celle-ci, soit dans une ou plusieurs conventions qui lui sont annexées. – *[Décr. n° 91-1254 du 12 déc. 1991, art. 3.]*

Art. D. 321-5 Le plan de transmission décrit la nature et la consistance des biens à transmettre.

La transmission s'effectue par cessions partielles dont le nombre ne peut être supérieur à trois.

Chacune des cessions partielles doit être composée de biens identifiables et individualisables.

Chacune des cessions partielles fait l'objet d'une promesse de vente.

Les prix des cessions sont définitifs ou révisables selon des modalités qui figurent dans le plan. – *[Décr. n° 91-1254 du 12 déc. 1991, art. 4.]*

Art. D. 321-6 Les cocontractants sont assujettis au régime de protection sociale des personnes non salariées des professions agricoles, dès lors qu'ils remplissent les conditions prévues au *(Décr. n° 2017-1771 du 27 déc. 2017, art. 3-2°)* **« 2° du I de l'article L. 722-5 ».** – *[Décr. n° 91-1254 du 12 déc. 1991, art. 5.]*

Art. D. 321-7 S'il remplit les conditions prévues aux articles *(Décr. n° 2017-1771 du 27 déc. 2017, art. 3-3°)* **« D. 343-3 à D. 343-18, le cessionnaire peut bénéficier des aides à l'installation ».**

Dans ce cadre, le candidat aux aides à l'installation peut présenter comme projet la reprise des biens figurant dans le plan de transmission. L'attribution des aides à l'installation s'apprécie *(Décr. n° 2017-1771 du 27 déc. 2017, art. 3-3°)* **« dans le cadre des dispositions prévues aux articles D. 343-3 à D. 343-18 ».** – *[Décr. n° 91-1254 du 12 déc. 1991, art. 6.]*

CHAPITRE II LES GROUPEMENTS FONCIERS

Art. R. 322-1 La superficie totale des exploitations appartenant à un même groupement foncier agricole ne peut être supérieure à *(Décr. n° 2017-1771 du 27 déc. 2017, art. 3-4°)* **« trente fois la surface minimale d'assujettissement définie en application de l'article L. 722-5-1 ».**

Pour l'appréciation des superficies, sont notamment exclus les bois, les forêts, les terres à vocation forestière, les étangs et les landes. – *[Décr. n° 72-298 du 14 avr. 1972, art. 1er.]*

Art. R. 322-2 Lorsque des biens appartenant à un groupement foncier agricole sont situés dans des régions naturelles agricoles différentes, il y a lieu d'établir par région

naturelle le rapport de la superficie de ces biens à la superficie maximum admise pour chacune d'elles. La somme des fractions ainsi obtenue ne doit pas excéder l'unité.

Le même mode de calcul est appliqué au groupement foncier agricole qui tend à regrouper des exploitations de grande culture et des cultures spécialisées. – *[Décr. n° 72-298 du 14 avr. 1972, art. 2.]*

Art. R. 322-3 **Les dispositions qui précèdent ne sont pas applicables lorsque le groupement foncier agricole est constitué entre les membres d'une même famille jusqu'au 4e degré inclus.** – *[Décr. n° 72-298 du 14 avr. 1978, art. 3.]*

CHAPITRE III LES GROUPEMENTS AGRICOLES D'EXPLOITATION EN COMMUN

SECTION 1 L'agrément des groupements *(Décr. n° 2015-215 du 25 févr. 2015, art. 2-1°).*

BIBL. ► LEBEL, *RD rur. 2015, n° 95* (le nouvel agrément des GAEC) ; *RD rur. 2018. Focus 9* (contrôle de la conformité de l'agrément).

Art. R. 323-1 à R. 323-7 *Abrogés par Décr. n° 2015-215 du 25 févr. 2015, art. 2-2°, à compter du 1er mars 2015.*

Art. R. 323-8 *(Décr. n° 2015-215 du 25 févr. 2015, art. 2-3°, en vigueur le 1er mars 2015)* **Les sociétés existantes ou en formation adressent au préfet du département de leur siège leur demande d'agrément en tant que groupement agricole d'exploitation en commun.**

Art. R. 323-9 *(Décr. n° 2015-215 du 25 févr. 2015, art. 2-3°, en vigueur le 1er mars 2015)* **Le dossier de demande d'agrément comporte les éléments suivants :**

1° Les statuts ou projets de statuts conformes à des statuts types approuvés par arrêté du ministre chargé de l'agriculture ;

2° Une note, rédigée selon un modèle défini par arrêté du ministre chargé de l'agriculture, relative à l'origine de la société et aux conditions de son fonctionnement, précisant :

***a)* Les éléments permettant d'apprécier la dimension de l'exploitation commune : superficies d'exploitation, au regard des activités principales envisagées et des méthodes de production choisies, titres assurant la jouissance des terres que la société se propose d'exploiter, distances à parcourir entre exploitations regroupées ;**

***b)* L'identité des associés ou futurs associés, la répartition du capital social, les principes de l'organisation effective du travail en commun, ainsi que la décision mentionnée au deuxième alinéa de l'article R. 323-31, la description des tâches réalisées par chaque associé, le nombre envisagé de salariés permanents, les personnes qui seront habilitées à agir au nom de la société et les activités exercées, le cas échéant, par les associés en dehors du groupement.**

Art. R. 323-10 *(Décr. n° 2015-215 du 25 févr. 2015, art. 2-3°, en vigueur le 1er mars 2015)* **Le préfet statue sur les demandes d'agrément, par décision motivée, au plus tard dans les trois mois suivant la réception du dossier de demande complet. Il peut demander préalablement l'avis de la formation spécialisée mentionnée à l'article R. 313-7-1.**

Dans ce cas, lorsque le préfet adopte une décision après avis contraire de la formation spécialisée mentionnée à l'article R. 313-7-1, il en précise les motifs.

Pour les groupements totaux, le préfet vérifie, en particulier, la contribution des associés au renforcement de la structure agricole du groupement, en tenant compte de leur participation effective, à titre exclusif et à temps complet, au travail en commun, sous réserve de l'application des articles D. 323-31-1 et R. 323-32.

Art. R.* 323-11 *(Décr. n° 2015-216 du 25 févr. 2015, art. 1er, en vigueur le 1er mars 2015)* **A défaut de décision expresse sur une demande d'agrément dans le délai mentionné à l'article R. 323-10, la demande est réputée rejetée.**

Art. R. 323-12 *Abrogé par Décr. n° 2015-215 du 25 févr. 2015, art. 2-2°, à compter du 1er mars 2015.*

Art. R. 323-13 *(Décr. nº 2015-215 du 25 févr. 2015, art. 2-4º, en vigueur le 1er mars 2015)* Les formalités de publicité de la constitution du groupement et l'immatriculation de celui-ci au registre du commerce et des sociétés sont accomplies postérieurement à son agrément.

(Décr. nº 2021-631 du 21 mai 2021, art. 12, en vigueur le 1er nov. 2021) « Après son immatriculation au registre du commerce et des sociétés, le groupement communique au préfet son numéro unique d'identification. »

Art. R. 323-14 L'avis de constitution prévu par l'article 22 du décret nº 78-704 du 3 juillet 1978 *[V. ce texte au* ***C. sociétés****]* contient, lorsqu'il s'agit des groupements agricoles d'exploitation en commun, les indications suivantes :

1º La dénomination sociale du groupement et s'il y a lieu son sigle, précédés ou suivis des mots et de la date de la décision *(Décr. nº 2015-215 du 25 févr. 2015, art. 2-5º, en vigueur le 1er mars 2015)* « d'agrément » ;

2º L'adresse du siège social ;

3º L'indication du greffe où le groupement sera immatriculé.

Les indications prévues aux 1º et 2º de l'alinéa précédent remplacent pour les groupements agricoles d'exploitation en commun celles qui sont prévues par le troisième alinéa de l'article 22 du décret nº 78-704 du 3 juillet 1978.

De même, ces indications remplacent celles prévues par le deuxième alinéa (1º à 4º) des articles 27 et 29 dudit décret. — *[Décr. nº 64-1193 du 3 déc. 1964, art. 8-1.]*

Art. R. 323-15 La demande d'immatriculation prévue par *(Décr. nº 2013-566 du 28 juin 2013, art. 1er-1º)* « l'article R. 123-53 du code de commerce » contient, lorsqu'il s'agit des groupements agricoles d'exploitation en commun, les indications suivantes :

1º La dénomination sociale du groupement et s'il y a lieu son sigle, précédés ou suivis des mots et de la date de la décision *(Décr. nº 2015-215 du 25 févr. 2015, art. 2-5º, en vigueur le 1er mars 2015)* « d'agrément » ;

2º Le montant du capital social et le montant total respectif des apports en numéraire et des apports en nature ; si la société est à capital variable, le montant au-dessous duquel le capital ne peut être réduit ;

3º L'adresse du siège social ;

4º La ou les activités exercées en précisant le nombre des exploitations agricoles dont la mise en valeur est confiée au groupement et la superficie que celui-ci exploite ;

5º La date du commencement de ces activités ;

6º La durée de la société fixée par les statuts ;

7º Les nom, prénom usuel et domicile personnel des associés tenus indéfiniment et solidairement des dettes sociales avec les renseignements prévus *(Décr. nº 2013-566 du 28 juin 2013, art. 1er-1º)* « aux 2º, 3º et 4º de l'article R. 123-37 du code de commerce » ;

8º Les nom, prénom usuel, domicile permanent, date et lieu de naissance, nationalité du ou des gérants ainsi que des associés ayant le pouvoir général d'engager le groupement ;

9º La date du dépôt au greffe des statuts, le titre et la date du journal où a été publié l'avis de constitution du groupement.

Les indications prévues à l'alinéa précédent remplacent pour les groupements agricoles d'exploitation en commun celles prévues par *(Décr. nº 2013-566 du 28 juin 2013, art. 1er-1º)* « l'article R. 123-53 du code de commerce ». — *[Décr. nº 64-1193 du 3 déc. 1964, art. 8-2, al. 1er et 2.]*

Art. R. 323-16 Les groupements agricoles d'exploitation en commun sont dispensés des avis à insérer au *Bulletin officiel des annonces civiles et commerciales* prévus *(Décr. nº 2013-566 du 28 juin 2013, art. 1er-2º)* « aux articles R. 123-155 à R. 123-161 du code de commerce ». — *[Décr. nº 64-1193 du 3 déc. 1964, art. 8-2, al. 3.]*

Art. R. 323-17 *Abrogé par Décr. nº 2015-215 du 25 févr. 2015, art. 2-2º, à compter du 1er mars 2015.*

Art. R. 323-18 *(Décr. nº 2015-215 du 25 févr. 2015, art. 2-6º, en vigueur le 1er mars 2015)* Les services déconcentrés de l'État chargés de l'agriculture s'assurent, par un contrôle régulier, que l'organisation et le fonctionnement de ces groupements sont

conformes aux exigences réglementaires et aux statuts et documents communiqués dans le cadre de l'instruction et du maintien de son agrément. – *V. Instr. technique DGPE/SDC/2017-944 du 29 nov. 2017 relative aux contrôles des groupements agricoles d'exploitation en commun (GAEC) au titre de l'art. R. 323-18 du code rural et de la pêche maritime (BO Agriculture n° 48 du 30 nov. 2017).*

Art. R. 323-19 *(Décr. n° 2015-215 du 25 févr. 2015, art. 2-7°, en vigueur le 1er mars 2015)* **Les modifications statutaires ainsi que celles des données mentionnées aux *a* et *b* du 2° de l'article R. 323-9 sont transmises au préfet au plus tard dans le mois suivant leur mise en œuvre.**

A défaut d'une décision expresse du préfet dans le délai de deux mois suivant la transmission de ces informations, l'agrément est réputé maintenu.

Il n'est procédé aux formalités de publicité des modifications statutaires qu'après expiration de ce délai. Le délai mentionné au premier alinéa de l'article R. 123-105 du code de commerce court à compter de cette date.

Art. R. 323-20 **Les changements dans la désignation du ou des gérants ou des personnes ayant le pouvoir général d'engager le groupement sont déclarés au greffe du tribunal de commerce dans un délai d'un mois. Les autres modifications statutaires sont déposées au greffe pour être annexées au registre du commerce et des sociétés et, s'il y a lieu, mentionnées à ce registre ou publiées dans un journal habilité à recevoir les annonces légales dans le département dans un délai d'un mois à compter de l'expiration du délai de** *(Décr. n° 2015-215 du 25 févr. 2015, art. 2-8°, en vigueur le 1er mars 2015)* **« deux mois » prévu au deuxième alinéa de l'article R. 323-19.** – *[Décr. n° 64-1193 du 3 déc. 1964, art. 11, al. 3.]*

Art. R. 323-21 **Le** *(Décr. n° 2015-215 du 25 févr. 2015, art. 2-9°, en vigueur le 1er mars 2015)* **« préfet examine, à la suite de la déclaration du groupement prévue » au premier alinéa de l'article R. 323-19, ou d'office, la situation des groupements qui, en raison d'une modification de leurs statuts ou du fait des conditions de leur fonctionnement, ne paraissent plus** *(Décr. n° 2015-215 du 25 févr. 2015, art. 2-9°, en vigueur le 1er mars 2015)* **« pouvoir être regardés comme des groupements agricoles d'exploitation en commun agréés ».**

Après avoir mis la société à même de présenter des observations écrites et, si elle le désire, des observations orales et lui avoir, s'il y a lieu, donné un délai pour régulariser sa situation, le *(Décr. n° 2015-665 du 10 juin 2015, art. 2)* **« préfet » peut, par une décision motivée, prononcer le retrait de** *(Décr. n° 2015-215 du 25 févr. 2015, art. 2-9°, en vigueur le 1er mars 2015)* **« l'agrément accordé à un groupement, le cas échéant, après avis de la formation spécialisée mentionnée à l'article R. 313-7-1 ».**

Dans le cas où un délai a été donné à la société pour régulariser sa situation, les effets du retrait à l'égard des tiers partent, à moins d'une décision contraire du *(Décr. n° 2015-665 du 10 juin 2015, art. 2)* **« préfet », de la date à laquelle l'invitation de régulariser a été notifiée à la société.** – *[Décr. n° 64-1193 du 3 déc 1964, art. 12.]*

Art. R. 323-22 *(Décr. n° 2015-215 du 25 févr. 2015, art. 2-10°, en vigueur le 1er mars 2015)* **Les recours contentieux contre les décisions individuelles relatives aux groupements agricoles d'exploitation en commun sont précédés, à peine d'irrecevabilité, d'un recours administratif préalable obligatoire auprès du ministre chargé de l'agriculture.**

Les recours administratifs contre les décisions de retrait d'agrément ont un effet suspensif.

Préalablement à la réponse au recours administratif qui lui a été adressé, le ministre chargé de l'agriculture recueille l'avis du préfet et de toute autre personne qualifiée s'il l'estime justifié. Il en informe alors les auteurs du recours, qui sont mis en mesure de consulter ces avis.

Jurisprudence antérieure au Décr. n° 2015-215

1. Faute de notification de la décision du Comité national d'agrément dans les trois mois suivant sa saisine, les demandeurs sont à cette date réputés titulaires d'une autorisation tacite d'entrée d'un nouveau membre dans le GAEC et le comité est dessaisi. • CE 6 mars 2002, *GAEC des Bleuets et a.*, n° 225561 : *RD rur. 2002. 517.*

2. Est nulle la décision du Comité national statuant en matière de retrait d'agrément dès lors que le GAEC n'a pas été invité à présenter d'observations écrites ou orales et n'a pas été informé de la date de séance du Comité national. • CE 7 janv. 2004. 481 ; *Dr. adm.* 2004, inf. 39 ; *Gaz. Pal.* 27-2004, *Autret c/ Le Cam*, n° 252081 : *RD rur.* 31 août 2004. 21.

Art. R. 323-23 *(Décr. n° 2015-215 du 25 févr. 2015, art. 2-11°, en vigueur le 1er mars 2015)* **La décision de retrait est publiée au recueil des actes administratifs des services de l'État du département dans lequel la société a son siège. Elle est communiquée par le groupement, à ses frais, au greffier du tribunal auprès duquel le groupement est immatriculé, aux fins de mention d'office au registre du commerce et des sociétés. Le groupement procède simultanément à la publication prévue par l'article 24 du décret n° 78-704 du 3 juillet 1978.**

SECTION 2 Le fonctionnement des groupements

Art. R. 323-24 Les statuts fixent le capital, le siège et la durée du groupement ainsi que les conditions de la prorogation de cette durée. Ils doivent prévoir les conditions dans lesquelles leurs différentes dispositions peuvent être modifiées. Ils organisent l'administration du groupement. Ils prévoient, notamment, les conditions de désignation du ou des associés ayant pouvoir d'agir au nom de la société, la durée de leur mandat, leurs pouvoirs et, éventuellement, les conditions de leur révocation. Ils précisent comment se réunissent et comment délibèrent l'assemblée générale, ainsi que, le cas échéant, les autres organismes dont le groupement pourrait être pourvu, les conditions de majorité auxquelles sont prises les délibérations, conditions qui varient suivant leur nature ; ils déterminent comment sont calculées les voix de chaque associé compte tenu de la qualité même d'associé, de la participation au travail et, sauf exception dans certains cas précisés, du nombre de parts de capital possédées. Réserve faite des cas exceptionnels qui pourraient être prévus par les statuts, la majorité des voix doit appartenir aux associés participant effectivement au travail en commun. Cette majorité ne peut appartenir à un même associé qu'à titre temporaire. — *[Décr. n° 64-1193 du 3 déc. 1964, art. 15.]*

1. Représentation du GAEC. Le GAEC ne peut être tenu responsable du retard apporté au retrait d'un associé, l'origine du préjudice tenant au refus de signature du PV de l'assemblée générale pendant trois ans par le seul porteur de parts restant qui n'avait pour autant pas le pouvoir de représenter ni d'engager la responsabilité de la société pour un fait commis en qualité d'associé. • Civ. 1re, 26 oct. 2004 : *RD rur.* août-sept. 2005. 38.

2. A été jugée régulière l'exclusion d'un associé d'un GAEC comprenant deux associés, même si cette décision émane du seul autre associé, dès lors que la procédure statutaire a été respectée. • Toulouse, 10 sept. 2012 : *Dr. sociétés* 2012. 203, note Hovasse ; *RD rur.* 2013, n° 41, note Hovasse.

Art. R. 323-25 Outre les modes de convocation prévus par l'article 40 du décret n° 78-704 du 3 juillet 1978 *[V. ce Décr. au* ***C. sociétés****]*, **les associés peuvent être convoqués aux assemblées du groupement par la remise personnelle contre émargement de la convocation prévue audit article.** — *[Décr. n° 64-1193 du 3 déc. 1964, art. 15-1.]*

Art. R. 323-26 Ne sont pas considérées comme des délibérations donnant lieu à l'établissement des procès-verbaux prévus par les articles 44 et 45 du décret n° 78-704 du 3 juillet 1978 les réunions périodiques des associés consacrées exclusivement à l'organisation du travail entre les associés et aux activités courantes du groupement. — *[Décr. n° 64-1193 du 3 déc. 1964, art. 15-2.]*

Art. R. 323-27 Le capital d'un groupement agricole d'exploitation en commun *(Décr. n° 2015-215 du 25 févr. 2015, art. 3-1°, en vigueur le 1er mars 2015)* **« agréé » ne peut s'élever, lors de la constitution du groupement, à moins de** *(Décr. n° 2001-318 du 11 avr. 2001)* **« 1 500 € », ni être ensuite réduit au-dessous de cette somme. Toutefois, lorsque le groupement a été constitué en vue d'effectuer des opérations à caractère limité, non susceptibles de motiver un important appel de capitaux et sous réserve, le cas échéant, d'une renonciation totale ou partielle à la limitation de responsabilité édictée à l'article L. 323-10 et de l'accord du** *(Décr. n° 2015-215 du 25 févr. 2015, art. 3-1°, en vigueur le 1er mars 2015)* **« préfet », un capital inférieur peut être prévu, son montant variant en fonction des activités pratiquées, sous réserve d'appréciation** *(Décr. n° 2015-215 du 25 févr. 2015, art. 3-1°, en vigueur le 1er mars 2015)* **« par le pré-**

fet ». Les parts d'intérêts ne peuvent représenter chacune une valeur nominale inférieure à *(Décr. n° 2001-318 du 11 avr. 2001)* « 7,5 € ».

Les apports en nature doivent faire l'objet d'une évaluation détaillée. — *[Décr. n° 64-1193 du 3 déc. 1964, art. 16.]*

Art. R. 323-28 Il peut être stipulé dans les statuts que, sans modification de ceux-ci et conformément aux dispositions de l'article L. 323-8 et *(Décr. n° 2013-566 du 28 juin 2013, art. 1er-3°)* « des articles L. 231-1 à L. 231-8 du code de commerce », le capital social sera susceptible d'augmentation, par suite de versements faits par les associés anciens ou de nouveaux associés, et de diminution, par la reprise totale ou partielle des apports effectués. Les statuts peuvent réserver le bénéfice de ces augmentation et diminution à certaines catégories particulières d'associés. Les statuts d'une société constituée avec capital variable déterminent le montant au-dessous duquel le capital social ne pourra être réduit par les reprises d'apports. Ce montant ne peut être inférieur à la moitié, tout à la fois du capital social fixé par les statuts et du capital minimum prévu à l'article R. 323-27 *(Décr. n° 2017-1771 du 27 déc. 2017, art. 3-5°)* « du présent code ». La société ne sera définitivement constituée qu'après le versement de ce montant. — *[Décr. n° 64-1193 du 3 déc. 1964, art. 17.]*

Art. R. 323-29 La libération des parts en numéraire doit être effectuée dans la limite du quart au moins de la valeur nominale de ces parts au moment de l'acte constitutif. Pour les sociétés constituées avant *(Décr. n° 2015-215 du 25 févr. 2015, art. 3-2°, en vigueur le 1er mars 2015)* « l'agrément, l'effet de celui-ci » est subordonné à cette libération. Le capital minimum effectivement libéré en nature et en numéraire ne peut en outre être inférieur au capital social minimum tel qu'il est défini aux articles R. 323-27 et R. 323-28. — *[Décr. n° 64-1193 du 3 déc. 1964, art. 18.]*

Art. R. 323-30 Les apports en industrie sont représentés par des parts d'industrie qui ne concourent pas à la formation du capital social. Ces parts ne sont pas cessibles. Si leur titulaire se retire du groupement, elles sont annulées à la date de son retrait.

Même si aucun apport en industrie n'est fait lors de la constitution du groupement, les statuts déterminent le régime éventuel de ces parts, conformément aux dispositions du présent chapitre.

Ils doivent prévoir dans quelles conditions les titulaires de parts d'industrie participeront aux bénéfices et, s'ils en décident ainsi, aux pertes. Les titulaires des parts d'industrie doivent avoir la faculté de se retirer après un temps déterminé.

Les droits des titulaires de parts d'industrie dans les réserves sont fixés par les statuts, à moins que ces derniers ne prévoient qu'ils sont déterminés par des conventions particulières approuvées par l'assemblée générale. Ces droits peuvent être fixés forfaitairement. — *[Décr. n° 64-1193 du 3 déc. 1964, art. 19.]*

Art. R. 323-31 Les associés doivent participer effectivement au travail commun. Ce travail doit être effectué dans des conditions comparables à celles existant pour les exploitations de caractère familial. Chaque membre du groupement doit être associé aux responsabilités de l'exploitation. L'exercice des fonctions de direction ne dispense pas de la participation aux travaux d'exécution.

L'organisation du travail, dont les principes sont posés dans la note prévue à l'article R. 323-9, est réglée par une décision de l'assemblée générale qui doit être communiquée au *(Décr. n° 2015-215 du 25 févr. 2015, art. 3-3°, en vigueur le 1er mars 2015)* « préfet.

« Les associés effectuent leur travail à temps complet ou à temps partiel, suivant l'objet du groupement, les usages de la région et les activités pratiquées, tels qu'appréciés par le préfet, le cas échéant, après avis de la formation spécialisée mentionnée à l'article R. 313-7-1 ». — *[Décr. n° 64-1193 du 3 déc. 1964, art. 20.]*

Art. D. 323-31-1 *(Décr. n° 2011-261 du 10 mars 2011)* La décision collective mentionnée au troisième alinéa de l'article L. 323-7 autorisant la réalisation d'une activité à l'extérieur du groupement agricole d'exploitation en commun total par un ou plusieurs associés est prise par l'assemblée générale du groupement en réunion extraordinaire, à l'unanimité des membres présents.

Cette décision est prise après appréciation des motifs justifiant de déroger aux obligations des associés d'un groupement total d'exercer leur activité professionnelle à

titre exclusif et à temps complet. L'activité extérieure du ou des associés ne peut être autorisée que :

– si elle demeure une activité accessoire et si l'associé concerné n'y consacre pas plus de 536 heures annuelles *(Décr. nº 2016-1247 du 23 sept. 2016, art. 1er)* **« ou 700 heures annuelles pour les activités saisonnières hivernales spécifiques de haute montagne. Ces activités sont exercées dans des zones répondant aux critères définis au 1° de l'article D. 113-14 délimitées par le ministre chargé de l'agriculture » ;**

– ou si elle est pratiquée au sein d'une autre structure par tous les associés du groupement en vue de la commercialisation et, le cas échéant, de la transformation des produits agricoles issus du groupement, dès lors que cette société est majoritairement détenue par des chefs d'exploitation agricole à titre principal et que l'équilibre des engagements des associés au sein du groupement est maintenu.

La décision comporte un descriptif des tâches réparties entre les associés du fait de la pluriactivité de l'un ou de plusieurs d'entre eux. Elle indique les conséquences de cette pluriactivité sur la rémunération versée à l'associé concerné et sa participation au résultat du groupement.

Dernier al. *abrogé par Décr. nº 2015-215 du 25 févr. 2015, art. 3-4°, à compter du 1er mars 2015.*

V. Instr. technique DGPE/SDC/2016-970 du 16 déc. 2016 relative à l'application du décret nº 2016-1247 du 23 sept. 2016 relatif à la dérogation aux conditions d'exercice de l'activité professionnelle à titre exclusif et à temps complet dans les groupements agricoles d'exploitation en commun (NOR : AGRT1637347J, BO Agriculture du 22 déc. 2016).

Art. R. 323-31-2 *(Décr. nº 2015-215 du 25 févr. 2015, art. 3-5°, en vigueur le 1er mars 2015)* **La décision collective mentionnée au troisième alinéa de l'article L. 323-7 est soumise à l'accord du préfet, statuant dans les conditions prévues au premier alinéa de l'article R. 323-10. A défaut de décision expresse dans le délai de deux mois, la demande d'approbation est réputée acceptée. Le ou les associés concernés ne peuvent se livrer à l'activité extérieure au groupement tant que la décision collective n'a pas été approuvée.**

Art. R. 323-32 **Au cours de la vie du groupement, une dispense de travail peut être accordée par décision collective des associés dans les cas suivants :**

1° Sous réserve de l'accord des intéressés :

a) **Au conjoint survivant de l'associé qui a un ou plusieurs enfants mineurs à sa charge ;**

b) **A l'héritier majeur de l'associé décédé, qui poursuit ses études.**

Cette dispense d'une durée d'un an est renouvelable une fois, par décision collective des associés, à la condition de ne pas compromettre gravement le travail en commun nécessaire au bon fonctionnement du groupement ;

2° A l'associé dans l'impossibilité de travailler en raison de son état de santé.

Cette dispense ne peut excéder un an ;

3° A l'associé justifiant d'un an au moins de travail effectif et permanent au sein du groupement et qui souhaite bénéficier d'un congé pour formation professionnelle.

Cette dispense ne peut excéder un an ;

(Décr. nº 98-591 du 9 juill. 1998) **« 4° A l'associé justifiant d'un an au moins de travail effectif et permanent au sein du groupement, et d'une situation lui donnant droit à l'allocation parentale d'éducation prévue à l'article L. 532-1** *(Abrogé par Décr. nº 2017-1771 du 27 déc. 2017, art. 3-6°)* **« *, premier alinéa,* » du code de la sécurité sociale. »**

(Décr. nº 2015-215 du 25 févr. 2015, art. 3-6°, en vigueur le 1er mars 2015) **« La décision collective mentionnée au premier alinéa est soumise à l'accord du préfet statuant dans les conditions prévues au premier alinéa de l'article R. 323-10** *(Décr. nº 2017-1771 du 27 déc. 2017, art. 3-6°)* **« du présent code ». A défaut de décision expresse dans le délai de deux mois, la demande d'approbation est réputée acceptée. »** – *[Décr. nº 64-1193 du 3 déc. 1964, art. 20-1.] – Les divisions « 1. », « 2. », « 3. » et « 4. » sont remplacées respectivement par les divisions « 1° », « 2° », « 3° » et « 4° » (Décr. nº 2017-1771 du 27 déc. 2017, art. 3-6°).*

Art. R. 323-33 *(Décr. nº 2015-215 du 25 févr. 2015, art. 3-7°, en vigueur le 1er mars 2015)* **L'obtention, par un même groupement, de plusieurs dérogations mentionnées à**

l'article D. 323-31-1 ou dispenses de travail pour les motifs mentionnés à l'article R. 323-32 est subordonnée à la condition de ne pas compromettre gravement le travail en commun nécessaire au bon fonctionnement du groupement.

Art. R. 323-34 Les décisions *(Décr. n° 2015-215 du 25 févr. 2015, art. 3-8°, en vigueur le 1er mars 2015)* « collectives prises par les associés du groupement » en application *(Décr. n° 2011-261 du 10 mars 2011 ; Décr. n° 2015-215 du 25 févr. 2015, art. 3-8°, en vigueur le 1er mars 2015)* « des articles D. 323-31-1 et R. 323-32 sont motivées et indiquent la durée de la dérogation ou de la dispense ».

(Décr. n° 2015-215 du 25 févr. 2015, art. 3-8°, en vigueur le 1er mars 2015) « Elles sont adressées avec les pièces justificatives au préfet dans le mois de leur adoption par le groupement. » — *[Décr. n° 64-1193 du 3 déc. 1964, art. 20-3.]*

Art. R. 323-35 *(Décr. n° 2015-215 du 25 févr. 2015, art. 3-9°, en vigueur le 1er mars 2015)* Le retrait d'agrément d'un groupement, prévu au premier alinéa de l'article L. 323-12 en raison du défaut de communication des décisions mentionnées à l'article R. 323-34 ou de défaut de conformité de ces décisions avec les dispositions des articles D. 323-31-1, R. 323-32 et R. 323-33, est prononcé selon la procédure définie aux articles R. 323-21 à R. 323-22.

Toutefois, le préfet ne peut engager la procédure de retrait d'agrément d'un groupement au-delà d'un délai de deux mois à compter de la date de réception ou de dépôt de la décision accordant la dispense ou la dérogation.

Lorsque la décision ne comporte pas les indications ou n'est pas assortie des pièces justificatives prévues par l'article R. 323-34, le préfet demande au groupement d'apporter à son dossier les compléments nécessaires.

Art. R. 323-36 Les statuts précisent dans quelles conditions et dans quelles limites la rémunération que perçoivent les associés du fait de leur participation effective aux travaux constitue une charge de la société pour l'application des dispositions de l'article L. 323-9.

Cette rémunération ne peut être ni inférieure au *(Décr. n° 2015-215 du 25 févr. 2015, art. 3-10°, en vigueur le 1er mars 2015)* « salaire minimum interprofessionnel de croissance » ni supérieure à six fois ce salaire. Cette limitation ne met pas obstacle à ce que les responsabilités de direction fassent, en outre, l'objet d'une participation particulière dans les bénéfices annuels. Cette rémunération et, le cas échéant, cette participation, sont décidées par l'assemblée générale, dans les conditions fixées par les statuts. — *[Décr. n° 64-1193 du 3 déc. 1964, art. 21.]*

Art. R. 323-37 Les statuts doivent se prononcer sur la limitation prévue à l'article L. 323-10 de la responsabilité personnelle des associés à l'égard des tiers ayant contracté avec le groupement. Ils peuvent écarter cette limitation pour l'ensemble des tiers ou pour certains seulement.

Les responsabilités des associés, qu'ils soient ou non titulaires de parts de capital, encourues en dehors du cas prévu à l'alinéa précédent, sont appréciées dans les conditions du droit commun applicables aux sociétés civiles de personnes. — *[Décr. n° 64-1193 du 3 déc. 1964, art. 22.]*

Art. R. 323-38 Tout associé peut être autorisé par les autres associés ou, le cas échéant, en cas de refus de ceux-ci, par le tribunal judiciaire à se retirer du groupement pour motif grave et légitime.

Les statuts peuvent stipuler que l'assemblée générale aura le droit de décider, pour le même motif, à une majorité qu'ils fixeront, qu'un associé cessera de faire partie du groupement.

Le départ d'un associé entraîne la reprise par lui de ses apports en nature. Il en est autrement si l'associé et le groupement sont d'accord pour écarter cette reprise ou si les statuts y mettent obstacle. Dans ce dernier cas, l'associé peut néanmoins obtenir du tribunal cette reprise si son départ résulte d'une faute ou d'une manœuvre des autres associés.

Lorsqu'il n'y a pas reprise des apports en nature, le départ d'un associé porteur de parts de capital est accompagné de la cession des parts et, si celle-ci n'est pas faite en faveur d'un membre déjà associé, de l'admission d'un nouvel associé. Cette cession ou cette admission doivent recevoir l'accord de l'assemblée générale. Si personne ne peut

acquérir, avec l'agrément de cette assemblée, les parts à un juste prix, le groupement est tenu de rembourser à l'associé leur valeur.

Les statuts doivent se prononcer soit pour l'admettre, soit pour l'écarter, sur la reprise des apports prévue à l'article L. 323-5.

La réduction de capital ne peut intervenir que sous réserve des dispositions législatives et réglementaires et des engagements de la société subordonnant cette réduction à certaines conditions particulières. – *[Décr. nº 64-1193 du 3 déc. 1964, art. 23.]*

1. Le retrait d'un associé de GAEC ne peut être autorisé par une décision du juge des référés. • TGI Rennes, ord., 15 juill. 2010, nº 10-00.376 : *Gaz. Pal. 14-15 sept. 2011. 2904, note Druais.*

2. Ce n'est qu'à défaut d'accord ou de refus que l'associé peut saisir le tribunal pour obtenir l'autorisation judiciaire de retrait. • Montpellier, 14 déc. 2010, nº 10/05246 : *RD rur. 2011, nº 106, obs. Lebel.*

3. La décision d'exclure un associé d'un GAEC qui ne comprend que deux associés et qui émane d'un seul associé est irrégulière, l'autre associé ayant été exclu du vote. • Com. 10 févr. 2015, nº 13-17.555 : *RD rur. 2015, nº 153, note Cayron ; Dr. soc. 2015. 145, note Hovasse ; Gaz. Pal. 8-12 mai 2015, note Moulin.*

Art. R. 323-39 **Les statuts peuvent prévoir que si le remboursement ou la reprise des apports en nature compromettent la poursuite normale de l'activité du groupement, le président du tribunal statuant en référé pourra assortir le remboursement ou la reprise de délais raisonnables.** – *[Décr. nº 64-1193 du 3 déc. 1964, art. 24.]*

Art. R. 323-40 **Les statuts fixent les conditions dans lesquelles les héritiers d'un associé décédé sont admis dans le groupement. Ils peuvent distinguer suivant que les héritiers sont majeurs ou non.** – *[Décr. nº 64-1193 du 3 déc. 1964, art. 25, al. 1er.]*

Les statuts d'un groupement agricole d'exploitation en commun qui prévoient que, en l'absence d'agrément des ayants droit d'un associé décédé, les droits sociaux doivent être rachetés soit par le ou les associés survivants, soit par un ou plusieurs tiers désignés par eux, soit par le groupement lui-même, et renvoient à la procédure à suivre en cas de cession ne peuvent avoir pour effet d'obliger les ayants droit à présenter un projet de cession portant sur des parts qui, en l'absence d'agrément, ne leur ont pas été transmises. • Com. 29 sept. 2009, nº 08-16.368 : *RD rur. 2010, nº 3, note Lebel ; Gaz. Pal. 30-31 déc. 2009. 21 ; ibid. 31 mars-1er avr. 2010. 1012 ; D. 2010. 2805 ; BJS 2010. 13, note Barbièri.* ♦ Dans la même affaire : en conséquence, la cour est fondée à condamner le GAEC à payer la valeur des parts et indemniser les héritiers pour sa résistance à leur racheter leurs parts. • Com. 25 mars 2014, nº 12-24.487 : *RD rur. 2014, nº 190, note Cayron.*

Art. R. 323-41 **Les héritiers d'un associé décédé qui ne sont pas admis de plein droit dans le groupement participent, jusqu'à la décision concernant cette admission, aux délibérations de l'assemblée générale par l'intermédiaire de l'un d'entre eux qui les y représente ou, s'il y a lieu, par l'intermédiaire de leur représentant légal, avec les voix dont disposait leur auteur, en raison de sa qualité d'associé et, le cas échéant, des parts de capital qu'il détenait.** – *[Décr. nº 64-1193 du 3 déc. 1964, art. 25, al. 2.]*

1. Sont mal fondés les juges qui reconnaissent aux héritiers non agréés d'un associé de GAEC un droit sur les bénéfices réalisés par le groupement postérieurement au décès de leur auteur. • Com. 14 déc. 2004, nº 01-10.893 P : *JCP 2005. IV. 1263 ; Defrénois 2005. 902, note Hovasse ; Dr. sociétés mars 2005. 15, obs. F.-X. L. ; BJS 2005. 108 ; RJDA 2005, inf. 108 ; D. 2005. AJ 360 ; Dr. et patr. 5/2005. 106, note Porrachia ; RTD com. 2005. 126, obs. M.-B. ; RD rur. août-sept. 2005. 39, note Gilardeau.*

2. Les héritiers d'un associé décédé de GAEC ne pouvaient être exclus d'une délibération sociale visant à révoquer le gérant même si une disposition des statuts prévoyait qu'une décision des associés devait intervenir sur l'agrément des héritiers dans les six mois à compter du décès. • Orléans, 11 juill. 2006 : *RJDA 2006, inf. 1048.*

Art. R. 323-42 **Les dispositions des articles R. 323-38 et R. 323-39 sont applicables au cas de succession ; toutefois, nonobstant toute disposition contraire des statuts, l'héritier travaillant déjà sur l'exploitation dont l'admission est refusée en dehors d'un motif grave et légitime a droit de reprendre ses apports en nature.** – *[Décr. nº 64-1193 du 3 déc. 1964, art. 25, al. 3.]*

Art. R. 323-43 **Les droits et obligations respectifs des nus-propriétaires et des usufruitiers de parts sociales et notamment les conditions de leur participation aux assemblées générales sont fixés par les statuts ou, dans le cadre des principes posés par ceux-ci, par des décisions de l'assemblée générale. L'obligation de participation effec-**

tive au travail commun prévue à l'article L. 323-7 peut, sauf dispositions contraires, être satisfaite par le nu-propriétaire ou l'usufruitier. – *[Décr. n° 64-1193 du 3 déc. 1964, art. 26.]*

Art. R. 323-44 **Les statuts peuvent décider que, dans les cas où les intérêts des associés risquent d'être opposés, les décisions de l'assemblée générale seront prises après consultation d'une personnalité désignée à l'avance, particulièrement qualifiée par son esprit d'équité et son expérience sociale et agricole. Ils peuvent également prévoir que tous les litiges survenant entre associés, ou certains seulement, seront soumis pour conciliation à l'avis d'une telle personne. Le nom de celle-ci doit être communiqué au** *(Décr. n° 2015-215 du 25 févr. 2015, art. 3-11°, en vigueur le 1er mars 2015)* **« préfet ».** – *[Décr. n° 64-1193 du 3 déc. 1964, art. 27.]*

SECTION 3 **Le statut social et économique des groupements et de leurs membres**

Art. R. 323-45 *(Décr. n° 2015-215 du 25 févr. 2015, art. 4-1°, en vigueur le 1er mars 2015)* **Pour l'application des règles relatives à la protection sociale, les personnes présentes dans les groupements agricoles d'exploitation en commun agréés sont considérées comme entrant dans la catégorie des associés chefs d'exploitation si elles sont titulaires de parts de capital ou, à défaut, dans celle des salariés.**

Les droits et obligations des associés chefs d'exploitation sont appréciés en fonction d'une exploitation dont la superficie est égale au quotient de la superficie de la totalité des terres mises en valeur par le groupement par le nombre des associés chefs d'exploitation.

Les dispositions qui précèdent ne sauraient faire perdre sa qualité d'exploitant à un associé qui l'avait avant son entrée dans le groupement, dès lors qu'il a fait au groupement des apports d'une importance justifiant le maintien de cette qualité.

Art. R. 323-46 **Les membres de la famille d'un associé non titulaire de parts d'industrie sont considérés pour l'application de l'ensemble de la législation sociale agricole comme membres de la famille d'un chef d'exploitation agricole lorsqu'ils travaillent sur l'exploitation mise en valeur par le groupement.** – *[Décr. n° 64-1193 du 3 déc. 1964, art. 29.]*

Art. R. 323-47 *(Décr. n° 2015-215 du 25 févr. 2015, art. 4-2°, en vigueur le 1er mars 2015)* **Lorsque le préfet délivre un agrément à un groupement agricole d'exploitation en commun total, il décide des modalités d'accès des membres du groupement aux aides de la politique agricole commune.**

Art. R. 323-48 et R. 323-49 *Abrogés par Décr. n° 2015-215 du 25 févr. 2015, art. 4-3°, à compter du 1er avr. 2015.*

SECTION 4 **Sanctions**

Art. R. 323-50 *(Décr. n° 2013-566 du 28 juin 2013, art. 1er-5° ; Décr. n° 2015-215 du 25 févr. 2015, art. 4-4°, en vigueur le 1er mars 2015)* **« Dans tous les actes, factures et publications émanant d'un groupement agricole d'exploitation en commun agréé, la dénomination de celui-ci doit être précédée ou suivie des mots : "groupement agricole d'exploitation en commun" ou des initiales GAEC, ainsi que du montant du capital social en précisant si ce capital est fixe ou variable. » Toute infraction aux dispositions du présent article est punie de l'amende prévue pour les contraventions de la 4e classe.**

(Abrogé par Décr. n° 93-726 du 29 mars 1993, art. 1er) ***« En cas de récidive, l'amende sera celle prévue pour les contraventions de la 5e classe. »*** – *[Décr. n° 64-1193 du 3 déc. 1964, art. 36.]*

Art. R. 323-51 **L'utilisation irrégulière de la dénomination de "groupement agricole d'exploitation en commun** *(Décr. n° 2015-215 du 25 févr. 2015, art. 4-5°, en vigueur le 1er mars 2015)* **« agréé", de GAEC agréé ou » de toute autre dénomination ayant pour objet d'induire en erreur sur la situation d'un organisme agricole au regard des dispositions prévues aux articles L. 323-1 à L. 323-16 est punie de l'amende prévue pour les contraventions de la 5e classe.**

En cas de récidive, l'amende est celle prévue pour les contraventions de la 5e classe en récidive. *(Abrogé par Décr. nº 93-726 du 29 mars 1993, art. 1er)* *« Le tribunal peut en outre ordonner alors l'affichage du jugement. »* – *[Décr. nº 64-1193 du 3 déc. 1964, art. 37.]*

SECTION 5 Conditions d'accès des groupements agricoles d'exploitation en commun totaux aux aides de la politique agricole commune

(Décr. nº 2014-1515 du 15 déc. 2014, art. 2)

Art. D. 323-52 *(Décr. nº 2023-334 du 3 mai 2023, art. 1er)* Les groupements agricoles d'exploitation en commun totaux bénéficient des paiements directs et régimes d'aides prévus par les articles 29, 32 à 34 et 71 du règlement (UE) nº 2021/2115 du Parlement européen et du Conseil du 2 décembre 2021 et sont soumis au taux d'ajustement, et, le cas échéant de remboursement, prévu par l'article 17 du règlement (UE) nº 2021/2116 du Parlement européen et du Conseil du 2 décembre 2021 selon les modalités suivantes :

1º Le nombre de parts sociales détenues par chacun des associés répondant à la définition d'agriculteur actif tel que défini à l'article D. 614-1 est rapporté au nombre total de parts sociales composant le capital du groupement, afin de déterminer la contribution de chaque associé, exprimée en pourcentage ;

2º Ce pourcentage est appliqué aux éléments de la demande d'aide qui incluent la surface et le cheptel, pour déterminer la part de ces éléments qui relève de chaque associé ;

3º Les plafonds des dispositifs de la politique agricole commune et les seuils prévus par la réglementation sont appliqués à chacune de ces parts. – *Les aides octroyées au titre de la programmation ayant commencé en 2014 demeurent régies par les dispositions des art. R. 323-52 et R. 323-53 dans leur rédaction antérieure à la date d'entrée en vigueur du Décr. nº 2023-334 du 3 mai 2023 (Décr. préc., art. 2, JO 5 mai).*

Art. D. 323-53 *(Décr. nº 2023-334 du 3 mai 2023, art. 1er)* Pour les aides prévues par le règlement (UE) nº 2021/2115 du Parlement européen et du Conseil du 2 décembre 2021, autres que celles mentionnées à l'article D. 323-52, et qui sont attribuées par exploitation et dont les dispositions qui les créent prévoient expressément l'application du principe de transparence prévu à l'article L. 323-13, les seuils d'aides et plafonds du dispositif sont multipliés par le nombre d'associés du groupement éligibles à l'aide. – *Les aides octroyées au titre de la programmation ayant commencé en 2014 demeurent régies par les dispositions des art. R. 323-52 et R. 323-53 dans leur rédaction antérieure à la date d'entrée en vigueur du Décr. nº 2023-334 du 3 mai 2023 (Décr. préc., art. 2, JO 5 mai).*

Art. D. 323-54 Lorsqu'il est établi qu'un groupement agricole d'exploitation en commun total ne respecte plus l'ensemble des critères mentionnés aux articles L. 323-2 et L. 323-7, il perd le bénéfice des dispositions des articles *(Décr. nº 2023-334 du 3 mai 2023, art. 1er)* « D. 323-52 et D. 323-53 » pour la campagne au cours de laquelle le manquement est intervenu et jusqu'à la campagne suivant la date de sa mise en conformité. – *L'art. R. 323-54 devient l'art. D. 323-54 (Décr. nº 2023-334 du 3 mai 2023, art. 1er-2º).*

Art. D. 323-55 *(Décr. nº 2023-334 du 3 mai 2023, art. 1er)* Les règles prévues aux articles D. 323-52 à D. 323-54 peuvent être rendues applicables aux aides dont la gestion a été transférée aux régions en application de l'article 78 de la loi nº 2014-58 du 27 janvier 2014 de modernisation de l'action publique territoriale et d'affirmation des métropoles par délibération de la collectivité territoriale compétente.

CHAPITRE IV L'EXPLOITATION AGRICOLE À RESPONSABILITÉ LIMITÉE

Art. D. 324-1 *Abrogé par Décr. nº 2005-820 du 18 juill. 2005.*

Art. D. 324-2 Les dispositions prévues aux articles *(Décr. nº 2017-1771 du 27 déc. 2017, art. 3-7º)* « L. 331-1 à L. 331-11 » s'appliquent à l'exploitation agricole à responsabilité limitée. – *[Décr. nº 86-119 du 21 janv. 1986, art. 2.]*

Art. R. 324-3 La rémunération perçue par les associés d'une exploitation agricole à responsabilité limitée du fait de leur participation effective aux travaux et qui constitue une charge sociale de l'exploitation selon les dispositions de l'article L. 324-7 ne peut être ni inférieure au salaire minimum interprofessionnel de croissance ni supérieure à trois fois ce salaire, ou à quatre fois ce salaire pour les gérants de l'exploitation. Elle est fixée dans les conditions définies par les statuts de l'exploitation. – *[Décr. n° 86-977 du 8 août 1986, art. 1er.]*

Art. D. 324-4 *(Décr. n° 2011-98 du 24 janv. 2011)* Le montant mentionné au troisième alinéa de l'article L. 324-4, en deçà duquel l'intervention d'un commissaire aux apports n'est pas obligatoire, est fixé à 30 000 €.

CHAPITRE V L'ENTRAIDE ENTRE AGRICULTEURS

Néant.

CHAPITRE VI LES CONTRATS D'INTÉGRATION

Art. R. 326-1 Les contrats types d'intégration définis aux articles L. 326-1 à L. 326-10 comportent les mentions suivantes :

1° Le lieu d'application, la durée et les conditions de signature, de renouvellement, de reconduction et de résiliation du contrat, la durée de chaque prestation et le délai séparant deux prestations ;

2° Les propriétaires des biens ou services mis en œuvre ;

3° La nature, la qualité, les quantités et les caractéristiques des biens ou services fournis par les parties contractantes ou sur leur ordre par un tiers, ainsi que leurs prix respectifs ;

4° Les conditions de fournitures des biens ou services, objet du contrat ; celles dans lesquelles sont fixées les opérations de pesée, de comptage ou de classification de ces mêmes biens ou services ; l'obligation d'effectuer ces opérations, si l'exploitant agricole le souhaite, en sa présence ou celle de son représentant ;

5° Le mode de calcul et de modification du prix ou de la rémunération revenant à l'exploitant agricole, et en particulier le rapport entre la variation du prix ou des qualités et caractéristiques des biens ou services nécessaires à l'exécution du contrat et la variation du prix des produits livrés par l'exploitant agricole, selon les critères d'appréciation prévus au contrat ;

6° Le mode de règlement du prix payé à l'exploitant agricole ou de la rémunération lui revenant. – *[Décr. n° 88-201 du 1er mars 1988, art. 1er.]*

Art. R. 326-2 Le contrat précise qu'à l'issue de chaque prestation un décompte sera établi et remis à l'exploitant agricole ; il mentionnera également les dates de paiement des sommes qui lui sont dues. – *[Décr. n° 88-201 du 1er mars 1988, art. 2.]*

Art. R. 326-3 Le contrat type doit fixer la procédure selon laquelle sont établies paritairement les normes moyennes auxquelles doivent se référer les performances techniques servant de base à l'exécution du contrat. – *[Décr. n° 88-201 du 1er mars 1988, art. 3.]*

Art. R. 326-4 Le contrat type définit les procédures à mettre en œuvre et les justifications à fournir par l'entreprise avant d'effectuer une réfaction sur la rémunération ou sur le prix dus à l'exploitant agricole dans le cas où les performances techniques obtenues par ce dernier sont inférieures, dans une proportion elle-même déterminée par le contrat type, à celles définies en application de l'article R. 326-3. – *[Décr. n° 88-201 du 1er mars 1988, art. 4.]*

Art. R. 326-5 Les caractéristiques techniques et, le cas échéant, les conditions d'emploi des souches et des produits nécessaires à la production faisant l'objet du contrat doivent être précisées dans une annexe au contrat. Il en est de même des règles techniques et sanitaires auxquelles doit se conformer l'exploitant agricole.

A moins que les deux parties n'en décident autrement de façon expresse, les modifications apportées aux caractéristiques techniques des produits, moyens et services qui font l'objet des obligations réciproques ne s'appliquent qu'à partir de la prestation qui suit la date de signature de cet avenant. – *[Décr. n° 88-201 du 1er mars 1988, art. 5.]*

Art. R. 326-6 Le contrat type doit prévoir si l'entreprise finance tout ou partie des moyens de production faisant l'objet du contrat ou si elle est caution pour un prêt

bancaire servant au même but ; dans l'un ou l'autre cas, une annexe signée par les deux parties contractantes est jointe au contrat ; elle doit mentionner l'organisme prêteur, le montant du prêt, son utilisation, la durée, le taux annuel d'intérêt, le montant des frais financiers et le plan de remboursement ainsi que les garanties consenties par l'exploitant agricole. – *[Décr. n° 88-201 du 1er mars 1988, art. 6.]*

Art. R. 326-7 Le contrat type doit prévoir, en annexe au contrat, lorsque les risques font l'objet d'une assurance, la date et le numéro de police d'assurance, les risques couverts, le montant des primes versées, le nom de la partie prenant en charge cette assurance ainsi que le nom du bénéficiaire en cas de sinistre. – *[Décr. n° 88-201 du 1er mars 1988, art. 7.]*

Art. R. 326-8 Le contrat type définit les modalités de révision du contrat en cas de maladie, d'accident ou de décès de l'exploitant agricole. – *[Décr. n° 88-201 du 1er mars 1988, art. 8.]*

Art. R. 326-9 Le contrat type détermine le mode et les éléments du calcul des indemnités qui peuvent être dues par l'une ou l'autre des parties en cas d'inexécution totale ou partielle, notamment lorsque les obligations n'ont pas commencé d'être remplies à la date fixée, lorsque le délai séparant deux prestations n'est pas respecté, lorsque le volume de la production est diminué. – *[Décr. n° 88-201 du 1er mars 1988, art. 9.]*

Art. R. 326-10 Le contrat type détermine la composition et les modalités d'action d'une instance de conciliation dont la mission est de faciliter, en cas de litige, un règlement amiable entre les parties. – *[Décr. n° 88-201 du 1er mars 1988, art. 10.]*

CHAPITRE VII AUTRES FORMES D'EXPLOITATION AGRICOLE

Néant.

CHAPITRE VIII *[ABROGÉ]* DISPOSITIONS PARTICULIÈRES À CERTAINES COLLECTIVITÉS TERRITORIALES

(Abrogé par Décr. n° 2013-754 du 14 août 2013, art. 8-VI)

Art. R. 328-1 *à* R. 328-4 *Abrogés par Décr. n° 2013-754 du 14 août 2013, art. 8-VI.*

TITRE III LA POLITIQUE D'INSTALLATION ET LE CONTRÔLE DES STRUCTURES DE LA PRODUCTION

CHAPITRE PRÉLIMINAIRE LA POLITIQUE D'INSTALLATION EN AGRICULTURE

SECTION 1 Dispositions générales

(Décr. n° 2015-972 du 31 juill. 2015, art. 1er-1°)

Art. D. 330-1 L'autorité administrative mentionnée *(Décr. n° 2015-665 du 10 juin 2015, art. 3)* **« à l'article L. 330-5 » est le préfet de département.** – *L'art. R. 330-1 devient l'art. D. 330-1 ; dans les références faites à cet art. dans tous les textes réglementaires, la lettre « R » est remplacée par la lettre « D » (Décr. n° 2015-665 du 10 juin 2015, art. 3, JO 14 juin).*

Art. D. 330-2 *(Décr. n° 2010-1683 du 29 déc. 2010)* **La mission d'information sur les questions d'installation en agriculture assurée par les chambres départementales d'agriculture comprend :**

– dans le cadre de l'information collective, la participation à la politique de communication sur l'ensemble des dispositifs d'aides publiques à l'installation ;

(Décr. n° 2015-781 du 29 juin 2015, art. 1er) **« – dans le cadre de l'information individuelle, la mise à la disposition des candidats à l'installation de toutes informations et documents utiles. »**

Les chambres exercent cette mission en liaison avec les autres personnes assurant une information sur les questions d'installation, notamment celles mentionnées à l'article D. 343-21.

Un arrêté du ministre chargé de l'agriculture précise le contenu de cette mission et les modalités selon lesquelles elle est réalisée. – *V. Arr. du 28 déc. 2016 fixant les conditions de participation des chambres d'agriculture à la politique d'installation en agriculture, art. 2 (JO 5 janv. 2017).*

Art. D. 330-3 *(Décr. nº 2010-1683 du 29 déc. 2010)* **La tenue du répertoire à l'installation mentionné à l'article** *(Décr. nº 2015-228 du 27 févr. 2015, art. 5)* **« L. 330-5 » est assurée par la chambre départementale d'agriculture dans des conditions définies par arrêté du ministre chargé de l'agriculture. Le préfet de département transmet à la chambre départementale d'agriculture les informations dont il dispose et que le répertoire doit contenir.** – *V. Arr. du 28 déc. 2016 fixant les conditions de participation des chambres d'agriculture à la politique d'installation en agriculture, art. 3 (JO 5 janv. 2017).*

SECTION 2 Le contrat de couverture sociale pour l'installation en agriculture

(Décr. nº 2015-972 du 31 juill. 2015, art. 1er-2º)

Art. D. 330-4 Les personnes engagées dans un plan de professionnalisation personnalisé mentionné à l'article D. 343-4 agréé par le préfet bénéficient, sur leur demande, d'une couverture sociale dans les conditions prévues à l'article L. 330-3, si elles concluent un contrat de couverture sociale pour l'installation en agriculture dans les conditions prévues par la présente section.

Art. D. 330-5 Le contrat de couverture sociale pour l'installation en agriculture organise les actions prescrites par le plan de professionnalisation personnalisé selon un calendrier prévisionnel défini avec le conseiller référent du centre d'élaboration du plan de professionnalisation personnalisé et indique les modalités d'accompagnement de ces actions par le conseiller référent.

Le contrat de couverture sociale pour l'installation en agriculture, dont le modèle est fixé par arrêté du ministre chargé de l'agriculture, mentionne la protection sociale applicable au bénéficiaire en fonction des actions suivies. – *V. Arr. du 29 janv. 2016 fixant le modèle de contrat de couverture sociale pour l'installation en agriculture pour l'application de l'art. D. 330-5 (JO 9 févr.).*

Art. D. 330-6 Le contrat de couverture sociale pour l'installation en agriculture est conclu entre l'organisme labellisé en qualité de centre d'élaboration du plan de professionnalisation personnalisé en application de l'article D. 343-21 et le bénéficiaire du contrat au plus tard dans les deux mois suivant l'agrément du plan de professionnalisation personnalisé. Le centre d'élaboration du plan de professionnalisation personnalisé transmet une copie du contrat à la caisse de mutualité sociale agricole compétente.

Art. D. 330-7 Le contrat de couverture sociale pour l'installation en agriculture est conclu pour une durée d'un an.

A la demande du bénéficiaire, il peut être renouvelé pour une durée maximale d'un an lorsque les actions prévues au plan de professionnalisation personnalisé n'ont pas été réalisées.

Art. D. 330-8 Le contrat de couverture sociale pour l'installation en agriculture prend fin lorsque le plan de professionnalisation personnalisé est validé par le préfet ou lorsque son bénéficiaire atteint son quarante et unième anniversaire.

CHAPITRE I LE CONTRÔLE DES STRUCTURES DES EXPLOITATIONS AGRICOLES

BIBL. ► Bosse-Platière, *JCP N 2017. 1217, § 8.* - Crevel, *RD rur. 2015. Étude 23* (décret du 22 juin 2015) ; *RD rur. 2016, nº 226* (instruction du 7 juillet 2016) *RD rur. 2017, nº 161* (CE 30 mars 2017, nº 392875). - Grimonprez, *DP entr. agric., Bull. nº 488, p. 1* (décret du 22 juin 2015) et *Bull. nº 491, p. 1 ; ibid., Bull. nº 506, p. 6* (contrôle de légalité du contrôle des structures, CE 31 mars 2017). - Robbe, *RD rur. 2016. Étude 7* (le Conseil constitutionnel et le contrôle des structures).

SECTION 1 Dispositions générales

(Décr. n° 2015-713 du 22 juin 2015, art. 2-1°)

Art. R. 331-1 *(Décr. n° 2015-713 du 22 juin 2015, art. 2-2°)* **Pour l'application des dispositions du 1° de l'article L. 331-1-1, une personne associée d'une société à objet agricole est regardée comme mettant en valeur les unités de production de cette société si elle participe aux travaux de façon effective et permanente, selon les usages de la région et en fonction de l'importance de ces unités de production.**

Le Conseil d'État a rejeté la demande d'annulation de cet article par la Fédération nationale de la propriété privée rurale. • CE 31 mars 2017, n° 392875 : *DP entr. agric., Bull. n° 506, p. 6, note Grimonprez.*

Art. R. 331-2 *(Décr. n° 2015-713 du 22 juin 2015, art. 2-2°)* **I. — Satisfait aux conditions de capacité ou d'expérience professionnelle mentionnées au 3° du I de l'article L. 331-2 le candidat à l'installation, à l'agrandissement ou à la réunion d'exploitations agricoles qui justifie, à la date de l'opération :**

1° Soit de la possession d'un des diplômes ou certificats requis pour l'octroi des aides à l'installation visées aux articles D. 343-4 et D. 343-4-1 ; — *V. Arr. du 18 févr. 2022 fixant la liste des diplômes, titres et certificats permettant de satisfaire à la condition de diplôme de la capacité professionnelle prévue à l'art. L. 330-1 et conférant la capacité professionnelle prévue à l'art. L. 331-2 (JO 2 mars), mod. par Arr. du 20 févr. 2023 (JO 2 mars).*

2° Soit de cinq ans minimum d'expérience professionnelle acquise sur une surface égale au tiers de la surface agricole utile régionale moyenne, en qualité d'exploitant, d'aide familiale, d'associé exploitant, de salarié d'exploitation agricole ou de collaborateur d'exploitation au sens de l'article L. 321-5. La durée d'expérience professionnelle doit avoir été acquise au cours des quinze années précédant la date effective de l'opération en cause.

II. — Les revenus extra-agricoles mentionnés au *c* du 3° de l'article L. 331-2 sont constitués du revenu fiscal de référence du demandeur au titre de l'année précédant celle de la demande, déduction faite, s'il y a lieu, de la part de ce revenu provenant d'activités agricoles au sens de l'article L. 311-1. Le montant horaire du salaire minimum interprofessionnel de croissance mentionné au même paragraphe est celui, publié au *Journal officiel*, en vigueur au 31 décembre de cette même année.

1. Un « *bachelor of science in agriculture, food technology and environnemental sciences* » qui n'est pas visé à l'Arr. du 6 avr. 2009 ne permet pas au candidat à la reprise de justifier de sa capacité. • Civ. 3e, 17 oct. 2012, n° 11-20.221 : *RD rur. 2012, n° 81, note Crevel.*

2. Justifie de son activité professionnelle le bénéficiaire d'une reprise qui exerçait une activité équestre avant l'entrée en vigueur de la loi du 23 févr. 2005. • Civ. 3e, 18 févr. 2015, n° 13-27.184 P : *DP entr. agric., Bull. n° 484, p. 7, note Carius ; JCP 2015. 288 ; D. actu. 12 mars 2015, note Prigent ; JCP N 2015. Actu. 397 ; Gaz. Pal. 2015. 1245 ; Rev. loyers 2015, n° 957.*

3. Ne justifie pas d'une expérience professionnelle suffisante le bénéficiaire de la reprise qui a dirigé et surveillé l'exploitation sans réelle participation aux travaux agricoles. • Civ. 3e, 19 mai 2015, n° 14-13.200 : *RD rur. 2015, n° 231, note Crevel ; AJDI 2015. 615.*

4. Les revenus extra-agricoles sont constitués du revenu fiscal de référence, déduction faite de la part du revenu provenant de l'activité agricole, sans déduire les revenus du patrimoine mobilier et immobilier. • Civ. 3e, 16 nov. 2022, n° 21-17.334 : *AJDI 2023. 48.*

Art. R. 331-3 *(Décr. n° 2015-713 du 22 juin 2015, art. 2-2°)* **Les demandes d'autorisation présentées sur le fondement du I de l'article L. 331-2 sont instruites par le préfet de la région où se trouvent les biens dont l'exploitation est envisagée, avec l'appui du préfet du département du siège de l'exploitation et, le cas échéant, des préfets des autres départements sur le territoire desquels sont situés les biens concernés.**

Lorsque les biens dont l'exploitation doit être autorisée sont situés sur le territoire de plus d'une région, la demande est adressée au préfet de la région du siège de l'exploitation du demandeur, qui procède à la consultation des préfets des autres régions intéressées.

Art. R. 331-4 **La demande de l'autorisation mentionnée** *(Décr. n° 2015-713 du 22 juin 2015, art. 2-3°)* **« au I de l'article L. 331-2 » est établie selon le modèle défini par le**

ministre de l'agriculture et accompagnée des éléments justificatifs dont la liste est annexée à ce modèle.

Si la demande porte sur des biens n'appartenant pas au demandeur, celui-ci doit justifier avoir informé par écrit de sa candidature le propriétaire.

Le dossier de demande d'autorisation est adressé par envoi recommandé avec accusé de réception *(Décr. n° 2015-713 du 22 juin 2015, art. 2-3°)* **« au préfet de la région » où se trouve le fonds dont l'exploitation est envisagée, ou déposé auprès du service chargé d'instruire, sous l'autorité du préfet, les demandes d'autorisation.**

Les demandes d'autorisation de création ou d'extension de capacité d'un atelier hors sol en application du *(Décr. n° 2015-713 du 22 juin 2015, art. 2-3°)* **« 5° du I de l'article L. 331-2 » sont déposées au plus tard à la clôture de la procédure d'enquête publique réalisée au titre de la réglementation sur les installations classées pour la protection de l'environnement.**

(Décr. n° 2007-865 du 14 mai 2007) **« Après avoir vérifié que le dossier comporte les pièces requises en application du premier alinéa, le service chargé de l'instruction l'enregistre et délivre au demandeur un accusé de réception. »**

(Décr. n° 2015-713 du 22 juin 2015, art. 2-3°) **« Le service chargé de l'instruction fait procéder à la publicité de la demande d'autorisation d'exploiter dans les conditions prévues à l'article D. 331-4-1. Cette publicité porte sur la localisation des biens et leur superficie, ainsi que sur l'identité des propriétaires ou de leurs mandataires et du demandeur.**

« Il n'est pas procédé à une nouvelle publicité si la demande porte sur des biens ou des droits ayant fait l'objet d'une telle formalité à l'occasion d'une autre demande et si aucune décision n'a encore été prise sur cette dernière ni sur les demandes concurrentes éventuellement présentées. »

1. Le préfet du lieu où le fonds est entièrement situé n'est pas tenu de consulter le préfet du département où se situe le siège de l'exploitation, ni celui du département où se situe le fonds mis en valeur par le conjoint du demandeur. • CE 28 févr. 2000, *Mme Vaudremer-Gard,* n° 167970 : *RD rur. 2000. 557.* ♦ Le ministre de l'agriculture n'est pas tenu d'informer le preneur du recours hiérarchique formé contre un refus du préfet d'autoriser la reprise du fonds loué. • CE 9 juill. 2003, *Legry,* n° 230963 : *RD rur. 2004. 63 et 196 ; Gaz. Pal. 31 mars-1er avr. 2004. 15.*

2. L'arrêté préfectoral prévoyant la délégation de signature du directeur départemental de l'agriculture n'ayant pas été publié, le refus d'autorisation d'exploitation doit être annulé pour défaut de compétence du signataire. • CAA Bordeaux, 3 avr. 2007, *Thoreau,* n° 04BX00263.

3. Alors même que le demandeur de l'autorisation d'exploiter a omis d'informer le nu-propriétaire, la décision du préfet n'est pas nulle puisque l'administration, en informant elle-même les nus-propriétaires qui ont pu présenter leurs observations, a assuré la régularité de la procédure devant la commission. • CE 17 mars 2010, n° 320144. ♦ L'absence de preuve de l'information du propriétaire des parcelles par le demandeur d'une autorisation d'exploiter n'entache pas sa demande d'irrégularité dès lors que le propriétaire a été informé, y compris par l'administration en cours d'instruction dans des conditions lui permettant de présenter en temps utile des conclusions écrites. • CE 16 juin 2021, n° 437587 B : *Defrénois flasch 30 juill. 2021, p. 12.*

4. Sont mal fondés les juges qui valident une cession en retenant l'existence d'une autorisation tacite sans vérifier à quelle date l'administration avait accusé réception de la demande d'autorisation prétendument accordée tacitement. • Civ. 3e, 18 juin 2013, n° 12-20.148 : *RD rur. 2013, n° 158, note Crevel.*

5. Jurisprudence antérieure au Décr. du 14 mai 2007. Le demandeur d'une autorisation d'exploiter, le propriétaire et le preneur doivent être informés du dépôt d'une demande d'autorisation de cumul ainsi que des éléments portés à la connaissance de la commission faisant apparaître le souhait d'un agriculteur d'exploiter les terres sans que l'opération qu'il envisage soit soumise à autorisation ; à défaut, l'arrêté préfectoral en réponse au demandeur non prioritaire est entaché d'illégalité. • CE 9 févr. 2001, *SCEA de la Butte,* n° 158729 : *RD rur. 2001. 366 ; Gaz. Pal. 2001. 2. Somm. 1889, obs. Graveleau.* ♦ La décision de refus d'autorisation d'exploiter du préfet doit être annulée dès lors que les requérants n'ont pas été informés de leur droit de présenter des observations écrites, ni de leur droit d'être entendus par la commission départementale d'orientation de l'aquaculture. • TA Rennes, 22 janv. 2004, *Le Jardret c/ Préfet d'Ille-et-Vilaine : AJDI 2004. 563.* ♦ L'information de tous les intéressés de la possibilité de former des observations et d'être entendu par la commission doit être accomplie par le service instructeur et ne peut être réputée accomplie si elle émane du seul demandeur de l'autorisation. • CAA Marseille, 17 oct. 2005, *Roman : Gaz. Pal. 28-29 juill. 2006. 29.*

Art. D. 331-4-1 *(Décr. nº 2015-713 du 22 juin 2015, art. 2-4º)* **La publicité prévue à l'article R. 331-4 précise la date de l'enregistrement de la demande et indique la date limite de dépôt des dossiers de demande d'autorisation.**

Les demandes d'autorisation d'exploiter sont affichées pendant un mois à la mairie des communes où sont situés les biens qui font l'objet de la demande et publiées sur le site de la préfecture chargée de l'instruction.

A l'expiration du délai de publicité, il est dressé la liste de toutes les candidatures enregistrées pour un même bien.

Est nul l'arrêté d'autorisation pris alors que les tiers n'ont disposé que de six jours pour se manifester après la publication de la demande d'autorisation complète. • CAA Douai, 26 avr. 2022, nº 21DA00232 : *DP entr. agric., Bull. nº 563/564, p. 8, note Debailleul.*

Art. R. 331-5 *(Décr. nº 2015-713 du 22 juin 2015, art. 2-5º)* « **I. — La commission départementale d'orientation de l'agriculture mentionnée à l'article R. 313-1 peut être consultée sur les demandes d'autorisation d'exploiter auxquelles il est envisagé d'opposer un refus pour l'un des motifs prévus à l'article L. 331-3-1. Dans ce cas, et lorsque des candidatures concurrentes ont été enregistrées sur tout ou partie des biens qui font l'objet de la demande, l'ensemble des dossiers portant sur ces biens lui est soumis au cours de la même séance.**

« **Les candidats, les propriétaires et les preneurs en place sont informés de la date d'examen des dossiers les concernant par la commission par lettre recommandée avec demande d'avis de réception ou remise contre récépissé.**

« **II. » — La commission départementale d'orientation de l'agriculture est informée périodiquement de toutes les demandes d'autorisation d'exploiter qui ne lui ont pas été soumises et des décisions auxquelles ces demandes ont donné lieu.**

1. Les dispositions du II de l'art. R. 331-5 n'autorisent pas le préfet à se dispenser de saisir la commission lorsque les nouvelles demandes entrent en concurrence avec des candidatures antérieures dont il est manifeste qu'elles n'ont pas été abandonnées. • CAA Lyon, 30 nov. 2010, *EARL des Moulins,* nº 09LY02266.

2. Le préfet qui répond que la demande n'entre pas dans le champ d'application du régime d'autorisation d'exploiter n'est pas tenu de consulter la commission départementale, ni tenu d'une obligation de motivation. • CE 16 mai 2012, nº 339312 : *RD rur. 2012, nº 71, note Crevel.*

3. Les propriétaires et preneurs doivent être informés en temps utile de la date d'examen du dossier pour leur permettre de présenter des observations écrites, sans se voir conférer le droit de présenter des observations orales devant la commission. • CE 16 juin 2016 : *RD rur. 2016, nº 225, note Crevel.* ♦ A défaut d'avoir été informé par le demandeur lui-même, l'information du propriétaire peut résulter de la lettre recommandée que l'administration adresse au propriétaire pour l'informer de l'examen de cette candidature par la commission. • CE 16 juin 2021, nº 437587 B : *Defrénois flash 30 juill. 2021, p. 12.*

Art. R. 331-6 *(Décr. nº 2007-865 du 14 mai 2007)* **I. — Le préfet** *(Décr. nº 2015-713 du 22 juin 2015, art. 2-6º)* « **de région** » **dispose d'un délai de quatre mois à compter de la date d'enregistrement du dossier complet mentionnée dans l'accusé de réception pour statuer sur la demande** *(Décr. nº 2015-713 du 22 juin 2015, art. 2-6º)* « **d'autorisation** ».

Il peut, par décision motivée, fixer ce délai à six mois à compter de cette date, notamment en cas de candidatures multiples soumises à l'avis de la commission départementale d'orientation de l'agriculture ou de consultation du préfet *(Décr. nº 2015-713 du 22 juin 2015, art. 2-6º)* « **d'une autre région** ». **Il en avise alors les intéressés dans les meilleurs délais par lettre recommandée avec accusé de réception ou remise contre récépissé.**

(Décr. nº 2015-713 du 22 juin 2015, art. 2-6º) « **II. — La décision d'autorisation ou de refus d'autorisation d'exploiter prise par le préfet de région doit être motivée au regard du schéma directeur régional des exploitations agricoles et des motifs de refus énumérés à l'article L. 331-3-1.** »

Lorsque l'autorisation n'est que partielle, la décision précise les références cadastrales des surfaces dont l'exploitation est autorisée et celles des surfaces pour lesquelles cette autorisation n'est pas accordée.

Al. 5 et 6 abrogés par Décr. nº 2015-713 du 22 juin 2015, art. 2-6º.

III. — Le préfet *(Décr. nº 2015-713 du 22 juin 2015, art. 2-6º)* « **de région** » **notifie sa décision aux demandeurs, aux propriétaires et aux preneurs en place par lettre recom-**

mandée avec accusé de réception ou remise contre récépissé. Cette décision fait l'objet d'un affichage à la mairie de la commune sur le territoire de laquelle sont situés les biens. Elle est publiée au recueil des actes administratifs.

A défaut de notification d'une décision dans le délai de quatre mois à compter de la date d'enregistrement du dossier ou, en cas de prorogation de ce délai, dans les six mois à compter de cette date, l'autorisation est réputée accordée. En cas d'autorisation tacite, une copie de l'accusé de réception mentionné à l'article R. 331-4 est affichée et publiée dans les mêmes conditions que l'autorisation expresse.

1. Prorogation. La décision de prorogation du délai d'instruction à six mois présente le caractère d'une décision faisant grief susceptible d'un recours pour excès de pouvoir. • CAA Nantes, 16 déc. 2010, n° 09NT01235 : *Gaz. Pal. 16-17 févr. 2011. 538.* ♦ L'irrégularité de la décision de prolongation du délai d'instruction entache d'illégalité la décision d'accorder ou non l'autorisation si cette irrégularité a eu une conséquence sur le sens de la décision finale. • CE 22 avr. 2013, n° 349212 : *RD rur. 2013, n° 118, note Robbe ; Gaz. Pal. 29-30 mai 2013, ibid. 16-17 oct. 2013, note Peignot et Millard ; DP entr. agric., Bull. n° 464, p. 7, note Barabé-Bouchard.*

2. Autorisation tacite. Une autorisation n'est réputée accordée qu'à défaut de notification d'une décision dans le délai de quatre mois à compter de la date d'enregistrement du dossier, et l'annulation d'une décision du préfet de prorogation de délai fait disparaître rétroactivement la décision, ce qui ne rend pas le demandeur titulaire d'une autorisation tacite. • Civ. 3e, 24 juin 2009, n° 08-18.675 : *D. 2009. 1828, note Forest ; JCP 2009, n° 31-35, p. 23 ; RD rur. 2009, n° 127, note Crevel ; AJDI 2010. 146, note Prigent.* ♦ La décision d'annulation par la juridiction administrative du refus d'autorisation ne suppléait pas l'autorisation d'exploiter et sa notification ne faisait pas courir le délai visé à l'art. R. 331-6 au-delà duquel l'autorisation est réputée acquise à défaut de décision du préfet. • Civ. 3e, 17 mai 2011, n° 10-30.720. ♦ Sont mal fondés les juges qui valident une cession en retenant l'existence d'une autorisation tacite sans vérifier à quelle date l'administration avait accusé réception de la demande d'autorisation prétendument accordée tacitement. • Civ. 3e, 18 juin 2013, n° 12-20.148 : *RD rur. 2013, n° 158, note Crevel.* ♦ Bénéficie d'une autorisation implicite d'exploiter la bailleresse qui a sollicité une autorisation avant la date d'effet du congé et ne s'est vu notifier aucune décision dans le délai de six mois de celle-ci. • Civ. 3e, 27 janv. 2015, n° 13-26.398 : *AJDI 2015. 367, note Lebel.* ♦ Lorsque la décision expresse de l'administration est rapportée ou annulée, cette disparition ne rend pas le demandeur ou déclarant titulaire d'une autorisation, et il doit confirmer sa demande auprès de l'autorité administrative pour ouvrir un nouveau délai de nature à faire naître une décision implicite. • CAA Paris, 22 févr. 2018, n° 16PA03559 : *RD rur. 2018, n° 98, note Robbe.* ♦ Doivent être annulées les décisions de retrait d'une autorisation tacite d'exploiter qui ont été notifiées plus de quatre mois après la date de cette autorisation tacite. • TA Rennes, 16 janv. 2023 : *RD rur. 2023, n° 49, note Robbe.*

3. Retrait d'autorisation tacite. Est nul l'arrêté de retrait de l'autorisation d'exploiter sans que l'intéressé ait été mis à même de présenter ses observations. • CAA Douai, 13 juin 2013 : *DP entr. agric., Bull. n° 468, p. 8, note Barabé-Bouchard.*

4. Autorisation conditionnelle. L'autorisation d'exploiter délivrée à un GAEC ne peut être accordée sous condition de la cession d'une parcelle à une collectivité publique par un des associés. • TA Nantes, 28 juin 2001, *GAEC de Soulge et a.*, n° 01969 : *RD rur. 2001. 452.*

5. Notification. Est entachée d'illégalité l'autorisation d'exploiter que le préfet n'a notifié qu'à un membre de l'indivision, en l'absence de toute représentation de celle-ci par un de ses membres. • CAA Douai, 21 sept. 2004, *Mme Catherine Junion*, n° 02DA01047 : *AJDA 2004. 2293.*

6. Délai. Le délai de recours contentieux du preneur en place contre la décision d'autorisation d'exploiter délivrée à un tiers court à compter du jour de la présentation de la lettre recommandée lui notifiant cette décision et non à l'issue des quinze jours prévus pour le retrait du pli à la poste. • CAA Nantes, 1er oct. 2002, *M. et Mme Collet : RD rur. 2003. 191.*

Art. D. 331-6-1 *(Décr. n° 2022-1247 du 22 sept. 2022, art. 1er)* **Le préfet de région ou, en Corse, le préfet de Corse notifie la décision de suspension prise en application du II de l'article L. 331-3-1 aux demandeurs, aux propriétaires et aux preneurs en place par lettre recommandée avec accusé de réception ou remise contre récépissé. La décision est également affichée pendant un mois à la mairie des communes où sont situés les biens objet de la demande d'autorisation d'exploiter et publiée sur le site internet de la préfecture chargée de l'instruction.**

Cette publicité mentionne la localisation et la superficie des biens qui font l'objet de la demande d'autorisation d'exploiter, ainsi que l'identité des propriétaires ou de leurs mandataires et précise la date d'enregistrement de la demande.

Art. R. 331-7 *(Décr. nº 2007-865 du 14 mai 2007)* **La déclaration mentionnée au II de l'article L. 331-2 est adressée par lettre recommandée avec accusé de réception, selon les cas prévus aux** *(Décr. nº 2015-713 du 22 juin 2015, art. 2-7º)* **« premier et deuxième alinéas de l'article R. 331-3, respectivement au préfet de la région sur le territoire de laquelle est situé le bien qui fait l'objet de la déclaration ou au préfet du département où se trouve le siège de l'exploitation du déclarant. Il en est accusé réception.**

« La déclaration doit être préalable à la mise en valeur des biens. »

La déclaration est effectuée sur papier libre. Elle indique la localisation et la superficie des biens et l'attestation du déclarant qu'il entre dans l'un des cas prévus au premier alinéa du II de l'article L. 331-2 et que les conditions posées aux 1º, 2º *(Décr. nº 2015-713 du 22 juin 2015, art. 2-7º)* **« , 3º et 4º du II » de l'article L. 331-2 sont remplies.**

Al. 4 abrogé par Décr. nº 2015-713 du 22 juin 2015, art. 2-7º.

1. Rejet de la demande d'annulation de cet article : • CE 31 mars 2017, nº 392875 : *DP entr. agric., Bull. nº 506, p. 6, note Grimonprez.*

2. Application du décret de 2015 dans le temps. Il résulte de l'art. 4 du décret du 22 juin 2015 que, pour apprécier la régularité du congé donné pour le 31 oct. 2015, le schéma directeur régional des exploitations agricoles n'étant entré en vigueur que le 29 juin 2016, il convenait d'appliquer le schéma directeur départemental des structures. • Civ. 3e, 31 mai 2018, nº 17-17.678 P : *JCP N 2018. Actu. 563 ; JCP 2018. 701 ; Gaz. Pal. 2018. 2799, note Peignot ; Rev. loyers 2018, nº 989, note Peignot.*

3. S'agissant de la reprise d'un bien de famille, le bénéficiaire de la reprise devait faire sa déclaration au plus tard dans le mois qui suivait le départ effectif de l'ancien exploitant. • Civ. 3e, 10 nov. 2010, nº 09-70.549 : *JCP N 2010. Actu. 835 ; BICC 2011. 259 ; Rev. loyers 2010, nº 912, note Peignot ; RD rur. 2011, nº 3, note Crevel ; JCP 2010. 1204.* – V. aussi note 21 ss. art. L. 331-2.

Art. R. 331-8 *(Décr. nº 2000-54 du 19 janv. 2000)* **Les mises en demeure mentionnées à l'article L. 331-7 sont adressées à l'exploitant, par lettre recommandée avec accusé de réception, par le préfet** *(Décr. nº 2015-713 du 22 juin 2015, art. 2-8º)* **« de la région » où se trouve le fonds exploité en violation des dispositions du présent chapitre.**

Il en est de même de la décision prononçant une sanction pécuniaire mentionnée à l'avant-dernier alinéa du même article. Cette décision précise que le recours éventuel contre la sanction infligée doit être présenté dans le délai d'un mois, à l'adresse de la commission des recours constituée en application de l'article L. 331-8.

En l'absence de contestation de la sanction pécuniaire dans ce délai, le préfet *(Décr. nº 2015-713 du 22 juin 2015, art. 2-8º)* **« de région » émet le titre exécutoire nécessaire à son recouvrement dans les conditions prévues pour les créances de l'État étrangères à l'impôt et au domaine.**

Art. R. 331-9 *(Décr. nº 2000-54 du 19 janv. 2000)* **La commission des recours mentionnée à l'article L. 331-8 est constituée dans chaque région.**

Elle est présidée par un membre du corps des tribunaux administratifs et des cours administratives d'appel, en activité ou honoraire, nommé par le vice-président du Conseil d'État, sur proposition du président de la cour administrative d'appel ou du tribunal administratif dont il relève, lorsqu'il est en activité.

Elle comprend également :

1º Le directeur régional de l'alimentation, de l'agriculture et de la forêt ou son représentant ;

2º *(Décr. nº 2017-1771 du 27 déc. 2017, art. 4-1º)* **« Le directeur régional des finances publiques » ou son représentant ;**

3º Deux personnalités choisies en raison de leur compétence en matière agricole, nommées par arrêté du préfet de région sur proposition de la chambre régionale d'agriculture.

Le président et les membres mentionnés au 3º sont nommés pour six ans ; ils sont pourvus chacun d'un suppléant désigné dans les mêmes conditions qu'eux.

La commission des recours ne peut valablement siéger que si tous ses membres titulaires ou suppléants sont présents. Toutefois, si l'application de cette règle a empêché la commission de se prononcer sur un recours dans les cinq mois de son dépôt, le président peut procéder à une nouvelle convocation de la commission, qui peut alors

statuer si au moins trois de ses membres sont présents. Les séances de la commission ne sont pas publiques.

Le secrétariat de la commission des recours est assuré sous l'autorité de son président, par le service désigné par le préfet de région.

Le président de la commission et son suppléant sont rémunérés à la vacation, selon des taux fixés par arrêté des ministres de la justice, de l'agriculture et du budget. Cette rémunération est à la charge du ministère de l'agriculture. Les frais de déplacement des membres de la commission sont remboursés dans les conditions prévues *(Décr. n° 2017-1771 du 27 déc. 2017, art. 4-1°)* **« par le décret n° 2006-781 du 3 juillet 2006 fixant les conditions et les modalités de règlement des frais occasionnés par les déplacements temporaires des personnels civils de l'État ».** — *Les divisions « 1. », « 2. » et « 3. » sont remplacées respectivement par les divisions « 1° », « 2° » et « 3° » (Décr. n° 2017-1771 du 27 déc. 2017, art. 4-1°).*

Art. R. 331-10 *(Décr. n° 2000-54 du 19 janv. 2000)* **La commission des recours est saisie dans le mois suivant la notification de la décision attaquée, par lettre recommandée avec accusé de réception, accompagnée de cette décision.**

Si cette décision n'est pas jointe à l'envoi, le secrétariat de la commission met le demandeur en demeure de la produire dans un délai de deux semaines ; en l'absence de production de la décision contestée dans ce délai, le demandeur est réputé avoir renoncé à son recours.

Art. R. 331-11 *(Décr. n° 2000-54 du 19 janv. 2000)* **La procédure d'instruction des recours est contradictoire.**

La décision de la commission des recours ne peut intervenir qu'après que l'exploitant sanctionné et le préfet *(Décr. n° 2015-713 du 22 juin 2015, art. 2-9°)* **« de région » auteur de la décision ont été mis à même de présenter leurs observations écrites.**

Ceux-ci sont informés qu'ils seront entendus par la commission des recours s'ils en font la demande. Ils peuvent se faire assister ou représenter.

La commission des recours peut demander à l'administration ou à l'auteur du recours de lui communiquer tous documents utiles à l'instruction du dossier. Elle peut aussi convoquer les personnes de son choix.

Art. R. 331-12 *(Décr. n° 2000-54 du 19 janv. 2000)* **Dans un délai de six mois à compter de sa saisine, la commission des recours notifie à l'auteur du recours, par lettre recommandée avec accusé de réception, une décision motivée, mentionnant la possibilité d'un recours de pleine juridiction devant le tribunal administratif dans un délai de deux mois. Cette décision est également notifiée au préfet** *(Décr. n° 2015-713 du 22 juin 2015, art. 2-10°)* **« de région » qui a infligé la sanction contestée.**

Lorsque la commission a décidé qu'il y avait lieu à sanction pécuniaire, le préfet *(Décr. n° 2015-713 du 22 juin 2015, art. 2-10°)* **« de région » émet le titre exécutoire nécessaire à son recouvrement. Ce recouvrement est effectué selon les règles prévues pour les créances de l'État étrangères à l'impôt et au domaine.**

SECTION 2 **Dispositions particulières aux opérations des sociétés d'aménagement foncier et d'établissement rural**

(Décr. n° 2015-713 du 22 juin 2015, art. 2-11°)

Art. R. 331-13 Lorsque la société d'aménagement foncier et d'établissement rural entend rétrocéder un bien agricole, en propriété ou en jouissance ou par la conclusion d'un bail rural ou d'une convention au titre des articles L. 142-4 et L. 142-6, elle adresse au commissaire du Gouvernement représentant le ministre chargé de l'agriculture la liste des candidatures accompagnée de tous les éléments permettant d'apprécier la situation des candidats au regard du contrôle des structures, présentés selon le modèle fixé par arrêté du ministre chargé de l'agriculture. Elle indique celles qui lui paraissent satisfaire aux conditions prévues au premier alinéa de l'article R. 142-1. La convocation adressée aux membres du comité technique appelé à se prononcer sur ces projets d'attribution est jointe à cet envoi. Un délai minimum de quinze jours doit être respecté entre l'information faite au commissaire du Gouvernement et la date de la réunion du comité technique. — *V. Arr. du 15 juin 2016 fixant le modèle permettant d'apprécier la situation d'un candidat à attribution SAFER au regard du contrôle des structures (JO 24 juin).*

S'il estime que la transmission qui lui a été faite est incomplète ou qu'un dossier requiert une instruction approfondie, le commissaire du Gouvernement peut réclamer des informations complémentaires et demander le report de l'examen par le comité technique à une date ultérieure.

Le commissaire du Gouvernement est rendu destinataire de l'intégralité des avis rendus par le comité technique. Ceux-ci précisent les raisons des choix opérés entre les différentes candidatures satisfaisant aux conditions prévues au premier alinéa de l'article R. 142-1.

Toutes les communications entre la société d'aménagement foncier et d'établissement rural et les services compétents de l'État peuvent se faire sous forme électronique.

Art. R. 331-14 Pour l'application du III de l'article L. 331-2, le commissaire du Gouvernement examine, le cas échéant avec l'appui des services départementaux compétents, la situation du candidat auquel la société d'aménagement foncier et d'établissement rural entend attribuer le bien, au regard des autres candidatures satisfaisant aux conditions prévues au premier alinéa de l'article R. 142-1 et des raisons des choix opérés par le comité technique en tenant compte notamment du schéma directeur régional des exploitations agricoles concerné et des motifs de la rétrocession.

Les candidatures prioritaires justifiant les refus d'autorisation d'exploiter mentionnés au 1° de l'article L. 331-3-1 ne peuvent être issues que de la liste des demandes examinées par le comité technique et transmise au commissaire du Gouvernement.

L'absence de réponse du commissaire du Gouvernement à l'issue du délai d'un mois prévu à l'article R. 141-11 vaut autorisation implicite d'exploiter.

Rejet de la demande d'annulation des al. 1er et 3 de cet article : • CE 31 mars 2017, n° 392875 : *DP entr. agric., Bull. n° 506, p. 6, note Grimonprez.*

Art. R. 331-15 Pour l'application de l'article L. 331-5, toutes les autorisations d'exploiter délivrées à une société à la suite d'une mise à disposition de biens par un des associés sont notifiées chaque mois par voie dématérialisée à la société d'aménagement foncier et d'établissement rural par les services de l'État compétents.

La communication par la société d'aménagement foncier et d'établissement rural des informations relatives aux cessions de parts ou actions des sociétés ayant bénéficié d'une autorisation d'exploiter, prévue à l'article L. 331-5, est faite par voie dématérialisée sous la forme d'un état semestriel d'opérations.

SECTION 3 **Prise de position formelle opposable à l'administration sur le régime applicable**

(Décr. n° 2016-1435 du 25 oct. 2016, art. 2-1°)

Art. R. 331-16 La demande mentionnée à l'article L. 331-4-1 est adressée, par tout moyen permettant de rapporter la preuve de sa date de réception, au service chargé du contrôle des structures des exploitations agricoles compétent compte tenu de la situation des biens concernés par l'opération projetée ou déposée auprès de ce service.

Elle est établie selon un modèle défini par arrêté du ministre chargé de l'agriculture et accompagnée des informations dont la liste est annexée à ce modèle.

Elle est instruite selon des modalités identiques à celles prévues à l'article R. 331-3.

Le délai mentionné au deuxième alinéa de l'article L. 331-4-1 est de trois mois à compter de la réception de la demande par le service mentionné au premier alinéa.

Le préfet de région notifie la position qu'il a prise au demandeur et, le cas échéant, au preneur en place par tout moyen permettant de rapporter la preuve de sa date de réception. Sauf dans le cas où elle indique que l'opération projetée devra faire l'objet d'une autorisation d'exploiter, cette position, qui est publiée au recueil des actes administratifs, fait également l'objet d'un affichage à la mairie de la ou des communes sur lesquelles sont situés les biens concernés. — *Les dispositions de l'art. R. 331-16 entrent en vigueur à la même date que le schéma directeur régional des exploitations agricoles mentionné à l'art. L. 331-2 (Décr. n° 2016-1435 du 25 oct. 2016, art. 6, JO 27 oct.).*

CHAPITRE II *[ABROGÉ]* LES LIMITATIONS AU DROIT DE PRODUIRE

(Abrogé par Décr. nº 2015-228 du 27 févr. 2015, art. 6)

Art. D. 332-1 *à* D. 332-41 *Abrogés par Décr. nº 2015-228 du 27 févr. 2015, art. 6.*

CHAPITRE III CONTRÔLE DES SOCIÉTÉS POSSÉDANT OU EXPLOITANT DU FONCIER AGRICOLE

(Décr. nº 2022-1515 du 2 déc. 2022, art. 1er)

BIBL. ▶ *Defrénois 2022, nº 50-52, p. 9* (décret nº 2022-1515 du 2 déc. 2022, nouvelle procédure de contrôle des cessions de parts de sociétés détenant du foncier agricole). – DEBAILLEUL, *DP entr. agric., Bull. nº 568, p. 1* (le contrôle Sempastous enfin mis en place). – MALLET, *RD rur. 2023. Alerte 2* (délivrance de l'autorisation préalable à la prise de contrôle des sociétés possédant ou exploitant du foncier agricole). – DE LOS ANGELES, *JCP N 2022. Actu. 1227* (accès au foncier agricole et décret Sempastous). – MORTIER, *Dr. sociétés 2023, nº 18* (régulation de l'accès au foncier, le décret du 2 déc. 2022). – ROBBE, *RD rur. 2023. Étude 3* (modalités d'application de la loi Sempastous).

Les dispositions de l'art. 1er du Décr. nº 2022-1515 du 2 déc. 2022 sont applicables aux opérations mentionnées au I de l'art. L. 333-2 dont la date de réalisation est postérieure de plus d'un mois à la date d'entrée en vigueur de l'arrêté fixant le seuil d'agrandissement significatif applicable dans la région mentionnée au dernier al. du II du même art. (Décr. préc., art. 5-I).

SECTION 1 Opérations soumises à autorisation préalable

Art. R. 333-1 Le préfet de région ou, en Corse, le préfet de Corse, arrête le seuil d'agrandissement significatif mentionné au I de l'article L. 333-2 en lien avec les préfets des départements concernés, après avis de la chambre régionale d'agriculture ou de la chambre d'agriculture de région. A l'expiration d'un délai d'un mois à compter de la saisine, l'avis de celle-ci est réputé favorable.

Le seuil d'agrandissement significatif est réexaminé au plus tard tous les cinq ans dans les mêmes conditions.

L'arrêté mentionné au premier alinéa est publié au recueil des actes administratifs de la préfecture de région ou de la préfecture de Corse.

Art. R. 333-2 Pour l'application du II de l'article L. 333-2 :

1° Lorsque le seuil d'agrandissement significatif est fixé par région naturelle, il est tenu compte des petites régions agricoles délimitées pour les besoins de la statistique agricole ;

2° Lorsque le seuil d'agrandissement significatif est fixé par territoire présentant une cohérence en matière agricole, celle-ci s'apprécie en tenant compte de la spécificité agricole ou de la pratique agricole dominante d'un territoire.

Art. R. 333-3 Pour l'application du 4° du V de l'article L. 333-2, est exempté de la condition d'ancienneté dans la société le cessionnaire qui justifie, notamment par la présentation d'une décision d'un organisme de sécurité sociale, que l'état d'invalidité du cédant empêche ce dernier, de façon totale et définitive, d'exercer une activité agricole.

SECTION 2 Procédure d'autorisation préalable

Art. R. 333-4 Pour l'application du I de l'article L. 333-2 et des articles L. 333-3 et L. 333-4, l'autorité administrative compétente est le préfet du département du lieu où se situe le siège social de la société faisant l'objet de la prise de contrôle ou, si le siège social est situé hors de France, le préfet du département du lieu où se situe le siège de l'exploitation ou, à défaut, le préfet du département du lieu où se trouve la plus grande superficie de terres détenues ou exploitées par la société.

SOUS-SECTION 1 Dépôt et publicité de la demande d'autorisation

Art. R. 333-5 La demande d'autorisation, présentée par le bénéficiaire de la prise de contrôle ou en son nom, comprend une note de présentation de l'opération, l'autorisation ou le refus signifié par le demandeur à la société d'aménagement foncier et d'établissement rural d'accéder aux données nominatives du registre parcellaire graphique et au casier viticole informatisé le concernant, l'identification des sociétés contrôlées par le bénéficiaire de la prise de contrôle, ainsi que de leurs prises de participation, la surface par nature de culture et la localisation de toutes les terres à usage ou à vocation agricole détenues directement ou indirectement, ou exploitées, par le demandeur dans les sociétés qu'il contrôle et la surface totale des biens immobiliers détenus, directement ou indirectement, ou exploités dans les sociétés contrôlées par le demandeur.

Les différentes rubriques du formulaire de demande et la liste des pièces justificatives afférentes sont définies par arrêté du ministre chargé de l'agriculture. — *V. Arr. du 23 déc. 2022 fixant les différentes rubriques du formulaire de « Déclaration préalable des opérations sociétaires au titre des articles L. 141-1-1, L. 143-1 et L. 333-3 du code rural et de la pêche maritime » (JO 31 déc.).*

Art. R. 333-6 La société d'aménagement foncier et d'établissement rural accuse réception du dossier de demande d'autorisation dans un délai de dix jours suivant sa réception, s'il est complet.

Si le dossier est incomplet, la société d'aménagement foncier et d'établissement rural informe le demandeur, dans le même délai, par lettre recommandée avec demande d'avis de réception, des éléments qu'il doit fournir pour permettre l'instruction de sa demande. Elle précise qu'à défaut de recevoir ces éléments dans le délai qu'elle fixe, lequel ne peut être inférieur à dix jours, sa demande sera regardée comme irrecevable.

Si ces compléments sont transmis dans le délai imparti, la société d'aménagement foncier et d'établissement rural accuse réception du dossier complet dans un délai ne pouvant excéder dix jours à compter de leur réception.

Si le demandeur ne transmet pas les compléments de dossier requis dans le délai imparti, la demande d'autorisation est réputée rejetée comme irrecevable à l'expiration de ce délai.

Art. R. 333-7 La société d'aménagement foncier et d'établissement rural transmet la demande d'autorisation au préfet mentionné à l'article R. 333-4 et la publie dans un délai de quinze jours à compter de la date d'accusé de réception.

La publicité est assurée pendant un mois sur le site internet de la société d'aménagement foncier et d'établissement rural. Elle précise le nom du demandeur, l'objet de la demande, la commune du lieu du siège social ainsi que la superficie totale des terres détenues ou exploitées directement ou indirectement par la société faisant l'objet de la prise de contrôle et par le bénéficiaire de la prise de contrôle. Elle mentionne la date d'accusé de réception de la demande.

SOUS-SECTION 2 Instruction de la demande d'autorisation

Art. R. 333-8 La société d'aménagement foncier et d'établissement rural procède à l'instruction de la demande et transmet son avis au préfet mentionné à l'article R. 333-4 dans un délai de deux mois à compter de la date d'accusé de réception de la demande. S'il n'est pas rendu dans le délai imparti, cet avis est réputé favorable.

Le préfet mentionné à l'article R. 333-4 peut préciser par arrêté les modalités selon lesquelles la société d'aménagement foncier et d'établissement rural procède à l'instruction de la demande d'autorisation.

Art. R. 333-9 L'audition prévue au sixième alinéa du I de l'article L. 333-3 est sollicitée dans un délai de vingt-et-un jours à compter de la date d'accusé de réception de la demande. La société d'aménagement foncier et d'établissement rural procède à l'audition dans un délai de vingt-et-un jours à compter de la réception de la demande d'audition.

Les organisations interprofessionnelles reconnues dans les conditions prévues à l'article L. 632-1 et le comité interprofessionnel du vin de Champagne peuvent présenter leurs observations écrites dans un délai d'un mois à compter de la date de publication de la demande d'autorisation.

Art. R. 333-10 Dans le cadre de l'instruction de la demande, la société d'aménagement foncier et d'établissement rural consulte le comité technique départemental compétent mentionné à l'article R. 141-5.

Art. R. 333-11 Dans le cas prévu au deuxième alinéa du II de l'article L. 333-3, si le préfet estime ne pas être en mesure de prendre une décision au regard des éléments transmis par la société d'aménagement foncier et d'établissement rural, il lui demande de compléter son dossier d'instruction dans un délai de quinze jours.

Art. R. 333-12 Avant l'expiration d'un délai de quatre mois à compter de la date d'accusé de réception de la demande et au vu du dossier d'instruction élaboré par la société d'aménagement foncier et d'établissement rural, complété, le cas échéant, dans les conditions prévues à l'article R. 333-11, le préfet :

1° Soit accorde l'autorisation, par une décision expresse, s'il estime que la contribution mentionnée au 2° du I de l'article L. 333-3 l'emporte sur les atteintes mentionnées au 1° du même I ;

2° Soit notifie au demandeur, par lettre recommandée avec demande d'avis de réception, les motifs qui s'opposent, en l'état, à la réalisation de l'opération, s'il estime que l'atteinte mentionnée au 1° du I de l'article L. 333-3 l'emporte sur la contribution mentionnée au 2° du même I.

Le préfet informe la société d'aménagement foncier et d'établissement rural de sa décision.

A défaut de notification par le préfet au demandeur, dans le délai mentionné au premier alinéa, d'une décision expresse d'autorisation ou des motifs qui s'opposent à cette autorisation en l'état de l'instruction, l'opération est réputée autorisée.

Art. R. 333-13 La proposition mentionnée au IV de l'article L. 333-3 est adressée à la société d'aménagement foncier et d'établissement rural, en vue de la poursuite de l'instruction du dossier, dans le délai d'un mois à compter de la notification mentionnée au 2° de l'article R. 333-12. Une copie en est envoyée simultanément au préfet, pour information.

La proposition est assortie d'un cahier des charges établi conformément au modèle défini par arrêté du ministre chargé de l'agriculture et comprenant au moins la description des mesures envisagées, la date prévisionnelle de réalisation de ces mesures et les conditions financières attachées à la cession ou à la location, définies dans le respect, selon le cas, des prix du marché foncier local ou des règles résultant du statut du fermage en ce qui concerne le prix du bail. — *V. Arr. du 7 juill. 2023 relatif au modèle de cahier des charges accompagnant la proposition mentionnée à l'art. R. 333-13 (JO 22 juill.).*

La proposition peut faire état de circonstances non mentionnées dans le dossier de demande d'autorisation et de nature à justifier, sans que de nouveaux engagements soient pris, ou en complément de tels engagements, que la contribution mentionnée au 2° du I de l'article L. 333-3 l'emporte sur les atteintes mentionnées au 1° du même I.

La société d'aménagement foncier et d'établissement rural accuse réception de la proposition dans un délai de cinq jours. Elle transmet au préfet son avis sur cette proposition dans un délai d'un mois à compter de la délivrance de l'accusé de réception. En l'absence de transmission dans ce délai, son avis est réputé favorable à la proposition du demandeur.

Si le préfet estime que les bénéficiaires ou la nature des engagements figurant dans la proposition sont insuffisants ou inadaptés, et devraient le conduire à refuser l'autorisation, il en informe le demandeur, par lettre recommandée avec demande d'avis de réception, dans les conditions prévues au V de l'article L. 333-3, afin que celui-ci puisse lui transmettre des propositions complémentaires ou alternatives dans le délai prévu au même V. Ces propositions complémentaires ou alternatives, accompagnées du cahier des charges mentionné au deuxième alinéa, sont adressées au préfet. Celui-ci consulte la société d'aménagement foncier et d'établissement rural sur les nouvelles propositions, en précisant le délai dans lequel son avis est attendu. A défaut de respect du délai fixé par le préfet, cet avis est réputé favorable.

COMMENTAIRE
Le cahier des charges accompagnant les mesures que les demandeurs peuvent présenter à la SAFER pour obtenir l'accord du préfet a été publié (Arr. du 7 juill. 2023, *NOR : AGRT2319083A, JO 22 juill.*).

Art. R. 333-14 Avant l'expiration d'un délai de deux mois à compter de la date de délivrance de l'accusé de réception mentionné à l'avant-dernier alinéa de l'article R. 333-13, le préfet notifie au demandeur l'une des décisions mentionnées au troisième alinéa du V de l'article L. 333-3, en la motivant.

Dans le cas où le demandeur, ou la société dont il souhaite prendre le contrôle, n'a formulé aucune proposition, le délai de deux mois imparti au préfet pour lui notifier sa décision débute à compter de l'expiration du délai prévu au premier alinéa de l'article R. 333-13.

Dans le cas où il est fait application des dispositions du dernier alinéa de l'article R. 333-13, dès lors que le préfet a informé le demandeur de l'insuffisance de ses propositions avant l'expiration du délai mentionné au premier alinéa, le délai qui lui est imparti pour notifier sa décision est porté à quatre mois à compter de la date de délivrance de l'accusé de réception mentionné à l'avant-dernier alinéa de cet article.

A défaut de notification par le préfet au demandeur d'une décision expresse dans le délai qui lui est imparti en application des dispositions du présent article, l'opération est réputée autorisée dans son état résultant des dernières propositions d'engagements.

SOUS-SECTION 3 Publication des décisions

Art. R. 333-15 Les décisions mentionnées aux articles R. 333-12 et R. 333-14 sont publiées au recueil des actes administratifs du département et transmises à la société d'aménagement foncier et d'établissement rural. Les informations sur les décisions résultant de l'absence de décision expresse du préfet dans les délais impartis sont publiées et transmises dans les mêmes conditions.

SOUS-SECTION 4 Vérification de la mise en œuvre des engagements pris

Art. R. 333-16 Les documents attestant que les engagements ont été tenus sont transmis au préfet par le bénéficiaire de l'autorisation qui leur est subordonnée. Ces documents sont la copie des actes de vente en cas de cession ou la copie des baux en cas de location.

Lorsque le préfet constate que les engagements pris n'ont pas été tenus, le délai imparti par la mise en demeure prévue au VI de l'article L. 333-3 pour régulariser la situation est fixé à trois mois.

CHAPITRE IV LES EXPLOITANTS AGRICOLES ÉTRANGERS *(Décr. nº 2022-1515 du 2 déc. 2022, art. 1er).*

Le chapitre III intitulé « Exploitants agricoles étrangers » devient le chapitre IV, les art. R. 333-1 à R. 333-6 deviennent les art. R. 334-1 à R. 334-6 et l'art. R. 333-10 est abrogé (Décr. nº 2022-1515 du 2 déc. 2022, art. 1er-1º).

Art. R. 334-1 L'étranger *(Décr. nº 2017-1771 du 27 déc. 2017, art. 4-3º)* « non ressortissant d'un État membre de l'Union européenne » qui désire exploiter une entreprise agricole doit y être autorisé.

L'autorisation résulte de la délivrance, *(Décr. nº 2017-1771 du 27 déc. 2017, art. 4-3º)* « par le préfet », d'une carte professionnelle de chef d'exploitation mentionnant l'exploitation sur laquelle l'étranger est autorisé à s'établir.

Sous réserve des dispositions particulières édictées pour certains départements ou certaines zones *(Décr. nº 2017-1771 du 27 déc. 2017, art. 4-3º)* « par le ministre chargé de l'agriculture », est considérée comme exploitant, pour l'application du présent article, toute personne ayant la disposition d'un corps de ferme ou de terrains à usage agricole d'une superficie supérieure à celle déterminée pour chaque région agricole par le préfet, en exécution de l'article L. 411-3. – *[Décr. nº 54-72 du 20 janv. 1954, art. 1er.]*

Art. R. 334-2 L'autorisation est accordée et la carte professionnelle délivrée *(Décr. nº 2017-1771 du 27 déc. 2017, art. 4-4º)* « par le préfet » du département où se trouve l'exploitation ; toutefois, le ministre *(Décr. nº 2017-1771 du 27 déc. 2017, art. 4-4º)* « chargé » de l'agriculture a seul qualité pour refuser l'autorisation aux *(Décr. nº 2017-1771 du 27 déc. 2017, art. 4-4º)* « étrangers non ressortissants d'un État membre de l'Union européenne et titulaires d'une carte de résident permanent » autres que ceux mentionnés à l'alinéa ci-dessous, qui obtiendront de plein droit l'autorisation, ou à un étranger, fils d'exploitant, qui désire reprendre l'exploitation paternelle.

Chaque carte précise les noms des membres de la famille de l'étranger que celui-ci a déclarés vivre et travailler avec lui, la nature et, le cas échéant, les conditions des activités qu'il peut exercer.

La délivrance de la carte donne lieu à la perception des droits prévus par les lois en vigueur relatives à l'impôt du timbre. – *[Décr. nº 54-72 du 20 janv. 1954, art. 2, al. 1er, et art. 3.]*

Art. R. 334-3 Les étrangers *(Décr. nº 2017-1771 du 27 déc. 2017, art. 4-5º)* « non ressortissants d'un État membre de l'Union européenne » désirant prendre une autre exploitation que celle sur laquelle ils ont été autorisés à s'installer doivent en obtenir l'autorisation. Une carte professionnelle nouvelle doit leur être délivrée. – *[Décr. nº 54-72 du 20 janv. 1954, art. 4.]*

Art. R. 334-4 Le *(Décr. nº 2017-1771 du 27 déc. 2017, art. 4-6º)* « préfet » peut, exceptionnellement, pour des motifs graves, moyennant un préavis de dix-huit mois *(Abrogé par Décr. nº 2017-1771 du 27 déc. 2017, art. 4-6º)* ***« et après avis du directeur départemental de l'agriculture et de la forêt, du directeur départemental chargé de la population et du préfet du département »***, procéder, l'intéressé ayant été mis à même de présenter ses observations, au retrait de la carte professionnelle délivrée à un exploitant étranger *(Décr. nº 2017-1771 du 27 déc. 2017, art. 4-6º)* « non ressortissant d'un État membre de l'Union européenne ». – *[Décr. nº 54-72 du 20 janv. 1954, art. 6.]*

Art. R. 334-5 La présente section est applicable aux groupements lorsque la majorité des associés est de nationalité étrangère *(Décr. nº 2017-1771 du 27 déc. 2017, art. 4-7º)* « non ressortissants d'un État membre de l'Union européenne » et aux sociétés lorsque la majorité du capital appartient, directement ou indirectement, à des étrangers. – *[Décr. nº 54-72 du 20 janv. 1954, art. 7.]*

Art. R. 334-6 Les modalités d'application des articles *(Décr. nº 2022-1515 du 2 déc. 2022, art. 1er)* « R. 334-1 à R. 334-5 » sont fixées par un arrêté du ministre de l'agriculture publié au *Journal officiel*. – *[Décr. nº 54-72 du 20 janv. 1954, art. 8.] – V. Arr. du 30 mars 1955 (D. 1955. 135).*

TITRE IV FINANCEMENT DES EXPLOITATIONS AGRICOLES

CHAPITRE I DISPOSITIONS GÉNÉRALES

Art. D. 341-1 *(Décr. nº 2007-1261 du 21 août 2007)* Les aides mentionnées à l'article L. 341-1 sont modulées et plafonnées sur la base de critères économiques de l'exploitation, du nombre d'actifs, de facteurs environnementaux et d'aménagement du territoire.

Les objectifs prioritaires de cette aide financière sont :

– l'installation de jeunes agriculteurs encouragée par la politique d'installation définie à l'article L. 330-1 ;

– l'adaptation du système d'exploitation aux exigences économiques, environnementales et sociales ;

– la sécurisation des équipements de travail mobiles avec travailleurs portés, notamment en prévention du risque de retournement.

Sauf lorsqu'elle a revêtu la forme de prêts, l'aide financière peut être interrompue si l'exploitation ne satisfait plus aux conditions de mise en valeur de l'espace agricole ou forestier mentionnées au schéma directeur départemental des structures agricoles défini à l'article L. 312-1 ou au projet agricole départemental défini à l'article L. 313-1. Dans tous les cas, elle peut donner lieu à remboursement si ces circonstances sont imputables à l'exploitant.

Force majeure. La cour a commis une erreur de droit en prononçant la déchéance totale de l'aide sans examiner si les difficultés de l'exploitation s'analysaient comme des circonstances étrangères à l'intéressé, anormales et imprévisibles, dont le requérant n'aurait pu éviter les conséquences qu'au prix de sacrifices excessifs malgré toutes les diligences déployées. • CE 28 déc. 2012, nº 350195 : *Gaz. Pal. 30-31 janv. 2013.*

SECTION 1 **Crédit à court terme** *(Décr. nº 97-108 du 3 févr. 1997).*

Art. D. 341-2 Les prêts à court terme sont destinés à faciliter des opérations exclusivement agricoles.

Leur durée ne doit pas excéder celle de l'opération en vue de laquelle ils sont consentis. — *[Anc. art. 653.] — Aux termes du Décr. nº 2007-1261 du 21 août 2007 ayant créé l'art. D. 341-1 ci-dessus, l'ancien art. R. 341-1 est devenu l'art. D. 341-2.*

SECTION 2 **Crédit à moyen terme**

Dans la numérotation des art. R. 341-3 et R. 341-4, la lettre : « R » est remplacée par la lettre : « D » (Décr. nº 2007-1261 du 21 août 2007, art. 4-II).

Art. D. 341-3 Des prêts bonifiés à moyen terme peuvent être consentis aux exploitants agricoles par les établissements de crédit *(Décr. nº 2014-1316 du 3 nov. 2014, art. 12-2º)* « et les sociétés de financement » qui ont passé, à cet effet, une convention avec le ministre de l'agriculture et le ministre chargé de l'économie. Ces prêts sont destinés :

1º A faciliter les investissements mobiliers et immobiliers, à l'exclusion des acquisitions de fonds de terre ;

2º A compléter les fonds de roulement lorsque le cycle de production excède la durée habituelle du crédit à court terme ;

3º A permettre l'acquisition de parts des groupements agricoles d'exploitation en commun reconnus, des groupements fonciers agricoles, des groupements forestiers ou des exploitations agricoles à responsabilité limitée. Ces parts doivent être représentatives de biens autres que fonciers appartenant en pleine propriété à ces groupements et sociétés.

Le bénéfice des prêts n'est accordé aux acquéreurs de parts de groupements fonciers agricoles et d'entreprises agricoles à responsabilité limitée que dans la mesure où ils s'engagent à participer effectivement à l'exploitation des biens et aux acquéreurs de parts de groupements forestiers que s'ils ont la qualité d'exploitant agricole.

Pour la détermination du montant des prêts à moyen terme, la valeur de la fraction des biens autres que fonciers réputée appartenir à chaque membre du groupement ou de la société est déterminée en appliquant à la valeur totale des biens autres que fonciers appartenant au groupement ou à la société le rapport constaté entre le nombre de parts détenues par l'emprunteur et le nombre de parts constituant le capital du groupement ou de la société.

La durée des prêts à moyen terme est au maximum de quinze ans ; leur taux maximum d'intérêt est fixé par arrêté conjoint du ministre de l'agriculture et du ministre chargé de l'économie.

Les plafonds et les modalités autres que celles prévues à l'alinéa précédent des prêts assortis d'une bonification d'intérêt versée par l'État sont déterminés par arrêté conjoint du ministre de l'agriculture et du ministre chargé de l'économie. — *[Décr. nº 65-577 du 15 juill. 1965, art. 1er.]*

Art. D. 341-4 *(Décr. nº 2004-1308 du 26 nov. 2004)* Sont fixés par arrêté conjoint des ministres chargés de l'agriculture et de l'économie les durées maximales des prêts et de la bonification, le taux d'intérêt bonifié ainsi que le montant maximum des prêts à moyen terme pouvant être consentis :

1º Aux groupements agricoles d'exploitation en commun reconnus, dans les trois années suivant leur inscription au registre du commerce et des sociétés ;

2º Aux agriculteurs bénéficiaires de l'attribution préférentielle d'une exploitation agricole en vertu des articles 832 à 832-2 du code civil, dans les cinq années suivant l'année de leur installation ou de la conversion de l'exploitation ;

3º Aux associations foncières pastorales et aux groupements pastoraux agréés ;

4° Aux exploitations agricoles à responsabilité limitée dont l'associé unique ou l'un au moins des associés exploitants appartient à la catégorie mentionnée au 2° ci-dessus.

Les prêts prévus au présent article ne peuvent être accordés qu'en vue de faciliter l'installation des emprunteurs, notamment par la reprise, totale ou partielle, d'une exploitation ou le paiement de soultes.

V. Arr. du 7 mars 2008 (JO 12 mars) relatif aux prêts à moyen terme spéciaux d'installation.

SECTION 3 **Crédit à long terme**

Dans la numérotation des art. R. 341-5 et R. 341-6, la lettre : « R » est remplacée par la lettre : « D » (Décr. n° 2007-1261 du 21 août 2007, art. 4-II).

Art. D. 341-5 Les prêts individuels à long terme sont destinés à faciliter l'acquisition, l'extension, l'aménagement, la transformation, la conservation ou la reconstitution de petites propriétés rurales et d'habitations de travailleurs ruraux.

Ils sont également destinés à l'acquisition d'exploitations par les fermiers faisant usage de leur droit de préemption, dans les conditions prévues à l'article *(Décr. n° 2017-1771 du 27 déc. 2017, art. 5-1°)* « L. 412-1 ». — *[Anc. art 686.]*

Art. D. 341-6 Lorsque le bénéficiaire d'un prêt individuel à long terme est un pensionné militaire, titulaire soit d'une pension viagère, soit d'une pension temporaire, ou bien une victime civile de la guerre, tels que les définit le code des pensions militaires d'invalidité et des victimes de la guerre, le taux d'intérêt est réduit à 1 p. 100 et une bonification annuelle de 0, 50 p. 100 est versée annuellement par l'État en atténuation des annuités à servir à la société prêteuse par l'emprunteur.

Cette bonification est réservée aux chefs de famille ayant, au moment de l'échéance de chaque annuité d'amortissement, au moins trois enfants légitimes vivants âgés de moins de seize ans.

Elle est attribuée à partir du troisième enfant, sans que son montant puisse, en aucun cas, dépasser celui de l'intérêt calculé sur le montant initial du prêt. — *[Anc. art. 689.]*

SECTION 3 *BIS* **Les mesures agroenvironnementales et climatiques et les aides en faveur de l'agriculture biologique relevant de la programmation de la politique agricole commune débutant en 2023**

(Décr. n° 2023-246 du 3 avr. 2023, art. 1er)

V. Arr. du 21 avr. 2023 relatif aux mesures agroenvironnementales et climatiques et aux aides en faveur de l'agriculture biologique (JO 25 avr.), mod. par Arr. du 28 déc. 2023 (JO 30 déc.).

Art. D. 341-6-1 Les dispositions de la présente section ne sont pas applicables aux aides relatives aux engagements en matière d'environnement et de climat mentionnés à l'article 70 du règlement (UE) 2021/2115 du Parlement européen et du Conseil du 2 décembre 2021 dont la gestion a été confiée à la collectivité de Corse en application du VII de l'article 78 de la loi du 27 janvier 2014 susvisée.

Art. D. 341-6-2 En application de l'article 70 du règlement (UE) 2021/2115 du Parlement européen et du Conseil du 2 décembre 2021, sont mises en places les aides et mesures suivantes :

1° Aide à la conversion à l'agriculture biologique ;

2° Mesure agroenvironnementale et climatique pour la qualité et la gestion quantitative de l'eau pour les grandes cultures ;

3° Mesure agroenvironnementale et climatique pour la qualité et la gestion quantitative de l'eau pour les cultures pérennes ;

4° Mesure agroenvironnementale et climatique pour la qualité et la protection du sol ;

5° Mesure agroenvironnementale et climatique pour le climat, le bien-être animal et l'autonomie alimentaire des élevages ;

6° Mesure agroenvironnementale et climatique pour la préservation de l'équilibre agro-écologique et de la biodiversité de milieux spécifiques ;

7° Mesure agroenvironnementale et climatique pour la création de couverts d'intérêt pour la biodiversité, en particulier les pollinisateurs ;

8° Mesure agroenvironnementale et climatique pour la préservation des espèces ;
9° Mesure agroenvironnementale et climatique pour le maintien de la biodiversité par l'ouverture des milieux et la lutte contre les incendies ;
10° Mesure agroenvironnementale et climatique pour l'entretien durable des infrastructures agro-écologiques.

Art. D. 341-6-3 I. — Les surfaces éligibles aux mesures agroenvironnementales et climatiques prévues à la présente section sont :
— les hectares admissibles au sens de l'article D. 614-9 ;
— les surfaces pastorales ligneuses qui répondent à la définition de surface agricole au sens de l'article D. 614-5 et qui sont à la disposition de l'agriculteur au sens du cinquième alinéa de l'article D. 614-9 ;
— les roselières ;
— les marais salants ;
— les parcs d'élevage d'animaux monogastriques ;
— les infrastructures agro-écologiques déclarées en surfaces non agricoles ;
— les surfaces avec des cultures agricoles sous couvert forestier.
Les surfaces éligibles aux aides à l'agriculture biologique prévues à la présente section sont :
— les hectares admissibles au sens de l'article D. 614-9 ;
— les surfaces pastorales ligneuses qui répondent à la définition de surface agricole au sens de l'article D. 614-5 et qui sont à la disposition de l'agriculteur au sens du cinquième alinéa de l'article D. 614-9.
II. — Pour les prairies et pâturages permanents éligibles, un arrêté du ministre chargé de l'agriculture définit les conditions dans lesquelles le préfet de région arrête un système de prorata ainsi que des coefficients de réduction pour tenir compte des surfaces couvertes par des éléments naturels non admissibles.
III. — Un arrêté du ministre chargé de l'agriculture précise, parmi les surfaces mentionnées au I, les surfaces éligibles à chaque aide ou mesure prévues par la présente section. — *V. Arr. du 21 avr. 2023 préc., art. 1er.*

Art. D. 341-6-4 Peuvent bénéficier des mesures agroenvironnementales et climatiques prévues à la présente section :
— les agriculteurs actifs au sens de l'article D. 614-1 ;
— les personnes physiques ou morales exerçant une activité de saliculture ;
— les personnes physiques ou morales exploitant des roselières ;
— les personnes morales mettant à disposition d'exploitants des terres de manière indivise ;
— les groupements pastoraux et les personnes morales qui gèrent l'utilisation collective de surfaces de pâturage.
Peuvent bénéficier des aides à l'agriculture biologique prévues à la présente section :
— les agriculteurs actifs au sens de l'article D. 614-1.
Un arrêté du ministre chargé de l'agriculture précise, parmi les bénéficiaires mentionnés, les bénéficiaires éligibles à chaque aide ou mesure prévue par la présente section.

Art. D. 341-6-5 Les demandes d'aide dont le montant annuel minimal en première année d'engagement est inférieur à 300 euros sont refusées.
Un arrêté des ministres chargés de l'agriculture et du budget détermine les modalités de fixation des plafonds annuels des engagements pour les aides et mesures prévues par la présente section. — *V. Arr. du 21 avr. 2023 préc., art. 2.*
Pour les groupements agricoles d'exploitation en commun totaux, le principe de transparence prévu à l'article L. 323-13 s'applique dans les conditions prévues par l'article D. 323-53.

Art. D. 341-6-6 I. — Un arrêté du ministre chargé de l'agriculture détermine, sous la forme de cahiers des charges types, des critères d'accès aux aides et mesures en première année d'engagement et notamment :
— l'appartenance de tout ou partie des surfaces et éléments de l'exploitation à un projet agroenvironnemental et climatique ;
— la réalisation et la transmission de diagnostics et de plans de gestion ;
— la part ou le type de surfaces demandées par l'exploitant à l'engagement ;

— tout autre critère portant sur des caractéristiques de l'exploitation, de son mode de conduite, de ses surfaces et infrastructures agroenvironnementales, de son cheptel, ou de la demande d'aide, y compris sur les années précédant celles de l'engagement.

Cet arrêté fixe également les obligations sur lesquelles s'engage le bénéficiaire de l'aide et notamment :

— les actions de formation, d'accompagnement technique et de suivi de réunions ;

— le maintien, l'interdiction ou la mise en place de pratiques agricoles ou environnementales relatives à tout ou partie des éléments engagés ou non engagés ;

— le maintien, l'interdiction ou la mise en place de pratiques agricoles ou environnementales relatives à tout ou partie de l'exploitation, de son assolement et de son cheptel ;

— l'enregistrement des pratiques et la réalisation de bilans, mesures, analyses, plans de localisation et autres diagnostics, de façon autonome ou accompagnée ;

— le cas échéant, la mise en œuvre des actions identifiées dans le plan de gestion, le plan de localisation et autres diagnostics ;

— le respect d'objectifs environnementaux ou agroenvironnementaux ;

— tout autre critère portant sur des caractéristiques de l'exploitation, de son mode de conduite, de ses surfaces et infrastructures agroenvironnementales, de son cheptel, de son matériel, de sa gestion des intrants, effluents et déchets, ou de la demande d'aide, y compris sur des actions menées de façon collective.

II. — Le préfet de région sélectionne les projets agroenvironnementaux et climatiques mis en œuvre sur chaque zone à enjeu environnemental de son territoire, en tenant compte notamment de la cohérence du projet, de son ambition agroenvironnementale et des financements envisagés. Un arrêté du préfet de région fixe la liste des projets sélectionnés et les cahiers des charges de chaque aide et mesure pouvant faire l'objet d'un engagement. Il peut fixer, le cas échéant, les critères de priorisation des demandes d'aide.

III. — Les aides et mesures mentionnées à l'article D. 341-6-2 font l'objet d'un engagement pris par le bénéficiaire pour une durée de cinq ans.

A compter de la date limite mentionnée au deuxième alinéa de l'article D. 614-36 de l'année du dépôt de sa demande d'engagement et pendant toute la durée de celui-ci, le bénéficiaire est tenu de respecter les obligations du cahier des charges de l'aide ou de la mesure qu'il a souscrit.

Le bénéficiaire dépose chaque année une demande de paiement dans laquelle il confirme ses engagements pour la nouvelle campagne. Pour les aides et mesures liées à la surface, ce dépôt se fait dans le cadre de l'article D. 614-36.

Chaque engagement contient une clause de révision au sens du paragraphe 7 de l'article 70 du règlement (UE) n° 2021/2115 du Parlement européen et du Conseil du 2 décembre 2021. Si cette adaptation n'est pas acceptée par le bénéficiaire, l'engagement prend fin et aucun remboursement de paiements effectués au titre du présent article n'est exigé pour la période pendant laquelle l'engagement a été effectif.

IV. — Un arrêté du ministre chargé de l'agriculture précise les règles relatives à l'examen du respect des engagements et des critères d'éligibilité relatifs aux animaux, en particulier les taux de conversion des animaux en unité de gros bétail.

Il précise également les règles relatives aux densités minimales requises pour les surfaces engagées en arboriculture dans le cadre de l'aide à la conversion à l'agriculture biologique. — *V. Arr. du 21 avr. 2023 préc., art. 3 et 4.*

V. — Une même unité ne peut pas faire l'objet d'un engagement au titre de plus de trois mesures agroenvironnementales et climatiques ou de plus de deux mesures agroenvironnementales et climatiques et d'une aide à l'agriculture biologique.

Les règles de cumuls entre les mesures agroenvironnementales et climatiques ou les aides à l'agriculture biologique, y compris avec les engagements relevant de la section 4 du chapitre I du titre IV du livre III du code rural et de la pêche maritime, sont précisées par un arrêté du ministre chargé de l'agriculture. — *V. Arr. du 21 avr. 2023 préc., art. 5.*

Art. D. 341-6-7 En cas de non-respect des obligations qui conditionnent le versement des aides, le préfet de département applique une réduction financière.

La réduction financière comprend le refus ou le remboursement de tout ou partie des paiements indûment sollicités ou perçus, dans des proportions déterminées en fonction de l'importance, de l'étendue et du caractère répétitif ou non des non-conformités constatées et, le cas échéant, une ou plusieurs sanctions.

Les modalités de calcul de la réduction financière sont déterminées dans les conditions prévues à l'article D. 341-6-8.

Art. D. 341-6-8 I. – Aux fins du calcul du montant indu et de la sanction, pour chaque unité objet d'un engagement, un niveau de gravité égal à la somme des coefficients de gravité affectés à chaque anomalie constatée pour cette unité est calculé dans la limite de 1.

Le coefficient de gravité par anomalie constatée est égal au produit de l'importance et de l'étendue de l'anomalie considérée.

L'importance peut prendre une valeur comprise entre 0,01 et 1 et est fixée dans le cahier des charges de la mesure concernée.

L'étendue peut prendre les valeurs de 0, 0,25, 0,5, 0,75 ou 1 en fonction de l'ampleur de l'anomalie. L'ampleur de l'anomalie est définie dans le cahier des charges de la mesure concernée.

II. – Les unités considérées en anomalie correspondent aux unités constatées en anomalie à la suite de la vérification du respect des obligations requises au titre de la mesure, hormis pour les mesures qui comportent des obligations à respecter sur des surfaces non engagées dans la mesure. Lorsque les anomalies portent sur des surfaces non engagées, le nombre d'unités considérées en anomalie est alors égal au nombre d'unités constatées en anomalie multiplié par la part que représente la surface engagée dans la mesure sur la surface totale de l'exploitation.

III. – Le montant payable de l'aide est égal au montant unitaire de l'aide multiplié par le nombre d'unités engagées dans la mesure pour la campagne en cours, duquel est déduit le montant indu. Le montant indu est déterminé comme suit :

1° Pour les mesures liées à la surface, lorsque la somme des surfaces résiliées et des surfaces considérées en anomalie multipliées par leur niveau de gravité respectif est inférieure ou égale à 0,1 hectare et que celle-ci ne représente pas plus de 20 % de la superficie objet d'un engagement au titre de la mesure en fin de campagne précédente, aucun montant indu ni sanction ne sont appliqués et la surface retenue pour l'engagement et le paiement correspond à celle déclarée ;

2° Pour les mesures se rapportant à des mètres linéaires ou à des éléments ponctuels et, pour les mesures liées à la surface, lorsque la somme des surfaces résiliées et des surfaces considérées en anomalie multipliées par leur niveau de gravité respectif est supérieure à 0,1 hectare ou lorsque celle-ci représente plus de 20 % de la superficie objet d'un engagement au titre de la mesure en fin de campagne précédente, un montant indu (Mnd) est calculé selon la formule :

Mnd = (Mu × Nu),

dans laquelle :

Mu est égal au montant unitaire de l'aide exprimé en euros ;

Nu est égal au nombre d'unités considérées en anomalie multiplié par leurs niveaux de gravité respectifs.

IV. – Pour les mesures liées à la surface et pour les mesures se rapportant à des mètres linéaires ou à des éléments ponctuels, il est calculé un taux d'écart égal au rapport entre la somme des unités résiliées et unités considérées en anomalie multipliées par leur niveau de gravité respectif et le nombre total d'unités objet d'un engagement au titre de la mesure en fin de campagne précédente. La sanction est déterminée en fonction du taux d'écart, comme suit :

1° Lorsque le taux d'écart constaté est inférieur ou égal à 5 % et, pour les mesures liées à la surface, si la somme des surfaces résiliées et des surfaces considérées en anomalie multipliées par leur niveau de gravité respectif est inférieure ou égale à 2 hectares, le montant de la sanction est nul.

2° Lorsque le taux d'écart constaté est supérieur à 5 %, mais n'excède pas 30 % ou, pour les obligations portant sur une surface, lorsque la somme des surfaces résiliées et des surfaces considérées en anomalie multipliées par leur niveau de gravité respectif

est supérieure à 2 hectares, le montant de la sanction (Ms) est calculé selon la formule :

Ms = (1,5 × Mu × Ne),

dans laquelle :

Ne est égal à la somme des unités résiliées et des unités considérées en anomalie multipliées par leur niveau de gravité respectif.

3° Lorsque le taux d'écart constaté est supérieur à 30 %, tous les éléments engagés sont considérés en anomalie et aucune aide n'est octroyée pour l'année du constat au titre de la mesure concernée. A ce titre, le montant de la sanction (Ms) est calculé selon la formule :

Ms = (Mu × (St-Nu)),

dans laquelle St est égal au nombre total d'unités engagées dans la mesure.

4° Lorsque le taux d'écart constaté est supérieur à 50 %, la sanction est calculée selon la formule mentionnée au 3° et une sanction supplémentaire (Mss) est appliquée et calculée selon la formule :

Mss = (0,5 × Mu × Ne).

V. — Une anomalie peut présenter un caractère réversible ou définitif :

1° Une anomalie présente un caractère réversible lorsque ses conséquences sont limitées à l'année au titre de laquelle elle a été constatée. En cas d'anomalie à caractère réversible, l'engagement se poursuit pour la durée restant à courir.

2° Une anomalie présente un caractère définitif lorsqu'elle a des conséquences sur la poursuite de la mise en œuvre de la mesure agroenvironnementale et climatique ou de l'aide en faveur de l'agriculture biologique. En outre, une anomalie réversible constatée trois fois devient définitive.

En cas d'anomalie à caractère définitif, l'engagement est diminué du nombre d'unités constatées en anomalie pour la durée restant à courir.

Les sanctions sont appliquées au titre de l'année du constat. Le coefficient de gravité associé à une anomalie définitive est toujours de 1. En cas d'anomalies réversibles constatées trois fois et ayant des coefficients d'importance ou d'étendue inférieurs à 1, le coefficient de gravité est de 1 pour l'année au cours de laquelle l'anomalie devient définitive.

3° Le caractère définitif ou réversible de l'anomalie est fixé dans le cahier des charges de la mesure ou l'aide concernée.

VI. — Lorsque cela est précisé dans les cahiers des charges de la mesure ou l'aide concernée, certaines anomalies n'engendrent pas de sanction. Si ces anomalies sont à caractère réversible, même en cas de constat répété, elles ne sont pas considérées comme définitives.

VII. — La somme du montant indu et de la sanction, applicable au titre d'une mesure donnée, ne peut excéder une fois et demie le montant de l'aide auquel le bénéficiaire aurait pu prétendre pour l'année considérée.

VIII. — Conformément à l'article 59 5. c du règlement (UE) n° 2021/2116, et à l'article D. 614-24, aucune sanction n'est imposée lorsque l'agriculteur déclare spontanément à la DDT(M)/DAAF dont il relève ne pas avoir respecté un point de cahier des charges, à condition qu'il n'ait pas été informé par l'administration d'un contrôle sur place à venir, ni des irrégularités concernées par sa déclaration spontanée. Il doit par ailleurs fournir des éléments objectifs justifiant son incapacité à respecter lesdites obligations.

Art. D. 341-6-9 **Un arrêté du ministre chargé de l'agriculture fixe les possibilités et modalités de transfert des engagements entre exploitations ainsi que les modalités selon lesquelles il peut être mis fin à un engagement en cours sans application de sanction.** — *V. Arr. du 21 avr. 2023 préc., art. 6.*

SECTION 4 Les paiements agroenvironnementaux et climatiques, les aides en faveur de l'agriculture biologique et les paiements au titre de Natura 2000 et de la directive cadre sur l'eau au titre de la programmation de la politique agricole commune ayant débuté en 2014 *(Décr. n° 2023-246 du 3 avr. 2023, art. 2).*

(Décr. n° 2017-1286 du 21 août 2017, art. 1er)

V. Arr. du 21 août 2017 relatif aux mesures agroenvironnementales et climatiques, aux aides en faveur de l'agriculture biologique et aux paiements au titre de Natura 2000 et de la directive-cadre sur l'eau (JO 22 août).

Art. D. 341-7 I. — Les surfaces agricoles éligibles aux paiements agroenvironnementaux et climatiques sont déterminées conformément au II de l'article D. 615-11.

II. — Par dérogation au I, l'autorité de gestion mentionnée à l'article 78 de la loi n° 2014-58 du 27 janvier 2014 de modernisation de l'action publique territoriale et d'affirmation des métropoles peut adopter, sur la totalité de la période de programmation 2015-2020, un système de prorata spécifique ainsi que des coefficients de réduction associés applicables pour déterminer des surfaces en prairies et pâturages permanents admissibles aux paiements agroenvironnementaux et climatiques.

Les modalités d'application du présent article sont précisées par arrêté conjoint des ministres chargés de l'agriculture, du budget et de l'écologie. — *V. Arr. du 21 août 2017 préc., art. 3.*

Art. D. 341-8 I. — Peuvent bénéficier des paiements agroenvironnementaux et climatiques mis en œuvre dans le cadre de la programmation 2015-2020 dans les conditions prévues par le cadre national ou les programmes de développement rural régionaux de la France prévus aux 2 et 3 de l'article 6 du règlement (UE) n° 1305/2013 du Parlement européen et du Conseil du 17 décembre 2013 et approuvés par la Commission européenne :

1° Les personnes physiques qui exercent, au 1er janvier de l'année de la demande, une activité réputée agricole au sens de la première phrase de l'article L. 311-1 ;

2° Les sociétés qui exercent, au 1er janvier de l'année de la demande, une activité réputée agricole au sens de la première phrase de l'article L. 311-1 ;

3° Les fondations, associations sans but lucratif et les établissements d'enseignement et de recherche agricoles lorsqu'ils exercent directement une activité réputée agricole au sens de la première phrase de l'article L. 311-1 ;

4° Les personnes morales de droit public gestionnaires de terres qui mettent celles-ci à disposition d'exploitants agricoles ;

5° Les personnes physiques ou morales exerçant une activité de saliculture, lorsque cela est précisé par le cadre national ou les programmes de développement rural.

II. — Peuvent bénéficier des aides en faveur de l'agriculture biologique mises en œuvre dans le cadre de la programmation 2015-2020 dans les conditions prévues par le cadre national ou les programmes de développement rural régionaux de la France prévus aux 2 et 3 de l'article 6 du règlement (UE) n° 1305/2013 du Parlement européen et du Conseil du 17 décembre 2013 et approuvés par la Commission européenne, les agriculteurs actifs au sens de l'article 9 du règlement (UE) n° 1307/2013 du Parlement européen et du Conseil du 17 décembre 2013 et de l'article D. 615-18.

III. — Peuvent bénéficier des paiements au titre de Natura 2000 mis en œuvre dans le cadre de la programmation 2015-2020 dans les conditions prévues par le cadre national ou les programmes de développement rural régionaux de la France prévus aux 2 et 3 de l'article 6 du règlement (UE) n° 1305/2013 du Parlement européen et du Conseil du 17 décembre 2013 et approuvés par la Commission européenne, les personnes physiques ou morales mentionnées aux 1° à 3° du I.

Peuvent bénéficier des paiements au titre de la directive-cadre sur l'eau mis en œuvre dans le cadre de cette programmation, en fonction du type de mesure souscrite par le bénéficiaire, les personnes physiques ou morales mentionnées aux I et II. — *Les Règl. (UE) 1305/2013 et 1307/2013 sont abrogés, avec effet au 1er janv. 2023, par le Règl. (UE) 2021/2115 du 2 déc. 2021 établissant des règles régissant l'aide aux plans stratégiques devant être établis par les États membres dans le cadre de la politique agricole commune (plans stratégiques rele-*

vant de la PAC) et financés par le Fonds européen agricole de garantie (FEAGA) et par le Fonds européen agricole pour le développement rural (Feader).

Est mal fondé le refus du préfet de faire bénéficier une indivision des aides agroenvironnementales et climatiques. • CAA Douai, 15 nov. 2022, n° 21DA01217 : *RD rur. 2023, n° 56, note Toutias.*

Art. D. 341-9 **Chaque financeur national des paiements et aides prévus à la présente section peut fixer le montant maximum de la part qu'il finance. Pour l'État, ce montant est fixé par le préfet de région.**

Un arrêté conjoint des ministres chargés de l'agriculture, du budget et de l'écologie fixe le montant minimal, tous financeurs confondus, en deçà duquel les demandes d'aides annuelles ne sont pas acceptées. — *V. Arr. du 21 août 2017 préc., art. 2.*

Pour les groupements agricoles d'exploitation en commun totaux, le principe de transparence prévu à l'article L. 323-13 s'applique.

Rejet de la demande d'annulation des dispositions du Décr. n° 2017-1286 du 21 août 2017 et de l'arrêté du premier ministre du même jour qui ont plafonné les aides pouvant être perçues au titre des mesures agroenvironnementales et climatiques et en faveur de l'agriculture biologique. • CE 24 juin 2019, n° 415205 : *Gaz. Pal. 2019. 2867, note Deshays Courade.*

Art. D. 341-10 **A compter du 15 mai de l'année du dépôt de sa demande d'engagement et pendant toute la durée de celui-ci, le bénéficiaire est tenu de respecter les engagements et les critères spécifiques d'éligibilité qu'il a souscrits et qui sont fixés dans les cahiers des charges édictés par l'autorité de gestion.**

Un arrêté conjoint des ministres chargés de l'agriculture, du budget et de l'écologie précise les règles de calcul des éléments à prendre en compte pour le respect des engagements et des critères d'éligibilité fixés dans les cahiers des charges. — *V. Arr. du 21 août 2017 préc., art. 4.*

N'est pas contraire au droit de l'Union une réglementation nationale qui exige que le demandeur d'une aide agroenvironnementale fournisse à l'organisme payeur au moment de sa demande d'aide un certificat relatif à l'espèce végétale rare conditionnant l'octroi de cette dernière. • CJUE 17 déc. 2015, n° C-330/14 : *Europe 2016. 74 ; RD rur. 2016, n° 210, note Petit.*

Art. D. 341-11 **Conformément à l'article D. 615-1, le bénéficiaire dépose, chaque année, une demande de paiement dans laquelle il confirme ses engagements pour la nouvelle campagne.**

Art. D. 341-12 **En cas de non-respect des obligations qui conditionnent le versement des aides prévues à la présente section, l'autorité de gestion mentionnée à l'article 78 de la loi n° 2014-58 du 27 janvier 2014 applique une réduction financière.**

La réduction financière comprend le refus ou le remboursement de tout ou partie des paiements indûment sollicités ou perçus, dans des proportions déterminées en fonction de l'importance, de l'étendue et du caractère répétitif ou non des non-conformités constatées, telles que définies au titre III du règlement délégué (UE) n° 640/2014 de la Commission du 11 mars 2014 et, le cas échéant, une ou plusieurs pénalités.

Les modalités de calcul de la réduction financière sont déterminées dans les conditions prévues à l'article D. 341-13. — *Le Règl. (UE) n° 640/2014 est abrogé par le Règl. délégué (UE) 2022/1172 du 4 mai 2022 complétant le Règl. (UE) 2021/2116 en ce qui concerne le système intégré de gestion et de contrôle lié à la politique agricole commune et l'application et le calcul des sanctions administratives en matière de conditionnalité, avec effet au 1er janv. 2023.*

Réduction. La décision portant réduction du montant total des paiements directs prise à l'issue d'un contrôle administratif a pour seule portée d'entraîner le reversement de tout ou partie d'une aide indûment perçue et elle ne peut être regardée comme une sanction dont la contestation relèverait du juge de plein contentieux. • CE 24 févr. 2017, *GAEC des Rocs*, n° 392924 : *AJDA 2017. 778 ; RD rur. 2017, n° 135.*

Art. D. 341-13 **I. — Aux fins de calcul du montant de la réduction financière, sont définis, pour chaque unité objet d'un engagement :**

1° Un coefficient de gravité par anomalie constatée, qui est égal au produit de deux coefficients déterminés, respectivement, en fonction du rang d'importance et de l'étendue de l'anomalie considérée.

A cet effet, les anomalies sont classées en rang d'importance principale ou secondaire, auxquels sont respectivement attribués les coefficients de 1 et 0,5. Elles sont également caractérisées par un coefficient d'étendue égal à 0,25, 0,5, 0,75 ou 1 en fonction de l'ampleur de l'anomalie.

Le rang d'importance et l'étendue de chaque anomalie sont fixés par le cahier des charges de la mesure concernée.

2° Un niveau de gravité par unité objet d'un engagement, qui est égal à la somme des coefficients de gravité affectés à chaque anomalie constatée pour cette unité, dans la limite de 1.

II. — Pour déterminer le montant de la réduction financière applicable à chaque aide prévue à la présente section, il est fait la somme du nombre d'unités concernées par un même niveau de gravité tel que défini au 2° du I.

Pour chaque mesure, il est calculé un taux d'écart égal au rapport, exprimé en pourcentage, entre le nombre d'unités considérées en anomalie multipliées par leurs niveaux de gravité respectifs et le nombre total d'unités objet d'un engagement au titre de la mesure.

III. — Les unités considérées en anomalie correspondent aux unités constatées en anomalie à la suite de la vérification du respect des obligations requises au titre de la mesure, hormis dans les cas suivants :

1° Lorsque la non-conformité aux exigences du cahier des charges se traduit par une anomalie portant sur l'ensemble des unités concernées par l'obligation, sans que l'anomalie puisse être affectée à une ou plusieurs unités identifiables. Le nombre d'unités considérées en anomalie est alors égal au nombre total d'unités engagées dans la mesure multiplié par *(Décr. n° 2020-633 du 26 mai 2020, art. 1er)* « un coefficient de 0.15 » ;

2° Pour les mesures agroenvironnementales et climatiques systèmes de grandes cultures, incluant banane et canne à sucre, systèmes herbagers et pastoraux et systèmes de polyculture-élevage, lorsque les anomalies non concernées par le 1° portent sur des surfaces non engagées et qui ne font pas l'objet d'un paiement. Le nombre d'unités considérées en anomalie est alors égal au nombre d'unités constatées en anomalie multiplié par la proportion de la surface agricole totale de l'exploitation engagée dans la mesure ;

3° Pour la mesure "Amélioration du potentiel pollinisateur des abeilles domestiques". Le nombre d'unités considérées en anomalie correspond alors à la valeur la plus élevée entre le nombre total d'emplacements constatés en anomalie et le nombre d'emplacements considérés en anomalie au titre de l'obligation portant sur les zones présentant un intérêt pour la biodiversité. Au titre de cette obligation, le nombre d'emplacements considérés en anomalie correspond au nombre d'emplacements constatés en anomalie multiplié par un coefficient égal au rapport entre le nombre total d'emplacements requis au titre de la mesure et le nombre minimal d'emplacements requis au sein des zones présentant un intérêt pour la biodiversité conformément aux programmes de développement rural.

IV. — Pour les obligations autres que celles mentionnées au V, le montant de la réduction financière est déterminé comme suit :

1° Pour les obligations portant sur une surface, lorsque la surface constatée en anomalie est inférieure ou égale à 0,1 hectare et que celle-ci ne représente pas plus de 20 % de la superficie déclarée, aucune réduction financière n'est appliquée et la surface retenue pour l'engagement et le paiement correspond à celle déclarée ;

2° Lorsque le taux d'écart constaté mentionné au II est inférieur ou égal à 3 % et, pour les obligations portant sur une surface, si la surface constatée en anomalie est inférieure ou égale à 2 hectares, le montant de la réduction financière au titre de l'année du constat est calculé selon la formule :

Au titre de l'indu : M = (Mu × Nu),

dans laquelle :

Mu est égal au montant unitaire de l'aide exprimé en euros ;

Nu est égal au nombre d'unités considérées en anomalie multipliées par leurs niveaux de gravité respectifs.

3° Lorsque le taux d'écart constaté mentionné au II est supérieur à 3 %, mais n'excède pas 20 % du nombre total d'unités engagées dans la mesure ou, pour les obligations portant sur une surface, lorsque la surface constatée en anomalie est supérieure à 2 hectares, le montant de la réduction financière au titre de l'année du constat est calculé selon la formule :

M = M1 + M2

dans laquelle :

Au titre de l'indu : M1 = (Mu × Nu)

Au titre des pénalités : M2 = (2 × Mu × Nu).

4° Lorsque le taux d'écart constaté est supérieur à 20 % du nombre total d'unités engagées dans la mesure, tous les éléments engagés sont considérés comme étant en anomalie et aucune aide n'est octroyée pour l'année du constat au titre de la mesure concernée. A ce titre, le montant de la réduction financière est calculé selon la formule :

M = M1 + M2

dans laquelle :

Au titre de l'indu : M1 = (Mu × Nu)

Au titre des pénalités : M2 = (Mu × (St-Nu))

dans laquelle St est égal au nombre total d'unités engagées dans la mesure.

5° Lorsque le taux d'écart constaté est supérieur à 50 % du nombre total d'unités engagées dans la mesure, le montant de la réduction financière est calculé selon la formule mentionnée au 4° et une pénalité supplémentaire est appliquée calculée selon la formule :

M = (Mu × Nu).

V. — Pour les obligations portant sur un nombre d'animaux au titre de la mesure "Protection des races menacées de disparition" ou sur des emplacements au titre de la mesure "Amélioration du potentiel pollinisateur des abeilles domestiques", le montant de la réduction financière est déterminé comme suit :

1° Lorsque les anomalies constatées portent sur un nombre d'animaux inférieur ou égal à trois ou sur un nombre d'emplacements inférieur ou égal à trois pour la mesure "Amélioration du potentiel pollinisateur des abeilles domestiques", la réduction financière correspond au montant de l'aide multiplié par le taux d'écart constaté ;

2° Lorsque les anomalies constatées portent sur un nombre d'animaux supérieur à trois ou sur un nombre d'emplacements supérieur à trois, la réduction financière correspond :

a) Au montant de l'aide multiplié par le taux d'écart constaté si celui-ci n'excède pas 10 % ;

b) Au montant de l'aide multiplié par deux fois le taux d'écart constaté si celui-ci est supérieur à 10 % et inférieur ou égal à 20 % ;

c) Au montant de l'aide multiplié par 100 % si le taux d'écart constaté est supérieur à 20 % ;

3° Pour la mesure "Protection des races menacées de disparition", lorsque le taux d'écart constaté est supérieur à 50 %, la réduction financière correspond au montant de l'aide multiplié par deux fois le taux d'écart et une pénalité est appliquée, calculée selon la formule :

M = (Mu × (Ad - Ac) × TC_{UGB}),

dans laquelle :

Mu est égal au montant unitaire de l'aide exprimé en euros ;

Ad est égal au nombre d'animaux déclarés ;

Ac est égal au nombre d'animaux constatés sans anomalie ;

TC_{UGB} est égal au taux de conversion des animaux en unités de gros bétail pour chaque catégorie d'animal.

Les taux de conversion des différentes catégories d'animaux en unités de gros bétail sont définis par arrêté conjoint des ministres chargés de l'agriculture, du budget et de l'écologie. — *V. Arr. du 21 août 2017 préc., art. 4.*

4° Pour la mesure "Amélioration du potentiel pollinisateur des abeilles domestiques" une pénalité peut être appliquée dans les cas suivants :

a) Lorsque le taux d'écart constaté excède 50 %. La pénalité est alors calculée selon la formule :

M = (Mu × (Er - Ec) × Nm),

dans laquelle :

Mu est égal au montant unitaire de l'aide exprimé en euros ;

Er est égal au nombre d'emplacements minimal requis compte tenu du nombre de colonies objets d'un engagement dans la mesure ;

Ec est égal au nombre d'emplacements constatés sans anomalie ;

Nm est égal au nombre minimal de colonies requis par emplacement tel qu'indiqué dans les programmes de développement rural ;

b) Lorsque l'obligation portant sur le maintien du nombre de colonies engagées dans la mesure n'est pas respectée. La réduction financière est alors calculée selon la formule :

M' = (Mu × Cm),

dans laquelle :

Mu est égal au montant unitaire de l'aide exprimé en euros ;

Cm est égal au nombre de colonies manquantes.

VI. — Les montants déterminés en application des IV et V sont, le cas échéant, majorés de pénalités supplémentaires en fonction du caractère définitif ou réversible de l'anomalie traduisant le non-respect de l'obligation concernée.

Une anomalie présente un caractère définitif lorsque ses conséquences sur la cohérence et la globalité de mise en œuvre de la mesure agroenvironnementale et climatique, de la mesure en faveur de l'agriculture biologique ou des paiements au titre de Natura 2000 et de la directive-cadre sur l'eau s'étendent au-delà de l'année au titre de laquelle elle a été constatée.

Une anomalie présente un caractère réversible lorsque ses conséquences sont limitées à l'année au titre de laquelle elle a été constatée.

Une anomalie *(Décr. nº 2020-633 du 26 mai 2020, art. 1er)* « principale et » réversible constatée trois fois est considérée comme définitive. Si un contrôle sur place révèle que le non-respect de l'obligation ou un non-respect similaire a déjà été constaté, pour des engagements identiques ou similaires souscrits depuis 2007, sur une période d'au moins trois ans, l'anomalie est considérée comme définitive.

1º En cas d'anomalie à caractère définitif, toute la période de l'engagement est considérée comme étant en anomalie. Le remboursement des aides au titre de l'indu, correspondant aux nombre d'unités considérées en anomalie, s'applique depuis la prise d'effet de cet engagement et celui-ci est diminué du nombre d'unités constatées en anomalies pour la durée restant à courir. Dans ce cas, les pénalités prévues aux IV et V sont appliquées uniquement au titre de l'année du constat.

2º En cas d'anomalie à caractère réversible, la réduction financière concerne uniquement l'année du constat. Si ce non-respect est établi pour l'année antérieure au constat, le remboursement de l'aide au titre de l'indu est également demandé pour cette année.

(Décr. nº 2020-633 du 26 mai 2020, art. 1er) « VI *bis.* — Conformément au c du 2 de l'article 64 du règlement (UE) nº 1306/2013 du Parlement européen et du Conseil du 17 décembre 2013 relatif au financement, à la gestion et au suivi de la politique agricole commune, il n'est pas imposé de sanction administrative lorsque l'anomalie résulte d'une erreur de l'autorité compétente ou d'une autre autorité que l'exploitant concerné par la sanction administrative ne pouvait raisonnablement déceler. » — *Le Règl. (UE) 1306/2013 est abrogé par le Règl. (UE) 2021/2116 du 2 déc. 2021 relatif au financement, à la gestion et au suivi de la politique agricole commune, applicable à partir du 1er janv. 2023.*

VII. — En cas de fausse déclaration, d'omission ou de négligence de la part du bénéficiaire de l'aide lors de l'instruction de sa demande, l'aide est refusée ou retirée en totalité pour l'année considérée. Le paiement de l'aide est également refusé pour l'année suivante pour la mesure agroenvironnementale et climatique, pour la mesure en faveur de l'agriculture biologique ou pour la mesure au titre de Natura 2000 et de la directive-cadre sur l'eau souscrite.

VIII. — Le montant total de la réduction financière applicable au titre d'une mesure donnée ne peut excéder deux fois le montant de l'aide auquel le bénéficiaire aurait pu prétendre pour l'année considérée.

Art. D. 341-13-1 *(Décr. nº 2023-246 du 3 avr. 2023, art. 2)* I. — A compter de la campagne 2023, les modalités de calcul de la réduction financière sont déterminées dans les conditions prévues par le présent article.

II. – Aux fins du calcul du montant indu et de la sanction, pour chaque unité objet d'un engagement, un niveau de gravité égal à la somme des coefficients de gravité affectés à chaque anomalie constatée pour cette unité est calculé dans la limite de 1.

Le coefficient de gravité par anomalie constatée est égal au produit de l'importance et de l'étendue de l'anomalie considérée.

L'importance peut prendre une valeur comprise entre 0,01 et 1 et est fixée dans le cahier des charges de la mesure concernée.

L'étendue peut prendre les valeurs de 0, 0,25, 0,5, 0,75 ou 1 en fonction de l'ampleur de l'anomalie. L'ampleur de l'anomalie est définie dans le cahier des charges de la mesure concernée.

III. – Les unités considérées en anomalie correspondent aux unités constatées en anomalie à la suite de la vérification du respect des obligations requises au titre de la mesure, hormis dans les cas suivants :

1° Lorsque les anomalies portent sur des surfaces non engagées. Le nombre d'unités considérées en anomalie est alors égal au nombre d'unités constatées en anomalie multiplié par la part que représente la surface engagée dans la mesure sur la surface totale de l'exploitation.

2° Pour la mesure "Amélioration du potentiel pollinisateur des abeilles domestiques". Le nombre d'unités considérées en anomalie correspond alors à la valeur la plus élevée entre le nombre total d'emplacements constatés en anomalie et le nombre d'emplacements considérés en anomalie au titre de l'obligation portant sur les zones présentant un intérêt pour la biodiversité. Au titre de cette obligation, le nombre d'emplacements considérés en anomalie correspond au nombre d'emplacements constatés en anomalie multiplié par un coefficient égal au rapport entre le nombre total d'emplacements requis au titre de la mesure et le nombre minimal d'emplacements requis au sein des zones présentant un intérêt pour la biodiversité conformément aux programmes de développement rural.

IV. – Le montant payable de l'aide est égal au montant unitaire de l'aide multiplié par le nombre d'unités engagées dans la mesure pour la campagne en cours, duquel est déduit le montant indu. Le montant indu est déterminé comme suit :

1° Pour les mesures liées à la surface, lorsque la somme des surfaces résiliées et des surfaces considérées en anomalie multipliées par leur niveau de gravité respectif est inférieure ou égale à 0,1 hectare et que celle-ci ne représente pas plus de 20 % de la superficie objet d'un engagement au titre de la mesure en fin de campagne précédente, aucun montant indu ni sanction ne sont appliqués et la surface retenue pour l'engagement et le paiement correspond à celle déclarée ;

2° Pour les mesures non liées à la surface et, pour les mesures liées à la surface, lorsque la somme des surfaces résiliées et des surfaces considérées en anomalie multipliées par leur niveau de gravité respectif est supérieure à 0,1 hectare ou lorsque celles-ci représentent plus de 20 % de la superficie objet d'un engagement au titre de la mesure en fin de campagne précédente, un montant indu (Mnd) est calculé selon la formule :

Mnd = (Mu × Nu),

dans laquelle :

Mu est égal au montant unitaire de l'aide exprimé en euros ;

Nu est égal au nombre d'unités considérées en anomalie multipliées par leurs niveaux de gravité respectifs.

V. – Pour les mesures liées à la surface, et pour les mesures se rapportant à des mètres linéaires ou à des éléments ponctuels, il est calculé un taux d'écart égal au rapport entre la somme des unités résiliées et des unités considérées en anomalie multipliées par leur niveau de gravité respectif, et le nombre total d'unités objet d'un engagement au titre de la mesure en fin de campagne précédente. La sanction est déterminée en fonction du taux d'écart, comme suit :

1° Lorsque le taux d'écart constaté est inférieur ou égal à 5 % et, pour les mesures liées à la surface, si la somme des surfaces résiliées et des surfaces considérées en anomalie multipliées par leur niveau de gravité respectif est inférieure ou égale à 2 hectares, le montant de la sanction est nul.

2° Lorsque le taux d'écart constaté est supérieur à 5 %, mais n'excède pas 30 % ou, pour les obligations portant sur une surface, lorsque la somme des surfaces résiliées et des surfaces considérées en anomalie multipliées par leur niveau de gravité respectif est supérieure à 2 hectares, le montant de la sanction (Ms) est calculé selon la formule :

Ms = (1,5 × Mu × Ne),

dans laquelle :

Ne est égal à la somme des unités résiliées et des unités considérées en anomalie multipliées par leur niveau de gravité respectif.

3° Lorsque le taux d'écart constaté est supérieur à 30 %, tous les éléments engagés sont considérés en anomalie et aucune aide n'est octroyée pour l'année du constat au titre de la mesure concernée. A ce titre, le montant de la sanction (Ms) est calculé selon la formule :

Ms = (Mu × (St-Nu))

dans laquelle St est égal au nombre total d'unités engagées dans la mesure.

4° Lorsque le taux d'écart constaté est supérieur à 50 %, la sanction est calculée selon la formule mentionnée au 3° et une sanction supplémentaire (Mss) est appliquée et calculée selon la formule :

Mss = (0,5 × Mu × Ne).

VI. — Pour les mesures "Protection des races menacées de disparition" et "Amélioration du potentiel pollinisateur des abeilles domestiques", est calculé un taux d'écart égal au rapport entre : la somme des unités résiliées par rapport à la campagne précédente et des unités considérées en anomalie multipliées par leur niveau de gravité respectif et le nombre total d'unités objet d'un engagement au titre de la mesure en fin de campagne précédente auquel sont retirées les unités considérées en anomalie multipliées par leur niveau de gravité respectif. La sanction est déterminée en fonction du taux d'écart, comme suit :

1° Lorsque les anomalies constatées portent sur un nombre d'animaux inférieur ou égal à trois ou sur un nombre d'emplacements inférieur ou égal à trois pour la mesure "Amélioration du potentiel pollinisateur des abeilles domestiques", ou que le taux d'écart est inférieur ou égal à 10 %, la sanction est égale au montant payable multiplié par le taux d'écart constaté.

2° Lorsque les anomalies constatées portent sur un nombre d'animaux supérieur à trois ou sur un nombre d'emplacements supérieur à trois pour la mesure "Amélioration du potentiel pollinisateur des abeilles domestiques", et que le taux d'écart est supérieur à 10 % et inférieur ou égal à 20 %, la sanction est égale au montant payable multiplié par deux fois le taux d'écart constaté.

3° Lorsque les anomalies constatées portent sur un nombre d'animaux supérieur à trois ou sur un nombre d'emplacements supérieur à trois pour la mesure "Amélioration du potentiel pollinisateur des abeilles domestiques", et que le taux d'écart est supérieur à 20 %, tous les éléments engagés sont considérés comme étant en anomalie et aucune aide n'est octroyée pour l'année du constat au titre de la mesure concernée. A ce titre, la sanction est égale au montant payable.

4° Lorsque le taux d'écart constaté est supérieur à 50 % du nombre total d'unités engagées dans la mesure, la sanction est calculée selon la formule mentionnée au 3° et une sanction supplémentaire (Mss) est appliquée et calculée selon la formule :

Mss = (Mu × Ne).

dans laquelle :

Mu est égal au montant unitaire de l'aide exprimé en euros ;

Ne est égal à la somme des unités résiliées et des unité considérées en anomalie multipliées par leur niveau de gravité respectif.

VII. — Une anomalie peut présenter un caractère réversible ou définitif :

1° Une anomalie présente un caractère réversible lorsque ses conséquences sont limitées à l'année au titre de laquelle elle a été constatée. En cas d'anomalie à caractère réversible, l'engagement se poursuit pour la durée restant à courir.

2° Une anomalie présente un caractère définitif lorsqu'elle a des conséquences sur la poursuite de la mise en œuvre de la mesure agroenvironnementale et climatique ou de la mesure en faveur de l'agriculture biologique. En outre, une anomalie réversible constatée trois fois devient définitive.

En cas d'anomalie à caractère définitif, l'engagement est diminué du nombre d'unités constatées en anomalie pour la durée restant à courir.

Les sanctions sont appliquées au titre de l'année du constat. Le coefficient de gravité associé à une anomalie définitive est toujours de 1. En cas d'anomalies réversibles constatées trois fois et ayant des coefficients d'importance ou d'étendue inférieurs à 1, le coefficient de gravité est de 1 pour l'année à laquelle l'anomalie devient définitive.

3° Le caractère définitif ou réversible de l'anomalie est fixé dans le cahier des charges de la mesure concernée.

VIII. — La somme du montant indu et de la sanction, applicable au titre d'une mesure donnée, ne peut excéder une fois et demie le montant de l'aide auquel le bénéficiaire aurait pu prétendre pour l'année considérée hormis pour les mesures "Protection des races menacées de disparition" et "Amélioration du potentiel pollinisateur des abeilles domestiques, pour lesquelles elle ne peut excéder deux fois le montant de l'aide auquel le bénéficiaire aurait pu prétendre pour l'année considérée.

IX. — Conformément à l'article 59 5. c du règlement (UE) n° 2021/2116, et à l'article D. 614-24, aucune sanction n'est imposée lorsque l'agriculteur déclare spontanément à la DDT(M)/DAAF dont il relève ne pas avoir respecté un point de cahier des charges, à condition qu'il n'ait pas été informé par l'administration d'un contrôle sur place à venir, ni des irrégularités concernées par sa déclaration spontanée. Il doit par ailleurs fournir des éléments objectifs justifiant son incapacité à respecter lesdites obligations.

X. — Un arrêté du ministre chargé de l'agriculture fixe les possibilités et modalités de transfert des engagements entre exploitations ainsi que les modalités selon lesquelles il peut être mis fin à un engagement en cours sans application de sanction.

Art. D. 341-14 Lorsque, en application du 2 de l'article 47 du règlement (UE) n° 1305/2013 du Parlement européen et du Conseil du 17 décembre 2013, le transfert d'exploitation ne s'accompagne pas du transfert de l'engagement, le remboursement est exigé si le changement de forme juridique est réalisé au profit :

— d'une personne physique qui détient déjà des parts sociales au sein de la personne morale cédante ;

— d'une personne morale dans laquelle la personne physique cédante détient déjà des parts sociales. — *Le Règl. (UE) 1305/2013 est abrogé, avec effet au 1er janv. 2023, par le Règl. (UE) 2021/2115 du 2 déc. 2021 établissant des règles régissant l'aide aux plans stratégiques devant être établis par les États membres dans le cadre de la politique agricole commune (plans stratégiques relevant de la PAC) et financés par le Fonds européen agricole de garantie (FEAGA) et par le Fonds européen agricole pour le développement rural (Feader).*

Art. D. 341-14-1 à D. 341-20 *Abrogés par Décr. n° 2017-1286 du 21 août 2017, art. 1er.*

SECTION 5 Les paiements au titre du fonds européen agricole pour le développement rural

(Décr. n° 2007-1687 du 29 nov. 2007)

Art. D. 341-21 *Abrogé par Décr. n° 2015-1901 du 30 déc. 2015, art. 1er-4°.*

CHAPITRE II WARRANTS AGRICOLES

(Décr. n° 2021-1887 du 29 déc. 2021, art. 5, en vigueur le 1er janv. 2023)

Art. R. 342-1 La publicité du warrant agricole est soumise aux dispositions des articles R. 521-1 et suivants du code de commerce, sous réserve des dispositions du présent chapitre. — *V. Arr. du 24 janv. 2023 relatif aux bordereaux d'inscriptions initiales, modificatives, de renouvellement et de radiation des warrants agricoles au registre des sûretés mobilières (JO 5 févr.).*

Art. R. 342-2 Pour l'application de l'article L. 342-2, la lettre d'avis est remise par l'agriculteur au greffier du tribunal de commerce compétent pour procéder à l'inscription du warrant. Cette lettre d'avis est remise ou transmise par voie postale ou électronique. Lorsque la lettre est établie sous format papier, il en est dressé deux exemplaires.

A réception, le greffier attribue un numéro d'ordre à la lettre d'avis et l'inscrit au registre avec les informations figurant sur la lettre d'avis. Il adresse par lettre recommandée avec accusé de réception à l'agriculteur soit un récépissé daté contenant les informations contenues dans la lettre d'avis, soit, si la lettre a été établie sous format papier, une des lettres d'avis qu'il date et qu'il signe, en y apposant le numéro d'ordre.

Le greffier adresse une copie de ces documents, sous les mêmes formes, au propriétaire du fonds et à son usufruitier, ou à leur mandataire légal, à l'adresse indiquée par l'agriculteur.

Le propriétaire de l'exploitation, son usufruitier ou leur mandataire légal forme opposition par lettre avec accusé de réception auprès du greffier du tribunal de commerce qui a envoyé la lettre d'avis. Dans son opposition, il mentionne le numéro d'ordre. Le greffier mentionne la date de l'opposition en marge de l'inscription de l'avis donné.

Si le warrant n'a pas été publié dans les cinq années qui suivent la date d'envoi de la lettre d'avis, la mention de cette lettre et celle de l'opposition ou de l'absence d'opposition sont radiées du registre.

Art. R. 342-3 Lorsqu'il demande l'inscription du warrant, l'agriculteur communique au greffier le numéro d'ordre attribué à la lettre d'avis en application du deuxième alinéa de l'article R. 342-2 ainsi que, le cas échéant, le récépissé de l'acceptation de la garde des objets engagés lorsqu'il est séparé du warrant.

Art. R. 342-4 Le greffier procède à l'inscription du warrant. Il mentionne, en plus des informations requises à l'article R. 521-6 du code de commerce, le cas échéant :

— la date de l'envoi de l'avis au propriétaire ou usufruitier ainsi que l'opposition ou la non-opposition de leur part comme il est dit à l'article L. 342-4 ou le consentement du prêteur à ce qu'aucun avis ne soit donné au propriétaire ou usufruitier ;

— la dispense accordée par l'emprunteur à l'escompteur et aux réescompteurs de donner avis de l'endossement réalisé à leur bénéfice.

Lorsqu'il a été donné avis dans les conditions de l'article R. 342-2, le numéro d'ordre attribué à la lettre d'avis devient celui qui est attribué au warrant.

Art. R. 342-5 L'avis mentionné au troisième alinéa de l'article L. 342-10 comprend les mentions portées sur le warrant et les informations figurant au premier alinéa de cet article. Il est procédé selon les modalités définies aux articles R. 521-13 et R. 521-17 du code de commerce. La mention de l'avis est portée en marge de l'inscription initiale.

Art. R. 342-6 En application de l'article L. 342-11, le porteur du warrant avise le greffier du tribunal de commerce de l'absence de paiement du warrant à l'échéance selon les modalités définies aux articles R. 521-13, R. 521-16 et R. 521-17 du code de commerce.

Art. R. 342-7 En application de l'article L. 342-10, le tribunal judiciaire compétent pour ordonner la vente des biens warrantés est celui dans le ressort duquel se trouvent ces biens.

CHAPITRE III LES AIDES À L'INSTALLATION ET À LA CONSTITUTION DE GROUPEMENTS OU SOCIÉTÉS

Dans le présent chapitre, la section 1 (art. R. 343-1 et R. 343-2) et la section 3 (art. R. 343-20 à R. 343-25) sont abrogées. Les anciennes sections 2, 4 et 5 deviennent respectivement les nouvelles sections 1, 2 et 3 (Décr. n° 2004-1308 du 26 nov. 2004, art. 2).

Art. R. 343-1 *Abrogé par Décr. n° 2004-1308 du 26 nov. 2004, art. 2.*

SECTION 1 Les aides à l'installation des jeunes agriculteurs

Dans la numérotation des art. R. 343-3 à R. 343-19, la lettre « R » est remplacée par la lettre « D » (Décr. n° 2007-1261 du 21 août 2007, art. 4-II).

V. Arr. du 22 août 2016 relatif à la mise en œuvre des aides à l'installation (JO 23 août).

Art. D. 343-2 *(Décr. n° 2022-1671 du 27 déc. 2022, art. 1er, en vigueur le 1er janv. 2023)* Les sous-sections 1 à 4 de la présente section s'appliquent aux aides à l'installation relevant de la programmation de la politique agricole commune ayant débuté en 2014.

Art. D. 343-3 *(Décr. n° 2016-1141 du 22 août 2016, art. 1er-1°)* **« I. — »** *(Décr. n° 2004-1308 du 26 nov. 2004)* **En vue de faciliter leur première installation, il peut être accordé aux jeunes agriculteurs** *(Décr. n° 2016-1141 du 22 août 2016, art. 1er-1°)* **« qui prévoient d'exercer une activité agricole au sens de l'article L. 311-1, à l'exclusion des activités aquacoles, et » qui satisfont aux conditions fixées par la présente section les aides suivantes :**

(Décr. n° 2016-1141 du 22 août 2016, art. 1er-1°) **« 1° Une dotation jeunes agriculteurs en capital ;**

« 2° Des prêts bonifiés à moyen terme spéciaux, dont une partie des intérêts peut être prise en charge.

« II. — L'installation peut être réalisée sous trois formes :

« — l'installation à titre principal ;

« — l'installation à titre secondaire ;

« — l'installation progressive.

« Au sens du présent chapitre, on entend par date d'installation la date de début de mise en œuvre du plan d'entreprise mentionné à l'article D. 343-7. »

Est mal fondée la cour qui dit les dotations d'installation accordées au jeune exploitant accessoires de l'exploitation créée dans l'intérêt de la communauté, alors qu'il s'agit de biens propres de l'époux exploitant en raison de leur caractère personnel. • Civ. 1re, 15 avr. 2015, n° 13-26.467 : *JCP N 2015. 1187, note Chabot ; D. actu. 4 mai 2015, note Mésa ; RD rur. 2015, n° 205, note Le Guidec ; Gaz. Pal. 2016. 3244, note Guiguet-Schiele.*

SOUS-SECTION 1 **Les conditions d'octroi des aides**

(Décr. n° 2004-1308 du 26 nov. 2004)

Art. D. 343-4 *(Décr. n° 2016-1141 du 22 août 2016, art. 1er-2°)* **Pour être éligible au bénéfice des aides mentionnées au I de l'article D. 343-3, le candidat à l'installation doit répondre aux conditions suivantes :**

1° Être âgé de moins de quarante ans à la date du dépôt de la demande ;

2° Être de nationalité française ou ressortissant d'un autre État membre de l'Union européenne, ou ressortissant d'un pays non membre de l'Union européenne et justifier d'un titre de séjour l'autorisant à travailler sur le territoire français ;

3° S'installer pour la première fois comme chef d'exploitation, à titre individuel ou comme associé exploitant non salarié ;

4° Justifier, à la date du dépôt de la demande d'aide, de la capacité professionnelle agricole attestée par la possession cumulée :

— d'un diplôme, titre, ou certificat enregistré au répertoire national des certifications professionnelles, de niveau égal ou supérieur *(Décr. n° 2020-1097 du 27 août 2020, art. 1er)* **« au baccalauréat professionnel spécialité "conduite et gestion de l'entreprise agricole" ou au brevet professionnel option "responsable d'entreprise agricole" », procurant une qualification correspondant à l'exercice du métier de responsable d'exploitation agricole, ou d'un diplôme reconnu par un État membre de l'Union européenne ou par un État partie à l'accord sur l'Espace économique européen conférant le** *(Décr. n° 2020-1097 du 27 août 2020, art. 1er)* **« niveau 4 » agricole ;** *— V. Arr. du 18 févr. 2022 fixant la liste des diplômes, titres et certificats permettant de satisfaire à la condition de diplôme de la capacité professionnelle prévue à l'art. L. 330-1 et conférant la capacité professionnelle prévue à l'art. L. 331-2 (JO 2 mars), mod. par Arr. du 20 févr. 2023 (JO 2 mars).*

— d'un plan de professionnalisation personnalisé mentionné à l'article D. 343-22 validé par le préfet de département ;

5° Présenter dans le plan d'entreprise mentionné à l'article D. 343-7 un projet de développement de l'exploitation d'une durée de quatre ans viable ;

6° S'installer sur une exploitation répondant à la définition de micro ou petite entreprise au sens de l'article 2 de l'annexe 1 du règlement (UE) n° 702/2014 de la Commission du 25 juin 2014 déclarant certaines catégories d'aides, dans les secteurs agricole et forestier et dans les zones rurales, compatibles avec le marché intérieur, en application des articles 107 et 108 du traité sur le fonctionnement de l'Union européenne ;

7° S'installer sur une exploitation répondant à des exigences minimales et maximales de potentiel de production brute standard (PBS) définies par arrêté du ministre chargé de l'agriculture.

Par dérogation au 4°, peut être regardé comme justifiant de la capacité professionnelle agricole le candidat auquel *(Décr. n° 2023-335 du 3 mai 2023, art. 1er)* **« l'autorité de gestion régionale mentionnée à l'article 78 de la loi n° 2014-58 du 27 janvier 2014 » accorde l'acquisition progressive de cette capacité, dès lors qu'il remplit les conditions suivantes :**

— se trouver dans une situation d'urgence l'obligeant à s'installer ;

— justifier d'un diplôme, titre ou certificat d'un niveau équivalent au brevet d'études professionnelles agricoles ou au brevet professionnel agricole ou d'un diplôme de *(Décr. n° 2020-1097 du 27 août 2020, art. 1er)* **« niveau 4 » non agricole ;**

— disposer d'un plan de professionnalisation personnalisé agréé à la date du dépôt de la demande d'aide.

1. Activité agricole. La prise en pension de chevaux ne présente pas un caractère agricole, et la décision prononçant la déchéance du droit au bénéfice des aides agricoles est fondée. • CAA Nantes, 18 févr. 2016, n° 14NT03125 : *RD rur. 2016, n° 203, note Carius.*

2. Nationalité. Méconnaissent le principe d'égalité les dispositions prévoyant des aides accordées avec une différence de traitement des demandeurs selon leur nationalité. • CE 24 janv. 2007, *GISTI,* n° 243976 A : *AJDA 2007. 653 ; Gaz. Pal. 12 juill. 2007. 14.*

3. Associé. L'exploitant, directeur général associé, disposant de 30% des parts de la société, ne dispose pas de la maîtrise effective et durable de l'exploitation agricole ni de la gestion de celle-ci. • CJUE 25 oct. 2012, n° C-592/11 : *Europe 2012. 498 ; RD rur. 2013. Chron. 4, p. 9, note Gadbin.*

4. Indivision. Un État peut retenir que n'ouvre pas droit au versement d'une aide européenne l'exploitant qui reprend une part indivise de l'entreprise familiale. • CJUE 8 juill. 2021, n° C-830/19 : *Europe 2021, n° 342, note Bruyas.*

Art. D. 343-4-1 *(Décr. n° 2016-1141 du 22 août 2016, art. 1er-3°)* **Un arrêté du ministre chargé de l'agriculture définit les conditions de délivrance du baccalauréat professionnel spécialité "conduite et gestion de l'***(Décr. n° 2020-1097 du 27 août 2020, art. 1er)* **« entreprise » agricole", du brevet professionnel option "responsable d'***(Décr. n° 2020-1097 du 27 août 2020, art. 1er)* **« entreprise » agricole" ainsi que la liste des diplômes, titres ou certificats enregistrés au répertoire national des certifications professionnelles** *(Décr. n° 2020-1097 du 27 août 2020, art. 1er)* **« permettant de remplir la condition de diplôme » de la capacité professionnelle agricole mentionnée au 4° de l'article D. 343-4.**

Art. D. 343-4-2 *Abrogé par Décr. n° 2016-1141 du 22 août 2016, art. 1er-4°.*

Art. D. 343-5 *(Décr. n° 2016-1141 du 22 août 2016, art. 1er-5°)* **Le bénéficiaire des aides mentionnées à l'article D. 343-3 s'engage à :**

1° Commencer de mettre en œuvre le plan d'entreprise mentionné à l'article D. 343-7 au plus tôt à la date de dépôt de la demande d'aide et dans un délai maximal de neuf mois à compter de la décision d'octroi d'aide et de vingt-quatre mois à compter de la date de validation ou d'agrément en cas d'acquisition progressive de la capacité professionnelle agricole du plan de professionnalisation personnalisé ;

2° Remplir les conditions prévues par l'article 9 du règlement (UE) n° 1307/2013 du Parlement européen et du Conseil du 17 décembre 2013 établissant les règles relatives aux paiements directs en faveur des agriculteurs au titre des régimes de soutien relevant de la politique agricole commune pour être regardé comme un agriculteur actif dans un délai de dix-huit mois à compter de la date d'installation ; *— Le Règl. (UE) 1307/2013 est abrogé, avec effet au 1er janv. 2023, par le Règl. (UE) 2021/2115 du 2 déc. 2021 établissant des règles régissant l'aide aux plans stratégiques devant être établis par les États membres dans le cadre de la politique agricole commune (plans stratégiques relevant de la PAC) et financés par le Fonds européen agricole de garantie (FEAGA) et par le Fonds européen agricole pour le développement rural (Feader).*

3° En cas d'installation progressive, ne plus relever, au terme de la quatrième année de réalisation du plan d'entreprise, du régime de protection sociale des personnes non salariées des professions agricoles prévu au deuxième alinéa de l'article L. 722-6 ;

4° Exercer l'activité de chef d'exploitation agricole pendant une durée minimale de quatre ans à compter de la date d'installation. L'exercice de l'activité de chef d'exploitation est appréciée au regard de deux critères : l'affiliation au régime de protection sociale des personnes non salariées des professions agricoles et le respect des conditions définies au 4° de l'article D. 343-9 ;

5° Réaliser les travaux de mise en conformité des équipements repris qui sont exigés par la réglementation relative à la protection de l'environnement et satisfaire aux normes minimales requises en matière d'hygiène et de bien-être des animaux ;

6° En cas d'acquisition progressive de la capacité professionnelle agricole, acquérir le diplôme mentionné *(Décr. n° 2020-1097 du 27 août 2020, art. 1er)* « au 4° » de l'article D. 343-4 et valider le plan de professionnalisation personnalisé dans un délai maximum de trois ans à compter de la date d'octroi des aides à l'installation ;

7° Se conformer aux obligations liées aux vérifications et contrôles administratifs relatifs à la mise en œuvre du plan d'entreprise ;

8° Tenir pendant quatre ans une comptabilité de gestion conforme aux normes du plan comptable agricole et à la transmettre aux autorités compétentes ;

9° S'installer et réaliser son projet conformément au plan d'entreprise et informer l'autorité compétente des changements dans la mise en œuvre du projet ;

10° Respecter les conditions liées aux modulations du montant de la dotation jeunes agriculteurs ;

(Décr. n° 2020-131 du 17 févr. 2020, art. 1er) « 11° Justifier, par la production de l'attestation de la mutualité sociale agricole, de la forme d'installation choisie ; »

12° Maintenir l'objet du prêt pour son objet initial pendant toute la durée de mise en œuvre du plan d'entreprise ou pendant la durée de la bonification du prêt lorsque celle-ci s'achève avant la fin du plan d'entreprise.

1. Peut bénéficier d'une aide à l'installation l'agriculteur qui justifie d'un projet viable dès lors que le contrat d'entraide permettant de s'appuyer sur les moyens d'un GAEC pour des travaux de culture n'est pas de nature à empêcher que l'exploitation constitue une entité économique indépendante. • CAA Bordeaux, 18 déc. 2014, n° 13BX02222 : *AJDA 2015. 816, rapport Normand*.

2. Sanction. V. jurisprudence ss. art. D. 343-18-1.

Art. D. 343-6 *Abrogé par Décr. n° 2020-131 du 17 févr. 2020, art. 1er.*

Art. D. 343-7 *(Décr. n° 2016-1141 du 22 août 2016, art. 1er-5°)* Le plan d'entreprise expose :

– la situation initiale de l'exploitation ;

– les étapes et les objectifs définis en vue de son développement ;

– l'évolution des moyens de production ;

– le programme d'investissements, comprenant la liste des investissements nécessaires au développement des activités et, le cas échéant, ceux relatifs à la mise aux normes ;

– les éléments justifiant des éventuelles modulations de la dotation jeunes agriculteurs ;

– l'évolution prévisionnelle du revenu disponible agricole pendant les quatre premières années d'activité.

Un arrêté du ministre chargé de l'agriculture précise les conditions de vérification de la viabilité du projet d'installation et de suivi du plan d'entreprise.

Art. D. 343-8 *(Décr. n° 2016-1141 du 22 août 2016, art. 1er-5°)* Ne peut prétendre au bénéfice des aides prévues par la présente section l'agriculteur déjà affilié à un régime de protection sociale des personnes non salariées des professions agricoles à la date du dépôt de la demande et :

– qui dispose d'un revenu disponible agricole égal ou supérieur à un montant défini par arrêté du ministre chargé de l'agriculture ou à la moitié de ce montant dans le cadre d'une installation à titre secondaire ;

– ou qui détient plus de 10 % des parts sociales d'une société agricole en qualité d'exploitant.

Art. D. 343-8-1 *Abrogé par Décr. n° 2016-1141 du 22 août 2016, art. 1er-6°.*

Art. D. 343-9 *(Décr. n° 2016-1141 du 22 août 2016, art. 1er-7°)* Les dispositions de la présente section sont applicables au jeune agriculteur qui s'installe, dans les conditions prévues à l'article D. 343-5, dans le cadre d'une société dont l'objet social est l'exercice d'activités agricoles au sens de l'article D. 343-3. Dans ce cas, les aides à l'installation peuvent être attribuées à chaque associé.

L'installation en société doit, en outre, répondre aux conditions suivantes :

1° Le plan d'entreprise mentionné à l'article D. 343-7 porte sur l'activité de la société et individualise la situation financière ainsi que les responsabilités confiées au jeune agriculteur ;

2° Le plan d'entreprise conclut à la viabilité de la société, dans les conditions fixées par l'arrêté prévu à l'article D. 343-7 ;

3° La société se substitue au jeune agriculteur pour l'engagement prévu au 8° de l'article D. 343-5 ;

4° Les statuts de la société présentés par le bénéficiaire démontrent :

– qu'il détient au minimum 10 % des parts sociales de la société ;

– qu'il a la qualité d'associé exploitant ;

– qu'il exerce un contrôle effectif et durable sur la gestion de la société, seul ou conjointement avec d'autres agriculteurs.

SOUS-SECTION 2 La dotation d'installation aux jeunes agriculteurs

(Décr. n° 2004-1308 du 26 nov. 2004)

Art. D. 343-10 *(Décr. n° 2016-1141 du 22 août 2016, art. 1er-8°)* Les candidats éligibles aux aides à l'installation mais non retenus à l'issue du processus de sélection ne peuvent prétendre au bénéfice de ces aides. Les modalités de sélection des candidats éligibles sont définies au niveau régional dans les conditions précisées par arrêté du ministre chargé de l'agriculture.

Art. D. 343-11 *Abrogé par Décr. n° 2016-1141 du 22 août 2016, art. 1er-9°.*

Art. D. 343-12 *(Décr. n° 2016-1141 du 22 août 2016, art. 1er-10°)* Les montants de la dotation jeunes agriculteurs sont fixés *(Décr. n° 2023-335 du 3 mai 2023, art. 1er)* « par le président du conseil régional et, pour les dossiers engagés avant le 1er janvier 2023, » conjointement par le président du conseil régional et le préfet de région après consultation du comité régional à l'installation et à la transmission, dans des conditions définies par arrêté des ministres chargés de l'agriculture et du budget.

Ces montants comprennent la participation du Fonds européen agricole pour le développement rural (FEADER), de l'État *(Décr. n° 2022-1671 du 27 déc. 2022, art. 1er, en vigueur le 1er janv. 2023)* « pour les annuités courant jusqu'au 31 décembre 2025 pour les dossiers engagés avant le 1er janvier 2023 » et, le cas échéant, des autres financeurs.

Le montant de la dotation jeunes agriculteurs accordée dans le cadre d'une installation à titre secondaire correspond à 50 % du montant de la dotation jeunes agriculteurs accordée dans le cadre d'une installation à titre principal. *– V. Arr. du 22 août 2016 relatif aux conditions d'octroi de la dotation aux jeunes agriculteurs (JO 23 août).*

SOUS-SECTION 3 Les prêts à moyen terme spéciaux

(Décr. n° 2004-1308 du 26 nov. 2004)

Art. D. 343-13 Les prêts à moyen terme spéciaux réservés aux jeunes agriculteurs sont destinés au financement des dépenses affectées aux activités agricoles au sens de l'article L. 311-1. Ils ont pour objet de financer les dépenses afférentes à la première installation, notamment pour la reprise totale ou partielle d'une exploitation, sa mise en état et son adaptation et, le cas échéant, le paiement des soultes de partage. Ils sont exclusivement destinés :

1° Au financement des dépenses suivantes *(Décr. n° 2016-1141 du 22 août 2016, art. 1er-11°)* « , telles que prévues au plan d'entreprise » :

a) Le besoin en fonds de roulement au cours de la première année d'installation, la reprise, la mise en état et l'adaptation du capital mobilier et immobilier, hors foncier, nécessaire à l'installation ;

(Décr. n° 2016-1141 du 22 août 2016, art. 1er-11°) « ***b)*** L'acquisition de parts ou actions d'un groupement agricole d'exploitation en commun agréé, d'un groupement foncier agricole, d'un groupement foncier rural, d'un groupement forestier ou de toute autre société dont l'objet social est l'exercice d'activité agricole. Ces parts ou actions doivent être représentatives de biens autres que les terres leur appartenant en pleine propriété sous réserve des acquisitions de terres mentionnées au 2°. Pour la fixation du montant des prêts à moyen terme destinés aux acquisitions de parts sociales, la valeur de fraction des biens, autres que les terres, réputés appartenir à chaque membre de la personne morale, est déterminée en appliquant à la valeur totale de ces biens le rapport constaté entre le nombre de parts que se propose de détenir l'emprunteur et le nombre de parts constituant le capital du groupement ; »

2° *(Décr. n° 2008-1336 du 17 déc. 2008)* « Au financement de l'acquisition de terres lorsqu'elles améliorent la viabilité de l'exploitation » *(Abrogé par Décr. n° 2016-1141 du 22 août 2016, art. 1er-11°)* ***« et dans la limite de 10 % du coût total de l'installation hors foncier tel que prévu dans le plan de développement de l'exploitation à sa date de validation par le préfet ».***

Art. D. 343-14 *(Décr. n° 2016-1141 du 22 août 2016, art. 1er-12°)* « La demande d'accès aux prêts à moyen terme spéciaux est comprise dans la demande d'aides à l'installation. Les prêts peuvent être contractés soit directement par le bénéficiaire des aides à l'installation, soit par la société dont il est associé exploitant. »

Les prêts à moyen terme spéciaux peuvent être accordés :

a) Au jeune agriculteur s'installant à titre individuel ;

b) Au jeune agriculteur qui s'établit dans le cadre d'une société répondant aux conditions mentionnées au *b* du 1° de l'article D. 343-13 ;

c) A l'exploitation agricole à responsabilité limitée dont l'un des associés exploitants répond aux conditions prévues par la présente section ;

(Décr. n° 2008-1336 du 17 déc. 2008) « *d)* Au groupement agricole d'exploitation en commun dont l'un des associés exploitants répond aux conditions prévues par la présente section, dans la limite d'un montant d'aide défini par arrêté du ministre chargé de l'agriculture. — *V. Arr. du 17 avr. 2009 (JO 21 mai).*

« La société est substituée au jeune agriculteur pour la tenue de la comptabilité de gestion mentionnée au 6° de l'article D. 343-5.

« Dans les cas prévus aux *b, c* et *d* du présent article, il est tenu compte, pour l'appréciation du respect des plafonds de réalisation et de montant d'aide mentionnés aux articles D. 343-15 et D. 343-16, des prêts à moyen terme spéciaux dont la société a bénéficié du fait de cet associé.

« Dans les cas prévus aux *c* et *d* du présent article, il est tenu compte, pour l'appréciation du respect des plafonds de réalisation et de montant d'aide mentionnés aux articles D. 343-15 et D. 343-16, des prêts à moyen terme spéciaux » *(Décr. n° 2016-1141 du 22 août 2016, art. 1er-12°)* « dont la société a bénéficié du fait de cet associé exploitant et de ceux accordés à ce même associé à titre personnel ».

Art. D. 343-15 *(Décr. n° 2008-1336 du 17 déc. 2008)* Le jeune agriculteur ou la société au sein de laquelle il s'établit peut *(Décr. n° 2016-1141 du 22 août 2016, art. 1er-13°)* « solliciter un prêt à moyen terme spécial pendant quatre » ans à compter de son installation dans la limite des plafonds de réalisation et de montant d'aide fixés par l'arrêté prévu à l'article D. 343-16.

Art. D. 343-16 Les prêts à moyen terme spéciaux sont consentis pour une durée maximale de 15 ans. Ils sont attribués, après accord du préfet, par les établissements de crédit *(Décr. n° 2014-1316 du 3 nov. 2014, art. 12-3°)* « et les sociétés de financement » qui ont passé à cet effet une convention avec les ministres chargés de l'agriculture et de l'économie. *(Décr. n° 2008-1336 du 17 déc. 2008)* « Un arrêté conjoint des ministres chargés de l'agriculture et de l'économie fixe les durées de bonification et de différé d'amortissement, le taux d'intérêt ainsi que les plafonds de réalisation et de montant d'aide dont peut bénéficier le demandeur sous forme de prêts. Le taux d'intérêt et le plafond d'aide peuvent varier selon que l'installation se situe ou non dans les zones de montagne et les autres zones agricoles défavorisées définies aux articles R. 113-13 à R. 113-15. » — *V. Arr. du 22 août 2016 relatif aux prêts à moyen terme spéciaux (JO 27 août).*

***Al. 2** abrogé par Décr. n° 2016-1141 du 22 août 2016, art. 1er-14°.*

SOUS-SECTION 4 **Instruction des demandes et contrôles**

(Décr. nº 2004-1308 du 26 nov. 2004)

Art. D. 343-17 *(Décr. nº 2016-1141 du 22 août 2016, art. 1er-15º) (Abrogé par Décr. nº 2022-1671 du 27 déc. 2022, art. 1er, à compter du 1er janv. 2023)* ***« Les décisions concernant les demandes d'aides relevant des programmes de développement rural sont prises par l'autorité de gestion mentionnée au I de l'article 78 de la loi nº 2014-58 du 27 janvier 2014 relative à la modernisation de l'action publique territoriale et d'affirmation des métropoles, conjointement avec le préfet et, le cas échéant, les autres financeurs, ou par le préfet lorsque les décisions concernent les demandes d'aides ne relevant pas des programmes de développement rural régionaux dont l'État est unique financeur. »***

Préalablement à son installation, le candidat adresse sa demande au service chargé de l'instruction des dossiers dans le ressort duquel est situé le siège social de l'exploitation. Lorsque cette demande concerne des prêts à moyen terme spéciaux, elle est également adressée à l'établissement de crédit ou à la société de financement sollicité pour consentir des prêts.

Dans le cas où des modifications substantielles concernant notamment les productions ou le programme d'investissements apparaissent nécessaires, un avenant au plan d'entreprise initial est établi.

Art. R. 343-17-1 *Abrogé par Décr. nº 2017-512 du 7 avr. 2017, art. 2.*

Art. D. 343-17-2 *(Décr. nº 2015-781 du 29 juin 2015, art. 2)* **Lorsqu'il reçoit la demande mentionnée à l'article D. 343-17, le** *(Décr. nº 2022-1671 du 27 déc. 2022, art. 1er, en vigueur le 1er janv. 2023)* **« service chargé de l'instruction » la transmet au directeur de la chambre mentionnée à l'article L. 511-4, qui vérifie que le dossier est complet et demande, le cas échéant, des éléments complémentaires. Le directeur transmet au** *(Décr. nº 2022-1671 du 27 déc. 2022, art. 1er, en vigueur le 1er janv. 2023)* **« service chargé de l'instruction » un rapport assorti d'un avis motivé sur la demande.**

La chambre collecte, vérifie et transmet au *(Décr. nº 2022-1671 du 27 déc. 2022, art. 1er, en vigueur le 1er janv. 2023)* **« service chargé de l'instruction » les documents permettant la mise en paiement des aides à l'installation et les données permettant le contrôle de la correcte exécution des plans d'entreprise.**

Un arrêté du ministre chargé de l'agriculture précise les conditions dans lesquelles les chambres exercent les missions prévues par le présent article. — *V. Arr. du 28 déc. 2016 fixant les conditions de participation des chambres d'agriculture à la politique d'installation en agriculture, art. 4 (JO 5 janv. 2017).*

Art. D. 343-18 *(Décr. nº 2016-1141 du 22 août 2016, art. 1er-16º)* **Le respect des engagements prévus aux articles D. 343-5 et suivants fait l'objet de contrôles sur pièces et sur place** *(Abrogé par Décr. nº 2022-1671 du 27 déc. 2022, art. 1er, à compter du 1er janv. 2023)* ***« à l'initiative des autorités mentionnées à l'article D. 343-17 »*****. Ces contrôles sont effectués par les services chargés de l'instruction des dossiers ou par l'organisme payeur agréé.**

Art. D. 343-18-1 *(Décr. nº 2016-1141 du 22 août 2016, art. 1er-16º)* **Lorsque le bénéficiaire ne respecte pas les engagements prévus à l'article D. 343-5,** *(Décr. nº 2022-1671 du 27 déc. 2022, art. 1er, en vigueur le 1er janv. 2023)* **« l'autorité compétente prononce » la déchéance totale ou partielle des aides dans les cas et conditions prévus à l'annexe à l'article D. 343-18-2, sauf lorsque la situation du bénéficiaire résulte d'un cas de force majeure ou de circonstances exceptionnelles au sens du 2 de l'article 2 du règlement (UE) nº 1306/2013 du Parlement européen et du Conseil du 17 décembre 2013 relatif au financement, à la gestion et au suivi de la politique agricole commune.** — *Le Règl. (UE) 1306/2013 est abrogé par le Règl. (UE) 2021/2116 du 2 déc. 2021 relatif au financement, à la gestion et au suivi de la politique agricole commune, applicable à partir du 1er janv. 2023.*

En cas de déchéance totale, le bénéficiaire rembourse la somme correspondant à la part de la dotation jeunes agriculteurs déjà perçue et aux bonifications d'intérêt au titre des prêts à moyen terme spéciaux dont il a bénéficié, assortie des intérêts au taux légal en vigueur, dans les conditions fixées à l'article D. 343-18-2. Il cesse de bénéficier de la part de la dotation jeunes agriculteurs restant à verser et de la bonification d'intérêt sur la durée des prêts restant à courir.

En cas de déchéance partielle, le bénéficiaire perd le bénéfice de tout ou partie de la part de la dotation jeunes agriculteurs restant à verser et, le cas échéant, rembourse une partie de la part de la dotation jeunes agriculteurs déjà perçue dans les conditions fixées à l'article D. 343-18-2. Il cesse de bénéficier de la bonification d'intérêt du ou des prêts bonifiés en cours, et, le cas échéant, est tenu de rembourser une partie de celle déjà perçue.

1. Force majeure. La brutalité physique et morale du père du bénéficiaire, ainsi que ses charges de famille, ne constituent pas la force majeure de nature à l'exonérer de son obligation de remboursement des aides perçues pour cessation d'activité avant le délai de dix ans. • CAA Nancy, 5 août 2004, *Flotat : RD rur. 2005, inf. 315.*

2. Est fondée la décision du préfet prononçant la déchéance du droit aux aides à l'installation et ordonnant le remboursement des aides versées au motif de l'inexécution de l'engagement de l'exploitant, dès lors que les circonstances de l'accident subi par ce dernier n'avait pas les caractères de la force majeure. • CE 17 oct. 2012, n° 345525 : *DP entr. agric., Bull. n° 457, p. 4, note Roussel ; RD rur. 2013, n° 17, note Krajeski.* ♦ La prise en pension de chevaux ne présente pas un caractère agricole, et la décision prononçant la déchéance du droit au bénéfice des aides agricoles est fondée. • CAA Nantes, 18 févr. 2016, n° 14NT03125 : *RD rur. 2016, n° 203, note Carius.*

Art. D. 343-18-2 *(Décr. n° 2016-1141 du 22 août 2016, art. 1er-16°)* **Les taux de déchéance partielle mentionnés à l'annexe au présent article s'appliquent au montant de l'aide. Ce montant est revalorisé en cas de changement de zone d'installation ou d'absence de mise en œuvre d'une modulation de la dotation jeunes agriculteurs. Aucune revalorisation à la hausse du montant initialement accordé ne peut être effectuée.**

En cas de non-respect de plusieurs des engagements prévus à l'article D. 343-5, dont l'un implique une déchéance totale, celle-ci est prononcée.

En cas de non-respect de plusieurs des engagements prévus aux 7°, 9° et 11° de l'article D. 343-5, les déchéances applicables se cumulent dans la limite de 50 % du montant total des aides attribuées.

En cas de manquement au 9° de l'article D. 343-5 :

— la déchéance prononcée est celle dont le montant est le plus élevé *(Abrogé par Décr. n° 2020-131 du 17 févr. 2020, art. 1er)* ***« , sauf lorsque le bénéficiaire n'atteint le seuil de revenu disponible agricole fixé à l'article D. 343-6 ni au terme de la deuxième année ni au terme de la quatrième année de mise en œuvre du plan d'entreprise, auquel cas les déchéances prévues sont cumulées »*** **;**

— la mise en place de nouveaux prêts bonifiés est suspendue ;

— les déchéances partielles applicables aux prêts bonifiés ne sont prononcées que lorsque l'intéressé ne bénéficie pas de la dotation jeunes agriculteurs ;

— lorsque le bénéficiaire ne respecte pas la situation initiale de l'exploitation exposée dans le plan d'entreprise mentionné à l'article D. 343-7, la déchéance totale est prononcée.

Les décisions de déchéance fondées sur le non-respect des engagements prévus aux 9° et 11° de l'article D. 343-5 tiennent compte des circonstances dans lesquelles le plan d'entreprise est mis en œuvre, notamment en cas de crise conjoncturelle.

En cas de fausse déclaration ou d'opposition aux contrôles, la somme correspondant à la dotation et aux bonifications d'intérêts au titre des prêts à moyen terme spéciaux, assortie des intérêts au taux légal en vigueur, est majorée de 10 % dans la limite du montant de l'amende prévu à l'article 131-13 du code pénal pour les contraventions de la cinquième classe.

Lorsque le bénéficiaire n'adresse pas les pièces justificatives exigées au terme de la deuxième année du plan d'entreprise dans les délais fixés mais les adresse avant le terme du plan d'entreprise, une déchéance partielle à hauteur de 10 % de la dotation jeunes agriculteurs est prononcée. La mise en place de nouveaux prêts bonifiés est suspendue jusqu'à fourniture des pièces justificatives. — *V. l'annexe à l'art. D. 343-18-2 au* **C. rur.**

Art. D. 343-18-3 *(Décr. n° 2016-1141 du 22 août 2016, art. 1er-17°)* **Lorsque le bénéficiaire change d'exploitation, la déchéance partielle des aides à l'installation est seule prononcée s'il respecte les conditions suivantes :**

— avoir mis en œuvre son projet de première installation conformément au plan d'entreprise initial ;

— procéder au changement d'exploitation avant la fin de la deuxième année de mise en œuvre du plan d'entreprise ;
— présenter un nouveau projet d'installation portant sur la durée des engagements restant à courir par rapport à la date d'installation initiale ;
— respecter les engagements prévus à l'article D. 343-5 souscrits lors du dépôt de la demande d'aide initiale pour la durée du plan d'entreprise restant à courir, à l'exception de celui fixé au 9° de cet article.

L'intéressé ne peut bénéficier de la part de la dotation jeunes agriculteurs restant à verser et, le cas échéant, est tenu de rembourser une partie de la dotation déjà perçue, si celle-ci représente plus de 80 % du montant de la dotation revalorisée conformément à l'article D. 343-18-2. A l'issue du projet de première installation, les prêts bonifiés déjà contractés sont déclassés s'ils ne sont pas repris dans le cadre de la nouvelle installation et si leur usage n'est pas identique, ou s'ils ne permettent pas d'acquérir un bien équivalent à l'objet du prêt. L'intéressé rembourse les bonifications perçues au titre de ces prêts. Dans tous les cas, il n'est plus possible de contracter de nouveaux prêts bonifiés.

SOUS-SECTION 5 La bourse versée par l'État aux jeunes réalisant le stage prévu au 4° de l'article R. 343-4

Art. D. 343-19 I. — *(Décr. nº 2008-1336 du 17 déc. 2008)* « Dans le cadre du plan de professionnalisation personnalisé prévu au *b* du 4° de l'article D. 343-4, lorsqu'il est prescrit un stage d'application en exploitation, l'État accorde une bourse aux stagiaires nés à compter du 1er janvier 1971 pour les périodes de stage effectivement réalisées, selon les conditions énumérées dans le présent article. »

II. — La bourse concerne exclusivement, d'une part, les stagiaires agricoles au sens de l'article R. 741-65 du code rural, réalisant leur stage en France, d'autre part, les stagiaires réalisant tout ou partie de leur stage à l'étranger.

III. — Le montant mensuel de la bourse varie selon que le stagiaire appartient à l'une des deux catégories suivantes :

1° Stagiaire ayant au moins un membre de sa famille à charge au sens de l'article L. 313-3 du code de la sécurité sociale, ou bien stagiaire réalisant son stage à l'étranger, ou bien *(Décr. nº 2016-781 du 10 juin 2016, art. 4-4°, en vigueur le 1er juill. 2016)* « stagiaire domicilié en Guadeloupe, en Guyane, en Martinique, à La Réunion, à Mayotte ou à Saint-Martin et réalisant son stage en métropole ou dans une autre collectivité territoriale d'outre-mer » ou bien stagiaire pouvant justifier d'au moins six mois d'activité salariée au cours des douze mois précédant le stage ;

2° Stagiaire ne répondant à aucun des critères énumérés au 1°.

Pour chacune de ces deux catégories, le montant mensuel de la bourse est fixé par arrêté conjoint des ministres chargés de l'économie, de l'agriculture, de l'outre-mer et du budget.

La somme versée au stagiaire est calculée au prorata du temps de stage effectivement réalisé dans le cadre de l'une des deux catégories susmentionnées.

Les pièces justificatives à fournir par le stagiaire seront précisées par arrêté.

IV. — L'octroi de la bourse fait l'objet d'une décision du préfet du département du lieu de domicile du stagiaire. La décision mentionne le montant mensuel applicable pour le stage ou les fractions de stage.

Le stagiaire informe le préfet de département de toute modification de sa situation entraînant un changement de catégorie en cours de stage. Le préfet prend alors une nouvelle décision mentionnant le nouveau montant mensuel applicable.

V. — Les crédits nécessaires au versement de la bourse sont mis à disposition de *(Décr. nº 2008-1336 du 17 déc. 2008)* « l'organisme payeur agréé au titre des aides du développement rural », qui est chargé de la liquidation et du paiement de la dépense.

VI. — Le versement de la bourse est effectué par avance en deux fois : 50 p. 100 au début du stage et 50 p. 100 après réalisation effective de la moitié du stage.

Si le stage est fractionné en deux périodes, la même règle s'applique à chacune des deux périodes.

VII. — Dans le cas où le stagiaire n'aurait pas présenté un projet de première installation conforme aux dispositions du titre III du livre III du code rural relatif au contrôle des structures des exploitations agricoles dans un délai maximum de trois années à compter de la fin *(Décr. n° 2008-1336 du 17 déc. 2008)* « du stage d'application », les versements perçus par le stagiaire au titre de la bourse définie au I ci-dessus sont reversés intégralement à *(Décr. n° 2008-1336 du 17 déc. 2008)* « l'organisme payeur agréé au titre des aides du développement rural » sur décision expresse du préfet de département. Toutefois, le préfet peut décider, pour tenir compte de situations exceptionnelles, de ne pas exiger le reversement prévu au présent paragraphe.

VIII. — Au cas où le stagiaire ne réalise pas la totalité de la durée prévue pour son stage, les sommes indûment perçues par le stagiaire au titre de la bourse définie au I ci-dessus sont recouvrées par *(Décr. n° 2008-1336 du 17 déc. 2008)* « l'organisme payeur agréé au titre des aides du développement rural ».

IX. — Abrogé par Décr. n° 2008-1336 du 17 déc. 2008. — [Décr. n° 95-1067 du 2 oct. 1995, art. 1er à 9.]

SOUS-SECTION 6 Organisation du dispositif d'accompagnement à l'installation

(Décr. n° 2009-28 du 9 janv. 2009, art. 1er, en vigueur le 15 janv. 2009)

Art. D. 343-20 *(Décr. n° 2016-1140 du 22 août 2016, art. 1er-1°)* Dans chaque région, le comité régional de l'installation et de la transmission mentionné à l'annexe I du décret n° 2015-445 du 16 avril 2015 relatif à la mise en œuvre des programmes de développement rural pour la période 2014-2020 concourt à la définition et à la mise en œuvre de la politique de préparation à l'installation en agriculture.

Il élabore la stratégie régionale pour l'installation et la transmission en agriculture et définit un schéma de préparation à l'installation en agriculture dans la région, participe à leur mise en œuvre et en assure le suivi et l'évaluation.

Il adapte le cahier des charges national du stage collectif.

Le comité est présidé par le président du conseil régional et le préfet de région, ou, en Corse, par le président du conseil exécutif de la collectivité de Corse et le préfet de Corse.

Il comprend des représentants des personnes et organismes concernés par la politique d'installation et de transmission. Sa composition et ses modalités d'organisation et de fonctionnement sont fixées par arrêté du préfet de région, après avis du président du conseil régional, ou, en Corse, du président du conseil exécutif de la collectivité de Corse.

Art. D. 343-21 *(Décr. n° 2016-1140 du 22 août 2016, art. 1er-1°)* I. — Le label "Point Accueil Installation" est attribué pour une durée *(Décr. n° 2021-1099 du 19 août 2021, art. 1er)* « fixée par un arrêté du ministre chargé de l'agriculture » à un organisme, dont le champ d'intervention n'excède pas le territoire du département, chargé :

— d'accueillir toute personne souhaitant s'installer à court ou moyen terme en agriculture ;

— d'informer les porteurs de projet sur toutes les questions liées à une première installation en agriculture, les conditions d'éligibilité aux aides à l'installation, les conditions de mise en œuvre du plan de professionnalisation personnalisé ainsi que les conditions de prise en charge des actions à réaliser dans le cadre du plan de professionnalisation personnalisé et l'offre de formation professionnelle continue régionale ;

— d'orienter les porteurs de projet vers des organismes d'aide à l'ingénierie susceptibles de leur apporter un appui dans la définition de celui-ci.

II. — Le label mentionné au premier alinéa du I est attribué par le préfet de région, après avis du président du conseil régional ou, en Corse, du président du conseil exécutif de la collectivité de Corse, et du comité régional de l'installation et de la transmission, à l'issue d'un appel à candidatures réalisé dans chaque département sur la base d'un cahier des charges national adapté par le comité régional de l'installation et de la transmission.

Les modalités de l'appel à candidatures sont définies par le préfet de région après avis du comité régional de l'installation et de la transmission. — *V. Arr. du 19 août 2021 fixant la durée de labellisation et d'habilitation des structures départementales chargées de la préparation à l'installation en agriculture en application des art. D. 343-21 et D. 343-21-1 (JO 21 août), mod. par Arr. du 18 nov. 2022 (JO 23 déc.), Arr. du 22 déc. 2023 (JO 27 déc.).*

Art. D. 343-21-1 *(Décr. nº 2016-1140 du 22 août 2016, art. 1er-1º)* Le label "Centre d'élaboration du plan de professionnalisation personnalisé" est attribué pour *(Décr. nº 2021-1099 du 19 août 2021, art. 1er)* « une durée fixée par un arrêté du ministre chargé de l'agriculture » à un organisme chargé de la procédure d'élaboration et de mise en œuvre du plan de professionnalisation personnalisé.

Le label mentionné au premier alinéa est attribué par le préfet de région, après avis du président du conseil régional ou, en Corse, du président du conseil exécutif de la collectivité de Corse, et du comité régional de l'installation et de la transmission, à l'issue d'un appel à candidatures réalisé dans chaque département sur la base d'un cahier des charges national adapté par le comité régional de l'installation et de la transmission.

Les modalités de l'appel à candidatures sont définies par le préfet de région après avis du comité régional de l'installation et de la transmission. *— V. Arr. du 19 août 2021 fixant la durée de labellisation et d'habilitation des structures départementales chargées de la préparation à l'installation en agriculture en application des art. D. 343-21 et D. 343-21-1 (JO 21 août), mod. par Arr. du 18 nov. 2022 (JO 23 déc.), Arr. du 22 déc. 2023 (JO 27 déc.).*

Art. D. 343-22 Le plan de professionnalisation personnalisé, prévu à l'article D. 343-4, est agréé par le préfet dans des conditions fixées par arrêté du ministre chargé de l'agriculture. *(Décr. nº 2016-1141 du 22 août 2016, art. 1er-18º)* « Un arrêté du ministre chargé de l'agriculture précise ses objectifs, son contenu et ses modalités de mise en œuvre. » *— V. Arr. du 22 août 2016 relatif au plan de professionnalisation personnalisé (JO 23 août).*

(Décr. nº 2016-1140 du 22 août 2016, art. 1er-2º) « Il est accessible à tout porteur de projet en vue d'une installation. »

Art. R.* 343-22-1 *(Décr. nº 2017-1411 du 27 sept. 2017, art. 2-48º)* Le silence gardé par le préfet sur une demande de validation d'un plan de professionnalisation présentée par un agriculteur candidat aux aides à l'installation, mentionnée aux articles D. 343-4 et D. 343-22, vaut décision de rejet.

Art. D. 343-23 L'État accorde des indemnités :

1º Au Centre d'élaboration du plan de professionnalisation personnalisé pour la conduite et le suivi de la procédure d'élaboration des plans de professionnalisation personnalisés ainsi que pour faire réaliser le stage collectif obligatoire ;

2º Aux organismes de formation au titre de la réalisation du stage collectif de vingt et une heures.

Lorsque plusieurs organismes sont intervenus dans la mise en œuvre de l'une des actions précisées ci-dessus, il revient à la structure désignée *(Décr. nº 2017-1771 du 27 déc. 2017, art. 5-2º)* « à l'article D. 343-21-1 » de répartir entre les intervenants et à due concurrence l'indemnité accordée par l'État ;

3º A la structure chargée de l'organisation et du suivi des stages à l'étranger ;

4º Au fonds d'assurance formation au titre de la formation des maîtres exploitants ;

5º Aux maîtres exploitants qui accueillent un stagiaire non rémunéré de la formation professionnelle.

Il attribue une bourse au candidat à qui un stage d'application est préconisé sur une exploitation agricole en France ou à l'étranger.

Les montants et les conditions de versement de ces indemnités et bourses sont fixés par arrêté conjoint du ministre chargé de l'agriculture et du ministre chargé du budget. *— V. Arr. du 9 janv. 2009 relatif aux financements des structures et des actions de formation dans le cadre de la mise en œuvre du dispositif permettant l'élaboration du plan de professionnalisation personnalisé prévu aux art. D. 343-4 et D. 343-19 (JO 10 janv.).*

Les crédits nécessaires à leur versement sont inscrits au *(Décr. nº 2017-1771 du 27 déc. 2017, art. 5-2º)* « budget de l'État (ministère chargé de l'agriculture) et sont mis à disposition de l'organisme payeur » qui est chargé de la liquidation et du paiement de la dépense.

Art. D. 343-24 *(Décr. nº 2016-1140 du 22 août 2016, art. 1er-3º)* « Le stage d'application en exploitation agricole est effectué auprès d'un exploitant agricole inscrit sur la liste des "maîtres exploitants". Cette liste est établie par la chambre départementale d'agriculture, qui reçoit et instruit les demandes, et après vérification des conditions

d'inscription fixées par arrêté du ministre chargé de l'agriculture. Cette liste est intégrée à un répertoire régional mis à disposition de l'ensemble des centres d'élaboration du plan de professionnalisation personnalisé. » *— V. Arr. du 9 janv. 2017 fixant les conditions d'inscription sur la liste des maîtres exploitants (JO 18 janv.).*

Le maître exploitant est le responsable de l'exploitation quel que soit son statut. Il exerce son activité depuis plus de quatre ans et a suivi ou est inscrit dans une formation *(Décr. n° 2016-1140 du 22 août 2016, art. 1er-3°)* **« à l'accueil » du stagiaire. Un salarié, régisseur de domaine ou directeur d'exploitation d'établissement d'enseignement agricole peut être inscrit sur la liste des "maîtres exploitants" s'il participe aux travaux de manière effective et permanente au sens de l'article L. 411-59** *(Abrogé par Décr. n° 2017-1771 du 27 déc. 2017, art. 5-3°)* ***« du code rural et de la pêche maritime »*** **et s'il a une responsabilité dans la gestion de l'exploitation.**

(Abrogé par Décr. n° 2016-1140 du 22 août 2016, art. 1er-3°) ***« Le réseau des chambres d'agriculture assure la tenue de la liste des "maîtres exploitants". »***

A ce titre, une dotation représentative des coûts de gestion est allouée à ce réseau pour les missions qui lui sont confiées par le présent article. Son montant est fixé par arrêté conjoint du ministre chargé de l'agriculture et du ministre chargé du budget.

Pour tenir compte de la participation du stagiaire aux travaux de l'explcitation, l'exploitant agricole verse au stagiaire une indemnité qui ne peut être mensuellement inférieure à *(Décr. n° 2015-972 du 31 juill. 2015, art. 2)* **« soixante fois » le taux horaire du salaire minimum de croissance.**

SOUS-SECTION 7 Régime des aides à l'installation pour la programmation ayant commencé en 2023 en l'absence d'autorité de gestion régionale

(Décr. n° 2023-573 du 7 juill. 2023, art. 1er)

Art. D. 343-25 La présente sous-section est seulement applicable dans les régions qui n'ont pas la qualité d'autorité de gestion au sens de l'article 78 de la loi n° 2014-58 du 27 janvier 2014 de modernisation de l'action publique territoriale et d'affirmation des métropoles.

Art. D. 343-25-1 En application des articles 73 et 75 du règlement (UE) 2021/2115 du Parlement européen et du Conseil du 2 décembre 2021, sont mises en place les aides suivantes, intégrées dans le plan stratégique national de la politique agricole commune débutant en 2023 :

1° Aide pour les investissements bonifiés en faveur des jeunes agriculteurs ;

2° Aide à l'installation du jeune agriculteur ;

3° Aide pour financer les soldes des aides à l'installation en agriculture de la programmation 2014-2022 ;

4° Aide à l'installation du nouvel agriculteur.

Art. D. 343-25-2 Les aides mentionnées aux 1°, 2° et 3° de l'article D. 343-25-1 sont octroyées aux jeunes agriculteurs au sens de l'article D. 614-2 qui présentent un plan d'entreprise d'une durée de cinq ans comprenant notamment une description du projet, des données technico-économiques prévisionnelles, de la forme juridique de l'exploitation, et, dans le cas d'une installation sous forme sociétaire, la précision du capital social détenu par le porteur de projet. Le plan d'entreprise expose par ailleurs l'ensemble des démarches concourant à la viabilité et la durabilité du projet d'installation. Les critères permettant de définir la viabilité et la durabilité du projet d'installation du jeune agriculteur sont définis par arrêté préfectoral, lequel prend en compte, notamment, le type d'installation, leur localisation et les particularités des filières agricoles.

Le préfet peut prévoir que le niveau de diplôme requis peut être acquis progressivement au cours de l'installation, dans le cadre de la mise en œuvre du plan d'entreprise.

Art. D. 343-25-3 L'aide mentionnée au 4° de l'article D. 343-25-1 est octroyée aux nouveaux agriculteurs au sens de l'article D. 614-3 qui n'ont pas atteint l'âge légal limite de départ à la retraite à taux plein au moment du dépôt de leur demande, qui n'ont pas déjà bénéficié d'aides à l'installation comme nouvel agriculteur ou comme jeune agriculteur et qui ne sont pas affiliés à la mutualité sociale agricole comme agriculteur à titre principal ou agriculteur à titre secondaire, ou qui y sont affiliés depuis moins de cinq ans.

Le demandeur doit en outre présenter un plan d'entreprise d'une durée de cinq ans comprenant notamment une description du projet, des données technico-économiques prévisionnelles, de la forme juridique de l'exploitation, et, dans le cas d'une installation sous forme sociétaire, la précision du capital social détenu par le porteur de projet. Le plan d'entreprise expose par ailleurs l'ensemble des démarches concourant à la viabilité et la durabilité du projet d'installation. Les critères permettant de définir la viabilité et la durabilité du projet d'installation du nouvel agriculteur sont définis par voie d'arrêté préfectoral dans le respect du plan stratégique national.

Le préfet peut prévoir que le niveau de diplôme requis peut être acquis progressivement au cours de l'installation, dans le cadre de la mise en œuvre du plan d'entreprise.

Art. D. 343-25-4 I. — Les projets éligibles à l'aide mentionnée au 1° de l'article D. 343-25-1 sont les projets, qui contribuent de façon directe ou indirecte à la production de produits agricoles, suivants :

— projets de construction, d'acquisition et de modernisation des bâtiments y compris le renforcement de leur performance énergétique, les projets améliorant l'autonomie alimentaire des élevages, les projets liés à la biosécurité et au bien-être animal, à la gestion des effluents, les projets de modernisation de serres, les aires de lavage ;

— projets de diversification des productions ;

— projets d'équipements en matériels individuels ou collectifs, de développement des pratiques agroécologiques, de biosécurité, de protection contre les risques, d'amélioration de la qualité des produits, notamment sanitaire, de protection contre les aléas climatiques et sanitaires, de réduction des intrants phytopharmaceutiques ;

— projets de développement du numérique dans l'agriculture ;

— projets d'amélioration de l'ergonomie et de la qualité de travail ;

— projets d'investissements d'économie d'énergie et ou de production d'énergie, notamment la méthanisation, le photovoltaïque, l'éolien ;

— projets hydrauliques. Pour les projets individuels, les exigences de l'article 74 du règlement (UE) 2021/2115 doivent être respectées ;

— projets de plantations pérennes ;

— projets de transformation des produits agricoles, de stockage, de conditionnement ou de commercialisation des produits agricoles et transformés ;

— projets de diversification des activités de l'exploitation tels que l'agritourisme, l'accueil à la ferme ;

— projets de valorisation des matières résiduaires organiques ;

— projets d'aménagements ou équipements pour le développement de l'activité pastorale ;

— projets de mise en place de haies et de systèmes agroforestiers lorsqu'ils sont à finalité productive ou intégrés dans une approche globale.

II. — Peuvent faire l'objet de subventions les investissements tant matériels qu'immatériels, notamment les investissements liés aux frais généraux du projet, à la réalisation de plans et d'études, aux dépenses d'ingénierie et de conseil, à la réalisation de diagnostics parcellaires ou de territoire, à l'animation associée à l'émergence et la création de projets, aux frais de personnel, aux logiciels nécessaires au projet, aux prestations de mise en service du projet.

III. — L'aide prend la forme d'un remboursement des coûts éligibles réellement engagés par le bénéficiaire, d'un coût unitaire, d'un montant forfaitaire, ou d'un financement à taux forfaitaire.

IV. — Le préfet précise par arrêté :

1° Le cas échéant, les critères d'éligibilité spécifiques suivants :

— pour les projets portés par des personnes physiques ou morales, publiques ou privées, qui ne seraient pas agriculteurs ou groupement d'agriculteurs, la contribution directe ou indirecte du projet à la production agricole primaire ;

— les zones à enjeux spécifiques en particulier ceux liés à la ressource en eau et à la biodiversité à respecter ;

— l'intégration du projet dans une démarche globale de progrès ;

— les enjeux spécifiques à certaines filières à respecter ;

— les types d'étude économique et ou technique à fournir ;
— les types de documents administratifs à fournir ;
— les conditions visant à limiter les dépôts récurrents de demande d'aide et en particulier le nombre maximum de dossiers sur la programmation pour un bénéficiaire ;
2° Les modalités de calcul des différentes formes de subvention ;
3° Les taux de la contribution du Fonds européen agricole pour le développement rural.

Art. D. 343-25-5 *(Décr. n° 2023-1278 du 26 déc. 2023, art. 3)* Le seuil de dépenses mentionné au troisième alinéa de l'article D. 614-19 en dessous duquel la vérification du caractère raisonnable des coûts engagés par le bénéficiaire n'est pas requise est fixé à 2 000 euros.

Art. D. 343-25-6 *(Décr. n° 2023-1278 du 26 déc. 2023, art. 3)* Les bénéficiaires des aides mentionnées aux 1° à 4° de l'article D. 343-25-1 font l'objet d'une décision qui peut prévoir la réduction partielle ou totale de l'aide correspondante et l'application de sanctions dans les cas suivants :
1° Lorsque l'une des conditions d'éligibilité prévues aux articles D. 343-25-2 et D. 343-25-3 n'est pas remplie. Dans ce cas, le bénéficiaire rembourse 20 % de l'aide ou ne se voit pas verser 20 % de l'aide ;
2° En cas de cessation d'activité avant le terme du plan d'entreprise. Dans ce cas, le montant du remboursement de l'indu est calculé au prorata de la durée restant à écouler jusqu'au terme du plan d'entreprise par rapport à la durée totale de celui-ci ;
3° Dans les cas prévus aux 1° à 6° de l'article D. 614-132.

SECTION 2 Les aides à la constitution de groupements et sociétés

SOUS-SECTION 1 Les prêts aux sociétés civiles d'exploitation rurale

Art. R. 343-26 Les prêts consentis aux sociétés civiles d'exploitation rurale sont garantis, *(Abrogé par Décr. n° 2017-1771 du 27 déc. 2017, art. 5-4°) « conformément aux dispositions de l'article 658 du code rural [ancien], »* à la fois par le patrimoine de la société et, dans les conditions déterminées par la présente sous-section, par l'engagement solidaire des associés. Les dispositions des articles 1200 et 1216 *[1313 et 1318]* du code civil sont applicables auxdits associés. Toutefois, sauf dispositions contraires expresses des statuts ou des conventions particulières conclues par la caisse prêteuse avec un groupement agricole d'exploitation en commun reconnu et ses membres ou certains d'entre eux, la responsabilité personnelle de chacun des membres d'un tel groupement est limitée à deux fois la fraction du capital social qu'il possède. — *[Décr. n° 64-1194 du 3 déc. 1964, art. 1er.]*

Art. R. 343-27 Les caisses de crédit agricole mutuel peuvent subordonner l'octroi des prêts à une société civile d'exploitation rurale quelle qu'elle soit, à toutes les garanties qu'elles estiment nécessaires d'obtenir de la société et de ses membres.
Elles peuvent notamment exiger :
1° Que les associés ou certains d'entre eux prennent personnellement, lors de l'octroi d'un prêt, l'engagement de rembourser, sans limitation de responsabilité et solidairement avec leurs coassociés, le montant du prêt ;
2° Que soient insérées dans les statuts des dispositions :
a) Mentionnant l'obligation personnelle pour chaque associé de rembourser ainsi solidairement avec ses coassociés le montant des prêts du crédit agricole ;
b) Comportant l'interdiction pour la société de répartir, après le règlement annuel des comptes, une partie quelconque des bénéfices, même sous forme d'intérêts au capital, avant d'avoir versé, sauf prorogation d'échéance, les annuités échues des prêts à long ou à moyen terme et d'avoir remboursé les prêts à court terme échus ;
c) Déterminant, dans les sociétés civiles autres que les groupements agricoles d'exploitation en commun reconnus, les obligations qui résultent vis-à-vis du crédit agricole, en ce qui concerne les prêts dont il s'agit, des apports en industrie. — *[Décr. n° 64-1194 du 3 déc. 1964, art. 2.]*

Art. R. 343-28 Lorsqu'une des sociétés civiles d'exploitation rurale mentionnées au 7° de l'article 617 du code rural *[ancien]* a reçu un prêt de la caisse nationale de crédit agricole, son capital ne peut, sauf dispositions contraires du contrat de prêt, être réduit avant remboursement sans l'accord de la caisse ; celle-ci peut exiger, au cas de réduction en conséquence du départ d'un associé, que les biens retirés soient maintenus à la garantie ou y soient affectés. — *[Décr. nº 64-1194 du 3 déc. 1964, art. 3.]*

Art. R. 343-29 Lorsque les associés se sont engagés personnellement et solidairement au remboursement des prêts du crédit agricole consentis à la société, cet engagement survit au décès ou à la retraite d'un associé, dans les conditions du présent article. Toutefois, en cas de retraite, le membre sortant peut demander à être déchargé par la caisse intéressée de ses obligations à son égard, notamment s'il lui est substitué une ou plusieurs personnes étrangères à la société ou un membre nouveau. Il peut aussi demander la division du prêt, dans la proportion des biens retirés à la société par rapport à l'ensemble des biens affectés à la garantie. La caisse ne prend alors hypothèque que pour l'obligation mise personnellement à la charge du sociétaire partant ou donne mainlevée partielle si une hypothèque plus importante a été prise. Elle peut exiger le warrantage à son profit d'une fraction du cheptel ou des récoltes afférentes aux biens retirés.

En cas de décès d'un membre ou d'un ancien membre, l'effet de son engagement peut être limité à celui ou à ceux de ses ayants droit qui adhèrent à la société, sous réserve de l'accord de l'ensemble des sociétaires. — *[Décr. nº 64-1194 du 3 déc. 1964, art. 4.]*

Art. R. 343-30 Pour l'application des dispositions de l'article R. 323-47 relatif à la situation des membres des groupements agricoles d'exploitation en commun reconnus, l'importance de l'exploitation de chaque membre du groupement est, en tant que de besoin, appréciée en fonction de la part du capital social possédée par lui et de l'importance des terres du groupement.

Sous réserve de garanties jugées suffisantes par la caisse prêteuse, les membres du groupement peuvent conserver le bénéfice des prêts contractés avant leur adhésion et afférents aux biens apportés par eux aux groupements. — *[Décr. nº 64-1194 du 3 déc. 1964, art. 5.]*

SOUS-SECTION 2 **Les prêts aux porteurs de parts de groupements fonciers agricoles**

Art. R. 343-31 Sous réserve de garanties jugées suffisantes par la caisse prêteuse, les membres des groupements fonciers agricoles peuvent conserver le bénéfice des prêts à long ou moyen terme contractés avant leur adhésion et afférents aux biens apportés par eux au groupement. — *[Décr. nº 74-225 du 26 févr. 1974, art. 3.]*

Art. R. 343-32 Des prêts peuvent être accordés, par les caisses de crédit agricole mutuel, aux membres des groupements fonciers agricoles pour le financement de l'acquisition, de la construction et de l'aménagement de leur habitation principale, en quelque lieu qu'elle se trouve, sur nantissement de leurs parts.

Ces prêts ne sont pas bonifiés par l'État. Les taux d'intérêt, les limites et conditions des prêts, ainsi que les modalités de leur financement sont fixés par le conseil d'administration de la caisse nationale de crédit agricole sur proposition du directeur général de ladite caisse. — *[Décr. nº 74-225 du 26 févr. 1974, art. 4.]*

SOUS-SECTION 3 **L'aide au démarrage des groupements agricoles d'exploitation en commun, des coopératives d'utilisation en commun du matériel agricole, des groupements pastoraux et des associations foncières pastorales**

Art. D. 343-33 *(Décr. nº 97-118 du 10 févr. 1997)* Les groupements pastoraux et les associations foncières pastorales peuvent bénéficier d'une aide de démarrage destinée à alléger leurs charges de constitution et de première gestion.

Le montant de cette aide ainsi que ses modalités d'attribution sont fixés par arrêté conjoint du ministre chargé de l'agriculture et du ministre chargé du budget. — *V. Arr. du 10 févr. 1997 relatif à l'aide de démarrage aux groupements pastoraux et aux associations foncières pastorales (JO 11 févr.), mod. par Arr. du 22 juill. 2014 (JO 30 juill.).*

SECTION 3 *[ABROGÉE]* Les aides à la transmission des exploitations agricoles

(Abrogée par Décr. nº 2017-1771 du 27 déc. 2017, art 5-5º)

Art. D. 343-34 à D. 343-36 *Abrogés par Décr. nº 2017-1771 du 27 déc. 2017, art. 5-5º.*

SECTION 4 Aide aux exploitations agricoles employant un salarié ou un stagiaire dans la perspective de lui transmettre l'entreprise

(Décr. nº 2015-777 du 29 juin 2015, art. 1er)

Art. D. 343-37 L'aide prévue par l'article L. 330-4 est attribuée aux exploitations qui ne peuvent pas bénéficier de l'aide prévue à l'article L. 5121-18 du code du travail.

Pour pouvoir bénéficier de l'aide, l'exploitation doit embaucher le salarié en contrat à durée indéterminée.

Art. D. 343-38 La condition d'âge prévue au I de l'article L. 330-4 est appréciée, selon le cas, au premier jour d'exécution du contrat de travail à durée indéterminée du salarié ou du stage mentionné dans la convention de stage du stagiaire.

Art. D. 343-39 Le montant de l'aide prévue par l'article L. 330-4 est de quatre mille euros par an pour un salarié et de deux mille euros par an pour un stagiaire.

Ce montant est proratisé, le cas échéant :

1º En fonction de la durée du travail du salarié ou du stagiaire, lorsque cette durée est inférieure au temps plein ;

2º En cas d'embauche ou de départ du salarié ou du stagiaire ou du chef d'exploitation, en fonction de la durée d'exécution du contrat ou de la présence dans l'exploitation agricole.

L'exploitation agricole bénéficie de l'aide pendant trois ans à compter du premier jour mentionné à l'article D. 343-38.

Lorsque le stagiaire devient salarié, l'exploitation agricole peut percevoir l'aide prévue au 1º du I de l'article L. 330-4. La durée totale de l'aide prévue par cet article ne peut excéder trois ans.

Art. D. 343-40 L'aide prévue par l'article L. 330-4 est interrompue, dans sa totalité, en cas de rupture du contrat de travail à durée indéterminée ou de la convention de stage ou en cas de diminution de la durée hebdomadaire de travail en deçà des quatre cinquièmes de la durée collective de travail hebdomadaire de l'exploitation, à compter de la date à laquelle survient cette diminution.

L'aide est également interrompue, dans sa totalité, en cas de départ du chef d'exploitation.

Art. D. 343-41 L'aide prévue par l'article L. 330-4 ne peut se cumuler avec une autre aide à l'insertion, à l'accès ou au retour à l'emploi financée par l'État, à l'exception du contrat de professionnalisation. Elle ne peut, en outre, se cumuler avec les aides au stage de parrainage financées par l'État ou les collectivités territoriales.

L'aide ne peut être accordée à l'exploitation agricole lorsque celle-ci n'est pas à jour de ses obligations déclaratives et de paiement à l'égard des organismes de recouvrement des cotisations et des contributions de sécurité sociale ou d'assurance chômage au sens de l'article R. 5121-40 du code du travail.

Art. D. 343-42 Le bénéficiaire de l'aide tient à disposition de l'organisme de paiement tout document permettant d'effectuer le contrôle de l'exactitude de ses déclarations. Il lui transmet les documents demandés dans un délai maximum d'un mois suivant la réception de cette demande, qui est adressée par tout moyen permettant d'établir une date certaine.

L'absence de réponse dans ce délai interrompt le versement de l'aide sur laquelle porte le contrôle, sans préjudice du recouvrement des sommes indûment versées.

Art. D. 343-43 Les modalités de dépôt de demande d'aide et de paiement sont fixées par arrêté du ministre chargé de l'agriculture. — *V. Arr. du 2 août 2016 relatif à la mise en œuvre de l'aide aux exploitations agricoles employant un salarié ou un stagiaire dans la perspective de lui transmettre l'entreprise pris en application de l'art. D. 343-43 (JO 13 août).*

CHAPITRE IV PRÊTS BONIFIÉS À L'INVESTISSEMENT

(Décr. nº 2004-1283 du 26 nov. 2004)

Dans la numérotation des art. D. 344-1 à D.* 344-7 et D.* 344-9 à D.* 344-26, la lettre « D. * » est remplacée par la lettre « D. » (Décr. nº 2017-1771 du 27 déc. 2017, art. 5-6º).*

Art. D. 344-1 *(Décr. nº 2017-1771 du 27 déc. 2017, art. 5-7º)* **« I. — » Les prêts bonifiés sont des prêts accordés à taux préférentiel par rapport aux taux constatés sur le marché. Ils peuvent être accordés aux personnes satisfaisant aux conditions fixées à la section 1 du présent chapitre, en vue du financement d'investissements réalisés dans le cadre de leur activité définie par l'article L. 311-1. Les investissements doivent avoir l'un ou plusieurs des objets suivants :**

1º La réduction des coûts de production ;

2º L'amélioration et la réorientation de la production ;

3º L'amélioration de la qualité ;

4º La préservation et l'amélioration de l'environnement naturel, des conditions d'hygiène et des normes en matière de bien-être des animaux ;

5º L'encouragement à la diversification des activités de l'exploitation.

(Décr. nº 2017-1771 du 27 déc. 2017, art. 5-7º) **« II. — » Les prêts bonifiés prennent la forme de :**

1º Prêts spéciaux de modernisation, dans le cadre des plans d'investissements définis à l'article D. 344-8 ;

2º Prêts spéciaux d'élevage et prêts aux productions végétales spéciales, hors plan d'investissements. — *Les divisions « a », « b », « c », « d » et « e » sont remplacées respectivement par les divisions « 1º », « 2º », « 3º », « 4º » et « 5º », et les tirets précédant les deux derniers alinéas sont remplacés successivement par les divisions « 1º » et « 2º », la lettre minuscule suivant chacune des insertions ainsi effectuées devenant une lettre majuscule (Décr. nº 2017-1771 du 27 déc. 2017, art. 5-7º).*

SECTION 1 Dispositions générales

Art. D. 344-2 **Pour bénéficier de prêts bonifiés, l'exploitant doit remplir les conditions suivantes :**

1º Être âgé de plus de 18 ans et ne pas avoir fait valoir ses droits à la retraite dans un régime d'assurance vieillesse obligatoire de base ;

2º Conduire son exploitation en respectant l'environnement et les normes relatives au bien-être et à l'hygiène des animaux, dans les conditions prévues à l'article 5 du règlement (CE) nº 1257/1999 du Conseil du 17 mai 1999 modifié concernant le soutien au développement rural par le Fonds européen d'orientation et de garantie agricole relatif aux investissements dans les exploitations agricoles ; — *Le Règl. (CE) nº 1257/1999 a été abrogé et remplacé par le Règl. (CE) nº 1698/2005 du 20 sept. 2005, lui-même abrogé et remplacé à partir du 1er janv. 2014 par le Règl. (UE) nº 1305/2013 du 17 déc. 2013 ; le Règl. (UE) 1305/2013 est abrogé, avec effet au 1er janv. 2023, par le Règl. (UE) 2021/2115 du 2 déc. 2021 établissant des règles régissant l'aide aux plans stratégiques devant être établis par les États membres dans le cadre de la politique agricole commune (plans stratégiques relevant de la PAC) et financés par le Fonds européen agricole de garantie (FEAGA) et par le Fonds européen agricole pour le développement rural (Feader).*

3º Justifier des connaissances et compétences professionnelles nécessaires. Cette obligation est satisfaite si le demandeur remplit l'une des conditions suivantes :

***a)* Être titulaire d'un diplôme, titre ou certificat de niveau égal ou supérieur au brevet d'études professionnelles agricoles ou au brevet professionnel agricole dont la liste est fixée par arrêté du ministre chargé de l'agriculture ;**

***b)* Justifier de cinq ans au moins de participation à une exploitation agricole dans les conditions prévues par l'article L. 411-59 ou d'activité en tant que salarié dans une exploitation agricole ;**

***c)* S'engager à suivre une formation adaptée, dans un délai maximum de deux ans suivant la décision d'agrément du plan d'investissements défini à l'article D. 344-8 ou, dans le cas des prêts spéciaux d'élevage ou des prêts aux productions végétales spéciales, à compter de la décision d'octroi du prêt par le préfet ;**

4° Satisfaire, dans le cadre de l'exploitation, aux obligations fiscales et aux obligations sociales des régimes de base obligatoires de protection sociale, attestées par la production de certificats délivrés par les administrations et organismes compétents ;

5° Retirer de l'activité de l'exploitation au moins la moitié de ses revenus professionnels globaux ou au moins 30 % en zone agricole défavorisée définie par les articles D. 113-13 à D. 113-17 ;

6° Ne pas disposer d'un revenu professionnel global supérieur à un plafond défini par arrêté conjoint des ministres chargés de l'économie et de l'agriculture. — *Les divisions « 3° », « 4° », « 5° », « 6° » et « 7° » deviennent respectivement les divisions « 2° », « 3° », « 4° », « 5° » et « 6° » (Décr. n° 2017-1771 du 27 déc. 2017, art. 5-8°).*

Art. D. 344-3 Peut bénéficier de prêts bonifiés la personne morale dont l'objet est la mise en valeur d'une exploitation agricole, sous réserve de satisfaire aux conditions suivantes :

1° Plus de 50 % de son capital social est détenu par des associés exploitants ;

2° Un associé exploitant au moins remplit les conditions prévues aux *(Décr. n° 2017-1771 du 27 déc. 2017, art. 5-9°)* « 1°, 3° et 5° de l'article D. 344-2 » ;

3° L'exploitation satisfait aux conditions mentionnées au *(Décr. n° 2017-1771 du 27 déc. 2017, art. 5-9°)* « 2° de l'article D. 344-2 » ;

4° La personne morale et ses associés exploitants remplissent les conditions mentionnées au *(Décr. n° 2017-1771 du 27 déc. 2017, art. 5-9°)* « 4° de l'article D. 344-2 ».

Les fondations, associations, établissements d'enseignement agricole et de recherche et les organismes à vocation de réinsertion peuvent également bénéficier de prêts bonifiés, lorsqu'ils mettent directement en valeur une exploitation agricole, s'ils satisfont aux obligations mentionnées aux *(Décr. n° 2017-1771 du 27 déc. 2017, art. 5-9°)* « 2° et 4° de l'article D. 344-2 » et sous réserve que la ou les personnes qui assurent la conduite de cette exploitation agricole remplissent les conditions prévues *(Décr. n° 2017-1771 du 27 déc. 2017, art. 5-9°)* « au 3° du même article ».

Art. D. 344-4 Les propriétaires de biens fonciers à usage agricole ayant donné à bail leur exploitation à une personne répondant aux conditions d'éligibilité définies à l'article D. 344-2 ou, le cas échéant, à l'article D. 344-3 peuvent bénéficier de prêts bonifiés.

Art. D. 344-5 Le bénéficiaire d'un prêt doit s'engager à respecter les conditions fixées au *(Décr. n° 2017-1771 du 27 déc. 2017, art. 5-10°)* « 2° de l'article D. 344-2 » et, le cas échéant, aux 1° et 3° de l'article D. 344-3 pendant la durée de la bonification. En outre, il doit conserver le bien, objet du prêt, pendant la période de bonification et pour un usage identique pendant au moins cinq ans.

Si le bénéficiaire relève des dispositions mentionnées *(Décr. n° 2017-1771 du 27 déc. 2017, art. 5-10°)* « au *c* du 3° de l'article D. 344-2 », il doit justifier suivre la formation requise dans le délai maximum prévu par cet article.

Le bénéficiaire doit justifier du respect des conditions fixées aux 1° et 2° de l'article D. 344-3 lorsqu'un changement d'associé intervient au sein d'une personne morale au cours de la période de bonification. Il en est de même pour les conditions fixées *(Décr. n° 2017-1771 du 27 déc. 2017, art. 5-10°)* « au 3° de l'article D. 344-2 » lorsque le changement d'associé intervient au sein d'une association, d'une fondation, d'un établissement ou d'un organisme cité à l'article D. 344-3.

Art. D. 344-6 Les prêts bonifiés à l'investissement doivent être accordés dans le respect des conditions relatives à la viabilité économique des exploitations, à l'existence de débouchés normaux pour les productions, au montant maximum des investissements éligibles, au taux d'aide publique autorisé et au respect des organisations communes de marché respectivement prévues aux articles 5, 6, 7 et 37 du règlement (CE) n° 1257/99 du Conseil du 21 juin *[17 mai]* 1999. — *Le Règl. (CE) n° 1257/1999 a été abrogé et remplacé par le Règl. (CE) n° 1698/2005 du 20 sept. 2005, lui-même abrogé et remplacé à partir du 1er janv. 2014 par le Règl. (UE) n° 1305/2013 du 17 déc. 2013 ; le Règl. (UE) 1305/2013 est abrogé, avec effet au 1er janv. 2023, par le Règl. (UE) 2021/2115 du 2 déc. 2021 établissant des règles régissant l'aide aux plans stratégiques devant être établis par les États membres dans le cadre de la politique agricole commune (plans stratégiques relevant de la PAC) et financés par* *le Fonds européen agricole de garantie (FEAGA) et par le Fonds européen agricole pour le développement rural (Feader).*

Art. D. 344-7 En ce qui concerne les achats d'animaux, seuls sont éligibles aux prêts bonifiés la constitution du cheptel initial de l'exploitation et les investissements visant à améliorer la qualité génétique du troupeau par l'acquisition de reproducteurs de haute qualité qui sont inscrits dans les livres généalogiques ou leur équivalent.

SECTION 2 Les prêts bonifiés accordés dans le cadre des plans d'investissements

SOUS-SECTION 1 Les plans d'investissements

Art. D. 344-8 Un plan d'investissements est une programmation pluriannuelle d'investissements réalisée par une personne satisfaisant aux conditions fixées à la section 1. Le plan couvre une période de cinq ans pendant laquelle doivent être réalisés les investissements et peuvent être demandés les prêts spéciaux de modernisation prévu à l'article *(Décr. n° 2017-1771 du 27 déc. 2017, art. 5-11°)* « D. 344-13 ».

Art. D. 344-9 Le projet de plan d'investissements est adressé au préfet du département dans lequel est situé le siège de l'exploitation.

Art. D. 344-10 Le dossier du plan d'investissements doit comporter :

1° Les informations générales concernant le demandeur ;

2° La description du projet d'investissements ;

3° La programmation pluriannuelle des investissements et les moyens de leur financement ;

4° L'étude prévisionnelle technico-économique et financière. — *Les tirets précédant les alinéas 2 à 5 sont remplacés successivement par les divisions « 1° », « 2° », « 3° » et « 4° », la lettre minuscule suivant chacune des insertions ainsi effectuées devenant une lettre majuscule (Décr. n° 2017-1771 du 27 déc. 2017, art. 5-12°).*

Le contenu de l'étude prévisionnelle est défini par arrêté du ministre chargé de l'agriculture. — *V. Arr. du 13 janv. 2009 (JO 23 janv.).*

Art. D. 344-11 Le préfet peut confier, par voie de convention, à un organisme agréé en application de l'article R.* 313-18, le soin de vérifier le contenu du dossier de demande.

L'instruction du plan d'investissements est menée sous l'autorité du préfet et comporte la consultation de *(Décr. n° 2014-1316 du 3 nov. 2014, art. 12-5°)* « l'établissement de crédit ou de la société de financement sollicité » pour l'octroi des prêts spéciaux de modernisation.

Après avoir recueilli l'avis de la commission départementale d'orientation de l'agriculture, le préfet se prononce sur l'agrément du plan, au vu du rapport d'instruction.

Dernier al. abrogé par Décr. n° 2007-1261 du 21 août 2007.

Art. R. 344-11-1 *(Décr. n° 2007-1261 du 21 août 2007)* Le silence gardé pendant plus de six mois par le préfet sur la demande d'agrément du plan d'investissements vaut décision de rejet.

Art. D. 344-12 Dans le cas d'investissements non prévus au plan d'investissements ou en cas de cession de plan dans les conditions prévues à l'article D. 344-25, le plan peut être modifié pour que ces investissements puissent être financés par un prêt spécial de modernisation. Les cas dans lesquels une modification peut intervenir sont définis par le préfet, après avis de la commission départementale d'orientation de l'agriculture, en tenant compte des caractéristiques des exploitations et des investissements en cause.

SOUS-SECTION 2 Les prêts spéciaux de modernisation

Art. D. 344-13 Lorsqu'un plan d'investissements est agréé par le préfet, la personne satisfaisant aux conditions fixées par la section 1 peut solliciter l'octroi de prêts spéciaux de modernisation (PSM).

Les prêts spéciaux de modernisation sont consentis, après accord du préfet, par les établissements de crédit *(Décr. n° 2014-1316 du 3 nov. 2014, art. 12-6°)* « et les sociétés de financement » ayant passé à cet effet une convention avec les ministres chargés de l'économie et de l'agriculture.

Les investissements doivent être justifiés par la production de factures acquittées ou de pièces comptables de valeur probante équivalente.

Art. D. 344-14 Les prêts spéciaux de modernisation peuvent financer les investissements mobiliers et immobiliers prévus dans le plan d'investissements, à l'exception des acquisitions foncières, de la reprise de tout ou partie d'une exploitation, de l'acquisition de parts sociales et de l'habitation de l'exploitant. Les investissements doivent être conformes aux objectifs définis à l'article D. 344-1.

Art. D. 344-15 Les conditions financières des prêts spéciaux de modernisation, et notamment leur montant maximum pendant la durée d'un plan d'investissements, les durées maximales des prêts, de la bonification et du différé d'amortissement, le taux d'intérêt en vigueur pendant la période de bonification et la part des investissements éligibles, sont fixées par arrêté conjoint des ministres chargés de l'économie et de l'agriculture. — *V. Arr. du 30 déc. 2004 relatif aux plans d'investissements et aux prêts spéciaux de modernisation accordés dans le cadre des plans d'investissements (JO 1er janv. 2005), mod. par Arr. du 30 janv. 2006, art. 3 (JO 31 janv.).*

SECTION 3 Les prêts bonifiés accordés hors plan d'investissements

Art. D. 344-16 Des prêts spéciaux d'élevage (PSE) et des prêts aux productions végétales spéciales (PPVS) peuvent être accordés aux personnes satisfaisant aux conditions fixées par la section 1 qui ne bénéficient pas d'un plan d'investissements agréé par le préfet.

L'instruction des demandes est menée sous l'autorité du préfet. Les investissements doivent être justifiés par la production de factures acquittées ou de pièces comptables de valeur probante équivalente.

SOUS-SECTION 1 Les prêts spéciaux d'élevage (PSE)

Art. D. 344-17 Les prêts spéciaux d'élevage sont consentis, après accord du préfet, par les établissements de crédit *(Décr. no 2014-1316 du 3 nov. 2014, art. 12-7o)* « et les sociétés de financement » ayant passé à cet effet une convention avec les ministres chargés de l'économie et de l'agriculture.

Art. D. 344-18 Dans le respect des limites et conditions prévues à la section 1, les prêts spéciaux d'élevage peuvent financer les investissements suivants nécessaires à l'élevage, à l'exception des acquisitions foncières, de la reprise de tout ou partie d'une exploitation, de l'acquisition de parts sociales et de l'habitation de l'exploitant :

1° L'acquisition, la construction, l'extension, l'aménagement de bâtiments d'élevage et de leurs annexes ou de bâtiments de conditionnement et de transformation directement liés à l'activité d'élevage ;

2° L'achat d'animaux d'élevage ;

3° L'acquisition de matériels directement liés à la conduite de l'élevage.

S'agissant de l'élevage équin, seuls peuvent faire l'objet d'un prêt l'acquisition d'animaux relevant de l'une des races de chevaux lourds dont la liste est fixée par arrêté du ministre chargé de l'agriculture et les investissements qui leur sont liés.

A titre exceptionnel et sur autorisation du préfet délivrée après avis des services vétérinaires, les prêts spéciaux d'élevage peuvent également financer la reconstitution des cheptels abattus pour motif sanitaire. Dans ce cas, pour la détermination du montant du prêt, ne peut être prise en compte que la différence entre le prix d'acquisition des animaux de remplacement et le produit de la vente des animaux abattus, majoré des indemnités obtenues. — *Les tirets précédant les deuxième à quatrième alinéas sont remplacés successivement par les divisions « 1o », « 2o » et « 3o », la lettre minuscule suivant chacune des insertions ainsi effectuées devenant une lettre majuscule (Décr. no 2017-1771 du 27 déc. 2017, art. 5-13o).*

Art. D. 344-19 Les conditions financières des prêts spéciaux d'élevage (PSE), et notamment leur montant maximum, les durées maximales des prêts, de la bonification et du différé d'amortissement, le taux d'intérêt en vigueur pendant la période de boni-

fication et la part des investissements éligibles, sont fixées par arrêté conjoint des ministres chargés de l'économie et de l'agriculture. – *V. Arr. du 30 déc. 2004 relatif aux prêts spéciaux d'élevage (JO 1er janv. 2005).*

SOUS-SECTION 2 **Les prêts aux productions végétales spéciales (PPVS)**

Art. D. 344-20 **Les prêts aux productions végétales spéciales sont consentis, après accord du préfet, par les établissements de crédit** *(Décr. nº 2014-1316 du 3 nov. 2014, art. 12-8º)* **« et les sociétés de financement » ayant passé à cet effet une convention avec les ministres chargés de l'économie et de l'agriculture.**

Art. D. 344-21 **Dans le respect des limites et conditions prévues à la section 1, les prêts aux productions végétales spéciales peuvent financer les investissements de plantation, de replantation et d'adaptation d'arbres fruitiers et de vignobles, ainsi que les investissements liés à d'autres cultures pérennes, la construction et la modernisation des serres, à l'exception des acquisitions foncières, de la reprise de tout ou partie d'une exploitation, de l'acquisition de parts sociales et de l'habitation de l'exploitant.**

Art. D. 344-22 **Les conditions financières des prêts aux productions végétales spéciales, et notamment leur montant maximum, les durées maximales des prêts, de la bonification et du différé d'amortissement, le taux d'intérêt en vigueur pendant la période de bonification et la part des investissements éligibles, sont fixées par arrêté conjoint des ministres chargés de l'économie et de l'agriculture.** – *V. Arr. du 30 déc. 2004 relatif aux prêts aux productions végétales spéciales (JO 1er janv. 2005).*

SECTION 4 **Contrôle**

Art. D. 344-23 *(Décr. nº 2017-1771 du 27 déc. 2017, art. 5-14º)* **« I. — » Le respect des engagements définis au 1º de l'article D. 344-5 peut faire l'objet de contrôles auprès du bénéficiaire et auprès de l'établissement de crédit** *(Décr. nº 2014-1316 du 3 nov. 2014, art. 12-9º)* **« ou de la société de financement » pendant la durée de la bonification du prêt augmentée de trois ans. A cet effet, des contrôles sur pièces et sur place sont effectués par les services déconcentrés de l'État et par l'Agence de services et de paiement, dans le cadre de leurs attributions respectives. A cette occasion, peut également être vérifié le respect des conditions d'éligibilité fixées aux articles D. 344-2, D. 344-6 et D. 344-7 et, le cas échéant, D. 344-3 et D. 344-4, notamment lorsque le respect de ces conditions a été attesté lors de l'instruction du plan ou du prêt sur la base d'une déclaration sur l'honneur du bénéficiaire, ainsi que la production des justificatifs mentionnés aux articles D. 344-13 et D. 344-16.**

(Décr. nº 2017-1771 du 27 déc. 2017, art. 5-14º) **« II. — » En cas de fausse déclaration commise au moment de la demande de plan d'investissements ou de prêt bonifié ou pendant la durée de bonification, le bénéficiaire est tenu de rembourser la somme correspondant à la bonification dont il a bénéficié. La bonification est supprimée pour la durée des prêts restant à courir.**

(Décr. nº 2017-1771 du 27 déc. 2017, art. 5-14º) **« III. — En cas de déclaration inexacte faite par négligence, le bénéficiaire » pourra se voir infliger, outre le remboursement de la somme correspondant à la bonification, une pénalité égale à 10 % du montant de la bonification, dans la limite du montant de l'amende prévue à l'article 131-13 du code pénal pour les contraventions de cinquième classe. Dans le cas où cette déclaration inexacte concerne un plan d'investissements ou un prêt spécial de modernisation, le bénéficiaire pourra être exclu pour l'année civile considérée de toutes les mesures de développement rural prises au titre du chapitre correspondant du règlement (CE) nº 1257/1999 du Conseil du 17 mai 1999. En outre, le plan d'investissements pourra être clôturé.**

(Décr. nº 2017-1771 du 27 déc. 2017, art. 5-14º) **« IV. — » En cas de fraude, le bénéficiaire pourra se voir infliger, outre le remboursement de la somme correspondant à la bonification dont il a bénéficié, une pénalité égale à 25 % du montant de la bonification, dans la limite du montant de l'amende prévu à l'article 131-13 du code pénal pour les contraventions de cinquième classe. Dans le cas où cette fraude concerne un plan d'investissements ou un prêt spécial de modernisation, le bénéficiaire pourra être exclu pour l'année civile considérée et également pour l'année qui suit de toutes les**

mesures de développement rural prises au titre du chapitre correspondant du règlement (CE) n° 1257/1999 du Conseil du 17 mai 1999. En outre, le plan d'investissements pourra être clôturé.

(Décr. n° 2017-1771 du 27 déc. 2017, art. 5-14°) **« V. — » Le bénéficiaire est avisé des faits qui lui sont reprochés et peut présenter des observations écrites.** — *Le Règl. (CE) n° 1257/1999 a été abrogé et remplacé par le Règl. (CE) n° 1698/2005 du 20 sept. 2005, lui-même abrogé et remplacé à partir du 1er janv. 2014 par le Règl. (UE) n° 1305/2013 du 17 déc. 2013 ; le Règl. (UE) 1305/2013 est abrogé, avec effet au 1er janv. 2023, par le Règl. (UE) 2021/2115 du 2 déc. 2021 établissant des règles régissant l'aide aux plans stratégiques devant être établis par les États membres dans le cadre de la politique agricole commune (plans stratégiques relevant de la PAC) et financés par le Fonds européen agricole de garantie (FEAGA) et par le Fonds européen agricole pour le développement rural (Feader).*

Art. D. 344-24 *(Décr. n° 2017-1771 du 27 déc. 2017, art. 5-15°)* **« I. — » Lorsque le titulaire du plan d'investissements ou le bénéficiaire de prêts bonifiés à l'investissement :**

1° Ne respecte pas les engagements relatifs aux conditions minimales prévues *(Décr. n° 2017-1771 du 27 déc. 2017, art. 5-15°)* **« aux 2° de l'article D. 344-2 et 3° de l'article D. 344-3 » ;**

2° Ne fournit pas l'attestation de suivi de formation dans les deux ans suivant la décision d'agrément du plan ou d'octroi des prêts par le préfet mentionnée au b du 1° de l'article D. 344-5 ;

3° Ne satisfait pas aux obligations relatives aux débouchés normaux des productions prévues à l'article D. 344-6 ;

4° Ou ne conserve pas le bien, objet du prêt, dans les conditions prévues à l'article D. 344-5, le préfet le met en demeure de régulariser sa situation dans un délai qu'il fixe. Si la situation n'est pas régularisée dans ce délai, le bénéficiaire est tenu de procéder au remboursement de la somme correspondant à la bonification dont il a bénéficié depuis la mise en place du ou des prêts. La bonification est supprimée pour la durée des prêts restant à courir. En outre, dans les cas prévus *(Décr. n° 2017-1771 du 27 déc. 2017, art. 5-15°)* **« aux 1° et 2° », le plan d'investissements est clôturé.**

(Décr. n° 2017-1771 du 27 déc. 2017, art. 5-15°) **« II. — » Lorsque, avant la cinquième année suivant la date d'accord du prêt par le préfet, le bénéficiaire du prêt :**

1° Ne conserve pas le bien, objet du prêt, dans les conditions prévues au 1° de l'article D. 344-5, il peut être tenu de rembourser la bonification dont il a bénéficié au titre du prêt considéré, assortie d'une pénalité égale à 10 % de cette somme, dans la limite du montant de l'amende prévu à l'article 131-13 du code pénal pour les contraventions de cinquième classe ;

2° N'utilise pas le bien, objet du prêt, pour un usage identique, conformément au 1° de l'article D. 344-5, il peut être tenu de rembourser la somme correspondant à la bonification dont il a bénéficié au titre du prêt considéré, assortie d'une pénalité égale à 5 % de cette somme, dans la limite du montant de l'amende prévu à l'article 131-13 du code pénal pour les contraventions de cinquième classe.

Dans tous les cas, la bonification est supprimée pour la durée du prêt restant à courir.

(Décr. n° 2017-1771 du 27 déc. 2017, art. 5-15°) **« III. — » Lorsque le bénéficiaire ne respecte plus la condition de détention de 50 % du capital social par des associés exploitants prévue au 1° de l'article D. 344-3, il doit rembourser la somme correspondant à la bonification dont il a bénéficié sur les prêts accordés à compter de la date à laquelle cette condition a cessé d'être remplie. La bonification est supprimée pour la durée du prêt restant à courir.** — *Les divisions « a », « b », « c » et « d » sont remplacées respectivement par les divisons « 1° », « 2° », « 3° » et « 4° » (Décr. n° 2017-1771 du 27 déc. 2017, art. 5-15°).*

Art. D. 344-25 *(Décr. n° 2017-1771 du 27 déc. 2017, art. 5-16°)* **« I. — » En cas de cession du bien objet du prêt, ou de cession de l'exploitation en cours de plan ou pendant la période de bonification d'un prêt, le cessionnaire peut reprendre le plan ou le prêt et en poursuivre les engagements pour la période restant à courir. Le transfert de plan ou de prêt fait l'objet d'une demande au préfet, qui vérifie que le cessionnaire remplit les conditions d'accès au plan et aux prêts.**

(Décr. n° 2017-1771 du 27 déc. 2017, art. 5-16°) « II. – » Lorsque la cession de l'exploitation ne s'accompagne pas du transfert des engagements correspondants, le remboursement de la somme correspondant à la bonification dont a bénéficié le cédant depuis la mise en place du prêt peut lui être demandé. En outre, le plan d'investissements est clôturé.

(Décr. n° 2017-1771 du 27 déc. 2017, art. 5-16°) « III. – » En cas de cessation définitive des activités agricoles du titulaire d'un plan ou de prêts pendant la période de bonification, l'intéressé peut être déchu du plan d'investissements et de ses droits aux prêts et tenu de rembourser la somme correspondant à la bonification dont il a bénéficié au titre de tous les prêts bonifiés depuis leur mise en place. Dans le cas où le titulaire a satisfait à ses engagements pendant au moins cinq ans à compter de la date de mise en place du prêt, le remboursement n'est exigé que pour la somme correspondant à la bonification perçue à compter de la date de cessation d'activité.

La bonification est supprimée pour la durée des prêts restant à courir.

Art. R. 344-25-1 *(Décr. n° 2017-1411 du 27 sept. 2017, art. 2-49°)* Le silence gardé par le préfet sur une demande d'autorisation de transfert d'un plan d'investissement en cas de cession du bien objet d'un prêt bonifié, mentionnée au 1° de l'article D.* 344-25, vaut décision de rejet.

Art. D. 344-26 Le remboursement ou la suppression de la bonification ainsi que les pénalités prévues aux articles D. 344-24 et D. 344-25 ne sont pas appliqués lorsque la méconnaissance d'un engagement résulte d'un cas de force majeure, sans préjudice de la prise en compte de circonstances particulières conformément à l'article 39 du règlement (CE) n° 817/2004 du 29 avril 2004 *[abrogé et remplacé par le Règl. (CE) n° 1974/2006 du 15 déc. 2006]*.

CHAPITRE V LES AIDES À LA RÉALISATION D'OPÉRATIONS FONCIÈRES

Dans la numérotation des art. R. 345-1 à R. 345-11, la lettre : « R » est remplacée par la lettre : « D » (Décr. n° 2007-1261 du 21 août 2007, art. 4-II).

SECTION 1 Les prêts à la réalisation de certaines opérations foncières

Art. D. 345-1 Lorsque le prix de cession des terres est manifestement exagéré au regard de la valeur vénale constatée comme il est dit aux articles L. 312-3 et L. 312-4, pour des terres du même ordre, éventuellement affectée d'un coefficient de majoration fixé par décret, il ne peut être accordé de prêt bonifié pour l'acquisition desdites terres. – *[Décr. n° 80-502 du 4 juill. 1980, art. 29.]*

Art. D. 345-2 Sauf cas de force majeure, lorsqu'un propriétaire a bénéficié pour l'acquisition d'un bien-fonds agricole de prêts à taux bonifiés et que ce bien ainsi financé fait l'objet d'une mutation à titre onéreux avant l'expiration de la période de dix ans suivant la dernière échéance de ce prêt, il devra reverser au Trésor l'équivalent de la subvention reçue. Ce reversement sera déterminé en fonction de la part que représentait l'aide de l'État dans le montant de l'acquisition.

Ces dispositions ne sont pas applicables aux apports à un groupement agricole d'exploitation en commun, à une société civile d'exploitation agricole dans laquelle ce propriétaire participe effectivement à l'exploitation au sens de l'article L. 411-58 ou à un groupement foncier agricole donnant à bail régi par les dispositions du chapitre VI du titre I du livre IV *(Abrogé par Décr. n° 2017-1771 du 27 déc. 2017, art. 5-17°) « du présent code »*.

Elles ne sont pas non plus applicables lorsque le produit de la mutation mentionnée au premier alinéa ci-dessus est destiné à financer l'acquisition d'autres biens-fonds agricoles. – *[L. n° 80-502 du 4 juill. 1980, art. 67.]*

Art. D. 345-3 Pour le calcul du reversement au Trésor prévu à l'article D. 345-2 *(Abrogé par Décr. n° 2017-1771 du 27 déc. 2017, art. 5-18°) « du code rural et de la pêche maritime »*, la valeur de l'aide de l'État correspond à la différence entre les intérêts effectivement versés par l'emprunteur, actualisés à la date de l'acquisition, et les intérêts actualisés d'un emprunt non bonifié de même montant et de même durée, contracté au taux plafond fixé par le conseil d'administration de la Caisse nationale de crédit agricole pour ce type de prêt.

Ce dernier taux servira de taux d'actualisation pour le calcul prévu à l'alinéa précédent. – *[Décr. nº 81-223 du 10 mars 1981, art. 1er.]*

Art. D. 345-4 Le montant du reversement est obtenu en appliquant au prix de cession du bien un coefficient égal au pourcentage que représentait l'aide de l'État dans le prix d'acquisition du bien financé. – *[Décr. nº 81-223 du 10 mars 1981, art. 2.]*

Art. D. 345-5 Le prix de cession du bien est, pour l'application de l'article D. 345-4, diminué, le cas échéant, selon les modalités et dans les conditions prévues aux articles L. 411-69 à L. 411-76 relatifs à l'indemnité au preneur sortant, d'une somme correspondant à la valeur des améliorations apportées par le propriétaire à ce fonds depuis son acquisition. – *[Décr. nº 81-223 du 10 mars 1981, art. 3.]*

Art. D. 345-6 Au cas où le prêt aurait permis de financer des soultes de partage, le prix d'acquisition pour l'application de l'article D. 345-4 est la valeur totale du bien foncier attribué au bénéficiaire du prêt. – *[Décr. nº 81-223 du 10 mars 1981, art. 4.]*

SECTION 2 Les opérations groupées d'aménagement foncier

Art. D. 345-7 Les opérations groupées d'aménagement foncier agricole tendant à améliorer la structure foncière et l'organisation des exploitations agricoles et forestières ou les conditions de la vie rurale peuvent donner lieu à l'attribution des avantages prévus aux articles D. 345-8 et D. 345-9, dans la limite des crédits affectés à cet effet. – *[Décr. nº 70-488 du 8 juin 1970, art. 1er.]*

Art. D. 345-8 Les opérations groupées à entreprendre à l'intérieur d'un périmètre donné, dans un délai déterminé, font l'objet d'un programme qui définit les objectifs poursuivis et précise les moyens à mettre en œuvre pour les atteindre, le plan de financement correspondant, la nature et l'importance des avantages susceptibles d'être accordés en vue de faciliter et de hâter la réalisation des opérations qu'il prévoit.

Ce programme peut résulter d'une charte intercommunale de développement et d'aménagement rural établie en application de l'article L. 112-4. – *[Décr. nº 70-488 du 8 juin 1970, art. 2.]*

Art. D. 345-9 Si le programme d'opérations groupées d'aménagement foncier le prévoit spécialement, des aides spéciales peuvent être accordées, dans les conditions et les limites qui y sont définies, en vue de favoriser l'adaptation des exploitations aux nouvelles conditions de l'aménagement foncier et rural et de permettre aux agriculteurs de bénéficier des modifications intervenues localement dans les conditions de travail, le volume de l'emploi et le mode de commercialisation des produits agricoles. – *[Décr. nº 70-488 du 8 juin 1970, art. 4.]*

Art. D. 345-10 Les bénéficiaires éventuels des articles R. 352-4 à R. 352-9 ne peuvent prétendre au bénéfice des aides prévues à l'article D. 345-9. – *[Décr. nº 70-488 du 8 juin 1970, art. 5.]*

Art. D. 345-11 Les conditions d'application de la présente section sont déterminées par arrêté conjoint du ministre de l'agriculture et du ministre chargé du budget. – *[Décr. nº 70-488 du 8 juin 1970, art. 6.]*

CHAPITRE VI LES AIDES À L'HABITAT RURAL

Dans la numérotation des art. R. 346-1 à R. 346-14, la lettre : « R » est remplacée par la lettre : « D » (Décr. nº 2007-1261 du 21 août 2007, art. 4-II).

SECTION 1 Travaux de restauration de l'habitat *(Décr. nº 2017-1771 du 27 déc. 2017, art. 5-21º).*

Art. D. 346-1 La participation financière de l'État, sous forme de subvention, peut être accordée, par le ministre de l'agriculture ou le préfet sur délégation du ministre, pour les travaux ayant pour objet l'amélioration de l'habitation rurale et du logement des animaux ainsi que, d'une façon générale, l'aménagement rationnel des bâtiments ruraux, de leurs abords et de leurs accès. – *V. Arr. du 2 sept. 1991 (JO 31 oct.), abrogeant l'aide financière à l'habitat autonome des jeunes agriculteurs.*

Le taux maximum de la subvention est de 50 % du montant de la dépense admise par l'administration. Le montant de la subvention ne peut être supérieur à 762,25 € ou à 1 524,49 € dans les zones de montagne délimitées en application de l'article L. 113-2.

En outre, dans des conditions particulières déterminées par arrêté concerté du ministre de l'agriculture et du ministre chargé du budget, les agriculteurs et certains groupements d'agriculteurs qui construisent ou aménagent les bâtiments d'élevage définis audit arrêté peuvent recevoir, pour chaque exploitation individuelle, une subvention spéciale d'un montant maximum de 3 811,23 € pour les aménagements de bâtiments existants et de 6 097,96 € pour les constructions neuves. Les taux de cette subvention spéciale ne peuvent dépasser, dans le premier cas, 25 % de la dépense admise et, dans le second cas, 40 %. Dans certains cas et selon les conditions fixées par l'arrêté interministériel prévu ci-dessus, des majorations à ces taux peuvent être accordées sans pouvoir dépasser 50 % du montant de la dépense admise. – *[Anc. art. 180.]*

Art. D. 346-2 Pour bénéficier de l'aide financière de l'État, les travaux doivent s'appliquer aux bâtiments d'une exploitation agricole ou d'un gîte rural et avoir été étudiés et surveillés sous le contrôle et selon les directives des services du ministre de l'agriculture.

Le maître de l'ouvrage peut, s'il le juge nécessaire, s'assurer le concours d'un homme de l'art patenté choisi par lui. Un arrêté du ministre de l'agriculture détermine les conditions dans lesquelles ce concours peut être rendu obligatoire. – *[Anc. art. 181.]*

Art. D. 346-3 Le preneur qui désire effectuer des travaux d'amélioration dans les conditions prévues à l'article L. 411-73 peut bénéficier à cet effet de l'aide financière de l'État. – *[Anc. art. 182.]*

Art. D. 346-4 Des primes d'encouragement sous forme de subventions complémentaires sont accordées, dans les mêmes conditions, pour les réalisations jugées les meilleures, compte tenu de l'état ancien des bâtiments transformés. Elles ne peuvent dépasser 10 p. 100 du montant des travaux effectués. – *[Anc. art. 183.]*

SECTION 2 **Construction des bâtiments et des exploitations agricoles** *(Décr. n° 2017-1771 du 27 déc. 2017, art. 5-21°).*

Art. D. 346-5 Le ministre de l'agriculture, sur proposition du préfet, peut accorder la participation financière de l'État aux collectivités et aux particuliers pour la réfection et la construction des bâtiments et les aménagements d'abords, nécessaires à la création d'une exploitation agricole, sur un domaine abandonné ou nouvellement constitué. Cette participation ne peut dépasser 50 % des dépenses ni 1 219,59 € par exploitation. – *[Anc. art. 184.]*

Art. D. 346-6 Les travaux sont étudiés et surveillés sous le contrôle et selon les directives des services du ministère de l'agriculture par un homme de l'art patenté, choisi par le maître de l'œuvre ; la part d'honoraires susceptible d'être admise au bénéfice de l'aide de l'État est fixée à 5 p. 100 des dépenses retenues pour le calcul de la subvention. – *[Anc. art. 185.]*

Art. D. 346-7 Les domaines sur lesquels les bâtiments ont été édifiés avec le concours financier de l'État doivent être maintenus en exploitation normale.

A défaut, le domaine est immédiatement classé par le préfet comme exploitation abandonnée et susceptible d'être concédé dans les conditions prévues à l'article L. 125-6.

Les bâtiments d'habitation nécessaires à l'installation du concessionnaire sont compris dans la concession nonobstant l'opposition du propriétaire résidant. – *[Anc. art. 186.]*

SECTION 3 **Desserte des exploitations dont l'habitat est amélioré** *(Décr. nº 2017-1771 du 27 déc. 2017, art. 5-21º).*

Art. D. 346-8 Le bénéfice des dispositions des sous-sections *[sections]* 1 et 2 ci-dessus est étendu aux travaux de construction et de réfection des chemins desservant les cultures et les bâtiments d'exploitation des domaines dont l'habitat est amélioré ou constitué, à l'exclusion des travaux de simple entretien.

Le maximum de la subvention fixé par l'article D. 346-1 sera augmenté de 15,24 € et celui fixé par l'article D. 346-5 sera augmenté de 38,11 €, si ces dépassements sont motivés par les augmentations de dépenses dues à l'aménagement de ces chemins.

Les dépenses afférentes à l'aménagement des chemins ainsi que celui des abords des constructions ne sont pas comprises dans la somme au-dessus de laquelle les demandeurs doivent s'assurer le concours d'un homme de l'art patenté. – *[Anc. art. 187.]*

Art. D. 346-9 Un arrêté conjoint des ministres chargés de l'économie et du budget et du ministre de l'agriculture détermine les conditions d'application de la présente section. – *[Anc. art. 188.]*

SECTION 4 **Les prêts pour l'amélioration de l'habitat rural** *(Décr. nº 2017-1771 du 27 déc. 2017, art. 5-21º).*

SOUS-SECTION 1 **Les prêts à long terme des caisses de crédit agricole mutuel pour l'amélioration de l'habitat rural**

Art. D. 346-10 Les caisses de crédit agricole mutuel sont autorisées à consentir à leurs sociétaires individuels, en vue de faciliter l'amélioration de l'habitat rural, des prêts à long terme dont le montant, la durée et le taux d'intérêt sont les mêmes que ceux des prêts prévus par l'article *(Décr. nº 2017-1771 du 27 déc. 2017, art. 5-19º)* « D. 341-5 ». Ces prêts sont destinés à permettre l'acquisition, la construction ou l'amélioration de bâtiments d'habitation ou d'exploitation à usage agricole ou artisanal rural dont les projets ont été approuvés ou subventionnés par le ministère de l'agriculture.

Les prêts à long terme mentionnés à l'alinéa précédent sont entourés de garanties particulières, telles que cautions, warrants, hypothèques ou dépôt de titres. – *[Anc. art. 695.]*

Art. D. 346-11 Le montant maximum des prêts à long terme consentis en application de l'article *(Décr. nº 2017-1771 du 27 déc. 2017, art. 5-20º)* « D. 346-10 » en vue de faciliter l'amélioration de l'habitat rural est fixé à 4 573,47 € ; le taux de ces prêts est de 3 p. 100 ; leur durée d'amortissement ne peut excéder trente ans. – *[Décr. nº 65-576 du 15 juill. 1965, art. 14.] – L'art. R. 346-11 devient l'art. D. 346-11 (Décr. nº 2017-1771 du 27 déc. 2017, art. 5-20º).*

SOUS-SECTION 2 **Les prêts bonifiés des caisses de crédit agricole mutuel en matière de logement**

Art. D. 346-12 Les caisses de crédit agricole mutuel peuvent accorder des prêts bonifiés par l'État dans les conditions définies par la présente sous-section pour les opérations d'acquisition ou d'amélioration de logements à usage d'habitation principale destinés à être occupés par des exploitants agricoles, des salariés des exploitants agricoles, en activité ou retraités et leurs conjoints survivants, lorsque ces opérations ne remplissent pas les conditions exigées par les dispositions du livre III (partie réglementaire) du code de la construction et de l'habitation.

La réalisation d'équipements destinés à économiser l'énergie fait notamment partie des opérations d'amélioration mentionnées à l'alinéa précédent. – *[Décr. nº 80-482 du 28 juin 1980, art. 1er.]*

Art. D. 346-13 Les opérations mentionnées à l'article D. 346-12 doivent respecter les normes minimales d'habitabilité définies par arrêté du ministre chargé du logement et concerner des logements destinés à des personnes remplissant des conditions de ressources déterminées selon les modalités des articles R. 331-20 et R. 331-42 du code de la construction et de l'habitation. – *[Décr. nº 80-482 du 28 juin 1980, art. 2.]*

Art. D. 346-14 La durée maximum des prêts bonifiés par l'État, institués par la présente sous-section, est de dix-huit ans. Leur taux d'intérêt et leur montant maximum sont fixés par arrêté du ministre chargé de l'économie, du ministre chargé du logement et du ministre de l'agriculture, après avis du conseil d'administration de la Caisse nationale de crédit agricole. — *[Décr. n° 80-482 du 28 juin 1980, art. 3.]*

CHAPITRE VII LES AIDES AUX INVESTISSEMENTS DE PRODUCTION

Dans la numérotation des art. R. 347-1 à R. 347-11, la lettre : « R » est remplacée par la lettre : « D » (Décr. n° 2007-1261 du 21 août 2007, art. 4-II).

SECTION 1 Les aides aux investissements d'élevage

Art. D. 347-1 Les prêts spéciaux d'élevage sont destinés à faciliter le financement des investissements qui ont pour objet, à l'exclusion des acquisitions de fonds de terre :

1° L'accroissement de l'effectif des animaux appartenant aux espèces bovine, ovine et caprine ou issus de l'une des races de chevaux lourds définies par arrêté du ministre de l'agriculture ;

2° Le remplacement des animaux des espèces citées au *a* éliminés dans le cadre de mesures obligatoires d'éradication d'une maladie *(Décr. n° 2012-845 du 30 juin 2012, art. 8)* « réglementée au sens de l'article D. 221-2 ou faisant l'objet d'un programme collectif volontaire approuvé en application de l'article D. 201-31 ».

Pour la détermination du montant du prêt ne peut alors être prise en compte que la différence entre le prix d'acquisition des animaux de remplacement et le produit de la vente des animaux abattus majoré des indemnités obtenues ;

3° La construction, l'extension, l'aménagement et l'acquisition des bâtiments d'élevage et de leurs annexes répondant :

a) Soit aux conditions d'octroi fixées en application des dispositions de l'article D. 346-9, des subventions spéciales prévues à l'article D. 346-1 ;

b) Soit, en ce qui concerne les chevaux lourds mentionnés au 1° ci-dessus, l'élevage des petits animaux et les infrastructures à usage piscicole ou aquacole, à des conditions techniques particulières définies par arrêté du ministre de l'agriculture et du ministre chargé de l'économie et des finances ;

4° L'acquisition des matériels destinés à l'amélioration de la production fourragère et de son traitement dont la liste est fixée par arrêté du ministre de l'agriculture et du ministre chargé de l'économie et des finances.

Ces prêts sont attribués par les établissements de crédit *(Décr. n° 2014-1316 du 3 nov. 2014, art. 12-10°)* « et les sociétés de financement » qui ont passé, à cet effet, une convention avec le ministre chargé de l'économie et des finances et le ministre de l'agriculture. — *[Décr. n° 85-1058 du 2 oct. 1985, art. 1er.] — La division « a » est supprimée, la division « b » devient la division « 2° » et les divisions « 2° » et « 3° » deviennent les divisions « 3° » et « 4° » (Décr. n° 2017-1771 du 27 déc. 2017, art. 5-22°).*

Art. D. 347-2 Peuvent bénéficier des prêts mentionnés à l'article D. 347-1 les agriculteurs qui consacrent à leur activité agricole au moins 50 % de leur temps de travail et en retirent au moins 50 % de leurs revenus professionnels, ainsi que les exploitations agricoles à responsabilité limitée dont l'associé unique ou l'un au moins des associés exploitants remplit cette condition.

(Décr. n° 97-197 du 27 févr. 1997) « Peuvent en outre bénéficier de ces prêts les personnes morales dont l'objet est exclusivement agricole et dont plus de 50 % du capital social est détenu par des exploitants agricoles à titre principal, tels qu'ils sont définis au premier alinéa du présent article. Afin que le respect de cette condition soit vérifié, les noms des associés visés ci-dessus sont notifiés au préfet du département dans lequel est situé le siège de l'exploitation ; cette notification est renouvelée chaque fois que, pendant la période où le prêt bénéficie d'une bonification d'intérêt versée par l'État, les statuts de la société ou la répartition du capital entre les associés sont modifiés. Cette notification est également renouvelée lorsque l'un des associés perd la qualité d'exploitant agricole à titre principal.

« Peuvent bénéficier des prêts mentionnés au *(Décr. n° 2017-1771 du 27 déc. 2017, art. 5-23°)* « 3° de l'article D. 347-1 » les propriétaires de biens fonciers à usage agricole ayant donné à bail leur exploitation, selon les statuts du fermage, à un exploitant agricole à titre principal. »

Les prêts sont octroyés en fonction de la situation financière de l'exploitation agricole, appréciée notamment par le rapport existant entre la charge annuelle de remboursement en capital et intérêts des prêts à long et moyen terme, y compris celle du prêt sollicité, et l'excédent brut d'exploitation. Un arrêté conjoint du ministre chargé de l'économie et du *(Décr. n° 2017-1771 du 27 déc. 2017, art. 5-23°)* « ministre chargé de l'agriculture » fixe les modalités d'application du présent alinéa. Il peut, afin de permettre d'apprécier de façon équivalente la situation des exploitations qui ne tiennent pas de comptabilité, prévoir des ratios ayant pour base les recettes agricoles de ces exploitations. — *[Décr. n° 85-1058 du 2 oct. 1985, art. 2.]*

Art. D. 347-3 *(Décr. n° 2017-1771 du 27 déc. 2017, art. 5-24°)* Le bénéfice de la bonification afférente à l'octroi d'un prêt spécial d'élevage est subordonné au respect, constaté par le préfet, des dispositions du livre II relatives à l'identification permanente et généralisée du cheptel bovin et aux prophylaxies obligatoires ainsi qu'à celles du livre VI relatives à l'amélioration génétique des animaux d'élevage.

Art. D. 347-4 Les conditions définies au premier alinéa *(Décr. n° 2017-1771 du 27 déc. 2017, art. 5-25°)* « de l'article D. 347-2 » sont, par arrêté conjoint du *(Décr. n° 2017-1771 du 27 déc. 2017, art. 5-25°)* « ministre chargé de l'agriculture » et du ministre chargé de l'économie et des finances, adaptées à la situation particulière des demandeurs dont l'exploitation est située en zone de montagne ou en zone agricole défavorisée définies conformément aux articles D. 113-13 à D. 113-17. — *[Décr. n° 85-1058 du 2 oct. 1985, art. 4.]*

Art. D. 347-5 La durée des prêts spéciaux d'élevage peut atteindre :

1° Dix-huit ans pour le financement des bâtiments et de leurs annexes ;

2° Pour les accroissements d'effectifs d'animaux et pour le remplacement des animaux abattus dans le cadre de mesures de prophylaxie obligatoire :

a) Quinze ans pour les espèces bovine et chevaline ;

b) Douze ans pour l'espèce ovine ;

c) Sept ans pour l'espèce caprine ;

3° Dix ans pour les investissements destinés à l'amélioration de la production fourragère et de son traitement.

Ces prêts peuvent être assortis d'un différé d'amortissement maximal de trois ans. Cette durée maximale ne peut être atteinte que pour des prêts concernant le financement des bâtiments et de leurs annexes ainsi que les achats d'animaux des espèces bovine et chevaline.

Un différé total (intérêts et capital) d'une durée maximale de deux ans ainsi qu'un allongement de deux ans de la durée maximale du prêt peuvent être accordés pour l'achat de cheptel reproducteur bovin destiné à la production de viande.

Les durées maximales des prêts consentis pour financer des bâtiments ou des investissements destinés à l'amélioration de la production fourragère et de son traitement peuvent être augmentées de deux ans au bénéfice des emprunteurs dont l'exploitation répond aux conditions de localisation et de superficie fixées par l'article D. 113-20 pour l'attribution de l'indemnité spéciale. — *[Décr. n° 85-1058 du 2 oct. 1985, art. 5.]*

Art. D. 347-6 La quotité des prêts spéciaux d'élevage est de 70 p. 100 au maximum du montant des investissements financés. — *[Décr. n° 85-1058 du 2 oct. 1985, art. 6.]*

Art. D. 347-7 La durée maximale de bonification des prêts spéciaux d'élevage, le taux d'intérêt en vigueur pendant la période bonifiée, le montant maximal de ces prêts ainsi que le montant maximal de l'encours par exploitation sont fixés par arrêté conjoint du ministre de l'agriculture et du ministre chargé de l'économie. — *[Décr. n° 85-1058 du 2 oct. 1985, art. 7.] — V. Arr. du 3 avr. 1990 relatif aux conditions d'octroi des prêts spéciaux d'élevage (JO 19 avr.) ; Arr. du 30 déc. 2004 relatif aux prêts spéciaux d'élevage (JO 1er janv. 2005).*

Art. D. 347-7-1 *(Décr. n° 97-197 du 27 févr. 1997)* Le respect des conditions fixées pour le bénéfice des prêts spéciaux d'élevage fait l'objet, lors de la mise en place des prêts et pendant la période de bonification augmentée de trois ans, de contrôles sur pièces et sur place par l'autorité administrative habilitée à autoriser l'octroi des prêts. Lorsqu'il s'avère que ces conditions ne sont pas remplies, l'octroi de la bonification doit être interrompu et le remboursement de la bonification déjà versée peut être demandé. — *L'art. D. 347-7 bis est renuméroté D. 347-7-1 (Décr. nº 2017-1771 du 27 déc. 2017, art. 5-26º).*

SECTION 2 Les prêts aux productions végétales spéciales

Art. D. 347-8 Les prêts aux productions végétales spéciales sont destinés à financer, à l'exclusion de l'acquisition de fonds de terre, les investissements :

1º De plantation, de replantation et d'adaptation d'arbres fruitiers, de vignobles et d'autres cultures pérennes ;

2º De vinification, de stockage et de conditionnement correspondant à ces productions ;

3º De construction et de modernisation des serres.

Ces prêts sont attribués par les établissements de crédit *(Décr. nº 2014-1316 du 3 nov. 2014, art. 12-11º)* « et les sociétés de financement » qui ont passé, à cet effet, une convention avec le ministre chargé de l'économie et le ministre de l'agriculture. — *[Décr. nº 84-476 du 18 juin 1984, art. 1er.]*

Art. D. 347-9 Peuvent bénéficier de ces prêts :

1º Les demandeurs qui exercent l'activité agricole à titre principal, c'est-à-dire ceux qui consacrent à leur activité agricole au moins 50 p. 100 de leur temps de travail et en retirent au moins 50 p. 100 de leurs revenus professionnels.

Cette condition n'est pas exigée des agriculteurs dont les exploitations sont situées en zone de montagne ou en zone défavorisée telles que définies par les articles D. 113-13 à D. 113-17 ;

2º Les propriétaires de biens fonciers à usage agricole ayant concédé leur exploitation, selon les statuts du fermage, à un exploitant agricole à titre principal ;

3º Les personnes morales dont l'objet est exclusivement agricole et dont au moins 70 p. 100 du capital social est détenu par des agriculteurs à titre principal, à condition que leurs statuts comportent des dispositions de nature à assurer le maintien de cette proportion en cas de transfert de parts ou d'actions ;

4º Les exploitations agricoles à responsabilité limitée dont l'associé unique ou l'un au moins des associés exploitants remplit les conditions énoncées au 1º.

Ils sont octroyés en fonction de la situation financière de l'exploitation agricole, appréciée notamment par le rapport existant entre la charge annuelle de remboursement en capital et intérêts des prêts à long et moyen terme, y compris celle du prêt sollicité, et l'excédent brut d'exploitation. Un arrêté conjoint du ministre chargé de l'économie et du ministre de l'agriculture fixe les modalités d'application du présent alinéa. Il peut, afin de permettre d'apprécier de façon équivalente la situation des exploitations qui ne tiennent pas de comptabilité, prévoir des ratios ayant pour base les recettes agricoles de ces exploitations.

En outre, le bénéfice des prêts accordés au titre de la présente section pour financer des investissements de plantation, de replantation et d'adaptation du vignoble, ainsi que des investissements de vinification, de stockage et de conditionnement correspondant à cette production, est réservé aux demandeurs dont le revenu net imposable dans la catégorie des bénéfices agricoles est inférieur à 30 489,8 €. — *[Décr. nº 84-476 du 18 juin 1984, art. 2.]*

Art. D. 347-10 Le ministre de l'agriculture peut subordonner l'octroi des prêts institués par la présente section à des conditions relatives à la nature des plantations envisagées, à l'élaboration de programmes de production, aux techniques de production et de commercialisation. — *[Décr. nº 84-476 du 18 juin 1984, art. 3.]*

Art. D. 347-11 La durée maximale des prêts accordés au titre de la présente section est de dix-huit ans. La durée maximale de bonification, le taux maximum d'intérêt bonifié ainsi que le montant maximum de ces prêts sont fixés par arrêté conjoint du ministre de l'agriculture et du ministre chargé de l'économie. — *V. Arr. du 30 déc. 2004 relatif aux prêts aux productions végétales spéciales (JO 1er janv. 2005).*

Le prêt ne peut excéder 70 p. 100 du montant des investissements financés, subventions éventuelles déduites. — *[Décr. nº 84-476 du 18 juin 1984, art. 4.]*

CHAPITRE VIII *[ABROGÉ]* DISPOSITIONS SPÉCIFIQUES À L'OUTRE-MER *(Décr. n° 2010-1683 du 29 déc. 2010).*

(Abrogé par Décr. n° 2013-754 du 14 août 2013, art. 8-VI)

Art. D. 348-1 à D. 348-6 *Abrogés par Décr. n° 2013-754 du 14 coût 2013, art. 8-VI.*

TITRE V EXPLOITATIONS AGRICOLES EN DIFFICULTÉ

CHAPITRE I RÈGLEMENT AMIABLE ET PROCÉDURES INSTITUÉES PAR LES TITRES II, III ET IV DU LIVRE VI DU CODE DE COMMERCE *(Décr. n° 2022-890 du 14 juin 2022, art. 3).*

SECTION 1 Le règlement amiable

Art. R. 351-1 La demande de règlement amiable prévue à l'article L. 351-2 est formée par *(Décr. n° 2019-1333 du 11 déc. 2019, art. 32)* « requête » adressée ou remise en trois exemplaires au greffe du *(Décr. n° 2019-966 du 18 sept. 2019, art. 8, en vigueur le 1er janv. 2020)* « tribunal judiciaire » du siège de l'exploitation par le ou les dirigeants de celle-ci, ou par un ou plusieurs créanciers.

Si la demande émane du débiteur, elle expose les difficultés financières qui la motivent, les mesures de règlement envisagées, ainsi que les délais de paiement ou les remises de dettes qui permettraient la mise en œuvre de ces mesures.

A cette demande sont annexés :

1° L'état des créances et des dettes, accompagné d'un échéancier, ainsi que la liste des créanciers ;

2° L'état actif et passif des sûretés ainsi que celui des engagements personnels du débiteur ;

3° Les comptes annuels des trois derniers exercices, s'ils ont été établis ;

4° L'état des actifs du débiteur.

Si la demande émane d'un ou plusieurs créanciers, elle comporte les indications relatives au montant et à la nature de leurs créances respectives ainsi que toutes les informations de nature à établir les difficultés financières de l'exploitation.

Les parties ne sont pas tenues de constituer avocat. — *[Décr. n° 89-339 du 29 mai 1989, art. 1er.]*

Art. R. 351-2 Dès réception de la demande, le président du tribunal fait convoquer le demandeur par le greffier ainsi que le débiteur s'il n'est pas l'auteur de la demande. Il fait aviser le procureur de la République, par le greffier, de la date de l'audience.

La demande est examinée en chambre du conseil, après avis du ministère public. — *[Décr. n° 89-339 du 29 mai 1989, art. 2 et 3.]*

Art. R. 351-3 Le conciliateur désigné en application de l'article *(Décr. n° 2017-1225 du 2 août 2017, art. 20)* « L. 351-4 » doit être une personne physique.

Aucun parent ou allié jusqu'au 4e degré inclusivement des dirigeants de l'exploitation agricole ne peut être désigné comme conciliateur.

(Décr. n° 2014-736 du 30 juin 2014, art. 137) « Le conciliateur fait connaître sans délai au président du tribunal son acceptation ou son refus. »

En cas de suspension provisoire des poursuites, la mission du conciliateur ne peut excéder *(Décr. n° 2014-736 du 30 juin 2014, art. 137)* « le délai prévu par le premier alinéa de l'article L. 351-5 ». — *[Décr. n° 89-339 du 29 mai 1989, art. 4.]*

Art. R. 351-4 Le président du tribunal détermine avec le demandeur le montant d'une provision à valoir sur la rémunération éventuelle du conciliateur et, le cas échéant, celle de l'expert qui serait désigné en application de l'article L. 351-3.

L'ordonnance du président du tribunal prend effet à compter de sa date. Elle est portée à la connaissance du débiteur et, le cas échéant, des créanciers demandeurs, du conciliateur et de l'expert par les soins du greffier en la forme qu'elle détermine.

(Décr. n° 2017-1225 du 2 août 2017, art. 21) « La lettre d'accompagnement adressée au débiteur et au conciliateur désigné reproduit les dispositions des articles R. 351-3, R. 351-4-1 et R. 351-4-2. » — *[Décr. n° 89-339 du 29 mai 1989, art. 5 et 6.]*

Art. R. 351-4-1 *(Décr. nº 2017-1225 du 2 août 2017, art. 22)* En application des dispositions de l'article L. 351-4, le débiteur peut demander la récusation du conciliateur si ce dernier se trouve dans l'une des situations suivantes :

1° Il a directement ou indirectement un intérêt personnel à la procédure ;

2° Il existe un lien direct ou indirect, quelle qu'en soit la nature, entre le conciliateur et l'un des créanciers ou l'un des dirigeants ou préposés de celui-ci ;

3° Il existe une cause de défiance entre le conciliateur et le débiteur ;

4° Il a été définitivement radié ou destitué d'une profession réglementée.

Art. R. 351-4-2 *(Décr. nº 2017-1225 du 2 août 2017, art. 22)* La demande de récusation est formée dans les quinze jours qui suivent la date à laquelle la décision désignant le conciliateur a été portée à la connaissance du débiteur, par acte remis au greffe ou par une déclaration consignée par le greffier dans un procès-verbal.

Elle est motivée et, le cas échéant, accompagnée des pièces propres à la justifier.

Elle suspend la procédure jusqu'à ce qu'une décision définitive statue sur la récusation.

Art. R. 351-4-3 *(Décr. nº 2017-1225 du 2 août 2017, art. 22)* Le greffier notifie la demande de récusation au conciliateur, par lettre recommandée avec demande d'avis de réception. La lettre de notification reproduit les deuxième et troisième alinéas du présent article.

Dès réception de la notification de la demande, le conciliateur s'abstient jusqu'à ce qu'il ait été statué sur la récusation.

Dans les huit jours de cette réception, il fait connaître par écrit au président du tribunal soit son acquiescement à la récusation, soit les motifs pour lesquels il s'y oppose.

Art. R. 351-4-4 *(Décr. nº 2017-1225 du 2 août 2017, art. 22)* Si le conciliateur acquiesce, il est remplacé sans délai.

Art. R. 351-4-5 *(Décr. nº 2017-1225 du 2 août 2017, art. 22)* Si le conciliateur s'oppose à la récusation ou ne répond pas, la demande est examinée par le président du tribunal, le débiteur et le conciliateur entendus ou dûment appelés.

L'ordonnance statuant sur la demande de récusation est notifiée par le greffier au débiteur.

Copie de cette décision est également remise ou adressée au conciliateur.

Art. R. 351-4-6 *(Décr. nº 2017-1225 du 2 août 2017, art. 22)* Si la récusation est admise, il est procédé au remplacement du conciliateur sans délai.

Art. R. 351-4-7 *(Décr. nº 2017-1225 du 2 août 2017, art. 22)* La décision qui rejette la demande de récusation peut être frappée de recours par le débiteur devant le premier président de la cour d'appel dans un délai de dix jours à compter de la notification.

Le recours est formé par la remise ou l'envoi au greffe de la cour d'appel d'une note en exposant les motifs.

Art. R. 351-4-8 *(Décr. nº 2017-1225 du 2 août 2017, art. 22)* Le greffier de la cour d'appel convoque le débiteur et le conciliateur par lettre recommandée avec demande d'avis de réception adressée quinze jours au moins à l'avance. La note mentionnée au second alinéa de l'article R. 351-4-7 est jointe à la convocation adressée au conciliateur.

Le premier président ou son délégué les entend contradictoirement.

La décision est notifiée par le greffier au débiteur. Le conciliateur en est avisé.

Art. R. 351-4-9 *(Décr. nº 2017-1225 du 2 août 2017, art. 22)* Le conciliateur fait connaître sans délai au président du tribunal tout élément qui pourrait constituer un motif de récusation ainsi que tout autre motif qui pourrait justifier qu'il soit mis fin à sa mission, dont il n'avait pas connaissance au moment de l'acceptation de sa mission.

Art. R. 351-5 Si l'ordonnance mentionnée à l'article R. 351-4 prononce la suspension provisoire des poursuites, le greffier adresse immédiatement un avis pour insertion au *Bulletin officiel des annonces civiles et commerciales*. Cette insertion contient l'indication du nom du débiteur, du siège de son exploitation, de la date de l'ordonnance, le nom et l'adresse du conciliateur. *(Décr. n° 2022-890 du 14 juin 2022, art. 3)* « S'il y a lieu, elle comporte la dénomination de l'activité professionnelle exercée par l'entrepreneur. » Selon les mêmes modalités, une insertion est faite dans un journal d'annonces légales du lieu où le débiteur a le siège de son exploitation. *(Décr. n° 2014-736 du 30 juin 2014, art. 138)* « L'ordonnance prorogeant le délai de suspension provisoire des poursuites, à la demande du débiteur, fait l'objet des mêmes publicités.

« Les ordonnances prononçant la suspension provisoire des poursuites ou en prorogeant le délai sont mentionnées sur les registres mentionnés aux *(Décr. n° 2022-1014 du 19 juill. 2022, art. 19, en vigueur le 1er janv. 2023)* « quatre » premiers alinéas de l'article R. 621-8 du code de commerce. »

Les publicités prévues ci-dessus sont faites d'office par le greffier aux frais du débiteur. – *[Décr. n° 89-339 du 29 mai 1989, art. 7.]*

Art. R. 351-6 *(Décr. n° 2014-736 du 30 juin 2014, art. 139)* L'accord établi entre le débiteur et les créanciers, portant également la signature du conciliateur, est déposé au greffe du tribunal ainsi que ses annexes. Ces documents sont communiqués au ministère public.

Pour l'application du premier alinéa de l'article L. 351-6, l'accord est constaté ou homologué par une ordonnance du président du tribunal qui y fait apposer la formule exécutoire par le greffier.

L'ordonnance ne reprend pas les termes de l'accord.

Des copies de l'accord ne peuvent être délivrées qu'aux parties et aux personnes qui peuvent se prévaloir de ses dispositions. Elles valent titre exécutoire.

La rémunération éventuelle du conciliateur et, s'il y a lieu, celle de l'expert sont arrêtées par le président du tribunal. A défaut d'accord entre les parties, le président désigne la ou les personnes qui en supporteront la charge. Les décisions arrêtant ces rémunérations sont communiquées par le greffier au ministère public.

En dehors de l'autorité judiciaire et du conciliateur, le rapport d'expertise ne peut être communiqué qu'au débiteur.

Art. R. 351-6-1 *(Décr. n° 2014-736 du 30 juin 2014, art. 140)* Lorsqu'il est saisi d'une demande d'homologation, le président statue après avis du ministère public.

Art. R. 351-6-2 *(Décr. n° 2014-736 du 30 juin 2014, art. 140)* L'ordonnance homologuant l'accord mentionne les garanties et privilèges constitués pour en assurer l'exécution. Elle précise les montants garantis par le privilège institué par l'article L. 611-11 *(Décr. n° 2017-1771 du 27 déc. 2017, art. 6-1°)* « du code de commerce ».

Elle est notifiée par le greffier au débiteur et aux créanciers signataires de l'accord et est communiquée au conciliateur et au ministère public.

Art. R. 351-6-3 *(Décr. n° 2014-736 du 30 juin 2014, art. 140)* Un avis de l'ordonnance d'homologation est adressé pour insertion au *Bulletin officiel des annonces civiles et commerciales*. *(Décr. n° 2022-890 du 14 juin 2022, art. 3)* « Cette insertion contient l'indication du nom du débiteur, du siège de son exploitation, de la date de l'ordonnance et du greffe du tribunal concerné, ainsi que, s'il y a lieu, de la dénomination de l'activité professionnelle exercée par l'entrepreneur. » Sont également mentionnés le numéro unique d'identification du débiteur ainsi que, le cas échéant, le nom de la ville où se trouve le greffe ou la chambre de l'agriculture où il est immatriculé.

L'avis mentionne que l'ordonnance est déposée au greffe où tout intéressé peut en prendre connaissance.

Le même avis est publié dans un journal d'annonces légales du lieu où le débiteur a son siège social ou, lorsqu'il s'agit d'une personne physique, celui de son exploitation.

Ces publicités sont faites d'office par le greffier dans les huit jours de la date du jugement.

Art. R. 351-6-4 *(Décr. n° 2014-736 du 30 juin 2014, art. 140)* Pour l'application de l'article L. 351-6-1, le débiteur justifie de la levée de l'interdiction d'émettre des chèques auprès de l'établissement de crédit qui est à l'origine de cette mesure par la remise d'une copie de l'ordonnance homologuant l'accord, à laquelle il joint un relevé des incidents de paiement.

L'établissement de crédit qui est à l'origine de l'interdiction informe la Banque de France de la levée de cette interdiction aux fins de régularisation.

Art. R. 351-7 Les ordonnances prises en application de la présente section sont exécutoires de droit à titre provisoire. *(Décr. nº 2019-1333 du 11 déc. 2019, art. 32)* « Les dispositions des articles 514-1 et 514-2 du code de procédure civile ne sont pas applicables. »

Elles sont susceptibles d'un recours en rétractation formé en référé par tout intéressé.

Les décisions prises par le président du tribunal sur ces recours peuvent être frappées d'appel dans les dix jours de leur prononcé. *(Décr. nº 2014-736 du 30 juin 2014, art. 141)* « Toutefois, pour les décisions soumises aux formalités d'insertion au *Bulletin officiel des annonces civiles et commerciales*, le délai ne court à l'égard des tiers qu'à compter de la publication. »

L'appel, non suspensif, est formé, instruit et jugé selon les règles de la procédure sans représentation obligatoire. – *[Décr. nº 89-339 du 29 mai 1989, art. 11.]*

SECTION 2 Les procédures instituées par les titres II, III et IV du livre VI du code de commerce *(Décr. nº 2022-890 du 14 juin 2022, art. 3)*.

Art. R. 351-8 *(Décr. nº 2014-736 du 30 juin 2014, art. 142)* Les dispositions du livre VI de la partie réglementaire du code de commerce relatives aux procédures de sauvegarde, de redressement judiciaire et de liquidation judiciaire sont applicables à l'exploitation agricole. – *V.* ***C. com.***

CHAPITRE II LES AIDES À LA RECONVERSION OU À LA RÉINSTALLATION

SECTION 1 Les aides à certaines mutations d'exploitation

Art. R. 352-1 Lorsque l'acte déclaratif d'utilité publique prévoit l'application des dispositions de l'article L. 352-1, le maître de l'ouvrage est tenu, dans les conditions précisées *(Décr. nº 2017-1771 du 27 déc. 2017, art. 6-2º)* « à la présente section », de participer financièrement soit à la réinstallation sur des exploitations nouvelles, soit à la reconversion de l'activité des exploitants agricoles dont les exploitations sont supprimées ou déséquilibrées du fait des expropriations auxquelles il est procédé en vue de la réalisation des aménagements ou ouvrages *(Décr. nº 2016-1110 du 11 août 2016, art. 8-4º)* « soumis à évaluation environnementale en application de l'article R. 122-2 du code de l'environnement ». – *V.* ***C. envir.***

La procédure d'expropriation et celle organisée par la présente section se déroulent indépendamment l'une de l'autre. La fixation des indemnités d'expropriation, leur paiement ou leur consignation et la prise de possession des biens expropriés interviennent conformément au droit commun, quel que soit l'état, à leur date, de la liquidation et du versement des participations prévues à l'alinéa qui précède.

(Décr. nº 2017-1771 du 27 déc. 2017, art. 6-2º) « Sont considérées » comme exploitants agricoles pour l'application de la présente section les personnes qui satisfont aux conditions mentionnées *(Décr. nº 2017-1771 du 27 déc. 2017, art. 6-2º)* « aux articles L. 722-4, L. 722-6 et L. 722-7 du présent code ». – *[Décr. nº 68-333 du 5 avr. 1968, art. 1er.]*

Art. R. 352-2 Pour l'application des dispositions de l'article R. 352-1, *(Décr. nº 2017-1771 du 27 déc. 2017, art. 6-3º)* « est » considérée comme gravement déséquilibrée toute exploitation agricole qui, du fait des expropriations, répond à l'une au moins des conditions ci-après :

1º Un bâtiment essentiel à la vie de l'exploitation est exproprié et ne peut être reconstruit ;

2º Le pourcentage des terres expropriées représente une valeur de productivité supérieure à 35 p. 100 au sens de l'article L. 123-4 ;

3º Le pourcentage des terres expropriées représente une valeur de productivité supérieure à 10 p. 100 et la surface restante est inférieure *(Décr. nº 2017-1771 du 27 déc. 2017, art. 6-3º)* « au seuil de surface mentionné au II de l'article L. 312-1 » ;

4º Il est impossible, en poursuivant l'exploitation, de couvrir normalement les charges non réductibles subsistant après l'expropriation. – *[Décr. nº 68-333 du 5 avr. 1968, art. 2.]*

Art. R. 352-3 Au moment où le maître de l'ouvrage fait ses offres d'indemnisation à chacun des exploitants touchés par l'expropriation, il l'invite par lettre recommandée avec demande d'avis de réception, à lui faire connaître, dans un délai qui ne peut être inférieur à deux mois, s'il sollicite pour ce qui le concerne l'application de l'article L. 352-1, soit au titre d'une installation sur une exploitation nouvelle, soit en vue d'une reconversion d'activité.

Si l'exploitant n'a pas notifié dans le délai imparti, par la même voie, sa répcnse au maître de l'ouvrage, il est considéré comme ayant définitivement renoncé à demander l'application de l'article L. 352-1.

Il peut également, à tout moment, y renoncer expressément.

En cas de désaccord entre le maître de l'ouvrage et l'agriculteur sur l'existence d'un déséquilibre grave, chacune des parties peut, avant de saisir le tribunal administratif, consulter une commission constituée, sous sa présidence, par le préfet qui a eu compétence pour diligenter l'enquête d'utilité publique, et comprenant un représentant du ministre de l'agriculture, un représentant du ministre chargé de l'économie, un représentant du ministre dont dépendent les travaux, un représentant des exploitants agricoles expropriés désigné par le préfet, un représentant de la chambre d'agriculture et un représentant du maître de l'ouvrage.

La commission formule une proposition dans le délai d'un mois. – *[Décr. n° 68-333 du 5 avr. 1968, art. 3.]*

Art. R. 352-4 Lorsqu'un exploitant qui est propriétaire, exproprié totalement ou partiellement, acquiert, en vue de sa réinstallation, une exploitation ou une partie d'exploitation nouvelle, il peut prétendre, dans les conditions indiquées ci-après, lorsque le revenu cadastral des superficies ainsi acquises est inférieur à celui des parcelles dont il a été dépossédé, au paiement d'une allocation à la charge du maître de l'ouvrage, qui correspond à cinq fois le revenu annuel dont l'intéressé peut être considéré comme privé. Ce revenu est déterminé forfaitairement en multipliant par six la différence, déterminée en fonction des règles ci-après, existant entre le revenu cadastral de l'exploitation ou de la partie d'exploitation expropriée et celui des superficies nouvellement acquises :

1° Dans le cas où le prix d'achat des superficies nouvelles est supérieur au montant de l'indemnité principale d'expropriation amiablement acceptée par l'exproprié ou fixée par la juridiction compétente, le premier terme de la différence est égal au revenu cadastral total des superficies expropriées.

Le second terme de cette différence est un pourcentage du revenu cadastral total des superficies nouvellement acquises correspondant à la proportion existant entre le montant de l'indemnité principale d'expropriation et le prix d'achat des superficies nouvelles ;

2° Dans le cas où le prix d'achat des superficies nouvelles acquises est inférieur ou égal au montant de l'indemnité principale d'expropriation, le premier terme de la différence est un pourcentage du revenu cadastral total des superficies expropriées correspondant à la proportion existant entre le prix d'achat des superficies nouvelles et le montant de l'indemnité principale d'expropriation.

Le second terme de cette différence est le revenu cadastral total des superficies nouvellement acquises.

Pour l'application des deux alinéas qui précèdent, sont pris en considération les revenus cadastraux tels qu'ils sont fixés à la date du transfert de propriété réalisé au profit de l'expropriant, compte tenu des modifications susceptibles d'intervenir, dans les conditions prévues par *(Décr. n° 2017-1771 du 27 déc. 2017, art. 6-4°)* « les articles 1406 et 1517 du code général des impôts », en cas de changement de nature de culture n'ayant pas un caractère temporaire. – *[Décr. n° 68-333 du 5 avr. 1968, art. 4-I.]*

Art. R. 352-5 Les dispositions de l'article R. 352-4 s'appliquent aux fermiers ou aux métayers qui s'installent, en la même qualité, sur une exploitation ou partie d'exploitation nouvelle.

Pour le calcul de l'allocation leur revenant, il y a toutefois lieu de tenir compte, aux lieu et place de l'indemnité principale d'expropriation, du montant des sommes ou de la valeur des produits remis annuellement au bailleur des superficies expropriées, et aux lieu et place du prix d'achat des superficies nouvelles, du montant des sommes ou de la valeur des produits remis annuellement au bailleur de ces dernières superficies. – *[Décr. n° 68-333 du 5 avr. 1968, art. 4-II.]*

Art. R. 352-6 Lorsqu'un agriculteur était pour partie propriétaire et pour partie fermier ou métayer des terres dont il est évincé, et qu'il se réinstalle sur une exploitation mixte, les dispositions des articles R. 352-4 et R. 352-5 s'appliquent en considérant distinctement chacune des fractions correspondantes des exploitations concernées. – *[Décr. n° 68-333 du 5 avr. 1968, art. 4-III.]*

Art. R. 352-7 Les dispositions de l'article R. 352-4 *(Abrogé par Décr. n° 2017-1771 du 27 déc. 2017, art. 6-5°)* *« qui précèdent »* s'appliquent soit aux propriétaires qui se réinstallent en qualité de fermiers ou de métayers, soit aux fermiers et métayers qui se réinstallent en qualité de propriétaires.

Dans le premier cas, le deuxième terme de la différence mentionné à l'article R. 352-4 est constitué par la valeur vénale, déterminée après avis du domaine, de l'exploitation de réinstallation.

Dans le second cas, le deuxième terme de cette différence est constitué par le montant estimé du fermage, déterminé après avis de la commission consultative des baux ruraux, et qui s'appliquerait à l'exploitation acquise par les intéressés si elle était donnée à bail. – *[Décr. n° 68-333 du 5 avr. 1968, art. 4-IV.]*

Art. R. 352-8 Les propriétaires, fermiers ou métayers qui se maintiennent, après expropriation partielle, sur la partie restante de leur exploitation en prévoyant une modification des cultures antérieurement pratiquées, peuvent obtenir de la part du maître de l'ouvrage une aide financière pour effectuer cette reconversion.

Cette aide correspond à l'indemnité forfaitaire prévue par le dernier alinéa de l'article R. 352-11.

Cette aide ne peut être cumulée avec l'une des allocations prévues aux articles R. 352-6 et R. 352-7. – *[Décr. n° 68-333 du 5 avr. 1968, art. 4-V.]*

Art. R. 352-9 Les articles R. 352-4 à R. 352-8 ne s'appliquent que si les conditions financières de l'acquisition ou de la prise à bail des superficies nouvelles correspondent aux cours normalement pratiqués, lors de la conclusion des contrats analogues, dans la région où s'effectuent ces opérations.

En cas de désaccord de l'agriculteur sur la liquidation par le maître de l'ouvrage des allocations prévues par le présent article, la commission instituée par l'article R. 352-3 peut être consultée dans les conditions fixées audit article. – *[Décr. n° 68-333 du 5 avr. 1968, art. 4-VI et VII.]*

Art. R. 352-10 Lorsque, en accord avec le maître de l'ouvrage, des sociétés d'aménagement foncier et d'établissement rural ou des sociétés d'aménagement régional procèdent à des acquisitions et aliénations d'immeubles en vue de la réinstallation d'exploitants expropriés, le maître de l'ouvrage participe forfaitairement aux frais d'intervention de ces sociétés, en leur versant une rémunération dont le taux, fixé par convention, ne peut excéder celui de la participation mise à la charge de l'État par la réglementation relative aux opérations de l'espèce. Cette rémunération ne peut être calculée sur une somme supérieure au montant des indemnités principales d'expropriation afférentes aux immeubles dont les exploitants sont réinstallés par lesdites sociétés. Dans la limite de ce montant, les acquisitions et aliénations susmentionnées ne peuvent donner lieu, de la part de l'État, au versement d'aucun prêt, avance ou subvention au profit de ces sociétés.

Sous réserve du respect des règles posées par les textes régissant la comptabilité publique, le maître de l'ouvrage peut, en application de la présente section, conclure avec les sociétés d'aménagement foncier et d'établissement rural ou avec les sociétés d'aménagement régional des conventions tendant à mettre à la disposition de ces sociétés, dans la limite du montant de l'indemnité principale d'expropriation ou, si elle n'est pas encore fixée, de l'évaluation domaniale, un prêt global destiné à leur permettre d'acquérir et d'aménager les exploitations nécessaires à la réinstallation des intéressés et d'effectuer, aux frais du preneur, des travaux sur des exploitations données à bail.

Sous la même réserve, à défaut de la convention mentionnée au second alinéa, il peut, dès la déclaration d'utilité publique, et à condition d'obtenir l'assentiment des créanciers hypothécaires, s'il en existe, verser à chacun des exploitants propriétaires, fermiers ou métayers une avance imputable sur l'indemnité d'expropriation en vue de leur réinstallation :

1° Soit par l'intermédiaire d'une société d'aménagement foncier et d'établissement rural ou d'une société d'aménagement régional ;

2° Soit avec le concours *(Décr. n° 2009-340 du 27 mars 2009, art. 10-I)* « de l'Agence de services et de paiement » ou de ses organismes départementaux. – *[Décr. n° 68-333 du 5 avr. 1968, art. 5.]*

Art. R. 352-11 Les exploitants propriétaires, métayers ou fermiers qui décident de se reconvertir hors de l'agriculture, peuvent soit obtenir l'aide *(Décr. n° 2009-340 du 27 mars 2009, art. 10-I)* « de l'Agence de services et de paiement », soit demander au maître de l'ouvrage une aide pour leur reconversion, sans le concours dudit organisme.

L'aide accordée peut consister, suivant le choix exercé par le demandeur :

1° Soit dans le remboursement par le maître de l'ouvrage *(Décr. n° 2009-340 du 27 mars 2009, art. 10-I)* « à l'Agence de services et de paiement » des frais, primes et indemnités prévues par les articles 2 et 16 du décret n° 69-189 du 26 février 1969 *[portant application de l'article 27 de la L. n° 62-933 du 8 août 1962 complémentaire à la loi d'orientation agricole en ce qui concerne l'aide aux mutations professionnelles des agriculteurs et des travailleurs agricoles]*, les conditions à remplir par le bénéficiaire, à l'exclusion de la condition d'âge, telles qu'elles ont été fixées par la section 2 du titre I dudit décret, n'étant pas en ce cas exigées ;

2° Soit en une indemnité forfaitaire dont le montant est égal à deux mille heures de salaire minimum interprofessionnel garanti applicable dans la région où doit avoir lieu la reconversion. – *[Décr. n° 68-333 du 5 avr. 1968, art. 6.]*

Art. R. 352-12 Sous réserve qu'il n'ait pas sollicité l'application d'une des dispositions prévues par les articles R. 352-4 à R. 352-11 et qu'il soit susceptible d'obtenir un avantage au titre de l'assurance vieillesse dans l'agriculture, dans les cinq ans de la date de l'ordonnance d'expropriation, tout agriculteur dont l'exploitation est supprimée ou gravement déséquilibrée, qu'il soit totalement exproprié ou qu'il cède les terres non expropriées au maître de l'ouvrage en application de l'article R. 352-13, peut obtenir une allocation dont la charge incombe au maître de l'ouvrage et comportant une indemnité forfaitaire dont le montant est égal à mille cinq cents heures de salaire minimum interprofessionnel de croissance applicable dans la région où se déroule l'expropriation.

Ne peuvent être cumulées les indemnités prévues par l'article R. 352-11 et le présent article et celles qui auraient été versées ou consignées pour un objet identique au titre des indemnités accessoires à l'indemnité d'expropriation. – *[Décr. n° 68-333 du 5 avr. 1968, art. 7 et 10.]*

Art. R. 352-13 Si l'exploitant est propriétaire et si son exploitation est gravement déséquilibrée du fait de l'expropriation, le maître de l'ouvrage peut, si la demande lui en est faite, acquérir à un prix fixé à l'amiable la partie restante de l'exploitation, en vue de la céder à d'autres exploitants, à la société d'aménagement foncier et d'établissement rural ou à la société d'aménagement régional.

Pour être recevable, cette demande doit être formulée avant la fixation des indemnités d'expropriation par accord amiable ou décision judiciaire définitive. – *[Décr. n° 68-333 du 5 avr. 1968, art. 8.]*

Art. R. 352-14 Le maître de l'ouvrage est dégagé de toute obligation résultant de l'un des articles R. 352-4 à R. 352-9 et R. 352-11 à l'égard de tout exploitant n'ayant pas entrepris sa réinstallation ou sa reconversion professionnelle dans un délai de deux années à compter de la date de la prise de possession par l'expropriant de l'exploitation délaissée. – *[Décr. n° 68-333 du 5 avr. 1968, art. 9.]*

SECTION 2 **Les aides à la réinsertion professionnelle**

Art. D. 352-15 Peuvent demander à bénéficier des avantages prévus à la présente section les personnes mentionnées ci-dessous dont l'exploitation connaît des difficultés aiguës sans perspective de redressement et qui doivent de ce fait cesser leur activité agricole sur leur exploitation et envisager une réinsertion professionnelle :

1° Les exploitants agricoles qui peuvent prétendre aux prestations de l'assurance maladie, invalidité, maternité des personnes non salariées des professions agricoles ;

2° Leurs conjoints, à la condition qu'ils exercent sur l'exploitation une activité agricole leur permettant de bénéficier des prestations de l'assurance précitée ;

3° Leurs aides familiaux et associés d'exploitation mentionnés au 2° de *(Décr. n° 2017-1771 du 27 déc. 2017, art. 6-6°)* « l'article L. 722-10 ». — *[Décr. n° 88-529 du 4 mai 1988, art. 1er.]*

Art. D. 352-16 Les personnes mentionnées à l'article D. 352-15 peuvent être admises au bénéfice des avantages prévus à la présente section, en qualité d'agriculteurs en difficulté, sur la base d'un dossier faisant apparaître la situation économique et financière de l'exploitation et leur situation personnelle au regard de leurs possibilités de réinsertion professionnelle. Le bénéfice de ces avantages est accordé par décision du préfet du lieu du siège de l'exploitation. — *[Décr. n° 88-529 du 4 mai 1988, art. 2.]*

Art. R.* 352-16-1 *(Décr. n° 2004-80 du 22 janv. 2004, art. 10)* Le silence gardé pendant plus de six mois sur la demande des avantages prévus à la présente section vaut décision de rejet. — *Dans la numérotation de l'article D. 352-16-1, la lettre : « D » est remplacée par la lettre : « R » (Décr. n° 2007-1261 du 21 août 2007, art. 4-III).*

Art. D. 352-17 Les agriculteurs, reconnus en difficulté, qui doivent suivre une formation en vue de leur réinsertion professionnelle perçoivent une rémunération égale à la rémunération versée aux travailleurs non salariés en application des dispositions de *(Décr. n° 2017-1771 du 27 déc. 2017, art. 6-7°)* « l'article L. 6341-8 » du code du travail. Lorsque le stage prévu ne bénéficie pas déjà d'un agrément au titre de *(Décr. n° 2017-1771 du 27 déc. 2017, art. 6-7°)* « l'article L. 6341-4 du même code », il est agréé par le préfet de région dans les conditions prévues *(Décr. n° 2017-1771 du 27 déc. 2017, art. 6-7°)* « aux articles R. 6341-2 à R. 6341-10 de ce code » et dans les limites d'un volume de mois stagiaires fixé par le *(Décr. n° 2017-1771 du 27 déc. 2017, art. 6-7°)* « ministre chargé de l'agriculture ». Une contribution de l'État à la prise en charge des frais de formation peut en outre être accordée dans le cadre d'une convention passée à cet effet avec le centre de formation.

La rémunération des stages agréés par le préfet de région est liquidée et payée par *(Décr. n° 2009-340 du 27 mars 2009, art. 10-I)* « l'Agence de services et de paiement » et fait l'objet d'une comptabilité séparée. — *[Décr. n° 88-529 du 4 mai 1988, art. 3.]*

Art. R.* 352-17-1 *(Décr. n° 2017-1411 du 27 sept. 2017, art. 2-50°)* Le silence gardé par le préfet sur une demande d'agrément de stage présentée par un agriculteur en difficulté demandeur d'aide à la reconversion professionnelle, mentionnée à l'article D. 352-17, vaut décision de rejet.

Art. D. 352-18 La durée des stages agréés par le préfet de région au titre de la présente section ne peut excéder six mois. Toutefois, cette durée peut être dépassée, dans la limite de douze mois, lorsque la formation suivie conduit à une qualification qui ne peut être acquise plus rapidement et pour laquelle il existe un besoin spécifique. — *[Décr. n° 88-529 du 4 mai 1988, art. 4.]*

Art. D. 352-19 Au cas où avant la fin de sa formation, l'intéressé renoncerait à poursuivre celle-ci, le versement de la rémunération est suspendu et le remboursement des sommes perçues peut être exigé par décision du ministre de l'agriculture. — *[Décr. n° 88-529 du 4 mai 1988, art. 5.]*

Art. D. 352-20 Les agriculteurs en difficulté peuvent prétendre, après avoir cessé toute activité agricole, à une prime de départ dont le montant est fixé par arrêté conjoint du ministre chargé du budget et du ministre de l'agriculture. *(Abrogé par Décr. n° 2017-649 du 26 avr. 2017, art. 1er-1°)* ***« Cette prime est versée en deux fractions égales. La première fraction est versée après l'intervention de la décision d'acceptation du dossier. La seconde partie est versée dans un délai maximum de vingt-quatre mois suivant la date de cessation d'activité agricole aux bénéficiaires ayant achevé leur stage ou remplissant les conditions qui sanctionnent leur aptitude à exercer un nouvel emploi. »*** Il ne peut être accordé que deux primes de départ par exploitation.

(Décr. n° 2017-649 du 26 avr. 2017, art. 1er-1°) **« La prime peut être majorée lorsque le bénéficiaire est conduit à changer de domicile, dans des conditions fixées par le même arrêté. »**

(Décr. n° 2009-340 du 27 mars 2009, art. 10-I) **« L'Agence de services et de paiement » est chargé** *[chargée]* **de la liquidation et du paiement de cette prime.** *— [Décr. n° 88-529 du 4 mai 1988, art. 6.]*

Art. D. 352-21 Les postulants au bénéfice des dispositions de la présente section doivent :

1° Justifier qu'ils ont exercé à titre principal une activité agricole pendant une durée d'au moins cinq ans précédant immédiatement la date de dépôt de la demande, ou avoir participé effectivement aux travaux de l'exploitation pendant cette durée ;

2° *(Décr. n° 2017-649 du 26 avr. 2017, art. 1er-2°)* **« S'engager à ne pas revenir à l'agriculture en l'une des qualités mentionnées à l'article D. 352-15 pendant une durée de cinq ans à compter de l'attribution de l'aide ».** *(Décr. n° 2006-1628 du 18 déc. 2006)* **« Lorsque le bénéficiaire cesse de remplir cet engagement, il peut être contraint de rembourser la prime de départ qu'il a perçue assortie des intérêts au taux légal. »**

Les avantages prévus à la présente section ne peuvent se cumuler avec ceux énoncés au décret n° 69-189 du 26 février 1969 *[portant application de l'art. 27 de la L. n° 62-933 du 8 août 1962 complémentaire à la loi d'orientation agricole en ce qui concerne l'aide aux mutations professionnelles des agriculteurs et des travailleurs agricoles]. — [Décr. n° 88-529 du 4 mai 1988, art. 7 et 8.]*

Le préfet est fondé à refuser l'aide à la réinsertion professionnelle à celui qui a déposé sa demande plus de deux ans après sa cessation d'activité. • CAA Bordeaux, 1er juill. 2003, *Challet*, n° 00BX02916.

CHAPITRE III CONGÉ DE FORMATION DES EXPLOITANTS AGRICOLES

(Décr. n° 2009-87 du 22 janv. 2009, art. 2)

La section 3 devient un chapitre III intitulé « Congé de formation des exploitants agricoles » ; les art. D. 352-22 à D. 352-30 deviennent les art. D. 353-1 à D. 353-9 (Décr. n° 2009-87 du 22 janv. 2009, art. 2, JO 24 janv.).

Art. D. 353-1 Peuvent bénéficier d'un revenu d'accompagnement les personnes mentionnées à l'article L. 353-1 qui ont été reconnues agriculteurs en difficulté dans les conditions de l'article D. 352-16 par décision du préfet du département du siège de l'exploitation et qui désirent suivre une formation en vue de leur reconversion professionnelle. *— Anc. art. D. 352-22.*

Art. D. 353-2 Pour postuler au bénéfice du revenu d'accompagnement, les personnes mentionnées à l'article *(Décr. n° 2009-87 du 22 janv. 2009, art. 2-2°)* **« D. 353-1 » doivent :**

1° Avoir cessé leur activité agricole et s'être inscrites à *(Décr. n° 2014-524 du 22 mai 2014, art. 24)* **« Pôle emploi » ;**

2° Justifier qu'elles ont exercé à titre principal une activité agricole pendant une durée d'au moins cinq ans avant la cessation d'activité ;

3° S'engager à renoncer à travailler dans l'agriculture en qualité de chef d'une exploitation ou d'une entreprise agricole ;

4° Choisir une formation remplissant les critères mentionnés à l'article L. 900-3 *[L. 6314-1 et D. 6314-1]* **du code du travail.** *— Anc. art. D. 352-23.*

Art. D. 353-3 Le revenu d'accompagnement est égal à 75 % du salaire minimum interprofessionnel de croissance horaire multiplié par 35 heures par semaine, dans la limite du temps et des durées prévus à l'article *(Décr. n° 2009-87 du 22 janv. 2009, art. 2-2°)* **« D. 353-6 ».**

Il est liquidé et payé par *(Décr. n° 2009-340 du 27 mars 2009, art. 10-I)* **« l'Agence de services et de paiement » et fait l'objet d'une comptabilité séparée.**

Il ne peut être accordé que deux revenus d'accompagnement par exploitation, dans la limite de trois exploitations regroupées pour les groupements agricoles d'exploitation en commun. *— Anc. art. D. 352-24.*

Art. D. 353-4 **Lorsque le stage de formation prévu ne bénéficie pas d'un agrément au titre de l'article** *(Décr. nº 2013-754 du 14 août 2013, art. 8-I-1º)* **« L. 6341-5 » du code du travail, le revenu d'accompagnement peut être servi au bénéficiaire à la condition qu'un organisme collecteur paritaire agréé au titre de l'article** *(Décr. nº 2013-754 du 14 août 2013, art. 8-I-2º)* **« L. 6332-1 »** *(Décr. nº 2017-1771 du 27 déc. 2017, art. 6-8º)* **« du même code » ait préalablement validé la prise en charge de l'action de formation au titre de l'article** *(Décr. nº 2013-754 du 14 août 2013, art. 8-I-3º)* **« R. 6332-59 »** *(Décr. nº 2017-1771 du 27 déc. 2017, art. 6-8º)* **« du même code » ou que l'organisme collecteur habilité par l'État, mentionné au quatrième alinéa de l'article** *(Décr. nº 2013-754 du 14 août 2013, art. 8-I, dernier al.)* **« L. 718-2-1 »** *(Décr. nº 2017-1771 du 27 déc. 2017, art. 6-8º)* **« du présent code » et autorisé par le présent décret à financer ces bénéficiaires, ait préalablement validé la prise en charge de l'action de formation en application de l'article L. 353-1 du présent code.** – *Anc. art. D. 352-25.*

Art. D. 353-5 **Les personnes percevant le revenu d'accompagnement bénéficient de la protection sociale des stagiaires de la formation professionnelle prévue par** *(Décr. nº 2013-754 du 14 août 2013, art. 8-I-4º)* **« le chapitre II du titre IV du livre III de la sixième partie » du code du travail.** – *Anc. art. D. 352-26.*

Art. D. 353-6 **La formation choisie doit avoir une durée minimale d'une semaine.**

Lorsque le temps de formation est inférieur à 30 heures par semaine, la rémunération du stagiaire est réduite en proportion.

La durée du versement du revenu d'accompagnement ne peut excéder douze mois. – *Anc. art. D. 352-27.*

Art. D. 353-7 **Si le bénéficiaire interrompt la formation avant son terme, le versement de la rémunération est suspendu et le remboursement des sommes perçues peut être exigé par décision du préfet.** – *Anc. art. D. 352-28.*

Art. D. 353-8 **La demande de revenu d'accompagnement est faite au préfet du département du siège de l'exploitation au plus tard dans les douze mois qui suivent la cessation d'activité.**

Après avis de la commission départementale d'orientation de l'agriculture rendu dans le délai d'un mois, le préfet décide de l'octroi de ce revenu dans la limite de l'enveloppe budgétaire allouée. – *Anc. art. D. 352-29.*

Art. D. 353-9 **Le revenu d'accompagnement ne peut être cumulé avec l'allocation de préretraite accordée au titre d'agriculteur en difficulté prévue par le** *(Décr. nº 2007-1516 du 22 oct. 2007, art. 22)* **« décret nº 2007-1516 du 22 octobre 2007 » relatif à la mise en œuvre d'une mesure de préretraite pour les agriculteurs en difficulté, ni avec les dispositifs d'aide au financement de la formation prévus à la section 2 du chapitre II du titre V du livre III du présent code, ni enfin avec les avantages perçus dans le cadre d'autres contrats de travail ou formations mis en œuvre par le plan de cohésion sociale. Il ne peut davantage être cumulé avec le revenu minimum d'insertion ou avec toute autre rémunération des stagiaires de la formation continue relevant du** *(Décr. nº 2013-754 du 14 août 2013, art. 8-I-5º)* **« livre III de la sixième partie » du code du travail.** – *Anc. art. D. 352-30.*

Le Décr. nº 2007-1516 du 22 oct. 2007 relatif à la mise en œuvre d'une mesure de préretraite pour les agriculteurs en difficulté est abrogé à compter du 16 nov. 2008 (Décr. nº 2008-1111 du 30 oct. 2008, art. 2, JO 31 oct.).

CHAPITRE IV LES AIDES AU REDRESSEMENT DE L'EXPLOITATION

(Décr. nº 2009-87 du 22 janv. 2009, art. 3)

BIBL. GÉN. ▶ BARBIÈRI, *RD rur. 2009, nº 44* (aides publiques et exploitations en difficulté). – LEBEL, *RD rur. 2023. Dossier 5* (prévention des difficultés des entreprises agricoles). – MACORIG-VENIER, *RTD com. 2009. 447* (dispositif de soutien aux entreprises agricoles en difficulté, décret du 22 janv. 2009).

Les demandes d'aides n'ayant pas fait l'objet d'une décision, à la date d'entrée en vigueur du Décr. nº 2019-556 du 4 juin 2019, sont régies par les dispositions du chapitre IV du titre V du livre III dans leur rédaction antérieure à ce décret (Décr. préc., art. 2, JO 5 juin).

Art. D. 354-1 En vue de faciliter le redressement des exploitations agricoles *(Abrogé par Décr. n° 2019-556 du 4 juin 2019, art. 1er)* ***« dont la pérennité peut être assurée »***, **les aides suivantes peuvent être allouées :**

1° Une aide *(Décr. n° 2019-556 du 4 juin 2019, art. 1er)* **« pour la réalisation d'un audit global de l'exploitation » ;** *— V. art. D. 354-11.*

(Décr. n° 2022-1131 du 5 août 2022, art. 1er) **« 2° Une aide à la relance de l'exploitation ».** *— V. art. D. 354-12.*

Arrêté du 5 août 2022,

Fixant le montant et certaines modalités de mise en œuvre des aides pour les exploitations agricoles en difficulté (JO 6 août).

Art. 1er Le montant de l'aide pour la réalisation d'un audit global de l'exploitation agricole mentionnée au 1° de l'article D. 354-1 du code rural et de la pêche maritime ne peut excéder 1 500 euros.

Art. 2 Le plafonnement de l'aide à la relance de l'exploitation agricole mentionnée au 2° de l'article D. 354-1 du code rural et de la pêche maritime est apprécié au regard de la situation de l'exploitation au jour du dépôt de la demande d'aide :

— en fonction du nombre d'unité de travail non salariée de l'exploitation, dans la limite de deux unités, ou, dans le cas d'un groupement agricole d'exploitation en commun, du nombre d'associés ;

— et, pour les exploitations qui emploient de la main d'œuvre salariée, en fonction du nombre de salariés permanents ou saisonniers en équivalent temps plein, dans la limite de dix salariés.

L'aide de l'État est plafonnée à 10 800 euros pour la première unité de travail non salariée et à 10 000 euros par unité de travail non salariée supplémentaire. Le plafond par salarié est fixé à 2 000 euros.

La prise en charge par d'autres financeurs publics d'un complément à cette aide est plafonnée à 10 700 euros pour la première unité de travail non salariée et à 10 000 euros par unité de travail non salariée supplémentaire. Le plafond par salarié est fixé à 2 000 euros.

Le plafond de l'aide de l'État est diminué du montant des cotisations sociales prises en charge en application de l'article R. 726-1 du code rural et de la pêche maritime et du surcoût induit par la mise en place d'un échéancier de règlement desdites cotisations.

L'aide porte sur la prise en charge :

1° En cas de restructuration de l'endettement, d'au maximum 100 % du surcoût entre les prêts réaménagés ou consolidés et les anciens prêts, hors commission de garantie ;

2° Si la restructuration de l'endettement conduit à une consolidation bancaire, d'au maximum 100 % du coût de la garantie bancaire ;

3° D'une partie des intérêts bancaires dus sur les prêts de l'exploitation ;

4° D'une partie des intérêts des prêts ou facilités de paiement contractés auprès des fournisseurs ;

5° D'une partie des dividendes correspondant aux intérêts en cas de plan de redressement judiciaire ou de plan de sauvegarde ;

6° D'une partie ou de la totalité des frais d'adhésion de l'exploitation à une coopérative d'utilisation de matériel agricole prévue à l'article R. 522-1 du code rural et de la pêche maritime, ou à une association syndicale de propriétaires fonciers prévue par l'ordonnance du 1er juillet 2004 susvisée ou à un centre de gestion agréé prévu par la loi du 27 décembre 1974 susvisée ;

7° D'une partie ou de la totalité du coût hors taxe de la prestation de suivi technico-économique mentionné au 2° de l'article D. 354-1 du code rural et de la pêche maritime.

L'aide est versée au commissaire à l'exécution du plan dans le cas mentionné au 5° et à l'exploitant dans les autres cas.

Art. 3 L'arrêté du 4 juin 2019 fixant le montant et certaines modalités de mise en œuvre des aides pour les exploitations agricoles en difficulté est abrogé.

SECTION 1 Conditions d'attribution des aides

SOUS-SECTION 1 Conditions relatives à l'exploitant

Art. D. 354-2 Pour bénéficier des aides mentionnées à l'article D. 354-1, l'exploitant doit *(Décr. n° 2019-556 du 4 juin 2019, art. 1er)* « , à la date de dépôt de la demande d'aide :

« 1° Être âgé d'au moins 21 ans et ne pas avoir atteint l'âge mentionné à l'article L. 161-17-2 du code de la sécurité sociale diminué de deux ans, exercer une activité de production agricole en qualité de chef d'exploitation et ne pas être chef d'exploitation à titre secondaire depuis plus de trois ans ; »

2° Ne pas bénéficier d'autre avantage servi par un régime obligatoire d'assurance vieillesse qu'une pension de réversion ;

3° Justifier d'une capacité professionnelle agricole suffisante acquise :

a) soit conformément à l'article D. 343-4 *(Abrogé par Décr. n° 2017-1771 du 27 déc. 2017, art. 6-9°)* *« du code rural et de la pêche maritime »* relatif aux conditions d'accès *(Décr. n° 2019-556 du 4 juin 2019, art. 1er)* « aux aides » à l'installation ou par la possession d'un diplôme communautaire de niveau équivalent ;

b) soit par une expérience professionnelle sur une exploitation agricole, en qualité de chef d'exploitation *(Décr. n° 2019-556 du 4 juin 2019, art. 1er)* « , d'une durée minimale de trois années consécutives ; – *Les tirets du 3° sont remplacés successivement par « a » et « b » (Décr. n° 2017-1771 du 27 déc. 2017, art. 6-9°).*

« 4° Lorsqu'il a reçu une aide que la Commission européenne a déclarée illégale et incompatible avec le marché intérieur, avoir remboursé ou versé sur un compte bloqué le montant total de cette aide majoré des intérêts correspondants ».

Art. D. 354-2-1 *(Décr. n° 2019-556 du 4 juin 2019, art. 1er)* Pour bénéficier *(Décr. n° 2022-1131 du 5 août 2022, art. 1er)* « de l'aide prévue au 2° » de l'article D. 354-1, l'exploitant doit justifier de l'exercice d'une activité de production agricole en qualité de chef d'exploitation depuis plus de trois ans.

Art. D. 354-2-2 *(Décr. n° 2019-556 du 4 juin 2019, art. 1er)* Dans le cas d'une exploitation prenant la forme d'une personne morale, les conditions fixées par la présente sous-section sont réputées remplies lorsqu'au moins l'un des associés-exploitants satisfait à l'ensemble de ces conditions.

SOUS-SECTION 2 Conditions relatives à l'exploitation

Art. D. 354-3 Pour bénéficier des aides prévues à l'article D. 354-1, l'exploitation du demandeur doit :

(Décr. n° 2019-556 du 4 juin 2019, art. 1er) « 1° Prendre la forme soit d'une exploitation agricole individuelle dont la main-d'œuvre non salariée est constituée du chef d'exploitation, éventuellement assisté de son époux ou de son partenaire de pacte civil de solidarité ou de son concubin ou d'aides familiaux, soit d'une personne morale dont l'objet est exclusivement agricole à condition qu'au moins 50 % du capital social soit détenu par des agriculteurs ; »

2° Employer au moins une unité de travail non salariée. Une personne travaillant sur l'exploitation ne peut être prise en compte pour plus d'une unité de travail. Les membres de la famille de l'exploitant ne peuvent être pris en compte que si leur participation aux travaux de l'exploitation représente au moins une demi-unité de travail. Ils sont pris en compte au prorata de leur activité ;

3° Ne pas employer annuellement une main-d'œuvre salariée permanente ou saisonnière supérieure à dix unités de travail équivalent temps plein ;

4° Abrogé par Décr. n° 2022-1131 du 5 août 2022, art. 1er.

Art. D. 354-3-1 *(Décr. n° 2022-1131 du 5 août 2022, art. 1er)* Pour bénéficier de l'aide mentionnée au 1° de l'article D. 354-1, l'exploitation du demandeur doit répondre au moins à l'un des critères suivants au vu du dernier exercice comptable clos ou sur la base du dernier arrêté des comptes :

a) Un taux d'endettement supérieur ou égal à 50 % ;

b) Un excédent brut d'exploitation rapporté au produit brut inférieur ou égal à 25 %.

Les conditions prévues au présent article ne s'appliquent pas lorsque l'exploitation entre dans l'un des cas mentionnés à l'article D. 354-10.

Art. D. 354-3-2 *(Décr. n° 2022-1131 du 5 août 2022, art. 1er)* Pour bénéficier de l'aide mentionnée au 2° de l'article D. 354-1, l'exploitation du demandeur doit :

1° Avoir fait l'objet d'un audit, réalisé au cours des douze derniers mois précédant la date de dépôt de la demande de cette aide. Cet audit doit être réalisé par un expert choisi par l'exploitant sur une liste établie par le préfet, comporter les éléments et le plan d'action mentionnés à l'article D. 354-5 et démontrer une perspective de retour à la viabilité par un engagement dans un plan de restructuration ;

2° Répondre au moins à trois des critères suivants au vu du dernier exercice comptable clos ou sur la base du dernier arrêté des comptes :

a) Un taux d'endettement supérieur ou égal à 70 % ;

b) Un niveau de trésorerie inférieur ou égal à zéro ;

c) Un excédent brut d'exploitation rapporté au produit brut inférieur ou égal à 25 % ;

d) Un revenu disponible par unité de travail non salariée inférieur ou égal à un SMIC net annuel déterminé au 1er janvier de l'année du dépôt du dossier de la demande d'aide pour les exploitants à titre principal et à la moitié d'un SMIC net annuel pour les exploitants à titre secondaire ;

3° Justifier, au vu du dernier exercice comptable clos ou sur la base du dernier arrêté des comptes :

a) S'agissant des sociétés à responsabilité limitée, d'une réduction de plus de 50 % du montant du capital social souscrit en raison des pertes accumulées des réserves et de tous les autres éléments relevant des fonds propres ;

b) S'agissant des sociétés à responsabilité illimitée et des exploitations agricoles individuelles, d'une réduction de plus de 50 % des fonds propres.

Les conditions prévues au présent article ne s'appliquent pas lorsque l'exploitation entre dans l'un des cas mentionnés à l'article D. 354-10.

SECTION 2 Procédure

Art. D. 354-4 *(Décr. n° 2019-556 du 4 juin 2019, art. 1er)* « L'exploitant adresse les demandes d'aides mentionnées à l'article D. 354-1 et les demandes de paiement correspondantes à la direction départementale des territoires ou la direction départementale des territoires et de la mer du lieu du siège de l'exploitation. »

Lorsque son exploitation fait l'objet d'une procédure de règlement amiable ou de redressement prévue aux articles L. 351-1 et suivants *(Abrogé par Décr. n° 2017-1771 du 27 déc. 2017, art. 6-10°)* *« du code rural et de la pêche maritime »* ou d'une procédure de sauvegarde des entreprises prévue à l'article L. 620-2 du code de commerce, l'exploitant doit en faire part au préfet lors du dépôt de sa demande.

Art. D. 354-5 *(Décr. n° 2019-556 du 4 juin 2019, art. 1er)* *(Décr. n° 2022-1131 du 5 août 2022, art. 1er)* « L'audit, pour la réalisation duquel l'aide mentionnée au 1° de l'article D. 354-1 est attribuée, est réalisé au plus tard douze mois après la décision d'octroi de cette aide », par un expert choisi par l'exploitant sur une liste établie par le préfet et doit comporter :

1° Les éléments permettant d'apprécier la situation de l'exploitation et les causes de ses difficultés sur les plans technique, économique, financier et social et d'évaluer sa viabilité ;

2° Un plan d'action définissant les moyens à mettre en œuvre pour répondre aux difficultés recensées.

Art. D. 354-6 *(Décr. n° 2019-556 du 4 juin 2019, art. 1er)* Le préfet adresse à la commission départementale d'orientation de l'agriculture un bilan anonymisé des avis rendus et des aides attribuées conformément au présent chapitre.

Art. D. 354-7 *(Décr. n° 2022-1131 du 5 août 2022, art. 1er)* « Si, à partir de l'audit prévu au 1° de l'article D. 354-3-2, une restructuration apparaît nécessaire et de nature à permettre le redressement de l'exploitation, le préfet peut arrêter un plan de restructuration en accord avec les principaux créanciers de l'exploitation, pour une période qui n'excède pas sept ans. »

Ce plan comporte :

1° Une description des circonstances à l'origine des difficultés de l'exploitation issue du diagnostic économique et financier ;

2° Les dispositions économiques et techniques à mettre en œuvre pour améliorer la rentabilité et la compétitivité de l'exploitation ;

3° *(Décr. n° 2022-1131 du 5 août 2022, art. 1er)* « Une description des engagements de l'exploitant, comprenant notamment :

« *a)* L'engagement d'établir une contribution propre aux coûts de restructuration s'élevant à au moins 25 % ;

« *b)* L'engagement de ne pas augmenter sa capacité totale de production au cours du plan ;

« *c)* L'engagement de maintenir son activité de production agricole jusqu'au terme du plan de restructuration ; »

4° Les aménagements consentis par les principaux créanciers ;

5° Les aides financières de l'État et, le cas échéant, des *(Décr. n° 2019-556 du 4 juin 2019, art. 1er)* « autres financeurs publics ;

« 6° Une présentation des résultats escomptés. »

Art. D. 354-8 *(Décr. n° 2019-556 du 4 juin 2019, art. 1er)* « La conduite du plan de restructuration fait l'objet d'un suivi technico-économique. »

Il est réalisé par un expert choisi par l'exploitant sur une liste établie par le préfet.

La durée du suivi *(Décr. n° 2019-556 du 4 juin 2019, art. 1er)* « est au minimum de » trois ans.

SECTION 3 Attribution des aides

Art. D. 354-9 *(Décr. n° 2019-556 du 4 juin 2019, art. 1er)* Une exploitation ne peut bénéficier à nouveau de l'attribution de l'une des aides prévues à l'article D. 354-1 avant le terme d'une période de cinq ans à compter de la date :

– de la décision d'octroi de l'aide pour l'aide mentionnée au 1° de cet article ;

– de la fin du plan de restructuration pour *(Décr. n° 2022-1131 du 5 août 2022, art. 1er)* « l'aide mentionnée au 2° » de ce même article.

Art. D. 354-10 Les aides prévues à l'article D. 354-1 du présent code peuvent être accordées nonobstant l'existence d'une procédure de règlement amiable ou de redressement prévue aux articles L. 351-1 et suivants du code rural et de la pêche maritime ou d'une procédure de sauvegarde des entreprises prévue à l'article L. 620-2 du code de commerce.

Art. D. 354-11 *(Décr. n° 2019-556 du 4 juin 2019, art. 1er)* Le montant de l'aide à l'audit mentionnée au 1° de l'article D. 354-1 correspond à tout ou partie du coût de la prestation hors taxes. *(Décr. n° 2022-1131 du 5 août 2022, art. 1er)* « Cette aide est prise en charge par l'État et ne peut donner lieu au versement d'un complément par d'autres financeurs publics. » Les règles de plafonnement de cette aide sont fixées par arrêté conjoint des ministres chargés de l'agriculture et du budget.

L'aide est versée à l'organisme qui a réalisé l'audit global de l'exploitation agricole.

Art. D. 354-12 *(Décr. n° 2019-556 du 4 juin 2019, art. 1er)* *(Décr. n° 2022-1131 du 5 août 2022, art. 1er)* « L'aide à la relance de l'exploitation agricole mentionnée au 2° de l'article D. 354-1 correspond, selon le cas, à la prise en charge de tout ou partie des frais ou garanties bancaires liés à une restructuration, des intérêts bancaires, des intérêts des prêts ou facilités de paiement contractés auprès des fournisseurs, des dividendes correspondant aux intérêts dans le cas d'un plan de redressement ou de sauvegarde, et du coût de la prestation hors taxes du suivi technico-économique. »

Les financeurs publics autres que l'État peuvent également prendre en charge tout ou partie des frais d'adhésion de l'exploitation à une coopérative d'utilisation de matériel agricole prévue à l'article R. 522-1, ou à une association syndicale de propriétaires fonciers prévue par l'ordonnance n° 2004-632 du 1er juillet 2004 ou à un centre de gestion agréé prévu par la loi n° 74-1114 du 27 décembre 1974.

Le montant de l'aide comprend une participation de l'État et, le cas échéant, un complément par d'autres financeurs publics. Les règles de plafonnement et les modalités de calcul de cette aide sont fixées par arrêté conjoint des ministres chargés de l'agriculture et du budget. Cet arrêté précise les cas dans lesquels l'aide est versée à une autre personne que son bénéficiaire.

Les plafonds alloués par l'État s'appliquent sous réserve de l'enveloppe annuelle allouée au préfet de département.

Art. D. 354-13 *Abrogé par Décr. n° 2022-1131 du 5 août 2022, art. 1er.*

Art. D. 354-14 Les aides accordées par le préfet sont payées par *(Décr. n° 2009-340 du 27 mars 2009, art. 10-I)* « l'Agence de services et de paiement ».

SECTION 4 Sanctions

Art. D. 354-15 *(Décr. n° 2019-556 du 4 juin 2019, art. 1er)* « Si l'une des aides mentionnées à l'article D. 354-1 a été octroyée sur la base d'une erreur de déclaration de l'agriculteur, le préfet peut demander la restitution de tout ou partie de celle-ci. Si une de ces aides a été octroyée sur la base d'une fausse déclaration de l'agriculteur, celui-ci est tenu de la restituer en totalité, avec une majoration de 10 %, sans préjudice d'éventuelles sanctions pénales.

« Sauf en cas de force majeure ou de raisons sérieuses et légitimes, le préfet peut demander le remboursement de tout ou partie des aides perçues si le bénéficiaire ne respecte pas les engagements portés au plan ou s'il ne se conforme pas au suivi.

« Dans tous les cas, le montant du remboursement est de droit majoré du taux d'intérêt légal courant à la date de versement de l'aide. »

(Décr. n° 2009-340 du 27 mars 2009, art. 10-I) « L'Agence de services et de paiement » procède au recouvrement de la somme correspondante.

CHAPITRE V *[ABROGÉ]* DISPOSITIONS APPLICABLES EN NOUVELLE-CALÉDONIE, EN POLYNÉSIE FRANÇAISE, À WALLIS-ET-FUTUNA ET À MAYOTTE *(Ord. n° 2000-550 du 15 juin 2000, art. 10-II).*

(Abrogé par Décr. n° 2013-754 du 14 août 2013, art. 8-VI)

Art. R. 355-1 et R. 355-2 *Abrogés par Décr. n° 2013-754 du 14 août 2013, art. 8-VI.*

TITRE VI GESTION DES RISQUES EN AGRICULTURE *(Décr. n° 2011-785 du 28 juin 2011, art. 1er).*

CHAPITRE I ORGANISATION DE LA GESTION DES RISQUES EN AGRICULTURE *(Décr. n° 2011-785 du 28 juin 2011, art. 1er).*

SECTION 1 Composition, mission et fonctionnement

SOUS-SECTION 1 Gestion comptable et financière du Fonds national de gestion des risques en agriculture *(Décr. n° 2011-785 du 28 juin 2011, art. 1er).*

Art. D. 361-1 *(Décr. n° 2011-785 du 28 juin 2011, art. 1er)* Les opérations du Fonds national de gestion des risques en agriculture comprennent :

1° En recettes :

a) Le produit des contributions additionnelles instituées par l'article L. 361-2 ;

b) La subvention inscrite au budget de l'État en application de l'article précité ;

c) Les sommes reçues en vertu du droit de subrogation de l'État ;

d) Les produits des placements ;

e) Les bénéfices sur réalisations de valeurs ;

f) Les sommes reversées par les directeurs départementaux des finances publiques ;

g) Les sommes reversées par les sinistrés ;

h) Toute autre ressource éventuelle.

2° En dépenses :

a) La participation au financement de l'indemnisation des pertes économiques liées à l'apparition d'un foyer de maladie animale ou végétale ou d'un incident environnemental par les fonds de mutualisation agréés en application de l'article L. 361-3 ;

b) La part des primes ou cotisations d'assurances prise en charge en application de l'article L. 361-4 ;

c) Les indemnités versées aux victimes des calamités agricoles en application de l'article L. 361-5 ;

d) Les frais des missions d'enquête ;

e) Les frais d'expertise ;

f) Les frais d'instruction et de contrôle des dossiers ;

g) Les frais exposés par la Caisse centrale de réassurance pour la gestion du Fonds national de gestion des risques en agriculture ;

h) Les frais bancaires et financiers ;

i) Les pertes sur réalisations de valeurs ;

j) Les frais de fonctionnement du Comité national de gestion des risques en agriculture *(Décr. nº 2022-744 du 28 avr. 2022, art. 1er)* « , de la Commission chargée de l'orientation et du développement des assurances garantissant les dommages causés aux récoltes » et des comités départementaux d'expertise, et notamment les indemnités de remboursement de frais éventuellement dues aux membres de ces organismes ;

k) Les frais d'assiette relatifs aux contributions additionnelles prévues à l'article L. 361-2 ;

l) Les frais relatifs à l'exécution de l'action d'information et de prévention du Fonds national ;

(Décr. nº 2022-1716 du 29 déc. 2022, art. 1er) « *m)* Les indemnités versées aux exploitants agricoles sur le fondement de la solidarité nationale en application de l'article L. 361-4-2 ;

« *n)* Les compensations des charges engendrées pour les entreprises d'assurance par l'exercice des missions prévues à l'article L. 361-4-3 ;

« *o)* Les frais de formation des agents en charge de l'instruction et du contrôle des dossiers de demande d'indemnisation pour des calamités agricoles ou l'indemnité de solidarité nationale, ainsi que les frais d'informatisation de la procédure ».

Art. D. 361-2 *(Décr. nº 2011-785 du 28 juin 2011, art. 1er)* Pour l'application de l'article L. 361-2, est considéré comme couvrant à titre principal une nature de dommages donnée tout contrat pour lequel la fraction de prime correspondant à la garantie de ces dommages est égale ou supérieure à celle qui correspond à la garantie d'autres risques.

Art. D. 361-3 *(Décr. nº 2011-785 du 28 juin 2011, art. 1er)* Les opérations du Fonds national de gestion des risques en agriculture sont retracées, tant en recettes qu'en dépenses, dans une comptabilité distincte tenue par la Caisse centrale de réassurance.

Cette comptabilité retrace les opérations relatives à chacune des sections du fonds.

Art. R. 361-4 Les frais exposés par la Caisse centrale de réassurance pour la gestion du fonds lui sont remboursés sur justification après l'expiration de chaque exercice. Des avances sur ces remboursements peuvent lui être allouées. – *[Décr. nº 79-823 du 21 sept. 1979, art. 4.]*

Art. D. 361-5 *(Décr. nº 2011-785 du 28 juin 2011, art. 1er)* Les avoirs disponibles du Fonds national de gestion des risques en agriculture sont placés par la Caisse centrale de réassurance en valeurs mentionnées à l'article R. 332-2 du code des assurances.

Art. D. 361-6 *(Décr. nº 2011-785 du 28 juin 2011, art. 1er)* Les opérations financières et comptables du Fonds national de gestion des risques en agriculture sont effectuées par le *(Décr. nº 2022-744 du 28 avr. 2022, art. 1er)* « directeur général » de la Caisse centrale de réassurance, assisté d'une commission comprenant un représentant du ministre chargé de l'économie, un représentant du ministre chargé du budget et deux représentants du ministre chargé de l'agriculture.

Dans le cadre de ces opérations, le *(Décr. nº 2022-744 du 28 avr. 2022, art. 1er)* « directeur général » de la Caisse centrale de réassurance :

1º Fournit au *(Décr. nº 2022-744 du 28 avr. 2022, art. 1er)* « Comité national de gestion des risques en agriculture et à la Commission chargée de l'orientation et du développement des assurances garantissant les dommages causés aux récoltes, sur leur demande, les éléments comptables et financiers qui sont nécessaires à l'accomplissement de leur mission » ;

2° Arrête les comptes du fonds pour l'exercice écoulé ;

3° Adresse au ministre chargé de l'économie, au ministre chargé du budget et au ministre chargé de l'agriculture ainsi qu'au Comité national de la gestion des risques en agriculture *(Décr. nº 2022-744 du 28 avr. 2022, art. 1er)* « et à la Commission chargée de l'orientation et du développement des assurances garantissant les dommages causés aux récoltes » un rapport sur les opérations dudit exercice ;

4° Propose, le cas échéant, l'exercice de poursuites contre les sinistrés ayant indûment perçu une indemnisation ou contre les tiers responsables du sinistre et met à exécution les actions nécessaires au recouvrement desdites indemnités ou des sommes dues par des tiers responsables, après avis du ministre chargé de l'économie.

Art. D. 361-7 *(Décr. nº 2011-785 du 28 juin 2011, art. 1er)* Le contrôle des opérations effectuées par la Caisse centrale de réassurance pour le compte du Fonds national de gestion des risques en agriculture est exercé par les commissaires aux comptes de la Caisse centrale de réassurance.

SOUS-SECTION 2 Comité national de gestion des risques en agriculture

(Décr. nº 2011-785 du 28 juin 2011, art. 1er)

Art. D. 361-8 Le Comité national de gestion des risques en agriculture créé par l'article L. 361-8 comprend :

1° Un président et un vice-président, choisis parmi les conseillers d'État ou les conseillers maîtres à la Cour des comptes ;

(Décr. nº 2016-1611 du 25 nov. 2016, art. 1er-1°) « 2° Trois représentants du ministre chargé de l'agriculture, dont deux désignés parmi les agents des services déconcentrés de l'État chargés de l'agriculture qui assistent aux délibérations avec voix consultative ; »

3° Un représentant du ministre chargé de l'économie ;

4° Un représentant du ministre chargé du budget ;

5° Un membre du Conseil général de l'alimentation, de l'agriculture et des espaces ruraux ;

6° Un représentant de *(Ord. nº 2022-583 du 20 avr. 2022, art. 1er)* « Chambres d'agriculture France » ;

7° Un représentant de chacune des organisations syndicales d'exploitants agricoles à vocation générale habilitées en application de *(Décr. nº 2017-1771 du 27 déc. 2017, art. 7-1°)* « l'article R. 514-39 » ;

8° Trois représentants des entreprises d'assurance distributrices de contrats d'assurances agricoles bénéficiant de l'aide prévue à l'article L. 361-4 *(Abrogé par Décr. nº 2017-1771 du 27 déc. 2017, art. 7-1°) « du code rural et de la pêche maritime »*, proposés par *(Décr. nº 2022-744 du 28 avr. 2022, art. 1er)* « France assureurs » ;

9° Un représentant de *(Décr. nº 2022-744 du 28 avr. 2022, art. 1er)* « France assureurs » ;

10° Un représentant désigné par l'Association des professionnels de la réassurance en France ;

11° Deux représentants de la Confédération nationale de la mutualité, de la coopération et du crédit agricole ;

12° Un représentant de l'organisme chargé de la gestion comptable et financière du Fonds national de gestion des risques en agriculture ;

13° Un représentant des banques proposé par l'Association française des établissements de crédit et des entreprises d'investissement.

A la demande de son président ou des représentants des ministres, le Comité national de gestion des risques en agriculture peut faire appel en tant que de besoin à tout expert ou personne qualifiée non membre du comité.

Art. D. 361-9 Les membres du Comité national de gestion des risques en agriculture mentionnés aux 1°, 6° à 13° de l'article D. 361-8 sont nommés pour trois ans par arrêté des ministres chargés de l'agriculture et de l'économie. Pour chacun des membres titulaires mentionnés aux 6° à 13° un suppléant est nommé dans les mêmes conditions. *(Abrogé par Décr. nº 2016-1611 du 25 nov. 2016, art. 1er-2°) « Les membres du comité sont remplacés, en cas de vacance, dans les conditions prévues par l'article 4 du*

décret n° 2006-672 du 8 juin 2006 relatif à la création, à la composition et au fonctionnement de commissions administratives à caractère consultatif. **» Le mandat des membres du comité peut être prolongé, dans la limite d'un an, par arrêté des ministres chargés de l'agriculture et de l'économie.**

Art. D. 361-10 **I. – Le Comité national de gestion des risques en agriculture a pour mission :**

1° De réunir les informations, proposer des moyens d'action, faire procéder aux études et évaluations nécessaires et donner son avis sur les instruments de prévention des risques intéressant les exploitations agricoles, le développement des techniques d'assurance et de mutualisation contre ces risques et les dispositifs publics pouvant être mis en œuvre dans cet objectif. *(Abrogé par Décr. n° 2022-744 du 28 avr. 2022, art. 1er)* **« *Le comité apporte, notamment en ce qui concerne l'assurance, son expertise des questions touchant à l'analyse de l'impact des seuils de franchise et de perte, au développement et à l'attractivité de l'assurance, à l'adéquation des primes au niveau de risque encouru.* »**

A cet effet, le Comité national de gestion des risques en agriculture est consulté par les services en charge de la mise en œuvre et de la gestion financière des instruments publics d'aide au développement de l'assurance et de mutualisation des risques.

Il mobilise l'expertise des services et organismes compétents aux fins notamment d'évaluer les dispositifs de protection de l'agriculture en regard de leur exposition à différents risques.

2° D'émettre un avis sur les textes d'application *(Décr. n° 2022-744 du 28 avr. 2022, art. 1er)* **« des articles L. 361-1 à L. 361-3 et L. 361-5 à L. 361-8 » ;**

3° De faire des propositions en ce qui concerne le taux de la contribution additionnelle prévue à l'article L. 361-2 ;

4° D'émettre un avis sur l'agrément des fonds de mutualisation ;

5° De donner son avis sur les priorités d'intervention de la première section du Fonds national de gestion des risques en agriculture ;

6° De donner son avis sur l'opportunité d'apporter une contribution publique aux programmes d'indemnisation déposés par les fonds de mutualisation ;

7° De donner son avis sur l'opportunité de reconnaître le caractère de calamité agricole aux dommages non assurables dans les conditions prévues en application de l'article L. 361-5 et, le cas échéant, de diligenter les expertises complémentaires et de proposer des modalités particulières d'indemnisation ;

8° De donner son avis sur les conditions de prise en charge des calamités, notamment en ce qui concerne les garanties d'assurance exigées des sinistrés précisées à l'article *(Décr. n° 2022-744 du 28 avr. 2022, art. 1er)* **« D. 361-31 » et de faire des propositions sur les conditions et modalités d'indemnisation des sinistrés ;**

9° De donner son avis, en cas de variation anormale des prix et des charges par rapport à ceux résultant de l'application du barème prévu à l'article D. 361-14 ou d'anomalies dans l'établissement de celui-ci, sur les dispositions nécessaires pour tenir compte de cette situation dans le calcul de l'indemnisation.

II. – Le Comité national de gestion des risques en agriculture peut, de sa propre initiative, appeler l'attention des ministres compétents pour la mise en œuvre des dispositifs publics de gestion des risques.

A cet effet, le comité peut établir tout rapport qu'il juge utile sur les sujets relevant du champ de ses missions. Ces rapports sont transmis aux ministres compétents par le président du comité.

III. – Pour l'application du présent article, la Caisse centrale de réassurance est chargée de dresser les statistiques dont la connaissance apparaît nécessaire au Comité national de gestion des risques en agriculture pour l'accomplissement de ses missions.

Art. D. 361-11 **Le Comité national de gestion des risques en agriculture se réunit sur convocation de son président ou à la demande du ministre chargé de l'agriculture. Les fonctions de secrétaire général sont assurées par un fonctionnaire du ministère chargé de l'agriculture.**

Le secrétaire général organise les travaux du comité sous l'autorité du président. Il rassemble à cet effet toutes les informations utiles. Le comité est appelé à délibérer au vu des rapports présentés par le secrétaire général.

Le comité fonctionne dans les conditions prévues aux articles *(Décr. nº 2016-1611 du 25 nov. 2016, art. 1er-3º)* « R. 133-3 à R.* 133-15 » du code des relations entre le public et l'administration *(Abrogé par Décr. nº 2022-744 du 28 avr. 2022, art. 1er)* « *, à l'exception des articles R. 133-9 et R. 133-10* ».

Art. D. 361-12 Les frais de fonctionnement du Comité national de gestion des risques en agriculture sont supportés par le Fonds national de gestion des risques en agriculture.

Les membres non fonctionnaires du comité sont remboursés, le cas échéant, de leurs frais de déplacement sur la base des tarifs applicables aux agents de la fonction publique.

SOUS-SECTION 3 Comité départemental d'expertise

(Décr. nº 2011-785 du 28 juin 2011 art. 1er)

Art. D. 361-13 Le comité départemental d'expertise comprend, sous la présidence du préfet :

1º Le directeur départemental des finances publiques ;

2º Le directeur départemental des territoires ou le directeur départemental des territoires et de la mer ;

3º Le président de la chambre départementale d'agriculture ;

4º Un représentant de chacune des organisations syndicales d'exploitants agricoles à vocation générale habilitées en application de *(Décr. nº 2017-1771 du 27 déc. 2017, art. 7-2º)* « l'article R. 514-39 » ;

5º Une personnalité désignée par la Fédération française des sociétés d'assurances ;

6º Une personnalité désignée par les caisses de réassurances mutuelles agricoles dans le ressort desquelles se trouve le département *(Abrogé par Décr. nº 2012-81 du 23 janv. 2012, art. 1er-1º)* « *ou son représentant* » ;

7º Un représentant des établissements bancaires présents dans le département.

(Décr. nº 2012-81 du 23 janv. 2012, art. 1er-1º) « Les membres du comité mentionnés aux 4º à 7º sont pourvus chacun d'un suppléant. »

Les membres du comité départemental d'expertise *(Décr. nº 2012-81 du 23 janv. 2012, art. 1er-1º)* « ainsi que, le cas échéant, leurs suppléants » sont nommés, pour une durée de trois ans, par arrêté préfectoral. Le mandat des membres du comité peut être prolongé, dans la limite d'un an, par arrêté préfectoral.

Le comité départemental d'expertise se réunit sur convocation du préfet. Son secrétariat est assuré par les soins du directeur départemental des territoires ou du directeur départemental des territoires et de la mer.

Dans la région d'Île-de-France, les compétences des comités techniques des départements de Paris et des Hauts-de-Seine, du département de la Seine-Saint-Denis et de celui du Val-de-Marne sont exercées respectivement par les comités départementaux d'expertise des Yvelines, du Val-d'Oise et de l'Essonne.

(Décr. nº 2016-1611 du 25 nov. 2016, art. 1er-4º) « Le comité fonctionne dans les conditions prévues par les articles R. 133-3 à R.* 133-15 du code des relations entre le public et l'administration, à l'exception de l'article R. 133-9. »

Art. D. 361-13-1 *(Décr. nº 2016-1611 du 25 nov. 2016, art. 1er-5º)* Dans le cas où les dommages susceptibles de présenter le caractère de calamités agricoles et consécutifs à une sécheresse affectent plusieurs départements, un représentant de la direction régionale de l'alimentation de l'agriculture et la forêt principalement concernée participe au comité avec voix consultative et se prononce sur les données étayant les demandes de reconnaissance du caractère de calamité agricole des dommages.

Art. D. 361-14 Le comité départemental d'expertise établit un barème destiné à permettre l'évaluation des dommages subis, tels qu'indiqués à l'article *(Décr. nº 2016-1611 du 25 nov. 2016, art. 1er-6º)* « D. 361-27 ».

Pour l'établissement de ces barèmes, le directeur régional de l'alimentation, de l'agriculture et de la forêt coordonne les travaux de l'ensemble des comités départementaux de la région et leur apporte un appui technique. Il veille à l'exhaustivité et à la cohérence des barèmes et des valeurs retenues dans les différents départements de la région.

Le barème définit notamment, par catégorie d'animaux, les besoins en énergie alimentaire. Il comporte l'ensemble des informations nécessaires à l'évaluation des pertes fourragères décrites à l'article D. 361-30. *(Décr. n° 2016-1611 du 25 nov. 2016, art. 1er-6°)* « Un arrêté du ministre chargé de l'agriculture détermine les valeurs de référence utilisées pour définir le bilan fourrager servant à l'évaluation des dommages. »

Les prix figurant au barème doivent être une moyenne de ceux observés localement, pour la culture considérée, au cours de la campagne précédant celle de l'élaboration du barème.

Les rendements figurant au barème doivent être une moyenne de ceux observés localement, pour la culture considérée, au cours des cinq dernières campagnes précédant celle de l'élaboration du barème, en excluant des calculs l'année de la plus forte récolte et l'année de la plus faible récolte.

Les moyennes de prix et de rendements précités tiennent compte, le cas échéant, des spécificités dues à l'espèce, à la variété, à l'aire de cultures ainsi qu'au mode de conduite de ces cultures et à leur valorisation.

(Décr. n° 2016-1611 du 25 nov. 2016, art. 1er-6°) « Le barème est établi par le comité départemental et adressé pour approbation au directeur régional de l'alimentation, de l'agriculture et de la forêt. Il est applicable, pour une durée minimale de trois ans, à compter du 1er janvier de l'année suivant son approbation. Les barèmes départementaux sont transmis par le directeur régional de l'alimentation, de l'agriculture et de la forêt au ministre chargé de l'agriculture. »

Art. D. 361-15 Le comité départemental d'expertise est saisi par le préfet des informations ou des rapports mentionnés aux articles *(Décr. n° 2016-1611 du 25 nov. 2016, art. 1er-7°)* « D. 361-20 et D. 361-21 » et relatifs aux événements dommageables survenus dans le département et aux dommages consécutifs susceptibles d'être reconnus comme des calamités agricoles au sens de l'article L. 361-5. Il exprime un avis sur les décisions que le préfet est chargé de prendre conformément à l'article *(Décr. n° 2016-1611 du 25 nov. 2016, art. 1er-7°)* « D. 361-34 ».

Art. D. 361-16 Le comité départemental d'expertise est informé par le préfet des demandes d'indemnisation et des décisions qu'il a prises conformément à l'article *(Décr. n° 2016-1611 du 25 nov. 2016, art. 1er-8°)* « D. 361-34 ». Le comité départemental d'expertise peut également être saisi par le préfet pour donner un avis sur les dossiers litigieux.

Il est informé par le préfet du montant total des dommages susceptibles d'être indemnisés et de la somme globale attribuée au département.

Art. D. 361-17 Le comité départemental d'expertise peut être consulté sur la manière dont le sinistré a satisfait aux conditions d'assurance prévues à l'article D. 361-31 et proposer une rectification, le cas échéant, du montant des dommages subis.

Art. D. 361-18 Les frais d'instruction et de contrôle des dossiers d'indemnisation peuvent être supportés par le Fonds national de gestion des risques en agriculture dans les conditions fixées par arrêté du ministre en charge de l'agriculture et du ministre en charge du budget.

Les membres non fonctionnaires du comité sont remboursés de leurs frais de déplacement sur la base des tarifs applicables aux agents de la fonction publique.

SOUS-SECTION 4 **Commission chargée de l'orientation et du développement des assurances garantissant les dommages causés aux récoltes**

(Décr. n° 2022-744 du 28 avr. 2022, art. 2)

Art. D. 361-19 I. — La Commission chargée de l'orientation et du développement des assurances garantissant les dommages causés aux récoltes créée par l'article L. 361-8, comprend :

1° Les membres du Comité national de gestion des risques en agriculture mentionnés aux 1° à 12° de l'article D. 361-8 ;

2° Un représentant de la Coopération agricole ;

3° Un quatrième représentant des entreprises d'assurance distributrices de contrats d'assurances agricoles bénéficiant de l'aide prévue à l'article L. 361-4, proposés par

France assureurs, en complément des trois représentants mentionnés au 8° de l'article D. 361-8 ;

Les membres de la commission mentionnés au *[aux]* 2° et 3° sont nommés pour trois ans par arrêté des ministres chargés de l'agriculture et de l'économie. Pour chacun de ces membres titulaires, un suppléant est nommé dans les mêmes conditions. Le mandat de ces membres de la commission peut être prolongé, dans la limite d'un an, par arrêté des ministres chargés de l'agriculture et de l'économie.

Le président et le vice-président du Comité national de gestion des risques en agriculture sont également président et vice-président de la commission.

II. — Assistent, avec voix consultative, aux réunions de cette commission, sur les points de l'ordre du jour relatifs aux questions qui les concernent spécialement, des représentants des filières agricoles.

Ces représentants sont désignés par le président de la commission à partir d'une liste d'organismes fixée par arrêté du ministre chargé de l'agriculture. — *V. Arr. du 13 juill. 2022 portant établissement de la liste des organismes mentionnée au II de l'art. D. 361-19 (JO 24 juill.).*

III. — A la demande de son président ou des représentants des ministres, la commission chargée de l'orientation et du développement des assurances garantissant les dommages causés aux récoltes peut faire appel en tant que de besoin à tout expert ou personne qualifiée non membre de la commission.

Art. D. 361-19-1 I. — La Commission chargée de l'orientation et du développement des assurances garantissant les dommages causés aux récoltes a pour mission :

1° D'apporter son expertise sur les questions touchant au développement et à l'attractivité de l'assurance, à l'analyse des seuils de franchise et de pertes et à l'adéquation des primes au niveau de risque encouru ;

2° D'émettre un avis sur les textes pris en application des articles L. 361-4 à L. 361-4-2 et L. 361-9 ;

3° De formuler chaque année des recommandations pluriannuelles au Gouvernement sur les seuils, les taux de subvention et les taux d'indemnisation mentionnés aux articles L. 361-4 et L. 361-4-1, établies après avoir entendu des représentants des entreprises d'assurance commercialisant des produits d'assurance contre les risques climatiques en agriculture bénéficiant de l'aide prévue au deuxième alinéa de l'article L. 361-4 ou, le cas échéant, du groupement prévu au 3° du I de l'article 12 de la loi n° 2022-298 du 2 mars 2022 d'orientation relative à une meilleure diffusion de l'assurance récolte en agriculture et portant réforme des outils de gestion des risques climatiques en agriculture et après avoir pris connaissance d'éléments de bilan de l'application des articles L. 361-4 et L. 361-4-1 du présent code ainsi que d'éléments relatifs aux perspectives financières pour les années suivantes. Ces recommandations sont assorties d'une évaluation de leur impact sur les montants totaux de l'aide prévue à l'article L. 361-4 et de l'indemnisation due par l'État au titre de l'article L. 361-4-1 ;

4° De rendre un avis annuel sur la pertinence des critères retenus pour déterminer les pertes de récoltes ou de cultures et sur les conditions effectives de l'indemnisation des sinistrés. Cet avis est rendu notamment sur le fondement d'un rapport annuel produit par le comité des indices ainsi que sur le fondement d'un état des référentiels ou des méthodes retenus pour apprécier les pertes de rendement.

II. — Pour l'application du présent article, la Caisse centrale de réassurance est chargée de dresser les statistiques dont la connaissance apparaît nécessaire à la Commission chargée de l'orientation et du développement des assurances garantissant les dommages causés aux récoltes pour l'accomplissement de ses missions. — *Les dispositions des 2° à 4° de l'art. D. 361-19-1 entrent en vigueur à la date prévue à l'art. 17 de la loi n° 2022-298 du 2 mars 2022 d'orientation relative à une meilleure diffusion de l'assurance récolte en agriculture et portant réforme des outils de gestion des risques climatiques en agriculture, soit le 1er janv. 2023 (Décr. n° 2022-744 du 28 avr. 2022, art. 3).*

Art. D. 361-19-2 La Commission chargée de l'orientation et du développement des assurances garantissant les dommages causés aux récoltes se réunit sur convocation de son président ou à la demande du ministre chargé de l'agriculture. Les fonctions de secrétaire général sont assurées par un fonctionnaire du ministère chargé de l'agriculture.

Le secrétaire général organise les travaux de la commission sous l'autorité du président. Il rassemble à cet effet toutes les informations utiles. La commission est appelée à délibérer au vu des rapports présentés par le secrétaire général.

La commission fonctionne dans les conditions prévues aux articles R. 133-3 à R*. 133-15 du code des relations entre le public et l'administration.

Art. D. 361-19-3 Les frais de fonctionnement de la Commission chargée de l'orientation et du développement des assurances garantissant les dommages causés aux récoltes sont supportés par le Fonds national de gestion des risques en agriculture.

Les membres non fonctionnaires de la commission sont remboursés, le cas échéant, de leurs frais de déplacement sur la base des tarifs applicables aux agents de la fonction publique.

SECTION 2 La procédure des calamités agricoles

(Décr. n° 2012-49 du 16 janv. 2012, art. 1er-1°)

SOUS-SECTION 1 Constatation des dommages et reconnaissance du caractère de calamité agricole

Art. D. 361-20 En cas de dommages susceptibles de présenter le caractère de calamité agricole au sens de l'article L. 361-5, le préfet prend toutes dispositions pour recueillir, dans les plus brefs délais, les informations nécessaires sur le phénomène climatique à l'origine du sinistre, notamment sa nature précise, son caractère exceptionnel et son lien direct avec les dommages constatés.

A cette fin, il constitue une mission d'enquête composée *(Décr. n° 2016-1611 du 25 nov. 2016, art. 2-1°)* « exclusivement » du directeur de la direction départementale des territoires ou de la direction départementale des territoires et de la mer, ou de son représentant, du président de la chambre d'agriculture ou de son représentant et de deux agriculteurs non touchés par le sinistre, *(Décr. n° 2016-1611 du 25 nov. 2016, art. 2-1°)* « non membres du comité départemental d'expertise. Cette mission effectue des visites sur place pour procéder à une estimation des dommages à partir d'un échantillon représentatif des exploitations du point de vue de leur taille, de leur répartition géographique, de l'ampleur des dommages supposés. Le choix de ces visites est effectué à partir des indications du service régional des statistiques de la direction régionale de l'alimentation, de l'agriculture et de la forêt.

« Pour les dommages causés par la sécheresse, le préfet désigne au moins un expert indépendant qui n'exerce aucune activité professionnelle dans le département. »

La mission d'enquête *(Décr. n° 2016-1611 du 25 nov. 2016, art. 2-1°)* « constate » l'étendue des dégâts et adresse au préfet un rapport écrit.

Les dépenses afférentes à la mission d'enquête sont supportées par le Fonds national de gestion des risques en agriculture au vu d'un état certifié par le préfet. Les frais de déplacement sont déterminés sur la base des tarifs applicables aux agents de la fonction publique. Un arrêté du ministre chargé de l'agriculture pris après avis du Comité national de gestion des risques en agriculture fixe le montant de la vacation des membres non fonctionnaires. — *V. Arr. du 21 sept. 2012 (JO 29 sept.).*

Art. D. 361-21 Dès réception du rapport de la mission d'enquête, le préfet réunit le comité départemental d'expertise afin que celui-ci émette un avis quant au caractère de calamité agricole des dommages. *(Décr. n° 2016-1611 du 25 nov. 2016, art. 2-2°)* « Afin de pouvoir établir un lien direct entre les dommages et le phénomène climatique, le directeur départemental des territoires transmet au comité départemental d'expertise un rapport météorologique émanant d'un organisme spécialisé dans les données météorologiques.

« En cas de sécheresse sur fourrages, le directeur départemental des territoires transmet au comité départemental d'expertise les données statistiques départementales et régionales disponibles sur les prairies et le maïs. »

Au vu de l'avis du comité départemental d'expertise, le préfet peut proposer la reconnaissance du caractère de calamité agricole des dommages. *(Décr. n° 2016-1611 du 25 nov. 2016, art. 2-2°)* « Aucun projet de reconnaissance ne peut être présenté au comité départemental d'expertise pour les pertes de récolte avant la fin de la campagne annuelle de production. »

Le préfet adresse cette proposition au ministre chargé de l'agriculture. *(Décr. n° 2016-1611 du 25 nov. 2016, art. 2-2°)* « Elle est accompagnée du rapport météorologique, d'un rapport indiquant les cultures et les biens sinistrés, la zone géographique du sinistre, l'estimation des dommages et le montant prévisionnel d'indemnisation, des procès-verbaux des délibérations du comité départemental d'expertise et du rapport de la mission d'enquête. »

Après avis du Comité national de gestion des risques en agriculture, le ministre chargé de l'agriculture reconnaît par arrêté le caractère de calamité agricole aux dommages mentionnés au second alinéa de l'article L. 361-5.

Cet arrêté définit le phénomène climatique à l'origine du sinistre, les zones et les productions ou biens touchés et, le cas échéant, le déficit fourrager moyen défini au *(Décr. n° 2017-1771 du 27 déc. 2017, art. 7-3°)* « 6° du I de l'article D. 361-27 ».

Il est publié dans les mairies des communes concernées. Toute demande visant à modifier ou à compléter l'arrêté est adressée au préfet dans un délai de deux mois suivant cette publication. L'arrêté modificatif ou complémentaire est pris selon la même procédure que l'arrêté initial.

Sur la base des éléments fournis par le rapport du préfet et après avis du Comité national de gestion des risques en agriculture, le ministre chargé de l'agriculture peut prendre en outre un arrêté autorisant le versement d'acomptes sur les indemnisations dues aux sinistrés dans les conditions fixées à l'article D. 361-36 et dans la limite des conditions générales d'indemnisation prévues par l'article D. 361-29.

La somme correspondante est mise à la disposition du préfet selon les modalités définies à l'article D. 361-38.

(Décr. n° 2016-1611 du 25 nov. 2016, art. 2-2°) « Aucune demande de reconnaissance ne peut être proposée par le préfet au-delà d'un délai de six mois après la fin de la campagne de production pour les pertes de récolte et de neuf mois après le phénomène climatique pour les pertes de fonds. »

Sur l'intérêt à agir de communes et d'une association en contestation d'un arrêté portant reconnaissance de calamités agricoles, V. • TA Limoges, 17 avr. 2014 : *RD rur. 2014, n° 168, note Lavialle.*

SOUS-SECTION 2 Constitution des dossiers de demande d'indemnisation

Art. D. 361-22 Sont considérées comme exploitations agricoles pour l'application de l'article L. 361-5 les exploitations exerçant une activité prévue à l'article L. 311-1.

Sont exclus du bénéfice de l'indemnisation les dégâts causés aux bois et aux forêts.

Art. D. 361-23 Les personnes dont l'exploitation est comprise en totalité ou en partie dans les communes concernées par l'arrêté prévu au cinquième alinéa de l'article D. 361-21 présentent une demande d'indemnisation dans les trente jours suivant la date de publication en mairie de cet arrêté, à peine de forclusion, sauf cas de force majeure. Cette demande est adressée, selon des modalités arrêtées par le préfet, à la direction départementale des territoires ou à la direction départementale des territoires et de la mer.

Le préfet peut fixer un délai supérieur à celui mentionné par l'alinéa précédent pour les demandes présentées par télédéclaration.

Art. D. 361-24 La demande d'indemnisation est présentée :

1° Par l'exploitant ou, en cas de métayage, par le preneur, lorsque les dommages affectent les récoltes ou les cultures ;

2° Par le propriétaire des sols lorsque les dommages affectent les sols ;

(Décr. n° 2017-1771 du 27 déc. 2017, art. 7-4°) « 3° » Par le propriétaire du cheptel lorsque les dommages affectent le cheptel mort ou vif.

(Décr. n° 2018-171 du 8 mars 2018, art. 1er) « Les qualités mentionnées aux alinéas précédents sont appréciées à la date de survenance du dommage. »

En cas de métayage, le preneur ou le propriétaire peut déposer dans la même forme que les demandes mentionnées à l'article D. 361-26 toutes les demandes relatives aux dommages sur le fonds donné à bail. Le propriétaire ou le preneur doit confirmer la demande en tant qu'elle le concerne avant toute indemnisation.

Art. D. 361-25 Sauf en cas de télédéclaration, la demande d'indemnisation mentionnée à l'article D. 361-24 est accompagnée des pièces suivantes :

a) Le formulaire de demande d'indemnisation, la déclaration des dommages subis par culture ou bien sinistré, le descriptif de l'exploitation permettant d'évaluer la production brute totale de l'exploitation ;

b) Les attestations d'assurance couvrant les différents biens de l'exploitation et répondant notamment aux dispositions de l'article D. 361-31 ;

c) Un document établissant la nature des droits du demandeur sur les biens sinistrés ;

d) Les copies des déclarations de récoltes relatives à la production considérée, pour l'année du sinistre et les cinq années antérieures, lorsqu'une telle déclaration est prévue par une disposition législative ou réglementaire ; dans les autres cas, les bordereaux de livraison aux organismes de collecte et de commercialisation pour l'année du sinistre ou l'attestation récapitulative délivrée par des organismes de collecte et de commercialisation pour l'année du sinistre ou tout autre document permettant d'établir la réalité et l'étendue des dommages subis ;

e) abrogé par Décr. n° 2018-171 du 8 mars 2018, art. 1er.

f) Un relevé d'identité bancaire.

En cas de demande d'indemnisation télédéclarée, le demandeur n'est pas tenu de fournir les pièces justificatives mentionnées ci-dessus. Il doit toutefois être à même de présenter les pièces mentionnées aux *b*, *c* et *d* pendant une durée de trois ans, notamment en vue de satisfaire à un contrôle effectué en application de l'article D. 361-40. Il est également tenu de transmettre son relevé d'identité bancaire si celui-ci n'est pas connu de l'administration.

SOUS-SECTION 3 Évaluation des dommages

Art. D. 361-26 Dès réception des demandes d'indemnisation, le préfet procède à l'évaluation provisoire des dommages subis conformément à l'article D. 361-27.

Art. D. 361-27 I. — Pour l'évaluation des dommages, la valeur à retenir est la suivante :

1° Pour le cheptel mort, la valeur vénale au jour du sinistre de biens de qualité moyenne et de même nature que celle des biens détruits, compte tenu de l'état dans lequel ils se trouvaient ;

2° Pour le cheptel vif, la valeur indiquée au barème prévu à l'article D. 361-14 ou, à défaut, la valeur vénale réelle des animaux frappés par la calamité ou la valeur d'animaux de qualité équivalente telle qu'elle ressort de la dernière mercuriale du lieu le plus voisin de l'exploitation, antérieure à la date du sinistre, sauf s'il est établi qu'il s'agissait d'animaux de valeur exceptionnelle ;

3° Pour les cultures saisonnières et les récoltes :

a) Si la remise en culture est réalisée dans les conditions normales de production et de commercialisation, les frais de cette remise en culture, compte tenu, s'il y a lieu, des prix de main-d'œuvre, de location de matériel, d'engrais et de semences pratiqués dans la région ;

b) Si la remise en culture n'est pas réalisée, la différence entre la valeur marchande de la production normale en l'absence de sinistre, déterminée en fonction du prix et du rendement portés au barème prévu à l'article D. 361-14 et la valeur de la production préservée.

Cependant, en ce qui concerne les produits donnant lieu à déclaration annuelle de récolte, le rendement moyen est calculé, dans chaque cas, à partir des déclarations annuelles de l'exploitant.

La production préservée est déterminée en appliquant à la quantité récoltée lors de la campagne sinistrée le prix porté au barème prévu à l'article D. 361-14. Toutefois si le sinistre est accompagné d'une hausse des prix, une majoration forfaitaire doit être apportée, pour le calcul de la production préservée, au prix du barème. Cette majoration est fixée par arrêté du ministre chargé de l'agriculture pris après avis du Comité national de gestion des risques en agriculture.

Dans tous les cas, le montant des dommages ainsi calculé est, s'il y a lieu, diminué des frais de production qui n'ont pas été engagés ;

4° Pour les plantations pérennes, la valeur des récoltes qui ne pourront avoir lieu, déterminée comme il est dit ci-dessus, augmentée éventuellement des frais de replantation déterminés en fonction des éléments portés au barème prévu à l'article D. 361-14 et compte tenu de l'âge des plantations sinistrées ;

5° Pour les sols, y compris les ouvrages, travaux et immeubles par destination indispensables à leur utilisation, les frais de remise en état déterminés en fonction des éléments portés au barème prévu à l'article D. 361-14 et compte tenu, s'il y a lieu, des prix de main-d'œuvre, de location de matériel et d'engrais pratiqués dans la région agricole ;

6° Dans le cas de dommages aux récoltes fourragères utilisées pour l'alimentation des animaux de l'exploitation, le déficit fourrager défini comme les besoins alimentaires du cheptel non couverts par la production fourragère sinistrée, déduction faite de la fraction des besoins habituellement couverte par des aliments achetés ou par des productions issues des cultures de vente de l'exploitation.

Les déficits fourragers reconnus dans les exploitations sinistrées ne peuvent entraîner, au niveau du département, un déficit fourrager moyen supérieur à celui fixé par l'arrêté de reconnaissance mentionné au cinquième alinéa de l'article D. 361-21.

Pour l'évaluation financière des dommages, le déficit fourrager, exprimé en unités d'apport alimentaire, est valorisé à un prix forfaitaire, fixé par arrêté du ministre chargé de l'agriculture, de l'unité d'apport alimentaire.

En ce qui concerne les *(Décr. n° 2017-1771 du 27 déc. 2017, art 7-5°)* « biens mentionnés aux 1° et 5° », lorsqu'il s'agit de dommages partiels, les frais de réparation et de remise en état peuvent être retenus sous réserve qu'ils n'excèdent pas la valeur du bien entier fixée comme il est dit ci-dessus.

II. — Dans les cas mentionnés au I, le montant des dommages est évalué en tenant compte de la valeur des produits récupérés et des indemnités déjà perçues pour les biens sinistrés au titre d'un régime d'assurance.

Si une partie du dommage est imputable à un risque réputé assurable au sens de l'article L. 361-5 et que l'exploitant n'est pas assuré pour ce risque, une valeur représentative de l'indemnité d'assurance à laquelle il aurait pu prétendre s'il avait été assuré est déduite du montant du dommage afin d'en déterminer la partie indemnisable par le Fonds national de gestion des risques en agriculture. — *Au I, les divisions « 2° », « 3° », « 4° », « 5° », « 6° » et « 7° » sont remplacées respectivement par les divisions « 1° », « 2° », « 3° », « 4° », « 5° » et « 6° » (Décr. n° 2017-1771 du 27 déc. 2017, art. 7-5°).*

Art. D. 361-28 Lorsqu'il l'estime nécessaire, le préfet fait procéder à une expertise des dossiers par le comité départemental d'expertise.

SOUS-SECTION 4 Conditions d'indemnisation

Art. D. 361-29 Un arrêté des ministres chargés de l'agriculture, de l'économie et du budget, pris après avis du Comité national de gestion des risques en agriculture, détermine les conditions générales d'indemnisation des agriculteurs sinistrés pour les différents types de calamités agricoles. Il fixe notamment les valeurs minimales des pertes individuelles indemnisables et le pourcentage du montant des dommages que couvrent les indemnités versées par le Fonds national de gestion des risques en agriculture. — *V. Arr. du 17 sept. 2010 déterminant les conditions générales d'indemnisation des calamités agricoles et de prise en charge des frais afférents (JO 25 sept.).*

Le cas échéant, une calamité agricole aux caractéristiques exceptionnelles peut faire l'objet d'arrêtés particuliers dérogeant aux conditions générales fixées par l'arrêté mentionné au premier alinéa. Ces arrêtés sont pris après avis du Comité national de gestion des risques en agriculture. — *V. Arr. du 29 déc. 2022 déterminant les conditions spécifiques d'indemnisation des dommages causés aux productions fourragères par l'épisode de sécheresse de l'année 2022 (JO 31 déc.) ; Arr. du 5 oct. 2023 portant modification du taux d'indemnisation applicable aux pertes de fonds affectant les arbres fruitiers subies par les agriculteurs du Tarn-et-Garonne suite à l'épisode d'orages avec violentes rafales de vent du 18 au 21 juin 2023 (JO 27 oct.) ; Arr. du 12 févr. 2024 portant modification du taux d'indemnisation applicable aux pertes de fonds subies par les agriculteurs des régions Bretagne et Normandie au titre des calamités agricoles suite aux épisodes de vents violents du 1er au 5 nov. 2023 (JO 21 févr.) ; Arr. du 12 févr. 2024 portant modification du taux d'indemnisation applicable aux pertes de fonds subies par les agriculteurs de la région des Hauts-de-France suite aux inondations de nov. 2023 (JO 21 févr.).*

Art. D. 361-30 **Peuvent donner lieu à indemnisation, dans la limite des ressources du fonds, les dommages matériels touchant les sols, les récoltes, les cultures,** *(Abrogé par Décr. n° 2016-1611 du 25 nov. 2016, art. 2-6°)* **« *les bâtiments (y compris les abris),* » le cheptel mort ou vif affectés aux exploitations agricoles, énumérés ci-dessous :**

1° Tout dommage consécutif à un sinistre pour lequel le calcul de la perte aboutit à une valeur supérieure à celle fixée par l'arrêté mentionné au premier alinéa de l'article D. 361-29 ;

2° Les dommages aux récoltes reconnus dont le montant total dépasse 13 % de la valeur du produit brut théorique de l'exploitation qui les a subis. L'évaluation des dommages prise en compte pour le calcul de ce montant est celle effectuée conformément aux dispositions de *(Décr. n° 2017-1771 du 27 déc. 2017, art. 7-6°)* **« l'article D. 361-27, à l'exclusion du 6° » ; les dommages aux récoltes fourragères sont calculés dans les conditions prévues** *(Décr. n° 2017-1771 du 27 déc. 2017, art. 7-6°)* **« au 3° de cet article ». Les dommages reconnus pour lesquels l'exploitation a bénéficié d'une indemnité d'assurance sont pris en compte, déduction faite du montant de ces indemnités ;**

3° Les dommages aux récoltes relatifs à des cultures pour lesquelles la perte physique est supérieure à 30 % de la production physique théorique. Par dérogation, le seuil de pertes à la culture est fixé à 42 % pour les productions végétales continuant à bénéficier d'une aide couplée *(Décr. n° 2016-1611 du 25 nov. 2016, art. 2-6°)* **« au titre du règlement (UE) n° 1307/2013 du Parlement européen et du Conseil du 17 décembre 2013 et du règlement délégué (UE) n° 639/2014 de la Commission du 11 mars 2014 ».** *— Le Règl. (UE) 1307/2013 est abrogé, avec effet au 1er janv. 2023, par le Règl. (UE) 2021/2115 du 2 déc. 2021 établissant des règles régissant l'aide aux plans stratégiques devant être établis par les États membres dans le cadre de la politique agricole commune (plans stratégiques relevant de la PAC) et financés par le Fonds européen agricole de garantie (FEAGA) et par le Fonds européen agricole pour le développement rural (Feader).*

Le produit brut théorique mentionné au 2° est égal à la somme des productions physiques théoriques des diverses productions mentionnées dans le descriptif de l'exploitation prévu à l'article D. 361-25 valorisée aux prix figurant au barème prévu à l'article D. 361-14 ; il est augmenté des aides perçues *(Décr. n° 2016-1611 du 25 nov. 2016, art. 2-6°)* **« en application du règlement (UE) n° 1307/2013 du Parlement européen et du Conseil du 17 décembre 2013 » au titre de l'année civile précédant l'année de survenance du sinistre.**

La production physique théorique mentionnée au 3° est calculée conformément au barème prévu à l'article D. 361-14, ou, pour les cultures donnant lieu à déclaration annuelle, à partir du rendement moyen déduit des déclarations annuelles de l'exploitant. La perte physique correspond à la différence entre la production physique théorique et la quantité récoltée lors de la campagne sinistrée, déclarée par l'exploitant. S'agissant de dommages aux récoltes fourragères, la production physique théorique correspond aux besoins alimentaires théoriques du cheptel de l'exploitation, et la perte physique au déficit fourrager, évaluées conformément aux dispositions du *(Décr. n° 2017-1771 du 27 déc. 2017, art. 7-6°)* **« 6° de l'article D. 361-27 ».**

Décret n° 2021-828 du 28 juin 2021,

Relatif à l'application du régime des calamités agricoles aux dommages causés sur les récoltes lors de l'épisode de gel survenu du 4 au 14 avril 2021 (JO 29 juin).

Art. 1er Les dispositions de la section 2 du chapitre 1er du titre VI du livre III de la partie réglementaire du code rural et de la pêche maritime sont applicables aux dommages causés sur les cultures par l'épisode de gel survenu du 4 au 14 avril 2021 sous réserve des dispositions suivantes :

1° Le préfet peut présenter un projet de reconnaissance au comité départemental d'expertise avant la fin de la campagne annuelle de production des cultures sinistrées ;

2° Le délai de 30 jours prévu à l'article D. 361-23 du code rural et de la pêche maritime n'est pas applicable ;

3° Le taux défini au 2° de l'article D. 361-30 du code rural et de la pêche maritime est fixé à 11 %.

V. Décr. n° 2021-718 du 4 juin 2021 relatif à la mise en place d'une aide sous forme d'avance remboursable à la suite des dommages aux récoltes de fruits à noyaux causés par le gel survenu du 4 au 14 avr. 2021 (JO 5 juin) ; Arr. du 4 juin 2021 fixant la liste des départements concernés par l'exceptionnalité climatique du gel du 4 au 14 avr. 2021 (JO 5 juin), mod. par Arr. du 12 août 2021 (JO 13 août), Arr. du 2 mai 2023 (JO 4 mai) ; Arr. du 6 juill. 2021 précisant la liste des risques considérés comme assurables pour la gestion du Fonds national de gestion des risques en agriculture pour l'épisode de gel survenu du 4 au 14 avr. 2021 (JO 7 juill.) ; Arr. du 6 juill. 2021 déterminant les conditions spécifiques d'indemnisation des dommages causés par l'épisode de gel survenu du 4 au 14 avr. 2021 (JO 7 juill.) ; Décr. n° 2021-1074 du 12 août 2021 relatif à la mise en place d'une aide sous forme d'avance remboursable à destination des entreprises à l'aval des exploitations agricoles touchées par les épisodes de gel survenus du 4 au 14 avr. 2021 (JO 13 août), mod. par Décr. n° 2023-276 du 17 avr. 2023 (JO 18 avr.) ; Arr. du 12 août 2021 pris en application du décret n° 2021-1074 (JO 13 août), mod. par Arr. du 6 oct. 2021 (JO 8 oct.), Arr. du 13 déc. 2021 (JO 17 déc.), Arr. du 1er févr. 2022 (JO 9 févr.) ; Décr. n° 2022-366 du 15 mars 2022 relatif à la mise en place d'une aide complémentaire aux indemnités d'assurance en faveur des entreprises agricoles assurées contre les risques climatiques et particulièrement affectées par l'épisode de gel survenu du 4 au 14 avr. 2021 (JO 16 mars) ; Décr. n° 2022-661 du 25 avr. 2022 relatif à la mise en place d'une aide sous forme de subvention à destination des entreprises à l'aval des exploitations agricoles touchées par les épisodes de gel survenus du 4 au 14 avr. 2021 (JO 26 avr.), mod. par Décr. n° 2022-811 du 14 mai 2022 (JO 15 mai), Décr. n° 2023-276 du 17 avr. 2023 (JO 18 avr.) ; Arr. du 31 mai 2023 relatif aux modalités de calcul et d'application du coefficient de stabilisation applicables aux demandes éligibles en cas de dépassement de l'enveloppe allouée au dispositif d'indemnisation pour les entreprises touchées indirectement par l'épisode de gel survenu du 4 au 14 avr. 2021 (JO 3 juin).

Décret n° 2022-1100 du 1er août 2022,

Relatif à l'application du régime des calamités agricoles aux dommages causés sur les récoltes lors de l'épisode de gel survenu du 1er au 5 avril 2022 (JO 2 août).

Art. 1er Les dispositions de la section 2 du chapitre 1er du titre VI du livre III de la partie réglementaire du code rural et de la pêche maritime sont applicables aux dommages causés sur les cultures par l'épisode de gel survenu du 1er au 5 avril 2022 sous réserve des dispositions suivantes :

1° Le préfet peut présenter un projet de reconnaissance au comité départemental d'expertise avant la fin de la campagne annuelle de production des cultures sinistrées lorsque les dommages concernent des pertes de récoltes sur arbres fruitiers ou petits fruits ;

2° Le délai de trente jours prévu à l'article D. 361-23 du code rural et de la pêche maritime n'est pas applicable ;

3° Le taux défini au 2° de l'article D. 361-30 du code rural et de la pêche maritime est fixé à 11 %.

V. Arr. du 29 juill. 2022 déterminant les conditions spécifiques d'indemnisation des dommages aux arbres fruitiers et petits fruits causés par l'épisode de gel survenu du 1er au 5 avril 2022 (JO 2 août).

Décret n° 2022-1420 du 10 novembre 2022,

Relatif à l'indemnisation des calamités agricoles dans le cadre des dommages causés sur les récoltes lors de l'épisode de sécheresse de l'année 2022 (JO 11 nov.).

Art. 1er Les dispositions de la section 2 du chapitre 1er du titre VI du livre III de la partie réglementaire du code rural et de la pêche maritime sont applicables aux dommages causés sur les récoltes par l'épisode de sécheresse survenu au cours de l'année 2022 sous réserve de la disposition suivante : le taux défini au 2° de l'article D. 361-30 du code rural et de la pêche maritime est fixé à 11 %.

SOUS-SECTION 5 Conditions relatives aux assurances

Art. D. 361-31 Peuvent seuls prétendre au bénéfice de l'indemnisation les sinistrés justifiant que les éléments principaux de l'exploitation étaient assurés contre l'un au

moins des risques définis par arrêté des ministres chargés de l'agriculture et de l'économie pris sur avis du Comité national de gestion des risques en agriculture.

L'octroi de l'indemnité peut être refusé lorsque l'assurance est manifestement insuffisante. Cette dernière est regardée comme manifestement insuffisante dans chacun des cas suivants :

1° Lorsque les valeurs stipulées aux contrats apparaissent manifestement inférieures à la valeur réelle des biens garantis ;

2° Lorsque l'indemnité prévue aux contrats est manifestement inférieure aux normes habituellement admises dans la région considérée, seules étant prises en compte les assurances pour lesquelles les garanties, souscrites par le sinistré, sont conformes aux dispositions prévues par l'arrêté mentionné au premier alinéa ;

3° Lorsque l'attestation soit ne permet pas de vérifier que la contribution additionnelle instituée à l'article L. 361-5 a été acquittée à raison des primes ou cotisations correspondant aux contrats au titre desquels elles sont délivrées, soit, si les primes ou cotisations sont payables à terme échu, ne comporte pas l'indication que la contribution est exigible.

Dans tous les cas, le défaut ou l'insuffisance manifeste d'assurance n'est pas opposable au sinistré qui, n'étant pas propriétaire de tous les éléments de l'exploitation, justifie qu'il est assuré dans les conditions prévues au premier alinéa pour les éléments principaux dont il est propriétaire ou dont l'assurance lui incombe.

Pour l'appréciation des conditions d'assurance, ne doivent être pris en considération que les contrats souscrits auprès des sociétés régies par le code des assurances.

Art. D. 361-32 I. – Une exploitation agricole ayant subi un dommage dû à la survenance d'un risque pour lequel elle est assurée ne peut prétendre, pour ce dommage, à une indemnisation au titre du régime des calamités agricoles.

II. – Une exploitation agricole ayant subi un dommage dû à la survenance de plusieurs risques ne peut prétendre à une indemnisation au titre du régime des calamités agricoles que pour la partie du dommage imputable aux risques pour lesquels elle n'est pas assurée.

Art. D. 361-33 L'arrêté fixant la liste des risques considérés comme assurables et exclus du régime d'indemnisation du Fonds national de gestion des risques en agriculture prévu au troisième alinéa de l'article L. 361-5 entre en vigueur après un délai d'information des exploitants, tenant compte des périodes habituelles de souscription des contrats.

SOUS-SECTION 6 **Procédures d'instruction et d'indemnisation**

Art. D. 361-34 I. – Le préfet procède à l'instruction et au contrôle des demandes d'indemnisation.

Il vérifie notamment :

1° Que toutes les pièces mentionnées au 1° de l'article D. 361-25 ont été transmises ou, en cas de télédéclaration, que toutes les rubriques nécessaires à l'instruction de la demande ont été renseignées.

En cas d'absence d'une ou plusieurs pièces du dossier ou d'omission de renseigner une rubrique nécessaire à l'instruction de la demande, le préfet en informe le demandeur, qui, sauf cas de force majeure, dispose d'un délai de dix jours pour y répondre, à peine de forclusion ;

2° Que le demandeur satisfait *(Décr. n° 2018-171 du 8 mars 2018, art. 1er)* « à la date du dommage » aux conditions prévues aux articles D. 361-22 et D. 361-24 et respecte les conditions d'assurance mentionnées aux articles D. 361-31 à D. 361-33 ;

3° Que les dommages pour lesquels une indemnisation est demandée entrent dans le champ d'application de l'arrêté mentionné au cinquième alinéa de l'article D. 361-21 et répondent aux conditions définies par l'article D. 361-30.

II. – Le préfet rejette les demandes non conformes aux prescriptions mentionnées au I. Il notifie ce rejet aux demandeurs concernés et en informe le comité départemental d'expertise.

III. – Les personnes qui ont contribué par leur fait ou par leur négligence à la réalisation de dommages ayant le caractère de calamités agricoles au sens de l'article

L. 361-5 sont exclues du bénéfice de l'indemnisation accordée au titre de la présente section dans la proportion où lesdits dommages peuvent leur être imputables.

Art. D. 361-35 A l'issue de l'instruction et du contrôle des demandes selon les modalités décrites à l'article D. 361-34, le préfet adresse au ministre chargé de l'agriculture un rapport sur les demandes et sur les bases générales retenues pour procéder à l'évaluation et à l'indemnisation des dossiers.

Art. D. 361-36 Lorsqu'un arrêté pris en application du septième alinéa de l'article D. 361-21 autorise le versement d'acomptes, le préfet peut, au fur et à mesure de l'instruction et du contrôle préalable des demandes, procéder à leur versement aux sinistrés. Seul peut bénéficier d'un acompte un exploitant dont le montant des dommages, calculé au moment de l'octroi de l'acompte, satisfait à lui seul, sans prise en compte d'éventuels autres dommages, aux conditions de perte minimale fixées à l'article D. 361-30.

L'acompte à verser à l'exploitant est calculé en fonction des crédits délégués, sur la base des seuls dommages pour lesquels la demande a été instruite, conformément aux dispositions de la présente sous-section.

(Décr. nº 2016-1611 du 25 nov. 2016, art. 2-7º) « Le ministre chargé de l'agriculture informe le Comité national de gestion des risques en agriculture des acomptes qu'il autorise en application du septième alinéa de l'article D. 361-21. »

Art. D. 361-37 Dès la réception du rapport mentionné à l'article D. 361-35, le ministre chargé de l'agriculture *(Décr. nº 2016-1611 du 25 nov. 2016, art. 2-8º)* « établit » en fonction de la somme demandée, éventuellement rectifiée des dommages subis et des pourcentages d'indemnisation mentionnés à l'article D. 361-29, le montant des crédits à affecter au département, déduction faite, le cas échéant, des crédits déjà affectés en application de l'avant-dernier alinéa de l'article D. 361-21.

(Décr. nº 2016-1611 du 25 nov. 2016, art. 2-8º) « Dans le cas où le montant sollicité conduit à dépasser le montant prévisionnel d'indemnisation du sinistre validé par le Comité national de gestion des risques en agriculture, le ministre chargé de l'agriculture saisit celui-ci afin qu'il propose un montant de crédits supplémentaires à affecter aux exploitants du département. »

Un arrêté du ministre chargé de l'agriculture détermine le montant des crédits affectés au département.

Art. D. 361-38 Dès la parution de l'arrêté mentionné à l'article D. 361-37, les sommes correspondantes sont virées par la Caisse centrale de réassurance, pour le compte du Fonds national de gestion des risques en agriculture au contrôleur budgétaire et comptable ministériel placé auprès du ministre chargé de l'économie pour être mises à la disposition du directeur départemental des finances publiques du département intéressé à un compte ouvert à cet effet au Trésor au nom du Fonds national de gestion des risques en agriculture. Le directeur départemental des finances publiques informe le préfet dès réception des crédits.

Le préfet arrête le montant des sommes allouées à chaque demandeur compte tenu, le cas échéant, des sommes déjà versées à titre d'acompte. Le paiement est fait par le *(Décr. nº 2014-552 du 27 mai 2014, art. 13-2º)* « comptable de la direction générale des finances publiques » dans le délai d'un mois après la réception des documents permettant le mandatement des indemnités allouées à chaque sinistré. En cas de métayage, la somme afférente aux dommages mentionnés au 1º de l'article D. 361-24 est versée au preneur du fonds et le bailleur est informé par le préfet.

Art. D. 361-39 Toute personne doit informer le préfet des paiements qu'elle a effectués ou doit effectuer au titre de l'indemnisation de dommages subis par une exploitation agricole à la suite de dommages ayant le caractère de calamités agricoles. Les organismes d'assurance, notamment, doivent transmettre au préfet une liste comportant le nom des bénéficiaires indemnisés par eux et le montant des indemnités.

Lorsque la somme totale perçue par un sinistré dépasse le montant des dommages subis, lorsque l'indemnité perçue est supérieure à l'indemnité recalculée après un contrôle sur place ou lorsqu'une indemnité a été indûment perçue, le préfet en informe la Caisse centrale de réassurance ; cette dernière demande le remboursement du trop-perçu ou de l'indemnité indûment perçue.

Al. 3 abrogé par Décr. n° 2018-171 du 8 mars 2018, art. 1er.

SOUS-SECTION 7 Contrôles et sanctions

Art. D. 361-40 Pour chaque sinistre ayant fait l'objet d'une reconnaissance en tant que calamité agricole, les agents de la direction départementale des territoires ou de la direction départementale des territoires et de la mer contrôlent, avant le versement du premier acompte, 5 % des demandes présentées par télédéclaration afin de vérifier l'existence des pièces mentionnées aux *b*, *c* et *d* de l'article D. 361-25 ainsi que la conformité des dommages déclarés au regard de ces pièces.

Si le demandeur ne peut présenter ces pièces dans un délai de vingt jours à compter de la date de réception du courrier du préfet les réclamant, sa demande est rejetée.

Les conclusions des contrôles donnent lieu au calcul d'un taux d'écart égal à la différence entre le montant de l'indemnité calculée sur la base de la télédéclaration et le montant de l'indemnité calculée sur la base des éléments constatés et des pièces mentionnées au deuxième alinéa du présent article rapporté au montant de l'indemnité calculée sur la base des éléments constatés.

En cas d'application des deux alinéas qui précédent, l'intéressé est mis à même de présenter ses observations dans les conditions prévues *(Décr. n° 2016-1611 du 25 nov. 2016, art. 2-9°)* « aux articles L. 121-1 et L. 121-2 du code des relations entre le public et l'administration ».

En cas de différence entre le montant de l'indemnité calculée sur la base des éléments télédéclarés et le montant de l'indemnité calculée sur la base des éléments constatés, le montant de l'indemnité versée est calculé conformément aux dispositions de l'article D. 361-42 *(Décr. n° 2017-1771 du 27 déc. 2017, art. 7-7°)* « du présent code ».

Art. D. 361-41 Pour chaque sinistre ayant fait l'objet d'une reconnaissance comme calamité agricole, les agents de la direction départementale des territoires ou de la direction départementale des territoires et de la mer contrôlent sur place 5 % des exploitations dont la demande d'indemnisation a été prise en compte à l'issue de l'instruction prévue à l'article D. 361-34.

Les conclusions du contrôle donnent lieu au calcul d'un taux d'écart égal à la différence entre le montant de l'indemnité calculée sur la base des déclarations et le montant de l'indemnité calculée sur la base des éléments constatés lors du contrôle rapporté au montant de l'indemnité calculée sur la base des éléments constatés.

A l'issue de chaque contrôle, un *(Décr. n° 2016-1611 du 25 nov. 2016, art. 2-10°)* « compte rendu » est rédigé. Il est assorti de la signature de l'exploitant. Il est joint au dossier de demande d'indemnisation de l'exploitant.

Art. D. 361-42 Lorsque le taux d'écart mentionné au quatrième alinéa de l'article D. 361-40 ou au deuxième alinéa de l'article D. 361-41 est inférieur ou égal à 10 %, le préfet adresse au demandeur une lettre d'observations contenant un rappel de la réglementation applicable. L'indemnité est calculée sur la base des éléments constatés.

Lorsque le taux d'écart est supérieur à 10 % et inférieur ou égal à 50 %, le montant de l'indemnité est calculé sur la base des éléments constatés et réduit du double de l'écart constaté.

Lorsque le taux d'écart est supérieur à 50 %, aucune indemnité n'est attribuée.

L'intéressé est mis à même de présenter ses observations, dans les conditions prévues *(Décr. n° 2016-1611 du 25 nov. 2016, art. 2-11°)* « aux articles L. 121-1 et L. 121-2 du code des relations entre le public et l'administration ».

SECTION 3 Assurance récolte et solidarité nationale

(Décr. n° 2022-1716 du 29 déc. 2022, art. 1er)

Le Décr. n° 2022-1716 du 29 déc. 2022 entre en vigueur à la date et selon les modalités prévues par l'art. 17 de la loi n° 2022-298 du 2 mars 2022 d'orientation relative à une meilleure diffusion de l'assurance récolte en agriculture et portant réforme des outils de gestion des risques climatiques en agriculture, soit le 1er janv. 2023 (Décr. préc., art. 6).

Lorsque les dépenses dépassent un montant annuel de 680 millions d'euros, les modalités de financement du dispositif, prévues à la section 3 du chapitre I du titre VI du livre III du code rural et de la pêche maritime, sont susceptibles d'être modifiées, notamment en révisant, pour la période restant à courir de la période 2023 à 2025, les seuils et taux applicables fixés par les art. D. 361-43-1, D. 361-43-5 et D. 361-44, par arrêté des ministres chargés de l'agriculture, de l'économie et du budget (Décr. n° 2022-1716 du 29 déc. 2022, art. 2).

SOUS-SECTION 1 **Subvention à l'assurance récolte**

Art. D. 361-43 I. — En application de l'article 76 du règlement (UE) n° 2021/2115 du Parlement européen et du Conseil du 2 décembre 2021 établissant des règles régissant l'aide aux plans stratégiques devant être établis par les États membres dans le cadre de la politique agricole commune (plans stratégiques relevant de la PAC) et financés par le Fonds européen agricole de garantie (FEAGA) et par le Fonds européen agricole pour le développement rural (Feader) et du deuxième alinéa de l'article L. 361-4, les exploitants agricoles peuvent obtenir, au titre des années couvertes par la programmation du Fonds européen agricole pour le développement rural débutant en 2023 et jusqu'à son terme, la prise en charge d'une fraction des primes ou cotisations afférentes à la couverture d'assurance qu'ils souscrivent pour leurs récoltes de l'année.

Cette prise en charge prend la forme d'une subvention financée par des crédits issus du Fonds européen agricole pour le développement rural ou de la deuxième section du fonds national de gestion des risques prévu à l'article L. 361-1, calculée en pourcentage du montant de la prime ou cotisation éligible et versée directement à l'agriculteur concerné.

Le bénéficiaire final doit être un agriculteur actif *(Décr. n° 2023-253 du 4 avr. 2023, art. 1er)* « au sens de l'article D. 614-1 ».

La couverture d'assurance mentionnée au premier alinéa, ci-après dénommée "contrat", garantit au moins la prise en charge des sinistres occasionnés par les aléas climatiques suivants : sécheresse, excès de température, coup de chaleur, coup de soleil, températures basses, manque de rayonnement solaire, coup de froid, gel, excès d'eau, pluies violentes, pluies torrentielles, humidité excessive, grêle, poids de la neige ou du givre, tempête, tourbillon, vent de sable.

Elle peut avoir été souscrite selon des modalités définies par un contrat cadre collectif, dès lors que les garanties et la prime afférente de chaque exploitant sont clairement identifiées, que le montant de la prime est acquitté par chaque exploitant, et que le versement des indemnités compensatoires en cas de sinistre est réalisé par l'entreprise d'assurance auprès de chaque exploitant.

Le cahier des charges mentionné à l'article D. 361-43-8 fixe les critères de reconnaissance des aléas mentionnés au quatrième alinéa du présent I dont la couverture d'assurance donne lieu à la prise en charge prévue au premier alinéa.

II. — Toute entreprise d'assurance qui commercialise des contrats bénéficiant de la prise en charge prévue au I est tenue de proposer à l'exploitant agricole qui en fait la demande un contrat d'assurance couvrant les pertes de récolte ou de culture résultant d'aléas climatiques conforme au cahier des charges mentionné à l'article D. 361-43-8, à un coût raisonnable pour l'exploitant et l'entreprise d'assurance, par rapport notamment au capital garanti et à l'exposition des cultures couvertes par le contrat aux risques climatiques, et dans un délai permettant à l'exploitant de comparer plusieurs offres d'assurance.

Toutefois, pour les natures de récolte incluses dans le groupe de cultures mentionné au 6° du II de l'article D. 361-43-1 et pour la culture de tabac, cette obligation ne s'applique que dans la mesure où l'entreprise d'assurance sollicitée commercialise des contrats les concernant. Pour le groupe de cultures mentionné au 5° du II de l'article D. 361-43-1 cette obligation ne s'applique pas aux entreprises d'assurance non habilitées à utiliser des indices au titre du I de l'article D. 361-43-2.

Art. D. 361-43-1 I. — Peuvent seuls faire l'objet de la prise en charge mentionnée à l'article L. 361-4 les contrats dits "par groupe de cultures" ou "à l'exploitation".

II. — Pour l'application du I, constitue un contrat par groupe de cultures le contrat qui prévoit que pour chaque nature de récolte couverte, l'assuré n'est indemnisé que si la perte de production pour cette nature de récolte est supérieure ou égale à un seuil de déclenchement exprimé en pourcentage de la production assurée. La production assurée ne peut être supérieure à la production annuelle moyenne de l'agriculteur au cours des trois années précédentes ou à sa production moyenne triennale calculée sur la base des cinq années précédentes, en excluant la valeur la plus élevée et la valeur la plus faible.

Les groupes de cultures sont les suivants :

1° Grandes cultures dont cultures industrielles et semences de ces cultures ;

2° Légumes pour l'industrie et le marché frais et semences de ces cultures ;

3° Viticulture ;

4° Arboriculture et petits fruits ;

5° Prairies ;

6° Autres productions dont plantes à parfum, aromatiques et médicinales, horticulture, pépinières, apiculture, aquaculture, héliciculture.

Le contrat par groupe de cultures assure au minimum 95 % des superficies des natures de récolte en production comprises dans le périmètre de couverture obligatoire et relevant du groupe de cultures concerné. Toutefois, pour les groupes de cultures mentionnés aux 1° et 2°, ce taux de couverture est fixé à 70 % minimum de la superficie des natures de récolte en production comprises dans le périmètre de couverture obligatoire. Le périmètre de couverture obligatoire est défini dans le cahier des charges mentionné à l'article D. 361-43-8.

III. – Pour l'application du I, constitue un contrat à l'exploitation le contrat qui assure au moins 80 % de la superficie en cultures de vente de l'exploitation, définie comme la surface agricole utile diminuée des surfaces en prairies et des surfaces en jachères, au moins deux groupes de cultures différents, et au moins deux natures de récolte différentes dans chacun des groupes de cultures. Il prévoit que sur les natures de récoltes garanties, l'assuré n'est indemnisé que si la perte de production est supérieure ou égale à un seuil de déclenchement exprimé en pourcentage de la production assurée. Cette production assurée ne peut être supérieure à la production annuelle moyenne de l'agriculteur au cours des trois années précédentes ou à sa production moyenne triennale calculée sur la base des cinq années précédentes, en excluant la valeur la plus élevée et la valeur la plus faible.

Le contrat mentionne le montant des primes ou cotisations par nature de récolte couverte.

IV. – Le calcul des taux de couverture mentionnés au II prend en compte l'ensemble des contrats bénéficiant de l'aide mentionnée à l'article L. 361-4 souscrits par le bénéficiaire, le cas échéant auprès de différentes entreprises d'assurance.

V. – Les contrats définis au II respectent, pour les récoltes 2023, 2024 et 2025, un seuil de déclenchement compris entre 20 % et un pourcentage de 5 points inférieur au seuil de déclenchement de l'indemnisation prévu à l'article D. 361-44 en application de l'article L. 361-4-2.

Par dérogation, pour les groupes de cultures mentionnés aux 1° à 3° du II, ce seuil de déclenchement doit être compris entre 20 % et 40 %.

VI. – Les contrats à l'exploitation définis au III respectent un seuil de déclenchement *(Décr. n° 2024-157 du 28 févr. 2024, art. 1er)* « de 20 % ».

Art. D. 361-43-2 I. – Pour le groupe de cultures mentionné au 5° du II de l'article D. 361-43-1, les contrats mentionnés à l'article D. 361-43 prévoient le recours à des indices approuvés par le ministre chargé de l'agriculture pour le calcul de la production fourragère annuelle de la sole assurée.

Seuls les contrats commercialisés par les entreprises d'assurance habilitées par le ministre chargé de l'agriculture à utiliser un indice approuvé peuvent bénéficier de la prise en charge mentionnée à l'article L. 361-4.

II. – Les fournisseurs d'indice qui souhaitent voir leur indice approuvé par le ministre chargé de l'agriculture afin qu'il puisse être utilisé par les entreprises d'assurance habilitées pour l'application du I du présent article présentent une demande d'approbation en réponse à l'avis d'appel à soumission publié chaque année au *Journal officiel*.

La décision d'approbation de l'indice tient compte de la fiabilité de l'indice pour évaluer la production au regard de la corrélation entre d'une part, les résultats de l'application de l'indice et d'autre part, un relevé de points d'observation de la pousse de l'herbe dans un réseau représentatif établis *(Décr. n° 2023-229 du 30 mars 2023, art. 1er)* « en » suivant un protocole scientifique strict préalablement défini.

Elle vaut pour trois ans.

Le cahier des charges mentionné à l'article D. 361-43-8 prévoit le calendrier, la procédure de soumission et la documentation que le fournisseur d'indice transmet au soutien de sa demande d'approbation d'un indice.

III. — Les entreprises d'assurance qui souhaitent être habilitées par le ministre chargé de l'agriculture à commercialiser des contrats éligibles à la prise en charge mentionnée à l'article L. 361-4 présentent une demande d'habilitation en réponse à l'avis d'appel à soumission publié chaque année au *Journal officiel*.

La décision d'habilitation à utiliser un indice approuvé tient compte de la méthodologie présentée pour l'utilisation de l'indice.

Elle vaut pour un an.

Le cahier des charges mentionné à l'article D. 361-43-8 prévoit le calendrier, la procédure de soumission et la documentation que l'entreprise d'assurance transmet au soutien de sa demande d'habilitation.

IV. — Le comité des indices mentionné au II de l'article L. 361-4-6 est une instance d'expertise placée auprès du ministre chargé de l'agriculture. Il éclaire le ministre chargé de l'agriculture préalablement à l'approbation prévue au II et à l'habilitation prévue au III. Il peut demander au fournisseur d'indice qui a présenté une demande d'approbation, ou à l'entreprise d'assurance qui a présenté une demande d'habilitation tout élément complémentaire qu'il juge utile à l'instruction de sa demande et suggérer des points d'amélioration de l'indice ou de la méthodologie de son utilisation.

(Décr. n° 2023-229 du 30 mars 2023, art. 1er) « V. — En application des II et III de l'article L. 361-4-6, lorsque les évaluations des pertes de récoltes ou de cultures se trouvent contestées par l'exploitant agricole, l'organisme chargé de verser l'indemnisation vérifie l'absence d'erreur manifeste, définie comme une anomalie majeure dans le fonctionnement ou la mise en œuvre opérationnelle de l'indice approuvé en application du II ou dans l'utilisation qui en a été faite dans le calcul de l'indemnisation, apporte les corrections le cas échéant, et fournit à l'exploitant toute information et élément utile d'explication permettant de comprendre le résultat de l'évaluation des pertes par l'indice.

« L'organisme chargé de verser l'indemnisation qui est saisi d'un nombre significatif de demandes de réévaluation sollicite son fournisseur d'indice pour obtenir une analyse d'un éventuel dysfonctionnement. En l'absence de dysfonctionnement, le fournisseur d'indice fait part de ses conclusions à l'organisme chargé de verser l'indemnisation ainsi qu'au comité mentionné au II de l'article L. 361-4-6. Si un dysfonctionnement de l'indice est détecté, le fournisseur d'indice le corrige, et communique sans délai à l'ensemble des organismes habilités utilisant cet indice les données corrigées. Le comité mentionné au II de l'article L. 361-4-6 est informé des corrections apportées.

« En l'absence d'erreur manifeste identifiée et si, malgré les explications fournies au niveau individuel, un nombre significatif d'exploitants agricoles confirme sa contestation auprès de l'organisme chargé de verser l'indemnisation, celui-ci demande au comité mentionné au II de l'article L. 361-4-6 une analyse de l'absence d'erreur manifeste dans le fonctionnement ou la mise en œuvre opérationnelle de l'indice. Ce dernier réalise son analyse en s'appuyant sur tout élément utile et peut notamment prendre en compte les résultats du réseau mentionné au deuxième alinéa du II de l'article D. 361-43-2. Il peut également auditionner le fournisseur d'indice concerné ou l'organisme chargé de verser l'indemnisation et solliciter auprès d'eux des compléments d'information.

« Le résultat de cette analyse est communiqué au fournisseur de l'indice concerné d'une part, et, après avis de la commission mentionnée au premier alinéa du L. 361-8, à l'organisme chargé de verser les indemnisations d'autre part, notamment pour qu'il puisse prendre en compte, lors du traitement des demandes de réévaluation des pertes, une erreur manifeste dans le fonctionnement ou la mise en œuvre opérationnelle de l'indice, qui aurait été détectée, à condition qu'elle soit corrigible ou quantifiable. Lorsqu'une erreur manifeste est détectée, le comité mentionné au II de l'article L. 361-4-6 en informe également les autres organismes habilités ayant recours au même indice.

« L'organisme chargé de verser l'indemnisation notifie sa décision à l'exploitant agricole dans un délai de deux mois à compter de la contestation. Dans le cas où le comité mentionné au II de l'article L. 361-4-6 est saisi en application du troisième alinéa du présent V, l'organisme notifie sa décision dans le délai d'un mois à compter de la réponse apportée par le comité.

« VI. — L'organisme chargé de verser l'indemnisation transmet chaque année en fin de campagne de production, au comité mentionné au II de l'article L. 361-4-6, un récapitulatif des contestations formulées par les exploitants agricoles sur l'évaluation des pertes et des suites qui leur ont été données.

« Le comité mentionné au II de l'article L. 361-4-6 élabore un bilan de ces contestations intégré au rapport annuel prévu par le deuxième alinéa du II de l'article L. 361-4-6 avec un degré d'anonymisation et d'agrégation suffisant des données transmises par les organismes chargés de verser les indemnisations. Ce bilan est communiqué à chaque fournisseur d'indice approuvé pour ce qui concerne son indice et aux organismes chargés de verser les indemnisations pour ce qui concerne l'indice qu'ils utilisent.

« Lorsque ce bilan met en évidence un dysfonctionnement d'un indice approuvé, le ministre chargé de l'agriculture peut demander au fournisseur de cet indice d'apporter des éléments justifiant de la fiabilité de l'indice mentionné au deuxième alinéa du II de l'article L. 361-4-6, ou des mesures correctives permettant de renforcer cette fiabilité. A défaut de réponse satisfaisante et après l'avoir mis en demeure d'apporter les réponses ou d'avoir pris les mesures correctives nécessaires, le ministre chargé de l'agriculture peut retirer la décision d'approbation de l'indice. »

Par dérogation aux I, II et III de l'art. D. 361-43-2, pour le groupe de cultures mentionné au 5° du II de l'art. D. 361-43-1, les contrats mentionnés à l'art. D. 361-43 conclus pour la campagne de production 2023 prévoient le recours à des indices pour le calcul de la production fourragère annuelle de la sole assurée approuvés par le ministre chargé de l'agriculture. Par dérogation au 2e al. du II de l'art. D. 361-43-2, pour les contrats conclus pour la campagne de production 2024, la décision d'approbation de l'indice prévue au 2e al. du II est établie au regard d'un dossier établi par le fournisseur d'indice qui démontre la fiabilité de l'indice quant à l'évaluation de la production fourragère (Décr. n° 2022-1716 du 29 déc. 2022, art. 3).

Art. D. 361-43-3 La prise en charge mentionnée à l'article L. 361-4 est fixée pour un niveau de garantie couvrant les pertes de quantité et certaines pertes de qualité, dans des conditions définies par le cahier des charges mentionné à l'article D. 361-43-8, consécutives à un aléa climatique tel que défini au I de l'article D. 361-43, et caractérisé par une franchise, un rendement assuré et par un prix assuré définis comme suit :

1° La franchise exprimée en pourcentage de la production garantie, est déduite de la perte de production constatée pour calculer la perte de production ouvrant droit aux indemnités compensatoires en cas de sinistre. Cette franchise est égale au seuil de déclenchement prévu dans le contrat dans les conditions définies aux V et VI de l'article D. 361-43-1.

2° Le rendement assuré est inférieur ou égal au rendement historique, défini, au choix de l'exploitant, comme le rendement moyen triennal calculé sur la base des cinq années précédentes, en excluant la valeur la plus élevée et la valeur la plus faible ou comme le rendement moyen calculé sur la base des trois années précédentes. Les conditions dans lesquelles le rendement assuré peut être inférieur au rendement historique sont définies par le cahier des charges mentionné à l'article D. 361-43-8.

3° Le prix assuré est défini par référence à la valeur du barème de prix ou, en l'absence de valeur au barème, dans la limite du prix de vente réel, tels que définis par le cahier des charges mentionné à l'article D. 361-43-8.

Art. D. 361-43-4 Le montant de la prime ou cotisation éligible au bénéfice de l'aide mentionnée à l'article L. 361-4 est celui de la prime ou cotisation d'assurance afférente aux contrats définis à l'article D. 361-43-1.

Le montant de la prime ou cotisation éligible est la part de la prime ou cotisation éligible au bénéfice de l'aide mentionnée à l'article L. 361-4 acquittée à l'assureur au plus tard le 31 octobre de l'année de récolte, nette d'impôts et de taxes.

Si l'exploitant a souscrit une extension de contrat qui n'est pas éligible à la prise en charge mentionnée à l'article L. 361-4, figurant notamment au cahier des charges mentionné à l'article D. 361-43-8 ou que le montant acquitté au 31 octobre de

l'année au titre de laquelle le contrat a été souscrit est inférieur au montant total de la prime ou cotisation afférente au contrat et à son extension, la prime ou cotisation éligible est égale au montant effectivement acquitté, réduit du taux que représente le montant de la prime ou cotisation afférente à l'extension dans le montant total de la prime ou cotisation afférente au contrat et à son extension.

Art. D. 361-43-5 **Le taux de prise en charge des primes ou cotisations d'assurance éligibles mentionnée à l'article L. 361-4 est de 70 % pour les récoltes 2023, 2024 et 2025, pour les contrats par groupe de cultures et pour les contrats à l'exploitation définis à l'article D. 361-43-1.**

Art. D. 361-43-6 **La souscription des contrats d'assurance susceptibles de faire l'objet de la prise en charge mentionnée à l'article L. 361-4 et des extensions mentionnées à l'article D. 361-43-4 ne peut faire l'objet d'aucune autre aide financée par des crédits provenant des collectivités territoriales** *(Décr. nº 2023-1065 du 20 nov. 2023, art. 1er)* **« ou de l'Union européenne ».**

En cas de non-respect de cette obligation, les subventions versées sont intégralement remboursées.

Art. D. 361-43-7 **Peuvent bénéficier de la prise en charge mentionnée à l'article L. 361-4 les exploitants ayant effectué leur demande dans le cadre de la demande unique mentionnée à l'article** *(Décr. nº 2023-253 du 4 avr. 2023, art. 1er)* **« D. 614-36 » de l'année au titre de laquelle le contrat a été souscrit et ayant transmis au plus tard le 30 novembre un formulaire de déclaration de contrat cosigné par l'entreprise d'assurance répondant aux caractéristiques fixées par le cahier des charges mentionné à l'article D. 361-43-8. L'administration peut contrôler, sur pièce et sur place, le respect des engagements et des conditions d'éligibilité prévues par les dispositions de la présente sous-section.**

Art. D. 361-43-8 **Les entreprises qui distribuent les contrats susceptibles de faire l'objet de la prise en charge mentionnée à l'article L. 361-4 respectent le cahier des charges mentionné au 2° du I de l'article L. 361-4 et défini par arrêté des ministres chargés de l'agriculture et de l'économie, qui fixe notamment le barème de prix mentionné à l'article D. 361-43-3, des mesures et des pratiques de prévention mises en œuvre par les exploitants agricoles pour réduire leur exposition aux aléas climatiques qui peuvent être prises en compte par les entreprises d'assurance dans le calcul de la prime d'assurance, les données que les entreprises d'assurance s'engagent à fournir à l'État, les informations qu'elles s'engagent à fournir aux assurés et les modalités de contrôle des conditions dans lesquelles elles mettent en œuvre les dispositions de la présente sous-section.**

Le cahier des charges mentionné à l'article D. 361-43-8 précise les mentions obligatoires que doivent contenir les contrats, notamment pour l'application du I de l'article L. 361-4-6.

(Décr. nº 2023-253 du 4 avr. 2023, art. 1er) **« Le cahier des charges précise également, en application de l'article L. 361-4-5, les données que les entreprises d'assurance fournissent chaque année à l'État à des fins d'élaboration, de mise en œuvre et d'évaluation de la politique publique de la gestion des risques climatiques en agriculture et du développement de l'assurance contre ces risques. Ces données concernent la sinistralité constatée, les primes perçues, les capitaux assurés, les garanties souscrites. Le cahier des charges précise également les conditions dans lesquelles ces données sont transmises et leur niveau d'anonymisation et agrégation. Elles sont conservées par l'État pendant une période maximale de 12 ans et peuvent faire l'objet de retraitement notamment afin d'appuyer la Commission chargée de l'orientation et du développement des assurances garantissant les dommages causés aux récoltes dans l'accomplissement de ses missions, conformément à l'article D. 361-19-1. »** – *V. Arr. du 4 janv. 2023 fixant le cahier des charges applicable aux entreprises d'assurance pour la prise en charge partielle de primes et cotisations d'assurance récolte 2023 et pour l'indemnisation des pertes de récolte 2023 fondée sur la solidarité nationale, pris en application de l'art. D. 361-43-8 (JO 8 janv.), mod. par Arr. du 28 août 2023 (JO 31 août) ; Arr. du 12 mai 2023 complétant le cahier des charges applicable aux entreprises d'assurance pour la prise en charge partielle de primes et cotisations d'assurance récolte 2023 et pour l'indemnisation des pertes de récolte 2023 fondée sur la solidarité nationale,*

défini par l'Arr. du 4 janv. 2023 et pris en application de l'art. D. 361-43-8 (JO 14 mai) ; Arr. du 29 janv. 2024 fixant le cahier des charges applicable aux entreprises d'assurance pour la prise en charge partielle de primes et cotisations d'assurance récolte 2024 et pour l'indemnisation des pertes de récolte 2024 fondée sur la solidarité nationale, pris en application de l'art. D. 361-43-8 (JO 31 janv.) ; Arr. du 12 févr. 2024 complétant le cahier des charges applicable aux entreprises d'assurance pour la prise en charge partielle de primes et cotisations d'assurance récolte 2024 et pour l'indemnisation des pertes de récolte 2024 fondée sur la solidarité nationale, défini par Arr. du 29 janv. 2024 et pris en application de l'art. D. 361-43-8 (JO 23 févr.).

Art. D. 361-43-9 *(Décr. nº 2023-253 du 4 avr. 2023, art. 1er)* **L'autorité compétente, pour octroyer l'aide mentionnée à l'article L. 361-4 et prononcer les mesures et sanctions correspondantes prévues par l'article L. 361-10, est le préfet du département dans lequel l'exploitation du bénéficiaire a son siège.**

SOUS-SECTION 2 Indemnisation fondée sur la solidarité nationale

Art. D. 361-44 I. — L'indemnisation fondée sur la solidarité nationale mentionnée à l'article L. 361-4-2 est due lorsque la perte de récolte ou de culture, résultant d'aléas climatiques mentionnés à l'article D. 361-43, pour chaque nature de récolte, est supérieure ou égale à un seuil de déclenchement exprimé en pourcentage de la production historique, qui ne peut être supérieure à la production annuelle moyenne de l'agriculteur au cours des trois années précédentes ou à sa production moyenne triennale calculée sur la base des cinq années précédentes, en excluant la valeur la plus élevée et la valeur la plus faible.

Les valeurs de ce seuil de déclenchement en fonction des groupes de cultures définis au II de l'article D. 361-43-1 sont ainsi fixées :

1° 50 % pour les groupes de cultures mentionnés aux 1°, 2° et 3° du II de l'article D. 361-43-1 ;

2° 30 % pour les groupes de cultures mentionnés aux 4°, 5° et 6° du II de l'article D. 361-43-1.

II. — Le montant de l'indemnisation mentionnée au I est calculé pour chaque nature de récolte pour un niveau de garantie couvrant les pertes de quantité et certaines pertes de qualité, dans les conditions prévues par le cahier des charges mentionné à l'article D. 361-43-8, caractérisé notamment par une franchise égale au seuil de déclenchement mentionné au I, un rendement tel que définis à l'article D. 361-43-3 et un prix tel que défini ci-dessous.

Pour les natures de récolte assurées au titre de contrats bénéficiant de l'aide mentionnée à l'article L. 361-4, le calcul du montant de l'indemnisation prévue au I est fixé pour un niveau de garantie caractérisé par le prix assuré dans la limite de 100 % du barème "socle" du cahier des charges susmentionné.

Pour les natures de récolte qui ne sont pas assurées au titre de contrats bénéficiant de l'aide mentionnée à l'article L. 361-4, le calcul du montant de l'indemnisation prévue au I est fixé pour un niveau de garantie caractérisé par un prix fixé à 100 % du barème "socle" du cahier des charges susmentionné.

Pour les natures de récolte pour lesquelles il n'y a pas de valeurs au barème, le cahier des charges susmentionné prévoit les modalités de calcul du prix.

III. — Pour les natures de récolte assurées au titre de contrats bénéficiant de l'aide mentionnée à l'article L. 361-4, le taux d'indemnisation fondée sur la solidarité nationale est fixé à 90 % du montant calculé au II.

Pour les natures de récolte qui ne sont pas assurées au titre de contrats bénéficiant de l'aide mentionnée à l'article L. 361-4 couvrant les pertes visées au I, le taux d'indemnisation fondée sur la solidarité nationale est ainsi fixé :

1° Pour les groupes de cultures mentionnés aux 1° à 5° du II de l'article D. 361-43-1, le taux est de 45 % pour les récoltes 2023, 40 % pour les récoltes 2024, 35 % pour les récoltes 2025 ;

2° Pour le groupe de cultures mentionné au 6° du II de l'article D. 361-43-1, le taux est de 45 %.

IV. — Pour les contrats à l'exploitation mentionnés au III de l'article D. 361-43-1, les seuils et taux mentionnés ci-dessus sont fixés par arrêté des ministres chargés de l'agriculture, de l'économie et du budget.

V. — Conformément à la règlementation européenne applicable, le cumul de l'indemnisation fondée sur la solidarité nationale et d'autres sommes éventuellement reçues afin de compenser les pertes de récolte ou de culture résultant d'aléas climatiques mentionnés à l'article D. 361-43, y compris les indemnisations dues au titre de contrats d'assurance, ne peut dépasser, pour chaque campagne, 80 % du montant des pertes pour chaque nature de récolte. Afin de respecter ce taux, l'indemnisation fondée sur la solidarité nationale mentionnée à l'article L. 361-4-2 est versée dans les conditions qui suivent.

Dans l'hypothèse où, pour des pertes de récolte ou de culture sur une nature de récolte assurée au titre d'un contrat bénéficiant de l'aide mentionnée à l'article L. 361-4, une indemnisation est due à un exploitant agricole par une entreprise d'assurance sur le fondement d'un autre contrat d'assurance ou d'une extension de contrat ne bénéficiant pas de l'aide mentionnée à l'article L. 361-4, l'indemnisation fondée sur la solidarité nationale mentionnée à l'article L. 361-4-2 est versée pour cette nature de récolte jusqu'à ce que le taux mentionné au premier alinéa du présent V soit atteint. Le taux doit être apprécié sur la base des rendements mentionnés à l'article D. 361-43-3 et du prix assuré dans la limite soit du prix de vente réel, soit, au choix de l'entreprise d'assurance, du prix assuré subventionnable, tels qu'ils sont définis dans le cahier des charges mentionné à l'article D. 341-43-8.

Dans l'hypothèse où, pour des pertes de récolte ou de culture provoquées par un aléa climatique sur une nature de récolte non assurée au titre d'un contrat bénéficiant de l'aide mentionnée à l'article L. 361-4, une indemnisation est due à un exploitant agricole par une entreprise d'assurance sur le fondement d'un contrat d'assurance ne bénéficiant pas de l'aide mentionnée à l'article L. 361-4, le montant de cette indemnisation est déduit du montant de la perte servant au calcul de l'indemnisation sur le fondement de la solidarité nationale mentionnée à l'article L. 361-4-2 pour cette nature de récolte pour des aléas non couverts par ce contrat.

Le cahier des charges mentionné à l'article D. 361-43-8 précise les modalités de calcul de la déduction prévue ci-dessus.

VI. — Les exploitants agricoles ayant bénéficié d'aides déclarées incompatibles avec le marché intérieur ne peuvent bénéficier de l'aide mentionnée à l'article L. 361-4-2 avant remboursement complet de l'aide incompatible.

Les entreprises en difficulté au sens *(Décr. n° 2023-253 du 4 avr. 2023, art. 2)* « du point (33) paragraphe (63) des lignes directrices de l'Union européenne concernant les aides d'État dans les secteurs agricoles et forestiers et dans les zones rurales 2022/C 485/01 » sont exclues du bénéfice du régime d'aide. Toutefois, les exploitants agricoles qui sont en difficulté en raison des pertes de récolte ou de culture résultant d'aléas climatiques mentionnés à l'article D. 361-43 peuvent obtenir le versement de l'aide mentionnée à l'article L. 361-4-2.

Le cahier des charges mentionné à l'article D. 361-43-8 précise les modalités de contrôle de ces dispositions.

(Décr. n° 2023-253 du 4 avr. 2023, art. 2) « VII. — Sont considérées comme exploitations agricoles pour l'application de l'article L. 361-4-2 les exploitations exerçant une activité prévue à l'article L. 311-1. Sont exclus du bénéfice de l'indemnisation les dégâts causés aux bois et aux forêts. »

(Décr. n° 2023-1065 du 20 nov. 2023, art. 1er) « VIII. — L'aide mentionnée à l'article L. 361-4-2 est versée aux exploitants qui sont éligibles dans un délai qui ne peut dépasser quatre ans suivant la survenance de l'aléa climatique défavorable.

« IX. — Seuls les exploitants agricoles qui ont déposé la demande unique mentionnée à l'article D. 614-36 au titre de la campagne au cours de laquelle l'aléa climatique défavorable est survenu et avant l'écoulement du délai au terme duquel la demande unique est considérée comme non admissible au sens du premier alinéa de l'article D. 614-41 ont droit à l'indemnisation fondée sur la solidarité nationale mentionnée à l'article L. 361-4-2 pour les pertes de récoltes relevant du groupe de cultures mentionné au 5° du II de l'article D. 361-43-1 qui ne sont pas assurées au titre d'un contrat pouvant bénéficier de l'aide mentionnée à l'article L. 361-4. »

§ 1 **Gestion de l'indemnisation fondée sur la solidarité nationale par le réseau d'interlocuteurs agréés** *(Décr. n° 2023-253 du 4 avr. 2023, art. 2).*

Art. D. 361-44-1 I. — Pour l'application du quatrième alinéa du II de l'article L. 361-4-3, les secteurs de production où le développement de l'assurance contre les risques climatiques est insuffisant correspondent aux groupes de cultures mentionnés *(Décr. n° 2024-157 du 28 févr. 2024, art. 1er)* « aux 1°, 2°, 3°, 4° et 6° du II de l'article D. 361-43-1 ».

II. — En application du quatrième alinéa du II de l'article L. 361-4-3, une entreprise d'assurance est considérée comme disposant des capacités techniques pour un secteur de production mentionné au I, pour une campagne de production donnée, dès lors qu'elle a commercialisé, au titre de la campagne de production précédente, un nombre de contrats bénéficiant de l'aide prévue au deuxième alinéa de l'article L. 361-4, couvrant une surface totale sur le territoire de la France métropolitaine dans ce secteur de production et un nombre de cultures différentes dans ce secteur, dont les valeurs sont fixées par un arrêté des ministres chargés de l'agriculture et de l'économie.

(Décr. n° 2024-157 du 28 févr. 2024, art. 1er) « Les capacités techniques peuvent également être reconnues pour une entreprise d'assurance qui présenterait les garanties nécessaires pour remplir, en cours de campagne de production, les conditions prévues à l'alinéa précédent. »

Par dérogation aux dispositions du premier alinéa du présent II, aucune entreprise d'assurance n'est considérée comme disposant des capacités techniques pour le secteur de production correspondant au groupe de cultures mentionné au 6° du II de l'article D. 361-43-1.

Un arrêté des ministres chargés de l'agriculture et de l'économie fixe pour chaque campagne de production, la liste des entreprises d'assurance qui sont considérées comme disposant des capacités techniques pour chacun des secteurs de production mentionnés au I. — *V. Arr. du 12 févr. 2024 fixant les valeurs des critères à remplir par une entreprise d'assurance pour être considérée comme disposant des capacités techniques en application de l'art. D. 361-44-1 (II) (JO 24 févr.) ; Arr. du 1er mars 2024 fixant la liste des entreprises d'assurance en application de l'art. D. 361-44-1 pour l'année 2024 (JO 8 mars).*

Art. D. 361-44-2 *(Décr. n° 2022-1716 du 29 déc. 2022, art. 1er)* I. — Lorsque l'indemnisation fondée sur la solidarité nationale prévue à l'article L. 361-4-2 concerne des natures de récolte pour lesquelles un exploitant agricole a souscrit un contrat d'assurance bénéficiant de l'aide mentionnée à l'article L. 361-4, l'évaluation des pertes de récolte par l'entreprise d'assurance est commune aux deux indemnisations, qui sont versées concomitamment.

Dans cette hypothèse, la compensation des charges prévue au III de l'article L. 361-4-3 ne concerne que les seuls frais de gestion administrative spécifiquement engendrés par le versement de l'indemnisation fondée sur la solidarité nationale, à l'exclusion de tout autre frais, notamment ceux supportés pour la distribution, l'enregistrement, et la gestion du contrat d'assurance, ainsi que les frais de gestion du sinistre et les frais d'expertise et d'évaluation des pertes de récolte, qui sont supportés par l'entreprise d'assurance quel que soit le taux de perte de récolte constaté.

(Décr. n° 2024-157 du 28 févr. 2024, art. 1er) « II. — Lorsque l'exploitant agricole est tenu de désigner un interlocuteur agréé en application du II de l'article L. 361-4-3, il procède à cette désignation avant une date fixée par arrêté du ministre chargé de l'agriculture sur la plateforme développée par l'établissement public mentionné à l'article L. 621-1.

« Lors de cette désignation, l'exploitant agricole transmet des informations d'identification relatives à ses nom, prénom, numéro SIRET, forme juridique, dénomination sociale, adresse du siège de l'exploitation, numéros de téléphone et adresse électronique, déclare les groupes de cultures, tels que définis au II de l'article D. 361-43-1, qu'il exploite et transmet pour chacun de ces groupes de culture :

« 1° Une déclaration de détention d'un ou plusieurs contrats d'assurance couvrant les pertes de récoltes ou de cultures liées à un ou plusieurs aléas climatiques ;

« 2° Une déclaration de détention d'un ou de plusieurs contrats d'assurance bénéficiant de l'aide mentionnée à l'article L. 361-4, les numéros de ces contrats, et la surface qu'ils couvrent ;

« 3° La surface non assurée par un contrat d'assurance bénéficiant de l'aide mentionnée à l'article L. 361-4.

« III. – L'exploitant agricole transmet, en plus des informations mentionnées au II, sa référence "PACAGE".

« S'il ne dispose pas de sa référence "PACAGE" au moment de la désignation de l'interlocuteur agréé, l'exploitant agricole lui transmet directement dès son obtention.

« L'établissement mentionné à l'article L. 313-1 transmet à l'interlocuteur agréé désigné par un exploitant agricole les informations relatives aux communes où sont localisées les parcelles de ce dernier, qu'il détient en application de l'article D. 615-1.

« IV. – L'exploitant agricole déclare à l'interlocuteur agréé qu'il a désigné en application du I, avant toute déclaration de sinistre mentionnée à l'article D. 361-44-4, et en tout état de cause dans un délai d'un mois, tout changement dans les informations mentionnées au II.

« V. – Le responsable du traitement des données mentionnées au II du présent article est le ministre chargé de l'agriculture. Il donne délégation à l'établissement mentionné à l'article L. 621-1 pour sa mise en œuvre et pour la réalisation des échanges de données nécessaires à l'application de la présente section. A cette fin, cet établissement recueille les informations mentionnées au *[aux]* II et III, fournies par les exploitants agricoles, les transmet à l'État, à l'établissement mentionné à l'article L. 313-1, et aux membres concernés du réseau d'interlocuteurs agréés mentionné à l'article L. 361-4-2.

« Les données sont conservées pendant une période maximum de 5 ans en base active, puis en base intermédiaire d'archivage pour une période maximum de 12 ans au total.

« Les membres du réseau d'interlocuteurs agréés réceptionnent les informations mentionnées au II et au III, les utilisent et les conservent, pour une durée maximale de 5 ans en base active, pour calculer et verser l'indemnité de solidarité nationale aux exploitants qui les auront désignés. Les membres du réseau d'interlocuteurs agréés qui cessent d'être interlocuteurs agréés pour un exploitant sont tenus de supprimer les informations en base active le concernant qu'ils détiennent pour ces finalités.

« L'information des personnes concernées est assurée, dans les conditions prévues par les articles 13 et 14 du règlement (UE) 2016/679 du 27 avril 2016 relatif à la protection des personnes physiques à l'égard du traitement des données à caractère personnel et à la libre circulation de ces données, et abrogeant la directive 95/46/CE, par une mention accessible sur la plateforme de désignation des interlocuteurs agréés.

« Le droit d'accès, le droit de rectification, le droit de limitation et le droit d'opposition prévus aux articles 15, 16, 18 et 20 du même règlement s'exercent auprès du ministère chargé de l'agriculture sur le portail accessible à l'adresse https://agriculture-portail.6tzen.fr/loc_fr/default/requests/slmin.

« Les droits d'effacement, de portabilité et d'opposition prévus aux articles 17 et 21 du même règlement ne s'appliquent pas dans le cadre de la mise en œuvre de ce traitement.

« VI. – L'exploitant agricole peut autoriser les interlocuteurs agréés à utiliser ses données personnelles à des fins commerciales en lien avec la diffusion des produits d'assurance bénéficiant de l'aide prévue au deuxième alinéa de l'article L. 361-4. Les droits d'effacement et de portabilité prévus aux articles 17 et 20 du même règlement s'exercent dans ce cas auprès de l'interlocuteur agréé désigné par cet exploitant.

« VII. – Lorsque l'indemnisation fondée sur la solidarité nationale prévue à l'article L. 361-4-2 concerne des natures de récolte pour lesquelles un exploitant agricole n'a pas souscrit un contrat d'assurance bénéficiant de l'aide prévue au deuxième alinéa de l'article L. 361-4, pour l'application du quatrième alinéa de l'article L. 361-4-2, l'entreprise d'assurance que l'exploitant a désignée en tant qu'interlocuteur agréé, applique une méthodologie d'évaluation des pertes qui aboutit à des résultats similaires à celle qu'elle pratique dans le cadre des contrats d'assurance bénéficiant de l'aide prévue au deuxième alinéa de l'article L. 361-4. Le cahier des charges prévu à l'article D. 361-43-8 précise les caractéristiques que cette méthodologie doit respecter, y compris en ce qui concerne les modalités de déduction de la part des pertes occasionnées par d'autres causes que celles ouvrant droit à l'indemnisation sur le fondement de la solidarité nationale mentionnée à l'article L. 361-4-2.

« Pour le groupe de cultures mentionné au 5° du II de l'article D. 361-43-1, la méthodologie d'évaluation des pertes des exploitants agricoles qui n'ont pas souscrit un contrat d'assurance bénéficiant de l'aide prévue au deuxième alinéa de l'article L. 361-4 est réalisée dans les mêmes conditions que celles définies à l'article D. 361-43-2 et précisée dans le cahier des charges prévu à l'article D. 361-43-8.

« Pour les groupes de cultures autres que celui mentionné au 5° du II de l'article D. 361-43-1, cette méthodologie d'évaluation des pertes prévoit notamment que, lorsque l'exploitant agricole informe l'entreprise d'assurance d'un sinistre par la déclaration de sinistre mentionnée à l'article D. 361-44-4, cette dernière en accuse réception en lui précisant si un aléa climatique susceptible de provoquer des pertes de récolte pour la nature de récolte considérée est reconnu. Cette reconnaissance tient compte notamment des expertises menées pour le même aléa et le même groupe de culture ou de données météorologiques, dans les conditions précisées dans le cahier des charges prévu à l'article D. 361-43-8.

« Pour le groupe de culture mentionné au 4° du II de l'article D 361-43-1, lorsque l'entreprise d'assurance n'est pas en mesure de se prononcer sur la reconnaissance d'un aléa climatique dans les conditions définies à l'alinéa précédent, elle diligente une expertise individuelle, dans les conditions précisées dans le cahier des charges prévu à l'article D. 361-43-8.

« Pour le groupe de culture mentionné au 4° du II de l'article D 361-43-1, ainsi que pour les cultures autoconsommées du groupe de culture mentionné au 1° du même article, l'entreprise d'assurance qui considère probable que le seuil de déclenchement prévu au I de l'article D. 361-44 soit franchi peut diligenter une expertise individuelle afin de déterminer la perte de récole ou de culture résultant d'aléas climatiques mentionnés à l'article D. 361-43, dans les conditions précisées dans le cahier des charges prévu à l'article D. 361-43-8.

« VIII. — Dans l'hypothèse mentionnée au premier alinéa du VII, la compensation des charges prévues au III de l'article L. 361-4-3 comprend, outre les frais de gestion administrative liés à la désignation en tant qu'interlocuteur agréé et ceux engendrés par le versement de l'indemnisation fondée sur la solidarité nationale, et sous réserve que la méthodologie d'évaluation des pertes soit respectée, les frais liés à l'évaluation.

« IX ». — Les obligations de service public mises à la charge des membres du réseau des interlocuteurs agréés mentionné à l'article L. 361-4-2 et les paramètres et modalités de la compensation des charges engendrées par ces obligations, notamment les éléments justificatifs à remettre à l'appui des demandes de compensation, sont précisés par le cahier des charges mentionné à l'article D. 361-43-8.

Art. D. 361-44-3 I. — L'établissement public mentionné à l'article L. 313-1 verse, pour le compte de l'État, aux entreprises d'assurance membres du réseau d'interlocuteurs agréés mentionné à l'article L. 361-4-2, les sommes nécessaires au paiement de l'indemnisation fondée sur la solidarité nationale prévue à l'article L. 361-4-2 et les compensations de service public mentionnées à l'article D. 361-44-2.

A ce titre il instruit les demandes d'avances *(Décr. n° 2023-253 du 4 avr. 2023, art. 2)* « , d'acomptes » et de solde pour le versement de l'indemnisation fondée sur la solidarité nationale, ainsi que les demandes *(Décr. n° 2023-1065 du 20 nov. 2023, art. 1er)* « de » compensations de service public des entreprises d'assurance membres du réseau d'interlocuteurs agréés, contrôle le respect des engagements prévus par le cahier des charges mentionné à l'article D. 361-43-8 et exécute les paiements, le recouvrement et l'apurement des indus.

Le ministre chargé de l'agriculture informe la caisse centrale de réassurance, qui assure la gestion comptable et financière du fonds national de gestion des risques en agriculture en application de l'article L. 431-11 du code des assurances, et l'établissement public mentionné à l'article L. 313-1 des avances, acomptes, solde des versements de l'indemnité de solidarité nationale et compensations qu'il autorise.

II. — Les sommes versées aux membres du réseau des interlocuteurs agréés mentionné à l'article L. 361-4-2 pour le paiement des indemnisations fondées sur la solidarité nationale mentionnée à l'article L. 361-4-2 sont déposées au Trésor et ne donnent lieu à aucune rémunération.

(Décr. n° 2023-1065 du 20 nov. 2023, art. 1er) « Ces sommes sont incessibles et insaisissables, sauf pour le recouvrement des indus et, le cas échéant, des soldes visés au I. »

III. — L'avance prévue au deuxième alinéa du III de l'article L. 361-4-3 est versée aux membres du réseau des interlocuteurs agréés mentionné à l'article L. 361-4-2 sur le fondement d'une demande d'avance présentant, dans les conditions définies par le cahier des charges mentionné à l'article D. 361-43-8, une synthèse provisoire de l'évaluation des pertes consécutives aux sinistres occasionnés par des aléas climatiques et une évaluation du niveau prévisionnel de leur indemnisation fondée sur la solidarité nationale.

Art. D. 361-44-4 *(Décr. nº 2024-157 du 28 févr. 2024, art. 1er)* « I. — Pour les groupes de cultures autres que celui mentionné au 5° du II de l'article D. 361-43-1, l'exploitant agricole qui estime avoir subi un sinistre ouvrant droit au versement de l'indemnisation fondée sur la solidarité nationale prévue à l'article L. 361-4-2 pour des natures de récolte non couvertes par un contrat d'assurance bénéficiant de l'aide prévue au deuxième alinéa de l'article L. 361-4, et qui a déclaré un interlocuteur agréé en application du II de l'article L. 361-4-3, lui adresse une déclaration de sinistre accompagnée notamment de l'ensemble des informations relatives aux surfaces et à la localisation des cultures concernées. Le format de la déclaration, la liste des informations et des pièces justificatives ainsi que le délai d'envoi de la déclaration après le sinistre, sont précisés dans le cahier des charges mentionné à l'article D. 361-43-8.

« II. — Pour les groupes de cultures autres que celui mentionné au 5° du II de l'article D. 361-43-1, une fois la campagne de production achevée, l'exploitant agricole à qui a été notifiée au moins une reconnaissance d'aléa susceptible d'avoir provoqué des pertes de récolte pour la nature de récolte considérée en application de la méthodologie d'évaluation des pertes mentionnée au VII de l'article D. 361-44-2 et qui estime, au regard de ses déclarations de sinistre et des rendements constatés, qu'il est éligible à une indemnisation au titre de la solidarité nationale, adresse à son interlocuteur agréé une demande d'indemnisation accompagnée des pièces justificatives nécessaires, dont les justificatifs de récolte et de rendement historique.

« S'il est assuré au titre d'un contrat ne bénéficiant pas de l'aide mentionnée à l'article L. 361-4, couvrant des pertes de récoltes ou de cultures provoquées par un aléa climatique, il fournit, le cas échéant, un justificatif concernant l'indemnisation perçue au titre de ce contrat.

« Le format de la demande d'indemnisation et la liste des pièces à fournir sont précisés dans le cahier des charges mentionné à l'article D. 361-43-8.

« Le calcul de l'indemnisation est précisé dans le cahier des charges mentionné à l'article D. 361-43-8.

« III. — Pour le groupe de cultures mentionné au 5° du II de l'article D. 361-43-1, une fois la campagne de production achevée, l'entreprise d'assurance transmet à l'exploitant agricole, qui l'a désignée comme interlocuteur agréé, en application de la méthodologie d'évaluation mentionnée au II de l'article D. 361-44-3, soit une attestation de reconnaissance de pertes supérieures au seuil de déclenchement prévu au I du D. 361-44, soit un courrier lui indiquant qu'il n'a pas subi de pertes supérieures au seuil précité. Dans tous les cas, l'entreprise d'assurance est tenue d'informer l'agriculteur de la valeur de son indice et de lui rappeler les éléments du dossier ayant conduit à ce calcul.

« A compter de la date de réception de ce courrier, l'exploitant dispose d'un délai d'un mois pour en contester le contenu auprès de son interlocuteur agréé. Dans ce cas, l'interlocuteur agréé vérifie, dans les conditions prévues au V de l'article D. 361-43-2, l'absence d'erreur manifeste dans la valeur de l'indice ou dans l'utilisation qui en a été faite dans le calcul de l'indemnisation.

« L'exploitant agricole à qui a été notifiée une attestation de reconnaissance de pertes adresse à son interlocuteur agréé une demande d'indemnisation.

« Le format de la demande d'indemnisation et la liste des pièces justificatives à fournir sont précisés dans le cahier des charges mentionné à l'article D. 361-43-8.

« IV. — » *(Décr. nº 2022-1716 du 29 déc. 2022, art. 1er)* Le cahier des charges mentionné à l'article D. 361-43-8 prévoit les données et informations que les membres du réseau d'interlocuteurs agréés s'engagent à fournir à l'État, à l'établissement public mentionné à l'article L. 313-1 et aux exploitants agricoles, et les modalités de contrôle des conditions dans lesquelles ils mettent en oeuvre les dispositions de la présente sous-section.

§ 2 Gestion de l'indemnisation fondée sur la solidarité nationale par l'État

(Décr. nº 2023-253 du 4 avr. 2023, art. 2)

Art. D. 361-44-5 I. — En cas de survenance d'un aléa climatique défavorable mentionné à l'article D. 361-43 et dans les cas où l'État verse l'indemnisation fondée sur la solidarité nationale en application du II de l'article L. 361-4-3, le préfet recueille les informations nécessaires à la reconnaissance de l'aléa climatique défavorable, à son étendue géographique, ainsi qu'à la caractérisation des pertes qui en résultent, pour chaque nature de récolte concernée.

II. — Afin de caractériser l'aléa climatique défavorable et son étendue géographique, le préfet commande un rapport météorologique émanant d'un organisme spécialisé dans les données météorologiques.

Afin de confirmer le lien entre aléa climatique défavorable et pertes de récolte ou de cultures, le préfet s'appuie sur une mission d'expertise, qui effectue des visites sur place, à plusieurs moments de la campagne de production si nécessaire, à partir d'un échantillon représentatif des exploitations du point de vue notamment de leurs spécialisations et modes de production, de leur répartition géographique par rapport au territoire touché par l'aléa, et de l'ampleur des pertes supposées.

La mission adresse au préfet un rapport d'expertise écrit déterminant, pour chaque nature de récolte concernée, l'aléa climatique défavorable répondant aux critères indiqués dans le cahier des charges mentionnés à l'article D. 361-43-8, le lien entre l'aléa climatique défavorable et les pertes de récoltes ou de cultures constatées et la part des pertes occasionnées le cas échéant par d'autres causes que celles ouvrant droit à l'indemnisation sur le fondement de la solidarité nationale mentionnée à l'article L. 361-4-2. Ce rapport indique si le niveau de pertes de récolte ou de culture résultant de l'aléa climatique défavorable est susceptible d'atteindre le seuil de déclenchement ouvrant droit au versement de l'indemnité fondée sur la solidarité nationale mentionné au I de l'article D. 361-44.

III. — En se fondant sur les conclusions des rapports météorologiques et de la mission d'expertise mentionnés au II, le préfet propose, dans un rapport remis au ministre chargé de l'agriculture dans les six mois suivant la fin de la campagne de production, pour chaque nature de récolte concernée, la reconnaissance de l'aléa climatique défavorable susceptible d'avoir occasionné des pertes de récolte ou de culture ouvrant droit au versement par l'État de l'indemnisation fondée sur la solidarité nationale mentionnée à l'article L. 361-4-2.

IV. — Les frais occasionnés par les déplacements des membres de la mission sont pris en charge dans les conditions prévues par la réglementation applicable aux personnels civils de l'État.

En outre, les membres non fonctionnaires de la mission peuvent percevoir une indemnité, dans le respect des règles de la commande publique.

Art. D. 361-44-6 A l'issue de la campagne de production, sont reconnus par arrêté du ministre chargé de l'agriculture pris après avis de la commission mentionnée au premier alinéa de l'article L. 361-8 :

1° L'aléa climatique défavorable susceptible d'avoir occasionné des pertes de récolte ou de culture ouvrant droit au versement par l'État de l'indemnisation fondée sur la solidarité nationale mentionnée à l'article L. 361-4-2 ;

2° La liste des natures de récolte susceptibles d'être sinistrées ;

3° La zone géographique sur laquelle cet aléa est reconnu ;

4° Le cas échéant, la part des pertes occasionnées par d'autres causes que celles ouvrant droit à l'indemnisation sur le fondement de la solidarité nationale mentionnée à l'article L. 361-4-2.

Art. D. 361-44-7 I. — L'exploitant agricole dont des natures de récolte sinistrées sont localisées dans la zone géographique dans laquelle un aléa climatique défavorable a été reconnu par l'arrêté mentionné à l'article D. 361-44-6 et pour lesquelles il n'a pas souscrit de contrat d'assurance couvrant cet aléa, qui estime, au regard de ses rendements constatés, qu'il est éligible à une indemnisation au titre de la solidarité nationale, présente une demande d'indemnisation fondée sur la solidarité nationale dans un délai fixé par arrêté du préfet du département concerné.

II. — A l'appui de sa demande d'indemnisation, l'exploitant agricole transmet des documents justifiant des rendements obtenus pour ses récoltes ou cultures lors de l'année sinistrée, ainsi que lors de chacune des cinq années précédentes.

Il déclare, le cas échéant, détenir tout contrat d'assurance bénéficiant ou non de l'aide mentionnée à l'article L. 361-4, couvrant des pertes de récolte ou de culture provoquées par un aléa climatique.

Dans l'hypothèse où une indemnisation est due à un exploitant agricole par une entreprise d'assurance sur le fondement d'un contrat d'assurance ne bénéficiant pas de l'aide mentionnée à l'article L. 361-4, l'exploitant agricole déclare le montant de cette indemnisation.

III. — Les documents mentionnés au II consistent notamment en des copies des déclarations de récoltes lorsqu'une telle déclaration est prévue par une disposition législative ou réglementaire, ou dans les autres cas, les bordereaux de livraison aux organismes de collecte et de commercialisation ou l'attestation récapitulative délivrée par ces organismes ou une attestation comptable ou, à défaut, tout autre document probant permettant de reconstituer la production.

IV. — Le demandeur doit être en mesure de justifier la nature de ses droits sur les biens sinistrés.

Art. D. 361-44-8 I. — Pour le calcul de l'indemnisation, le rendement historique correspond à la plus haute valeur entre d'une part, le rendement moyen triennal calculé sur la base des cinq années précédant l'année du sinistre, en excluant la valeur la plus élevée et la valeur la plus faible et, d'autre part, le rendement moyen calculé sur la base des trois années précédant l'année du sinistre.

Il est établi sur la base des informations de rendements annuels historiques produites par l'exploitant et justifiées par les documents visés à l'article D. 361-44-7.

A défaut de produire les justificatifs permettant d'établir une valeur de rendement concernant une ou plusieurs des cinq années précédant l'année du sinistre, le rendement historique est calculé en remplaçant chacune des données annuelles de rendement manquantes par une valeur forfaitaire.

Par dérogation au premier alinéa du présent I, lorsque aucun justificatif n'est produit concernant les cinquième et quatrième années précédant l'année du sinistre, le rendement historique correspond au rendement moyen triennal calculé sur la base des trois années précédant l'année du sinistre.

II. — La valeur forfaitaire mentionnée au troisième alinéa du I correspond, par ordre de priorité :

1° Au rendement moyen déclaré par l'exploitant, calculé sur la période des cinq années précédant l'année du sinistre, en excluant du calcul la ou les années pour lesquelles les données individuelles sont manquantes ;

2° En l'absence de données individuelles, au rendement historique calculé à partir de références statistiques publiées pour la nature de récolte ou de culture concernée ;

3° A défaut de statistiques publiées, à une valeur de rendement moyen objectivable et extrapolable au cas concerné établie par le ministère chargé de l'agriculture sur la base de toute autre donnée probante.

III. — La valeur forfaitaire mentionnée au II peut faire l'objet d'un abattement dont le niveau est fixé par un arrêté du ministre chargé de l'agriculture, en fonction des groupes de cultures, le cas échéant, des natures de récolte, et de la possibilité de fournir des justificatifs de rendements individuels probants.

Par dérogation au premier alinéa du présent III, lorsque l'exploitant justifie qu'une nature de culture ou de récolte n'était pas en production sur son exploitation au cours d'une ou plusieurs des cinq années précédant le sinistre, notamment dans le cas d'une nouvelle installation, la valeur forfaitaire utilisée en remplacement des données annuelles de rendement pour chacune de ces années ne fait pas l'objet d'un abattement.

IV. — Un arrêté des ministres chargés de l'agriculture, de l'économie et du budget fixe le montant d'indemnisation en dessous duquel l'indemnisation n'est pas due. — *V. Arr. du 11 déc. 2023 relatif aux modalités d'application des art. D. 361-44-8 et D. 361-44-9 et à la prise en charge des frais afférents à l'instruction des demandes d'indemnisation présentées au titre des art. D. 361-44-7 et D. 361-44-9 (JO 23 déc.), mod. par Arr. du 12 févr. 2024 (JO 21 févr.).*

Art. D. 361-44-9 *(Décr. n° 2023-1065 du 20 nov. 2023, art. 1er)* **I. — Par dérogation aux articles D. 361-44-5 à D. 361-44-8** *(Décr. n° 2024-157 du 28 févr. 2024, art. 1er)* **« et dans les cas où l'État verse l'indemnisation fondée sur la solidarité nationale en application du II de l'article L. 361-4-3 », l'exploitant agricole qui estime être éligible à l'indemnisation fondée sur la solidarité nationale pour des pertes de production fourragère annuelle, sur ses surfaces en prairie, consécutives à un ou plusieurs aléas climatiques mentionnés à l'article D. 361-43, pour lesquelles il n'a pas souscrit de contrat d'assurance couvrant ces aléas, adresse au préfet du département dans lequel il est établi une demande d'indemnisation, par voie dématérialisée. Un arrêté du ministre chargé de l'agriculture fixe la date limite de dépôt des demandes d'indemnisation afin que la durée totale d'ouverture de la procédure dématérialisée de dépôt n'excède pas 3 mois.** *— V. Arr. du 18 déc. 2023 relatif à l'encadrement des périodes départementales de dépôt des demandes d'indemnisation prévues au I de l'art. D. 361-44-9 (JO 23 déc.).*

II. — Pour l'évaluation des pertes mentionnées au I, la variation de la production fourragère des surfaces en prairie est mesurée à partir des données d'un indice préalablement soumis au comité mentionné au II de l'article L. 361-4-6.

III. — Les typologies et surfaces de prairie prises en compte au titre du I, et leur rattachement aux différentes natures de récolte mentionnées au barème "socle" du cahier des charges mentionné au D. 361-43-8, sont fixées par arrêté des ministres chargés de l'agriculture, de l'économie et du budget. *— V. Arr. du 11 déc. 2023 relatif aux modalités d'application des art. D. 361-44-8 et D. 361-44-9 et à la prise en charge des frais afférents à l'instruction des demandes d'indemnisation présentées au titre des art. D. 361-44-7 et D. 361-44-9, art. 3 (JO 23 déc.), mod. par Arr. du 12 févr. 2024 (JO 21 févr.).*

IV. — Le préfet de département instruit les demandes mentionnées au I en se fondant sur les éléments mentionnés au II et III qui lui sont fournis par le ministre chargé de l'agriculture.

V. — Lorsque les évaluations des pertes de récoltes ou de cultures se trouvent contestées par l'exploitant agricole, le préfet de département procède à l'examen des demandes de réévaluation mentionnées au V de l'article D. 361-43-2, en lien avec le ministre chargé de l'agriculture qui organise les échanges avec le fournisseur d'indice et avec le comité des indices.

Dans l'hypothèse où il est procédé à une réévaluation des indemnisations dans les conditions prévues au V de l'article D. 361-43-2, le ministre chargé de l'agriculture en informe les autres organismes chargés de verser l'indemnisation pour le compte de l'État, afin qu'ils puissent tenir compte de cette décision lors du traitement des demandes de réévaluation des indemnisations fondées sur la solidarité nationale.

Art. D. 361-44-10 **I. — Lorsqu'il reçoit des demandes d'indemnisation prévues** *(Décr. n° 2023-1065 du 20 nov. 2023, art. 1er)* **« aux articles D. 361-44-7 et D. 361-44-9 », le préfet adresse au ministre chargé de l'agriculture des demandes de délégation de crédits présentant une synthèse provisoire de l'évaluation des montants prévisionnels de l'indemnisation mentionnée à l'article L. 361-4-2.**

II. — A l'issue de l'instruction de la totalité des demandes, le préfet adresse au ministre chargé de l'agriculture une demande de solde accompagnée d'un rapport sur le résultat de l'instruction des demandes.

III. — Le ministre chargé de l'agriculture instruit les demandes de délégations de crédits et de soldes mentionnées au I et II puis délègue à chaque préfet par arrêtés les sommes correspondantes.

IV. — Les sommes déléguées au préfet en application du III sont versées par la Caisse centrale de réassurance, pour le compte du Fonds national de gestion des risques en agriculture, au contrôleur budgétaire et comptable ministériel placé auprès du ministre chargé de l'économie pour être mises à la disposition du directeur départemental des finances publiques du département intéressé, sur le compte mentionné au premier alinéa de l'article D. 361-38.

V. — Le préfet arrête le montant des sommes allouées à chaque demandeur.

Le paiement est fait par le comptable de la direction générale des finances publiques dans le délai d'un mois après la réception des documents permettant le mandatement des indemnités allouées à chaque exploitant sinistré.

VI. — Le préfet peut, au fur et à mesure de l'instruction des demandes, procéder au versement d'acomptes aux sinistrés. L'acompte à verser à l'exploitant est calculé en fonction des crédits délégués en application du IV, sur la base des seuls dommages pour lesquels la demande a été instruite, conformément aux dispositions de la présente sous-section.

VII. — Les sommes déléguées au préfet en application du III qui n'ont pas été utilisées pour le versement d'indemnités à l'issue de l'instruction et du traitement de l'intégralité des demandes pour une campagne de production sont reversées à la Caisse centrale de réassurance par le directeur départemental des finances publiques. Le ministre chargé de l'agriculture en est informé. — *L'art. D. 361-44-9 devient l'art. D. 361-44-10 (Décr. n° 2023-1065 du 20 nov. 2023, art. 1er-4°).*

SECTION 4 Mutualisation des risques sanitaires et environnementaux

(Décr. n° 2011-2089 du 30 déc. 2011)

SOUS-SECTION 1 Conditions d'organisation et de fonctionnement des fonds de mutualisation susceptibles d'être agréés

Art. R. 361-50 **Pour l'application de l'article L. 361-3, les fonds de mutualisation sont** *(Décr. n° 2013-819 du 12 sept. 2013, art. 1er-1°)* **« créés et gérés par une personne » morale à but non lucratif ayant pour** *(Abrogé par Décr. n° 2016-759 du 7 juin 2016, art. 1er-1°)* **« *unique* » objet de contribuer à l'indemnisation des pertes économiques subies par les agriculteurs en raison d'une maladie animale ou d'organismes nuisibles aux végétaux ou d'un incident environnemental** *(Décr. n° 2016-759 du 7 juin 2016, art. 1er-1°)* **« et, le cas échéant, de participer à la collecte et à la gestion des fonds versés aux réseaux sanitaires reconnus en application de l'article L. 201-10.**

« Les fonds de mutualisation exercent leur activité soit sur l'ensemble des parties du territoire national dans lesquelles la politique agricole commune est applicable, soit sur l'ensemble du territoire métropolitain, soit sur l'ensemble formé par la Guadeloupe, la Guyane, la Martinique, *(Décr. n° 2017-1771 du 27 déc. 2017, art. 7-8°)* **« La Réunion, Mayotte et Saint-Martin ». Dans tous les cas, ils sont compétents pour l'ensemble des activités agricoles au sens du point c du paragraphe 1 de l'article 4 du règlement (UE) n° 1307/2013 du Parlement européen et du Conseil du 17 décembre 2013 établissant les règles relatives aux paiements directs en faveur des agriculteurs au titre des régimes de soutien relevant de la politique agricole commune. »** — *Le Règl. (UE) 1307/2013 est abrogé, avec effet au 1er janv. 2023, par le Règl. (UE) 2021/2115 du 2 déc. 2021 établissant des règles régissant l'aide aux plans stratégiques devant être établis par les États membres dans le cadre de la politique agricole commune (plans stratégiques relevant de la PAC) et financés par le Fonds européen agricole de garantie (FEAGA) et par le Fonds européen agricole pour le développement rural (Feader).*

Art. R. 361-51 *(Décr. n° 2021-1858 du 28 déc. 2021, art. 7)* **Les fonds de mutualisation indemnisent des pertes économiques occasionnées :**

1° Soit par des maladies animales mentionnées au 1° ou au 2° du II de l'article L. 201-1 ;

2° Soit par des dangers phytosanitaires mentionnés au 1° ou au 2° du III du même article L. 201-1.

Art. R. 361-52 **Les fonds de mutualisation indemnisent des pertes économiques occasionnées par les incidents environnementaux définis** *(Décr. n° 2016-759 du 7 juin 2016, art. 1er-3°)* **« à l'article 2 du règlement (UE) n° 1305/2013 du Parlement européen et du Conseil du 17 décembre 2013 » et précisés par arrêté conjoint des ministres chargés de l'agriculture et de l'écologie, pris après avis du Comité national de gestion des risques en agriculture.** — *V. Arr. du 8 août 2012 ci-dessous.*

Les statuts ou les règlements intérieurs des fonds de mutualisation excluent l'indemnisation des pertes subies par des agriculteurs à l'origine de l'incident environnemental dommageable. — *Le Règl. (UE) 1305/2013 est abrogé, avec effet au 1er janv. 2023, par le Règl.*

(UE) 2021/2115 du 2 déc. 2021 établissant des règles régissant l'aide aux plans stratégiques devant être établis par les États membres dans le cadre de la politique agricole commune (plans stratégiques relevant de la PAC) et financés par le Fonds européen agricole de garantie (FEAGA) et par le Fonds européen agricole pour le développement rural (Feader).

Arrêté du 8 août 2012,

Relatif aux incidents environnementaux pour lesquels les pertes économiques sont éligibles à indemnisation par un fonds de mutualisation en application de l'article R. 361-52 du code rural et de la pêche maritime (JO 18 août).

Art. 1er Les incidents environnementaux mentionnés à l'article R. 361-52 du code rural et de la pêche maritime pour lesquels les pertes économiques occasionnées sont indemnisées par les fonds de mutualisation mentionnés à l'article L. 361-3 du même code sont les suivants :

— la contamination d'une production animale ou végétale par un contaminant réglementé par le règlement (CE) n° 1881/2006 de la Commission du 19 décembre 2006 susvisé en quantité supérieure à la teneur maximale permise par ce règlement ;

— la contamination d'une production animale ou végétale par un contaminant non réglementé par le règlement (CE) n° 1881/2006 susmentionné pour laquelle l'analyse de risque conduite au titre du règlement (CE) n° 315/93 du Conseil du 8 février 1993 susvisé est défavorable.

Sont éligibles à l'indemnisation par un fonds de mutualisation les pertes économiques générées par des incidents environnementaux ayant les origines suivantes :

— un incendie volontaire ou non, à l'exclusion des feux de forêt, du brûlage de déchets verts et de l'écobuage ;

— un rejet accidentel de polluants provenant d'une activité industrielle ;

— un accident de transport terrestre de marchandises réputées dangereuses au titre de l'arrêté du 29 mai 2009 susvisé.

Dans le cas où le responsable d'un incident environnemental ayant fait l'objet d'une indemnisation par un fonds de mutualisation est identifié, ce fonds de mutualisation doit entreprendre les démarches nécessaires pour obtenir réparation des pertes économiques.

Art. 2 Conformément aux dispositions de l'article R. 361-52 du code rural et de la pêche maritime, les pertes économiques générées par des incidents environnementaux répondant aux dispositions de l'article 1er du présent arrêté mais résultant d'une contamination de la production animale ou végétale causée par l'exploitant lui-même, volontairement ou pas ne peuvent faire l'objet d'une indemnisation par un fonds de mutualisation agréé.

En application de l'article 71 du règlement (CE) n° 73/2009 susvisé, les pertes économiques consécutives à des incidents environnementaux liés à des dégradations pérennes et historiques de l'état de l'environnement et du milieu agricole ne peuvent être indemnisées par un fonds de mutualisation agréé.

Art. R. 361-53 Les coûts et pertes économiques suivants sont considérés comme éligibles à indemnisation par un fonds de mutualisation lorsqu'ils sont consécutifs à l'apparition de l'un des événements mentionnés à l'article R. 361-51 ou à l'article R. 361-52 :

– les coûts ou pertes liés à la perte d'animaux ou de végétaux ;

– les coûts ou pertes liés à une perte d'activité sur l'exploitation, notamment inhérente à une baisse des performances zootechniques des animaux ou de rendement des végétaux ;

– les coûts ou pertes, d'ordre économique et commercial, notamment ceux issus d'une restriction ou d'une interdiction de circulation ou d'échange, d'une limitation des zones de pâturage, d'un changement de destination de la production, de la restriction d'utilisation ou de la destruction de produits de l'exploitation, de traitements sanitaires, de la restriction de l'usage des sols ou d'un déclassement commercial de la production.

Ces coûts sont détaillés par arrêté du ministre chargé de l'agriculture. – *V. Arr. du 12 avr. 2012 relatif aux coûts et pertes économiques éligibles à indemnisation par un fonds de* *mutualisation, pris en application de l'art. R. 361-53 (JO 15 avr.), mod. par Arr. du 6 janv. 2017 (JO 13 janv.).*

Les pertes économiques imputables à l'événement sont éligibles qu'elles soient antérieures ou postérieures à l'expertise technique du fonds de mutualisation qui en confirme le caractère indemnisable.

Art. R. 361-54 Les fonds de mutualisation sont administrés par un conseil d'administration. Le conseil élit son président parmi ses membres et désigne le directeur général du fonds.

La durée du mandat *(Décr. n° 2021-1858 du 28 déc. 2021, art. 7)* « du président et des administrateurs » est fixée par les statuts régissant le fonds de mutualisation et ne peut excéder cinq ans.

Les modalités d'organisation des réunions du conseil d'administration des fonds de mutualisation sont fixées dans leurs statuts et règlement intérieur.

(Décr. n° 2013-819 du 12 sept. 2013, art. 1er-2°) « Les agriculteurs affiliés doivent être consultés chaque année sur le bilan de l'activité de l'organisme gestionnaire du fonds de mutualisation ainsi que sur les grandes orientations de sa politique. Cette consultation peut prendre la forme d'une consultation publique par voie électronique. L'assemblée générale de l'organisme gestionnaire du fonds délibère sur le résultat de cette consultation. »

Art. R. 361-55 Les fonds de mutualisation disposent d'une section commune et de sections spécialisées couvrant une ou plusieurs filières de production distinctes. Chacune de ces sections spécialisées est représentée au sein de leur conseil d'administration.

Les fonds de mutualisation interviennent financièrement en faisant appel simultanément aux ressources de la section commune et des sections spécialisées, sauf dispositions contraires de leurs statuts ou de leurs règlements intérieurs.

La création ou la modification de toute section spécialisée au sein d'un fonds de mutualisation est soumise à l'accord du conseil d'administration du fonds.

Les sections ont notamment pour mission :

— de faire des propositions d'intervention au conseil d'administration du fonds de mutualisation pour les filières de production qui les concernent ;

— d'assurer le suivi de l'utilisation de leurs ressources financières.

Les ressources d'une section ne peuvent être utilisées qu'au bénéfice des agriculteurs ayant contribué au financement de cette section.

Les différentes sections d'un même fonds de mutualisation tiennent des comptabilités séparées.

Art. R. 361-56 *(Décr. n° 2016-759 du 7 juin 2016, art. 1er-4°)* « I. — Les ressources des fonds de mutualisation sont constituées, le cas échéant, de la contribution financière de l'État ou de l'Union européenne, ainsi que d'un capital de base constitué : »

1° Des cotisations des *(Décr. n° 2013-819 du 12 sept. 2013, art. 1er-3°)* « affiliés » à la section commune dont les modalités de calcul sont définies par le conseil d'administration du fonds ;

2° Des ressources des sections qui peuvent comprendre :

a) Les cotisations versées par les agriculteurs *(Décr. n° 2013-819 du 12 sept. 2013, art. 1er-3°)* « affiliés » à ces sections selon les modalités de calcul définies par le conseil d'administration sur proposition de chacune d'entre elles ;

b) Les contributions des organismes à vocation sanitaire reconnus par l'autorité administrative ou des *(Décr. n° 2016-759 du 7 juin 2016, art. 1er-4°)* « personnes » morales à but non lucratif les regroupant en vue de contribuer à l'indemnisation des pertes économiques subies par leurs *(Décr. n° 2013-819 du 12 sept. 2013, art. 1er-3°)* « agriculteurs affiliés » *(Abrogé par Décr. n° 2016-759 du 7 juin 2016, art. 1er-4°)* « ***, ainsi que les créances correspondantes*** » ;

c) Les contributions d'autres opérateurs de la filière agricole *(Abrogé par Décr. n° 2016-759 du 7 juin 2016, art. 1er-4°)* « ***et les créances correspondantes, à l'exception de celles décidées par des organisations interprofessionnelles en application d'accords interprofessionnels étendus ou homologués*** » ;

(Décr. n° 2016-759 du 7 juin 2016, art. 1er-4°) « *d)* Les montants correspondant aux droits à réparation qui leur ont été cédés par les agriculteurs affiliés. »

II. — Les fonds ne peuvent avoir recours à l'emprunt que pour un montant représentant au maximum trois années de cotisations et pour une durée comprise entre un an et cinq ans. La décision de recourir à l'emprunt est soumise au vote du conseil d'administration.

III. — Les dépenses des fonds de mutualisation comprennent les dépenses énumérées *(Décr. n° 2016-759 du 7 juin 2016, art. 1er-5°)* « aux articles R. 361-51 et R. 361-52 ».

IV. — Les dépenses des fonds de mutualisation peuvent être couvertes par :

a) Le capital de base des fonds visés au point I du présent article ;

b) Les contributions décidées par des organisations interprofessionnelles en application d'accords interprofessionnels étendus ou homologués et les créances correspondantes.

V. — Les fonds de mutualisation sont tenus de désigner un commissaire aux comptes. Leurs comptes annuels et le rapport du commissaire aux comptes sont publiés sous forme électronique par la direction de l'information légale et administrative dans les trois mois suivant leur approbation, dans des conditions de nature à garantir leur authenticité et leur accessibilité gratuite.

Art. R. 361-57 Les fonds de mutualisation ont la possibilité de déléguer à des tiers, dans le cadre de conventions formalisées, une partie des tâches liées à leur activité définie au premier alinéa de l'article R. 361-50, à l'exception de celles impliquées :

— par la mobilisation des aides publiques, qu'il s'agisse de la prise en charge partielle de leurs coûts administratifs, de l'établissement des programmes d'indemnisation ou des demandes de remboursements correspondantes ;

— par leur concours à l'organisation des contrôles justifiés par le versement des aides européennes.

Lorsqu'une délégation concerne une organisation mentionnée au *b*, au *c*, du 2° du I ou au *b* du IV de l'article R. 361-56 et que celle-ci couvre des tâches de collecte et de gestion des ressources financières allouées aux activités du fonds, celui-ci prévoit tous les moyens nécessaires lui permettant de s'assurer de la réalité et de la disponibilité des contributions financières décidées.

Art. R. 361-58 Les statuts des fonds de mutualisation prévoient les conditions d'établissement par leur conseil d'administration de programmes d'indemnisation comprenant :

— le descriptif de la maladie animale ou de l'organisme nuisible aux végétaux ou de l'incident environnemental à l'origine de la demande d'indemnisation, une évaluation du nombre d'agriculteurs concernés ;

— la liste des pertes économiques générées par l'événement sanitaire ou environnemental considéré ;

— par section, le montant des pertes économiques associées et les modalités d'intervention du fonds de mutualisation, notamment le nombre de sections intervenant dans le programme d'indemnisation ainsi que la répartition du financement de l'indemnisation entre les sections intervenantes.

Les statuts des fonds prévoient également que le montant de l'indemnisation qu'ils versent à chaque exploitation est égal au montant total de pertes économiques constatées multiplié par le taux d'indemnisation déterminé par son conseil d'administration. Le montant des pertes économiques éligibles à indemnisation est calculé conformément aux modalités de calcul des pertes économiques définies dans le dossier technique accompagnant la demande d'agrément du fonds délivrée en application de l'article R. 361-60.

Art. R. 361-59 Les fonds de mutualisation subordonnent dans leurs statuts ou leur règlement intérieur l'indemnisation des agriculteurs aux exigences suivantes :

a) La constatation sur leur exploitation de pertes économiques consécutives à un foyer de maladie animale ou d'organisme nuisible aux végétaux ou par un incident environnemental au sens des articles R. 361-51 et R. 361-52 ;

b) La justification de pertes économiques au sens de l'article R. 361-53 ;

c) Leur affiliation à la section commune du fonds de mutualisation et le paiement des cotisations correspondantes ;

d) Le respect des règles de nature à prévenir l'apparition des maladies animales ou d'organismes nuisibles aux végétaux figurant dans un cahier des charges technique défini par le fonds de mutualisation ;

e) Leur engagement à céder leur éventuel droit à réparation au fonds de mutualisation ;

f) En cas d'indemnisation par une section spécialisée, leur affiliation à cette section, le cas échéant par l'intermédiaire d'un des organismes mentionnés au *b*, au *c* du 2° du I ou au *b* du IV de l'article R. 361-56, et le paiement des cotisations correspondantes.

SOUS-SECTION 2 Modalités d'agrément des fonds de mutualisation

Art. R. 361-60 L'agrément des fonds de mutualisation est délivré pour une durée maximale de trois ans par le ministre chargé de l'agriculture, après avis du Comité national de gestion des risques en agriculture.

Le ministre agrée les fonds remplissant les conditions prévues aux articles R. 361-50 à R. 361-59 et disposant d'au moins une section spécialisée opérationnelle. Est considérée comme opérationnelle une section spécialisée disposant, conformément à l'article R. 361-55, de modalités effectives de collecte des cotisations et d'un ou plusieurs cahiers des charges technique *[techniques]*.

Pour être agréé, un fonds doit pouvoir justifier :

— d'une capacité d'expertise technique ;

— d'une capacité financière suffisante ;

— d'un programme de développement de l'activité des sections spécialisées pour les trois années suivant la date de dépôt de sa demande d'agrément.

Art. R.* 361-60-1 *(Décr. n° 2017-1411 du 27 sept. 2017, art. 2-51°)* Le silence gardé par le ministre chargé de l'agriculture sur une demande d'agrément d'un fonds de mutualisation prévu à l'article L. 361-3, mentionnée à l'article R. 361-60, vaut décision de rejet.

Art. R. 361-61 La demande d'agrément doit être accompagnée d'un dossier de présentation du fonds, d'un dossier technique et d'un dossier comptable et financier. Leur contenu est fixé par arrêté du ministre chargé de l'agriculture.

Le dossier de présentation du fonds comprend notamment ses statuts, son règlement intérieur, les cahiers des charges techniques répertoriant les règles de nature à prévenir l'apparition des maladies animales ou des organismes nuisibles aux végétaux dans les exploitations agricoles et un calendrier prévisionnel de mise en place des différentes sections spécialisées.

Le dossier technique indique notamment le mode de calcul des pertes économiques indemnisables par le fonds.

Le dossier comptable et financier comporte notamment un *(Décr. n° 2012-1247 du 7 nov. 2012, art. 2)* « budget » de la structure, incluant ses frais de fonctionnement, et le mode de gestion comptable et de présentation des comptes du fonds de mutualisation. — *V. Arr. du 12 avr. 2012 fixant le contenu du dossier de présentation, du dossier technique et du dossier comptable et financier d'un fonds de mutualisation ainsi que le dossier simplifié d'agrément mentionnés aux art. R. 361-61 et R. 361-62 (JO 19 avr.).*

Art. R. 361-62 L'agrément peut être renouvelé pour une durée maximale de trois ans, après réexamen d'un dossier simplifié dont la composition est fixée par arrêté du ministre chargé de l'agriculture. — *V. ss. art. R. 361-61.*

Au cours de la période pour laquelle il a reçu un agrément, le fonds de mutualisation informe le ministre chargé de l'agriculture dans un délai de deux mois de toute modification relative au nombre ou à l'objet des sections spécialisées. Le ministre peut s'opposer à ces modifications dans les deux mois suivant son information.

En cas de méconnaissance des dispositions des articles R. 361-50 à R. 361-59 ou si un fonds ne prend pas en compte l'opposition prévue au précédent alinéa, le ministre chargé de l'agriculture peut, après avoir mis les intéressés à même de présenter leurs observations, décider de retirer ou de suspendre pour une durée maximale de six mois l'agrément qu'il lui a délivré. Cette décision est motivée.

SOUS-SECTION 3 **Obligation d'affiliation à un fonds de mutualisation** *(Décr. nº 2013-819 du 12 sept. 2013, art. 1er-4º).*

Art. R. 361-63 *(Décr. nº 2016-759 du 7 juin 2016, art. 2)* **Les entreprises exerçant, dans le champ de compétence territorial d'un fonds de mutualisation agréé, une activité agricole au sens du point c du paragraphe 1 de l'article 4 du règlement (UE) nº 1307/2013 du Parlement européen et du Conseil du 17 décembre 2013 établissant les règles relatives aux paiements directs en faveur des agriculteurs au titre des régimes de soutien relevant de la politique agricole commune, ont l'obligation de s'affilier à un fonds de mutualisation agréé.** — *Le Règl. (UE) 1307/2013 est abrogé, avec effet au 1er janv. 2023, par le Règl. (UE) 2021/2115 du 2 déc. 2021 établissant des règles régissant l'aide aux plans stratégiques devant être établis par les États membres dans le cadre de la politique agricole commune (plans stratégiques relevant de la PAC) et financés par le Fonds européen agricole de garantie (FEAGA) et par le Fonds européen agricole pour le développement rural (Feader).*

Art. R. 361-64 **Le préfet peut sanctionner la méconnaissance de l'obligation** *(Décr. nº 2013-819 du 12 sept. 2013, art. 1er-6º)* **« d'affiliation » prévue à l'article R. 361-63 d'une amende administrative de 500 euros maximum. Le respect de cette obligation s'apprécie pour chaque année, au 1er janvier de l'année suivante.**

L'amende mentionnée au précédent alinéa est versée au Trésor et est recouvrée comme les créances de l'État étrangères à l'impôt et au domaine.

SOUS-SECTION 4 **Conditions de l'intervention publique en faveur des fonds de mutualisation**

(Décr. nº 2012-81 du 23 janv. 2012, art. 1er-2º)

Art. D. 361-65 *(Décr. nº 2017-830 du 5 mai 2017, art. 1er-1º)* **I. — Un fonds de mutualisation agréé dans les conditions prévues aux articles R. 361-60 à R. 361-62 peut bénéficier, pour l'indemnisation des pertes économiques occasionnées par** *(Décr. nº 2022-1753 du 30 déc. 2022, art. 1er)* **« les maladies animales et les organismes nuisibles mentionnés aux 1º des II et III de l'article L. 201-1, ou aux 2º des II et III du même article dans des conditions fixées par arrêté des ministres chargés de l'agriculture et du budget », d'une contribution financière de la première section du Fonds national de gestion des risques en agriculture ou de la contribution financière de l'Union européenne prévue aux articles 36 et 38 du règlement (UE) nº 1305/2013 du Parlement européen et du Conseil du 17 décembre 2013 relatif au soutien au développement rural par le Fonds européen agricole pour le développement rural (FEADER).**

Les maladies animales susceptibles de donner lieu au versement de ces contributions sont celles qui figurent sur la liste établie par l'Organisation mondiale de la santé animale ou aux annexes I et II du règlement (UE) nº 652/2014 du Parlement et du Conseil du 15 mai 2014 fixant des dispositions pour la gestion des dépenses relatives, d'une part, à la chaîne de production des denrées alimentaires, à la santé et au bien-être des animaux et, d'autre part, à la santé et au matériel de reproduction des végétaux.

II. — Un fonds de mutualisation agréé dans les conditions prévues aux articles R. 361-60 à R. 361-62 peut bénéficier, pour l'indemnisation des pertes économiques occasionnées par les incidents environnementaux définis à l'article 2 du règlement (UE) nº 1305/2013 du Parlement européen et du Conseil du 17 décembre 2013 susmentionné, d'une contribution financière de l'Union européenne octroyée sur le fondement des articles 36 et 38 de ce règlement.

(Décr. nº 2022-1753 du 30 déc. 2022, art. 1er) **« III. — Les contributions financières prévues aux I et II sont accordées :**

« 1º Dans la limite de 65 % des sommes engagées par le fonds de mutualisation pour l'indemnisation de ses membres, pour les pertes économiques occasionnées par les maladies animales ou les organismes nuisibles mentionnés aux 1º des II et III de l'article L. 201-1 ou par les incidents environnementaux mentionnés au II du présent article ;

« 2º Dans la limite d'un pourcentage, ne pouvant dépasser 65 % des sommes engagées par le fonds de mutualisation pour l'indemnisation de ses membres, pour les pertes économiques occasionnées par les maladies animales ou les organismes nuisibles

mentionnés aux 2° des II et III de l'article L. 201-1 dans des conditions fixées par arrêté des ministres chargés de l'agriculture et du budget.

« Lorsqu'un fonds de mutualisation perçoit ces contributions financières, il ne peut bénéficier d'aucun autre soutien public. » – *Le Règl. (UE) 1305/2013 est abrogé, avec effet au 1er janv. 2023, par le Règl. (UE) 2021/2115 du 2 déc. 2021 établissant des règles régissant l'aide aux plans stratégiques devant être établis par les États membres dans le cadre de la politique agricole commune (plans stratégiques relevant de la PAC) et financés par le Fonds européen agricole de garantie (FEAGA) et par le Fonds européen agricole pour le développement rural (Feader).*

Art. D. 361-66 *(Décr. n° 2017-830 du 5 mai 2017, art. 1er-2°)* **Pour bénéficier de la contribution pour les coûts administratifs prévue au *a* du 3 de l'article 38 du règlement (UE) n° 1305/2013 du Parlement européen et du Conseil du 17 décembre 2013 susmentionné, le fonds de mutualisation agréé présente une demande au ministre chargé de l'agriculture.** – *Le Règl. (UE) 1305/2013 est abrogé, avec effet au 1er janv. 2023, par le Règl. (UE) 2021/2115 du 2 déc. 2021 établissant des règles régissant l'aide aux plans stratégiques devant être établis par les États membres dans le cadre de la politique agricole commune (plans stratégiques relevant de la PAC) et financés par le Fonds européen agricole de garantie (FEAGA) et par le Fonds européen agricole pour le développement rural (Feader).*

Cette contribution est assise sur l'ensemble des coûts administratifs nécessaires à l'établissement du fonds de mutualisation, répartis de manière dégressive sur une période maximale de trois années suivant son agrément.

Un arrêté du ministre chargé de l'agriculture précise les coûts administratifs concernés et le contenu de la demande. – *V. Arr. du 29 mars 2016 relatif à la contribution publique pour les coûts administratifs prévus à l'art. D. 361-66 (JO 6 avr.).*

Art. D. 361-67 **Le ministre chargé de l'agriculture instruit la demande et procède à l'évaluation de la contribution.**

Un arrêté conjoint des ministres chargés de l'agriculture et du budget, pris après avis du Comité national de gestion des risques en agriculture, statue sur l'éligibilité de la demande et détermine les modalités de la contribution accordée, notamment les dépenses retenues ainsi que le montant maximum de cette contribution.

Ce montant maximum est calculé sur la base des dépenses prévisionnelles présentées par le fonds de mutualisation.

Le fonds de mutualisation *(Décr. n° 2017-830 du 5 mai 2017, art. 1er-3°)* **« envoie chaque année, pendant les trois premières années suivant son agrément, au ministre chargé de l'agriculture, sur un formulaire prévu par arrêté du ministre chargé de l'agriculture, » une demande de paiement partiel de la contribution correspondant aux coûts administratifs retenus par l'arrêté mentionné au deuxième alinéa et réellement engagés.**

(Décr. n° 2017-830 du 5 mai 2017, art. 1er-3°) **« Les contrôles prévus à l'article 48 du règlement d'exécution n° 809/2014 de la Commission du 17 juillet 2014 établissant les modalités d'application du règlement (UE) n° 1306/2013 du Parlement européen et du Conseil en ce qui concerne le système intégré de gestion et de contrôle, les mesures en faveur du développement rural et la conditionnalité sont effectués par l'établissement mentionné à l'article L. 313-1. »** – *Le Règl. d'exécution (UE) n° 809/2014 est abrogé par le Règl. d'exécution (UE) 2022/1173 du 31 mai 2022 établissant les modalités d'application du Règl. (UE) 2021/2116 en ce qui concerne le système intégré de gestion et de contrôle dans la politique agricole commune, avec effet au 1er janv. 2023 ; le Règl. (UE) 1306/2013 est abrogé par le Règl. (UE) 2021/2116 du 2 déc. 2021 relatif au financement, à la gestion et au suivi de la politique agricole commune, applicable à partir du 1er janv. 2023.*

Il permet d'établir la présence et la conformité des pièces justificatives prouvant l'admissibilité de la demande de contribution. Tout document complémentaire permettant d'établir le respect des conditions d'attribution de la contribution peut être demandé au fonds de mutualisation.

L'absence de tout ou partie des pièces justificatives prouvant l'admissibilité de la contribution ou la non-conformité de ces pièces peut entraîner l'inéligibilité partielle ou totale à la contribution.

A l'issue du contrôle, l'établissement mentionné à l'article L. 313-1 procède au versement au fonds de mutualisation de la contribution sur la base de l'arrêté prévu au deuxième alinéa.

Art. D. 361-68 *(Décr. nº 2017-830 du 5 mai 2017, art. 1er-4º)* « **Pour bénéficier de la contribution prévue aux articles 36 et 38 du règlement (UE) nº 1305/2013 du Parlement européen et du Conseil du 17 décembre 2013 susmentionné ou d'une contribution financière du Fonds national de garantie des risques en agriculture, le fonds de mutualisation agréé transmet au ministre chargé de l'agriculture une demande d'aide, dénommée "programme d'indemnisation", établie sur un formulaire prévu par arrêté du ministre chargé de l'agriculture.** » — *V. Arr. du 11 juill. 2017 pris en application des art. D. 361-68 et D. 361-72 et mettant en place des formulaires de demandes d'aides et de demandes de paiement (JO 22 juill.).*

(Décr. nº 2020-16 du 8 janv. 2020, art. 1er) « **Ce programme fixe la période pendant laquelle les pertes économiques constatées sont prises en compte. Cette période ne peut pas être supérieure à douze mois. Le programme doit être transmis à l'autorité compétente dans les trois mois suivant la fin de cette période. Un défaut de transmission dans ce délai entraîne le rejet de la demande. L'indemnisation des agriculteurs ne peut avoir été engagée avant la transmission du programme.** »

Le programme d'indemnisation comporte :

— l'identité du fonds de mutualisation ;

— la documentation relative au fait déclenchant l'indemnisation en faveur des agriculteurs affiliés, en particulier la nature de l'événement sanitaire ou environnemental à l'origine des pertes économiques constatées sur les exploitations, le type de pertes économiques causées, la constatation de l'événement par les autorités administratives ou *(Abrogé par Décr. nº 2020-16 du 8 janv. 2020, art. 1er)* « ***, à défaut,*** » **une attestation de la survenance de l'événement** *(Abrogé par Décr. nº 2020-16 du 8 janv. 2020, art. 1er)* « ***sanitaire ou de l'incident environnemental*** » **et, le cas échéant, la ou les zones géographiques concernées ;**

— la nature, la date de survenance, la liste exhaustive des pertes économiques retenues comme éligibles, l'évaluation des montants de chacune des pertes retenues et les modalités de calcul de ces pertes ;

— le taux d'indemnisation retenu ;

— le mode de calcul des montants d'indemnisation et le montant total de l'indemnisation prévu par le fonds de mutualisation ;

— une estimation du nombre d'agriculteurs bénéficiant de l'indemnisation du fonds de mutualisation *(Abrogé par Décr. nº 2017-830 du 5 mai 2017, art. 1er-4º)* « ***et les critères utilisés par le fonds de mutualisation pour déterminer ce nombre*** » **;**

— le niveau de mobilisation financière de chacune des sections du fonds de mutualisation concernées au regard de leurs ressources disponibles et le mode de financement des indemnisations envisagées, notamment le montant et la part des indemnisations couverts par les ressources du fonds de mutualisation mentionné à l'article R. 361-56, le montant couvert par recours à l'emprunt commercial ainsi que le montant des frais financiers y afférant et, le cas échéant, l'accord de principe de l'établissement de crédit *(Décr. nº 2014-1316 du 3 nov. 2014, art. 12-12º)* « **ou de la société de financement** » **;**

— l'organisation et les modalités pratiques envisagées pour la mise en œuvre du programme d'indemnisation, notamment, le cas échéant, la précision des tâches qui seront déléguées à des tiers et les conventions qui encadrent l'exécution de ces tâches déléguées ;

— un engagement du fonds de mutualisation de s'assurer, pour chaque agriculteur qu'il envisage d'indemniser, que l'ensemble des réparations obtenues par le biais de mécanismes d'indemnisation privés ou publics n'excédera pas le montant de la perte économique subie ;

— un engagement du fonds de mutualisation que le versement des indemnisations sera subordonné à la cession par les agriculteurs de leurs droits à réparation ;

— une déclaration du fonds de mutualisation attestant qu'il a pris connaissance des conditions d'octroi de la contribution publique.

Dernier al. *abrogé par Décr. nº 2020-16 du 8 janv. 2020, art. 1er. — Le Règl. (UE) 1305/2013 est abrogé, avec effet au 1er janv. 2023, par le Règl. (UE) 2021/2115 du 2 déc. 2021 établissant des règles régissant l'aide aux plans stratégiques devant être établis par les États membres dans le cadre de la politique agricole commune (plans stratégiques relevant de la PAC) et financés par le Fonds européen agricole de garantie (FEAGA) et par le Fonds européen agricole pour le développement rural (Feader).*

Art. D. 361-69 Le ministre chargé de l'agriculture instruit les programmes d'indemnisation et procède à l'évaluation de la contribution.

Il vérifie notamment :

— le respect des conditions prévues aux articles D. 361-65 et D. 361-68 ;

— l'absence d'indemnisation des pertes économiques énumérées dans le programme d'indemnisation au titre d'autres dispositions nationales ou d'autres régimes de l'Union européenne ;

— l'absence de surcompensation pour les agriculteurs affiliés au fonds de mutualisation des pertes économiques indemnisées.

(Abrogé par Décr. n° 2017-830 du 5 mai 2017, art. 1er-5°) ***« En application des dispositions de l'article 19 du règlement (CE) n° 1122/2009 de la Commission du 30 novembre 2009 susmentionné, »*** l'absence de tout ou partie des pièces justificatives prouvant l'admissibilité du programme d'indemnisation ou la non-conformité de ces pièces peut entraîner son inéligibilité partielle ou totale.

Art. D. 361-70 Un arrêté du ministre chargé de l'agriculture, pris après avis du Comité national de gestion des risques en agriculture *(Décr. n° 2017-830 du 5 mai 2017, art. 1er-6°)* « portant sur le programme d'indemnisation », statue sur l'éligibilité du programme d'indemnisation. Il détermine la zone géographique concernée, les types de pertes économiques, le taux de participation publique, dans la limite fixée au *(Décr. n° 2017-830 du 5 mai 2017, art. 1er-6°)* « III » de l'article D. 361-65, et le montant maximum de la contribution.

Ce montant maximum est calculé sur la base du taux d'indemnisation retenu par le fonds de mutualisation et du montant total des pertes économiques. Le montant des pertes économiques est établi conformément aux modalités de calcul de ces pertes définies dans le dossier technique accompagnant la demande d'agrément du fonds déposée en application de l'article R. 361-61. En cas de recours à un emprunt commercial pour financer une partie du programme d'indemnisation, le montant de la contribution peut être augmenté du montant relatif à la prise en charge partielle des frais financiers supportés par le fonds de mutualisation au titre du programme d'indemnisation concerné.

Art. D. 361-71 *(Décr. n° 2020-16 du 8 janv. 2020, art. 1er)* L'arrêté prévu à l'article D. 361-70 fixe le délai au terme duquel la totalité des indemnisations pour lesquelles a été sollicitée la contribution financière mentionnée à l'article D. 361-68 doit avoir été versée aux agriculteurs. Ce délai ne peut être supérieur à douze mois, sauf en cas d'événement sanitaire ou environnemental conduisant à indemniser plus de 2 000 agriculteurs.

Art. D. 361-72 Le fonds de mutualisation adresse au ministre chargé de l'agriculture une demande de paiement de la contribution *(Décr. n° 2017-830 du 5 mai 2017, art. 1er-8°)* « sur un formulaire établi par arrêté du ministre chargé de l'agriculture, correspondant aux indemnisations versées sur la base du programme d'indemnisation » approuvé. Cette demande de remboursement comprend : *— V. Arr. du 11 juill. 2017 pris en application des art. D. 361-68 et D. 361-72 et mettant en place des formulaires de demandes d'aides et de demandes de paiement (JO 22 juill.).*

— la liste des agriculteurs bénéficiaires de l'indemnisation ;

— la liste des pertes économiques indemnisées et le montant pour chacune d'entre elles, répartis par agriculteur ;

— les dates de versement des indemnités aux agriculteurs ;

— l'engagement qu'il a été procédé à la vérification des pièces justificatives fournies par les agriculteurs et qu'il s'est assuré de leur éligibilité, pour chacun des agriculteurs concernés ;

— l'engagement d'entreprendre les démarches nécessaires pour obtenir réparation des pertes économiques subies dans le cas où l'origine du foyer de maladie ou de l'incident environnemental peut être imputée à un *(Décr. n° 2020-16 du 8 janv. 2020, art. 1er)* « tiers » ;

— le cas échéant, les justificatifs relatifs au paiement de frais financiers associés à l'emprunt commercial contracté par le fonds de mutualisation pour financer une partie du programme d'indemnisation.

Le ministre chargé de l'agriculture peut solliciter du fonds de mutualisation tout complément d'information nécessaire à l'examen de la demande de remboursement.

(Décr. n° 2017-830 du 5 mai 2017, art. 1er-8°) « Le contrôle prévu à l'article 48 du règlement d'exécution (UE) n° 809/2014 de la Commission du 17 juillet 2014 susmentionné est effectué par l'établissement mentionné à l'article L. 313-1.

« Cet établissement procède également au contrôle administratif des demandes de contributions de la première section du Fonds national de gestion des risques en agriculture.

« L'absence de tout ou partie des pièces prouvant l'admissibilité de la demande de paiement ou la non-conformité de ces pièces entraîne l'inéligibilité partielle ou totale du programme d'indemnisation à la contribution financière prévue aux articles 36 et 38 du règlement (UE) n° 1305/2013 du Parlement européen et du Conseil du 17 décembre 2013 susmentionné ou à la contribution financière de la première section du Fonds national de gestion des risques en agriculture. » — *Le Règl. d'exécution (UE) n° 809/2014 est abrogé par le Règl. d'exécution (UE) 2022/1173 du 31 mai 2022 établissant les modalités d'application du Règl. (UE) 2021/2116 en ce qui concerne le système intégré de gestion et de contrôle dans la politique agricole commune, avec effet au 1er janv. 2023 ; le Règl. (UE) 1305/2013 est abrogé, avec effet au 1er janv. 2023, par le Règl. (UE) 2021/2115 du 2 déc. 2021 établissant des règles régissant l'aide aux plans stratégiques devant être établis par les États membres dans le cadre de la politique agricole commune (plans stratégiques relevant de la PAC) et financés par le Fonds européen agricole de garantie (FEAGA) et par le Fonds européen agricole pour le développement rural (Feader).*

Art. D. 361-73 *(Décr. n° 2017-830 du 5 mai 2017, art. 1er-9°)* « Conformément à l'article 49 du règlement d'exécution (UE) n° 809/2014 de la Commission du 17 juillet 2014 susmentionné et avant le versement de la contribution prévue à l'article D. 361-68, l'établissement mentionné à l'article L. 313-1 assure le contrôle sur place, pour chaque programme d'indemnisation, d'un échantillon *(Décr. n° 2020-16 du 8 janv. 2020, art. 1er)* « représentant au moins 5 % des montants » des demandes d'indemnisation déposées par les agriculteurs auprès du fonds de mutualisation. » — *Le Règl. d'exécution (UE) n° 809/2014 est abrogé par le Règl. d'exécution (UE) 2022/1173 du 31 mai 2022 établissant les modalités d'application du Règl. (UE) 2021/2116 en ce qui concerne le système intégré de gestion et de contrôle dans la politique agricole commune, avec effet au 1er janv. 2023.*

Ce contrôle permet de vérifier pour chaque agriculteur concerné le respect des critères et conditions d'admissibilité définis par la réglementation et le montant d'indemnisation correspondant.

Le fonds de mutualisation a l'obligation de conserver la totalité des pièces relatives à la contribution attribuée durant les trois années civiles suivant l'année du dernier acte relatif à la demande de contribution ou suivant l'année du versement de celle-ci.

En cas de manquement à une de ces obligations constaté lors de ce contrôle, le montant de la contribution est corrigé sur la base des éléments constatés lors du contrôle et d'une extrapolation de ce constat au montant total de la contribution versé au fonds de mutualisation pour le programme d'indemnisation concerné.

(Abrogé par Décr. n° 2017-830 du 5 mai 2017, art. 1er-9°) ***« Une réduction est ensuite appliquée au montant de la contribution corrigé selon les modalités précisées à l'article D. 361-75. Cette réduction se fonde sur le calcul d'un taux d'écart au sein de l'échantillon de 10 % des demandes individuelles d'indemnisation contrôlé. Ce taux d'écart est égal à la différence entre le montant de la contribution calculé sur la base des déclarations et le montant de la contribution calculé sur la base des éléments constatés rapportée au montant de la contribution calculé sur la base des éléments constatés lors du contrôle. »***

Art. D. 361-74 En cas d'incertitude sur le respect des obligations par un fonds de mutualisation lors de la réalisation du contrôle prévu à l'article D. 361-73, l'établissement mentionné à l'article L. 313-1 peut diligenter des contrôles complémentaires chez les exploitants.

Art. D. 361-75 *(Décr. n° 2017-830 du 5 mai 2017, art. 1er-10°)* « Une sanction administrative peut être appliquée au montant de la contribution, dans les conditions prévues à l'article 63 du règlement d'exécution (UE) n° 809/2014 de la Commission du 17 juillet 2014.

« En cas de non-conformité aux conditions d'admissibilité prévues au 2 et au 4 de l'article 36 du règlement (UE) n° 1305/2013 du Parlement européen et du Conseil du 17 décembre 2013, l'aide correspondant à l'indemnisation individuelle concernée est déduite du montant de la contribution. »

Le fonds de mutualisation doit être mis à même de présenter ses observations, dans les conditions prévues à l'article 24 de la loi n° 2000-321 du 12 avril 2000 relative aux droits des citoyens dans leurs relations avec les administrations *[CRPA, art. L. 121-1, L. 121-2 et L. 122-1]*.

Aucune sanction n'est appliquée si le fonds de mutualisation peut démontrer qu'il n'est pas responsable de la surévaluation irrégulière du montant éligible. — *Le Règl. (UE) 1305/2013 est abrogé, avec effet au 1er janv. 2023, par le Règl. (UE) 2021/2115 du 2 déc. 2021 établissant des règles régissant l'aide aux plans stratégiques devant être établis par les États membres dans le cadre de la politique agricole commune (plans stratégiques relevant de la PAC) et financés par le Fonds européen agricole de garantie (FEAGA) et par le Fonds européen agricole pour le développement rural (Feader) ; le Règl. d'exécution (UE) n° 809/2014 est abrogé par le Règl. d'exécution (UE) 2022/1173 du 31 mai 2022 établissant les modalités d'application du Règl. (UE) 2021/2116 en ce qui concerne le système intégré de gestion et de contrôle dans la politique agricole commune, avec effet au 1er janv. 2023.*

Art. D. 361-76 *(Décr. n° 2017-830 du 5 mai 2017, art. 1er-11°)* **Après vérification des pièces mentionnées à l'article D. 361-72 et réalisation du contrôle prévu à l'article D. 361-73, l'établissement mentionné à l'article L. 313-1 procède, sur la base de l'arrêté prévu à l'article D. 361-70, au versement au fonds de mutualisation de la contribution financière mentionnée au 3 de l'article 38 du règlement (UE) n° 1305/2013 du Parlement européen et du Conseil du 17 décembre 2013 susmentionné ou de la contribution financière de la première section du Fonds national de gestion des risques en agriculture.** — *Le Règl. (UE) 1305/2013 est abrogé, avec effet au 1er janv. 2023, par le Règl. (UE) 2021/2115 du 2 déc. 2021 établissant des règles régissant l'aide aux plans stratégiques devant être établis par les États membres dans le cadre de la politique agricole commune (plans stratégiques relevant de la PAC) et financés par le Fonds européen agricole de garantie (FEAGA) et par le Fonds européen agricole pour le développement rural (Feader).*

Art. D. 361-77 Tout refus de contrôle sur place, établissement de faux documents et fausse déclaration intentionnelle ou faisant suite à une négligence grave commise par un fonds de mutualisation entraîne pour celui-ci le remboursement de la totalité des contributions financières qui lui ont été versées, majorée des intérêts au taux légal en vigueur.

Art. D. 361-78 Toute fausse déclaration, établissement de faux documents ou négligence grave du fonds de mutualisation entraîne en outre une pénalité au plus égale au montant des sommes indûment perçues.

Art. D. 361-79 *(Décr. n° 2017-830 du 5 mai 2017, art. 1er-12°)* **Un programme d'indemnisation peut être rectifié à tout moment après son approbation en cas d'erreur manifeste reconnue par le ministre chargé de l'agriculture.**

Art. D. 361-80 *(Décr. n° 2017-830 du 5 mai 2017, art. 1er-13°)* **« L'établissement mentionné à l'article L. 313-1 assure la réalisation des audits de conformité auxquels sont soumis les fonds de mutualisation après leur agrément. »**

La nature des contrôles réalisés dans le cadre de ces audits est fixée par arrêté du ministre chargé de l'agriculture. — *V. Arr. du 14 janv. 2019 fixant la nature des contrôles réalisés dans le cadre des audits de conformité auxquels sont soumis les fonds de mutualisation après leur agrément en application de l'art. D. 361-80 du code rural et de la pêche maritime (JO 19 janv.).*

CHAPITRE II *[ABROGÉ]* DISPOSITIONS PARTICULIÈRES AUX DÉPARTEMENTS D'OUTRE-MER

(Décr. n° 2003-851 du 1er sept. 2003, art. 6 ; Décr. n° 2007-70 du 18 janv. 2007, art. 1er-II ; abrogé par Décr. n° 2013-754 du 14 août 2013, art. 8-VI)

Art. R. 362-1 *Abrogé par Décr. n° 2013-754 du 14 août 2013, art. 8-VI.*

TITRE VII DISPOSITIONS RELATIVES À L'OUTRE-MER

(Décr. n° 2016-781 du 10 juin 2016, art. 4-5°, en vigueur le 1er juill. 2016)

CHAPITRE I GUADELOUPE, GUYANE, MARTINIQUE, LA RÉUNION ET MAYOTTE

(Décr. n° 2016-781 du 10 juin 2016, art. 4-5°, en vigueur le 1er juill. 2016)

SECTION 1 Champ d'application et références

Art. D. 371-1 Les dispositions du présent livre (partie réglementaire) s'appliquent en Guadeloupe, en Guyane, en Martinique, à La Réunion et à Mayotte sous réserve des exceptions et adaptations prévues au présent chapitre.

Art. D. 371-2 Pour l'application du présent livre (partie réglementaire) en Guyane :

1° Les références à la région et au département, au conseil régional et au conseil départemental, au président du conseil régional et au président du conseil départemental sont remplacées respectivement par les références à la collectivité territoriale de Guyane, à l'assemblée de Guyane et au président de l'assemblée de Guyane ;

2° Les références aux plans ou schémas régionaux sont remplacées par les références aux plans ou schémas territoriaux de Guyane ;

3° Les références aux commissions régionales ou départementales sont remplacées par les références aux commissions territoriales de Guyane ;

4° La référence aux sociétés d'aménagement foncier et d'établissement rural est remplacée par la référence à l'opérateur foncier mentionné à l'article L. 181-39.

Art. D. 371-3 Pour l'application du présent livre (partie réglementaire) en Martinique :

1° Les références à la région et au département, au conseil régional et au conseil départemental, au président du conseil régional et au président du conseil départemental sont remplacées respectivement par les références à la collectivité territoriale de Martinique, à l'assemblée de Martinique et, selon les cas, au président de l'assemblée de Martinique pour les attributions liées à la présidence de l'assemblée délibérante et au président du conseil exécutif de Martinique pour les attributions dévolues à l'autorité exécutive de la collectivité ;

2° Les références aux plans ou schémas régionaux sont remplacées par les références aux plans ou schémas territoriaux de Martinique ;

3° Les références aux commissions régionales ou départementales sont remplacées par les références aux commissions territoriales de Martinique.

Art. D. 371-4 Pour l'application du présent livre (partie réglementaire) à Mayotte :

1° Les références à la région, au conseil régional et à son président sont remplacées par celles au Département de Mayotte, au conseil général et à son président ;

2° Les références au préfet de région sont remplacées par la référence au préfet de Mayotte ;

3° Les références aux plans et schémas régionaux sont remplacées par les références aux plans et schémas de Mayotte ;

4° Les références aux chambres régionale ou départementale d'agriculture sont remplacées par la référence à la chambre de l'agriculture, de la pêche et de l'aquaculture de Mayotte ;

5° Les références aux sociétés d'aménagement foncier et d'établissement rural sont remplacées par les références à l'opérateur foncier mentionné à l'article L. 181-49.

Art. D. 371-5 *(Décr. n° 2020-1814 du 30 déc. 2020, art. 2)* « Ne sont pas applicables en Guadeloupe, en Guyane, à la Martinique, à La Réunion et à Mayotte les articles D. 346-10 et R. 346-11. »

En outre, ne sont pas applicables à Mayotte les articles R. 331-1 à R. 331-12.

SECTION 2 Dispositions communes

Art. D. 371-6 En Guyane, en Martinique, à La Réunion et à Mayotte, la limite de la superficie totale des exploitations appartenant à un même groupement foncier agricole prévue à l'article L. 322-7 est de cinq fois le seuil mentionné à l'article L. 371-7, sauf lorsque le groupement foncier agricole est constitué entre les membres d'une même famille jusqu'au quatrième degré inclus.

Cette limite n'est pas applicable en Guadeloupe.

Art. D. 371-7 En Guadeloupe, en Guyane, à la Martinique, à La Réunion ou à Mayotte, pour remplir les conditions de capacité ou d'expérience professionnelle mentionnées à l'article L. 331-2, le candidat doit, à la date de l'installation, de l'agrandissement ou de la réunion d'exploitations agricoles justifier :

1° Soit de la possession d'un diplôme ou certificat d'un niveau reconnu équivalent au brevet d'études professionnelles agricoles ou au brevet professionnel agricole ;

2° Soit de cinq ans minimum d'expérience professionnelle en qualité d'exploitant, de conjoint participant à l'exploitation agricole, d'aide familial, d'associé d'exploitation ou de salarié agricole. Cette durée est réduite :

a) A un an pour les titulaires du certificat d'aptitude professionnelle agricole ou du brevet d'apprentissage agricole ou d'un diplôme d'un niveau reconnu équivalent qui s'engagent à suivre un stage de formation complémentaire de deux cents heures minimum ;

b) A deux ans lorsque le candidat aura suivi ou poursuivra un stage de formation d'une durée de deux cents heures au minimum.

La durée d'expérience professionnelle doit avoir été acquise au cours des quinze années précédant la date effective de l'installation, de l'agrandissement ou de la réunion d'exploitations agricoles ou de la date prévue par la demande d'autorisation d'exploiter lorsque cette autorisation est exigée.

Le ministre de l'agriculture définit par arrêté les listes des diplômes ou certificats d'un niveau reconnu équivalent au certificat d'aptitude professionnelle agricole ou au brevet d'apprentissage agricole et d'un niveau reconnu équivalent au brevet d'études professionnelles agricoles ou au brevet professionnel agricole.

Art. R. 371-8 Les groupements agricoles d'exploitation en commun totaux bénéficient des aides prévues par le règlement (UE) n° 228/2013 du Parlement européen et du Conseil du 13 mars 2013 portant mesures spécifiques dans le domaine de l'agriculture en faveur des régions ultrapériphériques de l'Union, selon les modalités suivantes :

1° Le nombre de parts sociales détenues par chacun des associés est rapporté au nombre total de parts sociales composant le capital du groupement, afin de déterminer la contribution de chaque associé, exprimée en pourcentage ;

2° Ce pourcentage est appliqué aux éléments de la demande d'aide qui incluent notamment la surface et le cheptel, pour déterminer la part de ces éléments qui relève de chaque associé ;

3° Les seuils d'aides et plafonds des dispositifs relevant de ces mesures sont appliqués à chacune de ces parts.

Art. D. 371-8-1 *(Décr. n° 2023-246 du 3 avr. 2023, art. 3)* Pour leur application en Guadeloupe, en Guyane, en Martinique, à La Réunion et à Mayotte, l'article D. 341-6-2 ainsi que le II et le premier alinéa du III de l'article D. 341-6-6 sont ainsi rédigés :

Art. D. 341-6-2 En application de l'article 70 du règlement (UE) 2021/2115 du Parlement européen et du Conseil du 2 décembre 2021, sont mises en places les aides et mesures suivantes :

1° Aide à la conversion à l'agriculture biologique ;

2° Aide au maintien en agriculture biologique ;

3° Mesure agroenvironnementale et climatique pour l'entretien durable des infrastructures agro-écologiques ;

4° Mesure agroenvironnementale et climatique pour les cultures de bananes ;

5° Mesure agroenvironnementale et climatique pour les cultures de canne à sucre ;

6° Mesure agroenvironnementale et climatique pour le maraîchage ;

7° Mesure agroenvironnementale et climatique pour les vergers ;

8° Mesure agroenvironnementale et climatique pour les surfaces herbacées associées à un atelier d'élevage ;

9° Mesure agroenvironnementale et climatique pour le maintien et la performance environnementale des petites exploitations hautement diversifiées ;

10° Mesure agroenvironnementale et climatique pour le maintien et la performance environnementale de l'agriculture sous couvert forestier.

Art. D. 341-6-6 II. — Un arrêté du préfet fixe la liste des mesures ouvertes à la souscription. Le préfet peut fixer des critères de priorisation des demandes d'aides des mesures agroenvironnementales et climatiques et de l'aide au maintien de l'agriculture biologique.

III. — Les aides et mesures mentionnées à l'article D. 341-6-2 font l'objet d'un engagement pris par le bénéficiaire pour une durée d'un ou cinq ans.

SECTION 3 Installation et financement de l'agriculture

Art. D. 371-9 Pour l'application des articles D. 343-3 à D. 343-18-2 en Guadeloupe, en Martinique, à La Réunion et, sous réserve des dispositions des articles D. 371-11 et D. 371-12, en Guyane :

1° Au 2° de l'article D. 343-4 les mots : "des articles L. 722-4 à L. 722-7" sont remplacés par les mots : "de l'article L. 781-9" ;

2° Les dispositions du troisième alinéa du 1° de l'article D. 343-8 ne sont pas applicables au candidat qui a bénéficié d'une aide à la création d'entreprise dans le cadre du programme initiative-jeune ou de l'aide au projet initiative-jeune prévue à l'article L. 5522-22 du code du travail ;

3° A l'article D. 343-9, l'arrêté mentionné au premier alinéa est signé conjointement par les ministres chargés de l'agriculture, du budget et de l'outre-mer. — *Le 2° est abrogé à la date du 1er janv. 2017 et les 3° et 4° deviennent respectivement les 2° et 3° (Décr. n° 2016-781 du 10 juin 2016, art. 15-I).*

Art. D. 371-10 *Abrogé par Décr. n° 2016-1140 du 22 août 2016, art. 2.*

SECTION 4 Dispositions particulières à la Guyane

Art. D. 371-11 Pour l'application des dispositions de l'article D. 343-4-1 en Guyane, le préfet peut, sans tenir compte de la date du 1er janvier 1976 mentionnée au 2° de l'article D. 371-9 accorder la dotation d'installation à des jeunes agriculteurs qui s'installent dans des zones d'accessibilité difficile définies par arrêté préfectoral et qui :

1° Ne sont pas titulaires d'un des diplômes conférant la capacité professionnelle agricole ;

2° Justifient d'une expérience professionnelle agricole minimale de deux ans au moins, jugée suffisante par l'autorité académique.

Ces candidats s'engagent à suivre, en vue d'acquérir les compétences nécessaires à l'exercice du métier de chef d'exploitation agricole, les formations prévues dans le cadre de leur plan de professionnalisation personnalisé et dont la validation doit intervenir dans un délai qui ne peut excéder trois ans. Ils s'engagent également à se soumettre pendant trois ans au suivi technique, économique et financier mentionné au 3° de l'article D. 343-9 dans le cadre de la mise en œuvre du plan de développement de l'exploitation prévu à l'article D. 343-7.

Dans ce cas, 60 % du montant de la dotation jeune agriculteur sont versés dès l'installation. Le solde est versé après la validation du plan de professionnalisation personnalisé par l'autorité académique.

Art. D. 371-12 Pour l'application en Guyane des dispositions des 3° et 5° de l'article D. 343-5 et des articles D. 343-6 et D. 343-7, le préfet peut accorder la dotation d'installation à des jeunes agriculteurs dont le projet d'installation nécessite, sur une période de trois années maximum suivant l'installation, des travaux d'aménagement indispensables à la mise en valeur agronomique des parcelles dès lors que le plan de développement de l'exploitation fait apparaître au terme de la cinquième année suivant l'installation un revenu prévisionnel disponible agricole au moins égal à un seuil fixé par arrêté du ministre chargé de l'agriculture.

Si, au terme de la cinquième année suivant l'installation, le revenu disponible minimum n'est pas atteint, le préfet peut prononcer la déchéance partielle ou totale de la

dotation aux jeunes agriculteurs conformément à l'article D. 343-18-2 et sous réserve des adaptations suivantes :

1° Lorsque le bénéficiaire des aides retire de ses activités agricoles entre 30 % et 50 % du revenu disponible minimum, le préfet peut prononcer la déchéance à hauteur de 50 % de la dotation d'installation ;

2° Lorsque le bénéficiaire des aides retire de ses activités agricoles moins de 30 % du revenu minimum disponible, le préfet peut prononcer la déchéance totale de la dotation d'installation.

SECTION 5 **Dispositions particulières à Mayotte**

SOUS-SECTION 1 **Dispositions générales**

Art. D. 371-13 *(Décr. n° 2022-1015 du 19 juill. 2022, art. 6, en vigueur le 1er janv. 2023)* **Pour l'application à Mayotte du chapitre I du titre I du présent livre, la référence à l'article L. 311-1 est remplacée par la référence à l'article L. 371-5.**

Art. R. 371-14 **Pour l'application à Mayotte de l'article R. 323-45, le premier alinéa est ainsi rédigé :**

"Pour l'application des chapitres II et III du titre VI du livre VII ainsi que des ordonnances n° 96-1122 du 20 décembre 1996 modifiée relative à l'amélioration de la santé publique, à l'assurance maladie, maternité, invalidité et décès, au financement de la sécurité sociale à Mayotte et à la caisse de sécurité sociale de Mayotte, n° 2002-149 du 7 février 2002 modifiée relative à l'extension et la généralisation des prestations familiales et à la protection sociale dans la collectivité départementale de Mayotte, n° 2002-411 du 27 mars 2002 modifiée relative à la protection sanitaire et sociale à Mayotte, n° 2006-1588 du 13 décembre 2006 modifiée relative au régime de prévention, de réparation et de tarification des accidents du travail et des maladies professionnelles à Mayotte et n° 2011-1923 du 22 décembre 2011 relative à l'évolution de la sécurité sociale à Mayotte dans le cadre de la départementalisation, les membres des groupements agricoles d'exploitation en commun reconnus sont considérés comme entrant dans la catégorie des chefs d'exploitation lorsqu'ils sont titulaires de parts de capital ou dans celle des salariés lorsqu'ils sont associés non titulaires de parts de capital."

Art. D. 371-14-1 *(Décr. n° 2020-1814 du 30 déc. 2020, art. 3)* **Pour l'application à Mayotte de l'article D. 343-17-2 :**

1° Les mots : "mentionnée à l'article D. 343-17" sont remplacés par les mots : "d'aides" ;

2° Les mots : "plans d'entreprise" sont remplacés par les mots : "plans de développement de l'exploitation".

Art. D. 371-15 *(Décr. n° 2023-573 du 7 juill. 2023, art. 1er)* **Pour la programmation ayant débuté en 2014, les articles D. 343-3 à D. 343-9, D. 343-12, D. 343-17 et D. 343-18 à D. 343-24 ne sont pas applicables à Mayotte. Les aides à l'installation, pour cette programmation, sont régies par la sous-section 2 de la présente section.**

Pour la programmation ayant débuté en 2023, les articles D. 343-3 à D. 343-24 ne sont pas applicables à Mayotte, à l'exception de l'article D. 343-17-2 et du I de l'article D. 343-21. Les aides à l'installation, pour cette programmation, sont régies par les articles D. 343-25 à *(Décr. n° 2023-1278 du 26 déc. 2023, art. 3)* **« D. 343-25-6 ».**

Art. D. 371-16 *(Décr. n° 2023-573 du 7 juill. 2023, art. 1er)* **Pour l'application à Mayotte de l'article D. 343-21, le I est ainsi rédigé : "Le label "Point Accueil Installation" est attribué pour une durée fixée par un arrêté du préfet."**

SOUS-SECTION 2 **Aides à l'installation en agriculture**

Art. D. 371-17 **A Mayotte, les aides à l'installation en agriculture mentionnées à l'article D. 343-3 peuvent être attribuées aux jeunes agriculteurs qui remplissent les conditions ci-après :**

1° Ne pas avoir atteint l'âge de quarante ans à la date de l'installation ;

2° Être de nationalité française ou ressortissant d'un État membre de l'Union européenne ou d'un autre État partie à l'accord sur l'Espace économique européen ;

3° S'installer sur une exploitation nécessitant l'emploi d'au moins une unité de travail agricole familial et dont l'importance permet l'assujettissement du demandeur au régime de protection sociale des non-salariés agricoles dans les conditions définies à l'article L. 781-9 ;

4° Justifier, à la date de dépôt de la demande d'aide :

a) D'une capacité professionnelle suffisante dont le niveau est fixé par arrêté préfectoral ;

b) Du suivi, dans un établissement d'enseignement habilité par le préfet, d'un stage collectif de professionnalisation d'une durée minimale de quarante heures.

Sont exclues du bénéfice de cette dotation les personnes qui en ont déjà bénéficié ou qui sont considérées comme ayant déjà été installées en agriculture avec des aides publiques soit à Mayotte, soit dans un autre département ou collectivité de métropole ou d'outre-mer.

Art. D. 371-18 Pour bénéficier des aides à l'installation, le jeune agriculteur doit :

1° Déposer un dossier de première installation en agriculture qui doit avoir été préparé avec l'appui d'un organisme agréé par le préfet de Mayotte ;

2° S'installer sur une exploitation constituant une unité économique viable au terme de la cinquième année, sur la base d'un plan de développement de l'exploitation au sens de l'article D. 371-19 ;

3° Présenter un projet d'installation faisant ressortir un revenu annuel disponible par unité de travail agricole familial égal :

a) Trois années après l'installation, au moins à la moitié du salaire minimum interprofessionnel garanti en vigueur à Mayotte au moment du dépôt de la demande ;

b) Au terme du plan de développement de l'exploitation, au salaire minimum interprofessionnel garanti en vigueur à Mayotte au moment du dépôt de la demande. Toutefois, lorsque le projet nécessite, pendant une période maximale de trois années après l'installation, des travaux d'aménagement indispensables à la mise en valeur agronomique ou à la mise en cultures pérennes, le préfet peut accorder les aides au jeune agriculteur, dès lors que son plan de développement de l'exploitation fait apparaître, au plus tard durant la cinquième année suivant l'installation, un revenu agricole disponible prévisionnel au moins égal à un seuil fixé par arrêté du ministre chargé de l'agriculture ;

4° S'engager à exercer dans le délai d'un an et pendant une durée minimale de cinq ans la profession d'agriculteur en qualité de chef d'exploitation ; la durée minimale peut être portée à neuf ans par le préfet, après avis de la commission départementale d'orientation de l'agriculture, lorsque le projet nécessite les travaux mentionnés à l'alinéa précédent. Est considéré comme chef d'exploitation à titre principal pour l'application du présent article, l'exploitant qui retire au moins 50 % de son revenu professionnel global de l'activité agricole. Lorsque l'agriculteur retire entre 30 et 50 % de son revenu professionnel global de l'activité agricole, il peut bénéficier des prêts à moyen terme spéciaux et de la moitié de la dotation à l'installation ; dans ce cas, pour l'appréciation de la condition mentionnée au 3° ci-dessus, le revenu annuel disponible par unité de travail agricole familial est réduit de moitié ;

5° S'engager à tenir et à transmettre au préfet, pendant cinq ans, une comptabilité qui devra être tenue selon une méthode et par un organisme agréés par arrêté préfectoral ;

6° S'il bénéficie d'un prêt à moyen terme spécial, s'engager à conserver le bien faisant l'objet du prêt pour un usage identique pendant au moins cinq ans.

Art. D. 371-19 Le projet d'installation est présenté par le candidat avant son installation et résumé au sein d'un plan de développement de l'exploitation, d'une durée de cinq ans, dans lequel il expose :

1° L'état de l'exploitation ;

2° Le revenu disponible agricole prévisionnel pour chaque année du plan ;

3° La situation financière du candidat ;

4° Les besoins de trésorerie ;

5° Les objectifs en matière de production, d'investissements, de financement et de commercialisation.

Lorsque les engagements sont souscrits sur neuf ans en application du 4° de l'article D. 371-18, le plan de développement de l'exploitation comporte en outre le calendrier et le plan de défrichement et de mise en cultures.

Le projet doit identifier les besoins de trésorerie et de financement des investissements.

Ce plan est produit sur la base de références techniques et économiques établies, par production et par région agricole, par la direction de l'alimentation, de l'agriculture et de la forêt. Ces références sont agréées par arrêté préfectoral. Le plan fait l'objet d'avenants en cas de modification importante du projet. Le préfet en assure le suivi et contrôle le respect des engagements souscrits.

Art. D. 371-20 La dotation d'installation en agriculture est attribuée par arrêté du préfet après avis du comité mentionné à l'article R. 181-7 exerçant les compétences de la commission d'orientation de l'agriculture, sur le rapport de la direction de l'alimentation, de l'agriculture et de la forêt.

Le comité donne un avis motivé sur la qualité du projet présenté ainsi que sur la nécessité d'accorder ou de refuser la dotation d'installation en agriculture et, le cas échéant, les prêts à moyen terme spéciaux. Lorsque la demande concerne également des prêts à moyen terme spéciaux, elle est adressée à l'établissement de crédit ou à la société de financement habilité, sollicité pour accorder les prêts.

La dotation d'installation en agriculture peut être refusée par le préfet, après avis du comité, si, compte tenu de la situation économique et financière du candidat, elle n'est manifestement pas nécessaire à l'installation du jeune agriculteur. Elle ne peut être accordée aux candidats dont l'étude prévisionnelle montre qu'ils atteignent trois années après l'installation un revenu égal ou supérieur au triple du salaire minimum interprofessionnel garanti en vigueur à Mayotte au moment du dépôt de la demande.

La décision d'octroi de la dotation peut être assortie de conditions concernant le suivi technique, économique et financier de la réalisation du projet du candidat.

Le silence gardé pendant plus de six mois par le préfet sur la demande d'aides à l'installation vaut décision de rejet.

Art. D. 371-21 Les montants minimum et maximum de la dotation d'installation sont fixés par un arrêté des ministres chargés de l'économie, de l'agriculture et de l'outre-mer. Dans les limites déterminées par cet arrêté et de l'enveloppe financière qui lui est attribuée chaque année, le préfet arrête le montant de la dotation attribuée au demandeur, en tenant compte du niveau de formation du candidat et des difficultés naturelles particulières liées au projet d'installation.

Les dispositions relatives à l'installation dans le cadre sociétaire, mentionnées à l'article D. 343-10, et celles relatives aux prêts à moyen terme spéciaux mentionnées aux articles D. 343-13 à D. 343-16 sont applicables à Mayotte.

La dotation d'installation en agriculture est versée au jeune agriculteur ayant effectué personnellement la demande.

La liquidation et le paiement de la dotation d'installation sont assurés par l'Agence de services et de paiement.

Art. D. 371-22 La dotation d'installation en agriculture est versée en deux fractions :

1° 60 % dans l'année qui suit la décision d'attribution, une fois l'installation réalisée et vérifié le respect des conditions fixées par les articles D. 371-17 et D. 371-18 ;

2° 40 % au cours de la quatrième année ou, dans les cas prévus au quatrième alinéa du 3° de l'article D. 371-18, de la cinquième année.

Le deuxième versement est autorisé par décision préfectorale après examen des comptabilités transmises chaque année par le jeune agriculteur au titre de l'obligation prévue au 5° de l'article D. 371-18.

Si le niveau minimal de revenu prévu au 3° de ce même article n'est pas atteint à ce moment ou si l'exploitation est en difficulté, le préfet peut refuser le versement de la deuxième fraction de la dotation d'installation en agriculture ou assortir celle-ci de conditions tenant à un suivi économique et technique du jeune agriculteur ainsi que d'une reconsidération du projet.

Si le revenu du bénéficiaire au moment de l'examen de son dossier pour l'octroi du deuxième versement dépasse le triple du salaire minimum interprofessionnel garanti en vigueur à Mayotte, le préfet peut, après avis du comité mentionné à l'article

R. 181-7 exerçant les compétences de la commission d'orientation de l'agriculture, lui refuser le bénéfice du deuxième versement.

Art. D. 371-23 I. — En cas de fraude ou de refus de contrôle, le bénéficiaire est déchu de ses droits aux aides et tenu de rembourser les sommes perçues à ce titre, assorties d'une pénalité de 10 % et majorée des intérêts au taux légal en vigueur.

II. — Sauf cas de force majeure au sens de l'article 47 du règlement (CE) n° 1974/2006 de la Commission du 15 décembre 2006 portant modalités d'application du règlement (CE) n° 1698/2005 du Conseil concernant le soutien au développement rural par le Fonds européen agricole pour le développement rural (FEADER), le bénéficiaire de la dotation d'installation en agriculture est déchu de ses droits aux aides à l'installation et tenu de rembourser les aides perçues à ce titre, majorées des intérêts au taux légal en vigueur :

1° Dans le cas où il ne satisfait plus après son installation aux conditions d'attribution prévues au 3° de l'article D. 371-17 ;

2° Lorsqu'il cesse d'exercer la profession d'agriculteur dans les cinq premières années qui suivent son installation en violation de l'engagement prévu au 4° de l'article D. 371-18 ; les aides qu'il est tenu de rembourser sont la somme correspondant à la dotation et aux bonifications d'intérêts au titre des prêts à moyen terme spéciaux ; il cesse également de bénéficier de la bonification d'intérêts sur la durée du prêt restant à courir ;

3° Lorsque le bénéficiaire d'un prêt à moyen terme spécial ne respecte pas l'engagement prévu au 6° de l'article D. 371-18 de conserver pendant au moins cinq ans le bien faisant l'objet du prêt ou s'il a utilisé ce prêt pour financer une dépense pour laquelle le plan de développement de l'exploitation n'avait pas prévu l'octroi d'une bonification, sont considérées comme aides soumises à remboursement les bonifications d'intérêts dont il a bénéficié ; dans tous les cas, il cesse de bénéficier de la bonification d'intérêts sur la durée du prêt restant à courir ; toutefois, s'il en informe immédiatement le préfet, le remboursement est limité à la moitié de la bonification d'intérêts ; de même, s'il cesse son activité et en informe immédiatement le préfet, celui-ci peut surseoir à la déchéance mentionnée au II et lui accorder un délai de réinstallation n'excédant pas vingt-quatre mois : le délai d'engagement est prorogé de la durée d'interruption de l'activité agricole ;

4° Lorsqu'il est constaté avant la fin de la cinquième année que le bénéficiaire d'une dotation accordée pour une activité de chef d'exploitation à titre principal exerce cette activité sur l'exploitation à titre secondaire ; dans ce cas, le remboursement est limité à 50 % de la dotation d'installation accordée ;

5° Lorsqu'il est constaté avant la fin de la cinquième année que le bénéficiaire d'une dotation accordée pour une activité de chef d'exploitation à titre principal ou secondaire retire moins de 30 % de son revenu professionnel global de l'activité agricole ; toutefois, lorsque cette situation résulte de raisons économiques conjoncturelles ou de circonstances exceptionnelles et si l'intéressé en informe immédiatement le préfet, celui-ci peut surseoir à la déchéance durant vingt-quatre mois ;

6° Lorsque le bénéficiaire ne respecte pas les obligations mentionnées au 5° de l'article D. 371-18 ou les conditions énoncées à l'avant-dernier alinéa de l'article D. 371-20 ; dans ces cas, le préfet prononce la déchéance de 30 % de la dotation ; il en est de même en cas de non-respect des dispositions de l'article D. 371-19. Toutefois, dans ce dernier cas, le préfet tient compte des circonstances dans lesquelles le plan de développement de l'exploitation est mis en œuvre, notamment en cas de crise conjoncturelle ou circonstances exceptionnelles.

III. — Pour les bénéficiaires dont les engagements sont souscrits sur neuf ans en application du 4° de l'article D. 371-18, lorsque la cessation d'activité ou le changement de situation s'effectue au-delà de la cinquième année et avant l'expiration de la neuvième, l'obligation de remboursement figurant aux 4° et 5° du II est réduite *prorata temporis.*

IV. — Dans les cas mentionnés aux 3° et 5° du II, si au terme du délai de vingt-quatre mois qui lui a été accordé, le bénéficiaire ne satisfait toujours pas à ses engagements, le préfet prononce la décision de déchéance et de remboursement des aides perçues, majorées des intérêts au taux légal en vigueur.

V. — Avant toute déchéance partielle ou totale des aides, le préfet met en demeure le bénéficiaire de régulariser sa situation dans un délai qui ne peut être inférieur à un mois. Dans l'attente de cette régularisation, toute demande de prêt est exclue. Si le bénéficiaire n'a pas régularisé sa situation dans le délai imparti, la décision de déchéance est prononcée par le préfet. Au vu de la décision de déchéance prononcée par le préfet, le recouvrement est engagé après émission d'un ordre de reversement établi par l'Agence de services et de paiement.

CHAPITRE II **SAINT-BARTHÉLEMY**

(Décr. nº 2016-781 du 10 juin 2016, art. 4-5º, en vigueur le 1er juill. 2016)

Art. D. 372-1 Les dispositions du présent livre (partie réglementaire) s'appliquent à Saint-Barthélemy sous réserve des exceptions et adaptations prévues au présent chapitre.

Art. D. 372-2 Pour l'application du présent livre (partie réglementaire) à Saint-Barthélemy :

1º Les références à la région et au conseil régional, au département et au conseil départemental, à la commune, aux groupements de communes, au conseil municipal et à l'assemblée délibérante de l'établissement public de coopération intercommunale sont remplacées par les références à la collectivité de Saint-Barthélemy et au conseil territorial ;

2º Les références au président du conseil régional, au président du conseil départemental, au maire ou au président de l'établissement public de coopération intercommunale sont remplacées par la référence au président du conseil territorial de Saint-Barthélemy ;

3º Les références au préfet de région ou au préfet de département sont remplacées par la référence au représentant de l'État à Saint-Barthélemy ;

4º Les références aux chambres départementale, interdépartementale ou régionale d'agriculture sont remplacées par la référence à la chambre multiprofessionnelle de Saint-Barthélemy ;

5º Les références au code général des impôts sont remplacées par les références aux dispositions ayant le même objet applicables localement.

Art. R. 372-3 Ne sont pas applicables à Saint-Barthélemy :

(Abrogé par Décr. nº 2022-1014 du 19 juill. 2022, art. 19, à compter du 1er janv 2023) *« 1º Les articles D. 311-8 à D. 311-17 ; »*

2º Le chapitre II du titre I ;

3º Le titre III et la section 2 du chapitre I du titre VI.

CHAPITRE III **SAINT-MARTIN**

(Décr. nº 2016-781 du 10 juin 2016, art. 4-5º, en vigueur le 1er juill. 2016)

Art. D. 373-1 Les dispositions du présent livre (partie réglementaire) s'appliquent à Saint-Martin sous réserve des exceptions et adaptations prévues au présent chapitre.

Art. D. 373-2 Pour l'application du présent livre (partie réglementaire) à Saint-Martin :

1º Les références à la région et au conseil régional, au département et au conseil départemental, à la commune, aux groupements de communes, au conseil municipal et à l'assemblée délibérante de l'établissement public de coopération intercommunale sont remplacées par les références à la collectivité de Saint-Martin et au conseil territorial ;

2º Les références au président du conseil régional, au président du conseil départemental, au maire ou au président de l'établissement public de coopération intercommunale sont remplacées par la référence au président du conseil territorial de Saint-Martin ;

3º Les références au préfet de région ou au préfet de département sont remplacées par la référence au représentant de l'État à Saint-Martin ;

4º Les références aux chambres départementales ou régionales d'agriculture sont remplacées par la référence à la chambre consulaire interprofessionnelle de Saint-Martin ;

5° Les références au code général des impôts sont remplacées par les références aux dispositions ayant le même objet applicables localement.

Art. R. 373-3 Ne sont pas applicables à Saint-Martin :

1° Les articles D. 330-2 et D. 330-3 ;

2° L'article D. 343-17-2 ;

3° Les articles D. 346-10 et R. 346-11.

Art. D. 373-4 La limitation de la superficie totale des exploitations appartenant à un même groupement foncier agricole prévue à l'article L. 322-7 n'est pas applicable à Saint-Martin.

Art. D. 373-5 A Saint-Martin, pour remplir les conditions de capacité ou d'expérience professionnelle mentionnées à l'article L. 331-3, le candidat doit, à la date de l'installation, de l'agrandissement ou de la réunion d'exploitations agricoles justifier :

1° Soit de la possession d'un diplôme ou certificat d'un niveau reconnu équivalent au brevet d'études professionnelles agricoles ou au brevet professionnel agricole ;

2° Soit de cinq ans minimum d'expérience professionnelle en qualité d'exploitant, de conjoint participant à l'exploitation, d'aide familial, d'associé d'exploitation ou de salarié agricole. Cette durée est réduite :

a) A un an pour les titulaires du certificat d'aptitude professionnelle agricole ou du brevet d'apprentissage agricole ou d'un diplôme d'un niveau reconnu équivalent qui s'engagent à suivre un stage de formation complémentaire de deux cents heures minimum ;

b) A deux ans lorsque le candidat aura suivi ou poursuivra un stage de formation d'une durée de deux cents heures au minimum.

La durée d'expérience professionnelle doit avoir été acquise au cours des quinze années précédant la date effective de l'installation, de l'agrandissement ou de la réunion d'exploitations agricoles ou de la date prévue par la demande d'autorisation d'exploiter lorsque cette autorisation est exigée.

Le ministre chargé de l'agriculture définit par arrêté les listes des diplômes ou certificats d'un niveau reconnu équivalent au certificat d'aptitude professionnelle agricole ou au brevet d'apprentissage agricole et d'un niveau reconnu équivalent au brevet d'études professionnelles agricoles ou au brevet professionnel agricole.

Art. D. 373-6 *(Décr. nº 2023-573 du 7 juill. 2023, art. 1er)* « Pour la programmation ayant débuté en 2014, pour l'application des articles D. 343-3 à D. 343-18-2 à Saint-Martin : »

1° Au 2° de l'article D. 343-4 les mots : "des articles L. 722-4 à L. 722-7" sont remplacés par les mots : "de l'article L. 781-9" ;

2° Les dispositions du troisième alinéa du 1° de l'article D. 343-8 ne sont pas applicables au candidat qui a bénéficié d'une aide à la création d'entreprise dans le cadre du programme initiative-jeune ou de l'aide au projet initiative-jeune prévue à l'article L. 5522-22 du code du travail ;

3° A l'article D. 343-9, l'arrêté mentionné au premier alinéa est signé conjointement par les ministres chargés de l'agriculture, du budget et de l'outre-mer. — *Le 2° est abrogé à la date du 1er janv. 2017 et les 3° et 4° sont devenus respectivement les 2° et 3° (Décr. nº 2016-781 du 10 juin 2016, art. 15-I).*

Art. D. 373-6-1 *(Décr. nº 2023-573 du 7 juill. 2023, art. 1er)* Pour la programmation ayant débuté en 2023, les articles D. 343-25-1 à *(Décr. nº 2023-1278 du 26 déc. 2023, art. 3)* « D. 343-25-6 » sont applicables à Saint-Martin.

Art. D. 373-7 Pour l'application à Saint-Martin des articles D. 343-20 et D. 343-21, les missions confiées au comité départemental à l'installation sont exercées par le comité mentionné à l'article L. 183-5 exerçant les compétences de la commission d'orientation de l'agriculture.

Art. R. 373-8 Les groupements agricoles d'exploitation en commun totaux bénéficient des aides prévues par le règlement (UE) nº 228/2013 du Parlement européen et du Conseil du 13 mars 2013 portant mesures spécifiques dans le domaine de l'agriculture en faveur des régions ultrapériphériques de l'Union, selon les modalités suivantes :

1° Le nombre de parts sociales détenues par chacun des associés est rapporté au nombre total de parts sociales composant le capital du groupement afin de déterminer la contribution de chaque associé, exprimée en pourcentage ;

2° Ce pourcentage est appliqué aux éléments de la demande d'aide qui incluent notamment la surface et le cheptel, pour déterminer la part de ces éléments qui relève de chaque associé ;

3° Les seuils d'aides et plafonds des dispositifs relevant de ces mesures sont appliqués à chacune de ces parts.

Art. D. 373-8-1 *(Décr. nº 2023-246 du 3 avr. 2023, art. 3)* **Pour leur application à Saint-Martin, l'article D. 341-6-2 ainsi que le II et le premier alinéa du III de l'article D. 341-6-6 sont ainsi rédigés :**

Art. D. 341-6-2 En application de l'article 70 du règlement (UE) 2021/2115 du Parlement européen et du Conseil du 2 décembre 2021, sont mises en places les aides et mesures suivantes :

1° Aide à la conversion à l'agriculture biologique ;

2° Aide au maintien en agriculture biologique ;

3° Mesure agroenvironnementale et climatique pour l'entretien durable des infrastructures agro-écologiques ;

4° Mesure agroenvironnementale et climatique pour les cultures de bananes ;

5° Mesure agroenvironnementale et climatique pour les cultures de canne à sucre ;

6° Mesure agroenvironnementale et climatique pour le maraîchage ;

7° Mesure agroenvironnementale et climatique pour les vergers ;

8° Mesure agroenvironnementale et climatique pour les surfaces herbacées associées à un atelier d'élevage ;

9° Mesure agroenvironnementale et climatique pour le maintien et la performance environnementale des petites exploitations hautement diversifiées ;

10° Mesure agroenvironnementale et climatique pour le maintien et la performance environnementale de l'agriculture sous couvert forestier."

Art. D. 341-6-6 II. — Un arrêté du représentant de l'État à Saint-Martin fixe la liste des mesures ouvertes à la souscription. Le représentant de l'État à Saint-Martin peut fixer des critères de priorisation des demandes d'aides des mesures agroenvironnementales et climatiques et de l'aide au maintien de l'agriculture biologique.

III. — Les aides et mesures mentionnées à l'article D. 341-6-2 font l'objet d'un engagement pris par le bénéficiaire pour une durée d'un ou cinq ans.

CHAPITRE IV **SAINT-PIERRE-ET-MIQUELON**

(Décr. nº 2016-781 du 10 juin 2016, art. 4-5°, en vigueur le 1er juill. 2016)

Art. D. 374-1 Les dispositions du présent livre (partie réglementaire) s'appliquent à Saint-Pierre-et-Miquelon sous réserve des exceptions et adaptations prévues au présent chapitre.

Art. D. 374-2 Pour l'application du présent livre (partie réglementaire) à Saint-Pierre-et-Miquelon :

1° Les références à la région et au conseil régional, au département et au conseil départemental, sont remplacées par les références à la collectivité de Saint-Pierre-et-Miquelon et au conseil territorial ;

2° Les références au président du conseil régional et au président du conseil départemental sont remplacées par la référence au président du conseil territorial de Saint-Pierre-et-Miquelon ;

3° Les références au préfet de région ou au préfet de département sont remplacées par la référence au représentant de l'État à Saint-Pierre-et-Miquelon ;

4° Les références aux chambres départementale, interdépartementale ou régionale d'agriculture sont remplacées par la référence à la chambre d'agriculture, de commerce, d'industrie, des métiers et de l'artisanat de Saint-Pierre-et-Miquelon ;

5° La référence au tribunal de commerce est remplacée par la référence au tribunal de première instance ;

6° La référence à la caisse de mutualité agricole ou à la caisse générale de sécurité sociale est remplacée par la référence à la Caisse de prévoyance sociale de Saint-Pierre-et-Miquelon ;

7° Les références à la commission départementale d'orientation agricole ou à la commission régionale de l'économie agricole et du monde rural sont remplacées par la référence à la commission territoriale de l'agriculture et de l'aquaculture de Saint-Pierre-et-Miquelon, définie à l'article L. 184-5 ;

8° Les références au code général des impôts sont remplacées par les références aux dispositions ayant le même objet applicables localement.

Art. R. 374-3 Ne sont pas applicables à Saint-Pierre-et-Miquelon :

1° Les articles R. 312-1 à R. 312-3 ;

2° Les articles R. 313-1 à R. 313-8 ;

3° Les articles R. 313-45 à R. 313-47 ;

4° Les articles *(Décr. nº 2023-334 du 3 mai 2023, art. 1er)* « D. 323-52 à D. 323-54 » ;

5° Les articles D. 330-2 et D. 330-3 ;

6° L'article R. 331-9 ;

7° Les articles R. 331-13 à R. 331-15 ;

8° Les articles D. 341-7 à D. 341-21 ;

9° Les articles D. 343-4 à D. 343-9 et D. 343-11 à D. 343-24 ;

10° Le titre VI.

Art. R. 374-4 Pour son application à Saint-Pierre et Miquelon, l'article R. 331-2 est ainsi rédigé :

Art. R. 331-2 Satisfait aux conditions de capacité ou d'expérience professionnelle mentionnées au 3° de l'article L. 374-10, le candidat à l'installation, à l'agrandissement ou à la réunion d'exploitations agricoles qui justifie, à la date de l'opération :

1° Soit de la possession d'un des diplômes ou certificats requis pour l'octroi des aides à l'installation visées aux articles D. 374-5 ;

2° Soit de cinq ans minimum d'expérience professionnelle acquise sur une surface égale au tiers de la surface agricole utile régionale moyenne, en qualité d'exploitant, d'aide familial, d'associé exploitant, de salarié d'exploitation agricole ou de collaborateur d'exploitation au sens de l'article L. 321-5. La durée d'expérience professionnelle doit avoir été acquise au cours des quinze années précédant la date effective de l'opération en cause.

Art. D. 374-5 A Saint-Pierre-et-Miquelon, les aides à l'installation en agriculture mentionnées à l'article D. 343-3 peuvent être attribuées sous forme d'une dotation à l'installation aux jeunes agriculteurs qui remplissent les conditions de critères d'éligibilité et qui souscrivent à des engagements fixés par arrêté du ministre chargé de l'agriculture. La procédure d'attribution et les règles de contrôle sont précisées dans une convention passée entre l'État et l'Agence de services et de paiement.

CHAPITRE V **WALLIS-ET-FUTUNA, POLYNÉSIE FRANÇAISE ET NOUVELLE-CALÉDONIE**

(Décr. nº 2016-781 du 10 juin 2016, art. 4-5°, en vigueur le 1er juill. 2016)

Les dispositions des art. R. 373-1 à R. 373-4, R. 373-6 et R. 373-7, dans leur rédaction antérieure à l'entrée en vigueur du présent décret, sont maintenues en vigueur en tant que la compétence pour les modifier ou les abroger relève de la Polynésie française et de la Nouvelle-Calédonie (Décr. nº 2016-781 du 10 juin 2016, art. 13, al. 1er, JO 12 juin).

Art. D. 375-1 Les dispositions du présent livre (partie réglementaire) ne s'appliquent dans les îles Wallis-et-Futuna, sous réserve des dispositions applicables de plein droit, que dans la mesure et les conditions prévues par le présent chapitre.

Elles ne sont pas applicables en Polynésie française et en Nouvelle-Calédonie.

Art. R. 375-2 Sont applicables dans les îles Wallis-et-Futuna les dispositions du présent livre (partie réglementaire) mentionnées dans la colonne de gauche du tableau ci-après, dans leur rédaction indiquée dans la colonne de droite du même tableau, sous réserve des adaptations prévues ci-dessous : — *Tableau mod. par Décr. nº 2017-1225 du*

2 août 2017, art. 23 ; Décr. nº 2019-1333 du 11 déc. 2019, art. 56-VIII ; Décr. nº 2022-890 du 14 juin 2022, art. 4-III.

DISPOSITIONS APPLICABLES	**DANS LEUR RÉDACTION**
R. 351-1	**Décret nº 2019-1333 du 11 décembre 2019**
R. 351-2	**Résultant du décret nº 96-205 du 15 mars 1996 relatif à la partie réglementaire du livre III (nouveau) du code rural**
R. 351-3	**Résultant du décret nº 2014-736 du 30 juin 2014 pris pour l'application de l'ordonnance nº 2014-326 du 12 mars 2014 portant réforme de la prévention des difficultés des entreprises et des procédures collectives**
R. 351-4 à R. 351-4-9	**Décret nº 2017-1225 du 2 août 2017**
R. 351-5	**Résultant du décret nº 2022-890 du 14 juin 2022**
R. 351-6 à R. 351-6-2	**Résultant du décret nº 2014-736 du 30 juin 2014**
R. 351-6-3	**Résultant du décret nº 2022-890 du 14 juin 2022**
R. 351-6-4	**Résultant du décret nº 2014-736 du 30 juin 2014**
R. 351-7	**Décret nº 2019-1333 du 11 décembre 2019**
R. 351-8	**Résultant du décret nº 2014-736 du 30 juin 2014**

1º Le greffe auprès duquel est formée la demande de règlement amiable dans les conditions prévues à l'article R. 351-1 est celui du tribunal de première instance ;

2º Si l'ordonnance mentionnée à l'article R. 351-4 prononce la suspension provisoire des poursuites, l'insertion prescrite à l'article R. 351-5 est faite dans un journal d'annonces légales du lieu où le débiteur a le siège de son exploitation ;

3º La mention de cette ordonnance est portée, pour les exploitants non immatriculés, sur un registre ouvert à cet effet au greffe du tribunal de première instance.

LIVRE IV BAUX RURAUX

(Décr. n° 83-213 du 16 mars 1983)

TITRE I STATUT DU FERMAGE ET DU MÉTAYAGE

CHAPITRE I RÉGIME DE DROIT COMMUN

Art. D. 410-1 *(Décr. n° 2007-945 du 15 mai 2007)* **L'autorité administrative mentionnée à l'article L. 411-3 est le préfet du département.**

SECTION 1 Établissement du contrat – Durée et prix du bail

SOUS-SECTIONS 1 *et* 2

Néant.

SOUS-SECTION 3 Prix du bail

BIBL. ▶ R. SAVATIER, *D. 1976. Chron. 275.* – OURLIAC et DE JUGLART, *JCP 1976. I. 2816.*

Art. R. 411-1 *(Décr. n° 95-624 du 6 mai 1995)* **Pour l'application de l'article L. 411-11, le préfet fixe, par arrêté publié au recueil des actes administratifs de la préfecture :**

1° *(Décr. n° 2008-27 du 8 janv. 2008)* **« Les maxima et minima des loyers des bâtiments d'habitation sont exprimés en monnaie et calculés par mètre carré de surface définie conformément aux dispositions de la loi n° 65-557 du 10 juillet 1965 fixant le statut de la copropriété des immeubles bâtis. Ces montants sont arrêtés par catégories en fonction de l'état d'entretien et de conservation des logements, de leur importance, de leur confort et de leur situation par rapport à l'exploitation ; ils tiennent compte des indicateurs publics ou privés mesurant les loyers pratiqués localement ; »**

2° Les maxima et minima exprimés en monnaie des loyers représentant les valeurs locatives normales des bâtiments d'exploitation et des terres nues, éventuellement par régions naturelles agricoles ; — *V. art. R. 411-9-10.*

3° Les quantités maximales et minimales de denrées qui, dans les différentes régions naturelles agricoles du département, représentent les valeurs locatives normales des terres nues portant des cultures permanentes viticoles, arboricoles, oléicoles et agrumicoles et des bâtiments d'exploitation y afférents. Les denrées dont les quantités sont ainsi indiquées doivent être choisies en fonction des différents types d'exploitations existant dans les régions.

BIBL. ▶ CREVEL, *RD rur. 2008, n° 31* (décret n° 2008-27 du 8 janv. 2008).

1. Si l'art. 812 [L. 411-11] est d'ordre public et si, par suite, les baux doivent se conformer, en ce qui concerne les denrées de base, à l'arrêté préfectoral en vigueur à la date où ils sont conclus, il ne permet pas au préfet de modifier les stipulations des contrats en vigueur à la date où il prend son arrêté. • CE 11 mai 1979 : *D. 1979. IR 499, obs. D. Martin.* ♦ Sur l'inclusion de principe du territoire entier d'une commune dans une région naturelle agricole, V. • CE 7 déc. 1979 : *JCP 1980. II. 19483, concl. Genevois, note Ourliac et de Juglart.*

2. Le préfet n'est pas lié par les valeurs qu'ont pu atteindre certains baux conclus librement, au cours de la période précédente, en raison de l'annulation de ses précédents arrêtés. • CE 6 nov. 1985 : *Gaz. Pal. 1986. 2. Pan. 289.*

Art. R. 411-2 **L'arrêté du préfet du département est pris, dans les conditions fixées ci-dessous, après consultation des commissions consultatives paritaires des baux ruraux, prévues aux articles L. 411-11 et R. 414-1 à** *(Décr. n° 2006-665 du 7 juin 2006, art. 41)* **« R. 414-5 ».**

Le préfet du département demande à la commission consultative paritaire départementale des baux ruraux de lui adresser des propositions motivées établies sur la base des dispositions *(Décr. n° 2017-1771 du 27 déc. 2017, art. 9-1°)* **« à** *[de]* **l'article R. 411-1 ».**

La commission doit présenter des propositions dans les deux mois de la réception de la demande.

(Décr. nº 2006-665 du 7 juin 2006, art. 41) « **En cas de carence de la commission ou si celle-ci, invitée à délibérer à nouveau, maintient des propositions que le préfet estime ne pas pouvoir retenir, celui-ci demande au ministre chargé de l'agriculture de consulter la commission consultative paritaire nationale des baux ruraux. Celle-ci doit faire des propositions dans un délai de deux mois à compter de la date de la réception de la demande de consultation.** »

(Décr. nº 95-624 du 6 mai 1995) « **En cas de carence, le préfet du département fixe, dans le mois suivant l'expiration de ce délai, les maxima et les minima exprimés en monnaie visés à l'article R. 411-1.**

« **Il fixe également dans ce même délai les denrées et les quantités maxima et minima à retenir représentant les valeurs locatives des cultures permanentes viticoles, arboricoles, oléicoles et agrumicoles.** »

Art. R. 411-3 *(Décr. nº 95-624 du 6 mai 1995)* « **Pour les cultures permanentes viticoles, arboricoles, oléicoles et agrumicoles** », **lors de la conclusion de chaque bail ou de son renouvellement, les parties optent pour l'un des modes de règlement du prix du bail prévu à l'article L. 411-12. Si cette option n'est pas faite, le prix est réglable en espèces. Les parties peuvent, en cours de bail, modifier d'un commun accord le mode de règlement antérieurement applicable.** — *[Anc. art. 4 du Décr. nº 76-440 du 20 mai 1976.]*

Art. R. 411-4 *Abrogé par Décr. nº 95-624 du 6 mai 1995.*

Art. R. 411-5 **Sauf convention contraire entre les parties et** *(Décr. nº 95-624 du 6 mai 1995)* « **pour les cultures permanentes viticoles, arboricoles, oléicoles et agrumicoles** » **le montant en espèces du fermage est calculé selon le cours moyen, d'échéance à échéance, des denrées servant au calcul du prix du fermage. Le cours moyen est arrêté par le préfet du département sur avis de la commission consultative paritaire départementale. Il est publié au recueil des actes administratifs du département.** — *[Anc. art. 6 du Décr. nº 76-440 du 20 mai 1976.]*

1. Les arrêtés préfectoraux fixant les prix moyens des produits servant de base au calcul des fermages, qui retiennent deux cours moyens de la seule denrée « lait de brebis », sans qu'aucune convention n'ait été conclue dans ce sens entre les parties, ont été pris en méconnaissance des dispositions des art. R. 411-1 et 411-5 [ancienne rédaction] et doivent être annulés. • TA Toulouse, 12 avr. 1991 : *Gaz. Pal. 1991. 2. 633, note Lachaud.*

2. Seul est illicite le fermage fixé en fonction du cours d'une denrée non prévue par l'arrêté préfectoral. En revanche, il importe peu que le fermage ait été fixé en raison d'une seule des denrées parmi les trois prévues comme denrées de référence par l'arrêté préfectoral. • Caen, 4 mars 1993 : *JCP 1993. IV. 1121.*

V. aussi notes 10 s. ss. art. L. 411-11.

Art. R. 411-6 *et* R. 411-7 *Abrogés par Décr. nº 95-624 du 6 mai 1995.*

Art. R. 411-8 *(Décr. nº 95-624 du 6 mai 1995)* **Lorsque le bailleur a effectué en accord avec le preneur des investissements dépassant ses obligations légales, le montant du fermage est, soit majoré, soit augmenté d'une rente en espèces ; la majoration ou la rente est au plus égale à l'intérêt des sommes ainsi investies au taux plafond des prêts bancaires aux entreprises sur ressources des comptes pour le développement de l'industrie (Codevi)** *[livrets de développement durable (LDD)]*.

Lors du renouvellement du bail, évalué en quantité de denrées de terres nues portant des cultures permanentes viticoles, arboricoles, oléicoles et agrumicoles et de bâtiments y afférents, les parties, d'un commun accord ou, à défaut, le tribunal paritaire, peuvent par une clause expresse du bail convertir cette rente en quantité de denrées.

1. La rente doit se calculer au taux de l'intérêt des prêts à moyen terme du crédit agricole même si le bailleur a emprunté à un taux plus bas. • Civ. 3e, 19 juill. 1984 : *Bull. civ. III, nº 147.*

2. La majoration prévue par l'art. R. 411-8 ne saurait jouer, dès lors que le loyer a été fixé en tenant compte des investissements que le bailleur s'était engagé à réaliser. • Civ. 3e, 4 mai 2000 : *Ann. loyers 2000. 2032.*

Art. R. 411-9 **Lorsque des investissements améliorant les conditions de l'exploitation auront été exécutés par le bailleur dans le cadre d'une association syndicale ou en application de** *(Décr. nº 2017-1771 du 27 déc. 2017, art. 9-2º)* « **l'article L. 151-36** », **le**

montant du fermage en cours sera augmenté d'une rente qui sera fixée d'un commun accord entre les parties ou, à défaut, par le tribunal paritaire des baux ruraux compte tenu notamment des dépenses supportées par le bailleur.

Le montant du fermage pourra être augmenté dans les mêmes conditions dans le cas prévu au dernier alinéa de l'article L. 411-76. — *[Anc. art. 10 du Décr. nº 76-440 du 20 mai 1976.]*

1. Investissements. Les « taxes » qui, perçues par les associations foncières de remembrement auprès de leurs adhérents, les propriétaires fonciers ruraux, constituent la contrepartie d'investissements profitant aux propriétés rurales et à leur exploitation, en facilitant notamment le travail et l'accès aux parcelles, répondent aux critères prévus pour les investissements et, en application des dispositions des art. L. 411-12 et R. 411-9, autorisent l'augmentation du fermage sous forme de rente fixée d'un commun accord entre les parties ou, à défaut, par le tribunal paritaire des baux ruraux. • Amiens, 19 déc. 1991 : *BICC 1992, nº 922 ; Rev. loyers 1992. 403.*

2. Associations syndicales. Les associations foncières constituées en exécution de l'art. 27 C. rur. [L. 123-9 et L. 133-2] ont le caractère d'associations syndicales, permettant l'application de l'art. R. 411-9. En revanche, lorsque le conseil municipal décide de réaliser des travaux en application de l'art. 27, al. 2, alors qu'aucune association n'est constituée, les conditions de l'art. R. 411-9 ne sont plus remplies. * Rép. min. nº 54791 : *JOAN Q 29 juin 1992, p. 2901* * nº 22675 : *ibid. 15 mai 1995, p. 2477.*

3. Fixation de la rente. *(jurisprudence antérieure à la loi du 2 janv. 1995 et aux décrets du 6 mai 1995).* L'art. R. 411-9 ne donnant aucune précision sur les modalités de fixation de la rente, les juges du fond pouvaient (avant la réforme du 2 janv. 1995) apprécier souverainement que cette rente sera fixée en quantité de denrées. • Civ. 3e, 29 juin 1994, nº 92-13.184 P : *JCP N 1995. II. 787, obs. Moreau ; Gaz. Pal. 1995. 2. Somm. 310, obs. Lachaud.* ♦ Pour fixer le complément de fermage, les dépenses supportées par le bailleur ne constituent qu'un élément de nature à déterminer l'amélioration des conditions de l'exploitation. • Même arrêt.

Art. R. 411-9-1 *(Décr. nº 2010-1126 du 27 sept. 2010)* **Le "revenu brut d'entreprise agricole" mentionné au sixième alinéa de l'article L. 411-11 est calculé annuellement sur la base des données du réseau d'information comptable agricole (RICA France),** *(Décr. nº 2017-1771 du 27 déc. 2017, art. 9-3º)* **« mentionné à l'article D. 613-1 », actualisées pour l'année *n* – 1 et telles que présentées à la commission des comptes de l'agriculture de la nation.**

Ce revenu, constaté sur le plan national, est calculé par solde entre les recettes et les charges annuelles courantes, hors dotations aux amortissements, des exploitations agricoles et par hectare de surface agricole utilisée en rapportant le revenu moyen par exploitation à la surface moyenne des exploitations suivies dans le réseau d'information comptable agricole.

Pour une année *n*, la variation du revenu brut d'entreprise agricole à l'hectare constaté sur le plan national est calculée en rapportant la moyenne du revenu brut constaté les années *n* – 1 à *n* – 5 à la moyenne du revenu brut des années *n* – 2 à *n* – 6.

L'indice du revenu brut d'entreprise agricole est obtenu en appliquant cette variation à l'indice du revenu brut d'entreprise agricole arrêté l'année précédente, l'année 2009 constituant la base 100. — *L'indice du revenu brut d'entreprise agricole national à l'hectare retenu pour 2010 est de 96,95 (indice en base 100 en 2009) (Arr. du 27 sept. 2010, art. 1er, JO 28 sept.) ; ... pour 2011, il est de 101,21 (Arr. du 20 juill. 2011, art. 1er, JO 4 août) ; ... pour 2012, il est de 104,83 (Arr. du 11 juill. 2012, art. 1er, JO 24 juill.) ; ... pour 2013, il est de 108,36 (Arr. du 5 août 2013, art. 2, JO 10 août) ; ... pour 2014, il est de 110,52 (Arr. du 22 juill. 2014, art. 1er, JO 25 juill.) ; ... pour 2015, il est de 113,03 (Arr. du 20 juill. 2015, art. 1er, JO 24 juill.) ; ... pour 2016, il est de 111,81 (Arr. du 13 juill. 2016, art. 1er, JO 23 juill.) ; ... pour 2017, il est de 106,02 (Arr. du 19 juill. 2017, art. 1er, JO 22 juill.) ; ... pour 2018, il est de 100,16 (Arr. du 20 juill. 2018, art. 1er, JO 25 juill.) ; ... pour 2019, il est de 102,45 (Arr. du 12 juill. 2019, art. 1er, JO 18 juill.) ; ... pour 2020, il est de 102,52 (Arr. du 16 juill. 2020, art. 1er, JO 19 juill.) ; ... pour 2021, il est de 102,59 (Arr. du 12 juill. 2021, art. 1er, JO 20 juill.) ; ... pour 2022, il est de 107,89 (Arr. du 13 juill. 2022, art. 1er, JO 16 juill.) ; ... pour 2023, il est de 115,99 (Arr. du 18 juill. 2023, art. 1er, JO 21 juill.).*

Art. R. 411-9-2 *(Décr. nº 2010-1126 du 27 sept. 2010)* **Le "niveau général des prix" mentionné au septième alinéa de l'article L. 411-11 correspond à l'évolution annuelle**

du prix du produit intérieur brut (PIB) établie par l'Institut national de la statistique et des études économiques (INSEE) dans le cadre des comptes de la nation.

L'indice du prix du PIB est obtenu en appliquant cette évolution à l'indice arrêté l'année précédente, l'année 2009 constituant la base 100. — *L'indice du prix du produit intérieur brut retenu pour 2010 est de 100,50 (indice base 100 en 2009) (Arr. du 27 sept. 2010, art. 2, JO 28 sept.) ; ... pour 2011, il est de 101,30 (Arr. du 20 juill. 2011, art. 2, JO 4 août) ; ... pour 2012, il est de 102,62 (Arr. du 11 juill. 2012, art. 2, JO 24 juill.) ; ... pour 2013, il est de 104,16 (Arr. du 5 août 2013, art. 3, JO 10 août) ; ... pour 2014, il est de 104,99 (Arr. du 22 juill. 2014, art. 2, JO 25 juill.) ; ... pour 2015, il est de 105,59 (Arr. du 20 juill. 2015, art. 2, JO 24 juill.) ; ... pour 2016, il est de 106,26 (Arr. du 13 juill. 2016, art. 2, JO 23 juill.) ; ... pour 2017, il est de 106,67 (Arr. du 19 juill. 2017, art. 2, JO 22 juill.) ; ... pour 2018, il est de 107,37 (Arr. du 20 juill. 2018, art. 2, JO 25 juill.) ; ... pour 2019, il est de 108,22 (Arr. du 12 juill. 2019, art. 2, JO 18 juill.) ; ... pour 2020, il est de 109,55 (Arr. du 16 juill. 2020, art. 2, JO 19 juill.) ; ... pour 2021, il est de 112,31 (Arr. du 12 juill. 2021, art. 2, JO 20 juill.) ; ... pour 2022, il est de 113,89 (Arr. du 13 juill. 2022, art. 2, JO 16 juill.) ; ... pour 2023, il est de 117,16 (Arr. du 18 juill. 2023, art. 2, JO 21 juill.).*

Art. R. 411-9-3 *(Décr. nº 2010-1126 du 27 sept. 2010)* **L'indice national des fermages de l'année correspond à la moyenne pondérée de l'indice du revenu brut d'entreprise agricole et de l'indice du prix du PIB, les pondérations respectives de ces indices étant de 60 % et de 40 %.** — *L'indice national des fermages s'établit pour 2010 à 98,37 (Arr. du 27 sept. 2010, art. 3, JO 28 sept.) ; ... pour 2011, à 101,25 (Arr. du 20 juill. 2011, art. 3, JO 4 août) ; ... pour 2012, à 103,95 (Arr. du 11 juill. 2012, art. 3, JO 24 juill.) ; ... pour 2013, à 106,68 (Arr. du 5 août 2013, art. 4, JO 10 août) ; ... pour 2014, à 108,30 (Arr. du 22 juill. 2014, art. 3, JO 25 juill.) ; ... pour 2015, à 110,05 (Arr. du 20 juill. 2015, art. 3, JO 24 juill.) ; ... pour 2016, à 109,59 (Arr. du 13 juill. 2016, art. 3, JO 23 juill.) ; ... pour 2017, à 106,28 (Arr. du 19 juill. 2017, art. 3, JO 22 juill.) ; ... pour 2018, à 103,05 (Arr. du 20 juill. 2018, art. 3, JO 25 juill.) ; ... pour 2019, à 104,76 (Arr. du 12 juill. 2019, art. 3, JO 18 juill.) ; ... pour 2020, à 105,33 (Arr. du 16 juill. 2020, art. 3, JO 19 juill.) ; ... pour 2021, à 106,48 (Arr. du 12 juill. 2021, art. 3, JO 20 juill.) ; ... pour 2022, à 110,26 (Arr. du 13 juill. 2022, art. 3, JO 16 juill.) ; ... pour 2023, à 116,46 (Arr. du 18 juill. 2023, art. 3, JO 21 juill.).*

Art. R. 411-9-4 *Abrogé par Décr. nº 2010-1126 du 27 sept. 2010.*

Art. R. 411-9-5 *(Décr. nº 95-623 du 6 mai 1995)* **La liste des denrées ne pouvant pas entrer dans la composition de l'indice des fermages parce qu'elles font l'objet d'indemnités compensatoires prévues par la réglementation communautaire est constatée par arrêté du ministre chargé de l'agriculture.** — *V. Arr. du 10 mai 1995 (JO 16 mai), mod. par Arr. du 19 févr. 1996 (JO 27 févr.), Arr. du 31 juill. 1996 (JO 8 août).*

Art. R. 411-9-6 *Abrogé par Décr. nº 2010-1126 du 27 sept. 2010.*

Art. R. 411-9-7 *(Décr. nº 95-623 du 6 mai 1995)* **Le constat dans le département du prix des denrées entrant dans la composition de l'indice des fermages est établi par le préfet après avis de la commission consultative paritaire départementale des baux ruraux, selon le cours moyen de ces denrées dans le département.**

L'indice du prix des denrées peut être constaté sur une période d'une à cinq années.

L'indice du prix d'une denrée correspond chaque année à cent fois le rapport du cours constaté pour la période annuelle ou pluriannuelle se terminant le 30 juin de l'année en cours, au cours constaté pour la période équivalente se terminant le 30 juin 1994.

Art. R. 411-9-8 *Abrogé par Décr. nº 2010-1126 du 27 sept. 2010.*

Art. R. 411-9-9 *(Décr. nº 95-623 du 6 mai 1995)* **Le loyer à payer pour une période annuelle du bail est égal au montant en monnaie fixé dans le bail multiplié par le rapport entre l'indice des fermages du 1er octobre précédant la fin de cette période annuelle et l'indice des fermages du 1er octobre suivant la date d'effet du bail. Toutefois, lorsque le loyer est payable à terme à échoir et que par accord entre les parties le bail stipule que l'indice de référence choisi est celui du 1er octobre qui précède la date d'effet du bail, l'indice d'actualisation retenu chaque année est celui du 1er octobre précédant le début de la période annuelle.**

Art. R. 411-9-10 *(Décr. nº 95-623 du 6 mai 1995)* Les maxima et minima, déterminés en monnaie par application du 2º de l'article R. 411-1, sont actualisés chaque année au 1er octobre selon la variation du dernier indice connu des fermages. Ils sont publiés au recueil des actes administratifs de la préfecture.

Art. R. 411-9-11 *(Décr. nº 95-623 du 6 mai 1995)* La date du 1er octobre mentionnée aux articles R. 411-9-9 et R. 411-9-10 peut être remplacée par le préfet par une date comprise entre le 1er août et le 30 septembre, en fonction des échéances usuelles des baux dans le département et après avis de la commission consultative paritaire départementale des baux ruraux.

Les dispositions de l'alinéa précédent ne sont pas applicables dans les cas mentionnés au treizième alinéa de l'article L. 411-11.

SECTION 2 Droits et obligations du preneur en matière d'exploitation

(Décr. nº 2007-326 du 8 mars 2007)

BIBL. ▶ Mallet, *RD rur. 2015. Focus 85* (décret du 1er juin 2015).

Art. R. 411-9-11-1 Les clauses pouvant être incluses dans les baux ruraux dans les cas prévus aux *(Décr. nº 2015-591 du 1er juin 2015, art. 1er-1º)* « troisième à sixième » alinéas de l'article L. 411-27 portent sur les pratiques culturales suivantes :

1º Le non-retournement des prairies ;

2º La création, le maintien et les modalités de gestion des surfaces en herbe ;

3º Les modalités de récolte ;

4º L'ouverture d'un milieu embroussaillé et le maintien de l'ouverture d'un milieu menacé par l'embroussaillement ;

5º La mise en défens de parcelles ou de parties de parcelle ;

6º La limitation ou l'interdiction des apports en fertilisants ;

7º La limitation ou l'interdiction des produits phytosanitaires ;

8º La couverture végétale du sol périodique ou permanente pour les cultures annuelles ou les cultures pérennes ;

9º L'implantation, le maintien et les modalités d'entretien de couverts spécifiques à vocation environnementale ;

10º L'interdiction de l'irrigation, du drainage et de toutes formes d'assainissement ;

11º Les modalités de submersion des parcelles et de gestion des niveaux d'eau ;

12º La diversification de l'assolement ;

13º La création, le maintien et les modalités d'entretien de haies, talus, bosquets, arbres isolés, *(Décr. nº 2015-591 du 1er juin 2015, art. 1er-1º)* « arbres alignés, bandes tampons le long des cours d'eau ou le long des forêts, » mares, fossés, terrasses, murets ;

14º Les techniques de travail du sol ;

15º La conduite de cultures *(Décr. nº 2015-591 du 1er juin 2015, art. 1er-1º)* « ou d'élevage » suivant le cahier des charges de l'agriculture biologique ;

(Décr. nº 2015-591 du 1er juin 2015, art. 1er-1º) « 16º Les pratiques associant agriculture et forêt, notamment l'agroforesterie ».

Art. R. 411-9-11-2 *(Décr. nº 2015-591 du 1er juin 2015, art. 1er-2º)* I. — Lorsque l'une des clauses du bail prévoit le maintien d'un taux minimal d'infrastructures écologiques, la nature de celles-ci et, le cas échéant, le taux minimal de maintien à respecter sont fixés par les parties en tenant compte des infrastructures répertoriées dans l'état des lieux prévu au *(Décr. nº 2017-1771 du 27 déc. 2017, art. 9-4º)* « troisième alinéa de l'article L. 411-4 ». Si une stipulation du contrat le prévoit, le maintien peut être limité à une ou plusieurs infrastructures choisies par les parties parmi celles répertoriées dans l'état des lieux.

Pour l'application du précédent alinéa, sont notamment considérés comme infrastructures écologiques les haies, bosquets, arbres isolés ou alignés, jachères, bordures de champs, fossés, murets, banquettes, mares, vergers de haute tige.

II. — Pour l'application du quatrième alinéa de l'article L. 411-27, quels que soient le bailleur et la localisation des parcelles, les pratiques à maintenir sont choisies parmi celles figurant à l'article R. 411-9-11-1 qui étaient mises en œuvre par le précédent exploitant, ou qui sont de nature à garantir le maintien des infrastructures constatées

dans l'état des lieux prévu au *(Décr. n° 2017-1771 du 27 déc. 2017, art. 9-4°)* **« troisième alinéa de l'article L. 411-4 » effectué au moment de la conclusion du bail.**

Art. R. 411-9-11-3 *(Décr. n° 2015-591 du 1er juin 2015, art. 1er-3°)* **« I. — En ce qui concerne les parcelles mentionnées au sixième alinéa de l'article L. 411-27, les clauses retenues par le bail sont choisies parmi les pratiques énumérées à l'article R. 411-9-11-1 conformes au document de gestion officiel de l'espace protégé considéré.**

« II. — En dehors de ces parcelles, les personnes mentionnées au cinquième alinéa de l'article L. 411-27 » choisissent parmi les pratiques énumérées à l'article R. 411-9-11-1 celles qui répondent aux préoccupations environnementales du lieu de situation du bien loué.

Art. R. 411-9-11-4 Le bail incluant des clauses mentionnées *(Décr. n° 2017-1771 du 27 déc. 2017, art. 9-5°)* **« aux troisième à sixième alinéas de l'article L. 411-27 » fixe les conditions dans lesquelles le bailleur peut s'assurer annuellement du respect par le preneur des pratiques culturales convenues.**

SECTION 3 Résiliation du bail

(Décr. n° 2004-80 du 22 janv. 2004, art. 15)

Art. R.* 411-9-12 *(Décr. n° 2017-1411 du 27 sept. 2017, art. 2-52°)* **Le silence gardé par le préfet sur une demande d'autorisation de résiliation du bail pour changement de la destination agricole des parcelles, mentionnée à l'article L. 411-32, vaut décision de rejet.**

Art. R. 411-9-12-1 *(Décr. n° 2017-1411 du 27 sept. 2017, art. 2-53°)* **La décision mentionnée à l'article R.* 411-9-12 naît au terme d'un délai de quatre mois.**

Art. D. 411-9-12-2 *(Décr. n° 2007-945 du 15 mai 2007)* **La décision administrative prévue à l'article L. 411-32 est prise par le préfet du département après avis de la commission consultative départementale des baux ruraux.** — *Les art. D. 411-9-12-1 et D. 411-9-12-2 deviennent respectivement les art. D. 411-9-12-2 et D. 411-9-12-3 (Décr. n° 2017-1411 du 27 sept. 2017, art. 2-53°).*

SECTION 4 Cession du bail et sous-location

(Décr. n° 2015-228 du 27 févr. 2015, art. 7)

Art. D. 411-9-12-3 *(Décr. n° 2015-228 du 27 févr. 2015, art. 7-I)* **Le délai prévu au troisième alinéa de l'article L. 411-35 est fixé à deux mois. Il court à compter de la notification au propriétaire de la lettre recommandée mentionnée à cet alinéa.** — *V. note ss. art. D. 411-9-12-2.*

SECTION 5 Adhésion à une société

(Décr. n° 2005-820 du 18 juill. 2005)

Art. D. 411-9-13 Le délai prévu au deuxième alinéa de l'article L. 411-39-1 est fixé à deux mois à compter de la réception par le propriétaire de l'avis qui lui est adressé par le preneur ou la société.

SECTION 6 Échange et location de parcelles

Art. D. 411-9-14 *(Décr. n° 2007-945 du 15 mai 2007)* **L'autorité administrative mentionnée à l'article L. 411-39 est le préfet du département.**

SECTION 7

Néant.

SECTION 8 Droit de renouvellement et droit de reprise

Art. R. 411-10 *(Décr. n° 2017-1771 du 27 déc. 2017, art. 9-6°)* **La mise en demeure prévue au 1° du I de l'article L. 411-31 pour l'application de l'article L. 411-53 est faite par lettre recommandée avec demande d'avis de réception.**

Art. R. 411-11 Le délai prévu à l'article L. 411-54 est fixé à quatre mois. – *[Anc. art. 841, al. 1er.]*

Calcul du délai. V. jurisprudence ss. art. L. 411-54, notes 3 et 4.

Art. R. 411-12 La notification prévue à l'article L. 411-55 doit être donnée par lettre recommandée avec demande d'avis de réception ou par acte extrajudiciaire. – *[Anc. art. 842, al. 1er.]*

Art. R. 411-13 *Abrogé par Décr. nº 2017-1771 du 27 déc. 2017, art. 9-7º.*

SECTION 9 Indemnité au preneur sortant

Art. R. 411-14 Les décisions administratives prévues aux articles L. 411-71 et L. 411-73 sont prises par arrêté du préfet du département après avis de la commission consultative départementale des baux ruraux. – *[Anc. art. 848, al. 1er, et 850, al. 2.]*

Art. R. 411-15 La preuve des améliorations mentionnées à l'article L. 411-69 résulte soit d'un état des lieux établi dans les conditions prévues à l'article L. 411-4, soit de tout autre moyen de preuve admis par le droit commun.

Lorsqu'il est procédé à une expertise, celle-ci doit être établie conformément au plan d'inventaire déterminé par arrêté du ministre de l'agriculture et préciser la nature, le coût et la date des améliorations apportées par le preneur. – *V. Arr. du 31 oct. 1978 relatif au plan d'inventaire prévu par l'art. 849 du code rural (JO 15 nov.).*

La rémunération des experts est assurée d'après un barème forfaitaire. – *[Anc. art. 849.]*

1. Les juges peuvent s'appuyer sur un rapport d'expert fondé sur un constat d'huissier dressé deux ans après l'entrée en jouissance ainsi que sur la déclaration de divers sachants. • Soc. 2 mai 1952 : *Bull. civ. III, nº 353.* ♦ Ils ne sont pas tenus d'ordonner une expertise. • Civ. 3e, 12 juill. 2000, nº 98-20.408. ♦ Sur l'insuffisance d'une étude purement théorique d'un expert, V. • Paris, 10 avr. 1990 : *Rev. loyers 1990. 327, note Le Petit.* ♦ Comp., jurisprudence ss. art. L. 411-69, note 28.

2. A défaut d'état des lieux, l'indemnité au preneur sortant peut être déterminée par comparaison de la valeur de *rendement* à l'entrée avec la valeur de rendement précédant les dernières années du bail. • Civ. 3e, 26 janv. 1982 : *Gaz. Pal. 1983. 1. 220, note Le Petit et Challine* • 2 déc. 1992, nº 90-15.509 P : *JCP 1994. II. 22234, note Ourliac ; RD rur. 1993. 486, obs. Ourliac ; Gaz. Pal. 1994. 1. Somm. 142, obs. Lachaud.* ♦ A également été jugée valable la méthode des bilans ayant pour objet de déterminer la plus-value procurée aux terrains repris au jour le plus proche du départ des preneurs. • Civ. 3e, 6 déc. 1983 : *D. 1985. IR 70, obs. Martine* • 15 juin 1994 : *Rev. loyers 1994. 441, note Le Petit.* ♦ A défaut d'éléments établissant l'état des terres lors de l'entrée en jouissance, la preuve d'améliorations par le preneur n'est pas apportée par une expertise faisant apparaître une productivité et un rendement supérieurs aux résultats habituels dans le département. • Civ. 3e, 3 avr. 2001 : *RD rur. 2001. 495.* ♦ Les améliorations peuvent s'apprécier avec un état des lieux réalisé lors du premier renouvellement du bail avec une comparaison corrigée des rendements des premières et dernières années du bail. • Civ. 3e, 5 nov. 2015, nº 14-23.875 P : *D. 2015. 2318 ; D. actu. 15 déc. 2015, note Prigent ; JCP N 2015. Actu. 1132 ; JCP 2015. 1277 ; Rev. loyers 2016, nº 963, note Peignot ; AJDI 2016. 208, note Prigent ; Gaz. Pal. 2015. 3920.*

Art. R. 411-16 *(Décr. nº 2017-1771 du 27 déc. 2017, art. 9-8º)* La communication et la notification prévues respectivement aux 1º et 3º du I de l'article L. 411-73 sont données par acte extrajudiciaire ou par lettre recommandée avec demande d'avis de réception.

Art. R. 411-17 L'autorité judiciaire mentionnée au dernier alinéa de l'article L. 411-73 est le président du tribunal paritaire qui statue *(Décr. nº 2019-1419 du 20 déc. 2019, art. 7)* « selon la procédure accélérée au fond ». – *[Anc. art. 850.]*

Art. R. 411-18 Le barème national à partir duquel pourront être fixées les tables d'amortissement destinées au calcul des indemnités auxquelles les preneurs de baux ruraux ont droit à l'expiration de leurs baux en raison des améliorations apportées par eux aux fonds loués en ce qui concerne les bâtiments d'exploitation *(Décr. nº 90-120 du 5 févr. 1990)* « les ouvrages incorporés au sol et les bâtiments d'habitation », est fixé comme ci-après :

	Durées minimales et maximales d'amortissement.
A. – Bâtiments d'exploitation.	
1° Ouvrages autres que ceux définis aux 3° et 4° en matériaux lourds ou demi-lourds, tels que maçonnerie de pierres d'épaisseur au moins égale à 30 cm, briques d'épaisseur égale ou supérieure à 12 cm, béton armé et agglomérés de ciment (parpaings) ; ossatures et charpentes métalliques ou en bois traité	**20 à 30 ans.**
2° Ouvrages autres que ceux définis aux 3° et 4° en matériaux légers, tels que bardages en matériaux légers ou incomplets ou briques d'épaisseur inférieure à 12 cm et amiante-ciment ; ossatures et charpentes autres que celles précédemment définies	**15 à 25 ans.**
3° Couvertures en tuiles, ardoises, tôle galvanisée d'épaisseur égale ou supérieure à 0,6 mm, amiante-ciment et matériaux de qualité au moins équivalente	**15 à 25 ans.**
4° Autres modes de couverture : chaume, bois, tôle galvanisée de moins de 0,6 mm notamment	**10 à 20 ans.**
B. – Ouvrages incorporés au sol.	
1° Ouvrages constituant des immeubles par destination, à l'exception des ouvrages ou installations énumérées au 2° :	
***a*) Installations d'alimentation en eau, d'irrigation, d'assainissement, de drainage notamment**	**10 à 30 ans.**
***b*) Installations électriques dans des bâtiments autres que des étables**	**10 à 25 ans.**
***c*) Installations électriques dans des étables et installations électriques extérieures**	**10 à 15 ans.**
2° Autres ouvrages et installations, tels que clôtures ou matériel scellé au sol dans les bâtiments :	
***a*) Ouvrages et installations ne comportant pas d'éléments mobiles**	**10 à 20 ans.**
***b*) Ouvrages et installations comportant des éléments mobiles tels que matériel de ventilation, transporteurs et moteurs les mettant en mouvement**	**5 à 15 ans.**
***(Décr. n° 90-120 du 5 févr. 1990)* « C. – Bâtiments d'habitation.**	
« 1° Maisons de construction traditionnelle :	
« *a*) Maisons construites par le preneur	**50 à 60 ans.**
« *b*) Extensions ou aménagements : « – gros œuvre	**20 à 40 ans.**

	Durées minimales et maximales d'amortissement.
« – autres éléments	10 à 30 ans.
« 2° Maisons préfabriquées..	10 à 40 ans. » — *[Anc. art. 1er du Décr. n° 70-176 du 5 mars 1970.]*

Des serres démontables ne constituent pas des ouvrages incorporés au sol. • Civ. 3e, 15 janv. 1992 : *JCP 1992. IV. 768.*

Art. R. 411-19 Pour chaque département, et éventuellement pour chaque région naturelle agricole, le préfet du département, après avis de la commission consultative des baux ruraux, arrête les tables d'amortissement dans les limites fixées à l'article R. 411-18 et, compte tenu notamment de la nature des matériaux employés, de la catégorie des travaux et de leur objet, constructions nouvelles ou aménagement des constructions existantes ainsi que, le cas échéant, des dimensions des bâtiments, de leur destination et des facilités d'utilisation différente qu'ils présentent. — *[Anc. art. 2 du Décr. n° 70-176 du 5 mars 1970.]*

Faisant prévaloir la durée d'amortissement théorique sur la durée effective, V. • Civ. 3e, 16 déc. 1997 : *RD rur. janv. 1998, p. 2.*

Art. R. 411-20 *(Décr. n° 86-881 du 28 juill. 1986)* Le comité technique départemental prévu au 3 du I de l'article L. 411-73 est placé sous la présidence du préfet ou de son représentant. Il comprend, en outre, cinq représentants de la profession agricole ou leurs suppléants désignés par le préfet sur proposition des représentants *(Décr. n° 2017-1100 du 15 juin 2017, art. 1er-1°, en vigueur le 1er janv. 2018)* « ayant voix délibérative à » la commission consultative paritaire départementale des baux ruraux. Ces membres et suppléants ne peuvent être assesseurs, titulaires ou suppléants d'un tribunal paritaire des baux ruraux.

La durée du mandat des membres et de leurs suppléants est de cinq ans.

Assistent de droit aux séances du comité avec voix consultative :

1° Le président de la caisse régionale de crédit agricole ou son représentant ;

2° Deux personnalités qualifiées désignées par le préfet sur proposition de la chambre départementale d'agriculture ;

3° Trois fonctionnaires désignés par le préfet ou leurs représentants.

Art. R. 411-21 *(Décr. n° 86-881 du 28 juill. 1986)* Le comité technique ne peut se réunir que si trois au moins des membres représentant la profession agricole sont présents. Si le quorum n'est pas atteint, une seconde réunion du comité technique a lieu dans les quinze jours. Il siège alors valablement, quel que soit le nombre des présents.

Les votes sont acquis à la majorité des voix. En cas de partage, celle du président est prépondérante.

Le comité technique peut entendre toute personne dont il estime l'audition utile.

Art. R. 411-22 *(Décr. n° 86-881 du 28 juill. 1986)* Dans le cas prévu au 3 du I de l'article L. 411-73, le preneur notifie sa proposition de travaux d'amélioration au bailleur ainsi qu'au comité technique départemental du siège de l'exploitation.

En cas de refus du bailleur d'exécuter les travaux ou s'il ne répond pas dans les deux mois qui suivent la notification de la proposition du preneur, celui-ci saisit le comité par lettre recommandée avec demande d'avis de réception postal adressée au préfet.

A l'appui de sa saisine, le preneur doit fournir le descriptif et le devis des travaux envisagés, ainsi que toutes les informations utiles au comité pour l'application des dispositions de l'article R. 411-25, à moins qu'il n'ait déjà transmis ces pièces au comité.

Le préfet enregistre la saisine du preneur et en informe le bailleur par lettre recommandée avec demande d'avis de réception postal.

Art. R. 411-23 *(Décr. nº 86-881 du 28 juill. 1986)* Le préfet avertit les parties de la date d'examen du projet de travaux. Sur leur demande écrite préalable, le comité technique départemental doit les entendre, éventuellement assistées ou représentées par une personne de leur choix.

Art. R. 411-24 *(Décr. nº 86-881 du 28 juill. 1986)* Le comité technique départemental favorise toute solution amiable pouvant satisfaire les parties.

Art. R. 411-25 *(Décr. nº 86-881 du 28 juill. 1986)* Le comité technique départemental émet un avis motivé qui prend en considération :

1º Les améliorations que les travaux envisagés peuvent apporter au fonds loué ;

2º L'utilité économique et technique des travaux compte tenu des orientations régionales de production, leur rentabilité pour l'exploitation et leurs répercussions sur les conditions de travail ;

3º La localisation et l'emprise des travaux en tenant compte, en particulier, de l'incidence du projet tant sur le fonds loué et l'exploitation que sur les fonds voisins et l'environnement.

Art. R. 411-26 *(Décr. nº 86-881 du 28 juill. 1986)* Le comité technique départemental dispose d'un délai de deux mois pour rendre son avis à compter de la saisine ou de la réception des pièces qu'il a demandées lorsqu'il a estimé le dossier incomplet.

L'avis ainsi émis est notifié au preneur et au bailleur par le préfet dans un délai de quinze jours à compter de son adoption par lettre recommandée avec demande d'avis de réception postal.

Le comité technique peut proposer des modifications au projet présenté, à sa localisation et à son assiette. Dans ce cas, son avis est considéré comme favorable si le preneur notifie son accord sur les modifications proposées au préfet et au bailleur dans un délai d'un mois après la notification de cet avis.

Art. R. 411-27 *(Décr. nº 86-881 du 28 juill. 1986)* Lorsque le comité technique départemental donne un avis favorable aux travaux, le bailleur dispose d'un délai de deux mois à compter de la notification de cet avis pour saisir le tribunal paritaire des baux ruraux.

En cas de modifications au projet, ce délai court à compter de la notification de l'accord donné par le preneur à ces modifications.

CHAPITRE II DROIT DE PRÉEMPTION ET DROIT DE PRIORITÉ

Néant.

CHAPITRE III DISPOSITIONS PARTICULIÈRES AUX PRENEURS DE NATIONALITÉ ÉTRANGÈRE

Néant.

CHAPITRE IV COMMISSIONS CONSULTATIVES PARITAIRES DES BAUX RURAUX

SECTION 1 Commissions consultatives paritaires départementales des baux ruraux

Art. R. 414-1 *(Décr. nº 2017-1771 du 27 déc. 2017, art. 9-9º)* La commission consultative paritaire départementale des baux ruraux mentionnée à l'article L. 411-11 se réunit à la diligence du préfet du département chaque fois que le règlement des affaires de sa compétence l'exige ou que le préfet estime devoir la consulter.

Elle comprend, outre le préfet ou son représentant, qui la préside :

1º Le directeur départemental des territoires, ou le cas échéant, des territoires et de la mer ou son représentant ;

2º Le président de la chambre départementale d'agriculture ou son représentant ;

3º Un représentant de chacune des organisations syndicales d'exploitants agricoles à vocation générale habilitées en application de l'article R. 514-37 ;

4º Le président de l'organisation départementale des bailleurs de baux ruraux affiliée à l'organisation nationale la plus représentative ou son représentant ; le président de cette organisation ayant la faculté de renoncer à faire partie de la commission, auquel cas siège le président de l'organisation départementale de la propriété agricole affiliée à l'organisation nationale la plus représentative ou son représentant ;

5° Le président de l'organisation départementale des fermiers et des métayers affiliée à l'organisation nationale la plus représentative ou son représentant ;

6° Le président de la chambre départementale des notaires ou son représentant ;

7° Des représentants titulaires des bailleurs non preneurs et des preneurs non bailleurs, désignés, dans le ressort de chaque tribunal paritaire des baux ruraux, par le préfet selon les modalités prévues à l'article R. 414-3 et dans les conditions suivantes :

a) Lorsque le département comporte un seul tribunal paritaire, ces représentants désignés sont au nombre de six bailleurs et de six preneurs ;

b) Lorsque le département comporte deux tribunaux paritaires, ces représentants désignés sont au nombre de trois bailleurs et de trois preneurs par ressort de tribunal ;

c) Lorsque le département comporte trois tribunaux paritaires, ces représentants désignés sont au nombre de deux bailleurs et de deux preneurs par ressort de tribunal ;

d) Lorsque le département comporte quatre tribunaux paritaires ou plus, ces représentants désignés sont au nombre d'un bailleur et d'un preneur par ressort de tribunal.

Il est désigné autant de suppléants que de titulaires.

Si l'existence du métayage le rend nécessaire, il est créé par le préfet deux sections égales ; l'une pour les bailleurs et les preneurs à ferme, l'autre pour les bailleurs et les preneurs à métayage entre lesquelles les intéressés sont répartis.

Dans ce cas, le nombre des représentants des bailleurs non preneurs et des preneurs non bailleurs désignés par ressort de tribunal est doublé. Ces sections sont convoquées séparément pour les affaires entrant dans leurs attributions.

Seuls les membres ainsi désignés ont voix délibérative.

Le secrétariat de la commission est assuré par la direction départementale des territoires ou, le cas échéant, des territoires et de la mer.

En cas d'absence du préfet et de son représentant, le directeur départemental des territoires ou, le cas échéant, des territoires et de la mer ou son représentant préside la commission.

Art. R. 414-2 *(Décr. n° 2017-1100 du 15 juin 2017, art. 1er-3°, en vigueur le 1er janv. 2018)* « Les votes ne peuvent intervenir que si les représentants des bailleurs et ceux des preneurs disposent du même nombre de voix. »

Les membres de la commission n'ayant pas voix délibérative peuvent demander à faire inscrire leur avis au procès-verbal de la séance ; lorsqu'une majorité n'a pu se dégager, le président doit solliciter leur avis en vue de cette inscription.

Le procès-verbal est transmis au préfet du département. *(Décr. n° 2006-665 du 7 juin 2006, art. 41)* « Si la commission consultative nationale paritaire est saisie, le procès-verbal lui est transmis. » – *[Anc. art. 2 du Décr. n° 76-439 du 20 mai 1976.]*

Art. R. 414-3 *(Décr. n° 2017-1100 du 15 juin 2017, art. 1er-4°, en vigueur le 1er janv. 2018)* Les représentants des preneurs non bailleurs et des bailleurs non preneurs membres de la commission consultative paritaire départementale des baux ruraux sont désignés au plus tard un mois après la désignation des membres assesseurs des tribunaux paritaires des baux ruraux.

Les représentants des preneurs non bailleurs sont désignés par le préfet sur proposition des organisations syndicales d'exploitants agricoles représentatives dans le département *(Décr. n° 2017-1771 du 27 déc. 2017, art. 9-10°)* « au sens de l'article R. 514-37 ». Les représentants des bailleurs non preneurs sont désignés par le préfet sur proposition des organisations représentatives des propriétaires agricoles dans le département.

Ces représentants doivent remplir les conditions d'antériorité professionnelle prévues au dernier alinéa de l'article L. 492-2.

Art. R. 414-4 *(Décr. n° 2010-687 du 24 juin 2010, art. 49-III)* Dans la région d'Île-de-France, les compétences des commissions départementales des départements de l'Essonne, de Paris, des Hauts-de-Seine, de la Seine-Saint-Denis, du Val-de-Marne, du Val-d'Oise et des Yvelines sont exercées par une commission consultative interdépartementale des baux ruraux.

Sa composition est établie par décret pris sur le rapport du ministre chargé de l'agriculture, par référence aux articles R. 414-1 à R. 414-3. Elle est présidée par le préfet de la région d'Île-de-France, préfet de Paris, ou son représentant. Son secrétariat est assuré par la direction régionale et interdépartementale de l'alimentation, de l'agriculture et de la forêt.

Art. R. 414-4-1 *(Décr. nº 2011-538 du 17 mai 2011)* **La commission consultative paritaire interdépartementale des baux ruraux de la région d'Île-de-France (Essonne, Paris, Hauts-de-Seine, Seine-Saint-Denis, Val-de-Marne, Val-d'Oise et Yvelines) comprend, outre le préfet de région d'Île-de-France, préfet de Paris, ou son représentant, président :**

1º Les préfets de département de l'Essonne, du Val-d'Oise et des Yvelines, ou leurs représentants ;

2º Le directeur régional et interdépartemental de l'alimentation, de l'agriculture et de la forêt d'Île-de-France, ou son représentant ;

3º Le président de la chambre interdépartementale d'agriculture d'Île-de-France, ou son représentant ;

4º Un représentant de chacune des organisations syndicales d'exploitants agricoles à vocation générale habilitées en application de *(Décr. nº 2017-1771 du 27 déc. 2017, art. 9-11º)* **« l'article R. 514-37 » ;**

5º Le président de l'organisation interdépartementale des bailleurs de baux ruraux d'Île-de-France affiliée à l'organisation nationale la plus représentative ou, si celui-ci renonce à faire partie de la commission, le président de l'organisation interdépartementale de la propriété agricole d'Île-de-France affiliée à l'organisation nationale la plus représentative, ou leur représentant ;

6º Le président de l'organisation interdépartementale des fermiers et des métayers d'Île-de-France affiliée à l'organisation nationale la plus représentative, ou son représentant ;

7º *(Décr. nº 2017-1771 du 27 déc. 2017, art. 9-11º)* **« Le président ou son représentant :**

***a)* De la chambre interdépartementale des notaires de Paris, de la Seine-Saint-Denis et du Val-de-Marne ;**

***b)* De la chambre interdépartementale de notaires des Yvelines et du Val-d'Oise ;**

***c)* De la chambre départementale des notaires de l'Essonne ;**

***d)* De la chambre départementale des notaires des Hauts-de-Seine ; »**

8º Trois représentants titulaires des bailleurs non preneurs et trois représentants titulaires des preneurs non bailleurs, désignés par le préfet de la région sur proposition de leurs organisations respectives et selon les modalités prévues *(Décr. nº 2017-1100 du 15 juin 2017, art. 1er-5º, en vigueur le 1er janv. 2018)* **« à » l'article R. 414-3. Il est désigné autant de suppléants que de titulaires. Seuls les membres ainsi désignés ont voix délibérative.**

Le préfet de région arrête la composition de la commission. — *Les divisions « a », « b », « c », « d », « e », « f », « g » et « h » sont remplacées respectivement par les divisons « 1º », « 2º », « 3º », « 4º », « 5º », « 6º », « 7º » et « 8º » (Décr. nº 2017-1771 du 27 déc. 2017, art. 9-11º).*

SECTION 2 Commission consultative paritaire nationale des baux ruraux

Du fait de l'abrogation de la section 2 et de l'art. R. 414-5 par le Décr. nº 2006-665 du 7 juin 2006, la section 3 est devenue la section 2 et l'art. R. 414-6 est devenu l'art. R. 414-5.

Art. R. 414-5 *(Décr. nº 2017-1771 du 27 déc. 2017, art. 9-12º)* **La** *[commission]* **consultative paritaire nationale des baux ruraux mentionnée à l'article L. 411-11 siège auprès du ministre chargé de l'agriculture. Elle est chargée de donner son avis sur les affaires qui lui sont soumises en application des dispositions de ce même article.**

Elle comprend :

1º Le directeur général de la performance économique et environnementale des entreprises ou son représentant, président ;

2º Un représentant du garde des sceaux, ministre de la justice ;

3º Un représentant de *(Ord. nº 2022-583 du 20 avr. 2022, art. 1er)* **« Chambres d'agriculture France » ;**

4° Un représentant de chacune des organisations syndicales d'exploitants agricoles à vocation générale habilitées en application de l'article R. 514-39 ;

5° Un représentant de la Fédération nationale de la propriété agricole ;

6° Un représentant de la section nationale des bailleurs de baux ruraux adhérente à l'organisation syndicale d'exploitants agricoles la plus représentative au plan national ;

7° Deux représentants de la section nationale des fermiers et métayers adhérente à l'organisation syndicale d'exploitants agricoles la plus représentative au plan national ;

8° Un membre du conseil supérieur du notariat désigné par son président ;

9° Cinq représentants des bailleurs de baux ruraux désignés par le ministre chargé de l'agriculture et choisis parmi les membres bailleurs des commissions départementales, sur proposition de la section précitée des bailleurs ;

10° Cinq représentants des fermiers et métayers désignés par le ministre chargé de l'agriculture et choisis parmi les membres fermiers ou métayers des commissions départementales, sur proposition de la section précitée des fermiers et métayers.

Les propositions des sections comportent un nombre de noms au moins double de celui des représentants à désigner.

Le président et les autres membres de la commission sont pourvus de suppléants qui les remplacent en cas d'empêchement.

Seuls les représentants des bailleurs, des fermiers et des métayers désignés par le ministre chargé de l'agriculture ont voix délibérative.

Le secrétariat de la commission est assuré par le ministère chargé de l'agriculture.

Les dispositions de l'article R. 414-2 sont applicables à la commission nationale.

CHAPITRE V DISPOSITIONS DIVERSES ET D'APPLICATION

BIBL. ▶ R. SAVATIER, *D. 1948. Chron. 129.* – BOUCHÉ, *D. 1957. Chron. 57.*

Art. D. 415-1 Le droit de chasser sur le fonds loué, accordé au preneur d'un bail rural par l'article L. 415-7, est subordonné à l'observation des dispositions légales ou réglementaires concernant la chasse. Il ne peut notamment être exercé dans les réserves cynégétiques autorisées par le ministre de l'agriculture. — *[Anc. art. 1er du Décr. no 47-211 du 16 janv. 1947.]*

Art. D. 415-2 Le preneur qui ne désire pas exercer le droit de chasser sur le fonds loué doit le faire connaître au bailleur avant le 1er janvier précédant chaque campagne de chasse, par lettre recommandée avec avis de réception.

Tout acte de chasse accompli par le preneur sur le fonds loué le prive de la faculté qui lui est ouverte de renoncer dans les délais ci-dessus fixés au droit de chasser. — *[Anc. art. 2 du Décr. no 47-211 du 16 janv. 1947.]*

Art. D. 415-3 L'exercice du droit de chasser par le preneur ne le prive pas de la faculté de demander au bailleur ou au détenteur du droit de chasse réparation des dommages causés par le gibier.

Toutefois, pour la fixation de l'indemnité due, il doit être tenu compte du droit ouvert au preneur de participer à la destruction du gibier. — *[Anc. art. 3 du Décr. no 47-211 du 16 janv. 1947.]*

Art. D. 415-4 Le droit de chasser n'est pas accordé aux preneurs des baux exclus du statut du fermage et du métayage en vertu du deuxième alinéa de l'article L. 415-10. En sont également exclus les preneurs de baux du domaine de l'État, des départements, des communes et des établissements publics lorsque ces baux ne portent pas sur une exploitation agricole. — *[Anc. art. 4 du Décr. no 47-211 du 16 janv. 1947.]*

Art. D. 415-5 Le droit de chasser du preneur ne porte pas sur le gibier d'élevage.

Dans le cas où le bailleur ou le détenteur du droit de chasse s'impose des restrictions, notamment en ce qui concerne le nombre de jours de chasse, l'espèce, le sexe ou le nombre de pièces de gibier à tirer, en vue de la protection du gibier et de l'amélioration de la chasse, ces restrictions s'imposent au preneur sauf décision contraire du tribunal paritaire. — *[Anc. art. 5 du Décr. no 47-211 du 16 janv. 1947.]*

Art. D. 415-6 Le bailleur ne peut réclamer au preneur aucune majoration du prix du bail en raison de l'exercice par le preneur du droit de chasser. — *[Anc. art. 6 du Décr. no 47-211 du 16 janv. 1947.]*

Art. D. 415-7 Toutes les contestations auxquelles pourraient donner lieu les dispositions précédentes, entre le bailleur et le preneur, seront portées devant les tribunaux paritaires de baux ruraux. – *[Anc. art. 7 du Décr. n° 47-211 du 16 janv. 1947.]*

Art. D. 415-8 et R. 415-9 *Abrogés par Décr. n° 2017-1771 du 27 déc. 2017, art. 9-13°.*

CHAPITRE VI DISPOSITIONS PARTICULIÈRES AUX BAUX À LONG TERME

Art. R. 416-1 L'avis prévu à l'alinéa 4 de l'article L. 416-1 doit être donné par acte extrajudiciaire.

La décision de l'une des parties prévue à l'article L. 416-3 doit être portée à la connaissance de l'autre partie par acte extrajudiciaire. – *[Anc. art. 370-25, al. 4 et 7.]*

Art. R. 416-2 Les dispositions des articles R. 411-1 à R. 411-9 sont applicables aux baux à long terme. – *[Anc. art. 11 du Décr. n° 76-440 du 20 mai 1976.]*

Art. R. 416-3 *Abrogé par Décr. n° 2017-1771 du 27 déc. 2017, art. 9-13°.*

CHAPITRE VII DISPOSITIONS PARTICULIÈRES AUX BAUX À MÉTAYAGE *(Décr. n° 2017-1771 du 27 déc. 2017, art. 9-14°).*

SECTION 1 Régime du bail

Art. R. 417-1 Le préavis prévu à l'article L. 417-2 est donné par lettre recommandée avec demande d'avis de réception. – *[Anc. art. 820.]*

SECTION 2 Conversion en baux à ferme

Art. R. 417-2 La demande prévue à l'article L. 417-11 est faite par acte extrajudiciaire. – *[Anc. art. 862.]*

Cassation, pour violation de l'art. R. 417-2, de l'arrêt qui retient qu'une lettre recommandée dont le destinataire a accusé réception et dont il ne conteste pas le contenu a les caractéristiques de l'acte extrajudiciaire prévu par ce texte. • Civ. 3e, 18 mai 1989 : *Bull. civ. III, n° 112 ; D. 1989. IR 173 ; Gaz. Pal. 1990. 1. 58, note Lachaud.* ♦ Dans le même sens, V. • Dijon, 27 févr. 1997 : *BICC 1997, n° 1253 ; Rev. huiss. 1998. 418, note Pitaud ; Rev. loyers 1998. 499.* ♦ La requête tendant à la saisine du tribunal ne remplit pas les conditions de forme de l'art. R. 417-2. • Même arrêt. ♦ V. aussi, décidant que le défaut d'avertissement préalable par acte extrajudiciaire constitue une fin de non-recevoir pouvant être proposée en tout état de cause, • Civ. 3e, 29 mai 1991, n° 89-13.543 P : *Gaz. Pal. 1992. 2. Somm. 353, obs. Lachaud.*

Art. R. 417-3 L'autorité administrative compétente mentionnée à l'article L. 417-12 est le *(Décr. n° 2017-1771 du 27 déc. 2017, art. 9-15°)* « directeur départemental des territoires ou, le cas échéant, des territoires et de la mer ». – *[Anc. art. 864.]*

CHAPITRE VIII DISPOSITIONS PARTICULIÈRES AUX BAUX CESSIBLES HORS DU CADRE FAMILIAL

(Décr. n° 2006-377 du 23 mars 2006)

Art. R. 418-1 Le délai prévu à l'article L. 418-4, alinéa 2, est fixé à deux mois à compter de la réception de la notification du preneur.

TITRE II BAIL À CHEPTEL

Néant.

TITRE III BAIL À DOMAINE CONGÉABLE

Art. R. 431-1 Les ventes publiques mentionnées aux articles L. 431-10 et L. 431-14 sont faites après trois publications de huitaine en huitaine et sur enchères en l'auditoire du tribunal compétent. – *[Anc. art. 913.]*

TITRE IV BAIL À COMPLANT

Art. R. 441-1 L'autorité administrative mentionnée à l'article L. 441-2 est le *(Décr. n° 2017-1771 du 27 déc. 2017, art. 10)* « préfet ou son représentant ». – *[Anc. art. 927.]*

Art. R. 441-2 La demande prévue à l'article L. 441-4, alinéa 3, doit être faite par lettre recommandée avec demande d'avis de réception ou par acte extrajudiciaire. – *[Anc. art. 929, al. 3.]*

Art. R. 441-3 Le secrétariat de la commission prévue à l'article L. 441-5 est assuré par le *(Décr. n° 2017-1100 du 15 juin 2017, art. 4-1°)* « greffe » du tribunal judiciaire. – *[Anc. art. 929, al. 8.]*

TITRE V BAIL EMPHYTÉOTIQUE

Néant.

TITRE VI DISPOSITIONS RELATIVES À L'OUTRE-MER

(Décr. n° 2016-781 du 10 juin 2016, art. 5, en vigueur le 1er juill. 2016)

CHAPITRE I GUADELOUPE, GUYANE, MARTINIQUE, LA RÉUNION, MAYOTTE, SAINT-BARTHÉLEMY, SAINT-MARTIN ET SAINT-PIERRE-ET-MIQUELON

(Décr. n° 2016-781 du 10 juin 2016, art. 5, en vigueur le 1er juill. 2016)

SECTION 1 Champ d'application

Art. D. 461-1 Les dispositions du présent livre (partie réglementaire) sont applicables en Guadeloupe, en Guyane, en Martinique, à La Réunion, à Mayotte, à Saint-Barthélemy, à Saint-Martin et à Saint-Pierre-et-Miquelon, sous réserve des exceptions et adaptations prévues au présent titre.

Art. R. 461-2 Ne sont pas applicables en Guadeloupe, en Guyane, en Martinique, à La Réunion, à Mayotte, à Saint-Barthélemy, à Saint-Martin et à Saint-Pierre-et-Miquelon :

1° Le chapitre I, la section 1 du chapitre IV et le chapitre VII du titre I ;

2° Les titres III et IV.

Le présent titre détermine les règles relatives aux baux ruraux autres qu'à long terme applicables dans les collectivités mentionnées au premier alinéa.

SECTION 2 Dispositions communes applicables en Guadeloupe, en Guyane, en Martinique, à La Réunion et à Mayotte

Art. R. 461-3 En Guadeloupe, en Guyane, en Martinique, à La Réunion et à Mayotte, la commission consultative des baux ruraux comprend :

1° Le préfet, président ;

2° Le directeur de l'alimentation, de l'agriculture et de la forêt ;

3° Le président de la société d'aménagement foncier et d'établissement rural ou, en Guyane et à Mayotte, le représentant de l'opérateur foncier mentionné, respectivement, aux articles L. 181-39 et L. 181-49 ;

4° Le président de la chambre d'agriculture ou, à Mayotte, le président de la chambre de l'agriculture, de la pêche et de l'aquaculture ;

5° Le président de l'organisation syndicale des exploitants agricoles la plus représentative dans le département ou dans la collectivité territoriale ;

6° Le président de l'organisation syndicale des jeunes agriculteurs la plus représentative dans le département ou la collectivité territoriale ;

7° Le président de la chambre départementale des notaires ou, à défaut, un notaire désigné par le préfet ;

8° Des représentants des bailleurs non preneurs, à raison de quatre titulaires et de quatre suppléants en Guadeloupe, Guyane, en Martinique et à La Réunion, et de deux titulaires et deux suppléants à Mayotte ;

9° Des représentants des preneurs non bailleurs à raison de quatre titulaires et de quatre suppléants en Guadeloupe, Guyane, en Martinique et à La Réunion, et de deux titulaires et deux suppléants à Mayotte.

Les représentants des bailleurs et des preneurs, ainsi que leurs suppléants, sont désignés par arrêté du préfet sur proposition de la chambre d'agriculture, ou, à Mayotte, de la chambre de l'agriculture, de la pêche et de l'aquaculture.

A cet effet, la chambre d'agriculture établit une liste de noms comportant un nombre double de celui des membres à désigner.

Art. R. 461-4 Les règles de fonctionnement de la commission consultative des baux ruraux sont fixées par les articles R. 133-3 à R.* 133-15 du code des relations entre le public et l'administration et par les dispositions ci-après :

1° La durée du mandat des membres de la commission consultative des baux ruraux est de trois ans renouvelables ;

2° En cas d'empêchement définitif d'un membre titulaire, ce dernier est remplacé par son suppléant et il est procédé à la désignation d'un nouveau suppléant. Le mandat du nouveau titulaire et du nouveau suppléant est valable jusqu'à la date d'expiration du mandat des membres qu'ils remplacent ;

3° Les votes ne peuvent intervenir que si au moins deux représentants des bailleurs et deux représentants des preneurs sont présents ;

4° Les suppléants sont appelés à siéger soit en cas d'absence du titulaire, soit lorsque la commission doit délibérer sur des opérations intéressant le titulaire.

SECTION 3 Dispositions particulières à Saint-Barthélemy

Art. R. 461-5 A Saint-Barthélemy, les compétences de la commission consultative des baux ruraux sont exercées par la commission mentionnée à l'article L. 182-4 dont la composition et les règles de fonctionnement sont fixées par les articles R. 182-5 à R. 182-8.

SECTION 4 Dispositions particulières à Saint-Martin

Art. R. 461-6 A Saint-Martin, les compétences de la commission consultative des baux ruraux sont exercées par le comité mentionné à l'article L. 183-5 dont la composition et les règles de fonctionnement sont fixées par les articles R. 183-4 à R. 183-7.

SECTION 5 Dispositions particulières à Saint-Pierre-et-Miquelon

Art. R. 461-7 A Saint-Pierre-et-Miquelon, les compétences de la commission consultative des baux ruraux sont exercées par la commission territoriale de l'agriculture et de l'aquaculture mentionnée à l'article L. 184-5 dont la composition et les règles de fonctionnement sont fixées aux articles R. 184-6 à R. 184-9.

SECTION 6 Dispositions relatives aux baux autres qu'à long terme

SOUS-SECTION 1 Dispositions générales

Art. R. 461-8 Les contrats types de bail à ferme, établis par la commission consultative des baux ruraux en application de l'article L. 461-5, sont publiés au recueil des actes administratifs de la préfecture.

SOUS-SECTION 2 Conclusion, durée, prix du bail

Art. R. 461-9 Lors de la conclusion du bail à ferme, un état des lieux doit être établi contradictoirement et à frais communs dans les trois mois de l'entrée en jouissance du preneur. Passé ce délai, la partie la plus diligente saisit le président du tribunal judiciaire de la situation de l'immeuble ou, à Saint-Pierre-et-Miquelon, le président du tribunal de première instance, pour faire désigner un expert qui aura mission de procéder à l'établissement de l'état des lieux à frais communs. L'état des lieux mentionne notamment l'aspect général du domaine, de l'état des bâtiments et, parcelle par parcelle, de l'état des terres.

Art. R. 461-10 La décision administrative prévue à l'article L. 461-7 est prise par arrêté du préfet après avis de la commission consultative des baux ruraux, et à Saint-Barthélemy, Saint-Martin et Saint-Pierre-et-Miquelon, par arrêté du représentant de l'État, après avis de la commission ou du comité exerçant les compétences de la commission consultative des baux ruraux.

Au cas où cette commission n'a pas émis d'avis dans les deux mois qui suivent sa saisine, cet avis est réputé formulé.

En tout état de cause, les parties doivent avoir le choix entre plusieurs denrées représentant une production du fonds donné à bail, sauf en cas de monoculture.

Art. R. 461-11 Les parties fixent, lors de la conclusion du bail, la date de paiement du prix du fermage. A défaut, cette date est fixée par le contrat type, en tenant compte des usages locaux.

Sauf convention contraire entre les parties, le paiement en espèces s'effectue au cours en vigueur au jour de l'échéance pour les récoltes dont le prix est fixé pour un an, et au cours moyen annuel à la date de l'échéance pour les récoltes à cours variable ; la fixation de ce cours moyen est faite par arrêté du préfet après avis de la commission consultative des baux ruraux, et à Saint-Barthélemy, Saint-Martin et Saint-Pierre-et-Miquelon, par arrêté du représentant de l'État, après avis de la commission ou du comité exerçant les compétences de la commission consultative des baux ruraux.

SOUS-SECTION 3 Indemnité au preneur sortant

Art. R. 461-12 La preuve des améliorations résulte soit d'un état des lieux, établi dans les conditions prévues à l'article R. 461-9, soit de tout autre moyen de preuve admis par le droit commun.

Art. R. 461-13 Lorsque le preneur a apporté des améliorations au fonds loué, la valeur de ces améliorations est ainsi appréciée :

1° En ce qui concerne les bâtiments ou les ouvrages incorporés au sol, elle est égale à la somme que coûteraient les travaux au moment de l'expiration du bail, déduction faite de l'amortissement correspondant à la vétusté. Toutefois, il n'est pas tenu compte des dépenses ayant un caractère somptuaire ;

2° En ce qui concerne les travaux de défense des sols contre l'érosion, elle est égale au montant des dépenses engagées par le preneur pour la part non encore amortie. Il en est de même pour toutes améliorations culturales ou travaux de transformation du sol ayant entraîné une augmentation du potentiel de production de plus de 25 % ;

3° En ce qui concerne les plantations, cette valeur est égale au montant des dépenses du premier établissement pour la part non encore amortie. Si la récolte est pendante, il s'y ajoutera le remboursement des frais d'exploitation déjà engagés pour la campagne agricole considérée.

Art. R. 461-14 Les organismes de crédit à l'agriculture peuvent consentir au bailleur des prêts spéciaux à moyen ou à long terme, pour lui faciliter le paiement de l'indemnité due au preneur.

SOUS-SECTION 4 Droit de préemption

Art. R. 461-15 Tout propriétaire d'un fonds rural donné à bail à ferme qui envisage de l'aliéner à titre onéreux, en totalité ou en partie, divis ou indivis, dans des conditions donnant ouverture au droit de préemption du preneur, doit faire connaître à chaque bénéficiaire du droit de préemption le prix et les conditions et modalités principales de l'aliénation.

Cette notification vaut offre de vente pour un prix égal au prix indiqué. Les dispositions de l'article 1589 du code civil lui sont applicables. Tant que le propriétaire n'a pas reçu notification de l'acceptation du preneur, il a la faculté de retirer son offre ou d'y apporter toute modification.

Art. R. 461-16 Le bénéficiaire du droit de préemption dispose d'un délai de deux mois à compter de la dernière notification pour faire connaître au propriétaire son acceptation ou son refus de l'offre de vente. Passé ce délai, le silence du bénéficiaire du droit de préemption équivaut à un refus.

En cas d'acceptation, l'acte de vente doit être passé au profit du preneur dans les deux mois de la réception, par le propriétaire, de l'acceptation du preneur aux prix et conditions notifiés.

A défaut de réponse ou en cas de refus du preneur, le propriétaire peut, pendant un délai de douze mois suivant la dernière notification, aliéner le fonds aux conditions, prix et modalités indiqués dans son offre. Ce délai écoulé, il ne peut aliéner sans procéder à une nouvelle notification, conformément aux dispositions ci-dessus.

Art. R. 461-17 Dans le cas de vente faite par adjudication volontaire, le notaire, dont le ministère est obligatoire, doit convoquer le bénéficiaire du droit de préemption cinq jours au moins avant la date de l'adjudication. La convocation doit comporter l'indication de la date et des modalités de la vente.

Le bénéficiaire du droit de préemption dispose d'un délai de cinq jours à compter de l'adjudication pour faire connaître au notaire, par exploit d'huissier, sa décision de se substituer à l'adjudicataire. L'exploit est annexé à l'acte et publié en même temps que celui-ci au fichier immobilier.

SOUS-SECTION 5 Dispositions diverses

Art. R. 461-18 Sauf dispositions spéciales contraires du présent chapitre, il est procédé aux convocations, mises en demeure, notifications, avertissements ou avis par acte extrajudiciaire, par lettre recommandée avec demande d'avis de réception ou par tout autre moyen permettant d'établir date certaine.

CHAPITRE II WALLIS-ET-FUTUNA, POLYNÉSIE FRANÇAISE ET NOUVELLE-CALÉDONIE

(Décr. n° 2016-781 du 10 juin 2016, art. 5, en vigueur le 1er juill. 2016)

Art. R. 462-1 Les dispositions du présent livre (partie réglementaire) ne sont pas applicables dans les îles Wallis-et-Futuna, en Polynésie française et en Nouvelle-Calédonie.

TITRE VII LOCATION DE JARDINS FAMILIAUX

Néant.

TITRE VIII CONTRATS D'EXPLOITATION DE TERRES À VOCATION PASTORALE

(Décr. n° 2011-2020 du 29 déc. 2011, art. 25)

Art. R. 480-1 Les projets de conventions pluriannuelles d'exploitation agricole ou de pâturage mentionnées au *b* de l'article L. 481-1 relatives à des terres situées en tout ou partie dans un cœur de parc national sont adressés au directeur de l'établissement public du parc national, qui, le cas échéant, dans le délai d'un mois suivant leur transmission, indique aux co-contractants celles des stipulations qui lui semblent méconnaître la réglementation applicable ou de nature à compromettre des intérêts protégés dans le cœur du parc.

TITRE IX DU TRIBUNAL PARITAIRE DES BAUX RURAUX

(Décr. n° 2009-738 du 19 juin 2009, art. 1er)

CHAPITRE I INSTITUTION ET COMPÉTENCE

Art. R. 491-1 Le tribunal paritaire des baux ruraux connaît en dernier ressort jusqu'à la valeur de *(Décr. n° 2019-1333 du 11 déc. 2019, art. 32)* « 5 000 euros », et à charge d'appel lorsque la demande excède cette somme ou est indéterminée, des contestations mentionnées à l'article L. 491-1.

Art. D. 491-2 *(Décr. n° 2019-914 du 30 août 2019, art. 11, en vigueur le 1er janv. 2020)* Le siège et le ressort des tribunaux paritaires des baux ruraux sont fixés conformément au tableau annexé au livre IV du présent code. — *V. cette annexe au* **C. rur.**

CHAPITRE II COMPOSITION DU TRIBUNAL

SECTION 1 Organisation du tribunal

Art. R. 492-1 *(Décr. n° 2009-738 du 19 juin 2009, art. 1er)* Le garde des sceaux, ministre de la justice, détermine par arrêté les tribunaux qui comportent deux sections.

(Décr. n° 2017-1100 du 15 juin 2017, art. 2-1°, en vigueur le 1er janv. 2018) « Une section est composée de quatre assesseurs, dont deux représentants des bailleurs et deux représentants des preneurs. »

La section siégeant en formation de jugement comprend quatre assesseurs.

(Décr. n° 2019-913 du 30 août 2019, art. 1er, en vigueur le 1er janv. 2020) « Lorsque le siège du tribunal paritaire des baux ruraux est au siège du tribunal judiciaire, le président du tribunal judiciaire désigne, dans les conditions fixées à l'article L. 121-3 du code de l'organisation judiciaire, le président du tribunal paritaire des baux ruraux et les assesseurs qui siègent, selon les audiences, au sein de la formation de jugement de ce tribunal.

« Lorsque le siège du tribunal paritaire des baux ruraux est au siège d'une chambre de proximité, le président du tribunal paritaire des baux ruraux et les assesseurs sont désignés dans les mêmes conditions, par le président du tribunal judiciaire sur proposition du magistrat chargé de l'administration de la chambre de proximité. »

(Décr. n° 2017-1100 du 15 juin 2017, art. 2-1°, en vigueur le 1er janv. 2018) « En cas d'absence ou de récusation de l'un des assesseurs, il est aussitôt remplacé par un membre suppléant de sa catégorie. »

Le greffe du tribunal paritaire des baux ruraux est *(Décr. n° 2019-913 du 30 août 2019, art. 1er, en vigueur le 1er janv. 2020)* « , selon le cas, le greffe du tribunal judiciaire ou le greffe détaché de la chambre de proximité ».

Art. R. 492-2 En cas de transfert au tribunal judiciaire, en application du deuxième alinéa de l'article L. 492-7, des procédures en cours au tribunal paritaire des baux ruraux, celles-ci sont transférées en l'état, sans qu'il y ait lieu de renouveler les actes, formalités et jugements régulièrement intervenus antérieurement.

Le tribunal judiciaire statue selon les règles de compétence et de procédure applicables devant le tribunal paritaire.

Art. R. 492-3 La suppression d'un tribunal paritaire des baux ruraux est faite par décret pris sur le rapport du garde des sceaux, ministre de la justice.

SECTION 2 Désignation et installation des assesseurs

(Décr. n° 2017-1100 du 15 juin 2017, art. 2-2°, en vigueur le 1er janv. 2018)

Sur le dispositif de désignation des assesseurs, V. Instr. technique DGPE/SDPE/2017-815 du 6 oct. 2017 relative à l'application du décret relatif aux tribunaux paritaires des baux ruraux et commissions consultatives paritaires départementales des baux ruraux (NOR : AGRT1726341J, BOM Agriculture n° 2017/42 du 19 oct. 2017).

Art. R. 492-4 *(Décr. n° 2017-1100 du 15 juin 2017, art. 2-2°, en vigueur le 1er janv. 2018)* L'autorité administrative mentionnée à l'article L. 492-2 est le préfet du siège du tribunal paritaire.

Art. R. 492-5 *(Décr. n° 2017-1100 du 15 juin 2017, art. 2-2°, en vigueur le 1er janv. 2018)* La liste de candidats comprend deux assesseurs titulaires et deux suppléants pour chaque catégorie.

Nul ne peut être désigné comme assesseur titulaire ou suppléant dans plus d'un tribunal paritaire des baux ruraux.

Un assesseur peut être affecté à plusieurs sections.

Art. R. 492-6 *(Décr. n° 2017-1100 du 15 juin 2017, art. 2-2°, en vigueur le 1er janv. 2018)* Le préfet transmet la liste établie conformément à l'article R. 492-5 au président du tribunal paritaire des baux ruraux compétent. Ce dernier la transmet, avec son avis sur chacun des candidats figurant sur cette liste, au premier président de la cour d'appel.

Art. R. 492-7 *(Décr. n° 2017-1100 du 15 juin 2017, art. 2-2°, en vigueur le 1er janv. 2018)* **L'installation des assesseurs des tribunaux paritaires des baux ruraux a lieu, en audience publique, au siège du tribunal, sous la présidence du juge du tribunal judiciaire. Il est dressé procès-verbal de cette installation. En cas de nécessité, les assesseurs peuvent être installés par écrit.**

Les assesseurs des tribunaux paritaires des baux ruraux restent en fonctions jusqu'à l'installation de leurs successeurs.

Art. R. 492-8 à R. 492-15 *Abrogés par Décr. n° 2017-1100 du 15 juin 2017, art. 2-2°, à compter du 1er janv. 2018.*

SECTION 3 *[ABROGÉE]* Scrutin et vote par correspondance

(Abrogée par Décr. n° 2017-1100 du 15 juin 2017, art. 2-3°, à compter du 1er janv. 2018)

Art. R. 492-16 à R. 492-30 *Abrogés par Décr. n° 2017-1100 du 15 juin 2017, art. 2-3°, à compter du 1er janv. 2018.*

SECTION 4 *[ABROGÉE]* Contentieux des élections

(Abrogée par Décr. n° 2017-1100 du 15 juin 2017, art. 2-3°, à compter du 1er janv. 2018)

Art. R. 492-31 à R. 492-33 *Abrogés par Décr. n° 2017-1100 du 15 juin 2017, art. 2-3°, à compter du 1er janv. 2018.*

CHAPITRE III VOIES DE RECOURS

Le présent chapitre ne comprend pas de dispositions réglementaires.

LIVRE V ORGANISMES PROFESSIONNELS AGRICOLES

(Décr. n° 81-277 du 18 mars 1981)

TITRE I DU RÉSEAU DES CHAMBRES D'AGRICULTURE *(Décr. n° 2007-345 du 14 mars 2007).*

CHAPITRE I CHAMBRES DÉPARTEMENTALES ET INTERDÉPARTEMENTALES *(Décr. n° 2011-596 du 25 mai 2011).*

Les art. R. 511-1 à R. 511-3, R. 511-54 à R. 511-73, R. 511-75 et R. 511-76, R. 511-82 à R. 511-85, R. 511-95, R. 511-97 à R. 511-100, R. 511-106, R. 511-108, R. 512-1 et R. 512-2, R. 512-5 à R. 512-11, R. 513-1 à R. 513-5, R. 513-8 et R. 513-9, R. 513-12 à R. 513-14, R. 513-22, R. 514-1 à R. 514-15 deviennent les art. D. 511-1 à D. 511-3, D. 511-54 à D. 511-73, D. 511-75 et D. 511-76, D. 511-82 à D. 511-85, D. 511-95, D. 511-97 à D. 511-100, D. 511-106, D. 511-108, D. 512-1 et D. 512-2, D. 512-5 à D. 512-11, D. 513-1 à D. 513-5, D. 513-8 et D. 513-9, D. 513-12 à D. 513-14, D. 513-22, D. 514-1 à D. 514-15 : dans les références faites à ces art. dans un texte réglementaire, la lettre « R » est remplacée par la lettre « D » (Décr. n° 2011-596 du 25 mai 2011, art. 2, JO 28 mai).

SECTION 1 Institution et attributions

Art. D. 511-1 *(Décr. n° 86-1122 du 17 oct. 1986, art. 1er)* « Dans le cadre de leurs attributions consultatives, les chambres d'agriculture transmettent aux préfets leurs vœux sur toutes matières d'intérêt agricole. Ces vœux sont également adressés au président du conseil *(Décr. n° 2017-1771 du 27 déc. 2017, art. 12-1°)* « départemental » lorsqu'ils ont trait à des matières relevant de la compétence du département. »

L'autorité administrative mentionnée *(Décr. n° 2017-1771 du 27 déc. 2017, art. 12-1°)* « à » l'article L. 511-3 est le préfet.

Un exemplaire des usages codifiés mentionnés au *(Décr. n° 2017-1771 du 27 déc. 2017, art. 12-1°)* « dernier » alinéa du même article est déposé et conservé au secrétariat des mairies pour être communiqué à ceux qui le demanderont.

Art. D. 511-1-1 *(Décr. n° 2016-610 du 13 mai 2016, art. 1er-1°)* En vue de l'amélioration de la performance économique, sociale et environnementale des exploitations agricoles et de leurs filières, la chambre départementale d'agriculture met en œuvre des actions favorisant le regroupement des exploitants agricoles pour contribuer au développement des systèmes de production relevant de l'agroécologie. En lien avec la chambre régionale, elle participe à la consolidation des filières territorialisées mentionnées à l'article L. 111-2-2.

Art. D. 511-2 *(Décr. n° 86-1123 du 17 oct. 1986, art. 1er)* L'accord de l'autorité supérieure mentionné à l'article L. 511-5 est donné par le préfet dans un délai de deux mois à compter de la date de réception de la demande de la chambre d'agriculture. A défaut d'accord express dans ce délai ou de demande de modification ou de production de documents supplémentaires par le préfet, la délibération de la chambre est exécutoire.

Art. D. 511-3 *(Décr. n° 2007-345 du 14 mars 2007)* Les chambres d'agriculture peuvent constituer en leur sein des comités d'orientation ou des commissions présidés par le président de la chambre d'agriculture ou son représentant.

Les comités d'orientation assistent, notamment dans les domaines du développement agricole et rural ainsi que de l'élevage, les chambres d'agriculture dans l'élaboration de leurs programmes d'intérêt général et veillent à la cohérence des actions des organismes qui y sont représentés. Ils comprennent des membres de la chambre d'agriculture ainsi que des personnalités qualifiées dans le domaine de compétence du comité.

Art. D. 511-4 *(Décr. n° 2015-781 du 29 juin 2015, art. 3)* « La mission mentionnée au 4° de l'article L. 511-4, comprend l'information sur les questions d'installation en agriculture dans les conditions prévues par l'article D. 330-2, la tenue du répertoire à l'installation conformément à l'article D. 330-3 et la contribution à l'instruction et au suivi des demandes d'aides à l'installation dans les conditions prévues à l'article D. 343-17-2. »

(Décr. nº 2022-1671 du 27 déc. 2022, art. 2, en vigueur le 1er janv. 2023) **« A la demande des autorités de gestion régionales, cette mission peut inclure tout ou partie du traitement administratif des dossiers d'aides à l'installation relevant de la programmation ayant débuté en 2023. »**

(Décr. nº 2010-1683 du 29 déc. 2010) **Elles prennent toutes les garanties nécessaires afin que** *(Décr. nº 2022-1671 du 27 déc. 2022, art. 2, en vigueur le 1er janv. 2023)* **« cette mission soit exercée » en toute indépendance de celles éventuellement exercées à titre de conseil.**

Art. D. 511-5 *Abrogé par Décr. nº 2007-345 du 14 mars 2007.*

SECTION 2 Composition

Art. R. 511-6 *(Décr. nº 82-688 du 3 août 1982)* **Les chambres départementales d'agriculture sont composées :**

1º *(Décr. nº 88-1070 du 29 nov. 1988)* **« De** *(Décr. nº 2018-640 du 19 juill. 2018, art. 2)* **« dix-huit » membres élus au scrutin de liste départemental par les chefs d'exploitation et assimilés mentionnés au 1º de l'article R. 511-8 » ;**

2º *(Décr. nº 2018-640 du 19 juill. 2018, art. 2)* **« D'un membre élu » au scrutin de liste départemental, par les propriétaires et usufruitiers mentionnés au 2º de l'article R. 511-8 ;**

3º De membres élus au scrutin de liste départemental, par les salariés mentionnés au 3º de l'article R. 511-8. Ces membres sont élus par deux collèges distincts *(Décr. nº 2017-1771 du 27 déc. 2017, art. 12-2º)* **« qui élisent chacun** *(Décr. nº 2018-640 du 19 juill. 2018, art. 2)* **« trois » représentants » :**

a) *(Décr. nº 2000-554 du 22 juin 2000)* **« Celui des salariés de la production agricole » ;**

b) Celui des salariés des groupements professionnels agricoles.

4º *(Décr. nº 2018-640 du 19 juill. 2018, art. 2)* **« D'un membre élu » au scrutin de liste départemental, par les anciens exploitants et assimilés mentionnés au 4º de l'article R. 511-8.**

5º *(Décr. nº 87-1058 du 24 déc. 1987)* **« De membres élus au scrutin de liste départemental, par les groupements professionnels agricoles, répartis entre les cinq collèges suivants :**

« a) Les sociétés coopératives agricoles, ainsi que leurs unions et fédérations dont l'objet principal, déterminé par leurs statuts, est directement relatif à la production agricole ou à la mise en œuvre des moyens de production agricole, à raison d'un représentant ;

« b) Les autres sociétés coopératives agricoles, leurs unions et fédérations, ainsi que les sociétés d'intérêt collectif agricole reconnues comme *(Décr. nº 2018-640 du 19 juill. 2018, art. 2)* **« organisations de producteurs » à condition qu'elles aient leur siège social dans le département, à raison de** *(Décr. nº 2018-640 du 19 juill. 2018, art. 2)* **« trois »** *(Décr. nº 88-1070 du 29 nov. 1988)* **« représentants » ;**

« c) Les caisses de crédit agricole *(Décr. nº 2018-640 du 19 juill. 2018, art. 2)* **« , à raison d'un représentant » ;**

« d) Les caisses d'assurances mutuelles agricoles et les caisses de mutualité sociale agricole *(Décr. nº 2018-640 du 19 juill. 2018, art. 2)* **« , à raison d'un représentant » ;**

« e) » *(Décr. nº 2000-554 du 22 juin 2000)* **« Les organisations syndicales à vocation générale d'exploitants agricoles ou de jeunes agriculteurs, ainsi que leurs unions et fédérations cantonales, intercantonales ou départementales »** *(Décr. nº 2018-640 du 19 juill. 2018, art. 2)* **« , à raison d'un représentant ».**

6º Du ou des *(Décr. nº 2010-326 du 22 mars 2010, art. 3-IV)* **« conseillers » des centres régionaux de la propriété forestière, élus par le collège des propriétaires forestiers mentionnés à l'article** *(Décr. nº 2012-836 du 29 juin 2012, art. 4-2º, en vigueur le 1er juill. 2012)* **« L. 321-7 » du code forestier.** — *Les divisions « 1 », « 2 », « 3 », « 4 », « 5 » et « 6 » sont remplacées respectivement par les divisions « 1º », « 2º », « 3º », « 4º ». « 5º » et « 6º » (Décr. nº 2017-1771 du 27 déc. 2017, art. 12-2º).*

Art. R. 511-7 *(Décr. nº 87-1058 du 24 déc. 1987)* **Les chambres d'agriculture peuvent désigner, dans la limite de** *(Décr. nº 2000-554 du 22 juin 2000)* **« huit », des membres associés qui participent aux sessions avec voix consultative. Leur choix pourra se por-**

ter sur des personnes qui, par leur activité et leurs responsabilités, sont en relation avec la profession agricole.

(Décr. nº 2018-640 du 19 juill. 2018, art. 2) « Toutefois, si les chambres désignent au plus quatre membres associés, elles doivent assurer la représentation d'une catégorie parmi celles des acteurs des industries agroalimentaires, des associations agréées de protection de l'environnement mentionnées à l'article L. 141-1 du code de l'environnement, des associations agréées de défense des consommateurs mentionnées à l'article L. 811-1 du code de la consommation et des élus locaux, à raison d'au moins un membre issu de l'une d'elles.

« Si elles désignent plus de quatre membres associés, elles doivent assurer la représentation de chacune des quatre catégories mentionnées à l'alinéa précédent, à raison d'au moins un membre issu de chacune d'elles. »

Les fonctionnaires qui, à un titre quelconque, exercent un contrôle sur les chambres d'agriculture et les agents des chambres et de *(Ord. nº 2022-583 du 20 avr. 2022, art. 1er)* « Chambres d'agriculture France » ou *(Décr. nº 2007-345 du 14 mars 2007)* « des organismes inter-établissements » qu'elles ont créés ne peuvent être désignés comme membres associés.

SECTION 3 Élections

SOUS-SECTION 1 Conditions requises pour être électeur

§ 1 Électeurs votant individuellement

Art. R. 511-8 *(Décr. nº 2018-640 du 19 juill. 2018, art. 3)* « Sont électeurs, à condition de respecter les dispositions du chapitre I du titre I du livre I de la partie législative du code électoral : »

(Décr. nº 2000-554 du 22 juin 2000) 1º Les chefs d'exploitation, ayant la qualité de propriétaire, de fermier ou de métayer et leurs conjoints, les aides familiaux mentionnés *(Décr. nº 2012-838 du 29 juin 2012, art. 1er-1º)* « au 2º de l'article L. 722-10 », ainsi que les associés d'exploitation mentionnés à l'article L. 321-6 *(Abrogé par Décr. nº 2017-1771 du 27 déc. 2017, art. 12-3º) « du code rural »*, lorsque ces personnes, exerçant une activité agricole, satisfont à l'une des conditions suivantes :

a) Être au nombre des bénéficiaires d'un régime d'assurance maladie, invalidité et maternité des exploitants agricoles ;

b) Être parmi les personnes mentionnées *(Décr. nº 2017-1771 du 27 déc. 2017, art. 12-3º)* « à l'article L. 722-11 » ;

c) Être au nombre des bénéficiaires du régime agricole des assurances sociales au titre *(Décr. nº 2012-838 du 29 juin 2012, art. 1er-1º)* « de l'article L. 722-21 » ;

d) Pour les personnes non affiliées au régime d'assurance maladie, invalidité et maternité des exploitants agricoles en application de l'article L. 171-3 du code de la sécurité sociale, diriger une exploitation agricole dont l'importance est au moins égale à celle fixée *(Décr. nº 2012-838 du 29 juin 2012, art. 1er-1º)* « aux articles L. 722-4 et L. 722-5 » *(Décr. nº 2017-1771 du 27 déc. 2017, art. 12-3º)* « du présent code ».

Sont également électeurs dans la catégorie des chefs d'exploitation mentionnés ci-dessus, lorsqu'ils consacrent leur activité à cette exploitation agricole, les membres de toute société, quelles qu'en soient la forme et la dénomination, ayant pour objet la gestion d'une exploitation agricole et qui ne figure pas sur la liste des groupements professionnels agricoles ; il en est de même pour leurs conjoints, leurs aides familiaux et leurs associés d'exploitation.

2º Les personnes qui, ayant ou non la qualité d'exploitant, sont propriétaires ou usufruitiers dans le département de parcelles soumises au statut du fermage conformément aux dispositions *(Décr. nº 2012-838 du 29 juin 2012, art. 1er-1º)* « des articles L. 411-1 à L. 411-4 » *(Décr. nº 2017-1771 du 27 déc. 2017, art. 12-3º)* « du même code ».

Les personnes morales propriétaires sont électeurs par leur représentant légal.

3º Les salariés affiliés aux assurances sociales agricoles et remplissant les conditions d'activité professionnelle exigées pour l'ouverture des droits aux prestations de l'assurance maladie. Les salariés appartenant aux catégories énumérées *(Décr. nº 2012-838 du 29 juin 2012, art. 1er-1º)* « aux 1º à 4º de l'article L. 722-1 et au 2º de l'article

L. 722-20 » et susceptibles de relever d'une convention collective de la production agricole sont inscrits sur les listes électorales du collège des salariés de la production agricole. Les autres salariés sont inscrits sur les listes électorales du collège des salariés des groupements professionnels agricoles.

4° Les anciens exploitants et leurs conjoints mentionnés *(Décr. n° 2012-838 du 29 juin 2012, art. 1er-1°)* **« au 3° de l'article L. 722-10 », ainsi que les anciens exploitants bénéficiaires d'une indemnité annuelle de départ ou d'une indemnité viagère de départ prévues par l'article 27 de la loi n° 62-933 du 8 août 1962 modifiée complémentaire à la loi d'orientation agricole, ou d'un régime de préretraite conforme aux dispositions du décret n° 92-187 du 27 février 1992 modifié portant application de l'article 9 de la** *(Décr. n° 2017-1771 du 27 déc. 2017, art. 12-3°)* **« loi n° 91-1407 » du 31 décembre 1991 créant un régime de préretraite agricole et les conjoints de ces derniers.**

Sont également électeurs les ressortissants des États membres de *(Décr. n° 2017-1771 du 27 déc. 2017, art. 12-3°)* **« l'Union » européenne qui appartiennent à l'une des catégories définies au présent article et remplissent les conditions requises pour être inscrits sur les listes électorales en application des dispositions** *(Décr. n° 2018-640 du 19 juill. 2018, art. 3)* **« du chapitre I » du titre I du livre I du code électoral, à l'exclusion des conditions concernant la nationalité. Ces personnes ne doivent toutefois pas avoir encouru de condamnations qui, si elles étaient prononcées par une juridiction française, mettraient obstacle à l'inscription sur la liste électorale établie conformément aux dispositions** *(Décr. n° 2018-640 du 19 juill. 2018, art. 3)* **« de l'article L. 6 » du code électoral.**

La qualité d'électeur est appréciée au 1er juillet de l'année précédant celle des élections des membres de la chambre d'agriculture. Nul ne peut être inscrit sur la liste électorale de l'un ou l'autre des collèges de salariés si son contrat de travail prend fin avant *(Décr. n° 2018-640 du 19 juill. 2018, art. 3)* **« la date fixée pour la clôture du scrutin ».** — *Les divisions « 1 », « 2 », « 3 » et « 4 » sont remplacées respectivement par les divisions « 1° », « 2° », « 3° » et « 4° » (Décr. n° 2017-1771 du 27 déc. 2017, art. 12-3°).*

1. Propriétaire. Pour se voir reconnaître la qualité d'électeur, il appartient au propriétaire d'établir l'existence d'une activité agricole effective sur les parcelles, sans que l'existence d'un bail à ferme soit requise au jour de l'inscription. • Civ. 2e, 13 déc. 2001, n° 01-60.005 P : *Gaz. Pal. 1er-2 mars 2002, p. 14 ; ibid. 24-25 juill. 2002, p. 26 ; JCP 2002. IV. 207.*

2. Concubin. Le concubin d'un chef d'exploitation agricole, qui bénéficie en cette qualité de l'assurance maladie des exploitants agricoles et qui participe à titre principal à l'activité de cet exploitant, est assimilé au conjoint pour l'inscription sur les listes électorales aux chambres d'agriculture. • Civ. 2e, 25 janv. 2001, n° 00-60.486 P • 21 févr. 2002 : *BICC 15 avr. 2002, n° 368 ; JCP 2002. IV. 1571 ; RD rur. 2002. 375 et 443 ; Gaz. Pal. 23-25 juin 2002, p. 9 ; ibid. 24-25 juill. 2002, p. 27.*

3. Pépiniériste. Un pépiniériste affilié à la MSA est fondé à demander son inscription au collège des chefs d'exploitation constitué en vue des élections à la chambre d'agriculture, quel que soit le type d'impôt auquel est soumis l'intéressé. • Civ. 2e, 21 févr. 2002 : *RD rur. 2002. 371 ; JCP 2002. IV. 1571 ; Gaz. Pal. 23-25 juin 2002, p. 9 ; ibid. 24-25 juill. 2002, p. 26, obs. Lachaud.*

Art. R. 511-9 *(Décr. n° 82-688 du 3 août 1982)* **Les électeurs remplissant les conditions fixées pour l'électorat au titre de plusieurs collèges mentionnés à l'article R. 511-8 ou dans plusieurs départements ne peuvent exercer leur droit électoral que dans un seul d'entre eux.**

Les électeurs qui remplissent les conditions d'électorat à la fois dans le collège des chefs d'exploitation et assimilés, prévu au 1° *(Abrogé par Décr. n° 2017-1771 du 27 déc. 2017, art. 12-4°) « du premier alinéa »* **de l'article R. 511-8 et dans le collège des** *(Décr. n° 2018-640 du 19 juill. 2018, art. 3)* **« propriétaires et usufruitiers » prévu au** *(Décr. n° 2017-1771 du 27 déc. 2017, art. 12-4°)* **« 2° du même article », sont inscrits dans le collège des chefs d'exploitation, sauf volonté contraire exprimée par les intéressés.**

(Décr. n° 2000-554 du 22 juin 2000) **« Les électeurs qui remplissent les conditions d'électorat à la fois dans le collège des chefs d'exploitation et assimilés, prévu au 1°** *(Abrogé par Décr. n° 2017-1771 du 27 déc. 2017, art. 12-4°) « du premier alinéa »* **de l'article R. 511-8, et dans les collèges des salariés prévus au** *(Décr. n° 2017-1771 du 27 déc. 2017, art. 12-4°)* **« 3° du même article », sont inscrits dans le collège des chefs d'exploitation et assimilés, sauf volonté contraire exprimée par les intéressés. »**

Les électeurs qui bénéficient d'une indemnité annuelle de départ ou d'une indemnité viagère de départ sont en tout état de cause inscrits dans le collège des anciens exploitants.

(Décr. nº 2018-640 du 19 juill. 2018, art. 3) « Les électeurs qui remplissent à la fois les conditions d'électorat propres au collège des propriétaires et usufruitiers prévu au 2° de l'article R. 511-8 et celles propres à l'un des collèges des salariés prévus au 3° du même article sont inscrits dans l'un des collèges des salariés, sauf volonté contraire exprimée par les intéressés. »

Les électeurs qui remplissent les conditions d'électorat à la fois dans le collège des anciens exploitants et assimilés, prévu au 4° *(Abrogé par Décr. nº 2017-1771 du 27 déc. 2017, art. 12-4°)* ***« du premier alinéa »*** de l'article R. 511-8 et dans le collège des *(Décr. nº 2018-640 du 19 juill. 2018, art. 3)* « propriétaires et usufruitiers » prévu au 2° du même article, sont inscrits dans le collège des anciens exploitants, sauf volonté contraire exprimée par les intéressés.

(Décr. nº 2018-640 du 19 juill. 2018, art. 3) « Les électeurs qui remplissent à la fois les conditions d'électorat propres à l'un des collèges des salariés prévus au 3° de l'article R. 511-6 et celles propres au collège des anciens exploitants et assimilés, prévu au 4° du même article, sont inscrits dans l'un des collèges des salariés, sauf volonté contraire exprimée par les intéressés.

« Les électeurs qui remplissent à la fois les conditions d'électorat propres au collège des salariés de la production agricole prévu au *a* du 3° de l'article R. 511-6 et celles propres au collège des salariés des groupements professionnels agricoles prévu au *b* du 3° du même article sont inscrits dans le collège des salariés de la production agricole, sauf volonté contraire exprimée par les intéressés. »

(Décr. nº 88-877 du 12 août 1988) « Les électeurs appartenant aux deux premiers collèges *(Décr. nº 2018-640 du 19 juill. 2018, art. 3)* « mentionnés à l'article R. 511-6 » *(Abrogé par Décr. nº 2000-554 du 22 juin 2000)* ***« et les salariés des exploitations agricoles »*** sont inscrits dans la commune où se trouve le siège de l'exploitation ou les parcelles au titre desquelles ils peuvent être électeurs en application de l'article R. 511-8. S'ils satisfont à l'une ou l'autre de ces conditions dans plusieurs communes, ils doivent opter pour l'une de ces communes. »

(Décr. nº 2000-554 du 22 juin 2000) « Les salariés sont inscrits sur les listes de la commune du lieu de travail effectif, c'est-à-dire dans la commune du siège de l'exploitation agricole, de la succursale, de l'établissement, du magasin ou du bureau où ils exercent leur activité. Les salariés itinérants sont inscrits dans la commune du siège du groupement. » *(Abrogé par Décr. nº 2018-640 du 19 juill. 2018, art. 3)* ***« Toutefois, tout salarié peut demander à être inscrit dans la commune de son domicile dès lors que celui-ci est situé dans le même département que son lieu de travail effectif. »***

(Décr. nº 2018-640 du 19 juill. 2018, art. 3) « Les anciens exploitants et assimilés » *(Décr. nº 2006-758 du 29 juin 2006)* « sont inscrits sur la liste de la commune de leur résidence. »

Ainsi qu'il est dit à l'article *(Décr. nº 2017-1771 du 27 déc. 2017, art. 12-4°)* « R. 321-45 du code forestier », les électeurs formant le collège départemental en vue des élections des *(Décr. nº 2010-326 du 22 mars 2010, art. 3-IV)* « conseillers » des centres régionaux de la propriété forestière ne peuvent être inscrits sur la liste électorale pour l'élection aux chambres d'agriculture que s'ils possèdent, pour participer à cette élection, des titres autres que celui de propriétaires d'une exploitation forestière.

(Décr. nº 2000-554 du 22 juin 2000) « Est inscrit sur la liste du collège dont il remplira les conditions à la date des élections tout électeur apportant la preuve *(Décr. nº 2018-640 du 19 juill. 2018, art. 3)* « , jusqu'à vingt-sept jours avant la date de clôture de scrutin fixée en application de l'article R. 511-44, » qu'il a vocation à être inscrit à cette date dans un collège différent de celui dans lequel il devrait être inscrit à la date d'appréciation de la qualité d'électeur.

« Toute personne, qui, en raison d'une modification non prévue de sa situation professionnelle, perd sa qualité d'électeur au titre d'un collège postérieurement à la date fixée à l'article R. 511-20 *(Décr. nº 2017-1771 du 27 déc. 2017, art. 12-4°)* « du présent code », peut demander *(Décr. nº 2018-640 du 19 juill. 2018, art. 3)* « , jusqu'à vingt-sept jours avant la date de clôture de scrutin fixée en application de l'article R. 511-44, » au juge du tribunal judiciaire son inscription sur la liste électorale du collège auquel elle peut désormais appartenir. Il en est de même de toute personne qui remplit les conditions d'inscription sur la liste électorale postérieurement à la clôture de celle-ci. »

§ 2 Groupements électeurs

Art. R. 511-10 *(Décr. n° 82-688 du 3 août 1982)* **Les suffrages des groupements professionnels agricoles mentionnés au 5° de l'article R. 511-6 sont exprimés par des électeurs qui votent au nom de ces groupements.**

Pour ce faire, ces groupements doivent être constitués depuis trois ans au moins et avoir pendant cette période satisfait à leurs obligations statutaires. *(Décr. n° 2000-554 du 22 juin 2000)* **« Toutefois, cette condition d'ancienneté n'est pas opposable aux groupements issus de la fusion de groupements qui remplissaient eux-mêmes ladite condition, sous réserve qu'ils aient satisfait pendant les trois dernières années au moins à leurs obligations statutaires. »**

Les électeurs votant au nom de ces groupements doivent être inscrits comme électeurs individuels dans le département *(Décr. n° 2018-640 du 19 juill. 2018, art. 3)* **« au titre du 1° de l'article R. 511-8 », et être adhérents du groupement qui les désigne. Ils ne peuvent être salariés de celui-ci.**

(Décr. n° 2000-554 du 22 juin 2000) **« Nul ne peut être électeur pour le compte de plusieurs groupements dans un ou plusieurs des collèges mentionnés au »** *(Décr. n° 2017-1771 du 27 déc. 2017, art. 12-5°)* **« 5° de l'article R. 511-6 ».**

Art. R. 511-11 *(Décr. n° 2000-554 du 22 juin 2000)* **Les électeurs qui votent au nom des groupements professionnels mentionnés à l'article R. 511-6 sont :**

***a*) Pour les sociétés coopératives agricoles mentionnées au *a* du** *(Décr. n° 2017-1771 du 27 déc. 2017, art. 12-5°)* **« 5° de l'article R. 511-6 », les présidents de ces organismes ou les personnes mandatées à cet effet par les conseils d'administration de ces sociétés coopératives. Les unions et fédérations disposent dans chaque département d'un nombre de voix égal au nombre des sociétés coopératives qui les constituent et qui leur sont régulièrement affiliées dans ce département ;**

***b*) Pour les autres sociétés coopératives agricoles et les sociétés d'intérêt collectif agricole, les personnes désignées par les conseils d'administration de ces organismes. Tout adhérent peut, en vue de sa désignation, poser sa candidature auprès du président du groupement, les adhérents ayant été préalablement informés des modalités et de la date de cette désignation. Les électeurs sont désignés à raison de un par tranche de vingt-cinq adhérents jusqu'à cent membres adhérents, puis de un par tranche de cinquante adhérents de cent un à mille adhérents, puis de un par tranche de cent adhérents au-dessus de mille adhérents, toute fraction de tranche comptant pour une tranche entière. Le nombre maximum d'électeurs est de cent par organisme et par département. Les sociétés coopératives agricoles dont l'activité s'étend sur plusieurs départements désignent des électeurs dans chacun de ces départements au prorata du nombre d'adhérents qu'elles y comptent. Les unions et fédérations disposent dans chaque département d'un nombre de voix égal au nombre de groupements qui leur sont régulièrement affiliés dans ce département ;**

***c*) Pour les organismes de crédit agricole, les administrateurs des caisses. Lorsqu'une caisse de crédit agricole a une activité qui s'étend sur deux ou plusieurs départements, elle a vocation à être inscrite sur les listes électorales de chacun de ces départements. Ses administrateurs votent dans le département où ils sont inscrits en qualité d'électeurs individuels ;**

***d*) Pour les organismes de mutualité agricole, les délégués cantonaux des caisses de mutualité sociale agricole et les présidents des caisses d'assurances mutuelles agricoles ou les personnes mandatées à cet effet. Lorsqu'une caisse de mutualité sociale agricole a une activité qui s'étend sur deux ou plusieurs départements, elle a vocation à être inscrite sur les listes électorales de chacun de ces départements. Ses délégués votent dans le département où ils sont inscrits en qualité d'électeurs individuels ;**

***e*) Pour les organisations syndicales mentionnées au *e* du** *(Décr. n° 2017-1771 du 27 déc. 2017, art. 12-5°)* **« 5° de l'article R. 511-6 », les présidents de ces organismes ou les personnes désignées à cet effet par les organes compétents de ces organisations. Les unions et fédérations cantonales, intercantonales ou départementales disposent**

d'un nombre de voix égal au nombre de groupements qui leur sont régulièrement affiliés dans le département.

SOUS-SECTION 2 Listes électorales

§ 1 Électeurs votant individuellement

Art. R. 511-12 *(Décr. nº 82-688 du 3 août 1982)* Toute personne qui demande son inscription sur une liste électorale en vue des élections aux chambres départementales d'agriculture doit souscrire une déclaration.

Cette déclaration mentionne :

1º Ses nom et prénoms ;

2º Ses date et lieu de naissance ;

3º Sa nationalité ;

4º Sa commune de résidence ;

5º Le collège d'électeurs au titre duquel elle demande son inscription ;

6º *(Décr. nº 88-877 du 12 août 1988)* « Pour les salariés *(Décr. nº 2017-1771 du 27 déc. 2017, art. 12-6º)* « mentionnés » au 3º de l'article R. 511-8, la commune du lieu de leur travail effectif mentionné au *(Décr. nº 2017-1771 du 27 déc. 2017, art. 12-6º)* « septième alinéa » de l'article R. 511-9 ; »

(Décr. nº 2000-554 du 22 juin 2000) « 7º Un document attestant de l'assujettissement à un régime obligatoire de protection sociale de salarié ou de non-salarié agricole pour les personnes sollicitant leur inscription dans l'un des collèges mentionnés aux *(Décr. nº 2017-1771 du 27 déc. 2017, art. 12-6º)* « 1º, 3º et 4º de l'article R. 511-6 », sauf dans le cas où elles prétendent à une inscription sur la liste électorale au titre *(Décr. nº 2017-1771 du 27 déc. 2017, art. 12-6º)* « du *d* du 1º de l'article R. 511-8 ».

« Les personnes pouvant s'inscrire dans plusieurs communes précisent la commune dans laquelle elles demandent leur inscription. »

(Abrogé par Décr. nº 2018-640 du 19 juill. 2018, art. 3) « Lorsqu'une personne demande son inscription dans une commune autre que celle où elle est inscrite sur la liste électorale établie en vue des élections générales, elle doit indiquer le nom de cette dernière. » — Les divisions « 1 », « 2 », « 3 », « 4 », « 5 », « 6 » et « 7 » sont remplacées respectivement par les divisions « 1º », « 2º », « 3º », « 4º », « 5º », « 6º » et « 7º » (Décr. nº 2017-1771 du 27 déc. 2017, art. 12-6º).

Art. R. 511-13 *(Décr. nº 82-688 du 3 août 1982)* Les propriétaires et usufruitiers doivent, dans tous les cas, justifier que les parcelles qu'ils possèdent en ces qualités satisfont aux conditions prévues à l'article R. 511-8 (2º).

(Décr. nº 2018-640 du 19 juill. 2018, art. 3) « En cas d'indivision, tous les indivisaires répondant aux conditions mentionnées au premier alinéa ont la qualité d'électeur. »

Art. R. 511-14 *(Décr. nº 82-688 du 3 août 1982)* La déclaration souscrite par les électeurs mentionnés *(Décr. nº 2017-1771 du 27 déc. 2017, art. 12-7º)* « à l'antépénultième alinéa de l'article R. 511-8 » doit être accompagnée d'un extrait du casier judiciaire ou de toute pièce en tenant lieu délivrée par les autorités compétentes de leur pays d'origine. Le ministre de la justice établit la liste des documents tenant lieu de casier judiciaire.

Art. R. 511-15 *(Décr. nº 2000-554 du 22 juin 2000)* Avant le 1er juillet de l'année précédant celle des élections des membres de la chambre d'agriculture, le préfet fait afficher dans toutes les communes du département un avis annonçant l'établissement des listes électorales.

Cet avis énumère les divers collèges d'électeurs mentionnés à l'article R. 511-6. Il invite, en outre, quiconque prétend à l'exercice du droit de vote à faire parvenir, avant le 15 septembre, sa demande d'inscription sur la liste électorale à la commission départementale prévue à l'article R. 511-16.

(Décr. nº 2012-838 du 29 juin 2012, art. 1er-2º) « En sus de l'affichage prévu au premier alinéa du présent article, le préfet rend public par tout moyen adapté l'avis annonçant l'établissement des listes électorales. »

Art. R. 511-16 *(Décr. nº 2017-1771 du 27 déc. 2017, art. 12-8º)* I. – Les listes électorales sont établies par une commission départementale dénommée commission d'établissement des listes électorales comprenant :

1º Le préfet ou son représentant, président ;

2º Le directeur départemental des territoires ou, le cas échéant, des territoires et de la mer *(Décr. nº 2018-640 du 19 juill. 2018, art. 3)* « ou son représentant » ;

3º Un maire désigné par le conseil départemental ;

4º Un représentant de la caisse départementale ou pluridépartementale de mutualité sociale agricole.

II. – Sont également membres avec voix consultative, pour participer aux travaux relatifs à l'établissement des listes électorales pour les électeurs votant individuellement :

1º Des représentants des exploitants agricoles et assimilés désignés, à raison d'un par organisation, sur proposition des organisations syndicales d'exploitants agricoles à vocation générale habilitées dans le département en application de l'article R. 514-37 ;

2º Des représentants des salariés désignés, à raison d'un par organisation, sur proposition des organisations syndicales de salariés reconnues représentatives au sens de l'article L. 2121-1 du code du travail ;

3º Un représentant *(Décr. nº 2018-640 du 19 juill. 2018, art. 3)* « des propriétaires et usufruitiers » désigné sur proposition des membres de la chambre d'agriculture élus au titre du collège mentionné au 2º de l'article R. 511-6 du présent code.

Ces membres consultatifs sont nommés par le préfet. Ils sont désignés parmi les personnes ayant vocation à être inscrites sur les listes électorales au titre de l'un des collèges mentionnés à l'article R. 511-8 du même code.

III. – La commission peut entendre toute personne dont l'audition lui paraît nécessaire.

Elle se réunit sur convocation de son président dans les conditions fixées par arrêté préfectoral.

Le secrétariat est assuré par la chambre départementale d'agriculture, à moins que le préfet n'en dispose autrement.

Le siège de la commission est fixé à la préfecture.

Art. R. 511-17 *(Décr. nº 2018-640 du 19 juill. 2018, art. 3)* « Avant le 1er octobre de l'année précédant celle des élections des membres de la chambre d'agriculture, cette commission prépare, commune par commune et pour chaque collège d'électeurs individuels, la liste provisoire des électeurs sur laquelle figurent leurs nom, prénoms, lieu de naissance, domicile ou résidence, et le canton du lieu de vote, en prenant pour base la dernière liste établie. Chaque maire indique à la commission les noms des électeurs qu'il convient de retirer de l'ancienne liste en raison du décès, du départ de la commune ou de la perte des droits civils et politiques de ces derniers. La commission met également à jour la liste des demandes d'inscription transmises en application de l'article R. 511-12.

« Pour les collèges mentionnés aux 1º, 3º et 4º de l'article R. 511-6, la commission se fait communiquer par les caisses départementales ou pluridépartementales de la mutualité sociale agricole ou par les caisses générales de sécurité sociale la liste de leurs assujettis remplissant les conditions posées à l'article R. 511-8. Le traitement de données personnelles nécessaire à la communication d'informations prévue au I de l'article 77 de la loi nº 95-95 du 1er février 1995 de modernisation de l'agriculture est soumis au règlement (UE) nº 2016/679 du Parlement européen et du Conseil du 27 avril 2016 et, le cas échéant, aux dispositions de la loi du 6 janvier 1978 relative à l'informatique, aux fichiers et aux libertés.

« La commission peut également utiliser toute autre source d'information dont elle pourrait disposer. »

(Décr. nº 2000-554 du 22 juin 2000) Elle inscrit d'office les électeurs dont la capacité électorale lui est connue, même s'ils n'ont pas demandé leur inscription et procède aux radiations. Elle inscrit également sur cette liste les personnes qui rempliront les conditions requises avant la clôture définitive de la liste. Elle peut exiger des intéressés toute pièce de nature à justifier de leur qualité pour être inscrits sur la liste électorale.

La commission tient un registre de toutes ses décisions et y mentionne les motifs et pièces à l'appui.

Au plus tard le 1er octobre, le président de la commission transmet à chaque mairie un exemplaire de la liste provisoire des électeurs de la commune pour chacun des collèges.

(Décr. nº 2012-838 du 29 juin 2012, art. 1er-4º) « La liste provisoire est également transmise à la chambre départementale d'agriculture qui en assure la mise à disposition du public pour consultation. »

Art. R. 511-18 *(Décr. nº 2018-640 du 19 juill. 2018, art. 3)* Si un événement, postérieur à l'établissement de la liste électorale définitive et prenant effet au plus tard vingt-sept jours avant la date de clôture fixée en application de l'article R. 511-44, entraîne, pour une personne, l'acquisition ou la perte de la qualité d'électeur, son inscription ou sa radiation est prononcée au plus tard à cette date, soit à l'initiative de la commission d'organisation des opérations électorales mentionnée à l'article R. 511-39, soit à la demande de l'intéressé.

Art. R. 511-19 *(Décr. nº 2018-640 du 19 juill. 2018, art. 3)* Dès réception des listes, le maire les fait immédiatement afficher aux lieux accoutumés où elles devront demeurer jusqu'au 15 octobre.

Art. R. 511-20 *(Décr. nº 2000-554 du 22 juin 2000)* Avant le 16 octobre, toute personne qui s'estime indûment omise peut demander son inscription sur la liste à la *(Décr. nº 2006-758 du 29 juin 2006)* « commission d'établissement des listes électorales ». Tout électeur inscrit sur une des listes du département peut également demander l'inscription d'une personne omise.

Ces demandes sont adressées au président de la *(Décr. nº 2006-758 du 29 juin 2006)* « commission d'établissement des listes électorales » par lettre recommandée avec demande d'avis de réception.

Art. R. 511-21 *(Décr. nº 2000-554 du 22 juin 2000)* Avant le 15 novembre, la *(Décr. nº 2006-758 du 29 juin 2006)* « commission d'établissement des listes électorales » statue sur les propositions d'inscription, de modification ou de radiation *(Décr. nº 2018-640 du 19 juill. 2018, art. 3)* « formulées par les maires ou par toute personne ou tout électeur mentionné au premier alinéa de l'article R. 511-20 » ainsi que sur les demandes d'inscription. Lorsque la *(Décr. nº 2006-758 du 29 juin 2006)* « commission d'établissement des listes électorales » refuse d'inscrire un électeur ou radie un électeur pour d'autres causes que le décès, cette décision est notifiée dans les deux jours à l'intéressé par lettre recommandée avec demande d'avis de réception.

L'avis de notification précise les motifs de la décision et informe l'intéressé qu'il dispose d'un délai de quarante-huit heures à compter de sa réception pour présenter une réclamation. Celle-ci est adressée au président de la *(Décr. nº 2006-758 du 29 juin 2006)* « commission d'établissement des listes électorales », laquelle y statue lors de l'établissement des listes électorales définitives. La *(Décr. nº 2006-758 du 29 juin 2006)* « commission d'établissement des listes électorales » statue à la majorité. En cas de partage égal des voix, celle du président est prépondérante.

Art. R. 511-22 *(Décr. nº 2000-554 du 22 juin 2000)* Avant le 25 novembre la *(Décr. nº 2006-758 du 29 juin 2006)* « commission d'établissement des listes électorales » dresse les listes électorales définitives, sous réserve de l'application des dispositions de l'article R. 511-25, par collège et commune. *(Décr. nº 2018-640 du 19 juill. 2018, art. 3)* « Pour chaque électeur, doivent figurer les nom, prénoms, lieu de naissance, domicile ou résidence et canton du lieu de vote. L'indication du domicile ou de la résidence comporte l'indication de la rue et, le cas échéant, du numéro. »

Avant le 30 novembre, sont déposés à la diligence du préfet :

A la mairie, un exemplaire de chacune des listes d'électeurs de la commune et à la préfecture et au siège de la chambre d'agriculture un exemplaire de chacune des listes électorales.

L'accomplissement de ces formalités est annoncé par affiches apposées le jour même à la mairie.

Les listes électorales peuvent être consultées sans frais *(Décr. nº 2012-838 du 29 juin 2012, art. 1er-5º)* « , sur support papier ou électronique, » à la mairie, à la préfecture

ou au siège de la chambre d'agriculture par tout intéressé qui peut en prendre copie, à ses frais, à la condition de s'engager à ne pas en faire un usage commercial. Toute infraction à cet engagement est punie d'une contravention de la 5e classe.

Art. R. 511-23 *(Décr. nº 82-688 du 3 août 1982)* **Dans les cinq jours qui suivent l'affichage prévu au** *(Décr. nº 2000-554 du 22 juin 2000)* **« troisième » alinéa de l'article R. 511-22, le préfet, les réclamants et les personnes intéressées par les décisions de la commission départementale peuvent saisir le tribunal judiciaire** *(Décr. nº 2017-1771 du 27 déc. 2017, art. 12-9º)* **« dans le ressort duquel est située » ladite commission. Lorsque le cinquième jour est un samedi, un dimanche ou un jour férié ou chômé, ce délai expire le premier jour ouvrable suivant.**

Le tribunal judiciaire statue dans les dix jours de la saisine sans forme de procédure, après convocation des intéressés par simple lettre du *(Décr. nº 2017-1100 du 15 juin 2017, art. 4-1º)* **« greffe ».**

Toutefois, si la demande soumise au tribunal judiciaire pose une question préjudicielle, le tribunal renvoie les parties à se pourvoir devant le tribunal compétent, conformément aux dispositions du code de procédure civile.

(Décr. nº 2000-554 du 22 juin 2000) **« Le juge du tribunal judiciaire, directement saisi, a compétence pour statuer** *(Décr. nº 2006-758 du 29 juin 2006)* **« jusqu'à la date de clôture du scrutin » sur les réclamations des personnes qui prétendent avoir été omises sur les listes électorales par suite d'une erreur purement matérielle ou avoir été radiées de ces listes sans observation des formalités prescrites par l'article R. 511-21 »** *(Décr. nº 2017-1771 du 27 déc. 2017, art. 12-9º)* **« du présent code ».**

Le greffier du tribunal judiciaire adresse, dans les deux jours, copie de la décision au président de la *(Décr. nº 2006-758 du 29 juin 2006)* **« commission d'établissement des listes électorales »** *(Abrogé par Décr. nº 2018-640 du 19 juill. 2018, art. 3)* **«** ***, aux maires des communes intéressées*** **» et, par lettre recommandée avec demande d'avis de réception, aux parties.**

1. Toute personne qui y est intéressée, sans distinction de collège, peut contester l'inscription d'une personne sur les listes électorales par la commission départementale. • Civ. 2e, 13 déc. 2001, nº 01-60.005 P : *Gaz. Pal. 1er-2 mars 2002, p. 14 ; ibid. 24-25 juill. 2002, p. 26 ; JCP 2002. IV. 207.*

2. Inverse la charge de la preuve le juge qui, pour ordonner la radiation d'un électeur sur les listes électorales à la chambre départementale d'agriculture, se borne à énoncer que celui-ci ne justifie pas de sa qualité d'exploitant, alors qu'il incombe au contestant de prouver que l'électeur dont il sollicite la radiation ne remplit pas les conditions légales d'inscription. • Civ. 2e, 4 juill. 2007, nº 07-60.006 P : *Gaz. Pal. 25-26 avr. 2008. 9.*

Art. R. 511-24 *(Décr. nº 82-688 du 3 août 1982)* **La décision du tribunal judiciaire n'est pas susceptible d'opposition ni d'appel, mais elle peut être déférée à la Cour de cassation.**

(Décr. nº 87-1058 du 24 déc. 1987) **« Le pourvoi est soumis aux dispositions des articles 999 à 1008 du code de procédure civile.**

« Le greffier de la Cour de cassation transmettra copie de l'arrêt au président de la » *(Décr. nº 2006-758 du 29 juin 2006)* **« commission d'établissement des listes électorales ».**

Art. R. 511-25 *(Décr. nº 82-688 du 3 août 1982)* **La liste électorale est rectifiée, s'il y a lieu, en application des décisions judiciaires.**

§ 2 Groupements électeurs

Art. R. 511-26 *(Décr. nº 82-688 du 3 août 1982)* **Tout groupement professionnel agricole demandant son inscription sur la liste électorale de l'un des collèges mentionnés au 5º de l'article R. 511-6 doit souscrire une déclaration.**

Cette déclaration adressée au préfet par le président du groupement comporte : le nom du groupement, le collège auquel ce groupement appartient, les noms, prénoms et adresses des personnes appelées à voter au nom du groupement. Elle est revêtue de la signature de chacune de ces personnes.

Elle est accompagnée en outre, pour les groupements mentionnés au 5º ***b*** **de l'article R. 511-6, de la mention du nombre d'adhérents au 1er juillet précédant l'élection et**

d'un extrait de la délibération du conseil d'administration ou de l'assemblée ayant désigné les électeurs dudit groupement.

Inscription. Est irrecevable la déclaration d'inscription de caisses locales de crédit agricole formée par le président de la caisse départementale, n'émanant pas des présidents de chaque groupement et ne comportant pas la signature des membres de chaque groupement appelés à voter au nom de celui-ci. • Civ. 2e, 25 janv. 2001, n° 00-60.441 P : *Gaz. Pal. 29-30 mars 2002, p. 13 ; JCP 2001. IV. 1487.*

Art. R. 511-27 *(Décr. n° 82-688 du 3 août 1982)* **Avant le 1er** *(Décr. n° 2000-554 du 22 juin 2000)* **« juillet » de l'année précédant celle des élections, le préfet invite, dans l'avis mentionné à l'article R. 511-15, les groupements visés au 5° de l'article R. 511-6, à adresser à la préfecture leurs demandes d'inscription avant le 1er** *(Décr. n° 2000-554 du 22 juin 2000)* **« octobre ».**

Art. R. 511-28 *(Décr. n° 82-688 du 3 août 1982)* **La liste électorale comportant les noms des groupements et des personnes appelées à voter au nom de ces groupements est établie, pour chacun des collèges mentionnés au 5° de l'article R. 511-6, par la** *(Décr. n° 2006-758 du 29 juin 2006)* **« commission d'établissement des listes électorales » prévue** *(Décr. n° 2000-554 du 22 juin 2000)* **« à l'article R. 511-16 ». Quatre présidents de groupements professionnels agricoles désignés par le préfet participent, avec voix consultative, aux travaux relatifs à l'établissement de la liste électorale des groupements électeurs.**

Lorsque la commission refuse d'inscrire un groupement électeur, ou lui demande de modifier sa déclaration, cette décision est notifiée dans les deux jours au président du groupement *(Décr. n° 2012-838 du 29 juin 2012, art. 1er-6°)* **« par lettre recommandée avec demande d'avis de réception ». L'avis de notification précise les motifs de la décision et informe le groupement intéressé qu'il dispose d'un délai de quarante-huit heures pour présenter des observations.**

La demande d'inscription sur les listes électorales, déposée dans le délai prévu mais en non-conformité avec les conditions de forme de l'art. R. 511-26 dont l'inobservation justifie le refus d'inscription, peut être modifiée après l'avis de notification de la décision de la commission départementale avant que celle-ci ne dresse la liste électorale. • Civ. 2e, 25 janv. 2001, n° 00-60.441 P : *Gaz. Pal. 29-30 mars 2002, p. 13 ; JCP 2001. IV. 1487.*

Art. R. 511-29 *(Décr. n° 82-688 du 3 août 1982)* **Entre le** *(Décr. n° 2000-554 du 22 juin 2000)* **« 1er octobre » et le 14 novembre, la commission dresse la liste électorale. Elle se prononce avant le 14 novembre sur les observations formulées en application de l'article précédent.**

Cette liste revêtue de la signature de tous les membres de la *(Décr. n° 2006-758 du 29 juin 2006)* **« commission d'établissement des listes électorales » est déposée avant le 15 novembre à la préfecture et au siège de la chambre d'agriculture où elle peut être consultée.**

Les présidents de groupements et les personnes mentionnés sur la liste électorale reçoivent dans les trois jours du dépôt notification de la décision prise à l'égard de leurs groupements.

Cette décision peut être déférée dans les cinq jours de la notification au tribunal judiciaire du siège de la commission, qui statue dans les formes et délai prévus à l'article R. 511-23.

Le 15 décembre la *(Décr. n° 2006-758 du 29 juin 2006)* **« commission d'établissement des listes électorales » opère toutes les rectifications régulièrement ordonnées et arrête définitivement la liste électorale.**

La minute de la liste électorale est déposée à la préfecture. Un exemplaire est déposé à la diligence du préfet au siège de la chambre d'agriculture.

Tout électeur peut prendre communication et copie à ses frais de la liste électorale à la préfecture ou à la chambre d'agriculture à la condition de s'engager à ne pas en faire un usage commercial. Toute infraction à cette disposition est punie d'une contravention de la 5e classe.

Ne peuvent être déférées au tribunal d'instance que les décisions par lesquelles la commission se prononce sur les observations et réclamations formées devant elle. • Civ. 2e, 11 oct. 2007, n° 06-60.308 : *JCP 2007. IV. 3031.*

SOUS-SECTION 3 **Éligibilité et candidatures**

Art. R. 511-30 *(Décr. n° 2000-554 du 22 juin 2000)* **« Sont éligibles les personnes de nationalité française âgées d'au moins dix-huit ans à la date des élections, inscrites comme électeurs individuels dans le département en application de l'article R. 511-8. Sont également éligibles les ressortissants des États membres de** *(Décr. n° 2017-1771 du 27 déc. 2017, art. 12-10°)* **« l'Union » européenne qui remplissent les conditions définies par le présent article. »**

(Décr. n° 82-688 du 3 août 1982) **« Cette éligibilité est limitée pour chaque collège mentionné aux** *(Décr. n° 2017-1771 du 27 déc. 2017, art. 12-10°)* **« 1°, 2°, 3° et 4° de l'article R. 511-6 » aux électeurs de ce collège.**

« Sont éligibles au titre de chaque collège mentionné au *(Décr. n° 2017-1771 du 27 déc. 2017, art. 12-10°)* **« 5° de l'article R. 511-6 » les personnes appelées à voter au nom de l'un des groupements de ce collège, ainsi que les membres des conseils d'administration des coopératives et des sociétés d'intérêt collectif agricole mentionnées** *(Décr. n° 2017-1771 du 27 déc. 2017, art. 12-10°)* **« au *a* et au *b* du 5° de l'article R. 511-6 » pour chacun de ces collèges. »** *(Décr. n° 2000-554 du 22 juin 2000)* **« Cette éligibilité est toutefois limitée aux personnes par ailleurs inscrites sur la liste du collège mentionné au »** *(Décr. n° 2017-1771 du 27 déc. 2017, art. 12-10°)* **« 1° de l'article R. 511-6 ».**

Art. R. 511-31 *(Décr. n° 82-688 du 3 août 1982)* **Les fonctionnaires qui, à un titre quelconque, exercent un contrôle sur les chambres d'agriculture et les agents des chambres, de** *(Ord. n° 2022-583 du 20 avr. 2022, art. 1er)* **« Chambres d'agriculture France » ou des services interdépartementaux qu'elles ont créés, sont inéligibles. Cette inéligibilité prend fin un an après la cessation du motif qui les a rendus inéligibles.**

Art. R. 511-32 *(Décr. n° 82-688 du 3 août 1982)* **Nul ne peut être à la fois membre d'une chambre d'agriculture, d'une part, d'une chambre de commerce et d'industrie territoriale ou d'une chambre de métiers et de l'artisanat de région, d'autre part. Tout membre d'une chambre d'agriculture qui est ou devient membre d'une chambre de commerce et d'industrie territoriale ou d'une chambre de métiers et de l'artisanat de région, est réputé avoir opté en faveur de l'organisme dont il est devenu membre en dernier lieu, s'il n'a exercé une option contraire dans le délai d'un mois à compter de la date à laquelle il est devenu membre de cet organisme.**

Ainsi qu'il est dit à l'article *(Décr. n° 2017-1771 du 27 déc. 2017, art. 12-11°)* **« R. 321-53 du code forestier », les fonctions** *(Décr. n° 2010-326 du 22 mars 2010, art. 3-IV)* **« de conseiller » d'un centre régional de la propriété forestière sont incompatibles avec celles de membre élu d'une chambre d'agriculture située dans le ressort de ce centre. Les conditions et délais de l'option pour l'une de ces fonctions sont ceux définis par l'article** *(Décr. n° 2017-1771 du 27 déc. 2017, art. 12-11°)* **« R. 321-53 du code forestier » susmentionné.**

Art. R. 511-33 *(Décr. n° 2000-554 du 22 juin 2000)* **« Les listes sont déposées à la préfecture, au plus tard à douze heures,** *(Décr. n° 2018-640 du 19 juill. 2018, art. 3)* **« quarante-cinq jours francs »** *(Décr. n° 2006-758 du 29 juin 2006)* **« avant la date de clôture du scrutin ». Lorsque le dernier jour du délai imparti est un samedi, un dimanche ou un jour férié ou chômé, ce délai est prorogé jusqu'au premier jour ouvrable suivant. »**

(Décr. n° 87-1058 du 24 déc. 1987) **« Elles doivent comporter un nombre de noms égal à celui des membres à élire dans le collège concerné, auxquels s'ajoutent un nom supplémentaire pour le collège mentionné au 5 *a* de l'article R. 511-6 et deux noms supplémentaires pour les autres collèges. »** *(Décr. n° 2012-838 du 29 juin 2012, art. 1er-8°)* **« Chaque liste de candidats comporte au moins un candidat de chaque sexe par tranche de trois candidats.**

« Les listes des candidats à l'élection au titre du collège des chefs d'exploitation et assimilés défini au 1° de l'article R. 511-6 doivent préciser ceux des candidats se présentant également à l'élection aux chambres régionales d'agriculture dans les conditions prévues à l'article R. 512-4. Le nombre de ces candidats doit être au moins égal au nombre de sièges à pourvoir à la chambre régionale dans ce collège et pour le

département. Ces candidats doivent compter au moins un candidat de chaque sexe par groupe de trois. »

Nul ne peut figurer sur plusieurs déclarations de candidature.

Chaque liste fait l'objet d'une déclaration effectuée par un mandataire muni d'une procuration écrite signée de chaque candidat figurant sur la liste. *(Décr. n° 2000-554 du 22 juin 2000)* « Elle doit mentionner le département, le collège, *(Décr. n° 2006-758 du 29 juin 2006)* « la date de clôture du scrutin » et pour chaque candidat la commune où il est inscrit sur la liste électorale. »

(Décr. n° 2012-838 du 29 juin 2012, art. 1er-8°) « Les listes des candidats à l'élection au titre des collèges de salariés définis au 3° de l'article R. 511-6 doivent être présentées par une ou plusieurs organisations syndicales satisfaisant aux critères de respect des valeurs républicaines, d'indépendance et de transparence financière prévus à l'article L. 2121-1 du code du travail, légalement constituées depuis au moins deux ans et dont les statuts donnent vocation à être présentes dans le département concerné par l'élection. Un syndicat affilié à une organisation syndicale représentative au niveau national et interprofessionnel peut également présenter une liste de candidats au titre de ces collèges.

« Les listes de candidats à l'élection au titre des autres collèges peuvent mentionner la ou les organisations syndicales ou professionnelles au nom desquelles les candidats se présentent. Elles ne peuvent comporter aucune autre mention. »

La déclaration de candidature de chaque candidat dans les conditions de l'art. R. 511-33 constitue une formalité nécessaire à la validité de cette déclaration. • TA Besançon, 22 mars 2007 : *AJDA 2007. 1261*.

Art. R. 511-34 *(Décr. n° 82-688 du 3 août 1982)* Le préfet enregistre les listes.

L'enregistrement est refusé à toute liste non conforme aux dispositions de la présente section. Le préfet notifie *(Décr. n° 2018-640 du 19 juill. 2018, art. 3)* « dans les vingt-quatre heures » sa décision au mandataire de la liste. Celui-ci dispose d'un délai de quarante-huit heures pour déposer une liste comportant les modifications nécessaires ou pour saisir le tribunal administratif qui statue dans les trois jours.

La liste est enregistrée, si le délai imparti *(Décr. n° 2018-640 du 19 juill. 2018, art. 3)* « au préfet » n'a pas été respecté ou si la juridiction administrative n'a pas rejeté le recours dans les trois jours.

Art. R. 511-35 *(Décr. n° 82-688 du 3 août 1982)* Le préfet publie l'état définitif des listes de candidats au plus tard *(Décr. n° 2018-640 du 19 juill. 2018, art. 3)* « quarante et un jours » *(Décr. n° 2006-758 du 29 juin 2006)* « avant la date de clôture du scrutin ».

Les candidats décédés après la date limite de dépôt ne sont pas remplacés sur les listes qui, dans ce cas, peuvent être incomplètes nonobstant *(Décr. n° 2018-640 du 19 juill. 2018, art. 3)* « les dispositions du deuxième alinéa de l'article R. 511-33 ».

Al. 3 abrogé par Décr. n° 2006-758 du 29 juin 2006.

SOUS-SECTION 4 Propagande

Art. R. 511-36 *(Décr. n° 2018-640 du 19 juill. 2018, art. 3)* « Chaque liste de candidats ne peut faire imprimer et envoyer aux électeurs par la commission prévue à l'article R. 511-38 qu'une seule profession de foi sur un feuillet de format 210 × 297 mm. »

(Décr. n° 2006-758 du 29 juin 2006) « A compter de la veille de la date de clôture du scrutin fixée en application de l'article R. 511-44, il est interdit de distribuer ou faire distribuer des bulletins, *(Décr. n° 2018-640 du 19 juill. 2018, art. 3)* « professions de foi » et autres documents et de diffuser ou de faire diffuser par tout moyen de communication au public par voie électronique tout message ayant le caractère de propagande électorale. »

Art. R. 511-37 *(Décr. n° 82-688 du 3 août 1982)* Chaque liste de candidats ne peut faire imprimer un nombre de bulletins de vote supérieur de plus de 20 p. 100 *(Décr. n° 2006-758 du 29 juin 2006)* « du nombre des électeurs inscrits dans son collège » *(Décr. n° 2000-554 du 22 juin 2000)* « dont cette liste » sollicite les suffrages.

Les bulletins ont un format de 148 × 210 mm.

Les bulletins ne doivent pas comporter d'autres mentions que *(Décr. n° 2006-758 du 29 juin 2006)* **« le département et la date de clôture du scrutin », le collège, le nom et le prénom de chaque candidat, ainsi que le titre de la liste et, le cas échéant, l'organisation syndicale ou professionnelle qui la présente.**

Art. R. 511-38 *(Décr. n° 2006-758 du 29 juin 2006)* **Pour l'exercice des missions définies aux articles R. 511-39 à R. 511-42, R. 511-48 et R. 511-49, une commission d'organisation des opérations électorales est instituée par arrêté préfectoral pour chaque chambre d'agriculture au plus tard le 1er décembre précédant la date de clôture du scrutin.**

Elle est composée :

1° Du préfet ou de son représentant, président ;

2° Du *(Décr. n° 2014-551 du 27 mai 2014, art. 26-11°)* **« directeur départemental ou, le cas échéant, régional des finances publiques » ou son représentant ;**

3° Du *(Décr. n° 2014-551 du 27 mai 2014, art. 26-11°)* **« directeur départemental des territoires » ou** *(Décr. n° 2017-1771 du 27 déc. 2017, art. 12-12°)* **« , le cas échéant, des territoires et de la mer, ou » son représentant ;**

4° D'un membre élu de la chambre d'agriculture désigné par son président.

La commission est assistée, pour les attributions *(Décr. n° 2017-1771 du 27 déc. 2017, art. 12-12°)* **« mentionnées » aux 2° et 3° de l'article R. 511-39, d'un agent désigné par le directeur de La Poste du département.**

Le secrétariat de la commission est assuré par les services de la préfecture.

Un mandataire de chaque liste peut assister aux travaux de la commission.

Le siège de la commission est fixé à la préfecture. *— Les tirets précédant les alinéas 3 à 6 sont remplacés successivement par les divisions « 1° », « 2° », « 3° » et « 4° », la lettre minuscule suivant chacune des insertions ainsi effectuées devenant une lettre majuscule (Décr. n° 2017-1771 du 27 déc. 2017, art. 12-12°).*

Art. R. 511-39 *(Décr. n° 2006-758 du 29 juin 2006)* **La commission d'organisation des opérations électorales est chargée :**

1° De vérifier la conformité des bulletins de vote et des circulaires aux dispositions des articles R. 511-36 et R. 511-37 ;

(Décr. n° 2018-640 du 19 juill. 2018, art. 3) **« 2° D'expédier à tous les électeurs, au plus tard dix jours avant la date de clôture du scrutin, dans une même enveloppe fermée :**

« *a)* **Une profession de foi ;**

« *b)* **Un bulletin de vote de chaque liste ;**

« *c)* **Une notice explicative relative aux opérations de vote et aux modalités d'accès au système de vote électronique auquel l'électeur se relie pour voter ;**

« *d)* **Le matériel nécessaire au vote par correspondance ;**

« *e)* **Selon des modalités qui en garantissent la sécurité et la confidentialité, les instruments nécessaires au vote électronique ; »**

3° D'organiser la réception des votes ;

4° D'organiser le dépouillement et le recensement des votes conformément aux articles R. 511-46 à R. 511-48 ;

5° De proclamer les résultats ;

6° De statuer sur les demandes de remboursement des frais de propagande des candidats.

Le président de la commission d'organisation des opérations électorales peut, après accord du président de la chambre d'agriculture, confier à des agents de la chambre l'exécution des tâches matérielles incombant à la commission ; ceux-ci exécutent ces tâches sous l'autorité et le contrôle du président de la commission.

(Décr. n° 2018-640 du 19 juill. 2018, art. 3) **« Les instruments nécessaires au vote électronique mentionnés au 2° permettent l'authentification de l'électeur et la vérification de l'unicité du vote, pour chaque qualité d'électeur. Ils sont transmis dans des conditions, définies par arrêté du ministre chargé de l'agriculture, réunissant les précautions nécessaires pour garantir leur confidentialité et la sécurité de leur utilisation lors du vote. »**

Art. R. 511-40 *(Décr. n° 82-688 du 3 août 1982)* **Tout engagement de dépenses décidé par la** *(Décr. n° 2006-758 du 29 juin 2006)* **« commission d'organisation des**

opérations électorales » en vue d'assurer les tâches qui lui sont confiées doit être préalablement approuvé par le préfet.

Art. R. 511-41 *(Décr. n° 2006-758 du 29 juin 2006)* **Le mandataire de chaque liste fait connaître au président de la commission d'organisation des opérations électorales le nom de l'imprimeur choisi par lui.**

Le président lui indique les caractéristiques et le nombre maximum *(Décr. n° 2018-640 du 19 juill. 2018, art. 3)* **« de professions de foi et de bulletins de vote » qu'il est autorisé à faire imprimer ainsi que les tarifs maxima d'impression fixés en application de l'article R. 511-42.**

Le mandataire de la liste doit remettre au président de la commission avant une date limite fixée par arrêté du préfet les exemplaires imprimés de la *(Décr. n° 2018-640 du 19 juill. 2018, art. 3)* **« profession de foi » ainsi qu'une quantité de bulletins au moins égale au nombre des électeurs inscrits dans son collège** *(Décr. n° 2018-640 du 19 juill. 2018, art. 3)* **« , et dans la limite fixée à l'article R. 511-37 ».**

La commission n'est pas tenue d'assurer l'envoi des imprimés remis postérieurement à cette date.

Les *(Décr. n° 2018-640 du 19 juill. 2018, art. 3)* **« professions de foi » et bulletins dont le format, le libellé ou l'impression ne répondent pas aux prescriptions légales ou réglementaires ne sont pas acceptés par la commission.**

Les bulletins de vote et les *(Décr. n° 2018-640 du 19 juill. 2018, art. 3)* **« professions de foi » qui ne sont pas parvenus à leur destinataire sont retournés à la commission qui les conserve jusqu'à l'expiration des délais de recours contre les élections, ou, le cas échéant, jusqu'à l'intervention d'un jugement définitif sur les contestations.**

Art. R. 511-42 *(Décr. n° 82-688 du 3 août 1982)* **Les chambres départementales d'agriculture assurent la charge des dépenses provenant des opérations effectuées par** *(Décr. n° 2006-758 du 29 juin 2006)* **« la commission d'établissement des listes électorales et la commission d'organisation des opérations électorales », ainsi que le coût du papier, l'impression et l'envoi des bulletins de vote et** *(Décr. n° 2018-640 du 19 juill. 2018, art. 3)* **« professions de foi » pour les listes ayant obtenu** *(Décr. n° 87-1058 du 24 déc. 1987)* **« au moins 5 p. 100 des suffrages exprimés ».**

Il est remboursé sur présentation des pièces justificatives, aux listes, le coût du papier et les frais d'impression réellement exposés, des *(Décr. n° 2018-640 du 19 juill. 2018, art. 3)* **« professions de foi » et bulletins de vote.** — *Sur ce remboursement, V. Arr. du 29 juin 2006, art. 2 et 3 (JO 30 juin).*

Toutefois, la somme remboursée ne peut excéder celle résultant de l'application au nombre des imprimés admis à remboursement des tarifs fixés par arrêté du préfet *(Décr. n° 2006-758 du 29 juin 2006)* **« après avis de la commission d'organisation des opérations électorales ».**

Al. 4 à 8 abrogés par Décr. n° 2006-758 du 29 juin 2006.

(Décr. n° 2000-554 du 22 juin 2000) **« En ce qui concerne l'impression, les tarifs s'appliquent dans les mêmes conditions que celles fixées au** *(Décr. n° 2018-640 du 19 juill. 2018, art. 3)* **« sixième » alinéa de l'article R. 39 du code électoral. »**

SOUS-SECTION 5 **Mode de scrutin**

Art. R. 511-43 *(Décr. n° 88-1070 du 29 nov. 1988)* **Nul ne peut être admis à voter s'il n'est inscrit sur la liste électorale.**

Pour être valables, les bulletins ne doivent comporter ni adjonction, ni suppression de nom, ni modification de l'ordre de présentation de la liste.

L'élection a lieu dans les conditions suivantes :

1° Pour les collèges des chefs d'exploitation et des salariés *(Décr. n° 2018-640 du 19 juill. 2018, art. 3)* **« mentionnés respectivement aux 1° et 3° de l'article R. 511-6, » au scrutin de liste à un tour.**

La liste qui a le plus de voix obtient un nombre de sièges égal à la moitié du nombre de sièges à pourvoir, arrondi, le cas échéant, à l'entier *(Décr. n° 2018-640 du 19 juill. 2018, art. 3)* **« inférieur ». En cas d'égalité de suffrages entre les listes arrivées en tête, ces sièges sont attribués à la liste dont les candidats ont la moyenne d'âge la plus élevée. Cette attribution opérée, les autres sièges sont répartis entre toutes les listes à la représentation proportionnelle** *(Décr. n° 2012-838 du 29 juin 2012, art. 1er-9°)* **« sui-**

vant la règle du plus fort reste ». Les sièges sont attribués aux candidats dans l'ordre de présentation sur chaque liste.

Si plusieurs listes ont la même moyenne pour l'attribution du dernier siège, celui-ci revient à la liste qui a obtenu le plus grand nombre de suffrages. En cas d'égalité de suffrages, le siège est attribué au plus âgé des candidats susceptibles d'être proclamés élus.

2° Pour les autres collèges mentionnés à l'article R. 511-6, au scrutin majoritaire à un tour. Les sièges à pourvoir sont attribués à la liste qui a recueilli la majorité des suffrages exprimés.

En cas d'égalité de suffrages entre plusieurs listes, les sièges à pourvoir sont attribués à la liste dont les candidats ont la moyenne d'âge la plus élevée.

Pour tous les collèges, sont considérés comme suppléants des candidats élus sur une liste les candidats figurant en rang postérieur à celui du dernier élu de ladite liste.

(Décr. nº 2000-554 du 22 juin 2000) **« Toute personne qui,** *(Décr. nº 2006-758 du 29 juin 2006)* **« à la date de clôture du scrutin », ne remplit plus les conditions d'inscription sur les listes électorales du collège au titre duquel elle est candidate ne peut être proclamée élue. Le siège auquel elle pouvait prétendre est attribué au premier candidat non élu de la même liste. »**

SOUS-SECTION 6 Opérations de vote

§ 1 Date de scrutin

Art. R. 511-44 *(Décr. nº 82-688 du 3 août 1982)* **Les élections ont lieu entre le 15 janvier et le 28 février.**

(Décr. nº 2006-758 du 29 juin 2006) **« Le ministre chargé de l'agriculture convoque les électeurs, fixe la date de clôture du scrutin et indique la date d'ouverture et de clôture de la campagne électorale par arrêté publié au *Journal officiel* de la République française, au plus tard le 30 juin de l'année précédant celle des élections. »** — *V. Arr. du 22 mai 2018 pris en application de l'art. R. 511-44 et convoquant les électeurs pour l'élection des membres des chambres d'agriculture (JO 30 mai).*

§ 2 Déroulement des opérations *(Décr. nº 2017-1771 du 27 déc. 2017, art. 12-13°).*

Art. R. 511-45 *(Décr. nº 2018-640 du 19 juill. 2018, art. 3)* **Les électeurs des collèges énumérés par les 1° à 5° de l'article R. 511-6 votent soit par correspondance sous pli fermé, le cachet de la poste faisant foi, soit sous forme électronique par internet, dès réception du matériel électoral et des instruments nécessaires au vote électronique, et au plus tard le dernier jour de scrutin, dans des conditions fixées par arrêté du ministre chargé de l'agriculture.**

Par le même arrêté, le ministre chargé de l'agriculture peut, s'il estime que les conditions de nature à garantir le bon déroulement technique du scrutin électronique par internet ou sa sécurité ne sont pas réunies, décider de ne pas permettre le recours à cette modalité de vote. Cette impossibilité peut s'appliquer à l'élection de l'ensemble des membres des chambres d'agriculture ou à celle des membres de certaines d'entre elles. Il en informe le président de la commission d'organisation des opérations électorales concerné.

En outre, les électeurs peuvent déposer, également sous pli fermé, leur vote au siège de la commission d'organisation des opérations électorales situé à la préfecture au plus tard le dernier jour de scrutin, dans le cas où la réception tardive ou l'absence de réception du matériel et des instruments de vote les empêcherait de voter par correspondance dans les délais fixés au premier alinéa ou de voter par voie électronique. Dans ce cas, le service chargé de réceptionner le vote, sous l'autorité du préfet, en accuse réception, la date figurant sur l'accusé de réception faisant foi.

Quelle que soit la modalité de scrutin, le vote est organisé dans le respect des principes fondamentaux du droit électoral. — *V. Arr. du 2 août 2018 relatif aux modalités d'organisation du vote électronique pour l'élection des membres des chambres d'agriculture (JO 6 oct.) ; Arr. du 2 août 2018 relatif aux modalités d'organisation du vote par correspondance pour l'élection des membres des chambres d'agriculture (JO 6 oct.).*

Art. R. 511-45-1 *(Décr. n° 2018-640 du 19 juill. 2018, art. 3)* Les traitements automatisés de données à caractère personnel nécessaires au déroulement du vote électronique par internet sont soumis au règlement (UE) n° 2016/679 du Parlement européen et du Conseil du 27 avril 2016 et, le cas échéant, aux dispositions de la loi du 6 janvier 1978 relative à l'informatique, aux fichiers et aux libertés.

Au sens et pour l'application de ce règlement, le ministre chargé de l'agriculture est le responsable de ces traitements.

En vue d'effectuer le traitement pour son compte, il peut retenir un sous-traitant présentant des garanties suffisantes pour mettre en œuvre toute mesure de nature à assurer la conformité du traitement au règlement mentionné au premier alinéa.

Avec l'autorisation écrite du ministre chargé de l'agriculture, la conception, la gestion ou la maintenance du système de vote électronique peuvent être confiées par ce sous-traitant à un prestataire.

Art. R. 511-45-2 *(Décr. n° 2018-640 du 19 juill. 2018, art. 3)* Une commission technique nationale, nommée dans des conditions définies par arrêté du ministre chargé de l'agriculture, est chargée de contrôler le déroulement du vote électronique par internet.

Art. R. 511-45-3 *(Décr. n° 2018-640 du 19 juill. 2018, art. 3)* Le système de vote électronique comporte les mesures techniques et organisationnelles permettant d'assurer la confidentialité des données transmises, notamment la confidentialité des fichiers constitués pour établir les listes électorales, ainsi que la sécurité de l'adressage des moyens d'authentification, de l'émargement, de l'enregistrement et du dépouillement des votes.

Le bulletin de vote est protégé en confidentialité et en intégrité et fait l'objet d'un chiffrement dès son émission sur le terminal utilisé par l'électeur. La liaison entre ce terminal et le serveur hébergeant l'urne électronique est également chiffrée et le bulletin demeure chiffré au sein de l'urne jusqu'au dépouillement.

Les fonctions de sécurité du système de vote électronique doivent être conformes au référentiel général de sécurité prévu à l'article 9 de l'ordonnance n° 2005-1516 du 8 décembre 2005, au règlement général de protection des données et à tout texte de référence européen en matière de protection des données à caractère personnel.

Les obligations de confidentialité et de sécurité mentionnées au premier alinéa s'imposent à l'ensemble des personnes intervenant sur le système de vote électronique, notamment aux agents des chambres d'agriculture et des services de la préfecture et à ceux du prestataire, si ces opérations lui ont été confiées.

Art. R. 511-45-4 *(Décr. n° 2018-640 du 19 juill. 2018, art. 3)* Les données relatives aux électeurs inscrits sur les listes électorales ainsi que celles relatives à l'expression de leur vote font l'objet, selon les modalités techniques fixées par arrêté du ministre chargé de l'agriculture, de traitements automatisés d'information effectués sur des systèmes informatiques distincts, dédiés et isolés, respectivement dénommés "fichier des électeurs" et "contenu de l'urne électronique".

En cas de recours à un même système de vote pour plusieurs scrutins, chacun de ces scrutins doit être isolé sur un système informatique indépendant.

Le fichier des électeurs, dont le contenu est précisé par arrêté du ministre chargé de l'agriculture, est établi à partir des listes électorales dressées par la commission d'établissement des listes électorales.

Il permet à la commission d'organisation des opérations électorales d'adresser, à chaque électeur, le matériel de vote et les instruments d'authentification mentionnés à l'article R. 511-39, d'éditer la liste d'émargement, d'y porter les émargements de l'ensemble du scrutin et d'identifier les électeurs ayant pris part au vote électronique par une mention "vote électronique" et un horodatage.

Le contenu de l'urne électronique recense les votes exprimés par voie électronique. Les données de ce fichier font l'objet d'un chiffrement et ne doivent pas comporter de lien permettant l'identification des électeurs, ni tout type de données permettant de ré-identifier les personnes concernées.

Art. R. 511-45-5 *(Décr. n° 2018-640 du 19 juill. 2018, art. 3)* Chaque système de vote électronique comporte un dispositif de secours offrant les mêmes garanties et les mêmes caractéristiques que le système principal et capable d'en prendre immédiatement et automatiquement le relais, en cas de panne n'entraînant pas l'altération des données.

En cas de dysfonctionnement informatique résultant d'une attaque du système par un tiers, d'une infection virale, d'une défaillance technique ou d'une altération des données, la commission technique nationale prévue à l'article R. 511-45-2 a compétence pour prendre toute mesure d'information et de sauvegarde et pour décider de la suspension des opérations de vote. Dans ce cas, un message invite les électeurs à utiliser le vote par correspondance.

Les votes émis par voie électronique sont conservés jusqu'à l'expiration du délai de prescription fixé à l'article 8 du code de procédure pénale.

Art. R. 511-45-6 *(Décr. n° 2018-640 du 19 juill. 2018, art. 3)* Préalablement à sa mise en place ou à toute modification substantielle de sa conception, le système de vote électronique fait l'objet d'une expertise indépendante. Cette expertise couvre l'intégralité du dispositif installé avant le scrutin, les conditions d'utilisation du système de vote durant le scrutin, ainsi que les étapes postérieures au vote.

Le rapport de l'expert indépendant est tenu à la disposition de la Commission nationale de l'informatique et des libertés.

Il est communiqué à la commission technique nationale prévue à l'article R. 511-45-2.

L'expert indépendant peut assister cette dernière dans ses missions.

Art. R. 511-45-7 *(Décr. n° 2018-640 du 19 juill. 2018, art. 3)* Avant le début des opérations de scellement du système de vote électronique, il est procédé, sous le contrôle de la commission technique nationale prévue à l'article R. 511-45-2, à des tests du système de vote électronique, en effectuant un vote à blanc et un dépouillement dans des conditions fixées par arrêté du ministre chargé de l'agriculture.

Durant la période de déroulement du scrutin, la liste d'émargement et l'urne électronique font l'objet d'un procédé garantissant qu'elles ne peuvent être modifiées respectivement que par l'ajout d'un émargement et par l'ajout d'un bulletin qui émanent d'un électeur authentifié dans les conditions précisées par arrêté et sous le contrôle de la commission technique nationale.

Art. R. 511-45-8 *(Décr. n° 2018-640 du 19 juill. 2018, art. 3)* Avant le début des opérations de vote, il est procédé à l'établissement et à la répartition de trois clés de scellement destinées à permettre le déchiffrement des bulletins de vote, au cours d'une séance publique et ouverte aux électeurs, selon des modalités précisées par arrêté du ministre chargé de l'agriculture.

Le dépouillement est effectué par la combinaison d'au moins deux clés de scellement.

Art. R. 511-46 *(Décr. n° 2018-640 du 19 juill. 2018, art. 3)* « Au sens du présent article, les votes déposés, en application de l'article R. 511-45, sous pli fermé au siège de la commission d'organisation des opérations électorales sont des votes par correspondance.

« A compter du sixième jour suivant la date de clôture du scrutin, cette commission procède aux opérations de recensement et de dépouillement de l'ensemble des votes par correspondance et des votes émis par voie électronique, en séance publique et en présence de scrutateurs désignés parmi les électeurs par le président de cette commission.

« Chaque liste en présence a le droit de désigner, dans le collège où elle est candidate, un seul scrutateur pris parmi les électeurs de ce collège. »

(Décr. n° 2006-758 du 29 juin 2006) Le jour du dépouillement, *(Décr. n° 2018-640 du 19 juill. 2018, art. 3)* « pour le vote par correspondance, » le président de la commission des opérations électorales met en place autant d'urnes que de collèges.

La commission d'organisation des opérations électorales vérifie que *(Décr. n° 2018-640 du 19 juill. 2018, art. 3)* « le nombre d'enveloppes » correspond à celui porté sur l'état récapitulatif établi par le secrétariat de la commission lors de la réception des votes. Si une différence est constatée, mention en est faite sur le procès-verbal, paraphé par chaque membre de la commission d'organisation des opérations électorales.

La commission d'organisation des opérations électorales procède à l'ouverture des enveloppes d'acheminement des votes. Le président, ou un membre désigné par lui, vérifie que le vote émis correspond au collège dont relève l'électeur et, dans le cas contraire, écarte le vote du dépouillement.

Le président, ou un membre de la commission désigné par lui, constate le vote de chaque électeur en apposant sa signature en face du nom de l'électeur sur la copie de la liste électorale qui constitue la liste d'émargement des opérations de vote *(Décr. n° 2018-640 du 19 juill. 2018, art. 3)* « , éventuellement avec l'assistance de moyens électroniques », selon les modalités définies par arrêté du ministre chargé de l'agriculture. *(Décr. n° 2018-640 du 19 juill. 2018, art. 3)* « Cette liste d'émargement est établie à partir du "fichier des électeurs". »

Un membre de la commission introduit ensuite chaque vote dans l'urne correspondante.

Les opérations *(Abrogé par Décr. n° 2012-838 du 29 juin 2012, art. 1er-11°)* « *manuelles* » de dépouillement *(Décr. n° 2018-640 du 19 juill. 2018, art. 3)* « mentionnées » au présent article peuvent faire l'objet, selon les modalités techniques fixées par arrêté du ministre de l'agriculture, pris après avis de la Commission nationale de l'informatique et des libertés, de traitements automatisés.

(Décr. n° 2018-640 du 19 juill. 2018, art. 3) « Pour le vote par correspondance, le président de la commission d'organisation des opérations électorales ou une personne désignée par lui procède à l'ouverture de chaque urne contenant les votes et, après vérification du nombre des enveloppes par collège, effectue le recensement des votes. Si le nombre d'enveloppes est différent du nombre d'émargements, il en est fait mention au procès-verbal.

« La commission totalise le nombre de suffrages obtenus par chaque liste de chaque collège et enregistre les résultats dans le système de vote électronique mentionné à l'article R. 511-39.

« Le jour du dépouillement, pour le vote électronique par internet, le président de la commission d'organisation des opérations électorales s'assure, préalablement au dépouillement, de l'intégrité du fichier dénommé "contenu de l'urne électronique", qui est constatée publiquement.

« Il est procédé au dépouillement.

« Les décomptes de voix par candidat apparaissent lisiblement à l'écran et font l'objet d'une édition sécurisée afin d'être portés au procès-verbal de l'élection.

« La commission d'organisation des opérations électorales contrôle que le nombre total de votes exprimés par voie électronique correspond au nombre de votes figurant sur la liste d'émargement avec la mention "vote électronique".

« Les listes d'émargement sont exportées par les commissions d'organisation des opérations électorales sur un support scellé et non réinscriptible rendant son contenu inaltérable et probant.

« L'ensemble de ces opérations est placé sous le contrôle et la responsabilité de chaque commission d'organisation des opérations électorales.

« Les listes d'émargement et les listes de candidats sont conservées par chaque commission d'organisation des opérations électorales jusqu'à expiration des délais de recours contentieux, dans des conditions garantissant leur confidentialité, leur intégrité et leur authenticité. »

Art. R. 511-47 *(Décr. n° 2006-758 du 29 juin 2006)* Le président de la commission d'organisation des opérations électorales ou une personne désignée par lui procède à l'ouverture de chaque urne contenant les votes et, après vérification du nombre des enveloppes par collège, effectue le recensement des votes. Si le nombre d'enveloppes est différent du nombre d'émargements, il en est fait mention au procès-verbal.

La commission totalise le nombre de suffrages obtenus par chaque liste de chaque collège et attribue les sièges conformément aux dispositions de l'article R. 511-43.

§ 3 Recensement des votes *(Décr. n° 2017-1771 du 27 déc. 2017, art. 12-13°)*.

Art. R. 511-48 *(Décr. n° 2006-758 du 29 juin 2006)* Les bulletins et les enveloppes entachés de nullité sont conservés, paraphés par les membres de la commission et annexés au procès-verbal, dans les conditions prévues par les articles L. 66 et R. 68 du code électoral.

Art. R. 511-48-1 *(Décr. n° 2018-640 du 19 juill. 2018, art. 3)* En cas d'utilisation parallèle par un même électeur, au titre de la même qualité, du vote électronique et du vote par correspondance ou par dépôt direct au siège de la commission d'organisation des opérations électorales, un dispositif technique permet la validation du seul vote électronique.

Les enveloppes de vote émanant d'électeurs ayant également eu recours au vote électronique sont mises à part, sans être ouvertes. Elles sont conservées par les commissions d'organisation des opérations électorales jusqu'à expiration des délais de recours contentieux.

En l'absence de recours dans ces délais, elles sont détruites.

Art. R. 511-48-2 *(Décr. n° 2018-640 du 19 juill. 2018, art. 3)* Après la décision de clôture du dépouillement prise par le président de la commission d'organisation des opérations électorales, le contenu de l'urne électronique, la liste d'émargement et les états courants gérés par les serveurs de vote sont figés, horodatés et scellés.

Ces fichiers sont conservés par la commission d'organisation des opérations électorales jusqu'à expiration des délais de recours contentieux, dans des conditions garantissant leur confidentialité, leur intégrité et leur authenticité.

Le scellement interdit toute reprise ou modification des résultats. Toutefois, la procédure de décompte des votes enregistrés doit pouvoir être déroulée de nouveau, si nécessaire.

Art. R. 511-48-3 *(Décr. n° 2018-640 du 19 juill. 2018, art. 3)* Immédiatement après la fin du dépouillement des votes par voie électronique et des votes par correspondance ou par dépôt direct au siège de la commission d'organisation des opérations électorales, les résultats sont consolidés par le système de vote électronique et font l'objet de l'édition d'un procès-verbal des opérations électorales par circonscription électorale, sous la responsabilité du président de chaque commission d'organisation des opérations électorales ou de son représentant.

Le nombre total de suffrages exprimés, toutes modalités de vote confondues, ainsi que le nombre total de voix obtenues par chaque liste de candidats, toutes modalités de vote confondues, sont portés à ce procès-verbal.

Art. R. 511-49 *(Décr. n° 2006-758 du 29 juin 2006)* Le président de la commission d'organisation des opérations électorales proclame en public, au plus tard le *(Décr. n° 2012-838 du 29 juin 2012, art. 1er-12°)* « huitième » jour suivant la date de clôture du scrutin, les résultats des élections.

Après proclamation des résultats, un procès-verbal est dressé par la commission d'organisation des opérations électorales et signé par le président et les membres de celle-ci.

Le procès-verbal et la liste d'émargement des opérations de vote sont transmis immédiatement au préfet. Ils peuvent être consultés par tout électeur pendant dix jours.

Art. R. 511-49-1 *(Décr. n° 2018-640 du 19 juill. 2018, art. 3)* Sont conservés sous scellés et sous le contrôle de la commission technique nationale prévue à l'article R. 511-45-2 jusqu'à l'expiration des délais de recours, dans les conditions fixées au 5° de l'article 6 de la loi du 6 janvier 1978 relative à l'informatique, aux fichiers et aux libertés, les fichiers supports comprenant la copie des programmes sources et des programmes exécutables, les matériels de vote, les fichiers d'émargement, de résultats et de sauvegarde. La procédure de décompte des votes doit, si nécessaire, pouvoir être exécutée de nouveau.

A l'expiration des délais de recours, sauf lorsqu'une action contentieuse a été engagée, il est procédé à la destruction des fichiers supports.

Seuls sont conservés par les commissions d'organisation des opérations électorales les listes de candidats avec déclarations de candidature et professions de foi, et les procès-verbaux de l'élection.

SOUS-SECTION 7 Contentieux

Art. R. 511-50 *(Décr. nº 2000-554 du 22 juin 2000)* Les réclamations contre les élections aux chambres d'agriculture sont formées, instruites et jugées dans les conditions prévues par *(Décr. nº 2017-1771 du 27 déc. 2017, art. 12-14º)* « le premier alinéa de l'article L. 118-3 et les articles L. 248, R. 119 », R. 120, R. 121-1 et R. 122 du code électoral.

Toutefois, le délai de cinq jours prévu au premier alinéa de l'article R. 119 *(Décr. nº 2017-1771 du 27 déc. 2017, art. 12-14º)* « de ce code » court à compter du jour de la proclamation des résultats.

L'appel est formé devant la cour administrative d'appel dans les conditions fixées *(Décr. nº 2017-1771 du 27 déc. 2017, art. 12-14º)* « aux articles R. 811-1 à R. 811-19 du code de justice administrative ».

Le recours en cassation devant le Conseil d'État est formé dans les conditions de droit commun.

SOUS-SECTION 8 Cessation de mandat

Art. R. 511-51 *(Décr. nº 82-688 du 3 août 1982)* Lorsqu'un membre d'une chambre d'agriculture, postérieurement à son élection, ne remplit plus les conditions d'éligibilité ou tombe sous le coup des articles L. 199 ou L. 200 du code électoral, il est déclaré démissionnaire par le préfet, soit d'office, soit sur réclamation de tout électeur.

Au cas où un membre d'une chambre désire mettre fin à son mandat, il adresse sa démission au président *(Décr. nº 2018-640 du 19 juill. 2018, art. 3)* « de la chambre » par lettre recommandée, avec demande d'avis de réception. La démission prend effet à compter de la date de l'avis de réception.

Au cas où le président d'une chambre désire mettre fin à son mandat de membre de cette chambre, il adresse sa démission au préfet par lettre recommandée, avec demande d'avis de réception. La démission prend effet à compter de la date de l'avis de réception.

Lorsque par suite de décès *(Décr. nº 2000-554 du 22 juin 2000)* « , de démission ou d'invalidation devenue définitive », un ou plusieurs sièges d'une liste deviennent vacants, ceux-ci sont pourvus par les suppléants mentionnés à l'article R. 511-43 *(Décr. nº 2017-1771 du 27 déc. 2017, art. 12-15º)* « du présent code » dans l'ordre où ils figurent sur la liste. En cas d'épuisement de la liste de suppléants le ou les sièges restent vacants sous réserve de l'application de l'article R. 511-52 *(Décr. nº 2017-1771 du 27 déc. 2017, art. 12-15º)* « du même code ».

Les membres élus en application du présent article et de l'article R. 511-52 restent en fonctions jusqu'à la date normale d'expiration du mandat des membres qu'ils remplacent.

SOUS-SECTION 9 Élections partielles

Art. R. 511-52 *(Décr. nº 82-688 du 3 août 1982)* Des élections partielles ont lieu :

1. Dans le cas où l'annulation des opérations électorales d'un collège est devenue définitive ;

2. En cas de dissolution de la chambre d'agriculture ;

3. Lorsque le nombre des membres d'une chambre départementale d'agriculture est réduit de plus d'un quart ;

4. Lorsque le nombre des membres représentant le collège des exploitants et assimilés est réduit de plus d'un quart ;

5. Lorsque la représentation de l'un des collèges mentionnés aux 2º, 3º, 4º et 5º de l'article R. 511-6 est réduite de plus de moitié.

Dans les cas définis aux 3º, 4º et 5º ci-dessus, le président de la chambre d'agriculture avise immédiatement le préfet.

Celui-ci convoque, dans les quatre mois, les électeurs du ou des collèges intéressés afin de pourvoir les sièges vacants. Toutefois, il n'est procédé à aucune élection partielle dans les douze mois qui précèdent le renouvellement des chambres d'agriculture.

(Décr. nº 2018-640 du 19 juill. 2018, art. 3) « Le vote ne peut s'effectuer par voie électronique. »

Le décret de dissolution mentionné à l'article L. 511-11 est pris sur la proposition du ministre de l'agriculture.

Art. R. 511-53 *(Décr. n° 2000-554 du 22 juin 2000)* Lorsque dans l'un des cas prévus à l'article R. 511-52 des élections partielles sont rendues nécessaires, il est procédé à la révision des listes électorales dans les conditions prévues aux articles R. 511-12 à R. 511-28 et dans les délais fixés ci-après :

Dans les dix jours à compter de la date soit de la notification à l'administration de l'annulation devenue définitive, soit de la dissolution de la chambre d'agriculture, soit de la réception de l'avis prévu à l'article R. 511-52, le préfet fait afficher dans les communes l'avis annonçant la révision des listes électorales prévu au premier alinéa de l'article R. 511-15.

La date du 15 septembre mentionnée à l'article R. 511-15 est remplacée par le deuxième dimanche suivant l'affichage mentionné à l'alinéa précédent.

La date du 1er octobre mentionnée au premier alinéa de l'article R. 511-17 est remplacée par le troisième dimanche suivant ledit affichage.

La date du 1er octobre mentionnée au quatrième alinéa de l'article R. 511-17 est remplacée par le quatrième dimanche suivant le même affichage.

Les dates mentionnées aux articles R. 511-18 et R. 511-20 sont remplacées par le cinquième dimanche suivant le même affichage.

La date du 15 novembre mentionnée à l'article R. 511-21 est remplacée par le septième dimanche suivant le même affichage.

La date du 30 novembre mentionnée à l'article R. 511-22 est remplacée par le huitième dimanche suivant le même affichage.

Les dates des 1er octobre, 15 novembre et 15 décembre mentionnées aux articles R. 511-27 et R. 511-29 sont remplacées respectivement par les sixième, septième et neuvième dimanches suivant le même affichage.

La date du 14 novembre mentionnée à l'article R. 511-29 est remplacée par la veille du septième dimanche suivant le même affichage.

SECTION 4 Fonctionnement

Art. D. 511-54 Les chambres d'agriculture se réunissent, au moins deux fois l'an, en session d'une durée maximale de deux semaines, sur convocation de leur président ou à défaut du préfet. Elles règlent l'ordre du jour de leurs travaux.

En outre, des sessions peuvent avoir lieu soit à la demande du ministre de l'agriculture, soit sur décision du bureau, soit sur demande écrite du tiers des membres. Dans ce cas les chambres d'agriculture sont convoquées dans un délai maximal de quinze jours et pour une durée maximale d'une semaine.

(Décr. n° 2000-554 du 22 juin 2000) « Une session est obligatoirement réunie dans le mois qui suit la proclamation des résultats des élections des membres des chambres d'agriculture organisées en application de l'article R. 511-44. Lors de la première séance de cette session, le préfet procède à l'installation des membres. Il transmet immédiatement le procès-verbal de cette installation au ministre chargé de l'agriculture. Les membres sortants exercent leurs fonctions jusqu'à l'installation de leurs successeurs. Lorsque des élections partielles ont été organisées pour pourvoir tout ou partie des sièges d'une chambre d'agriculture, une session est également réunie dans le mois suivant la proclamation des résultats. Lors de la première séance de cette session, le préfet procède à l'installation des nouveaux membres.

« Les chambres d'agriculture ne peuvent se réunir entre la date des élections générales ou partielles et la session au cours de laquelle les nouveaux membres sont installés.

« Le préfet procède à l'installation des personnes devenues membres de la chambre d'agriculture en application du quatrième alinéa de l'article R. 511-51 à la première session de la chambre suivant la date à laquelle elles en sont devenues membres. »

Les membres qui pendant deux sessions se sont abstenus de se rendre aux convocations sans motifs légitimes sont déclarés démissionnaires par le ministre de l'agriculture, après avis de la chambre.

Art. D. 511-54-1 *(Décr. n° 2007-345 du 14 mars 2007)* La chambre d'agriculture, réunie en session, règle par ses délibérations les affaires de l'établissement.

Elle délibère notamment sur :

1° La politique générale de l'établissement ;

2° La création des commissions ou des comités d'orientation ;

3° Les règles générales d'organisation et de fonctionnement des services de l'établissement ;

4° Les programmes d'intérêt général mentionnés à l'article L. 511-4 ;

5° Le budget et les décisions modificatives à ce budget ;

6° Le compte financier et l'affectation des résultats ;

7° Les emprunts ;

8° Les prises, cessions ou extensions de participation dans les organismes tiers ainsi que la création des organismes mentionnés au deuxième alinéa du III de l'article L. 514-2 ;

9° La passation des contrats, conventions et marchés d'un montant supérieur à un seuil qu'elle détermine ;

10° Les modalités de tarification des prestations et services rendus par l'établissement ;

11° Les subventions ;

12° L'acquisition, l'aliénation ou l'échange de biens immobiliers, les baux et locations d'immeubles d'une durée supérieure à neuf ans ;

13° L'acceptation ou le refus de dons et legs ;

14° Les actions en justice à intenter au nom de l'établissement et les transactions ;

15° Les montants des indemnités mentionnées à l'article R. 511-85 ainsi que les conditions éventuelles d'indemnisation des membres associés des comités d'orientation de la chambre d'agriculture ;

16° Les modalités de remboursement des frais de déplacement des membres de la chambre d'agriculture.

Dans les limites qu'elle détermine, la session peut déléguer au bureau les attributions mentionnées aux 3°, 9°, 10°, 11°, 12°, 13°, 14° et 16°, ainsi que celles mentionnées au premier alinéa de l'article R. 511-69.

Art. D. 511-55 Si au jour fixé par la convocation la chambre d'agriculture ne réunit pas plus de la moitié de ses membres, la session est renvoyée de plein droit à huitaine ; une convocation spéciale est faite d'urgence par le président ; les délibérations sont alors valables quel que soit le nombre des membres présents. La durée de la session court du jour fixé pour la deuxième réunion.

Lorsque, en cours de session, les membres présents ne forment pas la majorité de la chambre, les délibérations sont renvoyées au surlendemain du jour où l'insuffisance numérique a été constatée. A partir de cette dernière date, les délibérations sont valables quel que soit le nombre des votants.

Dans tous les cas, les noms des absents sont inscrits au procès-verbal.

(Décr. n° 90-870 du 25 sept. 1990) « Les employeurs sont tenus de laisser aux salariés de leur entreprise, membres d'une chambre d'agriculture, le temps nécessaire à leur participation aux sessions, aux réunions du bureau lorsqu'ils en sont membres, aux réunions de commissions auxquelles ils sont conviés, aux sessions de formation organisées pour les préparer à l'exercice de leur mandat, ainsi que pour assurer la représentation de la chambre dans les cas prévus par les lois et règlements. »

Art. D. 511-56 Les délibérations sont prises à la majorité absolue des votants. En cas de partage égal des voix, la voix du président est prépondérante, excepté dans les scrutins secrets. Le vote a lieu au scrutin public sur la demande du quart des membres présents. Les noms des votants, avec l'indication de leur vote, sont alors insérés au procès-verbal.

Ce vote a lieu au scrutin secret toutes les fois que le tiers des membres présents le réclame ou qu'il s'agit de procéder à une nomination ou présentation.

Dans ce dernier cas, après deux tours de scrutin secret, si aucun des candidats n'a obtenu la majorité absolue, il est procédé pour la nomination ou présentation à un troisième tour de scrutin et l'élection a lieu à la majorité relative. A égalité de voix, l'élection est acquise au plus âgé des candidats.

Art. D. 511-57 *(Décr. n° 86-1122 du 17 oct. 1986, art. 2)* Le président de la chambre d'agriculture avise le préfet et le président du conseil *(Décr. n° 2017-1771 du 27 déc.*

2017, art. 12-16°) « départemental » au moins huit jours à l'avance de la date fixée pour la tenue des réunions et de l'ordre du jour des travaux.

Art. D. 511-58 *(Décr. n° 86-1122 du 17 oct. 1986, art. 3)* « Le préfet et le président du conseil *(Décr. n° 2017-1771 du 27 déc. 2017, art. 12-17°)* « départemental » du département où la chambre d'agriculture a son siège peuvent assister aux séances de la chambre. Ils sont entendus chaque fois qu'ils le demandent. Ils peuvent se faire assister ou représenter. »

Le directeur départemental *(Décr. n° 2017-1771 du 27 déc. 2017, art. 12-17°)* « des territoires ou, le cas échéant, des territoires et de la mer » assiste à titre consultatif aux réunions de la chambre d'agriculture. Il peut se faire suppléer et se faire accompagner par tout fonctionnaire qualifié pour l'assister dans l'exercice de ses fonctions.

Les chambres d'agriculture peuvent aussi entendre les personnes qu'il leur paraît utile de consulter.

Art. D. 511-59 Les séances des chambres d'agriculture ne sont pas publiques mais les chambres peuvent décider la publication de leurs procès-verbaux.

Art. D. 511-60 Les procès-verbaux *(Décr. n° 2007-345 du 14 mars 2007)* « des sessions et les délibérations » des chambres d'agriculture doivent être transmis dans le mois au préfet du siège de la chambre qui les transmet au ministre de l'agriculture. En application des dispositions de l'article L. 511-10, dans les deux mois de cette dernière transmission, tout acte ou délibération étranger aux attributions des chambres ou contraire à la loi et à l'ordre public est annulé par décret pris sur le rapport du ministre de l'agriculture.

V., par exemple, Décr. n° 2018-72 du 7 févr. 2018 relatif à l'annulation de la délibération n° 2017/20 de la chambre régionale d'agriculture d'Auvergne-Rhône-Alpes (JO 8 févr.) ; Décr. n° 2023-79 du 8 févr. 2023 annulant une délibération de la chambre départementale d'agriculture de Lot-et-Garonne (JO 9 févr.) ; Décr. n° 2023-371 du 15 mai 2023 annulant une délibération de la chambre départementale d'agriculture de Lot-et-Garonne (JO 16 mai) ; Décr. n° 2024-45 du 29 janv. 2024 portant annulation d'une délibération de la chambre départementale d'agriculture de Lot-et-Garonne (JO 30 janv.).

Art. D. 511-61 En cas de démission de l'ensemble des membres de la chambre, de dissolution, d'annulation des élections ou d'empêchement collectif des membres de la chambre, une délégation spéciale de trois membres est chargée de l'administration de la chambre jusqu'à l'installation de ses nouveaux membres. Cette délégation est choisie parmi les électeurs mentionnés à l'article R. 511-12.

La délégation spéciale est nommée par *(Décr. n° 84-96 du 9 févr. 1984, art. 13)* « arrêté du préfet » intervenant dans les quinze jours de la constatation d'une absence totale de membres de la chambre d'agriculture.

La délégation spéciale élit son président. Les pouvoirs de cette délégation spéciale sont limités aux actes d'administration conservatoires et urgents. En aucun cas il n'est permis au président de la délégation d'engager les finances de la chambre au-delà des ressources disponibles de l'exercice courant. La délégation ne prend aucune décision définitive concernant le personnel, sauf celles imposées par les textes.

(Décr. n° 90-870 du 25 sept. 1990) « Les membres de la délégation spéciale sont indemnisés dans les conditions prévues à l'article D. 511-85. »

Art. D. 511-62 En cas de réduction d'un tiers au moins du nombre des membres de la chambre et dans l'attente d'élections dans les conditions prévues à l'article R. 511-52, si le président et le premier vice-président ne sont plus en fonctions, la chambre d'agriculture, convoquée par le préfet, procède à l'élection d'un président et d'un premier vice-président.

Art. D. 511-63 Les chambres départementales d'agriculture élisent, lors de la première séance de la session mentionnée au troisième alinéa de l'article R. 511-54, un bureau composé d'un président, d'un premier et d'un second vice-président, d'un secrétaire et d'un secrétaire adjoint. *(Décr. n° 2007-345 du 14 mars 2007)* « Toutefois, les chambres peuvent décider, par délibération motivée, d'élire en même temps et pour la durée de leur mandat, un troisième et un quatrième vice-président et des secrétaires adjoints sans que le nombre total des secrétaires adjoints puisse dépasser six. Pour délibérer valablement, le bureau doit réunir plus de la moitié de ses membres. »

Pour l'élection du président, il est constitué un bureau provisoire composé du doyen d'âge, président, et du plus jeune membre, secrétaire ; ce dernier assure le secrétariat pour les élections des autres membres du bureau. Il est procédé à un scrutin pour désigner chacun de ces autres membres ; toutefois la chambre peut décider de recourir à un scrutin de liste pour l'ensemble des autres membres du bureau.

(Décr. nº 2000-554 du 22 juin 2000) « Les membres du bureau demeurent en fonctions jusqu'à la session où sont installés les membres élus à la suite des élections générales ou partielles organisées en application des articles R. 511-44 et R. 511-52. » Ils sont rééligibles. Toutefois, à compter de la date des élections, le bureau sortant ne peut procéder qu'aux actes conservatoires et urgents ; le président ne peut, notamment, prendre aucune décision définitive intéressant le personnel, à l'exception de celles imposées par les textes. Nul ne peut être élu ou réélu président de la chambre d'agriculture s'il est âgé de *(Décr. nº 82-688 du 3 août 1982)* « soixante-cinq » ans révolus.

Le président désirant démissionner de ses fonctions de président adresse sa démission au préfet par lettre recommandée avec demande d'avis de réception. La démission prend effet à compter de la date de l'avis de réception.

Le président notifie sa démission par écrit au premier vice-président.

Une session est réunie dans un délai d'un mois sur convocation du premier vice-président, à une date fixée par le bureau, en vue d'élire un nouveau président. Il en est de même en cas de décès ou de privation de son mandat de président ou de membre de la chambre pour quelque cause que ce soit.

Tout changement dans la présidence d'une chambre départementale d'agriculture est porté, par le préfet, à la connaissance du ministre de l'agriculture et du président de *(Ord. nº 2022-583 du 20 avr. 2022, art. 1er)* « Chambres d'agriculture France ».

Les membres du bureau, autres que le président, désirant démissionner de leurs fonctions au sein du bureau, adressent leur démission au président par lettre recommandée avec demande d'avis de réception. La démission prend effet à compter de la date de l'avis de réception. Le président en avise le préfet. Le remplacement des membres démissionnaires intervient lors de la prochaine session. Il en est de même en cas de décès ou de privation de leur mandat de membre de la chambre, pour quelque cause que ce soit.

Art. D. 511-64 Le président représente la chambre d'agriculture en justice et dans tous les actes de la vie civile.

Il engage, liquide et ordonnance les dépenses dans la limite des crédits disponibles ; il établit les titres de perception. *(Décr. nº 2007-345 du 14 mars 2007)* « Il conclut les contrats, conventions et marchés dont le montant est inférieur au seuil déterminé par la session.

« Il peut donner délégation de signature au directeur de la chambre en toute matière, à l'exclusion des nominations promotions, ou révocations des agents permanents de la chambre d'agriculture ainsi que, dans les mêmes limites, à d'autres agents placés sous son autorité. »

(Décr. nº 2013-227 du 15 mars 2013, art. 2) « S'il est élu président de *(Décr. nº 2024-80 du 2 févr. 2024, art. 1er)* « Chambres d'agriculture France », il peut déléguer l'exercice d'une partie de ses fonctions à un ou plusieurs membres du bureau. »

(Décr. nº 99-816 du 15 sept. 1999) « Après y avoir été autorisé pour chaque affaire par délibération de la chambre d'agriculture, il conclut les transactions. Le projet de transaction est soumis à l'approbation du préfet ; il est réputé approuvé si une décision contraire motivée du préfet n'a pas été notifiée au président dans un délai de trente jours courant à compter de sa réception. »

Art. D. 511-65 Sous réserve des dispositions de l'article *(Décr. nº 2017-1771 du 27 déc. 2017, art. 12-18º)* « L. 513-3 », le premier vice-président supplée le président en cas de démission, d'empêchement ou de décès.

Art. D. 511-66 Lorsque l'avis de la chambre d'agriculture est demandé conformément à l'article L. 511-3, le bureau de la chambre d'agriculture, pendant l'intervalle des sessions et en cas d'urgence, a qualité pour donner cet avis aux lieu et place de la chambre elle-même.

Art. D. 511-67 Les chambres d'agriculture correspondent par leur président sur les questions qui sont de leur compétence avec le ministre de l'agriculture et le préfet ou les préfets de leur circonscription, ainsi qu'avec les autres chambres d'agriculture.

Art. D. 511-68 La chambre d'agriculture établit son règlement intérieur.

(Décr. nº 2007-345 du 14 mars 2007) « Ce règlement fixe les modalités de fonctionnement du bureau ainsi que le nombre et les attributions des commissions et comités d'orientation mentionnés à l'article R. 511-3. »

Art. D. 511-69 *(Décr. nº 2007-345 du 14 mars 2007)* « Pour l'exercice de leurs activités, les chambres d'agriculture peuvent constituer tous les services et instituer toutes les fonctions qu'elles jugent nécessaires à leur fonctionnement.

« Elles votent les traitements et indemnités afférents à ces fonctions. »

Les agents des chambres sont nommés et révoqués par le président et placés sous son autorité.

(Décr. nº 2016-610 du 13 mai 2016, art. 1er-2º) « Le directeur général est nommé par le président parmi les candidats dont la liste est établie par un comité des nominations après appel à candidatures. *(Ord. nº 2022-583 du 20 avr. 2022, art. 1er)* « Chambres d'agriculture France » fixe la composition de ce comité et en nomme les membres.

« Le directeur général assure la direction de l'ensemble des services et propose au président les nominations, révocations, promotions et avancements des personnels. Il organise les réunions des formations délibérantes de la chambre et y assiste à titre consultatif ; il assure l'exécution de leurs délibérations. »

Il peut recevoir délégation de signature du président conformément à l'article R. 511-64.

Art. D. 511-70 Dans les cérémonies publiques, les membres des chambres d'agriculture prennent rang immédiatement après ceux des tribunaux de commerce et concurremment avec ceux des chambres de commerce et d'industrie territoriales et avec ceux des chambres de métiers et de l'artisanat de région. Le président de la chambre d'agriculture vient immédiatement après le président du tribunal de commerce, concurremment avec celui de la chambre de commerce et d'industrie territoriale et avec celui de la chambre de métiers et de l'artisanat de région.

SECTION 5 **Régime financier**

Art. D. 511-71 *(Décr. nº 2007-345 du 14 mars 2007)* Les chambres d'agriculture dressent leur budget, qui est soumis à l'approbation du préfet.

Ce budget est exécutoire à l'issue d'un délai d'un mois à compter de la date de sa réception par le préfet si dans ce délai il n'a fait l'objet ni d'une approbation expresse ni d'une demande de modification.

SOUS-SECTION 1 **Opérations du budget général**

Art. D. 511-72 *(Décr. nº 2017-1771 du 27 déc. 2017, art. 12-19º)* I. — Le budget des chambres d'agriculture comprend des recettes et dépenses de fonctionnement et des recettes et dépenses en capital.

II. — Les recettes de fonctionnement comprennent notamment :

1º Le produit de la taxe perçue au bénéfice de la chambre d'agriculture ;

2º Les revenus et intérêts des biens, fonds et valeurs leur appartenant ;

3º Les taxes, droits ou primes en rémunération des services qu'elles rendent ;

4º Les subventions des départements, des communes, des personnes ou associations privées ;

5º Les subventions de l'État ;

6º Les recettes accidentelles ou exceptionnelles ;

7º Toutes autres ressources de caractère annuel et permanent.

III. — Les dépenses de fonctionnement comprennent notamment :

1º Les frais d'administration (personnel, matériel, impôts, missions, inspections, etc.) ;

2° Les cotisations obligatoires (*(Décr. n° 2024-80 du 2 févr. 2024, art. 1er)* « Chambres d'agriculture France », *(Décr. n° 2023-539 du 29 juin 2023, art. 2)* « Fonds national de modernisation, de performance et de péréquation », chambre régionale, organismes inter-établissements mentionnés à l'article D. 514-1, services communs prévus à l'article D. 513-11, Centre national de la propriété forestière, etc.) ;

3° Les subventions, allocations, encouragements à diverses collectivités, œuvres ou institutions s'occupant d'agriculture ;

4° Les intérêts des emprunts ;

5° Les dépenses accidentelles ou exceptionnelles.

IV. — Les recettes en capital comprennent notamment :

1° Le produit de l'aliénation des immobilisations et valeurs ;

2° Les subventions d'équipement ;

3° Le produit des emprunts qu'elles sont autorisées à contracter par arrêté du préfet. Cet arrêté doit intervenir dans les deux mois à compter de la date de réception, par le préfet, de l'accord pour l'octroi d'un prêt à la chambre d'agriculture formulé par l'organisme prêteur. A défaut de publication d'un arrêté dans ce délai, d'une demande de modification du projet ou de production de documents supplémentaires par le préfet, la délibération de la chambre est exécutoire.

4° Le produit du remboursement des prêts et avances ;

5° Le montant des dons et legs.

V. — Les dépenses en capital comprennent notamment :

1° Les acquisitions d'immobilisations ou de valeurs ;

2° Les travaux neufs et les grosses réparations ;

3° Le remboursement en capital des emprunts ;

4° Les prêts et avances.

Art. D. 511-73 *Al. 1er abrogé par Décr. n° 2005-387 du 19 avr. 2005, art. 1er-I.*

(Décr. n° 2005-387 du 19 avr. 2005, art. 1er-I) « Chaque année, au moins une décision modificative du budget est préparée, délibérée et approuvée dans les mêmes formes que ce dernier. »

Le président de la chambre d'agriculture, *(Décr. n° 2007-345 du 14 mars 2007)* « ou, en cas d'empêchement, un membre désigné par la chambre d'agriculture au maximum pour la durée du mandat », remplit les fonctions d'ordonnateur.

Des arrêtés conjoints du ministre de l'agriculture et du ministre du budget règlent les formes du budget et des comptes, la tenue des livres et écritures, et fixent la nature des pièces justificatives des recettes et des dépenses.

Art. R. 511-74 *(Décr. n° 2007-345 du 14 mars 2007)* Les opérations annuelles de recettes et de dépenses de la chambre d'agriculture sont prévues et autorisées par le budget de la chambre d'agriculture.

Art. D. 511-75 *(Décr. n° 2007-345 du 14 mars 2007)* « Le budget est établi », voté et définitivement arrêté dans les conditions prévues aux articles *(Décr. n° 2017-1771 du 27 déc. 2017, art. 12-20°)* « D. 511-71, D. 511-72 et D. 511-73 ».

(Décr. n° 84-96 du 9 févr. 1984, art. 15) « Il est soumis au préfet avant le 30 novembre de l'année précédant celle pour laquelle il est établi.

« Une décision modificative du budget de l'exercice est présentée au préfet avant le 15 septembre de l'année au titre de laquelle le budget primitif a été établi. »

Art. D. 511-76 *(Décr. n° 84-96 du 9 févr. 1984, art. 16)* La chambre d'agriculture peut, par délibération spéciale, donner pouvoir à son bureau de se prononcer en ses lieu et place sur toute modification du budget général proposée par le président, pendant l'intervalle des sessions. Cette délégation de pouvoirs est mentionnée dans la décision de modification qui est soumise à l'approbation du préfet.

Art. D. 511-77 *Abrogé par Décr. n° 2023-539 du 29 juin 2023, art. 2.*

Art. R. 511-78 Les opérations relatives à la gestion financière des services généraux de la chambre d'agriculture sont effectuées par le président et par l'agent comptable.

Art. R. 511-79 Le président est ordonnateur des dépenses et des recettes, dans les conditions prévues *(Décr. n° 2012-1247 du 7 nov. 2012, art. 40, en vigueur le 1er janv. 2013)* « par les titres I et III du décret n° 2012-1246 du 7 novembre 2012 relatif à la

gestion budgétaire et comptable publique ». *(Décr. n° 2007-345 du 14 mars 2007)* **« La chambre d'agriculture peut désigner » un ou plusieurs de ses membres pour suppléer le président dans ses fonctions.**

Art. D. 511-80 *(Décr. n° 2012-1247 du 7 nov. 2012, art. 40, en vigueur le 1er janv. 2013)* **« Par dérogation aux dispositions de l'article 3 du décret n° 2012-1246 du 7 novembre 2012 relatif à la gestion budgétaire et comptable publique, la chambre d'agriculture est soumise aux dispositions des titres I et III de ce même décret, à l'exception du 1° et du 2° de l'article 175 et des articles 178 à 185 »** *(Décr. n° 2016-610 du 13 mai 2016, art. 1er-3°)* **« , 204 à 208 et 220 à 228 ».**

L'agent comptable est nommé par la chambre d'agriculture sur proposition du *(Décr. n° 2012-1247 du 7 nov. 2012, art. 40, en vigueur le 1er janv. 2013)* **« directeur départemental des finances publiques » ; il perçoit une rémunération fixée par la chambre d'agriculture, dans les limites arrêtées conjointement par le ministre de l'agriculture et le ministre du budget.**

Al. 3 à 5 abrogés par Décr. n° 2012-1247 du 7 nov. 2012, art. 40, à compter du 1er janv. 2013.

Art. R. 511-81 *Abrogé par Décr. n° 2012-1247 du 7 nov. 2012, art. 40, à compter du 1er janv. 2013.*

Art. D. 511-82 **Le président et l'agent comptable rendent compte de leur gestion dans un document commun, le compte financier, qui constate les résultats du budget de la chambre d'agriculture et décrit l'évolution du patrimoine.**

Al. 2 à 4 abrogés par Décr. n° 2012-1247 du 7 nov. 2012, art. 40, à compter du 1er janv. 2013.

Art. D. 511-83 **Les chambres départementales d'agriculture sont soumises** *(Décr. n° 2016-610 du 13 mai 2016, art. 1er-4°)* **« à un contrôle spécifique ».**

Ce contrôle, exercé par l'inspection générale des finances et *(Décr. n° 2006-487 du 26 avr. 2006, art. 15)* **« la mission permanente d'inspection générale et d'audit du Conseil général de l'agriculture, de l'alimentation et des espaces ruraux », a pour objet de constater l'exacte observation des dispositions législatives et réglementaires.**

Les membres de l'inspection générale des finances et de *(Décr. n° 2006-487 du 26 avr. 2006, art. 15)* **« la mission permanente d'inspection générale et d'audit du Conseil général de l'agriculture, de l'alimentation et des espaces ruraux » peuvent exiger communication sur place de tous documents, registres et pièces justificatives qu'ils jugent utiles.**

Art. D. 511-84 **Les frais de révision des listes électorales et les frais d'élection sont à la charge des chambres départementales d'agriculture.** *(Décr. n° 2000-554 du 22 juin 2000)* **« La liste des frais pris en charge est fixée par arrêté du ministre de l'agriculture. »** *— V. Arr. du 29 juin 2006 (JO 30 juin).*

Art. D. 511-85 *(Décr. n° 99-297 du 15 avr. 1999)* **I. — Les chambres d'agriculture remboursent :**

1° A leurs membres élus ou associés leurs frais de déplacement et de séjour ;

2° Aux employeurs des membres élus des deux collèges des salariés mentionnés au 3° de l'article R. 511-6 *(Abrogé par Décr. n° 2017-1771 du 27 déc. 2017, art. 12-22°) « du code rural et de la pêche maritime »*, **ainsi qu'aux employeurs des salariés désignés comme membres associés en application des dispositions des articles L. 515-5 ou R. 511-7, les salaires maintenus dans les conditions prévues aux articles L. 515-3 et L. 515-5.**

II. — Les chambres peuvent attribuer des indemnités forfaitaires :

1° Représentatives du temps passé à l'exercice de leur mandat en dehors des horaires de travail aux élus des deux collèges de salariés et aux salariés désignés comme membres associés, en application des dispositions des articles L. 515-5 ou R. 511-7 ;

2° Représentatives du temps passé à l'exercice de leur mandat aux élus des autres collèges et aux membres associés non salariés ;

3° De frais de mandat à leur président et, éventuellement, aux membres du bureau de la chambre.

Ces indemnités sont fixées en points de l'indice servant de calcul de la rémunération du personnel sous statut des chambres d'agriculture.

Le montant de l'indemnité de frais de mandat ne peut dépasser un plafond fixé par arrêté conjoint du ministre chargé de l'agriculture et du ministre chargé du budget. Pour la détermination de ce plafond, les chambres départementales d'agriculture sont classées par cet arrêté en fonction, d'une part, du nombre d'électeurs des collèges prévus à l'article R. 511-8 et, d'autre part, du montant du budget de fonctionnement.

Un membre d'une chambre départementale, d'une chambre régionale ou de *(Décr. nº 2024-80 du 2 févr. 2024, art. 1er)* « Chambres d'agriculture France » ne peut percevoir à la fois une indemnité représentative du temps passé à l'exercice de son mandat et une indemnité de frais de mandat. Lorsque le bénéficiaire opte pour l'indemnité représentative du temps passé à l'exercice de son mandat, celle-ci ne peut être supérieure au plafond de l'indemnité de frais de mandat.

Les indemnités perçues au titre d'une chambre départementale, d'une chambre régionale ou de *(Décr. nº 2024-80 du 2 févr. 2024, art. 1er)* « Chambres d'agriculture France » peuvent être cumulées dans la limite d'un plafond fixé par arrêté conjoint du ministre chargé de l'agriculture et du ministre chargé du budget.

Art. R. 511-86 *à* R. 511-90 *Abrogés par Décr. nº 2007-345 du 14 mars 2007.*

Art. R. 511-91 *(Décr. nº 2007-345 du 14 mars 2007)* « Le budget général est établi » suivant les rubriques du plan comptable mentionné à l'article D. 511-94.

Les prévisions de dépenses inscrites à ces budgets ont un caractère limitatif.

Toutefois, certaines dépenses déterminées par décision du ministre de l'agriculture peuvent faire l'objet de crédits provisionnels complémentaires.

Ces dépenses sont ordonnancées et payées quel que soit le montant du crédit initial inscrit à l'article budgétaire intéressé.

Toute différence en plus est couverte, sans autre formalité, par virement à l'article intéressé d'une somme correspondante prélevée sur un article de dépense intitulé "Crédits provisionnels" et dont la dotation annuelle est déterminée par décision du ministre de l'agriculture.

Art. R. 511-92 La durée de l'exercice est fixée à douze mois. L'exercice commence le 1er janvier et s'achève le 31 décembre.

Tous les droits acquis et tous les services faits au cours d'un exercice doivent être comptabilisés au titre de cet exercice, sauf dérogations prévues par le ministre de l'agriculture et le ministre du budget.

Al. 3 et 4 abrogés par Décr. nº 2005-387 du 19 avr. 2005, art. 1er-III.

Art. R. 511-93 Sauf dérogations prévues par le ministre de l'agriculture et le ministre du budget, les crédits ouverts au budget d'un exercice ne peuvent être employés à l'acquittement de dépenses d'un autre exercice.

Art. R. 511-94 Les écritures sont tenues conformément au plan comptable approuvé par le ministre de l'agriculture et par le ministre du budget.

Art. D. 511-95 *Abrogé par Décr. nº 2012-1247 du 7 nov. 2012, art. 40-15º, à compter du 1er janv. 2013.*

Art. D. 511-96 *(Décr. nº 2016-610 du 13 mai 2016, art. 1er-5º)* Par dérogation à l'article 188 du décret nº 2012-1246 du 7 novembre 2012 relatif à la gestion budgétaire et comptable publique, les chambres d'agriculture peuvent, après accord de leurs sessions, constituer un groupement comptable au sein d'une même région.

Une convention précise les modalités de fonctionnement et le siège de ce groupement. Un poste d'agent comptable unique est créé dans l'établissement siège du groupement. L'agent comptable du groupement tient la comptabilité de chacune des chambres du groupement.

(Abrogé par Décr. nº 2022-1605 du 22 déc. 2022, art. 21, à compter du 1er janv. 2023) « L'agent comptable du groupement est personnellement et pécuniairement responsable des opérations comptables effectuées par le personnel placé sous son autorité. »

SECTION 6 **Chambres interdépartementales** *(Décr. nº 2011-596 du 25 mai 2011).*

SOUS-SECTION 1 **Dispositions générales**

(Décr. nº 2011-596 du 25 mai 2011)

Art. D. 511-96-1 Les délibérations concordantes par lesquelles les chambres départementales concernées approuvent le projet de création d'une chambre interdépartementale indiquent la circonscription, la date de création retenue, la localisation du siège, la composition de la chambre interdépartementale et du bureau et le choix retenu, en application de l'article R. 511-96-2, pour les premières élections de ses membres.

Les chambres interdépartementales d'agriculture sont soumises à toutes les dispositions applicables aux chambres départementales d'agriculture, sous réserve des dispositions de la présente section et du décret qui les crée.

Art. R. 511-96-2 Des élections partielles peuvent être organisées pour désigner les membres de la chambre interdépartementale d'agriculture nouvellement créée.

A défaut d'organisation d'élections partielles, la première élection des membres de la chambre interdépartementale d'agriculture a lieu lors des prochaines élections générales des membres des chambres d'agriculture.

Les élections des chambres interdépartementales ont lieu au scrutin de liste interdépartemental ou départemental. Les collèges élus par les électeurs individuels et les collèges élus par les groupements peuvent être désignés selon des modes de scrutin différents.

(Décr. nº 2018-1067 du 30 nov. 2018, art. 1er) « Le décret créant une chambre interdépartementale d'agriculture opte, pour la première élection de ses membres, pour l'un des deux modes de scrutin définis à l'alinéa précédent, conformément aux délibérations concordantes des chambres départementales mentionnées à l'article D. 511-96-1. »

Art. R. 511-96-3 Les chambres interdépartementales d'agriculture sont composées d'un nombre de membres qui ne peut dépasser 70. Les collèges représentés au sein de chaque chambre sont ceux déterminés par l'article R. 511-6.

La représentation d'un département au sein de la chambre interdépartementale ne peut être inférieure à 25 % du nombre total des membres de la chambre interdépartementale. Si plus de deux chambres départementales fusionnent, le seuil minimal de représentation est fixé à 15 %.

Des membres associés peuvent être désignés dans les conditions fixées par l'article R. 511-7. — *Les art. D. 511-96-3 et D. 511-96-5 deviennent, respectivement, les art. R. 511-96-3 et R. 511-96-5 (Décr. nº 2018-640 du 19 juill. 2018, art. 4).*

Art. D. 511-96-4 Le bureau de la chambre interdépartementale est composé au maximum de dix-huit membres, dont un président, trois à cinq vice-présidents, un secrétaire, un à onze secrétaires adjoints.

Le bureau élabore le règlement intérieur, dont l'approbation est soumise au vote de la chambre d'agriculture réunie en session. La même procédure est appliquée pour chaque mise à jour. Outre les modalités de fonctionnement du bureau, le nombre et les attributions des commissions et comités d'orientation, le règlement intérieur définit les modalités de fonctionnement de la chambre interdépartementale ainsi que les dispositions transitoires à mettre en œuvre à la suite de la fusion.

Sur proposition du président et après approbation du bureau, certains pouvoirs attachés à la présidence peuvent être délégués par le président aux vice-présidents. *(Décr. nº 2022-248 du 23 févr. 2022, art. 1er)* « Mention est faite de la nature, l'étendue et l'affectation de ces délégations dans le règlement intérieur. »

Art. R. 511-96-5 Pour l'application du premier alinéa de l'article R. 512-3, la chambre interdépartementale d'agriculture est représentée à la chambre régionale par son président. Ce dernier dispose d'autant de voix délibératives que de départements représentés au sein de la chambre interdépartementale d'agriculture. — *Les art. D. 511-96-3 et D. 511-96-5 deviennent, respectivement, les art. R. 511-96-3 et R. 511-96-5 (Décr. nº 2018-640 du 19 juill. 2018, art. 4).*

Art. R. 511-96-6 Les attributions et obligations dévolues aux préfets par les dispositions relatives aux chambres départementales d'agriculture sont exercées par le préfet du siège de la chambre interdépartementale.

Les présidents des conseils départementaux des départements concernés peuvent assister aux séances de la chambre interdépartementale. Ils sont entendus chaque fois qu'ils le demandent et peuvent se faire assister ou représenter.

Les directeurs départementaux des territoires et les directeurs départementaux des territoires et de la mer concernés assistent à titre consultatif aux séances de la chambre interdépartementale d'agriculture. Ils peuvent se faire suppléer par un fonctionnaire qualifié.

Art. D. 511-96-7 Pour l'application de dispositions réglementaires aux départements concernés, les mots : ″chambre départementale d'agriculture″ s'entendent comme : ″chambre interdépartementale d'agriculture″.

Art. D. 511-96-8 Jusqu'aux premières élections des membres de la nouvelle chambre :

1° Les membres élus des chambres départementales d'agriculture, en exercice à la date de création de la nouvelle chambre, composent l'assemblée des membres de la chambre interdépartementale ;

2° Les membres des bureaux des chambres départementales, en exercice à la date de création de la nouvelle chambre, composent le bureau de la chambre interdépartementale.

Art. D. 511-96-9 Le décret portant création de la chambre interdépartementale prévoit les mesures transitoires concernant le fonctionnement des services et le personnel des chambres départementales qui la constitue.

Le premier budget primitif de la chambre interdépartementale d'agriculture est élaboré par les chambres départementales qui fusionnent et soumis à leur approbation.

Le budget primitif de la chambre interdépartementale, après approbation de la tutelle, est exécutoire à la date de création de la nouvelle chambre.

Les comptes financiers des chambres départementales fusionnées sont établis par les agents comptables en fonction à la date de la fusion et arrêtés par la chambre interdépartementale réunie en session.

A partir de la date d'installation des membres élus de la chambre interdépartementale, les comptes financiers des chambres départementales fusionnées sont établis conformément aux dispositions de l'article D. 511-82.

Art. R. 511-96-10 *(Décr. n° 2018-640 du 19 juill. 2018, art. 4)* Les listes électorales sont établies par une commission interdépartementale d'établissement des listes électorales.

I. — Elle comprend :

1° Le préfet du siège de la chambre interdépartementale d'agriculture ou son représentant, président ;

2° Le préfet de chacun des autres départements de la circonscription de la chambre ou son représentant ;

3° Le directeur départemental des territoires ou, le cas échéant, le directeur départemental des territoires et de la mer de chaque département de la circonscription de la chambre ou son représentant ;

4° Un maire désigné par chaque conseil départemental de la circonscription de la chambre ;

5° Un représentant de chaque caisse départementale ou pluridépartementale de mutualité sociale agricole de la circonscription de la chambre.

II. — Sont également membres avec voix consultative, pour participer aux travaux relatifs à l'établissement des listes électorales pour les électeurs votant individuellement :

1° Des représentants des exploitants agricoles et assimilés désignés, à raison d'un par organisation et par département de la circonscription de la chambre, sur proposition des organisations syndicales d'exploitants agricoles à vocation générale habilitées dans le ou les départements de la circonscription de la chambre en application de l'article R. 514-37 ;

2° Des représentants des salariés désignés, à raison d'un par organisation et par département de la circonscription de la chambre, sur proposition des organisations syndicales de salariés reconnues représentatives au sens de l'article L. 2121-1 du code du travail ;

3° Un représentant des propriétaires et usufruitiers désigné sur proposition des membres de la chambre d'agriculture élus au titre du collège mentionné au 2° de l'article R. 511-6 du présent code.

Ces membres consultatifs sont nommés par le préfet du siège de la chambre d'agriculture. Ils sont désignés parmi les personnes ayant vocation à être inscrites sur les listes électorales au titre de l'un des collèges mentionnés à l'article R. 511-8 du présent code.

III. — La commission peut entendre toute personne dont l'audition lui paraît nécessaire.

Elle se réunit sur convocation de son président dans les conditions fixées par arrêté du préfet du siège de la chambre interdépartementale d'agriculture.

Le secrétariat est assuré par la chambre interdépartementale d'agriculture, à moins que le préfet n'en dispose autrement.

Le siège de la commission est fixé à la préfecture du siège de la chambre interdépartementale d'agriculture.

Art. R. 511-96-11 *(Décr. n° 2018-640 du 19 juill. 2018, art. 4)* En vue d'accomplir les missions définies aux articles R. 511-39 à R. 511-42, R. 511-48 et R. 511-49, une commission d'organisation des opérations électorales est convoquée, pour chaque chambre interdépartementale, par arrêté du préfet du siège de la chambre d'agriculture, au plus tard le 1er décembre précédant la date de clôture du scrutin.

I. — Elle est composée :

1° Du préfet du siège de la chambre interdépartementale d'agriculture ou de son représentant, président ;

2° Du préfet de chacun des autres départements de la circonscription de la chambre interdépartementale ou son représentant ;

3° Du directeur départemental de chaque département de la circonscription de la chambre ou, le cas échéant, régional des finances publiques ou son représentant ;

4° Du directeur départemental des territoires ou, le cas échéant, du directeur départemental des territoires et de la mer de chaque département de la circonscription de la chambre ou son représentant ;

5° D'un membre élu de la chambre d'agriculture issu de chaque département de la circonscription de la chambre interdépartementale et désigné par son président.

II. — La commission est assistée, pour les attributions mentionnées aux 2° et 3° de l'article R. 511-39, d'un agent désigné par le directeur de l'organisme retenu pour l'acheminement du courrier dans chaque département de la circonscription de la chambre.

Le secrétariat de la commission est assuré par les services de la préfecture du siège de la chambre interdépartementale d'agriculture.

Un mandataire de chaque liste peut assister aux travaux de la commission.

Le siège de la commission est fixé à la préfecture du siège de la chambre interdépartementale d'agriculture.

SOUS-SECTION 2 **Dispositions propres à la chambre interdépartementale d'agriculture de Savoie-Mont-Blanc**

(Décr. n° 2018-1067 du 30 nov. 2018, art. 1er)

Art. D. 511-97-1 La chambre interdépartementale d'agriculture de Savoie-Mont-Blanc a pour circonscription les départements de la Savoie et de la Haute-Savoie. Son siège est situé à Annecy.

Art. R. 511-97-2 La chambre interdépartementale d'agriculture de Savoie-Mont-Blanc est composée :

1° De vingt-sept membres élus au scrutin de liste interdépartemental par les chefs d'exploitation et assimilés mentionnés au 1° de l'article R. 511-8 ;

2° De deux membres élus au scrutin de liste interdépartemental par les propriétaires et usufruitiers mentionnés au 2° de l'article R. 511-8 ;

3° De membres élus au scrutin de liste interdépartemental par les salariés mentionnés au 3° de l'article R. 511-8. Ces membres sont élus par deux collèges distincts élisant chacun quatre membres :

a) Les salariés de la production agricole ;

b) Les salariés des groupements professionnels agricoles ;

4° De deux membres élus au scrutin de liste interdépartemental par les anciens exploitants et assimilés mentionnés au 4° de l'article R. 511-8 ;

5° De membres élus au scrutin de liste interdépartemental, par les groupements professionnels agricoles, répartis entre les cinq collèges suivants :

a) Les sociétés coopératives agricoles ainsi que leurs unions et fédérations dont l'objet principal, déterminé par leur statut, est directement relatif à la production agricole ou à la mise en œuvre des moyens de production agricole, à raison de deux représentants ;

b) Les autres sociétés coopératives agricoles, leurs unions et fédérations ainsi que les sociétés d'intérêt collectif agricole reconnues comme organisations de producteurs à condition qu'elles aient leur siège social dans le département de la Savoie ou dans le département de la Haute-Savoie, à raison de quatre représentants ;

c) Les caisses de crédit agricole, à raison de deux représentants ;

d) Les caisses d'assurances mutuelles agricoles et les caisses de mutualité sociale agricole, à raison de deux représentants ;

e) Les organisations syndicales à vocation générale d'exploitants agricoles ou de jeunes agriculteurs ainsi que leurs unions et fédérations cantonales, intercantonales ou départementales, à raison de deux représentants ;

6° Du ou des conseillers des centres régionaux de la propriété forestière, élus pour les départements de la Savoie et de la Haute-Savoie par le collège des propriétaires forestiers mentionnés à l'article L. 221-5 du code forestier.

Art. D. 511-97-3 Le bureau de la chambre interdépartementale de Savoie-Mont-Blanc est composé au maximum de son président, de trois à cinq vice-présidents, d'un secrétaire et d'un à onze secrétaires adjoints.

SOUS-SECTION 3 Dispositions propres à la chambre interdépartementale d'agriculture Doubs-Territoire de Belfort

(Décr. n° 2018-1067 du 30 nov. 2018, art. 1er)

Art. D. 511-98-1 La chambre interdépartementale d'agriculture Doubs-Territoire de Belfort a pour circonscription les départements du Doubs et du Territoire de Belfort. Son siège est situé Besançon.

Art. R. 511-98-2 La chambre interdépartementale d'agriculture Doubs-Territoire de Belfort est composée :

1° De vingt-quatre membres élus au scrutin de liste départemental par les chefs d'exploitation et assimilés mentionnés au 1° de l'article R. 511-8, dont dix-huit membres représentant le département du Doubs et six membres représentant le territoire de Belfort ;

2° De trois membres élus au scrutin de liste départemental par les propriétaires et usufruitiers mentionnés au 2° de l'article R. 511-8, dont deux membres représentant le département du Doubs et un membre représentant le territoire de Belfort ;

3° De membres élus au scrutin de liste départemental par les salariés mentionnés au 3° de l'article R. 511-8. Ces membres sont élus par deux collèges distincts élisant chacun quatre membres, dont trois membres représentant le département du Doubs et un membre représentant le territoire de Belfort :

a) Les salariés de la production agricole ;

b) Les salariés des groupements professionnels agricoles ;

4° De trois membres élus au scrutin de liste départemental par les anciens exploitants et assimilés mentionnés au 4° de l'article R. 511-8, dont deux membres représentant le département du Doubs et un membre représentant le territoire de Belfort ;

5° De membres élus au scrutin de liste interdépartemental, par les groupements professionnels agricoles, répartis entre les cinq collèges suivants :

a) Les sociétés coopératives agricoles ainsi que leurs unions et fédérations dont l'objet principal, déterminé par leur statut, est directement relatif à la production agricole ou à la mise en œuvre des moyens de production agricole, à raison d'un représentant ;

b) Les autres sociétés coopératives agricoles, leurs unions et fédérations ainsi que les sociétés d'intérêt collectif agricole reconnues comme organisations de producteurs à condition qu'elles aient leur siège social dans le département du Doubs ou dans le département du Territoire de Belfort, à raison de quatre représentants ;
c) Les caisses de crédit agricole, à raison d'un représentant ;
d) Les caisses d'assurances mutuelles agricoles et les caisses de mutualité sociale agricole, à raison d'un représentant ;
e) Les organisations syndicales à vocation générale d'exploitants agricoles ou de jeunes agriculteurs ainsi que leurs unions et fédérations cantonales, intercantonales ou départementales, à raison de deux représentants ;
6° Du ou des conseillers des centres régionaux de la propriété forestière, élus pour les départements du Doubs et du Territoire de Belfort par le collège des propriétaires forestiers mentionnés à l'article L. 221-5 du code forestier.

Art. D. 511-98-3 Le bureau de la chambre interdépartementale d'agriculture Doubs-Territoire de Belfort est composé de son président, de cinq vice-présidents, d'un secrétaire et de huit secrétaires adjoints. Le premier vice-président est un élu du département dont n'est pas issu le président.

SOUS-SECTION 4 Dispositions propres à la chambre interdépartementale d'agriculture d'Alsace

(Décr. n° 2018-1067 du 30 nov. 2018, art. 1er)

Art. D. 511-99-1 La chambre interdépartementale d'agriculture d'Alsace a pour circonscription les départements du Bas-Rhin et du Haut-Rhin. Son siège est situé à Schiltigheim.

Art. R. 511-99-2 La chambre interdépartementale d'agriculture d'Alsace est composée :
1° De trente-six membres élus au scrutin de liste départemental par les chefs d'exploitation et assimilés mentionnés au 1° de l'article R. 511-8, dont dix-huit membres représentant le département du Bas-Rhin et dix-huit membres représentant le département du Haut-Rhin ;
2° De deux membres élus au scrutin de liste départemental par les propriétaires et usufruitiers mentionnés au 2° de l'article R. 511-8, dont un membre représentant le département du Bas-Rhin et un membre représentant le département du Haut-Rhin ;
3° De membres élus au scrutin de liste départemental par les salariés mentionnés au 3° de l'article R. 511-8. Ces membres sont élus par deux collèges distincts élisant chacun six membres, dont trois membres représentant le département du Bas-Rhin et trois membres représentant le département du Haut-Rhin :
a) Les salariés de la production agricole ;
b) Les salariés des groupements professionnels agricoles ;
4° De deux membres élus au scrutin de liste départemental par les anciens exploitants et assimilés mentionnés au 4° de l'article R. 511-8, dont un membre représentant le département du Bas-Rhin et un membre représentant le département du Haut-Rhin ;
5° De quatorze membres élus au scrutin de liste départemental, par les groupements professionnels agricoles, répartis entre les cinq collèges suivants :
a) Les sociétés coopératives agricoles ainsi que leurs unions et fédérations dont l'objet principal, déterminé par leur statut, est directement relatif à la production agricole ou à la mise en œuvre des moyens de production agricole, à raison de deux représentants, dont un membre représentant le département du Bas-Rhin et un membre représentant le département du Haut-Rhin ;
b) Les autres sociétés coopératives agricoles, leurs unions et fédérations ainsi que les sociétés d'intérêt collectif agricole reconnues comme organisations de producteurs à condition qu'elles aient leur siège social dans le département du Bas-Rhin ou dans le département du Haut-Rhin, à raison de six représentants, dont trois membres représentant le département du Bas-Rhin et trois membres représentant le département du Haut-Rhin ;

c) Les caisses de crédit agricole, à raison de deux représentants, dont un membre représentant le département du Bas-Rhin et un membre représentant le département du Haut-Rhin ;

d) Les caisses d'assurances mutuelles agricoles et les caisses de mutualité sociale agricole, à raison de deux représentants, dont un membre représentant le département du Bas-Rhin et un membre représentant le département du Haut-Rhin ;

e) Les organisations syndicales à vocation générale d'exploitants agricoles ou de jeunes agriculteurs ainsi que leurs unions et fédérations cantonales, intercantonales ou départementales, à raison de deux représentants, dont un membre représentant le département du Bas-Rhin et un membre représentant le département du Haut-Rhin ;

6° Du ou des conseillers des centres régionaux de la propriété forestière, élus pour les départements du Bas-Rhin et du Haut-Rhin par le collège des propriétaires forestiers mentionnés à l'article L. 221-5 du code forestier.

Art. D. 511-99-3 Le bureau de la chambre interdépartementale d'agriculture d'Alsace est composé au maximum de dix-huit membres, dont un président, trois à cinq vice-présidents, un secrétaire et onze secrétaires adjoints. Le premier vice-président est un élu du département dont n'est pas issu le président.

SOUS-SECTION 5 Dispositions propres à la chambre interdépartementale d'agriculture du Nord-Pas-de-Calais

(Décr. n° 2018-1067 du 30 nov. 2018, art. 1er)

Art. D. 511-100-1 La chambre interdépartementale d'agriculture du Nord-Pas-de-Calais a pour circonscription les départements du Nord et du Pas-de-Calais. Son siège est situé à Lille.

Art. R. 511-100-2 La chambre interdépartementale d'agriculture du Nord-Pas-de-Calais est composée :

1° De trente-six membres élus au scrutin de liste départemental par les chefs d'exploitation et assimilés mentionnés au 1° de l'article R. 511-8, dont dix-huit membres représentant le département du Nord et dix-huit membres représentant le département du Pas-de-Calais ;

2° De deux membres élus au scrutin de liste départemental par les propriétaires et usufruitiers mentionnés au 2° de l'article R. 511-8, dont un membre représentant le département du Nord et un membre représentant le département du Pas-de-Calais ;

3° De membres élus au scrutin de liste départemental par les salariés mentionnés au 3° de l'article R. 511-8. Ces membres sont élus par deux collèges distincts élisant chacun six membres, dont trois membres représentant le département du Nord et trois membres représentant le département du Pas-de-Calais :

a) Les salariés de la production agricole ;

b) Les salariés des groupements professionnels agricoles ;

4° De deux membres élus au scrutin de liste départemental par les anciens exploitants et assimilés mentionnés au 4° de l'article R. 511-8, dont un membre représentant le département du Nord et un membre représentant le département du Pas-de-Calais ;

5° De quatorze membres élus au scrutin de liste interdépartemental, par les groupements professionnels agricoles, répartis entre les cinq collèges suivants :

a) Les sociétés coopératives agricoles ainsi que leurs unions et fédérations dont l'objet principal, déterminé par leur statut, est directement relatif à la production agricole ou à la mise en œuvre des moyens de production agricole, à raison de deux représentants ;

b) Les autres sociétés coopératives agricoles, leurs unions et fédérations ainsi que les sociétés d'intérêt collectif agricole reconnues comme organisations de producteurs à condition qu'elles aient leur siège social dans le département du Nord ou dans le département du Pas-de-Calais, à raison de six représentants ;

c) Les caisses de crédit agricole, à raison de deux représentants ;

d) Les caisses d'assurances mutuelles agricoles et les caisses de mutualité sociale agricole, à raison de deux représentants ;

e) Les organisations syndicales à vocation générale d'exploitants agricoles ou de jeunes agriculteurs ainsi que leurs unions et fédérations cantonales, intercantonales ou départementales, à raison de deux représentants ;

6° Du ou des conseillers des centres régionaux de la propriété forestière, élus pour les départements du Nord et du Pas-de-Calais par le collège des propriétaires forestiers mentionnés à l'article L. 221-5 du code forestier.

Art. D. 511-100-3 Le bureau de la chambre interdépartementale d'agriculture du Nord-Pas-de-Calais est composé au maximum de seize membres, dont un président, trois à cinq vice-présidents, un secrétaire et sept à neuf secrétaires adjoints.

Art. R.* 511-101 *Abrogé par Décr. n° 82-688 du 3 août 1982.*

SOUS-SECTION 6 Dispositions propres à la chambre interdépartementale d'agriculture de la Charente-Maritime et des Deux-Sèvres

(Décr. n° 2022-1118 du 4 août 2022, art. 1er)

La chambre interdépartementale d'agriculture de la Charente-Maritime et des Deux-Sèvres est constituée par fusion des chambres départementales d'agriculture de la Charente-Maritime et des Deux-Sèvres à compter du 1er oct. 2022 (Décr. n° 2022-1118 du 4 août 2022, art. 2-I).

Art. D. 511-101-1 La chambre interdépartementale d'agriculture de la Charente-Maritime et des Deux-Sèvres a pour circonscription les départements de la Charente-Maritime et des Deux-Sèvres. Son siège est situé à La Rochelle.

Art. R. 511-101-2 La chambre interdépartementale d'agriculture de la Charente-Maritime et des Deux-Sèvres est composée :

1° De trente-six membres élus au scrutin de liste départemental par les chefs d'exploitation et assimilés mentionnés au 1° de l'article R. 511-8, dont dix-huit membres représentant le département de la Charente-Maritime et dix-huit membres représentant le département des Deux-Sèvres ;

2° De deux membres élus au scrutin de liste départemental par les propriétaires et usufruitiers mentionnés au 2° de l'article R. 511-8, l'un représentant le département de la Charente-Maritime et l'autre le département des Deux-Sèvres ;

3° De douze membres élus au scrutin de liste départemental par les salariés mentionnés au 3° de l'article R. 511-8. Ces membres sont élus par deux collèges distincts élisant chacun six membres, dont trois membres représentant le département de la Charente-Maritime et trois membres représentant le département des Deux-Sèvres :

a) Les salariés de la production agricole ;

b) Les salariés des groupements professionnels agricoles ;

4° De deux membres élus au scrutin de liste départemental par les anciens exploitants et assimilés mentionnés au 4° de l'article R. 511-8, l'un représentant le département de la Charente-Maritime et l'autre représentant le département des Deux-Sèvres ;

5° De quatorze membres élus au scrutin de liste départemental, par les groupements professionnels agricoles, répartis entre les cinq collèges suivants :

a) Les sociétés coopératives agricoles ainsi que leurs unions et fédérations dont l'objet principal, déterminé par leur statut, est directement relatif à la production agricole ou à la mise en œuvre des moyens de production agricole, à raison de deux représentants, dont l'un représentant le département de la Charente-Maritime et l'autre représentant le département des Deux-Sèvres ;

b) Les autres sociétés coopératives agricoles, leurs unions et fédérations ainsi que les sociétés d'intérêt collectif agricole reconnues comme organisations de producteurs à condition qu'elles aient leur siège social dans le département de la Charente-Maritime ou dans le département des Deux-Sèvres, à raison de six représentants, dont trois représentant le département de la Charente-Maritime et trois représentant le département des Deux-Sèvres ;

c) Les caisses de crédit agricole, à raison de deux représentants, dont l'un représentant le département de la Charente-Maritime et l'autre représentant le département des Deux-Sèvres ;

d) Les caisses d'assurances mutuelles agricoles et les caisses de mutualité sociale agricole, à raison de deux représentants, dont l'un représentant le département de la Charente-Maritime et l'autre représentant le département des Deux-Sèvres ;

e) Les organisations syndicales à vocation générale d'exploitants agricoles ou de jeunes agriculteurs ainsi que leurs unions et fédérations cantonales, intercantonales ou

départementales, à raison de deux représentants, dont l'un représentant le département de la Charente-Maritime et l'autre représentant le département des Deux-Sèvres ;

6° Du ou des conseillers des centres régionaux de la propriété forestière, élus pour les départements de la Charente-Maritime et des Deux-Sèvres par le collège des propriétaires forestiers mentionnés à l'article L. 321-12 du code forestier.

Art. D. 511-101-3 **Le nombre des membres du bureau de la chambre interdépartementale d'agriculture de la Charente-Maritime et des Deux-Sèvres est fixé par cette dernière, dans la limite de dix-huit membres, dont un président, cinq vice-présidents, un secrétaire et, au plus, onze secrétaires adjoints. Le premier vice-président est un élu du département dont n'est pas issu le président.**

SECTION 7 *[ABROGÉE]* **Chambres d'agriculture de Guadeloupe, de Guyane, de Martinique et de La Réunion** *(Décr. nº 2015-924 du 27 juill. 2015, art. 2-1º).*

(Abrogée par Décr. nº 2017-1771 du 27 déc. 2017, art. 12-24º)

Art. R. 511-102 à D. 511-115 *Abrogés par Décr. nº 2017-1771 du 27 déc. 2017, art. 12-24º.*

CHAPITRE II **CHAMBRES RÉGIONALES, INTERRÉGIONALES ET DE RÉGION** *(Décr. nº 2011-596 du 25 mai 2011).*

SECTION 1 **Dispositions propres aux chambres régionales** *(Décr. nº 2018-640 du 19 juill. 2018, art. 5).*

SOUS-SECTION 1 **Institution, composition et attributions** *(Décr. nº 2018-640 du 19 juill. 2018, art. 5).*

Art. D. 512-1 *(Décr. nº 82-688 du 3 août 1982)* **Une chambre régionale d'agriculture, ayant le même statut d'établissement public que les chambres départementales, constitue pour chaque région, auprès des pouvoirs publics, l'organe consultatif et professionnel des intérêts agricoles.**

(Décr. nº 2015-1539 du 26 nov. 2015, art. 9-2º, en vigueur le 1er janv. 2016) **« Le siège de cette chambre se trouve soit au siège de la direction régionale de l'alimentation, de l'agriculture et de la forêt, soit au siège fixé par arrêté du préfet de région, après avis de la chambre. »**

Art. D. 512-1-1 *(Décr. nº 2016-610 du 13 mai 2016, art. 1er-6º)* **La chambre régionale d'agriculture arrête, dans le respect des orientations nationales définies par** *(Ord. nº 2022-583 du 20 avr. 2022, art. 1er)* **« Chambres d'agriculture France », les priorités de la mandature et la stratégie mise en œuvre pour les atteindre. Cette stratégie et ces priorités sont portées à la connaissance de** *(Ord. nº 2022-583 du 20 avr. 2022, art. 1er)* **« Chambres d'agriculture France ».**

Au cours de l'année précédant le renouvellement général de ses membres, la chambre régionale d'agriculture établit un bilan de la mandature qui est transmis à *(Ord. nº 2022-583 du 20 avr. 2022, art. 1er)* **« Chambres d'agriculture France ».**

La chambre régionale d'agriculture transmet chaque année à *(Ord. nº 2022-583 du 20 avr. 2022, art. 1er)* **« Chambres d'agriculture France » un compte rendu des résultats atteints.**

(Ord. nº 2022-583 du 20 avr. 2022, art. 1er) **« Chambres d'agriculture France » établit chaque année un bilan du fonctionnement du réseau qu'elle transmet au ministre chargé de l'agriculture.**

Art. D. 512-1-2 *(Décr. nº 2016-610 du 13 mai 2016, art. 1er-6º, en vigueur le 15 mai 2017)* **La chambre régionale d'agriculture assure des missions d'appui juridique, administratif et comptable au bénéfice des chambres départementales de sa circonscription. A ce titre, notamment :**

1° Elle assure la coordination et l'harmonisation des pratiques d'achats au titre du 20° de l'article D. 513-1 ;

2° Elle assure la gestion du personnel et la paie ;

(Abrogé par Décr. n° 2024-80 du 2 févr. 2024, art. 2) ***« 3° Elle gère les systèmes d'informations des chambres départementales, dans le respect des orientations définies pour le réseau par*** *(Ord. n° 2022-583 du 20 avr. 2022, art. 1er)* ***« Chambres d'agriculture France » ; »***

4° Elle élabore un schéma directeur du patrimoine immobilier tenant compte des principes de la politique immobilière de l'État ;

5° Elle assure les opérations comptables et harmonise les dispositifs de contrôle interne et de gestion mis en œuvre par ces établissements.

Art. D. 512-1-3 *(Décr. n° 2016-610 du 13 mai 2016, art. 1er-6°, en vigueur le 15 mai 2017)* **La chambre régionale d'agriculture exerce également, au bénéfice des chambres départementales de sa circonscription et conformément aux orientations fixées par** *(Ord. n° 2022-583 du 20 avr. 2022, art. 1er)* **« Chambres d'agriculture France », les missions suivantes :**

1° Elle analyse les politiques publiques qui relèvent de leurs missions et participe à leur élaboration, leur suivi et leur évaluation ;

2° Elle réalise un suivi des marchés agricoles ainsi que des études économiques et prospectives ;

3° Elle élabore, coordonne et promeut une offre de formation adaptée, axée notamment sur la triple performance économique, sociale et environnementale des exploitations agricoles et de leurs filières ;

4° Elle met au point des prestations certifiées et des outils performants couvrant les domaines technique, économique, environnemental, réglementaire et stratégique ;

5° Elle conçoit et met en œuvre des actions et outils de communication ;

6° Elle promeut la création et la reprise d'entreprises agricoles en encourageant les projets agro-écologiques.

Art. D. 512-2 *(Décr. n° 2016-610 du 13 mai 2016, art. 1er-7°)* **A l'initiative de la chambre régionale, il est créé en son sein un service commun à la chambre régionale et aux chambres départementales de sa circonscription dénommé "Recherche – Développement – Innovation", selon les modalités définies aux articles D. 514-25 à D. 514-27.**

En lien avec *(Décr. n° 2024-80 du 2 févr. 2024, art. 1er)* **« Chambres d'agriculture France », ce service coordonne, anime et valorise les programmes de développement, de recherche et d'innovation, en particulier en matière d'agro-écologie. Il contribue à la capitalisation des données et produits issus de ces programmes.**

Il établit des partenariats avec les organismes régionaux de recherche et de développement.

Art. D. 512-2-1 *(Décr. n° 2017-758 du 3 mai 2017, art. 1er-1°)* **A l'initiative de la chambre régionale d'agriculture, il est créé en son sein un service commun à la chambre régionale et aux chambres départementales d'agriculture de sa circonscription dénommé "Valorisation du bois et territoire".**

Le service commun est mis en place en concertation avec le centre régional de la propriété forestière mentionné à l'article L. 321-5 du code forestier et les communes forestières.

Il établit des partenariats avec les organismes régionaux de recherche.

Art. D. 512-2-2 *(Décr. n° 2017-758 du 3 mai 2017, art. 1er-1°)* **Au sein du service commun "Valorisation du bois et territoire", il est créé un comité d'orientation et un comité de gestion.**

Le comité d'orientation comprend au minimum tous les conseillers du centre régional de la propriété forestière élus des chambres concernées et des représentants des propriétaires forestiers publics et privés.

Le comité d'orientation élabore un programme régional pluriannuel "Valorisation du bois et territoire" qu'il propose au comité de gestion.

Le comité de gestion est composé d'élus des chambres concernées dont tous les conseillers du centre régional de la propriété forestière.

Le comité de gestion coordonne, anime et valorise l'ensemble des activités "Valorisation du bois et territoire" des chambres d'agriculture de la région. Il valide le pro-

gramme régional pluriannuel "Valorisation du bois et territoire", assure sa mise en œuvre et rend compte de son exécution au comité d'orientation.

Art. D. 512-2-3 *(Décr. nº 2017-758 du 3 mai 2017, art. 1er-1º)* Le programme régional pluriannuel "Valorisation du bois et territoire" doit être compatible avec le programme régional de la forêt et du bois mentionné à l'article L. 122-1 du code forestier.

Il décline une ou plusieurs actions définies par arrêté du ministre chargé de la forêt parmi celles mentionnées à l'article L. 322-1 du code forestier en veillant à la complémentarité de ses actions avec celles du centre régional de la propriété forestière. – *V. Arr. du 3 mai 2017 relatif aux actions des programmes régionaux "Valorisation du bois et territoire" des services communs "Valorisation du bois et territoire" des chambres régionales d'agriculture (JO 5 mai).*

Ces actions sont précisées par un cadrage national élaboré par le comité national d'orientation mentionné à l'article D. 512-2-4 et compatible avec le programme national de la forêt et du bois mentionné à l'article L. 121-2-2 du code forestier.

Le programme régional pluriannuel "Valorisation du bois et territoire" validé est transmis au préfet de région qui vérifie sa compatibilité avec le programme régional de la forêt et du bois et, pour accord, au centre régional de la propriété forestière.

Il est ensuite transmis à *(Ord. nº 2022-583 du 20 avr. 2022, art. 1er)* « Chambres d'agriculture France ».

(Décr. nº 2023-539 du 29 juin 2023, art. 2) « Le programme régional pluriannuel "Valorisation du bois et territoire" est financé par le Fonds national de modernisation, de performance et de péréquation » mentionné à l'article D. 514-5 dans les conditions prévues à l'article D. 512-2-4.

Art. D. 512-2-4 *(Décr. nº 2017-758 du 3 mai 2017, art. 1er-1º) (Ord. nº 2022-583 du 20 avr. 2022, art. 1er)* « Chambres d'agriculture France » constitue en son sein un comité national d'orientation "Valorisation du bois et territoire".

Ce comité est composé de conseillers du centre régional de la propriété forestière élus des chambres et désignés par les chambres régionales ayant créé un service commun, de représentants du Centre national de la propriété forestière, des propriétaires forestiers publics et privés et du ministère chargé de la forêt.

La programmation nationale et la répartition des crédits entre les services communs "Valorisation du bois et territoire" sont arrêtées par le comité de gestion mentionné à l'article D. 514-8 sur la base de la proposition élaborée par le comité national d'orientation "Valorisation du bois et territoire".

Le comité de gestion mentionné à l'article D. 514-8 fixe les modalités de versement des financements dans un cahier des charges adopté après avis du ministre chargé de la forêt.

Art. D. 512-2-5 *(Décr. nº 2017-758 du 3 mai 2017, art. 1er-1º)* Un bilan des actions est présenté chaque année au comité national d'orientation "Valorisation du bois et territoire" ainsi qu'en session des chambres régionales d'agriculture ayant créé un service commun "Valorisation du bois et territoire".

La mise en œuvre des programmes régionaux pluriannuels "Valorisation du bois et territoire" fait l'objet d'une évaluation externe.

Art. R. 512-3 *(Décr. nº 2012-838 du 29 juin 2012, art. 1er-13º)* « Les chambres régionales d'agriculture comprennent, d'une part, les présidents des chambres départementales d'agriculture et le président du centre régional de la propriété forestière ou son suppléant désigné en application du *(Décr. nº 2017-1771 du 27 déc. 2017, art. 12-25º)* « deuxième alinéa de l'article L. 321-12 du code forestier », d'autre part, des membres élus dans les conditions fixées à l'article R. 512-4 *(Décr. nº 2017-1771 du 27 déc. 2017, art. 12-25º)* « du présent code ».

« 1º Les membres élus représentant les chefs d'exploitation et assimilés mentionnés au 1º de l'article R. 511-6 sont au nombre de :

« *a)* Neuf membres par département lorsque la chambre régionale comprend deux départements ;

« *b)* Six par département lorsque la chambre régionale comprend trois départements ;

« *c)* Cinq par département lorsque la chambre régionale comprend quatre départements ;

« *d)* Quatre par département lorsque la chambre régionale comprend cinq ou six départements ;

« *e)* Trois par département lorsque la chambre régionale comprend *(Décr. nº 2018-640 du 19 juill. 2018, art. 5)* **« plus de sept départements » ;**

« 2° Les membres élus au titre des collèges mentionnés du 2e au 5° de l'article R. 511-6 sont au nombre de : »

(Décr. nº 2006-1598 du 13 déc. 2006) ***a)*** **Deux pour les propriétaires et usufruitiers ;**

b) **Quatre pour les salariés des exploitations agricoles ;**

c) **Quatre pour les salariés des groupements professionnels agricoles mentionnés à l'article R. 511-11 ;**

d) **Deux pour les anciens exploitants et assimilés ;**

e) **Un pour les sociétés coopératives agricoles mentionnées au *a* du 5° de l'article R. 511-6 ;**

f) **Quatre pour les autres sociétés coopératives agricoles et les sociétés d'intérêt collectif agricole mentionnées au *b* du 5° de l'article R. 511-6 ;**

g) **Deux pour les organismes de crédit agricole ;**

h) **Deux pour les organismes de mutualité agricole ;**

i) **Deux pour les organisations syndicales agricoles.**

Les membres des chambres régionales sont élus pour six ans. Leur mandat est renouvelable. *– Les tirets précédant les alinéas 3 à 7 sont remplacés successivement par « a », « b » « c », « d » et « e », la lettre minuscule suivant chacune des insertions ainsi effectuées devenant une lettre majuscule (Décr. nº 2017-1771 du 27 déc. 2017, art. 12-25°).*

Art. R. 512-4 *(Décr. nº 2012-838 du 29 juin 2012, art. 1er-14°)* **Les représentants des chefs d'exploitation mentionnés au 1° de l'article R. 512-3 sont élus lors des élections à la chambre départementale parmi les candidats au collège des chefs d'exploitation et assimilés se présentant également à la chambre régionale. Les sièges affectés à ces représentants dans chaque département de la région sont répartis entre les listes en présence de la manière suivante : la liste ayant recueilli le plus grand nombre de voix bénéficie d'un premier siège ; dans les chambres régionales comportant deux départements, cette liste bénéficie de deux premiers sièges ; les autres sièges sont répartis entre toutes les listes à la représentation proportionnelle suivant la règle du plus fort reste. Les sièges attribués à chaque liste sont répartis entre les candidats aux élections régionales dans leur ordre de présentation sur la liste.**

Les membres de la chambre régionale élus au titre des collèges mentionnés du 2° au 5° de l'article R. 511-6 sont élus respectivement par les membres des chambres départementales d'agriculture élus au titre de ces collèges et en leur sein. A cet effet, dans le mois suivant la dernière installation des membres des chambres départementales d'agriculture effectuée en application du troisième alinéa de l'article D. 511-54, les membres de chacun de ces collèges se réunissent au chef-lieu de région pour procéder à l'élection des membres de la chambre régionale d'agriculture. L'élection a lieu dans les conditions prévues par l'article R. 511-43. Les listes de candidats doivent comporter un nombre de noms égal à celui des membres à désigner dans le collège intéressé. Chaque liste de candidats comporte au moins un candidat de chaque sexe par tranche de trois candidats dans la mesure où les résultats des élections départementales dans le collège considéré le permettent.

Pour tous les collèges, en cas de vacance de siège, sont considérés comme suppléants des candidats élus sur une liste les candidats à l'élection à la chambre régionale figurant en rang postérieur à celui du dernier élu sur cette liste.

Les modalités du vote sont précisées par un arrêté du ministre chargé de l'agriculture. *– V. Arr. du 22 févr. 2019 relatif aux modalités de vote pour l'élection des membres des chambres régionales d'agriculture (JO 24 févr.).*

Le préfet de région procède à l'installation des membres des chambres régionales d'agriculture à la première session ordinaire suivant leur renouvellement.

Art. D. 512-5 *(Décr. nº 2016-610 du 13 mai 2016, art. 1er-8°)* **« Les dispositions du premier alinéa de l'article L. 511-3,** *(Décr. nº 2017-1771 du 27 déc. 2017, art. 12-26°)* **« du 4° de l'article L. 511-4 », des articles L. 511-10, L. 511-11, D. 511-1 à D. 511-4, R. 511-7, R. 511-51, R. 511-52, D. 511-54 à D. 511-57, D. 511-59 à D. 511-70,**

D. 511-73 à D. 511-83, D. 511-85, et D. 511-91 à D. 511-96 sont applicables aux chambres régionales d'agriculture.

« Toutefois, pour l'application de ces dispositions aux chambres régionales d'agriculture, le préfet compétent est le préfet de région. »

(Décr. n° 87-1058 du 24 déc. 1987) « Pour l'application du premier alinéa, dernière phrase de l'article *(Décr. n° 2017-1771 du 27 déc. 2017, art. 12-26°)* « D. 511-61 », la délégation spéciale est choisie parmi les membres des chambres départementales. »

(Décr. n° 2016-610 du 13 mai 2016, art. 1er-8°) « Pour l'application du 4° de l'article L. 511-4 et de l'article D. 511-4, la chambre départementale d'agriculture peut déléguer à la chambre régionale la gestion de la mission de service public mentionnée au 4° de l'article L. 511-4. »

Art. D. 512-6 *(Décr. n° 2007-345 du 14 mars 2007)* Il est institué dans chaque chambre régionale d'agriculture un comité d'orientation "recherche, développement, formation". Ce comité assiste la chambre régionale notamment dans l'exercice des missions définies à l'article R. 821-13 et veille à la cohérence des actions conduites en matière de recherche, développement et formation. Ce comité est présidé par le président de la chambre régionale d'agriculture ou son représentant.

La composition du comité est définie par la chambre régionale et approuvée par le préfet de région.

Le président du conseil régional, ou son représentant, le directeur régional de l'alimentation, de l'agriculture et de la forêt, ou son représentant, assistent avec voix consultative aux réunions de ce comité.

Art. D. 512-6-1 *Abrogé par Décr. n° 2007-345 du 14 mars 2007.*

Art. D. 512-7 *(Décr. n° 82-688 du 3 août 1982)* Le préfet de la région et le président du conseil régional où la chambre d'agriculture a son siège peuvent assister aux séances de la chambre. Ils sont entendus chaque fois qu'ils le demandent. Ils peuvent se faire assister ou représenter. *(Décr. n° 95-274 du 9 mars 1995)* « Le directeur régional de l'alimentation, de l'agriculture et de la forêt, chargé de ladite région, assiste à titre consultatif aux séances de la chambre régionale. Il peut se faire suppléer par un fonctionnaire qualifié. »

Art. D. 512-8 *(Décr. n° 82-688 du 3 août 1982)* Les recettes et les dépenses des chambres régionales et leur régime financier sont déterminés par décret pris sur le rapport du ministre de l'agriculture et du ministre chargé du budget.

Les chambres départementales contribuent au financement de la chambre régionale sur les bases fixées par arrêté du *(Décr. n° 84-96 du 9 févr. 1984, art. 24)* « préfet de région ». Ces bases peuvent être modifiées dans la même forme.

La chambre régionale d'agriculture dresse chaque année son budget primitif, qui est soumis, avant le 15 décembre, à l'approbation du préfet de la région où elle a son siège. *(Décr. n° 86-1124 du 17 oct. 1986, art. 6)* « Le budget primitif de la chambre régionale d'agriculture est exécutoire dans un délai de deux mois à compter de la date de sa réception par le préfet si dans ce délai il n'a fait l'objet ni d'une approbation expresse ni d'une demande de modification. »

SOUS-SECTION 2 **Dispositions financières particulières** *(Décr. n° 2018-640 du 19 juill. 2018, art. 5).*

Art. D. 512-9 Le budget des chambres régionales d'agriculture comprend :

– des recettes et dépenses de fonctionnement ;

– des recettes et dépenses en capital.

Art. D. 512-10 Les opérations de fonctionnement comprennent notamment :

En recettes :

1° Les cotisations des chambres départementales du ressort de la chambre régionale, qui sont destinées à assurer le fonctionnement de la chambre régionale ;

2° Éventuellement, les subventions de fonctionnement de l'État, des collectivités territoriales ou d'autres organismes publics ou privés ;

3° Les revenus et intérêts des biens, fonds et valeurs leur appartenant ;

4° Les revenus des dons et legs ;

5° Les recettes accidentelles ou exceptionnelles.

En dépenses :

1° Les frais d'administration (personnel, matériel, impôts, missions, inspections, etc.) ;

2° *(Décr. n° 2007-345 du 14 mars 2007)* « Les contributions aux organismes inter-établissements mentionnés à l'article R. 514-1 et aux services communs prévus à l'article D. 513-11 ;

« 3° Les subventions, allocations, encouragements à diverses collectivités, œuvres ou institutions s'occupant d'agriculture ;

« 4° Les intérêts des emprunts ;

« 5° Les dépenses accidentelles ou exceptionnelles. »

Art. D. 512-11 Les opérations en capital comprennent notamment :

En recettes :

1° Le produit de l'aliénation des immobilisations et valeurs ;

2° Les subventions d'équipement ;

3° *(Décr. n° 94-711 du 12 août 1994)* « Le produit des emprunts que les chambres régionales d'agriculture sont autorisées à contracter par arrêté du préfet de la région où elles ont leur siège. Cet arrêté doit intervenir dans les deux mois à compter de la date de réception, par le préfet, de l'accord pour l'octroi d'un prêt à la chambre d'agriculture formulé par l'organisme prêteur. A défaut de publication d'un arrêté dans ce délai, d'une demande de modification du projet ou de production de documents supplémentaires par le préfet, la délibération de la chambre est exécutoire. »

En dépenses :

1° Les acquisitions d'immobilisations ou de valeurs ;

2° Le remboursement en capital des emprunts ;

3° Les prêts et avances.

SECTION 2 Dispositions propres aux chambres interrégionales et de région

(Décr. n° 2018-640 du 19 juill. 2018, art. 5)

SOUS-SECTION 1 Dispositions applicables aux chambres interrégionales

Art. R. 512-12 La fusion en une chambre interrégionale d'agriculture de deux chambres régionales est autorisée par décret, après avis concordants des chambres régionales concernées et de l'ensemble des chambres départementales d'agriculture de deux régions voisines, le nombre total des départements concernés ne pouvant cependant être supérieur à huit.

Les fusions réalisées antérieurement au 1er juillet 1982 sont considérées comme satisfaisant aux conditions du premier alinéa.

Les chambres interrégionales d'agriculture sont soumises à toutes les dispositions applicables aux chambres régionales d'agriculture, sous réserve des dispositions de la présente sous-section.

SOUS-SECTION 2 Dispositions applicables aux chambres d'agriculture de région et aux chambres territoriales *(Décr. n° 2022-248 du 23 févr. 2022, art. 2).*

§ 1 Dispositions applicables aux chambres d'agriculture de région *(Décr. n° 2022-248 du 23 févr. 2022, art. 2).*

Art. R. 512-13 *Abrogé par Décr. n° 2022-248 du 23 févr. 2022, art. 2.*

Art. R. 512-14 En vue de l'élection des membres des chambres de région, les listes électorales sont établies par une commission régionale d'établissement des listes électorales.

I. – Elle comprend :

1° Le préfet de région ou son représentant, président ;

2° Selon le cas, soit le directeur régional de l'alimentation, de l'agriculture et de la forêt ou son représentant, soit le directeur régional et interdépartemental de l'alimentation, de l'agriculture et de la forêt en Île-de-France ou son représentant ;

3° Un maire désigné par le conseil régional ;

4° Un représentant de chaque caisse départementale ou pluridépartementale de mutualité sociale agricole de la circonscription de la chambre.

II. – En sont également membres avec voix consultative, pour participer aux travaux relatifs à l'établissement des listes électorales pour les électeurs votant individuellement :

1° Des représentants des exploitants agricoles et assimilés désignés, à raison d'un par organisation, sur proposition des organisations syndicales d'exploitants agricoles à vocation générale habilitées dans la ou les régions en application de l'article R. 514-38 du présent code ;

2° Des représentants des salariés désignés, à raison d'un par organisation, sur proposition des organisations syndicales de salariés reconnues représentatives au sens de l'article L. 2121-1 du code du travail ;

3° Un représentant des propriétaires et usufruitiers désigné sur proposition des membres de la chambre d'agriculture élus au titre du collège mentionné au 2° de l'article R. 511-6 du présent code.

Ces membres consultatifs sont nommés par le préfet de région. Ils sont désignés parmi les personnes ayant vocation à être inscrites sur les listes électorales au titre de l'un des collèges mentionnés à l'article R. 511-8 du même code.

III. – Elle peut entendre toute personne dont l'audition lui paraît nécessaire.

Elle se réunit sur convocation de son président dans les conditions fixées par arrêté du préfet de région.

Le secrétariat est assuré par la chambre d'agriculture de région, à moins que le préfet de région n'en dispose autrement.

Le siège de la commission est fixé à la préfecture de la région concernée.

Art. R. 512-15 En vue d'accomplir les missions définies aux articles R. 511-39 à R. 511-42, R. 511-48 et R. 511-49, une commission d'organisation des opérations électorales est convoquée, pour chaque chambre concernée, par arrêté du préfet de région, au plus tard le 1er décembre précédant la date de clôture du scrutin.

I. – Elle comprend :

1° Le préfet de région ou son représentant, président ;

2° Le directeur régional des finances publiques ou son représentant ;

3° Selon le cas, soit le directeur régional de l'alimentation, de l'agriculture et de la forêt ou son représentant, soit le directeur régional et interdépartemental de l'alimentation, de l'agriculture et de la forêt en Île-de-France ou son représentant ;

4° Un membre élu de la chambre d'agriculture désigné par son président.

II. – La commission est assistée, pour les attributions mentionnées aux 2° et 3° de l'article R. 511-39, d'un agent désigné par le directeur régional de l'organisme retenu pour l'acheminement du courrier.

Le secrétariat de la commission est assuré par les services de la préfecture de région.

Un mandataire de chaque liste peut assister aux travaux de la commission.

Le siège de la commission est fixé à la préfecture de région.

Art. R. 512-15-1 *(Décr. n° 2022-248 du 23 févr. 2022, art. 2)* Les dispositions des articles R. 511-7 à R. 511-15, R. 511-17 à R. 511-37, R. 511-39 à R. 511-53, R. 512-3 et R. 512-4 sont applicables aux chambres d'agriculture de région, sous réserve des adaptations suivantes :

1° Le préfet compétent est le préfet de région ;

2° Pour l'application des articles R. 511-15, R. 511-17, R. 511-20 à R. 511-24, R. 511-28, R. 511-29, R. 511-42 et R. 511-45-4, les références à la commission d'établissement des listes électorales mentionnée à l'article R. 511-16 doivent s'entendre comme des références à la commission régionale d'établissement des listes électorales mentionnée à l'article R. 512-14 ;

3° Pour l'application des articles R. 511-18, R. 511-36, R. 511-39 à R. 511-42, R. 511-45, R. 511-45-4 et R. 511-46 à R. 511-49-1, les références à la commission d'organisation des opérations électorales mentionnée à l'article R. 511-38 doivent s'entendre comme des références à la commission d'organisation des opérations électorales mentionnée à l'article R. 512-15 ;

4° Pour l'application des articles R. 512-3 et R. 512-4, les références aux chambres départementales d'agriculture doivent s'entendre comme des références aux chambres départementales d'agriculture, aux chambres interdépartementales d'agriculture et aux chambres territoriales du ressort de la chambre de région. S'agissant des chambres d'agriculture de région auxquelles n'est rattachée aucune chambre territoriale et au sein desquelles toutes les chambres départementales et interdépartementales d'agriculture de leur ressort ont fusionné :

a) Le premier alinéa de l'article R. 512-3 est remplacé par les dispositions suivantes :

Les chambres d'agriculture de région comprennent, d'une part, le président du centre régional de la propriété forestière ou son suppléant désigné en application du deuxième alinéa de l'article L. 321-12 du code forestier, d'autre part, des membres élus dans les conditions fixées à la section 3 du chapitre I du présent titre ;

b) Le nombre de membres au sein de chaque collège mentionné à l'article R. 512-3 est fixé par le décret portant création de la chambre d'agriculture de région ;

c) Les dispositions de l'article R. 512-4 ne sont pas applicables.

Art. D. 512-15-2 *(Décr. n° 2022-248 du 23 févr. 2022, art. 2)* Les dispositions des articles D. 511-1 à D. 511-4, D. 511-54 à D. 511-57, D. 511-59 à D. 511-67, D. 511-69 à D. 511-96, D. 512-1 à D. 512-2-5 et D. 512-6 sont applicables aux chambres d'agriculture de région, sous réserve des adaptations suivantes :

1° Le préfet compétent est le préfet de région ;

2° Pour l'application du 4° de l'article L. 511-4 et de l'article D. 511-4, la chambre départementale d'agriculture peut déléguer à la chambre d'agriculture de région la gestion de la mission de service public mentionnée au 4° de l'article L. 511-4 ;

3° Pour l'application de la dernière phrase du premier alinéa de l'article D. 511-61, la délégation spéciale est choisie parmi les électeurs inscrits sur une liste électorale en vue des élections aux chambres d'agriculture de région.

Art. D. 512-15-3 *(Décr. n° 2022-248 du 23 févr. 2022, art. 2)* La chambre d'agriculture de région exerce ses missions départementales dans le cadre d'une circonscription unique.

Art. D. 512-15-4 *(Décr. n° 2022-248 du 23 févr. 2022, art. 2)* Le bureau de la chambre d'agriculture de région est composé d'un président, de vice-présidents, d'un secrétaire et d'un secrétaire adjoint. Le cas échéant, les présidents des chambres départementales, interdépartementales et territoriales de la région sont de droit vice-présidents.

La chambre peut décider, par délibération motivée, d'élire en même temps et pour la durée du mandat des secrétaires adjoints sans que le nombre total des secrétaires adjoints puisse dépasser neuf.

Art. D. 512-15-5 *(Décr. n° 2022-248 du 23 févr. 2022, art. 2)* Le bureau de la chambre d'agriculture de région élabore le règlement intérieur et le soumet pour approbation à la session. Les modifications du règlement intérieur sont adoptées dans les mêmes conditions.

Le règlement intérieur prévoit notamment les modalités de fonctionnement du bureau, le nombre et les attributions des commissions et comités d'orientation, les modalités de fonctionnement de la chambre d'agriculture de région et des chambres territoriales qui lui sont rattachées ainsi que les dispositions transitoires nécessaires.

Art. D. 512-15-6 *(Décr. n° 2022-248 du 23 févr. 2022, art. 2)* Le président de la chambre d'agriculture de région peut donner délégation de signature aux présidents des chambres territoriales qui lui sont rattachées dans les limites des attributions de ces chambres.

Art. D. 512-15-7 *(Décr. n° 2022-248 du 23 févr. 2022, art. 2)* Sur proposition du président de la chambre d'agriculture de région et après approbation du bureau de cette dernière, certains pouvoirs attachés à la présidence peuvent être délégués par le président aux vice-présidents. Mention est faite de la nature, l'étendue et l'affectation de ces délégations dans le règlement intérieur.

Art. D. 512-15-8 *(Décr. n° 2022-248 du 23 févr. 2022, art. 2)* Le préfet de région, le président du conseil régional et les présidents des conseils départementaux de la région peuvent assister aux sessions de la chambre d'agriculture de région. Ils sont entendus sur leur demande et peuvent se faire assister ou représenter.

Le directeur régional de l'alimentation, de l'agriculture et de la forêt et les directeurs départementaux des territoires ou, le cas échéant, des territoires et de la mer de la région assistent à titre consultatif aux sessions de la chambre d'agriculture de région. Ils peuvent se faire suppléer par un fonctionnaire qualifié.

La chambre d'agriculture de région peut aussi entendre les personnes qu'il lui paraît utile de consulter.

Art. R. 512-15-9 *(Décr. nº 2022-248 du 23 févr. 2022, art. 2)* I. – Des élections partielles peuvent être organisées pour désigner les membres de la chambre d'agriculture de région nouvellement créée.

II. – A défaut, la première élection des membres de la chambre d'agriculture de région et des membres des chambres territoriales qui lui sont rattachées a lieu lors des premières élections générales des chambres d'agriculture suivant la publication du décret portant création de la chambre d'agriculture de région.

Jusqu'à la première élection des membres de la chambre d'agriculture de région :

1° Les membres élus de la chambre régionale d'agriculture partie à la fusion en exercice à la date de création de la nouvelle chambre composent l'assemblée des membres de la chambre d'agriculture de région ;

2° Les membres du bureau de la chambre régionale d'agriculture partie à la fusion en exercice à la date de création de la chambre d'agriculture de région composent le bureau de la chambre d'agriculture de région ;

3° Le président de la chambre régionale d'agriculture partie à la fusion à la date de création de la chambre d'agriculture de région occupe la fonction de président de la chambre d'agriculture de région.

Art. D. 512-15-10 *(Décr. nº 2022-248 du 23 févr. 2022, art. 2)* Le premier budget initial de la chambre d'agriculture de région est élaboré par les chambres départementales ou interdépartementales d'agriculture et la chambre régionale d'agriculture parties à la fusion et soumis à leur approbation.

Après approbation des autorités de tutelle, le premier budget initial de la chambre d'agriculture de région est exécutoire à la date de création de la nouvelle chambre.

Les derniers comptes financiers des chambres départementales ou interdépartementales d'agriculture et de la chambre régionale d'agriculture parties à la fusion sont établis par les agents comptables en fonction dans ces établissements à la date de la fusion. Ils sont visés par le président de la chambre d'agriculture de région et soumis à la délibération de cette chambre.

§ 2 Dispositions applicables aux chambres territoriales

(Décr. nº 2022-248 du 23 févr. 2022, art. 2)

Art. R. 512-15-11 Les dispositions des articles R. 511-8 à R. 511-53 sont applicables aux chambres territoriales.

Pour l'application de l'article R. 511-42, les dépenses sont à la charge de la chambre d'agriculture de région.

Art. D. 512-15-12 Les dispositions des articles D. 511-54, D. 511-55 à D. 511-60, D. 511-62, D. 511-63 à l'exception de son premier alinéa, D. 511-65 à D. 511-67 et D. 511-85 sont applicables aux chambres territoriales, sous réserve des adaptations suivantes :

1° Pour l'application des articles D. 511-57, D. 511-58 et D. 511-62, les références à la chambre d'agriculture doivent s'entendre comme des références à la chambre territoriale ;

2° Pour l'application de l'article D. 511-60, les procès-verbaux des sessions et délibérations des chambres sont aussi transmis à la chambre d'agriculture de région à laquelle la chambre territoriale est rattachée ;

3° Pour l'application de l'article D. 511-66, les références à la chambre d'agriculture doivent s'entendre comme des références à la chambre territoriale et la référence à l'article L. 511-3 est remplacée par la référence à l'article L. 512-7 ;

4° Pour l'application de l'article D. 511-67 :

a) Les mots : "avec le ministre de l'agriculture et" et les mots : ", ainsi qu'avec les autres chambres d'agriculture" sont supprimés ;
b) Toute correspondance avec le ou les préfets est transmise à la chambre d'agriculture de région à laquelle est rattachée la chambre territoriale ;
5° L'article D. 511-85 est applicable dans la limite des attributions de la chambre territoriale. Les remboursements sont effectués par la chambre d'agriculture de région.

Art. D. 512-15-13 En cas de démission de l'ensemble des membres de la chambre territoriale, de dissolution, d'annulation des élections ou d'empêchement collectif de ses membres, les missions de la chambre territoriale sont exercées par la chambre d'agriculture de région à laquelle cette dernière est rattachée.

Art. D. 512-15-14 Le directeur général de la chambre d'agriculture de région assure l'exécution des délibérations des chambres territoriales qui y sont rattachées.

Art. R. 512-15-15 La chambre territoriale issue de la transformation d'une chambre départementale d'agriculture est composée conformément aux dispositions de l'article R. 511-6.

Art. D. 512-15-16 Le bureau de la chambre territoriale issue de la transformation d'une chambre départementale d'agriculture est composé conformément aux dispositions du premier alinéa de l'article D. 511-63.

Art. R. 512-15-17 La chambre territoriale issue de la transformation d'une chambre interdépartementale d'agriculture est composée conformément aux dispositions du premier alinéa de l'article R. 511-96-3.

Art. D. 512-15-18 Le bureau de la chambre territoriale issue de la transformation d'une chambre interdépartementale d'agriculture est composé conformément aux dispositions du premier alinéa de l'article D. 511-96-4.

Art. R. 512-15-19 Jusqu'à la première élection des membres de la chambre territoriale :
1° Les membres élus de la chambre départementale ou interdépartementale d'agriculture partie prenante à la fusion mentionnée à l'article L. 512-5, en exercice à la date de création des chambres territoriales, composent l'assemblée des membres de la chambre territoriale ;
2° Les membres du bureau de la chambre départementale ou interdépartementale d'agriculture, partie prenante à la fusion mentionnée à l'article L. 512-5, en exercice à la date de création des chambres territoriales, composent le bureau de la chambre territoriale.

SOUS-SECTION 3 Dispositions propres à la chambre d'agriculture de région Île-de-France

Art. R. 512-16 La chambre d'agriculture de région Île-de-France est composée :
1° De trente-huit membres élus au scrutin de liste régional par les chefs d'exploitation et assimilés mentionnés au 1° de l'article R. 511-8 ;
2° De deux membres élus au scrutin de liste régional par les propriétaires et usufruitiers mentionnés au 2° de l'article R. 511-8 ;
3° De douze membres élus au scrutin de liste régional par les salariés mentionnés au 3° de l'article R. 511-8 répartis en deux collèges distincts, chaque collège élisant six membres :
a) Le collège des salariés de la production agricole ;
b) Le collège des salariés des groupements professionnels agricoles ;
4° De deux membres élus au scrutin de liste régional par les anciens exploitants et assimilés mentionnés au 4° de l'article R. 511-8 ;
5° De quatorze membres élus au scrutin de liste régional, dans les conditions prévues au 2° de l'article R. 511-43, par les groupements professionnels agricoles répartis entre les cinq collèges suivants :
a) Les sociétés coopératives agricoles ainsi que leurs unions et fédérations, dont l'objet principal, déterminé par leur statut, est directement relatif à la production agri-

cole ou à la mise en œuvre des moyens de production agricole, à raison de deux représentants ;

b) Les autres sociétés coopératives agricoles, leurs unions et fédérations ainsi que les sociétés d'intérêt collectif agricole reconnues comme groupements de producteurs, à condition qu'elles aient leur siège social en Île-de-France, à raison de six représentants ;

c) Les caisses de crédit agricole, à raison de deux représentants ;

d) Les caisses d'assurances mutuelles agricoles et les caisses de mutualité sociale agricole, à raison de deux représentants ;

e) Les organisations syndicales à vocation générale d'exploitants agricoles ou de jeunes agriculteurs ainsi que leurs unions et fédérations cantonales, intercantonales ou départementales, à raison de deux représentants ;

6° Du président du centre régional de la propriété forestière ou son suppléant désigné dans les conditions prévues à l'article L. 321-12 du code forestier ;

7° De huit membres associés désignés dans les conditions prévues à l'article R. 511-7 du présent code.

CHAPITRE III CHAMBRES D'AGRICULTURE FRANCE *(Décr. nº 2024-80 du 2 févr. 2024, art. 1er).*

SECTION 1 Organisation et fonctionnement

(Décr. nº 2007-345 du 14 mars 2007)

Art. D. 513-1 *(Décr. nº 2016-610 du 13 mai 2016, art. 1er-9º)* « I. — » *(Décr. nº 2024-80 du 2 févr. 2024, art. 1er)* « Chambres d'agriculture France », réunie en session, règle par ses délibérations les affaires de l'établissement.

Elle délibère notamment sur :

1° La politique générale de l'établissement ;

2° Les règles générales d'organisation et de fonctionnement des services de l'établissement ;

3° Les programmes d'intérêt général, mentionnés à l'article L. 513-2 ;

4° La définition des normes communes aux établissements du réseau en matière budgétaire et comptable et des indicateurs de gestion ;

5° Les contrats d'objectifs ;

6° La création de services communs aux établissements du réseau mentionnés à l'article L. 513-2 et leurs modalités de financement et de fonctionnement ;

7° Le budget et les décisions modificatives à ce budget ;

8° Le compte financier et l'affectation des résultats ;

9° Les emprunts ;

10° Les prises, cessions ou extensions de participation dans des organismes tiers ;

11° La création des organismes inter-établissements mentionnés au deuxième alinéa du III de l'article L. 514-2 ;

12° La passation des contrats, conventions et marchés d'un montant supérieur à un seuil qu'elle détermine ;

13° Les modalités de tarification des prestations et services rendus par l'établissement ;

14° Les subventions ;

15° L'acquisition, l'aliénation ou l'échange des biens immobiliers, les baux et locations d'immeubles d'une durée supérieure à 9 ans ;

16° L'acceptation ou le refus des dons et legs ;

17° Les actions en justice à intenter au nom de l'établissement et les transactions ;

18° Les montants des indemnités versées aux membres de *(Décr. nº 2024-80 du 2 févr. 2024, art. 1er)* « Chambres d'agriculture France », au président, aux membres *(Décr. nº 2013-227 du 15 mars 2013, art. 4)* « du conseil d'administration, aux membres » du bureau et aux membres des comités de *(Décr. nº 2024-80 du 2 févr. 2024, art. 1er)* « Chambres d'agriculture France » ;

19° Les modalités de remboursement des frais de déplacement et de séjour du personnel, sur proposition de la commission paritaire, et des membres de *(Décr. nº 2024-80 du 2 févr. 2024, art. 1er)* « Chambres d'agriculture France » ;

(Décr. n° 2012-838 du 29 juin 2012, art. 1er-15°) « **20° Les cas dans lesquels** *(Décr. n° 2024-80 du 2 févr. 2024, art. 1er)* « **Chambres d'agriculture France** » **peut offrir les services d'une centrale d'achat** *(Décr. n° 2017-1771 du 27 déc. 2017, art. 12-27°)* « **au sens des articles 26 et 27 de l'ordonnance n° 2015-899 du 23 janvier 2015 relative aux marchés publics** », **pour le compte de tout ou partie des établissements du réseau** » *(Décr. n° 2016-610 du 13 mai 2016, art. 1er-9°)* « **et des organismes inter-établissements du réseau des chambres d'agriculture mentionnés à l'avant-dernier alinéa de l'article L. 514-2.**

« **Lorsqu'un accord-cadre ou un marché est passé par** *(Décr. n° 2024-80 du 2 févr. 2024, art. 1er)* « **Chambres d'agriculture France** » **dans le cadre de l'alinéa précédent, les établissements du réseau qui décident de procéder à l'achat des fournitures ou des services concernés par cet accord-cadre ou ce marché doivent y recourir.** »

Lors du vote du budget, *(Décr. n° 2024-80 du 2 févr. 2024, art. 1er)* « **Chambres d'agriculture France** » **adopte les modalités de calcul de la cotisation à verser par les chambres d'agriculture et, le cas échéant, des cotisations spécifiques pour le fonctionnement des services communs créés en application de l'article L. 513-2.**

(Décr. n° 2016-610 du 13 mai 2016, art. 1er-9°) « **II. —** *(Décr. n° 2024-80 du 2 févr. 2024, art. 1er)* « **Chambres d'agriculture France** » **est chargée de veiller à la cohérence des programmes régionaux de développement et des programmes de recherche et d'innovation du réseau des chambres d'agriculture et de coordonner leur capitalisation. Elle coordonne les partenariats avec les organismes de recherche au sein du réseau des chambres d'agriculture.**

« *(Décr. n° 2024-80 du 2 févr. 2024, art. 1er)* « **Chambres d'agriculture France** » **définit les orientations de la stratégie immobilière du réseau. Elle est également chargée de la réalisation et de l'actualisation de l'inventaire du patrimoine immobilier des établissements du réseau. Elle en informe le ministre chargé de l'agriculture.** »

Art. D. 513-1-1 *(Décr. n° 2024-80 du 2 févr. 2024, art. 3)* **Les chambres interdépartementales d'agriculture, les chambres interrégionales d'agriculture, les chambres d'agriculture de région, créées à compter du 1er janvier 2011, et les chambres territoriales qui y sont rattachées sont représentées par leur président au sein de Chambres d'agriculture France.**

Les présidents des chambres interdépartementales d'agriculture, des chambres interrégionales d'agriculture et des chambres territoriales disposent d'autant de voix délibératives que de départements et régions représentés au sein de la chambre qu'ils président.

Les présidents des chambres d'agriculture de région disposent d'une voix délibérative au titre de la région représentée et d'autant de voix délibératives que de départements au sein de la chambre d'agriculture de région qui ne sont pas représentés par une chambre territoriale.

Art. D. 513-1-2 *(Décr. n° 2017-1823 du 28 déc. 2017, art. 12-2°)* **Par dérogation à l'article D. 513-1-1, la chambre d'agriculture de région Île-de-France dispose de trois voix délibératives.**

Art. D. 513-2 **Les délibérations des sessions sont transmises au ministre chargé de l'agriculture. Elles sont exécutoires à l'issue d'un délai de quinze jours à compter de leur notification, sauf si ce ministre fait connaître dans ce délai son intention d'engager la procédure prévue à l'article L. 511-10.**

Le décret pris sur le rapport du ministre chargé de l'agriculture prévu à cet article doit être publié dans le délai de deux mois à compter de la notification de la délibération.

L'accord à la participation de *(Décr. n° 2024-80 du 2 févr. 2024 art. 1er)* « **Chambres d'agriculture France** » **à la fondation ou au capital de sociétés par actions prévu à l'article L. 510-1 est donné par le ministre chargé de l'agriculture.**

Art. D. 513-3 *(Décr. n° 2024-80 du 2 févr. 2024, art. 1er)* « **Chambres d'agriculture France** » **établit son règlement intérieur. Ce règlement fixe notamment les modalités de fonctionnement** *(Décr. n° 2013-227 du 15 mars 2013, art. 5)* « **du conseil d'administration et** » **du bureau ainsi que le nombre et les attributions des commissions et**

comités mentionnés à l'article D. 513-18. Le règlement intérieur est approuvé par le ministre chargé de l'agriculture.

Art. D. 513-4 *Numéro vacant.*

Art. D. 513-5 *(Décr. n° 2024-80 du 2 févr. 2024, art. 1er)* « Chambres d'agriculture France » est convoquée en session par le président au moins trois fois par an selon l'ordre du jour fixé par le *(Décr. n° 2013-227 du 15 mars 2013, art. 3)* « conseil d'administration ».

La convocation est de droit si elle est demandée par le ministre chargé de l'agriculture ou par le tiers de ses membres. Les séances de *(Décr. n° 2024-80 du 2 févr. 2024, art. 1er)* « Chambres d'agriculture France » ne sont pas publiques mais *(Décr. n° 2024-80 du 2 févr. 2024, art. 1er)* « Chambres d'agriculture France » peut décider la publication de ses procès-verbaux.

A l'ouverture de la première session qui suit le renouvellement général des chambres *(Abrogé par Décr. n° 2013-227 du 15 mars 2013, art. 6) « départementales et régionales »* d'agriculture, *(Décr. n° 2024-80 du 2 févr. 2024, art. 1er)* « Chambres d'agriculture France », réunie sous la présidence de son doyen d'âge, le plus jeune faisant fonction de secrétaire, élit, au scrutin secret, son président ainsi que les membres du *(Décr. n° 2013-227 du 15 mars 2013, art. 3 et 6)* « conseil d'administration, lesquels demeurent en fonctions jusqu'à la première session suivant de nouvelles élections générales des chambres » d'agriculture.

L'article D. 513-7 est applicable à ces élections.

Art. D. 513-6 *(Décr. n° 2010-409 du 26 avr. 2010)* « A toutes les sessions, le ministre chargé de l'agriculture peut se faire représenter par un commissaire du Gouvernement. »

Le directeur général de *(Décr. n° 2024-80 du 2 févr. 2024, art. 1er)* « Chambres d'agriculture France » et l'agent comptable assistent aux séances avec voix consultative.

Les présidents des chambres d'agriculture peuvent se faire assister par leurs directeurs.

La session peut entendre toute personne dont elle estime l'audition utile à son information.

Art. D. 513-7 *(Décr. n° 2024-80 du 2 févr. 2024, art. 1er)* « Chambres d'agriculture France » réunie en session ne peut valablement délibérer que si la moitié plus un de ses membres sont présents ou représentés. Si le quorum n'est pas atteint, la session est renvoyée de plein droit. *(Décr. n° 2024-80 du 2 févr. 2024, art. 1er)* « Chambres d'agriculture France » est à nouveau convoquée dans les quinze jours par le président sur le même ordre du jour et peut alors délibérer valablement, quel que soit le nombre des membres présents.

Art. D. 513-8 Les délibérations sont prises à la majorité absolue des suffrages exprimés. En cas de partage, la voix du président est prépondérante, sauf dans les scrutins secrets. Lorsqu'un président de chambre départementale est également président de chambre régionale, il dispose d'une voix au titre de chacune de ces qualités.

Il est voté au scrutin secret toutes les fois que le tiers des membres présents le réclame ou qu'il s'agit de procéder à l'élection du président et des membres du *(Décr. n° 2013-227 du 15 mars 2013, art. 3)* « conseil d'administration » de *(Décr. n° 2024-80 du 2 févr. 2024, art. 1er)* « Chambres d'agriculture France ». Dans ce dernier cas, après deux tours de scrutin, si aucun des candidats n'a obtenu la majorité absolue, il est procédé à un troisième tour de scrutin et l'élection a lieu à la majorité relative ; à égalité de voix, elle est acquise au plus âgé.

Art. D. 513-9 I. — Le président représente *(Décr. n° 2024-80 du 2 févr. 2024, art. 1er)* « Chambres d'agriculture France » en justice et dans tous les actes de la vie civile.

Il engage, liquide et ordonnance les dépenses dans la limite des crédits disponibles. Il *établit les* titres de perception. Il conclut les contrats, conventions et marchés dont le montant est inférieur au seuil fixé par *(Décr. n° 2024-80 du 2 févr. 2024, art. 1er)* « Chambres d'agriculture France ».

Après y avoir été autorisé pour chaque affaire par délibération de *(Décr. n° 2024-80 du 2 févr. 2024, art. 1er)* « Chambres d'agriculture France », il conclut les transactions. Il en informe le ministre chargé de l'agriculture.

Il nomme le directeur général en charge de la direction des services de *(Décr. n° 2024-80 du 2 févr. 2024, art. 1er)* « Chambres d'agriculture France » et le personnel qui est placé sous l'autorité du directeur général.

Il peut donner délégation de signature au directeur général en toutes matières à l'exclusion des nominations, promotions, ou révocations des agents permanents de *(Décr. n° 2024-80 du 2 févr. 2024, art. 1er)* « Chambres d'agriculture France » ainsi que, dans les mêmes limites, à d'autres agents placés sous son autorité.

II. – Le directeur général assiste les membres élus dans l'exercice de leurs fonctions.

Il assure la direction des services de *(Décr. n° 2024-80 du 2 févr. 2024, art. 1er)* « Chambres d'agriculture France » dans le cadre des orientations définies par la session et le *(Décr. n° 2013-227 du 15 mars 2013, art. 3)* « conseil d'administration ». Il participe à la préparation de toutes les décisions de l'établissement et assure leur mise en œuvre.

Il établit à la demande du président les propositions de nomination, révocation, promotion et avancement des personnels.

Art. D. 513-10 Les deux premiers alinéas de l'article R. 511-51 sont applicables à *(Décr. n° 2024-80 du 2 févr. 2024, art. 1er)* « Chambres d'agriculture France ».

Si, après décès ou démission, le nombre des membres de l'assemblée est réduit d'un tiers, le ministre chargé de l'agriculture demande aux préfets des départements ou régions dont les présidents de chambres d'agriculture sont décédés ou démissionnaires de convoquer en session *(Abrogé par Décr. n° 2013-227 du 15 mars 2013, art. 7)* « *extraordinaire* », dans un délai de quinze jours, les chambres *(Abrogé par Décr. n° 2013-227 du 15 mars 2013, art. 7)* « *départementales ou régionales* » d'agriculture, afin d'élire leurs représentants à *(Décr. n° 2024-80 du 2 févr. 2024, art. 1er)* « Chambres d'agriculture France ».

(Décr. n° 2013-227 du 15 mars 2013, art. 7) « La démission du président de *(Décr. n° 2024-80 du 2 févr. 2024, art. 1er)* « Chambres d'agriculture France » est notifiée par écrit au premier vice-président, ainsi que, par lettre recommandée avec demande d'avis de réception, au ministre chargé de l'agriculture. Elle prend effet à compter de la date de l'avis de réception.

« Dans un délai de deux mois suivant la date mentionnée à l'alinéa précédent, *(Décr. n° 2024-80 du 2 févr. 2024, art. 1er)* « Chambres d'agriculture France » est alors réunie sur convocation du premier vice-président, à une date fixée par le conseil d'administration, en vue d'élire un nouveau président. Il en est de même en cas de décès du président ou de privation de son mandat de membre de *(Décr. n° 2024-80 du 2 févr. 2024, art. 1er)* « Chambres d'agriculture France ». »

Art. D. 513-11 La création des services communs par *(Décr. n° 2024-80 du 2 févr. 2024, art. 1er)* « Chambres d'agriculture France » en application des dispositions du 2° de l'article L. 513-2 fait l'objet d'une délibération prise en session à la majorité des deux tiers des membres en exercice. Cette délibération précise les modalités de calcul de la cotisation spécifique des établissements du réseau permettant de financer leur fonctionnement, la composition et les modalités de fonctionnement de leur comité directeur. Ces services fonctionnent sous l'autorité du directeur général dans le cadre des orientations fixées par l'assemblée.

La gestion de ces services fait l'objet chaque année d'un compte rendu à *(Décr. n° 2024-80 du 2 févr. 2024, art. 1er)* « Chambres d'agriculture France ». Ce compte rendu est transmis au ministre *(Décr. n° 2017-1771 du 27 déc. 2017, art. 12-28°)* « chargé de l'agriculture ».

SECTION 2 Conseil d'administration, bureau, comité et sections spécialisées *(Décr. n° 2013-227 du 15 mars 2013, art. 8)*.

(Décr. n° 2007-345 du 14 mars 2007)

Art. D. 513-12 Dans les limites qu'elle détermine, *(Décr. n° 2024-80 du 2 févr. 2024, art. 1er)* « Chambres d'agriculture France » réunie en session peut déléguer au *(Décr. n° 2013-227 du 15 mars 2013, art. 3)* « conseil d'administration » les attributions mentionnées aux 2°, 5°, 10°, 12°, 13°, 14°, 15°, 16°, 17°, 19° *(Décr. n° 2012-838 du 29 juin 2012, art. 1er-16°)* « *[et]* 20° » de l'article D. 513-1 *(Décr. n° 2024-80 du 2 févr. 2024, art. 4)* « ainsi que celles mentionnées aux articles R. 513-32 et R. 513-33 ».

Pendant l'intervalle des sessions et en cas d'urgence, le *(Décr. nº 2013-227 du 15 mars 2013, art. 3)* « conseil d'administration » a qualité pour donner des avis et présenter des propositions au lieu et place de l'assemblée elle-même.

Art. D. 513-13 Outre les attributions mentionnées à l'article D. 513-12, le *(Décr. nº 2013-227 du 15 mars 2013, art. 3)* « conseil d'administration » :

1º Répartit et coordonne les travaux des commissions et comités ;

2º Fixe, l'ordre du jour des sessions sur proposition du président ;

3º Prépare les travaux de la session ;

4º Peut présenter des propositions au ministre de l'agriculture et aux autres ministres intéressés en vue de la désignation des représentants des intérêts de l'agriculture dans les commissions, conseils, offices et généralement dans tous les organismes collectifs constitués ou à constituer par les administrations publiques ;

5º Fixe, dans la limite des crédits inscrits au budget, le nombre et la nature des emplois nécessaires au fonctionnement de *(Décr. nº 2024-80 du 2 févr. 2024, art. 1er)* « Chambres d'agriculture France » ;

6º Reçoit copie des demandes et des vœux des chambres d'agriculture et des groupements professionnels agricoles ;

7º Autorise, sur habilitation de la session, le président ou son représentant, en cas d'urgence pendant l'intervalle des sessions, à représenter l'ensemble des établissements du réseau en matière sociale et à signer, en leur nom, tout accord national.

Art. D. 513-14 *(Décr. nº 2013-227 du 15 mars 2013, art. 9)* « Le conseil d'administration comprend :

« 1º Le président de *(Décr. nº 2024-80 du 2 févr. 2024, art. 1er)* « Chambres d'agriculture France » ;

« 2º Un représentant des chambres d'agriculture des départements *(Décr. nº 2017-1771 du 27 déc. 2017, art. 12-29º)* « et collectivités » d'outre-mer ;

« 3º Pour chaque région, ou circonscription regroupant plusieurs régions, un représentant des chambres départementales, interdépartementales, régionales ou interrégionales situées dans cette région ou circonscription. »

(Décr. nº 2015-1539 du 26 nov. 2015, art. 9-3º) « Les chambres situées dans des régions ou circonscriptions comprenant entre quatre et huit chambres départementales ou interdépartementales disposent d'un second représentant, qui est président ou vice-président de la chambre régionale siégeant à *(Décr. nº 2024-80 du 2 févr. 2024, art. 1er)* « Chambres d'agriculture France ».

« Les chambres situées dans des régions ou circonscriptions comprenant neuf chambres départementales ou interdépartementales ou plus disposent d'un deuxième, troisième et quatrième représentants, qui sont président ou vice-président de la chambre régionale siégeant à » *(Décr. nº 2024-80 du 2 févr. 2024, art. 1er)* « Chambres d'agriculture France ».

(Décr. nº 2013-227 du 15 mars 2013, art. 9) « Les membres du conseil d'administration mentionnés au *[aux]* 2º et 3º sont élus au scrutin secret, dans les conditions définies à l'article D. 513-8. Toutefois, les chambres de région sont représentées par leur président.

« Chaque membre dispose d'une voix. »

(Décr. nº 2007-345 du 14 mars 2007) Les membres du *(Décr. nº 2013-227 du 15 mars 2013, art. 3)* « conseil d'administration » sont élus pour la même durée que celle des membres des chambres d'agriculture.

Lorsqu'un membre du *(Décr. nº 2013-227 du 15 mars 2013, art. 3)* « conseil d'administration » désire qu'il soit mis fin à son mandat, il adresse sa démission au président de *(Décr. nº 2024-80 du 2 févr. 2024, art. 1er)* « Chambres d'agriculture France » par lettre recommandée avec demande d'avis de réception. La démission prend effet à compter de la date de l'avis de réception.

La perte de la qualité de président de chambre d'agriculture, la démission ou le décès entraîne la vacance du siège. Il est pourvu à la prochaine session de *(Décr. nº 2024-80 du 2 févr. 2024, art. 1er)* « Chambres d'agriculture France » au remplacement du membre.

En cas d'empêchement, les membres du *(Décr. nº 2013-227 du 15 mars 2013, art. 3)* « conseil d'administration » peuvent donner pouvoir aux autres membres du *(Décr.*

n° 2013-227 du 15 mars 2013, art. 3) **« conseil d'administration ». Un membre du** *(Décr. n° 2013-227 du 15 mars 2013, art. 3)* **« conseil d'administration » ne peut recevoir qu'un seul pouvoir.**

Art. D. 513-15 *(Décr. n° 2013-227 du 15 mars 2013, art. 10)* **Le bureau est composé du président de** *(Décr. n° 2024-80 du 2 févr. 2024, art. 1er)* **« Chambres d'agriculture France » et de membres élus au scrutin secret, après chaque renouvellement, par le conseil d'administration. Il comprend un secrétaire général, quatre vice-présidents, dont un premier vice-président, et quatre secrétaires adjoints. Le conseil d'administration peut augmenter de quatre au plus le nombre de membres du bureau.**

Le premier vice-président supplée le président en cas de démission, d'empêchement ou de décès de celui-ci.

A l'issue de chaque session de *(Décr. n° 2024-80 du 2 févr. 2024, art. 1er)* **« Chambres d'agriculture France », le conseil d'administration se réunit de plein droit afin de pourvoir aux éventuelles vacances au sein du bureau.**

Art. D. 513-16 Le bureau se réunit sur la convocation du président de *(Décr. n° 2024-80 du 2 févr. 2024, art. 1er)* **« Chambres d'agriculture France », qui fixe l'ordre du jour.** *(Décr. n° 2013-227 du 15 mars 2013, art. 11)* **« Il prépare les travaux du conseil d'administration.**

« Pendant l'intervalle des conseils d'administration et en cas d'urgence, le bureau est habilité à se prononcer, en lieu et place du conseil d'administration, sur les désignations mentionnées au 4° de l'article D. 513-13. »

Art. D. 513-17 *(Décr. n° 2013-227 du 15 mars 2013, art. 12)* **« Le conseil d'administration se réunit sur convocation du président de** *(Décr. n° 2024-80 du 2 févr. 2024, art. 1er)* **« Chambres d'agriculture France », qui fixe l'ordre du jour. »**

Le *(Décr. n° 2013-227 du 15 mars 2013, art. 3)* **« conseil d'administration » ne délibère valablement que si la moitié au moins de ses membres sont présents. Les délibérations sont adoptées à la majorité absolue des membres présents et représentés.**

Le *(Décr. n° 2013-227 du 15 mars 2013, art. 3)* **« conseil d'administration » peut entendre toute personne dont il estime l'audition utile à son information.**

Le directeur général de *(Décr. n° 2024-80 du 2 févr. 2024, art. 1er)* **« Chambres d'agriculture France » assiste aux séances du** *(Décr. n° 2013-227 du 15 mars 2013, art. 3)* **« conseil d'administration » avec voix consultative.** *(Décr. n° 2016-610 du 13 mai 2016, art. 1er-10°)* **« Le ministre chargé de l'agriculture peut se faire représenter par un commissaire du Gouvernement. »**

Les délibérations sont transmises au ministre chargé de l'agriculture. Les dispositions de l'article D. 513-2 leur sont applicables.

Art. D. 513-18 *(Décr. n° 2024-80 du 2 févr. 2024, art. 1er)* **« Chambres d'agriculture France » peut constituer en son sein des commissions ou des comités, notamment des comités d'orientation chargés de l'assister dans la mise en place des programmes d'intérêt général.**

Peuvent être associées aux travaux des comités toutes personnes dont l'activité ou les responsabilités sont en relation avec le domaine de compétence de ces comités.

La dénomination, l'objet, la composition et les modalités de fonctionnement des commissions et comités sont définis dans le règlement intérieur de *(Décr. n° 2024-80 du 2 févr. 2024, art. 1er)* **« Chambres d'agriculture France ».**

Art. D. 513-19 *(Décr. n° 2013-227 du 15 mars 2013, art. 13) (Décr. n° 2024-80 du 2 févr. 2024, art. 1er)* **« Chambres d'agriculture France » et le conseil d'administration peuvent chacun désigner, au plus, huit membres associés, désignés en raison de leurs compétences dans les domaines mentionnés à l'article L. 513-1.**

Les fonctionnaires qui exercent, à un titre quelconque, un contrôle sur les chambres d'agriculture et les agents des chambres d'agriculture, de *(Décr. n° 2024-80 du 2 févr. 2024, art. 1er)* **« Chambres d'agriculture France » ou des établissements créés par des chambres d'agriculture ne peuvent être désignés comme membres associés.**

Les membres associés participent aux séances de *(Décr. n° 2024-80 du 2 févr. 2024, art. 1er)* **« Chambres d'agriculture France » ou du conseil d'administration avec voix consultative. Ils peuvent être désignés pour représenter** *(Décr. n° 2024-80 du 2 févr.*

2024, art. 1er) « Chambres d'agriculture France » dans toutes les instances auxquelles celle-ci participe, sans pouvoir l'engager sur le plan financier ou contractuel.

Art. D. 513-20 *(Décr. n° 2016-610 du 13 mai 2016, art. 1er-11°) (Ord. n° 2022-583 du 20 avr. 2022, art. 1er)* « Chambres d'agriculture France » peut réaliser des audits auprès des établissements du réseau mentionnés à l'article L. 510-1 et des organismes inter-établissements mentionnés à l'avant-dernier alinéa de l'article L. 514-2. A cet effet, elle peut demander communication de tous documents, registres et pièces justificatives qu'elle juge utiles.

(Ord. n° 2022-583 du 20 avr. 2022, art. 1er) « Chambres d'agriculture France » fixe les modalités d'organisation des audits.

Un rapport annuel de synthèse des audits réalisés est soumis pour avis au conseil d'administration puis transmis à l'autorité de tutelle.

Art. D. 513-21 *(Décr. n° 2016-610 du 13 mai 2016, art. 1er-11°)* L'autorité de tutelle peut demander à *(Ord. n° 2022-583 du 20 avr. 2022, art. 1er)* « Chambres d'agriculture France » de réaliser un audit de l'établissement et de mettre en place, dans le délai qu'elle fixe, les mesures d'accompagnement nécessaires :

1° Lorsqu'il est constaté, au cours de deux exercices budgétaires consécutifs, que le résultat net ou le résultat d'exploitation ou le fonds de roulement sont négatifs, ou que les ratios mesurant la rentabilité ou la capacité d'autofinancement sont insuffisants ;

2° Lorsque les risques supportés par l'établissement sont excessifs ;

3° Lorsqu'il ressort des budgets que l'insuffisante évaluation des charges nécessite de prendre des mesures de gestion correctrices ;

(Abrogé par Décr. n° 2022-1605 du 22 déc. 2022, art. 21, à compter du 1er janv. 2023) « *4° Lorsque l'agent comptable a émis des réserves importantes sur les comptes ;* »

5° Lorsqu'un dysfonctionnement grave est constaté dans l'exercice d'une mission de service public de l'établissement ;

6° Lorsqu'il apparaît que la gestion de la chambre risque d'entraîner des difficultés financières pour d'autres chambres ;

7° Lorsque le budget de la chambre n'a pas été adopté au 30 novembre de l'exercice précédent ou n'a pas été approuvé par l'autorité de tutelle au 1er janvier de l'exercice concerné.

Le rapport d'audit précise les mesures d'accompagnement nécessaires. Il est transmis à la chambre concernée, à l'autorité de tutelle et au ministre chargé de l'agriculture.

Si les mesures mises en œuvre n'ont pas permis à l'établissement de redresser sa situation dans le délai fixé, l'autorité de tutelle peut mettre en place une tutelle renforcée sur cet établissement, après information de *(Ord. n° 2022-583 du 20 avr. 2022, art. 1er)* « Chambres d'agriculture France » et, le cas échéant, de la chambre régionale de la circonscription de l'établissement concerné.

L'établissement est informé de sa mise sous tutelle renforcée par courrier recommandé avec accusé de réception.

Art. D. 513-21-1 *(Décr. n° 2016-610 du 13 mai 2016, art. 1er-11°)* A compter de la notification de la mise en œuvre de la tutelle renforcée, ne sont exécutoires qu'après leur approbation par l'autorité de tutelle :

1° Les délibérations portant acquisition, construction, aliénation ou échange d'immeubles ou décidant d'un bail de plus de dix-huit ans ;

2° Les délibérations d'abondement du budget d'un autre établissement du réseau ;

3° Les délibérations relatives aux marchés publics passés selon les procédures du code des marchés publics ;

4° Les décisions relatives aux recrutements et aux licenciements ;

5° La conclusion de nouvelles conventions ;

6° Toute décision ou délibération entraînant des dépenses supérieures à un seuil déterminé, selon le cas, par le préfet, le préfet de région, ou par arrêté conjoint du ministre chargé de l'agriculture et du ministre chargé du budget.

L'établissement communique sans délai à l'autorité de tutelle toutes les pièces constitutives d'actes de gestion qu'elle demande.

SECTION 3 Régime financier

Art. D. 513-22 Le budget de *(Décr. nº 2024-80 du 2 févr. 2024, art. 1er)* « Chambres d'agriculture France » est préparé par le *(Décr. nº 2013-227 du 15 mars 2013, art. 3)* « conseil d'administration ».

(Décr. nº 93-1033 du 26 août 1993) Il est adopté par *(Décr. nº 2024-80 du 2 févr. 2024, art. 1er)* « Chambres d'agriculture France » dans les conditions prévues aux articles R. 511-71 (alinéa 1) et D. 513-1. Il est soumis, avant le 15 décembre de l'année qui précède l'exercice auquel il s'applique, à l'approbation du ministre chargé de l'agriculture et du ministre chargé du budget. En cours d'exercice, toute décision modificative leur est soumise avant le 15 juin.

Le budget et les décisions modificatives sont exécutoires dans les conditions prévues à l'article R. 511-71 (alinéa 2).

Art. D. 513-23 Aucune dépense ne peut être engagée que par le président et dans la limite des crédits régulièrement ouverts.

Le président liquide et ordonne les dépenses et établit les titres de recettes et les transmet à l'agent comptable.

(Décr. nº 2007-345 du 14 mars 2007 ; Décr. nº 2013-227 du 15 mars 2013, art. 14) « Il peut désigner des ordonnateurs suppléants et secondaires. »

Art. D. 513-24 L'agent comptable de l'assemblée est nommé par décret pris sur la proposition du ministre de l'agriculture et du ministre chargé du budget.

Sa rémunération *(Décr. nº 2022-1605 du 22 déc. 2022, art. 21, en vigueur le 1er janv. 2023)* « est fixée » dans les mêmes conditions.

Il est soumis aux vérifications du *(Décr. nº 2014-552 du 27 mai 2014, art. 13-3º)* « directeur régional des finances publiques d'Île-de-France et du département de Paris », de l'inspection générale des finances et de *(Décr. nº 2006-487 du 26 avr. 2006, art. 15)* « la mission permanente d'inspection générale et d'audit du Conseil général de l'agriculture, de l'alimentation et des espaces ruraux ». *(Abrogé par Décr. nº 2022-1605 du 22 déc. 2022, art. 21, à compter du 1er janv. 2023) « Il est justiciable de la Cour des comptes. »*

Art. D. 513-25 Les opérations de recettes et de dépenses sont effectuées par l'agent comptable, chargé seul et sous sa responsabilité, de faire toute diligence pour assurer la rentrée des revenus et créances, legs, donations et autres ressources de l'assemblée, et de faire procéder, contre les débiteurs en retard, aux exploits, significations, poursuites et commandements à la requête du président de l'assemblée et d'acquitter les dépenses régulièrement mandatées par celui-ci.

Toutes *(Décr. nº 2012-783 du 30 mai 2012, art. 7-2º)* « saisies » ou oppositions sur les sommes dues par l'assemblée, toutes significations de cessions ou transferts desdites sommes et toutes autres ayant pour objet d'en arrêter le paiement doivent être faites entre les mains de l'agent comptable.

Sont considérées comme nulles et non avenues toutes significations ou oppositions faites à d'autres personnes que l'agent comptable.

Art. R. 513-26 *(Décr. nº 2012-1247 du 7 nov. 2012, art. 40, en vigueur le 1er janv. 2013)* Sous réserve des dispositions particulières de la présente section, *(Décr. nº 2024-80 du 2 févr. 2024, art. 1er)* « Chambres d'agriculture France » est soumise aux dispositions des titres I et III du décret nº 2012-1246 du 7 novembre 2012 relatif à la gestion budgétaire et comptable publique à l'exception des 1º et 2º de l'article 175, des articles 178 à 185, 204 à 208 et 220 à 228.

Art. D. 513-27 Le président et l'agent comptable rendent compte de leur gestion dans un document commun, le compte financier, qui constate les résultats du budget de *(Ord. nº 2022-583 du 20 avr. 2022, art. 1er)* « Chambres d'agriculture France » et décrit l'évolution du patrimoine.

Al. 2 à 4 abrogés par Décr. nº 2012-1247 du 7 nov. 2012, art. 40, à compter du 1er janv. 2013.

Art. D. 513-28 Les membres de l'inspection générale des finances et de *(Décr. nº 2006-487 du 26 avr. 2006, art. 15)* « la mission permanente d'inspection générale et d'audit du Conseil général de l'alimentation, de l'agriculture et des espaces ruraux » peuvent exiger la communication de tous documents, registres et pièces justificatives qu'ils jugeront utiles.

Art. D. 513-28-1 *(Décr. n° 2010-409 du 26 avr. 2010) (Ord. n° 2022-583 du 20 avr. 2022, art. 1er)* « Chambres d'agriculture France » est soumise au contrôle économique et financier de l'État prévu par le décret n° 55-733 du 26 mai 1955 modifié. — *V. Arr. du 7 août 2018 fixant les modalités spéciales d'exercice du contrôle économique et financier de l'État sur l'Assemblée permanente des chambres d'agriculture (APCA) (JO 29 août).*

Art. D. 513-29 *(Décr. n° 99-297 du 15 avr. 1999)* Les dispositions du paragraphe I et du paragraphe II, 1° et 2°, de l'article R. 511-85 sont applicables aux membres *(Décr. n° 2007-345 du 14 mars 2007)* « des commissions et comités prévus à l'article D. 513-18 ainsi qu'aux membres » *(Décr. n° 2016-610 du 13 mai 2016, art. 1er-12°)* « du conseil d'administration y compris les membres associés ». Le président et les membres du bureau de *(Ord. n° 2022-583 du 20 avr. 2022, art. 1er)* « Chambres d'agriculture France » peuvent bénéficier de l'indemnité de frais de mandat mentionnée au 3° du paragraphe II de l'article R. 511-85.

Le montant de ces indemnités ne peut dépasser un plafond fixé par arrêté conjoint du ministre chargé de l'agriculture et du ministre chargé du budget.

Art. D. 513-30 *(Décr. n° 2007-345 du 14 mars 2007)* Les opérations financières des services communs mentionnés à l'article D. 513-11 font l'objet d'un suivi budgétaire particulier à l'intérieur du budget de *(Décr. n° 2024-80 du 2 févr. 2024, art. 1er)* « Chambres d'agriculture France », sous forme d'un programme spécifique.

Les opérations des services communs comprennent des recettes et des dépenses de fonctionnement.

Les recettes de fonctionnement comprennent notamment une cotisation prélevée sur les ressources ordinaires des chambres d'agriculture, inscrite au budget de *(Décr. n° 2024-80 du 2 févr. 2024, art. 1er)* « Chambres d'agriculture France » et votée séparément au moment de l'adoption de son budget.

Les dépenses de fonctionnement comprennent notamment les frais d'administration et les dépenses diverses.

SECTION 4 Animation et pilotage du réseau des chambres d'agriculture

(Décr. n° 2024-80 du 2 févr. 2024, art. 5)

Art. R. 513-31 Chambres d'agriculture France émet des observations sur tout projet ayant pour effet de faire évoluer le périmètre d'un ou de plusieurs établissements du réseau, sans préjudice de l'avis mentionné au deuxième alinéa de l'article L. 510-1.

Art. R. 513-32 Chambres d'agriculture France assure la conception des systèmes d'information du réseau des chambres d'agriculture, leur développement, leur mise en œuvre et leur maintenance.

Art. R. 513-33 Chambres d'agriculture France participe à l'harmonisation nationale et à la simplification de gestion des conditions d'emploi et de travail des agents du réseau, notamment par la négociation et la conclusion d'accords nationaux au sens du II de l'article L. 514-3-1.

Art. R. 513-34 Chambres d'agriculture France établit les statistiques portant sur l'organisation et le fonctionnement du réseau ainsi que sur les missions de service public dont celui-ci est chargé. Il les communique au ministre chargé de l'agriculture.

Art. R. 513-35 Chambres d'agriculture France assure, par tout moyen, la diffusion à l'ensemble des établissements du réseau des connaissances acquises par ces établissements ou par les stations et fermes expérimentales qui leur sont rattachées et qui présentent un intérêt commun.

Art. D. 513-42 Chambres d'agriculture France peut constituer, à la demande des établissements du réseau, une instance de conciliation pour les différends opposant plusieurs établissements entre eux avant tout recours en justice. Cette fonction de conciliation est exercée gratuitement.

Le règlement intérieur de l'établissement Chambres d'agriculture France fixe la composition et le fonctionnement de cette instance de conciliation.

CHAPITRE IV **DISPOSITIONS COMMUNES**

(Décr. n° 2007-345 du 14 mars 2007)

SECTION 1 **Organismes inter-établissements du réseau des chambres d'agriculture** *(Décr. n° 2007-345 du 14 mars 2007)*.

Art. D. 514-1 Les organismes inter-établissements mentionnés à l'avant-dernier alinéa de l'article L. 514-2 sont des établissements publics. Ces organismes sont créés par des délibérations identiques des établissements du réseau participant à leur création et, sauf lorsque *(Ord. n° 2022-583 du 20 avr. 2022, art. 1er)* « Chambres d'agriculture France » participe à cette création, après avis de cette dernière. Cette création doit être approuvée par le ministre chargé de l'agriculture. L'organisme inter-établissements peut être dissous selon la même procédure.

Les délibérations des établissements participants fixent les missions et le siège de l'organisme, la composition, les modalités de désignation et de fonctionnement et les compétences respectives du comité de direction et du bureau de l'organisme ainsi que ses ressources, et notamment le montant de la contribution des établissements participant à leur fonctionnement et, le cas échéant, les modalités de tarification des prestations rendues par l'organisme.

Elles peuvent prévoir de confier la gestion financière de l'organisme à l'un des établissements du réseau participants lorsque le nombre de ces établissements est inférieur à six.

Elles peuvent prévoir la durée de fonctionnement de l'organisme inter-établissements.

Elles désignent le ou les établissements du réseau participants qui seront chargés de procéder à la liquidation de l'organisme ainsi que les conditions de répartition des reliquats actifs ou passifs éventuels.

Art. D. 514-2 Tout organisme inter-établissements est administré par un comité de direction composé de représentants élus de tous les établissements concernés.

Le comité de direction établit son règlement intérieur et désigne le bureau selon les modalités définies par les délibérations prévues à l'article *(Décr. n° 2017-1771 du 27 déc. 2017, art. 12-30°)* « D. 514-1 ». Ce bureau est composé au minimum d'un président et d'un secrétaire.

Les dispositions de l'article *(Décr. n° 2017-1771 du 27 déc. 2017, art. 12-30°)* « D. 511-55 » sont applicables aux organismes inter-établissements.

Les délibérations du comité de direction sont prises à la majorité absolue des suffrages exprimés des membres présents ou représentés. Chaque membre ne peut détenir plus d'un pouvoir.

Le comité de direction communique au préfet du siège de l'organisme le procès-verbal de ses délibérations, son budget et ses comptes financiers dans le mois qui suit leur adoption. Les dispositions de l'article *(Décr. n° 2017-1771 du 27 déc. 2017, art. 12-30°)* « D. 511-71 » sont applicables au budget de l'établissement.

(Décr. n° 2016-610 du 13 mai 2016, art. 1er-13°) « Les dispositions de l'article D. 513-20 sont applicables aux organismes inter-établissements mentionnés à l'avant-dernier alinéa de l'article L. 514-2. »

Art. D. 514-3 *(Décr. n° 2012-1247 du 7 nov. 2012, art. 40, en vigueur le 1er janv. 2013)* « Par dérogation aux dispositions de l'article 3 du décret n° 2012-1246 du 7 novembre 2012 relatif à la gestion budgétaire et comptable publique, les organismes inter-établissements sont soumis aux dispositions des titres I et III de ce même décret à l'exception des 1° et 2° de l'article 175 et des articles 178 à 185, 204 à 208 et 220 à 228. »

Outre les cotisations des établissements participants et les rémunérations pour services rendus, ces organismes peuvent recevoir des subventions de l'État, des collectivités territoriales et toutes autres personnes morales.

Le président de l'organisme est l'ordonnateur des dépenses et des recettes.

(Décr. n° 2012-1247 du 7 nov. 2012, art. 40, en vigueur le 1er janv. 2013) « L'agent comptable est nommé par le comité de direction, sur proposition du directeur départemental des finances publiques du département du siège de l'établissement. »

Il perçoit une indemnité fixée par le comité de direction dans les limites prévues à l'article D. 511-80.

Les dispositions de l'article R. 511-83 sont applicables aux organismes inter-établissements.

Art. D. 514-4 Le retrait d'un établissement participant à un organisme inter-établissements est subordonné à l'absence d'opposition à ce retrait d'une majorité des établissements membres à l'issue d'un délai de deux mois à compter de la réception, par le président de l'organisme de la décision de retrait. A cet effet, l'établissement qui décide son retrait d'un organisme inter-établissements notifie sa décision au président de l'organisme qui en informe les autres établissements du réseau participants. Les modalités, notamment financières, du retrait sont fixées par le comité de direction de l'organisme inter-établissements. A défaut d'accord d'un nombre suffisant d'établissements à ce retrait ou de décision du comité de direction quant à ses modalités financières à l'issue du délai de deux mois, le retrait et ses modalités peuvent être décidées et fixées par le ministre chargé de l'agriculture.

SECTION 2 Fonds national de modernisation, de performance et de péréquation *(Décr. n° 2023-539 du 29 juin 2023, art. 2).*

(Décr. n° 2015-446 du 17 avr. 2015, art. 1er)

Art. D. 514-5 *(Décr. n° 2023-539 du 29 juin 2023, art. 2)* I. — Le Fonds national de modernisation, de performance et de péréquation a pour objet :

1° De contribuer au financement de Chambres d'agriculture France et des chambres régionales d'agriculture ;

2° De reverser à chaque chambre régionale d'agriculture et chambre d'agriculture de région la part du produit de la taxe pour frais de chambres d'agriculture mentionnée à l'article 1604 du code général des impôts constituant une réserve de performance en fonction des résultats de la performance des établissements de sa circonscription. Chaque chambre régionale d'agriculture ou chaque chambre d'agriculture de région doit reverser aux établissements de son ressort la quote-part du produit de la taxe liée à la performance qui leur revient. Pour les chambres d'agriculture d'outre-mer, le reversement est effectué auprès des chambres d'agriculture concernées ;

3° D'assurer un équilibre entre les situations financières des établissements du réseau et de leur fournir les ressources nécessaires au financement d'actions de mutualisation et de modernisation et à la réalisation d'actions d'intérêt commun ;

4° D'accorder des subventions ou des avances remboursables aux établissements du réseau disposant de ressources insuffisantes, qui participent à des actions d'intérêt commun ou de modernisation du réseau ou qui sont engagés dans une démarche de mutualisation ;

5° D'assurer le financement du service commun prévu à l'article D. 512-2-1.

II. — Les subventions et avances remboursables mentionnées au 3° et au 4° du I ont fait l'objet préalablement d'une approbation du comité de gestion mentionné à l'article D. 514-7 et d'une approbation par le ministre chargé de l'agriculture.

Art. D. 514-6 *(Décr. n° 2023-539 du 29 juin 2023, art. 2 et 3, en vigueur le 1er janv. 2024)* Le Fonds national de modernisation, de performance et de péréquation prend la forme d'un budget annexe au sein du budget de Chambres d'agriculture France.

Art. D. 514-7 *(Décr. n° 2015-446 du 17 avr. 2015, art. 1er) (Décr. n° 2023-539 du 29 juin 2023, art. 2)* « Le Fonds national de modernisation, de performance et de péréquation est géré par un comité de gestion, présidé par le président de Chambres d'agriculture France, qui met en œuvre la stratégie du Fonds adoptée par Chambres d'agriculture France et approuvée par le ministre chargé de l'agriculture. »

Outre son président, le comité de gestion comprend quatorze membres élus par *(Ord. n° 2022-583 du 20 avr. 2022, art. 1er)* « Chambres d'agriculture France » en son sein lors de chaque première session ordinaire suivant le renouvellement général des chambres départementales d'agriculture :

— un membre élu parmi les représentants des chambres d'agriculture de *(Décr. n° 2023-539 du 29 juin 2023, art. 2)* « Guadeloupe, Guyane, Martinique », La Réunion et de Mayotte ;

— treize membres représentant chacun une région métropolitaine, élus parmi les représentants des chambres dont tout ou partie de la circonscription est comprise dans cette région.

Ces membres sont élus à la majorité absolue au premier tour de scrutin et à la majorité relative au second tour.

Le président de *(Ord. n° 2022-583 du 20 avr. 2022, art. 1er)* « Chambres d'agriculture France » peut se faire représenter par un membre *(Décr. n° 2023-539 du 29 juin 2023, art. 2)* « du bureau de l'établissement.

« Le ministre chargé de l'agriculture, ou son représentant, participe aux réunions du comité de gestion. Il peut s'y faire accompagner ». — *L'art. D. 514-8 devient l'art. D. 514-7 (Décr. n° 2023-539 du 29 juin 2023, art. 2-7°).*

Art. D. 514-8 *(Décr. n° 2023-539 du 29 juin 2023, art. 2)* Le comité de gestion est informé des critères arrêtés par la session de Chambres d'agriculture France pour l'attribution de la part du produit de la taxe pour frais de chambres d'agriculture mentionnée à l'article 1604 du code général des impôts constituant une réserve de performance, reversée aux établissements mentionnés au 2° de l'article D. 514-5. Il détermine, dans le respect des dispositions du 4° de l'article D. 514-5, les critères d'attribution des subventions et avances remboursables mentionnées à cet article.

Le comité de gestion établit son règlement intérieur, qui est soumis à l'approbation du ministre chargé de l'agriculture.

Le comité de gestion se réunit au moins trois fois par an ; il est convoqué par son président ou son représentant chaque fois qu'il le juge nécessaire, ou à la demande de la moitié au moins de ses membres ou du ministre chargé de l'agriculture.

Sur décision de son président, ou de son représentant, le comité de gestion peut se réunir par tous moyens de visioconférence ou de télécommunication.

Le comité de gestion délibère valablement si la moitié au moins des membres est présente. Si le quorum n'est pas atteint, il est immédiatement procédé à une nouvelle convocation. Le comité de gestion ainsi convoqué délibère valablement quel que soit le nombre des membres présents.

Les décisions sont prises à la majorité des membres présents. En cas de partage égal des voix, celle du président est prépondérante.

Le secrétariat du comité de gestion est assuré par le directeur général de Chambres d'agriculture France.

L'ordre du jour des réunions du comité de gestion et les documents annexés sont transmis au moins sept jours avant la séance.

Art. D. 514-9 *(Décr. n° 2023-539 du 29 juin 2023, art. 2)* Le président de Chambres d'agriculture France peut déléguer sa signature au membre qu'il aura désigné pour le suppléer dans la convocation et la présidence du comité de gestion.

Art. D. 514-10 *(Décr. n° 2023-539 du 29 juin 2023, art. 2)* Les décisions du comité de gestion du Fonds sont transmises au ministre chargé de l'agriculture dans un délai de huit jours suivant leur adoption.

Elles sont exécutoires après leur approbation par le ministre chargé de l'agriculture. Cette approbation est réputée acquise si elles n'ont fait l'objet ni d'une approbation expresse ni d'une demande de modification dans un délai d'un mois suivant leur réception.

Les décisions approuvées sont exécutées par le président de Chambres d'agriculture France.

Chambres d'agriculture France transmet au ministre chargé de l'agriculture un rapport annuel qui détaille l'utilisation des ressources du Fonds.

Art. D. 514-11 *(Décr. n° 2023-539 du 29 juin 2023, art. 2)* Le Fonds national de modernisation, de performance et de péréquation est abondé par la taxe déterminée au III de l'article 1604 du code général des impôts qui est recouvrée par prélèvement automatique mensuel, par Chambres d'agriculture France auprès de chaque chambre d'agriculture. Le cas échéant, Chambres d'agriculture France procède au recouvrement

conformément aux modalités fixées par décret n° 2012-1246 du 7 novembre 2012 modifié relatif à la gestion budgétaire et comptable publique.

Le Fonds est également alimenté par le montant des remboursements des avances qu'il a consenties, le produit de toutes ressources spéciales qui peuvent lui être affectées ainsi que de recettes diverses et exceptionnelles.

SECTION 3 Fonds national d'aide à la gestion de l'emploi

(Décr. n° 97-305 du 3 avr. 1997)

Art. D. 514-12 **Il est créé un fonds dénommé Fonds national d'aide à la gestion de l'emploi, sous la forme d'un compte ouvert dans les écritures de l'agent comptable de** *(Ord. n° 2022-583 du 20 avr. 2022, art. 1er)* **« Chambres d'agriculture France ».**

Ce fonds a pour objet, au bénéfice des chambres d'agriculture, *(Décr. n° 2007-345 du 14 mars 2007)* **« des organismes inter-établissements mentionnés à l'article »** *(Décr. n° 2017-1771 du 27 déc. 2017, art. 12-31°)* **« D. 514-1 » et de** *(Ord. n° 2022-583 du 20 avr. 2022, art. 1er)* **« Chambres d'agriculture France » lorsqu'ils y adhèrent :**

1° De prendre en charge la gestion et le versement des allocations d'assurance chômage dues par ces établissements publics à leurs agents involontairement privés d'emploi, pour garantir à ceux-ci le paiement desdites allocations dans les conditions définies par les dispositions du *(Décr. n° 2017-1771 du 27 déc. 2017, art. 12-31°)* **« titre II du livre IV de la cinquième partie du code du travail, et les mesures d'application prévues dans ses articles L. 5422-20 et L. 5422-21 » ;**

2° De participer à la mise en œuvre de toute autre mesure en faveur de la gestion de l'emploi dans les mêmes organismes.

Art. D. 514-13 *(Décr. n° 2017-1771 du 27 déc. 2017, art. 12-32°)* **« I. — » Le compte du Fonds national d'aide à la gestion de l'emploi qui est indépendant du budget de** *(Ord. n° 2022-583 du 20 avr. 2022, art. 1er)* **« Chambres d'agriculture France » est crédité :**

1° D'une contribution spécifique pour la constitution d'une réserve, acquittée par les chambres départementales d'agriculture l'année de leur adhésion au fonds ;

2° Des cotisations annuelles versées par les organismes adhérents *(Décr. n° 2017-1771 du 27 déc. 2017, art. 12-32° ; Décr. n° 2023-539 du 29 juin 2023, art. 2)* **« mentionnés à l'article D. 514-7 », les années suivantes ;**

3° Du remboursement par les organismes employeurs de la quote-part restant à leur charge du montant des allocations d'assurance chômage versées par le fonds. Le montant de cette participation est précisé par le règlement intérieur du fonds ;

4° Du produit de toutes ressources spéciales qui peuvent lui être affectées ;

5° Des recettes et produits divers.

(Décr. n° 2017-1771 du 27 déc. 2017, art. 12-32°) **« II. — » Il est débité :**

1° Du montant des allocations de chômage et des autres dépenses liées à la gestion de l'emploi servies pour le compte des organismes adhérents visés à l'article précédent ;

2° Des frais de fonctionnement du fonds ;

3° Des dépenses exceptionnelles.

Art. D. 514-14 **Le Fonds national d'aide à la gestion de l'emploi est géré par un comité de gestion de dix membres composé :**

— du président de *(Décr. n° 2024-80 du 2 févr. 2024, art. 1er)* **« Chambres d'agriculture France », président ;**

— et de neuf membres élus, parmi eux, par les présidents des organismes adhérents.

Ces neuf membres sont élus à la majorité absolue au premier tour de scrutin et à la majorité relative, au second tour. Il est procédé à ces élections, à chaque renouvellement général des chambres d'agriculture ; les membres du comité de gestion du fonds restent en fonction jusqu'à l'élection de leurs successeurs.

Le ministre de l'agriculture peut assister ou se faire représenter aux réunions du comité de gestion.

Le président de *(Décr. n° 2024-80 du 2 févr. 2024, art. 1er)* **« Chambres d'agriculture France » peut se faire représenter par un membre de** *(Décr. n° 2024-80 du 2 févr. 2024, art. 1er)* **« Chambres d'agriculture France » pour convoquer et présider le comité de gestion.**

Art. D. 514-15 Les dispositions des *(Décr. n° 2015-446 du 17 avr. 2015, art. 2 ; Décr. n° 2023-539 du 29 juin 2023, art. 2)* « articles D. 514-8 à *[et]* D. 514-9, à l'exception du dernier alinéa de l'article D. 514-10 » sont applicables au Fonds national d'aide à la gestion de l'emploi.

SECTION 4 Groupements d'intérêt public

(Décr. n° 2008-831 du 22 août 2008)

V. Décr. n° 2012-91 du 26 janv. 2012 relatif aux groupements d'intérêt public (JO 27 janv.), mod. par Décr. n° 2012-1247 du 7 nov. 2012, art. 280 (JO 10 nov.), Décr. n° 2019-1363 du 16 déc. 2019 (JO 17 déc.).

Art. D. 514-16 *(Décr. n° 2016-610 du 13 mai 2016, art. 1er-14°)* Avec l'accord de l'autorité de tutelle, les membres du réseau des chambres d'agriculture peuvent, dans le cadre de leurs compétences, participer au capital d'une société par actions régie par le livre II du code du commerce, dénommée groupement d'utilisation de financements agricoles.

Ces groupements sont compétents pour réaliser toutes opérations destinées à contribuer à l'amélioration de la performance économique, sociale et environnementale des exploitations agricoles et de leurs filières et accompagner la démarche entrepreneuriale et responsable des agriculteurs dans les territoires.

A ce titre, ils peuvent notamment soutenir, dans le respect des encadrements communautaires, les exploitants agricoles dans leurs projets d'installation ou de développement de leurs entreprises, notamment par la prise de participation au capital social de leur société, sélectionner les projets susceptibles de bénéficier temporairement de cette solution de financement et accompagner les agriculteurs dans leur démarche en assurant un suivi technico-économique.

Ils exercent leurs activités uniquement sur le territoire des chambres d'agriculture qui en sont membres.

Art. D. 514-17 à D. 514-24 *Abrogés par Décr. n° 2012-91 du 26 janv. 2012, art. 13-3°.*

SECTION 5 Services communs

(Décr. n° 2011-2093 du 30 déc. 2011)

Art. D. 514-25 Les services communs mentionnés au deuxième alinéa du III de l'article L. 514-2 sont créés après délibération concordante des établissements participants et de l'établissement auquel ils sont rattachés.

Cette délibération précise notamment les établissements du réseau participant au service commun, le nom de ce service, son objet, ses modalités de financement et le niveau de participation financière de chaque établissement, la composition et les modalités de fonctionnement du comité de gestion chargé de l'administrer, les conditions d'adhésion de nouveaux établissements et de retrait des établissements participants.

Le service commun est placé sous l'autorité du président de l'établissement auquel il est rattaché.

La création de chaque service commun est portée à la connaissance de *(Ord. n° 2022-583 du 20 avr. 2022, art. 1er)* « Chambres d'agriculture France ».

Art. D. 514-26 Un comité de gestion administre le service commun. A ce titre, il définit les orientations et les programmes annuels et éventuellement pluriannuels de travail, établit les modalités de fonctionnement du service et rend compte de sa gestion au bureau de l'établissement auquel le service est rattaché. Un même comité de gestion peut administrer plusieurs services communs relevant des mêmes établissements.

Art. D. 514-27 Les opérations financières réalisées par chaque service commun font l'objet d'un suivi budgétaire spécifique à l'intérieur du budget de la chambre d'agriculture à laquelle il est rattaché, sous forme d'un programme spécifique. Conformément aux règles budgétaires applicables aux chambres d'agriculture, ses recettes et ses dépenses détaillent les opérations de fonctionnement et les opérations financières.

Le compte rendu annuel d'activité, les budgets et le compte financier de chaque service commun sont annexés aux budgets et au compte financier de l'établissement auquel il est rattaché. Ils sont transmis pour information à chaque établissement participant et à son agent comptable ainsi qu'à *(Ord. n° 2022-583 du 20 avr. 2022, art. 1er)* « Chambres d'agriculture France » et aux autorités de tutelle de l'établissement auquel le service est rattaché.

Toute chambre d'agriculture participant à un ou plusieurs services communs inclut dans la délibération prise en session à l'occasion de l'approbation de son budget et de son compte financier la liste des services communs auxquels elle participe et les contributions correspondantes.

SECTION 6 Commission nationale de concertation et de proposition

(Décr. n° 2015-549 du 18 mai 2015, art. 1er)

Art. D. 514-28 La Commission nationale de concertation et de proposition prévue par l'article L. 514-3 est composée d'un nombre égal de représentants des organisations syndicales de salariés des chambres d'agriculture et de représentants des employeurs désignés selon les modalités ci-après.

Art. D. 514-29 Chacune des organisations syndicales affiliées à une organisation syndicale de salariés représentatives des personnels au sein du réseau des chambres d'agriculture ou à une organisation représentative sur le plan national, au sens de l'article L. 2122-9 du code du travail, est représentée aux réunions de la Commission nationale de concertation et de proposition par une délégation disposant d'un siège.

Chaque délégation peut être composée de trois personnes dont au moins deux agents sous statut ou sous contrat, en activité ou en position de congé parental d'éducation, des établissements du réseau des chambres d'agriculture définis à l'article L. 510-1 *(Décr. n° 2017-1771 du 27 déc. 2017, art. 12-33°)* « du présent code », ainsi que des organismes inter-établissements du réseau des chambres d'agriculture.

Dès réception de la convocation à une réunion de la Commission nationale de concertation et de proposition, l'organisation syndicale informe le président de la Commission nationale de concertation et de proposition de l'identité des membres de sa délégation.

Art. D. 514-30 Le président ou le secrétaire général de *(Ord. n° 2022-583 du 20 avr. 2022, art. 1er)* « Chambres d'agriculture France » est membre de droit de la représentation des employeurs. Les autres représentants des employeurs sont désignés par le conseil d'administration de *(Ord. n° 2022-583 du 20 avr. 2022, art. 1er)* « Chambres d'agriculture France » parmi les présidents et les directeurs généraux des établissements du réseau des chambres d'agriculture définis à l'article L. 510-1 ainsi que des organismes interétablissements du réseau des chambres d'agriculture dans les trois mois suivant les élections générales des membres des chambres d'agriculture.

Tout membre de la délégation employeurs peut pour toute réunion de la Commission nationale de concertation et de proposition se faire représenter par un autre membre de la délégation. Nul ne peut détenir plus de deux pouvoirs.

Art. D. 514-31 La Commission nationale de concertation et de proposition est présidée par le président ou, à défaut, par le secrétaire général de *(Ord. n° 2022-583 du 20 avr. 2022, art. 1er)* « Chambres d'agriculture France ». Son secrétariat est assuré par les services de *(Ord. n° 2022-583 du 20 avr. 2022, art. 1er)* « Chambres d'agriculture France ». Le directeur général de *(Ord. n° 2022-583 du 20 avr. 2022, art. 1er)* « Chambres d'agriculture France » ou son représentant assiste aux réunions avec voix consultative.

Art. D. 514-32 La Commission nationale de concertation et de proposition est convoquée par son président à son initiative ou à la demande d'au moins trois organisations syndicales. Dans ce cas, elle doit être convoquée dans un délai maximum d'un mois suivant la réception de la demande par le président.

Elle doit obligatoirement être réunie lorsque la commission nationale paritaire en fait la demande. La demande est transmise par écrit par le président de la commission nationale paritaire au président de la Commission nationale de concertation et de proposition.

Dans tous les cas, les convocations doivent être envoyées quinze jours au moins avant la date de la réunion.

Le président de la commission peut convoquer des experts à la demande de l'une ou de l'autre des parties, afin qu'ils soient entendus sur un ou plusieurs points inscrits à l'ordre du jour.

Art. D. 514-33 **La Commission nationale de concertation et de proposition élabore son règlement intérieur. Celui-ci est transmis, par le président de la commission, pour information au président de la commission nationale paritaire.**

Art. D. 514-34 Les frais de déplacement des membres de la Commission nationale de concertation et de proposition et des experts, prévus à l'article D. 514-32, sont pris en charge par le fonds national de péréquation et d'action professionnelle des chambres d'agriculture. Le fonds rembourse aux chambres employeurs les traitements et les charges sociales y afférentes des salariés appelés à participer à une réunion de la Commission nationale de concertation et de proposition sur une base forfaitaire, par réunion, de vingt points de l'indice servant au calcul de la rémunération du personnel sous statut des chambres d'agriculture. Toutefois, la prise en charge des frais de déplacement ainsi que des salaires maintenus est limitée à deux représentants au maximum par organisation syndicale et par réunion. Les frais de secrétariat sont à la charge de *(Ord. n° 2022-583 du 20 avr. 2022, art. 1er)* « Chambres d'agriculture France ».

Art. D. 514-35 La Commission nationale de concertation et de proposition définit le cadre et le calendrier des négociations sociales pour le personnel des chambres d'agriculture.

Cette commission inscrit à l'ordre du jour de ses réunions :

1° Au moins une fois par an la négociation sur les salaires ;

2° Au moins une fois tous les trois ans, la négociation sur l'égalité professionnelle entre les femmes et les hommes, la négociation sur les conditions de travail et la gestion prévisionnelle des emplois et des compétences, la négociation sur les mesures tendant à l'insertion professionnelle et au maintien dans l'emploi des travailleurs handicapés, la négociation sur les priorités, les objectifs et les moyens de la formation professionnelle des salariés des chambres d'agriculture, ainsi que les conditions de mise en œuvre et de développement de l'apprentissage ;

3° Au moins une fois tous les cinq ans, la négociation sur les classifications des emplois prévue par le statut du personnel des chambres d'agriculture mentionné à l'article 1er de la loi du 10 décembre 1952.

Dans le cadre de ses négociations, la Commission nationale de concertation et de proposition prend en compte l'objectif d'égalité professionnelle entre les femmes et les hommes.

Pour ces négociations, le président de la Commission nationale de concertation et de proposition remet, au moins quinze jours avant la date de la réunion à ses membres, un bilan détaillé de la situation au sein du réseau des chambres d'agriculture des points inscrits à l'ordre du jour. Ce bilan est la base de négociation entre les employeurs et les organisations syndicales de salariés.

Lorsque les négociations donnent lieu à une proposition de la Commission nationale de concertation et de proposition à la commission nationale paritaire telle que prévue à l'article L. 514-3, la proposition est transmise à la commission nationale paritaire accompagnée d'un rapport précisant la position des employeurs et de chacune des organisations syndicales ainsi que les modalités d'adoption de la proposition.

Ces documents sont transmis au moins quinze jours avant la date de la réunion.

Art. D. 514-36 Lorsque la Commission nationale de concertation et de proposition examine une question dont elle a été saisie par la commission nationale paritaire ou élabore une proposition soumise à la décision de la commission nationale paritaire, un relevé de conclusions est établi. Il doit, sauf en cas de position unanime, reprendre l'ensemble des avis émis par les différentes parties. Il est transmis dans les quinze jours et, en tout état de cause avant toute réunion de la commission nationale paritaire du personnel administratif des chambres d'agriculture, au président de ladite commission.

SECTION 7 Représentation des organisations professionnelles d'exploitants agricoles au sein de certains organismes ou commissions en fonction de leurs résultats aux élections aux chambres d'agriculture

(Décr. nº 2017-1246 du 7 août 2017, art. 17)

Art. R. 514-37 Dans les départements, sont habilitées à siéger dans les commissions, comités professionnels ou organismes mentionnés au I de l'article 2 de la loi nº 99-574 du 9 juillet 1999 d'orientation agricole, selon les modalités fixées par les dispositions régissant ces structures, les organisations syndicales à vocation générale d'exploitants agricoles qui satisfont aux conditions suivantes :

1º Justifier d'un fonctionnement indépendant, régulier et effectif depuis cinq ans au moins ;

2º Avoir obtenu dans le département plus de 10 % des suffrages exprimés lors des élections à la chambre d'agriculture (collège des chefs d'exploitation et assimilés) ; lorsque deux organisations syndicales ont constitué une liste d'union ayant obtenu plus de 20 % des suffrages, elles sont réputées satisfaire l'une et l'autre à cette condition.

La condition d'ancienneté prévue au 1º ci-dessus est remplie par une organisation issue de la scission d'une organisation remplissant elle-même cette condition ou de la fusion d'organisations dont plus de la moitié remplissaient cette condition.

La liste des organisations répondant à ces conditions est établie et tenue à jour par le préfet. La radiation d'une organisation ne peut être prononcée qu'après que celle-ci a été mise à même de présenter ses observations. – *V. L. nº 99-574 du 9 juill. 1999, ss. art. L. 121-8.*

Art. R. 514-38 Dans les régions, sont habilitées à siéger dans les commissions, comités professionnels ou organismes mentionnés au I de l'article 2 de la loi nº 99-574 du 9 juillet 1999 d'orientation agricole, selon les modalités fixées par les dispositions régissant ces structures, les organisations syndicales à vocation générale d'exploitants agricoles qui, dans la moitié au moins des départements de la région, figurent sur la liste prévue au dernier alinéa de l'article R. 514-37.

La liste de ces organisations est établie et tenue à jour par le préfet de région.

Art. R. 514-39 Sont habilitées à siéger au sein des commissions, comités professionnels ou organismes à caractère national, mentionnés au I de l'article 2 de la loi nº 99-574 du 9 juillet 1999 d'orientation agricole, selon les modalités fixées par les dispositions régissant ces structures, les organisations syndicales à vocation générale d'exploitants agricoles qui, dans vingt-cinq départements au moins, figurent sur la liste prévue au dernier alinéa de l'article R. 514-37.

La liste de ces organisations est établie et tenue à jour par le ministre chargé de l'agriculture.

Arrêté du 19 juillet 2019,

Fixant la liste des organisations syndicales à vocation générale d'exploitants agricoles habilitées à siéger au sein des commissions, comités ou organismes à caractère national mentionnés au I de l'article 2 de la loi nº 99-574 du 9 juillet 1999 d'orientation agricole (JO 26 juill.).

Art. 1er La liste des organisations syndicales à vocation générale d'exploitants agricoles habilitées à siéger au sein des commissions, comités ou organismes à caractère national mentionnés au I de l'article 2 de la loi nº 99-574 du 9 juillet 1999 susvisée est fixée comme suit :

Confédération paysanne ;

Coordination rurale ;

Fédération nationale des syndicats d'exploitants agricoles ;

Jeunes Agriculteurs.

Art. 2 L'arrêté du 23 septembre 2013 fixant la liste des organisations syndicales à vocation générale d'exploitants agricoles habilitées à siéger au sein des commissions, comités ou organismes à caractère national mentionnés au I de l'article 2 de la loi nº 99-574 du 9 juillet 1999 est abrogé.

Art. R. 514-40 La composition des commissions, comités professionnels ou organismes mentionnés au I de l'article 2 de la loi n° 99-574 du 9 juillet 1999 d'orientation agricole est revue conformément aux dispositions des articles R. 514-37 à R. 514-39 dans les six mois suivant chaque renouvellement des chambres d'agriculture.

Les nominations éventuellement prononcées à ce titre le sont pour la durée restant à courir des mandats considérés.

TITRE II SOCIÉTÉS COOPÉRATIVES AGRICOLES

BIBL. ▶ Barbièri, *RD rur. 2007, n° 341* (Décr. 10 août 2007) ; *JCP N 2007. Actu. 619* (Décr. 10 août 2007) ; *RD rur. 2008. Focus 70 ; JCP E 2008. Actu. 251 ; Dr. sociétés juill. 2008. 48* (Décr. 17 avr. 2008). – Hiez, *Rev. sociétés 2008. 305* (Décr. 10 août 2007 et 17 avr. 2008).

CHAPITRE I DISPOSITIONS GÉNÉRALES – CONSTITUTION

SECTION 1 Dispositions générales

Art. R. 521-1 *(Décr. n° 2007-1218 du 10 août 2007)* « L'objet des sociétés coopératives agricoles, qui doit être déterminé par leurs statuts en application des dispositions de l'article L. 521-1, est notamment l'exercice », quels que soient les moyens et techniques mis en œuvre par elles, d'une ou plusieurs des activités ci-dessous définies :

a) Assurer ou faciliter la production, l'écoulement ou la vente, notamment à l'exportation, des produits agricoles et forestiers provenant exclusivement des exploitations de leurs associés coopérateurs, soit en l'état, immédiatement ou après conservation, soit après conditionnement ou transformation, ainsi que toutes opérations tendant à la constitution, l'amélioration, l'équipement, la conservation et la gestion d'un ou plusieurs massifs forestiers pour le compte de leurs associés coopérateurs ;

b) Assurer l'approvisionnement de leurs seuls associés coopérateurs en leur procurant les produits, les équipements, les instruments et les animaux nécessaires à leurs exploitations ou à leurs immeubles forestiers, étant entendu qu'elles peuvent fabriquer et préparer tous les produits nécessaires, notamment des aliments composés pour le bétail ou des engrais et procéder à la réparation et à l'entretien de machines ou outils agricoles ;

c) Fournir à leurs seuls associés coopérateurs et pour l'usage exclusif de leurs exploitations agricoles et forestières tous services nécessaires à ces exploitations, notamment en mettant à leur disposition du matériel, des machines agricoles, des moyens d'entretien et de réparation, des animaux, des moyens de perfectionnement technique et de formation professionnelle, des organismes d'études, d'expérimentation et d'analyse, ainsi que le personnel spécialisé correspondant ;

d) *(Décr. n° 2007-1218 du 10 août 2007)* « Faire », pour le compte de leurs associés coopérateurs, des opérations ou des travaux entrant normalement dans le cadre de la profession agricole.

Les opérations ci-dessus définies peuvent également être faites par les sociétés coopératives pour les exploitations qui leur appartiennent en propre ou qu'elles ont louées ou qui leur ont été concédées.

Les unions de coopératives agricoles exercent à leur niveau les mêmes activités que les sociétés coopératives agricoles.

V. aussi Arr. du 26 août 2015 relatif au dispositif d'accompagnement des projets et initiatives des coopératives d'utilisation en commun de matériel agricole (CUMA) (JO 1er sept.), mod. par Arr. du 13 janv. 2016 (JO 15 janv.), Arr. du 3 mars 2023 (JO 14 mars).

BIBL. ▶ Crevel, *RD rur. 2018. Dossier 17* (l'investissement coopératif).

Une coopérative peut se livrer dans le cadre de ses opérations courantes de gestion financière à des opérations d'achat et de vente à terme de devises, en l'absence de toute loi l'empêchant de répartir la trésorerie entre placements sûrs et placements risqués, et puisque les statuts lui permettaient d'user de tous moyens nécessaires au développement de son activité. • Com. 25 avr. 2006 : *RJDA 2006, inf. 801 ; Rev. sociétés oct. 2006. 14, note F.-X. L. ; RD rur. oct. 2006. 45, note Barbièri et Formage.*

Art. R. 521-2 *(Décr. nº 2007-1218 du 10 août 2007)* « Le Haut Conseil de la coopération agricole peut accorder à titre temporaire » aux coopératives et unions de coopératives mentionnées au *a* de l'article R. 521-1 des dérogations relatives à la provenance des produits agricoles, lorsque des circonstances économiques exceptionnelles sont susceptibles de diminuer de plus de 50 p. 100 la capacité normale d'exploitation desdites sociétés.

Les sociétés coopératives agricoles adhérant à une même union peuvent être autorisées par cette union à se procurer mutuellement, par son entremise et sous son contrôle, les produits qui leur sont indispensables pour parer à l'insuffisance quantitative et, éventuellement, qualitative, soit des *(Décr. nº 2016-1401 du 18 oct. 2016, art. 2-1º, en vigueur le 1er déc. 2016)* « produits apportés par les associés coopérateurs », soit des produits à livrer à leurs associés coopérateurs.

Elles peuvent, dans les mêmes conditions, être autorisées à échanger entre elles les services qui leur sont indispensables.

Art. R. 521-3 *(Décr. nº 2016-1401 du 18 oct. 2016, art. 2-2º, en vigueur le 1er déc. 2016)* Les sociétés coopératives agricoles et leurs unions peuvent fournir les services nécessaires à la réalisation de l'objet statutaire, ou mettre des immeubles, du matériel ou de l'outillage, notamment des moyens de transport, à la disposition de l'union à laquelle ces sociétés ou unions adhèrent, d'une société d'intérêt collectif agricole, associé coopérateur de l'union, ou d'une autre société coopérative ou union, associé coopérateur de l'union.

Les sociétés coopératives agricoles et leurs unions peuvent également fournir à une société d'intérêt collectif agricole dont elles sont membres les services nécessaires à la réalisation de son objet statutaire.

Art. D. 521-4 *(Décr. nº 2023-247 du 3 avr. 2023, art. 1er)* I. — Pour l'application du VI de l'article L. 521-3-1 du code rural et de la pêche maritime, la liste des produits concernés comprend les catégories suivantes :

1º Bovin, veau, porc, ovin-caprin, cheval, volaille et lapin : carcasses et leurs morceaux, viandes et abats, viandes hachées, saucisses fraîches et préparations de viandes ;

2º Produits de la pisciculture ou issus de la première transformation de ces produits ;

3º Lait et produits de la laiterie issus de la première transformation du lait ;

4º Œufs et ovo-produits alimentaires issus de leur première transformation.

II. — Les produits mentionnés aux III, IV, V VI et VII du présent article sont classés par référence à la liste Prodcom des produits industriels, établie en application de l'article 7 du règlement (UE) 2019/2152 du Parlement européen et du Conseil du 27 novembre 2019 relatif aux statistiques européennes d'entreprises, abrogeant dix actes juridiques dans le domaine des statistiques d'entreprises.

III. — Les saucisses fraîches et préparations de viandes mentionnées au 1º du I sont les produits suivants :

— 10.13 : Préparations et produits à base de viande :

— 10.13.11 : Viandes et abats de porc découpés, salés, séchés ou fumés (bacon et jambon) ;

— 10.13.12 : Viandes de bœuf salées, séchées ou fumées ;

— 10.13.13 : Autres viandes et abats comestibles salés, séchés ou fumés ;

— 10.13.14 : Saucisses et charcuteries similaires ;

— 10.13.15 : Autres préparations et conserves à base de viandes, abats et sang, à l'exclusion des plats préparés.

IV. — Les produits issus de la première transformation des produits de la pisciculture mentionnés au 2º du I sont les produits suivants, sous réserve qu'ils soient issus de la pisciculture et non de la pêche :

— 10.20 Transformation et conservation de poisson :

— 10.20.11 : Filets de poissons et autres viandes de poisson (y compris hachées), frais ou réfrigérés ;

— 10.20.12 : Foies et œufs de poissons, frais ou réfrigérés ;

— 10.20.21 : Filets de poissons séchés, salés mais non fumés ;

— 10.20.22 : Foies et œufs de poissons séchés, salés ou fumés, farines, poudres et pellets de poissons pour alimentation humaine ;

— 10.20.23 : Poissons séchés, salés ou non ou en saumure ;

– 10.20.25 : Autres préparations et conserves à base de poissons, à l'exclusion des plats préparés.

V. – Les produits de la laiterie issus de la première transformation du lait mentionnés au 3° du I sont les produits suivants :

– 10.51 : Produits laitiers et fromages :

– 10.51.11 : Lait liquide ;

– 10.51.12 : Lait et crème contenant plus de 6 % de matières grasses, non concentrés, ni sucrés ;

– 10.51.30 : Beurre et pâtes à tartiner laitières ;

– 10.51.30.30 : Beurres d'une teneur en poids de matières grasses 85 % ;

– 10.51.40 : Fromages ;

– 10.51.51 : Lait et crème, concentrés ou contenant des sucres ajoutés ou d'autres édulcorants, sous forme autre que solide ;

– 10.51.52 : Yaourts et autres produits lactés fermentés ou acidifiés.

VI. – Les ovo-produits alimentaires issus de la première transformation des œufs mentionnés au 4° du I sont les produits suivants :

– 10.89.12 : Œufs, en conserve, et jaunes d'œufs, frais et en conserve ; œufs cuits, en coquille ; ovalbumine.

VII. –10.73 : Fabrication de pâtes alimentaires, à l'exclusion des pâtes fraîches :

– 10.73.11 : Macaronis, nouilles et autres produits similaires à base de farine ;

– 10.73.12 : Couscous.

Art. R. 521-5 Dans les factures, annonces, publications et tous autres documents provenant de sociétés coopératives agricoles, d'unions de coopératives agricoles ou de fédérations de coopératives agricoles, la dénomination sociale doit être précédée ou suivie des mentions en toutes lettres ci-après : « société coopérative agricole » ou « union de coopératives agricoles » ou « fédération de coopératives agricoles ». *(Décr. nº 2007-1218 du 10 août 2007)* « Sauf pour les fédérations, cette dénomination doit, en outre, être suivie du numéro d'agrément » prévu à l'article *(Décr. nº 2006-1528 du 5 déc. 2006)* « R. 525-2 ».

SECTION 2 Constitution

Art. R. 521-6 La création de sociétés coopératives agricoles doit être constatée par un acte authentique ou sous seing privé.

Si cet acte n'est pas signé de tous les souscripteurs du capital social et s'il ne désigne pas les membres du conseil d'administration et les commissaires aux comptes, l'assemblée générale constitutive qui a pour mission d'approuver les statuts doit être tenue dans le mois suivant l'acte de création de la société et procéder aux nominations. Elle suit les règles des assemblées générales extraordinaires.

La liste des souscriptions du capital initial et l'état des versements opérés par les souscripteurs sont annexés, suivant le cas, à l'acte constitutif ou au procès-verbal de l'assemblée générale constitutive.

Art. R. 521-7 La publicité par dépôt d'actes ou de pièces est faite au greffe du tribunal de commerce ou du tribunal judiciaire, statuant commercialement, du lieu du siège de la société.

L'acte constitutif ou le procès-verbal de l'assemblée générale constitutive et les pièces qui y sont jointes sont classés en annexe au registre du commerce et des sociétés.

Al. 3 abrogé par Décr. nº 2002-1085 du 7 août 2002, art. 2 (JO 11 août), à compter du 1er nov. 2002.

Art. R. 521-8 L'avis de constitution prévu par l'article 22 du décret *(Décr. nº 2017-1771 du 27 déc. 2017, art. 13-1º)* « nº 78-704 » du 3 juillet 1978 *[relatif à l'application de la L. nº 78-9 du 4 janvier 1978 modifiant le titre IX du livre III du code civil]* comporte, lorsqu'il s'agit de sociétés coopératives agricoles et de leurs unions, les indications suivantes :

1° La dénomination de la société, suivie de son sigle et des mots « société coopérative agricole » ou « union de sociétés coopératives agricoles » si ces mots ne figurent pas déjà dans la dénomination ;

2° L'adresse du siège social ;

3° L'indication du greffe où la société sera immatriculée.

Les indications prévues aux 1° et 2° de l'alinéa précédent remplacent, pour les sociétés coopératives et leurs unions, celles qui sont prévues par le troisième alinéa de l'article 22 du décret du 3 juillet 1978 *(Décr. n° 2017-1771 du 27 déc. 2017, art. 13-1°)* **« susmentionné ».**

Ces indications remplacent celles prévues par le deuxième alinéa (1° à 4°) des articles 27 et 29 du même décret. – *V. ce Décr. au* **C. civ.**

Art. R. 521-9 *(Décr. n° 2007-1218 du 10 août 2007)* **Outre les obligations prévues à la section 1 du chapitre III du titre II du livre I de la partie réglementaire du code de commerce, la société déclare dans sa demande d'immatriculation en ce qui concerne la personne morale le montant total respectif des apports en numéraire et des apports en nature** *(Abrogé par Décr. n° 2012-928 du 31 juill. 2012, art. 21) « et la circonscription territoriale de la société coopérative ».*

Les coopératives d'utilisation en commun de matériel agricole et les coopératives de production animale en commun, quel que soit le nombre de leurs membres, sont dispensées des avis à insérer au ***Bulletin officiel des annonces civiles et commerciales*** **prévus à l'article R. 123-155 du code de commerce.**

Art. R. 521-10 *Abrogé par Décr. n° 2007-1218 du 10 août 2007.*

Art. R. 521-11 *Abrogé par Décr. n° 2002-1085 du 7 août 2002, art. 2 (JO 11 août), à compter du 1er nov. 2002.*

Art. R. 521-12 à R. 521-14 *Abrogés par Décr. n° 2007-1218 du 10 août 2007.*

Art. R. 521-15 *Abrogé par Décr. n° 2008-375 du 17 avr. 2008.*

CHAPITRE II ASSOCIÉS – TIERS NON COOPÉRATEURS

SECTION 1 Associés coopérateurs

COMMENTAIRE

Le décret du 21 décembre 2016 a modifié les conditions d'admission, de retrait et d'exclusion de la coopérative qui étaient jusqu'alors réglementairement soumises au contrôle du conseil d'administration. Il est désormais prévu que ces décisions soient soumises aux seuls statuts. Le retrait et l'exclusion ont pour conséquence le remboursement des parts de l'associé coopérateur. Il en est de même de la radiation qui permet aux coopératives de tenir à jour leurs registres et d'en écarter les associés restés inactifs pendant une période statutairement déterminée sous réserve d'une notification ou d'une publication.

Art. R. 522-1 Toute société coopérative agricole doit avoir au moins sept membres qui peuvent être soit des personnes morales, soit des personnes physiques, celles-ci devant être chefs d'exploitation.

(Décr. n° 2016-1401 du 18 oct. 2016, art. 3-1°, en vigueur le 1er déc. 2016) **« Toutefois, ce nombre est ramené à quatre pour les coopératives d'utilisation de matériel agricole, pour les coopératives de services dont les associés coopérateurs sont engagés par ailleurs dans un assolement en commun dans les conditions prévues à l'article L. 411-39-1** *(Décr. n° 2016-1820 du 21 déc. 2016, art. 1er-1°)* **« et à l'article 1871 du code civil » et pour les coopératives de production animale en commun. Une union est formée d'au moins deux coopératives ou unions, associés coopérateurs. »**

Les syndicats agricoles peuvent devenir associés coopérateurs pour les opérations relevant de leur activité propre et à condition qu'ils exercent celle-ci à l'intérieur de la circonscription de la coopérative. Les membres d'une association ou d'un syndicat d'agriculteurs adhérant à une coopérative ne peuvent bénéficier des services de cette dernière que s'ils sont eux-mêmes associés coopérateurs de ladite coopérative.

Art. R. 522-2 *Al. 1er abrogé par Décr. n° 2016-1820 du 21 déc. 2016, art. 1er-2°.*

Al. 2 abrogé par Décr. n° 2008-375 du 17 avr. 2008.

(Décr. n° 2007-1218 du 10 août 2007) **« La qualité d'associé coopérateur est établie par la souscription ou par l'acquisition d'une ou plusieurs parts sociales de la coopérative. »**

Toute société coopérative agricole doit avoir obligatoirement à son siège un *(Décr. n° 2007-1218 du 10 août 2007)* **« fichier » des associés coopérateurs sur lequel ces derniers sont inscrits par ordre chronologique d'adhésion et numéros d'inscription avec indication du capital souscrit** *(Décr. n° 2008-375 du 17 avr. 2008)* **« par catégorie de parts telles que prévues à l'article R. 523-1 ».**

Le registre des associés de la coopérative soumis aux autorités administratives de contrôle constitue un élément de preuve que le juge ne peut par principe écarter des débats. • Civ. 1re, 18 déc. 2001, n° 99-17.510 P : *JCP 2002. IV. 1198 ; RD rur. 2002. 178 ; BJS 2002. 90, note Barbièri.*

Art. R. 522-3 **L'adhésion à la coopérative entraîne pour l'associé coopérateur :**

1° L'engagement d'utiliser les services de la coopérative, soit pour la totalité, soit pour une partie des opérations pouvant être effectuées par son intermédiaire. Les statuts de chaque coopérative fixent la nature, la durée et les modalités de cet engagement ainsi que les sanctions applicables en cas d'inexécution ;

2° L'obligation de souscrire ou d'acquérir par voie de cession le nombre de parts sociales prévu en fonction de cet engagement selon *(Décr. n° 2016-1401 du 18 oct. 2016, art. 3-2°, en vigueur le 1er déc. 2016)* **« les » dispositions de l'article** *(Décr. n° 2007-1218 du 10 août 2007)* **« R. 523-1-1 ».**

Nul ne peut demeurer associé coopérateur s'il n'est lié par l'engagement mentionné au 1° du présent article, sous réserve toutefois des *(Décr. n° 2016-1401 du 18 oct. 2016, art. 3-2°, en vigueur le 1er déc. 2016)* **« dispositions des troisième et quatrième alinéas de l'article R. 523-3 ».**

1. V. jurisprudence ss. art. L. 521-3, notes 4 s.

2. Procédure collective. Le contrat d'apport, fût-il lié au contrat de société, constitue un contrat en cours dont l'administrateur peut exiger la résiliation ou la continuation. • Com. 19 févr. 2013, n° 12-23.146 : *RD rur. 2013, n° 119, note Barbièri ; BJS 2013. 417, note Dondero ; Rev. sociétés 2013. 629, note Parléani.*

Art. R. 522-3-1 *(Décr. n° 2019-1137 du 5 nov. 2019, art. 1er)* **Au titre des informations prévues à l'article L. 521-1-1, l'associé coopérateur se voit remettre, lors de son adhésion, une liste des dirigeants de la coopérative, ainsi que des référents qu'il peut contacter pour faciliter son intégration.**

Art. R. 522-4 *(Décr. n° 2019-1137 du 5 nov. 2019, art. 1er)* **« L'associé coopérateur est engagé avec sa société coopérative pour une durée déterminée.**

« En cas de force majeure dûment justifiée, le retrait anticipé d'un associé coopérateur est accepté par l'organe chargé de l'administration de la coopérative. Ce retrait peut également être accepté dans les conditions prévues par les statuts en cas de motif valable et si le départ de l'associé coopérateur ne porte pas préjudice au bon fonctionnement de la coopérative.

« Si l'associé coopérateur n'a pas notifié au président de la société coopérative, avant le terme de son engagement, sa décision de se retirer au terme de celui-ci, cet engagement est renouvelé par tacite reconduction par périodes de même durée, selon les dispositions des statuts et du règlement intérieur en vigueur à la date du renouvellement. »

(Décr. n° 2007-1218 du 10 août 2007) **« Toutefois, si la période initiale d'engagement est supérieure à cinq ans, chaque période de tacite reconduction est de cinq ans au plus. »**

Dern. al. abrogé par Décr. n° 2016-1820 du 21 déc. 2016, art. 1er-3°.

BIBL. ▸ CREVEL, *RD rur. 2017. Étude 26* (dernières modifications réglementaires... le retrait).

1. Les conditions dans lesquelles les liens unissant une coopérative et un associé peuvent cesser sont régies par les statuts et échappent à l'application de l'art. L. 442-6-I 5e C. com. • Com. 8 févr. 2017, n° 15-23.050 P : *D. actu. 23 févr. 2017, note Delpech ; CCC 2017. Alerte 16.* ♦ Faute d'avoir notifié son retrait conformément aux dispositions statutaires ou d'avoir reçu l'autorisation de se retirer de la coopérative, l'associé a conservé sa qualité d'associé coopérateur, peu important qu'il ait cessé tout apport. • Civ. 1re, 25 mars 2020, n° 18-17.721 P : *JCP 2020. 724 ; BJS 2020, n° 9, p. 45, note Brignon ; DP entr. agric., Bull. n° 541/542, p. 1, note Barbieri ; RD rur. 2020, n° 159, note Crevel.*

2. Les juges ont pu retenir que la demande de radiation d'un coopérateur valait demande de retrait. • Civ. 1re, 9 déc. 2020, n° 18-21.538 : *DP entr. agric., Bull. n° 548, p. 10, note Barbieri ; RD rur. 2021, n° 38, note Crevel.*

3. Motif du retrait. Les difficultés économiques du preneur ne justifient pas le retrait anticipé de la coopérative par l'associé coopérateur. • Civ. 1re, 18 déc. 2001 : *RD rur. 2002. 66.* ♦ Le retrait prématuré du coopérateur n'est pas fondé lorsque le conseil d'administration n'a pas reconnu les difficultés économiques et financières de son exploitation comme motif de force majeure. • Montpellier, 24 juin 2003, *Matelly c/ Sté Inter Vigouroux : RD rur. 2004. 198 ; Dr. sociétés 2004, inf. 58* • Montpellier, 14 oct. 2008 : *RD rur. 2009, n° 113, note Barbièri.* ♦ Ayant relevé que le montant de l'impayé représentait une part infime du prix obtenu par le coopérateur pour ses produits, la cour a pu considérer que le manquement de la coopérative n'était pas suffisant pour justifier l'exception d'inexécution opposée. • Civ. 1re, 20 déc. 2017, n° 16-21.462 : *Gaz. Pal. 2018. 1530, note Lebel.*

4. Les juges du fond ne peuvent, après avoir constaté l'absence de la force majeure invoquée par les coopérateurs pour justifier leur démission, décider que leurs griefs constituaient un juste motif. • Civ. 1re, 7 oct. 1998 : *Dr. et patr. 3/1999. 96, note Barbièri.* ♦ Les juges sont mal fondés à admettre le retrait d'une coopérative en l'absence de force majeure et malgré le refus du conseil d'administration, sans rechercher en quoi l'union coopérative avait manqué à ses obligations synallagmatiques telles qu'elles sont définies dans les statuts. • Civ. 1re, 12 mars 2002 : *BJS 2002. 1067, note Barbièri.*

5. La coopérative est fondée à s'opposer aux demandes de retrait des coopérateurs qui ont démissionné en cours de période d'engagement sans respecter l'obligation statutaire de demande d'autorisation préalable de retrait. • Civ. 1re, 13 févr. 2001, n° 98-21.584. ♦ Même sens : • Civ. 1re, 9 avr. 2002 : *RD rur. 2002. 492, note Martine.* ♦ Le conseil d'administration peut refuser le retrait et appliquer une pénalité pour défaut de livraison des apports dès lors que la demande du coopérateur était présentée sans motif. • Civ. 1re, 9 déc. 2020, n° 18-21.538 : *préc. note 2.*

6. Charge de la preuve. La coopérative qui reproche à certains des associés de s'être retirés avant la fin de leur engagement doit prouver leur date d'adhésion au groupement. • Civ. 1re, 13 févr. 2001 : *RD rur. 2001. 362* • Civ. 1re, 6 juill. 2004, n° 02-16.828 : *RD rur. 2004. 592, obs. B. G.* • Orléans, 14 sept. 2009 : *RD rur. 2010, n° 103, note Barbièri.* ♦ La coopérative a la charge de démontrer la qualité de coopérateur pour soutenir un manquement aux obligations et solliciter le paiement de pénalités. • Civ. 1re, 13 mars 2019, n° 17-26.671.

7. Jurisprudence antérieure à l'Ord. du 24 avr. 2019. La communication à un associé coopérateur de sa date d'adhésion ne relève pas des obligations contractuelles d'une société coopérative. • Civ. 1re, 30 oct. 2013, n° 12-21.793 : *RD rur. 2014, n° 83, note Hirsch.*

8. En cas de démission d'un associé-coopérateur, les dommages-intérêts dus à la coopérative peuvent être calculés en fonction du préjudice entier, c'est-à-dire des charges fixes de la coopérative pour la durée de l'engagement restant à courir. • Civ. 1re, 27 juin 1995, n° 92-16.388. ♦ L'art. 1129 C. civ. ne s'applique pas à une clause qui ne définit pas l'objet d'une obligation mais fixe les dommages-intérêts en cas d'inexécution d'une convention et un associé coopérateur ne peut prétendre à la nullité d'une telle clause en raison du caractère indéterminé ou indéterminable des sommes dues. • Même arrêt.

Art. R. 522-5 **Les statuts doivent prévoir que l'associé coopérateur s'engage, en cas de mutation de propriété ou de jouissance de l'exploitation au titre de laquelle ont été pris les engagements d'activité, à transférer ses parts sociales au nouvel exploitant qui,** *(Décr. n° 2016-1820 du 21 déc. 2016, art. 1er-4°)* **« sous réserve de l'alinéa suivant », sera substitué, pour la période postérieure à l'acte de mutation, dans tous les droits et obligations de son auteur vis-à-vis de la société.**

(Décr. n° 2016-1820 du 21 déc. 2016, art. 1er-4°) **« L'admission du nouvel exploitant peut être refusée dans les conditions prévues par les statuts. En cas de refus d'admission du nouvel exploitant, aucune sanction ne peut être prise, en raison de cette mutation d'exploitation, à l'encontre de l'associé coopérateur à l'origine de celle-ci. »**

(Décr. n° 2007-1218 du 10 août 2007) **« En cas de refus du nouvel exploitant d'adhérer à la coopérative, les dispositions de l'article R. 522-4 sont applicables à l'associé coopérateur auteur de la mutation de l'exploitation. »**

BIBL. ▶ Hiez, *Rev. sociétés 2008. 310, § 9* (transfert d'exploitation).

1. Engagement de transfert. Jurisprudence antérieure au décret du 10 août 2007. Est mal fondée la cour qui condamne l'associé coopérateur à supporter les conséquences du manquement à son obligation de transfert alors qu'il n'était pas contesté que l'associé coopérateur avait proposé de céder ses parts à son successeur qui les avait refusées, sans que soit allégué l'existence entre eux d'une entente frauduleuse pour frustrer la coopérative. • Civ. 3e, 7 mars 1979, n° 77-14.018 P : *D. 1979. 617, note Gourlay.* ♦ Même sens : • Civ. 3e, 16 janv. 1996 : *RD rur. 1996. 247.*

2. Fraude. La fraude aux droits de la coopérative n'est pas constituée par l'absence de motif légitime du transfert à un tiers des moyens d'exploitation par l'associé mais par l'entente frauduleuse de l'associé et du cessionnaire pour frustrer la coopérative. • Civ. 1re, 4 janv. 2005, n° 01-13.415. ♦ V., pour un exemple de fraude par constitution d'une société dans le seul but d'évincer la coopérative : • Montpellier, 12 oct. 2004 : *RD rur. août-sept. 2005. 42, obs. Gilardeau.*

3. Sanction. Une coopérative est fondée à appliquer des pénalités à l'associé qui a omis de notifier dans les formes statutaires la donation de son exploitation à un GAEC constitué de son épouse et de son fils. • Civ. 1re, 10 juill. 2001, n° 99-12.802 P : *RD rur. 2001. 513 et 625 ; ibid. 2002. 491, note Martine ; JCP 2001. IV. 2677 ; Gaz. Pal. 21-23 oct. 2001. 24 ; JCP N 2002. 1277.* ♦ ... Qui a pris l'engagement de livrer à la coopérative l'intégralité de ses produits, puis a donné à bail l'essentiel de sa propriété sans le dénoncer à la coopérative, même s'il apporte toute la production des terres qu'il a gardées en jouissance. • Nîmes, 4 mars 2003 : *RD rur. 2003. 636.* ♦ ... Qui n'apporte pas la preuve de ce que le transfert d'exploitation aurait emporté substitution d'associé. • Civ. 3e, 10 avr. 2019, n° 17-31.354 : *Defrénois 2019, n° 47, p. 36.*

4. Aucune sanction ne peut être infligée au cédant d'un fonds en cas de refus de l'acquéreur d'adhérer à la coopérative dont il était membre pour la production des terres vendues. • Civ. 1re, 27 mai 2003, *Sté coopérative agricole des vignerons de Mèze c/ Llassat : RD rur. 2004. 37.* ♦ Inverse la charge de la preuve la cour d'appel qui exige, pour écarter la pénalité pour défaut de livraison, que l'associé qui a proposé ses parts au locataire de ses vignes qui les a refusées prouve qu'il s'était trouvé sans faute de sa part dans l'impossibilité d'exécuter ses obligations, retenant qu'il n'était pas établi l'existence d'un motif légitime au transfert des moyens d'exploitation par l'associé. • Civ. 1re, 4 janv. 2005 : *préc. note 2.*

5. Cession de parts. Lorsqu'un acte de mutation de propriété ou de jouissance d'une exploitation au titre de laquelle ont été pris des engagements d'activité avec une coopérative, contient une convention de cession de parts sociales au nouvel exploitant, la coopérative peut se prévaloir à l'égard de ce dernier de ladite cession, même si la mutation ne lui a pas été dénoncée par le cédant et lui est donc inopposable. • Civ. 1re, 13 mai 1997, n° 95-16.935 P : *RD rur. 1997. 506 ; ibid. 1998. 91, obs. Martine ; JCP N 1998 1714, note Gravillou.*

6. Le coopérateur a cédé son exploitation prévoyant dans l'acte que l'acquéreur faisait son affaire de la reprise des parts de la coopérative, puis a omis de procéder aux formalités nécessaires à cette cession ; la cour d'appel est mal fondée à débouter le vendeur de son action en garantie contre l'acquéreur au seul motif que celui-ci ne pouvait livrer ses produits à la coopérative et que le vendeur n'avait pas fait agréer son remplaçant préalablement à la vente des parcelles. • Civ. 3e, 21 févr. 2006 : *RD rur. juin-juill. 2006. 30, note Barbièri.*

7. Engagement cédé. Les héritiers de l'associé coopérateur décédé poursuivent le contrat conclu par leur auteur ; le terme de l'engagement se détermine selon la date d'adhésion des parents. • Civ. 1re, 17 nov. 1998 : *RD rur. 1998. 563 ; BJS 1999. 284.* ♦ Même sens : • Civ. 1re, 18 janv. 2000 : *BJS 2000. 560 ; JCP 2000. IV. 1399 ; JCP N 2000. Pan. 629 ; RD rur. 2000. 491.*

8. Bail. N'est pas illicite la clause du bail mettant à la charge du preneur les engagements pris par le bailleur à l'égard d'une coopérative dont celui-ci était membre. • Civ. 3e, 9 déc. 2009, n° 08-20.662 : *JCP N 2010. 1130, note Barbièri ; JCP N 2011. 1150, note Roussel.*

9. Reprise de terres. Conserve la qualité d'associé le GAEC qui continue d'exécuter ses apports, mais qui a perdu une partie de ses terres par l'effet de la reprise exercée par un propriétaire qui n'a pas racheté les parts de coopérative du GAEC ; dès lors, la coopérative qui a exigé une nouvelle demande d'adhésion du GAEC pour poursuivre la collecte du lait lui doit des dommages-intérêts et le remboursement de ses parts. • Civ. 1re, 13 févr. 2007 : *RD rur. 2007, n° 152, note Barbièri.*

Art. R. 522-6 *(Décr. n° 2007-1218 du 10 août 2007)* **En cas de décès, d'exclusion,** *(Décr. n° 2016-1401 du 18 oct. 2016, art. 3-5°, en vigueur le 1er déc. 2016)* **« de radiation, » d'interdiction de gérer, de banqueroute, de liquidation judiciaire ou de faillite personnelle ou de retrait d'un associé coopérateur ou lorsqu'il y a dissolution de la communauté conjugale, la société n'est pas dissoute ; elle continue de plein droit entre les autres associés coopérateurs.**

Art. R. 522-7 **En aucun cas un associé coopérateur, ni son héritier ou ayant droit ne peut provoquer l'apposition des scellés sur les biens ou valeurs de la société, ni en demander le partage ou la licitation, ni s'immiscer en aucune façon dans les affaires sociales.**

Art. R. 522-8 **L'exclusion d'un associé coopérateur peut être prononcée** *(Abrogé par Décr. n° 2016-1820 du 21 déc. 2016, art. 1er-5°)* ***« par le conseil d'administration »*** **pour des raisons graves, notamment si l'associé coopérateur a été condamné à une peine criminelle, s'il a nui sérieusement ou tenté de nuire à la société par des actes injustifiés ou s'il a falsifié les produits qu'il a apportés à la coopérative.**

Al. 2 et 3 abrogés par Décr. n° 2016-1820 du 21 déc. 2016, art. 1er-5°.

L'associé coopérateur exclu bénéficie du remboursement de ses parts dans les conditions prévues à l'article R. 523-5, après déduction éventuelle des pénalités prévues par les statuts ou le règlement intérieur de la société.

Art. R. 522-8-1 *(Décr. n° 2016-1401 du 18 oct. 2016, art. 3-6°, en vigueur le 1er déc. 2016)* **Lorsqu'un associé coopérateur, inscrit sur le fichier mentionné à l'article R. 522-2,** *(Décr. n° 2016-1820 du 21 déc. 2016, art. 1er-6°)* **« ne peut plus être joint par » la coopérative ou l'union, pendant une durée fixée par les statuts, il peut être radié selon des modalités prévues par les statuts.**

L'associé coopérateur radié bénéficie du remboursement de ses parts sociales dans les conditions prévues à l'article R. 523-5, après déduction des pénalités prévues par les statuts ou le règlement intérieur de la société. Il est informé de sa radiation par lettre recommandée avec demande d'avis de réception.

Lorsqu'il ne peut être joint, la décision de radiation fait l'objet d'un avis publié dans un journal habilité à recevoir les annonces légales dans le ressort du siège social de la coopérative ou de l'union. L'avis rappelle le droit pour l'associé coopérateur radié ou ses ayants droit à obtenir auprès de la coopérative ou de l'union le remboursement correspondant à l'annulation de ses parts sociales.

BIBL. ▸ Barbièri, *DP entr. agric., Bull. n° 502, p. 9 et n° 503, p. 17* (radiation de l'associé coopérateur). – Crevel, *RD rur. 2017. Étude 26* (dernières modifications réglementaires... la radiation).

SECTION 2

Néant.

SECTION 3 Tiers non coopérateurs

Art. R. 522-9 *Abrogé par Décr. n° 2016-1401 du 18 oct. 2016, art. 3-7°, à compter du 1er déc. 2016.*

CHAPITRE III CAPITAL SOCIAL ET DISPOSITIONS FINANCIÈRES

SECTION 1 Capital social

(Décr. n° 2007-1218 du 10 août 2007)

Art. R. 523-1 **Le capital social des sociétés coopératives agricoles est constitué par :**

1° Des parts sociales détenues par les associés coopérateurs dans le cadre de l'engagement visé au *a* de l'article L. 521-3 ;

2° Des parts sociales détenues par les associés non coopérateurs lorsque les statuts de la coopérative autorisent selon l'article L. 522-3 leur admission ;

3° Des parts sociales d'épargne détenues par les associés coopérateurs dans le cadre des dispositions de l'article L. 523-4-1 ;

4° Des parts à avantages particuliers détenues par les associés dans le cadre des dispositions de l'article R. 523-5-1.

L'ensemble de ces parts sociales sont nominatives et indivisibles. Leur valeur nominale est identique pour tous les associés. Elle est d'au moins 0,15 euro pour les coopératives créées antérieurement au 20 mai 1955 et de 1,5 euro au moins pour les coopératives créées depuis cette date.

Art. R. 523-1-1 **Les parts sociales mentionnées au 1° de l'article R. 523-1 sont transmissibles dans les conditions prévues aux articles R. 522-5 et R. 523-4.**

Ces parts sont entièrement libérées à la souscription. Toutefois, les statuts peuvent prévoir la faculté d'une libération partielle au moins égale au quart à la souscription, le solde étant exigible en une ou plusieurs fractions dans un délai maximum de cinq ans à compter du jour de la souscription.

Les statuts fixent obligatoirement les modalités de souscription ou d'acquisition des parts sociales pour chaque associé coopérateur, en fonction, soit de l'importance des opérations qu'il s'engage à effectuer avec la société, soit de l'importance de son exploitation.

(Décr. n° 2008-375 du 17 avr. 2008) « L'augmentation ultérieure de son engagement ou du montant des opérations effectivement réalisées, lorsqu'elle ne résulte pas d'une variation conjoncturelle de ces opérations, entraîne pour chaque associé coopérateur le réajustement correspondant du nombre de ses parts sociales selon les modalités fixées par le règlement intérieur.

« Sans préjudice des dispositions de l'article R. 523-3, la diminution ultérieure de son engagement ou du montant des opérations effectivement réalisées, lorsqu'elle ne résulte pas d'une variation conjoncturelle de ces opérations, entraîne pour chaque associé coopérateur le réajustement correspondant de ses parts sociales avec l'accord exprès du conseil d'administration et selon les modalités fixées par le règlement intérieur. »

Art. R. 523-2 Les parts visées à l'article R. 523-1 peuvent recevoir un intérêt dont la limite est fixée par le *c* de l'article L. 521-3 et le troisième alinéa de l'article L. 522-4.

Cet intérêt ne peut être servi que si un résultat excédentaire a été réalisé au cours de l'exercice. Toutefois, les statuts peuvent prévoir qu'en cas d'insuffisance du résultat excédentaire les sommes nécessaires pour parfaire l'intérêt y afférent pourront être prélevées sur une dotation spéciale constituée à cet effet par l'assemblée générale par un prélèvement sur le résultat excédentaire du ou des exercices antérieurs.

Art. R. 523-3 Le capital social souscrit est soumis aux variations normales résultant de la souscription de parts nouvelles ou de l'annulation de parts souscrites.

Aucune limitation n'est fixée pour le capital initial ni pour ses augmentations successives.

Le capital social souscrit dans le cadre de l'engagement visé au *a* de l'article L. 521-3 ne peut être réduit au-dessous des trois quarts du montant le plus élevé constaté par une assemblée générale depuis la constitution de la société.

Toutefois, cette limite ne s'applique pas lorsque les parts sont remboursées à la suite d'un retrait *(Décr. n° 2016-1401 du 18 oct. 2016, art. 4-1°, en vigueur le 1er déc. 2016)* « , d'une exclusion ou d'une radiation des associés coopérateurs dans les cas prévus par les articles R. 522-4, R. 522-8 et R. 522-8-1 » et si lesdites parts n'ont pu au préalable être cédées à un tiers ou à d'autres associés coopérateurs.

Art. R. 523-4 Les parts des membres sortant de la société avec son accord sont remboursables dans les conditions fixées par l'article R. 523-5.

Le conseil d'administration autorise toute cession de parts sociales réalisées entre associés ou au profit d'un tiers dont l'adhésion a été acceptée. Celle-ci doit être refusée si elle a pour résultat de réduire le nombre de parts de l'associé coopérateur au-dessous du minimum statutaire prévu à l'article R. 523-1-1 ou si elle a pour effet de modifier la composition du capital social de la société en méconnaissance des dispositions des articles L. 522-2-1 et L. 522-4.

La transmission des parts s'opère par simple transcription sur le fichier des associés coopérateurs.

Art. R. 523-5 La démission en fin de période d'engagement, l'exclusion *(Décr. n° 2016-1401 du 18 oct. 2016, art. 4-2°, en vigueur le 1er déc. 2016)* « , la radiation » ou le retrait de l'associé coopérateur en cours d'engagement d'activité avec l'accord du conseil d'administration entraîne la perte de la qualité d'associé coopérateur.

Cette perte de qualité donne lieu à l'annulation de ses parts sociales, à défaut de transfert de celles-ci.

Leur remboursement a lieu dans les conditions suivantes :

1° L'associé coopérateur a droit au remboursement de ses parts de capital social à leur valeur nominale. Toutefois, si les statuts le prévoient, il reçoit un montant déterminé par application du deuxième alinéa de l'article 18 de la loi n° 47-1775 du 10 septembre 1947 portant statut de la coopération *(Décr. n° 2016-1401 du 18 oct. 2016, art. 4-2°, en vigueur le 1er déc. 2016)* « , de l'article L. 523-1 ou des troisième à cinquième alinéas de l'article L. 523-7 » ; — *V. cette L. au* ***C. sociétés***.

2° Le montant du remboursement est réduit dans l'hypothèse et selon les modalités visées à l'article L. 523-2-1 ;

3° Dans tous les cas, le remboursement est opéré sans préjudice des intérêts dus sur ces parts *(Décr. n° 2008-375 du 17 avr. 2008)* « , des dividendes dus aux porteurs de ces parts » et des ristournes qui peuvent revenir à l'intéressé ;

4° Le remboursement des parts annulées souscrites ou acquises dans le cadre de l'engagement prévu au *a* de l'article L. 521-3, doit être compensé par la constitution d'une réserve prélevée sur le résultat. La dotation à cette réserve est égale au montant de ces parts remboursées pendant l'exercice diminué, le cas échéant, des nouvelles parts souscrites pendant cette période ;

5° Le conseil se prononce sur le remboursement et fixe l'époque à laquelle le paiement de ces sommes pourra être fait, compte tenu des dispositions de l'article R. 522-4 ;

6° Dans tous les cas, le délai de remboursement ne pourra dépasser la durée de cinq ans ;

7° Tout membre qui cesse de faire partie de la société à un titre quelconque reste tenu pendant cinq ans et pour sa part, telle qu'elle est déterminée par l'article R. 526-3, envers ses coassociés coopérateurs et envers les tiers, de toutes les dettes sociales existantes au moment de sa sortie.

1. Remboursement des parts. La coopérative est fondée à s'opposer au remboursement des parts de cinquante associés ayant quitté la coopérative dès lors que les statuts prévoient que la démission doit être acceptée par le conseil d'administration. • Civ. 1re, 23 sept. 2003 : *RD rur. 2004. 285* • Com. 22 mars 2005, n° 01-12.354. ♦ La perte de la qualité d'associé d'une SICA sous forme de société civile ne peut être antérieure au remboursement des droits sociaux ; la valeur de rachat des parts sociales d'un associé exclu peut être déterminée par expert. • Civ. 1re, 28 sept. 2016, n° 15-18.482 P : *D. 2016. 1998 ; DP entr. agric., Bull. n° 501, p. 10, note Mambrini ; Joly 2016. 728, note Barbièri ; Dr. sociétés 2017. 4, note Hovasse ; RD rur. 2017, n° 91, note Lebel.* ♦ Lors du retrait d'un associé, une coopérative n'est pas fondée à refuser le remboursement des parts sociales au motif qu'elle a souscrit des prêts à la caisse régionale de crédit agricole. • Civ. 1re, 9 nov. 1999 : *RD rur. 2000. 357 ; JCP 1999. IV. 3147 ; JCP N 2000. Pan. 506 ; Gaz. Pal. 30 juin-1er juill. 2000, p. 13 ; Rev. sociétés 2000. 312, note Dana-Demaret.* ♦ Le conseil d'administration fixe unilatéralement les conditions de remboursement des parts d'un associé démissionnaire si sa décision est prise dans le seul but d'éviter tout préjudice à la société coopérative et en respectant le délai de remboursement de dix ans. • Amiens, 10 juin 2003, *Sté Arco et Sté coopérative agricole des producteurs du Réthelois c/ COVIPOM.*

2. Connexité. La dette de la coopérative au titre du remboursement des droits sociaux et la dette du coopérateur envers la coopérative au titre des relations antérieures sont connexes. • Com. 20 févr. 2007 : *Rev. sociétés 2007, n° 823, note Hiez.*

3. Prescription. La prescription par cinq ans des obligations existant au moment du départ de l'associé de la coopérative concerne les seules dettes sociales incombant à l'associé coopérateur au moment de sa retraite, à l'exclusion des pénalités et indemnités faisant éventuellement suite à sa démission avant le terme de son engagement. • Civ. 1re, 2 déc. 2003 : *RD rur. 2004. 478.*

4. Exclusion. L'associé perd son mandat d'administrateur dès la décision d'exclusion. • Civ. 1re, 28 sept. 2016, n° 15-18.482 P : *préc. note 1.*

Art. R. 523-5-1 Tout associé doit être à jour de ses obligations de souscription lorsqu'il souhaite souscrire des parts sociales à avantages particuliers prévues à l'article 11 de la loi n° 47-1775 du 10 septembre 1947 portant statut de la coopération. *(Abrogé par Décr. n° 2008-375 du 17 avr. 2008) « Ces parts font l'objet d'un fichier distinct. » (Décr. n° 2008-375 du 17 avr. 2008)* « Les caractéristiques de ces parts » sont fixées par le conseil d'administration au moment de leur émission ou de la conversion des parts sociales détenues par les associés au-delà de leur engagement statutaire, à moins qu'il n'en soit décidé autrement par les statuts.

SECTION 2 **Fonds de développement coopératif**

Art. R.* 523-6 *et* R.* 523-7 *Abrogés par Décr. n° 92-1363 du 24 déc. 1992.*

SECTION 3 *[ABROGÉE]* **Prises de participation**

(Abrogée par Décr. n° 2015-665 du 10 juin 2015, art. 4)

Art. R. 523-8 *Abrogé par Décr. n° 2015-665 du 10 juin 2015, art. 4.*

SECTION 4 Participation et intéressement

(Décr. nº 92-1363 du 24 déc. 1992)

Aux termes du Décr. nº 2007-1218 du 10 août 2007, art. 3-II, l'art. R. 523-12 ancien est devenu l'art. R. 523-9.

Art. R. 523-9 Pour l'application aux sociétés coopératives agricoles et à leurs unions des dispositions *(Décr. nº 2016-1401 du 18 oct. 2016, art. 4-3º, en vigueur le 1er déc. 2016)* « des titres I et II du livre III de la troisième partie du code du travail », la réserve spéciale de participation des salariés est calculée sur les bases suivantes :

1º Le bénéfice est égal à l'excédent net répartissable défini comme l'excédent net de l'exercice diminué :

a) Du report à nouveau débiteur Opérations avec les associés coopérateurs ;

b) Des sommes affectées aux réserves indisponibles ;

c) Du prélèvement affecté à la réserve légale conformément aux dispositions de l'article R. 524-21 *(Décr. nº 2017-1771 du 27 déc. 2017, art. 13-2º)* « du présent code » ;

d) Des sommes affectées à la réserve mentionnée au *(Décr. nº 2016-1401 du 18 oct. 2016, art. 4-3º, en vigueur le 1er déc. 2016)* « 4º » de l'article R. 523-5 *(Décr. nº 2017-1771 du 27 déc. 2017, art. 13-2º)* « du même code » ;

e) Du montant des sommes correspondant aux plus-values réalisées sur les cessions d'actifs immobilisés portées en réserve.

2º Les capitaux propres de l'entreprise sont réputés égaux :

a) Au capital social ;

b) Aux droits d'entrée ;

c) Aux écarts de réévaluation ;

d) Aux réserves, à l'exclusion de la réserve spéciale de participation des salariés ;

e) Aux provisions pour ristournes et intérêts aux parts ;

f) Au résultat de l'exercice (excédent ou déficit) ;

g) Aux subventions d'investissement autres que celles de l'État, des collectivités publiques et des établissements publics ;

(Abrogé par Décr. nº 2008-375 du 17 avr. 2008) « ***— aux provisions réglementées.*** » *— Les tirets précédant les cinq alinéas du 1º sont remplacés respectivement par « a », « b », « c », « d » et « e », les tirets précédant les sept alinéas du 2º sont remplacés respectivement par « a », « b », « c », « d », « e », « f » et « g », la lettre minuscule suivant chacune des insertions ainsi effectuées devenant une lettre majuscule (Décr. nº 2017-1771 du 27 déc. 2017, art. 13-2º).*

CHAPITRE IV ADMINISTRATION

SECTION 1 Conseil d'administration

(Décr. nº 2007-1218 du 10 août 2007)

Art. R. 524-1 Le nombre des administrateurs est fixé par les statuts. Ce nombre, qui peut être fixe ou être compris dans une fourchette, ne peut être inférieur à trois pour les coopératives et à deux pour les unions.

Pour être éligibles, les administrateurs doivent répondre aux conditions prévues par l'article L. 529-2 *(Abrogé par Décr. nº 2017-1771 du 27 déc. 2017, art. 13-3º)* « ***du code rural et de la pêche maritime*** ».

Les administrateurs, choisis parmi les associés coopérateurs, sont élus par l'assemblée générale à la majorité des suffrages exprimés.

L'élection des membres du conseil d'administration a lieu au scrutin secret lorsque le conseil d'administration le décide ou lorsqu'il est demandé avant l'assemblée générale ou dans le cours de celle-ci par un ou plusieurs associés coopérateurs.

Les dispositions prévues par les articles L. 524-2 et L. 529-2 *(Abrogé par Décr. nº 2017-1771 du 27 déc. 2017, art. 13-3º)* « ***du présent code*** » s'appliquent aux personnes physiques représentant des personnes morales siégeant au conseil d'administration ou au conseil de surveillance de la coopérative agricole ou de l'union.

Art. R. 524-1-1 La participation aux délibérations d'un ou plusieurs administrateurs nommés irrégulièrement ou n'ayant plus qualité pour exercer leurs fonctions ne remet pas en cause la validité des délibérations du conseil d'administration auquel ils ont pris part.

Ces administrateurs doivent se démettre de leur mandat dans les trois mois de leur nomination ou dans les trois mois de l'événement ayant entraîné la disparition de leur qualité pour exercer leurs fonctions.

Art. R. 524-1-2 Les moyens de visioconférence ou de télécommunication mentionnés à l'article L. 524-1-2, transmettant la voix et l'image ou tout le moins la voix des participants, satisfont à des caractéristiques techniques garantissant une participation effective à la réunion du conseil dont les délibérations sont retransmises de façon continue et simultanée.

Art. R. 524-1-3 La communication des documents prévue à l'article L. 524-4-1 s'effectue soit par envoi postal à l'adresse indiquée par l'associé, soit au siège social, ou au lieu de direction administrative de la coopérative. Le droit pour l'associé de prendre connaissance *(Décr. n° 2019-1137 du 5 nov. 2019, art. 2)* « de ces documents » emporte celui de prendre copie à ses frais.

Cet envoi peut être fait par un moyen électronique de communication mis en œuvre dans les conditions mentionnées à l'article R. 225-63 du code de commerce, à l'adresse indiquée par l'associé.

Art. R. 524-2 Les administrateurs sont nommés pour deux, trois ou quatre ans et renouvelables par moitié, tiers ou quart tous les ans ; les statuts fixent la durée de leur mandat et le rythme de leur renouvellement.

Les premières séries sont désignées par le sort, le renouvellement se fait ensuite à l'ancienneté.

Tout membre du conseil d'administration peut être révoqué à tout moment par l'assemblée générale.

Art. R. 524-3 En cas de décès, démission ou départ pour toute autre cause d'un ou plusieurs administrateurs, le conseil d'administration peut procéder provisoirement à leur remplacement. Toutefois, cette faculté n'est laissée au conseil d'administration que si, au cours d'un exercice, le nombre de vacances n'atteint pas la moitié du nombre statutaire des administrateurs lorsqu'il est fixe, ou la moitié du nombre d'administrateurs fixé par l'assemblée générale lorsqu'il est variable.

Le choix du conseil doit être soumis à la ratification de la prochaine assemblée générale.

Chaque membre ainsi nommé demeure en fonction jusqu'à la date d'expiration du mandat de l'administrateur qu'il remplace. Si le nombre des vacances atteint la moitié du nombre statutaire des administrateurs lorsqu'il est fixe ou la moitié du nombre d'administrateurs fixé par l'assemblée générale lorsqu'il est variable, il y a lieu de convoquer une assemblée générale réunie extraordinairement.

Art. R. 524-4 L'indemnité compensatrice de l'activité consacrée à l'administration de la coopérative qui peut être allouée aux administrateurs en vertu de l'article L. 524-3 est attribuée dans la limite d'une allocation globale décidée et fixée chaque année par l'assemblée générale. Cette indemnité est indépendante du remboursement des frais spéciaux exposés, le cas échéant, par les administrateurs pour l'exercice de leurs fonctions.

Art. R. 524-4-1 Le nombre maximum de sièges au conseil d'administration qui peut être attribué au collège des associés non coopérateurs en application des dispositions du dernier alinéa de l'article L. 524-1 inclut le nombre de sièges réservés aux administrateurs élus par les salariés en application des dispositions de l'article L. 524-2-3.

Art. R. 524-5 *Al. 1er et 2 abrogés par Décr. n° 2016-1401 du 18 oct. 2016, art. 5-1°, à compter du 1er déc. 2016.*

Le conseil d'administration nomme son président ainsi que les autres membres du bureau, parmi ses membres, personnes physiques ou mandataires représentant les personnes morales qui en font partie.

Le président du conseil d'administration représente la société en justice. Il peut déléguer avec l'accord du conseil d'administration ce pouvoir de représentation à un ou plusieurs administrateurs ou au directeur.

1. Le président du conseil d'administration d'une société coopérative agricole représente la société en justice, et aucune disposition du code rural ne confère au conseil d'administration la faculté de déléguer lui-même l'exercice de ce pouvoir par mandat spécial. • Com. 8 oct. 2013, n° 12-14.181 : *Dr. sociétés 2013. 199, note Hovasse ; RD rur. 2014, n° 58, note Barbièri.*

2. En application du règlement intérieur, le conseil d'administration peut décider d'appliquer un prix distinct selon le mode de récolte, s'agissant d'un moyen de contrôle de la qualité des produits mis sur le marché et non d'une sanction. • Civ. 1re, 18 juill. 2000, *M. Cariou et a. c/ Union des coopératives de Paimpol et Tréguier et a. : RD rur. 2002. 489, note Martine.*

3. La demande de pénalités à un associé coopérateur doit résulter d'une décision expresse et certaine du conseil d'administration d'appliquer la sanction statutaire. • Civ. 1re, 30 oct. 2013, n° 12-21.793 : *RD rur. 2014, n° 83, note Hirsch.*

4. Est mal fondé l'arrêt qui relève que les statuts réservaient au seul conseil d'administration le pouvoir d'accorder le cautionnement de la coopérative et valide le cautionnement négocié par le président ayant reçu un mandat général du conseil d'administration alors que ce pouvoir devait faire l'objet d'une délégation expresse. • Com. 26 mars 2008 : *RD rur. 2008, n° 93 ; RD rur. 2008, n° 118, note Barbièri ; BJS 2008. 593, note Ferrier ; Dr. sociétés 2008, n° 179.* ♦ L'engagement de substitution de cautionnement donné par la société coopérative agricole lui est inopposable sans autorisation préalable du conseil d'administration en application de l'art. L. 225-35. • Com. 15 janv. 2013, n° 11-27.648 : *Gaz. Pal. 19-20 juin 2013.*

Art. R. 524-6 **Les copies ou extraits des procès-verbaux des délibérations du conseil d'administration ou des procès-verbaux des assemblées générales sont valablement certifiés par le président du conseil d'administration** *(Décr. n° 2016-1401 du 18 oct. 2016, art. 5-2°, en vigueur le 1er déc. 2016)* **« , par un ou plusieurs administrateurs ou par le directeur habilités à cet effet par le conseil d'administration ou par le secrétaire de l'assemblée ».**

Au cours de la liquidation de la société, ces copies ou extraits sont valablement certifiés par un seul liquidateur.

Art. R. 524-7 **Le conseil d'administration se réunit aussi souvent que l'intérêt de la société l'exige et au moins une fois par trimestre, sur la convocation du président ou, en cas d'empêchement, sur celle de l'un des vice-présidents, ou encore toutes les fois que le tiers de ses membres en fait la demande.**

Pour délibérer valablement, le conseil d'administration doit réunir au moins la moitié de ses membres *(Décr. n° 2016-1401 du 18 oct. 2016, art. 5-3°, en vigueur le 1er déc. 2016)* **« en fonction ».**

Sauf dans le cas prévu *(Décr. n° 2016-1401 du 18 oct. 2016, art. 5-3°, en vigueur le 1er déc. 2016)* **« aux articles R. 522-5 et R. 522-8 », les délibérations sont prises à la majorité des membres présents. En cas de partage, la voix du président est prépondérante** *(Décr. n° 2016-1401 du 18 oct. 2016, art. 5-3°, en vigueur le 1er déc. 2016)* **« sauf dans le cas où la délibération porte sur la nomination du président ». Nul ne peut voter par procuration au sein du conseil.**

Encourt la nullité la délibération exigeant un vote majoritaire lorsque le procès-verbal du conseil d'administration n'indiquait pas la répartition des votes. • Civ. 1re, 6 déc. 2017, n° 16-20.680 P : *RD rur. 2018, n° 30, note Crevel ; DP entr. agric., Bull. n° 516, p. 1, note Mambrini ; Gaz. Pal. 2018. 1531, note Lebel.*

Art. R. 524-8 **Le conseil d'administration peut conférer des délégations de pouvoir à un ou plusieurs de ses membres. Il peut, en outre, pour un ou plusieurs objets déterminés, conférer des mandats spéciaux à des associés coopérateurs non administrateurs ou à des tiers. Le conseil d'administration peut transférer le siège social de la coopérative à l'intérieur de sa circonscription territoriale** *(Décr. n° 2008-375 du 17 avr. 2008)* **« ou le siège social de l'union en tout autre lieu du territoire national ».**

V. note 4 ss. art. R. 524-5.

Art. R. 524-9 **Le conseil d'administration peut nommer un directeur qui n'est pas un mandataire social et qui, s'il est associé de la coopérative, ne doit pas être membre du conseil.**

Le directeur exerce ses fonctions sous la direction, le contrôle et la surveillance du conseil d'administration, qu'il représente vis-à-vis des tiers, dans les limites des pouvoirs qui lui ont été confiés.

Sa rémunération annuelle est arrêtée par le conseil d'administration, qui détermine aussi les autres avantages qui peuvent lui être accordés.

Dern. al. abrogé par Décr. nº 2016-1820 du 21 déc. 2016, art. 2-1º.

1. Excède ses pouvoirs statutaires le directeur général d'une coopérative agricole qui engage cette société à garantie à première demande. • Civ. 1re, 1er mars 2005 : *RJDA 2005, inf. 837.*

2. Le directeur général de la coopérative peut être déclaré pénalement responsable des falsifications de produits reprochées à la coopérative dès lors qu'il est investi d'une délégation générale en matière technique et commerciale. • Crim. 4 mars 2003, *Keller,* nº 02-83.239. ♦ Est pénalement responsable le directeur général, investi d'une délégation générale de la coopérative en matière technique et commerciale, et pourvu de l'autorité, de la compétence et des moyens nécessaires à l'exercice de ses fonctions, qui a participé personnellement aux fausses déclarations commises par le coopérateur pour bénéficier d'aides communautaires. • Crim. 19 sept. 2007, nº 06-85.899 P : *RJDA 2008, inf. 167.*

Art. R.* 524-10 et R.* 524-11 *Abrogés.*

SECTION 2 Assemblée générale

(Décr. nº 2007-1218 du 10 août 2007)

Art. R. 524-12 L'assemblée générale réunit tous les associés coopérateurs de la coopérative régulièrement inscrits sur le fichier des associés coopérateurs de la coopérative à la date de la convocation de l'assemblée générale.

L'assemblée générale ordinaire doit être convoquée par le conseil d'administration au moins une fois par an dans les six mois qui suivent la clôture de l'exercice afin d'examiner les comptes ; ce délai est porté à neuf mois pour les unions de coopératives. *(Décr. nº 2019-1137 du 5 nov. 2019, art. 2)* « Elle l'est également dans les cas suivants :

« 1º Sur demande du Haut Conseil de la coopération agricole en application du I de l'article L. 528-2 ;

« 2º Sur demande écrite du cinquième au moins des membres de la société ;

« 3º Lorsque le conseil d'administration l'estime nécessaire. »

L'assemblée générale extraordinaire est convoquée par le conseil d'administration à l'initiative du conseil ou lorsqu'un quart au moins des membres de la société en fait la demande par écrit.

Art. R. 524-13 La convocation à l'assemblée doit être publiée au moins quinze jours avant la date fixée dans un journal habilité à recevoir des annonces légales du département ou de l'arrondissement où se trouve le siège social. L'insertion doit contenir l'ordre du jour, le lieu, la date et l'heure de l'assemblée.

Toutefois, pour les sociétés coopératives dont la circonscription ne dépasse pas le territoire d'un canton et des cantons limitrophes, l'insertion prévue à l'alinéa précédent peut être remplacée par l'affichage dans le même délai de la convocation à la porte principale de la mairie du siège social et de la mairie de chacune des autres communes comprises dans la circonscription.

Indépendamment de l'insertion ou de l'affichage prévu, *(Décr. nº 2019-1137 du 5 nov. 2019, art. 2)* « sont adressés » à chaque associé coopérateur, quinze jours au moins avant la date de la réunion, une convocation individuelle indiquant le lieu, la date, l'heure et l'ordre du jour de l'assemblée *(Décr. nº 2019-1137 du 5 nov. 2019, art. 2)* « ainsi que le document et le cas échéant l'attestation prévus au II de l'article L. 521-3-1 ».

La convocation individuelle peut consister dans l'envoi à chaque associé coopérateur d'un exemplaire d'un journal ou d'un bulletin sur lequel elle figure.

(Décr. nº 2019-1137 du 5 nov. 2019, art. 2) « L'envoi de la convocation et des documents l'accompagnant peut être fait par un moyen de communication électronique mis en œuvre dans les conditions mentionnées à l'article R. 225-63 du code de commerce, à l'adresse indiquée par l'associé coopérateur. »

Quinze jours au moins avant la date de l'assemblée devant laquelle ils seront présentés, tout associé coopérateur peut prendre connaissance, au siège social ou au lieu fixé

par la coopérative dans la circonscription de chaque section et éventuellement dans tout autre lieu déterminé par elle *(Décr. nº 2019-1137 du 5 nov. 2019, art. 2)* **« du document prévu au III de l'article L. 521-3-1 », des comptes annuels, du rapport aux associés, du texte des résolutions proposées, des comptes consolidés ou combinés, du rapport sur la gestion du groupe et des rapports des commissaires aux comptes** *(Abrogé par Décr. nº 2016-1401 du 18 oct. 2016, art. 5-5º, à compter du 1er déc. 2016)* ***« sur les comptes annuels et les comptes consolidés ou combinés »*****. L'insertion, l'affichage et la convocation individuelle devront mentionner la faculté offerte aux associés coopérateurs.**

Art. R. 524-14 **L'associé coopérateur empêché peut donner mandat de le représenter à l'assemblée générale. Le mandataire doit être un autre associé coopérateur, le conjoint du mandant, un de ses ascendants ou descendants majeurs. Les mandataires non associés coopérateurs ne peuvent représenter que leur conjoint, ascendant ou descendant majeur.**

L'associé coopérateur mandaté par d'autres associés coopérateurs ne peut disposer que de cinq voix au maximum, la sienne comprise.

Toutefois, lorsque, en application des dispositions de l'article R. 524-16, une assemblée générale est précédée d'assemblées de section, l'associé coopérateur mandaté à l'assemblée plénière ne peut disposer que de deux voix au maximum, la sienne comprise.

Dans toutes les assemblées générales, il est tenu une feuille de présence indiquant pour chacun des associés coopérateurs son nom ou sa dénomination sociale, son domicile ou son siège social et, si l'assemblée n'a pas été précédée d'assemblées de section, le nombre de parts d'activité dont il est porteur. Cette feuille de présence est émargée par les associés coopérateurs et certifiée exacte par les membres du bureau de l'assemblée.

Elle est annexée au procès-verbal avec les mandats ci-dessus mentionnés.

Art. R. 524-15 **L'assemblée générale ordinaire peut délibérer si le tiers des associés coopérateurs est présent ou représenté.**

L'assemblée générale extraordinaire délibère sur les modifications des statuts, sur l'augmentation collective du capital, sur la dissolution de la société ou sur sa prorogation dans les formes prévues par l'article 1844-6 du code civil *(Décr. nº 2016-1401 du 18 oct. 2016, art. 5-6º, en vigueur le 1er déc. 2016)* **« ainsi que dans le cas prévu à l'article L. 527-1-3 »** *(Décr. nº 2017-1771 du 27 déc. 2017, art. 13-4º)* **« du présent code. Sous réserve des dispositions de l'article L. 523-2 du même code », elle doit être composée d'un nombre de membres présents ou représentés au moins égal à la moitié de celui des associés coopérateurs inscrits à la date de la convocation.**

Lorsque les diverses conditions prévues ci-dessus ne sont pas réalisées, une deuxième convocation est faite dix jours avant la date de la nouvelle réunion suivant les mêmes règles que la première, en indiquant la date et les résultats de la précédente assemblée.

Sous réserve des dispositions de l'article L. 523-2, la deuxième assemblée délibère valablement, quel que soit le nombre des membres présents ou représentés.

Dans les assemblées générales ordinaires, les décisions sont prises à la majorité des suffrages exprimés. Dans les assemblées générales extraordinaires, les décisions sont prises à la majorité des deux tiers des membres présents ou représentés.

Les moyens de visioconférence ou de télécommunication mentionnés à l'article L. 524-1-1, transmettant la voix et l'image ou tout le moins la voix des participants, satisfont à des caractéristiques techniques garantissant une participation effective à la réunion *(Décr. nº 2008-375 du 17 avr. 2008)* **« de l'assemblée générale », dont les délibérations sont retransmises de façon continue et simultanée. Les statuts peuvent prévoir la possibilité de voter par des moyens électroniques de télécommunication dans les conditions prévues à l'article R. 225-61 du code de commerce. Les règles posées ci-dessus s'appliquent à toutes les assemblées générales, qu'elles soient ou non précédées d'assemblées de section.**

Art. R. 524-16 **Lorsque, en raison de l'étendue de la circonscription de la coopérative ou du nombre des associés coopérateurs, il y a lieu de craindre des difficultés pour la réunion des quorums prévus à l'article R. 524-15, les statuts peuvent prévoir des assemblées de section.**

Le nombre et la circonscription des sections sont fixés par décision de l'assemblée générale ordinaire ou extraordinaire et inscrits dans le règlement intérieur. L'assemblée générale peut en outre constituer en section autonome une ou plusieurs coopératives adhérentes.

Les assemblées de section se tiennent en présence d'un administrateur désigné par le conseil d'administration. Elles font l'objet d'un procès-verbal relatant notamment la composition du bureau et les noms et prénoms des délégués à l'assemblée générale plénière désignés par l'assemblée de section *(Décr. n° 2019-1137 du 5 nov. 2019, art. 2)* « ainsi que la présentation de tous les points à l'ordre du jour de l'assemblée plénière débattus au cours de l'assemblée de section. Le sixième alinéa de l'article R. 524-13 est applicable à l'assemblée de section ».

Les procès-verbaux et les feuilles de présence des assemblées de section, certifiés exacts par le délégué du conseil d'administration, sont annexés au procès-verbal de l'assemblée plénière.

Les délégués de section sont élus au scrutin secret lorsque le conseil d'administration le décide ou lorsque ce mode de scrutin est demandé soit avant l'assemblée de section, soit dans le cours de celle-ci, par un ou plusieurs associés coopérateurs. Leur nombre, qui ne peut être inférieur à trois, doit être proportionnel au nombre des associés coopérateurs présents ou représentés, la proportion et la répartition devant être fixées par le règlement intérieur de la société.

Ils représentent la section à l'assemblée générale plénière de la société, où ils disposent chacun d'une voix.

Les assemblées de section délibèrent valablement quel que soit le nombre des présents ou représentés.

Les assemblées de section peuvent, en outre, procéder à la désignation d'un ou plusieurs associés coopérateurs chargés, d'une façon permanente, entre deux assemblées générales, de représenter les intérêts des *(Décr. n° 2016-1401 du 18 oct. 2016, art. 5-7°, en vigueur le 1er déc. 2016)* « associés » coopérateurs de la section auprès du conseil d'administration.

Art. R. 524-17 *(Décr. n° 2016-1401 du 18 oct. 2016, art. 5-8°, en vigueur le 1er déc. 2016)* « L'assemblée générale annuelle, après lecture du rapport du conseil d'administration aux associés et du ou des rapports du ou des commissaires aux comptes *(Décr. n° 2019-1137 du 5 nov. 2019, art. 2)* « et présentation des informations prévues à l'article L. 521-3-1 », examine » et approuve les comptes annuels, le cas échéant consolidés ou combinés, donne le quitus aux administrateurs, se prononce sur l'affectation du résultat, procède à la nomination des administrateurs et du ou des commissaires aux comptes, *(Décr. n° 2019-1137 du 5 nov. 2019, art. 2)* « détermine une somme globale au titre de l'indemnité compensatrice du temps consacré à l'administration de la coopérative, » constate la variation du capital social au cours de l'exercice par rapport à l'exercice précédent, délibère sur toute autre question figurant à l'ordre du jour. Elle peut décider de la modification des comptes annuels. L'ordre du jour est établi par le conseil d'administration ; il doit comporter toute question présentée audit conseil six semaines au moins avant la convocation de l'assemblée générale sur proposition écrite revêtue de la signature d'un dixième au moins du nombre total des associés coopérateurs.

Art. R. 524-18 A la clôture de chaque exercice, le conseil d'administration *(Abrogé par Décr. n° 2019-1137 du 5 nov. 2019, art. 2) « ou le directoire »* dresse un inventaire, établit des comptes annuels, un rapport aux associés *(Décr. n° 2019-1137 du 5 nov. 2019, art. 2)* « , les documents prévus à l'article L. 521-3-1 » et, le cas échéant, des comptes consolidés ou combinés ainsi qu'un rapport sur la gestion du groupe consolidé ou combiné. Ces documents sont mis à la disposition du ou des commissaires aux comptes un mois au moins avant la convocation de l'assemblée générale annuelle. *(Décr. n° 2019-1137 du 5 nov. 2019, art. 2)* « Le rapport aux associés expose la situation de la coopérative agricole ou de l'union durant l'exercice écoulé, son évolution prévisible, le cas échéant ses activités en matière de recherche et de développement, les évènements importants entre la date de clôture de l'exercice et la date à laquelle il est établi, ainsi que dans un chapitre distinct les principes et modalités de la gouvernance d'entreprise. »

Art. R. 524-19 Les documents établis le cas échéant par les coopératives ou unions en application de l'article L. 612-2 du code de commerce sont adressés au commissaire aux comptes de la coopérative ou de l'union.

Art. R. 524-20 Les intérêts servis aux parts sociales et les dividendes reçus au titre des participations détenues et redistribués en application de l'article L. 524-2-1 sont versés aux associés coopérateurs détenteurs de parts sociales à la date de convocation de l'assemblée générale.

Les ristournes visées au même article sont réparties entre les associés coopérateurs inscrits sur le fichier des associés coopérateurs de la coopérative à la date de clôture du dernier exercice écoulé.

Art. R. 524-21 Il est fait annuellement sur le *(Décr. n° 2008-375 du 17 avr. 2008)* « résultat excédentaire » un prélèvement d'un dixième affecté à un fonds de réserve appelé réserve légale. Ce prélèvement cesse d'être obligatoire quand ce fonds de réserve atteint une somme correspondant au montant du capital social de la coopérative ou de l'union. Les statuts de chaque coopérative ou union peuvent prévoir, en outre, la constitution de fonds supplémentaires de réserves auxquels sont affectés des prélèvements spéciaux sur le *(Décr. n° 2008-375 du 17 avr. 2008)* « résultat excédentaire ».

Sauf dans les cas prévus aux articles L. 523-1 et L. 523-7, alinéas 3, 4 et 5, les réserves, quelles qu'elles soient, ne peuvent être partagées entre les associés pendant la durée de la coopérative ou de l'union.

SECTION 3 Comptes sociaux, consolidés ou combinés et commissariat aux comptes *(Décr. n° 2008-375 du 17 avr. 2008).*

(Décr. n° 2007-1218 du 10 août 2007)

Art. R. 524-22 Les comptes consolidés ou combinés des coopératives agricoles et de leurs unions comprennent un bilan, un compte de résultat et une annexe établis selon les dispositions des articles R. 233-7, R. 233-11, R. 233-12 et R. 233-14 du code de commerce.

Les coopératives agricoles et leurs unions établissant des comptes consolidés appliquent les dispositions des articles R. 232-8, R. 233-6 *(Abrogé par Décr. n° 2023-1394 du 30 déc. 2023, art. 13) « et R. 233-16 » (Décr. n° 2017-1771 du 27 déc. 2017, art. 13-5°)* « du même code ». Les prescriptions comptables relatives à ces comptes consolidés sont celles prévues par le règlement de l'Autorité des normes comptables. Les coopératives agricoles et leurs unions établissant des comptes combinés appliquent les dispositions du code de commerce applicables aux comptes consolidés, aménagées le cas échéant, selon les caractéristiques des comptes combinés des coopératives agricoles et de leurs unions. Les prescriptions comptables relatives à ces comptes combinés sont celles prévues par le règlement de l'Autorité des normes comptables.

Le cas échéant, un arrêté du ministre de l'agriculture précise les dispositions que doit contenir l'accord mentionné au deuxième alinéa de l'article L. 524-6-2 *(Décr. n° 2017-1771 du 27 déc. 2017, art. 13-5°)* « du présent code ».

Art. R. 524-22-1 *(Décr. n° 2008-375 du 17 avr. 2008)* Les sociétés coopératives agricoles et unions sont tenues de désigner au moins un commissaire aux comptes et un suppléant lorsque, à la clôture de l'exercice, elles dépassent les seuils fixés ci-dessous pour deux des trois critères suivants :

1° *(Décr. n° 2010-1654 du 28 déc. 2010)* « Dix pour le nombre de salariés » ; les salariés pris en compte sont ceux qui sont liés à la personne morale par un contrat de travail à durée indéterminée ;

2° *(Décr. n° 2010-1654 du 28 déc. 2010)* « 534 000 euros » pour le montant hors taxes du chiffre d'affaires ;

3° *(Décr. n° 2010-1654 du 28 déc. 2010)* « 267 000 euros » pour le total du bilan ; celui-ci est égal à la somme des montants nets des éléments d'actif.

Ces sociétés et unions déposent *(Abrogé par Décr. n° 2012-928 du 31 juill. 2012, art. 22) « en double exemplaire, »* au greffe du tribunal compétent, dans le mois qui suit l'approbation des comptes annuels par l'assemblée générale des associés :

1° Les comptes annuels, *(Abrogé par Décr. n° 2015-665 du 10 juin 2015, art 5) « le rapport aux associés, »* le rapport du commissaire aux comptes sur les comptes annuels, éventuellement complété de ses observations sur les modifications apportées par l'assemblée générale aux comptes annuels qui lui ont été soumis ;

2° La proposition d'affectation du résultat soumise à l'assemblée générale et la résolution d'affectation votée.

En cas de refus d'approbation des comptes annuels, une copie de la délibération de l'assemblée générale est déposée dans le même délai ;

3° Le cas échéant, les comptes consolidés ou combinés, le rapport sur la gestion du groupe ainsi que les rapports des commissaires aux comptes sur les comptes consolidés ou combinés.

Les documents mentionnés *(Décr. n° 2015-665 du 10 juin 2015, art. 5)* « aux 1°, 2° et 3° » sont annexés au registre du commerce et des sociétés. Le dépôt de ces documents peut également être effectué par voie électronique dans les conditions prévues par l'article R. 123-77 du code de commerce.

(Décr. n° 2015-665 du 10 juin 2015, art. 5) « Le rapport aux associés est tenu à la disposition de toute personne qui en fait la demande au siège social de la société. Le droit pour toute personne de prendre connaissance du rapport emporte celui d'en prendre copie à ses frais. »

Ces sociétés et unions ne sont plus tenues de déposer au greffe les comptes annuels lorsqu'elles ne dépassent pas les seuils fixés pour deux des trois critères définis ci-dessus pendant deux exercices successifs. Il est mis fin dans les mêmes conditions au mandat du commissaire aux comptes par l'organe délibérant appelé à statuer sur les comptes annuels.

Art. R. 524-22-2 *(Décr. n° 2008-375 du 17 avr. 2008)* Est dispensée de l'obligation d'établir des comptes combinés toute société coopérative agricole pour laquelle l'ensemble formé par elle-même et par la ou les unions de coopératives agricoles auxquelles elle adhère ainsi que par les entités qu'elle contrôle *(Décr. n° 2023-1394 du 30 déc. 2023, art. 13)* « au sens du II ou du III de l'article L. 233-16 du code de commerce ne dépasse pas, pendant deux exercices successifs, sur la base des derniers comptes annuels arrêtés, deux des trois critères mentionnés au 2° de l'article D. 230-2 de ce même code ».

La combinaison des comptes ne dispense pas les entités coopératives qui y participent d'établir, le cas échéant, les comptes consolidés en application de l'article L. 524-6-1 *(Décr. n° 2017-1771 du 27 déc. 2017, art. 13-6°)* « du présent code ».

Les comptes combinés sont arrêtés par le conseil d'administration ou le directoire de l'entité combinante qui est chargée, par la convention de combinaison telle que prévue par le règlement de l'Autorité des normes comptables, d'établir les comptes combinés. Cette convention est signée par les présidents des conseils d'administration ou des conseils de surveillance de toutes les parties à l'ensemble combiné de tête.

Art. R. 524-22-3 *(Décr. n° 2016-1401 du 18 oct. 2016, art. 5-9°, en vigueur le 1er déc. 2016)* Lorsque les sociétés coopératives agricoles et leurs unions répondant à la définition des micro-entreprises mentionnées à l'article L. 524-6-6 choisissent de ne pas rendre publics leurs comptes annuels, elles joignent aux documents comptables déposés en application des dispositions de l'article R. 524-22-1 une déclaration de confidentialité des comptes annuels établie conformément à un modèle défini par arrêté du garde des sceaux, ministre de la justice.

L'obligation prévue à l'alinéa précédent est applicable aux sociétés coopératives agricoles et leurs unions répondant à la définition des petites entreprises mentionnées à l'article L. 524-6-6 qui choisissent de ne pas rendre publics leurs comptes de résultat.

Le greffier constate le dépôt des documents comptables accompagnés de la déclaration de confidentialité des comptes annuels.

Les dispositions de l'article R. 123-154-1 du code de commerce sont applicables.

SECTION 4 Dispositions concernant les unions de coopératives

(Décr. n° 2007-1218 du 10 août 2007)

Art. R. 524-23 Les conditions de constitution, de fonctionnement et d'administration des unions de coopératives sont les mêmes que celles prévues par les articles R. 521-6 à *(Décr. n° 2016-1401 du 18 oct. 2016, art. 5-10°, en vigueur le 1er déc. 2016)* « R. 521-

9 », R. 522-1 à R. 522-4 et R. 522-6 à R. 522-8, R. 523-1 à *(Décr. n° 2008-375 du 17 avr. 2008)* « R. 523-9 » et R. 524-1 à *(Décr. n° 2008-375 du 17 avr. 2008)* « R. 524-21 » pour les sociétés coopératives agricoles.

Les coopératives agricoles, ou leurs unions, associés coopérateurs, d'une union sont représentées à l'assemblée générale de cette dernière par une personne physique mandataire de la coopérative ou de l'union et désignée par son conseil d'administration. En l'absence de désignation, la coopérative ou l'union est représentée de droit par son président.

Dans les cas prévus au deuxième alinéa de l'article L. 524-4, les statuts peuvent également stipuler la désignation d'un nombre de représentants égal au nombre de voix attribuées, chacun d'eux disposant d'une voix.

Art. R. 524-24 Toute société coopérative agricole élue administrateur de l'union est représentée au conseil d'administration de cette dernière par une personne physique mandataire de la coopérative et désignée par son conseil d'administration.

Lorsque les statuts font application des dispositions du dernier alinéa de l'article R. 524-23, ils peuvent prévoir que les coopératives agricoles aient au conseil d'administration ou au conseil de surveillance un nombre de mandataires fonction du nombre de leurs délégués à l'assemblée générale, chacun d'eux disposant d'une voix.

Les dispositions de l'alinéa précédent s'appliquent également aux personnes morales associées de l'union autres que les coopératives agricoles.

Art. R. 524-25 *Abrogé.*

SECTION 5 Directoire et conseil de surveillance

Art. R. 524-26 Il peut être stipulé par les statuts de toute société coopérative agricole ou union que la gestion est assurée par un directoire placé sous le contrôle d'un conseil de surveillance, dans les conditions fixées par la présente section.

L'introduction dans les statuts de cette stipulation ou sa suppression peut être décidée au cours de l'existence de la société.

Art. R. 524-27 Le directoire est composé de trois à cinq membres.

Art. R. 524-28 Les dispositions des articles 120, 121, 122 et 126 *[C. com., art. L. 225-59, L. 225-61, L. 225-62 et L. 225-66]* de la loi modifiée du 24 juillet 1966 sur les sociétés commerciales, relatives à la désignation, à la révocation, à la durée du mandat et au pouvoir de représentation des membres du directoire, sont, sous réserve des dispositions de l'article R. 524-27 *(Décr. n° 2017-1771 du 27 déc. 2017, art. 13-7°)* « du présent code », applicables aux sociétés coopératives agricoles et à leurs unions. Toutefois, la révocation des membres du directoire est prononcée par le conseil de surveillance. – *V.* ***C. com.*** *ou* ***C. sociétés.***

Les membres du directoire peuvent être choisis en dehors des porteurs de parts. Une indemnité compensatrice de l'activité consacrée à l'administration de la société peut leur être allouée. Son montant est fixé par le conseil de surveillance.

Art. R. 524-29 Nul ne peut appartenir au directoire de plus de deux sociétés coopératives agricoles ou unions ayant leur siège social en France métropolitaine.

Un membre du directoire ne peut accepter d'être nommé au directoire d'une autre société coopérative agricole ou union qu'à condition d'y avoir été autorisé par le conseil de surveillance.

Toute nomination intervenue en violation des dispositions des deux alinéas précédents est nulle et l'intéressé doit, le cas échéant, restituer les indemnités indûment perçues. Cette nullité n'entraîne pas celles des délibérations auxquelles a pris part le membre du directoire irrégulièrement nommé.

Art. R. 524-30 Le directoire est investi des pouvoirs les plus étendus pour agir en toute circonstance au nom de la société. Il les exerce dans la limite de l'objet social et sous réserve des pouvoirs propres aux assemblées générales et de ceux qui sont expressément attribués par la présente section au conseil de surveillance.

Les dispositions des statuts limitant les pouvoirs du directoire sont inopposables aux tiers.

Le directoire délibère et prend ses décisions dans les conditions fixées par les statuts.

Art. R. 524-31 Le conseil de surveillance exerce le contrôle permanent de la gestion de la société coopérative ou union par le directoire.

Il prend les décisions relatives à l'adhésion, au retrait *(Décr. nº 2016-1401 du 18 oct. 2016, art. 5-11º, en vigueur le 1er déc. 2016)* « , à la radiation » ou à l'exclusion d'associés ainsi que celles concernant les transferts ou les remboursements de parts sociales. Les décisions relatives au retrait *(Décr. nº 2016-1401 du 18 oct. 2016, art. 5-11º, en vigueur le 1er déc. 2016)* « , à la radiation » ou à l'exclusion d'associés sont susceptibles de recours devant l'assemblée générale.

Les statuts peuvent subordonner à l'autorisation préalable du conseil de surveillance la conclusion des opérations qu'ils énumèrent. Les cautions, avals, garanties et emprunts de montants supérieurs à ceux fixés par le conseil de surveillance font nécessairement l'objet d'une telle autorisation.

(Décr. nº 2007-1218 du 10 août 2007) « Le conseil de surveillance peut transférer le siège social de la coopérative à l'intérieur de sa circonscription territoriale ou le siège social de l'union en tout autre lieu du territoire national. »

A toute époque de l'année, le conseil de surveillance opère les vérifications et les contrôles qu'il juge opportuns et peut se faire communiquer les documents qu'il estime utiles à l'accomplissement de sa mission.

Une fois par trimestre, au moins, le directoire présente un rapport au conseil de surveillance.

(Décr. nº 2008-375 du 17 avr. 2008) « Les copies ou extraits des procès-verbaux des délibérations du directoire ou des procès-verbaux des assemblées générales sont valablement certifiés par le président ou le vice-président du conseil de surveillance ou par un membre du directoire. »

Art. R.* 524-32 *(Décr. nº 85-295 du 1er mars 1985, art. 30)* « Après la clôture de chaque exercice, le directoire soumet au conseil de surveillance, aux fins de vérification et de contrôle, l'inventaire et les comptes annuels, *(Décr. nº 2019-1137 du 5 nov. 2019, art. 2)* « les documents prévus à l'article L. 521-3-1, » *(Décr. nº 2007-1218 du 10 août 2007)* « et le cas échéant les comptes consolidés ou combinés ».

« Les documents mentionnés à l'alinéa précédent ainsi que les rapports du directoire et du conseil de surveillance sont mis à la disposition du commissaire aux comptes un mois au moins avant la convocation de l'assemblée. »

Tout associé peut prendre connaissance de ces documents ainsi que du rapport des commissaires aux comptes *(Décr. nº 2007-1218 du 10 août 2007)* « sur les comptes annuels et, le cas échéant, sur les comptes consolidés ou combinés au moins quinze jours avant la date de l'assemblée générale ».

Le conseil de surveillance présente à l'assemblée générale annuelle ses observations sur le rapport du directoire *(Décr. nº 2007-1218 du 10 août 2007)* « sur les comptes de l'exercice et, le cas échéant, sur les comptes consolidés ou combinés ainsi que sur le rapport sur la gestion du groupe ».

Art. R. 524-32-1 *(Décr. nº 2019-1137 du 5 nov. 2019, art. 2)* La communication des documents mentionnés à l'article L. 524-4-1 s'effectue soit par envoi postal à l'adresse indiquée par l'associé, soit au siège social ou au lieu de direction administrative de la coopérative. Le droit pour l'associé de prendre connaissance de ces documents emporte celui de prendre copie à ses frais.

Cet envoi peut être fait par un moyen électronique de communication mis en œuvre dans les conditions mentionnées à l'article R. 225-63 du code de commerce, à l'adresse indiquée par l'associé.

Art. R. 524-33 Le conseil de surveillance est composé de trois membres au moins pour les sociétés coopératives agricoles et de deux membres au moins pour les unions.

Art. R. 524-34 *(Décr. nº 2007-1218 du 10 août 2007)* Le nombre maximum de sièges au conseil de surveillance qui peut être attribué au collège des associés non coopérateurs, en application des dispositions du dernier alinéa de l'article L. 524-1, inclut le nombre de sièges réservés aux membres du conseil de surveillance élus par les salariés en application des dispositions de l'article L. 524-2-3.

Art. R. 524-35 Une indemnité compensatrice de l'activité consacrée à l'administration de la société peut être allouée aux membres du conseil de surveillance. Son montant est fixé par l'assemblée générale.

Art. R. 524-36 Les membres du conseil de surveillance sont nommés, parmi les associés, par l'assemblée générale, au scrutin secret si la demande en est faite par un ou plusieurs associés. La durée de leurs fonctions est déterminée par les statuts, sans pouvoir excéder six ans en cas de nomination par les assemblées générales et trois ans en cas de nomination dans les statuts. Ces membres peuvent être renouvelés par fraction, les premières séries étant désignées par le sort. Ils sont rééligibles sauf stipulation contraire des statuts et peuvent être révoqués à tout moment par l'assemblée générale ordinaire.

Toute nomination intervenue en violation des dispositions précédentes est nulle, à l'exception de celles auxquelles il peut être procédé dans les conditions prévues à l'article R. 524-39 pour les cas de vacance par décès ou démission.

Art. R. 524-37 Une personne physique ne peut appartenir simultanément au conseil de surveillance de plus de huit sociétés coopératives agricoles ou unions ayant leur siège social en France métropolitaine.

Toute nomination intervenue en violation de cette disposition est nulle, et le membre du conseil de surveillance en cause doit, le cas échéant, restituer les indemnités indûment perçues. Cette nullité n'entraîne pas celle des délibérations auxquelles a pris part le membre du conseil de surveillance irrégulièrement nommé.

Art. R. 524-38 Le conseil de surveillance élit en son sein, pour une durée d'un an, un président et un vice-président qui sont chargés de convoquer le conseil dans les conditions fixées par les statuts et d'en diriger les débats. Le président et le vice-président sont rééligibles.

Dans les sociétés coopératives agricoles, le président et le vice-président du conseil de surveillance sont, à peine de nullité de leur nomination, des personnes physiques.

Art. R. 524-39 Sont applicables aux sociétés coopératives agricoles et à leurs unions les dispositions des articles L. 225-74, L. 225-76, L. 225-78, L. 225-82, L. 225-86 à *(Abrogé par Décr. n° 2016-1401 du 18 oct. 2016, art. 5-12°, à compter du 1er déc 2016)* *« L. 225-91, alinéas 1 à 3, L. 225-92 et »* L. 225-93 du code de commerce, relatives notamment à l'incompatibilité des fonctions de membre du conseil de surveillance et du directoire, à la désignation des personnes morales au conseil de surveillance, au remplacement de ses membres en cas de vacance par décès ou démission, aux conditions de validité des délibérations du conseil de surveillance et aux conventions intéressant les membres du directoire ou du conseil de surveillance. — *V.* ***C. com.***

Art. R. 524-40 L'assemblée générale de la société coopérative agricole ou de l'union est convoquée par le directoire dans les conditions fixées aux articles R. 524-12 à R. 524-16. Elle peut également, dans les mêmes conditions, être convoquée par le conseil de surveillance.

Dans les sociétés coopératives agricoles à sections, les attributions du conseil d'administration et des administrateurs visées à l'article R. 524-16 sont exercées par le conseil de surveillance et ses membres. — *Aux termes du Décr. n° 2007-1218 du 10 août 2007 (art. 4), ayant abrogé l'ancien art. R. 524-41, l'ancien art. R. 524-42 est devenu l'art. R. 524-41 ; aux termes du Décr. n° 2008-375 du 17 avr. 2008 (art. 1er, 17° et 18°), l'art. R. 524-40 est abrogé et l'art. R. 524-41 devient l'art. R. 524-40.*

RÉP. SOCIÉTÉS v° *Coopérative agricole (Société).*

BIBL. ▶ Coopératives agricoles et GIE : LAVABRE, *D. 1973. Chron. 223.* – BONNEAU, *Rev. sociétés 1974. 43.*

CHAPITRE V AGRÉMENT – CONTRÔLE

SECTION 1 Agrément

(Décr. n° 2006-1528 du 5 déc. 2006)

COMMENTAIRE

Les dossiers d'agrément sont déposés par la voie électronique sur le site du Haut Conseil de la coopération agricole où peut être consulté le guide de l'agrément *(www.hcca.coop)*. ❑

Art. R. 525-1 L'agrément des sociétés coopératives agricoles et de leurs unions prévu à l'article L. 525-1 est donné après accomplissement des formalités d'immatriculation, dans les conditions fixées *(Décr. n° 2008-375 du 17 avr. 2008)* « aux articles R. 525-2 à R. 525-5-1 ».

Art. R. 525-2 Les sociétés coopératives agricoles et leurs unions sont agréées par le Haut Conseil de la coopération agricole.

Le haut conseil statue sur les demandes d'agrément déposées par les sociétés coopératives agricoles et leurs unions dans le délai de quatre mois à compter de la date du dépôt du dossier comportant toutes les pièces prévues à l'article R. 525-3. *(Décr. n° 2015-665 du 10 juin 2015, art. 6-1°)* « En cas d'opposition du commissaire du Gouvernement à la délibération du haut conseil dans les conditions prévues à l'article R. 528-5, ce délai est prorogé de quatre mois. Le haut conseil informe le demandeur de l'opposition et lui indique le nouveau délai à l'issue duquel sa demande sera réputée acceptée.

« A défaut de décision expresse sur une demande d'agrément dans le délai mentionné au deuxième alinéa, la demande est réputée acceptée. »

(Décr. n° 2019-1137 du 5 nov. 2019, art. 3) « Un numéro d'agrément est attribué à chaque société coopérative agricole ou union agréée.

« Le retrait d'agrément prévu au deuxième alinéa de l'article L. 525-1 est prononcé par le Haut Conseil de la coopération agricole. Il ne peut intervenir qu'après que la société coopérative agricole ou l'union intéressée a été mise à même de présenter ses observations.

« Les sociétés coopératives agricoles et leurs unions qui se voient retirer leur agrément convoquent, dans un délai de trois mois à compter de la notification de ce retrait, une assemblée générale extraordinaire soit pour prononcer leur dissolution soit pour adopter de nouveaux statuts dans le respect de l'article 25 de la loi n° 47-1775 du 10 septembre 1947 portant statut de la coopération.

« Si la société coopérative agricole ou l'union n'a pas convoqué d'assemblée générale extraordinaire dans le délai indiqué ci-dessus, le Haut Conseil de la coopération agricole convoque l'assemblée générale extraordinaire de dissolution aux frais de la coopérative.

« Le Haut Conseil de la coopération agricole assure la publicité du retrait d'agrément. »

Art. R. 525-3 Toute demande d'agrément doit être accompagnée des pièces suivantes :

1° *(Décr. n° 2007-1218 du 10 août 2007)* « Un exemplaire des statuts de la coopérative agricole ou de l'union, conformes aux *(Décr. n° 2015-665 du 10 juin 2015, art. 6-2°)* « modèles de statuts approuvés par arrêté du » ministre chargé de l'agriculture qui reprennent les textes, règles et principes de la coopération mentionnées à l'article L. 525-1 » ;

2° Un exemplaire du règlement intérieur *(Abrogé par Décr. n° 2015-665 du 10 juin 2015, art. 6-2°)* « *, s'il existe* » ;

(Décr. n° 2021-631 du 21 mai 2021, art. 12, en vigueur le 1er nov. 2021) « 3° Le numéro unique d'identification ; »

4° La liste des associés, avec *(Décr. n° 2007-1218 du 10 août 2007)* « leur qualité pour être associé » ;

5° Une déclaration sur l'honneur du directeur établissant *(Décr. n° 2016-1820 du 21 déc. 2016, art. 2-2°)* « qu'il n'a pas fait l'objet d'une interdiction mentionnée au 3° de l'article L. 529-2 » ;

6° Une note présentant l'intérêt économique, social et territorial du projet ;

7° Une attestation délivrée par une fédération agréée pour la révision, portant sur la conformité des statuts aux textes, aux règles et aux principes de la coopération.

Le contenu et les modalités d'établissement de l'attestation susmentionnée sont définis par le Haut Conseil de la coopération agricole.

V. Arr. du 20 févr. 2020 portant homologation des modèles de statuts des sociétés coopératives agricoles (JO 25 févr.) ; Arr. du 20 févr. 2020 portant homologation des modèles de statuts des unions de sociétés coopératives agricoles (JO 25 févr.).

Art. R. 525-4 En cours de vie sociale, lorsque la coopérative ou l'union souhaite procéder à une extension de sa circonscription territoriale ou de son objet social, elle présente une demande au haut conseil. *(Décr. n° 2015-665 du 10 juin 2015, art. 6-3°)* « Celui-ci statue sur cette demande dans les conditions prévues aux deuxième et troisième alinéas de l'article R. 525-2 ». *– Aux termes du Décr. n° 2007-1218 du 10 août 2007, art. 5, ayant abrogé l'ancien art. R. 525-4, l'art. R. 525-5 est devenu l'art. R. 525-4.*

Art. R. 525-5 *L'art. R. 525-5 est devenu l'art. R. 525-4 (Décr. n° 2007-1218 du 10 août 2007, art. 5-4°).*

Art. R. 525-5-1 Lors de la demande d'agrément prévue à l'article R. 525-2 ou dans les cas prévus à *(Décr. n° 2008-375 du 17 avr. 2008)* « l'article R. 525-4 », le haut conseil peut demander à la coopérative ou à l'union d'assortir sa demande d'un rapport sur l'opération, établi par toute personne qualifiée figurant sur une liste établie par le haut conseil selon des modalités prévues par ses statuts.

SECTION 2 Contrôle

Art. R. 525-6 *(Décr. n° 2019-1137 du 5 nov. 2019, art. 3)* Lorsque le Haut Conseil de la coopération agricole a prononcé une mise en demeure en application du premier alinéa du I de l'article L. 528-2, le réviseur vient présenter à la prochaine assemblée générale de la société coopérative les observations définitives de la mission de révision accompagnées de la réponse de la coopérative ou de l'union.

Lorsqu'il convoque une assemblée générale en application du troisième alinéa du I de l'article L. 528-2, le Haut Conseil de la coopération agricole informe les associés coopérateurs de la procédure en cours et des suites qui pourront y être données.

Art. R. 525-7 *(Décr. n° 2019-1137 du 5 nov. 2019, art. 3)* Les sociétés coopératives agricoles et leurs unions sont tenues, à toute réquisition des inspecteurs des finances et des agents de l'administration des finances ayant au moins le grade d'inspecteur ou de contrôleur, de produire leur comptabilité et les justifications nécessaires tendant à prouver qu'elles fonctionnent conformément aux dispositions qui les régissent.

Art. R. 525-8 *(Décr. n° 2008-375 du 17 avr. 2008) (Décr. n° 2019-1137 du 5 nov. 2019, art. 3)* « Les » sociétés coopératives agricoles et les unions de coopératives agricoles doivent, chaque année et dans le délai de trois mois à compter de la date de la réunion de l'assemblée générale qui a approuvé les comptes de l'exercice écoulé, faire parvenir au Haut Conseil de la coopération agricole les pièces suivantes :

a) La copie intégrale du procès-verbal de l'assemblée générale ;

b) La copie des documents mis à la disposition des associés coopérateurs avant l'assemblée générale : *(Décr. n° 2019-1137 du 5 nov. 2019, art. 3)* « documents prévus au II de l'article L. 521-3-1, comptes annuels, rapports aux associés, liste des filiales et autres sociétés localisées en France et à l'étranger contrôlées par la coopérative, » comptes consolidés et, le cas échéant, comptes combinés et rapport sur la gestion du groupe, rapports des commissaires aux comptes *(Abrogé par Décr. n° 2016-1401 du 18 oct. 2016, art. 6-3°) « sur les comptes annuels et les comptes consolidés »* ;

(Décr. n° 2021-631 du 21 mai 2021, art. 12, en vigueur le 1er nov. 2021) « *c)* Le numéro unique d'identification ; »

d) Le nombre des associés coopérateurs ;

(Décr. n° 2019-1137 du 5 nov. 2019, art. 3) « *e)* La copie du document présenté lors de l'assemblée générale en application du III de l'article L. 521-3-1. »

Toutes ces pièces sont adressées par le président du conseil d'administration ou un ou plusieurs administrateurs habilités à cet effet par le conseil d'administration ou le président du conseil de surveillance ou un membre du directoire.

(Décr. n° 2019-1137 du 5 nov. 2019, art. 3) « Lorsque l'examen de ces pièces par le Haut Conseil de la coopération agricole donne lieu à des observations ou à une demande de rectification, celles-ci sont communiquées au président de la coopérative. Faute de réponse dans le délai fixé par le Haut Conseil de la coopération agricole ou en cas de réponse non satisfaisante, le Haut Conseil diligente le contrôle prévu au 1° de l'article L. 527-1-4. »

Art. R. 525-9 *(Décr. n° 2006-1528 du 5 déc. 2006)* Chaque année la liste des sociétés coopératives et de leurs unions ayant fait l'objet d'un agrément ou d'un retrait d'agrément au cours de l'année précédente est publiée au *Journal officiel* de la République française. — *V. Arr. du 26 janv. 2024 listant les sociétés coopératives agricoles et leurs unions ayant fait l'objet d'un agrément ou d'un retrait d'agrément au cours de l'année 2023 (JO 3 févr.).*

(Décr. n° 2008-375 du 17 avr. 2008) « Le Haut Conseil de la coopération agricole met en ligne sur son site *(Décr. n° 2016-1401 du 18 oct. 2016, art. 6-4°, en vigueur le 1er déc. 2016)* « internet » dans les quinze jours qui suivent la réception de la demande et pendant toute la durée de l'instruction :

« — le nom de la société coopérative concernée ou de l'union et le numéro unique d'identification de l'entreprise délivré conformément à l'article R. 123-235 du code de commerce ;

« — la mention RCS suivie du nom de la ville où se trouve le greffe où elle est immatriculée ;

« — le département du siège social ;

« — la nature de l'opération (création, extension de zone et/ou d'objet, retrait d'agrément). »

(Décr. n° 2016-1401 du 18 oct. 2016, art. 6-4°, en vigueur le 1er déc. 2016) « Le Haut Conseil met également en ligne sur son site internet la décision prise sur cette demande dans un délai de quinze jours à compter de la date de cette décision. »

Art. R. 525-9-1 *(Décr. n° 2015-800 du 1er juill. 2015, art. 2-I, en vigueur le 1er oct. 2015)* Sous réserve des dispositions du titre II du livre V de la partie législative, les sociétés coopératives agricoles et leurs unions ainsi que les sociétés d'intérêt collectif agricole sont tenues de se soumettre à la révision coopérative mentionnée à l'article 25-1 de la loi n° 47-1775 du 10 septembre 1947 portant statut de la coopération lorsqu'elles dépassent, à chaque clôture de deux exercices consécutifs, les seuils fixés ci-dessous, pour deux des trois critères suivants :

1° Cinquante pour le nombre moyen d'associés ; les associés pris en compte pour chaque exercice sont ceux régulièrement inscrits sur le fichier des associés de la coopérative, prévu au dernier alinéa de l'article R. 522-2, à la date de la convocation de l'assemblée générale ordinaire de l'exercice ;

2° 2 000 000 euros pour le montant hors taxes du chiffre d'affaires ;

3° 1 000 000 euros pour le total du bilan ; celui-ci est égal à la somme des montants nets des éléments d'actif.

CHAPITRE VI DISSOLUTION, LIQUIDATION, FUSION, SCISSION ET APPORT PARTIEL D'ACTIFS *(Décr. n° 2008-375 du 17 avr. 2008).*

SECTION 1 Dissolution – Liquidation

(Décr. n° 2008-375 du 17 avr. 2008)

Art. R. 526-1 En cas de perte des trois quarts du capital social augmenté des réserves, une assemblée générale extraordinaire doit se prononcer sur la dissolution de la société. Sa résolution doit être publiée dans les trente jours dans un journal habilité à recevoir les annonces légales dans le département où la société a son siège.

A défaut de décision de l'assemblée, tout associé coopérateur peut demander la dissolution judiciaire de la coopérative.

Art. R. 526-2 En cas de dissolution anticipée, de même qu'à l'expiration de la durée contractuelle de la société, l'assemblée générale règle le mode de liquidation. Elle nomme un ou plusieurs liquidateurs qui peuvent être choisis parmi les administrateurs ou les membres du directoire ou du conseil de surveillance. Pendant la liquidation, les pouvoirs de l'assemblée se poursuivent comme pendant l'existence de la société.

Toutes les valeurs de la société sont réalisées par les liquidateurs qui disposent à cet effet des pouvoirs les plus étendus.

Art. R. 526-3 Dans le cas où la liquidation des sociétés coopératives agricoles et unions fait apparaître des pertes excédant le montant du capital social lui-même, ces pertes seront, tant à l'égard des créanciers qu'à l'égard des associés coopérateurs eux-mêmes, réparties entre les associés coopérateurs proportionnellement au nombre de parts du capital appartenant à chacun d'eux ou qu'ils auraient dû souscrire.

L'associé coopérateur n'est soumis de ce fait qu'à la seule obligation de libérer le solde des parts qu'il a souscrites ou aurait dû souscrire et de verser en complément une somme égale au plus au montant de ces parts.

SECTION 2 Fusion – Scission – Apport partiel d'actifs

(Décr. n° 2008-375 du 17 avr. 2008)

Art. R. 526-4 Le projet de fusion ou de scission mentionné à l'article L. 526-4 est arrêté par le conseil d'administration ou le directoire de chacune des sociétés coopératives agricoles ou unions de coopératives agricoles participant à l'opération de fusion ou de scission projetée.

Il contient les indications suivantes :

1° La forme, la dénomination, le siège social et le numéro d'agrément des sociétés coopératives agricoles ou unions participantes ;

2° Les motifs, buts et conditions de la fusion ou de la scission et ses effets probables sur l'emploi ;

3° La désignation et l'évaluation de :

a) L'actif et du passif dont la transmission aux sociétés absorbantes ou nouvelles est prévue ;

b) L'actif net de la ou des sociétés coopératives agricoles ou unions absorbées ou scindées ;

c) Le cas échéant, l'excédent d'actif net sur le capital social de la ou des sociétés coopératives agricoles ou unions absorbées avec l'indication des modalités d'inscription de cet excédent dans les différents postes de réserve de la ou des sociétés coopératives agricoles ou unions bénéficiaires des apports ;

4° Les modalités de remise des parts sociales ainsi que les dates à partir desquelles :

a) Les parts sociales donnent droit aux intérêts et/ou aux dividendes dus aux porteurs de parts ;

b) Les excédents annuels disponibles sont répartis et les droits aux ristournes sont ouverts ;

c) Les opérations de la société coopérative agricole ou de l'union de coopératives agricoles absorbée ou scindée seront, du point de vue comptable, considérées comme accomplies par la ou les sociétés coopératives agricoles ou unions bénéficiaires ;

5° Pour chaque société coopérative agricole ou union concernée :

a) La description des obligations d'apport, d'approvisionnement ou d'utilisation des services ;

b) Les durées d'engagement et les obligations de souscription de parts sociales des associés coopérateurs ;

c) La description des obligations souscrites par les associés non coopérateurs ;

6° Les modalités de mise en œuvre des engagements statutaires des associés de la ou des sociétés coopératives agricoles ou unions absorbées ou scindées ;

7° Les dates auxquelles ont été arrêtés les comptes des sociétés coopératives agricoles ou unions concernées, utilisés pour établir les conditions de l'opération ;

8° Le rapport d'échange des parts sociales ;

9° Les droits spéciaux attachés à certaines catégories de parts sociales, ainsi que, le cas échéant, tous avantages particuliers ;

10° Une note présentant l'intérêt économique, social et territorial du projet.

Art. R. 526-5 L'évaluation de l'actif et du passif prévue au 3° de l'article R. 526-4 est effectuée à la valeur nette comptable. La valeur réelle pour l'ensemble des actifs et des passifs, y compris ceux qui ne sont pas comptabilisés au bilan de la société ou de l'union, est mentionnée à titre informatif.

L'actif net est le solde entre les actifs et les passifs apportés par la ou les sociétés coopératives agricoles ou unions absorbées.

Art. R. 526-6 Le projet de fusion et de scission mentionné à l'article R. 526-4 est déposé au greffe du tribunal de commerce du siège social de chaque société coopérative agricole ou union de coopératives agricoles participant à l'opération.

Il fait l'objet d'un avis inséré dans un journal habilité à recevoir des annonces légales du département du siège social, par chacune des sociétés coopératives agricoles ou des unions participant à l'opération. Au cas où *(Décr. nº 2009-557 du 19 mai 2009, art. 9)* « toutes les parts sociales de l'une au moins de ces sociétés ne revêtent pas la forme nominative », un avis doit en outre être inséré au *Bulletin des annonces légales obligatoires*.

Cet avis contient les indications suivantes :

1° La dénomination sociale suivie, le cas échéant, de son sigle, la forme, l'adresse du siège, le numéro d'agrément, les mentions prévues aux 1° et 2° de l'article R. 123-237 du code de commerce et le montant du capital au dernier exercice clos ;

2° La dénomination sociale suivie, le cas échéant, de son sigle, la forme, l'adresse du siège et le montant du capital des sociétés coopératives agricoles ou unions nouvelles qui résulteront de l'opération ou le montant de l'augmentation du capital des sociétés coopératives agricoles ou unions existantes ;

3° L'évaluation de l'actif et du passif dont la transmission aux sociétés coopératives agricoles ou unions absorbantes ou nouvelles est prévue ;

4° Le rapport d'échange des parts sociales ;

5° La date du projet mentionné à l'article L. 526-4 *(Décr. nº 2017-1771 du 27 déc. 2017, art. 13-8°)* « du présent code » ainsi que les date et lieu du dépôt de celui-ci.

Ce dépôt et cette publicité ont lieu un mois au moins avant la date de la première assemblée générale appelée à statuer sur l'opération.

Art. R. 526-7 Le rapport spécial de révision prévu à l'article L. 526-4 apprécie pour chacune des sociétés coopératives agricoles ou unions participantes :

a) La conformité de leur objet statutaire avec leur activité effective ;

b) La conformité de la composition de leur sociétariat, des modalités de souscription et de libération des parts sociales et de l'affectation de leur résultat avec les dispositions législatives, réglementaires et statutaires qui les régissent ;

c) La validité des décisions des conseils d'administration ou des directoires afférentes aux opérations de fusion ou de scission.

Le rapport de révision apprécie en outre si les associés de la société absorbée ou scindée ont leurs engagements modifiés dans la société absorbante ou nouvelle. En cas d'augmentation des engagements, il décrit et apprécie les modalités proposées par la société absorbante pour requérir l'accord individuel des associés intéressés.

Il vérifie les conditions d'échange des parts sociales et, le cas échéant, des parts sociales à avantages particuliers.

Art. R. 526-8 La fédération de coopératives agréée pour la révision, membre de l'Association nationale de révision prévue à l'article L. 527-1, qui sera chargée d'établir le rapport spécial de révision est choisie par les conseils d'administration ou les conseils de surveillance de l'ensemble des sociétés coopératives agricoles ou unions participant à l'opération de fusion ou de scission. Une lettre de mission la désignant est signée des présidents de conseils d'administration ou de surveillance des sociétés participantes à l'opération. Cette lettre de mission prévoit l'accès auprès de chaque société participante à tous les documents utiles et la possibilité de procéder à toutes les vérifications nécessaires.

A défaut, la fédération est désignée sur requête auprès du président du tribunal judiciaire du siège de l'une des sociétés participant à l'opération.

La mission de la fédération prend fin à la remise du rapport au président du conseil d'administration ou du directoire de chaque société participant à l'opération.

La fédération est convoquée aux assemblées générales extraordinaires approuvant l'opération de fusion ou de scission.

Lors des assemblées générales extraordinaires, les associés de chaque société participante à l'opération ne peuvent statuer sur le projet de fusion ou de scission qu'après lecture du rapport spécial de révision.

Art. R. 526-9 Toute société coopérative agricole ou union participant à l'une des opérations mentionnées à l'article L. 526-3 met à la disposition de ses associés, au siège social, un mois au moins avant la date de l'assemblée générale appelée à se prononcer sur le projet, les documents suivants :

1° Le projet de fusion ou de scission ;

2° Le rapport spécial de révision ;

3° Les comptes annuels approuvés par les assemblées générales ainsi que les rapports de gestion des trois derniers exercices des sociétés participant à l'opération ;

4° Les comptes intermédiaires établis selon les mêmes méthodes et suivant la même présentation que les comptes annuels arrêtés à une date qui, si ces derniers se rapportent à un exercice dont la fin est antérieure de plus de six mois à la date du projet de fusion ou de scission, doit être antérieure de moins de trois mois à la date de ce projet.

En outre, pour l'information des associés des sociétés coopératives agricoles ou unions participant à l'opération, le conseil d'administration ou le directoire annexe, le cas échéant, à ces documents un rapport d'information sur les modalités de la fusion ou de la scission établi par les commissaires aux comptes de chaque société coopérative agricole ou union participant à l'opération.

Ce rapport d'information :

a) Apprécie les valeurs figurant dans le projet de fusion ou de scission et les avantages particuliers et mentionne les difficultés particulières d'évaluation s'il en existe ;

b) Indique si le montant de l'actif net apporté par les sociétés absorbées est au moins égal au montant de l'augmentation de capital ou au montant du capital de la nouvelle société.

Tout associé peut obtenir sur simple demande et à ses frais copie totale ou partielle des documents susvisés.

Art. R. 526-10 L'opposition d'un créancier à la fusion ou à la scission, dans les conditions prévues à l'article L. 526-7, doit être formée dans un délai de trente jours à compter de la date la plus tardive des insertions mentionnées à l'article R. 526-6.

L'opposition des représentants de la masse des obligataires à la fusion est faite dans le même délai.

Dans tous les cas, l'opposition est formée devant le tribunal judiciaire.

L'offre de remboursement des obligataires est effectuée selon les modalités prévues aux articles *(Décr. n° 2023-430 du 2 juin 2023, art. 9)* « R. 236-14 et R. 236-15 » du code de commerce.

Art. R. 526-11 Pour l'application du II de l'article L. 526-8, les associés coopérateurs ayant souscrit un engagement d'activité dans la branche d'activité apportée ou pour une production donnée au sein d'une branche d'activité sont réunis en collège séparé. Ils sont consultés spécifiquement sur le projet et préalablement à la réunion du conseil d'administration ou du directoire de chaque société coopérative agricole ou union arrêtant le projet définitif d'apport.

Cette consultation est organisée dans les conditions de convocation et de vote applicables aux assemblées générales extraordinaires qui décident les modifications de statuts autres que celles prévues à l'article L. 523-2. *(Décr. n° 2016-1401 du 18 oct. 2016, art. 7, en vigueur le 1er déc. 2016)* « Toutefois, les mesures de publicité légale et les règles de quorum ne lui sont pas applicables. »

Les résultats de celle-ci sont communiqués aux assemblées générales appelées à se prononcer sur le projet.

CHAPITRE VII FÉDÉRATIONS DE COOPÉRATIVES ET ASSOCIATION NATIONALE DE RÉVISION – SOCIÉTÉS COOPÉRATIVES DE CAUTION MUTUELLE

SECTION 1 Fédérations de coopératives

SOUS-SECTION 1 Dispositions générales

Art. R. 527-1 Les sociétés coopératives agricoles et leurs unions peuvent constituer entre elles des fédérations de coopératives ou d'unions de coopératives régies soit par

le *(Décr. nº 2013-754 du 14 août 2013, art. 13-I)* **« livre I de la deuxième partie » du code du travail, soit par la loi du 1er juillet 1901 sur les associations.** – *V. C.* ***assoc.***

Les fédérations ne sont soumises à aucune formalité d'agrément, à l'exception des fédérations qui procèdent à des opérations de révision.

Art. R. 527-2 *(Décr. nº 2016-1401 du 18 oct. 2016, art. 8-1º, en vigueur le 1er déc. 2016)* **« A l'exclusion des fédérations mentionnées à l'article L. 527-1, les fédérations » de coopératives ou d'unions de coopératives agricoles peuvent poursuivre un ou plusieurs des objectifs suivants :**

1º Défendre les intérêts matériels et moraux des coopératives ou des unions de coopératives adhérentes ;

2º Régler amiablement tous différends pouvant intervenir entre organisations coopératives, notamment en ce qui concerne le chevauchement des zones d'action de chacune d'elles ;

3º Faire toute *(Décr. nº 2016-1401 du 18 oct. 2016, art. 8-1º, en vigueur le 1er déc. 2016)* **« promotion » favorable au développement de la coopération agricole sous toutes ses formes ;**

4º Faciliter, par leurs conseils ou la mise à la disposition des coopératives d'experts qualifiés, l'organisation et le fonctionnement des sociétés coopératives agricoles et de leurs unions ;

5º Abrogé par Décr. nº 2016-1401 du 18 oct. 2016, art. 8-1º, à compter du 1er déc. 2016.

Art. R. 527-3 Les fédérations de coopératives agricoles constituées sous le régime de la loi du 1er juillet 1901 avant le 6 août 1961 peuvent se placer sous le régime du *(Décr. nº 2013-754 du 14 août 2013, art. 13-I)* **« livre I de la deuxième partie » du code du travail à condition d'observer les formalités prévues par ce texte.**

SOUS-SECTION 2 Dispositions particulières aux fédérations de coopératives agréées ayant pour objet de procéder aux opérations de révision

Art. R. 527-4 *(Décr. nº 97-1203 du 24 déc. 1997)* **« Les fédérations de sociétés coopératives agricoles mentionnées à l'article L. 527-1 sont agréées »** *(Décr. nº 2016-1401 du 18 oct. 2016, art. 8-2º, en vigueur le 1er déc. 2016)* **« par le ministre chargé de l'agriculture.**

« Les sociétés coopératives agricoles et leurs unions qui prennent l'initiative de la création d'une fédération sur une circonscription territoriale doivent représenter ensemble plus de la moitié des sociétés coopératives ayant leur siège social dans cette circonscription. Toutes les sociétés coopératives et leurs unions ayant leur siège social dans cette circonscription doivent être invitées à participer ou à se faire représenter à l'assemblée générale constitutive de la fédération agréée pour la révision. L'agrément ne peut être délivré à plus d'une fédération par circonscription territoriale. »

Art. R. 527-5 Les demandes d'agrément sont adressées par les fédérations intéressées à l'association nationale de révision de la coopération agricole *(Décr. nº 2016-1401 du 18 oct. 2016, art. 8-3º, en vigueur le 1er déc. 2016)* **« mentionnée à l'article L. 527-1, dont les statuts sont approuvés par le ministre chargé de l'agriculture ».**

A chaque demande d'agrément, est joint un dossier comprenant :

1º Un exemplaire des statuts de la fédération comportant notamment l'indication de sa circonscription ;

2º Une copie de l'acte constitutif et une pièce établissant que les formalités de dépôt ou de déclaration ont été accomplies ;

3º Les nom, domicile, qualité des dirigeants de la fédération et de ceux qui sont autorisés à signer pour elle ainsi qu'un extrait de leur casier judiciaire.

Art. R. 527-5-1 *(Décr. nº 2017-1411 du 27 sept. 2017, art. 2-54º)* **Le silence gardé** pendant quatre mois par le ministre chargé de l'agriculture sur une demande d'agrément d'une fédération de sociétés coopératives agricoles, mentionnée à l'article R. 527-4, vaut décision d'acceptation.

Art. R. 527-6 L'association nationale de révision instruit la demande. Sauf dans le cas où elle estime que la fédération intéressée ne remplit pas les conditions légales ou ne présente pas les garanties nécessaires pour être habilitée à procéder à des opéra-

tions de révision, elle propose à cette dernière de lui donner son adhésion, en signant une convention conforme à la convention type approuvée par un arrêté du ministre de l'agriculture pris *(Décr. n° 2006-1528 du 5 déc. 2006)* « après avis du Haut Conseil de la coopération agricole ». – *V. Arr. du 17 juill. 2007 (JO 4 sept.).*

Cette convention type définit notamment les rapports devant exister entre les fédérations de révision et l'association nationale de révision. Elle définit en outre les mesures propres à assurer la coordination des opérations de révision auxquelles peuvent se livrer, dans une même *(Décr. n° 2016-1401 du 18 oct. 2016, art. 8-4°, en vigueur le 1er déc. 2016)* « circonscription territoriale, la fédération susceptible d'être agréée au titre de cette circonscription » et les fédérations nationales agréées.

Art. R. 527-7 La demande d'agrément, le dossier qui l'accompagne et *(Décr. n° 2016-1401 du 18 oct. 2016, art. 8-5°, en vigueur le 1er déc. 2016)* « la copie » de la convention passée entre la fédération intéressée et l'association nationale de révision sont transmis par cette dernière, avec son avis, au ministre de l'agriculture qui se prononce, dans tous les cas, après consultation *(Décr. n° 2006-1528 du 5 déc. 2006)* « du Haut Conseil de la coopération agricole ».

Art. R. 527-8 *(Décr. n° 2006-1528 du 5 déc. 2006)* Le budget de l'Association nationale de révision est approuvé par le ministre chargé de l'agriculture *(Abrogé par Décr. n° 2010-1654 du 28 déc. 2010)* ***« et le ministre chargé du budget »***, après avis du Haut Conseil de la coopération agricole.

Art. R. 527-9 *(Décr. n° 92-1363 du 24 déc. 1992)* « Les fédérations agréées sont soumises au contrôle du ministre chargé de l'agriculture pour les opérations de révision conduites en application de l'article L. 527-1.

« Elles sont tenues de lui faire connaître dans le délai d'un mois suivant leur assemblée générale, par l'intermédiaire de l'association nationale de révision, tous les changements intervenus dans leur administration ainsi que toutes les modifications apportées à leurs statuts et, au titre de leurs activités de révision, à leurs conditions générales de fonctionnement de même que celles intervenues concernant leur personnel spécialisé. »

Les procès-verbaux des assemblées générales annuelles rendant compte des activités des fédérations de révision agréées ainsi que l'état des révisions effectuées sont transmis au ministre de l'agriculture, dans les huit mois qui suivent la clôture de l'exercice, par l'intermédiaire de l'association nationale de révision de la coopération agricole.

(Décr. n° 92-1363 du 24 déc. 1992) « Les opérations que réalisent les fédérations en matière de révision font l'objet d'une comptabilité spéciale. »

Art. R. 527-10 Toute fédération agréée qui contrevient aux dispositions législatives ou réglementaires applicables aux opérations de révision peut, après avoir été invitée à présenter ses observations écrites sur le ou les griefs relevés contre elle, faire l'objet d'un retrait de l'agrément dont elle bénéficie par application de l'article L. 527-1. Cette mesure est prise par le ministre de l'agriculture, sur la proposition ou l'avis de l'association nationale, après consultation, dans tous les cas, *(Décr. n° 2006-1528 du 5 déc. 2006)* « du Haut Conseil de la coopération agricole ».

Art. R. 527-11 Les fédérations agréées peuvent fournir leur concours pour des opérations de révision aux sociétés d'intérêt collectif agricole, *(Décr. n° 2016-1401 du 18 oct. 2016, art. 8-6°, en vigueur le 1er déc. 2016)* « ainsi qu'aux associations et syndicats reconnus en qualité d'organisations de producteurs en application des articles L. 551-1 et L. 552-1 ».

SOUS-SECTION 3 Dispositions particulières aux fédérations de coopératives agricoles agréées exerçant les fonctions de commissaire aux comptes

Art. R. 527-12 *(Décr. n° 2016-1401 du 18 oct. 2016, art. 8-7°, en vigueur le 1er déc. 2016)* Pour l'application de l'article L. 527-1-1, l'Association nationale de révision de la coopération agricole veille à la mise en œuvre du commissariat aux comptes par les fédérations et au respect des règles d'indépendance et de discipline des personnes qui

exercent des missions de contrôle légal des comptes au nom des fédérations agréées pour la révision.

SECTION 2

Néant.

CHAPITRE VIII AUTORITÉS COMPÉTENTES EN MATIÈRE DE COOPÉRATION AGRICOLE *(Décr. n° 2019-1137 du 5 nov. 2019, art. 4).*

(Décr. n° 2006-1528 du 5 déc. 2006)

SECTION 1 Haut Conseil de la coopération agricole *(Décr. n° 2019-1137 du 5 nov. 2019, art. 4).*

COMMENTAIRE

Les procédures devant le Haut Conseil de la coopération agricole sont dématérialisées ; ainsi, se forment sur le site du Haut Conseil les demandes d'agrément, d'extension de zone, de retrait d'agrément, les déclarations de prise de participation comme le dépôt du dossier de contrôle *(www.hcca.coop).* ❑

SOUS-SECTION 1 Organisation

(Décr. n° 2019-1137 du 5 nov. 2019, art. 4)

Art. R. 528-1 **Le Haut Conseil de la coopération agricole est administré par un comité directeur composé de douze membres :**
— sept représentants élus des sociétés coopératives agricoles et de leurs unions ;
— cinq personnalités qualifiées désignées en raison de leur compétence par le ministre chargé de l'agriculture.

Art. R. 528-2 **Les représentants des sociétés coopératives agricoles et de leurs unions au comité directeur sont élus par un collège de grands électeurs constituant l'assemblée générale du haut conseil.**

(Décr. n° 2008-375 du 17 avr. 2008) **« Sont grands électeurs et éligibles les personnes physiques répondant aux conditions fixées aux articles R. 524-1, R. 524-9, R. 524-28, R. 524-29, R. 524-36 et R. 524-37 dont la société coopérative agricole ou l'union qu'ils représentent est à jour de sa cotisation annuelle au haut conseil de la coopération agricole. »**

Les grands électeurs sont désignés par les fédérations régionales, les unions et les fédérations nationales spécialisées des coopératives et de leurs unions.

Al. 4 abrogé par Décr. n° 2016-1401 du 18 oct. 2016, art. 9-1°, à compter du 1er déc. 2016.

Art. R. 528-3 **Les membres du comité directeur sont élus au scrutin secret ou désignés pour une période de quatre ans, renouvelable une fois.**

Les membres démissionnaires, décédés ou qui perdent la qualité au titre de laquelle ils ont été élus ou désignés sont remplacés. Lorsqu'il s'agit de membres élus, ce remplacement intervient lors de l'assemblée générale suivante du haut conseil. Le mandat des nouveaux membres expire à la date à laquelle aurait normalement pris fin celui des membres qu'ils remplacent.

Tout membre du comité directeur peut, en cas d'empêchement, donner pouvoir pour le représenter à un autre membre du comité. Aucun membre ne peut détenir plus d'un pouvoir.

Al. 4 abrogé par Décr. n° 2016-1401 du 18 oct. 2016, art. 9-2°, à compter du 1er déc. 2016.

Art. R. 528-4 **Le comité directeur élit son président parmi ses membres. Cette élection a lieu au scrutin secret.**

En cas de partage égal des voix lors de l'élection du président, le ministre chargé de l'agriculture procède dans le délai d'un mois à la désignation du président du comité directeur.

(Décr. nº 2016-1401 du 18 oct. 2016, art. 9-3º, en vigueur le 1er déc. 2016) « Le président élu par le comité directeur représente le Haut Conseil de la coopération agricole dans tous les actes de la vie civile et este en justice en son nom. »

Art. R. 528-5 *(Décr. nº 2015-665 du 10 juin 2015, art. 6-4º)* « I. — » Deux commissaires du Gouvernement auprès du haut conseil sont désignés, l'un par le ministre chargé de l'agriculture, l'autre par le ministre chargé de l'économie sociale. Ils siègent avec voix consultative au comité directeur.

Ils assurent l'information des ministres sur l'activité permanente du haut conseil.

Ils veillent :

— au respect des textes, règles et principes de la coopération agricole par le haut conseil et au fonctionnement régulier de ses instances ;

— au respect des normes et principes de la révision.

Ils peuvent présenter des observations au comité directeur.

(Décr. nº 2015-665 du 10 juin 2015, art. 6-4º) « II. — Le commissaire du Gouvernement désigné par le ministre chargé de l'agriculture peut exprimer son opposition à une délibération du comité directeur et demander une nouvelle délibération. Il exerce ce droit dans les quinze jours qui suivent la réunion.

« Si, après cette nouvelle délibération, le désaccord persiste, le commissaire du Gouvernement transmet le dossier au ministre chargé de l'agriculture, sauf dans les cas où la délibération est prise en application des articles R. 525-2 et R. 525-4.

« L'opposition du commissaire du Gouvernement est levée de plein droit si le ministre ne l'a pas confirmée dans le délai de deux mois à compter de la date de sa notification au Haut Conseil de la coopération agricole. »

Art. R. 528-6 *(Décr. nº 2019-1137 du 5 nov. 2019, art. 4)* « Au sein du Haut Conseil de la coopération agricole » trois sections, la section juridique, la section révision et la section économique et financière, *(Décr. nº 2019-1137 du 5 nov. 2019, art. 4)* « sont » chargées de formuler des propositions et des avis au comité directeur dans leur domaine de compétence.

Le comité directeur désigne pour chaque section un conseil de section, présidé par un membre du comité directeur et composé de membres du comité directeur et de membres désignés par ce dernier.

Les statuts du haut conseil prévoient les attributions de chacune des sections et les modalités de désignation de leurs membres.

Art. R. 528-6-1 *(Décr. nº 2019-1137 du 5 nov. 2019, art. 4)* La commission consultative prévue au deuxième alinéa du II de l'article L. 528-1 est composée des membres suivants :

1º Un représentant de chacune des organisations syndicales d'exploitants agricoles à vocation générale habilitées au titre du I de l'article 2 de la loi nº 99-574 du 9 juillet 1999 d'orientation agricole, désigné par les organisations intéressées ;

2º Le président du Haut Conseil de la coopération agricole ainsi que trois membres du comité directeur du Haut Conseil désignés en son sein ;

3º De personnalités qualifiées en matière de droit et d'économie agricoles dont le nombre ne peut pas être supérieur à trois ;

Le directeur de la direction générale de la performance économique et environnementale des entreprises du ministère chargé de l'agriculture, ou son représentant, peut assister aux travaux de la commission consultative.

Les membres de la commission consultative mentionnés aux 1º et 3º sont nommés pour quatre ans par arrêté du ministre chargé de l'agriculture.

Les membres mentionnés au 2º siègent pour la durée de leur mandat au Haut Conseil de la coopération agricole.

Pour chaque membre de la commission, un suppléant est désigné et nommé dans les mêmes conditions.

La commission consultative est présidée par le président du Haut Conseil de la coopération agricole. Elle se réunit sur convocation de son président, le cas échéant sur demande de l'un ou plusieurs de ses membres ou sur demande du comité directeur du Haut Conseil. Le président fixe l'ordre du jour.

SOUS-SECTION 2 **Fonctionnement** *(Décr. n° 2019-1137 du 5 nov. 2019, art. 4).*

Art. R. 528-7 Le comité directeur adopte les décisions et avis prévus par le présent titre.

Art. R. 528-8 Le comité directeur se réunit aussi souvent que nécessaire et au moins quatre fois par an, sur convocation de son président ou à la demande d'un des commissaires du gouvernement.

Art. R. 528-9 Pour délibérer, le comité directeur doit réunir au moins la moitié de ses membres en exercice. Les décisions du comité directeur sont prises à la majorité des deux tiers des membres présents ou représentés.

(Décr. n° 2019-1137 du 5 nov. 2019, art. 4) « Le président peut décider de consulter le comité directeur par voie électronique. Dans ce cas, les dispositions du premier alinéa sont applicables. »

Art. R. 528-10 Le comité directeur fixe chaque année le taux des cotisations prévues au *(Décr. n° 2017-1771 du 27 déc. 2017, art. 13-9°)* « huitième alinéa » de l'article L. 528-1 et les délais de paiement de celles-ci. Il peut en déléguer le recouvrement à l'Association nationale de révision selon des modalités prévues par les statuts.

Il arrête les comptes dans les trois mois de la clôture de l'exercice et établit le budget. Les comptes sont approuvés chaque année par l'assemblée générale et soumis à l'approbation du ministre chargé de l'agriculture.

Art. R. 528-11 Les statuts du haut conseil sont adoptés et modifiés par l'assemblée générale à la majorité des deux tiers des membres présents ou représentés et sont approuvés par le ministre chargé de l'agriculture. — *V. Arr. du 27 janv. 2021 portant approbation des statuts du Haut Conseil de la coopération agricole (JO 31 janv.).*

Art. R. 528-12 Les décisions de nature réglementaire du haut conseil sont publiées selon des modalités définies par ses statuts.

Art. R. 528-13 Le Haut Conseil de la coopération agricole peut être saisi de toute question relevant de sa compétence par le ministre chargé de l'agriculture, le ministre chargé de l'économie, le ministre chargé de l'économie sociale, les organisations professionnelles de coopératives, les fédérations agréées pour la révision, les chambres d'agriculture, ainsi que toute société coopérative agricole ou union. Il peut également se saisir d'office.

Art. R. 528-14 Chaque année, le Haut Conseil de la coopération agricole présente au Gouvernement un rapport dans lequel il retrace son activité et celle de ses sections, décrit la situation économique et financière des *(Décr. n° 2019-1137 du 5 nov. 2019, art. 4)* « coopératives agricoles » et *(Décr. n° 2016-1401 du 18 oct. 2016, art. 9-4°, en vigueur le 1er déc. 2016)* « peut formuler » des propositions d'adaptations législatives et réglementaires. *(Décr. n° 2019-1137 du 5 nov. 2019, art. 4)* « Ce rapport présente le bilan des mises en demeure prévu au quatrième alinéa du I de l'article L. 528-1. Ce bilan précise notamment les manquements ayant conduit à la mise en demeure, les secteurs d'activité et les catégories d'entreprises auxquels appartiennent les coopératives concernées. »

Art. R. 528-15 *(Décr. n° 2019-1137 du 5 nov. 2019, art. 4)* Le guide des bonnes pratiques de gouvernance prévu au cinquième alinéa du I de l'article L. 528-1 comprend au moins les chapitres suivants :

1° Le fonctionnement des organes chargés de l'administration de la coopérative ;

2° Le fonctionnement des comités spécialisés ;

3° Les conditions d'exercice de la mission des administrateurs notamment leur indemnisation et les formations recommandées ;

4° L'organisation de l'assemblée générale ;

5° L'animation territoriale et la participation des adhérents à la vie de la coopérative, notamment dans les coopératives à sections ;

6° Le renouvellement des générations et la représentation des femmes au sein des organes chargés de l'administration.

SECTION 2 Médiateur de la coopération agricole

(Décr. n° 2019-1137 du 5 nov. 2019, art. 4)

Art. R. 528-16 Le médiateur de la coopération agricole mentionné à l'article L. 528-3 peut être saisi de tout litige relatif aux relations entre un associé coopérateur et la coopérative agricole à laquelle il adhère, entre coopératives agricoles, entre une coopérative agricole et une union ou entre unions.

Lorsque les litiges entre l'associé coopérateur et sa coopérative portent sur des stipulations des contrats d'apport relatives aux prix et aux modalités de détermination et de révision des prix, ainsi qu'aux volumes, et lorsque les litiges sont relatifs au calcul ou paiement d'indemnités financières dues à la suite du départ d'un associé coopérateur avant la fin de sa période d'engagement, le médiateur des relations commerciales agricoles mentionné à l'article L. 631-27 instruit le litige et transmet son avis au médiateur de la coopération agricole pour permettre à ce dernier d'effectuer la médiation.

Le médiateur de la coopération agricole peut être saisi par un associé coopérateur, par une coopérative agricole ou une union, par le Haut Conseil de la coopération agricole ou par le ministre chargé de l'agriculture. Il prend toute initiative de nature à favoriser la résolution amiable du litige entre les parties.

Il fixe la durée de la médiation, qui ne peut excéder un mois, renouvelable une fois sous réserve de l'accord préalable de chaque partie.

En cas d'échec de la médiation, toute partie au litige peut saisir le président du tribunal judiciaire pour qu'il statue sur le litige selon la procédure accélérée au fond.

Le médiateur de la coopération agricole peut saisir le Haut Conseil de la coopération agricole de toute clause du règlement intérieur ou de toute pratique liée à ces clauses ou à celles des statuts des coopératives ou des unions qu'il estime non conformes aux principes et aux règles de la coopération pour permettre le cas échéant au Haut Conseil de la coopération agricole de demander la mise en œuvre d'une révision prévue à l'article 25-1 de la loi n° 47-1775 du 10 septembre 1947 portant statut de la coopération et, le cas échéant, de mettre en œuvre la procédure prévue à l'article L. 528-2.

Le médiateur transmet annuellement au ministre chargé de l'agriculture et au Haut Conseil de la coopération agricole un bilan des médiations réalisées.

Il peut faire toutes recommandations sur les textes, règles et principes applicables aux coopératives agricoles.

Le médiateur de la coopération agricole est nommé pour une durée de trois ans renouvelable une fois. — *Les dispositions du cinquième alinéa de l'art. R. 528-16 sont applicables aux demandes introduites à compter du 1er janv. 2020 (Décr. n° 2019-1137 du 5 nov. 2019, art. 5).*

CHAPITRE IX DISPOSITIONS PÉNALES – DISPOSITIONS D'APPLICATION

Art. R. 529-1 L'utilisation dans tout document, à l'exception des avis prévus en vue de la publicité de la constitution de la société, des termes "coopérative agricole" ou "union de coopératives agricoles" est interdite en l'absence de l'agrément prévu à l'article L. 525-1 et en l'absence de l'immatriculation au registre du commerce et des sociétés, pour celles qui y sont soumises.

Il en est de même pour l'emploi du terme "coopérative" associé à l'un des qualificatifs : "paysanne", "rurale" ou "forestière" ainsi que pour toute dénomination de nature à laisser entendre qu'il s'agit d'une société coopérative agricole ou d'une union de sociétés coopératives agricoles agréées.

Art. R.* 529-2 Les infractions aux dispositions de l'article R. 529-1 sont punies *(Décr. n° 94-167 du 25 févr. 1994)* « de la peine d'amende prévue par le 3° de l'article 131-13 du code pénal ».

Art. R. 529-3 *Abrogé par Décr. n° 2007-1218 du 10 août 2007.*

TITRE III SOCIÉTÉS D'INTÉRÊT COLLECTIF AGRICOLE

CHAPITRE I CONSTITUTION *(Décr. n° 2006-1528 du 5 déc. 2006).*

(Décr. n° 92-1363 du 24 déc. 1992)

Art. R.* 531-1 *Abrogé par Décr. n° 92-1363 du 24 déc. 1992.*

Art. R. 531-2 Doivent être constituées sous forme de sociétés à capital et à personnel variables les sociétés dont l'activité concerne l'électrification rurale, l'habitat rural, les adductions d'eau ainsi que celles dont l'activité s'exerce dans des domaines définis par arrêté concerté du ministre de l'agriculture, du ministre de l'intérieur et du ministre de l'économie et qui intéressent l'ensemble de la population d'une zone rurale.

Art. R.* 531-3 *à* R. 531-3-7 *Abrogés par Décr. n° 2006-1528 du 5 déc. 2006.*

Art. R. 531-3-8 *Abrogé par Décr. n° 2005-1716 du 28 déc. 2005.*

Art. R.* 531-4 Les organismes qui n'observent pas la réglementation relative aux sociétés d'intérêt collectif agricole ne peuvent utiliser la dénomination de société d'intérêt collectif agricole. – *V. art. R. 535-1.*

Art. R. 531-4-1 *Abrogé par Décr. n° 2006-1528 du 5 déc. 2006.*

Art. R. 531-5 Peuvent seuls être membres d'une société d'intérêt collectif agricole les agriculteurs, les groupements pouvant s'affilier aux caisses de crédit agricole mutuel ainsi que les personnes dont l'activité est de nature à faciliter la réalisation de l'objet de la société.

Art. R. 531-6 *(Décr. n° 85-295 du 1er mars 1985, art. 32)* La mission dévolue au commissaire aux comptes par les *(Décr. n° 2017-1771 du 27 déc. 2017, art. 14-1°)* « articles 44 et 47 du décret n° 2005-1677 du 28 décembre 2005 pris en application de la loi n° 2005-845 du 26 juillet 2005 de sauvegarde des entreprises », est assurée dans les sociétés d'intérêt collectif agricole qui n'ont pas la forme commerciale et dont le chiffre d'affaires hors taxes dépasse *(Décr. n° 2001-318 du 11 avr. 2001)* « 110 000 € » à la clôture de l'exercice social, soit par un commissaire aux comptes inscrit, soit par une fédération de coopératives agricoles agréée conformément à l'article L. 527-1. Le commissaire aux comptes inscrit ou la fédération agréée exerce, chacun en ce qui le concerne, le commissariat aux comptes dans les conditions prévues à l'article R. 524-10. – *V.* ***C. com.***

Art. R. 531-7 *(Décr. n° 85-295 du 1er mars 1985, art. 32)* Les sociétés d'intérêt collectif agricole qui n'ont pas la forme commerciale établissent des comptes annuels suivant les méthodes et principes fixés par les *(Décr. n° 2017-1771 du 27 déc. 2017, art. 14-2°)* « articles L. 123-12 à L. 123-22 du code de commerce et les mesures réglementaires prises pour leur application », sous réserve des règles posées par un plan comptable approuvé par le ministre de l'agriculture après avis de l'Autorité des normes comptables. – *V.* ***C. com.***

CHAPITRE II FONCTIONNEMENT

Art. R. 532-1 *(Décr. n° 2017-1771 du 27 déc. 2017, art. 14-3°)* « Les sociétaires » peuvent être tenus à l'égard de la société dans les conditions fixées par les statuts, non seulement des obligations inhérentes à leur qualité de détenteur de capital, mais aussi d'obligations particulières, telles que celles de livrer à la société ou de faire traiter par elle certains de leurs produits, de s'approvisionner auprès d'elle, d'en utiliser les services.

Art. R. 532-2 Il est interdit de subordonner, par dispositions statutaires ou autrement, les prestations d'objets ou de services à un sociétaire, à des prestations que lui-même devrait faire à la société. Cette interdiction ne s'applique pas aux prestations faites à des sociétaires ayant la qualité d'établissement public, de coopérative ou d'union de coopératives ou appartenant à un groupement d'une catégorie figurant sur une liste dressée par le ministre de l'agriculture.

Art. R. 532-3 Les statuts de la société doivent comporter les clauses permettant, à tout moment, aux agriculteurs, aux groupements qui peuvent s'affilier aux caisses de crédit agricole mutuel et, le cas échéant, aux caisses de crédit agricole mutuel, de disposer ensemble de la moitié au moins des voix aux assemblées générales de la société.

Aucun sociétaire ne doit posséder plus de 40 p. 100 des voix.

Toutefois, lorsqu'il y a plus de dix sociétaires, aucun d'eux ne doit posséder plus de 10 p. 100 des voix. Cette dernière interdiction ne concerne ni les caisses de crédit agricole mutuel ni les sociétés coopératives et leurs unions. Les statuts peuvent attribuer auxdites sociétés et unions, dans la limite du nombre des actions ou parts qu'elles possèdent, un nombre de voix en rapport soit avec le nombre de leurs sociétaires, soit avec le nombre des membres des sociétés elles-mêmes adhérentes.

Art. R. 532-4 La moitié du chiffre d'affaires ou du volume des opérations des sociétés d'intérêt collectif agricole autres que celles soumises aux prescriptions d'un cahier des charges doit, au cours d'un exercice déterminé, être réalisée avec des sociétaires ayant la qualité d'agriculteurs ou de groupements pouvant s'affilier aux caisses de crédit agricole mutuel. Ces dispositions peuvent faire l'objet de dérogations temporaires accordées, en raison de circonstances économiques exceptionnelles, par arrêté du ministre de l'agriculture et du ministre chargé du commerce.

Toutefois lorsqu'il s'agit des sociétés mentionnées à l'article R. 531-2, sont assimilés à ces sociétaires, à titre d'usagers, les agriculteurs et groupements même non membres de la société, pouvant s'affilier aux caisses de crédit agricole mutuel et dont les rapports avec la société, sauf en ce qui concerne leur participation au capital, sont analogues à ceux des sociétaires, notamment par la nature et l'étendue des obligations.

V. par exemple Arr. du 17 nov. 2021 portant dérogation en application de l'art. R. 532-4 au titre de l'année 2021 pour la SICA SICODIS (JO 25 nov.).

Art. R.* 532-5 Les statuts des sociétés d'intérêt collectif agricole constituées sous le régime des sociétés civiles précisent les conditions dans lesquelles elles sont administrées soit par un conseil d'administration élu par l'assemblée générale, soit par un ou plusieurs gérants.

Le ou les gérants d'une société d'intérêt collectif agricole constituée sous la forme de société civile, de société à responsabilité limitée ou de société en commandite par actions ne peuvent être désignés ou révoqués que par l'assemblée générale statuant à la majorité absolue.

Art. R. 532-6 *(Décr. nº 92-1363 du 24 déc. 1992)* Pour ces sociétés d'intérêt collectif agricole constituées sous la forme de sociétés civiles, la convocation à l'assemblée doit être publiée au moins quinze jours avant la date fixée dans un journal d'annonces légales du département ou de l'arrondissement où se trouve le siège social. L'insertion doit contenir l'ordre du jour, le lieu, la date et l'heure de l'assemblée.

Toutefois, pour les sociétés dont la circonscription ne dépasse pas le territoire d'un canton et des cantons limitrophes, l'insertion prévue à l'alinéa précédent peut être remplacée par l'affichage dans le même délai de la convocation à la porte principale de la mairie du siège social et de la mairie de chacune des autres communes comprises dans la circonscription.

Indépendamment de l'insertion ou de l'affichage prévu, il est adressé à chaque associé quinze jours au moins avant la date de la réunion une convocation individuelle indiquant le lieu, la date, l'heure et l'ordre du jour de l'assemblée.

La convocation individuelle peut consister dans l'envoi à chaque associé d'un exemplaire d'un journal ou d'un bulletin sur lequel elle figure.

CHAPITRE III **DISPOSITIONS FINANCIÈRES**

Art. R. 533-1 *(Décr. nº 92-1363 du 24 déc. 1992)* « Sous réserve de l'application des dispositions de l'article L. 533-1, les sociétés d'intérêt collectif agricole ne distribuent pas de dividendes mais seulement, le cas échéant, un intérêt statutaire dans la limite du taux prévu par les dispositions de l'article 14 de » *(Décr. nº 2017-1771 du 27 déc. 2017, art. 14-4º)* « la loi nº 47-1775 du 10 septembre 1947 portant statut de la coopération ». – *V.* ***C. sociétés.***

Elles peuvent ristourner les excédents annuels aux sociétaires au prorata des opérations effectuées par eux avec la société.

Les bénéfices provenant d'opérations effectuées avec des non-sociétaires sont portés en réserve ; ceux provenant d'aides de l'État, des collectivités publiques, d'organismes mentionnés sur une liste dressée par décret sont portés à une réserve dite : "Réserve des charges complémentaires de liquidation".

Art. R. 533-2 La valeur nominale des actions ou parts sociales créées par les sociétés d'intérêt collectif agricole à partir du 6 août 1961 est d'au moins 3,81 €.

Art. R. 533-3 Les dispositions *(Décr. n° 2017-1771 du 27 déc. 2017, art. 14-5°)* « du chapitre II du titre IV du livre III » sont étendues aux warrants souscrits par les sociétés d'intérêt collectif agricole.

CHAPITRE IV TRANSFORMATION – DISSOLUTION – LIQUIDATION

Art. R.* 534-1 *Abrogé par Décr. n° 92-1363 du 24 déc. 1992.*

Art. R.* 534-2 *Abrogé par Décr. n° 97-503 du 21 mai 1997.*

Art. R.* 534-3 Le boni de liquidation est réparti entre les sociétaires dans les conditions fixées par les statuts. Ne peut toutefois être ainsi distribuée la partie de ce boni correspondant à des bénéfices réalisés avec d'autres que des sociétaires ni, pour le montant arrêté par décision concertée du ministre de l'économie, du ministre du budget et du ministre de l'agriculture, la partie du boni portée à la "réserve des charges complémentaires de liquidation".

Les valeurs de l'actif net non susceptible de répartition sont obligatoirement dévolues par la société à d'autres sociétés d'intérêt collectif agricole, à des coopératives ou unions de coopératives, à des établissements ou œuvres d'intérêt général agricole ou rural.

Les dévolutions faites par les sociétés d'intérêt collectif agricole sont approuvées par le ministre de l'économie, le ministre du budget, le ministre de l'agriculture et, le cas échéant, le ministre de l'intérieur.

(Décr. n° 97-503 du 21 mai 1997) « Ces approbations sont réputées acquises aux organismes qui en ont fait régulièrement la demande si aucune décision explicite ne leur a été notifiée dans un délai de quatre mois à partir de la date d'enregistrement de cette demande. »

L'institution dévolutaire est tenue des mêmes obligations que son auteur.

Art. R. 534-4 Si la liquidation d'une société d'intérêt collectif agricole constituée après le 6 août 1961 sous la forme d'une société civile fait apparaître des pertes excédant le montant du capital social, ces pertes sont divisées entre les sociétaires proportionnellement au nombre de parts de capital appartenant à chacun d'eux. Toutefois, *(Abrogé par Décr. n° 2017-1771 du 27 déc. 2017, art. 14-6°)* *« et sauf application des dispositions des articles 656 et 732 du code rural [anciens] relatives à certaines créances du crédit agricole mutuel, »* la responsabilité de chaque sociétaire est limitée à cinq fois le montant des parts du capital social qu'il possède, y compris le montant desdites parts.

CHAPITRE V DISPOSITIONS PÉNALES

Art. R. 535-1 Sera punie *(Décr. n° 94-167 du 25 févr. 1994)* « de la peine d'amende prévue par le 3° de l'article 131-13 du code pénal » toute personne qui aura utilisé la dénomination de société d'intérêt collectif agricole en violation des dispositions de l'article R. 531-4 *(Décr. n° 2017-1771 du 27 déc. 2017, art. 14-7°)* « du présent code ».

TITRE IV SOCIÉTÉS MIXTES D'INTÉRÊT AGRICOLE

Art. D. 541-1 Ne peuvent être prises qu'à la majorité qualifiée de plus de 70 p. 100 des voix présentes ou représentées, prévue à l'article L. 541-2, les décisions des assemblées générales des sociétés mixtes d'intérêt agricole qui, directement ou indirectement, remettraient en cause les disciplines adoptées par les groupements de producteurs reconnus participant à la société ainsi que celles portant sur les objets suivants :

– modification de l'objet social ;
– dissolution anticipée de la société ou réduction de sa durée ;
– réduction du capital social par remboursement de parts ou d'actions ;
– modification des clauses des statuts de la société relatives à la qualité de société mixte d'intérêt agricole ;
– opération de fusion, absorption, apports partiels d'actif concernant la société ;
– aliénation de biens sociaux, statutairement déterminés, lorsqu'ils intéressent la production agricole et que, par leur importance, ils forment l'un des éléments essentiels du potentiel d'activité de la société ;
– transfert du siège social hors du département ou des départements limitrophes ;
– approbation des conventions passées entre la société et l'un de ses administrateurs, gérants, directeurs ou membres du conseil de surveillance.

TITRE V ORGANISATIONS DE PRODUCTEURS, ASSOCIATIONS D'ORGANISATIONS DE PRODUCTEURS ET GROUPEMENTS DE PRODUCTEURS *(Décr. nº 2018-313 du 27 avr. 2018, art. 1er).*

CHAPITRE I ORGANISATIONS DE PRODUCTEURS ET ASSOCIATIONS D'ORGANISATIONS DE PRODUCTEURS RECONNUES DANS LES SECTEURS COUVERTS PAR L'ORGANISATION COMMUNE DES MARCHÉS DES PRODUITS AGRICOLES

(Décr. nº 2018-313 du 27 avr. 2018, art. 1er)

SECTION 1 Dispositions communes

Art. D. 551-1 La demande d'extension des règles prévue au premier alinéa de l'article L. 551-2 est adressée au ministre chargé de l'agriculture.

L'extension est prononcée par arrêté conjoint des ministres chargés de l'agriculture et de l'économie.

Art. D. 551-2 La décision permettant à une organisation de producteurs ou à une association d'organisations de producteurs de percevoir des cotisations auprès des producteurs non membres est prise par arrêté du ministre chargé de l'agriculture.

Art. D. 551-3 Sans préjudice des dispositions applicables au secteur de la banane, l'Établissement national des produits de l'agriculture et de la mer (FranceAgriMer) procède aux contrôles prévus au b) du 4 de l'article 154 du règlement (UE) nº 1308/2013 du Parlement européen et du Conseil du 17 décembre 2013 portant organisation commune des marchés des produits agricoles et abrogeant les règlements (CEE) nº 922/72, (CEE) nº 234/79, (CE) nº 1037/2001 et (CE) nº 1234/2007 du Conseil.

Art. D. 551-4 Sans préjudice de l'application des dispositions de l'article 59 du règlement (UE) nº 2017/891 complétant le règlement (UE) nº 1308/2013 du Parlement européen et du Conseil en ce qui concerne les secteurs des fruits et légumes et des produits transformés à base de fruits et légumes ainsi que le règlement (UE) nº 1306/2013 du Parlement européen et du Conseil en ce qui concerne les sanctions à appliquer dans ces secteurs et modifiant le règlement d'exécution (UE) nº 543/2011 de la Commission et de l'article D. 551-7, lorsque des manquements sont relevés, le directeur général de l'Établissement national des produits de l'agriculture et de la mer (FranceAgriMer) en avertit les organisations de producteurs et associations d'organisations de producteurs par lettre recommandée dans les deux mois suivant le constat en précisant les mesures correctrices à mettre en œuvre dans un délai qu'il fixe et qui ne peut excéder douze mois à compter de la notification de l'avertissement.

Au terme de ce délai, si les réserves ne sont pas levées, le ministre chargé de l'agriculture prononce le retrait de reconnaissance.

En cas de modification effectuée à la demande de l'administration suite au contrôle prévu à l'article D. 551-3, la validation des statuts par l'organe délibérant peut se faire par des moyens électroniques de télécommunication de ses membres. – *Le Règl. (UE)*

1306/2013 est abrogé par le Règl. (UE) 2021/2116 du 2 déc. 2021 relatif au financement, à la gestion et au suivi de la politique agricole commune, applicable à partir du 1er janv. 2023.

Art. D. 551-5 Lorsque des activités sont externalisées auprès d'un ou plusieurs de leurs adhérents conformément aux articles 155 du règlement (UE) n° 1308/2013 et 13 et 18 du règlement (UE) n° 2017/891, les organisations de producteurs et les associations d'organisations de producteurs vérifient que chacun des autres adhérents bénéficie des mêmes conditions d'accès aux diverses prestations offertes.

Art. D. 551-6 Dans le cas où l'organisation de producteurs qui sollicite la reconnaissance est constituée, en tout ou partie, de membres qui sont eux-mêmes des entités juridiques ou des parties clairement définies d'entités juridiques composées de producteurs, le nombre minimal de producteurs exigé pour satisfaire aux conditions de reconnaissance est calculé sur la base du nombre de producteurs réunis pour chacune des entités juridiques ou parties clairement définies d'entités juridiques.

SECTION 2 Dispositions applicables aux organisations de producteurs et aux associations d'organisations de producteurs reconnues dans le secteur des fruits et légumes

SOUS-SECTION 1 Dispositions communes aux organisations de producteurs et aux associations d'organisations de producteurs

Art. D. 551-7 Le directeur général de l'Établissement national des produits de l'agriculture et de la mer (FranceAgriMer) est l'autorité compétente pour transmettre les lettres d'avertissement et suspendre la reconnaissance des organisations de producteurs ou des associations d'organisations de producteurs engagées dans un programme opérationnel, en vertu de l'article 59 du règlement délégué (UE) n° 2017/891.

SOUS-SECTION 2 Dispositions spécifiques aux organisations de producteurs

Art. D. 551-8 Peuvent être reconnues en qualité d'organisations de producteurs, les organisations de producteurs :

1° Dont la valeur minimale de production commercialisée est au moins égale à un million d'euros. Cette valeur est fixée à 100 000 euros pour les organisations de producteurs de fruits à coque, de fruits et légumes destinés à la transformation, de produits sous signes d'identification de la qualité et de l'origine*[,]* ou pour les organisations de producteurs ayant leur siège social dans une zone périurbaine ou dans une zone de faible densité de production, une collectivité territoriale d'outre-mer ayant le statut de région ultrapériphérique de l'Union européenne ou dans la collectivité de Corse ;

2° Qui regroupent au moins cinq producteurs.

Art. D. 551-9 Le pourcentage maximal en droit de vote et en participation qu'une personne physique ou morale, membre d'une organisation de producteurs, peut détenir directement ou indirectement dans une organisation de producteurs doit être inférieur à 50 %.

Par dérogation au premier alinéa et lorsque cela est nécessaire à la pérennité économique de l'organisation de producteurs, le pourcentage maximal en participation qu'une personne physique ou morale peut détenir directement ou indirectement dans une organisation de producteurs peut aller jusqu'à 70 %.

Art. D. 551-10 Les adhérents peuvent renoncer à leur qualité de membre sous réserve d'en informer préalablement l'organisation de producteurs dans un délai qu'elle fixe et qui ne peut être inférieur à trois mois ni excéder six mois.

La renonciation prend effet au changement d'exercice comptable de l'organisation de producteurs ou, lorsqu'un programme opérationnel est en cours et sauf accord contraire entre les parties portant sur un délai inférieur, à la date de fin du programme opérationnel, dans le respect de l'engagement coopératif le cas échéant.

Art. D. 551-11 En vertu de l'article 160 du règlement (UE) n° 1308/2013, les producteurs membres d'une organisation de producteurs reconnue vendent la totalité de leur production couverte par cette organisation par son intermédiaire.

Pour l'application de l'article 12 du règlement (UE) n° 2017/891, le pourcentage de production d'un producteur associé commercialisé en dehors de l'organisation de producteurs est porté à 40 % dans le cas de produits relevant du règlement (CE) n° 834/2007 du Conseil du 28 juin 2007 relatif à la production biologique et à l'étiquetage des produits biologiques et abrogeant le règlement (CEE) n° 2092/91 ou lorsque les membres producteurs commercialisent leur production par l'intermédiaire d'une autre organisation de producteurs désignée par leur propre organisation de producteurs.

Le volume marginal mentionné au b du 1 de l'article 12 du règlement délégué (UE) n° 2017/891 ne peut dépasser 5 % de la valeur de production commercialisée de l'organisation de producteurs.

Art. D. 551-12 L'organisation de producteurs précise dans son règlement intérieur les modalités selon lesquelles elle contrôle que ses membres se conforment aux règles sur le taux d'apport de production conformément au deuxième alinéa de l'article 160 du règlement n° 1308/2013 et aux dérogations de l'article 12 du règlement (UE) n° 2017/891.

Art. D. 551-13 L'organisation de producteurs dispose d'un personnel correspondant au minimum à un équivalent temps plein. Cette disposition ne s'applique pas aux organisations de producteurs pour lesquelles le seuil de valeur minimale de production commercialisée est fixé à 100 000 euros en application de l'article D. 551-8.

Art. D. 551-14 Les personnes physiques ou morales n'ayant pas la qualité de producteurs peuvent être membres d'une organisation de producteurs, sous réserve que les membres producteurs détiennent au moins 75 % des voix à l'assemblée générale et, lorsque l'organisation de producteurs est constituée sous forme de société, 75 % des parts sociales.

Ces membres non producteurs ne prennent pas part au vote pour les décisions ayant trait aux fonds opérationnels.

Art. D. 551-15 Les agents de l'organisme payeur des fonds opérationnels effectuent chaque année les contrôles requis par l'article 27 du règlement (UE) n° 2017/892 du 13 mars 2017 de la Commission du 13 mars 2017 portant modalités d'application du règlement (UE) n° 1308/2013 du Parlement européen et du Conseil en ce qui concerne les secteurs des fruits et légumes et des fruits et légumes transformés.

SOUS-SECTION 3 **Dispositions spécifiques aux associations d'organisations de producteurs**

Art. D. 551-16 Peuvent être reconnues en qualité d'association d'organisations de producteurs opérant au niveau national les associations qui représentent au moins 55 % de la valeur de la production commercialisée par l'ensemble des organisations de producteurs reconnues en France pour le produit, le groupe de produits ou la catégorie de produits au titre duquel la reconnaissance est demandée.

Les associations d'organisations de producteurs peuvent avoir pour membres d'autres personnes que des organisations de producteurs reconnues, à l'exclusion des syndicats ou d'autres associations d'organisations de producteurs. Par dérogation, un syndicat peut y adhérer lorsque le champ d'intervention de l'association est national. L'ensemble des membres qui ne sont pas reconnus en tant qu'organisations de producteurs ne peut disposer de plus de 25 % des voix.

Art. D. 551-17 Lorsque*[,]* pour un ou des produits donnés, les règles édictées par une association d'organisations de producteurs opérant au niveau national sont étendues par arrêté des ministres chargés de l'agriculture et de l'économie, les règles qui présentent le même objet qui ont été édictées par une association d'organisations de producteurs opérant sur une partie du territoire national deviennent caduques à compter de l'entrée en vigueur de l'arrêté.

Lorsque, pour un ou des produits donnés, deux associations opérant respectivement au niveau national et sur une partie du territoire national déposent simultanément une demande tendant à l'extension des règles qui présentent le même objet, seule la demande déposée par l'association opérant au niveau national est prise en compte.

Lorsque, pour un ou des produits donnés, les règles édictées par une association opérant au niveau national ont été étendues, aucune association opérant au niveau d'une partie du territoire national ne peut adopter des règles présentant le même objet.

SECTION 3 Dispositions applicables aux organisations de producteurs et aux associations d'organisations de producteurs reconnues dans les secteurs de l'élevage en vue de la production de viande et dans le secteur de la reproduction animale *(Décr. n° 2023-1403 du 29 déc. 2023, art. 1er).*

SOUS-SECTION 1 Dispositions communes aux organisations de producteurs reconnues dans les secteurs de l'élevage en vue de la production de viande et dans le secteur de la reproduction animale *(Décr. n° 2023-1403 du 29 déc. 2023, art. 1er).*

Art. D. 551-18 La reconnaissance en qualité d'organisation de producteurs est accordée *(Décr. n° 2023-1403 du 29 déc. 2023, art. 1er)* « pour l'un des produits » suivants :

1° Les bovins *(Abrogé par Décr. n° 2023-1403 du 29 déc. 2023, art. 1er)* « *, à l'exception des bovins certifiés issus de l'agriculture biologique* » ;

2° Les bovins certifiés issus de l'agriculture biologique ;

3° Les ovins *(Abrogé par Décr. n° 2023-1403 du 29 déc. 2023, art. 1er)* « *, à l'exception des ovins certifiés issus de l'agriculture biologique* » ;

4° Les ovins certifiés issus de l'agriculture biologique ;

5° Les caprins ;

6° Les veaux de boucherie ;

7° Les porcins *(Abrogé par Décr. n° 2023-1403 du 29 déc. 2023, art. 1er)* « *, à l'exception des porcins certifiés issus de l'agriculture biologique* » ;

8° Les porcins certifiés issus de l'agriculture biologique ;

9° Les volailles de chair *(Abrogé par Décr. n° 2023-1403 du 29 déc. 2023, art. 1er)* « *, à l'exception de[s] volailles de chair certifiées issues de l'agriculture biologique* » ;

10° Les volailles de chair certifiées issues de l'agriculture biologique ;

11° Les volailles produisant des œufs de consommation *(Abrogé par Décr. n° 2023-1403 du 29 déc. 2023, art. 1er)* « *, à l'exception de celles certifiées issues de l'agriculture biologique* » ;

12° Les volailles produisant des œufs de consommation certifiées issues de l'agriculture biologique ;

13° Les palmipèdes à foies gras ;

14° Les lagomorphes *(Abrogé par Décr. n° 2023-1403 du 29 déc. 2023, art. 1er)* « *, à l'exception des lagomorphes certifiés issus de l'agriculture biologique* » ;

15° Les lagomorphes certifiés issus de l'agriculture biologique ;

16° Les gibiers à plumes et pigeons ;

17° Les équins destinés à la boucherie ;

18° Les bovins reproducteurs enregistrés ou inscrits dans un livre généalogique tenu par un organisme de sélection agréé ;

19° Les ovins reproducteurs enregistrés ou inscrits dans un livre généalogique tenu par un organisme de sélection agréé ;

20° Les caprins reproducteurs enregistrés ou inscrits dans un livre généalogique tenu par un organisme de sélection agréé ;

21° Les volailles issues de schémas de sélection destinées à la production d'œufs à couver et leurs produits ;

22° Les lagomorphes issus de schémas de sélection destinés à la production de parentaux.

(Décr. n° 2023-1403 du 29 déc. 2023, art. 1er) « Plusieurs reconnaissances peuvent être accordées à une même organisation de producteurs dans les conditions fixées par le paragraphe 1 *bis* de l'article 154 du règlement (UE) n° 1308/2013 du Parlement européen et du Conseil du 17 décembre 2013. »

Art. D. 551-19 Toute personne physique ou morale se livrant à l'élevage des animaux mentionnés à l'article D. 551-18 et, dans le cas où l'organisation de producteurs exerce une mission *(Décr. n° 2020-717 du 11 juin 2020, art. 1er)* « de planification de la production, d'optimisation des coûts de production, de mise en marché ou de négociation des contrats concernant l'offre de produits agricoles, au nom de ses membres, pour tout ou partie de leur production totale », toute personne propriétaire des animaux, et qui n'est pas liée par des contrats d'intégration prévus aux articles L. 326-1 et L. 326-2, peut être membre, en qualité de producteur, d'une organisation de producteurs reconnue pour un des produits mentionnés à l'article D. 551-18.

Ces dispositions ne font pas obstacle, dans les mêmes conditions, à la reconnaissance d'une organisation de producteurs constituée en partie de personnes physiques ou morales qui ne sont pas producteurs ou qui n'ont pas pour objet la production de produits dans le secteur pour lequel l'organisation de producteurs est reconnue.

Art. D. 551-20 Pour être reconnue dans une collectivité territoriale d'outre-mer ayant le statut de région ultrapériphérique de l'Union européenne, une organisation de producteurs doit justifier d'au moins dix producteurs membres et d'un pourcentage minimum de 20 % du volume d'animaux commercialisés dans la collectivité pour le produit considéré. Il revient à l'organisation de producteurs de démontrer du respect de ces conditions à partir des documents justificatifs qu'elle détient.

Art. D. 551-21 Pour assurer l'exercice de ses missions, l'organisation de producteurs dispose de moyens en personnel d'au moins un équivalent temps plein pour *(Décr. n° 2023-1403 du 29 déc. 2023, art. 1er)* « chaque secteur pour lequel » elle est reconnue.

Par dérogation au premier alinéa :

1° Dans le secteur caprin, elle dispose de moyens en personnel d'au moins un demi-équivalent temps plein ;

2° Lorsqu'elle est reconnue sur un territoire en faible densité, en application des articles D. 551-23 à D. 551-26, elle dispose d'au moins 0,8 équivalent temps plein ;

3° Lorsqu'elle est reconnue en qualité d'organisation de producteurs *(Décr. n° 2023-1403 du 29 déc. 2023, art. 1er)* « pour au moins un des autres secteurs définis aux articles D. 551-23 à D. 551-30, elle dispose en complément de 0,8 équivalent temps plein pour chacun des autres secteurs ».

Art. D. 551-22 Dans le cas où l'organisation de producteurs ou l'association d'organisations de producteurs exerce une mission *(Décr. n° 2020-717 du 11 juin 2020, art. 1er)* « de planification de la production, d'optimisation des coûts de production, de mise en marché ou de négociation des contrats concernant l'offre de produits agricoles, au nom de ses membres, pour tout ou partie de leur production totale », tout membre producteur s'engage à apporter à l'organisation de producteurs ou aux acheteurs désignés par celle-ci tout ou partie de la production pour les produits concernés, dans les conditions suivantes :

– dans les secteurs bovin, ovin, caprin, porcin, *(Décr. n° 2023-1403 du 29 déc. 2023, art. 1er)* « avicole pour la production de » palmipèdes à foie gras et équin, 75 % de son volume de production, hors vente directe ;

– dans les secteurs avicole *(Décr. n° 2023-1403 du 29 déc. 2023, art. 1er)* « à l'exception de la production de palmipèdes à foie gras, » et cunicole, la totalité de son volume de production, hors vente directe ;

– dans le secteur des animaux reproducteurs, une quantité minimale prévue dans les statuts de l'organisation de producteurs.

SOUS-SECTION 2 **Dispositions applicables aux organisations de producteurs reconnues dans le secteur bovin**

Art. D. 551-23 Pour être reconnue, l'organisation de producteurs justifie d'au moins 60 producteurs membres et d'un volume minimum de 6 000 équivalents gros bovins commercialisés.

Pour les territoires en faible densité, elle justifie d'au moins 30 producteurs membres et d'un nombre minimal de 2 000 équivalents gros bovins commercialisés.

Par territoire en faible densité, on entend un territoire dans lequel la densité de bovins âgés de plus de 8 mois est inférieure à 20 bovins au km². La liste des territoires en faible densité est fixée par arrêté du ministre chargé de l'agriculture. – *V. Arr. du 5 juill. 2018 pris en application des art. D. 551-23, D. 551-24 et D. 551-26 fixant la liste des départements situés en zone de faible densité en ce qui concerne les organisations de producteurs du secteur de l'élevage - viande, annexe 1 (JO 13 juill.).*

Ces seuils de reconnaissance sont établis à 25 producteurs membres et 500 équivalents gros bovins commercialisés s'agissant de la *(Décr. n° 2023-1403 du 29 déc. 2023, art. 1er)* **« production » des bovins certifiés issus de l'agriculture biologique.**

Ils sont établis à 15 éleveurs et 3 000 animaux s'agissant de la *(Décr. n° 2023-1403 du 29 déc. 2023, art. 1er)* **« production » des veaux de boucherie.**

Un arrêté du ministre chargé de l'agriculture définit, en tant que de besoin, les équivalences animaux mentionnées au présent article. — *V. Arr. du 25 mai 2018 pris en application des art. D. 551-23, D. 551-27 et D. 551-28 et relatif aux organisations de producteurs du secteur de l'élevage - viande, art. 1er (JO 2 juin).*

SOUS-SECTION 3 **Dispositions applicables aux organisations de producteurs reconnues dans le secteur ovin**

Art. D. 551-24 **Pour être reconnue, l'organisation de producteurs justifie d'au moins** *(Décr. n° 2019-1116 du 31 oct. 2019, art. 1er)* **« 60 » producteurs membres** *(Décr. n° 2019-1116 du 31 oct. 2019, art. 1er)* **« ou » d'un nombre minimum de 40 000 animaux commercialisés.**

Pour les territoires en faible densité, elle justifie d'au moins *(Décr. n° 2019-1116 du 31 oct. 2019, art. 1er)* **« 40 » producteurs membres** *(Décr. n° 2019-1116 du 31 oct. 2019, art. 1er)* **« ou » d'un nombre minimum de 15 000 animaux commercialisés.**

Par territoire en faible densité, on entend un territoire dans lequel la densité de brebis est inférieure à 10 brebis au km². La liste des territoires en faible densité est fixée par arrêté du ministre chargé de l'agriculture. — *V. Arr. du 5 juill. 2018 pris en application des art. D. 551-23, D. 551-24 et D. 551-26 fixant la liste des départements situés en zone de faible densité en ce qui concerne les organisations de producteurs du secteur de l'élevage - viande, annexe 2 (JO 13 juill.).*

Ces seuils de reconnaissance sont établis à 20 producteurs membres *(Décr. n° 2019-1116 du 31 oct. 2019, art. 1er)* **« ou » 1 500 animaux s'agissant de la** *(Décr. n° 2023-1403 du 29 déc. 2023, art. 1er)* **« production » des ovins certifiés issus de l'agriculture biologique.**

SOUS-SECTION 4 **Dispositions applicables aux organisations de producteurs reconnues dans le secteur caprin**

Art. D. 551-25 **Pour être reconnue, l'organisation de producteurs justifie d'au moins 10 producteurs membres et d'un nombre minimum de 500 animaux commercialisés.**

SOUS-SECTION 5 **Dispositions applicables aux organisations de producteurs reconnues dans le secteur porcin**

Art. D. 551-26 **Pour être reconnue, l'organisation de producteurs justifie d'au moins 50 producteurs membres et d'un nombre minimum de 200 000 animaux commercialisés.**

Pour les territoires en faible densité, elle justifie d'au moins 25 producteurs membres et d'un nombre minimum de 50 000 animaux commercialisés.

Par territoire en faible densité, on entend un territoire dans lequel la densité de porcins est inférieure à 40 porcins au km². La liste des territoires en faible densité est fixée par arrêté du ministre chargé de l'agriculture. — *V. Arr. du 5 juill. 2018 pris en application des art. D. 551-23, D. 551-24 et D. 551-26 fixant la liste des départements situés en zone de faible densité en ce qui concerne les organisations de producteurs du secteur de l'élevage - viande, annexe 3 (JO 13 juill.).*

Ces seuils sont établis à 15 producteurs membres et 3 000 animaux s'agissant de la *(Décr. n° 2023-1403 du 29 déc. 2023, art. 1er)* **« production » des porcins certifiés issus de l'agriculture biologique.**

SOUS-SECTION 6 **Dispositions applicables aux organisations de producteurs reconnues dans le secteur avicole**

Art. D. 551-27 **Pour être reconnue, l'organisation de producteurs de volailles de chair justifie d'au moins 25 producteurs membres et d'une surface minimale de bâtiments de 20 000 m².**

Ces seuils de reconnaissance sont établis à 10 producteurs et 8 000 m² s'agissant de la *(Décr. n° 2023-1403 du 29 déc. 2023, art. 1er)* « production » des volailles de chair certifiées issues de l'agriculture biologique.

Pour être reconnue, l'organisation de producteurs de volailles produisant des œufs de consommation justifie d'au moins 10 producteurs membres et d'un nombre minimum de 50 000 volailles pondeuses.

Ces seuils de reconnaissance sont établis à 5 producteurs et 12 500 volailles pondeuses s'agissant de la *(Décr. n° 2023-1403 du 29 déc. 2023, art. 1er)* « production » des volailles produisant des œufs de consommation certifiés issus de l'agriculture biologique.

Pour être reconnue, l'organisation de producteurs de palmipèdes à foie gras justifie d'au moins 20 producteurs membres et d'un nombre minimum de 200 000 animaux commercialisés.

Pour être reconnue, l'organisation de producteurs de gibiers à plumes et pigeons justifie d'au moins 5 producteurs membres et d'un nombre minimum de 50 000 équivalents pigeons commercialisés.

Un arrêté du ministre chargé de l'agriculture définit, en tant que de besoin, les équivalences animaux mentionnées au présent article. — *V. Arr. du 25 mai 2018 pris en application des art. D. 551-23, D. 551-27 et D. 551-28 et relatif aux organisations de producteurs du secteur de l'élevage - viande, art. 2 (JO 2 juin).*

SOUS-SECTION 7 **Dispositions applicables aux organisations de producteurs reconnues dans le secteur cunicole**

Art. D. 551-28 Pour être reconnue, l'organisation de producteurs justifie d'au moins 10 producteurs membres et d'un nombre minimum de 50 000 équivalents lapins commercialisés.

Ces seuils de reconnaissance sont établis à 5 producteurs et un nombre minimum de 2 500 équivalents lapins pour les lapins certifiés issus de l'agriculture biologique.

Un arrêté du ministre chargé de l'agriculture définit, en tant que de besoin, les équivalences animaux mentionnées au présent article. — *V. Arr. du 25 mai 2018 pris en application des art. D. 551-23, D. 551-27 et D. 551-28 et relatif aux organisations de producteurs du secteur de l'élevage - viande, art. 3 (JO 2 juin).*

SOUS-SECTION 8 **Dispositions applicables aux organisations de producteurs reconnues dans le secteur équin**

Art. D. 551-29 Pour être reconnue, l'organisation de producteurs justifie d'au moins 30 producteurs membres et d'un nombre minimum de 200 équidés commercialisés.

SOUS-SECTION 9 **Dispositions applicables aux organisations de producteurs reconnues dans le secteur de la reproduction animale**

Art. D. 551-30 *(Décr. n° 2023-1403 du 29 déc. 2023, art. 1er)* Pour être reconnue, l'organisation de producteurs justifie du respect de l'une des conditions suivantes :

— Pour les bovins, ovins, caprins reproducteurs enregistrés ou inscrits dans un livre généalogique tenu par un organisme de sélection agréé :

1° D'au moins 50 producteurs membres et d'un nombre minimum de 600 bovins reproducteurs commercialisés ;

2° D'au moins 50 producteurs membres et d'un nombre minimum de 600 ovins reproducteurs commercialisés ;

3° D'au moins 10 producteurs membres et d'un nombre minimum de 800 caprins reproducteurs commercialisés ;

— Pour les volailles issues de schémas de sélection destinées à la production d'œufs à couver et leurs produits :

D'au moins 10 producteurs membres et d'une surface minimale de bâtiments de 10 000 m² destinés à la reproduction de volailles ;

— Pour les lagomorphes issus de schémas de sélection destinés à la production de parentaux :

D'au moins 10 producteurs membres et d'un nombre minimum de 50 000 lagomorphes reproductrices commercialisées.

SECTION 4 Dispositions applicables aux organisations de producteurs et aux associations d'organisations de producteurs reconnues dans le secteur du lait

SOUS-SECTION 1 Dispositions communes aux organisations de producteurs et aux associations d'organisations de producteurs reconnues dans le secteur du lait

Art. D. 551-31 La reconnaissance en qualité d'organisation de producteurs ou d'association d'organisations de producteurs est accordée de manière distincte pour les catégories de produits suivantes :

1° Lait de vache ;

2° Lait de vache susceptible d'être utilisé pour la fabrication d'un produit laitier sous signe d'identification de la qualité et de l'origine, produit par un opérateur dans le respect des conditions prévues dans le cahier des charges de ce signe, contrôlé selon les modalités prévues à l'article R. 642-39 ;

3° Lait de chèvre ;

4° Lait de chèvre issu de l'agriculture biologique ;

5° Lait de brebis ;

6° Lait de brebis issu de l'agriculture biologique ;

7° Produits laitiers.

Art. D. 551-32 Les statuts d'une organisation de producteurs ou d'une association d'organisations de producteurs comportent :

1° Des dispositions concernant les règles permettant aux producteurs membres d'une organisation de producteurs de contrôler, de façon démocratique, leur organisation et les décisions prises par cette dernière ;

2° Les règles relatives à l'admission de nouveaux membres et*[,]* notamment, la période minimale d'adhésion qui ne peut être inférieure à un an.

Art. D. 551-33 Un arrêté du ministre chargé de l'agriculture définit la nature et les modalités de transmission des informations que les organisations de producteurs et les associations d'organisations de producteurs doivent adresser à l'Établissement national des produits de l'agriculture et de la mer (FranceAgriMer) pour l'application de l'article 149 du règlement (UE) n° 1308/2013 et de ses règlements d'exécution.

Art. D. 551-34 I. — La durée minimale d'adhésion des membres producteurs de l'organisation de producteurs ou de l'association d'organisations de producteurs est de cinq ans renouvelables.

Les membres de l'organisation ou de l'association *[d'organisations]* de producteurs lui apportent la totalité du volume produit, à l'exception du lait cru destiné à la transformation à la ferme et lui communiquent les volumes de lait cru transformés à la ferme.

L'organisation ou l'association *[d'organisations]* de producteurs dispose d'informations provenant de ses membres lui permettant de connaître les volumes collectés ou à collecter et leur suivi qualitatif au regard des critères pris en compte pour le paiement du lait en fonction de sa composition et de sa qualité en application de l'article L. 654-30, en vue de sa commercialisation ou de sa mise en marché.

Elle informe ses membres, suivant une fréquence appropriée, du suivi de la qualité des produits livrés aux établissements de collecte, de la saisonnalité de la production, des débouchés du lait collecté et des prix obtenus, des frais de gestion issus de ses activités ainsi que, le cas échéant, du suivi de l'application des contrats passés avec les acheteurs.

II. — Le premier alinéa du I ne s'applique pas aux organisations de producteurs ou associations d'organisations de producteurs reconnues dans la catégorie des produits laitiers.

III. — Les dispositions du présent article ne s'appliquent pas aux organisations de producteurs ou associations d'organisations de producteurs qui n'exercent pas une mission *(Décr. n° 2020-717 du 11 juin 2020, art. 1er)* « de planification de la production, d'optimisation des coûts de production, de mise en marché ou qui ne sont pas

habilitées à négocier des contrats concernant l'offre de produits agricoles, au nom de ses membres, pour tout ou partie de leur production totale ».

SOUS-SECTION 2 **Dispositions spécifiques aux organisations de producteurs reconnues dans le secteur du lait**

Art. D. 551-35 Toute personne physique ou morale qui produit du lait de la catégorie concernée ou des produits laitiers peut être membre d'une organisation de producteurs dans le secteur du lait ou des produits laitiers.

Art. D. 551-36 Pour l'exécution de ses missions, l'organisation de producteurs dispose de moyens en personnel correspondant au moins à un demi-équivalent temps plein.

Par dérogation à l'alinéa précédent, ses moyens en personnel sont portés à un quart d'équivalent temps plein lorsqu'elle est reconnue :

— pour une autre production animale ;

— pour la production de lait susceptible d'être utilisé pour la fabrication de produits sous signes d'identification de la qualité et de l'origine ;

— en application du troisième alinéa de l'article D. 551-37.

Ses moyens en personnel sont portés à 0,15 équivalent temps plein pour les catégories du lait de chèvre, du lait de brebis et des produits laitiers.

Art. D. 551-37 Pour être reconnue comme organisation de producteurs pour la catégorie "lait de vache", l'organisation de producteurs justifie, soit d'un nombre minimum de 200 membres producteurs de lait de vache, soit d'un volume minimum de 60 millions de litres de lait de vache commercialisés.

Pour être reconnue comme organisation de producteurs pour la catégorie "lait de vache susceptible d'être utilisé pour la fabrication d'un produit laitier sous signe d'identification de la qualité et de l'origine", l'organisation de producteurs justifie, soit d'un nombre minimum de 25 membres producteurs de lait de vache, soit d'un volume minimum de 7 millions de litres de lait de vache commercialisés.

L'organisation de producteurs peut également être reconnue sans satisfaire aux conditions mentionnées aux premier et deuxième alinéas si ses membres ont livré, en moyenne sur les deux dernières campagnes laitières, au moins 55 % du lait collecté par un même acheteur.

Lorsque cet acheteur collecte le lait auprès de producteurs dont les sièges d'exploitation sont situés sur plusieurs départements, le respect de ce seuil est vérifié sur une zone correspondant à la somme des départements sur lesquels les exploitations des producteurs membres de l'organisation ont leur siège.

Les références de la collecte réalisée auprès d'un producteur n'ayant pas l'antériorité définie au quatrième alinéa sont établies sur la base des références de son précédent détenteur.

Art. D. 551-38 Pour être reconnue comme organisation de producteurs pour la catégorie "lait de chèvre" ou "lait de chèvre issu de l'agriculture biologique", l'organisation justifie d'un nombre minimum de cinq membres producteurs de lait de chèvre.

Pour la catégorie "lait de chèvre", une organisation de producteurs peut être reconnue lorsque les producteurs qu'elle regroupe représentent au moins 50 % plus un de l'ensemble des producteurs de chaque établissement de collecte auquel ils livrent leur production.

Pour la catégorie "lait de chèvre issu de l'agriculture biologique", une organisation de producteurs peut être reconnue lorsque les producteurs qu'elle regroupe représentent au moins 50 % plus un de l'ensemble des producteurs de lait de chèvre issu de l'agriculture biologique de chaque établissement de collecte auquel ils livrent leur production.

Art. D. 551-39 *(Décr. n° 2024-172 du 4 mars 2024, art. 1er)* Une organisation peut être reconnue comme organisation de producteurs pour la catégorie "lait de brebis" lorsqu'elle regroupe un nombre minimum de soixante membres producteurs.

L'organisation de producteurs peut également être reconnue sans satisfaire à la condition mentionnée au premier alinéa lorsque les producteurs qu'elle regroupe livrent, par campagne laitière, un volume correspondant au moins à 55 % du lait de brebis collecté par un même acheteur.

Une organisation peut être reconnue comme organisation de producteurs pour la catégorie "lait de brebis issu de l'agriculture biologique" lorsqu'elle regroupe un nombre minimum de dix membres producteurs.

L'organisation de producteurs peut également être reconnue sans satisfaire à la condition mentionnée au troisième alinéa lorsque les producteurs qu'elle regroupe livrent, par campagne laitière, un volume correspondant au moins à 55 % du lait de brebis issu de l'agriculture biologique collecté par un même acheteur.

Art. D. 551-40 Pour être reconnue comme organisation de producteurs pour la catégorie "produits laitiers", l'organisation de producteurs justifie d'un nombre minimum de dix producteurs de produits laitiers.

SECTION 5 Dispositions applicables aux organisations de producteurs et aux associations d'organisations de producteurs reconnues dans le secteur de la banane

Art. D. 551-41 Pour être reconnue, l'organisation de producteurs justifie :

1° D'un nombre minimum de cent producteurs membres qui peuvent être des personnes physiques ou morales ;

2° D'un volume annuel minimum de production commercialisée ou mise en marché de 20 000 tonnes en poids net de bananes.

Est prise en compte la production annuelle de bananes commercialisée ou mise en marché par l'organisation demandant sa reconnaissance, la production de bananes livrée par ses membres au cours de l'année civile précédant celle de la demande.

Toute personne physique ou morale qui produit des bananes peut être membre d'une organisation de producteurs dans le secteur des bananes *[de la banane]*.

Art. D. 551-42 Chaque organisation de producteurs fait l'objet d'un contrôle sur place par la direction de l'alimentation, de l'agriculture et de la forêt compétente au moins tous les trois ans.

SECTION 6 Dispositions applicables aux organisations de producteurs reconnues dans le secteur du plant de pommes de terre

Art. D. 551-43 Toute personne physique ou morale produisant des plants de pommes de terre peut être membre en qualité de producteur d'une organisation de producteurs de plants de pommes de terre.

Art. D. 551-44 L'organisation de producteurs dispose de moyens en personnels correspondant au moins à cinq équivalents temps plein.

Art. D. 551-45 Pour être reconnue, l'organisation de producteurs justifie d'un nombre minimum de 75 producteurs membres et d'une surface de production au moins égale à cinq cents hectares.

SECTION 7 Dispositions applicables aux organisations de producteurs reconnues dans le secteur du tabac brut

Art. D. 551-46 Pour être reconnue, l'organisation justifie d'un nombre minimum de cinquante producteurs membres.

Art. D. 551-47 Les producteurs membres effectuent la mise sur le marché de la totalité de la production destinée à la commercialisation par l'intermédiaire de l'organisation.

SECTION 8 Dispositions applicables aux organisations de producteurs reconnues dans le secteur des autres produits pour la catégorie des plantes à parfum, aromatiques et médicinales

(Décr. n° 2019-970 du 18 sept. 2019, art. 1er)

Art. D. 551-48 Toute personne physique ou morale produisant des plantes, parties de plantes, graines et fruits des espèces utilisées principalement en parfumerie, en médecine ou à usages insecticides, parasiticides ou similaires, frais ou secs, même coupés, concassés ou pulvérisés, à l'exception des produits répertoriés sous le code NC ex 1211 90 86 dans la partie IX de l'annexe 1 du règlement (UE) n° 1308/2013 du Parlement européen et du Conseil du 17 décembre 2013, peut être membre en qualité de producteur d'une organisation de producteurs du secteur des autres produits pour la catégorie des plantes à parfum, aromatiques et médicinales.

Art. D. 551-49 Peuvent être reconnues en qualité d'organisations de producteurs, les organisations de producteurs qui regroupent au moins quinze producteurs.

Art. D. 551-50 L'organisation de producteurs dispose de moyens en personnels correspondant au moins à un demi-équivalent temps plein.

Art. D. 551-51 Les producteurs membres d'une organisation de producteurs reconnue s'engagent à lui apporter 60 % au moins de leur production pour les produits concernés par la reconnaissance.

SECTION 9 Dispositions applicables aux organisations de producteurs reconnues dans le secteur du sucre pour la betterave sucrière

(Décr. n° 2019-1163 du 8 nov. 2019, art. 1er)

Art. D. 551-52 Toute personne physique ou morale qui produit des betteraves sucrières peut être membre, en qualité de producteur, d'une organisation de producteurs reconnue dans le secteur du sucre pour le produit betterave sucrière.

Art. D. 551-53 Peuvent être reconnues en qualité d'organisations de producteurs, les organisations de producteurs qui justifient :

1° D'un volume annuel minimal de production de 300 000 tonnes à 16 degrés saccharimétrique commercialisées auprès d'une même usine productrice de sucre, calculé sur la base de la production des membres ; les volumes supplémentaires peuvent être commercialisés au profit d'autres usines ;

2° D'un nombre minimal de deux cent cinquante producteurs livrant leur production à une même usine productrice de sucre.

Dans le cas où l'organisation de producteurs est une société coopérative agricole régie par le titre II du livre V, ces seuils sont appréciés globalement au niveau de la coopérative.

Art. D. 551-54 Les producteurs membres apportent tout ou partie de leur production tel que prévu dans les statuts de l'organisation de producteurs à l'exception des volumes engagés auprès d'une société coopérative agricole non reconnue en qualité d'organisation de producteurs. Toutefois, dans le cas où l'organisation de producteurs est une coopérative, l'associé coopérateur apporte sa production à hauteur de l'engagement défini dans les statuts de la coopérative.

Art. D. 551-55 L'organisation de producteurs dispose de moyens en personnel correspondant au moins à un demi-équivalent temps plein.

SECTION 10 Dispositions applicables aux organisations de producteurs reconnues dans le secteur des olives de table et de l'huile d'olive

(Décr. n° 2022-1262 du 28 sept. 2022, art. 1er)

Art. D. 551-56 Toute personne physique ou morale qui produit des olives peut être membre, en qualité de producteurs, d'une organisation de producteurs dans le secteur des olives de table et de l'huile d'olive.

Art. D. 551-57 Pour être reconnue, l'organisation de producteurs justifie d'une valeur annuelle de production commercialisée au moins égale à 500 000 euros et d'au moins 100 producteurs.

Art. D. 551-58 L'organisation de producteurs dispose de moyens en personnels correspondant au moins à un équivalent temps plein.

SECTION 11 Dispositions applicables aux organisations de producteurs reconnues dans le secteur du houblon

(Décr. nº 2023-184 du 16 mars 2023, art. 1er)

Art. D. 551-59 Toute personne physique ou morale qui produit du houblon peut être membre, en qualité de producteurs, d'une organisation de producteurs dans le secteur du houblon.

Art. D. 551-60 Pour être reconnue, l'organisation de producteurs justifie d'une valeur de production commercialisée annuelle au moins égale à 100 000 euros et d'au moins 5 producteurs. Lorsque l'organisation de producteurs ne procède pas à la commercialisation de la production de ses membres ou n'est pas habilitée à négocier les contrats de livraison de leur production, le seuil de 100 000 euros est apprécié au regard de la somme des chiffres d'affaires de la production de houblon de chacun des producteurs membres de l'organisation de producteurs.

Art. D. 551-61 L'organisation de producteurs dispose de moyens en personnels correspondant au moins à un demi équivalent temps plein.

Art. D. 551-62 L'organisation de producteurs met en place les moyens techniques et humains lui permettant, pour ce qui concerne la production de houblon, de connaître et d'assurer le suivi :
– des surfaces cultivées ;
– des variétés implantées ;
– des parcelles conduites selon les différents modes de production et notamment celui de l'agriculture biologique ;
– des parcelles irriguées ;
– du volume récolté et des stocks.

A cet effet, elle dispose d'une base de données et d'une procédure d'actualisation de cette base.

Art. D. 551-63 Le pourcentage maximal en droit de vote et en participation qu'une personne physique ou morale, membre d'une organisation de producteurs, peut détenir directement ou indirectement dans une organisation de producteurs doit être inférieur à 50 %.

Art. D. 551-64 Les personnes physiques ou morales n'ayant pas la qualité de producteurs peuvent être membres d'une organisation de producteurs, sous réserve que les membres producteurs détiennent au moins 75 % des voix à l'assemblée générale et, lorsque l'organisation de producteurs est constituée sous forme de société, 75 % des parts sociales.

Art. D. 551-65 Dans les cas où l'organisation de producteurs exerce une mission d'organisation de la mise en marché, de commercialisation ou est habilitée à négocier les contrats de livraison de la production de ses membres, tout membre producteur s'engage à apporter à l'organisation de producteurs 75 % au moins de son volume de production en houblon. L'organisation de producteurs met en place des moyens techniques et humains permettant d'assurer la traçabilité et la certification de l'ensemble des volumes de houblon apportés par ses membres producteurs.

SECTION 12 Dispositions applicables aux organisations de producteurs reconnues dans le secteur des plantes vivantes et des produits de la floriculture

(Décr. nº 2023-181 du 15 mars 2023, art. 1er)

Art. D. 551-66 Toute personne physique ou morale qui produit des plantes vivantes ou des produits de la floriculture figurant dans le tableau ci-après peut être membre, en qualité de producteur, d'une organisation de producteurs dans le secteur des plantes vivantes et des produits de la floriculture.

Code NC	Désignation du produit
0601	Bulbes, oignons, tubercules, racines tubéreuses, griffes et rhizomes, en repos végétatif, en végétation ou en fleur (à l'exclusion des oignons, tubercules et racines tubéreuses servant à l'alimentation humaine) ; plants, plantes et racines de chicorée (à l'exclusion des racines de chicorée de la variété 'Cichorium intybus sativum')
0602 10 90	Boutures non racinées et greffons (autres que de vigne)
0602 20 20	Arbres, arbustes, arbrisseaux et buissons, à racines nues, à fruits comestibles greffés ou non (à l'exclusion des plants de vigne)
0602 20 30	Agrumes, greffés ou non (à l'exclusion de ceux à racines nues)
0602 20 80	Arbres, arbustes, arbrisseaux et buissons, à fruits comestibles, greffés ou non (à l'exclusion de ceux à racines nues, des agrumes et des plants de vigne)
0602 30 00	Rhododendrons et azalées, greffés ou non
0602 40 00	Rosiers, greffés ou non
0602 90 20	Plants d'ananas
0602 90 30	Plants de légumes et plants de fraisiers
0602 90 45	Boutures racinées et jeunes plants d'arbres, arbustes et arbrisseaux de plein air (à l'exclusion des arbres, arbustes et arbrisseaux fruitiers et forestiers).
0602 90 46	Arbres, arbustes et arbrisseaux de plein air, à racines nues, y compris leurs racines (à l'exclusion des boutures, greffons et jeunes plants, ainsi que des arbres, arbustes et arbrisseaux fruitiers et forestiers)
0602 90 47	Conifères et essences de plein air à feuilles persistantes, y compris leurs racines (à l'exclusion de ceux à racines nues, des boutures, greffons et jeunes plants, ainsi que des arbres, arbustes et arbrisseaux fruitiers et forestiers)
0602 90 48	Arbres, arbustes et arbrisseaux de plein air, y compris leurs racines (à l'exclusion de ceux à racines nues, des boutures, greffons et jeunes plants, des conifères et essences à feuilles persistantes, ainsi que des arbres, arbustes et arbrisseaux fruitiers et forestiers)
0602 90 50	Plantes de plein air, vivantes, y compris leurs racines (sauf les bulbes, oignons, tubercules, racines tubéreuses, griffes et rhizomes, y compris les plants, plantes et racines de chicorée, les boutures non racinées et greffons, les rhododendrons, azalées, les rosiers, le blanc de champignon, les plants d'ananas, les plants de légumes et de fraisiers, les arbres, arbustes et arbrisseaux et les plantes vivaces)
0602 90 70	Boutures racinées et jeunes plants de plantes d'intérieur (à l'exclusion des cactées)
0602 90 91	Plantes d'intérieur à fleurs, en boutons ou en fleur (à l'exclusion des cactées)

Code NC	Désignation du produit
0602 90 99	Plantes d'intérieur, vivantes (à l'exclusion des boutures et jeunes plants ainsi que des plantes à fleurs, en boutons ou en fleur)
0603	Fleurs et boutons de fleurs, coupés, pour bouquets ou pour ornements, frais, séchés, blanchis, teints, imprégnés ou autrement préparés
0604	Feuillages, feuilles, rameaux et autres parties de plantes, sans fleurs ni boutons de fleurs, et herbes, mousses, lichens, pour bouquets ou pour ornements, frais, séchés, blanchis, teints, imprégnés ou autrement préparés

Art. D. 551-67 Pour être reconnue, l'organisation de producteurs justifie d'une valeur de production commercialisée annuelle au moins égale à 1 millions d'euros et d'au moins 5 producteurs.

Art. D. 551-68 L'organisation de producteurs dispose de moyens en personnels correspondant au moins à un équivalent temps plein.

Art. D. 551-69 Les producteurs membres d'une organisation de producteurs reconnue vendent la totalité de leur production couverte par cette organisation par son intermédiaire. Toutefois, les statuts de l'organisation de producteurs peuvent prévoir que les producteurs :

a) Vendent leurs produits, directement ou en dehors de leur exploitation, aux consommateurs pour leurs besoins personnels ;

b) Commercialisent, eux-mêmes ou par l'intermédiaire d'une autre organisation de producteurs désignée par leur propre organisation, les produits qui, du fait de leurs caractéristiques, ne relèvent pas des activités commerciales de l'organisation de producteurs concernée.

Le pourcentage de la production de tout membre producteur, commercialisée en dehors de l'organisation de producteur, telle que prévue au point *a* et *b* du présent article, ne dépasse pas 25 % en volume ou en valeur.

Art. D. 551-70 Le pourcentage maximal en droit de vote et en participation qu'une personne physique ou morale, membre d'une organisation de producteurs, peut détenir directement ou indirectement dans une organisation de producteurs doit être inférieur à 50 %.

Art. D. 551-71 Les personnes physiques ou morales n'ayant pas la qualité de producteurs peuvent être membres d'une organisation de producteurs, sous réserve que les membres producteurs détiennent au moins 75 % des voix à l'assemblée générale et, lorsque l'organisation de producteurs est constituée sous forme de société, 75 % des parts sociales.

SECTION 13 **Dispositions applicables aux organisations de producteurs reconnues dans le secteur des semences d'espèces végétales**

(Décr. n° 2023-707 du 1er août 2023, art. 1er)

Art. D. 551-72 Toute personne physique ou morale qui produit, en tant qu'agriculteur multiplicateur, des semences végétales ou toute personne morale qui regroupe des agriculteurs-multiplicateurs, peut être membre, en qualité de producteur, d'une organisation de producteurs dans le secteur des semences d'espèces végétales.

Les semences végétales correspondent aux produits listés comme semences ou destinés à l'ensemencement dans les parties I, V (à l'exclusion des produits relevant du code NC 1209 99 10) et IX de l'annexe 1 du règlement (UE) n° 1308/2013 du Parlement européen et du Conseil du 17 décembre 2013 portant organisation commune des marchés des produits agricoles.

Art. D. 551-73 Pour être reconnue, l'organisation de producteurs justifie :

1° D'une surface annuelle minimale de production de semences sous contrat avec des établissements semenciers d'au moins 250 hectares.

Cette surface est fixée à 150 hectares pour les organisations de producteurs de semences d'espèces potagères, ornementales, aromatiques et à parfum cultivées en plein champ.

Aucune condition de surface n'est applicable aux organisations de producteurs ne regroupant que des producteurs de semences de riz ou ne regroupant que des producteurs de semences d'espèces potagères, ornementales, aromatiques et à parfum cultivées sous abri ;

2° D'au moins vingt-cinq producteurs membres ayant des contrats de multiplication de semences avec des établissements semenciers.

Cette valeur est fixée à cinq producteurs pour les organisations de producteurs ne regroupant que des producteurs de semences de riz et à dix producteurs pour les organisations de producteurs ne regroupant que des producteurs de semences d'espèces potagères, ornementales, aromatiques et à parfum cultivées sous abri.

Art. D. 551-74 L'organisation de producteurs dispose de moyens en personnel correspondant au moins à un demi-équivalent temps plein.

Art. D. 551-75 Lorsque l'organisation de producteurs exerce une mission de planification de la production, d'optimisation des coûts de production, de mise en marché ou de négociation des contrats concernant l'offre de produits agricoles, au nom de ses membres, les producteurs membres apportent la totalité de la production couverte par des contrats de multiplication de semences pour les espèces végétales concernées par leurs adhésions à l'organisation de producteurs, à l'exception des volumes engagés auprès d'une société coopérative agricole non reconnue en qualité d'organisation de producteurs dans le secteur des semences végétales ou entrant dans le champ de l'article 1-1 du décret n° 81-605.

Art. D. 551-76 Les personnes physiques ou morales n'ayant pas la qualité de producteurs peuvent être membres d'une organisation de producteurs, sous réserve que les membres producteurs détiennent au moins 75 % des voix à l'assemblée générale et, lorsque l'organisation de producteurs est constituée sous forme de société, 75 % des parts sociales.

SECTION 14 **Dispositions applicables aux organisations de producteurs reconnues dans le secteur du riz**

(Décr. n° 2023-714 du 1er août 2023, art. 1er)

Art. D. 551-77 Toute personne physique ou morale qui produit du riz peut être membre en qualité de producteur d'une organisation de producteurs dans le secteur du riz.

Art. D. 551-78 Pour être reconnue, l'organisation de producteurs justifie d'au moins quinze producteurs et d'une valeur de production commercialisée annuelle au moins égale à un million d'euros.

Art. D. 551-79 L'organisation de producteurs dispose de moyens en personnels correspondant au moins à un demi-équivalent temps plein.

Art. D. 551-80 Tout membre producteur s'engage à apporter à l'organisation de producteurs dont il est membre au moins 60 % de sa production pour les produits concernés par la reconnaissance, à l'exception des volumes engagés auprès d'une société coopérative agricole non reconnue en qualité d'organisation de producteurs dans le secteur du riz.

SECTION 15 **Dispositions applicables aux organisations de producteurs reconnues dans le secteur des fourrages séchés**

(Décr. n° 2023-714 du 1er août 2023, art. 1er)

Art. D. 551-81 Toute personne physique ou morale qui produit des fourrages destinés à être déshydratés en un ou plusieurs produits mentionnés dans la partie IV de l'annexe I du règlement (UE) n° 1308/2013 du Parlement européen et du Conseil du 17 décembre 2013 peut être membre, en qualité de producteur, d'une organisation de producteurs dans le secteur des fourrages séchés.

Art. D. 551-82 Pour être reconnue, l'organisation de producteurs justifie d'une valeur de production commercialisée annuelle au moins égale à un million d'euros et d'au moins cinquante producteurs.

Art. D. 551-83 L'organisation de producteurs dispose de moyens en personnels correspondant au moins à un équivalent temps plein.

Art. D. 551-84 Tout membre producteur s'engage à apporter à l'organisation de producteurs dont il est membre la totalité de sa production pour les produits concernés par la reconnaissance. Cette règle ne s'applique qu'à la production issue de surfaces faisant l'objet d'un contrat de transformation avec une entreprise de déshydratation, à l'exception des volumes alloués à l'alimentation du cheptel de l'exploitation.

SECTION 16 Dispositions applicables aux organisations de producteurs reconnues dans le secteur des oléagineux, protéagineux à graines, soja et légumes secs

(Décr. n° 2023-714 du 1er août 2023, art. 1er)

Art. D. 551-85 Toute personne physique ou morale qui produit des oléagineux, protéagineux à graines, soja ou légumes secs figurant dans le tableau ci-après, peut être membre, en qualité de producteur, d'une organisation de producteurs dans le secteur des oléagineux, protéagineux à graines, soja et légumes secs.

Code NC	Désignation du produit
Protéagineux à graines, soja et légumes secs	
Produits relevant du code NC 0713 autres que ceux destinés à l'ensemencement	
1201 90 00	Fèves de soja, même concassées, autres que de semence
Oléagineux (hors soja)	
1204 00 90	Graines de lin, même concassées, autres que destinées à l'ensemencement
1205 10 90	Graines de navette ou de colza à faible teneur en acide érucique, même concassées, autres que destinées à l'ensemencement
ex 1205 90 00	Autres graines de navette ou de colza, même concassées, autres que destinées à l'ensemencement
1206 00 91	Graines de tournesol décortiquées ; en coques striées gris et blanc, même concassées, autres que destinées à l'ensemencement
1206 00 99	Autres graines de tournesol, même concassées, autres que destinées à l'ensemencement
ex 1207 99 96	Autres graines et fruits oléagineux, même concassés, autres que destinés à l'ensemencement

Art. D. 551-86 Pour être reconnue, l'organisation de producteurs justifie :

1° D'une surface annuelle minimale d'au moins cinq cents hectares exploitée par ses membres. La valeur minimale est fixée à cinquante hectares pour les organisations de producteurs ne regroupant que des producteurs de protéagineux à graines, de soja et de légumes secs ;

2° D'au moins cinquante producteurs membres. Cette valeur est fixée à dix producteurs pour les organisations de producteurs ne regroupant que des producteurs de protéagineux à graines, de soja et de légumes secs.

Art. D. 551-87 L'organisation de producteurs dispose de moyens en personnels correspondant au moins à un demi-équivalent temps plein.

Art. D. 551-88 Tout membre producteur s'engage à apporter à l'organisation de producteurs dont il est membre au moins 65 % de sa production pour les produits concernés par la reconnaissance, à l'exception des volumes engagés auprès d'une société coopérative agricole non reconnue en qualité d'organisation de producteurs dans le secteur des oléagineux, protéagineux à graines, soja et légumes secs, et des volumes alloués à l'alimentation du cheptel de l'exploitation.

CHAPITRE II ORGANISATIONS DE PRODUCTEURS ET ASSOCIATIONS D'ORGANISATIONS DE PRODUCTEURS RECONNUES DANS LES SECTEURS NON COUVERTS PAR L'ORGANISATION COMMUNE DES MARCHÉS DES PRODUITS AGRICOLES

(Décr. nº 2018-313 du 27 avr. 2018, art. 1er)

SECTION 1 Dispositions communes

Art. D. 552-1 La direction régionale de l'alimentation, de l'agriculture et de la forêt compétente contrôle le respect des critères de reconnaissance des organisations de producteurs et des associations d'organisations de producteurs.

Art. D. 552-2 Lorsque des manquements sont relevés, le ministre chargé de l'agriculture, après avis de la direction régionale de l'alimentation, de l'agriculture et de la forêt de la zone sur laquelle le siège de l'organisation de producteurs est situé, en avertit les organisations de producteurs et associations d'organisations de producteurs par lettre recommandée dans les deux mois suivant le constat, en précisant les mesures correctrices à mettre en œuvre dans un délai qu'il fixe et qui ne peut excéder douze mois à compter de la notification de l'avertissement.

Au terme de ce délai, si les réserves ne sont pas levées, le ministre chargé de l'agriculture prononce le retrait de reconnaissance.

SECTION 2 Dispositions applicables aux organisations de producteurs reconnues dans le secteur forestier

Art. D. 552-3 Les organisations de producteurs ont notamment pour but de :

1° Regrouper la production de leurs membres en vue de sa commercialisation ou d'organiser sa mise en marché ;

2° Favoriser l'adaptation de la production de leurs membres aux exigences du marché ;

3° Améliorer la mise en valeur commerciale des produits forestiers ;

4° Déterminer et faire appliquer par leurs membres des règles communes de production et de mise en marché, notamment en matière de qualité des produits et de gestion durable des forêts.

Art. D. 552-4 Pour l'exécution de leurs missions, les organisations de producteurs dans le secteur forestier disposent des moyens techniques ou matériels nécessaires et d'au moins un équivalent temps plein en personnel.

Art. D. 552-5 Pour être reconnue, l'organisation de producteurs :

1° Justifie que les membres producteurs, personnes morales ou physiques, sont propriétaires de parcelles forestières situées sur une zone géographique continue identifiée ;

2° Démontre que plus de 70 % de son chiffre d'affaires total provient d'activités relatives à l'organisation d'opérations de commercialisation ou de mise en marché de bois, d'exploitation forestière ou de gestion sylvicole liées à la mise en valeur de parcelles forestières confiées à l'organisation par ses membres producteurs ;

3° Commercialise ou met en marché un volume de bois au moins égal à 50 000 m ^{3} par an, dont au moins la moitié est apportée par ses membres producteurs ;

4° Procède à la commercialisation ou organise la mise en marché de tout ou partie de la production de ses membres dans les conditions suivantes :

a) Au moins 50 % des quantités commercialisées ou dont la mise en marché est organisée par l'organisation le sont par le biais de contrats d'approvisionnement pluriannuels ou annuels comportant une clause de tacite reconduction, conclus avec des unités de transformation du bois ou avec leurs filiales d'approvisionnement ;

b) Les produits livrés ou mis à disposition des unités de transformation du bois sont préalablement triés et conformes à un cahier des charges conclu entre l'organisation et chaque unité de transformation destinataire ;

5° Met en place des procédures ou des méthodes visant à garantir :

a) La traçabilité des produits qu'elle commercialise ou met en marché ;

b) Que les bois commercialisés ou dont la mise sur le marché est organisée sont issus de forêts gérées durablement.

Art. D. 552-6 La durée minimale d'adhésion des membres producteurs de l'organisation est de trois ans renouvelable.

Les membres producteurs communiquent à l'organisation les documents de gestion mentionnés à l'article L. 122-3 du code forestier concernant les parcelles dont la production est commercialisée ou mise en marché par l'intermédiaire de l'organisation ou, à défaut, tout autre document décrivant ces parcelles et les programmes de travaux et de coupe à y réaliser.

Le document d'adhésion mentionne le volume de bois ou des parcelles dont sera issue la production que les membres producteurs s'engagent à lui céder ou à commercialiser par son intermédiaire.

L'organisation informe ses membres, suivant une fréquence appropriée définie dans le règlement intérieur, sur les débouchés des produits, les prix moyens obtenus par débouché et le coût moyen des services rendus.

Aucun membre ne peut détenir plus de 40 % des droits de vote à l'assemblée générale et les membres producteurs détiennent au moins 70 % de ces droits de vote.

CHAPITRE III DISPOSITIONS COMMUNES

(Décr. n° 2018-313 du 27 avr. 2018, art. 1er)

SECTION 1 Dispositions communes aux organisations de producteurs et aux associations d'organisations de producteurs reconnues

Art. D. 553-1 L'autorité administrative mentionnée aux articles L. 551-1, L. 552-1 et L. 552-4 est le ministre chargé de l'agriculture.

Il est également compétent pour prononcer le retrait de la reconnaissance des organisations de producteurs ou des associations d'organisations de producteurs.

Art. D. 553-2 Toute organisation ou association comportant plusieurs secteurs d'activité, qui demande sa reconnaissance en qualité d'organisation de producteurs ou d'association d'organisations de producteurs, constitue un groupe spécialisé pour chaque organisation de producteurs ou association d'organisations de producteurs reconnue. Chaque groupe spécialisé réunit les producteurs concernés pour les produits ayant fait l'objet d'une reconnaissance.

Art. D. 553-3 Une association d'organisations de producteurs exerce ses activités dans la limite de ce qui lui a été confié par les organisations de producteurs qui en sont membres.

Une organisation de producteurs peut adhérer à plusieurs associations d'organisations de producteurs pour un produit relevant d'une même catégorie, sous réserve que :

1° Ces associations poursuivent des objectifs distincts et compatibles entre eux, adoptent des règles et mettent en œuvre des mesures qui ne portent pas sur le même objet ;

2° L'adhésion à plusieurs associations ne fasse pas obstacle à la réalisation correcte de ses activités.

SECTION 2 Dispositions spécifiques aux organisations de producteurs reconnues

Art. D. 553-4 Le dossier de demande de reconnaissance d'une organisation de producteurs comprend :

1° Les statuts de l'organisation, ainsi que son procès-verbal d'approbation.

2° Une note précisant :

a) L'objet de l'organisation, et notamment, si celle-ci procède à la commercialisation de la production que ses membres lui cèdent à cette fin ;

b) Les actions mises en œuvre par l'organisation de producteurs au profit de ses membres ;

c) La répartition du capital, lorsqu'il existe, des droits de vote entre les différents membres de l'organisation de producteurs et les modalités selon lesquelles elle s'assure du respect des dispositions des *[articles]* D. 551-9 et D. 551-14 ;

3° La résolution du conseil d'administration ou de l'organe compétent de l'organisation de producteurs décidant de présenter la demande et précisant le produit, les produits ou le secteur pour lesquels la reconnaissance est demandée et, pour les catégories mentionnées au chapitre II, la zone pour laquelle la reconnaissance est demandée ;

4° Pour les secteurs mentionnés au chapitre II, les règles prévues à l'article L. 552-1 ;

5° Le règlement intérieur et son procès-verbal d'approbation ;

6° Le nombre des membres de l'organisation de producteurs ou des adhérents de ses membres et la valeur annuelle de leur production commercialisée ou le volume annuel de production mis en marché ou commercialisé, par produit, pour chaque membre ;

7° Les règles comptables et budgétaires nécessaires au fonctionnement de l'organisation ainsi que son budget prévisionnel pour deux exercices ;

8° La description des installations et moyens techniques dont dispose l'organisation, avec l'indication de leur emplacement, de leur état et de leur capacité technique d'utilisation ;

9° La liste et le nombre des adhérents, le modèle de bulletin d'adhésion des membres à l'organisation de producteurs et les documents permettant de justifier d'un nombre d'adhérents couvrant le seuil minimal de membres pour le secteur considéré ;

10° Le cas échéant, les mandats de commercialisation ou de négociation signés par les producteurs membres au bénéfice de l'organisation de producteurs ;

11° Le cas échéant, tout document dûment signé relatif à l'externalisation d'une activité par l'organisation de producteurs dans le cadre d'un accord avec un prestataire conformément à l'article 155 du règlement (UE) n° 1308/2013.

Le ministre chargé de l'agriculture peut demander à l'organisation de producteurs la communication de toute pièce complémentaire comportant des éléments d'information utiles à l'instruction du dossier.

SECTION 3 **Dispositions spécifiques aux associations d'organisations de producteurs reconnues**

Art. D. 553-5 Le dossier de demande de reconnaissance d'une association d'organisations de producteurs comprend :

1° La résolution du conseil d'administration ou de l'organe compétent de l'association décidant de présenter la demande et précisant le produit ou les produits pour lesquels la reconnaissance est demandée et, pour les catégories mentionnées au chapitre II, la zone pour laquelle la reconnaissance est demandée ;

2° Les statuts de l'association et le procès-verbal d'approbation ;

3° Le règlement intérieur de l'association et le procès-verbal d'approbation ;

4° La liste des membres de l'association, ainsi que la valeur de leur production commercialisée ou le volume de production mis en marché ou commercialisé par produit pour chaque membre ;

5° Une note informative précisant :

a) La répartition du capital, lorsqu'il existe, et des droits de vote entre les différents membres de l'association, et notamment le respect de l'article D. 551-16 relatif au pourcentage de voix maximum dont peuvent disposer l'ensemble des membres qui ne sont pas reconnus en tant qu'organisation de producteurs pour les décisions ayant trait aux programmes opérationnels dans le secteur des fruits et légumes ;

b) Les règles prévues à l'article L. 552-1 ;

c) Les objectifs poursuivis par l'association ;

d) Les règles comptables et budgétaires nécessaires au fonctionnement de l'association ainsi que son budget prévisionnel pour deux exercices ;

e) Le cas échéant, la description des installations et moyens techniques dont dispose l'association, avec l'indication de leur emplacement, de leur état et de leur capacité technique d'utilisation ;

6° Les bulletins d'adhésion des membres ;

7° Le cas échéant, les mandats de commercialisation ou de négociation signés par les producteurs membres au bénéfice de l'association d'organisations de producteurs.

Le ministre chargé de l'agriculture peut demander à l'association d'organisations de producteurs la communication de toute pièce complémentaire comportant des éléments d'information utiles à l'instruction du dossier.

CHAPITRE IV *[ABROGÉ]* EXTENSION DES RÈGLES ÉDICTÉES PAR LES COMITÉS ÉCONOMIQUES AGRICOLES

(Abrogé par Décr. n° 2018-313 du 27 avr. 2018, art. 1er)

Art. D. 554-1 à D. 554-29 *Abrogés par Décr. n° 2018-313 du 27 avr. 2018, art. 1er.*

Art. R. 554-30 et R. 554-31 *Abrogés par Décr. n° 2016-781 du 10 juin 2016, art. 6-2°.*

CHAPITRE V *[ABROGÉ]* DISPOSITIONS PARTICULIÈRES À LA GUADELOUPE, À LA GUYANE, À LA MARTINIQUE, À LA RÉUNION, À MAYOTTE ET À SAINT-MARTIN

(Abrogé par Décr. n° 2016-781 du 10 juin 2016, art. 6-3°, à compter du 1er juill. 2016)

Art. R. 555-1 à R. 555-4 *Abrogés par Décr. n° 2016-781 du 10 juin 2016, art. 6-3°, à compter du 1er juill. 2016.*

CHAPITRE VI PÉNALITÉS

Art. R. 556-1 L'utilisation irrégulière de la dénomination ou de la qualité *(Décr. n° 2007-420 du 23 mars 2007)* « d'organisation de producteurs reconnue » *(Abrogé par Décr. n° 2017-1771 du 27 déc. 2017, art. 15-1°) « ou de celles de comité économique agricole agréé »* rend son auteur passible de l'amende prévue pour les contraventions de la 4e classe *(Abrogé par Décr. n° 93-726 du 29 mars 1993) « et d'un emprisonnement de cinq jours au plus ou de l'une de ces deux peines seulement.*

« En cas de récidive, la peine d'amende sera celle prévue pour les contraventions de la 5e classe et l'emprisonnement de dix jours à un mois ou l'une de ces deux peines seulement. »

Art. R. 556-2 à R. 556-5 *Abrogés par Décr. n° 2017-1771 du 27 déc. 2017, art. 15-2°.*

TITRE VI JARDINS FAMILIAUX

CHAPITRE I

Néant.

CHAPITRE II PRÉEMPTION DE TERRAINS DESTINÉS À LA CRÉATION OU À L'AMÉNAGEMENT DE JARDINS FAMILIAUX

SECTION 1 Droit de préemption des sociétés d'aménagement foncier et d'établissement rural (SAFER)

Art. R. 562-1 La cession à un organisme de jardins familiaux de terrains acquis par une société d'aménagement foncier et d'établissement rural en application de l'article L. 562-1 est subordonnée à l'engagement de cet organisme de respecter les prescriptions d'un cahier des charges établi par la société titulaire du droit de préemption après avis du conseil municipal de la commune ou, le cas échéant, de chacune des communes où sont situés les terrains.

Ce cahier des charges doit respecter les règles d'urbanisme applicables.

Il définit les obligations qui incombent à l'organisme cessionnaire, notamment en ce qui concerne l'aménagement, l'entretien et la gestion, compte tenu du voisinage, du paysage et des abords.

Il comporte engagement de l'organisme cessionnaire de conserver dans son patrimoine pendant au moins dix-huit ans les terrains acquis mentionnés à l'alinéa 1er.

SECTION 2 Droit de préemption des collectivités locales

Art. R. 562-2 Les collectivités locales et leurs groupements ayant compétence en matière d'urbanisme exercent le droit de préemption institué par l'article L. 562-2 conformément aux dispositions des *(Décr. n° 2017-1771 du 27 déc. 2017, art. 16-1°)* « chapitres I, II et III du titre I du livre II du code de l'urbanisme ». — ***C. urb.***

Les terrains ainsi acquis en application de l'alinéa précédent ne peuvent faire l'objet que d'une location, d'une durée de neuf à dix-huit ans, à des organismes de jardins familiaux constitués conformément aux dispositions des articles L. 561-1 et L. 561-2 *(Décr. n° 2017-1771 du 27 déc. 2017, art. 16-1°)* « du présent code ».

L'emplacement de ces terrains doit répondre aux prescriptions des documents d'urbanisme en vigueur et aux dispositions relatives aux espaces protégés.

Art. R. 562-3 Toute location consentie en application de l'article R. 562-2 est subordonnée à l'engagement de l'organisme preneur de respecter les prescriptions d'un cahier des charges approuvé par le conseil municipal de la commune où sont situés les terrains ou, le cas échéant, par l'organe délibérant du groupement de communes ayant compétence en matière d'urbanisme.

Ce cahier des charges doit respecter les règles d'urbanisme applicables.

Il définit les obligations qui incombent à l'organisme de jardins familiaux, notamment en ce qui concerne l'aménagement, l'entretien et la gestion, compte tenu du voisinage, du paysage et des abords.

Il comporte l'engagement de l'organisme, cessionnaire du terrain, de conserver celui-ci dans son patrimoine pendant au moins dix-huit ans.

CHAPITRE III RÉTABLISSEMENT DE JARDINS FAMILIAUX AYANT FAIT L'OBJET D'UNE EXPROPRIATION OU D'UNE CESSION AMIABLE EN VERTU D'UNE DÉCLARATION D'UTILITÉ PUBLIQUE

Art. R. 563-1 La mise à la disposition des associations ou exploitants évincés, membres de ces associations, de terrains équivalents en surface et en équipements en application de l'article L. 563-1 est subordonnée à l'engagement de l'association ou de l'exploitant de respecter les prescriptions d'un cahier des charges approuvé par le conseil municipal de la commune où sont situés les terrains ou, le cas échéant, par l'organe délibérant du groupement de communes ayant compétence en matière d'urbanisme.

Art. R. 563-2 Lorsque le juge de l'expropriation se prononce sur l'application de l'article L. 563-1, il statue par la même décision sur les délais et conditions dans lesquels le terrain de remplacement doit être mis à la disposition de l'association ou de l'exploitant évincé.

CHAPITRE IV AVANTAGES DIVERS ET SUBVENTIONS

Art. R. 564-1 Les conditions d'attribution des subventions prévues par l'article L. 564-3 sont précisées par un arrêté conjoint du ministre de l'agriculture et du ministre du budget.

Art. R. 564-2 Les organismes de jardins familiaux mentionnés à l'article L. 561-1 *(Décr. n° 2017-1771 du 27 déc. 2017, art. 16-2°)* « peuvent » bénéficier des dispositions prévues aux articles 196 et suivants du code de la construction et de l'habitation *[CCH, art. R. 431-1 s.]*, s'ils ont été constitués sous la forme de sociétés prévues aux articles 177 et suivants de ce code *[CCH, art. L. 422-5 s., R. 422-16]* avant le 1er juin 1955, et s'ils ont reçu à ce titre des avances de l'État.

Art. D. 564-3 Compte tenu, le cas échéant, des prescriptions édictées aux articles R. 562-1 à R. 562-3 et R. 563-1, les projets présentés par les organismes de jardins familiaux mentionnés à l'article L. 561-1 relatifs à la création, à l'extension ou à l'aménagement des jardins familiaux en vue de bénéficier des subventions de l'État prévues à l'article L. 564-1, doivent satisfaire aux conditions suivantes :

1° L'aménagement des jardins doit être compatible avec les prescriptions des documents d'urbanisme et les dispositions relatives aux espaces protégés ;

2° Toute création de jardins doit porter sur un ensemble de terrains d'au moins 10 000 mètres carrés. Tout agrandissement d'un ensemble existant doit permettre l'aménagement d'une superficie d'au moins 10 000 mètres carrés. Les opérations d'amélioration ne sont prises en considération que si elles concernent un ensemble d'au moins 10 000 mètres carrés.

Toutefois, à titre exceptionnel, le ministre chargé de l'environnement et de la qualité de la vie peut dispenser certaines opérations de caractère expérimental de la condition de superficie minimale prévue ci-dessus ;

3° Dans tous les cas doivent figurer au dossier de la demande de subvention un plan et une convention fixant les rapports entre l'organisme de jardins familiaux et la commune ou, le cas échéant, le groupement de communes ayant compétence en matière d'urbanisme, en ce qui concerne l'organisation, l'aménagement, l'entretien et la gestion de l'ensemble, compte tenu du voisinage, du paysage et des abords. – *L'art. R. 564-3 est renuméroté D. 564-3 (Décr. n° 2017-1771 du 27 déc. 2017, art. 16-3°).*

TITRE VII DISPOSITIONS RELATIVES À L'OUTRE-MER

(Décr. n° 2016-781 du 10 juin 2016, art. 6-4°, en vigueur le 1er juill. 2016)

CHAPITRE I GUADELOUPE, GUYANE, MARTINIQUE, LA RÉUNION ET MAYOTTE

(Décr. n° 2016-781 du 10 juin 2016, art. 6-4°, en vigueur le 1er juill. 2016)

SECTION 1 Champ d'application et références

Art. D. 571-1 Les dispositions du présent livre (partie réglementaire) s'appliquent en Guadeloupe, en Guyane, en Martinique, à La Réunion et à Mayotte sous réserve des exceptions et adaptations prévues au présent chapitre.

Art. D. 571-2 Pour l'application du présent livre (partie réglementaire) en Guadeloupe, Guyane, Martinique et à La Réunion :

1° Les mots : "caisses départementales ou pluridépartementales de la mutualité sociale agricole" sont remplacés par les mots : "caisses générales de sécurité sociale" ;

2° Les mots : "chambre régionale d'agriculture" ou "chambre régionale" sont remplacés par les mots : "chambre d'agriculture" ;

3° Les mots : "directeur régional de l'alimentation, de l'agriculture et de la forêt" sont remplacés par les mots : "directeur de l'alimentation, de l'agriculture et de la forêt".

Art. D. 571-3 Pour l'application du présent livre (partie réglementaire) en Guyane et en Martinique, les mots : "président du conseil régional" sont remplacés, respectivement, par les mots : "président de l'assemblée de Guyane" et "président du conseil exécutif de Martinique".

Art. R. 571-4 En Guadeloupe, en Guyane, en Martinique et à La Réunion, le *d* du 1° de l'article R. 511-8 n'est pas applicable.

Art. D. 571-5 Pour l'application du présent livre (partie réglementaire) à Mayotte :

1° Les références à la chambre départementale d'agriculture ou à la chambre régionale d'agriculture sont remplacées par la référence à la chambre de l'agriculture, de la pêche et de l'aquaculture de Mayotte ;

2° Les mots : "établissements ou services d'utilité agricole" sont remplacés par les mots : "service d'utilité agricole, halieutique ou aquacole" ;

3° Les références au commissaire de la République ou au préfet de région sont remplacées par la référence au préfet de Mayotte ;

4° Les références au président du conseil régional sont remplacées par la référence au président du conseil départemental de Mayotte ;

5° Les références au directeur départemental de l'agriculture ou à la direction départementale de l'agriculture sont remplacées respectivement par la référence au directeur

de l'alimentation, de l'agriculture et de la forêt ou à la direction de l'alimentation, de l'agriculture et de la forêt ;

6° Les références aux sociétés d'aménagement foncier et d'établissement rural sont remplacées par la référence à l'opérateur foncier mentionné à l'article L. 181-49.

Art. R. 571-6 **Ne sont pas applicables à Mayotte :**

1° L'article D. 511-4 ;

2° A l'article R. 511-11, l'avant-dernière phrase du troisième alinéa et les quatrième et cinquième alinéas ;

3° Les articles R. 511-47 et R. 511-48.

SECTION 2 Dispositions relatives aux chambres d'agriculture de Guadeloupe, Guyane, Martinique et La Réunion

Art. R. 571-7 **Pour son application en Guadeloupe, en Martinique et à La Réunion, le *b* du 5° de l'article R. 511-6 est ainsi rédigé :**

"*b)* Les autres sociétés coopératives agricoles, leurs unions et fédérations, ainsi que par les sociétés d'intérêt collectif agricole ayant pour objet d'assurer des services dans l'intérêt des agriculteurs, à raison de quatre représentants ;".

Art. R. 571-8 **Pour son application en Guyane, l'article R. 511-6 est ainsi rédigé :**

Art. R. 511-6 La chambre d'agriculture de Guyane est composée :

1° De membres élus, au scrutin de liste départemental, par les chefs d'exploitation et assimilés. Ces membres sont élus par deux collèges distincts :

a) Celui des électeurs exploitant moins de 10 ha, à raison de 7 ;

b) Celui des électeurs exploitant plus de 10 ha, à raison de 5 ;

2° D'un membre élu, au scrutin de liste départemental, par les propriétaires ou usufruitiers mentionnés au 2° de l'article R. 511-8 ;

3° De *(Décr. n° 2018-1067 du 30 nov. 2018, art. 2)* « trois » membres élus, au scrutin de liste départemental, par les salariés mentionnés au 3° de l'article R. 511-8 ;

4° D'un membre élu, au scrutin de liste départemental, par les anciens exploitants et assimilés mentionnés au 4° de l'article R. 511-8 ;

5° De *(Décr. n° 2018-1067 du 30 nov. 2018, art. 2)* « trois » membres élus, au scrutin de liste départemental, par les sociétés coopératives agricoles et les sociétés d'intérêt collectif agricole, ainsi que leurs unions et fédérations ;

6° D'un membre élu par les caisses d'assurances mutuelles agricoles ;

7° De deux membres élus par les organisations syndicales à vocation générale d'exploitants agricoles ou de jeunes agriculteurs, y compris leurs unions et fédérations.

Art. R. 571-8-1 *(Décr. n° 2018-640 du 19 juill. 2018, art. 6)* **Pour son application en Guadeloupe, en Martinique et à La Réunion, l'article R. 511-45 est ainsi rédigé :**

Art. R. 511-45 Les électeurs des collèges énumérés par les 1° à 5° de l'article R. 511-6 dans sa rédaction issue de l'article R. 571-7 votent par correspondance sous pli fermé, le cachet de la poste faisant foi, ou par voie électronique, dès réception du matériel électoral ainsi que des outils nécessaires au vote électronique, et au plus tard le dernier jour de scrutin, dans des conditions fixées par arrêté du ministre chargé de l'agriculture.

Par le même arrêté, le ministre chargé de l'agriculture peut, s'il estime que les conditions de nature à garantir le bon déroulement technique du scrutin électronique par internet ou sa sécurité ne sont pas réunies, décider de ne pas permettre le recours à cette modalité de vote. Cette impossibilité peut s'appliquer à l'élection de l'ensemble des membres des chambres d'agriculture ou à celle des membres de certaines d'entre elles. Il en informe le président de la commission d'organisation des opérations électorales concerné.

En outre, les électeurs peuvent déposer, également sous pli fermé, leur vote au siège de la commission d'organisation des opérations électorales situé à la préfecture au plus tard le dernier jour de scrutin. Dans ce cas, le service chargé de réceptionner le vote, sous l'autorité du préfet, en accuse réception, la date figurant sur l'accusé de réception faisant foi.

Quelle que soit la modalité de scrutin, le vote est organisé dans le respect des principes fondamentaux du droit électoral.

Art. R. 571-8-2 *(Décr. nº 2018-640 du 19 juill. 2018, art. 6)* **Pour son application en Guyane, l'article R. 511-45 est ainsi rédigé :**

Art. R. 511-45 Les électeurs des collèges énumérés à l'article R. 511-6 dans sa rédaction issue de l'article R. 571-8 votent par correspondance sous pli fermé, le cachet de la poste faisant foi, ou par voie électronique, dès réception du matériel électoral ainsi que des outils nécessaires au vote électronique, et au plus tard le dernier jour de scrutin, dans des conditions fixées par arrêté du ministre chargé de l'agriculture.

Par le même arrêté, le ministre chargé de l'agriculture peut, s'il estime que les conditions de nature à garantir le bon déroulement technique du scrutin électronique par internet ou sa sécurité ne sont pas réunies, décider de ne pas permettre le recours à cette modalité de vote. Cette impossibilité peut s'appliquer à l'élection de l'ensemble des membres des chambres d'agriculture ou à celle des membres de certaines d'entre elles. Il en informe le président de la commission d'organisation des opérations électorales concerné.

En outre, les électeurs peuvent déposer, également sous pli fermé, leur vote au siège de la commission d'organisation des opérations électorales situé à la préfecture au plus tard le dernier jour de scrutin. Dans ce cas, le service chargé de réceptionner le vote, sous l'autorité du préfet, en accuse réception, la date figurant sur l'accusé de réception faisant foi.

Quelle que soit la modalité de scrutin, le vote est organisé dans le respect des principes fondamentaux du droit électoral.

Art. D. 571-9 **Pour l'application en Guadeloupe, Guyane, Martinique et à La Réunion de l'article D. 511-54, le préfet a délégation permanente du ministre chargé de l'agriculture pour demander la convocation de la chambre d'agriculture en session extraordinaire.**

Art. D. 571-10 **Le contrat d'objectifs et de performance mentionné à l'article L. 571-2 a pour finalité de concilier :**

1° Les priorités d'action de la chambre d'agriculture en faveur du développement agricole et ses objectifs d'affectation de ses ressources ;

2° Les objectifs des collectivités territoriales pour le développement de leur territoire ;

3° Les orientations de la politique de l'État en faveur du développement agricole et rural de chaque territoire.

Art. D. 571-11 **Le contrat d'objectifs et de performance définit, dans un cadre pluriannuel, les actions que doit assurer la chambre d'agriculture, notamment au titre des missions prévues aux articles L. 511-3 et L. 511-4 et des objectifs énoncés à l'article L. 571-2.**

Pour définir les actions prioritaires, sont prises en compte :

1° Les modalités du suivi annuel, quantitatif et qualitatif, de leur réalisation ;

2° La nécessité de la cohérence de l'ensemble des missions.

Art. D. 571-12 **Le contrat d'objectifs et de performance précise les ressources prévues pour l'exécution des actions mentionnées à l'article D. 571-11, leur calendrier d'engagement ainsi que les modalités de suivi et d'évaluation de la réalisation des objectifs qu'il fixe.**

A cet effet, il définit des indicateurs et fait l'objet, chaque année, d'un rapport de performance qui expose les résultats atteints.

En fin de contrat, avant l'engagement des travaux d'élaboration d'un nouveau contrat, il fait l'objet d'une évaluation générale.

Art. D. 571-13 **Un comité de pilotage assure le suivi de la réalisation du contrat d'objectifs et de performance. Il veille à la bonne exécution des actions prévues par le contrat et procède à l'évaluation régulière des résultats obtenus selon les modalités fixées à l'article D. 571-12.**

Le comité de pilotage est constitué du préfet, du président de la collectivité compétente en matière de développement agricole et du président de la chambre d'agricul-

ture ou de leurs représentants. Il peut s'adjoindre le concours d'experts de son choix. Le secrétariat du comité de pilotage est assuré par la direction de l'alimentation, de l'agriculture et de la forêt.

Art. D. 571-14 **Le projet de contrat d'objectifs et de performance est soumis pour avis au comité d'orientation stratégique et de développement agricole mentionné à l'article L. 181-9.**

Si ce comité en fait la demande, un ou plusieurs de ses membres, désignés par une décision conjointe de ses co-présidents, participent aux travaux du comité de pilotage mentionné à l'article D. 571-13.

Art. D. 571-15 **Le contrat d'objectifs et de performance est conclu pour une durée maximale de trois ans. Dans les cas qu'il prévoit, il peut être prolongé pour une durée maximale de dix-huit mois par délibération du comité de pilotage.**

SECTION 3 Dispositions relatives à la chambre de l'agriculture, de la pêche et de l'aquaculture de Mayotte

SOUS-SECTION 1 Composition, désignation et organisation

Art. D. 571-16 **Outre les missions dévolues en métropole aux chambres départementales d'agriculture, et sous réserve des dispositions des articles L. 571-4 à L. 571-9, la chambre de l'agriculture, de la pêche et de l'aquaculture de Mayotte exerce les missions énumérées au chapitre II du titre I du livre IX relatif à l'organisation interprofessionnelle des pêches maritimes et des élevages marins et à l'organisation de la conchyliculture.**

Art. R. 571-17 **Pour son application à Mayotte, l'article R. 511-6 est ainsi rédigé :**

Art. R. 511-6 La chambre de l'agriculture, de la pêche et de l'aquaculture de Mayotte est composée :

1° De membres des professions concernées élus au scrutin de liste départemental répartis entre les trois collèges suivants :

a) Les chefs d'exploitation agricole et assimilés, à raison de douze membres ;

b) Les pêcheurs, à raison de quatre membres ;

c) Les aquaculteurs, à raison d'un membre ;

2° De deux membres élus au scrutin de liste départemental, par les salariés des ressortissants des collèges mentionnés aux 1° et 3° ;

3° De membres élus au scrutin de liste départemental par les groupements professionnels agricoles répartis entre les deux collèges suivants :

a) Les coopératives et les organisations économiques professionnelles agricoles, de la pêche et de l'aquaculture, à raison de trois représentants ;

b) Les organisations syndicales à vocation générale d'exploitants agricoles ou de jeunes agriculteurs, à raison d'un représentant.

Art. R. 571-18 **Pour l'application à Mayotte de l'article R. 511-7, les mots : "Les chambres d'agriculture peuvent désigner, dans la limite de huit," sont remplacés par les mots : "La chambre de l'agriculture, de la pêche et de l'aquaculture de Mayotte peut désigner, dans la limite de deux,".**

Art. R. 571-19 **Pour son application à Mayotte, l'article R. 511-8 est ainsi rédigé :**

Art. R. 511-8 Sont électeurs, à la condition d'être inscrits sur une liste électorale établie conformément aux chapitres I et II du titre I du code électoral (partie législative) :

1° Les exploitants relevant des collèges suivants :

a) Au titre du collège des chefs d'exploitation agricole, les personnes qui exercent, à titre individuel ou en société ayant pour objet la gestion d'une exploitation agricole, une activité agricole dont la production excède le seuil déterminé en application de l'article L. 781-9 ;

b) Au titre du collège des pêcheurs, les personnes qui exercent une activité de pêche à titre individuel ou en société ayant pour objet la gestion d'une activité de pêche, utilisant un navire immatriculé à la pêche par le service des affaires maritimes ou une pirogue traditionnelle dès lors qu'ils justifient de l'enregistrement de leur activité de pêche auprès des services fiscaux ;

c) Au titre du collège des aquaculteurs, les personnes qui exercent une activité d'aquaculture à titre individuel ou en société ayant pour objet la production aquacole justifiant, d'une part, d'une autorisation de mise en exploitation délivrée par le préfet de Mayotte et, d'autre part, d'une autorisation ou d'une convention d'occupation temporaire du sol pour les emprises en mer et pour les parcelles à terre si ces dernières font partie du domaine public.

La consistance de l'activité agricole utilisée pour l'appréciation du seuil mentionné au *a* et la réalité de l'activité de pêche ou d'aquaculture sont attestées, le cas échéant, par le maire de la commune dans laquelle l'intéressé réside ou exerce son activité ;

2° Au titre du collège des salariés, les personnes salariées des exploitants agricoles, des pêcheurs, des aquaculteurs, de leurs coopératives et organisations économiques professionnelles ou des organisations syndicales d'exploitants agricoles, titulaires d'un contrat de travail.

Sont également électeurs les ressortissants des États membres de l'Union européenne qui appartiennent à l'une des catégories définies au présent article et remplissent les conditions requises pour être inscrits sur les listes électorales en application des dispositions du titre I du livre I du code électoral, à l'exclusion des conditions concernant la nationalité. Ces personnes ne doivent toutefois pas avoir encouru de condamnations qui, si elles étaient prononcées par une juridiction française, mettraient obstacle à l'inscription sur la liste électorale établie conformément aux dispositions du code électoral.

La qualité d'électeur est appréciée au 1er juillet de l'année précédant celle des élections des membres de la chambre d'agriculture. Nul ne peut être inscrit sur la liste électorale de l'un ou l'autre des collèges de salariés si son contrat de travail prend fin avant la date fixée pour les élections.

Art. R. 571-20 Pour l'application à Mayotte de l'article R. 511-9 :

1° Les deuxième à cinquième alinéas sont remplacés par les alinéas suivants :

"A défaut d'option de leur part, le collège dans lequel ils sont inscrits est déterminé en appliquant l'ordre de priorité suivant :

"1° Collège des chefs d'exploitation agricole ;

"2° Collège des pêcheurs ;

"3° Collège des aquaculteurs ;

"4° Collège des salariés." ;

2° Au sixième alinéa, les mots : "aux deux premiers collèges" sont remplacés par les mots : "aux collèges des chefs d'exploitation agricole, des pêcheurs ou des aquaculteurs" ;

3° Les huitième et neuvième alinéas ne sont pas applicables.

Art. R. 571-21 Pour l'application à Mayotte de l'article R. 511-10, le deuxième alinéa est complété par la phrase suivante : "La liste des groupements répondant à ces conditions est constatée par arrêté préfectoral."

Art. R. 571-22 Pour l'application à Mayotte de l'article R. 511-16, le cinquième alinéa est ainsi rédigé :

"Un représentant de la caisse de sécurité sociale de Mayotte".

Art. R. 571-23 Pour l'application à Mayotte du deuxième alinéa de l'article R. 511-33, les mots : "un nom supplémentaire pour le collège mentionné au 5 *a* de l'article R. 511-6 et deux noms supplémentaires pour les autres collèges" sont remplacés par les mots : "deux noms supplémentaires".

Art. R. 571-24 Pour l'application à Mayotte du quatrième alinéa de l'article R. 511-43, les mots : "et des salariés mentionnés respectivement aux 1 et 3 de l'article R. 511-6" sont remplacés par les mots : "agricole et des pêcheurs mentionnés au 1° de l'article R. 571-17".

Art. R. 571-24-1 *(Décr. nº 2018-640 du 19 juill. 2018, art. 6)* Pour son application à Mayotte, l'article R. 511-45 est ainsi rédigé :

Art. R. 511-45 Les électeurs des collèges énumérés à l'article R. 511-6 dans sa rédaction résultant de l'article R. 571-17 votent par correspondance sous pli fermé, le cachet de la poste faisant foi, ou par voie électronique, dès réception du matériel électoral ainsi que des outils nécessaires au vote électronique, et au plus tard le dernier jour de scrutin, dans des conditions fixées par arrêté du ministre chargé de l'agriculture.

Par le même arrêté, le ministre chargé de l'agriculture peut, s'il estime que les conditions de nature à garantir le bon déroulement technique du scrutin électronique par internet ou sa sécurité ne sont pas réunies, décider de ne pas permettre le recours à cette modalité de vote. Cette impossibilité peut s'appliquer à l'élection de l'ensemble des membres des chambres d'agriculture ou à celle des membres de certaines d'entre elles. Il en informe le président de la commission d'organisation des opérations électorales concerné.

En outre, les électeurs peuvent déposer, également sous pli fermé, leur vote au siège de la commission d'organisation des opérations électorales situé à la préfecture au plus tard le dernier jour de scrutin. Dans ce cas, le service chargé de réceptionner le vote, sous l'autorité du préfet, en accuse réception, la date figurant sur l'accusé de réception faisant foi.

Quelle que soit la modalité de scrutin, le vote est organisé dans le respect des principes fondamentaux du droit électoral.

Art. R. 571-25 Pour l'application à Mayotte de l'article R. 511-52 :

1° Au cinquième alinéa, les mots : "exploitants et assimilés" sont remplacés par les mots : "chefs d'exploitation agricole" et les mots : "plus d'un quart" sont remplacés par les mots : "d'au moins deux membres" ;

2° Au sixième alinéa, les mots : "de plus de moitié" sont remplacés par les mots : "d'un ou plusieurs membres".

Art. R. 571-26 Pour l'application à Mayotte de l'article R. 511-53 :

1° Au premier alinéa, les mots : "fixés ci-après :" sont remplacés par les mots : "fixés par arrêté préfectoral." ;

2° Les autres alinéas ne sont pas applicables.

Art. D. 571-27 Pour l'application à Mayotte de l'article D. 511-54, le préfet a délégation permanente du ministre de l'agriculture pour demander la convocation de la chambre d'agriculture, de la pêche et de l'aquaculture de Mayotte en session extraordinaire.

Art. D. 571-28 Pour l'application à Mayotte de l'article D. 511-62, les mots : "d'un tiers" sont remplacés par les mots : "de sept".

Art. D. 571-29 Pour l'application à Mayotte de l'article D. 511-66, la référence à l'article L. 511-3 est remplacée par la référence à l'article L. 571-6.

Art. R. 571-30 Pour l'application à Mayotte du sixième alinéa de l'article R. 511-72, les mots : "le produit de la taxe perçue au bénéfice de la chambre d'agriculture" sont remplacés par les mots : "la part des ressources mentionnées au III de l'article 45 de la loi n° 2001-616 du 11 juillet 2001 que lui affecte le conseil départemental de Mayotte".

Art. D. 571-31 Pour son application à Mayotte, l'article D. 511-77 est ainsi rédigé :

Art. D. 511-77 La part des ressources mentionnées au III de l'article 45 de la loi n° 2001-616 du 11 juillet 2001 que le conseil départemental affecte à la chambre de l'agriculture, de la pêche et de l'aquaculture figure dans son intégralité au budget de la chambre.

La participation financière de la chambre de l'agriculture, de la pêche et de l'aquaculture de Mayotte à l'assemblée permanente des chambres d'agriculture telle que définie par convention passée entre les deux établissements figure au budget général de la chambre.

Art. D. 571-32 Pour l'application à Mayotte de l'article R. 511-85, les mots : "des articles L. 515-5 ou" sont remplacés par les mots : "de l'article" et les mots : "des deux collèges" sont remplacés par les mots : "du collège".

Art. R. 571-33 La chambre d'agriculture, de la pêche et de l'aquaculture de Mayotte est soumise aux dispositions des titres I et III du décret n° 2012-1246 du 7 novembre 2012 relatif à la gestion budgétaire et comptable publique à l'exception des 1° et 2° de l'article 175, des articles 178 à 185, 204 à 208 et 220 à 228.

SOUS-SECTION 2 Contrat d'objectifs et de performance

Art. D. 571-34 Le contrat d'objectifs et de performance mentionné à l'article L. 571-2 a pour finalité de concilier :

1° Les priorités d'action de la chambre de l'agriculture, de la pêche et de l'aquaculture de Mayotte en faveur du développement agricole et ses objectifs d'affectation de ses ressources ;

2° Les objectifs des collectivités territoriales pour le développement de leur territoire ;

3° Les orientations de la politique de l'État en faveur du développement agricole et rural de chaque territoire.

Art. D. 571-35 Le contrat d'objectifs et de performance définit, dans un cadre pluriannuel, les actions que doit assurer la chambre de l'agriculture, de la pêche et de l'aquaculture de Mayotte, notamment au titre des missions prévues aux articles L. 511-3 et L. 511-4 et des objectifs énoncés au dernier alinéa de l'article L. 571-6.

Pour définir les actions prioritaires, sont pris en compte :

1° Les modalités du suivi annuel, quantitatif et qualitatif, de leur réalisation ;

2° La nécessité de la cohérence de l'ensemble des missions.

Art. D. 571-36 Le contrat d'objectifs et de performance précise les ressources prévues pour l'exécution des actions mentionnées à l'article D. 571-35, leur calendrier d'engagement ainsi que les modalités de suivi et d'évaluation de la réalisation des objectifs qu'il fixe.

A cet effet, il définit des indicateurs et fait l'objet, chaque année, d'un rapport de performance qui expose les résultats atteints.

En fin de contrat, avant l'engagement des travaux d'élaboration d'un nouveau contrat, il fait l'objet d'une évaluation générale.

Art. D. 571-37 Un comité de pilotage assure le suivi de la réalisation du contrat d'objectifs et de performance. Il veille à la bonne exécution des actions prévues par le contrat et procède à l'évaluation régulière des résultats obtenus selon les modalités fixées à l'article D. 571-36.

Le comité de pilotage est constitué du préfet, du président du conseil général de Mayotte et du président de la chambre de l'agriculture, de la pêche et de l'aquaculture de Mayotte ou de leurs représentants. Il peut s'adjoindre le concours d'experts de son choix. Le secrétariat du comité de pilotage est assuré par la direction de l'alimentation, de l'agriculture et de la forêt.

Art. D. 571-38 Le projet de contrat d'objectifs et de performance est soumis pour avis au comité d'orientation stratégique et de développement agricole mentionné à l'article L. 181-9.

Si ce comité en fait la demande, un ou plusieurs de ses membres, désignés par une décision conjointe de ses co-présidents, participent aux travaux du comité de pilotage mentionné à l'article D. 571-37.

Art. D. 571-39 Le contrat d'objectifs et de performance est conclu pour une durée maximale de trois ans. Dans les cas qu'il prévoit, il peut être prolongé pour une durée maximale de dix-huit mois par délibération du comité de pilotage.

SECTION 4 Sociétés coopératives agricoles, sociétés d'intérêt collectif agricole et groupements de producteurs

SOUS-SECTION 1 Dispositions générales

Art. D. 571-40 En Guadeloupe, en Guyane, en Martinique, à La Réunion et à Mayotte, la reconnaissance comme organisation de producteurs, la suspension ou le retrait de cette reconnaissance, prévus à l'article L. 551-1 sont *(Décr. n° 2016-1014 du*

22 juill. 2016, art. 2-1°) « , sous réserve des dispositions de l'article » *(Décr. n° 2018-313 du 27 avr. 2018, art. 2)* « D. 553-1 », prononcés par arrêté conjoint du ministre chargé de l'agriculture et du ministre chargé de l'outre-mer.

Art. D. 571-41 Pour leur application en Guadeloupe, en Guyane, en Martinique et à La Réunion :

1° *(Décr. n° 2018-313 du 27 avr. 2018, art. 2)* « L'article D. 553-1 est complété » par la phrase : "Copie en est adressée par le préfet au ministre chargé de l'outre-mer." ;

2° *(Décr. n° 2018-313 du 27 avr. 2018, art. 2)* « A l'article D. 553-1 », les attributions confiées au ministre chargé de l'agriculture sont exercées conjointement par ce ministre et le ministre chargé de l'outre-mer ;

3° *Abrogé par Décr. n° 2018-313 du 27 avr. 2018, art. 2.*

SOUS-SECTION 2 Dispositions particulières à Mayotte

Art. D. 571-42 *Abrogé par Décr. n° 2018-1337 du 28 déc. 2018, art. 5.*

Art. R. 571-43 Pour l'application à Mayotte de l'article R. 524-13, le deuxième alinéa est ainsi rédigé :

"En outre, la convocation à l'assemblée fait l'objet, dans le même délai, d'un affichage à la mairie du siège social et à celle des autres communes du ressort de la société coopérative."

Art. R. 571-44 Pour l'application à Mayotte des articles R. 524-29 et R. 524-37, les mots : "en France métropolitaine" sont remplacés par les mots : "à Mayotte".

Art. R. 571-45 Pour l'application à Mayotte de l'article R. 524-31, le quatrième alinéa est ainsi rédigé :

"Le conseil de surveillance peut décider le déplacement du siège social sur le territoire de Mayotte sous réserve de ratification de cette décision par la prochaine assemblée générale ordinaire."

Art. R. 571-46 *Abrogé par Décr. n° 2018-953 du 31 oct. 2018, art. 21.*

Art. R. 571-47 Pour l'application à Mayotte de l'article R. 532-6, le deuxième alinéa est ainsi rédigé :

"En outre, la convocation à l'assemblée fait l'objet, dans le même délai, d'un affichage à la mairie du siège social et à celle des autres communes du ressort de la société d'intérêt collectif agricole."

CHAPITRE II SAINT-BARTHÉLEMY

(Décr. n° 2016-781 du 10 juin 2016, art. 6-4°, en vigueur le 1er juill. 2016)

Art. D. 572-1 Les dispositions du présent livre (partie réglementaire) s'appliquent à Saint-Barthélemy sous réserve des exceptions et adaptations prévues au présent chapitre.

Art. D. 572-2 Pour l'application du présent livre (partie réglementaire) à Saint-Barthélemy :

1° Les références à la région et au conseil régional, au département et au conseil départemental, à la commune, aux groupements de communes, au conseil municipal et à l'assemblée délibérante de l'établissement public de coopération intercommunale sont remplacées par les références à la collectivité de Saint-Barthélemy et au conseil territorial ;

2° Les références au président du conseil régional, au président du conseil départemental, au maire ou au président de l'établissement public de coopération intercommunale sont remplacées par la référence au président du conseil territorial de Saint-Barthélemy ;

3° Les références au préfet de région ou au préfet de département sont remplacées par la référence au représentant de l'État à Saint-Barthélemy ;

4° Les références aux chambres départementales ou régionales d'agriculture, lorsqu'elles concernent leurs missions consultatives, sont remplacées par la référence à la chambre multiprofessionnelle de Saint-Martin, dont les règles particulières de fonctionnement sont fixées par la collectivité territoriale ;

5° Les références au code général des impôts sont remplacées par les références aux dispositions ayant le même objet applicables localement.

Art. R. 572-3 Le titre V n'est pas applicable à Saint-Barthélemy.

CHAPITRE III SAINT-MARTIN

(Décr. n° 2016-781 du 10 juin 2016, art. 6-4°, en vigueur le 1er juill. 2016)

Art. D. 573-1 Les dispositions du présent livre (partie réglementaire) s'appliquent à Saint-Martin sous réserve des exceptions et adaptations prévues au présent chapitre.

Art. D. 573-2 Pour l'application du présent livre (partie réglementaire) à Saint-Martin :

1° Les références à la région et au conseil régional, au département et au conseil départemental, à la commune, aux groupements de communes, au conseil municipal et à l'assemblée délibérante de l'établissement public de coopération intercommunale sont remplacées par les références à la collectivité de Saint-Martin et au conseil territorial ;

2° Les références au président du conseil régional, au président du conseil départemental, au maire ou au président de l'établissement public de coopération intercommunale sont remplacées par la référence au président du conseil territorial de Saint-Martin ;

3° Les références au préfet de région ou au préfet de département sont remplacées par la référence au représentant de l'État à Saint-Martin ;

4° Les références aux chambres départementales ou régionales d'agriculture, lorsqu'elles concernent leurs missions consultatives, sont remplacées par la référence à la chambre consulaire interprofessionnelle de Saint-Martin, dont les règles particulières de fonctionnement sont fixées par la collectivité territoriale ;

5° Les références au code général des impôts sont remplacées par les références aux dispositions ayant le même objet applicables localement.

Art. D. 573-3 A Saint-Martin, la reconnaissance comme organisation de producteurs, la suspension ou le retrait de cette reconnaissance, prévus à l'article L. 551-1 sont prononcés par arrêté conjoint du ministre chargé de l'agriculture et du ministre chargé de l'outre-mer.

Art. D. 573-4 Pour leur application à Saint-Martin :

1° Les articles D. 551-1, D. 552-1 et le premier alinéa de l'article D. 554-3 sont complétés par la phrase : "Copie en est adressée par le préfet au ministre chargé de l'outre-mer." ;

2° Aux articles D. 551-4, D. 551-9 à D. 551-11, D. 554-4 à D. 554-6, les attributions confiées au ministre de l'agriculture sont exercées conjointement par ce ministre et le ministre chargé de l'outre-mer ;

3° A l'article D. 551-6, les mots : "du ministère de l'agriculture" sont remplacés par les mots : "du ministère chargé de l'agriculture et du ministère chargé de l'outre-mer".

CHAPITRE IV SAINT-PIERRE-ET-MIQUELON

Art. D. 574-1 Les dispositions du présent livre (partie réglementaire) s'appliquent à Saint-Pierre-et-Miquelon sous réserve des exceptions et adaptations prévues au présent chapitre.

Art. D. 574-2 Pour l'application du présent livre (partie réglementaire) à Saint-Pierre-et-Miquelon :

1° Les références à la région et au conseil régional, au département et au conseil départemental, sont remplacées par la référence à la collectivité de Saint-Pierre-et-Miquelon et au conseil territorial ;

2° Les références au président du conseil régional, au président du conseil départemental, sont remplacées par la référence au président du conseil territorial de Saint-Pierre-et-Miquelon ;

3° Les références au préfet de région ou au préfet de département sont remplacées par la référence au représentant de l'État à Saint-Pierre-et-Miquelon ;

4° Les références aux chambres départementales ou régionales d'agriculture sont remplacées par la référence à la chambre d'agriculture, de commerce, d'industrie, des métiers et de l'artisanat de Saint-Pierre-et-Miquelon, dont les règles particulières de fonctionnement sont fixées par le chapitre VII du titre I du livre IX du code de commerce ;

5° Les références au code général des impôts sont remplacées par les références aux dispositions ayant le même objet applicables localement.

Art. R. 574-3 Le titre V n'est pas applicable à Saint-Pierre-et-Miquelon.

CHAPITRE V WALLIS-ET-FUTUNA, POLYNÉSIE FRANÇAISE ET NOUVELLE-CALÉDONIE

(Décr. n° 2016-781 du 10 juin 2016, art. 6-4°, en vigueur le 1er juill. 2016)

Les dispositions des anciens art. R. 582-1 à R. 582-45 et R. 583-1 à R. 583-23 relatifs aux dispositions applicables en Nouvelle-Calédonie, dans leur rédaction antérieure à l'entrée en vigueur du présent décret, sont maintenues en vigueur en tant que la compétence pour les modifier ou les abroger relève de la Nouvelle-Calédonie (Décr. n° 2016-781 du 10 juin 2016, art. 13, al. 2, JO 12 juin).

Art. D. 575-1 Les dispositions du présent livre (partie réglementaire) ne sont pas applicables dans les îles Wallis-et-Futuna, en Polynésie française et en Nouvelle-Calédonie.

LIVRE VI PRODUCTION ET MARCHÉS

(Décr. n° 2003-851 du 1er sept. 2003)

TITRE I DISPOSITIONS GÉNÉRALES

CHAPITRE I ORGANISATION GÉNÉRALE DE LA PRODUCTION ET DES MARCHÉS *(Décr. n° 2017-1771 du 27 déc. 2017, art. 18-1°).*

SECTION 1 Le Conseil supérieur d'orientation et de coordination de l'économie agricole et alimentaire *(Décr. n° 2017-1771 du 27 déc. 2017, art. 18-2°).*

SOUS-SECTION 1 Composition et fonctionnement

(Décr. n° 2017-1771 du 27 déc. 2017, art. 18-3°)

Art. D. 611-1 I. — Le Conseil supérieur d'orientation et de coordination de l'économie agricole et alimentaire comprend, outre le ministre chargé de l'agriculture ou son représentant, président :

1° Trois représentants des ministres chargés de l'économie et du budget ;

2° Trois représentants du ministre chargé de l'agriculture ;

3° Un représentant du ministre chargé de l'outre-mer ;

4° Un représentant du ministre chargé de l'environnement ;

5° Un représentant du ministre chargé du commerce et de l'artisanat ;

(Décr. n° 2015-667 du 10 juin 2015, art. 1er-1°) « 6° Le directeur général de l'Établissement national des produits de l'agriculture et de la mer (FranceAgriMer) ou son représentant ;

« 7° Le directeur général de l'Office de développement de l'économie agricole *(Décr. n° 2016-781 du 10 juin 2016, art. 7-1°, en vigueur le 1er juill. 2016)* « d'outre-mer » (ODEADOM) ou son représentant ;

« 8° Un représentant de l'Association des régions de France ;

« 9° Un représentant du Conseil national de la montagne ;

« 10° Un représentant de chacune des organisations syndicales d'exploitants agricoles à vocation générale habilitées en application de *(Décr. n° 2017-1771 du 27 déc. 2017, art. 18-4°)* « l'article R. 514-39 » ;

« 11° Un représentant d'une organisation représentative du secteur de la production agricole biologique ;

« 12° Un représentant de *(Ord. n° 2022-583 du 20 avr. 2022, art. 1er)* « Chambres d'agriculture France » ;

« 13° Un représentant de la Confédération nationale de la mutualité, de la coopération et du crédit agricoles ;

(Décr. n° 2015-1339 du 22 oct. 2015, art. 1er) « 14° Cinq représentants d'organisations représentatives de la transformation des produits agricoles ; »

« 15° Deux représentants d'organisations représentatives de la commercialisation des produits agricoles ;

« 16° Un représentant d'une organisation représentative de l'artisanat et du commerce indépendant de l'alimentation ;

« 17° Un représentant d'une association de consommateurs ;

« 18° Deux représentants d'associations agréées pour la protection de l'environnement ;

« 19° Un représentant de la propriété agricole ;

« 20° Deux représentants de syndicats représentatifs des salariés des filières agricoles et alimentaires ;

« 21° Un représentant d'une organisation représentative des propriétaires forestiers privés. »

II. — Les membres du Conseil supérieur d'orientation et de coordination de l'économie agricole et alimentaire autres que ceux représentant l'administration sont nommés pour une durée de trois ans renouvelable, par arrêté du ministre chargé de l'agriculture *(Décr. n° 2015-667 du 10 juin 2015, art. 1er-2°)* « sur proposition des organismes qu'ils représentent ».

Les membres démissionnaires, décédés ou qui perdent la qualité au titre de laquelle ils sont désignés sont remplacés. Le mandat des nouveaux membres expire à la date à laquelle aurait normalement pris fin celui des membres qu'ils remplacent.

Tout membre du conseil peut, en cas d'empêchement, donner pouvoir pour le représenter à un autre membre du conseil. Aucun membre ne peut détenir plus d'un pouvoir.

Le président peut appeler toute personne extérieure au conseil à participer à ses travaux avec voix consultative.

(Abrogé par Décr. n° 2015-667 du 10 juin 2015, art. 1er-3°) ***« Lorsque les problèmes de qualité agroalimentaire sont évoqués au sein du conseil, la Commission nationale des labels et des certifications des produits agricoles et alimentaires et l'Institut national de l'origine et de la qualité y sont représentés à titre consultatif. »*** *— Les art. R. 611-1, R. 611-2 et R. 611-3 deviennent les art. D. 611-1, D. 611-2 et D. 611-3 ; dans les références faites à ces art. dans tous les textes réglementaires, la lettre « R » est remplacée par la lettre « D » (Décr. n° 2015-665 du 10 juin 2015, art. 7, JO 14 juin).*

Art. D. 611-2 **I. — Le président convoque le conseil et arrête son ordre du jour.**

L'examen des suites données aux délibérations et recommandations du Conseil supérieur d'orientation et de coordination de l'économie agricole et alimentaire peut être inscrit à l'ordre du jour. Cette inscription est de droit si la moitié des membres le demande.

II. — Le Conseil supérieur d'orientation et de coordination de l'économie agricole et alimentaire se prononce à la majorité des membres présents ou représentés ; en cas de partage égal des voix, celle du président est prépondérante. *— V. ss. art. D. 611-1.*

Art. D. 611-3 **Sous réserve des dispositions prises en application du** *(Décr. n° 2017-1771 du 27 déc. 2017, art. 18-5°)* **« dernier » alinéa de l'article L. 611-1, le Conseil supérieur d'orientation et de coordination de l'économie agricole et alimentaire élabore un règlement intérieur définissant les modalités de son fonctionnement ; ce règlement intérieur est approuvé par arrêté du ministre chargé de l'agriculture.**

Le secrétariat du Conseil supérieur d'orientation et de coordination de l'économie agricole et alimentaire est assuré par les services du ministère *(Décr. n° 2017-1771 du 27 déc. 2017, art. 18-5°)* **« chargé » de l'agriculture.** *— V. ss. art. D. 611-1.*

SOUS-SECTION 2 **Les commissions spécialisées du Conseil supérieur d'orientation et de coordination de l'économie agricole et alimentaire** *(Décr. n° 2017-1771 du 27 déc. 2017, art. 18-6°).*

§ 1 La Commission nationale technique *(Décr. n° 2017-1771 du 27 déc. 2017, art. 18-6°).*

Art. D. 611-4 *(Décr. n° 2008-615 du 26 juin 2008)* **La commission technique spécialisée du Conseil supérieur d'orientation et de coordination de l'économie agricole et alimentaire dite "Commission nationale technique" émet des avis :**

a) **Sur l'octroi, la suspension, le retrait et l'extension de la reconnaissance en qualité d'organisation de producteurs des organismes prévus à l'article L. 551-1 ;**

b) **Sur l'octroi, la suspension, le retrait et l'extension de reconnaissance en qualité d'association d'organisations de producteurs des organismes prévus à l'article L. 551-1 ;**

(Décr. n° 2015-667 du 10 juin 2015, art. 2-1°) **«** ***c)*** **Sur l'octroi et le retrait de la reconnaissance en qualité d'organisation interprofessionnelle prévu à l'article L. 632-1 » ;**

d) *Abrogé par Décr. n° 2012-277 du 27 févr. 2012.*

Art. D. 611-5 *(Décr. n° 2008-615 du 26 juin 2008)* **I. — La Commission nationale technique est présidée par le** *(Décr. n° 2015-490 du 29 avr. 2015, art. 3)* **« directeur général de la performance économique et environnementale des entreprises » au ministère** *(Décr. n° 2015-667 du 10 juin 2015, art. 2-2°)* **« chargé de l'agriculture » ou par son représentant.**

II. — *(Décr. n° 2015-667 du 10 juin 2015, art. 2-2°)* **« Lorsqu'elle est réunie pour émettre des avis prévus aux** ***a*** **et** ***b*** **de l'article D. 611-4, la Commission nationale technique comprend : »**

1° Au titre du Conseil supérieur d'orientation et de coordination de l'économie agricole et alimentaire :

a) Les membres mentionnés aux 2°, 3°, *(Décr. n° 2015-667 du 10 juin 2015, art. 2-2°)* « 6°, 7°, 10° et 12° » du I de l'article D. 611-1 ;

b) Parmi les membres mentionnés au 1° du I de l'article D. 611-1, le représentant du ministre chargé de la concurrence ;

c) Deux représentants de la transformation des produits agricoles parmi les membres mentionnés au *(Décr. n° 2015-667 du 10 juin 2015, art. 2-2°)* « 14° » du I de l'article D. 611-1 du code rural et de la pêche maritime.

2° Au titre des personnalités extérieures au Conseil supérieur d'orientation et de coordination de l'économie agricole et alimentaire :

(Décr. n° 2015-667 du 10 juin 2015, art. 2-2°) « *a)* Un représentant de l'Établissement national des produits de l'agriculture et de la mer (FranceAgriMer) ; »

b) Un représentant de la coopération agricole ;

c) *(Décr. n° 2019-330 du 16 avr. 2019, art. 1er)* « Cinq représentants des organisations spécialisées de producteurs des filières végétales, dont un représentant d'un organisme regroupant des organisations de producteurs ou leurs associations » ;

d) *(Décr. n° 2019-330 du 16 avr. 2019, art. 1er)* « Six représentants des organisations spécialisées de producteurs des filières de productions animales, dont deux représentants des organismes regroupant des organisations de producteurs ou leurs associations » ;

(Abrogé par Décr. n° 2019-330 du 16 avr. 2019, art. 1er) « *e) Deux représentants des organisations spécialisées de producteurs de la filière vitivinicole ;* »

(Décr. n° 2011-597 du 26 mai 2011) « *f)* Deux représentants des organisations spécialisées de producteurs de la filière forestière ».

(Décr. n° 2015-667 du 10 juin 2015, art. 2-2°) « III. — Lorsqu'elle est réunie pour émettre des avis prévus au *c* de l'article D. 611-4, la Commission nationale technique comprend :

« 1° Au titre du Conseil supérieur d'orientation et de coordination de l'économie agricole et alimentaire, *(Décr. n° 2020-1570 du 10 déc. 2020, art. 1er)* « deux des membres mentionnés au 1° et les membres mentionnés aux » 2°, 3°, 6°, 7°, 10°, 11°, 12°, 14°, 15°, 16° de l'article D. 611-1 ;

« 2° Au titre des personnalités extérieures au Conseil supérieur d'orientation et de coordination de l'économie agricole et alimentaire, deux membres du Conseil général de l'alimentation, de l'agriculture et des espaces ruraux.

« IV. » — Les membres de la Commission nationale technique autres que ceux mentionnés aux *a* et *b* du 1° du II *(Décr. n° 2015-667 du 10 juin 2015, art. 2-2°)* « et au 1° du III » sont nommés pour une durée de trois ans, renouvelable, par arrêté du ministre chargé de l'agriculture.

Art. D. 611-6 *(Décr. n° 2008-615 du 26 juin 2008)* Le président de la commission peut désigner des experts qui peuvent participer, à titre consultatif, aux travaux de celle-ci.

Art. D. 611-7 La Commission nationale technique élabore un règlement intérieur définissant les modalités de son fonctionnement ; ce règlement intérieur prévoit notamment, en tant que de besoin, la création de groupes de travail spécialisés.

Le secrétariat de la commission est assuré par le bureau compétent de la direction générale *(Décr. n° 2015-369 du 30 mars 2015, art. 7, mod. par Décr. n° 2015-490 du 29 avr. 2015, art. 3 ; Décr. n° 2015-667 du 10 juin 2015, art. 2-3°)* « de la performance économique et environnementale des entreprises au ministère chargé de l'agriculture ».

Art. D. 611-8 *(Décr. n° 2008-615 du 26 juin 2008)* La Commission nationale technique se réunit et délibère dans les conditions fixées par les articles 3 à 15 du décret n° 2006-672 du 8 juin 2006 relatif à la création, à la composition et au fonctionnement de commissions administratives à caractère consultatif *[CRPA, art. R. 133-3 s.]*.

(Abrogé par Décr. n° 2015-667 du 10 juin 2015, art. 2-4°) « *Elle tient au moins quatre réunions par an.* »

Art. D. 611-9 à D. 611-13 *Abrogés par Décr. n° 2010-1301 du 28 oct. 2010, art. 2.*

§ 2 La commission technique spécialisée du "développement agricole et rural" *(Décr. n° 2017-1771 du 27 déc. 2017, art. 18-6°).*

Art. D. 611-14 La commission technique spécialisée du Conseil supérieur d'orientation et de coordination de l'économie agricole et alimentaire, dite "commission développement agricole et rural", est consultée, pour le compte du Conseil supérieur d'orientation et de coordination de l'économie agricole et alimentaire, sur la cohérence des actions menées en matière de recherche appliquée, d'expérimentation et de développement agricole et rural, et financées par le compte d'affectation spéciale "développement agricole et rural".

Art. D. 611-15 I. — La commission "développement agricole et rural" est présidée par le directeur général de l'enseignement et de la recherche au ministère *(Décr. n° 2017-1771 du 27 déc. 2017, art. 18-7°)* « chargé » de l'agriculture ou, en cas d'absence ou d'empêchement, par un des fonctionnaires placés sous son autorité.

II. — Outre le président, elle comprend :

1° Au titre du Conseil supérieur d'orientation et de coordination de l'économie agricole et alimentaire :

a) Dix représentants des organisations syndicales d'exploitants agricoles à vocation générale habilitées en application de *(Décr. n° 2017-1771 du 27 déc. 2017, art. 18-7°)* « l'article R. 514-39 », et leurs suppléants, nommés sur proposition des organisations intéressées ;

b) Trois représentants de *(Ord. n° 2022-583 du 20 avr. 2022, art. 1er)* « Chambres d'agriculture France » ;

c) Un représentant de la Confédération nationale de la mutualité, du crédit et de la coopération agricole ;

d) Un représentant du ministre chargé de l'agriculture.

2° Au titre des personnalités extérieures au Conseil supérieur d'orientation et de coordination de l'économie agricole et alimentaire :

a) Un représentant de l'Association de coordination technique agricole ;

b) Un représentant du ministre chargé de la recherche ;

(Décr. n° 2016-614 du 17 mai 2016, art. 1er) « *c)* Trois représentants des organisations nationales à vocation agricole et rurale ;

« *d)* Le président de FranceAgriMer ou son représentant ».

III. — Les membres de la commission "développement agricole et rural" et leurs suppléants sont nommés pour une durée de trois ans, renouvelable par arrêté du ministre chargé de l'agriculture, sur proposition des organisations ou organismes concernés.

Les membres démissionnaires ou décédés ou qui perdent la qualité au titre de laquelle ils ont été désignés sont remplacés ; le mandat des nouveaux membres expire à la date à laquelle aurait normalement pris fin celui des membres qu'ils remplacent.

Art. D. 611-16 La commission technique spécialisée "développement agricole et rural" élabore un règlement intérieur définissant les modalités de son fonctionnement ; ce règlement intérieur prévoit notamment, en tant que de besoin, la création de groupes de travail spécialisés.

Le secrétariat de la commission est assuré par le bureau compétent de la direction générale de l'enseignement et de la recherche au ministère de l'agriculture.

Art. D. 611-17 La commission "développement agricole et rural" se réunit de plein droit, à l'initiative du président, au moins une fois par an.

§ 3 Commission nationale de la certification environnementale *(Décr. n° 2017-1771 du 27 déc. 2017, art. 18-6°).*

Art. D. 611-18 La commission spécialisée du Conseil supérieur d'orientation et de coordination de l'économie agricole et alimentaire dite "Commission nationale de la certification environnementale" émet des avis :

1° Sur la reconnaissance des démarches équivalentes mentionnées à l'article D. 617-5 ;

2° Sur l'agrément des organismes certificateurs mentionnés à l'article D. 617-19 ;

3° Sur toute autre question liée à la certification environnementale dont elle est saisie par le ministre chargé de l'agriculture.

Elle peut émettre des propositions relatives à la mise en œuvre et à l'évolution du dispositif et notamment du référentiel et des seuils de performance environnementale mentionnés aux articles D. 617-3 à D. 617-4 ainsi qu'à la communication relative à la certification environnementale des exploitations.

Art. D. 611-19 I. – La Commission nationale de la certification environnementale comprend, outre son président et son vice-président :

1° Au titre du Conseil supérieur d'orientation et de coordination de l'économie agricole et alimentaire mentionné à l'article D. 611-1 :

a) Le *(Décr. n° 2015-490 du 29 avr. 2015, art. 3)* « directeur général de la performance économique et environnementale des entreprises », le directeur général de l'alimentation ;

b) Le directeur général de la concurrence, de la consommation et de la répression des fraudes ;

(Décr. n° 2022-397 du 17 mars 2022, art. 1er) « *c)* Le commissaire général au développement durable ; »

d) Six représentants des organisations syndicales d'exploitants agricoles à vocation générale habilitées mentionnées au *(Décr. n° 2015-667 du 10 juin 2015, art. 2-5°)* « 10° » du I de l'article D. 611-1, répartis au prorata du nombre de sièges obtenus dans le collège des chefs d'exploitation lors des élections des chambres d'agriculture ;

e) Un représentant de *(Ord. n° 2022-583 du 20 avr. 2022, art. 1er)* « Chambres d'agriculture France » ;

f) Trois représentants des associations agréées pour la protection de l'environnement ;

g) Trois représentants de la transformation des produits agricoles ;

h) Trois représentants de la commercialisation des produits agricoles ;

i) Deux représentants des organisations de consommateurs ;

j) Un représentant de la Confédération nationale de la mutualité, de la coopération et du crédit agricoles ;

k) Un représentant des syndicats représentatifs des salariés des filières agricoles et alimentaires.

2° Au titre des personnalités extérieures au Conseil supérieur d'orientation et de coordination de l'économie agricole et alimentaire :

a) Un représentant des organismes certificateurs, sur proposition de l'Association des organismes certificateurs pour la promotion des systèmes de certification de produits du secteur agroalimentaire (CEPRAL) ;

b) Quatre représentants d'organismes compétents en matière agricole et environnementale, sur proposition de ces organismes ;

c) Un représentant de l'Association des régions de France (ARF), sur sa proposition.

II. – Le président, le vice-président et les membres de la Commission nationale de la certification environnementale sont nommés pour une durée de trois ans, renouvelable, par arrêté du ministre chargé de l'agriculture.

Art. D. 611-20 La Commission nationale de la certification environnementale élabore un règlement intérieur définissant les modalités de son fonctionnement.

Le secrétariat de la commission est assuré par le bureau compétent de la direction générale *(Décr. n° 2015-369 du 30 mars 2015, art. 7)* « de la performance économique et environnementale des entreprises » au ministère chargé de l'agriculture.

Art. D. 611-21 La Commission nationale de la certification environnementale se réunit et délibère dans les conditions fixées par les articles 3 à 15 du décret n° 2006-672 du 8 juin 2006 *[CRPA, art. R. 133-3 s.]*.

SECTION 2 Le fonds de promotion des produits agricoles et alimentaires

(Décr. n° 2017-1771 du 27 déc. 2017, art. 18-8°)

La section 2 comprend les art. R. 614-1 à R. 614-3 qui deviennent les art. R. 611-22 à R. 611-24 (Décr. n° 2017-1771 du 27 déc. 2017, art. 18-8°).

Art. R. 611-22 Les cotisations au fonds de promotion des produits agricoles et alimentaires prévues à l'article L. 611-2 sont versées chaque année à l'association mentionnée à l'article R. 614-3 *[R. 611-24]* par les organisations interprofessionnelles reconnues conformément *(Décr. n° 2011-684 du 16 juin 2011)* « aux articles L. 632-1 à L. 632-2 ou créées par voie législative ou réglementaire avant la date du 11 juillet 1975 ».

Les organisations interprofessionnelles au sens des articles L. 632-1 à L. 632-9 peuvent financer ces cotisations, dans les conditions prévues à l'article L. 632-6. – *Anc. art. R. 614-1.*

Art. R. 611-23 Les crédits du fonds sont utilisés pour promouvoir les exportations de produits agricoles et alimentaires notamment par l'étude des marchés extérieurs, la participation aux foires et salons spécialisés, la mise en œuvre de campagnes de promotion dans les pays étrangers, la formation de spécialistes des exportations et le conseil aux entreprises exportatrices. – *Anc. art. R. 614-2.*

Art. R. 611-24 La gestion du fonds de promotion des produits agricoles et alimentaires est assurée par une association de la loi du 1er juillet 1901 dont les statuts sont approuvés par décret en Conseil d'État. – *Anc. art. R. 614-3.*

SECTION 3 Les aides de l'État à l'orientation des productions

(Décr. n° 2017-1771 du 27 déc. 2017, art. 18-9°)

La section 3 comprend l'art. R. 612-1 qui devient l'art. D. 611-25 (Décr. n° 2017-1771 du 27 déc. 2017, art. 18-9°).

Art. D. 611-25 Les aides de l'État affectées à l'orientation des productions sont progressivement réservées aux producteurs ayant souscrit à titre collectif des contrats de production, de collecte ou de mise en marché conformes à des contrats types définis par l'autorité administrative compétente après avis du Conseil supérieur d'orientation et de coordination de l'économie agricole et alimentaire.

Les aides de l'État affectées à l'orientation des productions sont accordées au bénéficiaire dans la limite d'un plafond. Elles peuvent être différenciées par région. – *Anc. art. R. 612-1.*

SECTION 4 Programmes et fonds opérationnels

(Décr. n° 2022-1343 du 21 oct. 2022, art. 1er)

Art. D. 611-26 Les associations d'organisations de producteurs reconnues peuvent déposer un programme opérationnel dans *(Décr. n° 2023-1362 du 29 déc. 2023, art. 1er)* « le secteur de la viande bovine en ce qui concerne la viande de veau sous signe de qualité "Label Rouge" et les secteurs cunicole, des fruits et légumes, de l'horticulture, du riz, des oléagineux, protéagineux et légumes secs, des fourrages séchés et de l'huile d'olive et des olives de table ».

Les organisations de producteurs reconnues peuvent déposer un programme opérationnel dans *(Décr. n° 2023-1362 du 29 déc. 2023, art. 1er)* « le secteur de la viande bovine en ce qui concerne la viande de veau sous signe de qualité "Label Rouge" et les secteurs cunicole, des fruits et légumes, de l'horticulture, du riz, des oléagineux, protéagineux et légumes secs et des fourrages séchés ».

Ces programmes opérationnels répondent aux exigences des articles 50, 64 et 67 du règlement (UE) n° 2021/2115 du Parlement européen et du Conseil du 2 décembre 2021 établissant des règles relatives à l'aide aux plans stratégiques devant être élaborés par les États membres dans le cadre de la politique agricole commune et décrivent les types d'interventions sélectionnées parmi celles prévues pour leur secteur dans le plan stratégique national français de la politique agricole commune.

Les organisations de producteurs et associations d'organisations de producteurs demandent l'approbation de leur programme opérationnel auprès du directeur général de l'Établissement national des produits de l'agriculture et de la mer (FranceAgriMer) dans les conditions prévues à l'article D. 611-27.

Les organisations de producteurs et associations d'organisations de producteurs assurent le contrôle interne de la régularité des paiements forfaitaires prévus en application des *c* et *d* du paragraphe 1 de l'article 44 du règlement (UE) n° 2021/2115 du Parlement européen et du Conseil du 2 décembre 2021 et du paragraphe 1 de l'article 21 du règlement délégué (UE) n° 2022/126 du 7 décembre 2021 pour les dépenses engagées au titre des programmes opérationnels. S'il est constaté que ce contrôle n'est pas réalisé ou est insuffisant, le directeur général de l'Établissement national des produits de l'agriculture et de la mer (FranceAgriMer) peut prononcer des sanctions pécuniaires pouvant atteindre 100 % du montant total de la dépense forfaitaire concernée. S'il est constaté que l'un des adhérents ne remplit pas ses obligations concernant une ou des dépenses forfaitaires, le directeur général de l'Établissement national des produits de l'agriculture et de la mer (FranceAgriMer) peut prononcer des sanctions pouvant atteindre 100 % de l'aide correspondant au montant de la dépense forfaitaire de l'adhérent.

Art. D. 611-27 Le directeur général de l'Établissement national des produits de l'agriculture et de la mer (FranceAgriMer) détermine les modalités de dépôt des demandes d'approbation des programmes opérationnels. Il instruit les demandes d'approbation des programmes opérationnels et vérifie la régularité des modalités de calcul de la valeur de la production commercialisée retenue par l'organisation de producteurs ou l'association d'organisations de producteurs présentant le programme opérationnel, ainsi que la conformité des objectifs et mesures y figurant avec le plan stratégique national français de la politique agricole commune.

Le directeur général de l'Établissement national des produits de l'agriculture et de la mer (FranceAgriMer) approuve ou rejette tout ou partie du programme opérationnel. Il peut approuver un programme opérationnel sous réserve de l'acceptation par l'organisation de producteurs ou par l'association d'organisations de producteurs de certaines modifications.

Art. D. 611-28 I. — Une fois le programme opérationnel approuvé, les organisations de producteurs et associations d'organisations de producteurs peuvent en demander la modification au directeur général de l'Établissement national des produits de l'agriculture et de la mer (FranceAgriMer), au titre de l'année en cours ou des années suivantes. Les modalités de cette demande sont fixées par une décision du directeur général de l'Établissement national des produits de l'agriculture et de la mer (FranceAgriMer).

II. — Sont soumises à autorisation du directeur général de l'Établissement national des produits de l'agriculture et de la mer (FranceAgriMer) les demandes de modification concernant :

1° La création ou la suppression de tout ou partie d'une mesure du programme opérationnel ;

2° L'augmentation de plus de 25 % des montants consacrés à une ou plusieurs mesures ;

En cas de fusion d'organisations de producteurs, le montant du fonds opérationnel qui résulte de la fusion est limité à la somme des fonds opérationnels fusionnés, tenant compte des mesures augmentées le cas échéant de plus de 25 %.

III. — Sont notifiées au directeur général de l'Établissement national des produits de l'agriculture et de la mer (FranceAgriMer) les modifications concernant :

1° La diminution ou l'augmentation du montant d'une ou plusieurs mesures, dans la limite d'une augmentation de 25 % par mesure, et sans que puisse être dépassé le montant du fonds opérationnel de l'année en cours ;

2° La diminution ou l'augmentation du montant des contributions des adhérents de l'organisation destiné au financement du fonds opérationnel de l'année en cours ;

3° Les modalités de financement du fonds opérationnel ou le mode de calcul des contributions, y compris les contributions différenciées.

IV. — Les notifications ou demandes de modification du programme qui ne sont pas présentées dans les délais et dans les conditions prévues dans la décision du directeur général de l'Établissement national des produits de l'agriculture et de la mer (FranceAgriMer) mentionnée au I, peuvent être exclues du financement européen.

Art. D. 611-29 Le directeur général de l'Établissement national des produits de l'agriculture et de la mer (FranceAgriMer) détermine les modalités de gestion des fonds opérationnels, notamment la date limite de versement par les adhérents de l'organisation de producteurs de leurs contributions au fonds opérationnel ainsi que la date limite de notification, par l'organisation de producteurs ou l'association d'organisations de producteurs, des montants prévisionnels de la participation communautaire et des contributions de leurs adhérents au fonds opérationnel. *(Décr. n° 2023-1362 du 29 déc. 2023, art. 1er)* « Il peut également définir un seuil de dépenses éligibles. »

Art. D. 611-30 Chaque organisation de producteurs et association d'organisations de producteurs, qui soumet ou met en œuvre un programme opérationnel, calcule la valeur de sa production commercialisée conformément aux conditions définies aux articles 30, 31 et 32 du règlement délégué (UE) n° 2022/126 du 7 décembre 2021 et la notifie au directeur général de l'Établissement national des produits de l'agriculture et de la mer (FranceAgriMer) selon les modalités prévues par une décision de ce dernier. La déclaration de la valeur de la production commercialisée de l'organisation de producteurs ou de l'association d'organisations de producteurs est attestée par un commissaire aux comptes, un expert-comptable ou une association de gestion et de comptabilité.

Art. D. 611-31 Les organisations de producteurs et associations d'organisations de producteurs adressent leur demande d'aide financière de l'Union auprès du directeur général de l'Établissement national des produits de l'agriculture et de la mer (FranceAgriMer) selon les modalités qu'il fixe.

Les aides financières de l'Union sont octroyées, selon le secteur d'intervention, conformément aux modalités prévues aux articles 52, 65 et 68 du règlement (UE) n° 2021/2115 du Parlement européen et du Conseil du 2 décembre 2021 et selon les modalités de calcul précisées par décision du directeur général de l'Établissement national des produits de l'agriculture et de la mer (FranceAgriMer).

SECTION 5 Stabilisateur budgétaire pour les programmes sectoriels du plan stratégique national

(Décr. n° 2022-1343 du 21 oct. 2022, art. 1er)

Art. D. 611-32 Les taux d'aide fixés pour les secteurs *(Décr. n° 2023-1362 du 29 déc. 2023, art. 1er)* « de l'apiculture, de la viande bovine, cunicole, de l'horticulture, du vin, du riz, des oléagineux, protéagineux et légumes secs, des fourrages séchés et de l'huile d'olive et des olives de table » peuvent être modulés, en cas de risque de dépassement de l'enveloppe allouée pour ces secteurs, par la mise en œuvre, par le directeur général de l'Établissement national des produits de l'agriculture et de la mer (FranceAgriMer), d'un mécanisme de stabilisation budgétaire des crédits du fonds européen agricole de garantie (FEAGA) et, le cas échéant, des crédits nationaux complémentaires.

CHAPITRE II ASSISTANCE EN MATIÈRE DE RECOUVREMENT INTERNATIONAL *(Décr. n° 2017-1771 du 27 déc. 2017, art. 18-10°).*

Le chapitre II comprend les art. D. 618-1 à D. 618-14 qui deviennent les art. D. 612-1 à D. 612-14 (Décr. n° 2017-1771 du 27 déc. 2017, art. 18-10°).

Art. D. 612-1 La demande d'assistance mentionnée à l'article L. 612-2 est formulée et traitée dans les conditions prévues par le règlement d'exécution (UE) n° 1189/2011 de la Commission du 18 novembre 2011 fixant les modalités d'application relatives à certaines dispositions de la directive 2010/24/UE du Conseil concernant l'assistance mutuelle en matière de recouvrement des créances relatives aux taxes, impôts, droits et autres mesures. – *Anc. art. D. 618-1.*

Art. D. 612-2 Conformément à l'article 2 du règlement mentionné à l'article *(Décr. n° 2017-1771 du 27 déc. 2017, art. 18-11°)* « D. 612-1 », la demande d'assistance mentionnée à l'article L. 612-2 peut être formulée soit pour une créance unique, soit pour plusieurs créances, dès lors que celles-ci sont à la charge d'une même personne.

Elle peut concerner :

1° Un débiteur ;

2° Un codébiteur ;

3° Une personne, autre que le débiteur, tenue au paiement de la créance en application des dispositions en vigueur dans l'État membre requérant ;

4° Une tierce partie détenant des biens appartenant à une des personnes désignées ci-dessus ou qui a des dettes envers une de ces personnes. – *Anc. art. D. 618-2.*

Art. D. 612-3 La demande d'assistance, le formulaire de notification uniformisé et l'instrument uniformisé permettant l'adoption de mesures exécutoires sur le territoire français et, dans la mesure du possible, les autres pièces annexées sont accompagnés d'une traduction en langue française.

Les documents dont la notification est demandée peuvent être envoyés dans une langue officielle de l'État membre requérant.

L'organisme payeur compétent peut demander la traduction dans la langue française des documents autres que ceux visés à l'alinéa précédent qui accompagnent la demande de notification. – *Anc. art. D. 618-3.*

Art. D. 612-4 La demande de renseignements, de notification et de recouvrement ou de prise de mesures conservatoires est établie par écrit.

Cette demande ainsi que tous les documents permettant l'adoption de mesures exécutoires ou conservatoires ou tout autre document relatif à la créance doivent être transmis par voie électronique à l'État membre requis.

En cas de difficultés techniques, ils peuvent valablement être transmis par voie postale. Cette transmission est sans incidence sur la validité des informations ainsi obtenues ou des mesures prises dans le cadre d'une telle demande d'assistance. – *Anc. art. D. 618-4.*

Art. D. 612-5 Sur demande de l'État membre requérant, l'organisme payeur compétent procède à la notification au destinataire de tous les actes et décisions, y compris judiciaires, relatifs à une créance ou à son recouvrement émanant de cet État. – *Anc. art. D. 618-5.*

Art. D. 612-6 La demande de notification adressée par l'État membre requérant est accompagnée d'un formulaire de notification uniformisé qui contient au minimum les informations suivantes :

1° Le nom et l'adresse du destinataire et tout autre renseignement utile à son identification ;

2° L'objet de la notification et le délai dans lequel elle doit être effectuée ;

3° Une description des documents qui sont joints ainsi que la nature et le montant de la créance concernée ;

4° Les noms, adresses et coordonnées :

a) Du service responsable du document qui est joint et, s'il diffère ;

b) Du service auprès duquel des informations complémentaires peuvent être obtenues concernant l'acte ou la décision y compris judiciaire notifié ou concernant les possibilités de contestation de l'obligation de paiement. – *Anc. art. D. 618-6.*

Art. D. 612-7 L'autorité requise informe l'autorité requérante des motifs mentionnés aux articles L. 612-2 à L. 612-4 qui s'opposent à ce que la demande d'assistance soit satisfaite. – *Anc. art. D. 618-7.*

Art. D. 612-8 L'organisme payeur compétent peut octroyer un délai de paiement ou autoriser un paiement échelonné de la dette. Il en informe l'État membre requérant.

Les intérêts perçus du fait des délais de paiement éventuellement octroyés ou du paiement échelonné autorisé ou ceux perçus pour tout retard de paiement sont transférés à l'État membre requérant. – *Anc. art. D. 618-8.*

Art. D. 612-9 L'instrument uniformisé permettant l'adoption de mesures exécutoires dans l'État membre requis mentionné au V de l'article L. 612-4 comporte au minimum les informations suivantes :

1° Les informations permettant d'identifier le titre exécutoire, la période couverte par la créance, les dates utiles à l'engagement des mesures d'exécution, la nature, la date de mise en recouvrement et le montant de la créance à recouvrer (principal, intérêts, pénalités, amendes et frais) ;

2° Le nom du destinataire et tout autre renseignement utile à son identification ;

3° Les noms, adresses et coordonnées :

a) Du service responsable de la liquidation de la créance et, s'il diffère ;

b) Du service auprès duquel des informations complémentaires peuvent être obtenues concernant la créance ou les possibilités de contester l'obligation de payer. – *Anc. art. D. 618-9.*

Art. D. 612-10 I. – L'organisme payeur compétent vérifie que la demande de recouvrement ou de mesures conservatoires qui lui est adressée par l'État membre requérant est accompagnée de l'instrument uniformisé mentionné au V de l'article L. 612-4.

II. – Conformément à l'article 15 du règlement mentionné à l'article *(Décr. n° 2017-1771 du 27 déc. 2017, art. 18-11°)* « D. 612-1 », cette demande contient une déclaration certifiant que les conditions prévues aux articles L. 612-3 et L. 612-4 pour l'engagement de la procédure d'assistance mutuelle sont remplies. Elle peut être aussi accompagnée d'autres documents relatifs à la créance concernée, émanant de l'État membre requérant.

III. – La demande de prise de mesures conservatoires est accompagnée, le cas échéant, du document établi par l'autorité requérante et l'autorisant conformément à sa législation à prendre des mesures conservatoires ainsi que de tout autre document relatif à la créance concernée. – *Anc. art. D. 618-10.*

Art. D. 612-11 I. – La contestation relative à la validité de la notification par l'État membre requérant, de la créance, du titre exécutoire ou de l'instrument uniformisé permettant l'adoption de mesures exécutoires dans l'État membre requis est portée devant l'instance compétente de l'État membre requérant.

Toute contestation relative à la créance, au titre exécutoire établi par l'État membre requérant ou à l'instrument uniformisé permettant l'adoption de mesures exécutoires dans l'État membre requis est portée devant l'instance compétente de l'État membre requérant.

Lorsque la contestation de la créance, du titre exécutoire ou de l'instrument uniformisé permettant l'adoption de mesures exécutoires dans l'État membre requis intervient au cours de la procédure de recouvrement effectuée dans l'État requis, ce dernier informe la personne qui a formé la contestation qu'elle doit la porter devant l'instance compétente de l'État membre requérant.

L'État membre requérant informe l'État membre requis de cette contestation et lui précise le montant de la créance non contesté.

II. – Toute contestation relative aux mesures exécutoires prises par l'État membre requis ou à la validité de la notification, par ce même État membre, de la créance, du titre exécutoire ou de l'instrument uniformisé permettant l'adoption de mesures exécutoires dans l'État membre requis est portée par son destinataire devant l'instance compétente de l'État membre requis. – *Anc. art. D. 618-11.*

Art. D. 612-12 I. – L'État requérant informe sans délai l'organisme payeur compétent de toute modification intervenant dans sa demande de recouvrement et lui en communique les motifs.

Si cette modification fait suite à une décision de justice portant sur les contestations mentionnées au I de l'article *(Décr. n° 2017-1771 du 27 déc. 2017, art. 18-11°)* « D. 612-11 » rendue dans l'État membre requérant, cette décision doit être jointe à la demande de modification accompagnée d'un nouvel instrument uniformisé.

L'organisme payeur compétent poursuit le recouvrement sur la base de ce nouvel instrument.

Toutefois, les procédures de recouvrement ou les mesures conservatoires prises par l'organisme payeur compétent sur le fondement de l'instrument uniformisé original peuvent être poursuivies sur la base du nouvel instrument uniformisé.

Le nouvel instrument uniformisé remplit les conditions prévues au V de l'article L. 612-4 et comporte les éléments mentionnés à l'article *(Décr. n° 2017-1771 du 27 déc. 2017, art. 18-11°)* « D. 612-9 ».

II. – L'État requérant informe sans délai l'organisme payeur compétent du retrait de sa demande de recouvrement et lui en communique les motifs. – *Anc. art. D. 618-12.*

Art. D. 612-13 L'autorité requérante et l'autorité requise s'informent mutuellement de toute mesure qui conformément au XI de l'article L. 612-4 interrompt, suspend ou prolonge le délai de prescription de la créance pour laquelle le recouvrement ou les mesures conservatoires ont été demandées ou qui est susceptible de produire un tel effet. – *Anc. art. D. 618-13.*

Art. D. 612-14 Seules peuvent avoir transmission des documents et renseignements communiqués à l'organisme payeur compétent par l'État membre requérant :

1° La personne visée dans la demande d'assistance ;

2° Les personnes et autorités chargées du recouvrement des créances, aux seules fins de celui-ci ;

3° Les autorités judiciaires saisies des affaires concernant le recouvrement des créances. — *Anc. art. D. 618-14.*

CHAPITRE III ÉCHANGES D'INFORMATION ENTRE AUTORITÉS ADMINISTRATIVES *(Décr. n° 2017-1771 du 27 déc. 2017, art. 18-12°).*

Art. D. 613-1 *(Décr. n° 2017-1771 du 27 déc. 2017, art. 18-13°)* Un réseau d'information comptable agricole dénommé "réseau RICA France" a pour objet de recueillir les données comptables et autres données nécessaires à la constatation annuelle des revenus dans les exploitations agricoles et plus généralement à l'analyse du fonctionnement économique des exploitations agricoles, conformément au règlement (CE) n° 1217/2009 du Conseil du 30 novembre 2009 portant création d'un réseau d'information comptable agricole sur les revenus et l'économie des exploitations agricoles dans l'Union européenne.

V. Arr. du 8 juin 2010 relatif au traitement automatisé des données recueillies auprès des exploitants agricoles participant au réseau d'information comptable agricole - RICA France (JO 1er juill.).

Art. D. 613-2 *(Décr. n° 2017-1771 du 27 déc. 2017, art. 18-13°)* Le ministère chargé de l'agriculture organise le réseau, en assure le fonctionnement et l'animation. Il assure la représentation française au sein du comité communautaire du réseau d'information comptable agricole prévu par le règlement du Conseil et des groupes de travail de la Commission traitant des questions intéressant le réseau RICA France.

Art. D. 613-3 *(Décr. n° 2017-1771 du 27 déc. 2017, art. 18-13°)* Les données comptables et autres données nécessaires sont recueillies auprès des exploitations agricoles qui :

1° Ont une dimension économique supérieure ou égale à un seuil prévu par la réglementation européenne ou nationale ;

2° Sont exploitées par des agriculteurs tenant une comptabilité ou disposés à tenir une comptabilité d'exploitation et en mesure de le faire, et acceptant que les données comptables de leur exploitation soient mises à la disposition des autorités européennes et nationales.

Les informations sont recueillies directement par les services de l'administration en prenant appui, en tant que de besoin, sur les offices comptables agricoles disposés à participer au réseau RICA France et à produire les fiches d'exploitation et fiches spéciales conformément à la réglementation européenne.

Art. D. 613-4 *(Décr. n° 2017-1771 du 27 déc. 2017, art. 18-13°)* Un comité national du réseau est chargé d'examiner et d'approuver le plan de sélection et le rapport d'exécution prévus à l'article 6 du règlement (CE) n° 1217/2009 mentionné à l'article D. 613-1. Ses membres sont désignés par le ministre chargé de l'agriculture. Il comprend trois représentants du ministère chargé de l'agriculture, un représentant de *(Ord. n° 2022-583 du 20 avr. 2022, art. 1er)* « Chambres d'agriculture France » et deux personnalités qualifiées pour leur compétence en économie agricole.

La présidence du comité est assurée par le secrétaire général du ministère chargé de l'agriculture ou son représentant. Il se réunit au moins une fois par an.

Art. D. 613-5 *(Décr. n° 2017-1771 du 27 déc. 2017, art. 18-13°)* Le secrétariat général du ministère chargé de l'agriculture désigne l'un de ses services en qualité d'organe de liaison pour l'exécution des tâches prévues à l'article 7 du règlement (CE) n° 1217/2009 mentionné à l'article D. 613-1, ainsi que pour l'animation d'un groupement de valorisation du réseau RICA France. Ce groupement oriente et favorise le développement des travaux d'études pour une mise en valeur du réseau.

Art. D. 613-6 *(Décr. n° 2017-1771 du 27 déc. 2017, art. 18-13°)* Toute information individuelle – donnée comptable individuelle ou tout autre renseignement individuel – obtenue dans le cadre du réseau RICA France est confidentielle et ne peut être divulguée ou utilisée dans un but autre que celui mentionné à l'article D. 613-1. Les per-

sonnes participant ou ayant participé au réseau RICA France sont tenues au secret professionnel et ne peuvent divulguer les informations d'ordre individuel dont elles ont eu connaissance dans l'exercice de leur mission ou à l'occasion de l'exercice de leur mission.

CHAPITRE IV AIDES DE LA POLITIQUE AGRICOLE COMMUNE POUR LA PROGRAMMATION DÉBUTANT EN 2023

(Décr. n° 2022-1755 du 30 déc. 2022, art. 1er)

SECTION 1 Dispositions générales relatives à la mise en œuvre du plan stratégique national de la politique agricole commune

(Décr. n° 2022-1755 du 30 déc. 2022, art. 1er)

Décret n° 2022-1525 du 7 décembre 2022,

Relatif à la mise en œuvre de la politique agricole commune et du plan stratégique national pour la programmation qui démarre en 2023 (JO 8 déc.).

Art. 1er Les ministres chargés de l'agriculture et du budget exercent les missions prévues par l'article 8 du règlement (UE) 2021/2116 susvisé.

Art. 2 Les organismes payeurs et l'organisme de coordination, respectivement mentionnés aux articles 9 et 10 du règlement (UE) 2021/2116 susvisé sont agréés par arrêté conjoint des ministres chargés de l'agriculture et du budget.

L'organisme de certification mentionné à l'article 12 du règlement (UE) 2021/2116 susvisé est désigné par décret.

V. Arr. du 6 oct. 2023 portant agrément de l'office du développement agricole et rural de la Corse (ODARC) comme organisme payeur de dépenses financées par le Fonds européen agricole pour le développement rural (FEADER) (JO 11 oct.) ; Arr. du 12 oct. 2023 portant agrément de l'Agence de services et de paiement comme organisme payeur de dépenses financées par les fonds de financement des dépenses agricoles FEAGA et Feader et comme organisme de coordination en matière de financement de la politique agricole commune (JO 14 oct.).

Art. 3 Le ministre chargé de l'agriculture est l'autorité de gestion nationale du plan stratégique national de la politique agricole commune.

Le plan stratégique national de la politique agricole commune et les documents mentionnés au second alinéa de l'article L. 4 du code rural et de la pêche maritime sont rendu publics sur le site internet du ministère chargé de l'agriculture.

Art. 4 L'agence de services et de paiement est chargée de la mise en œuvre du système d'information de la performance du plan stratégique national prévu à l'article 130 du règlement (UE) 2021/2115 susvisé.

L'agence établit, dans des cahiers des charges prévus par la convention de délégation de tâches de l'organisme payeur, les exigences techniques qui garantissent une interconnexion entre les systèmes d'information nécessaires à la gestion, au paiement et au suivi des aides du plan stratégique national. Tous les organismes intervenants dans la gestion des aides du plan stratégique national respectent ces exigences.

Art. 5 I. — Il est institué auprès du ministre chargé de l'agriculture un comité national de suivi du plan stratégique national chargé du suivi de la mise en œuvre du plan stratégique national pour la durée de la programmation démarrant en 2023. Il est consulté dans les cas prévus aux paragraphes 3 et 4 de l'article 124 du règlement (UE) 2021/2115 du 2 décembre 2021 susvisé.

Le comité national de suivi du plan stratégique national est co-présidé par le directeur général de la performance économique et environnementale des entreprises et par le directeur de l'association régions de France.

Outre ses co-présidents, il comprend :

1° Le chef du service responsable de l'autorité de gestion nationale au sein de la direction générale de la performance économique et environnementale des entreprises ;

2° Le directeur général de l'alimentation ;

3° Le directeur général de l'enseignement et de la recherche ;

4° Le vice-président du conseil général de l'alimentation, de l'agriculture et des espaces ruraux ;

5° Le directeur du budget ;

6° Le directeur général des outre-mer ;

7° Le commissaire général au développement durable ;

8° Le directeur de l'eau et de la biodiversité ;

9° Le chef du secteur agriculture, alimentation, pèche du secrétariat général des affaires européennes ;

10° Le président du groupement des directeurs régionaux de l'agriculture, de l'alimentation et de la forêt ;

11° Le président du groupement des directeurs départementaux des territoires et de la mer ;

12° Le directeur général de l'office de développement de l'économie agricole d'outre-mer ;

13° Le directeur général de l'Établissement national des produits de l'agriculture et de la mer (FranceAgriMer) ;

14° Le président directeur général de l'agence de services et de paiement ;

15° Le directeur général de l'office du développement agricole et rural de Corse ;

16° Le président directeur général de l'institut national de recherche pour l'agriculture, l'alimentation et l'environnement ;

17° Le directeur général de l'agence nationale de la cohésion des territoires ;

18° Le préfet coordonnateur du plan national d'actions sur le loup ;

19° Les directeurs généraux des services des autorités de gestion régionales ;

20° Le préfet de Mayotte ;

21° Le préfet de Guadeloupe et de Saint-Martin ;

22° Un directeur général d'une agence de l'eau ;

23° Le président de *[la]* Fédération nationale des syndicats d'exploitants agricoles ;

24° Le président de la Confédération paysanne ;

25° Le président de la Coordination rurale ;

26° Le président des Jeunes agriculteurs;

27° Le président du Mouvement de défense des exploitants familiaux ;

28° Le président de Chambres d'agriculture France ;

29° Le président de la Fédération nationale de l'agriculture biologique ;

30° Le président de la Coopération agricole ;

31° Le président de l'Association nationale des industries alimentaires ;

32° Le président de la Confédération nationale de la mutualité, de la coopération et du crédit agricoles ;

33° Le président de la Fédération générale agroalimentaire de la CFDT ;

34° Le président de *[la]* Fédération des syndicats de forestiers privés de France ;

35° Un représentant du Conseil national de la Montagne, sur proposition de ce conseil ;

36° Le président de l'Union fédérale des consommateurs – Que choisir ;

37° Le président de l'Association nationale de défense des consommateurs et usagers ;

38° Le président de Familles rurales ;

39° Le président de World Wildlife Fund for Nature France ;

40° Le président de France Nature Environnement ;

41° Le président du collectif Nourrir ;

42° Le président de la Section nationale des propriétaires ruraux de la FNSEA ;

43° Le président de LEADER France ;

44° Le président des Centres d'initiatives pour valoriser l'agriculture et le milieu rural.

Des représentants de la Commission européenne participent aux travaux du comité de suivi à titre consultatif.

II. — Les membres du comité de suivi mentionnés au 22° et 35° du I sont désignés pour toute la période de la programmation démarrant en 2023 par arrêté du ministre chargé de l'agriculture.

Les membres du comité peuvent se faire représenter.

La direction générale de la performance économique et environnementale des entreprises du ministère en charge de l'agriculture assure le secrétariat du Comité national de suivi du plan stratégique national.

Le règlement intérieur et les avis du Comité national de suivi du plan stratégique national sont rendus publics sur le site internet du ministère chargé de l'agriculture.

Art. 6 Chaque autorité de gestion régionale établit un comité régional de suivi du plan stratégique national.

L'autorité de gestion régionale préside le comité régional de suivi du plan stratégique national. Elle en détermine la composition, en s'assurant de la représentation des ministères chargés de l'agriculture et de l'environnement.

Les comités régionaux de suivi transmettent au Comité national les informations relatives à la mise en œuvre des éléments régionaux du plan stratégique. Au titre de leurs missions prévues par l'article 124 du règlement (UE) 2021/2115 du Parlement européen et du Conseil du 2 décembre 2021, les comités régionaux donnent un avis sur la méthode et les critères de sélection des demandes d'aides relevant du VI de l'article 78 de la loi du 27 janvier 2014.

Les règlements intérieurs et les avis des comités régionaux de suivi du plan stratégique national sont rendus publics sur les sites internet des régions.

Art. 7 I. — A Mayotte, un comité de suivi est établi dans le respect de l'article 124 du règlement (UE) 2021/2115 du Parlement européen et du Conseil du 2 décembre 2021. Il est présidé par le préfet de Mayotte, qui fixe la composition et en nomme les membres.

II. — A Saint-Martin, un comité de suivi est établi dans le respect de l'article 124 du règlement (UE) 2021/2115 du Parlement européen et du Conseil du 2 décembre 2021. Il est présidé par le préfet de la Guadeloupe, représentant de l'État dans les collectivités de Saint-Barthélemy et de Saint-Martin, qui fixe la composition et en nomme les membres.

SOUS-SECTION 1 Définitions transversales

§ 1 Définitions transversales relatives au demandeur

Art. D. 614-1 Pour l'application des régimes d'aide relevant de la politique agricole commune, est considéré comme agriculteur actif, le demandeur qui remplit l'une des conditions suivantes :

1° Être une personne physique répondant aux critères cumulatifs suivants :

a) Être redevable, pour son propre compte, de la cotisation due au titre de l'assurance contre les accidents du travail et les maladies professionnelles mentionnée à l'article L. 752-1 pour les activités mentionnées aux 1° ou 2° de l'article L. 722-1 ;

Pour l'application de ce critère dans les départements du Haut-Rhin, du Bas-Rhin et de la Moselle ou aux agriculteurs au sens de l'article 3 du règlement (UE) 2021/2115 du Parlement européen et du Conseil du 2 décembre 2021 dont le siège d'exploitation est situé en France et qui, en application des dispositions du règlement (CE) n° 883/2004 du Parlement européen et du Conseil du 29 avril 2004 portant sur la coordination des systèmes de sécurité sociale, ne sont pas redevables de la cotisation due au titre de l'assurance contre les accidents du travail et les maladies professionnelles mentionnée à l'article L. 752-1 : diriger une exploitation agricole dont la superficie est supérieure à deux cinquièmes de la surface minimale d'assujettissement mentionnée à l'article L. 722-5-1, ou dont le temps de travail nécessaire à la conduite de l'activité est au moins égal à 150 heures par an ;

b) En cas d'atteinte de l'âge prévu au 1° de l'article L. 351-8 du code de la sécurité sociale, ne pas avoir fait valoir ses droits à la retraite auprès des régimes légaux ou rendus légalement obligatoires, de base et complémentaires ;

2° Être une société dans laquelle au moins un associé répond, au titre de son activité dans la société, aux conditions fixées au 1° ;

3° Être une société *(Décr. n° 2023-366 du 13 mai 2023, art. 1er)* « ou une société civile d'exploitation agricole », sans associé redevable de la cotisation due au titre de l'assurance contre les accidents du travail et les maladies professionnelles, mentionnée à l'article L. 752-1, sous réserve d'exercer une des activités mentionnées aux 1° ou 2° de l'article L. 722-1 et que le ou les dirigeants de cette société :

a) Relèvent du régime de protection sociale des salariés des professions agricoles au titre des 8° ou 9° de l'article L. 722-20 *(Décr. n° 2023-366 du 13 mai 2023, art. 1er)* « , ou au titre du 1° de l'article L. 722-20 pour le gérant d'une société civile d'exploitation agricole ou pour le mandataire social de la société » ;

b) N'ont pas fait valoir leurs droits à la retraite auprès des régimes légaux ou rendus légalement obligatoires, de base et complémentaires alors qu'ils ont atteint l'âge prévu au 1° de l'article L. 351-8 du code de la sécurité sociale ;

c) Détiennent une part minimale du capital social de la société fixée par arrêté du ministre chargé de l'agriculture ; — *La part minimale du capital social de la société, mentionnée au c du 3° de l'art. D. 614-1, est fixée à 5 %. Une partie de cette part minimale peut être détenue indirectement (Arr. du 13 mai 2023, art. 1er, JO 14 mai).*

4° Être une personne morale de droit public exerçant une activité agricole au sens de l'article D. 614-4 ;

5° Être une association régie par les dispositions de la loi du 1er juillet 1901 relative au contrat d'association ou une fondation reconnue d'utilité publique *(Décr. n° 2023-366 du 13 mai 2023, art. 1er)* **« ou une société coopérative d'intérêt collectif » dont les statuts prévoient l'activité agricole au sens de l'article D. 614-4 ;**

6° Être un agriculteur, au sens de l'article 3 du règlement (UE) 2021/2115 du Parlement européen et du Conseil du 2 décembre 2021, non redevable de la cotisation due au titre de l'assurance contre les accidents du travail et les maladies professionnelles mentionnée à l'article L. 752-1, dont le siège d'exploitation est situé sur le territoire d'un autre État membre de l'Union européenne, qui répond à la définition d'agriculteur actif dans cet État et qui exploite des terres en France ;

(Décr. n° 2023-366 du 13 mai 2023, art. 1er) **« 7° Être une société coopérative de production, sans associé redevable de la cotisation due au titre de l'assurance contre les accidents du travail et les maladies professionnelles, mentionnée à l'article L. 752-1, sous réserve d'exercer une des activités mentionnées aux 1° ou 2° de l'article L. 722-1 et que les associés salariés relèvent du régime de protection sociale des salariés des professions agricoles au titre du 1° de l'article L. 722-20 sans avoir fait valoir leurs droits à la retraite auprès des régimes légaux ou rendus légalement obligatoires, de base et complémentaires alors qu'ils ont atteint l'âge prévu au 1° de l'article L. 351-8 du code de la sécurité sociale. »**

Art. D. 614-2 **Pour l'application des régimes d'aide relevant de la politique agricole commune, est considéré comme jeune agriculteur toute personne physique qui répond aux trois conditions suivantes :**

1° Être âgé de 40 ans au plus à la date de la demande ;

2° Être dans l'une des situations suivantes :

a) Être agriculteur actif ;

b) Dans le cas d'une installation sous forme sociétaire, être redevable de la cotisation due au titre de l'assurance contre les accidents du travail et les maladies professionnelles mentionnée à l'article L. 752-1 pour les activités prévues aux 1° ou 2° de l'article L. 722-1 ou satisfaire aux critères équivalents mentionnés au deuxième alinéa a du 1° de l'article D. 614-1 ;

c) Dans le cas particulier d'une installation en société sans associé redevable de la cotisation due au titre de l'assurance contre les accidents du travail et les maladies professionnelles mentionnée à l'article L. 752-1 et à condition que la société exerce une activité agricole au sens du 1° ou 2° de l'article L. 722-1 :

— détenir un pourcentage minimal des parts sociales de la société. La part minimale de détention du capital social est déterminée par arrêté du ministre chargé de l'agriculture ; — *La part minimale du capital social de la société, mentionnée au premier tiret du c du 2° de l'art. D. 614-2 et au premier tiret du c du 1° de l'art. D. 614-3, est fixée à 40 %. Une partie de cette part minimale peut être détenue indirectement (Arr. du 13 mai 2023, art. 2, JO 14 mai).*

— et relever du régime de protection sociale des salariés des professions agricoles au titre des 8° ou 9° de l'article L. 722-20 *(Décr. n° 2023-366 du 13 mai 2023, art. 2)* **« ou au titre du 1° de l'article L. 722-20 pour le gérant d'une société civile d'exploitation agricole » ;**

3° Être titulaire d'un diplôme, titre ou certificat agricole de niveau 4 ou supérieur ou être titulaire d'un diplôme, titre ou certificat de niveau 3 ou supérieur quelle que soit la spécialité, et prouver l'exercice d'une activité professionnelle dans le secteur de la production agricole d'au minimum 24 mois au cours des trois dernières années ou prouver l'exercice d'une activité professionnelle dans le secteur de la production agricole d'au minimum 40 mois au cours des cinq dernières années.

Les diplômes, titres ou certificats agricoles de niveau 4 ou supérieur sont ceux enregistrés au répertoire national des certifications professionnelles mentionné à l'article L. 6113-1 du code du travail et attestant des compétences nécessaires à l'exercice du

métier de responsable d'exploitation agricole. Un arrêté du ministre chargé de l'agriculture fixe la liste des diplômes, titres ou certificats attestant de ces compétences, ainsi que les cas dans lesquels il est possible d'y déroger et les modalités d'application de ces dérogations. – *V. Arr. du 24 avr. 2023 pris en application du 3° de l'art. D. 614-2 (JO 3 mai).*

Art. D. 614-3 Pour l'application des régimes d'aide relevant de la politique agricole commune au titre de la période couverte par le plan stratégique national, est considéré comme nouvel agriculteur une personne physique qui répond aux deux conditions cumulatives suivantes :

1° Être dans l'une des situations suivantes pour la première fois :

a) Être agriculteur actif ;

b) Dans le cas d'une installation sous forme sociétaire, être redevable de la cotisation due au titre de l'assurance contre les accidents du travail et les maladies professionnelles mentionnée à l'article L. 752-1 pour les activités prévues aux 1° ou 2° de l'article L. 722-1 ou satisfaire aux critères équivalents mentionnés au *a* du 1° de l'article D. 614-1 et ne pas avoir fait valoir ses droits à la retraite auprès des régimes légaux ou rendus légalement obligatoires, de base et complémentaire alors que l'âge prévu au 1° de l'article L. 351-8 du code de la sécurité sociale est atteint ;

c) Dans le cas particulier d'une installation en société sans associé redevable de la cotisation due au titre de l'assurance contre les accidents du travail et les maladies professionnelles à condition que la société exerce une activité agricole au sens des 1° ou 2° de l'article L. 722-1 :

– détenir un pourcentage minimal des parts sociales de la société. La part minimale de détention du capital social est déterminée par arrêté du ministre chargé de l'agriculture ; – *La part minimale du capital social de la société, mentionnée au premier tiret du c du 2° de l'art. D. 614-2 et au premier tiret du c du 1° de l'art. D. 614-3, est fixée à 40 %. Une partie de cette part minimale peut être détenue indirectement (Arr. du 13 mai 2023, art. 2, JO 14 mai).*

– relever du régime de protection sociale des salariés des professions agricoles au titre des 8° ou 9° de l'article L. 722-20 *(Décr. n° 2023-366 du 13 mai 2023, art. 3)* « ou au titre du 1° de l'article L. 722-20 pour le gérant d'une société civile d'exploitation agricole » ;

– et ne pas avoir fait valoir ses droits à la retraite auprès des régimes légaux ou rendus légalement obligatoires, de base et complémentaire alors que l'âge prévu au 1° de l'article L. 351-8 du code de la sécurité sociale est atteint ;

2° Être titulaire d'un diplôme, titre ou certificat de niveau 3 ou supérieur, quelle que soit la spécialité ou prouver l'exercice d'une activité professionnelle dans le secteur de la production agricole d'au minimum 24 mois au cours des trois dernières années.

§ 2 Définitions transversales relatives à l'activité et aux surfaces agricoles

V. Instructions techniques DGPE/SDPAC/2023-425 du 5 juill. et DGPE/SDPAC/2023-449 du 11 juill. 2023 relatives aux dispositions transversales liées aux surfaces dans le cadre de la politique agricole commune et au dépôt et à la modification de la demande unique à compter de la campagne 2023 (BO Agriculture n° 27 du 6 juill. et n° 28 du 13 juill.).

Art. D. 614-4 Pour l'application des régimes d'aide relevant de la politique agricole commune, est considérée comme une activité agricole :

1° Toute activité de production de produits agricoles au sens du a du paragraphe 2 de l'article 4 du règlement (UE) 2021/2115 du Parlement européen et du Conseil du 2 décembre 2021, y compris les activités de préparation et d'entraînement des équidés domestiques en vue de leur exploitation, à l'exclusion des activités de spectacle ;

2° Toute activité d'entretien de surfaces agricoles au sens du b du paragraphe 2 de l'article 4 du règlement (UE) 2021/2115 du Parlement européen et du Conseil du 2 décembre 2021, sous réserve que l'activité, adaptée au type de surface, soit effectuée de façon annuelle, hormis pour certaines cultures permanentes pour lesquelles l'activité d'entretien peut être bisannuelle.

Un arrêté du ministre chargé de l'agriculture précise, par type de surface, les modalités d'entretien admises, en fixant le cas échéant un taux de chargement minimal, les méthodes de contrôle mises en œuvre et les cultures permanentes mentionnées au 2°.

— V. Arr. du 23 juin 2023 relatif aux définitions transversales relatives à l'activité et aux surfaces agricoles à partir de la campagne 2023 dans le cadre de la politique agricole commune, art. 1er (JO 28 juin).

Art. D. 614-5 Pour l'application des régimes d'aide relevant de la politique agricole commune, est considérée comme surface agricole toute surface comprenant des terres arables au sens du a du paragraphe 3 de l'article 4 du règlement (UE) 2021/2115 du Parlement européen et du Conseil du 2 décembre 2021, des cultures permanentes au sens du b de ce paragraphe 3 ou des prairies permanentes au sens du c du même paragraphe 3, y compris dans le cas de l'agroforesterie lorsqu'elles forment des systèmes d'utilisation des terres et des pratiques dans lesquels des plantes ligneuses pérennes sont volontairement intégrées à des cultures ou des surfaces pâturées sur la même unité de gestion. Les arbres peuvent être isolés, en ligne ou en groupes à l'intérieur de parcelles de cultures ou de prairies ou sur les limites entre les parcelles.

Art. D. 614-6 Pour l'application du a du paragraphe 3 de l'article 4 du règlement (UE) 2021/2115 du Parlement européen et du Conseil du 2 décembre 2021, les jachères sont des surfaces agricoles ne faisant l'objet d'aucune utilisation ni valorisation pendant une période d'au moins six mois comprenant le 31 août. Un arrêté du ministre chargé de l'agriculture précise les couverts autorisés.

Sont également considérées en jachère les surfaces, y compris en sol nu, retirées de la production sur injonction de l'autorité administrative mentionnée au II de l'article L. 201-4 au titre de la lutte contre les organismes nuisibles réglementés mentionnés à l'article L. 251-3. *— V. Arr. du 23 juin 2023 relatif aux définitions transversales relatives à l'activité et aux surfaces agricoles à partir de la campagne 2023 dans le cadre de la politique agricole commune, art. 2 (JO 28 juin).*

Art. D. 614-7 Pour l'application du b du paragraphe 3 de l'article 4 du règlement (UE) 2021/2115 du Parlement européen et du Conseil du 2 décembre 2021 :

1° Les pépinières sont les superficies suivantes de jeunes plantes ligneuses de plein air destinées à être replantées :

— pépinières viticoles et vignes mères de porte-greffe ;

— pépinières d'arbres fruitiers et végétaux à baies ;

— pépinières d'ornement ;

— pépinières forestières commerciales, à l'exclusion de celles destinées à l'exploitation elle-même et situées en forêt ;

— pépinières d'arbres et arbustes pour la plantation des jardins, des parcs, des bords de route, des talus, ainsi que leurs porte-greffes et les jeunes plants.

2° Les taillis à courte rotation sont les surfaces plantées d'essences forestières composées de cultures pérennes ligneuses, dont les porte-greffes ou les pieds-mères restent dans le sol après la récolte et qui développent de nouvelles pousses à la saison suivante. Un arrêté du ministre chargé de l'agriculture précise la liste des espèces éligibles, les densités de plantation et les cycles de récolte. *— V. Arr. du 23 juin 2023 relatif aux définitions transversales relatives à l'activité et aux surfaces agricoles à partir de la campagne 2023 dans le cadre de la politique agricole commune, art. 3 (JO 28 juin).*

Art. D. 614-8 I. — Pour l'application du premier alinéa du c du paragraphe 3 de l'article 4 du règlement (UE) 2021/2115 du Parlement européen et du Conseil du 2 décembre 2021, l'herbe et les plantes fourragères herbacées sont les plantes herbacées se trouvant traditionnellement en France dans les pâturages naturels ou normalement comprises dans les mélanges de semences pour pâturages ou prés, qu'ils soient ou non utilisés pour faire paître les animaux. Sont exclues de cette définition les graminées non prairiales et les surfaces de légumineuses pures.

II. — Pour l'application du premier alinéa du c du paragraphe 3 du même article, le fait d'être compris dans la rotation est déterminé par la nature du couvert, sans tenir compte de la date du dernier labour. Une surface dont le couvert reste herbacé pendant cinq années révolues devient une prairie permanente même si elle est labourée ou travaillée ou réensemencée dans la période, à l'exception des surfaces qui ont été mises en jachère conformément à l'article 31 ou à l'article 70 ou à la norme BCAE 8 figurant à l'annexe III du règlement (UE) 2021/2115 du Parlement européen et du Conseil du 2 décembre 2021, ou à l'article 22, 23 ou 24 du règlement (CE)

n° 1257/1999 du Conseil du 17 mai 1999, ou à l'article 39 du règlement (CE) n° 1698/2005 du Conseil du 20 septembre 2005, ou à l'article 28 du règlement (UE) n° 1305/2013 du Parlement européen et du Conseil du 17 décembre 2013, pour lesquelles les années d'engagement ne sont pas comptabilisées pour déterminer la durée d'implantation de la prairie.

III. — Pour l'application du deuxième alinéa du c du paragraphe 3 du même article, un arrêté du ministre chargé de l'agriculture fixe la liste des espèces adaptées à la production d'aliments pour animaux qui peuvent être présentes dans les prairies permanentes. — *V. Arr. du 23 juin 2023 relatif aux définitions transversales relatives à l'activité et aux surfaces agricoles à partir de la campagne 2023 dans le cadre de la politique agricole commune, art. 4 (JO 28 juin).*

IV. — Un arrêté du ministre chargé de l'agriculture définit les territoires dans lesquels les terres répondant aux conditions mentionnées aux i et ii du c du paragraphe 3 du même article sont considérées comme des prairies permanentes et, le cas échéant, les pratiques locales établies mentionnées au i. — *V. Arr. du 23 juin 2023 relatif aux définitions transversales relatives à l'activité et aux surfaces agricoles à partir de la campagne 2023 dans le cadre de la politique agricole commune, art. 5 (JO 28 juin).*

Art. D. 614-9 *(Décr. n° 2023-168 du 8 mars 2023, art. 3, en vigueur le 1er janv. 2023)* **« Pour l'application des régimes d'aide relevant de la politique agricole commune, est considéré comme hectare admissible toute surface qui est utilisée aux fins d'une activité agricole ou essentiellement aux fins d'une activité agricole ou qui répond aux conditions mentionnées au b** *[du]* **paragraphe 4 de l'article 4 du règlement (UE) n° 2021/2115 du Parlement européen et du Conseil du 2 décembre 2021 entre le 1er janvier et le 31 juillet de l'année au cours de laquelle l'aide est demandée, et qui est à la disposition de l'agriculteur à la date limite de dépôt des demandes d'aide de l'année de la déclaration. »**

Sont regardés comme hectare admissible les espaces en sol nu à l'intérieur d'un îlot, destinés à la circulation normale et habituelle des engins agricoles.

Sur les terres arables, les stockages temporaires liés à l'activité agricole ne remettent pas en cause l'admissibilité de la surface en emprise sur la parcelle si leur présence est constatée avant l'implantation ou après la récolte de la culture principale.

Sur les terres arables ou en cultures permanentes, la surface est admissible si la densité maximale d'arbres d'essence forestière disséminés n'excède pas cent arbres par hectare.

Est considéré comme étant à la disposition de l'agriculteur tout hectare qu'il exploite comme propriétaire ou avec l'accord de celui-ci.

Un arrêté du ministre chargé de l'agriculture précise les conditions de vérification de l'activité agricole en dehors de la période du 1er janvier au 31 juillet ainsi que les conditions dans lesquelles en cas de doute sur le titre auquel l'agriculteur exploite les terres, il lui est demandé d'en justifier. Le même arrêté fixe les conditions dans lesquelles les parcelles, utilisées pour des activités autres qu'agricoles, peuvent, compte tenu de l'intensité, de la nature, de la période et de la durée de ces activités, être regardées comme utilisées essentiellement aux fins d'activités agricoles. — *V. Arr. du 23 juin 2023 relatif aux définitions transversales relatives à l'activité et aux surfaces agricoles à partir de la campagne 2023 dans le cadre de la politique agricole commune, art. 6 à 8 (JO 28 juin).*

Art. D. 614-10 **I. — En application du dernier alinéa du b du paragraphe 4 de l'article 4 du règlement (UE) 2021/2115 du Parlement européen et du Conseil du 2 décembre 2021, un système de prorata est appliqué pour déterminer la surface admissible des prairies permanentes. Un arrêté du ministre chargé de l'agriculture définit les types de couverts concernés et les coefficients d'admissibilité associés.** — *V. Arr. du 23 juin 2023 relatif aux définitions transversales relatives à l'activité et aux surfaces agricoles à partir de la campagne 2023 dans le cadre de la politique agricole commune, art. 9 (JO 28 juin).*

II. — La surface admissible des pâturages utilisés en commun peut être répartie entre ses utilisateurs au prorata de leur utilisation et prise en compte pour les interventions qui le prévoient. Dans ce cas, le gestionnaire de ces surfaces ne peut pas bénéficier de cette intervention sur les surfaces ainsi réparties.

SOUS-SECTION 2 Règles générales relatives aux contrôles, aux sanctions et au droit à l'erreur

Art. D. 614-11 Les dispositions de la présente sous-section sont applicables aux aides octroyées sur le fondement du règlement (UE) 2021/2115 du Parlement européen et du Conseil du 2 décembre 2021.

Toutefois, les dispositions des paragraphes 2 à 5 ne s'appliquent pas aux contrôles des exigences réglementaires à respecter au titre de la conditionnalité et de la conditionnalité sociale.

Les articles D. 614-24 à D. 614-29 ne sont pas applicables aux aides dont la gestion a été confiée aux régions en application de l'article 78 de la loi n° 2014-58 du 27 janvier 2014 relative à la modernisation de l'action publique territoriale et d'affirmation des métropoles.

Les dispositions de la présente sous-section sont également applicables aux mesures mises en œuvre en application du règlement (UE) n° 228/2013 du Parlement européen et du Conseil du 13 mars 2013 et gérées dans le système intégré de gestion et de contrôle.

§ 1 Dispositions relatives à la transmission d'informations nécessaires au contrôle

Art. D. 614-12 L'Agence de services et de paiement est responsable du traitement ayant pour finalité d'établir les qualités d'agriculteur actif, de jeune agriculteur ou de nouvel agriculteur définies aux articles D. 614-1 à D. 614-3 et nécessitant les échanges d'informations prévus à l'article D. 614-13.

L'Agence de services et de paiement est habilitée à avoir connaissance des informations et données, détenues par la caisse centrale de la mutualité sociale agricole et par la Caisse nationale d'assurance vieillesse, qui sont strictement nécessaires pour établir les qualités d'agriculteur actif, de jeune agriculteur ou de nouvel agriculteur définies aux articles D. 614-1 à D. 614-3, pour les besoins de l'instruction et du contrôle des conditions d'attribution des aides publiques relevant de la politique agricole commune.

Art. D. 614-13 I. — La caisse centrale de la mutualité sociale agricole adresse à l'Agence de services et de paiement, à sa demande, les données relatives à la situation des dirigeants et associés des entreprises pour lesquelles une demande d'aide conditionnée à la qualité d'agriculteur actif, de jeune agriculteur ou de nouvel agriculteur a été déposée.

Peuvent être communiquées et faire l'objet d'un traitement pour la finalité mentionnée à l'article D. 614-12, pour chacune de ces entreprises, les informations suivantes :

1° Pour les entreprises individuelles :

a) Le numéro d'identification au répertoire des établissements (SIRET) de l'établissement principal de l'exploitation ;

b) Le nom, le prénom, le sexe, la date de naissance, le lieu de naissance et le numéro d'inscription au répertoire national d'identification des personnes physiques du dirigeant, conformément à l'article 2 du décret n° 2019-341 du 19 avril 2019 relatif à la mise en œuvre de traitements comportant l'usage du numéro d'inscription au répertoire national d'identification des personnes physiques ou nécessitant la consultation de ce répertoire ;

c) L'adresse du siège social de l'entreprise ;

d) Un indicateur permettant de déterminer si l'entreprise exerce une activité agricole au sens du 1° ou du 2° de l'article L. 722-1 ;

e) Un indicateur permettant de déterminer si le dirigeant est chef d'exploitation ;

f) Un indicateur permettant de déterminer si le dirigeant est cotisant solidaire ;

g) Si l'entreprise exerce une activité agricole au sens du 1° ou du 2° de l'article L. 722-1, les dates de début et de fin d'affiliation à l'assurance contre les accidents du travail et les maladies professionnelles mentionnée au 1° du I et au II de l'article L. 752-1 pour les activités mentionnées aux 1° ou 2° de l'article L. 722-1 ;

h) Si l'entreprise exerce une activité agricole dans les départements du Haut-Rhin, du Bas-Rhin ou de la Moselle, les dates de début et de fin de respect, par son dirigeant, des critères spécifiques mentionnés au *a* du 1° de l'article D. 614-1 ;

i) Si l'entreprise est un agriculteur au sens de l'article 3 du règlement (UE) 2021/2115 du Parlement européen et du Conseil du 2 décembre 2021, a son siège en France, et si son dirigeant n'est pas redevable de la cotisation due au titre de l'assurance contre les accidents du travail et les maladies professionnelles mentionnée à l'article L. 752-1, en application des dispositions du règlement (CE) n° 883/2004 du Parlement européen et du Conseil du 29 avril 2004 portant sur la coordination des systèmes de sécurité sociale, les dates de début et de fin de respect, par le dirigeant, des critères spécifiques mentionnés au *a* du 1° de l'article D. 614-1 ;

2° Pour les entreprises de formes sociétaires :

a) Le numéro d'identification au répertoire des établissements (SIRET) de l'établissement principal de l'exploitation ;

b) La dénomination ou raison sociale de la structure ;

c) Le nom, le prénom, le sexe, la date de naissance, le lieu de naissance et le numéro d'inscription au répertoire national d'identification des personnes physiques de chaque associé, conformément à l'article 2 du décret n° 2019-341 du 19 avril 2019 relatif à la mise en œuvre de traitements comportant l'usage du numéro d'inscription au répertoire national d'identification des personnes physiques ou nécessitant la consultation de ce répertoire ;

d) L'adresse du siège social de l'entreprise ;

e) La date de création de l'entreprise ;

f) Un indicateur permettant de déterminer si l'entreprise exerce une activité agricole au sens du 1° ou du 2° de l'article L. 722-1 ;

g) Un indicateur permettant de déterminer pour chaque associé s'il est chef d'exploitation ;

h) Un indicateur permettant de déterminer pour chaque associé s'il est cotisant solidaire ;

i) Un indicateur permettant de déterminer pour chaque associé *(Décr. n° 2023-168 du 8 mars 2023, art. 3, en vigueur le 1er janv. 2023)* « d'une société mentionnée au 3° de l'article D. 614-1 du code rural et de la pêche maritime », s'il est dirigeant de la société *(Décr. n° 2023-366 du 13 mai 2023, art. 4)* « ou mandataire social » ;

j) Si l'entreprise exerce une activité agricole au sens du 1° ou du 2° de l'article L. 722-1, les dates de début et de fin d'affiliation *(Décr. n° 2023-168 du 8 mars 2023, art. 3, en vigueur le 1er janv. 2023)* « , par chaque associé, » à l'assurance contre les accidents du travail et les maladies professionnelles mentionnée au 1° du I et au II de l'article L. 752-1 pour les activités mentionnées aux 1° ou 2° de l'article L. 722-1 ;

k) Si l'entreprise exerce une activité agricole dans les départements du Haut-Rhin, du Bas-Rhin ou de la Moselle, les dates de début et de fin de respect, par chaque associé, des critères spécifiques mentionnés au *a* du 1° de l'article D. 614-1 ;

l) Si l'entreprise est un agriculteur au sens de l'article 3 du règlement (UE) 2021/2115 du Parlement européen et du Conseil du 2 décembre 2021, a son siège en France, et si ses associés ne sont pas redevables de la cotisation due au titre de l'assurance contre les accidents du travail et les maladies professionnelles mentionnée à l'article L. 752-1, en application des dispositions du règlement (CE) n° 883/2004 du Parlement européen et du Conseil du 29 avril 2004 portant sur la coordination des systèmes de sécurité sociale, les dates de début et de fin de respect, par chaque associé, des critères spécifiques mentionnés au *a* du 1° de l'article D. 614-1 ;

m) *(Décr. n° 2023-168 du 8 mars 2023, art. 3, en vigueur le 1er janv. 2023)* « Pour les sociétés mentionnées au 3° de l'article D. 614-1 », les dates de début et de fin d'affiliation au régime de protection des salariés des professions agricoles *(Décr. n° 2023-366 du 13 mai 2023, art. 4)* « au titre des 1°, 8° » ou 9° de l'article L. 722-20 de chaque associé dirigeant *(Décr. n° 2023-366 du 13 mai 2023, art. 4)* « ou mandataire social » de la société ;

(Décr. n° 2023-366 du 13 mai 2023, art. 4) « *n)* Pour les sociétés mentionnées au 7° de l'article D. 614-1, les dates de début et de fin d'affiliation au régime de protection des salariés des professions agricoles au titre du 1° de l'article L. 722-20 de chaque associé de la société. »

La liste des entreprises concernées, mentionnées aux 1° et 2°, est établie par l'Agence de services et de paiement puis transmise à la caisse centrale de la mutualité sociale agricole pour la production et la communication de ces informations.

II. – La Caisse nationale d'assurance vieillesse adresse à l'Agence de services et de paiement, à sa demande, les données relatives à la situation des dirigeants *(Décr. nº 2023-366 du 13 mai 2023, art. 4)* « , mandataires sociaux, » et associés des entreprises pour lesquelles une demande d'aide, conditionnée à la qualité d'agriculteur actif ou de nouvel agriculteur, a été déposée.

Cette transmission comporte, pour chacun des dirigeants *(Décr. nº 2023-366 du 13 mai 2023, art. 4)* « , mandataires sociaux, » et associés, les informations suivantes :

a) Le nom de famille, et, le cas échéant, le nom d'usage, les prénoms, le sexe, la date de naissance, le lieu de naissance et le numéro d'inscription au répertoire national d'identification des personnes physiques de chaque dirigeant ou associé, conformément à l'article 2 du décret nº 2019-341 du 19 avril 2019 relatif à la mise en œuvre de traitements comportant l'usage du numéro d'inscription au répertoire national d'identification des personnes physiques ou nécessitant la consultation de ce répertoire ;

b) Un indicateur permettant de déterminer pour chaque dirigeant *(Décr. nº 2023-366 du 13 mai 2023, art. 4)* « , mandataire social, » ou associé s'il a fait valoir ses droits à la retraite pour au moins un de ses régimes de pension ;

c) Le cas échéant, les dates de liquidation des pensions de chaque dirigeant *(Décr. nº 2023-366 du 13 mai 2023, art. 4)* « , mandataire social, » ou associé.

La liste des personnes concernées est établie par l'Agence de services et de paiement, puis transmise à la Caisse nationale d'assurance vieillesse pour la production et la communication de ces informations.

Art. D. 614-14 L'Agence de services et de paiement transmet aux administrations concernées les informations relatives au statut du demandeur au regard de la condition tenant à la qualité d'agriculteur actif, de jeune agriculteur ou de nouvel agriculteur.

§ 2 Réalisation des contrôles dans le cadre des aides gérées dans le système intégré de gestion et de contrôle

Art. D. 614-15 En application des articles 60 et 72 du règlement (UE) 2021/2116 du Parlement Européen et du Conseil du 2 décembre 2021, les demandes d'aide déposées au titre des aides gérées dans le système intégré de gestion et de contrôle établi par les articles 65 et 66 du même règlement font l'objet de contrôles administratifs systématiques et de contrôles sur place réalisés par l'organisme payeur, ou son délégataire, dans les conditions prévues par le présent paragraphe.

Art. D. 614-16 Des contrôles administratifs systématiques sont réalisés au moyen :

1º D'éléments issus du système d'identification des parcelles agricoles mentionné à l'article 68 du règlement (UE) 2021/2116 du Parlement Européen et du Conseil du 2 décembre 2021 ;

2º De visites sur place ;

3º De justificatifs produits par le demandeur ;

4º D'éléments issus du système intégré de gestion et de contrôle ;

5º D'éléments disponibles dans les bases de données externes reliées au système intégré de gestion et de contrôle, telles que les bases de données d'identification des animaux ;

6º Du système de suivi des surfaces en temps réel mentionné à l'article 70 du règlement (UE) 2021/2116 du Parlement Européen et du Conseil du 2 décembre 2021.

Les vérifications réalisées dans le cadre des contrôles administratifs et leurs résultats sont tracés pour chaque demande de manière informatique ou documentaire.

Art. D. 614-17 Des contrôles sur place sont réalisés sur un échantillon de demandes d'aide pour lesquelles les modalités de contrôle mentionnées à l'article D. 614-16 ne permettent pas d'assurer efficacement le contrôle compte tenu de la nature de l'aide, des critères d'éligibilité ou des engagements concernés.

La sélection de l'échantillon de demandes à contrôler sur place est réalisée sur la base d'une analyse de risque, à l'exception d'une part aléatoire qui représente 20 % à 25 % de l'échantillon.

Pour les aides pour lesquelles le système de suivi des surfaces en temps réel ne peut être utilisé, le taux minimum annuel de contrôle sur place est au moins égal à 5 % des demandes d'aide.

Pour les aides pour lesquelles le système de suivi des surfaces en temps réel peut être utilisé uniquement pour vérifier certains critères d'éligibilité ou engagements, ce taux minimum de 5 % s'applique pour chaque critère ou groupe de critères d'éligibilité ou engagements qui ne peut pas être vérifié par le moyen du système de suivi des surfaces en temps réel.

Le taux annuel minimum de contrôles mentionné au présent article peut être augmenté ou diminué par arrêté du ministre chargé de l'agriculture, sans pouvoir être inférieur à 1 %, en fonction du risque de non-conformités identifié à l'échelle des types d'aides, des critères d'éligibilité ou des types d'engagements non contrôlables par un contrôle administratif systématique, ou de l'existence de circonstances exceptionnelles faisant obstacle à la réalisation des contrôles sur place.

Les contrôles mentionnés au présent article peuvent également être réalisés sur la base d'images satellites, de photos aériennes ou de tout autre moyen précisé par arrêté du ministre chargé de l'agriculture, équivalent à un déplacement sur place.

Les contrôles sur place peuvent être précédés d'un préavis à la condition que cette procédure ne compromette pas leur objectif ou leur efficacité. Le préavis ne peut dépasser 14 jours calendaires.

Pour les autres contrôles sur place relatifs aux demandes d'aide ou de paiement liées aux animaux, le préavis ne peut dépasser 48 heures, sauf dans des cas dûment justifiés, ou sauf dans le cas de contrôles de bovins identifiés au moyen d'un bolus, pour lesquels le préavis est fixé par arrêté du ministre chargé de l'agriculture. — *Le préavis pour le contrôle sur place de bovins identifiés au moyen d'un bolus ne peut dépasser cinq jours calendaires (Arr. du 9 août 2023, JO 22 août).*

Le contrôle sur place fait l'objet d'un rapport qui rend compte des vérifications réalisées et, le cas échéant, des non-conformités constatées. — *En 2023, pour les aides pour lesquelles le système de suivi des surfaces en temps réel mentionné à l'art. D. 614-17 ne peut pas être utilisé, le taux minimum annuel de contrôle sur place mentionné au même article peut être modulé uniquement à la hausse en fonction des non-conformités relevées dans le cadre des contrôles réalisés en 2022 (Décr. n° 2022-1755 du 30 déc. 2022, art. 2).*

§ 3 Réalisation des contrôles dans le cadre des aides non gérées dans le système intégré de gestion et de contrôle

Art. D. 614-18 En application de l'article 60 du règlement (UE) 2021/2116 du Parlement Européen et du Conseil du 2 décembre 2021, les demandes d'aide et de paiement déposées au titre des aides autres que celles gérées dans le système intégré de gestion et de contrôle établi par les articles 65 et 66 du même règlement font l'objet de contrôles administratifs systématiques et de contrôles sur place réalisés par l'organisme payeur ou son délégataire dans les conditions définies par le présent paragraphe.

Art. D. 614-19 Des contrôles administratifs systématiques sont réalisés aux fins de vérifier que les demandeurs respectent les conditions mises à l'octroi de l'aide, et notamment celles relatives à l'éligibilité du demandeur, à l'admissibilité de la demande et aux engagements souscrits, y compris la bonne réalisation de l'opération, et que le taux maximal d'aide publique autorisé pour l'opération est respecté.

Par exception au premier alinéa, la vérification de la réalisation des opérations d'investissement matériel n'est pas requise pour les opérations sélectionnées en vue d'un contrôle sur place en application de l'article D. 614-20, ou si le taux minimum annuel de contrôle visé à l'article D. 614-21 est supérieur ou égal à 25 % pour l'aide ou le groupe d'aides concerné.

Lorsque l'aide est versée sur la base des dépenses réelles supportées par le bénéficiaire, les contrôles permettent notamment de vérifier que le coût de ces dépenses est raisonnable, et que les documents justificatifs ont été produits et prouvent l'admissibilité et la réalité des coûts engagés et des paiements effectués. Les dispositions spécifiques à chaque intervention ou groupe d'interventions peuvent définir des types de dépenses pour lesquelles la vérification du caractère raisonnable des coûts n'est pas possible en raison de l'absence d'élément de comparaison, ou des seuils de dépenses en-dessous desquels cette vérification n'est pas requise.

Lorsque le bénéficiaire est soumis aux règles de la commande publique en raison de son statut de pouvoir adjudicateur, les contrôles permettent de vérifier que ces règles sont respectées pour les dépenses présentées.

Des vérifications complémentaires peuvent être réalisées, avec leur accord, auprès de tiers ayant un lien avec l'opération financée.

L'ensemble des vérifications effectuées lors des contrôles administratifs et leurs résultats sont tracés pour chaque demande, de manière informatique ou documentaire.

Art. D. 614-20 Des contrôles sur place, qui viennent en complément des contrôles administratifs systématiques, sont réalisés auprès des demandeurs avant le paiement final de l'aide sur un échantillon d'opérations. Ils permettent de vérifier que les conditions mises à l'octroi de l'aide sont respectées, y compris par la vérification des justificatifs détenus par les demandeurs et notamment les documents comptables.

Par exception au premier alinéa, les contrôles sur place des demandes d'aide au titre de l'intervention "paiement des primes d'assurance" prévue par l'article 76 du règlement (UE) 2021/2115 du Parlement Européen et du Conseil du 2 décembre 2021 sont réalisés auprès des compagnies d'assurances.

Les contrôles sur place peuvent être réalisés, pour tout ou partie, sur la base de photographies géolocalisées ou de tout autre moyen, précisé par arrêté du ministre chargé de l'agriculture, équivalent à un déplacement sur place. — *V. Arr. du 26 sept. 2023 ci-dessous.*

Des vérifications complémentaires peuvent être réalisées, avec leur accord, auprès de tiers ayant un lien avec l'opération financée.

Arrêté du 26 septembre 2023,

Fixant les moyens équivalents à un déplacement sur place pour les contrôles des aides du plan stratégique national de la PAC non gérées dans le système intégré de gestion et de contrôle (JO 5 oct.).

Art. 1er *(Arr. du 7 déc. 2023, art. 1er)* Le présent arrêté s'applique pour la réalisation des contrôles des interventions non gérées dans le système intégré de gestion et de contrôle financées par le Fonds européen agricole de garantie (FEAGA) et le Fonds européen agricole pour le développement rural (FEADER).

Art. 2 En application du troisième alinéa de l'article D. 614-20 du code rural et de la pêche maritime, outre des photos géolocalisées, les moyens alternatifs au déplacement sur place suivants peuvent être utilisés :

(Arr. du 7 déc. 2023, art. 2) « — mise à disposition des agents en charge des contrôles de toutes pièces documentaires, notamment de nature comptable, commerciale et extra-comptable, par le demandeur d'aide ou par des tiers ayant un lien avec l'opération financée ; »

— consultation de tous types de base de données ou d'outils informatiques ou d'échanges d'informations détenues ou mises à disposition de l'État ou de ses établissements publics ;

— échanges à distance entre le demandeur d'aide ou tiers ayant un lien avec l'opération financée et les agents en charge des contrôles, par tout moyen qu'il soit écrit, audio, photo, ou audiovisuel.

Art. D. 614-21 Le taux minimum annuel de contrôle sur place est d'au moins 5 % des bénéficiaires, ou du nombre d'opérations financées, ou des montants contrôlables par aide ou groupe d'aides.

Il peut être fixé à un niveau supérieur ou inférieur à 5 %, par décision de l'organisme payeur, en fonction du nombre et de la gravité des non-conformités ayant une incidence financière relevées par les contrôles, sans pouvoir être inférieur à 1 %.

L'organisme payeur ou son délégataire sélectionne l'échantillon des opérations contrôlées. Il définit les catégories de demandeurs contrôlables, ainsi que la ou les périodes les plus appropriées pour procéder à cette sélection.

La sélection de l'échantillon est réalisée sur la base d'une analyse de risque, à l'exception d'une part aléatoire qui représente 20 % à 25 % de l'échantillon. La sélection peut être réalisée intégralement par analyse de risque lorsque l'échantillon retenu porte sur moins de 50 contrôles.

Le ministre chargé de l'agriculture peut, par arrêté, reconnaître des circonstances exceptionnelles obérant les possibilités de réalisation des contrôles sur le terrain et autoriser l'organisme payeur à abaisser le taux de contrôle sur place.

Les contrôles sur place peuvent être précédés d'un préavis, à la condition que celui-ci ne compromette pas leur objectif ou leur efficacité. Le préavis est strictement limité à la durée minimale nécessaire et, sauf disposition applicable à une aide ou un groupe d'aides déterminé prévoyant un délai plus court, ne peut dépasser 14 jours calendaires.

Le contrôleur réalisant le contrôle administratif systématique ne prend pas part au contrôle sur place réalisé au titre de la même opération. Dans le cas contraire, une supervision renforcée est mise en place.

Le contrôle sur place fait l'objet d'un rapport qui rend compte des vérifications effectuées lors du contrôle, et le cas échéant des non-conformités constatées. — *En 2023, le taux minimum annuel de contrôle mentionné à l'art. D. 614-21 est de 5%. Ce taux peut être fixé à un niveau inférieur en cas de circonstances exceptionnelles dans les conditions prévues par ce même article (Décr. n° 2022-1755 du 30 déc. 2022, art. 3).*

Art. D. 614-22 Pour les engagements qui se poursuivent après le paiement de l'aide, des contrôles sur place sont réalisés par échantillon.

Ces contrôles peuvent être réalisés dans les conditions prévues par l'article D. 614-20.

Pour chaque groupe d'aides concerné, le taux de contrôle annuel des engagements est d'au moins 1 % des opérations pour lesquelles le paiement final est intervenu mais dont la durée des engagements n'est pas échue.

L'organisme payeur ou son délégataire détermine les périodes les plus appropriées pour procéder à la sélection des opérations à contrôler, qui doit porter sur l'ensemble des opérations concernées. Il définit les modalités de la sélection, qui est réalisée sur la base d'une analyse de risque, à l'exception d'une part aléatoire qui représente 20 % à 25 % de l'échantillon. La sélection peut être réalisée uniquement par analyse de risque si l'échantillon porte sur moins de 50 contrôles.

Le ministre chargé de l'agriculture peut, par arrêté, reconnaître des circonstances exceptionnelles obérant les possibilités de réalisation des contrôles sur le terrain et autoriser l'organisme payeur à abaisser le taux de contrôle sur place.

Les contrôles sur place des engagements peuvent être précédés d'un préavis, à condition que celui-ci ne compromette pas leur objectif ou leur efficacité. Le préavis est strictement limité à la durée minimale nécessaire et, sauf disposition applicable à une aide ou un groupe d'aides déterminé prévoyant un délai plus court, ne peut dépasser 14 jours calendaires.

Le contrôle sur place des engagements fait l'objet d'un rapport de contrôle rendant compte des vérifications effectuées lors du contrôle et, le cas échéant, des non-conformités constatées.

§ 4 Dispositions relatives aux droits et obligations des demandeurs d'aides dans le cadre des contrôles

Art. D. 614-23 Le demandeur d'une aide accepte et facilite la réalisation des contrôles réalisés en application des articles D. 614-15 à D. 614-22 et des contrôles réalisés dans le cadre des audits d'organismes nationaux et européens diligentés auprès de l'organisme payeur.

Le bénéficiaire d'aide est tenu de conserver toutes les pièces justificatives de l'exécution de l'opération concernée pendant 5 ans à compter du versement du solde de l'aide, sans préjudice des dispositions réglementaires applicables à la conservation des documents comptables et fiscaux. Les dispositions particulières à certaines aides peuvent prévoir, si nécessaire, une durée de conservation plus longue, dans la limite de 10 ans à compter du versement de solde de l'aide. Le bénéficiaire les transmet sur simple demande de l'organisme payeur ou de son délégataire.

Art. D. 614-24 Le demandeur des aides bénéficie du droit à l'erreur prévu par le sixième paragraphe de l'article 59 du règlement (UE) 2021/2116 du Parlement Européen et du Conseil du 2 décembre 2021. Ce droit s'applique aux erreurs et oublis signalés par le demandeur, à son initiative ou après un échange avec l'autorité chargée d'instruire sa demande, qui nécessitent une modification de sa demande d'aide ou de paiement.

Les modifications des demandes d'aide déposées dans ce cadre doivent être justifiées par le demandeur, et documentées le cas échéant. Les justificatifs feront l'objet de vérifications par l'autorité instruisant la demande et de vérifications sur place, le cas échéant.

§ 5 Dispositions relatives aux réductions et sanctions

Art. D. 614-25 Les non-conformités constatées à l'issue des contrôles réalisés en application des articles D. 614-15 à D. 614-22 sont notifiées au demandeur ou au bénéficiaire de l'aide. En cas de non-conformité susceptible d'avoir une incidence sur le montant de l'aide à verser ou déjà versée, le demandeur d'aide peut présenter ses observations écrites dans le délai qui lui est notifié.

Les constats de non-conformité font l'objet d'une décision qui peut prévoir la réduction partielle ou totale de l'aide correspondante et l'application des sanctions prévues par les dispositions applicables à l'aide ou au groupe d'aides concerné.

Art. D. 614-26 Lorsqu'un contrôle établit qu'un bénéficiaire n'a pas respecté les conditions mises à l'octroi de l'aide, celle-ci n'est pas en tout ou partie versée, au regard des éléments constatés comme inéligibles à l'issue du contrôle et, le cas échéant, donne lieu à remboursement.

Les indus et les sanctions financières et, le cas échéant, les intérêts afférant sont recouvrés en priorité par compensation sur les montants qui restent à verser au bénéficiaire. Pour les aides relevant du système intégré de gestion et de contrôle, cette compensation est opérée sur les aides non payées qui sont à percevoir au titre de la campagne concernée et, le cas échéant, au titre d'une ou plusieurs des campagnes suivantes dans la limite de trois.

Art. D. 614-27 Les dispositions spécifiques à chaque aide ou groupe d'aides peuvent définir les sanctions administratives applicables selon les non-conformités constatées, ainsi que les non-conformités d'ordre mineur qui ne donnent pas lieu à sanction administrative.

Est qualifiée de sanction financière une réduction de l'aide à payer qui va au-delà du montant indu. Lorsque le montant de la sanction est supérieur à celui de l'aide qui reste à verser, celle-ci n'est pas versée et il est procédé au recouvrement de la différence entre les deux montants.

Sous réserve du *b* du II de l'article D. 614-28, le montant d'une sanction financière ne peut dépasser 100 % du montant de l'aide demandée.

Art. D. 614-28 I. — En cas d'anomalie relative aux règles applicables aux marchés publics, les taux de sanction sont définis conformément à la décision de la Commission européenne C (2019) 3452 du 14 mai 2019 établissant les lignes directrices pour la détermination des corrections financières à appliquer aux dépenses financées par l'Union européenne en cas de non-respect des règles en matière de marchés publics.

II. — En cas de fausse déclaration ou d'usage de faux documents, aucune aide n'est octroyée et le bénéficiaire rembourse l'intégralité des montants déjà perçus, y compris les avances éventuelles. Une sanction financière égale à 100 % du montant de l'aide demandée est appliquée, ainsi qu'une sanction supplémentaire qui peut consister en :

a) L'exclusion du demandeur de l'accès à une ou plusieurs aides pour une ou plusieurs campagnes suivant celle au titre de laquelle la sanction est prononcée, dans la limite de trois campagnes ;

b) L'application d'une sanction financière supplémentaire, prononcée dans la limite de 100 % du montant d'aide demandé ;

c) La suspension ou le retrait de tout agrément relatif à l'aide en cause.

III. — En cas de refus de contrôle, le bénéficiaire est exclu du bénéfice de l'aide au titre des demandes d'aide concernées par le contrôle refusé.

IV. — Le dépôt d'une demande d'une aide relevant des dispositions mentionnées à l'article 42 du règlement (UE) 2021/2115 du Parlement européen et du Conseil du 2 décembre 2021 ou gérée dans le système intégré de gestion et de contrôle au-delà de la date limite de dépôt peut donner lieu à l'application d'un taux de réduction dans les conditions définies par les dispositions particulières qui lui sont applicables.

V. — Une non-conformité constatée une année donnée mais qui trouve son origine au cours d'une année antérieure peut faire l'objet d'une décision entraînant le recouvrement sur les années antérieures concernées, dans la limite de trois années en plus de l'année en cours, conformément à l'article 3 du règlement (CE, Euratom) n° 2988/95 du Conseil, du 18 décembre 1995, relatif à la protection des intérêts financiers des Communautés européennes.

Art. D. 614-29 En application des articles 59 et 60 du règlement (UE) 2021/2116 du Parlement Européen et du Conseil du 2 décembre 2021, le bénéficiaire conserve son droit à recevoir l'aide lorsqu'en raison d'un cas de force majeure ou de circonstances exceptionnelles il n'a pas été en mesure de déposer une demande d'aide ou de paiement dans le délai qui lui était imparti, de respecter les critères d'éligibilité, ses engagements ou ses obligations.

Art. D. 614-30 L'organisme payeur peut décider de ne pas demander le recouvrement lorsque le montant à recouvrer auprès du bénéficiaire d'une aide est inférieur ou égal à 100 euros.

Art. D. 614-31 Les dispositions particulières à certaines aides, instituées par décret ou par décision de l'organisme payeur, peuvent préciser les dispositions du présent paragraphe.

SOUS-SECTION 3 Dispositions générales au système intégré de gestion et de contrôle

§ 1 Système d'identification des parcelles agricoles

Art. D. 614-32 Pour l'application de la présente sous-section, la parcelle agricole correspond à une surface agricole continue, supérieure ou égale à un are, présentant les mêmes caractéristiques.

Art. D. 614-33 Les instruments de calcul permettant la mesure des parcelles de référence répondent à un haut niveau de précision permettant de retranscrire le plus précisément possible la taille des éléments mesurés sur le terrain. Un arrêté du ministre chargé de l'agriculture fixe la liste de ces instruments et, le cas échéant, la marge de tolérance admise. — *V. Arr. du 31 mars 2023 relatif aux modalités d'application concernant le système intégré de gestion et de contrôle, l'admissibilité des surfaces et l'agriculteur actif dans le cadre de la politique agricole commune à compter de la campagne 2023, art. 5 (JO 12 avr.), mod. par Arr. du 19 mai 2023 (JO 1er juin).*

Art. D. 614-34 Tout demandeur est tenu de faciliter la réalisation des contrôles réalisés dans le cadre de la mise à jour des éléments du système d'identification des parcelles agricoles prévue au paragraphe 5 de l'article 2 du règlement délégué (UE) 2022/1172 de la Commission du 4 mai 2022.

§ 2 Demandes d'aide relevant du système intégré de gestion et de contrôle

Art. D. 614-35 L'autorité compétente pour octroyer ou retirer les aides relevant du système intégré de gestion et de contrôle ou appliquer une sanction financière est le préfet de département dans lequel le bénéficiaire a son siège social d'exploitation.

Art. D. 614-36 Les aides fondées sur la surface, mentionnées au chapitre II du titre III du règlement (UE) 2021/2115 du Parlement européen et du Conseil du 2 décembre 2021, aux articles 70 à 72 de ce règlement, et au chapitre IV du règlement (UE) n° 228/2013 du Parlement européen et du Conseil du 13 mars 2013 portant mesures spécifiques dans le domaine de l'agriculture en faveur des régions ultrapériphériques de l'Union font l'objet d'une demande unique.

La date limite de dépôt de la demande unique est fixée au 15 mai de la campagne. Si le 15 mai est un jour férié, un samedi ou un dimanche, la date limite de dépôt est reportée au premier jour ouvré suivant.

Un arrêté du ministre chargé de l'agriculture précise les cas dans lesquels le dépôt d'une demande unique est obligatoire pour le contrôle de la conditionnalité, le contenu,

les modalités de présentation et les pièces à fournir lorsque la demande concerne des surfaces cultivées en chanvre. – *V. Arr. du 31 mars 2023 relatif aux modalités d'application concernant le système intégré de gestion et de contrôle, l'admissibilité des surfaces et l'agriculteur actif dans le cadre de la politique agricole commune à compter de la campagne 2023 (JO 12 avr.), mod. par Arr. du 19 mai 2023 (JO 1er juin).*

Par dérogation au 1er al. de l'art. D. 614-41, pour la campagne 2023, le dépôt de la demande mentionnée à l'art. D. 614-36 au-delà de la date limite de dépôt n'entraîne aucune réduction entre le 16 mai 2023 et le 31 mai 2023. Le dépôt de la demande unique mentionnée à l'art. D. 614-36 entre le 1er juin 2023 et le 9 juin 2023 entraîne une réduction de 1 % par jour ouvré de retard des montants auxquels le bénéficiaire aurait eu droit si la demande unique avait été déposée dans le délai imparti. La demande unique mentionnée à l'art. D. 614-36 déposée après le 9 juin 2023 est considérée comme non admissible et aucune aide n'est accordée au bénéficiaire (Décr. n° 2023-541 du 29 juin 2023, JO 30 juin).

Art. D. 614-37 **Un arrêté du ministre chargé de l'agriculture fixe les dates de dépôt des demandes d'aide fondées sur les animaux de manière à ce qu'elles permettent la réalisation de contrôles dans des délais compatibles avec les dates de paiement fixées à l'article 44 du règlement (UE) 2021/2116 du Parlement européen et du Conseil du 2 décembre 2021. Cet arrêté fixe également le contenu et les modalités de présentation de ces demandes.**

Art. D. 614-38 **Un arrêté du ministre chargé de l'agriculture fixe, dans le respect des conditions fixées au paragraphe 1 de l'article 7 du règlement d'exécution 2022/1173 de la Commission du 31 mai 2022 établissant les modalités d'application du règlement (UE) 2021/2116 du Parlement européen et du Conseil en ce qui concerne le système intégré de gestion et de contrôle dans la politique agricole commune et en tenant compte des délais nécessaires à l'instruction et au contrôle des conditions d'octroi de l'aide, les dates limites de modification ou de retrait de la demande unique mentionnée à l'article D. 614-36 ou d'une demande déposée en application de l'article D. 614-37.**

Le service instructeur peut, dans les conditions fixées par le paragraphe 2 de l'article 7 du règlement d'exécution 2022/1173 de la Commission du 31 mai 2022, corriger la déclaration pour tenir compte du non-respect de conditions d'éligibilité. Il informe le bénéficiaire des manquements détectés, lequel dispose d'un délai de quinze jours à compter de cette information pour faire part de ses observations.

(Décr. n° 2023-168 du 8 mars 2023, art. 3, en vigueur le 1er janv. 2023) **« Pour les aides prévues au 4° et 7° de l'article D. 614-68 du code rural et de la pêche maritime, et l'aide au maintien du cheptel allaitant prévu dans le cadre du programme d'options spécifiques à l'éloignement et à l'insularité, les notifications de sortie de bovins dans la base de données d'identification des animaux effectuées après le dépôt de la demande d'aide remplacent la déclaration écrite de retrait de l'animal considéré de la demande d'aide lorsque ces notifications de sortie ne constituent pas un critère d'éligibilité des animaux considérés. »**

Art. D. 614-39 **Lorsqu'une exploitation agricole est transférée en totalité par une personne bénéficiaire d'une aide à une autre personne après l'introduction de la demande unique mentionné à l'article D. 614-36 ou d'une demande d'aide mentionnée à l'article D. 614-37, l'aide est octroyée au cédant, sous réserve que le cédant et le cessionnaire respectent les conditions d'éligibilité sur la période au cours de laquelle ils ont la charge de l'exploitation.**

Le cédant informe le préfet du département dans lequel se situe le siège de l'exploitation du transfert de l'exploitation dans les meilleurs délais suivant le transfert et au plus tard avant le 15 mai de l'année suivante.

§ 3 Contrôles et sanctions

Art. D. 614-40 **Pour l'application de l'article D. 614-29, le bénéficiaire de l'aide notifie, par écrit, à l'autorité administrative compétente les cas de force majeure et de circonstances exceptionnelles qu'il a subi en joignant les preuves correspondantes, au plus tard 30 jours ouvrés à compter du jour où le bénéficiaire, ou son ayant droit, est en mesure de le faire. Par dérogation, un arrêté du ministre chargé de l'agriculture**

peut fixer une date unique de dépôt des pièces lorsque l'événement affecte un nombre significatif de bénéficiaires.

Art. D. 614-41 **Le dépôt de la demande mentionnée à l'article D. 614-36 ou en application de l'article D. 614-37 après le délai fixé, entraîne une réduction de 1 % par jour ouvré de retard des montants auxquels le bénéficiaire aurait eu droit si la demande unique ou la demande d'aide avait été déposée dans le délai imparti. Si ce retard équivaut à plus de 25 jours calendaires, la demande unique ou la demande d'aide est considérée comme non admissible et aucune aide n'est accordée au bénéficiaire.**

Une réduction de 3 % est appliquée à l'ensemble des aides soumises à la conditionnalité lorsqu'un contrôle révèle que le bénéficiaire de ces aides *(Décr. n° 2023-168 du 8 mars 2023, art. 3, en vigueur le 1er janv. 2023)* **« dispose de surfaces et » n'a pas transmis le formulaire de demande unique au plus tard dans les 25 jours suivant la date mentionnée au premier alinéa.**

Art. D. 614-42 **Lorsqu'il existe une différence entre la surface totale déclarée dans la demande unique et la surface totale effectivement à disposition, est appliquée une réduction du montant global des paiements directs liés à la surface ou du soutien relevant des mesures de soutien liées à la surface pour l'année considérée selon le barème suivant :**

1° Lorsque la surface non-déclarée représente plus de 3 % et ne dépasse pas 30 % de la surface déclarée, la réduction est de 0,5 % ;

2° Lorsque la surface non-déclarée représente plus de 30 % et ne dépasse pas 60 % de la surface déclarée, la réduction est de 1 % ;

3° Lorsque la surface non-déclarée représente plus de 60 % et ne dépasse pas 90 % de la surface déclarée, la réduction est de 2 % ;

4° Lorsque la surface non-déclarée représente plus de 90 % de la surface déclarée, la réduction est de 3 %.

Art. D. 614-43 **I. — Pour chaque régime d'aide relevant du système intégré de gestion et de contrôle prévu à l'article 65 du règlement (UE) 2021/2116 du Parlement européen et du Conseil du 2 décembre 2021, les sanctions sont calculées, le cas échéant, dans l'ordre suivant :**

***a)* Les sanctions administratives prévues dans les dispositions spécifiques aux interventions, en cas de non-conformité ;**

***b)* Le calcul des éventuelles réductions prévues à l'article D. 614-41 est effectué sur le montant résultant de l'application du *a* ;**

***c)* Le calcul des éventuelles réductions à appliquer en cas de non-déclaration de parcelles agricoles conformément à l'article D. 614-42 est effectué sur le montant résultant de l'application du *b*.**

II. — Le montant de paiement résultant de l'application du point *c* du I, sert de base pour appliquer le taux d'ajustement établi conformément à l'article 17 du règlement (UE) 2021/2116 du Parlement européen et du Conseil du 2 décembre 2021.

III. — Le montant de paiement résultant de l'application du II sert de base au calcul d'éventuelles réductions à appliquer en cas de non-respect des règles relatives à la conditionnalité et à la conditionnalité sociale.

SOUS-SECTION 4 Conditionnalité et conditionnalité sociale des aides relevant de la politique agricole commune débutant en 2023

Art. D. 614-44 **La présente sous-section s'applique à tous les bénéficiaires des paiements directs au titre du chapitre II du titre III ou des paiements annuels prévus aux articles 70, 71 et 72 du règlement (UE) 2021/2115 du Parlement européen et du Conseil du 2 décembre 2021.**

Un arrêté du ministre chargé de l'agriculture définit la période au cours de laquelle est apprécié le respect des exigences et normes relatives à la conditionnalité en fonction de la date de dépôt ou de paiement de l'aide, dans la limite de deux années civiles incluant la date de dépôt ou la date de premier paiement de l'aide. — *V. Arr. du 19 janv. 2024 relatif à la mise en œuvre de la conditionnalité et de la conditionnalité sociale en métropole à compter de la campagne 2024 (JO 26 janv.).*

§ 1 Normes relatives aux bonnes conditions agricoles et environnementales

Art. D. 614-45 I. – Le ratio de prairies permanentes mentionné aux paragraphes 1 et 2 de l'article 48 du règlement délégué (UE) 2022/126 de la Commission du 7 décembre 2021 est fixé par le ministre chargé de l'agriculture au niveau régional.

(Décr. n° 2023-1361 du 29 déc. 2023, art. 1er) « II. – Un arrêté du ministre chargé de l'agriculture précise les situations dans lesquelles l'abaissement, dans une région, de plus de 2 % du ratio annuel de prairies permanentes par rapport au ratio de référence implique, pour les agriculteurs ayant converti leurs prairies permanentes après la date limite de dépôt mentionnée à l'article D. 614-36 de la demande unique de la campagne de l'année au cours de laquelle le dépassement de 2 % est constaté et jusqu'à la date limite de dépôt de la demande unique de la campagne suivante, la réimplantation de surfaces équivalentes en prairies permanentes. Cet arrêté définit les catégories d'agriculteurs pouvant être exemptés de cette obligation et les critères et conditions auxquels sont subordonnés les réimplantations ».

III. – Un arrêté du ministre chargé de l'agriculture précise les situations dans lesquelles, en application du paragraphe 3 de l'article 48 du règlement délégué (UE) 2022/126 de la Commission du 7 décembre 2021, un agriculteur est tenu de réimplanter des prairies permanentes. Cet arrêté définit les catégories d'agriculteurs soumis à cette obligation, les surfaces qui peuvent en être exclues ainsi que les règles permettant de s'assurer que les prairies permanentes ne sont plus reconverties.

IV. – Le respect par les agriculteurs des conditions fixées dans le cadre du système d'autorisation individuelle préalable à la conversion et le respect par les agriculteurs des obligations de réimplantation de prairies permanentes sont vérifiés au titre de la conditionnalité à compter de l'année suivant le constat d'une diminution du ratio supérieure, respectivement, à 2 % ou à 5 %. – *V. Arr. du 31 oct. 2023 établissant les ratios régionaux de prairies permanentes 2023, les régions concernées par le dispositif d'autorisation individuelle préalable à la conversion et les régions concernées par des obligations de réimplantation des prairies permanentes préalablement converties (JO 1er nov.).*

Le non-respect de l'obligation de mise en place ou de maintien des prairies à maintenir en herbe au moins cinq années consécutives à compter de leur implantation, en vigueur avant le 1er janv. 2023, fait l'objet d'une réduction au titre de la conditionnalité égale au montant de la sanction applicable avant cette date au titre de l'art. 28 du Règl. n° 640/2014 du 11 mars 2014. Le respect des obligations individuelles résultant de la mise en place d'un régime d'autorisation individuelle préalable à la conversion des prairies permanentes au titre de l'année 2022 en application de l'art. D. 615-35 dans sa rédaction en vigueur à la date de publication du Décr. n° 2022-1755 du 30 déc. 2022 ou d'une diminution de plus de 5 % entre le ratio de prairies permanentes de l'année 2022 et le ratio de référence fixés conformément au point I de l'art. D. 615-35 dans sa rédaction en vigueur à ladite date de publication est contrôlé au titre de la bonne condition agricole et environnementale 1 prévue à l'annexe III du Règl. (UE) 2021/2115 du Parlement européen et du Conseil du 2 déc. 2021 (Décr. préc., art. 4).

Art. D. 614-46 A compter du 1er janvier *(Décr. n° 2023-1361 du 29 déc. 2023, art. 1er)* « 2025 », les bénéficiaires mentionnés à l'article D. 614-44 assurent la protection des zones humides et tourbières présentes sur leur exploitation qui sont désignées par arrêté du ministre chargé de l'agriculture afin d'éviter leur dégradation. Cet arrêté fixe les exigences attendues pour assurer leur protection.

Art. D. 614-47 Les bénéficiaires mentionnés à l'article D. 614-44 qui cultivent des terres arables sont tenus de ne pas brûler, après récolte, les chaumes, les tiges et les cannes.

Toutefois, le préfet peut, par décision motivée, autoriser un agriculteur à procéder à ce brûlage à titre exceptionnel pour des raisons phytosanitaires.

Art. D. 614-48 I. – Les bénéficiaires mentionnés à l'article D. 614-44 qui disposent de terres agricoles localisées à proximité d'un cours d'eau défini par arrêté du ministre chargé de l'agriculture sont tenus de conserver une bande tampon enherbée pérenne, entre la partie cultivée de leurs terres agricoles et ces cours d'eau, d'une largeur minimale de cinq mètres ou, le cas échéant, au moins égale à celle fixée par les programmes d'actions pris pour l'application de l'article R. 211-80 du code de l'environnement.

II. — Les bénéficiaires mentionnés à l'article D. 614-44 qui disposent de terres agricoles localisées à proximité de fossés collecteurs de drainage ou de canaux d'irrigation, non définis comme cours d'eau au sens du I et cartographiés comme écoulements permanents et soumis aux dispositions prises en application de l'article L. 253-7 pour protéger les zones utilisées par le grand public ou par des groupes vulnérables sont tenus de conserver une bande tampon dont la largeur est fixée à cinq mètres.

III. — L'utilisation de fertilisants minéraux ou organiques sur les surfaces consacrées aux bandes tampons mentionnées aux I et II est interdite.

IV. — Un arrêté du ministre chargé de l'agriculture précise la liste des couverts autorisés, les éléments pris en compte pour la détermination de la largeur des bandes tampons et les conditions d'utilisation et d'entretien de ces bandes.

Art. D. 614-49 Les bénéficiaires mentionnés à l'article D. 614-44 qui mettent en valeur des terres arables et des cultures permanentes, en dehors des surfaces consacrées aux cultures sous eau, sont tenus de ne pas travailler les sols gorgés d'eau ou inondés.

Ces mêmes bénéficiaires sont également tenus sur les parcelles de pente supérieure à 10 % de respecter entre le 1er décembre et le 15 février l'une des deux conditions suivantes :

— labourer dans le sens perpendiculaire à la pente ;

— conserver une bande végétalisée d'au moins cinq mètres en bas de pente.

Art. D. 614-50 Dans les zones vulnérables aux pollutions par les nitrates, définies à l'article R. 211-77 du code de l'environnement, le respect par les bénéficiaires mentionnés à l'article D. 614-44 des dispositions des programmes d'actions pris pour l'application de l'article R. 211-80 du code de l'environnement assure le respect de la norme relative à la couverture minimale des sols pour ne pas avoir de terre nue pendant les périodes sensibles.

(Décr. nº 2023-168 du 8 mars 2023, art. 3, en vigueur le 1er janv. 2023) « Dans les autres zones, les bénéficiaires mentionnés à l'article D. 614-44 sont tenus après la récolte d'une culture arable de disposer d'une couverture végétale pour une durée d'au moins six semaines, comprises entre le 1er septembre et le 30 novembre de l'année de demande d'aide. » *(Décr. nº 2023-1361 du 29 déc. 2023, art. 1er)* « Cette obligation s'applique uniquement en cas d'intercultures longues. Au sens du présent article, une interculture longue désigne la période, dans la rotation culturale, comprise entre la récolte d'une culture principale et le semis, l'année suivante, de la culture principale suivante. »

Au 31 mai de chaque année, les terres arables en jachère et les surfaces restées agricoles après arrachage de vignes, de vergers ou de houblonnières présentent un couvert végétal implanté ou spontané.

Un arrêté du ministre chargé de l'agriculture précise les types de couvert autorisés en application du deuxième alinéa ainsi que leurs modalités d'entretien.

Art. D. 614-51 I. — Les bénéficiaires mentionnés à l'article D. 614-44 qui disposent de terres arables autres que des terres comportant des cultures pluriannuelles, de l'herbe ou d'autres plantes fourragères herbacées ou de terres mises en jachère sont tenus de disposer, sur au moins 35 % de la surface en cultures de l'exploitation, d'une culture principale différente de celle de l'année précédente ou d'y implanter un couvert végétal, qui doit au moins être présent sur la période du 15 novembre de l'année de demande de l'aide au 15 février de l'année suivante et différent de la culture principale de l'année suivante.

Ces mêmes bénéficiaires sont tenus de s'assurer, sur chaque parcelle de la surface en culture de l'exploitation et sur une période de quatre années consécutives, du respect de l'une des deux conditions suivantes :

— la présence d'au moins deux cultures principales différentes ;

— la présence chaque année d'un couvert semé, autre que la culture principale, sur la période du 15 novembre au 15 février au moins et qui est différent de la culture principale de l'année suivant son implantation.

Un arrêté du ministre chargé de l'agriculture précise les conditions dans lesquelles il est dérogé à l'obligation prévue au deuxième alinéa pour les parcelles implantées en maïs destinées à la production de semences en tant que culture principale.

II. — Par dérogation au I, les bénéficiaires mentionnés à l'article D. 614-44 dont au moins une parcelle agricole est située dans les communes du Haut-Rhin et du Bas-Rhin définies par un arrêté du ministre chargé de l'agriculture sont soumis à la pratique de la diversification des cultures.

Cette diversification est évaluée au moyen du système de points défini dans les dispositions régissant l'écorégime. Les exploitations concernées réunissent un nombre minimal de 3 points. — *Le respect de la norme prévue au premier al. de l'art. D. 614-51 est contrôlé à compter du 1er janv. 2024 ; le respect de la norme prévue au second al. de l'art. D. 614-51 est contrôlé à compter du 1er janv. 2025 ; pour l'année 2025, l'exigence d'implantation d'un couvert semé chaque année, au moins, entre le 15 nov. et le 15 févr. est vérifiée sur les années 2023, 2024 et 2025 (Décr. nº 2022-1755 du 30 déc. 2022, art. 5).*

Art. D. 614-52 I. — Les bénéficiaires mentionnés à l'article D. 614-44 disposent chaque année sur leur exploitation de terres arables qui répondent à l'une des conditions suivantes :

— un pourcentage minimal de 4 % de leurs terres arables est dédié à des infrastructures agro-écologiques ou à des terres en jachère ;

— un pourcentage minimal de 7 % des terres arables est dédié à des infrastructures agro-écologiques ou à des terres en jachère, à des cultures dérobées et à des cultures fixatrices d'azote, ces deux catégories de cultures devant être cultivées sans utilisation de produits phytopharmaceutiques. Au sein de ces 7 %, au moins 3 % sont dédiés à des infrastructures agro-écologiques ou à des terres en jachère.

Un arrêté du ministre chargé de l'agriculture définit la liste des zones et des infrastructures agro-écologiques ou des terres en jachère prises en compte pour l'évaluation de la part minimale, ainsi que les cultures dérobées et les cultures fixatrices d'azote concernées. Il précise leurs caractéristiques et leurs coefficients de conversion et de pondération ainsi que les espèces qui peuvent être implantées sur ces terres.

II. — Les bénéficiaires mentionnés à l'article D. 614-44 maintiennent les particularités topographiques des surfaces agricoles de leur exploitation qui sont à leur disposition.

Un arrêté du ministre chargé de l'agriculture fixe la liste de ces particularités topographiques, leurs caractéristiques ainsi que les conditions dans lesquelles leur maintien est assuré en cas de déplacement, de destruction ou de remplacement.

III. — La taille des haies et des arbres est interdite pendant la période de nidification et de reproduction des oiseaux entre le 16 mars et le 15 août. — *Les surfaces déclarées en jachère et mises en culture, à l'exclusion des cultures de maïs, de soja ou de taillis à courte rotation ou ayant fait l'objet d'une utilisation ou d'une valorisation entre le 1er mars et le 31 août, ou ayant reçu des apports de fertilisants et de produits phytosanitaires peuvent être comptabilisées au titre de la norme prévue au I de l'art. D. 614-52 pour la campagne 2023 (Décr. nº 2022-1755 du 30 déc. 2022, art. 5, dern. al., mod. par Décr. nº 2023-815 du 23 août 2023, art. 2).*

Art. D. 614-53 I. — La conversion et le labour des prairies permanentes qui présentent un caractère sensible d'un point de vue environnemental sont interdits.

Les prairies permanentes qui présentent un caractère sensible d'un point de vue environnemental sont situées en zone Natura 2000. Un arrêté du ministre chargé de l'agriculture désigne ces prairies sensibles.

II. — Tout bénéficiaire mentionné à l'article D. 614-44 qui a converti ou labouré une prairie permanente qui présente un caractère sensible d'un point de vue environnemental est tenu de la reconvertir en prairie permanente.

Un arrêté du ministre chargé de l'agriculture précise les conditions dans lesquelles la reconversion permet de compenser le retournement ou le labour de la prairie sensible.

Art. D. 614-54 Les dispositions du présent paragraphe ne sont pas applicables aux surfaces ayant fait l'objet de traitements nécessaires à la destruction ou à la prévention de la propagation des organismes nuisibles réglementés mentionnés à l'article L. 251-3, ordonnés en application du II de l'article L. 201-4.

§ 2 Système de contrôle de la conditionnalité

Art. D. 614-55 Le respect des exigences réglementaires en matière de gestion et des normes relatives aux bonnes conditions agricoles et environnementales des terres est contrôlé dans les conditions prévues par le présent paragraphe.

Art. D. 614-56 I. – Le système de contrôle de la conditionnalité repose sur des contrôles administratifs et sur des contrôles sur place réalisés sur un échantillon d'au moins 1 % des bénéficiaires. Ce taux peut être modulé à la hausse en fonction des non-conformités constatées au cours des contrôles sur place de la campagne précédente.

Les contrôles administratifs utilisent, le cas échéant, les données du système de suivi des surfaces en temps réel mentionné à l'article 70 du règlement (UE) 2021/2116 du Parlement européen et du Conseil du 2 décembre 2021. Un arrêté du ministre chargé de l'agriculture précise les normes pour lesquelles il peut être fait usage de ce système de suivi des surfaces.

Lorsque l'exigence ou la norme faisant l'objet d'un contrôle sur place comporte des critères dont une partie a pu être vérifiée par le biais du système de suivi des surfaces ou en contrôle administratif, le contrôle sur place se limite aux points qui n'ont pas pu être vérifiés par un autre moyen.

Les contrôles sur place peuvent être précédés d'un préavis pour autant que cela n'interfère pas avec leur objectif ou leur efficacité. Le préavis est strictement limité à la durée minimale nécessaire et ne peut dépasser 14 jours calendaires. Toutefois, en ce qui concerne les contrôles sur place liés aux animaux, le préavis ne peut dépasser 48 heures, sauf dans des cas dûment justifiés.

Les contrôles sur place font l'objet d'un rapport de contrôle rendant compte des conditions et des points contrôlés et, le cas échéant, des non-respects constatés.

En cas de refus de contrôle, le demandeur est exclu du bénéfice de l'ensemble des interventions soumises à la conditionnalité.

II. – Sont prises en compte au titre de la conditionnalité les non-conformités constatées lors des contrôles réalisés, dans les domaines pour lesquels ils sont habilités, par les agents :

1° Des directions départementales des territoires, des directions départementales des territoires et de la mer *(Décr. nº 2024-214 du 12 mars 2024, art. 1er)* « et, en Guadeloupe, en Martinique, à La Réunion et à Saint-Martin, des directions de l'environnement, de l'aménagement et du logement et, à Mayotte, de la direction de l'environnement, de l'aménagement, du logement et de la mer et, en Guyane, de la direction générale des territoires et de la mer » *(Décr. nº 2023-815 du 23 août 2023, art. 1er)* « , ou, pour les exploitations agricoles mentionnées à l'article L. 511-1 du code de l'environnement relevant du régime d'autorisation ou d'enregistrement, des directions départementales chargées de la protection des populations » *(Décr. nº 2024-214 du 12 mars 2024, art. 1er)* « et, en Guadeloupe, en Martinique, à La Réunion, à Mayotte et à Saint-Martin, des directions de l'alimentation, de l'agriculture et de la forêt, et en Guyane, de la direction générale des territoires et de la mer » pour le contrôle du respect des exigences réglementaires en matière de gestion relevant du domaine "Climat et environnement" ;

2° Des directions départementales de la protection des populations, des directions départementales de l'emploi, du travail, des solidarités et de la protection des populations ou, en Guadeloupe, en Guyane, en Martinique, à La Réunion, à Mayotte et à Saint-Martin, des directions de l'alimentation, de l'agriculture et de la forêt pour le contrôle du respect des exigences réglementaires en matière de gestion relevant du domaine "bien-être des animaux" et du domaine "santé publique et santé végétale", à l'exception du sous-domaine "santé-productions végétales" défini au II de l'article D. 614-60 ;

3° Des directions régionales de l'alimentation, de l'agriculture et de la forêt ou, en Guadeloupe, en Guyane, en Martinique, à La Réunion, à Mayotte et à Saint-Martin, des directions de l'alimentation, de l'agriculture et de la forêt pour le contrôle du respect des exigences réglementaires en matière de gestion du sous-domaine "santé-productions végétales" défini au II de l'article D. 614-60 au sein du domaine "santé publique et santé végétale".

Art. D. 614-57 Les bénéficiaires mentionnés à l'article D. 614-44 soumis aux règles de conditionnalité prévues par la politique agricole commune sont tenus de faciliter les contrôles et de présenter à la demande des agents habilités les informations nécessaires à la vérification du respect des exigences réglementaires en matière de gestion et des normes relatives aux bonnes conditions agricoles et environnementales.

§ 3 Système de contrôle de la conditionnalité sociale

Art. D. 614-58 Le respect des exigences relatives aux conditions de travail et d'emploi applicables et aux obligations de l'employeur est vérifié en prenant en compte les constats opérés et donnant lieu à décision exécutoire dans le cadre de la législation sociale et du travail.

§ 4 Suites à donner aux contrôles conditionnalité

Art. D. 614-59 Le non-respect des exigences réglementaires en matière de gestion mentionnées à l'annexe III du règlement (UE) 2021/2115 du Parlement européen et du Conseil du 2 décembre 2021, des exigences relatives aux conditions de travail et d'emploi applicables et aux obligations de l'employeur mentionnées à l'annexe IV du même règlement ou des normes relatives aux bonnes conditions agricoles et environnementales des terres prévues au paragraphe 1 est sanctionné par une réduction des paiements soumis aux règles de la conditionnalité et de la conditionnalité sociale, dans les conditions prévues par le présent paragraphe.

Art. D. 614-60 I. – Un arrêté du ministre chargé de l'agriculture définit les points de contrôle et les cas de non-respect correspondants pris en compte au titre de la conditionnalité des aides, pour l'application de la sanction administrative mentionnée à l'article 12 du règlement (UE) 2021/2115 du Parlement européen et du Conseil du 2 décembre 2021.

Les cas de non-respect sont classés par domaine, puis le cas échéant par sous-domaine, puis par exigence ou norme subdivisée, le cas échéant, en points de contrôle.

II. – Les cas de non-respect des exigences ou des normes relevant du domaine "climat et environnement" sont répartis en deux sous-domaines intitulés "bonnes conditions agricoles et environnementales" et "environnement" :

a) Les cas de non-respect relevant du sous-domaine "bonnes conditions agricoles et environnementales" renvoient aux dispositions du paragraphe 1 de la présente sous-section ;

b) Les cas de non-respect relevant du sous-domaine "environnement" sont classés selon les exigences suivantes :

– conservation des oiseaux sauvages, conservation des habitats ;

– directive cadre sur l'eau et protection des eaux contre la pollution par les phosphates ;

– protection des eaux contre la pollution par les nitrates à partir de sources agricoles en zones vulnérables.

III. – Les cas de non-respect des exigences relevant du domaine "santé publique et santé végétale" sont répartis en deux sous-domaines intitulés "santé-productions végétales" et "santé productions animales" :

a) Les cas de non-respect relevant du sous-domaine "santé-productions végétales" sont classés selon les exigences suivantes :

– utilisation des produits phytosanitaires ;

– paquet hygiène, produits d'origine végétale ;

b) Les cas de non-respect relevant du sous-domaine "santé-productions animales" sont classés selon les exigences suivantes :

– paquet hygiène, productions animales ;

– substances interdites.

IV. – Les cas de non-respect relevant du domaine "bien-être des animaux" sont classés selon les exigences suivantes :

– tous élevages, sauf élevages de porcs (en bâtiment) et de veaux (en bâtiment) ;

– élevage de veaux (en bâtiment) ;

– élevage de porcs (en bâtiment).

V. – L'arrêté mentionné au I affecte, en fonction de la gravité, de l'étendue et de la persistance, un pourcentage de réduction des aides à chaque cas de non-respect qu'il définit et détermine les cas de non-respect sans incidence ou avec des incidences négligeables au sens du paragraphe 3 de l'article 85 du règlement (UE) 2021/2116 du Parlement européen et du Conseil du 2 décembre 2021.

Le même arrêté peut également affecter pour des points de contrôle déterminés, un pourcentage de réduction des aides en fonction du nombre d'éléments d'appréciation constatés non-conformes.

Si une non-conformité est constatée à la suite d'un contrôle administratif utilisant les données du système de suivi des surfaces en temps réel mentionné à l'article 70 du

règlement (UE) 2021/2116 du Parlement européen et du Conseil du 2 décembre 2021, il peut être appliqué un taux de réduction inférieur au taux de réduction fixé pour une non-conformité mineure. — *V. Arr. du 19 janv. 2024 relatif à la mise en œuvre de la conditionnalité et de la conditionnalité sociale en métropole à compter de la campagne 2024, art. 2 et annexe 1 (JO 26 janv.).*

Art. D. 614-61 **Un arrêté du ministre chargé de l'agriculture détermine la liste des cas de non-respect pris en compte au titre de la conditionnalité sociale des aides pour l'application des sanctions administratives prévues à l'article 89 du règlement (UE) 2021/2116 du Parlement européen et du Conseil du 2 décembre 2021. L'arrêté affecte en fonction de la gravité, de l'étendue, de la persistance et du caractère intentionnel du non-respect constaté, le pourcentage de réduction des aides à appliquer à chaque cas de non-respect.** — *V. Arr. du 19 janv. 2024 relatif à la mise en œuvre de la conditionnalité et de la conditionnalité sociale en métropole à compter de la campagne 2024, art. 3 et annexe 2 (JO 26 janv.).*

Art. D. 614-62 **Lorsque le montant de la sanction est au plus égal à 100 euros par an, la sanction n'est pas appliquée mais le bénéficiaire est informé du constat et de l'obligation de remise en conformité.**

Art. D. 614-63 **Lors d'un transfert de terres agricoles ou de toute ou partie d'exploitations durant l'année de survenance de l'anomalie, la sanction est imputable à l'agriculteur à l'origine du manquement.**

Art. D. 614-64 **Le préfet recueille les observations de l'agriculteur sur les cas de non-respect constatés à l'occasion des contrôles effectués et sur le taux de réduction susceptible d'en résulter.**

Il transmet aux organismes payeurs la liste des cas de non-respect qui entraînent une réduction des paiements directs en application de la présente section et le taux de cette réduction.

SOUS-SECTION 5 **Mécanismes financiers**

Art. D. 614-65 **Pour l'application du paragraphe 4 de l'article 17 du règlement (UE) 2021/2116 du Parlement européen et du Conseil du 2 décembre 2021, les bénéficiaires finaux sont les agriculteurs ayant bénéficié, au titre de la campagne au cours de laquelle le remboursement est notifié en application du deuxième alinéa du paragraphe 3 de cet article 17, des aides mentionnées au paragraphe 1 du même article 17 et dont les montants perçus dépassent 2 000 euros. Pour les groupements agricoles d'exploitation en commun totaux, ce montant est apprécié selon les modalités fixées par l'article** *(Décr. nº 2023-334 du 3 mai 2023, art. 1er)* **« D. 323-52 ».**

Le montant du remboursement mentionné au paragraphe 4 de l'article 17 du règlement (UE) 2021/2116 du Parlement européen et du Conseil du 2 décembre 2021 est fixé en divisant l'enveloppe de remboursement notifiée par la Commission conformément au deuxième alinéa du paragraphe 3 de ce même article 17 par les montants d'aides éligibles aux remboursements en application du premier alinéa. Ce taux est fixé par arrêté conjoint des ministres chargés de l'agriculture et du budget.

Art. D. 614-66 **Il n'est pas octroyé de paiements directs lorsque le montant total des paiements directs à octroyer pour une année civile avant application des sanctions prévues en application du point d du paragraphe 1 de l'article 59 du règlement (UE) 2021/2116 du Parlement européen et du Conseil du 21 décembre 2021 est inférieur à 200 euros.**

Art. D. 614-67 **Le montant total des paiements demandés au cours d'une année donnée au titre d'un régime de soutien direct peut être modulé par application d'un taux de réduction fixé par arrêté conjoint des ministres chargés de l'agriculture et du budget, en cas de risque de dépassement du plafond national annuel prévu par la réglementation européenne.**

(Décr. nº 2023-815 du 23 août 2023, art. 1er) **« Conformément au dernier alinéa de l'article 101 du règlement (UE) 2021/2115 du Parlement européen et du Conseil du 2 décembre 2021, les montants de l'aide de base au revenu à verser sur la base de la**

valeur des droits activés dans l'année civile peuvent être modulés de manière linéaire par application d'un taux de réduction ou d'augmentation. Le taux de réduction ou d'augmentation est, le cas échéant, fixé annuellement par arrêté conjoint des ministres chargés de l'agriculture et du budget. » — *Au titre de la campagne 2023 pour le solde, le taux de réduction visé à l'art. D. 614-67 est fixé à 3,2324 % (Arr. du 29 nov. 2023, art. 2, JO 3 déc.).*

SECTION 2 Aides dans le cadre du plan stratégique national de la politique agricole commune

(Décr. nº 2023-168 du 8 mars 2023, art. 1er, en vigueur le 1er janv. 2023)

Le Décr. nº 2023-168 du 8 mars 2023 entre en vigueur le 1er janv. 2023 (Décr. préc., art. 5).

SOUS-SECTION 1 Aides directes sous la forme de paiements couplés

§ 1 Mesures de soutien couplé aux productions animales

Art. D. 614-68 En application des articles 32 et 33 du règlement (UE) nº 2021/2115 du Parlement européen et du Conseil du 2 décembre 2021, sont mises en place, pour améliorer la compétitivité des filières concernées ainsi que leur durabilité, les aides couplées au revenu suivantes :

1° Une aide ovine de base, dans les départements métropolitains hors Corse ;

2° Une aide ovine complémentaire pour les élevages détenus par des nouveaux producteurs, dans les départements métropolitains hors Corse ;

3° Une aide caprine, dans les départements métropolitains hors Corse ;

4° Une aide aux bovins de plus de 16 mois, dans les départements métropolitains hors Corse ;

5° Une aide aux veaux sous la mère et aux veaux issus de l'agriculture biologique ;

6° Une aide aux petits ruminants en Corse ;

7° Une aide aux bovins de plus de 16 mois en Corse.

Art. D. 614-69 L'éligibilité à l'aide est soumise au respect des règles d'identification et d'enregistrement des animaux prévues par le règlement (UE) nº 2016/429 du Parlement européen et du Conseil du 9 mars 2016.

L'article *(Décr. nº 2023-334 du 3 mai 2023, art. 1er)* « D. 323-52 » est applicable aux modalités de calcul de l'aide.

Un arrêté du ministre chargé de l'agriculture précise la date à laquelle sont vérifiées les exigences en matière d'identification et d'enregistrement des animaux, ainsi que la forme de l'aide, les seuils d'accès à l'aide, les différents niveaux de paiement de l'aide, les éventuels plafonnements et majorations applicables. Cet arrêté détermine les critères d'éligibilité à l'aide, et notamment les conditions relatives aux caractéristiques de la production de l'exploitation et celles relatives à la détention des animaux. L'arrêté précise également :

1° Pour l'aide ovine de base, les conditions de prise en compte du ratio minimum de productivité pour le calcul de l'effectif maximum primable ;

2° Pour l'aide aux bovins de plus de 16 mois (hors Corse), la date de référence pour le calcul de l'aide, les règles de conversion en unités de gros bétail (UGB) et les conditions de valorisation des UGB ;

3° Pour l'aide aux petits ruminants en Corse, les conditions d'éligibilité aux différents niveaux de l'aide en fonction de l'espèce et de l'adhésion à un signe de qualité *(Abrogé par Décr. nº 2023-1282 du 26 déc. 2023, art. 1er) « et les conditions de prise en compte du ratio minimum de productivité »* ;

4° Pour l'aide aux bovins de plus de 16 mois en Corse, les critères complémentaires d'éligibilité des animaux, la date de référence pour le calcul de l'aide, les règles de conversion en UGB et les conditions de valorisation des UGB.

Sur les conditions d'accès aux aides, V. Arr. du 23 janv. 2023 fixant les conditions d'accès aux aides couplées animales des filières ovines et caprines en faveur des agriculteurs de l'Hexagone à compter de la campagne 2023 (JO 29 janv.), mod. par Arr. du 22 mars 2023 (JO 29 mars) ; Arr. du 26 janv. 2023 fixant les conditions d'accès à l'aide aux petits ruminants en Corse dans le cadre de la politique agricole commune à compter de la campagne 2023 (JO 29 janv.), mod. par Arr. du 22 mars 2023 (JO 25 mars) ; Arr. du 22 mars 2023 fixant les conditions d'accès à l'aide aux bovins de plus de 16 mois dans les départements métropolitains hors Corse et à l'aide aux veaux sous la mère et aux veaux issus de l'agriculture biologique mises en œuvre à partir de la campagne 2023 (JO 4 avr.) ; Arr. du 22 mars 2023 fixant les conditions d'accès à l'aide aux bovins de plus de 16 mois dans les départements de Corse mise en œuvre à partir de la campagne 2023 (JO 4 avr.).

Sur les montants des aides, V. Arr. du 28 nov. 2023 relatif aux montants des aides ovines et de l'aide caprine, dans les départements métropolitains hors Corse, pour le solde pour la campagne 2023 (JO 30 nov.) ; Arr. du 8 déc. 2023 relatif aux montants de l'aide aux petits ruminants en Corse pour le solde pour la campagne 2023 (JO 10 déc.) ; Arr. du 29 janv. 2024 relatif aux montants de l'aide aux bovins de plus de 16 mois, dans les départements métropolitains hors Corse, pour le solde pour la campagne 2023 (JO 30 janv.) ; Arr. du 7 mars 2024 relatif au montant de l'aide aux veaux sous la mère et aux veaux issus de l'agriculture biologique pour la campagne 2023 (JO 14 mars).

Art. D. 614-70 **En application des articles 32 et 102 du règlement (UE) n° 2021/2115 du Parlement européen et du Conseil du 2 décembre 2021, un arrêté conjoint des ministres chargés de l'agriculture et du budget fixe les montants annuels des soutiens accordés par unité de bétail pour chaque aide couplée au revenu aux productions animales prévue par l'article D. 614-68 du code rural et de la pêche maritime.**

Art. D. 614-70-1 *(Décr. n° 2023-815 du 23 août 2023, art. 1er)* **Une sanction financière sur le montant des aides octroyées en application des 1° à 3° de l'article D. 614-68 est appliquée lorsque les contrôles sur place révèlent que le nombre d'animaux non conformes est supérieur à trois.**

Le montant de la sanction financière applicable est déterminé en fonction d'un taux d'écart qui correspond au ratio du nombre d'animaux non conformes divisé par le nombre d'animaux effectivement primés.

Le montant de l'aide pour l'année de la demande concernée est réduit :

— du taux d'écart lorsque ce taux est inférieur ou égal à 20 % ;

— de deux fois le taux d'écart lorsque ce taux est *(Décr. n° 2023-1282 du 26 déc. 2023, art. 1er)* **« supérieur à 20 % et inférieur ou égal à 30 % ».**

L'aide n'est pas octroyée lorsque le taux d'écart excède 30 %. En outre, une pénalité correspondant au nombre d'animaux non conformes multiplié par le montant unitaire de l'aide est appliquée lorsque le taux d'écart est supérieur à 50 % ou lorsqu'aucun animal n'est conforme.

Art. D. 614-70-2 *(Décr. n° 2023-815 du 23 août 2023, art. 1er)* **Une sanction financière sur le montant des aides octroyées en application des 4° et 7° de l'article D. 614-68 est appliquée lorsque les contrôles sur place révèlent une absence partielle ou totale du registre des bovins ou que, pour la demande considérée, le nombre d'animaux enregistrés dans le système d'identification et d'enregistrement des bovins non conformes est supérieur à trois. En cas de contrôle par échantillonnage, les conclusions sont extrapolées sur la base de l'échantillon.**

Le montant de la sanction financière applicable est déterminé en fonction d'un taux d'écart qui correspond au ratio du nombre d'animaux non conformes divisé par le nombre d'animaux enregistrés dans le système d'identification et d'enregistrement des bovins pour la demande considérée.

Le montant de l'aide pour l'année de la demande concernée est réduit :

— du taux d'écart lorsque ce taux est inférieur *(Décr. n° 2023-1282 du 26 déc. 2023, art. 1er)* **« ou égal » à 20 % ;**

— de deux fois le taux d'écart lorsque ce taux est *(Décr. n° 2023-1282 du 26 déc. 2023, art. 1er)* **« supérieur à 20 % et inférieur ou égal à 30 % ».**

L'aide n'est pas octroyée lorsque le taux d'écart excède 30 %. En outre, une pénalité correspondant à la moitié de la différence entre le montant d'aide calculé avant la prise en compte des résultats des contrôles sur place et le montant d'aide calculé après la prise en compte des résultats des contrôles sur place est appliquée lorsque le taux d'écart est supérieur à 50 % ou lorsqu'aucun animal n'est conforme.

L'aide n'est pas octroyée en cas d'absence de registre des bovins. En cas de registre des bovins incomplet, le montant de l'aide pour l'année considérée est réduit de 50 %.

Art. D. 614-70-3 *(Décr. n° 2023-815 du 23 août 2023, art. 1er)* **Une sanction financière sur le montant des aides octroyées en application du 5° de l'article D. 614-68 est appliquée lorsque les contrôles sur place révèlent que, pour la demande considérée, le**

nombre d'animaux enregistrés dans le système d'identification et d'enregistrement des bovins non conformes est supérieur à trois. En cas de contrôle par échantillonnage, les conclusions sont extrapolées sur la base de l'échantillon.

Le montant de la sanction financière applicable est déterminé en fonction d'un taux d'écart qui correspond au ratio du nombre d'animaux non conformes divisé par le nombre d'animaux effectivement primé.

Le montant de l'aide pour l'année de la demande concernée est réduit :

— du taux d'écart lorsque ce taux est inférieur *(Décr. nº 2023-1282 du 26 déc. 2023, art. 1er)* **« ou égal » à 20 % ;**

— de deux fois le taux d'écart lorsque ce taux est *(Décr. nº 2023-1282 du 26 déc. 2023, art. 1er)* **« supérieur à 20 % et inférieur ou égal à 30 % ».**

L'aide n'est pas octroyée lorsque le taux d'écart excède 30 %. En outre, une pénalité correspondant au nombre d'animaux non conformes multiplié par le montant unitaire de l'aide est appliquée lorsque le taux d'écart est supérieur à 50 % ou lorsqu'aucun animal n'est conforme.

Art. D. 614-70-4 *(Décr. nº 2023-815 du 23 août 2023, art. 1er)* **Une sanction financière sur le montant des aides octroyées en application du 6° de l'article D. 614-68 est appliquée lorsque le montant d'aide calculé à partir de la déclaration du demandeur est supérieur** *(Décr. nº 2023-1282 du 26 déc. 2023, art. 1er)* **« de plus de 5 % » au montant d'aide calculé sur la base des résultats des contrôles.**

Le montant de la sanction financière applicable est déterminé en fonction d'un taux d'écart qui correspond à la différence entre le montant d'aide calculé à partir de la déclaration du demandeur et le montant d'aide calculé sur la base des résultats des contrôles, divisée par le montant d'aide calculé sur la base des résultats des contrôles.

Le montant de l'aide pour l'année de la demande concernée est réduit :

— du taux d'écart lorsque ce taux est inférieur *(Décr. nº 2023-1282 du 26 déc. 2023, art. 1er)* **« ou égal » à 20 % ;**

— de deux fois le taux d'écart lorsque ce taux est *(Décr. nº 2023-1282 du 26 déc. 2023, art. 1er)* **« supérieur à 20 % et inférieur ou égal à 30 % ».**

L'aide n'est pas octroyée lorsque le taux d'écart excède 30 %. En outre, une pénalité correspondant à la moitié de la différence entre le montant d'aide calculé à partir de la déclaration du demandeur et le montant d'aide calculé sur la base des résultats des contrôles est appliquée lorsque le taux d'écart est supérieur à 50 % ou lorsqu'aucun animal n'est conforme.

§ 2 Mesures de soutien couplé aux productions végétales

Art. D. 614-71 En application des articles 32 et 33 du règlement (UE) nº 2021/2115 du Parlement européen et du Conseil du 2 décembre 2021, sont mises en place les aides couplées au revenu suivantes :

1° Une aide couplée aux légumineuses à graines et aux légumineuses fourragères déshydratées ou destinées à la production de semences ;

2° Une aide couplée aux légumineuses fourragères dans les zones de montagne ;

3° Une aide couplée aux légumineuses fourragères hors zones de montagne ;

4° Une aide couplée à la production de blé dur ;

5° Une aide couplée à la production de pommes de terre féculières ;

6° Une aide couplée à la production de riz ;

7° Une aide couplée à la production de houblon ;

8° Une aide couplée à la production de semences de graminées prairiales ;

9° Une aide couplée à la production de chanvre ;

10° Une aide couplée à la production de prunes d'Ente destinées à la transformation ;

11° Une aide couplée à la production de cerises Bigarreau destinées à la transformation ;

12° Une aide couplée à la production de poires Williams destinées à la transformation ;

13° Une aide couplée à la production de pêches Pavie destinées à la transformation ;

14° Une aide couplée au maraîchage ;

15° Une aide couplée aux tomates destinées à la transformation.

Art. D. 614-72 Sont éligibles à l'aide mentionnée au 1° de l'article D. 614-71 les agriculteurs actifs qui exploitent des surfaces cultivées en protéagineux, soja ou légumes secs récoltés en graine après le stade de maturité laiteuse quelle que soit leur destination. Les mélanges de céréales et de protéagineux sont éligibles à l'aide si la présence de protéagineux est supérieure à 50 % dans le mélange de semences implantées.

Sont également éligibles les agriculteurs actifs qui exploitent des surfaces cultivées en légumineuses fourragères pures destinées à la déshydratation ou des surfaces cultivées en légumineuses fourragères destinées à la production de semences, à l'exception de la variété de luzerne Greenmed, sous réserve que, pour la campagne culturale concernée, les surfaces déclarées en légumineuses fourragères destinées à la déshydratation fassent l'objet d'un contrat de transformation entre le demandeur de l'aide et une entreprise de déshydratation *(Abrogé par Décr. n° 2023-1282 du 26 déc. 2023, art. 1er)* *« ou que les surfaces déclarées en légumineuses fourragères destinées à la production de semences fassent l'objet d'un contrat entre l'exploitant demandeur de l'aide et une entreprise de multiplication de semences certifiées »*.

Art. D. 614-73 Sont éligibles à l'aide mentionnée au 2° de l'article D. 614-71 les surfaces exploitées par des agriculteurs actifs dans une zone de montagne au sens de l'article D. 113-14, et qui sont implantées en légumineuses fourragères en culture principale l'année de la demande d'aide, à l'exception de celles destinées à la production de semences.

Sont également éligibles les surfaces exploitées par des agriculteurs actifs dans une zone de montagne au sens de l'article D. 113-14, et qui sont implantées d'un mélange de légumineuses fourragères éligibles en mélange entre elles ou en mélange avec d'autres cultures, si le mélange contient au moins 50 % de semences de légumineuses fourragères à l'implantation. Les surfaces implantées en mélange de légumineuses et de graminées ne sont éligibles que l'année du semis.

Le demandeur doit en outre soit détenir des animaux sur son exploitation soit cultiver des légumineuses fourragères pour un éleveur dans le cadre d'un contrat direct.

Art. D. 614-74 Sont éligibles à l'aide mentionnée au 3° de l'article D. 614-71, les surfaces exploitées par des agriculteurs actifs qui ne sont pas classées en zone de montagne au sens de l'article D. 113-14 et qui sont implantées en légumineuses fourragères en culture principale l'année de la demande d'aide, à l'exception de celles destinées à la production de semences.

Sont également éligibles à l'aide, les surfaces exploitées par des agriculteurs actifs qui ne sont pas classées en zone de montagne au sens de l'article D. 113-14, et qui sont implantées d'un mélange de légumineuses fourragères éligibles en mélange entre elles ou en mélange avec d'autres cultures, si le mélange contient au moins 50 % de semences de légumineuses fourragères à l'implantation. Les surfaces implantées en mélange de légumineuses et de graminées ne sont éligibles que l'année du semis.

Le demandeur doit en outre soit détenir des animaux sur son exploitation soit cultiver des légumineuses fourragères pour un éleveur dans le cadre d'un contrat direct.

Art. D. 614-75 Sont éligibles à l'aide mentionnée au 4° de l'article D. 614-71 les agriculteurs actifs qui exploitent des surfaces cultivées en blé dur dans les régions Provence-Alpes-Côte d'Azur et Occitanie et dans les départements de la Drôme et de l'Ardèche et qui font l'objet d'un contrat de livraison, conclu avec un collecteur, pour la récolte au titre de la campagne culturale concernée. Les surfaces en production de semence de blé dur sont éligibles lorsqu'elles font l'objet d'un contrat de culture.

Art. D. 614-76 Sont éligibles à l'aide mentionnée au 5° de l'article D. 614-71 les agriculteurs actifs exploitant des surfaces en pommes de terre féculières qui font l'objet d'un contrat de culture entre le producteur et une usine de première transformation ou entre le producteur et une organisation de producteurs, ou une coopérative à laquelle il est adhérent. Le contrat de culture doit concerner la récolte de la campagne culturale concernée et être signé au plus tard à la date limite de dépôt de la demande d'aide.

Art. D. 614-77 Sont éligibles à l'aide mentionnée au 6° de l'article D. 614-71 les agriculteurs actifs qui exploitent des surfaces cultivées en riz.

Art. D. 614-78 Sont éligibles à l'aide mentionnée au 7° de l'article D. 614-71 les agriculteurs actifs qui exploitent des surfaces plantées en houblon.

Art. D. 614-79 Sont éligibles à l'aide mentionnée au 8° de l'article D. 614-71 les agriculteurs actifs qui exploitent des surfaces cultivées pour la multiplication de semences certifiées de graminées prairiales dans le cadre d'un contrat de culture. Les variétés de graminées implantées doivent être inscrites au catalogue officiel des espèces et variétés de plantes cultivées en France ou être inscrites au catalogue européen des espèces agricoles.

Les variétés de graminées destinées uniquement à la production de gazon ne sont pas éligibles.

Art. D. 614-80 Sont éligibles à l'aide mentionnée au 9° de l'article D. 614-71 les agriculteurs actifs qui exploitent des surfaces cultivées en chanvre qui font l'objet d'un contrat de culture avec une entreprise de transformation ou une entreprise de semences certifiées.

Art. D. 614-81 Sont éligibles à l'aide mentionnée au 10° de l'article D. 614-71 les agriculteurs actifs qui exploitent des vergers de prunes d'Ente dans le but de produire des fruits destinés à la transformation et qui entretiennent et renouvellent le verger.

Art. D. 614-82 Sont éligibles à l'aide mentionnée au 11° de l'article D. 614-71 les agriculteurs actifs qui exploitent des vergers de cerises Bigarreau dans le but de produire des fruits destinés à la transformation.

Art. D. 614-83 Sont éligibles à l'aide mentionnée au 12° de l'article D. 614-71 les agriculteurs actifs qui exploitent des vergers de poires Williams dans le but de produire des fruits destinés à la transformation.

Art. D. 614-84 Sont éligibles à l'aide mentionnée au 13° de l'article D. 614-71 les agriculteurs actifs qui exploitent des vergers de pêches Pavie dans le but de produire des fruits destinés à la transformation.

Art. D. 614-85 Sont éligibles à l'aide mentionnée au 14° de l'article D. 614-71 les agriculteurs actifs qui exploitent une surface agricole utile inférieure ou égale à trois hectares et qui exploitent au moins un demi hectare de légumes frais ou de petits fruits rouges dont la liste est fixée par arrêté du ministre chargé de l'agriculture.

Art. D. 614-86 Sont éligibles à l'aide mentionnée au 15° de l'article D. 614-71 les agriculteurs actifs qui exploitent des surfaces cultivées pour la production de tomates destinées à la transformation.

Art. D. 614-87 Pour l'octroi des aides mentionnées aux 10° à 13° et au 15° de l'article D. 614-71, le débouché industriel des fruits est attesté au plus tard à la date limite de dépôt des demandes d'aides par la conclusion d'un contrat de transformation signé entre l'exploitant et une usine de transformation ou par l'adhésion à une organisation de producteurs reconnue uniquement pour le secteur concerné.

La surface éligible est égale à la surface la plus faible entre la surface déclarée et la surface certifiée par l'organisation de producteurs ou entre la surface déclarée et la surface contractualisée.

Art. D. 614-88 Un arrêté du ministre chargé de l'agriculture précise :

1° Pour l'aide mentionnée au 1° de l'article D. 614-71, les listes des cultures et des variétés de semences éligibles à l'aide, les modalités d'évaluation de l'éligibilité des mélanges, les conditions tenant à la date de la récolte en ce qui concerne les légumineuses à graines, les modalités selon lesquelles le demandeur justifie destiner ses productions à la transformation en ce qui concerne les légumineuses fourragères déshydratées *(Abrogé par Décr. n° 2023-1282 du 26 déc. 2023, art. 1er)* « ***, les modalités selon lesquelles le demandeur justifie destiner ses produits à la multiplication de semences en ce qui concerne la production de semences*** » ;

2° Pour les aides mentionnées aux 2° et 3° de l'article D. 614-71, la liste des cultures éligibles, les modalités d'évaluation de l'éligibilité des mélanges ainsi que les modalités selon lesquelles le demandeur justifie la détention d'animaux sur son exploitation ou la destination de sa production à un éleveur dans le cadre d'un contrat direct ;

3° Pour l'aide mentionnée au 4° de l'article D. 614-71, les modalités selon lesquelles le demandeur justifie destiner ses produits à un collecteur de céréales et les modalités selon lesquelles le demandeur justifie destiner ses produits à la multiplication de semences ;

4° Pour l'aide mentionnée au 5° de l'article D. 614-71, les modalités selon lesquelles le demandeur justifie destiner ses produits à la transformation ;

5° Pour l'aide mentionnée au 8° de l'article D. 614-71, la liste des variétés de semences de graminées prairiales éligibles ainsi que les modalités selon lesquelles le demandeur justifie destiner ses produits à la multiplication de semences ;

6° Pour l'aide mentionnée au 9° de l'article D. 614-71, les modalités selon lesquelles le demandeur justifie destiner à la transformation ou à la multiplication de semences, les tiges ou les graines issues de sa production ;

7° Pour l'aide mentionnée au 14° de l'article D. 614-71, les cultures éligibles, les seuils et plafonds d'accès à l'aide. — *V. Arr. du 30 mars 2023 fixant les conditions d'accès aux aides couplées au revenu dans le domaine végétal mises en œuvre, à partir de la campagne 2023, dans le cadre de la politique agricole commune (JO 1er avr.), mod. par Arr. du 28 déc. 2023 (JO 30 déc.) ; Instruction technique DGPE/SDPAC/2023-807 du 28 déc. 2023 relative aux aides couplées végétales (BOM Agriculture no 3 du 18 janv. 2024).*

Art. D. 614-89 Un arrêté des ministres chargés de l'agriculture et du budget fixe chaque année le montant unitaire par hectare pour chaque aide couplée au revenu aux productions végétales prévue à l'article D. 614-71. — *V. Arr. du 19 févr. 2024 fixant le montant unitaire des aides couplées végétales pour la campagne 2023 (JO 23 févr.), mod. par Arr. du 1er mars 2024 (JO 6 mars).*

Art. D. 614-90 Le montant de l'aide tient compte de la surface admissible de l'exploitation déclarée dans le cadre de la demande mentionnée à l'article D. 614-36 et du respect des conditions de son octroi.

Pour les groupements agricoles d'exploitation en commun totaux, le montant de l'aide mentionnée au 15° de l'article D. 614-71 est déterminé dans les conditions fixées par l'article *(Décr. no 2023-334 du 3 mai 2023, art. 1er)* « D. 323-52 ».

Art. D. 614-91 Si la surface déclarée est supérieure à la surface déterminée et si l'écart constaté est supérieur soit à 5 % de la surface déterminée soit à deux hectares, une sanction financière est appliquée.

Lorsque l'écart constaté ne dépasse pas 30 % de la surface déterminée, la sanction financière est équivalente au montant d'aide correspondant à une fois et demi l'écart constaté.

Lorsque l'écart constaté excède 30 % mais ne dépasse pas 50 % de la surface déterminée, la sanction financière est équivalente au montant de l'aide correspondant à la surface déterminée.

Lorsque l'écart constaté excède 50 % de la surface déterminée ou si la surface déterminée est égale à zéro, la sanction financière est équivalente au montant de l'aide correspondant à la surface déterminée augmentée de la moitié de l'écart.

La surface déclarée est la surface admissible pour laquelle le demandeur a déposé une demande d'aide, plafonnée à la surface faisant l'objet d'un contrat pour les cas où celui-ci constitue une condition d'octroi de l'aide, en application des dispositions du second alinéa de l'article D. 614-72, des articles D. 614-75 et 76, des articles D. 614-79 à 84 et de l'article D. 614-86 du code rural et de la pêche maritime.

La surface déterminée correspond à la surface pour laquelle le demandeur a déposé une demande d'aide et dont il a été constaté lors des contrôles que l'ensemble des conditions d'octroi de cette aide est respecté.

SOUS-SECTION 2 Aides directes sous la forme de paiements découplés

(Décr. no 2023-409 du 25 mai 2023, art. 1er)

V. Instruction technique DGPE/SDPAC/2023-532 du 14 août 2023 relative aux règles d'activation des droits à paiement de base (DPB), à l'aide redistributive complémentaire au revenu pour un développement durable et aux transferts de DPB à compter de la campagne 2023 (NOR : AGRT2322552J, BOM Agriculture 17 août).

COMMENTAIRE

Les paiements directs découplés sont des aides annuelles versées directement aux agriculteurs actifs selon les surfaces de terres agricoles qu'ils détiennent (aide de base, aide redistributive complémentaire au revenu pour un développement durable, aide complémentaire au revenu pour les jeunes agriculteurs). Ces aides relèvent du premier pilier de la politique agricole commune. Une réserve de droits à paiements est constituée auprès de chaque groupe de territoires.

§ 1 Aide de base au revenu pour un développement durable

Art. D. 614-92 L'aide de base au revenu pour un développement durable est versée sur la base de droits au paiement au sens de l'article 23 du règlement (UE) 2021/2115 du Parlement européen et du Conseil du 2 décembre 2021.

Art. D. 614-93 En application du deuxième paragraphe de l'article 24 du règlement (UE) 2021/2115 du Parlement européen et du Conseil du 2 décembre 2021, deux groupes de territoires sont définis pour l'application de l'aide de base au revenu pour un développement durable :

– le groupe "Corse", qui comprend la collectivité de Corse ;
– le groupe "Hexagone", qui comprend les autres départements métropolitains.

Art. D. 614-94 Pour le groupe "Corse", la valeur unitaire des droits au paiement est uniforme à compter des demandes d'aides présentées en 2023. Un arrêté du ministre chargé de l'agriculture fixe chaque année la valeur unitaire de ces droits. – *Au titre de la campagne 2023, pour le solde, la valeur unitaire des droits au paiement pour le groupe Corse visée à l'art. D. 614-94 est fixée à 144,64 euros (Arr. du 28 nov. 2023, art. 1er, JO 3 déc.).*

Art. D. 614-95 Pour le groupe "Hexagone", à compter des demandes d'aides présentées en 2023, la valeur minimale des droits à paiement est portée à 70 % de la valeur moyenne des droits et la valeur maximale des droits à paiement est plafonnée à une valeur fixée par un arrêté du ministre chargé de l'agriculture. – *Au titre de la campagne 2023, pour le solde, la valeur maximale des droits au paiement pour le groupe Hexagone visée à l'art. D. 614-95 est fixée à 1 349 euros (Arr. du 28 nov. 2023, art. 2, JO 3 déc.).*

A compter des demandes d'aides présentées en 2025, le niveau maximal pour la valeur des droits au paiement individuels est fixé à 1 000 euros. La valeur de tous les droits supérieurs au montant unitaire moyen mentionné au premier paragraphe de l'article 102 du règlement (UE) 2021/2115 du Parlement européen et du Conseil du 2 décembre 2021, appelée "valeur cible 2026", est réduite d'un montant égal à 50 % de l'écart à cette valeur cible, avec une limitation de la réduction à 30 % par rapport à la valeur des droits au paiement avant application du plafond fixé à 1 000 euros. Les modalités de limitation de la réduction maximale de la valeur unitaire des droits au paiement ne peuvent pas conduire un droit à dépasser le plafond de 1 000 euros.

La valeur minimale des droits à paiement, à compter des demandes d'aides présentées en 2025, est portée à 85 % de la "valeur cible 2026", puis la valeur minimale des droits inférieurs à la valeur cible est augmentée d'un montant égal à un pourcentage de l'écart à cette valeur cible fixé par un arrêté du ministre chargé de l'agriculture.

Art. D. 614-96 En application du premier paragraphe de l'article 25 du règlement (UE) 2021/2115 du Parlement européen et du Conseil du 2 décembre 2021, l'aide de base au revenu est octroyée sur la base de la demande unique mentionnée à l'article D. 614-36 après activation d'un droit au paiement.

Les droits au paiement du demandeur sont activés sur les hectares admissibles au sens de l'article D. 614-9 affectés à l'exploitation conformément à l'article D. 614-97. Ils peuvent être activés sur des hectares admissibles de pâturages utilisés en commun affectés à l'exploitation du demandeur au prorata de son utilisation. Le *prorata temporis* s'applique sur la surface admissible de pâturages utilisés en commun réduite du nombre de droits à paiement de base pour lequel le gestionnaire de ces surfaces demande le paiement. Un gestionnaire d'estive peut bénéficier de l'aide de base pour la surface admissible correspondant au nombre de droits au paiement qu'il détient.

Un arrêté du ministre chargé de l'agriculture précise les conditions d'activation des droits au paiement en ce qui concerne notamment leur localisation, leurs modalités

d'expiration et leurs modalités de calcul. — *V. Arr. du 5 juin 2023 relatif à la mise en œuvre des aides découplées hors « écorégime », art. 1er-I (JO 8 juin).*

Art. D. 614-97 **La surface déclarée à l'aide de base est la surface admissible pour laquelle le demandeur a déposé une demande d'aide, augmentée de la surface admissible de pâturages utilisés en commun affectée à l'exploitation, puis plafonnée au nombre de droits au paiement détenus à la date limite de dépôt des demandes d'aide prévue à l'article D. 614-36 du code rural et de la pêche maritime.**

La surface déterminée pour l'aide de base correspond au minimum entre la surface déclarée et la surface pour laquelle les contrôles ont constaté que l'ensemble des critères d'admissibilité est respecté, plafonnée au nombre de droits au paiement détenus à la date limite de dépôt des demandes d'aide prévue à l'article D. 614-36 du code rural et de la pêche maritime.

Toutefois, lorsque la surface déclarée est supérieure au plus de 20 %, et dans la limite de 0,1 hectare, à la surface pour laquelle les contrôles ont constaté que l'ensemble des critères d'admissibilité est respecté, plafonnée par le nombre de droits au paiement détenus à la date limite de dépôt des demandes d'aide prévue à l'article D. 614-36 du code rural et de la pêche maritime, la surface déterminée équivaut à la surface déclarée.

Sans préjudice des sanctions administratives prévues, l'aide est payée sur la base de la surface déterminée. Un arrêté du ministre chargé de l'agriculture définit les modalités de calcul applicable au paiement de l'aide, tenant compte de la valeur de tous les droits à paiement détenus par le demandeur et déclarés. — *V. Arr. du 5 juin 2023 relatif à la mise en œuvre des aides découplées hors « écorégime », art. 1er-II (JO 8 juin).*

Art. D. 614-98 **Si la surface déclarée est supérieure à la surface déterminée, et si l'écart constaté est supérieur soit à 5 % de la surface déterminée soit à deux hectares, une sanction financière est appliquée.**

Lorsque l'écart constaté ne dépasse pas 30 % de la surface déterminée, la sanction financière est équivalente au montant d'aide correspondant à une fois et demi l'écart constaté.

Lorsque l'écart constaté excède 30 %, mais ne dépasse pas 50 % de la surface déterminée, la sanction financière est équivalente au montant de l'aide correspondant à la surface déterminée.

Lorsque l'écart constaté excède 50 % de la surface déterminée ou si la surface déterminée est égale à zéro, la sanction financière est équivalente au montant de l'aide correspondant à la surface déterminée augmentée de la moitié de l'écart.

Art. D. 614-99 **I. — En application du deuxième paragraphe de l'article 26 du règlement (UE) 2021/2115 du Parlement européen et du Conseil du 2 décembre 2021, une réserve de droits à paiement de base est établie dans chaque groupe de territoires défini à l'article D. 614-93. Ces réserves sont alimentées chaque année par les droits expirés selon les dispositions prises en application de l'article D. 614-96.**

II. — Outre l'utilisation prévue par les quatrième et cinquième paragraphes de l'article 26 du règlement (UE) 2021/2115 du Parlement européen et du Conseil du 2 décembre 2021, les réserves de chaque groupe de territoires permettent :

1° D'attribuer des droits au paiement au bénéfice d'agriculteurs dont une partie de l'exploitation a fait l'objet d'une occupation temporaire dans le cadre de grands travaux, afin de pallier l'absence d'attribution ou la perte de droits à paiement ;

2° D'attribuer des droits au paiement au bénéfice d'agriculteurs présents en 2013 ou 2014 ayant déposé une demande d'aide au paiement de base en 2015 pour des surfaces présentes en 2015, n'ayant pas obtenu de droits au paiement en 2015 au motif qu'ils n'étaient pas agriculteurs actifs ou en raison de l'absence de la continuité du contrôle de l'exploitation et n'ayant jamais détenu de DPB de 2015 à 2022 ;

3° De revaloriser de façon linéaire la valeur de tous les droits au paiement du groupe de territoires considéré. Le taux de revalorisation est défini, le cas échéant, par un arrêté du ministre chargé de l'agriculture.

Un arrêté du ministre chargé de l'agriculture fixe chaque année la valeur unitaire des nouveaux droits au paiement à la valeur moyenne des droits au paiement pour chaque groupe de territoires défini à l'article D. 614-93, au cours de l'année d'attribution. — *Au titre de la campagne 2023, pour le solde, la valeur unitaire des nouveaux droits au paiement pour* *chaque groupe de territoires visée au II de l'art. D. 614-99 est fixée à 127,28 euros pour le groupe Hexagone et 144,64 euros pour le groupe Corse (Arr. du 28 nov. 2023, art. 3, JO 3 déc.).*

Un arrêté du ministre chargé de l'agriculture précise les modalités de déclaration des demandes d'attribution de droits au paiement par la réserve, les rangs de priorité des programmes mentionnés au présent paragraphe et les conditions permettant de bénéficier de ces programmes. — *V. Arr. du 5 juin 2023 relatif à la mise en œuvre des aides découplées hors « écorégime », art. 2 (JO 8 juin).*

III. — En application du septième paragraphe de l'article 26 du règlement (UE) 2021/2115 du Parlement européen et du Conseil du 2 décembre 2021 :

— les réserves de chaque groupe de territoires permettent d'attribuer des droits au paiement uniquement sur les surfaces admissibles de la campagne en cours et qui n'étaient pas en vignes en 2013 ;

— une même entité juridique ne peut bénéficier qu'une seule fois des programmes résultant de l'application du quatrième paragraphe du même article et des programmes résultant de l'application du sixième paragraphe de l'article 30 du règlement (UE) 1307/2013 du Parlement européen et du Conseil du 17 décembre 2013 ;

— les programmes résultant de l'application du quatrième paragraphe de l'article 26 du règlement (UE) 2021/2115 du Parlement européen et du Conseil du 2 décembre 2021 sont exclusifs l'un de l'autre. En cas de demandes simultanées éligibles au titre des deux programmes, la priorité est donnée à la demande d'attribution relevant du a du quatrième paragraphe du même article.

IV. — En application du neuvième paragraphe de l'article 26 du règlement (UE) 2021/2115 du Parlement européen et du Conseil du 2 décembre 2021, les réserves permettent également de revaloriser des droits au paiement existants des agriculteurs bénéficiaires des programmes résultant de l'application du quatrième paragraphe du même article, jusqu'à concurrence de la valeur moyenne définie au II de l'article D. 614-99, pour chaque groupe de territoire défini à l'article D. 614-93.

V. — En application des sixième et septième paragraphes de l'article 26 du règlement (UE) 2021/2115 du Parlement européen et du Conseil du 2 décembre 2021, une réduction linéaire de la valeur des droits à paiement existants peut être décidée par arrêté du ministre chargé de l'agriculture. — *Au titre de la campagne 2023, pour le solde, la réduction linéaire de la valeur des droits à paiement visée au V de l'art. D. 614-99 est fixée à 1 % pour le groupe Hexagone et 1,8203 % pour le groupe Corse (Arr. du 28 nov. 2023, art. 4, JO 3 déc.).*

Art. D. 614-100 **Les droits au paiement peuvent être transférés à tout moment de l'année, toutefois ils ne peuvent donner lieu à un paiement qu'aux demandeurs qui les détiennent à la date limite de dépôt des demandes d'aides prévue à l'article D. 614-36 du code rural et de la pêche maritime.**

Les transferts de droits à paiement hors héritage et donation peuvent être définitifs ou temporaires. Les transferts de droits à paiement par héritage ou donation sont définitifs.

En cas de transfert d'une fraction d'un droit, la valeur de la fraction est calculée proportionnellement.

Un arrêté du ministre chargé de l'agriculture précise les modalités de déclaration des transferts de droits à paiement ainsi que le nombre minimal de droits pouvant être transférés. — *V. Arr. du 5 juin 2023 relatif à la mise en œuvre des aides découplées hors « écorégime », art. 3 (JO 8 juin).*

§ 2 Aide redistributive complémentaire au revenu pour un développement durable

Art. D. 614-101 **En application de l'article 29 du règlement (UE) 2021/2115 du Parlement européen et du Conseil du 2 décembre 2021, est mise en place une aide redistributive complémentaire au revenu pour un développement durable.**

L'aide prend la forme d'un montant fixe par hectare au niveau national, versé sur un maximum de 52 hectares admissibles au sens de l'article D. 614-9. Elle est octroyée sur la base d'une déclaration conformément à l'article D. 614-36 du code rural et de la pêche maritime.

Le montant unitaire de l'aide et le montant moyen national des paiements directs par hectare sont définis chaque année par un arrêté du ministre chargé de l'agriculture

et du ministre chargé du budget. — *Au titre de la campagne 2023 pour le solde, le montant unitaire de l'aide redistributive complémentaire au revenu pour un développement durable visé à l'art. D. 614-101 est fixé à 49,4 euros par hectare (Arr. du 29 nov. 2023, art. 1er, JO 3 déc.).*

Art. D. 614-102 **Dans le cas d'un groupement agricole d'exploitation en commun, le plafond des 52 hectares admissibles à l'aide est appliqué au niveau des associés du groupement selon les modalités prévues à l'article D. 323-52 du code rural et de la pêche maritime au vu de la situation du groupement à la date limite de dépôt des demandes d'aide prévue à l'article D. 614-36 du code rural et de la pêche maritime.**

Art. D. 614-103 **La surface déclarée à l'aide redistributive est la surface admissible pour laquelle le demandeur a déposé une demande d'aide, augmentée de la surface admissible de pâturages utilisés en commun affectée à l'exploitation, puis plafonnée à 52 hectares. La surface déclarée à l'aide redistributive par un gestionnaire de surfaces mentionné au II de l'article D. 614-10 du code rural et de la pêche maritime est en outre plafonnée au nombre de droits à paiement détenus par le gestionnaire à la date limite de dépôt des demandes d'aide prévue à l'article D. 614-36 du code rural et de la pêche maritime.**

La surface déterminée correspond au minimum entre la surface déclarée à l'aide redistributive et la surface, plafonnée à 52 hectares, pour laquelle les contrôles ont constaté que l'ensemble des critères d'admissibilité est respecté. La surface déterminée à l'aide redistributive pour un gestionnaire de surfaces mentionné au II de l'article D. 614-10 du code rural et de la pêche maritime est en outre plafonnée au nombre de droits à paiement détenus par le gestionnaire à la date limite de dépôt des demandes d'aide prévue à l'article D. 614-36 du code rural et de la pêche maritime.

Toutefois, lorsque l'écart entre la surface pour laquelle les contrôles ont constaté que l'ensemble des critères d'admissibilité est respecté, plafonnée à 52 hectares et la surface déclarée est inférieur ou égal à 0,1 ha et ne représente pas plus de 20 % de la surface déclarée, alors la surface pour laquelle les contrôles ont constaté que l'ensemble des critères d'admissibilité est respecté, plafonnée à 52 hectares est égale à la surface déclarée.

Sans préjudice des sanctions administratives prévues, l'aide est payée sur la base de la surface déterminée.

Art. D. 614-104 **Si la surface déclarée est supérieure à la surface déterminée, et si l'écart constaté est supérieur soit à 5 % de la surface déterminée soit à deux hectares, une sanction financière est appliquée.**

Lorsque l'écart constaté ne dépasse pas 30 % de la surface déterminée, la sanction financière est équivalente au montant de l'aide correspondant à une fois et demi l'écart constaté.

Lorsque l'écart constaté excède 30 %, mais ne dépasse pas 50 % de la surface déterminée, la sanction financière est équivalente au montant de l'aide correspondant à la surface déterminée.

Lorsque l'écart constaté excède 50 % de la surface déterminée ou si la surface déterminée est égale à zéro, la sanction financière est équivalente au montant de l'aide correspondant à la surface déterminée augmentée de la moitié de l'écart.

§ 3 Aide complémentaire au revenu pour les jeunes agriculteurs

V. Instruction technique DGPE/SDPAC/2023-445 du 10 juill. 2023 relative à la notion de jeune agriculteur (JA) et à l'aide complémentaire au revenu pour les jeunes agriculteurs (ACJA) à compter de la campagne 2023 (BO Agriculture 13 juill.).

Art. D. 614-105 **En application de l'article 30 du règlement (UE) 2021/2115 du Parlement européen et du Conseil du 2 décembre 2021, est mise en place une aide complémentaire au revenu pour les jeunes agriculteurs.**

L'aide est versée sous la forme d'un montant forfaitaire par exploitation. Elle est octroyée sur la base d'une déclaration conformément à l'article D. 614-36.

Le montant forfaitaire est défini chaque année par un arrêté du ministre chargé de l'agriculture et du ministre chargé du budget. — *Au titre de la campagne 2023 pour le solde, le montant forfaitaire de l'aide complémentaire au revenu pour les jeunes agriculteurs visé à l'art. D. 614-105 est fixé à 4 300 euros (Arr. du 29 nov. 2023, JO 10 déc.).*

Art. D. 614-106-1 L'aide est octroyée aux demandeurs qui, à la date limite de dépôt des demandes d'aide prévue à l'article D. 614-36 du code rural et de la pêche maritime, applicable pour la campagne de leur première demande, répondent à la définition de jeune agriculteur énoncée à l'article D. 614-2, et qui se sont installés pour la première fois l'année de cette première demande ou dans les cinq années civiles précédentes.

Dans le cas des formes sociétaires la première demande s'entend comme la première demande après l'entrée du jeune agriculteur. L'aide est versée sur toute sa durée à condition qu'un des associés respecte chaque année les critères de jeune agriculteur.

Art. D. 614-106-2 Les bénéficiaires du paiement en faveur des jeunes agriculteurs, prévu par l'article 50 du règlement (UE) n° 1307/2013 du Parlement européen et du Conseil, peuvent continuer à bénéficier de cette aide pour le restant de la période prévue au cinquième paragraphe de cet article.

Un arrêté du ministre chargé de l'agriculture définit les conditions dans lesquelles une forme sociétaire bénéficiaire du paiement en faveur des jeunes agriculteurs prévu par l'article 50 du règlement (UE) n° 1307/2013 du Parlement européen et du Conseil, peut être considérée comme ayant droit au bénéfice de l'aide complémentaire au revenu pour les jeunes agriculteurs en application de l'article 30 du règlement (UE) 2021/2115 du Parlement européen et du Conseil du 2 décembre 2021. — *V. Arr. du 5 juin 2023 relatif à la mise en œuvre des aides découplées hors « écorégime », art. 4 (JO 8 juin).*

Art. D. 614-107 Les groupements agricoles d'exploitation en commun totaux bénéficient du principe de transparence selon les modalités prévues à l'article R. 323-53.

Art. D. 614-108 L'aide complémentaire au revenu pour les jeunes agriculteurs ne peut pas être allouée au-delà de 2027, conformément au paragraphe 3 de l'article 30 du règlement (UE) 2021/2115 du Parlement européen et du Conseil du 2 décembre 2021.

§ 4 Programmes volontaires pour le climat, l'environnement et le bien-être animal

(Décr. n° 2023-168 du 8 mars 2023, art. 2, en vigueur le 1er janv. 2023)

V. Instruction technique DGPE/SDPAC/2023-589 du 20 sept. 2023 relative à l'écorégime (NOR : AGRT2325302J, BO Agriculture n° 38 du 21 sept.).

COMMENTAIRE

Le règlement UE 2021/2115 du 2 décembre 2021 a posé les règles encadrant les plans stratégiques devant être élaborés par les États membres dans le cadre de la politique agricole commune, financés par le Fonds européen agricole de garantie et par le Fonds agricole pour le développement rural. Il est prévu que les États membres établissent une aide au revenu en faveur des programmes volontaires pour le climat, l'environnement et le bien-être animal : c'est ainsi que le décret n° 2023-168 du 8 mars 2023 a institué ce programme dénommé "écorégime".

Art. D. 614-109 En application de l'article 31 du règlement (UE) n° 2021/2115 du Parlement européen et du Conseil du 2 décembre 2021 susvisé, est mise en place une aide au revenu attribuée dans le cadre d'un programme volontaire pour le climat, l'environnement et le bien-être animal, dénommée "écorégime".

L'aide peut être accordée au titre de trois voies d'accès :

— la voie "pratiques de gestion agro-écologique des surfaces agricoles" ;
— la voie "certification environnementale" ;
— la voie "éléments favorables à la biodiversité".

Un supplément d'aide, dénommé "bonus haies", peut s'ajouter à l'aide versée au titre de la voie d'accès "pratiques de gestion agro-écologique des surfaces agricoles" ou au titre de la voie d'accès "certification environnementale". — *Au titre de la campagne 2023 pour le solde, le montant unitaire du bonus haies de l'écorégime mentionné à l'art. D. 614-109 est fixé à 7 euros par hectare (Arr. du 8 déc. 2023, JO 10 déc.).*

Lors du dépôt de la demande prévue à l'article D. 614-36 du code rural et de la pêche maritime, l'agriculteur précise la voie d'accès dans laquelle il souhaite s'engager.

Chaque voie d'accès comporte deux niveaux d'exigence :

— un niveau de base ; — *Au titre de la campagne 2023 pour le solde, le montant unitaire du niveau de base de l'écorégime mentionné à l'art. D. 614-109 est fixé à 46,69 euros par hectare (Arr. du 8 déc. 2023, JO 10 déc.).*

— un niveau supérieur qui correspond à des exigences plus élevées en terme de pratiques de gestion. — *Au titre de la campagne 2023 pour le solde, le montant unitaire du niveau supérieur de l'écorégime mentionné à l'art. D. 614-109 est fixé à 63,72 euros par hectare (Arr. du 8 déc. 2023, JO 10 déc.).*

La voie d'accès "certification environnementale" comporte un niveau d'exigence supplémentaire, réservé aux exploitants qui appliquent le cahier des charges de l'agriculture biologique sur l'ensemble des surfaces admissibles de leur exploitation, sous réserve qu'ils ne soient pas engagés pour l'intégralité de leurs surfaces dans un dispositif d'aide à l'agriculture biologique financé par le Fonds européen agricole pour le développement rural (FEADER). — *Au titre de la campagne 2023 pour le solde, le montant unitaire du niveau spécifique à l'agriculture biologique de l'écorégime mentionné à l'art. D. 614-109 est fixé à 93,72 euros par hectare (Arr. du 8 déc. 2023, JO 10 déc.).*

Art. D. 614-110 **L'écorégime est versé à tout agriculteur actif qui active au moins une fraction de droit à paiement de base et qui engage l'ensemble des surfaces admissibles de l'exploitation tel que défini à l'article D. 614-9 du code rural et de la pêche maritime dans une même voie d'accès en respectant les conditions fixées pour cette voie d'accès.**

Lorsque l'agriculteur qui respecte les conditions fixées au précédent alinéa dispose de pâturages utilisés en commun conformément à l'article D. 614-10 du code rural et de la pêche maritime, ceux-ci sont pris en compte pour le calcul de l'écorégime, dès lors que les conditions fixées pour la voie d'accès choisie pour ces surfaces sont respectées.

Pour les pâturages utilisés en commun, la voie d'accès de l'écorégime retenue par défaut est la voie d'accès "pratiques de gestion agro-écologique des surfaces agricoles" définie à l'article D. 614-111 du code rural et de la pêche maritime sauf si le gestionnaire de ces pâturages choisit une autre voie d'accès.

Le respect de la voie d'accès choisie est vérifié sur l'intégralité des pâturages utilisés en commun déclarés par le gestionnaire conformément à l'article D. 614-36 précité.

Les hectares admissibles de pâturages utilisés en commun pris en compte pour le calcul de l'écorégime sont ceux affectés à l'exploitation du demandeur au prorata de son utilisation. Le *prorata temporis* s'applique sur la surface admissible de pâturages utilisés en commun réduite du nombre de droits à paiement de base pour lequel le gestionnaire de ces surfaces demande le paiement.

Un gestionnaire d'estive peut bénéficier de l'écorégime pour la surface correspondant au nombre de droits au paiement qu'il détient dès lors qu'il respecte les conditions fixées par le présent décret pour cette aide.

Les surfaces mentionnées au deuxième alinéa et les autres surfaces admissibles de l'exploitation peuvent, par dérogation au premier alinéa, être engagées dans deux voies d'accès différentes, et l'appréciation des conditions exigées pour bénéficier de l'aide est réalisée de façon distincte pour ces deux catégories de surfaces.

Art. D. 614-111 **I. — Pour bénéficier de l'aide par la voie d'accès "pratiques de gestion agro-écologique des surfaces agricoles", l'agriculteur doit respecter les conditions suivantes :**

***a)* Assurer une diversification des cultures sur ses terres arables et sur certaines cultures pérennes assimilées à des cultures de terres arables ;**

***b)* Maintenir une proportion minimale de prairies permanentes non labourées et lorsqu'il s'agit de prairies permanentes dites "sensibles" mentionnées à l'article D. 641-53 du code rural et de la pêche maritime, sans traitement phytosanitaire, de 80 % des surfaces de prairies pour le niveau de base de l'écorégime et de 90 % pour le niveau supérieur ;**

***c)* Maintenir une couverture végétale minimale sur 75 % des inter-rangs de certaines cultures pérennes pour le niveau de base et sur 95 % de ces inter-rangs pour le niveau supérieur.**

Pour l'application du *a*, un arrêté du ministre chargé de l'agriculture précise les différentes catégories de cultures concernées, fixe le barème de points affectés à chacune de ces catégories, en tenant compte de la présence de prairies permanentes sur les

exploitations et de la superficie en terres arables, ainsi que le nombre de points à atteindre pour respecter chacun des deux niveaux d'exigence du critère. Il fixe la liste des cultures pérennes qui sont assimilées à des terres arables.

Pour l'application du *b*, un arrêté du ministre chargé de l'agriculture précise la période durant laquelle le maintien des prairies permanentes est vérifié au titre d'une campagne de demande d'aides donnée.

Pour l'application du *c*, le même arrêté précise les modalités de vérification du critère de couverture de l'inter-rang, détermine les cultures pérennes auxquelles s'applique cette condition, ainsi que les couverts autorisés sur l'inter-rang. — *V. Arr. du 17 mars 2023 fixant les conditions d'accès au programme volontaire pour le climat, l'environnement et le bien-être animal dit « écorégime » pour les voies d'accès « pratiques de gestion agro-écologique des surfaces agricoles » et « éléments favorables à la biodiversité » (JO 22 mars).*

Le niveau d'exigence retenu pour l'octroi de l'aide correspond au plus petit niveau d'exigence atteint pour chacune des trois conditions mentionnées aux *a*, *b* et *c*.

Toutefois, lorsque la surface admissible prise en compte pour une de ces trois conditions représente moins de 5 % de la surface admissible de l'exploitation, l'agriculteur est exempté de l'obligation de respecter cette condition.

II. — Pour bénéficier de l'aide par la voie d'accès "certification environnementale", l'agriculteur doit engager l'ensemble des surfaces agricoles de son exploitation à titre individuel dans une démarche ou une certification qui garantit le recours à des pratiques et systèmes de production respectueux des modes de production agro-écologiques.

1° Pour le niveau de base de l'écorégime, l'agriculteur doit satisfaire à un niveau d'exigences dit "CE2+" qui implique :

a) Le respect des exigences de la certification de deuxième niveau prévue à l'article D. 617-3 du code rural et de la pêche maritime, et le suivi systématique de l'écart de ses pratiques avec les exigences de la certification de troisième niveau prévue à l'article D. 617-4 du même code ;

b) Le respect de l'une des obligations suivantes :

— soit atteindre au moins dix points dans l'un des indicateurs fixés par l'arrêté mentionné à l'article D. 617-4 du code rural et de la pêche maritime ;

— soit justifier, d'une part, de l'utilisation d'au moins deux matériels ou outils d'aide à la décision favorisant la réduction de l'utilisation d'intrants de synthèse et, d'autre part, de l'engagement de l'exploitation dans une démarche de recyclage des déchets d'exploitation.

2° Pour le niveau supérieur de l'écorégime, l'agriculteur doit justifier de la certification environnementale de troisième niveau prévue à l'article D. 617-4 du code rural et de la pêche maritime.

3° Pour le niveau supplémentaire de l'écorégime, spécifique à l'agriculture biologique, l'agriculteur doit respecter les conditions fixées par le dernier alinéa de l'article de l'article D. 614-109 du code rural et de la pêche maritime.

Un arrêté du ministre chargé de l'agriculture précise les conditions de vérification par un organisme certificateur du respect des exigences mentionnées au 1°. — *V. Arr. du 8 mars 2023 fixant les conditions d'accès au programme volontaire pour le climat, l'environnement et le bien-être animal dit « écorégime » pour le niveau d'exigence dit « CE2+ » (JO 16 mars).*

III. — Pour bénéficier de l'aide par la voie d'accès "éléments favorables à la biodiversité", l'agriculteur doit justifier d'une proportion minimale de 7 % d'éléments favorables à la biodiversité sur la surface agricole utile de son exploitation dont au moins 4 % sur les terres arables de l'exploitation si celle-ci en comporte pour le niveau de base et de 10 % pour le niveau supérieur dont au moins 4 % sur les terres arables de l'exploitation si celle-ci en comporte. L'exigence d'implanter au moins 4 % d'éléments favorables à la biodiversité sur les terres arables de l'exploitation ne concerne que les exploitants qui ne sont pas exemptés de l'application de la BCAE8 en application de l'annexe III du règlement (UE) n° 2021/2115 du 2 décembre 2021.

Un arrêté du ministre chargé de l'agriculture définit la liste des éléments concernés, leurs caractéristiques et leurs coefficients de conversion et de pondération.

IV. — Pour bénéficier du "bonus haie" mentionné à l'article 1er, l'agriculteur doit entretenir une proportion minimale de 6 % de haies sur la surface agricole utile de son exploitation, dont 6 % sur les terres arables si son exploitation en comporte.

Les haies doivent faire l'objet d'une gestion durable, incluant des techniques de coupe garantissant la reprise végétale de la haie, des itinéraires techniques assurant sa régénération et le maintien des services écosystémiques rendus par chaque type de haie.

Un arrêté du ministre chargé de l'agriculture précise les conditions de vérification par un organisme certificateur du respect de ces exigences et fixe les coefficients de conversion et de pondération des haies. — *V. Arr. du 7 juin 2023 fixant les conditions d'accès au programme volontaire pour le climat, l'environnement et le bien-être animal dit « écorégime » pour le « bonus haies » (JO 14 juin).*

Art. D. 614-112 Si les conditions fixées pour la voie d'accès choisie sont remplies, l'aide, complétée le cas échéant par le "bonus haies", est versée sous la forme d'un paiement annuel après activation d'une fraction de droit au paiement de base.

Un arrêté des ministres chargés de l'agriculture et du budget fixe le montant unitaire par hectare pour chacun des niveaux d'exigence de l'écorégime ainsi que pour le "bonus haie" mentionnés à l'article D. 614-109 du code rural et de la pêche maritime.

Art. D. 614-113 Le montant de l'aide est calculé sur la base de la surface déterminée de l'exploitation, qui correspond à la surface composée des hectares admissibles tels que définis à l'article D. 614-9 du code rural et de la pêche maritime et des hectares admissibles de pâturages utilisés en commun affectés à l'exploitation du demandeur au prorata de son utilisation, conformément au II de l'article D. 614-10 du code rural et de la pêche maritime et dans les conditions prévues à l'article D. 614-109 du code rural et de la pêche maritime, pour laquelle le demandeur a déposé une demande d'aide et dont il a été constaté lors des contrôles que l'ensemble des conditions d'octroi de cette aide est respecté.

Toutefois, si la surface pour laquelle l'instruction de la demande a permis de constater que l'ensemble des critères d'admissibilité sont respectés est supérieure à la surface déclarée, l'aide est calculée sur la base de la surface déclarée.

Art. D. 614-114 Lorsqu'à la suite d'un contrôle sur place, il est constaté qu'un critère n'est pas respecté, et que le taux d'écart tel qu'il est défini au deuxième alinéa excède 50 %, une sanction est appliquée pour l'année de la demande.

(Décr. n° 2023-815 du 23 août 2023, art. 1er) « Le taux d'écart est égal au ratio de la surface pour laquelle le contrôle sur place a permis de constater que les critères contrôlés n'étaient pas respectés divisée par la surface déclarée.

« Le montant de la sanction est égal à la moitié de la surface pour laquelle le contrôle sur place a permis de constater que les critères contrôlés n'étaient pas respectés multipliée par le montant de base de l'écorégime. »

Art. D. 614-115 Pour l'application du 2° du II de l'article D. 614-111 du code rural et de la pêche maritime, les exploitations certifiées avant le 1er janvier 2023 sont admissibles à l'écorégime dans les conditions prévues au IV de l'article 2 du décret n° 2022-1447 du 18 novembre 2022 relatif à la certification environnementale.

SOUS-SECTION 3 Règles d'éligibilité des aides du Fonds européen agricole pour le développement rural ne relevant pas du système intégré de gestion et de contrôle pour la mise en œuvre du plan stratégique national de la politique agricole commune débutant en 2023 en l'absence d'autorité de gestion régionale

(Décr. n° 2023-573 du 7 juill. 2023, art. 2)

Art. D. 614-116 La présente sous-section est seulement applicable dans les régions qui n'ont pas la qualité d'autorité de gestion au sens de l'article 78 de la loi n° 2014-58 du 27 janvier 2014 de modernisation de l'action publique territoriale et d'affirmation des métropoles.

Art. D. 614-117 En application des articles 70, 73, 77 et 78 du règlement (UE) 2021/2115 du Parlement européen et du Conseil du 2 décembre 2021, sont mises en place les aides suivantes :

1° Aide relative aux engagements en matière d'environnement et de climat pour la protection des races menacées ;

2° Aide pour les investissements agricoles productifs qui soutiennent la production primaire agricole ainsi que les projets portés par des agriculteurs ou leurs groupements ;
3° Aide pour les investissements agricoles non productifs ;
4° Aide pour les entreprises du monde rural en dehors des exploitations agricoles ;
5° Aide pour la préservation et la restauration du patrimoine forestier ;
6° Aide pour les infrastructures hydrauliques agricoles ;
7° Aide aux projets pilotes développant de nouveaux produits, pratiques, procédés et techniques ;
8° Aide pour la formation et le conseil et pour les actions de diffusions et échanges de connaissances et d'informations ;
(Décr. n° 2023-1278 du 26 déc. 2023, art. 1er) « 9° Aide pour l'amélioration des services de base et des infrastructures dans les zones rurales ;
« 10° Aide pour les liaisons entre actions de développement de l'économie rurale (LEADER) ;
« 11° Aide pour des projets de coopération répondant aux objectifs de la politique agricole commune autres que :
« – les projets relevant du partenariat européen d'innovation ;
« – les projets encourageant les organisations et groupements de producteurs ou les organisations professionnelles ;
« – les projets de coopération pour la promotion, la commercialisation, le développement et la certification des systèmes de qualité ;
« – les projets de coopération pour le renouvellement des générations en agriculture ;
« – les projets LEADER. »

Art. D. 614-118 Les bénéficiaires éligibles à l'aide prévue au 1° de l'article D. 614-117 sont les personnes physiques ou morales exerçant une activité agricole, détentrices ou propriétaires d'animaux mentionnés au troisième alinéa.

Les projets éligibles sont tous les projets ciblant les élevages d'animaux appartenant à des races locales menacées d'abandon par l'agriculture.

Les animaux concernés sont ceux de l'espèce bovine de race pure menacée. Les races pures de l'espèce bovine, figurant sur le livre principal ou le livre annexe de la race, sont désignées comme menacées de disparition pour l'agriculture par l'Institut national de la recherche agronomique et listées dans l'arrêté prévu par l'article D. 653-10. L'engagement du bénéficiaire porte sur le maintien dans l'exploitation d'un nombre minimum d'animaux. Le bénéficiaire doit adhérer à l'organisme gestionnaire de la race concernée.

L'aide prend la forme d'un montant forfaitaire par exploitation établi sur la base de surcoûts et de manques à gagner.

Le préfet définit par arrêté :

– la liste des races menacées éligibles sur le territoire parmi celles figurant dans la liste des races menacées établie au niveau national ;

– le nombre minimum d'animaux adultes, le nombre minimum de femelles et de mâles à engager dans une exploitation ;

– le modèle de cahier des charges de la gestion des animaux ;

– les modalités de calcul des montants d'aide forfaitaire par exploitation ;

– le taux de la contribution du Fonds européen agricole pour le développement rural.

Art. D. 614-119 I. – Les bénéficiaires éligibles à l'aide prévue au 2° de l'article D. 614-117 sont les agriculteurs et les groupements d'agriculteurs, ainsi que toute personne physique ou morale, publique ou privée, qui contribue de façon directe ou indirecte à la production de produits agricoles quel que soit son statut, y compris les entreprises nouvellement créées.

II. – Les projets éligibles sont tous les projets d'investissements, qui contribuent de façon directe ou indirecte à la production de produits agricoles, notamment en matière :

– de construction, d'acquisition et de modernisation des bâtiments y compris le renforcement de leur performance énergétique, les projets améliorant l'autonomie alimentaire des élevages, les projets liés au bien-être animal et à la biosécurité, à la gestion des effluents, les projets de modernisation de serres, les aires de lavage ;

– de diversification des productions ;

– d'équipements en matériels individuels ou collectifs, de développement des pratiques agroécologiques, de biosécurité, des bonnes pratiques de bien-être animal dans différentes filières, de protection contre les risques, d'amélioration de la qualité des produits, notamment sanitaire, de protection contre les aléas climatiques et sanitaires, de réduction des intrants phytopharmaceutiques ;

– de numérisation de l'agriculture ;

– d'amélioration de l'ergonomie et de la qualité de travail ;

– d'investissements d'économie d'énergie et/ou de production d'énergie, notamment la méthanisation, le photovoltaïque, l'éolien ;

– d'irrigation. Pour les projets d'investissements d'hydraulique individuel, les conditions de l'article 74 du règlement (UE) 2021/2115 doivent être remplies ;

– de plantations pérennes ;

– de transformation des produits agricoles et stockage, conditionnement, commercialisation des produits agricoles et transformés ;

– de diversification des activités de l'exploitation tels que l'agritourisme, l'accueil à la ferme, de valorisation des matières résiduaires organiques ;

– d'aménagements ou équipements pour le développement de l'activité pastorale ;

– de mise en place ou de renforcement des haies et/ou de l'agroforesterie lorsqu'ils sont à finalité productive et/ou intégrés dans une approche globale ;

– d'investissements immatériels, y compris non directement liés à des investissements matériels.

III. – Les subventions peuvent prendre la forme d'un remboursement des coûts éligibles réellement engagés par le bénéficiaire, d'un coût unitaire, d'un montant forfaitaire ou d'un financement à taux forfaitaire.

IV. – Le préfet précise, le cas échéant, par arrêté :

1° Pour les projets portés par des personnes physiques ou morales, publiques ou privées, qui ne seraient pas agriculteurs ou groupement d'agriculteurs, leur contribution directe ou indirecte à la production agricole primaire ;

2° Les zones à enjeux spécifiques liés le cas échéant à la ressource en eau ou à la biodiversité ;

3° L'intégration du projet dans une démarche globale de progrès ;

4° Les enjeux spécifiques à certaines filières ;

5° La cohérence du projet avec une stratégie territoriale ;

6° Si la fourniture d'une étude, notamment économique ou technique, est nécessaire ;

7° Si la fourniture de documents administratifs, notamment une attestation du propriétaire pour les fermiers ou métayers, ou une attestation d'assurance décennale, est nécessaire ;

8° Les modalités de calcul des différentes formes de subvention ;

9° Les taux de la contribution du Fonds européen agricole pour le développement rural.

Art. D. 614-120 I. – Les bénéficiaires éligibles à l'aide prévue au 3° de l'article D. 614-117 sont les agriculteurs et les groupements d'agriculteurs, ainsi que toute personne physique ou morale, publique ou privée, qui contribue de façon directe ou indirecte à la production de produits agricoles et à l'atteinte des objectifs agro-environnementaux et climatiques du plan stratégique national, quel que soit son statut, y compris les entreprises nouvellement créées.

II. – Les projets éligibles sont les projets, qui contribuent de façon directe ou indirecte à la production de produits agricoles, suivants :

– les implantations de structures agro-écologiques : plantation et entretien de haies ou d'arbres, mise en place de systèmes agroforestiers intra-parcellaires, ouverture de milieux forestiers, boisement de terres agricoles, mise en place de corridors écologiques ;

– les travaux concernant les zones tampons épuratoires ;

– les autres travaux pour l'aménagement de dispositifs tampons et de reconception parcellaire ;

— le bornage et la mise en défens des zones sensibles ou touchées par des pressions polluantes ;

— les équipements non productifs à vocation agro-environnementale pour les exploitations agricoles ;

— les investissements pour la préservation ou restauration des milieux et de la biodiversité, que ce soient des espèces, des habitats ou des paysages ;

— les investissements visant à protéger les animaux d'élevage et les cultures des dommages causés par des animaux sauvages, soit sur le plan sanitaire, soit pour se prémunir des dégâts aux cultures ;

— les investissements nécessaires à la préservation ou la reconstitution du potentiel de production face aux catastrophes naturelles ou sanitaires, y compris les infrastructures ;

— les aménagements et procédures d'aménagements fonciers, notamment la viabilisation et la remise en état des parcelles en friche, le défrichement, qui constituent un préalable nécessaire en vue d'installer ou de réinstaller de l'activité agricole et/ou pastorale ;

— les investissements visant à l'optimisation des terres sous contraintes phytosanitaires ;

— les investissements visant à dépolluer les sols.

III. — Peuvent faire l'objet de subventions les investissements tant matériels qu'immatériels, notamment les investissements liés aux frais généraux du projet, à la réalisation de plans et d'études, de diagnostics des linéaires, de diagnostics parcellaires ou de territoire, à l'animation associée à l'émergence et la création de projets, aux dépenses de personnels, aux dépenses d'ingénierie et de conseil, aux logiciels nécessaires au projet, aux prestations de mise en service du projet.

IV. — Les subventions peuvent prendre la forme d'un remboursement des coûts éligibles réellement engagés par le bénéficiaire, d'un coût unitaire, d'un montant forfaitaire ou d'un financement à taux forfaitaire.

V. — Le préfet précise par arrêté :

1° Le cas échéant, les critères d'éligibilité spécifiques suivants :

— les améliorations environnementales attendues en lien avec la réalisation des objectifs agroenvironnementaux et climatiques du plan stratégique national ;

— la présentation d'études préalables, d'étude d'impact ou d'autres documents prévisionnel lié à la mise en œuvre du projet et permettant d'en évaluer la pertinence et la qualité ;

— la cohérence avec les stratégies régionales applicables et les lignes de partage avec les autres fonds ;

— la localisation des projets, leur intérêt local ou régional ;

— les caractéristiques techniques des opérations soutenues ;

— les conditions particulières liées à la situation administrative du porteur de projet ;

2° Les modalités de calcul des différentes formes de subvention ;

3° Les taux de la contribution du Fonds européen agricole pour le développement rural.

Art. D. 614-121 I. — Les bénéficiaires éligibles à l'aide prévue au 4° de l'article D. 614-117 sont toute personne physique ou morale, publique ou privée, ou tout groupement de personnes dotés ou non de la personnalité morale agissant dans les domaines :

— de la transformation, du conditionnement, du stockage et ou de la commercialisation de produits agricoles et ou transformés ;

— de l'exploitation forestière, de la mobilisation et du transport des bois, des travaux sylvicoles et forestiers et de la transformation du bois ;

— de la valorisation des produits agricoles ou forestiers.

Sont inéligibles les entreprises en difficulté au sens des lignes directrices de la Commission européenne concernant les aides d'État au sauvetage et à la restructuration d'entreprises en difficulté. Toutefois, les entreprises en difficulté dans le cadre de crises économiques conjoncturelles selon les critères définis par la Commission européenne peuvent être éligibles.

II. — Les projets éligibles sont :

— la mise en œuvre des processus de transformation, conditionnement, stockage et ou de commercialisation de produits agricoles ou transformés ;

— la mise en œuvre de projets liés à la production de plants forestiers, l'exploitation forestière et aux travaux sylvicoles, forestiers, incluant notamment le transport, le stockage du bois rond et la production de bois énergie ;

— la modernisation des outils productifs des entreprises de transformation du bois.

III. — Peuvent fait l'objet de subventions les investissements tant matériels qu'immatériels, notamment les investissements liés aux frais généraux du projet, à la réalisation de plans et d'études, à l'animation associée à l'émergence et la création de projets, aux dépenses de personnel, aux dépenses d'ingénierie et de conseil, aux logiciels nécessaires au projet, aux prestations de mise en service, y compris les investissements immatériels qui ne sont pas liés à un investissement matériel, à l'exception dans ce cas des frais généraux, ayant pour objet :

— la transformation des produits agricoles ou alimentaires, que le produit fini soit ou non un produit agricole ;

— le stockage, le conditionnement de produits agricoles bruts ou transformés ;

— les travaux sylvicoles, la mobilisation des bois et la transformation des bois ;

— la commercialisation des produits agricoles ou transformés ainsi que des produits forestiers ;

— l'exploitation de biomasse issue de la mise en valeur agricole et forestière destinée à une valorisation énergétique.

Sont inéligibles les dépenses soutenues dans le cadre de programmes opérationnels financés par le fonds européen agricole de garantie.

IV. — Les subventions peuvent prendre la forme d'un remboursement des coûts éligibles réellement engagés par le bénéficiaire, d'un coût unitaire, d'un montant forfaitaire ou d'un financement à taux forfaitaire.

V. — Le préfet précise par arrêté :

1° Le cas échéant, les critères d'éligibilité spécifiques suivants :

— pour les projets de transformation, stockage, conditionnement ou commercialisation de produits agricoles et ou transformés, l'éligibilité d'un projet dépendra de la proportion des produits agricoles concernés. Le pourcentage minimum, en volume ou valeur, de produits agricoles à atteindre sera précisé par le préfet ;

— les conditions liées à la viabilité économique de l'entreprise et ou du projet ;

— les conditions liées à la typologie, à la taille ou à la nature de l'activité de l'entreprise ;

— les engagements du porteur de projet dans une démarche, notamment environnementale, de qualité ou collective ;

— les conditions liées aux matériels soutenus dans le cadre de l'intervention ;

— la fourniture de documents administratifs ;

— les conditions relatives aux modalités d'approvisionnement ;

2° Les modalités de calcul des différentes formes de subvention ;

3° Les taux de la contribution du Fonds européen agricole pour le développement rural.

Art. D. 614-122 I. — Les bénéficiaires éligibles à l'aide prévue au 5° de l'article D. 614-117 sont les personnes physiques, les groupes de personnes physiques, les personnes morales publiques ou privées et leurs regroupements et les propriétaires des forêts ou terrains sur lesquels s'appliqueront les actions, ou leur représentant dûment habilité pour intervenir pour leur compte et qui assurent la responsabilité financière et juridique des projets pour lesquels une aide est demandée.

II. — Les projets éligibles sont :

1° La constitution de peuplements en réponse à un risque naturel ;

2° Le renforcement des fonctions environnementales et de la résilience des peuplements ou la reconstitution de peuplements forestiers dégradés ou sinistrés suite à des phénomènes biotiques ou abiotiques ;

3° Les investissements forestiers à visée non productive à court et moyen terme, pour maintenir le bon état des forêts, qui ont un impact positif sur l'environnement, y compris la création de boisements et la lutte contre l'érosion des sols ;

4° La préservation et l'amélioration des forêts et notamment la lutte contre les espèces exotiques envahissantes ;
5° La sauvegarde des espèces menacées ;
6° La mise en place de systèmes agro-forestiers par éclaircissement de forêts pour mise en place de cultures sous couvert forestier ;
7° Des opérations de défriche dans des parcelles forestières en vue de la mise en place des systèmes agro-forestiers ;
8° La préservation ou la restauration du patrimoine permettant :
— une meilleure connaissance du patrimoine naturel et de la biodiversité ;
— la préservation d'espèces rares et/ou menacées ;
— la lutte contre les espèces exotiques envahissantes ;
— la préservation ou la restauration de sites remarquables ou présentant un intérêt écologique majeur ;
— la mise en œuvre des trames vertes et bleues ;
— les investissements non productifs qui valorisent l'accueil du public en zone forestière.
Les plantations destinées à constituer des taillis à courte rotation sont inéligibles.
Les projets réalisés dans le cadre de chantiers de réinsertion sont inéligibles.
III. — Peuvent faire l'objet de subventions les investissements tant matériels qu'immatériels, notamment les investissements liés aux frais généraux du projet, à la réalisation de plans et d'études, de diagnostics parcellaires ou de territoire, à l'animation associée à l'émergence et la création de projets, aux dépenses de personnels, aux dépenses d'ingénierie et de conseil, aux logiciels nécessaires au projet, aux prestations de mise en service du projet.
IV. — Les subventions peuvent prendre la forme d'un remboursement des coûts éligibles réellement engagés par le bénéficiaire, d'un coût unitaire, d'un montant forfaitaire, ou d'un financement à taux forfaitaire.
V. — Le préfet précise par arrêté :
1° Le cas échéant, les critères d'éligibilité spécifiques suivants :
a) Pour les projets forestiers :
— présentation des informations pertinentes provenant d'un plan de gestion forestière ou d'un instrument équivalent conforme à la gestion durable des forêts ;
— réalisation d'un diagnostic à la parcelle préalable qualifiant la dégradation ou le sinistre préalable. Le contenu du diagnostic devra être précisé dans l'arrêté ;
— les conditions techniques requises pour les plantations.
b) Pour les projets non forestiers :
— la cohérence avec les stratégies territoriales applicables ;
— la conformité des projets soutenus aux plans de développement des communes ainsi qu'aux documents d'aménagement et de planification des intercommunalités, lorsque ces plans et documents existent.
2° Les modalités de calcul des différentes formes de subvention ;
3° Les taux de la contribution du Fonds européen agricole pour le développement rural.

Art. D. 614-123 I. — Les bénéficiaires éligibles à l'aide prévue au 6° de l'article D. 614-117 sont les personnes et groupements portant un projet visant :
— à favoriser l'accès à l'eau ;
— la création, l'agrandissement, la réhabilitation et la modernisation d'ouvrages de stockage d'eau ;
— la réalimentation et le stockage d'eau dans les nappes phréatiques ;
— la modernisation, la réhabilitation, la création et l'extension de réseaux d'irrigation ;
— la réutilisation d'eaux usées ;
— les études liées à la gestion de l'eau ;
— à développer l'animation nécessaire à la mise en place des projets précédents.
Ces projets doivent s'inscrire dans les objectifs des schémas directeurs d'aménagement et de gestion des eaux.

Pour les projets d'investissements relatifs à l'irrigation des zones nouvellement ou déjà irriguées, les conditions de l'article 74 du règlement (UE) 2021/2115 du Parlement européen et du Conseil du 2 décembre 2021 doivent être remplies.

II. — Les subventions peuvent prendre la forme d'un remboursement des coûts éligibles réellement engagés par le bénéficiaire, d'un coût unitaire, d'un montant forfaitaire ou d'un financement à taux forfaitaire.

III. — Le préfet précise par arrêté :

1° Le cas échéant, les critères d'éligibilité spécifiques suivants :

— les conditions relatives à l'usage de l'eau ;

— les conditions nécessaires à l'équilibre économique du projet ;

— les conditions relatives au stade d'avancement du projet ;

— d'autres conditions relatives au territoire concerné et à la masse d'eau affectée par le projet ;

2° Les modalités de calcul des différentes formes de subvention ;

3° Les taux de la contribution du Fonds européen agricole pour le développement rural.

Art. D. 614-124 I. — Les bénéficiaires éligibles à l'aide prévue au 7° de l'article 614-117 sont les personnes morales, de droit public ou de droit privé, intervenant dans la mise au point de nouveaux produits, procédés et pratiques dans les domaines agricoles et forestiers. Les organismes sélectionnés doivent être partenaires des réseaux d'innovation et de transfert agricole ou justifier de conventions de partenariat associant au moins deux personnes morales.

II. — Les projets éligibles sont tous les projets coopératifs de mise au point de nouveaux produits, d'outils, de pratiques, de procédés dans les secteurs de l'agriculture, de l'agroalimentaire, de la protection de l'environnement, de l'agroforesterie et de l'expérimentation agronomique pour aboutir sur la période de programmation à des résultats en termes de nouveaux produits ou de nouvelles pratiques opérationnels, qui concernent le domaine forestier ou qui contribuent de façon directe ou indirecte à la production de produits agricoles.

III. — Les subventions peuvent prendre la forme d'un remboursement des coûts éligibles réellement engagés par le bénéficiaire, d'un coût unitaire, d'un montant forfaitaire ou d'un financement à taux forfaitaire.

IV. — Tous les coûts liés à l'ensemble des aspects de la coopération peuvent être couverts, y compris les coûts d'investissement, et dans ce cas les exigences de l'article 73 du règlement (UE) 2021/2115 liées aux investissements doivent être respectées.

V. — Le préfet précise par arrêté :

1° Le cas échéant, les critères d'éligibilité spécifiques suivants :

— les capacités spécifiques et appropriées en termes de qualification du personnel menant à bien les expérimentations ;

— les thématiques spécifiques et appropriées des programmes de recherche et d'innovation en fonction des besoins territoriaux ;

2° Les modalités de calcul des différentes formes de subvention ;

3° Les taux de la contribution du Fonds européen agricole pour le développement rural.

Art. D. 614-125 I. — Les bénéficiaires éligibles à l'aide prévue au 8° de l'article D. 614-117 sont les personnes morales, publiques ou privées, intervenant dans les domaines de la formation, de la diffusion de connaissances et d'informations et du conseil.

II. — Les projets éligibles sont tous les projets dans le domaine forestier, ou dans le domaine de l'agriculture qui contribuent de façon directe ou indirecte à la production de produits agricoles, visant le renforcement des compétences et la diffusion des connaissances afin de faire évoluer les pratiques professionnelles dans ces domaines :

— par des actions de formation en particulier sur des compétences technico-économiques, y compris relatives au numérique, à l'adaptation au changement sur les plans économique et environnemental, à la transition agroécologique et à la prise en compte des attentes sociétales ;

— par le conseil stratégique et technique, individualisé ou collectif, qui doit favoriser une vision globale de l'exploitation ou de l'entreprise et l'intégration du projet dans son territoire en particulier sur des thématiques de triple performance économique, environnementale et sociale, de transition agroécologique, de compétitivité, d'innovation, d'outils numériques, de commercialisation et de comptabilité, y compris dans la phase d'émergence d'un projet de création d'exploitation agricole ;

— par l'accès rapide à l'information technique, à l'innovation et à la diffusion des connaissances en passant notamment par des dynamiques collectives et de l'animation territoriale ou thématiques comme la sensibilisation à de nouvelles pratiques ou aux conditions de réussite du métier d'agriculteur, des démonstrations de nouvelles solutions et leur appropriation en particulier via l'utilisation d'outils numériques, l'acquisition et la diffusion de références technico-économiques.

III. — Sont exclus de l'aide les cours ou formations qui font partie des programmes ou systèmes d'enseignement obligatoires du niveau secondaire ou supérieur. Tous les coûts internes ou externes, directs ou indirects, en lien avec les mesures destinées à promouvoir l'innovation, l'accès à la formation, aux services de conseil et à l'échange et à la diffusion de connaissances et d'informations sont éligibles.

IV. — Les subventions peuvent prendre la forme d'un remboursement des coûts éligibles réellement engagés par le bénéficiaire, d'un coût unitaire, d'un montant forfaitaire ou d'un financement à taux forfaitaire.

V. — Le préfet précise par arrêté :

1° Les qualifications requises dans les domaines de connaissances concernés pour les organismes prestataires d'actions d'information ou de diffusion, de formation et de conseil ;

2° Le cas échéant, les critères d'éligibilité spécifiques suivants :

— la durée minimale des formations ;

— les capacités spécifiques et appropriées en termes de qualification du personnel ou de mise à jour des compétences ;

— les thématiques d'actions prioritaires selon les besoins territoriaux ;

— les modalités d'évaluation des formations ;

3° Les modalités de calcul des différentes formes de subvention ;

4° Les taux de la contribution du Fonds européen agricole pour le développement rural.

Art. D. 614-126 Les projets peuvent être sélectionnés dans le cadre d'appels à projet ou après dépôt spontané auprès du service instructeur.

Les méthodes et les critères de sélection des projets éligibles aux aides mentionnées à l'article D. 614-117 sont précisés par arrêté du préfet en tenant compte des spécificités locales.

Art. D. 614-127 Pour les aides qui ne relèvent pas de la réglementation des aides d'État, la demande d'aide comporte au moins :

1° Le nom de l'entreprise ou du demandeur, la taille de l'entreprise ;

2° La description du projet ou de l'activité, y compris ses dates de début et de fin ;

3° La localisation du projet ou de l'activité ;

4° La liste des dépenses prévisionnelles pour les opérations visées au a) du paragraphe 1 de l'article 83 du règlement (UE) 2021/2115 ;

5° Le type d'aide et le montant du financement public sollicité.

Un arrêté du préfet fixe, le cas échéant, les informations et la liste des pièces complémentaires composant la demande d'aide.

Art. D. 614-128 *(Décr. n° 2023-1278 du 26 déc. 2023, art. 1er)* I. — Les bénéficiaires éligibles à l'aide prévue au 9° de l'article D. 614-117 sont les personnes morales, publiques ou privées, et les personnes physiques porteuses de projets portant sur la définition, la mise en place, la création ou le développement d'une infrastructure locale ou d'un service de base.

II. — Les projets éligibles sont tous les investissements en matière de création, d'amélioration ou de développement de tout type d'infrastructure à petite échelle y compris ceux liés notamment :

1° A l'électrification ;

2° A l'entretien, à la restauration et à la réhabilitation du patrimoine culturel et naturel des villages, des paysages ruraux et des sites à haute valeur naturelle ;

3° A la gestion de l'eau ;

4° A la desserte à des fins touristiques des espaces naturels et forestiers ;
5° Aux aménagements touristiques publics ;
6° Aux voiries agricoles et aux voiries rurales ;
7° Aux aménagements fonciers agricoles ;
8° A la mise en valeur de parcelles et notamment les études et procédures permettant de réguler l'utilisation du foncier.
III. – Les subventions peuvent prendre la forme d'un remboursement des coûts éligibles réellement engagés par le bénéficiaire, d'un coût unitaire, d'un montant forfaitaire ou d'un financement à taux forfaitaire.
IV. – Peuvent notamment faire l'objet de subventions :
1° Les investissements matériels directement liés à la mise en place, l'amélioration et le développement des infrastructures locales, des équipements et des services ;
2° Les coûts directement liés à ces infrastructures ;
3° L'acquisition de terrain et de bâti dans la limite de 10 % des dépenses éligibles totales de l'opération ;
4° Les investissements immatériels, notamment ceux liés à l'élaboration ou à la mise à jour de plans et d'études, à l'élaboration d'un diagnostic de territoire, à l'animation associée à l'émergence ou à la création du projet, aux dépenses de personnel, aux dépenses d'ingénierie ou de conseil, aux logiciels nécessaires au projet, aux prestations de mise en service du projet, aux frais généraux liés à l'investissement.
V. – Le préfet précise par arrêté :
1° Le cas échéant, les critères d'éligibilité spécifiques suivants :
– l'élaboration et la mise à jour des plans de développement et de gestion concernant les zones rurales et leurs services de base ;
– la cohérence du projet avec les politiques territoriales ;
– les contributions au développement durable du territoire, la plus-value et l'utilité sociale du service ;
– la qualité du projet, notamment l'approche globale des besoins, le développement d'activités ou de nouveaux services, les publics visés par le projet, le partenariat impliqué par le projet ;
– la typologie ou la liste des territoires ruraux éligibles à cette intervention ;
– les lignes de partage avec l'intervention des autres fonds européens, notamment celle du Fonds européen pour le développement régional ;
2° Les modalités de calcul des différentes formes de subvention ;
3° Les taux de la contribution du Fonds européen agricole pour le développement rural.

Art. D. 614-129 *(Décr. nº 2023-1278 du 26 déc. 2023, art. 1er)* I. – Les bénéficiaires éligibles à l'aide prévue au 10° de l'article D. 614-117 sont les personnes morales, publiques ou privées, et les personnes physiques suivantes :
1° Dans le cadre du soutien aux actions préparatoires à l'élaboration et la mise en œuvre des stratégies des LEADER : les structures candidates pour mettre en œuvre une stratégie ;
2° Dans le cadre de la mise en œuvre des stratégies des LEADER : les structures porteuses d'une stratégie de LEADER, toute structure impliquée dans l'animation et la mise en œuvre de cette stratégie, ainsi que les acteurs locaux porteurs d'un projet s'inscrivant dans cette stratégie.
II. – Les projets éligibles sont :
1° Les actions préparatoires à l'élaboration et à la mise en œuvre des stratégies de développement local des LEADER, que la stratégie soit sélectionnée en vue d'un financement ou non ;
2° Les actions de mise en œuvre des stratégies de développement local des LEADER, y compris les activités de coopération et leur préparation ;
3° L'animation, la gestion, le suivi et l'évaluation de la stratégie de développement local des LEADER, dans la limite de 25 % du montant total de la contribution publique à la stratégie.
III. – Les subventions peuvent prendre la forme d'un remboursement des coûts éligibles réellement engagés par le bénéficiaire, d'un coût unitaire, d'un montant forfaitaire ou d'un financement à taux forfaitaire.

IV. — Peuvent faire l'objet de subvention les coûts directs et indirects liés à l'élaboration d'une stratégie de développement local de LEADER.

V. — Le préfet précise par arrêté :

1° Les conditions d'admissibilité des opérations à définir dans les documents de mise en œuvre des stratégies des groupes d'action locale ;

2° Le contenu des conventions entre les services de l'État et les structures porteuses des groupes d'action locale et en particulier :

— le territoire éligible retenu ;

— les obligations respectives des différentes parties ;

— la stratégie de développement local du groupe d'action locale et le plan d'action correspondant décliné en fiches-actions ;

— le plan financier prévisionnel comprenant notamment le montant de la dotation du Fonds européen agricole pour le développement rural, ou, en cas de stratégie multifonds, de chaque fonds ;

— les dispositions et la répartition des tâches de fonctionnement, de gestion de contrôle et de suivi ;

— les modalités de suivi du respect des obligations liées à la stratégie, au rôle, aux engagements et au fonctionnement du groupe d'action locale ;

— le cas échéant, les planchers et plafonds d'aides publiques ou de dépenses éligibles ;

3° Les modalités de calcul des différentes formes de subvention ;

4° Les taux de la contribution du Fonds européen agricole pour le développement rural.

Art. D. 614-130 *(Décr. n° 2023-1278 du 26 déc. 2023, art. 1er)* I. — Les bénéficiaires de l'aide mentionnée au 11° de l'article D. 614-117 sont les personnes morales, publiques ou privées, et les personnes physiques impliquées dans un partenariat entre au moins deux personnes morales, deux personnes physiques ou une personne morale et une personne physique. Le partenariat ne doit pas être uniquement composé d'organismes de recherche. Les structures dotées de la personnalité juridique et qui regroupent au moins deux personnes morales constituent un partenariat de fait.

II. — Les projets éligibles sont tous les projets de coopération visant notamment :

1° La reterritorialisation de l'alimentation ;

2° La création de valeur autour des produits agricoles, agroforestiers et alimentaires ;

3° La transition climatique et environnementale de l'agriculture ;

4° La préservation et la valorisation du foncier agricole et forestier ;

5° Le renouvellement des générations en agriculture ;

6° Le développement de la filière forêt-bois et son adaptation aux enjeux climatiques, environnementaux et sociaux ;

7° Les stratégies locales.

III. — Les subventions peuvent prendre la forme d'un remboursement des coûts éligibles réellement engagés par le bénéficiaire, d'un coût unitaire, d'un montant forfaitaire ou d'un financement à taux forfaitaire.

IV. — Peuvent faire l'objet de subventions tous les coûts liés à l'ensemble des aspects de la coopération, y compris les coûts d'investissement. Dans ce cas les exigences de l'article 73 du règlement (UE) 2021/2115 liées aux investissements doivent être respectées.

V. — Le préfet précise par arrêté :

1° Le contenu des demandes d'aide pour un projet de partenariat ;

2° Le cas échéant, les critères d'éligibilité spécifiques suivants :

— la composition et la qualité du partenariat ;

— la thématique du projet, en lien avec les enjeux régionaux prioritaires ;

— la durée du projet ;

— l'intégration territoriale du projet ;

— les exigences relatives à la présentation du projet, ses modalités de mise en œuvre ;

3° Les modalités de calcul des différentes formes de subvention ;

4° Les taux de la contribution du Fonds européen agricole pour le développement rural.

Art. D. 614-131 *(Décr. n° 2023-1278 du 26 déc. 2023, art. 2)* Le seuil de dépenses mentionné au troisième alinéa de l'article D. 614-19 en dessous duquel la vérification

du caractère raisonnable des coûts engagés par le bénéficiaire n'est pas requise est fixé à 2 000 euros.

Art. D. 614-132 *(Décr. nº 2023-1278 du 26 déc. 2023, art. 2)* **Les bénéficiaires des aides mentionnées aux 1º à 11º de l'article D. 614-117 font l'objet d'une décision qui peut prévoir la réduction partielle ou totale de l'aide correspondante et l'application de sanctions dans les cas suivants :**

1º Lorsqu'une modification du projet remettant en cause son économie générale n'a pas été acceptée par l'autorité administrative. Dans ce cas, l'aide n'est pas versée ou donne lieu à un remboursement, et une sanction correspondant à 10 % du montant de l'aide est appliquée ;

2º Sous réserve des dispositions de l'article D. 614-24, en cas de non-conformité aux conditions d'attribution de l'aide pendant la durée de réalisation de l'opération. Dans ce cas, l'aide n'est pas versée ou donne lieu à un remboursement, et une sanction correspondant à 10 % du montant de l'aide est appliquée ;

3º En cas de fausse déclaration ou d'usage de faux documents. Dans ce cas, la sanction est celle prévue au *a* du II de l'article D. 614-28 et l'exclusion du demandeur de l'accès aux aides non gérées dans le système intégré de gestion et de contrôle relevant du fonds européen agricole pour le développement rural est prononcée pour trois campagnes suivant celle au titre de laquelle la sanction est prononcée ;

4º En cas de non-respect par le bénéficiaire de l'aide, à l'expiration d'un délai de mise en demeure de deux mois, des exigences en matière de visibilité des opérations soutenues par le fonds européen agricole pour le développement rural prévues au j du paragraphe 2 de l'article 123 du règlement (UE) 2021/2115 du Parlement européen et du Conseil du 2 décembre 2021 et à l'article 6 du règlement d'exécution (UE) 2022/129 de la Commission du 21 décembre 2021. Dans ce cas, une sanction correspondant à 5 % du montant de l'aide est appliquée ;

5º En cas de non-respect de l'obligation, prévue à l'article D. 614-23, pour le bénéficiaire de l'aide de conserver toutes les pièces justificatives de l'exécution de l'opération concernée pendant 5 ans à compter du versement du solde de l'aide. Dans ce cas, le bénéficiaire rembourse 10 % de l'aide. Les pièces justificatives de l'exécution de l'opération sont précisées par arrêté du préfet de région ;

6º Lorsque les investissements cofinancés par le fonds européen agricole pour le développement rural doivent être maintenus pendant une durée précisée dans la décision attributive de l'aide, et que cette durée n'est pas respectée, le montant du remboursement de l'indu est calculé au prorata de la durée durant laquelle l'investissement n'a pas été maintenu.

CHAPITRE V **AIDES DE LA POLITIQUE AGRICOLE COMMUNE POUR LA PROGRAMMATION AYANT DÉBUTÉ EN 2014** *(Décr. nº 2015-1265 du 9 oct. 2015, art. 1er-1º ; Décr. nº 2022-1755 du 30 déc. 2022, art. 1er).*

(Décr. nº 2004-859 du 23 août 2004)

SECTION 1 **Dispositions générales** *(Décr. nº 2015-1265 du 9 oct. 2015, art. 1er-2º).*

(Décr. nº 2005-1458 du 25 nov. 2005)

V. Arr. du 9 oct. 2015 relatif aux modalités d'application concernant le système intégré de gestion et de contrôle, l'admissibilité des surfaces au régime de paiement de base et l'agriculteur actif dans le cadre de la politique agricole commune à compter de la campagne 2015 (JO 14 oct.), mod. par Arr. du 11 mars 2016 (JO 13 mars), Arr. du 15 avr. 2016 (JO 23 avr.), Arr. du 12 mai 2016 (JO 14 mai), Arr. du 25 juill. 2016 (JO 4 août), Arr. du 1er août 2016, art. 8 (JO 2 août), Arr. du 4 mai 2017 (JO 7 mai), Arr. du 17 mai 2018 (JO 18 mai), Arr. du 26 févr. 2021 (JO 5 mars).

SOUS-SECTION 1 **Présentation et instruction des demandes**

(Décr. nº 2015-1265 du 9 oct. 2015, art. 1er-3º)

Art. D. 615-1 **Conformément au 4 de l'article 72 du règlement (UE) nº 1306/2013 du Parlement européen et du Conseil du 17 décembre 2013 relatif au financement, à**

la gestion et au suivi de la politique agricole commune, une demande unique est déposée pour les régimes d'aide dont la liste est établie par arrêté du ministre chargé de l'agriculture.

En application des dispositions des articles 11 à 17 et 22 du règlement d'exécution (UE) n° 809/2014 de la Commission du 17 juillet 2014 établissant les modalités d'application du règlement (UE) n° 1306/2013 du Parlement européen et du Conseil en ce qui concerne le système intégré de gestion et de contrôle, les mesures en faveur du développement rural et la conditionnalité, cet arrêté précise le contenu, les modalités de présentation, la date limite de dépôt et la date limite de modification de la demande unique qui comporte, notamment, un registre parcellaire graphique mis à jour.

Il précise également la date limite de dépôt des demandes d'attribution de droits au paiement de base ou d'augmentation de la valeur de ces droits mentionnées à l'article 22 du même règlement. — *V. Arr. du 9 oct. 2015 préc., art. 1er s.*

(Décr. n° 2016-294 du 11 mars 2016, art. 1er) **« La demande unique est transmise par voie électronique. »** — *Le Règl. (UE) 1306/2013 est abrogé par le Règl. (UE) 2021/2116 du 2 déc. 2021 relatif au financement, à la gestion et au suivi de la politique agricole commune, applicable à partir du 1er janv. 2023 ; le Règl. d'exécution (UE) n° 809/2014 est abrogé par le Règl. d'exécution (UE) 2022/1173 du 31 mai 2022 établissant les modalités d'application du Règl. (UE) 2021/2116 en ce qui concerne le système intégré de gestion et de contrôle dans la politique agricole commune, avec effet au 1er janv. 2023.*

Art. D. 615-2 **Un arrêté du ministre chargé de l'agriculture fixe les modalités de dépôt des demandes d'aides relevant d'un régime de soutien direct qui ne sont pas incluses dans la demande unique mentionnée à l'article D. 615-1.**

(Décr. n° 2016-1789 du 19 déc. 2016, art. 1er) **« Les demandes d'aides relevant d'un régime de soutien direct du titre IV du règlement (UE) n° 1307/2013 du 17 décembre 2013 qui ne sont pas incluses dans la demande unique mentionnée à l'article D. 615-1 sont transmises par voie électronique. »** — *Le Règl. (UE) 1307/2013 est abrogé, avec effet au 1er janv. 2023, par le Règl. (UE) 2021/2115 du 2 déc. 2021 établissant des règles régissant l'aide aux plans stratégiques devant être établis par les États membres dans le cadre de la politique agricole commune (plans stratégiques relevant de la PAC) et financés par le Fonds européen agricole de garantie (FEAGA) et par le Fonds européen agricole pour le développement rural (Feader).*

Art. D. 615-3 **Le préfet est chargé, pour le compte de l'organisme payeur au sens de l'article 7 du règlement (UE) n° 1306/2013 du Parlement européen et du Conseil du 17 décembre 2013, de l'instruction des demandes d'aides et de l'application, lors du calcul du montant des aides à verser, des réductions et des sanctions administratives prévues par les articles 63, 64, 77, 97 et 99 du même règlement, et les articles 15, 16, 19, 21, 24, 25, 26, 27, 28, 31, 32 et 33 du règlement délégué (UE) n° 640/2014 de la Commission du 11 mars 2014 complétant le règlement (UE) n° 1306/2013 du Parlement européen et du Conseil en ce qui concerne le système intégré de gestion et de contrôle, les conditions relatives au refus ou au retrait des paiements et les sanctions administratives applicables aux paiements directs, au soutien au développement rural et à la conditionnalité.** — *Le Règl. (UE) 1306/2013 est abrogé par le Règl. (UE) 2021/2116 du 2 déc. 2021 relatif au financement, à la gestion et au suivi de la politique agricole commune, applicable à partir du 1er janv. 2023 ; le Règl. (UE) n° 640/2014 est abrogé par le Règl. délégué (UE) 2022/1172 du 4 mai 2022 complétant le Règl. (UE) 2021/2116 en ce qui concerne le système intégré de gestion et de contrôle lié à la politique agricole commune et l'application et le calcul des sanctions administratives en matière de conditionnalité, avec effet au 1er janv. 2023.*

Art. D. 615-4 **En application des dispositions de l'article 8 du règlement d'exécution (UE) n° 809/2014 de la Commission du 17 juillet 2014 susmentionné, un arrêté du ministre chargé de l'agriculture précise les modalités d'application des dispositions relatives aux transferts d'exploitation après l'introduction d'une demande d'aide.** — *Le Règl. d'exécution (UE) n° 809/2014 est abrogé par le Règl. d'exécution (UE) 2022/1173 du 31 mai 2022 établissant les modalités d'application du Règl. (UE) 2021/2116 en ce qui concerne le système intégré de gestion et de contrôle dans la politique agricole commune, avec effet au 1er janv. 2023.*

V. Arr. du 9 oct. 2015 préc., art. 5.

Art. D. 615-4-1 *(Décr. n° 2015-1901 du 30 déc. 2015, art. 2)* **Pour l'application de l'article 26 du règlement d'exécution (UE) n° 809/2014 de la Commission du 17 juillet 2014, le directeur départemental des territoires ou le directeur départemental des territoires et de la mer ou,** *(Décr. n° 2016-781 du 10 juin 2016, art. 7-2°, en vigueur le 1er juill. 2016)* **« en Guadeloupe, en Guyane, en Martinique, à La Réunion, à Mayotte et à Saint-Martin », le directeur de l'alimentation, de l'agriculture et de la forêt assure, sous l'autorité du préfet, la coordination des contrôles sur place prévus par ce règlement.** — *Le Règl. d'exécution (UE) n° 809/2014 est abrogé par le Règl. d'exécution (UE) 2022/1173 du 31 mai 2022 établissant les modalités d'application du Règl. (UE) 2021/2116 en ce qui concerne le système intégré de gestion et de contrôle dans la politique agricole commune, avec effet au 1er janv. 2023.*

SOUS-SECTION 2 Mécanismes financiers

(Décr. n° 2015-1128 du 10 sept. 2015, art. 1er-1°)

Art. D. 615-5 **Le montant du remboursement mentionné au 5 de l'article 26 du règlement (UE) n° 1306/2013 du Parlement européen et du Conseil du 17 décembre 2013 relatif au financement, à la gestion et au suivi de la politique agricole commune est calculé par application d'un taux fixé par arrêté conjoint des ministres chargés de l'agriculture et du budget aux paiements directs mentionnés au 1 de l'article 8 du règlement (UE) n° 1307/2013 du Parlement européen et du Conseil du 17 décembre 2013 établissant les règles relatives aux paiements directs en faveur des agriculteurs au titre des régimes de soutien relevant de la politique agricole commune reçus par les bénéficiaires concernés.** — *Le Règl. (UE) 1306/2013 est abrogé par le Règl. (UE) 2021/2116 du 2 déc. 2021 relatif au financement, à la gestion et au suivi de la politique agricole commune, applicable à partir du 1er janv. 2023 ; le Règl. (UE) 1307/2013 est abrogé, avec effet au 1er janv. 2023, par le Règl. (UE) 2021/2115 du 2 déc. 2021 établissant des règles régissant l'aide aux plans stratégiques devant être établis par les États membres dans le cadre de la politique agricole commune (plans stratégiques relevant de la PAC) et financés par le Fonds européen agricole de garantie (FEAGA) et par le Fonds européen agricole pour le développement rural (Feader).*

Art. D. 615-6 **Lorsque le montant total des paiements demandés au cours d'une année donnée au titre d'un régime de soutien direct dépasse le plafond national annuel prévu par la réglementation européenne, un arrêté conjoint des ministres chargés de l'agriculture et du budget fixe le taux de réduction à appliquer à ces paiements.**

SOUS-SECTION 3 Détermination des taux d'intérêt, montants minimaux et réductions

(Décr. n° 2015-1265 du 9 oct. 2015, art. 1er-4°)

Art. D. 615-7 **En application du 2 de l'article 10 du règlement (UE) n° 1307/2013 du Parlement européen et du Conseil du 17 décembre 2013 établissant les règles relatives aux paiements directs en faveur des agriculteurs au titre des régimes de soutien relevant de la politique agricole commune, il ne peut être octroyé de paiements directs lorsque le montant total des paiements directs demandés ou à octroyer au cours d'une année civile donnée avant application de l'article 63 du règlement (UE) n° 1306/2013 du Parlement européen et du Conseil du 17 décembre 2013 est inférieur à un montant fixé par arrêté du ministre chargé de l'agriculture.** — *Le Règl. (UE) 1307/2013 est abrogé, avec effet au 1er janv. 2023, par le Règl. (UE) 2021/2115 du 2 déc. 2021 établissant des règles régissant l'aide aux plans stratégiques devant être établis par les États membres dans le cadre de la politique agricole commune (plans stratégiques relevant de la PAC) et financés par le Fonds européen agricole de garantie (FEAGA) et par le Fonds européen agricole pour le développement rural (Feader) ; le Règl. (UE) 1306/2013 est abrogé par le Règl. (UE) 2021/2116 du 2 déc. 2021 relatif au financement, à la gestion et au suivi de la politique agricole commune, applicable à partir du 1er janv. 2023.*

V. Arr. du 9 oct. 2015 préc., art. 6.

Art. D. 615-8 **Le taux d'intérêt prévu au 2 de l'article 7 du règlement d'exécution (UE) n° 809/2014 de la Commission du 17 juillet 2014 et appliqué au remboursement des paiements indus est le taux d'intérêt légal en vigueur.** — *Le Règl. d'exécution (UE) n° 809/2014 est abrogé par le Règl. d'exécution (UE) 2022/1173 du 31 mai 2022 établissant* *les modalités d'application du Règl. (UE) 2021/2116 en ce qui concerne le système intégré de gestion et de contrôle dans la politique agricole commune, avec effet au 1er janv. 2023.*

Art. D. 615-9 La réduction pour non-déclaration de terres agricoles prévue à l'article 16 du règlement délégué (UE) n° 640/2014 de la Commission du 11 mars 2014 est fixée par arrêté du ministre chargé de l'agriculture. – *Le Règl. (UE) n° 640/2014 est abrogé par le Règl. délégué (UE) 2022/1172 du 4 mai 2022 complétant le Règl. (UE) 2021/2116 en ce qui concerne le système intégré de gestion et de contrôle lié à la politique agricole commune et l'application et le calcul des sanctions administratives en matière de conditionnalité, avec effet au 1er janv. 2023.*

V. Arr. du 9 oct. 2015 préc., art. 7.

SOUS-SECTION 4 Détermination des superficies

(Décr. n° 2015-1265 du 9 oct. 2015, art. 1er-5°)

Art. D. 615-10 Pour l'application des 2, 3 et 4 de l'article 38 du règlement d'exécution (UE) n° 809/2014 de la Commission du 17 juillet 2014, un arrêté du ministre chargé de l'agriculture définit les instruments de contrôle permettant la mesure des surfaces déclarées au titre des régimes d'aide concernés et la marge de tolérance éventuellement appliquée à cette mesure. – *Le Règl. d'exécution (UE) n° 809/2014 est abrogé par le Règl. d'exécution (UE) 2022/1173 du 31 mai 2022 établissant les modalités d'application du Règl. (UE) 2021/2116 en ce qui concerne le système intégré de gestion et de contrôle dans la politique agricole commune, avec effet au 1er janv. 2023.*

V. Arr. du 9 oct. 2015 préc., art. 8-I.

1. La superficie d'une exploitation agricole reste admissible au bénéfice des aides du régime de soutien direct, même si une partie est utilisée temporairement comme prairie dans une optique de préservation du paysage et même si l'agriculteur dispose de parcelles à titre onéreux ou gratuit si ces parcelles restent utilisables pour des activités agricoles. • CJUE 14 oct. 2010, n° C-61/09 : *Europe 2010. 445.*

2. Le préfet qui prive l'intéressé d'une part du bénéfice du régime d'aides plus que proportionnelle à l'écart constaté entre la déclaration et le résultat du contrôle, ou qui prive l'exploitant du bénéfice du régime d'aides, prend une décision qui a le caractère d'une sanction et doit en conséquence respecter les droits de la défense de l'intéressé. • CE 11 févr. 2011, *Sté Laurenti*, n° 336258 : *AJDA 2011. 1102 ; Gaz. Pal. 23-24 févr. 2011* • 30 déc. 2013, n° 354587 : *Gaz. Pal. 5-6 févr. 2014.*

Art. D. 615-11 I. – Pour l'application du 3 de l'article 9 du règlement délégué (UE) n° 640/2014 de la Commission du 11 mars 2014, la densité maximale d'arbres est fixée à cent arbres par hectare. – *Le Règl. (UE) n° 640/2014 est abrogé par le Règl. délégué (UE) 2022/1172 du 4 mai 2022 complétant le Règl. (UE) 2021/2116 en ce qui concerne le système intégré de gestion et de contrôle lié à la politique agricole commune et l'application et le calcul des sanctions administratives en matière de conditionnalité, avec effet au 1er janv. 2023.*

II. – Un système de prorata est appliqué pour déterminer la surface admissible des prairies et pâturages permanents mentionnés à l'article 10 du règlement délégué (UE) n° 640/2014 de la Commission du 11 mars 2014. Un arrêté du ministre chargé de l'agriculture définit les catégories de types de couverture des terres homogènes pour lesquelles un coefficient de réduction fixe est appliqué, ainsi que les coefficients de réduction associés. – *V. Arr. du 9 oct. 2015 préc., art. 8-II.*

Les pâturages permanents au sens du Règl. n° 1120/2009 couvrent des terres agricoles qui sont actuellement et depuis cinq ans ou davantage consacrées à la production d'herbe ou autres plantes fourragères herbacées, alors même que ces terres ont au cours de cette période été labourées et ensemencées avec une variété de plantes fourragères herbacées autre que celle qui y était produite. • CJUE 2 oct. 2014, n° C-47/13 : *RD rur. 2015, n° 51, note Gadbin.*

Art. D. 615-12 Pour l'application du 1 de l'article 72 du règlement (UE) n° 1306/2013 du Parlement européen et du Conseil du 17 décembre 2013, un arrêté du ministre chargé de l'agriculture fixe la taille minimale des îlots pouvant faire l'objet d'une demande d'aides. – *Le Règl. (UE) 1306/2013 est abrogé par le Règl. (UE) 2021/2116* *du 2 déc. 2021 relatif au financement, à la gestion et au suivi de la politique agricole commune, applicable à partir du 1er janv. 2023.*

V. Arr. du 9 oct. 2015 préc., art. 8-III.

Art. D. 615-13 **Pour l'application du *a* du 3 de l'article 32 du règlement (UE) n° 1307/2013 du Parlement européen et du Conseil du 17 décembre 2013, un arrêté du ministre chargé de l'agriculture fixe les conditions dans lesquelles les surfaces agricoles déclarées au titre du régime de paiement de base peuvent être utilisées aux fins d'activités non agricoles.** *— Le Règl. (UE) 1307/2013 est abrogé, avec effet au 1er janv. 2023, par le Règl. (UE) 2021/2115 du 2 déc. 2021 établissant des règles régissant l'aide aux plans stratégiques devant être établis par les États membres dans le cadre de la politique agricole commune (plans stratégiques relevant de la PAC) et financés par le Fonds européen agricole de garantie (FEAGA) et par le Fonds européen agricole pour le développement rural (Feader).*

V. Arr. du 9 oct. 2015 préc., art. 8-IV.

Art. D. 615-14 **La liste des essences forestières convenant à l'usage de taillis à courte rotation mentionnées au *c* du 2 de l'article 4 du règlement (UE) n° 1307/2013 du Parlement européen et du Conseil du 17 décembre 2013 et leur cycle maximal de récolte sont fixés par arrêté du ministre chargé de l'agriculture.** *— Le Règl. (UE) 1307/2013 est abrogé, avec effet au 1er janv. 2023, par le Règl. (UE) 2021/2115 du 2 déc. 2021 établissant des règles régissant l'aide aux plans stratégiques devant être établis par les États membres dans le cadre de la politique agricole commune (plans stratégiques relevant de la PAC) et financés par le Fonds européen agricole de garantie (FEAGA) et par le Fonds européen agricole pour le développement rural (Feader).*

V. Arr. du 9 oct. 2015 préc., art. 9.

Art. D. 615-15 **I. — Pour l'application du *f* du 1 de l'article 4 du règlement (UE) n° 1307/2013 du Parlement européen et du Conseil du 17 décembre 2013, les jachères sont définies comme étant des surfaces agricoles ne faisant l'objet d'aucune utilisation ni valorisation pendant une période définie par arrêté du ministre chargé de l'agriculture.** *— Le Règl. (UE) 1307/2013 est abrogé, avec effet au 1er janv. 2023, par le Règl. (UE) 2021/2115 du 2 déc. 2021 établissant des règles régissant l'aide aux plans stratégiques devant être établis par les États membres dans le cadre de la politique agricole commune (plans stratégiques relevant de la PAC) et financés par le Fonds européen agricole de garantie (FEAGA) et par le Fonds européen agricole pour le développement rural (Feader).*

Par dérogation à l'alinéa précédent, les sols nus sont autorisés pour les surfaces déclarées en jachères noires sur injonction de l'autorité administrative mentionnée à l'article L. 201-4 au titre de la lutte contre les organismes nuisibles des végétaux figurant sur la liste prévue à l'article D. 201-1.

Un arrêté du ministre chargé de l'agriculture précise les couverts autorisés et les modalités d'entretien relatives à ces surfaces. *— V. Arr. du 9 oct. 2015 préc., art. 10.*

II. — Pour l'application du *a* du 2 du même article, un arrêté du ministre chargé de l'agriculture fixe les critères à remplir par les agriculteurs pour respecter l'obligation de maintien d'une surface agricole dans un état qui la rend adaptée au pâturage ou à la culture sans action préparatoire allant au-delà de pratiques agricoles courantes ou du recours à des machines agricoles courantes dans les conditions prévues par l'article 4 du règlement délégué (UE) n° 639/2014 de la Commission.

(Décr. n° 2018-364 du 17 mai 2018, art. 1er) **« III. — Pour l'application du huitième alinéa du 2 du même article, un arrêté du ministre chargé de l'agriculture définit les territoires dans lesquels d'autres espèces adaptées à la production d'aliments pour animaux peuvent être présentes dans les prairies permanentes, dans les zones où l'herbe et les autres plantes fourragères herbacées sont prédominantes, et les espèces concernées.**

« IV. — Pour l'application du neuvième alinéa du 2 du même article, un arrêté du ministre chargé de l'agriculture définit les territoires dans lesquels des surfaces adaptées au pâturage où l'herbe et les autres plantes fourragères herbacées ne prédominent pas ou sont absentes sont considérées comme des prairies permanentes. » *— V. Arr. du 9 oct. 2015 préc., art. 11, 11 bis, 11 ter.*

V. aussi Arr. du 22 sept. 2017 fixant les départements bénéficiant d'une dérogation à l'art. 45.2 du règlement délégué de la Commission européenne n° 639/2014 portant sur l'interdiction de valori-

sation des jachères (JO 27 sept.) ; Arr. du 12 oct. 2018 établissant une dérogation à l'interdiction de valorisation des jachères dans le cadre du paiement pour les pratiques agricoles bénéfiques pour le climat et l'environnement (JO 16 oct.) ; Arr. du 18 sept. 2019 établissant des dérogations dans le cadre du paiement pour les pratiques agricoles bénéfiques pour le climat et l'environnement (JO 21 sept.) ; Arr. du 28 mars 2022 établissant des dérogations dans le cadre du paiement pour les pratiques agricoles bénéfiques pour le climat et l'environnement pour la campagne 2022 (JO 31 mars).

Art. D. 615-16 Pour l'application de l'article 5 du règlement délégué (UE) n° 639/2014 de la Commission du 11 mars 2014, un arrêté du ministre chargé de l'agriculture définit l'activité minimale à exercer sur les surfaces agricoles naturellement conservées dans un état qui les rend adaptées au pâturage ou à la culture. – *V. Arr. du 9 oct. 2015 préc., art. 12.*

Art. D. 615-17 Un arrêté du ministre chargé de l'agriculture fixe les pratiques locales établies en cas de prairies permanentes dans les conditions prévues par l'article 7 du règlement délégué (UE) n° 639/2014 de la Commission du 11 mars 2014. – *V. Arr. du 9 oct. 2015 préc., art. 13.*

SOUS-SECTION 5 *[ABROGÉE]* Agriculteur actif

(Abrogée par Décr. n° 2018-364 du 17 mai 2018, art. 1er)

Art. D. 615-18 *Abrogé par Décr. n° 2018-364 du 17 mai 2018, art. 1er.*

SECTION 2 Paiements découplés *(Décr. n° 2015-1156 du 17 sept. 2015, art. 1er-1°-a).*

(Décr. n° 2005-1458 du 25 nov. 2005)

SOUS-SECTION 1 Régime de paiement de base

(Décr. n° 2015-1156 du 17 sept. 2015, art. 1er-1°-b)

§ 1 Attribution et établissement de la valeur des droits au paiement

Art. D. 615-19 I. – Les demandes d'attribution de droits au paiement au titre du régime des paiements de base mentionnées à l'article 22 du règlement d'exécution (UE) n° 809/2014 de la Commission du 17 juillet 2014 sont introduites au moment du dépôt de la demande d'aide au titre de ce régime. – *Le Règl. d'exécution (UE) n° 809/2014 est abrogé par le Règl. d'exécution (UE) 2022/1173 du 31 mai 2022 établissant les modalités d'application du Règl. (UE) 2021/2116 en ce qui concerne le système intégré de gestion et de contrôle dans la politique agricole commune, avec effet au 1er janv. 2023.*

II. – En cas de vente d'une exploitation ou d'une partie de celle-ci, le vendeur peut, dans les conditions prévues par l'article 20 du règlement délégué (UE) n° 639/2014 de la Commission du 11 mars 2014, transférer à l'acquéreur les droits au paiement correspondant à attribuer.

En cas de bail d'une exploitation ou partie d'exploitation, le bailleur peut, dans les conditions prévues par l'article 21 du même règlement, transférer au preneur les droits au paiement correspondant à attribuer.

III. – Dans les cas mentionnés au II et au 8 de l'article 24 du règlement (UE) n° 1307/2013 du Parlement européen et du Conseil du 17 décembre 2013 établissant les règles relatives aux paiements directs en faveur des agriculteurs au titre des régimes de soutien relevant de la politique agricole commune, l'acquéreur ou le preneur satisfait aux obligations mentionnées au *a* des articles 3, 4 et 5 du règlement d'exécution (UE) n° 641/2014 de la Commission du 16 juin 2014 fixant les modalités d'application du règlement (UE) n° 1307/2013 du Parlement européen et du Conseil du 17 décembre 2013, en joignant à sa demande une copie du contrat de vente ou de bail. – *Le Règl. (UE) 1307/2013 est abrogé, avec effet au 1er janv. 2023, par le Règl. (UE) 2021/2115 du 2 déc. 2021 établissant des règles régissant l'aide aux plans stratégiques devant être établis par les États membres dans le cadre de la politique agricole commune (plans stratégiques relevant de la PAC) et financés par le Fonds européen agricole de garantie (FEAGA) et par le Fonds européen agricole pour le développement rural (Feader).*

1. Refus. Est fondé le refus du préfet d'activer des DPU à la demande d'un GAEC qui a perdu son agrément et reste une société de personnes. • CE, ch. réun., 12 mai 2017, n° 391109 : *RD rur. 2017, n° 273, concl. Daumas, note Gadbin.*

2. Reprise d'exploitation. L'administration doit être informée d'un changement de statut ou de dénomination de l'exploitation agricole pour que l'agriculteur puisse prétendre au versement d'aides. • CE 19 juin 2017, n° 387690 : *DP entr. agric., Bull. n° 510, p. 16, note Bouvier.*

3. Transfert des droits au paiement. La scission d'exploitation donnant lieu à l'installation d'un nouvel agriculteur ne permet aucun transfert de droits à paiement de l'exploitant initial au profit de ce dernier, mais autorise un transfert aux membres de l'exploitation initiale qui poursuivent leur activité. • CAA Douai, 29 nov. 2022, n° 21DA01911 : *RD rur. 2023, n° 57, note Toutias.*

Art. D. 615-20 I. — En application du 1 de l'article 23 du règlement (UE) n° 1307/2013 du Parlement européen et du Conseil du 17 décembre 2013, deux régions sont définies pour l'application du régime de paiement de base :

— la région "Corse", qui comprend la collectivité de Corse ;

— la région "Hexagone", qui comprend les autres départements métropolitains.

II. — Le plafond régional alloué à la région "Corse" est fixé à *(Décr. n° 2016-1131 du 17 août 2016, art. 1er)* « 0,6 % » du plafond national annuel pour le régime de paiement de base.

Le plafond régional alloué à la région "Hexagone" est fixé à *(Décr. n° 2016-1131 du 17 août 2016, art. 1er)* « 99,4 % » du plafond national annuel pour le régime de paiement de base. — *Le Règl. (UE) 1307/2013 est abrogé, avec effet au 1er janv. 2023, par le Règl. (UE) 2021/2115 du 2 déc. 2021 établissant des règles régissant l'aide aux plans stratégiques devant être établis par les États membres dans le cadre de la politique agricole commune (plans stratégiques relevant de la PAC) et financés par le Fonds européen agricole de garantie (FEAGA) et par le Fonds européen agricole pour le développement rural (Feader).*

Art. D. 615-21 En application des deux derniers alinéas du 1 de l'article 24 du règlement (UE) n° 1307/2013 du Parlement européen et du Conseil du 17 décembre 2013, des droits au paiement sont attribués en 2015 :

1° Aux agriculteurs s'étant vu attribuer des droits au paiement à partir de la réserve nationale au titre du régime de paiement unique en 2014 ;

2° Aux agriculteurs n'ayant jamais détenu en propriété ou par bail de droits au paiement établis au titre du règlement (CE) n° 73/2009 ou du règlement (CE) n° 1782/2003 et qui peuvent prouver qu'au 15 mai 2013, ils exerçaient une activité de production, d'élevage ou de cultures de produits agricoles, y compris la récolte, la traite, l'élevage et la détention d'animaux à des fins agricoles. — *Le Règl. (UE) 1307/2013 est abrogé, avec effet au 1er janv. 2023, par le Règl. (UE) 2021/2115 du 2 déc. 2021 établissant des règles régissant l'aide aux plans stratégiques devant être établis par les États membres dans le cadre de la politique agricole commune (plans stratégiques relevant de la PAC) et financés par le Fonds européen agricole de garantie (FEAGA) et par le Fonds européen agricole pour le développement rural (Feader).*

Art. D. 615-22 Le nombre de droits au paiement attribué par agriculteur en 2015 est égal au nombre d'hectares admissibles déterminés que l'agriculteur déclare dans sa demande d'aide pour 2015, qui sont à sa disposition au 15 juin 2015 et qui n'étaient pas en vignes au 15 mai 2013.

Art. D. 615-23 Pour la région "Corse", la valeur unitaire des droits au paiement est calculée en divisant le plafond régional fixé au II de l'article D. 615-20 par le nombre de droits au paiement attribués en 2015 en Corse, dans les conditions prévues par le 1 de l'article 25 du règlement (UE) n° 1307/2013 du Parlement européen et du Conseil du 17 décembre 2013. — *Le Règl. (UE) 1307/2013 est abrogé, avec effet au 1er janv. 2023, par le Règl. (UE) 2021/2115 du 2 déc. 2021 établissant des règles régissant l'aide aux plans stratégiques devant être établis par les États membres dans le cadre de la politique agricole commune (plans stratégiques relevant de la PAC) et financés par le Fonds européen agricole de garantie (FEAGA) et par le Fonds européen agricole pour le développement rural (Feader).*

Art. D. 615-24 I. — Pour la région "Hexagone", la valeur unitaire des droits au paiement est établie sur la base de la valeur unitaire initiale des droits au paiement calculée conformément au 2 de l'article 26 du règlement (UE) n° 1307/2013 du Parlement

européen et du Conseil du 17 décembre 2013 et dans les conditions prévues par le présent article.

La valeur unitaire initiale des droits au paiement prend en compte la totalité de l'aide à la qualité du tabac octroyée pour l'année civile 2014 en application de l'article D. 615-43-14.

La valeur unitaire initiale des droits au paiement est établie dans les conditions prévues par le 1 de l'article 19 du règlement délégué (UE) n° 639/2014 de la Commission du 11 mars 2014 lorsque les paiements directs au titre de l'année 2014, calculés avant application du taux d'ajustement fixé par le règlement d'exécution (UE) n° 1227/2014 de la Commission du 17 novembre 2014 fixant un taux d'ajustement des paiements directs prévu par le règlement (CE) n° 73/2009 du Conseil en ce qui concerne l'année civile 2014 et du taux de réduction relatif à la diminution des plafonds nationaux prévu par le règlement (UE) n° 1310/2013 du Parlement européen et du Conseil du 17 décembre 2013 établissant certaines dispositions transitoires relatives au soutien au développement rural par le Fonds européen agricole pour le développement rural (FEADER), sont inférieurs à 90 % des montants des mêmes paiements au titre de l'année précédant les années concernées par un cas de force majeure ou des circonstances exceptionnelles.

II. — Les droits au paiement dont la valeur unitaire initiale est inférieure à la valeur unitaire régionale en 2019 voient leur valeur unitaire augmentée de 70 % de la différence entre leur valeur unitaire initiale et la valeur unitaire régionale en 2019, dans les conditions prévues au 4 de l'article 25 du règlement (UE) n° 1307/2013 du Parlement européen et du Conseil du 17 décembre 2013.

La valeur unitaire initiale des droits au paiement de base mentionnés au 7 de l'article 25 de ce même règlement est réduite, de façon linéaire, de 30 % au maximum. — *Le Règl. (UE) 1307/2013 est abrogé, avec effet au 1er janv. 2023, par le Règl. (UE) 2021/2115 du 2 déc. 2021 établissant des règles régissant l'aide aux plans stratégiques devant être établis par les États membres dans le cadre de la politique agricole commune (plans stratégiques relevant de la PAC) et financés par le Fonds européen agricole de garantie (FEAGA) et par le Fonds européen agricole pour le développement rural (Feader).*

§ 2 Réserve de droits au paiement de base

(Décr. n° 2016-1013 du 22 juill. 2016, art. 1er-1°-a)

Art. D. 615-26 I. — En application du 2 de l'article 30 du règlement (UE) n° 1307/2013 du Parlement européen et du Conseil du 17 décembre 2013, il est constitué deux réserves régionales, correspondant aux régions telles que définies à l'article D. 615-20.

II. — Le pourcentage de réduction linéaire appliqué au plafond régional du régime de paiement de base défini au II de l'article D. 615-20, en vue de la création des réserves prévues par l'article 30 du règlement (UE) n° 1307/2013 du Parlement européen et du Conseil du 17 décembre 2013, est fixé par arrêté du ministre chargé de l'agriculture.

Le cas échéant, un pourcentage de réduction linéaire est appliqué à la valeur des droits au paiement relevant du régime de paiement de base de la région concernée en vue de l'alimentation de la réserve prévue aux *f* et *g* du 1 de l'article 31 de ce même règlement. Ce pourcentage est fixé par arrêté du ministre chargé de l'agriculture. — *Le Règl. (UE) 1307/2013 est abrogé, avec effet au 1er janv. 2023, par le Règl. (UE) 2021/2115 du 2 déc. 2021 établissant des règles régissant l'aide aux plans stratégiques devant être établis par les États membres dans le cadre de la politique agricole commune (plans stratégiques relevant de la PAC) et financés par le Fonds européen agricole de garantie (FEAGA) et par le Fonds européen agricole pour le développement rural (Feader).*

V. Arr. du 18 août 2016 fixant les pourcentages de réduction appliqués aux plafonds du régime de paiement de base en vue de la création des réserves régionales (JO 27 août) ; Arr. du 23 sept. 2021 affectant aux réserves de paiement de base la baisse de l'enveloppe de paiement de base au titre de la campagne 2021 (JO 26 sept.).

En application de l'art. 30, paragraphe 7 e du Règl. (UE) n° 1307/2013, une augmentation linéaire et définitive de 3,509 % est appliquée à la valeur de tous les droits au paiement dans le cadre du régime de paiement de base au niveau de la région « Corse » (Arr. du 22 nov. 2022, JO 2 déc.).

Art. D. 615-27 I. – Les objectifs et les conditions d'utilisation de la réserve, et le cas échéant la priorité donnée à chaque usage, sont déterminés par arrêté du ministre chargé de l'agriculture. Cet arrêté fixe également les conditions d'attribution des droits au paiement issus de la réserve, qui peut se faire, notamment, par l'attribution de nouveaux droits ou par l'augmentation de la valeur unitaire de tous les droits existant de l'agriculteur, ainsi que les modalités d'établissement de la valeur de ces droits au paiement conformément au 8 de l'article 30 du règlement (UE) n° 1307/2013 du Parlement européen et du Conseil du 17 décembre 2013. – *V. Arr. du 9 avr. 2021 relatif à l'octroi des dotations issues de la réserve de droits à paiement de base pour les campagnes 2021 et 2022 (JO 17 avr.) ; Arr. du 22 nov. 2022 relatif à l'utilisation de la réserve en vue de financer le paiement en faveur des jeunes agriculteurs pour la campagne 2022 (JO 1er déc.).*

En cas d'insuffisance des ressources de la réserve, des stabilisateurs définis par arrêté conjoint des ministres chargés de l'agriculture et du budget sont appliqués aux droits à paiement de base alloués par la réserve de la région considérée dans l'ordre des priorités établies en vertu du paragraphe précédent.

II. – La date mentionnée au 9 de l'article 30 du règlement (UE) n° 1307/2013 du Parlement européen et du Conseil du 17 décembre 2013 est la date limite pour le dépôt d'une demande dans le cadre du régime de paiement de base. – *Le Règl. (UE) 1307/2013 est abrogé, avec effet au 1er janv. 2023, par le Règl. (UE) 2021/2115 du 2 déc. 2021 établissant des règles régissant l'aide aux plans stratégiques devant être établis par les États membres dans le cadre de la politique agricole commune (plans stratégiques relevant de la PAC) et financés par le Fonds européen agricole de garantie (FEAGA) et par le Fonds européen agricole pour le développement rural (Feader).*

§ 3 Mise en œuvre du régime de paiement de base

Art. D. 615-28 Pour l'application du 1 de l'article 33 du règlement (UE) n° 1307/2013 du Parlement européen et du Conseil du 17 décembre 2013, les parcelles déclarées doivent être à la disposition de l'agriculteur au plus tard à la date limite de dépôt des dossiers de demande d'aide au titre de laquelle la demande d'aide est déposée. – *Le Règl. (UE) 1307/2013 est abrogé, avec effet au 1er janv. 2023, par le Règl. (UE) 2021/2115 du 2 déc. 2021 établissant des règles régissant l'aide aux plans stratégiques devant être établis par les États membres dans le cadre de la politique agricole commune (plans stratégiques relevant de la PAC) et financés par le Fonds européen agricole de garantie (FEAGA) et par le Fonds européen agricole pour le développement rural (Feader).*

Art. D. 615-29 *(Décr. n° 2016-1013 du 22 juill. 2016, art. 1er-1°-b)* Lorsque des droits au paiement sont transférés sans terre, la valeur unitaire annuelle de chacun de ces droits est réduite à titre définitif de 50 % pendant les trois premières années d'application du régime de paiement de base. Ce pourcentage est fixé à 30 % les années suivantes.

Cette réduction est nulle en cas de fin de bail, de reprise de bail, de reprise des terres par le propriétaire, de convention de pâturage, de changement de statut juridique, d'héritage ou d'héritage anticipé.

SOUS-SECTION 2 Le paiement redistributif

(Décr. n° 2016-1013 du 22 juill. 2016, art. 1er-2°-a)

Art. D. 615-30 Le paiement redistributif mentionné à l'article 41 du règlement (UE) n° 1307/2013 du Parlement européen et du Conseil du 17 décembre 2013 est mis en œuvre au niveau national. Le nombre d'hectares maximum donnant droit au paiement est fixé à cinquante-deux. – *Le Règl. (UE) 1307/2013 est abrogé, avec effet au 1er janv. 2023, par le Règl. (UE) 2021/2115 du 2 déc. 2021 établissant des règles régissant l'aide aux plans stratégiques devant être établis par les États membres dans le cadre de la politique agricole commune (plans stratégiques relevant de la PAC) et financés par le Fonds européen agricole de garantie (FEAGA) et par le Fonds européen agricole pour le développement rural (Feader).*

Un arrêté conjoint des ministres chargés de l'agriculture et du budget établit le paiement moyen national et le montant du paiement redistributif par hectare. – *V. Arr. du 27 sept. 2022 fixant les montants du paiement redistributif et en faveur des jeunes agriculteurs pour la campagne 2022 (JO 2 oct.), mod. par Arr. du 24 nov. 2022 (JO 2 déc.).*

SOUS-SECTION 3 Paiement pour les pratiques agricoles bénéfiques pour le climat et l'environnement

(Décr. nº 2015-1477 du 12 nov. 2015, art. 1er)

V. Arr. du 17 avr. 2019 fixant certaines dispositions relatives au paiement pour les pratiques agricoles bénéfiques pour le climat et l'environnement dit « paiement vert » prévu par la politique agricole commune à partir de la campagne 2019 (JO 20 avr.), mod. par Arr. du 5 mai 2020 (JO 8 mai), Arr. du 8 avr. 2021 (JO 17 avr.), Arr. du 14 avr. 2022 (JO 21 avr.).

Art. D. 615-31 **Le montant du paiement pour les pratiques agricoles bénéfiques pour le climat et l'environnement correspond à un pourcentage de la valeur totale des droits au paiement de base que l'agriculteur a activé au titre de la campagne considérée dans les conditions prévues par le troisième alinéa du 9 de l'article 43 du règlement (UE) nº 1307/2013 du Parlement européen et du Conseil du 17 décembre 2013 établissant les règles relatives aux paiements directs en faveur des agriculteurs au titre des régimes de soutien relevant de la politique agricole commune.** — *Le Règl. (UE) 1307/2013 est abrogé, avec effet au 1er janv. 2023, par le Règl. (UE) 2021/2115 du 2 déc. 2021 établissant des règles régissant l'aide aux plans stratégiques devant être établis par les États membres dans le cadre de la politique agricole commune (plans stratégiques relevant de la PAC) et financés par le Fonds européen agricole de garantie (FEAGA) et par le Fonds européen agricole pour le développement rural (Feader).*

Art. D. 615-32 **I. — Les obligations liées au paiement mentionné à l'article D. 615-31 et prévues au 3 de l'article 43 du règlement (UE) nº 1307/2013 du Parlement européen et du Conseil du 17 décembre 2013 sont regardées comme satisfaites si elles sont exécutées dans le cadre d'un schéma de certification d'équivalence notifié à la Commission européenne.** — *Le Règl. (UE) 1307/2013 est abrogé, avec effet au 1er janv. 2023, par le Règl. (UE) 2021/2115 du 2 déc. 2021 établissant des règles régissant l'aide aux plans stratégiques devant être établis par les États membres dans le cadre de la politique agricole commune (plans stratégiques relevant de la PAC) et financés par le Fonds européen agricole de garantie (FEAGA) et par le Fonds européen agricole pour le développement rural (Feader).*

II. — Un arrêté du ministre chargé de l'agriculture fixe le contenu du schéma de certification d'équivalence et désigne l'organisme chargé de certifier les exploitations engagées dans ce schéma. — *V. Arr. du 17 avr. 2019 préc., art. 1er.*

Art. D. 615-33 *(Décr. nº 2018-364 du 17 mai 2018, art. 1er)* **I. — Pour l'application du 1 de l'article 40 du règlement délégué (UE) nº 639/2014 de la Commission du 11 mars 2014, la période à prendre en considération aux fins du calcul des pourcentages des différentes cultures est fixée par arrêté du ministre chargé de l'agriculture.** — *V. Arr. du 17 avr. 2019 préc., art. 5.*

II. — Pour l'application du troisième alinéa du 3 du même article, les différents mélanges de semences ne comprenant aucune espèce commune sont reconnus comme des cultures uniques distinctes.

Art. D. 615-34 **I. — Pour l'application du 1 de l'article 45 du règlement (UE) nº 1307/2013 du Parlement européen et du Conseil du 17 décembre 2013, un arrêté du ministre chargé de l'agriculture désigne les prairies permanentes qui présentent un caractère sensible d'un point de vue environnemental.** — *V. Arr. du 17 avr. 2019 préc., art. 2.*

II. — Tout agriculteur qui a converti ou labouré une prairie permanente sensible au sens du précédent alinéa est tenu de la reconvertir en prairie permanente dans les conditions prévues par l'article 42 du règlement délégué (UE) nº 639/2014 de la Commission du 11 mars 2014. Un arrêté du ministre chargé de l'agriculture précise les conditions de cette reconversion. — *Le Règl. (UE) 1307/2013 est abrogé, avec effet au 1er janv. 2023, par le Règl. (UE) 2021/2115 du 2 déc. 2021 établissant des règles régissant l'aide aux plans stratégiques devant être établis par les États membres dans le cadre de la politique agricole commune (plans stratégiques relevant de la PAC) et financés par le Fonds européen agricole de garantie (FEAGA) et par le Fonds européen agricole pour le développement rural (Feader).*

Art. D. 615-35 **I. — Le ratio des prairies permanentes mentionné au 2 de l'article 45 du règlement (UE) nº 1307/2013 du Parlement européen et du Conseil du 17 décembre 2013 est fixé par le ministre chargé de l'agriculture au niveau régional.** — *Le Règl.*

(UE) 1307/2013 est abrogé, avec effet au 1er janv. 2023, par le Règl. (UE) 2021/2115 du 2 déc. 2021 établissant des règles régissant l'aide aux plans stratégiques devant être établis par les États membres dans le cadre de la politique agricole commune (plans stratégiques relevant de la FAC) et financés par le Fonds européen agricole de garantie (FEAGA) et par le Fonds européen agricole pour le développement rural (Feader).

II. — Un arrêté du ministre chargé de l'agriculture fixe les cas dans lesquels, en application du 1 de l'article 44 du règlement délégué (UE) n° 639/2014 de la Commission du 11 mars 2014, un agriculteur doit obtenir une autorisation individuelle de retournement avant de convertir une prairie permanente ainsi que les critères et conditions auxquels est subordonnée l'obtention de cette autorisation. *— V. Arr. du 17 avr. 2019 préc., art. 3.*

III. — Un arrêté du ministre chargé de l'agriculture précise les situations dans lesquelles, en application du 2 de l'article 44 du règlement délégué (UE) n° 639/2014 de la Commission du 11 mars 2014, un agriculteur est tenu de reconvertir des prairies permanentes. Cet arrêté définit, notamment, les catégories d'agriculteurs soumis à cette obligation, les surfaces qui peuvent en être exclues ainsi que les règles permettant de s'assurer que les prairies permanentes ne sont plus reconverties.

V. Arr. du 28 oct. 2020 instaurant pour la région Hauts-de-France le dispositif d'autorisation individuelle préalable à la conversion de prairies permanentes (JO 4 nov.) ; Arr. du 27 oct. 2021 reconduisant en région Hauts-de-France le dispositif d'autorisation individuelle préalable à la conversion de prairies permanentes (JO 5 nov.) ; Arr. du 14 nov. 2022 reconduisant en région Hauts-de-France le dispositif d'autorisation individuelle préalable à la conversion de prairies permanentes (JO 2 déc.).

Art. D. 615-36 I. — Un arrêté du ministre chargé de l'agriculture définit la liste des surfaces d'intérêt écologiques et, notamment, leurs caractéristiques, leurs dimensions et les espèces pouvant y être implantées conformément à l'article 45 du règlement délégué (UE) n° 639/2014 de la Commission du 11 mars 2014. *— V. Arr. du 17 avr. 2019 préc., art. 4.*

II. — En application du 3 de l'article 46 du règlement (UE) n° 1307/2013 du Parlement européen et du Conseil du 17 décembre 2013, les coefficients de conversion et de pondération prévus à l'annexe X dudit règlement sont utilisés pour le calcul du nombre total d'hectares représentés par la zone d'intérêt écologique de l'exploitation. *— Le Règl. (UE) 1307/2013 est abrogé, avec effet au 1er janv. 2023, par le Règl. (UE) 2021/2115 du 2 déc. 2021 établissant des règles régissant l'aide aux plans stratégiques devant être établis par les États membres dans le cadre de la politique agricole commune (plans stratégiques relevant de la PAC) et financés par le Fonds européen agricole de garantie (FEAGA) et par le Fonds européen agricole pour le développement rural (Feader).*

SOUS-SECTION 4 Le paiement en faveur des jeunes agriculteurs

(Décr. n° 2016-1013 du 22 juill. 2016, art. 1er-2°-b)

Art. D. 615-37 I. — Sont éligibles au paiement prévu à l'article 50 du règlement (UE) n° 1307/2013 du Parlement européen et du Conseil du 17 décembre 2013, en application du 3 de cet article, les jeunes agriculteurs qui justifient, *(Décr. n° 2017-1475 du 16 oct. 2017, art. 1er)* **« à la date de l'introduction de leur demande d'aide relative à ce paiement », d'un diplôme de niveau IV ou d'une qualification équivalente.**

*(Abrogé par Décr. n° 2017-1475 du 16 oct. 2017, art. 1er) « **La date d'installation est celle de la première affiliation à la Mutualité sociale agricole ou à une autre caisse de mutuelle agricole.** »*

Un jeune agriculteur est réputé bénéficier d'une qualification équivalente s'il justifie :

— soit d'un diplôme de niveau V ou d'une attestation de fin d'étude secondaires et d'une activité professionnelle dans le secteur de la production agricole d'au minimum vingt-quatre mois dans les trois ans précédant *(Décr. n° 2017-1475 du 16 oct. 2017, art. 1er)* **« l'année de l'introduction de sa demande d'aide relative au paiement en faveur des jeunes agriculteurs » ;**

— soit d'une activité professionnelle dans le secteur de la production agricole d'au minimum quarante mois dans les cinq ans précédant *(Décr. n° 2017-1475 du 16 oct. 2017, art. 1er)* **« l'année de l'introduction de sa demande d'aide relative au paiement en faveur des jeunes agriculteurs ».**

II. — Le paiement en faveur des jeunes agriculteurs est calculé en multipliant le nombre de droits au paiement que l'agriculteur a activés, dans la limite des trente-quatre premiers, *(Décr. nº 2018-806 du 25 sept. 2018, art. 1er)* « par un montant correspondant à une valeur comprise entre 25 et 50 % du paiement national moyen par hectare. Ce montant est calculé en fonction des plafonds budgétaires prévus au paragraphe 4 de l'article 51 du règlement (UE) nº 1307/2013 du Parlement européen et du Conseil du 17 décembre 2013 et du nombre de droits à paiement éligibles. »

III. — Le paiement national moyen *(Décr. nº 2018-806 du 25 sept. 2018, art. 1er)* « et le montant mentionnés au II » sont établis par arrêté conjoint des ministres chargés de l'agriculture et du budget. — *Le Règl. (UE) 1307/2013 est abrogé, avec effet au 1er janv. 2023, par le Règl. (UE) 2021/2115 du 2 déc. 2021 établissant des règles régissant l'aide aux plans stratégiques devant être établis par les États membres dans le cadre de la politique agricole commune (plans stratégiques relevant de la PAC) et financés par le Fonds européen agricole de garantie (FEAGA) et par le Fonds européen agricole pour le développement rural (Feader).*

V. Arr. du 27 sept. 2022 fixant les montants du paiement redistributif et en faveur des jeunes agriculteurs pour la campagne 2022 (JO 2 oct.), mod. par Arr. du 24 nov. 2022 (JO 2 déc.).

SECTION 3 Soutien couplé

(Décr. nº 2015-1300 du 16 oct. 2015, art. 1er-1º)

SOUS-SECTION 1 Mesures de soutien couplé aux productions végétales

(Décr. nº 2016-330 du 17 mars 2016, art. 1er)

Art. D. 615-38 En application de l'article 52 du règlement (UE) nº 1307/2013 du Parlement européen et du Conseil du 17 décembre 2013 susmentionné, sont mis en place les soutiens couplés aux productions végétales suivantes :

1º Une aide à la production de blé dur, destinée à enrayer la déprise des surfaces cultivées dans la zone traditionnelle de culture, qui fait peser un risque réel de fragilisation de toute la filière ;

2º Une aide à la production de prunes destinées à la transformation, visant à soutenir la production, dans le but d'éviter son abandon et de maintenir l'emploi à tous les stades de la filière ;

3º Une aide à la production de cerises destinées à la transformation, visant à soutenir la production, dans le but d'éviter son abandon et de maintenir l'emploi à tous les stades de la filière ;

4º Une aide à la production de pêches destinées à la transformation, visant à soutenir la production, dans le but d'éviter son abandon et de maintenir l'emploi à tous les stades de la filière ;

5º Une aide à la production de poires destinées à la transformation, visant à soutenir la production, dans le but d'éviter son abandon et de maintenir l'emploi à tous les stades de la filière ;

6º Une aide à la production de tomates destinées à la transformation, visant à soutenir la production, dans le but d'éviter son abandon et de maintenir l'emploi à tous les stades de la filière ;

7º Une aide à la production de pommes de terre féculières, visant à soutenir la production et à maintenir l'emploi à tous les stades de la filière ;

8º Une aide à la production de chanvre, visant à soutenir la production et à maintenir l'emploi à tous les stades de la filière ;

9º Une aide à la production de houblon, visant à soutenir la production, dans le but d'éviter l'abandon de la production traditionnelle de houblon et de maintenir l'emploi à tous les stades de la filière ;

10º Une aide à la production de semences de graminées, visant à enrayer la diminution des surfaces consacrées à la production de semences et à permettre d'approvisionner le marché en semences, en vue d'assurer l'autonomie fourragère des exploitations ;

11º Une aide à la production de légumineuses fourragères, visant à enrayer la diminution des surfaces consacrées à la production de légumineuses fourragères et à favoriser l'indépendance protéique des exploitations d'élevage ;

12° Une aide à la production de soja, destinée au maintien des surfaces consacrées à la production de soja, afin de favoriser l'indépendance protéique dans les filières de l'élevage ;

13° Une aide à la production de protéagineux, visant à enrayer la diminution des surfaces consacrées à la production de protéagineux, afin de favoriser l'indépendance protéique des filières de l'élevage ;

14° Une aide à la production de légumineuses fourragères destinées à la déshydratation, visant à enrayer la diminution des surfaces consacrées à la production de légumineuses fourragères, afin de favoriser l'autonomie fourragère dans les filières de l'élevage ;

15° Une aide à la production de semences de légumineuses fourragères, visant à enrayer la diminution des surfaces consacrées à la production de semences de légumineuses fourragères, afin de favoriser l'autonomie fourragère et l'indépendance protéique dans les filières de l'élevage ;

(Décr. nº 2018-110 du 16 févr. 2018, art. 1er) **« 16° Une aide à la production de riz, destinée à enrayer la déprise des surfaces cultivées dans la zone traditionnelle de culture, dans le but d'éviter son abandon et de maintenir l'emploi à tous les stades de la filière. »** *— Le Règl. (UE) 1307/2013 est abrogé, avec effet au 1er janv. 2023, par le Règl. (UE) 2021/2115 du 2 déc. 2021 établissant des règles régissant l'aide aux plans stratégiques devant être établis par les États membres dans le cadre de la politique agricole commune (plans stratégiques relevant de la PAC) et financés par le Fonds européen agricole de garantie (FEAGA) et par le Fonds européen agricole pour le développement rural (Feader).*

Art. D. 615-39 **Un arrêté du ministre chargé de l'agriculture détermine les conditions d'application de l'article D. 615-38, notamment les critères d'éligibilité d'accès aux soutiens couplés aux productions végétales, et détermine la surface éligible aux soutiens couplés.**

Il précise, en outre :

1° Pour l'aide à la production de blé dur, les zones de production éligibles, *(Décr. nº 2018-110 du 16 févr. 2018, art. 2)* **« ainsi que les modalités selon lesquelles le demandeur justifie destiner ses produits à un collecteur de céréales » ;**

2° Pour l'aide à la production de prunes « d'Ente », le rendement minimum à respecter sur les surfaces en verger *(Décr. nº 2018-110 du 16 févr. 2018, art. 2)* **« et les modalités selon lesquelles le demandeur justifie destiner ses produits à la transformation » ;**

3° Pour l'aide à la production de cerises *(Décr. nº 2018-110 du 16 févr. 2018, art. 2)* **« Bigarreau, les modalités selon lesquelles le demandeur justifie destiner ses produits à la transformation » ;**

4° Pour l'aide à la production de pêches *(Décr. nº 2018-110 du 16 févr. 2018, art. 2)* **« Pavie, les modalités selon lesquelles le demandeur justifie destiner ses produits à la transformation » ;**

5° Pour l'aide à la production de poires *(Décr. nº 2018-110 du 16 févr. 2018, art. 2)* **« Williams, les modalités selon lesquelles le demandeur justifie destiner ses produits à la transformation » ;**

6° Pour l'aide à la production de tomates *(Décr. nº 2018-110 du 16 févr. 2018, art. 2)* **« d'industrie, les modalités selon lesquelles le demandeur justifie destiner ses produits à la transformation » ;**

7° Pour l'aide à la production de pommes de terre féculières, *(Décr. nº 2018-110 du 16 févr. 2018, art. 2)* **« les modalités selon lesquelles le demandeur justifie destiner ses produits à la transformation » ;**

8° Pour l'aide à la production de chanvre, *(Décr. nº 2018-110 du 16 févr. 2018, art. 2)* **« les modalités selon lesquelles le demandeur justifie destiner ses produits à la transformation ou à la multiplication de semences » ;**

9° Pour l'aide à la production de semences de graminées, la liste des variétés de semences *(Abrogé par Décr. nº 2018-110 du 16 févr. 2018, art. 2) « certifiées »* **de graminées prairiales éligibles ainsi que les** *(Décr. nº 2018-110 du 16 févr. 2018, art. 2)* **« modalités selon lesquelles le demandeur justifie destiner ses produits à la multiplication de semences » ;**

10° Pour l'aide à la production de légumineuses fourragères, les légumineuses fourragères éligibles ainsi que *(Décr. n° 2018-110 du 16 févr. 2018, art. 2)* « les modalités selon lesquelles le demandeur justifie destiner ses produits à une exploitation respectant un seuil minimal d'unité gros bovins qu'il définit » ;

11° Pour l'aide à la production de protéagineux, les cultures éligibles à l'aide *(Décr. n° 2018-110 du 16 févr. 2018, art. 2)* « ainsi que les conditions, en matière de date de récolte, que le demandeur doit s'engager à respecter » ;

12° Pour l'aide à la production de légumineuses fourragères destinées à la déshydratation, la liste des cultures éligibles à l'aide ainsi que les *(Décr. n° 2018-110 du 16 févr. 2018, art. 2)* « modalités selon lesquelles le demandeur justifie destiner ses produits à la transformation » ;

13° Pour l'aide à la production de semences de légumineuses fourragères, *(Décr. n° 2018-110 du 16 févr. 2018, art. 2)* « les espèces de semences de légumineuses fourragères éligibles ainsi que les modalités selon lesquelles le demandeur justifie destiner ses produits à la multiplication de semences ». *— V. Arr. du 5 juin 2019 fixant les conditions d'accès aux soutiens couplés aux productions végétales mis en œuvre, à partir de la campagne 2019, dans le cadre de la politique agricole commune (JO 16 juin), mod. par Arr. du 11 juin 2020 (JO 19 juin), Arr. du 15 févr. 2021 (JO 20 févr.).*

Art. D. 615-40 En application de l'article 53 du règlement (UE) n° 639/2014 de la Commission du 11 mars 2014 susmentionné, un arrêté conjoint des ministres en charge de l'agriculture et du budget détermine un plafond par exploitation ou un montant unitaire définitif des soutiens couplés aux productions végétales à octroyer. *— V. Arr. du 9 févr. 2023 fixant le montant unitaire des aides couplées végétales pour la campagne 2022 (JO 14 févr.), mod. par Arr. du 23 févr. 2023 (JO 1er mars), Arr. du 14 mars 2023 (JO 16 mars).*

SOUS-SECTION 2 Mesures de soutien couplé aux productions animales

(Décr. n° 2015-1300 du 16 oct. 2015, art. 1er-1°)

Art. D. 615-41 En application de l'article 52 du règlement (UE) n° 1307/2013 du Parlement européen et du Conseil du 17 décembre 2013 et de l'article 52 du règlement délégué (UE) n° 639/2014 de la Commission du 11 mars 2014, sont mises en place les mesures de soutien couplé en faveur de certaines productions animales suivantes : *— Le Règl. (UE) 1307/2013 est abrogé, avec effet au 1er janv. 2023, par le Règl. (UE) 2021/2115 du 2 déc. 2021 établissant des règles régissant l'aide aux plans stratégiques devant être établis par les États membres dans le cadre de la politique agricole commune (plans stratégiques relevant de la PAC) et financés par le Fonds européen agricole de garantie (FEAGA) et par le Fonds européen agricole pour le développement rural (Feader).*

1° Une aide ovine *(Décr. n° 2019-63 du 31 janv. 2019, art. 1er)* « de base », destinée à enrayer la diminution du cheptel ovin et à maintenir le niveau de production actuel ;

(Décr. n° 2019-63 du 31 janv. 2019, art. 1er) « 2° Une aide ovine complémentaire pour les élevages détenus par des nouveaux producteurs, destinée à soutenir les éleveurs débutant un élevage ovin ;

« 3° Une aide caprine, destinée à enrayer la diminution du cheptel caprin et à maintenir le niveau de production actuel ; »

4° et 5° Abrogés par Décr. n° 2017-1445 du 5 oct. 2017, art. 1er-1°.

(Décr. n° 2016-50 du 27 janv. 2016, art. 1er-1° ; Décr. n° 2016-1094 du 11 août 2016, art. 1er-I) « 6° Une aide aux bovins allaitants, destinée à maintenir cette activité sur l'ensemble du territoire ; »

(Décr. n° 2016-50 du 27 janv. 2016, art. 1er-1°) « 7° Une aide aux veaux sous la mère et aux veaux issus de l'agriculture biologique, destinée à compenser les désavantages spécifiques des exploitations de ce secteur d'élevage ;

« 8° Une aide aux veaux sous la mère labellisés et aux veaux issus de l'agriculture biologique commercialisés *via* une organisation de producteurs, destinée à compenser les désavantages spécifiques des exploitations de ce secteur d'élevage ; *— V. Arr. du 23 févr. 2023 relatif aux montants des aides aux veaux sous la mère et veaux issus de l'agriculture biologique pour la campagne 2022 en France métropolitaine (JO 25 févr.).*

« 9° Une aide laitière *(Abrogé par Décr. nº 2019-63 du 31 janv. 2019, art. 1er) « de base »* **hors zone de montagne, destinée à maintenir la production laitière, dans un contexte de restructuration de la filière liée à la fin des quotas ;**

« 10° Une aide laitière *(Abrogé par Décr. nº 2019-63 du 31 janv. 2019, art. 1er) « de base »* **en zone de montagne, destinée à maintenir la production laitière, en compensant les handicaps spécifiques de cette zone ; »**

11° et 12° Abrogés par Décr. nº 2019-63 du 31 janv. 2019, art. 1er. – Les divisions « 3° », « 4° », « 5° », « 6° » et « 7° » deviennent les divisions « 2° », « 3° », « 4° », « 5° » et « 6° » et les divisons « 10° », « 11° », « 12° », « 13° », « 14° » et « 15° » deviennent les divisions « 7° », « 8° », « 9° », « 10° », « 11° » et « 12° » (Décr. nº 2017-1771 du 27 déc. 2017, art. 18-15°).

Art. D. 615-42 *(Décr. nº 2016-50 du 27 janv. 2016, art. 1er-2°)* **« Un arrêté du ministre chargé de l'agriculture détermine les conditions d'application de l'article D. 615-41, notamment, les critères d'éligibilité des soutiens couplés aux productions animales et** *(Abrogé par Décr. nº 2017-1885 du 29 déc. 2017, art. 1er-2°) « détermine, en ce qui concerne les aides de base, »* **la période de détention obligatoire des animaux sur l'exploitation. L'attribution de l'aide prévue au** *(Décr. nº 2017-1771 du 27 déc. 2017, art. 18-16°)* **« 8° de l'article D. 615-41 » est subordonnée à l'adhésion à une organisation de producteurs reconnue dans le secteur bovin. »**

Il précise, en outre :

1° Pour l'aide ovine *(Décr. nº 2019-63 du 31 janv. 2019, art. 1er)* **« de base », le nombre minimal, les animaux éligibles** *(Abrogé par Décr. nº 2016-1094 du 11 août 2016, art. 1er-II-1°) « et »* *(Décr. nº 2017-1445 du 5 oct. 2017, art. 1er-2°)* **« , les conditions de prise en compte du ratio minimum de productivité pour le calcul de l'effectif maximum primable »** *(Décr. nº 2016-1094 du 11 août 2016, art. 1er-II-1°)* **« ainsi que les conditions dans lesquelles le montant de l'aide est majoré en fonction du nombre d'animaux de l'exploitation » ;**

(Décr. nº 2019-63 du 31 janv. 2019, art. 1er) **« 2° Pour l'aide ovine complémentaire pour les élevages ovins détenus par des nouveaux producteurs, les conditions d'éligibilité du demandeur ;**

« 3° Pour l'aide caprine, les animaux éligibles et leur nombre minimal ; »

4° et 5° Abrogés par Décr. nº 2017-1445 du 5 oct. 2017, art. 1er-2°.

(Décr. nº 2016-50 du 27 janv. 2016, art. 1er-2° ; Décr. nº 2016-1094 du 11 août 2016, art. 1er-II-3°) **« 6° Pour l'aide aux bovins allaitants, les conditions de** *(Décr. nº 2017-1885 du 29 déc. 2017, art. 1er-2°)* **« type racial », de sexe, d'âge, d'identification auxquelles doivent répondre les animaux, le nombre minimal de vaches éligibles nécessaire pour bénéficier de l'aide, les conditions dans lesquelles un troupeau est considéré comme allaitant ainsi que les conditions dans lesquelles le montant de l'aide est modulé en fonction du nombre d'animaux de l'exploitation » ;**

« 7° Pour l'aide aux veaux sous la mère et aux veaux issus de l'agriculture biologique, la liste des produits bénéficiant d'un label rouge éligibles à l'aide, les conditions dans lesquelles le demandeur atteste de son adhésion à l'organisme de défense et de gestion du label rouge concerné ou de son engagement en agriculture biologique, ainsi que les animaux éligibles. L'aide n'est pas cumulable, pour un même animal, avec celle prévue au *(Décr. nº 2017-1771 du 27 déc. 2017, art. 18-16°)* **« 8° de l'article D. 615-41 » ;**

« 8° Pour l'aide aux veaux sous la mère labellisés et aux veaux issus de l'agriculture biologique commercialisés via une organisation de producteurs, la liste des produits bénéficiant d'un label rouge éligibles à l'aide, les conditions dans lesquelles le demandeur atteste de son adhésion à l'organisme de défense et de gestion du label rouge concerné ou de son engagement en agriculture biologique, ainsi que les animaux éligibles ;

« 9° Pour l'aide laitière *(Abrogé par Décr. nº 2019-63 du 31 janv. 2019, art. 1er) « de base »* **hors zone de montagne, les animaux et les** *(Décr. nº 2019-63 du 31 janv. 2019, art. 1er)* **« types raciaux bovins » éligibles ;**

« 10° Pour l'aide laitière *(Abrogé par Décr. nº 2017-1885 du 29 déc. 2017, art. 1er-1°) « de base »* **en zone de montagne, les animaux et les** *(Décr. nº 2017-1885 du 29 déc. 2017, art. 1er-2°)* **« types raciaux bovins » éligibles et la surface agricole minimale de l'exploitation devant être située en zone de haute montagne, montagne ou de piémont, au sens de l'article D. 113-18. Le bénéficiaire de cette aide n'est pas éligible à l'aide**

prévue au *(Décr. nº 2017-1771 du 27 déc. 2017, art. 18-16º)* **« 9º de l'article D. 615-41 » ;**

11º Abrogé par Décr. nº 2019-63 du 31 janv. 2019, art. 1er. — Les divisions « 3º », « 4º », « 5º », « 6º », « 7º », « 8º », « 9ºº, « 10º », « 11º » et « 12º » deviennent les divisions « 2º », « 3º », « 4º », « 5º », « 6º », « 7º », « 8º », « 9º », « 10º » et « 11º » (Décr. nº 2017-1771 du 27 déc. 2017, art. 18-16º).

V. Arr. du 7 mai 2018 fixant les conditions d'accès aux aides couplées animales des filières bovines en faveur des agriculteurs dans le cadre de la politique agricole commune (hors DOM) à compter de la campagne 2018 (JO 12 mai), mod. par Arr. du 10 avr. 2019 (JO 13 avr.), Arr. du 27 sept. 2019 (JO 5 oct.), Arr. du 11 mai 2021 (JO 13 mai) ; Arr. du 31 janv. 2019 fixant les conditions d'accès aux aides couplées animales des filières ovines et caprines en faveur des agriculteurs dans le cadre de la politique agricole commune (hors DOM) à compter de la campagne 2019 (JO 1er févr.) ; Arr. du 27 sept. 2022 relatif aux montants des aides ovines et de l'aide caprine pour la campagne 2022 en France métropolitaine (JO 1er oct.), mod. par Arr. du 24 nov. 2022 (JO 2 déc.) ; Arr. du 27 sept. 2022 relatif aux montants de l'aide aux bovins allaitants pour la campagne 2022 en France métropolitaine (JO 1er oct.), mod. par Arr. du 17 janv. 2023 (JO 24 janv.) ; Arr. du 27 sept. 2022 relatif aux montants des aides aux bovins laitiers pour la campagne 2022 en France métropolitaine (JO 1er oct.), mod. par Arr. du 17 janv. 2023 (JO 24 janv.).

Art. D. 615-43 En application de l'article 53 du règlement (UE) nº 639/2014 de la Commission du 11 mars 2014, un arrêté conjoint des ministres chargés de l'agriculture et du budget détermine le montant du soutien accordé par unité, qui tient compte du nombre d'animaux maximaux atteints dans le secteur concerné pendant au moins une des cinq années précédant l'année de l'aide.

Art. D. 615-43-1 à D. 615-43-3 *Abrogés par Décr. nº 2012-1325 du 28 nov. 2012, art. 1er-2º-a.*

Art. D. 615-43-4 à D. 615-43-10 *Abrogés par Décr. nº 2010-1585 du 16 déc. 2010.*

Art. D. 615-43-11 à D. 615-43-13 *Abrogés par Décr. nº 2013-836 du 17 sept. 2013, art. 1er-1º.*

Art. D. 615-43-14 et D. 615-43-15 *Abrogés par Décr. nº 2015-1300 du 16 oct. 2015, art. 1er-2º.*

Art. D. 615-44 à D. 615-44-3 *Abrogés par Décr. nº 2010-1585 du 16 déc. 2010.*

Art. D. 615-44-4 et D. 615-44-5 *Abrogés par Décr. nº 2014-1187 du 15 oct. 2014, art. 1er-2º.*

Art. D. 615-44-6 *Abrogé par Décr. nº 2015-1300 du 16 oct. 2015, art. 1er-1º.*

Art. D. 615-44-7 *Abrogé par Décr. nº 2014-1187 du 15 oct. 2014, art. 1er-2º.*

Art. D. 615-44-8 *Abrogé par Décr. nº 2015-1300 du 16 oct. 2015, art. 1er-1º.*

Art. D. 615-44-9 à D. 615-44-12 *Abrogés par Décr. nº 2010-1585 du 16 déc. 2010.*

Art. D. 615-44-13 à D. 615-44-24 *Abrogés par Décr. nº 2015-1300 du 16 oct. 2015, art. 1er-1º.*

SECTION 4 **Conditionnalité des aides de la politique agricole commune** *(Décr. nº 2015-398 du 7 avr. 2015, art. 1er-1º).*

(Décr. nº 2004-1429 du 23 déc. 2004 ; Décr. nº 2005-1458 du 25 nov. 2005)

Aux termes du Décr. nº 2005-1458 du 25 nov. 2005 qui a institué dans le présent chapitre les sections 1 à 3 ci-dessus, la section 3 ancienne est devenue la section 4 et les art. D. 615-9 à D. 615-25 anciens sont devenus les art. D. 615-45 à D. 615-61.

BIBL. ► GRIMONPREZ, *RD rur. févr. 2005. 44* (guide des paiements directs).

SOUS-SECTION 1 **Principes**

Art. D. 615-45 *(Décr. nº 2015-398 du 7 avr. 2015, art. 1er-2º)* **Les normes relatives aux bonnes conditions agricoles et environnementales des terres prévues au titre de la conditionnalité des aides de la politique agricole commune sont définies aux articles**

D. 615-46 à D. 615-51 *(Abrogé par Décr. nº 2016-781 du 10 juin 2016, art. 7-3º, à compter du 1er juill. 2016)* ***« et, pour les départements d'outre-mer, aux articles D. 615-50-1, D. 615-50-2 et D. 681-4 à D. 681-7 ».***

(Décr. nº 2015-1901 du 30 déc. 2015, art. 3-1º) **« Le respect des exigences réglementaires en matière de gestion et des normes relatives aux bonnes conditions agricoles et environnementales des terres est contrôlé dans les conditions prévues aux articles D. 615-52 à D. 615-56.**

« Le non-respect des exigences réglementaires en matière de gestion ou des normes relatives aux bonnes conditions agricoles et environnementales des terres est sanctionné par une réduction des paiements soumis aux règles de conditionnalité prévues par la politique agricole commune dans les conditions prévues aux articles D. 615-57 à D. 615-61. »

Un agriculteur qui est dans l'impossibilité de poursuivre le respect de ses engagements agroenvironnementaux en conséquence de mesures de remembrement et d'aménagement foncier est délié de ses obligations sans avoir à rembourser les fonds perçus. • CJUE 16 févr. 2023, nº C-343/21 : *Europe 2023, nº 129, note Cazet.*

SOUS-SECTION 2 **Bonnes conditions agricoles et environnementales**

Art. D. 615-46 *(Décr. du 6 janv. 2020, art. 1er)* **« I. — Les agriculteurs qui demandent les aides soumises aux règles de conditionnalité prévues par la politique agricole commune et qui disposent de terres agricoles localisées à proximité des cours d'eau définis par arrêté du ministre chargé de l'agriculture sont tenus de conserver une bande tampon pérenne, entre la partie cultivée de leurs terres agricoles et ces cours d'eau, d'une largeur minimale de cinq mètres ou, le cas échéant, au moins égale à celle fixée par les programmes d'action pris pour l'application de l'article R. 211-80 du code de l'environnement. »**

(Décr. nº 2010-813 du 13 juill. 2010) **L'utilisation de fertilisants minéraux ou organiques sur les surfaces consacrées à la bande tampon est interdite. Sauf dans les cas prévus par l'article L. 251-8, l'utilisation de traitements phytopharmaceutiques est également interdite sur ces surfaces.**

II. — Un arrêté du ministre chargé de l'agriculture précise la liste des couverts autorisés, les éléments pris en compte pour la détermination de la largeur mentionnée au I et les conditions d'entretien des bandes tampons. *(Abrogé par Décr. nº 2015-398 du 7 avr. 2015, art. 1er-4º)* ***« Cet arrêté définit également les cas dans lesquels le préfet peut, en raison de particularités locales et environnementales, adapter la liste des couverts autorisés. »*** *— V. Arr. du 24 avr. 2015, art. 1er à 3, App., vº Environnement.*

Art. D. 615-47 **Les agriculteurs qui demandent les aides** *(Décr. nº 2015-398 du 7 avr. 2015, art. 1er-3º)* **« soumises aux règles de conditionnalité prévues par la politique agricole commune » sont tenus de ne pas brûler les résidus de paille ainsi que les résidus des cultures d'oléagineux, de protéagineux et de céréales** *(Abrogé par Décr. du 6 janv. 2020, art. 1er)* ***« , à l'exception de ceux des cultures de riz*** *(Décr. nº 2015-1769 du 24 déc. 2015, art. 1er-1º)* ***« , de lin et de chanvre, des précédents culturaux des cultures potagères et des semences de graminées ».***

(Décr. nº 2015-398 du 7 avr. 2015, art. 1er-5º ; Décr. nº 2015-1769 du 24 déc. 2015, art. 1er-1º) **« Toutefois, le préfet peut, par décision motivée, autoriser un agriculteur à procéder à ce brûlage à titre exceptionnel pour des raisons phytosanitaires. »**

Art. D. 615-48 *Abrogé par Décr. nº 2015-398 du 7 avr. 2015, art. 1er-6º.*

Art. D. 615-49 **Les agriculteurs qui demandent les aides** *(Décr. nº 2015-398 du 7 avr. 2015, art. 1er-3º)* **« soumises aux règles de conditionnalité prévues par la politique agricole commune »** *(Décr. nº 2009-499 du 30 avr. 2009, art. 2)* **« et qui irriguent des cultures annuelles, pluriannuelles ou pérennes sont tenus » de fournir les autorisations ou récépissés de déclaration de prélèvement d'eau et d'équiper leurs points de prélèvements en moyens de mesure ou d'évaluation de l'eau prélevée, dans les conditions prévues aux articles L. 214-1 à** *(Décr. nº 2009-499 du 30 avr. 2009, art. 2)* **« L. 214-6 et L. 214-8 »** *(Abrogé par Décr. nº 2006-960 du 31 juill. 2006)* ***« et L. 512-1 à L. 512-19 »*** **du code de l'environnement.**

Dernier al. *abrogé par Décr. nº 2015-398 du 7 avr. 2015, art. 1er-7º.*

Art. D. 615-50 *(Décr. nº 2015-398 du 7 avr. 2015, art. 1er-8º)* Avant le 31 mai de chaque année, les agriculteurs qui demandent les aides soumises aux règles de conditionnalité prévues par la politique agricole commune implantent un couvert sur leurs terres arables, en *(Décr. nº 2015-1769 du 24 déc. 2015, art. 1er-2º, en vigueur le 1er janv. 2016)* « jachère. Cette obligation est également satisfaite par la présence d'un couvert ».

Les dispositions du précédent alinéa ne sont pas applicables aux terres *(Abrogé par Décr. nº 2015-1769 du 24 déc. 2015, art. 1er-2º, à compter du 1er janv. 2016)* « *arables* » sur lesquelles l'obligation de maintien en jachère noire a été décidée par l'autorité administrative mentionnée à l'article R. 201-5 au titre de la lutte contre les organismes nuisibles des végétaux figurant sur la liste prévue à l'article D. 201-1.

Au 31 mai de chaque année, les surfaces restées agricoles après arrachage de vignobles, de vergers ou de houblonnières présentent un couvert végétal, implanté ou spontané.

En cas de survenance de conditions climatiques exceptionnelles, le préfet peut, par *(Décr. nº 2015-1769 du 24 déc. 2015, art. 1er-2º, en vigueur le 1er janv. 2016)* « arrêté pris » après avis du ministre chargé de l'agriculture, reporter au 15 juin de l'année considérée la date de réalisation des obligations mentionnées aux précédents alinéas.

(Décr. nº 2015-1769 du 24 déc. 2015, art. 1er-2º, en vigueur le 1er janv. 2016) « Les agriculteurs qui demandent les aides soumises aux règles de conditionnalité et dont une partie de l'exploitation est située en zone vulnérable implantent un couvert dans les conditions prévues par le programme d'actions national mentionné à l'article R. 211-81 du code de l'environnement. »

Art. D. 615-50-1 *(Décr. nº 2015-398 du 7 avr. 2015, art. 1er-9º)* Les agriculteurs qui demandent les aides soumises aux règles de conditionnalité prévues par la politique agricole commune maintiennent les particularités topographiques des surfaces agricoles de leur exploitation qui sont à leur disposition.

Un arrêté du ministre chargé de l'agriculture fixe la liste de ces particularités topographiques, leurs caractéristiques ainsi que, le cas échéant, les conditions dans lesquelles leur maintien est assuré en cas de déplacement, de destruction ou de remplacement.

Il fixe également la période d'interdiction de tailler les haies et les arbres. – *V. Arr. du 24 avr. 2015, art. 4, App., vº Environnement* 🏛.

Art. D. 615-50-2 *(Décr. nº 2014-1012 du 5 sept. 2014, art. 1er-2º)* Les agriculteurs qui demandent les aides *(Décr. nº 2015-398 du 7 avr. 2015, art. 1er-3º)* « soumises aux règles de conditionnalité prévues par la politique agricole commune » sont tenus de ne pas rejeter dans les sols les substances dangereuses mentionnées à l'annexe de la directive 80/68/CEE du Conseil du 17 décembre 1979 concernant la protection des eaux souterraines contre la pollution causée par certaines substances dangereuses dans sa rédaction en vigueur le dernier jour de son application.

Les agriculteurs mentionnés au premier alinéa sont également tenus de respecter une distance de trente-cinq mètres entre les *(Décr. nº 2015-1769 du 24 déc. 2015, art. 1er-3º, en vigueur le 1er janv. 2016)* « lieux » de stockage des effluents d'élevage et les puits, forages et sources.

(Décr. nº 2015-1769 du 24 déc. 2015, art. 1er-3º, en vigueur le 1er janv. 2016) « Les lieux de stockage mentionnés au deuxième alinéa comprennent les bâtiments d'élevage et leurs annexes soumis à déclaration, enregistrement ou autorisation en application de l'article R. 511-9 du code de l'environnement ainsi que ceux mentionnés dans les textes pris en application des articles L. 1311-1 et L. 1311-3 du code de la santé publique. »

Art. D. 615-51 *(Décr. nº 2015-398 du 7 avr. 2015, art. 1er-10º)* Les agriculteurs qui demandent les aides soumises aux règles de conditionnalité prévues par la politique agricole commune sont tenus de ne pas travailler les sols gorgés d'eau ou inondés.

(Décr. nº 2016-1864 du 23 déc. 2016, art. 1er-1º) « Les agriculteurs mentionnés au premier alinéa sont également tenus, sur les parcelles de pente supérieure à 10 % :

« – de ne réaliser que dans une orientation perpendiculaire à la pente les labours qu'ils effectuent entre le 1er décembre et le 15 février ;

« – ou de conserver une bande végétalisée pérenne d'au moins cinq mètres de large en bas de ces parcelles. »

SOUS-SECTION 3 Contrôles

(Décr. n° 2005-114 du 11 févr. 2005)

Art. D. 615-52 *(Décr. n° 2015-1901 du 30 déc. 2015, art. 3-2°)* **I. – Les directions départementales des territoires, les directions départementales des territoires et de la mer ou,** *(Décr. n° 2016-781 du 10 juin 2016, art. 7-2°, en vigueur le 1er juill. 2016)* **« en Guadeloupe, en Guyane, en Martinique, à La Réunion, à Mayotte et à Saint-Martin », les directions de l'alimentation, de l'agriculture et de la forêt sont désignées comme organismes spécialisés en matière de contrôle du respect des exigences réglementaires en matière de gestion relevant du domaine "environnement, changement climatique et bonnes conditions agricoles des terres".**

II. – Les directions départementales de la protection des populations, les directions départementales de la cohésion sociale et de la protection des populations ou, *(Décr. n° 2016-781 du 10 juin 2016, art. 7-2°, en vigueur le 1er juill. 2016)* **« en Guadeloupe, en Guyane, en Martinique, à La Réunion, à Mayotte et à Saint-Martin », les directions de l'alimentation, de l'agriculture et de la forêt sont désignées comme organismes spécialisés en matière de contrôle du respect des exigences réglementaires en matière de gestion relevant du domaine "bien-être des animaux" et du domaine "santé publique, santé animale et santé végétale", à l'exception du** *(Décr. n° 2016-781 du 10 juin 2016, art. 7-4°, en vigueur le 1er juill. 2016)* **« sous-domaine "santé-productions végétales" défini au II de l'article D. 615-57 ».**

III. – Les directions régionales de l'alimentation, de l'agriculture et de la forêt ou, *(Décr. n° 2016-781 du 10 juin 2016, art. 7-2°, en vigueur le 1er juill. 2016)* **« en Guadeloupe, en Guyane, en Martinique, à La Réunion, à Mayotte et à Saint-Martin », les directions de l'alimentation, de l'agriculture et de la forêt sont désignées comme organismes spécialisés en matière de contrôle du respect des exigences réglementaires en matière de gestion du sous-domaine "santé-productions végétales" défini au II de l'article D. 615-57 au sein du domaine "santé publique, santé animale et santé végétale".**

IV. – L'Agence de services et de paiement est désignée comme organisme spécialisé en matière de contrôle du respect des normes de bonnes conditions agricoles et environnementales des terres.

Art. D. 615-53 *(Décr. n° 2015-1901 du 30 déc. 2015, art. 3-3°)* **I. – Les agents de l'un des organismes mentionnés aux I à III de l'article D. 615-52 ont qualité pour réaliser pour le compte de l'un ou l'autre de ces organismes les contrôles relevant de leur compétence, qu'ils soient fonctionnaires ou agents non titulaires de l'État.**

II. – Les agents de l'Agence de service et de paiement ont qualité pour réaliser, pour le compte de l'un ou l'autre des organismes mentionnés au II de l'article D. 615-52, les contrôles du respect des exigences réglementaires en matière de gestion relevant des exigences "identification et enregistrement des animaux".

Les agents des directions départementales de la protection des populations et des directions départementales de la cohésion sociale et de la protection des populations ont qualité pour réaliser, pour le compte de l'un ou l'autre des organismes mentionnés au II de l'article D. 615-52, les contrôles du respect des exigences réglementaires en matière de gestion du sous-domaine "environnement" défini au II de l'article D. 615-57 au sein du domaine "environnement, changement climatique et bonnes conditions agricoles des terres".

La notion de représentant de l'agriculteur constitue une notion autonome du droit de l'Union et recouvre, lors des contrôles sur place, toute personne adulte dotée de la capacité d'exercice qui réside dans l'exploitation agricole et à laquelle est confiée au moins une partie de la gestion de cette exploitation, pour autant que l'agriculteur a clairement exprimé sa volonté de lui donner mandat aux fins de le représenter. • CE 5 juill. 2018, n° 407084 B : *Gaz. Pal. 2018. 2218 ; AJDA 2018. 2325*.

Art. D. 615-54 **Les agriculteurs** *(Décr. n° 2015-1901 du 30 déc. 2015, art. 3-4°)* **« qui demandent les aides soumises aux règles de conditionnalité prévues par la politique agricole commune » sont tenus de présenter à la demande des agents mentionnés à**

l'article D. 615-53 les informations nécessaires à la vérification du respect des exigences *(Décr. n° 2015-1901 du 30 déc. 2015, art. 3-4°)* **« réglementaires en matière de gestion et des normes relatives aux » bonnes conditions agricoles et environnementales au sens de la présente section.**

Art. D. 615-55 *(Décr. n° 2015-1901 du 30 déc. 2015, art. 3-5°)* **Le directeur départemental des territoires, le directeur départemental des territoires et de la mer ou,** *(Décr. n° 2016-781 du 10 juin 2016, art. 7-2°, en vigueur le 1er juill. 2016)* **« en Guadeloupe, en Guyane, en Martinique, à La Réunion, à Mayotte et à Saint-Martin », le directeur de l'alimentation, de l'agriculture et de la forêt assure, sous l'autorité du préfet, la coordination des contrôles prévus dans le cadre de la conditionnalité en application de l'article 26 du règlement d'exécution (UE) n° 809/2014 de la Commission du 17 juillet 2014.** — *Le Règl. d'exécution (UE) n° 809/2014 est abrogé par le Règl. d'exécution (UE) 2022/1173 du 31 mai 2022 établissant les modalités d'application du Règl. (UE) 2021/2116 en ce qui concerne le système intégré de gestion et de contrôle dans la politique agricole commune, avec effet au 1er janv. 2023.*

Art. D. 615-56 *(Décr. n° 2015-1901 du 30 déc. 2015, art. 3-6°)* **« Le directeur départemental des territoires, le directeur départemental des territoires et de la mer ou,** *(Décr. n° 2016-781 du 10 juin 2016, art. 7-2°, en vigueur le 1er juill. 2016)* **« en Guadeloupe, en Guyane, en Martinique, à La Réunion, à Mayotte et à Saint-Martin », le directeur de l'alimentation, de l'agriculture et de la forêt »** *(Décr. n° 2005-1154 du 7 sept. 2005)*, **calcule, sous l'autorité du préfet, la taille des échantillons de contrôles.**

Il veille à la coordination dans le temps des contrôles effectués au titre de la présente section ainsi que de ceux réalisés au titre des réglementations visées à l'annexe *(Décr. n° 2009-499 du 30 avr. 2009, art. 2)* **« II du »** *(Décr. n° 2015-1901 du 30 déc. 2015, art. 3-7°)* **« règlement (UE) n° 1306/2013 du Parlement européen et du Conseil du 17 décembre 2013 », de manière à ce que le nombre de missions de contrôle sur une même exploitation soit aussi limité que possible.**

Il est régulièrement informé par les organismes de contrôle mentionnés à l'article *(Décr. n° 2006-960 du 31 juill. 2006)* **« D. 615-52 » des exploitations contrôlées ou qu'ils envisagent de contrôler et, dans ce cas, des dates prévisionnelles de ces contrôles.**

Il conserve une copie des rapports de ces contrôles ainsi que de toutes les informations relatives aux suites autres que celles liées à l'application des dispositions de la présente sous-section qui leur sont données par les organismes précités. — *Le Règl. (UE) 1306/2013 est abrogé par le Règl. (UE) 2021/2116 du 2 déc. 2021 relatif au financement, à la gestion et au suivi de la politique agricole commune, applicable à partir du 1er janv. 2023.*

SOUS-SECTION 4 Suites des contrôles

(Décr. n° 2005-1154 du 7 sept. 2005)

Art. D. 615-57 *(Décr. n° 2015-1901 du 30 déc. 2015, art. 3-8°)* **I. — Un arrêté du ministre chargé de l'agriculture définit les cas de non-conformité et les points de contrôle correspondants pris en compte au titre de la conditionnalité des aides, pour l'application de la sanction administrative prévue à l'article 91 et au chapitre II du titre VI du règlement (UE) n° 1306/2013 du Parlement européen et du Conseil du 17 décembre 2013.** — *V. Arr. du 30 déc. 2020 relatif à la mise en œuvre de la conditionnalité au titre de 2021 (JO 14 janv. 2021), mod. par Arr. du 13 juill. 2021 (JO 22 juill.) ; Arr. du 15 févr. 2022 relatif à la mise en œuvre de la conditionnalité au titre de l'année 2022 (JO 6 mars).*

Les cas de non-conformité sont classés par domaine, puis, le cas échéant, par sous-domaine, puis par exigence ou norme subdivisée, le cas échéant, en points de contrôle.

II. — Les cas de non-conformité aux exigences ou normes relevant du domaine "environnement, changement climatique et bonnes conditions agricoles des terres" sont répartis en deux sous-domaines intitulés "bonnes conditions agricoles et environnementales" et "environnement" :

***a)* Les cas de non-conformité relevant du sous-domaine "bonnes conditions agricoles et environnementales" sont classés selon les normes suivantes définis par la sous-section 2 de la présente section ainsi que par la section 2 du chapitre I du titre VIII du livre VI du code rural et de la pêche maritime :**

— bandes tampon le long des cours d'eau ;

— prélèvements pour l'irrigation ;
— protection des eaux souterraines contre la pollution causée par des substances dangereuses ;
— couverture minimale des sols ;
— limitation de l'érosion ;
— maintien de la matière organique des sols ;
— maintien des particularités topographiques.

b) Les cas de non-conformité relevant du sous-domaine "environnement" sont classés selon les exigences suivantes :
— conservation des oiseaux sauvages, conservation des habitats ;
— protection des eaux contre la pollution par les nitrates à partir de sources agricoles en zones vulnérables.

III. — Les cas de non-conformité aux exigences relevant du domaine "santé publique, santé animale et végétale" sont répartis en deux sous-domaines intitulés "santé - productions végétales" et "santé - productions animales" :

a) Les cas de non-conformité relevant du sous-domaine "santé - productions végétales" sont classés selon les exigences suivantes :
— utilisation des produits phytopharmaceutiques ;
— paquet hygiène, produits d'origine végétale.

b) Les cas de non-conformité relevant du sous-domaine "santé - productions animales" sont classés selon les exigences suivantes :
— paquet hygiène, productions animales ;
— substances interdites ;
— prévention, maîtrise et éradication des encéphalopathies spongiformes transmissibles ;
— identification et enregistrement des bovins ;
— identification et enregistrement des porcins ;
— identification et enregistrement des ovins et caprins.

IV. — Les cas de non-conformité relevant du domaine "bien-être des animaux" sont classés selon les exigences suivantes :
— tous élevages, sauf élevages de porcs (en bâtiment) et de veaux *(Décr. n° 2016-1864 du 23 déc. 2016, art. 1er-2°)* « (en bâtiment) » ;
— élevages de veaux *(Décr. n° 2016-1864 du 23 déc. 2016, art. 1er-2°)* « (en bâtiment) » ;
— élevages de porcs (en bâtiment).

V. — Pour *(Décr. n° 2018-455 du 5 juin 2018, art. 1er)* « chaque domaine », l'arrêté prévu au I affecte un pourcentage de réduction des aides à chaque cas de non-conformité qu'il définit.

(Décr. n° 2018-455 du 5 juin 2018, art. 1er) « Pour le domaine "bien-être des animaux", le même arrêté peut également affecter, pour des points de contrôle déterminés, un pourcentage de réduction des aides en fonction du nombre d'éléments d'appréciation constatés non-conformes. »

Ces pourcentages prennent en compte la gravité, l'étendue et la persistance du ou des cas de non-conformité constatés.

L'arrêté mentionné au I précise également les cas dans lesquels une non-conformité est présumée intentionnelle.

VI. — L'arrêté mentionné au I détermine, en tenant compte du caractère mineur de leur gravité, de leur étendue et de leur persistance, les cas de non-conformité pour lesquels le système d'avertissement précoce mentionné au 2 de l'article 99 du règlement (UE) n° 1306/2013 s'applique et précise le délai dans lequel le bénéficiaire doit mettre en œuvre une action corrective conformément au 3 de l'article 39 du règlement délégué (UE) n° 640/2014 de la Commission du 11 mars 2014. — *Le Règl. (UE) 1306/2013 est abrogé par le Règl. (UE) 2021/2116 du 2 déc. 2021 relatif au financement, à la gestion et au suivi de la politique agricole commune, applicable à partir du 1er janv. 2023 ; le Règl. (UE) n° 640/2014 est abrogé par le Règl. délégué (UE) 2022/1172 du 4 mai 2022 complétant le Règl. (UE) 2021/2116 en ce qui concerne le système intégré de gestion et de contrôle lié à la politique agricole commune et l'application et le calcul des sanctions administratives en matière de conditionnalité, avec effet au 1er janv. 2023.*

Sur la notion de non-conformité intentionnelle, V. • CJUE 27 févr. 2014, n° C-396/12 : *Europe 2014. 163, note Roset.* ♦ L'utilisation d'un produit phytosanitaire non autorisé constitue une utilisation inappropriée excluant le soutien soumis à conditionnalité. • CJUE 5 mai 2022, n° C-189/21 : *Europe 2022, n° 256, obs. Tribout.*

Art. D. 615-58 *(Décr. n° 2009-499 du 30 avr. 2009, art. 2)* **Lorsque, pour un ou plusieurs des domaines mentionnés à l'article D. 615-57, des cas de non-conformité sont constatés lors du contrôle du respect des** *(Décr. n° 2015-1901 du 30 déc. 2015, art. 3-9°)* **« normes relatives aux bonnes conditions agricoles et environnementales et des exigences réglementaires en matière de gestion mentionnées à l'article D. 615-45 », il est déterminé, pour chaque domaine, un pourcentage de réduction.**

Lorsque, pour un domaine donné, plusieurs cas de non-conformité sont constatés, le pourcentage de réduction applicable correspond à celui des pourcentages affectés à ces cas dont la valeur est la plus élevée.

Al. 3 abrogé par Décr. n° 2015-1901 du 30 déc. 2015, art. 3-9°.

Art. D. 615-58-1 *(Décr. n° 2015-1901 du 30 déc. 2015, art. 3-10°)* **La constatation d'un cas de non-conformité pour lequel s'applique le système d'avertissement précoce mentionné au 2 de l'article 99 du règlement (UE) n° 1306/2013 n'entraîne pas de réduction des aides. Toutefois, si un contrôle effectué** *(Décr. n° 2018-455 du 5 juin 2018, art. 1er)* **« avant le terme de la deuxième année civile » suivant l'année du constat établit que la non-conformité n'a pas été corrigée dans le délai prévu au VI de l'article D. 615-57, la réduction** *(Décr. n° 2018-455 du 5 juin 2018, art. 1er)* **« fixée par l'arrêté mentionné au I de l'article D. 615-57 s'applique rétroactivement pour cette non-conformité ».** *— Le Règl. (UE) 1306/2013 est abrogé par le Règl. (UE) 2021/2116 du 2 déc. 2021 relatif au financement, à la gestion et au suivi de la politique agricole commune, applicable à partir du 1er janv. 2023.*

Art. D. 615-59 *(Décr. n° 2015-1901 du 30 déc. 2015, art. 3-11°)* **Le taux de réduction des paiements directs au titre de la conditionnalité, au sens du règlement (UE) n° 1306/2013, équivaut à la somme des pourcentages de réduction par domaine, déterminés en application des dispositions du V de l'article D. 615-58 et de l'article D. 615-58-1, dans la limite de 5 %, sauf en cas de non-conformité répétée ou intentionnelle.**

Lorsqu'une première répétition de non-conformité au sens du 1 de l'article 38 du règlement (UE) n° 640/2014 est constatée, le pourcentage de réduction affecté à ce cas est obtenu en triplant le pourcentage fixé conformément au V de l'article D. 615-57. En cas de répétitions ultérieures, le pourcentage de réduction résultant de la répétition précédente est multiplié par trois à chaque fois. Ce pourcentage de réduction est plafonné à 15 %, sauf en cas d'anomalie intentionnelle.

Lorsqu'une non-conformité répétée au sens du 1 de l'article 38 du règlement (UE) n° 640/2014 est établie parallèlement à une autre non-conformité ou une autre non-conformité répétée, les pourcentages de réduction sont additionnés dans la limite de 15 %.

Lorsqu'une non-conformité présumée intentionnelle dans l'arrêté mentionné au I de l'article D. 615-57 est constatée, le pourcentage de réduction est fixé de manière générale à 20 %. Par décision motivée au regard de la gravité, de l'étendue et de la persistance de la non-conformité, ce pourcentage peut être porté jusqu'à 100 %.

Lorsqu'une non-conformité non présumée intentionnelle et qui ne peut être considérée comme une négligence est constatée, le pourcentage de réduction est fixé de manière générale à 20 %. Par décision motivée au regard de la gravité, de l'étendue et de la persistance de la non-conformité, ce pourcentage peut être ramené jusqu'à 15% au minimum ou porté jusqu'à 100 %.

En cas de refus d'un contrôle conduit au titre de la conditionnalité, le taux de réduction des aides soumises aux règles de conditionnalité prévues par la politique agricole commune est fixé à 100 %. *— Le Règl. (UE) 1306/2013 est abrogé par le Règl. (UE) 2021/2116 du 2 déc. 2021 relatif au financement, à la gestion et au suivi de la politique agricole commune, applicable à partir du 1er janv. 2023 ; le Règl. (UE) n° 640/2014 est abrogé par le Règl. délégué (UE) 2022/1172 du 4 mai 2022 complétant le Règl. (UE) 2021/2116 en ce qui concerne le système intégré de gestion et de contrôle lié à la politique agricole commune et l'application et le calcul des sanctions administratives en matière de conditionnalité, avec effet au 1er janv. 2023.*

1. Tiers. Sur l'imputation de l'infraction quand un tiers a réalisé la violation des règles de conditionnalité à la demande du bénéficiaire de l'aide, V. • CJUE 13 déc. 2012, n° C-11/12 : *Europe 2013. 85, obs. Roset.*

2. Réduction. La décision portant réduction du montant total des paiements directs prise à l'issue d'un contrôle administratif a pour seule portée d'entraîner le reversement de tout ou partie d'une aide indûment perçue et elle ne peut être regardée comme une sanction dont la contestation relèverait du juge de plein contentieux. • CE 24 févr. 2017, n° 392924 : *AJDA 2017. 778 ; RD rur. 2017, n° 135.* ♦ Est fondée l'administration qui réduit les aides en ajoutant les réductions pour non-conformité aux règles de conditionnalité relatives au bien-être des animaux dues à la négligence, et les réductions pour les cas de non-conformité intentionnelle. • CJUE 6 juin 2018, *Nooren,* n° C-667/16 : *Europe 2018, n° 318, note Rozet.* ♦ Les réductions des paiements directs pour irrespect des règles de conditionnalité se calculent sur la base des paiements octroyés ou à octroyer au titre de l'année au cours de laquelle a été commis le manquement. • CJUE 27 janv. 2021, n° C-361/19 : *RD rur. 2021, n° 186, note Gadbin.* ♦ Est fondée la décision de réduction de 100 % de la totalité des aides soum ses aux règles de conditionnalité prise après refus par le demandeur d'un contrôle sur place, s'agissant d'un reversement d'une aide indûment perçue qui ne constitue pas une sanction. • CE 24 janv. 2023, n° 450834 B : *Gaz. Pal. 28 mars 2023, p. 31.*

3. Retrait. Doit être motivée et précédée d'une procédure contradictoire la décision par laquelle l'autorité administrative compétente impose au bénéficiaire d'une aide agricole de reverser tout ou partie d'une aide et y procède par prélèvement, alors même qu'elle ne revêt pas une portée punitive. • CE 24 févr. 2017, n° 397872 : *RD rur. 2017, n° 134.*

Art. D. 615-60 *Abrogé par Décr. n° 2009-499 du 30 avr. 2009, art. 2-11°.*

Art. D. 615-61 *(Décr. n° 2015-1901 du 30 déc. 2015, art. 3-12°)* **« Le directeur départemental des territoires, le directeur départemental des territoires et de la mer ou,** *(Décr. n° 2016-781 du 10 juin 2016, art. 7-2°, en vigueur le 1er juill 2016)* **« en Guadeloupe, en Guyane, en Martinique, à La Réunion, à Mayotte et à Saint-Martin », le directeur de l'alimentation, de l'agriculture et de la forêt » recueille, sous l'autorité du préfet, les observations de l'agriculteur sur les cas de non-conformité constatés à l'occasion des contrôles effectués et sur le taux de réduction susceptible d'en résulter.**

Il transmet aux organismes payeurs la liste des cas de non-conformité qui entraînent une réduction des paiements directs en application de la présente section, et le taux de cette réduction.

SECTION 5 *[ABROGÉE]* Régime de paiement unique

(Abrogée par Décr. n° 2015-1300 du 16 oct. 2015, art. 1er-2°)

Art. D. 615-62 à D. 615-74 *Abrogés par Décr. n° 2015-1300 du 16 oct. 2015, art. 1er-2°.*

CHAPITRE VI PRÉVENTION ET GESTION DES SITUATIONS DE CRISE CONJONCTURELLE

(Décr. n° 2005-769 du 8 juill. 2005)

Art. R. 616-1 **Pour l'application de l'article L. 611-4-2, le prix de vente maximal sur le marché national d'un produit par un revendeur est calculé en affectant au prix d'achat de ce produit le coefficient multiplicateur prévu par cet article.**

Ce coefficient multiplicateur, au moins égal à 1, peut varier selon les produits et le stade de commercialisation du produit.

COMMENTAIRE

En cas de crise conjoncturelle dans le secteur des fruits et légumes périssables, il peut être imposé l'application d'un coefficient multiplicateur pour protéger les producteurs. Dans ce cas, le revendeur est tenu d'appliquer ce coefficient au prix d'achat, avec possible majoration réglementée selon les conditions de vente. Ces dispositions sont pénalement sanctionnées.

Art. R. 616-2 **Est considérée comme une vente assistée au sens de l'article L. 611-4-2 la vente dans laquelle la manipulation et l'emballage des fruits et légumes sont assurés par une personne affectée au point de vente lors de l'achat par le consommateur final.**

Art. R. 616-3 Le ministre chargé de l'agriculture arrête la liste des organisations professionnelles agricoles consultées en application de l'article L. 611-4-2. – *V. Arr. du 6 juill. 2005 fixant la liste des organisations professionnelles agricoles consultées pour la mise en œuvre d'un mécanisme de coefficient multiplicateur entre l'achat et la vente de fruits et légumes (JO 7 juill.).*

Art. R. 616-4 *(Décr. n° 2011-553 du 20 mai 2011)* Les accords de modération des marges de distribution des fruits et légumes frais prévus à l'article L. 611-4-1 sont conclus pour une durée d'un an et signés au nom de l'État par les ministres chargés de l'agriculture, de l'économie et du commerce.

Les produits concernés sont les fruits et légumes destinés à être vendus à l'état frais au consommateur qui sont mentionnés dans la partie IX de l'annexe I du règlement (CE) n° 1234/2007 du Conseil du 22 octobre 2007 portant organisation commune des marchés dans le secteur agricole et dispositions spécifiques en ce qui concerne certains produits de ce secteur (règlement "OCM unique"). – *Le Règl. (CE) n° 1234/2007 est abrogé et remplacé à partir du 1er janv. 2014 par le Règl. (UE) n° 1308/2013 du 17 déc. 2013.*

Art. R. 616-5 *(Décr. n° 2011-553 du 20 mai 2011)* Pour l'application des articles R. 616-4 à D. 616-7, sont retenues les définitions suivantes :

1° Le taux de marge brute du rayon fruits et légumes est égal au rapport entre la marge brute, telle que définie au troisième alinéa de l'article L. 611-4-1, et le chiffre d'affaires de ce rayon ;

2° Le taux de marge brute moyen du rayon fruits et légumes est égal à la moyenne des taux de marge brute de ce rayon constatés au cours des trois derniers exercices comptables. Ce taux est calculé en excluant les périodes d'application de la modération des marges.

Art. R. 616-6 *(Décr. n° 2011-553 du 20 mai 2011)* Les accords de modération des marges de distribution des fruits et légumes frais prévoient qu'en période de crise conjoncturelle sur un produit constatée selon les modalités prévues à l'article L. 611-4 les personnes parties aux accords s'engagent à réduire, le cas échéant, la marge brute pratiquée sur ce produit, afin que leur taux de marge brute sur ce produit soit inférieur ou égal au taux de marge brute moyen du rayon fruits et légumes.

L'accord indique que ce dispositif de modération des marges est mis en place pour un produit donné, lorsque la crise conjoncturelle est constatée pour ce produit et au plus tard dans les trois jours ouvrés qui suivent le début de la période de crise, jusqu'à la fin de cette crise. Le ministre chargé de l'agriculture informe les signataires de l'accord de la mise en place de ce dispositif.

Art. D. 616-7 *(Décr. n° 2011-553 du 20 mai 2011)* Un arrêté conjoint des ministres chargés de l'agriculture, de l'économie et du commerce fixe les modalités selon lesquelles les personnes parties à ces accords rendent compte de leur application aux ministres chargés de l'agriculture et de l'économie. – *V. Arr. du 23 févr. 2012 relatif au compte rendu de l'application des accords de modération des marges de distribution dans le secteur des fruits et légumes frais (JO 28 févr.).*

CHAPITRE VII **CERTIFICATION ENVIRONNEMENTALE DES EXPLOITATIONS AGRICOLES**

(Décr. n° 2011-694 du 20 juin 2011)

BIBL. GÉN. ▶ Lorisson et Dupuis-Bernard, *Dr. et patr. 5/2018* (la certification environnementale de l'exploitation agricole).

SECTION 1 **Principes généraux de la certification environnementale**

Art. D. 617-1 Pour l'application du présent chapitre, on entend par exploitation agricole toute entreprise, quelle que soit sa forme juridique, dans laquelle sont exercées à titre habituel des activités agricoles au sens de l'article L. 311-1, à l'exception des activités de cultures marines et des activités forestières.

Art. D. 617-2 *Abrogé par Décr. n° 2023-990 du 25 oct. 2023, art. 1er, à compter du 1er nov. 2023.*

Art. D. 617-3 La certification de deuxième niveau, dénommée "certification environnementale de l'exploitation", atteste du respect par l'ensemble de l'exploitation agricole des exigences environnementales figurant dans un référentiel établi par arrêté du ministre chargé de l'agriculture et du ministre chargé de l'environnement. Ces exigences visent notamment à :

1° Identifier et protéger, sur l'exploitation, les zones les plus importantes pour le maintien de la biodiversité ;

2° Adapter l'utilisation des produits phytopharmaceutiques en fonction de la cible visée ;

3° Stocker les fertilisants et en raisonner au plus juste les apports afin de répondre aux besoins des plantes, de garantir un rendement et une qualité satisfaisants tout en limitant les fuites vers le milieu naturel ;

4° Optimiser les apports en eau aux cultures, en fonction de l'état hydrique du sol et des besoins de la plante.

V. Arr. du 20 juin 2011 portant application de l'art. D. 617-3 et arrêtant le référentiel relatif à la certification environnementale des exploitations agricoles (JO 21 juin).

Art. D. 617-4 *(Décr. n° 2022-1447 du 18 nov. 2022, art. 1er-2°)* « La certification de troisième niveau, permettant l'utilisation de la mention "exploitation de haute valeur environnementale", atteste du respect, pour l'ensemble de l'exploitation agricole, des seuils de performance environnementale portant sur la biodiversité, la stratégie phytosanitaire, la gestion de la fertilisation et de la ressource en eau, mesurés par des indicateurs composites.

« Ces seuils et indicateurs sont fixés par arrêté du ministre chargé de l'agriculture et du ministre chargé de l'environnement.

« Les seuils et indicateurs sont révisés au regard de l'évolution des connaissances techniques et scientifiques ainsi que de la réglementation en vigueur. »

Conformément à l'article *(Décr. n° 2016-2011 du 30 déc. 2016, art. 1er-2°)* « L. 611-6 », l'emploi de la mention "exploitation de haute valeur environnementale", ou de toute autre dénomination équivalente dans la publicité ou la présentation d'une exploitation agricole ainsi que dans les documents commerciaux qui s'y rapportent, est réservé aux exploitations ayant obtenu la certification de haute valeur environnementale.

(Décr. n° 2011-1914 du 20 déc. 2011) « Les exploitations situées dans un autre État membre de l'Union européenne, dans un État partie à l'accord sur l'Espace économique européen ou en Turquie peuvent demander à bénéficier de cette certification. »

— Le 2° de l'art. 1er du Décr. n° 2022-1447 du 18 nov. 2022 est applicable aux certifications délivrées à compter du 1er janv. 2023 (Décr. préc., art. 2-I).

La durée de validité des certifications environnementales de troisième niveau prenant fin avant le 31 déc. 2024 est prorogée jusqu'à cette dernière date (Décr. n° 2022-1447 du 18 nov. 2022, art. 2-II).

V. Arr. du 20 juin 2011 portant application de l'art. D. 617-4 et arrêtant les seuils de performance environnementale relatifs à la certification environnementale des exploitations agricoles et les indicateurs les mesurant (JO 21 juin, Rect. JO 14 juill.), mod. par Arr. du 22 févr. 2016 (JO 27 févr.), Arr. du 18 nov. 2022 (JO 22 nov.).

Art. R. 617-4-1 *(Décr. n° 2011-1914 du 20 déc. 2011)* Une amende administrative, dont le montant ne peut excéder 1 500 euros, peut être prononcée par le préfet à l'encontre de toute personne qui emploie la dénomination "exploitation de haute valeur environnementale" ou toute autre mention équivalente dans la publicité ou la présentation d'une exploitation agricole ainsi que dans les documents commerciaux qui s'y rapportent sans être titulaire de la certification de haute valeur environnementale prévue par l'article D. 617-4.

SECTION 2 **Reconnaissance totale ou partielle de démarches équivalentes**

Art. D. 617-5 I. — Les démarches attestant le respect d'exigences équivalentes à celles définies à l'article D. 617-3, et dont la procédure de contrôle offre les mêmes garanties que celles fixées à la section 3 du présent chapitre, peuvent être reconnues en tant que certification de deuxième niveau dénommée "certification environnementale de l'exploitation", par arrêté du ministre chargé de l'agriculture, pris après avis de la Commission nationale de la certification environnementale mentionnée à l'article D. 611-18.

Les exploitations certifiées au titre d'une telle démarche sont réputées avoir obtenu la certification de deuxième niveau. *(Abrogé par Décr. n° 2023-990 du 25 oct. 2023, art. 1er, à compter du 1er nov. 2023)* ***« A titre dérogatoire, elles sont dispensées du bilan et de l'évaluation mentionnés à l'article D. 617-2. »***

II. – Lorsque la procédure de contrôle de la démarche offre les mêmes garanties que celles mentionnées à la section 3 du présent chapitre mais que le référentiel de la démarche ne couvre pas l'intégralité des exigences environnementales figurant dans le référentiel mentionné à l'article D. 617-3, ou n'est pas applicable à l'ensemble de l'exploitation, le ministre chargé de l'agriculture peut délivrer à la démarche une reconnaissance partielle, par arrêté pris après avis de la Commission nationale de la certification environnementale.

Dans ce cas, pour obtenir la certification environnementale de deuxième niveau, l'exploitation doit répondre non seulement aux exigences de la démarche visée par la reconnaissance partielle mais également aux exigences du référentiel mentionné à l'article D. 617-3, non couvertes par le champ de la reconnaissance partielle, conformément aux modalités définies par l'arrêté mentionné au précédent alinéa. La totalité de ces exigences doit être respectée sur l'ensemble de l'exploitation.

SECTION 3 Délivrance et contrôle de la certification environnementale

SOUS-SECTION 1 Principes généraux

Art. D. 617-6 La certification environnementale est délivrée pour trois ans, par un organisme certificateur agréé dans les conditions prévues par la section 4. La certification *(Décr. n° 2016-2011 du 30 déc. 2016, art. 1er-3°)* « des niveaux deux et trois » peut être individuelle ou s'effectuer dans un cadre collectif.

Après l'évaluation initiale permettant l'attribution de la certification, l'organisme certificateur effectue des audits de suivi dans les conditions définies par le plan de contrôle arrêté par le ministre chargé de l'agriculture *(Décr. n° 2022-1447 du 18 nov. 2022, art. 1er)* « et le ministre chargé de l'environnement ».

L'organisme certificateur prend les mesures sanctionnant les manquements *(Abrogé par Décr. n° 2023-990 du 25 oct. 2023, art. 1er, à compter du 1er nov. 2023) (Décr. n° 2022-1447 du 18 nov. 2022, art. 1er)* ***« aux exigences requises pour bénéficier du premier niveau de certification, »*** au référentiel de deuxième niveau et au respect des seuils de performance de troisième niveau.

Il peut, après avoir permis au détenteur de la certification de produire des observations, prononcer la suspension ou le retrait de la certification. Il notifie sa décision à l'exploitant ou à la structure collective qui a demandé la certification.

SOUS-SECTION 2 Certification individuelle

Art. D. 617-7 En cas de certification individuelle, le plan de contrôle mentionné à l'article D. 617-6 définit :

1° Les modalités de contrôle par l'organisme certificateur qui comprennent l'évaluation technique initiale de l'exploitation mentionnée à l'article D. 617-9 et le suivi de l'exploitation postérieurement à cette évaluation ;

2° La liste des mesures sanctionnant les manquements au référentiel ou aux seuils de performance environnementale. La certification peut notamment être suspendue ou retirée dans les conditions prévues à l'article D. 617-10.

Art. D. 617-8 *Abrogé par Décr. n° 2023-990 du 25 oct. 2023, art. 1er, à compter du 1er nov. 2023.*

Art. D. 617-9 L'organisme certificateur procède à une évaluation technique initiale de l'exploitation sur place conformément au plan de contrôle et demande la production des documents qu'il juge nécessaires à la certification demandée.

Le responsable de l'exploitation donne accès à l'exploitation et aux informations nécessaires aux personnes chargées du contrôle.

Au cours des opérations d'évaluation, l'organisme certificateur peut demander au responsable de l'exploitation agricole de procéder, dans un délai qu'il détermine, à des actions correctives. L'organisme certificateur vérifie par un contrôle sur pièce ou sur place que ces actions ont été exécutées.

Si le résultat de cette évaluation technique initiale est conforme, l'exploitation est certifiée pour une durée de trois ans.

Si le résultat de cette même évaluation n'est pas conforme, si l'exploitant a refusé l'accès à l'exploitation, s'il n'a pas produit les documents nécessaires ou s'il n'a pas procédé aux actions correctives demandées dans les délais impartis, la certification n'est pas délivrée.

Art. D. 617-10 L'organisme certificateur assure le suivi de la certification de l'exploitation selon les modalités prévues à l'article D. 617-9 et dans les conditions prévues par le plan de contrôle.

Si l'organisme certificateur constate que l'exploitation n'est pas conforme, que l'exploitant a refusé l'accès à l'exploitation, qu'il n'a pas produit les documents nécessaires ou qu'il n'a pas procédé aux actions correctives demandées dans les délais impartis, la certification de l'exploitation est suspendue.

La suspension peut être levée par l'organisme certificateur à la demande du responsable de l'exploitation dès que celui-ci justifie avoir procédé à la rectification du manquement constaté.

Au-delà du délai de six mois de suspension consécutifs, l'organisme certificateur engage la procédure de retrait.

La décision de suspension ou de retrait notifiée au responsable de l'exploitation est motivée.

Art. D. 617-11 L'organisme certificateur peut à tout moment mettre fin à la certification sur demande du responsable de l'exploitation qui retourne à l'organisme certificateur l'original de son certificat.

SOUS-SECTION 3 Certification gérée dans un cadre collectif

Art. D. 617-12 Lorsque la certification est gérée dans un cadre collectif, le plan de contrôle définit :

1° Les modalités du contrôle interne mentionné à l'article D. 617-13, effectué auprès des exploitations par la structure collective mentionnée à ce même article ;

2° Les modalités du contrôle externe effectué annuellement par l'organisme certificateur. Ce contrôle :

a) Porte sur les modalités du contrôle interne mentionné au 1° du présent article ;

b) Conduit à réaliser une évaluation technique sur un échantillon d'exploitations sélectionnées parmi les exploitations définies à l'article D. 617-13.

3° La liste des mesures sanctionnant les manquements au référentiel et les manquements au contrôle interne mis en place par la structure collective. La certification peut notamment être suspendue ou retirée dans les conditions précisées à l'article D. 617-17.

Art. D. 617-13 La structure collective identifie les exploitations souhaitant s'engager dans la démarche de certification, lesquelles donnent leur assentiment à cette identification. Ces exploitations s'engagent à donner accès à leur exploitation et aux documents nécessaires aux personnes chargées du contrôle interne par la structure collective.

La structure collective procède à un contrôle interne sur pièce et, le cas échéant, sur place des exploitations identifiées.

Art. D. 617-14 La structure collective choisit l'organisme certificateur et lui adresse une demande de certification, à laquelle sont joints, le cas échéant, les bilans et les évaluations des exploitations identifiées mentionnées à l'article D. 617-13.

Art. D. 617-15 L'organisme certificateur vérifie la procédure de contrôle interne mise en place par la structure collective, conformément au plan de contrôle.

Si l'organisme certificateur constate un manquement grave dans l'application de la procédure de contrôle interne, la certification de l'ensemble des exploitants n'est pas délivrée.

L'organisme certificateur procède, par échantillonnage, à l'évaluation des exploitations identifiées par la structure collective, conformément au plan de contrôle. Le responsable de l'exploitation donne accès à l'exploitation et aux documents nécessaires aux personnes chargées de l'évaluation par l'organisme certificateur.

Art. D. 617-16 Au cours des opérations d'évaluation, l'organisme certificateur peut demander au responsable de la structure collective de procéder ou de faire procéder, dans un délai qu'il détermine, à des actions correctives. L'organisme certificateur vérifie, par un contrôle sur pièce ou sur place, que ces actions ont été exécutées.

Si le résultat des évaluations mentionnées à l'article D. 617-15 est favorable, l'ensemble des exploitations identifiées par la structure collective est certifié pour une durée de trois ans. Un certificat, auquel est annexée la liste des exploitations couvertes, est délivré à la structure collective par l'organisme certificateur. La structure collective délivre, sur la base de ce certificat, une attestation à chaque exploitation concernée.

Si le résultat des évaluations mentionnées à l'article D. 617-15 fait apparaître qu'un pourcentage d'exploitations contrôlées supérieur ou égal à un seuil défini par le plan de contrôle n'est pas conforme, a refusé l'accès à l'exploitation, n'a pas produit les documents nécessaires ou n'a pas procédé aux actions correctives demandées dans les délais impartis, des évaluations supplémentaires sont effectuées, conformément au plan de contrôle, pour l'année en cause.

Si le résultat des évaluations supplémentaires fait de nouveau apparaître qu'un pourcentage d'exploitations supérieur ou égal à un seuil défini par le plan de contrôle n'est pas conforme, a refusé l'accès à l'exploitation, n'a pas produit les documents nécessaires ou n'a pas procédé aux actions correctives demandées dans les délais impartis, la certification de l'ensemble des exploitations identifiées conformément à l'article D. 617-13 n'est pas délivrée.

Art. D. 617-17 L'organisme certificateur assure le suivi de la certification collective selon les modalités prévues aux articles D. 617-15 et D. 617-16 et dans les conditions prévues par le plan de contrôle.

Si l'organisme certificateur constate un manquement grave dans l'application de la procédure de contrôle interne ou lors du contrôle par échantillonnage des exploitations identifiées par la structure collective, la certification de l'ensemble des exploitations est suspendue.

La suspension peut être levée par l'organisme certificateur à la demande du responsable de la structure collective dès que celui-ci justifie avoir procédé ou fait procéder à la rectification du manquement constaté.

Au-delà d'une durée de six mois de suspension consécutifs, l'organisme certificateur engage la procédure de retrait.

La décision de suspension ou de retrait notifiée à la structure collective est motivée.

Art. D. 617-18 Le responsable de l'exploitation peut demander à se retirer de la certification collective. Il en informe la structure collective, laquelle en informe l'organisme certificateur. Celui-ci fait parvenir à la structure collective un nouveau certificat comportant la liste mise à jour des exploitations couvertes par la certification.

L'organisme certificateur peut mettre fin à la certification, à l'initiative de la structure collective, à l'issue d'un délai de trois mois durant lequel celle-ci en informe les exploitations identifiées, et à l'issue duquel elle retourne à l'organisme certificateur l'original du certificat.

SECTION 4 Organismes certificateurs

SOUS-SECTION 1 Dispositions générales

Art. D. 617-19 Les organismes certificateurs doivent offrir des garanties d'impartialité et d'indépendance, justifier de leur compétence et de l'efficacité de leur contrôle. Ils sont agréés par l'autorité administrative, après avis de la Commission nationale de la certification environnementale, pour une durée de quatre ans. Il est fait mention de l'agrément au *Journal officiel* de la République française.

L'agrément peut être renouvelé, à la demande de l'organisme certificateur, par période de quatre ans.

Lorsque l'agrément est demandé par un organisme certificateur établi sur le territoire d'un autre État membre de l'Union européenne ou de l'Espace économique européen, celui-ci est exempté de la production des pièces qu'il a déjà fournies dans cet État pour l'exercice de la même activité.

Art. D. 617-20 Chaque organisme certificateur agréé adresse chaque année au ministre chargé de l'agriculture un rapport d'activité incluant notamment un bilan de son fonctionnement, la liste des exploitations agricoles certifiées au titre du présent chapitre, en indiquant s'il s'agit d'une certification individuelle ou gérée dans un cadre collectif, les principales caractéristiques de ces exploitations et un état récapitulatif des actions correctives demandées aux bénéficiaires de la certification et des sanctions prononcées à leur encontre. Ce rapport est transmis à la Commission nationale de la certification environnementale.

Art. D. 617-21 L'organisme certificateur agréé tient à la disposition du public la description de ses conditions générales de certification et de contrôle et le rapport mentionné à l'article D. 617-20. Sous réserve des échanges d'informations entre organismes certificateurs agréés, nécessaires à l'exécution par ceux-ci de leurs missions de contrôle ou d'information de l'autorité administrative, l'organisme ne peut rendre publiques les informations confidentielles dont il pourrait avoir connaissance à l'occasion de ses activités.

SOUS-SECTION 2 Agrément des organismes certificateurs

Art. D. 617-22 Avant que la demande d'agrément ne soit examinée par la Commission nationale de la certification environnementale, l'autorité administrative peut faire procéder à une évaluation technique sur place.

Art. D. 617-23 Le dossier de demande d'agrément présenté par l'organisme certificateur comprend :

a) Ses statuts et, s'il existe, son règlement intérieur ;

b) Un descriptif de la structure opérationnelle et de son organigramme ;

c) La liste des accréditations dont il dispose dans les domaines agricole et agroalimentaire ;

d) La composition du conseil d'administration ou de l'organe qui en tient lieu, avec l'indication des noms, qualités et activités professionnelles de ses membres ;

e) Les attributions et la composition de la cellule responsable de la politique et du fonctionnement de la certification, avec l'indication des noms, qualités et activités professionnelles de ses membres ;

f) Les procédures générales de certification et de contrôle ;

g) Les prévisions des dépenses et ressources financières, faisant apparaître clairement celles spécifiquement affectées à la certification environnementale des exploitations agricoles ;

h) Le dispositif lui permettant, une fois agréé, de tenir à jour et à la disposition des services de contrôle la liste des exploitations certifiées et des structures collectives mettant en œuvre le contrôle interne, accompagnée de l'identification des responsables ;

i) Le dispositif lui permettant de répondre aux demandes d'information du public mentionnées à l'article D. 617-21 ou aux demandes du ministre chargé de l'agriculture ;

j) La nature des opérations techniques qui sont exécutées, pour le compte de l'organisme certificateur par des sous-traitants. Dans ce cas, le dossier comprend, en outre, les références du sous-traitant et les documents établissant que celui-ci répond aux conditions mentionnées à l'article D. 617-19 ;

k) Les moyens de contrôle dont l'organisme certificateur dispose ou auxquels il fait appel pour l'activité considérée ;

l) Les noms, qualités et qualifications des personnes intervenant dans les contrôles.

Pendant la durée de validité de l'agrément, l'organisme certificateur est soumis au moins une fois à une évaluation technique sur place.

Art. D. 617-24 L'agrément peut être retiré à tout moment, par l'autorité administrative, lorsque l'organisme certificateur cesse de remplir une des conditions mentionnées à l'article D. 617-19.

L'organisme intéressé est préalablement informé des griefs retenus contre lui, et mis à même de présenter ses observations dans un délai de quinze jours à compter de cette information.

Avant de prendre cette décision, l'autorité administrative peut mettre l'organisme en demeure de procéder, dans un délai qu'elle détermine, à des actions correctives et organiser ultérieurement une évaluation technique sur place pour vérifier que les mesures ainsi prescrites ont été exécutées.

La Commission nationale de la certification environnementale peut être consultée avant l'intervention de toute décision de retrait d'agrément. Elle peut, par ailleurs, proposer à tout moment à l'autorité administrative de prendre les mesures mentionnées aux alinéas précédents.

Art. D. 617-25 L'autorité administrative peut, en cas d'urgence, sans attendre l'achèvement de la procédure définie à l'article D. 617-24, prononcer la suspension de l'agrément aussitôt après en avoir informé l'organisme certificateur ou, lorsqu'une mise en demeure de procéder à des actions correctives est restée sans effet ou n'a été que partiellement observée, après l'expiration du délai imparti par celle-ci.

L'agrément est également suspendu si l'organisme certificateur n'a délivré aucune certification au cours d'une période d'un an.

La suspension peut être levée, à la demande de l'organisme certificateur, après avis de la Commission nationale de la certification environnementale si celui-ci justifie qu'il est à même de reprendre les activités au titre desquelles l'agrément a été délivré.

Au-delà du délai de six mois de suspension consécutifs, l'autorité administrative engage la procédure de retrait prévue à l'article D. 617-24.

Art. D. 617-26 Tout changement dans les conditions d'exercice des activités au titre desquelles l'agrément a été délivré est porté sans délai par l'organisme certificateur à la connaissance de l'autorité administrative, qui peut saisir pour avis la Commission nationale de la certification environnementale.

Lorsque le changement envisagé emporte des conséquences substantielles sur les conditions d'exercice des activités décrites dans le dossier d'agrément de l'organisme certificateur, ce dernier doit déposer une nouvelle demande d'agrément et peut être soumis à une évaluation technique sur place.

Le dossier de nouvelle demande est constitué selon les modalités définies à l'article D. 617-23.

Art. D. 617-27 Les organismes certificateurs tiennent à tout moment à la disposition de l'autorité administrative les informations relatives à leurs conditions de fonctionnement et à leurs activités de contrôle.

Art. R. 617-28 *(Décr. n° 2011-897 du 27 juill. 2011, art. 1er)* L'autorité administrative mentionnée aux articles D. 617-19, D. 617-21, D. 617-22 et D. 617-24 à D. 617-27 est le ministre chargé de l'agriculture.

TITRE II LES ORGANISMES D'INTERVENTION

CHAPITRE I L'ÉTABLISSEMENT NATIONAL DES PRODUITS DE L'AGRICULTURE ET DE LA MER (FRANCEAGRIMER)

(Décr. n° 2009-340 du 27 mars 2009, art. 2)

Sauf disposition spéciale, dans toutes les dispositions réglementaires en vigueur, les références à l'« Office national interprofessionnel des grandes cultures », à l'« Office national interprofessionnel de l'élevage et de ses productions », à l'« Office national interprofessionnel des fruits, des légumes, des vins et de l'horticulture », à l'« Office national interprofessionnel des plantes à parfum, aromatiques et médicinales » et à l'« Office national interprofessionnel des produits de la mer et de l'aquaculture » sont remplacées par la référence à l'« Établissement national des produits de l'agriculture et de la mer (FranceAgriMer) » et les références à l'« Agence unique de paiement » et au « Centre national pour l'aménagement des structures des exploitations agricoles » sont remplacées par la référence « Agence de services et de paiement ». Sauf disposition spéciale, dans toutes les dispositions réglementaires en vigueur les références aux offices mentionnés aux art. R. 621-45, R. 621-50, R. 621-55, R. 621-57 et R. 621-59 du code rural s'entendent comme faites à l'établissement mentionné à l'art. L. 621-1 (Décr. n° 2009-340 du 27 mars 2009, art. 10-I et II, JO 29 mars).

BIBL. GÉN. ▶ BARBIÈRI, *RD rur. août-sept. 2006. 14* (l'architecture des institutions agricoles réformée).

SECTION 1 Dispositions générales

Les art. R. 621-1 à R. 621-27 deviennent les art. D. 621-1 à D. 621-27 (Décr. n° 2012-972 du 20 août 2012, art. 1er-II-1°, JO 22 août).

Art. D. 621-1 L'établissement mentionné à l'article L. 621-1 est placé sous la tutelle du ministre chargé de l'agriculture.

Art. D. 621-1-1 *(Décr. n° 2019-519 du 24 mai 2019, art. 1er, en vigueur le 1er juin 2019)* **Le ministre chargé de la pêche et de l'aquaculture exerce, en ce qui concerne le conseil spécialisé "produits de la pêche et aquaculture", les attributions conférées au ministre chargé de l'agriculture ou à son représentant par les dispositions du présent chapitre.**

Art. D. 621-2 *(Décr. n° 2019-519 du 24 mai 2019, art. 1er, en vigueur le 1er juin 2019)* **Les missions de l'Établissement national des produits de l'agriculture et de la mer (FranceAgriMer), définies aux articles L. 621-2 et L. 621-3, s'étendent aux productions mentionnées à l'article D. 621-7-2.**

L'établissement participe aux actions conduites en ce qui concerne les semences, bois et plants des productions relevant de sa compétence.

Pour l'exercice des missions mentionnées au dernier alinéa de l'article L. 621-3, il assure tout ou partie de la gestion du service public de l'équarrissage défini à l'article L. 226-1, ainsi que des opérations concourant à l'élimination des déchets d'origine animale mentionnés à l'article L. 226-8.

Art. D. 621-3 Pour l'exercice des missions mentionnées au 1° de l'article L. 621-3, l'établissement assure :

— la collecte des informations sur les prix pratiqués et l'observation des transactions sur les marchés des produits agricoles et alimentaires à tous les stades de leur production et de leur commercialisation ;

— l'établissement des cotations publiques officielles ;

— la diffusion de ces observations et de ces informations économiques et conjoncturelles aux autorités compétentes, nationales et *(Décr. n° 2019-519 du 24 mai 2019, art. 1er, en vigueur le 1er juin 2019)* **« européennes ainsi qu'auprès des usagers ;**

« — la réalisation de travaux d'études nécessaires à l'observatoire mentionné à l'article L. 682-1 ; il contribue à la diffusion des travaux de cet observatoire. »

Art. D. 621-4 L'établissement peut être agréé comme organisme payeur au sens du *(Décr. n° 2019-519 du 24 mai 2019, art. 1er, en vigueur le 1er juin 2019)* **« règlement (UE) n° 1306/2013 du Parlement européen et du Conseil », par arrêté conjoint des ministres chargés de l'agriculture et du budget.** — *V. Arr. du 30 mars 2010 (JO 31 mars).*

(Décr. n° 2012-972 du 20 août 2012, art. 1er-I-1°) **« Il assure la délivrance des certificats d'importation, d'exportation et de préfixation pour les produits agricoles prévus »** *(Décr. n° 2019-519 du 24 mai 2019, art. 1er, en vigueur le 1er juin 2019)* **« à la partie III du règlement (UE) n° 1308/2013 du Parlement européen et du Conseil du 17 décembre 2013 ».** — *Le Règl. (UE) 1306/2013 est abrogé par le Règl. (UE) 2021/2116 du 2 déc. 2021 relatif au financement, à la gestion et au suivi de la politique agricole commune, applicable à partir du 1er janv. 2023.*

Art. D. 621-5 Les activités de l'établissement s'inscrivent dans un contrat pluriannuel conclu entre l'État et l'établissement qui précise les orientations de gestion et d'intervention de l'établissement ainsi que les moyens de mise en œuvre de ses actions nationales et *(Décr. n° 2019-519 du 24 mai 2019, art. 1er, en vigueur le 1er juin 2019)* **« européennes ».**

SECTION 2 Organisation nationale et fonctionnement

Les art. R. 621-1 à R. 621-27 deviennent les art. D. 621-1 à D. 621-27 (Décr. n° 2012-972 du 20 août 2012, art. 1er-II-1°, JO 22 août).

SOUS-SECTION 1 Les instances collégiales de l'établissement *(Décr. n° 2019-519 du 24 mai 2019, art. 1er).*

Art. D. 621-6 Le conseil d'administration adopte son règlement intérieur, *(Décr. n° 2012-1247 du 7 nov. 2012, art. 40, en vigueur le 1er janv. 2013)* « le budget » et, le cas échéant, les états annexes et leurs modifications, arrête le compte financier, examine le rapport annuel d'activité de l'établissement et se prononce sur son programme de travail annuel. Il fixe le siège de l'établissement.

Il délibère sur le contrat pluriannuel mentionné à l'article D. 621-5. Il est consulté sur les projets de transactions et sur les décisions relatives aux acquisitions et cessions patrimoniales mobilières et immobilières d'un montant supérieur à 1,5 million d'euros.

Chacun dans son domaine, les conseils spécialisés sont consultés pour avis sur les projets de décisions du directeur général fixant les règles relatives aux *(Décr. n° 2019-519 du 24 mai 2019, art. 1er, en vigueur le 1er juin 2019)* « dispositifs d'intervention mis en œuvre par l'établissement » ou précisant les conditions de gestion ou d'attribution des aides instaurées par les règlements *(Décr. n° 2019-519 du 24 mai 2019, art. 1er, en vigueur le 1er juin 2019)* « européens mentionnées à l'article D. 621-27 à l'exception des dispositifs d'appui et des aides propres à un secteur d'activité pour lesquels un comité sectoriel a été constitué en application de l'article D. 621-22 ». Toutefois, le conseil d'administration est compétent pour l'examen des projets de décisions qui sont d'intérêt commun à plusieurs conseils spécialisés.

(Décr. n° 2019-519 du 24 mai 2019, art. 1er, en vigueur le 1er juin 2019) « Les conseils spécialisés sont chargés de suivre et d'analyser l'évolution de la situation des marchés. Ils veillent à anticiper les crises et à les caractériser. Ils participent à la politique d'orientation des productions et d'organisation des filières en assurant le suivi des dispositifs d'appui publics et en proposant des dispositifs relatifs à leurs filières. Ils émettent des avis sur les évolutions de politiques publiques affectant spécifiquement leur secteur et informent les acteurs des filières en fournissant des analyses.

« Le conseil d'orientation permanent débat des évolutions économiques des secteurs agricoles et agroalimentaires et de la pêche et prépare les travaux du conseil d'administration. »

§ 1 Le conseil d'administration et le conseil d'orientation permanent *(Décr. n° 2019-519 du 24 mai 2019, art. 1er).*

Art. D. 621-7 *(Décr. n° 2019-519 du 24 mai 2019, art. 1er, en vigueur le 1er juin 2019)* I. — Le conseil d'administration de l'Établissement national de l'agriculture et de la mer (FranceAgriMer) comprend, outre son président, vingt-deux membres :

1° Quatre représentants de l'État :

a) Le directeur général de la performance économique et environnementale des entreprises au ministère chargé de l'agriculture ou son représentant ;

b) Le directeur des affaires financières, sociales et logistiques au ministère chargé de l'agriculture ou son représentant ;

c) Le directeur des pêches maritimes et de l'aquaculture au ministère chargé de la pêche et de l'aquaculture ou son représentant ;

d) Le directeur du budget au ministère chargé du budget ou son représentant ;

2° Le président de *(Ord. n° 2022-583 du 20 avr. 2022, art. 1er)* « Chambres d'agriculture France » ou son représentant ;

3° Cinq personnalités représentant la production agricole choisies parmi les personnes proposées par les organisations syndicales d'exploitants agricoles représentatives mentionnées à l'article R. 514-39 ;

4° Deux personnalités représentant le secteur coopératif, choisies parmi les personnes proposées par les organisations à compétence nationale les plus représentatives ;

5° Trois personnalités représentant les industries agroalimentaires choisies parmi les personnes proposées par les organisations professionnelles à compétence nationale les plus représentatives ;

6° Une personnalité représentant les consommateurs, choisie parmi les personnes proposées par les organisations à compétence nationale les plus représentatives ;

7° Une personnalité représentant le commerce et la distribution, choisie parmi les personnes proposées par les organisations professionnelles à compétence nationale les plus représentatives ;

8° Une personnalité représentant les salariés des filières, choisie parmi les personnes proposées par les organisations syndicales de salariés les plus représentatives ;

9° Un député et un sénateur, conformément à l'article L. 621-5, désignés par leur assemblée ;

10° Un représentant des régions nommé sur proposition de l'association Régions de France ;

11° Une personnalité représentant la production du secteur de la pêche et de l'aquaculture, choisie parmi les personnes proposées par les organisations à compétence nationale représentatives ;

II. – Assistent aux séances, à titre consultatif, deux personnalités représentant le personnel de l'établissement choisies parmi les représentants des organisations syndicales les plus représentatives au comité technique de l'établissement.

III. – Les membres mentionnés aux 3° à 8° et 10° et 11° du I et et les personnalités mentionnées au II sont nommés par arrêté du ministre chargé de l'agriculture.

Art. D. 621-7-1 *(Décr. n° 2019-519 du 24 mai 2019, art. 1er, en vigueur le 1er juin 2019)* I. – Le conseil d'orientation permanent comprend, outre son président :

1° Cinq représentants de l'État :

a) Le directeur général de la performance économique et environnementale des entreprises au ministère chargé de l'agriculture ou son représentant ;

b) Le directeur des pêches maritimes et de l'aquaculture au ministère chargé de la pêche et de l'aquaculture ou son représentant ;

c) Le directeur général de l'alimentation au ministère chargé de l'agriculture ou son représentant ;

d) Le commissaire général au développement durable au ministère chargé de l'environnement ou son représentant ;

e) Le directeur général de la concurrence, de la consommation et de la répression des fraudes au ministère chargé de l'économie ou son représentant ;

2° Six représentants de personnes publiques :

a) Le président de *(Ord. n° 2022-583 du 20 avr. 2022, art. 1er)* « Chambres d'agriculture France » ou son représentant ;

b) Le président du conseil d'administration de l'Office de développement de l'économie agricole d'outre-mer ou son représentant ;

c) Le président du comité permanent de l'Institut national de l'origine et de la qualité ou son représentant ;

d) Le président de l'Institut national de la recherche agronomique *[Institut national de recherche pour l'agriculture, l'alimentation et l'environnement]* ou son représentant ;

e) Le président du conseil d'administration de l'Agence française pour le développement et la promotion de l'agriculture biologique ou son représentant ;

f) Le président du conseil d'administration de l'Agence nationale de sécurité sanitaire de l'alimentation, de l'environnement et du travail ou son représentant ;

3° Les présidents ou, en cas d'empêchement, les vice-présidents des conseils spécialisés de l'établissement mentionnés à l'article D. 621-7-2 ;

4° Les présidents ou, en cas d'empêchement, les vice-présidents des commissions thématiques interfilières mentionnées à l'article D. 621-18-2 ;

5° Six personnalités représentant la production agricole dont cinq choisies parmi les personnes proposées par les organisations syndicales d'exploitants agricoles représentatives mentionnées à l'article R. 514-39 et une personnalité représentant les producteurs en agriculture biologique, choisie parmi les personnes proposées par les organisations professionnelles spécialisées en agriculture biologique ;

6° Deux personnalités représentant le secteur coopératif, choisies parmi les personnes proposées par les organisations à compétence nationale les plus représentatives ;

7° Trois personnalités représentant les industries agroalimentaires, choisies parmi les personnes proposées par les organisations professionnelles à compétence nationale les plus représentatives ;

8° Une personnalité représentant le secteur de l'alimentation animale, choisie parmi les personnes proposées par les organisations à compétence nationale les plus représentatives ;

9° Une personnalité représentant la production du secteur de la pêche et de l'aquaculture, choisie parmi les personnes proposées par les organisations à compétence nationale représentatives ;

10° Le président de la Confédération française du commerce interentreprises ou son représentant ;

11° Une personnalité représentant le commerce et la distribution, choisie parmi les personnes proposées par les organisations professionnelles à compétence nationale les plus représentatives ;

12° Une personnalité représentant le secteur de la restauration hors domicile, choisie parmi les personnes proposées par les organisations professionnelles à compétence nationale les plus représentatives ;

13° Une personnalité représentant les consommateurs, choisie parmi les personnes proposées par les organisations à compétence nationale les plus représentatives ;

14° Une personnalité représentant les associations de protection de l'environnement agréées au niveau national en application de l'article L. 141-3 du code de l'environnement, choisie parmi les personnes proposées par celles de ces associations qui ont pour objet la protection de la faune, de la flore, du sol, de l'air ou des milieux aquatiques ;

15° Un représentant des régions nommé sur proposition de l'association Régions de France ;

16° Le président du conseil d'administration de l'association des centres techniques agricoles ou son représentant.

II. — Le conseil d'orientation permanent est présidé par le président du conseil d'administration de l'établissement.

Les membres du conseil d'orientation permanent mentionnés aux 5° à 9° et aux 11° à 15° du I sont nommés par arrêté du ministre chargé de l'agriculture.

Peuvent assister aux séances, à titre consultatif, des personnalités qualifiées choisies en raison de leurs compétences en matière d'agriculture, désignées par arrêté du ministre chargé de l'agriculture.

§ 2 Les conseils spécialisés

Art. D. 621-7-2 *(Décr. n° 2019-519 du 24 mai 2019, art. 1er, en vigueur le 1er juin 2019)* Pour l'exercice de ses compétences, l'établissement est doté de sept conseils spécialisés :

1° Le conseil spécialisé "grandes cultures" concernant notamment les productions de céréales, oléagineux, protéagineux, fourrages séchés, plantes textiles, betteraves et les produits issus de la transformation de ces produits notamment le sucre et l'alcool éthylique d'origine agricole ;

2° Le conseil spécialisé "viandes blanches" concernant notamment les animaux non ruminants domestiques terrestres, à l'exclusion des animaux de compagnie, les productions et viandes des animaux non ruminants domestiques terrestres, les œufs et les produits issus de la transformation de ces produits ;

3° Le conseil spécialisé "fruits et légumes" concernant notamment les productions de fruits, de légumes, y compris de champignons, de pommes de terre et les produits issus de la transformation de ces produits ;

4° Le conseil spécialisé "productions végétales spéciales" concernant notamment les *productions issues de l'*horticulture florale et ornementale, pépinières et les productions de plantes, plantes de service, plantes à parfum, aromatiques et médicinales et les produits issus de la transformation de ces produits ;

5° Le conseil spécialisé "ruminants" concernant notamment les animaux ruminants, à l'exclusion des animaux de compagnie, les productions de lait et de viande des animaux ruminants et équidés et les produits issus de la transformation de ces produits ;

6° Le conseil spécialisé "produits de la pêche et aquaculture" concernant notamment les produits de la pêche professionnelle maritime, en eau douce et de l'aquaculture et les produits issus de la transformation de ces produits ;

7° Le conseil spécialisé "vin et cidre" concernant notamment les productions de vins et produits issus de la vigne, vinaigres, verger cidricole et produits frais et transformés issus de ce verger.

Art. D. 621-8 *(Décr. n° 2019-519 du 24 mai 2019, art. 1er, en vigueur le 1er juin 2019)* I. — Le conseil spécialisé "grandes cultures" comprend, outre son président et son vice-président :

1° Quatre représentants de l'État :

a) Le directeur général de la performance économique et environnementale des entreprises au ministère chargé de l'agriculture ou son représentant ;

b) Le directeur général de l'alimentation au ministère chargé de l'agriculture ou son représentant ;

c) Le directeur général de la concurrence, de la consommation et de la répression des fraudes au ministère chargé de l'économie ou son représentant ;

d) Le commissaire général au développement durable au ministère chargé de l'environnement ou son représentant ;

2° Dix-huit personnalités représentant la production agricole, dont dix-sept choisies parmi les personnes proposées par les organisations syndicales d'exploitants agricoles représentatives mentionnées à l'article R. 514-39 et une représentant les producteurs en agriculture biologique, choisie parmi les personnes proposées par les organisations professionnelles spécialisées en agriculture biologique ;

3° Quatre personnalités représentant le secteur coopératif, choisies parmi les personnes proposées par les organisations à compétence nationale les plus représentatives ;

4° Dix-neuf personnalités représentant la transformation et la distribution, choisies parmi les personnes proposées par les organisations professionnelles à compétence nationale les plus représentatives ;

5° Une personnalité représentant les salariés de la filière, choisie parmi les personnes proposées par les organisations syndicales les plus représentatives ;

6° Une personnalité représentant les consommateurs, choisie parmi les personnes proposées par les organisations à compétence nationale les plus représentatives ;

7° Un représentant des régions, nommé sur proposition de l'association Régions de France.

II. — Assistent aux séances à titre consultatif :

1° Un représentant pour chaque organisation interprofessionnelle reconnue au niveau national des secteurs pour lesquels le conseil est compétent ;

2° Un représentant pour chaque institut technique des secteurs pour lesquels le conseil est compétent ;

3° Un représentant de *(Ord. n° 2022-583 du 20 avr. 2022, art. 1er)* « Chambres d'agriculture France ».

Ces personnes sont désignées par arrêté du ministre chargé de l'agriculture sur proposition des organisations qu'elles représentent.

Art. D. 621-9 *(Décr. n° 2019-519 du 24 mai 2019, art. 1er, en vigueur le 1er juin 2019)* I. — Le conseil spécialisé "viandes blanches" comprend, outre son président et son vice-président :

1° Cinq représentants de l'État et de ses établissements publics :

a) Le directeur général de la performance économique et environnementale des entreprises au ministère chargé de l'agriculture ou son représentant ;

b) Le directeur général de l'alimentation au ministère chargé de l'agriculture ou son représentant ;

c) Le directeur général de la concurrence, de la consommation et de la répression des fraudes au ministère chargé de l'économie ou son représentant ;

d) Le commissaire général au développement durable au ministère chargé de l'environnement ou son représentant ;

e) Le directeur de l'Institut national de l'origine et de la qualité ou son représentant ;

2° Sept personnalités représentant la production agricole choisies parmi les personnes proposées par les organisations syndicales d'exploitants agricoles représentatives mentionnées à l'article R. 514-39 ;

3° Trois personnalités représentant les produits sous signe officiels de la qualité et de l'origine, choisies parmi les personnes proposées par les organisations à compétence nationale les plus représentatives ;

4° Onze personnalités représentant la transformation et la commercialisation, choisies parmi les personnes proposées par les organisations professionnelles à compétence nationale les plus représentatives ;

5° Une personnalité représentant le secteur de l'alimentation animale, choisie parmi les personnes proposées par les organisations à compétence nationale les plus représentatives ;

6° Deux personnalités représentant la génétique animale, choisies parmi les personnes proposées par les organisations professionnelles représentatives ;

7° Trois personnalités représentant le secteur coopératif, choisies parmi les personnes proposées par les organisations à compétence nationale les plus représentatives ;

8° Une personnalité représentant les salariés de la filière, choisie parmi les personnes proposées par les organisations syndicales les plus représentatives ;

9° Une personnalité représentant les consommateurs, choisie parmi les personnes proposées par les organisations à compétence nationale les plus représentatives ;

10° Un représentant des régions, nommé sur proposition de l'Association Régions de France.

II. — Assistent aux séances à titre consultatif :

1° Un représentant pour chaque organisation interprofessionnelle reconnue au niveau national des secteurs pour lesquels le conseil est compétent ;

2° Un représentant pour chaque institut technique des secteurs pour lesquels le conseil est compétent ;

3° Un représentant de *(Ord. nº 2022-583 du 20 avr. 2022, art. 1er)* « Chambres d'agriculture France ».

Ces personnes sont désignées par arrêté du ministre chargé de l'agriculture sur proposition des organisations qu'elles représentent.

Art. D. 621-10 *(Décr. nº 2019-519 du 24 mai 2019, art. 1er, en vigueur le 1er juin 2019)* I. — Le conseil spécialisé "fruits et légumes" comprend, outre son président et son vice-président :

1° Quatre représentants de l'État :

a) Le directeur général de la performance économique et environnementale des entreprises au ministère chargé de l'agriculture ou son représentant ;

b) Le directeur général de l'alimentation au ministère chargé de l'agriculture ou son représentant ;

c) Le directeur général de la concurrence, de la consommation et de la répression des fraudes au ministère chargé de l'économie ou son représentant ;

d) Le commissaire général au développement durable au ministère chargé de l'environnement ou son représentant ;

2° Huit personnalités représentant la production agricole, dont sept choisies parmi les personnes proposées par les organisations syndicales d'exploitants agricoles représentatives mentionnées à l'article R. 514-39 et une représentant des producteurs en agriculture biologique, choisie parmi les personnes proposées par les organisations professionnelles spécialisées en agriculture biologique ;

3° Une personnalité représentant les organisations économiques de producteurs hors secteur coopératif, choisies parmi les personnes proposées par les organisations professionnelles à compétence nationale les plus représentatives ;

4° Deux personnalités représentant le secteur coopératif, choisies parmi les personnes proposées par les organisations à compétence nationale les plus représentatives ;

5° Neuf personnalités représentant la transformation et la commercialisation, choisies parmi les personnes proposées par les organisations professionnelles à compétence nationale les plus représentatives ;

6° Une personnalité représentant les salariés de la filière, choisie parmi les personnes proposées par les organisations syndicales à compétence nationale les plus représentatives ;

7° Une personnalité représentant les consommateurs, choisie parmi les personnes proposées par les organisations à compétence nationale les plus représentatives ;

8° Un représentant des régions, nommé sur proposition de l'association Régions de France.

II. – Assistent aux séances à titre consultatif :

1° Un représentant pour chaque organisation interprofessionnelle reconnue au niveau national des secteurs pour lesquels le conseil est compétent ;

2° Un représentant pour chaque institut technique des secteurs pour lesquels le conseil est compétent ;

3° Un représentant de *(Ord. nº 2022-583 du 20 avr. 2022, art. 1er)* **« Chambres d'agriculture France ».**

Ces personnes sont désignées par arrêté du ministre chargé de l'agriculture sur proposition des organisations qu'elles représentent.

Art. D. 621-11 *(Décr. nº 2019-519 du 24 mai 2019, art. 1er, en vigueur le 1er juin 2019)* **I. – Le conseil spécialisé "productions végétales spéciales" comprend, outre son président et son vice-président :**

1° Six représentants de l'État :

***a)* Le directeur général de la performance économique et environnementale des entreprises au ministère chargé de l'agriculture ou son représentant ;**

***b)* Le directeur général de l'alimentation au ministère chargé de l'agriculture ou son représentant ;**

***c)* Le directeur général de la concurrence, de la consommation et de la répression des fraudes au ministère chargé de l'économie ou son représentant ;**

***d)* Le commissaire général au développement durable au ministère chargé de l'environnement ou son représentant ;**

***e)* Le directeur général de la santé au ministère chargé de la santé ou son représentant ;**

***f)* Le directeur général des entreprises au ministère chargé de l'économie ou son représentant ;**

2° Neuf personnalités représentant la production agricole, dont huit choisies parmi les personnes proposées par les organisations syndicales d'exploitants agricoles représentatives mentionnées à l'article R. 514-39 et une représentant les producteurs en agriculture biologique, choisie parmi les personnes proposées par les organisations professionnelles spécialisées en agriculture biologique ;

3° Six personnalités représentant le secteur coopératif agricole, choisies parmi les personnes proposées par les organisations à compétence nationale les plus représentatives ;

4° Neuf personnalités représentant la transformation et la commercialisation, choisies parmi les personnes proposées par les organisations professionnelles à compétence nationale les plus représentatives ;

5° Six personnalités représentantes des industries utilisatrices et services utilisateurs, choisies parmi les personnes proposées par les organisations professionnelles représentatives ;

6° Une personnalité représentant les salariés de la filière, choisie parmi les personnes proposées par les organisations syndicales les plus représentatives ;

7° Une personnalité représentant les consommateurs, choisie parmi les personnes proposées par les organisations à compétence nationale les plus représentatives ;

8° Un représentant des régions, nommé sur proposition de l'association Régions de France.

II. – Assistent aux séances à titre consultatif :

1° Un représentant pour chaque organisation interprofessionnelle reconnue au niveau national des secteurs pour lesquels le conseil est compétent ;

2° Un représentant pour chaque institut technique des secteurs pour lesquels le conseil est compétent ;

3° Un représentant de *(Ord. n° 2022-583 du 20 avr. 2022, art. 1er)* « Chambres d'agriculture France ».

Ces personnes sont désignées par arrêté du ministre chargé de l'agriculture sur proposition des organisations qu'elles représentent.

Art. D. 621-12 *(Décr. n° 2019-519 du 24 mai 2019, art. 1er, en vigueur le 1er juin 2019)* I. — Le conseil spécialisé "ruminants" comprend, outre son président et son vice-président :

1° Cinq représentants de l'État et de ses établissements publics :

a) Le directeur général de la performance économique et environnementale des entreprises au ministère chargé de l'agriculture ou son représentant ;

b) Le directeur général de l'alimentation au ministère chargé de l'agriculture ou son représentant ;

c) Le directeur général de la concurrence, de la consommation et de la répression des fraudes au ministère chargé de l'économie ou son représentant ;

d) Le commissaire général au développement durable au ministère chargé de l'environnement ou son représentant ;

e) Le directeur de l'Institut national de l'origine et de la qualité ou son représentant ;

2° Huit personnalités représentant la production agricole choisies parmi les personnes proposées par les organisations syndicales d'exploitants agricoles représentatives mentionnées à l'article R. 514-39 ;

3° Trois personnalités représentant les produits sous signe officiels de la qualité et de l'origine, choisies parmi les personnes proposées par les organisations à compétence nationale les plus représentatives ;

4° Deux personnalités représentant les organisations économiques de producteurs hors secteur coopératif, choisies parmi les personnes proposées par les organisations professionnelles à compétence nationale les plus représentatives ;

5° Onze personnalités représentant la transformation et la commercialisation, choisies parmi les personnes proposées par les organisations professionnelles à compétence nationale les plus représentatives ;

6° Une personnalité représentant la génétique animale, choisie parmi les personnes proposées par les organisations professionnelles représentatives ;

7° Quatre personnalités représentant le secteur coopératif, choisies parmi les personnes proposées par les organisations à compétence nationale les plus représentatives ;

8° Une personnalité représentant les salariés de la filière, choisie parmi les personnes proposées par les organisations syndicales les plus représentatives ;

9° Une personnalité représentant les consommateurs, choisie parmi les personnes proposées par les organisations à compétence nationale les plus représentatives ;

10° Un représentant des régions, nommé sur proposition de l'association Régions de France.

II. — Assistent aux séances à titre consultatif :

1° Un représentant pour chaque organisation interprofessionnelle reconnue au niveau national des secteurs pour lesquels le conseil est compétent ;

2° Un représentant pour chaque institut technique des secteurs pour lesquels le conseil est compétent ;

3° Un représentant de *(Ord. n° 2022-583 du 20 avr. 2022, art. 1er)* « Chambres d'agriculture France ».

Ces personnes sont désignées par arrêté du ministre chargé de l'agriculture sur proposition des organisations qu'elles représentent.

Art. D. 621-13 et D. 621-14 *Abrogés par Décr. n° 2019-519 du 24 mai 2019, art. 1er, à compter du 1er juin 2019.*

Art. D. 621-15 *(Décr. n° 2019-519 du 24 mai 2019, art. 1er, en vigueur le 1er juin 2019)* I. — Le conseil spécialisé "produits de la pêche et aquaculture" comprend, outre son président et son vice-président :

1° Cinq représentants de l'État :

a) Le directeur des pêches maritimes et de l'aquaculture au ministère chargé de la pêche ou son représentant ;

b) Le directeur général de la concurrence, de la consommation et de la répression des fraudes au ministère chargé de l'économie ou son représentant ;

c) Le directeur général des outre-mer au ministère chargé des outre-mer ou son représentant ;

d) Le directeur général de l'alimentation au ministère chargé de l'agriculture ou son représentant ;

e) Le commissaire général au développement durable au ministère chargé de l'environnement ou son représentant ;

2° Une personnalité représentant la profession piscicole ;

3° Une personnalité représentant la pêche professionnelle en eau douce ;

4° Deux personnalités représentant la profession conchylicole ;

5° Sept personnalités représentant les organisations de producteurs dont un représentant les organisations de producteurs aquacoles ;

6° Cinq personnalités représentant les marins et les armateurs à la pêche, dont un au titre du secteur coopératif maritime ;

7° Trois personnalités représentant le mareyage ;

8° Trois personnalités représentant le commerce ;

9° Trois personnalités représentant l'industrie de transformation ;

10° Une personnalité représentant les ports de pêche et les halles à marée ;

11° Une personnalité représentant les salariés de la filière ;

12° Une personnalité représentant les consommateurs, choisie parmi les personnes proposées par les organisations à compétence nationale les plus représentatives ;

13° Un représentant des régions, nommé sur proposition de l'association Régions de France.

Les personnes mentionnées aux 2° à 10° sont choisies parmi celles proposées par les organisations professionnelles les plus représentatives ;

La personne mentionnée au 11° est choisie parmi celles proposées par les organisations syndicales les plus représentatives.

II. — Assistent aux séances du conseil, à titre consultatif :

1° Cinq représentants des organismes mentionnés aux articles L. 912-1 et L. 912-6 et d'organisations à composition interprofessionnelle, dont :

a) Deux représentants pour la pêche maritime ;

b) Un représentant pour la conchyliculture ;

c) Un représentant pour le secteur piscicole ;

d) Un représentant pour les macroalgues, microalgues et cyanobactéries ;

2° Un représentant d'un organisme de recherche spécialisé dans l'économie maritime ;

3° Un représentant d'une association de protection de l'environnement habilitée au niveau national en application de l'article L. 141-3 du code de l'environnement active dans la protection de la ressource halieutique et des milieux marins et d'eau douce ;

4° Un représentant des pôles de compétitivité œuvrant dans le domaine des produits aquatiques.

Ces personnes sont désignées par arrêté du ministre chargé de la pêche ; celles mentionnées au 1° du présent II le sont sur proposition des organisations qu'elles représentent.

Art. D. 621-16 *et* D. 621-17 *Abrogés par Décr. n° 2019-519 du 24 mai 2019, art. 1er, à compter du 1er juin 2019.*

Art. D. 621-18 *(Décr. n° 2019-519 du 24 mai 2019, art. 1er, en vigueur le 1er juin 2019)* I. — Le conseil spécialisé "vin et cidre" comprend, outre son président et son vice-président :

1° Cinq représentants de l'État :

a) Le directeur général de la performance économique et environnementale des entreprises au ministère chargé de l'agriculture ou son représentant ;

b) Le directeur général de la concurrence, de la consommation et de la répression des fraudes au ministère chargé de l'économie ou son représentant ;

c) Le directeur général des douanes et droits indirects au ministère chargé de l'économie ou son représentant ;

d) Le directeur général de l'alimentation au ministère chargé de l'agriculture ou son représentant ;

e) Le commissaire général au développement durable au ministère chargé de l'environnement ou son représentant ;

2° Deux personnalités représentant les comités nationaux de l'Institut national de l'origine et de la qualité, proposées par l'établissement ;

3° Neuf personnalités représentant la production agricole, dont huit choisies parmi les personnes proposées par les organisations syndicales d'exploitants agricoles représentatives mentionnées à l'article R. 514-39 et une représentant la production en agriculture biologique, choisie parmi les personnes proposées par les organisations professionnelles spécialisées en agriculture biologique ;

4° Neuf personnalités représentant la transformation et la commercialisation dont :

a) Deux personnalités représentant le négoce, choisies parmi les personnes proposées par les organisations à compétence nationale les plus représentatives ;

b) Deux personnalités représentant les exportateurs, choisie parmi les personnes proposées par les organisations à compétence nationale les plus représentatives ;

c) Deux personnalités représentant la transformation, choisies parmi les personnes proposées par les organisations professionnelles à compétence nationale les plus représentatives ;

d) Une personnalité représentant les distilleries, choisie parmi les personnes proposées par les organisations professionnelles à compétence nationale les plus représentatives ;

e) Deux personnalités représentant le commerce et la distribution choisies parmi les personnes proposées par les organisations à compétence nationale les plus représentatives ;

5° Vingt personnalités proposées par les conseils de bassin viticole en leur sein en application de l'article D. 665-16-2, à raison :

a) D'une personnalité par bassin choisie parmi les professionnels du secteur de la production ;

b) D'une personnalité par bassin choisie parmi les professionnels du secteur du négoce ;

6° Une personnalité représentant le secteur coopératif agricole choisie parmi les personnes proposées par les organisations à compétence nationale les plus représentatives ;

7° Une personnalité représentant les viticulteurs indépendants, choisie parmi les personnes proposées par les organisations à compétence nationale les plus représentatives ;

8° Une personnalité représentant les salariés de la filière, choisie parmi les personnes proposées par les organisations syndicales les plus représentatives ;

9° Une personnalité représentant les consommateurs, choisie parmi les personnes proposées par les organisations à compétence nationale les plus représentatives ;

10° Un représentant des régions, nommé sur proposition de l'association Régions de France.

II. — Assistent aux séances à titre consultatif :

1° Un représentant pour chaque organisation interprofessionnelle reconnue au niveau national ou association nationale d'organisations interprofessionnelles reconnues des secteurs pour lesquels le conseil est compétent ;

2° Un représentant pour chaque institut technique des secteurs pour lesquels le conseil est compétent ;

3° Un représentant de *(Ord. n° 2022-583 du 20 avr. 2022, art. 1er)* « Chambres d'agriculture France ».

Ces personnes sont désignées par arrêté du ministre chargé de l'agriculture sur proposition des organisations qu'elles représentent.

Art. D. 621-18-1 *(Décr. n° 2019-519 du 24 mai 2019, art. 1er, en vigueur le 1er juin 2019)* Le président et le vice-président des conseils spécialisés mentionnés à l'article D. 621-7-2 sont nommés par arrêté du ministre chargé de l'agriculture, parmi les membres représentant la production, la transformation ou la commercialisation, sur proposition de ce conseil.

Les membres des conseils spécialisés autres que les représentants de l'État sont nommés par arrêté du ministre chargé de l'agriculture.

Les conseils spécialisés peuvent se réunir en formation restreinte à la demande de leur président.

§ 3 **Les commissions thématiques interfilières**

(Décr. n° 2019-519 du 24 mai 2019, art. 1er, en vigueur le 1er juin 2019)

Art. D. 621-18-2 **L'établissement est doté de commissions thématiques interfilières qui sont chargées d'informer les pouvoirs publics et les filières sur les évolutions économiques structurelles non spécifiques à l'une d'entre elles, par une concertation interfilières associant notamment les représentants des filières et des pouvoirs publics.**

Art. D. 621-18-3 **Les missions et la composition de chaque commission thématique interfilière sont définies par arrêté du ministre chargé de l'agriculture.** — *V. Arr. du 19 août 2019 portant création et composition de la commission thématique interfilières « bioéconomie » au sein de l'Établissement national des produits de l'agriculture et de la mer (FranceAgriMer) (JO 31 août) ; Arr. du 19 août 2019 portant création et composition de la commission thématique interfilières « agricole et agro-alimentaire internationale » au sein de l'Établissement national des produits de l'agriculture et de la mer (FranceAgriMer) (JO 5 sept.) ; Arr. du 12 août 2020 portant création et composition de la commission thématique interfilières « ressources zoogénétiques » au sein de l'Établissement national des produits de l'agriculture et de la mer (FranceAgriMer) (JO 21 août).*

Art. D. 621-18-4 **Le président et le cas échéant le vice-président de chaque commission thématique interfilière sont nommés par arrêté du ministre chargé de l'agriculture, parmi ses membres, sur proposition de cette commission.**

Les membres de commissions thématiques interfilières autres que les représentants de l'État sont nommés par décision du directeur général de l'établissement.

§ 4 **Dispositions communes** *(Décr. n° 2019-519 du 24 mai 2019, art. 1er).*

Art. D. 621-19 *(Décr. n° 2019-519 du 24 mai 2019, art. 1er, en vigueur le 1er juin 2019)* **La limite d'âge** *(Décr. n° 2020-1332 du 2 nov. 2020, art. 1er)* **« pour la nomination à la fonction » de président de l'une des instances mentionnées à la présente sous-section est fixée à soixante-sept ans.** *(Décr. n° 2020-1332 du 2 nov. 2020, art. 1er)* **« Tout mandat commencé avant cet âge se poursuit jusqu'à son terme. »**

En cas d'absence ou d'empêchement du président et du vice-président, la présidence de l'instance est assurée par l'un des représentants du ministre chargé de l'agriculture.

Le mandat des présidents et vice-présidents prend fin en même temps que celui des membres de l'instance qu'ils président.

Art. D. 621-20 *(Décr. n° 2019-519 du 24 mai 2019, art. 1er, en vigueur le 1er juin 2019)* **Les mandats des membres des instances, d'une durée de cinq ans, sont renouvelables.**

En cas de vacance d'un siège pour cause de décès, de démission, de perte par un membre de la qualité au titre de laquelle il a été désigné ou de nomination d'un membre à la présidence ou à la vice-présidence d'une instance, un remplaçant est désigné pour la durée du mandat restant à courir du membre qu'il remplace.

Les membres des instances doivent jouir de leurs droits civiques et civils.

Hormis les représentants de l'État et des établissements publics de l'État, tout membre d'une instance mentionnée ci-dessus régulièrement convoqué qui n'a pas assisté à trois séances consécutives sans excuse reconnue légitime peut être déclaré démissionnaire alors même qu'il aura donné mandat à un autre membre pour le représenter. Ces dispositions ne s'appliquent aux membres titulaires que si leur suppléant n'a pas assisté à la séance. Si le suppléant appelé à siéger n'a pas assisté à trois séances consécutives du conseil, il peut également être déclaré démissionnaire.

Art. D. 621-21 **Le ministre chargé de l'agriculture** *(Décr. n° 2019-519 du 24 mai 2019, art. 1er, en vigueur le 1er juin 2019)* **« ou, pour les commissions thématiques interfilières, le directeur général peut désigner des personnalités qualifiées pour assister les différentes instances », avec voix consultative.**

Le président de chaque *(Décr. n° 2019-519 du 24 mai 2019, art. 1er, en vigueur le 1er juin 2019)* **« instance peut appeler des experts à participer aux travaux de cette instance » pour une séance déterminée ou pour un point particulier de l'ordre du jour.**

Art. D. 621-22 *(Décr. n° 2019-519 du 24 mai 2019, art. 1er, en vigueur le 1er juin 2019)* **« Par décision du directeur général, des comités sectoriels peuvent être créés**

pour émettre un avis sur les modalités d'application des dispositifs d'intervention propres à un secteur d'activité mis en œuvre par l'établissement. »

Le directeur général fixe la composition et les modalités de fonctionnement de ces comités et en définit l'objet.

Art. D. 621-23 Les membres des conseils et *(Décr. n° 2019-519 du 24 mai 2019, art. 1er, en vigueur le 1er juin 2019)* « des commissions ainsi que les présidents et les membres des comités de l'établissement » exercent leurs fonctions à titre gratuit. Leurs frais de déplacement et de séjour sont remboursés dans les conditions prévues par la réglementation applicable aux personnels civils de l'État.

Les présidents *(Décr. n° 2019-519 du 24 mai 2019, art. 1er, en vigueur le 1er juin 2019)* « et, le cas échéant, les vice-présidents des conseils et commissions » perçoivent une indemnité de fonction dont le montant est fixé conjointement par les ministres chargés de l'agriculture et du budget. – *V. Arr. du 24 oct. 2019 fixant le montant de l'indemnité de fonction du président du conseil d'administration et du conseil d'orientation, des présidents et vice-présidents des conseils spécialisés et des commissions thématiques interfilières de l'Établissement national des produits de l'agriculture et de la mer (FranceAgriMer) (JO 3 nov.).*

Art. D. 621-24 Le conseil d'administration se réunit, sur convocation de son président, au moins *(Décr. n° 2019-519 du 24 mai 2019, art. 1er, en vigueur le 1er juin 2019)* « deux » fois par an.

Les *(Décr. n° 2019-519 du 24 mai 2019, art. 1er, en vigueur le 1er juin 2019)* « autres instances » se réunissent sur convocation de leur président.

La convocation *(Décr. n° 2019-519 du 24 mai 2019, art. 1er, en vigueur le 1er juin 2019)* « d'une instance est de droit si elle est demandée par la moitié des membres en exercice ou par l'un des ministres représentés au sein de cette instance ».

Le directeur général, *(Décr. n° 2012-1247 du 7 nov. 2012, art. 40, en vigueur le 1er janv. 2013)* « le contrôleur budgétaire » désigné auprès de l'établissement et l'agent comptable assistent de droit aux séances.

Art. D. 621-25 *(Décr. n° 2019-519 du 24 mai 2019, art. 1er, en vigueur le 1er juin 2019)* « Des membres suppléants peuvent être désignés dans les mêmes conditions que les titulaires. Lorsque l'instance ne dispose pas de suppléants, tout membre peut se faire représenter par un autre membre. » Chaque membre ne peut détenir qu'un seul mandat de représentation.

Les *(Décr. n° 2019-519 du 24 mai 2019, art. 1er, en vigueur le 1er juin 2019)* « instances » ne peuvent valablement délibérer que si plus de la moitié des membres *(Décr. n° 2019-519 du 24 mai 2019, art. 1er, en vigueur le 1er juin 2019)* « ayant voix délibérative » sont présents ou représentés lors de l'ouverture de la réunion.

Si ce quorum n'est pas atteint, *(Décr. n° 2019-519 du 24 mai 2019, art. 1er, en vigueur le 1er juin 2019)* « l'instance est à nouveau convoquée dans un délai de quinze jours, sur le même ordre du jour. Elle » peut alors valablement délibérer quel que soit le nombre des membres présents ou représentés.

(Décr. n° 2019-519 du 24 mai 2019, art. 1er, en vigueur le 1er juin 2019) « A l'exception des représentants de l'État et des autres personnes publiques, chaque membre d'une instance dispose d'une voix délibérative. Toutefois, les membres représentant l'État et les autres personnes publiques disposent chacun d'une voix délibérative au conseil d'administration. »

Les délibérations sont acquises à la majorité des suffrages exprimés des membres présents ou représentés. En cas de partage égal des voix, celle du président est prépondérante.

En cas d'urgence justifiée et sur décision de leur président, les *(Décr. n° 2019-519 du 24 mai 2019, art. 1er, en vigueur le 1er juin 2019)* « instances » peuvent se prononcer selon des modalités électroniques ou audiovisuelles préservant la collégialité des débats *(Décr. n° 2019-519 du 24 mai 2019, art. 1er, en vigueur le 1er juin 2019)* « dans les conditions prévues par le décret du 26 décembre 2014 relatif aux modalités d'organisation des délibérations à distance des instances administratives à caractère collégial. Dans ce cas, la délibération n'est valable que si la moitié » au moins des membres en exercice ont pris part à la procédure. Chaque conseil peut se doter, chacun pour ce qui le concerne, d'un règlement intérieur précisant ses modalités de fonctionnement.

Art. D. 621-26 Les délibérations du conseil d'administration sur le règlement intérieur ainsi que les décisions du directeur général de l'établissement soumises à l'avis du conseil d'administration ou d'un conseil spécialisé sont exécutoires après leur approbation par le ministre chargé de l'agriculture.

Cette approbation est donnée conjointement par les ministres chargés de l'agriculture et du budget si le représentant de ce ministre au conseil d'administration le demande.

Al. 3 abrogé par Décr. n° 2019-519 du 24 mai 2019, art. 1er, à compter du 1er juin 2019.

(Décr. n° 2012-1247 du 7 nov. 2012, art. 40, en vigueur le 1er janv. 2013) « Les délibérations portant sur le budget et le compte financier sont exécutoires dans les conditions prévues par le titre III du décret n° 2012-1246 du 7 novembre 2012 relatif à la gestion budgétaire et comptable publique. »

Toutefois, pour les opérations effectuées au titre de la réglementation *(Décr. n° 2019-519 du 24 mai 2019, art. 1er, en vigueur le 1er juin 2019)* « européenne », cette approbation est réputée acquise à la date de réception, par les autorités de tutelle, de la délibération et des documents correspondants.

SOUS-SECTION 2 **Le directeur général**

Art. D. 621-27 Le directeur général de l'établissement est nommé par décret sur proposition du ministre chargé de l'agriculture.

Le directeur général :

1° Prépare les délibérations des conseils et en assure l'exécution ;

2° Recrute les personnels, nomme aux emplois, gère les agents de l'établissement ; il a autorité sur l'ensemble des personnels sous réserve de l'autorité du préfet de région pour les personnels affectés dans les services déconcentrés de l'État ;

3° Détermine l'organisation interne de l'établissement, et en dirige le fonctionnement ;

4° Représente l'établissement en justice et dans tous les actes de la vie civile. Il engage les actions en justice et il en rend compte, au minimum une fois par an, au conseil d'administration ;

5° Passe au nom de l'établissement les contrats et marchés et les actes d'acquisition et de vente ;

(Décr. n° 2013-523 du 19 juin 2013, art. 1er-4°) « 6° » Est ordonnateur principal des recettes et des dépenses de l'établissement ; il peut désigner des ordonnateurs secondaires et, sur proposition de l'agent comptable, des comptables secondaires ;

(Décr. n° 2013-523 du 19 juin 2013, art. 1er-4°) « 7° » A la faculté de conclure des transactions, dans les conditions prévues par les articles 2044 et suivants du code civil, sous réserve de l'avis préalable du conseil d'administration ;

(Décr. n° 2019-519 du 24 mai 2019, art. 1er, en vigueur le 1er juin 2019) « 8° Nomme les membres des commissions thématiques interfilières, décide de la mise en place des comités sectoriels et nomme les membres de ces comités ».

Les décisions fixant les règles relatives aux dépenses d'intervention économique financées sur crédits non *(Décr. n° 2019-519 du 24 mai 2019, art. 1er, en vigueur le 1er juin 2019)* « européens sont prises par le directeur général après avis du comité sectoriel intéressé, du conseil spécialisé intéressé ou du conseil d'administration dans les conditions prévues à l'article D. 621-6 ». Ces décisions peuvent prévoir la possibilité pour le directeur général d'adapter localement le dispositif mis en place.

Les décisions fixant les règles relatives aux dépenses effectuées en application du 6° de l'article L. 621-3 peuvent être prises par le directeur général et soumises à l'approbation du ministre chargé de l'agriculture, sans avis du conseil spécialisé intéressé ou du conseil d'administration. Dans ce cas, ces décisions sont soumises ultérieurement pour information au conseil d'administration et, le cas échéant, au conseil spécialisé intéressé, au cours de la première réunion qui suit leur mise en œuvre.

Pour l'exécution des missions d'organisme payeur, le directeur général prend, si nécessaire, les décisions visant à préciser les conditions de gestion et d'attribution des aides instaurées par les règlements *(Décr. n° 2019-519 du 24 mai 2019, art. 1er, en vigueur le 1er juin 2019)* « européens, après avis du comité sectoriel intéressé, du conseil spécialisé intéressé ou du conseil d'administration dans les conditions prévues à l'article D. 621-6 ».

Il peut déléguer sa signature aux agents placés sous son autorité.

Les actes de délégation font l'objet d'une publication au *Bulletin officiel* du ministère chargé de l'agriculture.

Il est assisté d'un ou plusieurs directeurs généraux adjoints, qu'il désigne et qui le suppléent en cas d'absence ou d'empêchement dans les conditions qu'il définit.

1. Le directeur de FranceAgriMer a compétence pour fixer une condition à l'attribution d'une subvention à l'investissement relevant du plan d'aide au secteur viti-vinicole financé par le fonds européen agricole de garantie, cette condition étant la présentation de la demande avant le début des travaux. • CE 12 oct. 2020, n° 428386 B : *Gaz. Pal. 2020, n° 38, p. 40 ; DP entr. agric., Bull. n° 545, p. 12, note Debailleul ; AJDA 2021. 19*.

2. Le directeur de FranceAgriMer est compétent pour subordonner l'attribution d'aides instaurées par le droit européen pour l'investissement d'installations agricoles, à l'obtention préalable d'autorisations administratives nécessaires à la réalisation du projet et au respect de la législation environnementale. • CE 15 nov. 2022, n° 451758 B : *Gaz. Pal. 2022, n° 39, p. 32.*

SOUS-SECTION 3 La commission de l'écolabel des produits de la pêche maritime

(Décr. n° 2012-104 du 27 janv. 2012, art. 1er)

Art. D. 621-27-1 La commission de l'écolabel des produits de la pêche maritime, placée auprès du directeur général de l'Établissement national des produits de l'agriculture et de la mer (FranceAgriMer), a pour mission d'élaborer et de réviser le référentiel mentionné à l'article L. 644-15 et son plan de contrôle cadre.

Les observations déposées à l'occasion de la procédure de consultation du public et les contestations relatives à l'écolabel des produits de la pêche maritime déposées auprès de l'Établissement national des produits de l'agriculture et de la mer (FranceAgriMer) lui sont communiquées pour avis.

Cette commission formule des avis et des propositions sur toute question relevant de sa compétence sur saisine du directeur général de l'Établissement national des produits de l'agriculture et de la pêche (FranceAgriMer).

Art. D. 621-27-2 La commission est constituée des membres suivants :

1° *(Décr. n° 2016-1637 du 30 nov. 2016, art. 2)* « Huit » membres désignés sur proposition du conseil spécialisé mentionné à l'article D. 621-15 :

a) Trois représentants des organisations des secteurs de la production des produits de la pêche maritime, notamment des organisations de producteurs ainsi que des marins et des armateurs ;

b) Un représentant des organisations du secteur du mareyage ;

c) Un représentant des organisations des secteurs de la transformation des produits de la pêche maritime ;

d) Un représentant des organisations des secteurs du commerce et de la distribution des produits de la pêche maritime ;

e) Un représentant des associations de consommateurs ;

(Décr. n° 2016-1637 du 30 nov. 2016, art. 2) « *f)* Un représentant des organisations non gouvernementales et des groupes d'intérêts pour le développement durable ou la conservation marine ; »

2° Un représentant des organismes scientifiques et des universités impliquées dans la gestion des ressources marines ;

(Décr. n° 2017-1771 du 27 déc. 2017, art. 19-5°) « 3° » Participent aux travaux de la commission avec voix consultative :

a) Un représentant des organisations des établissements gestionnaires des halles à marée ;

b) Un représentant des organismes certificateurs ;

c) Le directeur des pêches maritimes et de l'aquaculture ;

d) Le directeur de l'eau et de la biodiversité ;

e) Le directeur général de la concurrence, de la consommation et de la répression des fraudes ;

f) Le directeur général de l'Établissement national des produits de l'agriculture et de la mer (FranceAgriMer).

Les membres de la commission mentionnés aux 1° à 4° *[3°]* peuvent se faire représenter.

Les membres de la commission autres que les membres de droit sont nommés par *(Décr. n° 2016-1637 du 30 nov. 2016, art. 10)* « arrêté conjoint des ministres chargés de l'agriculture et de la pêche ». La durée de leur mandat est de trois ans.

Art. D. 621-27-3 Les membres de la commission mentionnés *(Décr. n° 2016-1637 du 30 nov. 2016, art. 3)* « aux 1° et 2° » de l'article D. 621-27-2 élisent le président de la commission parmi les membres représentant les professionnels des secteurs de la production, du mareyage, du commerce, de la distribution et de la transformation des produits de la pêche.

La durée de son mandat est de trois ans.

Art. D. 621-27-4 La commission adopte son règlement intérieur et arrête son programme de travail.

Art. D. 621-27-5 Pour préparer ses travaux, la commission peut mandater un ou plusieurs comités d'experts indépendants. Les conditions de fonctionnement et la composition des comités d'experts sont fixées dans le règlement intérieur de la commission.

Art. D. 621-27-6 Le président, les membres de la commission et les membres des comités d'experts exercent leurs fonctions à titre gratuit.

Leurs frais de déplacement et de séjour sont remboursés dans les conditions prévues par la réglementation applicable aux personnels civils de l'État.

Ils sont tenus à la confidentialité pour les faits, actes et renseignements dont ils ont pu avoir connaissance en raison de leurs fonctions.

Art. D. 621-27-7 Le secrétariat de la commission est assuré par les services de l'Établissement national des produits de l'agriculture et de la mer (FranceAgriMer).

SOUS-SECTION 4 Observatoire des établissements d'abattage

(Décr. n° 2015-285 du 11 mars 2015, art. 1er)

Art. D. 621-27-8 L'observatoire des établissements d'abattage est placé auprès du directeur général de l'Établissement national des produits de l'agriculture et de la mer (FranceAgriMer).

Il assure le suivi de l'activité d'abattage en France et émet des avis dans ce domaine. Il définit les orientations stratégiques de la filière d'abattage eu égard à ses enjeux économiques, sanitaires, techniques et sociaux.

Les modalités d'organisation et de fonctionnement de cet observatoire sont précisées par arrêté des ministres chargés de l'agriculture et des collectivités territoriales. — *V. Arr. du 9 févr. 2012 relatif à l'Observatoire national des abattoirs (JO 17 févr.).*

V. aussi Décr. n° 2012-176 du 6 févr. 2012 relatif aux commissions interrégionales des abattoirs (JO 7 févr.) ; Arr. du 6 févr. 2012 portant désignation des préfets coordonnateurs de la politique de l'État en matière d'abattage des animaux de boucherie (JO 7 févr.).

SECTION 2 *[3]* Organisation régionale

Art. R. 621-28 *(Décr. n° 2012-509 du 18 avr. 2012, art. 11)* « Le préfet de région est le représentant territorial de l'établissement pour son action dans la région, notamment dans les conditions fixées à l'article 59-2 du décret n° 2004-374 du 29 avril 2004 modifié relatif aux pouvoirs des préfets, à l'organisation et à l'action de l'État dans les régions et départements. »

Une convention, conclue entre le directeur général de l'établissement et le préfet de région, détermine, d'une part, les missions de l'établissement dont l'exercice est confié aux services déconcentrés de l'État compétents en matière d'agriculture au niveau régional, d'autre part, les moyens que l'État met à la disposition de l'établissement pour l'exercice de ces missions ainsi que les moyens et les personnels que l'établissement affecte à la direction régionale de l'alimentation, de l'agriculture et de la forêt, en vue de l'accomplissement des missions de l'établissement dans la région.

Si nécessaire, les services déconcentrés d'une région peuvent exercer certaines missions de l'établissement au-delà du ressort de la région dans les conditions prévues à l'article 18 du décret n° 2004-374 du 29 avril 2004. Dans ce cas, la convention conclue entre le préfet de région responsable de ces services déconcentrés et le directeur général est soumise à l'avis des préfets des autres régions concernées.

Le directeur général de l'établissement adresse des instructions au représentant territorial pour l'accomplissement des missions confiées aux services déconcentrés de l'État.

Ces instructions s'inscrivent dans le cadre du dispositif d'audit et de contrôle interne de l'établissement.

Le représentant territorial peut donner délégation au directeur régional de l'alimentation, de l'agriculture et de la forêt pour signer les actes nécessaires à l'accomplissement des missions de l'établissement. Ce directeur peut lui-même déléguer sa signature aux personnels des services déconcentrés de l'État, qui apportent leur concours à l'établissement en vertu de la convention prévue ci-dessus, ainsi qu'aux agents de l'établissement affectés au sein des services déconcentrés de l'État. Le représentant territorial est l'ordonnateur délégué de l'établissement.

Art. R. 621-29 Les fonctionnaires affectés dans l'établissement ainsi que les agents contractuels de l'établissement ont vocation à exercer leurs fonctions au siège ou au sein des services déconcentrés mis à disposition de l'établissement par le représentant de l'État dans la région.

Sur proposition du préfet, représentant territorial, le directeur général de l'établissement procède à la notation des agents de l'établissement affectés au sein des services déconcentrés de l'État mis à disposition de l'établissement pour l'exécution des missions relevant de celui-ci.

Art. R. 621-30 Des comités régionaux ou interrégionaux des céréales, dont la composition et les modalités de fonctionnement sont fixées par décret, chargés d'émettre tous avis utiles sur l'organisation et le fonctionnement du marché des céréales, sont institués auprès de l'établissement mentionné à l'article L. 621-1, à l'initiative de son directeur général.

Les membres des comités régionaux des céréales autres que les membres de droit sont désignés par arrêté du préfet de région.

Le préfet compétent pour la désignation des membres des comités interrégionaux est celui de la région ayant la plus forte production céréalière. Il consulte les préfets des autres régions avant cette désignation.

Art. D. 621-31 *(Décr. n° 2016-873 du 28 juin 2016, art. 1er)* « Dans les régions comprenant huit départements ou moins, le comité régional des céréales est composé de vingt-cinq membres » :

1° Quatorze représentants des producteurs de céréales, à savoir :

a) Quatre choisis parmi les présidents ou administrateurs de coopératives de céréales ou, à défaut, parmi les producteurs de céréales *(Décr. n° 2016-873 du 28 juin 2016, art. 1er)* « représentatifs des différents bassins de production » ;

b) Deux proposés par la chambre régionale d'agriculture ;

(Décr. n° 2016-873 du 28 juin 2016, art. 1er) « *c)* Huit représentants proposés par les organisations syndicales d'exploitants agricoles mentionnées à *(Décr. n° 2017-1771 du 27 déc. 2017, art. 19-6°)* « l'article R. 514-38 ». La répartition des sièges entre organisations syndicales se fait sur la base des résultats des élections à la chambre régionale d'agriculture ; »

2° Deux représentants des négociants ;

3° Deux représentants des meuniers ;

4° Deux représentants des fabricants d'aliments du bétail ;

(Décr. n° 2016-873 du 28 juin 2016, art. 1er) « 5° Deux représentants d'entreprises opérant une valorisation des céréales ;

« 6° Le directeur régional de l'alimentation, de l'agriculture et de la forêt ou son représentant ;

« 7° Le directeur interrégional ou le directeur régional des douanes et droits indirects ou son représentant ;

« 8° Un représentant du conseil régional.

« Le directeur général de l'établissement mentionné à l'article L. 621-1 ou son représentant » assiste aux séances avec voix consultative.

(Décr. n° 2016-873 du 28 juin 2016, art. 1er) « Dans les régions comprenant neuf départements ou plus, le nombre de membres de chacune des catégories mentionnées aux 1° à 5° est augmenté de moitié. »

Art. D. 621-32 Le comité régional élit un président choisi parmi les représentants des producteurs de céréales.

Le comité se réunit en session ordinaire deux fois par an sur convocation de son président.

Il peut, en outre, être convoqué en session extraordinaire sur l'initiative soit du préfet, soit du président.

Art. D. 621-33 Des comités interrégionaux peuvent être créés en lieu et place de deux ou plusieurs comités régionaux après avis du conseil spécialisé de la filière céréalière. *(Décr. n° 2016-873 du 28 juin 2016, art. 2)* « La composition des comités interrégionaux est déterminée dans les mêmes conditions que celle des comités régionaux. »

Les membres de droit des comités interrégionaux *(Décr. n° 2016-873 du 28 juin 2016, art. 2)* « et le représentant du conseil régional » sont ceux de la région ayant la plus forte production céréalière.

Art. D. 621-34 Les membres du comité régional ou interrégional des céréales doivent jouir de leurs droits civils et politiques. Les membres représentant les producteurs de céréales doivent en outre exercer, à titre principal et habituel, la profession d'agriculteur.

La durée du mandat des membres du comité est de trois ans. Ce mandat est renouvelable.

Il est procédé tous les trois ans à échéance au renouvellement de tous les membres autres que les représentants de l'administration.

Les membres cessant, pour quelque cause que ce soit, d'exercer leurs fonctions sont remplacés selon la procédure prévue pour leur désignation. Dans ce cas, le mandat des nouveaux membres prend fin au moment où aurait normalement expiré le mandat de ceux qu'ils remplacent.

Tout membre régulièrement convoqué n'ayant pas assisté à trois séances consécutives du comité, sans excuse reconnue légitime, pourra être considéré comme démissionnaire.

A la suite de chaque renouvellement, le comité élit, au scrutin secret et dans les conditions prévues à l'article D. 621-32, un président et un premier vice-président choisis parmi les membres producteurs et un deuxième vice-président choisi parmi les membres non producteurs, à l'exclusion des représentants de l'administration.

Art. D. 621-35 Un membre du comité régional ou interrégional des céréales peut se faire représenter par un autre membre. Un membre ne peut représenter qu'un seul de ses collègues.

Le comité ne peut valablement délibérer que si plus de la moitié de ses membres ayant voix délibérative assistent à la séance.

Les décisions sont prises à la majorité absolue des membres présents.

Lorsque deux scrutins successifs n'ont pas permis de dégager la majorité requise, il est procédé à un troisième scrutin au terme duquel la décision est acquise à la majorité relative.

En cas de partage des voix, la voix du président de séance est prépondérante.

Art. D. 621-36 Le comité régional ou interrégional des céréales peut inviter à ses réunions toutes personnes dont l'audition serait jugée nécessaire pour l'examen d'une question portée à l'ordre du jour.

Art. D. 621-37 Le secrétariat du comité régional ou interrégional des céréales est assuré par un agent de l'établissement mentionné à l'article L. 621-1.

Art. D. 621-38 Le comité régional participe à l'élaboration des prévisions de rendement des céréales destinées à être présentées au conseil spécialisé pour la filière céréalière, concourant ainsi à l'évaluation de la récolte nationale.

SECTION 3 *[4]* Régime financier et comptable

Art. R. 621-39 *(Décr. n° 2012-1247 du 7 nov. 2012, art. 40, en vigueur le 1er janv. 2013)* Sous réserve des dispositions de la présente section, l'établissement est soumis aux dispositions des titres I et III du décret n° 2012-1246 du 7 novembre 2012 relatif à la gestion budgétaire et comptable publique. — *V. Arr. du 7 mai 2015 relatif aux modalités* *d'exercice du contrôle budgétaire sur l'Établissement national des produits de l'agriculture et de la mer (FranceAgriMer) (JO 14 mai), mod. par Arr. du 10 juin 2020, art. 2 (JO 19 juin).*

Art. R. 621-40 *(Décr. n° 2012-1247 du 7 nov. 2012, art. 40, en vigueur le 1er janv. 2013)* **« Le budget » comprend notamment :**

1° En recettes :

***a)* Les versements de l'État ou de** *(Décr. n° 2017-1771 du 27 déc. 2017, art. 19-7°)* **« l'Union » européenne ;**

***b)* Les remboursements d'avances et de prêts ;**

***c)* Le produit des redevances pour services rendus ;**

***d)* Le produit des ventes, travaux et prestations ;**

***e)* Le produit des taxes fiscales et des redevances affectées ;**

***f)* Les contributions des organisations professionnelles et organismes des secteurs intéressés ;**

***g)* Le produit du placement des fonds disponibles ;**

***h)* Les dons et legs ;**

***i)* Les emprunts ;**

***j)* Les revenus procurés par les participations financières ;**

***k)* Le produit des cessions ;**

***l)* Les produits des transactions ;**

***m)* Des recettes diverses ;**

2° En dépenses :

***a)* Les dépenses de personnel ;**

***b)* Les dépenses de fonctionnement, y compris les dotations aux amortissements ;**

***c)* Les dépenses d'investissement ;**

***d)* Les dépenses d'intervention pouvant, par application de** *(Décr. n° 2017-1771 du 27 déc. 2017, art. 19-7°)* **« la réglementation européenne » et des décisions du directeur général mentionnées à l'article D. 621-27, consister en achats, prêts, accord de garanties ou subventions dont le versement peut intervenir en une seule fois ou par versements d'avances ou d'acomptes et d'un solde.**

Art. R. 621-41 **Le directeur général prépare chaque année, pour la période de douze mois commençant le 1er janvier de l'année suivante,** *(Décr. n° 2012-1247 du 7 nov. 2012, art. 40, en vigueur le 1er janv. 2013)* **« un budget » retraçant les recettes et les dépenses nationales et communautaires.**

Art. D. 621-42 *(Décr. n° 2012-1247 du 7 nov. 2012, art. 40, en vigueur le 1er janv. 2013)* **« Le budget » est présenté en deux parties.**

La première partie correspond aux moyens de l'établissement et comporte en dépenses trois enveloppes correspondant respectivement aux *a*, *b*, et *c* du 2° de l'article R. 621-40.

La seconde partie correspond aux actions d'intervention et comporte en dépenses celles mentionnées au *d* du 2° de l'article R. 621-40.

(Décr. n° 2012-1247 du 7 nov. 2012, art. 40, en vigueur le 1er janv. 2013) **« Chacune de ces deux parties comporte en recettes les prévisions de ressources correspondantes. »**

La seconde partie se décompose également en enveloppes, dont le financement peut être assuré par des crédits issus d'un programme budgétaire déterminé en application de l'article 7 de la loi organique relative aux lois de finances, comme par d'autres ressources.

Deux des enveloppes de la seconde partie sont obligatoirement consacrées, respectivement :

— aux dépenses d'intervention financées par les crédits ouverts dans le cadre de l'application du 6° de l'article L. 621-3 ;

— aux dépenses d'intervention financées par des crédits d'origine communautaire.

Les enveloppes se décomposent, en tant que de besoin, en sous-enveloppes dévolues aux différents dispositifs financés, dans des conditions déterminées en accord avec le ou les ministères de tutelle.

L'enveloppe correspondant au *c* du 2° de l'article R. 621-40 est présentée avec l'indication de la limite assignée aux engagements.

L'enveloppe correspondant aux dépenses mentionnées au *d* du 2° du même article et financées sur crédits non communautaires est également présentée avec l'indication de la limite assignée aux engagements.

Art. R. 621-43 *(Décr. n° 2012-1247 du 7 nov. 2012, art. 40, en vigueur le 1er janv. 2013)* **« Le budget » de l'année présenté en enveloppes est soumis au vote du conseil d'administration avant le 25 novembre de l'année précédente.**

L'éventuelle répartition des crédits non communautaires entre sous-enveloppes fait l'objet d'une présentation pour information devant le conseil d'administration. Les modifications qui peuvent y être apportées en cours d'année donnent lieu à information du conseil d'administration au cours de la première réunion qui suit leur mise en œuvre.

Art. R. 621-44 **Les missions de service public de l'État dont celui-ci confie la gestion à l'établissement peuvent faire l'objet d'un budget annexe.**

Art. R. 621-45 **Dans le cas où** *(Décr. n° 2012-1247 du 7 nov. 2012, art. 40, en vigueur le 1er janv. 2013)* **« le budget » n'est pas approuvé à l'ouverture de l'exercice, le directeur général met en œuvre les mesures financières prévues par les décisions mentionnées à l'article D. 621-27 dans la limite des reports mentionnés à l'article R. 621-48 et, après approbation du ministre chargé de l'agriculture, par les dispositions prévues dans le cadre du 6° de l'article L. 621-3.**

Les dépenses de personnel, de fonctionnement et d'investissement sont effectuées par le directeur général après accord *(Décr. n° 2012-1247 du 7 nov. 2012, art. 40, en vigueur le 1er janv. 2013)* **« du contrôleur budgétaire », sur la base du dernier** *(Décr. n° 2012-1247 du 7 nov. 2012, art. 40, en vigueur le 1er janv. 2013)* **« budget » adopté pour l'exercice précédent, déduction faite, le cas échéant, des crédits qui avaient été affectés à des dépenses non renouvelables.**

Art. R. 621-46 **En cas d'urgence, le ministre chargé du budget et le ministre chargé de l'agriculture peuvent autoriser des modifications** *(Décr. n° 2012-1247 du 7 nov. 2012, art. 40, en vigueur le 1er janv. 2013)* **« au budget » sans que celles-ci soient soumises au vote du conseil d'administration.**

Les modifications ainsi apportées sont présentées ultérieurement au conseil d'administration pour information.

Art. D. 621-47 *Al. 1er à 5 abrogés par Décr. n° 2012-1247 du 7 nov. 2012, art. 40, à compter du 1er janv. 2013.*

Le système d'information de l'établissement doit garantir la traçabilité de tous les engagements notifiés jusqu'au bénéficiaire final, notamment celle des autorisations d'engagement notifiées à l'établissement par l'État.

Art. R. 621-48 **Les limites assignées aux engagements inscrites** *(Décr. n° 2012-1247 du 7 nov. 2012, art. 40, en vigueur le 1er janv. 2013)* **« au budget » primitif peuvent être abondées du montant des engagements autorisés l'année précédente et non contractés au dernier jour de l'exercice. Cet abondement intervient par décision du directeur général après visa** *(Décr. n° 2012-1247 du 7 nov. 2012, art. 40, en vigueur le 1er janv. 2013)* **« du contrôleur budgétaire » et avec l'autorisation expresse du ministre chargé de l'agriculture. Il fait l'objet d'une inscription** *(Décr. n° 2012-1247 du 7 nov. 2012, art. 40, en vigueur le 1er janv. 2013)* **« au budget » de l'établissement dès la première décision modificative.**

Un état des reports et des engagements n'ayant pas donné lieu à ordonnancement avant la fin de l'exercice est établi par le directeur général, qui le communique aux ministres de tutelle dans le mois suivant la fin de l'exercice après visa *(Décr. n° 2012-1247 du 7 nov. 2012, art. 40, en vigueur le 1er janv. 2013)* **« du contrôleur budgétaire ».**

Art. R. 621-49 *Abrogé par Décr. n° 2012-1247 du 7 nov. 2012, art. 40, à compter du 1er janv. 2013.*

Art. R. 621-50 *Al. 1er abrogé par Décr. n° 2012-1247 du 7 nov. 2012, art. 40, à compter du 1er janv. 2013.*

Des comptables secondaires peuvent être désignés par le directeur général après avis de l'agent comptable principal.

Art. R. 621-51 L'établissement applique le plan comptable approuvé par le ministre chargé du budget après avis du ministre chargé de l'agriculture et de l'autorité chargée des normes comptables des personnes publiques.

Une comptabilité distincte est établie pour les opérations communautaires.

Art. R. 621-52 Le compte financier est préparé par l'agent comptable suivant les dispositions du plan comptable et conformément aux directives de l'ordonnateur. Il retrace l'ensemble des opérations, tant nationales que communautaires, enregistrées dans la comptabilité.

Al. 2 abrogé par Décr. n° 2012-1247 du 7 nov. 2012, art. 40, à compter du 1er janv. 2013.

Art. R. 621-53 La comptabilité analytique est tenue par l'agent comptable ou sous son contrôle, selon un plan établi par le directeur général et approuvé par les ministres chargés de l'agriculture et du budget.

Un état retraçant les résultats de la comptabilité analytique est joint au compte financier adressé à ces ministres.

Art. R. 621-54 *Abrogé par Décr. n° 2012-1247 du 7 nov. 2012, art. 40, à compter du 1er janv. 2013.*

Art. R. 621-55 L'établissement peut recourir à l'emprunt, avec l'autorisation des ministres chargés de l'économie, du budget et de l'agriculture.

Art. R. 621-56 En fin d'exercice, les montants recouvrés par l'établissement en application du règlement (CE) n° 1290/2005 relatif au financement de la politique agricole commune et qui ont fait l'objet d'une décision de refus d'apurement de la Commission européenne sont reversés au budget national. Les autres montants qui sont conservés par l'État membre en vertu de la réglementation communautaire, y compris les prélèvements forfaitaires au titre des frais de recouvrement des irrégularités et les pénalités en matière de conditionnalité, sont, sauf disposition nationale contraire, conservés par l'établissement en fin d'exercice.

Art. R. 621-57 Les ministres chargés du budget et de l'agriculture fixent par arrêté les conditions dans lesquelles l'agent comptable peut exercer par sondages le contrôle des dépenses d'interventions économiques. — *V. Arr. du 17 déc. 2010 (JO 8 janv. 2011).*

Art. R. 621-58 Des régies d'avances et de recettes peuvent être créées dans les conditions fixées par le décret n° 2019-798 du 26 juillet 2019 relatif aux régies de recettes et d'avances des organismes publics.

SECTION 4 *[5]* **Dispositions diverses**

Art. R. 621-59 Les immeubles à usage de bureaux *(Décr. n° 2017-1771 du 27 déc. 2017, art. 19-8°)* « qui sont nécessaires à l'exercice des missions des établissements mentionnés aux articles L. 313-1, L. 621-1, L. 642-5 et R. 684-1 peuvent être mis à la disposition de ces établissements par l'État » par convention, dans les conditions prévues par *(Décr. n° 2017-1771 du 27 déc. 2017, art. 19-8°)* « les articles R. 2313-1 à R. 2313-5 et R. 4121-2 du code général de la propriété des personnes publiques ».

Art. R. 621-60 Les interventions confiées aux établissements mentionnés aux articles L. 313-1, L. 621-1 et R. 684-1 peuvent être exécutées soit par l'établissement lui-même, soit par tout organisme ou société conventionné à cet effet.

Art. D. 621-61 *Abrogé par Décr. n° 2017-1771 du 27 déc. 2017, art. 19-9°.*

Art. R. 621-62 à R. 621-119 *Abrogés par Décr. n° 2009-340 du 27 mars 2009, art. 2.*

CHAPITRE II **COORDINATION ET CONTRÔLE** *(Décr. n° 2009-340 du 27 mars 2009, art. 3).*

Les divisions « Section 3 : Autres modalités de coordination » et « Section 4 : Contrôles » sont supprimées et les art. R. 622-44, R. 622-45, R. 622-46, R. 622-47, R. 622-49, R. 622-50 et D. 622-50-1 deviennent respectivement les art. R. 622-1, R. 622-2, R. 622-3, R. 622-4, R. 622-5, R. 622-6 et D. 622-7 (Décr. n° 2017-1771 du 27 déc. 2017, art. 19-10°).

Art. R. 622-1 Les établissements mentionnés aux articles L. 313-1, L. 621-1, L. 642-5, R. 684-1 et les services de l'État peuvent confier par convention à l'un de ces établissements l'exécution pour leur compte d'opérations administratives, logistiques, financières et comptables.

Ces conventions peuvent notamment confier à cet établissement la négociation et la signature des baux des immeubles communs, la passation et la signature des marchés communs nécessaires à leur fonctionnement ainsi que le règlement des loyers et des charges correspondantes. – *Anc. art. R. 622-44.*

Art. R. 622-2 L'Établissement national des produits de l'agriculture et de la mer assure la gestion administrative des fonctionnaires relevant des corps et statuts d'emplois propres de l'établissement et de l'Agence de services et de paiement au sens et selon des modalités définies par le décret n° 97-892 du 1er octobre 1997 *[V. désormais Décr. n° 2010-1244 du 20 oct. 2010, JO 22 oct.].*

Les décisions d'affectation à l'Agence de services et de paiement ainsi que les décisions d'avancement et les mesures disciplinaires concernant les fonctionnaires mentionnés au premier alinéa affectés dans cet établissement sont prises sur proposition de son président-directeur général qui procède, en outre, à leur évaluation et à leur notation. – *Anc. art. R. 622-45.*

Art. R. 622-3 *(Décr. n° 2006-1822 du 23 déc. 2006)* Des agents placés sous l'autorité du ministre chargé de l'économie contrôlent la réalité et la régularité des opérations faisant directement ou indirectement partie du système de financement par les fonds européens de financement de la politique agricole commune. Ils sont assermentés à cet effet dans les conditions prévues à l'article *(Décr. n° 2017-1771 du 27 déc. 2017, art. 19-11°)* « R. 622-4 ».

Ce contrôle peut porter sur toutes opérations pour lesquelles la poursuite d'éventuelles irrégularités n'est pas prescrite en application des dispositions de l'article 3 *(Décr. n° 2017-1771 du 27 déc. 2017, art. 19-11°)* « du règlement (CE, Euratom) n° 2988/95 du 18 décembre 1995, relatif à la protection des intérêts financiers des Communautés européennes ».

Il s'exerce auprès des bénéficiaires et des redevables des fonds communautaires. Des justifications peuvent être demandées à toute personne détenant des informations utiles au contrôle. – *Anc. art. R. 622-46.*

Art. R. 622-4 Avant d'entrer en fonctions, les agents mentionnés à l'article *(Décr. n° 2017-1771 du 27 déc. 2017, art. 19-12°)* « R. 622-3 » présentent au tribunal judiciaire dans le ressort duquel ils sont domiciliés leur acte de désignation et prêtent devant lui le serment ci-après :

"Je jure de bien et fidèlement remplir mes fonctions et de ne rien révéler ou utiliser, directement ou indirectement même après la cessation de mes fonctions, de ce qui aura été porté à ma connaissance à l'occasion de leur exercice".

(Décr. n° 2009-340 du 27 mars 2009, art. 3) « La prestation de serment n'est pas renouvelée en cas de changement de grade, d'emploi ou de résidence de l'agent. » – *Anc. art. R. 622-47.*

Art. R. 622-5 Les exploitants agricoles, les entreprises et les organismes assujettis au contrôle des opérations mentionnées à l'article *(Décr. n° 2017-1771 du 27 déc. 2017, art. 19-13°)* « R. 622-3 » sont tenus de présenter aux *(Décr. n° 2006-1822 du 23 déc. 2006)* « agents mentionnés au même article », à leur demande, leurs livres, registres, notes, pièces justificatives, leur comptabilité, ainsi que leur correspondance relative à leur activité professionnelle.

En outre, les exploitants agricoles, les entreprises et les organismes, lorsqu'ils sont obligés, conformément aux *(Décr. n° 2017-1771 du 27 déc. 2017, art. 19-13°)* « dispositions européennes ou nationales », de tenir une comptabilité matière *(Décr. n° 2009-340 du 27 mars 2009, art. 3)* « ou un registre spécial », doivent en permettre le contrôle, notamment par la confrontation de celle-ci avec les documents commerciaux, et, le cas échéant, les quantités en stock.

Les intéressés sont également tenus, à leur demande, de délivrer aux agents qui procèdent aux opérations d'inspection prévues ci-dessus copie ou extrait des documents énumérés au présent article.

(Décr. n° 2006-634 du 31 mai 2006) **« Les agents chargés des contrôles établissent un rapport sur les manquements aux obligations prévues par les articles 4 et 5 du** *(Décr. n° 2017-1771 du 27 déc. 2017, art. 19-13°)* **« règlement (CE) n° 485/2008 du 26 mai 2008 relatif aux contrôles, par les États membres, des opérations faisant partie du système de financement par le Fonds européen agricole de garantie » et le déroulement des contrôles. »** — *V. art. R. 671-1 (pén.).*

(Décr. n° 2006-1822 du 23 déc. 2006) **« Le cas échéant, s'ils l'estiment nécessaire, les agents mentionnés à l'article** *(Décr. n° 2017-1771 du 27 déc. 2017, art. 19-13°)* **« R. 622-3 » peuvent procéder à la saisie des originaux ».** — *Anc. art. R. 622-49.*

Art. R. 622-6 *(Décr. n° 2006-634 du 31 mai 2006 ; Décr. n° 2009-340 du 27 mars 2009, art. 3)* **« Les agents de l'établissement mentionné à l'article L. 313-1, ceux de l'établissement mentionné à l'article L. 621-1, y compris ceux relevant de ses services régionaux en application de l'article L. 621-6, et ceux de l'établissement mentionné à l'article R. 684-1 » peuvent réaliser auprès des exploitants, des entreprises et de tout organisme ayant un lien direct ou indirect avec les missions relevant de la compétence** *(Décr. n° 2009-340 du 27 mars 2009, art. 3)* **« de l'établissement », tout contrôle portant, d'une part, sur les missions relevant de la compétence de celui-ci en vertu de la** *(Décr. n° 2017-1771 du 27 déc. 2017, art. 19-14°)* **« réglementation européenne ou nationale » et, d'autre part, sur les missions qui lui ont été déléguées.**

(Décr. n° 2009-340 du 27 mars 2009, art. 3) **« Cette mission leur est confiée par une décision du directeur général de l'établissement, qui précise leur compétence territoriale. A l'exception des agents non titulaires affectés à des activités saisonnières ou occasionnelles, ils sont assermentés dans les conditions prévues à l'article** *(Décr. n° 2017-1771 du 27 déc. 2017, art. 19-14°)* **« R. 622-4 ».**

Les exploitants agricoles, entreprises et autres organismes assujettis à ces contrôles sont tenus de présenter aux agents chargés du contrôle les documents mentionnés à l'article *(Décr. n° 2017-1771 du 27 déc. 2017, art. 19-14°)* **« R. 622-5 et tous autres documents professionnels ou commerciaux, au sens du règlement (CE) n° 485/2008 du 26 mai 2008 mentionné à l'article R. 622-5 ». Ils sont également tenus, à la demande de ces agents, d'en délivrer copie par tout moyen et sur tout support ainsi que de leur communiquer, sur convocation ou sur place, tous renseignements et justifications.** — *V. art. R. 671-1 (pén.).*

(Décr. n° 2009-340 du 27 mars 2009, art. 3) **« Les agents habilités de la direction générale des douanes et droits indirects, les membres de l'inspection générale des finances ainsi que les agents habilités des services déconcentrés de l'État compétents en matière agricole peuvent également effectuer les contrôles prévus aux articles D. 666-1 et suivants. »** — *Anc. art. R. 622-50.*

Art. D. 622-7 *(Décr. n° 2017-1771 du 27 déc. 2017, art. 19-15°)* **Lorsque les agents de l'établissement mentionné à l'article L. 313-1 procèdent au contrôle de l'identification et de l'enregistrement des animaux en vue du paiement des primes mentionnées à l'article 63 du règlement (CE) n° 1122/2009 de la Commission du 30 novembre 2009 fixant les modalités d'application du règlement (CE) n° 73/2009 du Conseil en ce qui concerne la conditionnalité, la modulation et le système intégré de gestion et de contrôle dans le cadre des régimes de soutien direct en faveur des agriculteurs prévus par ce règlement ainsi que les modalités d'application du règlement (CE) n° 1234/2007 du Conseil en ce qui concerne la conditionnalité dans le cadre du régime d'aide prévu pour le secteur vitivinicole, ils transmettent leurs constatations au préfet, qui décide des suites à donner à ces contrôles.**

CHAPITRE III LES SOCIÉTÉS D'INTERVENTION

Néant.

Du fait de l'introduction, dans le titre II, du nouveau chapitre II ci-dessus, par le Décr. n° 2006-634 du 31 mai 2006, l'ancien chapitre II est devenu le nouveau chapitre III.

CHAPITRE III *[IV] [ABROGÉ]* LE FONDS D'INTERVENTION ET DE RÉGULARISATION DU MARCHÉ DU SUCRE

(Abrogé par Décr. n° 2006-634 du 31 mai 2006)

Art. D. 623-1 *à* D. 623-17 *Abrogés.*

TITRE III LES ACCORDS INTERPROFESSIONNELS AGRICOLES

CHAPITRE I LE RÉGIME CONTRACTUEL EN AGRICULTURE

SECTION 1 Le règlement des litiges *(Décr. n° 2015-548 du 18 mai 2015, art. 1er-1° ; Décr. n° 2022-263 du 26 févr. 2022, art. 1er).*

(Décr. n° 2011-372 du 5 avr. 2011)

SOUS-SECTION 1 Le médiateur des relations commerciales agricoles *(Décr. n° 2022-263 du 26 févr. 2022, art. 1er).*

Art. D. 631-1 *(Décr. n° 2015-548 du 18 mai 2015, art. 1er-2°)* « Le médiateur des relations commerciales agricoles » *(Décr. n° 2011-2007 du 28 déc. 2011)* « est choisi en raison de ses compétences en matière d'agriculture et d'économie. »

(Décr. n° 2015-548 du 18 mai 2015, art. 1er-2°) « Il peut, en tant que de besoin, solliciter, sous couvert du ministre chargé de l'agriculture, l'expertise du Conseil général de l'alimentation, de l'agriculture et des espaces ruraux ainsi que celle des services de l'État compétents en matière de filières agroalimentaires.

« Pour l'exercice de ses missions de médiation, il peut se faire assister par des médiateurs délégués.

« Les médiateurs délégués sont nommés par arrêté conjoint des ministres chargés de l'économie et de l'agriculture, sur proposition du médiateur.

« Le médiateur et les médiateurs délégués sont nommés pour une durée de trois ans renouvelable une fois. »

Art. D. 631-2 *(Décr. n° 2015-548 du 18 mai 2015, art. 1er-3°)* Les médiations sont conduites dans les conditions définies par le chapitre I du titre II de la loi n° 95-125 du 8 février 1995 relative à l'organisation des juridictions et à la procédure civile, pénale et administrative.

Le médiateur et, le cas échéant, les médiateurs délégués exercent leur mission en tenant compte des interventions du médiateur des relations interentreprises placé auprès du ministre chargé de l'économie.

Art. D. 631-3 *(Décr. n° 2011-2007 du 28 déc. 2011) (Décr. n° 2015-548 du 18 mai 2015, art. 1er-4°)* « Le médiateur des relations commerciales agricoles et, le cas échéant, les médiateurs délégués doivent » satisfaire aux conditions suivantes :

1° Ne pas avoir fait l'objet d'une condamnation, d'une incapacité ou d'une déchéance mentionnées sur le bulletin n° 2 du casier judiciaire ;

2° N'avoir pas été l'auteur de faits contraires à l'honneur, à la probité et aux bonnes mœurs ayant donné lieu à une sanction disciplinaire ou administrative de destitution, radiation, révocation, de retrait d'agrément ou d'autorisation ;

3° Posséder, par l'exercice présent ou passé d'une activité, la qualification requise eu égard à la nature du différend ;

4° Justifier, selon le cas, d'une formation ou d'une expérience adaptée à la pratique de la médiation.

Art. D. 631-4 *(Décr. n° 2015-548 du 18 mai 2015, art. 1er-5°)* Les recommandations et avis émis par le médiateur des relations commerciales agricoles sur le fondement des troisième à sixième alinéas de l'article L. 631-27, lorsqu'ils n'ont pas été rendus publics, sont transmis au médiateur de la coopération agricole.

SOUS-SECTION 2 Le comité de règlement des différends commerciaux agricoles

(Décr. n° 2022-263 du 26 févr. 2022, art. 1er)

Art. D. 631-4-1 Les filières pour lesquelles la saisine du comité de règlement des différends commerciaux agricoles mentionné à l'article L. 631-28-1 n'est pas obligatoire en cas d'échec de la médiation prévue à l'article L. 631-28 sont :

1° La filière céréalière ;

2° La filière des semences et plants ;

3° La filières des oléagineux et des plantes riches en protéines (protéagineux, légumes secs, luzerne déshydratée) à l'exclusion de la filière oléicole ;

4° La filière des fruits et légumes frais ;

5° La filière des bananes dessert vendues à l'état frais ;

6° La filière des pommes de terre vendues à l'état frais.

Art. D. 631-4-2 *(Décr. n° 2022-264 du 26 févr. 2022, art. 1er)* I. — Le président du comité de règlement des différends commerciaux agricoles mentionné à l'article L. 631-28-1 et son suppléant peuvent bénéficier d'une indemnité forfaitaire annuelle dont le montant est fixé par arrêté conjoint du ministre chargé de l'agriculture, du ministre chargé de la fonction publique et du ministre chargé du budget.

II. — Les membres du comité, autre que le président, ainsi que leurs suppléants sont rémunérés sous forme, pour chacune des séances auxquelles ils sont effectivement présents, d'une indemnité forfaitaire dont le montant est fixé par arrêté conjoint du ministre chargé de l'agriculture, du ministre chargé de la fonction publique et du ministre chargé du budget. — *Les frais occasionnés par les déplacements et les séjours des membres du comité de règlement des différends commerciaux agricoles sont pris en charge dans les conditions prévues par la réglementation applicable aux personnels civils de l'État (Décr. n° 2022-264 du 26 févr. 2022, art. 2).*

Sur le montant des indemnités forfaitaires, V. Arr. du 26 févr. 2022 en application de l'art. D. 631-4-1 [D. 631-4-2] (JO 27 févr.).

SECTION 2 Les contrats de vente de produits agricoles

(Décr. n° 2010-1753 du 30 déc. 2010, en vigueur le 1er avr. 2011)

Art. R. 631-5 *(Décr. n° 2017-1771 du 27 déc. 2017, art. 20-1°)* « I. — » *(Décr. n° 2016-1373 du 12 oct. 2016, art. 1er)* Pour l'application de l'article L. 631-24, sont considérés comme des produits relevant de la même production, les produits relevant d'un même secteur parmi ceux énumérés aux *a* à *w* du paragraphe 2 de l'article 1er du règlement (UE) n° 1308/2013 du Parlement européen et du Conseil du 17 décembre 2013.

II. — Par dérogation aux dispositions du I :

1° Au sein du secteur *i*, "fruits et légumes", sont considérés comme relevant de la même production des produits de même cultivar (y compris les cultivars mutants) et cultivés selon le même mode de culture, en distinguant selon que les produits sont ou non cultivés en plein champ, et que les produits sont cultivés :

a) Sous serre en verre ;

b) Sous serre multi-chapelle en plastique simple ou double paroi ;

c) Sous tunnel en plastique ;

2° Au sein du secteur *o*, "viande bovine", les catégories suivantes sont considérées comme constituant chacune une même production :

a) Les animaux destinés à la reproduction ;

b) Les animaux destinés à l'engraissement ;

c) Les veaux âgés de moins de huit mois destinés à l'abattage ;

d) Les bovins âgés de huit à vingt-quatre mois destinés à l'abattage ;

e) Les bovins âgés de plus de vingt-quatre mois destinés à l'abattage ;

3° Au sein du secteur *p*, "lait et produits laitiers", sont considérés comme des produits relevant de la même production le lait et les produits laitiers issus d'un animal d'une espèce donnée ;

4° Au sein du secteur *q*, "viande de porc", les catégories suivantes sont considérées comme constituant chacune une même production :

a) Les animaux destinés à la reproduction ;

b) Les animaux destinés à l'engraissement ;

c) Les animaux destinés à l'abattage ;

5° Au sein du secteur *r*, "viandes ovine et caprine", les catégories suivantes sont considérées comme constituant chacune une même production :

a) Les animaux destinés à la reproduction ;

b) Les animaux destinés à l'engraissement ;

c) Les animaux destinés à l'abattage ;

6° Au sein du secteur *s*, "œufs", les catégories suivantes sont considérées comme constituant chacune une même production :

a) Les œufs de poules élevées en plein air ;

b) Les œufs de poules élevées au sol ;

c) Les œufs de poules élevées en cage ;

7° Au sein du secteur *t*, "viande de volaille", pour déterminer si des animaux relèvent d'une même production, il y a lieu de distinguer entre :

a) Les animaux destinés à la reproduction ;

b) Les animaux destinés à l'engraissement.

Au sein de chacune de ces deux catégories, constituent une même production les animaux relevant d'un même mode d'élevage au sens du paragraphe 1 de l'article 11 et de l'annexe IV du règlement (CE) n° 543/2008 de la Commission du 16 juin 2008 portant modalités d'application du règlement (CE) n° 1234/2007 du Conseil en ce qui concerne les normes de commercialisation pour la viande de volaille.

III. — Au sein d'un secteur ou d'une catégorie mentionnés au I et II, sont considérés comme des produits relevant de la même production les produits sans signe d'identification de la qualité et de l'origine au sens du 1° de l'article L. 640-2 ou les produits relevant d'un même signe d'identification de la qualité et de l'origine. — *Les tirets précédant les alinéas 2 à 4 du 1° du II sont remplacés successivement par « a » « b » et « c », la lettre minuscule suivant chacune des insertions ainsi effectuées devenant une lettre majuscule (Décr. n° 2017-1771 du 27 déc. 2017, art. 20-1°).*

Art. R. 631-6 *(Décr. n° 2022-1669 du 26 déc. 2022, art. 1er)* I. — Sous réserve des seuils spécifiques prévus au II du présent article, l'article L. 631-24 n'est pas applicable à la vente des produits agricoles pour lesquels le producteur, l'organisation de producteurs ou l'association d'organisation de producteurs réalise un chiffre d'affaires annuel inférieur à 10 000 euros.

II. — Pour les produits agricoles mentionnés ci-dessous, les seuils de chiffre d'affaires en dessous desquels l'article L. 631-24 n'est pas applicable sont les suivants :

Produits agricoles concernés	Seuils de chiffre d'affaires annuel de l'acheteur pour le produit agricole concerné	Seuils de chiffre d'affaires annuel du producteur, de l'organisation de producteurs ou de l'association d'organisations de producteurs pour le produit agricole concerné
Bovins mâles non castrés de 12 à 24 mois de race à viande	100 000 euros	10 000 euros
Bovins femelles de plus de 12 mois n'ayant jamais vêlé de race à viande	100 000 euros	10 000 euros
Bovins femelles ayant déjà vêlé de race à viande	100 000 euros	10 000 euros

Produits agricoles concernés	Seuils de chiffre d'affaires annuel de l'acheteur pour le produit agricole concerné	Seuils de chiffre d'affaires annuel du producteur, de l'organisation de producteurs ou de l'association d'organisations de producteurs pour le produit agricole concerné
Bovins sous signes officiels de qualité	100 000 euros	10 000 euros
Bovins mâles ou femelles maigres de moins de 12 mois de race viande, hors signes officiels de qualité	100 000 euros	10 000 euros
Porcs charcutiers castrés	780 000 euros	10 000 euros
Porcs charcutiers entiers	780 000 euros	10 000 euros
Lait de vache cru	700 000 euros	0 euro
Lait de chèvre cru	700 000 euros	0 euro
Lait de brebis cru	700 000 euros	0 euro
Ovins de moins de 12 mois destinés à l'abattage ou à l'engraissement	0 euro	5 000 euros
Pommes à cidre	0 euro	5 000 euros
Poires à poiré	0 euro	5 000 euros

Art. R. 631-6-1 *(Décr. nº 2022-1668 du 26 déc. 2022, art. 1er)* **Les produits et catégories de produits pour lesquels le contrat de vente ou l'accord-cadre peut ne pas être conclu sous forme écrite en application de l'article L. 631-24-2 sont les suivants :**

Annexe I du règlement (UE) nº 1308/2013 du Parlement européen et du Conseil du 17 décembre 2013 portant organisation commune des marchés des produits agricoles et abrogeant les règlements (CEE) nº 922/72, (CEE) nº 234/79, (CE) nº 1037/2001 et (CE) nº 1234/2007 du Conseil	Précisions sur les produits concernés
Partie I : Céréales	Tous les produits agricoles concernés

Annexe I du règlement (UE) nº 1308/2013 du Parlement européen et du Conseil du 17 décembre 2013 portant organisation commune des marchés des produits agricoles et abrogeant les règlements (CEE) nº 922/72, (CEE) nº 234/79, (CE) nº 1037/2001 et (CE) nº 1234/2007 du Conseil	**Précisions sur les produits concernés**
Partie II : Riz	Tous les produits agricoles concernés
Partie III : Sucre	1212 93 00 Cannes à sucre, destinées à la production de rhum agricole traditionnel des DROM
Partie IV : Fourrages séchés	Tous les produits agricoles concernés
Partie V : Semences	Tous les produits agricoles concernés
Partie VII : Huile d'olive et olives de table	Tous les produits agricoles concernés
Partie VIII : Lin et chanvre	Tous les produits agricoles concernés
Partie IX : Fruits et légumes	Tous les produits agricoles concernés
Partie X : Produits transformés à base de fruits et légumes	Tous les produits agricoles concernés
Partie XI : Bananes	Tous les produits agricoles concernés
Partie XII : Vin	Tous les produits agricoles concernés, à l'exception : – des vins, ainsi que les raisins et les moûts dont ils résultent, de la dénomination Vin De France – Vin Sans Indication Géographique de France. – des vins, ainsi que les raisins et les moûts dont ils résultent, des dénominations suivantes : – IGP Aude – IGP Gard – IGP Pays d'Hérault – IGP Val de Loire – IGP Alpilles – IGP Ardèche et mentions complémentaires – IGP Comtés Rhodaniens – IGP Collines Rhodaniennes – IGP Coteaux des Baronnies

Annexe I du règlement (UE) nº 1308/2013 du Parlement européen et du Conseil du 17 décembre 2013 portant organisation commune des marchés des produits agricoles et abrogeant les règlements (CEE) nº 922/72, (CEE) nº 234/79, (CE) nº 1037/2001 et (CE) nº 1234/2007 du Conseil	Précisions sur les produits concernés
	– IGP Drôme et mentions complémentaires – IGP Méditerranée et mentions complémentaires – IGP Pays des Bouches du Rhône et mentions complémentaires – IGP Vaucluse et mentions complémentaires – IGP Pays d'Oc – IGP Terres du Midi – des vins, ainsi que les raisins et les moûts dont ils résultent, des dénominations suivantes (appellations d'origine contrôlées) : – Alsace – Crémant d'Alsace – Alsace grand cru Altenberg de Bergheim Alsace grand cru Brand – Alsace grand cru Eichberg – Alsace grand cru Florimont – Alsace grand cru Froehn – Alsace grand cru Furstentum – Alsace grand cru Geisberg – Alsace grand cru Gloeckelberg – Alsace grand cru Goldert – Alsace grand cru Hatschbourg – Alsace grand cru Hengst – Alsace grand cru Kaefferkopf – Alsace grand cru Kanzlerberg – Alsace grand cru Kessler – Alsace grand cru Kirchberg de Ribeauvillé – Alsace grand cru Kitterle – Alsace grand cru Mambourg – Alsace grand cru Mandelberg – Alsace grand cru Marckrain – Alsace grand cru Ollwiller – Alsace grand cru Osterberg – Alsace grand cru Pfersigberg – Alsace grand cru Pfingstberg – Alsace grand cru Rangen – Alsace grand cru Rosacker – Alsace grand cru Saering – Alsace grand cru Schlossberg – Alsace grand cru Schoenenbourg – Alsace grand cru Sommerberg – Alsace grand cru Sonnenglanz – Alsace grand cru Spiegel – Alsace grand cru Sporen – Alsace grand cru Steingrubler

Annexe I du règlement (UE) nº 1308/2013 du Parlement européen et du Conseil du 17 décembre 2013 portant organisation commune des marchés des produits agricoles et abrogeant les règlements (CEE) nº 922/72, (CEE) nº 234/79, (CE) nº 1037/2001 et (CE) nº 1234/2007 du Conseil	**Précisions sur les produits concernés**
	– Alsace grand cru Steinert – Alsace grand cru Vorbourg – Alsace grand cru Wineck-Schlossberg – Alsace grand cru Zinnkoepfle – Alsace grand cru Altenberg de Bergbieten – Alsace grand cru Altenberg de Wolxheim – Alsace grand cru Bruderthal – Alsace grand cru Engelberg – Alsace grand cru Frankstein – Alsace grand cru Kastelberg – Alsace grand cru Kirchberg de Barr – Alsace grand cru Moenchberg – Alsace grand cru Muenchberg – Alsace grand cru Praelatenberg – Alsace grand cru Steinklotz – Alsace grand cru Wiebelsberg – Alsace grand cru Winzenberg – Alsace grand cru Zotzenberg – Champagne – Coteaux champenois – Rosé des Riceys – Cabardes – Clairette du Languedoc – Corbières – Corbières-Boutenac – Crémant de Limoux – Faugères – Fitou – Languedoc – Limoux (tranquilles, blanquette, méthode ancestrale) – La Clape – Malepere – Minervois-la-Livinière – Muscat de Lunel – Muscat de Mireval – Pic Saint Loup – Picpoul de Pinet – Saint-Chinian – Terrasses du Larzac – Anjou – Anjou-Coteaux de la Loire – Anjou-Villages – Anjou-Brissac – Bonnezeaux

Annexe I du règlement (UE) nº 1308/2013 du Parlement européen et du Conseil du 17 décembre 2013 portant organisation commune des marchés des produits agricoles et abrogeant les règlements (CEE) nº 922/72, (CEE) nº 234/79, (CE) nº 1037/2001 et (CE) nº 1234/2007 du Conseil	**Précisions sur les produits concernés**
	– Cabernet d'Anjou – Chinon – Coteaux d'Ancenis – Coteaux de l'Aubance – Coteaux de Saumur – Coteaux du Layon – Coteaux-du-Loir – Coteaux-du-Vendômois – Crémant de Loire – Coulée de Serrant – Gros Plant du Pays nantais – Haut-Poitou – Jasnières – Muscadet – Muscadet Coteaux de la Loire – Muscadet Cotes de Grandlieu – Muscadet Sèvre et Maine – Quarts-de-chaume – Rosé d'Anjou – Rosé de Loire – Saint-Nicolas-de-Bourgueil – Saumur – Saumur-Champigny – Savennières – Savennières Roche aux Moines – Touraine – Touraine-Noble-Joué – Vouvray – Côtes de Provence – Côtes de Provence Sainte-Barbe – Côtes de Provence Fréjus – Côtes de Provence La Londe – Côtes de Provence Pierrefeu – Notre-Dame des Anges – Coteaux d'Aix en Provence – Coteaux Varois en Provence – des vins de distillation, des moûts et des raisins destinés à l'élaboration des produits commercialisés sous appellation d'origine contrôlée Armagnac.
Partie XIII : Plantes vivantes et produits de la floriculture	Tous les produits agricoles concernés

Annexe I du règlement (UE) n° 1308/2013 du Parlement européen et du Conseil du 17 décembre 2013 portant organisation commune des marchés des produits agricoles et abrogeant les règlements (CEE) n° 922/72, (CEE) n° 234/79, (CE) n° 1037/2001 et (CE) n° 1234/2007 du Conseil	**Précisions sur les produits concernés**
Parties XXI : Alcool éthylique d'origine agricole	Tous les produits agricoles concernés
Partie XXII : Produits de l'apiculture	Tous les produits agricoles concernés
Partie XXIV : Autres produits	0511 10 00 Sperme de taureaux 0701 10 00 Pommes de terre, à l'état frais ou réfrigéré, de semence ex 0709 60 99 Piments du genre *Capsicum* ou du genre *Pimenta,* à l'état frais ou réfrigéré (à l'exclusion des piments doux ou poivrons ainsi que des piments destinés à la fabrication de la capsicine, de teintures d'oléorésines de *Capsicum*, d'huiles essentielles ou de résinoïdes) 0710 80 59 Piments du genre *Capsicum* ou du genre *Pimenta,* non cuits ou cuits à l'eau ou à la vapeur, congelés (à l'exclusion des piments doux et des poivrons) 0711 90 10 Piments du genre *Capsicum* ou du genre *Pimenta,* conservés provisoirement (par exemple au moyen de gaz sulfureux ou dans de l'eau salée, soufrée ou additionnée d'autres substances servant à assurer provisoirement leur conservation), mais impropres à l'alimentation en l'état (à l'exclusion des piments doux et des poivrons) 0713 Légumes à cosse secs, écossés, même décortiqués ou cassés 0801 Noix de coco, noix du Brésil et noix de cajou, fraîches ou sèches, même sans leurs coques ou décortiquées 0802 Autres fruits à coques, frais ou secs, même sans leurs coques ou décortiqués 0804 10 00 Dattes, fraîches ou sèches 0909 Graines d'anis, de badiane, de fenouil, de coriandre, de cumin, de carvi ; baies de genièvre ex 0910 Gingembre, curcuma, feuilles de laurier, curry et autres épices, à l'exclusion du thym et du safran 1106 Farines, semoules et poudres de légumes à cosse secs de la position 0713, de sagou ou des racines ou tubercules de la position 0714 et des produits du chapitre 8 1201 90 00 Fèves de soja, même concassées, autres que de semence

Annexe I du règlement (UE) nº 1308/2013 du Parlement européen et du Conseil du 17 décembre 2013 portant organisation commune des marchés des produits agricoles et abrogeant les règlements (CEE) nº 922/72, (CEE) nº 234/79, (CE) nº 1037/2001 et (CE) nº 1234/2007 du Conseil	**Précisions sur les produits concernés**
	1202 41 00 Arachides non grillées ni autrement cuites, en coques, autres que de semence 1202 42 00 Arachides non grillées ni autrement cuites, décortiquées, même concassées, autres que de semence 1204 00 90 Graines de lin, même concassées, autres que destinées à l'ensemencement 1205 10 90 et ex 1205 90 00 Graines de navette ou de colza, même concassées, autres que destinées à l'ensemencement 1206 00 91 Graines de tournesol, même concassées, autres que destinées à l'ensemencement 1206 00 99 Graines de tournesol, même concassées (à l'exclusion des graines destinées à l'ensemencement, des graines décortiquées et des graines en coques striées gris et blanc) 1207 29 00 Graines de coton, même concassées, autres que destinées à l'ensemencement 1207 40 90 Graines de sésame, même concassées, autres que destinées à l'ensemencement 1207 50 90 Graines de moutarde, même concassées, autres que destinées à l'ensemencement 1207 91 90 Graines d'œillette ou de pavot, même concassées, autres que destinées à l'ensemencement 1207 99 91 Graines de chanvre, même concassées, autres que destinées à l'ensemencement ex 1207 99 96 Autres graines et fruits oléagineux, même concassés, autres que destinés à l'ensemencement 1208 Farines de graines ou de fruits oléagineux, autres que la farine de moutarde ex 1211 Plantes, parties de plantes, graines et fruits des espèces utilisées principalement en parfumerie, en médecine ou à usages insecticides, parasiticides ou similaires, frais ou secs, même coupés, concassés ou pulvérisés, à l'exception des produits répertoriés sous le code NC ex 1211 90 86 dans la partie IX de l'annexe I du règlement OCM 1213 00 00 Pailles et balles de céréales brutes, même hachées, moulues, pressées ou agglomérées sous forme de pellets Les produits « foin », « lupin » et « luzerne » listés à la position 1214 de la partie XXIV

Annexe I du règlement (UE) nº 1308/2013 du Parlement européen et du Conseil du 17 décembre 2013 portant organisation commune des marchés des produits agricoles et abrogeant les règlements (CEE) nº 922/72, (CEE) nº 234/79, (CE) nº 1037/2001 et (CE) nº 1234/2007 du Conseil	Précisions sur les produits concernés
	1214 10 00 Farine et pellets de luzerne, à l'exclusion de la luzerne séchée artificiellement à la chaleur ou de la luzerne autrement séchée et moulue 1507 Huile de soja et ses fractions, même raffinées, mais non chimiquement modifiées 1508 Huile d'arachide et ses fractions, fixes, même raffinées, mais non chimiquement modifiées 1511 Huile de palme et ses fractions, même raffinées, mais non chimiquement modifiées 1512 Huiles de tournesol, de carthame ou de coton et leurs fractions, même raffinées, mais non chimiquement modifiées 1513 Huiles de coco (huile de coprah), de palmiste ou de babassu et leurs fractions, même raffinées, mais non chimiquement modifiées 1514 Huiles de navette, de colza ou de moutarde et leurs fractions, même raffinées, mais non chimiquement modifiées ex 1515 Autres graisses et huiles végétales (à l'exclusion de l'huile de jojoba de la sous-position 1515 90 11) et leurs fractions, fixes, même raffinées, mais non chimiquement modifiées ex 1516 Graisses et huiles animales ou végétales et leurs fractions, partiellement ou totalement hydrogénées, interestérifiées, réestérifiées ou élaïdinisées, même raffinées, mais non autrement préparées (à l'exclusion des huiles de ricin hydrogénées, dites « opalwax » de la sous-position 1516 20 10) ex 1517 Margarine mélanges ou préparations alimentaires de graisses ou d'huiles animales ou végétales ou de fractions de différentes graisses ou huiles du chapitre 15, autres que les graisses et huiles alimentaires et leurs fractions de la position 1516, à l'exclusion des produits relevant des sous-positions 1517 10 10, 1517 90 10 et 1517 90 93 1518 00 31 et 1518 00 39 Huiles végétales fixes, fluides, simplement mélangées, destinées à des usages techniques ou industriels autres que la fabrication de produits pour l'alimentation humaine 1522 00 91 Lies ou fèces d'huiles, pâtes de neutralisation (soapstocks) provenant du traitement des corps gras ou des cires animales ou végétales, à l'exclusion de ceux contenant de l'huile ayant les caractères de l'huile d'olive

Annexe I du règlement (UE) nº 1308/2013 du Parlement européen et du Conseil du 17 décembre 2013 portant organisation commune des marchés des produits agricoles et abrogeant les règlements (CEE) nº 922/72, (CEE) nº 234/79, (CE) nº 1037/2001 et (CE) nº 1234/2007 du Conseil	**Précisions sur les produits concernés**
	1522 00 99 Autres résidus provenant du traitement des corps gras ou des cires animales ou végétales, à l'exclusion de ceux contenant de l'huile ayant les caractères de l'huile d'olive 2302 50 00 Sons, remoulages et autres résidus, même agglomérés sous forme de pellets, du criblage, de la mouture ou d'autres traitements de céréales ou de légumineuses 2304 00 00 Tourteaux et autres résidus solides, même broyés ou agglomérés sous forme de pellets, de l'extraction de l'huile de soja 2305 00 00 Tourteaux et autres résidus solides, même broyés ou agglomérés sous forme de pellets, de l'extraction de l'huile d'arachide ex 2306 Tourteaux et autres résidus solides, même broyés ou agglomérés sous forme de pellets, de l'extraction de graisses ou huiles végétales, autres que ceux des positions 2304 ou 2305, à l'exception des produits relevant des sous-positions 2306 90 05 (tourteaux et autres résidus solides de l'extraction de germes de maïs) et 2306 90 11 et 2306 90 19 (tourteaux et autres résidus solides de l'extraction de l'huile d'olive)

SOUS-SECTION 1 **Les contrats de vente de lait cru de vache ou de brebis** *(Décr. nº 2023-1040 du 15 nov. 2023, art. 1er).*

(Décr. nº 2020-960 du 31 juill. 2020, art. 1er)

La mise en conformité prévue à la 2e phrase du 5e al. du III de l'art. L. 631-24-2 des contrats en cours à la date de publication du Décr. nº 2020-960 du 31 juill. 2020 avec les dispositions de ce code, dans sa rédaction issue de ce décret, intervient avant le 1er oct. 2020 (Décr. préc., art. 2, JO 2 août).

Art. R. 631-7 *(Décr. nº 2021-1801 du 24 déc. 2021, art. 2)* **Les contrats de vente de** *(Décr. nº 2023-1040 du 15 nov. 2023, art. 1er, en vigueur le 1er janv. 2024)* **« lait cru de vache ou de brebis et les accords-cadres » conclus en application de l'article L. 631-24 sont soumis aux dispositions de la présente section.**

Les articles R. 631-8 et R. 631-9 sont également applicables à tout contrat ou accord-cadre conclu par écrit lorsque l'article L. 631-24 ne leur est pas applicable en vertu des dispositions de l'article R. 631-6.

Art. R. 631-8 **La clause relative au prix ou aux modalités de détermination du prix, mentionnée au 1° du III de l'article L. 631-24, tient compte des dispositions** *(Décr. nº 2023-1040 du 15 nov. 2023, art. 1er, en vigueur le 1er janv. 2024)* **« des articles**

L. 654-30 et D. 654-32 à D. 654-35 ainsi que de l'article D. 654-29 pour le lait cru de vache et de l'article D. 654-30 pour le lait cru de brebis ».

Le prix est établi par référence à un prix de base correspondant à un lait de qualité et de composition standard auquel sont appliquées les réfactions et les majorations, en application des articles L. 654-30 et L. 654-31, en fonction de la qualité et de la composition réelles du lait acheté. Si le prix de base convenu ne correspond pas à un lait *(Décr. nº 2023-1040 du 15 nov. 2023, art. 1er, en vigueur le 1er janv. 2024)* **« de composition standard », le contrat et l'accord-cadre mentionnent également, pour information, le prix correspondant à un lait d'une telle composition.**

(Décr. nº 2023-1040 du 15 nov. 2023, art. 1er, en vigueur le 1er janv. 2024) **« La composition standard correspond :**

« – pour le lait cru de vache, à un lait contenant 38 grammes par litre de matière grasse et 32 grammes par litre de matière protéique ;

« – pour le lait cru de brebis, à un lait contenant 130 grammes par litre de matière sèche utile. On entend par matière sèche utile, au sens de cet article, la somme de la matière grasse et de la matière protéique. »

Le contrat et l'accord-cadre prévoient les modalités de détermination alternatives du prix en cas d'indisponibilité temporaire des indicateurs prévus au contrat et à l'accord cadre.

Pour l'application du *(Décr. nº 2021-1801 du 24 déc. 2021, art. 2)* **« VIII de l'article L. 631-24 », le prix de base du lait est communiqué par l'acheteur selon des modalités prévues dans le contrat ou l'accord-cadre.**

Art. R. 631-9 **I. – Les stipulations mentionnées au 2° du III de l'article L. 631-24, relatives aux volumes et aux caractéristiques du lait à livrer***[,]* **détaillent :**

1° Le volume de lait à livrer pour chacune des périodes de douze mois prévues par le contrat et, s'il y a lieu, l'accord-cadre et les marges à l'intérieur desquelles le volume livré peut varier ;

2° Les conditions dans lesquelles le volume prévu par période de douze mois peut être ajusté à la hausse ou à la baisse ;

3° Les règles applicables lorsque le volume livré dépasse ou n'atteint pas, en tenant compte des marges prévues au 1°, le volume défini, ou lorsque le lait livré ne répond pas aux caractéristiques définies dans le contrat et l'accord-cadre ;

4° Les règles applicables lorsque l'acheteur ne respecte pas, en tenant compte des marges prévues au 1°, ses engagements d'achat.

II. – Au titre des modalités de collecte mentionnées au 3° du III de l'article L. 631-24, le contrat et l'accord-cadre précisent les obligations qui incombent au producteur et à l'acheteur, notamment les conditions d'accès à la marchandise, la fréquence et les plages horaires de collecte et la procédure mise en place pour l'échantillonnage et la mesure de la qualité et de la composition du lait, ainsi que les modalités d'information des producteurs sur les quantités collectées lors de chaque collecte.

III. – Au titre des modalités de paiement mentionnées au 4° du III de l'article L. 631-24, si des acomptes sont prévus, le contrat et l'accord-cadre prévoient les conditions dans lesquelles ceux-ci sont déterminés et les conditions dans lesquelles le solde est versé.

Art. R. 631-10 **La durée du contrat** *(Décr. nº 2023-1040 du 15 nov. 2023, art. 1er, en vigueur le 1er janv. 2024)* **« et de l'accord-cadre » ne peut être inférieure à cinq ans, ou à sept ans pour les contrats conclus par un producteur qui a engagé sa production depuis moins de cinq ans dans les conditions prévues au** *(Décr. nº 2021-1801 du 24 déc. 2021, art. 2)* **« douzième alinéa du III de l'article L. 631-24 ».**

Toute modification du contrat et de l'accord-cadre est faite par un avenant écrit qui prévoit une date d'effet compatible avec les modifications prévues à cet avenant.

SOUS-SECTION 2 *[ABROGÉE]* **Les contrats de vente de fruits et légumes frais**

(Abrogée par Décr. nº 2019-310 du 11 avr. 2019, art. 1er)

Art. R. 631-11 *à* R. 631-14 *Abrogés par Décr. nº 2019-310 du 11 avr. 2019, art. 1er.*

SECTION 3 Contrôles

(Décr. nº 2019-143 du 26 févr. 2019, art. 1er)

Art. R. 631-15 Sont habilités à rechercher et constater les manquements mentionnés à l'article L. 631-25 :

1° Les agents de la concurrence, de la consommation et de la répression des fraudes ;

2° Les agents des services de l'État chargés de l'agriculture et de la pêche ;

3° Les agents assermentés de l'établissement mentionné à l'article L. 621-1 désignés par le directeur général de cet établissement en application du deuxième alinéa de l'article R. 622-6 ;

4° Les administrateurs, officiers du corps technique et administratif des affaires maritimes ;

5° Les fonctionnaires affectés dans les services exerçant des missions de contrôle dans le domaine des affaires maritimes sous l'autorité ou à la disposition du ministre chargé de la mer ;

6° Les agents des douanes.

CHAPITRE II LES ORGANISATIONS INTERPROFESSIONNELLES AGRICOLES

SECTION 1 Dispositions générales

SOUS-SECTION 1 Conditions de reconnaissance et de retrait de reconnaissance des organisations interprofessionnelles agricoles *(Décr. nº 2011-684 du 16 juin 2011).*

Art. R. 632-1 Pour faire l'objet d'une reconnaissance en qualité d'organisation interprofessionnelle au sens des articles *(Décr. nº 2011-684 du 16 juin 2011)* « L. 632-1 à L. 632-2 », les organisations interprofessionnelles intéressées doivent adresser leur demande au ministre chargé de l'agriculture. Celui-ci en assure l'instruction en liaison avec *(Décr. nº 2020-1020 du 7 août 2020, art. 1er)* « le ministre chargé de l'économie et, s'agissant des organisations interprofessionnelles dans le domaine du vin et des boissons alcoolisées, le ministre chargé des douanes ».

Art. R. 632-2 Le dossier doit comprendre, outre la demande de reconnaissance, les statuts de l'organisation interprofessionnelle. Le ministre chargé de l'instruction du dossier peut, pour ce qui le concerne ou à la demande des autres ministres consultés, demander à l'organisation interprofessionnelle la communication de toute pièce complémentaire comportant des éléments d'information utiles à l'instruction du dossier.

Art. R. 632-3 *(Décr. nº 2011-684 du 16 juin 2011)* Le ministre chargé de l'instruction du dossier soumet la demande à l'avis, selon le cas, du Conseil supérieur d'orientation et de coordination de l'économie agricole et alimentaire *(Décr. nº 2017-1771 du 27 déc. 2017, art. 20-2º)* « ou du Conseil supérieur de la forêt et du bois ».

Art. R. 632-4 La reconnaissance est prononcée par arrêté conjoint des ministres chargés de l'économie, *(Décr. nº 2020-1020 du 7 août 2020, art. 1er)* « de l'agriculture et, s'agissant des organisations interprofessionnelles dans le domaine du vin et des boissons alcoolisées, du ministre chargé des douanes ». La décision de refus de reconnaissance est notifiée à l'organisation interprofessionnelle par le ministre chargé de l'instruction du dossier.

Art. R. 632-4-1 *(Décr. nº 2011-684 du 16 juin 2011)* Dans le cas où une organisation interprofessionnelle reconnue ne satisfait plus aux conditions de reconnaissance fixées aux articles L. 632-1 à L. 632-2 ou ne respecte pas les obligations qui lui incombent en application de l'article L. 632-8-1 ou des dispositions prises pour son application, sa reconnaissance peut être retirée par un arrêté conjoint des ministres chargés de l'économie, *(Décr. nº 2020-1020 du 7 août 2020, art. 1er)* « de l'agriculture et, s'agissant des organisations interprofessionnelles dans le domaine du vin et des boissons alcoolisées, du ministre chargé des douanes » pris après avis, selon le cas, du Conseil supérieur d'orientation et de coordination de l'économie agricole et alimentaire, *(Décr. nº 2017-1771 du 27 déc. 2017, art. 20-2º)* « ou du Conseil supérieur de la forêt et du bois ».

Le ministre chargé de l'agriculture informe préalablement, par lettre recommandée avec avis de réception, l'organisation interprofessionnelle concernée des motifs pour lesquels il envisage le retrait de sa reconnaissance et l'invite à présenter ses observations dans un délai de deux mois.

Art. R. 632-4-1-1 *(Décr. n° 2020-1020 du 7 août 2020, art. 1er)* Pour l'application des dispositions de la présente section au secteur des produits de la pêche et de l'aquaculture, le ministre chargé des pêches maritimes et de l'aquaculture exerce les compétences dévolues au ministre chargé de l'agriculture.

SOUS-SECTION 1 *BIS* Conditions d'extension des accords des organisations interprofessionnelles agricoles reconnues

(Décr. n° 2015-226 du 26 févr. 2015)

Art. D. 632-4-2 Sauf décision implicite d'extension dans les conditions prévues à l'article L. 632-4, les accords conclus dans le cadre d'une organisation interprofessionnelle sont étendus par arrêté conjoint des ministres chargés de l'agriculture et de l'économie.

Les arrêtés étendant des accords conclus dans le domaine du vin et des boissons alcoolisées sont également signés par le ministre chargé du budget ; ceux étendant des accords conclus dans le cadre d'une organisation interprofessionnelle d'outre-mer sont également signés par le ministre chargé de l'outre-mer.

Les décisions de refus d'extension sont prises par le ministre chargé de l'agriculture, à son initiative ou à la demande de l'un des autres ministres concernés.

Art. D. 632-4-3 Les dossiers de demande d'extension sont adressés au ministre chargé de l'agriculture, qui les transmet aux autres ministres compétents.

Lorsque la composition du dossier de demande n'est pas conforme aux dispositions de l'arrêté mentionné à l'article D. 632-4-4, le ministre chargé de l'agriculture informe l'organisation interprofessionnelle que sa demande est rejetée faute de comporter certaines des pièces requises en application de cet arrêté. L'organisation interprofessionnelle concernée doit déposer une nouvelle demande, accompagnée d'un dossier conforme aux dispositions de l'arrêté susmentionné, sans toutefois être tenue de fournir de nouveau les pièces transmises au ministre chargé de l'agriculture à l'occasion de sa première demande.

Lorsque des documents complémentaires à ceux requis en application de l'arrêté prévu à l'article D. 632-4-4 sont nécessaires à l'instruction de la demande d'extension, le ministre chargé de l'agriculture invite l'organisation interprofessionnelle concernée à les produire et fixe le délai dans lequel ces documents doivent lui parvenir. Il précise le nouveau délai à l'issue duquel la demande d'extension sera réputée acceptée.

Art. D. 632-4-4 La composition et les modalités de dépôt des dossiers de demande d'extension d'accords conclus dans le cadre d'une organisation interprofessionnelle ainsi que les modalités de la consultation prévue par l'article 165 du règlement (UE) n° 1308/2013 du Parlement européen et du Conseil du 17 décembre 2013 portant organisation commune des marchés des produits agricoles sont définies par arrêté conjoint des ministres chargés de l'agriculture, de l'économie, du budget et de l'outre-mer. — *V. Arr. du 26 févr. 2015 relatif aux demandes d'extension des accords conclus dans le cadre d'une organisation interprofessionnelle reconnue (JO 28 févr., Rect. JO 14 mars).*

SOUS-SECTION 2 Sections et commissions consacrées aux produits issus de l'agriculture biologique

(Décr. n° 2006-170 du 15 févr. 2006)

Art. D. 632-5 Le ministre chargé de l'agriculture et le ministre chargé de l'économie fixent par arrêté la liste des produits pour lesquels les organisations interprofessionnelles reconnues en application de l'article L. 632-1 sont tenues de créer une ou plusieurs sections ou commissions consacrées aux produits issus de l'agriculture biologique.

Cette liste comprend les produits pour lesquels existe un cahier des charges "agriculture biologique" homologué conformément aux dispositions *(Décr. n° 2017-1771 du*

27 déc. 2017, art. 20-3°) « du règlement (CE) n° 834/2007 du Conseil du 28 juin 2007 relatif à la production biologique et à l'étiquetage des produits biologiques et abrogeant le règlement (CEE) n° 2092/91 et des articles R. 641-26 à R. 641-31 » et dont les conditions de marché le justifient, en prenant en compte notamment la part des produits issus de l'agriculture biologique dans la production et la commercialisation du secteur concerné.

Cet arrêté fixe également, dans la limite de dix-huit mois, le délai à l'issue duquel l'obligation mentionnée au premier alinéa est applicable.

Art. D. 632-6 Outre les différentes professions représentées au sein de l'organisation interprofessionnelle, les statuts de l'interprofession peuvent prévoir que siègent au sein de ces sections ou commissions les organismes spécialisés représentant la production, la transformation ou la commercialisation de produits issus de l'agriculture biologique.

L'Agence française pour le développement et la promotion de l'agriculture biologique, dite Agence BIO, peut être associée en qualité d'expert aux travaux de ces sections ou commissions.

Les sections ou commissions mentionnées à l'article D. 632-5 ont pour mission d'élaborer les propositions d'actions en faveur des produits issus de l'agriculture biologique, le projet de budget qui leur est lié, ainsi que tout projet d'accord interprofessionnel concernant spécifiquement les produits issus de l'agriculture biologique. Les propositions émanant de ces sections ou commissions sont soumises à l'organe décisionnel de l'organisation interprofessionnelle.

Les documents transmis en application de l'article L. 632-8-1 doivent permettre de rendre compte de leur activité et des actions mises en œuvre pour les produits de leur compétence.

Du fait de l'insertion dans le code rural de la sous-section 2 ci-dessus, la sous-section 2 ancienne est devenue la sous-section 3 nouvelle ci-dessous, et les art. D. 632-5 à D. 632-8 anciens sont devenus les art. D. 632-7 à D. 632-10 nouveaux.

SOUS-SECTION 3 **Modalités de recouvrement au profit des organisations interprofessionnelles des cotisations prévues à l'article L. 632-6**

Art. D. 632-7 Toute action en recouvrement des cotisations dues au titre des accords étendus selon la procédure fixée aux articles L. 632-3 et L. 632-4 doit être précédée d'une mise en demeure adressée aux personnes physiques ou morales intéressées, par lettre recommandée avec demande d'avis de réception.

Art. D. 632-8 Si la mise en demeure prévue à l'article D. 632-7 n'est pas suivie d'effet dans un délai de quinze jours, les cotisations sont recouvrées suivant les voies du droit commun en matière civile ou commerciale. Toutefois, pour le recouvrement des cotisations de l'année en cours et des deux années précédentes, la procédure d'injonction de payer prévue aux articles 1405 et suivants du code de procédure civile peut être utilisée même si la créance n'a pas un caractère contractuel.

Art. R. 632-8-1 *(Décr. n° 2007-58 du 11 janv. 2007)* Les dispositions du cinquième alinéa de l'article L. 632-7 sont applicables au recouvrement des cotisations impayées :

— appelées en application de l'article L. 632-6 par une organisation interprofessionnelle reconnue représentant des producteurs ou des négociants d'alcool, de produits intermédiaires, de vin, de cidre ou de poiré, ci-après dénommée "l'organisation interprofessionnelle" ;

— et dues par un adhérent à cette organisation interprofessionnelle, ayant la qualité d'entrepositaire agréé au sens de l'article 302 G du code général des impôts, ci-après dénommé "le débiteur".

Art. R. 632-8-2 *(Décr. n° 2007-58 du 11 janv. 2007)* Lorsque l'organisation interprofessionnelle détient, à l'encontre d'un même débiteur, une ou plusieurs créances ayant fait l'objet d'une ordonnance portant injonction de payer et dont le montant total est supérieur à un seuil fixé par arrêté des ministres chargés du budget et de l'agriculture, elle peut saisir le directeur régional des douanes et droits indirects dans le ressort de compétence duquel elle a son siège d'une demande tendant à la mise en œuvre des articles R. 632-8-3 à R. 632-8-5 ci-après. — *Seuil fixé à 2 500 € par Arr. du 11 janv. 2007 (JO 13 janv.).*

Art. R. 632-8-3 *(Décr. n° 2007-58 du 11 janv. 2007)* L'organisation interprofessionnelle joint à sa demande l'original et une copie des titres exécutoires qu'elle détient, accompagnés, le cas échéant, de pièces établissant que les créances sont restées impayées au jour de la saisine. Elle indique également les qualités, espèces et natures de produits à l'origine de la créance impayée, exprimées par appellation ou dénomination, en volume d'alcool pur pour les alcools, en volume effectif, par couleurs, par appellation ou dénomination pour les produits intermédiaires, les vins, les cidres et les poirés.

L'organisation interprofessionnelle informe son débiteur de la saisine, par lettre recommandée avec accusé de réception. Le débiteur dispose d'un délai de trente jours à compter de la réception pour acquitter sa dette auprès de l'organisation interprofessionnelle.

Art. R. 632-8-4 *(Décr. n° 2007-58 du 11 janv. 2007)* En l'absence de paiement des créances à l'expiration du délai imparti, l'organisation interprofessionnelle peut confirmer au directeur régional des douanes et droits indirects sa demande tendant à ce qu'il soit procédé au blocage des produits dans l'entrepôt suspensif de droits d'accises.

Lorsque le directeur régional des douanes et droits indirects décide de procéder au blocage, il notifie sa décision à l'entrepositaire agréé.

Le blocage est réalisé dans les conditions et selon les modalités suivantes :

— les produits doivent être commercialisables et présenter les qualités, espèces et natures équivalentes à celles des produits à l'origine de la créance impayée ;

— la mesure de blocage porte sur un volume au plus égal à celui qui a été communiqué à l'administration en application de l'article R. 632-8-3 ;

— l'entrepositaire agréé fait figurer dans la comptabilité matières et reporte sur la déclaration récapitulative mensuelle une mention spéciale reprenant par produits le volume bloqué ;

— les volumes bloqués portent, en priorité, sur les premiers volumes susceptibles de quitter l'entrepôt suspensif de droits d'accises.

Le directeur régional des douanes et droits indirects peut refuser ou retirer les moyens de validation et les documents d'accompagnement mentionnés à l'article 302 M du code général des impôts, en application des règles relatives aux contributions indirectes, notamment l'article 111 H *ter* de l'annexe III de ce code.

Art. R. 632-8-5 *(Décr. n° 2007-58 du 11 janv. 2007)* La mesure de blocage est levée dès que le directeur régional des douanes et droits indirects a connaissance du paiement complet des créances :

— soit par l'information qui lui en est donnée par l'organisation interprofessionnelle ;

— soit par la présentation, par le débiteur, des titres exécutoires acquittés.

Dans tous les cas, l'administration notifie la levée du blocage au débiteur.

Art. R. 632-8-6 *(Décr. n° 2007-58 du 11 janv. 2007)* L'organisation interprofessionnelle qui détient, à l'encontre d'un même débiteur, une ou plusieurs créances dont le montant total est supérieur à un seuil fixé par arrêté des ministres chargés du budget et de l'agriculture peut saisir le directeur régional des douanes et droits indirects sans avoir à justifier d'une ordonnance portant injonction de payer si, dans les trois années précédant la saisine, ce débiteur a déjà fait l'objet des mesures prévues aux articles R. 632-8-2 et R. 632-8-3. — *Seuil fixé à 1 500 € par Arr. du 11 janv. 2007 (JO 13 janv.).*

Art. R. 632-8-7 *(Décr. n° 2007-58 du 11 janv. 2007)* L'organisation interprofessionnelle joint à la saisine tous documents permettant au directeur régional des douanes et droits indirects de s'assurer du caractère certain et exigible des créances. Constituent notamment des pièces pertinentes les factures, échanges de lettres, procès-verbaux, accords amiables ayant fait l'objet d'un écrit.

Elle indique également les qualités, espèces et natures de produits à l'origine des créances impayées, exprimées par appellation ou dénomination, en volume d'alcool pur pour les alcools, en volume effectif, par couleurs, par appellation ou dénomination pour les produits intermédiaires, les vins, les cidres et les poirés.

Art. R. 632-8-8 *(Décr. nº 2007-58 du 11 janv. 2007)* A compter de cette saisine, les dispositions prévues au dernier alinéa de l'article R. 632-8-3 et à l'article R. 632-8-4 sont applicables.

Art. R. 632-8-9 *(Décr. nº 2007-58 du 11 janv. 2007)* La mesure de blocage est levée dès que le directeur régional des douanes et droits indirects a connaissance du paiement complet des créances :

– soit par l'information qui lui en est donnée par l'organisation interprofessionnelle ;

– soit par la présentation par le débiteur d'une quittance délivrée par l'organisation interprofessionnelle.

Dans tous les cas, l'administration notifie la levée du blocage au débiteur.

SECTION 2 *[ABROGÉE]* L'organisation interprofessionnelle laitière

(Abrogée par Décr. nº 2017-1771 du 27 déc. 2017, art. 20-4º)

Art. D. 632-9 et D. 632-10 *Abrogés par Décr. nº 2017-1771 du 27 déc. 2017, art. 20-4º.*

TITRE IV LA VALORISATION DES PRODUITS AGRICOLES, FORESTIERS OU ALIMENTAIRES ET DES PRODUITS DE LA MER

(Décr. nº 2007-30 du 5 janv. 2007)

CHAPITRE I LES MODES DE VALORISATION DE LA QUALITÉ ET DE L'ORIGINE

(Décr. nº 2007-30 du 5 janv. 2007)

SECTION 1 Les signes d'identification de la qualité et de l'origine

(Décr. nº 2007-30 du 5 janv. 2007)

SOUS-SECTION 1 Le label rouge

Art. R. 641-1 Toute demande tendant à la reconnaissance d'un label rouge par homologation d'un cahier des charges est déposée auprès de l'Institut national de l'origine et de la qualité.

Al. 2 à 10 abrogés par Décr. nº 2017-775 du 4 mai 2017, art. 2-1º.

Art. R. 641-2 *(Décr. nº 2017-775 du 4 mai 2017, art. 2-2º)* « Le dossier de demande de reconnaissance comprend :

« 1º La désignation précise du produit ;

« 2º La demande de reconnaissance de l'organisme chargé d'assurer la défense et la gestion du produit pour lequel le bénéfice du label rouge est sollicité ou la décision par laquelle la qualité d'organisme de défense et de gestion lui a été reconnue ;

« 3º Un projet de cahier des charges ;

« 4º Les éléments justificatifs permettant d'établir le niveau de qualité supérieure du produit accompagnés d'un projet de dispositif d'évaluation et de suivi de la qualité supérieure ;

« 5º Une étude de faisabilité technique et économique ;

« 6º Un document établissant que les dispositions du projet de cahier des charges sont contrôlables ;

« 7º Le cas échéant, la demande d'association avec une indication géographique protégée ;

« 8º Le nom de l'organisme certificateur déjà agréé pour la catégorie de produit ou la demande d'agrément prévue à l'article R. 642-42. »

Le cahier des charges d'un label rouge définit un ensemble distinct de qualités et de caractéristiques spécifiques établissant un niveau de qualité supérieure, les principaux points à contrôler ainsi que leurs méthodes d'évaluation.

(Décr. nº 2017-775 du 4 mai 2017, art. 2-2º) « Lorsque, pour le produit considéré, la production est régie par l'arrêté mentionné à l'article R. 641-3-1, le cahier des charges complète les conditions de production fixées par cet arrêté. »

Art. R. 641-3 *(Décr. nº 2017-775 du 4 mai 2017, art. 2-3º)* « Le projet de cahier des charges déposé à l'appui de la demande de reconnaissance d'un label rouge est soumis » à une procédure nationale d'opposition d'une durée de deux mois organisée par le directeur de l'Institut national de l'origine et de la qualité après avis du comité national compétent.

L'annonce de l'ouverture de cette procédure, de son objet et de son terme est publiée au *Journal officiel* de la République française. Elle indique également l'adresse de l'Institut national de l'origine et de la qualité ainsi que celle du site internet de cet établissement où le projet de cahier des charges peut être consulté.

Les oppositions motivées sont adressées par écrit à l'Institut national de l'origine et de la qualité dans le délai de deux mois prévu pour la consultation. Elles sont notifiées par institut au demandeur qui dispose d'un délai de deux mois pour y répondre. *(Abrogé par Décr. nº 2017-775 du 4 mai 2017, art. 2-3º) « La réponse est portée par l'institut à la connaissance de l'opposant qui dispose d'un délai de quinze jours pour formuler d'autres observations. »*

L'Institut national de l'origine et de la qualité notifie aux auteurs des oppositions les suites qui y ont été données.

Art. R. 641-3-1 *(Décr. nº 2017-775 du 4 mai 2017, art. 2-4º)* Les conditions de production communes à plusieurs produits, mentionnées à l'article L. 641-4, sont fixées par arrêté des ministres chargés de l'agriculture et de la consommation publié au *Bulletin officiel* du ministère chargé de l'agriculture.

Le projet d'arrêté est, après avis des organismes de défense et de gestion intéressés, soumis à une procédure nationale d'opposition d'une durée de deux mois organisée par le directeur de l'Institut national de l'origine et de la qualité après avis du comité national compétent.

L'annonce de l'ouverture de cette procédure, de son objet et de son terme est publiée au *Journal officiel* de la République française. Elle indique également l'adresse de l'Institut national de l'origine et de la qualité ainsi que celle du site internet de cet établissement où le projet d'arrêté peut être consulté.

Les oppositions motivées sont adressées par écrit à l'Institut national de l'origine et de la qualité dans le délai de deux mois prévu pour la consultation.

L'Institut national de l'origine et de la qualité notifie aux auteurs des oppositions les suites qui y ont été données.

Art. R. 641-4 *(Décr. nº 2017-775 du 4 mai 2017, art. 2-5º)* Lorsque des modifications des conditions de production communes à plusieurs produits ou des modifications du cahier des charges d'un label rouge sont envisagées, elles sont soumises pour approbation au comité national compétent. Si celui-ci estime qu'elles constituent des modifications majeures, une procédure nationale d'opposition est mise en œuvre dans les conditions prévues à l'article R. 641-3 ou à l'article R. 641-3-1.

Le cahier des charges modifié fait l'objet d'une nouvelle homologation dans les conditions prévues à l'article R. 641-6.

Art. R. 641-5 Lorsque l'Institut national de l'origine et de la qualité estime qu'un produit ne remplit pas les conditions prévues par l'article L. 641-1 pour bénéficier d'un label rouge ou que la modification du cahier des charges d'un produit bénéficiant de ce signe n'est pas justifiée, il notifie au demandeur, et le cas échéant aux opposants, son refus de proposer la reconnaissance à ce produit du bénéfice du label ou d'approuver la modification du cahier des charges du produit.

Art. R. 641-6 La reconnaissance d'un label rouge est prononcée par un arrêté conjoint des ministres chargés de l'agriculture et de la consommation qui homologue le cahier des charges *(Abrogé par Décr. nº 2017-775 du 4 mai 2017, art. 2-6º) « au bénéfice de l'organisme chargé d'assurer la défense et la gestion du produit pour lequel le bénéfice du label rouge a été sollicité ».*

Il est fait mention de cet arrêté au *Journal officiel* de la République française.

(Décr. nº 2017-775 du 4 mai 2017, art. 2-6º) « Le cahier des charges homologué est publié au *Bulletin officiel* du ministère chargé de l'agriculture. »

Art. R. 641-7 Le logo "label rouge" est la marque déposée par le ministre chargé de l'agriculture. L'Institut national de l'origine et de la qualité en assure la gestion et la protection.

Le logo "label rouge" est apposé sur tout produit bénéficiant du label, accompagné du numéro d'homologation.

Art. R. 641-8 La présentation des produits faisant état d'un label rouge doit indiquer les principales caractéristiques certifiées.

Art. R. 641-9 *(Décr. n° 2017-775 du 4 mai 2017, art. 2-7°)* « Chaque label rouge est évalué afin de garantir un niveau de qualité supérieure par rapport aux denrées et produits similaires habituellement commercialisés.

« Le dispositif d'évaluation et de suivi de la qualité supérieure présenté par l'organisme de défense et de gestion est soumis au comité national compétent de l'Institut national de l'origine et de la qualité et approuvé par le directeur de l'institut.

« L'Institut national de l'origine et de la qualité est informé des résultats de l'évaluation et du suivi de la qualité supérieure. »

Lorsque la qualité *(Décr. n° 2017-775 du 4 mai 2017, art. 2-7°)* « des denrées et produits similaires habituellement commercialisés s'améliore ou que le suivi prévu au deuxième alinéa ne permet plus d'attester d'un niveau de qualité supérieure du produit, la qualité » requise pour conserver le bénéfice du label rouge doit, s'il y a lieu, être également relevée. Les décisions d'homologation déjà prises sont réexaminées et modifiées en tant que de besoin, sur proposition du comité national compétent et après que les organismes de défense et de gestion intéressés ont été mis à même de présenter leurs observations.

Art. R. 641-10 L'homologation du label rouge peut être retirée ou suspendue à tout moment, dans les cas suivants :

1° Retrait ou suspension de l'agrément de l'organisme certificateur pour la catégorie de produits considérée ;

2° Refus de relever le niveau qualitatif des produits bénéficiant d'un label rouge au regard de l'amélioration de la qualité des produits courants *(Décr. n° 2017-775 du 4 mai 2017, art. 2-8°)* « ou de l'évaluation et du suivi de la qualité supérieure » ;

3° Absence de commercialisation de produits sous ce label pendant cinq ans. — *Les 2° et 3° sont abrogés ; les 4° et le 5° deviennent, respectivement, les 2° et 3° (Décr. n° 2017-775 du 4 mai 2017, art. 2-8°).*

Le retrait de l'homologation ou sa suspension est prononcé sur proposition de l'Institut national de l'origine et de la qualité, par arrêté du ou des ministres intéressés, après que l'organisme de défense et de gestion concerné a été mis à même de présenter ses observations.

La mesure de suspension peut être levée à tout moment, sur la demande de l'organisme de défense et de gestion, dans les formes prévues à l'alinéa précédent.

Art. D. 641-10-1 *(Décr. n° 2017-775 du 4 mai 2017, art. 2-9°)* En application de l'article L. 642-4, une modification temporaire d'une condition de production d'un label rouge est soumise pour adoption au comité national compétent de l'Institut national de l'origine et de la qualité et est approuvée par arrêté des ministres chargés de l'agriculture et de la consommation publié au *Journal officiel* de la République française.

SOUS-SECTION 2 L'appellation d'origine, l'indication géographique et la spécialité traditionnelle garantie *(Décr. n° 2017-775 du 4 mai 2017, art. 5-I).*

§ 1 Dispositions applicables aux demandes déposées en France

Art. R. 641-11 Toute demande tendant à la reconnaissance d'une appellation d'origine, d'une indication géographique *(Abrogé par Décr. n° 2017-775 du 4 mai 2017, art. 5-I)* « *protégée* » ou d'une spécialité traditionnelle garantie par homologation d'un cahier des charges est déposée auprès de l'Institut national de l'origine et de la qualité.

Art. R. 641-12 I. — Le dossier *(Décr. n° 2017-775 du 4 mai 2017, art. 2-10°)* « de demande de reconnaissance » comprend :

1° La désignation précise du produit ;

2° La demande de reconnaissance de l'organisme chargé d'assurer la défense et la gestion du produit pour lequel le bénéfice du signe de qualité est sollicité *(Abrogé par Décr. n° 2009-1195 du 7 oct. 2009, art. 2)* ***« ou la décision par laquelle la qualité d'organisme de défense et de gestion lui a été reconnue »*** ;

3° Le projet de cahier des charges *(Décr. n° 2017-775 du 4 mai 2017, art. 2-10°)* « et, le cas échéant, de document unique prévu par le règlement (CE) n° 110/2008 du Parlement européen et du Conseil du 15 janvier 2008, le règlement (UE) n° 1151/2012 du Parlement européen et du Conseil du 21 novembre 2012, le règlement (UE) n° 1308/2013 du Parlement européen et du Conseil du 17 décembre 2013 ou le règlement (UE) n° 251/2014 du Parlement européen et du Conseil du 26 février 2014 » ;

4° Le nom de l'organisme de contrôle déjà agréé pour la catégorie de produits concernée ou la demande d'agrément de cet organisme prévue à l'article R. 642-42 ;

(Décr. n° 2017-775 du 4 mai 2017, art. 2-10°) « 5° Une étude d'impact technique et économique ;

« 6° Un document établissant que les dispositions du projet de cahier des charges sont contrôlables ;

« 7° Le cas échéant, la demande de protection nationale transitoire de la dénomination dont l'enregistrement est demandé au titre du règlement (UE) n° 1151/2012 du Parlement européen et du Conseil du 21 novembre 2012 ».

Le cahier des charges décrit la spécificité du produit, définit ses conditions de production, de transformation et éventuellement de conditionnement *(Décr. n° 2009-996 du 20 août 2009, art. 2)* « et d'étiquetage », précise s'il y a lieu l'aire et les zones dans lesquelles les différentes opérations sont réalisées et indique les principaux points à contrôler ainsi que leurs méthodes d'évaluation *(Décr. n° 2017-775 du 4 mai 2017, art. 2-10°)* « et, pour une spécialité traditionnelle garantie, les éléments essentiels qui prouvent le caractère traditionnel du produit ».

II. — Abrogé par Décr. n° 2017-775 du 4 mai 2017, art. 2-10°.

Art. R. 641-13 La demande de reconnaissance d'une appellation d'origine, d'une indication géographique *(Abrogé par Décr. n° 2017-775 du 4 mai 2017, art. 5-I)* ***« protégée »*** ou d'une spécialité traditionnelle garantie est soumise à une procédure nationale d'opposition d'une durée de deux mois organisée par le directeur de l'Institut national de l'origine et de la qualité après avis du comité national compétent.

L'annonce de l'ouverture de cette procédure, de son objet et de son terme, est publiée au *Journal officiel* de la République française *(Abrogé par Décr. n° 2017-775 du 4 mai 2017, art. 2-11°)* ***« et au Bulletin officiel de la propriété industrielle »***. Elle indique également l'adresse de l'Institut national de l'origine et de la qualité ainsi que celle du site internet de cet établissement où le projet de cahier des charges et, le cas échéant, le projet de document unique mentionné *(Décr. n° 2017-775 du 4 mai 2017, art. 2-11°)* « à » l'article R. 641-12 peuvent être consultés.

Les oppositions motivées sont adressées par écrit à l'Institut national de l'origine et de la qualité dans le délai de deux mois prévu pour la consultation.

Lorsque l'opposition porte sur le nom envisagé, l'opposant précise les conditions d'utilisation, l'antériorité d'utilisation et les quantités commercialisées sous ce nom ou son évocation ainsi que, le cas échéant, les investissements spécifiques réalisés, leur date de réalisation et les aides éventuellement obtenues pour ces investissements.

(Décr. n° 2009-1195 du 7 oct. 2009, art. 2) « Lorsqu'une opposition est fondée sur un droit antérieur conféré par l'enregistrement d'une marque, l'Institut national de l'origine et de la qualité consulte l'Institut national de la propriété industrielle. Celui-ci dispose d'un délai de deux mois suivant sa saisine pour émettre son avis motivé. »

Les oppositions et, le cas échéant, l'avis de l'Institut national de la propriété industrielle sont notifiés par l'institut au demandeur qui dispose d'un délai de deux mois pour y répondre. *(Abrogé par Décr. n° 2017-775 du 4 mai 2017, art. 2-11°)* ***« La réponse est portée par l'institut à la connaissance de l'opposant qui dispose d'un délai de quinze jours pour formuler d'autres observations. »***

L'Institut national de l'origine et de la qualité notifie aux auteurs des oppositions les suites qui y ont été données.

1. Sont illégaux les décrets homologuant les cahiers des charges de plusieurs AOC qui n'ont pas été soumis à une procédure nationale d'opposition alors qu'ils constituaient de nouvelles appellations du fait de l'annulation rétroactive de décrets. • CE 30 déc. 2013, ♆ n° 354304 : *Gaz. Pal. 29-30 janv. 2014.*

2. L'obligation d'informer les opposants sur les suites données à leurs oppositions n'est pas prescrite à peine d'irrégularité de l'arrêté homologuant le cahier des charges en vue de la reconnaissance de cette indication géographique. • CE 27 déc. 2019, ♆ n° 425492 B : *Gaz. Pal. 2020, n° 5, p. 20.*

Art. R. 641-14 *Abrogé par Décr. n° 2010-899 du 30 juill. 2010.*

Art. R. 641-15 *(Décr. n° 2009-1195 du 7 oct. 2009, art. 2 ; Décr. n° 2010-899 du 30 juill. 2010)* **Lorsque l'Institut national de l'origine et de la qualité estime qu'un produit ne remplit pas les conditions posées par le** *(Décr. n° 2017-775 du 4 mai 2017, art. 2-12°)* **« règlement (CE) n° 110/2008 du Parlement européen et du Conseil du 15 janvier 2008, le règlement (UE) n° 1151/2012 du Parlement européen et du Conseil du 21 novembre 2012, le règlement (UE) n° 1308/2013 du Parlement européen et du Conseil du 17 décembre 2013 ou le règlement (UE) n° 251/2014 du Parlement européen et du Conseil du 26 février 2014, ou par l'article L. 641-5 », il notifie au demandeur et, le cas échéant, aux opposants son refus de proposer la reconnaissance du signe sollicité pour ce produit.**

Art. R. 641-16 *(Décr. n° 2017-775 du 4 mai 2017, art. 2-13°)* **A l'intérieur de l'aire géographique délimitée par le cahier des charges d'une appellation d'origine ou d'une indication géographique, des zones affectées à l'une des phases de la production ou de l'élaboration ou de la transformation du produit peuvent être définies.**

N'est pas irrégulier le décret homologuant les dispositions du cahier des charges excluant des parcelles de l'aire de l'AOC au motif de la position basse des parcelles affectant la qualité de la vigne. • CE 24 nov. 2017, ♆ n° 394915 : *Gaz. Pal. 12 déc. 2017, p. 3-4.* ♦ La délimitation de l'aire géographique d'une AOC peut porter sur une partie du territoire d'une commune, déterminée selon des critères naturels et humains. • CE 27 oct. 2022, ♆ n°s 448955, 448816 et 448393 : *RD rur. 2023, n° 66, note Bahans.*

Art. R. 641-17 *(Décr. n° 2017-775 du 4 mai 2017, art. 2-13°)* **L'arrêté homologuant le cahier des charges d'une appellation d'origine, d'une indication géographique ou d'une spécialité traditionnelle garantie relevant du règlement (UE) n° 1151/2012 du Parlement européen et du Conseil du 21 novembre 2012 relatif aux systèmes de qualité applicables aux produits agricoles et aux denrées alimentaires est pris par les ministres chargés de l'agriculture et de la consommation.**

L'arrêté homologuant le cahier des charges d'une appellation d'origine ou d'une indication géographique relevant du règlement (CE) n° 110/2008 du Parlement européen et du Conseil du 15 janvier 2008, du règlement (UE) n° 1308/2013 du Parlement européen et du Conseil du 17 décembre 2013 ou du règlement (UE) n° 251/2014 du Parlement européen et du Conseil du 26 février 2014 est pris par les ministres chargés de l'agriculture, de la consommation et du budget.

Il est fait mention de ces arrêtés au *Journal officiel* de la République française.

Les cahiers des charges mentionnés par le présent article sont publiés au *Bulletin officiel* du ministère chargé de l'agriculture.

Art. R. 641-18 *(Décr. n° 2017-775 du 4 mai 2017, art. 2-14°)* **« L'arrêté homologuant le cahier des charges d'une appellation d'origine ou d'une indication géographique comprend, le cas échéant, une période transitoire dans les conditions définies au paragraphe 4 de l'article 15 du règlement (UE) n° 1151/2012 du Parlement européen et du Conseil du 21 novembre 2012. »**

La période *(Décr. n° 2017-775 du 4 mai 2017, art. 2-14°)* **« transitoire » est fixée par décret en Conseil d'État si le nom envisagé pour l'appellation d'origine ou l'indication géographique protégée concerne un fromage défini par l'annexe** *(Décr. n° 2009-1195 du 7 oct. 2009, art. 2)* **« du décret n° 2007-628 du 27 avril 2007 relatif aux fromages et spécialités fromagères ».**

Art. R. 641-19 *(Décr. n° 2017-775 du 4 mai 2017, art. 2-15°)* **L'arrêté homologuant le cahier des charges d'une appellation d'origine ou d'une indication géographique comprend, le cas échéant, les dispositions organisant la protection nationale transitoire de**

cette dénomination dans les conditions prévues par l'article 9 du règlement (UE) n° 1151/2012 du Parlement européen et du Conseil du 21 novembre 2012.

Art. R. 641-20 **Le ministre chargé de l'agriculture transmet à la Commission européenne les décisions de reconnaissance des appellations d'origine, des indications géographiques** *(Abrogé par Décr. n° 2017-775 du 4 mai 2017, art. 5-II)* **« *protégées* » ou des spécialités traditionnelles garanties aux fins d'enregistrement.**

Art. R. 641-20-1 *(Décr. n° 2010-899 du 30 juill. 2010)* **I. — La demande de modification d'un cahier des charges d'une appellation d'origine, d'une indication géographique** *(Abrogé par Décr. n° 2017-775 du 4 mai 2017, art. 5-I)* **« *protégée* » ou d'une spécialité traditionnelle garantie est soumise pour approbation au comité national compétent de l'Institut national de l'origine et de la qualité. Lorsque ce dernier estime qu'elle comporte des modifications majeures, la demande est soumise à une procédure nationale d'opposition dans les conditions prévues à l'article R. 641-13.**

II. — Toutefois, lorsqu'une modification du cahier des charges doit intervenir au cours de la procédure *(Décr. n° 2017-775 du 4 mai 2017, art. 2-16°)* **« européenne » d'instruction des demandes d'enregistrement en appellation d'origine** *(Abrogé par Décr. n° 2017-775 du 4 mai 2017, art. 5-I)* **« *protégée* », en indication géographique** *(Abrogé par Décr. n° 2017-775 du 4 mai 2017, art. 5-I)* **« *protégée* » ou en spécialité traditionnelle garantie ou de modification des cahiers des charges enregistrés de ces mêmes signes, la demande est soumise à une procédure nationale d'opposition d'une durée de quinze jours organisée par le directeur de l'Institut national de l'origine et de la qualité après avis du comité national compétent.**

L'annonce de l'ouverture de cette procédure, de son objet et de son terme est publiée au *Journal officiel* de la République française *(Abrogé par Décr. n° 2017-775 du 4 mai 2017, art. 2-16°)* **« *et au Bulletin officiel de la propriété industrielle* ». Elle indique également l'adresse de l'Institut national de l'origine et de la qualité ainsi que celle du site internet de cet établissement où le projet de cahier des charges et, le cas échéant, le projet de document unique mentionné** *(Décr. n° 2017-775 du 4 mai 2017, art. 2-16°)* **« à » l'article R. 641-12 peuvent être consultés.**

Les oppositions motivées sont adressées par écrit à l'Institut national de l'origine et de la qualité dans un délai de quinze jours.

Lorsque l'opposition porte sur le nom envisagé, l'opposant précise les conditions d'utilisation, l'antériorité d'utilisation et les quantités commercialisées sous ce nom ou son évocation ainsi que, le cas échéant, les investissements spécifiques réalisés, leur date de réalisation et les aides éventuellement obtenues pour ces investissements.

Lorsqu'une opposition est fondée sur un droit antérieur conféré par l'enregistrement d'une marque, l'Institut national de l'origine et de la qualité consulte l'Institut national de la propriété industrielle qui dispose d'un délai de quinze jours suivant sa saisine pour émettre son avis motivé.

Les oppositions et, le cas échéant, l'avis de l'Institut national de la propriété industrielle sont notifiés par l'INAO au demandeur qui dispose d'un délai de quinze jours pour transmettre ses observations à l'INAO.

L'INAO examine les oppositions dans le cadre de l'instruction de la demande et notifie aux opposants les suites qui y sont données.

III. — Le cahier des charges modifié de l'appellation d'origine, de l'indication géographique *(Abrogé par Décr. n° 2017-775 du 4 mai 2017, art. 5-I)* **« *protégée* » ou de la spécialité traditionnelle garantie fait l'objet d'une nouvelle homologation.**

(Décr. n° 2017-775 du 4 mai 2017, art. 2-16°) **« Toutefois, les cahiers des charges relevant du règlement (UE) n° 1151/2012 du Parlement européen et du Conseil du 21 novembre 2012 modifiés dans le cadre du II du présent article ne font pas l'objet d'une nouvelle homologation. »**

IV. — Lorsque l'INAO estime que la modification demandée du cahier des charges n'est pas justifiée, il notifie au demandeur et, le cas échéant, aux opposants son refus de l'approuver.

1. Si une modification de l'aire géographique délimitée par le cahier des charges d'une appellation d'origine doit être en principe regardée comme majeure, une modification en application de l'art. R. 641-16 ne constitue une modification majeure que si elle conduit à affecter la consistance de cette aire géographique. • CE 24 nov. 2017, n° 394915 : *Gaz. Pal. 12 déc. 2017, p. 3-4.*

2. Modifier l'exigence de double traite qui participe au lien entre qualité du fromage et son aire géographique ne constitue pas une modification mineure du cahier des charges. • CAA Lyon, 14 déc. 2021, n° 20LY00420 : *RD rur. 2022, n° 94, concl. Deliancourt, note Bombardier.* ♦ Est fondé le rejet par l'INAO de la demande de modification du cahier des charges de l'AOC Macon pour permettre la mention de l'unité géographique « vins de Bourgogne » dans l'étiquetage des vins de l'appellation. • TA Dijon, 30 juin 2022, n° 210272 : *RD rur. 2022, n° 183, note Bahans.*

Art. D. 641-20-2 *(Décr. n° 2017-775 du 4 mai 2017, art. 2-17°)* **En application de l'article L. 642-4, une modification temporaire d'une condition de production d'un cahier des charges d'une appellation d'origine, d'une indication géographique ou d'une spécialité traditionnelle garantie est soumise pour adoption au comité national compétent de l'Institut national de l'origine et de la qualité et est approuvée par un arrêté des ministres chargés de l'agriculture et de la consommation et, le cas échéant, du budget, publié au *Journal officiel* de la République française.**

Les modifications mentionnées au premier alinéa sont communiquées à la Commission européenne dans les conditions fixées par le règlement délégué (UE) n° 664/2014 de la Commission du 18 décembre 2013.

Art. R. 641-21 **Les modalités d'application des articles** *(Décr. n° 2010-899 du 30 juill. 2010)* **« R. 641-18 et R. 641-20-1 » sont, en tant que de besoin, fixées par un arrêté conjoint des ministres chargés de l'agriculture et de la consommation,** *(Décr. n° 2009-1195 du 7 oct. 2009, art. 2)* **« et, en outre, pour ce qui concerne les vins, »** *(Décr. n° 2017-775 du 4 mai 2017, art. 2-18°)* **« les boissons spiritueuses et les produits vinicoles aromatisés, du ministre chargé du budget, pris après avis du comité national compétent » de l'Institut national de l'origine et de la qualité.**

Art. R. 641-21-1 *(Décr. n° 2009-996 du 20 août 2009, art. 3)* **L'étiquetage des produits bénéficiant d'un des signes mentionnés à l'article R. 641-11 doit être conforme aux dispositions précisées par leur cahier des charges, dans le respect des dispositions prévues par les règlements** *(Décr. n° 2017-775 du 4 mai 2017, art. 2-19°)* **« (CE) n° 110/2008 du Parlement européen et du Conseil du 15 janvier 2008, (UE) n° 1151/2012 du Parlement européen et du Conseil du 21 novembre 2012, (UE) n° 1308/2013 du Parlement européen et du Conseil du 17 décembre 2013 et (UE) n° 251/2014 du Parlement européen et du Conseil du 26 février 2014 » et par les règlements qui les modifieraient ou seraient pris pour leur application.**

§ 2 Dispositions applicables à la procédure d'opposition aux demandes émanant d'un autre État membre de l'Union européenne ou d'un pays tiers *(Décr. n° 2017-775 du 4 mai 2017, art. 2-20°).*

Art. R. 641-22 **Les demandes d'enregistrement d'une appellation d'origine protégée, d'une indication géographique** *(Abrogé par Décr. n° 2017-775 du 4 mai 2017, art. 2-21°)* ***« protégée »*** **ou d'une spécialité traditionnelle garantie ou les demandes de modification de leur cahier des charges émanant d'un autre État membre de** *(Décr. n° 2017-775 du 4 mai 2017, art. 2-21°)* **« l'Union européenne » ou d'un pays tiers et publiées au *Journal officiel de l'Union européenne* peuvent faire l'objet d'une opposition de la part de toute personne physique ou morale ayant un intérêt légitime.**

L'opposition *(Décr. n° 2017-775 du 4 mai 2017, art. 2-21°)* **« déposée dans les conditions prévues à l'article 51 du règlement (UE) n° 1151/2012 du 21 novembre 2012 est adressée, par écrit, à l'Institut national de l'origine et de la qualité dans le délai d'opposition prévu par cet article ».**

L'Institut national de l'origine et de la qualité informe de l'existence de ces oppositions les ministres chargés, respectivement, de l'agriculture et de la consommation *(Abrogé par Décr. n° 2017-775 du 4 mai 2017, art. 2-21°)* ***« et, pour ce qui concerne les vins, en outre, le ministre chargé du budget ».***

Art. R. 641-23 *(Décr. n° 2009-1195 du 7 oct. 2009, art. 2)* **Lorsqu'une opposition est fondée sur un droit antérieur conféré par l'enregistrement d'une marque, l'Institut national de l'origine et de la qualité consulte l'Institut national de la propriété industrielle. Celui-ci dispose d'un délai de deux mois suivant sa saisine pour émettre son**

avis motivé. L'avis de l'Institut national de la propriété industrielle est, le cas échéant, communiqué à l'opposant.

Art. R. 641-24 **En cas d'opposition ou s'il le juge utile, le directeur de l'Institut national de l'origine et de la qualité émet un avis sur le bien-fondé de la demande d'enregistrement ou de modification du cahier des charges et transmet cet avis aux ministres chargés de l'agriculture et de la consommation.** *(Abrogé par Décr. n° 2017-775 du 4 mai 2017, art. 2-22°) (Décr. n° 2009-1195 du 7 oct. 2009, art. 2)* « ***Lorsque sont concernées une indication géographique protégée ou une appellation d'origine protégée relatives à des vins, il transmet son avis, en outre, au ministre chargé du budget.*** »

Art. R. 641-25 *(Décr. n° 2009-1195 du 7 oct. 2009, art. 2)* « **Le ministre de l'agriculture et le ministre chargé de la consommation** *(Abrogé par Décr. n° 2017-775 du 4 mai 2017, art. 2-23°)* « ***ou, pour les demandes concernant une indication géographique protégée ou une appellation d'origine protégée relatives à des vins, les ministres chargés, respectivement, de l'agriculture, de la consommation et du budget*** » **déclarent, le cas échéant, à la Commission européenne leur opposition à la demande d'enregistrement ou de modification du cahier des charges dans** *(Décr. n° 2017-775 du 4 mai 2017, art. 2-23°)* « **le délai d'opposition mentionné** » **à l'article R. 641-22.** »

S'ils ne reprennent pas à leur compte une opposition, ils en informent, par décision motivée, les personnes qui l'ont formulée.

§ 3 Dispositions particulières aux indications géographiques protégées des vins

(Décr. n° 2009-1195 du 7 oct. 2009, art. 2)

Art. R. 641-25-1 **I. — En application de** *(Décr. n° 2017-775 du 4 mai 2017, art. 2-24°)* « **l'article 119 du règlement (UE) n° 1308/2013 du Parlement européen et du Conseil du 17 décembre 2013** » **sur l'étiquetage et la présentation des vins, la mention : "indication géographique protégée" peut être soit complétée, soit remplacée par la mention traditionnelle : "vin de pays".**

Pour bénéficier de la mention traditionnelle "vin de pays", ces vins doivent répondre à des conditions de production, fixant, notamment, un rendement maximum, un titre alcoométrique minimum, des règles d'encépagement, la provenance des raisins servant à produire le vin et des règles analytiques strictes *(Décr. n° 2017-775 du 4 mai 2017, art. 2-24°)* « **déterminées dans le cahier des charges de l'indication géographique protégée concernée** ».

II. — Une indication géographique protégée viticole, qu'elle soit ou non désignée par une mention traditionnelle "vin de pays", ne peut porter le nom d'un des départements suivants : Aube, Bas-Rhin, Côte-d'Or, Gironde, Haut-Rhin, Marne, Rhône.

Est nul le décret autorisant la commercialisation d'un vin de pays avec la mention « vignoble de France ». • CE 13 févr. 2009, ☎ n° 305177 : *Gaz. Pal. 14-18 août 2009. 31.*

SOUS-SECTION 3 L'agriculture biologique

Art. R. 641-26 **Toute demande tendant à la reconnaissance du bénéfice de la mention "Agriculture biologique" par homologation d'un cahier des charges est déposée auprès de l'Institut national de l'origine et de la qualité.**

Art. R. 641-27 *(Décr. n° 2017-775 du 4 mai 2017, art. 2-25°)* **Le dossier de la demande comprend un projet de cahier des charges définissant les règles de production, de préparation et de mise sur le marché du produit et indiquant les méthodes et les exigences minimales de contrôle.**

Art. R. 641-28 *(Décr. n° 2017-775 du 4 mai 2017, art. 2-26°)* **La demande de modification du cahier des charges est soumise au comité national compétent de l'Institut national de l'origine et de la qualité. Lorsque ce dernier estime qu'elle comporte des modifications majeures, une procédure nationale d'opposition est mise en œuvre dans les conditions prévues à l'article R. 641-29.**

Toutefois, la procédure nationale d'opposition n'est pas mise en œuvre lorsque le cahier des charges fait l'objet d'une révision pour prendre en compte l'évolution de la réglementation de l'Union européenne relative à l'agriculture biologique.

Le cahier des charges modifié, approuvé par le comité national compétent de l'Institut national de l'origine et de la qualité, fait l'objet d'une nouvelle homologation.

Art. R. 641-29 La demande de reconnaissance du bénéfice de la mention "Agriculture biologique" fait l'objet d'une procédure nationale d'opposition d'une durée de deux mois organisée par le directeur de l'Institut national de l'origine et de la qualité après avis du comité national compétent.

L'annonce de l'ouverture de cette procédure, de son objet et de son terme est publiée au *Journal officiel* de la République française. Elle indique également l'adresse de l'Institut national de l'origine et de la qualité ainsi que celle du site internet de cet établissement où le projet de cahier des charges peut être consulté.

Les oppositions motivées sont adressées par écrit à l'Institut national de l'origine et de la qualité dans le délai de deux mois prévu pour la consultation. Elles sont notifiées par l'institut au demandeur, qui dispose d'un délai de deux mois pour y répondre. *(Abrogé par Décr. nº 2017-775 du 4 mai 2017, art. 2-27º)* ***« La réponse est portée par l'institut à la connaissance de l'opposant, qui dispose d'un délai de quinze jours pour formuler d'autres observations. »***

L'Institut national de l'origine et de la qualité notifie aux auteurs des oppositions les suites qui y sont données.

Art. R. 641-30 L'arrêté homologuant le cahier des charges d'un produit bénéficiant de la mention "Agriculture biologique" est pris par les ministres chargés de l'agriculture et de la consommation.

Al. 2 abrogé par Décr. nº 2017-775 du 4 mai 2017, art. 2-28º.

Art. R. 641-30-1 *(Décr. nº 2017-775 du 4 mai 2017, art. 2-29º)* Les mesures d'application des règlements (CE) nº 834/2007 du Conseil du 28 juin 2007 et (CE) nº 889/2008 de la Commission du 5 septembre 2008 laissées à l'initiative des États membres sont fixées par arrêté des ministres chargés de l'agriculture et de la consommation après avis du comité national compétent de l'Institut national de l'origine et de la qualité. — *Le Règl. (CE) nº 834/2007 est abrogé et remplacé par le Règl. (UE) 2018/848 du Parlement européen et du Conseil du 30 mai 2018 relatif à la production biologique et à l'étiquetage des produits biologiques ; le Règl. (CE) nº 889/2008 est abrogé par le Règl. d'exécution (UE) 2021/1165 du 15 juill. 2021 autorisant l'utilisation de certains produits et substances dans la production biologique et établissant la liste de ces produits et substances.*

Art. R. 641-30-2 *(Décr. nº 2017-775 du 4 mai 2017, art. 2-29º)* Le délai à l'issue duquel le silence gardé sur les demandes de dérogations et d'autorisations individuelles délivrées en application des règlements (CE) nº 834/2007 du Conseil du 28 juin 2007 et (CE) nº 889/2008 de la Commission du 5 septembre 2008 vaut acceptation est de quatre mois. — *Le Règl. (CE) nº 834/2007 est abrogé et remplacé par le Règl. (UE) 2018/848 du Parlement européen et du Conseil du 30 mai 2018 relatif à la production biologique et à l'étiquetage des produits biologiques ; le Règl. (CE) nº 889/2008 est abrogé par le Règl. d'exécution (UE) 2021/1165 du 15 juill. 2021 autorisant l'utilisation de certains produits et substances dans la production biologique et établissant la liste de ces produits et substances.*

Art. R. 641-31 Le logo correspondant à la marque "AB" déposée par le ministère de l'agriculture peut être apposé sur tout produit auquel le bénéfice de la mention "Agriculture biologique" a été reconnu.

L'Institut national de l'origine et de la qualité assure la protection de cette marque et l'Agence française pour le développement et la promotion de l'agriculture biologique en assure la gestion.

SECTION 2 **Les mentions valorisantes**

(Décr. nº 2007-30 du 5 janv. 2007)

SOUS-SECTION 1 **Les mentions "montagne" et "produit de montagne"** *(Décr. nº 2017-775 du 4 mai 2017, art. 2-30º).*

Art. R. 641-32 *(Décr. nº 2017-775 du 4 mai 2017, art. 2-31º)* La mention "montagne" est réservée aux produits mentionnés à l'article L. 641-14 dont les matières premières

sont issues d'une zone de montagne et les opérations de production, de transformation et d'élaboration se déroulent dans une zone de montagne.

Art. R. 641-33 *(Décr. nº 2017-775 du 4 mai 2017, art. 2-32º)* **Par dérogation à l'article R. 641-32, l'obligation de provenance d'une zone de montagne ne s'applique pas aux matières premières qui, pour des raisons naturelles, ne sont pas produites dans une zone de montagne.**

Art. R. 641-34 à R. 641-42 *Abrogés par Décr. nº 2017-775 du 4 mai 2017, art. 6.*

Art. R. 641-43 **L'abrogation de dispositions antérieures à celles du présent chapitre ne porte pas atteinte au droit des marques légalement enregistrées avant le 27 février 1988.**

Art. R. 641-44 **Des arrêtés conjoints du ministre chargé de l'agriculture et du ministre chargé de la consommation fixent, en tant que de besoin, les modalités d'application de la présente sous-section.**

SOUS-SECTION 2 *[ABROGÉE]* **Les termes "produits pays"**

(Abrogée par Décr. nº 2016-781 du 10 juin 2016, art. 7-6º, à compter du 1er juill. 2016)

Art. R. 641-45 à R. 641-56 *Abrogés par Décr. nº 2016-781 du 10 juin 2016, art. 7-6º, à compter du 1er juill. 2016.*

SOUS-SECTION 3 **La mention valorisante "issus d'une exploitation de haute valeur environnementale"**

(Décr. nº 2011-1914 du 20 déc. 2011)

Art. R. 641-57 I. — Au sens de la présente sous-section, on entend par :

a) "Produits agricoles" : les produits issus des exploitations définies à l'article D. 617-1 ;

b) "Denrées alimentaires transformées" : **les denrées alimentaires ayant subi toute action entraînant une modification importante du produit initial, y compris par chauffage, fumaison, salaison, maturation, dessiccation, marinage, extraction, extrusion, ou une combinaison de ces procédés ;**

c) "Denrées alimentaires non transformées" : **les denrées alimentaires n'ayant pas subi de transformation et qui comprennent les produits qui ont été divisés, séparés, tranchés, découpés, désossés, hachés, dépouillés, broyés, coupés, nettoyés, taillés, décortiqués, moulus, réfrigérés, congelés, surgelés ou décongelés.**

II. — **Pour l'application des dispositions de la présente sous-section, le pourcentage d'ingrédients d'origine agricole est calculé, avant tout processus de transformation, sur le poids total des ingrédients initiaux. L'eau et le sel de cuisine ajoutés ne sont pas considérés comme des ingrédients d'origine agricole sauf lorsque l'eau est utilisée lors du processus de fabrication, uniquement pour permettre la reconstitution dans son état d'origine d'un ingrédient utilisé sous forme concentrée ou déshydratée.**

Art. R. 641-57-1 I. — **L'emploi de la mention valorisante "issu d'une exploitation de haute valeur environnementale" ou de toute autre dénomination équivalente dans la publicité, l'étiquetage ou la présentation d'un produit ainsi que dans les documents commerciaux qui s'y rapportent est réservé aux produits agricoles, aux denrées alimentaires non transformées et transformées ainsi qu'aux composants d'origine agricole issus d'exploitations ayant obtenu la certification "exploitation de haute valeur environnementale" conformément aux dispositions de l'article D. 617-4.**

II. — **Cette mention est utilisée dans les conditions suivantes :**

1º **Pour les produits agricoles et les denrées alimentaires non transformés exclusivement issus d'exploitations certifiées "exploitation de haute valeur environnementale", la mention est autorisée dans la dénomination de vente des produits ou dans le champ visuel de leur dénomination de vente ;**

2º **Pour les denrées alimentaires transformées qui comportent au moins 95 % de leurs ingrédients d'origine agricole issus d'exploitations certifiées "exploitation de haute valeur environnementale", la mention est autorisée dans la dénomination de vente des** produits ou dans le champ visuel de leur dénomination de vente lorsque la denrée est transformée sur l'exploitation certifiée et, dans les autres cas, à la suite de l'indication du ou des ingrédients concernés ;

3° Pour les denrées alimentaires transformées qui comportent moins de 95 % de leurs ingrédients d'origine agricole issus d'exploitations certifiées "exploitation de haute valeur environnementale", la mention est autorisée :

a) Si les denrées sont préemballées, soit immédiatement après le nom de l'ingrédient concerné dans la liste des ingrédients lorsqu'elle est prévue par la réglementation en vigueur, soit dans une note au bas de cette liste ou, lorsque la réglementation en vigueur ne prévoit pas l'indication de la liste des ingrédients, sur la denrée alimentaire préemballée à la suite de l'indication du ou des ingrédients concernés, sans en être séparée par d'autres indications ou images ;

b) Si les denrées alimentaires ne sont pas préemballées, sur les denrées elles-mêmes ou à proximité immédiate, sans risque de confusion, sur une affiche, un écriteau ou tout autre support approprié, à la suite de l'indication du ou des ingrédients concernés et sans en être séparée par d'autres indications ou images ;

4° Pour les produits non agricoles et non alimentaires qui contiennent des composants d'origine agricole issus d'exploitations certifiées "exploitation de haute valeur environnementale", la mention est autorisée dans la seule composition du produit, à la suite de l'indication du composant concerné et accompagnée de l'indication de son pourcentage dans le produit fini.

III. — La mention "issu d'une exploitation de haute valeur environnementale" ne doit pas être plus apparente que, selon le cas, la dénomination de vente du produit, la liste des ingrédients ou des composants et l'ingrédient auxquels elle se rapporte.

IV. — L'utilisation de la mention "issus d'une exploitation de haute valeur environnementale" pour les produits agricoles et les denrées alimentaires produits par une exploitation à laquelle la certification prévue par l'article D. 617-4 a été retirée est interdite à compter de la date de la décision de retrait. Il en va de même si la certification est suspendue et si la décision de suspension l'indique expressément.

Art. R. 641-57-2 La publicité, l'étiquetage et la présentation des produits ainsi que les documents commerciaux qui s'y rapportent comportant la mention valorisante "issus d'une exploitation de haute valeur environnementale" ni ne font état de propriétés organoleptiques ou nutritionnelles ou de qualités sanitaires particulières ni ne sont de nature à faire croire que les produits ont un effet bénéfique pour la santé du seul fait qu'ils sont issus d'exploitations certifiées de haute valeur environnementale.

Art. R. 641-57-3 Les documents commerciaux des produits et denrées alimentaires issus d'exploitations certifiées de haute valeur environnementale permettent d'assurer la traçabilité de cette mention valorisante à toutes les étapes de leur production, de leur transformation et de leur distribution.

Art. R. 641-57-4 Une amende administrative, dont le montant ne peut excéder 1 500 euros, peut être prononcée par le préfet à l'encontre de toute personne qui :

1° Utilise dans la publicité, l'étiquetage ou la présentation d'un produit ainsi que dans les documents commerciaux qui s'y rapportent la mention valorisante "issu d'une exploitation de haute valeur environnementale" ou toute autre mention équivalente sans respecter les règles fixées par l'article R. 641-57-1 ;

2° Ne satisfait pas à l'une des obligations prévue aux articles R. 641-57-2 et R. 641-57-3.

Art. R. 641-57-5 Sans préjudice de l'application du règlement (CE) n° 764/2008 du 9 juillet 2008, les produits légalement fabriqués ou commercialisés dans un autre État membre de l'Union européenne ou en Turquie, ou légalement fabriqués dans un État partie à l'accord sur l'Espace économique européen qui emploient, dans leur étiquetage ou leur présentation, les termes "issus d'une exploitation de haute valeur environnementale" ne sont pas soumis aux dispositions des articles R. 641-57 à R. 641-57-4.

SOUS-SECTION 4 **Le qualificatif "fermier" et les mentions "produit à la ferme" ou "produit de la ferme" pour les œufs de poules pondeuses de l'espèce *Gallus gallus***

(Décr. n° 2015-1031 du 19 août 2015, art. 1er, en vigueur le 1er janv. 2016)

Art. D. 641-57-6 **Les conditions d'utilisation du qualificatif "fermier", les mentions "produit de la ferme" ou "produit à la ferme" dans la publicité, l'étiquetage ou la présentation des œufs de poules pondeuses de l'espèce *Gallus gallus* sont définies à la présente sous-section.**

Art. D. 641-57-7 **1° Les poules pondeuses sont élevées selon le mode de production biologique ou selon les dispositions du 1 de l'annexe II du règlement (CE) n° 589/2008 portant modalités d'application du règlement (CE) n° 1234/2007 du Conseil en ce qui concerne les normes de commercialisation applicables aux œufs permettant l'utilisation de la mention "œufs de poules élevées en plein air" ;**

2° L'exploitation où sont élevées les poules pondeuses répond aux caractéristiques suivantes :

— l'exploitant est propriétaire des poules pondeuses assurant la production des œufs et est responsable de la conduite de l'élevage ;

— l'exploitant produit des céréales utilisées pour l'alimentation des poules pondeuses ou s'approvisionne auprès d'exploitations agricoles situées dans le département ou les départements limitrophes ;

— la production d'œufs ne constitue pas la seule source de revenu de l'exploitant ;

— le nombre de poules pondeuses présentes sur l'exploitation n'excède pas 6 000 ;

— les œufs sont ramassés et triés manuellement et quotidiennement soit directement dans les pondoirs, soit après leur évacuation directe des pondoirs jusqu'à une table de tri. *— Le Règl. (CE) n° 589/2008 est abrogé et remplacé par le Règl. délégué (UE) 2023/2465 de la Commission du 17 août 2023 complétant le règlement (UE) n° 1308/2013 en ce qui concerne les normes de commercialisation applicables aux œufs.*

Les dispositions du Décr. n° 2009-247 du 2 mars 2009 relatif aux conditions d'utilisation des mentions valorisantes "fermier", "produit de la ferme" ou "produit à la ferme" pour des œufs ne fixant aucune part minimale de céréales dans l'alimentation des poules et ne définissant pas les conditions dans lesquelles les poules doivent être alimentées avec une précision et une rigueur suffisantes sont de nature à créer un doute dans l'esprit de l'acheteur ou du consommateur sur le caractère fermier des œufs et sont en conséquence illégales. • CE 10 nov. 2010, *Groupement qualité Cocorette,* n° 327507 : *Gaz. Pal. 2010. Pan. 3714 ; LPA 21 févr. 2012, note Garcia.*

Art. D. 641-57-8 **L'étiquetage des emballages d'œufs porte l'indication du mode d'alimentation des poules pondeuses mentionné au *a* de l'article 15 du règlement (CE) n° 589/2008 de la Commission du 23 juin 2008 portant modalités d'application du règlement (CE) n° 1234/2007 du Conseil en ce qui concerne les normes de commercialisation applicables aux œufs.**

Dans le cas de la vente en vrac, cette indication est mentionnée sur un panneau situé à proximité du lieu de vente des œufs. *— Le Règl. (CE) n° 589/2008 est abrogé et remplacé par le Règl. délégué (UE) 2023/2465 de la Commission du 17 août 2023 complétant le règlement (UE) n° 1308/2013 en ce qui concerne les normes de commercialisation applicables aux œufs.*

Art. D. 641-57-9 **Lorsque les œufs ne sont pas remis directement au consommateur final par l'exploitant, le nom de l'exploitant et l'adresse, composée au minimum du nom de la commune dans laquelle est établi l'exploitant et son code postal, sont mentionnés sur les emballages ou, dans le cas de la vente en vrac, sur le panneau mentionné à l'article D. 641-57-8.**

Art. D. 641-57-10 **Toute personne physique ou morale qui participe à la production d'œufs de poules pondeuses de l'espèce *Gallus gallus* doit déclarer à l'autorité administrative l'utilisation du qualificatif "fermier" ou des mentions "produit à la ferme" ou "produit de la ferme". Les modalités et le contenu de cette déclaration sont définis par arrêté conjoint du ministre chargé de l'agriculture et du ministre chargé de la consommation.**

Art. D. 641-57-11 Les dispositions des articles D. 641-57-6 à D. 641-57-10 ne s'appliquent pas :

– aux productions destinées à la vente directe au consommateur final sur le lieu de production ou sur un marché public local situé dans la région de production dont l'accès est réservé au consommateur final en qualité d'acheteur, à condition que le producteur soit détenteur d'un effectif total de poules pondeuses inférieur ou égal à 50, réparti sur un ou plusieurs sites de production ;

– aux œufs légalement produits et commercialisés dans un autre État membre de l'Union européenne ou en Turquie, ou légalement produits et commercialisés dans un État partie à l'accord sur l'Espace économique européen, qui emploient, dans leur étiquetage ou leur présentation, le qualificatif "fermier", les mentions "produit à la ferme" ou "produit de la ferme".

SECTION 3 La certification de conformité

(Décr. nº 2007-30 du 5 janv. 2007)

Art. R. 641-58 Le certificat de conformité est délivré à un opérateur pour un produit qui respecte à la fois les exigences posées par les règles de production, de transformation et de conditionnement du produit ou de la famille de produits définies, dans les conditions prévues par l'article R. 641-59, pour ce produit ou pour la famille de produits et au moins deux recommandations relatives à la présentation pour le consommateur des caractéristiques certifiées du produit ou de la famille de produits choisies parmi celles établies dans les mêmes conditions.

Art. R. 641-59 Les exigences et recommandations ainsi que les modalités de leur contrôle par l'opérateur et l'organisme certificateur sont élaborées en concertation avec les organisations professionnelles intéressées, des organismes certificateurs et des personnalités qualifiées. Elles sont homologuées par arrêté des ministres chargés de l'agriculture et de la consommation. — *V. Arr. du 14 déc. 2007 portant homologation des modalités minimales de contrôle des exigences et recommandations en matière de certification de conformité (JO 27 déc.).*

V. aussi Arr. du 21 déc. 2007 fixant les exigences et recommandations en matière de certification de conformité de la viande de lapin (JO 10 janv. 2008), mod. par Arr. du 19 déc. 2012 (JO 26 déc.) ; Arr. du 21 déc. 2007 fixant les exigences et recommandations en matière de certification de conformité de la viande de volailles (JO 10 janv. 2008), mod. par Arr. du 19 déc. 2012 (JO 26 déc.) ; Arr. du 21 déc. 2007 fixant les exigences et recommandations en matière de certification de conformité des fruits et légumes (JO 11 janv. 2008) ; Arr. du 17 mars 2008 fixant les exigences et recommandations en matière de certification de conformité des blés, farines et pains (JO 4 avr.) ; Arr. du 17 mars 2008 fixant les exigences et recommandations en matière de certification de conformité de semences et de plants (JO 5 avr.) ; Arr. du 30 juin 2008 fixant les exigences et recommandations en matière de certification de conformité de viande d'agneau (JO 16 juill.), mod. par Arr. du 19 déc. 2012 (JO 26 déc.) ; Arr. du 15 janv. 2009 fixant les exigences et recommandations en matière de certification de conformité de la viande et des abats de veau (JO 22 févr.), mod. par Arr. du 19 déc. 2012 (JO 26 déc.) ; Arr. du 14 août 2009 fixant les exigences et recommandations en matière de certification de conformité des huîtres creuses d'élevage vivantes (JO 18 sept.) ; Arr. du 6 avr. 2010 fixant les exigences et recommandations en matière de certification de conformité des produits issus de l'aquaculture (JO 24 avr.), mod. par Arr. du 19 déc. 2012 (JO 26 déc.) ; Arr. du 15 juill. 2010 fixant les exigences et recommandations en matière de certification de conformité des œufs (JO 27 juill.), mod. par Arr. du 22 sept. 2010 (JO 5 oct.), Arr. du 19 déc. 2012 (JO 26 déc.) ; Arr. du 22 juill. 2010 fixant les exigences et recommandations en matière de certification de conformité de la viande de porc (JO 25 août), mod. par Arr. du 19 déc. 2012 (JO 26 déc.) ; Arr. du 23 juill. 2010 fixant les exigences et recommandations en matière de certification de conformité d'un produit de charcuterie (JO 24 août) ; Arr. du 20 mars 2012 fixant les exigences et recommandations en matière de certification de conformité de la viande de coche (JO 4 avr.), mod. par Arr. du 19 déc. 2012 (JO 26 déc.) ; Arr. du 19 déc. 2012 fixant les exigences et recommandations en matière de certification de conformité de la viande bovine (JO 26 déc.) ; Arr. du 8 févr. 2019 fixant les exigences et recommandations en matière de certification de conformité du sarrasin (JO 15 févr.) ; Arr. du 31 août 2022 fixant les exigences et recommandations en matière de certification de conformité des graines pour oisellerie (JO 8 sept.).

Art. R. 641-60 L'opérateur qui souhaite obtenir la certification de conformité d'un produit demande à l'organisme certificateur qu'il choisit de valider sa démarche de certification et lui soumet à cette fin un cahier des charges qui indique comment sont mises en œuvre les exigences et les recommandations choisies, les principaux points à contrôler ainsi que les méthodes d'évaluation.

Ce cahier des charges peut, dans les mêmes conditions, prévoir l'usage pendant un an au plus d'un mode de présentation d'une caractéristique certifiée d'un produit qui ne fait pas l'objet d'une recommandation au sens de l'article R. 641-58.

Art. R. 641-61 Les organismes certificateurs sont accrédités par un organisme d'accréditation signataire de l'accord multilatéral pris dans le cadre de la coordination européenne des organismes d'accréditation, sur la base de la norme *(Décr. n° 2017-775 du 4 mai 2017, art. 2-33°)* « relative aux exigences pour les organismes certifiant les produits, les procédés et les services » applicable aux organismes procédant à la certification de produits.

Cette accréditation vaut agrément de l'organisme de contrôle au sens du règlement (CE) *(Décr. n° 2017-775 du 4 mai 2017, art. 2-33°)* « n° 543/2008 de la Commission du 16 juin 2008 portant modalités d'application du règlement (CE) n° 1234/2007 du Conseil en ce qui concerne les normes de commercialisation pour la viande de volaille ».

Si l'organisme d'accréditation décide le retrait de l'accréditation d'un organisme certificateur, il en informe sans délai les ministres chargés de l'agriculture et de la consommation en indiquant les motifs de ce retrait.

Art. R. 641-62 La démarche de certification validée fait l'objet d'une déclaration auprès du ministre chargé de l'agriculture.

Cette déclaration comprend :

1° La désignation précise du ou des produits faisant l'objet de la déclaration ;

2° L'indication des recommandations et, le cas échéant, du mode de présentation de la caractéristique certifiée du produit, prévu par l'article R. 641-60, que l'opérateur choisit de respecter ;

3° La justification de l'accréditation de l'organisme certificateur choisi pour la catégorie de produits en cause ;

4° L'accord de l'organisme certificateur choisi et l'avis émis par son comité de certification sur la démarche de certification ;

5° L'engagement de cet organisme de respecter le guide des bonnes pratiques en matière de certification prévu par l'article R. 641-67.

Art. R. 641-63 Dans les quinze jours suivant la réception d'une déclaration, il est adressé au déclarant :

— si la déclaration est incomplète, un accusé de réception qui indique les pièces ou informations manquantes ;

— lorsque la déclaration est complète, un récépissé de déclaration qui indique soit la date à laquelle, en l'absence d'opposition, le certificat de conformité pourra être délivré à l'opérateur, soit l'absence d'opposition qui permet de délivrer ce certificat sans délai.

Le délai dont dispose le ministre chargé de l'agriculture pour refuser l'enregistrement d'une démarche de certification de conformité est de deux mois. Ce délai court à compter de la réception de la déclaration complète.

Art. R. 641-64 L'enregistrement d'une démarche de certification est caduc lorsque l'organisme assurant la certification perd son accréditation.

Art. R. 641-65 La liste des certifications enregistrées est publiée périodiquement par le ministre chargé de l'agriculture au *Journal officiel* de la République française. Elle précise les références du détenteur, de l'organisme certificateur, la dénomination ou les dénominations de vente du produit, les exigences correspondantes, les recommandations choisies et, le cas échéant, le mode de présentation de la caractéristique certifiée du produit, prévu par l'article R. 641-60, assorti de sa durée.

La liste des certifications enregistrées est tenue à jour sur le site internet du ministère chargé de l'agriculture.

Art. R. 641-65-1 *(Décr. n° 2017-775 du 4 mai 2017, art. 2-34°)* Le numéro d'enregistrement de la démarche de certification, publiée sur le site internet du ministère

chargé de l'agriculture conformément à l'article R. 641-65, est apposé sur l'étiquetage de tout produit bénéficiant d'une certification de conformité. – *Les dispositions du 34° de l'art. 2 du Décr. n° 2017-775 du 4 mai 2017 entrent en vigueur le premier jour du sixième mois qui suit sa publication (Décr. préc., art. 8, JO 6 mai).*

Art. R. 641-66 La certification de conformité d'un produit peut être identifiée par un logo approuvé par les ministres chargés de l'agriculture et de la consommation. En ce cas, les caractéristiques certifiées et le nom de l'organisme certificateur figurent sur l'étiquetage. – *V. Arr. du 30 juin 2008 portant approbation du logo d'identification de la certification de conformité d'un produit (JO 16 juill.).*

Art. R. 641-67 Un guide des bonnes pratiques en matière de certification est arrêté par les ministres chargés de l'agriculture et de la consommation et publié au *Journal officiel* de la République française. – *V. Arr. du 3 juill. 2007 (JO 23 août).*

Art. R. 641-68 Des arrêtés conjoints des ministres chargés de l'agriculture et de la consommation précisent, en tant que de besoin, les modalités d'application de la présente sous-section.

CHAPITRE II RECONNAISSANCE ET CONTRÔLE DES SIGNES D'IDENTIFICATION DE LA QUALITÉ ET DE L'ORIGINE

(Décr. n° 2007-30 du 5 janv. 2007)

SECTION 1 L'Institut national de l'origine et de la qualité (INAO)

(Décr. n° 2007-30 du 5 janv. 2007)

Art. R. 642-1 L'Institut national de l'origine et de la qualité est placé sous la tutelle du ministre chargé de l'agriculture.

Art. R. 642-2 L'Institut national de l'origine et de la qualité est une des autorités compétentes au sens du règlement (CE) n° 882/2004 du 29 avril 2004 relatif aux contrôles officiels effectués pour s'assurer de la conformité avec la législation sur les aliments pour animaux et les denrées alimentaires et avec les dispositions législatives relatives à la santé animale et au bien-être des animaux.

(Décr. n° 2017-775 du 4 mai 2017, art. 3-1°) **« Il est une des instances de contrôle au sens de l'article 90 du règlement (UE) n° 1306/2013 du Parlement européen et du Conseil du 17 décembre 2013 relatif au financement, à la gestion et au suivi de la politique agricole commune et abrogeant les règlements (CEE) n° 352/78, (CE) n° 165/94, (CE) n° 2799/98, (CE) n° 814/2000, (CE) n° 1200/2005 et n° 485/2008 du Conseil.**

« L'Institut national de l'origine et de la qualité est également une des autorités compétentes pour la délivrance des dérogations et autorisations individuelles prévues par les règlements (CE) n° 834/2007 du Conseil du 28 juin 2007 relatif à la production biologique et à l'étiquetage des produits biologiques et (CE) n° 889/2008 de la Commission du 5 septembre 2008. » – *Le Règl. (CE) n° 834/2007 est abrogé et remplacé par le Règl. (UE) 2018/848 du Parlement européen et du Conseil du 30 mai 2018 relatif à la production biologique et à l'étiquetage des produits biologiques ; le Règl. (CE) n° 889/2008 est abrogé par le Règl. d'exécution (UE) 2021/1165 du 15 juill. 2021 autorisant l'utilisation de certains produits et substances dans la production biologique et établissant la liste de ces produits et substances ; le Règl. (UE) 1306/2013 est abrogé par le Règl. (UE) 2021/2116 du 2 déc. 2021 relatif au financement, à la gestion et au suivi de la politique agricole commune, applicable à partir du 1er janv. 2023.*

SOUS-SECTION 1 Le conseil permanent

Art. R. 642-3 Le conseil permanent administre l'Institut national de l'origine et de la qualité.

Il délibère sur toutes les questions concernant :

1° La politique générale de l'institut ;

2° Le budget de l'institut et ses modifications, ainsi que le compte financier ;

3° La promotion et la défense des signes d'identification de la qualité et de l'origine, y compris au plan international, dans le respect des compétences de l'Agence française pour le développement et la promotion de l'agriculture biologique ;

(Décr. nº 2019-1012 du 30 sept. 2019, art. 1er) « 4° Les transactions ».

Art. R. 642-4 *(Décr. nº 2017-775 du 4 mai 2017, art. 3-2º)* « Le conseil permanent est composé d'un président, de membres des comités nationaux et du conseil des agréments et contrôles, de représentants de l'administration, nommés par arrêté conjoint des ministres chargés de la consommation et de l'agriculture ainsi que de deux représentants du personnel de l'institut. »

Les membres appartenant aux comités nationaux et au conseil des agréments et contrôles sont au nombre de *(Décr. nº 2009-1195 du 7 oct. 2009, art. 4)* « vingt-six » et comprennent les présidents de ces comités et de ce conseil. Ils sont nommés pour la durée de leur mandat au comité national ou conseil auxquels ils appartiennent.

Les représentants de l'administration représentent au plus le tiers des membres du conseil permanent.

(Décr. nº 2017-775 du 4 mai 2017, art. 3-2º) « Les représentants du personnel de l'institut sont désignés par chacune des deux organisations syndicales ayant obtenu le plus de suffrages lors des élections au comité technique de l'établissement. »

Art. R. 642-5 Le président du conseil permanent est choisi parmi les professionnels des secteurs de la production, de la transformation et du négoce et nommé pour une durée de cinq ans.

Il est assisté de deux vice-présidents désignés en son sein par le conseil permanent pour une durée de cinq ans. Le vice-président le plus âgé remplace le président en cas d'empêchement et assure son intérim.

(Décr. nº 2019-1012 du 30 sept. 2019, art. 1er) « Dans le cadre des règles définies par le conseil permanent, le président de ce conseil a qualité pour représenter l'institut dans tous les actes de la vie civile, prendre toute décision concernant les actions judiciaires menées par l'institut et conclure des transactions dans tous les litiges auxquels l'institut est partie.

« Il peut, dans les conditions définies par le conseil permanent, déléguer ces attributions au directeur. »

SOUS-SECTION 2 Les comités nationaux

Art. R. 642-6 *(Décr. nº 2009-1195 du 7 oct. 2009, art. 4)* L'Institut national de l'origine et de la qualité comprend les cinq comités suivants :

1° Le comité national des appellations d'origine relatives aux vins et aux boissons alcoolisées, et des *(Décr. nº 2017-775 du 4 mai 2017, art. 3-3º)* « boissons spiritueuses » ;

2° Le comité national des appellations *(Décr. nº 2017-775 du 4 mai 2017, art. 3-3º)* « d'origine » laitières, agroalimentaires et forestières ;

3° Le comité national des indications géographiques protégées, labels rouges et spécialités traditionnelles garanties ;

4° Le comité national des indications géographiques protégées relatives aux vins et aux cidres ;

5° Le comité national de l'agriculture biologique.

Art. R. 642-7 Exception faite du comité national de l'agriculture biologique, chaque comité national, pour les produits et signes d'identification de la qualité et de l'origine qui relèvent de sa compétence :

1° Propose la reconnaissance des signes d'identification de la qualité et de l'origine pour les produits au bénéfice desquels ils sont sollicités ;

2° Étudie et propose toute mesure de nature à favoriser l'amélioration de la qualité et des caractéristiques des produits bénéficiant d'un signe d'identification de la qualité et de l'origine ;

3° Définit les principes permettant d'harmoniser les exigences minimales à satisfaire pour obtenir la reconnaissance des signes d'identification de la qualité et de l'origine ;

4° Est consulté sur les mesures techniques destinées à l'amélioration de la production et de la qualité des produits, sur la défense des intérêts des producteurs dans le commerce international ainsi que sur la reconnaissance des organismes de défense et de gestion.

Les dispositions relatives aux conditions techniques de production de certains produits d'une campagne déterminée sont adoptées par le comité national compétent et approuvées par arrêté conjoint des ministres chargés de l'agriculture, du budget et de la consommation.

Art. R. 642-8 Une commission permanente, composée de vingt membres au plus, est constituée par chaque comité lors de sa première réunion. Sa présidence est assurée par le président du comité national.

La commission permanente a compétence pour traiter les affaires courantes du comité national et exercer les attributions qui lui ont, le cas échéant, été déléguées par le comité.

Art. R. 642-9 Le comité national de l'agriculture biologique :

(Décr. n° 2017-775 du 4 mai 2017, art. 3-4°) « 1° Propose l'homologation des cahiers des charges pour les produits dont les règles de production ne sont pas définies ou ne sont pas détaillées par la réglementation de l'Union européenne relative à l'agriculture biologique ; »

2° Étudie et propose toute mesure de nature à favoriser l'amélioration de la qualité et des caractéristiques des produits issus de l'agriculture biologique ;

3° Émet tous avis sur les mesures techniques destinées à l'amélioration de la production et de la qualité de ces produits ;

4° Est consulté sur toutes les questions relatives au mode biologique de production et de transformation des produits qui lui sont soumises par le ministre chargé de l'agriculture ou le ministre chargé de la consommation.

Art. R. 642-10 *(Décr. n° 2009-1195 du 7 oct. 2009, art. 4)* I. — Chaque comité national comprend, outre son président :

1° Un membre de chacun des autres comités nationaux et du conseil chargé des agréments et contrôles ;

2° Des représentants des secteurs de la production, de la transformation ou du négoce des produits relevant de la compétence du comité ;

3° Des représentants de l'administration ;

4° Des personnalités qualifiées, notamment, en matière d'exportation et de distribution ou par leurs capacités d'expertise ainsi que des représentants des consommateurs.

II. — Les représentants des secteurs de la production, de la transformation ou du négoce sont choisis :

1° Pour le comité national des appellations d'origine relatives aux vins et aux boissons alcoolisées, et des *(Décr. n° 2017-775 du 4 mai 2017, art. 3-5°)* « boissons spiritueuses » : parmi les membres des comités régionaux ;

2° Pour les comités nationaux des appellations *(Décr. n° 2017-775 du 4 mai 2017, art. 3-5°)* « d'origine » laitières, agroalimentaires et forestières, des indications géographiques protégées, labels rouges et spécialités traditionnelles garanties, et des indications géographiques protégées relatives aux vins et aux cidres : après consultation des organismes de défense et de gestion intéressés, ainsi que, le cas échéant, des organisations professionnelles spécialisées du secteur viticole concernées ;

3° Pour le comité de l'agriculture biologique : après consultation des organismes professionnels agricoles et agroalimentaires intéressés figurant sur une liste arrêtée par le ministre chargé de l'agriculture. — *V. Arr. du 13 déc. 2021 fixant la liste des organisations professionnelles consultées pour la nomination de certains membres du comité national de l'agriculture biologique de l'Institut national de l'origine et de la qualité (JO 18 déc.).*

Art. R. 642-11 La composition des comités nationaux est fixée par arrêté des ministres chargés de l'agriculture et de la consommation dans le respect des règles suivantes :

— le nombre de représentants des secteurs professionnels mentionnés au 2° de l'article R. 642-10 et des personnalités qualifiées mentionnées au 4° du même article ne peut excéder cinquante ;

— les représentants des secteurs professionnels constituent au moins la moitié des membres du comité ;

— les représentants de l'administration constituent le quart au plus des membres du comité.

V. Arr. du 8 févr. 2007 fixant la composition du comité national des indications géographiques protégées, labels rouges et spécialités traditionnelles garanties de l'Institut national de l'origine et de la qualité (JO 11 févr.), mod. par Arr. du 1er juill. 2011, art. 1er (JO 20 août) ; Arr. du 8 févr. 2007 fixant la composition du comité national des vins, eaux-de-vie et autres boissons alcoolisées de l'Institut national de l'origine et de la qualité (JO 11 févr.), mod. par Arr. du 1er juill. 2011, art. 3 (JO 20 août) ; Arr. du 8 févr. 2007 fixant la composition du comité national des appellations laitières, agroalimentaires et forestières de l'Institut national de l'origine et de la qualité (JO 11 févr.), mod. par Arr. du 1er juill. 2011, art. 2 (JO 20 août) ; Arr. du 8 janv. 2010 fixant la composition du comité national des indications géographiques protégées relatives aux vins et aux cidres de l'Institut national de l'origine et de la qualité (JO 15 janv.), mod. par Arr. du 6 févr. 2012 (JO 8 févr.), Arr. du 19 mars 2012 (JO 31 mars); Arr. du 20 janv. 2022 fixant la composition du comité national de l'agriculture biologique de l'Institut national de l'origine et de la qualité (JO 28 janv.).

Art. R. 642-12 **Les membres des comités autres que les représentants des administrations sont nommés pour une durée de cinq ans renouvelable, par arrêté conjoint des ministres chargés de la consommation et de l'agriculture.**

Les présidents des comités sont choisis parmi les professionnels des secteurs de la production, de la transformation ou du négoce des produits relevant de la compétence de chaque comité et nommés pour une durée de cinq ans renouvelable, par arrêté conjoint des ministres chargés de l'agriculture et de la consommation.

SOUS-SECTION 3 **Le conseil des agréments et contrôles**

Art. R. 642-13 **Le conseil des agréments et contrôles :**

1° *(Décr. n° 2017-775 du 4 mai 2017, art. 3-6°)* **« Peut être consulté » sur l'agrément des organismes de contrôle ;**

(Décr. n° 2017-775 du 4 mai 2017, art. 3-6°) **« 2° Émet un avis sur les dispositions de contrôle communes à plusieurs cahiers des charges ou à plusieurs organismes de contrôle ; »**

3° Définit les principes présidant à l'organisation des contrôles ainsi que ceux de la composition et du fonctionnement de la commission chargée de l'examen organoleptique auquel sont soumises les appellations d'origine *(Décr. n° 2009-1195 du 7 oct. 2009, art. 4)* **« et les indications géographiques protégées relatives à des vins » ;**

(Décr. n° 2017-775 du 4 mai 2017, art. 3-6°) **« 4° Peut être consulté sur l'approbation des plans de contrôle ou d'inspection ».**

Art. R. 642-14 **I. — Le conseil des agréments et contrôles est composé :**

1° De membres des comités nationaux de l'Institut national de l'origine et de la qualité ;

2° De représentants des organismes de contrôle ;

3° De représentants de l'administration ;

4° De personnalités qualifiées, notamment de représentants des consommateurs.

II. — La composition du conseil des agréments et contrôles est fixée par arrêté des ministres chargés de l'agriculture, du budget et de la consommation dans le respect des règles suivantes :

— le nombre des membres autres que les représentants de l'administration ne peut excéder cinquante ;

— les membres des comités nationaux de l'Institut national de l'origine et de la qualité constituent au moins la moitié des membres du conseil autres que les représentants de l'administration ;

— les représentants des organismes de contrôle constituent un cinquième des membres du conseil autres que les représentants de l'administration ;

— les représentants de l'administration constituent le quart au plus des membres du conseil.

III. — Les dispositions de l'article R. 642-12 sont applicables au conseil des agréments et contrôles. — *V. Arr. du 8 févr. 2007 fixant la composition du conseil des agréments et contrôles de l'Institut national de l'origine et de la qualité (JO 11 févr.), mod. par Arr. du 14 juin 2010 (JO 26 juin).*

Art. R. 642-15 *(Décr. n° 2017-775 du 4 mai 2017, art. 3-7°)* **Le conseil des agréments et contrôles peut se réunir en formation restreinte pour exercer tout ou partie des attributions mentionnées à l'article R. 642-13.**

SOUS-SECTION 4 **Les comités régionaux**

Art. R. 642-16 Les comités régionaux étudient toutes les questions intéressant leur région, qui relèvent, dans leur secteur de compétence, de l'activité de l'Institut national de l'origine et de la qualité. Ils peuvent se saisir d'office de ces questions ou en être saisis par un comité national ou par le ministre chargé de l'agriculture.

Leurs avis sont portés à la connaissance du comité national intéressé.

Art. R. 642-17 La liste des comités régionaux, le nombre de leurs membres, le siège de leurs délibérations ainsi que la liste des appellations rattachées à chacun d'eux sont fixés par arrêtés conjoints des ministres chargés de l'agriculture et de la consommation après avis du comité national intéressé.

Art. R. 642-18 Les *(Décr. nº 2017-775 du 4 mai 2017, art. 3-8º)* « comités régionaux des appellations d'origine relatives aux vins et aux boissons alcoolisées, et des boissons spiritueuses » sont composés selon les règles suivantes :

1º Le président de chaque comité régional est nommé par arrêté du ministre chargé de l'agriculture parmi les membres professionnels ;

2º Sont désignés par le ministre chargé de l'agriculture :

– un directeur régional de l'alimentation, de l'agriculture et de la forêt ;

– un directeur départemental des territoires ;

– un délégué régional de l'*(Décr. nº 2009-340 du 27 mars 2009, art. 10-I)* « Établissement national des produits de l'agriculture et de la mer (FranceAgriMer) » ;

3º Sont désignés par les ministres chargés du budget et de la consommation :

– un directeur régional des douanes et droits indirects ;

– *(Décr. nº 2017-775 du 4 mai 2017, art. 3-8º)* « un chef du pôle concurrence, consommation, répression des fraudes de la direction régionale de la concurrence, de la consommation, du travail et de l'emploi ;

– « un directeur d'une direction départementale chargée de la protection des populations située dans la région » ;

4º Les membres des comités régionaux autres que ceux prévus aux 2º et 3º ci-dessus sont des professionnels de la production et du négoce des produits relevant du *(Décr. nº 2017-775 du 4 mai 2017, art. 3-8º)* « comité national des appellations d'origine relatives aux vins et autres boissons alcoolisées, et des boissons spiritueuses. »

Ils sont nommés par arrêté pour une durée de cinq ans par le ministre chargé de l'agriculture, après consultation :

– pour la désignation des professionnels de la production, des organismes de défense et de gestion des appellations *(Décr. nº 2017-775 du 4 mai 2017, art. 3-8º)* « d'origine et des indications géographiques » concernées ;

– pour la désignation des professionnels du négoce, des syndicats de négoce les plus représentatifs existant dans le ressort du comité régional.

Il est procédé à ces nominations *(Décr. nº 2017-775 du 4 mai 2017, art. 3-8º)* « après avis du ou des préfets de bassin viticole concernés pour les produits viticoles ou du ou des préfets de région concernés pour les autres boissons alcoolisées ». *— V. Arr. du 17 août 2016 relatif à la composition des comités régionaux vins et eaux-de-vie de l'Institut national de l'origine et de la qualité (JO 1er sept.), mod. par Arr. du 30 juill. 2018 (JO 4 août), Arr. du 10 janv. 2022 (JO 22 janv.).*

Art. R. 642-19 Les membres des comités régionaux représentant l'État peuvent se faire représenter.

Le président du *(Décr. nº 2017-775 du 4 mai 2017, art. 3-9º)* « comité national des appellations d'origine relatives aux vins et aux boissons alcoolisées, et des boissons spiritueuses » peut assister aux délibérations des comités régionaux ou s'y faire représenter.

SOUS-SECTION 5 **Dispositions communes au conseil permanent, aux comités nationaux et régionaux et au conseil des agréments et contrôles**

Art. R. 642-20 Un règlement intérieur, approuvé par le ministre chargé de l'agriculture, sur proposition du conseil permanent, détermine les règles de fonctionnement du conseil permanent, de chaque comité national et de leurs commissions permanentes, du conseil des agréments et contrôles et de ses formations restreintes et, le cas échéant, des comités régionaux.

Art. R. 642-21 La limite d'âge pour la nomination des membres professionnels est fixée à soixante-cinq ans. Tout mandat commencé avant cet âge se poursuit jusqu'à son terme.

Les membres doivent jouir de leurs droits civiques et ne pas avoir été déclarés en faillite personnelle ni avoir fait l'objet de condamnation pour fraude fiscale ou commerciale.

Les membres sont désignés à titre personnel.

Tout membre qui, au cours de son mandat, décède, démissionne ou perd la qualité au titre de laquelle il a été désigné est remplacé pour la durée du mandat restant à courir par une personne désignée dans les mêmes conditions.

Tout membre qui, sans motif valable et justifié, aura été absent à plus de deux sessions consécutives dans l'année sera considéré comme démissionnaire ; son remplacement sera demandé au ministre chargé de l'agriculture par le président du comité ou du conseil intéressé.

Art. R. 642-22 Le conseil permanent, les comités nationaux et régionaux et le conseil des agréments et contrôles sont réunis à la demande de leur président, du ministre chargé de l'agriculture ou de la majorité de leurs membres.

Art. R. 642-23 Les frais de déplacement et de séjour des membres du conseil permanent, des comités nationaux et du conseil des agréments et contrôles ainsi que des experts désignés par ces comités sont remboursés dans les conditions applicables aux fonctionnaires civils de l'État.

Les présidents du conseil permanent, des comités nationaux et du conseil des agréments et contrôles reçoivent une indemnité de fonction dont le montant est fixé par arrêté conjoint des ministres chargés de l'agriculture et du budget.

SOUS-SECTION 6 Le directeur

Art. R. 642-24 Le directeur est nommé par arrêté du ministre chargé de l'agriculture.

Il assure la gestion de l'Institut national de l'origine et de la qualité.

Sous l'autorité des présidents, il prépare les réunions du conseil permanent, des comités nationaux et *(Décr. n° 2017-775 du 4 mai 2017, art. 3-10°)* « de leur commission permanente », du conseil des agréments et contrôles et de ses formations restreintes ainsi que des comités régionaux. Il assiste à leurs séances avec voix consultative ou peut s'y faire représenter par un agent de l'établissement. Il assure l'exécution de leurs délibérations.

Il assure le fonctionnement des services de l'institut et prend les décisions individuelles relatives au personnel. Il est ordonnateur des dépenses et des recettes de l'institut.

Il peut recevoir délégation du président du conseil permanent pour accomplir les actes de la vie civile et représenter l'institut. L'acte par lequel le président du conseil permanent lui délègue sa signature peut désigner les agents de l'établissement autorisés à se substituer à lui en cas d'empêchement.

Il peut déléguer sa signature à des agents de l'établissement pour tous actes autres que ceux mentionnés à l'alinéa précédent et dans les limites qu'il détermine.

(Décr. n° 2017-775 du 4 mai 2017, art. 3-10°) « Il délivre les dérogations et autorisations individuelles mentionnées à l'article R. 642-2. Il peut en déléguer la délivrance conformément aux dispositions des règlements (CE) n° 834/2007 du Conseil du 28 juin 2007 et (CE) n° 889/2008 de la Commission du 5 septembre 2008. » – *Le Règl. (CE) n° 834/2007 est abrogé et remplacé par le Règl. (UE) 2018/848 du Parlement européen et du Conseil du 30 mai 2018 relatif à la production biologique et à l'étiquetage des produits biologiques ; le Règl. (CE) n° 889/2008 est abrogé par le Règl. d'exécution (UE) 2021/1165 du 15 juill. 2021 autorisant l'utilisation de certains produits et substances dans la production biologique et établissant la liste de ces produits et substances.*

Le directeur exerce en outre les compétences qui lui sont reconnues par l'article L. 642-11 *(Décr. n° 2017-775 du 4 mai 2017, art. 3-10°)* « , dont il détermine les modalités de mise en œuvre par décisions publiées sur le site internet de l'institut ».

SOUS-SECTION 7 **Agents**

Art. R. 642-25 Les agents de l'Institut national de l'origine et de la qualité qui participent à des opérations de contrôle incombant à l'institut sont assermentés dans les conditions prévues à l'article R. 622-47.

SOUS-SECTION 8 **Tutelle**

Art. R. 642-26 Le commissaire du Gouvernement auprès de l'Institut national de l'origine et de la qualité est nommé par arrêté du ministre chargé de l'agriculture. Il peut se faire représenter.

Art. R. 642-27 Le commissaire du Gouvernement reçoit les convocations adressées aux membres du conseil permanent, des comités nationaux et régionaux et du conseil des agréments et contrôles et siège avec voix consultative à toutes les réunions de ces instances ainsi, le cas échéant, qu'à celles des commissions permanentes ou des formations restreintes qu'ils constituent.

Il peut demander l'inscription de questions à l'ordre du jour.

Il reçoit, dans les conditions qu'il fixe, copie des délibérations de ces comités et conseil et, s'il le demande, des décisions prises sur délégation de ceux-ci.

Art. R. 642-28 Le commissaire du Gouvernement peut s'opposer à toute délibération et demander une nouvelle délibération.

Si, après celle-ci, le désaccord persiste, le commissaire du Gouvernement transmet le dossier au ministre chargé de l'agriculture, sauf dans le cas où la délibération est prise au titre du 1° de l'article L. 642-5.

L'opposition du commissaire du Gouvernement est levée de plein droit si le ministre de tutelle n'a pas statué dans le délai de deux mois à compter de la transmission de la délibération.

SOUS-SECTION 9 **Régime financier et comptable**

Art. R. 642-29 *(Décr. nº 2012-1247 du 7 nov. 2012, art. 40, en vigueur le 1er janv. 2013)* Les délibérations portant sur le budget et le compte financier sont exécutoires dans les conditions prévues par le titre III du décret nº 2012-1246 du 7 novembre 2012 relatif à la gestion budgétaire et comptable publique.

Art. R. 642-30 *(Décr. nº 2009-1195 du 7 oct. 2009, art. 4)* Le montant des rémunérations pour services rendus perçues par l'Institut national de l'origine et de la qualité est fixé par le directeur de l'établissement, dans le respect de la politique tarifaire déterminée par le conseil permanent.

Art. R. 642-31 *Al. 1er abrogé par Décr. nº 2012-1247 du 7 nov. 2012, art. 40, à compter du 1er janv. 2013.*

L'autorité chargée du contrôle financier a accès aux séances des comités nationaux, du conseil des agréments et contrôles et du conseil permanent.

Art. R. 642-32 *(Décr. nº 2012-1247 du 7 nov. 2012, art. 40, en vigueur le 1er janv. 2013)* L'institut est soumis aux dispositions des titres I et III du décret nº 2012-1246 du 7 novembre 2012 relatif à la gestion budgétaire et comptable publique.

L'agent comptable assiste aux séances du conseil permanent et peut assister aux séances des comités nationaux et du conseil des agréments et contrôles. *– V. Arr. du 7 mai 2015 relatif aux modalités d'exercice du contrôle budgétaire sur l'Institut national de l'origine et de la qualité (JO 14 mai), mod. par Arr. du 10 juin 2020, art. 4 (JO 19 juin).*

SECTION 2 **Les organismes de défense et de gestion**

(Décr. nº 2007-30 du 5 janv. 2007)

Art. R. 642-33 La demande de reconnaissance de la qualité d'organisme de défense et de gestion est formée par toute personne physique ou morale ou tout groupement de personnes physiques ou morales auprès de l'Institut national de l'origine et de la qualité.

Le dossier comprend :

1° Les statuts et, le cas échéant, le règlement intérieur de l'organisme ;

2° La désignation du produit pour lequel le bénéfice d'un signe d'identification de la qualité et de l'origine est sollicité ;

3° Les informations permettant d'apprécier la représentativité des opérateurs et le caractère équilibré de la représentation des différentes catégories d'opérateurs pour le produit en cause ;

4° Les informations relatives à l'organisation et aux moyens consacrés aux missions définies par l'article L. 642-22.

Le directeur de l'Institut national de l'origine et de la qualité peut demander des compléments d'information au titre des 3° et 4°.

Art. R. 642-34 **La reconnaissance d'un organisme de défense et de gestion est décidée par le directeur de l'Institut national de l'origine et de la qualité, après avis du comité national compétent pour le produit en cause.**

(Décr. n° 2017-775 du 4 mai 2017, art. 3-11°) **« Cette décision est publiée sur le site internet de l'institut. »**

L'acte par lequel le directeur de l'INAO prononce la reconnaissance d'un organisme de défense et de gestion d'un produit bénéficiant d'une appellation d'origine a un caractère réglementaire. • CE 17 nov. 2010, *Synd. de défense du pommeau de Bretagne en AOC*, n° 328763 : *Gaz. Pal. 1er-2 déc. 2010.*

Art. R. 642-35 **La qualité d'adhérent d'un organisme de défense et de gestion est constatée par l'inscription sur un registre des adhérents tenu par ledit organisme.**

Art. R. 642-36 **L'organisme de défense et de gestion peut conclure des conventions avec les organisations interprofessionnelles pour remplir certaines des missions prévues par l'article L. 642-22.**

Al. 2 abrogé par Décr. n° 2017-775 du 4 mai 2017, art. 3-12°.

SECTION 3 Le contrôle du cahier des charges

(Décr. n° 2007-30 du 5 janv. 2007)

SOUS-SECTION 1 Dispositions générales

Art. R. 642-37 **L'organisme de défense et de gestion qui sollicite le bénéfice d'un signe d'identification de la qualité et de l'origine pour un produit choisit un organisme chargé du contrôle du cahier des charges.**

Il en va de même pour l'opérateur qui sollicite le bénéfice de la mention "Agriculture biologique" pour un produit. Le cahier des charges de ce produit s'entend alors des conditions de production, de transformation et de conditionnement définies pour ce produit par le règlement *(Décr. n° 2017-775 du 4 mai 2017, art. 5-III)* **« de l'Union européenne » applicable au mode de production biologique et à sa présentation, ou du cahier des charges homologué par l'arrêté interministériel prévu par l'article R. 641-30.**

Art. R. 642-38 **Lorsqu'il n'est pas déjà agréé, l'organisme de contrôle sollicite son agrément dans les conditions définies aux articles R. 642-41 à R. 642-43.**

Art. R. 642-39 *(Décr. n° 2009-1195 du 7 oct. 2009, art. 4)* **« Le contrôle du respect du cahier des charges » d'un produit sollicitant le bénéfice d'un signe d'identification de la qualité et de l'origine est organisé par** *(Décr. n° 2017-775 du 4 mai 2017, art. 3-13°)* **« le plan de contrôle ou d'inspection prévu à l'article L. 642-2 ».**

Ce plan de contrôle ou d'inspection rappelle les autocontrôles réalisés par les opérateurs sur leur propre activité et les contrôles internes réalisés sous la responsabilité de l'organisme de défense et de gestion ; il indique les contrôles externes réalisés par l'organisme de contrôle, notamment ceux qui ont été effectués sur les autocontrôles et les contrôles internes. Il prévoit les modalités de délivrance de l'habilitation reconnaissant l'aptitude de l'opérateur à satisfaire aux exigences du cahier des charges du signe dont il revendique le bénéfice.

Pour les appellations d'origine *(Décr. n° 2009-1195 du 7 oct. 2009, art. 4)* **« et les indications géographiques »** *(Abrogé par Décr. n° 2017-775 du 4 mai 2017, art. 5-II)*

« *protégées* », le plan de contrôle ou d'inspection comporte les modalités de désignation des membres de la commission chargée de l'examen organoleptique prévue à l'article L. 642-27 ainsi que les modalités de fonctionnement de cette commission.

L'organisme de contrôle transmet le plan de contrôle ou d'inspection à l'Institut national de l'origine et de la qualité.

Art. D. 642-39-1 *(Décr. n° 2012-94 du 25 janv. 2012)* I. — Tout opérateur souhaitant intervenir pour tout ou partie dans la production, la transformation, l'élaboration ou le conditionnement d'un produit bénéficiant d'un label rouge, d'une spécialité traditionnelle garantie ou d'une indication géographique protégée relevant *(Décr. n° 2017-775 du 4 mai 2017, art. 3-14°)* « du règlement (UE) n° 1151/2012 du Parlement et du Conseil du 21 novembre 2012 » est tenu de se faire identifier auprès de l'organisme de défense et de gestion pour les signes qu'il revendique.

La délivrance de l'habilitation mentionnée au deuxième alinéa de l'article R. 642-39 est subordonnée à cette identification préalable.

II. — L'organisme de défense et de gestion détermine les modalités de cette identification, qui comporte l'identité du demandeur et son engagement à :

— respecter les conditions de production fixées par le cahier des charges ;

— réaliser des autocontrôles et se soumettre aux contrôles prévus par le plan de contrôle ;

— supporter les frais liés aux contrôles susmentionnés ;

— accepter de figurer sur la liste des opérateurs habilités ;

— informer l'organisme de défense et de gestion de toute modification le concernant ; cette information est transmise immédiatement à l'organisme de contrôle agréé.

III. — La réception et l'enregistrement de l'identification de l'opérateur sont réalisés par l'organisme de défense et de gestion. Celui-ci tient à la disposition des opérateurs le document d'identification.

Art. R. 642-39-1-1 *(Décr. n° 2017-1771 du 27 déc. 2017, art. 21-2°)* Le silence gardé pendant une durée de quatre mois par l'Institut national de l'origine et de la qualité sur une demande d'un opérateur en vue de son habilitation reconnaissant son aptitude à satisfaire aux exigences du cahier des charges du signe dont il revendique le bénéfice, mentionnée à l'article R. 642-39, vaut décision d'acceptation. Cette durée est portée à six mois lorsque la décision est prise par un organisme mentionné à l'article R. 642-53.

Art. R. 642-40 Sont publiées sur le site internet de l'Institut national de l'origine et de la qualité, pour le cahier des charges de chaque produit bénéficiant d'un signe d'identification de la qualité et de l'origine, l'indication du plan de contrôle ou du plan d'inspection approuvé dont il est assorti et l'indication de l'organisme de contrôle auquel incombe sa mise en œuvre.

SOUS-SECTION 2 **Dispositions communes aux organismes de contrôle**

Art. R. 642-41 Un organisme de contrôle doit obtenir l'agrément de l'Institut national de l'origine et de la qualité lorsqu'il entend exercer :

— soit une activité de certification de produits bénéficiant d'un label rouge, d'une appellation d'origine, d'une spécialité traditionnelle garantie ou d'une indication géographique *(Abrogé par Décr. n° 2017-775 du 4 mai 2017, art. 5-I)* « *protégée* » ainsi que la certification du mode de production biologique ;

— soit une activité d'inspection des produits bénéficiant d'une appellation d'origine *(Décr. n° 2009-1195 du 7 oct. 2009, art. 4 ; Décr. n° 2017-775 du 4 mai 2017, art. 3-15°)* « ou d'une indication géographique pour un produit vitivinicole, un produit vinicole aromatisé ou une boisson spiritueuse, » ayant opté pour ce mode de contrôle.

Les décisions d'octroi ou de refus des certificats d'aptitude au vieillissement constituent des décisions administratives dont connaît la juridiction administrative. • CAA Bordeaux, 4 sept. 2005, n° 05BX02300.

Art. R. 642-42 I. — La demande d'agrément adressée à l'Institut national de l'origine et de la qualité précise l'activité, le signe et la catégorie de produits pour lesquels l'agrément est sollicité.

Le dossier de demande d'agrément comprend :

1° Les statuts et le règlement intérieur de l'organisme ;

(Décr. n° 2017-775 du 4 mai 2017, art. 3-16°) « 2° Une copie de l'attestation d'accréditation délivrée par l'organisme d'accréditation ou de la demande d'accréditation déposée par l'organisme de contrôle ; »

3° Un projet de plan d'inspection ou de plan de contrôle ;

4° Les documents et informations relatifs à l'organisation et aux moyens techniques et humains affectés au contrôle ou à l'inspection ainsi qu'aux procédures mises en œuvre.

II. — Il comporte également, le cas échéant :

1° L'indication des opérations exécutées par des sous-traitants, les références de ceux-ci et les justifications de leurs compétence, impartialité et indépendance ;

2° Lorsqu'ils mènent des opérations de contrôle des produits distinctes des activités de certification pour lesquelles ils ont été agréés, la justification de ce qu'existe en leur sein une organisation séparée pour conduire de telles opérations et de ce que celles-ci n'interfèrent en aucun cas avec les activités de certification.

III. — Le directeur de l'Institut national de l'origine et de la qualité peut solliciter tout autre document qui lui serait nécessaire pour vérifier que l'organisme de contrôle présente les capacités et les garanties requises pour assurer les tâches pour lesquelles l'agrément est sollicité.

(Décr. n° 2017-775 du 4 mai 2017, art. 3-16°) « IV. — Un organisme de contrôle peut prétendre à un agrément sans être accrédité à condition d'avoir obtenu de l'organisme d'accréditation la notification de la recevabilité de son dossier de demande d'accréditation ou d'extension d'accréditation. L'agrément est retiré si l'organisme n'a pas obtenu l'accréditation dans un délai d'un an à compter de la date de la notification de la recevabilité du dossier. »

Art. R. 642-42-1 *(Décr. n° 2017-1411 du 27 sept. 2017, art. 2-56°)* Le silence gardé pendant une durée de quatre mois par le directeur de l'Institut national de l'origine et de la qualité sur une demande d'agrément des organismes certificateurs et des organismes d'inspection prévus respectivement aux articles L. 642-28 et L. 642-31, mentionnée à l'article R. 642-41, vaut décision d'acceptation.

Art. R. 642-43 La *(Décr. n° 2017-775 du 4 mai 2017, art. 3-17°)* « décision » d'agrément est précédée d'une évaluation technique de l'organisme de contrôle diligentée par le directeur de l'institut et réalisée sur place par ses services ou par des tiers, qualifiés pour cette activité.

Art. R. 642-44 L'agrément initial est accordé pour une durée de quatre ans. A l'issue de cette période, l'agrément peut être renouvelé, à la demande de l'organisme de contrôle, par périodes de cinq ans.

L'octroi ou le renouvellement d'un agrément fait l'objet d'une mention sur le site internet de l'Institut national de l'origine et de la qualité.

L'organisme de contrôle fait l'objet d'une évaluation technique sur place au moins une fois par an pendant la période de l'agrément initial et tous les douze à dix-huit mois en cas de renouvellement de l'agrément.

Art. R. 642-45 Tout changement dans les conditions d'exercice des activités au titre desquelles l'agrément a été obtenu est porté sans délai par l'organisme de contrôle à la connaissance du directeur de l'Institut national de l'origine et de la qualité.

Lorsque les modifications envisagées ont des conséquences substantielles sur les conditions d'exercice des activités décrites dans le dossier d'agrément de l'organisme de contrôle, le directeur peut soumettre cet organisme à une évaluation technique sur place.

Lorsqu'elles ont pour objet d'étendre les activités de l'organisme de contrôle à une nouvelle catégorie de produits *(Décr. n° 2017-775 du 4 mai 2017, art. 3-18°)* « ou de signes d'identification de la qualité et de l'origine », le directeur prescrit le dépôt d'une demande d'extension d'agrément, dont l'examen peut être subordonné à une évaluation technique sur place.

Art. R. 642-46 Chaque organisme de contrôle agréé adresse chaque année au directeur de l'Institut national de l'origine et de la qualité un rapport d'activité incluant notamment un bilan de son fonctionnement.

Art. R. 642-47 L'organisme de contrôle tient à la disposition du public des documents décrivant ses conditions générales de certification ou d'inspection, ainsi que la liste des organismes de défense et de gestion, des opérateurs contrôlés et des produits ayant fait l'objet d'une certification ou d'une inspection. Cette liste est accompagnée, pour chaque produit, d'indications relatives *(Décr. nº 2017-775 du 4 mai 2017, art. 3-19º)* « au champ » de la certification délivrée ou de l'inspection réalisée.

Sous réserve des échanges d'informations entre organismes de contrôle nécessaires à l'exécution de leurs missions, les organismes de contrôle ne peuvent rendre publiques les informations confidentielles dont ils pourraient avoir connaissance à l'occasion de leurs activités.

Art. R. 642-48 Les organismes de contrôle agréés tiennent à tout moment à la disposition des agents assermentés de l'Institut national de l'origine et de la qualité les documents permettant d'apprécier leurs conditions de fonctionnement, la régularité de leurs activités et l'efficacité de leurs contrôles.

Art. R. 642-49 *(Décr. nº 2017-775 du 4 mai 2017, art. 3-20º)* « Sans préjudice des dispositions prévues au dernier alinéa de l'article R. 642-42, l'agrément peut être retiré à tout moment, pour tout ou partie des produits ou des signes d'identification de la qualité et de l'origine, par le directeur de l'Institut national de l'origine et de la qualité, lorsque l'organisme de contrôle cesse de remplir une des conditions sur le fondement desquelles cet agrément lui a été accordé, notamment lorsque l'évaluation technique sur place a révélé des faits de nature à justifier une sanction. »

Cette décision ne peut intervenir qu'après que l'organisme intéressé a été informé des griefs retenus contre lui et mis à même de présenter ses observations.

Préalablement à l'intervention de cette décision, le directeur de l'Institut national de l'origine et de la qualité peut faire procéder à une évaluation technique sur place, mettre l'organisme de contrôle en demeure de procéder dans un délai déterminé à des actions correctives et organiser ultérieurement une évaluation technique sur place pour vérifier que les mesures ainsi prescrites ont été exécutées.

(Abrogé par Décr. nº 2017-775 du 4 mai 2017, art. 3-20º) « Le conseil des agréments et contrôles de l'Institut national de l'origine et de la qualité peut proposer à tout moment au directeur de l'Institut national de l'origine et de la qualité de prendre les mesures mentionnées aux alinéas précédents. »

Le directeur de l'Institut national de l'origine et de la qualité informe sans délai l'organisme d'accréditation de l'organisme de contrôle et les ministres chargés de l'agriculture et de la consommation de toute décision de retrait d'agrément et des motifs de celle-ci.

Art. R. 642-50 *(Décr. nº 2017-775 du 4 mai 2017, art. 3-21º)* « Le directeur de l'Institut national de l'origine et de la qualité peut, en cas d'urgence, prononcer la suspension de l'agrément en raison de la gravité de l'atteinte à l'une des conditions sur le fondement desquelles cet agrément a été accordé à l'organisme de contrôle. La décision de suspension est notifiée sans délai à l'organisme intéressé. »

Le directeur de l'Institut national de l'origine et de la qualité informe sans délai l'organisme d'accréditation intéressé et les ministres chargés de l'agriculture et de la consommation de toute suspension d'agrément d'un organisme de contrôle et des motifs de celle-ci.

Quel qu'en soit le motif, la suspension peut être levée à la demande de l'organisme de contrôle *(Abrogé par Décr. nº 2017-775 du 4 mai 2017, art. 3-21º) « après avis du conseil des agréments et contrôles »* si cet organisme justifie qu'il est à même de reprendre ses opérations de certification ou d'inspection.

Art. R. 642-51 Si l'agrément est retiré à l'organisme chargé du contrôle d'un produit bénéficiant d'un signe d'identification de la qualité et de l'origine, l'organisme qui assure la défense et la gestion de ce produit propose à l'Institut national de l'origine et de la qualité un nouvel organisme de contrôle.

Art. R. 642-52 L'organisme d'accréditation de l'organisme de contrôle informe sans délai le directeur de l'Institut national de l'origine et de la qualité de toute mesure de retrait ou de suspension de l'accréditation et des motifs de cette mesure.

SOUS-SECTION 3 Dispositions particulières aux organismes certificateurs

Art. R. 642-53 Les organismes certificateurs sont accrédités par un organisme d'accréditation signataire de l'accord multilatéral pris dans le cadre de la coordination européenne des organismes d'accréditation, sur la base de la norme *(Décr. n° 2017-775 du 4 mai 2017, art. 3-22°)* « relative aux exigences pour les organismes certifiant les produits, les procédés et les services » applicable aux organismes procédant à la certification de produits.

Art. R. 642-54 *(Décr. n° 2017-775 du 4 mai 2017, art. 3-23°)* « L'organisme certificateur transmet pour approbation à l'Institut national de l'origine et de la qualité les dispositions de contrôle spécifiques du plan de contrôle prévu à l'article L. 642-2, accompagnées de l'avis de l'organisme de défense et de gestion intéressé. »

Le plan de contrôle approuvé par *(Décr. n° 2017-775 du 4 mai 2017, art. 3-23°)* « le directeur de l'Institut national de l'origine et de la qualité est adressé par l'organisme certificateur à l'organisme de défense et de gestion qui le met à disposition des opérateurs ».

Les contrôles sont réalisés sur la base du plan de contrôle approuvé.

Art. R. 642-55 Les organismes certificateurs informent l'Institut national de l'origine et de la qualité de toute décision qui fait perdre à l'opérateur le droit d'utiliser le signe d'identification de la qualité et de l'origine reconnu à un produit dans les sept jours suivant la date de cette décision.

Art. R. 642-56 Le rapport d'activité annuel prévu à l'article R. 642-46 contient également un état récapitulatif des actions correctives demandées aux bénéficiaires de certifications et des mesures prononcées à leur encontre, ainsi que des informations économiques sur les produits certifiés, notamment les quantités déclassées dans le cadre du contrôle des signes d'identification de la qualité et de l'origine.

SOUS-SECTION 4 Dispositions particulières aux organismes d'inspection

Art. R. 642-57 L'Institut national de l'origine et de la qualité confie à des organismes d'inspection les tâches de contrôle du respect du cahier des charges des produits bénéficiant d'une appellation d'origine *(Décr. n° 2009-1195 du 7 oct. 2009, art. 4)* « ou » *(Décr. n° 2017-775 du 4 mai 2017, art. 3-24° et 5-I)* « d'une indication géographique au sens du règlement (CE) n° 110/2008 du Parlement européen et du Conseil du 15 janvier 2008, pour les boissons spiritueuses bénéficiant d'une indication géographique, du règlement (UE) n° 1308/2013 du Parlement européen et du Conseil du 17 décembre 2013, pour des vins bénéficiant d'une appellation d'origine ou d'une indication géographique protégée, du règlement (UE) n° 251/2014 du Parlement européen et du Conseil du 26 février 2014, pour des produits vinicoles aromatisés bénéficiant d'une indication géographique » si ce contrôle n'est pas effectué par un organisme certificateur.

Art. R. 642-58 Les organismes d'inspection sont accrédités par un organisme d'accréditation signataire de l'accord multilatéral pris dans le cadre de la coordination européenne des organismes d'accréditation sur la base de la norme *(Décr. n° 2017-775 du 4 mai 2017, art. 3-25°)* « relative aux exigences pour le fonctionnement de différents types d'organismes procédant à l'inspection applicable aux organismes d'inspection intéressés. Ces organismes doivent répondre aux exigences d'indépendance les plus élevées prévues à l'annexe A de cette norme ».

Al. 2 abrogé par Décr. n° 2017-775 du 4 mai 2017, art. 3-25°.

Art. R. 642-59 *(Décr. n° 2017-775 du 4 mai 2017, art. 3-26°)* « L'organisme d'inspection transmet pour approbation les dispositions de contrôle spécifiques du plan d'inspection prévu à l'article L. 642-2 à l'Institut national de l'origine et de la qualité, accompagnées de l'avis de l'organisme de défense et de gestion intéressé. »

Le plan d'inspection approuvé par *(Décr. nº 2017-775 du 4 mai 2017, art. 3-26º)* « le directeur de l'Institut national de l'origine et de la qualité est adressé par l'organisme d'inspection à l'organisme de défense et de gestion qui le met à disposition des opérateurs ».

Art. R. 642-60 Les opérations de contrôle sont réalisées sur la base de ce plan d'inspection approuvé et communiqué.

Elles donnent lieu à l'établissement d'un rapport transmis au directeur de l'Institut national de l'origine et de la qualité, qui en tire toutes les conséquences.

CHAPITRE III PROTECTION DES SIGNES D'IDENTIFICATION DE LA QUALITÉ ET DE L'ORIGINE

(Décr. nº 2007-30 du 5 janv. 2007)

SECTION 1 Protection des aires d'appellations d'origine et d'indications géographiques protégées

(Décr. nº 2007-30 du 5 janv. 2007)

Art. R. 643-1 Lorsque est envisagée l'expropriation de parcelles plantées de vignes soumises au régime des appellations d'origine contrôlée, l'avis du ministre chargé de l'agriculture est demandé dans les conditions fixées par l'article *(Décr. nº 2014-1635 du 26 déc. 2014, art. 4-XII, en vigueur le 1er janv. 2015)* « R. 122-3 » du code de l'expropriation pour cause d'utilité publique.

Art. R. 643-2 Pour la protection des terrains faisant l'objet d'une délimitation au titre d'une appellation d'origine contrôlée, un permis de construire peut être refusé ou sa délivrance être soumise à certaines conditions ainsi qu'il est prévu à l'article R. 111-14 du code de l'urbanisme.

SECTION 2 Protection des dénominations reconnues

(Décr. nº 2016-1913 du 27 déc. 2016, art. 1er)

Art. D. 643-3 Le ou les dispositifs d'authentification unitaires des contenants de vins ou boissons spiritueuses, dont l'usage peut être rendu obligatoire en application de l'article L. 643-3-2, répondent aux conditions suivantes :

1º Chaque contenant est identifiable de façon unitaire par un identifiant alphanumérique, lisible à l'œil nu ;

2º Chaque contenant comprend une zone d'authentification unique au sein de laquelle figure l'identifiant prévu au 1º et des éléments d'authentification correspondant à chacun des trois niveaux de protection suivants :

a) Un élément d'authentification contrôlable visuellement, à l'œil nu, à la lumière du jour et sans accessoire particulier. Des pigments iridescents, des particules colorées, des polymères de cristaux liquides, des cristaux liquides, des dépôts métalliques, des hologrammes, des encres ou films variables et des éléments à effet optique variables peuvent notamment être utilisés ;

b) Un élément d'authentification "semi-visible", contrôlable visuellement à l'aide d'un outil du commerce, transportable, doté d'un illuminant ou d'une optique spécifiques. Peuvent notamment être utilisés, parmi les marqueurs visibles avec un accessoire de type lampe ou Diode Électro Luminescente dotée d'une longueur d'onde d'excitation adaptée UV (Ultraviolet), visible ou IR (InfraRouge), les colorants ou pigments luminescents, fluorescents, phosphorescents, photochromiques, et, parmi les marqueurs visibles avec un accessoire chauffant, les pigments thermochromiques ;

c) Un élément d'authentification contrôlable en laboratoire, détectable de façon automatique notamment grâce aux propriétés magnétique, électromagnétique ou électrique du marqueur. Peuvent notamment être utilisés les marqueurs détectables par une excitation par un rayonnement électromagnétique visible ou infrarouge, une vibration radiofréquence ou une fréquence ultrasonore.

3º Le dispositif est intégré dans la capsule, qui se compose d'une jupe ou d'une coiffe et d'une tête, ou collé sur le contenant, sans que cela contrevienne aux règles relatives à l'apposition de marques fiscales. Le dispositif peut, dans les mêmes conditions, être

collé à cheval sur la bouteille et la capsule. Il intègre une sécurité, apparente ou dissimulée, permettant de lutter contre la fraude en empêchant de le violer, de le reproduire et de le repositionner.

CHAPITRE IV **DISPOSITIONS PARTICULIÈRES AUX APPELLATIONS D'ORIGINE** *(Décr. n° 2008-998 du 23 sept. 2008)*.

(Décr. n° 2008-998 du 23 sept. 2008)

SECTION 1 **Dispositions communes aux conditions de contrôle**

Art. D. 644-1 **I. — Tout opérateur souhaitant intervenir pour tout ou partie dans la production, la transformation, l'élaboration ou le conditionnement d'un produit à appellation d'origine est tenu de déposer une déclaration d'identification, notamment en vue de son habilitation prévue à l'article L. 641-5. Si l'opérateur intervient pour plusieurs appellations d'origine, il doit déposer une déclaration d'identification par appellation d'origine.**

II. — La réception et l'enregistrement de la déclaration d'identification sont réalisés par l'organisme de défense et de gestion reconnu pour l'appellation d'origine.

III. — La déclaration d'identification comporte l'identité du demandeur, les éléments descriptifs des outils de production et l'engagement du demandeur à :

— respecter les conditions de production fixées par le cahier des charges ;

— réaliser des autocontrôles et se soumettre aux contrôles prévus par le plan de contrôle ou le plan d'inspection ;

— supporter les frais liés aux contrôles susmentionnés ;

— accepter de figurer sur la liste des opérateurs habilités ;

— informer l'organisme de défense et de gestion reconnu pour l'appellation d'origine concernée de toute modification le concernant ou affectant ses outils de production ; cette information est transmise immédiatement à l'organisme de contrôle agréé.

Cette déclaration est effectuée selon un modèle fixé par le directeur de l'Institut national de l'origine et de la qualité (INAO), qui comporte notamment une date limite de dépôt.

Art. D. 644-2 **I. — Tout opérateur dont les produits revendiqués en appellation d'origine** *(Abrogé par Décr. n° 2017-775 du 4 mai 2017, art. 3-27°)* **« *contrôlée* » font l'objet d'un prélèvement d'échantillons dans le cadre du contrôle des produits prévu à l'article L. 641-5 est tenu de conserver en l'état les produits auxquels se rapporte ledit prélèvement jusqu'aux résultats de ce contrôle, à l'exception des produits prêts à être mis à la consommation.**

II. — Les dispositions visées au I, éventuellement complétées de dispositions spécifiques, sont mises en application selon les modalités fixées dans le cahier des charges de chaque appellation et dans le plan de contrôle ou le plan d'inspection qui y est associé.

L'opérateur est tenu de conserver ses vins en l'état jusqu'à la date à laquelle l'organisme de contrôle lui communique les résultats des examens analytiques et organoleptiques menés par prélèvements sur échantillons et non jusqu'à la date à laquelle le directeur de l'institut national de l'origine et de la qualité lui notifie, le cas échéant, la sanction prise à la suite de ce contrôle. • CE 19 déc. 2019, n° 418500 B : *Gaz. Pal. 2020, n° 4, p. 40.*

SECTION 2 **Dispositions relatives au contrôle des vins, eaux-de-vie et autres boissons alcoolisées bénéficiant d'une appellation d'origine**

SOUS-SECTION 1 **Dispositions communes**

Art. D. 644-3 **Les opérateurs concernés par plusieurs appellations d'origine contrôlées peuvent demander à un des organismes de défense et de gestion reconnu pour une des appellations concernées ou à une structure commune constituée par ces mêmes organismes de recevoir leur déclaration d'identification pour le compte de ces différentes appellations d'origine contrôlées, à charge pour cet organisme de transmettre les informations recueillies aux autres organismes.**

Art. D. 644-4 A des fins de réalisation de contrôles, le cahier des charges de chaque appellation d'origine contrôlée peut prévoir une période au cours de laquelle les produits ne peuvent circuler entre entrepositaires agréés.

SOUS-SECTION 2 Dispositions applicables aux vins à appellation d'origine contrôlée

Art. D. 644-5 I. – Tout opérateur préalablement habilité et vinifiant une appellation d'origine contrôlée est tenu de présenter une déclaration de revendication selon les modalités et dans les délais fixés dans le cahier des charges.

II. – Les vins ne peuvent être expédiés des chais des opérateurs habilités et commercialisés sous l'appellation d'origine contrôlée concernée avant le dépôt de cette déclaration.

III. – Le volume revendiqué sur la déclaration de revendication détermine le volume maximum pouvant être commercialisé sous l'appellation d'origine contrôlée concernée. Ce volume figure sur la comptabilité matière de l'opérateur.

IV. – La déclaration de revendication mentionne, le cas échéant, les volumes de vins soumis à des mesures de régulation de marché prévues par la réglementation communautaire. Ces volumes de vins ne peuvent pas sortir des chais des opérateurs habilités et être commercialisés sous l'appellation d'origine contrôlée concernée avant la date de levée desdites mesures, fixée par l'organisation interprofessionnelle.

Art. D. 644-6 En vue de la réalisation des contrôles sur les vins à tous les stades de la production, de la transformation, de l'élaboration et du conditionnement, tout opérateur habilité doit tenir informé, selon les modalités prévues dans le cahier des charges et le plan de contrôle ou d'inspection, l'organisme de contrôle agréé :

– lorsque son vin non conditionné fait l'objet d'une transaction ou est prêt à être mis à la consommation ;

– lorsque son vin non conditionné est destiné à une expédition hors du territoire national ;

– lorsque son vin va faire ou a fait l'objet d'un conditionnement.

Pour les vins non conditionnés faisant l'objet d'une transaction, le cahier des charges de chaque appellation peut prévoir l'obligation pour tout opérateur habilité de tenir informé l'organisme de contrôle agréé des retiraisons réalisées pour des volumes inférieurs au volume fixé dans la transaction.

Art. D. 644-7 En vue de la réalisation du contrôle des produits prévu à l'article L. 641-5, les principaux points à contrôler sont établis sur la base d'examens analytiques ou organoleptiques et concernent notamment :

– les vins non conditionnés faisant l'objet d'une transaction entre opérateurs habilités, y compris les vins de base pour mousseux et pétillants ;

– les vins non conditionnés destinés à l'exportation ;

– les vins mousseux ou pétillants conditionnés, après prise de mousse ;

– les vins autres que mousseux ou pétillants, soit prêts à être mis à la consommation, soit avant ou après conditionnement.

Art. D. 644-8 Les déclassements des vins bénéficiant d'une appellation d'origine contrôlée doivent être déclarés auprès de l'organisme de défense et de gestion et auprès de l'organisme de contrôle agréé compétents selon les modalités prévues dans le cahier des charges et le plan de contrôle ou d'inspection.

Art. D. 644-9 Lorsque des vins bénéficiant d'une appellation d'origine contrôlée sont commercialisés dans une appellation plus générale, selon les dispositions de l'article L. 644-7, l'opérateur concerné en informe l'organisme de défense et de gestion et l'organisme de contrôle agréées selon les modalités prévues dans le cahier des charges. L'organisme de défense et de gestion récapitule régulièrement les volumes concernés et en informe l'organisme de défense et de gestion de l'appellation plus générale concernée et l'organisation interprofessionnelle.

SOUS-SECTION 3 Dispositions applicables aux eaux-de-vie bénéficiant d'une appellation d'origine contrôlée

Art. D. 644-10 I. – Tout opérateur préalablement habilité revendiquant une appellation d'origine est tenu de présenter une déclaration d'ouverture des travaux de distillation indiquant les références des matériels de distillation concernés ainsi qu'une déclaration de revendication de cette appellation selon les modalités et dans les délais fixés dans le cahier des charges de l'appellation revendiquée. Cette déclaration de revendication peut être présentée par anticipation et pour une fraction seulement de la production par l'inscription dans le registre de distillation des quantités revendiquées dans l'appellation d'origine considérée. Ces déclarations ainsi que l'inscription éventuelle dans le registre précité sont obligatoirement tenues à la disposition de l'organisme de défense et de gestion de l'appellation considérée et de l'organisme de contrôle agréé.

II. – Les eaux-de-vie ne peuvent être expédiées des chais des opérateurs habilités et commercialisés sous l'appellation d'origine avant cette déclaration de revendication.

III. – Le volume d'alcool pur revendiqué sur la déclaration de revendication détermine le volume d'alcool pur maximum pouvant être commercialisé sous l'appellation d'origine concernée. Ce volume figure sur la comptabilité matière de l'opérateur.

(Décr. nº 2010-1438 du 22 nov. 2010) « IV. – La déclaration de revendication mentionne, le cas échéant, le volume d'eau-de-vie soumis à des mesures de gestion interprofessionnelle rendues obligatoires. Ce volume ne peut sortir des chais des opérateurs habilités et être commercialisé sous l'appellation d'origine contrôlée concernée qu'en application des modalités et dans les délais fixés par l'organisation interprofessionnelle. »

Art. D. 644-11 En vue de la réalisation des contrôles sur les eaux-de-vie à tous les stades de la production, transformation, élaboration et éventuellement du conditionnement, tout opérateur habilité ou, par délégation, l'organisme local mandaté par la direction générale des douanes et droits indirects pour suivre le vieillissement de l'appellation doit tenir à la disposition de l'organisme de contrôle agréé les éléments relatifs à la circulation des eaux-de-vie à destination d'un autre opérateur habilité ou leur mise à la consommation directe.

Art. D. 644-12 En vue de la réalisation du contrôle des produits prévus à l'article L. 641-5, les principaux points à contrôler sont établis sur la base d'examens analytiques ou organoleptiques et concernent notamment :

– les eaux-de-vie nouvelles ;

– les eaux-de-vie non conditionnées circulant entre opérateurs habilités ;

– les eaux-de-vie prêtes à la mise à la consommation, éventuellement après conditionnement.

SOUS-SECTION 4 Dispositions applicables aux produits cidricoles bénéficiant d'une appellation d'origine contrôlée

Art. D. 644-13 I. – L'opérateur adresse, le cas échéant, à l'organisme de défense et de gestion une déclaration préalable de non-intention de production qui peut porter sur tout ou partie de son outil de production. En l'absence d'une telle déclaration, il est redevable des frais occasionnés par tout contrôle au titre des règles relatives au cycle de production effectué sur tout ou partie de son outil de production. Les modalités de dépôt de ladite déclaration sont définies dans le cahier des charges de chaque appellation.

II. – L'organisme de défense et de gestion en informe l'organisme de contrôle agréé. L'opérateur ne peut pas utiliser, sous quelque forme ou dans quelque but que ce soit, la mention "appellation d'origine" pour la production concernée réalisée au cours de cette période.

III. – La reprise, totale ou partielle, de la production visée par la déclaration de non-intention prévue au I du présent article doit être précédée d'une déclaration préalable, selon les modalités fixées dans le cahier des charges de chaque appellation. L'organisme de défense et de gestion en informe l'organisme de contrôle agréé.

Art. D. 644-14 I. – Tout opérateur préalablement habilité procédant à l'embouteillage d'un lot de cidres ou poirés ou à l'élaboration de pommeau est tenu de présenter une déclaration de revendication selon les modalités et dans les délais fixés dans le cahier des charges.

Les produits concernés ne peuvent être commercialisés sous l'appellation d'origine contrôlée concernée avant le dépôt de cette déclaration.

II. – Le volume revendiqué sur cette déclaration détermine le volume maximum pouvant être commercialisé sous l'appellation d'origine contrôlée concernée. Ce volume figure sur la comptabilité matière de l'opérateur.

Art. D. 644-15 En vue de la réalisation du contrôle des produits prévu à l'article L. 641-5, les principaux points à contrôler sont établis sur la base d'examens analytiques ou organoleptiques et portent notamment sur les produits embouteillés.

SECTION 3 Dispositions applicables aux appellations d'origine laitières, agroalimentaires et forestières

Art. D. 644-16 Tout opérateur adresse, le cas échéant, à l'organisme de défense et de gestion une déclaration préalable de non-intention de production pour une appellation d'origine donnée qui peut porter sur tout ou partie de son outil de production. En l'absence d'une telle déclaration, l'opérateur est redevable des frais occasionnés par tout contrôle effectué sur tout ou partie de son outil de production. L'organisme de défense et de gestion en informe l'organisme de contrôle agréé.

L'opérateur adresse à l'organisme de défense et de gestion une déclaration préalable de reprise de la production. L'organisme de défense et de gestion en informe l'organisme de contrôle agréé.

L'opérateur ne peut pas utiliser, sous quelque forme ou dans quelque but que ce soit, la mention "appellation d'origine" pour la production concernée réalisée au cours de cette période.

Art. D. 644-17 Tout opérateur habilité produisant une appellation d'origine laitière, agroalimentaire ou forestière est tenu de déposer auprès de l'organisme de défense et de gestion au moins tous les ans ou par campagne les déclarations nécessaires à la connaissance et au suivi des productions, des récoltes et des produits destinés à être commercialisés en appellation d'origine, selon les modalités et délais fixés dans le cahier des charges.

Art. D. 644-18 A des fins de contrôle, une appellation d'origine laitière, agroalimentaire ou forestière fixe le cas échéant une période durant laquelle les produits ne peuvent pas être commercialisés.

CHAPITRE V DISPOSITIONS PARTICULIÈRES RELATIVES AUX CONDITIONS DE PRODUCTION POUR LE SECTEUR DES VINS, EAUX-DE-VIE ET AUTRES BOISSONS ALCOOLISÉES BÉNEFICIANT D'UNE APPELLATION D'ORIGINE

(Décr. n° 2008-998 du 23 sept. 2008)

Les art. D. 644-19 à D. 644-49 deviennent les art. D. 645-1 à D. 645-31 (Décr. n° 2010-1438 du 22 nov. 2010, art. 2, JO 24 nov.).

Art. D. 645-1 Le cahier des charges d'un vin, d'une eau-de-vie ou d'une autre boisson alcoolisée bénéficiant d'une appellation d'origine contrôlée est constitué des dispositions générales figurant dans le présent chapitre et des dispositions particulières établies pour chaque appellation d'origine contrôlée.

SECTION 1 Dispositions générales applicables aux vins à appellation d'origine contrôlée

SOUS-SECTION 1 Aire de production

Apports organiques

Art. D. 645-2 L'utilisation des composts et déchets organiques ménagers, des boues de station d'épuration autres que celles des installations vitivinicoles, seuls ou en mélange, n'est autorisée, sur les parcelles plantées en vignes, incluses dans l'aire parcellaire délimitée ou figurant sur la liste des parcelles identifiées d'un vin à appellation d'origine contrôlée, que si ces produits et leurs mises en œuvre répondent à des condi-

tions fixées par appellation, dans le cahier des charges, sur proposition du comité national des vins, eaux-de-vie et autres boissons alcoolisées de l'Institut national de l'origine et de la qualité, après avis d'experts nommés par ce même comité.

SOUS-SECTION 2 Conduite du vignoble

Art. D. 645-3 **I. – Une parcelle de vigne est présumée être conduite selon les conditions s'appliquant au vignoble prévues dans le cahier des charges de l'appellation d'origine contrôlée à laquelle les vins qui en sont issus peuvent prétendre.**

Cette présomption est écartée :

– si l'opérateur renonce à la production de cette appellation d'origine contrôlée selon les dispositions prévues dans le cahier des charges *(Décr. n° 2009-1497 du 4 déc. 2009)* **« ou, en l'absence de telles dispositions, par déclaration faite auprès de l'organisme de défense et de gestion au plus tard le 31 juillet précédant la récolte » ;**

– ou si l'opérateur a déclaré préalablement l'affectation de cette parcelle en vue d'une autre production vitivinicole.

II. – Lorsque, pour une même parcelle de vigne, plusieurs appellations d'origine sont susceptibles d'être revendiquées, cette parcelle est présumée être conduite selon les conditions de production s'appliquant au vignoble les plus restrictives prévues dans les cahiers des charges des appellations concernées.

Cette présomption est écartée :

– pour l'appellation (ou les appellations) la plus restrictive si l'opérateur renonce à la production de cette appellation d'origine contrôlée selon les dispositions prévues dans le cahier des charges *(Décr. n° 2009-1497 du 4 déc. 2009)* **« ou, en l'absence de telles dispositions, par déclaration faite auprès de l'organisme de défense et de gestion au plus tard le 31 juillet précédant la récolte » ;**

– si l'opérateur a déclaré préalablement l'affectation de cette parcelle en vue de la production d'une des appellations d'origine contrôlées susceptibles d'être revendiquées ;

– ou si l'opérateur a déclaré préalablement l'affectation de cette parcelle en vue d'une autre production vitivinicole.

Art. D. 645-4 **Pour toute parcelle présentant des pieds de vigne morts ou manquants, le rendement autorisé en application des dispositions de l'** *(Décr. n° 2013-1051 du 22 nov. 2013, art. 6-I)* **« article D. 645-7 » et entrant dans le calcul du volume pouvant être revendiqué en appellation d'origine contrôlée est réduit proportionnellement au pourcentage de pieds morts ou manquants.**

Le calcul du pourcentage de pieds morts ou manquants est effectué à partir du rapport entre le nombre de pieds de vigne morts ou manquants sur une parcelle et le nombre de pieds plantés lors de la mise en place de ladite parcelle.

La réduction susmentionnée est effective dès lors que le pourcentage de pieds morts ou manquants dépasse un pourcentage prévu dans le cahier des charges de l'appellation d'origine contrôlée.

Les opérateurs établissent la liste des parcelles présentant un pourcentage de pieds de vigne morts ou manquants justifiant une réduction de rendement en indiquant pour chaque parcelle le taux de pieds morts ou manquants.

Art. D. 645-5 **I. – L'irrigation des vignes aptes à la production de vins à appellation d'origine contrôlée est interdite du 1er mai à la récolte.**

(Décr. n° 2017-1327 du 8 sept. 2017, art. 1er) **« II. – Par dérogation au I, lorsque le cahier des charges de l'appellation d'origine contrôlée le prévoit, l'irrigation des vignes peut être autorisée pour une récolte déterminée en compensation du stress hydrique dès lors que celui-ci est susceptible de remettre en cause la qualité de la production viticole. »**

Cette autorisation est délivrée par décision du directeur de l'Institut national de l'origine et de la qualité après avis du comité régional de l'Institut national de l'origine et de la qualité compétent.

L'organisme de défense et de gestion de l'appellation d'origine contrôlée concernée effectue une demande de possibilité d'irrigation précisant la durée souhaitée de celle-ci auprès du directeur de l'Institut national de l'origine et de la qualité. Cette demande est accompagnée d'une étude réalisée sur un référentiel de parcelles aptes à la produc-

tion de vin de ladite appellation, présentant notamment la situation climatique et géographique des vignes ainsi que, le cas échéant, leur encépagement.

III. — Lorsque l'irrigation est possible en application du II, tout producteur irriguant des parcelles aptes à la production de vins à appellation d'origine contrôlée le déclare auprès de l'organisme de contrôle agréé compétent, au plus tard *(Décr. n° 2017-1327 du 8 sept. 2017, art. 1er)* « deux jours avant » leur irrigation, selon les modalités fixées dans le plan de contrôle ou le plan d'inspection. Cette déclaration précise notamment la désignation, la superficie et l'encépagement des parcelles ainsi que la nature des installations d'irrigation.

(Abrogé par Décr. n° 2017-1327 du 8 sept. 2017, art. 1er) « IV. — Les installations d'irrigation fixes situées à l'intérieur de parcelles de vignes aptes à la production de vins à appellation d'origine contrôlées ne doivent pas être enterrées. »

V. — Des règles plus restrictives peuvent être fixées dans le cahier des charges d'une appellation d'origine contrôlée.

(Décr. n° 2017-1327 du 8 sept. 2017, art. 1er) « VI. — Le plan de contrôle ou d'inspection de l'appellation d'origine contrôlée concernée fixe les modalités de contrôle du présent article.

« VII. — Dans le cas où une dérogation est accordée par l'Institut national de l'origine et de la qualité, ce dernier en informe sans délai le préfet ainsi que les autorités compétentes en matière de police de l'eau et des milieux aquatiques pour le ou les départements concernés. »

SOUS-SECTION 3 Dispositions relatives à la maturité

Art. D. 645-6 I. — Lorsque le cahier des charges de l'appellation prévoit qu'une date de début des vendanges est fixée, le préfet fixe cette date par arrêté, sur proposition des services de l'Institut national de l'origine et de la qualité, après avis de l'organisme de défense et de gestion reconnu pour l'appellation d'origine contrôlée concernée, en tenant compte de l'encépagement et de la situation des vignes.

Des dérogations individuelles à l'exigence relative à la date fixée par l'arrêté précité peuvent être accordées par les services de l'Institut national de l'origine et de la qualité, après constat de maturité des vignes en cause.

II. — Une parcelle ou partie de parcelle ne peut être vendangée que si les raisins devant être récoltés présentent une richesse en sucre supérieure ou égale à la richesse minimale en sucre exprimée en grammes par litre de moût fixée dans le cahier des charges de l'appellation.

III. — Les vins destinés à la production d'appellations d'origine contrôlées doivent respecter un titre alcoométrique volumique naturel minimum fixé dans le cahier des charges de chaque appellation.

Avant toute sortie du chai de vinification, le titre alcoométrique volumique naturel minimum correspond à la moyenne des titres alcoométriques volumiques naturels minimum des vins d'une appellation d'origine contrôlée donnée pour la couleur et le type de produit considérés.

SOUS-SECTION 4 Rendement des vignobles produisant des vins à appellation d'origine contrôlée

Art. D. 645-7 I. — Le rendement fixé dans le cahier des charges d'une appellation d'origine contrôlée correspond à la quantité maximale de raisins ou l'équivalent en volume de vin ou de moût récolté par hectare de vigne pour lequel l'appellation peut être revendiquée dans la déclaration de récolte. Il est exprimé soit en kilogrammes de raisins par hectare, soit en hectolitres de moût par hectare, soit en hectolitres de vin par hectare.

Dans ces deux derniers cas, ce volume s'entend après séparation des lies et bourbes. On entend par lies et bourbes les sous-produits de la vinification tels que définis dans le règlement communautaire portant organisation commune du marché viti-vinicole.

II. — Pour une récolte déterminée, compte tenu notamment des caractéristiques de la récolte :

a) Le rendement mentionné au I peut être :

1. Diminué ;

2. Diminué, avec possibilité de revendication individuelle pour un volume supérieur ;

3. Augmenté dans la limite du rendement butoir inscrit dans le cahier des charges de l'appellation d'origine contrôlée concernée ;

4. Augmenté pour certains opérateurs, dans la limite du rendement butoir inscrit dans le cahier des charges de l'appellation d'origine contrôlée concernée, sur demande individuelle dûment justifiée auprès des services de l'Institut national de l'origine et de la qualité, et après enquête desdits services.

b) Un volume substituable individuel, supérieur au rendement déterminé en application du I ou du *a* ci-dessus, peut être fixé dans la limite du rendement butoir mentionné dans le cahier des charges de l'appellation d'origine contrôlée concernée.

(Décr. n° 2013-1051 du 22 nov. 2013, art. 2) « *c)* Pour les vins figurant sur la liste mentionnée à l'article D. 645-7-1 et en l'absence de volume substituable individuel un volume complémentaire individuel peut être fixé. Ce volume complémentaire, ajouté au rendement déterminé en application du I ou du *a* du II, ne peut toutefois pas conduire au dépassement du rendement butoir inscrit au cahier des charges de l'appellation d'origine contrôlée concernée ou du volume complémentaire individuel total maximum de vins pouvant être stockés par un producteur donné fixé, pour chacune d'entre elles, par *(Décr. n° 2015-1061 du 25 août 2015, art. 1er)* « la liste mentionnée au troisième » alinéa du I de l'article D. 645-7-1.

« III. — La modification de rendement et le volume substituable individuel mentionnés au II sont fixés par décision du comité national des appellations d'origine relatives aux vins et aux boissons alcoolisées, et des eaux-de-vie de l'Institut national de l'origine et de la qualité, prise après avis de l'organisme de défense et de gestion de l'appellation d'origine contrôlée concernée.

« Le volume complémentaire individuel, mentionné au *c* du II, est fixé, sur demande de l'organisme de défense et de gestion de l'appellation d'origine contrôlée concernée, par décision du comité national des appellations d'origine relatives aux vins et aux boissons alcoolisées, et des eaux-de-vie de l'INAO, après avis du comité régional de l'INAO concerné.

« La demande de l'organisme de défense et de gestion comporte une argumentation technique fondée sur les caractéristiques de la récolte ainsi que sur l'avis motivé de l'interprofession compétente lorsqu'elle existe. Cet avis est réputé favorable si l'interprofession n'a pas répondu à la demande de l'organisme de défense et de gestion dans un délai de cinq semaines à compter de sa saisine.

« Les décisions mentionnées aux deux premiers alinéas sont approuvées par arrêtés conjoints des ministres concernés, conformément à l'article R. 642-7. »

(Décr. n° 2010-1438 du 22 nov. 2010) « IV. — Pour les vins de liqueur d'appellation d'origine contrôlée obtenus par addition d'eaux-de-vie de vin ou de marc de raisins, le cahier des charges peut fixer des rendements exprimés en moût destiné à l'élaboration des vins de l'appellation d'origine contrôlée et en vins de liqueur pouvant bénéficier de l'appellation d'origine contrôlée par hectare de vigne. »

(Décr. n° 2017-1327 du 8 sept. 2017, art. 2) « V. — Lorsque l'irrigation des vignes est autorisée en application de l'article D. 645-5, le rendement des parcelles irriguées correspond au rendement fixé par le cahier des charges de l'appellation d'origine contrôlée concernée conformément au I. Toutefois, dans les cas prévus aux 1° et 2° du *a* du II, le rendement des parcelles irriguées ne peut dépasser le rendement fixé pour l'appellation d'origine contrôlée concernée pour la récolte déterminée. »

Pour les récoltes 2023, 2024 et 2025, et par dérogation au c du II de l'art. D. 645-7, pour les vins figurant sur la liste mentionnée à l'art. D. 645-7, un volume complémentaire individuel et un volume substituable individuel peuvent être fixés concomitamment. Toutefois, les opérateurs ne peuvent constituer un volume complémentaire individuel et un volume substituable individuel au titre d'une même récolte (Décr. n° 2024-57 du 30 janv. 2024, JO 31 janv.).

Art. D. 645-7-1 *(Décr. n° 2013-1051 du 22 nov. 2013, art. 3)* I. — Le volume complémentaire individuel mentionné au *c* du II de l'article D. 645-7 peut être fixé pour *(Décr. n° 2022-1594 du 20 déc. 2022, art. 1er)* « des vins de base destinés à l'élaboration de vins mousseux ou pétillants, » *(Décr. n° 2020-1813 du 30 déc. 2020, art. 1er)* « des vins rosés tranquilles, » *(Décr. n° 2015-1061 du 25 août 2015, art. 2)* « des vins rouges tranquilles ou » des vins blancs tranquilles, *(Abrogé par Décr. n° 2024-55 du*

30 janv. 2024, art. 1er) **« autres que ceux issus de raisins récoltés à surmaturité et manuellement par tries successives, » bénéficiant d'une appellation d'origine contrôlée.**

Sur demande de l'organisme de défense et de gestion de l'appellation d'origine contrôlée concerné, les vins pour lesquels un volume complémentaire individuel peut être constitué sont inscrits sur une liste établie par le comité national des appellations d'origine relatives aux vins et aux boissons alcoolisées, et des eaux-de-vie de l'INAO, après avis du comité régional de l'INAO concerné, et approuvée par décret, conformément à l'article L. 640-3.

Cette liste précise *(Décr. no 2015-1061 du 25 août 2015, art. 2)* **« , pour chaque couleur de vins, » le volume complémentaire individuel maximum de l'appellation pouvant être fixé pour une récolte donnée ainsi que le volume complémentaire individuel total maximum de vins pouvant être stockés par un producteur donné.**

La demande de l'organisme de défense et de gestion précise *(Décr. no 2015-1061 du 25 août 2015, art. 2)* **« , pour chaque couleur de vins, » les objectifs, les justifications techniques de la constitution d'un volume complémentaire individuel ainsi que le volume complémentaire individuel maximum de l'appellation pouvant être fixé pour une récolte donnée et le volume complémentaire individuel total maximum de vins pouvant être stockés par un producteur donné qu'il est proposé de fixer.**

La demande comporte l'avis motivé de l'interprofession compétente lorsqu'elle existe. Cet avis est réputé favorable si l'interprofession n'a pas répondu à la demande de l'organisme de défense et de gestion dans un délai de trois mois à compter de sa saisine.

La demande prévoit, en outre, la mise en place d'un suivi des rendements, du volume complémentaire individuel constitué chaque année, du volume complémentaire individuel total de vins pouvant être stockés par un producteur et de la libération ou de la destruction de ce(s) volume(s).

L'organisme de défense et de gestion fournit annuellement les données issues de ce suivi au comité national des appellations d'origine relatives aux vins et aux boissons alcoolisées, et des eaux-de-vie de l'INAO, qui évalue la mise en œuvre des conditions d'application des volumes complémentaires individuels, et aux organismes de contrôle dans le cadre de la mise en œuvre du plan de contrôle ou d'inspection.

Les modalités de contrôle de ces volumes et des dispositions relatives à la constitution d'un volume complémentaire individuel, prévues dans un projet de plan de contrôle ou d'inspection de l'appellation d'origine contrôlée concernée, sont jointes à la demande.

II. — Le non-respect par l'organisme de défense et de gestion des dispositions mentionnées au septième alinéa du I et les éléments recueillis au cours du suivi peuvent entraîner, sur proposition du comité national des appellations d'origine relatives aux vins et aux boissons alcoolisées, et des eaux-de-vie de l'INAO, le retrait de l'appellation d'origine de la liste prévue au deuxième alinéa du I ou la modification du volume complémentaire individuel maximal de l'appellation pouvant être fixé pour une récolte donnée ou du volume complémentaire individuel total maximum de vins pouvant être stockés par un producteur donné.

La totalité des volumes complémentaires individuels pour cette appellation d'origine contrôlée, en cas de retrait, ou les vins stockés qui dépassent les nouveaux volumes maximaux, en cas de modification des volumes maximaux initiaux, sont libérés dans les conditions prévues au 2° de l'article D. 645-15-2 ou détruits dans les conditions prévues à l'article D. 645-15-3, avant le 15 décembre qui suit la publication du décret approuvant ce retrait ou cette modification. — *V. Décr. no 2015-1261 du 9 oct. 2015 fixant la liste des vins de base destinés à l'élaboration de vins mousseux ou pétillants, des vins rosés tranquilles, des vins rouges tranquilles et des vins blancs tranquilles bénéficiant d'une appellation d'origine protégée pour lesquels un volume complémentaire individuel peut être constitué (JO 11 oct.), mod. par Décr. no 2015-1590 du 4 déc. 2015 (JO 6 déc.), Décr. no 2016-1339 du 7 oct. 2016 (JO 9 oct.), Décr. no 2017-1597 du 21 nov. 2017 (JO 23 nov.), Décr. no 2018-1103 du 7 déc. 2018 (JO 9 déc.), Décr. no 2019-1315 du 6 déc. 2019 (JO 8 déc.), Décr. no 2020-1813 du 30 déc. 2020 (JO 31 déc.), Décr. no 2021-1573 du 3 déc. 2021 (JO 5 déc.), Décr. no 2022-1577 du 16 déc. 2022 (JO 17 déc.), Décr. no 2024-56 du 30 janv. 2024 (JO 31 janv.).*

SOUS-SECTION 5 Dispositions relatives aux jeunes vignes et aux vignes surgreffées

Art. D. 645-8 Les raisins obtenus sur les parcelles de jeunes vignes situées à l'intérieur de la zone de production des raisins d'une appellation d'origine contrôlée et répondant aux conditions d'encépagement définies dans le cahier des charges ne peuvent être utilisés pour produire du vin :

a) L'année de la plantation en place avant le 31 juillet et l'année suivante, dans le cas d'utilisation de greffés-soudés ou de plants francs de pied ;

b) L'année du greffage sur place ou du surgreffage réalisé avant le 31 juillet, dans le cas d'utilisation de plants racinés de porte-greffe ou du surgreffage.

Les produits issus de ces raisins ne peuvent circuler qu'à destination de la destruction par envoi aux usages industriels.

SOUS-SECTION 6 Dispositions relatives à l'augmentation du titre alcoométrique volumique des raisins aptes à la production de vin à appellation d'origine contrôlée et des vins à appellation d'origine contrôlée

Art. D. 645-9 I. — Il est interdit d'augmenter par adjonction de moût de raisins concentré le titre alcoométrique volumique naturel des raisins frais, du moût de raisins, du moût de raisins partiellement fermenté ou du vin nouveau encore en fermentation, aptes à la production ou à l'élaboration des vins d'appellation d'origine contrôlée.

II. — L'augmentation du titre alcoométrique volumique naturel des raisins aptes à la production d'un vin à appellation d'origine contrôlée ne peut être réalisée que par concentration naturelle selon les conditions particulières décrites dans le cahier des charges de l'appellation concernée.

III. — La concentration partielle de moûts de raisins aptes à la production ou à l'élaboration d'un vin à appellation d'origine contrôlée ne peut être autorisée pour une récolte déterminée que dans la mesure où le cahier des charges de l'appellation d'origine contrôlée concernée le prévoit.

IV. — Les contenants ne présentant pas le titre alcoométrique volumique naturel minimum fixé dans le cahier des charges ne peuvent faire l'objet d'aucun enrichissement. Toutefois, à titre dérogatoire pour les appellations d'origine contrôlées relevant des comités régionaux Provence-Corse, Vallée du Rhône (à l'exception des appellations d'origine contrôlées "Château Grillet", "Condrieu", "Cornas", "Côte Rôtie", "Crozes-Hermitage", "Hermitage", "Saint-Joseph", "Saint-Peray", "Châtillon-en-Diois", "Clairette de Die", "Crémant de Die", "Coteaux de Die"), Languedoc-Roussillon, Val de Loire, Sud-Ouest et Toulouse-Pyrénées (à l'exception des appellations d'origine contrôlées "Béarn", "Irouléguy", "Jurançon", "Madiran", "Pacherenc de Vic Bilh"), les contenants présentant un titre alcoométrique inférieur au titre alcoométrique naturel minimum et élaborés à partir de raisins respectant la richesse minimale en sucres prévue dans le cahier des charges de chaque appellation peuvent faire l'objet d'un enrichissement.

V. — Le titre alcoométrique volumique total maximum après enrichissement s'applique au stade de la vinification et aux contenants ayant fait l'objet d'un enrichissement.

Les opérateurs ayant recours à l'enrichissement pour une partie de leurs vins à appellation d'origine contrôlée devront conserver séparément les vins enrichis et les vins non enrichis dépassant le titre alcoométrique volumique total maximum après enrichissement jusqu'à la rédaction de la déclaration de revendication.

Toutefois, les vins enrichis et les vins non enrichis dépassant le titre alcoométrique volumique total maximum après enrichissement pourront être assemblés avant la rédaction de la déclaration de revendication à la condition d'indiquer dans le registre des manipulations, pour chaque contenant entrant dans la composition de l'assemblage, les éléments suivants :

— son volume ;

— son titre alcoométrique volumique ;

— le taux d'enrichissement éventuel.

VI. — Les informations contenues dans le registre des manipulations sont tenues à disposition de l'organisme de contrôle agréé selon les modalités prévues dans le plan de contrôle ou d'inspection.

SOUS-SECTION 7 Autres pratiques et traitements œnologiques

Art. D. 645-10 Afin de préserver les caractéristiques essentielles des vins à appellation d'origine contrôlée, les pratiques et traitements œnologiques autorisés en application du règlement portant organisation commune du marché vitivinicole peuvent être interdits, limités ou soumis à des règles restrictives dans le cahier des charges de chaque appellation d'origine contrôlée.

SOUS-SECTION 8 Dispositions relatives à la déclaration de récolte pour les vignobles produisant des vins à appellation d'origine contrôlée

Art. D. 645-11 Les vins déclarés sur la déclaration de récolte sont issus de raisins d'une parcelle totalement vendangée. On entend par parcelle totalement vendangée une parcelle dont tous les raisins ont été récoltés, sans préjudice des tris qualitatifs réalisés à la récolte ou à la réception de la vendange.

Art. D. 645-12 I. – *(Décr. n° 2010-1438 du 22 nov. 2010)* « Il ne peut être déclaré dans la déclaration de récolte, pour les vins produits sur une superficie déclarée de vignes en production, » qu'une seule appellation d'origine contrôlée ou qu'un seul type de produit bénéficiant de la même appellation d'origine contrôlée.

II. – Toutefois, cette disposition n'est pas applicable :

– aux vins à appellation d'origine contrôlée de la région Champagne ;

– aux vins à appellation d'origine contrôlée issus de vendanges récoltées par tries successives, conformément aux dispositions du cahier des charges de ces appellations ;

(Décr. n° 2010-1438 du 22 nov. 2010) « – aux vins doux naturels à appellation d'origine contrôlée pour lesquels la superficie mentionnée au I peut produire du vin doux naturel bénéficiant d'une appellation d'origine contrôlée et du vin sans indication géographique, avec ou sans mention de cépage, dans la limite de 40 hectolitres de moût par hectare ;

« – aux vins à appellation d'origine contrôlée pour lesquels la superficie mentionnée au I peut produire du vin bénéficiant d'une appellation d'origine contrôlée et du vin sans indication géographique appelé "râpé" conformément aux conditions de production fixées dans le cahier des charges de l'appellation considérée. »

Art. D. 645-13 En cas de production ou d'élaboration de vins à partir de moûts ayant fait l'objet d'une concentration partielle, le volume déclaré en récolte totale pour l'appellation d'origine contrôlée concernée s'entend avant élimination du volume d'eau. La mention du volume d'eau éliminée est portée sur la déclaration de récolte.

Lorsque le volume déclaré en récolte totale est supérieur au volume pouvant être déclaré dans la limite du rendement autorisé en application de l'*(Décr. n° 2013-1051 du 22 nov. 2013, art. 6-I)* « article D. 645-7 », et sous réserve du respect du rendement butoir fixé dans le cahier des charges de l'appellation d'origine contrôlée concernée, l'élimination du volume d'eau par concentration correspondant à tout ou partie de l'excédent est considérée comme satisfaisant aux obligations de livraison prévues à l'*(Décr. n° 2013-1051 du 22 nov. 2013, art. 6-II)* « article D. 645-14 ».

Lorsque le volume déclaré en récolte totale est supérieur au volume pouvant être déclaré dans la limite du rendement butoir, le volume de vin excédentaire est livré en vue de sa destruction par envoi aux usages industriels en application de l'*(Décr. n° 2013-1051 du 22 nov. 2013, art. 6-II)* « article D. 645-14 ».

Art. D. 645-14 I. – Les produits récoltés en dépassement du rendement autorisé en application des dispositions de l'*(Décr. n° 2013-1051 du 22 nov. 2013, art. 6-I)* « article D. 645-7 » sont livrés, sous forme de lies ou de vins, et détruits par envoi aux usages industriels avant le 15 décembre de l'année suivant celle de la récolte, sur engagement de l'opérateur au moment du dépôt de la déclaration de récolte, et sans que celui-ci puisse prétendre à une quelconque rémunération.

II. – Les vins livrés doivent présenter un titre alcoométrique volumique total correspondant au moins à la richesse minimum en sucres fixée dans le cahier des charges de l'appellation d'origine contrôlée concernée. Le taux de conversion appliqué pour déterminer ce titre alcoométrique volumique total est fixé à dix-sept grammes de sucres pour 1 % d'alcool pour les vins blancs et rosés et à dix-huit grammes de sucres pour

1 % d'alcool pour les vins rouges. La preuve de destruction est constituée par l'attestation de livraison des vins aux usages industriels établie par le transformateur et par le document d'accompagnement à la destruction des volumes en cause. Ces documents sont tenus à disposition de l'organisme de contrôle agréé selon les modalités fixées dans le plan de contrôle ou le plan d'inspection.

Le respect de ces conditions ne dispense pas des obligations communautaires relatives à la distillation.

Art. D. 645-15 I. – Un opérateur peut revendiquer le droit à l'appellation d'origine contrôlée pour un volume substituable individuel autorisé en application du II de l'*(Décr. n° 2013-1051 du 22 nov. 2013, art. 6-I)* « article D. 645-7 » sous réserve que soit détruit par envoi aux usages industriels un volume de vin équivalent de la même appellation et de la même couleur de millésimes antérieurs, produit sur la même exploitation, et ce avant le 31 juillet de l'année suivant celle de la récolte.

II. – La preuve de destruction est constituée par l'attestation de livraison des vins aux usages industriels établie par le transformateur et par le document d'accompagnement à la destruction des volumes concernés.

Dans la rubrique "désignation du produit" de ce dernier document, le millésime de l'appellation d'origine contrôlée distillée figure immédiatement après la mention "VSI". Ces documents sont tenus à disposition de l'organisme de contrôle agréé selon les modalités fixées dans le plan de contrôle ou le plan d'inspection.

Art. D. 645-15-1 *(Décr. n° 2013-1051 du 22 nov. 2013, art. 4)* Pour pouvoir constituer un volume complémentaire individuel en application du c du II de l'article D. 645-7, un producteur doit respecter les obligations suivantes :

– le volume complémentaire individuel constitué figure sur sa déclaration de récolte ;

– le volume de vins stockés au titre du volume complémentaire individuel figure sur la déclaration de stock ;

– la capacité de cuverie du producteur est au moins égale à celle figurant dans le cahier des charges de l'appellation d'origine contrôlée concernée, augmentée du volume complémentaire individuel qu'il a constitué ;

– toute opération relative aux volumes complémentaires individuels fait l'objet d'une inscription dans un registre spécifique tenu par le producteur, qui précise notamment les récipients où sont stockés les volumes complémentaires individuels.

Ces documents sont tenus à disposition des services de l'INAO et de l'organisme de contrôle agréé, selon les modalités fixées dans le plan de contrôle ou le plan d'inspection.

Art. D. 645-15-2 *(Décr. n° 2013-1051 du 22 nov. 2013, art. 4)* Les vins *(Abrogé par Décr. n° 2015-1061 du 25 août 2015, art. 3)* *« blancs tranquilles »* stockés au titre du volume complémentaire individuel au cours de l'année précédente sont libérés, en tout ou partie, selon les modalités suivantes :

1° Ces vins sont remplacés, en totalité, pour un volume équivalent, par des vins *(Décr. n° 2015-1061 du 25 août 2015, art. 3)* « de même couleur » de la récolte de l'année, dans la limite du rendement autorisé pour l'appellation d'origine contrôlée concernée, à moins que le comité national des appellations d'origine relatives aux vins et aux boissons alcoolisées, et des eaux-de-vie de l'INAO, après avis de l'organisme de défense et de gestion, décide d'interdire leur remplacement.

Les vins ainsi remplacés sont revendiqués dans l'appellation d'origine contrôlée au titre de laquelle ils ont été constitués au cours de la campagne suivant celle de leur production, sans que le volume total de vins revendiqués au cours de cette campagne puisse dépasser le rendement déterminé en application du I de l'article D. 645-7, modifié, le cas échéant, dans les conditions fixées au *a* du II du même article ;

2° Compte tenu des caractéristiques de la récolte, ces vins peuvent être utilisés, en tout ou partie, en complément ou en substitution de vins issus de la récolte de la campagne en cours.

Le volume de vins non utilisé en complément ou en substitution est remplacé dans les conditions mentionnées au 1°.

Lorsque des vins *(Abrogé par Décr. n° 2015-1061 du 25 août 2015, art. 3)* *« blancs tranquilles »* stockés au titre du volume complémentaire individuel sont revendiqués en substitution des vins de la récolte, ces derniers sont envoyés aux usages industriels

avant le 15 décembre de l'année qui suit celle de la récolte concernée par la substitution.

Les vins stockés au titre du volume complémentaire individuel au cours de l'année précédente ne peuvent être utilisés dans les conditions définies ci-dessus que s'ils figurent dans la déclaration de revendication mentionnée à l'article D. 644-5. Le producteur précise dans la déclaration si le vin est utilisé en complément des vins issus de la récolte de la campagne en cours ou s'il est utilisé en substitution d'une partie de ces vins. Le volume total de vins figurant dans la déclaration ne doit pas dépasser le rendement déterminé en application du I de l'article D. 645-7, modifié, le cas échéant, dans les conditions prévues au *a* du II du même article.

Art. D. 645-15-3 *(Décr. n° 2013-1051 du 22 nov. 2013, art. 4)* **Les vins** *(Abrogé par Décr. n° 2015-1061 du 25 août 2015, art. 4)* ***« blancs tranquilles »*** **stockés au titre du volume complémentaire individuel au cours de l'année précédente sont considérés comme produits en dépassement du rendement jusqu'à leur revendication en appellation d'origine contrôlée dans les conditions prévues à l'article D. 645-15-2.**

A défaut d'être revendiqués, ces vins sont détruits par envoi aux usages industriels au plus tard le 15 décembre de la campagne qui suit celle de la récolte dont ils sont issus. Ces vins ne peuvent être cédés à un autre opérateur.

En cas de réduction de la superficie portée sur la déclaration de récolte *(Décr. n° 2015-1061 du 25 août 2015, art. 4)* **« pour l'appellation d'origine et la couleur » de vin concerné, l'opérateur détruit par envoi aux usages industriels les volumes de vins stockés au titre du volume complémentaire individuel dépassant le volume total pouvant être stocké mentionné à l'article D. 645-7-1, pour l'appellation d'origine contrôlée considérée, au plus tard le 15 décembre de l'année qui suit celle de la récolte dont ils sont issus.**

La preuve de destruction est constituée par l'attestation de livraison des vins aux usages industriels établie par le transformateur et par le document d'accompagnement à la destruction des volumes concernés.

La rubrique "désignation du produit" du document d'accompagnement mentionne le millésime du vin envoyé aux usages industriels immédiatement après la mention "vins destinés aux usages industriels".

Ces documents sont tenus à disposition des services de l'INAO et de l'organisme de contrôle agréé selon les modalités fixées dans le plan de contrôle ou le plan d'inspection.

SOUS-SECTION 9

Art. D. 645-16 **Pour les vins mousseux ou pétillants, les moûts, appelés "rebêches", obtenus en fin de pressurage au-delà du volume pouvant être produit dans la limite du rendement maximum au pressoir autorisé sont séparés des moûts pouvant prétendre à l'appellation d'origine contrôlée concernée.**

Le taux de "rebêches" fixé dans le cahier des charges de chaque appellation d'origine contrôlée est exprimé en pourcentage de la quantité de moûts débourbés pouvant prétendre à l'appellation.

Les "rebêches" et les vins issus des "rebêches" ne peuvent prétendre à une appellation d'origine contrôlée.

L'inscription des vins issus des "rebêches" sur la déclaration de récolte, le carnet de pressoir et, le cas échéant, sur la déclaration de stock, est obligatoire.

SOUS-SECTION 10 Date de mise à la consommation

Art. D. 645-17 **Un vin bénéficiant d'une appellation d'origine contrôlée ne peut être mis en marché à destination du consommateur qu'à partir :**

– du 15 décembre de l'année de récolte ; toutefois, compte tenu de la qualité de la récolte, cette date peut être avancée au 1er décembre par décision du comité régional de l'Institut national de l'origine et de la qualité, après avis de l'organisme de défense et de gestion ;

– d'une date ultérieure fixée dans le cahier des charges *(Abrogé par Décr. n° 2023-834 du 29 août 2023, art. 1er)* ***« , en fonction d'une période d'élevage des vins ».***

Toutefois, dans le cas des vins commercialisés avec la mention *(Décr. n° 2010-1438 du 22 nov. 2010)* « "nouveau", "primeur" ou pour les vins de liqueur "Muscat de Noël" », la date de mise en marché à destination du consommateur est fixée au troisième jeudi du mois de novembre de l'année de récolte.

SOUS-SECTION 11 Conditionnement et stockage

Art. D. 645-18 I. — Est considérée comme préparation à la mise à la consommation la préparation du vin en vue de sa vente en vrac au consommateur ou le préemballage dans les quantités nominales obligatoires d'un volume inférieur ou égal à 60 litres.

II. — Les opérateurs procédant au conditionnement doivent tenir à disposition des organismes de contrôle agréés les informations figurant dans le registre des manipulations prévu par le règlement (CE) n° 884/2001 de la Commission du 24 avril 2001 portant modalités d'application relatives aux documents accompagnant les transports des produits vitivinicoles et aux registres à tenir dans le secteur vitivinicole, ainsi que les analyses effectuées avant ou après conditionnement dans les conditions fixées dans le cahier des charges de l'appellation d'origine contrôlée concernée.

III. — Ces opérateurs conservent des échantillons représentatifs du lot conditionné dans les conditions prévues par le plan de contrôle ou d'inspection.

IV. — Tout opérateur exportant hors du territoire de l'Union européenne un vin à appellation d'origine contrôlée non conditionné doit exiger de l'opérateur destinataire la mise à disposition des informations prévues au II et la transmission des échantillons mentionnés au III, à charge pour l'exportateur de les conserver.

Art. D. 645-18-1 *(Décr. n° 2013-1051 du 22 nov. 2013, art. 5)* Les vins *(Abrogé par Décr. n° 2015-1061 du 25 août 2015, art. 5)* « *blancs tranquilles* » stockés au titre du volume complémentaire individuel, mentionné au *c* du II de l'article D. 645-7, ne font pas l'objet d'un conditionnement.

Ces vins sont séparés des vins bénéficiant de l'appellation d'origine contrôlée concernée, dès le dépôt par le producteur de sa déclaration de récolte pour une campagne déterminée et jusqu'au dépôt de sa déclaration de revendication pour la campagne suivante.

Toutefois, il est admis qu'un récipient n'ayant pu être rempli entièrement avec des vins bénéficiant de l'appellation d'origine contrôlée contienne également des vins stockés au titre du volume complémentaire individuel. Cette situation ne vaut que pour un seul récipient par appellation d'origine contrôlée et est dûment inscrite dans les registres prévus par la réglementation vitivinicole et par le cahier des charges de l'appellation d'origine contrôlée concernée ainsi que dans le registre prévu à l'article D. 645-15-1. — *V. toutefois, par dérogation, Décr. n° 2021-1629 du 10 déc. 2021 portant expérimentation de la mise en bouteille du volume complémentaire individuel pour des vins d'appellations d'origine (JO 12 déc.).*

Art. D. 645-18-2 *(Décr. n° 2013-1051 du 22 nov. 2013, art. 5)* Lorsque les vins stockés au titre du volume complémentaire individuel sont remplacés dans les conditions mentionnées à l'article D. 645-15-2, le nouveau volume complémentaire individuel de l'exploitant correspond au volume de vin remplacé, auquel peut s'ajouter un volume supplémentaire qui ne peut excéder le volume complémentaire fixé par l'arrêté mentionné au dernier alinéa du III de l'article D. 645-7, le total ne pouvant dépasser le volume total de vins pouvant être stockés mentionné au I de l'article D. 645-7-1.

SOUS-SECTION 12 Obligations déclaratives

Art. D. 645-19 I. — Lorsque, pour une même parcelle de vigne, plusieurs appellations d'origine contrôlées sont susceptibles d'être revendiquées, cette parcelle ne peut faire l'objet que d'une seule déclaration préalable d'affectation parcellaire.

II. — Lorsque le cahier des charges d'une appellation d'origine contrôlée prévoit, en application de l'article *(Décr. n° 2017-1771 du 27 déc. 2017, art. 21-1°)* « L. 642-1 », une obligation de déclaration préalable d'affectation parcellaire et que, pour une même parcelle de vigne, plusieurs appellations d'origine contrôlées sont susceptibles d'être revendiquées, cette parcelle est présumée être conduite conformément au cahier des charges de l'appellation pour laquelle elle a été déclarée. *(Décr. n° 2009-1497 du 4 déc.*

2009) « Cette présomption est écartée si l'opérateur renonce à produire cette appellation selon les modalités fixées dans le cahier des charges de celle-ci ou, en l'absence de telles dispositions, par déclaration faite auprès de l'organisme de défense et de gestion au plus tard le 31 juillet précédant la récolte ».

III. — Lorsqu'une parcelle a fait l'objet d'une déclaration préalable d'affectation parcellaire au titre d'une appellation d'origine contrôlée, elle ne peut être revendiquée qu'au titre de cette appellation ou d'une appellation d'origine contrôlée plus générale, selon les modalités qui peuvent être définies dans le cahier des charges de celle-ci.

IV. — Dans les vignobles produisant à la fois des vins pour l'élaboration d'eaux-de-vie d'appellation d'origine et des moûts pour l'élaboration de vins de liqueur d'appellation d'origine contrôlée, lorsqu'une parcelle a fait l'objet d'une déclaration préalable d'affectation parcellaire au titre d'une appellation d'origine contrôlée, elle ne peut être revendiquée qu'au titre de cette appellation ou selon les modalités définies dans le cahier des charges de l'appellation n'ayant pas fait l'objet de la déclaration préalable.

SECTION 2 Dispositions générales applicables aux eaux-de-vie

SOUS-SECTION 1

Art. D. 645-20 Les seuls produits destinés à la consommation humaine directe font l'objet d'un vieillissement pour les eaux-de-vie vieillies ou de maturation pour les eaux-de-vie blanches avant leur mise à la consommation, pendant une période minimale fixée par le cahier des charges.

SOUS-SECTION 2 Dispositions applicables aux eaux-de-vie de vin

Art. D. 645-21 I. — Lorsque, pour une même parcelle de vigne, plusieurs appellations d'origine sont susceptibles d'être revendiquées, cette parcelle ne peut faire l'objet que d'une seule déclaration préalable d'affectation parcellaire.

II. — Lorsque le cahier des charges d'une appellation d'origine contrôlée prévoit, en application de l'article *(Décr. nº 2017-1771 du 27 déc. 2017, art. 21-1º)* « L. 642-1 », une obligation de déclaration préalable d'affectation des parcelles et que, pour une même parcelle de vigne, plusieurs appellations d'origine sont susceptibles d'être revendiquées, cette parcelle est présumée être conduite conformément au cahier des charges de l'appellation pour laquelle elle a été déclarée. *(Décr. nº 2009-1497 du 4 déc. 2009)* « Cette présomption est écartée si l'opérateur renonce à produire cette appellation selon les modalités fixées dans le cahier des charges de celle-ci ou, en l'absence de telles dispositions, par déclaration faite auprès de l'organisme de défense et de gestion au plus tard le 31 juillet précédant la récolte ».

III. — Lorsqu'une parcelle a fait l'objet d'une déclaration d'affectation au titre d'une appellation d'origine contrôlée, elle ne peut être revendiquée qu'au titre de cette appellation ou d'une appellation plus générale, selon les modalités qui peuvent être définies dans le cahier des charges de celle-ci.

IV. — Dans les vignobles produisant à la fois des vins pour l'élaboration d'eaux-de-vie d'appellation d'origine et des moûts pour l'élaboration de vins de liqueur d'appellation d'origine contrôlée, lorsqu'une parcelle a fait l'objet d'une déclaration préalable d'affectation parcellaire au titre d'une appellation d'origine contrôlée, elle ne peut être revendiquée qu'au titre de cette appellation ou selon les modalités définies dans le cahier des charges de l'appellation n'ayant pas fait l'objet de la déclaration préalable.

Art. D. 645-21-1 *(Décr. nº 2010-1438 du 22 nov. 2010)* I. — Le rendement fixé ou prévu dans le cahier des charges d'une eau-de-vie de vin à appellation d'origine contrôlée correspond au volume maximal de vin produit par hectare de vigne, revendicable dans la déclaration de récolte. Il est exprimé en hectolitres de vin par hectare, en alcool pur par hectare ou des deux manières.

II. — Pour une récolte déterminée, compte tenu notamment des caractéristiques de la récolte, le rendement mentionné au I peut être soit diminué, soit augmenté dans la limite du rendement butoir inscrit dans le cahier des charges de l'appellation d'origine contrôlée concernée.

Art. D. 645-22 Les quantités produites au-delà du rendement annuel maximum autorisé doivent être livrées et détruites par envoi aux usages industriels avant le 31 juillet de la campagne en cours, sans que l'opérateur ne puisse prétendre à les commercialiser sous forme d'un des produits de la vigne par dans *[défini par]* le règlement (CE) n° 479/2008 du Conseil du 29 avril 2008 portant organisation commune de marché vitivinicole ni sous une des dénominations de boissons spiritueuses définies par le règlement (CE) n° 110/2008 du Parlement européen et du Conseil du 15 janvier 2008 concernant la définition, la désignation, la présentation, l'étiquetage et la protection des indications géographiques des boissons spiritueuses.

La preuve de destruction est constituée par l'attestation de livraison aux usages industriels établie par le transformateur et par le document d'accompagnement à la destruction des volumes en cause. Ces documents sont tenus à disposition de l'organisme de contrôle agréé selon les modalités fixées dans le plan de contrôle ou le plan d'inspection.

Art. D. 645-23 L'utilisation des composts et déchets organiques ménagers, des boues de station d'épuration autres que celles des installations vitivinicoles, seuls ou en mélange, n'est autorisée, sur les parcelles plantées en vignes, incluses dans l'aire ou figurant sur la liste des parcelles identifiées d'un vin destiné à l'élaboration d'une eau-de-vie à appellation d'origine contrôlée, que si ces produits et leurs mises en œuvre répondent à des conditions fixées par appellation, dans le cahier des charges, sur proposition du comité national des vins, eaux-de-vie et autres boissons alcoolisées de l'Institut national de l'origine et de la qualité, après avis d'experts nommés par ce même comité.

Art. D. 645-24 Pour toute parcelle présentant des pieds de vigne morts ou manquants, le rendement autorisé en application des dispositions du cahier des charges d'une eau-de-vie à appellation d'origine contrôlée et entrant dans le calcul du volume pouvant être revendiqué en appellation d'origine contrôlée est réduit proportionnellement au pourcentage de pieds morts ou manquants.

Le calcul du pourcentage de pieds morts ou manquants est effectué à partir du rapport entre le nombre de pieds de vigne morts ou manquants sur une parcelle et le nombre de pieds plantés lors de la mise en place de ladite parcelle.

La réduction susmentionnée est effective dès lors que le pourcentage de pieds morts ou manquants dépasse un pourcentage prévu dans le cahier des charges de l'appellation d'origine contrôlée.

Les opérateurs établissent la liste des parcelles présentant un pourcentage de pieds de vigne morts ou manquants justifiant une réduction de rendement indiquant pour chaque parcelle le taux de pieds morts ou manquants.

SECTION 3 *[ABROGÉE]* Dispositions applicables aux vins à appellation d'origine vin délimité de qualité supérieure

(Abrogée par Décr. n° 2017-775 du 4 mai 2017, art. 6)

Art. D. 645-25 à D. 645-31 *Abrogés par Décr. n° 2017-775 du 4 mai 2017, art. 6.*

CHAPITRE VI DISPOSITIONS PARTICULIÈRES RELATIVES AUX VINS BÉNÉFICIANT D'UNE INDICATION GÉOGRAPHIQUE PROTÉGÉE

(Décr. n° 2011-1628 du 23 nov. 2011)

BIBL. ▸ BAHANS, *RD rur. 2012. Chron. 1, p. 11* (Décr. 23 nov. 2011).

Art. D. 646-1 Le cahier des charges d'un vin bénéficiant d'une indication géographique protégée est constitué des dispositions générales figurant dans le présent chapitre ainsi que des dispositions particulières établies pour chaque indication géographique protégée.

SECTION 1 Dispositions relatives au contrôle

Art. D. 646-2 I. — Tout opérateur souhaitant intervenir pour tout ou partie dans la production, l'élaboration, la transformation ou le conditionnement d'un vin bénéficiant d'une indication géographique protégée, remplit une déclaration d'identification, en vue de l'obtention de l'habilitation prévue à l'article L. 642-3.

II. — La déclaration comprend notamment l'identité du demandeur et son engagement à :

— respecter les conditions de production fixées par le cahier des charges ;

— réaliser des autocontrôles et se soumettre aux contrôles internes et externes prévus par le plan de contrôle ou d'inspection ;

— supporter les frais liés aux contrôles susmentionnés ;

— accepter de figurer sur la liste des opérateurs habilités ;

— informer l'organisme de défense et de gestion de toute modification le concernant ou affectant son outil de production. Cette information est transmise par l'organisme de défense et de gestion à l'organisme de contrôle.

Cette déclaration est effectuée selon un modèle établi par le directeur de l'Institut national de l'origine et de la qualité (INAO).

III. — La réception et l'enregistrement de la déclaration d'identification sont réalisés par l'organisme de défense et de gestion reconnu pour l'indication géographique protégée.

Art. D. 646-3 Tout opérateur dont les produits revendiqués en indication géographique protégée font l'objet d'un prélèvement d'échantillons dans le cadre du contrôle des produits est tenu de conserver en l'état les produits auxquels se rapporte ledit prélèvement jusqu'aux résultats de ce contrôle, à l'exception des produits prêts à être mis à la consommation.

Art. D. 646-4 Tout opérateur concerné par plusieurs indications géographiques protégées peut demander à l'un des organismes de défense et de gestion reconnu pour une des indications géographiques protégées concernées ou à une structure constituée par ces mêmes organismes de recevoir sa déclaration d'identification pour son compte, à charge pour l'organisme ou la structure de transmettre les informations recueillies aux autres organismes de défense et de gestion.

Art. D. 646-5 Le contrôle mis en œuvre en application de l'article 25 du règlement (CE) n° 607/2009 de la Commission du 14 juillet 2009 fixant certaines modalités d'application du règlement (CE) 1234/2007 modifié du Conseil est effectué à tout stade de la production, y compris lors du conditionnement et concerne notamment :

— les vins non conditionnés faisant l'objet d'une transaction entre opérateurs habilités ;

— les vins non conditionnés destinés à une expédition hors du territoire national ;

— les vins mousseux ou pétillants conditionnés, après prise de mousse ;

— les vins autres que mousseux ou pétillants, soit prêts à être mis à la consommation, soit avant ou après conditionnement.

Ce contrôle est établi sur la base :

1. D'examens documentaires ou physiques aux fins de vérification des conditions de production énoncées dans le cahier des charges ;

2. D'examens analytiques et le cas échéant organoleptiques.

Ce contrôle est déclenché notamment à la suite du dépôt des déclarations prévues aux articles D. 646-6 à D. 646-10.

Art. D. 646-6 I. — Tout opérateur préalablement habilité et vinifiant une indication géographique protégée est tenu de présenter une déclaration de revendication auprès de l'organisme de défense et de gestion et de l'organisme de contrôle agréé compétents.

Une déclaration de revendication partielle ou totale lorsque le vin est fini, prêt à être soumis au contrôle, doit être déposée avant le 31 décembre de l'année suivant l'année de récolte. Cette déclaration de revendication doit être déposée avant toute transaction en vrac ou tout conditionnement lorsque cette transaction ou ce conditionnement intervient avant le 31 décembre de l'année suivant l'année de récolte.

Cette déclaration précise pour chaque lot la destination à une vente en vrac ou à un conditionnement.

II. — Les vins ne peuvent être expédiés des chais des opérateurs habilités et commercialisés sous l'indication géographique protégée avant le dépôt de cette déclaration.

III. — Tout producteur ou vinificateur doit envoyer une copie de sa déclaration de récolte ou de production, totale ou partielle, à l'organisme de défense et de gestion concerné. Le dépôt de la copie de cette déclaration peut intervenir en même temps que celui de la première déclaration de revendication, ou à une date antérieure fixée dans le cahier des charges.

Art. D. 646-7 Tout opérateur non vinificateur conditionnant du vin, soumis ou non au contrôle interne, est tenu de déposer une déclaration de conditionnement annuelle, par indication géographique protégée, avant la première opération de conditionnement ou une déclaration systématique de conditionnement avant chaque opération de conditionnement auprès de l'organisme de défense et de gestion et de l'organisme de contrôle agréé compétents.

En cas de conditionnement d'une indication géographique protégée qui n'est pas mentionnée dans la déclaration de conditionnement annuelle, l'opérateur doit déposer une déclaration annuelle de conditionnement pour cette indication géographique protégée avant la première opération de conditionnement de l'indication géographique protégée en question.

Art. D. 646-8 Tout opérateur non vinificateur vendant en vrac, soumis ou non au contrôle interne, est tenu de déposer une déclaration annuelle de transaction en vrac avant la première transaction de vin en vrac, auprès de l'organisme de défense et de gestion et de l'organisme de contrôle agréé compétents.

Art. D. 646-9 Tout opérateur, qu'il soit vinificateur ou non vinificateur, est tenu de déposer une déclaration de changement de dénomination auprès de l'organisme de défense et de gestion et de l'organisme de contrôle agréé compétents lorsqu'il souhaite vendre son vin sous une indication géographique protégée différente de celle mentionnée dans sa déclaration de revendication ou de celle dont bénéficiait le lot qu'il a acheté, selon les modalités fixées dans le plan de contrôle.

Pour les opérateurs non vinificateurs, le changement de dénomination ne peut avoir lieu vers une indication géographique protégée présentant une ou plusieurs conditions de production plus restrictives.

L'organisme de défense et de gestion destinataire de la déclaration de changement de dénomination informe l'organisme de défense et de gestion de la nouvelle indication géographique protégée sans délai. Cette déclaration peut exposer l'opérateur et son vin à un nouveau contrôle.

Art. D. 646-10 Les déclassements en vin sans indication géographique de vins bénéficiant d'une indication géographique protégée doivent être déclarés auprès de l'organisme de défense et de gestion et auprès de l'organisme de contrôle agréé compétents selon les modalités prévues dans le cahier des charges et le plan de contrôle.

SECTION 2 **Dispositions relatives aux conditions de production**

Art. D. 646-11 Il ne peut être déclaré dans la déclaration de récolte, pour les vins produits sur une superficie déclarée de vignes en production, qu'une seule indication géographique protégée ou qu'un seul type de produit bénéficiant de la même indication géographique protégée.

Art. D. 646-12 Les vins bénéficiant d'une indication géographique protégée sont produits à partir de raisins récoltés exclusivement dans la zone géographique définie dans chaque cahier des charges.

Art. D. 646-13 Le rendement maximum de production fixé dans le cahier des charges d'une indication géographique protégée définit la quantité maximale de raisins ou l'équivalent en volume de vin par hectare de vigne pour lequel peut être déclarée en production et revendiquée une indication géographique protégée.

Il est exprimé en kilogrammes de raisins par hectare ou en hectolitres de vin ou de moût par hectare.

Dans ce dernier cas, le volume déclaré en production et revendiqué en indication géographique protégée s'entend après séparation des bourbes et des lies.

La somme de la quantité déclarée en production en indication géographique protégée et des lies, des bourbes, des éventuels produits non vinifiés et, à compter de la campagne 2012-2013, des vins destinés à la distillation ou à tout autre usage industriel ne peut excéder la somme du rendement maximum de production et d'un volume maximum fixé dans le cahier des charges au-delà du rendement maximum de production.

Les vins destinés à la distillation ou à tout autre usage industriel sont déclarés distinctement sur la déclaration de récolte et de production et livrés à la distillation ou à la transformation avant le 15 décembre de l'année suivant celle de la récolte. La preuve de la destruction de ces vins est constituée par l'attestation de livraison établie par le transformateur et par le document d'accompagnement à la destruction des volumes en cause. Ces documents sont tenus à disposition de l'organisme de contrôle agréé selon les modalités fixées dans le plan de contrôle ou le plan d'inspection.

Tout dépassement du rendement maximum de production ou du rendement maximum de production augmenté du volume maximum défini pour les lies, les bourbes, les éventuels produits non vinifiés et, à compter de la campagne 2012-2013, les produits pour des usages industriels fait perdre le droit à la possibilité de revendication au titre de l'indication géographique protégée en cause pour les vins déclarés à la récolte.

Art. D. 646-14 Sur les superficies de jeunes vignes en première et deuxième feuille, c'est-à-dire l'année de leur plantation avant le 31 juillet et l'année suivante, il ne peut être déclaré en récolte et revendiqué aucun produit vitivinicole bénéficiant d'une indication géographique protégée.

Art. D. 646-15 Afin de renforcer la préservation des caractéristiques essentielles des vins bénéficiant d'une indication géographique protégée, les pratiques et traitements œnologiques autorisés en application du règlement (CE) n° 1234/2007 du Conseil du 22 octobre 2007 portant organisation commune des marchés dans le secteur agricole et dispositions spécifiques en ce qui concerne certains produits de ce secteur (règlement "OCM unique") peuvent être interdits, limités ou soumis à des règles plus restrictives dans le cahier des charges de chaque indication géographique protégée. — *Le Règl. (CE) n° 1234/2007 est abrogé et remplacé à partir du 1er janv. 2014 par le Règl. (UE) n° 1308/2013 du 17 déc. 2013.*

Art. D. 646-16 Les vins bénéficiant d'une indication géographique protégée complétée par les mentions "primeur" ou "nouveau" sont mis en marché à destination du consommateur le troisième jeudi du mois d'octobre de l'année de récolte.

Les vins non conditionnés bénéficiant d'une indication géographique protégée complétée par les mentions "primeur" ou "nouveau" sont commercialisés au plus tard le 31 décembre de l'année de récolte. A défaut, ils font l'objet d'une nouvelle déclaration de revendication.

Art. D. 646-17 I. — Est considérée comme préparation à la mise à la consommation la préparation du vin en vue de sa vente en vrac au consommateur ou le préemballage dans les quantités nominales obligatoires d'un volume inférieur ou égal à 60 litres.

II. — Les opérateurs procédant au conditionnement doivent tenir à disposition des organismes de contrôle agréés les informations figurant dans le registre des manipulations prévu par le règlement (CE) n° 436/2009 de la Commission du 26 mai 2009 portant modalités d'application du règlement (CE) n° 479/2008 du Conseil, en ce qui concerne le casier viticole, les déclarations obligatoires et l'établissement des informations pour le suivi du marché, les documents accompagnant les transports des produits et les registres à tenir dans le secteur vitivinicole, ainsi que les analyses effectuées avant ou après conditionnement dans les conditions fixées dans le cahier des charges de l'indication géographique protégée concernée.

III. — Ces opérateurs conservent des échantillons représentatifs du lot conditionné dans les conditions prévues par le plan de contrôle ou d'inspection.

Art. D. 646-18 Seuls les vins ayant fait l'objet d'une déclaration de revendication mentionnant un ou plusieurs cépages peuvent porter la mention de ce ou de ces cépages dans l'étiquetage du produit.

La justification des volumes revendiqués par cépage est établie par la déclaration de récolte ou de production. Elle peut également être établie par tout autre moyen équivalent, basé sur les registres officiels d'entrées et sorties de produits vitivinicoles et les registres de manipulation, validé par l'organisme de défense et de gestion.

Art. D. 646-19 Seuls les vins ayant fait l'objet d'une déclaration de revendication mentionnant le millésime peuvent porter la mention du millésime dans l'étiquetage du produit.

CHAPITRE VII DISPOSITIONS PARTICULIÈRES RELATIVES À L'ÉCOLABEL DES PRODUITS DE LA PÊCHE MARITIME

(Décr. n° 2012-104 du 27 janv. 2012, art. 2)

SECTION 1 Principes généraux

Art. D. 646-20 Au sens du présent chapitre, on entend par :

1° "Producteur" : toute personne physique ou morale qui met en œuvre les moyens de production permettant d'obtenir des produits de la pêche maritime en vue de leur première mise en marché.

2° "Opérateur" : toute personne physique ou morale qui effectue la transformation, la distribution ou la commercialisation des produits de la pêche maritime à partir de la première vente jusqu'à la vente au consommateur final.

3° "Unité de production" : tout producteur ou organisme disposant de la personnalité juridique regroupant des producteurs qui opère sur une zone géographique donnée, continue ou non, et utilise une ou plusieurs méthodes de pêche pour capturer une ou plusieurs espèces provenant d'un ou plusieurs stocks halieutiques.

4° "Chaîne de commercialisation" : ensemble des opérations effectuées sur un produit de la pêche maritime de sa première vente jusqu'à sa vente au consommateur final.

5° "Produits de la pêche maritime" : produits des captures en mer destinés à l'alimentation humaine mentionnés à l'article 1er du *(Décr. n° 2016-1637 du 30 nov. 2016, art. 4)* « règlement (UE) n° 1379/2013 du Parlement européen et du Conseil du 11 décembre 2013 ».

6° "Pêche durable" : pêche qui respecte des critères de préservation de la ressource et de l'écosystème marin, de qualité, de traçabilité des produits et de conditions de travail et de vie à bord des marins supérieurs aux exigences imposées par la réglementation en vigueur.

Art. D. 646-21 L'écolabel des produits de la pêche maritime garantit que les produits certifiés respectent les critères d'une pêche durable.

La certification des produits au niveau de l'unité de production garantit le respect des critères de la pêche durable relatifs à la préservation de la ressource et de l'écosystème marins, aux conditions de travail et de vie à bord des marins, à la traçabilité et à la qualité des produits.

La certification des produits de la pêche maritime au niveau de la chaîne de commercialisation garantit la traçabilité des produits certifiés et la qualité des produits vivants, frais, réfrigérés jusqu'à leur vente au consommateur final. Les opérateurs qui commercialisent des produits certifiés préalablement emballés et étiquetés par leur fournisseur sont exemptés de certification.

Pour garantir au consommateur final que le produit de la pêche maritime respecte les critères de la pêche durable, la certification du produit est requise au niveau de l'unité de production et au niveau de la chaîne de commercialisation.

SECTION 2 Les modalités d'élaboration du référentiel et du plan de contrôle cadre

V. Arr. du 5 déc. 2022 portant homologation du référentiel et du plan de contrôle cadre de l'écolabel des produits de la pêche maritime modifiés (JO 24 déc.).

SOUS-SECTION 1 La procédure d'élaboration, de révision et d'homologation du référentiel

Art. D. 646-22 Le référentiel est élaboré par la commission de l'écolabel des produits de la pêche maritime prévue à l'article D. 621-27-1.

Art. D. 646-23 Le projet de référentiel adopté par la commission fait l'objet d'une procédure de consultation du public d'une durée maximale de quatre mois organisée par le directeur général de l'Établissement national des produits de l'agriculture et de la mer (FranceAgriMer).

La décision du directeur général de l'établissement qui annonce l'ouverture de cette procédure, son objet et son terme est publiée au *Journal officiel* de la République française. Elle indique l'adresse de l'Établissement national des produits de l'agriculture et de la mer (FranceAgriMer) ainsi que celle du site internet de cet établissement où le projet de référentiel peut être consulté.

Les observations motivées sont adressées par écrit à l'Établissement national des produits de l'agriculture et de la mer (FranceAgriMer) dans le délai prévu pour la consultation.

L'établissement notifie aux auteurs des observations les suites qui y ont été données.

Art. D. 646-24 Au terme de la consultation du public, la commission propose le référentiel au directeur général de l'Établissement national des produits de l'agriculture et de la mer (FranceAgriMer).

Le directeur général de l'établissement transmet la proposition, pour homologation *(Décr. n° 2016-1637 du 30 nov. 2016, art. 10)* « par arrêté conjoint, aux ministres chargés de l'agriculture et de la pêche ». Le directeur général de l'Établissement national des produits de l'agriculture et de la mer (FranceAgriMer) peut demander à la commission une nouvelle délibération.

Art. D. 646-25 Les révisions majeures portant sur la préservation de la ressource, la qualité et la traçabilité des produits, les conditions de travail et de vie à bord des marins sont soumises à la procédure de consultation du public prévue à l'article *(Décr. n° 2016-1637 du 30 nov. 2016, art. 5)* « D. 646-23 ».

La révision du référentiel est homologuée par *(Décr. n° 2016-1637 du 30 nov. 2016, art. 10)* « arrêté conjoint des ministres chargés de l'agriculture et de la pêche » après transmission par le directeur général de l'Établissement national des produits de l'agriculture et de la mer (FranceAgriMer) de la proposition de la commission. Le directeur général de l'Établissement national des produits de l'agriculture et de la mer (FranceAgriMer) peut demander à la commission une nouvelle délibération.

SOUS-SECTION 2 La procédure d'élaboration et d'homologation du plan de contrôle cadre

Art. D. 646-26 Afin d'évaluer et de sanctionner le respect des critères du référentiel, la commission élabore un plan de contrôle cadre relatif à l'unité de production et à la chaîne de commercialisation.

Ce plan de contrôle cadre prévoit notamment :

— les fréquences minimales de contrôle que doivent respecter l'unité de production, les opérateurs et les organismes certificateurs ;

— la gradation des sanctions proportionnée aux non-conformités constatées comprenant, notamment, la suspension et le retrait de la certification ;

(Abrogé par Décr. n° 2016-1637 du 30 nov. 2016, art. 6) *« — l'organisation d'une procédure de consultation publique par l'organisme certificateur à partir du rapport d'audit préliminaire. »*

Art. D. 646-27 La commission propose le plan de contrôle cadre au directeur général de l'Établissement national des produits de l'agriculture et de la mer (FranceAgriMer).

Art. D. 646-28 Le directeur général de l'établissement transmet la proposition, pour homologation *(Décr. n° 2016-1637 du 30 nov. 2016, art. 10)* « par arrêté conjoint, aux ministres chargés de l'agriculture et de la pêche ». Le directeur général de l'Établissement national des produits de l'agriculture et de la mer (FranceAgriMer) peut demander à la commission une nouvelle délibération. *— L'art. D. 464-28 devient l'art. D. 646-28 (Décr. n° 2016-1637 du 30 nov. 2016, art. 7, JO 2 déc.).*

SECTION 3 Modalités de certification et de contrôle

SOUS-SECTION 1 Les unités de production et les opérateurs

Art. D. 646-29 Toute unité de production, ainsi que tout opérateur ou groupement d'opérateurs, qui souhaite obtenir la certification des produits de la pêche maritime

demande à un organisme certificateur accrédité *(Décr. n° 2016-1637 du 30 nov. 2016, art. 8)* **« ou candidat à l'accréditation dans les conditions fixées à l'article D. 646-36-1 » de valider sa démarche de certification et lui soumet, à cette fin, un projet de document d'application qui indique la manière dont sont mises en œuvre les exigences du référentiel et du plan de contrôle cadre.**

Lorsque l'unité de production est constituée par un organisme regroupant plusieurs producteurs, sa demande de certification comprend, outre le document d'application :

1° Ses statuts et, le cas échéant, son règlement intérieur ;

2° Toute information permettant d'apprécier les liens juridiques ou contractuels existants *[existant]* **entre l'organisme regroupant les producteurs et les producteurs engagés dans la démarche de certification ;**

3° La liste des producteurs souhaitant s'engager dans cette démarche ;

4° L'engagement de l'organisme regroupant les producteurs à respecter les points suivants :

***a)* Contribuer à la mise en application du référentiel pour l'unité de production concernée ;**

***b)* Participer à l'élaboration et à la mise en œuvre des contrôles internes auprès des producteurs de l'unité de production ;**

***c)* Informer les producteurs de l'unité de production des conditions et de l'évolution du référentiel ainsi que du plan de contrôle cadre ;**

***d)* Informer l'organisme certificateur lors d'un manquement majeur ou grave au référentiel par un ou plusieurs producteurs ;**

***e)* Suivre les mesures correctives demandées par l'organisme certificateur ;**

***f)* Tenir à jour la liste des producteurs de l'unité de production et la transmettre sans délai à l'organisme certificateur ;**

***g)* Tenir informé l'organisme certificateur de toute modification intervenant dans l'unité de production.**

Art. D. 646-30 **Toute unité de production, ainsi que tout opérateur, informe l'Établissement national des produits de l'agriculture et de la mer (FranceAgriMer), dans les plus brefs délais et au plus tard le 31 mai de chaque année, des produits pour lesquels il est certifié.**

Il transmet à cette même date un rapport annuel comprenant les informations économiques sur les produits certifiés.

Le directeur général de l'établissement peut préciser les modalités de transmission des informations demandées à l'unité de production et aux opérateurs.

SOUS-SECTION 2 **Les organismes certificateurs**

§ 1 Contrôle et attribution de l'écolabel *(Décr. n° 2016-1637 du 30 nov. 2016, art. 9-1°).*

Art. D. 646-31 **Les organismes certificateurs évaluent et contrôlent le respect du référentiel de l'écolabel des produits de la pêche maritime au niveau de l'unité de production sur la base des modalités d'évaluation des critères définies dans une grille de contrôle élaborée en collaboration avec l'unité de production et conforme au plan de contrôle cadre.**

Ils évaluent notamment la fréquence et la qualité des contrôles internes réalisés par l'unité de production, et, le cas échéant, des autocontrôles réalisés par les producteurs.

Les organismes certificateurs transmettent la grille de contrôle au secrétariat de la commission de l'écolabel des produits de la pêche.

Art. D. 646-32 **Les organismes certificateurs évaluent et contrôlent le respect du référentiel de l'écolabel des produits de la pêche maritime au niveau de la chaîne de commercialisation sur la base des modalités d'évaluation des critères définies dans une grille de contrôle élaborée en collaboration avec l'opérateur ou le groupement d'opérateurs et conforme au plan de contrôle cadre.**

Leur évaluation porte notamment sur la fréquence et la qualité des autocontrôles effectués par le ou les opérateurs.

Le contrôle est mis en œuvre sur les principaux points du transfert du produit concernant le ou les opérateurs de la chaîne de commercialisation. A chacun de ces

points, tous les produits de la pêche certifiés doivent être identifiés ou séparés des produits de la pêche non certifiés.

Art. D. 646-33 L'organisme certificateur attribue à l'unité de production ainsi qu'à tout opérateur un certificat permettant l'utilisation de l'écolabel pour les produits de la pêche maritime issus de l'unité de production ou de la chaîne de commercialisation.

La certification est délivrée respectivement pour une durée de cinq ans pour l'unité de production et pour une durée de trois ans pour l'opérateur ou le groupement d'opérateurs.

Une décision du directeur général de l'Établissement national des produits de l'agriculture et de la mer (FranceAgriMer), prise après avis de la commission de l'écolabel des produits de la pêche maritime, précise les conditions de révision du certificat délivré en cas de modification de l'unité de production ou en cas de changements intervenus sur les produits certifiés ou sur l'opérateur.

Art. D. 646-34 Au cours des opérations d'évaluation, l'organisme certificateur peut demander à l'unité de production, à l'opérateur ou au groupement d'opérateurs de procéder ou de faire procéder, dans un délai qu'il détermine, à des actions correctives.

L'organisme certificateur vérifie, par un contrôle sur pièces ou sur place, que ces actions sont exécutées.

L'organisme certificateur peut également prononcer la suspension ou le retrait du certificat. Il en informe sans délai le directeur général de l'Établissement national des produits de l'agriculture et de la mer (FranceAgriMer).

Les conséquences de la suspension ou du retrait du certificat peuvent être précisées par une décision du directeur général de l'Établissement national des produits de l'agriculture et de la mer (FranceAgriMer) après avis de la commission de l'écolabel des produits de la pêche maritime.

Art. D. 646-35 Les organismes certificateurs transmettent au secrétariat de la commission, au plus tard le 31 mai, un rapport annuel d'activité comprenant un bilan de fonctionnement, la liste des produits bénéficiant de l'écolabel des produits de la pêche maritime, la liste des unités de production et des opérateurs certifiés et leurs principales caractéristiques, un état récapitulatif des actions correctives demandées aux bénéficiaires de la certification et des sanctions prononcées à leur encontre.

Art. D. 646-36 Sous réserve des échanges d'informations entre organismes certificateurs, nécessaires à l'exécution par ceux-ci de leurs missions de contrôle ou d'information, les organismes certificateurs ne peuvent rendre publiques les informations confidentielles dont ils pourraient avoir connaissance à l'occasion de leurs activités.

Les organismes certificateurs tiennent à la disposition du public la description de leurs conditions générales de certification et de contrôle.

§ 2 Accréditation des organismes certificateurs

(Décr. nº 2016-1637 du 30 nov. 2016, art. 9-2º)

Art. D. 646-36-1 Les organismes certificateurs sont accrédités pour certifier les activités de production ou de commercialisation des produits de la pêche maritime.

Un organisme non encore accrédité pour la certification des activités mentionnées au premier alinéa peut exercer provisoirement cette activité sous réserve d'avoir présenté une demande d'accréditation dont l'instance d'accréditation lui a notifié la recevabilité par un courrier dont il transmet la copie au directeur général de l'Établissement national des produits de l'agriculture et de la mer (FranceAgriMer). L'activité de certification peut être exercée pour un nombre maximal de deux certificats par domaine d'activité, production ou commercialisation, à compter de la réception de la recevabilité de la demande par l'instance d'accréditation.

Les organismes certificateurs mentionnés au présent article figurent sur une liste publiée sur le site internet de l'Établissement national des produits de l'agriculture et de la mer (FranceAgriMer).

Art. D. 646-36-2 Lorsque l'accréditation d'un organisme certificateur est suspendue, les certifications émises jusqu'à la date de suspension restent valides. L'organisme certificateur ne peut émettre de nouveaux certificats durant cette période.

L'organisme certificateur notifie au directeur général de l'Établissement national des produits de l'agriculture et de la mer (FranceAgriMer), dans un délai de trente jours à compter de sa notification, toute décision de retrait d'accréditation.

En cas de retrait d'accréditation, l'organisme certificateur transfère, dans les conditions prévues par un arrêté conjoint des ministres chargés de l'agriculture et de la pêche, les certifications qu'il a délivrées à un autre organisme certificateur accrédité. — *V. Arr. du 5 déc. 2016 relatif à l'accréditation des organismes certificateurs pour l'écolabel des produits de la pêche maritime, art. 1er (JO 6 déc.).*

Art. D. 646-36-3 Les opérateurs peuvent demander le transfert d'une certification à un organisme certificateur accrédité dans les conditions prévues à l'article D. 646-36-1.

Les certifications suspendues ne peuvent être transférées. Néanmoins, en cas de suspension de l'accréditation de l'organisme certificateur, la certification suspendue d'un opérateur doit être transférée à un autre organisme certificateur.

Un arrêté conjoint des ministres chargés de l'agriculture et de la pêche précise les conditions dans lesquelles sont transférées les certifications. — *V. Arr. du 5 déc. 2016 relatif à l'accréditation des organismes certificateurs pour l'écolabel des produits de la pêche maritime, art. 2 (JO 6 déc.).*

SECTION 4 Publication d'informations

Art. D. 646-37 Sont publiés sur le site internet de l'Établissement national des produits de l'agriculture et de la pêche (FranceAgriMer) :

— le référentiel et le plan de contrôle cadre ;

— les listes des produits, des unités de production, des opérateurs ou du groupement d'opérateurs certifiés ainsi que des organismes certificateurs ayant attribué la certification ;

— le programme de travail semestriel ;

— le règlement intérieur de la commission ;

— la liste des organismes certificateurs accrédités.

L'octroi, le renouvellement, le retrait ou la suspension d'une accréditation font l'objet d'une mention sur le site internet de l'établissement.

TITRE V LES PRODUCTIONS ANIMALES

CHAPITRE I LA VAINE PÂTURE

Art. R. 651-1 Est réputé clos pour l'application de l'article L. 651-4 tout terrain entouré soit par une haie vive, soit par un mur, une palissade, un treillage, une haie sèche d'une hauteur d'un mètre au moins, soit par un fossé d'un mètre vingt centimètres à l'ouverture et de cinquante centimètres de profondeur, soit par des traverses en bois ou des fils métalliques distants entre eux de trente-trois centimètres au plus s'élevant à un mètre de hauteur, soit par toute autre clôture continue et équivalente faisant obstacle à l'introduction des animaux.

CHAPITRE II *[ABROGÉ]* LA PRODUCTION DE SEMENCE DES ANIMAUX DOMESTIQUES

(Abrogé par Décr. no 2006-1662 du 21 déc. 2006)

CHAPITRE III REPRODUCTION ET AMÉLIORATION GÉNÉTIQUE DES ANIMAUX D'ÉLEVAGE *(Décr. no 2006-1662 du 21 déc 2006).*

SECTION 1 *[ABROGÉE]* Les instances consultatives

(Abrogée par Décr. no 2019-1379 du 18 déc. 2019, art. 1er, à compter du 1er janv. 2020)

Art. D. 653-1 à D. 653-5 *Abrogés par Décr. no 2019-1379 du 18 déc. 2019, art. 1er, à compter du 1er janv. 2020.*

SECTION 2 Les systèmes nationaux d'information génétique

(Décr. n° 2006-1662 du 21 déc. 2006)

Art. D. 653-6 Pour chaque espèce ou filière de production, un système national d'information génétique assure l'enregistrement, la validation, la gestion, le stockage, l'échange et la valorisation des données zootechniques et généalogiques des animaux d'élevage des espèces bovine, ovine, caprine, porcine, équine et asine. Les évaluations génétiques officielles des reproducteurs sont réalisées à partir de ces données.

Les professionnels exerçant une activité déclarée, autorisée ou agréée dans le cadre du présent livre, relative à la reproduction ou à l'amélioration génétique sont habilités à notifier des informations à ce système et ont accès, selon des modalités fixées par arrêté du ministre chargé de l'agriculture, aux données de généalogie, de performances brutes ou d'évaluations génétiques relatives aux animaux relevant de leur secteur d'activité.

Art. D. 653-7 Les éleveurs ont accès aux données brutes recueillies dans leur cheptel par les opérateurs agréés et, pour les reproducteurs mâles employés en monte publique, aux renseignements dont la liste est définie par arrêté du ministre chargé de l'agriculture.

Art. D. 653-8 Pour les espèces bovine, ovine, caprine, porcine et leurs filières de production, la base de données centrale rassemblant l'ensemble des données gérées collectivement est placée sous la responsabilité de l'État. La maîtrise d'œuvre en est confiée à l'Institut national de la recherche agronomique *[Institut national de recherche pour l'agriculture, l'alimentation et l'environnement]*.

Pour les espèces équine et asine, l'établissement public *(Décr. n° 2010-90 du 22 janv. 2010, art. 9)* « Institut français du cheval et de l'équitation » délivre aux organismes agréés au sens de l'article L. 653-3 les informations nécessaires à l'accomplissement de leur mission.

Des arrêtés du ministre chargé de l'agriculture fixent les conditions dans lesquelles les informations nécessaires à l'amélioration génétique des équidés sont transmises au fichier central des équidés par les organismes agréés.

V. Arr. du 16 janv. 2019 relatif aux systèmes nationaux d'information génétique des espèces bovine, ovine, caprine et porcine (JO 18 janv.), mod. par Arr. du 12 août 2020, art. 6-XIII (JO 21 août).

SECTION 3 La gestion des ressources zoogénétiques

(Décr. n° 2006-1662 du 21 déc. 2006)

Art. D. 653-9 Au sens du présent chapitre, on entend par :

— ressource zoogénétique : tout animal, toute population animale ou matériel d'origine animale contenant des unités fonctionnelles de l'hérédité ayant une valeur effective ou potentielle ;

— population animale sélectionnée : une population d'animaux qui se différencie des populations génétiquement les plus proches par un ensemble de caractéristiques identifiables et héréditaires qui sont la conséquence d'une politique de gestion spécifique et raisonnée des accouplements ;

— race : un ensemble d'animaux qui a suffisamment de points en commun pour pouvoir être considéré comme homogène par un ou plusieurs groupes d'éleveurs qui sont d'accord sur l'organisation du renouvellement des reproducteurs et des échanges induits, y compris au niveau international ;

— race locale : une race majoritairement liée par ses origines, son lieu et son mode d'élevage à un territoire donné ;

— race à petit effectif : une race ayant moins d'un nombre de femelles ou de femelles reproductrices à définir en fonction des espèces ;

— type génétique hybride : un ensemble de reproducteurs hybrides ou croisés provenant d'un croisement planifié soit entre des reproducteurs de race pure appartenant à des races ou à des populations animales sélectionnées différentes, soit entre des reproducteurs résultant eux-mêmes d'un croisement entre races ou populations animales sélectionnées différentes, soit entre des reproducteurs appartenant à une race pure et à l'une ou l'autre des catégories précitées.

Art. D. 653-10 **Un arrêté du ministre chargé de l'agriculture fixe la liste des races reconnues en France et précise les ressources zoogénétiques présentant un intérêt pour la conservation du patrimoine génétique du cheptel ou pour l'aménagement du territoire.** — *V. Arr. du 29 avr. 2015 fixant la liste des races des espèces bovine, ovine, caprine et porcine reconnues et précisant les ressources zoogénétiques présentant un intérêt pour la conservation du patrimoine génétique du cheptel et l'aménagement du territoire (JO 12 mai), mod. par Arr. du 13 avr. 2016 (JO 22 avr.), Arr. du 13 mars 2017 (JO 22 mars), Arr. du 27 févr. 2018 (JO 3 mars), Arr. du 17 juill. 2018 (JO 26 juill.), Arr. du 25 sept. 2018 (JO 3 oct.), Arr. du 17 déc. 2018 (JO 26 déc.), Arr. du 27 juin 2019 (JO 4 juill.), Arr. du 12 août 2020, art. 6-X (JO 21 août), Arr. du 23 févr. 2023 (JO 2 mars).*

Art. D. 653-11 **L'État veille à la conservation de la diversité du patrimoine zoogénétique en collaboration avec l'ensemble des partenaires intéressés.**

(Décr. n° 2007-716 du 4 mai 2007) **« L'organisme créé par convention entre l'État et l'ensemble des partenaires intéressés pour assurer la cryoconservation du patrimoine zoogénétique national est dénommé "cryobanque nationale". »**

SECTION 4 **Les organismes nationaux** *(Décr. n° 2006-1662 du 21 déc. 2006).*

SOUS-SECTION 1 **L'Institut national de la recherche agronomique**

(Décr. n° 2006-1662 du 21 déc. 2006)

Art. R. 653-12 **L'***(Décr. n° 2019-1046 du 10 oct. 2019, art. 27, en vigueur le 1er janv. 2020)* **« Institut national de recherche pour l'agriculture, l'alimentation et l'environnement » contribue à l'amélioration et à la gestion des ressources zoogénétiques par ses recherches dans les domaines de la connaissance des génomes, de la variabilité génétique des caractères et des méthodes de gestion des populations.**

Il est consulté sur la pertinence des objectifs de sélection et des informations phénotypiques ou moléculaires.

Il propose *(Décr. n° 2019-1379 du 18 déc. 2019, art. 1er, en vigueur le 1er janv. 2020)* **« au ministre chargé de l'agriculture » des méthodes et protocoles d'évaluation génétique des reproducteurs et de gestion des populations animales, en particulier pour les espèces bovine, ovine, caprine, porcine et équine. Ces méthodes et protocoles peuvent être rendus obligatoires par les décrets prévus à l'article L. 653-2.**

Pour l'espèce porcine, il peut participer à la réalisation de ces protocoles.

Il propose également des méthodes de gestion des populations animales en vue de leur amélioration et du maintien à long terme de la diversité génétique. Conformément à l'article L. 653-11, il effectue l'évaluation génétique des reproducteurs des populations animales sélectionnées désignées par décret.

SOUS-SECTION 2 **Organismes relatifs aux équidés** *(Décr. n° 2015-805 du 2 juill. 2015, art. 1er-1°).*

(Décr. n° 2010-90 du 22 janv. 2010, art. 3)

§ 1 L'Institut français du cheval et de l'équitation *(Décr. n° 2015-805 du 2 juill. 2015, art. 1er-2°).*

Art. R. 653-13 **L'établissement dénommé Institut français du cheval et de l'équitation est un établissement public national à caractère administratif. Il est placé sous la tutelle conjointe des ministres chargés de l'agriculture et des sports.**

Son siège est à Saumur.

Art. R. 653-14 **I. — L'Institut français du cheval et de l'équitation a pour missions de promouvoir l'élevage des équidés et les activités liées au cheval ainsi que de favoriser le rayonnement de l'équitation, en partenariat notamment avec les organisations socio-professionnelles, les collectivités locales et les associations.**

II. — L'établissement entreprend toutes actions, notamment scientifiques, techniques, économiques et culturelles, nécessaires à l'accomplissement de ses missions. A cet effet :

1° Il contribue à la définition et à la mise en œuvre de la politique d'orientation de l'élevage et de l'utilisation des équidés. Dans ce domaine, il apporte son concours à

l'État, et notamment aux ministres chargés de l'agriculture et des sports, pour l'examen de toute question relative à l'élevage, aux courses, à l'équitation ou aux autres utilisations du cheval et des autres équidés sur le plan national, européen ou international ;

2° Il concourt à la protection des équidés et veille à la conservation et l'amélioration des races pour assurer une régulation économique et génétique prenant en compte les intérêts à long terme de la filière ;

3° *(Décr. n° 2012-1335 du 30 nov. 2012, art. 3-1°)* « Il procède pour le compte de l'État, dans les conditions prévues aux articles D. 212-51 à R. 212-60, à l'identification des équidés et assure la tenue du fichier central des équidés immatriculés ainsi que le suivi des propriétaires et détenteurs pour participer à la traçabilité des équidés. » Il apporte son appui aux organismes agréés pour assurer l'orientation et l'amélioration génétique d'une race ou d'un groupe de races. A ce titre, il instruit pour le compte du ministre chargé de l'agriculture l'évolution des règles relatives aux conditions d'inscription sur les livres généalogiques qui sont tenus par lui ou *(Abrogé par Décr. n° 2012-1335 du 30 nov. 2012, art. 3-1°)* « *, sous son contrôle,* » par des associations ou fédérations agréées. Il entreprend toutes actions visant à développer un système d'information relatif aux équidés avec l'ensemble des partenaires de la filière aux plans national, européen et international ;

4° Il peut apporter son concours à l'État pour l'identification et le contrôle, dans les conditions prévues par les textes qui les réglementent, des établissements ouverts au public pour l'utilisation des équidés et des professionnels qui se livrent au commerce des équidés ou à leur utilisation à des fins commerciales ;

5° Il assure la collecte et le traitement des informations économiques sur les marchés et les métiers du cheval et autres équidés et mène toute action susceptible de favoriser, dans son domaine de compétence, la mise en valeur et la promotion des produits, des techniques et des pratiques sportives ;

6° Il favorise le rayonnement de l'art équestre au travers notamment de l'école mentionnée à l'article R. 211-19 du code du sport dont les professeurs d'équitation sont les écuyers du Cadre noir ;

7° Il participe à l'accueil et au développement des disciplines sportives équestres de haut niveau. Il contribue à mettre à la disposition des cavaliers de haut niveau des chevaux dotés des meilleures qualités sportives ;

8° Il organise des formations aux métiers de l'élevage des arts et sports équestres, ainsi qu'aux métiers relatifs au cheval ; à ce titre, il contribue à la définition des formations équestres et à leur évaluation ainsi qu'au perfectionnement des acteurs du développement de l'équitation et il participe à la formation continue des équipes d'encadrement pour les disciplines équestres et particulièrement celles reconnues de haut niveau ;

9° Il contribue par son école à la diffusion des bonnes pratiques, y compris en matière de sécurité, et participe au réseau national du sport de haut niveau ;

10° Il mène des actions en matière de relations internationales et de coopération dans le domaine de l'équitation et de l'élevage ;

11° Il propose et, le cas échéant, met en œuvre les grandes orientations de recherche et de développement ainsi que les programmes menés en coopération avec d'autres ministères ou organismes. Il participe dans son domaine de compétence à la diffusion du progrès technique ;

12° Il établit localement des relations de partenariat avec les organismes mentionnés au premier alinéa du présent article, notamment en favorisant toute action d'information, de formation, de promotion et de valorisation.

Art. R. 653-15 Pour l'exercice de ses missions, l'Institut français du cheval et de l'équitation peut :

a) Acquérir et gérer des reproducteurs ;

b) Instruire, à la demande des ministres, les demandes de subventions financées notamment à partir des dotations du budget de l'État et en assurer le paiement ;

c) Accorder, sur ses ressources, des primes d'encouragement à l'occasion des concours d'élevage ;

d) Assurer la réalisation, l'édition et la diffusion, à titre gratuit ou onéreux, sous toute forme, des études, des publications et, plus généralement, des supports d'informations et objets en rapport avec ses activités ;

e) Prendre des brevets ;

f) Prendre des participations financières, créer des filiales ou participer à des groupements d'intérêt public, économique ou scientifique, à des syndicats mixtes ou à des sociétés d'économie mixte, être membre d'associations.

Art. R. 653-16 L'Institut français du cheval et de l'équitation conclut avec les ministres chargé*[s]* de l'agriculture et des sports un contrat pluriannuel qui définit les objectifs qui lui sont assignés et les indicateurs associés.

Art. R. 653-17 L'établissement est administré par un conseil d'administration.

I. — Le conseil d'administration comprend *(Décr. n° 2017-190 du 14 févr. 2017, art. 1er)* « vingt-trois » membres ainsi répartis :

1° Sept représentants de l'État :

a) Un désigné par le Premier ministre ;

b) Deux désignés par le ministre chargé de l'agriculture, dont le directeur chargé de la politique du cheval ou son représentant ;

c) Deux désignés par le ministre chargé des sports, dont le directeur des sports ou son représentant ;

d) Un désigné par le ministre chargé du budget ;

e) Un désigné par le ministre de la défense ;

2° *(Décr. n° 2017-190 du 14 févr. 2017, art. 1er)* « Douze » personnalités qualifiées dont :

(Décr. n° 2017-190 du 14 févr. 2017, art. 1er) « *a)* Deux élus locaux choisis en raison de leurs compétences dans les domaines d'activité de l'établissement ; »

b) Le président de la Société hippique française (SHF) ;

c) Le chef des sports équestres militaires ;

d) Pour le secteur de l'agriculture :

— deux personnalités exerçant leurs activités dans le secteur des courses hippiques, dont une pour le galop et une pour le trot ;

— une personnalité exerçant ses activités dans le secteur de l'élevage des équidés de sports et de loisirs ;

— une personnalité exerçant ses activités dans le secteur de l'élevage des chevaux de trait et des races asines ;

e) Pour le secteur des sports :

— deux personnalités compétentes dans le domaine des sports équestres ;

— le président de la Fédération française d'équitation ou son représentant ;

— un sportif de haut niveau désigné par le président du Comité national olympique et sportif français, sur proposition du président de la Fédération française d'équitation ;

3° *(Décr. n° 2010-1340 du 9 nov. 2010)* « Quatre représentants élus du personnel de l'établissement. »

II. — Les représentants de l'État sont nommés par arrêté du ministre intéressé. Les personnalités qualifiées sont nommées, par arrêté conjoint du ministre chargé de l'agriculture et du ministre chargé des sports, sur proposition du ministre intéressé.

Les représentants du personnel et leurs suppléants sont élus selon des modalités fixées par arrêté conjoint du ministre chargé de l'agriculture et du ministre chargé des sports. — *V. Arr. du 2 juill. 2020 fixant les modalités de la consultation des personnels en vue de la désignation de leurs représentants au conseil d'administration de l'Institut français du cheval et de l'équitation (JO 5 juill.).*

III. — Le président du conseil d'administration est nommé parmi ses membres par décret, sur proposition des ministres chargés de l'agriculture et des sports.

Il ne peut être âgé de plus de soixante-dix ans à la date de sa nomination.

Le président et les membres du conseil d'administration sont nommés pour une durée de trois ans. Leur mandat est renouvelable.

Les membres du conseil d'administration décédés ou démissionnaires et ceux qui, en cours de mandat, n'occupent plus les fonctions à raison desquelles ils ont été désignés sont remplacés selon les modalités définies ci-dessus. Leurs remplaçants sont nommés pour la durée du mandat restant à courir.

Art. R. 653-18 Les fonctions de président et d'administrateur ne donnent pas lieu à rémunération. Le remboursement des frais de déplacement et de séjour des membres du conseil d'administration, du conseil scientifique, du conseil sur la formation et des comités d'orientation s'effectue dans les conditions prévues par la réglementation en vigueur fixant les conditions et les modalités de règlement des frais occasionnés par les déplacements des personnels civils ou militaires sur le territoire métropolitain.

Art. R. 653-19 Le conseil d'administration se réunit aussi souvent qu'il est nécessaire et au moins deux fois par an, sur convocation de son président qui en fixe l'ordre du jour, sur proposition du directeur général.

Le conseil d'administration est également convoqué à la demande du ministre chargé de l'agriculture, du ministre chargé des sports ou de la majorité de ses membres. Les questions pour l'examen desquelles la convocation est demandée sont de droit inscrites à l'ordre du jour. L'ordre du jour et les pièces afférentes sont transmis huit jours avant la date de la réunion.

Le conseil d'administration ne peut valablement délibérer que si la moitié au moins des membres en exercice est présente ou représentée. Les membres du conseil d'administration peuvent, en cas d'absence ou d'empêchement, donner mandat à un membre appartenant à la même catégorie. Un même membre ne peut détenir qu'un seul mandat.

Si le quorum n'est pas atteint, le conseil est à nouveau convoqué avec le même ordre du jour dans un délai maximum de trois semaines. Il peut alors valablement délibérer quel que soit le nombre de membres présents ou représentés.

Les délibérations du conseil sont adoptées à la majorité des membres présents et représentés. En cas de partage égal des voix, celle du président est prépondérante.

En cas d'empêchement du président, la séance est présidée par un représentant de l'État désigné par le ministre chargé de l'agriculture et par le ministre chargé des sports.

L'autorité en charge du contrôle budgétaire, le directeur général et l'agent comptable assistent aux séances du conseil d'administration avec voix consultative.

Le président peut également appeler à participer aux séances, avec voix consultative, toute personne dont il juge la présence utile compte tenu de l'ordre du jour.

En cas d'urgence, les délibérations du conseil d'administration peuvent être adoptées par des modalités de consultation électronique ou audiovisuelle préservant la collégialité des débats selon les modalités définies par le règlement intérieur.

Art. R. 653-20 Le conseil d'administration règle par ses délibérations les affaires de l'établissement. Les délibérations portent notamment sur les objets suivants :

1° Les orientations de la politique de l'établissement, notamment en matière scientifique et d'enseignement, d'action sociale et de formation, ainsi que sur les programmes généraux d'activités et d'investissements et l'organisation générale de l'établissement ;

2° Le règlement intérieur ;

3° Le budget et ses décisions modificatives ;

4° Le compte financier et l'affectation des résultats ;

5° Les conditions générales de passation des conventions, contrats et marchés ;

6° Le contrat pluriannuel de performances conclu avec l'État ;

7° Les dépôts de marque, brevets et de tous titres de propriété intellectuelle ;

8° Le rapport annuel d'activités et le rapport annuel de comptabilité analytique ;

9° Les redevances et rémunérations de toute nature perçues par l'établissement ;

10° L'acceptation des dons et legs ;

11° Les emprunts et lignes de trésorerie ;

12° Les acquisitions, aliénations, échanges, les locations de locaux ainsi que la construction et les grosses réparations d'immeuble ;

(Décr. n° 2017-1771 du 27 déc. 2017, art. 22-2°) « 13° Les prises, cessions ou extensions de participations financières, la création de filiales, la participation à des groupements d'intérêt public ou à des groupements d'intérêt économique ou scientifique, à des syndicats mixtes ou à des sociétés d'économie mixte ainsi qu'à des associations ; »

14° Les actions en justice ;

15° Les transactions ainsi que, en cas de litiges nés de l'exécution des contrats ou marchés avec des organismes étrangers, le recours à l'arbitrage ;

16° Les conditions générales d'emploi et de rémunération des agents contractuels.

En ce qui concerne les matières énumérées aux 7°, 9°, 10°, 11°, 12°, 14° et 15°, le conseil peut déléguer, dans les limites qu'il détermine, tout ou partie de ses pouvoirs au directeur général. Celui-ci lui rend compte lors de la prochaine séance des décisions qu'il a prises en vertu de cette délégation.

Art. R. 653-21 Les délibérations du conseil d'administration sont exécutoires quinze jours après la réception du procès-verbal par les ministres chargés de l'agriculture et des sports, sauf exercice de son droit de veto par le commissaire du Gouvernement dans les conditions prévues à l'article R. 653-21-1 ;

En cas d'urgence, les ministres peuvent en autoriser l'exécution immédiate.

(Décr. n° 2012-1247 du 7 nov. 2012, art. 40, en vigueur le 1er janv. 2013) « Les délibérations portant sur le budget et le compte financier sont exécutoires dans les conditions prévues par le titre III du décret n° 2012-1246 du 7 novembre 2012 relatif à la gestion budgétaire et comptable publique. »

Les délibérations relatives aux actions en justice sont immédiatement exécutoires.

Art. R. 653-21-1 Un commissaire du Gouvernement, nommé par arrêté conjoint des ministres chargés de l'agriculture et des sports, est placé auprès de l'établissement.

Il est suppléé en cas d'empêchement par un commissaire suppléant désigné selon les mêmes modalités.

Le commissaire du Gouvernement reçoit les convocations, ordres du jour, procès-verbaux et tous autres documents adressés aux membres du conseil. Il peut se faire communiquer toutes pièces, documents ou archives et procéder ou faire procéder à toutes vérifications.

Il dispose d'un droit de veto à l'égard des délibérations du conseil d'administration. Il exerce ce droit dans les quinze jours qui suivent soit la réunion, s'il y a assisté ou y était représenté, soit la réception du procès-verbal de la séance.

Le veto du commissaire du Gouvernement a un caractère suspensif jusqu'à ce que les ministres de tutelle se soient prononcés. A défaut de décision expresse de ces ministres dans un délai de vingt jours à compter du jour d'exercice du droit de veto, la décision devient exécutoire.

Lorsque le commissaire du Gouvernement ou un ministre demande par écrit des informations ou documents complémentaires, les délais mentionnés au précédent alinéa sont suspendus jusqu'à la production de ces informations ou documents.

Art. R. 653-22 L'établissement est doté d'un conseil scientifique et d'un conseil de formation, organisés dans les conditions fixées par le conseil d'administration.

Art. R. 653-23 Le conseil scientifique est consulté au moins une fois par an par le conseil d'administration sur :

1° Le programme de recherche de l'établissement ;

2° Les orientations de veille vétérinaire et la lutte contre le dopage animal ;

Il peut être consulté sur toute autre question scientifique.

Art. R. 653-23-1 Le conseil de formation est consulté par le conseil d'administration sur l'offre de formations proposée par l'établissement.

Art. R. 653-24 Le conseil d'administration peut créer des comités d'orientation afin, notamment, de :

1° Développer le partenariat avec les collectivités, les organisations socioprofessionnelles et les associations concernées par l'élevage des équidés et les activités hippiques ;

2° Proposer au conseil d'administration les orientations stratégiques ;

3° Émettre un avis sur les programmes d'activités et les moyens à y affecter ;

4° Évaluer les activités de l'établissement.

Art. R. 653-25 L'établissement est dirigé par un directeur général, nommé par décret, pour une durée de trois ans renouvelable, sur proposition des ministres chargés de l'agriculture et des sports.

Le directeur général prépare les délibérations du conseil d'administration. Il assure l'exécution de ses délibérations. Il assure la direction de l'établissement et le représente dans tous les actes de la vie civile, dans ses rapports avec les tiers et dans les relations internationales.

Il représente l'établissement en justice.

Il a autorité sur l'ensemble du personnel.

Il est responsable de la sécurité des personnes et des biens.

Il recrute, nomme et gère les fonctionnaires membres du corps des adjoints techniques des haras régi par le décret n° 2006-1761 du 23 décembre 2006 relatif aux dispositions statutaires communes applicables aux corps d'adjoints techniques des administrations de l'État ainsi que les personnels non titulaires de l'établissement.

Il passe au nom de l'établissement les contrats et marchés et les actes d'acquisition et de vente.

Il est ordonnateur principal des dépenses et recettes de l'établissement et peut désigner des ordonnateurs secondaires.

Il peut déléguer sa signature à des agents de l'établissement dans des limites qu'il détermine.

Art. R. 653-25-1 Le directeur général est assisté :

– par un directeur général adjoint chargé de la formation et de la promotion de l'équitation de haut niveau nommé par arrêté conjoint des ministres chargés des sports et de l'agriculture ;

– par l'écuyer en chef, responsable technique du Cadre noir, nommé par arrêté conjoint des ministres chargés des sports et de l'agriculture, sur proposition du ministre de la défense.

Art. R. 653-26 Le personnel de l'établissement comprend :

1° Des fonctionnaires de l'État, civils et militaires, dans les conditions prévues par leurs statuts respectifs ;

2° Des personnels contractuels dans les conditions prévues par la loi n° 84-16 du 11 janvier 1984.

Art. R. 653-27 Le budget de l'établissement comprend :

1° En recettes :

a) Les subventions de l'État ;

b) Les subventions versées au titre des fonds européens ;

c) Les subventions des collectivités territoriales et des établissements publics et toutes autres personnes publiques ou privées ;

d) Les produits des redevances et contributions ;

e) Les produits des représentations et compétitions ;

f) La rémunération des services rendus ;

g) Les fonds de contrats sur programmes ;

h) Les produits de l'aliénation des biens meubles et immeubles ;

i) Les produits de publications et actions de formation ;

j) Les sommes perçues au titre de la formation professionnelle ;

k) Les produits financiers relevant du placement de ses fonds ;

l) Les emprunts ;

m) Les produits des dons et legs ;

n) L'exploitation des marques et brevets et de leurs dérivés ;

o) Toutes autres recettes autorisées par les lois et règlements.

2° En dépenses :

a) Les frais de personnels à la charge de l'établissement ;

b) Les charges de fonctionnement, d'équipement, d'entretien et de sécurité et notamment les frais d'entretien et d'achat des chevaux ;

c) Les frais d'organisation des stages, conférences, travaux de recherche, d'élaboration et de diffusion des publications ;

d) Les frais d'organisation des manifestations ;

e) Les charges de remboursement des emprunts ;

f) Les dépenses d'intervention, les primes d'encouragement visées au *c* de l'article R. 653-15 du présent code ;

g) D'une manière générale, toutes les dépenses nécessaires à la conduite des activités de l'établissement.

Art. R. 653-28 I. – *(Décr. nº 2012-1247 du 7 nov. 2012, art. 40, en vigueur le 1er janv. 2013)* « Des comptables secondaires peuvent être désignés par le directeur général après avis de l'agent comptable et avec l'agrément du ministre chargé du budget. »

II. – *(Décr. nº 2012-1247 du 7 nov. 2012, art. 40, en vigueur le 1er janv. 2013)* « L'établissement est soumis aux dispositions des titres I et III du décret nº 2012-1246 du 7 novembre 2012 relatif à la gestion budgétaire et comptable publique. » En particulier des régies d'avances et de recettes peuvent être ouvertes dans les conditions fixées par le décret nº 2019-798 du 26 juillet 2019 relatif aux régies de recettes et d'avances des organismes publics.

III. – L'établissement peut recourir à l'emprunt ou à des lignes de trésorerie, avec l'autorisation des ministres de tutelle et des ministres chargés de l'économie et du budget.

IV. – La comptabilité analytique est tenue par l'agent comptable ou sous son contrôle, selon un plan établi par le directeur général et approuvé par les ministres de tutelle et le ministre chargé du budget. Un état retraçant les résultats de la comptabilité analytique est joint au compte financier adressé aux ministres de tutelle.

V et VI. – Abrogés par Décr. nº 2012-1247 du 7 nov. 2012, art. 40, à compter du 1er janv. 2013. – V. Arr. du 7 mai 2015 relatif aux modalités d'exercice du contrôle budgétaire sur l'Institut français du cheval et de l'équitation (IFCE) (JO 14 mai), mod. par Arr. du 10 juin 2020, art. 3 (JO 19 juin).

§ 2 *[ABROGÉ]* Le Haras national du Pin

(Abrogé par Décr. nº 2022-941 du 27 juin 2022, art. 5-1º) (Décr. nº 2015-805 du 2 juill. 2015, art. 1er-3º)

V. Décr. nº 2022-941 du 27 juin 2022 fixant les modalités et le calendrier de la dissolution de l'établissement public administratif « Haras national du Pin » (JO 28 juin).

Art. D. 653-28-1 à D. 653-28-9 *Abrogés par Décr. nº 2022-941 du 27 juin 2022, art. 5-1º.*

SOUS-SECTION 3 Les instituts techniques nationaux

(Décr. nº 2006-1662 du 21 déc. 2006)

Art. R. 653-29 Les instituts techniques nationaux contribuent, en application des dispositions de l'article L. 830-1, à l'amélioration et à la gestion des ressources génétiques de l'espèce ou des espèces relevant de leur compétence et participent aux actions de structuration et de recherche appliquée dans les filières considérées *(Abrogé par Décr. nº 2019-1379 du 18 déc. 2019, art. 1er, à compter du 1er janv. 2020)* « *, suivant les orientations définies par la Commission nationale d'amélioration génétique* ».

Les instituts techniques nationaux apportent, en tant que de besoin, dans la limite des moyens qui leur sont affectés, leur soutien technique aux organismes conccurant à la gestion des ressources génétiques des animaux d'élevage.

Un institut technique national peut confier, après accord du ministre chargé de l'agriculture, l'exécution d'une partie de ses missions à un ou plusieurs autres opérateurs. Il conclut avec eux des conventions qui garantissent le respect des obligations définies dans le présent code et par son cahier des charges.

Un arrêté du ministre chargé de l'agriculture précise les modalités d'application de l'alinéa précédent, et notamment les conditions dans lesquelles ces délégations peuvent être autorisées. – *V. Arr. du 31 juill. 2007 (JO 11 août), mod. par Arr. du 12 août 2020, art. 6-IV (JO 21 août).*

SOUS-SECTION 4 Les organismes de sélection *(Décr. nº 2006-1662 du 21 déc. 2006).*

§ 1 Dispositions relatives aux ruminants, porcins et carnivores domestiques *(Décr. nº 2007-716 du 4 mai 2007).*

(Décr. nº 2006-1662 du 21 déc. 2006)

Art. D. 653-30 On entend par :

1º Livre généalogique : tout fichier ou support informatique tenu par un organisme de sélection agréé et dans la section principale duquel sont enregistrés des animaux reproducteurs de race pure avec mention de leurs ascendants ;

2° Registre zootechnique : tout fichier ou support informatique tenu par un organisme de sélection agréé dans lequel sont inscrits des reproducteurs hybrides avec mention de leurs ascendants ;

3° Race pure : un ensemble d'animaux dont :

– les ascendants mâles aux premier et second degré sont enregistrés dans la section principale d'un livre généalogique de la même race ;

– l'ascendant femelle au second degré est enregistré dans la section principale ou annexe d'un livre généalogique de la même race ;

– l'ascendant femelle au premier degré est enregistré, pour les mâles, en section principale, et, pour les femelles, en section principale ou annexe d'un livre généalogique de la même race.

Art. D. 653-30-1 *(Décr. n° 2007-716 du 4 mai 2007)* Pour l'espèce porcine, une population animale sélectionnée au sens de l'article D. 653-9 ou de race pure au sens de l'article D. 653-30 est un ensemble d'animaux devant, outre les éléments mentionnés par ces articles, être décrit par ses caractéristiques morphologiques, des aptitudes ou performances moyennes et des marqueurs génétiques éventuels.

Les populations animales sélectionnées de l'espèce porcine sont :

1° Des races reconnues à valorisation collective ;

2° Des variétés obtenues à partir d'une seule race pure par application d'un programme d'amélioration génétique visant à les distinguer du point de vue des origines généalogiques et du point de vue des caractères ;

3° Des lignes composites obtenues à partir d'un croisement de fondation entre plusieurs populations animales sélectionnées, puis par application d'un programme d'amélioration génétique visant à développer des caractères distincts.

Art. D. 653-30-2 *(Décr. n° 2007-716 du 4 mai 2007)* I. – Les populations animales sélectionnées de l'espèce porcine dont l'origine et le niveau génétique sont garantis par une information suffisante sont répertoriées par l'organisme de sélection mentionné à l'article D. 653-31 sous leur dénomination figurant dans le dossier de demande d'agrément de cet organisme.

Lorsque les populations portent un nom de race commun à plusieurs pays, le pays d'origine peut être indiqué pour les races présentant des caractéristiques spécifiques à ces pays.

Les lignées composites et les variétés sont répertoriées sous une dénomination spécifique à laquelle la race d'origine peut être ajoutée.

Les types génétiques hybrides qui résultent d'un croisement de populations animales sélectionnées différentes sont répertoriés sous une dénomination spécifique.

II. – Le répertoire des populations animales sélectionnées et des types génétiques hybrides de l'espèce porcine est tenu à jour, avec mention du code de type génétique unique attribué à chaque population ou type génétique, par l'institut technique en charge de l'espèce porcine, par délégation du ministre chargé de l'agriculture.

Art. D. 653-31 Chaque organisme de sélection agréé en application de l'article L. 653-3 assure les fonctions d'orientation et de représentation de l'espèce, de la race ou de la population animale sélectionnée pour laquelle il est agréé. A ce titre :

1° Il définit les objectifs de sélection en veillant à la gestion de la variabilité génétique et, si nécessaire, à l'adaptation de cette population aux particularités des territoires ou des filières ;

2° Il définit les caractéristiques de la population pour laquelle il est agréé et les critères d'appartenance à cette population, au sens de la réglementation communautaire ;

3° Il certifie l'appartenance à la race pure ou à la population animale sélectionnée et tient le livre généalogique ou registre zootechnique de cette population. Il est seul habilité à y introduire toute information officielle relative à des animaux ou à leur matériel de reproduction provenant d'autres États membres ou de pays tiers. Il délivre tous documents relatifs à ses missions, notamment les certificats généalogiques.

L'organisme de sélection veille à la cohérence des actions qui concourent à l'amélioration génétique de la race ou population animale sélectionnée dont il a la charge.

Des arrêtés du ministre chargé de l'agriculture peuvent préciser, pour chaque espèce, les conditions particulières de mise en œuvre des missions mentionnées au présent article en leur apportant des aménagements dans le cas de races à petits effectifs. – *V.*

Arr. du 28 janv. 2015 relatif aux organismes de sélection des animaux d'élevage des espèces bovine, ovine, caprine et porcine (JO 12 févr.), mod. par Arr. du 12 août 2020, art. 6-IX (JO 21 août).

Art. D. 653-31-1 *(Décr. nº 2007-716 du 4 mai 2007)* **Un organisme de sélection agréé peut confier, après accord du ministre chargé de l'agriculture, l'exécution d'une partie de ses missions à un organisme tiers.**

Il conclut avec ce dernier une convention garantissant le respect des obligations qui lui sont imposées par le présent code et par son cahier des charges.

L'organisme de sélection déléguant conserve la responsabilité de l'exécution des missions déléguées.

Art. D. 653-32 **Un même organisme de sélection peut être agréé pour la gestion de plusieurs races ou populations animales sélectionnées ou types génétiques hybrides, même d'espèces différentes.**

Cet agrément ne peut être accordé qu'aux organismes dotés de la personnalité morale ayant leur siège social en France et disposant d'un statut et d'un règlement intérieur assurant une représentation équilibrée des différents partenaires intéressés ainsi que des sources de financement adaptées aux missions, tenant une comptabilité analytique permettant d'identifier les recettes et les dépenses relevant des missions pour lesquelles ils sont agréés et satisfaisant aux contrôles du *(Décr. nº 2017-1771 du 27 déc. 2017, art. 22-4º)* **« ministère chargé de l'agriculture ».**

Dernier al. *abrogé par Décr. nº 2007-716 du 4 mai 2007.*

Art. D. 653-32-1 *(Décr. nº 2007-716 du 4 mai 2007)* **Pour créer un livre généalogique d'une race ou d'une population animale sélectionnée nouvelles, un organisme de sélection doit, au moment de la présentation de la demande d'agrément, avoir répertorié l'ensemble des animaux fondateurs qui constituent la section principale de ce livre.**

Ces animaux doivent avoir au minimum deux générations d'ascendants connus.

Une section annexe peut également être créée.

Art. D. 653-32-2 *(Décr. nº 2007-716 du 4 mai 2007)* **I. — Pour être agréé, un organisme de sélection de l'espèce porcine doit, outre les obligations prévues à l'article D. 653-32 :**

— disposer d'un calendrier de mise en place des populations animales sélectionnées ou types génétiques hybrides et de leur développement, et avoir défini les modalités de tenue de la liste des élevages qui les exploitent et des effectifs de reproducteurs femelles qui y sont détenus ;

— tenir un livre généalogique ou un registre zootechnique pour chaque population animale sélectionnée ou type génétique hybride qu'il détient ;

— mettre en œuvre un système de collecte de données de contrôle des performances et de calcul des valeurs génétiques des animaux.

II. — Le maintien de l'agrément des organismes de sélection agréés pour un type génétique porcin est subordonné à leur participation à un test sur les caractères des produits terminaux afin de fournir aux éleveurs une information fiable.

Art. R. 653-33 **L'agrément des organismes de sélection est accordé par le ministre chargé de l'agriculture pour une durée déterminée.**

En cas de non-respect des conditions posées à l'article D. 653-32, ou lorsque le fonctionnement de l'organisme se révèle défectueux à la suite de contrôles, l'agrément peut être suspendu ou retiré après que l'organisme intéressé a été informé des motifs et de la nature des mesures envisagées à l'expiration d'un délai qui ne peut être inférieur à un mois.

La décision de suspension ou de retrait d'agrément désigne l'opérateur qui assure la continuité des missions de l'organisme de sélection.

Un arrêté du ministre chargé de l'agriculture précise les modalités d'application du présent article. — *V. Arr. du 5 juill. 2019 relatif à l'agrément des organismes de sélection des ruminants et des porcins (JO 12 juill.), mod. par Arr. du 25 juill. 2019 (JO 7 août), Arr. du 19 févr. 2020 (JO 28 févr.), Arr. du 31 juill. 2020 (JO 11 août), Arr. du 8 nov. 2021 (JO 18 nov.), Arr. du 29 déc. 2022 (JO 7 janv. 2023), Arr. du 13 avr. 2023 (JO 21 avr), Arr. du 4 août 2023 (JO 22 août).*

Art. D. 653-34 *(Décr. n° 2007-716 du 4 mai 2007)* Lorsqu'il existe déjà un organisme de sélection agréé pour une ou plusieurs races ou une ou plusieurs populations animales sélectionnées, l'agrément peut ne pas être accordé à un nouvel organisme ou à une nouvelle organisation pour les mêmes races ou populations animales sélectionnées, si cet organisme ou cette organisation mettent en péril la conservation de ces dernières ou s'ils compromettent le programme d'amélioration génétique d'un organisme de sélection agréé.

Lorsqu'un organisme de sélection envisage une cessation partielle ou totale d'activité, il doit en informer le ministre chargé de l'agriculture six mois auparavant. L'information précise les races, populations animales sélectionnées ou types génétiques hybrides concernés, ainsi que les motifs de cette cessation d'activité.

Art. D. 653-34-1 *(Décr. n° 2007-716 du 4 mai 2007)* Seuls les organismes de sélection agréés ou leurs unions peuvent bénéficier de concours financiers de l'État pour les missions qui leur sont confiées à l'article D. 653-31, ainsi que pour les actions de promotion d'une race ou population animale sélectionnée française.

Art. D. 653-35 Des arrêtés du ministre chargé de l'agriculture peuvent définir, sur proposition de l'organisme de sélection agréé, la nature des renseignements relatifs à la valeur génétique d'un reproducteur ou d'un ensemble de reproducteurs ou de leur matériel de reproduction devant figurer sur les documents officiels délivrés par l'organisme de sélection.

§ 2 Dispositions spécifiques aux équidés *(Décr. n° 2006-1662 du 21 déc. 2006)*.

Art. D. 653-36 *(Décr. n° 2016-471 du 14 avr. 2016, art. 1er-1°)* I. — Des organismes de sélection ayant la personnalité morale définissent, pour chaque race, la politique d'amélioration génétique et le programme de sélection au sein du livre généalogique concerné.

II. — Le ministre chargé de l'agriculture fixe la liste des races pour lesquelles la tenue d'un livre généalogique est assurée en application des articles L. 653-3 ou L. 653-12.

III. — Chaque organisme de sélection agréé en application de l'article L. 653-3, ou l'Institut français du cheval et de l'équitation en application de l'article L. 653-12, assure, au titre de la sélection, les fonctions d'orientation et de représentation de la race ou de la population animale sélectionnée pour laquelle il est agréé. A ce titre :

1° Il définit les objectifs de sélection en veillant à la gestion de la variabilité génétique et, si nécessaire, à l'adaptation de cette population aux particularités des territoires ou des filières ainsi qu'à la préservation de la race ;

2° Il définit les caractéristiques de la population pour laquelle il est agréé et les critères d'appartenance à cette population en conformité avec la réglementation de l'Union européenne et les accords adoptés par les organisations internationales compétentes ;

3° Il tient le livre généalogique ou le registre zootechnique de cette population et certifie l'appartenance à la race ou à la population animale sélectionnée ;

4° Il délivre, directement ou sous son contrôle, tout document relatif à ces missions, notamment le document d'identification de l'équidé incluant son certificat généalogique.

Un arrêté du ministre chargé de l'agriculture précise les modalités de mise en œuvre des missions mentionnées au présent article.

V. Arr. du 24 avr. 2009 relatif aux races et appellations des équidés (JO 16 mai), mod. par Arr. du 14 oct. 2009 (JO 29 oct.), Arr. du 3 févr. 2012 (JO 14 févr.), Arr. du 17 déc. 2012 (JO 26 déc.), Arr. du 24 janv. 2013 (JO 1er févr.), Arr. du 2 févr. 2015 (JO 5 févr.), Arr. du 6 juill. 2017 (JO 16 juill.).

Art. D. 653-36-1 *(Décr. n° 2016-471 du 14 avr. 2016, art. 1er-2°)* Un organisme de sélection agréé peut confier à un organisme tiers, après accord du ministre chargé de l'agriculture, l'exécution d'une partie de ses missions prévues au 3° et au 4° du III de l'article D. 653-36.

Il conclut avec cet organisme tiers une convention garantissant le respect des obligations qui lui sont imposées par le présent code et par son cahier des charges.

L'organisme de sélection délégant conserve la responsabilité de l'exécution des missions déléguées.

Un arrêté du ministre chargé de l'agriculture définit la liste des clauses obligatoires de la convention.

Art. D. 653-37 *(Décr. n° 2016-471 du 14 avr. 2016, art. 1er-3°)* **« Le ministre chargé de l'agriculture agrée les organismes de sélection pour une durée de deux ans, lors de la délivrance de l'agrément initial, et de cinq ans en cas de renouvellement. »**

(Décr. n° 2006-1662 du 21 déc. 2006) **Cet agrément ne peut être accordé qu'aux personnes morales ayant leur siège social en France, disposant d'un statut prévoyant notamment l'absence de discrimination entre les éleveurs, tenant une comptabilité analytique permettant d'identifier les recettes et les dépenses relevant des missions pour lesquelles** *(Décr. n° 2016-471 du 14 avr. 2016, art. 1er-3°)* **« elles sont agréées et répondant aux conditions prévues par la réglementation européenne.**

« L'Institut français du cheval et de l'équitation est chargé du contrôle du respect des conditions d'agrément de l'organisme pendant la durée de l'agrément. Les résultats de ce contrôle sont transmis au ministre chargé de l'agriculture. »

L'agrément peut être suspendu ou retiré dans les mêmes formes lorsque l'organisme agréé ne satisfait pas aux conditions prescrites ci-dessus *(Décr. n° 2016-471 du 14 avr. 2016, art. 1er-3°)* **« , aux dispositions du second alinéa de l'article D. 653-39, » ou lorsque son fonctionnement s'avère défectueux à la suite de contrôles.**

Les décisions de suspension ou de retrait d'agrément ne peuvent intervenir qu'après que l'organisme intéressé a été informé des motifs et de la nature des mesures envisagées et à l'expiration d'un délai qui ne peut être inférieur à un mois. La décision de suspension ou de retrait désigne l'organisme chargé d'assurer la continuité des missions.

Un arrêté du ministre chargé de l'agriculture précise, si nécessaire, les modalités d'application du présent article. — *L'art. R. 653-37 devient l'art. D. 653-37 (Décr. n° 2016-471 du 14 avr. 2016, art. 1er-3°, JO 16 avr.).*

V. Arr. du 28 avr. 2016 relatif aux conditions d'agrément des organismes de sélection des équidés (JO 11 mai), mod. par Arr. du 12 août 2020, art. 6-XI (JO 21 août) ; Arr. du 17 juin 2020 relatif à l'agrément des organismes de sélection des équidés (JO 21 juin).

Art. D. 653-37-1 *(Décr. n° 2007-716 du 4 mai 2007)* **Lorsqu'il existe déjà un organisme de sélection agréé pour une ou plusieurs races ou une ou plusieurs populations animales sélectionnées, l'agrément peut ne pas être accordé à un nouvel organisme ou à une nouvelle organisation pour les mêmes races ou populations animales sélectionnées, si cet organisme ou cette organisation mettent en péril la conservation de ces dernières ou s'ils compromettent le programme d'amélioration génétique d'un organisme de sélection agréé.**

Art. D. 653-37-2 *Abrogé par Décr. n° 2016-471 du 14 avr. 2016, art. 1er-4°.*

Art. D. 653-38 *(Décr. n° 2016-471 du 14 avr. 2016, art. 1er-5°)* **Pour créer ou tenir un livre généalogique d'une race, un organisme de sélection doit justifier, dès la présentation de sa demande d'agrément, du respect des conditions prévues au deuxième alinéa de l'article D. 653-37 dont celle d'un effectif suffisant de la population d'équidés concernés.**

Le livre généalogique peut comprendre une section supplémentaire.

Un arrêté du ministre chargé de l'agriculture précise les conditions dans lesquelles est apprécié l'effectif suffisant d'animaux.

Art. D. 653-39 *(Décr. n° 2016-471 du 14 avr. 2016, art. 1er-5°)* **Le ministre chargé de l'agriculture fixe par arrêté les conditions dans lesquelles sont tenus les livres généalogiques.**

L'organisme de sélection agréé, ou l'Institut français du cheval et de l'équitation en application de l'article L. 653-12, assure, notamment à l'égard des éleveurs, la publicité du règlement technique qu'il a adopté. Ce règlement technique ainsi que ses modifications ultérieures sont publiés sur le site internet de l'Institut.

Art. R. 653-40 *Abrogé par Décr. n° 2016-471 du 14 avr. 2016, art. 1er-4°.*

Art. D. 653-40-1 *(Décr. nº 2014-1728 du 30 déc. 2014, art. 1er)* Lorsque l'Institut français du cheval et de l'équitation assure les missions dévolues aux organismes de sélection en application des dispositions du deuxième alinéa de l'article L. 653-12, il y associe l'organisme le plus représentatif des éleveurs de la race concernée dans les conditions mentionnées à l'alinéa suivant.

Il demande à cet organisme de lui proposer des objectifs de sélection, le consulte sur toute question liée à l'exercice de ses missions d'organisme de sélection et l'informe annuellement des inscriptions dans le livre généalogique.

Art. D. 653-40-2 *(Décr. nº 2014-1728 du 30 déc. 2014, art. 1er)* L'Institut français du cheval et de l'équitation établit la liste des organismes les plus représentatifs des éleveurs des races pour lesquelles aucun organisme de sélection n'a été agréé.

Le projet de liste est publié sur le site internet de l'Institut pendant une durée d'un mois. Pendant la durée de cette publication et au plus tard dix jours après qu'elle ait *[a]* pris fin, l'Institut reçoit toute observation sur ce projet, assortie, le cas échéant, de pièces justificatives.

A l'issue de la procédure et après examen des éventuelles observations, l'Institut publie, sur son site internet, la liste définitive des organismes les plus représentatifs des éleveurs des races concernées.

La procédure définie au présent article est renouvelée tous les cinq ans.

Art. R. 653-41 *Article inexistant.*

SECTION 5 Les établissements de l'élevage

(Décr. nº 2006-1662 du 21 déc. 2006)

V. Arr. du 10 avr. 2007 relatif aux établissements de l'élevage (JO 26 avr.), mod. par Arr. du 27 déc. 2007 (JO 6 janv. 2008) et Arr. du 23 déc. 2011 (JO 28 déc.).

Art. R. 653-42 Sauf dans les départements ou régions insulaires, un établissement de l'élevage ne peut être agréé que si sa circonscription comprend un effectif minimum d'animaux d'élevage ou garantit une couverture territoriale suffisante. Cet effectif et les conditions relatives à cette couverture territoriale sont fixés par arrêté du ministre chargé de l'agriculture. Les organismes qui ne sont pas des services d'une chambre d'agriculture ou ne sont pas constitués sur le fondement de l'article L. 514-2 ne peuvent être agréés en qualité d'établissement de l'élevage que si leurs statuts et règlements intérieurs garantissent une représentation équilibrée de tous les groupements d'éleveurs et si ces organismes ont une activité suffisante en matière d'amélioration de l'élevage. — *V. Arr. du 30 déc. 2008 portant agrément des établissements de l'élevage (JO 1er janv. 2009), mod. par Arr. du 23 déc. 2011 (JO 28 déc.), Arr. du 26 déc. 2012 (JO 28 déc.), Arr. du 19 janv. 2015 (JO 27 janv.), Arr. du 10 févr. 2016 (JO 12 févr.), Arr. du 27 mars 2017 (JO 4 avr.), Arr. du 9 avr. 2018 (JO 14 avr.), Arr. du 13 déc. 2018 (JO 21 déc.).*

Art. R. 653-43 L'établissement de l'élevage est agréé par arrêté du ministre chargé de l'agriculture après avis *(Abrogé par Décr. nº 2019-1379 du 18 déc. 2019, art. 1er, à compter du 1er janv. 2020) « de la Commission nationale d'amélioration génétique et » (Décr. nº 2017-1771 du 27 déc. 2017, art. 22-5º)* « du Conseil national d'orientation de la politique sanitaire animale et végétale (section animale) ». Le cahier des charges annexé à l'arrêté d'agrément fixe les limites de la circonscription de l'établissement et précise les modalités d'exercice de ses missions.

L'agrément peut être suspendu ou retiré lorsque l'établissement agréé ne satisfait pas aux conditions d'exercice de ses missions fixées par les dispositions législatives ou réglementaires du chapitre II du titre I du livre II ou du chapitre III du titre V du livre VI *(Abrogé par Décr. nº 2017-1771 du 27 déc. 2017, art. 22-5º) « du présent code »* ou par son cahier des charges ou, lorsque son fonctionnement s'avère défectueux à la suite de contrôles administratifs. *(Décr. nº 2019-1379 du 18 déc. 2019, art. 1er, en vigueur le 1er janv. 2020)* « Le Conseil national d'orientation de la politique sanitaire animale et végétale doit être consulté » quand les défaillances constatées concernent les activités énumérées à l'article L. 212-7.

Les décisions de suspension ou de retrait d'agrément ne peuvent intervenir qu'après que l'établissement intéressé a été informé des motifs et de la nature des mesures envisagées et à l'expiration d'un délai qui ne peut être inférieur à un mois.

Dans les zones non encore pourvues d'un établissement de l'élevage agréé ou en cas de suspension ou de retrait d'agrément, les opérations mentionnées aux articles L. 212-7 et *(Décr. n° 2007-818 du 11 mai 2007)* **« D. 653-51 » peuvent être confiées à un autre organisme, si nécessaire à titre temporaire, après avis, sauf urgence,** *(Abrogé par Décr. n° 2019-1379 du 18 déc. 2019, art. 1er, à compter du 1er janv. 2020) « **de la Commission nationale d'amélioration génétique et** » (Décr. n° 2017-1771 du 27 déc. 2017, art. 22-5°)* **« du Conseil national d'orientation de la politique sanitaire animale et végétale (section animale) ».**

Art. R. 653-44 **Au sein de la ou des chambres d'agriculture dont relève l'établissement de l'élevage, est constitué un comité d'orientation de l'élevage chargé de veiller à la cohérence des actions relatives à l'élevage dans la circonscription de l'établissement. Le président de ce comité est le président de la chambre d'agriculture siège de l'établissement ou un membre du bureau de la chambre désigné par lui ou, lorsque l'établissement est créé par plusieurs chambres, par la personne désignée par les présidents de ces chambres. La composition du comité d'orientation de l'élevage est définie par arrêté du ministre chargé de l'agriculture.** *— V. Arr. du 10 avr. 2007 relatif aux établissements de l'élevage, art. 4 s., préc. avant art. R. 653-42.*

(Décr. n° 2007-818 du 11 mai 2007) **« Pour être agréés en qualité d'établissements de l'élevage les organismes qui ne sont pas des services d'une chambre d'agriculture ou ne sont pas constitués en application de l'article L. 514-2 doivent constituer un comité d'orientation de l'élevage, dont la composition est fixée par arrêté du ministre chargé de l'agriculture. »**

Art. R. 653-45 **Le préfet du département dans lequel est situé le siège de l'établissement de l'élevage ou son représentant participe de droit aux réunions du comité d'orientation de l'élevage. Il est assisté par le** *(Décr. n° 2017-1771 du 27 déc. 2017, art. 22-6°)* **« directeur départemental des territoires ou, le cas échéant, des territoires et de la mer » du département dans lequel est situé le siège de l'établissement de l'élevage. Pour l'exercice de la tutelle qu'il exerce sur l'établissement au titre des missions relatives à l'identification et à l'enregistrement et à la certification de la parenté des animaux d'élevage, le préfet peut prendre connaissance de l'ensemble des dossiers et documents détenus par l'établissement relatifs à ces missions.**

Lorsque l'établissement de l'élevage est agréé pour une ou plusieurs régions, le préfet de la région dans laquelle est situé le siège de l'établissement de l'élevage ou son représentant participe de droit aux réunions du comité d'orientation.

Art. R. 653-46 **Les opérations financières relatives aux missions confiées à l'établissement de l'élevage en application** *(Décr. n° 2017-1771 du 27 déc. 2017, art. 22-7°)* **« du livre II et du présent livre » font l'objet d'une comptabilité analytique.**

Art. R. 653-47 **Les établissements de l'élevage participent, en collaboration avec les instituts techniques, aux programmes publics de recherche appliquée et de recherche de références techniques et économiques en matière d'élevage en cohérence avec les programmes de développement régionaux élaborés par les chambres régionales d'agriculture.**

Art. R. 653-48 **Les établissements de l'élevage peuvent confier l'exécution de certaines de leurs missions à un autre organisme.**

Plusieurs établissements de l'élevage peuvent charger l'un d'entre eux, ou un organisme tiers, d'exécuter certaines des tâches définies aux articles D. 653-51 et L. 212-7 dans l'ensemble de leurs circonscriptions.

Dans tous les cas, des conventions passées entre les organismes gestionnaires des établissements de l'élevage et les organismes délégataires, soumises à l'approbation de l'autorité administrative compétente définie à l'article R. 653-43, définissent les obligations des organismes délégataires.

SECTION 6 **Les enregistrements zootechniques**

(Décr. n° 2006-1662 du 21 déc. 2006)

SOUS-SECTION 1 **L'enregistrement et la certification de la parenté des ruminants**

Art. D. 653-49 **On entend par :**

1° Enregistrement de la parenté : l'enregistrement des informations relatives à l'ascendant mâle et femelle au premier degré d'un animal, ou lorsque cette information est inconnue pour l'un ou l'autre de ses deux ascendants dans le système national d'information génétique, à partir des notifications de l'éleveur naisseur ;

2° Certification de la parenté : la validation officielle par l'application des règles et des contrôles prévus dans un cahier des charges de la parenté d'un animal à partir des informations notifiées par le naisseur et des informations contenues dans le système national d'information génétique ;

3° Naisseur : le détenteur de l'ascendant femelle au premier degré de l'animal au moment de la naissance ou, s'agissant d'un animal issu de transplantation embryonnaire, de la femelle porteuse ;

4° Code race : le code affecté à un animal de parenté certifiée, qui permet de rattacher cet animal à une race reconnue. La liste des codes race est définie par arrêté du ministre chargé de l'agriculture. Cette liste comprend également des codes spécifiques pour certains produits croisés ; *– Pour la liste des codes race, V. Arr. du 27 nov. 2007, art. 2 (JO 5 déc.).*

5° Vérification de compatibilité génétique : la mise en œuvre de modalités de prélèvement et d'analyses définies par arrêté du ministre chargé de l'agriculture.

§ 1 Dispositions communes aux cheptels bovin, ovin et caprin

Art. D. 653-50 Le ministre chargé de l'agriculture fixe par arrêté, pour chaque espèce, filière de production et, éventuellement, par race, les modalités selon lesquelles les établissements de l'élevage effectuent l'enregistrement et la certification de la parenté et notamment les procédés, matériels et méthodes à mettre en œuvre. Ces arrêtés précisent si nécessaire les modalités selon lesquelles les détenteurs d'animaux, d'une part, les professionnels concourant à l'identification, à la reproduction et à l'amélioration génétique, d'autre part, communiquent à l'établissement les informations nécessaires à ses missions.

§ 2 L'enregistrement et la certification de la parenté des bovins

Art. D. 653-51 En application des dispositions de l'article L. 653-7, l'établissement de l'élevage est seul habilité, pour les bovins nés en France :

– à enregistrer la parenté, ou l'absence de cette information, pour tout bovin né dans la circonscription pour laquelle il est agréé ;

– à certifier, à partir des données du système national d'information génétique prévu à l'article R. 653-6 et des informations transmises par le naisseur engagé volontairement dans le dispositif de certification, la parenté de tout bovin né dans l'élevage considéré et à attribuer le code race de cet animal.

Le service de certification de la parenté doit être apporté à tout naisseur ou détenteur qui en fait la demande, dans le respect des règles définies aux articles *(Décr. n° 2007-716 du 4 mai 2007)* « D. 653-53 à D. 653-59 ».

Art. D. 653-52 Les informations issues de la certification de la parenté sont des éléments constitutifs des livres généalogiques tenus par les organismes de sélection mentionnés à l'article L. 653-3. Elles doivent être transmises par l'établissement de l'élevage au système national d'information génétique.

Art. D. 653-53 Les tarifs de la certification de la parenté sont fixés par l'établissement de l'élevage agréé en application de son cahier des charges, de manière transparente, non discriminatoire et en tenant compte des coûts de revient de cette prestation. Ils sont établis de manière à éviter de pénaliser les éleveurs dont l'exploitation est éloignée ou difficile d'accès. Lorsqu'un établissement de l'élevage propose une prestation complémentaire ne relevant pas du service de certification de la parenté, il distingue, dans son offre et dans sa facturation, cette prestation de la prestation de certification.

Art. D. 653-54 Les établissements de l'élevage informent les éleveurs des conditions matérielles et tarifaires de leur prestation en matière de certification de la parenté. Ils ne peuvent modifier ces conditions qu'une fois par an, sauf circonstances exceptionnelles, dans les conditions fixées par leur cahier des charges. Ces conditions matérielles et tarifaires et leur modification sont portées à la connaissance des éleveurs et de l'autorité administrative compétente au moins un mois avant leur entrée en vigueur.

Art. D. 653-55 Un arrêté du ministre chargé de l'agriculture précise les obligations respectives du naisseur, de l'établissement de l'élevage, du groupement prévu à l'article L. 653-9, de l'institut technique national en charge des ruminants, des organismes de sélection, des opérateurs d'insémination et des équipes de production d'embryons et de transplantation embryonnaire dans le cadre du dispositif de certification de la parenté des bovins.

Art. D. 653-56 Les normes de prélèvement et les méthodes d'analyse de compatibilité génétique à appliquer par les laboratoires habilités en application du 1° du II de l'article L. 653-2 sont définies par arrêté du ministre chargé de l'agriculture.

Art. D. 653-57 Les laboratoires qui réalisent ces analyses sont préalablement habilités par le préfet du département de leur siège. *(Décr. n° 2009-1668 du 28 déc. 2009)* « Dans le cas des laboratoires établis hors du territoire national, l'habilitation est délivrée par le ministre chargé de l'agriculture. » Les critères d'habilitation posés par l'article R. 202-10 sont applicables à ces laboratoires. Par dérogation au 3° de l'article R. 202-10, un laboratoire ne bénéficiant pas encore d'une accréditation peut toutefois être habilité à titre provisoire pour une période ne dépassant pas dix-huit mois.

Un arrêté du ministre chargé de l'agriculture fixe la composition du dossier de demande et la procédure d'habilitation.

Art. R.* 653-58 Le ministre désigne un laboratoire national de référence dans les conditions prévues à la *(Décr. n° 2012-842 du 30 juin 2012, art. 13)* « sous-section 1 de la section 1 » du chapitre II du titre préliminaire du livre II.

Art. D. 653-59 Tout manquement, par le naisseur, aux règles définies en application des dispositions de l'article *(Décr. n° 2007-716 du 4 mai 2007)* « D. 653-55 » observé sur l'exploitation ou lors de la vérification de compatibilité génétique peut, selon la nature ou la gravité du manquement ou de l'anomalie, entraîner l'invalidation de la filiation de l'animal objet du manquement ou de l'ensemble des filiations de l'élevage intéressé.

L'établissement de l'élevage doit informer le naisseur de la mesure envisagée et de ses motifs par lettre recommandée. Le naisseur peut demander à être entendu par la commission des recours de l'établissement. Ce dernier notifie ensuite au naisseur sa décision qui doit être motivée.

V. Arr. du 12 déc. 2013 relatif à l'enregistrement et à la certification de la parenté des bovins (JO 19 déc.), mod. par Arr. du 24 juill. 2018 (JO 28 juill.), Arr. du 25 sept. 2018 (JO 3 oct.), Arr. du 12 août 2020, art. 6-VII (JO 21 août).

§ 3 Dispositions propres aux espèces ovine et caprine en matière d'enregistrement et de certification de la parenté

Art. D. 653-60 L'établissement de l'élevage agréé peut confier les missions d'enregistrement ou de certification de la parenté, pour une race ou un groupe de races donné, aux organismes de contrôle des performances agréés pour la circonscription ou la race considérée.

§ 4 Dispositions spécifiques aux équidés

Art. D. 653-61 *(Décr. n° 2016-471 du 14 avr. 2016, art. 2-1°)* L'enregistrement, dans le système national d'information génétique, de l'ascendance, des caractéristiques et des performances zootechniques des équidés est réalisé sous la responsabilité de l'Institut français du cheval et de l'équitation dans le cadre d'une convention qu'il conclut avec l'organisme chargé du contrôle des performances.

Art. D. 653-61-1 *(Décr. n° 2016-471 du 14 avr. 2016, art. 2-2°)* On entend par contrôle des performances des équidés les actions d'enregistrement de caractéristiques zootechniques sur une catégorie d'animaux destinées à évaluer la valeur génétique de ces animaux.

Le contrôle des performances peut être réalisé par l'organisme de sélection, ou par l'Institut français du cheval et de l'équitation en application de l'article L. 653-12, ou par un organisme tiers agréé à cet effet pour une durée déterminée. La décision d'agrément de l'organisme tiers détermine les races d'équidés relevant de sa compétence. — *V. Arr. du 11 sept. 2017 portant agrément d'un organisme tiers (la Société française des équidés de travail, SFET) chargé de l'enregistrement et du contrôle des performances des équidés (JO 20 sept.).*

Art. D. 653-61-2 *(Décr. nº 2016-471 du 14 avr. 2016, art. 2-2º)* Un arrêté du ministre chargé de l'agriculture fixe la durée de l'agrément, les obligations minimales incombant à cet organisme et le contenu du cahier des charges auquel doit se conformer l'organisme tiers. — *V. Arr. du 20 déc. 2016 relatif aux conditions d'agrément des organismes tiers chargés de l'enregistrement et du contrôle des performances des équidés (JO 24 déc.), mod. par Arr. du 12 août 2020, art. 6-XII (JO 21 août), Arr. du 22 oct. 2021 (JO 28 oct.).*

Art. D. 653-61-3 *(Décr. nº 2016-471 du 14 avr. 2016, art. 2-2º)* En cas de non-respect des conditions de son agrément par l'organisme tiers agréé, révélé notamment par les contrôles réalisés par l'Institut français du cheval et de l'équitation, l'agrément peut être suspendu pour une durée de douze mois ou retiré par le ministre chargé de l'agriculture.

En cas de suspension ou de retrait de l'agrément, le ministre désigne l'organisme qui assure la continuité du contrôle des performances concerné.

Art. D. 653-61-4 *(Décr. nº 2016-471 du 14 avr. 2016, art. 2-2º)* Un organisme tiers agréé peut confier, après accord du ministre chargé de l'agriculture, l'exécution d'une partie de ses missions à un autre organisme avec lequel il conclut une convention garantissant le respect des obligations qui lui sont imposées par le présent chapitre et par son cahier des charges.

Art. D. 653-62 *(Décr. nº 2012-1036 du 7 sept. 2012, art. 2)* Pour les équidés enregistrés, l'Institut français du cheval et de l'équitation ou bien un autre organisme émetteur, au sens *(Décr. nº 2017-1326 du 7 sept. 2017, art. 2)* « du *a* ou du *b* du 1 de l'article 5 du règlement d'exécution (UE) 2015/262 de la Commission du 17 février 2015 », peuvent demander au détenteur de l'équidé la réalisation d'un contrôle de filiation aux fins de certification des origines de l'équidé sur le document d'identification.

La certification de la parenté est obligatoire avant de mentionner les origines d'un équidé dans le fichier central zootechnique des équidés.

Si la filiation revendiquée n'est pas compatible avec les résultats d'un contrôle de filiation, aucune mention d'origine ni de race n'est portée ou maintenue au fichier central zootechnique des équidés *(Décr. nº 2016-471 du 14 avr. 2016, art. 2-3º)* « , ni sur le document d'identification ».

Le ministre chargé de l'agriculture fixe, par arrêté, les cas et les conditions dans lesquels un contrôle de filiation est obligatoire avant toute certification des origines portée sur le document d'identification des équidés enregistrés, ainsi que les modalités de certification de la parenté des équidés. — *V. Arr. du 24 avr. 2009 relatif à l'identification et aux contrôles de filiation des équidés par typage ADN (JO 15 mai).*

SOUS-SECTION 2 **Le service public d'enregistrement et de contrôle des performances des ruminants**

V. Arr. du 6 oct. 2014 relatif au service public d'enregistrement et de contrôle des performances des ruminants (JO 8 oct.), mod. par Arr. du 7 mai 2018 (JO 15 mai), Arr. du 12 août 2020, art. 6-VIII (JO 21 août).

Art. R. 653-63 On entend par contrôle des performances les actions d'enregistrement de caractéristiques zootechniques sur un ensemble d'animaux d'une exploitation, destinées à évaluer la valeur génétique de ces animaux. La liste des enregistrements faisant l'objet du service est définie, pour chacune des filières de production, par arrêté du ministre de l'agriculture.

Les filières de production mentionnées au premier alinéa sont les suivantes :

1º Production de lait de vache ;

2° Production de lait de chèvre ;
3° Production de lait de brebis ;
4° Production de viande bovine ;
5° Production de viande ovine ;
(Décr. nº 2014-1139 du 6 oct. 2014, art. 1er-1°) « 6° Production de viande caprine. »

Art. R. 653-64 *(Décr. nº 2014-1139 du 6 oct. 2014, art. 1er-2°)* « En application de l'article L. 653-10, plusieurs organismes peuvent être agréés pour une durée déterminée, à l'issue d'un appel public à candidatures, pour exercer le service public de contrôle des performances, conformément au cahier des charges mentionné à l'article R. 653-65. La décision d'agrément détermine pour chaque organisme de contrôle agréé la circonscription attribuée ainsi que la ou les espèces et filières de sa compétence. »

L'agrément est accordé par le ministre chargé de l'agriculture *(Abrogé par Décr. nº 2019-1379 du 18 déc. 2019, art. 1er, à compter du 1er janv. 2020)* ***« après avis de la Commission nationale d'amélioration génétique »***. — *V. Arr. du 24 déc. 2014 portant agrément des organismes chargés de la réalisation du service public d'enregistrement et de contrôle des performances des ruminants (JO 28 déc.), mod. par Arr. du 8 juill. 2015 (JO 17 juill.), Arr. du 2 nov. 2017 (JO 9 nov.), Arr. du 7 mai 2018 (JO 17 mai), Arr. du 29 juin 2018 (JO 6 juill.), Arr. du 5 oct. 2018 (JO 11 oct.).*

Art. R. 653-65 Le ministre chargé de l'agriculture fixe pour chaque espèce et filière de production les modalités de déroulement de l'appel à candidatures et le contenu du cahier des charges applicable à l'opérateur.

Il détermine notamment :

1° Les obligations minimales incombant à l'opérateur, notamment en termes de choix et de qualité du service, en application de l'article R. 653-68 ;

2° Les informations à fournir par les candidats, incluant le coût détaillé de fourniture du service ;

3° Les critères de sélection de l'opérateur, fondés notamment sur son aptitude à fournir un service de qualité au meilleur rapport qualité-prix sur l'ensemble de la zone géographique couverte, à toute personne qui en fait la demande ;

(Décr. nº 2014-1139 du 6 oct. 2014, art. 1er-3°) « 4° La zone géographique couverte et le nombre d'opérateurs pouvant y être agréés ; »

5° La durée de l'agrément ;

6° Les modalités de calcul et les conditions de modification des tarifs de l'opérateur, au cours de la période couverte par l'agrément.

Art. R. 653-66 L'agrément des opérateurs prend en compte la nécessité de garantir une couverture complète du territoire et des différentes races. La circonscription d'un opérateur couvre au moins un département.

Afin d'éviter que certaines zones ne soient pas couvertes à l'issue de l'agrément des opérateurs, l'autorité administrative peut subordonner l'agrément d'un candidat à l'acceptation d'une extension de sa zone au territoire non couvert.

Art. R. 653-67 Les tarifs du service sont fixés par l'opérateur, en application de son cahier des charges, de manière transparente, non discriminatoire et en tenant compte des coûts de revient. Ils sont établis de manière à éviter de pénaliser les éleveurs dont l'exploitation est éloignée ou difficile d'accès.

Art. R. 653-68 Les opérateurs agréés informent les éleveurs des conditions matérielles et tarifaires de leur prestation. Ils ne peuvent modifier ces conditions qu'une fois par an en dehors des périodes de campagne, sauf circonstances exceptionnelles. Ces modifications sont portées à la connaissance des éleveurs au moins un mois avant leur entrée en vigueur.

Art. R. 653-69 Lorsqu'un opérateur chargé de fournir le service public d'enregistrement et de contrôle des performances propose une prestation complémentaire ne relevant pas de ce service, il distingue, dans son offre et dans sa facturation, cette prestation de celle du service public.

Art. R. 653-70 En cas de non-respect par l'opérateur agréé des conditions prévues à son cahier des charges ou lorsque son fonctionnement se révèle défectueux à la suite de contrôles, l'agrément peut être suspendu ou retiré.

Les décisions de suspension ou de retrait d'agrément ne peuvent intervenir qu'après que l'organisme intéressé a été informé des motifs et de la nature des mesures envisagées et à l'expiration d'un délai qui ne peut être inférieur à un mois.

Art. R. 653-71 La décision de suspension ou de retrait d'agrément désigne l'opérateur qui assure la continuité du service public.

Art. R. 653-72 Les décisions de suspension et de retrait d'agrément sont prises par le ministre chargé de l'agriculture.

Art. R. 653-73 L'organisme de contrôle des performances agréé assure dans la zone pour laquelle il est agréé l'enregistrement et le contrôle des performances des animaux et la transmission des informations correspondantes au système national d'information génétique dans des conditions déterminées par arrêté du ministre chargé de l'agriculture.

Les opérations financières relatives à ces missions font l'objet d'une comptabilité analytique.

Art. R. 653-74 Un opérateur agréé peut confier, après accord du ministre chargé de l'agriculture, l'exécution d'une partie de ses missions à un autre opérateur. Il conclut avec ce dernier une convention garantissant le respect des obligations qui lui sont imposées par le présent code et par son cahier des charges.

SECTION 7 **La monte publique et privée, la traçabilité du matériel de reproduction, et l'insémination animale** *(Décr. nº 2006-1662 du 21 déc. 2006).*

SOUS-SECTION 1 **La monte publique et privée et la traçabilité du matériel de reproduction** *(Décr. nº 2006-1662 du 21 déc. 2006).*

§ 1 Dispositions relatives aux espèces bovine, ovine, caprine et porcine *(Décr. nº 2006-1662 du 21 déc. 2006)*

Art. R. 653-75 On entend par :

1º Monte naturelle : l'accouplement des animaux reproducteurs ;

2º Monte artificielle : toute opération tendant à assurer la reproduction par des moyens différents de l'accouplement des animaux reproducteurs ;

3º Monte publique naturelle : toute opération de monte naturelle nécessitant le transport d'un des reproducteurs en dehors de l'exploitation où il est détenu ;

4º Monte publique artificielle : toute opération de monte artificielle nécessitant le transport de matériel génétique en dehors de son lieu de production ;

5º Monte privée : toute opération de reproduction naturelle ou artificielle ne répondant pas à la définition de la monte publique ;

6º Traçabilité du matériel de reproduction : la capacité à retracer le cheminement du matériel de reproduction d'un animal reproducteur du prélèvement jusqu'à la mise en place ou la destruction.

Art. R. 653-76 Les opérations de monte publique relatives aux espèces bovine, ovine, caprine et porcine, définies à l'article R. 653-75, sont réglementées par les dispositions du présent paragraphe précisées par des arrêtés du ministre chargé de l'agriculture. Ces arrêtés fixent, pour chaque espèce et chaque catégorie de monte, les normes applicables au choix et à l'utilisation des animaux reproducteurs mâles pouvant être employés en monte publique. Ces normes concernent notamment la race et l'origine du reproducteur, ses qualités zootechniques, celles de ses ascendants et, éventuellement, d'un échantillon de ses descendants. Ces arrêtés peuvent étendre certaines de ces règles à la monte privée.

Ces arrêtés peuvent fixer les méthodes d'identification du matériel génétique de reproduction et les modalités d'évaluation de la valeur génétique des animaux reproducteurs ainsi que les informations relatives aux animaux reproducteurs devant être communiquées au public.

V. Arr. du 12 avr. 2011 relatif aux conditions d'admission des ruminants à la monte publique artificielle et à la mise à disposition du public des informations caractérisant la valeur génétique des ruminants admis à la monte publique artificielle (JO 20 avr.), mod. par Arr. du 12 août 2020, art. 6-V (JO 21 août).

V. Arr. du 5 mars 2008 relatif aux conditions zootechniques exigées pour la production, la collecte et la transplantation d'embryons de l'espèce bovine (JO 14 mars).

V. Arr. du 26 juin 2013 relatif à l'admission des verrats à la monte publique artificielle (JO 5 juill.), mod. par Arr. du 12 août 2020, art. 6-VI (JO 21 août).

Art. R. 653-77 **I. — Seuls peuvent être livrés à la monte publique naturelle les reproducteurs mâles des espèces bovine, ovine, caprine et porcine inscrits dans la section principale d'un livre généalogique ou dans un registre zootechnique, tenu par un organisme de sélection, agréé conformément aux dispositions de l'article L. 653-3, ou établi dans l'Union européenne et agréé par l'autorité compétente d'un État membre.**

II. — Toutefois, des reproducteurs ne répondant pas à la condition prévue au premier alinéa peuvent être admis à la monte publique naturelle à des fins d'amélioration des performances zootechniques ou de conservation de la race ou de la population animale sélectionnée dans des conditions fixées par arrêté du ministre chargé de l'agriculture *(Abrogé par Décr. n° 2019-1379 du 18 déc. 2019, art. 1er, à compter du 1er janv. 2020) « pris après avis de la Commission nationale d'amélioration génétique ».*

Art. R. 653-78 **I. — Seuls peuvent être livrés à la monte publique artificielle les reproducteurs mâles des espèces bovine, ovine, caprine et porcine répondant à l'une ou l'autre des conditions suivantes :**

1° *(Décr. n° 2007-818 du 11 mai 2007)* **« Être » inscrits dans la section principale d'un livre généalogique ou dans un registre zootechnique, tenu par un organisme de sélection, agréé conformément aux dispositions de l'article L. 653-3, et conforme aux normes zootechniques fixées par les arrêtés prévus à l'article R. 653-76 ;**

2° *(Décr. n° 2007-818 du 11 mai 2007)* **« Être » inscrits dans la section principale d'un livre généalogique ou dans un registre zootechnique, agréé par l'autorité compétente d'un État membre et accepté à l'insémination dans un État membre.**

II. — Toutefois, des reproducteurs ne répondant pas aux conditions posées au I peuvent être admis à la monte publique artificielle à des fins d'amélioration des performances zootechniques ou de conservation de la race ou de la population animale sélectionnée dans des conditions fixées par arrêté du ministre chargé de l'agriculture *(Abrogé par Décr. n° 2019-1379 du 18 déc. 2019, art. 1er, à compter du 1er janv. 2020) « pris après avis de la Commission nationale d'amélioration génétique ».*

III. — Les reproducteurs des espèces bovine, ovine ou caprine doivent être déclarés auprès de l'institut technique national compétent avant l'évaluation de leur valeur génétique ou avant leur mise sur le marché.

Pour l'espèce porcine, toute population animale sélectionnée ou tout type génétique hybride doit être déclaré auprès de l'institut technique national compétent avant l'évaluation de sa valeur génétique.

La valeur génétique des reproducteurs mentionnés aux I et II doit avoir été préalablement évaluée, ou être en cours d'évaluation, conformément aux protocoles fixés par les dispositions des arrêtés prévus à l'article R. 653-76.

Art. R. 653-79 **Les reproducteurs mâles des espèces bovine, ovine, caprine ou porcine ou leurs gamètes faisant l'objet de la procédure d'autorisation de mise sur le marché prévue par les dispositions du décret n° 95-487 du 28 avril 1995 portant application du chapitre III, titre III, du livre V du code de l'environnement relatif aux organismes génétiquement modifiés ou bénéficiant d'une autorisation de mise sur le marché délivrée par l'autorité compétente d'un autre État de l'Union européenne ne peuvent être employés que pour la monte publique artificielle.**

Art. R. 653-80 **Les reproducteurs mâles en provenance d'un autre État de l'Union européenne ou d'un pays tiers sont admis à la monte publique s'ils remplissent les conditions zootechniques et généalogiques fixées par la réglementation communautaire et si le contrôle de leurs performances et l'évaluation de leur valeur génétique répond aux conditions posées par cette réglementation. Ces reproducteurs sont déclarés à l'institut technique national compétent.**

§ 2 Dispositions propres aux équidés *(Décr. nº 2006-1662 du 21 déc. 2006).*

Art. R. 653-81 *(Décr. nº 2006-1662 du 21 déc. 2006)* **Le ministre chargé de l'agriculture encourage les actions d'amélioration génétique relatives aux équidés, définit les conditions de diffusion des informations scientifiques relatives à la valeur génétique des animaux et fixe par arrêté les conditions auxquelles doivent satisfaire les animaux pour obtenir l'approbation prévue à l'article R. 653-82.**

Art. R. 653-82 *(Décr. nº 2006-628 du 29 mai 2006)* **I. — L'approbation des reproducteurs est délivrée par l'établissement public** *(Décr. nº 2010-90 du 22 janv. 2010, art. 9)* **« Institut français du cheval et de l'équitation » conformément aux dispositions de l'arrêté** *(Décr. nº 2017-1771 du 27 déc. 2017, art. 22-8º)* **« mentionné à » l'article R. 653-81** *[ancien]* **et des règlements de stud-book. L'approbation peut être délivrée pour une durée limitée, une aire géographique ou un mode de reproduction déterminé ou prévoir, pour des raisons zootechniques ou sanitaires, des restrictions d'utilisation du reproducteur.**

Dans le cas où l'approbation demandée pour un animal est refusée, une nouvelle demande ne peut être présentée pour cet animal qu'à l'issue d'un délai fixé par arrêté du ministre chargé de l'agriculture.

L'approbation des reproducteurs peut être retirée ou suspendue à tout moment pour des motifs d'ordre zootechnique ou sanitaire. Les conditions de retrait et de suspension sont précisées par arrêté du ministre de l'agriculture.

II. — Seuls les reproducteurs bénéficiant de l'approbation peuvent être cédés en qualité de reproducteurs et être utilisés pour la reproduction artificielle. — *[Anc. art. R. 653-81-1.]*

V. Arr. du 24 sept. 2008 relatif aux conditions d'approbation des reproducteurs (JO 25 sept.).

Art. R. 653-82-1 *(Décr. nº 2017-1411 du 27 sept. 2017, art. 2-57º)* **Le silence gardé pendant une durée de six mois par le directeur de l'Institut français du cheval et de l'équitation sur une demande d'approbation d'un équidé en tant que reproducteur, mentionnée à l'article R. 653-82, vaut décision d'acceptation.**

Art. R. 653-83 *(Décr. nº 2006-628 du 29 mai 2006)* **Lorsque l'étalon ou ses gamètes ont été génétiquement modifiés, la procédure d'autorisation de mise sur le marché prévue par le décret nº 95-487 du 28 avril 1995 portant application du titre III de la loi nº 92-654 du 13 juillet 1992 relative au contrôle de l'utilisation et de la dissémination volontaire d'organismes génétiquement modifiés est suivie parallèlement à celle de la demande d'approbation.** — *[Anc. art. R. 653-81-2.]*

SOUS-SECTION 2 **L'insémination animale**

(Décr. nº 2006-1662 du 21 déc. 2006)

§ 1 Dispositions relatives aux espèces bovine, ovine, caprine et porcine

Art. R. 653-85 On entend par :

1º Entreprise de mise en place de semence : toute entité juridique exerçant une activité de service de mise en place de semence ;

2º Technicien d'insémination : une personne physique réalisant l'acte de mise en place de semence en monte publique artificielle, placée sous la responsabilité directe d'une entreprise de mise en place de semence ;

3º Éleveur : toute personne détenant à titre professionnel des animaux des espèces bovine, ovine, caprine ou porcine ;

4º Insémination au sein du troupeau : la pratique de la mise en place de semence par un éleveur, ou son préposé, sur les femelles qu'il détient dans son cheptel ;

5º Centre de collecte de sperme : établissement dans lequel est produit du sperme destiné à l'insémination animale ;

6º Centre de stockage de semence : établissement dans lequel est stockée de la semence destinée à l'insémination animale ;

7º Dépôt de semence : un stock, fixe ou mobile, de doses de semence congelée détenues en vue de leur mise en place soit par un technicien d'insémination, soit par un éleveur pratiquant l'insémination au sein de son troupeau ;

8° Opérateur d'insémination : toute entreprise de mise en place ou éleveur pratiquant l'insémination au sein du troupeau.

Art. R. 653-86 Toute insémination en monte publique est réalisée soit par une personne physique responsable d'une entreprise de mise en place de semence répondant aux conditions posées à l'article L. 653-4, soit par un technicien d'insémination placé sous la responsabilité directe d'une telle entreprise, soit par un éleveur répondant aux mêmes conditions.

Art. R. 653-87 *(Décr. n° 2015-1768 du 24 déc. 2015, art. 9-1°, en vigueur le 1er janv. 2016)* « I. – » Les techniciens d'insémination doivent détenir le certificat d'aptitude aux fonctions de technicien d'insémination délivré par un centre d'évaluation habilité par le ministre chargé de l'agriculture, après avis d'une commission dont la composition est fixée par arrêté de ce ministre. Cet arrêté fixe également les référentiels de compétence et d'évaluation pour l'obtention du certificat.

(Décr. n° 2015-1768 du 24 déc. 2015, art. 9-1°, en vigueur le 1er janv. 2016) « II. – Le certificat d'aptitude est également attribué *(Décr. n° 2017-513 du 7 avr. 2017, art. 8)* « par le centre d'évaluation mentionné au I », selon des modalités fixées par arrêté du ministre chargé de l'agriculture, à tout ressortissant d'un État membre de l'Union européenne ou d'un autre État partie à l'accord sur l'Espace économique européen dans les conditions prévues aux articles R. 204-2 et R. 204-3.

« En cas de différences substantielles entre la formation requise en France et les connaissances acquises du demandeur, le 1° de l'article R. 204-5 s'applique. »

(Décr. n° 2017-513 du 7 avr. 2017, art. 8) « III. – Pour l'exercice à titre temporaire et occasionnel des activités des techniciens d'insémination, l'autorité compétente mentionnée à l'article R. 204-1 est le centre d'évaluation mentionné au I. »

V. Arr. du 18 janv. 2007 relatif à la création de la commission chargée de l'attribution du certificat d'aptitude aux fonctions de technicien d'insémination dans les espèces bovine, caprine et ovine (JO 3 mars), mod. par Arr. du 11 mai 2009 (JO 14 mai) et Arr. du 6 févr. 2015 (JO 19 févr.) ; Arr. du 30 nov. 2022 portant habilitation du centre d'évaluation pour la délivrance du certificat d'aptitude aux fonctions de technicien d'insémination dans les espèces bovine, caprine et ovine (JO 10 déc.).

Art. R. 653-87-1 et R. 653-87-2 *Abrogés par Décr. n° 2015-1768 du 24 déc. 2015, art. 9-2°, à compter du 1er janv. 2016.*

Art. R. 653-88 I. – La déclaration préalable de l'entreprise de mise en place de semence s'effectue auprès de l'institut technique en charge des ruminants.

II. – *(Décr. n° 2009-327 du 25 mars 2009, art. 2)* « Pour être recevable, la déclaration de l'entreprise de mise en place de semence doit être accompagnée des pièces suivantes :

« 1° Pour les entreprises installées en France :

« *a)* Le numéro de SIRET/SIREN ;

« *b)* Le numéro d'enregistrement vétérinaire en tant que centre de collecte de sperme ou centre de stockage de semence ;

« *c)* La liste de tous les techniciens d'insémination titulaires du certificat d'aptitude aux fonctions de technicien d'insémination placés sous sa responsabilité, toute modification de cette liste étant notifiée dans un délai d'un mois à l'institut technique en charge des ruminants.

« 2° Pour les entreprises établies dans un autre État membre de l'Union européenne, pratiquant en France la mise en place de la semence de ruminants dans le cadre de la libre prestation de service au sens de l'article *(Décr. n° 2017-1771 du 27 déc. 2017, art. 22-9°)* « 56 » du traité instituant la Communauté européenne :

« *a)* Tout document reconnu par les autorités compétentes du pays d'origine de l'entreprise attestant son établissement dans ce pays ;

« *b)* Le document d'enregistrement vétérinaire en tant que centre de collecte de sperme ou centre de stockage de semence agréé au sens de la directive n° 88/407/CE fixant les exigences de police sanitaire applicables aux échanges intracommunautaires et aux importations de sperme d'animaux de l'espèce bovine ;

« *c)* La liste des techniciens d'insémination pratiquant la mise en place de semence de ruminants sur le territoire national sous sa responsabilité. Ces techniciens d'insémination doivent satisfaire aux conditions prévues par l'article R. 653-87. Toute modification de cette liste est notifiée dans un délai d'un mois à l'institut technique en charge des ruminants. »

III. — L'entreprise déclarée fait l'objet d'un enregistrement par *(Décr. n° 2007-818 du 11 mai 2007)* « l'institut technique en charge des ruminants ». Un numéro unique d'enregistrement zootechnique est attribué à chacun des techniciens d'insémination exerçant sous la responsabilité d'une entreprise de mise en place de semence ainsi qu'à chacune des entreprises d'insémination. — *Les tirets précédant les alinéas 2 à 4 du 1° et du 2° du II sont remplacés successivement par « a », « b » et « c », la lettre minuscule suivant chacune des insertions ainsi effectuées devenant une lettre majuscule (Décr. n° 2017-1771 du 27 déc. 2017, art. 22-9°).*

Art. R. 653-89 I. — La déclaration préalable de l'éleveur pratiquant l'insémination au sein de son troupeau s'effectue auprès de l'établissement de l'élevage territorialement compétent institué à l'article *(Décr. n° 2007-818 du 11 mai 2007)* « L. 653-7 ».

II. — Pour être recevable, la déclaration doit être accompagnée des pièces suivantes :

— le numéro d'exploitation délivré par l'établissement de l'élevage territorialement compétent ;

— la liste des centres de collecte de sperme ou de stockage de semence agréés approvisionnant le dépôt de semence constitué par l'éleveur.

III. — Un numéro unique d'enregistrement zootechnique est attribué à l'éleveur par l'établissement de l'élevage territorialement compétent.

Art. R. 653-90 I. — Tout dépôt de semence détenu par un technicien d'insémination est placé sous la responsabilité exclusive de l'entreprise de mise en place dont il relève. Ce dépôt est déclaré auprès de l'institut technique en charge des ruminants. Tout dépôt de semence détenu par un éleveur pratiquant l'insémination au sein de son troupeau est placé sous sa responsabilité exclusive. Ce dépôt est déclaré auprès de l'établissement de l'élevage territorialement compétent.

II. — Les doses d'un dépôt de semence détenu par un technicien d'insémination ou par un éleveur, utilisées en monte publique artificielle, ne peuvent provenir que d'un centre de collecte ou de stockage agréé.

III. — Pour chaque dépôt de semence, la tenue d'un inventaire des doses, sur tout support approprié, est obligatoire.

IV. — Les centres de collecte ou de stockage tiennent à jour un inventaire des doses produites, reçues et livrées.

Art. R. 653-91 I. — En vue de satisfaire aux exigences relatives à la traçabilité du matériel de reproduction, seuls les déplacements de semence suivants sont autorisés :

1° Déplacement d'un centre de collecte agréé vers un autre centre de collecte ou centre de stockage agréé ;

2° Déplacement d'un centre de stockage agréé vers un autre centre de stockage agréé ;

3° Déplacement d'un centre de collecte ou de stockage agréé vers un dépôt de semence déclaré ;

4° Déplacement d'un dépôt de semence déclaré d'une entreprise de mise en place vers un autre dépôt de semence déclaré de la même entreprise ;

5° Déplacement d'un dépôt de semence sous la responsabilité exclusive d'une entreprise de mise en place de semence vers un dépôt de semence détenu par un éleveur.

Pour l'espèce porcine, le déplacement d'un centre de collecte agréé vers l'exploitation d'un éleveur pratiquant l'insémination au sein de son troupeau est également autorisé.

II. — Les doses de semence d'un dépôt détenu par un éleveur et non utilisées pour l'insémination de son troupeau sont détruites sauf dérogation accordée par le directeur départemental des services vétérinaires, sous couvert d'un laissez-passer sanitaire, en cas de vente, cession ou succession de l'exploitation où est situé le dépôt de semence, sur avis favorable du directeur départemental de l'agriculture et de la forêt.

Art. R. 653-92 I. — Toute entreprise de mise en place de semence doit respecter les dispositions des articles R. 653-86, R. 653-87 et R. 653-91, ainsi que les règles suivantes :

— la tenue d'un inventaire des doses reçues et mises en place ;

— la tenue d'un plan de stockage pour chaque dépôt de semence utilisé ;

— la transmission systématique des enregistrements d'insémination au système national d'information génétique concerné prévu à l'article D. 653-6 ;

— le respect de la traçabilité des doses et des méthodes d'identification du matériel de reproduction.

II. — Toute entreprise de mise en place doit séparer dans ses prix, factures et documents comptables le prix de la prestation de mise en place et le prix des autres services rendus ou produits fournis.

III. — Tout éleveur pratiquant l'insémination au sein de son troupeau dans les espèces bovine ou caprine constitue un dépôt de semence et tient à jour un inventaire des doses détenues dans son exploitation ainsi qu'un dispositif d'enregistrement de toutes les inséminations réalisées par ses soins. Il transmet chaque enregistrement d'insémination au système national d'information génétique concerné. L'inventaire des doses et les enregistrements des inséminations sont consignés dans le registre de monte annexé au registre d'élevage prévu à l'article L. 214-9 et examinés dans le cadre des contrôles réalisés par les services de l'État ou les établissements de l'élevage.

Art. R. 653-93 Sans préjudice de sanctions pénales, en cas de manquement aux conditions zootechniques relatives à la reproduction des animaux définies dans la présente section, l'agrément des centres de collecte de sperme ou de stockage de semence peut être suspendu dans les conditions prévues en application de l'article L. 222-1.

Art. R. 653-94 Un arrêté du ministre précise les modalités selon lesquelles peut être décidée soit la radiation de l'opérateur d'insémination soit l'invalidation de l'enregistrement de la filiation d'un animal dans le système national d'information génétique en cas de manquement respectivement aux règles fixées en application des 1°, 2° et 3° du I de l'article L. 653-2 ou aux obligations posées par les articles L. 653-4 et L. 653-13 ou aux règles zootechniques ou de traçabilité du matériel de reproduction. — *V. Arr. du 12 sept. 2007 (JO 21 sept.) relatif aux systèmes nationaux d'information génétique des espèces bovine, ovine, caprine et porcine, art. 3.*

Tout retrait de l'agrément prévu à l'article L. 222-1 entraîne la radiation du professionnel en cause du système national d'information génétique correspondant, dès la notification qui lui est faite de la décision de retrait.

Art. R. 653-95 Des arrêtés du ministre chargé de l'agriculture peuvent préciser, pour chaque espèce, les modalités d'application des dispositions du présent paragraphe.

V., sur la pratique de l'insémination dans le cadre de la monte publique dans les espèces bovine, ovine et caprine, Arr. du 28 déc. 2006 (JO 31 déc.) ; ... dans l'espèce porcine, Arr. du 31 juill. 2007 (JO 10 août).

§ 2 Dispositions relatives aux équidés

Art. R. 653-96 I. — Les licences de chef de centre d'insémination ou d'inséminateur mentionnées à l'article L. 653-13 sont délivrées par le préfet de région au vu des résultats obtenus par les candidats à des examens d'aptitude professionnelle ou des titres, références ou équivalences qu'ils détiennent.

II. — Le ministre chargé de l'agriculture fixe par arrêté la nature des épreuves que comportent les examens d'aptitude professionnelle, le contenu des formations y conduisant et les titres, références et modalités de délivrance des équivalences qui peuvent dispenser de ces examens. — *V. Arr. du 21 janv. 2014 relatif aux certificats d'aptitude aux fonctions d'inséminateur et de chef de centre d'insémination artificielle dans les espèces équine et asine (JO 30 janv.), mod. par Arr. du 16 juin 2015 (JO 25 juin).*

III. — En cas de violation par le professionnel de l'insémination des dispositions prises en application des dispositions de l'article L. 653-2, les licences peuvent être suspendues ou retirées.

(Décr. n° 2009-327 du 25 mars 2009) « IV. — La licence de chef de centre d'insémination ou d'inséminateur est également attribuée, *(Décr. n° 2017-513 du 7 avr. 2017, art. 9)* « par le préfet de région, » selon des modalités fixées par arrêté du ministre chargé de l'agriculture, aux professionnels, autres que ceux mentionnés *(Décr. n° 2017-513 du 7 avr. 2017, art. 9)* « à l'article L. 204-1 », ressortissants d'un État membre de *(Décr. n° 2015-1768 du 24 déc. 2015, art. 9-3°, en vigueur le 1er janv. 2016)* « l'Union

européenne ou d'un autre État partie à l'accord sur l'Espace économique européen dans les conditions prévues aux articles R. 204-2 et R. 204-3.

« En cas de différences substantielles entre la formation requise en France et les connaissances acquises du demandeur, le 2° de l'article R. 204-5 s'applique pour l'inséminateur équin et le 5° du même article s'applique pour le chef de centre d'insémination. »

(Décr. nº 2017-513 du 7 avr. 2017, art. 9) **« V. — Pour l'exercice à titre temporaire et occasionnel des activités de chef de centre d'insémination et d'inséminateur équins, l'autorité compétente mentionnée à l'article R. 204-1 est le préfet de région. »**

SOUS-SECTION 3 Le service universel de la distribution et de la mise en place de la semence des ruminants et des équidés *(Décr. nº 2016-471 du 14 avr. 2016, art. 3-1º).*

(Décr. nº 2006-1662 du 21 déc. 2006)

V. Arr. du 30 juill. 2019 relatif au service universel de distribution et de mise en place de la semence des ruminants en monte publique (JO 10 août) ; Arr. du 17 juill. 2023 portant application de l'article 12 de l'arrêté du 30 juillet 2019 relatif au service universel de distribution et de mise en place de la semence des ruminants en monte publique, fixant les valeurs des données requises pour le calcul d'une compensation financière au titre de l'activité 2022 (JO 26 juill.).

§ 1 Définitions et principes

Art. R. 653-96-1 *(Décr. nº 2023-110 du 16 févr. 2023, art. 1er)* **Le service d'intérêt économique général dénommé "service universel de distribution et de mise en place de la semence des ruminants en monte publique", organisé par les dispositions de la présente section afin de contribuer à l'aménagement du territoire et de préserver la diversité génétique, est assuré dans le respect des principes d'égalité, de continuité et d'adaptabilité au bénéfice de tous les éleveurs qui en font la demande.**

Le service universel est assuré par des opérateurs agréés par le ministre chargé de l'agriculture à l'issue d'un appel d'offres. Chaque opérateur est agréé pour une ou plusieurs zones géographiques, après évaluation des conditions techniques et tarifaires qu'il propose.

Les coûts nets imputables aux obligations du service universel sont évalués sur la base d'une comptabilité appropriée tenue par les opérateurs agréés.

Un fonds de compensation assure le financement de ces coûts. Toutefois, quand ces derniers ne représentent pas une charge excessive pour l'opérateur agréé, aucun versement ne lui est dû. L'État participe à l'abondement de ce fonds.

Art. R. 653-97 **On entend par :**

1° Jachère reproductive : la limitation du nombre de doses de semence constituées par reproducteur mâle en vue d'assurer le maintien de la diversité génétique et de prendre en compte les capacités physiologiques de ce reproducteur ;

2° Distribution de semence :

***a)* Pour les races locales ayant recours à la jachère reproductive, la distribution comprend l'ensemble des étapes suivantes :**

— la production de semence ;

— le traitement et le conditionnement ;

— l'acheminement du centre de collecte agréé, en cas de semence fraîche, ou du dernier centre de stockage agréé, en cas de semence congelée, jusqu'à l'éleveur ;

***b)* Pour les autres races :**

— l'acheminement du centre de collecte agréé, en cas de semence fraîche, ou depuis le dernier centre de stockage agréé, en cas de semence congelée, jusqu'à l'éleveur ;

3° "Mise en place" : l'acte d'insémination effectué par un technicien d'insémination au sens des dispositions de l'article *(Décr. nº 2007-818 du 11 mai 2007)* **« R. 653-85 »** *(Décr. nº 2016-471 du 14 avr. 2016, art. 3-2º)* **« ou, pour les équidés, par un chef de centre d'insémination ou un inséminateur détenteur d'une licence délivrée sur le fondement de l'article R. 653-96, » qui comprend l'ensemble des étapes nécessaires au dépôt de la semence dans les voies génitales femelles.**

Art. R. 653-98 I. – Les opérateurs chargés de fournir le service universel *(Abrogé par Décr. nº 2023-110 du 16 févr. 2023, art. 1er)* « *mentionné au premier alinéa de l'article L. 653-5* » assurent, dans des conditions définies par leur cahier des charges, dans la ou les zones pour lesquelles ils ont été agréés :

– la distribution de semence à tout éleveur qui en fait la demande ;

– la mise en place de la semence auprès de tout éleveur qui en fait la demande.

II. – L'opérateur agréé ne peut pas imposer la fourniture conjointe des deux composantes du service universel.

(Décr. nº 2019-1348 du 11 déc. 2019, art. 1er) « III. – La durée de l'agrément de l'opérateur de service universel est fixée à un an.

« L'agrément est tacitement prorogé dans la limite de cinq années, sans que son titulaire ne puisse s'y opposer.

« En cas de réorganisation du service universel de mise en place et de distribution de la semence des ruminants en monte publique, le ministre chargé de l'agriculture peut, sous réserve du respect d'un délai de préavis de trois mois, faire obstacle à cette prorogation. » — *Le III s'applique aux agréments qui entrent en vigueur à compter du 1er janv. 2020 (Décr. nº 2019-1348 du 11 déc. 2019, art. 2).*

§ 2 Modalités de désignation des opérateurs chargés du service universel

Art. R. 653-99 I. – Le ministre chargé de l'agriculture fixe pour chaque espèce de ruminants *(Décr. nº 2016-471 du 14 avr. 2016, art. 3-3º)* « et d'équidés » et pour chaque appel d'offres organisé pour l'attribution de l'agrément des opérateurs chargés de la fourniture du service universel *(Abrogé par Décr. nº 2023-110 du 16 févr. 2023, art. 1er)* « *prévu à l'article L. 653-5* » :

1º Les obligations minimales incombant à l'opérateur pour chacune des prestations du service universel, notamment en termes de choix et de qualité du service ;

2º Les informations à fournir par les candidats incluant leur coût net détaillé de fourniture des prestations du service universel établi sur la base d'une comptabilité analytique ;

3º Les critères de sélection de l'opérateur de service universel ; ces critères sont notamment fondés sur l'aptitude de l'opérateur à fournir un service de qualité sur l'ensemble de la zone géographique à desservir au meilleur rapport qualité-prix à toute personne qui en fait la demande ;

4º Le contenu du cahier des charges à respecter par l'opérateur dans la délivrance du service, et notamment les obligations de qualité de service s'imposant à celui-ci ;

5º La zone géographique couverte ;

6º Les modalités de calcul et de modification des tarifs de l'opérateur, au cours de la période couverte par l'agrément ;

7º Les conditions de versement à l'opérateur et les modalités de calcul des compensations financières ainsi que leur plafond.

II. – Un opérateur agréé peut confier, après accord du ministre chargé de l'agriculture, l'exécution d'une partie de ses missions à un ou plusieurs autres opérateurs. Il conclut avec eux des conventions qui garantissent le respect des obligations fixées par le présent code et par son cahier des charges.

Art. R. 653-100 L'agrément peut être suspendu ou retiré lorsque l'opérateur agréé cesse de satisfaire aux règles prescrites par le présent code ou par son cahier des charges, ou lorsque son fonctionnement se révèle défectueux à la suite de contrôles.

Les décisions de suspension ou de retrait d'agrément ne peuvent intervenir qu'après que l'opérateur a été informé des motifs et de la nature des mesures envisagées et à l'expiration d'un délai qui ne peut être inférieur à un mois.

La décision de suspension ou de retrait d'agrément désigne l'opérateur qui assure la continuité du service.

Un arrêté du ministre chargé de l'agriculture précise les modalités d'octroi, de suspension et de retrait de cet agrément, ainsi que celles relatives au retrait volontaire d'un opérateur agréé.

Art. R. 653-101 Les opérateurs chargés de fournir le service universel informent les éleveurs de leur offre de service et des tarifs correspondants.

Art. R. 653-102 Les opérateurs chargés de fournir les composantes du service universel ne peuvent modifier les conditions matérielles et tarifaires d'une ou plusieurs des prestations du service universel qu'une fois par an en dehors des périodes de campagne, sauf circonstances exceptionnelles et après information des éleveurs, selon les conditions définies par leur cahier des charges.

Art. R. 653-103 Lorsqu'un opérateur chargé de fournir le service universel propose une prestation complémentaire ne relevant pas de ce service, il sépare, dans la présentation de son offre et dans sa facturation, cette prestation des prestations du service universel.

Art. R. 653-104 Les tarifs pratiqués par l'opérateur chargé du service universel sont fixés par lui en application de son cahier des charges en tenant compte du coût de revient des prestations, de manière transparente et non discriminatoire, notamment en ce qui concerne la localisation géographique des éleveurs.

§ 3 Modalités de calcul des compensations financières liées à la prise en charge du service universel

Art. R. 653-105 Les coûts imputables aux obligations de service universel pouvant faire l'objet d'une compensation comprennent :

1° Le coût net des obligations liées à la desserte de zones éloignées ou difficilement accessibles, au titre de l'aménagement du territoire. Ce coût net est égal au surcoût lié au déplacement et au temps de réalisation dans ces zones des actes d'insémination définis *(Décr. n° 2007-818 du 11 mai 2007)* « au 2° » et au 3° de l'article R. 653-97. Il est composé des coûts d'investissement et de fonctionnement nécessaires à la desserte de la zone considérée rapportés à la prestation d'insémination, comparés aux coûts moyens unitaires d'une prestation d'insémination ;

2° Le coût net des obligations liées au maintien de la diversité génétique. Ce coût est égal au surcoût de la distribution d'une dose de semence au sens *(Décr. n° 2007-818 du 11 mai 2007)* « du *a* » du 2° de l'article R. 653-97 résultant de ces obligations.

Des arrêtés du ministre chargé de l'agriculture déterminent :

– les méthodes d'évaluation du coût net des obligations de service universel ;

– les indicateurs permettant d'évaluer le coût de la prestation d'insémination à partir duquel une compensation est due ;

– le mode de calcul et le plafond de la compensation.

SECTION 8 Conditions zootechniques et généalogiques applicables aux importations en provenance de pays tiers *(Décr. n° 2006-1662 du 21 déc. 2006)*.

Art. D. 653-106 La présente sous-section est applicable aux animaux reproducteurs des espèces bovine, ovine, caprine, porcine et équine et aux animaux de race au sens de la directive n° 91/174/CEE du 25 mars 1991 relative aux conditions zootechniques et généalogiques régissant leur commercialisation, ainsi qu'aux sperme, ovules et embryons de ces animaux. – *Anc. art. R. 653-115.*

Art. D. 653-107 Au sens de la présente sous-section on entend par :

1° Certificat généalogique et zootechnique : tout document certifiant les informations relatives aux caractéristiques zootechniques des animaux et des produits cités à l'article D. 653-106 et servant de manière directe ou indirecte à assurer l'amélioration génétique des animaux ;

2° Contrôle zootechnique : toute vérification physique ou toute formalité administrative portant sur les animaux et les produits cités à l'article D. 653-106 ainsi que sur les informations contenues dans les certificats généalogiques et zootechniques correspondants ;

3° Autorité compétente : l'autorité d'un État membre ou d'un pays tiers compétente pour agréer les instances impliquées dans l'amélioration génétique et/ou pour effectuer les opérations de contrôle zootechnique ;

4° Instances : tout organisme exerçant une activité d'amélioration génétique sous agrément officiel de l'autorité compétente de l'État membre ou du pays tiers et habilité à certifier les informations relatives aux caractéristiques zootechniques ;

5° Poste d'inspection frontalier : tout poste d'inspection tel que défini dans la directive n° 97/78/CEE du Conseil du 18 décembre 1997 fixant les principes relatifs à l'organisation des contrôles vétérinaires pour les produits en provenance des pays tiers introduits dans la Communauté et dont la liste est tenue à jour par arrêté du ministre chargé de l'agriculture. – *Anc. art. R. 653-116.*

Art. D. 653-108 Le ministre chargé de l'agriculture établit et met à jour, sur la base des informations transmises par la Commission européenne, la liste des instances agréées dans les États membres et la liste des instances dans les pays tiers reconnues pour la tenue d'un livre généalogique ou d'un registre, ainsi que celle des organismes chargés d'établir les règles applicables à l'enregistrement des performances et à l'évaluation génétique des reproducteurs ainsi qu'à la publication des résultats de cette évaluation. – *Anc. art. R. 653-117.*

Art. D. 653-109 En cas d'importation directe d'un pays tiers, les animaux et les produits mentionnés à l'article D. 653-106 doivent satisfaire les conditions suivantes :

1° Pour les animaux :

a) Être accompagnés d'un certificat généalogique et zootechnique conforme à l'un des modèles définis par la réglementation communautaire et établi par une instance figurant sur la liste prévue à l'article D. 653-108 ;

b) Être accompagnés d'une attestation, dont la forme est définie par arrêté du ministre chargé de l'agriculture, de leur prochain enregistrement ou inscription dans un livre généalogique ou un registre d'un État membre de l'Union européenne ;

2° Pour le sperme :

a) Provenir d'un mâle ayant subi les contrôles de performances et l'appréciation de la valeur génétique conformément aux exigences prévues par la réglementation communautaire ;

b) Être accompagné d'un certificat généalogique et zootechnique conforme à l'un des modèles définis par la réglementation communautaire et établi par une instance figurant sur la liste prévue à l'article D. 653-108 ;

3° Pour les ovules, être accompagnés d'un certificat généalogique et zootechnique conforme à l'un des modèles définis par la réglementation communautaire et établi par une instance figurant sur la liste prévue à l'article D. 653-108 ;

4° Pour les embryons, être accompagnés des certificats généalogiques et zootechniques conformes aux modèles définis par la réglementation communautaire et établis par une instance figurant sur la liste prévue à l'article D. 653-108. – *Anc. art. R. 653-118.*

Art. D. 653-110 Le sperme provenant d'un mâle qui n'a pas subi de tests de performances et n'a pas fait l'objet d'une appréciation de sa valeur génétique ne peut être importé que dans les conditions fixées par arrêté du ministre chargé de l'agriculture. – *Anc. art. R. 653-119.*

Art. D. 653-111 Un animal ou un produit cité à l'article D. 653-106, originaire d'un pays tiers et en provenance d'un autre État membre de l'Union européenne doit, pour circuler sur le territoire national, avoir subi le contrôle zootechnique prévu à l'article 1er de la directive n° 90/425/CEE du Conseil du 26 juin 1990 modifiée, relative aux contrôles vétérinaires et zootechniques applicables dans les échanges intracommunautaires de certains animaux vivants et produits dans la perspective de la réalisation du marché intérieur, et être accompagné jusqu'à sa destination sur le territoire national d'une copie du certificat généalogique et zootechnique délivré par le pays tiers d'origine et visé par les autorités ayant réalisé, à son entrée dans *(Décr. n° 2017-1771 du 27 déc. 2017, art. 22-10°)* « l'Union » européenne, le contrôle prévu par la directive 94/28/CEE du Conseil du 23 juin 1994 fixant les principes relatifs aux conditions zootechniques et généalogiques applicables à l'importation en provenance des pays tiers d'animaux, de sperme, d'ovules et d'embryons. – *Anc. art. R. 653-120.*

Art. D. 653-112 Toute importation aux fins de recherche ou d'expérimentation fait l'objet d'une autorisation délivrée par le préfet du département du lieu de la station de recherche ou d'expérimentation. – *Anc. art. R. 653-121.*

Art. D. 653-113 Indépendamment des dispositions prévues à l'article D. 653-112, le sperme importé sur le territoire français doit être livré, aux fins de stockage, à un centre d'insémination artificielle agréé.

Indépendamment des dispositions prévues à l'article D. 653-112, les ovules et embryons importés sur le territoire français doivent être livrés, aux fins de stockage, à un centre d'insémination artificielle agréé ou à une équipe agréée, pour le transfert embryonnaire ou la production d'embryons. – *Anc. art. R. 653-122.*

Art. D. 653-114 Un arrêté du ministre chargé de l'agriculture définit les modalités des contrôles zootechniques auxquels sont soumises, lors de leur entrée sur le territoire national, les importations provenant des pays tiers. – *Anc. art. R. 653-123. – V. Arr. du 6 juin 2019 relatif au contrôle des conditions zootechniques et généalogiques lors de l'entrée dans l'Union d'animaux reproducteurs et de leurs produits, à partir de pays tiers (JO 9 juin).*

SECTION 9 La recherche et la constatation des infractions *(Décr. nº 2006-1662 du 21 déc. 2006).*

Art. D. 653-115 *(Décr. nº 2009-1658 du 18 déc. 2009)* Les agents mentionnés à l'article L. 653-15 sont assermentés dans les conditions prévues aux articles R. 205-1 et R. 205-2.

CHAPITRE IV LES ANIMAUX ET LES VIANDES

Au présent chapitre, dans la numérotation des art. R. 654-29 à R. 654-32, R. 654-34 à R. 654-37 et R. 654-101 à R. 654-113, la lettre « R » est remplacée par la lettre « D ». Ces art. peuvent être modifiés par décret (Décr. nº 2006-926 du 19 juill. 2006, art. 1er-III).

SECTION 1 Les abattoirs

SOUS-SECTION 1 Dispositions générales

§ 1 Établissements d'abattage agréés *(Décr. nº 2009-1769 du 30 déc. 2009).*

Art. R. 654-1 *(Décr. nº 2009-1769 du 30 déc. 2009)* Il est interdit à tout exploitant d'abattoirs privés de type industriel de laisser utiliser ses locaux et ses installations d'abattage par des tiers.

§ 2 Établissements d'abattage non agréés

(Décr. nº 2008-1054 du 10 oct. 2008)

Art. D. 654-2 Les tueries de volailles et de lagomorphes mentionnées à l'article L. 654-3 sont des établissements d'abattage non agréés. Ces établissements sont autorisés à fonctionner sous réserve de respecter les dispositions des articles D. 654-3 à D. 654-5.

Art. D. 654-3 I. – Seuls peuvent être abattus dans les établissements d'abattage non agréés les volailles et les lagomorphes définis aux 1.3 et 1.4 de l'annexe I du règlement (CE) nº 853/2004 du 29 avril 2004 fixant des règles spécifiques d'hygiène applicables aux denrées alimentaires d'origine animale, à l'exclusion de toute autre espèce, qui ont été élevés sur l'exploitation.

II. – Les volailles et lagomorphes peuvent être abattus par l'exploitant de la tuerie, son conjoint ou le partenaire avec lequel il est lié par un pacte civil de solidarité, un parent ou allié jusqu'au 3e degré inclus, ou un de ses employés. En aucun cas, les locaux d'abattage ne doivent être mis à disposition de tiers. Le travail à façon est interdit.

III. – Le nombre d'animaux abattus ne doit pas dépasser 500 par semaine et 25 000 par an. Pour la détermination du nombre d'animaux abattus, les coefficients multiplicateurs suivants, établis pour chaque espèce ou groupe d'espèces en tenant compte de leur poids, sont appliqués à chaque animal, quel que soit son âge ou son sexe :

3 pour une dinde ou une oie, maigre ou grasse ;

2 pour un ragondin ou un canard, maigre ou gras ;

1 pour une pintade, un faisan, un lapin, un lièvre ou une poule ;
1/2 pour une perdrix ou un pigeon ;
1/4 pour une caille.

Le préfet peut toutefois autoriser l'exploitant d'activités soumises à de fortes variations saisonnières à dépasser la quantité maximale hebdomadaire de 500 animaux si des procédures spécifiques permettant de garantir l'absence de contamination directe ou indirecte des denrées sont établies.

Art. D. 654-4 I. — Les animaux abattus doivent être étourdis, saignés, plumés, dépecés et éviscérés partiellement ou en totalité et réfrigérés immédiatement, dans les conditions et sous réserve des exceptions prévues par arrêté du ministre chargé de l'agriculture. Le préfet peut autoriser les exploitants à déroger à cette obligation pour les produits traditionnels qui figurent sur une liste arrêtée par le ministre chargé de l'agriculture.

Lors de l'abattage des volailles et des lagomorphes, toutes les dispositions doivent être prises pour éviter les contaminations entre espèces du fait des locaux, des équipements, du matériel ou du personnel, ainsi qu'entre les opérations antérieures à la plumaison ou le dépeçage, d'une part, et l'éviscération ou l'effilage, d'autre part.

II. — Les carcasses de volailles et de lagomorphes abattues dans les conditions prévues au présent article peuvent être découpées ou transformées sur l'exploitation dans des conditions définies par arrêté du ministre chargé de l'agriculture. Leur congélation et leur surgélation sont interdites, sauf pour les produits consommés dans la ferme-auberge de l'éleveur.

III. — Les carcasses entières et les produits découpés ou transformés qui en sont issus peuvent être cédés directement au consommateur sur le site même de l'exploitation ou sur les marchés proches de l'exploitation ainsi qu'aux commerces de détail locaux fournissant directement le consommateur final dans les conditions fixées par arrêté du ministre chargé de l'agriculture. Cet arrêté détermine notamment le périmètre de vente correspondant et les conditions dans lesquelles le préfet peut l'étendre. *(Décr. nº 2009-1770 du 30 déc. 2009)* « Toutefois, les exploitants d'établissements d'abattage non agréés peuvent participer à des manifestations au plus deux fois par an sur l'ensemble du territoire national pour autant que les ventes ne portent que sur des produits stabilisés et que l'exploitant en assure lui-même la vente sur le lieu de la manifestation. »

La vente par correspondance des carcasses et des produits découpés ou transformés qui en sont issus est interdite.

Art. D. 654-5 Les établissements d'abattage de volailles et de lagomorphes non agréés doivent satisfaire aux dispositions du règlement (CE) nº 852/2004 du 29 avril 2004 relatif à l'hygiène des denrées alimentaires.

Le personnel doit disposer dans le local d'abattage au minimum d'un lavabo conforme aux dispositions de l'annexe II de ce règlement.

Les toilettes peuvent ne pas être contiguës au local d'abattage sous réserve de l'établissement de procédures de nature à garantir l'absence de contamination directe ou indirecte des denrées.

V. Arr. du 10 oct. 2008 pris pour l'application des art. D. 654-3 à D. 654-5 du code rural et relatif aux règles sanitaires applicables aux établissements d'abattage de volailles et de lagomorphes non agréés (JO 12 oct.).

Art. D. 654-6 *Abrogé par Décr. nº 2008-1054 du 10 oct. 2008.*

Art. R. 654-7 *Abrogé par Décr. nº 2008-872 du 28 août 2008, art. 4.*

Art. D. 654-8 *Abrogé par Décr. nº 2015-285 du 11 mars 2015, art. 2.*

Art. D. 654-9 *à* R. 654-20 *Abrogés par Décr. nº 2009-1770 du 30 déc. 2009.*

SOUS-SECTION 2 **Taxes** *(Décr. nº 2017-1771 du 27 déc. 2017, art. 22-11º).*

Art. D. 654-21 *et* D. 654-22 *Abrogés par Décr. nº 2009-1770 du 30 déc. 2009.*

Art. D. 654-23 Les modalités de perception de la redevance sanitaire d'abattage et de découpage mentionnée à l'article L. 654-20 sont fixées par les articles 111 *quater* L à 111 *quater* R de l'annexe III du code général des impôts.

SECTION 2 Commercialisation et distribution de la viande et des œufs

(Décr. nº 2012-175 du 6 févr. 2012)

Art. D. 654-24 I. — Pour la connaissance des prix des marchés des gros bovins "entrée abattoir", des gros bovins maigres, des veaux de boucherie, des veaux de huit jours à quatre semaines, des ovins, des caprins, des porcins, des équidés, des volailles et des œufs, des cotations sont établies sur la base des informations transmises chaque semaine, par les producteurs, les négociants, les courtiers de marchandises, les agents commerciaux, les transformateurs, les importateurs et les exportateurs de produits agricoles et alimentaires, en application de l'article L. 621-8.

Ces informations comprennent notamment les prix d'achat en euros par kilo de poids vif ou de viande et les effectifs, poids ou quantités de produits cotés.

II. — Pour chacun des marchés mentionnés au I, un arrêté conjoint des ministres chargés de l'agriculture et de l'économie précise la nature des informations, les modalités de leur transmission à FranceAgriMer ainsi que les catégories d'opérateurs concernés.

Cet arrêté précise également les modalités de traitement des informations, de calcul des cotations et de transmission aux autorités compétentes par FranceAgriMer.

La publication des cotations est assurée chaque semaine par FranceAgriMer.

V. Arr. du 14 mai 2001 relatif à la cotation des gros bovins vifs et des petits veaux vifs âgés de huit jours à trois semaines sur les marchés représentatifs (JO 26 mai) ; Arr. du 6 févr. 2008 fixant la liste des marchés représentatifs pour les gros bovins vifs (JO 16 févr.), mod. par Arr. du 4 sept. 2009 (JO 18 sept.) ; Arr. du 6 févr. 2008 fixant la liste des marchés représentatifs pour les veaux dits de huit jours (JO 16 févr.) ; Arr. du 6 févr. 2012 fixant les modalités d'établissement des cotations pour le marché des gros bovins « entrée abattoir » (JO 7 févr.), mod. par Arr. du 9 août 2013 (JO 21 août), Arr. du 8 juill. 2022 (JO 20 juill.) ; Arr. du 17 oct. 2012 fixant les modalités d'établissement des cotations pour le marché des ovins « entrée abattoir » (JO 28 oct.), mod. par Arr. du 19 déc. 2013 (JO 7 janv. 2014), Arr. du 23 juill. 2014 (JO 2 août), Arr. du 29 oct. 2015 (JO 11 nov.), Arr. du 14 nov. 2019 (JO 22 nov.) ; Arr. du 4 janv. 2013 fixant les modalités d'établissement des cotations pour les marchés des veaux de boucherie (JO 26 janv.), mod. par Arr. du 23 juill. 2014 (JO 2 août).

Art. D. 654-25 Selon le marché des viandes et des œufs concerné, le territoire français peut être divisé en plusieurs bassins de cotation, du fait de variations géographiques des prix.

Ces bassins sont constitués d'un ensemble de lieux de commercialisation, géographiquement indépendants, caractérisés par un nombre suffisant de transactions, d'acheteurs et de vendeurs, et sont définis par arrêté conjoint des ministres chargés de l'agriculture et de l'économie.

Art. D. 654-26 Des commissions de cotation sont créées par arrêté conjoint des ministres chargés de l'agriculture et de l'économie, dans les bassins mentionnés à l'article D. 654-25.

Ces commissions sont présidées par un agent de l'État désigné par arrêté conjoint des préfets de région compétents pour le bassin de cotation concerné.

Elles ne peuvent excéder trente membres dont :

— au plus dix membres représentant les pouvoirs publics : directeurs régionaux de l'alimentation, de l'agriculture et de la forêt ou leurs représentants, directeurs régionaux des entreprises, de la concurrence, de la consommation, du travail et de l'emploi ou leurs représentants, représentants régionaux de FranceAgriMer ;

— au plus vingt membres professionnels, répartis à égalité dans deux à trois collèges et représentant les acteurs, acheteurs, vendeurs, metteurs en marché, des transactions commerciales visées par la cotation concernée.

Les membres professionnels ainsi qu'un suppléant par membre sont nommés pour trois ans par arrêté conjoint des ministres chargés de l'agriculture et de l'économie, sur proposition des organisations professionnelles représentatives de la filière.

Les commissions de cotation se réunissent de façon hebdomadaire, à jour fixe. Ses *[leurs]* membres peuvent participer aux débats au moyen d'une conférence téléphonique ou audiovisuelle, à l'exception d'au moins une fois par an.

Elles expertisent les informations mentionnées au I de l'article D. 654-24. Elles alertent les autorités compétentes, notamment en cas de dysfonctionnement du dispositif de transmission des données prévu au II de l'article D. 654-24.

Les précisions relatives à la composition des commissions ainsi qu'à leurs missions et leurs modalités de fonctionnement telles que la fixation du jour de réunion ou du mode de délibération sont prévues pour chacun des marchés mentionnés au I de l'article D. 654-24 par arrêté conjoint des ministres chargés de l'agriculture et de l'économie.

Les membres des commissions de cotation sont tenus au secret professionnel.

V. Arr. du 11 févr. 2008 (JO 29 févr.) relatif à la composition, aux missions et au fonctionnement des commissions interdépartementales de cotation des bovins destinés à l'engraissement (ou bovins maigres).

Art. R. 654-27 *(Décr. n° 2012-705 du 7 mai 2012)* Une amende administrative dont le montant ne peut excéder 1 500 euros peut être prononcée par le directeur général de l'établissement public mentionné à l'article L. 621-1 à l'encontre de tout producteur, négociant, courtier de marchandise, agent commercial, transformateur, importateur ou exportateur de produit agricole et alimentaire qui ne transmet pas à l'établissement précité une des informations prévues par l'arrêté mentionné au II de l'article D. 654-24 ou ne respecte pas les modalités prévues par cet arrêté pour cette transmission.

L'amende est versée au Trésor et recouvrée comme les créances de l'État étrangères à l'impôt et au domaine.

Art. R. 654-28 *(Décr. n° 2012-705 du 7 mai 2012)* Une amende administrative dont le montant ne peut excéder 1 500 euros peut être prononcée par le préfet à l'encontre de tout producteur, négociant, courtier de marchandise, agent commercial, transformateur, importateur ou exportateur de produit agricole et alimentaire qui transmet à l'établissement public mentionné à l'article L. 621-1 une des informations prévues par l'arrêté mentionné au II de l'article D. 654-24 si celle-ci est erronée.

L'amende est versée au Trésor et recouvrée comme les créances de l'État étrangères à l'impôt et au domaine.

SECTION 3 La production et la commercialisation de certains produits animaux

Néant.

SECTION 4 La production et la vente du lait

SOUS-SECTION 1 Paiement du lait en fonction de sa composition et de sa qualité

§ 1 Critères utilisés pour le paiement du lait de vache, de brebis et de chèvre en fonction de sa composition et de sa qualité

(Décr. n° 2012-1250 du 9 nov. 2012, art. 1er, en vigueur le 1er janv. 2013)

Art. D. 654-29 I. — Le lait de vache est payé aux producteurs en fonction de sa composition et de sa qualité hygiénique et sanitaire.

La composition du lait de vache est appréciée en fonction de sa teneur en matière grasse, de sa teneur en matière protéique et de son point de congélation.

La qualité hygiénique et sanitaire du lait de vache est appréciée en fonction de sa teneur en germes à 30°C, de la présence de résidus d'antibiotiques et de sa teneur en cellules somatiques, conformément aux dispositions du règlement (CE) n° 852/2004 du Parlement européen et du Conseil du 29 avril 2004 modifié relatif à l'hygiène des denrées alimentaires, du règlement (CE) n° 853/2004 du Parlement européen et du Conseil du 29 avril 2004 modifié fixant des règles spécifiques d'hygiène applicables aux denrées alimentaires d'origine animale et des textes pris pour leur application.

II. — Peuvent, en outre, être utilisés pour la détermination du prix du lait de vache :

1° Le nombre des spores butyriques, de staphylocoques à coagulase positive, des coliformes à 30°C, des coliformes thermotolérants, des *Escherichia coli*, des pseudomonas, des entérobactéries, des levures et des moisissures ;

2° L'indice de lipolyse, la lactofermentation ;

3° L'absence d'inhibiteurs, de *Listeria monocytogenes*, de *Salmonella* spp ;
4° Le pH, l'acidité Dornic ;
5° La composition en acides gras, en fractions azotées ;
6° La teneur en lactose et en immunoglobulines g1 ;
7° Lorsque le lait est susceptible d'être utilisé pour la fabrication d'un produit laitier bénéficiant d'un signe d'identification de la qualité et de l'origine, le respect des conditions prévues dans le cahier des charges de ce signe, apprécié selon les modalités prévues à l'article R. 642-39.

Clause de prix. La pénalité de 2,20 F pour toute livraison détectée positive aux résidus d'inhibiteurs, prévue à l'accord interprofessionnel relatif aux modalités de paiement du lait selon sa qualité, constitue un élément de détermination du prix et non une clause pénale, n'implique pas une renonciation à se prévaloir de la garantie de vices cachés et ne peut être assimilée à une réduction du prix prévue par l'art. 1644 C. civ. • Civ. 1re, 22 mai 2008, n° 06-15.486.

Art. D. 654-30 I. – Le lait de brebis est payé aux producteurs en fonction de sa composition et de sa qualité hygiénique et sanitaire.

La composition du lait de brebis est appréciée en fonction de sa teneur en matière grasse et de sa teneur en matière protéique.

La qualité hygiénique et sanitaire du lait de brebis est appréciée en fonction de sa teneur en germes à 30°C et de la présence de résidus d'antibiotiques, conformément aux dispositions du règlement (CE) n° 852/2004 du 29 avril 2004 susmentionné, du règlement (CE) n° 853/2004 du 29 avril 2004 susmentionné et des textes pris pour leur application.

II. – Peuvent, en outre, être utilisés pour la détermination du prix du lait de brebis :
1° Le nombre des spores butyriques, de staphylocoques à coagulase positive, des coliformes à 30°C, des coliformes thermotolérants, des *Escherichia coli*, des pseudomonas, des entérobactéries, des levures et des moisissures ;
2° L'indice de lipolyse, la lactofermentation, l'adultération et la recherche de réductase microbienne ;
3° L'absence d'inhibiteurs, de *Listeria monocytogenes*, de *Salmonella* spp ;
4° Le pH, l'acidité Dornic ;
5° La composition en acides gras, en fractions azotées ;
6° Le point de congélation ;
7° La teneur en lactose, en immunoglobulines g1, en cellules somatiques, en aflatoxines ;
8° Lorsque le lait est susceptible d'être utilisé pour la fabrication d'un produit laitier bénéficiant d'un signe d'identification de la qualité et de l'origine, le respect des conditions prévues dans le cahier des charges de ce signe, apprécié selon les modalités prévues à l'article R. 642-39.

Art. D. 654-31 I. – Le lait de chèvre est payé aux producteurs en fonction de sa composition et de sa qualité hygiénique et sanitaire.

La composition du lait de chèvre est appréciée en fonction de sa teneur en matière grasse et de sa teneur en matière protéique.

La qualité hygiénique et sanitaire du lait de chèvre est appréciée en fonction de sa teneur en germes à 30°C et de la présence de résidus d'antibiotiques, conformément aux dispositions du règlement (CE) n° 852/2004 du 29 avril 2004 susmentionné, du règlement (CE) n° 853/2004 du 29 avril 2004 susmentionné et des textes pris pour leur application.

II. – Peuvent, en outre, être utilisés pour la détermination du prix du lait de chèvre :
1° Le nombre des spores butyriques, de staphylocoques à coagulase positive, des coliformes à 30°C, des coliformes thermotolérants, des *Escherichia coli*, des pseudomonas, des entérobactéries, des levures et des moisissures ;
2° L'indice de lipolyse, la lactofermentation ;
3° L'absence d'inhibiteurs, de *Listeria monocytogenes*, de *Salmonella* spp ;
4° Le pH, l'acidité Dornic ;
5° La composition en acides gras, en fractions azotées ;
6° Le point de congélation ;
7° La teneur en lactose, en immunoglobulines g1, en cellules somatiques ;

8° Lorsque le lait est susceptible d'être utilisé pour la fabrication d'un produit laitier bénéficiant d'un signe d'identification de la qualité et de l'origine, le respect des conditions prévues dans le cahier des charges de ce signe, apprécié selon les modalités prévues à l'article R. 642-39.

§ 2 Dispositions communes au paiement du lait de vache, de brebis et de chèvre en fonction de sa composition et de sa qualité

(Décr. n° 2012-1250 du 9 nov. 2012, art. 1er, en vigueur le 1er janv. 2013)

Art. D. 654-32 **I. — Pour bénéficier du paiement du lait à la qualité, le lait ne doit pas avoir été centrifugé, microfiltré, écrémé ni soumis à tout autre traitement de nature à modifier sa qualité hygiénique et sanitaire.**

II. — L'utilisation de filtres influençant le nombre de cellules somatiques est interdite. Un arrêté conjoint des ministres chargés de l'agriculture, de l'économie et de la consommation précise les types de filtration autorisés. — *V. Arr. du 9 nov. 2012 relatif aux modalités de paiement du lait de vache, de brebis ou de chèvre en fonction de sa composition et de sa qualité hygiénique et sanitaire, art. 1er (JO 11 nov.), mod. par Arr. du 25 janv. 2019 (JO 30 janv.).*

Art. D. 654-33 **Les modalités de paiement du lait fixées aux articles D. 654-29 à D. 654-32 ne concernent pas la vente directe par le producteur de lait cru destiné à la consommation humaine, au sens du point 4.1 de l'annexe I du règlement (CE) n° 853/2004 du 29 avril 2004 susmentionné.**

Art. D. 654-34 **Des accords** *(Abrogé par Décr. n° 2012-630 du 2 mai 2012)* **« régionaux »** **conclus dans le cadre de l'organisation interprofessionnelle constituée entre les producteurs de lait, les groupements coopératifs agricoles laitiers et les industries de transformation du lait, conformément à l'article L. 632-12** *(Décr. n° 2012-630 du 2 mai 2012)* **« ou dans le cadre d'organisations interprofessionnelles mentionnées à l'article L. 632-1 ou à l'article L. 632-9 », peuvent, dans le respect des règles de la politique agricole commune, établir des grilles de classement des laits livrés par les producteurs en fonction des critères et règles prévus** *(Décr. n° 2012-1250 du 9 nov. 2012, art. 1er, en vigueur le 1er janv. 2013)* **« aux articles D. 654-29 à D. 654-31.**

« Ces grilles peuvent prévoir un classement spécifique pour les laits d'une région donnée, pour les laits destinés à la fabrication de produits au lait cru et pour les laits destinés à la fabrication d'un produit laitier bénéficiant d'une appellation d'origine ou d'une indication géographique en application du règlement (CE) n° 510/2006 du Conseil du 20 mars 2006 relatif à la protection des indications géographiques et des appellations d'origine des produits agricoles et des denrées alimentaires. Dans ce cas, la grille de classement est préalablement soumise à l'avis de l'organisme chargé de la défense de cette appellation ou de cette indication. » — *Anc. art. D. 654-30 (Décr. n° 2012-1250 du 9 nov. 2012, art. 1er-2°, JO 11 nov.).*

Art. D. 654-35 *Al. 1er à 3 abrogés par Décr. n° 2010-1753 du 30 déc. 2010, à compter du 1er avr. 2011.*

Lorsqu'une grille de classement des laits applicable à la région considérée a fait l'objet d'un accord interprofessionnel homologué en application de l'article L. 632-12 *(Décr. n° 2012-630 du 2 mai 2012)* **« ou étendu en application de l'article L. 632-3 »,** *(Décr. n° 2010-1753 du 30 déc. 2010, en vigueur le 1er avr. 2011)* **« les modalités de calcul du prix du lait » doivent être conformes au classement ainsi établi.** — *Anc. art. D. 654-31 (Décr. n° 2012-1250 du 9 nov. 2012, art. 1er-2°, JO 11 nov.).*

Art. D. 654-36 **Les engagements liant les producteurs et les acheteurs de lait** *(Décr. n° 2012-1250 du 9 nov. 2012, art. 1er, en vigueur le 1er janv. 2013)* **« de chèvre » font l'objet de conventions écrites conclues pour la durée minimale d'un an. Sauf stipulations contraires, ces conventions sont renouvelables par tacite reconduction par période d'une année.**

Ces conventions précisent, dans le respect du droit de la concurrence, les modalités de calcul du prix du lait en fonction des critères et des règles fixés *(Décr. n° 2012-1250 du 9 nov. 2012, art. 1er, en vigueur le 1er janv. 2013)* **« à l'article D. 654-31 ».**

Al. 3 abrogé par Décr. n° 2012-1250 du 9 nov. 2012, art. 1er, à compter du 1er janv. 2013.

§ 3 Dispositions relatives aux analyses du lait réalisées dans le cadre du paiement du lait de vache, de brebis et de chèvre en fonction de sa composition et de sa qualité hygiénique et sanitaire

(Décr. nº 2012-1250 du 9 nov. 2012, art. 1er, en vigueur le 1er janv. 2013)

Art. D. 654-37 I. — Les laboratoires réalisant les analyses nécessaires à la détermination du prix du lait :

1° Présentent des garanties de confidentialité, d'impartialité et d'indépendance vis-à-vis de toute personne physique ou morale exerçant une activité de production, de transformation ou de commercialisation de lait ;

2° Sont reconnus dans les conditions prévues à la sous-section 3 de la section 1 du chapitre II du titre préliminaire du livre II pour les méthodes d'analyse des critères prévus au III du chapitre I de la section 9 de l'annexe III du règlement (CE) nº 853/2004 du 29 avril 2004 susmentionné.

L'expertise des méthodes et appareils qui peuvent être utilisés pour l'analyse des critères autres que ceux prévus au III du chapitre I de la section 9 de l'annexe III du règlement (CE) nº 853/2004 du 29 avril 2004 susmentionné relève de l'institut technique agro-industriel compétent dans le secteur du lait. Un accord interprofessionnel étendu ou homologué en application des articles L. 632-3 ou L. 632-12 peut établir, compte tenu de ces résultats, la liste des méthodes d'analyse et appareils d'analyse à utiliser parmi celles et ceux dont l'expertise est favorable. — *V. Arr. du 29 mars 2019 fixant les conditions générales de reconnaissance des méthodes, des appareils et des laboratoires d'analyses en vue du paiement du lait de vache, de brebis ou de chèvre en fonction de sa composition et de sa qualité hygiénique et sanitaire (JO 31 mars).*

II. — Les responsables des laboratoires réalisant les analyses dans le cadre du paiement du lait de vache, de brebis ou de chèvre veillent à ce que les résultats soient régulièrement communiqués au producteur ou à son mandataire et à l'acheteur de lait ou à son mandataire.

III. — Les modalités de transmission au laboratoire national de référence d'un bilan, anonyme, des résultats des analyses réalisées par les laboratoires mentionnés au 2° du I sont fixées par arrêté du ministre chargé de l'agriculture.

IV. — Tout résultat d'analyse non conforme est transmis sans délai au préfet dans les cas suivants :

1° Pour ce qui concerne le lait de vache, lorsque l'une des moyennes géométriques de la teneur en germes à 30°C ou en cellules somatiques est supérieure au seuil prévu "pour le lait cru de vache" au *i* du *a* du 3 du III du chapitre I de la section 9 de l'annexe III du règlement (CE) nº 853/2004 ;

2° Pour ce qui concerne le lait de chèvre et le lait de brebis, lorsque la moyenne géométrique de la teneur en germes à 30°C est supérieure au seuil prévu "pour le lait cru d'autres espèces" au *ii* du *a* et au *b* du 3 du III du chapitre I de la section 9 de l'annexe III du règlement (CE) nº 853/2004 ;

3° Lorsque la présence de résidus d'antibiotiques est supérieure au seuil fixé au 4 du III du chapitre I de la section 9 de l'annexe III du règlement (CE) nº 853/2004.

La transmission des résultats d'analyse au préfet peut être effectuée pour le compte des producteurs et des laboratoires par les organisations interprofessionnelles mentionnées aux articles L. 632-1, L. 632-9 ou L. 632-12. — *V. Arr. du 9 nov. 2012 relatif aux modalités de paiement du lait de vache, de brebis ou de chèvre en fonction de sa composition et de sa qualité hygiénique et sanitaire, art. 2 s. (JO 11 nov.), mod. par Arr. du 25 janv. 2019 (JO 30 janv.).*

Art. D. 654-38 Un arrêté conjoint des ministres chargés de l'agriculture, de la consommation et de l'économie précise :

1° Les conditions et modalités techniques selon lesquelles les échantillons sont prélevés sur les laits de vache, de brebis ou de chèvre livrés par les producteurs, au moment de la livraison ;

2° Les conditions de contrôle des prélèvements ;

3° Les modalités d'identification, de conservation et d'acheminement des échantillons et le contrôle de l'application de ces modalités ;

4° Les modalités de transmission des résultats d'analyse ;

5° Les fréquences minimales de réalisation des analyses mentionnées au I de l'article D. 654-29, au I de l'article D. 654-30 et au I de l'article D. 654-31.

SOUS-SECTION 2 *[ABROGÉE]* **Maîtrise de la production de lait de vache et modalités de recouvrement d'un prélèvement en cas de dépassement du quota national à la charge des acheteurs et des producteurs de lait de vache** *(Décr. n° 2013-500 du 12 juin 2013, art. 2).*

(Abrogée par Décr. n° 2017-1771 du 27 déc. 2017, art. 22-12°)

Art. D. 654-39 à D. 654-100 *Abrogés par Décr. n° 2017-1771 du 27 déc. 2017, art. 22-12°.*

SOUS-SECTION 3 *[ABROGÉE]* **Transfert des quantités de référence laitières**

(Abrogée par Décr. n° 2017-1771 du 27 déc. 2017, art. 22-12°)

Art. D. 654-101 à D. 654-114 *Abrogés par Décr. n° 2017-1771 du 27 déc. 2017, art. 22-12°.*

SOUS-SECTION 4 **Bassins laitiers et conférences de bassins laitiers**

(Décr. n° 2011-259 du 10 mars 2011)

Art. R.* 654-114-1 La coordination de l'action de l'État en matière de production du lait de vache dans les bassins laitiers institués par la présente sous-section est confiée à des préfets de région coordonnateurs désignés par arrêté du Premier ministre.

Le préfet coordonnateur de chaque bassin laitier est assisté, dans les conditions prévues par la présente sous-section, d'une conférence de bassin laitier composée de représentants de la filière lait de vache et des personnes publiques intéressées, dont il nomme les membres.

Al. 3 abrogé par Décr. n° 2017-1411 du 27 sept. 2017, art. 2-58°.

Dans les conditions prévues par l'article D. 654-112-1, il arrête les catégories de producteurs susceptibles de bénéficier en priorité des transferts de quantités de références laitières sans terre, la liste des producteurs attributaires et les quantités qui peuvent leur être attribuées.

Art. R. 654-114-2 Le territoire d'un bassin laitier correspond au ressort d'une région administrative étendu, le cas échéant, aux ressorts d'autres régions ou départements.

Sa délimitation d'un seul tenant, par arrêté du Premier ministre, tient compte, notamment, de la structure et de l'organisation de la filière laitière au stade de la production, de la collecte et de la transformation. *— V. Arr. du 10 mars 2011 relatif a la délimitation des bassins laitiers et à la désignation des préfets coordonnateurs de bassins laitiers (JO 11 mars).*

Art. D. 654-114-3 *(Décr. n° 2011-260 du 10 mars 2011)* La conférence de bassin laitier est une instance de concertation entre les partenaires de la filière laitière et les pouvoirs publics pour l'ensemble des questions touchant à la production de lait de vache.

Elle peut être consultée par le ministre chargé de l'agriculture ou par les préfets coordonnateurs de bassin laitier.

Al. 3 abrogé par Décr. n° 2017-1771 du 27 déc. 2017, art. 22-13°.

Elle peut également être consultée sur les politiques d'accompagnement de l'amont et de l'aval de la filière, et plus particulièrement sur l'établissement des priorités en matière de modernisation des entreprises agricoles ou d'aides aux investissements des entreprises de collecte et de transformation. *(Décr. n° 2014-525 du 22 mai 2014, art. 1er)* « Elle mène une réflexion sur l'installation des jeunes agriculteurs en production laitière et sur les conditions dans lesquelles leur spécificité peut être prise en compte, notamment dans la mise en œuvre de la politique d'installation et de transmission prévue à l'article L. 330-1. »

Elle participe à l'amélioration de la connaissance de la production et du marché des produits laitiers, à la cohérence des actions en matière de recherche, d'expérimentation et de développement ainsi qu'à l'élaboration de la stratégie d'évolution à moyen terme de l'offre au niveau du bassin.

(Décr. n° 2014-525 du 22 mai 2014, art. 1er) « Elle peut formuler toute proposition ou recommandation aux acteurs de la filière et aux pouvoirs publics dans les domaines mentionnés aux alinéas précédents, notamment pour prendre en compte les spécificités des jeunes agriculteurs et réaliser des bilans de suivi des actions entreprises sur la base de ces propositions ou recommandations. »

Art. D. 654-114-4 *(Décr. n° 2011-260 du 10 mars 2011)* La conférence de bassin laitier est présidée par le préfet coordonnateur de bassin laitier ou son représentant, qui la réunit au moins trois fois par an.

Art. D. 654-114-5 *(Décr. n° 2011-260 du 10 mars 2011)* La conférence de bassin laitier comprend :

1° Quatorze représentants des professionnels de la filière lait de vache du bassin, dont :

(Décr. n° 2014-525 du 22 mai 2014, art. 2) « *a)* Six représentants de la production laitière désignés pour chaque bassin par le niveau national des *(Décr. n° 2017-1771 du 27 déc. 2017, art. 22-14°)* « organisations syndicales d'exploitants agricoles habilitées, dans au moins la moitié des départements du bassin laitier, en application de l'article R. 514-37 ».

« Lorsque le scrutin pour les élections aux chambres d'agriculture est interdépartemental, son résultat est pris en compte pour chaque département concerné. Cette disposition n'est pas applicable aux départements constituant la chambre interdépartementale d'agriculture de l'Île-de-France prévue à l'article D. 511-97.

« Les sièges sont répartis, entre les organisations syndicales d'exploitants agricoles remplissant les conditions prévues au troisième alinéa, à la représentation proportionnelle suivant la règle du plus fort reste ; »

b) Trois représentants du secteur coopératif laitier désignés par les organisations à compétence régionale ou départementale les plus représentatives ;

c) Trois représentants des industries agroalimentaires laitières, autres que coopératives, désignés par les organisations professionnelles à compétence régionale ou départementale les plus représentatives ;

d) Une personnalité représentant les consommateurs, désignée par le préfet coordonnateur ;

e) Une personnalité représentant le commerce et la distribution, désignée par les organisations professionnelles à compétence régionale ou départementale les plus représentatives ;

2° Au plus, quatorze représentants des personnes publiques intéressées, parmi lesquelles :

a) Le ou les autres préfets de région concernés ou leurs représentants ;

b) Des représentants des collectivités territoriales ;

c) Un ou des préfets des départements concernés ou leurs représentants ;

d) Un ou des présidents des chambres d'agriculture ou leurs représentants.

Le préfet coordonnateur peut convier à participer à la conférence de bassin toute personne proposée par les organismes techniques, d'enseignement et de recherche, par *(Décr. n° 2014-525 du 22 mai 2014, art. 2)* « les organisations interprofessionnelles dans le secteur du lait et des produits laitiers, les organisations professionnelles spécialisées en agriculture biologique représentant les producteurs » ou par l'Institut national de l'origine et de la qualité, dont le concours paraît utile.

(Décr. n° 2014-525 du 22 mai 2014, art. 2) « Dans les bassins laitiers où la production de lait de chèvre ou de brebis est significative, le préfet coordonnateur peut convier toute personne proposée par des organisations professionnelles agricoles de ces filières.

« Il peut également inviter des représentants des organisations de producteurs ou associations d'organisations de producteurs reconnues dans le secteur du lait de vache et exerçant une activité significative sur le territoire du bassin laitier, dans la limite d'un représentant par organisation de producteurs ou association d'organisations de producteurs. »

Art. D. 654-114-6 *(Décr. n° 2011-260 du 10 mars 2011)* Les membres de la conférence de bassin laitier mentionnés à l'article D. 654-114-5 sont nommés par arrêté du préfet coordonnateur de bassin laitier pour une durée de trois ans renouvelable.

Tout membre qui, sans motif valable et justifié, a été absent à plus de deux conférences de bassin laitier consécutives dans l'année est considéré comme démissionnaire ; un remplaçant est nommé par le préfet coordonnateur.

Des suppléants sont nommés dans les mêmes proportions que celles fixées à l'article D. 654-114-5 et peuvent remplacer un membre de la structure à laquelle ils appartiennent.

Le secrétariat de la conférence de bassin laitier est assuré par la direction régionale de l'alimentation, de l'agriculture et de la forêt placée sous l'autorité du préfet coordonnateur de bassin laitier.

Art. D. 654-114-7 *(Décr. n° 2011-260 du 10 mars 2011)* **La conférence de bassin laitier fonctionne dans les conditions prévues par les articles 4 à 15 du décret n° 2006-672 du 8 juin 2006 relatif à la création, à la composition et au fonctionnement de commissions administratives à caractère consultatif** *[CRPA, art. R. 133-4 s.]*.

Pour toutes les consultations prévues à l'article D. 654-114-3, seuls les membres mentionnés au 1° de l'article D. 654-114-5 et le préfet coordonnateur ou son représentant prennent part au vote. En cas de partage égal des voix, celle du préfet coordonnateur ou de son représentant est prépondérante.

SOUS-SECTION 5 Informations à transmettre par les opérateurs du secteur laitier

(Décr. n° 2015-729 du 24 juin 2015, en vigueur le 1er janv. 2016)

Art. D. 654-114-8 Pour l'application de la présente sous-section, on entend par :

1° "Premiers acheteurs auprès des producteurs" : ceux définis à l'article 151 du règlement (UE) n° 1308/2013 du Parlement européen et du Conseil du 17 décembre 2013 portant organisation commune des marchés des produits agricoles ;

2° "Groupe laitier" : une "entreprise unique", au sens du 2 de l'article 2 du règlement (UE) n° 1407/2013 de la Commission du 18 décembre 2013 relatif à l'application des articles 107 et 108 du traité sur le fonctionnement de l'Union européenne aux aides *de minimis*, qui collecte plus de cinq cents millions de litres de lait cru de vache par an ;

3° Prix "départ usine" : le prix calculé dans les conditions prévues au 4 de l'article 2 du règlement (UE) n° 479/2010 de la Commission du 1er juin 2010, portant modalités d'application du règlement (CE) n° 1234/2007 du Conseil en ce qui concerne les communications des États membres à la Commission dans le secteur du lait et des produits laitiers ;

4° Lait cru de vache et de brebis "standard" et lait cru de chèvre "de base" : lait cru de composition et de qualité déterminées conformément aux usages de chaque filière, servant de référence pour le paiement des producteurs.

Art. D. 654-114-9 Les établissements qui collectent du lait auprès des producteurs transmettent mensuellement à l'Établissement national des produits de l'agriculture et de la mer (FranceAgriMer), sur sa demande :

1° Le nombre de producteurs de lait cru de vache, de chèvre et de brebis ayant effectué des livraisons au cours du mois précédent, par département ;

2° Le volume de lait cru de vache, de chèvre et de brebis collecté au cours du mois précédent, par département ;

3° La teneur en matière grasse et en matière protéique de lait cru de vache, de brebis et de chèvre collecté au cours du mois précédent, par département ;

4° Le prix du lait cru de vache et de brebis standard et du lait cru de chèvre de base payé aux producteurs laitiers pour les livraisons effectuées au cours du mois précédent, par département ;

5° Le prix du lait cru de vache, de brebis et de chèvre, à teneur réelle en matière grasse et en protéines, payé aux producteurs laitiers pour les livraisons effectuées au cours du mois précédent par département.

Pour certaines catégories de lait, dont la liste est fixée par arrêté du ministre chargé de l'agriculture, les informations mentionnées aux 1°, 2°, 3°, 4° et 5° distinguent les données relatives au lait bénéficiant de la mention "agriculture biologique" ou d'autres signes officiels d'identification de la qualité et de l'origine. — *V. Arr. du 8 oct. 2015 relatif à l'application des art. D. 654-114-9 et D. 654-114-13 concernant la transmission d'informations de suivi économique dans le secteur du lait et des produits laitiers (JO 23 oct.).*

Art. D. 654-114-10 Les premiers acheteurs de lait cru auprès des producteurs de lait de vache transmettent à l'Établissement national des produits de l'agriculture et de la mer (FranceAgriMer) :

1° Mensuellement, le volume global de lait cru qui leur a été livré au cours du mois précédent ;

2° Annuellement, les informations portant sur la campagne de production précédente, correspondant à une période de douze mois se terminant le 31 mars, relatives à l'identification, à la situation géographique, à la forme juridique de l'exploitation, au volume de lait livré et au volume contractuel par producteur.

Art. D. 654-114-11 Les vendeurs directs de lait cru de vache transmettent annuellement à l'Établissement national des produits de l'agriculture et de la mer (FranceAgriMer), sur sa demande, les informations portant sur la campagne de production précédente, correspondant à une période de douze mois se terminant le 31 mars, relatives au volume de lait produit pour la vente directe et aux quantités de produits laitiers fabriqués sur l'exploitation.

Art. D. 654-114-12 Pour l'application du *b* du 3 de l'article 2 du règlement (UE) n° 479/2010 de la Commission du 1er juin 2010 portant modalités d'application du règlement (CE) n° 1234/2007 du Conseil en ce qui concerne les communications des États membres à la Commission dans le secteur du lait et des produits laitiers, les groupes laitiers mentionnés au 2° de l'article D. 654-114-8 transmettent mensuellement à l'Établissement national des produits de l'agriculture et de la mer (FranceAgriMer) le prix estimé du lait cru de vache à teneur réelle en matière grasse et en protéines, payé aux producteurs laitiers, pour les livraisons effectuées au cours du mois en cours.

Art. D. 654-114-13 Les établissements de transformation de lait de vache, de brebis ou de chèvre transmettent mensuellement à l'Établissement national des produits de l'agriculture et de la mer (FranceAgriMer), sur sa demande, la quantité et les stocks des produits laitiers frais transformés et disponibles pour la livraison, la quantité et les stocks de certains produits laitiers fabriqués dont la liste est précisée par arrêté du ministre chargé de l'agriculture, ainsi que les quantités de produits laitiers échangés entre les établissements de transformation.

Pour certaines catégories de produits laitiers, dont la liste est fixée par arrêté du ministre chargé de l'agriculture, il est distingué les données relatives au lait et aux produits laitiers fabriqués bénéficiant de la mention "agriculture biologique" ou d'autres signes officiels d'identification de la qualité et de l'origine. — *V. Arr. du 8 oct. 2015 relatif à l'application des art. D. 654-114-9 et D. 654-114-13 concernant la transmission d'informations de suivi économique dans le secteur du lait et des produits laitiers (JO 23 oct.).*

Art. D. 654-114-14 Les opérateurs qui effectuent la première commercialisation après fabrication des produits laitiers transmettent à l'Établissement national des produits de l'agriculture et de la mer (FranceAgriMer), sur sa demande, pour les produits frais et fabriqués définis conformément aux critères prévus à l'article 2 du règlement (UE) n° 479/2010 de la Commission du 1er juin 2010 portant modalités d'application du règlement (CE) n° 1234/2007 du Conseil en ce qui concerne les communications des États membres à la Commission dans le secteur du lait et des produits laitiers :

1° Chaque semaine, le prix "départ usine" et le volume des produits facturés ou ayant fait l'objet de contrats, au cours de la semaine précédente nécessaires au calcul des cotations hebdomadaires ;

2° Mensuellement, le prix "départ usine" et le volume des produits facturés ou ayant fait l'objet de contrats, au cours du mois précédent.

Art. D. 654-114-15 Les organisations de producteurs et leurs associations reconnues transmettent à l'Établissement national des produits de l'agriculture et de la mer (FranceAgriMer) :

1° Avant le début des négociations, les volumes estimés de lait cru faisant l'objet de négociations contractuelles, visées au 1 de l'article 2 du règlement (UE) n° 511/2012 de la Commission du 15 juin 2012 relatif aux notifications concernant les organisations de producteurs et interprofessionnelles ainsi que les négociations et les relations contractuelles prévues dans le règlement (CE) n° 1234/2007 du Conseil dans le secteur du lait et des produits laitiers ;

2° Les volumes annuels de lait cru livrés dans le cadre des contrats préalablement négociés au cours de l'année écoulée, visés au 3 de l'article 2 du règlement (UE) n° 511/2012 de la Commission du 15 juin 2012.

Art. D. 654-114-16 Les informations mentionnées aux articles D. 654-114-9 à D. 654-114-15 sont transmises à l'Établissement national des produits de l'agriculture et de la mer (FranceAgriMer) par voie électronique dans les conditions précisées, le cas échéant, par une décision du directeur général de cet établissement.

Le directeur général de l'établissement établit annuellement, pour les informations mentionnées aux articles D. 654-114-9 et D. 654-114-13, la liste des opérateurs sollicités. Ceux-ci sont choisis par ordre décroissant des volumes collectés, traités ou commercialisés, de façon à représenter globalement au moins 95 % du volume national.

SECTION 5 La commercialisation des produits de l'aviculture

Art. R. 654-115 L'autorisation de procéder au classement des œufs est accordée aux centres d'emballage mentionnés à l'article 5 du règlement (CEE) n° 1907/90 du Conseil du 26 juin 1990 concernant certaines normes de commercialisation applicables aux œufs par décision du ministre chargé de l'agriculture ou de son délégué. — *V. art. R. 671-13 (pénalités).*

V. Décr. n° 2003-1275 du 23 déc. 2003 (JO 28 déc.) relatif à l'identification des établissements d'élevage de poules pondeuses.

SECTION 6 Intervention dans le secteur de l'apiculture

(Décr. n° 2022-1343 du 21 oct. 2022, art. 1er)

Les engagements souscrits au titre des programmes apicoles européens avant le 1er janv. 2023 dans le cadre des art. 55 à 57 du Règl. (UE) n° 1308/2013 du Parlement européen et du Conseil demeurent régis par les dispositions de la section 6 du chapitre IV du titre V du livre VI dans leur rédaction antérieure à l'entrée en vigueur du Décr. n° 2022-1343 du 21 oct. 2022 (Décr. préc., art. 2-I, JO 22 oct.).

Art. D. 654-116 La mise en œuvre des types d'interventions retenus dans le plan stratégique national français approuvé par la Commission européenne et énumérés à l'article D. 654-117 est réalisée par l'Établissement national des produits de l'agriculture et de la mer (FranceAgriMer).

A ce titre, le directeur général de l'établissement décide :

1° Des modalités de demande d'aides, des conditions d'éligibilité et d'octroi, des actions et investissements éligibles, de la procédure et des critères de sélection des demandes, du montant des aides attribuables et de leurs modalités de paiement ;

2° Le cas échéant, des modalités de calcul et du déclenchement du mécanisme de stabilisation budgétaire mentionné à l'article D. 611-32 ;

3° Des modalités de contrôle administratif et sur place, des sanctions éventuelles et des réductions éventuelles du montant des aides.

Art. D. 654-117 Sont mis en œuvre, dans le secteur de l'apiculture, les types d'interventions suivants :

1° Types d'interventions relatifs à l'assistance technique, aux conseils, à la formation, à l'information et à l'échange de bonnes pratiques ;

2° Types d'interventions relatifs aux investissements dans des actifs corporels et incorporels ;

3° Types d'interventions relatifs au soutien aux laboratoires d'analyses des produits de l'apiculture ;

4° Types d'interventions relatifs à la coopération avec des organismes spécialisés en vue de la mise en œuvre de programmes de recherche ;

5° Types d'interventions relatifs aux actions de promotion, de communication et de commercialisation ;

6° Types d'interventions relatifs aux actions visant à améliorer la qualité des produits.

Art. D. 654-118 Les types d'interventions relatifs à l'assistance technique, aux conseils, à la formation, à l'information et à l'échange de bonnes pratiques comprennent :
– les aides à l'assistance technique au niveau national ;
– les aides à l'assistance technique au niveau régional ;
– les aides visant à améliorer la performance sanitaire des exploitations apicoles ;
– les aides aux actions de formation.

Les bénéficiaires de ces aides sont les personnes morales proposant des actions d'assistance technique dans le domaine de l'apiculture, les organismes de formation, de statut public ou privé, assurant des formations initiales ou continues dans le domaine de l'apiculture, les personnes morales évoluant dans le domaine vétérinaire, les établissements à caractère scientifique et technique ou administratif. Ne peuvent pas être bénéficiaires de ces aides les apiculteurs, les syndicats d'apiculteurs et les structures de formation dites "ruchers-écoles" qui ne délivrent pas de formation diplômante.

Ces types d'interventions sont mis en œuvre pour répondre à l'objectif mentionné au i du paragraphe 1 de l'article 6 du règlement n° 2021/2115 du Parlement européen et du Conseil du 2 décembre 2021.

Le taux d'aide est fixé à 100 % des dépenses éligibles des actions mises en œuvre et conventionnées dans le cadre de projets agréés par l'Établissement national des produits de l'agriculture et de la mer (FranceAgriMer).

Les types d'actions éligibles sont précisés par décision du directeur général de l'Établissement national des produits de l'agriculture et de la mer (FranceAgriMer).

Art. D. 654-119 Les types d'interventions relatifs aux investissements dans des actifs corporels et incorporels comprennent les aides à la rationalisation de la transhumance en apiculture et les aides au repeuplement du cheptel apicole. Ces types d'interventions sont mis en œuvre pour répondre au moins à l'un des objectifs mentionnés aux b, f et i du paragraphe 1 de l'article 6 du règlement n° 2021/2115 du Parlement européen et du Conseil du 2 décembre 2021.

Les bénéficiaires de ces aides sont les apiculteurs, individuels ou associés dans un groupement agricole d'exploitation en commun, et les exploitations apicoles sous forme sociétaire. Les coopératives d'utilisation de matériel agricole peuvent bénéficier de l'aide à la rationalisation de la transhumance.

Le taux d'aide est de 40 % du montant hors taxes de l'investissement éligible effectivement réalisé dans la limite d'un plafond de dépenses ou, le cas échéant, un montant forfaitaire d'aide défini par décision du directeur général de l'Établissement national des produits de l'agriculture et de la mer (FranceAgriMer).

Art. D. 654-120 Les bénéficiaires des types d'interventions relatifs au soutien aux laboratoires d'analyses des produits de l'apiculture sont les laboratoires d'analyse qui réalisent, pour le compte d'apiculteurs, des analyses physico-chimiques des miels et des autres produits de l'apiculture.

Les types d'analyses éligibles sont précisés par décision du directeur général de l'Établissement national des produits de l'agriculture et de la mer (FranceAgriMer). Ces interventions sont mises en œuvre pour répondre à l'objectif mentionné au i du paragraphe 1 de l'article 6 du règlement n° 2021/2115 du Parlement européen et du Conseil du 2 décembre 2021.

Le taux d'aide est de 40 % du montant hors taxes de l'analyse pratiquée par le laboratoire dans la limite d'une liste d'analyses éligibles et de plafonds d'aide précisés par la décision du directeur général de l'Établissement national des produits de l'agriculture et de la mer (FranceAgriMer) mentionnée à l'alinéa précédent.

Art. D. 654-121 Les bénéficiaires des types d'interventions relatifs à la coopération avec des organismes spécialisés en vue de la mise en œuvre de programmes de recherche sont les établissements à caractère scientifique et technique ou administratif dont le projet est retenu dans le cadre d'un appel à projets national. Ces types d'interventions sont mis en œuvre pour répondre à l'objectif mentionné au a du paragraphe 1 de l'article 6 du règlement n° 2021/2115 du Parlement européen et du Conseil du 2 décembre 2021.

Les projets éligibles à l'aide doivent répondre aux critères d'un appel à projets ciblant des thèmes prioritaires définis par le directeur général de l'Établissement national des produits de l'agriculture et de la mer (FranceAgriMer) en concertation avec les organisations représentatives de la filière apicole.

Le taux d'aide est de 100 % des dépenses éligibles des actions mises en œuvre et conventionnées dans le cadre de projets sélectionnés à l'issue de l'appel à projets.

Les modalités de mise en œuvre des appels à projets et de leur sélection sont précisées par décision du directeur général de l'Établissement national des produits de l'agriculture et de la mer (FranceAgriMer).

Art. D. 654-122 Les bénéficiaires des types d'interventions relatifs aux actions de promotion, de communication et de commercialisation sont les personnes morales proposant ces actions dans le domaine de l'apiculture et les bureaux d'études réalisant des études au profit de la filière apicole. Ces types d'interventions sont mis en œuvre pour répondre à l'objectif mentionné au c de l'article 6 du règlement n° 2021/2115 du Parlement européen et du Conseil du 2 décembre 2021.

Les types d'actions éligibles sont précisés par décision du directeur général de l'Établissement national des produits de l'agriculture et de la mer (FranceAgriMer).

Le taux d'aide est de 100 % des dépenses éligibles des actions mises en œuvre et conventionnées dans le cadre de projets agréés par l'Établissement national des produits de l'agriculture et de la mer (FranceAgriMer).

Art. D. 654-123 Les bénéficiaires des types d'interventions relatifs aux actions visant à améliorer la qualité des produits sont les personnes morales proposant des actions d'assistance technique dans le domaine de l'apiculture. Ces types d'interventions sont mis en œuvre pour répondre à l'objectif mentionné au c du paragraphe 1 de l'article 6 du règlement n° 2021/2115 du Parlement européen et du Conseil du 2 décembre 2021.

Les types d'actions éligibles sont précisés par décision du directeur général de l'Établissement national des produits de l'agriculture et de la mer (FranceAgriMer).

Le taux d'aide est de 100 % des dépenses éligibles des actions mises en œuvre et conventionnées dans le cadre de projets agréés par l'Établissement national des produits de l'agriculture et de la mer (FranceAgriMer).

SECTION 7 **Intervention dans le secteur de la viande bovine**

(Décr. n° 2023-1362 du 29 déc. 2023, art. 2)

Art. D. 654-124 La mise en œuvre des types d'interventions retenus dans le plan stratégique national français de la politique agricole commune approuvé par la Commission européenne et énumérés à l'article D. 654-125 est réalisée par l'Établissement national des produits de l'agriculture et de la mer (FranceAgriMer).

A ce titre, le directeur général de l'établissement décide :

1° Des modalités de dépôt et de traitement des programmes opérationnels, des demandes de paiement et d'avances des aides financières de l'Union, de l'octroi et du paiement des aides de l'Union au regard des fonds opérationnels constitués par les organisations de producteurs ou associations d'organisations de producteurs et de leurs programmes opérationnels approuvés ;

2° Le cas échéant, des modalités de calcul et du déclenchement du mécanisme de stabilisation budgétaire mentionné à l'article D. 611-32 ;

3° Des modalités de contrôle administratif et sur place, les sanctions et les réductions éventuelles du montant des aides.

Art. D. 654-125 I. — Pour la viande de veau sous signe de qualité "Label Rouge" sont mis en œuvre les types d'interventions suivants :

1° Types d'interventions relatifs aux investissements dans des actifs corporels et incorporels, dans la recherche et les méthodes de production expérimentales et innovantes ;

2° Types d'interventions relatifs à la mise en œuvre des systèmes de qualité nationaux et de l'Union européenne.

II. — Ces types d'interventions sont mis en œuvre au moyen de programmes opérationnels dans les conditions prévues à la section 7 du chapitre III du titre III du règlement (UE) 2021/2115 du Parlement européen et du Conseil du 2 décembre 2021.

Les bénéficiaires des programmes opérationnels sont les organisations de producteurs et associations d'organisations de producteurs reconnues en vertu du règlement (UE) n° 1308/2013 du Parlement européen et du Conseil du 17 décembre 2013.

L'aide financière de l'Union, versée aux fonds opérationnels des organisations de producteurs et des associations d'organisations de producteurs, est fixée dans les conditions prévues à l'article 68 du règlement (UE) 2021/2115 du Parlement européen et du Conseil du 2 décembre 2021.

Art. D. 654-126 Les types d'interventions relatifs aux investissements dans des actifs corporels et incorporels, dans la recherche et les méthodes de production expérimentales et innovantes sont mis en œuvre pour répondre au moins à l'un des objectifs mentionnés aux a, b et c de l'article 46 du règlement (UE) 2021/2115 du Parlement européen et du Conseil du 2 décembre 2021.

Art. D. 654-127 Les types d'interventions relatifs à la mise en œuvre des systèmes de qualité nationaux et de l'Union européenne sont mis en œuvre pour répondre au moins à l'un des objectifs mentionnés aux a, c et g de l'article 46 du règlement (UE) 2021/2115 du Parlement européen et du Conseil du 2 décembre 2021.

SECTION 8 **Intervention dans le secteur cunicole**

(Décr. n° 2023-1362 du 29 déc. 2023, art. 2)

Art. D. 654-128 La mise en œuvre des types d'interventions retenus dans le plan stratégique national français de la politique agricole commune approuvé par la Commission européenne et énumérés à l'article D. 654-129 est réalisée par l'Établissement national des produits de l'agriculture et de la mer (FranceAgriMer).

A ce titre, le directeur général de l'établissement décide :

1° Des modalités de dépôt et de traitement des programmes opérationnels, des demandes de paiement et d'avances des aides financières de l'Union, de l'octroi et du paiement des aides de l'Union au regard des fonds opérationnels constitués par les organisations de producteurs ou associations d'organisations de producteurs et de leurs programmes opérationnels approuvés ;

2° Le cas échéant, des modalités de calcul et du déclenchement du mécanisme de stabilisation budgétaire mentionné à l'article D. 611-32 ;

3° Des modalités de contrôle administratif et sur place, les sanctions et les réductions éventuelles du montant des aides.

Art. D. 654-129 I. — Pour le secteur cunicole sont mis en œuvre les types d'interventions suivants :

1° Types d'interventions relatifs aux investissements dans des actifs corporels et incorporels, dans la recherche et les méthodes de production expérimentales et innovantes ;

2° Types d'interventions relatifs aux services de conseil et d'assistance technique, en particulier en ce qui concerne les techniques de lutte durable contre les organismes nuisibles et les maladies, l'utilisation durable des produits phytopharmaceutiques et zoosanitaires, l'adaptation au changement climatique et l'atténuation de celui-ci, les conditions d'emploi, les obligations des employeurs et la santé et la sécurité au travail ;

3° Types d'interventions relatifs à la promotion, à la communication et à la commercialisation, y compris des actions et activités visant en particulier à mieux sensibiliser les consommateurs aux systèmes de qualité de l'Union européenne et à l'importance d'une alimentation saine, et à diversifier et consolider les marchés ;

4° Types d'interventions relatifs à la mise en œuvre des systèmes de qualité nationaux et de l'Union européenne.

II. — Ces types d'interventions sont mis en œuvre au moyen de programmes opérationnels dans les conditions prévues à la section 7 du chapitre III du titre III du règlement (UE) 2021/2115 du Parlement européen et du Conseil du 2 décembre 2021.

Les bénéficiaires des programmes opérationnels sont les organisations de producteurs et associations d'organisations de producteurs reconnues en vertu du règlement (UE) n° 1308/2013 du Parlement européen et du Conseil du 17 décembre 2013.

L'aide financière de l'Union, versée aux fonds opérationnels des organisations de producteurs et des associations d'organisations de producteurs, est fixée dans les conditions prévues à l'article 68 du règlement (UE) 2021/2115 du Parlement européen et du Conseil du 2 décembre 2021.

Art. D. 654-130 Les types d'interventions relatifs aux investissements dans des actifs corporels et incorporels, dans la recherche et les méthodes de production expérimentales et innovantes sont mis en œuvre pour répondre au moins à l'un des objectifs mentionnés aux a, b et c de l'article 46 du règlement (UE) 2021/2115 du Parlement européen et du Conseil du 2 décembre 2021.

Art. D. 654-131 Les types d'interventions relatifs aux services de conseil et d'assistance technique sont mis en œuvre pour répondre au moins à l'un des objectifs mentionnés aux a, b, c et d de l'article 46 du règlement (UE) 2021/2115 du Parlement européen et du Conseil du 2 décembre 2021.

Art. D. 654-132 Les types d'interventions relatifs à la promotion, à la communication et à la commercialisation sont mis en œuvre pour répondre au moins à l'un des objectifs mentionnés aux b, c et h de l'article 46 du règlement (UE) 2021/2115 du Parlement européen et du Conseil du 2 décembre 2021. Lorsque ce type d'intervention est mis en œuvre pour répondre au seul objectif h de l'article 46 du règlement (UE) 2021/2115, il doit également poursuivre au moins l'un des objectifs mentionnés aux a à f de l'article 14 du règlement délégué (UE) 2022/126 de la Commission du 7 décembre 2021.

Art. D. 654-133 Les types d'interventions relatifs à la mise en œuvre des systèmes de qualité nationaux et de l'Union européenne sont mis en œuvre pour répondre au moins à l'un des objectifs mentionnés aux a, c et g de l'article 46 du règlement (UE) 2021/2115 du Parlement européen et du Conseil du 2 décembre 2021.

TITRE VI LES PRODUCTIONS VÉGÉTALES

CHAPITRE PRÉLIMINAIRE LA CONSERVATION DES RESSOURCES PHYTOGÉNÉTIQUES POUR L'AGRICULTURE ET L'ALIMENTATION

(Décr. n° 2015-1731 du 22 déc. 2015, art. 1er)

Art. D. 660-1 Pour l'application de l'article L. 660-2, les ressources phytogénétiques pour l'agriculture et l'alimentation peuvent être conservées *ex situ* ou *in situ*.

On entend par :

1° Conservation *ex situ* : la conservation d'une ressource phytogénétique en dehors de son milieu naturel ;

2° Conservation *in situ* : la conservation d'une ressource phytogénétique par son maintien, sa reconstitution, et, le cas échéant, la gestion dynamique d'une population d'espèces viables, dans son milieu naturel et dans le milieu où se sont développés ses caractères distinctifs.

Art. D. 660-2 Les personnes assurant la conservation de ressources phytogénétiques pour l'agriculture et l'alimentation telles que définies à l'article L. 660-2 peuvent être reconnues comme "gestionnaires d'une collection de ressources phytogénétiques pour l'agriculture et l'alimentation" lorsqu'elles remplissent les conditions prévues à l'article D. 660-3.

Lorsque ces conditions ne sont plus remplies, la reconnaissance est retirée.

Les décisions d'attribution et de retrait de la reconnaissance sont prises par le ministre chargé de l'agriculture, après avis du comité technique permanent de la sélection des plantes cultivées.

Elles font l'objet d'un avis publié au *Journal officiel* de la République française.

Art. D. 660-3 La reconnaissance comme "gestionnaire d'une collection de ressources phytogénétiques pour l'agriculture et l'alimentation" est attribuée aux personnes qui :

1° Définissent les critères de choix des matériels entrant et sortant de la collection de ressources phytogénétiques ;

2° Assurent la traçabilité amont et aval des flux de ressources phytogénétiques afin de connaître les fournisseurs directs de ressources et les utilisateurs auxquels un échantillon de ressource a été distribué, notamment en conservant les documents de traçabilité amont et aval ;

3° Conservent les informations sur le statut juridique des ressources phytogénétiques, notamment en ce qui concerne l'existence ou l'absence de titres de propriété intellectuelle et de clauses relatives à leur distribution et à leur utilisation ;

4° Définissent les méthodes et les moyens nécessaires à la conservation des ressources phytogénétiques ;

5° Respectent la charte de fonctionnement du réseau lorsque le gestionnaire exerce son activité au sein d'un réseau ;

6° S'engagent à tenir à jour une base de données leur permettant d'enregistrer les ressources phytogénétiques qu'elles gèrent et d'identifier, en particulier, les ressources phytogénétiques patrimoniales ;

7° S'engagent à transmettre la liste des ressources phytogénétiques, sur demande, au ministre chargé de l'agriculture, dans le cadre de ses actions de coordination nationale. Elles rendent publiques les informations relatives aux ressources phytogénétiques patrimoniales dont elles disposent. La nature de ces informations peut être précisée par arrêté du ministre chargé de l'agriculture.

Art. D. 660-4 La demande de reconnaissance est adressée au comité technique permanent de la sélection des plantes cultivées.

Le dossier de demande comprend les éléments permettant d'établir que le gestionnaire remplit les conditions mentionnées à l'article D. 660-3.

La composition et les modalités de dépôt des dossiers de demande de reconnaissance peuvent être précisées par arrêté du ministre chargé de l'agriculture. — *V. Arr. du 10 janv. 2018 homologuant le règlement technique d'examen des dossiers de reconnaissance officielle des gestionnaires de collection(s) de ressources phytogénétiques pour l'agriculture et l'alimentation en vue de leur inscription dans l'annuaire des gestionnaires reconnus par l'État et leur publication au Journal officiel de la République française (JO 19 janv.).*

Art. D. 660-5 La liste des ressources phytogénétiques patrimoniales au sens de l'article L. 660-3 est fixée par arrêté du ministre chargé de l'agriculture, après avis du comité technique permanent de la sélection des plantes cultivées.

Les critères permettant d'identifier les ressources phytogénétiques patrimoniales peuvent être précisés, le cas échéant par groupe d'espèce, par arrêté du ministre chargé de l'agriculture, après avis du comité technique permanent de la sélection des plantes cultivées. — *V. Arr. du 19 juill. 2019 homologuant le règlement technique d'examen des dossiers de versement en collection nationale des ressources phytogénétiques pour l'agriculture et l'alimentation et des ressources phytogénétiques patrimoniales (JO 3 août) ; Arr. du 12 mars 2021 fixant la liste des ressources phytogénétiques de la collection nationale de ressources phytogénétiques pour l'agriculture et l'alimentation et de ressources phytogénétiques patrimoniales (JO 24 mars), mod. par Arr. du 20 mai 2021 (JO 30 mai), Arr. du 15 juill. 2021 (JO 31 juill.), Arr. du 7 juill. 2022 (JO 23 juill.), Arr. du 28 nov. 2023 (JO 6 déc.).*

Art. D. 660-6 Les ressources phytogénétiques patrimoniales de la collection nationale des ressources phytogénétiques mentionnée à l'article L. 660-1 sont :

1° Incorporées, par le ministre chargé de l'agriculture, dans le système multilatéral d'accès et de partage des avantages prévu par l'article 11 du *(Décr. n° 2017-1771 du 27 déc. 2017, art. 23-1°)* « traité international sur les ressources phytogénétiques pour l'alimentation et l'agriculture », lorsqu'elles relèvent de son annexe I ;

2° Accessibles à toute personne relevant de la juridiction d'une *(Décr. n° 2017-1771 du 27 déc. 2017, art. 23-1°)* « partie au traité précité », dans les conditions prévues par son article 12 ;

3° Intégrées dans la base "EURISCO", lorsqu'elles relèvent du programme coopératif européen pour les ressources génétiques.

CHAPITRE I LES PRODUCTIONS DE SEMENCES ET DE PLANTS

SECTION 1 Le comité technique permanent de la sélection des plantes cultivées

(Décr. nº 2009-676 du 12 juin 2009)

Au chapitre I du titre VI du livre VI du code rural, les art. R. 661-1 à R. 661-11 deviennent les art. D. 661-1 à D. 661-11. Ils peuvent être modifiés par décret (Décr. nº 2009-675 du 12 juin 2009, JO 13 juin).

SOUS-SECTION 1 Missions

(Décr. nº 2009-676 du 12 juin 2009)

Art. D. 661-1 **Le comité technique permanent de la sélection des plantes cultivées assure, dans les conditions prévues par la présente section, une mission de conseil et d'appui technique auprès du ministre chargé de l'agriculture et des instances de préparation et d'exécution de la politique en matière de variétés et de semences et plants. Il est chargé d'étudier les problèmes scientifiques posés par la sélection et la production des semences et leurs répercussions techniques ou économiques sur l'agriculture.** – *Le comité technique permanent de la sélection des plantes cultivées est renouvelé jusqu'au 8 juin 2025 (Décr. nº 2020-781 du 23 juin 2020, art. 1er, JO 26 juin).*

Art. D. 661-2 **Le comité technique permanent de la sélection des plantes cultivées étudie et propose, notamment à la demande du ministre chargé de l'agriculture, des programmes de développement de la sélection végétale et de la filière de production et de commercialisation des semences et plants. Ces programmes ont pour objet d'accroître l'efficacité et la qualité de la production agricole et agro-industrielle, alimentaire ou non alimentaire, tout en renforçant la protection de l'environnement. Il propose au ministre chargé de l'agriculture les orientations qui lui paraissent souhaitables en matière de recherche.**

Art. D. 661-3 **Le comité technique permanent de la sélection des plantes cultivées est chargé :**

1º Des missions relatives à l'établissement du catalogue officiel des espèces et variétés de plantes cultivées admises sur le territoire national ;

2º Des missions relatives à l'instruction et au suivi de l'application des règlements techniques concernant la production, le contrôle et la certification variétale et sanitaire des semences et plants.

Art. D. 661-4 **Le comité technique permanent de la sélection des plantes cultivées comprend :**

1º Le comité plénier ;

2º Le comité scientifique ;

3º Des sections correspondant à des espèces ou groupes d'espèces de plantes cultivées, dont la liste est fixée par un arrêté du ministre chargé de l'agriculture ; – *V. Arr. du 30 juill. 2012 (JO 1er sept.), mod. par Arr. du 13 nov. 2019 (JO 17 nov.).*

4º Des sections d'intérêt commun à plusieurs espèces ou groupes d'espèces, dont la liste est fixée par un arrêté du ministre chargé de l'agriculture. – *V. Arr. du 24 nov. 2015 (JO 2 déc.), mod. par Arr. du 27 mai 2016 (JO 4 juin).*

Les conditions de fonctionnement et de remplacement des membres sont fixées par les articles 3 à 9 et 11 à 15 du décret nº 2006-672 du 8 juin 2006 relatif à la création, à la composition et au fonctionnement de commissions administratives à caractère consultatif *[CRPA, art. R. 133-3 s.]*.

Lorsqu'il n'est pas suppléé, un membre peut donner mandat à un autre membre. Le nombre de mandats détenus par membre n'est pas limité.

Art. D. 661-5 **I. – Le comité plénier comprend, outre le président, le vice-président et le secrétaire général du comité technique permanent de la sélection des plantes cultivées :**

1º Treize membres de droit :

a) Au titre du ministère chargé de l'agriculture :

– le directeur général de l'alimentation ou son représentant ainsi que deux agents de la direction générale de l'alimentation ;

– le *(Décr. n° 2017-1771 du 27 déc. 2017, art. 23-2°)* « directeur général de la performance économique et environnementale des entreprises » ou son représentant ;

b) Le directeur chargé de la biodiversité au ministère chargé de l'écologie ou son représentant ;

c) Le directeur général de la concurrence, de la consommation et de la répression des fraudes ou son représentant ;

d) Le chef du département chargé de l'amélioration des plantes à l'Institut national de la recherche agronomique *[Institut national de recherche pour l'agriculture, l'alimentation et l'environnement]* ;

e) Le chef du département chargé de la santé des plantes à l'Institut national de la recherche agronomique *[Institut national de recherche pour l'agriculture, l'alimentation et l'environnement]* ;

f) Le directeur du groupe d'étude et de contrôle des variétés et des semences ;

(Décr. n° 2014-927 du 19 août 2014, art. 1er-1°-a, en vigueur le 1er nov. 2014) « *g)* Le responsable des missions relevant de l'instance nationale des obtentions végétales » ;

h) Le chef du service officiel de contrôle et de certification des semences et plants ;

i) Le président du *(Décr. n° 2021-965 du 20 juill. 2021, art. 3)* « SEMAE » ;

j) Le directeur du *(Décr. n° 2021-965 du 20 juill. 2021, art. 3)* « SEMAE » ;

2° Les présidents et secrétaires des sections mentionnés au 3° et au 4° de l'article D. 661-4 ;

3° *(Décr. n° 2011-1536 du 15 nov. 2011, art. 1er)* « Seize » représentants des catégories professionnelles suivantes : obtenteurs de variétés, producteurs de semences ou plants, utilisateurs des semences et plants et utilisateurs des produits des récoltes obtenues à partir des semences et plants, à raison d'au moins deux par catégorie ;

4° Cinq personnalités scientifiques désignées en raison de leur compétence, appartenant notamment à la recherche ou à l'enseignement supérieur agronomique ;

(Décr. n° 2011-1536 du 15 nov. 2011, art. 1er) « 5° Quatre représentants des instituts techniques des principales filières végétales ;

« 6° Deux représentants des consommateurs et des associations de protection de l'environnement. »

(Abrogé par Décr. n° 2014-927 du 19 août 2014, art. 1er-1°-b, à compter du 1er nov. 2014) « Les membres mentionnés aux 3°, 4°, 5° et 6° sont nommés pour une durée de trois ans par arrêté du ministre chargé de l'agriculture. »

II. – Le ministre chargé de l'agriculture prend l'avis du comité plénier pour désigner, par arrêté, le président, le vice-président et le secrétaire général du comité.

Le président, le vice-président du comité plénier et le secrétaire général sont membres de droit de toutes les instances du comité technique permanent de la sélection des plantes cultivées.

(Décr. n° 2011-1536 du 15 nov. 2011, art. 1er) « Les membres mentionnés aux 3°, 4°, 5° et 6° *(Décr. n° 2014-927 du 19 août 2014, art. 1er-1°-c, en vigueur le 1er nov. 2014)* « du I sont nommés pour une durée de cinq ans » par arrêté du ministre chargé de l'agriculture. »

Art. D. 661-6 Le comité plénier définit les grandes orientations du comité technique permanent de la sélection des plantes cultivées et de ses différentes instances. Il traite des thèmes communs à l'ensemble de ces instances et veille à la coordination de leur action. Il suit et supervise les activités des sections. Il a pouvoir d'évoquer tous les projets de règlements techniques d'inscription au catalogue ou règlements techniques de production et de certification émanant d'elles, et de faire part de ses propres propositions au ministre chargé de l'agriculture. Il discute des rapports annuels des sections.

Il arbitre les litiges apparus au sein ou entre les sections et propose en tant que de besoin la création de commissions chargées notamment du contrôle de l'application des règlements techniques concernant la production, le contrôle et la certification variétale et sanitaire des semences et plants.

Le comité plénier donne son avis sur la désignation des membres des sections et des commissions.

Art. D. 661-7 Le comité scientifique est composé des cinq personnalités scientifiques désignées pour être membres du comité plénier conformément au 3° du I de l'article

D. 661-5 et de *(Décr. nº 2014-927 du 19 août 2014, art. 1er-2º-a, en vigueur le 1er nov. 2014)* **« onze autres » personnalités scientifiques choisies, après avis du comité plénier, en raison de leur compétence.** *(Décr. nº 2014-927 du 19 août 2014, art. 1er-2º-a, en vigueur le 1er nov. 2014)* **« Ces seize membres » appartiennent aux trois groupes suivants, à raison d'au moins deux par groupe :**

1º Recherche et enseignement supérieur dépendant du ministère de l'agriculture ;

2º Recherche et enseignements dépendant de ministères autres que celui de l'agriculture ;

3º Recherche et expérimentation dépendant d'entreprises de création variétale, d'entreprises de production de semences ou de plants ou d'instituts techniques.

Le ministre chargé de l'agriculture désigne par arrêté, pour une durée de *(Décr. nº 2014-927 du 19 août 2014, art. 1er-2º-b, en vigueur le 1er nov. 2014)* **« cinq ans », le président et les membres du comité scientifique.**

Le comité scientifique comprend en outre le président, le vice-président, le secrétaire général du comité technique permanent de la sélection des plantes cultivées.

Art. D. 661-8 **Le comité scientifique donne son avis sur les possibilités d'application des acquis les plus récents des sciences fondamentales dans les domaines prévus aux articles D. 661-1 et D. 661-2 et sur les conséquences techniques et scientifiques des mesures et dispositions envisagées par les règlements techniques d'inscription et de certification.**

Il peut proposer des actions de recherche et de recherche-développement permettant de valoriser les acquis de la recherche dans le domaine de compétence du comité technique permanent pour la sélection des plantes cultivées.

Art. D. 661-9 **I. — Chaque section est composée à parité d'un groupe de représentants des administrations et de scientifiques désignés en raison de leurs compétences et d'un groupe de représentants des professionnels et des utilisateurs.**

Les représentants des professionnels et des utilisateurs comprennent :

1º Dans chaque section, trois représentants de l'organisme interprofessionnel ayant dans son domaine de compétence l'espèce ou le groupe d'espèces pour lesquelles a été créée la section. Un arrêté du ministre chargé de l'agriculture fixe la liste des organismes interprofessionnels concernés ayant une compétence dans le domaine des semences et plants ;

2º Au moins un représentant de chacune des catégories suivantes : obtenteurs de variétés, établissements producteurs de semences ou de plants, agriculteurs multiplicateurs de semences ou de plants, utilisateurs de semences ou de plants, utilisateurs de produits des récoltes obtenues à partir des semences ou plants, instituts techniques spécialisés ou assimilés.

II. — Le président, le secrétaire et les membres des sections sont nommés par arrêté du ministre chargé de l'agriculture, *(Décr. nº 2014-927 du 19 août 2014, art. 1er-3º, en vigueur le 1er nov. 2014)* **« pour une durée de cinq ans ».**

Art. D. 661-10 **Selon les orientations fixées par le comité plénier, les sections, pour l'espèce ou le groupe d'espèces qui relèvent de leurs attributions, proposent au ministre chargé de l'agriculture les règlements techniques d'inscription au catalogue officiel et l'inscription, l'ajournement ou la radiation des variétés.**

Elles instruisent et suivent l'application des règlements techniques de production et de certification des semences et des plants.

Elles peuvent saisir le comité plénier ou le comité scientifique des problèmes posés par la sélection, la production, l'évaluation des variétés, des semences et des plants des espèces pour lesquelles elles sont compétentes.

Art. D. 661-11 **Des sections correspondant à des questions d'intérêt commun intéressant plusieurs espèces ou groupes d'espèces peuvent être créées, après avis du comité plénier, par arrêté du ministre chargé de l'agriculture. L'arrêté précise la composition, les missions et les prérogatives de ces sections dont les avis et recommandations devront être transmis au comité plénier et aux sections par espèces ou groupes d'espèces concernées.**

SECTION 2 La création de zones protégées pour la production de semences ou plants

Art. R. 661-12 Quand elle n'est pas décidée d'office dans des conditions qui sont déterminées par décret en Conseil d'État, la création d'une zone protégée de production de semences ou de plants peut être demandée par toute personne physique ou morale intéressée.

Art. R. 661-13 La demande est adressée au préfet. Elle doit être accompagnée d'un dossier comprenant les pièces ou indications suivantes :

1° L'identité du pétitionnaire et, s'il s'agit d'une personne morale, les statuts ainsi que la délibération de l'organe statutairement habilité à cet effet ;

2° L'espèce, la sous-espèce ou, éventuellement, la variété intéressée ;

3° Les limites envisagées de la zone ;

4° La liste nominative des producteurs de semences ou plants exerçant leur activité à l'intérieur de la zone projetée ;

5° La superficie totale de la zone ; l'évaluation de la superficie consacrée à la production des semences ou plants de l'espèce ou variété concernée par la demande ; l'évaluation de la superficie consacrée à des cultures pouvant altérer la qualité de ces semences ou plants ;

6° L'énoncé des mesures que le pétitionnaire envisage pour limiter la gêne occasionnée aux autres cultures ;

7° *(Décr. n° 2008-28 du 8 janv. 2008)* « L'avis émis à l'initiative du pétitionnaire par la section compétente du *(Décr. n° 2021-965 du 20 juill. 2021, art. 3)* « SEMAE », ou, pour les plants fruitiers, *(Décr. n° 2017-1771 du 27 déc. 2017, art. 23-3°)* « par le conseil spécialisé de FranceAgriMer mentionné à l'article D. 621-10, et pour les plants de vigne, par le conseil spécialisé de FranceAgriMer mentionné à l'article D. 621-18 » ; cet avis est rendu dans un délai de deux mois à compter de la réception de la demande accompagnée des pièces ou indications prévues ci-dessus par l'organisme compétent.

« Au terme de ce délai, l'avis est réputé rendu. »

Art. R. 661-14 A la réception de la demande et du dossier composé conformément aux dispositions de l'article R. 661-13, le préfet en délivre récépissé ; il saisit la chambre d'agriculture qui doit répondre dans un délai de deux mois à compter de la réception de la lettre l'avisant de la demande ; s'il estime devoir donner suite à la demande, il ordonne par arrêté l'ouverture d'une enquête publique.

Art. R. 661-15 I. — L'arrêté prévu à l'article R. 661-14 précise :

1° L'objet de l'enquête, la date à laquelle celle-ci sera ouverte et la durée, qui ne peut être inférieure à quinze jours ni supérieure à trente jours ;

2° Les heures et le lieu où les personnes intéressées pourront prendre connaissance de la demande et du dossier et formuler leurs observations sur un registre ouvert à cet effet ;

3° Les règles que l'on envisage d'imposer à l'intérieur de la zone ainsi que les mesures proposées par le pétitionnaire pour limiter la gêne occasionnée aux autres cultures.

II. — L'arrêté est publié par voie d'affiches dans chacune des communes qui seraient comprises dans la zone dont la création est demandée. L'accomplissement de cette mesure de publicité est certifié par le maire.

Il est en outre, aux frais du pétitionnaire, inséré en caractères apparents dans un des journaux publiés dans le département.

Art. R. 661-16 L'enquête s'ouvre soit à la préfecture, soit à la sous-préfecture, soit à la mairie d'une des communes sur le territoire desquelles la création de zone est demandée.

L'arrêté du préfet peut en outre ordonner le dépôt, pendant le délai et à partir de la date fixée à l'article R. 661-15, dans chacune des mairies des communes qu'il désigne à cet effet, d'un registre subsidiaire et d'un dossier sommaire donnant les caractéristiques principales de la demande.

Art. R. 661-17 Le *(Décr. nº 2017-1771 du 27 déc. 2017, art. 23-4º)* « directeur départemental des territoires ou, le cas échéant, des territoires et de la mer » annexe au dossier les déclarations qui lui sont adressées par écrit avant l'expiration de l'enquête.

A l'expiration du délai d'enquête, le ou les registres sont clos et signés, selon le ou les lieux de dépôt, par le préfet, le sous-préfet ou le maire, puis transmis dans les vingt-quatre heures au *(Décr. nº 2017-1771 du 27 déc. 2017, art. 23-4º)* « directeur départemental des territoires ou, le cas échéant, des territoires et de la mer ».

Art. R. 661-18 Au vu des résultats de l'enquête et de l'avis de la chambre d'agriculture, le préfet émet un avis puis transmet le dossier au ministre chargé de l'agriculture qui statue.

Art. R. 661-19 Lorsque la zone dont la création est demandée porte sur le territoire de deux ou de plusieurs départements, la demande est adressée au préfet du département sur le territoire duquel porterait la plus grande partie de cette zone.

Un *(Décr. nº 2017-1771 du 27 déc. 2017, art. 23-5º)* « arrêté conjoint » des préfets intéressés fixe les conditions de l'enquête publique, telles qu'elles sont prévues aux articles R. 661-15, R. 661-16 et R. 661-17.

Les dossiers et registres d'enquête déposés dans les lieux situés hors du département où l'enquête a été ouverte sont transmis au préfet de ce département par l'intermédiaire du ou des autres préfets intéressés, lesquels formulent leur avis sur l'opération projetée.

Art. R. 661-20 L'arrêté *(Décr. nº 2003-1175 du 8 déc. 2003)* « ministériel » portant création d'une zone :

1º En fixe la délimitation, qui peut correspondre à tout ou partie du territoire mentionné dans la demande ;

2º Indique les cultures qui y seront interdites, ainsi que les conditions dans lesquelles le *(Décr. nº 2017-1771 du 27 déc. 2017, art. 23-4º)* « directeur départemental des territoires ou, le cas échéant, des territoires et de la mer » accordera des dérogations à ceux qui en feront la demande, en fonction notamment de l'emplacement des parcelles et des conditions naturelles ou biologiques pouvant être prises en compte pour la détermination des risques d'altération des semences ou des plants de l'espèce végétale considérée ;

3º Précise éventuellement la durée pour laquelle la zone est créée. — *V. art. R. 671-14 et R. 671-15 (pén.).*

Art. R. 661-21 Le projet tendant à la suppression ou à la limitation de la superficie d'une zone protégée est instruit selon les modalités prévues par les articles R. 661-12 à R. 661-20. Si une telle demande tend à la limitation de la superficie d'une zone portant sur le territoire de deux ou plusieurs départements, elle est instruite par le préfet du département où l'enquête relative à la création a été ouverte.

Art. R. 661-22 Les arrêtés *(Décr. nº 2003-1175 du 8 déc. 2003)* « ministériels » portant création, suppression ou limitation de superficie d'une zone protégée sont publiés *(Décr. nº 2003-1175 du 8 déc. 2003)* « au *Journal officiel* de la République française, » au recueil des actes administratifs du ou des départements intéressés et, le cas échéant, aux frais des pétitionnaires, dans l'un des journaux publiés dans ce ou ces départements.

Art. R. 661-23 Lorsqu'une zone est créée, les producteurs sont tenus de déclarer chaque année au *(Décr. nº 2017-1771 du 27 déc. 2017, art. 23-4º)* « directeur départemental des territoires ou, le cas échéant, des territoires et de la mer » celles des parcelles qu'ils exploitent à l'intérieur de la zone qui sont consacrées à la culture de la semence ou du plant de l'espèce intéressée.

La date avant laquelle la déclaration prévue à l'alinéa précédent doit intervenir est fixée par l'arrêté créant la zone.

SECTION 3 La mise sur le marché des semences et plants, des jeunes plants de légumes, ainsi que de leurs matériels de multiplication et des matériels de multiplication des plantes ornementales *(Décr. n° 2010-1329 du 8 nov. 2010).*

Art. R. 661-24 Les règles de mise sur le marché des semences et plants sont fixées par des décrets pris en application de l'article *(Décr. n° 2017-1771 du 27 déc. 2017, art. 23-6°)* « L. 412-1 du code de la consommation ». — *V. Décr. n° 81-605 du 18 mai 1981 relatif à l'application de la loi du 1er août 1905 sur la répression des fraudes en ce qui concerne le commerce des semences et plants (JO 20 mai), mod. par Décr. n° 93-46 du 14 janv. 1993, art. 9 (JO 15 janv.), Décr. n° 93-1177 du 18 oct. 1993, art. 15 à 22 (JO 20 oct.), Décr. n° 94-510 du 23 juin 1994, art. 12 (JO 24 juin), Décr. n° 99-242 du 26 mars 1999, art. 13 (JO 28 mars), Décr. n° 2000-1165 du 27 nov. 2000, art. 12 (JO 2 déc.), Décr. n° 2002-495 du 8 avr. 2002 (JO 12 avr.), Décr. n° 2004-210 du 9 mars 2004, art. 2 (JO 11 mars), Décr. n° 2007-359 du 19 mars 2007, art. 23 (JO 20 mars), Décr. n° 2011-1894 du 14 déc. 2011 (JO 18 déc.), Décr. n° 2017-1093 du 9 juin 2017 (JO 10 juin), Décr. n° 2020-1394 du 16 nov. 2020 (JO 18 nov.) ; V. aussi Arr. du 9 juin 2017 précisant les caractéristiques du numéro d'ordre attribué sur les étiquettes des emballages de semences (JO 10 juin), mod. par Arr. du 14 juin 2017 (JO 21 juin).*

SECTION 4 La sélection, la production, la circulation et la distribution des matériels de multiplication végétative de la vigne

Art. R. 661-25 Dans le cadre des missions qui lui sont dévolues par l'article *(Décr. n° 2017-1771 du 27 déc. 2017, art. 23-7°)* « D. 621-2 », l'*(Décr. n° 2009-340 du 27 mars 2009, art. 10-I)* « Établissement national des produits de l'agriculture et de la mer (FranceAgriMer) » :

1° Étudie toutes questions relatives à la sélection et à la multiplication en viticulture et propose les mesures propres à en assurer l'application, compte tenu des objectifs de la politique viticole, sous réserve des attributions de la section vigne du comité technique permanent de la sélection des plantes cultivées et de celles de *(Décr. n° 2004-210 du 9 mars 2004)* « l'Institut national de l'origine et de la qualité (Comité national des vins et eaux-de-vie) » ;

2° Procède au contrôle de la sélection, de la production de la circulation et de la distribution des matériels de multiplication végétative de la vigne, sous réserve des attributions *(Décr. n° 2004-210 du 9 mars 2004)* « de la direction générale de la concurrence, de la consommation et de la répression des fraudes. Il est notamment chargé de certifier que les matériels de multiplication végétative de la vigne appartiennent à une des catégories suivantes : "matériel initial", "matériel de base" ou "matériel certifié", ou d'attester de leur classement en tant que matériel "standard" au sens de l'article R. 661-26 » ;

3° Organise la coordination aux plans national et régional de la production des établissements de sélection et de prémultiplication définis à l'article R. 661-30.

Art. D. 661-25-1 *(Décr. n° 2015-1903 du 30 déc. 2015, art. 2)* Les agents de l'établissement mentionné à l'article L. 621-1 sont habilités à rechercher et constater, dans l'exercice de leurs missions, les manquements visés au premier alinéa de l'article L. 661-7-1.

Art. R. 661-26 *(Décr. n° 2004-210 du 9 mars 2004)* Au sens de la présente section, on entend par :

A. — Vigne : les plantes du genre *Vitis* L. qui sont destinées à la production de raisins ou à l'utilisation en tant que matériels de multiplication pour ces mêmes plantes.

B. — Variété : un ensemble végétal d'un seul taxon botanique, du rang le plus bas connu, distinct, stable et homogène, et qui doit être :

a) Défini par l'expression des caractères résultant d'un certain génotype ou d'une certaine combinaison de génotypes ;

b) Distingué de tout autre ensemble végétal par l'expression d'au moins un desdits caractères ;

c) Considéré comme une entité eu égard à son aptitude à être reproduit sans changement.

Une variété est réputée :

– "distincte" lorsqu'elle diffère nettement, par référence à l'expression de caractères génotypiques définis, de toute autre variété notoirement connue dans la Communauté européenne. Une variété est notoirement connue dans la Communauté européenne si, à la date de la demande d'admission régulièrement déposée, elle est inscrite au catalogue d'au moins un État membre ou si elle fait l'objet d'une demande d'admission dans au moins un État membre ;

– "homogène" lorsque l'expression des caractères pris en compte pour établir la distinction et de tout autre caractère utilisé pour la description de la variété est uniforme, sous réserve des variations susceptibles de résulter des particularités de sa multiplication ;

– "stable" lorsque l'expression des caractères relatifs à l'examen de la distinction et de tout autre caractère utilisé pour la description de la variété reste inchangée à la suite de multiplications successives.

C. – Clone : une descendance végétative d'une variété conforme à une souche de vigne choisie pour son identité variétale, ses caractères phénotypiques et son état sanitaire.

D. – Matériels de multiplication :

1. Plants de vigne :

a) Racinés : fractions de sarments ou de rameaux herbacés de vigne, racinées et non greffées, destinées à la plantation franc de pied ou à l'emploi en tant que porte-greffe pour un greffage ;

b) Greffés-soudés : fractions de sarments ou de rameaux herbacés de vigne, assemblées entre elles par greffage, dont la partie souterraine est racinée.

2. Parties de plants de vigne :

a) Sarments : rameaux d'un an ;

b) Rameaux herbacés : rameaux non aoûtés ;

c) Boutures greffables de porte-greffes : fractions de sarments ou de rameaux herbacés de vigne, destinées à former la partie souterraine des greffés-soudés, lors de leur préparation ;

d) Boutures-greffons : fractions de sarments ou de rameaux herbacés de vigne, destinées à former la partie aérienne des greffés-soudés, lors de leur préparation ou lors des greffages sur place ;

e) Boutures-pépinières : fractions de sarments ou de rameaux herbacés de vigne, destinées à la production de racinés.

E. – Vignes mères : les cultures de vignes destinées à la production des boutures greffables de porte-greffe, des boutures-pépinières ou des boutures-greffons.

F. – Pépinières : les cultures de vignes destinées à la production de racinés ou de greffés-soudés.

G. – Matériels de multiplication initiaux : les matériels de multiplication qui répondent aux trois conditions suivantes :

a) Ils ont été produits sous la responsabilité de l'obtenteur selon des méthodes généralement admises en vue du maintien de l'identité de la variété et, le cas échéant, du clone, ainsi qu'en vue de la prévention des maladies ;

b) Ils sont destinés à la production de matériels de multiplication de base ou de matériels de multiplication certifiés ;

c) Ils répondent aux conditions de production prévues par arrêté du ministre chargé de l'agriculture pour les matériels de multiplication initiaux.

H. – Matériels de multiplication de base : les matériels de multiplication qui répondent aux trois conditions suivantes :

a) Ils proviennent directement de matériels de multiplication initiaux par voie végétative et ont été produits sous la responsabilité de l'obtenteur selon des méthodes généralement admises en vue du maintien de l'identité de la variété et, le cas échéant, du clone, ainsi qu'en vue de la prévention des maladies ;

b) Ils sont destinés à la production de matériels de multiplication certifiés ;

c) Ils répondent aux conditions de production prévues par arrêté du ministre chargé de l'agriculture pour les matériels de multiplication de base.

I. – Matériels de multiplication certifiés : les matériels de multiplication qui répondent aux trois conditions suivantes :

a) Ils proviennent directement de matériels de multiplication de base ou de matériels de multiplication initiaux ;

b) Ils sont destinés :

— soit à la production de plants ou de parties de plantes qui servent à la production de raisins ;

— soit à la production de raisins ;

c) Ils répondent aux conditions de production prévues par arrêté du ministre chargé de l'agriculture pour les matériels de multiplication certifiés.

J. — Matériels de multiplication standard : les matériels de multiplication qui répondent aux trois conditions suivantes :

a) Ils possèdent l'identité et la pureté variétales ;

b) Ils sont destinés :

— soit à la production de plants ou de parties de plantes qui servent à la production de raisins ;

— soit à la production de raisins ;

c) Ils répondent aux conditions prévues par arrêté du ministre chargé de l'agriculture pour les matériels de multiplication standard.

K. — Commercialisation : la vente, la détention en vue de la vente, l'offre de vente et toute cession, toute fourniture ou tout transfert de matériels de multiplication à des tiers, que ce soit avec rémunération ou non, en vue d'une exploitation commerciale.

Toutefois, ne relèvent pas de la commercialisation les échanges de matériels de multiplication qui ne visent pas une exploitation commerciale de la variété tels que :

a) La fourniture de matériels de multiplication à des organismes officiels d'expérimentation ou d'inspection ;

b) La fourniture de matériels de multiplication à des prestataires de services, en vue de la transformation ou du conditionnement, pour autant que le prestataire n'acquière pas un titre sur le matériel de multiplication fourni.

Art. R. 661-26-1 *(Décr. n° 2004-210 du 9 mars 2004)* Après avis du comité technique permanent de la sélection des plantes cultivées, le ministre chargé de l'agriculture précise par arrêté :

Les dispositions concernant les critères d'identification de la variété définie au B de l'article R. 661-26 ;

Les modalités des contrôles en vue de la certification prévue à l'article R. 661-25 concernant :

— les matériels de multiplication ;

— les vignes mères ;

— les pépinières ;

Les conditions de fourniture des matériels de multiplication à des prestataires de services telle qu'elle est prévue au *b* du K de l'article R. 661-26.

Art. R. 661-26-2 *(Décr. n° 2004-210 du 9 mars 2004)* Les producteurs peuvent commercialiser des quantités appropriées de matériels de multiplication non inscrits sur la liste prévue à l'article R. 661-28 si ces matériels sont destinés :

a) A des essais ou à des buts scientifiques ;

b) A des travaux de sélection ;

c) A des mesures visant la conservation de la diversité génétique.

Le ministre chargé de l'agriculture précise par arrêté, en tant que de besoin, les modalités d'application du présent article.

Art. R. 661-26-3 *(Décr. n° 2004-210 du 9 mars 2004)* Le ministre chargé de l'agriculture fixe par arrêté, en tant que de besoin, les dispositions spécifiques de production, de contrôle et de commercialisation applicables aux matériels de multiplication produits par des techniques de multiplication *in vitro*.

Art. R. 661-27 Les vignes-mères de porte-greffe et de greffons sont obligatoirement inscrites sur les registres de l'*(Décr. n° 2009-340 du 27 mars 2009, art. 10-I)* « Établissement national des produits de l'agriculture et de la mer (FranceAgriMer) ».

(Décr. n° 2004-210 du 9 mars 2004) « La plantation de vignes mères de porte-greffe et l'exercice du droit de plantation des vignes mères de greffons sont subordonnés à l'agrément préalable de l'*(Décr. n° 2009-340 du 27 mars 2009, art. 10-I)* « Établisse-

ment national des produits de l'agriculture et de la mer (FranceAgriMer) » dans des conditions fixées par arrêté du ministre chargé de l'agriculture. »

Le greffage d'un porte-greffe sur un autre porte-greffe dans les vignes-mères de porte-greffe ainsi que la décapitation des vignes à raisins de cuves ou de table en vue de les transformer en vignes-mères de porte-greffe sont interdits.

(Décr. n° 2004-210 du 9 mars 2004) « Le surgreffage d'une vigne mère de greffons est interdit. »

Art. R.* 661-27-1 *(Décr. n° 2017-1411 du 27 sept. 2017, art. 2-59°)* Le silence gardé par l'Établissement national des produits de l'agriculture et de la mer (FranceAgriMer) sur une demande d'agrément pour la plantation de vignes-mères de porte-greffe et de vignes-mères de greffons, mentionnée à l'article R. 661-27, vaut décision de rejet.

Art. R. 661-28 *(Décr. n° 2004-210 du 9 mars 2004)* Le ministre chargé de l'agriculture tient le *(Décr. n° 2017-1771 du 27 déc. 2017, art. 23-8°)* « catalogue officiel » des variétés de vigne dont les matériels de multiplication peuvent être commercialisés.

Cette liste inclut une liste particulière des clones officiellement certifiés.

Le catalogue détermine les principales caractéristiques morphologiques et physiologiques permettant de distinguer entre elles les variétés.

Pour les variétés déjà inscrites au catalogue au 31 décembre 1971, il est fait référence à la description figurant dans les publications ampélographiques officielles.

S'il est connu que les matériels de multiplication d'une variété sont commercialisés dans un autre pays sous une dénomination différente, cette dénomination figure dans le catalogue national.

Le ministre chargé de l'agriculture précise par arrêté les dispositions du présent article.

Art. R. 661-28-1 *(Décr. n° 2004-210 du 9 mars 2004)* Le ministre chargé de l'agriculture arrête, sur proposition du comité technique permanent de la sélection des plantes cultivées, les conditions dans lesquelles les personnes agréées en tant qu'établissements de sélection peuvent demander l'inscription de variétés au catalogue. Il fixe, dans les mêmes conditions, les critères d'ordre génétique, physiologique, technologique, agronomique, toxicologique et les conditions relatives à l'impact sur l'environnement que ces variétés doivent remplir pour pouvoir être inscrites, ainsi que les modalités selon lesquelles elles doivent être expérimentées.

Lors du dépôt de la demande d'inscription au *(Décr. n° 2017-1771 du 27 déc. 2017, art. 23-9°)* « catalogue officiel » d'une variété ou d'un clone, le demandeur doit indiquer si celle-ci a déjà fait l'objet d'une demande dans un autre État membre de *(Décr. n° 2017-1771 du 27 déc. 2017, art. 23-9°)* « l'Union » européenne et préciser la suite réservée à cette demande.

Les variétés et les clones provenant des autres États membres sont soumis, en qui concerne la procédure d'inscription au *(Décr. n° 2017-1771 du 27 déc. 2017, art. 23-9°)* « catalogue officiel », aux mêmes conditions que celles appliquées aux variétés ou clones nationaux.

Art. R. 661-28-2 *(Décr. n° 2004-210 du 9 mars 2004)* Les variétés inscrites au catalogue doivent être maintenues conformes à leur identité, telle que celle-ci a été établie lors de leur inscription.

Les personnes ayant demandé l'inscription de la variété doivent tenir à jour les documents permettant de contrôler cette conformité. Tous échantillons nécessaires peuvent être prélevés d'office par des agents habilités de l'*(Décr. n° 2009-340 du 27 mars 2009, art. 10-I)* « Établissement national des produits de l'agriculture et de la mer (FranceAgriMer) » et des services de la direction générale de la concurrence, de la consommation et de la répression des fraudes.

Art. R. 661-28-3 *(Décr. n° 2004-210 du 9 mars 2004)* L'inscription de chaque variété au catalogue mentionné à l'article R. 661-28 est prononcée, sur proposition du comité technique permanent de la sélection des plantes cultivées, par le ministre chargé de l'agriculture.

La radiation peut être prononcée à tout moment dans les conditions prévues au premier alinéa *(Abrogé par Décr. n° 2017-1771 du 27 déc. 2017, art. 23-10°)* « *du présent article* » dans les cas suivants :

1° Si l'obtenteur ou son ayant droit la demande ;

2° Si la variété cesse d'être distincte, stable et suffisamment homogène ;

3° Si les caractéristiques qui avaient permis l'inscription au catalogue de la variété ne sont plus respectées.

Toute modification dans le catalogue est notifiée aux autres États membres de *(Décr. n° 2017-1771 du 27 déc. 2017, art. 23-10°)* **« l'Union » européenne et à la Commission européenne.** – *Les tirets précédant les alinéas 3 à 5 sont remplacés successivement par « 1° », « 2° » et « 3° », la lettre minuscule suivant chacune des insertions ainsi effectuées devenant une lettre majuscule (Décr. n° 2017-1771 du 27 déc. 2017, art. 23-10°).*

Art. R. 661-29 *(Décr. n° 2017-1771 du 27 déc. 2017, art. 23-11°)* **« I. – »** *(Décr. n° 2004-210 du 9 mars 2004)* **Seuls peuvent être commercialisés les matériels de multiplication ayant reçu une certification ou ayant été classés en tant que matériels standard, soit dans un des États membres de** *(Décr. n° 2017-1771 du 27 déc. 2017, art. 23-11°)* **« l'Union » européenne, soit dans un pays tiers dont les matériels de multiplication de la vigne sont reconnus équivalents.**

Toutefois, la commercialisation de matériels standard destinés à l'emploi en tant que porte-greffe sur le territoire national est interdite.

Les dispositions de la présente section relatives à la commercialisation sur le territoire national de matériels de multiplication de la vigne ne s'appliquent pas aux matériels dont il est établi qu'ils sont destinés à l'exportation vers des pays tiers.

(Décr. n° 2017-1771 du 27 déc. 2017, art. 23-11°) **« II. – » Les matériels de multiplication de variétés inscrites aux catalogues des autres États membres de** *(Décr. n° 2017-1771 du 27 déc. 2017, art. 23-11°)* **« l'Union » européenne reçoivent également la certification correspondante ou sont classés en tant que matériels standard, dans les conditions prévues par la présente section.**

(Décr. n° 2017-1771 du 27 déc. 2017, art. 23-11°) **« III. – » Le ministre chargé de l'agriculture précise par arrêté les mentions portées sur le document d'accompagnement des matériels de multiplication végétative de la vigne produits dans un pays tiers, ainsi que les conditions dans lesquelles une copie de ce document est fournie par l'importateur à l'** *(Décr. n° 2009-340 du 27 mars 2009, art. 10-I)* **« Établissement national des produits de l'agriculture et de la mer (FranceAgriMer) ».**

(Décr. n° 2017-1771 du 27 déc. 2017, art. 23-11°) **« IV. – » Les matériels de multiplication de la vigne commercialisés sur le territoire national doivent être conditionnés et étiquetés dans les conditions et selon les modalités fixées par arrêté du ministre chargé de l'agriculture.**

Art. R. 661-29-1 *(Décr. n° 2004-210 du 9 mars 2004)* **Les matériels de multiplication de la vigne sont, lors de la production, de la récolte, du conditionnement, du stockage et du transport, tenus en lots séparés et marqués selon la variété et, le cas échéant, pour les matériels de multiplication initiaux, les matériels de multiplication de base et les matériels de multiplication certifiés, selon le clone. Le ministre chargé de l'agriculture précise par arrêté, le cas échéant, les conditions d'application du présent alinéa.**

Les matériels de multiplication de la vigne destinés à l'exportation vers des pays tiers sont identifiés comme tels, séparés et marqués selon la variété et, le cas échéant, selon le clone.

Art. R. 661-30 **I. – La production et la distribution des matériels de multiplication de base ne peuvent être conduites que par des établissements spécialisés dits :**

1° Établissements de sélection pour les matériels de base initiaux nécessaires à la prémultiplication ;

2° Établissements de prémultiplication pour les matériels de base nécessaires à la plantation des vignes-mères de porte-greffe ou de greffons destinées à la production des matériels certifiés.

II. – Ces établissements spécialisés doivent être agréés par le ministre chargé de l'agriculture *(Abrogé par Décr. n° 2017-1771 du 27 déc. 2017, art. 23-12°)* ***« et être titulaires de la carte de contrôle prévue à l'article 29 du décret n° 53-977 du 30 septembre 1953*** *[abrogé]* ***relatif à l'organisation et à l'assainissement du marché du vin et à l'orientation de la production viticole ».***

III. – Un arrêté du ministre chargé de l'agriculture définit les conditions et la procédure de l'agrément ainsi que les règles de fonctionnement des établissements.

IV. — L'agrément peut être retiré lorsque les conditions nécessaires ne se trouvent plus remplies ou en cas de manquement grave aux prescriptions de la présente section et des arrêtés pris pour son application.

Art. R.* 661-30-1 *(Décr. n° 2017-1411 du 27 sept. 2017, art. 2-60°)* Le silence gardé par le ministre chargé de l'agriculture sur une demande d'agrément comme établissement spécialisé dans la production de matériels de multiplication végétative de la vigne, mentionnée à l'article R. 661-30, vaut décision de rejet.

Art. R. 661-31 *(Décr. n° 2017-1771 du 27 déc. 2017, art. 23-13°)* Les entreprises de production et de distribution tiennent une comptabilité matière séparée pour chaque catégorie de matériels, précisant, pour toute entrée ou sortie, l'origine, la quantité, la nature des marchandises et les dates de l'opération.

Ces comptabilités matières, ainsi que les pièces justificatives de l'origine des matériels, doivent être présentées à toute réquisition des agents habilités au contrôle. A l'issue de la commercialisation, de la cession gratuite ou de l'échange de ces matériels, un document attestant de la fin de la livraison est établi à l'adresse du destinataire final du matériel dans un délai de quinze jours à compter de la date de la dernière livraison. La liste des informations devant figurer dans ce document est fixée par arrêté du ministre chargé de l'agriculture.

Ce document doit être présenté à toute réquisition par le détenteur des produits mentionnés.

Art. R. 661-32 Toutes personnes ou tous établissements se livrant aux activités régies par la présente section sont tenus d'autoriser l'accès de leurs terrains, locaux et installations, clos ou non, aux agents habilités pour le contrôle et d'exécuter, dans les délais impartis, les travaux qui pourraient leur être prescrits en vertu des dispositions de la présente section et des arrêtés pris pour son application.

L' *(Décr. n° 2009-340 du 27 mars 2009, art. 10-I)* « Établissement national des produits de l'agriculture et de la mer (FranceAgriMer) » est habilité à prélever dans les cultures de matériels de multiplication végétative de la vigne tous échantillons nécessaires au contrôle.

Art. R. 661-33 I. — L' *(Décr. n° 2009-340 du 27 mars 2009, art. 10-I)* « Établissement national des produits de l'agriculture et de la mer (FranceAgriMer) » peut, sans indemnisation, ordonner la destruction des cultures de matériels de multiplication qui ne répondraient pas aux prescriptions de la présente section ou des arrêtés pris pour son application.

(Décr. n° 2017-1771 du 27 déc. 2017, art. 23-14°) « II. — En cas de non-exécution des destructions ordonnées ou de manquement grave aux prescriptions de la présente section ou des arrêtés pris pour son application, l'Établissement national des produits de l'agriculture et de la mer (FranceAgriMer) peut proposer le retrait de l'agrément, indépendamment des amendes pénales qui peuvent être prononcées. »

III. — Les motifs pour lesquels l'*(Décr. n° 2009-340 du 27 mars 2009, art. 10-I)* « Établissement national des produits de l'agriculture et de la mer (FranceAgriMer) » peut ordonner la destruction des cultures de matériels de multiplication, sont les suivants :

1° État sanitaire dangereux pour la multiplication ;

2° Plantation réalisée dans des conditions non conformes aux dispositions réglementaires ;

3° Pratiques culturales défavorables à la qualité des matériels de multiplication ;

4° Mauvais état d'entretien des cultures ;

5° Défaut d'exécution, après écoulement des délais impartis, des travaux de sélection pouvant être prescrits par l'*(Décr. n° 2009-340 du 27 mars 2009, art. 10-I)* « Établissement national des produits de l'agriculture et de la mer (FranceAgriMer) » ;

6° Proportion de pieds manquants dépassant 5 % dans les vignes-mères productrices de matériels certifiés et 10 % dans les vignes-mères de matériel standard lorsque cela est dû à des causes parasitaires.

Art. R. 661-34 Le directeur de l'*(Décr. n° 2009-340 du 27 mars 2009, art. 10-I)* « Établissement national des produits de l'agriculture et de la mer (FranceAgriMer) » signifie la décision de l'office prise en vertu de l'article R. 661-33 à l'entreprise concernée au moyen d'une lettre recommandée avec avis de réception précisant les motifs.

Dans les vingt jours de réception de la lettre recommandée l'entreprise concernée peut par lettre recommandée adressée au directeur de l'*(Décr. nº 2009-340 du 27 mars 2009, art. 10-I)* « Établissement national des produits de l'agriculture et de la mer (FranceAgriMer) » demander un nouvel examen.

Si la décision est motivée par l'état sanitaire dangereux pour la multiplication, il est procédé à l'analyse des échantillons prélevés, en application des dispositions du deuxième alinéa de l'article R. 661-32, qui est effectuée par *(Décr. nº 2004-210 du 9 mars 2004)* « un laboratoire accrédité selon la norme NF EN ISO-CEI 17025 » qui en communique les résultats à l'*(Décr. nº 2009-340 du 27 mars 2009, art. 10-I)* « Établissement national des produits de l'agriculture et de la mer (FranceAgriMer) ».

Art. R. 661-35 Sont interdits : la multiplication, la détention et le transport en vue de la vente, la mise en vente, la vente, la cession gratuite et l'échange des matériels de multiplication ne répondant pas aux prescriptions de la présente section sous les *(Décr. nº 2017-1771 du 27 déc. 2017, art. 23-15º)* « sanctions prévues aux articles R. 451-1 à R. 451-3 et R. 531-2 du code de la consommation ».

Art. R. 661-36 *(Décr. nº 2004-210 du 9 mars 2004)* Le ministre chargé de l'agriculture peut, après avis du comité technique permanent de la sélection des plantes cultivées, fixer en tant que de besoin les modalités techniques de production, de détention, de transport et de distribution des matériels de multiplication végétative de la vigne. — *V. Arr. du 17 juin 2020 relatif à la sélection, à la production, à la circulation et à la distribution des matériels de multiplication végétative de la vigne (JO 21 juin), mod. par Arr. du 15 déc. 2020 (JO 18 déc.), Arr. du 14 déc. 2021 (JO 19 janv. 2022).*

SECTION 5 Règles de commercialisation des matériels de multiplication des plantes fruitières et des plantes fruitières destinées à la production de fruits

(Décr. nº 2010-1329 du 8 nov. 2010)

Art. R. 661-37 La présente section détermine, en application de l'article *(Décr. nº 2017-1771 du 27 déc. 2017, art. 23-16º)* « L. 412-1 du code de la consommation », les conditions de commercialisation des matériels de multiplication de plantes fruitières et des plantes fruitières des genres et espèces énumérés en annexe, ainsi qu'à leurs hybrides à l'exception des matériels et plantes exclusivement destinés à l'exportation vers des pays tiers à l'Union européenne. Ses dispositions s'appliquent également aux porte-greffes et autres parties de plantes d'autres genres ou espèces que ceux énumérés en annexe, ou de leurs hybrides si des matériels issus de genres ou d'espèces énumérés à cette annexe ou d'un de leurs hybrides sont ou doivent être greffés sur eux.

Cette annexe est révisée par arrêté conjoint du ministre chargé de l'agriculture et du ministre chargé de l'économie, dans la mesure où la directive 2008/90/CE du Conseil du 29 septembre 2008 concernant la commercialisation des matériels de multiplication de plantes fruitières et des plantes fruitières destinées à la production de fruits l'exige ou le permet.

ANNEXE

LISTE DES PLANTES FRUITIÈRES

Castanea sativa Mill.
Citrus L.
Corylus avellana L.
Cydonia oblonga Mill.
Ficus carica L.
Fortunella Swingle.
Fragaria L.
Juglans regia L.
Malus Mill.
Olea europaea L.
Pistacia vera L.

Poncirus Raf.
Prunus amygdalus (L.) Batsch.
Prunus armeniaca Lindley.
Prunus avium L.
Prunus cerasus L.
Prunus domestica L.
Prunus persica (L.) Batsch.
Prunus salicina Lindley.
Pyrus L.
Ribes L.
Rubus L.
Vaccinium L.

V. Arr. du 8 avr. 2021 relatif à la déclaration d'importation préalable des semences et plants en provenance de pays tiers (JO 15 avr.).

Art. R. 661-38 **Les définitions des termes techniques de la présente section sont celles figurant à l'article 2 de la directive n° 2008/90 du Conseil du 29 septembre 2008.**

Art. R. 661-39 **I. — Les matériels de multiplication et les plantes fruitières ne peuvent être commercialisés qu'à condition :**

1° En ce qui concerne les matériels de multiplication, d'être certifiés en tant que matériels initiaux, matériels de base ou matériels certifiés ou de satisfaire aux conditions requises pour être qualifiés comme matériels CAC ;

2° En ce qui concerne les plantes fruitières, d'être certifiées en tant que matériels certifiés ou de remplir les conditions pour être qualifiées comme matériels CAC.

II. — Toutefois, le ministre chargé de l'agriculture peut autoriser la commercialisation, sur le territoire national, de quantités appropriées de matériels de multiplication et de plantes fruitières ne satisfaisant pas aux conditions prévues au I du présent article :

a) En vue d'essais ou à des fins scientifiques ;

b) En vue de travaux de sélection ;

c) Ou afin de contribuer à la préservation de la diversité génétique.

Un arrêté du ministre chargé de l'agriculture pris après avis du comité technique permanent pour la sélection des plantes cultivées précise les conditions de délivrance de cette autorisation, notamment les quantités de matériels autorisés en application, le cas échéant, des mesures prises par la Commission européenne. — *V. Arr. du 18 août 2017 précisant les conditions de commercialisation de matériels de multiplication de plantes fruitières et de plantes fruitières en vue d'essais ou à des fins scientifiques, en vue de travaux de sélection ou afin de contribuer à la préservation de la diversité génétique (JO 26 août).*

III. — Les plantes fruitières ou les matériels de multiplication dont les produits sont destinés à être utilisés comme denrées alimentaires ou ingrédients de denrées alimentaires relevant du champ d'application de l'article 3 du règlement (CE) n° 1829/2003 du Parlement et du Conseil du 22 septembre 2003 concernant les denrées alimentaires et les aliments pour animaux génétiquement modifiés ou comme aliments pour animaux ou ingrédients d'aliments pour animaux relevant du champ d'application de l'article 15 du même règlement ne sont commercialisés que si les denrées alimentaires ou les aliments pour animaux issus de ces matériels ont été autorisés conformément audit règlement.

Art. R. 661-40 **Un arrêté du ministre chargé de l'agriculture, pris le cas échéant pour l'application des mesures prises par la Commission européenne, en application de l'article 4 de la directive 2008/90/CE du Conseil du 29 septembre 2008 susmentionnée, après avis du comité technique permanent de la sélection des plantes cultivées, définit, pour chaque genre et espèce, les règles relatives :**

1° Aux conditions auxquelles doivent satisfaire les matériels CAC, notamment celles relatives au procédé de multiplication appliqué, à la pureté des cultures sur pied, à l'état phytosanitaire, et, sauf dans le cas des porte-greffes dont le matériel n'appartient pas à une variété, à l'aspect variétal ; — *V. Arr. du 16 déc. 2016 relatif aux conditions auxquelles doivent satisfaire les matériels de multiplication des plantes fruitières et les plantes fruitières qualifiées comme matériel CAC (JO 22 déc.), mod. par Arr. du 23 juin 2020 (JO 30 juin), Arr. du 9 juin 2023 (JO 16 juin).*

2° Aux conditions auxquelles doivent satisfaire les matériels initiaux, les matériels de base et les matériels certifiés, relatives à la qualité telles que, pour les matériels initiaux et les matériels de base, les méthodes destinées au maintien de l'identité de la variété et, le cas échéant, du clone, et, notamment, les caractéristiques pomologiques pertinentes, à l'état phytosanitaire, aux méthodes et procédures d'essai appliquées, aux systèmes de multiplication utilisés et, sauf dans le cas des porte-greffes dont le matériel n'appartient pas à une variété, à l'aspect variétal ;

3° Aux conditions auxquelles doivent satisfaire les porte-greffes et autres parties de plantes de genres ou espèces autres que ceux énumérés en annexe ou de leurs hybrides pour recevoir une greffe d'un matériel de multiplication du genre ou de l'espèce énuméré en annexe ou de leurs hybrides.

Art. R. 661-41 La certification des matériels de multiplication fruitiers est réalisée par des organismes désignés par arrêté du ministre chargé de l'agriculture. — *V. Arr. du 19 juill. 2013 désignant les autorités compétentes chargées du contrôle et de la certification des semences et des plants (JO 31 août).*

Art. R. 661-42 Tout fournisseur est enregistré auprès des organismes désignés en application de l'article R. 661-41 pour chacune des activités qu'il exerce dans le champ de la présente section. Il lui est délivré récépissé de cet enregistrement.

Les modalités de mise en œuvre du précédent alinéa sont précisées par arrêté du ministre chargé de l'agriculture, après avis du comité technique permanent pour la sélection des plantes cultivées. — *V. Arr. du 16 déc. 2016 relatif à l'enregistrement et aux obligations des fournisseurs de matériels de multiplication de plantes fruitières et de plantes fruitières destinées à la production de fruits, art. 2 à 5 (JO 22 déc.).*

Art. R. 661-43 Tout fournisseur effectuant la production ou la reproduction de matériels de multiplication et de plantes fruitières est tenu :

1° D'identifier et de surveiller les points critiques de leur processus de production qui ont des répercussions sur la qualité des matériels grâce à une procédure de contrôle de la qualité de sa production ;

2° De conserver des informations relatives à la surveillance mentionnée au 1° ;

3° De prélever, si nécessaire, des échantillons à analyser dans un laboratoire ;

4° De veiller à ce que les lots de matériels de multiplication restent identifiables séparément pendant la production ;

5° En cas d'apparition, dans ses installations, d'un organisme nuisible figurant sur la liste prévue à l'article L. 251-3 *(Abrogé par Décr. n° 2017-1771 du 27 déc. 2017, art. 23-17°) « du présent code »* ou mentionné dans l'arrêté du ministre chargé de l'agriculture prévu à l'article R. 661-40, à un niveau supérieur à celui autorisé dans lesdites prescriptions, de le signaler sans retard à l'organisme mentionné à l'article R. 661-41, nonobstant les obligations de signalement prévues *(Décr. n° 2017-1771 du 27 déc. 2017, art. 23-17°)* « à l'article L. 201-7 » ;

6° De tenir un registre des opérations d'achat, de vente et de livraison des plantes ou des matériels de multiplication et de le conserver pendant au moins trois ans.

Les conditions d'application du présent article sont précisées par arrêté du ministre chargé de l'agriculture après avis du comité technique permanent de la sélection des plantes cultivées. — *V. Arr. du 16 déc. 2016 relatif à l'enregistrement et aux obligations des fournisseurs de matériels de multiplication de plantes fruitières et de plantes fruitières destinées à la production de fruits, art. 6 s. (JO 22 déc.).*

Art. R. 661-44 I. — Les matériels de multiplication et les plantes fruitières sont commercialisés avec une mention de la variété à laquelle ils appartiennent. Si, dans le cas de porte-greffes, le matériel n'appartient pas à une variété, il est fait référence à l'espèce ou à l'hybride interspécifique concerné.

II. — Les variétés auxquelles il doit être fait référence conformément au I sont :

a) Protégées légalement par un droit d'obtention conformément aux dispositions relatives à la protection des nouvelles variétés ; ou

b) Inscrites au catalogue officiel mentionné à l'article R. 661-45 ; ou

c) De connaissance commune au sens de l'article 7 de la directive n° 2008/90.

III. — Il peut être fait référence aux variétés mentionnées au V de l'article R. 661-45.

Art. R. 661-45 I. – Le ministre chargé de l'agriculture tient un catalogue comportant la liste limitative des variétés ou types variétaux dont les matériels de multiplication et les plantes fruitières peuvent être commercialisés en tant que matériel de multiplication ou plante fruitière initial, de base ou certifié.

II. – Pour être inscrites sur la liste mentionnée au I du présent article, les variétés doivent faire l'objet d'une description officielle, fondée sur les protocoles de l'Office communautaire des variétés végétales ou, à défaut, sur les lignes directrices de l'Union internationale pour la protection des obtentions végétales.

Sous réserve des conditions édictées par la Commission européenne en application de l'article 7 de la directive 2008/90/CE du Conseil du 29 septembre 2008 susmentionnée, un arrêté du ministre chargé de l'agriculture définit, sur proposition du comité technique permanent de la sélection des plantes cultivées, les conditions que doivent remplir les personnes qui demandent l'inscription de variétés au catalogue et les conditions d'ordre génétique, physiologique, technologique, agronomique, toxicologique ainsi que les conditions relatives à l'impact sur l'environnement que ces variétés doivent remplir pour être inscrites ainsi que les modalités selon lesquelles ces variétés doivent être expérimentées.

Lors du dépôt de la demande d'inscription d'une variété, le demandeur doit indiquer si celle-ci a déjà fait l'objet d'une demande dans un autre État membre de l'Union européenne et préciser la suite réservée à cette demande.

III. – Toutefois, les variétés commercialisées avant le 30 septembre 2012 sur le territoire national ou sur le territoire d'un autre État membre peuvent être inscrites sur la liste mentionnée au I, à condition qu'elles aient une description officiellement reconnue.

IV. – Dans le cas des plantes fruitières et les matériels de multiplication dont les produits sont destinés à être utilisés comme denrées alimentaires ou ingrédients de denrées alimentaires relevant du champ d'application de l'article 3 du règlement (CE) n° 1829/2003 du Parlement et du Conseil du 22 septembre 2003 susmentionné ou comme aliments pour animaux ou ingrédients d'aliments pour animaux relevant du champ d'application de l'article 15 du même règlement, la variété concernée n'est enregistrée officiellement que si les denrées alimentaires ou les aliments pour animaux issus de ces matériels ont été autorisés conformément audit règlement.

V. – Le catalogue peut comporter des listes particulières, notamment une liste des variétés sans aucune valeur intrinsèque pour la production végétale commerciale, à condition que ces variétés aient une description officiellement reconnue et que le matériel de multiplication et les plantes fruitières soient commercialisés en tant que matériel CAC, conformément à l'article R. 661-39, sur le territoire national et qu'ils soient identifiés par une référence à la présente disposition sur l'étiquette ou dans le document accompagnant le matériel de multiplication.

Un arrêté du ministre chargé de l'agriculture, pris après avis du comité technique permanent de la sélection des plantes cultivées, précise les conditions d'inscription sur ces listes particulières notamment au regard de l'usage final des variétés concernées.

Art. R. 661-46 I. – Durant la végétation, ainsi que lors de l'arrachage ou du prélèvement des greffons sur le matériel parental, les matériels de multiplication et les plantes fruitières sont maintenus en lots séparés.

II. – Si des matériels de multiplication ou des plantes fruitières d'origines différentes sont assemblés ou mélangés lors de l'emballage, du stockage, du transport ou de la livraison, le fournisseur consigne sur un registre les données suivantes : composition du lot et origine de ses différents composants.

Art. R. 661-47 I. – Les matériels de multiplication et les plantes fruitières ne sont commercialisés qu'en lots comportant plusieurs exemplaires d'un même produit et identifiables par l'homogénéité de leur composition et de leur origine et s'ils portent une étiquette précisant qu'ils sont :

a) Soit qualifiés comme matériel CAC et accompagnés d'un document émis par le fournisseur conformément aux prescriptions spécifiques établies en application de l'article R. 661-40. Si une déclaration officielle figure sur ce document, elle doit être clairement distincte de tous les autres éléments contenus dans ce document ;

b) Soit qualifiés comme matériels initiaux, matériels de base ou matériels certifiés, et certifiés comme tels par l'organisme mentionné à l'article R. 661-41 conformément aux prescriptions spécifiques établies en application de l'article R. 661-40.

Un arrêté conjoint du ministre chargé de l'agriculture et du ministre chargé de la consommation fixe les modalités particulières d'étiquetage ou d'emballage. — *V. Arr. du 21 déc. 2016 relatif à l'étiquetage, la fermeture et l'emballage des matériels de multiplication de plantes fruitières et des plantes fruitières destinées à la production de fruits (JO 27 déc.), mod. par Arr. du 30 mars 2020 (JO 9 avr.).*

II. — Dans le cas de la fourniture de ces plantes et matériels de multiplication par le détaillant à un utilisateur final non professionnel, les prescriptions en matière d'étiquetage peuvent être réduites à une information appropriée sur le produit selon des modalités précisées par l'arrêté conjoint mentionné au I du présent article.

III. — Dans le cas d'un matériel de multiplication ou d'une plante fruitière d'une variété qui a été modifiée génétiquement, toute étiquette ou tout document, officiel ou non, apposé sur le matériel ou qui l'accompagne en vertu des dispositions de la présente section indique clairement que la variété a été génétiquement modifiée et spécifie le nom des organismes génétiquement modifiés.

Art. R. 661-48 En application de la décision de la Commission européenne prévue au paragraphe 2 de l'article 12 de la directive 2008/90/CE du Conseil du 29 septembre 2008 susmentionnée, un arrêté du ministre chargé de l'agriculture et du ministre chargé de la consommation définit les matériels produits dans les pays tiers présentant des garanties équivalentes à celles des matériels produits dans l'Union européenne et conformes aux dispositions de la directive. Ces matériels peuvent être commercialisés sur le territoire national.

Art. R. 661-49 Dans l'attente de la décision de la Commission mentionnée à l'article R. 661-48, est autorisée sur le territoire national la commercialisation de tout matériel de multiplication de plantes fruitières et des plantes fruitières importés d'un pays tiers et commercialisés par un autre État membre de l'Union européenne conformément à la décision prise par ledit État membre en vertu du paragraphe 2 de l'article 12 de la directive 2008/90/CE du Conseil du 29 septembre 2008 susmentionnée.

Art. R. 661-50 Le contrôle du respect des dispositions de la présente section et des dispositions prises pour leur application est assuré par les agents énoncés à l'article L. 215-1 du code de la consommation, dans les conditions prévues au titre I du livre II de ce code.

Art. R. 661-51 *(Décr. nº 2023-516 du 28 juin 2023, art. 1er)* Les plants des espèces *Prunus Cerasifera* et *Juglans Regia* à usage de porte-greffe, les semences et plants des genres *Citrus L.*, *Fortunella Swingle* et *Poncirus Raf.* produits à partir de plantes mères initiales, de plantes mères de base, de plantes mères certifiées ou de matériels CAC qui existaient avant le 1er janvier 2017 et qui ont été certifiés officiellement ou qui satisfont aux conditions requises pour être qualifiés de matériels CAC avant le 31 décembre 2029 peuvent être commercialisés jusqu'au 31 décembre 2029. Lorsqu'ils sont commercialisés, ces matériels sont identifiés par l'inscription d'une référence à l'article 32 de la directive 2014/98/ UE de la Commission du 15 octobre 2014 sur l'étiquette et dans le document accompagnant ces matériels de multiplication de plantes fruitières.

Au-delà du 31 décembre 2029, les semences et plants peuvent être commercialisés à condition de satisfaire aux prescriptions de la présente section.

SECTION 6 Laboratoires

(Décr. nº 2016-1496 du 4 nov. 2016, art. 1er)

SOUS-SECTION 1 Dispositions générales

Art. R. 661-52 Pour l'application du présent chapitre et des textes pris pour son application, on entend par :

1º Contrôle officiel : tout audit, inspection, vérification, prélèvement, examen, ou toute autre forme de contrôle réalisé par les services de l'autorité compétente pour le contrôle en vue d'assurer le respect des dispositions du chapitre I du titre VI, du livre VI du présent code et des textes pris pour leur application ;

2° Analyse officielle : toute analyse par un laboratoire national de référence ou par un laboratoire agréé à cette fin d'un échantillon prélevé dans le cadre d'un contrôle officiel ;

3° Autocontrôle : tout examen, vérification, prélèvement, ou toute autre forme de contrôle, réalisé dans les conditions prévues à l'article L. 661-10, par une entreprise du secteur de la production végétale ou de semences et plants ou de leurs prestataires afin de s'assurer par eux-mêmes du respect des dispositions du chapitre I du titre VI, du livre VI du présent code et des textes pris pour leur application ;

4° Analyse d'autocontrôle : toute analyse par un laboratoire d'un échantillon prélevé dans le cadre d'un autocontrôle ;

5° Méthode officielle : toute méthode en vigueur publiée au *Bulletin officiel* du ministère chargé de l'agriculture pour la réalisation d'une analyse officielle.

Art. R. 661-53 Les autorités compétentes pour le contrôle mentionnées au chapitre I du titre VI du livre VI de la partie législative du présent code sont désignées par arrêté du ministre chargé de l'agriculture. Cet arrêté fixe le ou les domaines dans lequel s'exerce la compétence de contrôle de chaque autorité.

SOUS-SECTION 2 **Laboratoires nationaux de référence**

Art. R. 661-54 Les laboratoires nationaux de référence mentionnés aux articles L. 661-14 et L. 661-16 sont désignés par arrêté du ministre chargé de l'agriculture. Cet arrêté fixe le ou les domaines de compétence dans lesquels chaque laboratoire est habilité à exercer les missions fixées à l'article L. 661-16. *— V. Arr. du 16 mars 2017 désignant les laboratoires nationaux de référence dans le domaine de la certification des semences et plants (JO 24 mars), mod. par Arr. du 15 mars 2018 (JO 20 mars).*

Art. R. 661-55 Seuls peuvent être désignés en tant que laboratoires nationaux de référence les laboratoires qui :

1° Disposent des personnels, locaux, équipements et moyens leur permettant d'accomplir à tout moment les missions qui leur incombent ;

2° Présentent des garanties suffisantes de confidentialité, d'impartialité et d'indépendance vis-à-vis de toute personne physique ou morale exerçant une activité de production, d'importation ou de commercialisation de produits ou de biens en rapport avec leur domaine de compétence ;

3° Satisfont aux critères généraux de fonctionnement des laboratoires d'essais énoncés dans les normes internationales en vigueur. En outre, ils sont accrédités dans les domaines correspondant à leurs missions par le Comité français d'accréditation (COFRAC) ou par tout organisme européen équivalent signataire de l'accord multilatéral pris dans le cadre de la coordination européenne des organismes d'accréditation, ou reconnus par l'International seed testing association (ISTA) en ce qui concerne les domaines relatifs à la qualité des semences.

Art. R. 661-56 Les laboratoires nationaux de référence désignés pour la première fois dans un domaine de compétence donné disposent d'un délai d'un an renouvelable une fois pour satisfaire aux conditions prévues au 3° de l'article R. 661-55.

Art. R. 661-57 Outre les missions mentionnées à l'article L. 661-16, les laboratoires nationaux de référence sont chargés :

1° De la réalisation d'analyses officielles et notamment de la confirmation de résultats d'analyses réalisées par des laboratoires agréés ou reconnus à la demande de l'autorité compétente mentionnée à l'article R. 661-53 ;

2° D'assurer une veille scientifique et technique ;

3° De répondre à toute demande d'expertise scientifique ou technique du ministre chargé de l'agriculture ainsi que de l'autorité compétente mentionnée à l'article R. 661-53.

Une convention passée entre le ministre chargé de l'agriculture, l'autorité compétente mentionnée à l'article R. 661-53 et chaque laboratoire national de référence peut préciser les conditions de réalisation de ces missions et lui en confier d'autres permettant d'assurer le respect des conditions du présent chapitre.

Art. R. 661-58 Les laboratoires nationaux de référence transmettent chaque année un rapport d'activité au ministre chargé de l'agriculture et à l'autorité compétente mentionnée à l'article R. 661-53.

L'activité scientifique de chaque laboratoire national de référence est soumise à une évaluation par des experts désignés par le ministre chargé de l'agriculture.

Art. R. 661-59 Le ministre chargé de l'agriculture peut retirer la qualité de laboratoire national de référence à un laboratoire qui ne satisfait plus aux exigences mentionnées aux articles R. 661-55 à R. 661-58.

Un laboratoire national de référence qui souhaite mettre fin à l'exercice de ses missions, en informe le ministre chargé de l'agriculture au moins douze mois avant l'arrêt de ses activités.

SOUS-SECTION 3 **Laboratoires agréés**

Art. R. 661-60 L'agrément prévu à l'article L. 661-14 est délivré par le ministre chargé de l'agriculture à un laboratoire pour la réalisation d'un ou plusieurs types d'analyses officielles.

Le ministre chargé de l'agriculture peut subordonner l'agrément à la capacité de réaliser plusieurs types d'analyses relevant d'un même domaine de compétence.

Le silence gardé pendant quatre mois par le ministre chargé de l'agriculture sur la demande d'agrément vaut décision d'acceptation.

Art. R. 661-61 Pour être agréés, les laboratoires doivent :

1° Disposer des personnels, locaux, équipements et moyens nécessaires à la réalisation de leurs missions ;

2° Présenter des garanties suffisantes de confidentialité et d'impartialité vis-à-vis de toute personne physique ou morale exerçant une activité de production, d'importation ou de commercialisation de produits ou de biens en rapport avec leur domaine de compétence ;

3° Satisfaire aux critères généraux de fonctionnement des laboratoires d'essais énoncés dans les normes internationales en vigueur et sont *[être]* accrédités dans les domaines correspondant à leurs missions par le Comité français d'accréditation (COFRAC) ou par tout organisme européen équivalent signataire de l'accord multilatéral pris dans le cadre de la coordination européenne des organismes d'accréditation, ou reconnus par l'International seed testing association (ISTA) en ce qui concerne les domaines relatifs à la qualité des semences ;

4° S'engager à maintenir leur niveau de compétence aux fins des analyses au titre desquelles la demande d'agrément a été déposée.

Art. R. 661-62 Par dérogation au 3° de l'article R. 661-61, le ministre chargé de l'agriculture peut accorder à un laboratoire non accrédité ayant engagé les procédures d'accréditation un agrément, à titre provisoire, pour une période maximale d'un an, renouvelable une fois.

Art. R. 661-63 Les demandes d'agrément sont adressées au ministre chargé de l'agriculture à l'issue d'un appel à candidatures. Un arrêté du ministre chargé de l'agriculture fixe la liste des pièces du dossier de demande.

Lorsqu'un laboratoire comporte plusieurs établissements, chaque établissement doit présenter une demande d'agrément. — *V. Arr. du 1er mars 2017 fixant les conditions générales d'agrément des laboratoires pour la réalisation d'analyses officielles pour la certification des semences et plants (JO 9 mars).*

Art. R. 661-64 Toute modification des conditions d'exercice des activités du laboratoire décrites dans le dossier de demande d'agrément doit être portée sans délai à la connaissance du ministre chargé de l'agriculture.

Si l'importance ou la nature des modifications le justifie, le ministre chargé de l'agriculture peut demander au responsable du laboratoire de déposer dans un délai de six mois une nouvelle demande d'agrément.

Art. R. 661-65 A tout moment, en cas de manquement aux obligations résultant de la présente sous-section, le ministre chargé de l'agriculture peut suspendre l'agrément d'un laboratoire ou procéder à son retrait.

Art. R. 661-66 Le ministre chargé de l'agriculture peut désigner toute personne qualifiée pour vérifier, sur pièces ou sur place, que les laboratoires agréés satisfont aux exigences mentionnées aux articles R. 661-60, R. 661-61, R. 661-64 et R. 661-67 à R. 661-71. Ceux-ci sont tenus de participer, à leurs frais, à tout processus d'évaluation technique demandé dans ce cadre.

Art. R. 661-67 Les analyses officielles mentionnées à l'article R. 661-60 sont réalisées par les laboratoires agréés conformément aux méthodes officielles dont la liste est publiée au *Bulletin officiel* du ministère chargé de l'agriculture.

Toutefois, le ministre chargé de l'agriculture peut autoriser un laboratoire agréé à utiliser d'autres méthodes sous réserve que la preuve de leur équivalence avec les méthodes officielles soit apportée.

Lorsqu'une nouvelle méthode officielle est publiée ou rendue disponible pour un type d'analyse donné, les laboratoires agréés pour ce type d'analyse disposent d'un délai de dix-huit mois à compter de la publication pour obtenir l'accréditation relative à cette nouvelle méthode officielle.

Art. R. 661-68 Les laboratoires agréés réalisent les analyses officielles dans des délais compatibles avec les techniques et méthodes utilisées.

Art. R. 661-69 Un laboratoire agréé peut, à titre exceptionnel, sous-traiter les analyses officielles qui lui sont demandées, sous réserve de les confier à un autre laboratoire agréé pour le même type d'analyses et d'en informer l'autorité compétente mentionnée à l'article R. 661-53 qui a demandé l'analyse. Il incombe au premier laboratoire auquel ont été confiés les échantillons d'en transmettre les résultats.

Ces obligations s'appliquent également lorsqu'une analyse officielle doit être complétée ou confirmée par un autre laboratoire.

Art. R. 661-70 Les laboratoires agréés transmettent au laboratoire national de référence un rapport annuel d'activité.

Art. R. 661-71 Lorsqu'il fait référence à son agrément, le laboratoire précise pour quels types d'analyses il est agréé.

SOUS-SECTION 4 Laboratoires reconnus

Art. R. 661-72 La reconnaissance prévue à l'article L. 661-15 est délivrée par l'autorité compétente mentionnée à l'article R. 661-53. — *V. Arr. du 22 mai 2017 définissant les modalités de reconnaissance des laboratoires d'entreprises en vue de l'utilisation de leurs résultats d'analyses d'autocontrôles pour la certification des semences (JO 3 juin).*

CHAPITRE II LES OBTENTIONS VÉGÉTALES

Art. D. 662-1 I. — L'organisation et le fonctionnement du comité de la protection des obtentions végétales, placé auprès du ministre chargé de l'agriculture, sont régis par les dispositions de la section 1 du chapitre II du titre I du livre IV de la partie réglementaire du code de la propriété intellectuelle. — *V. CPI, art. R. 412-1 s.* — ***CPI.***

II. — Le recours contre les décisions du comité de la protection des obtentions végétales est régi par les dispositions de la section 2 du chapitre II du titre I du livre IV du code de la propriété intellectuelle. — *V. CPI, art. R. 412-15 s.* — ***CPI.***

Art. D. 662-2 Les modalités selon lesquelles sont délivrés les certificats d'obtention végétale sont fixées par les dispositions de la section 1 du chapitre III du titre II du livre VI de la partie réglementaire du code de la propriété intellectuelle. — *V. CPI, art. R. 623-1 s.* — ***CPI.***

Art. D. 662-3 Le champ d'application des certificats d'obtention végétale, leur durée et la portée du droit de l'obtenteur sont précisés à la section 2 du chapitre III du titre II du livre VI de la partie réglementaire du code de la propriété intellectuelle. — *V. CPI, art. R. 623-55 s.* — ***CPI.***

CHAPITRE III LES PLANTES GÉNÉTIQUEMENT MODIFIÉES *(Décr. nº 2009-340 du 27 mars 2009, art. 4).*

Art. D. 663-1 *(Décr. nº 2011-841 du 13 juill. 2011, en vigueur le 1er oct. 2011)* Le détenteur de l'autorisation mentionnée à l'article L. 533-3 du code de l'environnement ou son mandataire communique au ministre chargé de l'agriculture, pour chaque parcelle destinée à une culture de végétaux génétiquement modifiés, les informations suivantes :

1° Les coordonnées Lambert ou, à défaut, les références cadastrales de la parcelle culturale, le nom et le code INSEE de la commune ;

2° Le numéro et la date de l'autorisation au titre de l'article L. 533-3 du code de l'environnement ;

3° L'espèce végétale, l'identité du ou des organismes génétiquement modifiés ainsi que ses ou leurs caractéristiques ;

4° La surface couverte par la culture du ou des organismes génétiquement modifiés ;

5° La ou les dates de début et de fin du semis ou d'implantation de la culture, la durée prévue de la culture ainsi que la date prévisionnelle de fin de la culture ;

6° Les nom et prénoms, adresse et numéro de téléphone du responsable local de la culture.

Cette communication est faite, à titre prévisionnel, au plus tard quinze jours avant la date de début du semis ou de l'implantation de la culture. Elle est confirmée ou rectifiée au plus tard quinze jours après la date de fin de semis ou de l'implantation de la culture, sous réserve du respect des conditions suivantes :

a) La localisation de la parcelle culturale ne peut être modifiée ;

b) Les informations mentionnées aux 2° et 3° ne peuvent être modifiées que pour supprimer un ou plusieurs organismes génétiquement modifiés ;

c) L'information mentionnée au 4° ne peut être modifiée que dans le sens d'une diminution.

Art. D. 663-2 *(Décr. nº 2011-841 du 13 juill. 2011, en vigueur le 1er oct. 2011)* Le demandeur de l'autorisation mentionnée à l'article L. 533-3 du code de l'environnement, ou son mandataire, informe, à titre prévisionnel, les exploitants des parcelles entourant une parcelle destinée à une culture de végétaux génétiquement modifiés de son intention de mettre en place une telle culture par courrier recommandé avec accusé de réception, au plus tard quatre-vingt-dix jours à compter de la date d'enregistrement de la demande mentionnée à l'article R. 533-8 du même code. Ce courrier, dont une copie est adressée sans délai au ministre chargé de l'agriculture, comporte les informations mentionnées à l'article D. 663-1 *(Décr. nº 2017-1771 du 27 déc. 2017, art. 23-19º)* « du présent code ».

Ces informations sont confirmées ou rectifiées, dans les mêmes conditions, au plus tard quinze jours avant la date de début du semis ou d'implantation de la culture.

Art. D. 663-3 *(Décr. nº 2011-841 du 13 juill. 2011, en vigueur le 1er oct. 2011)* I. — L'exploitant mettant en culture des végétaux génétiquement modifiés bénéficiant de l'une des autorisations de mise sur le marché mentionnées par les articles L. 533-5 et L. 533-6 du code de l'environnement communique au ministre chargé de l'agriculture, pour chaque parcelle destinée à une culture de végétaux génétiquement modifiés, les informations suivantes :

1° Les coordonnées Lambert ou, à défaut, les références cadastrales de la parcelle culturale, le nom et le code INSEE de la commune ;

2° L'espèce végétale, l'identifiant unique du ou des organismes génétiquement modifiés figurant sur l'étiquette et ses ou leurs caractéristiques, ou le document d'accompagnement des semences ou plants ;

3° La surface couverte par la culture de l'organisme génétiquement modifié ;

4° La ou les dates de début et de fin du semis ou d'implantation de la culture ;

5° Les nom et prénoms, l'adresse et le numéro de téléphone de l'exploitant mettant en culture des végétaux génétiquement modifiés.

II. — Cette communication est faite, à titre prévisionnel, avant une date fixée par arrêté du ministre chargé de l'agriculture compte tenu de la période habituelle de semis ou d'implantation de l'espèce concernée et du temps nécessaire pour permettre

une concertation relative à l'organisation de l'assolement entre un exploitant prévoyant de mettre en culture des végétaux génétiquement modifiés et les exploitants des parcelles entourant la parcelle destinée à la culture de végétaux génétiquement modifiés.

III. – Cette communication est confirmée ou rectifiée au plus tard quinze jours après la date de fin de semis ou de l'implantation des cultures, sous réserve du respect des conditions suivantes :

***a)* La localisation de la parcelle culturale ne peut être modifiée que si les exploitants des parcelles entourant la nouvelle parcelle destinée à la culture de végétaux génétiquement modifiés ont été informés dans les conditions prévues à l'article D. 663-4** *(Décr. nº 2017-1771 du 27 déc. 2017, art. 23-20º)* **« du présent code » ;**

***b)* Les organismes génétiquement modifiés cultivés ne peuvent présenter d'autres caractéristiques que celles mentionnées au 2º du I ;**

***c)* L'information mentionnée au 3º du I ne peut être modifiée que dans le sens d'une diminution.**

Art. D. 663-4 *(Décr. nº 2011-841 du 13 juill. 2011, en vigueur le 1er oct. 2011)* **L'exploitant mentionné à l'article D. 663-3 informe les exploitants des parcelles entourant une parcelle destinée à une culture de végétaux génétiquement modifiés de son intention de mettre en place une telle culture par courrier recommandé avec accusé de réception. Ce courrier comporte les informations mentionnées au I de l'article D. 663-3.**

Ce courrier est envoyé au plus tard à la date fixée par l'arrêté mentionné au II de l'article D. 663-3.

Art. D. 663-5 *(Décr. nº 2011-841 du 13 juill. 2011, en vigueur le 1er oct. 2011)* **Une copie des communications, informations et accusés de réception mentionnés aux articles D. 663-1 à D. 663-4 est conservée par le détenteur de l'autorisation visé à l'article D. 663-1 ou par l'exploitant visé à l'article D. 663-3 pendant une durée minimale de trois ans.**

Art. D. 663-6 *(Décr. nº 2011-841 du 13 juill. 2011, en vigueur le 1er oct. 2011)* **Le ministre chargé de l'agriculture précise, par arrêté, les conditions dans lesquelles les informations mentionnées aux articles D. 663-1 et D. 663-3 lui sont transmises.**

CHAPITRE IV **LES FRUITS, LES LÉGUMES ET L'HORTICULTURE** *(Décr. nº 2009-340 du 27 mars 2009, art. 4).*

SECTION 1 **Intervention dans le secteur des fruits et légumes**

(Décr. nº 2022-1343 du 21 oct. 2022, art. 1er)

Les engagements souscrits au titre des programmes opérationnels pour le secteur des fruits et légumes avant le 1er janv. 2023 dans le cadre des art. 32 à 38 du règlement (UE) nº 1308/2013 du Parlement européen et du Conseil demeurent régis par les dispositions de la section 1 du chapitre IV du titre VI du livre VI dans leur rédaction antérieure à l'entrée en vigueur du Décr. nº 2022-1343 du 21 oct. 2022. Conformément au paragraphe 6 de l'art. 5 du Règl. (UE) nº 2021/2117 du Parlement européen et du Conseil, les engagements souscrits au titre des programmes opérationnels portant sur le secteur des fruits et légumes et pour lesquels les organisations de producteurs ou les associations d'organisation de producteurs qui ont demandé, au plus tard le 15 sept. 2022, la possibilité de poursuivre ces programmes jusqu'à leur clôture dans les conditions du Règl. (UE) nº 1308/2013 du Parlement européen et du Conseil, demeurent régis par les dispositions de la section 1 du chapitre IV du titre VI du livre VI dans leur rédaction antérieure à l'entrée en vigueur du même décret (Décr. préc., art. 2-II, JO 22 oct.).

Art. D. 664-1 La mise en œuvre des types d'interventions retenus dans le plan stratégique national français de la politique agricole commune approuvé par la Commission européenne et énumérés à l'article D. 664-2 est réalisée par l'Établissement national des produits de l'agriculture et de la mer (FranceAgriMer).

A ce titre, le directeur général de l'établissement décide :

1º Des modalités de dépôt et de traitement des programmes opérationnels, des demandes de paiement et d'avances des aides financières de l'Union, de l'octroi et du paiement des aides de l'Union au regard des fonds opérationnels constitués par les

organisations de producteurs ou associations d'organisations de producteurs et de leurs programmes opérationnels approuvés ;

2° Des modalités de contrôle administratif et sur place, des sanctions éventuelles et des réductions éventuelles du montant des aides.

Art. D. 664-2 I. – Pour le secteur des fruits et légumes, sont mis en œuvre les types d'interventions suivants :

1° Types d'interventions relatifs aux investissements dans des actifs corporels et incorporels ;

2° Types d'interventions relatifs à la recherche et aux méthodes de production expérimentales et innovantes ;

3° Types d'interventions relatifs aux services de conseil et d'assistance technique, en particulier en ce qui concerne les techniques de lutte durable contre les organismes nuisibles et les maladies, l'utilisation durable des produits phytosanitaires, l'adaptation au changement climatique et l'atténuation de celui-ci, les conditions d'emploi, les obligations des employeurs et la santé et la sécurité au travail ;

4° Types d'interventions relatifs à la formation, y compris l'accompagnement et l'échange de bonnes pratiques, en particulier en ce qui concerne les techniques de lutte durable contre les organismes nuisibles et les maladies, l'utilisation durable des produits phytosanitaires, l'adaptation au changement climatique et l'atténuation de celui-ci, ainsi que l'utilisation de plateformes de négociation organisées et de bourses de marchandises au comptant et à terme ;

5° Types d'interventions relatifs à la production biologique ou intégrée ;

6° Types d'interventions relatifs aux actions visant à accroître la durabilité et l'efficacité du transport et du stockage des produits ;

7° Types d'interventions relatifs à la promotion, à la communication et à la commercialisation, y compris des actions et activités visant en particulier à mieux sensibiliser les consommateurs aux systèmes de qualité de l'Union européenne et à l'importance d'une alimentation saine, et à diversifier et consolider les marchés ;

8° Types d'interventions relatifs à la mise en œuvre des systèmes de qualité nationaux et de l'Union européenne ;

9° Types d'interventions relatifs à la mise en œuvre des systèmes de traçabilité et de certification, en particulier le contrôle de la qualité des produits vendus aux consommateurs finaux ;

10° Types d'interventions relatifs aux actions visant à atténuer le changement climatique et à s'y adapter ;

11° Types d'interventions relatifs aux actions et mesures visant à assurer la prévention des crises et la gestion des risques afin d'éviter et de régler les perturbations sur les marchés du secteur concerné.

II. – Ces types d'interventions sont mis en œuvre au moyen de programmes opérationnels dans les conditions prévues à la section 2 du chapitre III du titre III du règlement (UE) n° 2021/2115 du Parlement européen et du Conseil du 2 décembre 2021. Les bénéficiaires des programmes opérationnels sont les organisations de producteurs et associations d'organisations de producteurs reconnues en vertu du règlement (UE) n° 1308/2013 du Parlement européen et du Conseil du 17 décembre 2013.

L'aide financière de l'Union, versée aux fonds opérationnels des organisations de producteurs et des associations d'organisations de producteurs, est fixée dans les conditions prévues à l'article 52 du règlement (UE) n° 2021/2115 du Parlement européen et du Conseil du 2 décembre 2021.

Lorsque ces types d'interventions sont mis en œuvre pour répondre aux objectifs e et f de l'article 46 du règlement n° 2021/2115 du Parlement européen et du Conseil du 2 décembre 2021, les dépenses engagées sont comptabilisées *(Abrogé par Décr. n° 2023-1362 du 29 déc. 2023, art. 3) « annuellement »* comme contribuant à la réalisation de l'objectif de 15 % des dépenses au titre des programmes opérationnels visé à l'article 50, paragraphe 7, point a, du règlement (UE) n° 2021/2115.

Lorsque ces types d'interventions sont mis en œuvre pour répondre aux objectifs d de l'article 46 du règlement n° 2021/2115 du Parlement européen et du Conseil du 2 décembre 2021, les dépenses engagées sont comptabilisées *(Abrogé par Décr. n° 2023-1362 du 29 déc. 2023, art. 3) « annuellement »* comme contribuant à la réalisation de l'objectif de 2 % des dépenses au titre des programmes opérationnels visé à l'article 50, paragraphe 7, point c, du règlement (UE) n° 2021/2115.

Art. D. 664-3 Les types d'interventions relatifs aux investissements dans des actifs corporels et incorporels sont mis en œuvre pour répondre au moins à l'un des objectifs mentionnés aux a, b, c, d, e, f, g, h et i de l'article 46 du règlement (UE) n° 2021/2115 du Parlement européen et du Conseil du 2 décembre 2021.

Les investissements dans l'irrigation ouvrent droit au versement d'une aide aux investissements dans les conditions prévues à l'article 11 du règlement délégué (UE) n° 2022/126 de la Commission du 7 décembre 2021. Ces investissements respectent un pourcentage d'au moins 5 % de réduction potentielle de l'utilisation de l'eau et, sur la base de cette réduction potentielle, un pourcentage d'au moins 50 % de réduction effective de l'utilisation de l'eau.

Les investissements dans l'irrigation et poursuivant les objectifs visés aux e et f de l'article 46 du règlement (UE) n° 2021/2115 du Parlement européen et du Conseil du 2 décembre 2021 respectent des pourcentages spécifiques en matière d'économies d'eau :

– un pourcentage d'au moins 15 % de réduction potentielle de l'utilisation de l'eau et, sur la base de cette réduction potentielle, d'au moins 50 % de réduction effective de l'utilisation de l'eau ;

– un pourcentage d'au moins 7 % de réduction potentielle de l'utilisation de l'eau et, sur la base de cette réduction potentielle, d'au moins 50 % de réduction effective de l'utilisation de l'eau si ces investissements permettent également de répondre à l'objectif mentionné au d de l'article 12 du règlement délégué (UE) n° 2022/126 de la Commission du 7 décembre 2021 ainsi qu'à un autre des objectifs mentionnés aux a à c et aux e à i de cet article ;

– un pourcentage d'au moins 5 % de réduction potentielle de l'utilisation de l'eau et, sur la base de cette réduction potentielle, d'au moins 50 % de réduction effective de l'utilisation de l'eau s'il s'agit d'investissements dans un système d'irrigation goutte à goutte ou tout autre système similaire.

Les investissements poursuivant les objectifs mentionnés aux e et f de l'article 46 du règlement (UE) n° 2021/2115 du Parlement européen et du Conseil du 2 décembre 2021 et l'objectif mentionné au a du paragraphe 1 de l'article 12 du règlement délégué (UE) n° 2022/126 de la Commission du 7 décembre 2021 respectent des pourcentages spécifiques de réduction d'utilisation d'intrants de production, d'émission de polluants ou de déchets provenant du processus de fabrication :

– un pourcentage d'au moins 15 % de réduction d'utilisation d'intrants de production, d'émission de polluants ou de déchets provenant du processus de fabrication ;

– un pourcentage d'au moins 7 % si ces investissements permettent également de répondre à l'objectif mentionné au a de l'article 12 du règlement délégué (UE) n° 2022/126 de la Commission du 7 décembre 2021 ainsi qu'à un autre des objectifs mentionnés aux b à i de cet article.

Art. D. 664-4 Les types d'interventions relatifs à la recherche et aux méthodes de production expérimentales et innovantes sont mis en œuvre pour répondre au moins à l'un des objectifs mentionnés aux d, e et f de l'article 46 du règlement (UE) n° 2021/2115 du Parlement européen et du Conseil du 2 décembre 2021.

Art. D. 664-5 Les types d'interventions relatifs aux services de conseil et d'assistance technique sont mis en œuvre pour répondre au moins à l'un des objectifs mentionnés aux a, b, c, d, e, f, g, h, i, j et k de l'article 46 du règlement (UE) n° 2021/2115 du Parlement européen et du Conseil du 2 décembre 2021.

Art. D. 664-6 Les types d'interventions relatifs à la formation sont mis en œuvre pour répondre au moins à l'un des objectifs mentionnés aux a, b, c, d, e, f, g, h, i, j et k de l'article 46 du règlement (UE) n° 2021/2115 du Parlement européen et du Conseil du 2 décembre 2021.

Art. D. 664-7 Les types d'interventions relatifs à la production biologique ou intégrée sont mis en œuvre pour répondre au moins à l'un des objectifs mentionnés aux a, e, f, g et i de l'article 46 du règlement (UE) n° 2021/2115 du Parlement européen et du Conseil du 2 décembre 2021.

Art. D. 664-8 Les types d'interventions relatifs aux actions visant à accroître la durabilité et l'efficacité du transport et du stockage des produits sont mis en œuvre pour répondre au moins à l'un des objectifs mentionnés aux g, e et f de l'article 46 du règlement (UE) n° 2021/2115 du Parlement européen et du Conseil du 2 décembre 2021.

Art. D. 664-9 Les types d'interventions relatifs à la promotion, à la communication et à la commercialisation sont mis en œuvre pour répondre au moins à l'un des objectifs mentionnés aux b, c, h et i de l'article 46 du règlement (UE) n° 2021/2115 du Parlement européen et du Conseil du 2 décembre 2021. Lorsque ce type d'intervention est mis en œuvre, il doit également poursuivre au moins l'un des objectifs mentionnés aux a à g de l'article 14 du règlement délégué (UE) n° 2022/126 de la Commission du 7 décembre 2021.

Art. D. 664-10 Les types d'interventions relatifs à la mise en œuvre des systèmes de qualité nationaux et de l'Union européenne sont mis en œuvre pour répondre à l'un des objectifs mentionnés aux e, f, g, h, i et k de l'article 46 du règlement (UE) n° 2021/2115 du Parlement européen et du Conseil du 2 décembre 2021.

Art. D. 664-11 Les types d'interventions relatifs à la mise en œuvre des systèmes de traçabilité et de certification sont mis en œuvre pour répondre au moins à l'un des objectifs mentionnés aux g, h et i de l'article 46 du règlement (UE) n° 2021/2115 du Parlement européen et du Conseil du 2 décembre 2021.

Art. D. 664-12 Les types d'interventions relatifs aux actions visant à atténuer le changement climatique et à s'y adapter sont mis en œuvre pour répondre au moins à l'un des objectifs mentionnés aux c et f de l'article 46 du règlement (UE) n° 2021/2115 du Parlement européen et du Conseil du 2 décembre 2021.

Art. D. 664-13 I. – Les types d'interventions relatifs aux actions et mesures visant à assurer la prévention des crises et la gestion des risques afin d'éviter et de régler les perturbations sur les marchés du secteur concerné sont mis en œuvre pour répondre à l'objectif mentionné au j de l'article 46 du règlement (UE) n° 2021/2115 du Parlement européen et du Conseil du 2 décembre 2021.

II. – Au titre de ces types d'interventions, sont éligibles aux programmes opérationnels les actions et les mesures suivantes :

– la création, l'approvisionnement et le réapprovisionnement des fonds de mutualisation ;

– les investissements dans des actifs corporels et incorporels permettant une gestion plus efficace des volumes mis sur le marché, notamment pour le stockage collectif ;

– le stockage collectif des produits fournis par l'organisation de producteurs ou par ses membres, y compris, si nécessaire, la transformation collective pour faciliter ce stockage ;

– la replantation de vergers, s'il y a lieu, après l'arrachage obligatoire pour des raisons sanitaires ou phytosanitaires, sur ordre de l'autorité compétente ou à des fins d'adaptation au changement climatique ;

– le retrait du marché pour distribution gratuite ou d'autres destinations, y compris, si nécessaire, le traitement en vue de faciliter ce retrait ;

– la récolte en vert, définie au 2 de l'article 47 du règlement (UE) 2021/2115 ;

– la non-récolte, définie au 2 de l'article 47 du règlement (UE) 2021/2115 ;

– l'assurance récolte et production ;

– l'accompagnement d'autres organisations de producteurs et associations d'organisations de producteurs ;

– la mise en œuvre et la gestion des exigences sanitaires et phytosanitaires des pays tiers sur le territoire de l'Union européenne afin de faciliter l'accès aux marchés des pays tiers ;

– les actions de communication visant à sensibiliser et informer les consommateurs.

III. – Les produits retirés du marché des fruits et légumes peuvent, selon des conditions fixées par décision du directeur général de l'Établissement national des produits de l'agriculture et de la mer (FranceAgriMer), être destinés :

– à l'épandage sur des parcelles agricoles ;

– à l'alimentation animale ;

— à la distribution gratuite pour des organismes demandeurs ;

— à la transformation à des fins non alimentaires ou à la distillation en alcool non alimentaire.

IV. — Une décision du directeur général de l'Établissement national des produits de l'agriculture et de la mer (FranceAgriMer) fixe les modalités de mise en œuvre de la récolte en vert et de la non-récolte en ce qui concerne leur contenu et les délais à respecter, le montant de la compensation à verser, ainsi que la liste des produits pouvant faire l'objet de ces types d'interventions.

L'aide dans le secteur des fruits et légumes versée sous la forme de "récolte en vert" n'est pas octroyée si une part importante de la récolte normale a été réalisée. L'aide dans le secteur des fruits et légumes versée sous la forme de "non-récolte" n'est pas octroyée si une partie substantielle de la production commerciale a déjà été prélevée.

SECTION 2 Intervention dans le secteur de l'horticulture

(Décr. nº 2023-1362 du 29 déc. 2023, art. 3)

Art. D. 664-14 La mise en œuvre des types d'interventions retenus dans le plan stratégique national français de la politique agricole commune approuvé par la Commission européenne et énumérés à l'article D. 664-15 est réalisée par l'Établissement national des produits de l'agriculture et de la mer (FranceAgriMer).

A ce titre, le directeur général de l'établissement décide :

1º Des modalités de dépôt et de traitement des programmes opérationnels, des demandes de paiement et d'avances des aides financières de l'Union, de l'octroi et du paiement des aides de l'Union au regard des fonds opérationnels constitués par les organisations de producteurs ou associations d'organisations de producteurs et de leurs programmes opérationnels approuvés ;

2º Le cas échéant, des modalités de calcul et du déclenchement du mécanisme de stabilisation budgétaire mentionné à l'article D. 611-32 ;

3º Des modalités de contrôle administratif et sur place, les sanctions et les réductions éventuelles du montant des aides.

Art. D. 664-15 I. — Pour le secteur de l'horticulture, sont mis en œuvre les types d'interventions suivants :

1º Types d'interventions relatifs aux investissements dans des actifs corporels et incorporels, dans la recherche et les méthodes de production expérimentales et innovantes ;

2º Types d'intervention relatifs à la recherche et aux méthodes de production expérimentales et innovantes ;

3º Types d'interventions relatifs aux services de conseil et d'assistance technique, en particulier en ce qui concerne les techniques de lutte durable contre les organismes nuisibles et les maladies, l'utilisation durable des produits phytopharmaceutiques et zoosanitaires, l'adaptation au changement climatique et l'atténuation de celui-ci, les conditions d'emploi, les obligations des employeurs et la santé et la sécurité au travail ;

4º Types d'interventions relatifs à la formation, y compris celle concernant l'accompagnement et l'échange de bonnes pratiques, en particulier en ce qui concerne les techniques de lutte durable contre les organismes nuisibles et les maladies, l'utilisation durable des produits phytopharmaceutiques et zoosanitaires, l'adaptation au changement climatique et l'atténuation de celui-ci, ainsi que l'utilisation de plateformes de négociation organisées et de bourses de marchandises au comptant et à terme ;

5º Types d'interventions relatifs à la promotion, à la communication et à la commercialisation, y compris des actions et activités visant en particulier à mieux sensibiliser les consommateurs aux systèmes de qualité de l'Union européenne et à l'importance d'une alimentation saine, et à diversifier et consolider les marchés ;

6º Types d'interventions relatifs à la mise en œuvre des systèmes de qualité nationaux et de l'Union européenne ;

7º Types d'interventions relatifs à la mise en œuvre des systèmes de traçabilité et de certification, en particulier le contrôle de la qualité des produits vendus aux consommateurs finaux.

II. – Ces types d'interventions sont mis en œuvre au moyen de programmes opérationnels dans les conditions prévues à la section 7 du chapitre III du titre III du règlement (UE) 2021/2115 du Parlement européen et du Conseil du 2 décembre 2021.

Les bénéficiaires des programmes opérationnels sont les organisations de producteurs et associations d'organisations de producteurs reconnues en vertu du règlement (UE) n° 1308/2013 du Parlement européen et du Conseil du 17 décembre 2013.

L'aide financière de l'Union, versée aux fonds opérationnels des organisations de producteurs et des associations d'organisations de producteurs, est fixée dans les conditions prévues à l'article 68 du règlement (UE) 2021/2115 du Parlement européen et du Conseil du 2 décembre 2021.

Art. D. 664-16 Les types d'interventions relatifs aux investissements dans des actifs corporels et incorporels, sont mis en œuvre pour répondre au moins à l'un des objectifs mentionnés aux a, b et c de l'article 46 du règlement (UE) 2021/2115 du Parlement européen et du Conseil du 2 décembre 2021.

Les investissements dans l'irrigation ouvrent droit au versement d'une aide aux investissements dans les conditions prévues à l'article 11 du règlement délégué (UE) 2022/126 de la Commission du 7 décembre 2021. Ces investissements respectent, en matière d'économie d'eau, un pourcentage d'au moins 5 % de réduction potentielle de l'utilisation de l'eau et, sur la base de cette réduction potentielle, un pourcentage d'au moins 50 % de réduction effective de l'utilisation d'eau.

Art. D. 664-17 Les types d'interventions relatifs à la recherche et aux méthodes de production expérimentales et innovantes sont mis en œuvre pour répondre au moins à l'un des objectifs mentionnés aux a, b, c et d de l'article 46 du règlement (UE) 2021/2115 du Parlement européen et du Conseil du 2 décembre 2021.

Art. D. 664-18 Les types d'interventions relatifs aux services de conseil et d'assistance technique sont mis en œuvre pour répondre au moins à l'un des objectifs mentionnés aux a, b, c et d de l'article 46 du règlement (UE) 2021/2115 du Parlement européen et du Conseil du 2 décembre 2021.

Art. D. 664-19 Les types d'interventions relatifs à la formation sont mis en œuvre pour répondre au moins à l'un des objectifs mentionnés aux a, b, c et d de l'article 46 du règlement (UE) 2021/2115 du Parlement européen et du Conseil du 2 décembre 2021.

Art. D. 664-20 Les types d'interventions relatifs à la promotion, à la communication et à la commercialisation sont mis en œuvre pour répondre au moins à l'un des objectifs mentionnés aux b, c et h de l'article 46 du règlement (UE) 2021/2115 du Parlement européen et du Conseil du 2 décembre 2021. Lorsque ce type d'intervention est mis en œuvre, il doit également poursuivre au moins l'un des objectifs mentionnés à l'article 14 du règlement délégué (UE) 2022/126 de la Commission du 7 décembre 2021.

Art. D. 664-21 Les types d'interventions relatifs à la mise en œuvre des systèmes de qualité nationaux et de l'Union européenne sont mis en œuvre pour répondre à l'un des objectifs mentionnés aux a, c et g de l'article 46 du règlement (UE) 2021/2115 du Parlement européen et du Conseil du 2 décembre 2021.

Art. D. 664-22 Les types d'interventions relatifs à la mise en œuvre des systèmes de traçabilité et de certification sont mis en œuvre pour répondre au moins à l'un des objectifs mentionnés aux a, b, c et g de l'article 46 du règlement (UE) 2021/2115 du Parlement européen et du Conseil du 2 décembre 2021.

CHAPITRE V LES PRODUITS DE LA VIGNE *(Décr. n° 2010-1327 du 5 nov. 2010).*

BIBL. GÉN. ▶ BAHANS et MENJUCQ, *RD rur. 2008. Dossier 33* (la nouvelle OCM viticole, une réforme communautaire sous l'inspiration de l'OMC). – BARTHE, *RD rur. 2012. Dossier 24* (de la terre à l'exploitation de la vigne).

Décret nº 2009-153 du 11 février 2009,

Relatif à la prime à l'arrachage de vignes (JO 12 févr.).

Art. 1er En application des règlements communautaires susvisés, les exploitants de superficies viticoles cultivées pour la production de raisins de cuve, au sens du classement des variétés de vigne établi en France, en application de l'article 24 du règlement (CE) nº 479/2008 susvisé, peuvent bénéficier d'une prime à l'arrachage de vignes.

Art. 2 Le ministre chargé de l'agriculture et le ministre chargé du budget arrêtent les dispositions relatives à l'attribution de cette prime.

Ces dispositions concernent :

— la superficie minimale pour laquelle la prime peut être accordée ;

— les conditions à remplir par le demandeur ;

— la fixation d'une date limite d'arrachage ainsi que la définition de l'arrachage conformément à la réglementation en vigueur ;

— les montants de prime par hectare ;

— les exemptions éventuelles ;

— les critères nationaux de priorité en cas de dépassement du budget annuel communautaire alloué au régime d'arrachage.

Art. 3 La gestion de la mesure d'arrachage de vignes et les contrôles y afférents sont réalisés par l'Établissement national des produits de l'agriculture et de la mer (FranceAgriMer).

Art. 4 L'octroi de l'aide à l'arrachage de vignes entraîne l'extinction du droit de plantation utilisé, à hauteur de la surface déclarée lors de la plantation et enregistrée au casier viticole informatisé.

V. Décr. nº 2023-1055 du 18 nov. 2023 portant création d'un dispositif d'aide en faveur de l'arrachage sanitaire préventif de vignes dans le département de la Gironde et Arr. du 18 nov. 2023 relatif aux modalités d'attribution et de mise en oeuvre du mécanisme de stabilisation budgétaire de l'aide à l'arrachage sanitaire préventif dans le département de la Gironde (JO 19 nov.).

SECTION 1 Gestion du potentiel de production viticole

(Décr. nº 2015-1903 du 30 déc. 2015, art. 1er)

BIBL. ▸ Vignes (plantation-replantation), *DP entr. agric. - RD rur. 2003. 9* (modalités de transfert des droits de plantation). - CARTEL, *RD rur. 2010. Dossier 9* (l'émergence des valeurs incorporelles). - LACHAUD, *Ann. loyers 2003. 2293* (du nouveau en matière de droits de plantation). - ROUSSEL et AGOSTINI, *RD rur. 2008. Dossier 34* (la gestion du potentiel de production dans la nouvelle OCM vitivinicole). - CAYRON, *RD rur. 2013. Étude 18* (le nouveau régime des droits de plantation dans le secteur vitivinicole). - BAHANS et MENJUCQ, *RD rur. 2016. Étude 27* (des droits de plantation aux autorisations de plantations viticoles : continuité et discontinuité des politiques viticoles). - BARTHE, *RD rur. 2016. Dossier 11* (point de vue pratique sur le régime des autorisations de plantation). - DE LOS ANGELÈS, *Defrénois 2016. 186* (la réforme des autorisations de plantation en dix questions). - GRIMONPREZ, *DP entr. agric., Bull. nº 492, p. 1* (Décr. du 30 déc. 2015) ; *ibid., Bull. nº 497/498, p. 1* (instruction du 5 avr. 2016).

SOUS-SECTION 1 Autorisations de plantations de vigne

V. Arr. du 27 févr. 2023 relatif à la mise en œuvre du dispositif d'autorisations de plantation en matière de gestion du potentiel de production viticole (campagne 2023) (JO 1er mars) ; Arr. du 28 févr. 2024 relatif à la mise en œuvre du dispositif d'autorisations de plantation en matière de gestion du potentiel de production viticole - campagne 2024 (JO 29 févr.).

BIBL. ▸ BRETON, *DP entr. agric., Bull. nº 547, p. 16* (la cession des autorisations de plantation en pratique).

COMMENTAIRE

Le secteur viticole a été réglementé par le système des droits de plantation régi par le décret nº 53-977 du 30 septembre 1953, système maintenu dans le cadre de la réglementation européenne jusqu'au règlement nº 479/2008 du 29 avril 2008 qui prévoyait un maintien provisoire du système. Un nouveau régime applicable du 1er janvier

2016 au 31 décembre 2030 découle du règlement n° 1308/2013 du 17 décembre 2013 (complété par les règlements 2015/560 du 15 décembre 2014 et 2015/561 du 7 avril 2015), de l'ordonnance n° 2015-1247 du 7 octobre 2015 et du décret du 30 décembre 2015. L'objectif est de maintenir une régulation de la production viticole en organisant une croissance contrôlée du vignoble. Le système concerne tous les vignobles avec ou sans indication géographique et prévoit des autorisations de plantations viticoles.

Les autorisations de plantation sont attribuées sans frais au producteur qui doit effectuer les plantations, et au regard d'une parcelle déterminée. La plantation doit être effectuée dans les trois ans sous peine de péremption de l'autorisation et de sanctions financières. Les autorisations sont délivrées par FranceAgriMer sur des critères choisis parmi ceux de l'article 64 du règlement n° 1308/2013 (V. ce texte App., v° *Production et marchés* 🏛).

L'arrachage de vignes régulièrement plantées donne droit à une autorisation de replantation sur la parcelle sous réserve qu'elle ait été demandée dans les délais.

Un régime de déclaration est prévu pour les vignobles destinés à l'expérimentation, pour la culture de vignes mères et greffons, pour la production à destination familiale et en cas d'expropriation.

Les autorisations sont incessibles à titre onéreux. Par exception, dans le souci du maintien de l'exploitation, et à titre gratuit, certaines cessions sont autorisées, toujours en lien avec le support immobilier, et le bénéficiaire de la transmission est tenu des obligations de plantation dans les conditions déterminées. Il en est ainsi notamment pour les parcelles exploitées en faire valoir direct au bénéfice d'une personne physique en cas de succession, libéralité, liquidation de régime matrimonial ou de PACS, au bénéfice d'une personne morale en cas de fusion, absorption, transmission universelle de patrimoine, et en cas d'apport total d'actif déterminant un changement de structure juridique d'exploitation. Des conditions de transfert sont également prévues pour le cas où l'exploitation est en faire valoir direct (V. Instr. DGPE/SDFE/2020-624 du 9 oct. 2020, *BO Min. agric. 15 oct.*).

Des sanctions administratives et fiscales sont prévues (V. art. L. 665-1 s.) pour les cas de plantation sans autorisation ou sans respect des obligations posées, pour le défaut de notification ou défaut d'arrachage.

Un régime transitoire est géré par FranceAgriMer qui permet de convertir les droits antérieurs en autorisations de plantation.

Le conseil des ministres de l'Union européenne s'est déclaré le 19 novembre 2020 pour la prolongation de la mise en œuvre des régimes d'autorisations de plantation jusqu'en 2040. ❑

Art. D. 665-1 Les plantations nouvelles, replantations, surgreffages de vignes avec des variétés classées en tant que variétés à raisins de cuve et la conversion de droits de plantation sont régis par les dispositions de la présente sous-section.

Art. D. 665-2 Les ministres chargés de l'agriculture et du budget peuvent, par arrêté, rendre disponibles, au niveau national, des autorisations de plantation nouvelle correspondant à une superficie inférieure à 1 % de la superficie totale effectivement plantée en vigne telle que mesurée au 31 juillet de l'année précédente, en application du *a* du 2 de l'article 63 du règlement (UE) n° 1308/2013 du Parlement européen et du Conseil du 17 décembre 2013, après avis des comités nationaux compétents de l'INAO et du conseil spécialisé de la filière viticole de l'établissement mentionné à l'article L. 621-1.

Les éléments justifiant l'adoption de l'arrêté mentionné au premier alinéa sont publiés au *Bulletin officiel* du ministère chargé de l'agriculture.

Art. D. 665-3 I. — Les limitations du nombre d'hectares rendus disponibles pour la délivrance d'autorisations de plantation nouvelle pour des superficies sur lesquelles peuvent être produits des vins bénéficiant d'une appellation d'origine protégée, qui peuvent être décidées en application du *b* du 2 de l'article 63 du règlement (UE) n° 1308/2013 du Parlement européen et du Conseil du 17 décembre 2013 portant organisation commune des marchés des produits agricoles, sont fixées par arrêté des ministres chargés de l'agriculture et du budget sur proposition du comité national

compétent de l'INAO et après avis du conseil spécialisé de la filière viticole de l'établissement mentionné à l'article L. 621-1.

II. — Les limitations du nombre d'hectares rendus disponibles pour la délivrance d'autorisations de plantation nouvelle pour des superficies sur lesquelles peuvent être produits des vins bénéficiant d'une indication géographique protégée, qui peuvent être décidées en application du *b* du 2 de l'article 63 du règlement (UE) n° 1308/2013 du Parlement européen et du Conseil du 17 décembre 2013, sont fixées par arrêté des ministres chargés de l'agriculture et du budget, après avis du comité national compétent de l'INAO et du conseil spécialisé de la filière viticole de l'établissement mentionné à l'article L. 621-1.

III. — Les limitations du nombre d'hectares rendus disponibles pour la délivrance d'autorisations de plantation nouvelle pour des superficies ne bénéficiant ni d'une appellation d'origine protégée ni d'une indication géographique protégée, qui peuvent être décidées en application du *b* du 2 de l'article 63 du règlement (UE) n° 1308/2013 du Parlement européen et du Conseil du 17 décembre 2013, sont fixées par arrêté des ministres chargés de l'agriculture et du budget, après avis du conseil spécialisé de la filière viticole de l'établissement mentionné à l'article L. 621-1 et, lorsque les vignes concernées se situent dans une zone de production de vins bénéficiant d'une appellation d'origine protégée ou d'une indication géographique protégée, du comité national compétent de l'INAO.

Doit être annulé l'arrêté qui définit les limitations à la délivrance d'autorisations de plantations nouvelles sans établir de justifications par un risque d'offre excédentaire ou de dépréciation d'une ou plusieurs AOP ou IGP ou par la volonté de contribuer au développement et à la qualité des produits. • CE 6 janv. 2023, n° 463194 : *RD rur. 2023, n° 39, note Crevel.*

Art. D. 665-4 **I. — Un arrêté conjoint des ministres chargés de l'agriculture et du budget, pris après avis des comités nationaux compétents de l'INAO et du conseil spécialisé de la filière viticole de l'établissement mentionné à l'article L. 621-1, peut fixer, le cas échéant par zone géographique, les critères d'éligibilité pour la délivrance d'autorisations de plantation nouvelle, ainsi que les critères de priorité permettant la sélection des demandes, conformément à l'article 64 du règlement (UE) n° 1308/2013 du Parlement européen et du Conseil du 17 décembre 2013.**

Cet arrêté précise, pour chaque critère, les conditions à satisfaire pour que celui-ci soit considéré comme rempli, conformément aux annexes I et II du règlement délégué (UE) 2015/560 de la Commission du 15 décembre 2014 complétant le règlement (UE) n° 1308/2013 du Parlement européen et du Conseil en ce qui concerne le régime d'autorisations de plantations de vigne.

II. — Cet arrêté peut également pondérer l'importance accordée à chacun des critères de priorité appliqués, conformément au 4 de l'article 2 du règlement délégué (UE) 2015/560 de la Commission du 15 décembre 2014 et au B de l'annexe I du règlement d'exécution (UE) 2015/561 de la Commission du 7 avril 2015.

Le juge de l'excès de pouvoir n'exerce qu'un contrôle restreint à l'erreur manifeste d'appréciation sur la décision des ministres de n'instaurer aucune limitation de la surface rendue disponible dans une zone géographique pour la délivrance d'autorisation de plantations nouvelles. • CE 6 janv. 2023, n° 454866 B : *Gaz. Pal. 7 févr. 2023.*

Art. D. 665-5 **I. — Le conseil de bassin viticole intéressé, lorsqu'il existe, émet un avis sur les éventuelles demandes de limitation du nombre d'hectares à rendre disponible pour la délivrance d'autorisations de plantation nouvelle prévue à l'article D. 665-3 et de pondération des critères prévue au point II de l'article D. 665-4 formulées par les organismes de défense et de gestion pour les vignes destinées à produire du vin bénéficiant d'une appellation d'origine protégée ou d'une indication géographique protégée et les organisations professionnelles locales intéressées pour les autres vignes.**

Le conseil de bassin dispose des avis rendus par l'organisation interprofessionnelle concernée, lorsqu'elle existe, sur les demandes des organismes de défense et de gestion.

Il se prononce également sur la mise en œuvre des restrictions qui peuvent être décidées en application du *b* du 2 de l'article 63 du règlement (UE) n° 1308/2013 du Parlement européen et du Conseil du 17 décembre 2013.

Les avis des conseils de bassin sont motivés en tenant compte de l'évolution du potentiel de production de la zone géographique en cause, ainsi que des risques d'offre excédentaire ou de dépréciation d'une appellation d'origine protégée ou d'une indication géographique protégée.

II. — Le comité national compétent de l'INAO et le conseil spécialisé de l'établissement mentionné à l'article L. 621-1 se prononcent dans les mêmes conditions, au vu, le cas échéant, des avis des conseils de bassin mentionnés au I.

Le conseil spécialisé de l'établissement mentionné à l'article L. 621-1 dispose, en outre, lors de sa délibération, des avis du comité national compétent de l'INAO.

III. — Les demandes et avis mentionnés aux I et II sont transmis aux ministres chargés de l'agriculture et du budget.

Art. D. 665-6 Les demandes d'autorisations de plantation nouvelle, de replantation ou de conversion de droits de plantation en autorisations sont adressées, par voie électronique, à l'établissement mentionné à l'article L. 621-1.

Les modalités de dépôt des dossiers de demandes d'autorisations, les éléments à joindre à la demande, ainsi que les modalités de notification des décisions correspondantes sont précisées par décision du directeur général de l'établissement mentionné à l'article L. 621-1.

Le directeur de l'INAO peut, à son initiative ou à la demande du directeur général de l'établissement mentionné à l'article L. 621-1, émettre un avis sur les demandes d'autorisations de plantation portant sur des superficies situées à l'intérieur d'une aire bénéficiant d'une appellation d'origine protégée ou d'une indication géographique protégée.

Les autorisations de plantation nouvelle, de replantation ou obtenues par la conversion de droits de plantation sont délivrées par le directeur général de l'établissement mentionné à l'article L. 621-1.

Art. R.* 665-6-1 *(Décr. n° 2017-1411 du 27 sept. 2017, art. 2-61°)* Le silence gardé par l'Établissement national des produits de l'agriculture et de la mer (FranceAgriMer) sur une demande d'autorisation de plantation nouvelle, de replantation ou de reconversion des droits de plantation, mentionnée à l'article R. 665-6, vaut décision de rejet.

Art. D. 665-7 La décision mentionnée au deuxième alinéa de l'article D. 665-6 peut définir les cas dans lesquels le producteur peut demander que les vignes soient plantées sur une superficie de l'exploitation qui diffère de la superficie déterminée pour laquelle l'autorisation a été octroyée, en application de l'article 10 du règlement d'exécution (UE) 2015/561 de la Commission du 7 avril 2015.

Art. D. 665-8 I. — Lorsqu'une autorisation de plantation nouvelle accordée représente moins de 50 % de la superficie demandée, le producteur peut refuser le bénéfice de l'autorisation dans un délai d'un mois à compter de la date d'octroi de l'autorisation, sans s'exposer à des sanctions, conformément au second alinéa du 3 de l'article 6 du règlement d'exécution (UE) 2015/561 de la Commission du 7 avril 2015, sauf s'il l'a déjà utilisée, même partiellement, pendant ce délai.

II. — Le nombre d'hectares correspondant aux autorisations refusées par les producteurs au cours d'une campagne viticole donnée est rendu disponible l'année suivante, en plus de la superficie déjà rendue disponible dans les conditions prévues à l'article D. 665-2.

Art. D. 665-9 I. — Les demandes d'autorisations de replantation peuvent être présentées jusqu'à la fin de la deuxième campagne viticole suivant la campagne de l'arrachage, conformément au 1 de l'article 8 du règlement d'exécution (UE) 2015/561 de la Commission du 7 avril 2015.

II. — Des restrictions à la replantation peuvent être fixées, par arrêté conjoint des ministres chargés de l'agriculture et du budget, dans les zones où sont produits des vins bénéficiant d'une appellation d'origine protégée ou d'une indication géographique protégée, en application du 3 de l'article 66 du règlement (UE) n° 1308/2013 du Parlement européen et du Conseil du 17 décembre 2013 selon la procédure définie à l'article D. 665-5.

Cet arrêté peut prévoir les conditions et les engagements à satisfaire pour que la replantation destinée à la production de vins sans indication géographique n'entraîne aucun risque de dépréciation importante, conformément au *b* de l'article 4 du règlement délégué (UE) 2015/560 de la Commission du 15 décembre 2014.

Art. D. 665-10 Les autorisations de replantation sont octroyées par anticipation, dans les conditions prévues, le cas échéant, par l'arrêté mentionné au II de l'article D. 665-9, aux exploitants qui s'engagent à procéder à l'arrachage d'une superficie de vignes équivalente, au plus tard à la fin de la quatrième année à compter de la date à laquelle les nouvelles vignes ont été plantées.

Art. D. 665-11 *(Décr. n° 2019-597 du 14 juin 2019, art. 1er, en vigueur le 1er oct. 2019)* « Toute opération d'arrachage, de plantation, de replantation ou de surgreffage de vignes doit être déclarée auprès des services de la direction générale des douanes et droits indirects au plus tard un mois après la réalisation des travaux. La déclaration de plantation ou de replantation doit être complétée par la fourniture d'un document attestant la livraison des plants de vigne, délivré par le pépiniériste. »

Toute modification des informations mentionnées *(Décr. n° 2019-597 du 14 juin 2019, art. 1er, en vigueur le 1er oct. 2019)* « aux annexes III et IV du règlement délégué (UE) n° 2018/273 de la Commission du 11 décembre 2017 », autre que celle résultant d'arrachage, de plantation, de replantation ou de surgreffage, fait l'objet d'une déclaration auprès des services de la direction générale des douanes et droits indirects au plus tard un mois après l'intervention de la modification. Cette déclaration est attestée par tout document ayant date certaine permettant d'établir la modification du parcellaire de l'exploitation concernée.

Les déclarations mentionnées au présent article sont réalisées par voie électronique à compter du *(Décr. n° 2017-1828 du 28 déc. 2017, art. 1er)* « 1er janvier 2020 ».

(Abrogé par Décr. n° 2019-597 du 14 juin 2019, art. 1er, à compter du 1er oct. 2019) *« Un arrêté du ministre chargé du budget précise les conditions d'application du présent article. »*

Art. D. 665-12 I. — Les droits de plantation et de replantation des vignes de variétés à raisins de cuve classées dans les conditions de l'article 120 *bis* du règlement (CE) n° 1234/2007 du Conseil du 22 octobre 2007 portant organisation commune des marchés dans le secteur agricole et dispositions spécifiques en ce qui concerne certains produits de ce secteur (règlement "OCM unique") et détenus par les producteurs, qui n'ont pas été utilisés et qui sont encore valables au 31 décembre 2015, peuvent être convertis en autorisations de plantation, sur demande présentée à l'établissement mentionné à l'article L. 621-1 jusqu'au *(Décr. n° 2021-187 du 19 févr. 2021, art. 1er)* « 31 décembre 2022 », dans la limite de la durée de validité de ces droits.

Les demandeurs précisent la superficie pour laquelle l'autorisation est sollicitée sans mentionner son emplacement précis dans leur exploitation.

II. — Les autorisations de plantation issues de la conversion d'un droit de plantation ou de replantation sont attribuées par le directeur général de l'établissement mentionné à l'article L. 621-1, sous réserve du respect des conditions suivantes :

1° Lorsque les autorisations résultent de la conversion d'un droit acquis dans le cadre d'une autorisation de transfert de droits ou d'acquisition de droits à la réserve, la plantation doit être réalisée :

a) Sur les superficies rendues disponibles pour la délivrance d'autorisations nouvelles et sur lesquelles a été délivrée l'autorisation de transfert ou d'achat de droits ;

b) Conformément au cahier des charges de l'appellation d'origine protégée ou de l'indication géographique protégée concernée ;

c) Conformément aux engagements de commercialisation, lorsque le produit visé par l'autorisation d'achat de droits était un vin sans appellation d'origine protégée ni indication géographique protégée.

Ces obligations ne s'appliquent qu'aux superficies pour lesquelles le nombre d'hectares pouvant faire l'objet d'une autorisation est limité ou qui sont affectées par un critère d'éligibilité lié à un risque important de détournement de notoriété, appliqué, à la date de dépôt de la demande d'autorisation, dans les conditions prévues par la réglementation de l'Union européenne.

2° Lorsque les autorisations résultent de la conversion d'un droit issu d'un arrachage jusqu'au 31 décembre 2015 sur l'exploitation, la replantation et, le cas échéant, l'utilisation et la commercialisation des raisins produits, si elles sont réalisées dans une zone de restriction existant à la date de dépôt de la demande d'autorisation, doivent être conformes aux règles appliquées dans cette zone de restriction.

Art. D. 665-13 I. – Les plantations ou les replantations de superficies destinées à l'expérimentation et à la culture de vignes mères de greffons font l'objet d'une notification préalable à l'établissement mentionné à l'article L. 621-1 dans des conditions précisées par décision du directeur général de cet établissement, conformément à l'article 1er du règlement délégué (UE) 2015/560 de la Commission du 15 décembre 2014. Elles sont soumises aux obligations déclaratives prévues à l'article D. 665-11.

Les plantations ou replantations destinées à la consommation familiale sont soumises à notification. La notification est réalisée lors de la déclaration d'intention de plantation mentionnée au premier alinéa de l'article D. 665-11.

Les replantations intervenant à la suite de mesures d'expropriation pour cause d'utilité publique sont soumises aux obligations déclaratives prévues à l'article D. 665-11.

II. – Un arrêté conjoint des ministres chargés de l'agriculture et du budget définit les conditions dans lesquelles certaines organisations sans activité commerciale peuvent être assimilées à la famille du producteur.

La commercialisation des produits issus de superficies destinées à la culture de vignes mères de greffons et des produits issus de superficies destinées à l'expérimentation peut être autorisée pendant la période durant laquelle se poursuit la culture de vignes mères de greffons ou l'expérimentation, par arrêté des ministres chargés de l'agriculture et du budget, pris après avis du conseil spécialisé de la filière viticole de l'établissement mentionné à l'article L. 621-1 et de l'INAO.

SOUS-SECTION 2 Classement des variétés de vigne

Art. D. 665-14 I. – Le classement des variétés de vigne à raisins de cuve prévu à l'article 81 du règlement (UE) n° 1308/2013 du Parlement européen et du Conseil du 17 décembre 2013 est établi par arrêté du ministre chargé de l'agriculture, après avis du conseil spécialisé de la filière viticole de l'établissement mentionné à l'article L. 621-1 et de la "section vigne" du comité technique permanent de la sélection (CTPS).

II. – Un arrêté du ministre chargé de l'agriculture fixe, après avis du conseil spécialisé de l'établissement mentionné à l'article L. 621-1 et de la "section vigne" du comité technique permanent de la sélection (CTPS), les critères de classement des variétés à raisins de cuve ainsi que les modalités de mise en œuvre de la procédure de classement, les modalités d'expérimentation et, le cas échéant, les frais de gestion de la demande de classement. Ces critères permettent de classer les variétés qui présentent un intérêt agronomique, technologique ou environnemental. Ils peuvent tenir compte des stratégies de lutte contre les maladies afin de ralentir les contournements des gènes de résistance aux maladies.

Les expérimentations ne peuvent dépasser une superficie et une durée prévues par cet arrêté.

Le classement de la variété peut être temporaire pour permettre l'évaluation de celle-ci dans le cadre d'une expérimentation. Dans ce cas, si l'expérimentation n'est pas conduite dans le cadre de l'article D. 665-13 et si le classement ne devient pas définitif, l'arrachage des vignes des parcelles concernées est obligatoire dans un délai de quinze ans après le retrait du classement.

Seules les variétés distinctes, stables et homogènes, au sens de l'article R. 661-26, peuvent être classées définitivement. Les variétés classées temporairement et ne répondant pas à la définition prévue à l'article R. 661-26 font l'objet, pendant la durée de l'expérimentation, d'une évaluation de leur caractère distinct, de leur stabilité et de leur homogénéité.

Une variété peut être retirée du classement si elle ne répond plus aux critères ayant justifié son classement.

III. – Les personnes qui sollicitent l'introduction d'une variété au classement déposent un dossier auprès de l'établissement mentionné à l'article L. 621-1. Ce dossier contient :

1° Les éléments prouvant que la variété est inscrite à l'un des catalogues officiels des espèces et variétés de vigne établis au sein d'un État membre de l'Union européenne ou est inscrite dans une liste équivalente pour les variétés des pays tiers ;

2° Les données techniques et scientifiques objectives et probantes décrivant les caractéristiques morphologiques et physiologiques qui permettent de réaliser l'évaluation de la variété au regard des critères de classement ;

3° Les éléments démontrant l'intérêt de la variété au regard de ces critères, par rapport à d'autres variétés cultivées en vue d'obtenir un produit comparable ;

4° Le cas échéant, sont décrites les conditions d'expérimentation incluant les dispositifs et plans d'expérimentation, les variétés témoins, les modes de conduite et les itinéraires techniques.

V. Arr. du 7 juill. 2015 établissant la liste des variétés classées de vigne à raisins de cuve (JO 11 juill.), mod. par Arr. du 19 avr. 2017 (JO 27 avr.), Décis. n° 411909 du 7 déc. 2018 du Conseil d'État statuant au contentieux (JO 14 déc.), Arr. du 3 juill. 2017 (JO 8 juill.), Arr. du 7 mars 2018 (JO 14 mars), Arr. du 3 déc. 2018 (JO 8 déc.), Arr. du 10 mars 2020 (JO 17 mars), Arr. du 2 févr. 2021 (JO 11 févr.), Arr. du 23 déc. 2021 (JO 30 déc.), Arr. du 8 août 2022 (JO 13 août), Arr. du 27 sept. 2022 (JO 9 oct.), Arr. du 3 mars 2023 (JO 18 mars), Arr. du 26 sept. 2023 (JO 29 sept.) ; Arr. du 9 mai 2016 établissant les modalités de classement des variétés de vignes à raisins de cuve (JO 15 mai), mod. par Arr. du 7 mars 2018 (JO 14 mars).

SOUS-SECTION 3 Dispositions relatives aux contrôles

Art. D. 665-15 **Les agents de l'établissement mentionné à l'article L. 621-1 et les agents de l'INAO sont habilités à rechercher et constater les manquements visés à l'article L. 665-5-4.**

La décision du directeur de FranceAgriMer rejetant une demande de restructuration du vignoble au motif d'un défaut d'arrachage constaté lors d'un contrôle sur place est nulle dès lors que l'agent chargé du contrôle avait pénétré dans la propriété de la SCI sans autorisation d'une personne représentant celle-ci. • CE 14 nov. 2018, n° 389254 : *DP entr. agric., Bull. n° 524, p. 13, note Bouvier.*

SOUS-SECTION 4 Conseils de bassin viticole

(Décr. n° 2017-1771 du 27 déc. 2017, art. 23-23°)

Art. D. 665-16 **Dans chacun des bassins viticoles, le conseil de bassin viticole est une instance de concertation entre les partenaires de la filière viticole et les pouvoirs publics, placée auprès du préfet de région compétent pour le bassin viticole, pour l'ensemble des questions touchant à la production vitivinicole. La délimitation des bassins de production viticole et le préfet compétent pour chacun d'eux sont précisés dans le tableau annexé au présent chapitre.** — *Tableau créé par Décr. n° 2017-1771 du 27 déc. 2017, art. 23-28°. — V.* ***C. rur.***

Art. D. 665-16-1 **Les conseils de bassin viticole peuvent être consultés sur toute question relative à la filière viticole par le ministre chargé de l'agriculture, par les préfets de bassin viticole ou à l'initiative d'au moins un quart des membres mentionnés au 1° de l'article D. 665-17-2. Les conseils de bassin peuvent notamment être consultés :**

1° Sur la reconnaissance d'une nouvelle appellation d'origine ou indication géographique pour un produit vinicole du bassin ;

2° Sur une présentation harmonisée des différentes catégories de vins au sein du bassin ;

3° Sur l'amélioration de la connaissance du marché pour les vins produits dans le bassin ;

4° Sur les mesures visant à développer les relations entre les entreprises de production, de mise en marché et de distribution ;

5° En vue de faciliter la cohérence des mesures de régulation de l'offre prises par les organisations interprofessionnelles reconnues ;

6° En vue d'aider à la cohérence des actions menées en matière de promotion ;

7° En vue de contribuer à la cohérence des actions en matière de recherche, d'expérimentation et de développement, et pour le développement au sein du bassin de nouveaux produits issus de la vigne ;

8° En vue d'aider à la cohérence des rendements des différents produits vitivinicoles du bassin ;

9° Sur la question du potentiel de production, notamment sur les contingents de droits de plantation des vins qui ne relèvent pas de la procédure prévue à l'article L. 644-13. Le conseil de bassin est informé des propositions que l'Institut national de l'origine et de la qualité (INAO) formule en application de l'article précité ;

10° En vue de contribuer à l'élaboration de la stratégie d'évolution à moyen terme de l'offre au niveau du bassin.

Art. D. 665-16-2 Le conseil de bassin viticole fixe les priorités de chaque bassin dans le cadre des orientations définies par l'Établissement national des produits de l'agriculture et de la mer (FranceAgriMer) pour l'élaboration et la mise en œuvre des mesures de politique publique en faveur de la filière viticole autres que celles relevant de l'INAO, notamment en matière de mesures d'arrachage et de restructuration du vignoble.

(Décr. n° 2019-519 du 24 mai 2019, art. 2, en vigueur le 1er juin 2019) « Le conseil de bassin propose deux représentants au conseil spécialisé de FranceAgriMer prévu au 7° de l'article D. 621-7-2. Ces représentants sont choisis parmi les membres désignés en application du 1° de l'article D. 665-17 et conformément aux dispositions du 5° de l'article D. 621-18. »

Art. D. 665-17 Le conseil de bassin viticole comprend :

1° Au maximum vingt-deux membres représentant la profession viticole, dont :

a) Au moins deux représentants désignés sur proposition de chaque organisation interprofessionnelle de la filière viticole concernée. Toutefois, lorsque cela aboutit à une représentation manifestement disproportionnée d'une organisation interprofessionnelle au regard de son importance économique relative, ce nombre peut être abaissé à un. Les représentants des organisations interprofessionnelles doivent constituer au moins la moitié des membres désignés au titre du 1°. Ces représentants doivent exercer leur activité dans le bassin viticole concerné ;

b) Des personnalités désignées en raison de leurs responsabilités dans la filière régionale parmi les propositions émanant notamment des organisations représentant les viticulteurs indépendants, le secteur coopératif, le négoce, les producteurs de vins à appellation d'origine ou indication géographique et des organisations syndicales d'exploitants agricoles représentatives ;

c) Le ou les présidents des comités régionaux concernés de l'INAO ou leur représentant ;

2° Au maximum douze membres représentant les personnes publiques intéressées, dont :

a) Le préfet de région compétent pour le bassin viticole ;

b) Le ou les présidents des conseils régionaux concernés ou leurs représentants ;

c) Au maximum quatre représentants des services déconcentrés de l'État ;

d) Un ou des présidents des chambres d'agriculture ou leurs représentants ;

e) Le directeur de FranceAgriMer ou son représentant ;

f) Le directeur de l'INAO ou son représentant.

Peut en outre être désignée pour siéger au conseil de bassin viticole avec voix consultative toute personne dont le concours paraît utile, notamment des personnes proposées par les organismes d'enseignement et de recherche.

Art. D. 665-17-1 Les membres du conseil de bassin viticole mentionnés au 1° et aux *c* et *d* du 2° de l'article D. 665-17-2 sont nommés par arrêté du préfet de bassin viticole pour une durée de cinq ans. Ils n'ont pas de suppléant.

Le préfet de région compétent pour le bassin viticole préside le conseil de bassin viticole. Un vice-président peut être élu parmi les représentants du conseil de bassin au *(Décr. n° 2019-519 du 24 mai 2019, art. 2, en vigueur le 1er juin 2019)* « conseil spécialisé de FranceAgriMer prévu au 7° de l'article D. 621-7-2 ». En cas d'absence ou d'empêchement du président du conseil de bassin viticole, la présidence du conseil est assurée par le vice-président.

Le secrétariat du conseil de bassin est assuré par le service régional déconcentré compétent en matière d'agriculture placé sous l'autorité du préfet de bassin viticole.

Art. D. 665-17-2 Le conseil de bassin fonctionne dans les conditions prévues aux articles R. 133-4 à R. 133-14 du code des relations entre le public et l'administration.

Pour tous les avis émis en application de l'article D. 665-17 du présent code, seuls les membres mentionnés au 1° de l'article D. 665-17-2 du même code et le président prennent part au vote. En cas de partage égal des voix, celle du président est prépondérante.

(Décr. n° 2019-519 du 24 mai 2019, art. 2, en vigueur le 1er juin 2019) « Pour le choix des représentants au conseil spécialisé de FranceAgriMer prévu au 7° de l'article D. 621-7-2 et pour l'élection du vice-président, seuls les membres mentionnés au 1° de l'article D. 665-17 » prennent part au vote.

SOUS-SECTION 5 **Irrigation**

(Décr. n° 2017-1771 du 27 déc. 2017, art. 23-24°)

Art. D. 665-17-5 L'irrigation des vignes aptes à la production de raisins de cuve est interdite du *(Décr. n° 2023-735 du 8 août 2023, art. 1er)* « 15 septembre » à la récolte.

Des règles plus restrictives relatives à l'irrigation des vignes aptes à la production de vins à appellation d'origine et de celles aptes à la production de vin sous indication géographique protégée peuvent être fixées respectivement par le décret mentionné à l'article L. 641-7 ou par le décret définissant les conditions de production d'un vin sous indication géographique protégée.

SECTION 2 **Agrément des opérateurs et certification des vins ne bénéficiant pas d'une appellation d'origine protégée ou d'une indication géographique protégée et portant une mention de cépage ou de millésime**

(Décr. n° 2010-1327 du 5 nov. 2010)

SOUS-SECTION 1 **Agrément des opérateurs concernés**

Art. R. 665-18 Doit obtenir un agrément tout opérateur qui réalise, pour un vin ne bénéficiant pas d'une appellation d'origine protégée ou d'une indication géographique protégée, l'une des opérations suivantes :

— la mise à la consommation sur le territoire national d'un vin non conditionné ;

— l'expédition hors du territoire national d'un vin non conditionné ;

— le conditionnement d'un vin, pour autant que la mention du ou des cépages ou du millésime figure, ou qu'il est envisagé de la faire figurer, sur l'étiquetage ou dans la désignation de ce vin.

Cet opérateur est responsable de la véracité des informations, mentionnées sur l'étiquetage ou dans la désignation du vin, relatives au cépage ou au millésime. Il s'assure de la traçabilité des cépages ou du millésime pour les matières premières, pour les produits dans les processus internes de l'entreprise et pour le produit qu'il met sur le marché. Il met en place un système documentaire de maîtrise de cette traçabilité et enregistre les preuves de cette maîtrise. L'agrément doit permettre d'assurer que l'opérateur dispose des moyens de maîtriser la traçabilité du ou des cépages ou du millésime portés sur l'étiquetage du vin ou dans sa désignation.

Art. R. 665-19 L'Établissement national des produits de l'agriculture et de la mer (FranceAgriMer) est chargé de l'agrément des opérateurs mentionnés à l'article R. 665-18. L'agrément est délivré par le directeur général de cet établissement, sur demande de l'opérateur.

L'agrément est préalable à toute opération mentionnée à l'article R. 665-18.

La demande d'agrément transmise au directeur général de l'Établissement national des produits de l'agriculture et de la mer (FranceAgriMer) comporte, dans des conditions et selon les modalités définies par ce dernier, l'identité du demandeur, son adresse, la description du système documentaire permettant d'assurer la traçabilité du cépage ou du millésime, l'engagement de l'opérateur d'informer l'Établissement national des produits de l'agriculture et de la mer (FranceAgriMer) de toute modification le concernant et son accord pour figurer dans la liste des opérateurs agréés.

Art. R. 665-20 Le directeur général de l'Établissement national des produits de l'agriculture et de la mer (FranceAgriMer) statue sur la demande dans un délai de quinze jours ouvrables. En cas d'acceptation de celle-ci, il notifie au demandeur son numéro d'agrément.

La liste des opérateurs agréés est publiée sur le site internet de l'Établissement national des produits de l'agriculture et de la mer (FranceAgriMer).

L'agrément est valable pour une campagne vitivinicole, soit du 1er août au 31 juillet de l'année suivante. Toutefois, le directeur général de l'Établissement national des produits de l'agriculture et de la mer (FranceAgriMer) peut agréer un opérateur qui en fait la demande pour une durée maximale de trois ans.

L'opérateur transmet sans délai à l'Établissement national des produits de l'agriculture et de la mer (FranceAgriMer) toute modification des éléments de sa demande.

Art. R. 665-21 L'agrément peut être refusé si les renseignements fournis par l'opérateur sont erronés ou si le système documentaire relatif à la traçabilité décrit dans la demande ne paraît pas donner une assurance suffisante de la maîtrise par l'opérateur des mentions de cépage ou de millésime inscrites sur l'étiquetage et dans la désignation du vin

Le refus d'agrément est prononcé par une décision motivée du directeur général de l'Établissement national des produits de l'agriculture et de la mer (FranceAgriMer), après que l'opérateur a été mis à même de produire ses observations dans les conditions prévues par l'article 24 de la loi n° 2000-321 du 12 avril 2000 *[CRPA, art. L. 121-1, L. 121-2 et L. 122-1]*.

Art. R. 665-22 L'agrément peut être retiré à tout moment lorsque l'opérateur cesse de remplir une des conditions sur le fondement desquelles cet agrément lui a été accordé.

Le retrait d'agrément est prononcé par une décision motivée du directeur général de l'Établissement national des produits de l'agriculture et de la mer (FranceAgriMer), après que l'opérateur a été mis à même de produire ses observations, conformément aux dispositions de l'article 24 de la loi n° 2000-321 du 12 avril 2000 *[CRPA, art. L. 121-1, L. 121-2 et L. 122-1]*.

SOUS-SECTION 2 **La certification des vins**

Art. R. 665-23 L'Établissement national des produits de l'agriculture et de la mer (FranceAgriMer) est l'autorité compétente au sens de l'article 63, paragraphe 1, du règlement (CE) n° 607/2009 de la Commission du 14 juillet 2009 susvisé, responsable de la certification des vins sans appellation d'origine protégée ni indication géographique et portant une mention de cépage ou de millésime.

L'Établissement national des produits de l'agriculture et de la mer (FranceAgriMer) peut déléguer à des organismes de contrôle, dans les conditions prévues par l'article 5 du règlement (CE) n° 882/2004 et par le point 2 de l'article 63 du règlement (CE) n° 607/2009, des tâches spécifiques de la procédure de certification.

Art. R. 665-24 Préalablement aux opérations visées à l'article R. 665-18, pour obtenir la certification des vins ne bénéficiant pas d'une appellation d'origine protégée ou d'une indication géographique protégée et portant une mention de cépage ou de millésime, l'opérateur doit en faire la demande auprès du directeur général de l'Établissement national des produits de l'agriculture et de la mer (FranceAgriMer).

Le directeur général de l'Établissement national des produits de l'agriculture et de la mer (FranceAgriMer) délivre un numéro d'enregistrement valant certificat à l'opérateur dans un délai de quinze jours ouvrables suivant la réception de cette demande. Les vins ne peuvent être expédiés ou commercialisés avec la mention de cépage ou de millésime avant la réception de ce certificat par l'opérateur.

La demande d'enregistrement est effectuée selon des modalités fixées par le directeur général de l'Établissement national des produits de l'agriculture et de la mer (FranceAgriMer). Elle comporte :

1° L'identité de l'opérateur, son adresse et son numéro d'agrément ;

2° Le volume que l'opérateur a l'intention de commercialiser par cépage ou par millésime ;

3° Le cas échéant, les procédures internes ou externes d'assurance qualité ou de certification mises en place, relatives au produit ou à l'entreprise ;

4° L'engagement du demandeur :

– de se soumettre aux vérifications réalisées conformément au plan de contrôle mentionné à l'article R. 665-27 ;

– de tenir à disposition des organismes de contrôle, les documents et enregistrements nécessaires à celui-ci, notamment le système documentaire prévu à l'article R. 665-18 ;

– de supporter les frais liés aux contrôles ;

– d'informer l'Établissement national des produits de l'agriculture et de la mer (FranceAgriMer) de toute modification le concernant ;

– d'indiquer avant le 31 août de chaque année, le volume de vin réellement commercialisé en hectolitres, par cépage ou par millésime au cours de la campagne précédente.

Art. R. 665-25 L'opérateur indique à l'Établissement national des produits de l'agriculture et de la mer (FranceAgriMer), avant le 31 août de chaque année, le volume de vin réellement commercialisé, en hectolitres, par cépage ou par millésime.

Art. R. 665-26 Lorsque le directeur général de l'Établissement national des produits de l'agriculture et de la mer (FranceAgriMer) a délégué des tâches spécifiques à des organismes de contrôle conformément à l'article R. 665-23, l'opérateur peut choisir ledit organisme sur une liste mise à disposition par l'établissement.

Art. R. 665-27 En vue de garantir les informations relatives au cépage ou au millésime mentionnées sur l'étiquetage des vins et transmises dans les demandes de certification, des contrôles documentaires sont réalisés par sondage, par tirage aléatoire ou sur la base d'une analyse de risque, conformément à un plan de contrôle fixé par le directeur général *[de]* l'Établissement national des produits de l'agriculture et de la mer (FranceAgriMer). Ces contrôles doivent permettre de vérifier la certification du vin à toute étape de la production, y compris lors du conditionnement.

Le plan de contrôle comporte la liste des mesures sanctionnant les manquements. Cette liste peut prévoir la prescription de toute mesure complémentaire permettant d'apprécier l'ampleur des manquements constatés, la suspension ou le retrait de la possibilité d'utiliser la mention du cépage ou du millésime, pour un lot ou pour l'ensemble de la production de l'opérateur en cause.

Le plan de contrôle est publié au *Bulletin officiel* du ministère chargé de l'agriculture.

Art. R. 665-28 Si le contrôle fait apparaître que la véracité des informations relatives au cépage ou au millésime n'est pas garantie, le directeur général de l'Établissement national des produits de l'agriculture et de la mer (FranceAgriMer) adresse à l'opérateur une notification du constat effectué, dans le délai prévu par le plan de contrôle mentionné à l'article R. 665-27, et peut le mettre en demeure de procéder, dans un délai de trente jours ouvrables, à des actions correctives.

L'opérateur dispose de quinze jours ouvrables à compter de la réception de la notification pour faire valoir ses observations, conformément aux dispositions de l'article 24 de la loi n° 2000-321 du 12 avril 2000 *[CRPA, art. L. 121-1, L. 121-2 et L. 122-1]*.

A l'expiration du délai imparti, s'il est constaté que la mise en demeure est fondée et qu'elle est restée sans effet ou n'a été que partiellement prise en compte, le directeur général de l'Établissement national des produits de l'agriculture et de la mer (FranceAgriMer) notifie à l'opérateur, par une décision motivée, la sanction encourue à raison de ce manquement conformément au plan de contrôle.

SOUS-SECTION 3 Les frais d'agrément et de certification

Art. R. 665-29 Les frais d'agrément sont payés à l'Établissement national des produits de l'agriculture et de la mer (FranceAgriMer) selon les tarifs et modalités fixés par son directeur général.

Les frais de certification, y compris les frais inhérents aux contrôles consécutifs au constat d'une non-conformité, sont payés par le demandeur de la certification à l'Établissement national des produits de l'agriculture et de la mer (FranceAgriMer), selon les modalités et les tarifs définis par son directeur général.

Dans les cas où certaines tâches ont été déléguées par le directeur général de l'Établissement national des produits de l'agriculture et de la mer (FranceAgriMer) à un organisme de contrôle conformément à l'article R. 665-23, ces mêmes frais sont payés par le demandeur de la certification à l'organisme de contrôle, sur la base des tarifs fixés par celui-ci ou, le cas échéant, par l'Établissement national des produits de l'agriculture et de la mer (FranceAgriMer).

SECTION 3 Système de cotation

(Décr. n° 2010-1644 du 23 déc. 2010)

Art. D. 665-30 Le système de cotation pour les vins mentionné à l'article L. 665-2 est mis en œuvre dans les conditions prévues par le présent article et l'article D. 665-31.

Les cotations sont établies sur la base de données représentatives recueillies à l'occasion du visa des contrats mentionnés au deuxième alinéa de l'article L. 665-2.

Les cotations des marchés à suivre en application de l'article 19 du règlement (CE) n° 436/2009 de la Commission du 26 mai 2009 sont établies à partir d'au moins 70 % des volumes des vins figurant sur la liste fixée par l'arrêté prévu à l'article L. 665-2.

Les cotations sont mensuelles ; elles sont publiées sur le site internet de FranceAgriMer au plus tard le 15 du mois suivant le mois de recueil des données.

Une décision du directeur général de FranceAgriMer précise la nature des données nécessaires à l'établissement des cotations, les modalités de collecte et de traitement de ces données ainsi que les modalités de calcul des cotations. Elle sélectionne les marchés à suivre en application du 3 de l'article 19 du règlement (CE) n° 436/2009 de la Commission du 26 mai 2009, correspondant aux cotations les plus représentatives des vins blancs et rouges produits sur le territoire national.

Art. D. 665-30-1 Les organisations interprofessionnelles qui visent les contrats mentionnés au deuxième alinéa de l'article L. 665-2 transmettent à FranceAgriMer les données mentionnées à l'article D. 665-30.

Cette transmission est :

1° Au minimum mensuelle, avant le 10 du mois, pour les vins d'appellation d'origine ;

2° Quotidienne pour les autres vins. — *L'art. D. 665-31 de la section 3 du chapitre V devient l'art. D. 665-30-1 et les tirets précédant les alinéas 3 et 4 sont remplacés successivement par « 1° » et « 2° », la lettre minuscule suivant chacune des insertions ainsi effectuées devenant une lettre majuscule (Décr. n° 2017-1771 du 27 déc. 2017, art. 23-25°).*

SECTION 4 Valorisation des résidus de la vinification

(Décr. n° 2014-903 du 18 août 2014, art. 1er)

Art. D. 665-31 Les définitions des termes techniques de la présente section sont celles figurant à la partie IV de l'annexe II et à la partie II de l'annexe VII du règlement (UE) n° 1308/2013 du Parlement européen et du Conseil du 17 décembre 2013 portant organisation commune des marchés des produits agricoles.

Au sens de la présente section, on entend par :

a) "Valorisation des résidus" : l'opération consistant à éliminer les sous-produits de la vinification conformément aux articles 21 à 23 du règlement (CE) n° 555/2008 de la Commission du 27 juin 2008 fixant les modalités d'application du règlement (CE) n° 1234/2007 du Conseil portant organisation commune du marché vitivinicole en ce qui concerne les programmes d'aide, les échanges avec les pays tiers, le potentiel de production et les contrôles dans le secteur vitivinicole. Les résidus comprennent les marcs de raisins et les lies de vin ;

b) "Vins livrés en complément" : vins livrés en application du 2 de l'article 21 du règlement (CE) n° 555/2008 de la Commission du 27 juin 2008 susmentionné, dans les conditions fixées à l'article D. 665-36 ;

c) "Producteurs" : opérateurs qui présentent une déclaration de production en application du 1 de l'article 9 du règlement (CE) n° 436/2009 de la Commission du 26 mai 2009 portant modalités d'application du règlement (CE) n° 479/2008 du

Conseil en ce qui concerne le casier viticole, les déclarations obligatoires et l'établissement des informations pour le suivi du marché, les documents accompagnant les transports des produits et les registres à tenir dans le secteur vitivinicole ;

d) "Distillateurs" : opérateurs définis à l'article 332 du code général des impôts, qui traitent des résidus de la vinification ou des vins livrés en compléments ;

e) "Industrie de vinaigrerie" : industrie de vinaigrerie qui traite des vins livrés en compléments ;

f) "Centre de méthanisation", "centre de compostage" : centre de méthanisation, centre de compostage qui traitent des résidus de la vinification.

Art. D. 665-32 1° Lorsque le vin a été obtenu par vinification directe des raisins frais, les résidus de la vinification contiennent un volume d'alcool au moins égal à 10 % du volume d'alcool contenu dans le vin produit.

2° Lorsque le vin a été obtenu par vinification de moûts de raisins, de moûts de raisins partiellement fermentés ou de vin nouveau encore en fermentation :

a) Pour les vins blancs et rosés, le volume d'alcool contenu dans les résidus éliminés par le récoltant vendeur de moûts est au moins égal à 8 % du volume d'alcool contenu dans le vin produit et le volume d'alcool contenu dans les résidus éliminés par le vinificateur est au moins égal à 2% du volume d'alcool contenu dans le vin produit ;

b) Pour les autres vins, le volume d'alcool contenu dans les résidus éliminés par le récoltant est au moins égal à 5 % du volume d'alcool contenu dans le vin produit et le volume d'alcool contenu dans les résidus éliminés par le vinificateur est au moins égal à 5 % du volume d'alcool contenu dans le vin produit.

Art. D. 665-33 Les titres alcoométriques volumiques totaux minimum sont :

1° Pour les marcs de raisins :

a) En zone viticole B, 1,5 litre d'alcool pur pour 100 kilogrammes ;

b) En zone viticole C, 2,5 litres d'alcool pur pour 100 kilogrammes, et 1,5 litre d'alcool pur pour 100 kilogrammes lorsque les marcs de raisins sont issus de la vinification des raisins aptes à produire de l'eau-de-vie de vin à appellation d'origine contrôlée ;

2° Pour les lies de vin :

a) En zone viticole B, 3 litres d'alcool pur pour 100 kilogrammes ;

b) En zone viticole C, 4 litres d'alcool pur pour 100 kilogrammes.

Art. D. 665-34 I. – Les producteurs satisfont à leur obligation de procéder, dans le respect de la réglementation relative à la protection de l'environnement et à la mise sur le marché des matières fertilisantes et supports de culture, à l'élimination de la totalité des résidus de la vinification ou de toute opération de transformation du raisin :

(Décr. n° 2018-10 du 5 janv. 2018, art. 1er) « – en livrant tout ou partie des marcs de raisins et des lies de vins obtenus à des catégories d'opérateurs définies par arrêté des ministres chargés de l'agriculture et du budget et comprenant notamment les distillateurs et les exploitants de centres de méthanisation ou de centres de compostages ; »

– en procédant, sur leur exploitation, à la méthanisation ou au compostage de tout ou partie des marcs de raisins ;

– en procédant, sur leur exploitation ou sur celle d'un tiers, à l'épandage de tout ou partie des marcs de raisin.

Les producteurs concernés déclarent le ou les modes de valorisation des résidus de la vinification choisi(s) et effectuent une analyse du titre alcoométrique volumique total des marcs de raisins et des lies de vin.

Un arrêté conjoint des ministres chargés de l'agriculture et du budget précise les modalités de déclaration du mode de valorisation des résidus de la vinification choisi, de calcul de la quantité totale d'alcool qu'ils contiennent, d'analyse du titre alcoométrique volumique total des marcs de raisins et des lies de vin et d'autocontrôle de l'exécution de cette valorisation. – *V. Arr. du 18 août 2014 relatif aux modalités de déclaration et de contrôle de la valorisation des résidus de la vinification (JO 20 août), mod. par Arr. du 10 janv. 2018 (JO 19 janv.).*

II. — Lorsqu'elle est réalisée en méconnaissance de la réglementation relative à la protection de l'environnement et à la mise sur le marché des matières fertilisantes et supports de culture, l'obligation d'élimination des résidus est regardée comme non remplie.

III. — Les producteurs ayant produit eux-mêmes et dans leurs propres installations moins de 25 hectolitres de vin ou de moût au cours d'une campagne sont dispensés de procéder à l'élimination de leurs résidus.

IV. — Les producteurs de vins mousseux de qualité de type aromatique, de vins mousseux de qualité produits dans des régions déterminées du type aromatique et de vins pétillants de qualité produits dans des régions déterminées du type aromatique, qui ont élaboré ces vins à partir de moûts de raisins ou de moûts de raisins partiellement fermentés achetés et ayant subi des traitements de stabilisation pour éliminer les lies de vin, ainsi que les producteurs de vins de liqueur d'appellation d'origine protégée, ne sont pas soumis à l'obligation d'élimination des lies de vin correspondant à ces productions.

Art. D. 665-35 Les opérateurs qui valorisent des résidus de la vinification ou des vins livrés en complément s'enregistrent auprès de FranceAgriMer et tiennent à jour les documents permettant la traçabilité des opérations relatives à leur activité de valorisation des résidus de la vinification.

Un arrêté conjoint des ministres chargés de l'agriculture et du budget définit les modalités de calcul du titre alcoométrique volumique total des résidus lorsqu'ils sont livrés par les producteurs à un autre opérateur et précise les exigences de traçabilité des opérations de valorisation.

Art. D. 665-36 Dans le cas où les pourcentages mentionnés à l'article D. 665-32 ne sont pas atteints par les marcs de raisins et lies de vin destinés à être valorisés, l'obligation du producteur de livrer une quantité de vin afin de parvenir à ces pourcentages est remplie par la livraison à la distillation ou à l'industrie de la vinaigrerie de la quantité nécessaire de vin issu de sa propre production, non destiné à la livraison aux usages industriels en application de l'article D. 645-14 ou de l'article D. 646-13. *(Décr. n° 2018-10 du 5 janv. 2018, art. 1er)* « L'obligation est également remplie par la prise en compte dans les pourcentages mentionnés à l'article D. 665-32 de la quantité nécessaire d'alcool issue de la distillation dans le cadre de la production d'eau-de-vie à appellation d'origine contrôlée. » Cette obligation n'est pas remplie par la livraison de rebêches à la distillation en application de *(Décr. n° 2017-1771 du 27 déc. 2017, art. 23-26°)* « l'article D. 665-37 ».

Al. 2 abrogé par Décr. n° 2018-10 du 5 janv. 2018, art. 1er.

Art. D. 665-37 *(Décr. n° 2017-1771 du 27 déc. 2017, art. 23-27°)* I. — Pour les vins mousseux et pétillants d'appellation d'origine contrôlée, les moûts obtenus en fin de pressurage au-delà du rendement maximum au pressoir autorisé, appelés "rebêches", sont séparés des moûts prétendant à l'appellation d'origine contrôlée correspondante.

Les rebêches ne peuvent en aucun cas prétendre à une appellation d'origine contrôlée.

L'inscription des vins issus de ces rebêches sur la déclaration de récolte, le carnet de pressoir et, le cas échéant, la déclaration de stock sont obligatoires. Le volume de vins concernés ne peut représenter plus de 10 % de la quantité de moûts débourbés à laquelle s'applique l'appellation d'origine contrôlée correspondante.

II. — Le pourcentage minimal est fixé annuellement par arrêté interministériel pour chacune des appellations d'origine contrôlées mousseux, sur proposition du Comité national des vins et eaux-de-vie, après avis du syndicat concerné.

Ces rebêches font l'objet d'un envoi en distillerie avant le 15 décembre de l'année suivant celle de la récolte et peuvent être livrés au titre de la distillation des sous-produits de la vinification prévue par le règlement (CE) n° 491/2009 du Conseil du 25 mai 2009 modifiant le règlement (CE) n° 1234/2007 portant organisation commune des marchés dans le secteur agricole et dispositions spécifiques en ce qui concerne certains produits de ce secteur (règlement OCM unique).

Toutefois, ces rebêches peuvent servir à l'obtention d'une eau-de-vie pouvant bénéficier d'une appellation d'origine réglementée, lorsque celle-ci existe dans la région concernée, et à l'obtention de vin de liqueur à l'intérieur de l'aire de production de

l'appellation d'origine contrôlée concernée. L'élaboration de ces vins de liqueur doit faire l'objet d'une demande individuelle effectuée auprès de la direction générale de la concurrence, de la consommation et de la répression des fraudes.

De même, les rebêches peuvent servir à l'élaboration de moûts partiellement fermentés ou de vins nouveaux encore en fermentation. Ils peuvent être mis à la consommation dans la région de production jusqu'au 30 novembre suivant la récolte.

III. — Les dispositions du présent article s'appliquent aux seuls vins blancs.

SECTION 5 Intervention dans le secteur du vin

(Décr. n° 2022-1343 du 21 oct. 2022, art. 1er)

Les engagements souscrits au titre du programme national d'aide pour le secteur vitivinicole avant le 16 oct. 2023 demeurent régis par les dispositions du Décr. n° 2018-787 du 11 sept. 2018 relatif au programme d'aide national au secteur vitivinicole pour les exercices financiers 2019 à 2023, pour les dépenses exposées et les paiements effectués au titre des opérations mises en œuvre dans le cadre du régime d'aide prévu par les art. 39 à 52 du Règl. (UE) n° 1308/2013 du Parlement européen et du Conseil. Les engagements souscrits au titre du programme national d'aide pour le secteur vitivinicole avant le 16 oct. 2025 sont également régis par les dispositions du Décr. préc. du 11 sept. 2018 pour les dépenses exposées et les paiements effectués au titre des opérations mises en œuvre conformément aux art. 46 et 50 du même règlement sous réserve que : au plus tard le 15 oct. 2023, ces opérations aient été partiellement mises en œuvre ; les dépenses exposées représentent au moins 30 % du total des dépenses prévues ; ces opérations soient intégralement mises en œuvre le 15 oct. 2025 au plus tard (Décr. n° 2022-1343 du 21 oct. 2022, art. 2-III, JO 22 oct.).

Art. D. 665-39 **La mise en œuvre, dans le secteur du vin, des types d'interventions énumérés à l'article D. 665-40 est réalisée par l'Établissement national des produits de l'agriculture et de la mer (FranceAgriMer).**

A ce titre, le directeur général de l'établissement décide :

1° Des modalités de demande d'aides, des conditions d'éligibilité et d'octroi, des actions et investissements éligibles, de la procédure et des critères de sélection des demandes, du montant des aides attribuables et de leurs modalités de paiement ;

2° Le cas échéant, des modalités de calcul et du déclenchement du mécanisme de stabilisation budgétaire mentionné à l'article D. 611-32 ;

3° Des modalités de contrôle administratif et sur place, des sanctions éventuelles et des réductions éventuelles du montant des aides.

Art. D. 665-40 **Pour le secteur du vin, sont mises en œuvre les types d'interventions suivants :**

1° Types d'interventions relatifs à la restructuration et à la reconversion des vignobles ;

2° Types d'interventions relatifs aux investissements matériels et immatériels ;

3° Types d'interventions relatifs à la distillation des sous-produits de la vinification ;

4° Types d'interventions relatifs à l'information dans les États membres de l'Union européenne ;

5° Types d'interventions relatifs à la promotion dans les pays tiers.

Art. D. 665-41 **Les bénéficiaires de l'aide à la restructuration et à la reconversion des vignobles sont les entreprises agricoles viticoles, personnes physiques ou morales, inscrites au casier viticole informatisé.**

Cette aide est mise en œuvre pour répondre au moins à l'un des objectifs mentionnés aux a, b et d de l'article 57 du règlement (UE) n° 2021/2115 du Parlement européen et du Conseil du 2 décembre 2021.

L'aide financière de l'Union consiste en une compensation financière indemnisant les producteurs pour les pertes de recettes résultant de la mise en œuvre de l'intervention, hors utilisation d'autorisation de replantation anticipée, et en une participation aux coûts de restructuration.

Une majoration des montants d'aide, dans la limite du taux maximum établi à l'article 59 paragraphe 1 du règlement (UE) n° 2021/2115 du Parlement européen et du Conseil du 2 décembre 2021, peut être mise en œuvre notamment au profit des jeunes agriculteurs viticulteurs, des détenteurs d'un contrat d'assurance contre les phénomènes défavorables ou contre les intempéries et des actions à réaliser dans le cadre

d'un plan collectif de restructuration. L'indemnisation des pertes de recettes peut couvrir jusqu'à 100 % des pertes concernées.

Le montant de l'aide pour la participation aux coûts de la restructuration est calculé sur la base d'un barème standard de coûts unitaires établi par décision du directeur général de l'Établissement national des produits de l'agriculture et de la mer (FranceAgriMer). Pour les types de dépenses pour lesquelles il n'existe pas de barème standard de coûts unitaires, l'aide est calculée sur la base des factures fournies par le demandeur, au taux maximum de l'aide.

Le pourcentage minimal en matière d'économie d'eau pour les systèmes d'irrigation est fixé à 5 % de réduction potentielle de l'utilisation de l'eau et, sur la base de cette réduction potentielle, à au moins 50 % de réduction effective de l'utilisation de l'eau, conformément au a du paragraphe 4 de l'article 11 du règlement délégué (UE) n° 2022/126 de la Commission du 7 décembre 2021.

Ce type d'intervention concerne les actions de reconversion et de restructuration des vignobles réalisées à compter du 1er août 2023.

Les modalités et les conditions de mise en œuvre de l'aide sont précisées par décision du directeur général de l'Établissement national des produits de l'agriculture et de la mer (FranceAgriMer).

Art. D. 665-42 Les bénéficiaires de l'aide aux investissements matériels et immatériels sont les entreprises vitivinicoles, quelle que soit leur forme juridique, produisant ou commercialisant les produits mentionnés à l'annexe VII partie II du règlement (UE) n° 1308/2013 du Parlement européen et du Conseil du 17 décembre 2013, les organisations de producteurs, les associations de producteurs et les organisations interprofessionnelles.

Cette aide est mise en œuvre pour répondre au moins à l'un des objectifs mentionnés aux a, b, c et d de l'article 57 du règlement (UE) n° 2021/2115 du Parlement européen et du Conseil du 2 décembre 2021.

Le taux de l'aide est de 30 % de la dépense éligible. Il est de 15 % pour les entreprises intermédiaires et de 7,5 % pour les grandes entreprises. Ce taux d'aide peut être modulé le cas échéant en tenant compte de la priorité donnée aux investissements liés à l'environnement, à l'installation d'un jeune agriculteur viticulteur ou à la structuration de la filière.

Des critères de sélection des dossiers peuvent être établis par le directeur général de l'Établissement national des produits de l'agriculture et de la mer (FranceAgriMer) afin d'octroyer prioritairement l'aide à certains types d'opérations, et en particulier à ceux qui favorisent l'installation de nouveaux viticulteurs. Les opérations définies comme prioritaires peuvent ne pas se voir appliquer le mécanisme de stabilisation budgétaire mentionné à l'article D. 611-32 lorsque l'enveloppe disponible le permet, ou, à défaut, peuvent se voir appliquer un taux de stabilisation plus favorable que le taux général applicable.

Ce type d'intervention concerne les investissements matériels et immatériels réalisés au titre des demandes d'aide déposées à partir de l'appel à projets pour l'année 2023.

Les modalités et les conditions d'application de l'aide sont précisées par décision du directeur général de l'Établissement national des produits de l'agriculture et de la mer (FranceAgriMer).

Art. D. 665-43 Les bénéficiaires de l'aide à la distillation des sous-produits de la vinification sont les distillateurs certifiés par l'Établissement national des produits de l'agriculture et de la mer (FranceAgriMer), selon une procédure fixée par une décision de son directeur général, effectuant la collecte et la transformation des sous-produits de la vinification livrés aux fins de la distillation.

Cette aide est mise en œuvre pour répondre au moins à l'un des objectifs mentionnés aux b, g et h de l'article 57 du règlement (UE) n° 2021/2115 du Parlement européen et du Conseil du 2 décembre 2021.

Les produits éligibles sont les quantités d'alcool brut ayant un titre alcoométrique d'au moins 92 % vol résultant de cette distillation et destinées exclusivement à des fins industrielles ou énergétiques qui ne faussent pas la concurrence.

Les distillateurs certifiés peuvent faire réaliser la transformation à façon par d'autres distillateurs sous réserve que ces derniers soient certifiés.

Les distillateurs certifiés dont les installations ne permettent pas d'obtenir des alcools ayant un titre alcoométrique d'au moins 92 % vol peuvent être bénéficiaires sous réserve de faire redistiller les alcools à un titre alcoométrique d'au moins 92 % vol par d'autres distillateurs certifiés.

L'aide financière maximale de l'Union en faveur de la distillation des sous-produits de la vinification est fixée à l'article 4 du règlement d'exécution (UE) n° 2022/129 de la Commission du 21 décembre 2021.

Seules les actions de collecte et de transformation des sous-produits effectuées entre le 1er août et une date pouvant aller jusqu'au 31 juillet suivant et pour des volumes d'alcool commercialisés avant cette dernière date sont retenues pour le calcul des aides.

Ce type d'intervention concerne les opérations de distillation réalisées à compter du 1er août 2023.

Les modalités et conditions d'application de l'aide sont précisées par décision du directeur général de l'Établissement national des produits de l'agriculture et de la mer (FranceAgriMer).

Art. D. 665-44 Les bénéficiaires de l'aide à l'information dans les États membres de l'Union européenne sont les organisations professionnelles du secteur vitivinicole, les organisations de producteurs de vin, les associations d'organisations de producteurs de vin, les associations provisoires ou permanentes de producteurs de vin et les organisations interprofessionnelles du secteur vitivinicole. Les personnes morales de droit public peuvent être bénéficiaires lorsqu'elles sont associées à d'autres bénéficiaires.

Cette aide est mise en œuvre pour répondre au moins à l'un des objectifs mentionnés aux a, d, g et i de l'article 57 du règlement (UE) n° 2021/2115 du Parlement européen et du Conseil du 2 décembre 2021.

Les produits ouvrant droit au bénéfice de l'aide sont, pour les actions relatives à la consommation responsable de vins, les vins bénéficiant d'une appellation d'origine protégée ou d'une indication géographique protégée et les vins sans indication géographique et, pour les actions relatives à l'information sur les systèmes d'appellation d'origine protégée et d'indication géographique protégée, les vins bénéficiant d'une appellation d'origine protégée ou d'une indication géographique protégée.

L'aide financière de l'Union est fixée au taux maximum des dépenses éligibles établi à l'article 59 paragraphe 7 du règlement (UE) n° 2021/2115 du Parlement européen et du Conseil du 2 décembre 2021.

Ce type d'intervention concerne les actions d'information réalisées à compter du 1er août 2023.

Les modalités et conditions d'application de l'aide sont précisées par décision du directeur général de l'Établissement national des produits de l'agriculture et de la mer (FranceAgriMer).

Art. D. 665-45 Les bénéficiaires de l'aide à la promotion dans les pays-tiers sont les entreprises privées opérant à titre principal dans le secteur vitivinicole, les organisations professionnelles du secteur vitivinicole, les organisations de producteurs de vin, les associations d'organisations de producteurs de vin, les associations provisoires ou permanentes de producteurs de vin et les organisations interprofessionnelles du secteur vitivinicole.

Cette aide est mise en œuvre pour répondre au moins à l'un des objectifs mentionnés aux a, g, i et j de l'article 57 du règlement (UE) n° 2021/2115 du Parlement européen et du Conseil du 2 décembre 2021.

L'aide financière de l'Union est fixée au taux maximum des dépenses éligibles établi à l'article 59 paragraphe 7 du règlement (UE) n° 2021/2115 du Parlement européen et du Conseil du 2 décembre 2021.

Ce type d'intervention concerne les actions de promotion réalisées à compter du 16 octobre 2023.

Des critères de sélection des dossiers peuvent être établis par le directeur général de l'Établissement national des produits de l'agriculture et de la mer (FranceAgriMer) afin d'octroyer prioritairement l'aide à certains types d'opérations, et en particulier aux opérations présentées par de nouveaux bénéficiaires n'ayant jamais disposé de soutien pour des actions de promotion, aux opérations permettant des ouvertures de marchés

pour les bénéficiaires, ou aux opérations portées dans le cadre de démarches collectives et interprofessionnelles. Les opérations définies comme prioritaires peuvent ne pas se voir appliquer le mécanisme de stabilisation budgétaire mentionné à l'article D. 611-32 lorsque l'enveloppe disponible le permet, ou, à défaut, peuvent se voir appliquer un taux de stabilisation plus favorable que le taux général applicable.

Les modalités et les conditions d'application de l'aide sont précisées par décision du directeur général de l'Établissement national des produits de l'agriculture et de la mer (FranceAgriMer).

CHAPITRE VI **DISPOSITIONS RELATIVES AUX CÉRÉALES**

(Décr. n° 2009-319 du 20 mars 2009)

Le chapitre VI est divisé en trois sections : la section 1, intitulée « La collecte des céréales », comprend les art. D. 621-74 à D. 621-83, qui deviennent les art. D. 666-1 à D. 666-10 ; la section 2, intitulée « L'aval », comprend les art. D. 621-90 à D. 621-93, qui deviennent les art. D. 666-11 à D. 666-14 (Décr. n° 2009-319 du 20 mars 2009, art. 1er, 2°, JO 25 mars).

SECTION 1 **La collecte des céréales**

Art. D. 666-1 *(Décr. n° 2007-870 du 14 mai 2007)* **En application de l'article L. 621-16, les producteurs de céréales peuvent, avec l'autorisation et sous le contrôle des collecteurs** *(Décr. n° 2010-960 du 25 août 2010)* **« de céréales », livrer directement leurs marchandises aux clients de ces derniers.**

Dans ce cas, le collecteur *(Décr. n° 2010-960 du 25 août 2010)* **« de céréales » autorise le producteur à procéder à une livraison directe de céréales, établit le contrat de vente et la facturation, sécurise le paiement du producteur conformément aux dispositions de l'article L. 621-26 et effectue les déclarations statistiques mentionnées à l'article** *(Décr. n° 2009-319 du 20 mars 2009, art. 1er ; Décr. n° 2009-340 du 27 mars 2009, art. 4-III)* **« D. 666-7 ».** *— Anc. art. D. 621-74.*

Art. D. 666-2 *(Décr. n° 2010-960 du 25 août 2010)* **Les personnes qui traitent, en France, des céréales pour les besoins de leur industrie ou collectent, en France, des céréales en vue de leur commercialisation déposent la déclaration prévue par l'article L. 666-1 auprès de l'établissement mentionné à l'article L. 621-1. Cette déclaration est établie selon le modèle fixé par le directeur général de cet établissement.**

Art. D. 666-3 *(Décr. n° 2010-960 du 25 août 2010)* **Le dossier de déclaration comprend :**

1° Une pièce justifiant de la qualité de commerçant de l'auteur de la déclaration, par son inscription au registre du commerce ou par tout document de portée équivalente émis par les autorités compétentes d'un État membre de l'Union européenne ou de l'Espace économique européen ;

2° Pour une personne morale, une pièce justifiant qu'elle est constituée conformément à la réglementation française ou à celle d'un État membre de l'Union européenne ou de l'Espace économique européen ;

3° Une pièce justifiant que la personne a, selon le cas, son domicile, son siège statutaire, son administration centrale ou son principal établissement en France ou dans un État membre de l'Union européenne ou de l'Espace économique européen ;

4° Une attestation sur l'honneur du déclarant de ne pas se trouver en état de liquidation judiciaire et de ne pas avoir fait l'objet, au cours des cinq dernières années, d'une condamnation à une peine correctionnelle pour vol, escroquerie, abus de confiance ou tous autres faits contraires à la probité, ou à une peine criminelle, ni été sanctionné en application de l'article L. 666-8 *(Décr. n° 2017-1771 du 27 déc. 2017, art. 23-29°)* « *(Abrogé par Décr. n° 2019-674 du 28 juin 2019, art. 3, à compter du 1er janv. 2024)* « ***, pour manquement aux obligations énoncées à l'article 1619 du code général des impôts,*** **» ou dans les cas prévus au » titre V du livre VI du code de commerce.**

Art. D. 666-4 *(Décr. n° 2010-960 du 25 août 2010)* **Les personnes physiques ou morales établies dans un autre État membre de l'Union européenne ou de l'Espace économique européen sont exemptées de la production des pièces mentionnées à l'article D. 666-3 dès lors qu'elles les ont déjà fournies pour l'exercice de l'activité de collecteurs de céréales dans cet État.**

Les collecteurs agréés en application de la réglementation en vigueur avant l'intervention du décret n° 2010-960 du 25 août 2010 sont regardés comme régulièrement déclarés.

Art. D. 666-5 *(Décr. n° 2007-870 du 14 mai 2007)* Afin d'assurer la loyauté des transactions commerciales, les collecteurs *(Décr. n° 2010-960 du 25 août 2010)* « de céréales » doivent faire usage d'équipements permettant le contrôle du poids, de l'humidité et des caractéristiques physiques des céréales.

Un arrêté du ministre chargé de l'agriculture précise la nature de ces équipements. — *Anc. art. D. 621-78.*

V. Arr. du 29 sept. 2010 relatif aux conditions techniques applicables aux collecteurs de céréales et aux collecteurs d'oléagineux (JO 8 oct.).

Art. D. 666-6 *(Décr. n° 2007-870 du 14 mai 2007)* Les collecteurs *(Décr. n° 2010-960 du 25 août 2010)* « de céréales » sont astreints à tenir une comptabilité matières retraçant les stocks et les mouvements de céréales, conforme aux principes figurant aux articles L. 123-12 à L. 123-22 du code de commerce. Cette comptabilité peut être tenue sur tout support et par tout moyen accepté par l'administration fiscale. — *Anc. art. D. 621-79.*

Art. D. 666-7 *(Décr. n° 2007-870 du 14 mai 2007)* Afin d'établir et de fiabiliser les bilans céréaliers nécessaires au bon fonctionnement et au suivi des marchés par les autorités nationales et communautaires concernées, les collecteurs *(Décr. n° 2010-960 du 25 août 2010)* « de céréales » adressent à *(Décr. n° 2009-340 du 27 mars 2009, art. 4-III)* « l'établissement mentionné à l'article L. 621-1 » des déclarations statistiques sur les flux, stocks et grandes utilisations des grains collectés établies selon les modèles fixés en conformité avec les instructions et selon la périodicité requise par *(Décr. n° 2009-340 du 27 mars 2009, art. 4-III)* « l'établissement ».

Les personnels de *(Décr. n° 2009-340 du 27 mars 2009, art. 4-III)* « l'établissement mentionné à l'article L. 621-1 » sont astreints au secret professionnel et au devoir de discrétion dans le traitement et l'exploitation de ces déclarations, conformément aux dispositions en vigueur. — *Anc. art. D. 621-80.*

Art. D. 666-8 *(Décr. n° 2007-870 du 14 mai 2007)* Les collecteurs *(Décr. n° 2010-960 du 25 août 2010)* « de céréales » établis en France tiennent à disposition des agents mentionnés à l'article *(Décr. n° 2017-1771 du 27 déc. 2017, art. 23-30°)* « R. 622-6 » les documents nécessaires aux contrôles, notamment la comptabilité matière mentionnée à l'article *(Décr. n° 2009-319 du 20 mars 2009, art. 1er ; Décr. n° 2009-340 du 27 mars 2009, art. 4-III)* « D. 666-6 », au siège social de l'entreprise ou à leur domicile.

Les collecteurs *(Décr. n° 2010-960 du 25 août 2010)* « de céréales » non établis en France transmettent ces documents, par tout moyen, à toute réquisition de ces mêmes agents. — *Anc. art. D. 621-81.*

Art. D. 666-9 *(Décr. n° 2010-960 du 25 août 2010)* Conformément au dernier alinéa de l'article L. 666-1, l'inobservation par les collecteurs de céréales des obligations qui leur incombent, notamment l'obligation d'exercer leur activité avec probité et de respecter les dispositions des articles D. 666-2 à D. 666-8 du présent code *(Abrogé par Décr. n° 2019-674 du 28 juin 2019, art. 3)* ***« et de l'article 1619 du code général des impôts »***, peut, après que les intéressés aient *[ont]* été mis à même de présenter leurs observations, entraîner, selon la gravité du manquement :

a) La suspension pendant une durée maximale de six mois du droit de collecter des céréales ;

b) L'interdiction d'exercer cette activité.

Dans ce dernier cas, la personne sanctionnée ne peut déposer une nouvelle déclaration en qualité de collecteur de céréales qu'à l'issue d'un délai de cinq ans.

La décision de suspension ou d'interdiction est prise par le directeur général de l'établissement mentionné à l'article L. 621-1. Elle doit être motivée.

SECTION 2 **L'aval**

Art. D. 666-10 *(Décr. n° 2011-456 du 22 avr. 2011)* I. — Les céréales en contrepartie desquelles les collecteurs de céréales déclarés peuvent créer des effets avalisés par l'établissement mentionné à l'article L. 621-1 sont celles dont la détention, par eux ou leurs mandataires, est effective et contrôlable, soit :

1° Les céréales dont le collecteur est propriétaire et qui proviennent directement de la production ;

2° Les céréales en position de livraison différée dans la limite des deux tiers de la base de financement ;

3° Les céréales en stockage intermédiaire chez un collecteur, dans un silo portuaire, ou à l'étranger ;

4° Les céréales d'intervention pendant le délai de paiement par l'établissement et à condition que la créance du collecteur sur l'établissement mentionné à l'article L. 621-1 ne soit pas financée par un autre moyen.

La valeur des céréales prises en compte pour la création de ces effets peut comprendre le crédit de taxe sur la valeur ajoutée (TVA).

Ne peuvent être regardées comme effectivement détenues par le collecteur ou contrôlables par l'établissement mentionné à l'article L. 621-1 :

1° Les céréales en dépôt dont les producteurs sont toujours propriétaires ;

2° Les céréales de semences dès lors qu'elles sont conditionnées ;

3° Les céréales placées en entrepôt d'exportation ou bénéficiant d'un régime de préfinancement de restitution ;

4° Les céréales stockées dans des silos ne permettant pas aux agents habilités en vertu de l'article *(Décr. n° 2017-1771 du 27 déc. 2017, art. 23-31°)* « R. 622-6 » d'effectuer leurs opérations de contrôle en toute sécurité.

Les unions de coopératives et les groupements d'intérêt économique (GIE) peuvent faire financer, avec l'aval de l'établissement mentionné à l'article L. 621-1, les céréales provenant de la collecte de leurs adhérents.

II. — A l'appui de chaque demande de financement avec l'aval de l'établissement mentionné à l'article L. 621-1, le collecteur de céréales déclare les stocks de céréales qu'il détient, dans les conditions fixées à l'article D. 666-7. Il s'engage à permettre aux agents habilités en vertu de l'article *(Décr. n° 2017-1771 du 27 déc. 2017, art. 23-31°)* « R. 622-6 » le libre accès à ses magasins de stockage, à tenir une comptabilité matière par magasin et à différencier physiquement les lots dans les magasins stockant des céréales détenues par d'autres collecteurs.

Le collecteur de céréales met en œuvre les moyens permettant d'assurer la bonne conservation des céréales stockées en contrepartie desquelles ont été émis des effets avalisés par l'établissement mentionné à l'article L. 621-1, entre le moment de leur achat et celui de leur commercialisation. Les obligations qui lui incombent à ce titre, ainsi que les obligations des collecteurs bénéficiant de l'aval en matière d'assurances, de stockage intermédiaire, portuaire et à l'étranger sont précisées par arrêté du ministre chargé de l'agriculture. — *V. Arr. du 22 avr. 2011 (JO 24 avr.). — Les tirets précédant les alinéas 2 à 5 des I et II sont remplacés successivement par « 1° », « 2° », « 3° » et « 4° », la lettre minuscule suivant chacune des insertions ainsi effectuées devenant une lettre majuscule (Décr. n° 2017-1771 du 27 déc. 2017, art. 23-31°).*

Art. D. 666-11 *(Décr. n° 2011-456 du 22 avr. 2011)* « L'établissement mentionné à l'article L. 621-1 procède à une évaluation de la solidité financière des collecteurs de céréales souhaitant bénéficier de l'aval. Ceux-ci lui fournissent, à sa demande, toutes informations et tous documents économiques et financiers utiles.

« Lorsque, en application de l'article L. 666-2, il exige que le collecteur adhère au préalable à une société de caution mutuelle, il ne peut donner son aval aux effets créés que dans la mesure où lesdits effets auront été au préalable avalisés par cette société de caution mutuelle, conformément aux dispositions de l'article L. 515-4 du code monétaire et financier. »

Le montant total des effets avalisés par cette société ne peut dépasser la limite fixée par un arrêté du ministre chargé de l'agriculture qui peut donner délégation à cet effet au directeur général de *(Décr. n° 2009-340 du 27 mars 2009, art. 4-IV)* « l'établissement mentionné à l'article L. 621-1 » *(Décr. n° 2017-1771 du 27 déc. 2017, art. 23-32°)* « du présent code ».

(Décr. n° 2011-456 du 22 avr. 2011) « Les collecteurs ne peuvent pas consentir de gage sur les céréales financées avec aval de l'établissement mentionné à l'article

L. 621-1 » *(Décr. n° 2017-1771 du 27 déc. 2017, art. 23-32°)* « du même code ». – *Anc. art. D. 621-90.*

Art. D. 666-12 *(Décr. n° 2011-456 du 22 avr. 2011)* La comptabilité des collecteurs de céréales et des sociétés de caution mutuelle ainsi que tous documents et renseignements administratifs, financiers et comptables sont tenus à la disposition des agents habilités en vertu de l'article *(Décr. n° 2017-1771 du 27 déc. 2017, art. 23-33°)* « R. 622-6 ».

Art. D. 666-13 *(Décr. n° 2009-340 du 27 mars 2009, art. 4-IV)* « L'établissement mentionné à l'article L. 621-1 » peut subordonner l'octroi de son aval à la perception d'une redevance dans la limite d'un taux maximum de 2 pour 1000 du montant des effets avalisés.

Une réduction partielle ou totale de cette redevance peut être accordée aux collecteurs *(Décr. n° 2011-456 du 22 avr. 2011)* « de céréales » répondant aux conditions fixées par le conseil *(Décr. n° 2011-456 du 22 avr. 2011)* « d'administration de l'établissement ».

(Décr. n° 2009-340 du 27 mars 2009, art. 4-IV) « L'établissement mentionné à l'article L. 621-1 » peut subordonner l'octroi de son aval à la condition que les collecteurs *(Décr. n° 2011-456 du 22 avr. 2011)* « de céréales » bénéficiaires de l'aval effectuent, par le crédit ou le débit d'un compte spécial tenu par un établissement de crédit, toutes les opérations financières relatives à la livraison des céréales collectées, au financement des stocks de céréales de même qu'au paiement de taxes et charges afférentes à leur activité en la matière. – *Anc. art. D. 621-92.*

Art. D. 666-14 *(Décr. n° 2011-456 du 22 avr. 2011)* Les conditions générales de l'octroi de l'aval aux organismes collecteurs, ainsi que la méthode de calcul des bases de financement applicable pour chaque campagne de commercialisation sont fixées par le directeur général de l'établissement mentionné à l'article L. 621-1, après avis du conseil spécialisé compétent pour les céréales.

Art. D. 666-15 *Numéro vacant.*

SECTION 3 La meunerie

SOUS-SECTION 1 Obligations des exploitants de moulins

Art. D. 666-16 Est considérée comme exploitant de moulin toute personne physique ou morale qui, à titre principal ou accessoire, effectue des opérations ayant pour objet de convertir des blés tendres en farine.

Art. D. 666-17 Tout exploitant de moulin produisant de la farine de blé tendre destinée à la consommation humaine en France métropolitaine est tenu, pour chacun de ses établissements, de déposer, un mois avant le début de l'exploitation, une déclaration d'existence auprès de l'*(Décr. n° 2009-340 du 27 mars 2009, art. 10-I)* « Établissement national des produits de l'agriculture et de la mer (FranceAgriMer) », qui la transmet à la direction régionale des douanes et droits indirects dont dépend le moulin.

Cette déclaration comporte les informations suivantes :

1° L'adresse de chaque établissement et, le cas échéant, celle de l'établissement principal ;

2° Les nom, prénoms, profession et adresse de l'exploitant si celui-ci est une personne physique ;

3° La dénomination ou la raison sociale, la forme juridique, l'adresse du siège social, le nom du ou des gérants, ainsi que, le cas échéant, le numéro d'immatriculation au registre du commerce et des sociétés, si l'exploitant est une personne morale.

Art. D. 666-18 L'exploitant signale à l'*(Décr. n° 2009-340 du 27 mars 2009, art. 10-I)* « Établissement national des produits de l'agriculture et de la mer (FranceAgriMer) » toute modification portant sur l'un des éléments mentionnés à l'article D. 666-17 dans un délai de huit jours. L' *(Décr. n° 2009-340 du 27 mars 2009, art. 10-I)* « Établissement national des produits de l'agriculture et de la mer (FranceAgriMer) » informe de ces modifications la direction régionale des douanes et droits indirects dont dépend le moulin.

En cas de cession de l'exploitation à un tiers, l'obligation mentionnée au précédent alinéa incombe à celui-ci.

Art. D. 666-19 Les exploitants de moulins tiennent, pour chaque établissement, une comptabilité matières, selon des modalités précisées par un arrêté conjoint des ministres chargés de l'agriculture et du budget. — *V. Arr. du 12 juin 2009 (JO 26 juin).*

La comptabilité matières ainsi que les pièces justificatives relatives aux inscriptions faites sur ces documents, aux introductions et aux sorties de blés dans les établissements et à leur destination sont conservées pendant six ans, conformément à l'article L. 102 B du livre des procédures fiscales, et tenues, sur place, à la disposition des agents habilités à procéder à leur contrôle.

Art. D. 666-20 Les exploitants de moulins et les négociants en farines de blé tendre adressent à *(Décr. n° 2009-340 du 28 mars 2009, art. 4-V)* « l'établissement mentionné à l'article L. 621-1 », dans les cinq premiers jours de chaque mois, un état statistique établi selon le modèle et les instructions de cet établissement. Cet état précise, pour le mois écoulé, les stocks au premier et au dernier jour du mois ainsi que les quantités entrées et sorties de grains et de farines et leur destination.

(Décr. n° 2009-340 du 28 mars 2009, art. 4-V) « L'établissement mentionné à l'article L. 621-1 » établit, annuellement et à terme échu, un récapitulatif de l'activité contingentée des exploitants de moulins pour l'année civile écoulée, sur la base des états statistiques mensuels des moulins. Il transmet un exemplaire de ce récapitulatif à la direction générale des douanes et droits indirects.

SOUS-SECTION 2 **Contingents et droits de mouture**

Art. D. 666-21 La quantité de blé tendre qui peut être broyée dans le cadre du contingent de meunerie mentionné à l'article L. 621-30 s'entend par année civile. S'imputent sur ce contingent les quantités de farine pour lesquelles l'exploitant du moulin n'est pas en mesure d'établir qu'elles ne sont pas destinées à la consommation humaine en France métropolitaine. Le contingent est cessible. Il peut être transféré à un autre moulin démuni de contingent ou réuni avec le contingent d'un autre moulin. Il ne peut être fractionné et loué que dans les conditions prévues à l'article D. 666-22.

Réunir des moulins consiste à ajouter au contingent d'un moulin le contingent d'un ou de plusieurs autres moulins, ces derniers étant alors tenus d'arrêter leur exploitation. L'opération est irréversible. Le contingent de la nouvelle exploitation est égal à la somme des contingents des moulins réunis.

Art. D. 666-22 Le contingent peut être transformé, partiellement ou totalement, en droits de mouture, exprimés en quantité de blé tendre qui peut être broyée par année civile. Ces droits de mouture peuvent être cédés ou loués, aux seuls détenteurs de contingents de meunerie. Seuls les exploitants de moulin en activité peuvent mettre en location des droits de mouture.

Le plafond d'écrasement annuel d'un moulin correspond à son contingent augmenté, le cas échéant, de droits de mouture. Un moulin peut accroître son plafond d'écrasement par l'acquisition ou la location de droits de mouture auprès d'autres moulins ou le diminuer par la cession ou la mise en location de droits de mouture auprès d'autres moulins.

La transformation partielle des contingents en droits de mouture est autorisée dans la limite du maintien d'un contingent minimum de 350 quintaux.

La transformation de tout ou partie d'un contingent en droits de mouture est irréversible, sans possibilité de rétablissement ultérieur du contingent, pour quelque motif que ce soit.

Un exploitant de moulin peut prendre en location des droits de mouture dans la limite de 15 % de son plafond d'écrasement annuel, plafond apprécié en dehors de toute location de droits de mouture. Les locations de droits de mouture prennent fin le 31 décembre de l'année au cours de laquelle elles ont pris effet.

Art. D. 666-23 En cas de destruction d'un moulin par un sinistre, l'exploitant en informe, dans un délai de huit jours, *(Décr. n° 2009-340 du 28 mars 2009, art. 4-V)* « l'établissement mentionné à l'article L. 621-1 » et la direction régionale des douanes et droits indirects territorialement compétente, en leur communiquant tout document probant attestant de l'arrêt de l'activité par suite de ce sinistre.

L'exploitant du moulin détruit peut alors faire réaliser, pour son compte, des écrasements par un autre moulin jusqu'à la reprise d'activité de son moulin et pour une période qui ne pourra pas excéder trois ans, sauf autorisation expresse de *(Décr. nº 2009-340 du 28 mars 2009, art. 4-V)* « l'établissement mentionné à l'article L. 621-1 ». Ces écrasements sont imputés sur le plafond d'écrasement du moulin sinistré.

Art. D. 666-24 Les opérations de transfert des contingents ou des droits de mouture sont préalablement enregistrées par *(Décr. nº 2009-340 du 28 mars 2009, art. 4-V)* « l'établissement mentionné à l'article L. 621-1 », auprès duquel les exploitants de moulin peuvent prendre connaissance des informations qui les concernent.

Le déclarant adresse sa demande d'enregistrement sur un formulaire conforme au modèle élaboré par *(Décr. nº 2009-340 du 28 mars 2009, art. 4-V)* « l'établissement mentionné à l'article L. 621-1 ». La demande comporte l'engagement de se conformer aux dispositions légales et réglementaires et celui de faire figurer cet engagement dans l'acte de cession ou le contrat de location.

Dès lors que la demande est conforme à la réglementation, *(Décr. nº 2009-340 du 28 mars 2009, art. 4-V)* « l'établissement mentionné à l'article L. 621-1 » délivre au demandeur un enregistrement provisoire, qui devient définitif lorsque *(Décr. nº 2009-340 du 28 mars 2009, art. 4-V)* « l'établissement » a reçu l'ensemble des pièces justificatives de la réalisation de l'opération. Ces pièces justificatives doivent lui parvenir au plus tard deux mois après l'enregistrement provisoire.

Pour qu'une opération dont l'effet porte sur une année donnée soit prise en compte au titre de cette même année par *(Décr. nº 2009-340 du 28 mars 2009, art. 4-V)* « l'établissement mentionné à l'article L. 621-1 », la demande d'enregistrement doit être déposée au plus tard le dernier jour ouvrable du mois de février de l'année qui suit et l'ensemble des pièces justificatives permettant l'enregistrement définitif de l'opération doit être déposé avant le 30 avril de cette même année.

Art. D. 666-25 Les moulins écrasant moins de 350 quintaux de blé tendre par an pour la production de farine destinée à la consommation humaine en France métropolitaine sont dispensés de l'obligation de détenir le contingent de meunerie mentionné à l'article L. 621-30. Ils doivent procéder à leur enregistrement auprès de *(Décr. nº 2009-340 du 28 mars 2009, art. 4-V)* « l'établissement mentionné à l'article L. 621-1 » un mois avant le début d'exploitation. Par dérogation à l'article D. 666-20, ils transmettent leurs états statistiques mensuels à cet établissement une fois par an.

SECTION 4 Régime des taxes et des cotisations céréalières

(Décr. nº 2009-340 du 27 mars 2009, art. 4-VI)

Art. D. 666-26 Sauf dispositions particulières, les sommes exigibles au titre des taxes, cotisations et redevances prévues à l'article L. 621-32 sont liquidées sur production, en trois exemplaires, de déclarations conformes aux modèles fixés par la direction générale des douanes et droits indirects et remises ou adressées au *(Décr. nº 2014-552 du 27 mai 2014, art. 13-4º)* « directeur départemental ou, le cas échéant, régional des finances publiques » dans les dix premiers jours du mois suivant celui au titre duquel les taxes, cotisations et redevances sont applicables. Elles doivent être obligatoirement acquittées au plus tard le 25 du mois de la déclaration.

Les taxes et cotisations afférentes au maïs en épis sont assises et perçues sur le poids de maïs en grains reconnu à la réception.

SECTION 5 Contrôle

(Décr. nº 2009-340 du 27 mars 2009, art. 4-VI)

Art. D. 666-27 Peuvent effectuer le contrôle de toutes les opérations concernant l'application du présent chapitre les agents habilités de l'établissement mentionné à l'article L. 621-1 et de la direction générale des douanes et droits indirects.

Les membres de l'inspection générale des finances et les fonctionnaires habilités du ministère de l'agriculture peuvent, comme les agents désignés ci-dessus, se faire représenter pour l'exercice de leur contrôle tous registres et documents nécessaires.

Art. D. 666-28 Les agents habilités à procéder au contrôle peuvent, chez tous les exploitants de moulins et les personnes, sociétés ou intermédiaires mentionnés à la présente section, effectuer, dans le registre spécial ou la comptabilité en tenant lieu, les correspondances, contrats, marchés et documents administratifs ou commerciaux, ainsi que dans les locaux affectés à l'industrie ou au commerce des blés, des farines et autres produits dérivés des blés, toutes vérifications, recherches et reconnaissances nécessaires à l'application des textes légaux et réglementaires concernant l'organisation et la défense du marché du blé des dispositions du présent chapitre ainsi que de celles prises pour son application.

SECTION 6 Dispositions diverses

(Décr. nº 2009-340 du 27 mars 2009, art. 4-VI)

Art. D. 666-29 Sont soumis au contrôle de l'établissement mentionné à l'article L. 621-1 les mélanges de grains contenant au moins 10 % de blé, de seigle, d'avoine, d'orge, d'escourgeon, de maïs ou de riz.

Art. R. 666-30 La dénomination "méteil" est réservée au produit de la culture et du battage d'un mélange de blé et de seigle, mélange dans lequel le seigle entre pour la proportion de 50 % au moins, à l'exclusion de tout mélange de blé et de seigle effectué postérieurement au battage.

Art. D. 666-31 *(Décr. nº 2020-1354 du 4 nov. 2020, art. 1er)* Les personnes morales exploitant des installations de stockage destinées aux céréales ayant fait l'objet d'une première commercialisation sont tenues de transmettre à l'établissement mentionné à l'article L. 621-1 les informations suivantes :

1° Identification de l'exploitant du site de stockage ;
2° Identification du site de stockage ;
3° Activités du site de stockage ;
4° Capacités du site de stockage ;
5° Équipements présents sur le site ;
6° Raccordements aux réseaux de transport.

Ces informations sont transmises par voie électronique avant le 30 juin de chaque année dans les conditions précisées par le directeur général de l'établissement mentionné à l'article L. 621-1.

SECTION 7 Intervention dans le secteur du riz

(Décr. nº 2023-1362 du 29 déc. 2023, art. 4)

Art. D. 666-32 La mise en œuvre des types d'interventions retenus dans le plan stratégique national français de la politique agricole commune approuvé par la Commission européenne et énumérés à l'article D. 666-33 est réalisée par l'Établissement national des produits de l'agriculture et de la mer (FranceAgriMer).

A ce titre, le directeur général de l'établissement décide :

1° Des modalités de dépôt et de traitement des programmes opérationnels, des demandes de paiement et d'avances des aides financières de l'Union, de l'octroi et du paiement des aides de l'Union au regard des fonds opérationnels constitués par les organisations de producteurs ou associations d'organisations de producteurs et de leurs programmes opérationnels approuvés ;

2° Le cas échéant, des modalités de calcul et du déclenchement du mécanisme de stabilisation budgétaire mentionné à l'article D. 611-32 ;

3° Des modalités de contrôle administratif et sur place, des sanctions éventuelles et des réductions éventuelles du montant des aides.

Art. D. 666-33 I. – Pour le secteur du riz, les types d'interventions suivants sont mis en œuvre :

1° Types d'intervention relatifs aux investissements dans des actifs corporels et incorporels, dans la recherche et les méthodes de production expérimentales et innovantes ;

2° Types d'interventions relatifs aux services de conseil et d'assistance technique, en particulier en ce qui concerne les techniques de lutte durable contre les organismes nuisibles et les maladies, l'utilisation durable des produits phytopharmaceutiques, l'adaptation au changement climatique et l'atténuation de celui-ci, les conditions d'emploi, les obligations des employeurs et la santé et la sécurité au travail ;

3° Types d'interventions relatifs à la promotion, à la communication et à la commercialisation, y compris des actions et activités visant en particulier à mieux sensibiliser les consommateurs aux systèmes de qualité de l'Union européenne et à l'importance d'une alimentation saine, et à diversifier et consolider les marchés.

II. — Ces types d'interventions sont mis en œuvre au moyen de programmes opérationnels dans les conditions prévues à la section 7 du chapitre III du titre III du règlement (UE) 2021/2115 du Parlement européen et du Conseil du 2 décembre 2021.

Les bénéficiaires des programmes opérationnels sont les organisations de producteurs et associations d'organisations de producteurs reconnues en vertu du règlement (UE) n° 1308/2013 du Parlement européen et du Conseil du 17 décembre 2013.

L'aide financière de l'Union, versée aux fonds opérationnels des organisations de producteurs et des associations d'organisations de producteurs, est fixée dans les conditions prévues à l'article 68 du règlement (UE) 2021/2115 du Parlement européen et du Conseil du 2 décembre 2021.

Art. D. 666-34 Les types d'interventions relatifs aux investissements dans des actifs corporels et incorporels, dans la recherche et les méthodes de production expérimentales et innovantes sont mis en œuvre pour répondre au moins à l'un des objectifs mentionnés aux a, c et d de l'article 46 du règlement (UE) 2021/2115 du Parlement européen et du Conseil du 2 décembre 2021.

Les investissements dans l'irrigation ouvrent droit au versement d'une aide aux investissements dans les conditions prévues à l'article 11 du règlement délégué (UE) 2022/126 de la Commission du 7 décembre 2021. Ces investissements respectent, en matière d'économie d'eau, un pourcentage d'au moins 5 % de réduction potentielle de l'utilisation de l'eau et, sur la base de cette réduction potentielle, un pourcentage d'au moins 50 % de réduction effective de l'utilisation d'eau.

Art. D. 666-35 Les types d'interventions relatifs aux services de conseil et d'assistance technique sont mis en œuvre pour répondre au moins à l'un des objectifs mentionnés aux a, c et d de l'article 46 du règlement (UE) 2021/2115 du Parlement européen et du Conseil du 2 décembre 2021.

Art. D. 666-36 Les types d'interventions relatifs à la promotion, à la communication et à la commercialisation sont mis en œuvre pour répondre au moins à l'un des objectifs mentionnés aux c et h de l'article 46 du règlement (UE) 2021/2115 du Parlement européen et du Conseil du 2 décembre 2021. Lorsque ce type d'intervention est mis en œuvre pour répondre au seul objectif h de l'article 46 du règlement (UE) 2021/2115, il doit également poursuivre au moins l'un des objectifs mentionnés aux a à f de l'article 14 du règlement délégué (UE) 2022/126 de la Commission du 7 décembre 2021.

CHAPITRE VII LES OLÉAGINEUX ET LES PROTÉAGINEUX *(Décr. n° 2020-1354 du 4 nov. 2020, art. 1er).*

(Décr. n° 2010-960 du 25 août 2010)

Art. D. 667-1 Les oléagineux mentionnés à l'article L. 667-2 comprennent le colza, la navette, le tournesol, le soja et le lin oléagineux.

Art. D. 667-2 Les dispositions des articles D. 666-1 à D. 666-9 sont applicables *(Décr. n° 2020-1354 du 4 nov. 2020, art. 1er)* « à la collecte des oléagineux et des protéagineux ».

Art. D. 667-3 *(Décr. n° 2020-1354 du 4 nov. 2020, art. 1er)* Les dispositions de l'article D. 666-31 sont applicables aux exploitants de sites de stockage d'oléagineux et de protéagineux.

SECTION 1 Intervention dans le secteur des oléagineux, protéagineux et légumes secs

(Décr. n° 2023-1362 du 29 déc. 2023, art. 5)

Art. D. 667-4 La mise en œuvre des types d'interventions retenus dans le plan stratégique national français de la politique agricole commune approuvé par la Commission européenne et énumérés à l'article D. 667-5 est réalisée par l'Établissement national des produits de l'agriculture et de la mer (FranceAgriMer).

A ce titre, le directeur général de l'établissement décide :

1° Des modalités de dépôt et de traitement des programmes opérationnels, des demandes de paiement et d'avances des aides financières de l'Union, de l'octroi et du paiement des aides de l'Union au regard des fonds opérationnels constitués par les organisations de producteurs ou associations d'organisations de producteurs et de leurs programmes opérationnels approuvés ;

2° Le cas échéant, des modalités de calcul et du déclenchement du mécanisme de stabilisation budgétaire mentionné à l'article D. 611-32 ;

3° Des modalités de contrôle administratif et sur place, des sanctions éventuelles et des réductions éventuelles du montant des aides.

Art. D. 667-5 I. — Pour le secteur des oléagineux, protéagineux et légumes secs, les types d'interventions suivants sont mis en œuvre :

1° Types d'interventions relatifs aux investissements dans des actifs corporels et incorporels en faveur des protéagineux, du soja et des légumes secs uniquement ;

2° Types d'interventions relatifs à la recherche et aux méthodes de production expérimentales et innovantes ;

3° Types d'interventions relatifs aux services de conseil et d'assistance technique, en particulier en ce qui concerne les techniques de lutte durable contre les organismes nuisibles et les maladies, l'utilisation durable des produits phytopharmaceutiques, l'adaptation au changement climatique et l'atténuation de celui-ci, les conditions d'emploi, les obligations des employeurs et la santé et la sécurité au travail ;

4° Types d'interventions relatifs à la promotion, à la communication et à la commercialisation, y compris des actions et activités visant en particulier à mieux sensibiliser les consommateurs aux systèmes de qualité de l'Union européenne et à l'importance d'une alimentation saine, et à diversifier et consolider les marchés.

II. — Ces types d'interventions sont mis en œuvre au moyen de programmes opérationnels dans les conditions prévues à la section 7 du chapitre III du titre III du règlement (UE) 2021/2115 du Parlement européen et du Conseil du 2 décembre 2021.

Les bénéficiaires des programmes opérationnels sont les organisations de producteurs et associations d'organisations de producteurs reconnues en vertu du règlement (UE) n° 1308/2013 du Parlement européen et du Conseil du 17 décembre 2013.

L'aide financière de l'Union, versée aux fonds opérationnels des organisations de producteurs et des associations d'organisations de producteurs, est fixée dans les conditions prévues à l'article 68 du règlement (UE) 2021/2115 du Parlement européen et du Conseil du 2 décembre 2021.

Art. D. 667-6 Les types d'interventions relatifs aux investissements dans des actifs corporels et incorporels sont mis en œuvre pour répondre au moins à l'un des objectifs mentionnés aux a, c et d de l'article 46 du règlement (UE) 2021/2115 du Parlement européen et du Conseil du 2 décembre 2021.

Ce type d'intervention pourra inclure des investissements matériels et immatériels en faveur des protéagineux, du soja et des légumes secs uniquement.

Les investissements dans l'irrigation ouvrent droit au versement d'une aide aux investissements dans les conditions prévues à l'article 11 du règlement délégué (UE) 2022/126 de la Commission du 7 décembre 2021. Ces investissements respectent, en matière d'économie d'eau, un pourcentage d'au moins 5 % de réduction potentielle de l'utilisation de l'eau et, sur la base de cette réduction potentielle, un pourcentage d'au moins 50 % de réduction effective de l'utilisation d'eau.

Art. D. 667-7 Les types d'interventions relatifs à la recherche et aux méthodes de production expérimentales et innovantes sont mis en œuvre pour répondre au moins à l'un des objectifs mentionnés aux a, c et d de l'article 46 du règlement (UE) 2021/2115 du Parlement européen et du Conseil du 2 décembre 2021.

Art. D. 667-8 Les types d'interventions relatifs aux services de conseil et d'assistance technique sont mis en œuvre pour répondre au moins à l'un des objectifs mentionnés aux c et d de l'article 46 du règlement (UE) 2021/2115 du Parlement européen et du Conseil du 2 décembre 2021.

Art. D. 667-9 Les types d'interventions relatifs à la promotion, à la communication et à la commercialisation sont mis en œuvre pour répondre au moins à l'un des objectifs mentionnés aux c et h de l'article 46 du règlement (UE) 2021/2115 du Parlement européen et du Conseil du 2 décembre 2021. Lorsque ce type d'intervention est mis en œuvre pour répondre au seul objectif h de l'article 46 du règlement (UE) 2021/2115, il doit également poursuivre au moins l'un des objectifs mentionnés aux a à f de l'article 14 du règlement délégué (UE) 2022/126 de la Commission du 7 décembre 2021.

SECTION 2 Intervention dans le secteur des fourrages séchés

(Décr. nº 2023-1362 du 29 déc. 2023, art. 5)

Art. D. 667-10 La mise en œuvre des types d'interventions retenus dans le plan stratégique national français de la politique agricole commune approuvé par la Commission européenne et énumérés à l'article D. 667-11 est réalisée par l'Établissement national des produits de l'agriculture et de la mer (FranceAgriMer).

A ce titre, le directeur général de l'établissement décide :

1º Des modalités de dépôt et de traitement des programmes opérationnels, des demandes de paiement et d'avances des aides financières de l'Union, de l'octroi et du paiement des aides de l'Union au regard des fonds opérationnels constitués par les organisations de producteurs ou associations d'organisations de producteurs et de leurs programmes opérationnels approuvés ;

2º Le cas échéant, des modalités de calcul et du déclenchement du mécanisme de stabilisation budgétaire mentionné à l'article D. 611-32 ;

3º Des modalités de contrôle administratif et sur place, des sanctions éventuelles et des réductions éventuelles du montant des aides.

Art. D. 667-11 I. – Pour le secteur des fourrages séchés, les types d'interventions suivants sont mis en œuvre :

1º Types d'intervention relatifs aux investissements dans des actifs corporels et incorporels, dans la recherche et les méthodes de production expérimentales et innovantes ;

2º Types d'interventions relatifs aux services de conseil et d'assistance technique, en particulier en ce qui concerne les techniques de lutte durable contre les organismes nuisibles et les maladies, l'utilisation durable des produits phytopharmaceutiques, l'adaptation au changement climatique et l'atténuation de celui-ci, les conditions d'emploi, les obligations des employeurs et la santé et la sécurité au travail ;

3º Types d'interventions relatifs à la promotion, à la communication et à la commercialisation, y compris des actions et activités visant en particulier à mieux sensibiliser les consommateurs aux systèmes de qualité de l'Union européenne et à l'importance d'une alimentation saine, et à diversifier et consolider les marchés ;

4º Types d'interventions relatifs à la mise en œuvre des systèmes de traçabilité et de certification, en particulier le contrôle de la qualité des produits vendus aux consommateurs finaux.

II. – Ces types d'interventions sont mis en œuvre au moyen de programmes opérationnels dans les conditions prévues à la section 7 du chapitre III du titre III du règlement (UE) 2021/2115 du Parlement européen et du Conseil du 2 décembre 2021.

Les bénéficiaires des programmes opérationnels sont les organisations de producteurs et associations d'organisations de producteurs reconnues en vertu du règlement (UE) nº 1308/2013 du Parlement européen et du Conseil du 17 décembre 2013.

L'aide financière de l'Union, versée aux fonds opérationnels des organisations de producteurs et des associations d'organisations de producteurs, est fixée dans les conditions prévues à l'article 68 du règlement (UE) nº 2021/2115 du Parlement européen et du Conseil du 2 décembre 2021.

Art. D. 667-12 Les types d'interventions relatifs aux investissements dans des actifs corporels et incorporels, dans la recherche et les méthodes de production expérimentales et innovantes sont mis en œuvre pour répondre au moins à l'un des objectifs mentionnés aux a, c et d de l'article 46 du règlement (UE) 2021/2115 du Parlement européen et du Conseil du 2 décembre 2021.

Les investissements dans l'irrigation ouvrent droit au versement d'une aide aux investissements dans les conditions prévues à l'article 11 du règlement délégué (UE) 2022/126 de la Commission du 7 décembre 2021. Ces investissements respectent, en matière d'économie d'eau, un pourcentage d'au moins 5 % de réduction potentielle de l'utilisation de l'eau et, sur la base de cette réduction potentielle, un pourcentage d'au moins 50 % de réduction effective de l'utilisation d'eau.

Art. D. 667-13 Les types d'interventions relatifs aux services de conseil et d'assistance technique sont mis en œuvre pour répondre au moins à l'un des objectifs mentionnés aux c et d de l'article 46 du règlement (UE) 2021/2115 du Parlement européen et du Conseil du 2 décembre 2021.

Art. D. 667-14 Les types d'interventions relatifs à la promotion, à la communication et à la commercialisation sont mis en œuvre pour répondre au moins à l'un des objectifs mentionnés aux c et h de l'article 46 du règlement (UE) 2021/2115 du Parlement européen et du Conseil du 2 décembre 2021. Lorsque ce type d'intervention est mis en œuvre pour répondre au seul objectif h de l'article 46 du règlement (UE) 2021/2115, il doit également poursuivre au moins l'un des objectifs mentionnés aux a à f de l'article 14 du règlement délégué (UE) 2022/126 de la Commission du 7 décembre 2021.

Art. D. 667-15 Les types d'interventions relatifs à la mise en œuvre des systèmes de traçabilité et de certification sont mis en œuvre pour répondre au moins à l'un des objectifs mentionnés aux a, c et g de l'article 46 du règlement (UE) 2021/2115 du Parlement européen et du Conseil du 2 décembre 2021.

CHAPITRE VIII INTERVENTION DANS LE SECTEUR DE L'HUILE D'OLIVE ET DES OLIVES DE TABLE

(Décr. n° 2022-1343 du 21 oct. 2022, art. 1er)

Les engagements souscrits au titre du programme oléicole dans le cadre des art. 29 à 31 du règlement (UE) n° 1308/2013 du Parlement européen et du Conseil avant le 1er janv. 2023 demeurent régis par les dispositions du Décr. n° 2015-561 du 20 mai 2015 relatif au soutien au secteur de l'huile d'olive et des olives de table (Décr. n° 2022-1343 du 21 oct. 2022, art. 2-IV, JO 22 oct.).

Art. D. 668-1 La mise en œuvre des types d'interventions retenus dans le plan stratégique national français de la politique agricole commune 2023-2027 et énumérés à l'article D. 668-2 est réalisée par l'Établissement national des produits de l'agriculture et de la mer (FranceAgriMer).

A ce titre, le directeur général de l'établissement décide :

1° Des modalités de dépôt et de traitement des programmes opérationnels, des demandes de paiement et d'avances des aides financières de l'Union, de l'octroi et du paiement des aides de l'Union au regard des fonds opérationnels constitués par les associations d'organisations de producteurs et de leurs programmes opérationnels approuvés ;

2° Le cas échéant, des modalités de calcul et du déclenchement du mécanisme de stabilisation budgétaire mentionné à l'article D. 611-32 ;

3° Des modalités de contrôle administratif et sur place, des sanctions éventuelles et des réductions éventuelles du montant des aides.

Art. D. 668-2 Pour le secteur de l'huile d'olive et des olives de table, les types d'interventions suivants sont mis en œuvre :

1° Des investissements dans des actifs corporels et incorporels, dans la recherche et les méthodes de production expérimentales et innovantes. Ce type d'intervention est mis en œuvre pour répondre au moins à l'un des objectifs mentionnés aux c et d de l'article 46 du règlement (UE) n° 2021/2115 du Parlement européen et du Conseil du 2 décembre 2021 ;

2° Des services de conseil et d'assistance technique. Ce type d'intervention est mis en œuvre pour répondre au moins à l'un des objectifs mentionnés aux c, d, f et g de l'article 46 du même règlement ;

3° Des actions de formation, y compris d'accompagnement et d'échange de bonnes pratiques. Ce type d'intervention est mis en œuvre pour répondre au moins à l'un des objectifs mentionnés aux c, d, f et g de l'article 46 du même règlement ;

4° Des actions de promotion, de communication et de commercialisation. Ce type d'intervention est mis en œuvre pour répondre au moins à l'un des objectifs mentionnés aux c et h de l'article 46 du même règlement. Lorsque ce type d'intervention est mis en œuvre pour répondre au seul objectif prévu par le h, il poursuit également au moins l'un des objectifs mentionnés aux a à g de l'article 14 du règlement (UE) n° 2022/126 de la Commission du 7 décembre 2021 ;

5° Des actions relatives à la mise en œuvre des systèmes de qualité nationaux et de l'Union européenne. Ce type d'intervention est mis en œuvre pour répondre au moins à l'un des objectifs mentionnés aux c, d et g de l'article 46 du règlement (UE) n° 2021/2115 du Parlement européen et du Conseil du 2 décembre 2021 ;

6° Des actions relatives à la mise en œuvre des systèmes de traçabilité et de certification. Ce type d'intervention est mis en œuvre pour répondre au moins à l'un des objectifs prévus aux c et g de l'article 46 du même règlement.

Art. D. 668-3 Les bénéficiaires de l'intervention pour le secteur de l'huile d'olive et des olives de table sont les associations d'organisations de producteurs reconnues. Les bénéficiaires des actions du programme opérationnel mis en œuvre par une association d'organisations de producteurs sont l'association, ses membres ainsi que les adhérents producteurs des membres de l'association.

La valeur de la production commercialisée de l'association d'organisations de producteurs est calculée sur la base de la valeur de la production commercialisée des organisations de producteurs membres de l'association et, le cas échéant, de la valeur de la production commercialisée par l'association elle-même, calculée selon les modalités déterminées au paragraphe 1 de l'article 31 du règlement délégué (UE) n° 2022/126 de la Commission du 7 décembre 2021, et pour la production d'olives de table et d'huile d'olive pour laquelle l'association est reconnue.

Le montant de l'aide financière de l'Union versée aux fonds opérationnels des associations d'organisations de producteurs est fixé conformément à l'article 65 du règlement (UE) n° 2021/2115 du Parlement européen et du Conseil du 2 décembre 2021.

Le financement complémentaire des fonds opérationnels jusqu'à concurrence de 50 % des coûts non couverts par l'aide financière de l'Union, tel que prévu par l'article 65.3 du règlement (UE) n° 2021/2115 du Parlement européen et du Conseil du 2 décembre 2021, est versé par l'Établissement national des produits de l'agriculture et de la mer (FranceAgriMer) selon des modalités fixées par décision de son directeur général.

CHAPITRE IX LE HOUBLON ET LES PRODUITS DU HOUBLON

(Décr. n° 2021-775 du 16 juin 2021, art. 1er)

Le chapitre V bis du titre VI devient le chapitre IX comprenant l'art. D. 665-38 qui devient l'art. D. 669-1 (Décr. n° 2022-1343 du 21 oct. 2022, art. 1er-5°).

Art. D. 669-1 L'autorité de certification compétente mentionnée à l'article 21 du règlement (CE) n° 1850/2006 de la Commission du 14 décembre 2006 relatif aux modalités de certification du houblon et des produits du houblon est le directeur général de l'établissement national des produits de l'agriculture et de la mer. — *Le Règl. (CE) n° 1850/2006 est abrogé par le Règl. délégué (UE) 2024/602 de la Commission du 14 déc. 2023 complétant le Règl. (UE) n° 1308/2013 du Parlement européen et du Conseil en ce qui concerne les normes de commercialisation pour le secteur du houblon (JOUE L 16 févr. 2024) ; V. aussi Règl. d'exécution (UE) 2024/601 de la Commission du 14 déc. 2023 portant modalités d'application du Règl. (UE) n° 1308/2013 du Parlement européen et du Conseil en ce qui concerne la certification du houblon et des produits du houblon et les contrôles y afférents (JOUE L 16 févr. 2024).*

TITRE VII DISPOSITIONS PÉNALES

Art. R. 671-1 *(Décr. n° 2006-634 du 31 mai 2006)* Le fait de faire obstacle aux contrôles prévus aux articles *(Décr. n° 2017-1771 du 27 déc. 2017, art. 24-1°)*

« R. 622-3 à R. 622-6 », notamment le fait de refuser l'accès aux locaux, de ne pas communiquer des documents et données demandés sur un support adéquat, de refuser de laisser opérer des prélèvements à fins d'analyses ainsi que de communiquer tardivement des documents et données demandés et de refuser d'en délivrer copie est puni de l'amende prévue pour les contraventions de la 5e classe.

Art. R. 671-2 Est puni de l'amende prévue pour les contraventions de la quatrième classe le fait de contrevenir aux règles déterminées par les accords nationaux ou régionaux homologués dans les conditions fixées à l'article L. 632-12 et relatives :

1° Aux conditions de livraison du lait ;

2° Au paiement d'un prix minimum aux producteurs ;

3° A la fourniture d'éléments d'information concernant la production, la transformation et le marché des produits laitiers.

Les peines fixées à l'alinéa précédent ne font pas obstacle à l'application éventuelle des sanctions prévues par les contrats de fourniture de lait entre producteurs et transformateurs ainsi que par les règlements intérieurs des groupements coopératifs agricoles laitiers en cas de non-exécution des clauses desdits règlements.

Art. R. 671-3 Est puni des peines prévues pour les contraventions de la troisième classe, le fait pour tout producteur, transformateur ou responsable de la mise sur le marché d'une denrée alimentaire ou d'un produit agricole mentionné à l'article *(Décr. n° 2009-1196 du 7 oct. 2009)* « R. 641-32, d'utiliser le terme "montagne" » *(Décr. n° 2017-775 du 4 mai 2017, art. 4)* « en méconnaissance des dispositions des articles L. 641-14, R. 641-32 et R. 641-33 ».

Al. 2 et 3 abrogés par Décr. n° 2010-671 du 18 juin 2010, art. 5-XII.

Art. R. 671-4 *(Décr. n° 2009-541 du 14 mai 2009)* Sous réserve des dispositions de l'article *(Décr. n° 2015-1031 du 19 août 2015, art. 2, en vigueur le 1er janv. 2016)* « D. 641-57-11 », est puni des peines d'amende prévues pour les contraventions de 3e classe :

1° Le fait pour un producteur d'œufs d'utiliser le qualificatif "fermier" ou les mentions "produit à la ferme" ou "produit de la ferme" dans l'étiquetage ou la présentation des œufs sans en avoir fait la déclaration prévue à l'article *(Décr. n° 2015-1031 du 19 août 2015, art. 2, en vigueur le 1er janv. 2016)* « D. 641-57-10 » ;

2° Le fait d'utiliser le qualificatif "fermier" ou les mentions "produit de la ferme" ou "produit à la ferme" dans l'étiquetage ou la présentation des œufs lorsque ceux-ci ne satisfont pas aux conditions prévues aux articles *(Décr. n° 2015-1031 du 19 août 2015, art. 2, en vigueur le 1er janv. 2016)* « D. 641-57-7 et D. 641-57-8 » ;

3° Le fait d'utiliser le qualificatif "fermier" ou les mentions "produit de la ferme" ou "produit à la ferme" dans l'étiquetage ou la présentation des œufs qui ne sont pas destinés à la remise directe au consommateur final, sans indiquer le nom ou l'adresse de l'exploitant selon les conditions prévues à l'article *(Décr. n° 2015-1031 du 19 août 2015, art. 2, en vigueur le 1er janv. 2016)* « D. 641-57-9 ».

Art. R. 671-5 et R. 671-5-1 *Transférés aux art. R. 215-11 à R. 215-13.*

Art. R. 671-6 *(Décr. n° 2006-1662 du 21 déc. 2006)* I. — Est puni de l'amende prévue pour les contraventions de la 3e classe le fait pour une entreprise de mise en place de semence ou un éleveur de ne pas effectuer la déclaration d'un dépôt de semence prévue à l'article R. 653-90.

Est puni de l'amende prévue pour les contraventions de la 4e classe le fait de livrer à la monte publique naturelle un reproducteur mâle en méconnaissance des dispositions de l'article R. 653-77.

II. — Est puni de l'amende prévue pour les contraventions de la 5e classe le fait de livrer à la monte publique artificielle un reproducteur mâle en méconnaissance des dispositions de l'article R. 653-78.

La récidive de ces infractions est réprimée conformément aux articles 132-11 et 132-15 du code pénal.

Art. R. 671-7 *Abrogé par Décr. n° 2006-1662 du 21 déc. 2006.*

Art. R. 671-8 Est puni de l'amende prévue pour les contraventions de la troisième classe le fait d'introduire sur le territoire national, en provenance d'un pays tiers, des

animaux reproducteurs, du sperme, des ovules ou des embryons des espèces citées à l'article D. 653-106 :

1° Sans que l'animal reproducteur soit inscrit ou enregistré dans un livre généalogique ou un registre tenu par une instance figurant sur l'une des listes prévues à l'article D. 653-108 ou sans que le sperme, l'ovule ou l'embryon provienne d'un mâle ou d'une femelle inscrit ou enregistré dans un tel livre ou registre ;

2° Ou sans que le sperme, l'ovule ou l'embryon ou l'animal reproducteur soit accompagné d'un certificat généalogique et zootechnique.

Le tribunal peut, en outre, prononcer la confiscation du sperme, des ovules et des embryons en cause.

Art. R. 671-9 **Est puni de l'amende prévue pour les contraventions de la cinquième classe le fait de faire obstacle de quelque manière que ce soit à l'exercice des fonctions des personnels mentionnés à l'article** *(Décr. n° 2017-1771 du 27 déc. 2017, art. 24-2°)* **« L. 653-15 ».**

Art. R. 671-10 *(Décr. n° 2006-493 du 28 avr. 2006)* **Est puni de l'amende prévue pour les contraventions de la 4e classe le fait pour tout producteur ou groupement de producteurs ou tout acheteur professionnel de lait de vache de déterminer le prix du lait de vache en méconnaissance des critères et des règles fixés à l'article R. 654-29 ou des grilles de classement prévues par un accord interprofessionnel homologué, mentionnées à l'article R. 654-31.**

L'amende peut être appliquée autant de fois que de conventions de fourniture de lait comportant un prix déterminé en méconnaissance des critères et des règles fixés à l'article R. 654-29 ou des grilles de classement mentionnées à l'article R. 654-31.

Art. R. 671-11 **Est puni de l'amende prévue pour les contraventions de la quatrième classe, le fait pour tout producteur ou groupement de producteurs ou tout acheteur de lait de chèvre professionnel de déterminer le prix du lait de chèvre en méconnaissance des critères et des règles fixés à l'article R. 654-34 ou des grilles de classement prévues par un accord interprofessionnel étendu, mentionnées à l'article R. 654-36.**

L'amende peut être appliquée autant de fois qu'il a été conclu une convention de fourniture de lait de chèvre comportant un prix déterminé en méconnaissance des critères et des règles fixés à l'article R. 654-34 ou des grilles de classement mentionnées à l'article R. 654-36.

Dernier al. abrogé par Décr. n° 2006-493 du 28 avr. 2006.

Art. R. 671-12 *Al. 1er abrogé par Décr. n° 2017-1771 du 27 déc. 2017, art. 24-3°.*

(Décr. n° 2006-493 du 28 avr. 2006) **« Le fait pour quiconque de s'opposer, de quelque façon que ce soit, à la recherche et à la constatation des infractions mentionnées à l'article L. 671-1-1 est puni par l'amende prévue pour les contraventions de la 5e classe.**

« La récidive des infractions prévues au présent article est réprimée conformément à l'article 132-11 du code pénal. »

Art. R. 671-13 **Est puni de l'amende prévue pour les contraventions de la cinquième classe, le fait, pour tout chef ou gérant d'un centre d'emballage, de classer des œufs sans avoir obtenu préalablement l'autorisation prévue au paragraphe 3 de l'article 5 du règlement (CEE) n° 1907-90 du 26 juin 1990 du Conseil concernant certaines normes de commercialisation applicables aux œufs, ou sans avoir observé les prescriptions résultant des dispositions complémentaires prévues au paragraphe 3 dudit article.**

Art. R. 671-14 **Est puni de l'amende prévue pour les contraventions de la quatrième classe le fait de pratiquer dans une zone protégée de semences ou de plants une culture interdite en application de l'article R. 661-20.**

Art. R. 671-15 **Est puni par les peines d'amende prévues pour les contraventions de la quatrième classe le fait de mettre opposition à la visite par les officiers et agents de police judiciaire des cultures des zones protégées pour la production de semences ou plants en vue de constater les infractions prévues à l'article R. 671-14.**

Art. R. 671-16 *Abrogé par Décr. n° 2017-1771 du 27 déc. 2017, art. 24-4°.*

Art. R. 671-17 *(Décr. n° 2005-769 du 8 juill. 2005)* **Est puni de l'amende prévue pour les contraventions de quatrième classe le fait de procéder à la vente des produits dont**

la liste est établie par l'arrêté mentionné à l'article L. 611-4-2 en méconnaissance des dispositions des articles R. 616-1 et R. 616-2.

Art. R. 671-18 *(Décr. n° 2006-493 du 28 avr. 2006)* Les agents mentionnés au 1° de l'article L. 671-1 sont agréés et commissionnés par le ministre chargé de l'agriculture, sur proposition du directeur de l'*(Décr. n° 2009-340 du 27 mars 2009, art. 10-III)* « établissement » dont ils dépendent.

Les agents mentionnés au 2° de l'article L. 671-1 sont agréés et commissionnés par le ministre chargé de l'agriculture.

Les agents mentionnés au I de l'article L. 671-1-1 sont habilités par le préfet.

Ces agents prêtent serment devant le tribunal judiciaire dans le ressort duquel ils exercent leurs fonctions. Le procès-verbal de leur prestation de serment est enregistré au greffe de ce tribunal.

La formule du serment est la suivante :

"Je jure de bien et loyalement remplir mes fonctions, d'observer en tout les devoirs qu'elles m'imposent et de ne rien révéler ou utiliser, directement ou indirectement, même après la cessation de mes fonctions, de ce qui aura été porté à ma connaissance à l'occasion de l'exercice de mes fonctions."

TITRE VIII OBSERVATOIRES *(Décr. n° 2010-1301 du 28 oct. 2010 ; Décr. n° 2016-781 du 10 juin 2016, art. 7-7°).*

Le titre IX devient le titre VIII et les art. D. 692-1 à D. 692-4 deviennent les art. D. 682-1 à D. 682-4 (Décr. n° 2016-781 du 10 juin 2016, art. 7-7°, JO 12 juin).

CHAPITRE I *[ABROGÉ]* OBSERVATOIRE DES DISTORSIONS

(Abrogé par Décr. n° 2013-420 du 23 mai 2013, art. 52-I-2°)

CHAPITRE II OBSERVATOIRE DE LA FORMATION DES PRIX ET DES MARGES DES PRODUITS ALIMENTAIRES

(Décr. n° 2010-1301 du 28 oct. 2010)

Art. D. 682-1 Afin de remplir les missions qui lui sont dévolues en vertu de l'article *(Décr. n° 2017-1771 du 27 déc. 2017, art. 25-1°)* « L. 682-1 », l'Observatoire de la formation des prix et des marges des produits alimentaires :

1° Recueille auprès des services et établissements publics compétents les données statistiques disponibles nécessaires à l'analyse des mécanismes de formation des prix dans la chaîne alimentaire ;

2° Demande à ces services et établissements de collecter, en tant que de besoin, des données supplémentaires ;

3° Réalise ou fait réaliser les travaux d'études nécessaires à son activité ;

4° Analyse les informations recueillies ;

5° Produit des rapports de synthèse sur les filières étudiées ;

6° Assure la diffusion régulière de ses travaux.

A ces fins, l'Observatoire de la formation des prix et des marges des produits alimentaires s'appuie sur l'établissement public mentionné à l'article L. 621-1 *(Abrogé par Décr. n° 2017-1771 du 27 déc. 2017, art. 25-1°)* *« du code rural et de la pêche maritime ».*

— Les tirets précédant les alinéas 2 à 7 sont remplacés successivement par « 1° », « 2° », « 3° », « 4° », « 5° » et « 6° », la lettre minuscule suivant chacune des insertions ainsi effectuées devenant une lettre majuscule (Décr. n° 2017-1771 du 27 déc. 2017, art. 25-1°).

Art. D. 682-2 Le président de l'Observatoire de la formation des prix et des marges des produits alimentaires est nommé par arrêté conjoint du ministre chargé de l'alimentation et du ministre chargé de la consommation pour une période de trois ans renouvelable.

Art. D. 682-3 L'Observatoire de la formation des prix et des marges des produits alimentaires est doté d'un comité de pilotage, présidé par le président de l'Observatoire de la formation des prix et des marges des produits alimentaires et d'un secrétariat.

Outre le président *(Décr. n° 2017-1573 du 15 nov. 2017, art. 1er)* « et les parlementaires mentionnés au deuxième alinéa de l'article L. 682-1 », ce comité de pilotage comprend :

1° Six représentants de l'État :

a) Le *(Décr. n° 2015-490 du 29 avr. 2015, art. 3)* « directeur général de la performance économique et environnementale des entreprises » ou son représentant ;

b) Le directeur des pêches maritimes et de l'aquaculture ou son représentant ;

c) Le directeur général de la concurrence, de la consommation et de la répression des fraudes ou son représentant ;

d) Le directeur général de l'établissement public mentionné à l'article L. 621-1 ou son représentant ;

e) Le chef du service de la statistique et de la prospective au ministère chargé de l'agriculture ou son représentant ;

f) Le directeur général de l'Institut national de la statistique et des études économiques ou son représentant ;

2° *(Décr. n° 2015-145 du 9 févr. 2015, art. 1er)* « Vingt et un » *(Décr. n° 2011-93 du 24 janv. 2011)* « représentants des secteurs agricoles et agroalimentaires :

« *a)* Un représentant de *(Ord. n° 2022-583 du 20 avr. 2022, art. 1er)* « Chambres d'agriculture France » ;

« *b)* Cinq représentants des organisations syndicales d'exploitations agricoles à vocation générale habilitées en application de *(Décr. n° 2017-1771 du 27 déc. 2017, art. 25-2°)* « l'article R. 514-39 » ;

« *c)* Trois représentants de la pêche maritime et de l'aquaculture ;

« *d)* Sept représentants des industries de transformation ; »

(Décr. n° 2012-987 du 22 août 2012, art. 1er-1°) « *e)* Cinq représentants du commerce et de la distribution » ;

3° Deux représentants des associations nationales de consommateurs ;

(Décr. n° 2012-987 du 22 août 2012, art. 1er-2°) « 4° Des personnalités désignées en raison de leurs compétences particulières ou de leurs fonctions, dans la limite de sept. »

Les membres du comité de pilotage de l'Observatoire de la formation des prix et des marges des produits alimentaires, autres que ceux mentionnés au 1° *(Décr. n° 2017-1573 du 15 nov. 2017, art. 1er)* « et les parlementaires, » sont nommés pour une durée de trois ans, renouvelable, par arrêté conjoint du ministre chargé de l'alimentation et du ministre chargé de la consommation. *(Décr. n° 2020-1100 du 28 août 2020, art. 1er)* « Ce mandat peut être prorogé, deux fois selon la même procédure, dans la limite totale de deux ans, afin de permettre la continuité des travaux du comité. » *(Décr. n° 2017-1573 du 15 nov. 2017, art. 1er)* « Les députés et les sénateurs sont nommés respectivement pour la durée de leur mandat législatif et jusqu'au renouvellement triennal pour moitié du Sénat. »

La suppléance et le remplacement des membres s'effectuent dans les conditions définies par *(Décr. n° 2017-1771 du 27 déc. 2017, art. 25-2°)* « l'article R. 133-3 du code des relations entre le public et l'administration ».

La fonction de membre n'ouvre droit à aucune rémunération ni remboursement de frais de déplacement. — *Les tirets précédant les alinéas 4 à 9 sont remplacés successivement par « a », « b », « c », « d », « e » et « f », les tirets précédant les alinéas 11 à 15 sont remplacés successivement par « a », « b », « c », « d » et « e » la lettre minuscule suivant chacune des insertions ainsi effectuées devenant une lettre majuscule (Décr. n° 2017-1771 du 27 déc. 2017, art. 25-2°).*

Art. D. 682-4 I. — Le comité de pilotage de l'Observatoire de la formation des prix et des marges des produits alimentaires se réunit dans les conditions définies par *(Décr. n° 2017-1771 du 27 déc. 2017, art. 25-3°)* « l'article R. 133-5 du code des relations entre le public et l'administration ». Ces séances ne sont pas publiques.

Le comité approuve son règlement intérieur.

Il arrête un programme annuel de travail.

Il peut être saisi par les ministres chargés de l'alimentation et de la consommation de toute question relevant de la compétence de l'Observatoire.

II. — Le président du comité de pilotage peut désigner un ou plusieurs rapporteurs en raison de leur compétence parmi les membres du comité de pilotage.

Il crée, en tant que de besoin, des groupes de travail spécifiques et temporaires.

Il peut décider, dans les conditions définies par *(Décr. nº 2017-1771 du 27 déc. 2017, art. 25-3º)* « l'article R. 133-6 du même code », de procéder à l'audition de toute personne extérieure au comité.

III. – Les membres du comité de pilotage sont tenus au secret professionnel pour les faits, actes et renseignements dont ils ont pu avoir connaissance en raison de leurs fonctions.

Ils sont associés à la préparation du rapport au Parlement mentionné à *(Décr. nº 2017-1771 du 27 déc. 2017, art. 25-3º)* « l'article L. 682-1 du présent code ». Après avoir entendu le comité de pilotage, son président valide et transmet chaque année ce rapport au Parlement et aux ministres chargés de l'alimentation et de la consommation.

TITRE IX DISPOSITIONS RELATIVES À L'OUTRE-MER

(Décr. nº 2016-781 du 10 juin 2016, art. 7-8º, en vigueur le 1er juill. 2016)

CHAPITRE I GUADELOUPE, GUYANE, MARTINIQUE, LA RÉUNION ET MAYOTTE

(Décr. nº 2016-781 du 10 juin 2016, art. 7-8º, en vigueur le 1er juill. 2016)

SECTION 1 Champ d'application et dispositions générales

Art. D. 691-1 Les dispositions du présent livre (partie réglementaire) s'appliquent en Guadeloupe, en Guyane, en Martinique, à La Réunion et à Mayotte sous réserve des exceptions et adaptations prévues au présent chapitre.

Art. D. 691-2 Les articles D. 666-1 à *(Décr. nº 2020-1354 du 4 nov. 2020, art. 2)* « D. 666-31 et les articles D. 667-2 et D. 667-3 » ne sont pas applicables en Guadeloupe, en Guyane, en Martinique et à La Réunion.

Art. D. 691-3 Pour l'application du présent livre (partie réglementaire) à Mayotte :

1º Les références à la région, au conseil régional et à son président sont remplacées par les références au Département de Mayotte, au conseil général et à son président ;

2º Les références à la chambre d'agriculture sont remplacées par les références à la chambre de l'agriculture, de la pêche et de l'aquaculture de Mayotte ;

3º Les références à la direction départementale de l'agriculture et de la forêt et au directeur départemental de l'agriculture et de la forêt sont remplacées par les références à la direction de l'alimentation, de l'agriculture et de la forêt et au directeur de l'alimentation, de l'agriculture et de la forêt.

Art. R. 691-4 Ne sont pas applicables à Mayotte :

1º Le chapitre VII du titre I ;

2º L'article R. 651-1 ;

3º Les articles D. 666-1 à *(Décr. nº 2020-1353 du 4 nov. 2020, art. 1er)* « D. 666-31 ;

« 4º Les articles D. 667-2 et D. 667-3. »

Art. D. 691-4-1 *(Décr. nº 2023-573 du 7 juill. 2023, art. 2)* Les articles D. 614-116 à *(Décr. nº 2023-1278 du 26 déc. 2023, art. 2)* « D. 614-132 » sont applicables à Mayotte.

Art. R. 691-5 Lorsqu'un transfert d'attributions financières concerne la Guadeloupe, la Guyane, la Martinique, La Réunion ou Mayotte, les décisions prévues aux articles R. 621-40 et R. 621-41 comportent la signature du ministre chargé de l'outre-mer.

SECTION 1 *BIS* Dispositions relatives à la définition de l'agriculteur actif dans le cadre des régimes d'aide relevant de la politique agricole commune

(Décr. nº 2023-52 du 1er févr. 2023, art. 1er)

Art. D. 691-5-1 Pour son application en Guadeloupe, en Guyane, en Martinique, à La Réunion et à Mayotte, l'article D. 614-1 est ainsi rédigé :

Art. D. 614-1 Pour l'application des régimes d'aide relevant de la politique agricole commune, est considérée comme agriculteur actif toute personne physique ou morale dont l'activité est agricole au sens de l'article D. 614-4.

Sauf en ce qui concerne les centres équestres exerçant des activités de préparation et d'entraînement des équidés domestiques en vue de leur exploitation qui sont considérés comme agriculteurs actifs en application du premier alinéa, les personnes qui exploitent des aéroports, des services ferroviaires, des sociétés de services des eaux, des services immobiliers ou des terrains de sport et de loisir, ne peuvent être considérés *[considérées]* comme agriculteur actif que dans des conditions précisées par un arrêté du ministre chargé de l'agriculture tenant compte du caractère significatif de la part de leurs recettes agricoles dans l'ensemble de leurs recettes et des indications figurant au registre du commerce et des sociétés. – *V. Arr. du 16 mai 2023 fixant les conditions dans lesquelles certaines personnes exerçant des activités non agricoles en Guadeloupe, en Guyane, en Martinique, à La Réunion et à Mayotte peuvent être considérées comme agriculteur actif (JO 23 mai).*

SECTION 2 **Bonnes conditions agricoles et environnementales**

(Décr. n° 2023-52 du 1er févr. 2023, art. 1er)

Art. D. 691-6 **Pour son application en Guadeloupe, en Guyane, en Martinique, à La Réunion et à Mayotte, le premier alinéa de l'article D. 614-44 est ainsi rédigé :**

"A l'exception des articles D. 614-45, D. 614-51 et D. 614-53, la présente sous-section s'applique aux agriculteurs qui demandent les aides octroyées conformément au chapitre IV du règlement (UE) n° 228/2013 du Parlement européen et du Conseil du 13 mars 2013."

Art. D. 691-7 **Pour l'application des articles D. 614-46, D. 614-48 et D. 614-52 en Guadeloupe, en Guyane, en Martinique, à La Réunion et à Mayotte, les mots : "arrêté du ministre chargé de l'agriculture" sont remplacés par les mots : "arrêté préfectoral".**

Art. D. 691-8 **Pour son application en Guadeloupe, en Guyane, en Martinique, à La Réunion et à Mayotte, l'article D. 614-49 est ainsi rédigé :**

Art. D. 614-49 Les agriculteurs qui demandent les aides octroyées conformément au chapitre IV du règlement (UE) n° 228/2013 du Parlement européen et du Conseil du 13 mars 2013 et mettent en valeur des terres arables et des cultures permanentes, en dehors des surfaces consacrées aux cultures sous eau, sont tenus de mettre en œuvre sur leur exploitation des mesures de protection des sols contre l'érosion définies par arrêté préfectoral.

Cet arrêté préfectoral comprend l'application d'une ou plusieurs des mesures suivantes :

— implantation et entretien des haies vives. L'arrêté préfectoral précise, le cas échéant, les espèces à implanter dans les haies et leurs conditions d'implantation ;

— maintien d'une surface en couvert végétal sur les sols à forte pente. L'arrêté préfectoral précise, le cas échéant, les surfaces concernées par la mesure, la liste des couverts végétaux à maintenir et les règles relatives à leur entretien et à leur maintien ;

— entretien des abords des pentes d'encaissement des ravines. L'arrêté préfectoral définit, le cas échéant, les ravines soumises à la mesure et les règles d'entretien des abords.

Art. D. 691-9 *(Décr. n° 2023-245 du 3 avr. 2023, art. 4)* **« Pour son application en Guadeloupe, en Guyane, en Martinique, à La Réunion et à Mayotte, l'article D. 614-50 est ainsi rédigé :**

« *Art. D. 614-50* Les agriculteurs qui demandent les aides octroyées conformément au chapitre IV du règlement (UE) n° 228/2013 du Parlement européen et du Conseil du 13 mars 2013 et qui disposent de terres arables sont tenus après la récolte d'une culture arable de disposer d'une couverture végétale pour une durée d'au moins six semaines pendant une période donnée définie par arrêté préfectoral. »

Les terres arables en jachères et les surfaces restées agricoles après arrachage de vignes, de vergers ou de houblonnières, doivent présenter au plus tard à une date fixée par arrêté préfectoral un couvert végétal implanté ou spontané.

Un arrêté préfectoral précise les types de couvert autorisés ainsi que leurs modalités d'entretien.

Art. D. 691-10 Pour son application en Guadeloupe, en Guyane, en Martinique, à La Réunion et à Mayotte, le III de l'article D. 614-52 est ainsi rédigé :
"III. – La taille des haies et des arbres est interdite pendant une période de nidification et de reproduction des oiseaux, définie dans chaque département par arrêté préfectoral. Cette période est définie en prenant en compte la faune locale."

SECTION 3 Mention valorisante "produits pays"

Art. R. 691-11 Les conditions dans lesquelles les denrées alimentaires ainsi que les produits agricoles non alimentaires et non transformés peuvent employer, dans leur étiquetage ou leur présentation, les termes "produits pays" sont fixées par la présente section. Ces dispositions ne sont pas applicables aux produits relevant :

1° Du règlement (CE) n° 110/2008 du Parlement européen et du Conseil du 15 janvier 2008 concernant la définition, la présentation, l'étiquetage et la protection des indications géographiques des boissons spiritueuses et abrogeant le règlement (CEE) n° 1576/89 du Conseil ;

2° Du règlement (UE) n° 1308/2013 du Parlement européen et du Conseil du 17 décembre 2013 portant organisation commune des marchés des produits agricoles ;

3° Du règlement (UE) n° 251/2014 du Parlement européen et du Conseil du 26 février 2014 concernant la définition, la présentation, l'étiquetage et la protection des indications géographiques des produits vinicoles aromatisés et abrogeant le règlement (CEE) n° 1601/91 du Conseil.

Art. R. 691-12 La mention "produits pays" est réservée aux denrées alimentaires et aux produits agricoles non alimentaires définis à l'article R. 691-11 dont toutes les opérations de production, y compris de naissage, d'élevage, d'engraissement, d'abattage et de préparation, ainsi que de fabrication, d'affinage et de conditionnement sont réalisées en Guadeloupe, en Guyane, en Martinique, à La Réunion ou à Mayotte. Doivent également provenir de Guadeloupe, de Guyane, de Martinique, de La Réunion ou de Mayotte les matières premières entrant dans leur fabrication ou dans l'alimentation des animaux.

Art. R. 691-13 Par dérogation aux dispositions de l'article R. 691-12 :

1° Les matières premières entrant dans la fabrication des denrées alimentaires mentionnées à l'article R. 691-11 ou dans l'alimentation des animaux peuvent provenir de toute autre zone géographique équivalente ou assimilée énumérée à l'article 355 du traité sur le fonctionnement de l'Union européenne ;

2° L'obligation de naissage est considérée comme satisfaite si les volailles ont été introduites en Guadeloupe, en Guyane, en Martinique, à La Réunion ou à Mayotte avant 2 jours d'âge ;

3° L'obligation de provenance ne s'applique ni aux matières premières entrant dans l'alimentation des animaux, ni aux ingrédients entrant dans la composition des denrées alimentaires qui, pour des raisons naturelles ou techniques, ne sont pas produits en quantité suffisante en Guadeloupe, en Guyane, en Martinique, à La Réunion ou à Mayotte.

La notion de "quantité suffisante" mentionnée à l'alinéa précédent peut être précisée, par produit ou catégorie de produits, par des arrêtés conjoints du ministre chargé de l'agriculture et du ministre chargé de la consommation, sur proposition du comité mentionné à l'article R. 181-7.

Art. R. 691-14 Les transcriptions créoles énumérées ci-dessous peuvent être utilisées si elles sont accompagnées d'une traduction en français :

– produits pei ;
– produits peyi ;
– produits péi ;
– produits péyi.

Art. R. 691-15 Les termes "produits pays" et leurs équivalents créoles peuvent être employés dans la présentation et l'étiquetage d'un produit bénéficiant d'une appellation d'origine ou d'une indication géographique protégée dès lors que l'arrêté d'homologation du cahier des charges de l'appellation d'origine ou de l'indication géographique protégée ne prévoit pas de disposition y faisant obstacle.

Art. R. 691-16 Est puni des peines d'amende prévues pour les contraventions de la 3e classe le fait pour tout producteur, transformateur ou tout autre responsable de la mise sur le marché d'une denrée alimentaire ou d'un produit agricole définis à l'article R. 691-11 d'employer les termes "produits pays" sans respecter les conditions de production ou de fabrication fixées par les articles R. 691-11 à R. 691-15.

Art. R. 691-17 Les dispositions des articles R. 691-11 à R. 691-15 ne sont pas applicables aux produits légalement produits et commercialisés dans l'un des États membres de l'Union européenne, en Turquie ou dans l'un des États parties à l'accord sur l'Espace économique européen, qui emploient, dans leur étiquetage ou leur présentation, les termes "produits pays".

SECTION 4 Dispositions relatives au programme POSEI-France

(Décr. nº 2018-39 du 22 janv. 2018, art. 1er)

SOUS-SECTION 1 Cadre général du programme d'options spécifiques à l'éloignement et à l'insularité (POSEI-France) *(Décr. nº 2018-775 du 6 sept. 2018, art. 1er)*.

Art. D. 691-18 Les mesures spécifiques dans le domaine agricole applicables à la Guadeloupe, à la Guyane, à la Martinique, à La Réunion et à Mayotte, les autorités compétentes et les organismes payeurs mentionnés à l'article 5 du règlement (UE) nº 228/2013 du Parlement européen et du Conseil du 13 mars 2013 portant mesures spécifiques dans le domaine de l'agriculture en faveur des régions ultrapériphériques de l'Union sont ceux prévus par le programme d'options spécifiques à l'éloignement et à l'insularité, dénommé "programme POSEI-France", élaboré par les ministres chargés de l'agriculture et des outre-mer et approuvé par la Commission européenne.

Le programme POSEI-France et ses modifications sont publiés au *Bulletin officiel* du ministère chargé de l'agriculture.

Art. D. 691-19 Les préfets, en tant qu'autorités coordinatrices désignées par le programme POSEI-France pour sa mise en œuvre au niveau local, peuvent :

1º Exclure du régime spécifique d'approvisionnement les produits qui ne répondent pas aux critères fixés au *d* de l'article 11 du règlement (UE) nº 228/2013 ;

2º Déterminer les priorités d'attribution des références individuelles de la réserve départementale aux planteurs de bananes ;

3º Définir les critères utilisés pour la vérification du caractère allaitant d'un cheptel pour l'attribution de l'aide au développement et au maintien du cheptel allaitant ;

4º Définir les conditions supplémentaires d'agrément des opérateurs pour l'accès aux mesures en faveur des productions agricoles ;

5º Fixer les montants unitaires de l'aide directe en faveur des producteurs de canne à sucre, ainsi que la procédure et les critères de contrôle des rendements.

Art. D. 691-20 Les ministres chargés de l'agriculture et des outre-mer peuvent préciser, par arrêté, les modalités d'attribution :

1º De l'aide aux producteurs de banane en tenant compte, notamment, de la production de bananes commercialisée sur une période de référence ;

2º De l'aide à la transformation de la canne en rhum agricole en tenant compte, notamment, des volumes de production de rhum agricole ; — *V. Arr. du 2 déc. 2009 portant répartition entre départements d'outre-mer de l'aide à la transformation de la canne en rhum agricole et établissant les principes de répartition de l'aide entre les distilleries bénéficiaires (JO 22 déc.), mod. par Arr. du 23 avr. 2015 (JO 5 mai), Arr. du 27 nov. 2018 (JO 2 déc.), Arr. du 13 févr. 2023 (JO 18 févr.).*

3º De l'aide directe en faveur des producteurs de canne à sucre, notamment le montant unitaire moyen et les quantités départementales garanties ;

4º De l'aide au maintien de l'activité sucrière en tenant compte, notamment, de la production de sucre sur une période de référence.

Art. D. 691-21 Les contrôles du respect du programme POSEI-France sont effectués dans les conditions prévues à l'article R. 622-6.

SOUS-SECTION 2 Régime de sanctions relatif aux mesures en faveur des produits agricoles locaux dans le cadre du programme d'options spécifiques à l'éloignement et à l'insularité (POSEI-France)

(Décr. n° 2018-775 du 6 sept. 2018, art. 1er)

§ 1 Dispositions communes

Art. D. 691-22 Pour l'application de la présente sous-section, on entend par :

1° "campagne", la période allant du 1er janvier au 31 décembre ;

(Décr. n° 2023-919 du 4 oct. 2023, art. 2) « 2° "surface déclarée", la surface déclarée dans la demande mentionnée à l'article D. 614-36 pour les cultures éligibles à l'aide » ;

3° "surface déterminée", la surface pour laquelle l'ensemble des conditions applicables à l'octroi d'une aide sont remplies ;

(Abrogé par Décr. n° 2023-919 du 4 oct. 2023, art. 2) « 4° "groupes de cultures" relatives à la surface, ceux visés au e et au f de l'article 17 du règlement (UE) n° 640/2014 du 11 mars 2014 ainsi que les surfaces déclarées aux fins du bénéfice de l'aide de base pour les aides à la production des filières végétales à Mayotte. »

Art. D. 691-23 L'aide à la surface prévue par la présente sous-section est calculée :

1° Sur la base de la superficie déclarée d'un groupe de cultures, lorsque la superficie déterminée pour ce même groupe est supérieure à la superficie déclarée ;

2° Sur la base de la superficie déterminée d'un groupe de cultures, lorsque la superficie déclarée de ce même groupe est supérieure à la superficie déterminée.

Art. D. 691-24 L'autorité compétente pour appliquer les sanctions prévues par la présente sous-section est l'organisme payeur agréé au titre du programme POSEI-France.

§ 2 Régime général de sanctions applicable aux manquements constatés aux obligations conditionnant l'octroi des aides

Art. D. 691-25 Pour l'application du présent paragraphe, on entend par "obligation quantitative" toute obligation déclarative conditionnant l'octroi d'une aide au titre du POSEI-France, fondée sur des critères quantitatifs exprimés en poids, volume, surface ou toute autre unité, et servant de référence au calcul du montant de l'aide.

Art. D. 691-26 En cas de manquement à une obligation quantitative, constaté lors d'un contrôle, avant ou après paiement de l'aide, le montant de l'aide est automatiquement recalculé sur la base des quantités constatées lors de ce contrôle et corrigé à hauteur du montant recalculé.

Une réduction est automatiquement appliquée au montant de l'aide ainsi corrigé, selon les modalités précisées à l'article D. 691-27, compte tenu, d'une part, de l'écart entre le montant d'aide calculé sur la base des quantités déclarées et le montant d'aide calculé sur la base des quantités constatées et, d'autre part, du rapport existant entre cet écart et le montant de l'aide calculé après application de la correction prévue au premier alinéa. Le rapport exprimé en pourcentage est appelé "taux d'écart". Le taux d'écart est arrondi à une décimale après la virgule.

Dans le cas où une demande d'aide déposée au titre du programme POSEI-France est composée de différentes aides, le taux d'écart est calculé au niveau de chacune de ces aides.

Lorsque les quantités constatées sont supérieures aux quantités déclarées dans la demande d'aide, la quantité déclarée est prise en compte pour le calcul de l'aide. Dans ce cas, aucune réduction ou exclusion n'est appliquée.

Art. D. 691-27 Les manquements mentionnés au premier alinéa de l'article D. 691-26 donnent lieu à l'application des mesures suivantes :

1° Lorsque le taux d'écart constaté lors d'un premier contrôle est inférieur ou égal à 5 %, l'organisme payeur adresse au demandeur de l'aide une lettre d'observations contenant un rappel à la réglementation applicable, mentionnant notamment le régime applicable à l'aide concernée ;

2° Lorsque le taux d'écart constaté lors d'un premier contrôle est supérieur à 5 %, le montant de l'aide est réduit de 50 % du taux d'écart constaté après application de la correction prévue au premier alinéa de l'article D. 691-26. Le constat d'un taux d'écart égal ou supérieur à 200 % entraîne l'inéligibilité à l'aide demandée, au titre de la campagne concernée.

Art. D. 691-28 Lorsqu'un manquement à une obligation quantitative a donné lieu à une décision de réduction ou d'exclusion au titre d'une campagne donnée et que le même manquement est constaté au titre de la campagne suivante :

1° Si le taux d'écart relevé lors du contrôle au titre de la campagne suivante est inférieur ou égal à 5 %, l'organisme payeur adresse au demandeur de l'aide une lettre d'observations contenant un rappel à la réglementation applicable, mentionnant notamment le régime applicable à l'aide concernée ;

2° Si le taux d'écart relevé lors du contrôle au titre de la campagne suivante est supérieur à 5 %, le montant de l'aide est réduit de 100 % du taux d'écart constaté après application de la correction prévue au premier alinéa de l'article D. 691-26. Le constat d'un taux d'écart égal ou supérieur à 100 % entraîne l'inéligibilité à l'aide demandée, au titre de la campagne concernée.

Art. D. 691-29 Lorsque sont constatés, d'une part, des manquements aux obligations quantitatives définies à l'article D. 691-25 et, d'autre part, un manquement à l'obligation de dépôt de la demande d'aides dans les délais prescrits à l'article 18 du règlement d'exécution (UE) n° 180/2014 du 20 février 2014 établissant les modalités d'application du règlement (UE) n° 228/2013 du Parlement européen et du Conseil portant mesures spécifiques dans le domaine de l'agriculture en faveur des régions ultrapériphériques de l'Union, la réduction sanctionnant les manquements aux obligations quantitatives et la réduction prévue à l'article 20 du règlement précité sont appliquées successivement.

Art. D. 691-30 En cas de manquement d'une organisation professionnelle à l'obligation de reversement d'une aide à des bénéficiaires, l'organisme payeur lui adresse une injonction de reversement immédiat de cette aide aux bénéficiaires.

En cas d'inexécution ou d'exécution partielle de l'obligation de reversement de l'aide à son bénéficiaire par l'organisation professionnelle qui l'a perçue, celle-ci est tenue de la rembourser à l'organisme payeur majorée des intérêts déterminés conformément au taux légal en vigueur.

En cas de seconde inexécution ou d'exécution partielle de cette obligation, le manquement est signalé à l'autorité compétente en matière d'agrément de l'organisation professionnelle afin qu'elle applique, le cas échéant, une sanction appropriée, sans préjudice de l'obligation de remboursement prévue à l'alinéa précédent.

§ 3 Régime spécifique de sanctions applicable aux manquements constatés aux obligations conditionnant l'octroi des primes animales aux éleveurs de ruminants

Art. D. 691-31 *(Décr. nº 2023-919 du 4 oct. 2023, art. 2)* Une sanction financière sur le montant de l'aide octroyée au titre de l'aide au développement et au maintien du cheptel allaitant et au titre du complément pour les veaux est appliquée lorsque les contrôles sur place révèlent que, pour la demande considérée, le nombre d'animaux enregistrés dans le système d'identification et d'enregistrement des bovins non conformes et qui ne peuvent être identifiés individuellement est supérieur à trois.

Le montant de la sanction financière applicable pour chacune des aides est déterminé en fonction d'un taux d'écart qui correspond au ratio du nombre d'animaux non conformes divisés par le nombre d'animaux effectivement primés.

Le montant de l'aide pour l'année de la demande concernée est réduit :

– du taux d'écart lorsque ce taux est inférieur ou égal à 20 % ;

– de deux fois le taux d'écart lorsque le taux est compris entre 20 % et 30 %.

L'aide n'est pas octroyée lorsque le taux d'écart excède 30 %. En outre, une pénalité correspondant au nombre d'animaux non conformes multiplié par le montant unitaire de l'aide est appliquée lorsque le taux d'écart est supérieur à 50 %.

Art. D. 691-31-1 *(Décr. nº 2023-919 du 4 oct. 2023, art. 2)* Une sanction financière sur le montant des aides octroyées au titre de la prime aux petits ruminants et au titre de la prime à l'abattage est appliquée lorsque les contrôles sur place révèlent que, pour la demande considérée, le nombre d'animaux non conformes est supérieur à trois.

Le montant de la sanction financière applicable pour chacune des aides est déterminé en fonction d'un taux d'écart qui correspond au ratio du nombre d'animaux non conformes divisé par le nombre d'animaux effectivement primés.

Le montant de l'aide pour l'année de la demande concernée est réduit :
– du taux d'écart lorsque ce taux est inférieur ou égal à 20 % ;
– de deux fois le taux d'écart lorsque le taux est compris entre 20 et 30 %.

L'aide n'est pas octroyée lorsque le taux d'écart excède 30 %. En outre, une pénalité correspondant au nombre d'animaux non conformes multiplié par le montant unitaire de l'aide est appliquée lorsque le taux d'écart est supérieur à 50 %.

§ 4 Régime spécifique de sanctions applicable aux manquements constatés aux obligations conditionnant l'octroi des aides à la production des filières végétales pour le département de Mayotte

Art. D. 691-32 *(Décr. nº 2023-919 du 4 oct. 2023, art. 2)* « Lorsque la superficie déclarée est supérieure à la superficie déterminée, que le taux d'écart est supérieur à 5 % et que la différence entre la superficie déclarée et la superficie déterminée est supérieure à 0,1 hectare, une sanction est appliquée pour l'année de la demande.

« Le taux d'écart mentionné au premier alinéa correspond à la différence entre le montant de l'aide calculé à partir de la superficie déclarée et le montant de l'aide calculé à partir de la superficie déterminée, divisée par le montant de l'aide calculé à partir de la superficie déterminée.

« La sanction prévue au premier alinéa est égale au montant de l'aide établi au regard de la surface déterminée multiplié par le taux d'écart exprimé en pourcentage. »

Lorsqu'à la suite d'un contrôle sur place il est constaté que l'exploitant ne respecte pas les conditions d'octroi de la majoration "structures collectives" et, à partir de 2015, des majorations "nouvel installé" et "produisons autrement", définies dans le programme POSEI-France précité, le montant relatif à la majoration n'est pas accordé.

Le rejet d'une demande d'aide de base entraîne, le cas échéant, le rejet des majorations prévues par le programme POSEI-France qui s'y rattachent.

(Décr. nº 2023-919 du 4 oct. 2023, art. 2) « Pour les majorations "filière vanille" et "filière ylang-ylang", si la superficie déclarée est supérieure à la superficie déterminée et si le taux d'écart dépasse 5 %, une sanction est appliquée pour l'année de la demande. La sanction est égale au montant de l'aide établi au regard de la surface déterminée multiplié par le taux d'écart exprimé en pourcentage. »

§ 5 Régime spécifique de sanctions applicable aux manquements constatés aux obligations conditionnant l'octroi de l'aide à la production de riz s'agissant de l'aide à la surface pour la collectivité de Guyane

Art. D. 691-33 En cas de surdéclaration de surface, l'aide à la production de riz est calculée et sanctionnée conformément à l'article 19 du règlement (UE) nº 640/2014 de la Commission du 11 mars 2014 complétant le règlement (UE) nº 1306/2013 du Parlement européen et du Conseil en ce qui concerne le système intégré de gestion et de contrôle, les conditions relatives au refus ou au retrait des paiements et les sanctions administratives applicables aux paiements directs, le soutien au développement rural et la conditionnalité. – *Le Règl. (UE) 1306/2013 est abrogé par le Règl. (UE) 2021/2116 du 2 déc. 2021 relatif au financement, à la gestion et au suivi de la politique agricole commune, applicable à partir du 1er janv. 2023 ; le Règl. (UE) nº 640/2014 est abrogé par le Règl. délégué (UE) 2022/1172 du 4 mai 2022 complétant le Règl. (UE) 2021/2116 en ce qui concerne le système intégré de gestion et de contrôle lié à la politique agricole commune et l'application et le calcul des sanctions administratives en matière de conditionnalité, avec effet au 1er janv. 2023.*

CHAPITRE II SAINT-BARTHÉLEMY

(Décr. nº 2016-781 du 10 juin 2016, art. 7-8º, en vigueur le 1er juill. 2016)

Art. D. 692-1 Les dispositions du présent livre (partie réglementaire) s'appliquent à Saint-Barthélemy sous réserve des exceptions et adaptations prévues au présent chapitre.

Art. R. 692-2 Ne sont pas applicables à Saint-Barthélemy :
1º Les titres V et VI ;
2º Les articles R. 671-6 à R. 671-14.
Sauf disposition contraire, les dispositions faisant référence aux règlements européens ne sont pas applicables.

Art. R. 692-3 Les conditions dans lesquelles les denrées alimentaires ainsi que les produits agricoles non alimentaires et non transformés peuvent employer, dans leur étiquetage ou leur présentation, les termes "produits pays" sont fixées par le présent chapitre. Ces dispositions ne sont pas applicables aux produits vitivinicoles ni aux vins aromatisés et aux spiritueux.

Art. R. 692-4 La mention "produits pays" est réservée aux denrées alimentaires et aux produits agricoles non alimentaires définis à l'article R. 692-3 dont toutes les opérations de production, y compris de naissage, d'élevage, d'engraissement, d'abattage et de préparation, ainsi que de fabrication, d'affinage et de conditionnement sont réalisées à Saint-Barthélemy. Doivent également provenir de Saint-Barthélemy les matières premières entrant dans leur fabrication ou dans l'alimentation des animaux.

Art. R. 692-5 Par dérogation aux dispositions de l'article R. 692-4 :
1º Les matières premières entrant dans la fabrication des denrées alimentaires mentionnées à l'article R. 692-3 ou dans l'alimentation des animaux peuvent provenir de toute autre zone géographique équivalente ;
2º L'obligation de naissage est considérée comme satisfaite si les volailles ont été introduites à Saint-Barthélemy avant 2 jours d'âge ;
3º L'obligation de provenance ne s'applique ni aux matières premières entrant dans l'alimentation des animaux, ni aux ingrédients entrant dans la composition des denrées alimentaires qui, pour des raisons naturelles ou techniques, ne sont pas produits en quantité suffisante à Saint-Barthélemy.
La notion de "quantité suffisante" mentionnée à l'alinéa précédent peut être précisée, par produit ou catégorie de produits, par des arrêtés conjoints du ministre chargé de l'agriculture et du ministre chargé de la consommation, sur proposition de la commission mentionnée à l'article R. 182-5.

Art. R. 692-6 Les transcriptions créoles énumérées ci-dessous peuvent être utilisées si elles sont accompagnées d'une traduction en français :
— produits pei ;
— produits peyi ;
— produits péi ;
— produits péyi.

Art. R. 692-7 Les termes "produits pays" et leurs équivalents créoles peuvent être employés dans la présentation et l'étiquetage d'un produit bénéficiant d'une appellation d'origine ou d'une indication géographique protégée dès lors que l'arrêté d'homologation du cahier des charges de l'appellation d'origine ou de l'indication géographique protégée ne prévoit pas de disposition y faisant obstacle.

Art. R. 692-8 Est puni des peines d'amende prévues pour les contraventions de la 3e classe le fait pour tout producteur, transformateur ou tout autre responsable de la mise sur le marché d'une denrée alimentaire ou d'un produit agricole définis à l'article R. 692-3 d'employer les termes "produits pays" sans respecter les conditions de production ou de fabrication fixées par les articles R. 692-3 à R. 692-7.

CHAPITRE III SAINT-MARTIN

(Décr. n° 2016-781 du 10 juin 2016, art. 7-8°, en vigueur le 1er juill. 2016)

SECTION 1 Champ d'application et références

Art. D. 693-1 **Les dispositions du présent livre (partie réglementaire) s'appliquent à Saint-Martin sous réserve des exceptions et adaptations prévues au présent chapitre.**

Art. D. 693-1-1 *(Décr. n° 2020-1354 du 4 nov. 2020, art. 2)* **Les dispositions des articles D. 666-31, D. 667-2 et D. 667-3 ne sont pas applicables à Saint-Martin.**

Art. D. 693-1-2 *(Décr. n° 2023-573 du 7 juill. 2023, art. 2)* **Les dispositions des articles D. 614-117 à** *(Décr. n° 2023-1278 du 26 déc. 2023, art. 2)* **« D. 614-132 » ne sont pas applicables à Saint-Martin à l'exception de celles des 2°, 4° et 8° de l'article D. 614-117 et des articles D. 614-119, D. 614-121, D. 614-125, D. 614-126 et D. 614-127** *(Décr. n° 2023-1278 du 26 déc. 2023, art. 2)* **« , D. 614-131 et D. 614-132 ».**

SECTION 1 *BIS* Dispositions relatives à la définition de l'agriculteur actif dans le cadre des régimes d'aide relevant de la politique agricole commune

(Décr. n° 2023-52 du 1er févr. 2023, art. 1er)

Art. D. 693-1-3 **Pour son application à Saint-Martin, l'article D. 614-1 est ainsi rédigé :**

Art. D. 614-1 Pour l'application des régimes d'aide relevant de la politique agricole commune, est considérée comme agriculteur actif toute personne physique ou morale dont l'activité est agricole au sens de l'article D. 614-4.

Sauf en ce qui concerne les centres équestres exerçant des activités de préparation et d'entraînement des équidés domestiques en vue de leur exploitation qui sont considérés comme agriculteurs actifs en application du premier alinéa, les personnes qui exploitent des aéroports, des services ferroviaires, des sociétés de services des eaux, des services immobiliers ou des terrains de sport et de loisir, ne peuvent être considérés *[considérées]* comme agriculteur actif que dans des conditions précisées par un arrêté du ministre chargé de l'agriculture tenant compte du caractère significatif de la part de leurs recettes agricoles dans l'ensemble de leurs recettes et des indications figurant au registre du commerce et des sociétés. — *L'art. D. 693-1-2 devient l'art. D. 693-1-3 (Décr. n° 2023-573 du 7 juill. 2023, art. 2-3°-a).*

V. Arr. du 16 mai 2023 fixant les conditions dans lesquelles certaines personnes exerçant des activités non agricoles en Guadeloupe, en Guyane, en Martinique, à La Réunion et à Mayotte peuvent être considérées comme agriculteur actif (JO 23 mai).

SECTION 2 Bonnes conditions agricoles et environnementales

(Décr. n° 2023-52 du 1er févr. 2023, art. 1er)

Art. D. 693-2 **Pour son application à Saint-Martin, le premier alinéa de l'article D. 614-44 est ainsi rédigé :**

"A l'exception des articles D. 614-45, D. 614-51 et D. 614-53, la présente section s'applique aux agriculteurs qui demandent les aides octroyées conformément au chapitre IV du règlement (UE) n° 228/2013 du Parlement européen et du Conseil du 13 mars 2013."

Art. D. 693-3 **Pour l'application des articles D. 614-46, D. 614-48 et D. 614-52 à Saint-Martin, les mots : "arrêté du ministre chargé de l'agriculture" sont remplacés par les mots : "arrêté préfectoral".**

Art. D. 693-4 **Pour son application à Saint-Martin, l'article D. 614-49 est ainsi rédigé :**

Art. D. 614-49 Les agriculteurs qui demandent les aides octroyées conformément au chapitre IV du règlement (UE) n° 228/2013 du Parlement européen et du Conseil du 13 mars 2013 et mettent en valeur des terres arables et des cultures permanentes, en dehors des surfaces consacrées aux cultures sous eau, sont tenus de mettre en œuvre sur leur exploitation des mesures de protection des sols contre l'érosion définies par arrêté préfectoral.

Cet arrêté préfectoral comprend l'application d'une ou plusieurs des mesures suivantes :

— implantation et entretien des haies vives. L'arrêté préfectoral précise, le cas échéant, les espèces à implanter dans les haies et leurs conditions d'implantation ;

— maintien d'une surface en couvert végétal sur les sols à forte pente. L'arrêté préfectoral précise, le cas échéant, les surfaces concernées par la mesure, la liste des couverts végétaux à maintenir et les règles relatives à leur entretien et à leur maintien ;

— entretien des abords des pentes d'encaissement des ravines. L'arrêté préfectoral définit, le cas échéant, les ravines soumises à la mesure et les règles d'entretien des abords.

Art. D. 693-5 *(Décr. n° 2023-245 du 3 avr. 2023, art. 4)* **« Pour son application à Saint-Martin, l'article D. 614-50 est ainsi rédigé :**

*« **Art. D. 614-50*** Les agriculteurs qui demandent les aides octroyées conformément au chapitre IV du règlement (UE) n° 228/2013 du Parlement européen et du Conseil du 13 mars 2013 et qui disposent de terres arables sont tenus après la récolte d'une culture arable de disposer d'une couverture végétale pour une durée d'au moins six semaines pendant une période donnée définie par arrêté préfectoral. »

Les terres arables en jachères et les surfaces restées agricoles après arrachage de vignes, de vergers ou de houblonnières, doivent présenter au plus tard à une date fixée par arrêté préfectoral un couvert végétal implanté ou spontané.

Un arrêté préfectoral précise les types de couvert autorisés ainsi que leurs modalités d'entretien.

Art. D. 693-6 **Pour son application à Saint-Martin, le III de l'article D. 614-52 est ainsi rédigé :**

"III. – La taille des haies et des arbres est interdite pendant une période de nidification et de reproduction des oiseaux, définie par arrêté préfectoral. Cette période est définie en prenant en compte la faune locale."

SECTION 3 Mention valorisante "produits pays"

Art. R. 693-7 **Les conditions dans lesquelles les denrées alimentaires ainsi que les produits agricoles non alimentaires et non transformés peuvent à Saint-Martin employer, dans leur étiquetage ou leur présentation, les termes "produits pays" sont fixées par la présente section. Ces dispositions ne sont pas applicables aux produits relevant :**

1° Du règlement (CE) n° 110/2008 du Parlement européen et du Conseil du 15 janvier 2008 concernant la définition, la présentation, l'étiquetage et la protection des indications géographiques des boissons spiritueuses et abrogeant le règlement (CEE) n° 1576/89 du Conseil ;

2° Du règlement (UE) n° 1308/2013 du Parlement européen et du Conseil du 17 décembre 2013 portant organisation commune des marchés des produits agricoles ;

3° Du règlement (UE) n° 251/2014 du Parlement européen et du Conseil du 26 février 2014 concernant la définition, la présentation, l'étiquetage et la protection des indications géographiques des produits vinicoles aromatisés et abrogeant le règlement (CEE) n° 1601/91 du Conseil.

Art. R. 693-8 **La mention "produits pays" est réservée aux denrées alimentaires et aux produits agricoles non alimentaires définis à l'article R. 693-7 dont toutes les opérations de production, y compris de naissage, d'élevage, d'engraissement, d'abattage et de préparation, ainsi que de fabrication, d'affinage et de conditionnement sont réalisées à Saint-Martin. Doivent également provenir de Saint-Martin les matières premières entrant dans leur fabrication ou dans l'alimentation des animaux.**

Art. R. 693-9 **Par dérogation aux dispositions de l'article R. 693-8 :**

1° Les matières premières entrant dans la fabrication des denrées alimentaires mentionnées à l'article R. 693-7 ou dans l'alimentation des animaux peuvent provenir de

toute autre zone géographique équivalente ou assimilée énumérée à l'article 355 du traité sur le fonctionnement de l'Union européenne ;

2° L'obligation de naissage est considérée comme satisfaite si les volailles ont été introduites à Saint-Martin avant 2 jours d'âge ;

3° L'obligation de provenance ne s'applique ni aux matières premières entrant dans l'alimentation des animaux, ni aux ingrédients entrant dans la composition des denrées alimentaires qui, pour des raisons naturelles ou techniques, ne sont pas produits en quantité suffisante à Saint-Martin.

La notion de "quantité suffisante" mentionnée à l'alinéa précédent peut être précisée, par produit ou catégorie de produits, par des arrêtés conjoints du ministre chargé de l'agriculture et du ministre chargé de la consommation, sur proposition du comité mentionné à l'article L. 183-5.

Art. R. 693-10 Les transcriptions créoles énumérées ci-dessous peuvent être utilisées si elles sont accompagnées d'une traduction en français :

– produits pei ;
– produits peyi ;
– produits péi ;
– produits péyi.

Art. R. 693-11 Les termes "produits pays" et leurs équivalents créoles peuvent être employés dans la présentation et l'étiquetage d'un produit bénéficiant d'une appellation d'origine ou d'une indication géographique protégée dès lors que l'arrêté d'homologation du cahier des charges de l'appellation d'origine ou de l'indication géographique protégée ne prévoit pas de disposition y faisant obstacle.

Art. R. 693-12 Est puni des peines d'amende prévues pour les contraventions de la 3e classe le fait pour tout producteur, transformateur ou tout autre responsable de la mise sur le marché d'une denrée alimentaire ou d'un produit agricole définis à l'article R. 693-7 d'employer les termes "produits pays" sans respecter les conditions de production ou de fabrication fixées par les articles R. 693-7 à R. 693-11.

Art. R. 693-13 Les dispositions des articles R. 693-7 à R. 693-11 ne sont pas applicables aux produits légalement produits et commercialisés dans l'un des États membres de l'Union européenne, en Turquie ou dans l'un des États parties à l'accord sur l'Espace économique européen, qui emploient, dans leur étiquetage ou leur présentation, les termes "produits pays".

SECTION 4 Établissement de l'élevage

Art. R. 693-14 Le service de la collectivité territoriale ou d'un de ses établissements publics mentionné à l'article L. 273-6 est agréé dans les conditions mentionnées à l'article R. 653-43.

SECTION 5 Dispositions relatives au programme POSEI-France

(Décr. n° 2018-39 du 22 janv. 2018, art. 2)

SOUS-SECTION 1 Cadre général du programme d'options spécifiques à l'éloignement et à l'insularité (POSEI-France) *(Décr. n° 2018-775 du 6 sept. 2018, art. 2)*.

Art. D. 693-15 Les mesures spécifiques dans le domaine agricole applicables à Saint-Martin, les autorités compétentes et les organismes payeurs mentionnés à l'article 5 du règlement (UE) n° 228/2013 du Parlement européen et du Conseil du 13 mars 2013 portant mesures spécifiques dans le domaine de l'agriculture en faveur des régions ultrapériphériques de l'Union sont ceux prévus par le programme d'options spécifiques à l'éloignement et à l'insularité, dénommé "programme POSEI-France", élaboré par les ministres chargés de l'agriculture et des outre-mer et approuvé par la Commission européenne.

Le programme POSEI-France et ses modifications sont publiés au *Bulletin officiel* du ministère chargé de l'agriculture.

Art. D. 693-16 Le préfet, en tant qu'autorité coordinatrice désignée par le programme POSEI-France pour sa mise en œuvre à Saint-Martin, peut :

1° Exclure du régime spécifique d'approvisionnement les produits qui ne répondent pas aux critères fixés au *d* de l'article 11 du règlement (UE) n° 228/2013 ;

2° Définir les critères utilisés pour la vérification du caractère allaitant d'un cheptel pour l'attribution de l'aide au développement et au maintien du cheptel allaitant ;

3° Définir les conditions supplémentaires d'agrément des opérateurs pour l'accès aux mesures en faveur des productions agricoles.

Art. D. 693-17 Les contrôles du respect du programme POSEI-France sont effectués dans les conditions prévues à l'article R. 622-6.

SOUS-SECTION 2 Régime de sanctions relatif aux mesures en faveur des produits agricoles locaux dans le cadre du programme d'options spécifiques à l'éloignement et à l'insularité (POSEI-France)

(Décr. n° 2018-775 du 6 sept. 2018, art. 2)

§ 1 Dispositions communes

Art. D. 693-18 L'autorité compétente pour appliquer les sanctions prévues par la présente sous-section est l'organisme payeur agréé au titre du programme POSEI-France.

§ 2 Régime général de sanctions applicable aux manquements constatés aux obligations conditionnant l'octroi des aides

Art. D. 693-19 Pour l'application du présent paragraphe, on entend par "obligation quantitative" toute obligation déclarative conditionnant l'octroi d'une aide au titre du POSEI-France, fondée sur des critères quantitatifs exprimés en poids, volume, surface ou toute autre unité, et servant de référence au calcul du montant de l'aide.

Art. D. 693-20 En cas de manquement à une obligation quantitative constaté lors d'un contrôle, avant ou après paiement de l'aide, le montant de l'aide est automatiquement recalculé sur la base des quantités constatées lors de ce contrôle et corrigé à hauteur du montant recalculé.

Une réduction est automatiquement appliquée au montant de l'aide ainsi corrigé, selon les modalités précisées à l'article D. 693-21, compte tenu, d'une part, de l'écart entre le montant d'aide calculé sur la base des quantités déclarées et le montant d'aide calculé sur la base des quantités constatées et, d'autre part, du rapport existant entre cet écart et le montant de l'aide calculé après application de la correction prévue au premier alinéa. Le rapport exprimé en pourcentage est appelé "taux d'écart". Le taux d'écart est arrondi à une décimale après la virgule.

Dans le cas où une demande d'aide déposée au titre du programme POSEI-France est composée de différentes aides, le taux d'écart est calculé au niveau de chacune de ces aides.

Lorsque les quantités constatées sont supérieures aux quantités déclarées dans la demande d'aide, la quantité déclarée est prise en compte pour le calcul de l'aide. Dans ce cas, aucune réduction ou exclusion n'est appliquée.

Art. D. 693-21 Les manquements mentionnés au premier alinéa de l'article D. 693-20 donnent lieu à l'application des mesures suivantes :

1° Lorsque le taux d'écart constaté lors d'un premier contrôle est inférieur ou égal à 5 %, l'organisme payeur adresse au demandeur de l'aide une lettre d'observations contenant un rappel à la réglementation applicable, mentionnant notamment le régime applicable à l'aide concernée ;

2° Lorsque le taux d'écart constaté lors d'un premier contrôle est supérieur à 5 %, le montant de l'aide est réduit de 50 % du taux d'écart constaté après application de la correction prévue au premier alinéa de l'article D. 693-20. Le constat d'un taux d'écart égal ou supérieur à 200 % entraîne l'inéligibilité à l'aide demandée, au titre de la campagne concernée.

Art. D. 693-22 Lorsqu'un manquement à une obligation quantitative a donné lieu à une décision de réduction ou d'exclusion au titre d'une campagne donnée et que le même manquement est constaté au titre de la campagne suivante :

1° Si le taux d'écart relevé lors du contrôle au titre de la campagne suivante est inférieur ou égal à 5 %, l'organisme payeur adresse au demandeur de l'aide une lettre d'observations contenant un rappel à la réglementation applicable, mentionnant notamment le régime applicable à l'aide concernée ;

2° Si le taux d'écart relevé lors du contrôle au titre de la campagne suivante est supérieur à 5 %, le montant de l'aide est réduit de 100 % du taux d'écart constaté après application de la correction prévue au premier alinéa de l'article D. 693-20. Le constat d'un taux d'écart égal ou supérieur à 100 % entraîne l'inéligibilité à l'aide demandée, au titre de la campagne concernée.

Art. D. 693-23 Lorsque sont constatés, d'une part, des manquements aux obligations quantitatives définies à l'article D. 693-19 et, d'autre part, un manquement à l'obligation de dépôt de la demande d'aides dans les délais prescrits à l'article 18 du règlement d'exécution (UE) n° 180/2014 du 20 février 2014 établissant les modalités d'application du règlement (UE) n° 228/2013 du Parlement européen et du Conseil portant mesures spécifiques dans le domaine de l'agriculture en faveur des régions ultrapériphériques de l'Union, la réduction sanctionnant les manquements aux obligations quantitatives et la réduction prévue à l'article 20 du règlement précité sont appliquées successivement.

Art. D. 693-24 En cas de manquement d'une organisation professionnelle à l'obligation de reversement d'une aide à des bénéficiaires, l'organisme payeur lui adresse une injonction de reversement immédiat de cette aide aux bénéficiaires.

En cas d'inexécution ou d'exécution partielle de l'obligation de reversement de l'aide à son bénéficiaire par l'organisation professionnelle qui l'a perçue, celle-ci est tenue de la rembourser à l'organisme payeur majorée des intérêts déterminés conformément au taux légal en vigueur.

En cas de seconde inexécution ou d'exécution partielle de cette obligation, le manquement est signalé à l'autorité compétente en matière d'agrément de l'organisation professionnelle afin qu'elle applique, le cas échéant, une sanction appropriée, sans préjudice de l'obligation de remboursement prévue à l'alinéa précédent.

§ 3 Régime spécifique de sanctions applicable aux manquements constatés aux obligations conditionnant l'octroi des primes animales aux éleveurs de ruminants

Art. D. 693-25 *(Décr. n° 2023-919 du 4 oct. 2023, art. 2)* Une sanction financière sur le montant de l'aide octroyée au titre de l'aide au développement et au maintien du cheptel allaitant et au titre du complément pour les veaux est appliquée lorsque les contrôles sur place révèlent que, pour la demande considérée, le nombre d'animaux enregistrés dans le système d'identification et d'enregistrement des bovins non conformes et qui ne peuvent être identifiés individuellement est supérieur à trois.

Le montant de la sanction financière applicable pour chacune des aides est déterminé en fonction d'un taux d'écart qui correspond au ratio du nombre d'animaux non conformes divisés par le nombre d'animaux effectivement primés.

Le montant de l'aide pour l'année de la demande concernée est réduit :

– du taux d'écart lorsque ce taux est inférieur ou égal à 20 % ;

– de deux fois le taux d'écart lorsque le taux est compris entre 20 et 30 %.

L'aide n'est pas octroyée lorsque le taux d'écart excède 30 %. En outre, une pénalité correspondant au nombre d'animaux non conformes multiplié par le montant unitaire de l'aide est appliquée lorsque le taux d'écart est supérieur à 50 %.

Art. D. 693-25-1 *(Décr. n° 2023-919 du 4 oct. 2023, art. 2)* Une sanction financière sur le montant des aides octroyées au titre de la prime aux petits ruminants et au titre de la prime à l'abattage est appliquée lorsque les contrôles sur place révèlent que, pour la demande considérée, le nombre d'animaux non conformes est supérieur à trois.

Le montant de la sanction financière applicable pour chacune des aides est déterminé en fonction d'un taux d'écart qui correspond au ratio du nombre d'animaux non conformes divisé par le nombre d'animaux effectivement primés.

Le montant de l'aide pour l'année de la demande concernée est réduit :

– du taux d'écart lorsque ce taux est inférieur ou égal à 20 % ;

– de deux fois le taux d'écart lorsque le taux est compris entre 20 et 30 %.

L'aide n'est pas octroyée lorsque le taux d'écart excède 30 %. En outre, une pénalité correspondant au nombre d'animaux non conformes multiplié par le montant unitaire de l'aide est appliquée lorsque le taux d'écart est supérieur à 50 %.

CHAPITRE IV **SAINT-PIERRE-ET-MIQUELON**

(Décr. nº 2016-781 du 10 juin 2016, art. 7-8º, en vigueur le 1er juill. 2016)

SECTION 1 **Champ d'application et références**

Art. D. 694-1 Les dispositions du présent livre (partie réglementaire) s'appliquent à Saint-Pierre-et-Miquelon sous réserve des exceptions et adaptations prévues au présent chapitre.

Art. R. 694-2 *(Décr. nº 2016-781 du 10 juin 2016, art. 7-8º, en vigueur le 1er juill. 2016)* Ne sont pas applicables à Saint-Pierre-et-Miquelon :

1º Le chapitre VII du titre I ;

2º Les articles R. 653-37 à R. 653-40 et R. 653-81 ;

3º Les articles R. 654-29 à D. 654-114-7 ;

4º Les articles D. 666-1 à *(Décr. nº 2020-1353 du 4 nov. 2020, art. 1er)* « D. 666-31 ;

« 5º Les articles D. 667-2 et D. 667-3 ;

« 6º » Les articles R. 671-2 et R. 671-6 à R. 671-13.

Sauf mention contraire, les dispositions faisant référence aux règlements européens ne sont pas applicables.

Art. R. 694-3 Les règles applicables en métropole aux indications géographiques protégées en vertu des règlements (UE) nº 1151/2012 du Parlement européen et du Conseil du 21 novembre 2012 relatif aux systèmes de qualité applicables aux produits agricoles et aux denrées alimentaires et (UE) nº 1308/2013 du Parlement européen et du Conseil du 17 décembre 2013 portant organisation commune des marchés des produits agricoles et abrogeant les règlements (CEE) nº 922/72, (CEE) nº 234/79, (CE) nº 1037/2001 et (CE) nº 1234/2007 du Conseil sont applicables à Saint-Pierre-et-Miquelon pour l'application des dispositions des articles R. 641-11 à R. 641-21-1.

SECTION 2 **Mention valorisante "produits pays"**

Art. R. 694-4 Les conditions dans lesquelles les denrées alimentaires ainsi que les produits agricoles non alimentaires et non transformés peuvent employer, dans leur étiquetage ou leur présentation, les termes "produits pays" sont fixées par la présente section. Ces dispositions ne sont pas applicables aux produits vitivinicoles ni aux vins aromatisés et aux spiritueux.

Art. R. 694-5 La mention "produits pays" est réservée aux denrées alimentaires et aux produits agricoles non alimentaires définis à l'article R. 694-4 dont toutes les opérations de production, y compris de naissage, d'élevage, d'engraissement, d'abattage et de préparation, ainsi que de fabrication, d'affinage et de conditionnement sont réalisées à Saint-Pierre-et-Miquelon. Doivent également provenir de Saint-Pierre-et-Miquelon les matières premières entrant dans leur fabrication ou dans l'alimentation des animaux.

Art. R. 694-6 Par dérogation aux dispositions de l'article R. 694-5 :

1º Les matières premières entrant dans la fabrication des denrées alimentaires mentionnées à l'article R. 694-4 ou dans l'alimentation des animaux peuvent provenir de toute autre zone géographique équivalente ;

2º L'obligation de naissage est considérée comme satisfaite si les volailles ont été introduites à Saint-Pierre-et-Miquelon avant 2 jours d'âge ;

3º L'obligation de provenance ne s'applique ni aux matières premières entrant dans l'alimentation des animaux, ni aux ingrédients entrant dans la composition des denrées alimentaires qui, pour des raisons naturelles ou techniques, ne sont pas produits en quantité suffisante à Saint-Pierre-et-Miquelon.

La notion de "quantité suffisante" mentionnée à l'alinéa précédent peut être précisée, par produit ou catégorie de produits, par des arrêtés conjoints du ministre chargé de l'agriculture et du ministre chargé de la consommation, sur proposition de la commission mentionnée à l'article R. 184-6.

Art. R. 694-7 Les termes "produits pays" peuvent être employés dans la présentation et l'étiquetage d'un produit bénéficiant d'une appellation d'origine ou d'une indication géographique protégée dès lors que l'arrêté d'homologation du cahier des charges de l'appellation d'origine ou de l'indication géographique protégée ne prévoit pas de disposition y faisant obstacle.

Art. R. 694-8 Est puni des peines d'amende prévues pour les contraventions de la 3e classe le fait pour tout producteur, transformateur ou tout autre responsable de la mise sur le marché d'une denrée alimentaire ou d'un produit agricole définis à l'article R. 694-4 d'employer les termes "produits pays" sans respecter les conditions de production ou de fabrication fixées par les articles R. 694-4 à R. 694-7.

CHAPITRE V WALLIS-ET-FUTUNA, POLYNÉSIE FRANÇAISE ET NOUVELLE-CALÉDONIE

(Décr. n° 2016-781 du 10 juin 2016, art. 7-8°, en vigueur le 1er juill. 2016)

Art. D. 695-1 Les dispositions du présent livre (partie réglementaire) ne s'appliquent dans les îles Wallis-et-Futuna, sous réserve des dispositions applicables de plein droit, que dans la mesure et les conditions prévues par le présent chapitre.

Elles ne sont pas applicables en Polynésie française et en Nouvelle-Calédonie.

Art. R. 695-2 Les conditions dans lesquelles les denrées alimentaires ainsi que les produits agricoles non alimentaires et non transformés peuvent, à Wallis-et-Futuna, employer, dans leur étiquetage ou leur présentation, les termes "produits pays" sont fixées par le présent chapitre. Ces dispositions ne sont pas applicables aux produits vitivinicoles ni aux vins aromatisés et aux spiritueux.

Art. R. 695-3 La mention "produits pays" est réservée aux denrées alimentaires et aux produits agricoles non alimentaires définis à l'article R. 695-2 dont toutes les opérations de production, y compris de naissage, d'élevage, d'engraissement, d'abattage et de préparation, ainsi que de fabrication, d'affinage et de conditionnement sont réalisées à Wallis-et-Futuna. Doivent également provenir de Wallis-et-Futuna les matières premières entrant dans leur fabrication ou dans l'alimentation des animaux.

Art. R. 695-4 Par dérogation aux dispositions de l'article R. 695-3 :

1° Les matières premières entrant dans la fabrication des denrées alimentaires mentionnées à l'article R. 695-2 ou dans l'alimentation des animaux peuvent provenir de toute autre zone géographique équivalente ;

2° L'obligation de naissage est considérée comme satisfaite si les volailles ont été introduites à Wallis-et-Futuna avant 2 jours d'âge ;

3° L'obligation de provenance ne s'applique ni aux matières premières entrant dans l'alimentation des animaux, ni aux ingrédients entrant dans la composition des denrées alimentaires qui, pour des raisons naturelles ou techniques, ne sont pas produits en quantité suffisante à Wallis-et-Futuna.

La notion de "quantité suffisante" mentionnée à l'alinéa précédent peut être précisée, par produit ou catégorie de produits, par des arrêtés conjoints du ministre chargé de l'agriculture et du ministre chargé de la consommation, sur proposition de la commission de l'assemblée territoriale compétente pour l'agriculture.

Art. R. 695-5 L'expression : "produits pays" transcrite en wallisien ou en futunien : "koloa fenua" peut être utilisée si elle est accompagnée d'une traduction en français.

Art. R. 695-6 Les termes "produits pays" et leurs équivalents en wallisien ou en futunien peuvent être employés dans la présentation et l'étiquetage d'un produit bénéficiant d'une appellation d'origine ou d'une indication géographique protégée dès lors que l'arrêté d'homologation du cahier des charges l'appellation d'origine ou de l'indication géographique protégée ne prévoit pas de disposition y faisant obstacle.

Art. R. 695-7 Est puni des peines d'amende prévues pour les contraventions de la 3e classe le fait pour tout producteur, transformateur ou tout autre responsable de la mise sur le marché d'une denrée alimentaire ou d'un produit agricole définis à l'article R. 695-2 d'employer les termes "produits pays" sans respecter les conditions de production ou de fabrication fixées par les articles R. 695-2 à R. 695-6.

CHAPITRE VI **OFFICE DE DÉVELOPPEMENT DE L'ÉCONOMIE AGRICOLE D'OUTRE-MER**

(Décr. nº 2016-781 du 10 juin 2016, art. 7-8º, en vigueur le 1er juill. 2016)

SECTION 1 **Missions**

Art. D. 696-1 L'Office de développement de l'économie agricole d'outre-mer est un établissement public administratif doté de la personnalité civile et de l'autonomie financière. Il exerce les missions prévues par l'article L. 621-3 dans les domaines mentionnés à l'article L. 621-2 en Guadeloupe, en Guyane, en Martinique, à La Réunion, à Mayotte, à Saint-Barthélemy, Saint-Martin et Saint-Pierre-et-Miquelon sous réserve des dispositions du présent chapitre.

Son organisation et son fonctionnement sont régis par les dispositions du chapitre I du titre II du présent livre, sous réserve des dispositions particulières du présent chapitre.

Art. D. 696-2 L'office est placé sous la tutelle des ministres chargés de l'agriculture et de l'outre-mer.

Ces ministres exercent conjointement les attributions confiées au ministre chargé de l'agriculture par le chapitre I du titre II du livre VI.

Art. D. 696-3 En ce qui concerne l'application des mesures communautaires prévues au 4º de l'article L. 621-3, la compétence de l'office est limitée aux interventions spécifiques dans le domaine de l'agriculture décidées par l'Union européenne en faveur des régions ultrapériphériques au sens de l'article 349 du traité sur le fonctionnement de l'Union européenne, y compris la délivrance des certificats utilisés dans le cadre du régime spécifique d'approvisionnement, à l'exception des primes aux éleveurs de ruminants, de l'aide à la production de riz irrigué en Guyane et des aides directes à la production octroyées à Mayotte, au titre de l'annexe I du règlement (CE) nº 73/2009 du Conseil du 19 janvier 2009 dès lors qu'un texte en confie le paiement à l'établissement mentionné à l'article L. 313-1.

Les autres activités de l'office peuvent être menées par voie de convention notamment avec les établissements mentionnés aux articles L. 313-1 et L. 621-1 ou avec tout organisme ou société conventionné.

En outre, l'office est chargé de rassembler les informations relatives à l'ensemble des mesures agricoles prises en faveur des départements français d'outre-mer et d'en effectuer régulièrement le bilan. A la demande des ministres chargés du budget, de l'agriculture et de l'outre-mer, l'office peut également être chargé d'assurer la gestion et le paiement d'aides nationales spécifiques à l'outre-mer.

Al. 4 abrogé par Décr. nº 2019-970 du 18 sept. 2019, art. 2.

SECTION 2 **Conseil d'administration et comités**

Art. D. 696-4 L'office est doté d'un conseil d'administration qui comprend, outre son président, vingt-sept membres :

1º Onze personnalités représentant la production, la transformation, la coopération et le commerce des produits agricoles des départements et collectivités territoriales d'outre-mer, nommées conjointement par le ministre chargé de l'outre-mer et le ministre chargé de l'agriculture, sur proposition des organisations professionnelles représentatives et après avis des préfets concernés, à raison de :

a) Guadeloupe, Guyane, Martinique, La Réunion, Mayotte : deux représentants chacune ;

b) Saint-Barthélemy, Saint-Martin, Saint-Pierre-et-Miquelon : un représentant pour l'ensemble des trois collectivités ;

La représentation des producteurs doit être majoritaire ;

2º Trois personnalités professionnelles dont au moins deux représentants de la production, nommées par le ministre chargé de l'agriculture parmi les représentants professionnels siégeant au sein du conseil d'administration ou des conseils spécialisés de l'établissement mentionné à l'article L. 621-1 ;

3° Une personnalité représentant les salariés, nommée parmi les membres des chambres d'agriculture des départements d'outre-mer élus dans les collèges des salariés conjointement par le ministre chargé de l'outre-mer et le ministre chargé de l'agriculture ;

4° Une personnalité représentant les consommateurs, nommée par décision conjointe du ministre chargé de l'agriculture et du ministre chargé de l'outre-mer, sur proposition du ministre chargé de la consommation ;

5° Le directeur général de la performance économique et environnementale des entreprises ou son représentant ;

6° Le directeur des affaires financières, sociales et logistiques ou son représentant ;

7° Le directeur général des outre-mer ou son représentant ;

8° Le directeur du budget ou son représentant ;

9° Le président du conseil d'administration de l'établissement mentionné à l'article L. 621-1 ou son représentant ;

10° Le président-directeur général de l'établissement mentionné à l'article L. 313-1 ou son représentant ;

11° Le président du conseil régional de Guadeloupe ou un membre élu de ce conseil désigné par le président ;

12° Le président de l'assemblée de Guyane ou un membre élu de cette assemblée désigné par le président ;

13° Le président du conseil exécutif de Martinique ou un membre élu de ce conseil désigné par le président ;

14° Le président du conseil départemental de La Réunion ou un membre élu de ce conseil désigné par le président ;

15° Le président du conseil départemental de Mayotte ou un membre élu de ce conseil désigné par le président.

Art. D. 696-5 Le président du conseil d'administration est nommé par décret sur proposition conjointe du ministre chargé de l'agriculture et du ministre chargé de l'outre-mer, après consultation des membres du conseil d'administration.

Son mandat prend fin en même temps que celui des membres du conseil d'administration consulté pour sa nomination.

En cas de vacance du poste de président ou en cas d'empêchement de celui-ci, la présidence du conseil est assurée par l'un des représentants des ministres chargés de l'agriculture ou de l'outre-mer.

Art. D. 696-6 Le conseil d'administration se réunit au moins deux fois par an sur convocation de son président. Assistent de droit aux séances :

1° Le directeur, l'autorité chargée du contrôle général économique et financier et l'agent comptable ;

2° Les préfets de Guadeloupe, de Guyane, de la Martinique, de La Réunion et de Mayotte, le représentant de l'État à Saint-Barthélemy et Saint-Martin et à Saint-Pierre-et-Miquelon, ou leur représentant ;

3° Les présidents des établissements consulaires compétents en matière d'agriculture dans les collectivités mentionnées à l'article D. 696-1.

Art. D. 696-7 Le conseil d'administration adopte le budget et, le cas échéant, les budgets annexes et leurs modifications, arrête le compte financier, examine le rapport annuel d'activité de l'établissement et se prononce sur son programme de travail annuel.

Il est consulté pour avis sur les projets de transactions et sur les décisions relatives aux acquisitions et cessions patrimoniales mobilières et immobilières d'un montant supérieur à 1,5 million d'euros.

Il est consulté pour avis sur les projets de décisions du directeur mentionnées à l'article D. 621-27.

Le conseil d'administration est également chargé :

1° De suivre plus particulièrement le développement de l'économie agricole :

a) En participant à la politique d'orientation des productions et d'organisation de leur marché ;

b) En favorisant le développement de la recherche appliquée et la diffusion de ses résultats auprès des agriculteurs par les organismes compétents ;

2° De veiller à la bonne liaison avec les établissements mentionnés aux articles L. 313-1 et L. 621-1 ;

3° De s'assurer de l'exécution des interventions décidées.

Le conseil d'administration est régulièrement informé par le ministre chargé de l'agriculture et par le ministre chargé de l'outre-mer de la politique de l'Union européenne à l'égard de l'outre-mer.

SECTION 3 **Direction**

Art. D. 696-8 La direction de l'office est confiée à un directeur nommé par décret sur proposition des ministres chargés de l'agriculture et de l'outre-mer.

Le directeur exerce pour l'office l'ensemble des missions confiées au directeur général par le chapitre I du titre II du présent livre.

Il peut déléguer sa signature aux agents placés sous son autorité.

Il est assisté d'un directeur adjoint désigné par lui qui le supplée en cas d'absence ou d'empêchement et assure l'intérim de ses fonctions.

SECTION 4 **Régime financier et comptable**

Art. R. 696-9 Le régime financier et comptable de l'Office de développement de l'économie agricole d'outre-mer est régi par les dispositions de la section 3 du chapitre I du titre II. Le directeur de l'Office de développement de l'économie agricole d'outre-mer est assimilé au "directeur général" pour l'application de ces dispositions. — *V. Arr. du 28 mai 2015 relatif aux modalités d'exercice du contrôle budgétaire sur l'Office de développement de l'économie agricole d'outre-mer (ODEADOM) (JO 5 juin), mod. par Arr. du 10 juin 2020, art. 5 (JO 19 juin).*

SECTION 5 **Organisation territoriale**

(Décr. nº 2016-1723 du 13 déc. 2016, art. 2)

Art. D. 696-10 Les préfets de Guadeloupe, de Guyane, de Martinique, de La Réunion et de Mayotte et le représentant de l'État à Saint-Barthélemy, à Saint-Martin et à Saint-Pierre-et-Miquelon sont les représentants territoriaux de l'Office de développement de l'économie agricole d'outre-mer pour son action dans le ressort de leur circonscription administrative.

Art. D. 696-11 Une convention, conclue entre le directeur de l'établissement et le représentant de l'État, représentant territorial de l'office, détermine, d'une part, les missions de l'office à l'exercice desquelles concourent les services déconcentrés de l'État compétents en matière d'agriculture dans le département ou dans le territoire, d'autre part, les modalités d'exercice de ces missions et les moyens mis en œuvre.

Art. D. 696-12 Le directeur de l'office peut adresser au représentant territorial des instructions pour l'accomplissement des missions mentionnées par la convention prévue à l'article D. 696-11, notamment de celle d'organisme payeur de l'office.

Ces instructions s'inscrivent, d'une part, dans le cadre des orientations et objectifs assignés par l'État à l'office et à son directeur, d'autre part, dans le cadre du dispositif d'audit et de contrôle interne de l'établissement.

Art. D. 696-13 Le représentant territorial peut donner délégation au directeur de l'alimentation, de l'agriculture et de la forêt ou, à Saint-Pierre-et-Miquelon au directeur des territoires, de l'alimentation et de la mer, pour signer les actes nécessaires à l'accomplissement des missions de l'office. Ce directeur peut lui-même déléguer sa signature aux personnels placés sous son autorité et qui apportent leur concours à l'office en application de la convention mentionnée à l'article D. 696-11.

LIVRE VII DISPOSITIONS SOCIALES

(Décr. nº 2005-368 du 19 avr. 2005)

TITRE I RÉGLEMENTATION DU TRAVAIL SALARIÉ

Les dispositions du titre I du livre VII du code rural et de la pêche maritime (partie réglementaire) sont applicables à Mayotte sauf s'il en est disposé autrement (Décr. nº 2018-953 du 31 oct. 2018, art. 21-II, JO 6 nov.).

CHAPITRE I DISPOSITIONS GÉNÉRALES

Le présent chapitre ne comprend pas de dispositions réglementaires.

CHAPITRE II TITRE EMPLOI SIMPLIFIÉ AGRICOLE

Art. R. 712-1 L'effectif de salariés permanents mentionné au troisième alinéa du I de l'article L. 712-1 est déterminé par le nombre moyen mensuel de salariés employés par contrat à durée indéterminée pendant l'année précédente.

Art. R. 712-2 Le titre emploi simplifié agricole est conforme à un modèle fixé par arrêté du ministre chargé de l'agriculture et du ministre chargé du travail.

Art. R. 712-3 Le titre emploi simplifié agricole porte un numéro d'ordre préimprimé. Il comporte plusieurs volets destinés au salarié, à l'employeur et à la caisse de mutualité sociale agricole.

La caisse de mutualité sociale agricole remet à chaque employeur un relevé récapitulatif des numéros d'ordre correspondant aux titres qu'il a reçus.

Art. R. 712-4 L'employeur est réputé satisfaire aux obligations énumérées à l'article L. 712-1 lorsque le titre emploi simplifié agricole comporte les informations suivantes :

1° Mentions relatives à l'employeur :

a) Nom, prénom ou dénomination sociale ;

b) Code APE ou NAF s'il a été attribué ;

c) Numéro SIRET ou numéro MSA ;

d) Adresse ;

e) Numéro de téléphone ;

2° Mentions relatives au salarié :

a) Nom patronymique, prénom ;

b) Nom marital ;

c) Adresse ;

d) Numéro d'immatriculation à la Mutualité sociale agricole ou à la sécurité sociale, s'il est déjà immatriculé ;

e) Date de naissance ;

f) Lieu de naissance ;

g) Sexe ;

h) Nationalité ;

i) Pour les étrangers, désignation et numéro du titre valant autorisation de travail ;

3° Mentions relatives à l'embauche et à l'emploi :

a) Date et heure d'embauche ;

b) Motif du contrat ;

– remplacement d'un salarié absent et nom de celui-ci ;

– accroissement temporaire de l'activité ;

– emploi à caractère saisonnier ;

c) S'il s'agit d'un contrat à temps partiel, durée journalière ou hebdomadaire de travail, répartition de la durée du travail entre les jours de la semaine et les semaines du mois, conditions de modification de cette répartition, nombre maximal d'heures complémentaires pouvant être effectuées au cours d'une semaine ou au cours d'un mois ;

d) Le cas échéant, durée de la période d'essai ;

e) Date du terme ou durée minimale du contrat ;

f) Emploi occupé ;

g) Position dans la classification (coefficient ou niveau ou échelon) ;

h) Salaire horaire brut (ou valeur unitaire en cas de rémunération à la tâche) ;
i) Le cas échéant, prestations en nature ;
j) Autres éléments de rémunération ;
k) Intitulé de la convention collective de branche applicable ;
l) Lieu de travail ;
m) Le cas échéant, exposition à un risque professionnel ;
n) Signature de l'employeur lors de l'envoi du volet comportant les mentions de la déclaration préalable à l'embauche et signature du salarié lors de l'embauche ;
o) Demande de taux réduit de cotisations pour l'emploi d'un salarié occasionnel ou d'un demandeur d'emploi ;
p) Mention de la caisse de retraite complémentaire ;
4° Mentions relatives à l'exécution et à la cessation du contrat de travail :
a) Nombre de jours travaillés ;
b) Nombre d'heures de travail normales, supplémentaires, majorées et salaire horaire brut applicable ou bases de calcul en cas de salaire à la tâche ;
c) Le cas échéant, avantages en nature ;
d) Le cas échéant, primes ;
e) Le cas échéant, indemnité de congés payés ;
f) Le cas échéant, indemnité de fin de contrat ;
g) Le cas échéant, prestations en nature ;
h) Le cas échéant, montant des acomptes versés ;
i) Rémunération brute ;
j) Taux global de la part salariale des cotisations sociales et de la partie déductible de la contribution sociale généralisée ;
k) Taux global de la partie non déductible de la contribution sociale généralisée et de la contribution au remboursement de la dette sociale ;
l) Le cas échéant, absences non rémunérées ;
m) Période pendant laquelle le salarié a occupé l'emploi ;
n) Motif de la rupture du contrat ;
o) Signature de l'employeur lors de la sortie ;
p) Montant de la somme effectivement reçue par le salarié et date de paiement de cette somme ;
q) Mention invitant le salarié à conserver le volet sans limitation de durée.

Art. R. 712-5 L'employeur utilise les titres emplois simplifiés selon leur numérotation croissante correspondant à l'ordre d'embauche des salariés.

La conservation par l'employeur des volets du titre, du relevé récapitulatif mentionné à l'article R. 712-3 et, le cas échéant, de la copie des titres autorisant le travailleur étranger à exercer une activité salariée, tient lieu du registre unique du personnel institué par l'article *(Décr. n° 2017-1492 du 25 oct. 2017, art. 2-1°)* « L. 1221-13 du code du travail ».

L'employeur remet au salarié, avec chaque volet correspondant au bulletin de paie, l'indication de chacun des taux des cotisations salariales, de la contribution sociale généralisée et de la contribution au remboursement de la dette sociale acquittées.

Art. R. 712-6 L'envoi à la caisse de mutualité sociale agricole du lieu de travail du salarié, suivant les modalités définies à l'article *(Décr. n° 2017-1492 du 25 oct. 2017, art. 2-2°)* « R. 1221-5 du code du travail », d'un volet du titre emploi simplifié agricole comportant les mentions indiquées aux 1° et 2° de l'article R. 712-4 *(Décr. n° 2017-1492 du 25 oct. 2017, art. 2-2°)* « du présent code » ainsi que la date et l'heure d'embauche, le motif du contrat, la date du terme ou la durée minimale du contrat et l'exposition à un risque professionnel le cas échéant, vaut :

1° Déclaration nominative au sens de l'article *(Décr. n° 2017-1492 du 25 oct. 2017, art. 2-2°)* « L. 1221-10 du code du travail » ; par dérogation aux dispositions du dernier alinéa de l'article *(Décr. n° 2017-1492 du 25 oct. 2017, art. 2-2°)* « R. 1221-3 du même code », la caisse de mutualité sociale agricole compétente pour recevoir le volet du titre est la caisse du lieu de travail du salarié. La caisse de mutualité sociale agricole destinataire du volet transmet, le cas échéant, les informations nécessaires à la caisse de mutualité sociale agricole de l'établissement devant employer le salarié ;

2° Déclaration au service médical du travail au sens de l'article R. 717-14 *(Décr. n° 2017-1492 du 25 oct. 2017, art. 2-2°)* « du présent code » ;

3° Déclaration, aux fins d'immatriculation aux assurances sociales agricoles, au sens de l'article R. 722-35 *(Décr. n° 2017-1492 du 25 oct. 2017, art. 2-2°)* « du même code » ;

(Décr. n° 2012-17 du 4 janv. 2012) « 4° Demande du bénéfice des exonérations de cotisations patronales prévues au I des articles L. 741-16 et L. 741-16-1 » *(Décr. n° 2017-1492 du 25 oct. 2017, art. 2-2°)* « du même code ».

Art. R. 712-7 L'envoi à la caisse de mutualité sociale agricole, au plus tard à la fin du mois civil suivant la période d'emploi, d'un volet du titre comportant les mentions indiquées aux 3° et 4° de l'article R. 712-4 est réputé satisfaire aux obligations prévues à l'article R. 741-2.

Art. R. 712-8 La transmission au salarié, dans les délais impartis par le code du travail, d'un volet du titre comportant les mentions indiquées aux 1°, 2° et 3° de l'article R. 712-4 vaut remise à l'intéressé :

1° Du contrat écrit prévu par l'article *(Décr. n° 2017-1492 du 25 oct. 2017, art. 2-3°)* « L. 1242-12 du code du travail » et, le cas échéant, par l'article *(Décr. n° 2017-1492 du 25 oct. 2017, art. 2-3°)* « L. 3123-14 du même code » ;

2° Du document prévu au deuxième alinéa de l'article *(Décr. n° 2017-1492 du 25 oct. 2017, art. 2-3°)* « R. 1221-9 du même code ».

Art. R. 712-9 *(Décr. n° 2017-1492 du 25 oct. 2017, art. 2-4°)* La remise au salarié, lors du paiement de sa rémunération, d'un volet du titre comportant les mentions indiquées aux 3° et 4° de l'article R. 712-4 vaut remise à l'intéressé :

1° Du bulletin de paie prévu à l'article L. 3243-2 du code du travail ;

2° De l'attestation qui lui permettra de faire valoir, le cas échéant, ses droits aux prestations mentionnées à l'article L. 5421-2 du même code.

Art. R. 712-10 La conservation pendant cinq ans par l'employeur du volet tenant lieu de bulletin de paie permet à celui-ci de satisfaire l'obligation mise à sa charge par *(Décr. n° 2017-1492 du 25 oct. 2017, art. 2-5°)* « l'article L. 3243-4 du code du travail ».

Art. R. 712-11 Par dérogation aux dispositions de l'article R. 713-36, l'employeur qui a remis au salarié un volet du titre comportant les informations mentionnées au 4° de l'article R. 712-4 est dispensé de remettre au salarié une copie du document sur lequel il a enregistré ses heures de travail.

Art. R. 712-12 *(Décr. n° 2012-367 du 15 mars 2012)* Le titre emploi simplifié agricole ne peut être utilisé que pour les contrats à durée déterminée mentionnés à l'article L. 712-1 dont la durée est inférieure ou égale à trois mois et pour lesquels la rémunération brute n'excède pas trois fois le plafond de la sécurité sociale.

Art. R. 712-13 *(Décr. n° 2012-367 du 15 mars 2012)* Le titre emploi simplifié agricole est rempli et transmis par voie électronique :

1° Lorsque l'employeur est constitué sous la forme d'un groupement d'employeurs au sens de l'article L. 1253-1 du code du travail ;

2° Lorsque l'employeur utilise le titre emploi simplifié agricole pour des rémunérations comprises entre le plafond et trois fois le plafond de la sécurité sociale. — *L'obligation de transmission du "titre emploi simplifié agricole" par voie électronique dans le cas prévu au 2° de l'art. R. 712-13 est effective à compter du 15 juill. 2012 (Arr. du 29 mai 2012, JO 7 juin).*

CHAPITRE II *BIS* TITRE EMPLOI-SERVICE AGRICOLE

(Décr. n° 2017-1035 du 10 mai 2017, art. 1er)

Art. D. 712-14 *(Décr. n° 2019-198 du 15 mars 2019, art. 3)* « L'adhésion au service titre emploi-service agricole s'effectue » sur le site internet de la Mutualité sociale agricole.

Art. D. 712-15 Préalablement à l'utilisation du titre emploi-service agricole, l'employeur remplit le volet d'identification du salarié et le transmet par voie électronique à la caisse de mutualité sociale agricole dont il relève, dans le délai prévu *(Décr. nº 2019-198 du 15 mars 2019, art. 3)* « à » l'article R. 1221-5 du code du travail.

Le volet d'identification du salarié comporte les mentions suivantes :

1º Mentions relatives au salarié prévues aux 2º et 3º de l'article R. 1221-1 du code du travail, relatif à la déclaration préalable à l'embauche ;

2º Mentions relatives à l'emploi :

a) La nature du contrat de travail : contrat à durée indéterminée ou à durée déterminée, avec, dans ce cas, indication du motif de recours et de la date de fin de contrat ;

b) La durée du travail ;

c) La durée de la période d'essai ;

d) La catégorie d'emploi, la nature de l'emploi et, le cas échéant, le niveau d'emploi (niveau hiérarchique et coefficient) ;

(Décr. nº 2019-198 du 15 mars 2019, art. 3) « *e)* Le numéro d'identifiant de la convention collective applicable et/ou son intitulé ; »

f) Le montant de la rémunération et de ses différentes composantes, y compris, s'il en existe, les primes et accessoires de salaire ;

g) Les particularités du contrat de travail s'il y a lieu ;

h) Le taux de la cotisation due au titre des accidents du travail et des maladies professionnelles si plusieurs taux sont applicables dans l'établissement ;

i) La pratique éventuelle d'un abattement sur l'assiette ou le taux des cotisations ;

j) Le taux de cotisation pour la prévoyance, s'il est spécifique au salarié ;

k) L'assujettissement au versement de transport s'il y a lieu ;

l) L'indication, le cas échéant, d'une première embauche dans l'établissement ;

(Décr. nº 2019-198 du 15 mars 2019, art. 3) « 3º L'indication, le cas échéant, que le salarié est un bénéficiaire de l'obligation d'emploi mentionnée à l'article L. 5212-13 du code du travail ;

« 4º Option pour le bénéfice des exonérations de cotisations patronales prévues au I de l'article L. 741-16 ;

« 5º » Signature de l'employeur et du salarié.

Art. D. 712-16 Si, lors de l'embauche, un contrat de travail a été signé dans les formes prévues aux articles L. 1221-1 à L. 1221-5 ainsi qu'aux articles L. 1242-12 et L. 1242-13 du code du travail, s'il s'agit d'un contrat de travail à durée déterminée, ou à l'article L. 3123-6 du même code, s'il s'agit d'un contrat de travail à temps partiel, les clauses contenues dans ce contrat s'appliquent en lieu et place des mentions du volet d'identification du salarié.

Art. D. 712-17 I. – L'employeur qui utilise le titre emploi-service agricole communique à la caisse de mutualité sociale agricole dont il relève un volet social.

L'employeur est responsable du caractère exact et complet du volet social.

La communication est effectuée par voie électronique, *(Décr. nº 2019-198 du 15 mars 2019, art. 3)* « au plus tard le quatrième jour du mois suivant la période de travail déclarée ». L'employeur qui a exercé l'option mentionnée à l'article R. 243-6-1 du code de la sécurité sociale reste tenu d'adresser le volet social dans ce même délai.

La période d'emploi déclarée sur le volet social ne peut couvrir une période excédant le mois civil.

II. – Le volet social comporte *(Décr. nº 2019-198 du 15 mars 2019, art. 3)* « , outre les mentions relatives aux salariés prévues à l'article D. 133-13-2 du code de la sécurité sociale, les mentions suivantes :

« 1º » Mentions relatives à l'activité exercée et à la rémunération :

a) La période d'emploi ;

b) Le nombre de jours ou d'heures rémunérés ;

c) Les éléments constituant la rémunération, avec une option pour la déclaration de leur montant en brut ou en net ;

d) La base forfaitaire retenue, le cas échéant ;

e) Les dates de congés et, le cas échéant, le montant de l'indemnité de congés payés ;

f) Le cas échéant, le total des jours d'absence ainsi que le détail, par nature, de ces absences ;

g) Le montant des frais professionnels, le cas échéant ;

(Décr. nº 2019-198 du 15 mars 2019, art. 3) « 2º » Date de paiement de la rémunération.

Art. D. 712-18 La caisse de mutualité sociale agricole notifie à l'employeur un décompte des cotisations et contributions sociales *(Décr. nº 2019-198 du 15 mars 2019, art. 3)* « ainsi que de la retenue à la source prévue à l'article 204 A du code général des impôts dues au plus tard le quinzième jour du mois suivant la période de travail déclarée ».

Art. D. 712-19 Sous réserve d'avoir opté pour le bénéfice de l'article R. 243-6-1 du code de la sécurité sociale, l'employeur qui utilise le titre emploi-service agricole *(Décr. nº 2019-198 du 15 mars 2019, art. 3)* « paie par voie dématérialisée l'intégralité des cotisations et contributions sociales d'origine légale et conventionnelle mentionnées au 1º de l'article L. 133-5-7 du code de la sécurité sociale, ainsi que la retenue à la source prévue à l'article 204 A du code général des impôts » dues au titre de l'emploi du salarié auprès de la caisse de mutualité sociale agricole du lieu de travail du salarié, *(Décr. nº 2019-198 du 15 mars 2019, art. 3)* « au plus tard le vingt-cinquième jour du mois suivant la période de travail déclarée.

« Lorsque le paiement des cotisations et contributions sociales ainsi que le reversement de la retenue à la source prévue à l'article 204 A du code général des impôts ne sont pas acquittés à la date limite mentionnée au premier alinéa, il est fait application des dispositions *(Décr. nº 2019-1050 du 11 oct. 2019, art. 3, en vigueur le 1er janv. 2020)* « des articles R. 243-16 et R. 243-17 » du code de la sécurité sociale. »

Art. D. 712-20 Le bulletin de paie, comportant les mentions prévues à l'article R. 3243-1 du code du travail, est mis à disposition de l'employeur le lendemain de l'envoi du volet social prévu à l'article *(Décr. nº 2019-198 du 15 mars 2019, art. 3)* « D. 712-17 », pour remise au salarié.

Art. D. 712-21 *(Décr. nº 2019-198 du 15 mars 2019, art. 3)* L'employeur soumis aux obligations mentionnées aux deux derniers alinéas du présent article qui utilise le titre emploi-service agricole déclare à la caisse de mutualité sociale agricole dont il relève :

1º Le début et la fin de l'arrêt de travail pour cause d'accident ou de maladie d'origine professionnelle ou non professionnelle, de congé de maternité, d'adoption ou de paternité et d'accueil de l'enfant ;

2º La fin du contrat de travail.

Pour réaliser ces déclarations, il transmet par voie dématérialisée :

a) les noms et prénoms du salarié concerné ;

b) les dates d'arrêt, de reprise du travail ou de fin de contrat ;

c) le motif de l'arrêt, de la reprise ou de la fin du contrat.

La transmission de ces déclarations permet à l'employeur de satisfaire aux obligations suivantes :

1º L'établissement de l'attestation mentionnée aux articles R. 323-10 du code de la sécurité sociale et D. 751-92 du présent code servant à déterminer le *(Décr. nº 2021-428 du 12 avr. 2021, art. 3)* « revenu d'activité antérieur retenu » pour le calcul des prestations en espèces de l'assurance maladie, maternité et paternité ou le salaire journalier servant au calcul des indemnités journalières dues au titre du risque accident du travail et maladies professionnelles ;

2º La fourniture des éléments couverts par l'attestation mentionnée au premier alinéa de l'article R. 1234-9 du code du travail.

Art. R. 712-22 *(Décr. nº 2019-613 du 19 juin 2019, art. 3)* En cas de défaut de production du volet social mentionné au I de l'article D. 712-17 du présent code dans les délais prévus, ou en cas d'omission ou d'inexactitude, il est fait application des dispositions *(Décr. nº 2019-1050 du 11 oct. 2019, art. 3, en vigueur le 1er janv. 2020)* « prévues aux articles R. 243-12 à R. 243-14 » du code de la sécurité sociale.

CHAPITRE III **DURÉE DU TRAVAIL**

SECTION 1 **Dispositions générales**

Art. R. 713-1 Pour l'application de la présente section, la journée s'entend de la période allant de 0 heure à minuit, la demi-journée de 0 heure à midi ou de midi à minuit.

Art. R. 713-2 *(Décr. n° 2017-1554 du 9 nov. 2017, art. 1er-I-1°)* « La répartition par l'employeur de la durée légale du travail sur la semaine est effectuée après consultation du comité *(Décr. n° 2017-1819 du 29 déc. 2017, art. 5-1°)* « social et économique, s'il existe ».

« La répartition sur quatre jours ou quatre jours et demi ne peut être effectuée qu'en l'absence d'opposition du comité *(Décr. n° 2017-1819 du 29 déc. 2017, art. 5-1°)* « social et économique, s'il existe » et après information de l'agent de contrôle de l'inspection du travail. »

L'employeur précise, avant le début de la semaine, les journées et demi-journées qui seront travaillées. Cette répartition peut être modifiée en cours de semaine en cas de circonstances exceptionnelles, notamment de travaux dont l'exécution ne peut être différée, sous réserve que le salarié en soit averti au moins un jour franc à l'avance.

Art. R. 713-3 *(Décr. n° 2017-1554 du 9 nov. 2017, art. 1er-I-2°)* « Une convention d'entreprise ou, à défaut, une convention de branche » peut prévoir la possibilité d'organiser le travail :

1° Par roulement ;

2° Par relais, en équipes alternantes ou chevauchantes ;

3° Par équipes successives.

Dans les entreprises mentionnées à l'article *(Décr. n° 2017-1554 du 9 nov. 2017, art. 1er-I-2°)* « L. 2242-1 » du code du travail, l'employeur qui envisage une telle organisation doit engager une négociation à cette fin.

A défaut de conclusion d'une convention *(Abrogé par Décr. n° 2017-1554 du 9 nov. 2017, art. 1er-I-2°)* ***« ou d'un accord »***, et sauf en ce qui concerne l'organisation du travail par équipes alternantes, cette organisation peut être mise en place par l'employeur après *(Abrogé par Décr. n° 2017-1554 du 9 nov. 2017, art. 1er-I-2°)* ***« information et »*** consultation du comité *(Décr. n° 2017-1819 du 29 déc. 2017, art. 5-2°)* « social et économique, s'il existe », et après information de *(Décr. n° 2017-1554 du 9 nov. 2017, art. 1er-I-2°)* « l'agent de contrôle de l'inspection du travail ».

Art. R. 713-4 *(Décr. n° 2017-1554 du 9 nov. 2017, art. 1er-I-3°)* A défaut de convention mentionnée au 2° de l'article L. 3121-51 du code du travail, la récupération des heures perdues dans les cas prévus à l'article L. 3121-50 du même code ne peut concerner que les salariés présents lors de l'interruption collective. Elle est effectuée dans la période de vingt-six semaines qui suit la semaine au cours de laquelle a eu lieu l'interruption. Le nombre d'heures de récupération ne peut excéder huit heures par semaine.

Pour l'application de l'article R. 3121-33 du code du travail, lorsque l'interruption concerne l'ensemble des entreprises relevant d'un même type d'activité, il peut être procédé à l'information du directeur régional des entreprises, de la concurrence, de la consommation, du travail et de l'emploi par l'organisation patronale intéressée.

Les heures qui ont donné lieu au paiement des allocations légales pour privation partielle d'emploi ne peuvent être récupérées.

Art. R. 713-5 La durée quotidienne de travail effectif des salariés des exploitations, entreprises, établissements et employeurs mentionnés à l'article L. 713-1, fixée à dix heures par le *(Décr. n° 2017-1554 du 9 nov. 2017, art. 1er-I-4°)* « premier alinéa de l'article L. 3121-18 du code du travail », peut être dépassée dans tous les cas où un surcroît temporaire d'activité est imposé, notamment pour l'un des motifs ci-après :

1° Travaux devant être exécutés dans un délai déterminé en raison de leur nature, des charges imposées à l'entreprise ou des engagements contractés par celle-ci ;

2° Travaux saisonniers ;

3° Travaux impliquant une activité accrue pendant certains jours de la semaine, du mois ou de l'année.

Le dépassement :

1° Ne peut excéder deux heures par jour pendant un maximum de six journées consécutives ;

2° Ne peut excéder trente heures par période de douze mois consécutifs ; un contingent supérieur ou inférieur peut toutefois être fixé par *(Décr. nº 2017-1554 du 9 nov. 2017, art. 1er-I-4º)* « convention de branche étendue » ;

L'employeur *(Décr. nº 2017-1554 du 9 nov. 2017, art. 1er-I-4º)* « adresse immédiatement à l'agent de contrôle de l'inspection du travail » une déclaration l'informant du dépassement et des circonstances qui le motivent. Lorsque ce dépassement concerne l'ensemble des entreprises relevant d'un même type d'activité, il peut être procédé à cette information par l'organisation patronale intéressée. *— L'art. D. 713-5 devient l'art. R. 713-5 (Décr. nº 2017-1554 du 9 nov. 2017, art. 1er-I-4º).*

Art. R. 713-5-1 *(Décr. nº 2017-1554 du 9 nov. 2017, art. 1er-I-5º)* Les décrets fixant les modalités d'application de l'article L. 713-2 sont pris après avis de la sous-commission des conventions et accords, dans la formation spécifique aux professions agricoles, de la commission nationale de la négociation collective, de l'emploi et de la formation professionnelle, mentionnée à l'article L. 2271-1 du code du travail.

SECTION 2 Équivalences

(Décr. nº 2017-1554 du 9 nov. 2017, art. 1er-I-6º)

Art. R. 713-6 *(Décr. nº 2017-1554 du 9 nov. 2017, art. 1er-I-7º)* « En application de l'article L. 3121-15 du code du travail et dans les limites définies à l'article R. 713-9 du présent code, un régime d'équivalence est institué pour » le personnel occupé à des activités de gardiennage de locaux ou d'installations, le personnel de surveillance des appareils à fonctionnement continu, les préposés des services d'incendie et le personnel assurant la surveillance des animaux :

1° La durée de présence correspondant à la durée légale du travail est égale à cette durée prolongée de sept heures ;

2° La durée de présence correspondant aux durées maximales hebdomadaires moyenne et absolue est égale à ces durées prolongées de sept heures ;

3° La durée de présence correspondant à la durée maximale quotidienne est égale à cette durée prolongée d'une heure.

Art. R. 713-7 *(Décr. nº 2017-1554 du 9 nov. 2017, art. 1er-I-8º)* « En application de l'article L. 3121-15 du code du travail et dans les limites définies à l'article R. 713-9 du présent code, pour » les garçons de cour et les cavaliers d'entraînement travaillant à temps complet dans les établissements d'entraînement de chevaux de course au galop situés en France métropolitaine, lorsque l'employeur affiche les horaires quotidiens de travail en application de l'article R. 713-37 ou bien lorsque, dans le cadre de l'annualisation de la durée du travail, il affiche les horaires quotidiens de travail en application *(Décr. nº 2017-1554 du 9 nov. 2017, art. 1er-I-8º)* « de l'article R. 713-45 », des équivalences sont établies dans les conditions suivantes :

1° Lorsqu'un salarié est amené à se déplacer afin de faire participer des chevaux de course à des manifestations sportives, la durée de présence du salarié, depuis la préparation du cheval avant le départ jusqu'à la finition au retour à l'écurie, s'inscrit, pour la journée considérée, dans le cadre de l'horaire quotidien programmé initialement dans l'entreprise ;

2° La rémunération du salarié concerné est au moins égale à celle correspondant au nombre d'heures programmées quelle que soit la durée réelle du temps de travail accomplie au cours de la journée considérée.

En cas de dépassement de l'horaire quotidien programmé résultant du temps de déplacement susmentionné, la durée de ce dépassement est réputée être équivalente à un travail effectif de 25 % de cette durée de dépassement et est rémunérée selon ce même taux, sans préjudice de l'application des dispositions de l'article *(Décr. nº 2017-1554 du 9 nov. 2017, art. 1er-I-8º)* « L. 3121-28 du code du travail ». Toutefois, cette équivalence ne peut s'appliquer au temps de conduite des chauffeurs. *— L'art. D. 713-7 devient l'art. R. 713-7 (Décr. nº 2017-1554 du 9 nov. 2017, art. 1er-I-8º).*

Art. R. 713-8 *(Décr. n° 2017-1554 du 9 nov. 2017, art. 1er-I-9°)* « En application de l'article L. 3121-15 du code du travail et dans les limites définies à l'article R. 713-9 du présent code, pour » les salariés travaillant à temps plein et exerçant la fonction de conducteur routier de marchandises au moins 300 heures par an, la durée quotidienne du temps de travail effectif est égale, compte tenu des périodes d'inaction, à la durée de présence quotidienne du travail diminuée de quarante minutes dans les entreprises et établissements suivants situés sur le territoire métropolitain :

1° Les coopératives agricoles et les unions de coopératives agricoles de céréales, de meunerie, d'approvisionnement, d'oléagineux et d'aliments du bétail ainsi que les sociétés coopératives d'intérêt collectif ayant le même objet, dans lesquelles ces coopératives agricoles ou unions de coopératives agricoles ont une participation prépondérante ;

2° Les groupements professionnels agricoles et les sociétés créées par les entreprises susmentionnées lorsque ces groupements professionnels agricoles ou ces sociétés ont pour activité :

a) La collecte, le stockage, le conditionnement, la transformation et la vente des céréales, des oléagineux et protéagineux ;

b) L'achat et la vente des produits, biens, équipements, instruments nécessaires à l'agriculture et au monde rural ;

c) La fourniture de services rattachés aux activités susvisées ;

3° Les groupements d'intérêt économique exerçant des activités identiques, constitués exclusivement ou en majorité entre des entreprises précitées. — *L'art. D. 713-8 devient l'art. R. 713-8 (Décr. n° 2017-1554 du 9 nov. 2017, art. 1er-I-9°).*

Art. R. 713-9 *(Décr. n° 2017-1554 du 9 nov. 2017, art. 1er-I-10°)* Le recours aux régimes d'équivalence prévus aux articles R. 713-6 à R. 713-8 ne peut avoir pour effet de porter :

1° A plus de quarante-huit heures la durée hebdomadaire moyenne de travail des salariés, décomptée heure pour heure, sur une période quelconque de quatre mois consécutifs ;

2° A plus de douze heures la durée de travail des travailleurs de nuit, décomptée heure pour heure, sur une période quelconque de vingt-quatre heures, ces salariés bénéficient de périodes de repos d'une durée au moins équivalente au nombre d'heures qui sont effectuées au-delà de la huitième heure.

Pour l'appréciation de la qualité de travailleur de nuit selon les dispositions de l'article L. 3122-5 du code du travail, le temps de travail des salariés soumis aux régimes d'équivalence est décompté heure pour heure.

SECTION 3 **Heures supplémentaires** *(Décr. n° 2017-1554 du 9 nov. 2017, art. 1er-I-11°).*

SOUS-SECTION 1 **Dispositions communes aux dépassements des durées maximales hebdomadaires de travail**

(Décr. n° 2017-1554 du 9 nov. 2017, art. 1er-I-11°)

Art. R. 713-11 Lorsque la demande de dépassement concerne les entreprises relevant d'un même type d'activités dans une région déterminée, la demande est présentée par l'organisation patronale intéressée au directeur régional des entreprises, de la concurrence, de la consommation, du travail et de l'emploi.

Celui-ci examine si les circonstances invoquées sont de nature à autoriser le dépassement et procède à la consultation des organisations syndicales d'employeurs et de salariés représentatives dans le type d'activités et dans la région concernées.

Lorsqu'une autorisation est attribuée en application des deux premiers alinéas du présent article, l'entreprise ne peut en user qu'après avis du comité d'entreprise ou, à défaut, des délégués du personnel s'il en existe et le cas échéant transmission de cet avis au directeur régional des entreprises, de la concurrence, de la consommation, du travail et de l'emploi compétent.

Art. R. 713-12 Les dispositions de l'article R. 713-11 du présent code s'appliquent aux demandes d'autorisation de dépassement des durées maximales hebdomadaires prévues aux articles L. 3121-21, L. 3121-24, L. 3121-25 du code du travail et au I de l'article L. 713-13 du présent code.

SOUS-SECTION 2 Dépassement de la durée maximale hebdomadaire absolue

(Décr. nº 2017-1554 du 9 nov. 2017, art. 1er-I-11º)

Art. R. 713-13 Lorsque les exploitations, entreprises, établissements et employeurs mentionnés au I de l'article L. 713-13 du présent code demandent sur le fondement de cet article une autorisation de dépassement du plafond fixé à l'article L. 3121-21 du code du travail, le dépassement est accordé dans les conditions définies aux articles R. 3121-8 à R. 3121-10 du code du travail.

SOUS-SECTION 3 Dépassement de la durée maximale hebdomadaire moyenne

(Décr. nº 2017-1554 du 9 nov. 2017, art. 1er-I-11º)

Art. R. 713-14 Pour les exploitations, entreprises, établissements et employeurs mentionnés au I de l'article L. 713-13 du présent code pour lesquelles la durée hebdomadaire maximale moyenne mentionnée à l'article L. 3121-22 du code du travail est calculée sur une période de douze mois consécutifs, le dépassement de cette durée est possible :

1º Par convention d'entreprise ou à défaut par convention de branche en application de l'article L. 3121-23 du code du travail ;

2º A défaut de convention prévue à l'article L. 3123-23 du code du travail, par autorisation de l'autorité administrative en application de l'article L. 3121-24 du même code, dans les conditions définies aux articles R. 3121-8 à R. 3121-11 ;

3º A titre exceptionnel, en application de l'article L. 3121-25 du code du travail, par secteur d'activité ou par entreprise, dans les conditions définies aux articles R. 3121-8, R. 3121-9, R. 3121-12, R. 3121-13, R. 3121-14 et R. 3121-16 du même code.

Pour l'application des articles R. 3121-13 et R. 3121-14 du code du travail, l'autorité administrative compétente est le ministre chargé du travail qui rend sa décision après avis du ministre chargé de l'agriculture.

Art. R. 713-15 à R. 713-33 *Abrogés par Décr. nº 2017-1554 du 9 nov. 2017, art. 1er.*

SECTION 4 Contrôle de la durée et de l'aménagement du temps de travail *(Décr. nº 2017-1554 du 9 nov. 2017, art. 1er-I-12º).*

Les art. R. 713-35 à R. 713-50 sont applicables à Mayotte à compter du 1er janv. 2020 (Décr. nº 2013-754 du 14 août 2013, art. 26-VI, JO 18 août).

Art. R. 713-34 *(Décr. nº 2017-1554 du 9 nov. 2017, art. 1er-I-13º)* Les dispositions de la présente section fixent l'ensemble des obligations mises à la charge des employeurs en vue de permettre le contrôle de l'application des dispositions relatives à la durée et à l'aménagement du temps de travail en application de l'article L. 713-20 du présent code.

Art. R. 713-35 En vue du contrôle de l'application des dispositions légales et conventionnelles relatives à la durée et à l'aménagement du temps de travail, tout employeur mentionné à l'article L. 713-1 enregistre ou consigne toutes les heures effectuées ou à effectuer par les salariés dans les conditions prévues soit à l'article R. 713-36, soit à l'article R. 713-37. Sous réserve des articles R. 713-42 et R. 713-43, il arrête son choix entre ces procédés après avoir informé et consulté, *(Décr. nº 2017-1819 du 29 déc. 2017, art. 5-7º)* « s'il existe, le comité social et économique ».

Art. R. 713-36 L'employeur enregistre, chaque jour, sur un document prévu à cet effet, le nombre d'heures de travail effectuées par chaque salarié, ou groupe de salariés, ou les heures de début et de fin de chacune de leurs périodes de travail.

Une copie du document est remise à chaque salarié, en même temps que sa paye. L'approbation du salarié ou son absence de réserve ne peut emporter renonciation à tout ou partie de ses droits.

L'employeur peut, toutefois, sous sa responsabilité, confier à chaque salarié le soin de procéder à l'enregistrement mentionné ci-dessus s'il met à sa disposition des moyens de pointage ou d'autres moyens qui permettent à l'intéressé de contrôler la réalité des indications qu'il enregistre.

Une copie du document, établie dans les conditions et avec les effets prévus ci-dessus, est remise au salarié qui en fait la demande.

Pour rejeter une demande de paiement d'heures supplémentaires, il doit être précisé les conditions d'emploi qui dispensent l'employeur de contrôler régulièrement et effectivement la présence sur place du salarié. • Soc. 14 déc. 2022, n° 21-18.036 P : *RD rur. 2023, n° 31, note Tauran.*

Art. R. 713-37 **A défaut de mettre en œuvre les modalités prévues à l'article R. 713-36, l'employeur affiche, pour chaque jour de la semaine, les heures auxquelles commence et finit chaque période de travail.**

Cet horaire est affiché dans chacun des lieux de travail auxquels il s'applique, aux emplacements réservés aux communications destinées au personnel ou, à défaut, dans un local qui lui est accessible.

Signé par l'employeur ou un de ses représentants, il précise la date à laquelle il prend effet. Un exemplaire en est transmis à *(Décr. n° 2017-1554 du 9 nov. 2017, art. 1er-I-14°)* **« l'agent de contrôle de l'inspection du travail » avant sa mise en vigueur.**

Toute modification de l'horaire doit être, préalablement à sa mise en service, portée à la connaissance du personnel et de *(Décr. n° 2017-1554 du 9 nov. 2017, art. 1er-I-14°)* **« l'agent de contrôle de l'inspection du travail » selon les mêmes modalités. Il en est de même si l'employeur décide de substituer à l'affichage de l'horaire le procédé de l'enregistrement prévu à l'article R. 713-36.**

Sauf preuve contraire de l'employeur, les salariés sont présumés avoir accompli l'horaire affiché ; ils ne peuvent être employés en dehors de cet horaire.

Aux *[Au]* **lieu et place de l'affichage, l'employeur peut remettre au salarié concerné, contre décharge, un document sur lequel est porté son horaire, établi dans les conditions et avec les effets énoncés aux alinéas 1 à 5.**

Mention est faite de cette remise sur l'exemplaire de l'horaire transmis à *(Décr. n° 2017-1554 du 9 nov. 2017, art. 1er-I-14°)* **« l'agent de contrôle de l'inspection du travail ».**

Art. R. 713-38 **Les documents et autres supports mentionnés aux articles R. 713-35 et R. 713-36 doivent permettre d'identifier les heures récupérées au sens de l'article** *(Décr. n° 2017-1554 du 9 nov. 2017, art. 1er-III-15°)* **« L. 3121-50 du code du travail ou qui donnent lieu à équivalence en application des articles L. 3121-13 à L. 3121-15 du même code ».**

Art. R. 713-39 **Les documents et autres supports mentionnés aux articles R. 713-36 et R. 713-37 doivent permettre d'identifier les salariés auxquels ils s'appliquent.**

En cas d'organisation du travail par relais, par roulement ou par équipes successives, la composition nominative de chaque équipe, y compris les salariés mis à disposition par un tiers, est indiquée par un tableau affiché dans chacun des lieux auxquels il s'applique, aux emplacements réservés aux communications destinées au personnel ou, à défaut, dans un local qui lui est accessible.

Art. R. 713-40 **L'employeur est dispensé d'appliquer les dispositions des articles R. 713-35 à R. 713-37 lorsque le salarié est obligé d'organiser lui-même son activité, dans les limites prévues notamment** *(Décr. n° 2017-1554 du 9 nov. 2017, art. 1er-I-16°)* **«** *[par]* **l'article L. 713-13 du présent code et celles des articles L. 3121-18 et L. 3121-20 à L. 3121-22 du code du travail », parce qu'il assume des responsabilités importantes ou parce qu'il travaille dans des conditions qui ne permettent pas à l'employeur ou à l'un de ses représentants de contrôler sa présence.**

Art. R. 713-41 **Dans le cas prévu à l'article R. 713-40 :**

1° Si le salarié est payé au nombre d'unités d'un produit qu'il récolte ou façonne et qu'il existe une convention ou un accord collectif de travail, ceux-ci précisent le temps de référence retenu, dans les conditions normales d'activité, pour fixer le salaire de l'unité, ainsi que la périodicité maximale du comptage de ces unités. A défaut, le contrat individuel de travail comporte les mêmes indications, qui prennent en compte les conditions réelles dans lesquelles le salarié exerce son activité ;

2° Si la rémunération du salarié est calculée sur la base d'une durée du travail forfaitaire et qu'il existe une convention ou un accord collectif de travail, ceux-ci fixent cette durée en précisant, s'il y a lieu, le nombre d'heures supplémentaires que cette

rémunération inclut. A défaut, le contrat individuel de travail comporte le détail des calculs qui ont permis d'établir la correspondance entre la charge de travail de l'intéressé et cette durée ;

3° Si le salarié est engagé pour exécuter une tâche comportant la réalisation successive de plusieurs opérations ou façons culturales, dont le temps moyen d'exécution ne peut être mesuré, la convention ou l'accord collectif de travail précise le salaire minimal pour une unité du produit travaillé ainsi que la périodicité maximale de comptage de ces unités.

Art. R. 713-42 Sous réserve des dispositions de l'article R. 713-43, une convention ou un accord collectif de travail peut exclure, pour tout ou partie des emplois ou des activités des établissements entrant dans son champ d'application, le recours par l'employeur à certaines des possibilités prévues par les articles R. 713-36 et R. 713-37.

Art. R. 713-43 Lorsqu'il constate que la durée du travail enregistrée ou consignée en application des dispositions des articles R. 713-36 ou R. 713-37 est inexacte, *(Décr. n° 2017-1554 du 9 nov. 2017, art. 1er-I-17°)* « l'agent de contrôle de l'inspection du travail » peut exiger de l'employeur l'enregistrement des heures effectuées :

1° Soit selon les modalités fixées à l'article R. 713-36 ; dans ce cas, *(Décr. n° 2017-1554 du 9 nov. 2017, art. 1er-I-17°)* « l'agent de contrôle de l'inspection du travail » précise si l'employeur doit enregistrer le nombre d'heures de travail effectué quotidiennement par chaque salarié ou groupe de salariés, ou s'il doit enregistrer les heures de début et de fin de chacune de leurs périodes de travail ;

2° Soit selon les modalités fixées à l'article R. 713-37, à la condition que les salariés soient occupés dans le cadre d'un horaire régulier.

Art. R. 713-44 Le recours hiérarchique contre la décision de *(Décr. n° 2017-1554 du 9 nov. 2017, art. 1er-I-18°)* « l'agent de contrôle de l'inspection du travail » est porté devant le directeur régional des entreprises, de la concurrence, de la consommation, du travail et de l'emploi. Il est présenté, à peine de forclusion, dans les quinze jours suivant la réception de la lettre recommandée avec avis de réception notifiant la décision de l'inspecteur du travail.

Art. R. 713-45 *(Décr. n° 2017-1554 du 9 nov. 2017, art. 1er-I-19°)* Dans les entreprises qui appliquent un dispositif d'aménagement du temps de travail dans les conditions fixées par les articles L. 3121-44 et L. 3121-45 du code du travail, l'affichage indique le nombre de semaines que comporte la période de référence fixée par la convention ou le décret et, pour chaque semaine incluse dans cette période de référence, l'horaire de travail et la répartition de la durée du travail.

L'affichage des changements de durée ou d'horaire de travail est réalisé en respectant le délai de sept jours prévu par l'article L. 3121-47 du code du travail ou le délai prévu par la convention mentionnée à l'article L. 3121-44 du même code.

Art. R. 713-46 *(Décr. n° 2017-1554 du 9 nov. 2017, art. 1er-I-21°)* A défaut de précision conventionnelle contraire, les salariés sont informés du nombre d'heures de repos compensateur de remplacement et de contrepartie obligatoire en repos portés à leur crédit par un document annexé au bulletin de paie. Dès que ce nombre atteint sept heures, ce document comporte une mention notifiant l'ouverture du droit à repos et l'obligation de le prendre dans un délai maximum de deux mois après son ouverture.

Lorsque des salariés d'un atelier, d'un service ou d'une équipe ne travaillent pas selon le même horaire collectif de travail affiché, un document mensuel, dont le double est annexé au bulletin de paie, est établi pour chaque salarié.

Ce document comporte :

1° Le cumul des heures supplémentaires accomplies depuis le début de l'année ;

2° Le nombre d'heures de repos compensateur de remplacement acquis en application des articles L. 3121-28, L. 3121-33 et L. 3121-37 du code du travail ;

3° Le nombre d'heures de repos compensateur effectivement prises au cours du mois ;

4° Le nombre de jours de repos effectivement pris au cours du mois, dès lors qu'un dispositif de réduction du temps de travail par attribution de journées ou de demi-journées de repos dans les conditions fixées par les articles L. 3121-44 et D. 3121-27 du code du travail s'applique dans l'entreprise ou l'établissement.

Dans les entreprises et établissements qui appliquent un dispositif d'aménagement du temps de travail en application des dispositions de l'article L. 3121-44 du code du travail, le total des heures de travail accomplies depuis le début de la période de référence est mentionné à la fin de celle-ci ou lors du départ du salarié si celui-ci a lieu en cours de période, sur un document annexé au dernier bulletin de paie de cette période.

La durée du travail des salariés mentionnés à l'article L. 3121-58 du code du travail est décomptée chaque année par récapitulation du nombre de journées ou demi-journées travaillées par chaque salarié.

Art. R. 713-47 **Les documents et autres supports prévus par la présente section, ainsi que les documents qui sont éventuellement utilisés pour les servir, sont tenus à la disposition des agents de contrôle de l'inspection du travail. Les employeurs qui font application de l'organisation du travail prévue à l'article** *(Décr. n° 2017-1554 du 9 nov. 2017, art. 1er-I-22°)* **« L. 3121-44 du code du travail » tiennent également à la disposition de ces agents les documents qui sont relatifs à sa mise en œuvre.**

(Décr. n° 2017-1554 du 9 nov. 2017, art. 1er-I-22°) **« A compter de la fin de l'année civile à laquelle ils se rapportent, ces documents sont conservés pendant une durée d'un an. En cas d'aménagement du temps de travail sur une période supérieure à l'année, ces documents sont conservés pendant toute la période de référence et pendant un an à compter de la fin de cette période. »** — *L'art. R. 713-48 devient l'art. R. 713-47 (Décr. n° 2017-1554 du 9 nov. 2017, art. 1er-I-22°).*

Art. R. 713-48 *(Décr. n° 2017-1554 du 9 nov. 2017, art. 1er-I-24°)* **« Les documents mentionnés aux articles R. 713-36 à R. 713-46 peuvent être sous format électronique lorsque des garanties de contrôle équivalentes sont maintenues.**

« En cas de traitement automatisé des données nominatives, l'employeur communique, à sa demande, à l'agent de contrôle de l'inspection du travail le récépissé attestant qu'il a accompli la déclaration préalable prévue par la loi n° 78-17 du 6 janvier 1978 relative à l'informatique, aux fichiers et aux libertés. »

(Décr. n° 2017-1819 du 29 déc. 2017, art. 5-8°) **« Les membres du comité social et économique » peuvent consulter les documents et autres supports mentionnés aux articles R. 713-35 à R. 713-37 et** *(Décr. n° 2017-1554 du 9 nov. 2017, art. 1er-I-24°)* **« R. 713-46 ».** — *L'art. R. 713-50 devient l'art. R. 713-48 (Décr. n° 2017-1554 du 9 nov. 2017, art. 1er-I-24°).*

CHAPITRE IV **REPOS HEBDOMADAIRE ET QUOTIDIEN**

Les art. R. 714-1 à R. 714-21 sont applicables à Mayotte à compter du 1er janv. 2020 (Décr. n° 2013-754 du 14 août 2013, art. 26-VI, JO 18 août).

SECTION 1 **Repos hebdomadaire**

SOUS-SECTION 1 **Dérogation au repos dominical**

Art. R. 714-1 **Le repos hebdomadaire est accordé de plein droit, selon l'une des modalités prévues au II de l'article L. 714-1, après consultation du comité** *(Décr. n° 2017-1819 du 29 déc. 2017, art. 5-1°)* **« social et économique, s'il existe », aux salariés employés :**

1° Dans des établissements de sports et de loisirs ;

2° A des activités d'accueil destinées à une clientèle de touristes ainsi qu'aux activités préparatoires ou complémentaires directement liées à ces opérations ;

3° A des opérations de vente au détail des produits de l'horticulture ornementale et des pépinières ainsi qu'aux activités préparatoires ou complémentaires nécessaires à la réalisation de ces opérations ;

4° A des activités de garde ou de gardiennage ;

5° A des opérations d'insémination artificielle ;

6° A des activités d'organisation de manifestations, d'installation de stands et d'exposition dans l'enceinte des foires et salons ayant fait l'objet d'une autorisation ou d'un agrément ;

7° Aux soins et à la surveillance des animaux ;

8° A des opérations de maintenance qui, pour des raisons techniques, doivent être réalisées de façon urgente ou qui nécessitent la mise hors exploitation des installations ;

9° A des opérations qui doivent être effectuées quotidiennement et ne peuvent être différées ;

10° A la conduite des appareils fonctionnant en continu ;

11° Au traitement et au transport des matières susceptibles d'altération très rapide ; *(Décr. n° 2007-1580 du 7 nov. 2007)* « 12° Dans les jardineries et graineteries coopératives. »

Art. R. 714-2 Une convention ou un accord collectif étendu ou une convention ou un accord d'entreprise peut préciser, pour tout ou partie des emplois ou des activités énumérés à l'article R. 714-1, que l'employeur sera tenu de recourir à une ou plusieurs des modalités d'octroi du repos hebdomadaire prévues au II de l'article L. 714-1.

Art. R. 714-3 Dans les établissements où le travail est organisé de façon continue pendant tout ou partie de l'année parce que sont mises en œuvre des matières susceptibles d'altération très rapide ou parce que toute interruption de travail entraînerait la perte ou la dépréciation du produit en cours de fabrication, le repos hebdomadaire peut être donné par roulement pendant la période correspondante au personnel affecté à ce travail, y compris celui affecté aux opérations mentionnées aux 8° à 11° de l'article R. 714-1.

Art. R. 714-4 En dehors des cas mentionnés à l'article R. 714-2, l'employeur qui désire faire usage de l'une des dérogations au repos hebdomadaire prévues au II de l'article L. 714-1 doit au préalable en obtenir l'autorisation *(Décr. n° 2010-815 du 13 juill. 2010)* « de l'inspecteur du travail ».

Art. R. 714-5 La demande d'autorisation doit indiquer les motifs invoqués pour l'octroi d'une dérogation, la ou les modalités envisagées en précisant pour chacune d'elles la ou les catégories de personnel intéressées et la période pour laquelle la dérogation est sollicitée.

Cette demande doit être accompagnée de l'avis du comité *(Décr. n° 2017-1819 du 29 déc. 2017, art. 5-9°)* « social et économique, s'il existe ».

Art. R. 714-6 La dérogation ne peut être accordée que pour une durée limitée expressément fixée dans chaque cas et qui ne peut excéder une année.

A l'expiration de la durée d'effet d'une dérogation, une nouvelle dérogation ne peut être accordée que sur présentation d'une nouvelle demande de l'employeur instruite dans les mêmes conditions.

Les dérogations sont révocables à tout moment si les raisons qui en ont motivé l'octroi viennent à disparaître.

Art. R. 714-7 La décision d'octroi ou de refus est notifiée à l'employeur dans les quinze jours suivant le dépôt de la demande. A défaut d'une notification dans ce délai, l'autorisation est réputée accordée.

Le recours hiérarchique formé contre la décision est porté devant le directeur *(Décr. n° 2010-815 du 13 juill. 2010)* « régional des entreprises, de la concurrence, de la consommation, du travail et de l'emploi ». Ce recours doit, à peine de forclusion, être présenté dans les quinze jours suivant la notification de la décision contestée.

La décision du directeur *(Décr. n° 2010-815 du 13 juill. 2010)* « régional » est notifiée au demandeur dans les quinze jours de la réception du recours.

Art. R. 714-8 La décision accordant une dérogation doit être communiquée par l'employeur aux salariés intéressés.

Art. R. 714-9 Dans les établissements où le repos hebdomadaire n'est pas donné collectivement pendant la journée entière du dimanche, un registre ou un tableau tenu à jour doit mentionner les noms des salariés soumis à un régime particulier en précisant ce régime ainsi que le jour et, éventuellement, les fractions de journées choisies pour le repos de chacune des personnes intéressées.

Ce registre ou ce tableau est communiqué aux salariés. Il est tenu à la disposition des agents chargés du contrôle et conservé pendant une durée d'un an à compter de la fin de l'année civile incluant la semaine concernée.

SOUS-SECTION 2 **Suspension du repos hebdomadaire**

Art. R. 714-10 Tout employeur qui veut suspendre le repos hebdomadaire, dans le cas de circonstances exceptionnelles prévu au V de l'article L. 714-1, doit en aviser immédiatement l'*(Décr. nº 2021-143 du 10 févr. 2021, art. 6)* « agent de contrôle de l'inspection du travail » et, sauf cas de force majeure, avant le commencement du travail.

Il doit faire connaître les circonstances qui justifient la suspension du repos hebdomadaire, indiquer la date et la durée de cette suspension, les personnes qu'elle atteindra et la date à laquelle ces personnes pourront bénéficier du repos compensateur.

SOUS-SECTION 3 **Équipes de suppléance et organisation du travail de façon continue pour raisons économiques**

Art. R. 714-11 En l'absence de convention ou d'accord collectif étendu prévoyant, dans une branche d'activité, la possibilité de déroger dans les conditions prévues au premier alinéa de l'article L. 714-3 à l'obligation du repos le dimanche, le recours à du personnel ayant pour mission de suppléer, durant ce repos, les salariés d'une entreprise agricole ayant une activité à caractère industriel peut être autorisé par l'inspecteur du travail, s'il tend à une meilleure utilisation des équipements de production et au maintien ou à l'accroissement du nombre des emplois existants.

En l'absence de convention ou d'accord collectif étendu, ou d'accord d'entreprise prévoyant la possibilité de déroger à l'obligation du repos le dimanche dans les conditions prévues au 2° du IV de l'article L. 714-1, l'organisation du travail de façon continue pour des raisons économiques peut être autorisée par l'inspecteur du travail, si elle tend à une meilleure utilisation des équipements de production et au maintien ou à l'accroissement du nombre des emplois existants.

Art. R. 714-12 Les demandes tendant à obtenir les dérogations prévues *(Décr. nº 2017-1492 du 25 oct. 2017, art. 3)* « au 2° du IV de l'article L. 714-1 et au dernier alinéa de l'article L. 714-3 », accompagnées des justifications nécessaires et de l'avis *(Décr. nº 2017-1819 du 29 déc. 2017, art. 5-10°)* « du comité social et économique, s'il existe, sont adressées par l'employeur à l'agent de contrôle de l'inspection du travail ».

Dans le délai de trente jours à compter de la date de la réception de la demande, *(Décr. nº 2017-1819 du 29 déc. 2017, art. 5-10°)* « l'agent de contrôle de l'inspection du travail » fait connaître sa décision à l'employeur et, s'il y a lieu, aux représentants du personnel.

Art. R. 714-13 Les recours hiérarchiques dirigés contre les décisions mentionnées à l'article R. 714-12 doivent être portés devant le directeur régional des entreprises, de la concurrence, de la consommation, du travail et de l'emploi et être formés, à peine de forclusion, dans un délai d'un mois suivant la date à laquelle les intéressés ont reçu notification de la décision contestée.

Art. R. 714-14 La durée journalière du travail des salariés affectés aux équipes de suppléance peut atteindre douze heures lorsque la durée de la période de recours à ces équipes n'excède pas quarante-huit heures consécutives. Dans le cas où cette durée est supérieure à quarante-huit heures, la journée de travail des salariés concernés ne peut excéder dix heures.

Toutefois, dans ce dernier cas, la durée journalière peut excéder dix heures lorsque les dispositions réglementaires *(Décr. nº 2017-1554 du 9 nov. 2017, art. 1er-II-1°)* « prévues à l'article L. 3121-18 du code du travail ou les stipulations conventionnelles prévues à l'article L. 3121-19 du même code » en ont prévu expressément la possibilité. Lorsque cette possibilité n'a pas été prévue, le dépassement de la durée journalière *(Décr. nº 2017-1554 du 9 nov. 2017, art. 1er-II-1°)* « , entre dix et douze heures, » ne peut résulter que d'une autorisation de l'inspection du travail, accordée selon la procédure prévue aux articles R. 714-12 et R. 714-13. *(Abrogé par Décr. nº 2017-1554 du 9 nov. 2017, art. 1er-II-1°)* ***« En aucun cas le dépassement ne peut avoir pour effet de porter la durée quotidienne de travail effectif à plus de douze heures. »***

SOUS-SECTION 4 Dispositions particulières aux départements d'outre-mer

Art. R. 714-15 *Abrogé par Décr. n° 2008-1503 du 30 déc. 2008, art. 4-14°.*

SECTION 2 Repos quotidien

Art. D. 714-16 *(Décr. n° 2017-1554 du 9 nov. 2017, art. 1er-II-2°)* Pour l'application des dispositions du 2° de l'article D. 3131-4 du code du travail, les activités de garde, de surveillance et de permanence caractérisées par la nécessité d'assurer la protection des biens et des personnes comprennent également les soins et la surveillance des animaux.

Art. D. 714-17 à D. 714-21 *Abrogés par Décr. n° 2017-1554 du 9 nov. 2017, art. 1er-II-3°.*

SECTION 3 Dispositions applicables aux organismes de mutualité sociale agricole

La présente section ne comprend pas de dispositions réglementaires.

CHAPITRE V DISPOSITIONS RELATIVES AUX JEUNES TRAVAILLEURS

Les art. R. 715-1 à R. 715-4 sont applicables à Mayotte à compter du 1er janv. 2020 (Décr. n° 2013-754 du 14 août 2013, art. 26-VI, JO 18 août).

Art. R. 715-1 *(Décr. n° 2007-126 du 29 janv. 2007)* Pour l'application des dispositions *(Décr. n° 2015-443 du 17 avr. 2015, art. 4-1°)* « du 2° et du 3° de l'article L. 4153-1 » du code du travail, les élèves des établissements d'enseignement et de formation professionnelle agricoles publics ou privés mentionnés aux articles L. 811-1, L. 813-1 et L. 813-9 *(Décr. n° 2017-1492 du 25 oct. 2017, art. 4-1°)* « du présent code » ne peuvent être admis ou employés dans les exploitations, entreprises, établissements ou chez les employeurs mentionnés à l'article *(Décr. n° 2015-443 du 17 avr. 2015, art. 4-1°)* « L. 3111-1 » *(Décr. n° 2017-1492 du 25 oct. 2017, art. 4-1°)* « du code du travail » et à l'article L. 713-1 du présent code que dans les cas suivants :

1° Les élèves qui suivent un enseignement général peuvent faire les visites d'information prévues à l'article R. 715-1-1 *(Décr. n° 2017-1492 du 25 oct. 2017, art. 4-1°)* « du même code » et, à partir des deux dernières années de leur scolarité obligatoire, participer à des séquences d'observation dans les conditions prévues à l'article R. 715-1-2 ;

2° Les élèves âgés de quatorze ans au moins qui suivent un enseignement technologique, un enseignement professionnel ou un enseignement alterné peuvent accomplir, à partir des deux dernières années de leur scolarité obligatoire, les stages d'initiation, d'application ou les périodes de formation en milieu professionnel qui sont prévus par les programmes des études conduisant aux diplômes qu'ils préparent ou qui sont conduits dans le cadre de l'enseignement mentionné à l'article L. 813-9 *(Décr. n° 2017-1492 du 25 oct. 2017, art. 4-1°)* « du présent code ». Ils peuvent également faire des visites d'information ou participer à des séquences d'observation.

Dans tous les cas mentionnés ci-dessus, une convention dont les clauses types sont fixées par arrêté du ministre chargé de l'agriculture est passée entre l'établissement d'enseignement et l'entreprise d'accueil. Un exemplaire de la convention relative aux séquences d'observation, stages ou périodes de formation en milieu professionnel est remis à l'élève et à son représentant légal. — *V. Arr. du 11 janv. 2017 fixant les clauses types des conventions relatives aux séquences en milieu professionnel et aux stages prévues respectivement aux art. R. 715-1 et D. 811-140 (JO 20 janv.).*

Pendant ces séquences d'observation, ces stages ou ces périodes de formation en milieu professionnel, le total du temps de stage de l'élève dans l'entreprise ou l'organisme d'accueil et du temps consacré à sa formation dans l'établissement d'enseignement ne peut excéder huit heures par jour et trente-deux heures par semaine. Cette dernière limite est portée à trente-cinq heures par semaine pour les élèves qui ont atteint l'âge de quinze ans.

Les élèves demeurent sous statut scolaire durant la période où ils sont en milieu professionnel.

Art. R. 715-1-1 *(Décr. n° 2007-126 du 29 janv. 2007)* Les visites d'information ont pour objectif de permettre aux élèves de découvrir l'environnement technologique, économique et professionnel, en liaison avec les programmes d'enseignement. Les modalités d'encadrement des élèves au cours de ces visites d'information sont fixées par l'établissement d'enseignement, dans le cadre général de l'organisation des sorties scolaires. A partir des deux dernières années de la scolarité obligatoire, les élèves scolarisés au moins en classe de quatrième ou de troisième peuvent être admis à faire ces visites individuellement, sous réserve qu'un encadrement leur soit assuré dans l'entreprise ou l'organisme d'accueil.

Au cours des visites d'information, les élèves ne peuvent pas accéder aux machines, appareils ou produits dont l'usage est interdit aux mineurs *(Décr. nº 2015-443 du 17 avr. 2015, art. 4-2º, en vigueur le 2 mai 2015)* « par la section 2 du chapitre III du titre V du livre I de la quatrième partie du code du travail ».

Ils ne peuvent ni procéder à des manœuvres ou manipulations sur d'autres machines, produits ou appareils de production, ni exécuter de travaux légers tels que définis à l'article R. 715-2.

Art. R. 715-1-2 *(Décr. nº 2007-126 du 29 janv. 2007)* Les séquences d'observation ont pour objectif de sensibiliser les élèves à l'environnement technologique, économique et professionnel en liaison avec les programmes d'enseignement, notamment dans le cadre de l'éducation à l'orientation.

Elles ne peuvent être organisées qu'à partir des deux dernières années de la scolarité obligatoire, pour des élèves scolarisés au moins en classe de quatrième ou de troisième.

Les modalités d'encadrement des élèves au cours des séquences d'observation sont fixées par l'établissement d'enseignement, dans le cadre général de l'organisation des sorties scolaires.

Les élèves peuvent être admis à participer individuellement à ces séquences, sous réserve que leur soit assuré un suivi par l'établissement d'enseignement et un encadrement dans l'entreprise ou l'organisme d'accueil.

Au cours des séquences d'observation, les élèves ne peuvent pas accéder aux machines, appareils ou produits dont l'usage est interdit aux mineurs *(Décr. nº 2015-443 du 17 avr. 2015, art. 4-2º, en vigueur le 2 mai 2015)* « par la section 2 du chapitre III du titre V du livre I de la quatrième partie du code du travail ».

Ils ne peuvent ni procéder à des manœuvres ou manipulations sur les autres machines, produits ou appareils de production, ni exécuter de travaux légers tels que définis à l'article R. 715-2.

Art. R. 715-1-3 *(Décr. nº 2007-126 du 29 janv. 2007)* Les stages d'initiation sont des stages ou des séquences pédagogiques au sens de l'article R. 813-42 dont l'objectif est de permettre aux élèves de découvrir différents milieux professionnels.

Ces stages d'initiation sont organisés dans les conditions prévues par les programmes et les référentiels nationaux mentionnés au deuxième alinéa des articles L. 811-2 et L. 813-2.

Au cours de ces stages d'initiation, les élèves réalisent des activités pratiques variées et, sous surveillance du maître de stage ou du tuteur désigné par l'entreprise ou l'organisme d'accueil, des travaux légers tels que définis à l'article R. 715-2. Ils ne peuvent pas accéder aux machines, appareils ou produits dont l'usage est interdit aux mineurs *(Décr. nº 2015-443 du 17 avr. 2015, art. 4-2º, en vigueur le 2 mai 2015)* « par la section 2 du chapitre III du titre V du livre I de la quatrième partie du code du travail ».

Art. R. 715-1-4 *(Décr. nº 2007-126 du 29 janv. 2007)* Les stages d'application en milieu professionnel sont des stages ou des séquences pédagogiques mentionnées à l'article R. 813-42 dont l'objectif est de permettre aux élèves de mettre en rapport les savoirs et savoir-faire acquis dans l'établissement scolaire avec les langages techniques et les pratiques du monde professionnel.

Ces stages d'application sont organisés dans les conditions prévues par les programmes et les référentiels nationaux mentionnés au deuxième alinéa des articles L. 811-2 et L. 813-2.

Au cours de ces stages d'application, les élèves peuvent procéder à des manœuvres ou manipulations de machines, produits ou appareils lorsqu'elles sont nécessaires à leur formation. Ils ne peuvent pas accéder aux machines, appareils ou produits dont l'usage est interdit aux mineurs *(Décr. nº 2015-443 du 17 avr. 2015, art. 4-2º, en vigueur le 2 mai 2015)* « par la section 2 du chapitre III du titre V du livre I de la quatrième partie du code du travail ».

Art. R. 715-1-5 *(Décr. n° 2007-126 du 29 janv. 2007)* Les périodes de formation en milieu professionnel sont des périodes de formation ou des séquences pédagogiques au sens de l'article R. 813-42 prévues dans le cadre d'une formation conduisant à un diplôme professionnel, technologique, ou conduites dans le cadre de l'enseignement mentionné par l'article L. 813-9.

Ces périodes de formation en milieu professionnel sont organisées dans les conditions prévues par les programmes et les référentiels nationaux mentionnés au deuxième alinéa des articles L. 811-2 et L. 813-2.

Au cours de ces périodes de formation, les élèves remplissant les conditions d'âge requises peuvent être autorisés, dans les conditions prévues *(Décr. n° 2015-443 du 17 avr. 2015, art. 4-3°, en vigueur le 2 mai 2015)* « à la section 3 du chapitre III du titre V du livre I de la quatrième partie » du code du travail, à utiliser des machines ou produits dont l'usage est interdit aux mineurs *(Décr. n° 2015-443 du 17 avr. 2015, art. 4-2°, en vigueur le 2 mai 2015)* « par la section 2 du chapitre III du titre V du livre I de la quatrième partie du code du travail ».

Art. R. 715-2 *(Décr. n° 2015-443 du 17 avr. 2015, art. 4-4°, en vigueur le 2 mai 2015)* « Les dispositions du présent article se substituent à celles des décrets prévus à l'article L. 4153-3 du code du travail pour son application. »

L'emploi des jeunes âgés de plus de quatorze ans encore soumis à l'obligation scolaire est autorisé pendant les périodes de vacances scolaires comportant au moins sept jours, ouvrables ou non, sous réserve que les intéressés jouissent d'un repos continu d'une durée qui ne peut pas être inférieure à la moitié de la durée totale desdites vacances.

La durée de travail des intéressés ne peut excéder sept heures par jour et trente-deux heures par semaine. Cette dernière limitation est portée à trente-cinq heures par semaine pour ceux qui ont atteint l'âge de quinze ans. Lorsqu'ils travaillent pour le compte de plusieurs employeurs, les jours et les heures de travail qu'ils effectuent chez chacun de ceux-ci sont additionnés.

Les jeunes concernés ne peuvent être employés qu'à des travaux légers, c'est-à-dire des travaux qui, en raison de la nature propre des tâches qu'ils comportent et des conditions particulières dans lesquelles ces tâches sont effectuées, ne sont pas susceptibles de porter préjudice à leur sécurité, à leur santé ou à leur développement. En particulier, ils ne peuvent pas être employés :

1° A des travaux exécutés dans une ambiance ou à un rythme qui leur confèrent une pénibilité caractérisée, ou astreignent à un rendement ;

2° A des travaux d'entretien, de réparation ou de conduite de tracteurs ou de machines mobiles ;

3° A des travaux nécessitant la manipulation ou l'utilisation de produits dangereux au sens *(Décr. n° 2015-443 du 17 avr. 2015, art. 4-4°, en vigueur le 2 mai 2015)* « de l'article L. 4411-1 » du code du travail, ainsi que dans les lieux affectés au stockage, à la manipulation ou à l'utilisation de ces produits ;

4° Dans les lieux affectés à la traite ou à la contention des animaux, lors de la présence de ces derniers.

La déclaration que l'employeur est tenu d'adresser à l'inspecteur du travail indique le nombre de jeunes concernés, leurs nom, prénoms et âge, la nature de travaux qui leur seront confiés et les lieux précis où ces travaux seront effectués.

Art. R. 715-3 Pour l'application de l'article *(Décr. n° 2015-443 du 17 avr. 2015, art. 4-5°)* « L. 3162-3 » *(Décr. n° 2017-1492 du 25 oct. 2017, art. 4-2°)* « du code du travail », une pause d'au moins trente minutes est accordée après une période de travail effectif ininterrompue de quatre heures et demie.

Les jeunes travailleurs agricoles doivent en outre bénéficier, pour chaque période de vingt-quatre heures, d'un temps de repos fixé à quatorze heures s'ils sont encore soumis à l'obligation scolaire et à douze heures s'ils ne sont plus soumis à l'obligation scolaire.

Art. R. 715-4 Les dispositions des articles R. 715-1 à R. 715-3, à l'exception du dernier alinéa de l'article R. 715-2, s'appliquent aux enfants mineurs de l'exploitant, de son conjoint et de ses aides familiaux au sens de l'article L. 722-10.

Ces dispositions ne font pas obstacle à ce que les jeunes âgés de quatorze ans au moins accomplissent dans l'entreprise familiale des travaux occasionnels ou de courte durée, à condition que ces travaux ne soient ni nuisibles ni dangereux pour les intéressés et ne soient pas susceptibles de porter préjudice à leur assiduité scolaire, à leur participation à des programmes d'orientation ou de formation professionnelle ou à leur aptitude à bénéficier de l'instruction reçue.

Lorsque les agents de contrôle de l'inspection du travail constatent des manquements aux prescriptions du présent article, ils mettent en demeure le chef d'entreprise de s'y conformer dans un délai qu'ils fixent.

CHAPITRE VI **HÉBERGEMENT DES SALARIÉS ET PARTICIPATION DES EMPLOYEURS AGRICOLES À L'EFFORT DE CONSTRUCTION** *(Décr. n° 2007-943 du 15 mai 2007).*

SECTION 1 **Hébergement en résidence fixe**

Les art. R. 716-1 à R. 716-25 sont applicables à Mayotte à compter du 1er janv. 2016 (Décr. n° 2013-754 du 14 août 2013, art. 26-IV, JO 18 août).

SOUS-SECTION 1 **Dispositions communes**

Art. R. 716-1 Les personnes mentionnées à l'article L. 716-1 ne peuvent être hébergées ni en sous-sol, ni sous des tentes, sous réserve des dispositions de l'article R. 716-16. Elles doivent pouvoir clore leur logement et y accéder sans danger et librement.

Art. R. 716-2 Les logements doivent être isolés des lieux où sont entreposés ces substances et préparations dangereuses au sens de l'article *(Décr. n° 2017-1492 du 25 oct. 2017, art. 5-1°)* « R. 4411-6 du code du travail » ou des produits susceptibles de nuire à la santé de leurs occupants.

Ils doivent aussi être éloignés des dépôts de matières malodorantes et toutes mesures doivent être prises pour assurer la destruction des parasites et des rongeurs.

Les matériaux utilisés pour leur construction ne doivent pas être de nature à porter atteinte à la santé des occupants et doivent permettre d'évacuer les locaux sans risque en cas d'incendie.

Les appareils à combustion destinés au chauffage et à la cuisson ainsi que leurs conduits, gaines et accessoires ne doivent pas être susceptibles de porter atteinte à la santé ou à la sécurité des occupants.

Les installations électriques doivent préserver la sécurité de leurs utilisateurs.

Les logements doivent être construits en matériaux permettant d'éviter les condensations et températures excessives. Ils doivent être aérés de façon permanente.

La hauteur sous plafond ne peut être inférieure à deux mètres.

Dans les pièces destinées au séjour et au sommeil, la surface des fenêtres doit être au moins égale à un dixième de la surface au sol de chaque pièce. Dans les pièces destinées au sommeil, les fenêtres doivent être munies d'un dispositif d'occultation.

Les couloirs et les escaliers doivent être suffisamment éclairés pour assurer la sécurité des déplacements.

Art. R. 716-3 Sauf s'il s'agit d'une exploitation agricole qui n'est pas desservie par un réseau d'alimentation en eau courante, les installations d'eau doivent assurer une distribution permanente d'eau potable, avec une pression et un débit suffisants. Les robinets des éviers, lavabos et douches, dans la même hypothèse, doivent fournir de l'eau à température réglable.

Les cabinets d'aisances ne doivent pas communiquer directement avec les pièces destinées au séjour et aux repas. Leurs portes doivent être pleines et munies d'un dispositif de fermeture intérieure décondamnable de l'extérieur. Ils doivent être équipés d'une chasse d'eau, sauf s'il s'agit d'une exploitation agricole qui n'est pas alimentée en eau courante.

Art. R. 716-4 Les sols, murs et plafonds doivent être protégés contre les eaux de ruissellement, les infiltrations et les remontées d'eau.

Les fenêtres doivent être étanches à l'eau et maintenues en bon état.

Le logement doit être en bon état d'entretien.

SOUS-SECTION 2 Hébergement en logement individuel

Art. R. 716-5 Le logement individuel mis à la disposition du travailleur et, le cas échéant, de sa famille comporte :

1° Une cuisine ou un coin cuisine ;

2° Au moins une pièce destinée au séjour et au sommeil, dont la surface habitable, déterminée conformément aux dispositions de l'article *(Décr. nº 2021-872 du 30 juin 2021, art. 7)* « R. 156-1 » du code de la construction et de l'habitation, est de neuf mètres carrés lorsque la cuisine est séparée et de douze mètres carrés lorsqu'un coin cuisine est aménagé dans la pièce.

La surface habitable du logement ne peut être inférieure à quatorze mètres carrés pour le premier occupant, majorée de sept mètres carrés par occupant supplémentaire. Sont considérés comme occupants supplémentaires les enfants à charge du travailleur au sens de la législation sur les prestations familiales ainsi que son conjoint ou la personne vivant habituellement avec lui.

Si la consommation d'eau, de gaz et d'électricité est à la charge du travailleur, elle doit être enregistrée par des compteurs propres au logement qu'il occupe.

Le travailleur assure l'entretien courant de ce logement.

Toutefois, à Saint-Pierre-et-Miquelon, la surface habitable est déterminée conformément aux normes de construction et d'habitation applicables localement.

SOUS-SECTION 3 Hébergement collectif des travailleurs saisonniers

Art. R. 716-6 La présente sous-section est applicable aux travailleurs hébergés collectivement qui sont recrutés en vue d'accomplir, en fonction des particularités du cycle de la production animale ou végétale, des travaux devant être menés à terme en un temps limité et nécessitant en conséquence le recrutement d'un surplus temporaire de main-d'œuvre.

Art. R. 716-7 Toute pièce destinée au sommeil peut recevoir au maximum six travailleurs. Sa superficie minimale est de neuf mètres carrés pour le premier occupant et de sept mètres carrés par occupant supplémentaire. Les lits ne peuvent être superposés.

Art. R. 716-8 Les pièces destinées au sommeil des hommes sont séparées de celles destinées au sommeil des femmes.

Art. R. 716-9 Les locaux destinés aux repas comportent une pièce à usage de cuisine, et une pièce à usage de réfectoire dont la superficie minimale est de sept mètres carrés pour un travailleur saisonnier, majorée de 2 mètres carrés par personne supplémentaire.

Toutefois :

1° Si la structure des lieux s'oppose à l'aménagement de la cuisine et du réfectoire dans des pièces séparées, ces deux fonctions peuvent être regroupées en une seule pièce dont la superficie minimale est de dix mètres carrés pour un travailleur, majorée de deux mètres carrés par travailleur supplémentaire ;

2° La pièce à usage de cuisine n'est pas obligatoire lorsque l'employeur prend en charge la préparation des repas. Dans ce cas, un espace est aménagé et équipé pour que les travailleurs puissent préparer et prendre leurs repas en dehors des jours ouvrés.

Art. R. 716-10 Sous réserve des dispositions de l'article R. 716-8, lorsque le nombre de travailleurs saisonniers est au plus égal à trois, une pièce unique peut servir à la fois au sommeil et aux repas des intéressés. Sa superficie doit alors être de douze mètres carrés pour un travailleur, majorée de sept mètres carrés par travailleur supplémentaire.

Art. R. 716-11 La salle d'eau comporte des lavabos aménagés à raison d'un lavabo pour trois personnes. Elle comporte également des douches à raison d'une cabine pour six personnes.

Les cabinets d'aisances sont aménagés à raison d'un pour six personnes.

Les douches, les lavabos et les cabinets d'aisances sont séparés pour les hommes et les femmes.

Art. R. 716-12 *(Décr. n° 2017-1492 du 25 oct. 2017, art. 5-2°)* Les locaux mentionnés à la présente sous-section sont conformes aux dispositions de l'article R. 4227-3 du code du travail ainsi qu'à celles de la section 2 et de la sous-section 1 de la section 5 du chapitre VII du titre II du livre II de la quatrième partie du même code.

Art. R. 716-13 Le chef d'établissement assure ou fait assurer à ses frais :

1° Le maintien en bon état des locaux, du matériel et du mobilier dont ils sont équipés ;

2° Le nettoyage quotidien des locaux mentionnés aux articles R. 716-7 et R. 716-9 à R. 716-11 ;

3° Le blanchissage des draps au moins une fois tous les quinze jours, et le nettoyage de l'ensemble de la literie lors de chaque changement d'occupant ;

4° L'enlèvement, deux fois par semaine, des ordures ménagères.

SOUS-SECTION 4 Mesures d'application

Art. R. 716-14 Un arrêté du ministre chargé de l'agriculture fixe :

1° Pour les logements mentionnés aux sous-sections 2 et 3 de la présente section, le niveau maximal de pression du bruit perçu à l'intérieur de chaque logement par suite du fonctionnement d'un équipement quelconque utilisé par l'entreprise ;

2° Pour les logements mentionnés à la sous-section 3 de la présente section :

a) La température minimale qui doit être maintenue, par temps froid, dans les locaux, compte tenu des moyens de chauffage mis à la disposition des travailleurs par le chef d'établissement ;

b) Les dispositions relatives au mobilier et à la literie mis à la disposition des travailleurs ainsi qu'aux meubles et au matériel nécessaires à la préparation et à la prise de leurs repas ;

c) Les dispositions relatives à l'aménagement de la salle d'eau et des cabinets d'aisances ;

d) La quantité d'eau potable qui sera mise quotidiennement à la disposition des travailleurs si les locaux mentionnés aux articles R. 716-9 à R. 716-11 ne sont pas alimentés en eau courante.

SOUS-SECTION 5 Dérogations

Art. R. 716-15 Par dérogation aux dispositions des sous-sections 2 et 3 de la présente section, les conditions de confort, d'hygiène et de sécurité des locaux mis à la disposition des travailleurs installés à proximité des chantiers ainsi que celles des locaux dans lesquels sont hébergés les vachers et les bergers d'estive sont fixées par un *(Décr. n° 2017-1492 du 25 oct. 2017, art. 5-3°)* « arrêté du ministre chargé de l'agriculture. Cet arrêté prend » en considération les contraintes inhérentes à ces formes d'habitat tenant en particulier à l'absence d'une infrastructure suffisante pour assurer l'alimentation en eau et en électricité.

Art. R. 716-16 Par dérogation aux dispositions de l'article R. 716-1, dans les départements ou parties de départements désignés par arrêté du ministre chargé de l'agriculture et dans lesquels l'habitat disponible est quantitativement insuffisant eu égard à l'importance de la main-d'œuvre accueillie lors des travaux saisonniers, l'inspecteur du travail peut autoriser le chef d'établissement à héberger ces travailleurs sous des tentes, installées sur un terrain qu'il met à leur disposition, lorsqu'ils sont recrutés pour une durée inférieure à un mois.

L'équipement du terrain doit satisfaire aux conditions fixées par l'arrêté ministériel susmentionné, qui précise, en outre, les périodes de l'année pendant lesquelles l'autorisation peut être accordée.

L'inspecteur du travail peut accorder une dérogation à tout ou partie des dispositions des articles R. 716-7 et R. 716-11 lorsque le chef d'établissement recrute et loge des travailleurs pour une durée maximale de *(Décr. n° 2009-739 du 19 juin 2009)* « trente jours » sur une période de douze mois consécutifs.

Le recours hiérarchique formé contre les décisions de l'inspecteur du travail prises au titre des premier et deuxième alinéas est adressé au directeur régional des entreprises, de la concurrence, de la consommation, du travail et de l'emploi. Ce recours doit, à peine de forclusion, être présenté dans les quinze jours suivant la réception de la lettre recommandée avec accusé de réception notifiant la décision de l'inspecteur du travail.

Art. R. 716-16-1 *(Décr. n° 2016-1239 du 20 sept. 2016, art. 1er)* Le directeur régional des entreprises, de la concurrence, de la consommation, du travail et de l'emploi peut, à la demande d'une organisation professionnelle d'employeurs intéressée, représentative pour une branche professionnelle, accorder une dérogation à tout ou partie des dispositions des articles R. 716-7 et R. 716-11 pour les employeurs de cette branche professionnelle, dès lors que :

1° Les travailleurs saisonniers visés par la demande sont recrutés et logés pour une durée maximale de trente jours sur une période de douze mois consécutifs ;

2° L'offre de logement disponible localement et les caractéristiques et la nature de l'activité concernée justifient cette demande ;

3° Les prescriptions réglementaires relatives aux locaux destinés aux repas et à la cuisine, à la séparation des pièces destinées au sommeil des femmes de celles destinées au sommeil des hommes, aux dispositions relatives à la sécurité des installations électriques et aux dispositions en matière d'issue, dégagement et lutte contre les incendies sont respectées.

La dérogation est subordonnée à la conclusion d'un accord collectif de branche prévoyant des mesures compensatoires garantissant la protection de la santé de ces travailleurs.

Cette décision définit le champ d'application de la dérogation, les modalités de mise en œuvre et sa durée après avis des organisations syndicales de salariés et des organisations professionnelles d'employeurs représentatives dans cette branche professionnelle.

Le bénéfice de cette dérogation peut être retiré à tout moment à l'employeur par le directeur régional des entreprises, de la concurrence, de la consommation, du travail et de l'emploi, sur le rapport de l'agent de contrôle de l'inspection du travail mentionné à l'article L. 8112-1 du code du travail constatant que les conditions de sa mise en œuvre ne sont pas respectées dans l'entreprise.

La dérogation peut être retirée pour l'ensemble des employeurs par le directeur régional des entreprises, de la concurrence, de la consommation, du travail et de l'emploi s'il est constaté par l'inspection du travail des manquements nombreux ou graves aux conditions de sa mise en œuvre dans plusieurs entreprises qui en sont bénéficiaires.

La dérogation prévue au troisième alinéa de l'article R. 716-16 *(Décr. n° 2017-1492 du 25 oct. 2017, art. 5-4°)* « du présent code » ne peut s'appliquer lorsque la dérogation prévue par le présent article est accordée.

SECTION 2 Hébergement en résidence mobile ou démontable des travailleurs saisonniers

Les art. R. 716-1 à R. 716-25 sont applicables à Mayotte à compter du 1er janv. 2016 (Décr. n° 2013-754 du 14 août 2013, art. 26-IV, JO 18 août).

SOUS-SECTION 1 Dispositions générales

Art. R. 716-17 La présente sous-section fixe les conditions d'hygiène, de sécurité et de confort auxquelles doivent satisfaire les logements des travailleurs mentionnés à l'article L. 722-20, lorsque ces travailleurs, embauchés sous contrat à durée déterminée conformément au 3° de l'article *(Décr. n° 2017-1492 du 25 oct. 2017, art. 5-5°)* « L. 1242-2 du code du travail », sont hébergés dans le cadre de leur relation de travail en résidences mobiles ou démontables.

Art. R. 716-18 Le recours à des caravanes pliantes est interdit.

Art. R. 716-19 L'hébergement satisfait aux conditions générales de sécurité suivantes :

1° Il est isolé des lieux où sont entreposés des substances et préparations dangereuses au sens de l'article *(Décr. n° 2017-1492 du 25 oct. 2017, art. 5-6°)* « R. 4411-6 du code du travail » ou des produits susceptibles de nuire à la santé de leurs occupants. Il est aussi éloigné des dépôts de matières malodorantes et toutes mesures sont prises pour assurer la destruction des parasites et des rongeurs ;

2° Les matériaux utilisés pour sa construction ne peuvent porter atteinte à la santé des occupants. Ils permettent une isolation phonique conforme aux dispositions prévues à l'article *(Décr. n° 2021-872 du 30 juin 2021, art. 7)* « R. 154-6 du code de la construction et de l'habitation » et évitent les condensations et températures intérieures excessives. Les hébergements mobiles sont aérés de façon permanente. Les sols, parois et plafonds sont protégés contre les eaux de ruissellement, les infiltrations et les remontées d'eau ;

3° La hauteur sous plafond ne peut être inférieure à deux mètres ;

4° L'hébergement est équipé de fenêtres ou autres ouvrants transparents donnant directement sur l'extérieur, étanches à l'eau et maintenus en bon état. Les pièces destinées au sommeil sont munies d'un dispositif d'occultation ;

5° Les couloirs et les escaliers permettent l'évacuation des locaux sans risque, en cas d'incendie, conformément aux dispositions *(Décr. n° 2017-1492 du 25 oct. 2017, art. 5-6°)* « de la section 2 du chapitre VII du titre II du livre II de la quatrième partie du code du travail » ;

6° Le travailleur doit pouvoir clore son logement et y accéder sans danger et librement.

Art. R. 716-20 Les hébergements comportent les éléments d'équipement suivants :

1° Les appareils à combustion destinés au chauffage et à la cuisson ainsi que leurs conduits, gaines et accessoires ne peuvent pas porter atteinte à la santé ou à la sécurité des occupants. La température minimale intérieure est maintenue à 18° ;

2° Les installations électriques sont conformes aux dispositions réglementaires figurant au code du travail ;

3° Sauf s'il s'agit d'une exploitation agricole qui n'est pas desservie par un réseau d'alimentation en eau courante, les installations d'eau assurent une distribution permanente d'eau potable, avec une pression et un débit suffisants. Les robinets des éviers, lavabos et douches fournissent de l'eau à température réglable ;

4° Les cabinets d'aisances sont dotés d'une porte. Celle-ci est pleine et munie d'un dispositif de fermeture intérieure décondamnable de l'extérieur. Les cabinets d'aisances sont équipés d'une chasse d'eau sauf s'il s'agit d'une exploitation agricole qui n'est pas desservie par un réseau d'alimentation en eau courante ;

5° S'il s'agit d'une exploitation agricole qui n'est pas desservie par un réseau d'alimentation en eau courante, l'employeur met quotidiennement au moins cent litres d'eau potable à disposition de chaque travailleur ;

6° L'employeur met à disposition de chaque travailleur une armoire individuelle et une literie complète et en bon état. Les locaux où sont préparés et pris les repas sont équipés du matériel nécessaire en nombre suffisant.

Art. R. 716-21 L'hébergement, lorsqu'il est destiné au sommeil, peut recevoir au maximum six travailleurs. Sa superficie minimale est de six mètres carrés par occupant. Lorsque le nombre de travailleurs saisonniers est au plus égal à trois, il peut servir également aux repas des intéressés.

Les lits ne peuvent pas être superposés.

L'hébergement, lorsqu'il est destiné au sommeil des hommes, est séparé de celui destiné au sommeil des femmes, sauf s'il est à l'usage exclusif d'un couple.

Art. R. 716-22 Lorsque le nombre de travailleurs saisonniers est supérieur à trois, ceux-ci disposent de locaux destinés aux repas comportant une pièce à usage de cuisine et une pièce à usage de réfectoire dont la superficie minimale est de sept mètres carrés pour un travailleur saisonnier, majorée de deux mètres carrés par personne supplémentaire. Toutefois :

1° Si la structure des lieux s'oppose à l'affectation de pièces séparées à la préparation et à la prise des repas, ces deux fonctions peuvent être regroupées en une seule pièce dont la superficie minimale est de dix mètres carrés pour un travailleur, majorée de deux mètres carrés par travailleur supplémentaire ;

2° La pièce à usage de cuisine n'est pas obligatoire lorsque l'employeur prend en charge la préparation des repas. Dans ce cas, un espace est aménagé et équipé pour que les travailleurs puissent préparer et prendre leurs repas en dehors des jours ouvrés.

Art. R. 716-23 Lorsque l'hébergement ne comporte pas d'installations sanitaires intérieures, une salle d'eau comportant des lavabos aménagés à raison d'un lavabo pour trois personnes doit être mise à disposition. Elle comporte également des douches à raison d'une cabine pour six personnes. Des cabinets d'aisances sont aménagés à raison d'un pour six personnes. Les douches, les lavabos et les cabinets d'aisances sont séparés pour les hommes et les femmes.

Art. R. 716-24 Le chef d'établissement assure ou fait assurer à ses frais :

1° Le maintien en bon état des locaux, du matériel et du mobilier dont ils sont équipés ;

2° Le nettoyage quotidien des locaux ;

3° Le blanchissage des draps au moins une fois tous les quinze jours et le nettoyage de l'ensemble de la literie lors de chaque changement d'occupant ;

4° L'enlèvement, deux fois par semaine, des ordures ménagères.

SOUS-SECTION 2 Dérogations

Art. R. 716-25 L'inspecteur du travail peut accorder une dérogation à tout ou partie des dispositions des articles R. 716-19 (3°), R. 716-21, R. 716-22, R. 716-23 et R. 716-24 lorsque le chef d'établissement recrute et loge des travailleurs pour une durée inférieure à trente jours sur une période de douze mois consécutifs.

Le recours hiérarchique formé contre les décisions de l'inspecteur du travail prises au titre du premier alinéa est adressé au directeur régional des entreprises, de la concurrence, de la consommation, du travail et de l'emploi. Ce recours doit, à peine de forclusion, être présenté dans les quinze jours suivant la réception de la lettre recommandée avec avis de réception notifiant la décision de l'inspecteur du travail. Il est préalable à tout recours contentieux.

SECTION 3 Participation des employeurs agricoles à l'effort de construction

(Décr. n° 2007-943 du 15 mai 2007)

SOUS-SECTION 1 Obligations des employeurs

(Décr. n° 2007-943 du 15 mai 2007)

Art. R. 716-26 *(Décr. n° 2013-119 du 5 févr. 2013, art. 1er-1°)* Pour l'application du premier alinéa de l'article L. 716-2, le nombre de salariés agricoles de l'entreprise calculé au 31 décembre de l'année civile écoulée, tous établissements confondus, est égal à la moyenne des effectifs déterminés chaque mois de l'année civile.

Pour la détermination des effectifs du mois, il est tenu compte des salariés agricoles titulaires d'un contrat de travail, y compris les salariés absents, conformément aux dispositions des articles L. 1111-2, L. 1111-3 et L. 1251-54 du code du travail.

Au titre de l'année suivant celle de la création de l'entreprise, l'effectif est apprécié dans les conditions définies aux deux alinéas précédents, en fonction de la moyenne des effectifs de chacun des mois d'existence de la première année.

Pour la détermination de la moyenne mentionnée aux premier et troisième alinéas, les mois au cours desquels aucun salarié n'est employé ne sont pas pris en compte.

Art. R. 716-27 Les dispositions conventionnelles mentionnées à l'article L. 716-2 sont celles qui résultent des accords mentionnés à l'article *(Décr. n° 2013-119 du 5 févr. 2013, art. 1er-2°)* « L. 2221-2 » du code du travail régulièrement conclus et déposés auprès des autorités administratives en application de l'article *(Décr. n° 2013-119 du 5 févr. 2013, art. 1er-2°)* « L. 2231-6 » du même code.

Al. 2 abrogé par Décr. n° 2014-277 du 28 févr. 2014, art. 2-1°, à compter du 1er avr. 2014.

La prise en compte des sommes acquittées par un employeur en application de dispositions conventionnelles mentionnées au premier alinéa ne peut avoir pour effet d'abaisser le taux de la participation des employeurs en deçà de 0,45 *(Abrogé par Décr.*

nº 2013-119 du 5 févr. 2013, art. 1er-2º) « ***, ni de diminuer la fraction réservée prioritairement au logement des travailleurs immigrés et de leurs familles*** ». Elles doivent concourir à la réalisation de l'aide à l'acquisition, la construction ou la rénovation de logements prévue au *a* de l'article L. 716-2 par priorité en zone rurale, compte tenu des besoins exprimés par les salariés de chaque entreprise.

Art. R. 716-28 *(Décr. nº 2014-277 du 28 févr. 2014, art. 2-2º, en vigueur le 1er avr. 2014)* Les employeurs agricoles redevables de la participation prévue à l'article L. 716-2 sont tenus d'en mentionner, chaque année, l'assiette sur la déclaration prévue à l'article 87 du code général des impôts.

Art. R. 716-29 *(Décr. nº 2014-277 du 28 févr. 2014, art. 2-3º, en vigueur le 1er avr. 2014)* « La cotisation prévue à l'article L. 716-3 est due au titre de l'année à la fin de laquelle a expiré le délai d'un an prévu au premier alinéa de cet article. Le versement de la cotisation accompagne le dépôt du bordereau prévu au deuxième alinéa du même article. »

Les réclamations sont présentées, instruites et jugées comme en matière de taxes sur le chiffre d'affaires *(Abrogé par Décr. nº 2013-119 du 5 févr. 2013, art. 1er-4º)* ***« après avis du directeur départemental de l'agriculture et de la forêt »***.

Les agents chargés des vérifications prévues à l'article L. 716-5 doivent avoir au moins le grade de contrôleur pour ceux du ministère chargé des finances et être de grade équivalent pour ceux des ministères chargés du logement et de l'agriculture.

Art. R. 716-30 *Abrogé par Décr. nº 2014-277 du 28 févr. 2014, art. 2-4º, à compter du 1er avr. 2014.*

Art. R. 716-31 Seules les sommes effectivement versées par les employeurs sont libératoires de leur obligation.

SOUS-SECTION 2 Modalités de versement de la participation

(Décr. nº 2007-943 du 15 mai 2007)

Art. R. 716-32 *(Décr. nº 2013-119 du 5 févr. 2013, art. 1er-5º)* « Sous réserve des dispositions de l'article R. 716-27, la participation à l'effort de construction est versée par les employeurs agricoles : »

1º Soit sous forme de prêt directement consenti par l'employeur à ses salariés en vue de l'acquisition, de la construction, de la rénovation d'un logement ou de l'acquisition d'un terrain pour leur résidence principale en zone rurale dans les conditions prévues à l'article R. 716-34 *(Décr. nº 2017-1492 du 25 oct. 2017, art. 5-7º)* « du présent code » ;

2º Soit, si les modalités et les conditions en ont été préalablement prévues par un accord collectif mentionné à l'article *(Décr. nº 2013-119 du 5 févr. 2013, art. 1er-5º)* « L. 2221-2 » du code du travail régulièrement conclu et déposé auprès des autorités administratives en application de l'article *(Décr. nº 2013-119 du 5 févr. 2013, art. 1er-5º)* « L. 2231-6 » du même code, sous forme du versement d'aides directes des employeurs à leurs salariés en vue, soit de l'acquisition, de la construction, de la rénovation d'un logement ou de l'acquisition d'un terrain pour leur résidence principale en zone rurale, soit de permettre d'assurer leur accès ou leur maintien dans un logement locatif, y compris par des dépenses d'accompagnement social, dans les conditions prévues à l'article R. 716-34 *(Décr. nº 2017-1492 du 25 oct. 2017, art. 5-7º)* « du présent code » ;

3º Soit sous forme de subvention, à des organismes *(Décr. nº 2013-119 du 5 févr. 2013, art. 1er-5º)* « mentionnés au 1º de l'article R. 313-22 » du code de la construction et de l'habitation et habilités à cet effet ;

4º Soit sous forme de subvention à des organismes paritaires désignés par le ministre en charge de l'agriculture.

Lorsque les sommes versées par l'employeur *(Abrogé par Décr. nº 2013-119 du 5 févr. 2013, art. 1er-5º)* ***« au fonds d'intervention prévu au I ou »*** aux organismes désignés au 3º et au 4º ci-dessus sont utilisées sous forme de prêts, les retours de prêts, principal et intérêts, sont acquis *(Abrogé par Décr. nº 2013-119 du 5 févr. 2013, art. 1er-5º)* ***« au fonds ou »*** à ces organismes. Plus généralement, les produits éventuels des fonds collectés leur sont acquis.

SOUS-SECTION 3 **Modalités d'emploi de la participation**

(Décr. n° 2007-943 du 15 mai 2007)

Art. R. 716-33 I. — Les logements financés à l'aide de la participation des employeurs agricoles doivent revêtir le caractère de résidence principale pour leurs occupants.

Toutefois, l'occupation à titre de résidence principale par les accédants à la propriété peut être différée ou interrompue dans les conditions prévues *(Décr. n° 2013-119 du 5 févr. 2013, art. 1er-6°)* « à l'article » R. 331-66 du code de la construction et de l'habitation.

II. — Les logements qui bénéficient d'un financement dans le cadre de la participation des employeurs agricoles ne peuvent être :

a) Transformés en locaux industriels, commerciaux, artisanaux ou professionnels, ni avoir un accès dépendant uniquement des locaux de cette nature ;

b) Affectés à la location saisonnière touristique à titre principal ;

c) Occupés à titre d'accessoire d'un contrat de travail sauf en ce qui concerne les salariés saisonniers.

III. — Les dirigeants, au sens du 3 de l'article 39 et de l'article 211 *bis* du code général des impôts, de l'entreprise exploitée en société ainsi que leur conjoint et leurs enfants non émancipés ne peuvent bénéficier directement ou indirectement à quelque titre que ce soit de la participation des employeurs. Il en est de même de l'exploitant individuel, de son conjoint et de leurs enfants non émancipés.

Toutefois, le conjoint du dirigeant de société ou de l'exploitant individuel et leurs enfants non émancipés, salariés d'une autre entreprise, peuvent bénéficier d'un prêt au titre de la participation des employeurs de cette entreprise.

IV. — Le financement de la construction au titre de la participation doit intervenir, au plus tard, à l'expiration de celui des deux délais suivants dont le terme est le plus éloigné :

1° Un an après la délivrance du certificat de conformité de l'opération considérée ;

2° Trois mois après la première occupation du logement.

Le financement de l'amélioration de logements existants au titre de la participation des employeurs doit intervenir au plus tard trois mois après l'achèvement des travaux. Le financement de l'acquisition de logements existants doit intervenir au plus tard trois mois après l'acquisition ; ce délai est porté à vingt-quatre mois lorsque la participation des employeurs finance également des travaux d'amélioration.

V. — Lorsque l'utilisation des aides définies aux 1° et 2° *(Abrogé par Décr. n° 2013-119 du 5 févr. 2013, art. 1er-6°) « du II »* de l'article R. 716-32 *(Décr. n° 2017-1492 du 25 oct. 2017, art. 5-8°)* « du présent code n'est pas conforme à la réglementation ou aux dispositions conventionnelles mentionnées à l'article L. 716-2 du même code », les sommes concernées ne sont pas libératoires.

Art. R. 716-34 Les aides mentionnées aux 1° et 2° *(Abrogé par Décr. n° 2013-119 du 5 févr. 2013, art. 1er-7°) « du II »* de l'article R. 716-32 *(Décr. n° 2017-1492 du 25 oct. 2017, art. 5-9°)* « du présent code » ne doivent pas être versées à titre d'accessoire du contrat de travail.

(Décr. n° 2013-119 du 5 févr. 2013, art. 1er-7°) « Le taux des prêts mentionnés au 1° de l'article R. 716-32 ne doit pas être supérieur à celui prévu par le 3° du II de l'article R. 313-20-1 du code de la construction et de l'habitation pour l'acquisition, la construction, ou l'acquisition d'un terrain et à celui prévu *(Décr. n° 2017-1492 du 25 oct. 2017, art. 5-9°)* « au 3° du III du même article » pour la rénovation. La participation des employeurs réalisée sous forme de prêt doit faire l'objet d'investissements pour une durée de vingt ans. Au cas où ces investissements sont faits en plusieurs périodes, aucune d'elles, sauf la dernière, ne peut être inférieure à cinq ans. La part du capital remboursée à la fin de chaque période doit être réinvestie dans un délai de trois mois ou au plus tard le 31 décembre de l'année civile dans les conditions mentionnées à l'article R. 716-32 *(Décr. n° 2017-1492 du 25 oct. 2017, art. 5-9°)* « du présent code ». Ces dispositions ne sont pas applicables aux entreprises en liquidation. »

Art. R. 716-35 *(Décr. n° 2013-119 du 5 févr. 2013, art. 1er-8°)* « Les organismes mentionnés aux 3° et 4° de l'article R. 716-32 sont tenus d'utiliser, sous leur responsabilité, la participation des employeurs agricoles prévue à l'article L. 716-2, selon les modalités prévues aux articles R. 313-19 à R. 313-20-2 du code de la construction et de l'habitation ». Ils sont tenus de prendre toutes dispositions utiles afin de pouvoir justifier de l'utilisation de ces fonds conformément aux règles en vigueur, y compris conventionnelles, lors des contrôles effectués en application de l'article L. 716-5 *(Décr. n° 2017-1492 du 25 oct. 2017, art. 5-10°)* « du présent code ».

Les organismes mentionnés au 3° *(Abrogé par Décr. n° 2013-119 du 5 févr. 2013, art. 1er-8°) « du II »* de l'article R. 716-32 *(Décr. n° 2017-1492 du 25 oct. 2017, art. 5-10°)* « du même code » doivent rendre compte chaque année à l'agence *(Décr. n° 2017-1492 du 25 oct. 2017, art. 5-10°)* « mentionnée » à l'article *(Décr. n° 2014-1596 du 23 déc. 2014, art. 6-XIII)* « L. 342-1 » du code de la construction et de l'habitation des sommes recueillies au titre de l'article L. 716-2 *(Décr. n° 2017-1492 du 25 oct. 2017, art. 5-10°)* « du présent code » et de leur utilisation.

Les organismes mentionnés *(Décr. n° 2013-119 du 5 févr. 2013, art. 1er-8°)* « au 4° » de l'article R. 716-32 *(Décr. n° 2017-1492 du 25 oct. 2017, art. 5-10°)* « du même code » doivent rendre compte chaque année au ministre en charge de l'agriculture des sommes recueillies au titre de l'article L. 716-2 et de leur utilisation.

Chaque année, le ministre en charge de l'agriculture informe les partenaires sociaux de l'agriculture des sommes recueillies au titre de l'article L. 716-2 et de leur utilisation.

Lors du contrôle des organismes mentionnés au 3° *(Abrogé par Décr. n° 2013-119 du 5 févr. 2013, art. 1er-8°) « du II »* de l'article R. 716-32 percevant des fonds des employeurs agricoles au titre de l'article L. 716-2 *(Décr. n° 2013-119 du 5 févr. 2013, art. 1er-8°)* « effectué en application de l'article L. 313-7 » du code de la construction et de l'habitation, les agents chargés du contrôle peuvent solliciter en tant que de besoin le concours des services du ministère en charge de l'agriculture.

SOUS-SECTION 4 Dispositions de caractère général

(Décr. n° 2007-943 du 15 mai 2007)

Art. R. 716-36 *Abrogé par Décr. n° 2013-119 du 5 févr. 2013, art. 1er-9°.*

Art. R. 716-37 Les organismes mentionnés *(Décr. n° 2013-119 du 5 févr. 2013, art. 1er-10°)* « aux 3° et 4° » de l'article R. 716-32 peuvent financer les frais relatifs à leur activité de gestion des fonds qu'ils ont collectés au titre de la participation prévue à l'article L. 716-2, sur ces fonds dans les limites fixées par un arrêté conjoint du ministre en charge de l'agriculture et du ministre en charge du logement.

CHAPITRE VII SANTÉ ET SÉCURITÉ AU TRAVAIL *(Décr. n° 2008-244 du 7 mars 2008, art. 7).*

SECTION 1 Dispositions générales

(Décr. n° 2008-244 du 7 mars 2008, art. 7, en vigueur le 1er mai 2008)

Art. R. 717 Dans les professions agricoles, les attributions en matière de santé et de sécurité conférées au ministre chargé du travail sont exercées par le ministre chargé de l'agriculture.

SECTION 2 Services de santé au travail *(Décr. n° 2008-244 du 7 mars 2008, art. 7).*

Les art. R. 717-1, R. 717-2, R. 717-34 à R. 717-38 et R. 717-42 à R. 717-49 deviennent respectivement les art. D. 717-1, D. 717-2, D. 717-34 à D. 717-38 et D. 717-42 à D. 717-49 ; les art. R. 717-59, R. 717-60, R. 717-61, R. 717-62, R. 717-63, R. 717-64, R. 717-65, R. 717-66 et R. 717-67 deviennent les art. D. 717-26-1, D. 717-26-2, D. 717-26-3, D. 717-26-4, D. 717-26-5, D. 717-26-6, D. 717-26-7, D. 717-26-8 et D. 717-26-9 et sont insérés après l'art. R. 717-26 (Décr. n° 2012-706 du 7 mai 2012, art. 1er, JO 8 mai).

SOUS-SECTION 1 Champ d'application *(Décr. n° 2008-244 du 7 mars 2008, art. 7).*

Art. D. 717-1 Les employeurs de main-d'œuvre mentionnés à l'article L. 717-1 relèvent pour leurs salariés d'un service de santé au travail organisé *(Décr. n° 2012-837 du 29 juin 2012, art. 2-1°)* « sous la forme soit :

« 1° D'un service de santé et de sécurité au travail en agriculture défini à l'article D. 717-34 ;

« 2° D'une association spécialisée définie à l'article D. 717-35 ;

« 3° D'un service autonome d'entreprise défini à l'article D. 717-44 ».

Art. D. 717-2 Les personnes mentionnées aux 1°, 2° et 5° de l'article L. 722-10 et à l'article L. 722-21, ainsi que leurs conjoints et les membres non salariés de leur famille peuvent demander à bénéficier du service de santé au travail *(Décr. nº 2012-837 du 29 juin 2012, art. 2-2°)* « mentionné au 1° ou au 2° de l'article D. 717-1 ».

Leur demande est adressée à la caisse de mutualité sociale agricole du département du siège de l'exploitation ou à l'association constituée par celle-ci.

Cette adhésion prend effet au premier jour de l'année qui suit son dépôt ; elle est valable pour une année civile et est renouvelable par tacite reconduction.

Il peut y être mis fin :

1° Par l'adhérent, trois mois avant son expiration ;

2° Par la caisse de mutualité sociale agricole ou par l'association en cas de non-versement des cotisations, dans le délai de trois mois suivant l'appel de ces cotisations. Dans ce cas, la radiation ne sera effective que si l'intéressé n'a pas régularisé sa situation dans les trente jours suivant la notification de la décision de la caisse ou de l'association.

SOUS-SECTION 2 **Missions des services de santé au travail** *(Décr. nº 2008-244 du 7 mars 2008, art. 7).*

Art. R. 717-3 *(Décr. nº 2012-706 du 7 mai 2012, art. 2, en vigueur le 1er juill. 2012)* Dans les services de santé au travail mentionnés aux 1° et 2° de l'article D. 717-1, les missions définies à l'article L. 4622-2 du code du travail sont assurées par une équipe pluridisciplinaire de santé au travail comprenant des médecins du travail, des intervenants en prévention des risques professionnels, des infirmiers et des assistants des services de santé au travail. *(Décr. nº 2017-1311 du 29 août 2017, art. 1er)* « En application de l'article L. 4622-8 du même code, l'équipe pluridisciplinaire peut être complétée de professionnels recrutés après avis du médecin du travail, chef de service, dont les collaborateurs médecins, et à titre temporaire, par des internes de la spécialité en application des dispositions des articles R. 717-52-4 et R. 717-52-7 du présent code ».

Le médecin du travail conduit des actions en milieu de travail avec les autres membres de l'équipe pluridisciplinaire et procède à des examens médicaux. Un médecin du travail, chef de service, anime et coordonne l'équipe pluridisciplinaire de santé au travail ou le service de santé et de sécurité au travail en agriculture dans les conditions fixées à l'article D. 717-43.

Dans les services de santé et de sécurité au travail en agriculture mentionnés au 1° de l'article D. 717-1, les missions prévues aux articles R. 751-157 à R. 751-159 et au 5° de l'article R. 752-37 sont assurées par les conseillers en prévention des risques professionnels. Dans les départements du Haut-Rhin, du Bas-Rhin et de la Moselle, ces missions sont assurées en coordination avec la caisse d'assurance accidents agricoles.

§ 1 Action sur le milieu du travail *(Décr. nº 2008-244 du 7 mars 2008, art. 7).*

Art. R. 717-3-1 *(Décr. nº 2012-706 du 7 mai 2012, art. 3-1°, en vigueur le 1er juill. 2012)* Les actions sur le milieu de travail concernent notamment :

1° La visite de lieux de travail ;

2° L'étude de postes en vue de l'amélioration des conditions de travail, de leur adaptation dans certaines situations ou du maintien dans l'emploi ;

3° L'identification et l'analyse des risques professionnels ;

4° L'élaboration et la mise à jour de la fiche d'entreprise prévue à l'article *(Décr. nº 2017-1492 du 25 oct. 2017, art. 6-1°)* « R. 717-31 » ;

5° La délivrance de conseils en matière d'organisation des secours et des services d'urgence ;

6° La participation aux réunions du comité *(Décr. nº 2017-1819 du 29 déc. 2017, art. 5-11°)* « social et économique » ou de la commission paritaire d'hygiène, de sécurité et des conditions de travail ;

7° La réalisation des mesures métrologiques ;
8° L'animation de campagnes d'information et de sensibilisation aux questions de santé publique ;
9° Les enquêtes épidémiologiques ;
10° La formation aux risques spécifiques ;
11° L'étude de toute nouvelle technique de production ;
12° L'élaboration des actions de formation à la sécurité prévue à l'article L. 4141-2 du code du travail et à celle des secouristes prévues à l'article *(Décr. n° 2017-1492 du 25 oct. 2017, art. 6-1°)* « R. 717-57 du présent code ».

Art. R. 717-4 *(Décr. n° 2017-1311 du 29 août 2017, art. 2-1°)* Le médecin du travail établit chaque année un plan d'activité en milieu de travail pour le secteur sur lequel il est affecté. Ce plan porte sur les risques, les postes et les conditions de travail.

Le plan d'activité est réalisé en collaboration avec le conseiller en prévention des risques professionnels.

Lorsque le service de santé au travail n'est pas assuré par un service autonome, le plan d'activité est réalisé en cohérence avec le plan santé et sécurité au travail en agriculture de la Mutualité sociale agricole. Les éléments du plan sont communiqués à l'employeur concerné, qui le soumet pour avis au comité *(Décr. n° 2017-1819 du 29 déc. 2017, art. 5-12°)* « social et économique ». En outre, le médecin du travail, chef du service, coordonne les plans d'activité en milieu de travail et établit le plan d'activité en milieu de travail du service de santé au travail conformément aux dispositions de l'article D. 717-43.

Lorsque le service de santé au travail est assuré par un service autonome d'entreprise, le plan est transmis à l'employeur, qui le soumet pour avis au comité *(Décr. n° 2017-1819 du 29 déc. 2017, art. 5-12°)* « social et économique ».

Art. R. 717-5 *(Décr. n° 2017-1311 du 29 août 2017, art. 2-1°)* Les professionnels de santé de l'équipe pluridisciplinaire, sous l'autorité du médecin du travail, et les conseillers en prévention des risques professionnels ont libre accès aux lieux de travail.

Ils effectuent la visite des entreprises et établissements dont ils ont la charge soit à leur initiative, soit à la demande de l'employeur ou du comité *(Décr. n° 2017-1819 du 29 déc. 2017, art. 5-13°)* « social et économique ».

Art. R. 717-6 *(Décr. n° 2012-706 du 7 mai 2012, art. 3-4°, en vigueur le 1er juill. 2012)* Afin d'éviter toute altération de la santé des travailleurs du fait de leur travail, le médecin du travail ou l'équipe pluridisciplinaire est informé :

1° De la nature et de la composition des produits utilisés ainsi que de leurs modalités d'emploi, indépendamment des dispositions des articles L. 4411-1 à L. 4411-5 du code du travail. L'employeur tient à disposition du médecin du travail les fiches de données de sécurité fournies par le fournisseur de ces produits ;

2° Des résultats de toutes les mesures et analyses réalisées dans les domaines mentionnés à l'article R. 717-52-2 *(Décr. n° 2017-1492 du 25 oct. 2017, art. 6-2°)* « du présent code ».

Les membres de l'équipe pluridisciplinaire ont accès à tous les documents non nominatifs rendus obligatoires par le présent chapitre.

Ce droit d'accès s'exerce dans les conditions garantissant le caractère confidentiel des données ainsi que la protection des informations mentionnées à l'article R. 717-10 *(Décr. n° 2017-1492 du 25 oct. 2017, art. 6-2°)* « du même code ».

Art. R. 717-7 Sans préjudice de l'application des dispositions de *(Décr. n° 2012-706 du 7 mai 2012, art. 3-5°, en vigueur le 1er juill. 2012)* « l'article L. 4624-1 » du code du travail, l'employeur est tenu de prendre en considération les avis qui lui sont présentés par le médecin du travail en ce qui concerne l'application *(Décr. n° 2012-706 du 7 mai 2012, art. 3-5°, en vigueur le 1er juill. 2012)* « des dispositions relatives à l'emploi des travailleurs » handicapés et, le cas échéant, de faire connaître les motifs qui s'opposent à ce qu'il y soit donné suite.

En cas de difficulté ou de désaccord, la décision est prise par l'inspecteur du travail, après avis du *(Décr. n° 2012-706 du 7 mai 2012, art. 3-5°, en vigueur le 1er juill. 2012)* « médecin inspecteur du travail ».

Art. R. 717-8 Dans l'exercice de ses fonctions, le médecin du travail peut, après en avoir avisé l'employeur, et aux frais de ce dernier :

1° Effectuer ou faire effectuer des prélèvements et des mesures aux fins d'analyses ;

2° Faire procéder à des analyses ou mesures qu'il estime nécessaires par un *(Décr. n° 2012-706 du 7 mai 2012, art. 3-6°, en vigueur le 1er juill. 2012)* « organisme accrédité ou un organisme certifié ».

En cas de désaccord entre l'employeur et le médecin du travail, l'inspecteur du travail décide après avis du *(Décr. n° 2012-706 du 7 mai 2012, art. 3-6°, en vigueur le 1er juill. 2012)* « médecin inspecteur du travail ».

Art. R. 717-9 *Abrogé par Décr. n° 2012-706 du 7 mai 2012, art. 3-7°, à compter du 1er juill. 2012.*

Art. R. 717-10 *(Décr. n° 2012-706 du 7 mai 2012, art. 3-8°, en vigueur le 1er juill. 2012)* Il est interdit au médecin du travail ou à l'équipe pluridisciplinaire de révéler les secrets de fabrication et les procédés d'exploitation dont il pourrait prendre connaissance dans l'exercice de ses fonctions.

La méconnaissance de ces interdictions est punie conformément à l'article 226-13 du code pénal.

Art. R. 717-11 Le médecin du travail assiste avec voix consultative aux réunions *(Décr. n° 2017-1819 du 29 déc. 2017, art. 5-14°)* « du comité social et économique » dont l'ordre du jour comporte des questions relatives au service de santé au travail *(Décr. n° 2017-1819 du 29 déc. 2017, art. 5-14°)* « , à la santé et à la sécurité au travail et aux conditions de travail ». *(Décr. n° 2012-706 du 7 mai 2012, art. 3-9°, en vigueur le 1er juill. 2012)* « En cas d'empêchement, il autorise *(Décr. n° 2017-1819 du 29 déc. 2017, art. 5-14°)* « un membre de l'équipe pluridisciplinaire de santé au travail ayant compétence en matière de santé au travail ou de conditions de travail » à y assister. »

Art. R. 717-11-1 *(Décr. n° 2012-706 du 7 mai 2012, art. 3-10°, en vigueur le 1er juill. 2012)* Le médecin du travail peut, en cas d'empêchement, *(Décr. n° 2017-1311 du 29 août 2017, art. 2-2°-a)* « donner délégation à un membre de l'équipe pluridisciplinaire de santé au travail ayant compétence en matière de santé au travail ou de conditions de travail pour participer » aux réunions *(Abrogé par Décr. n° 2017-1819 du 29 déc. 2017, art. 5-15°)* *« du comité d'hygiène, de sécurité et des conditions de travail ou »* des commissions paritaires d'hygiène, de sécurité et des conditions de travail lorsqu'elles existent.

Art. R. 717-12 Le directeur de la caisse ou de l'association, lorsque le service de santé au travail *(Décr. n° 2017-1311 du 29 août 2017, art. 2-2°-b)* « n'est pas assuré par un service autonome », ou le chef d'entreprise, lorsque le service de santé au travail est assuré par un service autonome, doivent prendre toutes mesures pour que le médecin du travail consacre à sa mission en milieu de travail *(Décr. n° 2012-706 du 7 mai 2012, art. 3-11°, en vigueur le 1er juill. 2012)* « au minimum » le tiers de son temps de travail.

(Décr. n° 2017-1311 du 29 août 2017, art. 2-2°-b) « Ce temps est également consacré par le médecin du travail à sa mission d'animation et de coordination de l'équipe pluridisciplinaire en santé au travail. »

§ 2 Suivi individuel de l'état de santé du salarié *(Décr. n° 2012-706 du 7 mai 2012, art. 4-1°)*.

SOUS-§ 1 *Visite d'information et de prévention*

(Décr. n° 2017-1311 du 29 août 2017, art. 2-3°)

Art. R. 717-13 I. – Tout travailleur bénéficie d'une visite d'information et de prévention, réalisée par l'un des professionnels de santé mentionnés au premier alinéa de l'article L. 4624-1 du code du travail dans un délai qui n'excède pas trois mois à compter de la prise effective du poste de travail.

II. – La visite d'information et de prévention dont bénéficie le travailleur est individuelle et a notamment pour objet :

1° D'interroger le travailleur sur son état de santé ;

2° De l'informer sur les risques éventuels auxquels l'expose son poste de travail ;

3° De le sensibiliser sur les moyens de prévention à mettre en œuvre ;

4° D'identifier si son état de santé ou les risques auxquels il est exposé nécessitent une orientation vers le médecin du travail ;

5° De l'informer sur les modalités de suivi de son état de santé par le service et sur la possibilité dont il dispose, à tout moment, de demander à bénéficier d'une visite avec le médecin du travail.

III. — Abrogé par Décr. n° 2022-1434 du 15 nov. 2022, art. 4.

IV. — A l'issue de toute visite d'information et de prévention, si elle n'a pas été réalisée par le médecin du travail, le professionnel de santé qui a effectué cette visite peut, s'il l'estime nécessaire, orienter sans délai le travailleur vers le médecin du travail dans le respect du protocole prévu au troisième alinéa de l'article L. 4624-1 précité. Cette nouvelle visite, effectuée par le médecin du travail, a notamment pour objet de proposer, si elles sont nécessaires, des adaptations du poste ou l'affectation à d'autres postes.

V. — Le professionnel de santé délivre une attestation de suivi au travailleur et à l'employeur à l'issue de toute visite d'information et de prévention.

Art. R. 717-14 Le travailleur bénéficie d'un renouvellement de la visite d'information et de prévention initiale, réalisée par un professionnel de santé mentionné au premier alinéa de l'article L. 4624-1 du code du travail, selon une périodicité qui ne peut excéder cinq ans. Ce délai, qui prend en compte les conditions de travail, l'âge et l'état de santé du salarié, ainsi que les risques auxquels il est exposé, est fixé par le médecin du travail dans le cadre du protocole mentionné à l'article L. 4624-1.

Art. R. 717-14-1 Lorsque le travailleur a bénéficié d'une visite d'information et de prévention dans les cinq ans ou, pour le travailleur mentionné à l'article R. 717-15, dans les trois ans précédant son embauche, l'organisation d'une nouvelle visite d'information et de prévention n'est pas requise dès lors que l'ensemble des conditions suivantes sont réunies :

1° Le travailleur est appelé à occuper un emploi identique présentant des risques d'exposition équivalents ;

2° Le professionnel de santé mentionné au premier alinéa de l'article L. 4624-1 du code du travail est en possession de la dernière attestation de suivi ou du dernier avis d'aptitude ;

3° Aucune mesure formulée au titre de l'article L. 4624-3 du code du travail ou aucun avis d'inaptitude rendu en application de l'article L. 4624-4 de ce code n'a été émis au cours des cinq dernières années ou, pour le travailleur mentionné à l'article R. 717-15 du présent code, au cours des trois dernières années.

Art. R. 717-15 I. — Tout travailleur dont l'état de santé, l'âge, les conditions de travail ou les risques professionnels auxquels il est exposé le nécessitent, notamment les travailleurs handicapés, les travailleurs qui déclarent être titulaires d'une pension d'invalidité et les travailleurs de nuit mentionnés à l'article L. 3122-5 du code du travail, bénéficie, à l'issue de la visite d'information et de prévention, de modalités de suivi adaptées déterminées dans le cadre du protocole écrit prévu à l'article L. 4624-1 du même code, selon une périodicité qui n'excède pas une durée de trois ans.

II. — Tout travailleur de nuit mentionné à l'article L. 3122-5 du code du travail et tout travailleur âgé de moins de 18 ans bénéficie *[bénéficient]* d'une visite d'information et de prévention réalisée par un professionnel de santé mentionné au premier alinéa de l'article L. 4624-1 préalablement à son affectation sur le poste.

III. — Toute femme enceinte, venant d'accoucher ou allaitante est, *(Abrogé par Décr. n° 2022-679 du 26 avr. 2022, art. 4)* ***« à l'issue de la visite d'information et de prévention, ou, »*** à tout moment, à sa demande, orientée sans délai vers le médecin du travail dans le respect du protocole mentionné à l'article L. 4624-1. Cette nouvelle visite, effectuée par le médecin du travail, a notamment pour objet de proposer, si elles sont nécessaires, des adaptations du poste ou l'affectation à d'autres postes.

IV. — Lors de la visite d'information et de prévention, tout travailleur mentionné au cinquième alinéa de l'article L. 4624-1 est orienté sans délai vers le médecin du travail qui peut préconiser des adaptations de son poste de travail. Le médecin du travail, dans le cadre du protocole mentionné à l'article L. 4624-1, détermine la périodicité et les modalités de suivi de son état de santé, qui peut être réalisé par un professionnel de santé mentionné au premier alinéa de l'article L. 4624-1.

V. — Si le médecin du travail est informé et constate que le travailleur est affecté à un poste présentant des risques particuliers pour sa santé ou sa sécurité ou pour celles de ses collègues ou des tiers évoluant dans l'environnement immédiat de travail défini à l'article R. 717-16 du présent code, le travailleur bénéficie sans délai des modalités de suivi individuel renforcé prévues au sous-paragraphe 2.

SOUS-§ 2 *Suivi individuel renforcé de l'état de santé des travailleurs et surveillance post-exposition ou post-professionnelle (Décr. n° 2022-372 du 16 mars 2022, art. 4).*

Art. R. 717-16 *(Décr. n° 2017-1311 du 29 août 2017, art. 2-3°)* I. — Tout travailleur affecté à un poste présentant des risques particuliers pour sa santé ou sa sécurité ou pour celles de ses collègues ou des tiers évoluant dans l'environnement immédiat de travail tel que défini au présent article bénéficie d'un suivi individuel renforcé de son état de santé selon des modalités définies par le présent sous-paragraphe. — *V. Arr. du 6 mai 2013 relatif aux travaux agricoles nécessitant une surveillance médicale renforcée (JO 12 mai).*

II. — Les postes présentant des risques particuliers mentionnés au premier alinéa de l'article L. 4624-2 du code du travail sont ceux exposant les travailleurs :

1° A l'amiante ;

2° Au plomb dans les conditions prévues à l'article R. 4412-160 du même code ;

3° Aux agents cancérogènes, mutagènes ou toxiques pour la reproduction mentionnés à l'article R. 4412-60 ;

4° Aux agents biologiques des groupes 3 et 4 mentionnés à l'article R. 4421-3 ;

5° Aux rayonnements ionisants ;

6° Au risque hyperbare ;

7° Au risque de chute de hauteur lors des opérations de montage et démontage d'échafaudages.

III. — Présente également des risques particuliers tout poste pour lequel l'affectation sur celui-ci est conditionnée par un examen d'aptitude spécifique prévu par une disposition du code du travail.

IV. — S'il le juge nécessaire, l'employeur complète la liste des postes entrant dans les catégories mentionnées au I par des postes présentant des risques particuliers pour la santé ou la sécurité du travailleur ou pour celles de ses collègues ou des tiers évoluant dans l'environnement immédiat de travail mentionnés au premier alinéa de l'article L. 4624-2 précité après avis du ou des médecins concernés et du comité *(Décr. n° 2017-1819 du 29 déc. 2017, art. 5-16°)* « social et économique, s'il existe ».

L'employeur détermine ces postes au regard des résultats de l'évaluation des risques professionnels qu'il réalise, de la fiche d'entreprise, le cas échéant, et des mesures particulières de prévention et de protection mises en œuvre, le cas échéant en lien avec l'équipe pluridisciplinaire de santé au travail.

Le médecin du travail détermine les modalités particulières concernant le suivi médical des travailleurs concernés ainsi que les actions en milieu de travail appropriées à mettre en œuvre par l'équipe pluridisciplinaire de santé au travail.

L'employeur motive par écrit l'inscription de tout poste sur cette liste, qui est transmise au service de santé au travail en agriculture à l'issue des consultations obligatoires.

Cette liste est tenue à disposition du directeur régional des entreprises, de la concurrence, de la consommation, du travail et de l'emploi et des services de prévention des organismes de sécurité sociale.

Elle est mise à jour tous les ans.

V. — Le Conseil d'orientation des conditions de travail est consulté tous les trois ans sur la mise à jour éventuelle de la liste mentionnée au II du présent article.

Art. R. 717-16-1 I. — Le suivi individuel renforcé comprend un examen médical d'aptitude, qui se substitue à la visite d'information et de prévention prévue à l'article R. 717-13. Il est effectué par le médecin du travail préalablement à l'affectation sur le poste.

II. — L'examen médical d'aptitude a notamment pour objet :

1° De s'assurer que le travailleur est médicalement apte au poste de travail auquel l'employeur envisage de l'affecter, notamment en vérifiant la compatibilité du poste avec l'état de santé du travailleur qui y est affecté, afin de prévenir tout risque grave d'atteinte à sa santé ou à sa sécurité ou à celles de ses collègues ou des tiers évoluant dans l'environnement immédiat de travail ;

2° De rechercher si le travailleur n'est pas atteint d'une affection dangereuse pour les autres travailleurs ;

3° De proposer éventuellement les adaptations du poste ou l'affectation à d'autres postes ;

4° D'informer le travailleur sur les risques des expositions au poste de travail et le suivi médical nécessaire ;

5° De sensibiliser le travailleur sur les moyens de prévention à mettre en œuvre.

(Abrogé par Décr. nº 2022-1434 du 15 nov. 2022, art. 4) « Lors de cette visite, un dossier médical en santé au travail est constitué par le médecin du travail dans les conditions prévues à l'article L. 4624-8 du code du travail. »

III. — Cet examen ainsi que son renouvellement donnent lieu à la délivrance par le médecin du travail d'un avis d'aptitude ou d'inaptitude rendu conformément à l'article L. 4624-4 du code du travail. Cet avis d'aptitude ou d'inaptitude est transmis au travailleur et à l'employeur et est versé au dossier médical en santé au travail de l'intéressé.

IV. — Lorsque le travailleur a bénéficié d'une visite médicale d'aptitude dans les deux ans précédant son embauche, l'organisation d'un nouvel examen médical d'aptitude n'est pas requise dès lors que l'ensemble des conditions suivantes sont réunies :

1° Le travailleur est appelé à occuper un emploi identique présentant des risques d'exposition équivalents ;

2° Le médecin du travail intéressé est en possession du dernier avis d'aptitude du travailleur ;

3° Aucune mesure formulée au titre de l'article L. 4624-3 ou aucun avis d'inaptitude rendu en application de l'article L. 4624-4 n'a été émis au cours des deux dernières années.

Art. R. 717-16-2 Tout travailleur affecté à un poste présentant des risques particuliers pour sa santé ou sa sécurité ou pour celles de ses collègues ou des tiers évoluant dans l'environnement immédiat de travail, tels que définis à l'article R. 717-16, bénéficie, à l'issue de l'examen médical d'embauche, d'un renouvellement de cette visite, effectuée par le médecin du travail, selon une périodicité qu'il détermine et qui ne peut être supérieure à quatre ans. Une visite intermédiaire est effectuée par un professionnel de santé mentionné au premier alinéa de l'article L. 4624-1 du code du travail au plus tard deux ans après la visite avec le médecin du travail.

Art. R. 717-16-3 *(Décr. nº 2021-1065 du 9 août 2021, art. 2)* I. — La visite médicale prévue à l'article L. 4624-2-1 du code du travail est organisée pour les catégories de travailleurs suivantes :

1° Les travailleurs bénéficiant ou ayant bénéficié d'un suivi individuel renforcé de leur état de santé prévu à l'article L. 4624-2 du code du travail ;

2° Les travailleurs ayant *(Décr. nº 2022-372 du 16 mars 2022, art. 4)* « été exposés » à un ou plusieurs des risques mentionnés au II de l'article R. 717-16 du présent code antérieurement à la mise en œuvre du dispositif de suivi individuel renforcé.

II. — Pour l'organisation de la visite prévue à l'article L. 4624-2-1 du code du travail, l'employeur informe son service de santé au travail, dès qu'il en a connaissance, *(Décr. nº 2022-372 du 16 mars 2022, art. 4)* « de la cessation de l'exposition d'un des travailleurs de l'entreprise à des risques particuliers pour sa santé ou sa sécurité justifiant un suivi individuel renforcé, de son départ ou de sa mise à la retraite ». Il avise sans délai le travailleur concerné de la transmission de cette information.

Lorsqu'un travailleur estime remplir les conditions définies au I et n'a pas été avisé de la transmission de cette information par l'employeur, il peut, durant le mois précédant *(Décr. nº 2022-372 du 16 mars 2022, art. 4)* « la date de la cessation de l'exposition ou son départ et jusqu'à six mois après la cessation de l'exposition », demander à bénéficier de cette visite directement auprès de son service de santé au travail. Il informe son employeur de sa démarche.

Informé *(Décr. nº 2022-372 du 16 mars 2022, art. 4)* **« de la cessation de l'exposition, » du départ ou de la mise à la retraite du travailleur, le service de santé au travail détermine, par tout moyen, si le travailleur remplit les conditions définies au I et organise la visite lorsqu'il les estime remplies.**

III. — Le médecin du travail établit un état des lieux des expositions du travailleur aux facteurs de risques professionnels mentionnés à l'article L. 4161-1 du code du travail.

Cet état des lieux est établi, notamment, sur la base des informations contenues dans le dossier médical en santé au travail prévu à l'article L. 4624-8 du même code, des déclarations du travailleur et de celles de ses employeurs successifs.

A l'issue de la visite, le médecin du travail remet *(Décr. nº 2022-372 du 16 mars 2022, art. 4)* **« au travailleur le document dressant l'état des lieux et le verse au dossier médical en santé au travail ». Lorsque le document fait état de l'exposition à un ou plusieurs facteurs de risques professionnels mentionnés à l'article L. 4161-1 ou que l'examen auquel il procède fait apparaître d'autres risques professionnels, le médecin du travail** *(Décr. nº 2022-372 du 16 mars 2022, art. 4)* **« met en place », le cas échéant, la surveillance** *(Décr. nº 2022-372 du 16 mars 2022, art. 4)* **« post-exposition mentionnée à l'article L. 4624-2-1 du code du travail ou » post-professionnelle mentionnée à l'article L. 4624-2-1 du code du travail. A cette fin, il transmet, s'il le juge nécessaire et avec l'accord du travailleur, le document et, le cas échéant, les informations complémentaires au médecin traitant. Les documents transmis sont alors assortis de préconisations et de toutes informations utiles à la prise en charge médicale ultérieure.**

Lorsque le travailleur remplit les conditions pour bénéficier du dispositif de surveillance *(Décr. nº 2022-372 du 16 mars 2022, art. 4)* **« post-exposition mentionnée à l'article L. 4624-2-1 du code du travail ou » post-professionnelle défini sur le fondement de l'article L. 461-7 du code de la sécurité sociale, le médecin du travail l'informe des démarches à effectuer pour ce faire.** — *Les dispositions du Décr. nº 2021-1065 du 9 août 2021 s'appliquent aux travailleurs dont le départ ou la mise à la retraite intervient à compter du 1er oct. 2021 (Décr. préc., art. 3) ; les dispositions du Décr. nº 2022-372 du 16 mars 2022 s'appliquent aux travailleurs dont la cessation d'exposition a été constatée à compter du 31 mars 2022 (Décr. préc., art. 6).*

SOUS-§ 3 *Prévention de la désinsertion professionnelle* (*Décr. nº 2023-139 du 27 févr. 2023, art. 1er*).

Art. R. 717-17 **En vue de favoriser le maintien dans l'emploi** *(Décr. nº 2023-139 du 27 févr. 2023, art. 1er)* **« , les salariés en arrêt de travail d'une durée de plus de trente jours peuvent bénéficier d'une visite de préreprise ».**

Au cours de *(Décr. nº 2017-1311 du 29 août 2017, art. 2-4º-a)* **« l'examen » de préreprise, le médecin du travail peut recommander :**

1º Des aménagements et adaptations du poste de travail ;

2º Des préconisations de reclassement ;

3º Des formations professionnelles à organiser en vue de faciliter le reclassement du *(Décr. nº 2017-1311 du 29 août 2017, art. 2-4º-a)* **« travailleur » ou sa réorientation professionnelle.**

A cet effet, il s'appuie *(Décr. nº 2017-1311 du 29 août 2017, art. 2-4º-a)* **« en tant que de besoin » sur le service social de la caisse de mutualité sociale agricole ou sur celui de l'entreprise dès lors qu'il existe.**

Sauf opposition du *(Décr. nº 2017-1311 du 29 août 2017, art. 2-4º-a)* **« travailleur, le médecin du travail informe l'employeur et le médecin-conseil de ces recommandations pour que toutes les mesures soient mises en œuvre en vue de favoriser le maintien dans l'emploi du travailleur ».**

Art. R. 717-17-1 **Les accidents du travail, les maladies professionnelles, les congés de maternité, les absences pour cause de maladie ou d'accident non professionnel doivent être portés à la connaissance du médecin du travail par le directeur de la caisse de mutualité sociale agricole, afin notamment que le médecin du travail puisse préconiser, avec l'équipe pluridisciplinaire, des mesures de prévention des risques professionnels.**

1° Un examen médical a lieu à l'initiative de l'employeur dès la reprise du travail ou au plus tard dans un délai de huit jours dans les cas suivants :

(Décr. n° 2017-1311 du 29 août 2017, art. 2-4°-b) « *a)* Après un congé de maternité ;

« *b)* Après une absence pour cause de maladie professionnelle ;

« *c)* Après une absence d'au moins trente jours pour cause d'accident du travail ;

(Décr. n° 2023-139 du 27 févr. 2023, art. 1er) « *d)* Après une absence d'au moins soixante jours pour cause de maladie ou d'accident non professionnel. »

« 2° L'examen de reprise a pour objet :

« *a)* De vérifier si le poste de travail que doit reprendre le travailleur ou le poste de reclassement auquel il doit être affecté est compatible avec son état de santé ;

« *b)* D'examiner les propositions d'aménagement ou d'adaptation du poste repris par le travailleur ou de reclassement faites par l'employeur à la suite des préconisations émises le cas échéant par le médecin du travail lors de la visite de préreprise ;

« *c)* De préconiser l'aménagement, l'adaptation du poste ou le reclassement du travailleur ;

« *d)* D'émettre, au besoin, un avis d'inaptitude. »

Art. R. 717-17-1-1 *(Décr. n° 2022-679 du 26 avr. 2022, art. 4)* Les personnels des services de santé au travail chargés de la prévention des risques professionnels ou du suivi individuel de l'état de santé participent en tant que de besoin au rendez-vous de liaison mentionné à l'article L. 1226-1-3 du code du travail.

SOUS-§ 4 *Visites à la demande de l'employeur, du travailleur ou du médecin du travail*

(Décr. n° 2017-1311 du 29 août 2017, art. 2-5°)

Art. R. 717-18 Indépendamment des examens d'aptitude à l'embauche et périodiques ainsi que des visites d'information et de prévention, le travailleur bénéficie, à sa demande, *(Décr. n° 2022-679 du 26 avr. 2022, art. 4)* « à » celle du médecin du travail, *(Décr. n° 2022-679 du 26 avr. 2022, art. 4)* « ou à » celle de son médecin traitant ou sur demande écrite et motivée de l'employeur, d'un examen par le médecin du travail *(Décr. n° 2022-679 du 26 avr. 2022, art. 4)* « ou par un autre professionnel de santé mentionné à l'article L. 4624-1 du code du travail, au choix du travailleur, dans les conditions prévues par l'article R. 717-52-3 du présent code ».

Tout travailleur peut, notamment lorsqu'il anticipe un risque d'inaptitude, solliciter une visite médicale dans l'objectif d'engager une démarche de maintien en emploi et de bénéficier d'un accompagnement personnalisé.

La demande du travailleur ne peut motiver aucune sanction.

Art. R. 717-18-1 Indépendamment des examens d'aptitude à l'embauche et périodiques ainsi que des visites d'information et de prévention, tout travailleur en situation effective de travail fait l'objet lorsqu'il atteint l'âge de cinquante ans d'un examen médical destiné à établir le bilan de son exposition à des risques professionnels.

Afin de procéder au recensement de ces expositions professionnelles, le médecin du travail peut solliciter le ou les employeurs concernés.

A la suite de cet examen, le médecin du travail remet au salarié un document consignant son exposition à des risques professionnels dont le modèle est fixé par arrêté du ministre chargé de l'agriculture.

SOUS-§ 5 *Examens complémentaires*

(Décr. n° 2017-1311 du 29 août 2017, art. 2-6°)

Art. R. 717-19 Le médecin du travail peut réaliser ou prescrire les examens complémentaires nécessaires :

1° A la détermination de la compatibilité entre le poste de travail et l'état de santé du travailleur, et notamment au dépistage des affections comportant une contre-indication à ce poste de travail ;

2° Au dépistage d'une maladie professionnelle ou à caractère professionnel susceptible de résulter de l'activité professionnelle du travailleur ;

3° Au dépistage des maladies dangereuses pour l'entourage du travailleur.

Le médecin du travail réalise ou fait réaliser ces examens au sein du service de santé au travail, ou bien il choisit l'organisme chargé de pratiquer les examens.

Ces derniers sont réalisés dans des conditions garantissant le respect de leur anonymat.

Art. R. 717-20 Lorsque le service de santé au travail n'est pas assuré par un service autonome, les examens complémentaires prescrits par le médecin du travail sont pris en charge dans les conditions suivantes :

1° Les examens complémentaires rendus obligatoires par les dispositions réglementaires prises en application du 3° de l'article L. 4111-6 du code du travail, ainsi que les vaccinations professionnelles obligatoires sont pris en charge par l'employeur, en sus de la cotisation de santé au travail ;

2° Les examens complémentaires et les vaccinations dont la nécessité est appréciée par le médecin du travail en dehors de toute obligation réglementaire sont pris en charge par le service de santé au travail.

Lorsque le service de santé au travail est assuré par un service autonome, les examens complémentaires sont à la charge de l'employeur.

Art. R. 717-20-1 Dans le cadre du suivi des travailleurs de nuit, le médecin du travail peut prescrire, s'il le juge utile, des examens spécialisés complémentaires, lesquels sont à la charge de l'employeur, en sus de la cotisation de santé au travail.

Art. R. 717-20-2 En cas de désaccord entre l'employeur et le médecin du travail sur la nature et la fréquence de ces examens, la décision est prise par le médecin inspecteur du travail.

SOUS-§ 6 *Déroulement des visites et examens médicaux*

(Décr. nº 2017-1311 du 29 août 2017, art. 2-6º)

Art. R. 717-21 Le temps nécessité par les visites et les examens médicaux, y compris les examens complémentaires, et les actions collectives préventives prévues à l'article R. 717-14-2 pour les travailleurs saisonniers, est soit pris sur les heures de travail des travailleurs sans qu'aucune retenue de salaire puisse être opérée, soit rémunéré comme temps de travail effectif lorsque ces visites et examens ne peuvent avoir lieu pendant les heures de travail.

Lorsqu'il s'agit de salariés jouissant d'une indépendance complète dans l'exécution de leur travail effectué à la tâche, aux heures choisies par eux et hors de tout contrôle de présence de la part de l'employeur, ce temps est, en l'absence de clauses conventionnelles, rémunéré par l'employeur par référence au salaire applicable aux salariés de même qualification professionnelle rémunérés au temps.

Les modalités de prise en charge des frais de transport et de séjour engagés par les travailleurs lors de leurs déplacements nécessités par les visites, examens et actions collectives sont fixées par un arrêté du ministre chargé de l'agriculture.

Dans les établissements de deux cents travailleurs et plus, le suivi individuel peut être réalisé dans l'établissement.

Ces dispositions ne s'appliquent pas aux travailleurs saisonniers visés au dernier alinéa de l'article R. 717-26-6 ni aux examens de préreprise mentionnés à l'article R. 717-17.

Art. R. 717-22 Les dispositions des articles R. 717-13 à R. 717-20 et du troisième alinéa de l'article R. 717-21 sont applicables aux adhérents volontaires mentionnés à l'article R. 717-2.

Art. R. 717-23 Un arrêté du ministre chargé de l'agriculture détermine les caractéristiques auxquelles doivent satisfaire les locaux médicaux et leurs équipements, en fonction de la nature des locaux utilisés. Cet arrêté précise en outre le matériel de base nécessaire au médecin du travail et à l'équipe pluridisciplinaire de santé au travail pour l'exercice de leurs missions.

SOUS-§ 6-1 *Télésanté au travail*

(Décr. nº 2022-679 du 26 avr. 2022, art. 5)

Art. R. 717-23-1 Les visites et examens réalisés dans le cadre du suivi individuel de l'état de santé du travailleur peuvent être effectués à distance, par vidéotransmission, dans le respect des conditions prévues au titre VII du livre IV de la première partie du code de la santé publique, par les professionnels de santé mentionnés au I de l'article L. 4624-1 du code du travail, à leur initiative ou à celle du travailleur.

Art. R. 717-23-2 La pertinence de la réalisation à distance d'une visite ou d'un examen, y compris lorsqu'elle est sollicitée par le travailleur, est appréciée par le professionnel de santé du service de santé au travail en charge du suivi de l'état de santé du travailleur.

Si le professionnel de santé constate au cours d'une visite ou d'un examen réalisé à distance qu'une consultation physique avec le travailleur ou qu'un équipement spécifique non disponible auprès du travailleur est nécessaire, une nouvelle visite est programmée en présence de ce dernier dans les meilleurs délais et, le cas échéant, dans les délais prévus pour l'intervention des actes de suivi individuel de l'état de santé par le présent code.

Art. R. 717-23-3 Chaque visite ou examen effectué à distance est réalisé dans des conditions garantissant :

1° Le consentement du travailleur à la réalisation de l'acte par vidéotransmission ;

2° Le cas échéant, le consentement du travailleur à ce que participe à cette visite ou à cet examen son médecin traitant ou un professionnel de santé de son choix et l'information du travailleur des conditions, prévues par l'article R. 717-23-6, dans lesquelles cette participation est prise en charge par l'assurance maladie.

Le consentement préalable du travailleur est recueilli par tout moyen et consigné au sein de son dossier médical en santé au travail.

Si le travailleur ne consent pas à la réalisation à distance de la visite ou de l'examen, une consultation physique est programmée dans les meilleurs délais et, le cas échéant, dans les délais prévus pour l'intervention des actes de suivi individuel de l'état de santé par le présent code.

Art. R. 717-23-4 Le professionnel de santé s'assure que la visite ou l'examen en vidéotransmission peut être réalisé dans des conditions sonores et visuelles satisfaisantes et de nature à garantir la confidentialité des échanges.

Lorsque la visite ou l'examen en vidéotransmission est réalisé sur le lieu de travail, l'employeur met, si nécessaire, à disposition du travailleur, un local adapté permettant le respect des conditions mentionnées à l'alinéa précédent.

Art. R. 717-23-5 Les services de santé au travail s'assurent que les professionnels de santé qui ont recours aux dispositifs de télésanté disposent de la formation et des compétences techniques requises.

Dans les services de santé au travail interentreprises, le recours aux visites ou examens à distance est réalisé dans le respect du plan d'activité en milieu de travail.

Art. R. 717-23-6 Les tarifs et les modes de rémunération du médecin traitant ou du professionnel de santé choisi par le travailleur pour participer à la visite ou à l'examen réalisé à distance en application du II de l'article L. 4624-1 du code du travail, ainsi que les modalités de prise en charge par l'assurance maladie de ces prestations, sont ceux appliqués par le code de la sécurité sociale aux actes de télémédecine ou aux activités de télésoin réalisés par ces professionnels.

SOUS-§ 7 *Déclaration d'inaptitude*

(Décr. n° 2017-1311 du 29 août 2017, art. 2-6°)

Art. R. 717-24 Le médecin du travail ne peut constater l'inaptitude médicale du travailleur à son poste de travail que :

1° S'il a réalisé au moins un examen médical de l'intéressé, accompagné, le cas échéant, des examens complémentaires, permettant un échange sur les mesures d'aménagement, d'adaptation ou de mutation de poste ou la nécessité de proposer un changement de poste ;

2° S'il a réalisé ou fait réaliser une étude de ce poste ;

3° S'il a réalisé ou fait réaliser une étude des conditions de travail dans l'établissement et indiqué la date à laquelle la fiche d'entreprise a été actualisée, quand celle-ci est obligatoire ;

4° S'il a procédé à un échange, par tout moyen, avec l'employeur.

Ces échanges avec l'employeur et le travailleur permettent à ceux-ci de faire valoir leurs observations sur les avis et les propositions que le médecin du travail entend adresser.

S'il l'estime nécessaire pour rassembler les éléments permettant de motiver sa décision, le médecin réalise ce second examen dans un délai qui n'excède pas quinze jours après le premier examen. Dans ce cas, la notification de l'avis médical d'inaptitude intervient au plus tard à cette date.

Le médecin du travail peut mentionner dans cet avis que tout maintien du salarié dans un emploi serait gravement préjudiciable à sa santé ou que l'état de santé du salarié fait obstacle à tout reclassement dans un emploi.

Avant d'émettre son avis, le médecin du travail peut consulter le médecin inspecteur du travail.

Les motifs de l'avis du médecin du travail sont consignés dans le dossier médical en santé au travail du travailleur.

SOUS-§ 8 *Contestation des avis et mesures émis par le médecin du travail*

(Décr. n° 2017-1311 du 29 août 2017, art. 2-6°)

Art. R. 717-25 Les éléments de nature médicale justifiant les avis, propositions, conclusions écrites ou indications émis par le médecin du travail mentionnés à l'article L. 4624-7 du code du travail peuvent faire l'objet d'une contestation dans les conditions fixées aux articles R. 4624-45 à R. 4624-45-2 du même code.

SOUS-§ 9 *Suivi individuel de l'état de santé du travailleur occupant des emplois identiques en cas de pluralité d'employeurs*

(Décr. n° 2023-547 du 30 juin 2023, art. 2)

Art. D. 717-25-1 Le suivi de l'état de santé prévu à l'article L. 4624-1-1 du code du travail est applicable au travailleur qui remplit les conditions suivantes :

1° Le travailleur exécute simultanément au moins deux contrats de travail, que ceux-ci soient à durée déterminée ou indéterminée ;

2° Les emplois concernés relèvent de la même catégorie socioprofessionnelle selon la nomenclature des professions et des catégories socioprofessionnelles des emplois salariés des employeurs privés et publics ;

3° Le type de suivi individuel de l'état de santé du travailleur est identique pour les postes occupés dans le cadre des emplois visés au 2°.

Art. D. 717-25-2 L'employeur avec lequel le travailleur entretient la relation contractuelle la plus ancienne, y compris lorsque son contrat de travail a donné lieu à transfert légal au sens de l'article L. 1224-1 du code du travail ou conventionnel au sens de l'article L. 2253-1 du code du travail, est son employeur principal pour l'application des dispositions du présent sous-paragraphe.

Art. D. 717-25-3 Le service de santé au travail en agriculture de l'employeur principal apprécie, compte tenu des informations dont il dispose, notamment celles transmises par les employeurs du travailleur, si celui-ci répond aux conditions prévues à l'article D. 717-25-1.

En tant que de besoin, l'employeur peut demander à son travailleur de l'informer de la conclusion d'autres contrats de travail auprès d'un ou plusieurs autres employeurs pendant la durée de son contrat, afin qu'il en informe, le cas échéant, son service de santé au travail en agriculture.

Le service de santé au travail en agriculture de l'employeur principal informe le cas échéant le travailleur qu'il relève du suivi de l'état de santé prévu à l'article L. 4624-1-1 du code du travail, ainsi que ses employeurs et les services de santé au travail en agriculture des employeurs autres que l'employeur principal.

Art. D. 717-25-4 Le suivi de l'état de santé du travailleur prévu à l'article L. 4624-1-1 du code du travail est assuré par le service de santé au travail en agriculture de l'employeur principal, auquel adhèrent les autres employeurs au titre de ce travailleur.

Le service de santé au travail en agriculture de l'employeur principal ne peut s'opposer à la cotisation des autres employeurs à ce titre.

En cas de cessation de la relation contractuelle entre le travailleur et l'employeur principal en cours d'année, le suivi de l'état de santé du salarié reste assuré par le service de l'employeur principal jusqu'à la fin de l'année en cours.

Art. D. 717-25-5 Pour les travailleurs dont le suivi de l'état de santé est prévu à l'article L. 4624-1-1 du code du travail, la visite de reprise prévue à l'article R. 717-17-1 est demandée :

1° Par l'employeur principal, si cette visite est consécutive à congé maternité, ainsi qu'à une absence d'au moins soixante jours pour cause de maladie ou d'accident non professionnel ;

2° Par l'employeur principal, si cette visite est consécutive à une absence pour cause de maladie professionnelle ;

3° Par l'employeur ayant déclaré un accident du travail du travailleur concerné, si cette visite est consécutive à une absence d'au moins trente jours à ce titre.

Art. D. 717-25-6 En cas de délivrance de l'attestation ou de l'avis mentionnés aux V de l'article R. 717-13 et au III de l'article R. 717-16-1, le professionnel de santé se prononce au regard de l'emploi et délivre ce document à chaque employeur.

Toutefois si ces documents prévoient des aménagements de poste, des avis d'inaptitude ou des avis différents, ils sont délivrés pour chaque poste par le travailleur auprès de chacun de ses employeurs.

A l'issue de la visite ou de l'examen, le ou les documents sont transmis aux employeurs et au travailleur concerné par tout moyen leur conférant une date certaine.

§ 3 Suivi de l'état de santé de catégories particulières de travailleurs

(Décr. n° 2017-1311 du 29 août 2017, art. 2-7°)

SOUS-§ 1 *Champ d'application*

Art. R. 717-26 Les dispositions de la présente section sont applicables au service de santé au travail dont bénéficient les travailleurs saisonniers et les salariés des entreprises de travail temporaire ou de groupements d'employeurs, exclusivement occupés dans une ou plusieurs entreprises agricoles, sous réserve des modalités particulières prévues par le présent paragraphe.

SOUS-§ 2 *Action sur le milieu de travail*

Art. R. 717-26-1 Les conditions dans lesquelles le médecin du travail et, sous son autorité, les professionnels de l'équipe pluridisciplinaire de santé au travail de l'entreprise de travail temporaire ou du groupement d'employeurs ont accès aux postes de travail utilisés ou susceptibles d'être utilisés par des travailleurs temporaires ou des salariés des groupements d'employeurs sont fixées entre l'entreprise utilisatrice et l'entreprise de travail temporaire ou le groupement d'employeurs, après avis des médecins du travail intéressés.

SOUS-§ 3 *Suivi individuel de l'état de santé des travailleurs temporaires et des groupements d'employeurs*

Art. R. 717-26-2 La visite d'information et de prévention prévue à l'article R. 717-13 est réalisée par l'un des professionnels de santé mentionnés au premier alinéa de l'article L. 4621-1 du code du travail de l'entreprise de travail temporaire ou du groupement d'employeurs.

La visite d'information et de prévention peut être effectuée pour plusieurs emplois, dans la limite de trois.

Il n'est pas réalisé de nouvelle visite d'information et de prévention par le personnel de santé du service de santé au travail de l'entreprise de travail temporaire ou du groupement d'employeurs avant une nouvelle mission si l'ensemble des conditions suivantes sont réunies :

1° Le personnel de santé a pris connaissance d'une attestation de suivi délivrée en application du V de l'article R. 717-13 du présent code pour un même emploi dans les deux années précédant l'embauche ;

2° Le travailleur est appelé à occuper un emploi identique présentant des risques d'exposition équivalents ;

3° Aucun avis médical formulé au titre de l'article L. 4624-3 du code du travail ou avis d'inaptitude rendu en application de l'article L. 4624-4 du même code n'a été émis au cours des deux dernières années.

Art. R. 717-26-3 Par dérogation aux dispositions de l'article R. 717-26-2, les entreprises de travail temporaire peuvent faire réaliser l'ensemble de la surveillance médicale des salariés mis à la disposition d'entreprises visées à l'article D. 717-1 par les sections de santé au travail et les associations spécialisées visées aux articles D. 717-34 et D. 717-35.

Un arrêté du ministre chargé de l'agriculture détermine les modalités tarifaires de prise en charge de ces examens par l'entreprise de travail temporaire. — *V. Arr. du 20 déc. 2017 déterminant le montant des participations dues au titre du suivi de l'état de santé de certaines catégories de travailleurs en agriculture (JO 13 janv. 2018).*

SOUS-§ 4 *Suivi individuel renforcé de l'état de santé des travailleurs temporaires et des salariés des groupements d'employeurs*

Art. R. 717-26-4 Les examens médicaux d'aptitude réalisés en application des articles R. 717-16 à R. 717-16-2 peuvent être effectués pour plusieurs emplois, dans la limite de trois.

Ils sont réalisés par le médecin du travail de l'entreprise utilisatrice.

Le médecin du travail de l'entreprise de travail temporaire ou du groupement d'employeurs est informé du résultat de ces examens.

Un arrêté du ministre chargé de l'agriculture détermine les modalités tarifaires de prise en charge de ces examens par l'entreprise utilisatrice. — *V. Arr. du 20 déc. 2017 déterminant le montant des participations dues au titre du suivi de l'état de santé de certaines catégories de travailleurs en agriculture (JO 13 janv. 2018).*

Il n'est pas réalisé de nouvel examen médical d'aptitude avant la nouvelle mission si les conditions suivantes sont réunies :

1° Le médecin du travail a pris connaissance d'un avis d'aptitude pour un même emploi dans les deux années précédant l'embauche ;

2° Le travailleur est appelé à occuper un emploi identique présentant des risques d'exposition équivalents ;

3° Aucun avis médical formulé au titre de l'article L. 4624-3 du code du travail ou avis d'inaptitude rendu en application de l'article L. 4624-4 du même code n'a été émis au cours des deux dernières années.

Art. R. 717-26-5 Lorsqu'un décret intéressant certaines professions, certains modes de travail ou certains risques pris en application du 3° de l'article L. 4111-6 du code du travail prévoit la réalisation d'examens obligatoires destinés à vérifier l'aptitude à un emploi, notamment avant l'affectation, ces examens sont effectués par le médecin du travail de l'entreprise utilisatrice, qui se prononce sur l'aptitude ou l'inaptitude du travailleur.

Un arrêté du ministre chargé de l'agriculture détermine les modalités tarifaires de prise en charge de ces examens par l'entreprise utilisatrice. — *V. Arr. du 20 déc. 2017 déterminant le montant des participations dues au titre du suivi de l'état de santé de certaines catégories de travailleurs en agriculture (JO 13 janv. 2018).*

Le médecin du travail de l'entreprise de travail temporaire ou du groupement d'employeurs est informé du résultat de ces examens.

SOUS-§ 5 *Suivi individuel de l'état de santé des travailleurs saisonniers*

Art. R. 717-26-6 Un examen médical d'embauche est organisé pour les travailleurs saisonniers affectés à des emplois présentant des risques particuliers mentionnés à l'article R. 717-16. Le renouvellement de cet examen n'est pas réalisé pour les travailleurs recrutés pour un emploi équivalent à ceux précédemment occupés si aucune inaptitude n'a été reconnue lors du dernier examen médical intervenu au cours des vingt-quatre mois précédents.

Une visite d'information et de prévention est réalisée pour les travailleurs saisonniers affectés à des emplois autres que ceux présentant des risques particuliers mentionnés à l'article R. 717-16 et recrutés pour une durée au moins égale à quarante-cinq jours de travail effectif. Son renouvellement est assuré dans les conditions prévues aux articles R. 717-14 et R. 717-14-1.

Les travailleurs saisonniers recrutés pour une durée inférieure à quarante-cinq jours bénéficient d'actions de formation et de prévention organisées par le service de santé au travail. Ces actions peuvent être communes à plusieurs entreprises.

Le ou les comités *(Décr. n° 2017-1819 du 29 déc. 2017, art. 5-11°)* « social et économique » ainsi que la commission paritaire d'hygiène, de sécurité et des conditions de travail en agriculture prévue à l'article L. 717-7 sont consultés sur ces actions.

Les personnes qui occupent habituellement un emploi saisonnier d'une durée au plus égale à quarante-cinq jours peuvent à leur initiative bénéficier d'un examen médical effectué en dehors des périodes effectives de travail.

SOUS-§ 6 *Documents et rapports*

Art. R. 717-26-7 Les rapports annuels prévus par les articles D. 717-43 et D. 717-46-1 comportent des éléments particuliers consacrés au suivi de l'état de santé des travailleurs temporaires ou de groupements d'employeurs.

SOUS-§ 7 *Dossier médical*

Art. R. 717-26-8 Le médecin du travail de l'entreprise de travail temporaire ou du groupement d'employeurs ou, sous son autorité, les personnels de santé du service de santé au travail constituent et complètent le dossier médical en santé au travail prévu à l'article L. 4624-8 du code du travail *(Décr. n° 2022-1434 du 15 nov. 2022, art. 2)* « conformément aux dispositions de l'article R. 717-27 ».

SOUS-§ 8 *Communication d'informations entre entreprises de travail temporaire ou groupements d'employeurs et entreprises utilisatrices*

Art. R. 717-26-9 Lors de la signature du contrat de mise à disposition du travailleur temporaire, l'entreprise de travail temporaire ou le groupement d'employeurs et l'entreprise utilisatrice se communiquent l'identité de leur service de santé au travail.

L'entreprise utilisatrice indique à l'entreprise de travail temporaire ou au groupement d'employeurs si le poste de travail occupé par le travailleur présente des risques particuliers au sens de l'article R. 717-16.

Les médecins du travail de l'entreprise de travail temporaire ou du groupement d'employeurs et de l'entreprise utilisatrice sont également informés.

Les informations nécessaires à l'exercice des missions de médecine du travail au bénéfice des travailleurs temporaires ou d'un groupement d'employeurs sont communiquées par l'entreprise de travail temporaire ou le groupement d'employeurs à l'entreprise utilisatrice et aux autres entreprises de travail temporaire et groupements d'employeurs intéressés.

Art. R. 717-26-10 Le médecin du travail de l'entreprise utilisatrice et le médecin du travail de l'entreprise de travail temporaire ou du groupement d'employeurs échangent les renseignements nécessaires à l'accomplissement de leur mission.

§ 4 Documents médicaux *(Décr. n° 2017-1311 du 29 août 2017, art. 2-7°).*

Art. R. 717-27 *(Décr. n° 2022-1434 du 15 nov. 2022, art. 2)* I. – Le dossier médical en santé au travail prévu à l'article L. 4624-8 du code du travail est constitué sous format numérique sécurisé, pour chaque travailleur bénéficiant d'un suivi individuel de son état de santé dans un service de santé au travail en agriculture, par les professionnels de santé au travail mentionnés au premier alinéa de l'article L. 4624-1 du même code.

Le traitement de données ainsi mis en œuvre est placé sous la responsabilité du service de santé au travail en agriculture pour le respect des obligations légales auxquelles il est soumis, conformément au c du 1 de l'article 6 du règlement (UE) 2016/679 du

27 avril 2016 relatif à la protection des personnes physiques à l'égard du traitement des données à caractère personnel et à la libre circulation de ces données.

II. – Le dossier médical en santé au travail comprend les éléments suivants :

1° Les données d'identité, incluant l'identifiant national de santé mentionné à l'article L. 1111-8-1 du code de la santé publique, les données médico-administratives du travailleur nécessaires à la coordination de sa prise en charge en matière de santé et, le cas échéant, les données d'identité et de contact de son médecin traitant ;

2° Les informations permettant de connaître les risques actuels ou passés auxquels le travailleur est ou a été exposé, notamment les informations relatives aux caractéristiques du ou des postes de travail et au secteur d'activité dans lequel il exerce, les données d'exposition à un ou plusieurs facteurs de risques professionnels mentionnés à l'article L. 4161-1 du code du travail ou toute autre donnée d'exposition à un risque professionnel de nature à affecter l'état de santé du travailleur, ainsi que les mesures de prévention mises en place ;

3° Les informations relatives à l'état de santé du travailleur recueillies lors des visites et examens nécessaires au suivi individuel de son état de santé ;

4° Les correspondances échangées entre professionnels de santé aux fins de la coordination et de la continuité de la prise en charge du travailleur ;

5° Les informations formalisées concernant les attestations, avis et propositions des professionnels de santé au travail, notamment celles formulées en application des articles L. 4624-1, L. 4624-3 et L. 4624-4 du code du travail, les informations délivrées au travailleur sur les expositions professionnelles, les risques identifiés, les moyens de protection, l'existence ou l'absence d'une pathologie en lien possible avec une exposition professionnelle, ainsi que les avis médicaux ;

6° La mention de l'information préalable du travailleur sur ses droits en matière d'accès aux données le concernant et sur les conditions d'accès à son dossier médical en santé au travail ;

7° Le cas échéant, le consentement ou l'opposition du travailleur pour les situations prévues respectivement aux articles L. 4624-1 et L. 4624-8 du code du travail.

III. – L'alimentation et la consultation du dossier médical en santé au travail par les professionnels de santé en charge du suivi individuel du travailleur prévu à l'article L. 4624-1 du code du travail sont réalisées dans le respect des règles de confidentialité précisées au I de l'article L. 1110-4 du code de la santé publique et dans le respect des règles d'identification électronique et d'interopérabilité définies par les référentiels mentionnés aux articles L. 1470-1 à L. 1470-5 du code de la santé publique.

L'alimentation et la consultation des informations du dossier médical en santé au travail mentionnées au 1° ou au 2° du II du présent article peuvent également être réalisées par les personnels mentionnés aux articles R. 717-56-4 et R. 717-56-5, sur délégation du médecin du travail et sous sa responsabilité, dans le respect des règles d'identification électronique et d'interopérabilité définies par les référentiels mentionnés aux articles L. 1470-1 à L. 1470-5 du code de la santé publique.

Les référentiels d'interopérabilité mentionnés à l'article L. 1470-5 du code de la santé publique peuvent être adaptés aux spécificités de l'activité des services de santé au travail en agriculture.

Toutes les actions réalisées sur le dossier médical en santé au travail, quel qu'en soit l'auteur, sont tracées et conservées dans le dossier médical en santé au travail, notamment la date, l'heure, et l'identification du professionnel du service de santé au travail en agriculture.

IV. – Le travailleur est informé, lors de la création de son dossier médical en santé au travail et lors des situations prévues au V du présent article, par tout moyen y compris dématérialisé :

1° De son droit de s'opposer à l'accès au dossier médical en santé au travail, du médecin praticien correspondant ou des professionnels chargés d'assurer, sous l'autorité du médecin du travail, le suivi de son état de santé ;

2° De son droit de s'opposer à l'accès des professionnels chargés du suivi de son état de santé aux dossiers médicaux en santé au travail dont il est titulaire et qui sont détenus par d'autres services de santé au travail en agriculture ou de prévention et de santé au travail.

La délivrance de ces informations et l'exercice de l'un de ces droits sont retracés dans le dossier médical en santé au travail conformément au II du présent article.

V. — Lorsqu'un travailleur relève de plusieurs services de santé au travail en agriculture ou de plusieurs services de prévention et de santé au travail ou cesse de relever d'un de ces services, le service compétent pour assurer la continuité du suivi du travailleur peut demander la transmission de son dossier médical en santé au travail, sauf dans le cas où le travailleur a déjà exprimé son opposition à une telle transmission en application du 2° du IV du présent article.

Le service demandeur informe le travailleur et s'assure qu'il ne s'oppose pas à une telle transmission. En l'absence d'opposition du travailleur, son dossier médical est transmis par messagerie sécurisée au service demandeur.

Les informations concernant des tiers n'intervenant pas dans le suivi individuel de l'état de santé ne sont communicables que dans la mesure où elles sont strictement nécessaires à la continuité du suivi.

VI. — Le travailleur, ou en cas de décès de celui-ci toute personne autorisée par les articles L. 1110-4 et L. 1111-7 du code de la santé publique, peut demander la communication de son dossier médical en santé au travail sous format papier ou dématérialisé.

Le travailleur peut également exercer ses droits de rectification, d'effacement et de limitation, prévus aux articles 16 à 18 du règlement (UE) 2016/679, auprès du service de prévention et de santé au travail.

Sous réserve des dispositions prévues au IV du présent article, le droit d'opposition ne s'applique pas à la constitution et à l'alimentation du dossier médical en santé au travail.

VII. — Les informations concernant la santé des travailleurs sont soit conservées au sein des services de santé au travail en agriculture qui les ont recueillies, soit déposées par ces établissements auprès d'un organisme hébergeur dans le respect des dispositions de l'article L. 1111-8 du code de la santé publique.

Le service de santé au travail en agriculture veille à ce que toutes dispositions soient prises pour assurer la confidentialité des informations ainsi conservées ou hébergées.

Le dossier médical en santé au travail mentionné à l'article L. 4624-8 du code du travail est conservé pendant une durée de quarante ans à compter de la date de la dernière visite ou examen du titulaire au sein du service de santé au travail en agriculture concerné, dans la limite d'une durée de dix ans à compter de la date du décès de la personne titulaire du dossier. Ces délais sont suspendus par l'introduction de tout recours gracieux ou contentieux tendant à mettre en cause la responsabilité médicale du service ou de professionnels de santé à raison de leurs interventions au sein du service.

Par dérogation à l'alinéa précédent, lorsque la durée de conservation d'un dossier médical en santé au travail devrait s'achever avant la durée mentionnée aux articles R. 4412-55, R. 4426-9 et R. 4451-83 du code du travail, la conservation du dossier est prorogée jusqu'aux échéances prévues par ces articles.

Art. R. 717-27-1 *(Décr. n° 2017-1311 du 29 août 2017, art. 2-8°-d et e)* Le professionnel de santé délivre une attestation de suivi au travailleur et à l'employeur à l'issue de toute visite d'information et de prévention.

Le médecin du travail transmet l'avis médical d'aptitude ou d'inaptitude au salarié ainsi qu'à l'employeur par tout moyen lui conférant une date certaine. Une copie de l'avis est versée au dossier médical en santé au travail du travailleur et peut être consultée par le médecin inspecteur du travail.

Les modèles d'avis d'aptitude ou d'inaptitude, d'attestation de suivi et de fiche médicale sont fixés par arrêté du ministre chargé de l'agriculture. — *L'art. R. 717-28 devient l'art. R. 717-27-1 (Décr. n° 2017-1311 du 29 août 2017, art. 2-8°-c).*

V. Arr. du 20 déc. 2017 fixant le modèle d'avis d'aptitude, d'avis d'inaptitude, d'attestation de suivi individuel de l'état de santé et de proposition de mesures d'aménagement de poste (JO 17 janv. 2018), mod. par Arr. du 7 mai 2018 (JO 17 mai).

Art. R. 717-28 *(Décr. n° 2010-1093 du 16 sept. 2010)* Lorsque le médecin du travail constate que l'inaptitude du salarié est susceptible d'être en lien avec un accident du travail ou une maladie d'origine professionnelle, il remet à ce dernier le formulaire de

demande prévu à l'article D. 741-47-2. — *L'art. D. 717-28-1 devient l'art. R. 717-28-1 (Décr. nº 2012-706 du 7 mai 2012, art. 5-3º) ; l'art. R. 717-28-1 devient l'art. R. 717-28 (Décr. nº 2017-1311 du 29 août 2017, art. 2-8º-f).*

Art. R. 717-29 *(Décr. nº 2017-1311 du 29 août 2017, art. 2-8º-g)* **L'employeur adresse au service de santé au travail en agriculture un document précisant le nombre et la catégorie des travailleurs à suivre et les risques professionnels auxquels ils sont exposés, notamment les risques mentionnés à l'article R. 717-16, qui permettent au travailleur de bénéficier d'un suivi individuel renforcé de son état de santé.**

Ce document est établi au regard des résultats de l'évaluation des risques que l'employeur a réalisée, de la fiche d'entreprise, le cas échéant, et des mesures particulières de prévention et de protection qui en résultent.

Il est soumis pour avis au médecin du travail concerné ainsi qu'au comité *(Décr. nº 2017-1819 du 29 déc. 2017, art. 5-17º)* **« social et économique ».**

Ce document est actualisé au moins une fois par an selon les mêmes modalités.

Il est tenu à la disposition du directeur régional des entreprises, de la concurrence, de la consommation, du travail et de l'emploi.

Art. R. 717-30 L'employeur *(Décr. nº 2017-1311 du 29 août 2017, art. 2-8º-h)* **« prend toutes dispositions utiles pour que ses salariés se présentent aux visites et » examens prévus par la présente section. Lorsque la convocation à l'examen concerne un salarié occupé temporairement dans un autre département, il informe le service médical du lieu et de la durée probable de cet emploi.**

Il doit être en mesure de produire à tout moment à l'*(Décr. nº 2021-143 du 10 févr. 2021, art. 6)* **« agent de contrôle de l'inspection du travail »** *(Décr. nº 2017-1311 du 29 août 2017, art. 2-8º-h)* **« les dernières attestations de suivi et fiches d'aptitude ou d'inaptitude délivrées à ses salariés ».**

Art. R. 717-31 Dans les établissements et entreprises de plus de dix salariés, le médecin du travail *(Décr. nº 2012-706 du 7 mai 2012, art. 5-4º)* **« ou l'équipe pluridisciplinaire » établit et met à jour une fiche d'entreprise sur laquelle sont consignés notamment les risques professionnels et les effectifs des salariés exposés à ces risques. Dans les autres établissements et entreprises, le médecin du travail** *(Décr. nº 2012-706 du 7 mai 2012, art. 5-4º)* **« ou l'équipe pluridisciplinaire » établit cette fiche à la demande du chef d'entreprise.**

Cette fiche est transmise à l'employeur et contribue à la réalisation du document unique prévu *(Décr. nº 2012-706 du 7 mai 2012, art. 5-4º)* **« aux articles R. 4124-1 à »** *(Décr. nº 2017-1311 du 29 août 2017, art. 2-8º-i)* **« R. 4121-4 » du code du travail. Elle est tenue à la disposition de l'***(Décr. nº 2021-143 du 10 févr. 2021, art. 6)* **« agent de contrôle de l'inspection du travail » et, en tant que de besoin, du médecin inspecteur** *(Décr. nº 2012-706 du 7 mai 2012, art. 5-4º)* **« du travail. Elle est présentée au comité** *(Décr. nº 2017-1819 du 29 déc. 2017, art. 5-18º)* **« social et économique » ou aux commissions paritaires d'hygiène, de sécurité et des conditions de travail en même temps que le bilan annuel prévu à l'article L. 4612-16 du code du travail ou le plan d'activité en milieu de travail prévu à l'article R. 717-4 »** *(Décr. nº 2017-1311 du 29 août 2017, art. 2-8º-i)* **« du présent code ».**

La fiche d'entreprise peut être consultée par les *(Décr. nº 2012-706 du 7 mai 2012, art. 5-4º)* **« conseillers en prévention des risques professionnels » et les agents chargés du contrôle de la prévention des accidents du travail en agriculture.**

Le modèle de fiche est fixé par arrêté du ministre chargé de l'agriculture. — *V. Arr. du 10 juin 2009 (JO 23 juin).*

§ 5 Recherches, études, enquêtes *(Décr. nº 2008-244 du 7 mars 2008, art. 7 ; Décr. nº 2017-1311 du 29 août 2017, art. 2-7º).*

Art. R. 717-32 *(Décr. nº 2012-706 du 7 mai 2012, art. 6-1º, en vigueur le 1er juill. 2012)* **« Les membres du service de santé au travail peuvent » participer à toutes recherches, études et enquêtes, en particulier à caractère épidémiologique, entrant dans le cadre des missions qui** *(Décr. nº 2012-706 du 7 mai 2012, art. 6-1º, en vigueur le 1er juill. 2012)* **« leur » sont confiées.**

SOUS-SECTION 3 Organisation et fonctionnement

(Décr. n° 2022-1752 du 28 déc. 2022, art. 1er)

§ 1 Échelon national de santé et de sécurité au travail

Art. D. 717-33 La Caisse centrale de la mutualité sociale agricole assure, par son échelon national de santé et de sécurité au travail, la coordination des services de santé et de sécurité au travail mentionnés à l'article D. 717-34 ainsi que celle des services de santé au travail mentionnés à l'article D. 717-35.

L'échelon national, dont les principes d'organisation sont fixés par arrêté du ministre chargé de l'agriculture, est placé sous la responsabilité d'un médecin du travail, chef de l'échelon national de santé et de sécurité au travail.

Art. D. 717-33-1 Chaque année, l'échelon national propose à travers son plan santé et sécurité au travail approuvé par le conseil d'administration de la caisse centrale de la Mutualité sociale agricole, sur proposition de médecin du travail, chef de l'échelon national de santé et de sécurité au travail, les priorités d'actions nationales de santé et sécurité au travail, leur programmation, les moyens mobilisés, et assure leur suivi après consultation d'une formation restreinte de la commission spécialisée du conseil d'orientation des conditions de travail chargée des questions relatives aux activités agricoles prévue à l'article R. 4641-14 du code du travail.

Art. D. 717-33-2 Le budget de l'échelon national, complété des fonds nationaux de prévention des risques professionnels des salariés et non-salariés agricoles, est présenté au conseil central d'administration de la Mutualité sociale agricole par le directeur général de la caisse centrale de la Mutualité sociale agricole.

Il est approuvé par le conseil central d'administration sur proposition du médecin du travail chef de l'échelon national de santé et de sécurité au travail. Le conseil central arrête le budget qui ne devient exécutoire qu'après approbation du ministre chargé de l'agriculture.

Art. D. 717-33-3 Le médecin-chef de l'échelon national de santé et de sécurité au travail établit chaque année un rapport d'activité de l'ensemble des services de santé au travail et de l'échelon national et le présente au conseil central d'administration au plus tard à la fin du sixième mois suivant l'année pour laquelle ce rapport est établi.

§ 2 Sections de santé au travail

Art. D. 717-34 La section de santé au travail, instituée en son sein par la caisse de mutualité sociale agricole en application de l'article L. 717-3, est créée à l'initiative du conseil d'administration de cette caisse dans les conditions fixées par l'article L. 723-3. La création d'une section donne lieu à une modification des statuts.

Les opérations comptables relatives à la section de santé au travail sont enregistrées dans une section distincte du compte d'exploitation générale de la caisse de mutualité sociale agricole.

Les caisses de mutualité sociale agricole adjoignent à la section de santé au travail les missions de gestion et de promotion de la prévention des risques professionnels des salariés et des non-salariés agricoles définies aux articles L. 751-48 et L. 752-29.

La section ainsi créée est dénommée service de santé et de sécurité au travail en agriculture.

§ 3 Associations spécialisées de santé au travail

Art. D. 717-35 L'association spécialisée créée par une ou plusieurs caisses de mutualité sociale agricole en application de l'article L. 717-3 est constituée sur l'initiative du ou des conseils d'administration de la ou des caisses intéressées.

Les modalités de fonctionnement de l'association sont fixées par un règlement intérieur.

Le directeur et le directeur comptable et financier de la caisse ou de l'une des caisses de mutualité sociale agricole ayant créé l'association exercent les mêmes fonctions au sein de l'association spécialisée ; ils sont nommés par le conseil d'administration de l'association sur proposition du conseil d'administration de la caisse de mutualité sociale agricole concernée. Les autres agents de direction peuvent également s'y voir confier des fonctions équivalentes. Ces fonctions ne sont pas rémunérées distinctement.

Les opérations financières et comptables de l'association sont enregistrées suivant les règles définies au plan comptable des caisses de mutualité sociale agricole. Un compte de résultat et un bilan sont établis annuellement.

Au titre de la responsabilité qui leur incombe en application de l'article L. 717-3, les caisses de mutualité sociale agricole sont informées des délibérations du conseil d'administration des associations créées à leur initiative. Ces délibérations sont également transmises à la Caisse centrale de la mutualité sociale agricole.

§ 4 Dispositions communes aux sections de santé au travail et aux associations spécialisées de santé au travail

Art. D. 717-36 Une caisse de mutualité sociale agricole peut, par convention, donner mandat à une autre caisse de mutualité sociale agricole, pour exercer une partie des missions du service de santé au travail.

Ces conventions sont conclues pour une période au plus égale à trois ans renouvelables et sont approuvées par les préfets de région compétents. Elles doivent respecter les dispositions de l'article R. 717-51-2.

Art. D. 717-37 Afin d'assurer la surveillance médicale de leurs agents, l'État ou ses établissements publics, intervenant dans le secteur agricole, ainsi que les collectivités territoriales ou leurs établissements publics peuvent, sous réserve des dispositions de l'article D. 4622-5 du code du travail, conclure une convention pluriannuelle avec la caisse de mutualité sociale agricole ou l'association spécialisée.

Afin de permettre au médecin du travail de formuler l'avis prévu aux articles R. 4153-40, R. 4153-45 et R. 4153-49 à R. 4153-52 du code du travail, une convention peut être conclue entre les établissements d'enseignement agricole et la caisse de mutualité agricole ou l'association spécialisée.

Ces conventions sont conclues par le conseil d'administration de la caisse de mutualité sociale agricole ou de l'association spécialisée, pour une période au plus égale à trois ans renouvelables. Elles sont approuvées par le préfet de région, qui s'assure du respect des dispositions de l'article D. 717-51-2 relatives à l'effectif de médecins du travail.

Art. D. 717-38 Les délibérations des conseils d'administration des caisses de mutualité sociale agricole relatives aux sections de santé au travail mentionnées à l'article R. 717-34 et les délibérations des conseils d'administration des associations de santé au travail en agriculture sont soumises à l'approbation du préfet de région dans les conditions prévues aux articles R. 152-2 et R. 152-3 du code de la sécurité sociale.

Les délibérations des assemblées générales des associations de santé au travail en agriculture sont exécutoires de plein droit si, à l'issue d'un délai de vingt jours à compter de la date à laquelle il a été saisi, le préfet de région n'a pas fait connaître son opposition.

Art. D. 717-39 Le médecin du travail, chef du service de santé et de sécurité au travail organisé dans les conditions prévues à l'article D. 717-34, ou le chef du service de santé au travail prévu à l'article D. 717-35 assure la direction technique de ce service ; il en fixe l'organisation du travail en concertation avec le directeur de la caisse ou de l'association.

Art. D. 717-39-1 Les membres de l'équipe pluridisciplinaire de santé au travail et les conseillers en prévention dans les services de santé et de sécurité au travail sont placés sous la responsabilité hiérarchique du médecin du travail, chef de service.

Art. D. 717-39-2 Dans les services de santé et de sécurité au travail, un responsable de la prévention des risques professionnels, agréé à ce titre conformément à l'arrêté prévu à l'article D. 751-158, et un responsable des assistants du service de santé et de sécurité au travail peuvent être nommés par le directeur de la caisse sur proposition du médecin du travail, chef du service.

Art. D. 717-39-3 Les mesures concernant le recrutement du personnel autre que les médecins du travail qui, pour partie ou totalité de son temps de travail, participe au fonctionnement du service, ne peuvent être prises qu'avec l'accord du médecin-chef du service ; celui-ci donne son accord lorsqu'une mesure de licenciement d'un infirmier est envisagée et son avis lorsque cette mesure concerne un autre membre du personnel. Il a l'initiative des propositions concernant l'avancement et les changements de poste du personnel.

Art. D. 717-39-4 Le directeur de la caisse ou de l'association délègue au médecin-chef du service le pouvoir d'ordonnancer les dépenses se rapportant aux activités médicales du service de santé au travail ainsi que celles se rapportant aux activités de prévention des risques professionnels dans les services de santé et de sécurité au travail mentionnés à l'article D. 717-34.

Art. D. 717-39-5 Le budget de la section ou de l'association de santé au travail est préparé par le médecin-chef du service. Il est présenté au conseil d'administration de la caisse ou de l'association par le directeur de cet organisme. Le conseil arrête le budget au cours d'une séance à laquelle le médecin-chef du service assiste avec voix consultative. Ce budget ne devient exécutoire qu'après approbation de l'autorité de tutelle.

Art. D. 717-39-6 Le médecin-chef du service établit le rapport annuel d'activité mentionné à l'article L. 4622-16 du code du travail qui est présenté au conseil d'administration au plus tard à la fin du quatrième mois qui suit l'année au titre de laquelle il a été établi.

Il présente chaque année le plan d'activité du service prévu à l'article R. 717-4 à la commission paritaire d'hygiène, de sécurité et des conditions de travail prévue à l'article L. 717-7. Ce document est présenté au conseil d'administration en même temps et dans les mêmes conditions que le rapport d'activité de l'année précédente prévu ci-dessus.

Art. D. 717-39-7 *(Décr. nº 2023-1112 du 28 nov. 2023, art. 1er)* « I. – » Dans les entreprises ou établissements de plus de trois cents salariés, les données d'activité propres à l'entreprise ou à l'établissement sont transmises au comité social et économique. Il en est de même dans les autres entreprises ou établissements lorsque le comité social et économique intéressé en fait la demande.

(Décr. nº 2023-1112 du 28 nov. 2023, art. 1er) « II. – » Le directeur de la caisse de mutualité sociale agricole ou de l'association spécialisée de santé au travail établit, chaque année, un rapport comptable *(Abrogé par Décr. nº 2023-1112 du 28 nov. 2023, art. 1er)* « *, certifié par un commissaire aux comptes,* » versé en complément du rapport d'activité prévu à l'article D. 717-39-6 au plus tard avant la fin du premier semestre suivant l'exercice considéré.

Ce rapport est transmis à la Caisse centrale de la mutualité sociale agricole.

Art. D. 717-39-8 Les services de santé au travail en agriculture transmettent par voie dématérialisée les données relatives à leur activité et à leur gestion financière et toute autre information demandée par l'autorité administrative dans les délais fixés par celle-ci. Elles concernent l'organisation et le fonctionnement des services de santé au travail en agriculture, notamment :

1º Les ressources et les outils utilisés, notamment une adresse électronique à jour pour faciliter la transmission des données ;

2º La réalisation des actions entrant dans le cadre de l'offre socle de services et notamment celles figurant dans le plan d'activité en milieu de travail ;

3º Pour les services organisés en section ou en association, la gestion financière du service permettant notamment de calculer le coût moyen national de l'offre socle ;

4º Toute autre information relative à la contribution des services de santé au travail en agriculture à la mise en œuvre de la politique de santé au travail.

Art. D. 717-39-9 Le conseil d'administration de la caisse de mutualité sociale agricole et, s'il y a lieu, celui de l'association spécialisée de santé au travail déterminent les modalités selon lesquelles une coordination est assurée entre, d'une part, la section ou l'association de santé au travail et, d'autre part, les autres sections de la caisse de mutualité sociale agricole, afin que le médecin du travail puisse être informé en temps utile de l'identité des salariés susceptibles de bénéficier des examens prévus au paragraphe 2 de la sous-section 2 de la présente section.

Dans les sections et les associations, le médecin du travail, chef du service, assiste, avec voix consultative, aux réunions du conseil d'administration et, le cas échéant, du comité de la protection sociale des salariés agricoles, lorsque l'ordre du jour de ces réunions comporte des questions relatives à l'organisation et au fonctionnement de son service.

Art. D. 717-40 Dans les départements du Haut-Rhin, du Bas-Rhin et de la Moselle, les caisses de mutualité sociale agricole bénéficient du concours des conseillers en prévention des caisses d'assurance accident agricole qui sont agréés et assermentés dans les mêmes conditions que ceux des caisses de mutualité sociale agricole.

Une convention conclue entre les directeurs des caisses d'assurance accident agricole, le directeur général de la Caisse centrale de la mutualité sociale agricole et les directeurs des caisses de mutualité sociale agricole du Haut-Rhin, du Bas-Rhin et de la Moselle détermine :

– la politique de prévention des risques professionnels dans le domaine de la santé et de la sécurité au travail ;

– l'organisation et les modalités d'une coordination entre les services de santé au travail des caisses de mutualité sociale agricole et les caisses d'assurance accident agricole dans le respect des dispositions de l'article L. 1110-4 du code de la santé publique.

Art. D. 717-41 En application de l'article L. 4622-10 du code du travail, le directeur régional de l'économie, de l'emploi, du travail et des solidarités, d'une part, et les services de santé au travail organisés dans les conditions prévues aux articles D. 717-34 et D. 717-35 du présent code, d'autre part, collaborent en vue de développer et de coordonner des actions transversales de santé et sécurité au travail.

§ 5 Service autonome d'entreprise

Art. D. 717-42 Toute entreprise agricole employant habituellement au moins cinq cents salariés peut être autorisée à organiser un service autonome de santé au travail, conformément aux dispositions de l'article L. 717-3.

Art. D. 717-42-1 Le service autonome de santé au travail est administré par l'employeur sous la surveillance du comité social et économique. A ce titre, le comité est saisi de toutes les questions relatives à l'organisation et au fonctionnement du service de santé au travail.

Le comité présente ses observations sur le rapport annuel d'activité mentionné à l'article D. 717-42-2.

Art. D. 717-42-2 L'employeur établit et présente un rapport annuel d'activité au comité social et économique au plus tard à la fin du quatrième mois qui suit l'année au titre de laquelle il a été établi.

L'instance mentionnée au premier alinéa peut faire toute proposition relative à l'organisation, au fonctionnement, à l'équipement et au budget du service de santé au travail.

§ 6 Dispositions communes aux sections de santé au travail, associations spécialisées de santé au travail et services autonomes d'entreprise

SOUS-§ 1 *Agrément*

Art. D. 717-43 Chaque service de santé au travail en agriculture fait l'objet d'un agrément par le directeur régional de l'économie, de l'emploi, du travail et des solidarités, après avis du médecin inspecteur du travail.

Art. D. 717-44 L'agrément ne peut être refusé que pour des motifs tirés de la non-conformité aux prescriptions de la présente section, notamment celles du cahier des charges national de l'agrément défini à l'article D. 717-45. Tout refus d'agrément est motivé.

Art. D. 717-45 I. – Le cahier des charges national agricole de l'agrément comprend, s'agissant des services de santé au travail organisés par les caisses de mutualité sociale agricole dans le cadre des sections de santé au travail ou des associations spécialisées, les critères suivants :

1° Au titre de la gouvernance et du pilotage des services de santé au travail :

a) Le service est organisé et dirigé dans les conditions prévues aux articles L. 717-3, L. 717-3-1, D. 717-38 et D. 717-39 à D. 717-39-9 ;

b) Le service exerce ses missions sous la coordination de l'échelon national de santé et de sécurité au travail en agriculture, constitué au sein de la Caisse centrale de la mutualité sociale agricole et placé sous la responsabilité d'un médecin du travail, chef de l'échelon national, en cohérence avec le plan santé et sécurité au travail en agriculture de la mutualité sociale agricole ;

2° Au titre de la qualité de l'offre de services :

a) Le service a obtenu le niveau minimal de certification en application de l'article L. 4622-9-3 du code du travail et de l'article L. 717-3-1 du présent code et met en œuvre des actions pour atteindre le niveau le plus élevé s'il ne l'a pas atteint ;

b) Le service réalise l'ensemble des missions mentionnées à l'article L. 4622-2 du code du travail, en veillant à l'effectivité et à la qualité de la réalisation de l'ensemble socle de services prévu à l'article L. 4622-9-1 du code du travail ;

c) Le service garantit les conditions d'exercice des personnels concourant aux services de santé au travail en agriculture prévues à la présente section, notamment le temps de travail consacré par le médecin du travail aux actions sur le milieu de travail prévu à l'article R. 717-12 ;

d) Le service utilise des systèmes d'informations ou des outils numériques conformes aux dispositions de l'article L. 4624-8-2 du code du travail ;

e) Le service met en œuvre le dossier médical en santé au travail prévu à l'article L. 4624-8 du code du travail dans les conditions définies au 4° de l'article L. 4622-9-3 de ce code ;

3° Au titre de la contribution à la mise en œuvre de la politique de santé au travail :

a) Le service contribue à la traçabilité des expositions professionnelles et aux enquêtes en matière de veille sanitaire, notamment celles menées par les ministères chargés du travail et de l'agriculture, l'Agence nationale de sécurité sanitaire de l'alimentation, de l'environnement et du travail et l'Agence nationale de santé publique ;

b) Le service transmet chaque année les données relatives à son activité et à sa gestion financière selon les modalités prévues à l'article D. 717-39-8 ;

c) Le service utilise l'identifiant national de santé défini à l'article L. 1111-8-1 du code de la santé publique et a recours à une messagerie de santé sécurisée conforme aux dispositions de l'article R. 717-27.

4° Au titre de la mise en œuvre de la pluridisciplinarité :

a) Le service dispose, le cas échéant par convention avec d'autres services de santé au travail, d'une ou plusieurs équipes pluridisciplinaires permettant d'assurer l'effectivité de l'ensemble socle de services, qui comprend des médecins du travail, des collaborateurs médecins, des internes en médecine du travail, des intervenants en prévention des risques professionnels et des infirmiers en nombre suffisant ;

b) Les délégations de missions des médecins du travail aux personnels concourant au service de santé au travail en agriculture, lorsqu'elles sont mises en œuvre, respectent les conditions fixées par les articles L. 4622-8 du code du travail et R. 717-52-3 du présent code ;

c) La cellule pluridisciplinaire opérationnelle de maintien en emploi assure les missions prévues à l'article L. 4622-8-1 du code du travail en collaboration avec les différents acteurs mentionnés au même article.

II. — Les critères prévus aux *c*, *d* et *e* du 2°, au 3°, et au *c* du 4° du présent article constituent le cahier des charges national de l'agrément des services autonomes d'entreprises agricoles.

Art. D. 717-46 Lorsque le directeur régional de l'économie, de l'emploi, du travail et des solidarités constate que les conditions de fonctionnement du service de santé au travail en agriculture ne sont pas conformes aux prescriptions du présent titre, et notamment celles du cahier des charges national de l'agrément, il peut, après avis du médecin inspecteur du travail :

1° En cas de demande d'agrément ou de renouvellement, délivrer un agrément pour une durée maximale de deux ans non renouvelable, sous réserve d'un engagement précis et daté de mise en conformité par le service de santé au travail en agriculture. Lorsqu'à l'issue de cette période le service de santé au travail en agriculture satisfait à ses obligations, l'agrément lui est accordé pour cinq ans ;

2° En cours d'agrément :

a) Soit mettre fin à l'agrément ;

b) Soit réduire la durée de l'agrément.

Les mesures prévues au 2° du présent article ne peuvent être mises en œuvre qu'après que le service de santé au travail en agriculture a été invité à se mettre en conformité avec les prescriptions de la présente section, et notamment celles du cahier des charges national, par tout moyen permettant de conférer une date certaine à cette demande, dans un délai fixé par le directeur régional dans la limite de six mois si le service n'a pas accompli dans ce délai les diligences nécessaires.

Le médecin du travail, chef du service de santé au travail en agriculture, informe chaque entreprise cotisante et travailleur non-salarié agricole adhérent dès la réception de la notification de la décision prononçant la réduction de la durée de l'agrément ou son retrait.

Sous-§ 2 *Documents communiqués et rendus publics*

Art. D. 717-47 Les documents mentionnés au 4° de l'article L. 4622-16-1 du code du travail sont les suivants :

1° Les résultats de la dernière certification ;

2° Le plan d'activité en milieu de travail ;

3° L'offre de service à destination des travailleurs non-salariés agricoles visés à l'article D. 717-2.

Art. D. 717-48 Les documents mentionnés à l'article L. 4622-16-1 du code du travail sont transmis par tout moyen aux cotisants et adhérents et au comité régional de prévention et de santé au travail et publiés sur le site internet du service de santé au travail, au plus tard à la fin de l'année à laquelle ils ont été établis.

§ 7 Certification

(Décr. n° 2022-1510 du 30 nov. 2022, art. 1er)

Le Décr. n° 2022-1510 du 30 nov. 2022 entre en vigueur le lendemain de la date de publication de l'arrêté prévu à l'art. D. 717-49-5 et au plus tard le 1er déc. 2023 (Décr. préc., art. 2, mod. par Décr. n° 2023-670 du 26 juill. 2023, JO 28 juill.).

I. — Principes

Art. D. 717-49-1 La certification des services de santé au travail en agriculture prévue à l'article L. 4622-9-3 du code du travail et à l'article L. 717-3-1 du code rural et de la pêche maritime vise à garantir l'homogénéité, l'effectivité et la qualité des services qu'ils rendent ainsi que celles des processus qui s'y rapportent ou y contribuent.

Elle vise également à s'assurer que les activités du service de santé au travail en agriculture s'effectuent dans le respect de l'impartialité et de la confidentialité vis-à-vis des entreprises agricoles cotisantes, de leurs salariés et des non-salariés agricoles cotisants.

Elle est accessible, progressive et tient compte des capacités et des moyens des services de santé au travail en agriculture en vue d'atteindre un niveau élevé d'exigence.

II. — Référentiels

Art. D. 717-49-2 La certification des services de santé au travail en agriculture prévue à l'article L. 4622-9-3 du code du travail et à l'article L. 717-3-1 du code rural et de la pêche maritime est délivrée par un organisme certificateur accrédité par le Comité français d'accréditation ou par un autre organisme d'accréditation visé par le règlement (CE) n° 765/2008 du Parlement européen et du Conseil du 9 juillet 2008 fixant les prescriptions relatives à l'accréditation et abrogeant le règlement (CEE) n° 339/93 du Conseil, signataire d'un accord de reconnaissance multilatéral pris dans le cadre de la coordination européenne des organismes d'accréditation. Le choix de l'organisme certificateur est libre et exclusif.

Art. D. 717-49-3 La certification est délivrée au service de santé au travail en agriculture en fonction de niveaux de certification correspondant respectivement chacun à une liste de critères factuels, non discriminants, explicites et reproductibles, définis dans le cahier des charges mentionné à l'article D. 717-49-5.

Les services candidats à la certification sont soumis à des audits sur site dans des conditions définies dans ce cahier des charges.

L'organisme certificateur qui refuse la certification motive sa décision.

L'organisme certificateur qui délivre la certification peut formuler des observations, des réserves ou des demandes d'actions correctives immédiates, assorties d'une demande de revoyure dans un délai déterminé.

Art. D. 717-49-4 Pour chacun des niveaux de certification mentionnés au premier alinéa de l'article D. 717-49-3, la durée de validité de la certification, comprise entre un et cinq ans, en année complète, est définie dans le cahier des charges de certification.

Le service de santé au travail en agriculture qui obtient une certification d'une durée inférieure à cinq ans prend toute mesure utile pour obtenir une durée supérieure lors de son renouvellement.

Art. D. 717-49-5 Les principes et référentiels définis dans le présent paragraphe sont déclinés et mis en œuvre dans un cahier des charges fixé par arrêté du ministre chargé de l'agriculture. Cet arrêté précise notamment :

1° Les modalités et conditions d'accréditation des organismes certificateurs mentionnés à l'article D. 717-49-2 ;

2° Les modalités et conditions de certification des services de santé au travail en agriculture ;

3° La liste et la nature des critères de chaque niveau de certification mentionné à l'article D. 717-49-3 ainsi que les indicateurs s'y rapportant ;

4° La méthode d'attribution de la certification ;

5° Les modalités de transmission, de communication et de suivi de la certification, aux cotisants, aux membres du comité national de prévention et de santé au travail et des comités régionaux de prévention et de santé au travail et aux autorités administratives ;

6° Les modalités de traitement interne au service de santé au travail en agriculture des réclamations qui lui sont adressées, émanant de cotisants ou de tiers, notamment des salariés ou des représentants du personnel, en rapport avec l'objet de la certification ;

7° Les modalités de traitement des réclamations adressées à l'organisme certificateur par le service de santé au travail en agriculture certifié ou candidat à la certification, par des cotisants ou par des tiers, notamment ceux mentionnés au 6°, en rapport avec la certification de ce service ;

8° Les modalités relatives aux transferts de certification, en cas de suspension ou de retrait de l'accréditation, ou en cas de cessation d'activité du service de santé au travail ;

9° Les modalités de publicité de la certification. — *V. Arr. du 28 nov. 2023 fixant le cahier des charges de certification des services de santé au travail en agriculture (JO 1er déc.).*

Art. D. 717-49-6 Le secrétaire général du ministère chargé de l'agriculture et le directeur régional de l'économie, de l'emploi, du travail et des solidarités territorialement compétent peuvent, de leur propre initiative ou sur demande des membres du comité national de prévention et de santé au travail ou des membres du comité régional de prévention et de santé au travail, solliciter de l'organisme certificateur un bilan d'activité, tout document ou information complémentaires relatifs à la certification. Ils peuvent également lui demander à tout moment d'organiser un audit supplémentaire.

Art. D. 717-49-7 L'élaboration du cahier des charges de certification ainsi que la mise en œuvre de la certification font l'objet d'un suivi par le ministère chargé de

l'agriculture et d'une information annuelle de la commission spécialisée chargée des questions relatives aux activités agricoles du conseil d'orientation des conditions de travail.

SOUS-SECTION 4 **Personnels concourant au service de santé au travail** *(Décr. n° 2012-706 du 7 mai 2012, art. 7-1°, en vigueur le 1er juill. 2012).*

§ 1 **Médecin du travail**

(Décr. n° 2012-706 du 7 mai 2012, art. 7-3°, en vigueur le 1er juill. 2012)

SOUS-§ 1 ***Recrutement, nomination et rupture de contrat***

Art. R. 717-50 **Seul un médecin remplissant l'une des conditions suivantes peut pratiquer la médecine du travail :**

1° Remplir les conditions mentionnées à l'article R. 4623-2 du code du travail ;

2° Être titulaire du diplôme délivré par l'Institut national de médecine agricole.

Dern. al. abrogé par Décr. n° 2017-1311 du 29 août 2017, art. 4-1°.

Art. R. 717-50-1 **Un médecin ne peut exercer à la fois, à l'égard d'un même bénéficiaire, les fonctions de médecin du travail et celles de médecin-conseil telles qu'elles sont organisées par les paragraphes 2 à 4 de la sous-section 5 de la section 3 du chapitre III du titre II du présent livre.**

Art. R. 717-51 **Dans les services de santé au travail organisés dans les conditions prévues aux articles D. 717-34 et D. 717-35, le médecin du travail est lié par un contrat de travail régi par les dispositions du code du travail et conclu dans le respect du code de déontologie médicale. Les conditions de travail et de rémunération du médecin du travail sont fixées par convention collective agréée par le ministre chargé de l'agriculture dans les conditions déterminées à l'article L. 123-1 du code de la sécurité sociale.**

La nomination d'un médecin du travail est prononcée au terme des procédures suivantes selon qu'elle intervient dans une section de caisse de mutualité sociale agricole ou une association spécialisée.

1° Dans une section, le médecin du travail ne peut être nommé que dans les conditions prévues à l'article L. 723-35 *(Décr. n° 2017-1492 du 25 oct. 2017, art. 6-5°)* **« du présent code ». Le comité de la protection sociale des salariés et le conseil d'administration de la caisse ne peuvent valablement délibérer que si la moitié au moins de leurs membres sont présents. L'avis du comité de la protection sociale des salariés et la délibération du conseil d'administration de la caisse sont pris à la majorité des membres présents, par un vote à bulletin secret.**

En cas de désaccord entre le conseil d'administration et le comité de la protection sociale des salariés agricoles, la nomination du médecin du travail est prononcée, en application des dispositions de l'article L. 723-38 *(Décr. n° 2017-1492 du 25 oct. 2017, art. 6-5°)* **« du même code », par le conseil d'administration sur décision conforme de l'inspecteur du travail, prise après avis du médecin inspecteur régional du travail ;**

2° Dans une association spécialisée, la nomination est soumise pour accord au conseil d'administration qui doit se prononcer à la majorité des membres présents par un vote à bulletin secret.

Art. R. 717-51-1 **Le licenciement ne peut être prononcé que dans les conditions qui suivent, selon qu'il intervient dans une section de caisse de mutualité sociale agricole ou une association spécialisée.**

1° Dans une section, lorsque le licenciement d'un médecin du travail, la rupture conventionnelle ou la rupture du contrat de travail à durée déterminée dans les cas prévus à l'article L. 4623-5-1 du code du travail est envisagé, le conseil d'administration, le comité de la protection sociale des salariés ainsi que le comité *(Décr. n° 2017-1819 du 29 déc. 2017, art. 5-22°)* **« social et économique » se prononcent après audition de l'intéressé.**

Ces mesures ne peuvent intervenir que dans les conditions prévues à l'article L. 723-35 du présent code et à l'issue de l'entretien préalable prévu à l'article

L. 1232-2 du code du travail au cours duquel l'intéressé aura été mis en demeure de présenter ses observations devant le directeur de la caisse de mutualité sociale agricole.

Le comité de la protection sociale des salariés et le conseil d'administration de la caisse ne peuvent valablement délibérer que si la moitié au moins de leurs membres sont présents. L'avis du comité de protection sociale des salariés et la délibération du conseil d'administration de la caisse sont pris à la majorité des membres présents, par un vote à bulletin secret.

Le comité *(Décr. n° 2017-1819 du 29 déc. 2017, art. 5-22°)* « social et économique » se prononce par un vote à bulletin secret, à la majorité de ses membres, régulièrement convoqués, présents ou représentés ;

2° Dans une association spécialisée, lorsque le licenciement d'un médecin du travail, la rupture conventionnelle ou la rupture du contrat de travail à durée déterminée dans les cas prévus à l'article L. 4623-5-1 du code du travail est envisagé, le conseil d'administration ainsi que le comité *(Décr. n° 2017-1819 du 29 déc. 2017, art. 5-22°)* « social et économique » se prononcent après audition de l'intéressé.

Le conseil d'administration doit se prononcer à la majorité des membres présents par un vote à bulletin secret.

Le comité *(Décr. n° 2017-1819 du 29 déc. 2017, art. 5-22°)* « social et économique » doit se prononcer par un vote à bulletin secret, à la majorité de ses membres, régulièrement convoqués, présents ou représentés.

L'entretien préalable prévu à l'article L. 1232-2 et qui doit être réalisé devant le directeur de la caisse de mutualité sociale agricole précède la consultation des instances ;

3° En section comme en association spécialisée, le licenciement, la rupture conventionnelle et la rupture du contrat de travail à durée déterminée dans les cas prévus à l'article L. 4623-5-1 du code du travail ne peuvent intervenir que sur autorisation de l'inspecteur du travail, après avis du médecin inspecteur régional du travail.

La demande d'autorisation, dans les cas mentionnés au précédant alinéa, est adressée à l'inspecteur du travail dont dépend la caisse de mutualité sociale agricole qui l'emploie, par lettre recommandée avec avis de réception.

La demande énonce les motifs du licenciement, de la rupture anticipée ou du non-renouvellement du contrat de travail à durée déterminée envisagée. Elle est accompagnée du procès-verbal de la réunion du comité *(Décr. n° 2017-1819 du 29 déc. 2017, art. 5-22°)* « social et économique » et de l'avis du conseil d'administration. Lorsque le service est organisé en section, l'avis du comité de la protection sociale des salariés doit accompagner la demande d'autorisation.

La demande est transmise dans les quinze jours suivant la délibération du comité *(Décr. n° 2017-1819 du 29 déc. 2017, art. 5-22°)* « social et économique ».

En cas de mise à pied, la consultation du comité *(Décr. n° 2017-1819 du 29 déc. 2017, art. 5-22°)* « social et économique », du conseil d'administration et du comité de protection sociale des salariés, lorsque le service est organisé en section, a lieu dans un délai de dix jours à compter de la mise à pied. La demande d'autorisation de licenciement, de rupture conventionnelle ou de rupture du contrat à durée déterminée dans les cas prévus à article L. 4623-5-1 du code du travail est transmise à l'inspecteur du travail dans les quarante-huit heures suivant la délibération des instances compétentes.

L'inspecteur du travail procède à une enquête contradictoire au cours de laquelle le médecin du travail peut, sur sa demande, se faire assister par une personne de son choix appartenant au personnel du service de santé au travail ou à la caisse de mutualité sociale dans laquelle il est en fonctions.

L'inspecteur du travail prend sa décision dans un délai de quinze jours, réduit à huit jours en cas de mise à pied. Ce délai court à compter de la réception de la demande motivée présentée par l'employeur. Il n'est prolongé que si les nécessités de l'enquête le justifient. *(Décr. n° 2017-1411 du 27 sept. 2017, art. 2-65°)* « Le silence gardé par l'inspecteur du travail pendant ce délai vaut décision de rejet. »

La décision de l'inspecteur du travail est motivée. Elle est notifiée par lettre recommandée avec avis de réception :

a) A l'employeur ;

b) Au médecin du travail ;

c) Au comité *(Décr. n° 2017-1819 du 29 déc. 2017, art. 5-22°)* « social et économique ».

Le ministre peut annuler ou réformer la décision de l'inspecteur du travail sur le recours de l'employeur ou du médecin du travail.

Ce recours est introduit dans un délai de deux mois à compter de la notification de la décision de l'inspecteur.

Le silence gardé pendant plus de quatre mois sur ce recours vaut décision de rejet.

Art. R. 717-51-2 *(Décr. n° 2017-1311 du 29 août 2017, art. 4-2°)* Dans les services de santé au travail organisés dans des conditions autres que celles d'un service autonome, un arrêté du ministre chargé de l'agriculture fixe les modalités de détermination des effectifs de l'équipe pluridisciplinaire de santé au travail, notamment ceux des médecins du travail.

Pour déterminer cet effectif, il est tenu compte des effectifs des salariés agricoles, des adhérents volontaires au service de santé au travail, des travailleurs relevant du paragraphe troisième de la sous-section deuxième et des travailleurs cités à l'article D. 717-38 bénéficiant d'un suivi de l'état de santé par l'équipe pluridisciplinaire et le médecin du travail. Il est également tenu compte des risques professionnels auxquels sont exposés ces travailleurs, de la nature du suivi individuel de l'état de santé dont ils bénéficient ainsi que des conditions de réalisation de ce suivi. — *V. Arr. du 20 sept. 2017 fixant les modalités de détermination de l'effectif de l'équipe pluridisciplinaire de santé au travail des services de santé au travail en agriculture (JO 27 sept.).*

Art. R. 717-52 Dans les services autonomes de santé au travail, le médecin du travail est lié à l'employeur par un contrat de travail régi par le code du travail et conclu dans le respect du code de déontologie médicale.

Il exerce ses activités dans les conditions prévues ci-après :

Sa nomination est soumise pour accord au comité *(Décr. n° 2017-1819 du 29 déc. 2017, art. 5-22°)* « social et économique » qui doit se prononcer à la majorité des membres présents par un vote à bulletin secret. A défaut d'accord, la nomination est prononcée sur décision de l'inspecteur du travail prise après avis du médecin inspecteur du travail.

Le projet de licenciement, la rupture conventionnelle et la rupture du contrat de travail à durée déterminée dans les cas prévus à l'article L. 4623-5-1 du code du travail sont soumis pour avis au comité *(Décr. n° 2017-1819 du 29 déc. 2017, art. 5-22°)* « social et économique » qui doit se prononcer à la majorité des membres régulièrement convoqués, présents ou représentés par un vote à bulletin secret après audition de l'intéressé. Ces mesures ne peuvent intervenir que sur autorisation de l'inspecteur du travail, après avis du médecin inspecteur régional du travail.

La demande d'autorisation, dans les cas mentionnés au précédent alinéa, est adressée à l'inspecteur du travail dont dépend le service autonome qui l'emploie, par lettre recommandée avec avis de réception.

La demande énonce les motifs du licenciement ou de la rupture anticipée ou du non-renouvellement du contrat de travail à durée déterminée envisagé. Elle est accompagnée du procès-verbal de la réunion du comité *(Décr. n° 2017-1819 du 29 déc. 2017, art. 5-22°)* « social et économique ».

La demande est transmise dans les quinze jours suivant la consultation du comité *(Décr. n° 2017-1819 du 29 déc. 2017, art. 5-22°)* « social et économique ».

En cas de mise à pied, la consultation du comité *(Décr. n° 2017-1819 du 29 déc. 2017, art. 5-22°)* « social et économique » a lieu dans un délai de dix jours à compter de la mise à pied. La demande d'autorisation de licenciement, de rupture conventionnelle ou de rupture du contrat à durée déterminée dans les cas prévus aux articles L. 4623-5-1 et L. 4623-5-2 du code du travail est transmise à l'inspecteur du travail dans les quarante-huit heures suivant la délibération des instances compétentes.

L'inspecteur du travail procède à une enquête contradictoire au cours de laquelle le médecin du travail peut, sur sa demande, se faire assister par une personne de son choix appartenant au personnel du service autonome ou à la caisse de mutualité sociale dans laquelle il est en fonctions.

L'inspecteur du travail prend sa décision dans un délai de quinze jours, réduit à huit jours en cas de mise à pied. Ce délai court à compter de la réception de la demande

motivée présentée par l'employeur. Il n'est prolongé que si les nécessités de l'enquête le justifient. *(Décr. nº 2017-1411 du 27 sept. 2017, art. 2-66º)* **« Le silence gardé par l'inspecteur du travail pendant ce délai vaut décision de rejet. »**

La décision de l'inspecteur du travail est motivée. Elle est notifiée par lettre recommandée avec avis de réception :

1º A l'employeur ;

2º Au médecin du travail ;

3º Au comité *(Décr. nº 2017-1819 du 29 déc. 2017, art. 5-22º)* **« social et économique ».**

Le ministre chargé du travail peut annuler ou réformer la décision de l'inspecteur du travail sur le recours de l'employeur ou du médecin du travail.

Ce recours est introduit dans un délai de deux mois à compter de la notification de la décision de l'inspecteur.

Le silence gardé pendant plus de quatre mois sur ce recours vaut décision de rejet.

Art. R. 717-52-1 *Abrogé par Décr. nº 2017-1311 du 29 août 2017, art. 4-3º.*

SOUS-§ 2 *Missions et modalités d'exercice*

Art. R. 717-52-2 *(Décr. nº 2017-1311 du 29 août 2017, art. 4-4º)* **Le médecin du travail est le conseiller de l'employeur, des travailleurs, des représentants du personnel et des services sociaux.**

Dans le champ de ses missions :

1º Il participe à la prévention des risques professionnels et à la protection de la santé des travailleurs, notamment par :

***a)* L'amélioration des conditions de vie et de travail dans l'entreprise ;**

***b)* L'adaptation des postes, des techniques et des rythmes de travail à la santé physique et mentale, notamment en vue de préserver le maintien dans l'emploi des salariés ;**

***c)* La protection des travailleurs contre l'ensemble des nuisances, notamment contre les risques d'accidents du travail ou d'exposition à des agents chimiques dangereux ;**

***d)* L'amélioration de l'hygiène générale de l'établissement et l'hygiène dans les services de restauration ;**

***e)* La prévention et l'éducation sanitaires dans le cadre de l'établissement en rapport avec l'activité professionnelle ;**

***f)* La construction ou les aménagements nouveaux ;**

***g)* Les modifications apportées aux équipements ;**

***h)* La mise en place ou la modification de l'organisation du travail de nuit ;**

***i)* L'accompagnement en cas de réorganisation importante de l'entreprise.**

2º Il conseille l'employeur, notamment en participant à l'évaluation des risques dans le cadre de l'élaboration de la fiche d'entreprise et dans le cadre de son action sur le milieu de travail, réalisées, conformément à sa mission définie à l'article L. 4622-3 du code du travail, au service de la prévention et du maintien dans l'emploi des travailleurs, qu'il conduit avec les autres membres de l'équipe pluridisciplinaire, qu'il anime et coordonne ;

3º Il décide du suivi individuel de l'état de santé des travailleurs, qui a une vocation exclusivement préventive et qu'il réalise avec les personnels de santé mentionnés au premier alinéa de l'article L. 4624-1 du code du travail, qui exercent dans le cadre de protocoles *(Décr. nº 2022-679 du 26 avr. 2022, art. 4)* **« prévus par l'article R. 717-52-3 du présent code » et sous son autorité ;**

4º Il contribue à la veille épidémiologique et à la traçabilité.

Dans les services de santé au travail en agriculture, l'équipe pluridisciplinaire et, le cas échéant, le service social de la caisse de Mutualité sociale agricole, se coordonnent avec le service social du travail de l'entreprise.

Art. R. 717-52-3 *(Décr. nº 2022-679 du 26 avr. 2022, art. 4)* **« I. — » Le médecin du travail assure personnellement l'ensemble de ses fonctions. Elles sont exclusives de toutes autres fonctions dans les établissements dont il a la charge** *(Décr. nº 2017-1311 du 29 août 2017, art. 4-5º)* **« et exercées en toute indépendance, conformément à l'article L. 4622-4 du code du travail ».**

(Décr. nº 2022-679 du 26 avr. 2022, art. 4) « II. — Le médecin du travail peut toutefois confier, dans le cadre de protocoles écrits, les visites et examens relevant du suivi individuel des travailleurs aux collaborateurs médecins et aux internes en médecine du travail.

« Le médecin du travail peut également confier, selon les mêmes modalités, à un infirmier en santé au travail la réalisation des visites et examens prévus au chapitre IV du titre II du livre VI de la quatrième partie du code du travail et aux paragraphes 2 et 3 de la sous-section 2 de la section 2 du présent chapitre, à l'exclusion de l'examen médical d'aptitude et de son renouvellement mentionnés aux articles R. 717-16-1, R. 717-16-2, R. 717-26-4 et R. 717-26-6 du présent code et de la visite médicale mentionnée à l'article R. 717-16-3, sous les réserves suivantes :

« 1º Ne peuvent être émis que par le médecin du travail les avis, propositions, conclusions écrites ou indications reposant sur des éléments de nature médicale ;

« 2º Lorsqu'il l'estime nécessaire pour tout motif, notamment pour l'application du 1º, ou lorsque le protocole le prévoit, l'infirmier oriente, sans délai, le travailleur vers le médecin du travail qui réalise alors la visite ou l'examen.

« III. — Le médecin du travail peut également confier des missions, à l'exclusion de celles mentionnées au II, aux personnels concourant au service de santé au travail et, lorsqu'une équipe pluridisciplinaire a été mise en place, aux membres de cette équipe.

« IV. — Les missions déléguées dans le cadre des II et III sont :

« 1º Réalisées sous la responsabilité du médecin du travail ;

« 2º Adaptées à la formation et aux compétences des professionnels auxquels elles sont confiées ;

« 3º Exercées dans la limite des compétences respectives des professionnels de santé déterminées par les dispositions du code de la santé publique pour les professions dont les conditions d'exercice relèvent de ce code ;

« 4º Mises en œuvre dans le respect du plan d'activité en milieu de travail lorsque les missions sont confiées aux membres de l'équipe pluridisciplinaire.

« V. — » Le médecin du travail peut être remplacé durant son absence. Si cette absence excède trois mois, son remplacement est de droit.

§ 2 Collaborateur médecin

(Décr. nº 2012-706 du 7 mai 2012, art. 7-4º, en vigueur le 1er juill. 2012)

Art. R. 717-52-4 *(Décr. nº 2017-1311 du 29 août 2017, art. 4-6º)* I. — Le service de santé au travail peut recruter des collaborateurs médecins dès lors qu'ils s'engagent dans une démarche de formation en vue de l'obtention du diplôme de l'Institut national de médecine agricole, ou auprès de l'Ordre national des médecins en vue de l'obtention de la qualification en médecine du travail. Ils sont encadrés par un médecin du travail qu'ils assistent dans ses missions.

Les collaborateurs médecins communiquent leurs titres à l'inspection médicale du travail dans le mois qui suit leur embauche.

II. — Le collaborateur médecin remplit les missions que lui confie le médecin du travail qui l'encadre, dans le cadre du protocole écrit prévu par l'article R. 717-52-3 et validé par ce dernier, en fonction des compétences et de l'expérience qu'il a acquises.

Ce protocole définit notamment les conditions dans lesquelles le collaborateur médecin procède aux examens prévus dans le cadre du suivi individuel de l'état de santé du travailleur.

III. — Le collaborateur médecin dispose du temps nécessaire et des moyens requis pour exercer ses missions et suivre la formation mentionnée au I.

Il ne peut subir de discrimination en raison de l'exercice de ses missions.

§ 3 Interne en médecine du travail

(Décr. nº 2012-706 du 7 mai 2012, art. 7-4º, en vigueur le 1er juill. 2012)

Art. R. 717-52-5 Les services de santé au travail organisés dans les conditions prévues aux articles D. 717-34 et D. 717-35 peuvent être agréés, dans les conditions prévues par *(Décr. nº 2017-1492 du 25 oct. 2017, art. 6-6º)* « l'article » L. 632-5 du code de l'éducation, comme organismes extrahospitaliers accueillant en stage les internes

inscrits au diplôme d'études spécialisées de médecine du travail ou les étudiants du deuxième cycle des études médicales.

Art. R. 717-52-6 **L'interne en médecine du travail est soumis aux dispositions relatives au régime de l'internat déterminé en application de l'article L. 6153-1 du code de la santé publique et à l'organisation du troisième cycle des études médicales fixée en application de l'article L. 632-2 du code de l'éducation.**

Art. R. 717-52-7 *(Décr. n° 2017-1311 du 29 août 2017, art. 4-7°)* **L'interne en médecine disposant du niveau d'études requis par l'article L. 4131-2 du code de la santé publique et autorisé par le conseil départemental de l'ordre des médecins dans les conditions fixées par ce même article peut être autorisé à exercer la médecine du travail en remplacement d'un médecin du travail temporairement absent ou dans l'attente de la prise de fonction d'un médecin du travail.**

§ 4 Médecin candidat à l'autorisation d'exercice

(Décr. n° 2017-1311 du 29 août 2017, art. 4-8°)

Art. R. 717-52-8 **I. — Le candidat à l'autorisation ministérielle d'exercice de la profession de médecin, dans la spécialité médecine du travail, prévue au I de l'article L. 4111-2 du code de la santé publique, lauréat des épreuves de vérification des connaissances, peut être recruté par un service de santé au travail organisé dans les conditions prévues aux articles D. 717-34 et D. 717-35 du présent code, agréé comme organisme extra-hospitalier accueillant en stage les internes inscrits au diplôme d'études spécialisées de médecine du travail, pour l'accomplissement des fonctions requises par les dispositions du même article.**

Ces fonctions sont exercées à temps plein ou à temps partiel selon les dispositions prévues au quatrième alinéa du I de l'article L. 4111-2 du code de la santé publique ou à l'article 83 de la loi n° 2006-1640 du 21 décembre 2006 de financement de la sécurité sociale pour 2007 modifiée.

II. — Le candidat à l'autorisation d'exercice de la profession de médecin, dans la spécialité médecine du travail, prévue au II de l'article L. 4111-2 et à l'article L. 4131-1-1 du code de la santé publique, qui effectue un stage d'adaptation en application de l'article R. 4111-18 du même code, peut être recruté par un service de santé au travail tel que cité au premier alinéa pour l'accomplissement de ce stage.

Art. R. 717-52-9 **Le candidat à l'autorisation d'exercice est lié par un contrat de travail conclu avec le service de santé au travail en agriculture organisé dans les conditions prévues aux articles D. 717-34 et D. 717-35.**

La durée du contrat de travail est, selon le cas, soit conforme aux dispositions du second alinéa du I de l'article R. 717-52-8, soit égale à la durée du stage prescrit en application de l'article R. 4111-17 du code de la santé publique, dans la limite de trois ans.

Le non-renouvellement du contrat à l'issue d'une période d'engagement est notifié avec un préavis de deux mois. Les démissions sont présentées avec le même préavis.

Art. R. 717-52-10 **Le médecin recruté en application des dispositions de l'article R. 717-52-8 exerce sous la responsabilité d'un médecin du travail.**

§ 5 Personnel infirmier *(Décr. n° 2008-244 du 7 mars 2008, art. 7 ; Décr. n° 2012-706 du 7 mai 2012, art. 7-2° ; Décr. n° 2017-1311 du 29 août 2017, art. 4-9°).*

Le § 4 « Personnel infirmier » devient le § 5 et les art. R. 717-52-8 à R. 717-52-11 deviennent respectivement les art. R. 717-52-11 à R. 717-52-14 (Décr. n° 2017-1311 du 29 août 2017, art. 4-9°).

SOUS-§ 1 *Dispositions communes*

(Décr. n° 2012-706 du 7 mai 2012, art. 7-5°, en vigueur le 1er juill. 2012)

Art. R. 717-52-11 **L'infirmier recruté est diplômé d'État ou a l'autorisation d'exercer sans limitation dans les conditions prévues par le code de la santé publique. Si l'infirmier n'a pas suivi une formation qualifiante en santé au travail, l'employeur l'y inscrit au cours des douze mois qui suivent son recrutement et favorise sa formation continue.**

(Décr. nº 2017-1311 du 29 août 2017, art. 4-10º) « Si l'infirmier n'a pas suivi de formation aux risques spécifiques au monde agricole, il bénéficie d'une formation en cours d'emploi. »

Art. R. 717-52-12 Dans le respect des règles liées à l'exercice de la profession d'infirmier déterminées en application de l'article L. 4311-1 du code de la santé publique, l'infirmier exerce *(Décr. nº 2022-679 du 26 avr. 2022, art. 4)* « les missions dévolues par le présent code et celles déléguées par le médecin du travail, selon les modalités prévues » à l'article R. 717-52-3 *(Décr. nº 2017-1311 du 29 août 2017, art. 4-11º)* « du présent code ».

Art. R. 717-52-13 *(Décr. nº 2022-679 du 26 avr. 2022, art. 4)* « Un entretien infirmier peut être mis en place en accord avec le médecin du travail et sous sa responsabilité.

« L'infirmier peut également réaliser des actions en milieu de travail et participer à des actions d'information collectives conçues en collaboration avec le médecin du travail et validées par lui.

« Les actions prévues par le présent article sont réalisées dans le respect des règles liées à l'exercice de la profession d'infirmier déterminées en application de l'article L. 4311-1 du code de la santé publique. »

L'infirmier a accès aux zones partagées du dossier médical du salarié et a la possibilité de le mettre à jour.

Art. R. 717-52-14 *(Décr. nº 2022-1664 du 27 déc. 2022, art. 2, en vigueur le 31 mars 2023)* La formation qualifiante en santé au travail prévue à l'article R. 717-52-11 est acquise par la justification :

1º D'un parcours de formation d'un minimum de 240 heures d'enseignements théoriques ;

2º D'un stage de 105 heures de pratique professionnelle en santé au travail.

Cette formation est assurée par un établissement public à caractère scientifique, culturel et professionnel ou par un organisme de formation certifié dans les conditions prévues par l'article L. 6316-1 du code du travail, qui atteste de sa validation.

Ces établissements et organismes tiennent compte, le cas échéant, des formations en santé au travail et de l'expérience professionnelle du candidat pour le dispenser d'effectuer tout ou partie du parcours de formation mentionné au 1º ou du stage mentionné au 2º.

Art. R. 717-52-15 *(Décr. nº 2022-1664 du 27 déc. 2022, art. 2, en vigueur le 31 mars 2023)* La formation qualifiante en santé au travail prévue à l'article R. 717-52-11 permet, au minimum, au candidat d'acquérir des compétences dans les matières suivantes :

1º La connaissance du monde du travail et de l'entreprise ;

2º La connaissance des risques et pathologies professionnels, notamment de ceux qui sont spécifiques au monde agricole, et des moyens de les prévenir ;

3º L'action collective de prévention des risques professionnels et de promotion de la santé sur le lieu de travail et l'accompagnement des employeurs et des entreprises ;

4º Le suivi individuel de l'état de santé des salariés, incluant la traçabilité des expositions et la veille sanitaire et épidémiologique ;

5º La prévention de la désinsertion professionnelle ;

6º L'exercice infirmier dans le cadre des équipes pluridisciplinaires des services de santé au travail en agriculture et la collaboration avec les personnes et structures partenaires de ces services.

Art. R. 717-52-16 *(Décr. nº 2022-1664 du 27 déc. 2022, art. 2, en vigueur le 31 mars 2023)* Les modalités d'organisation de la formation spécifique en santé au travail prévue à l'article R. 717-52-11, le cadre du contrôle des connaissances acquises lors du parcours de formation et celui de l'évaluation du stage de pratique professionnelle sont précisés par un arrêté du ministre chargé de l'agriculture.

SOUS-§ 2 *Le personnel infirmier en entreprise*

(Décr. nº 2012-706 du 7 mai 2012, art. 7-6º, en vigueur le 1er juill. 2012)

Art. R. 717-53 Dans les entreprises de plus de 200 salariés qui, par la nature de leur activité, sont assimilables à des entreprises industrielles, l'effectif du personnel infirmier doit être au moins le suivant :

1º Une infirmière ou un infirmier à mi-temps pour un effectif de 201 à 500 salariés ;

2º Une infirmière ou un infirmier à temps complet pour un effectif de 501 à 800 salariés.

Au-dessus de 800 salariés, le recrutement d'une infirmière ou d'un infirmier à mi-temps est obligatoire par tranche supplémentaire de 300 salariés.

L'effectif des salariés est calculé selon les règles prévues pour la constitution *(Décr. nº 2017-1819 du 29 déc. 2017, art. 5-23º)* « du comité social et économique ».

Lorsque l'entreprise comporte plusieurs établissements, l'effectif du personnel infirmier est apprécié séparément pour chaque établissement de 201 salariés et plus, et globalement pour l'ensemble des établissements qui n'atteignent pas 201 salariés.

L'inspecteur du travail compétent pour le siège social de l'entreprise peut, après avis du *(Décr. nº 2012-706 du 7 mai 2012, art. 7-7º, en vigueur le 1er juill. 2012)* « médecin inspecteur du travail », accorder une dérogation à l'employeur lorsque l'éloignement, les uns par rapport aux autres, des établissements qui n'atteignent pas 201 salariés est de nature à rendre ce recrutement inefficace.

Dans les autres entreprises, un infirmier ou une infirmière est recruté à temps complet ou à temps partiel si le médecin du travail et le comité *(Décr. nº 2017-1819 du 29 déc. 2017, art. 5-23º)* « social et économique » en font la demande. Si l'employeur conteste cette demande, la décision est prise par l'inspecteur du travail après avis du *(Décr. nº 2012-706 du 7 mai 2012, art. 7-7º, en vigueur le 1er juill. 2012)* « médecin inspecteur du travail ».

Art. R. 717-54 *(Décr. nº 2012-706 du 7 mai 2012, art. 7-8º, en vigueur le 1er juill. 2012) (Décr. nº 2022-679 du 26 avr. 2022, art. 4)* « Dans les entreprises disposant d'un service autonome d'entreprise, l'infirmier assure ses missions de santé au travail qui lui sont dévolues par le présent code ou déléguées, sous l'autorité du médecin du travail de l'entreprise. »

Dans les autres entreprises, *(Décr. nº 2017-1311 du 29 août 2017, art. 4-13º)* « l'infirmier assure ses missions de santé au travail » *(Décr. nº 2022-679 du 26 avr. 2022, art. 4)* « qui lui sont dévolues par le présent code ou déléguées, sous l'autorité du médecin du service de santé au travail en agriculture intervenant dans l'entreprise.

« Les missions déléguées à l'infirmier le sont dans les conditions prévues à l'article R. 717-52-3. »

Lorsque l'équipe pluridisciplinaire de santé au travail intervient dans une entreprise employant du personnel infirmier, cette équipe se coordonne avec les infirmiers de l'entreprise.

Art. R. 717-55 *(Décr. nº 2012-706 du 7 mai 2012, art. 7-8º, en vigueur le 1er juill. 2012)* Le personnel infirmier est lié à l'employeur par un contrat de travail. Il ne peut être licencié qu'après avis du médecin du travail qui assure la surveillance du personnel de l'entreprise.

Le personnel infirmier doit disposer d'un local à usage d'infirmerie.

Art. R. 717-56 Lorsque le nombre d'infirmières ou d'infirmiers calculé conformément aux dispositions de l'article R. 717-53 le permet, les heures de travail des intéressés sont réparties de telle façon qu'au moins une infirmière ou un infirmier soit toujours présent pendant les heures normales de travail du personnel.

SOUS-§ 3 *Le personnel infirmier au sein des services de santé au travail*

(Décr. nº 2012-706 du 7 mai 2012, art. 7-9º, en vigueur le 1er juill. 2012)

Art. R. 717-56-1 Dans les services de santé au travail organisés dans les conditions prévues aux articles D. 717-34 et D. 717-35, le personnel infirmier est *(Abrogé par Décr. nº 2022-679 du 26 avr. 2022, art. 4)* « *recruté ou* » licencié avec l'accord du médecin du travail, chef du service.

(Décr. nº 2022-679 du 26 avr. 2022, art. 4) « A l'exception des situations d'urgence, les missions de l'infirmier sont principalement orientées vers la prévention. »

§ 6 Intervenant en prévention des risques professionnels au sein des services de santé au travail *(Décr. nº 2017-1311 du 29 août 2017, art. 4-14º).*

Art. R. 717-56-2 Les services de santé au travail, organisés dans les conditions prévues aux articles D. 717-34 et D. 717-35, peuvent avoir recours, sous le contrôle du médecin du travail, chef de service, à des intervenants en prévention des risques professionnels enregistrés auprès du directeur régional des entreprises, de la concurrence, de la consommation, du travail et de l'emploi dans les conditions prévues aux articles D. 4644-6 à D. 4644-11 du code du travail.

Art. R. 717-56-3 Les intervenants en prévention des risques professionnels ont des compétences en matière de santé et de sécurité au travail. Ils disposent du temps nécessaire et des moyens requis pour exercer leurs missions. Ils ne peuvent subir de discrimination en raison de leurs activités de prévention. Ils assurent leurs missions dans des conditions garantissant leur indépendance.

Art. R. 717-56-4 L'intervenant en prévention des risques professionnels participe, dans un objectif exclusif de prévention, à la préservation de la santé et de la sécurité des travailleurs et à l'amélioration des conditions de travail. Dans ce cadre, il assure des missions de diagnostic, de conseil, d'accompagnement et d'appui, et communique les résultats de ses études au médecin du travail.

§ 7 Assistant des services de santé au travail *(Décr. nº 2017-1311 du 29 août 2017, art. 4-14º).*

Art. R. 717-56-5 Dans les services de santé au travail organisés dans les conditions prévues aux articles D. 717-34 et D. 717-35, l'assistant du service ne peut être recruté ou licencié qu'avec l'accord du médecin du travail, chef du service, en application de l'article D. 717-43.

Il assiste l'équipe pluridisciplinaire dans son activité.

Il est chargé de la gestion administrative des données concernant les entreprises et les salariés et peut réaliser des entretiens d'accueil.

Il contribue à repérer les dangers et à identifier les besoins en santé au travail dans des entreprises. Il participe à l'organisation, à l'administration des projets de prévention et à la promotion de la santé au travail dans ces entreprises.

§ 8 Médecin praticien correspondant

(Décr. nº 2023-1302 du 27 déc. 2023, art. 2)

Art. R. 717-56-6 Le médecin praticien correspondant, mentionné au IV de l'article L. 4623-1 du code du travail, est un médecin non spécialiste en médecine du travail. Il dispose, au moment de la conclusion du protocole de collaboration avec le ou les services de santé au travail en agriculture mentionnés à l'article R. 717-56-8, d'une formation en santé au travail d'au moins cent heures théoriques, visant à acquérir des compétences au minimum dans les domaines suivants :

1º La connaissance des risques et notamment des risques spécifiques au monde agricole, des pathologies professionnelles et les moyens de les prévenir ;

2º Le suivi individuel de l'état de santé des salariés incluant la traçabilité des expositions et la veille sanitaire et épidémiologique ;

3º La prévention de la désinsertion professionnelle.

Cette formation est délivrée par un établissement public à caractère scientifique, culturel et professionnel ou par un ou plusieurs organismes certifiés dans les conditions prévues par l'article L. 6316-1 du code du travail, qui atteste de sa validation.

Par dérogation aux dispositions du premier alinéa, un médecin non spécialiste en médecine du travail peut, lorsqu'il conclut pour la première fois un protocole de collaboration, recevoir la formation que ces dispositions mentionnent dans l'année qui suit la conclusion de ce protocole. Le lien avec le médecin du travail est renforcé jusqu'à la délivrance de l'attestation de la validation de la formation suivie, dans les conditions prévues à l'article R. 717-56-8.

Lorsqu'un médecin non spécialiste en médecine du travail devient médecin praticien correspondant pour la première fois, sa collaboration est précédée d'un séjour d'observation d'au moins trois jours dans le service de santé au travail en agriculture avec lequel la collaboration est engagée.

Art. R. 717-56-7 Le directeur général de l'agence régionale de santé territorialement compétent se fonde sur un diagnostic territorial en matière de santé au travail pour déterminer par arrêté, pour une durée maximum de cinq ans, révisable en tant que de besoin et en concertation avec les représentants régionaux du conseil de l'Ordre des médecins, la ou les zones caractérisées par un nombre ou une disponibilité insuffisants de médecins du travail, justifiant le recours aux médecins praticiens correspondants.

A cette fin, le directeur régional de l'économie, de l'emploi, du travail et des solidarités fournit au directeur général de l'agence régionale de santé tout élément utile pour apprécier la couverture des besoins en médecine du travail des entreprises sur le territoire de la région, après consultation du comité régional d'orientation des conditions de travail.

Cette appréciation tient notamment compte de l'effectif maximal de travailleurs suivis par les médecins du travail ou les équipes pluridisciplinaires ainsi que de la situation des services de santé au travail en agriculture au regard de leur capacité à disposer des moyens nécessaires à la réalisation des missions prévues à l'article L. 4622-2 du code du travail.

Art. R. 717-56-8 Le protocole de collaboration, conforme au modèle défini par arrêté des ministres chargés du travail, de la santé et de l'agriculture et conclu entre le médecin praticien correspondant, le ou les médecins du travail de l'équipe pluridisciplinaire concernée et le médecin du travail chef d'un service de santé au travail en agriculture, ou son représentant, prévoit notamment :

– jusqu'à la délivrance de l'attestation de la validation de la formation suivie par le médecin praticien correspondant, les modalités de mise en œuvre du lien renforcé avec le médecin du travail, mentionné à l'article R. 717-56-6 ;

– les types de visites ou d'examens médicaux confiés au médecin praticien correspondant dans le respect des dispositions du IV de l'article L. 4623-1 du code du travail ;

– les moyens matériels, les informations et les documents nécessaires à l'accomplissement de sa mission et mis à la disposition du médecin praticien correspondant par le service de santé au travail en agriculture ;

– les modalités de recours par le médecin praticien correspondant aux outils de télésanté au travail ;

– les modalités de convocation des travailleurs aux visites et examens médicaux assurés par le service de santé au travail en agriculture ;

– les modalités de réorientation des travailleurs par le médecin praticien correspondant vers le médecin du travail ;

– les modalités d'accès du médecin praticien correspondant au dossier médical en santé au travail et d'alimentation par celui-ci de ce dossier, dans le respect des conditions prévues par l'article R. 717-27.

Art. R. 717-56-9 A l'issue de chaque visite ou examen le médecin praticien correspondant délivre une attestation de suivi au travailleur et à l'employeur mentionnée à l'article L. 4624-1 du code du travail. Il peut, s'il l'estime nécessaire, orienter sans délai le travailleur vers le médecin du travail dans le respect du protocole mentionné à l'article R. 717-56-8. Il ne peut pas proposer de mesures d'aménagements prévues à l'article L. 4624-3 du code du travail, ni déclarer un travailleur inapte à son poste de travail, en application des dispositions de l'article L. 4624-4 du même code.

Art. R. 717-56-10 Un arrêté pris par les ministres chargés du travail, de la santé et de l'agriculture après consultation de l'assurance maladie, de la caisse centrale de la mutualité sociale agricole et du conseil d'orientation des conditions de travail détermine les montants minimaux et les montants maximaux de la rémunération due au médecin praticien correspondant par le service de santé au travail en agriculture.

SOUS-SECTION 5 **Premiers secours** *(Décr. n° 2008-244 du 7 mars 2008, art. 7).*

Art. R. 717-57 Dans chaque atelier où sont effectués des travaux dangereux, dans chaque chantier occupant vingt personnes au moins pendant plus de quinze jours où sont effectués des travaux dangereux, un membre du personnel doit avoir reçu obligatoirement la formation nécessaire pour donner les premiers secours en cas d'urgence.

Art. R. 717-58 Dans tous les établissements agricoles, l'employeur prend les dispositions nécessaires pour que les salariés soient informés, sur le lieu de leur travail, des moyens d'obtenir les premiers secours et, en particulier, de l'adresse et du numéro de téléphone du ou des services d'urgence auxquels il peut être fait appel en cas d'accident.

Sans préjudice des dispositions de l'article *(Décr. n° 2012-706 du 7 mai 2012, art. 8, en vigueur le 1er juill. 2012)* « D. 4711-1 » du code du travail, dans tous les établissements et chantiers, l'employeur donne, sous sa responsabilité, à un membre du personnel les instructions nécessaires et l'informe des moyens d'alerte disponibles pour organiser, en cas d'urgence et en son absence, l'intervention rapide des secours.

Art. R. 717-59 à R. 717-67 *Transférés ss. art. D. 717-26-1 à D. 717-26-9 par Décr. n° 2012-706 du 7 mai 2012, art. 1er-II.*

SOUS-SECTION 6 **Financement de l'échelon national, des sections et des associations spécialisées de santé au travail** *(Décr. n° 2007-419 du 23 mars 2007 ; Décr. n° 2008-244 du 7 mars 2008, art. 7 ; Décr. n° 2012-837 du 29 juin 2012, art. 5).*

(Décr. n° 2006-66 du 23 janv. 2006)

Art. D. 717-68 Le délai au-delà duquel le ministre chargé de l'agriculture peut fixer par arrêté les taux et montants mentionnés à l'article L. 717-2-1 en cas de carence du conseil central d'administration de la mutualité sociale agricole, ou en cas de désaccord constaté entre le conseil central d'administration et le comité central de la protection sociale des salariés agricoles, expire un mois avant le début de l'exercice auquel ces taux et montants sont appliqués.

Art. D. 717-69 Un règlement de financement des services de santé au travail adopté par l'assemblée générale centrale de la mutualité sociale agricole fixe les modalités de centralisation des recettes issues des cotisations et participations mentionnées à l'article L. 717-2-1.

Il fixe également les modalités de répartition de ces recettes et de compensation des charges assumées par les caisses de mutualité sociale agricole afin d'assurer aux services de santé au travail les moyens de leurs missions, compte tenu :

1° Du nombre de salariés ou adhérents volontaires bénéficiaires d'une surveillance médicale, y compris les saisonniers ;

2° Du nombre d'entreprises bénéficiaires d'actions en milieu de travail auxquelles chaque médecin du travail consacre le tiers de son temps ;

3° Du nombre de salariés bénéficiaires d'une surveillance médicale particulière ;

4° Du nombre de salariés ayant atteint l'âge de 50 ans et bénéficiaires d'un examen, ainsi que le nombre d'examens réalisés à la demande des salariés ou des saisonniers ;

5° Du temps nécessaire à la participation aux études et recherche, à la formation continue et à la direction technique du service ;

6° Du coût du recours à des compétences pluridisciplinaires et à des examens complémentaires.

Il précise les modalités de prélèvement sur les réserves de médecine du travail constituées au sein des caisses pour financer des projets institutionnels exclusivement liés à la protection de la santé au travail des salariés agricoles.

Il fixe également l'allocation de fonctionnement de l'échelon national de santé au travail afin de lui assurer les moyens de sa mission telle que définie par l'article *(Décr. n° 2017-1492 du 25 oct. 2017, art. 6-7°)* « D. 717-43 ». — *Les divisions « 1. », « 2. », « 3. », « 4. », « 5. » et « 6. » sont remplacées respectivement par les divisons « 1° », « 2° », « 3° », « 4° », « 5° » et « 6° » (Décr. n° 2017-1492 du 25 oct. 2017, art. 6-7°).*

Art. D. 717-70 *(Décr. n° 2007-419 du 23 mars 2007)* La cotisation mentionnée à l'article L. 717-2-1 est à la charge exclusive de l'employeur. Elle est assise sur *(Décr.*

n° 2018-821 du 27 sept. 2018, art. 2) « les revenus d'activité pris en compte pour la détermination de l'assiette des cotisations définie » à l'article L. 741-10 et dans la limite du plafond de sécurité sociale.

Art. D. 717-71 *(Décr. n° 2007-419 du 23 mars 2007)* La participation due pour la surveillance médicale spéciale d'un salarié mis à disposition par une entreprise de travail temporaire ou un groupement d'employeurs est à la charge exclusive de l'utilisateur.

Art. D. 717-72 *(Décr. n° 2007-419 du 23 mars 2007)* Le montant de la participation due par les établissements, services ou collectivités mentionnés à l'article *(Décr. n° 2017-1492 du 25 oct. 2017, art. 6-8°)* « D. 717-38 » est fixé annuellement par le conseil d'administration de la caisse de mutualité sociale agricole ou de l'association spécialisée mentionnée à l'article L. 717-3, dans la limite des montants fixés par arrêté du ministre chargé de l'agriculture. — *V. Arr. du 13 avr. 2007 déterminant la limite des montants des participations dues par les établissements visés à l'art. D. 717-38 (JO 10 mai).*

Art. R. 717-73 *(Décr. n° 2007-419 du 23 mars 2007)* Les cotisations et participations dues au titre du financement du service de santé au travail sont calculées et utilisées exclusivement de façon à couvrir les charges des services de santé au travail.

Elles sont recouvrées et contrôlées par les caisses de mutualité sociale agricole selon les règles applicables au recouvrement des cotisations dues au titre du régime de protection sociale des salariés agricoles.

SECTION 3 Institutions et organismes concourant à l'organisation de la prévention

(Décr. n° 2008-244 du 7 mars 2008, art. 7, en vigueur le 1er mai 2008)

SOUS-SECTION 1 Dispositions générales

(Décr. n° 2008-244 du 7 mars 2008, art. 7, en vigueur le 1er mai 2008)

Art. R. 717-74 Le ministre chargé de l'agriculture est assisté par des organismes consultatifs chargés notamment de donner sur les règlements applicables aux établissements agricoles, l'avis prévu à l'article *(Décr. n° 2016-1834 du 22 déc. 2016, art. 2-V)* « R. 4161-1 du code du travail » et à l'article R. 751-23 du présent code.

Ces organismes comprennent un nombre égal de représentants des organisations d'employeurs et de salariés.

SOUS-SECTION 2 Commissions paritaires d'hygiène, de sécurité et des conditions de travail en agriculture

(Décr. n° 2023-705 du 31 juill. 2023, art. 1er)

Art. D. 717-76 La commission paritaire d'hygiène, de sécurité et des conditions de travail mentionnée à l'article L. 717-7 est constituée de deux collèges, l'un représentant les organisations professionnelles d'employeurs et l'autre les organisations syndicales de salariés. Chaque collège comprend entre deux et cinq représentants titulaires et au maximum cinq suppléants. Les deux collèges comptent un nombre égal de titulaires.

Art. D. 717-76-1 Les membres de la commission, désignés par les organisations d'employeurs et de salariés représentatives au plan national dans les branches professionnelles concernées, sont proposés par le secrétariat de la Commission nationale paritaire pour l'amélioration des conditions de travail en agriculture créée par l'article 12 de l'accord national du 23 décembre 2008 sur les conditions de travail en agriculture et nommés par le directeur régional de l'économie, de l'emploi, du travail et des solidarités pour une durée de quatre ans.

Dans les départements d'outre-mer, les membres de la commission désignés par les organisations locales représentatives sont nommés par le directeur de l'économie, de l'emploi, du travail et des solidarités.

Lorsqu'un membre cesse ses fonctions avant l'échéance prévue, il est remplacé pour la période de mandat restant à courir. Son remplacement se fait dans les conditions prévues aux premier et second alinéa du présent article.

Art. D. 717-76-2 Si, du fait de l'insuffisance du nombre de salariés dans une ou plusieurs branches professionnelles d'un même département, il n'est pas possible de constituer une commission, il est alors créé une commission interdépartementale ou régionale comprenant les salariés et les employeurs des entreprises des branches professionnelles présentes d'un ou de plusieurs départements limitrophes, dans le département ayant le plus de salariés.

Les membres de la commission interdépartementale ou régionale sont nommés par le directeur régional de l'économie, de l'emploi, du travail et des solidarités, dans les conditions prévues à l'article D. 717-76-1.

Art. D. 717-76-3 La commission est présidée alternativement par un représentant des salariés et un représentant des employeurs.

Un secrétaire est désigné alternativement par la commission parmi ses membres appartenant au collège n'exerçant pas la présidence.

Art. D. 717-76-4 I. — Assistent avec voix consultative aux réunions de la commission prévue à l'article D. 717-76 :

1° Un médecin du travail, désigné sur proposition du directeur de l'organisme de sécurité sociale compétent localement pour le secteur agricole ;

2° Un conseiller en prévention de la caisse de mutualité sociale agricole ;

3° L'agent chargé du contrôle de la prévention de la direction régionale de l'économie, de l'emploi, du travail et des solidarités.

II. — Peuvent être invités à la demande de la majorité des membres de la commission :

1° L'agent de contrôle de l'inspection du travail mentionné à l'article L. 8112-1 du code du travail ;

2° Des représentants de la caisse de mutualité sociale agricole autres que celui mentionné au 2° du I du présent article ;

3° Un expert ou une personnalité qualifiée.

Art. D. 717-76-5 Les membres de la commission sont tenus à une obligation de discrétion à l'égard des informations présentant un caractère confidentiel.

Ils sont tenus également au secret professionnel pour toutes les questions relatives aux procédés de fabrication.

Art. D. 717-76-6 Les membres de la commission bénéficient de la formation nécessaire à l'exercice de leurs missions en matière de santé, de sécurité et de conditions de travail dans les conditions prévues par accord collectif étendu.

Cette formation est d'une durée comprise entre deux et cinq jours par mandat.

Les représentants salariés informent leur employeur de leur demande de formation au moins un mois à l'avance.

L'employeur peut reporter une fois le départ en formation, dans la limite de trois mois, si celle-ci a lieu pendant une période de forte activité.

La mutualité sociale agricole prend en charge le coût de la formation, les frais de déplacement et de repas des représentants titulaires et suppléants, les salaires et les cotisations sociales des représentants salariés et l'indemnisation du temps passé pour les représentants employeurs.

Art. D. 717-76-7 La commission se réunit au moins une fois par trimestre dans les conditions prévues par le règlement intérieur prévu à l'article D. 717-76-8.

Art. D. 717-76-8 La commission détermine, dans un règlement intérieur, les modalités de son fonctionnement pour l'exercice des missions qui lui sont conférées.

SECTION 4 Travaux forestiers et sylvicoles

(Décr. n° 2010-1603 du 17 déc. 2010, art. 2)

BIBL. ▶ LOPEZ, *RD rur. 2023. Dossier 7* (le risque lié l'exécution du travail en milieu rural).

SOUS-SECTION 1 Champ d'application

Art. R. 717-77 Les dispositions de la présente section sont applicables aux chantiers forestiers définis à l'article *(Décr. n° 2012-836 du 29 juin 2012, art. 4-7°, en vigueur le*

1er juill. 2012) « L. 154-1 » du code forestier et aux chantiers sylvicoles mentionnés au 2° de l'article L. 722-3 du présent code.

Art. R. 717-77-1 Sont applicables aux donneurs d'ordre les dispositions des articles R. 717-78-1 *(Décr. nº 2016-1678 du 5 déc. 2016, art. 1er-1°-a)* « à R. 717-78-4, et R. 717-78-11 ».

Au sens de la présente section, un donneur d'ordre est une personne morale ou physique qui passe commande à une ou plusieurs entreprises aux fins d'intervenir sur un chantier forestier ou sylvicole mentionné à l'article R. 717-77. Pour exécuter les obligations qu'il tient des dispositions de la présente section, le donneur d'ordre peut mandater un tiers.

Art. R. 717-77-2 Les dispositions de la présente section sont applicables aux employeurs qui emploient des travailleurs mentionnés aux articles L. 4111-1 à L. 4111-5 du code du travail, aux travailleurs indépendants et aux employeurs qui exercent en personne leur activité sur les chantiers mentionnés à l'article R. 717-77 *(Décr. nº 2017-1492 du 25 oct. 2017, art. 6-9°)* « du présent code ».

Art. R. 717-77-3 *(Décr. nº 2016-1678 du 5 déc. 2016, art. 1er-1°-c)* L'expression "chefs d'entreprises intervenantes" vise l'ensemble des employeurs faisant intervenir des travailleurs sur un chantier ou leurs délégataires, employeurs exerçant en personne sur ce chantier et travailleurs indépendants opérant sur ce même chantier.

Art. R. 717-77-4 *(Décr. nº 2016-1678 du 5 déc. 2016, art. 1er-1°-c)* Le terme "les intervenants" vise l'ensemble des travailleurs, travailleurs indépendants, et employeurs exerçant en personne, opérant sur un même chantier.

Art. R. 717-77-5 L'activité d'une personne morale ou physique portant sur la vente de bois sur pied est exclue du champ d'application de la présente section.

Il en va de même de l'activité des personnes qui exécutent elles-mêmes sans le concours de tiers des travaux pour leur usage domestique. — *L'art. R. 717-77-3 devient l'art. R. 717-77-5 (Décr. nº 2016-1678 du 5 déc. 2016, art. 1er-1°-b, JO 6 déc.).*

SOUS-SECTION 2 **Organisation générale du chantier**

(Décr. nº 2016-1678 du 5 déc. 2016, art. 1er-2°, en vigueur le 1er avr. 2017)

Art. R. 717-78 Les travaux des chantiers forestiers et sylvicoles sont organisés dans les conditions définies par les dispositions de la présente sous-section.

§ 1 Mesures de coopération entre donneur d'ordre et chefs d'entreprises intervenantes

Art. R. 717-78-1 Le donneur d'ordre consigne, au moment de la conclusion du contrat par lequel il passe commande de travaux, ou à défaut avant le début des travaux, sur une fiche de chantier, les informations dont il a connaissance, spécifiques au chantier, pouvant avoir une incidence sur la sécurité des intervenants sur le chantier. Ces informations sont complétées, le cas échéant, auprès du propriétaire ou du gestionnaire des parcelles sur lesquelles les travaux sont effectués.

Le donneur d'ordre communique la fiche de chantier aux chefs d'entreprises intervenantes auxquelles il a passé commande.

Un arrêté des ministres chargés de l'agriculture et du travail fixe le contenu de la fiche de chantier prévue par les dispositions du présent article. — *V. Arr. du 31 mars 2011 relatif à la fiche de chantier prévue à l'art. R. 717-78-1 (JO 20 avr.), mod. par Arr. du 24 janv. 2017 (JO 1er févr.).*

Art. R. 717-78-2 Lorsque plusieurs entreprises interviennent sur un même chantier forestier ou sylvicole, le donneur d'ordre établit un programme prévisionnel des interventions avec les chefs de ces entreprises.

Ce programme est établi de telle sorte que les interventions simultanées soient dans la mesure du possible évitées par des mesures d'organisation du chantier.

Lorsqu'elles ne peuvent pas être évitées, le donneur d'ordre définit avant le début des travaux d'un commun accord avec les chefs d'entreprises intervenantes concernées les mesures de sécurité spécifiques destinées à prévenir les risques susceptibles d'être générés par la situation d'intervention simultanée.

Le cas échéant, des mesures complémentaires sont prises afin de garantir que les chefs d'entreprises intervenantes et les travailleurs peuvent à tout moment coopérer entre eux en toute sécurité lorsque la réalisation des travaux l'exige.

Les mesures de sécurité destinées à prévenir les risques éventuels liés à la succession des interventions des entreprises sur le chantier sont déterminées selon la même procédure.

Les différents chefs d'entreprises intervenantes sur le chantier mettent en œuvre les mesures de sécurité ainsi définies.

Art. R. 717-78-3 Chaque chef d'entreprise intervenante saisit le donneur d'ordre de toute difficulté portée à sa connaissance susceptible de conduire à redéfinir le programme des travaux ou les mesures de sécurité spécifiques au chantier.

Le programme est modifié d'un commun accord à chaque fois que nécessaire pour adapter l'organisation du chantier aux aléas de celui-ci et garantir la santé et la sécurité des intervenants.

En cas d'évolution du programme en cours de travaux, les mesures de sécurité spécifiques sont redéfinies en tant que de besoin selon la procédure prévue à l'article R. 717-78-2.

Art. R. 717-78-4 Les mesures de sécurité spécifiques initiales sont consignées dans la fiche de chantier avant le début des travaux.

Les mesures de sécurité spécifiques modifiées sont communiquées par le donneur d'ordre aux responsables de chacune des entreprises intervenantes concernées par les difficultés ayant justifiées la modification.

Ces mesures modifiées sont consignées sur la fiche de chantier, ou transmises par tout moyen approprié et consultables sur tout type de support.

§ 2 Organisation et planification des travaux par les chefs d'entreprises intervenantes

Art. R. 717-78-5 Compte tenu de l'évaluation des risques réalisée en application des dispositions de l'article L. 4121-3 du code du travail, l'employeur organise et planifie les travaux dont il a la charge de façon à préserver la santé et la sécurité de tous les travailleurs qu'il emploie sur le chantier. Il leur procure des conditions d'hygiène appropriées.

Chaque chef d'entreprise intervenante met en œuvre les mesures de sécurité concernant son activité destinées à prévenir les risques découlant de l'intervention simultanée ou successive de plusieurs entreprises.

Art. R. 717-78-6 Les employeurs complètent si nécessaire, pour ce qui les concernent, la fiche de chantier prévue à l'article R. 717-78-1.

En l'absence de donneur d'ordre, l'employeur établit lui-même la fiche de chantier.

L'employeur veille à ce qu'un exemplaire de cette fiche soit disponible en permanence sur le chantier.

§ 3 Formation et instruction des travailleurs

Art. R. 717-78-7 L'employeur s'assure que les travailleurs affectés sur les chantiers forestiers et sylvicoles disposent des compétences nécessaires pour réaliser les travaux selon les règles de l'art.

Dans le cadre des dispositions relatives à la formation à la sécurité du titre quatrième du livre premier de la quatrième partie du code du travail, il adapte ou complète les connaissances des travailleurs en tant que de besoin.

Art. R. 717-78-8 I. – Avant le début des travaux :

1° L'employeur communique aux travailleurs la fiche de chantier mentionnée à l'article R. 717-78-1 et toutes informations utiles pour la sécurité en ce qui concerne notamment l'organisation des travaux sur le chantier ;

2° Il leur donne des consignes sur la conduite à tenir en cas d'intempéries et de phénomènes météorologiques imprévus.

II. – Pendant les travaux :

1° Il s'assure à tout moment que ces instructions sont mises en œuvre et que les travaux sont exécutés dans le respect des règles de l'art, en ce qui concerne notamment l'abattage des arbres ;

2° Il informe les travailleurs des mesures spécifiques de sécurité modifiées en application des dispositions de l'article R. 717-78-3.

§ 4 Organisation des secours

Art. R. 717-78-9 Les chefs d'entreprises intervenantes organisent les secours de telle manière que l'alerte soit donnée, et les premiers secours dispensés, dans les plus brefs délais.

Ils prennent les dispositions nécessaires pour que les intervenants présents sur le chantier soient en mesure de communiquer entre eux par tout moyen ou combinaison de moyens appropriés.

Au démarrage du chantier et tout au long de son déroulement, chaque employeur donne aux travailleurs les consignes nécessaires pour l'application de ces dispositions.

Art. R. 717-78-10 Avant le début des travaux, chaque chef d'entreprise intervenante vérifie l'existence d'une couverture de téléphonie mobile dans la zone de chantier. A défaut, il recherche et identifie un point proche du chantier desservi par la téléphonie mobile.

Art. R. 717-78-11 Un point de rencontre secours spécifique au chantier est déterminé par accord entre le donneur d'ordre et les chefs d'entreprises intervenantes. En l'absence du donneur d'ordre il est fixé par les chefs d'entreprises intervenantes. En fonction de la configuration du chantier, plusieurs points peuvent être définis.

Le point susmentionné est le lieu où une personne faisant partie du chantier accueille les services de secours afin de les guider vers les personnes à secourir.

Chaque chef d'entreprise intervenante s'assure, avant le début des travaux, qu'un point de rencontre secours spécifique au chantier a été déterminé et est porté à la connaissance des intervenants.

Si un chef d'entreprise intervenante souhaite modifier le point de rencontre, il en informe les autres chefs d'entreprise et le donneur d'ordre.

Art. R. 717-78-12 Les voies d'accès au chantier sont laissées libres de tout encombrement.

Art. R. 717-78-13 L'employeur met à disposition sur le chantier une trousse de premiers soins dans un lieu identifié.

Chaque travailleur indépendant ou employeur intervenant en personne sur un chantier prend les mesures pour disposer d'une telle trousse.

Le contenu de la trousse, adapté aux risques encourus, est déterminé après avis du service de santé au travail. La trousse comprend en tout état de cause un tire-tique.

Les intervenants qui utilisent une scie à chaîne ont, à leur portée, du matériel leur permettant d'arrêter ou de limiter un saignement abondant. Ils sont instruits de son utilisation.

Une personne désignée par l'employeur contrôle périodiquement le contenu de la trousse et du matériel hémostatique. Elle vérifie les dates de péremption des produits. Cette personne est prioritairement désignée parmi celles qui ont bénéficié de la formation aux premiers secours prévue à l'article R. 717-57 *(Abrogé par Décr. n° 2017-1492 du 25 oct. 2017, art. 6-10°) « du code rural et de la pêche maritime »*. Ce contrôle peut également être opéré par le référent santé sécurité prévu à l'article L. 4644-1 du code du travail.

Art. R. 717-78-14 L'employeur s'assure que les travailleurs occupés sur un chantier ont reçu la formation aux premiers secours prévue par les dispositions de l'article R. 717-57 du présent code au plus tard dans les six mois suivant l'embauche.

L'employeur ne peut affecter sur un chantier seulement un ou des travailleurs n'ayant pas encore reçu la formation aux premiers secours. — *Les dispositions des art. R. 717-78-14 et R. 717-78-15 entrent en vigueur un an après la date de publication du Décr. n° 2016-1678 du 5 déc. 2016 (Décr. préc., art. 2, JO 6 déc.).*

Art. R. 717-78-15 Les travailleurs indépendants et les employeurs exerçant en personne leur activité sur le chantier reçoivent la formation prévue par les dispositions de l'article R. 717-57. — *V. note ss. art. R. 717-78-14.*

§ 5 **Intempéries**

Art. R. 717-78-16 Les engins utilisés sur les chantiers sont équipés des accessoires appropriés aux conditions météorologiques.

Art. R. 717-78-17 Les travaux d'abattage à l'aide d'outils ou de machines à main et les travaux dans les arbres ne peuvent être réalisés en cas de conditions météorologiques dangereuses.

SOUS-SECTION 3 Accès au chantier et périmètres de sécurité

(Décr. nº 2016-1678 du 5 déc. 2016, art. 1er-3º)

§ 1 **Accès au chantier**

Art. R. 717-79 Indépendamment de l'application des règles relatives à la signalisation des routes ouvertes à la circulation publique, une signalisation temporaire spécifique est mise en place sur les voies d'accès au chantier, y compris aux aires d'entreposage des bois afin d'avertir que l'accès à ces zones est dangereux et interdit au public.

Pour les chantiers mentionnés à l'article L. 718-9 *(Abrogé par Décr. nº 2017-1492 du 25 oct. 2017, art. 6-10º) « du code rural et de la pêche maritime »*, cet avertissement peut être porté sur le panneau d'affichage prévu pour ces chantiers.

Art. R. 717-79-1 Lorsqu'un travailleur constate l'intrusion, sur le chantier, d'une personne étrangère à ce chantier, il suspend son action, sauf le cas où cela pourrait avoir pour effet de créer un risque supplémentaire.

§ 2 **Périmètre de sécurité**

Art. R. 717-79-2 Le périmètre de sécurité délimite la zone propre à chaque intervenant.

A l'exception des cas prévus au II de l'article R. 717-79-3, l'intervenant travaille seul dans cette zone.

Art. R. 717-79-3 I. — Les chefs d'entreprises intervenantes sont tenus de respecter les périmètres de sécurité définis comme suit :

1º Pour l'élagage et l'éhouppage, le périmètre autour de l'arbre est déterminé de telle sorte qu'aucune personne ne puisse être exposée à la chute d'une partie de l'arbre ou d'un objet ;

2º Pour les opérations d'abattage à l'aide d'outils ou de machines à main, le périmètre est déterminé, autour de l'arbre à abattre, par une distance égale, au minimum, à deux fois la hauteur de cet arbre ;

3º Pour les opérations mécanisées d'abattage, de débusquage, de débardage et pour les travaux réalisés à l'aide d'équipements de travail présentant des risques de projections, le périmètre est déterminé, autour de l'équipement de travail, par la distance de sécurité indiquée sur l'équipement, dans son manuel d'utilisation ou sa notice d'instructions.

II. — Lorsque la configuration de la parcelle, la nature des travaux ou les exigences liées à la formation professionnelle nécessitent l'intervention simultanée de plus d'une personne à l'intérieur du périmètre de sécurité mentionné au I, les chefs d'entreprises intervenantes sur le chantier définissent conjointement et préalablement aux travaux des règles spécifiques de sécurité qu'ils portent à la connaissance des intéressés.

Ces règles portent notamment sur le déroulement des travaux, la répartition des tâches, la position respective des opérateurs et le mode de communication entre eux.

Art. R. 717-79-4 Avant de franchir le périmètre de sécurité dans lequel se trouve un intervenant, tout autre intervenant ou personne autorisée doit lui signaler sa présence et s'assurer que celui-ci a interrompu son travail et lui a permis d'y pénétrer.

SOUS-SECTION 4 Modalités de rémunération

(Décr. nº 2016-1678 du 5 déc. 2016, art. 1er-5º)

Art. R. 717-80 Lorsque un employeur rémunère les travailleurs qu'il emploie à la tâche, les modalités de détermination de la rémunération sont conçues de manière à ne pas inciter à enfreindre les règles de sécurité.

SOUS-SECTION 5 Travaux particuliers

Les sous-sections 4, 5, 6 et 7 deviennent respectivement les sous-sections 5, 6, 7 et 8 ; les art. R. 717-80 à R. 717-80-4, R. 717-80-5 à R. 717-80-7 et R. 717-82 à R. 717-82-2 deviennent respectivement les art. R. 717-81 à R. 717-81-4, R. 717-81-6 à R. 717-81-8 et R. 717-83 à R. 717-83-2 ; les paragraphes 3, 4, et 5 de la sous-section 5 deviennent les paragraphes 4, 5 et 6 (Décr. nº 2016-1678 du 5 déc. 2016, art. 1er-4º, 6º-a, f et h et 8º-a, JO 6 déc.).

Art. R. 717-81 Les mesures d'organisation du chantier *(Décr. nº 2016-1678 du 5 déc. 2016, art. 1er-6º-b)* « édictées par les chefs d'entreprises intervenantes » prennent en compte les spécificités que présentent les travaux particuliers dans les conditions fixées ci-après.

§ 1 Travaux sur terrain en pente

Art. R. 717-81-1 Des mesures d'organisation préviennent les risques propres aux travaux sur des terrains en pente auxquels peuvent être exposés *(Décr. nº 2016-1678 du 5 déc. 2016, art. 1er-6º-c)* « les intervenants » du fait de leur propre activité ou de celles d'autres travailleurs.

Ces travaux sont organisés de telle manière que soient évités les risques pour *(Décr. nº 2016-1678 du 5 déc. 2016, art. 1er-6º-c)* « les intervenants » d'être atteints par des arbres, grumes, pierres et autres objets susceptibles de glisser sur la pente ou de la dévaler.

Art. R. 717-81-2 Les voies de débardage et les couloirs de cloisonnement sont conçus pour que les engins circulent dans le sens de la plus grande pente et n'évoluent pas, dans toute la mesure du possible, dans le sens du dévers.

Les modalités d'application du présent article sont, en tant que de besoin, précisées par arrêté *(Décr. nº 2016-1678 du 5 déc. 2016, art. 1er-6º-d)* « des ministres chargés de l'agriculture et du travail ».

Art. R. 717-81-3 Les engins et véhicules sont équipés de façon à présenter une capacité de franchissement et une adhérence adaptées au relief et au terrain.

§ 2 Débardage par câble aérien ou par hélicoptère

Art. R. 717-81-4 Les travaux de débardage par hélicoptère ou par câble aérien font l'objet de mesures de sécurité spécifiques tendant à prévenir notamment les risques pour *(Décr. nº 2016-1678 du 5 déc. 2016, art. 1er-6º-e)* « les intervenants et les autres personnes » d'être heurtés par des grumes en cours de manutention.

Les modalités d'application du présent article sont, en tant que de besoin, précisées par arrêté *(Décr. nº 2016-1678 du 5 déc. 2016, art. 1er-6º-e)* « des ministres chargés de l'agriculture et du travail ».

§ 3 Travaux concernant les bois chablis et les arbres encroués

(Décr. nº 2016-1678 du 5 déc. 2016, art. 1er-6º-g)

Art. R. 717-81-5 Un arrêté détermine les mesures de sécurité à prendre par les chefs d'entreprises intervenantes lors des travaux d'abattage des arbres encroués.

Il détermine les types de bois chablis et d'arbres encroués présentant des risques spécifiques pour l'application de l'article R. 717-82-1. – *V. Arr. du 24 janv. 2017 relatif aux travaux d'exploitation de chablis et d'abattage des arbres encroués pris en application de l'art. R. 717-81-5 (JO 1er févr.).*

§ 4 Entreposage des produits forestiers

Art. R. 717-81-6 Des mesures d'organisation évitent, sauf si elle est indispensable, la présence *(Décr. nº 2016-1678 du 5 déc. 2016, art. 1er-6º-i)* « d'intervenants » à proximité de la zone d'entreposage.

Les produits forestiers sont entreposés sur un sol permettant d'assurer leur stabilité et d'éviter leurs mouvements incontrôlés ou leur chute.

Sur les zones en déclivité, ils sont disposés de façon à ne pouvoir glisser sur la pente ou la dévaler.

§ 5 Équipements de travail utilisés à poste fixe

Art. R. 717-81-7 Les aires de travail affectées aux équipements de travail utilisés à poste fixe sont choisies, aménagées et organisées dans des conditions de nature à assurer la sécurité des *(Décr. n° 2016-1678 du 5 déc. 2016, art. 1er-6°-j)* « intervenants » et des personnes.

§ 6 Travaux au voisinage d'ouvrages de transport ou de distribution d'électricité et d'autres fluides

Art. R. 717-81-8 Pour l'application des dispositions du décret n° 91-1147 du 14 octobre 1991 modifié relatif à l'exécution de travaux à proximité de certains ouvrages souterrains, aériens ou subaquatiques de transport ou de distribution *[abrogé ; V. C. envir., art. R. 554-1 s.]*, les fiches de chantier prévues à l'article *(Décr. n° 2016-1678 du 5 déc. 2016, art. 1er-6°-k)* « R. 717-78-1 » *(Décr. n° 2017-1492 du 25 oct. 2017, art. 6-11°)* « du présent code » sont établies et toutes mesures utiles prises pour éviter que des équipements de travail, des véhicules ou des dépôts de bois *(Décr. n° 2016-1678 du 5 déc. 2016, art. 1er-6°-k)* « mettent des personnes en danger ou détériorent des conduites de transport ou de distribution de fluides, notamment lorsqu'elles sont enterrées ».

SOUS-SECTION 6 Travail isolé

(Décr. n° 2016-1678 du 5 déc. 2016, art. 1er-7°)

Art. R. 717-82 Les chantiers sont organisés de manière à éviter le travail isolé.

Lorsque le travail isolé ne peut être évité, le chef d'entreprise intervenante concerné prend les mesures permettant de garantir la sécurité lors de l'exécution des travaux dont il a la charge.

Il détermine en particulier les mesures techniques ou organisationnelles nécessaires permettant que l'alerte soit donnée en cas d'accident et que les premiers secours soient dispensés dans les plus brefs délais.

Art. R. 717-82-1 Il est interdit aux employeurs de faire réaliser aux travailleurs, en situation de travail isolé, des travaux sur bois chablis et d'abattage d'arbres encroués présentant des risques spécifiques, à l'aide d'outils ou de machines à main.

Les travailleurs indépendants et les employeurs exerçant en personne leur activité sur un chantier ont interdiction de réaliser ce type de travaux dans ces mêmes conditions.

Art. R. 717-82-2 Si les dispositions *(Décr. n° 2017-1492 du 25 oct. 2017, art. 6-12°)* « des articles R. 717-82 et R. 717-82-1 » ne sont pas mises en œuvre, les travailleurs sont réputés être dans la situation justifiant l'exercice de leur droit de retrait.

SOUS-SECTION 7 Équipements de protection individuelle et dispositifs individuels de signalisation

Art. R. 717-83 Tous les *(Décr. n° 2016-1678 du 5 déc. 2016, art. 1er-8°-b)* « intervenants » qui évoluent sur un chantier forestier ou sylvicole en activité sont équipés :

– d'un casque de protection de la tête ;

– de chaussures ou de bottes de sécurité, adaptées au terrain ;

– d'un vêtement ou d'un accessoire de couleur vive permettant aux autres opérateurs de les voir.

Toutefois, s'agissant des travaux de sylviculture et lorsque la nature des travaux en cause le justifie, les *(Décr. n° 2016-1678 du 5 déc. 2016, art. 1er-8°-b)* « intervenants » peuvent être dispensés du port du casque.

§ 1 Intervenants utilisant une scie à chaîne *(Décr. n° 2016-1678 du 5 déc. 2016, art. 1er-8°-c)*.

Art. R. 717-83-1 Indépendamment des équipements de protection individuelle énumérés à l'article *(Décr. n° 2016-1678 du 5 déc. 2016, art. 1er-8°-d)* « R. 717-83 », les travailleurs qui utilisent une scie à chaîne sont équipés :

– d'un écran de protection ou de lunettes contre les projections ;

– de protecteurs contre le bruit ;

(Décr. n° 2016-1678 du 5 déc. 2016, art. 1er-8°-d) « – les gants ;

« – d'un pantalon ou vêtement similaire permettant de prévenir les risques de coupure propres au type de scie à chaîne utilisé ».

Les chaussures et les bottes devront, en outre, être choisies de façon à prévenir les risques de coupure propres *(Décr. n° 2016-1678 du 5 déc. 2016, art. 1er-8°-d)* « au type de matériel utilisé ».

§ 2 Conducteurs d'engins

Art. R. 717-83-2 Les conducteurs disposent, dans leur cabine, des gants adaptés aux travaux d'entretien et de maintenance.

Le port du casque de protection et du vêtement ou accessoire de signalisation de couleur vive ne s'impose qu'en dehors de la cabine.

SOUS-SECTION 8 Hygiène

(Décr. n° 2016-1678 du 5 déc. 2016, art. 1er-9°)

Art. R. 717-84 Les chefs d'entreprises intervenantes prennent leurs dispositions pour que les intervenants bénéficient de conditions décentes d'hygiène.

Ils mettent au minimum à disposition sur les chantiers les moyens et équipements prévus *(Décr. n° 2017-1492 du 25 oct. 2017, art. 6-13°)* « à la présente sous-section ».

§ 1 Dispositions générales

Art. R. 717-84-1 Les intervenants disposent d'une quantité d'eau potable suffisante pour assurer leur propreté individuelle, ainsi que des moyens de nettoyage et de séchage ou d'essuyage appropriés, entretenus et changés chaque fois que nécessaire.

Art. R. 717-84-2 Les intervenants sur le chantier disposent d'eau potable pour la boisson en quantité suffisante.

Art. R. 717-84-3 Les intervenants disposent des moyens de prendre leurs repas dans des conditions satisfaisantes.

Art. R. 717-84-4 Les intervenants disposent d'un moyen de s'abriter dans des conditions satisfaisantes sur le chantier ou à proximité lorsque les conditions météorologiques le nécessitent.

Le moyen utilisé peut être fixe ou mobile, aménagé dans un véhicule ou un engin.

Les produits ou matériels dangereux ou salissants doivent être stockés séparément.

§ 2 Dispositions applicables aux chantiers d'accès difficile

Art. R. 717-84-5 L'obligation prévue à l'article R. 717-84-4 ne s'applique pas lorsque les conditions d'accès au chantier ne permettent pas sa mise en œuvre.

Dans cette situation des mesures d'adaptation sont mises en place par le chef d'entreprise intervenante.

Ces mesures concernent également le cas échéant la mise en œuvre des obligations des articles R. 717-84-1 et R. 717-84-3.

Elles peuvent être déterminées par accord d'entreprise ou d'établissement.

SOUS-SECTION 9 Mise en demeure

(Décr. n° 2016-1678 du 5 déc. 2016, art. 1er-10°)

Art. R. 717-85 Les dispositions de l'article R. 717-78-1, des alinéas 1, 3 et 4 de l'article R. 717-78-2, de l'alinéa 1er de l'article R. 717-78-4 ainsi que les dispositions de la sous-section 8 sont soumises à la procédure de mise en demeure préalable prévue à l'article L. 4721-4 du code du travail.

Le délai minimum d'exécution est fixé à trois jours.

SECTION 5 Travaux en hauteur dans les arbres *(Décr. n° 2010-1603 du 17 déc. 2010, art. 1er-5°).*

SOUS-SECTION 1 Prescriptions générales

(Décr. n° 2008-1053 du 10 oct. 2008, art. 2, en vigueur le 1er janv. 2009)

Art. R. 717-85-1 Les travailleurs indépendants qui effectuent des travaux en hauteur dans les arbres ainsi que les employeurs qui effectuent directement ces travaux sont soumis aux dispositions des livres II, III, IV, V et VII de la quatrième partie du code du travail relative à la santé et à la sécurité au travail dans les conditions prévues par la présente section. *(Décr. n° 2021-1833 du 24 déc. 2021, art. 1er)* « Pour l'application de la présente section, les végétaux à stipe sont traités comme des arbres. »

Art. R. 717-85-2 Les personnes mentionnées à l'article R. 717-85-1 sont soumises aux dispositions particulières à l'exécution des travaux temporaires en hauteur et à certains équipements de travail utilisés à cette fin, fixées aux articles R. 4323-58 à R. 4323-90 du code du travail et aux arrêtés pris pour leur application.

Les dispositions relatives à la sécurité des lieux de travail fixées aux articles R. 4224-4 et R. 4224-20 du code du travail leur sont applicables.

SOUS-SECTION 2 Utilisation d'équipements de travail et de protection individuelle

(Décr. n° 2008-1053 du 10 oct. 2008, art. 2, en vigueur le 1er janv. 2009)

Art. R. 717-85-3 Lorsqu'elles utilisent des équipements de travail et des équipements de protection individuelle, les personnes mentionnées à l'article R. 717-85-1 *(Décr. n° 2017-1492 du 25 oct. 2017, art. 6-14°)* « du présent code » sont soumises aux dispositions des articles suivants du code du travail ainsi qu'à celles des arrêtés pris pour leur application :

1° Articles R. 4321-1 à R. 4321-3 fixant les règles générales d'utilisation des équipements de travail et des moyens de protection ;

2° Articles R. 4322-1 et R. 4322-2 relatifs au maintien en état de conformité des équipements de travail et des moyens de protection ;

3° Articles R. 4323-6, R. 4323-14 et R. 4323-19 à R. 4323-21 relatifs à l'installation, à l'utilisation et à la maintenance des équipements de travail ;

4° Articles R. 4323-22 à R. 4323-28, R. 4721-11 et R. 4721-12 relatifs aux vérifications des équipements de travail ;

5° Articles R. 4323-91 à R. 4323-94 et R. 4323-98 à R. 4323-103 relatifs à l'utilisation et aux vérifications des équipements de protection individuelle.

Les travailleurs indépendants mentionnés à l'article R. 717-85-1 *(Décr. n° 2017-1492 du 25 oct. 2017, art. 6-14°)* « du présent code » peuvent procéder eux-mêmes aux vérifications périodiques des équipements de travail et des équipements de protection individuelle mentionnés aux 4° et 5° ci-dessus s'ils ont la compétence nécessaire.

Art. R. 717-85-4 Lorsqu'elles utilisent des équipements de travail servant au levage, les personnes mentionnées à l'article R. 717-85-1 sont soumises aux dispositions du code du travail fixées aux articles R. 4323-29 à R. 4323-36, R. 4323-39, R. 4323-40 et R. 4323-44 à R. 4323-49.

La conduite de ces équipements est réservée aux personnes qui ont reçu une formation adéquate, complétée et réactualisée chaque fois que nécessaire.

SOUS-SECTION 3 Mesures de prévention des risques chimiques

(Décr. n° 2008-1053 du 10 oct. 2008, art. 2, en vigueur le 1er janv. 2009)

Art. R. 717-85-5 Lorsqu'elles sont exposées ou susceptibles d'être exposées à des agents chimiques dangereux autres que des agents cancérogènes, mutagènes ou toxiques pour la reproduction, les personnes mentionnées à l'article R. 717-85-1 sont soumises aux dispositions du code du travail suivantes :

1° Articles R. 4412-1 à R. 4412-4 définissant le champ d'application des mesures de prévention des risques chimiques ;

2° Articles R. 4412-5 à R. 4412-8 et R. 4412-10 relatifs à l'évaluation des risques ;

3° Articles R. 4412-11 et R. 4412-15 à R. 4412-19 relatifs aux mesures et moyens de prévention.

Art. R. 717-85-6 Lorsqu'elles sont exposées ou susceptibles d'être exposées à des agents chimiques dangereux cancérogènes, mutagènes ou toxiques pour la reproduction, les personnes mentionnées à l'article R. 717-85-1 *(Décr. n° 2017-1492 du 25 oct. 2017, art. 6-15°)* « du présent code » sont soumises aux dispositions du code du travail suivantes :

1° Article R. 4412-59 et article R. 4412-60 définissant le champ d'application des mesures de prévention des risques chimiques particulières aux agents chimiques dangereux cancérogènes, mutagènes et toxiques pour la reproduction, à l'exception des 3° à 7° de l'article R. 4412-59 ;

2° Articles R. 4412-61 à R. 4412-63 et R. 4412-65 relatifs à l'évaluation des risques ;

3° Articles R. 4412-66 à R. 4412-74 relatifs aux mesures et moyens de prévention.

Elles tiennent à la disposition de l'inspection du travail et des agents des services de prévention des organismes de sécurité sociale, les éléments ayant servi à l'évaluation des risques, qu'elles consignent par écrit.

En cas d'incident ou d'accident susceptible d'entraîner une exposition anormale à des agents chimiques cancérigènes, mutagènes ou toxiques pour la reproduction, afin de maintenir ou restaurer les conditions de salubrité dans la zone ainsi affectée, les personnes mentionnées à l'article R. 717-85-1 *(Décr. n° 2017-1492 du 25 oct. 2017, art. 6-15°)* « du présent code » procèdent à l'élimination de ces agents chimiques de façon à ne pas créer de nouveaux risques pour d'autres travailleurs.

Art. R. 717-85-7 I. — Lorsqu'elles utilisent des produits antiparasitaires à usage agricole, les personnes mentionnées à l'article L. 717-85-1 observent les prescriptions suivantes :

1° Seul peut être utilisé du matériel réservé à l'usage des produits antiparasitaires. Ce matériel ne doit pas être utilisé pour assurer l'approvisionnement en eau superficielle ou souterraine captée nécessaire aux dilutions ;

2° Après les opérations de préparation des bouillies et des mélanges, elles se lavent les mains et le visage ;

3° A l'issue des opérations d'application des produits, elles se lavent le corps ;

4° Une réserve d'eau et de produits appropriés destinés au lavage immédiat des souillures accidentelles doit être disponible à proximité du lieu où sont préparés et appliqués les produits ;

5° Lors de toute exposition aux produits antiparasitaires et avant qu'il ait été procédé au nettoyage corporel, il leur est interdit de priser, de fumer, de boire et de manger.

II. — Les femmes enceintes ne peuvent effectuer de travaux en hauteur dans les arbres qui les exposeraient à des produits antiparasitaires dont l'étiquetage indique qu'ils peuvent provoquer des altérations génétiques héréditaires ou des malformations congénitales.

Les femmes qui allaitent ne peuvent effectuer de travaux en hauteur dans les arbres qui les exposeraient à des produits antiparasitaires classés cancérogènes ou mutagènes.

SOUS-SECTION 4 Mesures générales de prévention des risques biologiques

(Décr. n° 2008-1053 du 10 oct. 2008, art. 2, en vigueur le 1er janv. 2009)

Art. R. 717-85-8 Lorsqu'elles sont exposées ou susceptibles d'être exposées à des agents biologiques, les personnes mentionnées à l'article R. 717-85-1 sont soumises aux dispositions du code du travail suivantes ainsi qu'à celles des arrêtés pris pour leur application :

1° Articles R. 4421-1 à R. 4421-4 définissant le champ d'application des mesures de prévention des risques biologiques ;

2° Article R. 4422-1 fixant les principes de prévention ;

3° Articles R. 4423-1 à R. 4423-4 relatifs à l'évaluation des risques ;

4° Articles R. 4424-1 à R. 4424-3 et R. 4424-6 à R. 4424-7 relatifs aux mesures et moyens de prévention.

SOUS-SECTION 5 Mesures générales de prévention des risques d'exposition aux vibrations mécaniques

(Décr. n° 2008-1053 du 10 oct. 2008, art. 2, en vigueur le 1er janv. 2009)

Art. R. 717-85-9 Lorsqu'elles sont exposées ou susceptibles d'être exposées à des vibrations mécaniques, les personnes mentionnées à l'article R. 717-85-1 sont soumises aux dispositions du code du travail suivantes ainsi qu'à celles des arrêtés pris pour leur application :

1° Articles R. 4441-1 et R. 4441-2 définissant les risques d'exposition aux vibrations mécaniques ;

2° Articles R. 4442-1 et R. 4442-2 fixant les principes de prévention ;

3° Articles R. 4443-1 et R. 4443-2 relatifs aux valeurs limites d'exposition, en tant qu'ils concernent les vibrations transmises aux mains et aux bras ;

4° Articles R. 4444-1 à R. 4444-7 relatifs à l'évaluation des risques, à l'exception du premier alinéa de l'article R. 4444-4 et du 9° de l'article R. 4444-5 ;

5° Articles R. 4445-1 à R. 4445-3 et article R. 4445-6 relatifs aux mesures et moyens de prévention, à l'exception des 6° et 9° de l'article R. 4445-2.

SOUS-SECTION 6 Mesures relatives à la prévention des risques liés aux travaux au voisinage de lignes et installations électriques

(Décr. n° 2008-1053 du 10 oct. 2008, art. 2, en vigueur le 1er janv. 2009)

Art. R. 717-85-10 Les travailleurs indépendants qui effectuent des travaux en hauteur dans les arbres, ainsi que les employeurs qui effectuent directement ces travaux, au voisinage de lignes et installations électriques sont soumis aux dispositions du code du travail suivantes :

1° Articles R. 4534-107 à R. 4534-109 relatifs au champ d'application des mesures de prévention et aux distances minimales de sécurité ;

2° Articles R. 4534-111 à R. 4534-121 et R. 4534-123 relatifs aux prescriptions techniques de protection durant l'exécution de travaux hors tension et de travaux sous tension ;

3° Articles R. 4534-124 à R. 4534-125 relatifs aux litiges et à la prévention, à l'exception du 2° de l'article R. 4534-125.

SECTION 5 *BIS* Travaux agricoles dans les parcs et jardins et autres travaux d'entretien de la végétation

(Décr. n° 2021-1833 du 24 déc. 2021, art. 1er)

Les dispositions du Décr. n° 2021-1833 du 24 déc. 2021 entrent en vigueur le premier jour du troisième mois suivant celui de sa publication, à l'exception des troisième et quatrième alinéas de l'art. R. 717-85-18 qui entrent en vigueur dix-huit mois après sa date de publication (Décr. préc., art. 2, JO 28 déc.).

SOUS-SECTION 1 Champ d'application

Art. R. 717-85-11 Les dispositions de la présente section sont applicables aux travaux d'abattage et d'élagage, ainsi qu'aux opérations d'ébranchage, de billonnage et de broyage liées directement à ceux-ci, réalisés :

1° Soit lors de travaux mentionnés au 2° de l'article L. 722-2 du présent code ;

2° Soit lors de travaux d'entretien de la végétation autres que ceux mentionnés au 1° de l'article L. 722-2 et autres que ceux réalisés sur les chantiers forestiers ou sylvicoles mentionnés à l'article R. 717-77.

Pour l'application de la présente section, les végétaux à stipe sont traités comme des arbres.

Art. R. 717-85-12 I. – Les dispositions de la présente section sont applicables aux employeurs au sens des articles L. 4111-1 à L. 4111-4 du code du travail, qui emploient des travailleurs mentionnés à l'article L. 4111-5 de ce code.

II. – Lorsque les travaux mentionnés à l'article R. 717-85-11 du présent code sont effectués en hauteur dans les arbres par des travailleurs indépendants ou par des employeurs qui effectuent directement ces travaux, les dispositions de la présente section leur sont également applicables, à l'exception de l'article R. 717-85-15 et du premier alinéa de l'article R. 717-85-17.

Art. R. 717-85-13 L'expression "chefs d'entreprises intervenantes" désigne l'ensemble des employeurs faisant intervenir des travailleurs sur un chantier ou leurs délégataires, des employeurs exerçant en personne sur ce chantier et des travailleurs indépendants opérant sur ce même chantier.

Art. R. 717-85-14 Le terme "les intervenants" désigne l'ensemble des travailleurs, des travailleurs indépendants et des employeurs exerçant en personne, opérant sur un même chantier.

SOUS-SECTION 2 Organisation générale du chantier

§ 1 Évaluation des risques du chantier

Art. R. 717-85-15 Chaque chef d'entreprise intervenante évalue les risques relatifs aux chantiers où sont réalisés les travaux mentionnés à l'article R. 717-85-11.

Les mesures de prévention prévues et mises en œuvre en application des articles L. 4121-1 et L. 4121-2 du code du travail s'appliquent sans préjudice des obligations découlant de la réglementation relative à la circulation sur la voirie publique.

§ 2 Organisation des travaux

Art. R. 717-85-16 Une fiche d'intervention est établie préalablement au début des travaux par chaque chef d'entreprise intervenante chargé de tout ou partie des travaux.

Cette fiche comprend :

1° L'indication de l'emplacement du chantier, des travaux à réaliser, des équipements de travail utilisés et des dates de début et de fin des travaux ;

2° Une carte ou un croquis du chantier indiquant les accès et voies de circulation ainsi que les végétaux à traiter ;

3° Les risques spécifiques au chantier et au contexte environnant ;

4° Les mesures de sécurité spécifiques au chantier ;

5° La procédure à suivre en cas d'accident ;

6° Les consignes sur l'organisation des secours ;

7° Les consignes sur la conduite à tenir en cas d'intempéries et de phénomènes météorologiques imprévus.

La fiche, datée et signée par chaque chef d'entreprise intervenante ou son représentant est communiquée et présentée aux travailleurs avant le début des travaux.

Elle est communiquée au chef de l'entreprise utilisatrice lorsque le chantier est réalisé dans le cadre des dispositions prises en application de l'article L. 4511-1 du code du travail.

Un exemplaire de cette fiche est disponible en permanence sur le chantier.

La fiche est conservée pendant deux ans à compter de sa date de signature.

§ 3 Compétences des travailleurs et suivi de l'exécution des travaux

Art. R. 717-85-17 Les chefs d'entreprises intervenantes s'assurent que les travailleurs affectés sur les chantiers mentionnés à l'article R. 717-85-11 disposent des compétences nécessaires pour réaliser les travaux selon les règles de l'art.

Ils s'assurent que les travaux sont exécutés selon ces règles.

§ 4 Organisation des secours

Art. R. 717-85-18 Les chefs d'entreprises intervenantes organisent les secours de telle manière que l'alerte soit donnée, et les premiers secours dispensés, dans les plus brefs délais.

Ils mettent à disposition dans un lieu identifié sur le chantier une trousse de secours dont le contenu est adapté à l'activité exercée.

Ils s'assurent que tout travailleur affecté sur un chantier visé à l'article R. 717-85-11 a reçu une formation aux premiers secours adaptée à l'activité exercée. Cette formation est délivrée au plus tard dans les six mois suivant l'embauche par l'entreprise.

Les travailleurs indépendants et les employeurs exerçant en personne leur activité sur le chantier reçoivent la formation mentionnée à l'alinéa précédent au plus tard six mois après la création de l'entreprise. — *Les travailleurs indépendants et les employeurs exerçant en personne leur activité sur le chantier qui ont créé leur entreprise avant l'entrée en vigueur du quatrième alinéa de l'art. R. 717-85-18 reçoivent la formation mentionnée à cet alinéa au plus tard vingt-quatre mois à compter de la date de publication du Décr. nº 2021-1833 du 24 déc. 2021 (art. 2, JO 28 déc.).*

§ 5 Intempéries

Art. R. 717-85-19 Les travaux d'abattage à l'aide d'outils ou de machines à main et les travaux dans les arbres ne peuvent être réalisés en cas de conditions météorologiques dangereuses.

SOUS-SECTION 3 Périmètres de sécurité du chantier

§ 1 Sécurité vis-à-vis de la zone extérieure au chantier

Art. R. 717-85-20 Les chefs d'entreprises intervenantes délimitent le chantier de la zone extérieure par un périmètre de sécurité matérialisé par un dispositif temporaire adapté.

L'étendue de ce périmètre est déterminée de manière à prévenir les risques découlant d'une interférence entre les travaux réalisés sur le chantier et les activités se déroulant à l'extérieur. Le périmètre de sécurité peut évoluer selon les besoins du chantier.

Lorsque des phases de danger sont identifiées lors de l'analyse des risques du chantier, une surveillance de l'accès au chantier est assurée.

Art. R. 717-85-21 Les chefs d'entreprises intervenantes apposent une signalisation temporaire spécifique afin de prévenir les risques de pénétration sur le chantier. Cette signalisation avertit du danger de chute d'arbres ou de branches et indique que l'accès au chantier est interdit au public.

Art. R. 717-85-22 Lorsqu'un travailleur constate l'intrusion, sur le chantier, d'une personne étrangère à ce chantier, il suspend son action, sauf si cette suspension pourrait avoir pour effet de créer un risque supplémentaire.

§ 2 Sécurité au sein du chantier

Art. R. 717-85-23 I. — Au sein du chantier, des périmètres de sécurité délimitent l'espace propre à chaque intervenant pour les différents types de travaux.

II. — Les chefs d'entreprises intervenantes s'assurent que l'intervenant se trouve seul dans le périmètre de sécurité défini selon la tâche qu'il exécute, à l'exception des cas prévus au III :

1° Pour l'élagage et l'éhoupage, le périmètre de sécurité est déterminé autour de l'arbre de telle sorte qu'aucune personne ne puisse être exposée à la chute d'une partie de l'arbre ou d'un objet ;

2° Pour les opérations d'abattage à l'aide d'outils ou de machines à main par un opérateur au sol, un périmètre, dont le rayon est égal à deux fois la hauteur de l'arbre, est mis en place. Il peut être réduit à une portion de la surface qu'il délimite, de rayon identique, lorsqu'un guidage de l'arbre est opéré de manière à garantir la direction d'abattage.

Lorsque l'espace disponible ne permet pas un abattage direct de l'arbre, celui-ci est réalisé par démontage, complété le cas échéant d'un système de rétention permettant de freiner et diriger la chute des tronçons. Le périmètre de sécurité dépend alors de l'analyse des risques et de la technique d'abattage choisie. Il est déterminé de telle sorte qu'aucune personne ne puisse être exposée à la chute d'une partie de l'arbre ou d'un objet ;

3° Pour les opérations mécanisées d'abattage, d'élagage, de broyage et pour les travaux réalisés à l'aide d'équipements de travail présentant des risques de projections, le périmètre est déterminé, autour de l'équipement de travail, par la distance de sécurité indiquée sur l'équipement, dans son manuel d'utilisation ou sa notice d'instructions.

Des mesures sont prises pour éviter que les cordes utilisées pour le travail en hauteur dans les arbres soient entraînées par les éléments mobiles des équipements de travail en fonctionnement.

III. – Lorsque la configuration de la parcelle, la nature des travaux ou les exigences liées à la formation professionnelle nécessitent l'intervention simultanée de plus d'une personne à l'intérieur d'un des périmètres de sécurité mentionnés au II, les chefs d'entreprises intervenantes sur le chantier définissent préalablement aux travaux des règles spécifiques de sécurité qu'ils portent à la connaissance des intéressés.

Ces règles portent notamment sur le déroulement des travaux, la répartition des tâches, la position respective des opérateurs, leur nombre, et le mode de communication entre eux.

Art. R. 717-85-24 Avant de franchir le périmètre de sécurité dans lequel se trouve un intervenant, tout autre intervenant ou personne autorisée doit lui signaler sa présence et s'assurer que celui-ci a interrompu son travail et lui a permis d'y pénétrer.

Art. R. 717-85-25 Les chefs d'entreprises intervenantes prennent les dispositions nécessaires pour que les intervenants présents sur le chantier soient en mesure de communiquer entre eux par tout moyen ou combinaison de moyens appropriés.

SECTION 6 **Dispositions particulières à l'utilisation des lieux de travail dans les établissements agricoles** *(Décr. n° 2010-1603 du 17 déc. 2010, art. 1er-7°).*

(Décr. n° 2008-244 du 7 mars 2008, art. 7, en vigueur le 1er mai 2008)

Les art. R. 717-85 à R. 717-95 deviennent respectivement les art. R. 717-86 à R. 717-96 (Décr. n° 2008-1053 du 10 oct. 2008, art. 1er, JO 12 oct.).

Art. R. 717-86 Les dispositions de la présente section, prises en application de l'article L. 4111-6 du code du travail, prévoient certaines dispositions particulières à l'utilisation des lieux de travail dans les établissements agricoles. – *Anc. art. R. 717-85.*

Art. R. 717-87 Lorsque les dispositions des articles R. 4222-1 et suivants du code du travail relatifs au nettoyage, à l'aération, l'assainissement et l'ambiance thermique des lieux de travail ne peuvent recevoir application en raison de la nature des opérations agricoles pratiquées, des mesures d'effet équivalent doivent être prises pour la protection de la santé des travailleurs. – *Anc. art. R. 717-86.*

Art. R. 717-88 Les travailleurs ne doivent être admis dans les locaux ayant fait l'objet d'un traitement antiparasitaire qu'après ventilation suffisante et observation, s'il y a lieu, de délais évitant les effets toxiques rémanents. En cas de nécessité d'intervention anticipée, les moyens de protection individuelle appropriés doivent être fournis. – *Anc. art. R. 717-87.*

Art. R. 717-89 Lorsque les travaux sont effectués dans des locaux fermés et dans une atmosphère dangereuse pour la santé des travailleurs, le temps de présence doit être aussi limité que possible. – *Anc. art. R. 717-88.*

Art. R. 717-90 Les dispositions relatives à l'éclairage des articles R. 4223-1 à R. 4223-12, R. 4722-3 et R. 4722-4 et du code du travail sont applicables dans les établissements agricoles visés à l'article R. 717-85 du présent code, sauf dans les lieux où l'éclairage peut être contre-indiqué en raison des techniques agricoles pratiquées.

Dans ce cas, des moyens individuels d'éclairage doivent être mis à la disposition du personnel et être tenus constamment en bon état de fonctionnement à la diligence de l'employeur. – *Anc. art. R. 717-89.*

Art. R. 717-91 Lorsque les travailleurs sont exposés aux intempéries en raison des conditions d'exécution du travail, l'employeur met à leur disposition des moyens de protection individuelle, dont les caractéristiques techniques sont, en tant que de besoin, fixées par des arrêtés du ministre de l'agriculture. – *Anc. art. R. 717-90.*

Art. R. 717-92 Les dispositions relatives aux installations sanitaires des articles R. 4228-1 à R. 4228-7 du code du travail ne sont applicables qu'au cas où le travail est effectué dans les locaux de l'exploitation, de l'entreprise ou de l'établissement agricole ou à proximité de ceux-ci et, si ce n'est pas le cas, lorsque les salariés y prennent et finissent leur travail de façon habituelle. – *Anc. art. R. 717-91.*

Art. R. 717-93 Les dispositions relatives aux cabinets d'aisance des articles R. 4228-12 à R. 4228-17 du code du travail ne sont applicables qu'au cas où le travail est effectué dans les locaux de l'exploitation, de l'entreprise ou de l'établissement agricole, ou à proximité de ceux-ci. – *Anc. art. R. 717-92.*

Art. R. 717-94 Pour l'application des articles R. 4228-18 à *(Décr. n° 2008-1503 du 30 déc. 2008, art. 4-21°)* « R. 4228-23 » du code du travail, l'inspecteur du travail peut également tenir compte des impossibilités techniques liées à la nature ou à la situation de l'exploitation. – *Anc. art. R. 717-93.*

Art. R. 717-95 Lorsque les dispositions relatives aux installations sanitaires et à la restauration des articles R. 4228-1 à R. 4228-26 du code du travail ne peuvent recevoir application en raison de la nature des opérations agricoles pratiquées ou de la situation des lieux de travail, des mesures d'effet équivalent doivent être prises en vue d'assurer la protection de la santé des travailleurs.

Les dispositions du présent article s'appliquent à la construction et à l'aménagement des bâtiments. – *Anc. art. R. 717-94.*

Art. R. 717-96 Les dispositions de la présente section sont soumises à la procédure de mise en demeure préalable prévue à l'article L. 4721-4 du code du travail. Le délai minimum d'exécution est fixé à huit jours. – *Anc. art. R. 717-95.*

SECTION 7 Coopération en matière de sécurité et de protection de la santé

(Décr. n° 2015-756 du 24 juin 2015, art. 1er, en vigueur le 1er oct. 2015)

Art. R. 717-97 Pour la mise en œuvre des règles d'organisation de la coopération en matière de sécurité et de protection de la santé au travail prévue à l'article L. 717-10, les dispositions du titre I du livre V de la quatrième partie du code du travail (partie réglementaire) sont étendues aux travailleurs indépendants dans leurs relations avec les employeurs, lorsqu'ils exercent chacun une des activités mentionnées aux 1°, 2° et 4° de l'article L. 722-1 *(Décr. n° 2017-1492 du 25 oct. 2017, art. 6-16°)* « du présent code », dans les conditions suivantes :

1° Est considérée entreprise utilisatrice, au sens de l'article R. 4511-1 du code du travail ou entreprise d'accueil au sens de l'article R. 4515-1 du même code, l'entreprise agricole qui, pour exécuter ou participer à l'exécution d'une opération, fait intervenir au moins :

a) Un travailleur indépendant, lorsque l'entreprise utilisatrice emploie elle-même un ou plusieurs travailleurs ;

b) Ou une entreprise qui emploie un ou plusieurs travailleurs, lorsque l'entreprise utilisatrice n'emploie elle-même aucun travailleur ;

2° Le travailleur indépendant mentionné au *a* du 1° et l'entreprise mentionnée au *b* du 1° sont alors considérés entreprises extérieures au sens de l'article R. 4511-1 et de l'article R. 4515-1 du même code.

CHAPITRE VIII DISPOSITIONS DIVERSES

SECTION 1 Comités des activités sociales et culturelles

La présente section ne comprend pas de dispositions réglementaires.

SECTION 2 Plan de formation de l'entreprise

Art. R. 718-1 à D. 718-3 *Abrogés par Décr. n° 2006-665 du 7 juin 2006, art. 18-II.*

SECTION 3 Contrats de travail *(Décr. n° 2010-1086 du 14 sept. 2010).*

(Décr. n° 2006-765 du 29 juin 2006)

BIBL. ▶ Tauran, *RD rur. oct. 2006. 50* (commentaire du décret n° 2006-765 du 29 juin 2006).

SOUS-SECTION 1 Retour à l'emploi des salariés âgés

(Décr. n° 2010-1086 du 14 sept. 2010)

Art. D. 718-4 Tout employeur de salariés mentionnés à l'article L. 722-20 (à l'exception des 5°, 7° et 11°) du présent code peut conclure un contrat de travail à durée

déterminée, en application du 1° de l'article L. 1242-3 du code du travail, avec une personne demandeuse d'emploi justifiant manquer d'au maximum huit trimestres de cotisations, tous régimes confondus, pour bénéficier d'une retraite à taux plein.

Art. D. 718-5 **Le contrat de travail prévu** *(Décr. n° 2017-1492 du 25 oct. 2017, art. 7-1°)* **« à l'article D. 718-4 » peut être conclu pour une durée maximale de vingt-quatre mois. Il ne peut pas être renouvelé.**

SOUS-SECTION 2 Contrat emploi-formation agricole

(Décr. n° 2010-1086 du 14 sept. 2010)

Art. D. 718-6 **La durée maximale du contrat emploi-formation agricole mentionné à l'article L. 718-3** *(Abrogé par Décr. n° 2017-1492 du 25 oct. 2017, art. 7-2°)* ***« du code rural et de la pêche maritime »*** **est fixée à 18 mois, compte tenu, le cas échéant, de son renouvellement.**

Art. D. 718-7 **Le contrat emploi-formation agricole s'adresse aux salariés des catégories visées au I de l'article** *(Décr. n° 2013-754 du 14 août 2013, art. 18-II)* **« D. 1242-3 » du code du travail ainsi que, s'ils ont besoin d'un complément de formation professionnelle, aux demandeurs d'emploi de longue durée, aux anciens stagiaires de la** *(Décr. n° 2011-191 du 17 févr. 2011, art. 2)* **« formation professionnelle aux métiers de l'agriculture, de la forêt, de la nature et des territoires » et aux bénéficiaires du revenu** *(Décr. n° 2009-716 du 18 juin 2009, art. 4)* **« de solidarité active »** *(Abrogé par Décr. n° 2015-1710 du 21 déc. 2015, art. 4-II)* ***« dont les ressources sont inférieures au montant forfaitaire mentionné au 2° de l'article L. 262-2 du code de l'action sociale et des familles ».***

Art. D. 718-8 **Ce contrat comporte une annexe décrivant les modalités de la formation dispensée au salarié. Cette annexe est signée de l'employeur, du salarié et du fonds d'assurance formation assurant le financement des périodes de formation.**

La déclaration d'embauche à la caisse de Mutualité sociale agricole fait mention de la nature spécifique de ce contrat.

SECTION 5 Conflits collectifs

(Décr. n° 2008-244 du 7 mars 2008, art. 7, en vigueur le 1er mai 2008)

Les sous-sections 1 et 2 de la section 5 du chapitre VIII du titre I du livre VII sont abrogées (Décr. n° 2019-1379 du 18 déc. 2019, art. 2-I-1°).

Art. R. 718-9 *(Décr. n° 2019-1379 du 18 déc. 2019, art. 2, en vigueur le 1er janv. 2020)* **La procédure de conciliation dans les professions agricoles est régie par les dispositions des articles R. 2522-1 et suivants du code du travail.**

Art. R. 718-10 *(Décr. n° 2019-1379 du 18 déc. 2019, art. 2, en vigueur le 1er janv. 2020)* **La procédure de médiation dans les professions agricoles est régie par les dispositions des articles R. 2523-1 et suivants du code du travail.**

Art. R. 718-11 à R. 718-15 *Abrogés par Décr. n° 2019-1379 du 18 déc. 2019, art. 2, à compter du 1er janv. 2020.*

SECTION 6 Formation professionnelle tout au long de la vie

(Décr. n° 2008-244 du 7 mars 2008, art. 7, en vigueur le 1er mai 2008)

Art. D. 718-16 *(Décr. n° 2009-686 du 12 juin 2009)* **« Pour les chefs d'exploitation ou d'entreprise agricoles, la contribution prévue à l'article L. 718-2-1 ne peut être :**

(Décr. n° 2013-1248 du 27 déc. 2013, art. 1er) **« – ni inférieure à 0,17 %, ni supérieure à 0,89 % du montant annuel du plafond de la sécurité sociale prévu à l'article L. 241-3 du code de la sécurité sociale, à compter du 1er janvier 2014. »**

(Abrogé par Décr. n° 2015-1626 du 9 déc. 2015, art. 1er) ***« Pour les personnes mentionnées au deuxième alinéa de l'article L. 718-2-1, la contribution est égale à :***

« – 0,10 % du montant annuel du plafond de la sécurité sociale prévu à l'article L. 241-3 du code de la sécurité sociale, pour la période allant du 1er janvier au 31 décembre 2009 ;

« – 0,137 % de ce même plafond à compter du 1er janvier 2010. »

(Décr. nº 2008-742 du 28 juill. 2008) « Pour les nouveaux chefs d'exploitation ou d'entreprise agricoles dont la durée d'assujettissement ne permet pas de connaître les revenus professionnels, le montant de l'assiette forfaitaire servant au calcul de cette contribution, à titre provisionnel, est celui mentionné à l'article D. 731-31 *(Décr. nº 2017-1492 du 25 oct. 2017, art. 7-3º)* « du présent code » pour le calcul » *(Décr. nº 2015-1856 du 30 déc. 2015, art. 8-1º)* « de la cotisation d'assurance vieillesse mentionnée au 1º de l'article D. 731-120 ».

Art. D. 718-17 *(Décr. nº 2013-1312 du 27 déc. 2013)* Pour les chefs d'exploitation agricole exerçant *(Décr. nº 2016-781 du 10 juin 2016, art. 8-2º, en vigueur le 1er juill. 2016)* « en Guadeloupe, en Guyane, en Martinique, à La Réunion, à Mayotte, à Saint-Barthélemy et à Saint-Martin », le montant de la contribution prévue à l'article L. 718-2-1 est calculé, à compter du 1er janvier 2014, suivant les modalités fixées ci-dessous :

Lorsque la superficie réelle pondérée de l'exploitation est égale ou supérieure à 2 hectares pondérés et inférieure à 40 hectares pondérés, la cotisation est fixée à 30 euros.

Lorsque la superficie réelle pondérée de l'exploitation est égale ou supérieure à 40 hectares pondérés et inférieure à 120 hectares pondérés, la cotisation est fixée à 79,70 euros.

Lorsque la superficie réelle pondérée de l'exploitation est égale ou supérieure à 120 hectares pondérés, la cotisation est fixée à 148,68 euros.

Pour le conjoint collaborateur au sens de l'article L. 321-5, ainsi que pour le conjoint et les membres de la famille mentionnés à l'article L. 732-34 et les personnes liées par un pacte civil de solidarité ou qui vivent en concubinage avec le chef d'exploitation ou d'entreprise agricole, la contribution est fixée à 30 euros.

Art. R. 718-18 La contribution prévue à l'article L. 718-2-1 est due au titre de la participation à la formation professionnelle continue des chefs d'exploitation ou d'entreprise agricoles, de leur conjoint, qu'il ait opté ou non pour la qualité de conjoint collaborateur d'exploitation ou d'entreprise agricoles au sens de l'article L. 321-5, des membres de leur famille mentionnés à l'article L. 732-34 et des personnes liées par un pacte civil de solidarité ou qui vivent en concubinage avec le chef d'exploitation ou d'entreprise agricole.

Ces personnes ne peuvent bénéficier du droit à la formation professionnelle continue que si elles sont à jour du paiement de cette contribution. *(Décr. nº 2021-1916 du 30 déc. 2021, art. 2)* « Elles justifient de cette condition en produisant une attestation de paiement remise par l'organisme collecteur. »

Art. R. 718-19 Le fonds d'assurance-formation mentionné au dernier alinéa de l'article *(Décr. nº 2021-1916 du 30 déc. 2021, art. 2)* « L. 718-2-1 » est créé par les organisations professionnelles les plus représentatives de l'agriculture et par *(Ord. nº 2022-583 du 20 avr. 2022, art. 1er)* « Chambres d'agriculture France ».

L'habilitation de ce fonds d'assurance-formation est prononcée par arrêté conjoint des ministres chargés de la formation professionnelle et de l'agriculture. Elle ne peut être accordée que si les statuts et règles de gestion de cet organisme sont compatibles avec les dispositions législatives et réglementaires applicables.

Les dispositions des articles *(Décr. nº 2009-289 du 13 mars 2009, art. 3)* « R. 6332-19 à R. 6332-33 », R. 6332-38 à R. 6332-41, R. 6332-49 à R. 6332-55 du code du travail sont applicables *(Décr. nº 2009-289 du 13 mars 2009, art. 3)* « à ce » fonds.

L'habilitation peut être retirée, par arrêté conjoint des ministres mentionnés au deuxième alinéa, lorsque les dispositions législatives et réglementaires applicables au fonds d'assurance-formation, ou les conditions particulières prévues par la décision d'habilitation, ne sont pas respectées. La décision de retrait ne peut intervenir sans que l'organisme gestionnaire ait été informé et invité à s'expliquer.

Art. R. 718-20 La contribution prévue à l'article L. 718-2-1 est recouvrée et contrôlée *(Abrogé par Décr. nº 2021-1916 du 30 déc. 2021, art. 2)* « ***, pour le compte du fonds d'assurance-formation habilité ou de*** *(Décr. nº 2020-1739 du 29 déc. 2020, art. 6)* « ***l'opérateur de compétences » agréé,*** » par les caisses de mutualité sociale agricole et *(Décr. nº 2016-781 du 10 juin 2016, art. 8-3º, en vigueur le 1er juill. 2016)* « en Guadeloupe, en

Guyane, en Martinique, à La Réunion et à Saint-Martin », les caisses générales de sécurité sociale qui la reversent *(Décr. n° 2020-1739 du 29 déc. 2020, art. 6)* « à France compétences *(Décr. n° 2021-1916 du 30 déc. 2021, art. 2)* « . Cette dernière procède à la répartition entre les affectataires par des versements d'acomptes, dans les dix jours de chaque reversement reçu de la Caisse centrale de mutualité sociale agricole, puis par un versement de régularisation » à la répartition entre les attributaires et à ce fonds avant le 1er mars de l'année suivant celle du recouvrement ». *— L'art. 6 du Décr. n° 2020-1739 du 29 déc. 2020 s'applique aux contributions dues à compter de l'année 2021 (Décr. préc., art. 7).*

Les modalités de ce reversement sont fixées par *(Décr. n° 2021-1916 du 30 déc. 2021, art. 2)* « une convention conclue entre France compétences et la Caisse centrale de la mutualité sociale agricole et approuvée par les » ministres chargés de l'agriculture, de la formation professionnelle et de la sécurité sociale, qui déterminera notamment le montant des frais de gestion que les caisses de mutualité sociale agricole et pour les départements d'outre-mer, les caisses générales de sécurité sociale pourront percevoir. *(Décr. n° 2021-1916 du 30 déc. 2021, art. 2)* « Cette convention précise les échanges d'informations entre partenaires. »

Art. R. 718-21 Les chefs d'entreprise de cultures marines et les travailleurs indépendants du même secteur relevant de la présente section et leurs conjoints, s'ils sont leurs collaborateurs ou associés, adhèrent à *(Décr. n° 2021-1916 du 30 déc. 2021, art. 2)* « l'opérateur de compétences » mentionné au troisième alinéa de l'article L. 6331-53 du code du travail.

Art. R. 718-22 *(Décr. n° 2021-1916 du 30 déc. 2021, art. 2)* « La convention prévue » au deuxième alinéa de l'article R. 718-20 fixe également les modalités de reversement par *(Décr. n° 2021-1916 du 30 déc. 2021, art. 2)* « la Caisse centrale de mutualité sociale agricole, en application de l'article L. 6331-53 du code du travail, du montant de la contribution instituée au même article à France compétences ».

Art. R. 718-23 Les chefs d'exploitation ou d'entreprise agricole restent tenus, par application des dispositions de l'article L. 722-13, au paiement des cotisations dues au titre du régime d'assurance maladie, invalidité et maternité des personnes non salariées agricoles en raison des stages suivis par eux-mêmes ou par leurs aides familiaux.

Ils sont responsables du versement desdites cotisations par application des dispositions de l'article R. 731-81.

Il en est de même en ce qui concerne la cotisation personnelle d'assurance vieillesse agricole prévue à l'article L. 731-42.

Art. R. 718-24 Les agriculteurs, les conjoints collaborateurs ou participant aux travaux et les aides familiaux qui bénéficient des dispositions relatives à la rémunération et à la protection sociale du stagiaire de la formation professionnelle, prévues par les chapitres I et II du titre IV du livre III de la partie VI du code du travail, peuvent demander à bénéficier, en outre, des avantages complémentaires prévus par les sections 2 et 3 du chapitre II du titre V du livre III *(Décr. n° 2017-1492 du 25 oct. 2017, art. 7-4°)* « du présent code », lorsqu'ils répondent aux conditions définies par ces dispositions et qu'ils suivent un stage en vue de l'exercice d'une nouvelle activité.

Lorsqu'ils suivent un stage dans les conditions prévues ci-dessus, ils ont droit, si leur formation se poursuit pendant plus d'un an, aux remboursements prévus aux articles R. 6341-49 et R. 6341-50 du code du travail pour chaque période de stage correspondant à une année scolaire.

SECTION 7 **Travailleurs à domicile**

(Décr. n° 2008-244 du 7 mars 2008, art. 7, en vigueur le 1er mai 2008)

Art. R. 718-25 Les dispositions des articles L. 7413-3, R. 7413-1, R. 7413-2 et R. 7421-1 à R. 7421-3 du code du travail ne sont pas opposables aux chefs d'établissements agricoles qui font occasionnellement effectuer à domicile un travail de courte durée.

Art. R. 718-26 *Abrogé par Décr. n° 2016-510 du 25 avr. 2016, art. 12, à compter du 1er juill. 2016.*

SECTION 8 Lutte contre le travail illégal

(Décr. nº 2008-244 du 7 mars 2008, art. 7, en vigueur le 1er mai 2008)

Art. R. 718-27 *(Décr. nº 2016-1512 du 8 nov. 2016, art. 1er, en vigueur le 1er janv. 2017)* « Les chantiers forestiers soumis à la déclaration prévue à l'article L. 718-9 sont ceux dont le volume excède 100 mètres cubes lorsque l'abattage ou le façonnage y sont opérés en tout ou partie à l'aide d'outils ou de machines à main, et ceux dont le volume excède 500 mètres cubes lorsque l'abattage et le débardage y sont opérés à l'aide d'autres types de machines. » Les chantiers de boisement, de reboisement ou de travaux sylvicoles soumis à la même déclaration sont ceux portant sur une surface supérieure à 4 hectares.

La déclaration doit parvenir *(Décr. nº 2016-1512 du 8 nov. 2016, art. 1er, en vigueur le 1er janv. 2017)* « au service de l'inspection du travail » *(Décr. nº 2010-815 du 13 juill. 2010)* « compétent du fait de la localisation du chantier » au plus tard le dernier jour ouvrable précédant le début des travaux *(Décr. nº 2016-1512 du 8 nov. 2016, art. 1er, en vigueur le 1er janv. 2017)* « par tout moyen conférant date certaine ». Une copie de cette déclaration doit parvenir dans le même délai à la mairie des communes sur le territoire desquelles est situé le chantier.

Les chefs des établissements ou entreprises exécutant plusieurs chantiers distincts doivent faire une déclaration pour chacun d'eux. Toutefois, lorsque ces chantiers doivent être ouverts dans le même département et dans un délai ne dépassant pas deux mois, une déclaration globale peut être faite selon les modalités fixées ci-dessus, sous réserve que les modifications éventuelles soient communiquées au service de l'inspection du travail *(Abrogé par Décr. nº 2016-1512 du 8 nov. 2016, art. 1er, à compter du 1er janv. 2017)* *« , de l'emploi et de la politique sociale agricoles »* dans le délai fixé ci-dessus.

Les chefs des établissements ou entreprises tenus de faire la déclaration prévue à l'article L. 718-9 sont dispensés de la déclaration prévue à l'article R. 719-1-1.

Le panneau de signalisation prévu au second alinéa de l'article L. 718-9 doit être visible des voies d'accès au chantier *(Abrogé par Décr. nº 2016-1512 du 8 nov. 2016, art. 1er, à compter du 1er janv. 2017)* *« et avoir des dimensions au moins égales à 100 cm × 80 cm »*.

CHAPITRE IX CONTRÔLE ET DISPOSITIONS PÉNALES

SECTION 1 Contrôle

Art. D. 719-1 Délégation de compétence est donnée par le ministre chargé de l'agriculture aux chefs des services régionaux de l'inspection du travail, de l'emploi et de la politique sociale agricoles, agissant dans le cadre de l'article 7 du décret nº 82-389 du 10 mai 1982 relatif aux pouvoirs du préfet et à l'action des services et organismes publics de l'État dans les départements et de l'article 6 du décret nº 82-390 du 10 mai 1982 relatif aux pouvoirs des préfets de région, à l'action des services et organismes publics de l'État dans la région et aux décisions de l'État en matière d'investissement public, pour représenter l'État devant les tribunaux administratifs dans les litiges nés dans le ressort de la région, relatifs aux décisions prises dans les domaines relevant de l'inspection de la législation du travail, en application de l'article L. 611-6 du code du travail, soit par eux-mêmes, soit par les chefs des services départementaux de l'inspection du travail, de l'emploi et de la politique sociale agricoles, soit par les inspecteurs du travail.

Toutefois, les dispositions de l'alinéa précédent ne s'appliquent ni aux recours de plein contentieux, ni au recours pour excès de pouvoir formés contre les décisions ayant fait l'objet d'un recours hiérarchique devant le ministre.

Art. R. 719-1-1 *(Décr. nº 2008-244 du 7 mars 2008, art. 7, en vigueur le 1er mai 2008)* L'employeur indique, à la demande de l'inspection du travail, le lieu de travail de chacun des salariés.

Il informe par écrit, dans les huit jours de l'ouverture de tout chantier comptant plus de deux salariés et devant durer au moins un mois, *(Décr. nº 2017-1554 du 9 nov. 2017, art. 1er-III-1º)* « l'agent de contrôle de l'inspection du travail » compétent pour

le chantier, en précisant sa situation exacte, le nombre des salariés et la durée prévisible des travaux.

Art. R. 719-1-2 *(Décr. nº 2019-555 du 4 juin 2019, art. 5)* **Lorsqu'un agent de contrôle de l'inspection du travail constate l'absence de la déclaration mentionnée à l'article L. 718-9, il transmet au directeur régional des entreprises, de la concurrence, de la consommation, du travail et de l'emploi un rapport sur le fondement duquel ce dernier peut décider de prononcer l'amende administrative prévue à l'article L. 719-10-1.**

Art. R. 719-1-3 *(Décr. nº 2019-555 du 4 juin 2019, art. 5)* **Lorsque le directeur régional des entreprises, de la concurrence, de la consommation, du travail et de l'emploi décide de prononcer une amende administrative, il indique à la personne mise en cause le montant de l'amende envisagée et l'invite à présenter ses observations dans un délai de quinze jours.**

A l'expiration de ce délai et au vu des observations éventuelles de la personne mise en cause, il lui notifie sa décision et émet le titre de perception correspondant.

L'indication de l'amende envisagée et la notification de la décision infligeant l'amende sont effectuées par tout moyen permettant de donner date certaine à leur réception.

La décision du directeur régional des entreprises, de la concurrence, de la consommation, du travail et de l'emploi indique les voies et délais de recours.

L'amende est prise en charge et recouvrée par le comptable public assignataire de la recette comme les créances de l'État étrangères à l'impôt et au domaine. *(Décr. nº 2021-1221 du 23 sept. 2021, art. 3, en vigueur le 1er janv. 2022)* **« L'action en recouvrement se prescrit conformément aux dispositions de l'article L. 274 du livre des procédures fiscales. »**

SECTION 2 **Dispositions pénales**

Art. R. 719-2 Est puni de la peine d'amende prévue pour les contraventions de la quatrième classe :

1º Le fait d'utiliser le titre emploi simplifié agricole en dehors des conditions prévues par l'article L. 712-1 ;

2º Le fait d'utiliser un titre emploi simplifié agricole non conforme au modèle mentionné à l'article R. 712-2.

Art. R. 719-3 *(Décr. nº 2017-1554 du 9 nov. 2017, art. 1er-III-2º)* **Outre les dispositions pénales prévues au chapitre IV du titre II du livre 1er de la troisième partie du code du travail, est puni de l'amende prévue pour les contraventions de la quatrième classe le fait de contrevenir à l'une des dispositions prévues par :**

1º L'article L. 713-13 limitant l'exécution d'heures supplémentaires en fonction de la durée hebdomadaire de travail ;

2º L'article L. 713-20 relatif aux obligations mises à la charge de l'employeur pour permettre le contrôle de l'application des dispositions légales et conventionnelles relatives à la durée et à l'aménagement du temps de travail, ainsi qu'aux décrets pris pour son application. — *L'art. R. 719-3 est applicable à Mayotte à compter du 1er janv. 2020 (Décr. nº 2013-754 du 14 août 2013, art. 26-VI, JO 18 août).*

Art. R. 719-4 Est puni de l'amende prévue pour les contraventions de la cinquième classe le fait de contrevenir à l'une des dispositions des articles L. 714-1 à L. 714-3 ou de celles des décrets pris pour leur application.

La récidive des contraventions prévues au présent article est réprimée conformément à l'article 132-11 du code pénal. — *L'art. R. 719-4 est applicable à Mayotte à compter du 1er janv. 2020 (Décr. nº 2013-754 du 14 août 2013, art. 26-VI, JO 18 août).*

Art. R. 719-4-1 *(Décr. nº 2008-244 du 7 mars 2008, art. 7, en vigueur le 1er mai 2008)* **Est puni de l'amende prévue pour les contraventions de la quatrième classe, le fait de ne pas transmettre les informations prévues à l'article R. 719-1-1.**

Cette amende est appliquée autant de fois qu'il y a de personnes employées dans des conditions susceptibles d'être sanctionnées au titre des dispositions de cet article.

Art. R. 719-5 L'amende est appliquée autant de fois qu'il y a de travailleurs employés dans les conditions contraires aux dispositions mentionnées aux articles R. 719-3 et

R. 719-4. – *L'art. R. 719-5 est applicable à Mayotte à compter du 1er janv. 2020 (Décr. no 2013-754 du 14 août 2013, art. 26-VI, JO 18 août).*

Art. R. 719-6 Est puni de l'amende prévue pour les contraventions de la cinquième classe le fait de contrevenir à l'une des dispositions des articles R. 715-1 à R. 715-3.

La récidive de la contravention prévue à l'alinéa précédent est réprimée conformément à l'article 132-11 du code pénal.

Est puni de l'amende prévue pour les contraventions de la troisième classe le fait, pour tout employeur ou chef d'une entreprise agricole qui a fait l'objet de la mise en demeure mentionnée à l'article R. 715-4 *(Décr. no 2017-1492 du 25 oct. 2017, art. 8-1o)* « du présent code », de ne pas se conformer dans le délai imparti aux prescriptions qui y sont contenues. – *L'art. R. 719-6 est applicable à Mayotte à compter du 1er janv. 2020 (Décr. no 2013-754 du 14 août 2013, art. 26-VI, JO 18 août).*

Art. R. 719-7 Est puni de l'amende prévue pour les contraventions de la cinquième classe le fait d'héberger les personnes mentionnées à l'article L. 716-1, dans des conditions d'hygiène et de sécurité non conformes aux prescriptions des articles R. 716-1, R. 716-2, R. 716-12, R. 716-18, R. 716-19 et R. 716-20 fixant les obligations suivantes :

1° Ne pas héberger en sous-sol et, sous réserve des dispositions de l'article R. 716-16, sous des tentes ; ne pas avoir recours à des caravanes pliantes ;

2° Permettre à l'occupant de clore son logement et d'y accéder sans danger et librement ;

3° Isoler les hébergements des lieux où sont entreposés des substances et préparations dangereuses au sens de l'article R. 231-51 du code du travail ou des produits susceptibles de nuire à la santé des occupants ;

4° Utiliser pour la construction des hébergements des matériaux qui ne sont pas de nature à porter atteinte à la santé des occupants et qui permettent d'évacuer les locaux sans risque en cas d'incendie ;

5° Équiper les hébergements d'appareils à combustion destinés au chauffage et à la cuisson ainsi que des conduits, gaines et accessoires non susceptibles de porter atteinte à la santé ou la sécurité des occupants ;

6° Équiper les hébergements d'installations électriques qui préservent la sécurité de leurs utilisateurs conformément aux dispositions du code du travail ;

(Décr. no 2017-1492 du 25 oct. 2017, art. 8-2o) « 7° Équiper les hébergements mentionnés à la sous-section 3 de la section 1 et à la section 2 du chapitre VI du présent titre d'issues et de dégagements conformes aux dispositions des articles R. 4227-2, R. 4227-4, R. 4227-13 et R. 4227-14 du code du travail ;

« 8° Respecter pour les hébergements mentionnés aux sous-sections 2 et 3 de la section 1 du chapitre VI précité les prescriptions des articles R. 4227-28 à R. 4227-33 du code du travail relatives aux moyens de prévention et de lutte contre l'incendie. »

La récidive des contraventions prévues aux 1° à 8° ci-dessus est réprimée conformément à l'article 132-11 du code pénal.

Est puni de l'amende prévue pour les contraventions de la troisième classe le fait de contrevenir à l'une des dispositions prévues aux deuxième, sixième, septième, huitième et neuvième alinéas de l'article R. 716-2 *(Décr. no 2017-1492 du 25 oct. 2017, art. 8-2o)* « du présent code », aux articles R. 716-3 à R. 716-5, à l'exception des sixième et septième alinéas de cet article, aux articles R. 716-7 à R. 716-11 et à l'article R. 716-13, et à celles des arrêtés pris en application des articles R. 716-14 et R. 716-15 et du I de l'article R. 716-16.

Est également puni de l'amende prévue pour les contraventions de la troisième classe le fait de contrevenir à l'une des dispositions prévues à la deuxième phrase du 1° de l'article R. 716-19, aux deuxième, troisième et quatrième phrases du 2° du même article, aux 3° et 4° du même article, à la dernière phrase du 1° de l'article R. 716-20, aux 3° à 6° du même article et aux articles R. 716-21 à R. 716-24.

L'amende est appliquée autant de fois qu'il y a de travailleurs concernés par les infractions prévues au présent article. – *L'art. R. 719-7 est applicable à Mayotte à compter du 1er janv. 2016 (Décr. no 2013-754 du 14 août 2013, art. 26-IV, JO 18 août).*

Art. R. 719-8 La procédure de mise en demeure prévue à l'article L. 231-4 du code du travail est applicable en cas d'infraction aux dispositions des cinquième, sixième et septième alinéas de l'article R. 716-2 *(Décr. nº 2017-1492 du 25 oct. 2017, art. 8-3º)* « du présent code », des articles R. 716-3, R. 716-5, à l'exception des sixième et septième alinéas de cet article, R. 716-9, des deux premiers alinéas de l'article R. 716-11 et à celles prévues par l'arrêté pris en application de l'article R. 716-15.

La même procédure est applicable en cas d'infraction aux dispositions de la section 2 du chapitre VI du présent titre. — *L'art. R. 719-8 est applicable à Mayotte à compter du 1er janv. 2016 (Décr. nº 2013-754 du 14 août 2013, art. 26-IV, JO 18 août).*

Art. R. 719-9 Est puni de l'amende prévue pour les contraventions de la quatrième classe le fait pour tout employeur :

1º De ne pas acquitter la cotisation dont il est redevable pour un salarié ou apprenti en vertu du deuxième alinéa de l'article L. 717-2 ;

2º De priver un salarié ou apprenti du bénéfice de la santé au travail agricole en n'assurant pas le fonctionnement du service autonome de santé au travail pour lequel il aura reçu l'autorisation prévue au premier alinéa de l'article L. 717-3.

L'amende est appliquée autant de fois qu'il y a de salariés ou apprentis concernés par les infractions prévues au présent article.

Art. R. 719-10 *Al. 1er et 2 abrogés par Décr. nº 2019-555 du 4 juin 2019, art. 5.*

(Décr. nº 2008-244 du 7 mars 2008, art. 7, en vigueur le 1er mai 2008) Le fait de contrevenir aux dispositions du dernier alinéa de l'article R. 718-27 *(Décr. nº 2017-1492 du 25 oct. 2017, art. 8-4º)* « du présent code » est puni de la peine d'amende prévue pour les contraventions de la quatrième classe.

TITRE II ORGANISATION GÉNÉRALE DES RÉGIMES DE PROTECTION SOCIALE DES PROFESSIONS AGRICOLES

CHAPITRE I GÉNÉRALITÉS

SECTION UNIQUE Le Conseil supérieur des prestations sociales agricoles

SOUS-SECTION 1 Missions

Art. D. 721-1 Le Conseil supérieur des prestations sociales agricoles est placé auprès du ministre chargé de l'agriculture.

(Décr. nº 2010-357 du 1er avr. 2010) « Il peut être consulté et faire toute proposition sur les questions relatives à l'organisation, aux prestations et au financement des régimes de protection sociale des personnes salariées et non salariées agricoles.

« Chaque année, il est informé des comptes financiers de ces régimes et présente toutes suggestions et observations relatives à leur gestion financière, il entend les rapports en matière d'action sanitaire et sociale, de contrôle médical ainsi que de prévention et il est informé des dépenses complémentaires des organismes assureurs (frais de gestion, action sanitaire et sociale, investissements).

« En application des articles L. 751-15 et L. 752-17, ses sections compétentes donnent leur avis sur les projets d'arrêté fixant les taux de cotisations annuels dans les régimes d'assurance contre les accidents du travail et les maladies professionnelles des salariés et non salariés agricoles. »

(Décr. nº 2013-679 du 24 juill. 2013, art. 1er-1º-a, en vigueur le 1er janv. 2014) « En application de l'article L. 731-35-1, sa section compétente émet un avis sur le montant de la cotisation couvrant les charges des prestations mentionnées à l'article L. 732-4 ainsi que les frais de gestion et de contrôle médical y afférents. Cette section est informée chaque année par la caisse centrale de la Mutualité sociale agricole de la gestion du fonds spécial mentionné à l'article L. 731-35-2. » — *L'art. R. 721-1 devient l'art. D. 721-1 (Décr. nº 2013-679 du 24 juill. 2013, art. 1er-1º-a, JO 27 juill.).*

Art. R. 721-1-1 *(Décr. nº 2015-861 du 13 juill. 2015, art. 1er-1º)* Les sections compétentes du Conseil supérieur des prestations sociales agricoles mentionnées aux articles L. 751-15 et L. 752-17, siégeant en formation de commissions nationales de la prévention des accidents du travail et des maladies professionnelles des salariés et des non-salariés agricoles, rendent un avis sur les objectifs et les moyens de la politique de prévention des risques professionnels définie par le ministre chargé de l'agriculture.

Chacune des formations comprend :

1° Un représentant de chacun des cinq ministères intéressés, soit le ministère chargé de l'agriculture, le ministère chargé des affaires sociales, le ministère chargé des finances, le ministère chargé du travail et le ministère chargé des transports ;

2° Six représentants de la Mutualité sociale agricole ;

3° S'agissant de la section compétente pour les salariés, dix représentants dont cinq représentants des organisations syndicales représentatives de salariés et cinq représentants des organisations professionnelles d'employeurs, et, s'agissant de la section compétente pour les non-salariés, dix représentants dont quatre représentants des organisations syndicales à vocation générale d'exploitants agricoles habilités en application *(Décr. n° 2017-1492 du 25 oct. 2017, art. 10-1°)* « de l'article R. 514-39 » ;

4° Deux représentants d'associations de victimes de risques professionnels ;

5° Le médecin-conseil national du régime agricole de protection sociale et le médecin du travail, chef de l'échelon national de santé et sécurité au travail de la Caisse centrale de la mutualité sociale agricole.

Un arrêté du ministre chargé de l'agriculture précise les modalités de désignation des membres mentionnés aux 2°, 3° et 4° des sections siégeant en formation de commissions nationales de la prévention mentionnées au premier alinéa, ainsi que les modalités de leur fonctionnement. — *V. Arr. du 31 août 2015 fixant les modalités de désignation et de fonctionnement des sections compétentes du Conseil supérieur des prestations sociales agricoles siégeant en formation de commission nationale de la prévention des accidents du travail et des maladies professionnelles des salariés agricoles et des non-salariés agricoles (JO 12 sept.).*

SOUS-SECTION 2 **Composition**

Art. D. 721-2 Le conseil comprend les formations suivantes :

1° *(Décr. n° 2010-357 du 1er avr. 2010)* « La formation plénière, qui peut être consultée sur toutes les questions de la compétence du conseil supérieur, à l'exception de celles relevant de la compétence des sections ; » — *Les 2°, 3° et 6° sont abrogés, les 4° et 5° deviennent respectivement 2° et 3° (Décr. n° 2010-357 du 1er avr. 2010, art. 2, JO 3 avr.).*

2° La section de l'assurance des non-salariés agricoles contre les accidents du travail et les maladies professionnelles ;

3° La section de l'assurance des salariés agricoles contre les accidents du travail et les maladies professionnelles compétente pour connaître de toutes les questions relatives à l'application du chapitre 1er du titre V ;

(Décr. n° 2013-679 du 24 juill. 2013, art. 1er-1°-b) « 4° La section de l'assurance maladie, invalidité, maternité des non-salariés agricoles. » — *L'art. R. 721-2 devient l'art. D. 721-2 (Décr. n° 2013-679 du 24 juill. 2013, art. 1er-1°-b, JO 27 juill.).*

Art. D. 721-3 *(Décr. n° 2010-357 du 1er avr. 2010)* Sont membres de la formation plénière :

1° Deux députés ;

2° Deux sénateurs ;

3° Un membre du Conseil économique, social et environnemental ;

4° Un membre de la Cour des comptes ;

5° Le secrétaire général du ministère chargé de l'agriculture ;

6° Le directeur des affaires financières, sociales et logistiques au ministère chargé de l'agriculture ;

7° Un représentant du ministre chargé du budget ;

8° Un représentant du ministre chargé de la sécurité sociale ;

9° Un membre de l'inspection générale des affaires sociales ;

(Décr. n° 2013-679 du 24 juill. 2013, art. 1er-1°-c) « 10° Six représentants de la Mutualité sociale agricole, désignés sur proposition du conseil central d'administration, dont deux appartenant au collège des salariés ; »

11° Le médecin-conseil national du régime agricole de protection sociale ;

12° Un représentant de *(Ord. n° 2022-583 du 20 avr. 2022, art. 1er)* « Chambres d'agriculture France », désigné sur proposition de celle-ci ;

13° Un représentant de l'ordre national des médecins, désigné par le président du Conseil national de l'ordre ;

14° Un représentant des syndicats médicaux, désigné sur proposition de l'organisation la plus représentative ;

15° Un représentant de la Fédération nationale des accidentés du travail et des handicapés, sur proposition de son président ;

16° Un représentant de chacune des organisations syndicales à vocation générale d'exploitants agricoles habilitées en application *(Décr. n° 2017-1492 du 25 oct. 2017, art. 10-1°)* « de l'article R. 514-39 », désigné sur leur proposition ;

17° Un représentant de la Confédération nationale de la mutualité, du crédit et de la coopération agricoles, désigné sur proposition de son président ;

18° Un représentant de la Fédération des entrepreneurs des territoires, désigné sur proposition de son président ;

19° Un représentant des exploitants forestiers, désigné par la Fédération nationale des syndicats d'exploitants forestiers, scieurs et industriels du bois ;

20° Six représentants des salariés agricoles, désignés sur proposition des organisations syndicales représentatives de ces salariés ;

(Décr. n° 2017-1492 du 25 oct. 2017, art. 10-2°) « 21° » Un représentant de l'Union nationale des associations familiales, désigné sur proposition de son président.

Art. D. 721-4 *(Décr. n° 2010-357 du 1er avr. 2010)* Sont membres de la section de l'assurance des salariés agricoles contre les accidents du travail et les maladies professionnelles :

1° Les membres énumérés du 1° au 15° de l'article D. 721-3 ;

2° Le président de la Commission supérieure des maladies professionnelles en agriculture ;

3° Six représentants des salariés agricoles, désignés sur proposition des organisations syndicales représentatives de ces salariés ;

4° Six représentants des employeurs de main-d'œuvre agricole désignés sur proposition des organisations professionnelles représentatives de ces employeurs.

Art. D. 721-5 *(Décr. n° 2010-357 du 1er avr. 2010)* Sont membres de la section de l'assurance des non-salariés agricoles contre les accidents du travail et les maladies professionnelles :

1° Les membres énumérés du 1° au 16° de l'article D. 721-3 ;

2° Le président de la Commission supérieure des maladies professionnelles en agriculture ;

Al. 4 à 9 abrogés par Décr. n° 2015-861 du 13 juill. 2015, art. 1er-3°.

Art. D. 721-5-1 *(Décr. n° 2015-861 du 13 juill. 2015, art. 1er-4°)* Sont membres de la section de l'assurance maladie, invalidité, maternité des non-salariés agricoles les membres énumérés aux 5°, 6°, 7°, 8°, 10°, 11° et 16° de l'article D. 721-3.

Art. D. 721-6 *(Décr. n° 2010-357 du 1er avr. 2010)* Le conseil, dans sa formation plénière, est présidé par le ministre chargé de l'agriculture ou son représentant. La présidence des autres formations est assurée par les membres du conseil, désignés par le ministre.

Art. D. 721-7 *(Décr. n° 2010-357 du 1er avr. 2010)* Les membres du conseil et, s'il y a lieu, leurs suppléants sont nommés pour cinq ans par arrêté du ministre chargé de l'agriculture.

Art. R. 721-8 *(Décr. n° 2010-357 du 1er avr. 2010)* Le quorum, pour les délibérations du conseil et de chacune de ses formations, est atteint lorsqu'un tiers au moins des membres qui les composent sont présents, ou représentés.

Lorsque le quorum n'est pas atteint, la commission délibère valablement sans condition de quorum après une nouvelle convocation portant sur le même ordre du jour et spécifiant qu'aucun quorum ne sera exigé.

Art. D. 721-9 *(Décr. n° 2010-357 du 1er avr. 2010)* Les modalités de fonctionnement du Conseil supérieur des prestations sociales agricoles sont régies par les dispositions du décret n° 2006-672 du 8 juin 2006 *[CRPA, art. R. 133-1 s.]*, à l'exception de son article 11 *[CRPA, art. R. 133-10]*.

SOUS-SECTION 3 Fonctionnement

Art. D. 721-10 à R. 721-19 *Abrogés par Décr. n° 2010-357 du 1er avr. 2010.*

CHAPITRE II CHAMP D'APPLICATION

SECTION 1 Personnes non salariées des professions agricoles

SOUS-SECTION 1 Dispositions générales

§ 1 Dispositions relatives à certaines des activités mentionnées à l'article L. 722-1

Art. D. 722-1 Les mandataires des sociétés ou caisses locales d'assurances mutuelles agricoles auxquels le régime de protection sociale des non-salariés des professions agricoles est applicable en vertu du 5° de l'article L. 722-1 sont ceux qui exercent leur activité en qualité de non-salariés dans les conditions prévues au 4° de l'article R. 511-2 *(Abrogé par Décr. n° 2017-1492 du 25 oct. 2017, art. 11-1°)* « *et à l'article R. 512-2* » du code des assurances. — *L'art. R. 722-1 devient l'art. D. 722-1 (Décr. n° 2017-1492 du 25 oct. 2017, art. 11-1°).*

Art. D. 722-2 Les activités de pêche maritime à pied professionnelle mentionnées au 4° de l'article L. 722-1 sont celles qui sont définies à *(Décr. n° 2017-1492 du 25 oct. 2017, art. 11-2°)* « l'article D. 921-67 ». — *L'art. R. 722-2 devient l'art. D. 722-2 (Décr. n° 2017-1492 du 25 oct. 2017, art. 11-2°).*

Art. D. 722-3 *(Décr. n° 2015-461 du 22 avr. 2015, art. 1er-1°, en vigueur le 1er juill. 2015)* Les caisses de mutualité sociale agricole se prononcent sur les demandes d'affiliation au régime de protection sociale des personnes non salariées des professions agricoles en qualité d'entrepreneur de travaux forestiers, au regard des conditions fixées aux articles D. 722-32 et D. 722-33, dans les deux mois de la réception du dossier complet de la demande. Les caisses se prononcent dans les mêmes conditions sur les demandes de levée de présomption de salariat des personnes redevables de la cotisation de solidarité prévue à l'article L. 731-23.

Pour les demandes dont la situation doit être appréciée au regard de la condition fixée au 4° de l'article D. 722-32, les caisses de mutualité sociale agricole demandent l'avis du directeur régional de l'alimentation, de l'agriculture et de la forêt compétent dans la région où est situé le siège de la caisse ou, lorsque celui-ci se situe dans la région Île-de-France, au directeur régional et interdépartemental de l'alimentation, de l'agriculture et de la forêt.

Art. D. 722-3-1 *(Décr. n° 2015-461 du 22 avr. 2015, art. 1er-2°, en vigueur le 1er juill. 2015)* « Pour l'application de l'article L. 154-2 du code forestier, et aux fins d'information de leurs donneurs d'ordre, les personnes pour lesquelles la présomption de salariat a été levée en application de l'article D. 722-3 *(Décr. n° 2017-1492 du 25 oct. 2017, art. 11-3°)* « du présent code » doivent être en possession d'une attestation certifiant qu'elles répondent aux conditions de la levée de présomption de salariat. Pour la première année, cette attestation est établie par la caisse de mutualité sociale agricole et transmise spontanément à la personne intéressée. Pour les exploitants agricoles mentionnés au deuxième alinéa de l'article L. 722-23, pour la première année, cette attestation est transmise sur demande à la personne intéressée.

« Pour les années suivantes, cette attestation est renouvelée de façon automatique par la caisse de mutualité sociale agricole qui la transmet à la personne intéressée. Elle est établie dans la limite maximum d'une attestation par année civile et fait foi jusqu'au terme de cette année, sous réserve des dispositions du troisième alinéa du présent article. »

(Décr. n° 2009-99 du 28 janv. 2009) Lorsque les personnes mentionnées *(Décr. n° 2015-461 du 22 avr. 2015, art. 1er-2°, en vigueur le 1er juill. 2015)* « au premier alinéa » ne satisfont plus aux conditions de la levée de présomption de salariat et de ce fait ne relèvent plus du régime de protection sociale des personnes non salariées des professions agricoles, la caisse de mutualité sociale agricole le leur notifie par lettre recommandée avec avis de réception. La notification précise que ces personnes doivent

retourner sans délai leur attestation à la caisse qui la leur a délivrée et qu'elles informent sans délai leurs donneurs d'ordre de leur nouvelle situation par lettre recommandée avec accusé de réception.

Si cette information n'a pas été notifiée aux donneurs d'ordre par la personne qui ne bénéficie plus de la levée de présomption de salariat, les contrats entre cette personne et ses donneurs d'ordre ne peuvent être poursuivis au-delà du terme de l'année civile en cours.

Art. D. 722-4 Pour l'application du 1° de l'article L. 722-1, sont considérées comme structures d'accueil touristique celles permettant d'effectuer des locations de logement en meublé, des prestations d'hébergement en plein air, des prestations de loisirs ou des prestations de restauration. Pour les prestations de restauration, les produits utilisés doivent provenir en grande partie directement de l'exploitation.

Les locations de logement en meublé doivent porter sur des logements aménagés de telle sorte que le mobilier et les services offerts constituent un élément déterminant de la location.

Ces activités doivent être développées sur l'exploitation agricole et doivent donner lieu à utilisation des locaux ou des terrains dépendant de cette exploitation.

Les structures d'accueil doivent être dirigées par des chefs d'exploitation quelle que soit la forme juridique de cette structure d'accueil. Dans le cadre d'une société créée pour la gestion de cette structure, les chefs d'exploitation doivent détenir plus de 50 % des parts représentatives du capital de ladite société.

§ 2 Condition d'assujettissement prévue à l'article L. 722-5 et relative à l'importance minimale de l'exploitation ou de l'entreprise

Art. D. 722-5 et D. 722-6 *Abrogés par Décr. n° 2015-310 du 18 mars 2015, art. 1er-1°-a.*

SOUS-§ 1 *Affiliation dérogatoire prévue au second alinéa de l'article L. 722-6 (Décr. n° 2015-310 du 18 mars 2015, art. 1er-1°-b).*

Art. R. 722-7 et R. 722-8 *Abrogés par Décr. n° 2015-310 du 18 mars 2015, art. 1er-1°-b.*

Art. D. 722-9 *(Décr. n° 2015-310 du 18 mars 2015, art. 1er-1°-b)* Les personnes mentionnées au second alinéa de l'article L. 722-6 adressent une demande d'affiliation à la caisse de mutualité sociale agricole dans la circonscription de laquelle est situé le siège de l'exploitation en y joignant les documents nécessaires à l'appréciation de leur situation. La liste de ces documents est fixée par arrêté du ministre chargé de l'agriculture. *– V. Arr. du 17 nov. 2016 fixant la liste mentionnée à l'art. D. 722-9 (JO 25 nov.).*

L'affiliation prend effet à compter de la date de la demande. Elle prend fin soit à l'issue du dispositif d'installation progressive mentionné à l'article L. 330-2 si, à cette date, l'importance de l'exploitation n'atteint pas la surface minimale d'assujettissement, soit lorsque les conditions requises pour bénéficier du dispositif d'installation progressive ne sont plus réunies.

SOUS-§ 2 *Conditions du maintien de l'affiliation prévu à l'article L. 722-7 (Décr. n° 2015-310 du 18 mars 2015, art. 1er-1°-c).*

Art. D. 722-10 Pour l'application des dispositions prévues à l'article L. 722-7, les personnes qui, au 1er janvier 1981, sont affiliées aux régimes de protection sociale des membres non salariés des professions agricoles tout en dirigeant une exploitation d'une dimension inférieure à la moitié de la surface minimum d'installation *(Décr. n° 2015-311 du 18 mars 2015, art. 1er-1°)* « prévue par l'article L. 312-6 dans sa rédaction antérieure à la loi n° 2014-1170 du 13 octobre 2014 d'avenir pour l'agriculture, l'alimentation et la forêt, » cessent de relever de ces régimes lorsque l'importance de leur exploitation se réduit d'au moins un tiers par rapport à celle qu'elle atteint à la date susmentionnée.

Toutefois, ces personnes peuvent demander à rester affiliées auxdits régimes dans les conditions prévues à l'article D. 722-11.

Art. D. 722-11 Dès que la caisse de mutualité sociale agricole constate que l'importance de l'exploitation d'un affilié s'est réduite dans la proportion mentionnée à l'article D. 722-10, elle avise l'intéressé que, sauf demande de sa part présentée dans un délai d'un mois à compter de cette notification, il cesse de relever des régimes de protection sociale des membres non salariés des professions agricoles.

La demande formulée éventuellement par l'intéressé est adressée à la caisse.

Un arrêté du ministre chargé de l'agriculture fixe la liste des renseignements et des pièces justificatives dont la demande doit être accompagnée.

Art. D. 722-12 Le conseil d'administration à qui la demande est transmise statue, par une décision motivée, sur le maintien de l'affiliation de la personne concernée aux régimes de protection sociale des membres non salariés des professions agricoles en tenant compte notamment de la dimension de l'exploitation, de l'autonomie de la gestion de celle-ci, de la participation de la personne aux travaux de l'exploitation et de la situation de l'intéressé au regard d'autres régimes de protection sociale.

Le maintien de l'affiliation de l'intéressé aux régimes de protection sociale des membres non salariés des professions agricoles ou sa radiation lui sont notifiés dans un délai de trois mois à compter de la date de réception de la demande par la caisse.

§ 3 Personnes cessant de remplir les conditions d'assujettissement

SOUS-§ 1 *Radiation*

Art. R. 722-13 A compter de la date où elles ne remplissent plus les conditions d'affiliation prévues aux articles L. 722-4 à L. 722-7 et aux dispositions prises pour leur application, les personnes concernées cessent de plein droit de relever des régimes de protection sociale des personnes non salariées des professions agricoles, sous réserve de l'application des dispositions législatives et réglementaires comportant le maintien des droits après cette cessation.

SOUS-§ 2 *Maintien dérogatoire de l'affiliation*

Art. R. 722-14 *(Décr. nº 2015-310 du 18 mars 2015, art. 1er-2º)* I. — En application du premier alinéa de l'article L. 722-6, le chef d'exploitation ou d'entreprise agricole qui ne satisfait plus à la condition prévue à l'article L. 722-5 est maintenu, sur demande adressée à sa caisse de mutualité sociale agricole, au régime de protection sociale des personnes non salariées des professions agricoles pendant les cinq années civiles suivantes, sous réserve qu'il dirige, au cours de cette période, une exploitation ou une entreprise agricole dont l'importance est au moins égale ou équivalente aux deux tiers, mais inférieure à la surface minimale d'assujettissement.

Le maintien d'affiliation prend effet à compter de la date de la demande. Il prend fin soit lorsque les conditions prévues à l'alinéa précédent ne sont plus remplies, soit à l'expiration d'un délai de cinq ans si, à cette date, l'importance de l'exploitation n'atteint pas l'activité minimale d'assujettissement.

II. — A l'issue de la période de cinq années mentionnée au I, sont maintenus au régime, dans les conditions fixées au premier alinéa de ce I :

1º Pendant une nouvelle période maximale de cinq ans, les chefs d'exploitation ou d'entreprise agricole âgés d'au moins 55 ans ;

2º Pendant les deux années suivantes, les chefs d'exploitation ou d'entreprise agricole n'ayant pas atteint l'âge de 55 ans et qui se trouvent dans l'impossibilité, constatée par le préfet du département, d'accroître l'importance de leur exploitation ou de leur entreprise pour atteindre le seuil d'assujettissement requis, compte tenu de l'état du marché des terres ou de la nécessité de limiter les productions excédentaires.

SOUS-SECTION 2 **Dispositions particulières aux différentes branches**

§ 1 Prestations familiales

Art. R. 722-15 Les personnes mentionnées à l'article L. 722-9 qui travaillent également comme salariées reçoivent leurs allocations au titre de leur activité principale.

§ 2 Assurance maladie, invalidité et maternité

SOUS-§ 1 *Immatriculation, affiliation, radiation* (*Décr. n° 2015-861 du 13 juill. 2015, art. 2-1°*).

Art. R. 722-16 L'assujettissement au régime obligatoire d'assurance maladie, invalidité, maternité des exploitants agricoles et des membres non salariés de leur famille donne lieu à immatriculation des assurés. Les conjoints assujettis et les enfants mineurs de seize ans ou assimilés font l'objet d'une immatriculation au titre de leur chef de famille.

L'immatriculation prend effet du jour où l'intéressé a rempli les conditions d'assujettissement à l'assurance.

(*Décr. n° 2015-861 du 13 juill. 2015, art. 2-2°*) « Chaque caisse de mutualité sociale agricole procède à l'affiliation, à l'immatriculation et, le cas échéant, à la radiation des personnes assurées au titre des exploitations ou entreprises agricoles dont le siège est situé dans sa circonscription, et tient le fichier des bases cadastrales afférentes à ces mêmes exploitations ainsi que le fichier d'immatriculation. »

Art. R. 722-17 à R. 722-18 *Abrogés par Décr. n° 2015-861 du 13 juill. 2015, art. 2-3°.*

Art. R. 722-19 Pour l'application (*Décr. n° 2015-861 du 13 juill. 2015, art. 2-4°*) « de l'article R. 722-16, les chefs d'exploitation ou d'entreprise agricole sont tenus dans les conditions fixées par arrêté du ministre de l'agriculture de fournir à la caisse de mutualité sociale agricole dont ils relèvent, » dans les trente jours suivant la date à laquelle l'intéressé a rempli ou cessé de remplir les conditions d'assujettissement à l'assurance, tous renseignements nécessaires à l'immatriculation ou à la radiation :

1° D'eux-mêmes et de leurs conjoints ;

2° De leurs aides familiaux et des conjoints de ces derniers ;

3° Des enfants mineurs de seize ans ou assimilés à la charge des uns et des autres.

Les titulaires de pension de retraite ou allocations de vieillesse mentionnés au 3° de l'article L. 722-10 sont soumis à la même obligation tant en ce qui les concerne personnellement qu'en ce qui concerne leurs conjoints et les enfants mineurs de seize ans ou assimilés à leur charge.

Il en est de même des sociétés d'exploitation ou entreprises agricoles en ce qui concerne leurs membres ainsi que les conjoints et les enfants mineurs ou assimilés à leur charge.

Les déclarations établies à cet effet par les intéressés doivent être conformes au modèle approuvé par le ministre chargé de l'agriculture. (*Abrogé par Décr. n° 2015-861 du 13 juill. 2015, art. 2-4°*) *« Elles comportent l'indication des nom et adresse de l'organisme assureur auprès duquel l'intéressé entend être affilié. Elles sont transmises à la caisse de mutualité sociale agricole par l'organisme assureur. »*

Les déclarations prévues à l'alinéa précédent doivent être assorties des pièces justificatives prévues à l'article 2 du décret n° 2000-1277 du 26 décembre 2000 portant simplification de formalités administratives et suppression de la fiche d'état civil [*CRPA, art. R. 113-5*] et, en ce qui concerne les enfants autres que légitimes, d'un certificat établi par la mairie de la résidence des intéressés attestant que ces derniers ont les enfants à leur charge.

Dern. al. abrogé par Décr. n° 2015-861 du 13 juill. 2015, art. 2-4°.

Art. R. 722-20 (*Abrogé par Décr. n° 2010-815 du 13 juill. 2010*) *« Les inspecteurs du travail et les contrôleurs du travail placés sous l'autorité du ministre chargé de l'agriculture et »* Les agents assermentés des caisses de mutualité sociale agricole peuvent demander aux chefs d'exploitation ou d'entreprise agricoles, aux sociétés d'exploitation ou entreprises agricoles, aux titulaires de pension de retraite ou d'allocations de vieillesse mentionnés au 3° de l'article L. 722-10, par lettre recommandée avec demande d'avis de réception, de leur fournir, dans le délai d'un mois au plus, tous renseignements nécessaires à l'immatriculation et à l'affiliation tant d'eux-mêmes que de leurs aides familiaux et de leurs ayants droit.

Est puni de l'amende prévue pour les contraventions de la quatrième classe le fait, pour le chef d'exploitation ou d'entreprise ou pour le représentant légal de la société, d'omettre de répondre dans le délai prévu au premier alinéa du présent article ou de faire une déclaration inexacte ou incomplète.

Art. R. 722-21 Les personnes mentionnées aux articles L. 722-10 et L. 722-12 sont immatriculées même si elles exercent en outre une autre activité professionnelle ou relèvent à quelque titre que ce soit d'un régime obligatoire d'assurance maladie.

Art. R. 722-22 *Abrogé par Décr. nº 2015-861 du 13 juill. 2015, art. 2-5º.*

SOUS-§ 2 *Maintien des prestations en nature au bénéfice de certains agriculteurs cessant leur activité*

Art. D. 722-23 Les titulaires de l'allocation de préretraite mentionnés à l'article 1er du *(Décr. nº 2007-1516 du 22 oct. 2007, art. 22)* « décret nº 2007-1516 du 22 octobre 2007 » conservent pour eux-mêmes et les personnes mentionnées aux 2º, 4º et 5º de l'article L. 722-10 ainsi que les métayers visés à l'article L. 722-21 le bénéfice *(Décr. nº 2018-1258 du 27 déc. 2018, art. 2)* « de la prise en charge des frais de santé » de l'assurance maladie et maternité du régime agricole de protection sociale dont ils relèvent, et ce sans contrepartie contributive et pendant toute la durée du versement de l'allocation de préretraite. — *Le Décr. nº 2007-1516 du 22 oct. 2007 est abrogé à compter du 16 nov. 2008 (Décr. nº 2008-1111 du 30 oct. 2008, JO 31 oct.).*

Art. D. 722-24 Les dispositions de l'article D. 722-23 sont également applicables aux conjoints co-exploitants ou associés-exploitants dans la même société que le titulaire de l'allocation de préretraite et cessant définitivement leur activité agricole en même temps que celui-ci.

§ 3 **Assurance vieillesse**

Le présent paragraphe ne comprend pas de dispositions réglementaires.

§ 4 **Assurance volontaire vieillesse**

Art. D. 722-25 Peuvent adhérer à l'assurance volontaire vieillesse gérée par le régime de protection sociale des travailleurs non salariés de l'agriculture :

1º *(Décr. nº 2010-1738 du 30 déc. 2010, art. 2-1º)* « Les personnes mentionnées à l'article L. 722-18, exerçant une des professions visées aux articles L. 722-4 et L. 722-9, résidant hors du territoire français et ayant été à la charge, à quelque titre que ce soit, d'un régime obligatoire français d'assurance maladie pendant une durée de cinq ans ; »

2º Les personnes, mentionnées à l'article L. 722-17, *(Décr. nº 2015-769 du 29 juin 2015, art. 2-1º)* « ne réunissant pas la durée minimale d'assurance et de périodes reconnues équivalentes mentionnée à l'article L. 732-25 et n'exerçant » aucune activité professionnelle susceptible de les assujettir à un régime de sécurité sociale.

(Décr. nº 2015-769 du 29 juin 2015, art. 2-1º) « Les chefs d'exploitation ou d'entreprise agricole mentionnés au 1º peuvent demander l'adhésion à l'assurance volontaire vieillesse des membres de leur famille mentionnés au deuxième alinéa de l'article L. 732-34 ainsi que de leur collaborateur d'exploitation ou d'entreprise agricole mentionné à l'article L. 321-5, dans les conditions prévues par l'article L. 722-18. Par ailleurs, les chefs d'exploitation ou d'entreprise agricole mentionnés au 2º peuvent demander l'adhésion à l'assurance volontaire vieillesse des membres de leur famille mentionnés au deuxième alinéa de l'article L. 732-34 dans les conditions prévues par l'article L. 722-17.

« Les personnes mentionnées au deuxième alinéa de l'article L. 722-17 demandent elles-mêmes leur adhésion à l'assurance volontaire vieillesse. »

Art. D. 722-25-1 *Abrogé par Décr. nº 2015-769 du 29 juin 2015, art. 2-2º.*

Art. D. 722-26 Les demandes d'adhésion à l'assurance volontaire vieillesse doivent être présentées :

1º Dans le délai prévu à l'article D. 732-104, en ce qui concerne les personnes mentionnées à l'article L. 722-18 ;

2º Dans le délai de six mois qui suit la date d'effet de la radiation de l'intéressé à titre de cotisant obligatoire, en ce qui concerne les personnes mentionnées à l'article L. 722-17.

Le modèle de la demande d'adhésion à l'assurance volontaire vieillesse est fixé par arrêté du ministre chargé de l'agriculture.

Art. D. 722-27 **La caisse de mutualité sociale agricole compétente pour recevoir les demandes d'adhésion est :**

1° La caisse désignée en application de l'article D. 732-107, en ce qui concerne les personnes mentionnées à l'article L. 722-18 ;

2° La caisse à laquelle elles ont été affiliées en dernier lieu à titre de cotisant obligatoire, en ce qui concerne les personnes mentionnées à l'article L. 722-17.

Art. D. 722-28 **L'adhésion à l'assurance volontaire prend effet à compter du 1er janvier de l'année qui suit la date de la demande.**

Toutefois, les personnes mentionnées à l'article L. 722-18 peuvent demander que leur adhésion à l'assurance volontaire prenne effet au 1er janvier de l'année civile suivant celle au cours de laquelle elles ont commencé à exercer une activité professionnelle non salariée agricole à l'étranger et les personnes mentionnées à l'article L. 722-17 peuvent demander que leur adhésion prenne effet au 1er janvier de l'année civile suivant leur radiation à titre de cotisant obligatoire.

Les cotisations d'assurance volontaire vieillesse sont exigibles à compter de la date d'effet de l'adhésion et sont dues pour l'année.

§ 5 Accidents de la vie privée, du travail et maladies professionnelles

Le présent paragraphe ne comprend pas de dispositions réglementaires.

SECTION 2 Personnes salariées des professions agricoles

SOUS-SECTION 1 Dispositions générales

Art. D. 722-29 **Le décret fixant la valeur maximale mentionnée au 1° de l'article L. 722-21 est pris sur la proposition du ministre chargé de l'agriculture.**

Art. R. 722-30 **Le revenu cadastral global mentionné au 2° de l'article L. 722-21 est au plus égal à une somme fixée à 531 € au titre de l'année 2003. Cette somme est réévaluée périodiquement par application du coefficient prévu à l'article 1518 *bis* du code général des impôts.**

Art. D. 722-31 **La valeur maximale de la part de cheptel mort et vif mentionnée au 1° de l'article L. 722-21 est fixée à 460 €.**

Art. D. 722-32 *(Décr. n° 2009-99 du 28 janv. 2009)* **Remplit la condition de capacité ou d'expérience professionnelle requise par l'article L. 722-23 pour que soit levée la présomption de salariat la personne qui remplit l'une des quatre conditions suivantes :**

1° Être titulaire d'un diplôme dans une option relative aux travaux forestiers d'un niveau correspondant au moins au niveau IV ;

2° Justifier par tous moyens appropriés *(Décr. n° 2015-461 du 22 avr. 2015, art. 1er-3°, en vigueur le 1er juill. 2015)* **« d'une année d'activité professionnelle d'au moins 600 heures » dans une ou plusieurs exploitations ou entreprises de travaux forestiers, et en outre :**

***a)* Soit être titulaire d'un diplôme de niveau V dans une option relative aux travaux forestiers, comprenant une unité de formation sociale, économique et de gestion de l'entreprise forestière ;**

***b)* Soit être titulaire d'un diplôme de niveau V dans une option relative aux travaux forestiers et justifier qu'elle a suivi une formation de gestion d'entreprise forestière** *(Décr. n° 2015-461 du 22 avr. 2015, art. 1er-3°, en vigueur le 1er juill. 2015)* **« définie par arrêté du ministre chargé de l'agriculture » ;** — *V. Arr. du 4 mai 2015 relatif à la formation en gestion d'entreprise forestière (JO 14 mai), mod. par Arr. du 16 déc. 2021 (JO 26 déc.).*

3° Justifier par tous moyens appropriés *(Décr. n° 2015-461 du 22 avr. 2015, art. 1er-3°, en vigueur le 1er juill. 2015)* **« d'au moins 1 200 heures d'activité professionnelle dans une ou plusieurs exploitations ou entreprises de travaux forestiers au cours des deux années précédant la demande de levée de présomption de salariat », et avoir suivi la formation de gestion d'entreprise forestière mentionnée au *b* du 2° du présent article ;**

4° Posséder, compte tenu notamment de diplômes autres que ceux mentionnés ci-dessus ou de ses activités et travaux antérieurs, une capacité ou une expérience professionnelle *(Décr. n° 2013-528 du 20 juin 2013, art. 1er-3°)* « suffisante ».

Les *(Abrogé par Décr. n° 2015-461 du 22 avr. 2015, art. 1er-3°, à compter du 1er juill. 2015)* « *niveaux de* » diplômes mentionnés au présent article sont ceux figurant au répertoire national des certifications professionnelles visé à l'article L. 335-6 du code de l'éducation.

Art. D. 722-33 Remplit la condition d'autonomie de fonctionnement requise par l'article L. 722-23 pour que soit levée la présomption de salariat la personne qui :

1° Soit est personnellement employeur de main-d'œuvre salariée pour l'exercice de son activité ;

2° Soit remplit simultanément au moins deux des conditions suivantes :

a) Être propriétaire ou locataire permanent d'un outillage qui, par sa nature ou son importance, compte tenu des usages professionnels locaux, excède les moyens nécessaires à l'exercice d'une activité salariée ;

b) Être inscrit au registre du commerce et des sociétés, sous réserve de l'exception prévue au 1° de l'article L. 722-4 ;

c) Être inscrit à un centre de gestion agréé pour la tenue de sa comptabilité.

SOUS-SECTION 2 **Affiliation**

Art. R. 722-34 L'affiliation est faite obligatoirement, sous peine des sanctions prévues aux articles R. 725-23 et R. 725-24, dans le délai de huitaine qui suit l'embauche de toute personne non encore immatriculée. Il est délivré à l'assuré une carte individuelle d'assurances sociales agricoles.

Un arrêté du ministre chargé de l'agriculture fixe le modèle des déclarations que l'employeur doit fournir en application de l'alinéa précédent.

Le même arrêté fixe le modèle du bulletin que, indépendamment de cette déclaration, toute personne remplissant les conditions d'immatriculation a la faculté d'adresser à la caisse en vue de solliciter son immatriculation.

Art. R. 722-35 L'employeur et le propriétaire d'un corps de bien donné à métayage sont tenus, dans le délai de huit jours au plus qui suit l'embauche de tout salarié ou assimilé remplissant les conditions d'assujettissement aux assurances sociales agricoles prévues à l'article L. 722-29 et non encore immatriculé, d'adresser à la caisse de mutualité sociale agricole, dans la circonscription de laquelle se trouve le lieu de travail de l'intéressé, la déclaration prévue à l'article R. 722-34. Le modèle de cette déclaration est fixé par arrêté du ministre chargé de l'agriculture.

Les employeurs qui occupent des salariés dans plusieurs départements peuvent être autorisés, par décision du ministre chargé de l'agriculture, à adresser leurs déclarations à la caisse de mutualité sociale agricole du lieu de leur principal établissement, sauf en ce qui concerne le personnel employé d'une manière permanente dans un même département.

(Décr. n° 2010-815 du 13 juill. 2010) « La déclaration peut être établie indépendamment de l'employeur par le salarié ou assimilé et par les agents de contrôle assermentés des caisses de mutualité sociale agricole. »

Art. R. 722-36 La caisse de mutualité sociale agricole accuse réception à l'intéressé de sa déclaration, vérifie l'exactitude des renseignements fournis et transmet la déclaration à la Caisse centrale de la mutualité sociale agricole, dans le délai d'un mois à compter de sa réception.

Art. R. 722-37 Le service de l'immatriculation et de la radiation des assurés sociaux agricoles et celui de l'affiliation desdits assurés aux caisses de mutualité sociale agricole est assuré par la Caisse centrale de la mutualité sociale agricole dans les conditions fixées par le ministre chargé de l'agriculture.

La caisse centrale délivre aux intéressés la carte individuelle d'immatriculation prévue à l'article R. 722-34.

Les décisions de la caisse, immédiatement exécutoires, prennent effet du jour où l'assuré a rempli les conditions qui devaient entraîner son immatriculation.

(Décr. nº 2010-815 du 13 juill. 2010) **« Les services de l'État mentionnés à l'article R. 724-3 peuvent demander à cet organisme toutes justifications relatives à l'immatriculation d'assurés déterminés et ordonner la radiation de l'intéressé de l'assurance sociale agricole. La décision de ces services prend effet du jour où elle intervient. »**

Art. R. 722-38 Des arrêtés du ministre chargé de l'agriculture précisent les conditions dans lesquelles il est procédé à l'immatriculation et à la radiation des assurés et à la vérification des renseignements fournis à cet égard, tant par les employeurs que par les salariés.

SOUS-SECTION 3 Dispositions particulières aux différentes branches

La présente sous-section ne comprend pas de dispositions réglementaires.

CHAPITRE III ORGANISMES DE PROTECTION SOCIALE DES PROFESSIONS AGRICOLES

SECTION 1 Organisation générale de la mutualité sociale agricole

Art. R. 723-1 Les organismes de mutualité sociale agricole sont, sous réserve des dispositions du présent chapitre, soumis aux dispositions du livre I (partie réglementaire) du code de la sécurité sociale.

Art. R. 723-2 Le ministre chargé de l'agriculture fixe par arrêté, après avis du conseil central d'administration de la Mutualité sociale agricole, les modèles de statuts des organismes de mutualité sociale agricole mentionnés aux articles L. 723-1 et L. 723-5. – *V. Arr. du 22 avr. 2021 relatif au modèle de statuts des associations régionales des caisses de mutualité sociale agricole (JO 2 mai).*

SOUS-SECTION 1 Caisses départementales et pluridépartementales de mutualité sociale agricole

§ 1 Statuts et règlements intérieurs

Art. R. 723-3 Les statuts et les règlements intérieurs des organismes départementaux ou pluridépartementaux mentionnés aux articles L. 723-1 et L. 723-5, ainsi que leurs modifications, sont soumis à l'approbation *(Décr. nº 2012-17 du 4 janv. 2012 ; Décr. nº 2012-1362 du 6 déc. 2012, art. 1er-4º, en vigueur le 1er janv. 2013)* **« du responsable du service mentionné à l'article R. 155-1 du code de la sécurité sociale », qui dispose d'un délai de trente jours à compter de la date de réception** *(Décr. nº 2012-17 du 4 janv. 2012)* **« pour s'y opposer ». Passé ce délai, ces documents sont considérés comme approuvés.** *(Abrogé par Décr. nº 2012-17 du 4 janv. 2012)* ***« L'approbation est donnée par arrêté préfectoral publié au recueil des actes administratifs du département du siège de l'organisme concerné. »***

§ 2 Fusion des caisses de mutualité sociale agricole

Art. D. 723-4 Lorsque deux ou plusieurs caisses de mutualité sociale agricole décident de fusionner, la dévolution de leurs biens, droits et obligations à la nouvelle caisse pluridépartementale de mutualité sociale agricole ne peut intervenir que sur décision de chacune des assemblées générales des caisses concernées, prise dans les conditions fixées par le présent paragraphe.

Art. D. 723-5 *(Décr. nº 2008-197 du 27 févr. 2008)* **Les décisions mentionnées à l'article D. 723-4 sont valablement prises par les assemblées générales lorsque sont remplies les quatre conditions cumulatives suivantes :**

1º Le projet de fusion a reçu un avis favorable du conseil central d'administration de la mutualité sociale agricole ;

2º L'assemblée générale a été convoquée en séance extraordinaire ;

3º L'assemblée générale réunit des délégués représentant au moins le quart des délégués de chacun des trois collèges et au moins la moitié des délégués qui composent l'assemblée générale. Toutefois, si, lors de la première convocation, ce quorum n'est

pas atteint, l'assemblée générale statue valablement, sur seconde convocation, dès lors que le quart des membres qui la composent est présent ou représenté ;

4° L'assemblée générale statue à la majorité des suffrages exprimés par les délégués présents et représentés, chaque délégué présent ne pouvant détenir qu'un seul mandat confié par un autre délégué appartenant au même collège.

Art. D. 723-6 Les assemblées générales des caisses de mutualité sociale agricole doivent se prononcer au cours de la même séance sur la fusion et la dissolution des caisses concernées et sur la dévolution de leurs biens à la nouvelle caisse de mutualité sociale agricole.

Art. D. 723-7 Pour la mise en œuvre des décisions mentionnées à l'article D. 723-4, les assemblées générales réunies en séance extraordinaire dans les conditions prévues à l'article D. 723-5 peuvent décider de la constitution d'une commission chargée de la mise en place de la nouvelle caisse pluridépartementale de mutualité sociale agricole. Celle-ci est obligatoirement composée, en nombre égal, de membres des conseils d'administration des caisses fusionnées, chaque conseil étant représenté, au minimum, par un administrateur de chacun des collèges. Cette commission agissant par délégation des conseils d'administration des caisses concernées a pour mission notamment de convoquer et fixer l'ordre du jour de la future assemblée générale de la nouvelle caisse pluridépartementale.

Pour l'application de l'article L. 723-30, lesdites assemblées générales ont également la possibilité d'opter pour une représentation départementale dans chacun des collèges constitutifs du conseil d'administration de la caisse pluridépartementale issue de la fusion et d'en déterminer les modalités.

Art. D. 723-8 *(Décr. n° 2009-174 du 13 févr. 2009)* « La nouvelle caisse de mutualité sociale agricole est subrogée dans les droits et obligations des anciennes caisses fusionnées et le cas échéant dans ceux des associations ou groupements qu'elles ont constitués en application de l'article L. 723-5. »

Sur décision des assemblées générales réunies dans les conditions prévues à l'article D. 723-5, les biens meubles et immeubles, les fonds disponibles, les valeurs réalisables et les valeurs exigibles, les réserves ou provisions, regroupés par nature, des caisses fusionnées sont dévolus à la caisse pluridépartementale de mutualité sociale agricole issue de leur fusion.

Il en est de même de la part des biens meubles et immeubles, des fonds disponibles, des valeurs réalisables, des valeurs exigibles et des réserves ou provisions que les caisses fusionnées détiennent dans les groupements, les associations et les unions auxquels elles participent.

L'inventaire et l'évaluation des biens dévolus établis par chacune des caisses doivent faire apparaître la valeur d'actif net des immeubles, après application des taux annuels réglementaires d'amortissement. En cas d'amortissement anticipé, par prélèvement sur les excédents ou sur les réserves de toute nature, les écritures de régularisation devront être passées en conséquence pour faire apparaître cette valeur d'actif net.

Art. D. 723-9 *(Décr. n° 2007-868 du 14 mai 2007)* « La fusion prend effet au 1er janvier de l'exercice décidé, dans la limite de leur mandat, par les élus des assemblées générales des caisses concernées, la dissolution des caisses étant effective au 31 décembre de l'exercice précédent. »

Toutefois, sur décisions prises en termes concordants par les assemblées générales, la fusion de plusieurs caisses de mutualité sociale agricole peut prendre effet le premier jour du mois civil suivant celui du terme du mandat de leurs administrateurs, la dissolution des caisses prenant effet le jour précédant celui de la fusion.

Art. D. 723-10 Les procès-verbaux des assemblées générales des caisses ayant décidé de la dévolution de leurs biens à la suite de leur fusion et de leur dissolution doivent être transmis aux autorités administratives compétentes dans les conditions prévues à l'article L. 723-46 du présent code et à l'article R. 152-5 du code de la sécurité sociale.

Art. D. 723-11 La réunion des délégués cantonaux des caisses qui ont, dans les conditions prévues à l'article D. 723-5, décidé leur fusion constitue l'assemblée générale de la caisse pluridépartementale de mutualité sociale agricole ainsi créée. Cette assemblée générale est convoquée par les présidents des conseils d'administration des caisses concernées.

L'assemblée générale ainsi constituée adopte les statuts de la nouvelle caisse pluridépartementale issue de la fusion et procède, dans les conditions fixées aux articles R. 723-86 à R. 723-93, à l'élection des membres de son conseil d'administration dont les délibérations ne pourront avoir d'effet antérieurement à la date de la fusion fixée à l'article D. 723-9.

Lorsque la décision de fusion prend effet à la date prévue au second alinéa de l'article D. 723-9, l'adoption des statuts de la caisse pluridépartementale et la désignation des membres de son conseil d'administration sont soumises aux votes des délégués cantonaux élus dans l'année en cours et réunis en assemblée générale commune, avant la date précitée.

Art. D. 723-12 L'assemblée générale de la nouvelle caisse pluridépartementale issue de la fusion accepte le transfert des valeurs d'actif dévolues par les caisses fusionnées et se prononce sur le transfert des valeurs de passif.

Art. D. 723-13 Les réserves, autres que celles d'immobilisation et générale, dévolues par les caisses fusionnées sont, à défaut de la constitution d'une section correspondante au sein de la caisse pluridépartementale issue de la fusion, affectées obligatoirement à la réserve générale.

Toutefois, en cas de création d'une association spécialisée de santé au travail en agriculture au sens de l'article L. 717-3, l'assemblée générale de la nouvelle caisse pluridépartementale peut décider de lui affecter la réserve de santé au travail dévolue par les caisses fusionnées ayant organisé précédemment une section de santé au travail.

§ 3 Regroupement des caisses de mutualité sociale agricole

Art. R. 723-14 Les statuts de l'association ou du groupement d'intérêt économique mentionnés à l'article L. 723-5 fixent, sous réserve des dispositions du présent article, la composition et les attributions de l'assemblée générale ainsi que celles du conseil d'administration ou du comité directeur.

Lorsqu'ils comprennent des administrateurs de caisses, l'assemblée générale et le conseil d'administration ou le comité directeur sont désignés parmi les administrateurs salariés et non salariés siégeant au conseil d'administration des caisses.

Les directeurs des caisses ou leurs représentants peuvent être désignés par les conseils d'administration pour les représenter au sein du conseil d'administration ou du comité directeur de l'association ou du groupement d'intérêt économique.

Le directeur et l'agent comptable de l'association ou du groupement d'intérêt économique assistent avec voix consultative aux réunions de l'assemblée générale et à celles du conseil d'administration ou du comité directeur.

Art. R. 723-15 Les fonctions de délégué des caisses à l'assemblée générale et de membre du conseil d'administration ou du comité directeur de l'association ou du groupement d'intérêt économique sont exercées dans les conditions prévues aux articles L. 723-36 et L. 723-37.

Le mandat des administrateurs représentant les caisses au sein de l'association ou du groupement d'intérêt économique est limité à la durée du mandat qu'ils détiennent au sein de la caisse qu'ils représentent. Il cesse avec la perte de la qualité d'administrateur dans cette caisse.

Pour les directeurs, la perte de la qualité au titre de laquelle ils ont été désignés pour représenter la caisse au sein de l'association ou du groupement d'intérêt économique met fin à leur mandat.

Art. R. 723-16 Les directeurs et les agents comptables des associations ou des groupements d'intérêt économique sont nommés par le conseil d'administration ou le comité directeur de ceux-ci.

Ils sont choisis parmi les personnes inscrites sur la liste d'aptitude prévue à l'article R. 123-46 du code de la sécurité sociale. Toutefois, cette règle n'est pas applicable aux directeurs des associations ayant pour objet exclusif la gestion d'un établissement ou d'une œuvre sociale mentionnés à l'article R. 123-4 dudit code.

Les directeurs et agents comptables des associations et groupements d'intérêt économique sont agréés dans les conditions prévues aux articles R. 123-48 à R. 123-50-1 du code de la sécurité sociale.

Art. R. 723-17 Les conditions de travail des agents de direction, des agents comptables et des autres personnels des associations et groupements d'intérêt économique sont celles qui sont fixées par les conventions collectives applicables dans les caisses de mutualité sociale agricole.

Les caisses de mutualité sociale agricole peuvent mettre par voie de conventions des agents à la disposition des associations ou groupements d'intérêt économique dont elles sont membres.

§ 4 Participation des caisses de mutualité sociale agricole aux organismes mentionnés à l'article L. 723-7

Art. R. 723-18 La constitution d'une union entre une ou plusieurs caisses ou une association de caisses de mutualité sociale agricole, d'une part, et un ou plusieurs organismes mentionnés au I de l'article L. 723-7, d'autre part, doit faire l'objet d'une délibération du conseil d'administration de la caisse ou des caisses concernées ou, dans le cas d'une association de caisses, du conseil d'administration de chacune des caisses membres de l'association. Il en est de même pour l'adhésion d'une caisse ou d'une association de caisses à une union préexistante.

La délibération du conseil d'administration intervient au vu d'un document précisant l'objet de l'union, les règles de son fonctionnement et les modalités de calcul des charges incombant à la caisse, ainsi qu'au vu des statuts de l'union.

Le conseil d'administration de la caisse ou des caisses de mutualité sociale agricole membres de l'union vote annuellement la participation financière à l'union au vu du budget de celle-ci. Un rapport d'activité et le compte de résultats de l'union sont présentés annuellement au conseil d'administration de cette caisse ou de ces caisses.

Toute modification des statuts de l'union est soumise à l'approbation du conseil d'administration de la caisse ou des caisses concernées.

Art. R. 723-19 La création par une caisse de mutualité sociale agricole avec un ou plusieurs tiers d'un service commun mentionné au premier alinéa du II de l'article L. 723-7 doit faire l'objet d'une délibération du conseil d'administration de la caisse. Il en est de même pour la participation d'une caisse à un service commun préexistant.

La délibération du conseil d'administration intervient au vu d'un projet fixant les règles du fonctionnement du service commun, les critères de répartition de ses dépenses entre les participants et des prévisions de dépenses de ce service.

Les prévisions de dépenses du service commun et la contribution de la caisse à celles-ci sont approuvées annuellement par le conseil d'administration de la caisse. Un rapport d'activité et le compte de résultats du service commun sont présentés annuellement au conseil d'administration.

Art. R. 723-20 Les caisses de mutualité sociale agricole ou leurs associations ne peuvent participer à des organismes constitués avec des tiers que si les statuts de ces organismes prévoient la représentation de celles-ci au sein des organes délibérants. Cette représentation est fonction de l'importance de leurs apports en capital, en nature ou en industrie ou de leur participation financière, dans le respect des règles de représentation propres à ces organismes.

Art. R. 723-21 La conclusion par les caisses de mutualité sociale agricole ou leurs associations des conventions prévues aux deuxième et troisième alinéas du II de l'article L. 723-7 doivent faire l'objet d'une délibération du conseil d'administration de chacune des caisses.

Ces conventions doivent préciser les activités qu'elles couvrent ou les prestations qu'assurent les caisses, les charges qui en résultent pour ces caisses et, si ces conventions ont pour objet la fourniture de prestations de services par les caisses, les modalités de remboursement par les tiers des frais engagés par celles-ci.

Ces conventions sont, dès leur signature, soumises *(Décr. n° 2010-815 du 13 juill. 2010)* « au contrôle » du ministre chargé de l'agriculture dans les conditions prévues aux articles R. 152-2 à R. 152-4 du code de la sécurité sociale.

Art. R. 723-22 Pour l'application du III de l'article L. 723-7 est considérée comme une participation des caisses de mutualité sociale agricole ou de leurs associations au capital social des unions d'économie sociale, groupements d'intérêt économique ou sociétés civiles immobilières la part de ce capital acquise directement ou indirectement par un organisme, notamment au moyen d'une aide financière de ces caisses ou associations de caisses.

Est également considérée comme une participation des caisses de mutualité sociale agricole ou de leurs associations la mise à disposition à titre gratuit par celles-ci de locaux, de personnel et de matériels nécessaires au fonctionnement de ces organismes. La valeur des immobilisations pour les locaux et matériels correspond à celle comptabilisée par les caisses de mutualité sociale agricole ou leurs associations.

Art. R. 723-23 *(Décr. n° 2008-460 du 15 mai 2008, art. 2)* Les modalités d'approbation des comptes et des budgets des organismes mentionnés au III de l'article L. 723-7, par les organismes de mutualité sociale agricole, sont fixées par délibération du conseil d'administration de la Caisse centrale de la mutualité sociale agricole.

SOUS-SECTION 2 **Caisse centrale de la mutualité sociale agricole**

Art. R. 723-24 Les statuts et les règlements intérieurs de la Caisse centrale de la mutualité sociale agricole et des associations ou groupements d'intérêt économique à compétence nationale de la mutualité sociale agricole, ainsi que leurs modifications, sont soumis à l'approbation du ministre chargé de l'agriculture, donnée par arrêté publié au *Journal officiel* de la République française. – *V. Arr. du 8 août 2018 relatif aux statuts de la caisse centrale de la mutualité sociale agricole (JO 12 août).*

Art. R. 723-24-1 *(Décr. n° 2009-521 du 7 mai 2009)* Le conseil central d'administration de la mutualité sociale agricole est saisi par le ministre chargé de l'agriculture ou par le ministre chargé de la sécurité sociale des projets de mesures législatives ou réglementaires définies au premier alinéa du II *bis* de l'article L. 723-12.

Art. R. 723-24-2 *(Décr. n° 2009-521 du 7 mai 2009)* Le conseil central d'administration de la mutualité sociale agricole peut habiliter son bureau ou une commission à rendre en son nom des avis sur les projets mentionnés à l'article R. 723-24-1.

Le bureau ou cette commission ne peuvent comprendre que des personnes appartenant au conseil. Ils doivent comprendre des membres de chacun des collèges mentionnés à l'article L. 723-32.

Art. R. 723-24-3 *(Décr. n° 2009-521 du 7 mai 2009)* Sauf dans le cas prévu à l'article R. 723-24-4, l'avis doit être notifié au ministre qui a saisi le conseil d'administration, dans le délai de vingt et un jours à compter de la date de réception du projet de mesure législative ou réglementaire. Toutefois, en cas d'urgence, dûment invoquée dans la lettre de saisine, ce délai est réduit à onze jours.

Art. R. 723-24-4 *(Décr. n° 2009-521 du 7 mai 2009)* Lorsque l'avis porte sur un projet de loi de financement de la sécurité sociale prévu à l'article LO 111-3 du code de la sécurité sociale, il doit être notifié au ministre chargé de l'agriculture et au ministre chargé de la sécurité sociale dans le délai de sept jours à compter de la réception dudit projet.

Art. R. 723-24-5 *(Décr. n° 2009-521 du 7 mai 2009)* A défaut de notification au ministre qui a saisi le conseil d'administration d'un avis dans les délais fixés aux articles R. 723-24-3 et R. 723-24-4, l'avis est réputé rendu.

Art. R. 723-24-6 *(Décr. n° 2009-521 du 7 mai 2009)* Les délais fixés aux articles R. 723-24-3 et R. 723-24-4 sont des délais francs. Lorsque le premier jour d'un de ces délais est un jour férié ou un samedi, le délai ne court qu'à compter du premier jour ouvrable qui suit le jour férié ou le samedi.

SOUS-SECTION 3 **Fonds d'indemnisation des victimes de pesticides**

(Décr. n° 2020-1463 du 27 nov. 2020, art. 2)

Art. R. 723-24-7 Le fonds mentionné à l'article L. 723-13-3 est administré par un conseil de gestion et sa direction est assurée par le directeur de la caisse centrale de mutualité sociale agricole. Il comprend également un comité de reconnaissance des maladies professionnelles et une commission d'indemnisation des enfants victimes d'une exposition prénatale aux pesticides.

Le directeur du fonds peut déléguer tout ou partie de sa gestion à une caisse de mutualité sociale agricole. Cette délégation fait l'objet d'une convention conclue par les directeurs des deux organismes, après avis du conseil d'administration de la caisse centrale de mutualité sociale agricole et du conseil d'administration de la caisse concernée.

Lorsque sa gestion n'est pas déléguée à une caisse dans les conditions prévues à l'alinéa précédent, le fonds dispose d'un service médical et d'un service administratif.

Art. R. 723-24-8 Le conseil de gestion du fonds d'indemnisation comprend, outre son président :

1° Sept membres représentant l'État :

– deux représentants du ministre chargé de la sécurité sociale ;
– deux représentants du ministre chargé de l'agriculture ;
– un représentant du ministre chargé de la santé ;
– un représentant du ministre chargé du budget ;
– un représentant du ministre chargé du travail ;

2° Deux représentants des organismes de sécurité sociale :

– le directeur général de la caisse centrale de la mutualité sociale agricole ou son représentant ;
– le directeur général de la caisse nationale de l'assurance maladie ou son représentant ;

3° Un membre proposé par les associations nationales d'aide aux victimes de pesticides ;

4° Un membre proposé par les fabricants de pesticides ;

5° Deux personnalités qualifiées dans les domaines de compétence du fonds, proposées conjointement par la commission spécialisée mentionnée au 4° de l'article R. 4641-13 du code du travail et la commission mentionnée à l'article D. 751-19 du présent code :

– une personnalité qualifiée possédant des connaissances particulières en matière d'effets sur la santé des pesticides ;
– une personnalité qualifiée possédant des connaissances particulières en matière de réparation du dommage corporel ;

6° Deux représentants proposés par les organisations professionnelles d'employeurs reconnues représentatives au niveau national, dont un représentant du secteur des activités agricoles ;

7° Deux représentants proposés par les organisations syndicales nationales reconnues représentatives au sens de l'article L. 2121-1 du code du travail, dont un représentant du secteur des activités agricoles.

Art. R. 723-24-9 Le président du conseil de gestion du fonds est nommé, pour une durée de trois ans renouvelable une fois, par arrêté du ministre chargé de la sécurité sociale et du ministre chargé de l'agriculture.

La limite d'âge du président est fixée à soixante-sept ans.

Le suppléant du président est nommé dans les mêmes conditions pour une période de trois ans renouvelable.

En cas d'empêchement définitif du président ou de son suppléant, un remplaçant est nommé dans les mêmes conditions que son prédécesseur pour la durée du mandat restant à courir.

Art. R. 723-24-10 Les membres du conseil de gestion mentionnés aux 3°, 4°, 5°, 6° et 7° de l'article R. 723-24-8 sont nommés pour un mandat de trois ans, renouvelable une fois, par arrêté du ministre chargé de la sécurité sociale et du ministre chargé de l'agriculture.

Leur suppléant est nommé dans les mêmes conditions que le titulaire. Les suppléants ne siègent aux séances du conseil de gestion qu'en cas d'absence ou d'empêchement du titulaire.

En cas de vacance d'un siège, un remplaçant est nommé dans les mêmes conditions que son prédécesseur pour la durée du mandat restant à courir.

Art. R. 723-24-11 Les fonctions de membre du conseil de gestion ou de suppléant sont exercées à titre gratuit. Elles ouvrent droit aux indemnités pour frais de déplacement et de séjour dans les conditions prévues par l'article R. 121-4 du code de la sécurité sociale.

Par dérogation au premier alinéa, il est attribué une indemnité de fonctions, non soumise à retenue pour pension civile de retraite, au président du conseil de gestion et à son suppléant. Le montant de cette indemnité est fixé par arrêté du ministre chargé du budget, du ministre chargé de la sécurité sociale et du ministre chargé de l'agriculture.

Art. R. 723-24-12 Le conseil de gestion se réunit au moins deux fois par an sur convocation de son président.

Le président fixe l'ordre du jour, où figurent obligatoirement les points ayant fait l'objet d'une demande formulée par un ministre de tutelle ou par un tiers au moins des membres du conseil.

Le conseil siège valablement si au moins la moitié de ses membres sont présents ou représentés. Dans le cas contraire, une nouvelle séance se tient dans un délai d'un mois, sans obligation de quorum.

Le directeur comptable et financier de la caisse centrale de mutualité sociale agricole et le médecin-conseil du fonds, ou lorsqu'il est fait application du deuxième alinéa de l'article R. 723-24-7, le directeur et le médecin-conseil de la caisse de mutualité sociale agricole à laquelle est déléguée la gestion du fonds participent, avec voix consultative, aux travaux du conseil de gestion.

Le conseil peut entendre toute personne utile à l'exercice de ses missions.

Les délibérations sont prises à la majorité des membres présents. En cas de partage égal des voix, la voix du président est prépondérante.

Art. R. 723-24-13 Le conseil de gestion a pour rôle :

1° De définir, pour les enfants mentionnés au *c* du 2° de l'article L. 491-1 du code de la sécurité sociale, la politique d'indemnisation du fonds, en fixant les orientations relatives aux procédures et à l'indemnisation ;

2° De fixer les orientations relatives aux conditions d'action en justice du fonds ;

3° D'approuver le règlement intérieur du fonds ;

4° D'approuver le rapport annuel retraçant l'activité du comité mentionné à l'article R. 723-24-15 du présent code et de la commission mentionnée à l'article R. 723-24-18, qui doit être adressé au ministre chargé de la sécurité sociale et au ministre chargé de l'agriculture avant le 1er juillet.

Art. R. 723-24-14 Les décisions du conseil de gestion sont transmises au ministre chargé de la sécurité sociale et au ministre chargé de l'agriculture. La communication doit être accompagnée de tout document de nature à éclairer le sens et la portée des décisions prises.

Les décisions du conseil de gestion sont exécutoires de plein droit si, à l'issue d'un délai de trente jours à compter de leur réception et des documents mentionnés à l'alinéa précédent, le ministre chargé de la sécurité sociale et le ministre chargé de l'agriculture n'ont pas fait connaître leur opposition. Lorsque l'un de ces deux ministres demande par écrit des informations ou des documents complémentaires, le délai est prorogé jusqu'à la production de ces informations ou documents.

Art. R. 723-24-15 Le comité de reconnaissance des maladies professionnelles mentionné à l'article R. 723-24-7 se prononce sur les demandes d'indemnisation des assurés mentionnés au 1° et au *b* du 2° de l'article L. 491-1 de la sécurité sociale dans les situations mentionnées aux sixième et septième alinéas de l'article L. 461-1 du même code.

Il est composé de formations de trois membres comprenant :

1° Un médecin-conseil relevant de la caisse nationale de l'assurance maladie ou d'un service de contrôle médical de la mutualité sociale agricole ;

2° Un médecin du travail particulièrement qualifié en matière d'exposition aux pesticides ;

3° Un professeur des universités – praticien hospitalier ou un praticien hospitalier, particulièrement qualifié en matière de pathologies liées à l'exposition aux pesticides.

Lorsqu'il est saisi dans la situation mentionnée au sixième alinéa de l'article L. 461-1 du code de la sécurité sociale, le comité peut régulièrement rendre son avis en présence de deux de ses membres. En cas de désaccord, le dossier est à nouveau soumis pour avis à l'ensemble des membres du comité.

Le comité rend compte de son activité au conseil de gestion.

Art. R. 723-24-16 Les membres du comité mentionné à l'article R. 723-24-15 sont astreints au secret professionnel.

Ils sont remboursés de leurs frais de déplacement et de séjour selon les modalités fixées par l'article R. 121-4 du code de la sécurité sociale.

Art. R. 723-24-17 Les membres du comité mentionnés aux 2° et 3° de l'article R. 723-24-15 sont nommés pour quatre ans par arrêté du ministre chargé de la sécurité sociale et du ministre chargé de l'agriculture, sur proposition du conseil de gestion.

Ils perçoivent pour cette mission une rémunération égale à celle dont bénéficient les personnes mentionnées au 3° de l'article D. 461-27 du code de la sécurité sociale.

Art. R. 723-24-18 La commission d'indemnisation des enfants victimes d'une exposition prénatale aux pesticides est chargée d'examiner les demandes d'indemnisation relatives aux enfants mentionnés au *c* du 2° de l'article L. 491-1 du code de la sécurité sociale. Elle se prononce, en tenant compte des orientations générales mentionnées au 1° de l'article R. 723-24-13 du présent code, sur le lien entre la pathologie de l'enfant et son exposition prénatale du fait de l'exposition de l'un ou l'autre de ses parents à des pesticides.

La commission rend compte de son activité au conseil de gestion.

Art. R. 723-24-19 La commission d'indemnisation des enfants victimes d'une exposition prénatale aux pesticides comprend, outre son président et son suppléant :

1° Deux personnes ayant des connaissances particulières dans l'appréciation du risque lié à l'exposition aux pesticides ;

2° Deux professeurs des universités-praticiens hospitaliers ou praticiens hospitaliers justifiant d'une expérience professionnelle dans le domaine des pathologies liées aux pesticides ainsi que dans le domaine des pathologies infantiles liées au développement *in utero*.

Les membres de la commission mentionnés au 1° et au 2° ont, chacun, deux suppléants désignés dans les mêmes conditions que le titulaire.

Art. R. 723-24-20 La commission d'indemnisation des enfants victimes d'une exposition prénatale aux pesticides siège valablement si, outre son président, au moins un membre de chacune des catégories mentionnées au 1° et au 2° de l'article R. 723-24-19 est présent.

Le directeur du fonds d'indemnisation des victimes de pesticides ou son représentant assiste, en tant que de besoin, aux séances de la commission avec voix consultative.

Les décisions sont prises à la majorité des membres présents. En cas de partage égal des voix, la voix du président est prépondérante.

Art. R. 723-24-21 Les membres de la commission d'indemnisation des enfants victimes d'une exposition prénatale aux pesticides sont nommés par arrêté des ministres chargés de la sécurité sociale et de l'agriculture pour une période de trois ans renouvelables.

L'arrêté de nomination des membres de la commission mentionnés au 1° et au 2° de l'article R. 723-24-19 est pris sur proposition du conseil de gestion.

En cas de vacance, un remplaçant est nommé dans les mêmes conditions que son prédécesseur pour la durée du mandat restant à courir.

Des indemnités sont attribuées aux membres titulaires ou suppléants de la commission. Le montant de ces indemnités est fixé par arrêté des ministres chargé de la sécurité sociale, de l'agriculture et du budget.

Ils sont remboursés de leurs frais de déplacement et de séjour selon les modalités fixées par l'article R. 121-4 du code de la sécurité sociale.

Art. D. 723-24-22 Le montant de la contribution annuelle des branches et régimes mentionnés aux 2° à 4° de l'article L. 723-13-3 est calculé à due concurrence des prestations servies, au cours de l'année considérée, aux assurés qui leur sont affiliés, à l'exclusion du complément d'indemnisation mentionné au onzième alinéa de l'article L. 491-1 du code de la sécurité sociale.

SECTION 2 Assemblées générales et conseils d'administration des caisses de mutualité sociale agricole

SOUS-SECTION 1 Élections des délégués cantonaux

§ 1 Dispositions générales

Art. R. 723-25 Pour l'application du *a)* du 3° de l'article L. 723-15, sont considérées comme employeurs de main-d'œuvre salariée à titre permanent les personnes qui ont déclaré avoir employé un ou plusieurs salariés pendant au moins 1 600 heures entre le 1er avril de l'année précédant l'établissement de la liste électorale et le 31 mars de l'année suivante.

Art. R. 723-26 Les conditions pour être électeur, définies à l'article L. 723-19, sont appréciées au 1er avril de l'année précédant celle de l'élection.

(Décr. nº 2009-326 du 25 mars 2009) « Pour l'application du premier alinéa de l'article L. 723-19, les personnes auxquelles un échéancier de paiement de leurs cotisations a été accordé en application des dispositions du présent code sont considérées comme ayant acquitté ces cotisations dès lors que les échéances prévues sont respectées. »

§ 2 Établissement des listes électorales et contentieux

Art. R. 723-27 La liste des personnes qui remplissent les conditions fixées par les articles L. 723-15 et L. 723-19 est établie, à titre provisoire, par collège électoral et selon le canton de résidence des intéressés, par le conseil d'administration de chaque caisse de mutualité sociale agricole.

Elle est établie *(Décr. nº 2019-311 du 11 avr. 2019, art. 1er)* « cent cinquante-cinq jours au moins avant la date du scrutin prévue à l'article R. 723-61 ».

Le président du conseil d'administration de la caisse communique par *(Décr. nº 2019-311 du 11 avr. 2019, art. 1er)* « tout moyen » à chacun des électeurs son inscription sur la liste provisoire, en mentionnant le canton et le collège d'inscription.

Pour l'application du dernier alinéa de l'article L. 723-19, toute personne remplissant au 1er avril de l'année d'établissement de la liste électorale les conditions pour relever simultanément de plusieurs collèges est inscrite par priorité dans le collège correspondant à son activité principale appréciée à cette même date. Elle conserve toutefois la possibilité de réclamer le rattachement au collège de son activité secondaire, dans les délais et conditions prévus à l'article R. 723-29. Lorsque la personne exerce simultanément une activité la rattachant au premier collège et une activité la rattachant au troisième collège, l'activité correspondant au troisième collège est réputée constituer son activité principale pour l'application des dispositions du présent alinéa.

Art. R. 723-28 La liste provisoire peut être consultée au siège de la caisse de mutualité sociale agricole et, lorsqu'il s'agit d'une caisse pluridépartementale, au lieu de chacun des établissements départementaux *(Décr. nº 2009-326 du 25 mars 2009)* « sur support papier ou électronique ».

Art. R. 723-29 Toute personne peut réclamer son inscription si elle a été omise.

Tout électeur peut réclamer l'inscription ou la radiation d'une personne omise ou indûment inscrite.

Ces réclamations doivent être adressées au président du conseil d'administration de la caisse de mutualité sociale agricole, qui en donne récépissé, *(Décr. nº 2019-311 du 11 avr. 2019, art. 1er)* « cent quarante jours au moins avant la date du scrutin prévue à l'article R. 723-61 ».

Art. R. 723-30 Le conseil d'administration examine les réclamations et établit les listes définitives.

Toute décision du conseil conduisant à refuser une inscription demandée ou un changement de collège électoral, ou à procéder à une radiation, doit être notifiée par pli recommandé avec demande d'avis de réception à l'intéressé et, éventuellement, à l'électeur qui a formulé la réclamation.

Art. R. 723-31 Les listes définitives peuvent être consultées *(Décr. n° 2019-311 du 11 avr. 2019, art. 1er)* « jusqu'à l'expiration du délai de recours prévu à l'article L. 20 du code électoral, dans les lieux et selon la modalité prévue à l'article R. 723-28, cent quinze » jours au moins avant la date fixée pour le scrutin. *(Décr. n° 2019-311 du 11 avr. 2019, art. 1er)* « Cette mise à disposition vaut publication au sens de l'article L. 19-1 du code électoral. »

Art. R. 723-31-1 *(Décr. n° 2009-326 du 25 mars 2009)* Le président du conseil d'administration retranche de la liste électorale, jusqu'au jour du scrutin, les personnes décédées *(Abrogé par Décr. n° 2018-350 du 14 mai 2018, art. 3, à compter du 1er janv. 2019)* « *, dans les conditions prévues à l'article R. 7 du code électoral* ».

Art. R. 723-31-2 *(Décr. n° 2009-326 du 25 mars 2009)* Entre le *(Décr. n° 2019-311 du 11 avr. 2019, art. 1er)* « cent quinzième et le soixante-troisième » jour avant la date du scrutin, le conseil d'administration de la caisse de mutualité sociale agricole et, par délégation, son président, procède sur les listes définitives aux corrections d'erreurs matérielles telles que les erreurs de rattachement à un canton ou à un collège, et à la radiation des personnes dont l'adresse est inconnue.

Art. R. 723-32 *Abrogé par Décr. n° 2019-311 du 11 avr. 2019, art. 1er.*

Art. R. 723-33 Les personnes mineures peuvent sans autorisation présenter une réclamation ou défendre à une réclamation dirigée contre elles.

Art. R. 723-34 Le recours est formé par *(Décr. n° 2019-1333 du 11 déc. 2019, art. 32)* « requête » faite, remise ou adressée au greffe du tribunal judiciaire dans le ressort duquel est situé le siège de la caisse.

La *(Décr. n° 2019-1333 du 11 déc. 2019, art. 32)* « requête » indique les nom, prénoms et adresse du requérant, la qualité en laquelle il agit et l'objet de son recours *(Abrogé par Décr. n° 2019-311 du 11 avr. 2019, art. 1er)* « *; il en est délivré récépissé* ».

Art. R. 723-35 *(Décr. n° 2019-311 du 11 avr. 2019, art. 1er)* Le tribunal judiciaire statue dans les conditions et délais prévus par l'article R. 18 du code électoral.

Art. R. 723-36 La décision prise par le tribunal judiciaire est notifiée par le greffe *(Décr. n° 2019-311 du 11 avr. 2019, art. 1er)* « dans les deux jours au requérant, au préfet, et, s'il y a lieu, à l'électeur intéressé, par tout moyen donnant date certaine à sa réception ». Le greffe en informe le conseil d'administration de la caisse de mutualité sociale agricole dans le même délai.

La décision n'est pas susceptible d'opposition.

Art. R. 723-37 *(Décr. n° 2019-311 du 11 avr. 2019, art. 1er)* Le pourvoi en cassation est ouvert selon les modalités prévues aux articles R. 19-1 à R. 19-6 du code électoral.

Art. R. 723-38 Les délais fixés *(Décr. n° 2019-311 du 11 avr. 2019, art. 1er)* « en application des dispositions du code électoral et de l'article R. 723-36 » sont calculés et prorogés conformément aux dispositions des articles 640, 641 et 642 du code de procédure civile.

Art. R. 723-39 *Abrogé par Décr. n° 2019-311 du 11 avr. 2019, art. 1er.*

Art. R. 723-40 Tout électeur de la circonscription de la caisse peut, à ses frais, et à condition de s'engager à ne pas en faire un usage qui ne soit strictement lié à l'élection, prendre communication et copie des listes électorales correspondant au collège auquel il appartient auprès de la caisse de mutualité sociale agricole.

A l'expiration du délai de huit jours suivant l'affichage des résultats du scrutin, la liste électorale ne peut plus être consultée.

Art. R. 723-41 Est puni de l'amende prévue pour les contraventions de la quatrième classe le fait de publier ou de diffuser des mentions relatives aux personnes à l'occasion de la consultation de la liste électorale ainsi que l'utiliser à des fins autres qu'électorales.

L'amende est appliquée autant de fois qu'est caractérisée l'infraction prévue au précédent alinéa.

§ 3 Opérations préparatoires au scrutin et déclarations de candidatures

SOUS-§ 1 *Opérations préliminaires*

Art. R. 723-42 *(Décr. n° 2009-326 du 25 mars 2009)* **La délibération par laquelle le conseil d'administration de la caisse de mutualité sociale agricole réunit des cantons en application des articles L. 723-17 et L. 723-18 peut être consultée selon les modalités prévues à l'article R. 723-28, au plus tard** *(Décr. n° 2019-311 du 11 avr. 2019, art. 1er)* **« quatre-vingt treize » jours avant la date fixée pour le scrutin.**

Art. R. 723-43 *(Décr. n° 2009-326 du 25 mars 2009)* **Le nombre de personnes à élire pour chaque circonscription électorale peut être consulté selon les modalités prévues à l'article R. 723-28.**

Art. R. 723-44 *(Décr. n° 2019-311 du 11 avr. 2019, art. 1er)* **« Il est institué, dans le ressort de chaque caisse de mutualité sociale agricole et dans la limite du nombre de départements de son ressort, une ou plusieurs commissions électorales chargées de la proclamation des résultats. »**

(Décr. n° 2014-578 du 4 juin 2014, art. 2) **« Cette commission est présidée par le préfet de région du lieu du siège de la caisse ou son représentant. »**

Elle comprend six membres titulaires et six membres suppléants nommés par le préfet de région sur proposition des organisations nationales représentatives des salariés agricoles ayant présenté des listes de candidats pour le scrutin considéré et six membres titulaires et six membres suppléants nommés par le préfet de région sur proposition des organisations représentatives au plan départemental des exploitants agricoles, dont deux titulaires au moins représentent les exploitants employeurs de main-d'œuvre.

Pour la répartition des sièges entre les organisations représentatives des salariés, le préfet de région détermine le nombre de sièges imparti à chaque organisation au prorata du nombre de listes déposées, selon la règle du plus fort reste.

Pour la répartition des sièges entre les organisations représentatives d'exploitants, le préfet de région détermine le nombre de sièges imparti à chaque organisation en fonction de sa représentativité appréciée dans les conditions prévues *(Décr. n° 2017-1492 du 25 oct. 2017, art. 12-1°)* **« à l'article R. 514-37 », avec application de la règle du plus fort reste s'il y a lieu.**

Les noms, prénoms, date et lieu de naissance de ces représentants sont notifiés au préfet par pli recommandé au plus tard trente jours avant le scrutin.

L'arrêté préfectoral fixant la composition de la commission électorale est publié au plus tard le vingtième jour précédant le scrutin.

Le secrétariat de la commission électorale est assuré par le directeur de la caisse de mutualité sociale agricole ou son représentant.

SOUS-§ 2 *Déclarations de candidatures pour le deuxième collège*

Art. R. 723-45 **Pour les élections des délégués cantonaux du deuxième collège, les listes de candidatures sont déposées au siège de la caisse de mutualité sociale agricole au plus tard à seize heures le** *(Décr. n° 2019-311 du 11 avr. 2019, art. 1er)* **« soixante-treizième » jour précédant le scrutin. Les professions de foi sont déposées dans le même délai.**

Ne peuvent figurer sur les listes que des personnes inscrites en qualité d'électeur dans la circonscription où elles sont candidates.

Art. R. 723-46 **Chaque liste fait l'objet d'une déclaration collective déposée par un mandataire muni d'une procuration écrite signée par chaque candidat figurant sur la liste et précisant :**

1° La circonscription électorale dans laquelle les candidats de la liste se présentent ;

2° L'appellation de la liste et la mention de l'organisation ou des organisations syndicales de salariés agricoles qui la présentent ;

3° L'ordre de présentation des candidats.

Art. R. 723-47 *(Décr. nº 2017-1492 du 25 oct. 2017, art. 12-2º)* La déclaration collective est accompagnée des déclarations individuelles de chacun des candidats de la liste :

1º Mentionnant leurs nom, prénoms, date et lieu de naissance, résidence et profession ;

2º Attestant de l'identité de chacun des candidats par la copie d'une pièce d'identité ;

3º Attestant sur l'honneur n'être frappé d'aucune des incapacités énoncées aux articles L. 5 et L. 6 du code électoral et satisfaire aux obligations prévues aux articles L. 723-19 et L. 723-20 ;

4º Attestant sur l'honneur que les renseignements fournis dans sa déclaration de candidature sont exacts.

Les déclarations individuelles doivent être conformes à un modèle fixé par la caisse centrale de la Mutualité sociale agricole. L'absence de l'une des déclarations individuelles ou la remise d'une déclaration incomplètement remplie entraînent le rejet de la liste.

Art. R. 723-48 Il est délivré au mandataire de la liste un récépissé de la déclaration collective et des déclarations individuelles. Ce récépissé est signé du président du conseil d'administration de la caisse ou d'une personne ayant reçu délégation.

(Décr. nº 2009-326 du 25 mars 2009) « Les déclarations de candidatures font l'objet d'un accusé de réception immédiatement notifié aux candidats. »

Art. R. 723-48-1 *(Décr. nº 2009-326 du 25 mars 2009)* Le conseil d'administration de la caisse de mutualité sociale agricole vérifie la recevabilité des candidatures. Il rejette celles qui sont entachées d'irrégularités manifestes telles que :

– les déclarations de candidature incomplètes au regard de l'article R. 723-47 ;

– le défaut de qualité pour être candidat ;

– l'absence de consentement du candidat dans le cas d'une candidature présentée par un mandataire.

Le candidat et son mandataire sont immédiatement informés de la décision de rejet. Cette décision est motivée. Elle peut être contestée selon les modalités prévues à l'article R. 723-51.

Art. R. 723-49 Le président du conseil d'administration de la caisse de mutualité sociale agricole publie les listes de candidats au plus tard le *(Décr. nº 2019-311 du 11 avr. 2019, art. 1er)* « soixante-troisième » jour précédant le scrutin, *(Décr. nº 2009-326 du 25 mars 2009)* « selon les modalités prévues à l'article R. 723-28 ».

Art. R. 723-50 Aucun dépôt ou retrait individuel de candidature ne peut être opéré après le dépôt de la liste.

Une liste ne peut faire l'objet d'un retrait que lorsque plus de la moitié des candidats inscrits sur cette liste en font la demande au président du conseil d'administration de la caisse de mutualité sociale agricole. Cette demande est écrite. Elle est enregistrée au plus tard la veille de la date de la publication des listes.

Un candidat décédé peut être remplacé jusqu'à l'expiration du délai de dépôt des candidatures.

Art. R. 723-51 La recevabilité et la régularité des listes peuvent être contestées, dans le délai de trois jours à compter de leur publication, devant le tribunal judiciaire dans le ressort duquel se trouve le siège de la caisse, par *(Décr. nº 2019-1333 du 11 déc. 2019, art. 32)* « requête », faite, remise ou adressée au greffe du tribunal. Le tribunal statue dans les cinq jours sans forme, sans frais et sur simple avertissement donné trois jours à l'avance à toutes les parties intéressées.

La décision est notifiée par lettre recommandée avec demande d'avis de réception au demandeur et au conseil d'administration de la caisse. Elle n'est pas susceptible d'opposition.

SOUS-§ 3 *Déclaration de candidature pour les premier et troisième collèges*

Art. R. 723-52 Pour l'élection des délégués cantonaux et de leurs suppléants des premier et troisième collèges, la déclaration de candidature est obligatoire. Elle peut être effectuée par un mandataire.

(Décr. nº 2009-326 du 25 mars 2009) « Les électeurs qui font acte de candidature déposent leur déclaration ou l'adressent par voie postale au siège de la caisse de

mutualité sociale agricole, au plus tard le *(Décr. n° 2019-311 du 11 avr. 2019, art. 1er)* **« soixante-treizième » jour précédant le scrutin, à seize heures.**

« Toute déclaration par voie postale est assortie de la copie d'un document attestant de l'identité du candidat. La caisse notifie au candidat l'enregistrement de sa déclaration dès réception. » *(Abrogé par Décr. n° 2019-311 du 11 avr. 2019, art. 1er)* ***« Le candidat bénéficie alors des dispositions des articles R. 723-58 et R. 723-72. »***

Art. R. 723-53 **La déclaration de candidature comporte les mentions et attestations figurant à l'article R. 723-47, ainsi que la qualité de délégué cantonal titulaire ou suppléant, au titre de laquelle est déposée la candidature et la circonscription électorale dans laquelle le candidat se présente.**

Les déclarations de candidature doivent être conformes à un modèle fixé par la Caisse centrale de la mutualité sociale agricole. *(Décr. n° 2019-311 du 11 avr. 2019, art. 1er)* **« Toute déclaration de candidature incomplète est rejetée. »**

Art. R. 723-54 **Lorsqu'une personne morale est candidate, la déclaration de candidature doit mentionner le nom ou la raison sociale de cette personne morale, sa forme juridique et son siège social, ainsi que le nom et la qualité du mandataire habilité à la représenter pour toutes les opérations électorales. Celui-ci doit attester sur l'honneur n'être frappé d'aucune des incapacités énoncées aux articles L. 5** *(Décr. n° 2014-578 du 4 juin 2014, art. 4)* **« et L. 6 » du code électoral et satisfaire aux obligations prévues aux articles L. 723-19 et L. 723-20 du présent code.**

Art. R. 723-55 **Il est délivré à chaque candidat un récépissé de sa déclaration. Ce récépissé est signé du président du conseil d'administration de la caisse de mutualité sociale agricole ou d'une personne ayant reçu délégation.**

Art. R. 723-56 **Le président du conseil d'administration de la caisse publie les candidatures à la date et selon les modalités prévues à l'article R. 723-49.**

Art. R. 723-57 **Le tribunal judiciaire dans le ressort duquel se trouve le domicile du candidat est compétent pour statuer sur la recevabilité et la régularité de sa candidature, dans les formes et délais déterminés à l'article R. 723-51 ; sa décision n'est pas susceptible d'opposition.**

SOUS-§ 4 *Dispositions communes aux trois collèges*

Art. R. 723-58 **Dès la publication des candidatures, la caisse de mutualité sociale agricole fait procéder à l'impression des professions de foi éventuelles remises par les candidats et du matériel de vote. Leurs caractéristiques sont fixées par arrêté du ministre chargé de l'agriculture.** — *V. Arr. du 18 nov. 2019 fixant les caractéristiques des professions de foi des candidats ou des listes, du matériel de vote et des écrans de vote électronique par internet pour les élections 2020 des délégués cantonaux à la Mutualité sociale agricole (MSA) (JO 21 nov.), mod. par Arr. du 4 déc. 2019 (JO 8 déc.).*

Art. R. 723-59 **Le matériel de vote et les professions de foi éventuelles correspondant au scrutin auquel participe l'électeur sont adressés au domicile de l'électeur par la caisse de mutualité sociale agricole au plus tard le** *(Décr. n° 2019-311 du 11 avr. 2019, art. 1er)* **« onzième » jour précédant le scrutin.**

(Décr. n° 2014-578 du 4 juin 2014, art. 5) **« Une notice explicative détaillant les opérations de vote et le fonctionnement général du système de vote électronique est transmise, dans le même délai, à l'électeur.**

« L'électeur reçoit les éléments permettant son identification et son authentification selon des modalités, définies par le conseil d'administration de la Mutualité sociale agricole, qui en garantissent la sécurité, la confidentialité et la protection contre le risque de fraude et d'usurpation d'identité. »

Art. R. 723-60 **Les délais fixés aux articles** *(Décr. n° 2017-1492 du 25 oct. 2017, art. 12-3°)* **« R. 723-42 et R. 723-52 » sont prorogés jusqu'au premier jour ouvrable suivant s'ils expirent un samedi, un dimanche ou un jour férié ou chômé.**

§ 4 Déroulement des opérations électorales

SOUS-§ 1 *Dispositions générales*

Art. R. 723-61 *(Décr. n° 2014-578 du 4 juin 2014, art. 6)* I. — Le vote s'effectue par correspondance sous pli fermé ou par voie électronique par internet.

II. — Le vote est organisé dans le respect des principes fondamentaux qui commandent les opérations électorales, notamment leur sincérité, l'accès au vote de tous les électeurs, le secret du scrutin, le caractère personnel, libre et anonyme du vote, l'intégrité des suffrages exprimés, la surveillance effective du scrutin et le contrôle *a posteriori* par le juge de l'élection.

III. — Pour le vote par correspondance sous pli fermé doivent être utilisées :

— une enveloppe électorale destinée à recevoir le bulletin de vote ;

— une enveloppe d'envoi portant les mentions : "Élections de la mutualité sociale agricole", "vote par correspondance" ainsi que l'indication du bureau de vote destinataire du suffrage.

Ces enveloppes doivent être conformes à un modèle fixé par arrêté du ministre chargé de l'agriculture.

Un arrêté du ministre chargé de l'agriculture fixe les dates et heures limites d'envoi des plis par les électeurs, le cachet de la poste faisant foi. La date limite d'envoi des plis est réputée être la date du scrutin.

Les plis sont conservés par le bureau de poste de distribution jusqu'à la date limite fixée par arrêté pour le dépouillement.

IV. — Pour voter par voie électronique, l'électeur, après s'être identifié et authentifié, exprime puis valide son vote.

Le vote, dès son émission, fait l'objet d'un chiffrement par le système sur le terminal utilisé par l'électeur, avant sa transmission au fichier "urne électronique" mentionné à l'article R. 723-61-1. Il demeure, de façon permanente, chiffré jusqu'à son dépouillement.

L'électeur ayant exercé son droit de vote électronique par internet n'est pas admis à voter par correspondance.

Art. R. 723-61-1 *(Décr. n° 2014-578 du 4 juin 2014, art. 7)* Le système de vote électronique comporte les mesures physiques et de chiffrement, notamment par la voie d'empreintes numériques, permettant d'assurer la confidentialité des données transmises et la sécurité de l'adressage des moyens d'identification et d'authentification, de l'émargement, de l'enregistrement, de l'unicité du vote et du dépouillement des votes.

Les fonctions de sécurité de ce système sont conformes au référentiel général de sécurité prévu à l'article 9 de l'ordonnance n° 2005-1516 du 8 décembre 2005 relative aux échanges électroniques entre les usagers et les autorités administratives et entre les autorités administratives.

Les obligations de confidentialité et de sécurité s'imposent à l'ensemble des personnes intervenant sur le système de vote électronique.

Les données relatives aux électeurs inscrits sur les listes électorales et les données relatives aux votes font l'objet de traitements informatiques distincts, dédiés et isolés, respectivement dénommés "fichier des électeurs" et "urne électronique".

Le système de vote électronique comporte un dispositif de secours offrant les mêmes garanties et les mêmes caractéristiques que celui-ci, et capable d'en prendre immédiatement et automatiquement le relais, en cas de panne n'entraînant pas l'altération des données.

Art. R. 723-61-2 *(Décr. n° 2014-578 du 4 juin 2014, art. 7)* La conception, la gestion et la maintenance du système de vote électronique peuvent être confiées à un prestataire technique.

Art. R. 723-61-3 *(Décr. n° 2014-578 du 4 juin 2014, art. 7)* Une commission nationale de contrôle, composée de trois membres nommés par arrêté du ministre chargé de l'agriculture, a compétence sur l'ensemble des opérations de vote traitées par le système informatique centralisé.

Cette commission s'assure notamment :

1° De la mise en œuvre des dispositifs de sécurité prévus pour garantir le secret du vote et son intégrité ;

2° De la confidentialité du fichier des électeurs comportant les éléments permettant leur identification et du chiffrement du contenu de l'urne électronique ;

3° De la conservation des différents supports d'information et des conditions de sécurité et de confidentialité des données pendant et après le scrutin.

Elle vérifie la qualité des personnes autorisées à accéder à chacun des traitements automatisés.

Elle peut procéder à des vérifications de la régularité du vote sur l'ensemble du territoire.

Art. R. 723-61-4 *(Décr. n° 2014-578 du 4 juin 2014, art. 7)* Avant l'ouverture du vote, la commission nationale de contrôle constate le bon fonctionnement du système de vote en effectuant un vote à blanc et un dépouillement. Elle procède à la remise à zéro du compteur des suffrages et vérifie que l'urne électronique est vide et que la liste d'émargement est vierge. Elle procède au scellement du système de vote et en vérifie l'effectivité.

Trois clés de verrouillage et de déverrouillage des urnes sont remises, sous pli scellé, aux membres de la commission nationale de contrôle. Un procès-verbal de la réunion de la commission au cours de laquelle sont remises ces clés est dressé. Chacun des membres de la commission conserve cette clé et en assure la confidentialité jusqu'au dépouillement des votes.

Pour déverrouiller les urnes, deux au moins des trois clés doivent être actionnées.

En cas de dysfonctionnement informatique résultant d'une attaque du système par un tiers, d'une infection virale, d'une défaillance technique ou d'une altération des données, la Commission nationale de contrôle prend toute mesure d'information et de sauvegarde et peut décider de la suspension des opérations de vote.

Tout dysfonctionnement et toute intervention sur le système de vote fait l'objet d'une consignation au procès-verbal.

Art. R. 723-61-5 *(Décr. n° 2014-578 du 4 juin 2014, art. 7)* La Commission nationale de contrôle vérifie, après la fermeture du scrutin et avant le dépouillement, le scellement du système.

La commission actionne le processus de déverrouillage des urnes puis de dépouillement afin de permettre le décompte des voix des candidats au niveau de chaque caisse de mutualité sociale agricole.

Le système de vote électronique est scellé après la clôture du dépouillement.

Art. R. 723-61-6 *(Décr. n° 2014-578 du 4 juin 2014, art. 7)* Préalablement à sa mise en place, le système de vote électronique fait l'objet d'une expertise indépendante. Cette expertise couvre l'intégralité du dispositif installé avant le scrutin, les conditions d'utilisation du système de vote durant le scrutin ainsi que les étapes postérieures au vote.

Le rapport de l'expert est tenu à la disposition de la Commission nationale de l'informatique et des libertés et communiqué à la Commission nationale de contrôle.

L'expert indépendant peut assister la commission nationale dans ses missions.

SOUS-§ 2 *Modalités de l'émargement et du dépouillement des votes*

Art. R. 723-62 Les plis sont remis par les agents de La Poste, en présence des membres de la commission électorale prévue à l'article *(Décr. n° 2014-578 du 4 juin 2014, art. 8)* « R. 723-44 », au président du conseil d'administration de la caisse de mutualité sociale agricole, ou, lorsqu'il s'agit d'un établissement départemental, à son représentant dans l'établissement, qui leur en donne décharge.

Les plis qui parviennent au bureau de poste de distribution dont relève la caisse de mutualité sociale agricole ou l'établissement départemental *(Décr. n° 2014-578 du 4 juin 2014, art. 8)* « avec une date d'affranchissement postérieure à celle fixée par l'article R. 723-61 pour l'envoi des plis » sont remis au président du conseil d'administration de la caisse, ou à son représentant, qui en assure la destruction immédiate sous sa responsabilité.

Les différents envois adressés en application des dispositions relatives au vote par correspondance sont admis en autorisation d'affranchissement et doivent porter la mention définie par la convention passée avec La Poste.

Art. R. 723-63 Le président du conseil d'administration de la caisse ou son représentant, assisté par des scrutateurs, procède en séance publique et en présence des membres de la commission électorale aux opérations d'émargement et de dépouillement des votes.

Les scrutateurs sont désignés soit par les mandataires des listes ou des candidats des premier et troisième collèges en présence, soit par leurs délégués, parmi les électeurs inscrits sur la liste électorale établie en application de l'article L. 723-22. Les délégués peuvent être également scrutateurs.

A défaut de scrutateurs en nombre suffisant, le président du conseil d'administration peut désigner des agents de la caisse pour la réalisation de ces opérations, sous sa responsabilité.

Art. R. 723-64 *(Décr. n° 2009-326 du 25 mars 2009)* Le président du conseil d'administration de la caisse ou son représentant, assisté par les scrutateurs, procède, en présence des membres de la commission électorale, aux opérations de tri des plis par collège.

A l'issue de ces opérations, le président du conseil d'administration ou son représentant, assisté par les scrutateurs, ouvre chacun des plis classés par collège et procède publiquement à l'émargement par la lecture et l'enregistrement de l'identifiant de l'électeur. *(Abrogé par Décr. n° 2019-311 du 11 avr. 2019, art. 1er)* ***« Le vote de l'électeur qui n'a pas attesté de la régularité de sa situation en apposant sa signature sur l'enveloppe ne peut être pris en compte. »***

Le président du conseil d'administration peut désigner des agents de la caisse pour la réalisation de ces opérations sous sa responsabilité.

Lors de la clôture des opérations d'émargement, les enveloppes ayant contenu les enveloppes électorales sont jointes aux listes d'émargement par collège. Ces documents sont conservés pendant quatre mois après l'expiration des délais prescrits pour l'exercice des recours contre l'élection.

Art. R. 723-65 *(Décr. n° 2009-326 du 25 mars 2009)* Lorsque les opérations d'émargement d'un collège sont terminées, le président du conseil d'administration de la caisse de mutualité sociale agricole ou son représentant fait procéder au dépouillement des votes pour ce collège.

Le dépouillement est opéré par les scrutateurs sous la surveillance des membres de la commission électorale.

Les enveloppes classées par collège sont comptées. Si leur nombre excède ou n'atteint pas celui des émargements, il en est fait mention au procès-verbal.

L'un des scrutateurs extrait le bulletin de l'enveloppe et le passe déplié à un autre scrutateur, qui fait enregistrer le vote et donne lecture à haute voix, suivant le cas, du titre de la liste ou du nom du candidat.

Art. R. 723-66 *(Décr. n° 2009-326 du 25 mars 2009)* Le matériel de vote comporte un système d'identification du candidat ou de la liste et de l'électeur permettant un traitement automatisé de l'émargement et du dépouillement. Ce traitement garantit le secret du vote.

Art. R. 723-67 Les délégués soit des listes, soit des candidats des premier et troisième collèges ont le droit de contrôler toutes les opérations de dépouillement des bulletins et de décompte des voix dans tous les locaux où s'effectuent ces opérations ainsi que de faire inscrire au procès-verbal leurs observations.

Art. R. 723-68 N'entrent pas en compte dans le résultat du dépouillement :

1° Les bulletins blancs ;

2° Les bulletins désignant une liste qui n'a pas été régulièrement publiée ou dont l'irrégularité a été constatée par le juge, ou un candidat tombant sous le coup de cette dernière disqualification ;

3° Les bulletins dans lesquels les votants se sont fait connaître ;

4° Les bulletins et enveloppes non conformes au matériel de vote prévu par l'arrêté pris en application de l'article R. 723-58 ;

5° Les bulletins multiples concernant des listes différentes, adressés par un même électeur ;

6° Les bulletins comportant adjonction ou suppression de noms ou modification de l'ordre de présentation des candidats en ce qui concerne le deuxième collège ;

7° Les bulletins ou enveloppes portant des signes intérieurs ou extérieurs de reconnaissance ;

8° Les bulletins ou enveloppes portant des mentions injurieuses pour les candidats ou pour des tiers.

Le matériel de vote des suffrages qui n'ont pas été pris en compte fait l'objet d'une annexion au procès-verbal. Le matériel de vote doit porter mention des causes de l'annexion.

Si l'annexion n'a pas été faite, cette circonstance n'entraîne l'annulation des opérations qu'autant qu'il est établi qu'elle a eu pour but et pour conséquence de porter atteinte à la sincérité du scrutin.

(Décr. n° 2014-578 du 4 juin 2014, art. 9) « Lorsque, au moment du dépouillement, il est constaté que l'électeur ayant envoyé un vote par correspondance a déjà voté électroniquement par internet, son enveloppe de vote par correspondance est immédiatement détruite. Cette opération est mentionnée au procès-verbal. »

Art. R. 723-69 Une fois les opérations de lecture et *(Décr. n° 2009-326 du 25 mars 2009)* « d'enregistrement des votes » *(Décr. n° 2014-578 du 4 juin 2014, art. 10)* « par correspondance » terminées, les scrutateurs remettent, par collège *(Abrogé par Décr. n° 2009-326 du 25 mars 2009) « et par circonscription »*, au président du conseil d'administration de la caisse de mutualité sociale agricole ou à son représentant, en présence des membres de la commission électorale, les feuilles *(Décr. n° 2009-326 du 25 mars 2009)* « d'enregistrement des votes » *(Décr. n° 2014-578 du 4 juin 2014, art. 10)* « par correspondance » signées par eux en même temps que les bulletins dont la validité leur a paru douteuse ou a été contestée par les délégués soit des listes, soit des candidats des premier et troisième collèges.

(Décr. n° 2014-578 du 4 juin 2014, art. 10) « Après déverrouillage des urnes électroniques par la Commission nationale de contrôle, le président du conseil d'administration de chaque caisse ou son représentant, assisté par les scrutateurs, procède au dépouillement des bulletins de vote électronique. »

Art. R. 723-70 *(Décr. n° 2014-578 du 4 juin 2014, art. 11)* « Immédiatement après la fin du dépouillement des votes par voie électronique et des votes par correspondance, les résultats sont consolidés et font l'objet de l'édition d'un procès-verbal des opérations électorales par circonscription, sous la responsabilité du président du conseil d'administration de la caisse de mutualité sociale agricole ou de son représentant. »

Il est établi en deux exemplaires. Les délégués des listes ou des candidats des premier et troisième collèges en présence sont obligatoirement invités à contresigner ces deux exemplaires. L'un est déposé au siège social de la caisse de mutualité sociale agricole, l'autre est immédiatement remis à la commission électorale.

Les pièces fournies à l'appui des réclamations et des décisions prises par le président du conseil d'administration de la caisse de mutualité sociale agricole ou son représentant ainsi que les feuilles de dépouillement sont jointes au procès-verbal.

Les bulletins *(Décr. n° 2014-578 du 4 juin 2014, art. 11)* « de vote par correspondance » autres que ceux qui doivent être annexés au procès-verbal sont détruits.

Art. R. 723-71 Les opérations de dépouillement peuvent, sur décision du président du conseil d'administration de la caisse de mutualité sociale agricole notifiée au moins quinze jours à l'avance aux membres de la commission électorale, aux candidats et aux délégués de liste, être poursuivies *(Décr. n° 2014-578 du 4 juin 2014, art. 12)* « au lendemain du jour du scrutin » de l'article R. 723-61.

Dans ce cas le président du conseil d'administration ou, lorsqu'il s'agit d'un établissement départemental, son représentant dans l'établissement s'assure des mesures visant à garantir la sécurité de l'ensemble du scrutin, traité ou restant à traiter. Mention de ces opérations et précision des garanties est apposée au procès-verbal.

Toute contestation émanant de l'un des participants aux opérations de mise en sécurité du scrutin est également consignée au procès-verbal.

§ 5 Recensement des votes et proclamation des résultats

SOUS-§ 1 *Dispositions générales*

Art. R. 723-72 Un représentant de chacune des listes et de chacun des candidats du premier et du troisième collège peut assister, avec voix consultative, au recensement effectué par la commission électorale des votes de la circonscription le concernant.

Les nom, prénoms, date et lieu de naissance de ces représentants sont notifiés au président de la commission par pli recommandé au plus tard huit jours avant la date prévue pour le dépouillement.

SOUS-§ 2 *Dispositions propres aux premier et troisième collèges*

Art. R. 723-73 Le vote en faveur d'un candidat entraîne le vote pour son suppléant.

Art. R. 723-74 Après avoir recensé les votes des électeurs du premier, puis du troisième collège par circonscription électorale, la commission électorale proclame les résultats du vote pour l'élection des délégués cantonaux et de leurs suppléants.

En cas d'égalité de voix, et si un seul siège reste à pourvoir, le plus âgé est proclamé élu.

Art. R. 723-75 Le procès-verbal de recensement est signé par les membres de la commission. Un exemplaire en est aussitôt transmis à la Caisse centrale de la mutualité sociale agricole.

Art. R. 723-76 *(Décr. n° 2009-326 du 25 mars 2009)* Les résultats proclamés par la commission sont affichés et peuvent être consultés dans les lieux et selon les modalités prévues par l'article R. 723-28.

SOUS-§ 3 *Dispositions propres au deuxième collège*

Art. R. 723-77 Après avoir recensé les votes des électeurs du deuxième collège par circonscription électorale, la commission électorale proclame les résultats en attribuant les mandats de délégués cantonaux dans l'ordre de présentation de chaque liste, en faisant application de la représentation proportionnelle avec répartition complémentaire suivant la règle du plus fort reste.

La commission constate le nombre de voix obtenues par chaque liste. Elle détermine le quotient électoral en divisant le nombre de suffrages valablement exprimés dans l'ensemble de la circonscription par le nombre de sièges de délégués cantonaux titulaires à pourvoir.

Il est attribué à chaque liste autant de sièges de délégués que le nombre de suffrages obtenus par la liste contient de fois le quotient électoral correspondant.

Les mandats non répartis par application des dispositions précédentes sont attribués successivement aux listes qui comportent les plus grands restes.

Lorsqu'une liste a obtenu un nombre de voix inférieur au quotient électoral, ce nombre de voix tient lieu de reste.

Au cas où il n'y a plus à attribuer qu'un seul mandat, si deux listes ont le même reste, le mandat revient à la liste qui a obtenu le plus grand nombre de suffrages.

Si deux listes en cause ont recueilli le même nombre de suffrages, le mandat est attribué au plus âgé des deux candidats susceptibles d'être proclamés élus.

Art. R. 723-78 Les dispositions des articles R. 723-75 et R. 723-76 sont applicables au recensement des votes des électeurs du deuxième collège.

§ 6 Contentieux

Art. R. 723-79 Dans les huit jours de l'affichage des résultats dans les conditions fixées à l'article R. 723-76, tout électeur ou tout éligible peut contester l'éligibilité d'un candidat, l'éligibilité ou l'élection d'un élu ou d'une liste et la régularité des opérations électorales devant le tribunal judiciaire.

Les électeurs mineurs peuvent présenter un recours sans autorisation.

Le recours est également ouvert au préfet mentionné au deuxième alinéa de l'article R. 723-44, qui peut l'exercer dans un délai de quinze jours à compter de la proclamation des résultats par la commission électorale.

Le tribunal judiciaire compétent est celui dans le ressort duquel se trouve le siège de la caisse.

Une union départementale syndicale de l'agroalimentaire et une fédération nationale syndicale agroalimentaire et forestière, qui n'étaient ni électeurs ni éligibles, sont irrecevables à former un pourvoi contre un jugement admettant le recours d'électeurs contre les élections à une caisse de MSA. • Civ. 2e, 20 oct. 2005 : *Gaz. Pal. 23-24 juin 2006. 21.*

Art. R. 723-80 **En cas de contestation, les délégués proclamés élus demeurent en fonction jusqu'à ce qu'il ait été définitivement statué sur les recours.**

Art. R. 723-81 **Le recours est formé par** *(Décr. nº 2019-1333 du 11 déc. 2019, art. 32)* **« requête » faite, remise ou adressée au greffe du tribunal judiciaire. La** *(Décr. nº 2019-1333 du 11 déc. 2019, art. 32)* **« requête » indique les nom, prénoms et adresse du requérant, la qualité en laquelle il agit et l'objet du recours. Si le recours met en cause l'éligibilité d'un candidat, l'éligibilité ou l'élection d'un élu, la** *(Décr. nº 2019-1333 du 11 déc. 2019, art. 32)* **« requête » mentionne les noms, prénoms et adresses de ceux-ci.**

S'il porte sur la régularité d'une liste ou d'une candidature, elle fait état, selon le cas, des noms, prénoms et adresses des candidats contestés. S'il porte sur la régularité du scrutin, elle fait état des noms, prénoms et adresse de toutes les personnes figurant sur les listes ou des candidats individuels.

Il est délivré récépissé du recours.

Le recours est porté à la connaissance du procureur de la République par le *(Décr. nºº 2017-1100 du 15 juin 2017, art. 4-3º)* **« directeur de greffe ».**

Art. R. 723-82 **Dans les dix jours du recours, le tribunal judiciaire statue sans formalités, sans frais et sur simple avertissement donné trois jours à l'avance à toutes les parties mentionnées à l'article R. 723-81.**

Art. R. 723-83 **La décision prise par le tribunal judiciaire est notifiée dans les trois jours par le greffe aux parties par lettre recommandée avec demande d'avis de réception. Le greffe en donne avis au préfet et au procureur de la République dans le même délai.**

La décision n'est pas susceptible d'opposition.

Art. R. 723-84 **Le pourvoi en cassation est formé dans les dix jours suivant la notification de la décision du tribunal judiciaire.**

Les dispositions des articles 999 à 1008 du code de procédure civile sont applicables.

Art. R. 723-84-1 *(Décr. nº 2014-578 du 4 juin 2014, art. 13)* **Jusqu'à l'expiration du délai de recours contentieux et, lorsqu'une action contentieuse a été engagée, jusqu'à la décision juridictionnelle devenue définitive, les fichiers supports comprenant la copie des programmes sources et des programmes exécutables, les matériels de vote et les fichiers d'émargement, de résultats et de sauvegarde sont conservés sous scellés, sous le contrôle de la commission nationale. La procédure de décompte des votes doit, si nécessaire, pouvoir être exécutée à nouveau.**

A l'expiration du délai de recours ou, lorsqu'une action contentieuse a été engagée, après l'intervention d'une décision juridictionnelle devenue définitive, il est procédé à la destruction des fichiers supports.

Art. R. 723-85 **Les délais fixés par les articles R. 723-79 à R. 723-84 sont calculés et prorogés conformément aux dispositions des articles 640, 641 et 642 du code de procédure civile.**

SOUS-SECTION 2 Élection des membres du conseil d'administration de la caisse départementale ou pluridépartementale de mutualité sociale agricole

Art. R. 723-86 **Dans le délai de soixante jours suivant l'élection prévue** *(Décr. nº 2014-578 du 4 juin 2014, art. 14-I)* **« à l'article R. 723-61 », les délégués cantonaux sont convoqués en assemblée générale par le président du conseil d'administration sortant ou, à défaut, par** *(Décr. nº 2010-815 du 13 juill. 2010)* **« le directeur régional de l'alimentation, de l'agriculture et de la forêt », en vue de procéder à l'élection de leurs représentants au conseil d'administration de la caisse départementale ou pluridépartementale de mutualité sociale agricole.**

A l'exception des caisses mentionnées à la dernière phrase du dernier alinéa de l'article L. 723-30, lorsque la circonscription de la caisse s'étend sur deux ou plusieurs départements, les délégués cantonaux de chacun des départements constituant la circonscription de la caisse procèdent séparément à l'élection des administrateurs représentant leur collège.

Art. R. 723-87 Les candidatures à l'élection des administrateurs sont déposées auprès du président du conseil d'administration au plus tard l'avant-veille de l'élection à seize heures. Les candidatures doivent être affichées au siège de la caisse et dans le lieu où est convoquée l'assemblée générale au moins un jour franc avant l'élection. Il est donné récépissé du dépôt des candidatures.

Art. R. 723-88 Les listes présentées par les organisations syndicales de salariés agricoles reconnues représentatives sur le plan national pour l'élection des représentants du deuxième collège au conseil d'administration doivent comprendre un nombre de candidats égal au moins au nombre d'administrateurs à élire et au plus au double de ce nombre.

A l'exception des caisses mentionnées à la dernière phrase du dernier alinéa de l'article L. 723-30, pour celles dont la circonscription s'étend sur deux ou plusieurs départements, ces listes sont présentées par département.

Art. R. 723-89 Les élections ont lieu au scrutin secret.

Un bureau de vote est constitué pour chacun des collèges ; il est présidé par un administrateur sortant désigné par les représentants de ce collège au conseil d'administration et comporte au moins un délégué cantonal comme assesseur.

A l'exception des caisses mentionnées à la dernière phrase du dernier alinéa de l'article L. 723-30, pour celles dont la circonscription s'étend sur deux ou plusieurs départements, un bureau de vote est constitué par département pour chacun des collèges.

Art. R. 723-90 Sont proclamées élues au conseil d'administration comme représentant respectivement les premier et troisième collèges les personnes qui ont obtenu la majorité absolue des suffrages exprimés au premier tour et la majorité relative au second tour.

En cas d'égalité de voix au second tour, et si un seul siège reste à pourvoir, le plus âgé est proclamé élu.

Art. R. 723-91 Le bureau de vote procède à l'attribution des sièges d'administrateurs représentant le deuxième collège suivant les règles définies à l'article R. 723-77.

Art. R. 723-92 Un procès-verbal de recensement des votes est établi par chaque bureau de vote, en deux exemplaires dont l'un est conservé au siège de la caisse, et l'autre adressé au ministre chargé de l'agriculture.

Les résultats sont affichés au siège de la caisse de mutualité sociale agricole ainsi que dans les préfectures de chacun des départements concernés.

Art. R. 723-93 Les dispositions des articles R. 723-79 à R. 723-85 sont applicables aux contestations relatives aux élections aux conseils d'administration des caisses départementales et pluridépartementales.

Le tribunal judiciaire compétent est celui dans le ressort duquel se trouve le siège de la caisse.

Art. R. 723-94 En cas de vacance d'un poste d'administrateur du premier ou du troisième collège, il est procédé à une élection dans les conditions fixées par les articles R. 723-87, R. 723-89, R. 723-90 et R. 723-92, lors de la première assemblée générale qui suit cette vacance.

Art. R. 723-95 En cas de vacance d'un poste d'administrateur du deuxième collège, le premier candidat non élu figurant sur la même liste que l'administrateur dont le poste est vacant, est de droit administrateur.

S'il ne peut être pourvu de cette manière à un poste devenu vacant, une élection partielle a lieu lors de la première assemblée générale qui suit la vacance.

Art. R. 723-96 Le mandat des administrateurs appelés à siéger dans les conditions définies aux articles R. 723-94 et R. 723-95 est limité à la durée restant à courir du mandat de l'administrateur remplacé.

Art. R. 723-97 Au moins dix jours avant la convocation de l'assemblée générale, l'union départementale des associations familiales ou les unions départementales des associations familiales lorsque la circonscription de la caisse de mutualité sociale agricole s'étend sur plusieurs départements désignent leurs représentants au conseil d'administration.

Art. R. 723-98 Avant l'assemblée générale, le comité *(Décr. n° 2017-1819 du 29 déc. 2017, art. 5-22°)* « social et économique » de la caisse de mutualité sociale agricole désigne les trois représentants du personnel en application de l'article L. 723-29 ou L. 723-30.

Art. R. 723-99 Le mandat des administrateurs élus ou désignés prend effet à l'issue de l'assemblée générale sous réserve des dispositions du premier alinéa de l'article R. 723-95. Les administrateurs se réunissent immédiatement en conseil d'administration et procèdent au sein de chaque collège à l'élection des délégués de chacun des collèges à l'assemblée générale centrale de la mutualité sociale agricole. Ces délégués sont élus à la majorité absolue des suffrages exprimés au premier tour et à la majorité relative au second tour.

Les noms et qualités de ces délégués sont portés à la connaissance du président du conseil central d'administration de la mutualité sociale agricole dans les huit jours.

Art. R. 723-100 Dans les cent vingt jours qui suivent la date de l'élection mentionnée *(Décr. n° 2014-578 du 4 juin 2014, art. 14-I)* « à l'article R. 723-61 », l'assemblée générale centrale de la mutualité sociale agricole est convoquée aux fins de procéder à l'élection du conseil central d'administration.

Les dispositions des articles R. 723-87 à R. 723-98 sont applicables à l'élection et à la désignation des administrateurs centraux.

SOUS-SECTION 3 Dispositions financières

Art. R. 723-101 Les dépenses administratives nécessitées par les opérations électorales et supportées par les caisses de mutualité sociale agricole en application de l'article L. 723-26 comprennent :

1° Les frais d'établissement et d'affichage des listes électorales ;

2° La fourniture des enveloppes opaques non gommées destinées aux votes et des enveloppes destinées au vote par correspondance ;

3° Les frais de publication ou d'affichage des renseignements utiles aux électeurs, y compris les listes des candidats ;

4° Les frais d'impression et de diffusion des bulletins de vote et des professions de foi ;

5° Les frais de convocation et de notification par les secrétariats-greffes des juridictions ;

6° Les frais d'affranchissement entrant dans le cadre de la convention passée avec La Poste ;

7° Les frais de fonctionnement de la commission électorale prévue *(Décr. n° 2014-578 du 4 juin 2014, art. 14-II)* « au premier alinéa de l'article R. 723-44 » ;

8° Les frais de convocation des membres de l'assemblée générale ;

9° Les frais de déplacement et de séjour des membres de l'assemblée générale ;

10° Les frais afférents à la location et l'équipement des salles de réunion de l'assemblée générale.

Art. R. 723-102 Les organismes de mutualité sociale agricole remboursent aux membres des conseils d'administration et des comités directeurs et aux délégués aux assemblées générales les frais de déplacement et les frais de séjour qu'ils engagent pour l'exercice de leur mandat dans les conditions définies pour les administrateurs des organismes de sécurité sociale du régime général en application de l'article L. 231-12 du code de la sécurité sociale.

Art. R. 723-103 Sur décision de leurs conseils d'administration ou comités directeurs, les organismes de mutualité sociale agricole attribuent aux membres élus de ces conseils ou comités des indemnités forfaitaires représentatives, pour les administrateurs du deuxième collège, du temps passé hors des horaires de travail et, pour les administrateurs des premier et troisième collèges, du temps passé à l'exercice de leur mandat ; ces indemnités sont calculées par référence à une vacation égale à six fois la valeur horaire du SMIC en vigueur au premier jour du mois et sont au plus égales :

a) Pour les membres des conseils d'administration ou comités directeurs, à une vacation par séance du conseil ou du comité et de toute commission instituée par un texte législatif, réglementaire ou par décision desdits conseils ou comités, les intéressés ne pouvant recevoir plus de deux vacations par jour ;

b) Pour les présidents des conseils d'administration et des comités directeurs et les membres du conseil central de la mutualité sociale agricole, au titre de leur fonction, à quinze vacations au plus par mois ;

c) Pour les présidents du comité central de la protection sociale des salariés, du comité central de la protection sociale des non-salariés et du comité paritaire central d'action sanitaire et sociale, au titre de leurs fonctions, à vingt vacations au plus par mois ;

d) Pour le président du conseil central d'administration de la mutualité sociale agricole, au titre de sa fonction, à trente-cinq vacations au plus par mois.

Les membres non salariés en activité des conseils d'administration et des comités directeurs peuvent opter, au lieu et place des vacations attribuées au titre de leurs fonctions dans des organismes de mutualité sociale agricole, pour une indemnité forfaitaire de remplacement d'un montant égal à celui déterminé dans les conditions prévues en application de l'article L. 732-12.

L'agent d'un organisme de mutualité sociale agricole désigné en qualité d'administrateur d'un autre organisme de mutualité sociale agricole ne peut bénéficier d'aucune indemnité.

Les membres des conseils d'administration et des comités directeurs des organismes de mutualité sociale agricole ainsi que les membres des assemblées générales qui participent pendant la durée de leurs mandats aux sessions de formation des élus organisées à l'initiative desdits organismes sont remboursés et indemnisés dans les conditions définies à l'article R. 723-102 et aux sept premiers alinéas du présent article.

Les membres des conseils d'administration et des comités directeurs des organismes de mutualité sociale agricole qui participent aux sessions de formation des administrateurs et délégués autres que celles visées à l'alinéa précédent et dispensées pendant la durée de leur mandat par des organisations agréées sur le plan national sont remboursés et indemnisés dans la limite de dix jours pour toute la durée de leur mandat.

Outre le remboursement des frais de déplacement et de séjour, les administrateurs salariés sont remboursés, sur justification, de la perte effective de rémunération subie du fait de leur participation aux sessions de formation faisant l'objet d'une indemnisation dans les conditions prévues au présent article.

Art. R. 723-104 Les délégués à l'assemblée générale exerçant une activité salariée sont remboursés, sur justification, de la perte effective de rémunération subie du fait de leur participation aux réunions de l'assemblée générale.

Les délégués à l'assemblée générale, lorsqu'ils sont chargés, sur décision du conseil d'administration ou, en cas d'urgence, de son président d'une mission particulière de représentation de la caisse, sont remboursés et indemnisés dans les conditions définies pour les membres des conseils d'administration.

Sur décision du conseil d'administration ou, en cas d'urgence, de son président, les délégués de l'échelon local sont remboursés, au titre de leurs fonctions, de leurs frais de déplacement et de séjour dans les conditions prévues par l'article R. 723-102.

Art. R. 723-105 Dans le cas où un administrateur a été poursuivi par un tiers pour des faits liés à l'exercice de son mandat, le conseil d'administration de l'organisme de mutualité sociale agricole peut, dans la mesure où une faute personnelle détachable de l'exercice du mandat n'est pas imputable à cet administrateur, décider de le couvrir des condamnations civiles prononcées contre lui et des frais de procédure et de défense.

SOUS-SECTION 4 Assemblées générales

§ 1 Caisses départementales et pluridépartementales

Art. R. 723-106 Les assemblées générales de la mutualité sociale agricole mentionnées à l'article L. 723-27 sont les organes représentatifs de la profession agricole en ce qui concerne la protection sociale et familiale en agriculture.

Elles ont pour mission :

1° De procéder à l'élection des membres des conseils d'administration des caisses de mutualité sociale agricole dans les conditions fixées par les articles L. 723-29 et L. 723-30 ;

2° De se prononcer annuellement sur la gestion des conseils d'administration des caisses de mutualité sociale agricole ;

3° D'adopter et de modifier les statuts et le règlement intérieur des caisses de mutualité sociale agricole qui sont approuvés dans les conditions fixées par *(Abrogé par Décr. n° 2017-1492 du 25 oct. 2017, art. 12-4°)* *« le deuxième alinéa de »* l'article L. 723-2. *(Décr. n° 2012-17 du 4 janv. 2012)* « A défaut d'adoption des statuts par l'assemblée générale, les modèles de statuts prévus à l'article R. 723-2 sont réputés applicables à la caisse ; »

4° D'entendre chaque année le rapport général du conseil d'administration sur son activité au cours de l'exercice écoulé et sur son programme d'avenir, notamment en matière d'action sanitaire et sociale, et de se prononcer sur ce rapport ;

5° De décider la fusion de caisses de mutualité sociale agricole dans les conditions fixées par l'article L. 723-4 ;

6° D'adresser au ministre chargé de l'agriculture *(Décr. n° 2009-793 du 23 juin 2009, art. 2)* « et au ministre chargé de la sécurité sociale » toutes propositions utiles en vue d'apporter à la réglementation en vigueur les adaptations jugées nécessaires pour une meilleure application du régime de sécurité sociale agricole. — *Le 2e est supprimé et les 3°, 4°, 5°, 6° et 7° deviennent respectivement les 2°, 3°, 4°, 5° et 6° (Décr. n° 2008-460 du 15 mai 2008, art. 2-2°, JO 18 mai).*

§ 2 Caisse centrale de la mutualité sociale agricole

Art. R. 723-107 En ce qui concerne la caisse centrale de la mutualité sociale agricole, les attributions mentionnées au deuxième alinéa de l'article R. 723-106, à l'exception de celles mentionnées *(Décr. n° 2009-386 du 7 avr. 2009, art. 22)* « au 5° », sont exercées par l'assemblée générale centrale de la mutualité sociale agricole dans les conditions précisées par l'article L. 723-28.

SOUS-SECTION 5 Composition et fonctionnement des conseils d'administration

§ 1 Pouvoirs des conseils d'administration

Art. R. 723-108 Outre le rôle défini à l'article R. 121-1 du code de la sécurité sociale, le conseil d'administration des caisses départementales et pluridépartementales et le conseil central d'administration de la Mutualité sociale agricole ont pour mission notamment :

1° De tracer toutes directives générales concernant la gestion et le fonctionnement de l'organisme ;

2° De conclure des conventions collectives de travail et de déterminer les conditions générales de travail et de rémunération du personnel sous les réserves énoncées aux articles L. 123-1, L. 123-2, R. 123-48 à R. 123-53 du code de la sécurité sociale ;

3° De décider la création d'échelons locaux et de fixer les règles de fonctionnement de ces derniers ;

4° De nommer les praticiens-conseils, les médecins du travail sous les conditions particulières imposées pour chaque catégorie d'agent par des textes spécifiques ; de décider sous les mêmes conditions particulières des mesures disciplinaires ;

5° De déléguer aux agents de direction les pouvoirs nécessaires en vue d'assurer, dans le cadre des textes législatifs et réglementaires, le fonctionnement de l'organisme ;

6° De décider des opérations immobilières et des marchés ;

(Décr. nº 2009-386 du 7 avr. 2009, art. 23) « 7º D'approuver, sauf vote contraire à la majorité des deux tiers des membres, les comptes annuels et les comptes combinés des régimes de protection sociale au vu de l'opinion émise par l'instance chargée de la certification. »

Les décisions des unions, unions d'économie sociale, groupements d'intérêt économique et sociétés civiles immobilières mentionnées aux articles L. 723-7 et L. 723-13 *(Décr. nº 2017-1492 du 25 oct. 2017, art. 12-5º)* « du présent code » ne peuvent avoir d'incidence sur la gestion administrative et financière des caisses de mutualité sociale agricole, qu'après approbation donnée par délibération des conseils d'administration des organismes.

Art. R. 723-109 Outre les avis conformes qu'il doit émettre en application de l'article L. 723-35, le comité de protection sociale des salariés peut donner des avis, notamment sur :

1º Les mesures à prendre pour l'application des textes législatifs et réglementaires relatifs aux salariés et aux employeurs de main-d'œuvre salariée pour ce qui les concerne en cette qualité ;

2º Les objectifs assignés à la caisse pour recouvrer les cotisations sur salaires et servir les prestations des salariés, ainsi que les moyens à mettre en œuvre et les dispositions à prendre à cet effet ;

3º Les orientations générales des budgets ;

4º Les projets de statuts et de règlement intérieur de la caisse.

Art. R. 723-110 Outre les avis conformes qu'il doit émettre en application de l'article L. 723-35, le comité de protection sociale des non-salariés peut donner des avis, notamment sur :

1º Les mesures à prendre pour l'application des textes législatifs et réglementaires relatifs aux non-salariés pour ce qui les concerne ;

2º Les objectifs assignés à la caisse pour recouvrer les cotisations et servir les prestations aux non-salariés, ainsi que les moyens à mettre en œuvre et les dispositions à prendre à cet effet ;

3º Les orientations générales des budgets ;

4º Les projets de statuts et de règlement intérieur de la caisse.

§ 2 Fonctionnement

Art. R. 723-111 Les comités de protection sociale des salariés et des non-salariés élisent chacun leur président.

Le directeur de la caisse, dans le respect de l'organisation et des moyens de celle-ci et à la demande des comités, met à la disposition de ces derniers les moyens nécessaires pour remplir les missions qui leur incombent.

Le comité de la protection sociale des salariés peut, dans les conditions et limites qu'il fixe, déléguer à un comité restreint, composé de deux administrateurs titulaires ou suppléants du deuxième collège et d'un administrateur titulaire ou suppléant du troisième collège, le pouvoir de donner l'avis conforme concernant la remise mentionnée au 3º du sixième alinéa de l'article L. 723-35. Dans les mêmes conditions, il peut déléguer à ce comité les attributions consultatives énumérées aux 1º, 2º et 4º de l'article R. 723-109.

Le comité de la protection sociale des non-salariés peut, dans les conditions et limites qu'il fixe, déléguer à un comité restreint, composé de deux administrateurs titulaires ou suppléants du premier collège et d'un administrateur titulaire ou suppléant du troisième collège, le pouvoir de donner l'avis conforme concernant la remise mentionnée au dernier alinéa de l'article L. 723-35. Il peut aussi, dans les mêmes conditions, déléguer à ce comité les attributions consultatives énumérées aux 1º, 2º et 4º de l'article R. 723-110.

§ 3 Contrôle

Art. R. 723-112 *Abrogé par Décr. nº 2017-1492 du 25 oct. 2017, art. 12-6º.*

Art. R. 723-113 Le délai mentionné aux premier et troisième alinéas de l'article L. 723-38 est fixé à quinze jours à compter de la notification au président du conseil d'administration ou au directeur de la caisse de mutualité sociale agricole d'une mise en demeure restée sans effet.

Le délai mentionné au premier alinéa de l'article L. 723-39, à l'issue duquel le conseil d'administration d'un organisme de mutualité sociale agricole peut être suspendu ou dissous, est fixé à un mois à compter de la notification d'une mise en demeure restée sans effet, adressée par lettre recommandée avec accusé de réception par le ministre chargé de l'agriculture au président du conseil d'administration de l'organisme concerné.

Art. R. 723-114 En cas de faute grave d'un administrateur, celui-ci est informé par le ministre chargé de l'agriculture qu'une mesure de révocation est envisagée à son encontre et des motifs de cette mesure. L'administrateur dispose d'un délai d'un mois à compter de la notification par lettre recommandée avec accusé de réception de la mesure envisagée pour présenter ses observations.

Le conseil d'administration est également informé par lettre recommandée avec accusé de réception du ministre chargé de l'agriculture adressée à son président. Il dispose d'un délai d'un mois pour communiquer son avis au ministre sur la mesure envisagée.

A l'expiration des délais précités, la révocation peut être prononcée par arrêté du ministre chargé de l'agriculture.

En cas de non-paiement par un administrateur des cotisations mentionnées au deuxième alinéa de l'article L. 723-39, l'organisme de mutualité sociale agricole est tenu d'en informer le ministre chargé de l'agriculture dans le délai d'un mois à compter de la date d'échéance des cotisations dues.

Au vu des informations transmises, le ministre chargé de l'agriculture fait connaître, par lettre recommandée avec accusé de réception, à l'administrateur la sanction qu'il encourt en application de ce texte. L'intéressé dispose d'un délai d'un mois pour communiquer ses observations.

Le conseil d'administration de l'organisme est également informé par le ministre chargé de l'agriculture, de la sanction encourue par l'administrateur. Il dispose, pour communiquer son avis, d'un délai d'un mois après sa saisine par lettre recommandée avec accusé de réception.

Sans préjudice des procédures de recouvrement susceptibles d'intervenir par ailleurs, l'administrateur peut être révoqué par arrêté du ministre chargé de l'agriculture après expiration des délais mentionnés aux alinéas précédents.

SECTION 3 **Fonctionnement administratif des caisses de mutualité sociale agricole** *(Décr. nº 2015-861 du 13 juill. 2015, art. 3-1º)*.

SOUS-SECTION 1 **Rôle et pouvoirs du directeur et du directeur comptable et financier des caisses de mutualité sociale agricole** *(Décr. nº 2021-1237 du 27 sept. 2021, art. 2)*.

Art. D. 723-115 Le directeur et *(Décr. nº 2021-1237 du 27 sept. 2021, art. 2)* « le directeur comptable et financier » des organismes de mutualité sociale agricole mentionnés à l'article L. 723-1 assistent, avec voix consultative, aux séances du conseil d'administration ou des commissions ayant reçu délégation de celui-ci *(Abrogé par Décr. nº 2009-1392 du 11 nov. 2009)* *« ainsi qu'aux réunions des comités départementaux des prestations sociales agricoles »*.

SOUS-SECTION 2 **Secret professionnel**

Art. R. 723-116 *(Décr. nº 2011-293 du 18 mars 2011)* La Caisse centrale de la mutualité sociale agricole *(Décr. nº 2015-861 du 13 juill. 2015, art. 3-2º)* « communique » chaque année au ministre chargé de l'agriculture, au plus tard le 15 mars, pour les besoins de l'instruction, de la mise en œuvre et du contrôle des conditions d'attribution des aides économiques en faveur de l'agriculture, les informations mentionnées à l'article L. 723-43.

Art. R. 723-117 *(Décr. nº 2011-293 du 18 mars 2011)* Les informations mentionnées à l'article L. 723-43 comprennent, pour chacune des exploitations ou entreprises agricoles, les indications suivantes :

1° Données relatives à l'identification, à la situation familiale et à la vie professionnelle des personnes de l'exploitation ou de l'entreprise relevant du régime de protection sociale des non-salariés agricoles ;

2° Données relatives à l'identification et à l'assujettissement de l'exploitation ou de l'entreprise ;

3° Situation de l'exploitation ou de l'entreprise et de ses membres non salariés des professions agricoles, au 1er janvier de l'année considérée, au regard de leurs obligations concernant le paiement des cotisations et contributions légalement exigibles aux régimes de protection sociale agricole. Les personnes physiques ou morales bénéficiant d'un échéancier de paiements sont réputées s'être acquittées de leurs obligations.

Art. R. 723-118 *(Décr. n° 2011-293 du 18 mars 2011)* Les informations énumérées à l'article R. 723-117 sont transmises sous forme numérisée. La transmission est accompagnée d'un bordereau de liaison permettant l'identification de la transmission effectuée. Une copie de ce bordereau doit être conservée par *(Décr. n° 2015-861 du 13 juill. 2015, art. 3-3°)* « la Caisse centrale de la mutualité sociale agricole et tenue à la disposition des agents chargés du contrôle administratif de cette dernière ».

Les informations mentionnées au premier alinéa conservent leur caractère confidentiel après leur transmission et ne peuvent être utilisées à d'autres fins que celles prévues à l'article L. 723-43.

Seuls les agents dûment habilités des services mentionnés au premier alinéa de l'article L. 723-43 peuvent, dans le cadre de leurs missions d'instruction, de mise en œuvre et de contrôle des aides mentionnées à l'article R. 725-2, avoir accès aux données à caractère personnel mentionnées aux 1° et 3° de l'article R. 723-117.

SOUS-SECTION 3 **Moyens informatiques**

Art. D. 723-119 Les schémas directeurs informatiques des organismes de mutualité sociale agricole ainsi que leurs annexes et leurs actualisations sont soumis à l'approbation du ministre chargé de l'agriculture.

Art. D. 723-120 Le schéma directeur a pour objet de définir à moyen terme les objectifs et les orientations générales en matière d'informatique, de bureautique et de réseaux de communication des organismes de mutualité sociale agricole.

Le schéma directeur prend en considération l'existence de plusieurs produits informatiques, la sécurité des systèmes, les niveaux de traitement et de développement propres à chaque produit, le respect du principe de la concurrence en matière d'équipement, la protection des libertés individuelles et la nécessaire coordination des systèmes existants.

Art. D. 723-121 et D. 723-122 *Abrogés par Décr. n° 2011-1775 du 5 déc. 2011.*

SOUS-SECTION 4 **Opérations immobilières et marchés**

Art. R. 723-123 En vue de l'installation de leurs services administratifs et, le cas échéant, pour la création ou le développement de leurs établissements ou institutions à caractère sanitaire ou social, les caisses de mutualité sociale agricole, leurs associations ou groupements d'intérêt économique constitués en application de l'article L. 723-5 peuvent acquérir ou prendre à bail des terrains ou des immeubles bâtis, construire, aménager ou aliéner des immeubles. Ils peuvent également réaliser des ventes ou échanges d'immeubles dont ils n'ont plus l'utilisation.

Ces opérations doivent être décidées par le conseil d'administration ou l'instance dirigeante de l'association ou du groupement d'intérêt économique. Elles sont approuvées dans les délais prévus par l'article R. 152-6 du code de la sécurité sociale.

Art. R. 723-124 Les dispositions de l'article R. 152-6 du code de la sécurité sociale sont applicables aux délibérations relatives aux opérations immobilières des instances dirigeantes des associations et groupements d'intérêt économique mentionnés à l'article R. 723-123 du présent code.

Art. R. 723-125 *Abrogé par Décr. n° 2018-353 du 14 mai 2018, art. 2.*

SOUS-SECTION 5 **Contrôle médical**

§ 1 Dispositions générales

Art. R. 723-126 Les caisses de mutualité sociale agricole sont tenues d'exercer un contrôle médical en vue de donner le maximum d'efficacité médicale au service des prestations et d'éviter des abus. Elles doivent s'assurer à cet effet les services d'un médecin-conseil.

Le contrôle porte en particulier, lors du règlement des prestations à l'assuré, sur l'appréciation faite par le médecin traitant de l'état de santé de l'intéressé et de sa capacité de travail, sur l'observation, par le médecin traitant dans ses prescriptions, de la plus stricte économie compatible avec l'efficacité du traitement ; le cas échéant, sur les possibilités de prévention de l'invalidité et de réadaptation professionnelle et, d'une manière générale, sur l'état sanitaire des assurés sociaux des professions agricoles et les conditions dans lesquelles les soins nécessaires leur sont dispensés.

Les caisses de mutualité sociale agricole peuvent à tout moment faire procéder par leur médecin-conseil ou par les praticiens désignés sur la proposition desdits médecins à un examen médical des bénéficiaires.

Un arrêté du ministre chargé de l'agriculture fixe les conditions d'application du premier alinéa.

Art. R. 723-127 Le médecin-conseil ne peut s'immiscer dans les rapports du malade et du médecin traitant. Il doit s'abstenir de formuler devant le malade un pronostic ou une appréciation sur le traitement.

Toutes les fois qu'il le juge utile, dans l'intérêt du malade ou du contrôle, il entre personnellement en rapport avec le médecin traitant, toutes précautions étant prises pour que le secret professionnel soit respecté.

Art. R. 723-128 Le médecin-conseil de la caisse ou, le cas échéant, le dentiste-conseil de la caisse qui porte sur l'état du malade et, éventuellement, sur les prothèses à effectuer ou les soins à dispenser, une appréciation différente de celle du praticien traitant, doit en avertir ou en faire avertir celui-ci. Au cas où un accord ne peut être réalisé entre eux, le conflit est arbitré dans les conditions fixées pour les contestations d'ordre médical relatives à l'état des malades.

Art. R. 723-129 Les honoraires dus au praticien désigné par une caisse de mutualité sociale agricole sur la proposition de son médecin-conseil pour procéder à un examen médical, en application du deuxième alinéa de l'article R. 723-126, sont les mêmes que ceux fixés pour les médecins experts en matière de contestations d'ordre médical relatives à l'état des malades. Ils sont à la charge de la caisse intéressée.

Art. R. 723-130 Pour l'application des dispositions ayant trait à la mission de contrôle médical et figurant au chapitre V du titre I du livre III du code de la sécurité sociale, le contrôle médical des régimes agricoles de protection sociale exerce sa mission dans les conditions prévues par le chapitre VI du titre VI du livre I *(Décr. n° 2017-1492 du 25 oct. 2017, art. 12-7°)* « de la partie réglementaire » du code de la sécurité sociale, l'article L. 724-11 et les articles *(Décr. n° 2013-1107 du 3 déc. 2013, art. 9, en vigueur le 1er janv. 2014)* « R. 724-7 » à D. 724-12 du présent code.

Ce contrôle est organisé selon les modalités prévues aux articles D. 723-131 à D. 723-153 du présent code.

§ 2 Organisation et fonctionnement du service du contrôle médical

Art. D. 723-131 Le service du contrôle médical des régimes agricoles de protection sociale remplit les missions définies au chapitre V du titre I du livre III du code de la sécurité sociale. *(Abrogé par Décr. n° 2015-861 du 13 juill. 2015, art. 3-4°)* ***« A l'égard des non-salariés agricoles, ce service est compétent, quel que soit l'organisme assureur. »***

SOUS-§ 1 *Échelon départemental ou pluridépartemental*

Art. D. 723-132 Dans chaque caisse de mutualité sociale agricole, le service du contrôle médical des régimes agricoles de protection sociale est placé, sans préjudice des dispositions des articles D. 723-135 et D. 723-136, sous la responsabilité d'un médecin-conseil, chef de service. Les praticiens-conseils, médecins-conseils et chirurgiens-dentistes-conseils exercent leurs missions sous l'autorité du directeur de l'organisme, dans le respect des orientations et des objectifs fixés par le conseil d'administration ainsi que de l'indépendance technique des praticiens.

Art. D. 723-133 Le médecin-conseil chef de service assiste aux séances du conseil d'administration de la caisse de mutualité sociale agricole et des commissions ayant reçu délégation de ce conseil, sauf lorsque ces conseils et commissions délibèrent sur des problèmes individuels concernant le personnel de direction. Le médecin-conseil chef de service rend compte chaque année de l'activité de son service au conseil d'administration de l'organisme. *(Abrogé par Décr. n° 2017-1492 du 25 oct. 2017, art. 12-8°) « Il présente son rapport d'activité au comité départemental du fonds social de l'assurance maladie des exploitants agricoles mentionné à l'article R. 726-6. Ce rapport d'activité est adressé, dans les conditions fixées par arrêté, au ministre chargé de l'agriculture. »*

SOUS-§ 2 *Échelon régional*

Art. D. 723-134 *(Décr. n° 2012-1549 du 28 déc. 2012, art. 1er)* Le médecin coordonnateur régional est désigné, parmi les médecins-conseils chefs de service du contrôle médical de la région, par le conseil d'administration de la caisse de mutualité sociale agricole dans le territoire de laquelle se situe la préfecture de région, après avis du médecin-conseil national.

Lorsque les caisses de mutualité sociale agricole ont fait usage de la faculté prévue à l'article L. 723-5, le médecin coordonnateur régional est nommé par le conseil d'administration de l'association régionale des caisses de mutualité sociale agricole, après avis du médecin-conseil national et sur proposition du directeur général de l'association.

Le médecin coordonnateur régional exerce ses missions sous l'autorité du directeur de la caisse de mutualité sociale agricole mentionnée au premier alinéa ou de l'association régionale des caisses de mutualité sociale agricole, conformément aux objectifs et procédures définis par l'échelon national du contrôle médical de la Caisse centrale de la mutualité sociale agricole.

Art. D. 723-135 *(Décr. n° 2012-1549 du 28 déc. 2012, art. 1er)* I. — Le médecin coordonnateur régional est consulté préalablement à toute décision du directeur ou du président de la caisse de mutualité sociale agricole mentionnée au premier alinéa de l'article D. 723-134 ou de l'association régionale des caisses de mutualité sociale agricole en matière de politique de santé, de gestion du risque ou d'activité des praticiens-conseils. Il assiste aux conseils d'administration et aux comités directeurs de ces institutions.

II. — Le médecin coordonnateur régional coordonne l'action des caisses de mutualité sociale agricole en matière médicale. A cet effet :

— il préside et anime les réunions périodiques de travail des services du contrôle médical ;

— il coordonne les activités relevant de la gestion du risque et des politiques de santé ;

— il assure la consolidation et l'exploitation, à des fins d'évaluation, des statistiques d'activité des services du contrôle médical ;

— il contribue à l'évaluation du fonctionnement des services du contrôle médical des caisses de mutualité sociale agricole de la région au regard des objectifs et procédures définis par l'échelon national du contrôle médical.

III. — Conjointement, le cas échéant, avec le directeur en charge du domaine de la santé de la caisse de mutualité sociale agricole, le médecin coordonnateur régional :

— anime les commissions relatives aux politiques de santé et à la gestion du risque ;

— mobilise les moyens nécessaires à la réalisation des plans d'action en matière de santé et de gestion du risque ;

— veille à la mise en œuvre de ces plans d'actions sur le territoire régional.

Il rend compte de ses actions au comité des directeurs en charge des politiques de santé et de la gestion du risque.

IV. — Le médecin coordonnateur régional peut représenter la mutualité sociale agricole auprès des partenaires des domaines de la santé et de l'assurance maladie.

Dans ce cadre :

— il représente la caisse de mutualité sociale agricole dans le territoire de laquelle se situe la préfecture de région ou l'association régionale des caisses de mutualité sociale agricole au sein des différentes commissions de l'agence régionale de santé en charge des questions relatives à la gestion du risque ou à la prévention ainsi que dans toute commission portant sur les politiques de santé ; conformément aux dispositions de l'article *(Décr. n° 2017-500 du 6 avr. 2017, art. 4)* « R. 162-35-1 » du code de la sécurité sociale, il siège à l'unité de coordination régionale du contrôle externe chargée d'élaborer annuellement un projet de programme de contrôle régional annuel pour la commission de contrôle de l'agence régionale de santé mentionnée à l'article L. 162-22-18 du même code ;

— il représente la caisse de mutualité sociale agricole dans le territoire de laquelle se situe la préfecture de région ou l'association régionale des caisses de mutualité sociale agricole, au sein des groupes techniques de l'agence régionale de santé ou des groupes techniques qui réunissent plusieurs régimes d'assurance maladie ;

— il met en œuvre les politiques de santé et de gestion du risque définies par la Mutualité sociale agricole, notamment leurs thèmes d'actions retenus comme prioritaires.

V. — Lorsqu'il intervient auprès des structures assurant la formation initiale des professionnels de santé médicaux et paramédicaux, le médecin coordonateur régional assure notamment des actions de valorisation de l'offre de soins en milieu rural.

VI. — Le médecin coordonnateur régional assure les relations de la caisse de mutualité sociale agricole ou de l'association régionale des caisses de mutualité sociale agricole avec les différents ordres professionnels du niveau régional.

SOUS-§ 3 *Échelon national*

Art. D. 723-136 L'activité du service du contrôle médical des régimes agricoles de protection sociale s'exerce dans le cadre de directives établies au niveau national par le médecin-conseil national.

Art. D. 723-137 Le service du contrôle médical des régimes agricoles de protection sociale est assuré, à l'échelon national, par un médecin-conseil national, un médecin-conseil national adjoint et des praticiens conseillers techniques nationaux.

Pour certaines missions d'ordre technique, des praticiens conseils peuvent se voir confier certaines attributions auprès de l'échelon national du contrôle médical.

Art. D. 723-138 Le médecin-conseil national, le médecin-conseil national adjoint et les praticiens conseillers techniques nationaux exercent leurs missions sous l'autorité du directeur général de la Caisse centrale de la mutualité sociale agricole dans le respect des orientations et des objectifs fixés par le conseil central d'administration de la Mutualité sociale agricole ainsi que de l'indépendance technique des praticiens.

L'échelon national du contrôle médical est placé sous la responsabilité du médecin-conseil national assisté par le médecin-conseil national adjoint. Le médecin-conseil national assure le rôle de conseiller du conseil d'administration de la Caisse centrale de la mutualité sociale agricole.

Le médecin-conseil national ou le médecin-conseil national adjoint assiste aux séances du conseil central d'administration de la Mutualité sociale agricole et des commissions ayant reçu délégation de ce conseil dans les domaines relevant de leur compétence, sauf lorsque ces conseils et commissions délibèrent sur des problèmes individuels concernant le personnel de direction. Le médecin-conseil national rend compte chaque année de son activité, dans des conditions fixées par arrêté du ministre chargé de l'agriculture, au conseil central d'administration ainsi qu'aux sections compétentes du conseil supérieur des prestations sociales agricoles.

En cas de vacance d'emploi, d'absence momentanée ou d'empêchement du médecin-conseil national, ses fonctions sont exercées par le médecin-conseil national adjoint.

Art. D. 723-139 L'échelon national du contrôle médical des régimes agricoles de protection sociale assure la représentation de la Mutualité sociale agricole dans les diverses instances et commissions requérant, au niveau national, la présence d'un praticien-conseil.

L'échelon national coordonne l'activité des services de contrôle médical de la Mutualité sociale agricole. Il s'assure de l'application des directives nationales et apporte un appui technique aux services du contrôle médical ainsi qu'aux associations régionales de caisses de mutualité sociale agricole.

Il peut effectuer, dans son domaine de compétence, des missions d'audit au sein des organismes et se voir confier toutes missions spécifiques par le directeur général de la Caisse centrale de la mutualité sociale agricole, par le conseil central d'administration de la Mutualité sociale agricole ou par le ministre chargé de l'agriculture.

(Décr. n° 2012-1549 du 28 déc. 2012, art. 2) « L'échelon national du contrôle médical participe à l'ensemble de la formation des praticiens-conseils, y compris le développement professionnel continu mentionné aux articles *(Décr. n° 2016-942 du 8 juill. 2016, art. 2-V)* « L. 4021-1 à L. 4021-8 » du code de la santé publique. »

§ 3 Financement

Art. D. 723-140 Les frais de fonctionnement du service du contrôle médical des régimes agricoles de protection sociale font l'objet de budgets établis dans les conditions suivantes :

1° Le budget du service du contrôle médical des caisses départementales ou pluridépartementales de mutualité sociale agricole est préparé par le médecin-conseil chef de service et présenté au conseil d'administration de la caisse de mutualité sociale agricole par le directeur de cet organisme. Le conseil arrête le budget en présence du médecin-conseil chef de service ;

2° Le budget de l'association régionale des caisses de mutualité sociale agricole qui est consacré au contrôle médical est préparé par le médecin coordonnateur régional et présenté au conseil d'administration de l'association par le directeur de l'association. Le conseil arrête le budget en présence du médecin coordonnateur ;

3° Le budget de l'échelon national du contrôle médical est préparé par le médecin-conseil national et présenté au conseil central d'administration de la Mutualité sociale agricole par le directeur de la Caisse centrale de la mutualité sociale agricole. Le conseil central arrête le budget en présence du médecin-conseil national.

Art. D. 723-141 Les directeurs des organismes de mutualité sociale agricole délèguent aux médecins responsables des services du contrôle médical les pouvoirs d'ordonnancer les dépenses se rapportant aux activités médicales.

Art. D. 723-142 Toute création ou extension d'œuvres ou institutions à caractère médical ou médico-social dont le financement est assuré par les fonds d'action sanitaire et sociale ne peut intervenir qu'après consultation du médecin-conseil chef de service et, le cas échéant, s'il s'agit d'œuvres ou d'institutions de portée régionale ou nationale, du médecin-conseil national.

§ 4 Personnel

Art. D. 723-143 *(Décr. n° 2020-1005 du 6 août 2020, art. 1er)* Les médecins-conseils et chirurgiens-dentistes-conseils du service du contrôle médical des régimes agricoles de protection sociale sont nommés par les conseils d'administration des caisses de mutualité sociale agricole, dans les conditions définies ci-dessous.

Ces praticiens-conseils sont recrutés sur titres, selon des modalités définies par arrêté du ministre chargé de l'agriculture :

1° Soit en contrat à durée indéterminée après avis favorable de la commission nationale d'examen des candidatures ;

2° Soit en contrat à durée déterminée, après avis favorable du médecin-conseil national adjoint, sans examen par la commission nationale d'examen des candidatures, dans les cas prévus par les articles L. 1242-1 et suivants du code du travail.

Par dérogation aux dispositions du 1°, les conseils d'administration des caisses de mutualité sociale agricole peuvent nommer, sans examen par la commission nationale d'examen des candidatures, aux postes de praticiens-conseils du service du contrôle médical des régimes agricoles de protection sociale des praticiens-conseils exerçant ou

ayant exercé dans le service du contrôle médical d'un régime de protection sociale. Ces nominations tiennent compte notamment du parcours professionnel des praticiens-conseils concernés. Les caisses de mutualité sociale agricole informent dans ce cas le médecin-conseil national adjoint de la nomination des praticiens-conseils.

Les praticiens recrutés par contrat à durée déterminée peuvent demander la transformation de leur contrat en contrat à durée indéterminée. Dans ce cas, leur demande est examinée selon les modalités de recrutement en contrat à durée indéterminée prévues au 1°.

Seuls peuvent être nommés et exercer les fonctions de praticien-conseil les praticiens répondant aux conditions fixées par les articles L. 4111-1 à L. 4111-4, L. 4131-1 et L. 4141-3 du code de la santé publique.

V. Arr. du 11 août 2020 fixant les conditions de recrutement et de formation des praticiens-conseils et des médecins-conseils chefs de service du contrôle médical des régimes agricoles de protection sociale (JO 19 août).

Art. D. 723-144 *Abrogé par Décr. n° 2020-1005 du 6 août 2020, art. 1er.*

Art. D. 723-145 Les médecins-conseils chefs de service ne peuvent être nommés par le conseil d'administration de la caisse de mutualité sociale agricole intéressée que s'ils figurent sur une liste d'aptitude. Un arrêté fixe les conditions d'inscription sur cette liste d'aptitude. *(Décr. n° 2015-861 du 13 juill. 2015, art. 3-5°)* **« Cette liste d'aptitude est arrêtée par le ministre chargé de l'agriculture. »**

Art. D. 723-146 Le médecin-conseil national est nommé par le conseil central d'administration de la Mutualité sociale agricole sur proposition du directeur général de la Caisse centrale de la mutualité sociale agricole.

Le médecin-conseil national adjoint et les praticiens conseillers techniques nationaux sont nommés par le conseil central d'administration de la Mutualité sociale agricole sur proposition conjointe du directeur général de la Caisse centrale de la mutualité sociale agricole et du médecin-conseil national.

Art. D. 723-147 Les praticiens-conseils et les médecins-conseils chefs de service exercent leurs fonctions à temps plein ou à temps partiel dans un ou plusieurs organismes de mutualité sociale agricole. Ces praticiens bénéficient d'une totale indépendance dans l'exercice de leur activité médicale en conformité avec les dispositions du code de déontologie.

Les praticiens-conseils et les médecins-conseils chefs de service exerçant leurs fonctions à temps plein sont tenus de consacrer à leurs fonctions la totalité de leur activité professionnelle ; cette disposition ne s'applique pas aux fonctions officielles d'enseignement de la médecine et de la chirurgie dentaire.

(Décr. n° 2012-1549 du 28 déc. 2012, art. 4) **« Les praticiens-conseils et les médecins-conseils chefs de service occupés à temps partiel ne peuvent exercer simultanément, sur un même département, ni la médecine libérale ni la fonction de médecin du travail. »**

Les praticiens-conseils et les médecins-conseils chefs de service à temps partiel ne peuvent cumuler leur fonction avec celle d'expert judiciaire ou de praticien d'une compagnie d'assurances.

Les conditions d'emploi des praticiens-conseils et des médecins-conseils chefs de service sont fixées, sous réserve des dispositions du présent paragraphe, par une convention collective nationale. Cette convention n'entre en vigueur qu'après avoir reçu l'agrément du ministre chargé de l'agriculture.

A défaut de convention collective applicable, le statut de droit privé des praticiens est fixé par décret.

Les praticiens-conseils et les médecins-conseils chefs de service peuvent être mis à disposition d'un organisme public ou d'un autre organisme de sécurité sociale. Une convention établie entre les parties fixe les conditions de cette mise à disposition.

Art. D. 723-148 *(Décr. n° 2020-1005 du 6 août 2020, art. 1er)* **Les médecins-conseils, les chirurgiens-dentistes-conseils, les médecins-conseils chefs de service et les médecins coordonnateurs régionaux bénéficient d'une formation initiale obligatoire. Ils doivent suivre des actions de formation tout au long de leur carrière professionnelle. Un arrêté**

du ministre chargé de l'agriculture pris sur proposition du médecin-conseil national adjoint précise les modalités de ces formations.

Art. D. 723-149 **Toute décision d'un conseil d'administration en matière de rétrogradation ou de licenciement d'un des praticiens-conseils mentionnés aux articles D. 723-132, D. 723-135, D. 723-137 ne peut intervenir qu'après consultation d'une commission disciplinaire nationale composée comme suit :**

1° Un inspecteur général des affaires sociales, président ;

2° Un représentant du ministre chargé de l'agriculture ;

3° *(Décr. nº 2015-861 du 13 juill. 2015, art. 3-6°)* **« Trois » administrateurs des caisses de mutualité sociale agricole ;**

(Décr. nº 2020-1005 du 6 août 2020, art. 1er) **« 4° Un membre du conseil de l'ordre dont relève le praticien intéressé ;**

« 5° Trois représentants des praticiens-conseils choisis par le praticien déféré devant la commission, dans les conditions fixées par arrêté du ministre chargé de l'agriculture. Les représentants pouvant être retenus figurent sur une liste nationale établie par arrêté du ministre chargé de l'agriculture. »

(Décr. nº 2015-861 du 13 juill. 2015, art. 3-6°) **« Les membres mentionnés aux 1° à** *(Décr. nº 2020-1005 du 6 août 2020, art. 1er)* **« 4° » et leurs suppléants sont nommés par arrêté du ministre chargé de l'agriculture. »**

(Décr. nº 2020-1005 du 6 août 2020, art. 1er) **« Le mandat des membres de la commission et celui de leurs suppléants est de cinq ans ; il est renouvelable. »** — *Les dispositions de l'art. D. 723-149 relatives à la composition de la commission disciplinaire nationale, dans leur rédaction issue du Décr. nº 2020-1005 du 6 août 2020, ne sont pas applicables aux procédures en cours à la date d'entrée en vigueur du décret (Décr. préc., art. 2-II, JO 8 août).*

V. Arr. du 28 oct. 2020 fixant les règles de fonctionnement et le mode de désignation des membres de la commission disciplinaire nationale des praticiens-conseils prévue à l'art. D. 723-149 (JO 11 nov.).

Art. D. 723-150 **Le conseil d'administration saisit la commission dans un délai maximal de trois mois suivant la date d'engagement de la procédure.**

La commission peut être également saisie par le ministre chargé de l'agriculture.

Cette commission peut entendre toute personne dont l'audition lui paraît utile.

Elle rend son avis dans le délai d'un mois suivant sa *(Décr. nº 2020-1005 du 6 août 2020, art. 1er)* **« saisine ». Ce délai est porté à trois mois lorsque la commission ordonne un complément d'instruction et prescrit une enquête.**

Le ministre chargé de l'agriculture décide, *(Décr. nº 2006-1241 du 10 oct. 2006)* **« après avis de la commission disciplinaire nationale », du maintien ou de la radiation** *(Décr. nº 2020-1005 du 6 août 2020, art. 1er)* **« de la liste d'aptitude aux fonctions de médecin-conseil chef de service du praticien ayant fait l'objet d'une mesure de licenciement ».**

Art. D. 723-151 **En cas d'urgence, les médecins-conseils chefs de service et les praticiens-conseils des caisses de mutualité sociale agricole peuvent être suspendus de leurs fonctions par le conseil d'administration de la caisse de mutualité sociale agricole intéressée, qui doit préalablement en informer l'autorité de tutelle compétente.**

Le médecin-conseil national, le médecin-conseil national adjoint et les praticiens conseillers techniques nationaux peuvent être suspendus par le conseil central d'administration de la Mutualité sociale agricole, qui en informe préalablement le ministre chargé de l'agriculture.

La suspension cesse d'avoir effet si, dans un délai de quinze jours, la commission disciplinaire nationale n'a pas été saisie.

Art. D. 723-152 **Le personnel, autre que les praticiens-conseils des services du contrôle médical des régimes agricoles de protection sociale mentionnés aux articles D. 723-132 à D. 723-139, est soumis aux mêmes conditions de travail et de rémunération que le personnel relevant des services administratifs des organismes de mutualité sociale agricole.**

Art. D. 723-153 **Le médecin-conseil chef de service, le médecin coordonnateur régional et le médecin-conseil national, en concertation avec le directeur de l'organisme, fixent l'organisation du travail dans leurs services respectifs.**

Toute mesure concernant le recrutement du personnel de ces services ne peut être prise qu'avec leur accord.

Ils ont l'initiative des propositions concernant l'avancement, les changements de postes ainsi que les licenciements.

SOUS-SECTION 6 Interdictions et pénalités

La présente sous-section ne comprend pas de dispositions réglementaires.

SECTION 4 Fonctionnement financier et comptable des caisses de mutualité sociale agricole et autres organismes habilités

SOUS-SECTION 1 Dispositions générales

Art. D. 723-154 *(Décr. nº 2007-1500 du 18 oct. 2007, art. 3)* « Par dérogation aux sections 1 et 2 du chapitre II du titre II du livre I du code de la sécurité sociale *(Décr. nº 2017-1492 du 25 oct. 2017, art. 12-10º)* « (partie réglementaire – décrets simples) », les dispositions » des sous-sections 1 à 4 de la présente section sont applicables aux caisses départementales et pluridépartementales de mutualité sociale agricole, à la Caisse centrale de la mutualité sociale agricole ainsi qu'à leurs associations et groupements d'intérêt économique.

Art. D. 723-155 Les opérations financières et comptables des organismes de mutualité sociale agricole sont effectuées, sous le contrôle du conseil d'administration, par un directeur et un *(Décr. nº 2021-1237 du 27 sept. 2021, art. 2)* « directeur comptable et financier.

« Le directeur comptable et financier » *(Décr. nº 2007-1500 du 18 oct. 2007, art. 3)* « peut se voir confier par le directeur ou la Caisse centrale de la mutualité sociale agricole toute mission compatible avec ses attributions. »

Art. D. 723-156 Les opérations de recettes et de dépenses donnent lieu à l'établissement d'ordres de recettes et d'ordres de dépenses revêtus de la signature du directeur ou de son délégué et du visa *(Décr. nº 2021-1237 du 27 sept. 2021, art. 2)* « du directeur comptable et financier » ou de son délégué.

Art. D. 723-157 Le directeur, le directeur adjoint et leurs conjoints ne peuvent assumer les fonctions *(Décr. nº 2021-1237 du 27 sept. 2021, art. 2)* « de directeur comptable et financier » ou de délégué *(Décr. nº 2021-1237 du 27 sept. 2021, art. 2)* « du directeur comptable et financier ».

Sauf autorisation *(Décr. nº 2010-816 du 13 juill. 2010)* « du responsable du service mentionné à l'article *(Décr. nº 2012-1521 du 28 déc. 2012, art. 2)* « R. 155-1 » du code de la sécurité sociale », les délégués du directeur ou leurs conjoints ne peuvent assumer les fonctions *(Décr. nº 2021-1237 du 27 sept. 2021, art. 2)* « de directeur comptable et financier » ou de délégué *(Décr. nº 2021-1237 du 27 sept. 2021, art. 2)* « du directeur comptable et financier ».

Art. D. 723-158 Les opérations de recettes et de dépenses effectuées par le directeur et *(Décr. nº 2021-1237 du 27 sept. 2021, art. 2)* « le directeur comptable et financier » sont suivies dans une comptabilité aménagée de manière à faire apparaître distinctement celles relatives :

1º Aux assurances sociales agricoles des salariés ;

2º Aux prestations familiales agricoles ;

3º A l'assurance vieillesse des exploitants ;

4º A l'assurance maladie des exploitants ;

5º A l'assurance accident du travail des exploitants agricoles ;

6º A la retraite complémentaire obligatoire des exploitants agricoles ;

7º A l'assurance facultative et complémentaire ;

8º Aux opérations d'administration ;

9º Au contrôle médical ;

10º A l'action sanitaire et sociale ;

11º Aux établissements et œuvres ;

(Décr. nº 2015-861 du 13 juill. 2015, art. 3-7º) « 12º Aux indemnités prévues à l'article L. 732-4 ».

Art. D. 723-159 Les opérations d'administration, le contrôle médical, l'action sanitaire et sociale, les établissements et œuvres donnent lieu à l'établissement de budgets distincts. Le budget des opérations d'administration est établi compte tenu des plafonds de gestion, notifiés aux caisses.

Art. D. 723-160 Une instruction conjointe du ministre chargé de l'agriculture *(Décr. nº 2009-794 du 23 juin 2009)* « , du ministre chargé de la sécurité sociale » et du ministre chargé du budget détermine les règles générales d'application des dispositions des articles D. 723-154, D. 723-165 à D. 723-166, D. 723-168, D. 723-169 et D. 723-211 à D. 723-213.

SOUS-SECTION 2 Rôle du directeur dans le fonctionnement financier et comptable

§ 1 Dispositions générales

Art. D. 723-161 Le directeur constate et liquide les droits et charges de l'organisme. Il a seul qualité pour procéder à l'émission des ordres de recette et des ordres de dépense. Toutefois, il peut déléguer, à titre permanent, sa signature aux agents de direction nommés par le conseil d'administration pour effectuer sous l'autorité du directeur les opérations financières et comptables, ou à tous autres agents agréés par le conseil.

La délégation de signature, consentie par le directeur, doit préciser pour chaque agent la nature des opérations qu'il peut effectuer et leur montant maximal.

En cas d'absence momentanée ou d'empêchement du directeur, ses fonctions sont exercées par le directeur adjoint lorsqu'il en existe un. En cas d'absence momentanée ou d'empêchement du directeur et du directeur adjoint ou, à défaut de directeur adjoint, le directeur peut, avec l'autorisation du conseil d'administration, se faire suppléer dans ses fonctions par un agent de la caisse spécialement désigné à cet effet.

§ 2 Recouvrement des recettes

Art. D. 723-162 Le directeur liquide les créances de l'organisme. Il a seul qualité pour certifier, par la signature de l'ordre de recette, la réalité de la créance.

A chaque ordre de recette sont jointes, s'il y a lieu, les pièces justificatives.

Les documents individuels ou collectifs obtenus par duplication ou reproduction ne constituent des ordres de recette qu'autant qu'ils sont revêtus de la signature du directeur ou de son délégué.

Les ordres de recette sont conservés par *(Décr. nº 2021-1237 du 27 sept. 2021, art. 2)* « le directeur comptable et financier ».

Art. D. 723-163 Les encaissements effectués en exécution des obligations constatées par un contrat, une convention ou un titre de propriété dont *(Décr. nº 2021-1237 du 27 sept. 2021, art. 2)* « le directeur comptable et financier » assure la conservation, par application de l'article D. 723-206, donnent lieu annuellement à la délivrance par le directeur d'ordres de recette de régularisation soit individuels, soit collectifs.

Les encaissements de recettes non liquidées par la caisse font l'objet d'ordres de recette collectifs journaliers.

Art. D. 723-164 Le directeur est responsable de l'application des mesures destinées à provoquer sans délai la liquidation et le recouvrement des créances de l'organisme.

Art. D. 723-165 et D. 723-166 *Abrogés par Décr. nº 2007-619 du 26 avr. 2007, art. 3.*

§ 3 Engagement et liquidation des dépenses

Art. D. 723-167 Le directeur, dans la limite de ses pouvoirs, engage les dépenses de la caisse. Il est seul chargé de la liquidation de toutes les dépenses.

Art. D. 723-168 et D. 723-169 *Abrogés par Décr. nº 2007-619 du 26 avr. 2007, art. 3.*

§ 4 Ordre de dépense

Art. D. 723-170 Le directeur délivre les ordres de dépense de la caisse.

Art. D. 723-171 Pour les opérations d'administration, de contrôle médical, d'action sanitaire et sociale, des établissements et œuvres, l'ordre de dépense énonce l'imputation budgétaire de la dépense ; il indique la référence des pièces justificatives produites à l'appui de la dépense : le montant en est exprimé, soit en toutes lettres, soit en chiffres, au moyen d'appareils donnant des garanties d'inscription au moins égales à celles de l'inscription en toutes lettres ; il est daté et signé par le directeur ou son délégué.

Art. D. 723-172 L'ordre de dépense contient toutes les indications de nom et de qualité nécessaires pour permettre *(Décr. nº 2021-1237 du 27 sept. 2021, art. 2)* « au directeur comptable et financier » de s'assurer de l'identité du créancier.

Il est appuyé, s'il y a lieu, des pièces justificatives. Il doit porter référence aux pièces justificatives lorsqu'elles ne sont pas jointes.

Les documents individuels ou collectifs obtenus par duplication ou reproduction ne peuvent constituer des ordres de dépense que s'ils sont revêtus de la signature du directeur ou de son délégué.

Les rectifications de toute nature apportées aux ordres de dépense ou aux pièces justificatives doivent être approuvées par le directeur ou par son délégué.

Art. D. 723-173 Les factures et mémoires doivent être revêtus d'une mention certifiant la réception des biens ou l'exécution des services.

Lorsqu'il s'agit de fournitures non fongibles, mention doit être faite du numéro d'inscription sur les documents de prise en charge.

Art. D. 723-174 En cas de paiement d'acomptes, le premier ordre de dépense doit être appuyé des pièces qui constatent les droits des créanciers au paiement de ces acomptes. Pour les acomptes suivants, les ordres de dépense rappellent les justifications déjà produites, ainsi que les dates et numéros des ordres de dépense auxquelles elles sont jointes.

Art. D. 723-175 Les ordres de dépense sont conservés par *(Décr. nº 2021-1237 du 27 sept. 2021, art. 2)* « le directeur comptable et financier ».

Art. D. 723-176 En cas de perte d'un ordre de dépense, le directeur en délivre duplicata au vu d'un certificat *(Décr. nº 2021-1237 du 27 sept. 2021, art. 2)* « du directeur comptable et financier » attestant que l'ordre de dépense n'a été acquitté ni par lui, ni pour son compte.

L'attestation de non-paiement est jointe au duplicata délivré par le directeur qui conserve la copie certifiée de ces pièces.

Art. D. 723-177 Les imputations de dépenses reconnues erronées pendant le cours d'un exercice sont rectifiées, en ce qui concerne les opérations d'administration, de contrôle médical, d'action sanitaire et sociale, des établissements et œuvres, dans les écritures *(Décr. nº 2021-1237 du 27 sept. 2021, art. 2)* « du directeur comptable et financier » au moyen de certificats de réimputation délivrés par le directeur.

Art. D. 723-178 L'imputation des dépenses ne peut plus être modifiée par le directeur et *(Décr. nº 2021-1237 du 27 sept. 2021, art. 2)* « le directeur comptable et financier » lorsque les comptes ont été arrêtés par *(Décr. nº 2009-387 du 7 avr. 2009, art. 15)* « le directeur ».

Art. D. 723-179 Dans les cas fixés à l'article D. 723-201 le directeur peut, sous sa *(Décr. nº 2007-1500 du 18 oct. 2007, art. 3)* « responsabilité », requérir par écrit qu'il soit passé outre au refus de visa et de paiement opposé par *(Décr. nº 2021-1237 du 27 sept. 2021, art. 2)* « le directeur comptable et financier » à l'encontre d'un ordre de dépense émis par lui.

(Décr. nº 2022-1605 du 22 déc. 2022, art. 64, en vigueur le 1er janv. 2023) « La réquisition de paiement a pour effet d'écarter la responsabilité financière du directeur comptable et financier dans les conditions prévues par l'article L. 131-7 du code des juridictions financières. L'ordre de réquisition est transmis à la Cour des comptes. »

Art. D. 723-180 L'ordre de dépense peut être donné sur la pièce justificative de la dépense.

SOUS-SECTION 3 Le directeur comptable et financier *(Décr. n° 2021-1237 du 27 sept. 2021, art. 2).*

§ 1 Dispositions générales

Art. D. 723-181 et D. 723-182 *Abrogés par Décr. n° 2020-621 du 22 mai 2020, art. 3.*

Art. D. 723-183 *(Décr. n° 2021-1237 du 27 sept. 2021, art. 2)* « Le directeur comptable et financier » est chargé de la comptabilité générale et peut vérifier l'exactitude des comptes individuels dont la tenue incombe aux services techniques.

La comptabilité analytique est tenue par *(Décr. n° 2021-1237 du 27 sept. 2021, art. 2)* « le directeur comptable et financier ».

Al. 3 à 5 abrogés par Décr. n° 2022-1283 du 30 sept. 2022, art. 3, à compter du 1er janv. 2023.

Art. D. 723-184 *(Décr. n° 2022-1283 du 30 sept. 2022, art. 3, en vigueur le 1er janv. 2023)* Tout organisme de mutualité sociale agricole contrôle par inventaire, au moins une fois tous les douze mois, l'existence et la valeur des éléments actifs et passifs de son patrimoine. Toutefois, lorsque l'organisme procède à un inventaire permanent, il réalise un inventaire physique au moins tous les trois ans.

Le directeur comptable et financier de l'organisme s'assure, au moins une fois par an, de la concordance entre l'inventaire comptable des actifs et leur inventaire physique prévu au précédent alinéa.

Art. D. 723-185 Les caisses de mutualité sociale agricole sont tenues, d'une part, de contracter une assurance contre les détournements ou vols d'espèces soit dans les locaux de la caisse, soit en cours de transport et, d'autre part, de prendre matériellement les mesures de sécurité qui s'imposent à l'occasion de la manipulation des espèces et de la garde des valeurs. Un arrêté du ministre chargé de l'agriculture *(Décr. n° 2009-794 du 23 juin 2009)* « et du ministre chargé de la sécurité sociale » fixe le montant minimal de cette assurance.

Art. D. 723-186 *(Décr. n° 2021-1237 du 27 sept. 2021, art. 2)* « Le directeur comptable et financier » peut se faire suppléer, pour tout ou partie de ses attributions, par un délégué muni d'une procuration régulière et agréé par le conseil d'administration.

Il peut également charger certains agents du maniement des fonds ou de l'exécution de certaines opérations, et notamment des vérifications. Les délégations données à ces agents doivent être approuvées par le directeur et préciser la nature des opérations qu'elles concernent et leur montant maximal.

(Abrogé par Décr. n° 2022-1605 du 22 déc. 2022, art. 64, à compter du 1er janv. 2023) ***« Le délégué** (Décr. n° 2021-1237 du 27 sept. 2021, art. 2)* ***« du directeur comptable et financier », les caissiers ou agents ayant obtenu délégation de l'agent comptable, dans les conditions du présent article, sont astreints à la constitution d'un cautionnement dont le montant minimal est fixé par l'arrêté prévu à l'article** (Décr. n° 2017-1492 du 25 oct. 2017, art. 12-11°)* ***« D. 723-185 ». »***

Art. D. 723-187 Au cas de vacance d'emploi par suite de décès, démission, licenciement ou retrait d'agrément, ou pour toute autre cause, le conseil d'administration, sur proposition du directeur, procède à la désignation d'un *(Décr. n° 2021-1237 du 27 sept. 2021, art. 2)* « directeur comptable et financier » intérimaire, après avis conforme du *(Décr. n° 2014-552 du 27 mai 2014, art. 13-5°)* « directeur départemental ou, le cas échéant, régional des finances publiques » et *(Décr. n° 2010-816 du 13 juill. 2010)* « du responsable du service mentionné à l'article *(Décr. n° 2012-1521 du 28 déc. 2012, art. 2)* « R. 155-1 » du code de la sécurité sociale ».

(Décr. n° 2021-1237 du 27 sept. 2021, art. 2) « Le directeur comptable et financier » intérimaire est installé dans les conditions prévues à l'article *(Décr. n° 2022-1605 du 22 déc. 2022, art. 64, en vigueur le 1er janv. 2023)* « D. 122-10 du code de la sécurité sociale ».

La durée de cet intérim ne peut excéder six mois, sauf renouvellement d'égale durée dans les mêmes conditions.

Toutefois, lorsque *(Décr. n° 2021-1237 du 27 sept. 2021, art. 2)* « le directeur comptable et financier » est empêché temporairement d'exercer ses fonctions par une affection de longue durée, l'intérim peut être renouvelé par période de six mois jusqu'à la reprise de service de l'intéressé ou jusqu'à l'expiration du délai pendant lequel celui-ci conserve le bénéfice de ses appointements ou est mis en congé sans traitement, en application des dispositions conventionnelles régissant ses relations avec la caisse. A l'expiration de ce délai, si *(Décr. n° 2021-1237 du 27 sept. 2021, art. 2)* « le directeur comptable et financier » n'est pas en état de reprendre son service, il est procédé à son remplacement.

Art. D. 723-188 *(Décr. n° 2021-1237 du 27 sept. 2021, art. 2)* « Le directeur comptable et financier » rend compte de ses actes devant le conseil d'administration ainsi que devant les autorités qui l'ont agréé.

Art. D. 723-189 *Abrogé par Décr. n° 2009-387 du 7 avr. 2009, art. 16.*

Art. D. 723-190 *(Décr. n° 2021-1237 du 27 sept. 2021, art. 2)* « Le directeur comptable et financier » est, en outre, soumis aux vérifications prévues par les lois et règlements en vigueur.

(Décr. n° 2021-1237 du 27 sept. 2021, art. 2) « Le directeur comptable et financier » qui refuse *(Abrogé par Décr. n° 2009-387 du 7 avr. 2009, art. 17)* *« soit à la commission de contrôle prévue à l'article D. 723-189, soit »* à un vérificateur dûment habilité de présenter sa comptabilité ou d'établir l'inventaire des fonds et valeurs est immédiatement suspendu de ses fonctions dans les conditions prévues aux premier et deuxième alinéas de l'article R. 123-52 du code de la sécurité sociale

La même mesure est prise contre lui s'il est constaté une irrégularité d'une nature telle que sa fidélité puisse être mise en doute.

§ 2 Missions du directeur comptable et financier *(Décr. n° 2021-1237 du 27 sept. 2021, art. 2).*

SOUS-§ 1 *Domaine propre du directeur comptable et financier* *(Décr. n° 2021-1237 du 27 sept. 2021, art. 2).*

Art. D. 723-191 *(Décr. n° 2021-1237 du 27 sept. 2021, art. 2)* « Le directeur comptable et financier » est chargé :

1° De l'encaissement régulier des ordres de recettes qui lui sont remis par le directeur ;

2° De l'encaissement, à leur échéance, des créances constatées par un contrat, une convention ou un titre de propriété dont il assure la conservation, par application de l'article D. 723-206 ;

3° De l'exécution des dépenses qu'il est tenu de faire ;

4° De la garde et de la conservation des fonds et valeurs ;

5° De la position des comptes externes de disponibilité qu'il surveille et dont il ordonne les mouvements ;

6° De la justification de ses opérations comptables, ainsi que de l'exacte concordance entre les résultats de ses opérations et de la position de ses comptes de disponibilité.

(Décr. n° 2021-1237 du 27 sept. 2021, art. 2) « Le directeur comptable et financier » *(Décr. n° 2007-1500 du 18 oct. 2007, art. 3)* « est tenu de définir et d'assurer les contrôles en matière de recettes, de dépenses et de patrimoine. *(Décr. n° 2022-1283 du 30 sept. 2022, art. 3, en vigueur le 1er janv. 2023)* « Il précise, à cet effet, dans le plan de contrôle interne mentionné aux articles D. 114-4-7 et D. 114-4-20 du code de la sécurité sociale : »

« *a)* les procédures de vérification des opérations de dépenses et de recettes des gestions techniques et budgétaires ;

« *b)* les modalités de contrôle des données ou pièces justificatives ;

« *c)* la hiérarchie des contrôles par nature des opérations, ceux-ci pouvant ne pas être exhaustifs ;

« *d)* les procédures des contrôles prévues à l'article D. 723-243. »

SOUS-§ 2 *Encaissement*

Art. D. 723-192 *Abrogé par Décr. nº 2007-1500 du 18 oct. 2007, art. 4.*

Art. D. 723-193 L'état des restes à recouvrer doit présenter un total égal à la différence entre le montant des ordres de recettes pris en charge par *(Décr. nº 2021-1237 du 27 sept. 2021, art. 2)* « le directeur comptable et financier » et le montant des recouvrements qu'il a effectués.

Art. D. 723-194 *(Décr. nº 2007-1500 du 18 oct. 2007, art. 3)* La prise en charge de l'ordre de recette est datée et signée par *(Décr. nº 2021-1237 du 27 sept. 2021, art. 2)* « le directeur comptable et financier » ou son délégué.

(Décr. nº 2021-1237 du 27 sept. 2021, art. 2) « Le directeur comptable et financier » vérifie, dans les conditions définies à l'article D. 723-191, la régularité des ordres de recettes établis et signés par le directeur.

Art. D. 723-195 et D. 723-196 *Abrogés par Décr. nº 2007-1500 du 18 oct. 2007, art. 4.*

Art. D. 723-197 Tous les encaissements en numéraire effectués par *(Décr. nº 2021-1237 du 27 sept. 2021, art. 2)* « le directeur comptable et financier » donnent lieu à l'établissement d'une quittance extraite d'un carnet à souches. Lorsque la partie prenante exige expressément la délivrance d'un reçu au titre des règlements faits par un mode de paiement autre que le numéraire, le comptable intéressé établit une déclaration de versement tirée d'un carnet à souches.

Les chèques doivent être établis à l'ordre de la caisse de mutualité sociale agricole.

SOUS-§ 3 *Règlements des dépenses*

Art. D. 723-198 *(Décr. nº 2021-1237 du 27 sept. 2021, art. 2)* « Le directeur comptable et financier » *(Décr. nº 2007-1500 du 18 oct. 2007, art. 3)* porte, sans délai, sur les pièces justificatives, une mention constatant le paiement. Il vérifie, dans les conditions définies à l'article D. 723-191, la régularité des ordres de dépenses établis et signés par le directeur.

Pour l'ensemble des opérations de l'organisme, la vérification porte sur les points suivants :

1º La qualité du signataire ou de son délégué ;

2º La validité de la créance ;

3º Le caractère libératoire du règlement.

Pour la gestion budgétaire, cette vérification porte, en outre, sur la disponibilité des crédits et l'exacte imputation de la dépense.

Le contrôle de la validité de la créance a pour objet de vérifier, conformément à l'acte d'engagement, les droits des créanciers ou la réalité soit des fournitures livrées, soit des services accomplis par le créancier et l'exactitude des calculs de liquidation établis par le directeur.

Art. D. 723-199 *(Décr. nº 2022-1283 du 30 sept. 2022, art. 3, en vigueur le 1er janv. 2023)* Un organisme de mutualité sociale agricole peut mettre en place un service facturier, placé sous l'autorité du directeur comptable et financier, qui est chargé de recevoir et d'enregistrer les factures et titres établissant les droits acquis aux créanciers.

Dans ce cas, le montant de la dépense est arrêté par le directeur comptable et financier au vu des factures et titres mentionnés à l'alinéa précédent et de la certification du service fait qui constitue l'ordre de payer.

Les conditions de mise en place du service facturier mentionné au premier alinéa sont fixées par arrêté du ministre chargé de l'agriculture.

Art. D. 723-200 *Abrogé par Décr. nº 2007-1500 du 18 oct. 2007, art. 4.*

Art. D. 723-201 *(Décr. nº 2021-1237 du 27 sept. 2021, art. 2)* « Le directeur comptable et financier » *(Décr. nº 2007-1500 du 18 oct. 2007, art. 3)* « qui, à l'occasion des vérifications effectuées en application de l'article D. 723-198, constate une irrégularité doit surseoir au paiement et aviser le directeur de la caisse ou, pour les prestations gérées pour le compte de tiers, l'autorité qui instruit le dossier.

« Le directeur peut requérir par écrit qu'il soit passé outre au refus de paiement. *(Décr. n° 2021-1237 du 27 sept. 2021, art. 2)* « Le directeur comptable et financier » paie immédiatement et annexe à l'ordre de paiement l'original de la réquisition qu'il a reçue. Il en rend compte au président du conseil d'administration qui en informe le conseil d'administration, *(Décr. n° 2010-816 du 13 juill. 2010)* « le ministre chargé de l'agriculture » et la Caisse centrale de la mutualité sociale agricole. »

Il ne peut être procédé à la réquisition dans les cas suivants :

1° Opposition faite entre les mains *(Décr. n° 2021-1237 du 27 sept. 2021, art. 2)* « du directeur comptable et financier » ;

2° Contestation sur la validité de la quittance ;

3° Absence de service fait ;

4° Absence ou insuffisance de crédits ouverts pour les opérations d'administration, de contrôle médical, d'action sanitaire et sociale, des établissements et œuvres ;

5° *(Décr. n° 2010-816 du 13 juill. 2010)* « Annulation de la décision du conseil d'administration par le ministre chargé de l'agriculture » faite dans les conditions prévues à l'article R. 152-3 du code de la sécurité sociale.

Art. D. 723-202 Lorsqu'il a reçu un ordre régulier, *(Décr. n° 2021-1237 du 27 sept. 2021, art. 2)* « le directeur comptable et financier » établit que la caisse est libérée de sa dette après l'expiration du délai nécessaire pour vérifier l'ordre de paiement et assurer son exécution.

La caisse est libérée de sa dette si le paiement a été fait selon des modes de règlement prévus à l'article D. 723-203 au profit de la personne capable de donner valablement quittance, soit en qualité de créancier, soit en qualité de mandataire, d'ayant droit ou d'ayant cause dudit créancier.

Toute *(Décr. n° 2012-783 du 30 mai 2012, art. 7-2°)* « saisie », opposition, signification ayant pour objet d'arrêter un paiement et de faire connaître qu'une personne autre que le créancier a qualité pour donner quittance doit être faite entre les mains *(Décr. n° 2021-1237 du 27 sept. 2021, art. 2)* « du directeur comptable et financier ».

La caisse est également libérée si le bénéfice d'une prescription peut être invoqué ou encore si les sommes dont elle est redevable et que le créancier refuse de recevoir sont déposées à la Caisse des dépôts et consignations.

Art. D. 723-203 Sont considérés comme ayant un caractère libératoire les règlements effectués par remise à la personne qualifiée pour donner quittance d'espèces ou de chèque d'un montant égal au montant de la dette.

Est également considérée comme ayant un caractère libératoire l'inscription du montant de la dette au crédit d'un compte *(Décr. n° 2006-1116 du 5 sept. 2006, art. 3)* « bancaire » ouvert au nom de la personne qualifiée pour donner quittance.

SOUS-§ 4 *Garde des fonds et valeurs*

Art. D. 723-204 Les fonds et valeurs dont *(Décr. n° 2021-1237 du 27 sept. 2021, art. 2)* « le directeur comptable et financier » assure la garde doivent être conservés distinctement de ceux qu'il détient à titre personnel. Ils comprennent :

1° Le numéraire ;

2° *(Décr. n° 2006-1116 du 5 sept. 2006, art. 3)* « Les chèques bancaires et les valeurs bancaires à encaisser » ;

3° Les titres nominatifs, au porteur ou à ordre, et les valeurs diverses acquises par la caisse dans le cadre de la réglementation en vigueur.

Chacune de ces catégories de fonds et valeurs est suivie distinctement dans des comptes dont la position doit à tout moment être conforme à l'inventaire desdits fonds et valeurs.

Toute discordance entre la position des comptes et les résultats de l'inventaire oblige *(Décr. n° 2021-1237 du 27 sept. 2021, art. 2)* « le directeur comptable et financier » à constater immédiatement l'existence d'un excédent ou d'un manquant.

Les excédents sont acquis à la caisse à l'expiration des délais de prescription.

Dernier al. abrogé par Décr. n° 2007-1500 du 18 oct. 2007, art. 4.

Art. D. 723-205 Tous les deniers ressortissant à un même poste comptable sont confondus dans une même encaisse.

L'existence d'un poste comptable est établie par la réunion en un même lieu de fonds, de valeurs ou documents justificatifs d'opérations comptables.

Le montant maximal journalier de l'encaisse en numéraire est fixé par décision du conseil d'administration dans le cadre des directives données par le ministre chargé de l'agriculture.

Art. D. 723-206 Seul *(Décr. nº 2021-1237 du 27 sept. 2021, art. 2)* « le directeur comptable et financier » a qualité pour recevoir et détenir les titres de propriété et les titres de créance. Il en assure la conservation.

Art. D. 723-207 Les comptes externes de disponibilités dont les *(Décr. nº 2021-1237 du 27 sept. 2021, art. 2)* « directeurs comptables et financiers » peuvent ordonner les mouvements dans les conditions prévues par la réglementation en vigueur comprennent :

1º *Abrogé par Décr. nº 2006-1116 du 5 sept. 2006, art. 3.*

2º Les comptes de fonds tenus par tout établissement de crédit agréé dans un État membre de l'Espace économique européen ;

3º Les comptes de disponibilités courantes tenus par la Caisse des dépôts et consignations ou ses préposés.

Art. D. 723-208 Les divers comptes de disponibilité sont ouverts sur décision du conseil d'administration à la diligence *(Décr. nº 2021-1237 du 27 sept. 2021, art. 2)* « du directeur comptable et financier ». Avis de l'ouverture de ces comptes doit être donné au *(Décr. nº 2014-552 du 27 mai 2014, art. 13-5º)* « directeur départemental ou, le cas échéant, régional des finances publiques » intéressé.

(Décr. nº 2021-1237 du 27 sept. 2021, art. 2) « Le directeur comptable et financier » qui provoque l'ouverture d'un compte externe de disponibilités non prévu par la réglementation commet une faute de service passible de sanction disciplinaire.

Commet également une faute de service passible de sanction disciplinaire *(Décr. nº 2021-1237 du 27 sept. 2021, art. 2)* « le directeur comptable et financier » qui omet de virer, dans les conditions fixées conjointement par *(Décr. nº 2009-794 du 23 juin 2009)* « le ministre chargé du budget, le ministre chargé de la sécurité sociale » et le ministre chargé de l'agriculture, la part des cotisations encaissées par la caisse de mutualité sociale agricole et revenant aux caisses centrales.

(Décr. nº 2021-1237 du 27 sept. 2021, art. 2) « Le directeur comptable et financier » doit périodiquement rapprocher ses écritures de celles de ses correspondants.

SOUS-§ 5 *Justification des opérations comptables*

Art. D. 723-209 Les pièces justificatives sont classées dans les archives *(Décr. nº 2021-1237 du 27 sept. 2021, art. 2)* « du directeur comptable et financier ». Les pièces justificatives qui doivent être conservées sont énumérées par instructions ministérielles.

SOUS-§ 6 *Rupture de l'équilibre de la comptabilité*

Art. D. 723-210 *(Décr. nº 2021-1237 du 27 sept. 2021, art. 2)* « Le directeur comptable et financier » *(Décr. nº 2007-1500 du 18 oct. 2007, art. 3)* doit être en mesure d'établir à tout moment l'équilibre entre, d'une part, les résultats des opérations et l'inventaire des titres et valeurs et, d'autre part, la position des comptes de disponibilités.

(Abrogé par Décr. nº 2022-1605 du 22 déc. 2022, art. 64, à compter du 1er janv. 2023) ***« La responsabilité personnelle et pécuniaire de** (Décr. nº 2021-1237 du 27 sept. 2021, art. 2)* ***« le [du] directeur comptable et financier » se trouve engagée en cas de manquant. »***

§ 3 *[ABROGÉ]* Responsabilité personnelle et pécuniaire du directeur comptable et financier et des délégués du directeur comptable et financier *(Décr. nº 2021-1237 du 27 sept. 2021, art. 2)*.

(Abrogé par Décr. nº 2022-1605 du 22 déc. 2022, art. 64, à compter du 1er janv. 2023)
(Décr. nº 2007-1500 du 18 oct. 2007, art. 3)

Art. D. 723-210-1 *Abrogé par Décr. nº 2022-1605 du 22 déc. 2022, art. 64, à compter du 1er janv. 2023.*

SOUS-SECTION 4 **Organisation de la comptabilité**

Art. D. 723-211 La comptabilité des organismes de mutualité sociale agricole a pour fonction :

1° De faire apparaître la situation patrimoniale de l'organisme, active et passive ;

2° De déterminer les résultats globaux de l'exercice ;

3° De dégager les résultats en fin d'exercice et de les comparer aux prévisions ;

4° De dégager éventuellement les résultats analytiques d'exploitation ;

5° D'établir les statistiques dans les conditions prévues à l'article D. 723-221.

Elle retrace les opérations des gestions budgétaires, les opérations des gestions techniques, les opérations de trésorerie, les opérations faites avec les tiers ou pour le compte de tiers, les mouvements du patrimoine des organismes.

Art. D. 723-212 La comptabilité générale est tenue selon le principe de la partie double. L'exercice comptable s'étend, sauf dérogation, du 1er janvier au 31 décembre.

Art. D. 723-213 *(Abrogé par Décr. nº 2015-861 du 13 juill. 2015, art. 3-8º)* « *Outre les opérations mentionnées aux articles D. 723-165, D. 723-166, D. 723-168 et D. 723-169,* » la comptabilité des organismes de mutualité sociale agricole doit permettre, grâce à l'enregistrement des opérations au jour le jour, de suivre distinctement, pour les salariés et les non-salariés agricoles, par branche et catégorie d'opérations mentionnées à l'article D. 723-158, l'état des cotisations émises et encaissées et des autres recettes encaissées, ainsi que des prestations et autres dépenses payées, depuis le début de l'exercice.

Art. R. 723-214 La comptabilité des caisses départementales et pluridépartementales et de la Caisse centrale de la mutualité sociale agricole est établie selon le plan comptable prévu à l'article *(Décr. nº 2009-386 du 7 avr. 2009, art. 21)* « L. 114-5 » du code de la sécurité sociale.

(Décr. nº 2009-386 du 7 avr. 2009, art. 21) « Les règles d'établissement et d'arrêté des comptes annuels ainsi que des comptes combinés des régimes de protection sociale agricole sont fixées à l'article R. 114-6-1 du code de la sécurité sociale. »

Art. D. 723-215 Une instruction du ministre chargé de l'agriculture *(Décr. nº 2009-794 du 23 juin 2009)* « , du ministre chargé de la sécurité sociale » et du ministre chargé de l'économie définit notamment les règles de comptabilisation des biens, des charges, bonus ou pertes sur réalisations.

Le remboursement des avances, l'affectation des excédents, l'apurement des déficits doivent être effectués dans les conditions fixées par instructions du ministre chargé de l'agriculture *(Décr. nº 2009-794 du 23 juin 2009)* « *[et]* du ministre chargé de la sécurité sociale ».

Art. D. 723-216 Des instructions particulières du ministre chargé de l'agriculture *(Décr. nº 2009-794 du 23 juin 2009)* « et du ministre chargé de la sécurité sociale » déterminent notamment :

1° Les procédés d'application du plan comptable unique aux organismes de mutualité sociale agricole ;

2° La liste des registres et documents comptables ;

3° La tenue desdits registres et documents ;

4° Les liaisons qui s'établissent entre, d'une part, le siège de la caisse et, d'autre part, les caisses secondaires, les correspondants et les œuvres ;

5° Les registres et documents comptables qui doivent être tenus et établis au titre des opérations effectuées par les caisses secondaires, correspondants et œuvres. Une partie de ces registres et documents peut être établie par le siège de la caisse dans les conditions fixées par les instructions précitées ;

6° Les opérations d'inventaires effectuées en fin d'année ;

7° La tenue de la comptabilité matières prévue à l'article D. 723-183 ;

8° Les conditions d'établissement des statistiques prévues à l'article D. 723-221.

Art. D. 723-217 Les comptes annuels comprennent :

1° Le bilan ;

2° Les comptes de résultats ;

3° L'annexe.

Art. D. 723-218 *(Décr. n° 2009-387 du 7 avr. 2009, art. 18)* « Les comptes annuels établis par *(Décr. n° 2021-1237 du 27 sept. 2021, art. 2)* « le directeur comptable et financier » et arrêtés par le directeur sont ensuite présentés par le directeur et *(Décr. n° 2021-1237 du 27 sept. 2021, art. 2)* « le directeur comptable et financier » au conseil d'administration. »

Le directeur remet chaque année au conseil d'administration un rapport sur le fonctionnement administratif et financier de l'organisme.

Art. D. 723-219 *Abrogé par Décr. n° 2023-1030 du 7 nov. 2023, art. 2.*

Art. D. 723-220 Les opérations d'administration comprennent toutes les dépenses nécessaires au fonctionnement des caisses de mutualité sociale agricole ou qui leur sont imposées au profit de services ou organismes en application des textes législatifs et réglementaires, à l'exception des dépenses de l'action sanitaire et sociale, des dépenses des établissements et œuvres, des dépenses de contrôle médical.

L'ensemble des dépenses de fonctionnement des diverses sections créées en application des dispositions de l'article L. 723-3, y compris les dépenses communes de la section d'action sanitaire et sociale sont imputées intégralement aux opérations d'administration, à l'exclusion des dépenses de même nature qui sont imputées à d'autres budgets par application des dispositions réglementaires ou d'instructions spéciales.

Art. D. 723-221 Les caisses de mutualité sociale agricole transmettent périodiquement au ministre chargé de l'agriculture la statistique des opérations effectuées dans les conditions fixées par instructions de ce ministre.

Art. D. 723-222 *Abrogé par Décr. n° 2007-1500 du 18 oct. 2007, art. 4.*

Art. D. 723-223 *(Décr. n° 2007-508 du 3 avr. 2007)* I. — Les livres, registres et documents comptables sont conservés pendant six ans après la clôture des comptes de l'exercice qu'ils concernent.

Les titres de propriété ne peuvent être détruits.

Les pièces justificatives, à l'exception de celles qui se rapportent aux gestions techniques, sont conservées pendant six ans après la clôture des comptes de l'exercice qu'elles concernent, sous réserve des délais de prescription de droit commun applicables à certaines opérations particulières.

(Abrogé par Décr. n° 2022-1605 du 22 déc. 2022, art. 64, à compter du 1er janv. 2023) ***« En tout état de cause, les documents cités aux alinéas précédents ne peuvent être détruits qu'après que** (Décr. n° 2021-1237 du 27 sept. 2021, art. 2)* ***« le directeur comptable et financier » a obtenu quitus pour les exercices qu'ils concernent. »***

(Décr. n° 2017-1492 du 25 oct. 2017, art. 12-15°) « II. — Pour les gestions techniques, les délais de conservation des pièces justificatives sont les suivants :

« 1° Six mois après le délai de prescription *[mentionné]* au I de l'article L. 725-7-I pour les cotisations, pénalités et majorations de retard dues aux régimes agricoles de protection sociale ;

« 2° Six mois après le délai de prescription mentionné à l'article L. 332-1 du code de la sécurité sociale et au III de l'article L. 725-7 du présent code pour les prestations maladie, maternité et décès ;

« 3° Six mois après le délai de prescription mentionné à l'article L. 553-1 du code de la sécurité sociale pour les prestations familiales et les prestations gérées pour le compte de tiers ;

« 4° Cinq ans après le décès du titulaire pour les prestations d'assurance vieillesse, d'assurance vieillesse complémentaire obligatoire et d'assurance invalidité ;

« 5° Cinq ans après le décès de la victime de l'accident du travail ou d'une maladie professionnelle ou de ses ayants droit.

« Ces délais sont prolongés lorsque les droits et obligations constatés sur les pièces justificatives sont susceptibles de faire l'objet d'une révision ou font partie d'un dossier litigieux. » *(Abrogé par Décr. n° 2022-1605 du 22 déc. 2022, art. 64, à compter du 1er janv. 2023)* ***« En tout état de cause, les pièces justificatives ne peuvent être détruites qu'après que** (Décr. n° 2021-1237 du 27 sept. 2021, art. 2)* ***« le directeur comptable et financier » a obtenu quitus pour les exercices qu'elles concernent. »***

III. — La liste des pièces justificatives des opérations techniques et de gestion administrative est dressée par une instruction du ministre chargé de l'agriculture.

Les conditions de conservation des pièces justificatives ainsi que les modalités techniques d'archivage des documents sont fixées par une instruction de la Caisse centrale de la mutualité sociale agricole, selon la nature des documents à conserver.

Art. D. 723-224 *(Décr. nº 2007-508 du 3 avr. 2007)* A l'expiration des délais de conservation prévus à l'article D. 723-223, la destruction d'un livre, d'un registre, d'un document ou d'une pièce justificative *(Décr. nº 2017-1492 du 25 oct. 2017, art. 12-16º)* « intervenant dans le cadre des dispositions prévues par l'article R. 212-14 du code du patrimoine » est constatée par un procès-verbal signé par le directeur et *(Décr. nº 2021-1237 du 27 sept. 2021, art. 2)* « le directeur comptable et financier ».

Art. D. 723-225 *Abrogé par Décr. nº 2022-1605 du 22 déc. 2022, art. 64, à compter du 1er janv. 2023.*

Art. D. 723-226 Les avances de fonds mises à la disposition des caisses secondaires ne peuvent dépasser le montant moyen des paiements d'une quinzaine. Elles ne peuvent être complétées ou renouvelées qu'au fur et à mesure des justifications fournies.

Art. D. 723-227 *(Décr. nº 2021-1237 du 27 sept. 2021, art. 2)* « Le directeur comptable et financier » peut, dans les conditions prévues aux articles D. 723-207 et D. 723-208, faire ouvrir des comptes de disponibilités à ses délégués des caisses secondaires pour l'exécution, sous la signature des agents habilités à cet effet, de retraits de fonds, de paiements ou de virements.

Art. D. 723-228 Les fonctionnaires habilités par le ministre chargé de l'agriculture *(Décr. nº 2009-794 du 23 juin 2009)* « , le ministre chargé de la sécurité sociale » et le ministre chargé de l'économie et des finances ont libre accès dans tous les services et établissements relevant des caisses de mutualité sociale agricole. Ils doivent, lors de leurs opérations sur place et au moment même d'y procéder, en donner avis au directeur de l'organisme contrôlé ou à son représentant local.

Les caisses de mutualité sociale agricole sont tenues de prêter leur concours à ces fonctionnaires lors de leurs missions, enquêtes ou vérifications, de fournir tous renseignements et de communiquer toutes délibérations et décisions, tous contrats, conventions et marchés, tous documents, registres, livres, justifications de recettes ou de dépenses ; ils devront présenter leur caisse, leur portefeuille, leurs valeurs de toute nature, titres de propriété ou de créances.

Le droit de communication comporte le droit d'obtenir copie.

SOUS-SECTION 5 **Gestion financière**

Art. D. 723-229 *(Décr. nº 2013-1223 du 23 déc. 2013, art. 1er-1º, en vigueur le 1er janv. 2014)* Les frais de gestion administrative, d'action sanitaire et sociale et de contrôle médical des organismes de mutualité sociale agricole, diminués, le cas échéant, des recettes annexes liées à ces activités, sont financés à due concurrence par des dotations de la Caisse centrale de la mutualité sociale agricole dans la limite des autorisations budgétaires fixées par la convention d'objectifs et de gestion dans les conditions fixées par un règlement adopté par le conseil central d'administration de la Mutualité sociale agricole et approuvé par décision du ministre chargé de l'agriculture.

Ces dépenses sont affectées aux différentes branches des régimes de protection sociale des salariés et des non-salariés des professions agricoles selon des modalités fixées par arrêté conjoint des ministres chargés de l'agriculture, de la sécurité sociale et du budget.

Art. D. 723-229-1 *(Décr. nº 2013-1223 du 23 déc. 2013, art. 1er-2º, en vigueur le 1er janv. 2014)* Les comptes de la Caisse centrale de la mutualité sociale agricole comportent une réserve générale. Cette réserve est notamment constituée des réserves transférées en application du 3 du III de l'article 37 de la loi nº 2012-1404 du 17 décembre 2012 de financement de la sécurité sociale pour 2013.

Les comptes de la Caisse centrale de la mutualité sociale agricole comportent également, en application des dispositions législatives et réglementaires relatives aux régimes concernés, des réserves au titre :

1° Du régime de retraite complémentaire obligatoire des non-salariés agricoles ;
2° Du régime d'accidents du travail des non-salariés agricoles et du fonds de réserve des rentes afférent ;
3° Du régime d'accidents du travail des salariés agricoles ;
4° Du régime des indemnités journalières des non-salariés agricoles.

Les caisses de mutualité sociale agricole qui gèrent directement un service de santé au travail doivent constituer une réserve de santé au travail d'un montant égal, au maximum, à la moitié des dépenses faites au cours du dernier exercice au titre de la santé au travail.

Art. D. 723-230 *(Décr. n° 2013-1223 du 23 déc. 2013, art. 1er-3°, en vigueur le 1er janv. 2014)* Les résultats de chaque exercice sont affectés par décision de l'assemblée générale selon les modalités suivantes :

1° Les résultats de la Caisse centrale de la mutualité sociale agricole sont affectés au report à nouveau s'agissant des résultats des régimes vieillesse et maladie des salariés agricoles et des résultats des régimes vieillesse de base et maladie des non-salariés agricoles ;

2° Les résultats de la Caisse centrale de la mutualité sociale agricole au titre des régimes visés aux 1°, 2°, 3° et 4° de l'article D. 723-229-1 sont affectés en réserves en application des dispositions législatives et réglementaires qui leur sont propres ;

3° Les résultats des caisses de mutualité sociale agricole au titre de la gestion d'un service de santé au travail sont affectés à la réserve du service de santé au travail.

Art. D. 723-231 Les résultats déficitaires constatés *(Abrogé par Décr. n° 2013-1223 du 23 déc. 2013, art. 1er-4°, à compter du 1er janv. 2014)* ***« pour la gestion et »*** pour la médecine du travail sont apurés par imputation *(Abrogé par Décr. n° 2013-1223 du 23 déc. 2013, art. 1er-4°, à compter du 1er janv. 2014)* ***« respective sur la réserve générale et »*** sur la réserve de médecine du travail.

Art. D. 723-232 *(Décr. n° 2013-1223 du 23 déc. 2013, art. 1er-5°, en vigueur le 1er janv. 2014)* Un arrêté conjoint des ministres chargés de la sécurité sociale et de l'agriculture fixe, sur proposition du conseil central d'administration de la Mutualité sociale agricole, le montant maximum d'en-cours d'échéanciers de paiement prévus à l'article R. 726-1 susceptibles d'être accordés aux assurés confrontés aux crises agricoles ou à toute autre difficulté financière. — *V. Arr. du 23 janv. 2014 pris en application de l'art. D. 723-232 portant fixation du montant maximum d'encours des échéanciers de paiement des cotisations sociales agricoles (JO 4 févr.), mod. par Arr. du 24 août 2015 (JO 29 août).*

Art. D. 723-233 Les fonds disponibles sont conservés en dépôts à vue ou à terme dans l'un des établissements définis à l'article D. 723-207 ; ils peuvent être employés, par décision du conseil d'administration ou d'une commission habilitée par lui à cet effet, à des placements en titres d'emprunts, obligations, actions et prêts, dont la liste est fixée par arrêté conjoint du ministre chargé de l'agriculture *(Décr. n° 2009-794 du 23 juin 2009)* « , du ministre chargé de la sécurité sociale » et du ministre chargé de l'économie et des finances.

Art. D. 723-234 *(Décr. n° 2013-1223 du 23 déc. 2013, art. 1er-6°, en vigueur le 1er janv. 2014)* « Les caisses de mutualité sociale agricole peuvent, dans la limite des crédits inscrits à leur budget, octroyer des » prêts entrant dans les catégories suivantes :

1° Prêts destinés à l'amélioration de l'habitat prévue à l'article L. 542-9 du code de la sécurité sociale ;

2° Prêts d'équipement ménager et prêts complémentaires à la construction ;

3° Prêts à des établissements de soins publics ou privés, à des associations ou œuvres à but non lucratif concourant à l'action sociale ou sanitaire ;

4° Prêts pour l'acquisition de véhicules aux membres du personnel des caisses appelés à se déplacer pour les besoins du service ;

5° Prêts d'honneur ou prêts complémentaires à la construction au personnel des caisses ;

6° Abrogé par Décr. n° 2017-1492 du 25 oct. 2017, art. 12-17°.

Les modalités de ces prêts, notamment leur montant maximal, leurs conditions d'attribution, leur taux d'intérêt, leur durée et les garanties à exiger sont fixées par arrêtés du ministre chargé de l'agriculture *(Décr. nº 2009-794 du 23 juin 2009)* « , du ministre chargé de la sécurité sociale » et du ministre chargé de l'économie et des finances.

Art. D. 723-235 Sous réserve de l'application des dispositions de l'article D. 723-227, il ne peut être ouvert au nom de chaque caisse de mutualité sociale agricole, dans chacun des établissements mentionnés à l'article D. 723-207, qu'un seul compte de dépôt à vue et, le cas échéant, un compte de dépôt à terme.

Art. D. 723-236 Les valeurs mobilières sont inscrites au bilan des caisses de mutualité sociale agricole pour leur prix d'achat.

Les valeurs remboursées ou vendues sont évaluées au prix d'achat moyen des titres de la même catégorie détenus par la caisse au moment de l'opération de remboursement ou de vente.

Art. D. 723-237 *(Décr. nº 2013-1223 du 23 déc. 2013, art. 1er-7º, en vigueur le 1er janv. 2014)* Les investissements des caisses de mutualité sociale agricole sont financés par des avances de la Caisse centrale de la mutualité sociale agricole.

Art. D. 723-238 Les caisses de mutualité sociale agricole peuvent se porter caution, dans les conditions fixées par arrêté conjoint du ministre chargé de l'agriculture *(Décr. nº 2009-794 du 23 juin 2009)* « , du ministre chargé de la sécurité sociale » et du ministre chargé de l'économie et des finances, pour leurs adhérents bénéficiant de prêts complémentaires d'accession à la propriété.

Art. D. 723-239 *(Décr. nº 2013-1223 du 23 déc. 2013, art. 1er-8º, en vigueur le 1er janv. 2014)* La Caisse centrale de la mutualité sociale agricole, pour la gestion commune de la trésorerie des organismes de mutualité sociale agricole mentionnés à l'article L. 723-1 :

1º Centralise, chaque jour, le produit des cotisations et contributions encaissées par ces organismes ;

2º Assure, chaque jour, l'alimentation en trésorerie de ces organismes en fonction des échéanciers de besoins établis par chacun d'eux dans les conditions fixées par instruction de la caisse centrale de la mutualité sociale agricole et à hauteur des demandes de paiement que ceux-ci lui adressent ;

3º Centralise, chaque jour, les éventuels excédents de trésorerie présents sur les comptes courants de ces organismes.

SOUS-SECTION 6 Contrôle interne des organismes de mutualité sociale agricole

§ 1 Contrôle interne

Art. D. 723-240 et D. 723-241 *Abrogés par Décr. nº 2013-917 du 14 oct. 2013, art. 2-II.*

Art. D. 723-242 Un bilan annuel du dispositif de contrôle interne est présenté pour information au conseil d'administration ou au comité directeur de l'organisme de mutualité sociale agricole, qui est également informé des éventuelles actions correctives y faisant suite.

Al. 2 abrogé par Décr. nº 2013-917 du 14 oct. 2013, art. 2-II.

Art. D. 723-243 *(Décr. nº 2021-1237 du 27 sept. 2021, art. 2)* « Le directeur comptable et financier » d'un organisme de mutualité sociale agricole procède régulièrement à l'audit des applications informatiques utilisées par les services de cet organisme afin notamment de prévenir les fraudes et les erreurs. Il contrôle notamment la mise en œuvre dans l'organisme du dispositif de contrôle interne portant sur :

1º L'habilitation des personnes autorisées à saisir ou manipuler les données informatiques ;

2º La justification des opérations financières par des pièces comptables ;

3º L'utilisation des données pour l'ouverture des droits et le calcul de liquidation des cotisations et des prestations conformément aux lois et règlements ou aux décisions des conseils d'administration ;

4º L'utilisation des dernières versions validées des programmes informatiques ;

5° L'existence des procédures de sauvegarde des fichiers de programmes et de données et l'existence des solutions de secours informatique ;

6° La vérification de l'exactitude des traitements au moyen de sondages portant sur les contrôles d'existence, de vraisemblance et de validité des opérations ;

7° *(Décr. n° 2021-1237 du 27 sept. 2021, art. 2)* « Le directeur comptable et financier » d'un organisme de mutualité sociale agricole détermine *(Abrogé par Décr. n° 2022-1605 du 22 déc. 2022, art. 64, à compter du 1er janv. 2023) « , sous sa responsabilité personnelle, »* la nature et la fréquence des contrôles par sondage des cotisations et des prestations liquidées. Les minima de contrôle sont définis au plan national par *(Décr. n° 2021-1237 du 27 sept. 2021, art. 2)* « le directeur comptable et financier » de la Caisse centrale de la mutualité sociale agricole.

§ 2 **Sécurités informatiques**

Art. D. 723-244 à D. 723-247 *Abrogés par Décr. n° 2013-917 du 14 oct. 2013, art. 2-II.*

SOUS-SECTION 7 **Contrôle par la Caisse centrale de la mutualité sociale agricole**

(Décr. n° 2008-485 du 22 mai 2008)

Art. D. 723-248 La Caisse centrale de la mutualité sociale agricole contrôle les organismes mentionnés aux articles L. 723-2 et L. 723-5 et au III de l'article L. 723-7. Le contrôle peut porter sur tout ou partie des activités et de l'organisation de ces organismes.

En vue de l'accomplissement de ces contrôles, le directeur général de la Caisse centrale de la mutualité sociale agricole peut avoir recours à des auditeurs employés par la Caisse centrale de la mutualité sociale agricole ou demander le concours d'auditeurs employés par des organismes visés aux articles L. 723-2 et L. 723-5 ou d'auditeurs externes.

Les auditeurs ne peuvent être désignés pour le contrôle de l'organisme qui les emploie.

Art. D. 723-249 Chaque organisme mentionné à l'article D. 723-248 fait l'objet d'un contrôle sur place selon une périodicité maximale fixée par délibération du conseil d'administration de la Caisse centrale de la mutualité sociale agricole. Ces contrôles sont organisés à partir d'un plan annuel d'audit et de contrôle établi par le directeur général de la caisse centrale. Ce plan peut prévoir une périodicité de contrôle plus rapprochée pour les organismes dont les performances sont inférieures à la moyenne nationale, notamment dans la réalisation des objectifs des contrats personnalisés d'objectifs et de gestion. Le directeur général de la caisse centrale peut également décider de contrôles inopinés.

Art. D. 723-250 Dans le cadre de l'exercice du pouvoir de contrôle que lui confère l'article L. 723-13, la Caisse centrale de mutualité sociale agricole peut requérir des organismes mentionnés à l'article D. 723-248 la communication sur place ou sur pièces de tous documents, pièces comptables et correspondances relatifs aux gestions administrative, financière ou technique de ces organismes, y compris sur un support informatisé.

Art. D. 723-251 Les auditeurs mettent en œuvre une procédure contradictoire à l'égard des organismes contrôlés.

A l'issue de chaque contrôle, les organismes disposent d'un délai de trente jours à compter de la réception du rapport de contrôle pour présenter leurs remarques sur les constatations et observations formulées par les auditeurs.

Les réponses de l'organisme assorties, le cas échéant, des observations des auditeurs sur ces dernières sont annexées au rapport de contrôle définitif, qui est remis au président et au directeur général de la Caisse centrale de la mutualité sociale agricole.

Art. D. 723-252 La Caisse centrale de la mutualité sociale agricole communique les observations qui résultent de ses contrôles au président du conseil d'administration et au directeur ou, à défaut, au dirigeant responsable de l'organisme contrôlé qui les mettent à l'ordre du jour de l'instance délibérante. Lorsque les défaillances constatées le nécessitent, le directeur général de la Caisse centrale de la mutualité sociale agricole peut demander la mise en œuvre d'un plan de redressement dont il fixe les grandes lignes, il en informe le conseil d'administration de la Caisse centrale de la mutualité sociale agricole.

Le directeur général tient le conseil d'administration de la caisse centrale de la mutualité sociale agricole régulièrement informé des résultats des contrôles effectués.

Dans le délai fixé par la Caisse centrale de la mutualité sociale agricole, qui ne peut excéder trois mois, le président du conseil d'administration ou le dirigeant responsable est tenu de faire connaître les suites données aux observations formulées et, le cas échéant, à la demande de plan de redressement. Les procès-verbaux des délibérations correspondantes sont fournis à l'appui de la réponse du président du conseil d'administration.

La Caisse centrale de la mutualité sociale agricole est informée régulièrement de la mise en œuvre du plan de redressement et de l'atteinte des objectifs qu'il comporte.

Art. D. 723-253 La Caisse centrale de la mutualité sociale agricole peut contrôler tous les organismes de droit privé, dotés ou non de la personnalité morale mentionnés au III de l'article L. 723-7 qui bénéficient d'un concours financier octroyé par un ou plusieurs des organismes mentionnés à l'article D. 723-248. Le contrôle s'exerce dans les conditions prévues à l'article D. 723-250 par les auditeurs mentionnés à l'article D. 723-248. Le contrôle porte sur l'ensemble des comptes et de la gestion de l'organisme vérifié.

Toutefois, lorsque le concours financier est affecté à des dépenses déterminées, qu'il ne dépasse pas la moitié des ressources totales de l'organisme bénéficiaire et que son emploi fait l'objet d'un compte séparé, le contrôle se limite au compte d'emploi du concours financier que l'organisme doit établir. Si ce compte d'emploi n'est pas produit, le contrôle porte sur l'ensemble des comptes et de la gestion.

SECTION 5 Transmission de données

(Décr. n° 2011-229 du 2 mars 2011)

Art. D. 723-254 En application de l'article *(Décr. n° 2017-1492 du 25 oct. 2017, art. 12-18°)* « L. 723-13-2 », les ministres chargés de l'agriculture et de la sécurité sociale peuvent demander à la Caisse centrale de la mutualité sociale agricole la transmission d'informations de nature à contribuer à l'amélioration :

1° De la connaissance de l'emploi agricole salarié et non salarié ;

2° Du suivi des revenus agricoles, des assiettes de cotisations et leurs caractéristiques ;

3° Du suivi des cotisations légales et conventionnelles ;

4° Du suivi des dispositifs d'exonération de cotisations, d'aides à l'emploi et d'aides à l'installation ;

5° Du suivi des crises agricoles et de la mesure de leurs impacts économiques et sociaux.

La transmission de ces informations peut également avoir pour objet de permettre d'apprécier les évolutions des situations professionnelles et sociales des salariés et des non-salariés agricoles.

Ces informations sont transmises sous forme de données statistiques agrégées ou sous forme de données individuelles anonymisées.

Art. D. 723-255 Les catégories d'informations qui peuvent être demandées dans les conditions *(Décr. n° 2012-18 du 4 janv. 2012)* « prévues par l'article D. 723-254 » sont les suivantes :

1° Pour les informations portant sur les cotisants salariés et non salariés agricoles, ainsi que sur les membres des familles des non-salariés :

a) Un numéro d'identifiant anonyme ;

b) L'année de naissance ;

c) Le sexe ;

d) La situation familiale ;

e) La nationalité (française, Union européenne ou hors Union européenne) ;

2° Pour les informations concernant les entreprises et les établissements relevant des régimes de protection sociale agricole :

a) La forme juridique ;
b) La date de création ;
c) Le statut des associés pour les non-salariés ;
d) La description de l'activité ;
e) Le département du siège social ;
f) Les caractéristiques de gestion (périodicité de versement des cotisations, classe de risque en législation accidents du travail...) ;
g) Les effectifs ;
h) L'identifiant de convention collective.

3° Pour les informations sur l'emploi et l'activité des salariés :
a) La date de début et de fin du contrat de travail ;
b) La durée de travail ;
c) La nature et la qualité du contrat ;
d) Le statut de l'emploi ;
e) La description des activités ;
f) Le montant de la rémunération ;
g) Les caractéristiques de gestion (type de déclaration d'embauche, classe de risque en législation accidents du travail...).

4° Pour les informations sur les cotisations et les éléments constitutifs et de calcul des assiettes de cotisations :
a) Qualité du cotisant non salarié agricole et branche d'affiliation ;
b) Les montants, taux et assiettes de cotisations par branche ;
c) La nature et les montants des réductions de cotisations ou d'abattements d'assiette ;
d) Les revenus professionnels et cadastraux des non-salariés agricoles ;
e) Le régime d'imposition des revenus professionnels des non salariés agricoles ;
f) Le type d'assiette des non-salariés agricoles ;
g) L'assiette brute et les éléments de calcul de l'assiette nette des non salariés agricoles.

5° Pour les informations visées aux 1° à 4°, le code de la nomenclature des activités françaises (NAF) pour les entreprises concernées.

CHAPITRE IV CONTRÔLES

SECTION 1 Contrôle par l'administration et les agents habilités

SOUS-SECTION 1 Contrôle par l'administration

Art. R. 724-1 Le contrôle de l'État sur les délibérations du conseil d'administration, du comité d'action sanitaire et sociale et des assemblées générales des organismes de mutualité sociale agricole s'exerce dans les conditions prévues par les articles R. 152-2 à R. 152-6 et R. 153-4 à R. 153-7 du code de la sécurité sociale.

Art. R. 724-2 Les organismes de mutualité sociale agricole fonctionnent sous le contrôle de la Cour des comptes, du ministre chargé de l'agriculture, *(Décr. nº 2009-793 du 23 juin 2009, art. 2)* « du ministre chargé de la sécurité sociale, » du ministre chargé de l'économie et des finances et du ministre chargé du budget.

Art. R. 724-3 *(Décr. nº 2010-815 du 13 juill. 2010)* Le contrôle du ministre chargé de l'agriculture s'exerce par ses services d'administration centrale, *(Décr. nº 2012-1362 du 6 déc. 2012, art. 1er-5°-a, en vigueur le 1er janv. 2013)* « par le service mentionné à l'article R. 155-1 » du code de la sécurité sociale et par les directions régionales de l'alimentation, de l'agriculture et de la forêt.

(Décr. nº 2012-1362 du 6 déc. 2012, art. 1er-5°-b, en vigueur le 1er janv. 2013) « Le ministre chargé de l'agriculture définit, dans des conditions arrêtées conjointement avec le ministre chargé de la sécurité sociale, les thèmes de contrôle, d'audit et d'évaluation s'appliquant aux organismes de mutualité sociale agricole.

« Un protocole conclu entre le ministre chargé de l'agriculture et le ministre chargé de la sécurité sociale définit les modalités selon lesquelles le service mentionné à l'article R. 155-1 du code de la sécurité sociale exerce des contrôles sur les organismes de protection sociale agricole.

« Le service mentionné à l'article R. 155-1 du code de la sécurité sociale rend compte au ministre chargé de l'agriculture des travaux qu'il a réalisés sur ces thèmes et lui fournit toute information utile recueillie à l'occasion des contrôles des organismes de mutualité sociale agricole. »

Art. R. 724-4 Le contrôle du ministre chargé de l'économie et des finances et du ministre chargé du budget s'exerce notamment par l'intermédiaire de l'inspection générale des finances, des trésoriers-payeurs généraux, des receveurs des finances territoriaux et, à Paris, du receveur général des finances.

Art. R. 724-5 *(Décr. nº 2012-1362 du 6 déc. 2012, art. 1er-6º, en vigueur le 1er janv. 2013)* Les dispositions des articles R. 152-2 et R. 152-3 du code de la sécurité sociale sont applicables au contrôle et à l'approbation des décisions des directeurs des organismes locaux de mutualité sociale agricole relatives aux conditions de travail du personnel.

SOUS-SECTION 2 Contrôle par les agents des caisses de mutualité sociale agricole et les autres agents habilités

Art. R. 724-6 Les caisses de mutualité sociale agricole doivent disposer d'un ou plusieurs agents de contrôle assermentés et agréés en vue d'effectuer les contrôles prévus à l'article L. 724-7.

Art. R. 724-7 *(Décr. nº 2019-1182 du 14 nov. 2019, art. 2)* Les dispositions de l'article R. 114-18 du code de la sécurité sociale, à l'exception du III de cet article, sont applicables aux contrôles effectués en application de l'article L. 724-7 du présent code auprès des bénéficiaires de prestations, assurés sociaux et ayants droit mentionnés à l'article L. 724-11. Les prestations et aides pouvant donner lieu aux contrôles sont celles servies au titre des différentes branches des régimes de protection sociale des non-salariés et des salariés agricoles mentionnées aux articles L. 722-8 et L. 722-27, du régime d'assurance vieillesse complémentaire obligatoire prévu à l'article L. 732-56, de la protection complémentaire en matière de santé, de l'aide au paiement d'une assurance complémentaire de santé ou de l'action sanitaire et sociale prévue au chapitre VI du présent titre.

Art. D. 724-8 *Abrogé par Décr. nº 2010-816 du 13 juill. 2010.*

Art. R. 724-9 *(Décr. nº 2019-1182 du 14 nov. 2019, art. 2)* Les dispositions des articles R. 243-59 à *(Décr. nº 2023-262 du 12 avr. 2023, art. 2)* « R. 243-59-10 » du code de la sécurité sociale sont applicables aux contrôles effectués en application de l'article L. 724-7 du présent code auprès des cotisants mentionnés à l'article L. 724-11, sous réserve des adaptations particulières suivantes :

1º Pour l'application de l'article R. 243-59 :

a) La "Charte du cotisant contrôlé" mentionnée au cinquième alinéa du I est approuvée par arrêté du ministre chargé de l'agriculture *(Décr. nº 2023-262 du 12 avr. 2023, art. 2)* « et du ministre chargé de la sécurité sociale » ; *— V. Arr. du 30 janv. 2024 fixant le modèle de la charte du cotisant contrôlé prévue à l'art. R. 243-59 CSS et à l'art. R. 724-9 C. rur. pour les organismes en charge du recouvrement des cotisations et contributions sociales au 1er janv. 2024 (JO 6 févr.).*

b) Aux I, II et III, la référence à l'article L. 243-7 du code de la sécurité sociale est remplacée par la référence à l'article L. 724-7 du présent code ;

c) Au III, la référence à l'article L. 243-7-2 du code de la sécurité sociale est remplacée par la référence à l'article L. 725-25 du présent code ;

d) Au III *(Abrogé par Décr. nº 2023-262 du 12 avr. 2023, art. 2) « et au IV »*, la référence à l'article L. 243-7-1 A du code de la sécurité sociale est remplacée par la référence à l'article L. 724-11 du présent code ;

e) Les agents de contrôle peuvent remettre en mains propres, contre récépissé, la lettre d'observations prévue au III de l'article R. 243-59 du code de la sécurité sociale. Le récépissé est daté et signé par la personne contrôlée ;

(Décr. nº 2023-262 du 12 avr. 2023, art. 2) « *f)* Au III, la référence au premier alinéa de l'article L. 244-2 du code de la sécurité sociale est remplacée par la référence à l'article L. 725-3 du présent code ;

« 1° *bis* Pour l'application de l'article R. 243-59-1, la référence à l'article L. 244-2 du code de la sécurité sociale est remplacée par la référence à l'article L. 725-3 du présent code ; »

2° Pour l'application de l'article R. 243-59-2 :

***a)* Les méthodes de vérification par échantillonnage et extrapolation mentionnées au premier alinéa sont définies par arrêté du ministre chargé de l'agriculture** *(Décr. nº 2023-262 du 12 avr. 2023, art. 2)* **« et du ministre chargé de la sécurité sociale » ;**

***b)* Les missions de l'inspecteur ou du contrôleur du recouvrement sont assurées par tout agent de contrôle de la caisse de mutualité sociale agricole répondant aux conditions prévues à l'article L. 724-7 du présent code ;**

3° Pour l'application de l'article R. 243-59-3, les missions des inspecteurs et contrôleurs du recouvrement sont assurées par tout agent de contrôle de la caisse de mutualité sociale agricole répondant aux conditions prévues à l'article L. 724-7 du présent code ;

4° Pour l'application de l'article R. 243-59-4, la référence à l'article L. 243-7 du code de la sécurité sociale est remplacée par la référence à l'article L. 724-7 du présent code ;

5° Pour l'application de l'article R. 243-59-4-1, au III de cet article, les références au particulier employeur sont remplacées par la référence à la personne mentionnée à l'article L. 731-23 du présent code ;

6° Pour l'application de l'article R. 243-59-5, les références à l'avertissement et à la mise en demeure prévus à l'article L. 244-2 du code de la sécurité sociale sont remplacées respectivement par la référence à l'avertissement prévu à l'article R. 725-24 du présent code si la poursuite a lieu à la requête du ministère public, ou à la mise en demeure prévue à l'article R. 725-6 si la poursuite a lieu à la requête du ministre chargé de l'agriculture ou de toute autre partie intéressée ;

7° Pour l'application de l'article R. 243-59-7, la référence à l'article L. 243-7 du code de la sécurité sociale est remplacée par la référence à l'article L. 724-7 du présent code ;

8° Pour l'application de l'article R. 243-59-8, la référence à l'article L. 243-6-2 du code de la sécurité sociale est remplacée par la référence à l'article L. 725-23 du présent code et la référence à l'article L. 244-2 du code de la sécurité sociale est remplacée par la référence à l'article L. 725-3 du présent code ;

9° Pour l'application de l'article R. 243-59-9, la référence à l'article R. 244-1 du code de la sécurité sociale est remplacée par la référence à l'article R. 725-6 du présent code.

1. Avis de contrôle. Est mal fondée l'annulation des opérations de contrôle et de redressement au motif que l'avis de contrôle n'a pas été adressé par lettre recommandée avec accusé de réception dès lors que la caisse de MSA rapportait la preuve d'avoir avisé l'employeur en temps utile du contrôle envisagé. • Civ. 2e, 16 juill. 2020, ☎ nº 19-13.706 : *RD rur. 2020, nº 161, note Tauran.*

2. Lettre d'observations. Il appartient à la caisse de mutualité sociale agricole d'apporter la preuve de la régularité de la lettre d'observations. • Civ. 2e, 8 oct. 2020, ☎ nº 19-15.606 : *RD rur. 2021, nº 19, note Tauran.* ♦ La lettre d'observations constitue une formalité substantielle et le non-respect de cette formalité entraîne la nullité du contrôle et de la procédure subséquente. • Civ. 2e, 13 févr. 2014, ☎ nº 13-11.677 : *RD rur. 2014, nº 200, note Tauran* • 12 juill. 2018, ☎ nº 17-18.766 P : *Gaz. Pal. 2019. 1752, note Lebel.* ♦ L'obligation pour les organismes de MSA d'adresser une lettre d'observations aux personnes contrôlées s'impose à l'issue de tout contrôle de l'application des dispositions afférentes aux différentes branches des régimes de protection sociale des non-salariés comme des salariés agricoles. • Civ. 2e, 15 sept. 2016, ☎ nº 15-15.103 P : *RD rur. 2016, nº 304, note Tauran* • 21 sept. 2017, ☎ nº 16-20.831 : *RD rur. 2018, nº 10, note Tauran.* ♦ Est irrégulière la lettre d'observations qui ne mentionne pas le mode de calcul du redressement envisagé. • Civ. 2e, 8 oct. 2020, ☎ nº 19-15.606 : *préc.* ♦ La lettre d'observation doit préciser le montant des sommes dues année par année. • Civ. 2e, 18 mars 2021, nº 17-21.229 : *RD rur. 2021, nº 179, note Tauran* • 12 mai 2022, ☎ nº 17-21.115 : *RD rur. 2022, nº 122, note Tauran.*

3. Nullité de l'annulation. La nullité prononcée par une décision de justice de l'annulation par la CMSA d'un rachat de cotisations d'assurance vieillesse prive de fondement juridique l'annulation de la pension de retraite opérée par un autre organisme social. • Civ. 2e, 20 juin 2019, ☎ nº 18-11.934 P : *RD rur. 2019, nº 107, note Tauran.*

4. Le redressement ne peut porter sur des éléments qui, ayant fait l'objet d'un précédent contrôle dans la même structure, n'ont pas donné lieu à observations de la part de l'organisme effectuant le contrôle, les circonstances restant inchangées. • Civ. 2e, 23 janv. 2020, n° 18-25.373 : *RD rur. 2020, n° 58, note Tauran.*

Art. R. 724-10 Le directeur de la caisse de mutualité sociale agricole élabore un plan annuel de contrôle, qu'il transmet pour information au conseil d'administration en y annexant le bilan des contrôles de l'année antérieure et un bilan provisoire des contrôles de l'année en cours. *(Décr. n° 2013-1222 du 23 déc. 2013, art 2-1°)* « Ces documents sont transmis à la caisse centrale de la Mutualité sociale agricole qui apprécie, conformément aux dispositions de l'article L. 723-13-1, la pertinence des objectifs fixés ainsi que les moyens mis en œuvre pour les atteindre. La caisse centrale peut, en cas de besoin, demander au directeur de la caisse d'aménager le plan de contrôle ou d'en modifier les objectifs. »

Art. D. 724-11 Sous réserve de l'application de l'article D. 724-12, chaque caisse de mutualité sociale agricole contrôle, y compris hors de sa circonscription, les chefs d'exploitation et d'entreprise et les exploitations, entreprises et établissements dont elle recouvre les cotisations. Les agents de contrôle d'une caisse peuvent poursuivre le contrôle hors de la circonscription de cette caisse lorsque le chef d'exploitation ou d'entreprise, l'exploitation, l'entreprise ou l'établissement contrôlé détient ou utilise des terres ou des locaux, ou emploie des salariés hors de celle-ci.

Art. D. 724-12 *(Décr. n° 2019-1182 du 14 nov. 2019, art. 2)* I. — Pour l'application du premier alinéa de l'article L. 724-7, la délégation de compétences en matière de contrôle entre les caisses de mutualité sociale agricole prend la forme d'une convention générale de réciprocité ouverte à l'adhésion des caisses, d'une durée minimale d'un an, renouvelable par tacite reconduction. Le directeur général de la caisse centrale de la mutualité sociale agricole est chargé d'établir cette convention et de recueillir les adhésions.

II. — En application du 11° de l'article L. 723-11, et pour des missions de contrôle spécifiques, le directeur général de la caisse centrale de la mutualité sociale agricole peut, à son initiative ou sur demande émise d'une caisse de mutualité sociale, requérir la participation d'une caisse de mutualité sociale agricole en vue d'exercer, dans le cadre de la convention mentionnée au I, des missions de contrôle en lieu et place d'une autre caisse de mutualité sociale agricole à laquelle ressortit la personne contrôlée.

Art. R. 724-12-1 *(Décr. n° 2023-262 du 12 avr. 2023, art. 2)* Lorsque le cotisant contrôlé est membre du conseil d'administration d'une caisse départementale ou pluri-départementale de mutualité sociale agricole ou lorsque le contrôle porte sur cette caisse, il est délégué à une autre caisse de mutualité sociale agricole, désignée par le directeur général de la caisse centrale de la mutualité sociale agricole.

Le contrôle de la caisse centrale de la mutualité sociale agricole est confié à la caisse de mutualité sociale agricole d'Île-de-France.

SECTION 2 Contrôle financier

Art. D. 724-13 La caisse centrale de la mutualité sociale agricole est soumise au *(Décr. n° 2012-1247 du 7 nov. 2012, art. 2)* « contrôle budgétaire » de l'État. Un arrêté du ministre chargé de l'économie et des finances fixe les modalités d'exercice de ce contrôle.

Art. R. 724-14 Les unions d'économie sociale, groupements d'intérêt économique et sociétés civiles dans lesquels la Caisse centrale de la mutualité sociale agricole détient, directement ou indirectement, une participation de plus de 50 % du capital ou lui donnant droit à plus de la moitié des droits de vote sont soumis au *(Décr. n° 2012-1247 du 7 nov. 2012, art. 2)* « contrôle budgétaire » de l'État.

Art. R. 724-15 Un arrêté du ministre chargé de l'économie fixe les modalités spéciales d'exercice du contrôle prévu à l'article R. 724-14 en ce qui concerne les conditions dans lesquelles le *(Décr. n° 2012-1247 du 7 nov. 2012, art. 2)* « contrôleur budgétaire » assiste aux séances des organes délibérants, exerce un visa préalable sur les actes et obtient l'information nécessaire à l'exercice du contrôle.

SECTION 3 Tutelle de la caisse centrale de la mutualité sociale agricole

(Décr. n° 2009-793 du 23 juin 2009, art. 1er)

Art. R. 724-16 Le commissaire du Gouvernement mentionné à l'article L. 723-34 est désigné par arrêté du ministre chargé de l'agriculture.

Art. R. 724-17 Un conseil de tutelle qui comprend, outre le commissaire du Gouvernement, le ministre chargé du budget ou son représentant et le ministre chargé de la sécurité sociale ou son représentant se réunit avant chaque séance du conseil central d'administration ou de l'assemblée générale centrale de la Mutualité sociale agricole.

Les membres du conseil de tutelle sont destinataires des informations ou des documents transmis aux membres des instances délibératives citées à l'alinéa précédent.

Le commissaire du Gouvernement s'exprime au nom du conseil de tutelle devant ces instances délibératives.

Art. R. 724-18 Le procès-verbal des délibérations établi après chaque séance du conseil central d'administration ou de l'assemblée générale centrale de la Mutualité sociale agricole est communiqué sans délai au ministre chargé de l'agriculture, au ministre chargé du budget et au ministre chargé de la sécurité sociale. A la demande de l'un d'entre eux, le conseil se réunit pour procéder à l'examen de ces délibérations.

Le commissaire du Gouvernement peut, de sa propre initiative ou à la demande du conseil de tutelle, solliciter par écrit des informations ou des documents complémentaires de nature à éclairer le sens et la portée des délibérations adoptées.

Art. R. 724-19 Le ministre chargé de l'agriculture approuve les délibérations ayant obtenu le consentement du conseil de tutelle et annule celles qui n'ont pas reçu l'accord de ce conseil dans les vingt jours à compter de la date à laquelle elles lui sont communiquées.

Le délai fixé à l'alinéa précédent est un délai franc. Lorsque le premier jour de ce délai est un jour férié ou un samedi, le délai court du premier jour ouvrable qui suit le jour férié ou le samedi.

Lorsque le commissaire du Gouvernement fait usage de la faculté mentionnée au second alinéa de l'article R. 724-18, le délai précité ne court qu'à dater du jour de la réception des informations ou documents complémentaires demandés par le commissaire du Gouvernement.

Si l'approbation des délibérations n'intervient pas à l'expiration du délai de vingt jours, ou, le cas échéant, à l'expiration du délai courant à compter de la communication de ces informations ou documents, les délibérations sont exécutoires de plein droit.

Art. R. 724-20 Les délibérations du conseil central d'administration ou de l'assemblée générale centrale de la Mutualité sociale agricole relatives aux services de santé au travail, au financement des actions destinées à venir en aide aux assurés éprouvant des difficultés pour régler les cotisations et contributions légales de sécurité sociale, à l'organisation des régimes d'assurance obligatoire contre les accidents du travail et les maladies professionnelles, aux mesures destinées à assurer la prévention contre les accidents du travail et les maladies professionnelles des salariés agricoles et des personnes mentionnées à l'article L. 752-1 sont soumises à l'approbation du seul ministre chargé de l'agriculture.

Art. R. 724-21 La convention d'objectifs et de gestion mentionnée au II de l'article L. 723-12 est signée par les ministres chargés de l'agriculture, du budget et de la sécurité sociale. Ces ministres procèdent conjointement à l'évaluation des résultats de ladite convention.

CHAPITRE V RECOUVREMENT DES COTISATIONS ET CRÉANCES

SECTION 1 Dispositions générales

SOUS-SECTION 1 Règles de recouvrement

§ 1 Imputation des cotisations sur les prestations sociales

Art. R. 725-1 La faculté *(Décr. n° 2015-861 du 13 juill. 2015, art. 4-1°)* « prévue à l'article L. 725-1 » peut être exercée à l'encontre des assujettis qui ne se sont pas acquittés de leurs cotisations dans un délai d'un mois à compter de la date à laquelle lesdites cotisations deviennent exigibles.

Toutefois, le délai commence à courir à compter de la date à laquelle *(Décr. n° 2015-861 du 13 juill. 2015, art. 4-1°)* « il a été » procédé à l'appel ou à la notification des cotisations lorsque cette date est postérieure à celles de l'exigibilité.

Lorsqu'il a été fait usage de cette faculté, les *(Décr. n° 2015-861 du 13 juill. 2015, art. 4-1°)* « caisses de la mutualité sociale agricole sont tenues » d'en informer les intéressés.

§ 2 Condition posée par l'article L. 725-2 pour l'attribution de certains avantages d'ordre économique

Art. R. 725-2 *(Décr. n° 2011-293 du 18 mars 2011)* En application de l'article L. 725-2, toute personne physique ou morale doit, pour obtenir le bénéfice des subventions en vue de favoriser les investissements de modernisation matériels et immatériels dans les exploitations et entreprises agricoles, être quitte, au 1er janvier de l'année au titre de laquelle l'aide est sollicitée, de ses obligations concernant le paiement des cotisations et contributions légalement exigibles aux régimes de protection sociale agricole. Les personnes bénéficiant d'un échéancier de paiements sont réputées s'être acquittées de leurs obligations.

La justification de l'acquittement est apportée par la Caisse centrale de la mutualité sociale agricole *(Abrogé par Décr. n° 2015-861 du 13 juill. 2015, art. 4-2°)* *« et les organismes mentionnés aux articles L. 731-31 et L. 752-14 »* selon les modalités définies par les articles R. 723-116 à R. 723-118.

§ 3 Admission en non-valeur et réduction des créances des organismes de mutualité sociale agricole *(Décr. n° 2015-861 du 13 juill. 2015, art. 4-3°)*.

Art. R. 725-3 Les caisses de mutualité sociale agricole *(Abrogé par Décr. n° 2015-861 du 13 juill. 2015, art. 4-4°)* *« et les autres organismes assureurs habilités à gérer l'assurance maladie, invalidité et maternité des personnes non salariées des professions agricoles ainsi que les organismes chargés de participer à la gestion du régime de l'assurance des non-salariés agricoles contre les accidents du travail et les maladies professionnelles »* peuvent admettre en non-valeur *(Décr. n° 2008-731 du 24 juill. 2008, art. 1er)* « les créances non prescrites de cotisations sociales agricoles et d'impôts et taxes affectés, en principal et accessoire.

« L'admission en non-valeur est prononcée par le conseil d'administration de la caisse de mutualité sociale agricole » *(Abrogé par Décr. n° 2015-861 du 13 juill. 2015, art. 4-4°)* *« ou par le représentant dûment habilité à cet effet de l'organisme assureur »*.

L'admission en non-valeur ne peut être prononcée moins d'un an après la date d'exigibilité *(Décr. n° 2008-731 du 24 juill. 2008, art. 1er)* « des créances » et seulement en cas d'insolvabilité du débiteur, de disparition ou de décès du débiteur ne laissant aucun actif saisissable ou de clôture des opérations de liquidation judiciaire pour insuffisance d'actif.

Lorsque le jugement de clôture pour insuffisance d'actif n'est pas prononcé dans un délai *(Décr. n° 2008-731 du 24 juill. 2008, art. 1er)* « d'un an après la date d'émission de l'ordre de recette », la caisse de mutualité sociale agricole *(Décr. n° 2015-861 du 13 juill. 2015, art. 4-4°)* « peut » prononcer l'admission en non-valeur *(Décr. n° 2008-731 du 24 juill. 2008, art. 1er)* « des créances », au vu d'une attestation du liquidateur d'une clôture prochaine de la liquidation judiciaire pour insuffisance d'actif. Cette attestation doit certifier qu'il n'existe aucune possibilité de distribuer des dividendes et que la clôture n'est pas différée en raison de l'existence d'une procédure de répartition de l'actif en cours.

Art. R. 725-4 Pour *(Décr. n° 2008-731 du 24 juill. 2008, art. 2)* « les créances non prescrites de cotisations sociales agricoles et d'impôts et taxes affectés, en principal et accessoire » inférieures à un montant fixé par arrêté du ministre chargé de l'agriculture *(Décr. n° 2009-793 du 23 juin 2009, art. 2)* « , du ministre chargé de la sécurité sociale » et du ministre chargé du budget, l'admission en non-valeur peut être également prononcée dès lors que les frais de recouvrement contentieux de la créance dépassent le montant de ladite créance.

§ 4 Vérification des déclarations

(Décr. n° 2011-1974 du 26 déc. 2011, art. 1er-1°)

Art. R. 725-4-1 *(Décr. n° 2023-1384 du 29 déc. 2023, art. 2)* Les dispositions des articles R. 613-18 et R. 613-19 du code de la sécurité sociale sont applicables au recouvrement des cotisations et contributions sociales dues par les chefs d'exploitation ou d'entreprise agricole et les cotisants de solidarité, sous réserve des adaptations suivantes :

1° A l'article R. 613-18 :

a) Au premier alinéa, les références à l'article L. 213-1, au troisième alinéa de l'article L. 752-1 et au 6° de l'article L. 752-4 du code de la sécurité sociale sont remplacées par la référence à l'article L. 725-3 du présent code et les mots : "par les travailleurs indépendants" sont remplacés par les mots : "dans les conditions prévues à l'article R. 731-17-2 par les chefs d'exploitation ou d'entreprise agricole ou par les cotisants de solidarité" ;

b) Au dernier alinéa, la référence à l'article L. 243-7 du code de la sécurité sociale est remplacée par la référence à l'article L. 724-7 du présent code ;

2° A l'article R. 613-19 :

a) L'information prévue au premier alinéa du I ne mentionne pas la faculté prévue au 4° du même I ;

b) Au III, les mots : "En l'absence de régularisation dans le délai fixé au 4° du I ou après la procédure contradictoire prévue au II, " sont supprimés et la référence à l'article R. 244-1 du code de la sécurité sociale est remplacée par la référence à l'article R. 725-6 du présent code.

Art. R. 725-4-2 *Abrogé par Décr. n° 2023-1384 du 29 déc. 2023, art. 2.*

§ 5 Dispositions diverses

(Décr. n° 2012-18 du 4 janv. 2012)

Art. D. 725-4-3 *(Décr. n° 2022-1735 du 30 déc. 2022, art. 1er-II, mod. par Décr. n° 2023-1433 du 31 déc. 2023, art. 1er)* I. — En application de l'article L. 133-4-11 du code de la sécurité sociale, les versements réalisés par un non-salarié agricole relevant de l'article L. 722-4 du présent code à une date d'échéance de paiement des cotisations et contributions sociales s'imputent par priorité sur les cotisations et contributions dues au titre de cette échéance.

Lorsque seule une partie des cotisations et contributions sociales dues au titre d'une échéance est acquittée, les sommes versées sont affectées selon l'ordre de priorité suivant :

1° Les contributions mentionnées à l'article L. 136-4 du code de la sécurité sociale et à l'article 14 de l'ordonnance n° 96-50 du 24 janvier 1996 relative au remboursement de la dette sociale dans des proportions identiques ;

2° La cotisation d'assurance maladie et maternité ;

3° La cotisation mentionnée à l'article L. 731-35-1 ;

4° Les cotisations d'assurance vieillesse de base ;

5° La cotisation d'assurance invalidité mentionnée à l'article D. 731-89 ;

6° Les cotisations d'assurance vieillesse complémentaire obligatoire ;

7° Les cotisations d'assurance obligatoire contre les accidents du travail et les maladies professionnelles ;

8° La cotisation d'allocations familiales ;

9° La contribution à la formation professionnelle mentionnée à l'article L. 718-2-1 ou celle mentionnée à l'article L. 6331-53 du code du travail.

Lorsque les sommes versées excèdent les cotisations et contributions sociales dues au titre d'une échéance, le reliquat est affecté par priorité, le cas échéant, aux cotisations et contributions impayées dues au titre de l'échéance la plus ancienne, selon l'ordre de priorité prévu au présent I.

II. — Par dérogation au I du présent article, l'ordre de priorité applicable aux personnes relevant de l'article L. 731-23 est le suivant :

1° Les contributions mentionnées à l'article L. 136-4 du code de la sécurité sociale et à l'article 14 de l'ordonnance n° 96-50 du 24 janvier 1996 relative au remboursement de la dette sociale dans des proportions identiques ;

2° La cotisation mentionnée à l'article L. 731-23 ;

3° La cotisation d'assurance obligatoire contre les accidents du travail et les maladies professionnelles ;

4° La contribution à la formation professionnelle mentionnée à l'article L. 718-2-1 ou celle mentionnée à l'article L. 6331-53 du code du travail.

SOUS-SECTION 2 Procédures de recouvrement

Art. R. 725-5 Les caisses de mutualité sociale agricole peuvent utiliser les procédures prévues aux articles L. 725-3 à L. 725-5 *(Décr. n° 2017-1409 du 25 sept. 2017, art. 3-1°)* « du présent code et à l'article L. 133-4-9 du code de la sécurité sociale » pour le recouvrement de toutes les cotisations dues au titre des régimes de protection sociale agricole, y compris, le cas échéant, des majorations et pénalités de retard, et pour la récupération des sommes dues en application des articles L. 725-10, L. 725-20, L. 751-35, L. 751-36 et L. 751-37.

Al. 2 et 3 abrogés par Décr. n° 2015-861 du 13 juill. 2015, art. 4-5°.

Al. 4 abrogé par Décr. n° 2010-815 du 13 juill. 2010.

§ 1 Mise en demeure

Art. R. 725-6 Avant d'engager l'une des procédures prévues aux articles L. 725-3 à L. 725-5, *(Décr. n° 2015-861 du 13 juill. 2015, art. 4-6°)* « la caisse de mutualité sociale agricole ou, en cas de carence de celle-ci », le préfet de région doit adresser au débiteur une lettre recommandée, avec demande d'avis de réception, le mettant en demeure de s'acquitter de sa dette dans un délai d'un mois.

La mise en demeure doit, sous peine de nullité, indiquer :

1° *(Décr. n° 2019-1182 du 14 nov. 2019, art. 3)* « La cause, la nature » et le montant des cotisations impayées ou des remboursements réclamés et les périodes pour lesquelles les cotisations ou les remboursements sont dus, ainsi que, le cas échéant, le montant et le mode de calcul des majorations et pénalités de retard ;

2° Les voies de recours dont dispose le redevable en application des articles R. 142-1 et *(Décr. n° 2018-928 du 29 oct. 2018, art. 6)* « R. 142-10-1 » du code de la sécurité sociale et les délais dans lesquels elles peuvent être exercées.

(Décr. n° 2019-1182 du 14 nov. 2019, art. 3) « Les dispositions du deuxième alinéa de l'article R. 244-1 du code de la sécurité sociale sont applicables sous réserve des adaptations suivantes :

« *a)* Les mots : "la mise en demeure ou l'avertissement est établi" sont remplacés par les mots : "la mise en demeure est établie" ;

« *b)* La référence à l'article L. 243-7 du code de la sécurité sociale est remplacée par la référence à l'article L. 724-11 du présent code. »

V. jurisprudence ss. art. L. 725-3.

Art. R. 725-7 La mise en demeure peut être faite, en ce qui concerne le recouvrement de cotisations, à l'expiration d'un délai d'un mois suivant la date limite à laquelle elles auraient dû être payées et, en ce qui concerne les remboursements de prestations réclamés en application des articles L. 725-20, L. 751-35, L. 751-36 et L. 751-37, à l'expiration d'un délai d'un mois suivant la date de réception par l'employeur de la demande de remboursement qui lui aura été adressée par lettre recommandée avec demande d'avis de réception.

Si, à l'expiration du délai d'un mois imparti par la mise en demeure, les sommes qui ont fait l'objet de cette mise en demeure n'ont pas été intégralement versées, la caisse *(Décr. n° 2015-861 du 13 juill. 2015, art. 4-7°)* « de mutualité sociale agricole » ou, à défaut, le préfet de région procède au recouvrement des sommes restant dues en utilisant l'une des procédures prévues aux articles L. 725-3 à L. 725-5 selon les modalités fixées aux paragraphes 2 à 5 de la présente sous-section.

§ 2 Contrainte

Art. R. 725-8 La contrainte délivrée par la caisse de mutualité sociale agricole *(Abrogé par Décr. n° 2015-861 du 13 juill. 2015, art. 4-8°)* ***« ou l'organisme assureur »*** *(Abrogé par Décr. n° 2010-815 du 13 juill. 2010)* ***« ou, à défaut, par le chef du service régional de l'inspection du travail, de l'emploi et de la politique sociale agricoles »*** est signifiée par acte d'huissier de justice *(Décr. n° 2008-657 du 2 juill. 2008)* « ou par lettre recommandée avec demande d'avis de réception ».

A peine de nullité, l'acte d'huissier *(Décr. n° 2008-657 du 2 juill. 2008)* « ou la lettre recommandée » mentionne la référence de la contrainte et son montant, le délai dans lequel l'opposition doit être formée, l'adresse du tribunal *(Décr. n° 2018-928 du 29 oct. 2018, art. 6)* « judiciaire spécialement désigné en application de l'article L. 211-16 du code de l'organisation judiciaire » compétent et les formes requises pour sa saisine.

L'huissier de justice avise dans les huit jours le signataire de la contrainte de la date de sa signification.

Art. R. 725-9 Le débiteur peut former opposition par inscription au secrétariat du tribunal *(Décr. n° 2018-928 du 29 oct. 2018, art. 6)* « judiciaire spécialement désigné en application de l'article L. 211-16 du code de l'organisation judiciaire » dans le ressort duquel se trouve le siège de l'exploitation ou de l'entreprise du débiteur ou par lettre recommandée avec demande d'avis de réception adressée au secrétariat dudit tribunal dans les quinze jours à compter de la signification *(Décr. n° 2008-657 du 2 juill. 2008)* « ou de la réception de la lettre recommandée prévue à l'article R. 725-8 ».

L'opposition doit être motivée ; une copie de la contrainte contestée doit lui être jointe. Le secrétariat du tribunal *(Décr. n° 2018-928 du 29 oct. 2018, art. 6)* « judiciaire spécialement désigné en application de l'article L. 211-16 du code de l'organisation judiciaire » informe l'organisme créancier *(Abrogé par Décr. n° 2010-815 du 13 juill. 2010)* ***« et, le cas échéant, le chef du service régional de l'inspection du travail, de l'emploi et de la politique sociale agricoles »*** dans les huit jours de la réception de l'opposition.

Dès réception de l'information relative à l'opposition, la caisse de mutualité sociale agricole *(Abrogé par Décr. n° 2015-861 du 13 juill. 2015, art. 4-8°)* ***« ou l'organisme assureur »*** *(Abrogé par Décr. n° 2010-815 du 13 juill. 2010)* ***« ou, à défaut, le chef du service régional de l'inspection du travail, de l'emploi et de la politique sociale agricoles »*** adresse au secrétariat du tribunal *(Décr. n° 2018-928 du 29 oct. 2018, art. 6)* « judiciaire spécialement désigné en application de l'article L. 211-16 du code de l'organisation judiciaire » une copie de la contrainte, accompagnée d'une copie de la mise en demeure prévue à l'article R. 725-6 et comportant l'indication du montant des cotisations et majorations de retard qui a servi de base à l'établissement de la contrainte, ainsi que l'avis de réception, par le redevable, de la mise en demeure.

Est motivée et donc recevable l'opposition à une contrainte par l'exploitant qui expose être radié de l'assurance maladie et vieillesse et qui précise qu'une médiation est en cours entraînant l'arrêt des poursuites. • Civ. 2e, 4 avr. 2018, n° 17-13.748 : *RD rur. 2018, n° 151, note Tauran.*

Art. R. 725-10 *(Abrogé par Décr. n° 2019-1333 du 11 déc. 2019, art. 32)* ***« La décision du tribunal*** *(Décr. n° 2018-928 du 29 oct. 2018, art. 6)* ***« de grande instance spécialement désigné en application de l'article L. 211-16 du code de l'organisation judiciaire » statuant sur opposition est exécutoire de droit à titre provisoire. »***

Les frais de signification de la contrainte ainsi que tous actes de procédure nécessaires à son exécution sont à la charge du débiteur, sauf au cas où l'opposition aurait été reconnue fondée.

Art. R. 725-11 Un arrêté du ministre chargé de l'agriculture fixe le modèle de la contrainte.

§ 3 Opposition entre les mains de tiers détenteurs

Art. R. 725-12 à R. 725-19 *Abrogés par Décr. n° 2017-1409 du 25 sept. 2017, art. 3-4°.*

§ 4 Procédure sommaire

Art. R. 725-20 Si les procédures prévues *(Décr. n° 2017-1409 du 25 sept. 2017, art. 3-2°)* « aux articles R. 725-8 à R. 725-11 du présent code et aux articles R. 133-9-5 à R. 133-9-12 du code de la sécurité sociale » s'avèrent inopérantes, la caisse de mutualité sociale agricole *(Décr. n° 2015-861 du 13 juill. 2015, art. 4-9°)* « peut recourir à la procédure sommaire. Celle-ci est mise en œuvre par le préfet du département du domicile du débiteur sur proposition de la caisse de mutualité sociale agricole ».

L'état des sommes visées par la mise en demeure prévu à l'article R. 725-6 est rendu exécutoire par arrêté du préfet *(Décr. n° 2010-815 du 13 juill. 2010)* « , sur proposition du responsable du service mentionné à l'article *(Décr. n° 2012-1362 du 6 déc. 2012, art. 1er-7°, en vigueur le 1er janv. 2013)* « R. 155-1 » du code de la sécurité sociale, » et remis au *(Décr. n° 2014-551 du 27 mai 2014, art. 26-12°)* « directeur départemental ou, le cas échéant, régional des finances publiques » qui assure, par l'intermédiaire du *(Décr. n° 2014-551 du 27 mai 2014, art. 26-12°)* « comptable de la direction générale des finances publiques » du domicile du débiteur, le recouvrement des sommes ainsi exigibles, y compris les frais afférents, comme en matière de contributions directes.

Après recouvrement, les sommes visées par la mise en demeure sont versées à la caisse de mutualité sociale *(Abrogé par Décr. n° 2015-861 du 13 juill. 2015, art 4-9°)* *« ou à l'organisme assureur »* sous réserve du prélèvement prévu à l'article L. 133-1 du code de la sécurité sociale.

Art. R. 725-21 Pour le recouvrement prévu à l'article R. 725-20, les *(Décr. n° 2014-551 du 27 mai 2014, art. 26-13°)* « comptables de la direction générale des finances publiques » peuvent recourir à la procédure de l'opposition entre les mains de tiers détenteurs dans les conditions prévues *(Décr. n° 2017-1409 du 25 sept. 2017, art. 3-3°)* « aux articles R. 133-9-5 à R. 133-9-12 du code de la sécurité sociale ».

§ 5 Dispositions communes

Art. R. 725-22 Les caisses de mutualité sociale agricole *(Abrogé par Décr. n° 2015-861 du 13 juill. 2015, art. 4-10°)* *« et les organismes assureurs définis à l'article L. 731-30 »* ne peuvent utiliser la vente immobilière sur saisie que lorsque le montant des biens mobiliers saisissables du débiteur est inférieur au montant de leurs créances auquel s'ajoutent les frais afférents aux actes de procédure.

Les créances dont le recouvrement est différé avant que leur montant ait été porté à la connaissance du débiteur ne sont passibles de pénalités de retard qu'à compter du dixième jour suivant la notification de ces créances.

SOUS-SECTION 3 Recouvrement des indus de prestations

(Décr. n° 2006-1613 du 15 déc. 2006)

Art. R. 725-22-0 *(Décr. n° 2021-306 du 23 mars 2021, art. 4)* Pour l'application des troisième à neuvième alinéas de l'article L. 133-4-1 du code de la sécurité sociale, l'action en recouvrement des prestations indues versées aux bénéficiaires autres que les débiteurs mentionnés à l'article L. 133-4 du même code s'effectue selon les modalités prévues à l'article R. 133-9-2 de ce code.

Art. R. 725-22-1 Pour l'application de l'article L. 725-3-1 du présent code et de l'article L. 133-4 du code de la sécurité sociale auquel il renvoie, la notification de payer prévue à cet article est envoyée par l'organisme de mutualité sociale agricole au débiteur *(Décr. n° 2012-1032 du 7 sept. 2012, art. 6-I)* « par tout moyen permettant de rapporter la preuve de sa date de réception.

« Cette lettre précise la cause, la nature et le montant des sommes réclamées et la date du ou des versements donnant lieu à répétition. Elle mentionne l'existence d'un délai de deux mois à partir de sa réception imparti au débiteur pour s'acquitter des sommes réclamées, les modalités selon lesquelles les indus de prestations pourront être récupérés, le cas échéant, par retenues sur les prestations à venir ainsi que les voies et délais de recours. Dans le même délai, l'intéressé peut présenter des observations à l'organisme. »

Art. R. 725-22-2 *(Décr. n° 2012-1032 du 7 sept. 2012, art. 6-II)* A défaut de paiement à l'expiration du délai de forclusion prévue à l'article R. 142-1 du code de la sécurité sociale ou après notification de la décision de la commission instituée à ce même article, l'organisme compétent lui adresse la mise en demeure prévue à l'article L. 133-4 *(Décr. n° 2017-1492 du 25 oct. 2017, art. 14-3°)* « du même code » par tout moyen permettant de rapporter la preuve de sa date de réception.

Cette mise en demeure comporte la cause, la nature et le montant des sommes demeurant réclamées, la date du ou des versements indus donnant lieu à recouvrement, le motif qui, le cas échéant, a conduit à rejeter totalement ou partiellement les observations présentées ainsi que l'existence du nouveau délai d'un mois imparti, à compter de sa réception, pour s'acquitter des sommes réclamées. Elle mentionne, en outre, l'existence et le montant de la majoration de 10 % appliquée en l'absence de paiement dans ce délai, ainsi que les voies et délais de recours.

Art. R. 725-22-3 *(Décr. n° 2012-1032 du 7 sept. 2012, art. 6-III)* « La majoration de 10 % » peut faire l'objet, à la demande du débiteur, d'une remise par le conseil d'administration de l'organisme ou, sur délégation de ce dernier, par la commission de recours amiable.

La majoration peut être remise soit totalement en cas de bonne foi du débiteur ou lorsque son montant est inférieur aux seuils fixés par l'arrêté prévu au II de l'article R. 133-9-1 du code de la sécurité sociale, soit partiellement en proportion des ressources du débiteur.

Un arrêté du ministre chargé de l'agriculture *(Décr. n° 2009-793 du 23 juin 2009, art. 2)* « et du ministre chargé de la sécurité sociale » fixe les conditions d'application du présent article aux bénéficiaires de prestations indues autres que les professionnels ou les établissements de santé.

Art. R. 725-22-4 Les dispositions des articles R. 725-8 à R. 725-10 sont applicables. Toutefois, la contrainte peut, par dérogation à l'article R. 725-8, soit être notifiée au débiteur par lettre recommandée avec demande d'avis de réception, soit lui être signifiée par acte d'huissier.

Pour l'application du premier alinéa de l'article R. 725-9, l'opposition à contrainte est formée par inscription au secrétariat du tribunal *(Décr. n° 2018-928 du 29 oct. 2018, art. 6)* « judiciaire spécialement désigné en application de l'article L. 211-16 du code de l'organisation judiciaire » dans le ressort duquel se trouve l'établissement de santé, le siège du professionnel de santé, l'exploitation ou l'entreprise agricole ou, à défaut, dans le ressort du domicile du débiteur.

Pour l'application du troisième alinéa du même article, la copie de la contrainte est accompagnée de la copie de la mise en demeure prévue à l'article R. 725-22-2.

SOUS-SECTION 4 **Dispositions diverses**

(Décr. n° 2011-1601 du 21 nov. 2011, art. 4, en vigueur le 1er janv. 2012)

Art. D. 725-22-5 Les dispositions de l'article D. 243-15 du code de la sécurité sociale relatives aux modalités de délivrance et au contenu des attestations relatives aux obligations en matière de déclaration et de paiement des cotisations et contributions de sécurité sociale sont applicables aux employeurs relevant du régime agricole. *(Abrogé par Décr. n° 2017-1492 du 25 oct. 2017, art. 14-4°) « A cet effet, la référence à l'article* R. 243-13 *du code de la sécurité sociale est remplacée par la référence à l'article R. 741-5 du présent code. »*

SECTION 2 Sanctions et dispositions diverses

SOUS-SECTION 1 Dispositions pénales

Art. R. 725-23 Est puni de l'amende prévue pour les contraventions de la troisième classe, soit à la requête du ministère public, sur la demande du ministre chargé de l'agriculture *(Décr. n° 2010-815 du 13 juill. 2010)* « ou d'une autorité administrative désignée par lui » soit, éventuellement, à la requête de toute autre partie intéressée, le fait pour un employeur de ne pas se conformer aux prescriptions de la législation et de la réglementation relatives aux assurances sociales agricoles figurant aux articles L. 722-13, L. 722-25, *(Abrogé par Décr. n° 2017-1492 du 25 oct. 2017, art. 14-5°)* *« L. 723-25, »*, R. 722-16, R. 722-19, D. 722-26 et R. 722-35. Cette amende est appliquée autant de fois qu'il y a de personnes employées dans les conditions contraires aux prescriptions relatives à l'immatriculation et au paiement des cotisations d'assurances sociales agricoles.

Art. R. 725-24 Toute poursuite effectuée en application de l'article L. 725-21 et *(Décr. n° 2013-1222 du 23 déc. 2013, art. 2-2°)* « des articles R. 725-23 et R. 725-25-2 » est obligatoirement précédée, si elle a lieu à la requête du ministère public, d'un avertissement par lettre recommandée *(Décr. n° 2010-815 du 13 juill. 2010)* « de la caisse de mutualité sociale agricole compétente » invitant l'employeur à régulariser sa situation dans le délai d'un mois à compter de sa réception. Si la poursuite a lieu à la requête du ministre chargé de l'agriculture ou de toute autre partie intéressée, ledit avertissement est remplacé par une mise en demeure adressée par lettre recommandée à l'employeur. *(Abrogé par Décr. n° 2010-815 du 13 juill. 2010)* *« Copie de cette mise en demeure doit être envoyée au service de l'inspection du travail, de l'emploi et de la politique sociale agricoles par la partie intéressée. »*

Art. R. 725-25 Est puni de l'amende prévue pour les contraventions de la troisième classe, à la requête du ministère public sur la demande du ministre chargé de l'agriculture *(Décr. n° 2010-815 du 13 juill. 2010)* « ou d'une autorité administrative désignée par lui », le fait pour un assujetti de s'être soustrait au versement des cotisations visées par la mise en demeure prévue à l'article L. 725-3, à l'expiration du délai de quinze jours qui suit cette dernière. L'amende est prononcée à la requête du ministère public sur demande du ministre chargé de l'agriculture *(Décr. n° 2010-815 du 13 juill. 2010)* « ou d'une autorité administrative désignée par lui », dès que l'état des cotisations peut être rendu exécutoire.

Art. R. 725-25-1 *(Décr. n° 2007-70 du 18 janv. 2007, art. 1er-VI)* Est puni de l'amende prévue pour les contraventions de la 5e classe :

1° Le fait de proposer à une personne légalement tenue de cotiser à un régime d'assurance obligatoire institué par le présent livre et qui n'est pas à jour des cotisations qu'elle doit au titre de ce régime, de souscrire ou de renouveler un contrat ou une clause de contrat garantissant les risques couverts à titre obligatoire par ce régime, ou de faire souscrire ou renouveler un tel contrat ou une telle clause ;

2° Le fait pour une personne tenue de cotiser à un régime d'assurance obligatoire institué par le présent livre de souscrire ou de renouveler un contrat ou une clause de contrat garantissant les risques couverts à titre obligatoire par ce régime, alors qu'elle n'est pas à jour des cotisations qu'elle doit au titre de ce régime.

La récidive de cette contravention est réprimée conformément aux dispositions des articles 132-11 et 132-15 du code pénal.

Art. R. 725-25-2 *(Décr. n° 2013-1222 du 23 déc. 2013, art. 2-3°)* Est puni des peines mentionnées à l'article R. 244-3 du code de la sécurité sociale, l'employeur qui, hors cas de récidive prévu à l'article L. 725-21 du présent code, a retenu indûment par devers lui la *(Décr. n° 2018-821 du 27 sept. 2018, art. 2)* « contribution des salariés aux assurances sociales » précomptée sur le salaire en application de l'article L. 741-20 du même code *(Décr. n° 2019-613 du 19 juin 2019, art. 3)* « ou la retenue à la source prévue à l'article 204 A du code général des impôts ».

SOUS-SECTION 2 Dispositions diverses

Art. D. 725-26 *Abrogé par Décr. n° 2010-816 du 13 juill. 2010.*

SECTION 3 Droits des cotisants

(Décr. nº 2005-1264 du 7 oct. 2005, art. 2)

Art. R. 725-27 *(Décr. nº 2016-1435 du 25 oct. 2016, art. 2-2º)* I. — L'article R. 243-43-2 du code de la sécurité sociale est applicable au régime agricole sous réserve des adaptations particulières suivantes :

1º Les organismes de recouvrement mentionnés dans cet article du code de la sécurité sociale sont les caisses de mutualité sociale agricole ;

2º Les caisses de mutualité sociale agricole se prononcent sur les demandes selon les modalités prévues au I de l'article L. 725-24 du présent code ;

3º Le rôle de l'Agence centrale des organismes de sécurité sociale mentionnée à cet article du code de la sécurité sociale est rempli par la caisse centrale de la Mutualité sociale agricole ;

4º Abrogé par Décr. nº 2019-718 du 5 juill. 2019, art. 2.

5º L'avis mentionné au septième alinéa du I de cet article du code de la sécurité sociale est celui prévu à l'article R. 724-7 du présent code et le recours visé doit avoir été formé dans les délais fixés par le présent code ;

6º La publication des décisions mentionnée au VII de cet article du code de la sécurité sociale est effectuée par les ministres chargés de l'agriculture et de la sécurité sociale.

II. — Abrogé par Décr. nº 2019-718 du 5 juill. 2019, art. 2.

Art. R. 725-28 *(Décr. nº 2011-41 du 10 janv. 2011, art. 4)* Pour l'application de l'article L. 725-25, les dispositions des articles R. 243-60-1 à R. 243-60-3 du code de la sécurité sociale sont applicables à la répression des abus de droit sous réserve des modifications suivantes :

1º Au premier alinéa de l'article R. 243-60-1, la référence à l'article L. 243-7-2 du code de la sécurité sociale est remplacée par la référence à l'article L. 725-25 du présent code ;

2º A l'article R. 243-60-3 :

(Décr. nº 2019-1182 du 14 nov. 2019, art. 3) « *a)* Au I, la référence à l'article L. 243-7-2 du code de la sécurité sociale est remplacée par la référence à l'article L. 725-25 du présent code. »

b) Abrogé par Décr. nº 2012-1362 du 6 déc. 2012, art. 1er-8º, à compter du 1er janv. 2013.

c) Au VI, la référence à l'article L. 244-2 du code de la sécurité sociale est remplacée par la référence à l'article L. 725-3 du présent code.

Art. R. 725-29 *(Décr. nº 2011-41 du 10 janv. 2011, art. 4)* La pénalité mentionnée à l'article L. 725-25 est notifiée et recouvrée selon les règles et sous les garanties et sanctions applicables au recouvrement des cotisations sociales agricoles.

Art. R. 725-30 *(Décr. nº 2016-154 du 15 févr. 2016, art. 3)* Les dispositions de l'article R. 243-45-1 du code de la sécurité sociale sont applicables aux employeurs agricoles, *(Décr. nº 2023-90 du 11 févr. 2023, art. 1er)* « aux chefs d'exploitation ou d'entreprise agricole et aux cotisants de solidarité » sous réserve des adaptations particulières suivantes :

1º Les organismes de recouvrement mentionnés dans cet article sont les caisses de mutualité sociale agricole mentionnées à l'article L. 723-1 du présent code ;

(Décr. nº 2023-90 du 11 févr. 2023, art. 1er) « 2º La demande prévue au deuxième alinéa du I de cet article ne peut porter que sur les montants d'assiette fixés forfaitairement en vertu des dispositions de l'article R. 243-59-4 du code de la sécurité sociale, rendues applicables au régime agricole dans les conditions prévues au 4º de l'article R. 724-9 du présent code ; »

3º La mise en demeure mentionnée au troisième alinéa du II de cet article est celle prévue *(Décr. nº 2023-90 du 11 févr. 2023, art. 1er)* « au septième alinéa de l'article L. 725-3 » du présent code ;

4º Le régime mentionné au 2º du II de cet article est le régime agricole ;

5º Le rôle de l'Agence centrale des organismes de sécurité sociale mentionnée au VIII de cet article est rempli par la Caisse centrale de la mutualité sociale agricole.

CHAPITRE VI ACTION SANITAIRE ET SOCIALE

Art. R. 726-1 **L'action sanitaire et sociale exercée par les caisses de mutualité sociale agricole a pour but, dans les limites du budget de l'action sanitaire et sociale mentionné au deuxième alinéa de l'article R. 726-2 :**

1° D'apporter une aide aux ressortissants des professions agricoles en ce qui concerne l'application des législations sociales ainsi que l'amélioration de leurs conditions d'existence ;

2° De consentir à ces ressortissants l'attribution éventuelle de prestations non prévues par les législations sociales ou destinées à les compléter et, en cas de nécessité, l'attribution d'avances remboursables ;

3° De créer, de développer des œuvres, établissements ou institutions destinés à améliorer l'état sanitaire et social ou de participer à leur création ou développement ;

(Décr. n° 2007-866 du 14 mai 2007) **« 4° D'accorder aux cotisants des régimes agricoles de protection sociale momentanément empêchés de régler les cotisations légales et les contributions de sécurité sociale par suite de circonstances exceptionnelles ou d'insuffisance des ressources de leur ménage ou de trésorerie de leur société, des aides sous forme d'échéanciers de paiement** *(Abrogé par Décr. n° 2023-90 du 11 févr. 2023, art. 1er)* ***« d'une durée maximale de trois ans »*** **ou de prise en charge totale ou partielle des sommes dues à ce titre.** *(Abrogé par Décr. n° 2015-861 du 13 juill. 2015, art. 5-2°)* ***« Cette prise en charge s'applique également aux cotisations dues aux assureurs mentionnés aux articles L. 731-30 et L. 752-13 après avis motivé de ces assureurs. »***

« La *(Abrogé par Décr. n° 2013-1222 du 23 déc. 2013, art. 2-4°-a)* ***« part ouvrière des cotisations dues au titre des salariés, la »*** **contribution sociale généralisée, la contribution au remboursement de la dette sociale et les autres contributions ne peuvent faire l'objet que d'un plan échelonné de paiements.** *(Décr. n° 2013-1222 du 23 déc. 2013, art. 2-4°-b)* **« Les cotisations patronales ne peuvent faire l'objet d'un échéancier de paiement qu'après règlement intégral** *(Décr. n° 2018-821 du 27 sept. 2018, art. 2)* **« des cotisations salariales dues »** *(Décr. n° 2019-613 du 19 juin 2019, art. 3)* **« et de la retenue à la source prévue à l'article 204 A du code général des impôts ». La demande d'échéancier de paiement est assortie de garanties appréciées par le conseil d'administration de la caisse de la Mutualité sociale agricole qui peut déléguer tout ou partie de ses pouvoirs à la commission de recours amiable prévue à l'article R. 142-1 du code de la sécurité sociale. Il est sursis à poursuites par le recouvrement des cotisations, des majorations de retard et des pénalités tant que les échéances fixées par le plan échelonné de paiement sont honorées par le cotisant. »**

« Si au cours de la même année deux échéances successives de paiement des cotisations et contributions n'ont pas été honorées par le cotisant, celui-ci perd le bénéfice du plan échelonné de paiements.

« Chaque décision de prise en charge des cotisations est soumise à l'avis préalable de la section des agriculteurs en difficulté de la commission instituée par l'article R. 313-1 *(Décr. n° 2017-1492 du 25 oct. 2017, art. 15)* **« du présent code », qui se prononce sur la viabilité économique de l'exploitation ou de l'entreprise concernée dans un délai de deux mois à compter de la date à laquelle elle a été saisie. Passé ce délai, l'avis de la commission est réputé donné. La commission se verra communiquer par le cotisant tout document utile à l'instruction du dossier.**

« Un arrêté du ministre chargé de l'agriculture fixe pour chaque département, sur proposition du conseil central d'administration de la mutualité sociale agricole, le montant maximum autorisé des prises en charge visées au premier alinéa du 4° du présent article. » *(Abrogé par Décr. n° 2015-861 du 13 juill. 2015, art. 5-2°)* ***« Au sein de chaque département, les crédits sont répartis au prorata des cotisations mises en recouvrement par chaque organisme assureur. »*** *(Décr. n° 2008-657 du 2 juill. 2008)* **« Pour l'application du présent alinéa, les départements qui composent la région Île-de-France, d'une part, et ceux qui composent la région Corse, d'autre part, sont considérés respectivement comme un seul département. »**

V., en dernier lieu, Arr. du 26 sept. 2023 fixant le montant de la répartition entre départements des crédits du Fonds national d'action sanitaire et sociale de la Mutualité sociale agricole destinés à la prise en charge des cotisations sociales des personnes non salariées des professions agricoles et des employeurs de main-d'œuvre agricole (JO 29 sept.).

V. aussi Arr. du 28 mars 2022 fixant le montant de la première répartition entre départements des crédits du dispositif exceptionnel PEC Gel destinés à la prise en charge des cotisations sociales des personnes non salariées des professions agricoles et des employeurs de main-d'œuvre agricole affectés par l'épisode de gel survenu du 4 au 14 avr. 2021 (JO 30 mars) ; Arr. du 3 mai 2022 fixant le montant de la deuxième répartition … (JO 8 mai) ; Arr. du 13 juin 2022 fixant le montant de la troisième répartition … (JO 17 juin) ; Arr. du 4 juill. 2022 fixant le montant de la quatrième répartition … (JO 9 juill.) ; Arr. du 11 août 2022 fixant le montant de la cinquième répartition … (JO 23 août) ; Arr. du 6 sept. 2022 fixant le montant de la sixième répartition … (JO 13 sept.) ; Arr. du 6 oct. 2022 fixant le montant de la septième répartition … (JO 12 oct.) ; Arr. du 8 nov. 2022 fixant le montant de la huitième répartition … (JO 11 nov.) ; Arr. du 12 déc. 2022 fixant le montant de la neuvième répartition … (JO 22 déc.) ; Arr. du 22 déc. 2022 fixant le montant de la dixième répartition … (JO 24 déc.) ; Arr. du 8 juin 2023 fixant le montant de la onzième et dernière répartition … (JO 16 juin).

V. aussi Arr. du 6 oct. 2022 fixant le montant de la première répartition entre départements des crédits du dispositif exceptionnel fondé sur le régime de minimis agricole destinés à la prise en charge des cotisations sociales des personnes non salariées des professions agricoles et des employeurs de main-d'œuvre agricole affectés par l'épisode de gel survenu du 4 au 14 avr. 2021 (JO 12 oct.) ; Arr. du 8 nov. 2022 fixant le montant de la deuxième répartition … (JO 11 nov.) ; Arr. du 12 déc. 2022 fixant le montant de la troisième répartition … (JO 24 déc.) ; Arr. du 22 déc. 2022 fixant le montant de la quatrième répartition … (JO 24 déc.) ; Arr. du 8 juin 2023 fixant le montant de la cinquième et dernière répartition … (JO 16 juin).

V. aussi Arr. du 12 janv. 2023 fixant le montant de la répartition entre départements des crédits du dispositif exceptionnel PEC résilience destinés à la prise en charge des cotisations sociales des personnes affiliées à un régime de protection sociale agricole affectées par les conséquences économiques de l'agression de la Russie contre l'Ukraine (JO 17 janv.).

V. aussi Arr. du 9 sept. 2022 fixant le montant de la répartition entre départements des crédits destinés à la prise en charge des cotisations sociales des personnes non salariées des professions agricoles et des employeurs de main-d'œuvre agricole de la filière porcine (JO 14 sept.).

Art. R. 726-2 **Dans les conditions déterminées par l'article L. 726-1, le conseil d'administration définit la politique et assure la gestion administrative et financière de l'action sanitaire et sociale. La comptabilité des caisses est aménagée de manière à faire apparaître distinctement les opérations relatives à cette gestion.**

Le conseil d'administration vote le budget de l'action sanitaire et sociale et, s'il y a lieu, celui des œuvres, établissements ou institutions mentionnés à l'article R. 726-1 et qu'il gère directement.

Art. R. 726-3 **Le comité d'action sanitaire et sociale prévu à l'article L. 726-1 est composé au minimum de sept membres élus par les administrateurs représentant les salariés et de sept membres élus par les administrateurs représentant les non-salariés. Il élit son président pour un an. La présidence est assurée alternativement par un non-salarié et par un salarié. Après chaque renouvellement général du conseil d'administration, la catégorie d'administrateurs parmi lesquels sera élu le nouveau président est désignée par tirage au sort.**

Le comité d'action sanitaire et sociale peut, dans les conditions et limites qu'il fixe, déléguer le pouvoir d'attribuer des prêts et des aides, qui lui est donné par le deuxième alinéa de l'article L. 726-1, à un comité restreint composé de deux administrateurs désignés par les représentants des salariés au comité et de deux administrateurs désignés par les représentants des non-salariés.

(Décr. nº 2021-1153 du 4 sept. 2021, art. 3) **« Le comité restreint peut comprendre des suppléants, qui sont désignés dans les mêmes conditions et de même nombre que les membres titulaires. »**

Art. D. 726-4 **Les caisses de mutualité sociale agricole ne peuvent accorder des subventions d'équipement ou de fonctionnement ou tout autre avantage financier qu'à des œuvres, associations ou établissements à but non lucratif ayant un objet social, familial ou sanitaire.**

Art. D. 726-5 **Lorsqu'une caisse de mutualité sociale agricole décide, à titre de contribution au fonctionnement d'une œuvre d'intérêt social, familial ou sanitaire, de mettre gratuitement à la disposition de celle-ci un immeuble, du mobilier ou du matériel, elle doit faire apparaître dans sa comptabilité la valeur de l'avantage consenti.**

Art. R. 726-6 à R. 726-19 *Abrogés par Décr. nº 2015-861 du 13 juill. 2015, art. 5-3º.*

CHAPITRE VII RETRAITE ET PRÉVOYANCE COMPLÉMENTAIRES

Le présent chapitre ne comprend pas de dispositions réglementaires.

TITRE III PROTECTION SOCIALE DES PERSONNES NON SALARIÉES DES PROFESSIONS AGRICOLES

CHAPITRE I FINANCEMENT

SECTION 1 *[ABROGÉE]* L'établissement de gestion du fonds de financement des prestations sociales des non-salariés agricoles

(Abrogée par Décr. nº 2008-1495 du 30 déc. 2008, art. 7)

Art. R. 731-1 à R. 731-11 *Abrogés par Décr. nº 2008-1495 du 30 déc. 2008, art. 7.*

SECTION 2 Cotisations

SOUS-SECTION 1 Dispositions générales

Art. D. 731-12 *Abrogé par Décr. nº 2013-1223 du 23 déc. 2013, art. 5-I, à compter du 1er janv. 2014.*

Art. D. 731-13 *Abrogé par Décr. nº 2009-1392 du 11 nov. 2009.*

Art. D. 731-14 Lorsqu'un chef d'exploitation ou d'entreprise agricole *(Abrogé par Décr. nº 2013-1223 du 23 déc. 2013, art. 2-1º, à compter du 1er janv. 2014)* « *ou un artisan rural* » met en valeur des exploitations ou des entreprises dans plusieurs départements, les cotisations dues au titre du régime des prestations familiales agricoles et des régimes agricoles d'assurance vieillesse et d'assurance maladie, maternité et invalidité des personnes non salariées sont calculées, appelées et recouvrées par la caisse de mutualité sociale agricole du département où se trouve située l'exploitation ou l'entreprise dans laquelle l'intéressé réside habituellement. Dans le cas où celui-ci a sa résidence habituelle dans un département autre que ceux où sont situées ses exploitations ou ses entreprises, les opérations mentionnées au présent alinéa incombent à la caisse du département du lieu de l'exploitation ou de l'entreprise la plus importante.

En ce qui concerne les personnes morales, la caisse compétente pour effectuer lesdites opérations est dans tous les cas celle du département où se trouve située l'exploitation ou l'entreprise la plus importante.

La caisse de mutualité sociale agricole déterminée dans les conditions indiquées au premier alinéa assure la liquidation et le paiement des prestations des régimes mentionnés audit article en ce qui concerne les chefs d'exploitation ou d'entreprise agricole ainsi que leurs aides familiaux, les conjoints et enfants à charge des uns et des autres.

Tant à l'égard des règles d'assujettissement que des régimes de prestations, la situation des personnes mentionnées au deuxième alinéa est déterminée en considération de la totalité des exploitations ou des entreprises.

Al. 5 abrogé par Décr. nº 2017-1141 du 5 juill. 2017, art. 1er-1º.

Dern. al. abrogé par Décr. nº 2015-861 du 13 juill. 2015, art. 6-1º.

Art. D. 731-15 Les caisses de mutualité sociale agricole sont habilitées à user *(Décr. nº 2008-983 du 18 sept. 2008)* « des procédures prévues à l'article L. 152 du livre des procédures fiscales ».

Art. R. 731-16 Les cotisations dues pour les membres de la famille de l'exploitant assurés obligatoires (ascendants, descendants, frères, sœurs, alliés au même degré) incombent à l'exploitant pour la totalité, sauf le cas où l'assuré perçoit la rémunération normale en espèces des travailleurs de sa catégorie.

§ 1 Assiette des cotisations

SOUS-§ 1 *Déclaration des revenus professionnels*

BIBL. ▸ TAURAN, *RD rur. 2023, nº 53* (Décr. nº 2023-90 du 11 févr. 2023).

Art. D. 731-17 *(Décr. nº 2023-268 du 12 avr. 2023, art. 1er)* Les revenus professionnels à déclarer correspondent aux revenus définis aux articles L. 731-14 à L. 731-21 du présent code et, pour les revenus imposés au titre de l'article 64 *bis* du code général des impôts, au montant des recettes afférentes à l'année précédant celle au titre de laquelle les cotisations sont dues.

En cas d'exploitation sous forme sociétaire, les rémunérations soumises à l'impôt sur le revenu dans la catégorie mentionnée à l'article 62 du code général des impôts ainsi que les revenus de capitaux mobiliers définis au 1° du 1 de l'article 109 du code général des impôts doivent être déclarés par les gérants et associés exerçant une activité non salariée agricole, dans les conditions et délais prévus ci-dessus.

Art. D. 731-17-1 *(Décr. nº 2005-1573 du 15 déc. 2005)* Pour bénéficier des dispositions de l'article L. 731-22, les personnes mentionnées à l'article L. 722-4 doivent présenter une demande écrite à la caisse de mutualité sociale agricole dont elles relèvent.

Les intéressés doivent mentionner, dans leur demande, le montant estimé de leurs revenus *(Décr. nº 2017-1141 du 5 juill. 2017, art. 1er-3°)* « et, pour les revenus imposés au titre de l'article 64 *bis* du code général des impôts, le montant estimé de leurs recettes » de l'année précédant celle au titre de laquelle les cotisations sont dues.

Pour être prise en compte dans le calcul d'un appel fractionné ou d'un prélèvement mensuel donné, cette demande doit parvenir à la caisse de mutualité sociale agricole concernée au plus tard quinze jours avant la date d'exigibilité dudit appel ou la date d'échéance dudit prélèvement mensuel.

La demande doit être formulée au moyen d'un imprimé dont le modèle est arrêté par le ministre chargé de l'agriculture.

Art. R. 731-17-2 *(Décr. nº 2023-90 du 11 févr. 2023, art. 1er)* I. — La liste des éléments nécessaires au calcul des cotisations et contributions sociales que les chefs d'exploitation ou d'entreprise agricole sont tenus de déclarer dans le cadre de la souscription de la déclaration prévue à l'article 170 du code général des impôts est fixée par arrêté du ministre chargé de l'agriculture. — *V. Arr. du 17 août 2023 fixant la liste des éléments nécessaires au calcul des cotisations et contributions sociales de la déclaration mentionnée à l'art. L. 731-13-2 (JO 25 août).*

Ces éléments sont transmis par l'administration fiscale à la Caisse centrale de mutualité sociale agricole par voie dématérialisée et sécurisée dans les jours qui suivent le dépôt de la déclaration ou, le cas échéant, de la déclaration corrective réalisée postérieurement à la date limite de dépôt, selon des modalités fixées par convention. — *Le 2e al. du I de l'art. R. 731-17-2, en tant qu'il prévoit la transmission par l'administration fiscale des informations contenues dans les déclarations correctives réalisées postérieurement à la date limite de dépôt, est applicable aux déclarations transmises à compter de l'année 2024 au titre des revenus de l'année 2023 et des années suivantes (Décr. nº 2023-90 du 11 févr. 2023, art. 3-II).*

La Caisse centrale de mutualité sociale agricole transmet à son tour ces éléments, au plus tard un mois après réception, à la caisse de mutualité sociale agricole dont l'adhérent relève.

II. — Le chef d'exploitation ou d'entreprise agricole transmet par voie dématérialisée, selon des modalités définies par arrêté du ministre chargé de l'agriculture, la déclaration de revenus comprenant les données nécessaires au calcul des cotisations et contributions sociales directement à la caisse de mutualité sociale agricole dont il relève, dans les cas suivants :

1° Lorsqu'il n'a pas souscrit la déclaration mentionnée à l'article 170 du code général des impôts à la date limite de dépôt prévue à l'article 175 du même code pour les déclarations par voie électronique ;

2° Lorsqu'il a souscrit ladite déclaration à cette date, mais sur support papier. La déclaration mentionnée au premier alinéa doit alors être adressée à la caisse de mutualité sociale agricole au plus tard à la date limite de dépôt prévue à l'article 175 du code général des impôts pour les déclarations par voie électronique.

Dans les cas mentionnés au deuxième alinéa du I de l'article L. 731-13-2, la déclaration prévue au présent II est effectuée sur support papier au moyen d'un imprimé conforme au modèle fixé par arrêté du ministre chargé de l'agriculture. — *V. Arr. du 21 nov. 2023 fixant les modèles d'imprimés prévus à l'art. R. 731-17-2 (JO 28 nov.).*

Art. D. 731-18 *(Abrogé par Décr. nº 2023-268 du 12 avr. 2023, art. 1er)* *« La déclaration des revenus professionnels est souscrite au moyen d'un imprimé établi conformément au modèle fixé par arrêté du ministre chargé de l'agriculture ; il est mis à la disposition des assurés par les caisses de mutualité sociale agricole au moins trente jours avant les dates prévues* *(Décr. nº 2017-1141 du 5 juill. 2017, art. 1er-4º)* *« au quatrième alinéa »* *(Décr. nº 2005-1573 du 15 déc. 2005)* *« de l'article D. 731-17 ».*

« Les chefs d'exploitation ou d'entreprise agricole peuvent choisir, dans le cadre d'une convention qu'ils passent avec la caisse de mutualité sociale agricole dont ils relèvent, d'utiliser un procédé électronique pour transmettre leurs déclarations de revenus professionnels.

« Cette convention doit être conforme à une convention type, qui doit notamment préciser les règles prévues à l'article 1649 quater B bis du code général des impôts, et dont l'objet et le contenu sont déterminés par un arrêté du ministre chargé de l'agriculture.

« La réception d'un message transmis conformément aux règles fixées dans la convention tient lieu de production de la déclaration écrite. En cas d'indisponibilité, pour quelque raison que ce soit, du système électronique de transmission, le déclarant est tenu d'adresser à la caisse de mutualité sociale agricole dont il relève l'imprimé prévu au premier alinéa. »

(Abrogé par Décr. nº 2017-1141 du 5 juill. 2017, art. 1er-4º) *« Lorsque ses revenus ne lui ont pas été notifiés par l'administration fiscale à la date limite d'envoi de la déclaration, l'assuré doit néanmoins transmettre cette dernière dans le délai imparti en y apposant la mention "non fixés". Dès qu'il a reçu la notification de ses revenus, il est tenu d'en faire connaître le montant à l'organisme.*

« Quel que soit son régime d'imposition, » l'assuré qui fait l'objet d'un redressement notifié *(Abrogé par Décr. nº 2023-268 du 12 avr. 2023, art. 1er)* *« ultérieurement »* par l'administration fiscale doit communiquer à la caisse de mutualité sociale agricole dont il relève copie de la notification de ce redressement.

Art. D. 731-19 *Abrogé par Décr. nº 2017-1141 du 5 juill. 2017, art. 1er-5º.*

Art. R. 731-20 *(Décr. nº 2023-90 du 11 févr. 2023, art. 1er)* I. — Dans le cas mentionné au 1º du II de l'article R. 731-17-2 et lorsque la déclaration devant être effectuée en application du 2º du II du même article n'a pas été effectuée à la date limite de dépôt prévue à l'article 175 du code général des impôts pour les déclarations par voie électronique, les cotisations et contributions sont assorties d'une pénalité de 5 %.

II. — Lorsque le chef d'exploitation ou d'entreprise agricole n'a souscrit aucune déclaration :

1º Les cotisations sociales sont calculées provisoirement sans tenir compte des exonérations auxquelles l'intéressé peut prétendre, sur la base la plus élevée parmi celles énumérées ci-dessous :

a) L'assiette ayant servi de base au calcul des cotisations sociales l'année précédente ou, en cas de début d'activité, l'assiette des cotisations mentionnée à l'article L. 731-16 ;

b) 50 % du plafond annuel de la sécurité sociale en vigueur au 1er janvier de l'année au titre de laquelle est calculée la taxation provisoire ;

2º L'assiette retenue est majorée de 25 % dès la première année et pour chaque année consécutive non déclarée ;

3º Les contributions sociales sont calculées sur la base majorée retenue pour le calcul des cotisations sociales ;

4º La taxation provisoire déterminée en application des dispositions ci-dessus est notifiée à l'intéressé, au plus tôt le trentième jour et au plus tard le cent quatre vingtième jour suivant la date limite de dépôt prévue à l'article 175 du code général des impôts pour les déclarations par voie électronique, par tout moyen donnant date certaine à la réception de cette notification. Ce montant peut être révisé dans les conditions prévues au III en cas de transmission ultérieure d'une déclaration fiscale ou dans les conditions prévues au IV. Les cotisations et contributions sociales calculées sur cette base sont recouvrées dans les mêmes conditions que les cotisations et contributions définitives.

Lorsque le chef d'exploitation ou d'entreprise agricole déclare ses revenus postérieurement à la date de réception de la notification mentionnée à l'alinéa précédent, les cotisations et les contributions sociales sont régularisées sur cette base.

III. – Lorsque le chef d'exploitation ou d'entreprise agricole a souscrit la déclaration mentionnée à l'article 170 du code général des impôts après la date limite de dépôt mentionnée à l'article 175 du même code pour les déclarations par voie électronique ou sur support papier, sans avoir communiqué par ailleurs ses revenus professionnels à sa caisse de mutualité sociale agricole dans les conditions prévues au II de l'article R. 731-17-2, l'administration fiscale transmet les données déclarées pour les années considérées, sur demande de la caisse, selon des modalités fixées par convention.

Dès réception de ces données, la caisse demande au chef d'exploitation ou d'entreprise agricole de lui communiquer, dans un délai de deux mois, les données mentionnées au premier alinéa du I de l'article R. 731-17-2 nécessaires au calcul des cotisations et contributions sociales dues.

En l'absence de communication de l'ensemble des données requises, les cotisations sont calculées sur la base des données disponibles. La pénalité mentionnée au I du présent article est alors portée à 10 % de leur montant.

En cas de rectification par l'administration fiscale des revenus retenus pour le calcul des cotisations et contributions de sécurité sociale, cette dernière en informe les organismes compétents qui peuvent procéder à la révision du montant des cotisations déterminées en application de l'alinéa précédent.

IV. – Les organismes compétents peuvent retenir, pour l'application du présent article, des montants supérieurs à ceux fixés par les II et III s'ils disposent d'éléments probants permettant de considérer que les revenus des chefs d'exploitation ou d'entreprise agricole sont susceptibles de dépasser ces montants, dans la limite du montant résultant de la prise en compte de ces éléments.

Art. R. 731-21 *Abrogé par Décr. n° 2023-90 du 11 févr. 2023, art. 1er.*

SOUS-§ 2 ***Déduction du revenu implicite du capital foncier***

Art. D. 731-22 Lorsqu'ils sont propriétaires de tout ou partie des terres qu'ils mettent en valeur, les chefs d'exploitation agricole à titre individuel peuvent, au plus tard le 30 juin de chaque année, opter au titre de l'année en cours pour la déduction prévue à l'article L. 731-14.

L'option est formulée auprès de la caisse de mutualité sociale agricole dont le chef d'exploitation relève, au moyen d'un imprimé dont le modèle est arrêté par le ministre chargé de l'agriculture.

Cette option reste valable tant que le chef d'exploitation n'a pas procédé à sa dénonciation, au moyen d'un imprimé dont le modèle est arrêté par le ministre de l'agriculture. La dénonciation doit intervenir au plus tard le 30 juin pour prendre effet pour le calcul des cotisations de l'année en cours.

Art. D. 731-23 Le calcul de la déduction faisant l'objet du présent sous-paragraphe est effectué en prenant en compte :

1° Le revenu cadastral des terres mises en valeur par l'exploitant en fermage et en faire-valoir direct au premier jour de l'année civile tel qu'il résulte du relevé parcellaire d'exploitation que l'exploitant adresse à la caisse de mutualité sociale agricole dont il relève ;

2° Les revenus professionnels soumis à l'impôt sur le revenu dans la catégorie des bénéfices agricoles et afférents à ladite année civile. Ces revenus s'entendent des bénéfices fiscaux après application des réintégrations et déductions y afférentes mentionnées à l'article L. 731-15 *(Décr. n° 2017-1141 du 5 juill. 2017, art. 1er-6°)* « , et, pour les revenus imposés au titre de l'article 64 *bis* du code général des impôts, des recettes diminuées de l'abattement prévu au même article 64 *bis* ».

La déduction ainsi déterminée s'impute sur les revenus professionnels pris en compte pour ladite année, au titre des bénéfices agricoles, dans le calcul des cotisations.

(Abrogé par Décr. n° 2017-1141 du 5 juill. 2017, art. 1er-6°) ***« Pour les chefs d'exploitation dont les cotisations sont calculées conformément à l'article D. 731-18, cette déduction s'impute exclusivement sur les revenus professionnels pris en compte dans le calcul desdites cotisations. »***

Art. D. 731-24 Au vu des pièces justificatives prévues à l'article D. 731-23, la caisse de mutualité sociale agricole calcule le montant de l'abattement mentionnée à l'article L. 731-14 conformément à l'expression suivante :

$$4\ \%\ (RP \times \frac{RCd}{RCt} - RCd)$$

dans laquelle :

RCd = revenu cadastral des terres en faire-valoir direct ;

RCt = revenu cadastral de l'ensemble des terres ;

RP = revenu professionnel pris en compte au titre des bénéfices agricoles pour le calcul des cotisations.

Cet abattement ne peut être inférieur à 304,90 €.

La caisse vérifie si le montant du revenu cadastral des terres en propriété excède l'abattement mentionné ci-dessus et, si tel est le cas, déduit des revenus professionnels définis à l'article D. 731-23 le montant du revenu cadastral des terres en propriété excédant ledit abattement.

Art. D. 731-25 Les dispositions des articles D. 731-22 à D. 731-24 sont applicables dans les mêmes conditions aux associés personnes physiques des sociétés mentionnées à l'article 8 du code général des impôts pour les terres mises en valeur par lesdites sociétés lorsque celles-ci sont inscrites à l'actif de leur bilan.

SOUS-§ 3 *Exercice de l'option prévue à l'article L. 731-19*

Art. D. 731-26 Pour bénéficier de l'option prévue à l'article L. 731-19, les chefs d'exploitation ou d'entreprise agricole doivent déposer une demande d'option auprès de la caisse de mutualité sociale agricole dont ils relèvent, au plus tard *(Décr. n° 2016-735 du 2 juin 2016, art. 1er-2°, en vigueur le 1er janv. 2017)* « le 30 juin. L'option prend effet à compter de l'année au cours de laquelle est intervenue la demande. » Ce délai n'est toutefois pas opposable aux personnes mentionnées à l'article D. 731-28 qui sollicitent l'option au moment de leur affiliation au régime de protection sociale des personnes non salariées agricoles.

L'assuré exerce l'option pour l'ensemble de ses activités non salariées.

En cas de transfert de la qualité de chef d'exploitation ou d'entreprise agricole entre des conjoints, tel que prévu à l'article L. 731-16, le bénéfice de l'option antérieurement souscrite continue de produire ses effets au bénéfice du conjoint repreneur jusqu'au terme initialement prévu lors de la souscription de l'option.

L'option est souscrite pour cinq années civiles.

Cette option est reconduite tacitement par période de cinq ans, sauf en cas de dénonciation. La dénonciation doit parvenir à la caisse de mutualité sociale agricole *(Décr. n° 2005-1573 du 15 déc. 2005)* « au plus tard le 30 novembre » de l'année qui précède l'expiration d'une des périodes de cinq ans mentionnées ci-dessus, pour prendre effet au 1er janvier de l'année suivante.

L'option et la dénonciation sont formulées au moyen d'un imprimé dont le modèle est arrêté par le ministre chargé de l'agriculture.

Al. 7 et 8 abrogés par Décr. n° 2017-1141 du 5 juill. 2017, art. 1er-7°.

SOUS-§ 4 *Modalités particulières de détermination de l'assiette*

Art. D. 731-27 Lorsque la durée d'assujettissement au régime de protection sociale des non-salariés agricoles, en qualité de chef d'exploitation ou d'entreprise agricole, ne permet pas de calculer la moyenne des revenus professionnels se rapportant aux trois années antérieures à celle au titre de laquelle les cotisations sont dues, l'assiette desdites cotisations est déterminée forfaitairement à titre provisoire dans les conditions suivantes :

1° Pour la première année au titre de laquelle les cotisations sont dues, l'assiette forfaitaire est fixée conformément aux dispositions de l'article D. 731-31. Cette assiette fait l'objet d'une régularisation sur la base des revenus professionnels afférents à la première année lorsque ceux-ci sont définitivement connus ;

2° Pour la deuxième année au titre de laquelle les cotisations sont dues, l'assiette est égale à la somme de la moitié de l'assiette forfaitaire calculée conformément aux dispositions de l'article D. 731-31 et de la moitié des revenus professionnels de l'année précédente. Cette assiette fait l'objet d'une régularisation sur la base de la moyenne des revenus professionnels afférents à la première et à la deuxième année lorsque ceux-ci sont définitivement connus ;

3° Pour la troisième année au titre de laquelle les cotisations sont dues, l'assiette est égale au tiers de la somme de l'assiette forfaitaire calculée conformément aux dispositions de l'article D. 731-31 et des revenus professionnels des deux années précédentes. Cette assiette fait l'objet d'une régularisation sur la base de la moyenne des revenus définitivement connus afférents aux trois premières années lorsque ceux-ci sont définitivement connus.

(Décr. n° 2005-1573 du 15 déc. 2005) « Pour les personnes qui ont formulé la demande prévue à l'article L. 731-22, le montant des fractions de cotisations restant à payer après la formulation de cette demande est déterminé en pourcentage d'un montant de cotisations calculé à partir d'une assiette égale au tiers de la somme de l'assiette forfaitaire, fixée conformément aux dispositions de l'article D. 731-31, des revenus estimés de l'année précédant celle au titre de laquelle les cotisations sont dues et des revenus de l'année antérieure à cette même année. »

Art. D. 731-28 Lorsque le chef d'exploitation ou d'entreprise agricole a opté, lors de son affiliation, pour l'assiette prévue à l'article L. 731-19 du code rural et de la pêche maritime, pour la première année au titre de laquelle les cotisations sont dues, celles-ci sont calculées à titre provisoire sur la base de l'assiette forfaitaire calculée conformément aux dispositions de l'article D. 731-31.

Cette assiette fait l'objet d'une régularisation sur la base des revenus professionnels afférents à la première année au titre de laquelle les cotisations sont dues, lorsque ces revenus sont définitivement connus.

Art. D. 731-29 En cas de cessation d'activité, pour quelque motif que ce soit, d'un chef d'exploitation ou d'entreprise agricole dont les cotisations sont calculées à titre provisoire sur la base de l'assiette forfaitaire conformément aux dispositions de l'article D. 731-31, celui-ci doit faire connaître les revenus professionnels définitivement connus correspondant à la dernière année d'activité.

Art. D. 731-29-1 *(Décr. n° 2017-1141 du 5 juill. 2017, art. 1er-8°)* Pour application des articles D. 731-27 à D. 731-29, les revenus imposés au titre de l'article 64 *bis* du code général des impôts s'entendent des recettes diminuées de l'abattement prévu au même article 64 *bis*.

Art. D. 731-29-2 *(Décr. n° 2017-1141 du 5 juill. 2017, art. 1er-8°)* En cas de changement de régime d'imposition des bénéfices agricoles, les revenus professionnels pris en compte sont constitués des bénéfices agricoles afférents à chaque année mentionnée au premier alinéa de l'article L. 731-15. Ils sont déterminés, pour les revenus imposés au titre de l'article 64 *bis* du code général des impôts, dans les conditions prévues à l'article D. 731-29-1.

Art. D. 731-30 Pour l'application des deuxième et troisième alinéas de l'article L. 731-16, la superficie de l'exploitation ne doit pas être réduite ou augmentée de plus *(Décr. n° 2015-311 du 18 mars 2015, art. 1er-2°)* « de deux fois la surface minimale d'assujettissement ».

Lorsque les revenus professionnels ne sont pas connus, que le calcul à titre provisoire des cotisations et que la régularisation de l'assiette forfaitaire ne peuvent être opérés dans les conditions prévues aux articles D. 731-27 et D. 731-28, le montant des cotisations dues est calculé sur la base de l'assiette forfaitaire, conformément aux dispositions de l'article D. 731-31. *(Abrogé par Décr. n° 2014-974 du 22 août 2014, art. 1er-3°, à compter du 1er janv. 2015)* ***« Ce montant peut être majoré dans les conditions fixées à l'article D. 731-21 lorsque les chefs d'exploitation ou d'entreprise agricole n'ont pas fourni, dans le délai prévu à l'article D. 731-20, la ou les déclarations mentionnées à l'article D. 731-17. »***

Art. D. 731-31 *(Décr. nº 2007-637 du 27 avr. 2007)* L'assiette forfaitaire prévue à l'article D. 731-27 est égale :

– à l'assiette minimum définie à l'article D. 731-89 pour *(Décr. nº 2015-1856 du 30 déc. 2015, art. 8-3º)* « la cotisation d'assurance invalidité » ;

– à l'assiette minimum définie au 1º de l'article D. 731-120 pour la cotisation d'assurance vieillesse mentionnée au 1º de l'article L. 731-42 ;

– à l'assiette minimum définie au 2º de l'article D. 731-120 pour les cotisations d'assurance vieillesse mentionnées au 2º *a* et 3º de l'article L. 731-42 ;

– à 600 fois le montant du salaire minimum de croissance en vigueur au 1er janvier de l'année au titre de laquelle ces cotisations sont dues pour les cotisations dues au titre *(Décr. nº 2015-1856 du 30 déc. 2015, art. 8-3º)* « de l'assurance maladie et maternité et » des prestations familiales.

Art. R. 731-32 *(Décr. nº 2014-732 du 27 juin 2014, art. 1er-1º)* Pour l'application du 4º de l'article L. 731-14 :

1º Les apports retenus pour la détermination du capital social sont les apports tels que définis au 1º de l'article *(Décr. nº 2016-192 du 25 févr. 2016, art. 3-1º)* « R. 131-7 » du code de la sécurité sociale ;

2º Les sommes versées en compte courant correspondent au solde moyen annuel du compte courant d'associé tel que déterminé dans les conditions prévues au 2º de l'article *(Décr. nº 2016-192 du 25 févr. 2016, art. 3-1º)* « R. 131-7 » du code de la sécurité sociale ;

3º Le montant du capital social, des primes d'émission et des sommes versées en compte courant d'associé est apprécié à la date mentionnée au 3º de l'article *(Décr. nº 2016-192 du 25 févr. 2016, art. 3-1º)* « R. 131-7 » du code de la sécurité sociale pour les revenus mentionnés au *a* du 4º de l'article L. 731-14 du présent code et, pour les revenus mentionnés au *b* du 4º du même article, au dernier jour de l'exercice, tel que déterminé dans les conditions prévues aux articles 12, 36, 37 et 72 du code général des impôts, au cours duquel ces revenus ont été réalisés.

Art. R. 731-32-1 *(Décr. nº 2011-1481 du 8 nov. 2011, art. 2)* Les dispositions *(Décr. nº 2022-1618 du 22 déc. 2022, art. 2)* « des deuxième et troisième alinéas » de l'article *(Décr. nº 2016-192 du 25 févr. 2016, art. 3-2º)* « R. 131-8 » du code de la sécurité sociale sont applicables à la détermination *(Décr. nº 2022-1618 du 22 déc. 2022, art. 2)* « du bénéfice et de la valeur du patrimoine affecté mentionnés à l'article L. 731-14-1 du présent code ».

Art. D. 731-33 Lorsque la déclaration de revenus professionnels faite au titre de l'impôt sur le revenu ne permet pas d'individualiser les revenus des personnes appartenant à un même foyer fiscal et dirigeant des exploitations ou des entreprises agricoles distinctes, les revenus professionnels sont répartis entre chacune d'elles en fonction de l'importance respective de chaque exploitation ou entreprise exprimée en pourcentage de *(Décr. nº 2015-311 du 18 mars 2015, art. 1er-3º)* « la surface minimale d'assujettissement prévue à l'article L. 722-5-1 ».

Lorsque l'importance de l'une au moins des exploitations ou entreprises mentionnées ci-dessus ne peut être appréciée par référence à la *(Décr. nº 2015-311 du 18 mars 2015, art. 1er-3º)* « surface minimale d'assujettissement », les revenus sont répartis au prorata du nombre d'heures de travail effectué dans chacune de ces exploitations ou entreprises au cours de l'année précédant celle au titre de laquelle les cotisations sont dues ou, à défaut, à parts égales.

Art. D. 731-33-1 *(Décr. nº 2005-1573 du 15 déc. 2005)* L'assiette servant de base à la détermination du montant des fractions de cotisations restant à payer après la formulation de la demande prévue à l'article L. 731-22 ne peut être inférieure aux assiettes minimum mentionnées aux articles D. 731-89, D. 731-120 et D. 732-155 ni supérieure au plafond *(Décr. nº 2017-1492 du 25 oct. 2017, art. 17-2º)* « mentionné à l'article L. 731-42 ».

SOUS-§ 5 *Exercice de l'option prévue à l'article L. 731-16*

(Décr. n° 2016-735 du 2 juin 2016, art. 1er-1°)

Art. D. 731-33-2 **Pour bénéficier de l'option prévue au troisième alinéa de l'article L. 731-16, le conjoint poursuivant la mise en valeur de l'exploitation ou de l'entreprise agricole doit déposer une demande d'option auprès de la caisse de mutualité sociale agricole dont il relève au plus tard le 30 juin** *(Décr. n° 2017-1141 du 5 juill. 2017, art. 1er-9°)* **« de l'année suivant celle durant laquelle le décès est survenu ». L'option prend effet à compter de l'année au cours de laquelle est intervenue la demande.**

Le modèle du formulaire de demande est fixé par arrêté du ministre chargé de l'agriculture. — *V. Arr. du 8 sept. 2016 fixant le modèle d'imprimé à utiliser pour l'application des art. L. 731-16 et D. 731-33-2 (JO 20 sept.).*

§ 2 Cotisations de solidarité

SOUS-§ 1 *Champ d'application de la cotisation de solidarité* *(Décr. n° 2012-1332 du 29 nov. 2012, art. 1er-1°, en vigueur le 1er janv. 2013).*

Art. D. 731-34 *(Décr. n° 2015-311 du 18 mars 2015, art. 1er-4°)* **L'importance minimale de l'exploitation ou de l'entreprise agricole requise pour que leurs dirigeants soient redevables de la cotisation de solidarité mentionnée à l'article L. 731-23 est fixée à ¼ de la surface minimale d'assujettissement mentionnée à l'article L. 722-5-1, compte tenu, s'il y a lieu, des coefficients d'équivalence applicables aux productions agricoles spécialisées.**

Lorsque l'importance de l'exploitation ou de l'entreprise ne peut être appréciée par rapport à la surface minimale d'assujettissement, l'activité agricole au sens de l'article L. 722-1, que doivent exercer leurs dirigeants, est appréciée par rapport au temps de travail que requiert la conduite de l'exploitation ou de l'entreprise. Ce temps de travail doit être au moins égal à 150 heures et inférieur à 1 200 heures par an.

Pour l'application du présent article, la cotisation n'est due qu'à raison d'un acte d'exploitation procurant des revenus professionnels tels que définis à l'article L. 731-14. Ni l'entretien d'une propriété foncière ni les activités de loisir réalisées à titre privé ne sont assimilés à un tel acte d'exploitation.

Art. D. 731-35 *(Décr. n° 2012-1332 du 29 nov. 2012, art. 1er-2°, en vigueur le 1er janv. 2013)* **La cotisation de solidarité dont sont redevables les personnes mentionnées à l'article L. 731-23 est acquittée auprès de la caisse de mutualité sociale agricole dans le ressort de laquelle est situé le siège de l'exploitation ou de l'entreprise.**

Les personnes mentionnées à l'article L. 731-23 sont dénommées cotisants de solidarité.

Art. D. 731-36 *Abrogé par Décr. n° 2012-1332 du 29 nov. 2012, art. 1er-3°, à compter du 1er janv. 2013.*

SOUS-§ 2 *Déclaration des revenus professionnels des cotisants de solidarité*

Art. R. 731-37 *(Décr. n° 2023-90 du 11 févr. 2023, art. 1er)* **Les obligations de déclaration prévues à l'article R. 731-17-2 sont applicables aux cotisants de solidarité mentionnés à l'article L. 731-23.**

Art. D. 731-38 *(Décr. n° 2023-268 du 12 avr. 2023, art. 1er)* **Les articles D. 731-17 et D. 731-18 s'appliquent aux cotisants de solidarité mentionnés à l'article L. 731-23.**

Art. D. 731-39 *Abrogé par Décr. n° 2017-1141 du 5 juill. 2017, art. 1er-12°.*

Art. D. 731-40 **Lorsque le cotisant de solidarité** *(Décr. n° 2023-268 du 12 avr. 2023, art. 1er)* **« n'a pas rempli l'obligation de déclaration mentionnée à l'article L. 731-13-2 un mois après la date limite de dépôt fixée à l'article 175 du code général des impôts » le montant de la cotisation due au titre de l'année considérée est calculé sur l'assiette de la cotisation due au titre de l'année précédente.**

L'intéressé en est informé par lettre recommandée avec demande d'avis de réception valant mise en demeure. Il dispose d'un délai d'un mois à compter de la première présentation de la mise en demeure pour régulariser sa situation.

Dans ce délai d'un mois, en cas d'envoi de la déclaration définie à l'article *(Décr. nº 2017-1141 du 5 juill. 2017, art. 1er-13º)* **« D. 731-18 », la caisse procède au calcul du montant de la cotisation sur la base de la déclaration fournie.**

Lorsque la caisse a connaissance des revenus de l'assuré, elle procède à un nouveau calcul de la cotisation de solidarité et de majorations prévues à l'article D. 731-41, sur la base de ces revenus.

Art. D. 731-41 **Le défaut de production par les cotisants de solidarité de la déclaration définie à l'article** *(Décr. nº 2023-268 du 12 avr. 2023, art. 1er)* **« L. 731-13-2 » dans le délai d'un mois suivant la notification de la mise en demeure donne lieu à une majoration de** *(Décr. nº 2023-268 du 12 avr. 2023, art. 1er)* **« 5 % » du montant des cotisations calculées selon les modalités prévues à l'article D. 731-40.**

Al. 2 abrogé par Décr. nº 2016-941 du 8 juill. 2016, art. 35.

Art. D. 731-42 *(Décr. nº 2012-1332 du 29 nov. 2012, art. 1er-5º, en vigueur le 1er janv. 2013)* **« Lorsqu'une personne cesse de remplir les conditions requises pour être redevable de la cotisation de solidarité visée à l'article L. 731-23 au cours de la première année à raison de laquelle elle en est redevable, elle doit faire connaître les revenus professionnels correspondant à cette première année, dans les délais prévus à l'article »** *(Décr. nº 2023-268 du 12 avr. 2023, art. 1er)* **« R. 731-37 ».**

En cas de non-respect de cette obligation, le montant de la cotisation due par les personnes visées à l'alinéa précédent est calculé sur la base de l'assiette forfaitaire, conformément aux dispositions de l'article D. 731-46, selon les modalités des articles D. 731-40 et D. 731-41.

Art. D. 731-43 *(Décr. nº 2007-1499 du 18 oct. 2007 ; Décr. nº 2008-983 du 18 sept. 2008)* **Le taux de la cotisation prévue à l'article L. 731-23 est égal à** *(Décr. nº 2017-1894 du 30 déc. 2017, art. 5-II-1º)* **« 14 % ».** *(Abrogé par Décr. nº 2013-1223 du 23 déc. 2013, art. 2-2º, à compter du 1er janv. 2014)* ***« Le montant de cette cotisation fait l'objet d'un prélèvement de 17,7 % au titre des frais de gestion. »***

Art. D. 731-44 *Abrogé par Décr. nº 2012-1332 du 29 nov. 2012, art. 1er-6º, à compter du 1er janv. 2013.*

SOUS-§ 3 ***Modalités particulières de détermination de l'assiette*** *(Décr. nº 2017-1141 du 5 juill. 2017, art. 1er-15º).*

Art. D. 731-45 *(Décr. nº 2017-1141 du 5 juill. 2017, art. 1er-16º)* **« Lorsque les revenus professionnels afférents à la première année au titre de laquelle la cotisation de solidarité mentionnée à l'article L. 731-23 est due ne sont pas encore connus, cette dernière est calculée sur une assiette forfaitaire provisoire déterminée dans les conditions fixées à l'article D. 731-46. »**

Cette assiette forfaitaire provisoire fait l'objet d'une régularisation sur la base des *(Décr. nº 2007-637 du 27 avr. 2007)* **« revenus professionnels afférents » à la première année au titre de laquelle la cotisation est due, lorsque ces revenus sont définitivement connus.**

Art. D. 731-46 *(Décr. nº 2007-637 du 27 avr. 2007 ; Décr. nº 2017-1141 du 5 juill. 2017, art. 1er-17º)* **L'assiette forfaitaire provisoire prévue à l'article D. 731-45 est égale à 100 fois le montant du salaire minimum de croissance en vigueur au 1er janvier de l'année au titre de laquelle la cotisation est due.**

SOUS-§ 4 ***Dispense de versement de la cotisation de solidarité***

Art. D. 731-47 **Sont dispensés du versement** *(Décr. nº 2012-1332 du 29 nov. 2012, art. 1er-8º-a, en vigueur le 1er janv. 2013)* **« de la cotisation » de solidarité les bénéficiaires de la protection complémentaire de santé prévue à l'article L. 861-1 du code de la sécurité sociale.**

Le bénéfice de la couverture complémentaire mentionnée à l'alinéa précédent est apprécié au 1er janvier de l'année au titre de laquelle *(Décr. nº 2012-1332 du 29 nov. 2012, art. 1er-8º-b, en vigueur le 1er janv. 2013)* **« la cotisation est due ».**

SOUS-§ 5 *Recouvrement des cotisations de solidarité*

Art. D. 731-48 *(Décr. n° 2012-1332 du 29 nov. 2012, art. 1er-9°, à compter du 1er janv. 2013)* **I. — La cotisation mentionnée à l'article D. 731-45 est directement recouvrée et contrôlée par les caisses de mutualité sociale agricole, selon les règles relatives au recouvrement des cotisations dues au régime de protection sociale des personnes non salariées des professions agricoles ainsi que sous les garanties et sanctions applicables au recouvrement de ces cotisations.**

(Décr. n° 2023-1360 du 29 déc. 2023, art. 1er) **« II. — Lorsque la personne redevable de la cotisation de solidarité débute ou cesse son activité en cours d'année, cette cotisation, y compris lorsqu'elle est déterminée à titre provisoire dans les conditions fixées à l'article D. 731-46, est calculée au prorata de la durée effective de l'activité rapportée à la durée totale de l'année considérée. »**

Toutefois, dans le cas où cette personne avait la qualité de chef d'exploitation ou d'entreprise agricole au 1er janvier de l'année et a cessé son activité en cette qualité au cours de cette même année, la cotisation de solidarité n'est due qu'à compter du 1er janvier de l'année suivante.

(Décr. n° 2023-1360 du 29 déc. 2023, art. 1er) **« III. — La contribution mentionnée au deuxième alinéa de l'article L. 718-2-1 due par les personnes mentionnées à l'article L. 731-23 est recouvrée dans les conditions prévues au I et au deuxième alinéa du II du présent article. »**

Art. D. 731-49 **Les dispositions de l'article D. 731-15 sont applicables au recouvrement** *(Décr. n° 2012-1332 du 29 nov. 2012, art. 1er-10°, en vigueur le 1er janv. 2013)* **« de la cotisation » de solidarité par les caisses de mutualité sociale agricole.**

SOUS-§ 6 *Modalités financières*

Art. D. 731-50 *Abrogé par Décr. n° 2013-1223 du 23 déc. 2013, art. 5-I, à compter du 1er janv. 2014.*

§ 3 Exonération partielle des cotisations en début d'activité

Art. D. 731-51 **Les jeunes chefs d'exploitation ou d'entreprise agricole bénéficient d'une exonération partielle des cotisations** *(Abrogé par Décr. n° 2013-1223 du 23 déc. 2013, art. 2-3°, à compter du 1er janv. 2014) « **techniques et complémentaires** »* **d'assurance maladie** *(Décr. n° 2015-1856 du 30 déc. 2015, art. 8-4°)* **« et maternité, d'assurance invalidité, » de prestations familiales et d'assurance vieillesse agricole dont ils sont redevables pour eux-mêmes.**

(Décr. n° 2008-564 du 16 juin 2008) **« Cette exonération partielle est applicable aux jeunes chefs d'exploitation ou d'entreprise agricole exerçant leur activité agricole à titre exclusif ou principal qui bénéficient des prestations d'assurance maladie du régime des non-salariés agricoles. »**

Pour bénéficier de cette exonération partielle, les jeunes chefs d'exploitation ou d'entreprise agricole doivent être âgés de dix-huit ans au moins et de quarante ans au plus à la date de leur affiliation au régime de protection sociale des non-salariés agricoles.

L'âge maximal est, le cas échéant, reculé d'une durée égale au temps de service actif légal effectivement accompli dans l'une des formes du titre III du livre II du code du service national, éventuellement prolongé en application du deuxième alinéa de l'article L. 76 de ce code ; il est également reculé d'un an par enfant à charge pour les personnes physiques qui ont la qualité d'allocataire au sens de l'article R. 513-1 du code de la sécurité sociale.

Toutefois, les personnes *(Décr. n° 2015-311 du 18 mars 2015, art. 1er-5°)* **« mentionnées au second alinéa de l'article L. 722-6 »** *(Décr. n° 2017-1492 du 25 oct. 2017, art. 17-3°)* **« du présent code » peuvent opter pour le bénéfice de l'exonération partielle de cotisations soit lors de leur affiliation à titre dérogatoire, soit à l'issue de leur période d'affiliation à titre dérogatoire, dès lors qu'ils remplissent les conditions prévues aux alinéas 2 à 4.**

(Décr. n° 2022-1529 du 7 déc. 2022, art. 3) **« Pour exercer le droit d'option prévu au deuxième** *[troisième, V. NDLR ss. art. L. 731-13]* **alinéa de l'article L. 731-13, les jeunes**

chefs d'exploitation ou d'entreprise agricole déposent une demande auprès de la caisse de mutualité sociale agricole dont ils relèvent, au plus tard le 30 juin de l'année à partir de laquelle ils souhaitent en bénéficier. L'exercice de ce droit d'option vaut renonciation totale et irrévocable à l'exonération partielle prévue au premier alinéa du présent article. L'option est exprimée au moyen d'un formulaire dont le modèle est prévu par arrêté du ministre chargé de l'agriculture. » — *Les dispositions de l'art. 3 du Décr. nº 2022-1529 du 7 déc. 2022 sont applicables à compter des cotisations dues au titre de l'année 2023 (Décr. préc., art. 4-III).*

V. Arr. du 25 juill. 2023 fixant le modèle du formulaire prévu à l'art. D. 731-51 (JO 1er août).

Art. D. 731-52 Les cotisations mentionnées à l'article D. 731-51 sont réduites de 65 % au titre de la première année civile au cours de laquelle est accordée l'exonération, de 55 % au titre de la deuxième, de 35 % au titre de la troisième, de 25 % au titre de la quatrième et de 15 % au titre de la cinquième.

Al. 2 abrogé par Décr. nº 2017-1444 du 4 oct. 2017, art. 1er-1º.

Art. D. 731-53 *Abrogé par Décr. nº 2017-1444 du 4 oct. 2017, art. 1er-2º.*

Art. D. 731-54 Le bénéfice des exonérations prévues aux articles D. 731-51 et D. 731-52 ne peut être accordé qu'une seule fois.

(Décr. nº 2008-564 du 16 juin 2008) **« La durée de la cessation temporaire d'activité mentionnée au** *(Décr. nº 2022-1529 du 7 déc. 2022, art. 3)* **« troisième** *[deuxième, V. NDLR ss. art. L. 731-13]* **» alinéa de l'article L. 731-13 ne peut excéder trente-six mois, quel que soit le motif de cette cessation temporaire d'activité. »**

Art. D. 731-55 Les formulaires utilisés pour l'appel des cotisations sociales agricoles font apparaître à la fois le montant des cotisations que devrait payer le jeune chef d'exploitation ou d'entreprise agricole s'il ne bénéficiait pas d'une exonération et le montant des cotisations qui lui sont demandées.

Art. D. 731-56 *(Décr. nº 2010-1416 du 12 nov. 2010, art. 1er)* **Le montant du plafond de l'exonération prévue par l'article L. 731-13 est** *(Abrogé par Décr. nº 2017-1444 du 4 oct. 2017, art. 1er-3º) « constaté chaque année par arrêté des ministres chargés de l'agriculture, de la sécurité sociale et du budget. Il est »* **calculé en pourcentage du plafond annuel de la sécurité sociale prévu à l'article D. 242-17 du code de la sécurité sociale selon la formule suivante :**

Pe = [T × (40 % PSS)] × Te

où :

Pe représente le plafond de l'exonération :

T représente le taux des cotisations relatives aux prestations familiales, à l'assurance maladie *(Décr. nº 2015-1856 du 30 déc. 2015, art. 8-5º)* **« et maternité, à l'assurance invalidité, » et à l'assurance vieillesse ;**

PSS représente le plafond annuel de la sécurité sociale ;

Te représente le taux d'exonération de l'année considérée.

Le plafond annuel de la sécurité sociale de référence est celui en vigueur au 1er janvier de l'année au titre de laquelle les cotisations sont dues.

Le montant de chaque plafond d'exonération est arrondi à l'euro le plus proche.

§ 4 Périodicité et recouvrement des cotisations

SOUS-§ 1 *Périodicité*

Art. R. 731-57 Les cotisations dues par les personnes mentionnées aux articles L. 722-9, L. 722-10 et L. 722-15 sont fixées pour chaque année civile. Pour le calcul de ces cotisations, la situation des exploitants agricoles est appréciée au premier jour de l'année civile au titre de laquelle elles sont dues.

Art. D. 731-57-1 *(Décr. nº 2009-1236 du 14 oct. 2009)* **Pour l'application de l'article L. 731-10-1, en cas de décès du chef d'exploitation ou d'entreprise agricole, la caisse de mutualité sociale agricole informe le conjoint survivant de la possibilité d'option prévue au troisième alinéa de cet article.**

La demande d'option doit intervenir dans les douze mois qui suivent le décès du chef d'exploitation ou d'entreprise agricole. Elle est formulée au moyen d'un imprimé dont le modèle est arrêté par le ministre chargé de l'agriculture.

SOUS-§ 2 *Recouvrement des cotisations par voie d'appel*

Art. R. 731-58 Les cotisations sont recouvrées par appels fractionnés. Le nombre des appels est fixé par la caisse de mutualité sociale agricole.

(Décr. n° 2008-982 du 18 sept. 2008) « Les caisses ont toutefois la possibilité de recourir à la procédure de l'appel unique pour le recouvrement des cotisations dues par les personnes mentionnées au 3° de l'article L. 722-10.

« Les cotisations de solidarité dues par les personnes mentionnées à l'article L. 731-23 sont recouvrées par voie d'appel unique. »

Art. R. 731-59 Les caisses de mutualité sociale agricole fixent chaque année la ou les dates d'exigibilité des cotisations faisant l'objet d'un appel unique ou d'appels fractionnés. Pour les appels fractionnés, les dates d'exigibilité ne peuvent être postérieures au 31 mai pour la première fraction et au 30 novembre pour la dernière. Lorsqu'il est procédé à un appel unique, la date d'exigibilité ne peut être postérieure *(Décr. n° 2008-982 du 18 sept. 2008)* « au 30 novembre ».

Art. R. 731-60 Pour les cotisations mentionnées à l'article R. 731-57 et faisant l'objet d'appels fractionnés, les caisses de mutualité sociale agricole déterminent chaque année le montant de la ou des premières fractions de cotisations en pourcentage de celui des cotisations dues au titre de l'année précédente, le solde étant appelé avec la dernière fraction.

(Décr. n° 2008-982 du 18 sept. 2008) « Pour la première année au titre de laquelle des cotisations sont dues, les montants des appels fractionnés sont déterminés en pourcentage de celui des cotisations calculées sur l'assiette forfaitaire prévue à l'article L. 731-16. »

Art. R. 731-60-1 *(Décr. n° 2005-1572 du 15 déc. 2005)* Pour les personnes qui ont formulé la demande prévue à l'article L. 731-22 :

1° Par dérogation à l'article R. 731-60, le montant des fractions de cotisations restant à payer après la formulation de cette demande est déterminé par les caisses de mutualité sociale agricole en pourcentage d'un montant de cotisations calculé à partir d'une assiette constituée par la moyenne des revenus estimés de l'année précédant celle au titre de laquelle les cotisations sont dues et des revenus des deux années antérieures à cette même année. *(Décr. n° 2019-1182 du 14 nov. 2019, art. 4)* « Les revenus imposés au titre de l'article 64 *bis* du code général des impôts s'entendent des recettes diminuées de l'abattement prévu au même article 64 *bis*. »

2° Le montant des fractions de cotisations dues par les personnes bénéficiant de l'option prévue à l'article L. 731-19 et restant à payer après la formulation de cette demande est déterminé par les caisses de mutualité sociale agricole en pourcentage d'un montant de cotisations calculé à partir d'une assiette constituée par les revenus *(Décr. n° 2019-1182 du 14 nov. 2019, art. 4)* « professionnels pris en compte pour le calcul de leurs cotisations sociales » estimés de l'année précédant celle au titre de laquelle les cotisations sont dues.

Les taux appliqués aux assiettes définies aux alinéas précédents pour le calcul du montant des appels fractionnés sont les derniers taux de cotisations connus.

Si la demande prévue à l'article L. 731-22 est formulée alors que la ou les premières fractions de cotisations ont déjà été calculées selon les modalités de l'article R. 731-60, la caisse de mutualité sociale agricole tient compte du montant de celles-ci pour réduire la ou les fractions suivantes, calculées en tirant les conséquences de cette demande, en en retirant le montant du trop-perçu à concurrence de l'annulation de leur montant.

Art. R. 731-61 Les cotisations faisant l'objet d'un appel unique ou d'appels fractionnés sont notifiées aux cotisants par les caisses de mutualité sociale agricole au plus tard aux dates d'exigibilité fixées en application de l'article R. 731-59.

SOUS-§ 3 *Recouvrement des cotisations par voie de prélèvement mensuel*

Art. R. 731-62 Les caisses de mutualité sociale agricole *(Décr. nº 2008-982 du 18 sept. 2008)* « proposent » à leurs adhérents le recouvrement des cotisations mentionnées à l'article R. 731-57 par prélèvements automatiques mensuels, opérés sur les *(Décr. nº 2006-1115 du 5 sept. 2006, art. 4)* « comptes bancaires » ouverts au nom des assurés.

Art. R. 731-63 *(Décr. nº 2008-982 du 18 sept. 2008)* Les personnes qui optent pour le prélèvement mensuel des cotisations mentionnées à l'article R. 731-57 doivent faire connaître leur choix au plus tard le quinzième jour du mois pour avoir effet le mois suivant. Toutefois, l'adhérent peut demander que l'option ne prenne effet que le 1er janvier de l'année suivante.

L'option est exprimée au moyen d'un formulaire dont le modèle est fixé par arrêté du ministre chargé de l'agriculture. Ce formulaire est transmis aux assurés, sur leur demande, par la caisse de mutualité sociale agricole compétente ou est mis à leur disposition sous forme de fichier électronique. — *V. Arr. du 17 mars 2014 fixant le modèle d'imprimé à utiliser pour l'application de l'art. R. 731-63 (JO 1er avr.).*

Par ce formulaire, le cotisant donne à l'établissement qui tient son compte l'autorisation de débiter celui-ci du montant des avis de prélèvements émis par la caisse de mutualité sociale agricole.

L'option est valable pour l'année en cours et se renouvelle par tacite reconduction, sous réserve des dispositions du deuxième alinéa de l'article R. 731-66 et de celles de l'article R. 731-67.

Art. R. 731-64 *(Décr. nº 2008-982 du 18 sept. 2008)* Les caisses de mutualité sociale agricole fixent à la fin de chaque année, pour l'année suivante, le jour du mois où le prélèvement mensuel des cotisations mentionnées à l'article R. 731-57 sera effectué. La dernière échéance de paiement ne peut être postérieure au 31 décembre.

Art. R. 731-65 *(Décr. nº 2005-1572 du 15 déc. 2005)* « I. — » Avant la première échéance, les caisses de mutualité sociale agricole adressent aux personnes qui ont opté pour le prélèvement mensuel un premier échéancier de paiement comportant, pour chacun des mois de l'année, le jour fixé pour ce paiement ainsi que le montant du prélèvement qui sera effectué au cours de chacun des onze premiers mois.

Tant que le montant total des cotisations de l'année n'est pas connu, le prélèvement est égal au onzième des cotisations dues au titre de l'année précédente.

(Décr. nº 2008-982 du 18 sept. 2008) « Pour la première année au titre de laquelle des cotisations sont dues, le prélèvement mensuel est égal au onzième des cotisations calculées sur l'assiette forfaitaire mentionnée à l'article L. 731-16.

« Lorsque l'option pour le prélèvement mensuel prend effet en cours d'année, le montant du prélèvement est calculé au prorata du nombre de mois restant à courir jusqu'au onzième mois inclus, dans la limite du montant des cotisations restant dues à la date d'effet de l'option. Avant la première échéance, la caisse de mutualité sociale agricole adresse aux personnes qui ont opté pour le prélèvement mensuel un échéancier de paiement comportant, pour chacun des mois restant à courir jusqu'au onzième mois inclus, le jour fixé pour ce paiement ainsi que le montant du prélèvement qui sera effectué au cours de ces mois.

« II. — Par dérogation au deuxième alinéa du I » *(Décr. nº 2005-1572 du 15 déc. 2005)* « , le prélèvement mensuel opéré par les caisses de mutualité sociale agricole au titre des cotisations dues par les personnes ayant effectué la demande prévue à l'article L. 731-22 est égal au onzième d'un montant de cotisations calculé selon les modalités prévues à l'article R. 731-60-1.

« Si la demande prévue à l'article L. 731-22 est formulée alors que le ou les premiers prélèvements mensuels de cotisations ont déjà été effectués selon les modalités du deuxième alinéa ci-dessus, la caisse de mutualité sociale agricole tient compte du montant de ceux-ci pour réduire le ou les prélèvements mensuels suivants calculés en tirant les conséquences de cette demande, en en retirant le montant du trop-perçu à concurrence de l'annulation de leur montant. Les caisses de mutualité sociale agricole adressent aux intéressés un nouvel échéancier de paiement se substituant au précédent et indiquant les échéances restant à courir jusqu'à ce que le montant total des cotisations de l'année soit connu. »

(Décr. n° 2008-982 du 18 sept. 2008) « III. – » Dès que le montant total des cotisations de l'année est connu, les caisses de mutualité sociale agricole transmettent aux personnes intéressées un nouvel échéancier de paiement se substituant au précédent et répartissant le montant des cotisations restant dues en autant de fractions égales qu'il reste d'échéances à courir jusqu'au mois de décembre.

Art. R. 731-66 Si, au cours d'une année, un prélèvement mensuel n'est pas opéré à la date fixée, la somme due est recouvrée avec le prélèvement suivant.

Si, au cours de la même année, deux prélèvements mensuels n'ont pu être effectués, à l'échéance fixée, par la faute du cotisant, celui-ci perd pour cette année le bénéfice de son option et il est soumis aux dispositions des articles R. 731-59 et R. 731-60. Si ce deuxième incident de paiement a lieu entre la date d'exigibilité de l'appel unique ou du dernier appel fractionné et l'échéance du mois de décembre, un appel supplémentaire de cotisations est adressé au cotisant pour le recouvrement du solde dû. Le montant de cet appel est exigible à une date qui ne peut être postérieure au 31 décembre.

Art. R. 731-67 *(Décr. n° 2008-982 du 18 sept. 2008)* Les cotisants peuvent renoncer au prélèvement mensuel. La dénonciation doit être formulée au plus tard le quinzième jour du mois pour avoir effet le mois suivant. Toutefois, l'adhérent peut demander que la dénonciation ne prenne effet que le 1er janvier de l'année suivante.

La dénonciation est exprimée au moyen d'un formulaire dont le modèle est fixé par arrêté du ministre chargé de l'agriculture. Ce formulaire est transmis aux assurés, sur leur demande, par la caisse de mutualité sociale agricole compétente ou est mis à leur disposition sous forme de fichier électronique.

SOUS-§ 4 *Majorations*

Art. R. 731-68 *(Décr. n° 2008-657 du 2 juill. 2008) (Décr. n° 2013-1107 du 3 déc. 2013, art. 14-1°, en vigueur le 1er janv. 2014)* « Toute contribution ou cotisation, ou toute fraction de cotisation ou de contribution qui ne sont pas versées » aux dates limites d'exigibilité dans les conditions prévues à l'article R. 731-59 et à la dernière phrase du second alinéa de l'article R. 731-66 *(Décr. n° 2013-1107 du 3 déc. 2013, art. 14-1°, en vigueur le 1er janv. 2014)* « sont majorées de 5 % ».

A cette majoration s'ajoute une majoration complémentaire *(Décr. n° 2018-174 du 9 mars 2018, art. 14)* « calculée en appliquant le taux prévu au *(Décr. n° 2019-1050 du 11 oct. 2019, art. 3, en vigueur le 1er janv. 2020)* « II de l'article R. 243-16 » du code de sécurité sociale appliquée au » montant des cotisations dues, par mois ou fraction de mois écoulé, à compter de la date limite d'exigibilité des cotisations.

Al. 3 abrogé par Décr. n° 2013-1107 du 3 déc. 2013, art. 14-2°, à compter du 1er janv. 2014.

Art. R. 731-69 *(Décr. n° 2023-90 du 11 févr. 2023, art. 1er)* Lorsqu'un chef d'exploitation ou d'entreprise agricole ou un cotisant de solidarité qui respecte les obligations déclaratives mentionnées à l'article L. 731-13-2, n'a pas versé les cotisations et contributions sociales dont il est redevable à la date limite d'exigibilité et s'en acquitte dans un délai de trente jours ou a souscrit, dans ce même délai, un échéancier de paiement avec la caisse de mutualité sociale agricole dont il relève dans les conditions prévues par le 4° de l'article R. 726-1 et en respecte les termes, les majorations prévues à l'article R. 731-68 du présent code ne sont pas dues si les conditions suivantes sont réunies :

1° Aucune infraction n'a été constatée au cours des vingt-quatre mois précédents ;

2° Le montant des majorations applicables est inférieur à la valeur mensuelle du plafond de la sécurité sociale.

Art. R. 731-70 *(Décr. n° 2023-90 du 11 févr. 2023, art. 1er)* I. – Les caisses de mutualité sociale agricole chargées du recouvrement notifient les majorations prévues aux articles L. 243-7-6 et L. 243-7-7 du code de la sécurité sociale.

Ces majorations peuvent soit être mises en recouvrement avec les cotisations venant à échéance, soit faire l'objet d'un recouvrement distinct. Dans ce dernier cas, elles doivent être notifiées sous forme de mise en demeure par tout moyen donnant date certaine à la réception de cette notification, et à défaut de règlement dans le mois suivant la notification, elles sont recouvrées dans les mêmes conditions et sous peine des mêmes sanctions que les cotisations.

(Décr. nº 2023-262 du 12 avr. 2023, art. 2) « II. — Les dispositions de l'article R. 243-17 du code de la sécurité sociale sont applicables au recouvrement des cotisations sociales dues par les chefs d'exploitation ou d'entreprise agricole et les cotisants de solidarité, sous réserve des adaptations suivantes :

« *a)* La référence au II de l'article R. 243-16 du code de la sécurité sociale est remplacée par la référence à l'article R. 731-68 du présent code ;

« *b)* La référence à l'article L. 243-7-2 du code de la sécurité sociale est remplacée par la référence à l'article L. 725-25 du présent code ;

« *c)* Les références aux articles L. 243-7-6 et L. 243-7-7 du code de la sécurité sociale sont remplacées par la référence à l'article L. 725-22-1 du présent code ;

« *d)* La référence à l'article L. 243-12-1 du code de la sécurité sociale est remplacée par la référence à l'article L. 724-13 du présent code. »

SOUS-§ 5 *Dispositions diverses*

Art. R. 731-71 à R. 731-73 *Abrogés par Décr. nº 2015-861 du 13 juill. 2015, art. 6-2º.*

Art. R. 731-74 Les cessions de rang, de privilège ou d'hypothèque ou l'abandon de ces sûretés *(Décr. nº 2017-1492 du 25 oct. 2017, art. 17-5º)* « prévus aux articles L. 611-7, L. 626-6 et L. 631-19-1 du code de commerce et à l'article L. 351-4 du présent code » peuvent, sans extinction préalable de la créance, être accordés par le conseil d'administration ou la commission de recours amiable de la caisse de mutualité sociale agricole *(Abrogé par Décr. nº 2015-861 du 13 juill. 2015, art. 6-3º) « ou en ce qui concerne les organismes habilités à gérer les assurances maladie, invalidité et maternité des membres non salariés des professions agricoles, par tout représentant de l'organisme intéressé ayant reçu délégation de pouvoir à cet effet, conformément aux statuts dudit organisme »*. La décision est prise après consultation de la commission des chefs des services financiers prévue par le *(Décr. nº 2010-815 du 13 juill. 2010)* « décret nº 2007-686 du 4 mai 2007 instituant dans chaque département une commission des chefs des services financiers et des représentants des organismes de sécurité sociale et de l'assurance chômage pour l'examen de la situation des débiteurs retardataires ». Les frais afférents à ces opérations sont à la charge du débiteur.

Art. R. 731-75 *(Décr. nº 2016-941 du 8 juill. 2016, art. 26-1º)* « I. — Dans les cas autres que ceux mentionnés à l'article R. 731-69, les conseils d'administration des caisses de mutualité sociale agricole ou les commissions de recours amiable prévues à l'article R. 142-1 du code de la sécurité sociale ayant reçu délégation à cet effet peuvent accorder la remise totale ou partielle des pénalités et majorations de retard prévues aux articles L. 731-13-2, *(Abrogé par Décr. nº 2023-90 du 11 févr. 2023, art. 1er) « L. 731-22, »* R. 731-20, *(Abrogé par Décr. nº 2023-90 du 11 févr. 2023, art. 1er) « R. 731-21, » (Décr. nº 2017-1492 du 25 oct. 2017, art. 17-6º)* « D. 731-41 et au premier alinéa de l'article R. 731-68 du présent code », dans des conditions fixées au présent article. »

(Décr. nº 2008-657 du 2 juill. 2008) La majoration *(Abrogé par Décr. nº 2018-174 du 9 mars 2018, art. 14) « de 0,4 % »* mentionnée au deuxième alinéa de l'article R. 731-68 *(Décr. nº 2017-1492 du 25 oct. 2017, art. 17-6º)* « du même code » peut faire l'objet d'une remise lorsque les cotisations ont été acquittées dans le délai de trente jours qui suit la date limite d'exigibilité ou *(Décr. nº 2016-941 du 8 juill. 2016, art. 26-2º)* « à titre exceptionnel, en cas d'événements présentant un caractère irrésistible et extérieur ».

Aucune remise ne peut être accordée sur les majorations portant sur des cotisations dues à titre personnel à la suite du constat de l'infraction relative au travail dissimulé par dissimulation d'activité défini à l'article L. 8221-3 du code du travail.

(Décr. nº 2016-941 du 8 juill. 2016, art. 26-3º et 4º) « Les directeurs des caisses de mutualité sociale agricole sont compétents pour accorder la remise totale ou partielle des pénalités et majorations de retard mentionnées au premier et au deuxième alinéa *(Décr. nº 2017-1492 du 25 oct. 2017, art. 17-6º)* « du présent I », dès lors que les demandes de remise portent sur des montants inférieurs ou égaux à un seuil fixé par

arrêté du ministre chargé du budget, du ministre chargé de la sécurité sociale et du ministre chargé de l'agriculture.

« II. – Les bordereaux d'appel des cotisations et contributions sociales, d'émission des pénalités et des majorations de retard et les échéanciers de paiement prévus au 4° de l'article R. 726-1 *(Décr. n° 2017-1492 du 25 oct. 2017, art. 17-6°)* **« du présent code », selon les cas, doivent faire mention de la faculté offerte aux intéressés, à peine de nullité, de la possibilité de solliciter la remise des pénalités et majorations de retard.**

« III. – La demande doit être écrite et motivée. Elle doit être formulée dans le délai de six mois suivant le paiement de la totalité des cotisations et contributions sociales ayant donné lieu à l'application des pénalités et majorations de retard, sous peine de forclusion.

« La conclusion d'un échéancier de paiement des cotisations et contributions sociales vaut pour le débiteur demande implicite de remise des pénalités et majorations de retard prévue à l'alinéa précédent. Toutefois, lorsque l'échéancier n'est pas respecté, une demande de remise doit être formulée dans les conditions prévues au présent article.

« IV. – La décision tant du directeur que celle du conseil d'administration ou de la commission de recours amiable mentionnée au I est motivée. Elle est notifiée par tout moyen donnant date certaine à sa réception par le demandeur de la remise.

(Décr. n° 2018-928 du 29 oct. 2018, art. 6) **« Le tribunal judiciaire spécialement désigné en application de l'article L. 211-16 du code de l'organisation judiciaire statue en dernier ressort, quel que soit le chiffre de la demande. »**

« V. – Les décisions de remise accordées par les conseils d'administration ou les commissions de recours amiable mentionnées au I sont approuvées par le responsable du service mentionné à l'article R. 155-1 du code de la sécurité sociale, dès lors que le montant des pénalités et majorations de retard accordé excède le seuil fixé par l'arrêté mentionné au quatrième alinéa du I. »

La remise des majorations de retard ne peut être accordée qu'en cas de bonne foi dûment prouvée et après paiement de la totalité des cotisations. • Civ. 2e, 8 juill. 2010, n° 09-15.640 : *Gaz. Pal. 2010. 2882, note Coursier.*

Art. D. 731-76 Le modèle de formulaire utilisé pour l'appel des cotisations est approuvé par le ministre chargé de l'agriculture.

SOUS-SECTION 2 **Dispositions particulières aux différentes branches**

§ 1 Prestations familiales

Art. D. 731-77 *(Décr. n° 2007-1499 du 18 oct. 2007 ; Décr. n° 2008-983 du 18 sept. 2008 ; Décr. n° 2013-1223 du 23 déc. 2013, art. 2-4° ; Décr. n° 2013-1290 du 27 déc. 2013, art. 2-1° ; Décr. n° 2014-1531 du 17 déc. 2014, art. 2-1°)* **La cotisation prévue à l'article L. 731-25 dont sont redevables les chefs d'exploitation ou d'entreprise agricole est calculée sur les revenus professionnels ou l'assiette forfaitaire définis aux articles L. 731-14 à L. 731-21.**

Art. D. 731-78 *(Décr. n° 2014-1531 du 17 déc. 2014, art. 2-2°)* **Pour l'application** *(Décr. n° 2017-1894 du 30 déc. 2017, art. 4-III)* **« des articles L. 613-1 et D. 613-1 » du code de la sécurité sociale aux personnes mentionnées à l'article L. 731-25 du présent code, les revenus d'activité pris en compte sont les revenus professionnels ou l'assiette forfaitaire tels que définis aux articles L. 731-14 à L. 731-22 du présent code.**

Art. D. 731-79 *(Décr. n° 2010-1416 du 12 nov. 2010, art. 2)* **Un abattement est appliqué à l'assiette des cotisations de prestations familiales dues** *(Décr. n° 2013-1223 du 23 déc. 2013, art. 2-5°, en vigueur le 1er janv. 2014)* **« par les exploitants agricoles lorsqu'ils » n'exercent qu'une activité réduite en raison d'une invalidité durant plus de six mois et entraînant une incapacité de travail d'au moins 66 %.**

(Décr. n° 2017-1444 du 4 oct. 2017, art. 1er-4°) **« Le montant de cet abattement est égal à 890 fois le montant horaire du salaire minimum de croissance. »**

La valeur du SMIC *(Abrogé par Décr. n° 2017-1444 du 4 oct. 2017, art. 1er-4°)* « *en fonction de laquelle le montant de l'abattement est revalorisé* » est celle fixée au 1er janvier de l'année au titre de laquelle les cotisations sont dues.

Le montant de cet abattement est arrondi à l'euro le plus proche.

§ 2 Assurance maladie, invalidité et maternité

SOUS-§ 1 *Cotisations d'assurance maladie et maternité et d'assurance invalidité* *(Décr. n° 2015-1856 du 30 déc. 2015, art. 8-6°).*

Art. R. 731-80 Sous réserve des dérogations prévues ci-dessous ainsi qu'aux articles R. 731-83, R. 731-85 et R. 731-86, les cotisations dues au titre *(Décr. n° 2016-193 du 25 févr. 2016, art. 6)* « de l'assurance maladie et maternité et de l'assurance invalidité » des personnes non salariées des professions agricoles sont fixées dans les conditions déterminées par l'article R. 731-57.

Sous réserve des dispositions de l'article R. 731-85 et de l'application éventuelle des règles de coordination, les cotisations annuelles sont dues pour l'aide familial qui vient à remplir les conditions d'assujettissement en cette qualité postérieurement au 1er janvier d'une année déterminée, dès lors qu'il a rempli au cours de l'année précédente les conditions d'assujettissement à l'assurance en la même qualité ou en la qualité de chef d'exploitation ou d'entreprise agricole.

Art. R. 731-81 Les chefs d'exploitation ou d'entreprise agricole sont responsables, tant pour eux-mêmes que pour leurs aides familiaux et associés d'exploitation, du versement des cotisations et, éventuellement, des majorations de retard.

Art. R. 731-82 Outre les modes de recouvrement prévus à l'article R. 731-58 et R. 731-62, les cotisations dues par les personnes mentionnées au 3° de l'article L. 722-10 peuvent, sur demande des intéressés, être prélevées sur les arrérages des allocations de vieillesse ou des pensions de retraite agricoles qui leur sont dus.

(Décr. n° 2015-861 du 13 juill. 2015, art. 6-5°) « Les cotisants peuvent opter pour ce mode de prélèvement et y renoncer dans les conditions prévues aux articles R. 731-63 et R. 731-67. »

Art. R. 731-83 Les cotisations dues pour les assurés qui, après avoir exercé simultanément une activité agricole non salariée et une autre activité professionnelle, viennent à cesser la première de ces activités ou bien qui, après avoir exercé une activité agricole non salariée, prennent une autre activité professionnelle ou relèvent d'un des régimes mentionnés à l'article L. 722-11, sont calculées au prorata de la fraction de l'année considérée comprise entre le 1er janvier et le premier jour du mois civil suivant la date de cessation de l'activité agricole non salariée.

Art. R. 731-84 Lorsque le chef d'exploitation ou d'entreprise agricole bénéficie des prestations d'assurance maladie, invalidité et maternité d'un régime autre que celui qui régit la présente assurance, son conjoint, qui consacre son activité à l'exploitation ou à l'entreprise, est considéré comme chef d'exploitation ou d'entreprise à titre exclusif ou principal, pour le versement des cotisations et le paiement des prestations ; dans ce cas, le chef d'exploitation ou d'entreprise agricole n'est pas redevable des cotisations pour lui-même.

Art. R. 731-85 Pour les chefs d'exploitation ou d'entreprise agricole, les aides familiaux et les associés d'exploitation qui sont appelés ou rappelés sous les drapeaux par suite de mobilisation, les cotisations ne sont pas dues au titre de la période considérée.

Art. R. 731-86 Les bénéficiaires de l'allocation de préretraite instituée par l'article 9 de la loi n° 91-1407 du 31 décembre 1991 ne sont pas tenus, pour eux-mêmes ou pour les personnes mentionnées aux 2°, 4° et 5° de l'article L. 722-10, au paiement des cotisations au titre de la période comprise entre la date d'effet de l'allocation de préretraite et le dernier jour de l'année civile.

Art. D. 731-87 Le conjoint succédant à un chef d'exploitation ou d'entreprise agricole à la suite *(Abrogé par Décr. n° 2015-1856 du 30 déc. 2015, art. 8-7°)* « *du décès de ce dernier ou* » d'un *(Abrogé par Décr. n° 2016-1907 du 28 déc. 2016, art. 16)* « *jugement* *de* » divorce ou de séparation de corps et continuant à mettre en valeur directement l'exploitation ou l'entreprise agricole sans aide familial ou associé d'exploitation âgé de vingt et un ans ou plus bénéficie, tant pour lui-même que pour ses aides familiaux ou associés d'exploitation de moins de vingt et un ans, d'une réduction de moitié des cotisations d'assurance maladie *(Décr. nº 2015-1856 du 30 déc. 2015, art. 8-7º)* « et maternité et d'assurance invalidité, » du régime des personnes non salariées des professions agricoles, à condition qu'il ne soit pas titulaire d'un avantage de vieillesse d'un régime de sécurité sociale.

Art. R. 731-88 Les modalités d'application des articles R. 731-80 à R. 731-86 sont précisées en tant que de besoin par arrêté du ministre chargé de l'agriculture *(Décr. nº 2009-793 du 23 juin 2009, art. 2)* « , du ministre chargé de la sécurité sociale », du ministre chargé du travail et du ministre chargé du budget.

Art. D. 731-89 *(Décr. nº 2015-1856 du 30 déc. 2015, art. 2-1º)* Le taux de la cotisation d'assurance invalidité due pour les personnes mentionnées aux 1º, 2º et 5º de l'article L. 722-10, exerçant leur activité à titre exclusif ou principal, assise sur les revenus professionnels du chef d'exploitation ou d'entreprise agricole ou sur l'assiette forfaitaire définis aux articles L. 731-14 à L. 731-21, est fixé à *(Décr. nº 2020-602 du 19 mai 2020, art. 2)* « 0,9 % pour l'année 2020, à 1 % pour l'année 2021 et à 1,1 % à compter de l'année 2022 ».

Le montant annuel de la cotisation mentionnée au premier alinéa du présent article ne peut être inférieur à celui de la cotisation qui serait calculée sur un revenu égal à 11,5 % du plafond annuel de la sécurité sociale en vigueur au 1er janvier de l'année au titre de laquelle les cotisations sont dues.

Art. D. 731-90 La cotisation due pour le financement des prestations des assurances maladie, invalidité et maternité des exploitants agricoles par les personnes mentionnées *(Décr. nº 2007-1499 du 18 oct. 2007 ; Décr. nº 2017-1891 du 30 déc. 2017, art. 2-I)* « à l'article L. 131-9 du code de la sécurité sociale », titulaires des pensions de retraite agricoles mentionnées à l'article L. 731-37 du présent code, d'une pension de réversion ou de la pension de retraite forfaitaire prévue au premier alinéa de l'article L. 732-34 et au 1º du I de l'article L. 732-35 du même code, est égale à *(Décr. nº 2018-162 du 6 mars 2018, art. 2)* « 3,20 % » du montant annuel des avantages de vieillesse agricoles perçus.

Al. 2 abrogé par Décr. nº 2013-1223 du 23 déc. 2013, art. 2-7º-b, à compter du 1er janv. 2014.

Art. D. 731-91 *(Décr. nº 2007-1499 du 18 oct. 2007 ; Décr. nº 2008-983 du 18 sept. 2008)* Le taux de la cotisation *(Décr. nº 2015-1856 du 30 déc. 2015, art. 2-2º)* « d'assurance maladie et maternité » due pour les personnes mentionnées aux 1º, 2º et 5º de l'article L. 722-10, assise sur les revenus professionnels du chef d'exploitation ou d'entreprise agricole ou sur l'assiette forfaitaire définis aux articles L. 731-14 à L. 731-21, est *(Décr. nº 2017-1894 du 30 déc. 2017, art. 5-II-3º)* « déterminé selon les modalités prévues à l'article D. 621-3 du code de la sécurité sociale ».

Toutefois, pour les personnes mentionnées *(Décr. nº 2017-1891 du 30 déc. 2017, art. 2-I)* « à » l'article L. 131-9 du code de la sécurité sociale, le taux de la cotisation mentionnée au premier alinéa est *(Décr. nº 2017-1894 du 30 déc. 2017, art. 5-II-3º)* « déterminé en application du I de l'article D. 621-5 du même code ».

Art. D. 731-92 *(Décr. nº 2007-1499 du 18 oct. 2007 ; Décr. nº 2008-983 du 18 sept. 2008)* Le taux de la cotisation *(Décr. nº 2015-1856 du 30 déc. 2015, art. 2-3º)* « d'assurance maladie et maternité » dont sont redevables pour eux-mêmes les chefs d'exploitation ou d'entreprise agricole exerçant à titre secondaire et assise sur les revenus professionnels du chef d'exploitation ou d'entreprise agricole ou sur l'assiette forfaitaire définis aux articles L. 731-14 à L. 731-21 est de *(Décr. nº 2015-1856 du 30 déc. 2015, art. 2-3º)* « 7,48 % ».

Toutefois, pour les personnes mentionnées *(Décr. nº 2017-1891 du 30 déc. 2017, art. 2-I)* « à » l'article L. 131-9 du code de la sécurité sociale, le taux de la cotisation mentionnée à l'alinéa ci-dessus est fixé à *(Décr. nº 2018-162 du 6 mars 2018, art. 2)* « 12,43 % ».

Art. D. 731-93 *(Décr. n° 2015-1856 du 30 déc. 2015, art. 8-8°)* « Les cotisations » dont sont redevables les chefs d'exploitation ou d'entreprise agricole exerçant à titre exclusif ou principal pour les associés d'exploitation définis par l'article L. 321-6 et les aides familiaux âgés de dix-huit ans ou plus *(Décr. n° 2015-1856 du 30 déc. 2015, art. 8-8°)* « sont égales aux deux tiers du montant des cotisations déterminées en application des articles D. 731-89 et » D. 731-91. Cette proportion est d'un tiers pour les aides familiaux âgés de moins de dix-huit ans.

(Décr. n° 2015-1856 du 30 déc. 2015, art. 8-8°) « Les cotisations » dont sont redevables les chefs d'exploitation ou d'entreprise agricole exerçant à titre secondaire pour les associés d'exploitation et les aides familiaux de dix-huit ans ou plus *(Décr. n° 2015-1856 du 30 déc. 2015, art. 8-8°)* « sont égales aux deux tiers du montant des cotisations assises sur ses revenus professionnels ou sur l'assiette forfaitaire définis aux articles L. 731-14 à L. 731-21 et calculées en application des taux fixés aux articles D. 731-89 et » D. 731-92. Cette proportion est d'un tiers pour les aides familiaux de moins de dix-huit ans.

(Décr. n° 2010-1416 du 12 nov. 2010, art. 3) « Toutefois, en application du deuxième alinéa de l'article L. 731-36, le montant *(Décr. n° 2015-1856 du 30 déc. 2015, art. 8-8°)* « des cotisations » due au titre du premier ou du deuxième alinéa du présent article ne peuvent » *[peut]* excéder, pour chacune de ces personnes, le montant d'un plafond *(Décr. n° 2017-1444 du 4 oct. 2017, art. 1er-5°)* « égal à 15 fois le montant horaire du salaire minimum de croissance pour la cotisation déterminée en application de l'article D. 731-89 et à 56 fois le montant horaire du salaire minimum de croissance pour la cotisation déterminée en application des articles D. 731-91 et D. 731-92. »

« La valeur du SMIC *(Abrogé par Décr. n° 2017-1444 du 4 oct. 2017, art. 1er-5°)* « *en fonction de laquelle le montant du plafond est revalorisé* » est celle fixée au 1er janvier de l'année au titre de laquelle les cotisations sont dues.

« Le montant du plafond est arrondi à l'euro le plus proche. »

Art. D. 731-94 *et* D. 731-95 *Abrogés par Décr. n° 2013-1223 du 23 déc. 2013, art. 5-I, à compter du 1er janv. 2014.*

Art. D. 731-96 La cotisation minimale d'assurance *(Décr. n° 2015-1856 du 30 déc. 2015, art. 8-9°)* « invalidité » prévue au premier alinéa de l'article D. 731-89, due par la personne qui exerce une ou plusieurs activités relevant de régimes de sécurité sociale distincts et dont l'activité non salariée agricole est exercée à titre principal en application *(Décr. n° 2015-877 du 16 juill. 2015, art. 11)* « de l'article D. 732-2-0-1 du présent code et de l'article D. 171-12 » du code de la sécurité sociale, est réduite d'un montant de 10 %.

Cette réduction n'est opérée qu'une seule fois quel que soit le nombre d'activités accessoires exercées.

Art. D. 731-97 *(Décr. n° 2010-1416 du 12 nov. 2010, art. 5)* Le montant de la cotisation forfaitaire définie à l'article L. 731-35 et due pour la couverture des prestations d'invalidité prévues à l'article L. 732-8 par les chefs d'exploitation ou d'entreprise agricole pour les collaborateurs d'exploitation ou d'entreprise agricole mentionnés à l'article L. 321-5 *(Décr. n° 2017-1444 du 4 oct. 2017, art. 1er-6°)* « est fixé aux deux tiers du montant de la cotisation prévue à l'article D. 731-89 et calculée sur un revenu égal à 11,5 % du plafond annuel de la sécurité sociale en vigueur au 1er janvier de l'année au titre de laquelle les cotisations sont dues. »

Le montant de cette cotisation est arrondi au demi-euro le plus proche.

Art. D. 731-98 *(Décr. n° 2013-844 du 20 sept. 2013, art. 1er)* Le montant forfaitaire de la cotisation prévue à l'article L. 731-35-1 est fixé par arrêté des ministres chargés de l'agriculture et de la sécurité sociale sur proposition du conseil central d'administration de la Mutualité sociale agricole et après avis de la section spécialisée du Conseil supérieur des prestations sociales agricoles mentionnée au 4° de l'article *(Décr. n° 2013-1311 du 27 déc. 2013, art. 1er-1°)* « D. 721-2 », en fonction des prévisions des charges relatives aux prestations, aux frais de gestion et au contrôle médical présentées chaque année par la caisse centrale de la Mutualité sociale agricole.

Art. D. 731-99 Le montant *(Décr. nº 2015-1856 du 30 déc. 2015, art. 8-10º)* « de la cotisation d'assurance invalidité due » par le bénéficiaire *(Décr. nº 2009-404 du 15 avr. 2009, art. 8)* « du revenu de solidarité active » *(Décr. nº 2013-1223 du 23 déc. 2013, art. 2-11º ; Décr. nº 2015-1856 du 30 déc. 2015, art. 8-10º ; Décr. nº 2016-735 du 2 juin 2016, art. 1er-3º)* « dont les ressources n'excèdent pas le montant forfaitaire mentionné à l'article L. 262-2 du code de l'action sociale et des familles qui met en valeur une exploitation en qualité de chef d'exploitation ou d'entreprise agricole » est égal à celui de la cotisation qui serait calculée sur un revenu égal à 200 fois le montant du salaire minimum interprofessionnel de croissance (SMIC) en vigueur au 1er janvier de l'année pour laquelle les cotisations sont dues.

Art. D. 731-100 *Abrogé par Décr. nº 2009-716 du 18 juin 2009, art. 4.*

Art. R. 731-101 à R. 731-119 *Abrogés par Décr. nº 2015-861 du 13 juill. 2015, art. 6-6º.*

§ 3 Assurance vieillesse

Art. D. 731-120 Le montant des cotisations annuelles d'assurance vieillesse prévues aux 1º, 2º et 3º de l'article L. 731-42, dues au titre des revenus mentionnés aux articles L. 731-14 à L. 731-21, ne peut être inférieur à celui des cotisations qui seraient calculées sur un revenu égal à :

1º 800 fois le montant du salaire minimum de croissance en vigueur au 1er janvier de l'année considérée pour la cotisation mentionnée au 1º ;

2º 600 fois le montant du salaire minimum de croissance en vigueur au 1er janvier de l'année considérée pour les cotisations mentionnées aux 2º *a)* et 3º ;

3º 400 fois le montant du salaire minimum de croissance en vigueur au 1er janvier de l'année considérée pour les cotisations mentionnées au 2º *b)*.

Al. 5 à 7 abrogés par Décr. nº 2013-1223 du 23 déc. 2013, art. 2-12º, à compter du 1er janv. 2014.

Art. D. 731-121 *(Décr. nº 2012-847 du 2 juill. 2012, art. 12-1º)* Le taux de la cotisation mentionnée au 1º de l'article L. 731-42 est fixé à :

a) 3,21 % pour l'année 2012 ;
b) 3,26 % pour l'année 2013 ;
c) 3,28 % pour l'année 2014 ;
d) 3,30 % pour l'année 2015 ;
e) 3,32 % à compter de l'année 2016.

Art. D. 731-122 *(Décr. nº 2012-847 du 2 juill. 2012, art. 12-2º)* Le taux de la cotisation mentionnée au *a* du 2º de l'article L. 731-42 est fixé à :

a) *(Décr. nº 2013-1223 du 23 déc. 2013, art. 2-13º, en vigueur le 1er janv. 2014)* « 11,19 % pour l'année 2012 ;
« *b)* 11,31 % pour l'année 2013 ;
« *c)* 11,39 % pour l'année 2014 ;
« *d)* 11,47 % pour l'année 2015 ;
« *e)* 11,55 % » à compter de l'année 2016.

Art. D. 731-123 *(Décr. nº 2007-1499 du 18 oct. 2007 ; Décr. nº 2008-983 du 18 sept. 2008)* Les cotisations prévues au *b* du 2º de l'article L. 731-42 au titre *(Décr. nº 2009-1226 du 12 oct. 2009, art. 7)* « du collaborateur d'exploitation ou d'entreprise agricole » au sens de l'article L. 321-5 et de l'aide familial au sens du 2º de l'article L. 722-10 sont assises sur l'assiette minimale prévue à l'article D. 731-120 à laquelle est appliqué un taux *(Décr. nº 2012-847 du 2 juill. 2012, art. 12-3º)* « égal au taux fixé à l'article D. 731-122 ».

Art. D. 731-124 *(Décr. nº 2014-1531 du 17 déc. 2014, art. 5)* Le taux de la cotisation mentionnée au 3º de l'article L. 731-42, appliqué à la totalité des revenus professionnels ou de l'assiette forfaitaire définis aux articles L. 731-14 à L. 731-22, est fixé à :

a) 2,04 % pour l'année 2015 ;
b) 2,14 % pour l'année 2016 ;
c) 2,24 % à compter de l'année 2017.

Art. D. 731-125 et D. 731-126 *Abrogés par Décr. n° 2013-1223 du 23 déc. 2013, art. 5-I, à compter du 1er janv. 2014.*

§ 4 Assurance volontaire vieillesse

Art. D. 731-127 **Les assurés volontaires sont, en vue du calcul du montant de leurs cotisations, répartis en quatre catégories, chacune de ces catégories correspondant à une assiette égale à un pourcentage de la somme des plafonds mensuels de l'année applicable, conformément à l'article L. 241-3 du code de la sécurité sociale, aux rémunérations retenues pour le calcul des cotisations d'assurance vieillesse. Cette assiette est égale :**

a) Pour la 1re catégorie, à 100 % de ce plafond ;

b) Pour la 2e catégorie, à 70 % de ce plafond ;

c) Pour la 3e catégorie, à 40 % de ce plafond ;

c) Pour la 4e catégorie, à 20 % de ce plafond.

La valeur mensuelle du plafond mentionné ci-dessus est celle en vigueur au 1er janvier de l'année considérée.

Art. D. 731-128 Les assurés volontaires mentionnés à l'article L. 722-17 sont classés dans la catégorie correspondant aux revenus professionnels pris en compte pour le calcul des cotisations dues au titre de leur dernière année d'activité et déterminés conformément aux dispositions des articles L. 731-14 à L. 731-21 ou, à défaut de tels revenus, dans la première catégorie.

Sont classés :

1° Dans la 1re catégorie, les assurés dont les revenus professionnels annuels sont égaux ou supérieurs au plafond *(Décr. n° 2017-1492 du 25 oct. 2017, art. 17-7°)* « mentionné » au premier alinéa ci-dessus ;

2° Dans la 2e catégorie, les assurés dont les revenus professionnels annuels sont inférieurs audit plafond et supérieurs ou égaux à 70 % de ce plafond ;

3° Dans la 3e catégorie, les assurés dont les revenus professionnels annuels sont inférieurs à 70 % dudit plafond et supérieurs à 20 % de ce plafond ;

4° Dans la 4e catégorie, les assurés dont les revenus professionnels annuels sont inférieurs ou égaux à 20 % dudit plafond.

La caisse peut toutefois décider soit d'office, après enquête sur les revenus de toute nature des intéressés dans les conditions de *(Décr. n° 2017-1492 du 25 oct. 2017, art. 17-7°)* « l'article L. 152 du livre des procédures fiscales », leur affectation à une catégorie supérieure, soit sur la demande des intéressés, au vu des justifications fournies et, s'il y a lieu, après enquête, leur affectation à une catégorie supérieure ou inférieure.

Les assurés volontaires mentionnés à l'article L. 722-18 *(Décr. n° 2017-1492 du 25 oct. 2017, art. 17-7°)* « du présent code » sont classés dans la 1re catégorie.

Art. D. 731-129 Les personnes ayant adhéré à l'assurance volontaire vieillesse gérée par le régime de protection sociale des professions non salariées agricoles avant la date d'entrée en vigueur des dispositions prévues à l'article L. 722-17 sont rangées, à compter de cette même date :

1° Dans la 1re catégorie, si elles cotisaient sur un revenu cadastral supérieur à 15 724 F (2 397,11 €) ;

2° Dans la 2e catégorie, si elles cotisaient sur un revenu cadastral compris entre 8 908,01 F (1 358,02 €) et 15 724 F (2 397,11 €) ;

3° Dans la 3e catégorie, si elles cotisaient sur un revenu cadastral compris entre 4 000,01 F (609,80 €) et 8 908 F (1 358,02 €) ;

4° Dans la 4e catégorie, si elles cotisaient sur un revenu cadastral au plus égal à 4 000 F (609,80 €).

Le revenu cadastral mentionné ci-dessus est celui qui était retenu pour le calcul des cotisations d'assurance volontaire vieillesse afférentes à l'année 1989.

Les dispositions du 3° de l'article D. 731-127 sont applicables aux assurés volontaires mentionnés au présent article.

Art. D. 731-130 Les assurés volontaires mentionnés aux 1° et 2° de l'article D. 722-25 sont chaque année redevables d'une cotisation qui comprend :

1° La cotisation prévue au 1° de l'article L. 731-42 pour eux-mêmes, leur conjoint et leurs aides familiaux majeurs ;

2° La cotisation prévue au *a)* du 2° de l'article L. 731-42 due pour eux-mêmes ;

3° La cotisation prévue au 3° de l'article L. 731-42 due pour eux-mêmes ;

4° La cotisation prévue au *b)* du 2° de l'article L. 731-42 due pour les années postérieures à 1993 en ce qui concerne leurs aides familiaux majeurs et due pour les années postérieures à 1998 en ce qui concerne leur conjoint collaborateur.

5° Abrogé par Décr. n° 2013-1223 du 23 déc. 2013, art. 2-15°, à compter du 1er janv. 2014.

Art. D. 731-131 Sans préjudice des dispositions des articles D. 731-17 à *(Décr. n° 2014-974 du 22 août 2014, art. 1er-6°, en vigueur le 1er janv. 2015)* « R. 731-21 », les cotisations dues par les assurés volontaires sont calculées sur le revenu de la catégorie dans laquelle l'assuré est classé, déterminé conformément aux dispositions de l'article D. 731-127.

Toutefois, la cotisation mentionnée au 4° de l'article D. 731-130, *(Abrogé par Décr. n° 2015-769 du 29 juin 2015, art. 2-3°)* ***« ainsi que la cotisation mentionnée au 5° du même article »*** lorsqu'elle concerne un aide familial majeur ou un conjoint collaborateur, est assise sur l'assiette minimale déterminée à l'article *(Décr. n° 2006-1241 du 10 oct. 2006)* « D. 731-120 ».

Les taux applicables pour le calcul des cotisations de l'assurance volontaire sont ceux en vigueur dans le régime obligatoire.

Les cotisations d'assurance volontaire sont calculées annuellement.

Art. D. 731-131-1 *(Décr. n° 2015-769 du 29 juin 2015, art. 2-4°)* Les personnes mentionnées au deuxième alinéa de l'article L. 722-17 acquittent les deux cotisations suivantes :

1° La cotisation due pour elles-mêmes au titre du 1° de l'article L. 731-42, calculée sur l'assiette ayant servi de base au calcul de cette cotisation d'assurance vieillesse obligatoire due pour le conjoint collaborateur au titre de la dernière année civile d'activité, revalorisée par le taux d'évolution du plafond *(Décr. n° 2017-1492 du 25 oct. 2017, art. 17-8°)* « mentionné à l'article L. 241-3 du code de la sécurité sociale » entre le 1er janvier de l'année correspondant à sa dernière année d'activité et le 1er janvier de l'année en cours ;

2° La cotisation due pour elles-mêmes au titre du *b* du 2° de l'article L. 731-42 *(Décr. n° 2017-1492 du 25 oct. 2017, art. 17-8°)* « du présent code », calculée selon les dispositions du deuxième alinéa de l'article D. 731-131 *(Décr. n° 2017-1492 du 25 oct. 2017, art. 17-8°)* « du même code ».

Les dispositions des 1° et 2° du présent article sont applicables aux collaborateurs d'exploitation ou d'entreprise agricole mentionnés au quatrième alinéa de l'article D. 722-25.

Art. D. 731-132 Pour les assurés volontaires mentionnés à l'article L. 722-18, les cotisations sont recouvrées en deux fractions exigibles respectivement le 1er janvier et le 1er octobre et qui doivent être versées en euros directement par l'assuré au siège de la caisse dont il relève, le 31 janvier et le 31 octobre au plus tard. Le règlement des cotisations donne lieu à l'envoi par la caisse d'une quittance valant attestation de paiement pour l'ouverture du droit et le calcul de la pension.

Pour les assurés volontaires mentionnés à l'article L. 722-17, les cotisations sont exigibles et recouvrables dans les conditions prévues par les articles R. 731-57 à R. 731-75.

Art. D. 731-133 L'assuré qui ne s'est pas acquitté au 31 décembre de la totalité des cotisations dues au titre de l'année et qui ne régularise pas sa situation dans les trente jours de la réception d'un avertissement préalable qui lui est adressé par la caisse, par lettre recommandée, est radié de l'assurance volontaire. Cette radiation prend effet au 1er janvier de l'année considérée et comporte, le cas échéant, le remboursement de la fraction de cotisations versées au titre de cette année.

L'assuré volontaire a la faculté de demander la résiliation de son assurance par lettre recommandée avec accusé de réception, adressée à la caisse dont il relève. La radiation prend alors effet à compter du 1er janvier de l'année suivant la demande.

La radiation est prononcée d'office par la caisse lorsque l'assuré volontaire cesse de remplir les conditions mentionnées à l'article L. 722-18 ou à l'article L. 722-17 ; elle prend effet à compter du 1er janvier qui suit la date à laquelle les conditions ont cessé d'être remplies.

Toutefois, dans tous les cas, les périodes pour lesquelles les cotisations ont été intégralement acquittées entrent en ligne de compte pour l'ouverture du droit à pension et le calcul de celle-ci.

Art. D. 731-134 Seules les personnes qui ont été radiées de l'assurance volontaire parce qu'elles ne remplissaient plus les conditions d'adhésion conservent la possibilité de demander leur affiliation à partir du moment où elles remplissent à nouveau ces conditions.

CHAPITRE II **PRESTATIONS**

SECTION 1 **Prestations familiales**

Art. R. 732-1 Les dispositions du livre V du code de la sécurité sociale (deuxième partie : Décrets en Conseil d'État et troisième partie : Décrets) sont applicables aux bénéficiaires du régime de protection sociale des personnes non salariées des professions agricoles.

Pour l'application de ces dispositions, les caisses de mutualité sociale agricole sont substituées aux caisses d'allocations familiales.

SECTION 2 **Assurance maladie, invalidité, décès et maternité** *(Décr. n° 2022-772 du 29 avr. 2022, art. 2).*

SOUS-SECTION 1 **Assurance maladie**

§ 1 Prestations en nature

(Décr. n° 2013-844 du 20 sept. 2013, art. 2-2°-a)

Art. R. 732-2 L'assurance maladie des non-salariés agricoles comporte *(Décr. n° 2018-1255 du 27 déc. 2018, art. 2)* « la prise en charge des frais de santé » dans les mêmes conditions et limites que celles prévues à la section 2 du chapitre II du titre IV du présent livre concernant les salariés agricoles.

Toutefois, les prestations de l'assurance maladie sont dues aux assujettis, pour eux-mêmes, leur conjoint et leurs enfants mineurs de seize ans ou assimilés, dès lors que, à la date de la prescription médicale, ils remplissent les conditions d'assujettissement à l'assurance.

Les conditions d'assujettissement à l'assurance sont réputées remplies pendant les périodes d'arrêt de travail médicalement justifié.

Art. D. 732-2-0-1 *(Décr. n° 2015-877 du 16 juill. 2015, art. 12)* Pour l'application du I de l'article L. 732-9, l'activité principale est déterminée dans les conditions prévues par les dispositions du II et du IV de l'article D. 171-12 du code de la sécurité sociale, sauf option contraire pour le régime dont relève leur autre activité *(Décr. n° 2018-1258 du 27 déc. 2018, art. 2)* « exercée dans les conditions prévues par le premier alinéa de l'article D. 160-15 ».

Art. D. 732-2-0-2 *(Décr. n° 2015-877 du 16 juill. 2015, art. 12)* Pour l'application du II de l'article L. 732-9, *(Décr. n° 2018-1258 du 27 déc. 2018, art. 2)* « le régime compétent pour la prise en charge des frais de santé est déterminé dans les conditions prévues par les dispositions » *(Décr. n° 2015-1882 du 30 déc. 2015, art. 3-2°)* « de l'article D. 160-15 » du code de la sécurité sociale.

§ 2 Indemnités journalières en cas de maladie ou d'accident de la vie privée

(Décr. n° 2013-844 du 20 sept. 2013, art. 2-2°-b, en vigueur le 1er janv. 2014)

Art. D. 732-2-1 I. — Pour bénéficier des indemnités journalières prévues à l'article L. 732-4, l'assuré doit :

1° Être affilié au régime d'assurance maladie, invalidité, maternité des non-salariés agricoles depuis au moins un an. Lorsque l'intéressé est affilié depuis moins d'un an, il est fait application des dispositions de l'article *(Décr. n° 2018-1258 du 27 déc. 2018, art. 2)* « L. 172-2 » du code de la sécurité sociale ;

2° Être à jour de la cotisation mentionnée à l'article L. 731-35-1 *(Décr. n° 2017-1492 du 25 oct. 2017, art. 18-1°)* « du présent code » au 1er janvier de l'année civile au cours de laquelle l'incapacité de travail a été médicalement constatée.

II. – En cas de paiement tardif de la cotisation mentionnée *(Décr. n° 2017-1492 du 25 oct. 2017, art. 18-1°)* « au même article », l'assuré peut faire valoir ses droits aux indemnités journalières à condition d'avoir réglé la totalité de la cotisation restant due au 1er janvier de l'année au cours de laquelle est constatée l'incapacité de travail. Dans ce cas, il bénéficie des indemnités journalières à compter de la date de règlement de cette cotisation.

Art. D. 732-2-2 L'indemnité journalière est attribuée à l'expiration d'un délai de carence *(Décr. n° 2022-772 du 29 avr. 2022, art. 1er)* « de trois jours, calculé à compter de la constatation médicale de l'incapacité de travail.

« Ce délai ne s'applique », pour une période de trois ans décomptée de date à date, qu'au premier des arrêts de travail dus à une même affection donnant lieu à application de la procédure prévue à l'article L. 324-1 du code de la sécurité sociale.

L'indemnité journalière est due pour chaque jour ouvrable ou non.

Art. D. 732-2-3 Conformément aux dispositions de l'article L. 324-1 du code de la sécurité sociale, en cas d'affection de longue durée, d'interruption de travail ou de soins continus supérieurs à six mois, la caisse fait procéder périodiquement à un examen du bénéficiaire, conjointement par le médecin traitant et le médecin-conseil.

Art. D. 732-2-4 *(Décr. n° 2017-1884 du 29 déc. 2017, art. 1er)* « I. – » Pour une période de trois ans décomptée de date à date, l'assuré ne peut recevoir plus de 360 indemnités journalières au titre d'une ou plusieurs maladies.

Pour les affections donnant lieu à la procédure prévue à l'article L. 324-1 du code de la sécurité sociale, ou en cas d'interruption de travail ou de soins continus pendant plus de six mois, l'indemnité journalière peut être servie pendant une période d'une durée maximale de trois ans, décomptée de date à date, pour chaque affection.

En cas d'interruption suivie de reprise du travail, l'indemnité journalière peut être servie pendant une nouvelle période d'une durée maximale de trois ans, décomptée de date à date, si l'activité a été reprise pendant une durée d'au moins un an. L'assuré atteste sur l'honneur la date de reprise d'activité.

(Décr. n° 2017-1884 du 29 déc. 2017, art. 1er) « II. – Pour l'application de l'article L. 732-4, en cas de reprise du travail à temps partiel pour motif thérapeutique, prévue à l'article L. 323-3 du code de la sécurité sociale, l'assuré ne peut recevoir plus de 90 indemnités journalières au titre d'une ou plusieurs maladies ou accidents de la vie privée. Ces indemnités journalières sont cumulables avec les 360 indemnités journalières prévues au premier alinéa du I du présent article, sous réserve du respect de la période de trois ans prévue au même alinéa. Lorsque l'assuré est atteint d'une affection donnant lieu à l'application de la procédure prévue à l'article L. 324-1 du code de la sécurité sociale, l'indemnité journalière pour reprise du travail à temps partiel pour motif thérapeutique peut être servie pendant 270 jours sur la période prévue au deuxième alinéa du I du présent article, majorée d'un an. »

(Décr. n° 2023-70 du 6 févr. 2023, art. 1er) « III. – L'essai encadré prévu au 1° de l'article L. 752-5-2 bénéficie aux personnes mentionnées aux 1° à 3° de l'article L. 732-4 du présent code en arrêt de travail selon les modalités prévues aux articles D. 323-6-2 à D. 323-6-7 du code de la sécurité sociale sous les réserves suivantes :

« 1° La référence à l'article L. 441-2 du code de la sécurité sociale est remplacée par la référence à l'article L. 752-24 du présent code ;

« 2° La référence au service social mentionné au 4° de l'article L. 215-1 du code de la sécurité sociale est remplacée par la référence au service social de la caisse de mutualité sociale agricole compétente ;

« 3° L'essai encadré est mis en œuvre dans les mêmes conditions que celles prévues à l'article D. 323-6-3 du code de la sécurité sociale. L'accord du médecin du travail n'est requis que pour les personnes bénéficiant des dispositions de l'article D. 717-2 du présent code ;

« 4° La référence au service de prévention et de santé au travail est remplacée par la référence au service de santé au travail en agriculture de la caisse de mutualité sociale agricole compétente ;

« 5° Les caisses de mutualité sociale agricole sont substituées aux caisses primaires d'assurance maladie.

« Au cours de l'essai encadré, réalisé pendant l'arrêt de travail par les personnes mentionnées au premier alinéa du présent III, le versement des indemnités journalières mentionnées à l'article L. 732-4 du présent code est maintenu. L'entreprise dans laquelle l'assuré effectue l'essai encadré ne verse aucune rémunération à ce titre. »

Art. D. 732-2-5 Le montant de l'indemnité journalière est fixé à :

(Décr. n° 2021-1897 du 29 déc. 2021, art. 1er) « 63 % » de 1/365 du gain forfaitaire annuel mentionné à l'article L. 732-4-1 les vingt-huit premiers jours d'arrêt de travail *(Abrogé par Décr. n° 2023-358 du 10 mai 2023, art. 1er) « indemnisés »* ;

(Décr. n° 2021-1897 du 29 déc. 2021, art. 1er) « 84 % » de 1/365 de ce même gain forfaitaire annuel à compter du vingt-neuvième jour d'arrêt de travail *(Abrogé par Décr. n° 2023-358 du 10 mai 2023, art. 1er) « indemnisé »*.

(Décr. n° 2017-1884 du 29 déc. 2017, art. 2) « Le montant de l'indemnité journalière servie en application du quatrième alinéa de l'article D. 732-2-4 est égal, pendant toute la durée de la reprise du travail à temps partiel pour motif thérapeutique, à celui fixé au deuxième alinéa du présent article. »

Art. D. 732-2-6 Les indemnités journalières prévues à l'article L. 732-4 ne peuvent pas être cumulées avec les indemnités journalières prévues à l'article L. 752-5 ni avec l'allocation de remplacement prévue aux articles L. 732-10 à L. 732-12-1.

Les arrêts de travail prescrits à l'occasion d'une cure thermale ne donnent pas lieu au versement d'indemnités journalières.

Art. D. 732-2-7 Sauf en cas d'hospitalisation, l'assuré adresse un avis d'arrêt de travail au service du contrôle médical de la caisse de mutualité sociale agricole dans un délai de deux jours suivant la date de la constatation médicale de l'arrêt de travail.

Si l'assuré reprend son travail avant la fin de la durée de l'arrêt de travail prescrit par son médecin traitant, il adresse au service du contrôle médical de la caisse de mutualité sociale agricole, dans un délai de deux jours suivant la date de la reprise, une déclaration sur l'honneur indiquant la date de la reprise de son travail.

Al. 3 abrogé par Décr. n° 2015-861 du 13 juill. 2015, art. 7-1°.

Si l'avis d'arrêt de travail est adressé à la caisse de mutualité sociale agricole au-delà du délai prévu au premier alinéa, l'indemnité journalière est attribuée à l'expiration d'un délai de quatre jours à compter de sa réception par la caisse.

Le paiement des indemnités journalières est effectué par quinzaine.

Le formulaire d'avis d'arrêt de travail est celui mentionné à l'article L. 321-2 du code de la sécurité sociale.

Art. D. 732-2-8 Le service du contrôle médical de la caisse de mutualité sociale agricole peut à tout moment :

1° Donner des avis d'ordre médical sur l'appréciation faite par le médecin traitant de l'état de santé et de l'aptitude au travail des bénéficiaires ;

2° Donner des avis d'ordre médical sur les liens de causalité entre l'interruption de travail, l'accident ou l'affection comportant un traitement prolongé et une thérapeutique particulièrement coûteuse ouvrant droit à l'exonération du ticket modérateur ;

3° Donner son avis sur l'incapacité de l'assuré, lorsque, en raison de la stabilisation de son état de santé, celui-ci ne peut plus prétendre aux indemnités journalières prévues à l'article L. 732-4.

Le service du contrôle médical de la caisse de mutualité sociale agricole exerce ces missions dans les conditions prévues aux articles R. 723-126 à D. 723-153.

Art. D. 732-2-9 La caisse de mutualité sociale agricole procède au contrôle administratif des arrêts de travail en ce qui concerne le respect des dispositions de l'article L. 323-6 du code de la sécurité sociale. Ce contrôle est exercé par les agents agréés et assermentés mentionnés à l'article L. 724-7 *(Décr. n° 2017-1492 du 25 oct. 2017, art. 18-2°)* « du présent code » *(Abrogé par Décr. n° 2015-861 du 13 juill. 2015, art. 7-*

2°) « pour l'ensemble des assurés, y compris ceux relevant des organismes assureurs mentionnés à l'article L. 732-6-1 ».

Art. D. 732-2-10 Sans préjudice des dispositions de l'article L. 324-1 du code de la sécurité sociale, la caisse de mutualité sociale agricole ou l'organisme assureur peuvent, le cas échéant, refuser le bénéfice des indemnités journalières afférentes à la période pendant laquelle le contrôle mentionné à l'article D. 732-2-9 *(Décr. n° 2017-1492 du 25 oct. 2017, art. 18-3°)* « du présent code » a été rendu impossible.

SOUS-SECTION 2 Assurance invalidité

§ 1 Droits propres *(Décr. n° 2023-139 du 27 févr. 2023, art. 2).*

Art. R. 732-3 *(Décr. n° 2014-1727 du 30 déc. 2014, art. 1er-I-1°)* « I. — » Bénéficient d'une pension d'invalidité les personnes *(Décr. n° 2020-602 du 19 mai 2020, art. 1er)* « mentionnées » aux premier et deuxième alinéas de l'article L. 732-8 dont l'inaptitude totale ou partielle a été constatée avant l'âge *(Décr. n° 2011-620 du 31 mai 2011, art. 7-I)* « prévu à l'article L. 732-18 », alors même que la maladie aurait seulement aggravé un état antérieur d'incapacité de travail.

(Décr. n° 2014-1727 du 30 déc. 2014, art. 1er-I-2° et 3°) « II. — L'état d'invalidité est apprécié compte tenu de l'état général, de l'âge, des facultés physiques et mentales, des aptitudes et de la formation professionnelle de l'intéressé ainsi que de ses possibilités de reclassement :

« 1° Soit après consolidation de la blessure à la suite d'un accident de la vie privée ;

« 2° Soit à l'expiration de la période pendant laquelle l'assuré a bénéficié des indemnités journalières mentionnées à l'article L. 732-4 ;

« 3° Soit après stabilisation de son état intervenue avant l'expiration de la durée d'indemnisation prévue au cinquième alinéa de l'article L. 732-4 ;

« 4° Soit au moment de la constatation médicale de l'invalidité *(Abrogé par Décr. n° 2020-602 du 19 mai 2020, art. 1er)* *« , lorsque cette invalidité résulte de l'usure prématurée de l'organisme ».*

« III. — Pour recevoir une pension d'invalidité, *(Décr. n° 2020-602 du 19 mai 2020, art. 1er)* « l'assuré doit justifier des conditions d'assujettissement applicables aux bénéficiaires de l'assurance maladie, invalidité, maternité mentionnée à l'article L. 722-10 » depuis le début des douze mois civils précédant celui au cours duquel est survenue l'interruption de travail suivie d'invalidité ou la constatation de l'état d'invalidité *(Abrogé par Décr. n° 2020-602 du 19 mai 2020, art. 1er)* *« résultant de l'usure prématurée de l'organisme ».*

« IV. — La caisse de mutualité sociale agricole est tenue de faire connaître à l'assuré, par tout moyen permettant à la caisse de prouver qu'elle a accompli cette formalité, aussitôt qu'elle se trouve à même d'apprécier son état, la date à laquelle il ne peut plus prétendre au bénéfice des indemnités journalières prévues à l'article L. 732-4, en raison de la stabilisation dudit état.

« La caisse lui fait connaître, dans les mêmes conditions, sa décision de procéder à la liquidation, à son profit, d'une pension d'invalidité, si elle estime qu'il présente une invalidité réduisant au moins des deux tiers sa capacité de gain.

« V. — A défaut d'initiative de la caisse, l'assuré peut adresser lui-même une demande de pension d'invalidité.

« Cette demande doit être adressée aux services de la caisse dans le délai de douze mois qui suit, selon le cas, soit la date de consolidation de la blessure, soit la date de constatation médicale de l'état d'invalidité *(Abrogé par Décr. n° 2020-602 du 19 mai 2020, art. 1er)* *« si celle-ci résulte de l'usure prématurée de l'organisme »*, soit la date de stabilisation de l'état de l'assuré telle qu'elle résulte de la notification qui lui en est faite par la caisse, soit la date de l'expiration de la période légale d'attribution des indemnités journalières ou la date à laquelle la caisse a cessé d'accorder ces prestations. La caisse est tenue d'informer l'assuré du délai qui lui est imparti pour présenter lui-même sa demande. A défaut de cette information, ce délai n'est pas opposable à l'assuré.

« VI. — Quelle que soit la date de la demande, la pension d'invalidité prend effet à compter de la date à laquelle est apprécié l'état d'invalidité.

« VII. — » La pension d'invalidité est toujours *(Décr. n° 2020-602 du 19 mai 2020, art. 1er)* « attribuée » à titre temporaire et sous réserve que l'intéressé se soumette, sauf motif valable, aux mesures prescrites en vue de sa rééducation fonctionnelle ou professionnelle.

(Décr. n° 2014-1727 du 30 déc. 2014, art. 1er-I-3°) « VIII. — » *(Décr. n° 2010-668 du 17 juin 2010)* « La pension d'invalidité est servie jusqu'à la fin du mois au cours duquel l'intéressé atteint l'âge prévu *(Décr. n° 2023-435 du 3 juin 2023, art. 6)* « à l'article L. 732-18-4 ». Elle est remplacée, à partir de cet âge, par la pension de vieillesse allouée en cas d'inaptitude au travail. »

(Décr. n° 2014-1727 du 30 déc. 2014, art. 1er-I-3°) « IX. — » La part excédant les avantages de vieillesse auxquels l'assuré peut prétendre à cette date lui reste acquise. Elle peut être supprimée ou suspendue dans les conditions prévues à l'article R. 732-5 tant que l'assuré n'a pas atteint l'âge *(Décr. n° 2011-620 du 31 mai 2011, art. 7-I)* « prévu à l'article L. 732-25 ». Elle lui est servie, sauf dispositions contraires prévues par arrêté du ministre chargé de l'agriculture *(Décr. n° 2009-793 du 23 juin 2009, art. 2)* « , du ministre chargé de la sécurité sociale » et du ministre chargé du budget, au même titre et dans les mêmes conditions que la pension de retraite ou l'allocation d'assurance vieillesse agricole.

Art. R. 732-3-1 *(Décr. n° 2010-668 du 17 juin 2010)* Lorsque l'assuré exerce une activité professionnelle, par dérogation aux dispositions de l'avant-dernier alinéa de l'article *(Décr. n° 2011-620 du 31 mai 2011, art. 7-I)* « R. 732-3 », la pension de vieillesse allouée au titre de l'inaptitude au travail n'est *(Décr. n° 2020-602 du 19 mai 2020, art. 1er)* « attribuée » que si l'intéressé en fait expressément la demande.

Lorsque l'assuré exerce une activité professionnelle et ne demande pas, à l'âge prévu *(Décr. n° 2023-435 du 3 juin 2023, art. 6)* « à l'article L. 732-18-4 », l'attribution d'une pension de vieillesse substituée à sa pension d'invalidité, il continue à bénéficier de sa pension d'invalidité jusqu'à la date *(Décr. n° 2020-602 du 19 mai 2020, art. 1er)* « à » laquelle il demande le bénéfice de sa pension de vieillesse allouée au titre de l'invalidité, et au plus tard à l'âge mentionné *(Décr. n° 2011-620 du 31 mai 2011, art. 7-I)* « à l'article L. 732-25 ». Dans ce cas, ses droits à l'assurance vieillesse sont liquidés ultérieurement dans les conditions prévues aux articles L. 732-18 à L. 732-40 et L. 732-54-1 à L. 732-55. La pension de vieillesse au titre de l'invalidité qui lui est alors servie ne peut être inférieure à celle dont il aurait été bénéficiaire si la liquidation de ses droits avait été effectuée à l'âge et dans les conditions prévues à l'article R. 732-3.

Art. R. 732-3-2 *(Décr. n° 2010-668 du 17 juin 2010)* Le service de la pension d'invalidité est suspendu lorsque l'assuré bénéficie des dispositions de l'article *[des articles]* *(Décr. n° 2011-352 du 30 mars 2011, art. 4 ; Décr. n° 2020-602 du 19 mai 2020, art. 1er ; Décr. n° 2023-435 du 3 juin 2023, art. 6)* « L. 732-18-1, L. 732-18-2, L. 732-18-3, L. 732-18-4 ou L. 732-29 » du présent code ou des articles L. 351-1-1, L. 351-1-3, L. 351-1-4, *(Décr. n° 2023-435 du 3 juin 2023, art. 6)* « L. 351-1-5, » L. 634-3-2 ou L. 634-3-3 du code de la sécurité sociale. En cas de suspension de la pension d'invalidité dans ces conditions, ses avantages accessoires sont maintenus, notamment ceux prévus *(Décr. n° 2020-602 du 19 mai 2020, art. 1er)* « au premier alinéa de l'article R. 732-4-4 » *(Décr. n° 2017-1492 du 25 oct. 2017, art. 18-4°)* « du présent code », ainsi qu'au 13° de l'article *(Décr. n° 2015-1865 du 30 déc. 2015, art. 11-I-1°)* « L. 160-14 du code de la sécurité sociale » et à l'article L. 815-24 du même code.

(Décr. n° 2023-139 du 27 févr. 2023, art. 2) « Les dispositions du premier alinéa ne s'appliquent pas à l'assuré lorsque la retraite progressive prévue à l'article L. 732-29 est suspendue, pendant toute la période de la suspension. »

Art. R. 732-4 *(Décr. n° 2020-602 du 19 mai 2020, art. 1er)* I. — Les personnes mentionnées aux 1° et 5° de l'article L. 722-10 bénéficient d'une pension d'invalidité dont le montant varie en fonction de l'inaptitude, de leur statut et du revenu professionnel moyen du bénéficiaire ayant servi de base au calcul des cotisations.

II. — La pension d'invalidité attribuée aux collaborateurs d'exploitation ou d'entreprise agricole mentionnés au a du 4° de l'article L. 722-10 est fixée de manière forfaitaire :

1° En cas d'inaptitude partielle, au montant minimum annuel de la pension d'invalidité pour inaptitude partielle fixé à l'article R. 732-4-2 ;

2° En cas d'inaptitude totale, au montant minimum annuel de la pension d'invalidité pour inaptitude totale fixé à l'article R. 732-4-3.

III. — La pension d'invalidité attribuée aux aides familiaux et aux associés d'exploitation mentionnés au 2° de l'article L. 722-10 est fixée à un montant correspondant :

1° Aux 2/3 de la pension d'invalidité déterminée dans les conditions prévues à l'article R. 732-4-2 en cas d'inaptitude partielle et à l'article R. 732-4-3 en cas d'inaptitude totale pour les aides familiaux et associés d'exploitation âgés de 18 ans et plus ;

2° Au 1/3 de la pension d'invalidité déterminée dans les conditions prévues à l'article R. 732-4-2 en cas d'inaptitude partielle et à l'article R. 732-4-3 en cas d'inaptitude totale pour les aides familiaux âgés de moins de 18 ans.

Le montant de la pension d'invalidité attribuée aux aides familiaux et aux associés d'exploitation ne peut être inférieur aux montants minimum annuels de la pension prévus par les dispositions des articles R. 732-4-2 et R. 732-4-3.

Art. R. 732-4-1 *(Décr. n° 2020-602 du 19 mai 2020, art. 1er)* Le revenu professionnel moyen pris en compte pour déterminer le montant de la pension d'invalidité partielle ou totale prévue aux article R. 732-4-2 et R. 732-4-3 correspond aux revenus professionnels définis aux articles L. 731-14 à L. 731-21 et qui ont servi de base de calcul des cotisations au cours des trois années civiles d'assurance dont la prise en considération est la plus avantageuse pour l'assuré parmi les sept dernières années civiles dont le revenu a été déclaré précédant la date soit de l'interruption de travail suivie d'invalidité, soit de la constatation médicale de l'invalidité.

Pour le calcul du revenu professionnel moyen, les déficits sont retenus pour un montant nul.

Par dérogation :

1° Lorsque l'assuré ne compte pas sept années d'assurance, le revenu moyen est déterminé en prenant en compte les trois années civiles d'assurance les plus avantageuses pour l'assuré parmi les années d'assurance accomplies depuis l'affiliation ;

2° Lorsque l'assuré ne compte pas trois années d'assurance, le revenu moyen est déterminé en prenant en compte les années d'assurance accomplies depuis l'affiliation ;

3° Lorsque la durée d'affiliation de l'assuré ne permet pas de connaître un revenu professionnel déclaré moyen servant de base au calcul de la pension, il est attribué selon l'état d'invalidité de l'assuré le montant minimum annuel de la pension prévu par les dispositions des articles R. 732-4-2 et R. 732-4-3.

Art. R. 732-4-2 *(Décr. n° 2020-602 du 19 mai 2020, art. 1er)* Pour les personnes mentionnées aux 1° et 5° de l'article L. 722-10 bénéficiant d'une pension pour inaptitude partielle, le montant de cette pension est égal à 30 % du revenu professionnel moyen déterminé dans les conditions prévues à l'article R. 732-4-1.

La pension d'invalidité pour une inaptitude partielle ne peut :

— ni être inférieure à un montant égal à 110 % du montant de l'allocation aux vieux travailleurs salariés ;

— ni être supérieure à un montant égal à 15 % du montant annuel du plafond mentionné à l'article L. 241-3 du code de la sécurité sociale.

Art. R. 732-4-3 *(Décr. n° 2020-602 du 19 mai 2020, art. 1er)* Pour les personnes mentionnées aux 1° et 5° de l'article L. 722-10 bénéficiant d'une pension pour inaptitude totale, le montant de cette pension est égal à 50 % du revenu professionnel moyen déterminé dans les conditions prévues à l'article R. 732-4-1.

La pension d'invalidité pour une inaptitude totale ne peut :

— ni être inférieure à un montant égal à 195 % du montant de l'allocation aux vieux travailleurs salariés ;

— ni être supérieure à un montant égal à 25 % du montant annuel du plafond mentionné à l'article L. 241-3 du code de la sécurité sociale.

Art. R. 732-4-4 *(Décr. n° 2020-602 du 19 mai 2020, art. 1er)* La pension d'invalidité pour inaptitude totale est majorée de 40 % lorsque l'intéressé est obligé d'avoir recours à l'assistance d'une tierce personne pour effectuer les actes ordinaires de la vie, sans que ladite majoration puisse être inférieure au montant minimal de la majoration pour

tierce personne prévue à l'article L. 434-2 du code de la sécurité sociale dans sa rédaction antérieure au 1er mars 2013. Ce montant est revalorisé annuellement dans les conditions prévues à l'article L. 161-25 du même code.

En cas d'hospitalisation de l'assuré, la majoration pour aide d'une tierce personne est versée jusqu'au dernier jour du mois civil suivant celui au cours duquel il a été hospitalisé. Au-delà de cette période, son service est suspendu.

Art. R. 732-4-5 *(Décr. nº 2020-602 du 19 mai 2020, art. 1er)* **Les dispositions de l'article L. 341-6 du code de la sécurité sociale s'appliquent à la pension d'invalidité et aux revenus professionnels servant de base au calcul des pensions.**

Art. R. 732-5 **Pour apprécier si, en fonction** *(Décr. nº 2022-257 du 23 févr. 2022, art. 1er)* **« des revenus d'activité et de remplacement du titulaire d'une pension d'invalidité, cette pension doit être suspendue, en tout ou partie, sauf pendant les périodes de rééducation fonctionnelle ou professionnelle, le seuil » est fixé à 2 028 fois le salaire minimum de croissance en vigueur au 1er janvier de l'année du contrôle.**

(Décr. nº 2022-257 du 23 févr. 2022, art. 1er) **« Le titulaire de la pension déclare ses revenus d'activité, ainsi que les revenus de remplacement versés au titre d'une activité exercée postérieurement à l'attribution de la pension, le septième mois civil suivant celui d'attribution de la pension d'invalidité, puis au 1er octobre de chaque année. Lorsque le montant cumulé de la pension d'invalidité et des revenus d'activité et de remplacement précités de l'intéressé excède, au cours de l'année civile précédente, le seuil déterminé au premier alinéa, le montant des arrérages mensuels servis au titre des douze mois civils suivants est réduit à hauteur d'un douzième de 50 % du montant du dépassement constaté.**

« Par dérogation à l'alinéa précédent, l'assuré qui exerce ou a exercé une activité salariée ou assimilée au cours des douze mois civils précédents déclare ses revenus d'activité et de remplacement tous les trois mois. Lorsque le montant cumulé de la pension d'invalidité, et des revenus d'activité et de remplacement de l'intéressé excède, sur une période de référence courant du treizième au deuxième mois civil précédant la date du contrôle, le seuil déterminé au premier alinéa, le montant des arrérages mensuels servis au titre des trois mois civils suivants est réduit à hauteur d'un douzième de 50% du montant du dépassement constaté. »

La pension d'invalidité est supprimée dès l'instant où l'intéressé est en état de reprendre d'une manière permanente dans une profession quelconque un emploi lui assurant un revenu annuel au moins égal à la moitié du revenu de référence.

(Décr. nº 2005-1782 du 30 déc. 2005) (Abrogé par Décr. nº 2022-257 du 23 févr. 2022, art. 1er) ***« Elle est suspendue en tout ou partie, sauf pendant les périodes de rééducation fonctionnelle ou professionnelle, lorsqu'il est constaté que, durant les deux premiers trimestres de service de la pension, le montant cumulé de la pension d'invalidité et des salaires ou revenus professionnels excède la moitié du revenu de référence. Dans ce cas, le montant des arrérages mensuels suivants est réduit du sixième du dépassement constaté au cours des deux trimestres de référence. »***

« Il est ensuite procédé à des contrôles annuels. Si, à l'occasion de ces contrôles, ces mêmes ressources, appréciées au 1er janvier, dépassent le montant du revenu de référence, le montant des arrérages des douze mois suivants est réduit du douzième du dépassement constaté au cours de l'année précédente. » **Toute modification de la situation de l'invalide intervenant avant le** *(Décr. nº 2022-257 du 23 févr. 2022, art. 1er)* **« prochain contrôle annuel ou trimestriel » donne lieu à une révision de sa situation qui prend effet dès la date de la modification. »**

Art. R. 732-6 *(Décr. nº 2022-257 du 23 févr. 2022, art. 1er)* **« Les revenus d'activité et de remplacement pris en compte pour apprécier la situation de l'assuré sont ceux figurant sur l'avis d'impôt sur les revenus de la dernière année civile. » Il est fait abstraction des déductions opérées** *(Décr. nº 2017-1492 du 25 oct. 2017, art. 18-6º)* **« en application du I de l'article 156 du code général des impôts » au titre des reports des déficits constatés au cours d'une année antérieure à celle qui est prise en considération.**

Les revenus professionnels provenant d'une activité agricole non salariée s'entendent de la fraction des revenus professionnels, définis dans les conditions prévues à l'alinéa précédent, correspondant à la période d'arrérages qui fait l'objet du contrôle, après

déduction, pour la période considérée, des charges résultant du recours à une main-d'œuvre supplémentaire nécessité par l'état d'invalidité de l'intéressé.

(Décr. n° 2022-257 du 23 févr. 2022, art. 1er) « Les revenus professionnels provenant d'une activité salariée sont pris en compte selon les modalités prévues au II de l'article R. 341-17 du code de la sécurité sociale. »

Art. R. 732-7 *(Décr. n° 2014-1727 du 30 déc. 2014, art. 1er-II)* « Pour l'ouverture du droit à pension d'invalidité, les dispositions du troisième alinéa de l'article R. 732-2 sont applicables. »

(Décr. n° 2020-602 du 19 mai 2020, art. 1er) « Les assurés adressent leur demande de pension à la caisse de mutualité sociale par le biais d'un formulaire homologué. »

Art. R. 732-8 *(Décr. n° 2014-1727 du 30 déc. 2014, art. 1er-III)* La caisse de mutualité sociale agricole statue sur le droit à pension d'invalidité après avis du contrôle médical dans le délai de deux mois à compter soit de la date à laquelle elle a adressé à l'assuré la notification prévue au deuxième alinéa du IV de l'article R. 732-3, soit de la date à laquelle la demande lui a été adressée par l'assuré.

Art. R. 732-9 Lorsque l'invalide ne répond pas à la convocation du service de contrôle médical fait par *(Décr. n° 2020-602 du 19 mai 2020, art. 1er)* « tout moyen donnant date certaine à la réception de cette convocation en vue » de son examen, ou s'oppose à la visite du médecin désigné à cet effet, aux jour et heure notifiés par *(Décr. n° 2020-602 du 19 mai 2020, art. 1er)* « tout moyen donnant date certaine à la réception de ces informations », la date de la convocation ou de la visite est reportée d'office à quinzaine.

Lorsque l'invalide ne se présente pas à l'issue de ce délai ou s'oppose à nouveau à la visite, la pension peut être supprimée.

Al. 3 abrogé par Décr. n° 2020-602 du 19 mai 2020, art. 1er.

Art. R. 732-10 *Abrogé par Décr. n° 2020-602 du 19 mai 2020, art. 1er.*

Art. R. 732-11 En cas de rejet de la demande ou de suppression de la pension, l'assuré peut, dans le délai de *(Décr. n° 2020-602 du 19 mai 2020, art. 1er)* « douze » mois de la réception de la notification à lui faite, en exécution de l'article R. 732-10, former à nouveau une demande de pension.

Dans ce cas, l'état d'invalidité est apprécié à la date de la nouvelle demande. *(Décr. n° 2020-602 du 19 mai 2020, art. 1er)* « Toutefois, si l'incapacité devient égale aux deux tiers au cours du délai susmentionné de douze mois et si l'état de santé est stabilisé dans le cas prévu au 3° du II de l'article R. 732-3, l'état d'invalidité est apprécié à la date de l'aggravation. »

Les arrérages de la pension sont dus à compter du premier jour du mois civil suivant celui *(Décr. n° 2020-602 du 19 mai 2020, art. 1er)* « au cours duquel est apprécié l'état d'invalidité ».

Art. R. 732-12 *(Décr. n° 2005-1782 du 30 déc. 2005)* « Les pensions sont payables mensuellement, à terme échu, aux dates fixées par arrêté du ministre de l'agriculture. »

Elles sont cessibles et saisissables dans les mêmes conditions et limites que les salaires. Toutefois, elles le sont, dans la limite de 90 %, au profit des établissements hospitaliers, des centres de rééducation fonctionnelle ou professionnelle et des *(Décr. n° 2015-861 du 13 juill. 2015, art. 7-4°)* « caisses de mutualité sociale agricole » pour le paiement des frais d'hospitalisation.

Dans le cas de trop-perçu, les dispositions de l'article L. 355-3 du code de la sécurité sociale sont applicables aux prestations de l'assurance invalidité des non-salariés agricoles. Les sommes non récupérées en application des second et troisième alinéas dudit article sont assimilées à des prestations légales.

§ 2 Droits du conjoint survivant

(Décr. n° 2023-139 du 27 févr. 2023, art. 2, en vigueur le 1er janv. 2022)

Ces dispositions entrent en vigueur à la date du 1er janv. 2022 dans les conditions prévues au 2e al. du III de l'art. 98 de la L. n° 2021-1754 du 23 déc. 2021 de financement de la sécurité sociale pour 2022 (Décr. n° 2023-139 du 27 févr. 2023, art. 4-II).

Art. R. 732-12-0-1 Bénéficie de la pension d'invalidité de veuve ou de veuf prévue au sixième alinéa de l'article L. 732-8 le conjoint survivant invalide qui n'a pas atteint l'âge de cinquante-cinq ans à la date du décès du défunt titulaire de la pension principale mentionnée aux deux premiers alinéas du même article.

Le conjoint survivant sollicite le bénéfice de la pension d'invalidité de veuve ou de veuf auprès de la caisse de mutualité sociale agricole dont il relève au moyen d'un formulaire homologué dans les conditions de délai prévues à l'article R. 732-12-0-4.

La pension d'invalidité de veuve ou de veuf est supprimée en cas de remariage. La personne dont la pension a été supprimée recouvre, en cas de divorce ou de nouveau veuvage, son droit à pension d'invalidité de veuve ou de veuf si elle n'a pas atteint l'âge mentionné au premier alinéa.

Art. R. 732-12-0-2 La pension d'invalidité de veuve ou de veuf mentionnée à l'article R. 732-12-0-1 est égale à cinquante-quatre pour cent de la pension définie aux deux premiers alinéas de l'article L. 732-8, dont bénéficiait ou eût bénéficié le défunt.

Le montant de la pension d'invalidité de veuve ou de veuf est majoré de dix pour cent lorsque le bénéficiaire a eu au moins trois enfants. Ouvrent droit également à cette majoration les enfants ayant été, pendant au moins neuf ans avant leur seizième anniversaire, élevés par le titulaire de la pension d'invalidité de veuve ou de veuf et à sa charge ou à celle de son conjoint décédé.

Art. R. 732-12-0-3 La pension d'invalidité de veuve ou de veuf mentionnée à l'article R. 732-12-0-1 se cumule avec une rente pour accident du travail ou maladie professionnelle mentionnée à l'article L. 752-6 ou avec une pension d'invalidité de droit propre dont il bénéficie, dans la limite du seuil annuel mentionné à l'article R. 732-16.

En cas de dépassement de ce seuil, la pension d'invalidité de veuve ou de veuf est réduite à due concurrence.

Les dispositions des articles R. 732-5 et R. 732-6 sont applicables à la pension d'invalidité de veuve ou de veuf.

Art. R. 732-12-0-4 L'entrée en jouissance de la pension mentionnée à l'article R. 732-12-0-1 est fixée :

— soit au premier jour du mois qui suit le décès du défunt titulaire de la pension d'invalidité principale au titre du régime des non-salariés agricoles définie aux deux premiers alinéas de l'article L. 732-8 si la demande est présentée dans le délai d'un an à compter du décès du défunt ;

— soit au premier jour du mois suivant la date de réception de la demande si celle-ci est adressée postérieurement au délai mentionné à l'alinéa précédent ;

— soit à la date à compter de laquelle la veuve ou le veuf est reconnu invalide si cette reconnaissance d'invalidité intervient postérieurement au décès du titulaire de la pension principale, quelle que soit la date du dépôt de la demande du conjoint survivant.

La pension est servie jusqu'à la fin du mois au cours duquel le conjoint survivant atteint l'âge prévu au premier alinéa de l'article R. 732-12-0-1.

Les dispositions des articles R. 732-4-5, R. 732-9 et R. 732-12 sont applicables à la pension d'invalidité de veuve ou de veuf.

SOUS-SECTION 2 *BIS* Capital décès

(Décr. n° 2022-772 du 29 avr. 2022, art. 2)

Art. D. 732-12-1 Pour l'attribution du capital décès prévu à l'article L. 732-9-1, la durée minimale d'affiliation requise au jour du décès de l'assuré est celle définie au 1° du I de l'article D. 732-2-1.

Pour l'ouverture du droit au capital décès, les dispositions du troisième alinéa de l'article R. 732-2 sont applicables.

Art. D. 732-12-2 Le montant du capital décès est égal à 3 538,03 euros. Il est revalorisé chaque année selon les conditions prévues à l'article L. 341-6 du code de la sécurité sociale. Le montant obtenu est arrondi à l'euro supérieur.

Art. D. 732-12-3 En cas de pluralité de personnes pouvant se prévaloir du droit de priorité prévu au deuxième alinéa de l'article L. 732-9-1, le capital est versé par ordre de préférence au conjoint ou au partenaire d'un pacte civil de solidarité, aux enfants, aux ascendants et à défaut, à toute personne qui était à la charge effective, totale et permanente au jour du décès.

Le délai prévu au troisième alinéa de l'article L. 732-9-1, après lequel le capital décès peut être attribué aux personnes mentionnées à ce même alinéa, est fixé à deux mois suivant la date de réception de l'information de la caisse mentionnée au premier alinéa de l'article D. 732-12-4.

S'il y a plusieurs bénéficiaires qui viennent au même rang, le capital est réparti entre eux par parts égales.

Art. D. 732-12-4 Lorsque la caisse de mutualité sociale assurant la prise en charge des frais de santé est informée du décès de la personne non-salariée mentionnée au premier alinéa de l'article L. 732-9-1, la caisse adresse, au plus tard dans un délai de deux mois suivant le mois au cours duquel est survenu le décès et par tout moyen conférant date certaine, aux ayants droit connus mentionnés à ce même article L. 732-9-1, les informations relatives aux conditions d'attribution du capital décès.

Lorsque le droit au capital décès est ouvert aux descendants mineurs, la caisse informe leur représentant légal ou en cas de carence du représentant légal, le juge du tribunal judiciaire dans le ressort duquel est situé le domicile des descendants mineurs qui désigne la personne ou l'établissement qui doit recevoir en dépôt, pour le compte des mineurs, les sommes qui reviennent à ceux-ci.

Dans un délai de deux ans à compter de la réception des informations mentionnées au premier alinéa, les ayants droit connus ou pour les descendants mineurs le représentant légal ou désigné font connaître à la caisse leur situation de bénéficiaire et lui communiquent, le cas échéant, toute information complémentaire sur toute autre personne ayant des liens avec l'assuré non-salarié agricole défunt, qu'elle soit ou non, au jour du décès, à sa charge effective, totale et permanente.

Faute d'une réponse dans le délai mentionné à l'alinéa précédent, le capital décès ne peut plus être alloué.

A réception des informations mentionnées au troisième alinéa par la caisse, celle-ci dispose d'un délai de 15 jours pour verser le capital décès.

SOUS-SECTION 3 Assurance maternité

Art. R. 732-13 L'assurance maternité des non-salariés agricoles comporte *(Décr. nº 2018-1255 du 27 déc. 2018, art. 2)* « la prise en charge des frais de santé » dans les mêmes conditions et limites que celles prévues à la section 2 du chapitre II du titre IV relatif à la protection sociale des personnes salariées des professions agricoles.

Toutefois, les conditions d'assujettissement à l'assurance sont réputées remplies par l'assuré du sexe féminin pendant la durée des arrêts de travail pré- et post-natals réglementaires.

SOUS-SECTION 4 Dispositions particulières aux assurés appelés sous les drapeaux ou bénéficiaires des législations relatives aux pensions militaires et aux accidents du travail

Art. R. 732-14 L'assuré sous les drapeaux en vertu de ses obligations militaires ou l'engagé volontaire en temps de guerre a droit, le cas échéant, pour lui-même, à la pension d'invalidité prévue à la sous-section 2 de la présente section, en cas de réforme prononcée pour maladie ou infirmité non consécutive à un accident, contractée en dehors du service et, de ce fait, ne donnant pas lieu à l'attribution d'une pension militaire.

Les assurés bénéficiaires du code des pensions militaires d'invalidité et des victimes de la guerre sont dispensés, pour eux personnellement, pour les soins non pris en charge au titre *(Décr. nº 2010-332 du 24 mars 2010, art. 2-1º)* « de l'article L. 115 » du code des pensions militaires d'invalidité et des victimes de la guerre, du pourcentage de participation aux frais médicaux, pharmaceutiques et autres, mis à la charge des assurés malades.

Pour l'application des premier et deuxième alinéas ainsi que de l'article R. 371-7 du code de la sécurité sociale si *(Décr. nº 2015-861 du 13 juill. 2015, art. 7-5º)* « la caisse de mutualité sociale agricole » conteste l'origine d'une maladie ou infirmité, il appartient à l'assuré de faire la preuve que celle-ci ne relève pas du code des pensions militaires d'invalidité et des victimes de la guerre.

Cette preuve est réputée faite lorsqu'il justifie d'une décision de rejet prise par le service des soins gratuits, sous réserve de la faculté pour l'organisme assureur d'exercer, le cas échéant, telle action que le droit contre ladite décision de rejet en vue d'obtenir le remboursement des prestations qu'il a servies, dans la limite des prestations légalement dues en application de l'article L. 115 du code des pensions militaires d'invalidité et des victimes de la guerre.

Les délais impartis à l'organisme assureur pour exercer son recours devant les juridictions compétentes mentionnées à l'article *(Décr. n° 2010-332 du 24 mars 2010, art. 2-1°)* « L. 79 » du même code sont de même durée que ceux qui sont impartis à l'assuré lui-même. Ils commencent à courir à la date de la réception par l'organisme assureur de la notification qui doit lui être faite de la décision refusant le bénéfice des soins gratuits.

Art. R. 732-15 Les personnes assujetties à la présente assurance qui sont titulaires d'une rente allouée en vertu de la législation des accidents du travail ou d'une pension accordée au titre de la législation des pensions militaires d'invalidité peuvent prétendre, lorsque leur état d'invalidité subit, à la suite de maladie, une aggravation non susceptible d'être indemnisée au titre desdites législations, au bénéfice de l'assurance invalidité si elles remplissent, compte tenu de leur degré global d'incapacité, les conditions prévues à la sous-section 2 de la présente section.

Art. R. 732-16 Le total des pensions ou rentes cumulées ne peut excéder par année 2 028 fois le salaire minimum de croissance en vigueur à la date du contrôle. Le cas échéant, le montant de la pension d'invalidité est réduit à due concurrence.

SOUS-SECTION 5 **Allocation de remplacement et indemnités journalières pour congé de maternité, de paternité, d'accueil de l'enfant, d'adoption ou de décès d'un enfant** *(Décr. n° 2020-1233 du 8 oct. 2020, art. 3).*

Les dispositions du Décr. n° 2019-591 du 14 juin 2019, à l'exception des dispositions relatives à la durée d'arrêt de travail minimale des non-salariées des professions agricoles en congé maternité qui s'appliquent aux congés maternité débutant postérieurement au lendemain de sa publication, entrent en vigueur à la date prévue au deuxième alinéa du III de l'art. 71 de la L. n° 2018-1203 du 22 déc. 2018 de financement de la sécurité sociale pour 2019 : elles s'appliquent donc aux allocations et indemnités relatives à des arrêts de travail pour maternité débutant après le 31 déc. 2018 (Décr. préc., art. 2, JO 16 juin).

§ 1 Allocation de remplacement pour congé de maternité prévue à l'article L. 732-10

BIBL. ► TAURAN, *RD rur. 2008, n° 189* (décret n° 2008-536 du 5 juin 2008).

Art. R. 732-17 Pour pouvoir bénéficier de l'allocation prévue à l'article L. 732-10, les personnes désignées à ce même article *(Décr. n° 2019-591 du 14 juin 2019, art. 1er)* « , à l'article L. 732-10-1 » et à l'article L. 732-11 doivent remplir l'ensemble des conditions suivantes :

1° Participer de manière constante, à plein temps ou à temps partiel, aux travaux de l'exploitation ou de l'entreprise agricole au titre de laquelle elles sont affiliées à l'assurance maladie, invalidité et maternité des personnes non salariées. Les travaux autres que ceux qui ont directement pour objet la mise en valeur de cette exploitation ou l'activité de cette entreprise et, notamment, ceux qui concernent la tenue du ménage familial ne sont pas pris en considération pour l'application de la présente sous-section ;

2° *(Décr. n° 2007-1491 du 17 oct. 2007)* « Justifier, à la date présumée de l'accouchement *(Abrogé par Décr. n° 2019-718 du 5 juill. 2019, art. 7) « ou à la date de l'adoption »*, d'une durée de *(Décr. n° 2023-790 du 17 août 2023, art. 2)* « six » mois au moins d'affiliation au régime obligatoire d'assurance maladie, invalidité, maternité des personnes non salariées des professions agricoles.

« Lorsque l'intéressée est affiliée depuis moins de *(Décr. n° 2023-790 du 17 août 2023, art. 2)* « six » mois à ce régime et relevait précédemment à titre personnel d'un ou de plusieurs autres régimes, la période d'affiliation au régime antérieur est prise en compte pour l'appréciation de la durée d'affiliation prévue à l'alinéa précédent, sous réserve qu'il n'y ait pas eu d'interruption entre les deux affiliations ; »

(Décr. nº 2019-591 du 14 juin 2019, art. 1er) « 3° Cesser tout travail sur l'exploitation ou dans l'entreprise agricole pendant toute la période d'indemnisation définie à l'article R. 732-19 et en cas de maternité, pendant une période minimale d'au moins huit semaines dont six semaines de congé post-natal ; » – ***NDLR :*** *Le Décr. nº 2019-718 du 5 juill. 2019 modifie le 3° sans tenir compte de la réécriture de ce 3° par le Décr. nº 2019-591 du 14 juin 2019 (V. Décr. nº 2019-718 du 5 juill. 2019, art. 7-II-2°-b, JO 7 juill.).*

4° Être effectivement remplacées dans les travaux qu'elles effectuent sur l'exploitation ou dans l'entreprise par l'intermédiaire d'un groupement d'employeurs ayant pour objet principal de mettre des remplaçants à la disposition d'exploitants agricoles et ayant conclu avec la caisse de mutualité sociale agricole de la circonscription une convention à cet effet dans les conditions fixées à l'article R. 732-22. Toutefois, si le recours à un tel service n'est pas possible, le remplacement peut être effectué par une personne salariée spécialement recrutée à cette fin.

Art. R. 732-18 Pour les personnes qui relèvent également du régime des travailleurs salariés et perçoivent de ce régime *(Décr. nº 2018-1255 du 27 déc. 2018, art. 2)* « le remboursement des frais de santé », l'activité salariée ne doit pas avoir dépassé 60 % de la durée légale du travail pendant les douze mois précédant le fait ouvrant droit aux prestations en espèces de l'assurance maternité.

Art. R. 732-19 *(Décr. nº 2008-536 du 5 juin 2008)* Les assurées remplissant les conditions prévues à l'article R. 732-17 bénéficient de l'allocation de remplacement *(Décr. nº 2019-591 du 14 juin 2019, art. 1er)* « pour une durée maximale de » :

1° Seize semaines, en cas de naissance d'un seul enfant, dans une période commençant six semaines avant la date présumée de l'accouchement et se terminant dix semaines après celui-ci. Toutefois, lorsque l'assurée assume déjà la charge d'au moins deux enfants, ou lorsque l'assurée a déjà mis au monde au moins deux enfants nés viables, cette durée est portée à vingt-six semaines, dans une période commençant huit semaines avant la date présumée de l'accouchement et se terminant dix-huit semaines après celui-ci ; la période de remplacement antérieure à la date présumée de l'accouchement peut être augmentée d'une durée maximale de deux semaines ; la période de remplacement postérieure à l'accouchement est alors réduite d'autant ;

2° Trente-quatre semaines, en cas de naissance de jumeaux, dans une période commençant douze semaines avant la date présumée de l'accouchement et se terminant vingt-deux semaines après celui-ci ; la période de remplacement antérieure à la date présumée de l'accouchement peut être augmentée d'une durée maximale de quatre semaines ; la période de remplacement de vingt-deux semaines postérieure à l'accouchement est alors réduite d'autant ;

3° Quarante-six semaines, en cas de naissance de plus de deux enfants, dans une période commençant vingt-quatre semaines avant la date présumée de l'accouchement et se terminant vingt-deux semaines après celui-ci.

Lorsque l'accouchement a lieu avant la date présumée, les périodes de remplacement prévues aux 1°, 2° et 3° ne sont pas pour autant réduites.

Lorsque l'accouchement intervient plus de six semaines avant la date initialement prévue et exige l'hospitalisation de l'enfant, la durée d'attribution de l'allocation est augmentée du nombre de jours courant de la date effective de l'accouchement au début des périodes mentionnées aux 1°, 2° et 3°.

L'assurée peut demander que l'allocation de remplacement ne soit versée que pendant une partie de la période, précédant la date présumée de l'accouchement, mentionnée aux 1°, 2° et 3°, dans la limite de trois semaines. Dans ce cas, la durée de remplacement postérieure à l'accouchement est augmentée d'autant.

En cas d'état pathologique résultant de la grossesse et attesté par un certificat médical, la durée maximale du remplacement fixée aux 1°, 2° et 3° est augmentée de deux semaines. Les deux semaines supplémentaires de remplacement peuvent être prises, au cours de la période prénatale, dès la déclaration de la grossesse.

Art. R. 732-19-1 *(Décr. nº 2007-1491 du 17 oct. 2007)* Dans le cas où l'enfant est resté hospitalisé jusqu'à l'expiration de la sixième semaine suivant l'accouchement, l'assurée peut demander le report à la date de la fin de l'hospitalisation de l'enfant de tout ou partie de la période de remplacement à laquelle elle peut encore prétendre en application des articles R. 732-17 et suivants.

Toutefois, lorsque l'assurée bénéficie de la période supplémentaire mentionnée au 3° de l'article R. 732-17, prévue dans le cas où l'accouchement intervient plus de six semaines avant la date initialement prévue et exige l'hospitalisation postnatale de l'enfant, la possibilité de report mentionnée à l'alinéa précédent ne peut lui être ouvert qu'à l'issue de cette période.

Art. R. 732-20 *Abrogé par Décr. n° 2019-591 du 14 juin 2019, art. 1er, et par Décr. n° 2019-718 du 5 juill. 2019, art. 7.*

Art. R. 732-21 *Abrogé par Décr. n° 2008-536 du 5 juin 2008.*

Art. R. 732-22 Une convention annuelle signée entre chaque caisse de mutualité sociale agricole et le ou les groupements d'employeurs fixe les prix de journée de chaque service de remplacement, en fonction des charges supportées par le service. Cette convention doit être conforme à une convention type nationale approuvée par arrêté du ministre chargé de l'agriculture et du ministre chargé du budget conclue entre la Caisse centrale de mutualité sociale agricole et la Fédération des services de remplacement. Elle doit en outre recueillir l'agrément de l'autorité de tutelle régionale.

A défaut de convention nationale ou dans le cas où cette convention n'a pas été approuvée, les dispositions obligatoires des conventions mentionnées au premier alinéa et les principes de fixation du prix de journée sont fixés par arrêté du ministre chargé de l'agriculture et du ministre chargé du budget.

Art. R. 732-23 Pour les personnes mentionnées à l'article R. 732-18, le montant de l'allocation de remplacement est calculé en fonction de la durée hebdomadaire de l'activité exercée à temps partiel sur l'exploitation, rapportée à la durée hebdomadaire légale du travail. Pour l'application du présent article, la durée hebdomadaire de l'activité non salariée agricole est réputée égale à la différence entre la durée hebdomadaire légale du travail et le quotient du nombre d'heures de travail salarié pris en compte en application de l'article R. 732-17 par cinquante-deux.

Art. R. 732-24 Le bénéfice de l'allocation de remplacement doit être demandé à *(Décr. n° 2015-861 du 13 juill. 2015, art. 7-6°)* « la caisse de mutualité sociale agricole », au moyen d'un *(Décr. n° 2019-591 du 14 juin 2019, art. 1er)* « formulaire de demande homologué en vigueur ». Un exemplaire de cet imprimé est délivré aux personnes affiliées à l'assurance maladie des exploitants agricoles.

Art. R. 732-25 La demande doit, sauf cas de force majeure, être adressée à *(Décr. n° 2015-861 du 13 juill. 2015, art. 7-7°)* « la caisse de mutualité sociale agricole » des exploitants agricoles, trente jours au moins avant la date prévue pour l'interruption d'activité. A réception de cette demande, *(Décr. n° 2015-861 du 13 juill. 2015, art. 7-7°)* « la caisse de mutualité sociale agricole » doit la transmettre immédiatement, par lettre recommandée avec avis de réception, au service de remplacement mentionné à l'article R. 732-17.

Le service de remplacement est tenu dans les quinze jours qui suivent la réception de la demande d'indiquer à *(Décr. n° 2015-861 du 13 juill. 2015, art. 7-7°)* « la caisse de mutualité sociale agricole » et à l'agricultrice s'il pourvoit ou non au remplacement. Dans le premier cas, il s'engage à mettre à disposition de l'agricultrice un ou plusieurs remplaçants pour la totalité de la durée du remplacement demandé.

A défaut d'une réponse directe du service de remplacement à l'*(Décr. n° 2019-591 du 14 juin 2019, art. 1er)* « assurée dans ce délai ou de notification d'une impossibilité de pourvoir au remplacement par celui-ci », l'assurée a la possibilité d'embaucher directement un ou plusieurs remplaçants.

Art. R. 732-26 L'allocation est versée directement par *(Décr. n° 2015-861 du 13 juill. 2015, art. 7-8°)* « la caisse de mutualité sociale agricole » à l'organisme par l'intermédiaire duquel a été effectué le remplacement ; les modalités de ce versement sont fixées par la convention prévue à l'article R. 732-22.

(Décr. n° 2019-591 du 14 juin 2019, art. 1er) « Lorsque le remplacement n'a pas pu être effectué par l'intermédiaire d'un service de remplacement :

« *a)* L'assurée bénéficie de l'allocation de remplacement sur présentation du ou des contrats de travail établis avec le ou les remplaçants avant la date de début de son interruption d'activité. Elle lui est versée par la caisse de Mutualité sociale agricole sur présentation des fiches de paye qu'elle a délivrées à son ou ses remplaçants. Le montant de l'allocation de remplacement ne peut excéder le salaire conventionnel correspondant à la qualification mentionnée dans le contrat de travail ;

« *b)* En l'absence de présentation du ou des contrats de travail mentionnés à l'alinéa précédent avant la date précisée à ce même alinéa, la caisse de Mutualité sociale agricole verse à l'assurée les indemnités journalières prévues au deuxième alinéa de l'article L. 732-10. »

§ 1 *BIS* Indemnités journalières pour congé de maternité, de parternité et d'accueil de l'enfant, et d'adoption prévues aux articles L. 732-10, L. 732-10-1, L. 732-12-1 et L. 732-12-2 *(Décr. n° 2022-772 du 29 avr. 2022, art. 1er).*

Art. D. 732-26-1 A défaut de remplacement effectif, les personnes mentionnées *(Décr. n° 2022-772 du 29 avr. 2022, art. 1er)* « aux 1° et 2°, au *a* du 4° et au 5° » de l'article L. 722-10 qui cessent leur activité en cas de maternité, d'adoption ou d'accueil d'un enfant bénéficient des indemnités journalières mentionnées au deuxième alinéa de l'article L. 732-10, à l'article L. 732-10-1 et à l'article L. 732-12-2, sous réserve de remplir les conditions prévues aux 1° à 3° de l'article R. 732-17.

Les assurés bénéficient de ces indemnités journalières pendant la durée prévue respectivement à l'article R. 732-19 et au premier alinéa de l'article L. 732-12-2.

Art. D. 732-26-2 Le montant de l'indemnité journalière forfaitaire mentionnée au deuxième alinéa de l'article L. 732-10, à l'article L. 732-10-1 et à l'article L. 732-12-2 est égal à 1/730 de la valeur annuelle du plafond mentionné à l'article L. 241-3 du code de la sécurité sociale en vigueur à la date prévue du premier versement, arrondi à la première décimale supérieure.

Art. D. 732-26-3 *(Décr. n° 2022-772 du 29 avr. 2022, art. 1er)* A défaut de remplacement effectif, les personnes mentionnées aux 1° et 2°, au *a* du 4° et au 5° de l'article L. 722-10 qui cessent leur activité en cas de congé de paternité et d'accueil d'un enfant bénéficient des indemnités journalières mentionnées au quatrième alinéa de l'article L. 732-12-1, sous réserve de remplir les conditions prévues aux 1° à 4° de l'article D. 732-27.

Les assurés bénéficient de ces indemnités journalières pendant la durée prévue au 4° de l'article D. 732-27.

Art. D. 732-26-4 *(Décr. n° 2022-772 du 29 avr. 2022, art. 1er)* Le montant de l'indemnité journalière forfaitaire mentionnée au quatrième alinéa de l'article L. 732-12-1 est égal au montant de l'indemnité journalière forfaitaire mentionnée à l'article D. 732-26-2.

§ 2 Allocation de remplacement pour congé de paternité et d'accueil de l'enfant prévue à l'article L. 732-12-1 *(Décr. n° 2013-905 du 9 oct. 2013, art. 1er-1°).*

Art. D. 732-27 Pour pouvoir bénéficier de l'allocation de remplacement prévue à l'article L. 732-12-1, *(Décr. n° 2015-861 du 13 juill. 2015, art. 7-9°)* « l'assuré désigné à ce même article doit » remplir l'ensemble des conditions suivantes :

(Décr. n° 2013-905 du 9 oct. 2013, art. 1er-2°) « 1° Adresser *(Décr. n° 2015-861 du 13 juill. 2015, art. 7-9°)* « à la caisse de mutualité sociale agricole dont il relève » la ou les pièces justificatives mentionnées à l'article D. 331-4 du code de la sécurité sociale ; »

2° Participer de manière constante, à plein temps ou à temps partiel, aux travaux de l'exploitation ou de l'entreprise agricole au titre de laquelle *(Décr. n° 2015-861 du 13 juill. 2015, art. 7-9°)* « il est affilié » à l'assurance maladie, invalidité et maternité des personnes non salariées. Les travaux autres que ceux qui ont directement pour objet la mise en valeur de cette exploitation ou l'activité de cette entreprise et, notamment, ceux qui concernent la tenue du ménage familial ne sont pas pris en considération pour l'application du présent paragraphe ;

3° *(Décr. nº 2007-1492 du 17 oct. 2007)* « Justifier, à la date de la naissance de l'enfant ou à la date de l'adoption, d'une durée de *(Décr. nº 2023-790 du 17 août 2023, art. 2)* « six » mois au moins d'affiliation au régime obligatoire d'assurance maladie, invalidité, maternité des personnes non salariées des professions agricoles.

« Lorsque l'intéressé est affilié depuis moins de *(Décr. nº 2023-790 du 17 août 2023, art. 2)* « six » mois à ce régime et relevait précédemment à titre personnel d'un ou de plusieurs autres régimes, la période d'affiliation au régime antérieur est prise en compte pour l'appréciation de la durée d'affiliation prévue à l'alinéa précédent, sous réserve qu'il n'y ait pas eu d'interruption entre les deux affiliations ; »

(Décr. nº 2021-574 du 10 mai 2021, art. 3) « 4° Cesser tout travail sur l'exploitation ou dans l'entreprise agricole pendant une durée minimale de sept jours immédiatement à compter de la naissance de l'enfant. La durée maximale de versement de l'allocation est de vingt-cinq jours. En cas de naissances multiples, la durée maximale est portée à trente-deux jours. La durée de versement est fractionnable en trois périodes d'au moins cinq jours chacune. Les périodes de cessation d'activité donnant lieu au versement de l'allocation sont prises dans les six mois suivant la naissance de l'enfant » ; — *Les dispositions du Décr. nº 2021-574 du 10 mai 2021 s'appliquent aux enfants nés à compter du 1er juill. 2021 et aux enfants nés avant cette date dont la naissance était supposée intervenir à compter de cette date.*

5° Être effectivement *(Décr. nº 2015-861 du 13 juill. 2015, art. 7-9º)* « remplacé dans les travaux qu'il effectue » sur l'exploitation ou dans l'entreprise par l'intermédiaire d'un groupement d'employeurs ayant pour objet principal de mettre des remplaçants à la disposition d'exploitants agricoles et ayant conclu avec la caisse de mutualité sociale agricole de la circonscription une convention à cet effet dans les conditions fixées à l'article R. 732-22 *(Décr. nº 2017-1492 du 25 oct. 2017, art. 18-7º)* « du présent code ». Toutefois, si le recours à un tel service n'est pas possible, le remplacement peut être effectué par une personne salariée spécialement recrutée à cette fin.

Art. D. 732-28 Pour les personnes qui *(Décr. nº 2019-630 du 24 juin 2019, art. 2)* « exercent une activité salariée ou assimilée » et perçoivent de ce régime *(Décr. nº 2018-1258 du 27 déc. 2018, art. 2)* « le remboursement de leurs frais de santé », l'activité salariée ne doit pas avoir dépassé 60 % de la durée légale du travail pendant les douze mois précédant le fait ouvrant droit au bénéfice de l'allocation de remplacement.

Art. D. 732-28-1 *(Décr. nº 2019-630 du 24 juin 2019, art. 2)* La durée maximale d'attribution de l'allocation de remplacement, prévue par le deuxième alinéa de l'article L. 732-12-1, est celle fixée à l'article D. 331-6 du code de la sécurité sociale.

Art. D. 732-29 Les dispositions des articles *(Décr. nº 2019-591 du 14 juin 2019, art. 1er ; Décr. nº 2022-772 du 29 avr. 2022, art. 1er)* « R. 732-22 à R. 732-26, » sont applicables aux *(Décr. nº 2013-905 du 9 oct. 2013, art. 1er-3º)* « assurés » mentionnés à l'article L. 732-12-1.

(Décr. nº 2021-574 du 10 mai 2021, art. 3) « Pour l'application de l'article D. 732-25, la demande de congé de paternité doit être adressée à la caisse de mutualité sociale agricole au moins un mois avant la date de la naissance de l'enfant. L'assuré indique dans le cadre de cette demande les dates de la ou des périodes de bénéfice de l'allocation de remplacement. En cas de naissance de l'enfant avant la date prévisionnelle d'accouchement et lorsque l'assuré souhaite débuter la ou les périodes du bénéfice de l'allocation de remplacement au cours du mois suivant la naissance, il en informe sans délai la caisse de mutualité sociale agricole des exploitants agricoles dont il relève. » — *Les dispositions du Décr. nº 2021-574 du 10 mai 2021 s'appliquent aux enfants nés à compter du 1er juill. 2021 et aux enfants nés avant cette date dont la naissance était supposée intervenir à compter de cette date.*

(Décr. nº 2019-630 du 24 juin 2019, art. 2) « Par dérogation au premier alinéa de l'article R. 732-25, pour le congé de paternité et d'accueil de l'enfant attribué en cas d'hospitalisation immédiate de l'enfant après la naissance, mentionné au deuxième alinéa de l'article L. 732-12-1, la demande d'allocation de remplacement doit être adressée à la caisse de mutualité sociale agricole sans délai, accompagné d'un bulletin justifiant de l'hospitalisation de l'enfant dans une unité de soins spécialisés mention-

née dans l'arrêté prévu au *(Décr. nº 2021-574 du 10 mai 2021, art. 3)* **« dernier » alinéa de l'article L. 1225-35 du code du travail. »**

§ 3 Allocation de remplacement ou indemnités journalières pour congé de maternité prévue à l'article L. 732-12-2 *(Décr. nº 2019-591 du 14 juin 2019, art. 1er)*.

(Décr. nº 2015-771 du 29 juin 2015, art. 2)

Art. D. 732-29-1 *(Décr. nº 2019-591 du 14 juin 2019, art. 1er)* **Le bénéfice de l'allocation de remplacement ou des indemnités journalières prévues par l'article L. 732-12-2 est demandé à la caisse de Mutualité sociale agricole dont relève l'intéressé au moyen d'un formulaire de demande homologué en vigueur.**

§ 4 Allocation de remplacement pour congé d'adoption prévue à l'article L. 732-10-1

(Décr. nº 2019-718 du 5 juill. 2019, art. 7)

Art. R. 732-29-2 **Pour bénéficier de l'allocation prévue à l'article L. 732-10-1, les assurés doivent remplir les conditions prévues à l'article R. 732-17 et R. 732-18.**

Art. R. 732-29-3 **Les dispositions des articles R. 732-22 à R. 732-26 sont applicables aux assurés mentionnés aux articles L. 732-10-1 et L. 732-11.**

§ 5 Allocation de remplacement et indemnités journalières pour congé en cas de décès d'un enfant prévu à l'article L. 732-12-3

(Décr. nº 2020-1233 du 8 oct. 2020, art. 3)

Art. D. 732-29-4 **L'indemnisation mentionnée à l'article L. 732-12-3 peut être fractionnée au maximum en trois périodes. Chaque période est d'une durée au moins égale à une journée.**

Art. D. 732-29-5 **Les dispositions des articles R. 732-22 à R. 732-26 sont applicables aux assurés mentionnés à l'article L. 732-12-3.**

Par dérogation au premier alinéa de l'article R. 732-25, pour l'indemnisation prévue en cas de décès de l'enfant mentionnée à l'article L. 732-12-3, la demande d'allocation de remplacement doit être adressée à la caisse de mutualité sociale agricole dont relève l'assuré sans délai, accompagnée d'un acte de décès.

Par dérogation au deuxième alinéa de l'article R. 732-25, le service de remplacement est tenu, dès la réception de la demande, d'indiquer à la caisse de mutualité sociale agricole et à l'assuré s'il pourvoit ou non au remplacement.

SOUS-SECTION 6 Actions de prévention

Art. R. 732-30 **La Caisse centrale de la mutualité sociale agricole assure une mission de coordination, de conseil et d'appui technique auprès des caisses dans le domaine de la prévention, de l'éducation et de l'information sanitaires. Elle participe à l'évaluation des actions correspondantes.**

(Décr. nº 2007-70 du 18 janv. 2007, art. 1er-VII ; Décr. nº 2010-344 du 31 mars 2010, art. 348) **« L'association régionale des caisses de mutualité sociale agricole coordonne les actions de prévention des caisses de la région. Elle s'assure de la cohérence de ces actions avec celles qui sont entreprises dans ce domaine par d'autres organismes, et notamment l'agence régionale de santé. »**

Art. R. 732-31 **Le Fonds national de prévention, d'éducation et d'information sanitaires apporte au sein de la Caisse centrale de la mutualité sociale agricole, dans les conditions fixées par la présente sous-section, un concours financier aux actions entreprises dans ces domaines par les organismes de mutualité sociale agricole au profit des ressortissants des régimes d'assurances sociales agricoles et d'assurances maladie, invalidité et maternité définis aux articles L. 722-10 et L. 722-29.**

(Décr. nº 2012-271 du 27 févr. 2012, art. 2-III) **« Il a, en outre, pour objet de verser la contribution attribuée au fonds d'intervention régional prévu à l'article L. 1435-8 du code de la santé publique pour la réalisation des actions de prévention relevant de la responsabilité des agences régionales de santé. »**

Art. R. 732-32 Pour ouvrir droit à l'aide financière du Fonds national de prévention, d'éducation et d'information sanitaires, les actions mentionnées à l'article R. 732-31 doivent entrer dans le cadre d'un programme national établi annuellement par le conseil central d'administration de la Mutualité sociale agricole, après avis du médecin-conseil national mentionné à l'article D. 723-137 et du médecin-chef de l'échelon national de médecine du travail mentionné à l'article *(Décr. n° 2017-1492 du 25 oct. 2017, art. 18-8°)* « D. 717-43 ».

Le programme prévu au premier alinéa est établi :

1° Sur la base d'orientations pluriannuelles fixées en la matière par la convention d'objectifs et de gestion conclue entre l'État et la Caisse centrale de la mutualité sociale agricole en application de l'article L. 723-12 ;

2° Compte tenu des projets de programmes propres à chaque caisse de mutualité sociale agricole et transmis par elle à la caisse centrale.

Ces projets doivent comporter les examens de santé prévus à l'article L. 732-16 *(Abrogé par Décr. n° 2017-1492 du 25 oct. 2017, art. 18-8°)* *« du présent code »* ainsi que les actions de dépistage s'inscrivant dans les programmes mentionnés à l'article L. 1411-6 du code de la santé publique.

Le programme national annuel est approuvé par arrêté des ministres chargés de l'agriculture, du budget et de la santé.

Art. R. 732-33 Les dotations du fonds destinées à financer les actions nationales et locales de prévention, d'éducation et d'information sanitaires sont arrêtées par la décision du conseil central d'administration de la Mutualité sociale agricole mentionnée à l'article R. 732-32.

Les dépenses du fonds sont considérées pour leur financement comme des dépenses d'assurance maladie. Chaque dépense correspondant à une action ou à une catégorie d'actions fait l'objet, dans les comptes du fonds, d'une ventilation par régime de protection sociale intéressé.

Le fonds prend notamment en charge, en totalité ou partiellement :

1° Les examens de santé prévus à l'article L. 732-16 ;

2° Les vaccins antigrippaux ;

3° Les actions de dépistage mentionnées à l'article L. 1411-6 du code de la santé publique.

Art. R. 732-34 La Caisse centrale de la mutualité sociale agricole attribue à chaque caisse départementale et pluridépartementale une dotation annuelle fixée en tenant compte, notamment, du projet de programme qu'elle a établi conformément aux dispositions du deuxième alinéa de l'article R. 732-32.

Cette dotation est répartie par catégorie d'action au sein de chacun des régimes de protection sociale concernés.

Art. R. 732-35 Les caisses de mutualité sociale agricole assurent la mise en œuvre des examens de santé prévus à l'article L. 732-16.

Les conditions dans lesquelles ces examens sont effectués, et notamment les critères de qualité des prestations fournies par les personnes morales et physiques qui interviennent dans leur réalisation, sont fixées par le conseil central d'administration de la Mutualité sociale agricole sur proposition des médecins mentionnés à l'article R. 732-32 et sont approuvées par arrêté du ministre chargé de l'agriculture et du ministre chargé de la santé. — *V. Arr. du 26 mai 2008 (JO 8 juin).*

Les examens de santé sont gratuits. Ils sont proposés par les caisses de mutualité sociale agricole aux ressortissants des régimes mentionnés à l'article R. 732-31.

Les conditions auxquelles doivent répondre les intéressés, au regard de leur âge et de la périodicité des examens, sont déterminées par l'arrêté prévu au deuxième alinéa du présent article.

La mise en œuvre des examens de santé est assurée, dans chaque caisse, par un médecin désigné à cet effet par le conseil d'administration de l'organisme sur proposition du directeur.

SOUS-SECTION 7 **Dispositions diverses**

Art. R. 732-36 La compétence des tribunaux *(Décr. n° 2018-928 du 29 oct. 2018, art. 6)* « judiciaires spécialement désignés en application de l'article L. 211-16 du code de l'organisation judiciaire » est étendue aux contestations relatives à la détermination de l'origine accidentelle ou morbide des risques survenus, en cas de demande d'attribution des prestations *(Décr. n° 2007-70 du 18 janv. 2007, art. 1er-VIII)* « d'invalidité en application de l'article L. 732-8 » *(Décr. n° 2017-1492 du 25 oct. 2017, art. 18-9°)* « du présent code ». Dans cette hypothèse, l'organisme d'assurance maladie doit, sous peine d'être tenu au versement des prestations, appeler en intervention forcée le ou les assureurs responsables à son égard de la garantie des risques d'accidents et de maladies professionnelles, après avoir demandé à l'assuré de lui faire connaître leurs noms.

(Décr. n° 2018-928 du 29 oct. 2018, art. 6) « Le recours préalable mentionné *(Décr. n° 2019-1506 du 30 déc. 2019, art. 7)* « à l'article L. 142-4 du code de la sécurité sociale et concernant les contestations relatives au 6° de l'article L. 142-1 du même code » du code de la sécurité sociale est régi par les dispositions du paragraphe 1 de la sous-section 2 de la section 2 du chapitre II du titre IV du livre I du code de la sécurité sociale. »

Art. R. 732-37 Les modalités d'application des articles R. 732-3 à R. 732-16 et R. 732-36 sont précisées en tant que de besoin par arrêté des ministres chargés de l'agriculture, de la sécurité sociale et du budget.

SECTION 3 Assurance vieillesse, assurance veuvage et assurance vieillesse complémentaire obligatoire *(Décr. n° 2010-1758 du 30 déc. 2010)*.

SOUS-SECTION 1 Assurance vieillesse

§ 1 Dispositions générales

Art. D. 732-38 Les pensions de retraite ou de réversion servies dans les conditions fixées par les articles L. 732-23 à L. 732-40 et L. 732-41 à L. 732-51, sont augmentées d'une bonification d'un dixième pour tout bénéficiaire de l'un ou de l'autre sexe ayant eu au moins trois enfants, ou ayant élevé pendant au moins neuf ans avant leur seizième anniversaire trois enfants dont lui-même ou son conjoint a eu la charge.

§ 2 Pension de retraite

SOUS-§ 1 *Dispositions générales*

SOUS-SOUS-§ 1 Condition d'âge

Art. R. 732-39 *(Décr. n° 2011-620 du 31 mai 2011, art. 7-I)* « L'assuré peut demander la liquidation de sa pension de retraite à partir de l'âge prévu à l'article L. 732-18.

« Un coefficient de minoration s'applique au montant de la pension lorsque l'assuré demande la liquidation de sa pension de retraite avant l'âge prévu à l'article L. 732-25 et ne justifie pas de la durée d'assurance et de périodes reconnues équivalentes mentionnée à ce même article. »

La durée minimale d'assurance ou de périodes reconnues équivalentes mentionnée au même article et en deçà de laquelle s'applique ce coefficient de minoration est fixé, pour les pensions prenant effet avant le 1er janvier 2009 :

1° A 150 trimestres pour l'assuré né avant le 1er janvier 1944 ;
2° A 152 trimestres pour l'assuré né en 1944 ;
3° A 154 trimestres pour l'assuré né en 1945 ;
4° A 156 trimestres pour l'assuré né en 1946 ;
5° A 158 trimestres pour l'assuré né en 1947 ;
6° A 160 trimestres pour l'assuré né en 1948.

Pour les pensions prenant effet après le 31 décembre 2008, cette durée est déterminée par la limite mentionnée au deuxième alinéa de l'article L. 351-1 du code de la sécurité sociale.

Art. D. 732-40 *(Décr. n° 2012-847 du 2 juill. 2012, art. 3-1°)* « En application de l'article L. 732-18-1, l'âge prévu à l'article L. 732-18 est abaissé dans les conditions

prévues à l'article D. 351-1-1 du code de la sécurité sociale pour les assurés qui justifient au titre de l'assurance vieillesse des personnes non salariées des professions agricoles et, le cas échéant, dans un ou plusieurs autres régimes obligatoires, d'une durée minimale d'assurance cotisée, selon les modalités définies *(Décr. nº 2023-436 du 3 juin 2023, art. 3)* **« à l'article D. 732-40-1 du présent code et » aux articles D. 351-1-1 et D. 351-1-2 du code de la sécurité sociale. »**

1º à 3º abrogés par Décr. nº 2010-1734 du 30 déc. 2010, art. 6-1º, à compter du 1er juill. 2011.

Pour l'appréciation de la durée d'assurance ayant donné lieu à cotisations à la charge de l'assuré mentionnée *(Décr. nº 2010-1734 du 30 déc. 2010, art. 6-1º ; Décr. nº 2012-847 du 2 juill. 2012, art. 3-2º)* **« à l'article D. 351-1-1 du code de la sécurité sociale », sont réputées avoir donné lieu à cotisations les périodes de service national dans les limites et conditions définies à l'article D. 351-1-2 du code de la sécurité sociale.**

Pour l'application de la condition de début d'activité mentionnée *(Décr. nº 2010-1734 du 30 déc. 2010, art. 6-1º ; Décr. nº 2012-847 du 2 juill. 2012, art. 3-2º)* **« à l'article D. 351-1-1 du code de la sécurité sociale », sont considérés comme ayant débuté leur activité avant l'âge de** *(Décr. nº 2010-1734 du 30 déc. 2010, art. 6-1º ; Décr. nº 2012-847 du 2 juill. 2012, art. 3-3º ; Décr. nº 2023-436 du 3 juin 2023, art. 3)* **« seize, dix-huit, vingt ou vingt-et-un ans » les assurés justifiant soit des conditions définies à l'article D. 351-1-3 du code de la sécurité sociale, soit ayant valide au titre de l'assurance vieillesse des personnes non salariées des professions agricoles quatre trimestres à la fin de l'année au cours de laquelle est survenu, respectivement, leur** *(Décr. nº 2010-1734 du 30 déc. 2010, art. 6-1º ; Décr. nº 2012-847 du 2 juill. 2012, art. 3-3º ; Décr. nº 2023-436 du 3 juin 2023, art. 3)* **« seizième, dix-huitième, vingtième ou vingt-et-unième » anniversaire.**

Art. D. 732-40-1 *(Décr. nº 2023-436 du 3 juin 2023, art. 3)* **I. — Pour l'appréciation de la durée d'assurance ayant donné lieu à cotisations à la charge de l'assuré mentionnée à l'article D. 732-40, sont réputées avoir donné lieu à cotisations au titre de l'assurance vieillesse des personnes non salariées des professions agricoles, et le cas échéant dans un ou plusieurs autres régimes obligatoires en application de l'article L. 732-18-1 :**

1º Les périodes validées comme périodes d'assurance en application des 2º et 4º à 6º de l'article D. 732-52-1, dans la limite de quatre trimestres ;

2º Les périodes validées comme périodes d'assurance en application du 3º de l'article D. 732-52-1, dans la limite de deux trimestres ;

3º Les périodes validées comme périodes d'assurance en application de l'article D. 732-52-2, dans la limite de quatre trimestres ;

4º Les périodes validées en application des articles L. 381-1 et L. 381-2 du code de la sécurité sociale et les périodes pendant lesquelles les fonctionnaires, les magistrats et les militaires vérifiaient les conditions d'affiliation à l'assurance vieillesse du régime général mentionnées aux mêmes articles mais étaient affiliés à un régime spécial, dans la limite de quatre trimestres.

Art. D. 732-41 *(Décr. nº 2005-1774 du 30 déc. 2005)* **« I. — » L'âge prévu au premier alinéa de l'article L. 732-18 est abaissé, en application de l'article L. 732-18-2** *(Décr. nº 2023-436 du 3 juin 2023, art. 4)* **« , dans les conditions prévues aux I et I *bis* de l'article D. 351-1-5 du code de la sécurité sociale. »**

(Décr. nº 2005-1774 du 30 déc. 2005) **« L'assuré qui demande le bénéfice des dispositions de l'article L. 732-18-2** *(Décr. nº 2017-1492 du 25 oct. 2017, art. 18-10º)* **« du présent code » produit, à l'appui de sa demande, les pièces prévues à l'article D. 351-1-6 du code de la sécurité sociale.**

« II. — Pour l'application de la majoration de pension prévue à l'article L. 732-18-2, la pension est augmentée à proportion d'un nombre égal au tiers du quotient formé par la durée d'assurance dans le régime accomplie alors que l'assuré justifiait du taux d'incapacité permanente prévu au même article et ayant donné lieu à cotisations à sa charge, d'une part, et la durée d'assurance dans le régime au sens du troisième alinéa de l'article L. 351-1 du code de la sécurité sociale, d'autre part. Ce nombre est arrondi, le cas échéant, au centième le plus proche.

« L'application de cette majoration ne peut avoir pour effet de porter la pension à un montant supérieur à celui qu'elle aurait atteint, sans cette majoration, dans le cas d'une durée d'assurance dans le régime égale à la limite mentionnée au troisième alinéa de l'article L. 351-1 *(Décr. n° 2017-1492 du 25 oct. 2017, art. 18-10°)* **« précité » du code de la sécurité sociale. »**

Art. D. 732-41-1 *Abrogé par Décr. n° 2023-436 du 3 juin 2023, art. 5.*

Art. D. 732-41-2 *(Décr. n° 2011-353 du 30 mars 2011, art. 1er-II, en vigueur le 1er juill. 2011)* **Le taux d'incapacité permanente mentionné au I de l'article L. 732-18-3 est fixé à 20 %. Ce taux peut être atteint par l'addition de plusieurs taux d'incapacité permanente reconnus à la suite d'une maladie professionnelle ou d'un accident du travail ayant entraîné des lésions identiques à celles indemnisées au titre d'une maladie professionnelle, sous réserve qu'un taux d'incapacité permanente au moins égal à 10 % ait été reconnu au titre d'une même maladie professionnelle ou d'un même accident du travail.**

Art. D. 732-41-3 *(Décr. n° 2011-353 du 30 mars 2011, art. 1er-II, en vigueur le 1er juill. 2011)* **I. — Le taux d'incapacité permanente mentionné au 1° du III de l'article L. 732-18-3 est fixé à 10 %. Ce taux doit être atteint au titre d'une même maladie professionnelle ou d'un même accident du travail.**

II. — La durée d'exposition mentionnée au 2° du III de l'article L. 732-18-3 est fixée à dix-sept ans.

Art. D. 732-41-4 *(Décr. n° 2011-353 du 30 mars 2011, art. 1er-II, en vigueur le 1er juill. 2011)* **Les dispositions de l'article D. 351-1-11 du code de la sécurité sociale s'appliquent au régime défini à la sous-section 1 de la section 3 du présent chapitre, sous les réserves suivantes :**

1° Pour l'application du I, le ressort territorial de la commission est celui prévu à l'article D. 751-35 *(Décr. n° 2017-1492 du 25 oct. 2017, art. 18-11°)* **« du présent code » pour le comité régional de reconnaissance des maladies professionnelles ;**

2° Pour l'application du 1° du II, le directeur de la caisse chargée de la liquidation des pensions de retraite du régime général est remplacé par le directeur de la caisse départementale ou pluridépartementale de mutualité sociale agricole dont relève le département dans lequel se trouve le siège du comité régional de reconnaissance des maladies professionnelles, ou le représentant qu'il désigne pour le représenter ;

3° Pour l'application du 2° du II, le médecin-conseil régional mentionné à l'article R. 315-3 du code de la sécurité sociale ou le médecin-conseil de l'échelon régional du contrôle médical qu'il désigne pour le représenter sont remplacés par le médecin-conseil national du régime agricole de protection sociale, ou la personne qu'il désigne pour le représenter parmi les médecins des caisses de mutualité sociale agricole se trouvant dans le ressort de compétence du comité régional de reconnaissance des maladies professionnelles ;

4° Pour l'application du 3° du II, l'ingénieur-conseil chef du service de prévention de la caisse mentionnée à l'article L. 215-1 ou à l'article L. 215-3 du code de la sécurité sociale ou son représentant sont remplacés par un conseiller en prévention des risques professionnels désigné au sein de sa caisse par le directeur mentionné au quatrième alinéa du présent article ;

5° Pour l'application de l'avant-dernier alinéa du 5° du II, le secrétariat de la commission pluridisciplinaire est assuré par la caisse départementale ou pluridépartementale de mutualité sociale agricole dont relève le département dans lequel se trouve le siège du comité régional de reconnaissance des maladies professionnelles.

Art. D. 732-41-5 *(Décr. n° 2011-353 du 30 mars 2011, art. 1er-II, en vigueur le 1er juill. 2011)* **La commission pluridisciplinaire se prononce au vu d'un dossier comprenant :**

1° La notification du taux d'incapacité permanente prévue à l'article D. 752-29 et la notification de la date de consolidation prévue à l'article L. 752-24 ;

2° Les justifications apportées par l'assuré quant aux conditions mentionnées aux 2° et 3° du III de l'article L. 732-18-3, reposant sur tout document à caractère individuel attestant d'une affiliation au régime des personnes non salariées des professions agricoles et de la réalité de l'exposition aux risques professionnels.

SOUS-SOUS-§ 2 Condition de durée d'assurance

Art. D. 732-42 *(Décr. n° 2006-1611 du 15 déc. 2006)* **« La majoration prévue à l'article L. 732-25-1 est déterminée dans les conditions suivantes :**

« 1° Pour les assurés nés avant 1949 et dont la pension prend effet avant le 1er janvier 2009, la majoration est égale à :

« *a)* 3 % par année jusqu'à ce que l'assuré justifie d'une durée d'assurance et de périodes reconnues équivalentes égale à cent soixante-quatre trimestres ou 0,75 % par trimestre dans le cas où la durée d'assurance mentionnée à l'article L. 732-25-1, au titre d'une année civile, est inférieure à quatre trimestres ;

« *b)* 4 % par année au-delà de cent soixante-quatre trimestres ou 1 % par trimestre dans le cas où la durée d'assurance mentionnée à l'article L. 732-25-1, au titre d'une année civile, est inférieure à quatre trimestres ;

« *c)* 5 % par année après le soixante-cinquième anniversaire de l'assuré ou 1,25 % par trimestre dans le cas où la durée d'assurance mentionnée à l'article L. 732-25-1, au titre d'une année civile, est inférieure à quatre trimestres ;

« 2° Pour les assurés nés avant 1949 dont la pension prend effet postérieurement au 31 décembre 2008 et pour les assurés nés après 1948, la majoration est égale à :

(Décr. n° 2008-1509 du 30 déc. 2008, art. 5-II) **« A. Pour les trimestres accomplis avant le 1er janvier 2009 : »**

« *a)* 3 % par année pour la première année ou 0,75 % par trimestre dans le cas où la durée d'assurance mentionnée à l'article L. 732-25-1, au titre d'une année civile, est inférieure à quatre trimestres ;

« *b)* 4 % par année pour les années suivantes ou 1 % par trimestre dans le cas où la durée d'assurance mentionnée à l'article L. 732-25-1, au titre d'une année civile, est inférieure à quatre trimestres ;

« *c)* 5 % par année après le soixante-cinquième anniversaire de l'assuré ou 1,25 % par trimestre dans le cas où la durée d'assurance mentionnée à l'article L. 732-25-1, au titre d'une année civile, est inférieure à quatre trimestres ;

(Décr. n° 2008-1509 du 30 déc. 2008, art. 5-II) **« B. Pour les trimestres accomplis à compter du 1er janvier 2009, 5 % par année** *(Décr. n° 2010-1734 du 30 déc. 2010, art. 6-3°, en vigueur le 1er juill. 2011)* **« au-delà de l'âge prévu par l'article L. 732-18 » ou 1,25 % par trimestre dans le cas où la durée d'assurance mentionnée à l'article L. 732-25-1, au titre d'une année civile, est inférieure à quatre trimestres. »**

« La durée d'assurance mentionnée au présent article est celle accomplie à compter du 1er janvier 2004, *(Décr. n° 2010-1734 du 30 déc. 2010, art. 6-3°, en vigueur le 1er juill. 2011)* **« au-delà de l'âge fixé à l'article L. 732-18 » et au-delà de la durée minimale prévue à l'article L. 732-25.**

« La durée d'assurance prise en compte au-delà de la durée minimale prévue à l'article L. 732-25 ne peut excéder quatre trimestres par année. »

Il est retenu au titre de l'année *(Décr. n° 2010-1734 du 30 déc. 2010, art. 6-3°, en vigueur le 1er juill. 2011)* **« au cours de laquelle l'assuré a atteint l'âge prévu par l'article L. 732-18 » un nombre de trimestres égal au nombre de trimestres civils entiers suivant celui au cours duquel** *(Décr. n° 2010-1734 du 30 déc. 2010, art. 6-3°, en vigueur le 1er juill. 2011)* **« cet âge a été atteint ».**

Dernier al. *abrogé par Décr. n° 2006-1611 du 15 déc. 2006.*

Art. R. 732-42-1 *(Décr. n° 2023-799 du 21 août 2023, art. 3)* **En application du second alinéa de l'article L. 732-25-2, sont prises en compte, pour le bénéfice de la majoration de pension mentionnée au premier alinéa du même article :**

1° Les majorations de durée d'assurance accordées au titre des articles L. 351-4, L. 351-4-1 et L. 351-5 du code de la sécurité sociale ;

2° Les majorations de durée d'assurance et les bonifications mentionnées à l'article R. 351-2-1 du même code.

Art. R. 732-43 **Les termes "durée d'assurance" figurant à l'article L. 732-25 désignent les périodes définies à l'article R. 351-3 du code de la sécurité sociale.**

Les termes "périodes reconnues équivalentes" figurant à l'article L. 732-25 *(Décr. n° 2017-1492 du 25 oct. 2017, art. 18-12°)* **« du présent code » désignent les périodes définies à l'article R. 351-4 du code de la sécurité sociale.**

Les périodes mentionnées au 3° de l'article R. 351-3 et à l'article R. 351-4 du code de la sécurité sociale sont retenues de date à date, le nombre de trimestres correspondant étant arrondi au chiffre immédiatement supérieur.

Art. D. 732-44 Pour l'exercice de la faculté de versement de cotisations prévue à l'article L. 732-27-1, sont applicables les dispositions des articles D. 351-3 à D. 351-6 et D. 351-8 *(Décr. n° 2015-14 du 8 janv. 2015, art. 2)* « à D. 351-14-1 » du code de la sécurité sociale sous réserve des dispositions suivantes :

1° La référence à l'assurance vieillesse des personnes non salariées des professions agricoles est substituée à la référence à l'assurance vieillesse du régime général de sécurité sociale ;

2° La référence à l'article L. 732-27-1 *(Décr. n° 2017-1492 du 25 oct. 2017, art. 18-13°)* « du présent code » est substituée à la référence à l'article L. 351-14-1 du code de la sécurité sociale et *(Décr. n° 2015-14 du 8 janv. 2015, art. 2)* « au 1° du I » de cet article ;

3° Au dernier alinéa de l'article D. 351-4 du code de la sécurité sociale, la référence à la caisse de mutualité sociale agricole de l'Île-de-France est substituée à la référence à la caisse mentionnée à cet alinéa ;

4° La référence à l'article D. 732-45 *(Décr. n° 2017-1492 du 25 oct. 2017, art. 18-13°)* « du présent code » est substituée à la référence à l'article D. 351-7 du code de la sécurité sociale ;

5° La référence à l'article D. 732-46 *(Décr. n° 2017-1492 du 25 oct. 2017, art. 18-13°)* « du présent code » est substituée à la référence à l'article D. 351-8 *(Décr. n° 2006-879 du 17 juill. 2006, art. 5)* « du code de la sécurité sociale » ;

(Décr. n° 2015-14 du 8 janv. 2015, art. 2) « 6° Pour l'application de l'article D. 351-14-1 *(Décr. n° 2017-1492 du 25 oct. 2017, art. 18-13°)* « du code de la sécurité sociale » :

« *a)* Au 1° du II, le montant : "670 €" est remplacé par le montant : "600 €" ;

« *b)* Au 2° du II, le montant : "1 000 €" est remplacé par le montant : "890 €". »

Art. D. 732-45 Le versement prévu à l'article L. 732-27-1 peut être pris en compte :

1° Soit au titre de l'atténuation du coefficient de minoration mentionné à l'article L. 732-25 ou à l'article *(Décr. n° 2017-1492 du 25 oct. 2017, art. 18-14°)* « L. 781-33 », sans que le versement soit pris en compte ni dans la durée d'activité agricole non salariée mentionnée au 1° de l'article L. 732-24 ou au 1° de l'article *(Décr. n° 2017-1492 du 25 oct. 2017, art. 18-14°)* « L. 781-32 » ni dans la durée d'assurance mentionnée au 2° de l'article L. 732-24 ou au 2° de l'article *(Décr. n° 2017-1492 du 25 oct. 2017, art. 18-14°)* « L. 781-32 » ;

2° Soit au titre de l'atténuation du coefficient de minoration mentionné à l'article L. 732-25 ou à l'article *(Décr. n° 2017-1492 du 25 oct. 2017, art. 18-14°)* « L. 781-33 » et pour être pris en compte dans la durée d'activité agricole non salariée mentionnée au 1° de l'article L. 732-24 ou au 1° de l'article *(Décr. n° 2017-1492 du 25 oct. 2017, art. 18-14°)* « L. 781-32 » avec l'attribution d'un nombre de points de retraite proportionnelle égal, pour chaque trimestre au titre duquel le versement est pris en compte, au quart du nombre de points déterminé selon les modalités prévues en application du premier alinéa du 2° de l'article L. 732-24 ou du 2° de l'article *(Décr. n° 2017-1492 du 25 oct. 2017, art. 18-14°)* « L. 781-32 » et correspondant :

a) Soit, lorsque la moyenne annuelle des revenus et salaires mentionnés au premier alinéa du 3° du I de l'article D. 351-8 du code de la sécurité sociale n'excède pas la limite fixée au *a)* de ce 3°, à un revenu égal à la pension de référence fixée au même *a)* calculée sur la base de 75 % de la valeur moyenne des plafonds annuels actualisés correspondant pour chaque assuré à une carrière de quarante et un ans ;

b) Soit, lorsque la moyenne annuelle des revenus et salaires mentionnés au premier alinéa du 3° de l'article D. 351-8 du code de la sécurité sociale est comprise dans les limites fixées au *b)* de ce 3°, à un revenu égal à la pension de référence fixée au même *b)*, le rapport prévu à ce *b)* étant calculé sur la base de la valeur moyenne des plafonds annuels actualisés correspondant pour chaque assuré à une carrière de quarante et un ans ;

c) Soit, lorsque la moyenne annuelle des revenus et salaires mentionnés au premier alinéa du 3° de l'article D. 351-8 du code de la sécurité sociale excède la limite fixée au *c)* de ce 3°, à un revenu égal à la pension de référence fixée au même *c)* calculée sur la base de la valeur moyenne des plafonds annuels actualisés correspondant pour chaque assuré à une carrière de quarante et un ans ;

Pour l'application du 2° du présent article, les modalités prévues au 4° du I de l'article D. 351-8 du code de la sécurité sociale sont applicables.

Al. 8 abrogé par Décr. n° 2009-1739 du 30 déc. 2009, art. 3.

Le choix de l'assuré est exprimé dans sa demande et il est irrévocable.

Art. D. 732-46 En vue d'assurer la neutralité actuarielle du versement prévue à l'article L. 732-27-1, le montant du versement à effectuer au titre de chaque trimestre est égal, pour un âge donné, à la valeur, actualisée à l'année au cours de laquelle *(Décr. n° 2008-1383 du 19 déc. 2008, art. 6)* « l'assuré présente sa demande » et majorée d'un coefficient forfaitaire représentatif des avantages de réversion, de la différence entre :

1° Si le versement est effectué au titre du 1° de l'article D. 732-45, d'une part, la somme actualisée d'une pension liquidée mensuellement, à terme échu, à l'âge *(Décr. n° 2010-1737 du 30 déc. 2010, art. 2)* « de soixante-deux ans » et égale au quart du total du montant maximal de la retraite forfaitaire multipliée par un rapport égal à *(Décr. n° 2015-332 du 24 mars 2015, art. 1er-I)* « 171/172 » et d'une retraite proportionnelle égale au produit de la valeur de service du point, fixée en application de l'article R. 732-68, en vigueur au 1er janvier de l'année au cours de laquelle *(Décr. n° 2008-1383 du 19 déc. 2008, art. 6)* « l'assuré présente sa demande », par le nombre de points, déterminé selon les modalités prévues aux articles R. 732-70 et R. 732-71 et correspondant à quarante et une fois et demie le montant obtenu pour une cotisation sur un revenu annuel moyen, actualisé à l'année 2004 pour les années antérieures et revalorisé pour les années postérieures à 2004, correspondant au revenu mentionné au *a)* ou au *b)* du 2° de l'article D. 732-45 et, d'autre part, la somme actualisée de cette même pension, minorée de 1,25 % ;

2° Si le versement est effectué au titre du 2° de l'article D. 732-45, d'une part, la somme actualisée d'une pension liquidée mensuellement, à terme échu, à l'âge *(Décr. n° 2010-1737 du 30 déc. 2010, art. 2)* « de soixante-deux ans » et égale au quart du total du montant maximal de la retraite forfaitaire et d'une retraite proportionnelle égale au produit de la valeur de service du point, fixée en application de l'article R. 732-68, pour l'année au cours de laquelle *(Décr. n° 2008-1383 du 19 déc. 2008, art. 6)* « l'assuré présente sa demande », par le nombre de points, déterminé selon les modalités prévues à l'article R. 732-71 et correspondant à quarante et une fois trois quarts le montant obtenu pour une cotisation sur un revenu annuel moyen, actualisé à l'année 2004 pour les années antérieures et revalorisé pour les années postérieures à 2004, correspondant au revenu mentionné au *a)* ou au *b)* du 2° de l'article D. 732-45 et, d'autre part, la somme actualisée d'une pension égale au quart du total, minoré de 1,25 %, de cette même retraite forfaitaire multipliée par un rapport égal à *(Décr. n° 2015-332 du 24 mars 2015, art. 1er-I)* « 171/172 » et de cette même retraite proportionnelle pour quarante et une fois et demie le montant obtenu pour cette même cotisation.

Les modalités prévues au II de l'article D. 351-8 du code de la sécurité sociale sont applicables à l'actualisation prévue au présent article, sous réserve de la mention du ministre chargé de l'agriculture après celle du ministre chargé de la sécurité sociale.

Le barème des versements est établi conformément aux dispositions figurant à l'annexe I du présent livre. — *V. cette annexe au* ***C. rur.*** 🏛.

Art. D. 732-47 *Al. 1er à 3 abrogés par Décr. n° 2010-1737 du 30 déc. 2010, art. 2.*

(Décr. n° 2006-879 du 17 juill. 2006, art. 5) « Les dispositions des articles D. 732-44 et D. 732-45, dans leur rédaction issue du décret n° 2006-879 du 17 juillet 2006 relatif au versement pour la retraite au titre de certaines périodes d'études supérieures et d'activité ainsi que celles de l'article D. 732-46 sont applicables aux demandes de versement reçues, ou aux versements interrompus, postérieurement au 31 décembre 2005. »

Art. D. 732-47-1 *(Décr. n° 2006-542 du 11 mai 2006)* Les dispositions prévues aux articles D. 732-47-1 à D. 732-47-10 s'appliquent aux personnes qui n'ont pas liquidé leur pension de retraite de base et qui ont exercé une activité en qualité d'aide familial telle que définie à l'article L. 732-35-1.

Art. D. 732-47-2 *(Décr. nº 2006-542 du 11 mai 2006)* L'activité visée à l'article D. 732-47-1 doit être postérieure à la date de création du régime de base d'assurance vieillesse obligatoire des personnes non salariées des professions agricoles en France métropolitaine ou *(Décr. nº 2016-781 du 10 juin 2016, art. 8-2º, en vigueur le 1er juill. 2016)* « en Guadeloupe, en Guyane, en Martinique, à La Réunion, à Mayotte, à Saint-Barthélemy et à Saint-Martin ». Elle doit avoir été exercée à un âge compris entre celui de la fin de l'obligation scolaire et l'âge légal d'affiliation au régime de base d'assurance vieillesse obligatoire des personnes non salariées des professions agricoles.

Une année au cours de laquelle le demandeur a relevé à titre obligatoire d'un régime d'assurance vieillesse de base ne peut faire l'objet d'un rachat.

Art. D. 732-47-3 *(Décr. nº 2006-542 du 11 mai 2006)* La demande de versement de cotisations s'effectue auprès de la caisse de mutualité sociale agricole de la dernière affiliation au titre de l'assurance vieillesse des personnes salariées ou non salariées des professions agricoles. A défaut d'affiliation à ces régimes, la demande de versement doit être adressée à la caisse de mutualité sociale agricole du domicile du demandeur. En cas de résidence à l'étranger, la caisse de mutualité sociale agricole d'Île-de-France est compétente.

La demande de versement de cotisations peut être faite jusqu'à la date de liquidation de la pension de retraite de base. Le demandeur est informé de son admission ou de sa non-admission au bénéfice du versement par la caisse de mutualité sociale agricole. En l'absence de réponse de la part de la caisse de mutualité sociale agricole dans un délai de deux mois à compter de la date de réception de la demande, celle-ci est réputée rejetée.

Art. D. 732-47-4 *(Décr. nº 2009-599 du 26 mai 2009)* La demande de versement de cotisations s'effectue au moyen d'un formulaire établi par arrêté des ministres chargés de l'agriculture et de la sécurité sociale. A défaut pour l'assuré de démontrer sur la base d'éléments probants la réalité et la durée des périodes d'activité accomplies en qualité d'aide familial, la demande de versement peut être acceptée sur la base d'une déclaration sur l'honneur attestant :

1º L'absence de scolarisation de l'intéressé pendant l'intégralité de la période pour laquelle le versement de cotisations est demandé ;

2º Sa qualité d'aide familial chez un chef d'exploitation affilié à la mutualité sociale agricole pendant la période pour laquelle le versement de cotisations est demandé, lorsque aucun élément de preuve ne peut être apporté pour en attester.

Cette déclaration sur l'honneur est contresignée par deux témoins attestant l'activité habituelle et régulière du demandeur au sein de l'exploitation pendant la période concernée. Sauf cas d'empêchement majeur dûment justifié, les témoins se présentent à la caisse de mutualité sociale agricole chargée de l'instruction de la demande afin de procéder à la contresignature de la déclaration sur l'honneur. Ne peuvent être acceptés que les témoignages des salariés, des aides familiaux, des apprentis ou des chefs d'exploitation ou d'entreprise agricole en mesure de prouver avoir exercé leur activité pendant la même période que l'intéressé dans une exploitation ou entreprise agricole située *(Décr. nº 2013-1145 du 11 déc. 2013)* « soit dans la même commune, soit dans une commune limitrophe, » les attestations sur l'honneur ne pouvant être retenues à cet égard.

L'intéressé produit également à l'appui de sa demande tous documents probants permettant d'établir la réalité :

1º Du lien de parenté avec le chef d'exploitation ou le conjoint de celui-ci ;

2º De l'absence d'affiliation à un régime obligatoire d'assurance vieillesse de base pour cette même période.

Le dispositif de contrôle interne *(Décr. nº 2017-1492 du 25 oct. 2017, art. 18-15º)* « défini à la section 2 du chapitre IV *bis* du titre I du livre I du code de la sécurité sociale (partie réglementaire – décrets simples) » fixe les actions à entreprendre pour vérifier l'exactitude des informations apportées à l'appui d'une demande de rachat. Il détermine, notamment, les modalités selon lesquelles les témoins contresignataires sont entendus conformément au quatrième alinéa du présent article.

Art. D. 732-47-5 *(Décr. n° 2006-542 du 11 mai 2006)* Chaque période, d'une durée égale à au moins une année civile, accomplie en qualité d'aide familial, peut donner lieu au versement de cotisations à ce titre. La situation du demandeur est appréciée au 1er janvier de l'année de chacune des années au titre de laquelle une demande de versement de cotisations est effectuée. Par dérogation, l'année 1952 ne pourra faire l'objet d'un versement que pour une demi-année.

Art. D. 732-47-6 *(Décr. n° 2009-599 du 26 mai 2009)* I. — Lorsque le rachat est pris en compte pour l'ouverture du droit et le calcul des pensions de vieillesse au titre des seuls régimes agricoles, la cotisation due pour une année civile au titre de laquelle le versement est demandé par l'assuré au titre des articles D. 732-47-1 à D. 732-47-10 et en application du 1 et du *b* du 2° de l'article L. 731-42 est égale à 15 % du quadruple du montant du versement prévu au 2° de l'article D. 732-46.

II. — Lorsque le rachat est pris en compte pour l'ouverture et le calcul des pensions de vieillesse au titre de l'ensemble des régimes de base légalement obligatoires et en vue d'assurer la neutralité actuarielle, la cotisation due pour une année civile au titre de laquelle le versement est demandé est égale au quadruple du montant du versement prévu au 2° de l'article D. 732-46.

Art. D. 732-47-7 *(Décr. n° 2006-542 du 11 mai 2006)* Le versement des cotisations peut être échelonné à la demande de l'assuré et, avec l'accord de la caisse de mutualité sociale agricole compétente, sur une période comprise entre la demande de versement des cotisations et la demande de liquidation de la pension de retraite. La période d'échelonnement ne peut excéder quatre ans.

Le versement de cotisations, ou en cas d'échelonnement le premier versement, est effectué au plus tard le dernier jour des deux mois suivant la réception par le demandeur de son admission au bénéfice du versement.

Le demandeur peut choisir de verser des cotisations pour tout ou partie de la période.

Les cotisations dont le versement est échelonné sont majorées du taux fixé par arrêté du ministre chargé de la sécurité sociale en application du dernier alinéa de l'article R. 742-39 du code de la sécurité sociale.

Art. D. 732-47-8 *(Décr. n° 2006-542 du 11 mai 2006)* Il est mis fin au versement des cotisations :

— en cas de non-paiement ou de paiement partiel du versement non échelonné ;

— en cas d'échelonnement, lorsque le premier paiement n'est pas parvenu pour son montant intégral à la caisse de mutualité sociale agricole à la date fixée par la décision d'admission au bénéfice du versement ou lorsque le paiement de deux échéances mensuelles successives n'a pas été intégralement effectué ;

— lorsque l'assuré demande la liquidation de sa pension ;

— en cas de décès de l'assuré.

Sauf dans ce dernier cas, l'intéressé est informé par la caisse de l'interruption du versement.

(Décr. n° 2009-599 du 26 mai 2009) « Le versement ne peut être pris en compte pour les droits à retraite que lorsqu'il a été effectué dans son intégralité.

« Si le versement effectué ne permet pas le rachat de l'année ou de toutes les années mentionnées dans la demande de versement de cotisations de l'assuré, les sommes versées lui sont remboursées ou, en cas de décès, sont remboursées à ses ayants droit. »

Il ne peut être présenté de nouvelle demande de versement avant l'expiration d'un délai de douze mois suivant la date à laquelle l'intéressé a été informé de l'interruption du versement.

Art. D. 732-47-9 *(Décr. n° 2006-542 du 11 mai 2006)* Le nombre de points de retraite proportionnelle accordé en application des articles R. 732-70 et R. 732-71 au titre du versement d'une année de cotisations est celui défini pour des revenus professionnels égaux à mille deux cents fois le montant du salaire minimum de croissance pour l'année du dépôt de la demande.

Art. D. 732-47-10 *(Décr. n° 2006-542 du 11 mai 2006)* Les versements effectués en application des dispositions des articles D. 732-47-2 à D. 732-47-9 ne donnent pas lieu à la révision des pensions de retraite de base des régimes d'assurance vieillesse dont la liquidation a pris effet antérieurement à la date du versement.

Art. D. 732-48 *(Décr. n° 2012-138 du 30 janv. 2012, art. 7, en vigueur le 1er mars 2012)* Les majorations de durée d'assurance pour enfants prévues à l'article L. 351-4 du code de la sécurité sociale sont applicables aux assurés du régime d'assurance vieillesse des personnes non salariées des professions agricoles dans les conditions prévues à l'article 65 de la loi n° 2009-1646 du 24 décembre 2009 de financement de la sécurité sociale pour 2010 sous réserve des adaptations suivantes du IX de ce dernier article :

1° Au premier alinéa, les mots : "publication de la présente loi" sont remplacés par les mots : "publication du décret n° 2012-138 du 30 janvier 2012 relatif aux majorations de durée d'assurance pour enfants des assurés sociaux du régime général, du régime agricole et des régimes de retraite des artisans, commerçants, professions libérales, avocats, ministres des cultes et membres des congrégations et collectivités religieuses et de Saint-Pierre-et-Miquelon" ;

2° Au second alinéa, les mots : "quatre ans et six mois" sont remplacés par les mots : "six ans et six mois".

Art. R. 732-49 Les avantages de vieillesse dus par le régime d'assurance vieillesse des personnes non salariées de l'agriculture aux assurés et aux conjoints survivants d'assurés qui ont été affiliés successivement ou simultanément à ce régime et à un ou plusieurs autres régimes obligatoires de retraite sont déterminés sur la base des seules périodes d'activité ou assimilées valables au regard du régime agricole.

Le régime agricole est tenu de faire connaître aux autres régimes de retraite, dont l'assuré a relevé, la date à laquelle il a reçu la demande de liquidation présentée par celui-ci ou par son conjoint survivant dès réception de cette demande.

Il est également tenu de faire connaître aux régimes concernés, après liquidation des avantages de vieillesse dont la charge lui incombe, la date d'effet, le montant et les éléments de calcul de ces avantages, notamment les périodes prises en compte pour le calcul de ces avantages.

Art. D. 732-50 Pour l'appréciation du droit à la pension de retraite, les années d'activité postérieures au 1er juillet 1952 ne sont prises en considération que si elles ont donné lieu au paiement des cotisations d'assurance vieillesse.

Art. D. 732-51 Pour le calcul de la pension de retraite, seules sont prises en considération les cotisations qui ont été acquittées avant la date de leur prescription.

Lorsque des cotisations non prescrites sont versées postérieurement à la liquidation de la pension de retraite, la révision des droits prend effet à compter du premier jour du mois suivant celui au cours duquel a été encaissée l'intégralité des cotisations dues auxquelles s'ajoutent, le cas échéant, les majorations de retard.

Art. D. 732-52 Par dérogation aux dispositions de l'article D. 732-51, il est tenu compte, pour le calcul de la pension de retraite forfaitaire des personnes mentionnées au premier alinéa de l'article L. 732-34 et au 1° du I de l'article L. 732-35 et pour le calcul de la pension de retraite proportionnelle mentionnée au troisième alinéa de l'article L. 732-34 et au 2° du I de l'article L. 732-35, de toutes les cotisations d'assurance vieillesse versées pour les périodes d'activité antérieures à l'entrée en jouissance de la pension, quelle que soit la date de leur versement.

Quand un versement est effectué pour des cotisations prescrites, ces cotisations ne sont pas soumises aux majorations de retard prévues par les articles R. 731-68 à R. 731-70. Le montant du versement des cotisations dues au titre de la pension de retraite forfaitaire est égal au produit de la cotisation prévue au 1° de l'article L. 731-42 calculée sur une assiette forfaitaire égale au plafond mentionné à l'article L. 241-3 du code de la sécurité sociale. Le montant du versement des cotisations dues au titre de la pension de retraite proportionnelle, effectué pour un aide familial majeur et concernant des années postérieures à 1993, ou effectué pour un conjoint collaborateur et concernant des années pour lesquelles l'option de l'intéressé pour ce statut avait pris effet, est égal au produit, par le nombre d'années concernées, de la cotisation prévue au *b)* du 2° de l'article L. 731-42 *(Décr. n° 2017-1492 du 25 oct. 2017, art. 18-16°)* « du présent code ». Le plafond mentionné à l'article L. 241-3 du code de la sécurité sociale, le salaire minimum de croissance servant de base à la cotisation mentionnée au *b)* du 2° de l'article L. 731-42 et le taux des cotisations sont ceux en vigueur au 1er janvier de l'année au cours de laquelle sont acquittées les cotisations.

Le versement des cotisations arriérées prévu au présent article doit porter sur la totalité des périodes d'activité non salariée agricole pour lesquelles les cotisations dues n'ont pas été versées en temps utile.

Lorsque des cotisations sont versées postérieurement à la liquidation de la pension de retraite, la révision des droits prend effet à compter du premier jour du mois suivant celui au cours duquel a été encaissée l'intégralité des cotisations dues auxquelles s'ajoutent, le cas échéant, les majorations de retard.

Les *(Décr. n° 2017-1492 du 25 oct. 2017, art. 18-16°)* « versements de cotisations effectués » en application du présent article *(Décr. n° 2017-1492 du 25 oct. 2017, art. 18-16°)* « peuvent être échelonnés » sur une période de quatre ans au plus avec l'accord de la caisse compétente. Si, à l'expiration de ce délai, la totalité des cotisations de régularisation n'a pas été versée, l'opération est annulée et les *(Décr. n° 2017-1492 du 25 oct. 2017, art. 18-16°)* « versements effectués » par l'intéressé lui sont remboursés. La mise en paiement de la fraction de pension correspondant aux versements échelonnés est ajournée jusqu'au moment où le versement de la totalité des cotisations dues *(Décr. n° 2017-1492 du 25 oct. 2017, art. 18-16°)* « est terminé ».

Art. D. 732-52-1 *(Décr. n° 2013-199 du 7 mars 2013, art. 1er)* Pour l'application de l'article L. 732-21, sont prises en compte comme périodes d'interruption de l'activité professionnelle dues à une maladie ou une infirmité graves :

1° Le trimestre civil au cours duquel se situe le soixantième jour d'hospitalisation de l'assuré, un trimestre étant également décompté pour chaque nouvelle période d'hospitalisation de soixante jours ;

2° Le trimestre civil au cours duquel l'assuré a bénéficié, au titre de l'article L. 732-4, du soixantième jour d'indemnisation, un trimestre étant également décompté pour chaque nouvelle période d'indemnisation de soixante jours ;

3° Le trimestre civil comportant une échéance du paiement de la pension d'invalidité prévue à l'article L. 732-8 ;

4° Le trimestre civil au cours duquel l'assuré a bénéficié, au titre de l'article L. 752-5, du soixantième jour d'indemnisation, un trimestre étant également décompté pour chaque nouvelle période d'indemnisation de soixante jours ;

5° Le trimestre civil comportant une échéance du paiement de la rente personnelle d'accident du travail ou de maladie professionnelle prévue à l'article L. 752-6 pour une incapacité permanente au moins égale à 66 % ;

6° Le trimestre civil comportant une échéance du paiement de la pension d'invalidité versée aux personnes mentionnées au 6° de l'article L. 722-10.

L'application des dispositions du présent article ne peut avoir pour effet de porter à un chiffre supérieur à quatre le nombre de trimestres d'assurance valable au titre d'une même année civile.

Art. D. 732-52-2 *(Décr. n° 2019-976 du 20 sept. 2019, art. 2, en vigueur le 1er nov. 2019)* Pour l'application du quatrième alinéa de l'article L. 732-21, est pris en compte comme période d'assurance, pour l'ouverture du droit à pension, le trimestre civil au cours duquel l'assuré a bénéficié du cinquantième jour de perception de l'allocation mentionnée à l'article L. 5424-25 du code du travail. Un trimestre est également décompté pour chaque nouvelle période d'indemnisation de cinquante jours.

L'application du présent article ne peut avoir pour effet de porter à un chiffre supérieur à quatre le nombre de trimestres d'assurance validé au titre d'une même année civile.

SOUS-SOUS-§ 3 Condition de cessation d'activité

Art. D. 732-53 La pension de l'assuré est suspendue à compter du premier jour du mois suivant celui au cours duquel est survenue la circonstance qui justifie cette suspension, par application des deuxième et troisième alinéas de l'article L. 732-39.

Art. D. 732-54 L'autorisation de poursuivre la mise en valeur de l'exploitation prévue à l'article L. 732-40 peut être accordée à l'assuré lorsqu'il se trouve dans l'impossibilité de céder ses terres soit pour une raison indépendante de sa volonté soit lorsque l'offre d'achat ou le prix du fermage qui lui est proposé ne répond pas aux conditions normales du marché dans le département considéré. Celles-ci sont appréciées selon le cas par référence au barème indicatif de la valeur vénale moyenne des terres agricoles établi par arrêté du ministre chargé de l'agriculture en application de l'article L. 312-4, ou par référence aux valeurs fixées par l'arrêté préfectoral relatif aux prix des baux à ferme pris en application des articles R. 411-1 à R. 411-9-11.

La demande d'autorisation établie, selon le modèle fixé par arrêté du ministre chargé de l'agriculture, est adressée par l'assuré, par lettre recommandée avec demande d'avis de réception au préfet du département dans lequel est située l'exploitation. Lorsque les terres sont situées sur le territoire de plusieurs départements, la demande est adressée au préfet du département dans lequel se trouve le siège de l'exploitation.

Pour que la demande soit recevable, elle doit être accompagnée de tous documents attestant la réalité des motifs faisant obstacle à la cession de l'exploitation. Si cette cession n'a pas été possible, faute de candidat à la reprise, l'assuré doit justifier que l'offre de cession de ses terres a fait l'objet d'une information écrite adressée depuis au moins un mois à l'organisme départemental, *(Décr. nº 2017-1492 du 25 oct. 2017, art. 18-17º)* « mentionné à l'article L. 511-4 », concernant notamment les caractéristiques de l'exploitation ainsi que son prix de location ou de vente.

Art. D. 732-55 Lorsque l'exploitation est située sur le territoire de plusieurs départements, le préfet compétent statue sur la demande de l'assuré après avoir consulté le préfet du ou des autres départements.

Les préfets consultés sont tenus de donner leur avis dans les trente jours suivant la date de leur saisine. A défaut, ils sont réputés avoir émis un avis favorable sur la demande.

Art. D. 732-56 Le préfet recueille l'avis de la commission départementale compétente en matière d'orientation de l'agriculture.

Le préfet notifie sa décision motivée à l'intéressé par lettre recommandée avec demande d'avis de réception.

L'autorisation de poursuivre la mise en valeur de l'exploitation est accordée pour une durée ne pouvant excéder deux ans, éventuellement renouvelable. Cette autorisation prend effet à compter du premier jour du mois suivant la date de la demande, sans pouvoir être antérieure à la date d'entrée en jouissance de la pension.

En cas de renouvellement, l'autorisation prend effet à compter du premier jour du mois suivant la date de la demande et au plus tôt au premier jour du mois suivant la date d'expiration de la précédente autorisation.

(Décr. nº 2006-1241 du 10 oct. 2006) « A défaut de réponse du préfet dans un délai de deux mois à compter de la réception de la demande, l'autorisation de poursuite d'activité est réputée acquise pour une durée de vingt-quatre mois. »

Les dispositions des articles D. 732-54 et D. 732-55 ainsi que celles du présent article sont applicables en cas de renouvellement de la demande d'autorisation de poursuivre l'exploitation.

SOUS-SOUS-§ 4 Liquidation et entrée en jouissance

Art. D. 732-57 Pour l'application du premier alinéa de l'article L. 732-39, le service d'une pension de retraite est assuré à compter du premier jour du mois suivant celui au cours duquel l'assuré a cessé définitivement son activité professionnelle non salariée agricole. L'assuré doit établir qu'il se trouve dans cette situation par tout mode de preuve, et notamment par la production d'une attestation de résiliation du bail des terres exploitées, de la copie de l'acte de cession des terres en pleine propriété ou selon les modalités prévues en matière de baux ruraux, d'une attestation sur l'honneur par laquelle l'assuré s'engage à ne plus exercer d'activité professionnelle sur l'exploitation agricole mise en valeur à la date d'effet de sa pension, lorsqu'il continue à résider sur l'exploitation.

Art. D. 732-58 Chaque assuré indique la date à compter de laquelle il désire entrer en jouissance de sa pension, cette date étant nécessairement le premier jour d'un mois et ne pouvant être antérieure ni au dépôt de la demande ni, sous réserve des articles *(Décr. nº 2023-436 du 3 juin 2023, art. 2)* « L. 732-18-1, L. 732-18-2, L. 732-18-3 et

L. 732-18-4 », *(Décr. nº 2010-1734 du 30 déc. 2010, art. 6-4º)* « à la date à laquelle l'intéressé atteint l'âge prévu à l'article L. 732-18 ». Si l'assuré n'indique pas la date d'entrée en jouissance de sa pension, celle-ci prend effet au premier jour du mois suivant la réception de la demande par la caisse chargée de la liquidation des droits à avantage de vieillesse.

L'entrée en jouissance de la pension allouée pour inaptitude au travail ne peut être fixée à une date antérieure au premier jour du mois suivant la date à partir de laquelle l'inaptitude a été reconnue.

Art. R. 732-58-1 *(Décr. nº 2011-352 du 30 mars 2011, art. 4)* L'assuré qui demande à bénéficier des dispositions de l'article L. 732-18-3 en fait la demande auprès de la caisse chargée de la liquidation de sa pension de retraite. Il en est accusé réception.

Cette demande est accompagnée de la notification de consolidation mentionnée à l'article L. 752-24 et de la notification du taux d'incapacité permanente mentionnée au cinquième alinéa de l'article L. 752-6. Elle comporte en outre, s'il y a lieu, les modes de preuve mentionnés au dernier alinéa du III de l'article L. 732-18-3.

Lorsque la demande de pension de retraite est présentée par un assuré victime d'un accident du travail *(Décr. nº 2023-435 du 3 juin 2023, art. 5)* « justifiant d'un taux d'incapacité permanente au sens de l'article L. 752-6 au moins égal au taux mentionné à l'article L. 732-18-3 », le service administratif de la caisse départementale ou pluridépartementale de mutualité sociale agricole dont relève l'assuré au moment du dépôt de sa demande de pension de retraite saisit le service du contrôle médical. L'identité des lésions dont souffre l'assuré avec celles figurant sur la liste prévue à l'article R. 351-24-1 du code de la sécurité sociale est appréciée par un médecin-conseil du service du contrôle médical au vu notamment des conclusions médicales figurant sur la notification du taux d'incapacité permanente. Si le médecin-conseil ne reconnaît pas l'identité des lésions avec celles figurant sur cette liste, la caisse départementale ou pluridépartementale notifie à l'assuré le rejet de sa demande de pension de retraite.

Lorsque la demande de pension de retraite relève des dispositions du 1º du III de l'article L. 732-18-3, la caisse départementale ou pluridépartementale de mutualité sociale agricole saisit, le cas échéant après accomplissement de la procédure prévue à l'alinéa précédent, la commission pluridisciplinaire. *(Décr. nº 2023-435 du 3 juin 2023, art. 5)* « La commission pluridisciplinaire n'est pas saisie dans le cas mentionné au sixième alinéa du III de l'article L. 732-18-3. »

Dans les cas prévus aux deux alinéas précédents, le silence gardé pendant plus de quatre mois par la caisse départementale ou pluridépartementale vaut décision de rejet.

Art. D. 732-59 Le droit à la pension de retraite forfaitaire augmentée éventuellement de la retraite proportionnelle est apprécié à la date d'entrée en jouissance de la prestation ; la liquidation de la pension de retraite est définitive quelle que soit l'activité ultérieure exercée par l'intéressé.

SOUS-SOUS-§ 5 Montant maximal cumulé de la pension forfaitaire et de la pension proportionnelle

Art. R. 732-60 L'application des dispositions de la sous-section 1 de la section 3 du chapitre II du titre III du présent livre ne peut avoir pour effet de porter le total de la pension de retraite forfaitaire et de la pension de retraite proportionnelle servies à un assuré justifiant de la durée minimale d'activité agricole non salariée mentionnée au 1º de l'article L. 732-24 à un montant supérieur à la pension maximale dont bénéficie une personne relevant du régime général.

Si l'assuré totalise dans le régime d'assurance vieillesse des personnes non salariées des professions agricoles une durée d'activité inférieure à la durée mentionnée au 1º de l'article L. 732-24 et définie au 1º de l'article R. 732-61, sa pension de retraite ne peut excéder un montant égal au produit du nombre d'années d'assurance dont il justifie dans ce régime par le rapport de la pension maximale mentionnée à l'alinéa précédent sur :

1° *(Décr. n° 2007-1316 du 6 sept. 2007)* « Pour les assurés nés avant le 1er janvier 1949, la durée mentionnée au 1° de l'article L. 732-24 et définie au 1° de l'article R. 732-61 ;

« 2° Pour les assurés nés après le 31 décembre 1948 », le quart de la durée d'assurance prévue au troisième alinéa de l'article L. 351-1 du code de la sécurité sociale.

SOUS-§ 2 *Pension de retraite forfaitaire*

Art. R. 732-61 Le montant de la pension de retraite forfaitaire mentionné au 1° de l'article L. 732-24 est déterminé selon les modalités ci-après :

Lorsque l'assuré justifie dans le régime d'assurance vieillesse des personnes non salariées des professions agricoles ou dans ce régime et dans un ou plusieurs autres régimes de base obligatoires, de périodes d'assurance ou de périodes reconnues équivalentes, telles que définies à l'article R. 732-43, d'une durée au moins égale à la durée minimale d'assurance ou de périodes reconnues équivalentes mentionnée à l'article L. 732-25, le montant de sa pension de retraite forfaitaire est, avant application de la majoration prévue à l'article L. 732-25-1 :

1° Égal à celui de l'allocation aux vieux travailleurs salariés *(Décr. n° 2015-244 du 2 mars 2015, art. 3)* « au 1er janvier 2014 revalorisé dans les conditions prévues à l'article L. 161-23-1 du code de la sécurité sociale » à condition qu'il ait exercé une activité agricole non salariée d'une durée au moins égale à la durée minimale mentionnée au 1° de l'article L. 732-24 *(Décr. n° 2017-1492 du 25 oct. 2017, art. 18-18°)* « précité ».

(Décr. n° 2007-1316 du 6 sept. 2007) « Cette durée est fixée : »

– à 37,5 années pour l'assuré né avant le 1er janvier 1944 ;
– à 38 années pour l'assuré né en 1944 ;
– à 38,5 années pour l'assuré né en 1945 ;
– à 39 années pour l'assuré né en 1946 ;
– à 39,5 années pour l'assuré né en 1947 ;
– à 40 années pour l'assuré né en 1948.

(Décr. n° 2007-1316 du 6 sept. 2007) « Pour les assurés nés après le 31 décembre 1948 », cette durée est déterminée par la limite mentionnée au troisième alinéa de l'article L. 351-1 du code de la sécurité sociale ;

2° Égal, s'il a exercé une activité agricole non salariée pendant une durée inférieure à la durée minimale mentionnée au 1° de l'article L. 732-24 *(Décr. n° 2017-1492 du 25 oct. 2017, art. 18-18°)* « du présent code » et définie au 1° ci-dessus, au produit du nombre d'années de cette activité par le rapport du montant défini audit 1° sur la durée minimale mentionnée au 1° de l'article L. 732-24 *(Décr. n° 2017-1492 du 25 oct. 2017, art. 18-18°)* « précité » et définie au 1° ci-dessus.

Lorsque l'assuré ne justifie pas dans le régime d'assurance vieillesse des personnes non salariées des professions agricoles ou dans ce régime et dans un ou plusieurs autres régimes de base obligatoires de périodes d'assurance ou de périodes reconnues équivalentes, telles que définies à l'article R. 732-43 *(Décr. n° 2017-1492 du 25 oct. 2017, art. 18-18°)* « du même code », d'une durée au moins égale à la durée minimale d'assurance ou de périodes reconnues équivalentes mentionnée à l'article L. 732-25 *(Décr. n° 2017-1492 du 25 oct. 2017, art. 18-18°)* « du même code », le montant de sa pension de retraite forfaitaire est minoré en fonction soit du nombre de trimestres séparant l'âge auquel sa pension prend effet de *(Décr. n° 2011-620 du 31 mai 2011, art. 7-I)* « l'âge prévu à l'article L. 732-25 » *(Décr. n° 2017-1492 du 25 oct. 2017, art. 18-18°)* « précité », soit du nombre de trimestres supplémentaires qui lui serait nécessaire, à la date d'effet de sa pension, pour justifier de la durée minimale d'assurance ou de périodes reconnues équivalentes mentionnée à l'article L. 732-25 *(Décr. n° 2017-1492 du 25 oct. 2017, art. 18-18°)* « précité ». La minoration est égale au produit du plus petit de ces deux nombres, arrondis chacun au nombre immédiatement supérieur, par le coefficient suivant :

– 2,5 % pour l'assuré né avant le 1er janvier 1944 ;
– 2,375 % pour l'assuré né en 1944 ;
– 2,25 % pour l'assuré né en 1945 ;
– 2,125 % pour l'assuré né en 1946 ;

– 2 % pour l'assuré né en 1947 ;
– 1,875 % pour l'assuré né en 1948 ;
– 1,75 % pour l'assuré né en 1949 ;
– 1,625 % pour l'assuré né en 1950 ;
– 1,5 % pour l'assuré né en 1951 ;
– 1,375 % pour l'assuré né en 1952 ;
– 1,25 % pour l'assuré né après 1952.

Art. R. 732-62 Pour l'application de l'article L. 732-24, est considéré comme exerçant une activité agricole à titre exclusif ou principal le chef d'exploitation ou d'entreprise agricole qui bénéficie au titre de cette activité de l'assurance maladie des exploitants agricoles.

Acquièrent également des droits à la pension de retraite forfaitaire les personnes mentionnées aux sections 5 et 6 du chapitre I du titre VIII du livre III du code de la sécurité sociale qui exercent à titre exclusif ou principal une activité non salariée agricole.

Art. R. 732-63 Sont comptées comme périodes d'activité agricole non salariée, pour la détermination du montant de la pension de retraite forfaitaire :

1° Les périodes d'activité exercées dans une exploitation agricole ou assimilée :

a) Avant le 1er juillet 1952, qui auraient donné lieu à cotisation si les dispositions, dans leur version initiale, du décret n° 55-753 du 31 mai 1955 tendant à modifier et à compléter le décret n° 52-1166 et fixant les conditions d'application de la loi du 5 janvier 1955 relative à l'allocation vieillesse agricole avaient été applicables ;

b) Postérieurement au 1er juillet 1952, si elles ont donné lieu au paiement des cotisations d'assurance vieillesse des personnes non salariées des professions agricoles ;

2° Les périodes prises en considération au titre de l'assurance volontaire pour les personnes mentionnées aux articles L. 722-17 et L. 732-52 et les périodes d'interruption d'activité prises en considération en application de l'article L. 732-21 et du premier alinéa de l'article D. 732-88.

Art. R. 732-64 L'application des dispositions de l'article R. 732-63 ne peut aboutir, pour une même année, à la prise en compte d'une durée supérieure à un an pour le calcul de la retraite forfaitaire.

Art. R. 732-65 Les personnes mentionnées à l'article L. 732-28, qui ont exercé une activité non salariée agricole antérieurement au 1er janvier 1981, bénéficient, en plus de la retraite proportionnelle, d'une retraite forfaitaire calculée dans les conditions prévues à l'article R. 732-61.

SOUS-§ 3 *Pension de retraite proportionnelle*

SOUS-SOUS-§ 1 Modalités de calcul

Art. R. 732-66 Lorsque l'assuré justifie de la durée minimale d'assurance ou de périodes reconnues équivalentes tous régimes de base obligatoires confondus mentionnée à l'article L. 732-25 *(Décr. n° 2017-1492 du 25 oct. 2017, art. 18-19°)* « du présent code », le montant de la retraite proportionnelle est égal au produit du nombre total de points acquis par l'assuré au titre de l'assurance vieillesse des non-salariés des professions agricoles, avant application de la majoration prévue à l'article L. 732-25-1, par la valeur du point de retraite proportionnelle auquel est appliqué le rapport de trente-sept et demi sur :

1° *(Décr. n° 2007-1316 du 6 sept. 2007)* « Pour les assurés nés avant le 1er janvier 1949 », la durée minimale mentionnée au 1° de l'article L. 732-24 et définie au 1° de l'article R. 732-61 *(Décr. n° 2017-1492 du 25 oct. 2017, art. 18-19°)* « du même code » ;

2° *(Décr. n° 2007-1316 du 6 sept. 2007)* « Pour les assurés nés après le 31 décembre 1948 », le quart de la durée d'assurance prévue au troisième alinéa de l'article L. 351-1 du code de la sécurité sociale.

Lorsque l'assuré ne justifie pas de la durée minimale d'assurance ou de périodes reconnues équivalentes tous régimes obligatoires de base confondus mentionnée à l'article L. 732-25, le montant de la retraite proportionnelle est égal au montant défini

aux premier à troisième alinéas du présent article auquel est appliquée la minoration définie au deuxième alinéa du 2° de l'article R. 732-61 *(Décr. n° 2017-1492 du 25 oct. 2017, art. 18-19°)* **« du même code ».**

Art. D. 732-67 **La valeur du point pour le calcul de la pension de retraite proportionnelle est fixée à 3,475 € à compter du 1er janvier 2005.**

Art. R. 732-68 **La valeur du point, telle qu'elle est fixée par l'article D. 732-67, est revalorisée dans les conditions et suivant le coefficient mentionné à l'article L. 351-11 du code de la sécurité sociale.**

Art. R. 732-69 **Pour le calcul de la pension de retraite proportionnelle, le nombre de points acquis chaque année par les intéressés en fonction des cotisations versées en application du** *b)* **de l'article 1123 et de l'article 1125 (anciens) du code rural dans leur rédaction antérieure à la loi n° 90-85 du 23 janvier 1990 est déterminé selon le barème suivant pour les années 1981 et suivantes :**

REVENU CADASTRAL	NOMBRE DE POINTS
Au plus égal à 1 180 F (179,89 €)	15
De 1 180 F (179,80 €) à 5 571 F (849,29 €)	30
De 5 571 F (849,29 €) à 9 830 F (1 498,37 €)	45
Supérieur à 9 830 F (1 498,57 €)	60

Pour les années antérieures à 1981, le nombre de points résulte des dispositions des décrets n° 65-346 du 30 avril 1965, n° 67-570 du 21 juin 1967, n° 74-443 du 15 mai 1974 et n° 75-97 du 10 février 1975.

Toutefois, pour l'application *(Décr. n° 2017-1492 du 25 oct. 2017, art. 18-20°)* **« du I de l'article 18 » de la loi n° 80-502 du 4 juillet 1980 d'orientation agricole, le nombre de points sur la base duquel sont calculées les pensions de retraite proportionnelle en cours de versement peut être majoré par décret.**

Art. R. 732-70 **A compter du 1er janvier 1990, le versement de la cotisation prévue au** *a)* **du 2° de l'article L. 731-42 ainsi qu'à compter du 1er février 1991 celui de la cotisation prévue au 3° du même article donnent droit, pour l'année au titre de laquelle elles sont dues, à un nombre de points qui est fonction du montant des revenus professionnels déterminés conformément aux dispositions de l'article L. 731-14 à L. 731-21.**

Le nombre de points est compris entre un minimum fixé à 15 et un maximum M résultant chaque année du rapport entre le montant maximal de l'allocation aux vieux travailleurs salariés, et trente-sept fois et demie la valeur du point, selon la formule suivante :

$$M = \frac{PM - AVTS}{37{,}5 \times VP}$$

où :

PM représente le montant maximal de la pension de vieillesse du régime général de la sécurité sociale, qui peut être liquidée à *(Décr. n° 2011-620 du 31 mai 2011, art. 7-I)* **« l'âge prévu à l'article L. 732-25 » ;**

AVTS représente le montant de l'allocation aux vieux travailleurs salariés ;

VP **représente la valeur du point de retraite proportionnelle.**

Art. R. 732-71 **Dans les limites mentionnées à l'article R. 732-70, le nombre de points est déterminé dans les conditions suivantes :**

1° Si le montant des revenus professionnels est au plus égal à quatre cents fois le taux horaire du salaire minimum de croissance, le nombre de points accordé est égal à 15 ;

2° Si le montant des revenus professionnels est compris entre quatre cents fois et huit cents fois le taux horaire du salaire minimum de croissance, le nombre de points accordé P, dans la limite de 30 au maximum, est déterminé selon la formule suivante :

$$P = 15 + 15 \times \left(\frac{R - 400\,SMIC}{400\,SMIC} \right)$$

où :

R représente le montant des revenus professionnels retenus en vue du calcul des cotisations mentionnées au *a)* du 2° et au 3° de l'article L. 731-42 ;

SMIC représente le taux horaire du salaire minimum de croissance.

3° Si le montant des revenus professionnels est compris entre huit cents fois le taux horaire du salaire minimum de croissance et deux fois l'intégralité du montant annuel minimal non majoré de pension garanti en application de l'article L. 351-10 du code de la sécurité sociale, le nombre de points accordé est égal à 30.

4° Si le montant des revenus professionnels est compris entre deux fois l'intégralité du montant annuel minimal non majoré de pension garanti mentionné au 3° ci-dessus et douze fois le plafond mensuel des rémunérations retenues pour le calcul des cotisations d'assurance vieillesse, tel que prévu à l'article L. 241-3 du code de la sécurité sociale, le nombre de points P accordé, dans la limite du nombre maximal M défini à l'article R. 732-70 *(Décr. n° 2017-1492 du 25 oct. 2017, art. 18-21°)* « du présent code », est déterminé par la formule suivante :

$$P = 30 + (M - 30) \times \left(\frac{R - 2\,MC}{PL - 2\,MC} \right)$$

où :

R représente le montant des revenus professionnels retenus en vue du calcul des cotisations mentionnées au *a)* du 2° et au 3° de l'article L. 731-42 *(Décr. n° 2017-1492 du 25 oct. 2017, art. 18-21°)* « du même code » ;

MC représente l'intégralité du montant annuel minimal non majoré de pension garanti en application de l'article L. 351-10 du code de la sécurité sociale ;

PL représente douze fois le plafond mensuel des rémunérations retenues pour le calcul des cotisations d'assurance vieillesse, tel que prévu à l'article L. 241-3 du code de la sécurité sociale.

5° Si le montant des revenus professionnels est égal ou supérieur à douze fois le plafond mensuel des rémunérations retenues pour le calcul des cotisations d'assurance vieillesse, tel que prévu à l'article L. 241-3 du code de la sécurité sociale, le nombre de points accordé est égal au nombre maximal M défini à l'article R. 732-70 *(Décr. n° 2017-1492 du 25 oct. 2017, art. 18-21°)* « du présent code ».

Le nombre de points résultant de l'application des formules énoncées ci-dessus est arrondi au nombre entier le plus proche.

Le taux horaire du salaire minimum de croissance, le montant annuel minimal de pension garanti, le montant du plafond mensuel des rémunérations, le montant maximal de la pension de vieillesse du régime général de sécurité sociale, le montant de l'allocation aux vieux travailleurs salariés et la valeur du point de retraite proportionnelle mentionnés ci-dessus sont ceux en vigueur au 1er janvier de l'année considérée.

Art. R. 732-72 Pour l'année 1990, le calcul du nombre de points correspondant à la cotisation versée en application du *a* du 2° de l'article L. 731-42 prévu aux articles R. 732-70 et R. 732-71 est également opéré sur la base d'un R égal au quotient de la cotisation versée par le taux de 7,37 %.

Le nombre de points ainsi obtenu est retenu s'il est supérieur à celui qui résulte de l'application normale des articles R. 732-70 et R. 732-71.

Art. R. 732-73 Pour le calcul des retraites proportionnelles prenant effet postérieurement au 31 décembre 1993, le nombre de points acquis chaque année par les intéressés en application des articles R. 732-69 à R. 732-72 ne peut être inférieur à seize, l'année 1952 comptant pour une demi-année.

Art. D. 732-74 Pour le calcul de la pension de retraite proportionnelle, chaque trimestre supplémentaire accordée *[accordé]* en vertu de l'article D. 732-48 ouvre droit à un nombre de points correspondant au quart de celui de la dernière année d'assurance.

(Décr. n° 2007-83 du 22 janv. 2007) « Pour le calcul de la pension de retraite proportionnelle, chaque trimestre supplémentaire accordé aux assurés assujettis au régime d'assurance vieillesse des non-salariés des professions agricoles élevant un enfant ouvrant droit à l'allocation d'éducation de l'enfant handicapé et à son complément ouvre droit à un nombre de points correspondant au quart de celui de la dernière année d'assurance. »

Art. D. 732-74-1 *(Décr. n° 2013-199 du 7 mars 2013, art. 2)* Les périodes définies et retenues dans les conditions prévues à l'article D. 732-52-1 ouvrent droit, sans contrepartie de cotisations, à l'attribution d'un nombre forfaitaire de points de retraite proportionnelle. Ce nombre de points est égal au quart du nombre minimal de points qui aurait pu être acquis annuellement par cotisations par l'assuré compte tenu de son statut et des dispositions alors applicables.

L'application du présent article ne peut conduire, au titre d'une même année civile, à ajouter des points de retraite proportionnelle acquis sans contrepartie de cotisations à des points acquis par cotisations.

Art. D. 732-75 Les points de retraite proportionnelle acquis entre 1992 et 2000 dans le cadre de la procédure de partage des points entre époux, telle que prévue au quatrième alinéa de l'article L. 732-34 dans sa rédaction antérieure au 1er janvier 2001, demeurent, sauf application des dispositions du dernier alinéa du V de l'article 99 de la loi de finances pour 2001 (n° 2000-1352 du 30 décembre 2000), inscrits au compte du conjoint bénéficiaire de cette procédure et réversibles à son conjoint, en cas de disparition ou de décès, dans les conditions et limites fixées aux articles L. 732-41 à L. 732-46 et aux articles D. 732-89 à D. 732-97.

SOUS-SOUS-§ 2 Dispositions relatives au nombre de points acquis au titre de certaines années

Art. D. 732-76 Le nombre de points acquis par les chefs d'exploitations ou d'entreprises agricoles au titre de la période comprise entre le 1er juillet 1952 et le 31 décembre 1972 est majoré de 17 % lorsque le nombre annuel moyen de points acquis par les intéressés au cours de ladite période est au moins égal à seize.

Art. D. 732-77 Le nombre de points acquis par les chefs d'exploitation ou d'entreprise agricole au titre de la période comprise entre le 1er juillet 1952 et le 31 décembre 1972 est majoré de :

1° 5 % lorsque le nombre annuel moyen de points acquis par les intéressés au cours de cette période est compris entre 15 et 19,51. Le taux est déterminé par la formule suivante :

$$T\ \% = 3{,}19 \times P - 57{,}23$$

2° 5 à 30 % et de 30 à 45 % selon que le nombre annuel moyen de points acquis par les intéressés au cours de cette période est compris entre 19,51 et 27,34 ou est supérieur à 27,34. Le taux est alors déterminé par la formule :

$$T\ \% = 1{,}93 \times P - 22{,}74$$

Le terme P figurant aux formules des 1° et 2° représente le nombre annuel moyen de points acquis par l'assuré au cours de la période mentionnée au premier alinéa du présent article.

SOUS-SOUS-§ 3 Rachat de points au titre des périodes d'activité accomplies en qualité de conjoint, prévu à l'article L. 732-35

Art. D. 732-78 *(Décr. n° 2009-173 du 13 févr. 2009, art. 2)* « Les collaborateurs d'exploitation ou d'entreprise agricole mentionnés au quatrième alinéa du I de l'article L. 732-35, » ainsi que les chefs d'exploitation ou d'entreprise et les aides familiaux mentionnés au II de l'article L. 732-35 peuvent demander à verser, sous forme de rachat, les cotisations prévues au 2° de l'article L. 731-42.

Ce rachat porte sur tout ou partie des années pendant lesquelles ils ont participé, en tant que conjoint au sens de l'article L. 732-34, à la mise en valeur de l'exploitation ou de l'entreprise agricole de leur époux ou épouse entre le 1er juillet 1952 et le 31 décembre 1998 en métropole, à la condition que ces années aient donné lieu à validation pour l'ouverture du droit et le calcul de la retraite forfaitaire.

Pour l'application de ces dispositions, chaque année accomplie postérieurement au 31 décembre 1999 soit en qualité de *(Abrogé par Décr. n° 2009-173 du 13 févr. 2009, art. 2) « **conjoint** »* collaborateur, soit en qualité de chef d'exploitation ou d'entreprise, soit en qualité d'aide familial ouvre droit au rachat d'une année effectuée antérieurement au 1er janvier 1999 en qualité de conjoint participant aux travaux de l'exploitation ou de l'entreprise.

Le versement des cotisations de rachat ne pourra avoir pour conséquence de porter le total des annuités prises en compte pour le calcul de la retraite proportionnelle à plus de la durée minimale mentionnée au 1° de l'article L. 732-34 et définie au 1° de l'article R. 732-61.

Art. D. 732-79 Le rachat des périodes d'activité professionnelle mentionnées à l'article D. 732-78 peut faire l'objet d'une demande unique adressée, en même temps que sa demande de retraite ou postérieurement à cette dernière, par l'assuré à la caisse de mutualité sociale agricole ou à la caisse générale de sécurité sociale dont il relève. Dans cette hypothèse, l'assuré est présumé racheter la totalité des années auxquelles son *(Décr. n° 2009-173 du 13 févr. 2009, art. 2)* « activité de collaborateur, de chef d'exploitation ou d'entreprise ou d'aide familial » lui a donné droit, sauf si la demande de rachat comporte expressément la mention d'un nombre d'années inférieur à la durée accomplie depuis le 31 décembre 1999 en l'une et l'autre des qualités ouvrant droit au rachat.

Des demandes de rachat peuvent également être effectuées en cours de carrière de l'intéressé soit au terme de chaque année effectuée en l'une ou l'autre des qualités ouvrant droit au rachat, soit au terme de plusieurs années. Toutefois, compte tenu du plafonnement prévu au dernier alinéa de l'article D. 732-78 *(Abrogé par Décr. n° 2009-173 du 13 févr. 2009, art. 2) **« et, s'agissant des conjoints collaborateurs d'exploitation ou d'entreprise, de la nécessité de justifier d'avoir conservé durablement ce statut »***, chaque demande de rachat effectuée antérieurement au dépôt de la demande de retraite fait l'objet d'une décision d'admission provisoire au rachat. Cette décision provisoire est régularisée lors du dépôt de la demande de retraite dans les conditions prévues au dernier alinéa de l'article D. 732-80.

Art. D. 732-80 *(Décr. n° 2010-126 du 8 févr. 2010, art. 2)* « Le montant de la cotisation due pour chaque année faisant l'objet du rachat est égal à 15 % du quadruple du montant du versement prévu au 2° de l'article D. 732-46. »

Dans le cas de demande unique effectuée en fin de carrière dans les conditions précisées au premier alinéa de l'article D. 732-79, le versement des cotisations de rachat peut être échelonné, avec l'accord de la caisse compétente, sur une période dont la durée ne peut excéder quatre ans à compter de la notification de l'admission au rachat. Les cotisations dont le versement est ainsi échelonné sont majorées du taux fixé par arrêté du ministre chargé de la sécurité sociale en application du dernier alinéa de l'article R. 742-39 du code de la sécurité sociale.

Lorsque la demande de rachat est formulée antérieurement à la demande de retraite, les cotisations afférentes à l'année ou aux années sur lesquelles porte la demande doivent être acquittées au plus tard dans le délai de six mois qui suit la notification par la caisse de l'admission temporaire au rachat.

Si, à l'expiration des délais de quatre ans ou de six mois prévus ci-dessus, la totalité des cotisations considérées n'a pas été versée, le rachat est annulé et les versements effectués sont remboursés à l'assuré. *(Abrogé par Décr. n° 2009-173 du 13 févr. 2009, art. 2) **« Il en est de même lorsqu'à la date d'effet de la retraite le caractère durable de l'option pour le statut de conjoint collaborateur d'exploitation ou d'entreprise agricole ne peut pas être établi pour un assuré admis au rachat à titre provisoire. »*** Lorsque l'admission au rachat à titre provisoire a eu pour conséquence de porter le nombre d'annuités de retraite proportionnelle à plus de la durée minimale mentionnée au 1° de l'article L. 732-24 *(Décr. n° 2017-1492 du 25 oct. 2017, art. 18-22°)* « du présent code » et

définie à l'article R. 732-61 *(Décr. n° 2017-1492 du 25 oct. 2017, art. 18-22°)* **« du même code » les annuités excédentaires dues au rachat sont également remboursées à l'intéressé.**

Art. D. 732-81 *(Décr. n° 2010-126 du 8 févr. 2010, art. 2)* **Le nombre de points de retraite proportionnelle accordé pour chaque année en contrepartie du versement de la cotisation de rachat est celui fixé au 1° de l'article R. 732-71.**

Art. D. 732-82 Lorsque la demande de rachat est déposée auprès de la caisse compétente antérieurement ou en même temps que la demande de pension personnelle, l'entrée en jouissance des points de retraite proportionnelle de rachat prend effet à la même date que la pension. En cas de demande de rachat formulée par une personne déjà titulaire d'une pension de vieillesse, cette dernière est révisée avec effet au premier jour du mois suivant la date de dépôt de la demande de rachat. Toutefois, la mise en paiement de la fraction de pension correspondant au rachat est dans tous les cas ajournée jusqu'au moment où le versement de la totalité des cotisations dont il s'agit est terminé.

SOUS-SOUS-§ 4 Dispositions relatives aux conjoints ayant opté pour le statut de conjoint collaborateur d'exploitation ou d'entreprise agricole

Art. D. 732-83 *Abrogé par Décr. n° 2009-173 du 13 févr. 2009, art. 2.*

Art. R. 732-84 Pour l'application de l'article L. 732-28, est réputé exercer l'activité non salariée agricole à titre secondaire le conjoint collaborateur qui exerce, en dehors de l'exploitation ou de l'entreprise au titre de laquelle il est mentionné, une activité salariée d'une durée supérieure à la moitié de la durée légale du travail.

L'intéressé doit adresser à l'organisme dont il relève son contrat de travail et si ce contrat ne fait pas apparaître la durée du travail ou, en cas de changement de celle-ci, une attestation de l'employeur mentionnant cette durée.

SOUS-§ 4 ***Dispositions relatives à certaines catégories d'assurés***

SOUS-SOUS-§ 1 Personnes reconnues inaptes au travail

Art. D. 732-85 L'inaptitude au travail au sens de l'article *(Décr. n° 2023-436 du 3 juin 2023, art. 6)* **« L. 732-18-4 »** *(Décr. n° 2017-1492 du 25 oct. 2017, art. 18-23°)* **« du présent code » s'apprécie dans les mêmes conditions que celles prévues à l'article R. 351-21 du code de la sécurité sociale.**

La procédure de reconnaissance de l'inaptitude au travail mentionnée à l'article *(Décr. n° 2023-436 du 3 juin 2023, art. 6)* **« L. 732-18-4 »** *(Décr. n° 2017-1492 du 25 oct. 2017, art. 18-23°)* **« du présent code » est celle qui est prévue au premier alinéa et au 1° de l'article R. 351-22 du code de la sécurité sociale. Le modèle du rapport médical mentionné au 1° de cet article est fixé par arrêté du ministre chargé de l'agriculture.**

Art. D. 732-86 *(Décr. n° 2020-809 du 29 juin 2020, art. 2)* **Au plus tard six mois avant d'atteindre l'âge prévu à l'article** *(Décr. n° 2023-436 du 3 juin 2023, art. 6)* **« L. 732-18-4 », l'assuré bénéficiaire de l'allocation aux adultes handicapés mentionnée aux articles L. 821-1 et L. 821-2 du code de la sécurité sociale est informé par écrit par la caisse de mutualité sociale agricole de l'attribution automatique de sa pension de retraite en application de l'article L. 732-30 et de son droit à s'opposer, par écrit avec accusé de réception, à cette attribution au plus tard quatre mois avant d'atteindre l'âge prévu à l'article** *(Décr. n° 2023-436 du 3 juin 2023, art. 6)* **« L. 732-18-4 ».** – *Les dispositions du Décr. n° 2020-809 du 29 juin 2020 sont applicables aux pensions de retraite prenant effet à compter du 1er juill. 2020 (Décr. préc., art. 4, JO 30 juin).*

Art. D. 732-86-1 *(Décr. n° 2023-436 du 3 juin 2023, art. 6)* **En application de l'article L. 732-18-4, l'âge prévu à l'article L. 732-18 est abaissé dans les conditions prévues à l'article D. 351-1-14 du code de la sécurité sociale.**

SOUS-SOUS-§ 2 Anciens prisonniers de guerre

Art. D. 732-87 La retraite forfaitaire, augmentée éventuellement de la retraite proportionnelle, est accordée, sur leur demande et sans qu'il soit fait application d'un coefficient de minoration, aux anciens prisonniers de guerre, à un âge compris entre :

1° Soixante-cinq et soixante-quatre ans pour ceux dont la durée de captivité est inférieure à dix-huit mois mais supérieure à cinq mois ;

2° Soixante-quatre et soixante-trois ans pour ceux dont la durée de captivité est inférieure à trente mois mais supérieure à dix-sept mois ;

3° Soixante-trois et soixante-deux ans pour ceux dont la durée de captivité est inférieure à quarante-deux mois mais supérieure à vingt-neuf mois ;

4° Soixante-deux et soixante et un ans pour ceux dont la durée de captivité est inférieure à cinquante-trois mois mais supérieure à quarante et un mois ;

5° Soixante et un et soixante ans pour ceux dont la durée de captivité est égale ou supérieure à cinquante-quatre mois.

Les anciens prisonniers évadés de guerre au-delà d'une captivité de cinq mois et les anciens prisonniers rapatriés pour maladie peuvent choisir le régime le plus favorable.

Toute partie de mois n'est pas prise en considération.

Les dispositions ci-dessus s'appliquent à tous les anciens combattants pour leur durée de service actif passé sous les drapeaux.

SOUS-SOUS-§ 3 Préretraités

Art. D. 732-88 Pour le calcul de la pension de retraite forfaitaire prévue au 1° de l'article L. 732-24, à l'article L. 732-34 et au 1° de l'article L. 732-35, les titulaires de la préretraite et leurs conjoints qui, jusqu'à la date d'effet de la préretraite, participaient aux travaux de l'exploitation et pour lesquels des cotisations ouvrant droit à la pension de retraite forfaitaire étaient versées à ce titre bénéficient sans contrepartie contributive de la validation des périodes au titre desquelles l'allocation de préretraite a été servie. *(Décr. n° 2008-1256 du 1er déc. 2008)* « La validation de ces périodes est subordonnée, pour le conjoint du titulaire de la préretraite, à son assujettissement à titre obligatoire au régime des personnes non salariées des professions agricoles à la date du 1er janvier de l'année au cours de laquelle la préretraite a pris effet.

« Sous réserve des dispositions du troisième alinéa, » pour le calcul de la retraite proportionnelle mentionnée au 2° de l'article L. 732-24 et au 2° de l'article L. 732-35, chaque trimestre de versement effectif de l'allocation de préretraite donne droit au quart du nombre de points correspondant à celui de la dernière année ayant donné lieu à versement de cotisations.

(Décr. n° 2008-1256 du 1er déc. 2008) « A l'exception des majorations de durée d'assurance mentionnées aux 2° et 3° de l'article R. 351-3 du code de la sécurité sociale, l'application des dispositions des deux premiers alinéas ne peut avoir pour effet de porter à un chiffre supérieur à quatre le nombre de trimestres d'assurance validés par un conjoint de préretraité au titre d'une même année civile dans l'ensemble des régimes d'assurance vieillesse. Dans le cas où, pour un trimestre civil, l'assuré valide des droits à retraite dans un autre régime, il n'est pas validé de droits dans le régime des personnes non salariées des professions agricoles pour ce même trimestre civil. »

Les dispositions des *(Décr. n° 2008-1256 du 1er déc. 2008)* « trois premiers » alinéas sont applicables aux conjoints coexploitants ou associés-exploitants dans la même société cessant définitivement leur activité agricole en même temps que le titulaire de l'allocation.

SOUS-SOUS-§ 4 Compensation de la pénibilité

(Décr. n° 2011-352 du 30 mars 2011, art. 4)

Art. R. 732-88-1 La liste des lésions consécutives à un accident du travail et identiques à celles indemnisées au titre d'une maladie professionnelle, mentionnées au I de l'article L. 732-18-3, est fixée par l'arrêté prévu à l'article R. 351-24-1 du code de la sécurité sociale.

§ 3 Pension de réversion

SOUS-§ 1 *Conditions d'attribution*

Art. D. 732-89 Le plafond annuel de ressources personnelles prévu au premier alinéa de l'article L. 732-41 est fixé à 2 080 fois le montant horaire du salaire minimum de croissance en vigueur au 1er janvier.

Le plafond annuel de ressources du ménage prévu au même alinéa du même article est fixé à 1,6 fois le plafond fixé à l'alinéa ci-dessus.

La pension de réversion est attribuée lorsque le conjoint de l'assuré décédé ou disparu ne dispose pas de ressources dépassant le montant fixé au premier ou au deuxième alinéa. Ces ressources sont appréciées selon les modalités et dans les conditions fixées par les *(Décr. nº 2007-57 du 12 janv. 2007, art. 3-II ; Décr. nº 2009-771 du 23 juin 2009, art. 3)* « articles R. 815-18 à R. 815-20, R. 815-22 à R. 815-25, R. 815-27 et au deuxième alinéa de l'article R. 815-29 du code de la sécurité sociale ». Toutefois, elles ne comprennent pas :

1º Les revenus d'activité et de remplacement de l'assuré décédé ;

2º Les avantages de réversion servis par les régimes légalement obligatoires complémentaires aux régimes de base mentionnés aux articles L. 200-2 *(Décr. nº 2017-737 du 3 mai 2017, art. 3-II)* « *(Abrogé par Décr. nº 2020-621 du 22 mai 2020, art. 3)* « , *L. 611-1* » et L. 640-1 du code de la sécurité sociale, ainsi qu'aux articles L. 722-8 et » L. 722-20 *(Décr. nº 2017-1492 du 25 oct. 2017, art. 18-24º)* « du présent code » ;

3º Les revenus des biens mobiliers et immobiliers acquis du chef du conjoint décédé ou disparu ou en raison de ce décès ou de cette disparition.

Les revenus d'activité du conjoint survivant font l'objet d'un abattement de 30 % s'il est âgé de 55 ans ou plus.

Les ressources à prendre en compte sont celles afférentes aux trois mois civils précédant la date d'effet de la pension de réversion. Lorsqu'elles excèdent le quart du plafond applicable en vertu du premier alinéa de l'article L. 732-41 *(Décr. nº 2017-1492 du 25 oct. 2017, art. 18-24º)* « du même code », il leur est substitué celles afférentes aux douze mois civils précédant cette date, qui sont alors comparées au montant annuel de ce plafond.

La pension de réversion est révisable en cas de variation dans le montant des ressources, calculé en application des dispositions des troisième à huitième alinéas, dans les conditions et selon les modalités fixées aux *(Décr. nº 2007-57 du 12 janv. 2007, art. 3-II)* « articles R. 815-20, R. 815-38, R. 815-39 et R. 815-42 » du code de la sécurité sociale. La date d'effet de la dernière révision ne peut être postérieure :

1º A un délai de trois mois après la date à laquelle le conjoint survivant est entré en jouissance de l'ensemble des avantages personnels de retraite de base et complémentaire lorsqu'il peut prétendre à de tels avantages ;

2º A la date *(Décr. nº 2010-1734 du 30 déc. 2010, art. 6-5º, en vigueur le 1er juill. 2011)* « à laquelle le conjoint survivant atteint l'âge prévu à l'article L. 732-18 *(Décr. nº 2017-1492 du 25 oct. 2017, art. 18-24º)* « du présent code », dans le cas où il » ne peut prétendre à aucun avantage personnel de retraite de base et complémentaire.

Le conjoint survivant et le conjoint divorcé doivent obligatoirement joindre à leur demande de retraite de réversion la copie de l'acte de naissance de l'assuré.

Art. D. 732-90 Les conjoints survivants nés entre le 2 janvier 1935 et le 31 décembre 1939 et titulaires d'une pension de réversion liquidée avec une date d'entrée en jouissance antérieure au 1er janvier 1995 qui souhaitent user de l'option prévue au V de l'article L. 732-46 doivent en faire la demande auprès de la caisse débitrice de la pension de réversion.

L'option est formulée au moyen d'un imprimé dont le modèle est arrêté par le ministre chargé de l'agriculture. Elle doit être accompagnée des pièces justifiant que le demandeur remplit les conditions pour ouvrir droit à un avantage personnel de vieillesse, telles que fixées au premier alinéa de l'article D. 732-97.

L'option prend effet :

1º Soit à la date d'entrée en jouissance de l'avantage personnel de vieillesse ou d'invalidité et au plus tôt au 1er janvier 1995, pour les assurés titulaires d'un tel avantage ;

2° Soit au premier jour du mois suivant la date de dépôt de la demande d'option pour les personnes qui, sans être titulaires d'un avantage personnel de vieillesse, remplissent les conditions pour y avoir droit.

Dans tous les cas, l'option est irrévocable.

Les pensions de réversion liquidées sur le fondement des I à III de l'article L. 732-46 ainsi que leurs majorations et accessoires cessent d'être dus à compter du dernier jour du mois précédant la date d'effet de l'option.

Art. D. 732-91 Pour l'application du quatrième alinéa de l'article L. 732-41 et de l'article L. 732-47, le conjoint survivant qui continue l'exploitation sans avoir demandé la liquidation de sa part de pension de réversion peut, pour le calcul de son droit personnel, ajouter à ses annuités propres celles acquises par l'assuré décédé dans la limite de la proportion de la durée de son mariage par rapport à la durée totale des mariages pris en considération.

Art. D. 732-92 *(Décr. nº 2008-1509 du 30 déc. 2008, art. 2-III, en vigueur le 1er janv. 2009)* « Le conjoint survivant indique la date à compter de laquelle il désire entrer en jouissance de la pension de réversion, sous réserve des conditions suivantes :

« 1° Cette date est nécessairement le premier jour d'un mois ;

« 2° Elle ne peut pas être antérieure au premier jour du mois suivant lequel il remplit la condition d'âge prévue à l'article L. 732-41 ;

« 3° Elle ne peut pas être antérieure au dépôt de la demande. Toutefois :

« *a)* Lorsque la demande est déposée dans le délai d'un an qui suit le décès, la date d'entrée en jouissance peut être fixée au plus tôt au premier jour du mois qui suit le décès ;

« *b)* Lorsque la demande est déposée dans le délai d'un an suivant la période de douze mois écoulée depuis la disparition, la date d'entrée en jouissance peut être fixée au plus tôt au premier jour du mois suivant celui au cours duquel l'assuré a disparu.

« La caisse chargée de la liquidation de la pension de réversion informe le demandeur de son droit à fixer une date d'entrée en jouissance de sa pension et s'il satisfait aux conditions mentionnées aux *a* ou *b* du 3°. A défaut d'exercice de ce droit, la date d'entrée en jouissance est fixée au premier jour du mois suivant la date de réception de la demande sous réserve de la condition mentionnée au 2°. »

Le délai d'un an prévu à l'article L. 732-49 en cas de disparition court à dater soit de la première échéance non acquittée lorsque le disparu était titulaire d'une retraite, soit, dans le cas contraire, du jour de la déclaration de la disparition aux autorités de police.

La demande de pension de réversion formée par le conjoint est appuyée de procès-verbaux de police et autres pièces relatant les circonstances de la disparition.

En cas de réapparition de l'assuré, la pension de réversion liquidée à titre provisoire au profit de son conjoint par application de l'article L. 732-49 est annulée à compter de son entrée en jouissance et les arrérages perçus doivent être reversés à la caisse, sous réserve de l'application de l'article L. 355-3 du code de la sécurité sociale.

Art. D. 732-92-1 *(Décr. nº 2008-1509 du 30 déc. 2008, art. 2-IV, en vigueur le 1er janv. 2009)* La pension de réversion est attribuée sous réserve que le conjoint de l'assuré décédé ou disparu ait atteint l'âge de cinquante-cinq ans à la date d'effet de la pension.

SOUS-§ 2 *Montant*

SOUS-SOUS-§ 1 Bases de calcul

Art. D. 732-93 Les pensions de réversion prévues aux articles L. 732-41 à L. 732-44 sont égales à un pourcentage de la pension principale, constituée selon le cas de la pension de la retraite forfaitaire et de la retraite proportionnelle, ou de l'une ou l'autre de ces retraites, dont bénéficiait ou eût bénéficié l'assuré. Ce pourcentage est celui fixé au premier alinéa de l'article D. 353-1 du code de la sécurité sociale.

Art. D. 732-94 Pour l'application du deuxième alinéa de l'article L. 353-3 du code de la sécurité sociale, la durée de chaque mariage est déterminée de date à date et arrondie au nombre de mois inférieur.

Si, après plusieurs divorces, l'assuré décède sans laisser de conjoint survivant, la pension doit être partagée, dans les conditions susrappelées, entre les précédents conjoints divorcés.

Au décès du conjoint survivant ou d'un conjoint divorcé, sa part accroîtra la part de l'autre ou, s'il y a lieu, des autres, à compter du premier jour du mois suivant le décès.

Art. D. 732-95 Pour déterminer le montant de la pension principale servant de base au calcul de la pension de réversion, dans le cas où l'assuré n'était pas titulaire d'une pension de vieillesse ou d'une rente à la date de son décès, il est fait application des dispositions *(Décr. nº 2010-1734 du 30 déc. 2010, art. 6-6º)* « de l'article R. 353-3 du code de la sécurité sociale ».

Art. D. 732-96 Lorsque le pensionné ou le titulaire de droits à une pension décède antérieurement à *(Décr. nº 2010-1734 du 30 déc. 2010, art. 6-7º, en vigueur le 1er juill. 2011)* « l'âge prévu à l'article L. 732-25 », la pension de réversion du conjoint survivant ou du conjoint divorcé est calculée en fonction du montant de la pension qui aurait été allouée au *de cujus* au titre de l'inaptitude au travail.

SOUS-SOUS-§ 2 Majoration prévue au IV de l'article L. 732-46

Art. D. 732-97 Ouvrent droit à la majoration prévue au IV de l'article L. 732-46 les titulaires d'une pension de réversion liquidée par le régime mentionné à la sous-section 1 de la section 3 du chapitre II du titre III du présent livre avec une date d'entrée en jouissance antérieure au 1er janvier 1995, qui sont bénéficiaires d'un avantage personnel de vieillesse ou d'invalidité servi par un régime de base ou qui justifient qu'ils remplissent toutes les conditions d'ouverture du droit à un avantage personnel de vieillesse par la production d'une attestation délivrée par le régime de base auprès duquel ils se sont constitué des droits à retraite.

A compter du 1er janvier 2002, le montant annuel de la majoration est égal à 277,18 points de retraite proportionnelle.

Cette majoration est due au premier jour du mois suivant la date d'effet de ces avantages ou suivant la date à laquelle les intéressés remplissent les conditions pour ouvrir droit à un avantage de vieillesse et, au plus tôt, dans ce dernier cas, au premier jour suivant la demande de majoration.

Le service de la majoration est assuré par la caisse débitrice de la pension de réversion.

Lorsque l'avantage personnel de vieillesse ou d'invalidité dont bénéficiait le conjoint survivant est supprimé, la majoration l'est également à compter de la date d'effet de cette suppression.

SOUS-SOUS-§ 3 Majoration prévue à l'article L. 732-50

Art. D. 732-98 Pour bénéficier de la majoration de la pension de réversion prévue à l'article L. 732-50, le conjoint au sens des articles L. 732-41 à L. 732-44, L. 732-46, L. 732-47 et L. 732-49 *(Décr. nº 2010-1734 du 30 déc. 2010, art. 6-8º, en vigueur le 1er juill. 2011)* « ne doit pas avoir atteint l'âge prévu à l'article L. 732-25 ».

L'âge limite de l'enfant à charge est celui qui résulte de l'application des dispositions du *b)* du 4º de l'article L. 722-10.

Art. D. 732-99 La majoration prévue à l'article L. 732-50 est due à la date d'entrée en jouissance de la pension de réversion si, à cette date, les conditions d'ouverture du droit à cette majoration sont remplies ou à compter du premier jour du mois suivant la date à laquelle ces conditions sont satisfaites.

La majoration est supprimée le premier jour du mois suivant celui au cours duquel l'assuré cesse d'y avoir droit.

Les intéressés sont tenus de faire connaître les changements intervenus dans leur situation de famille.

Art. D. 732-100 Le montant mensuel de la majoration de pension de réversion prévue à l'article L. 732-50 du présent code est égal à celui fixé à l'article R. 353-11 du

code de la sécurité sociale ; le coefficient annuel de revalorisation mentionné à l'article L. 161-23-1 du code de la sécurité sociale lui est applicable.

SOUS-SOUS-§ 4 Majoration prévue à l'article L. 732-51

(Décr. n° 2009-789 du 23 juin 2009, art. 2)

Art. D. 732-100-1 **Le plafond prévu à l'article L. 732-51-1** *(Décr. n° 2017-1492 du 25 oct. 2017, art. 18-25°)* **« du présent code » est fixé à 2 400 € par trimestre à compter du 1er janvier 2010. Ce montant est revalorisé aux dates et dans les conditions prévues pour les pensions de vieillesse par l'article L. 161-23-1 du code de la sécurité sociale.**

La majoration prévue à l'article L. 732-51-1 *(Décr. n° 2017-1492 du 25 oct. 2017, art. 18-25°)* **« du présent code » est égale à 11,1 % de la pension de réversion.**

Art. D. 732-100-2 **Pour l'attribution de la majoration de pension de réversion prévue à l'article L. 732-51-1** *(Décr. n° 2017-1492 du 25 oct. 2017, art. 18-25°)* **« du présent code », les avantages personnels de retraite et de réversion servis par les régimes légaux ou rendus obligatoires, de base et complémentaires, français et étrangers, ainsi que par les régimes des organisations internationales du conjoint de l'assuré décédé ou disparu sont appréciés selon les modalités et dans les conditions fixées par les articles R. 815-18 à R. 815-20, R. 815-22 et au deuxième alinéa de l'article R. 815-29 du code de la sécurité sociale.**

Les avantages personnels de retraite et de réversion à prendre en compte pour l'attribution de cette majoration sont ceux afférents aux trois mois civils précédant sa date d'effet. Lorsque l'addition de ces avantages et du montant de la majoration sur trois mois ainsi que, dans les cas où elle prend effet en même temps que la majoration, du montant de la pension de réversion sur trois mois excède le plafond fixé par le décret prévu au premier alinéa de l'article L. 732-51-1 *(Décr. n° 2017-1492 du 25 oct. 2017, art. 18-25°)* **« du présent code », la majoration est réduite à due concurrence du dépassement.**

Art. D. 732-100-3 **La majoration de pension de réversion est due à compter du premier jour du mois suivant la date à laquelle les conditions d'attribution mentionnées à l'article L. 732-51-1 sont remplies.**

La majoration de pension de réversion peut être révisée lorsque le montant des avantages personnels de retraite et de réversion perçus a varié par rapport au montant calculé selon les modalités prévues à l'article D. 732-100-2. Aucune révision ne peut plus intervenir :

1° Après l'expiration d'un délai de trois mois à partir de la date à laquelle le conjoint survivant est entré en jouissance de l'ensemble des avantages personnels de retraite de base et complémentaire auxquels il peut prétendre ;

2° Après la date *(Décr. n° 2010-1734 du 30 déc. 2010, art. 6-9°, en vigueur le 1er juill. 2011)* **« à laquelle le conjoint survivant atteint l'âge prévu à l'article L. 732-25 » lorsqu'il ne peut prétendre à de tels avantages.**

Art. D. 732-100-4 **En application de l'article L. 732-51-1, le conjoint survivant ne peut bénéficier de la majoration de pension de réversion avant la date d'entrée en jouissance qu'il a fixée, lors de sa demande de liquidation auprès des organismes redevables, pour l'ensemble des pensions personnelles et de réversion auxquelles il peut prétendre. Dans le cas où le conjoint survivant ne remplit pas les conditions d'attribution d'une ou plusieurs de ses pensions à la date pour laquelle il demande le bénéfice de la majoration, il en apporte la preuve par tous moyens.**

La majoration est alors calculée sans tenir compte de ces pensions jusqu'au dernier jour du mois civil précédant celui au cours duquel ces conditions d'attribution sont remplies.

§ 4 Assurance volontaire vieillesse

Art. D. 732-101 **L'assurance volontaire donne droit, dans les mêmes conditions que l'assurance obligatoire, aux prestations de l'assurance vieillesse.**

Le nombre de points de retraite proportionnelle acquis annuellement en contrepartie des cotisations prévues aux 2°, 3° et 4° de l'article D. 731-130 est déterminé en fonc-

tion du revenu retenu comme assiette pour le calcul de ces cotisations en application de l'article D. 731-131.

Art. D. 732-101-1 *(Décr. n° 2006-1241 du 10 oct. 2006)* Les points de retraite proportionnelle acquis entre 1992 et 2000 dans le cadre de la procédure de partage des points entre époux, telle que prévue au quatrième alinéa de l'article L. 732-34 dans sa rédaction antérieure au 1er janvier 2001, demeurent, sauf application des dispositions du dernier alinéa du V de l'article 99 de la loi de finances pour 2001 (n° 2000-1352 du 30 décembre 2000), inscrits au compte du conjoint bénéficiaire de cette procédure et réversibles à son conjoint, en cas de disparition ou de décès, dans les conditions et limites fixées aux articles L. 732-41 à L. 732-46 et D. 732-89 à D. 732-97.

Art. D. 732-102 Les périodes d'assurance obligatoire et d'assurance volontaire se cumulent pour l'ouverture du droit aux prestations et pour le calcul de celles-ci.

Art. D. 732-103 La validation, en application de l'article L. 732-52, des périodes d'activité professionnelle antérieures à la mise en vigueur du régime d'assurance vieillesse mentionné à l'article L. 722-18 est effectuée dans les conditions prévues par la réglementation applicable en métropole à ce régime.

(Décr. n° 2010-1738 du 30 déc. 2010, art. 2-2°) « Toutefois, cette validation est subordonnée au versement d'un montant de cotisations égal à celui des cotisations prévues à l'article L. 732-27-1.

« Pour les assurés âgés de soixante-sept ans ou plus à la date de présentation de leur demande de rachat, le montant des cotisations est égal au montant des cotisations prévues par l'article L. 732-27-1 pour les assurés âgés de soixante-deux ans, diminué de 2,5 % par année révolue au-delà de cet âge. »

Art. D. 732-104 *(Décr. n° 2010-1738 du 30 déc. 2010, art. 2-3°)* Les demandes d'adhésion à l'assurance volontaire prévues par l'article L. 722-18 doivent être présentées dans un délai de dix ans à compter du premier jour de l'exercice de l'activité à l'étranger.

Les personnes mentionnées à l'article L. 732-52 doivent présenter leur demande dans un délai de dix ans à compter du dernier jour de l'exercice de leur activité à l'étranger, ou de celle de leur conjoint décédé.

Art. D. 732-105 *(Décr. n° 2010-1738 du 30 déc. 2010, art. 2-4°)* La durée minimale prévue à l'article L. 732-52 est de cinq années.

Le montant des cotisations dues au titre du rachat prévu à l'article L. 732-52 est égal à celui des cotisations prévues à l'article L. 732-27-1.

Le versement des cotisations dues peut être échelonné dans les mêmes conditions que le versement des cotisations prévues à l'article L. 732-27-1. Il peut être mis fin au versement dans les mêmes conditions que le versement des cotisations prévues à l'article L. 732-27-1.

La demande de rachat ne peut concerner des périodes d'activité non salariée agricole postérieures à la date d'entrée en jouissance de la pension de retraite.

Art. D. 732-106 *(Décr. n° 2010-1738 du 30 déc. 2010, art. 2-5°)* « Les assurés peuvent obtenir la liquidation de leurs droits à l'assurance vieillesse à compter, au plus tôt, du premier jour du mois civil suivant la date de dépôt de leur demande de rachat, sous réserve que leur demande de pension ait été formée dans les six mois suivant la notification par la caisse compétente de leur admission au rachat de cotisations d'assurance volontaire vieillesse. »

En cas de demande de rachat formulée par une personne déjà titulaire d'une pension de vieillesse, celle-ci est révisée avec effet au premier jour du mois civil suivant la date de la demande de rachat.

La mise en paiement de la pension correspondant au rachat est ajournée jusqu'au moment où le versement des cotisations dont il s'agit est terminé.

Art. D. 732-107 Les caisses de mutualité sociale agricole sont habilitées à recevoir les demandes formulées, en application des articles L. 722-18 et L. 732-52, par les travailleurs ayant exercé une activité non salariée agricole hors du territoire français et qui résident dans leur circonscription.

La caisse de mutualité sociale agricole d'Île-de-France est habilitée à recevoir les demandes formulées en application des articles L. 722-18 et L. 732-52 par les travailleurs qui exercent hors du territoire français une activité non salariée agricole. La même caisse est également habilitée à recevoir les demandes émanant des anciens travailleurs qui ont cessé l'activité non salariée agricole qu'ils exerçaient hors du territoire français et qui ne résident pas en France métropolitaine.

Art. D. 732-108 *Abrogé par Décr. nº 2010-1738 du 30 déc. 2010, art. 2-6º.*

§ 5 Majoration des retraites

(Décr. nº 2009-173 du 13 févr. 2009, art. 1er)

Art. D. 732-109 Lorsqu'elles remplissent la condition prévue au dernier alinéa de l'article L. 732-54-1, ont droit à la majoration de pension de retraite prévue aux articles L. 732-54-1 à L. 732-54-4 :

1º Les personnes dont la pension de retraite servie à titre personnel a pris effet avant le 1er janvier 2002, qui justifient d'une durée d'assurance non salariée agricole exercée à titre exclusif ou principal au moins égale à vingt-deux années et demie au 1er janvier 2009, puis à dix-sept années et demie au 1er janvier 2011 ;

2º Les personnes dont la pension de retraite servie à titre personnel a pris effet à compter du 1er janvier 2002 et avant le 1er janvier 2009, qui justifient :

a) D'une part, d'une durée d'assurance ou de périodes reconnues équivalentes dans un ou plusieurs régimes obligatoires au moins égale à celle requise par l'article R. 732-39 dans sa rédaction à la date d'effet de la pension de retraite, lorsqu'elles sont âgées de moins de soixante-cinq ans ou ne relèvent pas de l'article L. 732-23 ;

b) D'autre part, d'une durée d'assurance non salariée agricole exercée à titre exclusif ou principal, au moins égale à vingt-deux années et demie au 1er janvier 2009, puis à dix-sept années et demie au 1er janvier 2011 ;

3º Les personnes dont la pension de retraite servie à titre personnel a pris effet à compter du 1er janvier 2009 *(Décr. nº 2014-493 du 16 mai 2014, art. 1er-1º)* « et avant le 1er février 2014 », qui justifient :

a) D'une part, d'une durée d'assurance ou de périodes reconnues équivalentes dans un ou plusieurs régimes obligatoires au moins égale à celle requise par l'article R. 732-39, *(Décr. nº 2014-493 du 16 mai 2014, art. 1er-2º)* « lorsqu'elles n'ont pas atteint l'âge mentionné à l'article L. 732-25 ou qu'elles ne relèvent pas des articles L. 732-18-3 et L. 732-23 » ;

b) D'autre part, d'une durée d'assurance non salariée agricole exercée à titre exclusif ou principal, au moins égale à vingt-deux années et demie. Cette durée est fixée à dix-sept années et demie à compter du 1er janvier 2011 ;

(Décr. nº 2014-493 du 16 mai 2014, art. 1er-3º) « 4º Les personnes dont la pension de retraite servie à titre personnel prend effet à compter du 1er février 2014, qui justifient d'une durée d'assurance ou de périodes reconnues équivalentes dans un ou plusieurs régimes obligatoires au moins égales à celles mentionnées à l'article R. 732-39 dans sa rédaction applicable à la date d'effet de la pension de retraite lorsqu'elles n'ont pas atteint l'âge mentionné à l'article L. 732-25 ou qu'elles ne relèvent pas des articles L. 732-18-3 et L. 732-23. »

Pour apprécier les durées d'assurance non salariée agricole, mentionnées au 1º et aux *b* du 2º et du 3º du présent article, sont prises en considération les *périodes* qui ont donné lieu à versement des cotisations ouvrant droit à la retraite forfaitaire ou à validation au titre de périodes assimilées pour l'obtention de cette même retraite.

Toutefois, pour l'appréciation des durées minimales mentionnées au 1º, sont également prises en compte les périodes d'affiliation obligatoire à l'assurance vieillesse du régime général en application de l'article L. 381-1 du code de la sécurité sociale. L'application des dispositions du présent alinéa ne doit pas avoir pour effet de porter à un chiffre supérieur à quatre le nombre de trimestres d'assurance valable au titre d'une même année civile sauf en ce qui concerne la majoration de durée d'assurance prévue à l'article L. 351-4 du code de la sécurité sociale.

Art. D. 732-110 Les personnes mentionnées à l'article D. 732-109 bénéficient d'une majoration de pension qui a pour objet de porter la somme de leurs droits propres et dérivés servis par le régime d'assurance vieillesse de base des personnes non salariées des professions agricoles, appréciés dans les conditions prévues à l'article D. 732-112, à un montant minimum annuel calculé dans les conditions fixées ci-après :

I. – Ce montant minimum annuel tient compte de la durée d'assurance à titre exclusif ou principal accomplie par l'assuré dans le régime d'assurance vieillesse des personnes non salariées des professions agricoles.

Pour apprécier cette durée d'assurance sont prises en considération les périodes qui ont donné lieu à versement des cotisations ouvrant droit à la retraite forfaitaire ou à validation au titre de périodes assimilées pour l'obtention de cette même retraite.

Le nombre total d'années prises en compte ne peut excéder trente-sept années et demie ou, pour les personnes dont la pension de retraite de base a pris effet après le 31 août 2004, la durée fixée au 1° de l'article R. 732-61 dans sa rédaction applicable à la date d'effet de la pension de retraite.

Les années retenues ne peuvent être antérieures à la date de création du régime d'assurance vieillesse des professions non salariées agricoles, à savoir le 1er juillet 1952 pour la métropole ou le 1er janvier 1964 *(Décr. n° 2016-781 du 10 juin 2016, art. 8-2°, en vigueur le 1er juill. 2016)* « en Guadeloupe, en Guyane, en Martinique, à La Réunion, à Mayotte, à Saint-Barthélemy et à Saint-Martin ».

(Décr. n° 2021-1919 du 30 déc. 2021, art. 1er) « II. » – Pour les personnes dont la pension de retraite servie à titre personnel a pris effet avant le 1er janvier 1997, la durée d'assurance en qualité de chef d'exploitation ou d'entreprise agricole à titre exclusif ou principal est obtenue en divisant par 16 le nombre de points de retraite figurant au compte de l'intéressé avant application des dispositions des articles D. 732-110, D. 732-111, D. 732-114 à D. 732-117, D. 732-132 à D. 732-138, D. 732-139 et D. 732-140, dans leur rédaction antérieure au 1er janvier 2009.

Lorsque l'intéressé a exercé une partie de sa carrière simultanément en qualité de chef d'exploitation ou d'entreprise agricole à titre secondaire et de salarié à titre principal, une minoration forfaitaire de quinze points est appliquée pour chaque année qui n'a pas donné lieu à versement des cotisations ouvrant droit à la pension de retraite forfaitaire ou à validation au titre de périodes assimilées pour l'obtention de cette même pension.

Lorsque, au terme de cette reconstitution, l'intéressé totalise un nombre d'annuités de chef d'exploitation ou d'entreprise agricole supérieur à sa durée d'assurance non salariée agricole telle que définie au deuxième alinéa du I du présent article, ce nombre est ramené à cette durée d'assurance non salariée agricole dans la limite prévue au troisième alinéa du I du présent article.

Art. D. 732-111 Le montant minimum annuel prévu à l'article D. 732-110, appelé pension annuelle majorée de référence de l'assuré ou PMR, est déterminé selon la formule suivante :

(Décr. n° 2021-1919 du 30 déc. 2021, art. 1er) « PMR = PMRmax × (DNSA / DR) » où

(Décr. n° 2023-754 du 10 août 2023, art. 1er) « – PMRmax est égal à 8 970,86 euros au 1er janvier 2023 pour les personnes dont la pension de retraite servie à titre personnel a pris effet avant le 1er septembre 2023 ; PMRmax est égal à 10 170,86 euros au 1er septembre 2023 pour les personnes dont la pension de retraite servie à titre personnel prend effet à compter du 1er septembre 2023 ; »

« – Dnsa représente la durée d'assurance à titre exclusif ou principal accomplie par l'assuré dans le régime d'assurance vieillesse des personnes non salariées des professions agricoles définie et retenue dans les conditions et limites prévues à l'article D. 732-110 ; »

– DR est la durée fixée au 1° de l'article R. 732-61 dans sa rédaction applicable à la date d'effet de la pension de retraite de base, cette durée de référence ne peut être inférieure à 37, 5 années.

(Décr. n° 2021-1919 du 30 déc. 2021, art. 1er) « Dnsa ne peut être supérieure à la durée de référence DR définie ci-dessus.

(Décr. n° 2023-754 du 10 août 2023, art. 1er) « Pour les personnes dont la pension de retraite servie à titre personnel a pris effet avant le 1er septembre 2023, » « le montant minimum annuel PMRmax est revalorisé aux mêmes dates et dans les mêmes

conditions que celles prévues pour les pensions de vieillesse de base par l'article L. 161-23-1 du code de la sécurité sociale. »

(Décr. n° 2023-754 du 10 août 2023, art. 1er) **« Pour les personnes dont la pension de retraite servie à titre personnel prend effet à compter du 1er septembre 2023, le montant minimum annuel PMRmax est revalorisé dans les conditions prévues à la deuxième phrase du deuxième alinéa de l'article L. 732-54-2. »**

La majoration prévue à l'article L. 732-25-1 *(Décr. n° 2017-1492 du 25 oct. 2017, art. 18-26°)* **« du présent code » est calculée sur la base du montant de pension avant qu'il ne soit porté au montant minimum annuel. Elle est calculée avant la majoration prévue à l'article D. 732-38** *(Décr. n° 2017-1492 du 25 oct. 2017, art. 18-26°)* **« du même code ».**

Art. D. 732-112 **La majoration de pension est égale au montant différentiel entre la pension annuelle majorée de référence de l'assuré, calculée dans les conditions prévues aux articles D. 732-110 et D. 732-111, et la somme des pensions de retraite et de réversion, servies à l'assuré par le régime d'assurance vieillesse de base des personnes non salariées des professions agricoles.**

Pour les personnes mentionnées aux 1° et 2° de l'article D. 732-109, les pensions de retraite et de réversion sont appréciées après mise en œuvre des revalorisations prévues aux articles D. 732-110 à D. 732-149 dans leur rédaction antérieure au 1er janvier 2009 ou de la majoration de pension prévues à l'article L. 732-25-1.

La majoration pour tierce personne prévue à l'article R. 732-4, la majoration de pension prévue à l'article D. 732-38 et, pour les assurés dont la pension de retraite prend effet à compter du 1er janvier 2009, la majoration prévue à l'article L. 732-25-1 ne sont pas prises en compte dans le montant des pensions de retraite et de réversion définies aux alinéas précédents. Toutefois, il est tenu compte de la majoration prévue à l'article L. 732-51-1.

Art. D. 732-113 *(Décr. n° 2023-754 du 10 août 2023, art. 1er, en vigueur le 1er sept. 2023)* **« I. — Pour les personnes dont la pension de retraite servie à titre personnel a pris effet avant le 1er septembre 2023, le montant annuel du plafond prévu à l'article L. 732-54-3 est fixé à 11 533,02 euros au 1er janvier 2023. »**

Le montant du plafond est revalorisé aux mêmes dates et dans les mêmes conditions que celles prévues pour les pensions de vieillesse de base par l'article L. 161-23-1 du code de la sécurité sociale.

(Décr. n° 2023-754 du 10 août 2023, art. 1er) **« II. — Pour les personnes dont la pension de retraite servie à titre personnel prend effet à compter du 1er septembre 2023, le montant annuel du plafond prévu à l'article L. 732-54-3 est fixé à 12 732,96 euros au 1er septembre 2023.**

« Le montant du plafond est revalorisé aux mêmes dates et dans les mêmes proportions que le salaire minimum de croissance. » — *Dispositions applicables aux pensions prenant effet à compter du 1er sept. 2023 (Décr. n° 2023-754 du 10 août 2023, art. 1er-2°-b et 6-II).*

Art. D. 732-114 **Lorsque le montant mensuel de la majoration de pension calculée en application de l'article D. 732-112 augmenté des ressources définies au deuxième alinéa excède le douzième du plafond fixé à l'article D. 732-113, ce montant est réduit à due concurrence du dépassement.**

Il est tenu compte, pour l'appréciation des ressources, de l'ensemble des pensions de retraite et des pensions de réversion servies à l'assuré par les régimes de base et par les régimes complémentaires légalement obligatoires d'assurance vieillesse imposables, ainsi que des majorations pour enfants rattachées à ces pensions.

Les personnes bénéficiaires de la majoration de pension sont tenues de faire connaître à l'organisme chargé de la liquidation de leur pension de retraite ou de réversion tous changements survenus dans leur situation familiale et dans leurs ressources.

Toute modification de la situation familiale ou du montant des ressources donne lieu à une révision de la majoration de pension. La majoration de pension recalculée prend effet à compter du premier jour du mois suivant la date à laquelle est constatée la modification.

Les organismes chargés de la liquidation des pensions de retraite ou de réversion non salariées agricoles contrôlent les déclarations des assurés, notamment en ce qui concerne leur situation familiale et leurs ressources. Pour l'exercice de leur contrôle,

ils peuvent demander toutes les informations nécessaires aux administrations fiscales, aux organismes de sécurité sociale et aux organismes de retraite complémentaire.

Art. D. 732-115 *Al. 1er abrogé par Décr. no 2010-126 du 8 févr. 2010.*

(Décr. no 2009-789 du 23 juin 2009, art. 3) « En application du dernier alinéa de l'article L. 732-54-1, l'assuré ne peut bénéficier de la majoration de pension avant la date d'entrée en jouissance qu'il a fixée, lors de sa demande de liquidation auprès des organismes redevables, pour l'ensemble des pensions personnelles et de réversion auxquelles il peut prétendre. Dans le cas où l'assuré ne remplit pas les conditions d'attribution d'une ou plusieurs de ses pensions à la date pour laquelle il demande le bénéfice de la majoration de pension, il en apporte la preuve par tous moyens. La majoration est alors calculée sans tenir compte de ces pensions jusqu'au dernier jour du mois civil précédant celui au cours duquel ces conditions d'attribution sont remplies. »

SOUS-SECTION 1 *BIS* Assurance veuvage

(Décr. no 2010-1758 du 30 déc. 2010)

Art. D. 732-116 Ouvrent droit à l'allocation de veuvage prévue à l'article L. 732-54-5 les conjoints survivants des assurés qui ont été affiliés trois mois au régime d'assurance vieillesse des travailleurs non salariés des professions agricoles au cours des douze mois précédant celui de leur décès.

Art. D. 732-117 Pour bénéficier de l'allocation de veuvage, le conjoint survivant doit au moment de sa demande remplir les conditions suivantes :

1° Résider en France, cette condition n'étant toutefois pas requise du conjoint survivant de l'assuré mentionné au cinquième alinéa de l'article L. 356-1 du code de la sécurité sociale ;

2° Être âgé de moins de cinquante-cinq ans ;

3° Ne pas avoir disposé au cours des trois mois civils précédents de ressources personnelles, telles que définies en application du deuxième alinéa de l'article L. 356-1 précité, supérieures au plafond fixé par trimestre à 3,75 fois le montant mensuel maximum de l'allocation ;

4° Ne pas être remarié, ne pas avoir conclu de pacte civil de solidarité et ne pas vivre en concubinage.

En outre, pour être recevable, la demande doit être déposée dans un délai n'excédant pas la période maximum de versement définie au premier alinéa de l'article D. 356-5 du code de la sécurité sociale.

Art. D. 732-118 Les ressources du conjoint survivant sont appréciées dans les conditions fixées à l'article D. 356-3 du code de la sécurité sociale.

Lorsque le conjoint survivant exerce une activité non salariée en tant que chef d'exploitation ou d'entreprise agricole, le revenu professionnel pris en considération est celui provenant de l'exploitation ou de l'entreprise dirigée par l'intéressé ou, le cas échéant, par l'assuré décédé, retenu pour le calcul de l'impôt sur le revenu au titre de l'année précédant la demande ou la révision des droits. Ce revenu est revalorisé par application du taux d'évolution en moyenne annuelle de l'indice des prix à la consommation (IPC) des ménages figurant dans le rapport économique, social et financier figurant en annexe du projet de loi de finances de l'année de la demande ou de la révision des droits. Lorsque le revenu de l'année civile de référence n'est pas connu au moment de la demande ou de la révision des droits, il est fait application au dernier revenu connu du taux d'évolution en moyenne annuelle du même indice constaté pour la dernière année puis du taux d'évolution prévu pour l'année de la demande ou de la révision des droits.

Par exception à l'alinéa précédent, dans le cas d'une modification importante des conditions d'exploitation, le mode d'évaluation du revenu professionnel pris en compte peut faire l'objet d'une appréciation spécifique à la demande du conjoint survivant ou à l'initiative de la caisse de mutualité sociale agricole au vu des justifications fournies par le conjoint survivant.

Les revenus pris en compte pour l'application du 3° de l'article D. 732-117 *(Décr. no 2017-1492 du 25 oct. 2017, art. 18-27o)* « du présent code » et provenant d'une activité non salariée agricole s'entendent comme la fraction des revenus professionnels, définis par les deux alinéas précédents, correspondant à la période de trois mois précédant la date de la demande ou de la révision des droits.

Art. D. 732-119 Lorsque le conjoint survivant peut prétendre au revenu de solidarité active majoré prévu à l'article L. 262-9 du code de l'action sociale et des familles ou à l'allocation aux adultes handicapés et à l'allocation de veuvage, ses droits au regard de l'assurance veuvage sont examinés en premier lieu.

Art. D. 732-120 L'allocation de veuvage est versée mensuellement et à terme échu pendant une période maximum de deux ans à compter du premier jour du mois au cours duquel s'est produit le décès.

Toutefois, lorsque, à la date du décès, le conjoint survivant avait atteint l'âge de cinquante ans, la période prévue à l'alinéa précédent est prolongée jusqu'à ce qu'il ait cinquante-cinq ans.

Art. D. 732-121 *(Abrogé par Décr. n° 2020-1489 du 1er déc. 2020, art. 6)* « ***Lorsque la demande d'allocation est présentée dans le délai d'un an qui suit le décès du conjoint,*** » le versement de l'allocation prend effet au premier jour du mois au cours duquel s'est produit le décès, sous réserve que le conjoint survivant ait rempli à la date du décès les conditions fixées par l'article D. 732-117.

Dans le cas contraire *(Abrogé par Décr. n° 2020-1489 du 1er déc. 2020, art. 6)* « ***ou lorsque la demande d'allocation est présentée après l'expiration de la période d'un an suivant le décès du conjoint*** », le versement de l'allocation prend effet au premier jour du mois au cours duquel *(Décr. n° 2020-1489 du 1er déc. 2020, art. 6)* « ces conditions sont remplies ».

Art. D. 732-122 Le montant mensuel de l'allocation de veuvage est fixé à 570,21 € à compter du 1er janvier 2011.

Art. D. 732-123 Le conjoint survivant adresse sa demande d'allocation de veuvage à la caisse de mutualité sociale agricole chargée de la liquidation des droits à prestations de vieillesse de l'assuré, dans les formes et avec les justifications déterminées par l'arrêté du ministre chargé de la sécurité sociale mentionné à l'article D. 356-8 du code de la sécurité sociale.

Art. D. 732-124 La personne qui sollicite l'allocation de veuvage est tenue de faire connaître à l'organisme ou service chargé de la liquidation toutes les informations relatives à son âge, sa résidence, sa situation de famille et ses ressources.

Le bénéficiaire de l'allocation est également tenu de faire connaître auxdits organismes tout changement survenu dans l'un ou l'autre des trois derniers éléments.

Les titres ou documents prévus à l'article L. 356-1 du code de la sécurité sociale sont ceux mentionnés à l'article *(Décr. n° 2020-1489 du 1er déc. 2020, art. 6)* « R. 111-3 » du même code.

Art. D. 732-125 Un contrôle portant sur le montant des ressources est effectué au moment de la demande. Des contrôles sont effectués ultérieurement au terme de chaque semestre de versement.

Art. D. 732-126 Lorsque, au cours de la période de versement de l'allocation, le bénéficiaire cesse de remplir l'une des conditions requises, l'allocation cesse d'être due à compter :

1° Soit du premier jour du mois au cours duquel est constatée une modification de sa situation, si celle-ci intervient au regard du 1° de l'article D. 732-117 ;

2° Soit du premier jour du mois suivant celui au cours duquel est constatée la modification de sa situation au regard des cas mentionnés aux 2°, 3° et 4° de l'article D. 732-117.

Art. D. 732-127 Lorsque le versement de l'allocation a été interrompu, le conjoint survivant peut prétendre à son rétablissement à compter :

1° Soit du premier jour du mois au cours duquel il est constaté que la condition est à nouveau remplie, si l'interruption était intervenue au titre du 1° de l'article D. 732-117 ;

2° Soit du premier jour du mois suivant celui au cours duquel il est constaté que les conditions sont à nouveau remplies au regard des cas mentionnés aux 3° et 4° de l'article D. 732-117.

Le rétablissement de l'allocation s'effectue sans préjudice des dispositions fixées en application du troisième alinéa de l'article L. 356-1 du code de la sécurité sociale.

Art. D. 732-128 En cas de décès d'un titulaire de l'allocation de veuvage, celle-ci cesse d'être due à compter du premier jour du mois suivant son décès.

Art. D. 732-129 à D. 732-147 *Abrogés par Décr. n° 2009-173 du 13 févr. 2009.*

SOUS-SECTION 2 **Paiement des pensions**

Art. D. 732-148 Les pensions de retraite mentionnées à la sous-section 1 de la section 3 du chapitre II du titre III du présent livre ainsi que leurs majorations et accessoires sont payables mensuellement et à terme échu à une date fixée par arrêté du ministre chargé de l'agriculture *(Décr. n° 2009-794 du 23 juin 2009)* « et du ministre chargé de la sécurité sociale ».

Art. D. 732-149 Sous réserve des dispositions du troisième alinéa du présent article, les caisses débitrices peuvent, après en avoir avisé les intéressés, opérer d'office, et sans autres formalités, des retenues sur les arrérages de retraites et avantages accessoires pour le recouvrement des sommes payées indûment aux titulaires. Les sommes retenues ne peuvent excéder la fraction saisissable telle qu'elle résulte de l'application de l'article L. 725-11.

Il peut être fait remise totale ou partielle de la dette sur demande du débiteur, en considération de la précarité de sa situation.

Dans le cas de trop-perçu, les dispositions de l'article L. 355-3 du code de la sécurité sociale sont applicables aux prestations de l'assurance vieillesse des non-salariés agricoles. Les sommes non récupérées en application des deuxième et troisième alinéas dudit article sont assimilées à des prestations légales.

Art. D. 732-150 Les arrérages des prestations de vieillesse, contributives et non contributives, et leurs majorations et accessoires, sont dus jusqu'à la fin du mois au cours duquel le prestataire est décédé. Ils sont payables aux ayants droit sur production du bulletin de décès et sur présentation des pièces établissant leur qualité.

SOUS-SECTION 3 **Assurance vieillesse complémentaire obligatoire**

§ 1 Champ d'application du régime d'assurance vieillesse complémentaire obligatoire pour les non-salariés agricoles

Art. D. 732-151 Les personnes mentionnées au 1° du II de l'article L. 732-56 bénéficient du régime d'assurance vieillesse complémentaire obligatoire à condition de justifier, à la date d'effet de leur pension de retraite de base mentionnée à l'article L. 732-24, de trente-deux années et demie d'activité en qualité de non-salarié agricole et de dix-sept années et demie d'assurance en qualité de chef d'exploitation ou d'entreprise agricole à titre exclusif ou principal.

Pour apprécier la durée minimale d'activité non salariée agricole mentionnée au 1° du II de l'article L. 732-56, sont prises en considération les années qui ont donné lieu soit à versement des cotisations ouvrant droit à la pension de retraite forfaitaire mentionnée à l'article L. 732-24, soit à validation au titre des périodes assimilées pour l'obtention de cette même retraite.

La durée reconstituée d'assurance en qualité de chef d'exploitation ou d'entreprise agricole à titre exclusif ou principal est déterminée en divisant par seize le nombre de points de retraite proportionnelle inscrits, avant application, le cas échéant, des dispositions du sous-paragraphe 1er du paragraphe 5 de la sous-section 1 de la présente section *(Décr. n° 2010-1757 du 30 déc. 2010)* « dans sa rédaction antérieure au 1er janvier 2009 », au compte de l'assuré. Lorsque l'intéressé a exercé une partie de sa carrière simultanément en qualité de chef d'exploitation ou d'entreprise agricole à titre secondaire et de salarié à titre principal, une minoration forfaitaire de quinze points est appliquée pour chaque année qui n'a pas donné lieu à versement des cotisations ouvrant droit à la retraite forfaitaire ou à validation au titre de périodes assimilées pour l'obtention de cette même retraite. Lorsque au terme de cette reconstitution l'intéressé totalise un nombre d'annuités de chef d'exploitation ou d'entreprise agricole supérieur à sa durée de carrière non salariée agricole telle que définie au deuxième alinéa du présent article, ce nombre est ramené à la durée de carrière de non-salarié agricole dans la limite de trente-sept années et demie.

Les personnes mentionnées au 2° du II de l'article L. 732-56 bénéficient du régime d'assurance vieillesse complémentaire obligatoire pour les non-salariés agricoles à condition de justifier, à la date d'effet de leur pension de retraite de base mentionnée à l'article L. 732-24, d'une durée d'assurance de dix-sept années et demie effectuées en qualité de chef d'exploitation ou d'entreprise agricole à titre exclusif ou principal.

Pour apprécier la durée d'assurance en qualité de chef d'exploitation ou d'entreprise agricole mentionnée au 2° du II de l'article L. 732-56, sont prises en considération les années effectuées en qualité de chef d'exploitation ou d'entreprise agricole à titre exclusif ou principal qui ont donné lieu soit à versement des cotisations ouvrant droit à la pension de retraite forfaitaire mentionnée au 1° de l'article L. 732-24, soit à validation au titre des périodes assimilées pour l'obtention de cette même pension.

Art. D. 732-151-1 *(Décr. n° 2014-494 du 16 mai 2014, art. 1er-1°)* Les personnes mentionnées au 1° du V de l'article L. 732-56 bénéficient du régime d'assurance vieillesse complémentaire obligatoire à condition de justifier, à la date d'effet de leur pension de retraite de base, de trente-deux années et demie d'assurance au titre d'activités non salariées agricoles accomplies à titre exclusif ou principal.

Les personnes mentionnées au 2° du V de l'article L. 732-56 bénéficient du régime d'assurance vieillesse complémentaire obligatoire à condition de justifier, à la date d'effet de leur pension de retraite de base, de dix-sept années et demie d'assurance au titre d'activités non salariées agricoles accomplies à titre exclusif ou principal.

Pour l'appréciation des durées minimales d'assurance mentionnées aux premier et deuxième alinéas, sont prises en considération les années qui ont donné lieu soit à versement des cotisations ouvrant droit à la pension de retraite forfaitaire mentionnée au 1° de l'article L. 732-24, soit à validation au titre des périodes assimilées pour l'obtention de cette même pension de retraite.

Art. D. 732-152 *Al. 1er abrogé par Décr. n° 2010-1757 du 30 déc. 2010.*

Le conjoint divorcé non remarié est assimilé à un conjoint survivant. Lorsque l'assuré est remarié, la pension de réversion versée après son décès au titre de l'article L. 732-62 est partagée entre son conjoint survivant et le ou les précédents conjoints divorcés non remariés au prorata de la durée respective de chaque mariage. Ce partage est opéré lors de la liquidation des droits du premier d'entre eux qui en fait la demande.

Le droit à pension de réversion disparaît en cas de remariage du conjoint survivant. Les derniers arrérages versés au titre de la pension sont ceux du mois au cours duquel le nouveau mariage a été contracté.

Al. 4 abrogé par Décr. n° 2010-1757 du 30 déc. 2010.

(Décr. n° 2014-494 du 16 mai 2014, art. 1er-2°) « Pour l'application du II de l'article L. 732-62, le conjoint survivant qui continue l'exploitation sans avoir demandé la liquidation de sa part de pension de réversion peut, pour le calcul de sa pension de retraite complémentaire obligatoire, ajouter à ses annuités propres celles acquises par l'assuré décédé, dans la limite de la proportion de la durée de son mariage par rapport à la durée totale des mariages pris en considération.

« Les annuités du défunt se traduisent par le nombre de points acquis par le défunt en contrepartie de cotisations et par les points gratuits dont il aurait pu bénéficier s'il remplissait, au jour de son décès, les conditions prévues au 2° du II de l'article L. 732-56.

« Les articles D. 732-154 et D. 732-154-3 sont applicables à la somme des annuités propres du conjoint survivant et de celles acquises par l'assuré décédé. »

§ 2 Modalités de service des prestations

Art. D. 732-153 La Caisse centrale de la mutualité sociale agricole et les caisses départementales et pluridépartementales de mutualité sociale agricole établissent pour chaque assuré du régime de retraite complémentaire obligatoire un compte personnel de retraite complémentaire obligatoire.

Art. D. 732-154 Les personnes mentionnées au II de l'article L. 732-56 bénéficient *(Abrogé par Décr. n° 2023-754 du 10 août 2023, art. 1er, à compter du 1er sept. 2023)* « , ***au 1er janvier 2003,*** » de l'attribution, sans contrepartie de cotisations, de 100 points de retraite complémentaire obligatoire pour chacune des années de chef d'exploitation ou d'entreprise agricole à titre exclusif ou principal définies dans les conditions prévues à l'article D. 732-151 et retenues dans la limite de trente-sept années et demie.

Les personnes définies au III de l'article L. 732-56 bénéficient *(Abrogé par Décr. n° 2023-754 du 10 août 2023, art. 1er, à compter du 1er sept. 2023)* « , ***à la date d'effet de leur pension de retraite,*** » de l'attribution, sans contrepartie de cotisations, de 100 points de retraite complémentaire pour chacune des années de chef d'exploitation ou d'entreprise agricole à titre exclusif ou principal accomplies avant le 1er janvier 2003, définies dans les conditions prévues aux alinéas 4 et 5 de l'article D. 732-151 et retenues dans la limite de la différence entre trente-sept années et demie et le nombre d'années ayant donné lieu à affiliation au régime de retraite complémentaire obligatoire.

Art. D. 732-154-1 *(Décr. n° 2014-494 du 16 mai 2014, art. 1er-3°)* Les personnes mentionnées au V de l'article L. 732-56 bénéficient *(Abrogé par Décr. n° 2023-754 du 10 août 2023, art. 1er, à compter du 1er sept. 2023)* « , ***au 1er février 2014,*** » de l'attribution sans contrepartie de cotisation de 66 points de retraite complémentaire obligatoire par an, pour tout ou partie des périodes d'assurance définies à l'article D. 732-154-2 dans la limite du nombre d'annuités fixé à l'article D. 732-154-3.

Les personnes mentionnées au VI de l'article L. 732-56 bénéficient *(Abrogé par Décr. n° 2023-754 du 10 août 2023, art. 1er, à compter du 1er sept. 2023)* « , ***à la date d'effet de leur pension de retraite,*** » de l'attribution sans contrepartie de cotisation de 66 points de retraite complémentaire obligatoire par an, pour tout ou partie des périodes d'assurance définies à l'article D. 732-154-2 dans la limite du nombre d'annuités fixé à l'article D. 732-154-3.

Art. D. 732-154-2 *(Décr. n° 2014-494 du 16 mai 2014, art. 1er-3°)* I. — Sont susceptibles d'ouvrir droit à attribution de points de retraite complémentaire obligatoire sans contrepartie de cotisations :

1° Les périodes d'assurance accomplies avant le 1er janvier 2003 en qualité de chef d'exploitation ou d'entreprise agricole à titre exclusif ou principal par les personnes qui ne remplissent pas la condition de dix-sept années et demie d'assurance en qualité de chef d'exploitation ou d'entreprise agricole à titre exclusif ou principal mentionnée à l'article D. 732-151 ;

2° Les périodes d'assurance accomplies avant le 1er janvier 2011 en qualité d'aide familial au sens de l'article L. 732-34 ;

3° Les périodes d'assurance accomplies avant le 1er janvier 2009 en qualité de conjoint participant aux travaux au sens de l'article L. 732-34 ;

4° Les périodes d'assurance accomplies avant le 1er janvier 2011 à titre exclusif ou principal en qualité de collaborateur d'exploitation ou d'entreprise agricole au sens de l'article L. 732-35.

II. — Pour le calcul des périodes d'assurance mentionnées aux 1° à 4° du I, sont prises en considération les années qui ont donné lieu soit à versement de cotisations ouvrant droit à la pension de retraite forfaitaire mentionnée au 1° de l'article L. 732-24, soit à validation au titre des périodes assimilées pour l'obtention de cette même pension de retraite.

Pour les personnes dont la retraite a pris effet avant le 1er janvier 1997, les périodes mentionnées au 1° du I sont appréciées dans les conditions prévues au troisième alinéa de l'article D. 732-151.

Art. D. 732-154-3 *(Décr. n° 2014-494 du 16 mai 2014, art. 1er-3°)* Il ne peut être attribué plus de dix-sept annuités de points de retraite complémentaire obligatoire au titre des périodes mentionnées aux 1° à 4° de l'article D. 732-154-2.

Le nombre total d'annuités de points de retraite complémentaire obligatoire attribués sans contrepartie de cotisation est plafonné à la différence entre trente-sept années et demie et la durée d'affiliation au régime de retraite complémentaire obligatoire.

Lorsque les périodes susceptibles d'ouvrir droit à attribution de points de retraite complémentaire obligatoire sans contrepartie de cotisation font l'objet d'un plafonnement, les périodes mentionnées à l'article D. 732-154 sont retenues en priorité.

Art. D. 732-155 *(Décr. nº 2010-1757 du 30 déc. 2010)* « I. — Pour les personnes mentionnées au I de l'article L. 732-56, le minimum prévu à l'article L. 732-59 est fixé à 1 820 fois le montant du salaire minimum de croissance en vigueur au 1er janvier de l'année considérée. »

(Décr. nº 2017-716 du 2 mai 2017, art. 1er) « Le nombre annuel de points de retraite complémentaire obligatoire porté au compte de l'assuré mentionné au I de l'article L. 732-56 est déterminé comme suit : »

1º Lorsque l'assiette des cotisations mentionnée au premier alinéa de l'article L. 732-59 est inférieure au minimum prévu au premier alinéa *(Décr. nº 2017-716 du 2 mai 2017, art. 1er)* « du présent I », elle est portée à ce minimum et le nombre de points de retraite complémentaire obligatoire est égal à 100 par an *(Décr. nº 2017-716 du 2 mai 2017, art. 1er)* « pour les périodes postérieures au 31 décembre 2002 et antérieures au 1er janvier 2017, à 117 par an pour l'année 2017, à 133 par an à compter de l'année 2018 » ;

2º Lorsque l'assiette des cotisations mentionnée au premier alinéa de l'article L. 732-59 est supérieure à l'assiette minimale susmentionnée, le nombre annuel de points porté au compte de l'assuré est calculé selon la formule suivante : — *Formule mod. par Décr. nº 2017-716 du 2 mai 2017, art. 1er.*

$$P = \frac{N \times RP}{1\,820\ SMIC}$$

où :

P est le nombre de points portés au compte de l'assuré pour l'année considérée ;

(Décr. nº 2017-716 du 2 mai 2017, art. 1er) « N est égal à 100 pour les périodes postérieures au 31 décembre 2002 et antérieures au 1er janvier 2017, à 117 pour l'année 2017 et à 133 à compter de l'année 2018 ; »

RP est la totalité des revenus professionnels ou, le cas échéant, l'assiette forfaitaire telles que définies aux articles L. 731-14 à L. 731-21. L'assiette des cotisations ne peut toutefois en aucun cas être inférieure à *(Décr. nº 2006-1275 du 18 oct. 2006)* « 1 820 » fois le montant du salaire minimum de croissance en vigueur au 1er janvier de l'année considérée ;

1 820 *SMIC* est l'assiette minimale prévue en application de l'article L. 732-59.

(Décr. nº 2010-1757 du 30 déc. 2010) « II. — Pour les personnes mentionnées au IV de l'article L. 732-56, l'assiette des cotisations prévue au troisième alinéa de l'article L. 732-59 est fixée à 1 200 fois le montant du salaire minimum de croissance en vigueur au 1er janvier de l'année considérée.

(Décr. nº 2017-716 du 2 mai 2017, art. 1er) « Le nombre annuel de points de retraite complémentaire obligatoire porté au compte de l'assuré mentionné au IV de l'article L. 732-56 est égal à 66 par an pour les périodes postérieures au 31 décembre 2010 et antérieures au 1er janvier 2017, à 77 par an pour l'année 2017, à 88 par an à compter de l'année 2018. »

« III. — » Le nombre annuel de points est porté au compte de l'intéressé, lorsque la cotisation de l'année considérée est acquittée dans sa totalité, après application, le cas échéant, des dispositions législatives du chapitre V du titre II du présent livre relatives au recouvrement des cotisations et créances.

Art. D. 732-156 Les caisses départementales et pluridépartementales de mutualité sociale agricole transmettent annuellement à chaque assuré un relevé du nombre de points de retraite complémentaire obligatoire acquis par l'assuré au 31 décembre de l'année écoulée au titre de ladite année et du nombre total de points acquis par l'assuré à la même date au titre du régime de retraite complémentaire obligatoire.

Art. D. 732-157 La liquidation et le service de la pension de retraite complémentaire sont subordonnés à la liquidation et au service de la pension de retraite de base mentionnée à l'article L. 732-24.

Pour les personnes mentionnées aux *(Décr. nº 2014-494 du 16 mai 2014, art. 1er-4º)* « I, III, IV et VI de l'article L. 732-56, la demande de liquidation de la pension de retraite de base est », sauf demande contraire expresse de l'assuré formulée dans un délai maximal de quinze jours après la date d'envoi de l'accusé de réception de ladite demande, réputée valoir également demande de liquidation de la pension de retraite complémentaire obligatoire servie à titre personnel. La date d'effet de la pension de retraite complémentaire est fixée au même jour que la date d'effet de la pension de retraite de base.

Lorsque, à la demande expresse de l'assuré mentionnée à l'alinéa précédent, la demande de liquidation de la pension de retraite de base n'est pas réputée valoir également demande de liquidation de la pension de retraite complémentaire obligatoire, la date d'effet de la pension de retraite complémentaire obligatoire est, par dérogation à l'alinéa précédent, fixée au premier jour du mois suivant celui au cours duquel l'assuré demande la liquidation de sa retraite complémentaire obligatoire.

Pour les personnes mentionnées aux I et III de l'article L. 732-56, sont seules prises en considération au titre des années postérieures à 2002, pour le calcul de la pension de retraite complémentaire obligatoire, les cotisations qui ont été acquittées avant la date de leur prescription.

Al. 5 abrogé par Décr. n° 2014-494 du 16 mai 2014, art. 1er-4°.

Les dispositions des articles L. 732-39 et L. 732-40 sont applicables à la pension de retraite complémentaire obligatoire.

Les arrérages des prestations du régime de retraite complémentaire obligatoire sont dus jusqu'à la fin du mois au cours duquel le prestataire est décédé. Ils sont payables aux ayants droit sur production du bulletin de décès et sur présentation des pièces établissant leur qualité.

La demande de liquidation de la pension de réversion de la retraite de base, *(Décr. n° 2010-1757 du 30 déc. 2010)* « mentionnée aux articles L. 732-41 à L. 732-44 », est, sauf demande contraire expresse du conjoint survivant de l'assuré formulée dans un délai maximal de quinze jours après la date d'envoi de l'accusé de réception de ladite demande, réputée valoir également demande de liquidation de la pension de réversion de la retraite complémentaire obligatoire mentionnée à l'article L. 732-62. La date d'entrée en jouissance de cette pension est fixée :

1° Au premier jour du mois suivant celui au cours duquel l'assuré est décédé, si la demande est déposée dans le délai d'un an suivant le décès ;

2° Au premier jour du mois suivant la date de réception de la demande, si celle-ci est déposée après l'expiration du délai d'un an mentionné au 1°.

Cette date ne peut toutefois, sous réserve des dispositions prévues *(Décr. n° 2010-1757 du 30 déc. 2010)* « aux quatrième et sixième alinéas » de l'article L. 732-62, pas être antérieure au premier jour du mois suivant le cinquante-cinquième anniversaire du conjoint survivant.

La décision d'attribution ou de rejet de la pension de retraite complémentaire obligatoire mentionnée aux premier et deuxième alinéas du présent article est notifiée à l'assuré en même temps que la décision d'attribution ou de rejet de sa pension de retraite de base.

La décision d'attribution ou de rejet de la pension de réversion de retraite complémentaire obligatoire mentionnée au neuvième alinéa du présent article est notifiée au conjoint survivant en même temps que la décision d'attribution ou de rejet de sa pension de réversion de retraite de base.

Art. D. 732-158 Les dispositions de l'article L. 725-11 sont applicables au présent régime de retraite complémentaire obligatoire.

§ 3 Gestion du régime

Art. D. 732-159 La Caisse centrale de la mutualité sociale agricole centralise l'ensemble des ressources et des charges du régime de retraite complémentaire obligatoire des non-salariés agricoles.

La Caisse centrale de la mutualité sociale agricole centralise les cotisations dues au titre du régime de retraite complémentaire obligatoire émises par les caisses départementales et pluridépartementales de mutualité sociale agricole selon des modalités identiques à celles applicables pour les cotisations du régime de base d'assurance vieillesse des non-salariés agricoles.

La Caisse centrale de la mutualité sociale agricole procède, à l'échéance des prestations, en fonction des prévisions de dépenses effectuées par les caisses départementales et pluridépartementales de mutualité sociale agricole et compte tenu du solde des avances précédentes, au versement des avances nécessaires au financement des prestations à chaque caisse de mutualité sociale agricole.

Al. 4 abrogé par Décr. n° 2017-1492 du 25 oct. 2017, art. 18-28°.

Art. D. 732-160 Afin de garantir le versement des pensions de retraite complémentaire obligatoire des non-salariés agricoles, la Caisse centrale de la mutualité sociale agricole constitue un fonds de réserve auquel sont affectés, à l'arrêté des comptes annuels : le solde des ressources du régime excédant les besoins de financement des prestations de retraite complémentaire autres que les pensions de réversion, les produits financiers résultant du placement des disponibilités ainsi que le solde annuel des dotations de gestion excédant le montant des cotisations émises non encaissées.

Lorsque au terme d'un exercice les avances et dotations attribuées à une caisse de mutualité sociale agricole ne lui permettent pas d'assurer la couverture du financement des prestations, l'équilibre financier doit être maintenu ou rétabli par un prélèvement sur le fonds de réserve.

La Caisse centrale de la mutualité sociale agricole constitue une dotation aux provisions pour charge future de réversion égale, au terme de chaque exercice, à la différence entre le produit de la part de la cotisation égale à 0,06 % de l'assiette des cotisations, part affectée au financement des pensions prévues à l'article L. 732-62, et le montant des pensions de réversion effectivement versées au cours du même exercice.

(Décr. n° 2020-621 du 22 mai 2020, art. 3) « Par dérogation à l'article D. 723-233, le chapitre IX du titre III du livre I du code de la sécurité sociale est applicable au régime de retraite complémentaire obligatoire des non-salariés agricoles. »

La Caisse centrale de la mutualité sociale agricole est également chargée de mobiliser la trésorerie nécessaire au financement des avances destinées au paiement des prestations.

Art. D. 732-161 Les opérations relatives au présent régime doivent faire l'objet dans les caisses de mutualité sociale agricole, en application de l'article L. 732-57, d'une comptabilité spéciale établie conformément au plan comptable unique des organismes de sécurité sociale. Les pièces justificatives et les dossiers de liquidation des pensions doivent être conservés en observant les règles applicables au régime de retraite de base des personnes non salariées des professions agricoles.

Al. 2 abrogé par Décr. n° 2007-508 du 3 avr. 2007.

Art. D. 732-162 Les prestations indûment versées constituent une charge de gestion pour la caisse départementale ou pluridépartementale de mutualité sociale agricole dans les mêmes conditions que celles applicables au régime de retraite de base des personnes non salariées des professions agricoles.

Art. D. 732-163 *(Décr. n° 2023-1030 du 7 nov. 2023, art. 2)* Les comptes annuels relatifs aux opérations du régime établis par les caisses de mutualité sociale agricole sont communiqués au ministre chargé de l'agriculture dans le délai prescrit à l'article R. 114-6-1 du code de la sécurité sociale. Les comptes annuels relatifs aux opérations du régime établis par la caisse centrale de la Mutualité sociale agricole, y compris ceux afférents au fonds de réserve, sont communiqués respectivement au ministre chargé de l'agriculture et aux autres services de l'État dans les conditions définies à l'article D. 114-4-2 du code de la sécurité sociale.

Art. D. 732-164 Les caisses de mutualité sociale agricole sont soumises, pour les opérations du régime et sans préjudice de tous autres contrôles régulièrement institués, au contrôle *(Décr. n° 2010-816 du 13 juill. 2010)* « des ministres chargés de l'agriculture et de la sécurité sociale.

« Ce contrôle s'exerce par l'intermédiaire des services mentionnés à l'article R. 724-3. Ces services peuvent contrôler l'ensemble des opérations du régime réalisées par les caisses départementales et pluridépartementales de mutualité sociale agricole. »

Le contrôle de la Cour des comptes s'exerce dans les conditions prévues par le chapitre IV du titre III du livre I du code des juridictions financières.

Art. R. 732-164-1 *(Décr. n° 2015-244 du 2 mars 2015, art. 1er)* I. — Le rapport mentionné au premier alinéa de l'article L. 732-58-1 présente une analyse des conditions de maîtrise des engagements à court, moyen et long termes du régime. Ce rapport comporte les éléments suivants :

1° La situation financière du régime à la clôture du dernier exercice ;

2° La projection, à réglementation constante, de la situation financière du régime sur une période de quarante ans ;

3° L'impact des mesures prises dans le passé sur les paramètres techniques du régime ;

4° Le cas échéant, des propositions d'évolution des paramètres techniques du régime nécessaires à son redressement et leurs impacts sur sa situation financière sur une période de quarante ans ;

5° La prévision de rentabilité des actifs du régime ;

6° Des prévisions sur l'évolution de l'environnement économique général et sa déclinaison sur la population couverte, notamment en termes d'effectifs et de revenu ;

7° Des études de sensibilité aux hypothèses retenues, concernant notamment les prévisions d'évolution des effectifs couverts et la rentabilité des actifs du régime ;

8° Des études sur le rendement d'équilibre de long terme, l'évolution des pensions et l'équité intergénérationnelle du système.

II. – Les propositions du conseil central d'administration de la Mutualité sociale agricole en vue de garantir l'équilibre de long terme du régime, ainsi que les propositions de modification des paramètres au cours du plan triennal défini à l'article L. 732-58-1, sont transmises aux ministres chargés de l'agriculture, de la sécurité sociale et du budget au plus tard le 1er septembre de l'année civile précédant celle à laquelle les propositions d'évolution se rapportent.

Art. R. 732-164-2 *(Décr. nº 2015-244 du 2 mars 2015, art. 1er)* Les propositions de modification du plan triennal mentionnées à l'article L. 732-60-1 ne peuvent conduire à faire varier annuellement les paramètres techniques du régime de plus de :

1° 0,1 point pour les taux de cotisation ;

2° 1 % pour les valeurs de service ;

3° 1 % pour les valeurs d'achat.

§ 4 Paramètres financiers

(Décr. nº 2005-1408 du 15 nov. 2005)

Art. D. 732-165 1° Pour la cotisation mentionnée à l'article L. 732-59 et due par les personnes mentionnées au premier alinéa du I de l'article L. 732-56, *(Décr. nº 2016-1961 du 28 déc. 2016, art. 1er-I-1º)* « le taux est fixé *(Décr. nº 2019-1572 du 30 déc. 2019, art. 1er)* « à compter de l'année 2019 » à 4 % des revenus professionnels » du chef d'exploitation ou d'entreprise ou de l'assiette forfaitaire, sans que cette assiette puisse être inférieure à *(Décr. nº 2006-1275 du 18 oct. 2006)* « 1 820 » fois le montant du salaire minimum de croissance en vigueur *(Décr. nº 2015-1900 du 29 déc. 2015, art. 1er-I)* « au 1er janvier de l'année au titre de laquelle la cotisation est due ».

2° Pour la cotisation mentionnée à l'article L. 732-59 et due par les personnes mentionnées aux deuxième à sixième alinéas du I de l'article L. 732-56, *(Décr. nº 2016-1961 du 28 déc. 2016, art. 1er-I-2º)* « le taux est fixé *(Décr. nº 2019-1572 du 30 déc. 2019, art. 1er)* « à compter de l'année 2019 » à 4 % d'une assiette égale » à *(Décr. nº 2006-1275 du 18 oct. 2006)* « 1 820 » fois le montant du salaire minimum de croissance en vigueur *(Décr. nº 2015-1900 du 29 déc. 2015, art. 1er-I)* « au 1er janvier de l'année au titre de laquelle la cotisation est due ».

(Décr. nº 2007-637 du 27 avr. 2007) « 3° Pour l'application des articles L. 731-16 et D. 731-27 aux personnes mentionnées au premier alinéa du I de l'article L. 732-56, l'assiette forfaitaire de la cotisation d'assurance vieillesse complémentaire obligatoire mentionnée à l'article L. 732-59 est égale à l'assiette minimum définie au 1°. »

(Décr. nº 2010-1757 du 30 déc. 2010) « 4° Pour la cotisation mentionnée à l'article L. 732-59 et due pour les personnes mentionnées au IV de l'article L. 732-56, le taux est fixé *(Décr. nº 2019-1572 du 30 déc. 2019, art. 1er)* « à compter de l'année 2019 » *(Décr. nº 2016-1961 du 28 déc. 2016, art. 1er-I-3º)* « à 4 % de l'assiette forfaitaire », prévue au II de l'article D. 732-155, égale à 1 200 fois le montant du salaire minimum de croissance en vigueur au 1er janvier de l'année au titre de laquelle la cotisation est due. »

Art. D. 732-166 La valeur de service du point de retraite complémentaire obligatoire mentionnée à l'article L. 732-60 est fixée à *(Décr. n° 2023-1190 du 14 déc. 2023, art. 1er)* « 0,3642 euros à compter du 1er janvier 2023 ».

§ 5 Complément différentiel de points de retraite complémentaire obligatoire

(Décr. n° 2015-1107 du 31 août 2015, art. 1er)

Art. D. 732-166-1 I. — Les personnes mentionnées au 1° du I de l'article L. 732-63 peuvent bénéficier *(Abrogé par Décr. n° 2021-769 du 16 juin 2021, art. 1er)* « *, à compter du 1er janvier 2015,* » d'un complément différentiel de points de retraite complémentaire obligatoire, à condition de justifier, à la date d'effet de leur pension de retraite de base, de trente-deux années et demie d'assurance à titre exclusif ou principal dans le régime d'assurance vieillesse de base des personnes non salariées des professions agricoles dont au moins dix-sept années et demie accomplies en qualité de chef d'exploitation ou d'entreprise agricole.

La durée minimale d'assurance non salariée agricole mentionnée au premier alinéa est appréciée en prenant en considération les années qui ont donné lieu soit à versement des cotisations ouvrant droit à la pension de retraite forfaitaire mentionnée au 1° de l'article L. 732-24, soit à validation au titre des périodes assimilées pour l'obtention de cette même retraite.

La durée d'assurance accomplie à titre exclusif ou principal en qualité de chef d'exploitation ou d'entreprise agricole mentionnée au premier alinéa est appréciée dans les conditions prévues au troisième alinéa de l'article D. 732-151.

II. — Les personnes mentionnées au 2° du I de l'article L. 732-63 peuvent bénéficier *(Abrogé par Décr. n° 2021-769 du 16 juin 2021, art. 1er)* « *, à compter du 1er janvier 2015,* » d'un complément différentiel de points de retraite complémentaire obligatoire, à condition de justifier, à la date d'effet de leur pension de retraite de base, de dix-sept années et demie d'assurance accomplies à titre exclusif ou principal en qualité de chef d'exploitation ou d'entreprise agricole dans le régime d'assurance vieillesse de base des personnes non salariées des professions agricoles.

La durée d'assurance mentionnée à l'alinéa précédent est appréciée en prenant en considération les années effectuées en qualité de chef d'exploitation ou d'entreprise agricole à titre exclusif ou principal qui ont donné lieu soit à versement des cotisations ouvrant droit à la pension de retraite forfaitaire mentionnée au 1° de l'article L. 732-24, soit à validation au titre des périodes assimilées pour l'obtention de cette même retraite.

(Décr. n° 2021-769 du 16 juin 2021, art. 1er) « III. — En application du dernier alinéa du I de l'article L. 732-63, les personnes mentionnées aux I et II du présent article ne peuvent pas bénéficier du complément différentiel avant la date d'entrée en jouissance qu'ils *[elles]* ont fixée lors de leur demande de liquidation de l'ensemble des pensions de retraite de droit propre auxquelles elles peuvent prétendre.

« Dans le cas où ces personnes ne remplissent pas les conditions d'attribution d'une ou plusieurs de leurs pensions à la date pour laquelle elles demandent le bénéfice du complément différentiel, elles en apportent la preuve par tout moyen. Le complément différentiel est alors calculé sans tenir compte de ces pensions jusqu'au dernier jour du mois civil précédant celui au cours duquel ces conditions d'attribution sont remplies. »

Art. D. 732-166-2 I. — Le complément différentiel mentionné à l'article L. 732-63 a pour objet de porter le total des droits propres, de base et complémentaire, servis à l'assuré par le régime d'assurance vieillesse des personnes non salariées des professions agricoles, à un montant minimal.

Ce montant minimal est celui prévu au IV de l'article L. 732-63, lorsque l'assuré justifie de la durée minimale d'assurance mentionnée au 1° de l'article L. 732-24 et définie au 1° de l'article R. 732-61 dans leur rédaction en vigueur à la date d'effet de la pension de retraite, accomplie à titre exclusif ou principal en qualité de chef d'exploitation ou d'entreprise agricole.

II. — Le versement du complément différentiel ne peut avoir pour effet de porter le total des droits propres *(Décr. n° 2021-769 du 16 juin 2021, art. 1er)* « , de base et complémentaires, servis à l'assuré par le régime d'assurance vieillesse des personnes non salariées des professions agricoles » au-delà d'un montant égal au produit du montant prévu au IV de l'article L. 732-63 par le rapport :

Dnsa/DR

Où :

– Dnsa est la durée d'assurance accomplie par l'assuré à titre exclusif ou principal dans le régime d'assurance vieillesse de base des personnes non salariées des professions agricoles, telle que définie au I de l'article D. 732-166-3 et retenue dans la limite de DR ;

– DR est la durée minimale d'assurance mentionnée au 1° de l'article L. 732-24 et définie au 1° de l'article R. 732-61, dans leur rédaction à la date d'effet de la pension de retraite ; cette durée de référence ne peut être inférieure à 37,5 années.

Art. D. 732-166-3 I. – Le complément différentiel de points de retraite complémentaire obligatoire servi en application de l'article L. 732-63 tient compte de la durée d'assurance à titre exclusif ou principal accomplie par l'assuré dans le régime d'assurance vieillesse de base des personnes non salariées des professions agricoles.

Cette durée d'assurance est appréciée en prenant en considération les années qui ont donné lieu soit à versement des cotisations ouvrant droit à la pension de retraite forfaitaire mentionnée au 1° de l'article L. 732-24, soit à validation au titre des périodes assimilées pour l'obtention de cette même retraite.

II. – Le complément différentiel servi tient compte également de la durée d'assurance accomplie à titre exclusif ou principal en qualité de chef d'exploitation ou d'entreprise agricole.

Pour les personnes mentionnées au 1° du I de l'article L. 732-63, cette durée d'assurance est appréciée dans les conditions prévues au troisième alinéa de l'article D. 732-151.

Pour les personnes mentionnées au 2° du I de l'article L. 732-63, cette durée d'assurance est appréciée en prenant en considération les années effectuées en qualité de chef d'exploitation ou d'entreprise agricole à titre exclusif ou principal qui ont donné lieu soit à versement des cotisations ouvrant droit à la pension de retraite forfaitaire mentionnée au 1° de l'article L. 732-24, soit à validation au titre des périodes assimilées pour l'obtention de cette même retraite.

III. – Pour la prise en compte des années d'assurance mentionnées au I et au II, les périodes retenues ne peuvent être antérieures à la date de création du régime d'assurance vieillesse de base des personnes non salariées des professions agricoles.

IV. – Le complément différentiel est calculé en tenant compte :

1° Du total des droits propres servis à l'assuré par le régime de base d'assurance vieillesse des personnes non salariées des professions agricoles en application des articles L. 732-24, L. 732-25-1 et L. 732-54-1 à L. 732-54-4 ;

2° Le cas échéant, de la part de la pension d'invalidité excédant les avantages de vieillesse mentionnée au dernier alinéa de l'article R. 732-3 ;

(Décr. nº 2021-769 du 16 juin 2021, art. 1er) « 3° Du total des droits acquis par l'assuré, par cotisation ou à titre gratuit, dans le régime de retraite complémentaire obligatoire des non-salariés agricoles en application de l'article L. 732-56 et de l'article L. 732-63 dans sa rédaction antérieure au 1er novembre 2021 ;

« 4° Du nombre de points acquis par l'assuré, par cotisation ou à titre gratuit, dans le régime de retraite complémentaire obligatoire des non-salariés agricoles en application de l'article L. 732-56 et de l'article L. 732-63 dans sa rédaction antérieure au 1er novembre 2021, au titre des périodes d'assurance accomplies par l'assuré en qualité de chef d'exploitation ou d'entreprise agricole à titre exclusif ou principal dans le régime d'assurance vieillesse de base des personnes non salariées des professions agricoles appréciées dans les conditions prévues aux troisième alinéa du I et deuxième alinéa du II de l'article D. 732-166-1 ; »

5° Du montant du salaire minimum de croissance en vigueur au 1er janvier de l'année au cours de laquelle le complément différentiel est dû, minoré des contributions et cotisations obligatoires dues au titre des régimes de base et complémentaire des salariés agricoles ;

6° Du pourcentage prévu au IV de l'article L. 732-63 ;

7° Du montant de la pension majorée de référence mentionné à l'article L. 732-54-2 et au quatrième alinéa de l'article D. 732-111 ;

8° Abrogé par Décr. n° 2021-769 du 16 juin 2021, art. 1er.

Pour apprécier le montant des droits propres mentionnés au 1°, il n'est pas tenu compte de la majoration prévue à l'article D. 732-38.

Le montant des avantages mentionnés au 1°, au 2°, au 3° *(Décr. n° 2021-769 du 16 juin 2021, art. 1er)* « et au 7° » est apprécié le 1er *(Décr. n° 2021-769 du 16 juin 2021, art. 1er)* « janvier » de l'année civile au titre de laquelle le complément différentiel mentionné à l'article L. 732-63 est dû.

Al. 18 et 19 abrogés par Décr. n° 2021-769 du 16 juin 2021, art. 1er.

Art. D. 732-166-4 Le montant du complément différentiel est obtenu par l'application de la formule suivante :

(Décr. n° 2021-769 du 16 juin 2021, art. 1er ; Décr. n° 2021-1919 du 30 déc. 2021, art. 1er) « CD = (P × 1 820 × SMICnet - PMRmax) x DCE / DR - (N x vpRCO) »

Où :

CD désigne le montant de complément différentiel mentionné à l'article L. 732-63 ;

P désigne le pourcentage prévu au IV de l'article L. 732-63 ;

SMICnet désigne le montant horaire du salaire minimum de croissance net en vigueur au 1er janvier de l'année civile au titre de laquelle le complément différentiel est dû, apprécié dans les conditions mentionnées au IV de l'article D. 732-166-3 ;

(Décr. n° 2021-1919 du 30 déc. 2021, art. 1er) « PMRmax » désigne le montant de la pension majorée de référence prévu au quatrième alinéa de l'article D. 732-111 en vigueur au 1er *(Décr. n° 2021-769 du 16 juin 2021, art. 1er)* « janvier » de l'année civile au titre de laquelle le complément différentiel est dû ;

vpRCO désigne la valeur de service du point de RCO fixée pour l'année civile au cours de laquelle le complément différentiel est dû ;

DCE désigne la durée d'assurance accomplie par l'assuré en qualité de chef d'exploitation ou d'entreprise agricole à titre exclusif ou principal dans le régime d'assurance vieillesse de base des personnes non salariées des professions agricoles, appréciée dans les conditions prévues au troisième alinéa du I et au deuxième du II de l'article D. 732-166-1 et retenue dans la limite de DR ;

DR désigne la durée minimale d'assurance mentionnée au 1° de l'article L. 732-24 et définie au 1° de l'article R. 732-61, dans leur rédaction en vigueur à la date d'effet de la pension de retraite ; cette durée de référence ne peut être inférieure à 37,5 années.

(Décr. n° 2021-769 du 16 juin 2021, art. 1er) « N désigne le nombre de points acquis par l'assuré, par cotisation ou à titre gratuit, dans le régime de retraite complémentaire obligatoire des non-salariés agricoles en application de l'article L. 732-56 et de l'article L. 732-63 dans sa rédaction antérieure au 1er novembre 2021, au titre des périodes d'assurance accomplies par l'assuré en qualité de chef d'exploitation ou d'entreprise agricole à titre exclusif ou principal dans le régime d'assurance vieillesse de base des personnes non salariées des professions agricoles appréciées dans les conditions prévues aux troisième alinéa du I et deuxième alinéa du II de l'article D. 732-166-1. »

Art. D. 732-166-5 Lorsque le montant du complément différentiel calculé en application de l'article D. 732-166-4 augmenté des avantages mentionnés au 1°, au 2° *(Décr. n° 2021-769 du 16 juin 2021, art. 1er)* « et au 3° » du IV de l'article D. 732-166-3, excède un montant égal au produit du montant prévu au IV de l'article L. 732-63 par le rapport Dnsa/DR,

Où :

– Dnsa désigne la durée d'assurance accomplie à titre exclusif ou principal par l'assuré dans le régime d'assurance vieillesse de base des personnes non salariées des professions agricoles, telle que définie au I de l'article D. 732-166-3 et retenue dans la limite de DR,

– DR désigne la durée minimale d'assurance mentionnée au 1° de l'article L. 732-24 et définie au 1° de l'article R. 732-61, dans leur rédaction à la date d'effet de la pension de retraite ; cette durée de référence ne peut être inférieure à 37,5 années,

Ce montant est réduit à due concurrence du dépassement.

Art. D. 732-166-5-1 *(Décr. n° 2021-769 du 16 juin 2021, art. 1er)* Le montant mensuel du plafond mentionné au V de l'article L. 732-63 est fixé à un douzième de 85 % de 1 820 fois le montant du salaire minimum de croissance retenu après déduction des contributions et cotisations obligatoires dues au titre des régimes de base et complémentaire légalement obligatoire des salariés agricoles en vigueur le 1er janvier de l'année civile au cours de laquelle la pension de retraite prend effet.

Il est tenu compte, pour l'application de ce V, de l'ensemble des pensions de droit propre attribuées au titre d'un ou plusieurs régimes de retraite légaux ou rendus légalement obligatoires, de base et complémentaires, français et étrangers, ainsi que des régimes des organisations internationales, incluant le montant du complément différentiel de points de retraite complémentaire obligatoire calculé en application de l'article D. 732-166-4, ainsi que des majorations pour enfant correspondantes.

Les montants des pensions de retraite de droit propre à prendre en compte pour l'attribution du complément différentiel sont ceux afférents au mois civil de sa date d'effet. Il est tenu compte du montant théorique des arrérages dus au titre de ce mois, abstraction faite des rappels effectivement payés au cours de celui-ci.

Art. D. 732-166-5-2 *(Décr. n° 2021-769 du 16 juin 2021, art. 1er)* Le complément différentiel est dû à compter du premier jour du mois suivant la date à laquelle les conditions d'attribution mentionnées au III de l'article D. 732-166-1 et à l'article D. 732-166-5-1 sont remplies.

Le complément différentiel est révisé lorsque le montant des pensions de retraite de droit propre a varié par rapport au montant déterminé selon les modalités prévues à l'article D. 732-166-5-1. Cette révision prend effet à compter du premier jour du mois suivant la date à laquelle la variation a été constatée.

Le montant du plafond mentionné au V de l'article L. 732-63 auquel le total des pensions de retraite est comparé est celui en vigueur lors de l'entrée en jouissance du complément différentiel, revalorisé dans les conditions prévues à l'article L. 161-23-1 du code de la sécurité sociale.

Art. D. 732-166-5-3 *(Décr. n° 2021-769 du 16 juin 2021, art. 1er)* Les organismes chargés de la liquidation des pensions de retraite non salariées agricoles contrôlent les montants de pension servis aux assurés dans les conditions prévues au dernier alinéa de l'article D. 732-114.

Les personnes bénéficiaires du complément différentiel sont tenues de leur faire connaître tout changement du montant de leurs pensions de retraite de droit propre.

Art. D. 732-166-6 Le montant du complément différentiel déterminé en application des articles D. 732-166-4 et D. 732-166-5 est converti, à la date de son calcul, en points de retraite complémentaire obligatoire, en le divisant par la valeur de service du point définie à l'article D. 732-166 fixée pour l'année civile au titre de laquelle le complément différentiel est dû.

Lorsque le nombre de points ainsi obtenu n'est pas un nombre entier, ce nombre est arrondi au nombre entier le plus proche, la fraction de point égale à 0,5 étant comptée pour 1.

Ces points sont revalorisés dans les conditions prévues à l'article L. 732-58-1.

SOUS-SECTION 4 **Retraite progressive**

(Décr. n° 2007-821 du 11 mai 2007)

§ 1 Conditions et modalités de liquidation et de calcul de la fraction de pension ainsi que de la pension définitive

(Décr. n° 2007-821 du 11 mai 2007)

Art. D. 732-167 Le chef d'exploitation ou d'entreprise agricole qui *(Décr. n° 2023-753 du 10 août 2023, art. 2, en vigueur le 1er sept. 2023)* « s'engage dans la cessation progressive d'activité prévue au 3° de l'article L. 161-22-1-5 du code de la sécurité sociale » peut bénéficier de la retraite progressive prévue par la présente sous-section à condition :

1° D'avoir atteint l'âge *(Décr. n° 2023-753 du 10 août 2023, art. 2, en vigueur le 1er sept. 2023)* « défini à l'article D. 161-2-24 du code de la sécurité sociale » ;

2° De justifier d'une durée d'assurance et de périodes reconnues équivalentes *(Décr. n° 2014-1513 du 16 déc. 2014, art. 3-I ; Décr. n° 2023-753 du 10 août 2023, art. 2, en vigueur le 1er sept. 2023)* « fixée à l'article R. 161-19-5 du code de la sécurité sociale » ;

3° D'exercer son activité à titre exclusif ;

(Abrogé par Décr. n° 2023-753 du 10 août 2023, art. 2, à compter du 1er sept. 2023) ***« 4° Pour les exploitations ou entreprises agricoles mentionnées au II de l'article D. 732-169*** *(Décr. n° 2017-1492 du 25 oct. 2017, art. 18-29°)* ***« du présent code », d'avoir souscrit un plan de cession progressive de l'exploitation ou de l'entreprise agricole défini aux articles D. 732-177 et suivants ;***

« 5° De ne pas exercer son activité dans le cadre d'une coexploitation ou d'une société de fait.

« *(Décr. n° 2014-1513 du 16 déc. 2014, art. 3-I)* ***« Par dérogation aux dispositions du 2° de l'article R. 732-61 et au dernier alinéa de l'article R. 732-66, le coefficient de minoration mentionné à l'article L. 732-25 et à l'article*** *(Décr. n° 2017-1492 du 25 oct. 2017, art. 18-29°)* ***« L. 781-33 » ne peut excéder 25 %. »***

Art. D. 732-168 *(Abrogé par Décr. n° 2023-753 du 10 août 2023, art. 2, à compter du 1er sept. 2023)* ***« La demande de retraite progressive entraîne la liquidation provisoire et le service de la même fraction de pension dans chacun des régimes d'assurance vieillesse mentionnés au*** *(Décr. n° 2014-1513 du 16 déc. 2014, art. 3-II)* ***« quatrième alinéa de l'article L. 351-15 » du code de la sécurité sociale auxquels le demandeur a été affilié. »***

La demande *(Décr. n° 2023-753 du 10 août 2023, art. 2, en vigueur le 1er sept. 2023)* « de retraite progressive entraîne » la liquidation provisoire et le service de la même fraction de pension au titre du régime d'assurance vieillesse complémentaire obligatoire prévu aux articles L. 732-56 à L. 732-62 *(Décr. n° 2017-1492 du 25 oct. 2017, art. 18-30°)* « du présent code ».

Art. D. 732-169 I. — Le versement d'une fraction de pension en application de l'article D. 732-167 est subordonné à la cessation progressive de son activité par le chef d'exploitation ou d'entreprise agricole.

II. — Pour les exploitations ou entreprises individuelles dont l'importance est appréciée par référence à *(Décr. n° 2015-311 du 18 mars 2015, art. 1er-6°)* « la surface minimale d'assujettissement », la cessation progressive d'activité du chef d'exploitation ou d'entreprise agricole est réalisée par la diminution progressive des productions hors-sol ainsi que par la cession progressive *(Décr. n° 2023-753 du 10 août 2023, art. 2, en vigueur le 1er sept. 2023)* « , en pleine propriété ou selon les modalités prévues au livre IV, des terres cessibles mises en valeur ou en friche », qui sont :

1° Les terres exploitées en faire-valoir direct ;

2° Les terres ayant fait l'objet d'un bail à ferme arrivant à échéance pendant l'année civile *(Décr. n° 2023-753 du 10 août 2023, art. 2, en vigueur le 1er sept. 2023)* « précédant la demande de retraite progressive » ;

3° Sous réserve des dispositions de l'article *(Décr. n° 2023-753 du 10 août 2023, art. 2, en vigueur le 1er sept. 2023)* « D. 732-176-1 », les terres susceptibles d'être transmises dans le cadre familial, en application de l'article L. 411-35 ;

4° Les terres ayant fait l'objet d'un bail comportant une clause autorisant le locataire à céder son bail hors du cadre familial, dans les conditions prévues aux articles L. 418-1 et suivants.

III. — Pour les exploitations ou entreprises individuelles dont l'importance ne peut être appréciée par référence à *(Décr. n° 2015-311 du 18 mars 2015, art. 1er-6°)* « la surface minimale d'assujettissement », la cessation progressive de l'activité du chef d'exploitation ou d'entreprise agricole est réalisée par la diminution *(Décr. n° 2023-753 du 10 août 2023, art. 2, en vigueur le 1er sept. 2023)* « de ses revenus professionnels ».

IV. — Pour les sociétés, la cessation progressive d'activité du chef d'exploitation ou d'entreprise agricole se traduit par la cession progressive des parts sociales qu'il détient. Dans le cas où l'assuré détient des parts sociales dans plusieurs sociétés, la diminution de l'activité de l'assuré est réalisée par la cession de ces parts dans l'ensemble de ces sociétés.

Art. D. 732-170 *(Décr. n° 2023-753 du 10 août 2023, art. 2, en vigueur le 1er sept. 2023)* I. — La fraction de pension servie aux assurés dont la cessation progressive d'activité se traduit par une cession des terres de l'exploitation ou de l'entreprise agricole en application du II de l'article D. 732-169 est égale à la fraction des terres cédées par l'assuré, d'au moins 20 % et sous réserve que la surface conservée par l'assuré demeure dans la limite de la surface minimale d'assujettissement prévue à l'article L. 722-5-1.

La cession des terres est appréciée au regard de la totalité de l'exploitation de l'assuré avant la cession des terres définie au II de l'article D. 732-169 et ayant permis de déposer une demande de retraite progressive, demande devant intervenir dans l'année suivant ladite cession.

Par dérogation au premier alinéa, pour le chef d'exploitation ou d'entreprise agricole qui exerce son activité dans le cadre d'une coexploitation ou d'une société de fait ou en cas d'impossibilité de céder les terres pour une raison indépendante de la volonté de l'assuré prévue par arrêté du ministre chargé de l'agriculture, la cessation progressive d'activité se traduit par la diminution de ses revenus professionnels dans les conditions fixées au II.

II. — La fraction de pension servie aux assurés dont la cessation progressive d'activité se traduit par une diminution des revenus professionnels, en application du III de l'article D. 732-169, est égale à cette diminution, comprise entre 20 % et 60 %.

Par dérogation à l'alinéa précédent, est réputé satisfaire aux conditions prévues au cinquième alinéa de l'article L. 161-22-1-5 du code de la sécurité sociale l'assuré dont la diminution des revenus professionnels excède 60 % pendant une période ne pouvant excéder un an.

La diminution des revenus professionnels, calculée le 1er juillet de chaque année, correspond au rapport entre la diminution des revenus professionnels de l'année précédente et la moyenne annuelle des revenus professionnels des cinq années précédant la demande de retraite progressive, actualisés en fonction des coefficients de revalorisation visés à l'article L. 161-25 du code de la sécurité sociale. Les revenus pris en compte sont ceux retenus pour constituer l'assiette de l'impôt sur le revenu.

III. — La fraction de pension servie aux assurés dont la cessation progressive d'activité se traduit par une cession des parts sociales de l'exploitation ou de l'entreprise agricole, en application du IV de l'article D. 732-169, est égale à la fraction des parts sociales cédées par l'assuré, comprise entre 20 % et 60 %.

La cession des parts sociales est appréciée au regard de la totalité des parts détenues avant la cession des parts ayant permis de déposer la demande de retraite progressive, demande devant intervenir dans l'année suivant ladite cession.

IV. — Les quotités de cession de terres ou de parts sociales ou de diminution des revenus professionnels sont exprimées en pourcentage arrondi à l'unité la plus proche. Le point de pourcentage égal à 0,5 est compté pour 1.

La fraction de pension servie aux assurés au titre du présent article ne peut être supérieure à 60 %.

Art. D. 732-171 La cessation progressive de l'activité non salariée agricole ne doit pas entraîner une réduction de l'activité telle que la superficie mise en valeur *(Décr. n° 2015-311 du 18 mars 2015, art. 1er-7°)* « , le temps de travail consacré à cette activité ou les revenus professionnels qui en sont issus » soient inférieurs aux seuils fixés aux articles L. 722-5 et L. 722-7.

Art. D. 732-172 *(Décr. n° 2023-753 du 10 août 2023, art. 2, en vigueur le 1er sept. 2023)* I. — Le service de la fraction de pension de l'assuré mentionné au II de l'article D. 732-170 prend effet au 1er janvier qui suit la demande. Par dérogation aux dispositions du II de l'article D. 732-170, la fraction de pension de vieillesse est fixée à titre provisionnel pendant les dix-huit premiers mois au taux de 50 % de la pension de vieillesse. A compter du 1er juillet de la deuxième année et chaque 1er juillet, il est, le cas échéant, procédé à la révision de la fraction de pension.

II. — Le service de la fraction de pension des assurés visés au I et au III de l'article D. 732-170 prend effet au premier jour du mois suivant celui de la cession des terres ou des parts sociales.

III. — L'assuré mentionné au *[aux]* I et III de l'article D. 732-170 doit déclarer toute modification des fractions de terres ou de parts sociales cédées. En cas de modification ayant une incidence sur le montant de la pension, la pension est révisée au premier jour du mois suivant celui au cours duquel cette modification est intervenue.

L'assuré mentionné au II de l'article D. 732-170 doit justifier de la diminution de ses revenus professionnels à l'issue de chaque période d'un an. En cas de modification ayant une incidence sur la fraction de pension à laquelle peut prétendre l'assuré, la pension est révisée à la date du premier versement suivant la fin de la dernière période annuelle écoulée.

Art. R. 732-172-1 *(Décr. n° 2023-751 du 10 août 2023, art. 1er, en vigueur le 1er sept. 2023)* Par dérogation aux dispositions du 2° de l'article R. 732-61 et du dernier alinéa de l'article R. 732-66, le coefficient de minoration prévu à l'article L. 732-25 et à l'article L. 781-33 ne peut excéder 25 %.

Art. R. 732-173 *(Décr. n° 2023-751 du 10 août 2023, art. 1er, en vigueur le 1er sept. 2023)* I. — L'assuré informe la caisse de Mutualité sociale agricole assurant le service de la fraction de pension de tout changement de sa situation dans les conditions prévues à l'article R. 161-19-10 du code de la sécurité sociale.

II. — La fraction de pension est supprimée en application du premier alinéa de l'article L. 161-22-18 du code de la sécurité sociale :

1° Pour les assurés dont la cessation progressive d'activité se traduit par une diminution des revenus professionnels, lorsque le revenu tiré de l'activité professionnelle atteint ou excède le montant de revenu professionnel perçu antérieurement à l'entrée dans le dispositif de retraite progressive actualisé en fonction des coefficients de revalorisation visés à l'article L. 161-25 du même code ;

2° Pour les assurés dont la cessation progressive d'activité se traduit par une cession de terres ou de parts sociales, lorsque la superficie totale de l'exploitation ou le nombre de parts sociales détenues dans la société atteint ou excède la superficie ou le nombre de parts sociales détenues antérieurement à l'entrée dans le dispositif de retraite progressive.

La suppression de la fraction de pension prend effet au premier jour du mois suivant celui où les conditions de suppression sont remplies.

III. — La suspension du versement de la fraction de pension prévue au second alinéa de l'article L. 161-22-1-8 du code de la sécurité sociale prend effet au premier jour du mois suivant celui au cours duquel les conditions de la cessation progressive de l'activité agricole ne sont plus remplies.

Le versement de la fraction de pension reprend le premier jour du mois suivant celui au cours duquel l'assuré remplit à nouveau les conditions pour en bénéficier, dès lors qu'il en apporte les justificatifs auprès de sa caisse.

IV. — En cas de suppression ou de révision de la fraction de pension de retraite, ainsi que de suspension ou de reprise de son versement, la caisse de mutualité sociale agricole procède, le cas échéant, au remboursement à l'assuré des sommes qui lui sont dues, ou recouvre les sommes trop perçues par celui-ci, sur une période de douze mois ou, à la demande de l'assuré, sur une période plus courte.

Pour les assurés dont la cessation progressive d'activité se traduit par une cession des terres ou parts sociales ou une diminution des revenus professionnels, en cas de révision, les sommes trop perçues sont imputées le cas échéant sur les mois d'arrérages suivants pour un montant égal.

Art. D. 732-174 Lorsque l'assuré cesse totalement son activité, il en informe le service gestionnaire *(Abrogé par Décr. n° 2023-753 du 10 août 2023, art. 2, à compter du 1er sept. 2023)* *« au plus tard dans un délai de 15 jours »* à compter de la modification de sa situation.

A la demande de l'assuré, le service de la fraction de pension est remplacé par le service de la pension complète. Il prend effet le premier jour du mois suivant lequel est intervenue la cessation totale de l'activité.

La pension complète est liquidée compte tenu du montant de la pension initiale et de la durée d'assurance accomplie depuis son entrée en jouissance.

La pension servie ne peut être inférieure au montant entier ayant servi de base au calcul de la fraction de pension versée au titre de la retraite progressive, le cas échéant revalorisée dans les conditions prévues par l'article L. 161-23-1 du code de la sécurité sociale et par les articles L. 732-54-1 et suivants *(Décr. n° 2017-1492 du 25 oct. 2017, art. 18-31°)* « du présent code ».

Le service d'une fraction de pension ne peut pas à nouveau être demandé lorsque l'assuré a demandé le service de sa pension complète.

(Abrogé par Décr. n° 2023-753 du 10 août 2023, art. 2, à compter du 1er sept. 2023) ***« Sous réserve des dispositions du deuxième alinéa de l'article D. 732-181, la liquidation définitive de la pension ne peut intervenir avant la cession totale des terres cessibles mises en valeur mentionnées au II de l'article D. 732-169 ou, pour les sociétés, par la cession de l'intégralité des parts sociales détenues dans la ou les sociétés par l'assuré.***

« En cas d'impossibilité de céder les terres pour une raison indépendante de la volonté de l'assuré, la liquidation de sa pension définitive est subordonnée à la cessation définitive de son activité non salariée agricole. »

Art. D. 732-175 L'assuré qui demande la liquidation provisoire de sa pension de vieillesse en application de l'article D. 732-167 produit, à l'appui de sa demande : – *Le 1° est abrogé et le 2° devient un 1° (Décr. n° 2023-753 du 10 août 2023, art. 2-7°-a).*

1° Une attestation sur l'honneur établissant *(Décr. n° 2009-771 du 23 juin 2009, art. 1er)* « qu'il » n'exerce pas d'activité professionnelle autre que celle qui fait l'objet de la demande de retraite progressive ;

(Décr. n° 2023-753 du 10 août 2023, art. 2, en vigueur le 1er sept. 2023) « 2° Un document mentionnant les terres cessibles et, le cas échéant, les éléments de production hors-sol de l'exploitation, portant sur la totalité de cette dernière, avant cession des terres ayant permis de déposer une demande de retraite progressive, ainsi que des terres cédées à l'appui de cette demande ;

« 3° Un engagement à renoncer définitivement à mettre en valeur directement ou indirectement les surfaces cédées ;

« 4° » Lorsque l'assuré exerçait d'autres activités salariées ou non salariées, il devra produire tout justificatif attestant la cessation définitive de ces activités.

Art. D. 732-176 *(Abrogé par Décr. n° 2023-753 du 10 août 2023, art. 2, à compter du 1er sept. 2023)* ***La caisse chargée de la liquidation des droits à prestations de vieillesse de l'assuré communique aux caisses gestionnaires des régimes de base obligatoires d'assurance vieillesse mentionnés au*** *(Décr. n° 2022-677 du 26 avr. 2022, art. 4)* ***« cinquième alinéa du I »*** *(Décr. n° 2014-1513 du 16 déc. 2014, art. 3-II)* ***« de l'article L. 351-15 » du code de la sécurité sociale :***

1° La date d'entrée en jouissance de la pension de vieillesse liquidée en application de l'article L. 732-29 ;

2° Le taux de la fraction de pension servie à l'assuré et ses éventuelles modifications ;

3° La date d'interruption du service de la fraction de pension lorsque celui-ci est suspendu en application des premier et deuxième alinéas de l'article D. 732-173 ;

4° La date à laquelle il est mis fin à la suspension du service de la fraction de pension, en application du cinquième alinéa de l'article D. 732-173 ;

5° La date d'effet du service de la pension complète.

Art. D. 732-176-1 *(Décr. n° 2009-771 du 23 juin 2009, art. 1er)* L'assuré qui bénéficie de la retraite progressive dans les conditions prévues à l'article D. 732-169 ne peut céder son exploitation en totalité ou partiellement à son conjoint, à la personne qui vit maritalement avec lui, ou qui lui est liée par un pacte civil de solidarité.

§ 2 Le plan de cession progressive de l'exploitation ou de l'entreprise agricole

Art. D. 732-177 *(Abrogé par Décr. n° 2023-753 du 10 août 2023, art. 2, à compter du 1er sept. 2023))* ***Pour les exploitations ou entreprises mentionnées au II de l'article D. 732-169, la cessation progressive d'activité du chef d'exploitation s'effectue dans le cadre d'un plan de cession progressive de l'exploitation ou de l'entreprise agricole. Ce plan indique obligatoirement :***

1° Un recensement des terres cessibles ainsi que des éléments de production hors-sol de l'exploitation ;

2° Les étapes de la cession des terres et éléments de production mentionnés au 1° envisagées par le demandeur ;

3° Un engagement du demandeur à céder les références de production et les droits à aide attachés aux terres et éléments de production transférés, qui sont ceux recensés à la date de l'établissement du plan de cession.

Un (Décr. n° 2017-1492 du 25 oct. 2017, art. 18-32°) « arrêté du ministre chargé de l'agriculture » fixe le modèle du plan de cession progressive de l'exploitation ou de l'entreprise agricole prévu par le présent article.

Art. D. 732-178 *(Abrogé par Décr. n° 2023-753 du 10 août 2023, art. 2, à compter du 1er sept. 2023) Le plan de cession prévu à l'article D. 732-177 fait l'objet d'une demande d'agrément adressée par l'assuré, par lettre recommandée avec demande d'avis de réception, au préfet du département dans lequel se situe l'exploitation ou l'entreprise du demandeur. Lorsque les terres sont situées sur le territoire de plusieurs départements, la demande est adressée au préfet du département dans lequel se situe le siège de l'exploitation ou de l'entreprise.*

Le préfet notifie la décision d'acceptation ou de refus d'agrément par lettre recommandée avec demande d'avis de réception.

A défaut de réponse du préfet dans un délai de deux mois à compter de la réception de la demande, l'agrément du plan de cession progressive de l'exploitation ou de l'entreprise agricole est réputé acquis.

Art. D. 732-179 *(Abrogé par Décr. n° 2023-753 du 10 août 2023, art. 2, à compter du 1er sept. 2023) Sous réserve des dispositions du deuxième alinéa de l'article D. 732-181, le plan de cession progressive de l'exploitation ou de l'entreprise agricole doit porter sur la totalité de l'exploitation du demandeur.*

Art. D. 732-180 *Abrogé par Décr. n° 2009-771 du 23 juin 2009, art. 1er.*

Art. D. 732-181 *(Abrogé par Décr. n° 2023-753 du 10 août 2023, art. 2, à compter du 1er sept. 2023) Le bénéficiaire de la retraite progressive doit s'engager à renoncer définitivement à mettre en valeur directement ou indirectement les surfaces cédées, soit à titre individuel, soit en coexploitation, soit en tant que membre d'une société.*

Toutefois, l'assuré qui obtient le bénéfice de sa pension liquidée conformément aux dispositions de l'article D. 732-174 peut continuer à exploiter une superficie qui ne peut excéder celle mentionnée (Décr. n° 2017-1492 du 25 oct. 2017, art. 18-33°) « au dixième alinéa de l'article L. 732-39 ».

Art. D. 732-182 *(Abrogé par Décr. n° 2023-753 du 10 août 2023, art. 2, à compter du 1er sept. 2023) La cession totale de l'exploitation ou de l'entreprise agricole intervient dans un délai qui ne peut excéder cinq ans.*

La date de présentation de la lettre recommandée avec demande d'avis de réception au préfet, en application du premier alinéa de l'article D. 732-178, fixe le point de départ du délai mentionné à l'alinéa précédent.

TITRE IV PROTECTION SOCIALE DES PERSONNES SALARIÉES DES PROFESSIONS AGRICOLES

CHAPITRE I COTISATIONS ET AUTRES FINANCEMENTS

SECTION 1 Dispositions générales

SOUS-SECTION 1 *[ABROGÉE]* Cotisations affectées aux dépenses complémentaires du régime des salariés agricoles

(Abrogée par Décr. n° 2013-1223 du 23 déc. 2013, art. 5-II, à compter du 1er janv. 2014)

Art. D. 741-1 *Abrogé par Décr. n° 2013-1223 du 23 déc. 2013, art. 5-II, à compter du 1er janv. 2014.*

SOUS-SECTION 2 Recouvrement des cotisations assises sur les salaires

Art. R. 741-1-1 *(Décr. n° 2016-1567 du 21 nov. 2016, art. 4-1°)* Les dispositions des articles R. 242-2, *(Décr. n° 2019-1050 du 11 oct. 2019, art. 3, en vigueur le 1er janv.*

2020) « R. 243-1-1, R. 243-6, R. 243-6-1, R. 243-7, R. 243-10 à R. 243-18, R. 243-22 à R. 243-24 et R. 243-26 » du code de la sécurité sociale sont applicables au recouvrement des cotisations sociales dues au titre des salariés mentionnés aux articles L. 722-20 et L. 722-14 du présent code.

(Décr. n° 2019-1050 du 11 oct. 2019, art. 3, en vigueur le 1er janv. 2020) « Pour l'application de l'article R. 243-11 du code de la sécurité sociale, la référence à l'article R. 243-21 du même code est remplacée par la référence à l'article R. 726-1 du présent code.

(Décr. n° 2023-262 du 12 avr. 2023, art. 2) « Pour l'application de l'article R. 243-17 du code de la sécurité sociale :

« *a)* La référence à l'article L. 243-7-2 du code de la sécurité sociale est remplacée par la référence à l'article L. 725-25 du présent code ;

« *b)* Les références aux articles L. 243-7-6 et L. 243-7-7 du code de la sécurité sociale sont remplacées par la référence à l'article L. 725-22-1 du présent code ;

« *c)* La référence à l'article L. 243-12-1 du code de la sécurité sociale est remplacée par la référence à l'article L. 724-13 du présent code.

« Pour l'application de l'article R. 243-18 du code de la sécurité sociale, la référence au premier alinéa de l'article L. 244-2 est remplacée par la référence à l'article L. 725-3 du présent code. »

(Décr. n° 2019-1050 du 11 oct. 2019, art. 3, en vigueur le 1er janv. 2020) « Pour l'application de l'article R. 243-22 du code de la sécurité sociale, la référence au premier alinéa de l'article R. 243-20 est remplacée par la référence à l'article R. 741-26 du présent code et la référence à l'article R. 243-19 du code de la sécurité sociale est remplacée par la référence à l'article R. 741-24 du présent code.

« Pour l'application de l'article R. 243-23 du code de la sécurité sociale, les références aux articles L. 611-7, L. 626-6 et L. 631-19 sont complétées par la référence à l'article L. 351-4 du présent code.

« Pour l'application de l'article R. 243-24 du code de la sécurité sociale, les références aux articles L. 611-7, L. 626-6 et L. 631-19-I sont complétées par la référence à l'article L. 351-4 du présent code.

« Pour l'application de l'article R. 243-26 du code de la sécurité sociale, la référence à l'article R. 243-20 est remplacée par les références aux articles R. 243-11 du code de la sécurité sociale et R. 741-26 du présent code. »

Art. R. 741-1-2 à R. 741-9 *Abrogés par Décr. n° 2016-1567 du 21 nov. 2016, art. 7-2°.*

Art. R. 741-10 Dans le cas de bail à métayage, les dispositions *(Décr. n° 2016-1567 du 21 nov. 2016, art. 4-2°)* « de l'article R. 243-7 du code de la sécurité sociale » s'appliquent séparément au bailleur et au métayer pour le versement des cotisations dont ils sont responsables.

Art. R. 741-11 *Abrogé par Décr. n° 2016-1567 du 21 nov. 2016, art. 7-2°.*

Art. R. 741-12 Un arrêté du ministre chargé de l'agriculture fixe, par dérogation aux dispositions *(Décr. n° 2016-1567 du 21 nov. 2016, art. 4-3°)* « du I de l'article R. 243-6 du code de la sécurité sociale », les conditions dans lesquelles les employeurs sont autorisés, lorsque la paie du personnel est tenue en un même lieu pour l'ensemble ou une partie de leurs établissements, à verser les cotisations dues à une caisse de mutualité sociale agricole autre que celle dans la circonscription de laquelle ces établissements se trouvent situés.

Art. R. 741-13 Un arrêté du ministre chargé de l'agriculture peut désigner une caisse de mutualité sociale agricole auprès de laquelle les employeurs sont tenus d'adresser les déclarations et verser les cotisations et contributions dues au titre de l'emploi de tout ou partie de leur personnel salarié et en fixer les modalités pratiques :

1° Lorsque ce personnel exerce une même activité de façon habituelle et régulière pour plusieurs employeurs et dans la circonscription de plusieurs caisses et dès lors qu'un regroupement des informations est nécessaire pour la gestion des droits des salariés ou des obligations de l'employeur ;

2° Lorsque l'entreprise de l'employeur ne comporte pas d'établissement en France. – *V. Arr. du 26 déc. 2006 (JO 25 janv. 2007) désignant, au titre de ce 2°, la caisse de MSA d'Alsace.*

Art. R. 741-14 à R. 741-23 *Abrogés par Décr. n° 2016-1567 du 21 nov. 2016, art. 7-2°.*

Art. R. 741-24 *(Décr. n° 2019-1050 du 11 oct. 2019, art. 3, en vigueur le 1er janv. 2020)* **« Les caisses de mutualité sociale agricole chargées du recouvrement notifient les majorations et pénalités prévues :**

« 1° Aux articles L. 133-5-5 et aux articles R. 243-12, R. 243-13, R. 243-15, R. 243-16 et R. 243-18 du code de la sécurité sociale ;

« 2° A l'article L. 725-25 du présent code et aux articles L. 243-7-6, L. 243-7-7, L. 243-12-1 du code de la sécurité sociale.

« Ces majorations et pénalités » peuvent soit être mises en recouvrement avec les cotisations *(Abrogé par Décr. n° 2016-1567 du 21 nov. 2016, art. 4-4°)* ***« trimestrielles »*** **venant à échéance, soit faire l'objet d'un recouvrement distinct. Dans ce dernier cas, elles doivent être notifiées sous forme de mise en demeure par lettre recommandée comportant avis de réception, et à défaut de règlement dans le mois suivant la notification, elles sont recouvrées dans les mêmes conditions et sous les mêmes sanctions que les cotisations.**

Art. R. 741-25 *Abrogé par Décr. n° 2019-1050 du 11 oct. 2019, art. 3, à compter du 1er janv. 2020.*

Art. R. 741-26 *(Décr. n° 2016-941 du 8 juill. 2016, art. 28)* **I. —** *(Décr. n° 2019-1050 du 11 oct. 2019, art. 3, en vigueur le 1er janv. 2020)* **« Les » conseils d'administration des caisses de mutualité sociale agricole ou les commissions de recours amiable prévues à l'article R. 142-1 du code de la sécurité sociale ayant reçu délégation à cet effet peuvent accorder la remise totale ou partielle des pénalités et des majorations de retard prévues** *(Décr. n° 2016-1567 du 21 nov. 2016, art. 4-6° ; Décr. n° 2019-1050 du 11 oct. 2019, art. 3, en vigueur le 1er janv. 2020)* **« au 1° de l'article R. 741-24 et aux articles R. 741-82 et R. 741-83 du présent code et à l'article D. 1221-19 du code du travail.**

« Toutefois, la majoration mentionnée au deuxième alinéa de l'article R. 243-16 » *(Décr. n° 2017-1409 du 25 sept. 2017, art. 3-5°)* **« du code de la sécurité sociale » peut faire l'objet d'une remise, lorsque les cotisations et contributions sociales ont été acquittées dans le délai de trente jours qui suit la date limite d'exigibilité ou, à titre exceptionnel, en cas d'événements présentant un caractère irrésistible et extérieur.**

(Décr. n° 2019-1050 du 11 oct. 2019, art. 3, en vigueur le 1er janv. 2020) **« Il ne peut pas être accordé de remise des majorations et des pénalités mentionnées au 2° de l'article R. 741-24. »**

Les directeurs des caisses de mutualité sociale agricole sont compétents pour accorder la remise totale ou partielle des pénalités et majorations de retard mentionnées aux premier et deuxième alinéas, dès lors que les demandes de remise portent sur des montants inférieurs ou égaux au seuil fixé par arrêté des ministres chargés du budget, de la sécurité sociale et de l'agriculture.

II. — Les bordereaux d'appel des cotisations et contributions sociales, d'émission des pénalités et des majorations de retard et les échéanciers de paiement prévus au 4° de l'article R. 726-1, selon les cas, font mention de la faculté offerte aux intéressés, à peine de nullité, de la possibilité de solliciter la remise des pénalités et majorations de retard.

III. — La demande est écrite et motivée. Elle est formulée dans le délai de six mois suivant le paiement de la totalité des cotisations et contributions sociales ayant donné lieu à l'application des pénalités et majorations de retard, sous peine de forclusion.

La conclusion d'un échéancier de paiement des cotisations et contributions sociales vaut pour le débiteur demande implicite de remise des pénalités et majorations de retard prévue à l'alinéa précédent. *(Décr. n° 2019-1050 du 11 oct. 2019, art. 3, en vigueur le 1er janv. 2020)* **« Lorsque l'échéancier n'est pas respecté, une demande de remise doit être formulée dans les conditions prévues au présent article. Dans ce cas, la décision accordant une remise peut être prise avant le paiement des dites cotisations et contributions ; toutefois, cette remise ne sera acquise que sous réserve du respect de l'échéancier. »**

IV. — La décision tant du directeur que celle du conseil d'administration ou de la commission de recours amiable mentionnée au premier alinéa est motivée. Elle est

notifiée par tout moyen donnant date certaine à la réception de la remise par le demandeur.

(Décr. nº 2018-928 du 29 oct. 2018, art. 6) **« Le tribunal judiciaire spécialement désigné en application de l'article L. 211-16 du code de l'organisation judiciaire statue en dernier ressort, quel que soit le chiffre de la demande. »**

(Décr. nº 2019-1050 du 11 oct. 2019, art. 3, en vigueur le 1er janv. 2020) **« V ». — Les décisions de remise accordées par les conseils d'administration ou les commissions de recours amiable mentionnées au premier alinéa du I, sont approuvées par le responsable du service mentionné à l'article R. 155-1 du code de la sécurité sociale, dès lors que le montant des pénalités et majorations de retard accordé excède le seuil fixé par l'arrêté mentionné** *(Décr. nº 2019-1050 du 11 oct. 2019, art. 3, en vigueur le 1er janv. 2020)* **« au quatrième alinéa du I ».**

La bonne foi du cotisant s'apprécie à la date d'exigibilité des cotisations ayant donné lieu à majoration. • Civ. 2e, 17 déc. 2015, nº 14-14.405 : *RD rur. 2016, nº 165, note Tauran* • 15 sept. 2016, nº 15-23.350 : *RD rur. 2016, nº 305, note Tauran.*

Art. R. 741-27 *Abrogé par Décr. nº 2019-1050 du 11 oct. 2019, art. 3, à compter du 1er janv. 2020.*

Art. R. 741-28 *Abrogé par Décr. nº 2016-941 du 8 juill. 2016, art. 30.*

Art. R. 741-28-1 à R. 741-30 *Abrogés par Décr. nº 2019-1050 du 11 oct. 2019, art. 3, à compter du 1er janv. 2020.*

Art. R. 741-31 *Abrogé par Décr. nº 2013-1222 du 23 déc. 2013, art. 1er-I-6º, à compter du 1er janv. 2014.*

SECTION 2 Prestations familiales

Art. D. 741-32 *Abrogé par Décr. nº 2014-1531 du 17 déc. 2014, art. 2-3º.*

Art. D. 741-33 *(Décr. nº 2012-1074 du 21 sept. 2012, art. 1er-IV)* **La cotisation** *(Décr. nº 2014-1531 du 17 déc. 2014, art. 2-4º)* **« de prestations familiales prévue à l'article L. 741-2 » est** *(Décr. nº 2018-821 du 27 sept. 2018, art. 2)* **« calculée sur l'assiette mentionnée » aux articles L. 741-10 et R. 741-37, ou sur une assiette forfaitaire ou réduite lorsqu'elle est prévue par voie législative ou réglementaire.**

Art. D. 741-34 Le recouvrement de la cotisation prévue à l'article L. 741-2 s'effectue dans les conditions prévues *(Décr. nº 2017-1492 du 25 oct. 2017, art. 20-4º)* **« à la sous-section 2 de la section 1 du présent chapitre ».**

Art. D. 741-34-1 *Abrogé par Décr. nº 2012-18 du 4 janv. 2012.*

SECTION 3 Assurances sociales

SOUS-SECTION 1 Assiette des cotisations

§ 1 Cotisations assises sur les salaires

SOUS-§ 1 *Dispositions générales*

Art. D. 741-35 *(Décr. nº 2013-1223 du 23 déc. 2013, art. 3-2º, en vigueur le 1er janv. 2014)* **I. — Pour les salariés des professions agricoles mentionnés à l'article L. 722-20 et pour les personnes mentionnées** *(Décr. nº 2017-1891 du 30 déc. 2017, art. 2-I)* **« à » l'article L. 131-9 du code de la sécurité sociale, le taux de la cotisation affectée aux risques maladie, maternité, invalidité et décès est fixé selon les dispositions prévues à l'article D. 242-3 du code de la sécurité sociale, sous réserve des dispositions suivantes :**

1º Pour les assurés mentionnés à l'article 19 de la loi nº 49-1111 du 2 août 1949 majorant les indemnités dues au titre des accidents du travail, le taux de cette cotisation est fixé à 18,60 % du montant de la rente perçue par l'assuré ;

2º Pour les personnels statutaires des sociétés d'intérêt collectif agricole d'électricité, le taux de la cotisation à la charge de l'employeur sur les rémunérations et gains du

salarié, affectée à la couverture des prestations de l'assurance maladie, maternité, invalidité et décès du régime des salariés agricoles, est fixé au II de l'article 9 du décret n° 91-613 du 28 juin 1991 fixant les taux des cotisations de divers régimes spéciaux de sécurité sociale ;

3° Pour les fonctionnaires détachés dans des organismes agricoles et pour les anciens mineurs reconvertis dans un emploi salarié agricole et maintenus au régime spécial de la sécurité sociale dans les mines pour le risque vieillesse et invalidité (pensions), le taux de la cotisation, à la charge de l'employeur sur les rémunérations et gains du salarié, affectée à la couverture des dépenses de l'assurance maladie, maternité, invalidité et décès du régime des salariés agricoles, est *(Décr. n° 2014-1531 du 17 déc. 2014, art. 12-II-1°)* « égal au taux fixé à » l'article 1er du décret n° 67-804 du 20 septembre 1967 portant fixation des taux de cotisations d'assurances sociales dues au titre de l'emploi des salariés placés sous le régime général pour une partie des risques *(Décr. n° 2014-1531 du 17 déc. 2014, art. 12-II-1°)* « , réduit de 1,05 point ».

Pour les personnes mentionnées *(Décr. n° 2017-1891 du 30 déc. 2017, art. 2-I)* « à » l'article L. 131-9 du code de la sécurité sociale qui relèvent d'un régime spécial de sécurité sociale, le taux de la cotisation d'assurance maladie, maternité, invalidité et décès à la charge de ces personnes est fixé selon les modalités prévues à l'article D. 711-4 du même code.

(Décr. n° 2017-1492 du 25 oct. 2017, art. 20-5°) « II. — Pour les salariés des professions agricoles mentionnés à l'article L. 722-20 du présent code, le taux de la cotisation affectée à la couverture des prestations légales de l'assurance vieillesse est fixé selon les dispositions prévues à l'article D. 242-4 du code de la sécurité sociale ; toutefois, pour les assurés mentionnés à l'article 19 de la loi n° 49-1111 du 2 août 1949 majorant les indemnités dues au titre des accidents du travail, le taux de cette cotisation est fixé à 15,80 % du montant de la rente perçue par l'assuré dans la limite du plafond prévu à l'article L. 241-3 du code de la sécurité sociale. »

Art. D. 741-35-1 *Abrogé par Décr. n° 2013-1223 du 23 déc. 2013, art. 5-I, à compter du 1er janv. 2014.*

Art. R. 741-36 *(Décr. n° 2012-17 du 4 janv. 2012)* A l'exception du dernier alinéa *(Décr. n° 2017-1492 du 25 oct. 2017, art. 20-6°)* « du I » de cet article, les dispositions de l'article R. 242-1 du code de la sécurité sociale sont applicables pour la détermination des cotisations dues au titre des salariés des professions agricoles mentionnés à l'article L. 722-20 *(Décr. n° 2017-1492 du 25 oct. 2017, art. 20-6°)* « du présent code ».

Art. R. 741-37 *Al. 1er abrogé par Décr. n° 2012-17 du 4 janv. 2012.*

Pour les salariés et les employeurs compris dans le champ d'application professionnel et territorial d'une convention collective, dont les dispositions ont fait l'objet d'un arrêté d'extension *(Décr. n° 2012-17 du 4 janv. 2012)* « dans les conditions prévues aux articles L. 2211-1, L. 2221-2, L. 2261-19 et L. 2261-20 et suivants du code du travail », le montant des rémunérations à prendre pour base de calcul des cotisations ne peut être inférieur à celui qui résulte de ladite convention.

Art. R. 741-38 *Abrogé par Décr. n° 2017-1492 du 25 oct. 2017, art. 20-7°.*

Art. D. 741-39 *Abrogé par Décr. n° 2012-18 du 4 janv. 2012.*

Art. R. 741-40 *Abrogé par Décr. n° 2019-1182 du 14 nov. 2019, art. 5.*

Art. R. 741-41 La cotisation *(Décr. n° 2018-821 du 27 sept. 2018, art. 2)* « salariale » des assurances sociales agricoles n'est pas due pour les travailleurs relevant d'une organisation spéciale de sécurité sociale en application de l'article L. 711-1 du code de la sécurité sociale lorsqu'il*[s]* exercent simultanément, et à titre accessoire, une activité salariée ou assimilée relevant du régime agricole des assurances sociales. Ces travailleurs n'ont droit qu'aux prestations prévues par le régime spécial de sécurité sociale auquel ils sont affiliés. Les dispositions *(Décr. n° 2017-1492 du 25 oct. 2017, art. 20-8°)* « de l'article L. 741-11 du présent code » relatives au plafond de la cotisation patronale sont applicables.

Toutefois, lorsque les fonctionnaires titulaires et stagiaires de l'État et les agents permanents des collectivités locales ne relevant pas, au titre de leur activité principale, des dispositions du livre IV du code de la sécurité sociale, exercent une activité acces-

soire au service d'un établissement public dont le personnel relève du régime des assurances sociales agricoles, aucune cotisation n'est due, au titre de l'activité accessoire, par l'établissement employeur, ni par l'intéressé. Ce dernier n'a droit qu'aux prestations prévues par le régime dont il relève du fait de son activité principale. Les accidents survenus dans l'activité accessoire sont réparés comme s'ils étaient survenus dans l'activité principale.

Art. R. 741-42 *Abrogé par Décr. n° 2016-1567 du 21 nov. 2016, art. 7-2°.*

Art. R. 741-42-1 *(Décr. n° 2012-17 du 4 janv. 2012)* **Pour l'application des dispositions de l'article R. 242-2-1 du code de la sécurité sociale au régime de protection sociale des salariés agricoles** *(Abrogé par Décr. n° 2018-821 du 27 sept. 2018, art. 2)* ***« conformément à l'article L. 741-10 du présent code »*****, la référence au premier alinéa de l'article L. 241-3 du code de la sécurité sociale est remplacée par la référence au *a* du II de l'article L. 741-9 du présent code.**

Art. R. 741-43 **Pour l'application du premier alinéa** *(Décr. n° 2012-17 du 4 janv. 2012)* **« de l'article L. 242-3 du code de la sécurité sociale », le salarié est tenu de faire connaître à chacun de ses employeurs, à la fin de chaque mois ou de chaque trimestre, le total de la rémunération qu'il a reçue au cours de chaque mois ou de chaque trimestre, au moyen d'un formulaire de déclaration dont le modèle est arrêté par le ministre chargé de l'agriculture.**

Les dispositions du précédent alinéa ne sont pas applicables lorsqu'un employeur met en œuvre la dérogation prévue au deuxième alinéa *(Décr. n° 2012-17 du 4 janv. 2012)* **« de l'article L. 242-3 du code de la sécurité sociale ».**

Art. R. 741-44 **En application de l'article L. 741-20, l'employeur procède lors de chaque paie et au moins une fois par mois au précompte de la part de cotisation à la charge de l'assuré.**

Art. R. 741-45 **N'est pas considéré comme travail salarié celui qu'accomplissent les exploitants qui se prêtent entre eux une aide mutuelle, sauf s'ils sont immatriculés à l'assurance sociale obligatoire agricole et reçoivent une rémunération en espèces.**

Art. R. 741-46 **Les cotisations sont versées à la caisse de mutualité sociale agricole dans la circonscription de laquelle travaille l'assuré. Le versement est effectué soit en espèces aux guichets de la caisse, soit par** *(Décr. n° 2006-1115 du 5 sept. 2006, art. 4)* **« chèque, virement bancaire, mandat ».**

Les caisses de mutualité sociale agricole sont tenues d'adresser à chaque assuré une attestation constatant le montant des cotisations versées pour son compte au titre de chaque trimestre civil par son ou ses employeurs.

Art. R. 741-47 *(Décr. n° 2010-815 du 13 juill. 2010)* **La Caisse centrale de la mutualité sociale agricole fixe les modalités et les dates selon lesquelles les caisses de mutualité sociale agricole sont tenues de lui verser des acomptes sur les cotisations encaissées.**

Art. R. 741-48 **Un arrêté des ministres chargés de l'agriculture, du travail et de la sécurité sociale fixe les conditions dans lesquelles il est procédé au remboursement prévu à l'article L. 741-11 en cas de pluralité d'employeurs relevant de professions agricoles et non agricoles.**

SOUS-§ 2 *Salariés à temps partiel*

SOUS-SOUS-§ 1 Abattement sur les rémunérations des salariés à temps partiel pour le calcul des cotisations

Art. R. 741-49 **Les dispositions des articles R. 242-7 à R. 242-12 du code de la sécurité sociale sont applicables aux cotisations dues pour l'emploi de salariés agricoles à temps partiel.**

SOUS-SOUS-§ 2 Maintien de l'assiette des cotisations d'assurance vieillesse en cas de passage à un régime de travail à temps partiel

Art. R. 741-50 *(Décr. n° 2017-1492 du 25 oct. 2017, art. 20-9°)* **Pour l'application des dispositions de l'article L. 241-3-1 du code de la sécurité sociale, les dispositions des**

articles R. 241-0-1 à R. 241-0-6 du même code sont applicables aux salariés du régime agricole sous réserve des modifications suivantes à l'article R. 241-0-2 dont les III et IV sont remplacés comme suit :

Art. R. 241-0-2 "III. — Le taux des cotisations d'assurance vieillesse mentionnées au 1° du II de l'article L. 741-9 du code rural et de la pêche maritime, calculées sur la base du salaire correspondant à l'activité exercée à temps plein, est celui fixé en application de l'article L. 741-1 du même code.

"IV. — Les dispositions de l'article L. 241-3-1 ne sont pas applicables s'il est fait usage, au titre du même contrat de travail, de montants forfaitaires de cotisations tels que définis à l'article L. 242-4-4."

Art. D. 741-51 *(Décr. nº 2017-1492 du 25 oct. 2017, art. 20-10º)* **Pour l'application des dispositions de l'article L. 241-3-1 du code de la sécurité sociale, les dispositions de l'article D. 241-1-1 de ce code sont applicables aux salariés du régime agricole sous réserve des adaptations suivantes :**

1° Les dispositions du 2° de l'article D. 241-1-1 sont applicables aux salariés agricoles ne remplissant pas les conditions mentionnées au 1° de cet article ;

2° Les dispositions du 3° ne sont pas applicables.

Art. R. 741-51 à R. 741-57 *Abrogés par Décr. nº 2005-1351 du 31 oct. 2005, art. 2.*

SOUS-§ 3 *Travailleurs occasionnels et demandeurs d'emploi*

Art. D. 741-58 *(Décr. nº 2010-400 du 23 avr. 2010)* **« Le groupement d'employeurs mentionné au II de l'article L. 741-16 doit être exclusivement composé d'employeurs agricoles exerçant une ou plusieurs des activités mentionnées au I de ce même article.**

« Conformément à l'article L. 722-2, les tâches liées au cycle de la production animale et végétale mentionnées à l'article L. 741-16 ne comprennent pas les travaux de création, restauration et entretien des parcs et jardins.

« Les demandeurs d'emploi mentionnés au II de l'article L. 741-16 sont les personnes inscrites » depuis au moins quatre mois comme demandeur d'emploi à *(Décr. nº 2014-524 du 22 mai 2014, art. 24)* **« Pôle emploi ». Cette durée est ramenée à un mois pour les personnes dont l'inscription à** *(Décr. nº 2014-524 du 22 mai 2014, art. 24)* **« Pôle emploi » est consécutive à un licenciement.**

(Décr. nº 2006-1134 du 8 sept. 2006 ; Décr. nº 2010-400 du 23 avr. 2010) **« Les employeurs mentionnés au I de l'article L. 741-16 ne peuvent bénéficier** *(Décr. nº 2018-1357 du 28 déc. 2018, art. 1er)* **« de l'exonération prévue à l'article L. 741-16 » pour une durée supérieure à cent dix-neuf jours ouvrés consécutifs ou non » par année civile pour un même salarié, que ce soit en qualité d'employeur ou en qualité d'adhérent à un groupement d'employeurs.**

Art. D. 741-59 L'assiette des cotisations sociales prise en compte pour le calcul des cotisations dues pour l'emploi de chacun *(Décr. nº 2010-400 du 23 avr. 2010)* **« des travailleurs occasionnels définis à l'article L. 741-16 » est** *(Décr. nº 2018-821 du 27 sept. 2018, art. 2)* **« identique à celle mentionnée »** *(Décr. nº 2012-18 du 4 janv. 2012)* **« aux articles L. 741-10 et R. 741-37 ».**

Art. D. 741-60 *(Décr. nº 2010-400 du 23 avr. 2010)* **Pour l'application des dispositions** *(Décr. nº 2018-1357 du 28 déc. 2018, art. 1er)* **« de l'article L. 741-16 », lorsque la rémunération mensuelle du salarié est supérieure au salaire minimum de croissance majoré de** *(Décr. nº 2018-1357 du 28 déc. 2018, art. 1er)* **« 20 % », le montant de l'exonération est déterminé par l'application de la formule suivante :**

(Décr. nº 2018-1357 du 28 déc. 2018, art. 1er) **« 1,2 × C / 0,40 × (1,6 × montant mensuel du SMIC / rémunération mensuelle brute hors heures supplémentaires et complémentaires - 1) »**

Pour le calcul de cette formule :

– C est égal à la somme des cotisations employeurs *(Décr. nº 2018-1357 du 28 déc. 2018, art. 1er)* **« mentionnées au premier alinéa du I de l'article L. 741-16 » ;**

– le SMIC et la rémunération mensuelle brute sont déterminés *(Décr. nº 2010-1779 du 31 déc. 2010, art. 2 ; Décr. nº 2012-1074 du 21 sept. 2012, art. 1er-V)* **« dans les conditions prévues à l'article D. 241-8 du code de la sécurité sociale ».**

Dern. al. abrogé par Décr. nº 2018-1357 du 28 déc. 2018, art. 1er.

Art. D. 741-61 *(Décr. nº 2018-1357 du 28 déc. 2018, art. 1er)* **L'exonération prévue à l'article L. 741-16 s'impute sur les cotisations dues au titre des accidents du travail et des maladies professionnelles sans pouvoir excéder le taux prévu à l'article D. 241-2-4 du code de la sécurité sociale.**

Art. D. 741-61-1 à D. 741-61-3 *Abrogés par Décr. nº 2010-400 du 23 avr. 2010.*

Art. D. 741-62 **Lorsque pour un salarié la durée maximale de travail au cours d'une même semaine fixée au premier alinéa de l'article L. 713-13 est dépassée sans que l'employeur ait obtenu pour ce dépassement la dérogation prévue au troisième alinéa du même article, l'employeur perd pour ce salarié le bénéfice** *(Décr. nº 2010-400 du 23 avr. 2010)* **« de l'exonération prévue par l'article L. 741-16 »** *(Abrogé par Décr. nº 2018-1357 du 28 déc. 2018, art. 1er)* ***« et de la prise en charge prévue par l'article L. 741-16-1 »*** **sur la rémunération versée à ce salarié depuis le début du contrat de travail.**

Art. D. 741-63 *(Décr. nº 2018-1357 du 28 déc. 2018, art. 1er)* **L'exonération prévue à l'article L. 741-16 est appliquée par l'employeur au moyen de la déclaration mentionnée à l'article L. 133-5-3 du code de la sécurité sociale. S'il recourt au titre emploi-service agricole prévu à l'article L. 712-2 et a opté pour le bénéfice de cette exonération, celle-ci est appliquée par la caisse de mutualité sociale agricole lors du calcul des cotisations et contributions dues.**

Art. D. 741-63-1 *Abrogé par Décr. nº 2018-1357 du 28 déc. 2018, art. 1er.*

Art. D. 741-63-2 à D. 741-63-4 *Abrogés par Décr. nº 2013-132 du 8 févr. 2013, art. 2.*

Art. D. 741-63-5 *(Décr. nº 2007-1122 du 19 juill. 2007)* **Pour l'application du deuxième alinéa du VI de l'article L. 741-16, l'employeur qui renonce** *(Décr. nº 2010-400 du 23 avr. 2010)* **« à l'exonération prévue au I de ce même article » pour l'emploi d'un salarié fait connaître sa décision à la caisse de mutualité sociale agricole chaque année au plus tard dans le délai imparti** *(Décr. nº 2018-1357 du 28 déc. 2018, art. 1er)* **« aux déclarations prévues aux articles L. 133-5-3 du code de la sécurité sociale et L. 712-2 du présent code réalisées au titre du troisième mois d'activité de l'année suivant celle au cours de laquelle l'exonération a été appliquée ».**

Pour les salariés titulaires de plusieurs contrats de travail successifs à durée déterminée ou en cas de première embauche d'un salarié sous contrat de travail à durée indéterminée au titre d'une année civile, la renonciation prend effet au premier jour d'activité du salarié.

Pour les salariés employés sous contrat de travail à durée déterminée ou sous contrat de travail à durée indéterminée se déroulant sur plus d'une année civile, la renonciation prend effet au plus tôt le 1er janvier de l'année civile *(Décr. nº 2010-400 du 23 avr. 2010)* **« au cours de laquelle a été appliquée l'exonération prévue au I de l'article L. 741-16 ».**

Dern. al. abrogé par Décr. nº 2018-1357 du 28 déc. 2018, art. 1er.

Art. D. 741-63-6 *Abrogé par Décr. nº 2018-1357 du 28 déc. 2018, art. 1er.*

SOUS-§ 4 *Stagiaires*

Art. D. 741-64 *Abrogé par Décr. nº 2012-18 du 4 janv. 2012.*

Art. R. 741-65 **Peuvent seuls, le cas échéant, être considérés comme stagiaires pour l'obtention du bénéfice des réductions de cotisations accordées à ce titre par les dispositions de l'article** *(Décr. nº 2012-17 du 4 janv. 2012)* **« L. 741-13 » :**

1º Pendant la durée des stages rémunérés qu'ils accomplissent *(Décr. nº 2012-17 du 4 janv. 2012)* **« chez des chefs d'exploitation ou d'entreprise agricole mentionnés à l'article L. 722-4 ou au sein des organismes et groupements professionnels agricoles mentionnés aux 6º, 6º *bis*, 6º *ter*, 6º *quater* et 12º de l'article L. 722-20, » les élèves des établissements d'enseignement agricole où est dispensé l'enseignement correspondant au niveau jugé suffisant et, pendant la durée de deux ans après l'obtention du**

diplôme, les anciens élèves desdits établissements. Ces établissements sont désignés par arrêté conjoint du ministre chargé de l'agriculture et du ministre chargé du budget ;

2° Pendant une durée d'un an au maximum, les stagiaires étrangers occupant chez un tiers un emploi relevant d'une profession agricole ou assimilée et autorisés à exercer une activité professionnelle, *(Décr. n° 2012-17 du 4 janv. 2012)* **« en application du chapitre I du titre II du livre II de la partie V du code du travail ; »**

3° Pendant la durée du stage, les jeunes agriculteurs effectuant *(Décr. n° 2012-17 du 4 janv. 2012)* **« un stage d'application dans le cadre d'un plan de professionnalisation personnalisé validé par le préfet leur permettant de se préparer au métier de responsable d'exploitation agricole ».**

Art. D. 741-65-1 *(Décr. n° 2012-18 du 4 janv. 2012)* **Lorsque les personnes mentionnées aux 1°, 8° et 9° du II de l'article L. 751-1 effectuent un stage auprès d'un employeur agricole, les dispositions** *(Décr. n° 2021-680 du 28 mai 2021, art. 2)* **« du I de l'article D. 136-1 » du code de la sécurité sociale s'appliquent** *(Abrogé par Décr. n° 2018-821 du 27 sept. 2018, art. 2)* ***« conformément à l'article L. 741-10 du présent code ».***

SOUS-§ 5 *Métayers*

Art. R. 741-66 Les cotisations afférentes au métayer mentionné à l'article L. 722-21 ne sont dues qu'à concurrence du nombre de journées de travail que le métayer doit fournir pour l'exploitation normale de la ou des propriétés prises en métayage. Ce nombre est fixé d'accord entre les parties *(Abrogé par Décr. n° 2010-815 du 13 juill. 2010)* ***« , sous réserve, s'il y a lieu, de décision en premier et dernier ressort du chef du service régional de l'inspection du travail, de l'emploi et de la politique sociale agricoles »*****, compte tenu des usages locaux.**

Lorsque le propriétaire consent les avances nécessaires au paiement de la part dont il doit supporter la charge et qu'il en a prévenu la caisse, les poursuites prévues aux articles R. 725-23 et R. 725-24 sont exercées à l'encontre du seul métayer.

Art. R. 741-67 Les cotisations dues par journée de travail pour les métayers mentionnés à l'article L. 722-21 sont assises sur un salaire forfaitaire égal à huit fois 130 % du minimum garanti. Ce pourcentage peut être modifié en ce qui concerne les métayers de certains départements ou de certaines régions par des arrêtés conjoints du ministre chargé de l'agriculture *(Décr. n° 2009-793 du 23 juin 2009, art. 2)* **« , du ministre chargé de la sécurité sociale » et du ministre chargé du budget tenant compte des nécessités économiques et sociales desdits départements et régions.**

Art. R. 741-68 Les cotisations exigibles du chef du métayer mentionné à l'article L. 722-21 et les contributions patronales dues au titre des salariés qu'il rémunère ou du chef des membres de sa famille incombent au métayer et au propriétaire du corps de biens donné en métayage proportionnellement à leur part dans les produits de l'exploitation. Le métayer est, à l'exclusion du propriétaire, seul responsable, à l'égard des caisses de mutualité sociale agricole, du versement de la contribution *(Décr. n° 2018-821 du 27 sept. 2018, art. 2)* **« salariale » due par lui et du versement des cotisations afférentes aux membres de sa famille et aux salariés qu'il emploie.**

Lorsque le propriétaire avance les sommes nécessaires au paiement des contributions patronales dues pour le métayer lui-même et avise la caisse de mutualité sociale agricole de ces avances, le métayer est également seul responsable du versement de ces contributions. Le propriétaire indique dans l'avis adressé à la caisse la proportion retenue pour le partage des produits et la caisse, dans les quinze jours suivant la réception de cet avis, informe de cette réception le métayer par lettre recommandée.

Art. R. 741-69 Les métayers ne supportent pas la charge des contributions patronales afférentes à l'emploi des ouvriers qui travaillent avec eux et qui sont rémunérés par le propriétaire. Ces contributions sont à la charge de celui-ci.

SOUS-§ 6 *Gemmeurs privés*

Art. R. 741-70 Les cotisations dues par les gemmeurs privés sont calculées d'après le nombre de litres de gemme récoltés par les intéressés dans l'année en cours.

Un arrêté des ministres chargés de l'agriculture *(Décr. n° 2009-793 du 23 juin 2009, art. 2)* « , de la sécurité sociale » et du budget fixe les modalités d'application du présent article ainsi que les modalités de calcul des droits éventuels des intéressés aux prestations.

SOUS-§ 7 *[ABROGÉ]* ***Dispositions particulières***

(Abrogé par Décr. n° 2018-821 du 27 sept. 2018, art. 2)

Art. D. 741-70-1 et D. 741-70-2 *Abrogés par Décr. n° 2017-1492 du 25 oct. 2017, art. 20-13°.*

Art. D. 741-70-3 à D. 741-70-6 *Abrogés par Décr. n° 2018-821 du 27 sept. 2018, art. 2.*

§ 2 **Cotisations assises sur les avantages de retraite**

Art. D. 741-71 Le taux de la cotisation d'assurance maladie, maternité, invalidité, décès assise sur les avantages de retraite mentionnés au *b)* du 1° du I de l'article L. 741-9, autres que ceux dont la gestion est assurée par les caisses de mutualité sociale agricole, est fixé à 1 % pour les personnes qui remplissent les conditions définies à l'article L. 136-1 du code de la sécurité sociale.

Toutefois, pour les personnes mentionnées *(Décr. n° 2017-1891 du 30 déc. 2017, art. 2-I)* « à » l'article *(Décr. n° 2014-1695 du 30 déc. 2014, art. 2-1°-a)* « L. 131-9 » du code de la sécurité sociale :

1° Le taux de la cotisation d'assurance maladie, maternité, invalidité, décès assise sur les avantages de retraite dont la gestion est assurée par les caisses de mutualité sociale agricole est fixé à *(Décr. n° 2018-162 du 6 mars 2018, art. 2)* « 3,20 % » ;

2° Le taux de la cotisation d'assurance maladie, maternité, invalidité, décès assise sur les avantages de retraite mentionnés au *b)* du 1° du I de l'article L. 741-9 *(Décr. n° 2017-1492 du 25 oct. 2017, art. 20-15°)* « précité », autres que ceux dont la gestion est assurée par les caisses de mutualité sociale agricole, est fixé à *(Décr. n° 2018-162 du 6 mars 2018, art. 2)* « 4,20 % ».

Al. 5 abrogé par Décr. n° 2017-1891 du 30 déc. 2017, art. 2-II.

Art. D. 741-72 *(Décr. n° 2014-1695 du 30 déc. 2014, art. 2-2°)* Les personnes qui remplissent les conditions mentionnées à l'article D. 242-9 du code de la sécurité sociale bénéficient, au titre des avantages de retraite mentionnés au *b* du 1° du I de l'article L. 741-9 du présent code qu'elles perçoivent, de l'exonération prévue à l'article L. 741-14 du présent code pour la période allant du 1er janvier au 31 décembre de l'année considérée.

Art. D. 741-73 Les dispositions de l'article D. 741-72 s'appliquent aux personnes domiciliées en France métropolitaine ou *(Décr. n° 2016-781 du 10 juin 2016, art. 8-4°, en vigueur le 1er juill. 2016)* « en Guadeloupe, en Guyane, en Martinique, à La Réunion, à Mayotte, à Saint-Barthélemy et à Saint-Martin ».

Les personnes n'ayant pas leur domicile en France métropolitaine ou *(Décr. n° 2016-781 du 10 juin 2016, art. 8-4°, en vigueur le 1er juill. 2016)* « en Guadeloupe, en Guyane, en Martinique, à La Réunion, à Mayotte, à Saint-Barthélemy et à Saint-Martin » ne bénéficient de l'exonération que si elles ont perçu ou perçoivent l'un des avantages de retraite mentionnés au 2° de l'article D. 741-72 dans les conditions prévues audit article.

Art. D. 741-74 *(Décr. n° 2014-1695 du 30 déc. 2014, art. 2-3°)* Les dispositions de l'article D. 242-11 du code de la sécurité sociale sont applicables aux bénéficiaires des avantages de retraite relevant du régime des personnes salariées des professions agricoles.

Art. D. 741-75 Le débiteur de l'avantage de retraite, soit de sa propre initiative, soit sur réquisition de l'organisme chargé du recouvrement, procède à toutes enquêtes ou recherches nécessaires et demande tous éclaircissements qu'il juge utiles. Les résultats de ces investigations sont communiqués aux institutions intéressées.

§ 3 Cotisations assises sur les revenus de remplacement

Art. D. 741-76 Les assurés qui relèvent ou relevaient du régime des assurances sociales agricoles du fait de l'activité au titre de laquelle leur a été alloué l'un des avantages de préretraite ou de cessation d'activité, anticipée ou progressive, mentionnés *(Décr. nº 2018-821 du 27 sept. 2018, art. 2)* « au 3º de l'article L. 131-2 » du code de la sécurité sociale, sont redevables d'une cotisation d'assurance maladie, maternité, invalidité et décès calculée en appliquant à cet avantage le taux de 1,70 %. *(Décr. nº 2018-821 du 27 sept. 2018, art. 2)* « Par dérogation, le taux est fixé à 1 % lorsque les avantages sont dus en application d'une décision unilatérale de l'employeur ».

Toutefois, pour les personnes mentionnées *(Décr. nº 2017-1891 du 30 déc. 2017, art. 2-III)* « à l'article L. 131-9 » du code de la sécurité sociale :

1º Le taux de la cotisation d'assurance maladie, maternité, invalidité et décès assise sur les avantages mentionnés *(Décr. nº 2018-821 du 27 sept. 2018, art. 2)* « au 3º de l'article L. 131-2 » du code de la sécurité sociale est fixé à *(Décr. nº 2018-162 du 6 mars 2018, art. 2)* « 4,90 % » ;

2º Les bénéficiaires *(Décr. nº 2018-821 du 27 sept. 2018, art. 2)* « des avantages mentionnés au 2º » du même article sont redevables d'une cotisation au taux de 2,80 %.

Art. D. 741-77 Bénéficient de l'exonération prévue à l'article L. 741-14 :

1º Les personnes totalement privées d'emploi qui perçoivent soit l'un des avantages prévus à l'article D. 741-76, versés par les institutions mentionnées à la section 5 du chapitre I du titre V du livre III du code du travail, soit le revenu d'activité maintenu aux titulaires de l'indemnité de formation, lorsque le montant journalier de ces avantages n'excède pas le septième du produit de la valeur horaire du salaire minimum de croissance en vigueur à la date du paiement, par le nombre d'heures correspondant à la durée légale hebdomadaire du travail ;

2º Les personnes totalement privées d'emploi qui perçoivent les avantages mentionnés à l'article D. 741-76, versés par l'employeur, lorsque le montant mensuel de ces avantages n'excède pas le douzième du produit de la valeur horaire du salaire minimum de croissance en vigueur à la date du paiement, par le nombre d'heures correspondant à cinquante-deux fois la durée légale hebdomadaire du travail ;

3º Les personnes partiellement privées d'emploi, lorsque le montant cumulé de leur rémunération d'activité et des avantages mentionnés à l'article D. 741-76 n'excède pas la valeur déterminée, selon le cas, au 1º ou au 2º ci-dessus.

Art. D. 741-78 La cotisation prélevée sur l'avantage indemnisant la cessation d'activité est réduite, le cas échéant, de telle sorte que soit assuré au bénéficiaire de cet avantage un montant minimal de prestations correspondant au seuil d'exonération déterminé comme il est dit à l'article D. 741-77.

En cas de cessation partielle d'activité, il doit être tenu compte, pour déterminer si le seuil d'exonération est atteint, du total constitué par l'avantage net indemnisant cette cessation et la rémunération nette d'activité.

SOUS-SECTION 2 **Recouvrement des cotisations**

§ 1 Dispositions générales

Art. R. 741-79 Les cotisations d'assurances sociales agricoles, obligatoirement versées à la caisse de mutualité sociale agricole dont relève l'assuré, sont réglées soit en espèces à ses guichets, soit par chèque ou virement bancaire, *(Décr. nº 2006-1115 du 5 sept. 2006, art. 4)* « soit par mandat » dans les conditions qui sont fixées par arrêté des ministres chargés de l'agriculture, du budget et des postes.

Cette caisse remet à l'assuré, soit directement, soit par l'intermédiaire de l'employeur, une attestation de versement du modèle fixé par le ministre chargé de l'agriculture.

Elle établit un bordereau descriptif des cotisations reçues et procède, en fin de bordereau, à la ventilation de ces cotisations entre les organismes intéressés dans les conditions fixées par arrêté du ministre chargé de l'agriculture et du ministre chargé du budget.

Elle adresse le bordereau susvisé à la Caisse centrale de la mutualité sociale agricole et transfère au compte de cette caisse, ouvert à la Caisse des dépôts et consignations, la part des cotisations qui ne lui est pas attribuée.

La caisse centrale procède à la vérification des bordereaux transmis par les caisses de mutualité sociale agricole.

§ 2 Cotisations assises sur les avantages de retraite

Art. R. 741-80 Les cotisations dues au titre des assurances maladie, invalidité et décès en raison des avantages de retraite servis pendant un mois civil par d'autres organismes que les caisses départementales ou pluridépartementales de la mutualité sociale agricole pour une activité professionnelle relevant du régime des assurances sociales agricoles sont versées dans les quinze premiers jours du mois suivant par ces organismes à la caisse de mutualité sociale agricole dans le ressort de laquelle est situé le siège de l'organisme.

Art. R. 741-81 Chaque versement de cotisations est obligatoirement accompagné d'un bordereau daté et signé par le débiteur de l'avantage de retraite indiquant le montant total des cotisations versées, celui des avantages de retraite sur lesquels elles sont assises et celui des avantages de retraite exonérés par application des articles D. 741-71 à D. 741-75.

Si, pour quelque motif que ce soit, les cotisations n'ont pas été versées, le débiteur de l'avantage de retraite est tenu d'adresser à la caisse chargée du recouvrement, au plus tard à la date limite d'exigibilité des cotisations, le bordereau prévu au premier alinéa. Si, aucun avantage de retraite n'ayant été versé, aucune cotisation n'est due, le bordereau est adressé avec la mention "néant", à moins que la radiation du compte ait été demandée.

Le bordereau mentionné au premier alinéa est conforme à un modèle fixé par arrêté des ministres chargés de l'agriculture et du budget.

Art. R. 741-82 Le défaut de production, dans les délais prescrits, du document prévu à l'article R. 741-81 entraîne une pénalité de sept cent soixante euros par bordereau. Si le retard excède un mois, une pénalité identique est automatiquement appliquée pour chaque mois ou fraction de mois de retard.

Une pénalité de sept cent soixante euros par bordereau est aussi encourue en cas d'inexactitude de l'assiette déclarée.

Art. R. 741-83 Il est appliqué une majoration de retard de *(Décr. n° 2008-657 du 2 juill. 2008)* « 5 % » du montant des cotisations qui n'ont pas été versées à la date limite d'exigibilité fixée à l'article R. 741-80.

(Décr. n° 2018-174 du 9 mars 2018, art. 14) « A cette majoration s'ajoute une majoration complémentaire dont le taux et les modalités d'évaluation sont fixés *(Décr. n° 2019-1050 du 11 oct. 2019, art. 3, en vigueur le 1er janv. 2020)* « au II de l'article R. 243-16 » du code de la sécurité sociale. »

Art. R. 741-84 Les pénalités prévues à l'article R. 741-82 et les majorations de retard prévues à l'article R. 741-83 *(Décr. n° 2016-941 du 8 juill. 2016, art. 33)* « ainsi que celles prévues à l'article L. 133-5-5 du code de la sécurité sociale » sont liquidées par le directeur de la caisse chargé du recouvrement des cotisations. Elles doivent être versées dans le mois suivant leur notification par mise en demeure adressée au débiteur dans les conditions prévues aux articles L. 725-7 et R. 725-24 *(Décr. n° 2017-1492 du 25 oct. 2017, art. 20-16°)* « du présent code » et sont recouvrées comme en matière de cotisations.

Art. R. 741-85 Lorsque la comptabilité du débiteur de l'avantage de retraite ne permet pas d'établir le montant des avantages de retraite servant de base au calcul des cotisations dues, le montant des cotisations est fixé forfaitairement par la caisse chargée du recouvrement.

Al. 2 abrogé par Décr. n° 2010-815 du 13 juill. 2010.

Lorsque le débiteur de l'avantage de retraite n'a pas satisfait aux obligations prévues aux articles R. 741-80 et R. 741-81, la caisse chargée du recouvrement peut fixer, à titre provisionnel, le montant desdites cotisations en fonction des versements effectués au titre des trimestres antérieurs. Cette évaluation est adressée au débiteur par mise en demeure dans les conditions prévues aux articles L. 725-7 et R. 725-24.

Art. R. 741-86 Les cotisations assises sur les avantages de retraite servis directement par l'employeur sont versées par celui-ci à la caisse de mutualité sociale agricole dont il relève, dans les conditions prévues *(Décr. n° 2016-1567 du 21 nov. 2016, art. 4-9°)* « à l'article L. 133-5-3, *(Décr. n° 2019-1050 du 11 oct. 2019, art. 3, en vigueur le 1er janv. 2020)* « aux articles R. 243-1-1, R. 243-6, R. 243-6-1, R. 243-12 à R. 243-14, R. 243-16 et R. 243-17 » du code de la sécurité sociale ainsi qu'aux articles R. 741-10 et R. 741-24 du présent code ». Pour l'application de ces articles, les avantages de retraite sont assimilés à des rémunérations.

Art. R. 741-87 Les caisses chargées du recouvrement des cotisations assises sur les avantages de retraite, en application des articles R. 741-80 et R. 741-86, doivent adresser avant le 20 janvier de chaque année à la Caisse centrale de la mutualité sociale agricole un état comportant l'assiette et le montant des cotisations encaissées par elles au cours de l'année civile précédente.

La Caisse centrale de la mutualité sociale agricole adresse, avant le 1er février de chaque année, au ministre chargé de l'agriculture un état comportant l'assiette et le montant de l'ensemble des cotisations précomptées par elle ou encaissées par les caisses de mutualité sociale agricole au cours de l'année civile précédente en application du présent paragraphe.

Art. R. 741-88 Le débiteur d'un avantage de retraite est tenu de faire parvenir au pensionné, au moins une fois par an, un bulletin de pension mentionnant notamment, pour la période considérée, les montants respectifs de la pension brute, de l'assiette du précompte, de la cotisation précomptée et de la pension nette.

A compter d'une date fixée par arrêté du ministre chargé de l'agriculture, le bulletin de pension est établi lors de chaque modification du montant de la pension nette.

Art. R. 741-89 Pour l'application des articles L. 725-1 à L. 725-8, L. 725-20, L. 725-21, R. 725-23 et R. 725-24, le débiteur des avantages de retraite est assimilé à un employeur, l'avantage de retraite à un salaire et le bénéficiaire de cet avantage à un salarié.

§ 3 Cotisations assises sur les revenus de remplacement

Art. R. 741-90 Les cotisations d'assurance maladie, maternité, invalidité et décès précomptées sur les indemnités, allocations et revenus de remplacement mentionnés à l'article L. 131-2 du code de la sécurité sociale servis par une personne autre que l'employeur à des assurés relevant du régime des assurances sociales agricoles sont calculées sur les sommes allouées pendant un mois civil. Elles sont versées par le débiteur des avantages précités, dans les quinze premiers jours du mois suivant, à la caisse de mutualité sociale agricole dont il relève, compétent pour chacun des régimes.

Art. R. 741-91 Chaque versement de cotisations est obligatoirement accompagné d'un bordereau daté et signé par le débiteur des avantages mentionnés à l'article R. 741-90 indiquant le montant total des cotisations versées, celui des avantages sur lesquels elles sont assises et celui des avantages exonérés par application des articles D. 741-77 et D. 741-78.

Les sommes à déclarer par le débiteur des avantages mentionnés à l'article R. 741-90 peuvent être arrondies à l'euro le plus voisin tant en ce qui concerne la totalisation de l'assiette que les cotisations qui en résultent.

Le bordereau prévu au premier alinéa ci-dessus est conforme à un modèle fixé par arrêté du ministre chargé de la sécurité sociale.

Si, pour quelque motif que ce soit, les cotisations n'ont pas été versées, le débiteur des avantages mentionnés à l'article R. 741-90 est tenu d'adresser à l'organisme de recouvrement mentionné audit article, au plus tard à la date limite d'exigibilité des cotisations, le bordereau prévu au premier alinéa. Si, aucun avantage n'ayant été versé, aucune cotisation n'est due, le bordereau est adressé avec la mention « néant », à moins que la radiation du compte ait été demandée.

Art. R. 741-92 Les dispositions *(Décr. n° 2016-1567 du 21 nov. 2016, art. 4-10°)* « de l'article L. 133-5-5, *(Décr. n° 2019-1050 du 11 oct. 2019, art. 3, en vigueur le 1er janv.*

2020) « des articles R. 243-12 à R. 243-14, R. 243-16 et R. 243-17 » du code de la sécurité sociale » sont applicables aux organismes redevables des cotisations prévues à l'article R. 741-90 ci-dessus.

Art. R. 741-93 Les pénalités et les majorations de retard appliquées en vertu des dispositions de l'article R. 741-92 sont liquidées par le directeur de l'organisme chargé du recouvrement des cotisations. Elles doivent être versées dans les quinze jours de leur notification par mise en demeure dans les conditions prévues aux articles L. 725-7 et R. 725-24 et sont recouvrées comme en matière de cotisations.

Art. R. 741-94 Lorsque la comptabilité du débiteur des avantages mentionnés à l'article R. 741-90 ne permet pas d'établir le montant desdits avantages servant de base au calcul des cotisations dues, le montant des cotisations est fixé forfaitairement par l'organisme chargé du recouvrement.

Al. 2 abrogé par Décr. n° 2010-815 du 13 juill. 2010.

Lorsque le débiteur des avantages mentionnés à l'article R. 741-90 n'a pas produit dans le délai prescrit la déclaration prévue à l'article R. 741-91, l'organisme de recouvrement peut fixer, à titre provisionnel, le montant des cotisations en fonction des versements effectués au titre des mois antérieurs. Cette évaluation est adressée au débiteur par mise en demeure dans les conditions prévues aux articles L. 725-7 et R. 725-24.

Art. R. 741-95 Le débiteur d'un des avantages mentionnés à l'article R. 741-90 est tenu de faire parvenir à son bénéficiaire un bulletin indiquant notamment, pour la période considérée, les montants brut et net de l'avantage en cause ainsi que le montant de la cotisation précomptée.

Art. R. 741-96 Les cotisations assises sur les indemnités, allocations et revenus de remplacement mentionnés à l'article L. 131-2 du code de la sécurité sociale servis par l'employeur sont versées par celui-ci à l'organisme de recouvrement dont il relève, dans les conditions prévues *(Décr. n° 2016-1567 du 21 nov. 2016, art. 4-11°)* « à l'article L. 133-5-3, *(Décr. n° 2019-1050 du 11 oct. 2019, art. 3, en vigueur le 1er janv. 2020)* « aux articles R. 243-1-1, R. 243-6, R. 243-6-1, R. 243-12 à R. 243-14, R. 243-16 et R. 243-17 » du code de la sécurité sociale ainsi qu'aux articles R. 741-10 et R. 741-24 du présent code ». Pour l'application de ces dispositions, les avantages précités sont assimilés à des rémunérations. *(Abrogé par Décr. n° 2019-1050 du 11 oct. 2019, art. 3, à compter du 1er janv. 2020)* ***« L'employeur indique dans la déclaration annuelle des salaires le montant global de ces avantages versés dans l'année et soumis à cotisation. »***

Art. R. 741-97 Les articles D. 724-7 à D. 724-9 s'appliquent au recouvrement des cotisations assises sur les avantages mentionnés à l'article R. 741-90.

Pour l'application des articles L. 725-1 à L. 725-8, R. 725-23 et R. 725-24, le débiteur desdits avantages est assimilé à un employeur, l'avantage à un salaire et le bénéficiaire de ces avantages à un salarié.

SECTION 4 **Dispositions diverses**

Art. D. 741-98 *(Décr. n° 2012-1565 du 31 déc. 2012, art. 3-I)* Pour l'application de l'article L. 741-27 du présent code, les dispositions des articles D. 241-5 à D. 241-5-7 du code de la sécurité sociale sont applicables sous les réserves suivantes :

1° Les modalités de recouvrement des cotisations assises sur les salaires sont celles prévues à la sous-section 2 de la section 1 du présent chapitre ;

2° La référence aux organismes chargés du recouvrement des cotisations de sécurité sociale du régime général est remplacée par la référence aux caisses de mutualité sociale agricole ;

3° Abrogé par Décr. n° 2019-1050 du 11 oct. 2019, art. 3, à compter du 1er janv. 2020.

Art. D. 741-99 *(Décr. n° 2015-1869 du 30 déc. 2015, art. 2)* I. — Les articles D. 311-2 à D. 311-4 du code de la sécurité sociale sont applicables aux personnes relevant des régimes de protection sociale agricole qui contribuent de façon occasionnelle à l'exécution de missions de service public à caractère administratif sous les réserves suivantes :

La référence aux organismes de recouvrement mentionnés aux articles L. 213-1 et L. 752-4 du code de la sécurité sociale est remplacée par la référence aux caisses de mutualité sociale agricole ;

La référence à l'article R. 115-5 du code de la sécurité sociale est remplacée par la référence à l'article D. 731-37 du présent code.

II. — Les personnes mentionnées au I sont les suivantes :

1° Les membres élus des chambres d'agriculture mentionnés à l'article R. 511-6, au titre des indemnités forfaitaires versées par les chambres en application de l'article D. 511-85 ;

2° Les membres élus des organismes de mutualité sociale agricoles mentionnés à l'article L. 723-1, au titre des indemnités forfaitaires versées par les organismes en application de l'article L. 723-37.

Art. D. 741-100 et D. 741-101 *Abrogés par Décr. n° 2012-1565 du 31 déc. 2012, art. 3-II.*

Art. D. 741-102 Sous réserve de la substitution de la référence à l'article L. 741-10 du présent code à celle de l'article L. 242-1 du code de la sécurité sociale et de la substitution des agents de contrôle assermentés mentionnés à l'article L. 724-7 du présent code aux inspecteurs de recouvrement, les dispositions des articles D. 241-7 à *(Décr. n° 2014-1688 du 29 déc. 2014, art. 7)* « D. 241-11 » du code de la sécurité sociale sont applicables aux cotisations dues au titre des salariés mentionnés à l'article L. 722-20 du présent code et répondant aux conditions fixées au II de l'article L. 241-13 du code de la sécurité sociale.

Art. D. 741-103 *Abrogé par Décr. n° 2012-1565 du 31 déc. 2012, art. 3-II.*

Art. D. 741-104 *(Décr. n° 2007-1380 du 24 sept. 2007, art. 5)* I. — Sous réserve de la substitution de la référence aux articles L. 741-10 et L. 761-5 du présent code à celles des articles L. 242-1 et L. 242-13 du code de la sécurité sociale et de la substitution des agents de contrôle agréés et assermentés mentionnés à l'article L. 724-7 du présent code aux inspecteurs de recouvrement, les dispositions des articles *(Décr. n° 2012-1074 du 21 sept. 2012, art. 3)* « D. 241-24 à D. 241-27 du code de la sécurité sociale sont applicables lorsque les rémunérations des salariés mentionnés à l'article L. 722-20 du présent code ouvrent droit à la déduction forfaitaire patronale prévue à l'article L. 241-18 du code de la sécurité sociale.

« II. — Pour l'application du deuxième alinéa de l'article D. 241-24 du code de la sécurité sociale, les employeurs des salariés mentionnés à l'article L. 722-20 du présent code sont tenus d'informer la caisse de mutualité sociale agricole dont ils relèvent que le montant de la déduction forfaitaire des cotisations patronales et des autres aides entrant dans le champ du règlement communautaire mentionné au IV de l'article L. 241-18 du code de la sécurité sociale n'excède pas, sur une période de trois exercices fiscaux dont l'exercice en cours, le plafond fixé par ledit règlement. »

CHAPITRE II PRESTATIONS

SECTION 1 Prestations familiales

Art. R. 742-1 Les dispositions du livre V du code de la sécurité sociale, deuxième partie (Décrets en Conseil d'État) et troisième partie (Décrets), sont applicables aux personnes salariées des professions agricoles.

SECTION 2 Assurances sociales

SOUS-SECTION 1 Dispositions générales

Art. R. 742-2 Sont applicables aux bénéficiaires mentionnés à l'article L. 742-3, dans les conditions et sous les réserves énoncées dans la présente section :

1° Les dispositions suivantes du livre III du code de la sécurité sociale (deuxième partie : Décrets en Conseil d'État) :

a) *(Décr. n° 2021-1496 du 17 nov. 2021, art. 2)* « L'article R. 311-l, les chapitres » III, IV et V du titre I ;

b) Le chapitre I, à l'exception de l'article R. 321-4, et les chapitres II, III et IV du titre II ;

c) Les titres III et IV ;

d) Le titre V, à l'exception des articles R. 351-37-1, R. 351-37-2 et du chapitre VII ;
e) Les titres VI et VII ;

2° Le chapitre I du titre VIII du livre IV du code de la sécurité sociale (deuxième partie : Décrets en Conseil d'État).

Pour l'application de ces dispositions, les caisses de mutualité sociale agricole sont substituées aux caisses primaires *(Décr. n° 2010-344 du 31 mars 2010, art. 348)* « d'assurance maladie et caisse d'assurance retraite et de la santé au travail ».

Art. D. 742-3 Sont applicables aux bénéficiaires mentionnés à l'article L. 742-3 dans les conditions et sous les réserves énoncées dans la présente section :

1° Les dispositions suivantes du livre III du code de la sécurité sociale (troisième partie : Décrets) :

a) Les chapitres 3, 4 et 5 du titre I ;
b) Les chapitres 1er à 4 du titre II ;
c) Les titres III et IV ;
d) Le titre V, à l'exception du chapitre 7 ;
e) Les titres VI et VII ;

2° Le chapitre 1er du titre VIII du livre IV du code de la sécurité sociale (troisième partie : Décrets).

Art. D. 742-3-1 *(Décr. n° 2011-353 du 30 mars 2011, art. 1er-II, en vigueur le 1er juill. 2011)* Pour l'application de l'article D. 351-1-11 du code de la sécurité sociale, la commission pluridisciplinaire se réunit selon les modalités prévues à l'article D. 732-41-4 *(Décr. n° 2017-1492 du 25 oct. 2017, art. 21-1°)* « du présent code ».

Pour l'application du 1° de l'article D. 351-1-12 du code de la sécurité sociale, les mots : "notification de la rente prévue à l'article R. 434-32" sont remplacés par les mots : "notification du taux d'incapacité prévu au quatrième alinéa de l'article R. 751-63 du code rural et de la pêche maritime" et la référence à l'article R. 433-17 est remplacée par la référence à l'article L. 751-31 du même code.

Art. D. 742-3-2 *(Décr. n° 2023-70 du 6 févr. 2023, art. 1er)* L'essai encadré prévu au 1° de l'article L. 323-3-1 du code de la sécurité sociale bénéficie aux salariés et assimilés mentionnés aux articles L. 722-20 et L. 722-24 du présent code selon les modalités prévues aux articles D. 323-6-1 à D. 323-6-7 du code de la sécurité sociale sous les réserves suivantes :

1° La référence à l'article L. 441-2 du code de la sécurité sociale est remplacée par la référence à l'article L. 751-26 du présent code ;

2° La référence au service social mentionné au 4° de l'article L. 215-1 du code de la sécurité sociale est remplacée par la référence au service social de la caisse de mutualité sociale agricole compétente ;

3° La référence au service de prévention et de santé au travail est remplacée par la référence au service de santé au travail en agriculture de la caisse de mutualité sociale agricole compétente ;

4° Les caisses de mutualité sociale agricole sont substituées aux caisses primaires d'assurance maladie.

Art. R. 742-4 Les employeurs et les assurés peuvent obtenir sur leur demande communication ou copie des statuts et règlements intérieurs des caisses de mutualité sociale agricole dans les conditions fixées par ces règlements intérieurs.

Art. R. 742-5 *Abrogé par Décr. n° 2017-1492 du 25 oct. 2017, art. 21-2°.*

Art. R. 742-6 Les prestations d'assurance maladie maternité dues aux titulaires d'avantages de vieillesse ou d'invalidité ou aux bénéficiaires de la législation des accidents du travail, titulaires de rentes correspondant à une incapacité permanente partielle d'au moins 66,66 % ou de rentes de survivants, en application des articles *(Décr. n° 2015-1865 du 30 déc. 2015, art. 11-I-2°)* « L. 160-3, L. 342-1, L. 371-1 et L. 434-7 » du code de la sécurité sociale, sont à la charge de la caisse de mutualité sociale agricole dans la circonscription de laquelle l'intéressé réside ou, en cas de reprise d'activité, dans la circonscription de laquelle il travaille. L'hospitalisation ne peut, pour le service desdites prestations, être assimilée à un changement de résidence.

Art. R. 742-7 En vue de la détermination des droits éventuels aux prestations des salariés agricoles de certaines catégories spéciales, notamment les ouvriers betteraviers, les ouvriers forestiers rémunérés à la tâche, les gemmeurs travaillant dans les forêts de l'État, les jockeys, des arrêtés du ministre chargé de l'agriculture et du ministre chargé de la sécurité sociale fixent, en fonction du travail effectué ou du gain perçu, les modalités de détermination du temps de travail accompli par les intéressés.

Art. R. 742-8 Pour l'application de l'article R. 313-8 du code de la sécurité sociale aux salariés agricoles, est considérée comme équivalente à six heures de travail salarié ou six fois la valeur du salaire minimum de croissance toute journée ayant fait l'objet d'une prise en charge par une caisse de mutualité sociale agricole en vue de la réadaptation fonctionnelle ou de la rééducation professionnelle du bénéficiaire.

Art. R. 742-9 Pour l'application *(Décr. n° 2015-1865 du 30 déc. 2015, art. 11-I-3°)* « de l'article L. 371-1 » du code de la sécurité sociale aux salariés agricoles, les intéressés doivent être titulaires ou bénéficiaires d'une rente ou allocation allouée en vertu de l'une des législations sur les accidents du travail et les maladies professionnelles applicables aux professions agricoles.

Art. R. 742-10 Pour l'application des articles L. 376-1 et R. 376-1 du code de la sécurité sociale au régime des assurances sociales agricoles, l'évaluation forfaitaire dont peuvent faire l'objet les dépenses à rembourser aux caisses de mutualité sociale agricole s'effectue dans les conditions prévues par arrêté du ministre chargé de l'agriculture *(Décr. n° 2009-793 du 23 juin 2009, art. 2)* « et du ministre chargé de la sécurité sociale ».

Art. R. 742-11 Pour l'application de la section 1 du chapitre I du titre VIII du livre IV du code de la sécurité sociale aux salariés agricoles, un arrêté du ministre chargé de l'agriculture fixe les modalités et conditions de participation des caisses de mutualité sociale agricole aux frais éventuels de rééducation fonctionnelle ou de réadaptation professionnelle des assurés sociaux agricoles titulaires d'une pension d'invalidité ou qui ont bénéficié des indemnités journalières de l'assurance maladie.

Art. D. 742-12 Les arrérages des pensions, rentes ou allocations afférentes à la période antérieure à la date du décès du pensionné sont payables aux ayants droit sur production du bulletin de décès et sur présentation des pièces établissant leur identité.

Les arrérages des prestations d'invalidité, des pensions de veuf ou de veuve invalide, des rentes d'accident du travail ainsi que les arrérages des prestations de vieillesse, contributives et non contributives, et leurs majorations et accessoires sont dus jusqu'à la fin du mois d'arrérages au cours duquel le prestataire est décédé. Ils sont payables aux ayants droit dans les conditions prévues à l'alinéa précédent.

Art. R. 742-12-1 *Abrogé par Décr. n° 2012-17 du 4 janv. 2012.*

SOUS-SECTION 2 Assurances maladie, maternité, invalidité et décès

Art. R. 742-13 *(Décr. n° 2021-428 du 12 avr. 2021, art. 2)* Un arrêté du ministre chargé de l'agriculture et du ministre chargé de la sécurité sociale fixe pour les salariés agricoles les modalités selon lesquelles est déterminé le revenu d'activité antérieur servant de base au calcul des indemnités journalières dues aux assurés appartenant aux catégories pour lesquelles les cotisations sont établies forfaitairement, prévu à l'article R. 323-4 du code de la sécurité sociale.

L'attestation de salaires définie à l'article R. 323-10 du même code, le carnet de maternité prévu à l'article R. 331-4 du même code et la demande de pension d'invalidité prévue à l'article R. 341-8 du même code, et les pièces à y annexer, sont établis au moyen de formulaires homologués.

Art. R. 742-14 Pour l'application de l'article R. 324-2 du code de la sécurité sociale aux salariés agricoles, la décision intervenant en application de l'article L. 324-1 du même code est prise par le conseil d'administration de la caisse de mutualité sociale agricole intéressée ou une commission ayant reçu délégation à cet effet.

Art. R. 742-15 Les conventions prévues au deuxième alinéa de l'article *(Décr. n° 2015-1865 du 30 déc. 2015, art. 11-I-4°)* « R. 160-4 » du code de la sécurité sociale, qui sont conclues entre la Caisse centrale de la mutualité sociale agricole et les établissements de soins situés à l'étranger qualifiés pour prévoir les conditions de séjour et de remboursement des soins des ressortissants du régime des assurances sociales agricoles dans ces établissements doivent recueillir l'autorisation conjointe du ministre chargé de l'agriculture, du ministre chargé de la sécurité sociale et du ministre chargé de la santé.

Art. R. 742-16 Pour l'application de l'article *(Décr. n° 2015-1865 du 30 déc. 2015, art. 11-I-5°)* « L. 160-10 du code de la sécurité sociale », est nulle, sauf convention conclue à cet effet après accord de la Caisse centrale de mutualité sociale agricole, la délégation donnée par l'assuré aux praticiens, aux pharmaciens, aux établissements de soins ou de cure ou toute personne opérant pour le compte desdits praticiens ou établissements en vue de l'encaissement des prestations maladie et maternité.

Art. R. 742-17 Le décès du titulaire d'une pension d'invalidité liquidée au titre des assurances sociales agricoles ouvre droit sans autres conditions au capital décès, même dans le cas où la pension est suspendue.

SOUS-SECTION 3 Assurance vieillesse

§ 1 Dispositions générales

Art. D. 742-18 Pour l'application des articles *(Abrogé par Décr. n° 2020-621 du 22 mai 2020, art. 3) « D. 351-1, »* D. 351-1-1, D. 351-1-5, D. 351-2, D. 351-2-1, D. 351-3, D. 351-4, D. 351-6 *(Décr. n° 2023-754 du 10 août 2023, art. 1er, en vigueur le 1er sept. 2023)* « , D. 353-1 et D. 358-2 » du code de la sécurité sociale aux salariés agricoles, la référence au "régime des assurances sociales agricoles" est substituée à la référence au "régime général de sécurité sociale" ou au "régime général".

Art. R. 742-19 Pour l'application des articles R. 351-6, R. 351-7, R. 351-27, R. 351-32, R. 351-37-3, R. 351-37-4 et R. 351-37-8 du code de la sécurité sociale aux salariés agricoles, la référence au "régime des assurances sociales agricoles" est substituée à la référence au "régime général de sécurité sociale" ou au "régime général".

Art. R. 742-20 Pour l'application du 1° de l'article R. 351-22 et des articles R. 351-24 *(Abrogé par Décr. n° 2008-1555 du 31 déc. 2008, art. 4-II) « , R. 351-28 »* et R. 351-40 du code de la sécurité sociale aux salariés agricoles, les mots : "arrêté du ministre chargé de l'agriculture" sont substitués aux mots : "arrêté du ministre chargé de la sécurité sociale".

L'arrêté prévu au 2° de l'article R. 351-22 du code de la sécurité sociale est, pour les salariés agricoles, pris par le ministre chargé de l'agriculture.

Les deux arrêtés prévus à l'article R. 351-37-5 du code de la sécurité sociale sont, pour les salariés agricoles, pris par le ministre chargé de l'agriculture *(Décr. n° 2009-793 du 23 juin 2009, art. 2)* « , le ministre chargé de la sécurité sociale » et le ministre chargé du budget.

(Décr. n° 2011-352 du 30 mars 2011, art. 5) « Pour l'application du III de l'article R. 351-37 du code de la sécurité sociale :

« 1° Au deuxième alinéa, les mots : "la notification de rente prévue à l'article R. 434-32" sont remplacés par les mots : "la notification du taux d'incapacité prévu au 4e alinéa de l'article R. 751-63 du code rural et de la pêche maritime" et la référence à l'article R. 433-17 du code de la sécurité sociale est remplacée par la référence à l'article L. 751-31 du code rural et de la pêche maritime ;

« 2° Au troisième alinéa, les mots : "l'échelon régional du service médical" sont remplacés par les mots : "le service du contrôle médical" et les mots : "des conclusions médicales figurant sur la notification de rente" sont remplacés par les mots : "des conclusions médicales figurant sur la notification du taux d'incapacité prévu au quatrième alinéa de l'article R. 751-63 du code rural et de la pêche maritime". »

Art. R. 742-21 Pour l'application de l'article R. 351-9 du code de la sécurité sociale aux salariés agricoles ayant exercé une activité salariée agricole antérieurement au 1er janvier 1972, les périodes au titre desquelles a été effectué au nom de l'assuré un

versement de cotisations sont décomptées dans les conditions prévues à cet article, sous les réserves suivantes :

1° Quelle que soit la période considérée, il ne peut être retenu plus de quatre trimestres par année civile ;

2° Pour la période comprise entre le 1er juillet 1930 et le 31 décembre 1945, il est décompté un trimestre pour tout versement correspondant à cinquante jours de travail ;

3° Pour la période comprise entre le 1er janvier 1946 et le 31 décembre 1948, il est retenu autant de trimestres que le salaire annuel correspondant aux retenues subies par l'assuré représente de fois 18 F (2,74 €) ;

4° Pour la période comprise entre le 1er janvier 1949 et le 31 décembre 1971, il est retenu autant de trimestres que le salaire annuel correspondant aux retenues subies par l'assuré représente de fois le montant trimestriel de l'allocation aux vieux travailleurs salariés au 1er janvier de l'année considérée. Toutefois, en ce qui concerne les travailleurs classés comme ouvriers à capacité professionnelle réduite, il est retenu, jusqu'au 31 décembre 1968, autant de trimestres que le salaire annuel correspondant aux retenues subies par l'assuré représente de fois la moitié du montant trimestriel de l'allocation aux vieux travailleurs salariés au 1er janvier de l'année considérée ; pour la période antérieure au 1er janvier 1963, le montant trimestriel retenu dans l'un et l'autre cas est celui de l'allocation aux vieux travailleurs salariés des villes de plus de 5 000 habitants.

Art. R. 742-22 *(Décr. n° 2008-553 du 11 juin 2008, art. 8 ; Décr. n° 2012-17 du 4 janv. 2012, art. 1er-8°)* **Pour l'application de l'article R. 351-11 du code de la sécurité sociale aux salariés agricoles :**

1° *Abrogé par Décr. n° 2016-1567 du 21 nov. 2016, art. 7-2°.*

2° *(Décr. n° 2008-845 du 25 août 2008, art. 3)* **« Le IV » est complété par les mots suivants : "ainsi que les cotisations émises par la caisse après déclaration par l'employeur des salaires payés".**

Peuvent être prises en compte pour le calcul de la pension des cotisations prescrites mais régularisées avant l'entrée en jouissance de la pension, notamment au titre d'une période d'apprentissage, même en l'absence de rémunération. • Civ. 2e, 12 juill. 2012, n° 11-18.562 : *RD rur. 2012, n° 122, note Tauran.*

Art. R. 742-23 Pour l'application aux salariés agricoles des trois premiers alinéas de l'article R. 351-23 du code de la sécurité sociale, la condition prévue au 1° est également réputée remplie si les trente années d'assurance ont été accomplies dans le seul régime des assurances sociales agricoles.

Pour l'application aux salariés agricoles des septième à douzième alinéas de l'article R. 351-23 du code de la sécurité sociale, l'énumération du 2° est complétée par :

***f)* Travaux manuels ouvriers effectués dans le cadre d'une exploitation agricole ou d'élevage ;**

***g)* Travaux de fabrication et traitements autres qu'industriels.**

Art. D. 742-24 *Abrogé par Décr. n° 2023-753 du 10 août 2023, art. 2, à compter du 1er sept. 2023.*

§ 2 Rachat de cotisations

SOUS-§ 1 *Conditions*

Art. R. 742-25 Sont admis, s'ils le demandent, à opérer des versements de rachat pour l'assurance vieillesse au titre du régime des assurances sociales agricoles pour la période postérieure au 30 juin 1930 :

1° Les salariés qui ont été exclus du régime des assurances sociales agricoles du fait que le montant de leur rémunération était supérieur au chiffre limite d'assujettissement ;

2° Les personnes ayant exercé une activité salariée agricole dans les départements d'Algérie et du Sahara pour les périodes antérieures à la date d'effet des dispositions législatives ou réglementaires relatives au régime d'assurance vieillesse auquel leur affiliation a été rendue obligatoire ;

3° Les personnes dont l'affiliation au régime des assurances sociales agricoles a été rendue obligatoire par les dispositions législatives ou réglementaires intervenues postérieurement au 13 juillet 1962.

Les demandes de rachat doivent être présentées avant le 1er janvier 2003.

(Décr. nº 2010-1776 du 31 déc. 2010, art. 2) « Par dérogation à l'alinéa précédent, les personnes mentionnées au 3° ci-dessus doivent présenter leur demande de rachat dans le délai de dix ans à compter de la date d'effet de leur immatriculation à l'assurance obligatoire. »

Les demandes de rachat doivent être présentées, dans des conditions fixées par arrêté du ministre chargé de l'agriculture *(Décr. nº 2009-793 du 23 juin 2009, art. 2)* « et du ministre chargé de la sécurité sociale », à la caisse mentionnée à l'article D. 742-27. Cet organisme est compétent pour l'encaissement des cotisations de rachat.

SOUS-§ 2 *Rapatriés ayant exercé une activité salariée agricole*

Art. D. 742-26 Les personnes mentionnées à l'article 5 de la loi nº 85-1274 du 4 décembre 1985 relative à l'amélioration des retraites des rapatriés, qui ont exercé une activité salariée agricole en Algérie entre le 1er juillet 1950 et le 1er juillet 1962, sont admises, si elles le demandent, à opérer des versements de rachat pour l'assurance vieillesse auprès du régime des assurances sociales agricoles.

Art. D. 742-27 La demande de rachat est présentée à la caisse de mutualité sociale agricole du lieu de la résidence de l'intéressé.

La caisse de mutualité sociale agricole de l'Île-de-France est habilitée à recevoir les demandes de rachat émanant de personnes résidant hors du territoire métropolitain.

Art. D. 742-28 et D. 742-29 *Abrogés par Décr. nº 2010-1738 du 30 déc. 2010, art. 2-7º.*

Art. D. 742-30 *(Décr. nº 2010-1738 du 30 déc. 2010, art. 2-8º)* Le montant des cotisations dues au titre du rachat prévu par l'article D. 742-26 est égal à celui des cotisations prévues au premier alinéa de l'article L. 351-14-1 *(Décr. nº 2017-1492 du 25 oct. 2017, art. 21-3º)* « du code de la sécurité sociale ».

Le versement des cotisations dues peut être échelonné dans les mêmes conditions que le versement des cotisations prévues à l'article L. 351-14-1 *(Décr. nº 2017-1492 du 25 oct. 2017, art. 21-3º)* « précité ». Il peut être mis fin au versement dans les mêmes conditions que le versement des cotisations prévues à l'article L. 351-14-1 *(Décr. nº 2017-1492 du 25 oct. 2017, art. 21-3º)* « précité ».

Pour les assurés âgés de soixante-sept ans ou plus à la date de présentation de leur demande de rachat, le montant des cotisations est *[égal]* au montant des cotisations prévues au premier alinéa de l'article L. 351-14-1 *(Décr. nº 2017-1492 du 25 oct. 2017, art. 21-3º)* « précité » pour les assurés âgés de soixante-deux ans, diminué de 2,5 % par année révolue au-delà de cet âge.

La mise en paiement des pensions liquidées en faveur des intéressés est alors ajournée jusqu'au moment où le versement des cotisations dont il s'agit est terminé.

Pour l'application de l'alinéa précédent, la totalité des cotisations dues s'entend du montant des versements à la charge des personnes mentionnées à l'article 1er de la loi nº 85-1274 du 4 décembre 1985.

Art. D. 742-31 Les droits des personnes qui opèrent un rachat dans les conditions de la présente sous-section sont liquidés suivant les règles en vigueur pour le régime agricole de l'assurance vieillesse.

Toutefois, la date d'effet de la pension peut intervenir à compter, au plus tôt, du premier jour du mois suivant la date de dépôt de la demande de rachat, à la condition que la demande de pension ait été formulée dans les six mois suivant la notification par la caisse compétente de la proposition de rachat des cotisations d'assurance volontaire vieillesse.

SOUS-§ 3 *Périodes de détention provisoire*

Art. D. 742-32 Peuvent faire l'objet d'un rachat les périodes de détention provisoire, dans la mesure où elles ne s'imputent pas sur la durée de la peine, accomplies avant le

1er janvier 1977, par les personnes qui au moment de leur incarcération relevaient du régime de l'assurance vieillesse des salariés agricoles.

Les personnes mentionnées à l'alinéa précédent sont admises, si elles le demandent, à opérer des versements de rachat pour l'assurance vieillesse, au titre des périodes de détention provisoire comprises entre le 1er juillet 1930 et le 1er janvier 1977.

Dernier al. abrogé par Décr. n° 2010-1738 du 30 déc. 2010, art. 2-9°.

Art. D. 742-33 *(Décr. n° 2010-1738 du 30 déc. 2010, art. 2-10°)* La caisse compétente pour recevoir les demandes de rachat et encaisser les cotisations de rachat est la caisse mentionnée à l'article D. 742-27.

Le montant des cotisations dues au titre du rachat prévu à l'article D. 742-32 est égal à celui des cotisations prévues au premier alinéa de l'article L. 351-14-1 *(Décr. n° 2017-1492 du 25 oct. 2017, art. 21-4°)* « du code de la sécurité sociale ».

Pour les assurés âgés de soixante-sept ans ou plus à la date de présentation de leur demande de rachat, le montant des cotisations est égal au montant des cotisations prévues au premier alinéa *(Décr. n° 2017-1492 du 25 oct. 2017, art. 21-4°)* « du même article » pour les assurés âgés de soixante-deux ans, diminué de 2,5 % par année révolue au-delà de cet âge.

Le versement des cotisations dues peut être échelonné dans les mêmes conditions que le versement des cotisations prévues *(Décr. n° 2017-1492 du 25 oct. 2017, art. 21-4°)* « à cet article ». Il peut être mis fin au versement dans les mêmes conditions que le versement des cotisations prévues *(Décr. n° 2017-1492 du 25 oct. 2017, art. 21-4°)* « à cet article ».

Art. D. 742-34 et D. 742-35 *Abrogés par Décr. n° 2010-1738 du 30 déc. 2010, art. 2-11°.*

Art. D. 742-36 La demande de rachat ne peut concerner des périodes de détention postérieures à la date d'entrée en jouissance d'une prestation de vieillesse.

Art. D. 742-37 Les droits des personnes qui demandent le bénéfice du deuxième alinéa de l'article D. 742-32 sont liquidés suivant les règles en vigueur dans le régime de l'assurance vieillesse des salariés agricoles à la date d'entrée en jouissance de la pension.

(Décr. n° 2010-1738 du 30 déc. 2010, art. 2-12°) « Les assurés peuvent obtenir la liquidation de leurs droits à l'assurance vieillesse à compter, au plus tôt, du premier jour du mois suivant la date de dépôt de leur demande de rachat, sous réserve que leur demande de pension ait été présentée dans les six mois suivant la date à laquelle leur aura été notifiée la décision faisant droit à leur demande de rachat. »

Pour les personnes déjà titulaires d'une prestation de vieillesse les droits sont révisés compte tenu des périodes antérieures à la date d'effet de la liquidation de cette prestation et ayant donné lieu à un versement de rachat dans la limite du nombre maximal de trimestres susceptibles d'être pris en compte à la date d'entrée en jouissance initiale. La prestation de vieillesse révisée prend effet au premier jour du mois civil suivant la date de la demande de rachat.

Art. D. 742-38 La mise en paiement des pensions correspondant au rachat est ajournée jusqu'au moment où le versement des cotisations de rachat est terminé.

SOUS-SECTION 4 **Prévention**

Art. R. 742-39 Les dispositions des articles R. 732-30 à R. 732-36 s'appliquent aux salariés agricoles.

TITRE V ACCIDENTS DU TRAVAIL ET MALADIES PROFESSIONNELLES

CHAPITRE I ASSURANCE OBLIGATOIRE DES SALARIÉS AGRICOLES

Art. R. 751-1 *(Décr. n° 2010-815 du 13 juill. 2010)* Pour l'application aux salariés agricoles des dispositions du code de la sécurité sociale mentionnées aux articles L. 751-7 à L. 751-9, R. 751-16, R. 751-17, R. 751-40 et R. 751-69 *(Décr. n° 2017-*

1492 du 25 oct. 2017, art. 23-1°) « du présent code », les caisses de mutualité sociale agricole exercent les fonctions dévolues aux caisses primaires d'assurance maladie et aux caisses d'assurance retraite et de la santé au travail.

SECTION 1 Champ d'application

SOUS-SECTION 1 Bénéficiaires

§ 1 Élèves et étudiants de certains établissements ou filières de formation et stagiaires *(Décr. n° 2011-158 du 7 févr. 2011).*

Art. D. 751-2 *(Décr. n° 2019-1086 du 24 oct. 2019, art. 3)* « I. — » Entrent par leur objet dans le champ d'application du 1° du II de l'article L. 751-1 les catégories d'établissements ou filières de formation ci-dessous énumérées, pour leurs élèves et étudiants qui y reçoivent un enseignement préparant directement à l'exercice d'une profession, à l'exclusion *(Décr. n° 2019-1086 du 24 oct. 2019, art. 3)* « des apprentis et » des stagiaires de la formation professionnelle continue mentionnés *(Décr. n° 2017-1492 du 25 oct. 2017, art. 23-2°)* « à la sixième partie du code du travail » :

1° Établissements d'enseignement technique supérieur, agricole et vétérinaire, publics et privés : écoles nationales et instituts ;

2° Établissements d'enseignement technique et de formation professionnelle agricoles publics et privés : lycées agricoles, centres de formation professionnelle agricole pour adultes, écoles spécialisées et établissements dispensant le même type de formation.

(Décr. n° 2019-1086 du 24 oct. 2019, art. 3) « II. — Par dérogation au I du présent article et sous réserve des dispositions de l'article D. 751-4-1, le 1° du II de l'article L. 751-1 s'applique également aux apprentis et bénéficiaires d'un contrat de professionnalisation pendant leur période de mobilité dans l'Union européenne effectuée dans le cadre des II des articles L. 6222-42 et L. 6325-25 du code du travail, dès lors qu'ils relèvent, avant cette période considérée, du régime des salariés agricoles et que, pendant cette même période, ils ne bénéficient pas du statut de salarié ou assimilé dans l'État d'accueil. »

Art. D. 751-3 *(Décr. n° 2009-990 du 20 août 2009, art. 2)* I. — A. — Pour les élèves et les étudiants des établissements d'enseignement technique et des centres de formation professionnelle relevant de l'État, qu'ils soient dotés ou non de l'autonomie financière, qui perçoivent une gratification égale ou inférieure à la fraction de gratification mentionnée à l'article D. 741-65-1, les obligations imposées aux employeurs de main-d'œuvre incombent au directeur de l'établissement ou du centre intéressé, signataire de la convention prévue à *(Décr. n° 2017-1492 du 25 oct. 2017, art. 23-3°)* « l'article L. 124-1 du code de l'éducation ».

Les prestations et indemnités accordées selon les modalités fixées par la section 3 du présent chapitre, à l'exclusion de celles relatives au versement d'une indemnité en capital et sous réserve des dispositions de l'article D. 751-4 *(Décr. n° 2017-1492 du 25 oct. 2017, art. 23-3°)* « du présent code », sont à la charge de l'État.

B. — Pour les élèves et les étudiants des établissements privés d'enseignement technique et les centres de formation professionnelle relevant du ministre de l'agriculture qui perçoivent une gratification égale ou inférieure à la fraction de gratification mentionnée à l'article D. 741-65-1 *(Décr. n° 2017-1492 du 25 oct. 2017, art. 23-3°)* « du même code », les obligations de l'employeur et notamment le versement des cotisations ainsi que la déclaration en vue de l'immatriculation des élèves et étudiants et leur affiliation à la caisse de mutualité sociale agricole de la circonscription dans laquelle est situé l'établissement ou centre incombent à la personne, à l'organisme ou à l'institution responsable de la gestion dudit établissement ou centre signataire de la convention prévue à *(Décr. n° 2017-1492 du 25 oct. 2017, art. 23-3°)* « l'article L. 124-1 du code de l'éducation ».

Les prestations et indemnités sont accordées selon les modalités fixées par la section 3 du présent chapitre, à l'exclusion de celles relatives au versement d'une indemnité en capital et sous réserve des dispositions de l'article D. 751-4 *(Décr. n° 2017-1492 du 25 oct. 2017, art. 23-3°)* « du présent code ».

C. — Lorsque l'accident survient par le fait ou à l'occasion du stage en entreprise, tel que *(Décr. n° 2017-1492 du 25 oct. 2017, art. 23-3°)* « défini à l'article L. 124-1 du

code de l'éducation », l'entreprise informe sans délai l'établissement d'enseignement ou de formation dont relève l'élève ou l'étudiant et la caisse de mutualité sociale agricole compétente. Le directeur de l'établissement ou du centre intéressé signataire de la convention *(Décr. n° 2017-1492 du 25 oct. 2017, art. 23-3°)* **« prévue à cet article » déclare l'accident survenu à la caisse de mutualité sociale agricole compétente.**

II. — A. — Pour les élèves et les étudiants des établissements d'enseignement technique et des centres de formation professionnelle relevant de l'État, qu'ils soient dotés ou non de l'autonomie financière, qui perçoivent une gratification supérieure à la fraction de gratification mentionnée à l'article D. 741-65-1 *(Décr. n° 2017-1492 du 25 oct. 2017, art. 23-3°)* **« du présent code », les obligations imposées aux employeurs de main-d'œuvre incombent à l'entreprise signataire de la convention prévue à** *(Décr. n° 2017-1492 du 25 oct. 2017, art. 23-3°)* **« l'article L. 124-1 du code de l'éducation » dans laquelle est effectué le stage.**

Les prestations et indemnités accordées selon les modalités fixées par la section 3 du présent chapitre, à l'exclusion de celles relatives au versement d'une indemnité en capital et sous réserve des dispositions de l'article D. 751-4 *(Décr. n° 2017-1492 du 25 oct. 2017, art. 23-3°)* **« du présent code », sont à la charge de l'État.**

B. — Pour les élèves et les étudiants des établissements privés d'enseignement technique et les centres de formation professionnelle relevant du ministre de l'agriculture qui perçoivent une gratification supérieure à la fraction de gratification mentionnée à l'article D. 741-65-1 *(Décr. n° 2017-1492 du 25 oct. 2017, art. 23-3°)* **« du même code », les obligations de l'employeur et notamment le versement des cotisations ainsi que la déclaration en vue de l'immatriculation des élèves et étudiants et leur affiliation à la caisse de mutualité sociale agricole de la circonscription dans laquelle est situé l'établissement ou centre incombent à l'entreprise signataire de la convention prévue à** *(Décr. n° 2017-1492 du 25 oct. 2017, art. 23-3°)* **« l'article L. 124-1 du code de l'éducation » dans laquelle est effectué le stage.**

Les prestations et indemnités sont accordées selon les modalités fixées par la section 3 du présent chapitre, à l'exclusion de celles relatives au versement d'une indemnité en capital et sous réserve des dispositions de l'article D. 751-4 *(Décr. n° 2017-1492 du 25 oct. 2017, art. 23-3°)* **« du présent code ».**

C. — Lorsque l'accident survient par le fait ou à l'occasion de l'enseignement ou de la formation dispensée par l'établissement dont relève l'élève ou l'étudiant, l'obligation de déclaration incombe à l'établissement. Il adresse sans délai à l'entreprise signataire de la convention mentionnée ci-dessus une copie de la déclaration d'accident envoyée à la caisse de mutualité sociale agricole compétente.

(Décr. n° 2011-158 du 7 févr. 2011) **« III. — Pour les stagiaires mentionnés au 8° du II de l'article L. 751-1** *(Décr. n° 2017-1492 du 25 oct. 2017, art. 23-3°)* **« du même code », l'obligation de déclaration de l'accident du travail incombe à l'entreprise signataire de la convention prévue à** *(Décr. n° 2017-1492 du 25 oct. 2017, art. 23-3°)* **« l'article L. 124-1 du code de l'éducation ». La déclaration est adressée sans délai par l'entreprise signataire à la caisse de mutualité sociale agricole auprès de laquelle est affilié l'employeur. Une copie de cette déclaration est adressée à l'établissement d'enseignement.**

« Les prestations sont accordées selon les modalités prévues par la section 3 du présent chapitre, à l'exclusion de l'indemnité en capital et sous réserve des dispositions de l'article D. 751-4 » *(Décr. n° 2017-1492 du 25 oct. 2017, art. 23-3°)* **« du présent code ».**

IV. — Abrogé par Décr. n° 2017-1492 du 25 oct. 2017, art. 23-3°.

Art. D. 751-4 *(Décr. n° 2009-990 du 20 août 2009, art. 2)* **I. — Dans les cas mentionnés à l'article D. 751-3, l'assiette servant de base au calcul des cotisations et de la rente diffère selon que la gratification perçue par le stagiaire est inférieure, égale ou supérieure à la fraction de gratification mentionnée** *(Décr. n° 2018-821 du 27 sept. 2018, art. 2)* **« au *b* du 1° du III de l'article L. 136-1-1 »** *(Décr. n° 2012-18 du 4 janv. 2012)* **« du code de la sécurité sociale ».**

1° Si la gratification perçue est inférieure ou égale à la fraction de gratification mentionnée *(Décr. n° 2018-821 du 27 sept. 2018, art. 2)* **« au *b* du 1° du III de l'article L. 136-1-1 »** *(Décr. n° 2012-18 du 4 janv. 2012)* **« du code de la sécurité sociale »,**

l'assiette de référence est le salaire minimal de la catégorie, de l'échelon ou de l'emploi qualifié dans laquelle ou lequel l'élève serait normalement classé à sa sortie de l'établissement ou du centre, tel qu'il est déterminé au premier jour du trimestre civil pour lequel la cotisation est due.

Pour le calcul de la rente, le salaire mentionné à l'alinéa ci-dessus est celui en vigueur à la date de l'interruption de scolarité consécutive à l'accident.

2° Si la gratification perçue est supérieure à la fraction de gratification mentionnée *(Décr. n° 2018-821 du 27 sept. 2018, art. 2)* « au *b* du 1° du III de l'article L. 136-1-1 » *(Décr. n° 2012-18 du 4 janv. 2012)* « du code de la sécurité sociale », l'assiette de référence est égale à la différence entre la gratification versée au stagiaire et le montant de la fraction de gratification mentionnée *(Décr. n° 2018-821 du 27 sept. 2018, art. 2)* « au *b* du 1° du III de l'article L. 136-1-1 » *(Décr. n° 2012-18 du 4 janv. 2012)* « du code de la sécurité sociale ».

La rente est calculée sur la base soit du salaire minimal mentionné au second alinéa du 1°, soit du montant de la gratification versée au stagiaire, si celui-ci est supérieur.

II. — Le taux applicable aux salaires ou aux assiettes mentionnés au I ci-dessus est fixé par arrêté du ministre chargé de l'agriculture.

III. — La cessation de l'activité scolaire ne donne pas lieu au paiement d'indemnités journalières.

Par dérogation au principe énoncé à l'alinéa précédent, des indemnités journalières sont dues au stagiaire, en cas d'accident du travail survenu ou de maladie professionnelle constatée pendant le stage, pour toutes sommes perçues au-delà de la fraction de gratification mentionnée *(Décr. n° 2018-821 du 27 sept. 2018, art. 2)* « au *b* du 1° du III de l'article L. 136-1-1 » *(Décr. n° 2012-18 du 4 janv. 2012)* « du code de la sécurité sociale » et selon les modalités prévues par les articles R. 751-47 et R. 751-48 *(Décr. n° 2012-18 du 4 janv. 2012)* « du présent code ».

Art. D. 751-4-1 *(Décr. n° 2019-1086 du 24 oct. 2019, art. 3)* I. — Pour les apprentis et les bénéficiaires d'un contrat de professionnalisation mentionnés par le II de l'article D. 751-2, les dispositions du III *bis* de l'article R. 412-4 du code de la sécurité sociale sont applicables, sous réserve des modifications suivantes :

1° Le taux de cotisation est celui fixé par l'arrêté prévu à l'article D. 751-74 du présent code pour les apprentis relevant du régime des salariés agricoles ;

2° Les formalités déclaratives et le versement des cotisations continuent à être réalisés auprès de la caisse de mutualité sociale agricole de rattachement de l'employeur en France des apprentis et des bénéficiaires d'un contrat de professionnalisation susmentionnés, avant leur période de mobilité dans l'Union européenne.

II. — Les prestations et indemnités sont accordées, pendant leur période de mobilité dans l'Union européenne effectuée dans le cadre des II des articles L. 6222-42 et L. 6325-25 du code du travail, selon les modalités fixées par la section 3 du présent chapitre, à l'exclusion de celles relatives au versement d'une indemnité en capital.

§ 2 Membres bénévoles de certains organismes sociaux

Art. D. 751-5 Pour l'application du 2° du II de l'article L. 751-1, les organismes énumérés ci-après sont considérés comme organismes à objet social créés au profit des professions agricoles, en vertu ou pour l'application d'un texte législatif ou réglementaire :

1° Régimes obligatoires de protection sociale agricole :

a) Union des caisses centrales de la mutualité agricole ;

b) Caisse centrale de la mutualité sociale agricole ;

c) Caisses de mutualité sociale agricole ;

d) Unions ou fédérations départementales de la mutualité agricole créées en application des articles L. 723-5 et L. 723-7 ;

e) Établissements ou institutions destinés à améliorer l'état sanitaire et social créés en application de l'article R. 726-1 ;

f) Comités techniques de prévention des accidents du travail et des maladies professionnelles des salariés agricoles, institués par la section 8 du présent chapitre ;

(Décr. nº 2017-1492 du 25 oct. 2017, art. 23-4º) « *g)* Commission nationale de la prévention des accidents du travail et des maladies professionnelles des salariés agricoles, mentionnée à l'article R. 721-1-1 ;

« *h)* » *(Décr. nº 2011-158 du 7 févr. 2011)* « Commissions paritaires d'hygiène, de sécurité et des conditions de travail en agriculture mentionnées à l'article R. 717-83 » ;

2º Régimes agricoles de prévoyance : organismes de prévoyance et de retraite créés en application de l'article L. 727-2 ;

3º Médecine du travail : associations spécialisées pour la médecine du travail instituées en application de l'article L. 717-3 ;

4º Action sociale pour l'aménagement des structures agricoles :

a) *(Décr. nº 2009-340 du 27 mars 2009, art. 10-I)* « Agence de services et de paiement » ;

b) Associations départementales pour l'amélioration des structures des exploitations agricoles ;

5º Régime agricole d'allocations spéciales aux travailleurs sans emploi : Association nationale pour l'assurance chômage des salariés des exploitations et entreprises agricoles ;

6º Institutions sociales et médico-sociales : organismes gérant des établissements ou services énumérés à l'article L. 312-1 du code de l'action sociale et des familles, lorsque le personnel desdits organismes relève des régimes de protection sociale agricole.

Art. D. 751-6 Les personnes entrant dans le champ d'application du 2º du II de l'article L. 751-1 sont celles qui ont été élues ou désignées pour exercer, à titre bénévole, les fonctions de membre des conseils d'administration ou des comités directeurs des organismes mentionnés à l'article D. 751-5 (1º, *a* à *f*, à 5º) ou des comités ou commissions fonctionnant auprès desdits conseils ou comités directeurs ainsi que du comité national *(Abrogé par Décr. nº 2017-1492 du 25 oct. 2017, art. 23-5º) « et des comités départementaux du fonds mentionné à l'article D. 751-5 (1º, g) »*, dès lors qu'elles ne sont pas susceptibles de bénéficier, à un autre titre, des dispositions du présent titre ou de l'un des régimes mentionnés à l'article L. 413-12 du code de la sécurité sociale pour les accidents survenus par le fait ou à l'occasion de ces fonctions.

Pour l'application du 6º de l'article D. 751-5 *(Décr. nº 2017-1492 du 25 oct. 2017, art. 23-5º)* « du présent code », sont considérés comme membres bénévoles, outre ceux mentionnés au premier alinéa du présent article, les membres actifs des organismes définis *(Décr. nº 2017-1492 du 25 oct. 2017, art. 23-5º)* « au même 6º du même article » dûment mandatés pour assurer de manière régulière les missions à but social et médico-social définies à l'article L. 311-1 du code de l'action sociale et des familles.

Art. D. 751-7 Toutes les obligations imposées aux employeurs de main-d'œuvre en application du présent titre ainsi que la déclaration en vue de l'immatriculation des personnes mentionnées à l'article D. 751-6 et leur affiliation à la caisse de mutualité sociale agricole dans la circonscription de laquelle l'organisme à objet social mentionné à l'article D. 751-5 a son siège incombent à la personne, au service ou à l'institution responsable du fonctionnement de cet organisme.

Art. D. 751-8 Le salaire servant de base au calcul des cotisations est égal au double du salaire annuel minimal prévu à l'article L. 434-16 du code de la sécurité sociale. Un arrêté du ministre chargé de l'agriculture *(Décr. nº 2009-794 du 23 juin 2009)* « et du ministre chargé de la sécurité sociale » peut fixer des cotisations forfaitaires.

Le salaire servant de base au calcul des indemnités et des rentes est égal au double de ce salaire minimal, tel qu'il est en vigueur soit à la date de l'arrêt de travail résultant de l'accident, de la rechute ou de l'aggravation, soit, s'il n'y a pas eu d'arrêt de travail, à la date de constatation de l'incapacité permanente.

§ 3 Salariés désignés pour siéger dans certains organismes

Art. D. 751-9 Entrent dans le champ d'application du 3º du II de l'article L. 751-1 les salariés désignés pour siéger dans les organismes dont la liste est fixée par l'arrêté interministériel prévu *(Décr. nº 2017-1492 du 25 oct. 2017, art. 23-6º)* « au deuxième alinéa de l'article L. 3142-42 du code du travail », à l'exception de ceux qui bénéficient de la législation sur les accidents du travail en qualité de membres bénévoles des organismes sociaux énumérés à l'article D. 751-5 du présent code.

Art. D. 751-10 Sont garantis les accidents survenus par le fait ou à l'occasion des missions effectuées par les personnes mentionnées à l'article D. 751-9. Doivent également être considérés comme survenus à l'occasion de leurs missions les accidents dont pourraient être victimes ces personnes pendant le trajet d'aller et retour entre leur lieu de travail et les organismes à l'activité desquels elles participent.

Art. D. 751-11 Les obligations de l'employeur incombent à la personne, au service, à l'institution ou à l'administration responsable de la gestion de cet organisme, notamment en ce qui concerne :

1° L'affiliation des personnes mentionnées à l'article D. 751-9 à la caisse de mutualité sociale agricole dans la circonscription de laquelle l'organisme a son siège ;

2° Le versement des cotisations ;

3° La déclaration des accidents.

Art. D. 751-12 Le salaire servant de base au calcul des cotisations est égal au double du salaire annuel minimal prévu à l'article L. 434-16 du code de la sécurité sociale. Un arrêté du ministre chargé de l'agriculture *(Décr. nº 2009-794 du 23 juin 2009)* « et du ministre chargé de la sécurité sociale » peut fixer des cotisations forfaitaires.

Le salaire servant de base au calcul des indemnités et des rentes est égal au double de ce salaire minimal tel qu'il est en vigueur soit à la date de l'arrêt de travail résultant de l'accident, de la rechute ou de l'aggravation, soit, s'il n'y a pas eu d'arrêt de travail, à la date de constatation de l'incapacité permanente.

§ 4 Assurés bénéficiaires d'allocations de conversion

Art. D. 751-13 Pour les assurés bénéficiaires des allocations de conversion *(Décr. nº 2017-1492 du 25 oct. 2017, art. 23-7º)* « mentionnées au 3º de l'article L. 5123-2 du code du travail », les obligations de l'employeur autres que le paiement des cotisations incombent à la personne ou à l'organisme responsable de l'action de reclassement du fait ou à l'occasion de laquelle intervient l'accident.

Art. D. 751-14 Pour les assurés bénéficiaires de ces mêmes allocations autres que ceux mentionnés à l'article D. 761-50 le salaire servant de base au calcul de l'indemnité journalière est, sous réserve des dispositions des articles R. 751-47 à R. 751-56, celui du mois précédant la date de suspension ou de rupture du contrat de travail. Le salaire servant de base au calcul des rentes est, sous réserve des dispositions des articles R. 751-57 à R. 751-66, la rémunération effective totale reçue chez un ou plusieurs employeurs pendant les douze mois civils précédant la date de suspension ou de rupture du contrat de travail.

§ 5 Salariés bénéficiaires d'un congé de représentation

Art. D. 751-15 Les dispositions des articles D. 412-95, D. 412-96 et D. 412-97 du code de la sécurité sociale sont applicables aux salariés agricoles désignés, dans les conditions définies à *(Décr. nº 2017-1492 du 25 oct. 2017, art. 23-8º)* « l'article L. 3142-60 du code du travail », pour siéger dans une instance instituée par une disposition législative ou réglementaire auprès d'une autorité de l'État.

§ 6 Personnes susceptibles de bénéficier des dispositions de l'article L. 751-5

Art. R. 751-16 Les dispositions de l'article R. 413-1 du code de la sécurité sociale sont applicables au régime défini au présent chapitre, la référence à l'article L. 751-5 du présent code étant substituée à la référence de l'article L. 413-1 du code de la sécurité sociale.

§ 7 Personnes effectuant des stages de formation professionnelle continue dans le cadre du plan de professionnalisation personnalisé

(Décr. nº 2011-158 du 7 févr. 2011)

Art. D. 751-16-1 Pour les personnes mentionnées au 10° du II de l'article L. 751-1, l'obligation de déclaration de l'accident du travail incombe à l'organisme public ou privé, ou au chef de l'exploitation ou de l'entreprise agricole dans laquelle est effectué le stage.

Le salaire servant de base au calcul des prestations est déterminé dans les conditions suivantes :

a) Pour les stagiaires rémunérés, le salaire servant de base au calcul des prestations est égal, pour les indemnités journalières, au salaire minimum de croissance correspondant à la durée légale du travail et applicable à la date de l'accident et pour les rentes au salaire minimum mentionné à l'article L. 434-16 du code de la sécurité sociale, ou dans les deux cas, au salaire réel alloué au stagiaire lorsqu'il est supérieur ;

b) Pour les stagiaires non rémunérés, le salaire servant de base au calcul de la rente est le salaire minimum mentionné à l'article L. 434-16 du code de la sécurité sociale.

§ 8 Personnes exerçant une activité non salariée agricole et bénéficiaires d'un appui à la création ou à la reprise d'une activité économique

(Décr. nº 2011-158 du 7 févr. 2011)

Art. D. 751-16-2 Pour les personnes mentionnées au 11° du II de l'article L. 751-1, les obligations de l'employeur, notamment l'affiliation des bénéficiaires, le paiement des cotisations et la déclaration des accidents, incombent à la personne morale responsable de l'appui à la création ou à la reprise de l'activité économique.

Lorsqu'elles sont rémunérées, le salaire servant de base au calcul des prestations est déterminé dans les conditions suivantes :

a) Pour les indemnités journalières, il est égal au montant de la rétribution versée par la structure accompagnatrice ;

b) Pour la rente, il est égal au salaire annuel mentionné à l'article L. 434-16 du code de la sécurité sociale.

Lorsqu'elles ne sont pas rémunérées, le salaire servant de base au calcul de la rente est égal au salaire minimum mentionné à l'article L. 434-16 du code de la sécurité sociale.

§ 9 Bénéficiaires de mises en situation dans les établissements et services définis au *a* du 5° du I de l'article L. 312-1 du code de l'action sociale et des familles, ayant une activité agricole

(Décr. nº 2019-1205 du 19 nov. 2019, art. 1er)

Art. D. 751-16-3 Pour les personnes mentionnées au 9° du II de l'article L. 751-1, les obligations de l'employeur, notamment l'affiliation des bénéficiaires, le paiement des cotisations et la déclaration des accidents incombent à l'établissement ou service défini au *a* du 5° du I de l'article L. 312-1 du code de l'action sociale et des familles.

En cas d'accident, les établissements et services mentionnés au premier alinéa informent sans délai les organismes prescripteurs des périodes de mises en situation en milieu professionnel mentionnées à l'article R. 146-31-1 du code de l'action sociale et des familles.

Art. D. 751-16-4 Les dispositions des articles D. 412-106 à D. 412-109 du code de la sécurité sociale sont applicables aux mises en situation prévues dans le cadre du 9° du II de l'article L. 751-1 du présent code. Toutefois, pour l'application de l'article D. 412-107, la caisse de mutualité sociale agricole est substituée à l'union de recouvrement des cotisations de sécurité sociale et d'allocations familiales et pour l'application des articles D. 412-106 et D. 412-107, la référence au 19° de l'article L. 412-8 du code de la sécurité sociale est remplacée par la référence au 9° du II de l'article L. 751-1 précité.

§ 10 Entrepreneurs salariés et entrepreneurs salariés associés d'une coopérative d'activité et d'emploi

(Décr. nº 2019-1205 du 19 nov. 2019, art. 1er)

Art. D. 751-16-5 Pour les entrepreneurs salariés et les entrepreneurs salariés associés d'une coopérative d'activité et d'emploi mentionnés au 12° du II de l'article L. 751-1 du présent code, les obligations de l'employeur, notamment l'affiliation des bénéficiaires, le paiement des cotisations, et la déclaration des accidents incombent à la coopérative d'activité et d'emploi avec laquelle ils ont conclu le contrat mentionné au 2° de l'article L. 7331-2 du code du travail.

L'assiette des cotisations applicable est celle mentionnée à l'article L. 751-13. Leur taux est fixé par l'arrêté prévu à l'article D. 751-74. Les indemnités et les rentes sont calculées selon les modalités prévues à la section 3 du chapitre 1er du titre V du livre VII de la partie réglementaire du présent code.

§ 11 Personnes bénéficiaires d'indemnités journalières en application des articles L. 732-4, L. 742-3, L. 751-8 et L. 752-5 et menant les actions mentionnées au 13° du II de l'article L. 751-1

(Décr. nº 2023-70 du 6 févr. 2023, art. 1er)

Art. D. 751-16-6 I. — Pour les personnes mentionnées au 13° du II de l'article L. 751-1 du présent code :

1° Les obligations imposées à l'employeur, en vue de l'affiliation de ces mêmes personnes et en vue de la déclaration et du paiement de la cotisation mentionnée au IV du présent article, incombent à la caisse de mutualité sociale agricole dont relèvent les personnes susmentionnées ;

2° La déclaration des accidents du travail à la caisse de mutualité sociale agricole dont relèvent les personnes mentionnées au premier alinéa, incombe à la personne, au service, à l'institution ou à l'organisme responsable de l'accueil des personnes susmentionnées.

II. — Les accidents garantis sont ceux qui surviennent au cours des actions mentionnées au 13° de l'article L. 751-1 du présent code ou sur le trajet d'aller et de retour entre le domicile des assurés bénéficiaires de ces actions et le lieu de déroulement de ces actions.

III. — Le salaire servant de base au calcul des prestations est égal :

1° Pour les indemnités journalières, au salaire minimum de croissance correspondant à la durée légale du travail et applicable à la date de l'accident ;

2° Pour les rentes, au salaire minimum mentionné à l'article L. 434-16 du code de la sécurité sociale.

IV. — La cotisation due au titre des actions mentionnées au 13° du II de l'article L. 751-1 du présent code est une cotisation horaire calculée sur la base de 7 % du plafond horaire de sécurité sociale, en application de l'article L. 242-4-4 du code de la sécurité sociale.

Le taux de la cotisation est celui prévu pour les stagiaires de la formation professionnelle continue et fixé par l'arrêté pris en application de l'article D. 751-74 du présent code.

Le paiement de la cotisation est accompagné d'un bordereau daté et signé indiquant le nombre de personnes bénéficiaires des actions mentionnées au 13° du II de l'article L. 751-1 du présent code, le nombre d'heures représentées par ces actions et le montant global des cotisations s'y rapportant.

SOUS-SECTION 2 Définition de l'accident du travail

La présente sous-section ne comprend pas de dispositions réglementaires.

SECTION 2 Dispositions relatives aux maladies professionnelles

SOUS-SECTION 1 Dispositions générales

Art. R. 751-17 Sans préjudice des dispositions du présent chapitre, sont applicables aux maladies d'origine professionnelle en agriculture les dispositions réglementaires du titre VI du livre IV du code de la sécurité sociale.

Art. R. 751-18 Pour l'application de l'article R. 461-7 du code de la sécurité sociale au régime de l'assurance obligatoire des salariés agricoles contre les accidents du travail et les maladies professionnelles, à la référence à l'article *(Décr. n° 2006-111 du 2 févr. 2006)* « R. 434-29 » de ce code est substituée la référence aux articles R. 751-57 et R. 751-58.

Art. R. 751-18-1 *(Décr. n° 2007-1273 du 27 août 2007, art. 5-I)* Les dispositions de la présente section sont applicables aux maladies contractées dans le cadre des périodes accomplies dans la réserve sanitaire conformément à l'article L. 3133-1 du code de la santé publique. Dans ce cas, les références à "l'employeur" sont remplacées par celles de "*(Décr. n° 2016-523 du 27 avr. 2016, art. 4-IV-3°)* « l'agence mentionnée à l'article L. 1413-1 » du code de la santé publique".

SOUS-SECTION 2 Commission supérieure des maladies professionnelles en agriculture

La Commission supérieure des maladies professionnelles en agriculture est renouvelée jusqu'au 8 juin 2025 (Décr. n° 2020-781 du 23 juin 2020, art. 1er, JO 26 juin).

Art. D. 751-19 La Commission supérieure des maladies professionnelles en agriculture est chargée de donner son avis sur :

1° L'établissement des tableaux de maladies professionnelles en agriculture, les modifications et les additions à ceux-ci ;

2° La liste des maladies ayant un caractère professionnel dont la déclaration est obligatoire pour les médecins ;

3° Toutes les questions d'ordre médical et technique qui lui sont transmises par le ministre chargé de l'agriculture.

Art. D. 751-20 *(Décr. n° 2009-698 du 15 juin 2009)* La Commission supérieure des maladies professionnelles en agriculture comprend :

1° Un conseiller d'État, honoraire ou en activité, président ;

2° Cinq représentants des départements ministériels concernés :

a) Trois représentants du ministre chargé de l'agriculture ;

b) Un représentant du ministre chargé du travail ;

c) Un représentant du ministre chargé de la santé ;

(Décr. n° 2018-161 du 5 mars 2018, art. 1er) « 3° Quatre représentants des organismes nationaux d'expertise et de prévention :

« *a)* Un représentant de l'Institut national de médecine agricole ;

« *b)* Un représentant de l'Agence nationale de santé publique ;

« *c)* Un représentant de l'Agence nationale de sécurité sanitaire de l'alimentation, de l'environnement et du travail ;

« *d)* Un représentant de l'Institut national de recherche et de sécurité ; »

4° Deux médecins désignés par le ministre chargé de l'agriculture en raison de leur compétence particulière dans le domaine des maladies professionnelles ;

5° Deux représentants des associations de victimes de risques professionnels *(Abrogé par Décr. n° 2018-161 du 5 mars 2018, art. 1er)* ***« et un représentant d'une chambre consulaire »*** ;

6° Six représentants des organisations syndicales d'employeurs les plus représentatives au plan national au sens du code du travail, ou d'organisations syndicales d'exploitants *(Décr. n° 2017-1492 du 25 oct. 2017, art. 23-9°)* « mentionnées à l'article R. 514-39 du présent code » ;

7° Six représentants des salariés agricoles, désignés sur proposition des organisations syndicales représentatives de ces salariés ;

(Décr. n° 2018-161 du 5 mars 2018, art. 1er) « 8° Quatre représentants de la Caisse centrale de la mutualité sociale agricole, dont le médecin du travail en charge, au niveau national, de la santé et de la sécurité au travail et le médecin-conseil en charge, au niveau national, du contrôle médical. »

9° Abrogé par Décr. n° 2017-1492 du 25 oct. 2017, art. 23-9°.

Art. D. 751-21 *(Décr. n° 2009-698 du 15 juin 2009)* Les membres de la commission sont nommés pour un mandat d'une durée de cinq ans, renouvelable, par arrêté du ministre chargé de l'agriculture. Pour chacun des membres, à l'exception de ceux mentionnés au 4° de l'article D. 751-20, un suppléant appelé à le remplacer en cas d'absence ou d'empêchement, est désigné dans les mêmes conditions.

En cas d'absence ou d'empêchement du président, celui-ci est remplacé dans cette fonction par l'un des médecins désignés au *(Abrogé par Décr. n° 2018-161 du 5 mars 2018, art. 1er)* « *3° ou* » 4° ci-dessus.

Le secrétariat est assuré par le service des affaires financières, sociales et logistiques du ministère chargé de l'agriculture. Il assure, sous l'autorité du président, l'organisation des travaux, arrête l'ordre du jour et adresse les convocations et les documents de séance quinze jours au moins avant la séance, sauf urgence. Il établit les procès-verbaux de réunion qui sont approuvés par le président de la commission.

Lorsqu'il n'est pas suppléé, le membre d'une commission peut donner un mandat à un autre membre. Chaque membre présent à une réunion de la commission ne peut détenir plus de deux mandats.

(Décr. n° 2018-161 du 5 mars 2018, art. 1er) « La Commission peut, sur proposition de son président, constituer et mandater des groupes de travail, formuler des recommandations et diligenter des études. Les groupes de travail sont mis en place pour une durée déterminée en fonction du calendrier des travaux pour lesquels ils sont mandatés.

« Elle peut également, dans les conditions prévues à l'article R. 133-6 du code des relations entre le public et l'administration, entendre toute personne extérieure dont l'audition est de nature à éclairer ses délibérations. »

Art. D. 751-22 Les membres de la commission sont remboursés de leurs frais de déplacement dans les conditions prévues par *(Décr. n° 2017-1492 du 25 oct. 2017, art. 23-10°)* « le décret n° 2006-781 du 3 juillet 2006 fixant les conditions et les modalités de règlement des frais occasionnés par les déplacements temporaires des personnels civils de l'État ».

SOUS-SECTION 3 Tableaux des maladies professionnelles en agriculture

Art. R. 751-23 Les tableaux prévus à l'article L. 461-2 du code de la sécurité sociale, lorsqu'ils concernent les maladies professionnelles en agriculture, sont établis, révisés et complétés par décrets *(Abrogé par Décr. n° 2012-706 du 7 mai 2012, art. 9-1°, en vigueur le 1er juill. 2012)* « *en Conseil d'État* » pris après avis de la commission mentionnée à l'article D. 751-19 *(Décr. n° 2017-1492 du 25 oct. 2017, art. 23-11°)* « du présent code ».

Art. R. 751-24 Par dérogation aux dispositions de l'article L. 461-1 du code de la sécurité sociale, les tableaux établis en application de l'article R. 751-23 *(Décr. n° 2017-1492 du 25 oct. 2017, art. 23-12°)* « du présent code », ainsi que les révisions conduites en application des mêmes dispositions des tableaux figurant à l'annexe II du présent livre, sont applicables aux victimes dont la maladie a fait l'objet d'une première constatation médicale entre le 1er juillet 1973 et la date d'entrée en vigueur du nouveau tableau ou de la révision, sans que les prestations, indemnités et rentes ainsi accordées puissent avoir effet antérieurement à cette entrée en vigueur.

Art. R. 751-25 Sont considérées comme maladies professionnelles les maladies mentionnées aux tableaux figurant à l'annexe III *[annexe II]* du présent livre. — *V. cette annexe au* ***C. rur.***

SOUS-SECTION 4 Déclaration par les employeurs des procédés de travail susceptibles de provoquer des maladies professionnelles

Art. R. 751-26 Pour l'application du régime défini au présent chapitre, les maladies professionnelles mentionnées aux articles L. 461-4 et R. 461-4 du code de la sécurité sociale sont celles prévues à l'article R. 751-23 du présent code.

La caisse de mutualité sociale agricole transmet l'un des deux exemplaires de la déclaration mentionnée aux articles L. 461-4 et R. 461-4 du code de la sécurité sociale au comité technique prévu à l'article L. 751-48 du présent code.

Art. R. 751-27 Est puni de l'amende prévue pour les contraventions de la troisième classe, conformément à l'article R. 471-5 du code de la sécurité sociale, le fait pour l'employeur de contrevenir aux dispositions de l'article L. 461-4 dudit code, rendues applicables aux professions agricoles par les articles L. 751-7 et R. 751-17 du présent code.

SOUS-SECTION 5 Déclaration médicale de certaines maladies professionnelles

Art. R. 751-28 Pour l'application du régime défini au présent chapitre, la liste des maladies et des symptômes d'imprégnation toxique dont la déclaration est obligatoire pour tout médecin qui peut en connaître l'existence, prévue à l'article L. 461-6 du code de la sécurité sociale, est établie par décret pris après avis de la Commission supérieure des maladies professionnelles en agriculture.

(Décr. nº 2010-815 du 13 juill. 2010) « Une copie des déclarations prévues à cet article est adressée à la caisse de mutualité sociale agricole compétente ainsi qu'au ministre chargé de l'agriculture. »

Art. D. 751-29 La liste des maladies professionnelles en agriculture, dont la déclaration par les médecins est obligatoire en vue de la prévention des maladies professionnelles ainsi que de l'extension et de la révision des tableaux de maladies professionnelles susceptibles de donner lieu à réparation, figure à l'annexe IV *[annexe III]* du présent livre. — *V. cette annexe au* **C. rur.** 🏛.

SOUS-SECTION 6 Déclaration de la maladie par la victime

Art. R. 751-30 Doit être déclarée par les soins de la victime à la caisse de mutualité sociale agricole dans les quinze jours qui suivent la cessation du travail toute maladie professionnelle dont la réparation est demandée en vertu du présent chapitre, même si elle a déjà été portée à la connaissance de la caisse, en application des articles R. 161-40 et R. 321-2 du code de la sécurité sociale par la transmission de feuilles de soins ou d'un avis d'arrêt de travail.

Dans le cas prévu à l'article R. 751-24 *(Décr. nº 2017-1492 du 25 oct. 2017, art. 23-13º)* « du présent code », le délai de quinze jours suivant la cessation du travail pendant lequel la victime doit faire la déclaration mentionnée ci-dessus est remplacé par un délai de trois mois à compter de la date d'entrée en vigueur du nouveau tableau ou de la révision du tableau intervenue dans les conditions fixées audit article.

Lorsque la victime se trouve dans la situation prévue à l'article R. 751-24 *(Décr. nº 2017-1492 du 25 oct. 2017, art. 23-13º)* « précité », il est fait application des dispositions de l'article R. 751-16 *(Décr. nº 2017-1492 du 25 oct. 2017, art. 23-13º)* « du présent code ».

Art. R. 751-31 L'attestation de salaire établie dans les mêmes formes qu'en matière d'accident du travail est remise directement par l'employeur à la victime, qui l'annexe à sa déclaration. La feuille d'accident mentionnée à l'article L. 751-27 est remise à la victime par la caisse de mutualité sociale agricole.

Le certificat médical constatant la guérison ou la consolidation de l'état du malade ou indiquant les conséquences définitives est établi en trois exemplaires et reçoit les mêmes destinations que le certificat initial mentionné à l'article L. 461-5 du code de la sécurité sociale.

SOUS-SECTION 7 Reconnaissance de l'origine professionnelle de la maladie

Art. D. 751-32 La caisse de mutualité sociale agricole compétente statue sur la demande de reconnaissance de l'origine professionnelle de la maladie dans les conditions prévues aux articles D. 751-115 à D. 751-127.

Art. D. 751-33 Sous réserve des adaptations prévues aux articles D. 751-34 à D. 751-37 du présent code, les articles D. 461-26 à D. 461-30 du code de la sécurité sociale, relatifs à la consultation des comités régionaux de reconnaissance des maladies professionnelles, s'appliquent au régime prévu par le présent chapitre.

Art. D. 751-34 Lorsqu'une demande de reconnaissance de maladie professionnelle est présentée par un salarié relevant du régime obligatoire des salariés agricoles, contre les accidents du travail et les maladies professionnelles, le médecin-conseil régional mentionné au 1° de l'article D. 461-27 du code de la sécurité sociale est remplacé par le médecin-conseil national du régime agricole de protection sociale ou un médecin-conseil le représentant.

Art. D. 751-35 Le comité régional compétent prévu à l'article D. 461-28 du code de la sécurité sociale est celui dans le ressort duquel se trouve la caisse de mutualité sociale agricole dont relève la victime.

Art. D. 751-36 Le dossier constitué par la caisse de mutualité sociale agricole comprend l'ensemble des éléments énumérés à l'article D. 461-29 du code de la sécurité sociale. Le rapport mentionné au 5° est établi par le service du contrôle médical de la caisse de mutualité sociale agricole.

La communication du dossier s'effectue dans les conditions définies au huitième alinéa de l'article D. 461-29 du code de la sécurité sociale ainsi qu'à l'article D. 751-119 du présent code.

Art. D. 751-37 Pour l'application du premier alinéa de l'article D. 461-30 du code de la sécurité sociale, la caisse de mutualité sociale agricole saisit le comité régional compétent.

Pour l'application du quatrième alinéa de l'article D. 461-30 du code de la sécurité sociale, le dossier est rapporté devant le comité par le médecin-conseil qui a examiné la victime ou qui a statué sur son taux d'incapacité permanente ou par le médecin-conseil qu'il a désigné pour le représenter.

Pour l'application du cinquième alinéa, le comité prend obligatoirement l'avis d'un conseiller de prévention de la mutualité sociale agricole.

L'avis mentionné au dernier alinéa de l'article D. 461-30 du code de la sécurité sociale est rendu à la caisse de mutualité sociale agricole.

Art. D. 751-38 Le médecin-conseil national adresse chaque année au ministre chargé de l'agriculture un rapport sur les demandes de reconnaissance de maladies professionnelles émanant des salariés de l'agriculture. Ce rapport est communiqué à la Commission supérieure des maladies professionnelles en agriculture mentionnée à l'article D. 751-19 ainsi qu'au *(Décr. n° 2017-1492 du 25 oct. 2017, art. 23-14°)* « Conseil d'orientation des conditions de travail mentionné à l'article L. 4641-1 du code du travail ».

Art. D. 751-39 Les dépenses de toute nature résultant de l'application des articles D. 751-33 à D. 751-38 sont à la charge de la Caisse centrale de la mutualité sociale agricole. Les modalités d'imputation de ces dépenses sont fixées par voie de convention conclue entre la Caisse centrale de la mutualité sociale agricole et la Caisse nationale *(Décr. n° 2020-621 du 22 mai 2020, art. 3)* « de l'assurance maladie ».

SECTION 3 Prestations

SOUS-SECTION 1 Dispositions générales

Art. R. 751-40 Sous réserve des dispositions particulières de la présente section, sont applicables au régime de l'assurance obligatoire des salariés agricoles contre les accidents du travail et les maladies professionnelles les articles R. 431-1, R. 431-2, R. 432-1 à R. 432-3, R. 432-4 (premier et troisième alinéas), R. 432-6 à R. 432-10, *(Décr. n° 2017-1814 du 29 déc. 2017, art. 4)* « D. 432-15 », *(Décr. n° 2006-111 du 2 févr. 2006 ; Décr. n° 2012-17 du 4 janv. 2012 ; Décr. n° 2013-276 du 2 avr. 2013, art. 2-2°)* « R. 433-1 à R. 433-3, R. 433-4-1, R. 433-7 à R. 433-12, R. 433-14 à R. 433-16, R. 434-1, D. 434-1, D. 434-2, D. 434-3, *(Décr. n° 2023-759 du 10 août 2023, art. 3, en vigueur le 1er sept. 2023)* « D. 434-3-1, » R. 434-1-1 à R. 434-18, R. 434-20, R. 434-21 à R. 434-23, R. 434-25 à R. 434-28, R. 434-33 à R. 434-35, » D. 435-1, D. 435-2, R. 436-2, R. 436-5, R. 441-16, R. 443-1, R. 443-2, R. 443-4 à R. 443-7, *(Décr. n° 2015-653 du 10 juin 2015, art. 2-I-1°)* « R. 452-2, D. 452-1 et R. 454-1 à R. 454-5 » et R. 481-1 à R. 481-7 du code de la sécurité sociale.

(Décr. n° 2006-111 du 2 févr. 2006) « Pour l'application de l'article R. 432-9-1 du code de la sécurité sociale, la référence à l'article R. 433-4 du code de la sécurité sociale est remplacée par la référence aux articles R. 751-48, R. 751-49, R. 751-51 et

R. 751-52 du présent code et la référence à l'article R. 434-29 du code de la sécurité sociale est remplacée par la référence aux articles R. 751-57 et R. 751-58 du présent code. »

Pour l'application du troisième alinéa de l'article R. 434-4 du code de la sécurité sociale, la référence aux articles *(Décr. n° 2006-111 du 2 févr. 2006)* « R. 434-28 et R. 434-29 » du même code est remplacée par la référence aux articles R. 751-57 et R. 751-58 du présent code.

(Décr. n° 2017-1814 du 29 déc. 2017, art. 4) « Pour l'application des dispositions *(Décr. n° 2018-1256 du 27 déc. 2018, art. 3)* « de l'article R. 432-9-6 » du code de la sécurité sociale, la Caisse centrale de mutualité sociale agricole exerce les fonctions dévolues à la Caisse nationale de l'assurance maladie. »

(Décr. n° 2023-759 du 10 août 2023, art. 3, en vigueur le 1er sept. 2023) « Pour l'application des dispositions de l'article D. 434-3-1 du code de la sécurité sociale, la référence à la Caisse nationale d'assurance vieillesse est remplacée par la Caisse de mutualité sociale agricole mentionnée à l'article L. 723-2. »

Art. R. 751-41 Pour l'application au régime défini au présent chapitre des règles de prescription prévues à l'article L. 431-2 du code de la sécurité sociale, les prestations et indemnités mentionnées au premier alinéa dudit article s'entendent de celles prévues à l'article L. 751-8 du présent code. *(Décr. n° 2006-111 du 2 févr. 2006 ; Décr. n° 2007-265 du 26 févr. 2007)* « Elles se prescrivent par deux ans à compter du jour de l'accident ou de la cessation du paiement de l'indemnité journalière. »

Dans les cas respectivement prévus aux articles L. 443-1 (1er alinéa) et L. 443-2 du code de la sécurité sociale, le délai de prescription de deux ans défini à l'article L. 431-2 dudit code court à compter de la date :

1° Soit de la première constatation par le médecin traitant de la modification survenue dans l'état de la victime, sous réserve, en cas de difficultés prévues à l'article R. 751-133 du présent code, de l'avis émis par le médecin désigné lorsque celui-ci aura recueilli l'accord des parties ou, dans le cas contraire, de la décision judiciaire ;

(Décr. n° 2007-265 du 26 févr. 2007) « 2° Soit de la date de cessation du paiement de l'indemnité journalière allouée en raison de la rechute. »

SOUS-SECTION 2 **Prestations en nature**

§ 1 Soins

Art. R. 751-42 Pour l'application du régime défini au présent chapitre, la feuille d'accident mentionnée à l'article L. 441-5 du code de la sécurité sociale s'entend de celle prévue à l'article L. 751-27 du présent code.

§ 2 Appareillage

Art. R. 751-43 et R. 751-44 *Abrogés par Décr. n° 2010-332 du 24 mars 2010, art. 2-5°.*

§ 3 Réadaptation fonctionnelle, rééducation et reconversion professionnelles *(Décr. n° 2017-1815 du 29 déc. 2017, art. 2-1°).*

Art. R. 751-45 *Abrogé par Décr. n° 2018-928 du 29 oct. 2018, art. 6.*

Art. R. 751-46 Les bénéficiaires du régime défini au présent chapitre, qui effectuent un stage de réadaptation fonctionnelle ou de rééducation professionnelle à la suite d'un accident du travail bénéficient des dispositions du livre IV du code de la sécurité sociale dans les conditions prévues par l'article L. 412-8 du même code.

SOUS-SECTION 3 **Prestations en espèces**

Art. R. 751-47 *(Décr. n° 2014-953 du 20 août 2014, art. 2-1°)* « Pour l'application des articles L. 433-2 et L. 434-15 du code de la sécurité sociale au régime prévu par le présent chapitre, le salaire servant de base au calcul de l'indemnité journalière et des rentes s'entend des rémunérations, au sens du chapitre II du titre IV du livre II du code de la sécurité sociale, servant au calcul des cotisations dues au titre des accidents du travail et des maladies professionnelles et afférentes à la période à considérer dans chacun des cas prévus aux articles R. 751-48 et R. 751-57 du présent code. L'assiette ainsi définie s'applique y compris en cas de mise en œuvre des dispositions de l'article L. 751-19 du présent code. »

La rémunération de base fait l'objet d'un abattement en raison des frais professionnels qui y sont incorporés, lorsque le travailleur bénéficie, en matière d'impôt sur les traitements et salaires, d'une réduction propre, en sus du taux général de réduction pour frais professionnels. Le taux d'abattement de la rémunération est égal au taux de cette réduction supplémentaire.

Art. D. 751-47-1 *(Décr. n° 2010-1093 du 16 sept. 2010)* La victime dont l'accident du travail ou la maladie professionnelle a été reconnu et qui a été déclarée inapte conformément aux dispositions de l'article R. 717-18 du présent code a droit à l'indemnité mentionnée au cinquième alinéa de l'article L. 433-1 du code de la sécurité sociale dénommée "indemnité temporaire d'inaptitude" dans les conditions prévues aux articles L. 751-33 et D. 751-47-2 et suivants du présent code.

Art. D. 751-47-2 *(Décr. n° 2010-1093 du 16 sept. 2010)* Pour bénéficier de l'indemnité temporaire d'inaptitude, la victime adresse sans délai à la caisse de mutualité sociale agricole dont elle relève un formulaire de demande portant notamment mention, portée par le médecin du travail, d'un lien susceptible d'être établi entre l'inaptitude et l'accident du travail ou la maladie professionnelle, dans les conditions prévues à l'article D. 717-28-1 et comportant un cadre dans lequel elle atteste sur l'honneur de l'impossibilité de percevoir, pendant la période mentionnée à l'article D. 751-47-4, une quelconque rémunération liée au poste de travail pour lequel elle a été déclarée inapte. Un volet du formulaire de demande est adressé par la victime à l'employeur.

Un arrêté des ministres chargés de la sécurité sociale et de l'agriculture définit le modèle de formulaire.

Art. D. 751-47-3 *(Décr. n° 2010-1093 du 16 sept. 2010)* Le montant journalier de l'indemnité mentionnée à l'article D. 751-47-1 servie à la victime est égal au montant de l'indemnité journalière versé pendant l'arrêt de travail lié à l'accident du travail ou à la maladie professionnelle précédant l'avis d'inaptitude.

Lorsque la victime travaille pour le compte de plusieurs employeurs, l'indemnité est versée au titre du poste de travail pour lequel elle a été déclarée inapte.

Art. D. 751-47-4 *(Décr. n° 2010-1093 du 16 sept. 2010)* L'indemnité mentionnée à l'article D. 751-47-1 est versée par la caisse de mutualité sociale agricole, à compter du premier jour qui suit la date de l'avis d'inaptitude mentionné à l'article R. 717-18 jusqu'au jour de la date de licenciement ou de reclassement du bénéficiaire, pour la durée maximale prévue à l'article L. 1226-11 du code du travail, dans les conditions prévues à l'article R. 433-14 du code de la sécurité sociale.

Art. D. 751-47-5 *(Décr. n° 2010-1093 du 16 sept. 2010)* L'employeur, dans les huit jours qui suivent la date de sa décision de reclassement acceptée par la victime ou la date du licenciement de cette dernière, retourne le volet mentionné à l'article D. 751-47-2 à la caisse de mutualité sociale agricole après y avoir porté mention de la date de sa décision et confirmé l'exactitude des indications portées par le salarié.

Art. D. 751-47-6 *(Décr. n° 2010-1093 du 16 sept. 2010)* Lorsque le bénéficiaire de l'indemnité mentionnée à l'article D. 751-47-1 perçoit une rente liée à l'accident du travail ou à la maladie professionnelle qui a conduit à l'inaptitude, le montant mensuel de la rente servie s'impute sur celui de l'indemnité.

Art. D. 751-47-7 *(Décr. n° 2010-1093 du 16 sept. 2010)* La caisse de mutualité sociale agricole met en œuvre les dispositions des articles L. 133-4-1 *(Décr. n° 2017-1492 du 25 oct. 2017, art. 23-15°)* « du code de la sécurité sociale et L. 725-3-1 du présent code », notamment lorsque le versement de la rente intervient après le paiement de l'indemnité ou en cas d'annulation de l'avis d'inaptitude.

§ 1 Indemnité journalière

Art. R. 751-48 Le salaire journalier servant de base au calcul de l'indemnité journalière prévue à l'article L. 433-1 du code de la sécurité sociale est déterminé comme suit :

(Décr. nº 2014-953 du 20 août 2014, art. 2-2º) « 1º 1/30,42 du montant de la paye du mois civil antérieur à la date de l'arrêt de travail lorsque le salaire ou le gain est réglé mensuellement ou dans les cas autres que celui mentionné au 2º ; »

2º Un vingt-huitième du montant des deux ou des quatre dernières *(Décr. nº 2014-953 du 20 août 2014, art. 2-2º)* « payes du mois civil antérieur » à la date de l'arrêt de travail, si le salaire ou le gain est réglé toutes les deux semaines ou chaque semaine ;

3º et 4º Abrogés par Décr. nº 2014-953 du 20 août 2014, art. 2-2º.

L'indemnité journalière calculée à partir de ce salaire journalier ne peut dépasser le montant du gain journalier net perçu par la victime et déterminé *(Décr. nº 2014-953 du 20 août 2014, art. 2-2º)* « par application au salaire de référence du taux forfaitaire mentionné au deuxième alinéa de l'article R. 331-5 du code de la sécurité sociale ».

Art. R. 751-48-1 *Abrogé par Décr. nº 2012-17 du 4 janv. 2012.*

Art. R. 751-49 Par exception à l'article R. 751-47, le salaire servant de base au calcul de l'indemnité journalière due aux métayers est établi d'après une rémunération forfaitaire journalière égale à huit fois 130 % du salaire minimum de croissance et compte tenu du nombre de journées de travail que le métayer doit fournir pour l'exploitation normale de la ou des propriétés prises en métayage.

Ce nombre est fixé d'accord entre les parties *(Abrogé par Décr. nº 2010-815 du 13 juill. 2010)* « ***, sauf décision contraire de l'inspecteur du service du travail, de l'emploi et de la politique sociale agricoles,*** » compte tenu des usages locaux.

Art. R. 751-50 Pour les sommes allouées, soit à titre de rappel de rémunération pour une période écoulée soit à titre de rémunération sous formes d'indemnités, primes ou gratifications lorsqu'elles sont réglées postérieurement à la rémunération principale afférente à la même période de travail, les dispositions prévues aux articles R. 751-47 et R. 751-48 ne sont pas applicables.

Ces sommes ne sont prises en considération pour la détermination du salaire de base de l'indemnité journalière qu'autant qu'elles ont été effectivement payées avant la date de l'arrêt de travail.

Elles sont considérées comme se rapportant à une période immédiatement postérieure au mois civil au cours duquel elles ont été effectivement payées et d'une durée égale à la période au titre de laquelle elles ont été allouées.

Art. R. 751-51 En ce qui concerne les ouvriers forestiers rémunérés à la tâche et les gemmeurs, le salaire servant de base au calcul de l'indemnité journalière est égal à *(Décr. nº 2010-1305 du 29 oct. 2010, art. 2)* « 1/365 » du montant de la rémunération perçue au cours des douze mois civils antérieurs à la date de l'arrêt de travail.

Toutefois :

1º Lorsque la victime justifie ne pas avoir exercé une activité salariée agricole ou non agricole pour l'une des causes prévues au 2º de l'article R. 751-52, les journées correspondantes ne sont pas prises en compte et le salaire journalier est calculé au prorata de la période de référence ainsi réduite ;

2º Lorsque la victime a commencé à exercer son activité ou a changé d'emploi au cours de la période de référence, le salaire journalier calculé conformément aux dispositions du premier alinéa ne peut être inférieur au salaire journalier de base correspondant à l'emploi occupé au moment de l'arrêt de travail.

L'indemnité journalière calculée à partir de ce salaire journalier ne peut dépasser le montant du gain journalier net perçu par la victime et déterminé *(Décr. nº 2014-953 du 20 août 2014, art. 2-3º)* « par application au salaire de référence du taux forfaitaire mentionné au deuxième alinéa de l'article R. 331-5 du code de la sécurité sociale ».

Art. R. 751-52 Par exception à l'article R. 751-48 et sous réserve des dispositions prévues au dernier alinéa, le salaire journalier de base est déterminé par référence au salaire correspondant à l'emploi occupé au moment de l'arrêt de travail lorsque :

1° La victime n'avait pas occupé habituellement un emploi salarié ou assimilé au sens de l'article L. 722-20 depuis le premier jour de la période à considérer ;

2° La victime n'avait pas occupé un emploi salarié ou assimilé au sens de l'article L. 722-20 au cours de la période de référence retenue en raison :

a) De maladie, de longue maladie, d'accident, de maternité ou d'invalidité ;

b) De sa réadaptation fonctionnelle ou de sa rééducation professionnelle pour laquelle elle faisait l'objet d'une prise en charge par un organisme de sécurité sociale ;

c) De congé non payé à l'exclusion des absences non autorisées, de service militaire ou d'appel sous les drapeaux, de détention provisoire ;

d) De cours reçus dans les centres de perfectionnement technique mentionnés au 4° de l'article R. 741-65 ;

e) De chômage total ou partiel constaté, de fermeture d'établissement à la disposition duquel l'intéressé est demeuré ;

f) D'une situation prévue *(Décr. n° 2017-1492 du 25 oct. 2017, art. 23-16°)* « aux articles R. 5123-12, R. 5123-18 et R. 5123-19 du code du travail » ;

3° La victime, bénéficiaire d'une indemnité de changement d'emploi pour silicose, s'est trouvée effectivement sans emploi au cours de la période à considérer ;

4° La victime avait changé d'emploi au cours de la période à considérer.

Toutefois, si le salaire de base déterminé conformément aux 1° et 4° du présent article se trouve inférieur au montant global des gains effectivement perçus dans les différents emplois au cours de la période à considérer, l'indemnité journalière est calculée sur ce montant global.

Pour certaines catégories de salariés ou assimilés soumis à des conditions particulières de rémunérations résultant du caractère normalement discontinu ou occasionnel du travail, le salaire journalier de base mentionné au premier alinéa peut être adapté à ces conditions particulières de rémunérations suivant les modalités fixées par arrêté du ministre chargé de l'agriculture *(Décr. n° 2009-793 du 23 juin 2009, art. 2)* « et du ministre chargé de la sécurité sociale ».

Art. R. 751-53 Pour l'application du régime défini au présent chapitre, le salaire journalier prévu au premier alinéa de l'article *(Décr. n° 2006-111 du 2 févr. 2006)* « R. 433-7 » du code de la sécurité sociale s'entend de celui défini à l'article R. 751-48 du présent code.

Al. 2 abrogé par Décr. n° 2010-815 du 13 juill. 2010.

Art. R. 751-54 Pour l'application du régime défini au présent chapitre, le gain journalier mentionné à l'article *(Décr. n° 2006-111 du 2 févr. 2006)* « R. 433-8 » et au dernier alinéa de l'article R. 436-2 du code de la sécurité sociale est celui défini au dernier alinéa de l'article R. 751-48 du présent code.

Art. R. 751-55 L'indemnité journalière prévue à l'article L. 433-1 du code de la sécurité sociale est mise en paiement par la caisse de mutualité sociale agricole dès la réception de tout certificat médical attestant la nécessité d'arrêt de travail, sauf contestations du certificat médical dans les conditions fixées par décret.

Art. R. 751-56 *Abrogé par Décr. n° 2018-928 du 29 oct. 2018, art. 6.*

§ 2 Rentes

Art. R. 751-57 Pour le calcul des rentes, le salaire défini à l'article R. 751-47 s'entend de la rémunération effective totale reçue chez un ou plusieurs employeurs pendant les douze mois civils qui ont précédé l'arrêt de travail consécutif à l'accident. Ce salaire est revalorisé par application des coefficients mentionnés à l'article *(Décr. n° 2006-111 du 2 févr. 2006)* « R. 434-29 » du code de la sécurité sociale, si entre la date de l'arrêt de travail et la date de consolidation, un ou plusieurs arrêtés de revalorisation sont intervenus.

Les dispositions prévues à l'article L. 434-16 du code de la sécurité sociale s'appliquent à la rémunération ainsi déterminée.

Art. R. 751-58 Par dérogation aux dispositions de l'article R. 751-57, le salaire servant de base au calcul de la rente est calculé, dans les cas suivants, selon les modalités ci-après :

1° Si la victime appartenait depuis moins de douze mois à la catégorie professionnelle dans laquelle elle est classée au moment de l'arrêt de travail consécutif à l'accident, le salaire annuel est calculé en ajoutant à la rémunération effective afférente à la durée de l'emploi dans cette catégorie celle que la victime aurait pu recevoir pendant le temps nécessaire pour compléter les douze mois. Toutefois, si la somme ainsi obtenue est inférieure au montant total des rémunérations perçues par la victime dans ses divers emplois, les rentes sont calculées sur ce dernier montant conformément au premier alinéa du présent article ;

2° Si, pendant ladite période de douze mois, la victime a interrompu son travail pour l'une des causes prévues à l'article R. 751-52, il est fait état du salaire moyen qui eût correspondu à ces interruptions de travail ;

3° Si, par suite d'un ralentissement accidentel de l'activité économique, le travailleur n'a effectué, pendant la période de douze mois prise en considération, qu'un nombre d'heures de travail inférieur au minimum annuel fixé par arrêté du ministre de l'agriculture, le salaire annuel est porté à ce qu'il aurait été, compte tenu de la durée annuelle du travail susmentionné ;

4° Si l'état d'incapacité permanente de travail apparaît pour la première fois après une rechute ou une aggravation dans les conditions prévues à l'article R. 751-131 du présent code et à l'article R. 443-4 du code de la sécurité sociale, la période de douze mois à prendre en considération est celle qui précède :

a) Soit l'arrêt de travail causé par la rechute ou, si l'aggravation n'a pas entraîné d'arrêt de travail, la date de constatation de l'incapacité permanente ;

b) Soit l'arrêt de travail consécutif à l'accident, selon le mode de calcul le plus favorable à la victime.

Art. R. 751-59 Par exception aux articles R. 751-47, R. 751-57 et R. 751-58 :

1° Le salaire servant de base au calcul de la rente due aux métayers ou à leurs ayants droit est établi dans les conditions fixées à l'article R. 751-49 pour la période des douze mois civils qui ont précédé la date de l'arrêt de travail consécutif à l'accident ;

2° Le salaire servant de base au calcul de la rente due aux travailleurs handicapés relevant du travail protégé est égal à 80 % du salaire minimum de croissance en vigueur à la date de l'arrêt de travail consécutif à l'accident multiplié par la durée de travail dont justifie l'intéressé au cours des douze mois civils précédant cette date.

Toutefois, la rente est calculée sur la rémunération réellement perçue par les intéressés lorsque cette dernière, pour la période considérée, est supérieure à celle qui est prévue au 1° du présent article.

Art. R. 751-60 *Al. 1er abrogé par Décr. nº 2007-265 du 26 févr. 2007.*

Dans le cas prévu au cinquième alinéa de l'article L. 434-2 du code de la sécurité sociale, la rente accordée à la victime en vertu du présent sous-paragraphe ne peut être inférieure à la pension d'invalidité qu'elle serait susceptible d'obtenir en application de l'article L. 742-3 du présent code fixant le régime des pensions de vieillesse et d'invalidité de l'assurance sociale agricole obligatoire ou à la pension qui pourrait lui être attribuée en vertu de l'article *(Décr. nº 2018-1255 du 27 déc. 2018, art. 2)* « L. 172-3 » du code de la sécurité sociale.

Art. R. 751-61 Pour l'application des dispositions de l'article *(Décr. nº 2006-111 du 2 févr. 2006)* « R. 434-17 » du code de la sécurité sociale au régime prévu au présent chapitre, à la référence à l'article *(Décr. nº 2006-111 du 2 févr. 2006)* « R. 434-29 » du code de la sécurité sociale est substituée la référence aux articles R. 751-57 et R. 751-58 *(Décr. nº 2017-1492 du 25 oct. 2017, art. 23-17º)* « du présent code ».

Art. R. 751-62 *Abrogé par Décr. nº 2019-1506 du 30 déc. 2019, art. 7.*

Art. R. 751-63 *(Décr. nº 2019-1506 du 30 déc. 2019, art. 7)* Au vu de tous les renseignements recueillis, la caisse de mutualité sociale agricole se prononce sur l'existence d'une incapacité permanente et, le cas échéant, sur le taux de celle-ci.

Elle évalue compte tenu du salaire annuel de la victime, apprécié conformément aux dispositions des articles R. 751-57 à R. 751-59, le montant de la rente due à la victime ou à ses ayants droit sur la base du taux mentionné au premier alinéa.

Les barèmes indicatifs d'invalidité dont il est tenu compte pour la détermination du taux d'incapacité permanente, d'une part, en matière d'accidents du travail et, d'autre part, en matière de maladies professionnelles sont annexés au livre IV du code de la sécurité sociale.

La décision motivée est immédiatement notifiée par la caisse par tout moyen conférant date certaine, avec mention du taux d'incapacité, des éléments de calcul de la rente ainsi que des voies et délais de recours, à la victime ou à ses ayants droit et à l'employeur au service duquel se trouvait la victime au moment où est survenu l'accident.

La caisse procède à la liquidation de la rente à l'expiration du délai d'un mois suivant la date de notification de sa décision, sauf si un recours mentionné aux chapitres I et II du titre IV du livre I du code de la sécurité sociale a été introduit.

En cas de nouvelle fixation des réparations motivées par une atténuation ou une aggravation de l'infirmité de la victime ou par son décès des suites de l'accident, le taux d'incapacité et le montant de la rente font l'objet d'une nouvelle décision de la caisse notifiée à la victime ou à ses ayants droit.

Art. R. 751-64 *(Décr. nº 2018-928 du 29 oct. 2018, art. 6) Al. 1er abrogé par Décr. nº 2019-1506 du 30 déc. 2019, art. 7.*

Les décisions prises par la caisse en application *(Décr. nº 2019-1506 du 30 déc. 2019, art. 7)* « de l'article R. 751-63 » sont médicalement motivées. La notification adressée à la victime invite celle-ci à faire connaître à la caisse, dans un délai de dix jours, à l'aide d'un formulaire annexé à la notification, si elle demande l'envoi, soit à elle-même, soit au médecin qu'elle désigne à cet effet, d'une copie du rapport médical établi par le médecin conseil de la caisse. La caisse procède à cet envoi dès réception de la demande, en indiquant que la victime ou le médecin qu'elle désigne à cet effet peuvent, dans un délai de quinzaine suivant la réception du rapport, prendre connaissance au service du contrôle médical des autres pièces médicales.

Art. R. 751-65 *Abrogé par Décr. nº 2019-1506 du 30 déc. 2019, art. 7.*

Art. R. 751-66 Le transfert de la charge et de la gestion de la rente, dans les conditions prévues aux articles *(Décr. nº 2006-111 du 2 févr. 2006 ; Décr. nº 2007-265 du 26 févr. 2007)* « R. 434-20 et R. 434-21 *[R. 434-21 et R. 434-22]* du code de la sécurité sociale » n'entraîne un transfert de fonds que dans la limite des sommes dont le remboursement est opéré au profit de la caisse de mutualité sociale agricole dans les cas prévus aux articles L. 452-1 à L. 452-5 et L. 454-1 du code de la sécurité sociale et dans les conditions définies aux articles R. 751-69 à R. 751-73 du présent code. En accord avec les caisses de mutualité sociale agricole intéressées, le débiteur peut, s'il y a lieu, rembourser directement à la caisse à laquelle la rente a été transférée.

Art. D. 751-67 Les arrérages des rentes d'accidents du travail des salariés agricoles, ainsi que leurs majorations et accessoires, sont dus jusqu'à la fin du mois d'arrérages au cours duquel le prestataire est décédé.

Ils sont payables aux ayants droit sur production du bulletin de décès et sur présentation des pièces établissant leur qualité.

§ 3 Cas particuliers

Art. R. 751-68 Lorsqu'un salarié est victime d'un accident du travail dans l'exercice d'une activité salariée agricole et qu'il peut faire état de salaires ou de gains perçus dans des activités salariées relevant du régime général ou d'une organisation spéciale de sécurité sociale, les rémunérations ainsi perçues au cours de la période de référence considérée, retenues et évaluées selon les règles applicables au régime dont elles relèvent, s'ajoutent aux rémunérations prises en considération pour l'établissement du salaire de base journalier ou annuel, conformément aux articles R. 751-47 à D. 751-67.

Les organismes de mutualité sociale agricole supportent la totalité des charges résultant de l'accident survenu dans le travail relevant du régime défini au présent chapitre.

SECTION 4 Faute de l'assuré ou d'un tiers

Art. R. 751-69 *Abrogé par Décr. nº 2015-653 du 10 juin 2015, art. 2-I-2º.*

Art. R. 751-70 **Pour l'application du régime défini au présent chapitre, les conditions prévues à l'article L. 411-2 du code de la sécurité sociale sont remplacées par les dispositions prévues aux trois derniers alinéas de l'article L. 751-6 du présent code.**

Art. R. 751-71 *Abrogé par Décr. nº 2015-653 du 10 juin 2015, art. 2-I-2º.*

Art. R. 751-72 **Lors de la fixation de la rente dans les conditions prévues à l'article R. 751-63,** *(Décr. nº 2019-1506 du 30 déc. 2019, art. 7)* **« la commission de recours amiable » peut, si elle estime que l'accident est dû à une faute inexcusable de la victime, après l'avoir entendue, diminuer la rente prévue au paragraphe 2 de la sous-section 3 de la section 3, sauf recours du bénéficiaire devant le tribunal** *(Décr. nº 2018-928 du 29 oct. 2018, art. 6)* **« judiciaire spécialement désigné en application de l'article L. 211-16 du code de l'organisation judiciaire ».**

Pour l'application des articles L. 452-1 à L. 452-4 et R. 452-2 du code de la sécurité sociale au régime défini au présent chapitre, les pouvoirs donnés à la caisse quant à la fixation de la majoration des rentes attribuées à la victime lorsque l'accident est dû à une faute inexcusable de l'employeur sont exercés par *(Décr. nº 2019-1506 du 30 déc. 2019, art. 7)* **« la commission de recours amiable », qui se prononce après avoir entendu les parties.**

Lorsque *(Décr. nº 2019-1506 du 30 déc. 2019, art. 7)* **« la commission de recours amiable » entend, conformément aux dispositions des alinéas 1 et 2 du présent article, la victime ou les deux parties, celles-ci peuvent se faire assister soit par un avocat, soit, suivant le cas, par un salarié ou un employeur agricole, par un représentant qualifié d'une organisation syndicale ouvrière ou patronale, ou par un délégué d'une association de mutilés et d'invalides du travail. Ces personnes peuvent également représenter les parties qu'un motif légitime empêche de comparaître personnellement devant la commission. Le représentant, s'il n'est avocat, doit justifier d'un pouvoir spécial.**

Art. R. 751-73 **Dans le cas où les rentes prévues au paragraphe 2 de la sous-section 3 de la section 3 sont inférieures à la réparation de même nature due à la victime ou à ses ayants droit par application de l'article L. 454-1 du code de la sécurité sociale, les dispositions du cinquième alinéa de cet article sont appliquées.**

SECTION 5 Organisation et financement

SOUS-SECTION 1 Dispositions générales

La présente sous-section ne comprend pas de dispositions réglementaires.

SOUS-SECTION 2 Financement

§ 1 Calcul des cotisations

Art. D. 751-74 **Un arrêté du ministre chargé de l'agriculture** *(Décr. nº 2009-794 du 23 juin 2009)* **« et du ministre chargé de la sécurité sociale » fixe les secteurs d'activité professionnelle agricole, les catégories de risques dépendant de chacun d'eux, ainsi que les taux de cotisations correspondants, après avis de la section de l'assurance des salariés agricoles contre les accidents du travail et les maladies professionnelles du Conseil supérieur des prestations sociales agricoles mentionnée** *(Décr. nº 2010-357 du 1er avr. 2010 ; Décr. nº 2013-679 du 24 juill. 2013, art. 1er-2º)* **« au 3º de l'article D. 721-2 ».**

Les taux de cotisations sont fixés d'après les prévisions des charges techniques et complémentaires énumérées à l'article L. 751-12 ainsi que celles résultant de l'assiette escomptée des cotisations pour l'année considérée.

Le même arrêté détermine la part des cotisations qui sera affectée en application de l'article L. 751-24, d'une part, aux frais de gestion, de contrôle médical, d'action sanitaire et sociale et, d'autre part, aux dépenses de prévention.

(Décr. nº 2017-1769 du 27 déc. 2017, art. 4-1º) **« Le même arrêté détermine le montant de la contribution mentionnée au 2º du II de l'article L. 741-9 ».**

La Commission nationale de prévention des accidents de travail et des maladies professionnelles des salariés agricoles mentionnée à l'article R. 751-154 est obligatoirement consultée, avant la saisine de la section de l'assurance des salariés agricoles contre les accidents du travail et les maladies professionnelles du Conseil supérieur des prestations sociales agricoles mentionnée *(Décr. n° 2010-357 du 1er avr. 2010 ; Décr. n° 2013-679 du 24 juill. 2013, art. 1er-2°)* « au 3° de l'article D. 721-2 », sur la part des cotisations à affecter aux dépenses de prévention et prend connaissance du projet de budget du Fonds national de prévention établi conformément à l'article R. 751-164.

V. Arr. du 21 déc. 2023 portant fixation au titre de l'année 2024 des taux de cotisations dues au régime de l'assurance obligatoire des salariés agricoles contre les accidents du travail et les maladies professionnelles et de la part des cotisations affectées à chaque catégorie de dépenses de ce régime (JO 27 déc.).

Art. D. 751-75 La Caisse centrale de la mutualité sociale agricole adresse au ministre chargé de l'agriculture des propositions en vue de la détermination des taux de cotisations par catégories de risques.

Ces taux s'obtiennent par l'addition du taux de risque corrigé par un coefficient fixé conformément à l'article D. 751-77 *(Décr. n° 2011-353 du 30 mars 2011, art. 2-II)* « , de la majoration forfaitaire prévue à l'article D. 751-78 ainsi que d'une majoration correspondant au montant » *(Décr. n° 2017-1769 du 27 déc. 2017, art. 4-2°)* « mentionné à l'article L. 751-13-1 ».

Le taux de risque est déterminé par le rapport de la valeur du risque propre à la catégorie de risques, à l'exclusion du risque relatif aux accidents de trajet, et de la masse salariale versée au personnel de cette catégorie au cours des trois dernières années connues, majoré d'un taux de risque trajet.

Le taux de risque trajet est déterminé par le rapport de la valeur du risque trajet de l'ensemble des catégories de risque et de la masse salariale totale versée au personnel de l'ensemble de ces catégories au cours des trois dernières années connues.

Art. D. 751-76 La valeur du risque calculée pour la période triennale de référence comprend :

1° La totalité des *(Décr. n° 2018-1258 du 27 déc. 2018, art. 2)* « frais de santé » et indemnités autres que les rentes, y compris celles afférentes à la rééducation et à la réadaptation professionnelle versée au cours de cette période ;

2° Les capitaux représentatifs des rentes attribuées en premier règlement définitif au cours de ladite période aux victimes atteintes d'une incapacité permanente, ces capitaux comprenant les frais d'appareillage ;

3° Les capitaux correspondant aux accidents mortels dont le caractère professionnel a été reconnu au cours de cette période, que la victime ait ou non des ayants droit, ces capitaux comprenant les frais funéraires.

Les bases d'évaluation forfaitaire des capitaux définis aux 2° et 3° ci-dessus sont déterminées par arrêté conjoint du ministre chargé de l'agriculture *(Décr. n° 2009-794 du 23 juin 2009)* « , du ministre chargé de la sécurité sociale » et du ministre chargé du budget. — *V. Arr. du 8 déc. 2022 fixant les bases d'évaluation forfaitaire des capitaux représentatifs des rentes pour la tarification des risques d'accidents du travail et des maladies professionnelles des salariés agricoles (JO 22 déc.).*

(Décr. n° 2017-1815 du 29 déc. 2017, art. 2-2°) « Les dépenses liées à la reconversion professionnelle prévue à l'article L. 752-3 ne sont pas comprises dans la valeur du risque mentionnée au premier alinéa. »

Art. D. 751-77 Le coefficient correcteur est obtenu selon le calcul indiqué ci-après.

Sont additionnés les trois éléments suivants :

1° Le produit des cotisations résultant de l'application des taux de risque définis ci-dessus aux prévisions des masses salariales des différentes catégories de risque ;

2° Le montant des cotisations à affecter aux dépenses de prévention ainsi qu'aux frais de gestion, de contrôle médical et d'action sanitaire et sociale ;

3° Un pourcentage de la différence entre l'ensemble des charges du régime défini au présent chapitre et le produit des cotisations correspondant aux 1° et 2°. Ce pourcentage est fixé par arrêté du ministre chargé de l'agriculture *(Décr. n° 2009-794 du 23 juin 2009)* « et du ministre chargé de la sécurité sociale ».

La somme de ces trois éléments est divisée par le produit des cotisations tel qu'il est déterminé au 1°.

Art. D. 751-78 Une majoration forfaitaire obtenue en divisant par l'assiette escomptée la différence entre l'ensemble des charges du régime défini au présent chapitre (y compris la couverture des accidents du trajet) et le produit des cotisations résultant de l'application des taux corrigés par le coefficient, défini à l'article D. 751-77.

Pour les catégories de risques dans lesquelles sont classées une ou plusieurs exploitations ou entreprises agricoles soumises aux dispositions de l'article D. 751-81, cette majoration forfaitaire est augmentée ou diminuée d'un montant calculé en divisant par la masse salariale de la catégorie de risques considérée la différence entre le produit des cotisations qui aurait été obtenu en leur appliquant le taux fixé par l'arrêté prévu à l'article D. 751-74 et le produit de cotisations résultant de l'application des taux déterminés conformément à l'article D. 751-81. Ce montant est calculé sur la base des éléments de la dernière année connue.

Lorsque le montant ainsi calculé est positif, il est ajouté à la majoration forfaitaire ; dans le cas inverse, il lui est retranché.

Art. D. 751-79 *Abrogé par Décr. n° 2012-18 du 4 janv. 2012.*

Art. D. 751-80 *Abrogé par Décr. n° 2009-990 du 20 août 2009, art. 1er.*

Art. D. 751-80-1 *(Décr. n° 2006-1135 du 8 sept. 2006)* Pour l'application de l'article L. 751-7-1, les articles D. 741-70-1 et D. 741-70-2 et l'article D. 741-70-6 sont applicables aux cotisations d'accidents du travail.

Art. D. 751-80-2 *(Décr. n° 2006-1135 du 8 sept. 2006)* Pour l'application de l'article L. 751-17-2, les articles D. 741-70-3 à D. 741-70-6 sont applicables aux cotisations d'accidents du travail.

Art. D. 751-81 Les taux de cotisations des exploitations ou entreprises agricoles employant un nombre minimal de personnes peuvent être modulés en fonction du risque propre à l'exploitation ou à l'entreprise. Les modalités d'application sont fixées par arrêté du ministre chargé de l'agriculture *(Décr. n° 2009-794 du 23 juin 2009)* « et du ministre chargé de la sécurité sociale ».

Al. 2 abrogé par Décr. n° 2010-400 du 23 avr. 2010.

Art. D. 751-82 Les cotisations dues au titre de l'assurance obligatoire des salariés agricoles contre les accidents du travail et les maladies professionnelles sont assises sur les mêmes rémunérations ou gains que les cotisations dues au titre des assurances maladie, maternité, invalidité et décès pour les salariés agricoles et assimilés.

Art. D. 751-82-1 *(Décr. n° 2011-158 du 7 févr. 2011)* Pour les personnes bénéficiaires d'un contrat d'appui à la création ou à la reprise d'une activité économique mentionnées au 11° du II de l'article L. 751-1, en l'absence de la rémunération définie à l'article R. 5142-3 du code du travail, la cotisation due au titre du régime d'assurance contre les accidents du travail et les maladies professionnelles est calculée sur une assiette forfaitaire dans les conditions prévues par l'arrêté mentionné à l'article D. 412-99 du code de la sécurité sociale.

Art. D. 751-83 Les caisses de mutualité sociale agricole procèdent au classement des exploitations ou entreprises dans les différentes catégories de risque conformément à l'article L. 751-16. Elles notifient aux employeurs le classement ainsi déterminé et le taux des cotisations correspondant, les cotisations supplémentaires éventuellement mises à leur charge ainsi que les ristournes accordées en application de l'article L. 751-21.

Les caisses de mutualité sociale agricole sont également tenues de notifier toutes nouvelles décisions relatives au classement de l'exploitation ou de l'entreprise, aux ristournes et aux cotisations supplémentaires et d'informer collectivement les employeurs de toute modification des taux de cotisations par catégorie de risques obtenus en application de l'article D. 751-75.

Tant que la notification relative aux nouvelles décisions mentionnées à l'alinéa précédent n'a pas été effectuée, l'employeur doit verser, à titre provisionnel, les cotisations dues au titre des accidents du travail sur la base du taux antérieurement applicable.

Le classement d'une exploitation ou d'une entreprise dans une catégorie peut être modifié à toute époque. L'employeur est tenu de déclarer à la caisse de mutualité sociale agricole toute circonstance de nature à aggraver le risque.

Le taux correspondant au nouveau classement est applicable à compter du premier jour du trimestre civil suivant celui au cours duquel sont intervenues les circonstances motivant ce nouveau classement.

Art. D. 751-83-1 *(Décr. nº 2007-1501 du 18 oct. 2007)* Les dépenses relatives aux accidents et maladies professionnelles définis aux articles L. 751-6 et L. 751-7 et survenus ou contractées dans le cadre des périodes d'emploi ou de formation prévues à l'article L. 3133-1 du code de la santé publique sont inscrites à un compte spécial de l'État. La valeur du risque mentionnée à l'article D. 751-76 *(Décr. nº 2017-1492 du 25 oct. 2017, art. 23-19º)* « du présent code » n'est pas inscrite au compte employeur.

L'État et la Caisse centrale de mutualité sociale agricole peuvent conclure une convention précisant les modalités de remboursement de ces dépenses. En l'absence de convention, les dépenses sont remboursées annuellement.

§ 2 Recouvrement des cotisations

Art. R. 751-84 Les cotisations de l'assurance des travailleurs salariés de l'agriculture contre les accidents du travail et les maladies professionnelles prévues à l'article L. 751-13 sont recouvrées selon les mêmes modalités et sous les mêmes sanctions que les cotisations d'assurances sociales agricoles.

SECTION 6 Formalités, procédure et contentieux

SOUS-SECTION 1 Formalités liées à l'accident

§ 1 Déclaration

Art. D. 751-85 La victime d'un accident du travail, dans la journée où l'accident s'est produit ou, au plus tard, dans les vingt-quatre heures, sauf le cas de force majeure, d'impossibilité absolue ou de motifs légitimes, en informe ou en fait informer l'employeur ou l'un de ses préposés. Cette information est envoyée par lettre recommandée si elle n'est pas faite à l'employeur ou à son préposé sur le lieu de l'accident.

L'employeur, soit personnellement, soit par l'intermédiaire d'un de ses préposés, déclare tout accident dont il a eu connaissance, par lettre recommandée avec demande d'avis de réception, dans les quarante-huit heures, non compris les dimanches et jours fériés, à la caisse de mutualité sociale agricole dont relève la victime.

Si l'accident a lieu hors de la commune du siège de l'exploitation ou de l'entreprise, le délai imparti ci-dessus à l'employeur pour effectuer la déclaration à la caisse de mutualité sociale agricole ne commence à courir que du jour où il a eu connaissance de l'accident.

En cas d'accident survenu à un métayer mentionné à l'article L. 722-21, la déclaration incombe à celui-ci, à l'exclusion du bailleur.

La déclaration à la caisse peut être faite par la victime ou ses représentants jusqu'à l'expiration de la deuxième année qui suit l'accident.

Avis de l'accident est donné immédiatement par la caisse à l'*(Décr. nº 2021-143 du 10 févr. 2021, art. 6)* « agent de contrôle de l'inspection du travail ».

Dès qu'elle a eu connaissance d'un accident du travail par quelque moyen que ce soit, la caisse est tenue de faire procéder aux constatations nécessaires.

Art. D. 751-86 L'employeur est tenu de délivrer à la victime une feuille d'accident portant désignation de la caisse de mutualité sociale agricole chargée du service des prestations et sur laquelle il est interdit de mentionner le nom et l'adresse d'un praticien, d'un pharmacien, d'une clinique ou d'un dispensaire quelconque.

La caisse elle-même peut délivrer la feuille d'accident.

Cette feuille d'accident, remise par la victime au praticien, n'entraîne pas de plein droit la prise en charge de l'indemnisation au titre du présent chapitre.

La feuille d'accident est valable pour la durée du traitement consécutif à l'accident ou à la maladie professionnelle. A la fin du traitement ou dès que la feuille d'accident

est entièrement utilisée, la victime adresse celle-ci à la caisse qui délivre à la victime, s'il y a lieu, une nouvelle feuille d'accident.

Le praticien consulté établit, en double exemplaire, un certificat indiquant l'état de la victime et les conséquences de l'accident ou ses suites éventuelles *(Décr. n° 2022-772 du 29 avr. 2022, art. 3)* **« si les conséquences ne sont pas exactement connues, ainsi que, en cas d'interruption de travail, l'avis mentionné à l'article L. 321-2 du code de la sécurité sociale ». Il adresse directement un** *(Décr. n° 2022-772 du 29 avr. 2022, art. 3)* **« exemplaire du certificat et, le cas échéant, de l'avis d'interruption de travail, à la caisse et remet le second exemplaire du certificat et le cas échéant, l'autre exemplaire de l'avis d'interruption du travail » à la victime. Les certificats médicaux** *(Décr. n° 2022-772 du 29 avr. 2022, art. 3)* **« établis » par le praticien devront mentionner toutes les constatations qui pourraient présenter une importance pour la détermination de l'origine traumatique ou morbide des lésions.** *(Décr. n° 2022-772 du 29 avr. 2022, art. 3)* **« Lorsque le praticien, au cours du traitement, établit la nécessité de prolonger l'interruption de travail, il adresse à la caisse l'avis d'interruption de travail mentionné à l'article L. 321-2 du code de la sécurité sociale ».**

Lors de la guérison de la blessure sans incapacité permanente ou, s'il y a incapacité permanente, au moment de la consolidation, un certificat médical indiquant les conséquences définitives, si elles n'avaient pu être antérieurement constatées, est établi en double exemplaire. Dans les vingt-quatre heures, l'un des certificats est adressé par les soins du praticien à la caisse et le second est remis à la victime, ainsi que toutes pièces ayant servi à l'établissement dudit certificat.

Art. D. 751-87 *(Décr. n° 2021-526 du 29 avr. 2021, art. 2)* **« L'employeur peut tenir un registre de déclaration d'accidents du travail mentionné à l'article L. 751-26 lorsqu'il répond aux conditions suivantes : »**

1° Présence permanente d'un médecin ou d'un pharmacien ou d'un infirmier ou d'une personne chargée d'une mission d'hygiène et de sécurité dans l'entreprise détentrice d'un diplôme national de secourisme complété par le diplôme de sauveteur secouriste du travail délivré en agriculture par les caisses de mutualité sociale agricole ;

2° Respect par l'employeur des obligations mises à sa charge par *(Décr. n° 2021-526 du 29 avr. 2021, art. 2)* **« l'article L. 2311-2 »** *(Décr. n° 2017-1492 du 25 oct. 2017, art. 23-20°)* **« du code du travail » ;**

3° Existence d'un poste de secours d'urgence.

Dern. al. abrogé par Décr. n° 2021-526 du 29 avr. 2021, art. 2.

Art. D. 751-88 Le comité *(Décr. n° 2017-1819 du 29 déc. 2017, art. 5-24°)* **« social et économique » est informé de la mise en place** *(Décr. n° 2021-526 du 29 avr. 2021, art. 2)* **« du registre » dans l'entreprise et peut en avoir communication dans le cadre de** *(Décr. n° 2021-526 du 29 avr. 2021, art. 2)* **« ses attributions ».**

Art. D. 751-89 *(Décr. n° 2021-526 du 29 avr. 2021, art. 2)* **Le registre est la propriété de l'employeur, qui le conserve pour chaque année civile sur le support de son choix pendant une durée de cinq années à compter de la fin de l'exercice considéré. Il est tenu de façon à présenter, sans difficulté d'utilisation et de compréhension et sans risque d'altération, les mentions prévues à l'article D. 751-90.**

Lorsqu'il tient un registre en application de l'article L. 751-26, l'employeur en informe la caisse de mutualité sociale agricole sans délai et par tout moyen conférant date certaine.

Art. D. 751-90 L'employeur inscrit sur le registre, dans les quarante-huit heures, non compris les dimanches et jours fériés, les accidents du travail de son personnel n'entraînant ni arrêt de travail ni soins médicaux donnant lieu à une prise en charge par les organismes de sécurité sociale.

Il est indiqué sur le registre le nom de la victime, la date, le lieu et les circonstances de l'accident, la nature et le siège des lésions assortis du visa du donneur de soins, ainsi que les autres éléments devant figurer sur la déclaration d'accident du travail.

La victime signe le registre en face des indications portées par l'employeur. Le médecin du travail peut consulter le registre.

Art. D. 751-91 *(Décr. n° 2021-526 du 29 avr. 2021, art. 2)* **« Lorsqu'un agent de contrôle des caisses, un agent chargé du contrôle de la prévention ou un agent des ser-**

vices chargés de l'inspection du travail mentionnés au troisième alinéa de l'article L. 751-26 constate l'un des manquements suivants, il en informe l'employeur et les autres agents mentionnés audit article : »

1° Tenue incorrecte du registre ;

(Décr. n° 2021-526 du 29 avr. 2021, art. 2) « *a)* Non-respect des conditions fixées à l'article D. 751-87 ; »

2° Refus de présentation du registre :

a) Aux agents de contrôle des caisses de mutualité sociale agricole et aux agents chargés du contrôle de la prévention ;

b) Aux agents de l'inspection du travail ;

c) A la victime d'un accident consigné au registre *(Décr. n° 2021-526 du 29 avr. 2021, art. 2)* « ;

« *d)* Au comité social et économique.

« Il informe l'employeur qu'il doit, tant que n'ont pas cessé le ou les manquements constatés mentionnés au présent article, déclarer tout accident dans les conditions mentionnées à l'article L. 751-26. »

Art. D. 751-92 L'employeur est tenu d'adresser à la caisse de mutualité sociale agricole, en même temps que la déclaration d'accident ou au moment de l'arrêt de travail si celui-ci est postérieur, une attestation indiquant le ou les emplois occupés au cours du mois civil précédant celui au cours duquel est intervenu l'arrêt de travail, le nombre de journées et d'heures de travail effectuées et le montant de la rémunération perçue et des divers avantages dont bénéficie la victime. La caisse de mutualité sociale agricole peut demander à l'employeur et à la victime ou à ses ayants droit tous renseignements complémentaires qu'elle juge utiles.

Art. D. 751-93 La déclaration que le salarié d'un entrepreneur de travail temporaire défini à *(Décr. n° 2017-1492 du 25 oct. 2017, art. 23-22°)* « l'article L. 1251-2 du code du travail » est tenu de faire à l'utilisateur, en application de l'article L. 412-4 du code de la sécurité sociale, lorsqu'il est victime d'un accident du travail, doit être effectuée dans un délai de vingt-quatre heures par lettre recommandée si elle n'a pas été faite à l'utilisateur ou à son préposé sur les lieux de l'accident.

Le délai dans lequel l'utilisateur doit, en application de l'article L. 751-39 *(Décr. n° 2017-1492 du 25 oct. 2017, art. 23-22°)* « du présent code », informer l'entreprise de travail temporaire de tout accident dont il a eu connaissance et dont a été victime un salarié mis à sa disposition par cette entreprise est de vingt-quatre heures. Cette information est transmise par lettre recommandée et doit être également communiquée par l'entreprise utilisatrice, dans le même délai et les mêmes formes, à la caisse de mutualité sociale agricole et l'*(Décr. n° 2021-143 du 10 févr. 2021, art. 6)* « agent de contrôle de l'inspection du travail ».

Art. D. 751-94 Tout praticien, tout auxiliaire médical appelé à donner des soins mentionne sur la feuille d'accident en possession de la victime les actes accomplis et appose sa signature. Il en est de même pour le pharmacien ou le fournisseur lors de toute fourniture aussi bien que pour l'établissement hospitalier dans le cas d'hospitalisation.

Le praticien auxiliaire médical, pharmacien, fournisseur ou établissement hospitalier utilise la partie de la feuille d'accident qui lui est destinée pour établir sa note d'honoraires ou sa facture, ou bien il reproduit sur cette note les mentions figurant sur ladite feuille, en ce qui concerne, notamment, les nom et prénoms et adresse, numéro d'immatriculation de la victime, désignation de l'employeur, date de l'accident, ainsi que toutes circonstances particulières qu'il lui paraîtrait utile de signaler.

Le praticien, auxiliaire médical, pharmacien, fournisseur ou établissement hospitalier adresse sa note d'honoraires ou sa facture à la caisse de mutualité sociale agricole telle qu'elle est désignée sur la feuille d'accident présentée par la victime.

Art. D. 751-95 La caisse peut, dès qu'elle a connaissance de l'accident par la déclaration prévue à l'article D. 751-85 ou par quelque moyen que ce soit, faire procéder à un examen de la victime par un médecin conseil.

S'il y a désaccord entre le médecin conseil et le médecin traitant sur l'état de la victime, et notamment sur une question d'ordre médical touchant au caractère profes-

sionnel de la lésion ou de la maladie, ou si la victime elle-même en fait la demande expresse, le litige est réglé selon les dispositions prévues *(Décr. n° 2018-1312 du 28 déc. 2018, art. 1er)* **« à l'article L. 141-1 du code de la sécurité sociale ».**

§ 2 Frais d'enquête et d'expertise *(Décr. n° 2006-1293 du 20 oct. 2006).*

Art. D. 751-96 à D. 751-112 *Abrogés par Décr. n° 2006-1293 du 20 oct. 2006.*

SOUS-§ 4 ***Frais d'enquête et d'expertise technique***

Art. D. 751-113 *(Décr. n° 2006-1293 du 20 oct. 2006)* **« Les experts techniques, » victimes, témoins ainsi que les médecins requis pour pratiquer l'autopsie sont rémunérés et remboursés de leurs frais dans des conditions fixées par arrêté des ministres chargés de l'agriculture, des affaires sociales et du budget.**

Les différents frais mentionnés à l'alinéa précédent sont à la charge de la caisse de mutualité sociale agricole.

Art. D. 751-114 **Les contestations auxquelles donneraient lieu la fixation ou la liquidation des frais d'enquête (à l'exception des frais d'autopsie) devront être soumises au tribunal** *(Décr. n° 2018-1312 du 28 déc. 2018, art. 1er)* **« judiciaire spécialement désigné en application de l'article L. 211-16 du code de l'organisation judiciaire ».**

§ 3 Décision de la caisse de mutualité sociale agricole

Art. R. 751-115 *(Décr. n° 2009-1767 du 30 déc. 2009)* **« La caisse dispose d'un délai de trente jours à compter de la date à laquelle elle a reçu la déclaration d'accident et le certificat médical initial ou de trois mois à compter de la date à laquelle elle a reçu** *(Décr. n° 2016-756 du 7 juin 2016, art. 3-1°)* **« le dossier complet comprenant la déclaration de la maladie professionnelle intégrant le certificat médical initial et le résultat des examens médicaux complémentaires le cas échéant prescrits par les tableaux de maladies professionnelles » pour statuer sur le caractère professionnel de l'accident ou de la maladie. »**

Il en est de même lorsque, sans préjudice de l'application des dispositions de l'article D. 751-95 en ce qui concerne la contestation d'ordre médical, il est fait état pour la première fois d'une lésion ou maladie présentée comme se rattachant à un accident du travail ou une maladie professionnelle.

(Décr. n° 2009-1767 du 30 déc. 2009) **« Lorsque la victime n'a pas envoyé le certificat médical initial, la caisse l'invite à le faire. »** — *L'art. D. 751-115 devient l'art. R. 751-115 (Décr. n° 2009-1767 du 30 déc. 2009, art. 1er, 2°, JO 31 déc.).*

Art. R. 751-116 **Sous réserve des dispositions des articles D. 751-120 et R. 751-121, en l'absence de décision de la caisse dans le délai prévu à l'article D. 751-115, le caractère professionnel de l'accident ou de la maladie est reconnu.**

Al. 2 abrogé par Décr. n° 2009-1767 du 30 déc. 2009.

Art. D. 751-117 *(Décr. n° 2009-1767 du 30 déc. 2009)* **I. — La déclaration d'accident du travail peut être assortie de réserves motivées de la part de l'employeur.**

Lorsque la déclaration de l'accident en application du cinquième alinéa de l'article D. 751-85 n'émane pas de l'employeur, la victime adresse à la caisse la déclaration de l'accident. Un double est envoyé par la caisse à l'employeur à qui la décision est susceptible de faire grief, par tout moyen permettant de déterminer sa date de réception. L'employeur peut émettre des réserves motivées. La caisse adresse également un double de cette déclaration au médecin du travail.

En cas de rechute d'un accident du travail, le double de la demande de reconnaissance de la rechute de l'accident du travail déposé par la victime est envoyé par la caisse à l'employeur en cause dans l'accident dont la rechute est la conséquence, par tout moyen permettant de déterminer sa date de réception. L'employeur peut alors émettre des réserves motivées. La caisse adresse également un double de cette déclaration au médecin du travail.

II. — La victime adresse à la caisse la déclaration de maladie professionnelle. Un double est envoyé par la caisse à l'employeur à qui la décision est susceptible de faire grief par tout moyen permettant de déterminer sa date de réception. L'employeur peut

émettre des réserves motivées. La caisse adresse également un double de cette déclaration au médecin du travail.

III. – En cas de réserves motivées de la part de l'employeur ou si elle l'estime nécessaire, la caisse envoie avant décision à l'employeur et à la victime d'un accident du travail ou d'une maladie professionnelle un questionnaire portant sur les circonstances ou la cause de l'accident ou de la maladie, ou procède à une enquête auprès des intéressés. Une enquête est obligatoire en cas de décès.

Art. D. 751-118 Après la déclaration de l'accident ou de la maladie, la victime ou ses ayants droit et l'employeur peuvent faire connaître leurs observations et toutes informations complémentaires ou en faire part directement à l'enquêteur de la caisse.

En cas d'enquête effectuée par la caisse sur l'agent causal d'un accident du travail ou d'une maladie professionnelle, l'employeur doit, sur demande, lui communiquer les renseignements nécessaires permettant d'identifier le ou les risques ainsi que les produits auxquels le salarié a pu être exposé, à l'exclusion de toute formule, dosage, ou processus de fabrication d'un produit.

Pour les besoins de l'enquête, la caisse se fait communiquer par son service de prévention les éléments dont il dispose sur les produits utilisés ou sur les risques afférents au poste de travail ou à l'atelier considéré, à l'exclusion de toute formule, dosage ou processus de fabrication d'un produit.

Art. D. 751-119 Le dossier constitué par la caisse comprend :

1° La déclaration d'accident *(Abrogé par Décr. nº 2016-756 du 7 juin 2016, art. 3-2°)* *« et l'attestation de salaire »* ;

2° Les divers certificats médicaux *(Décr. nº 2016-756 du 7 juin 2016, art. 3-2°)* « détenus par la caisse » ;

3° Les constats faits par la caisse ;

4° Les informations parvenues à la caisse de chacune des parties ;

5° Les éléments communiqués par le service de prévention ;

6° Abrogé par Décr. nº 2016-756 du 7 juin 2016, art. 3-2°

Ce dossier peut à leur demande être communiqué à l'assuré, ses ayants droit et à l'employeur ou leurs mandataires.

Il ne peut être communiqué à un tiers que sur demande de l'autorité judiciaire.

Art. D. 751-120 Les prestations des assurances sociales agricoles sont servies à titre provisionnel conformément aux dispositions de l'article L. 371-5 du code de la sécurité sociale tant que la caisse n'a pas notifié sa décision à la victime et à l'employeur et, le cas échéant, tant qu'il n'a pas été statué par la juridiction compétente.

Al. 2 abrogé par Décr. nº 2009-1767 du 30 déc. 2009.

Lorsque le caractère professionnel de l'accident, de la lésion ou de la maladie est reconnu par la caisse ou par la juridiction compétente, la caisse met immédiatement en paiement les indemnités dues. Le montant des prestations provisionnelles reçues par la victime au titre des assurances sociales entre en compte dans le montant de celles qui lui sont dues au titre du régime défini au présent chapitre.

Al. 4 abrogé par Décr. nº 2009-1767 du 30 déc. 2009.

Art. R. 751-121 Lorsqu'il y a nécessité d'examen ou d'enquête complémentaire, la caisse en informe la victime ou ses ayants droit et l'employeur avant l'expiration du délai prévu au premier alinéa *(Décr. nº 2009-1767 du 30 déc. 2009)* « de l'article R. 751-115 par tout moyen permettant de déterminer la date de réception ». A l'expiration d'un nouveau délai *(Décr. nº 2009-1767 du 30 déc. 2009)* « de » deux mois en matière d'accidents du travail ou trois mois en matière de maladies professionnelles à compter de la date de cette notification et en l'absence de la décision de la caisse, le caractère professionnel de l'accident ou de la maladie est établi à l'égard de la victime.

En cas de saisine du comité régional de reconnaissance des maladies professionnelles mentionné au cinquième alinéa de l'article L. 461-1 du code de la sécurité sociale, le délai imparti à ce comité pour donner son avis s'impute sur les délais mentionnés à l'alinéa précédent.

(Décr. nº 2009-1767 du 30 déc. 2009) « Lorsque la caisse envoie un questionnaire ou procède à un examen ou à une enquête complémentaire, elle informe la victime ou ses

ayants droit ainsi que l'employeur, au moins dix jours francs avant de prendre sa décision, des éléments recueillis et susceptibles de leur faire grief et de la possibilité de consulter le dossier mentionné à l'article D. 751-119. Cette information est faite par tout moyen permettant de déterminer sa date de réception. »

Art. D. 751-121-1 *(Décr. n° 2009-1767 du 30 déc. 2009)* La décision motivée de la caisse est notifiée, avec mention des voies et délais de recours, par tout moyen permettant de déterminer la date de réception, à la victime ou ses ayants droit ainsi qu'à l'employeur. Le médecin traitant est informé de cette décision.

Art. D. 751-122 Les dispositions de l'article *(Décr. n° 2006-1293 du 20 oct. 2006)* « R. 442-5 » du code de la sécurité sociale sont applicables au régime défini au présent chapitre.

Art. D. 751-123 La caisse de mutualité sociale agricole, sur l'avis du service du contrôle médical, connaissance prise du certificat du médecin traitant, prévu au cinquième alinéa de l'article D. 751-86 et dès réception de celui-ci, fixe la date de la guérison ou de la consolidation de la blessure.

Si le certificat médical n'a pas été fourni ou si la caisse en conteste le contenu, cette dernière prend sa décision sur avis du médecin chef du service du contrôle médical.

Art. D. 751-124 Sur proposition du service du contrôle médical, lorsqu'il estime que l'incapacité permanente présentée par la victime est susceptible de rendre celle-ci inapte à l'exercice de sa profession ou à la demande de la victime ou de son médecin traitant, la caisse, sans préjudice de l'application des dispositions relatives à la réadaptation ou à la rééducation professionnelle, recueille l'avis du médecin du travail compétent. A cet effet, elle adresse à ce dernier une fiche dont le modèle est fixé par arrêté du ministre chargé de l'agriculture.

Le médecin du travail mentionne sur la fiche les constatations et observations qu'il a faites lors de la visite de reprise du travail, relatives à l'aptitude de la victime à reprendre son ancien emploi ou à la nécessité d'une réadaptation.

Dans le délai de quinze jours à compter de la date à laquelle il a été saisi, le médecin du travail adresse à la caisse la fiche prévue par les dispositions qui précèdent, sous pli confidentiel, à l'intention du médecin conseil chargé du contrôle médical.

Dès que ce document lui est parvenu ou, à défaut, après l'expiration du délai prévu à l'alinéa précédent, le médecin conseil exprime dans un rapport son avis, au vu de ces constatations et de l'ensemble des éléments d'appréciation figurant au dossier.

Art. D. 751-125 *Abrogé par Décr. n° 2019-1506 du 30 déc. 2019, art. 7.*

Art. D. 751-126 Les décisions prises par la caisse de mutualité sociale agricole en application des alinéas 1 et 2 de l'article D. 751-123 doivent être médicalement motivées.

Ces décisions, ainsi que celles prises en application *(Décr. n° 2018-1312 du 28 déc. 2018, art. 1er)* « de l'article R. 751-64 sont notifiées à la victime par tout moyen permettant de déterminer la date de réception ».

Art. D. 751-127 Les dispositions du présent paragraphe sont applicables en ce qui concerne la reconnaissance du caractère professionnel des rechutes.

§ 4 Accidents survenus hors du territoire métropolitain

Art. D. 751-128 Dans tous les cas où l'accident relevant du présent chapitre est survenu hors du territoire métropolitain, le délai imparti à l'employeur pour faire la déclaration prévue à l'article D. 751-85 ne commence à courir que du jour où il a été informé de l'accident par lettre recommandée de la victime ou de son représentant. Si l'employeur n'est pas en mesure d'indiquer la nature des blessures, noms et adresses des témoins de l'accident, il complète sa déclaration dans le plus bref délai possible par une déclaration complémentaire.

La caisse de mutualité sociale agricole à laquelle l'employeur doit envoyer la ou les déclarations mentionnées à l'alinéa ci-dessus ainsi que les certificats médicaux est dans ces cas celle dont relève la victime.

Art. D. 751-128-1 *(Décr. nº 2009-990 du 20 août 2009, art. 2)* Sont pris en charge dans les conditions prévues par le présent chapitre les accidents du travail survenus aux personnes mentionnées aux *(Décr. nº 2011-158 du 7 févr. 2011)* « 1°, 8° et 9° » du II de l'article L. 751-1 pendant un délai de quinze mois à compter du début du stage.

Art. D. 751-129 Les articles R. 444-4 et R. 444-5 du code de la sécurité sociale sont applicables au régime défini au présent chapitre, les fonctions attribuées aux caisses d'assurance maladie étant exercées par les caisses de mutualité sociale agricole. Pour l'appréciation du caractère d'urgence des soins dispensés et des conditions dans lesquelles ils sont donnés ainsi que pour la détermination du tarif applicable, la caisse de mutualité sociale agricole peut demander leur concours :

(Décr. nº 2016-781 du 10 juin 2016, art. 8-5°, en vigueur le 1er juill. 2016) « 1° En Guadeloupe, en Guyane, en Martinique, à La Réunion et à Saint-Martin, à la caisse générale de sécurité sociale ;

« 2° A Saint-Barthélemy, à la caisse de mutualité sociale agricole désignée au cinquième alinéa de l'article L. 781-2 *(Décr. nº 2017-1492 du 25 oct. 2017, art. 23-23°)* « du présent code » ;

« 3° A Wallis-et-Futuna, en Polynésie française et en Nouvelle-Calédonie, aux autorités locales. »

En cas de contestations portant sur le règlement d'un accident du travail survenu hors du territoire métropolitain, le tribunal *(Décr. nº 2018-1312 du 28 déc. 2018, art. 1er)* « judiciaire spécialement désigné en application de l'article L. 211-16 du code de l'organisation judiciaire » compétent est celui dans le ressort duquel se trouve le domicile de la victime en France.

Art. D. 751-130 *(Décr. nº 2016-781 du 10 juin 2016, art. 8-6°, en vigueur le 1er juill. 2016)* « Dans le cas d'un accident relevant du présent chapitre survenu hors du territoire métropolitain, la caisse de mutualité sociale agricole, dès réception de la déclaration d'accident principale ou complémentaire, peut, si elle le juge utile, demander au ministre intéressé que soient invitées à faire procéder à l'enquête sur les circonstances de l'accident et à lui transmettre les procès-verbaux de cette enquête :

« 1° La caisse générale de la sécurité sociale, s'il s'agit de la Guadeloupe, de la Guyane, de la Martinique, de La Réunion ou de Saint-Martin ;

« 2° La caisse de mutualité sociale agricole désignée au cinquième alinéa de l'article L. 781-2 s'il s'agit de Saint-Barthélemy ;

« 3° Les autorités locales, s'il s'agit des îles Wallis-et-Futuna, de la Polynésie française ou de la Nouvelle-Calédonie ;

« 4° Les autorités consulaires françaises, s'il s'agit d'un pays étranger. »

La caisse de mutualité sociale agricole peut, toutes les fois que cela est nécessaire à l'exercice de son droit de contrôle, inviter la victime, directement ou par l'intermédiaire de son employeur, à faire viser, selon le cas, soit par les autorités locales, soit par les autorités consulaires françaises, les certificats médicaux relatifs à l'accident.

Art. R. 751-131 *(Décr. nº 2018-928 du 29 oct. 2018, art. 6)* « En cas de contestation d'ordre médical, la procédure d'expertise médicale prévue au chapitre I du titre IV du livre I du code de la sécurité sociale est applicable.

« Les caisses de mutualité sociale agricole exercent les fonctions dévolues aux caisses d'assurance maladie et aux caisses d'assurance retraite et de la santé au travail.

« Le contrôle médical est exercé par le service de contrôle médical et contrôle dentaire de la caisse de mutualité sociale agricole. »

La date de guérison ou de consolidation de la blessure est fixée par la caisse de mutualité sociale agricole, sur avis du service du contrôle médical, au vu du certificat du médecin traitant indiquant les conséquences définitives de l'accident. Si le certificat médical n'a pas été fourni ou si la caisse en conteste le contenu, cette dernière prend sa décision sur avis du médecin chef du service du contrôle médical.

§ 5 Accidents du travail survenus aux personnes mobilisées dans le cadre de la réserve sanitaire

(Décr. n° 2007-1273 du 27 août 2007, art. 5-II)

Art. R. 751-131-1 Les dispositions de la présente sous-section sont applicables aux accidents du travail survenus dans le cadre des périodes accomplies dans la réserve sanitaire conformément à l'article L. 3133-1 du code de la santé publique. Dans ce cas, les références à "l'employeur" sont remplacées par celles de "*(Décr. n° 2016-523 du 27 avr. 2016, art. 4-IV-3°)* « l'agence mentionnée à l'article L. 1413-1 » du code de la santé publique".

SOUS-SECTION 2 **Contrôle et procédure postérieurs à l'accident**

§ 1 Contrôle médical

Art. R. 751-132 Indépendamment de l'examen médical de la victime auquel la caisse peut faire procéder par un médecin-conseil, dès qu'elle a connaissance de l'accident, le contrôle médical de la victime est exercé dans les conditions prévues en matière d'assurances sociales agricoles sous réserve des dispositions de l'alinéa ci-après *(Abrogé par Décr. n° 2018-928 du 29 oct. 2018, art. 6)* ***« et des articles R. 751-133 à R. 751-135 »***.

La victime est tenue de présenter à toute réquisition du service de contrôle médical tous certificats médicaux, radiographies, examens de laboratoires et ordonnances en sa possession ainsi que la feuille d'accident mentionnée à l'article L. 751-27 ; la victime doit également faire connaître, le cas échéant, les accidents du travail et les maladies professionnelles antérieures et, au cas où il s'agit d'une rechute, fournir tous renseignements qui lui sont demandés sur son état de santé antérieur.

Les décisions prises par la caisse de mutualité sociale agricole à la suite du contrôle médical doivent être immédiatement notifiées par elles à la victime.

Art. R. 751-133 à R. 751-135 *Abrogés par Décr. n° 2018-928 du 29 oct. 2018, art. 6.*

Art. R. 751-136 Les honoraires et frais de déplacement dus au médecin traitant ou au médecin spécialiste du fait du contrôle médical ou au médecin *(Décr. n° 2018-928 du 29 oct. 2018, art. 6)* « chargé de l'expertise médicale mentionnée à l'article L. 141-1 du code de la sécurité sociale » sont supportés dans les mêmes conditions qu'en matière d'assurances sociales agricoles et selon un tarif fixé par arrêté conjoint du ministre chargé de l'agriculture, du ministre chargé de la santé, du ministre chargé de la sécurité sociale et du ministre chargé du budget.

Art. R. 751-137 Les frais de déplacement de la victime ou de ses ayants droit qui doivent quitter la commune où ils résident pour répondre à la convocation du médecin-conseil ou se soumettre à une expertise, *(Abrogé par Décr. n° 2018-928 du 29 oct. 2018, art. 6)* ***« à l'examen médical prévu aux articles R. 751-133 à R. 751-135 du présent code, »*** à un contrôle ou à un traitement en vertu du présent chapitre sont à la charge de la caisse de mutualité sociale agricole. Ces frais de déplacement sont payés d'après le tarif prévu à l'article L. 322-5 du code de la sécurité sociale.

Art. R. 751-138 Les dispositions des articles R. 145-1 à R. 145-29 du code de la sécurité sociale sont applicables au régime d'assurance obligatoire des salariés agricoles contre les accidents du travail et les maladies professionnelles.

§ 2 Contrôle administratif

Art. R. 751-139 La caisse de mutualité sociale agricole peut faire procéder au contrôle administratif des victimes d'accidents du travail, notamment en ce qui concerne l'observation du repos qui leur a été médicalement prescrit par les agents agréés et assermentés mentionnés à l'article L. 724-7.

Ce contrôle est exercé selon les règles applicables en matière d'assurance maladie des salariés agricoles. Les mêmes sanctions sont applicables, notamment les dispositions de l'article R. 323-12 du code de la sécurité sociale.

SOUS-SECTION 3 Sanctions

§ 1 Remboursement dû aux caisses de mutualité sociale agricole

Art. D. 751-140 Les remboursements de dépenses susceptibles d'être réclamés aux employeurs de main-d'œuvre agricole par les caisses de mutualité sociale agricole dans les cas prévus à l'article L. 751-37 ne peuvent excéder pour un même accident le quart du montant du salaire annuel minimal fixé en application de l'article L. 434-16 du code de la sécurité sociale en vigueur au jour *[de]* l'accident.

Toutefois, cette limite est portée à la moitié du salaire annuel minimal susvisé lorsque l'employeur a déjà donné lieu à réclamation en remboursement en application de l'article L. 751-36 *(Décr. n° 2017-1492 du 25 oct. 2017, art. 23-24°)* « du présent code » au cours des cinq années précédant l'accident.

§ 2 Sanctions pénales

Art. R. 751-141 Est puni de l'amende prévue pour les contraventions de la quatrième classe le fait de ne pas respecter :

1° Les formalités devant être accomplies en cas d'accident, prévues à l'article L. 751-26 ;

2° L'obligation de délivrance d'une feuille d'accident prévue à l'article L. 751-27 ;

3° Les modalités d'information de l'entreprise de travail temporaire de tout accident dont a été victime un salarié qu'elle a mis à disposition de l'utilisateur, prévues à l'article D. 751-93.

Art. R. 751-142 Est puni de l'amende prévue pour les contraventions de la troisième classe le fait pour l'employeur de ne pas se conformer aux prescriptions relatives au versement des cotisations mentionnées à l'article L. 751-13.

SOUS-SECTION 4 Dispositions diverses et contentieux *(Décr. n° 2018-928 du 29 oct. 2018, art. 6)*.

Art. R. 751-143 Les modèles des pièces nécessaires à l'application du chapitre I du présent titre sont fixés par des arrêtés du ministre chargé de l'agriculture.

Art. R. 751-143-1 *(Décr. n° 2018-928 du 29 oct. 2018, art. 6)* Les contestations relatives aux décisions prises par les caisses en application du présent chapitre *(Décr. n° 2019-1506 du 30 déc. 2019, art. 7)* « , sauf en ce qui concerne celles mentionnées au 7° de l'article L. 142-1 du code de la sécurité sociale et celles d'ordre médical soumises à la procédure prévue à la sous-section 2 de la section 2 du chapitre II du titre IV du livre I du code de la sécurité sociale, sont » soumises, dans le délai prévu à l'article R. 142-1-A du code de la sécurité sociale, à l'obligation de recours préalable devant la commission de recours amiable.

SECTION 7 Accidents survenus ou maladies constatées avant le 1er juillet 1973

Art. R. 751-144 La victime ou l'ayant droit de la victime d'un accident ou d'une maladie qui revendique le bénéfice de l'une des dispositions des articles L. 751-42 à L. 751-44 doit, en vue de faire constater son droit aux prestations, adresser une demande au directeur général de la Caisse des dépôts et consignations chargé de la gestion du fonds commun des accidents du travail agricole.

Il produit, à l'appui de sa demande, toutes pièces justificatives, copies ou expéditions de jugements et arrêts et, d'une façon générale, tous renseignements de nature à apporter la preuve qui lui incombe en vertu des articles L. 751-42 à L. 751-44.

Le directeur général de la Caisse des dépôts et consignations peut faire procéder à toutes enquêtes, vérifications et examens médicaux qu'il estime utiles en faisant appel, le cas échéant, au concours des caisses de mutualité sociale agricole.

Art. R. 751-145 Compte tenu de tous les renseignements recueillis, le directeur général de la Caisse des dépôts et consignations décide de l'attribution ou du refus de l'avantage sollicité. Il constate dans sa décision, par référence aux dispositions du présent chapitre, le caractère professionnel de l'accident ou de la maladie, le lien de cause à effet existant entre celui-ci et l'incapacité permanente ou le décès de la victime et fixe éventuellement le taux de cette incapacité.

Il constate, le cas échéant, le droit de la victime à *(Décr. n° 2013-276 du 2 avr. 2013, art. 2-3°, en vigueur le 1er mars 2013)* « la prestation complémentaire pour recours à tierce personne » prévue au troisième alinéa de l'article L. 434-2 du code de la sécurité sociale.

En outre, dans le cas prévu au troisième alinéa de l'article L. 751-42, le directeur général de la Caisse des dépôts et consignations fixe, par la même décision, le droit de la victime à l'appareillage.

Art. R. 751-146 Dans le cas prévu à l'article L. 751-43, le directeur général de la Caisse des dépôts et consignations mentionne dans sa décision l'acte qui a fixé le taux de l'incapacité permanente de la victime et, le cas échéant, la ou les décisions qui ont révisé ce taux.

Il constate que, par suite des conséquences de l'accident du travail ou de la maladie professionnelle, une aggravation de l'état de la victime oblige celle-ci à avoir recours à l'assistance d'une tierce personne pour effectuer *(Décr. n° 2013-276 du 2 avr. 2013, art. 2-4°, en vigueur le 1er mars 2013)* « des actes ordinaires de la vie dont il précise, le cas échéant, le nombre et la nature ».

Art. R. 751-147 Dans le cas prévu à l'article L. 751-44, le directeur général de la Caisse des dépôts et consignations mentionne dans sa décision l'acte ayant fixé les droits de la victime, conformément aux dispositions de la législation sur les accidents du travail en agriculture alors en vigueur.

Art. R. 751-148 Le directeur général de la Caisse des dépôts et consignations procède, s'il y a lieu, à la liquidation des prestations et notifie sa décision au demandeur par lettre recommandée avec demande d'avis de réception.

(Décr. n° 2010-332 du 24 mars 2010, art. 2-2°) « Il assure le règlement des frais d'appareillage dans le cas prévu au troisième alinéa de l'article L. 751-42. »

Art. R. 751-149 Les recours contre les décisions prises en application des articles R. 751-145 à R. 751-148 relèvent du contentieux *(Décr. n° 2018-928 du 29 oct. 2018, art. 6 ; Décr. n° 2019-1506 du 30 déc. 2019, art. 7)* « de la sécurité sociale ».

Art. R. 751-150 Toute modification dans l'état de la victime dont la première constatation médicale est postérieure à la date de la décision prise conformément aux articles R. 751-144 à R. 751-146 et R. 751-148, de même que le décès de la victime survenu après cette date par suite des conséquences de l'accident du travail ou de la maladie professionnelle peut donner lieu, soit à la demande de la victime ou de ses ayants droit, soit à l'initiative du directeur général de la Caisse des dépôts et consignations, à une nouvelle fixation des droits aux prestations.

Cette nouvelle fixation de l'allocation est effectuée selon la procédure prévue aux articles R. 751-144 à R. 751-146 et R. 751-148.

La réduction ou la suppression des avantages précédemment attribués prend effet le premier jour du trimestre suivant celui au cours duquel est notifiée la décision du directeur général de la Caisse des dépôts et consignations ou au cours duquel le jugement prononçant cette nouvelle fixation est passé en force de chose jugée.

Art. R. 751-151 Pour l'application des dispositions de l'article L. 751-45, la réparation attribuée en capital est convertie en une rente fictive sur la base des tarifs appliqués par la Caisse nationale de prévoyance en matière de rente de droit commun à la date de la décision ayant fixé la réparation. En outre cette rente fictive ou la rente attribuée est, avant imputation sur le montant de l'allocation, affectée des majorations résultant des dispositions de la loi n° 51-695 du 24 mai 1951 portant majoration de certaines rentes viagères.

Dans le cas où la rente et la majoration, ou l'un de ces avantages, ont fait l'objet d'un rachat, le calcul est effectué comme si le rachat n'avait pas été réalisé.

Toute nouvelle majoration légalement fixée donne lieu à révision de l'allocation.

Les prestations accordées par application des articles L. 751-42 et L. 751-43 se substituent pour l'avenir à la pension d'invalidité à laquelle l'intéressé pouvait avoir droit, pour le même accident, au titre des assurances sociales.

Art. R. 751-152 Tout bénéficiaire d'un avantage, en exécution des dispositions des articles L. 751-42 à L. 751-46, est tenu de se soumettre aux contrôles prescrits par le directeur général de la Caisse des dépôts et consignations. En cas de refus, le paiement de cet avantage peut être suspendu.

Le directeur général de la Caisse des dépôts et consignations fait application aux allocations et majorations attribuées des dispositions du premier alinéa de l'article L. 751-46, sans que le bénéficiaire ait à formuler une demande.

Art. R. 751-153 Les attributions conférées par la présente section au directeur général de la Caisse des dépôts et consignations sont exercées, le cas échéant, par le service compétent de l'État employeur.

SECTION 8 Prévention

SOUS-SECTION 1 Organisation de la prévention

Art. R. 751-154 Le ministre chargé de l'agriculture définit la politique de prévention et en fixe les objectifs. Il détermine, dans la limite des ressources affectées en application de l'article L. 751-24, les crédits globaux nécessaires à leur réalisation au plan national et les critères selon lesquels ces crédits sont répartis entre les caisses.

Il prend des arrêtés d'extension de certaines mesures de prévention et approuve les conventions passées entre les caisses gestionnaires et les organismes ou institutions de prévention.

Al. 3 à 5 abrogés par Décr. n° 2015-861 du 13 juill. 2015, art. 8.

Art. R. 751-155 La Caisse centrale de la mutualité sociale agricole a pour rôle, dans le cadre de la politique définie par le ministre chargé de l'agriculture, de promouvoir la mise en œuvre de la prévention.

Elle coordonne l'action des caisses de mutualité sociale agricole, établit et exploite les statistiques nationales.

Elle réalise les actions de prévention de caractère national. Elle peut, à cet effet :

1° Conclure des conventions avec les institutions ou organismes compétents en matière de recherches, d'études, d'essais, d'enseignement, de documentation ou de propagande concernant la protection et la sécurité des salariés agricoles et la prévention des accidents du travail et des maladies professionnelles, en vue de l'étude ou de la réalisation de certaines mesures de protection, de sécurité et de prévention ;

2° Apporter, dans des conditions définies par arrêté du ministre chargé de l'agriculture, une aide à des exploitations ou entreprises agricoles en vue de réaliser, à titre d'expérience, certaines mesures de protection et de prévention ;

3° Fournir le concours de conseillers de prévention.

Elle rend compte annuellement à la Commission nationale de prévention de l'exécution des actions de prévention dont elle a été chargée.

Art. R. 751-156 La Caisse centrale de la mutualité sociale agricole est assistée par des comités nationaux compétents pour les différents secteurs d'activités agricoles et composés paritairement de représentants des organisations professionnelles d'employeurs et de salariés agricoles, avec la participation, à titre consultatif, de deux représentants *(Décr. n° 2012-706 du 7 mai 2012, art. 9-2°, en vigueur le 1er juill. 2012)* « du service des affaires financières, sociales et logistiques du » ministère de l'agriculture et de deux représentants de la Caisse centrale de la mutualité sociale agricole.

Ces comités techniques nationaux sont consultés sur toutes les questions relatives à la mise en œuvre de la prévention dans les secteurs professionnels relevant de leur compétence. Ils peuvent, également, de leur propre initiative, suggérer toute mesure qui leur paraîtrait opportune, sur le plan national, dans le cadre de cette compétence.

Pour l'examen des problèmes de prévention de portée générale, une formation commune à l'ensemble des comités techniques peut être consultée. Cette formation est composée de représentants élus par chacun des comités techniques nationaux concernés, à raison de deux par comité, l'un étant élu par ses membres salariés, l'autre par ses membres employeurs. Des membres suppléants sont élus dans les mêmes conditions. Le ministre chargé de l'agriculture et la Caisse centrale de la mutualité sociale agricole sont représentés aux réunions de la formation selon les mêmes modalités qu'auprès des comités techniques nationaux.

Le nombre de comités techniques nationaux, les secteurs professionnels relevant de leur compétence, ainsi que leur composition sont fixés et révisés périodiquement par arrêté du ministre chargé de l'agriculture.

Les conditions de fonctionnement de ces comités sont également fixées par arrêté du ministre chargé de l'agriculture. — *V. Arr. du 25 févr. 1974 relatif à la composition et au fonctionnement des comités techniques nationaux et des comités techniques régionaux (JO 13 mars), mod. par Arr. du 13 janv. 1975 (JO 7 févr.), Arr. du 11 mai 1976 (JO 13 juin), Arr. du 4 déc. 1978 (JO 7 janv. 1979), Arr. du 11 déc. 1985 (JO 28 déc.), Arr. du 12 janv. 2010 (JO 22 janv.), Arr. du 30 avr. 2019 (JO 12 juill.).*

Art. R. 751-157 **Les caisses de mutualité sociale agricole ont la responsabilité de la mise en œuvre des actions de prévention au niveau de leurs départements respectifs et gèrent les dotations qui leur sont attribuées par le Fonds national de prévention.**

Elles exploitent les déclarations d'accidents du travail qui leur sont adressées et sont chargées de l'établissement des statistiques départementales.

Art. R. 751-157-1 *(Décr. n° 2012-706 du 7 mai 2012, art. 9-3°, en vigueur le 1er juill. 2012)* **Le conseiller en prévention des risques professionnels a pour mission de :**

1° Mettre en œuvre la politique de prévention des risques professionnels des salariés. Il conseille à cet effet les employeurs et contribue à l'amélioration des conditions de travail des salariés dans les entreprises ;

2° Conduire une démarche de prévention visant à la réduction des risques professionnels en lien avec l'équipe pluridisciplinaire prévue à l'article R. 717-3 ;

3° Assurer le contrôle de la prévention prévu notamment aux articles suivants ;

4° Participer aux enquêtes relatives aux accidents du travail et aux maladies professionnelles ;

5° Donner un avis au comité régional de reconnaissance des maladies professionnelles prévu à l'article L. 461-1 du code de la sécurité sociale ;

6° Siéger à la commission pluridisciplinaire prévue à l'article L. 351-1-4 *(Décr. n° 2017-1492 du 25 oct. 2017, art. 23-25°)* **« du même code ».**

Les conseillers en prévention assurent également ces missions à l'égard des non-salariés conformément au 5° de l'article R. 752-37 *(Décr. n° 2017-1492 du 25 oct. 2017, art. 23-25°)* **« du présent code ».**

Art. R. 751-158 **Les caisses de mutualité sociale agricole peuvent inviter tout employeur à prendre toutes mesures justifiées de prévention, sauf recours de cet employeur devant l'inspecteur du travail, qui statue dans les quinze jours.**

(Décr. n° 2012-17 du 4 janv. 2012) **« Elles peuvent bénéficier, pour le contrôle de la prévention, du concours des conseillers en prévention mentionnés au dernier alinéa de l'article L. 724-8, et agréés par la caisse centrale dans des conditions définies par arrêté du ministre de l'agriculture. Avant d'entrer en fonction, ces agents prêtent serment devant le** *(Décr. n° 2019-913 du 30 août 2019, art. 1er, en vigueur le 1er janv. 2020)* **« juge du tribunal judiciaire, au siège de ce tribunal ou, le cas échéant, de l'une de ses chambres de proximité » de ne rien révéler des secrets de fabrication et, en général, des procédés et résultats d'exploitation dont ils pourraient avoir connaissance. » Elles peuvent également demander l'intervention de l'***(Décr. n° 2021-143 du 10 févr. 2021, art. 6)* **« agent de contrôle de l'inspection du travail » pour assurer l'application des mesures prévues par la réglementation du travail.**

Les conseils d'administration des caisses de mutualité sociale agricole peuvent imposer, par voie de dispositions générales, certaines mesures de prévention à l'ensemble des employeurs qui, dans leurs circonscriptions, exercent une même activité ou utilisent les mêmes types de machines ou de procédés.

Ces dispositions sont prises soit à l'initiative des conseils d'administration après consultation du comité technique régional de prévention compétent, soit à la demande dudit comité. Elles ne peuvent entrer en application qu'après avoir été homologuées par le directeur régional des entreprises, de la concurrence, de la consommation, du travail et de l'emploi ou, en cas de refus de celui-ci, par le ministre chargé du travail. Ces mesures de prévention doivent tenir compte des dispositions des règlements sanitaires départementaux.

Les caisses de mutualité sociale agricole peuvent, dans les conditions prévues à l'article L. 751-21, imposer une cotisation supplémentaire à tout employeur qui ne prend pas les mesures de prévention mentionnées au présent article.

Les cotisations supplémentaires prévues à l'article L. 751-21 sont substituées aux cotisations prévues à l'article L. 242-7 du code de la sécurité sociale pour l'application du régime défini au présent chapitre.

Art. R. 751-159 Les caisses de mutualité sociale agricole peuvent, dans les conditions définies par arrêté du ministre chargé de l'agriculture et après consultation du comité technique régional de prévention compétent, apporter une aide financière aux exploitations et entreprises agricoles en vue de leur faciliter la réalisation d'aménagements destinés à assurer une meilleure protection des travailleurs, ou de mettre en œuvre, à titre expérimental, certaines mesures de protection et de prévention.

Art. R. 751-160 Dans chaque circonscription d'action régionale, un ou plusieurs comités techniques régionaux de prévention assistent les caisses de mutualité sociale agricole et veillent, en liaison avec les comités techniques nationaux, à l'harmonisation des actions qu'elles entreprennent.

Ces comités sont composés paritairement de représentants des organisations professionnelles d'employeurs et de salariés agricoles. *(Décr. nº 2021-143 du 10 févr. 2021, art. 6)* « L'agent de contrôle de l'inspection du travail » *(Décr. nº 2010-344 du 31 mars 2010, art. 348 ; Décr. nº 2012-17 du 4 janv. 2012)* « , un médecin inspecteur du travail, » le médecin du travail de la caisse de mutualité sociale agricole du département dans lequel est situé le chef-lieu de la circonscription régionale et un représentant désigné par l'ensemble des caisses de mutualité sociale agricole de la circonscription participent, avec voix consultative, aux réunions des comités.

Les caisses de mutualité sociale agricole doivent présenter aux comités techniques régionaux, avant mise en œuvre dans leurs départements, le programme des actions de prévention qui leur incombent et leur adressent périodiquement un compte rendu de leurs activités et des résultats obtenus.

Les comités peuvent, de leur propre initiative, suggérer toute mesure qui leur paraît opportune, en matière de prévention, dans un ou plusieurs départements de la circonscription ou dans la totalité de celle-ci.

Le secrétariat est assuré par la caisse de mutualité sociale agricole du siège du comité.

La composition et les conditions de fonctionnement des comités techniques régionaux de prévention sont fixées par arrêté du ministre chargé de l'agriculture. — *V. Arr. du 25 févr. 1974 relatif à la composition et au fonctionnement des comités techniques nationaux et des comités techniques régionaux (JO 13 mars), mod. par Arr. du 13 janv. 1975 (JO 7 févr.), Arr. du 11 mai 1976 (JO 13 juin), Arr. du 4 déc. 1978 (JO 7 janv. 1979), Arr. du 11 déc. 1985 (JO 28 déc.), Arr. du 12 janv. 2010 (JO 22 janv.), Arr. du 30 avr. 2019 (JO 12 juill.).*

Art. R. 751-161 Le ministre chargé de l'agriculture peut, par voie d'arrêté, prononcer l'extension à l'ensemble du territoire de mesures générales imposées par une ou plusieurs caisses de mutualité sociale agricole, en application de l'article R. 751-158, soit telles qu'elles ont été adoptées par ces organismes, soit après modifications apportées par les comités techniques nationaux compétents. Il peut rendre obligatoires, sur l'ensemble du territoire, pour tous les employeurs agricoles d'un secteur professionnel déterminé, des mesures particulières de prévention.

Les arrêtés mentionnés à l'alinéa précédent sont pris sur proposition de la Caisse centrale de la mutualité sociale agricole établie à l'initiative des comités techniques nationaux et après avis de la Commission nationale de prévention instituée à l'article R. 751-154.

Ils peuvent également être pris à la demande de la commission nationale ci-dessus mentionnée, qui doit, dans ce cas, recueillir l'avis de la Caisse centrale de la mutualité sociale agricole et des comités techniques nationaux intéressés.

Les dispositions de l'avant-dernier alinéa de l'article R. 751-158 sont applicables aux employeurs qui ne se conformeraient pas aux mesures prévues par le présent article.

Le ministre chargé de l'agriculture peut, dans les mêmes conditions, prononcer, par voie d'arrêté, l'annulation de mesures générales imposées par les caisses de mutualité sociale agricole.

Art. R. 751-162 Les inspecteurs du travail sont chargés de veiller à l'application par les caisses de mutualité sociale agricole de la politique de prévention définie par le ministre et de faire contrôler l'exécution des mesures réglementaires ou individuelles obligatoires pour les employeurs et, d'une façon plus générale, la sécurité des travailleurs agricoles.

Pour l'accomplissement de ces missions et de celles qui lui incombent en application de l'article R. 751-158, le service de l'inspection du travail dispose des agents chargés du contrôle de la prévention mentionnés au premier alinéa de l'article *(Décr. nº 2010-815 du 13 juill. 2010)* « L. 724-8. Ces agents sont qualifiés de techniciens régionaux de prévention. Ils sont affectés auprès du directeur régional des entreprises, de la concurrence, de la consommation, du travail et de l'emploi. »

(Décr. nº 2012-706 du 7 mai 2012, art. 9-4º, en vigueur le 1er juill. 2012) « Les modalités d'exercice de ces missions sont fixées par arrêté du ministre chargé de l'agriculture. »

(Décr. nº 2012-17 du 4 janv. 2012) « Avant d'entrer en fonction, les techniciens régionaux de prévention mentionnés à l'alinéa précédent prêtent serment devant le *(Décr. nº 2019-913 du 30 août 2019, art. 1er, en vigueur le 1er janv. 2020)* « juge du tribunal judiciaire, au siège de ce tribunal ou, le cas échéant, de l'une de ses chambres de proximité » de ne rien révéler des secrets de fabrication et, en général, des procédés et résultats d'exploitation dont ils pourraient avoir connaissance. » — *V. Arr. du 12 nov. 2014 pris en application de l'art. R. 751-162 relatif aux modalités d'exercice des missions des techniciens régionaux de prévention en agriculture mis à disposition des services d'inspection du travail (JO 25 nov.).*

SOUS-SECTION 2 Financement de la prévention

Art. R. 751-163 Le Fonds national de prévention dont la gestion est confiée à la Caisse centrale de la mutualité sociale agricole comporte :

1º En recette :

a) La part des cotisations affectées aux dépenses de prévention telle qu'elle est fixée par arrêté du ministre chargé de l'agriculture en application de l'article L. 751-24 ;

b) Une part des cotisations supplémentaires imposées aux employeurs en application de l'article L. 751-21, fixée par arrêté du ministre chargé de l'agriculture ;

c) Les dons et legs qui peuvent lui être attribués ;

2º En dépense :

a) Les dotations attribuées à la Caisse centrale de la mutualité sociale agricole et à chacune des caisses de mutualité sociale agricole pour la réalisation des actions de prévention dont elles ont la responsabilité ;

b) Les frais de fonctionnement de la Commission nationale de prévention, des comités techniques nationaux et régionaux et des secrétariats de ces organismes ;

c) La couverture des rémunérations, charges sociales et frais de déplacement des agents des caisses participant au contrôle de la prévention.

Art. R. 751-164 Le budget du Fonds national de prévention établi en conformité avec les objectifs fixés par le ministre chargé de l'agriculture en application de l'article R. 751-154 est délibéré et voté par le conseil central d'administration de la mutualité sociale agricole, sur proposition d'un comité de gestion constitué en son sein et composé d'un nombre égal de représentants des employeurs et de représentants des salariés.

Il devient exécutoire après approbation du ministre chargé de l'agriculture, avis pris de la Commission nationale de prévention.

Les dispositions en vigueur relatives à l'approbation et au contrôle administratif des budgets de gestion administrative des caisses de mutualité sociale agricole sont applicables au budget du Fonds national de prévention.

SOUS-SECTION 3 Dispositions pénales

Art. R. 751-165 Est puni de l'amende prévue pour les contraventions de la cinquième classe le fait de contrevenir aux dispositions générales de prévention mentionnées au premier alinéa de l'article L. 724-12.

L'amende est appliquée autant de fois qu'il y a de personnes employées dans des conditions illégales.

La récidive de la contravention prévue au premier alinéa est réprimée conformément à l'article 132-11 du code pénal.

CHAPITRE II **ASSURANCE CONTRE LES ACCIDENTS DU TRAVAIL ET LES MALADIES PROFESSIONNELLES DES NON-SALARIÉS AGRICOLES ET DES PERSONNES MENTIONNÉES À L'ARTICLE L. 731-23** *(Décr. n° 2007-1120 du 19 juill. 2007)*.

SECTION 1 **Champ d'application**

SOUS-SECTION 1 **Personnes bénéficiaires**

Art. R. 752-1 *(Décr. n° 2015-861 du 13 juill. 2015, art. 9-1°)* Le chef d'exploitation ou d'entreprise agricole est tenu de fournir à la caisse de mutualité sociale agricole dont il relève, dans les trente jours suivant la date à laquelle l'intéressé remplit ou a cessé de remplir les conditions d'assujettissement au régime de l'assurance défini au présent chapitre, tous renseignements nécessaires à l'affiliation ou à la radiation de lui-même et des autres personnes mentionnées au I de l'article L. 752-1.

La caisse de mutualité sociale agricole procède à leur affiliation ou à leur radiation.

Les assurés relèvent ou cessent de relever du régime de l'assurance défini au présent chapitre à compter de la date à laquelle ils remplissent ou ont cessé de remplir les conditions d'affiliation prévues à l'article L. 752-1.

Art. D. 752-1-1 *(Décr. n° 2007-1123 du 19 juill. 2007)* Les dispositions de l'article R. 752-1 s'appliquent également aux personnes mentionnées au II de l'article L. 752-1 qui dirigent une exploitation ou une entreprise agricole dont la superficie est supérieure *(Décr. n° 2015-311 du 18 mars 2015, art. 1er-8°)* « à deux cinquièmes de la surface minimale d'assujettissement et inférieure à la surface minimale d'assujettissement mentionnée à l'article L. 722-5-1 », ou dont le temps de travail est au moins égal à 150 heures et inférieur à 1 200 heures par an.

Art. R. 752-2 à R. 752-6 *Abrogés par Décr. n° 2015-861 du 13 juill. 2015, art. 9-2°.*

SOUS-SECTION 2 **Maladies professionnelles**

§ 1 Tableaux des maladies professionnelles

Art. D. 752-7 Sauf dispositions particulières, les dispositions de l'article R. 751-24 sont applicables au régime défini par le présent chapitre. Pour leur application, la date du 1er avril 2002 est substituée, au second alinéa de cet article, à celle du 1er juillet 1973.

Le point de départ des prestations servies à la victime ou à ses ayants droit qui demandent le bénéfice des dispositions modifiant ou complétant les tableaux des maladies professionnelles entrées en vigueur postérieurement à la date de constatation de la maladie est la date du dépôt de la demande, sans qu'il puisse être antérieur à l'entrée en vigueur du nouveau tableau ou du tableau révisé.

Ces prestations, indemnités et rentes se substituent, pour l'avenir, aux autres avantages accordés à la victime ou à ses ayants droit pour la même maladie, au titre de l'assurance maladie.

(Décr. n° 2018-598 du 11 juill. 2018, art. 1er) « En ce qui concerne les maladies professionnelles, est assimilée à la date de l'accident :

« 1° La date de la première constatation médicale de la maladie ;

« 2° Lorsqu'elle est postérieure, la date qui précède de deux années la déclaration de maladie professionnelle mentionnée à l'article L. 752-24 du présent code ;

« 3° Pour l'application des règles de prescription prévues aux articles L. 431-2 du code de la sécurité sociale et L. 752-8 du présent code, la date à laquelle la victime est informée par un certificat médical du lien possible entre sa maladie et une activité professionnelle. »

Pour les personnes mentionnées à l'article L. 171-3 du code de la sécurité sociale, sont présumées d'origine professionnelle toutes maladies désignées dans les tableaux de maladies professionnelles mentionnés à l'article L. 461-2 du code de la sécurité sociale et contractées dans les conditions mentionnées à ces tableaux dans le cadre de leur activité non salariée non agricole.

§ 2 Consultation des comités régionaux de reconnaissance des maladies professionnelles

Art. D. 752-8 Sous réserve des adaptations prévues aux articles D. 752-9 à D. 752-14, les articles D. 461-26 à D. 461-30 du code de la sécurité sociale s'appliquent au régime défini par le présent chapitre.

Art. D. 752-9 Lorsqu'une demande de reconnaissance de maladie professionnelle est présentée par un non-salarié agricole *(Décr. nº 2007-1123 du 19 juill. 2007)* « ou par un assuré mentionné au II de l'article L. 752-1 » relevant du régime défini par le présent chapitre, le médecin-conseil régional mentionné au 1° de l'article D. 461-27 du code de la sécurité sociale est remplacé par le médecin-conseil national du régime agricole de protection sociale ou le médecin-conseil qu'il désigne pour le représenter.

Art. D. 752-10 Le comité régional compétent prévu à l'article D. 461-28 du code de la sécurité sociale est celui dans le ressort duquel se trouve la caisse de mutualité sociale agricole *(Abrogé par Décr. nº 2015-861 du 13 juill. 2015, art. 9-3°)* ***« ou le bureau départemental ou interdépartemental du groupement mentionné à l'article L. 752-14 du présent code »*** dont relève la victime.

Art. D. 752-11 Le dossier mentionné à l'article D. 461-29 du code de la sécurité sociale est constitué par la caisse de mutualité sociale agricole *(Abrogé par Décr. nº 2015-861 du 13 juill. 2015, art. 9-4°)* ***« ou le groupement »***. Il comprend :

1° Une demande motivée de reconnaissance signée par la victime ou ses ayants droit *(Décr. nº 2016-756 du 7 juin 2016, art. 4-1°)* « intégrant le certificat médical rempli par un médecin choisi par la victime dont le modèle est fixé par arrêté » ;

2° Un avis motivé d'un technicien-conseil de prévention et d'un médecin du travail de la caisse de mutualité sociale agricole territorialement compétente, portant notamment sur la réalité de l'exposition de la victime à un risque professionnel ;

3° Le cas échéant, les conclusions de l'enquête conduite par la caisse de mutualité sociale agricole *(Abrogé par Décr. nº 2015-861 du 13 juill. 2015, art. 9-4°)* ***« ou le groupement »*** en application de l'article D. 752-76 *(Décr. nº 2017-1492 du 25 oct. 2017, art. 24-1°)* « du présent code » ;

4° Le rapport établi par le service du contrôle médical de la caisse de mutualité sociale agricole *(Décr. nº 2016-756 du 7 juin 2016, art. 4-1°)* « indiquant, le cas échéant, le taux d'incapacité » permanente de la victime.

Art. D. 752-12 Pour l'application du premier alinéa de l'article D. 461-30 du code de la sécurité sociale, la caisse de mutualité sociale agricole *(Abrogé par Décr. nº 2015-861 du 13 juill. 2015, art. 9-5°)* ***« ou le groupement mentionné à l'article L. 752-14 du présent code »*** saisit le comité régional compétent.

Pour l'application du quatrième alinéa de l'article D. 461-30 du code de la sécurité sociale, le dossier est rapporté devant le comité par le médecin-conseil qui a examiné la victime ou par le médecin-conseil qu'il a désigné pour le représenter.

Pour l'application du cinquième alinéa de l'article D. 461-30 du code de la sécurité sociale, le comité prend obligatoirement l'avis d'un conseiller de prévention et d'un médecin du travail de la caisse de mutualité sociale agricole territorialement compétente.

L'avis mentionné au dernier alinéa de l'article D. 461-30 du code de la sécurité sociale est rendu à la caisse de mutualité sociale agricole *(Abrogé par Décr. nº 2015-861 du 13 juill. 2015, art. 9-5°)* ***« ou au groupement mentionné à l'article L. 752-14 du présent code »***.

Le délai dans lequel l'avis mentionné au dernier alinéa de l'article D. 461-30 du code de la sécurité sociale est rendu s'impute sur le délai mentionné à l'article D. 752-73 du présent code.

Art. D. 752-13 Le médecin-conseil national adresse chaque année au ministre chargé de l'agriculture un rapport sur les demandes de reconnaissance de maladies professionnelles émanant des non-salariés agricoles *(Décr. n° 2007-1123 du 19 juill. 2007)* « et des assurés mentionnés au II de l'article L. 752-1 ». Ce rapport est communiqué à la Commission supérieure des maladies professionnelles en agriculture ainsi qu'à la commission de prévention mentionnée à l'article L. 752-29.

Art. D. 752-14 Les modalités d'imputation des dépenses résultant de l'application du présent paragraphe sur les ressources du régime défini par le présent chapitre sont fixées par une convention conclue entre la Caisse centrale de la mutualité sociale agricole et la Caisse nationale *(Décr. n° 2020-621 du 22 mai 2020, art. 3)* « de l'assurance maladie ».

SECTION 2 Prestations

Art. R. 752-15 Les prestations dues au titre des accidents du travail survenus et des maladies professionnelles constatées à compter du 1er avril 2002 sont régies par les dispositions de la présente section.

Les prestations dues au titre des accidents du travail survenus et des maladies professionnelles constatées antérieurement au 1er avril 2002 demeurent régies, en vertu du I de l'article 13 de la loi n° 2001-1128 du 30 novembre 2001 portant amélioration de la couverture des non-salariés agricoles contre les accidents du travail et les maladies professionnelles, par les dispositions des articles L. 752-3 à L. 752-17 et L. 752-22 à L. 752-32 dans leur rédaction antérieure à cette loi. Sont applicables les décrets suivants, pris sur le fondement de ces dispositions législatives :

1° Décret n° 69-120 du 1er février 1969 fixant les modalités d'application des articles 1234-3 et 1234-15 du code rural ;

2° Décret n° 73-779 du 24 juillet 1973 fixant les modalités d'application du chapitre IV du titre III du livre VII du code rural relatif à l'assurance complémentaire des personnes non salariées de l'agriculture contre les accidents du travail et les maladies professionnelles ;

3° Décret n° 69-121 instituant des sanctions de police en cas d'inobservation des dispositions des articles 1234-2, 1234-28 et 1244-2 du code rural ;

4° Décret n° 73-778 relatif au contentieux de l'assurance complémentaire contre les accidents du travail et les maladies professionnelles des personnes non salariées de l'agriculture.

Art. R. 752-16 Les personnes ayant adhéré volontairement à la législation sur les accidents du travail applicable aux salariés agricoles antérieurement au 1er juillet 1973, bénéficiaires des dispositions de l'article L. 752-27 dans sa rédaction antérieure à la loi n° 2001-1128 du 30 novembre 2001, obtiennent les allocations et majorations prévues aux articles L. 751-43 et L. 751-44 dans les conditions fixées par la section 7 du chapitre I du présent titre. Toutefois, les recours contre les décisions relatives aux demandes d'allocations sont de la compétence du tribunal judiciaire.

SOUS-SECTION 1 Dispositions générales

Art. D. 752-17 *(Décr. n° 2015-861 du 13 juill. 2015, art. 9-6°)* Les prestations mentionnées à l'article L. 752-3 ne sont dues qu'à compter de la date d'affiliation de la victime au régime défini au présent chapitre.

§ 1 Service des prestations en cas de changement d'organisme assureur

Art. D. 752-18 *Abrogé par Décr. n° 2015-861 du 13 juill. 2015, art. 9-7°.*

§ 2 Prescription

Art. D. 752-19 Pour l'application au régime défini au présent chapitre, les prestations et indemnités visées au premier alinéa de l'article L. 431-2 du code de la sécurité sociale s'entendent de celles prévues aux articles L. 752-3 à L. 752-7 du présent code.

Dans les cas prévus à l'article L. 752-9, le délai de prescription court à compter :

1° Soit de la première constatation par le médecin traitant de la modification survenue dans l'état de la victime, sous réserve, en cas des dispositions de l'article D. 752-82 de l'avis émis par le médecin désigné lorsque celui-ci aura recueilli l'accord des parties ou, dans le cas contraire, de la décision judiciaire ;

2° Soit de la date de cessation de paiement des indemnités journalières allouées en raison de la rechute.

SOUS-SECTION 2 Prestations en nature

Art. D. 752-20 **Les dispositions des articles R. 432-1 à R. 432-3, des premier et troisième alinéas de l'article R. 432-4, des articles R. 432-6 à R. 432-9** *(Décr. nº 2017-1815 du 29 déc. 2017, art. 2-3º)* **« , des articles R. 432-9-2 à R. 432-9-8, de l'article D. 432-15 » et des articles R. 481-1 à R. 481-7 du code de la sécurité sociale** *(Abrogé par Décr. nº 2010-332 du 24 mars 2010, art. 2-3º)* ***« ainsi que celles des articles R. 751-43 et R. 751-44 »*** **sont applicables au régime défini au présent chapitre.**

Art. D. 752-21 *Abrogé par Décr. nº 2018-1312 du 28 déc. 2018, art. 1er.*

Art. D. 752-21-1 *(Décr. nº 2017-1815 du 29 déc. 2017, art. 2-4º)* **Pour l'application des dispositions des articles R. 432-9-7 et R. 432-9-8 du code de la sécurité sociale, la caisse centrale de mutualité sociale agricole exerce les missions dévolues à la caisse nationale de l'assurance maladie.**

SOUS-SECTION 3 Prestations en espèces

§ 1 Indemnités journalières

Art. D. 752-22 **L'indemnité journalière prévue à l'article L. 752-5 est payée à la victime par la caisse de mutualité sociale agricole** *(Abrogé par Décr. nº 2015-861 du 13 juill. 2015, art. 9-8º)* ***« ou le groupement mentionné à l'article L. 752-14 »*** **à partir du** *(Décr. nº 2022-772 du 29 avr. 2022, art. 1er)* **« quatrième » jour qui suit l'arrêt de travail consécutif à l'accident sans distinction entre les jours ouvrables et les dimanches et jours fériés.**

Dans le cas de rechute, l'indemnité journalière est payée à la victime par la caisse de mutualité sociale agricole *(Abrogé par Décr. nº 2015-861 du 13 juill. 2015, art. 9-8º)* ***« ou le groupement »*** **à partir du** *(Décr. nº 2022-772 du 29 avr. 2022, art. 1er)* **« quatrième » jour qui suit la première interruption de travail médicalement justifiée consécutive à l'accident sans distinction entre les jours ouvrables et les dimanches et jours fériés.**

(Décr. nº 2017-1884 du 29 déc. 2017, art. 3) **« En cas de reprise d'un** *(Décr. nº 2023-70 du 6 févr. 2023, art. 1er)* **« travail aménagé ou à temps partiel » dans les conditions prévues à l'article L. 752-5-1, l'indemnité journalière est servie pendant une durée maximale de 270 jours par périodes de trois ans, décomptée de date à date, majorée d'un an. La rechute donne lieu à ouverture d'une nouvelle durée maximale de 270 jours par périodes de trois ans, décomptée de date à date, majorée d'un an. »**

(Décr. nº 2023-70 du 6 févr. 2023, art. 1er) **« L'essai encadré prévu au 1° de l'article L. 752-5-2 bénéficie aux personnes mentionnées aux 1° à 3° de l'article L. 752-5 du présent code, selon les modalités prévues aux articles D. 323-6-2 à D. 323-6-7 du code de la sécurité sociale sous les réserves mentionnées aux 1° à 5° du III de l'article D. 732-2-4 du présent code. Le versement des indemnités journalières mentionnée à l'article L. 752-5-2 du présent code est maintenu et servi selon les mêmes modalités. »**

Dans tous les cas, le paiement des indemnités journalières est effectué par quinzaine. Les indemnités journalières sont versées soit à la victime, soit dans les conditions prévues à l'article R. 433-16 du code de la sécurité sociale.

Art. D. 752-23 **Le gain journalier servant de base au calcul de l'indemnité journalière est égal à** *(Décr. nº 2010-1306 du 29 oct. 2010, art. 2)* **« 1/365 » du montant du gain forfaitaire annuel en vigueur mentionné à l'article L. 752-5.**

Sauf le délai de carence prévu à l'article D. 752-22, l'indemnité journalière est égale à *(Décr. nº 2021-1897 du 29 déc. 2021, art. 1er)* **« 63 % » du gain forfaitaire journalier les 28 premiers jours d'arrêt de travail consécutifs ou non à l'accident. Le taux de l'indemnité journalière est porté à** *(Décr. nº 2021-1897 du 29 déc. 2021, art. 1er)* **« 84 % » du gain forfaitaire journalier à partir du 29e jour d'arrêt de travail consécutif ou non à l'accident.**

(Décr. nº 2017-1884 du 29 déc. 2017, art. 4) **« En cas de reprise d'un** *(Décr. nº 2023-70 du 6 févr. 2023, art. 1er)* **« travail aménagé ou à temps partiel » dans les**

conditions prévues à l'article L. 752-5-1, le montant de l'indemnité journalière servie est égal à celui fixé à l'alinéa précédent pour les 28 premiers jours d'arrêt de travail. »

Art. D. 752-24 **Si la date de consolidation ou de guérison a été fixée, l'indemnité journalière versée au titre de la rechute est calculée dans les mêmes conditions que celles définies à l'article D. 752-23, compte tenu de la première incapacité de travail consécutive à la rechute.**

Art. D. 752-25 **L'indemnité journalière est mise en paiement à titre d'avance par la caisse de mutualité sociale agricole** *(Abrogé par Décr. n° 2015-861 du 13 juill. 2015, art. 9-9°)* ***« ou le groupement mentionné à l'article L. 752-14 »*** **après réception du certificat médical attestant la nécessité de l'arrêt de travail et dès l'issue du délai prévu à l'article D. 752-22.**

Cette avance vient en déduction du montant de l'indemnité journalière qui serait reconnue être due.

Cependant, si le caractère professionnel de l'accident ou de la maladie n'est pas reconnu, la caisse de mutualité sociale agricole *(Abrogé par Décr. n° 2015-861 du 13 juill. 2015, art. 9-9°)* ***« ou le groupement »*** **peut, en application de l'article L. 752-25, appeler un remboursement auprès de la victime selon les modalités prévues au quatrième alinéa de l'article précité.**

§ 2 Rentes

SOUS-§ 1 *Rentes dues à la victime*

Art. D. 752-26 *(Décr. n° 2007-1123 du 19 juill. 2007)* **La rente prévue à l'article L. 752-6 est attribuée au chef d'exploitation ou d'entreprise agricole** *(Décr. n° 2023-358 du 10 mai 2023, art. 1er)* **« et aux autres assurés mentionnés au I de l'article L. 752-1 dès lors qu'ils présentent » un taux d'incapacité permanente d'au moins 30 % et aux assurés mentionnés au II de l'article L. 752-1 en cas d'incapacité permanente totale.**

La rente à laquelle a droit la victime en application du *[des] (Décr. n° 2023-358 du 10 mai 2023, art. 1er)* **« troisième au » sixième alinéa***[s]* **de l'article L. 752-6 est égale au gain forfaitaire mentionné au deuxième alinéa de l'article L. 752-5 multiplié par le taux d'incapacité préalablement réduit de moitié pour la partie de ce taux qui ne dépasse pas 50 % et augmenté de la moitié pour la partie qui excède 50 %.**

L'arrêté prévu à l'article L. 752-6, fixant le pourcentage du gain forfaitaire annuel à retenir dans le calcul de la rente due à la victime mentionnée au II de l'article L. 752-1 en cas d'incapacité permanente totale suite à un accident du travail, est pris par le ministère de l'agriculture. *— V. Arr. du 4 janv. 2008, art. 3 (JO 20 janv.) ; Arr. du 8 avr. 2009 (JO 12 avr.), mod. par Arr. du 21 avr. 2009 (JO 15 mai) ; Arr. du 29 mars 2010 (JO 1er avr.) ; Arr. du 30 mars 2011 (JO 13 avr.) ; Arr. du 30 mars 2012 (JO 5 avr.) ; Arr. du 27 mars 2014 (JO 30 mars) ; Arr. du 9 avr. 2015 (JO 16 avr.) ; Arr. du 15 mars 2016 (JO 19 mars) ; Arr. du 28 mars 2017 (JO 31 mars) ; Arr. du 30 mars 2018 (JO 8 avr.) ; Arr. du 29 mars 2019 (JO 10 avr.) ; Arr. du 31 mars 2020 (JO 2 avr.) ; Arr. du 1er avr. 2021 (JO 7 avr.) ; Arr. du 30 mars 2022 (JO 2 avr.) ; Arr. du 30 mars 2023 (JO 1er avr.).*

En cas d'accidents successifs, le calcul du taux utile afférent à la rente du dernier accident prend en compte la somme de tous les taux d'incapacité permanente reconnus à l'assuré relevant de l'article L. 752-1 *(Abrogé par Décr. n° 2017-1492 du 25 oct. 2017, art. 24-2°)* ***« du présent code »*****, qu'ils aient donné lieu ou non au versement d'une rente pour déterminer, en application du deuxième alinéa du présent article, la partie du taux de l'accident considérée inférieure ou supérieure à 50 %.**

Lorsque l'un des taux d'incapacité se trouve modifié, en cas d'amélioration ou d'aggravation de l'état de santé de l'assuré, il est procédé au nouveau calcul du taux utile de la rente concernée en ne retenant que la somme des taux d'incapacité permanente antérieurement reconnus lors de l'accident initial donnant lieu à la modification du taux d'incapacité.

Le principe d'égalité ne s'oppose pas à ce que l'art. D. 752-26 fixe, pour l'ouverture au bénéfice d'une rente d'accident du travail ou de maladie professionnelle à un chef d'exploitation ou d'entreprise agricole, un taux d'incapacité différent de celui prévu pour un salarié agricole. • CE 16 juin 2021, n° 442201 B : *RD rur. 2021, n° 225, note Tauran ; Gaz. Pal. 6 juill. 2021.*

Art. D. 752-27 Afin de fixer le taux d'incapacité permanente qui sera proposé à la victime, le médecin-conseil de la caisse de mutualité sociale agricole dont relève l'assuré établit un rapport médical.

Les barèmes indicatifs d'invalidité dont il est tenu compte pour la détermination du taux d'incapacité permanente sont ceux qui sont mentionnés à l'article *(Décr. nº 2018-1312 du 28 déc. 2018, art. 1er)* « R. 751-63 ».

Art. D. 752-28 *Abrogé par Décr. nº 2019-1506 du 30 déc. 2019, art. 7.*

Art. D. 752-29 *(Décr. nº 2019-1506 du 30 déc. 2019, art. 7)* Au vu de tous les renseignements recueillis, la caisse de mutualité sociale agricole se prononce sur l'existence d'une incapacité permanente et, le cas échéant, sur le taux de celle-ci et évalue le montant de la rente.

La caisse de mutualité sociale agricole notifie à la victime, par tout moyen conférant date certaine, avec mention des voies et délais de recours, la décision motivée relative au taux d'incapacité, aux éléments de calcul et au montant de la rente correspondante.

Pour les assurés mentionnés au II de l'article L. 752-1, le gain forfaitaire annuel est celui fixé au troisième alinéa de l'article D. 752-26.

Art. D. 752-30 *(Décr. nº 2019-1506 du 30 déc. 2019, art. 7)* En cas de nouvelle fixation de réparations motivée par une atténuation ou une aggravation de l'infirmité de la victime ou par son décès des suites de l'accident, le taux d'incapacité et le montant de la rente font l'objet d'une décision de la caisse de mutualité sociale agricole prise dans les mêmes conditions que pour la fixation initiale du taux d'incapacité et de la rente.

Cette décision est notifiée à la victime ou à ses ayants droit selon les modalités prévues fixées à l'article D. 752-29.

Art. D. 752-30-1 *(Décr. nº 2018-1312 du 28 déc. 2018, art. 1er ; Décr. nº 2019-1506 du 30 déc. 2019, art. 7)* Les dispositions des articles R. 751-131 et R. 751-143-1 sont applicables aux contestations portant sur les dispositions du présent chapitre.

Art. D. 752-31 Les décisions prises par la caisse de mutualité sociale agricole *(Abrogé par Décr. nº 2015-861 du 13 juill. 2015, art. 9-12º) « ou le groupement mentionné à l'article L. 752-14 »* doivent être médicalement motivées. La notification adressée par la caisse de mutualité sociale agricole *(Abrogé par Décr. nº 2015-861 du 13 juill. 2015, art. 9-12º) « ou le groupement »* à la victime ou à ses ayants droit invite ceux-ci à lui faire connaître, dans un délai de dix jours, à l'aide d'un formulaire annexé à la notification, s'ils demandent l'envoi, soit à eux-mêmes, soit au médecin que désignent à cet effet la victime ou ses ayants droit, d'une copie du rapport médical mentionné au premier alinéa de l'article D. 752-27.

La caisse de mutualité sociale agricole *(Abrogé par Décr. nº 2015-861 du 13 juill. 2015, art. 9-12º) « ou le groupement »* procède à cet envoi dès réception de la demande en indiquant que la victime ou le médecin qu'elle désigne à cet effet peuvent, dans un délai de quinze jours suivant la réception du rapport, prendre connaissance auprès du service du contrôle médical de la caisse des autres pièces médicales.

Lorsque la victime ou ses ayants droit ont demandé, dans les conditions fixées ci-dessus, l'envoi d'une copie du rapport médical, le délai d'un mois prévu au troisième alinéa de l'article D. 752-29 est porté à deux mois.

Art. D. 752-32 Les arrérages des rentes courent du lendemain de la date de consolidation et sont dus jusqu'à la fin du mois d'arrérages au cours duquel la victime est décédée. Ils sont payables aux ayants droit sur production du bulletin de décès et sur présentation des pièces établissant leur qualité. La caisse de mutualité sociale agricole *(Abrogé par Décr. nº 2015-861 du 13 juill. 2015, art. 9-13º) « ou le groupement »* peut consentir une avance sur le premier arrérage de la rente.

En cas de contestations autres que celles portant sur le caractère professionnel de l'accident ou de la maladie, la caisse de mutualité sociale agricole *(Abrogé par Décr. nº 2015-861 du 13 juill. 2015, art. 9-13º) « ou le groupement mentionné à l'article L. 752-14 »* peut accorder des avances sur rentes qui ne peuvent être inférieures à la rente proposée par l'un de ceux-ci. Ces avances viennent en déduction du montant des indemnités journalières ou de la rente qui seraient reconnues être dues.

Art. D. 752-33 Les rentes mentionnées à l'article L. 752-6 *(Décr. nº 2017-1492 du 25 oct. 2017, art. 24-3º)* « du présent code » sont payables au titulaire, mensuellement et à terme échu.

(Décr. nº 2013-278 du 2 avr. 2013, art. 2-1º, en vigueur le 1er mars 2013) « Pour l'application des articles R. 434-34-1, R. 434-2 et R. 434-3 du code de la sécurité sociale, » *(Décr. nº 2015-861 du 13 juill. 2015, art. 9-14º)* « la caisse de mutualité sociale agricole exerce les fonctions dévolues aux caisses primaires d'assurance maladie ».

En cas d'hospitalisation de l'assuré, *(Décr. nº 2013-278 du 2 avr. 2013, art. 2-2º, en vigueur le 1er mars 2013)* « la prestation complémentaire pour recours à tierce personne » est versée jusqu'au dernier jour du mois civil suivant celui au cours duquel il a été hospitalisé ; au-delà de cette période, son service est suspendu.

Pour l'application du *(Décr. nº 2007-1123 du 19 juill. 2007)* « huitième » alinéa de l'article L. 752-6 *(Décr. nº 2017-1492 du 25 oct. 2017, art. 24-3º)* « du présent code », il est tenu compte, pour le calcul de la rente afférente au dernier accident, des accidents du travail survenus ou des maladies professionnelles constatées à compter du 1er avril 2002.

SOUS-§ 2 *Rentes d'ayants droit*

Art. D. 752-34 Les dispositions des articles *(Décr. nº 2006-112 du 2 févr. 2006)* « R. 434-10 à R. 434-15 » du code de la sécurité sociale sont applicables au régime défini au présent chapitre.

Pour l'application des articles mentionnés ci-dessus :

1º A la fraction de salaire annuel mentionné à l'article *(Décr. nº 2006-112 du 2 févr. 2006)* « R. 434-10 et au deuxième alinéa de l'article R. 434-16 » du code de la sécurité sociale est substituée la fraction de gain forfaitaire annuel mentionné à l'article L. 752-5 du présent code ;

(Décr. nº 2007-1123 du 19 juill. 2007) « Pour les assurés mentionnés au II de l'article L. 752-1 *(Décr. nº 2017-1492 du 25 oct. 2017, art. 24-4º)* « du même code, le gain forfaitaire annuel est celui fixé au troisième alinéa de l'article D. 752-26 de ce code » ;

2º Les caisses de mutualité sociale agricole *(Abrogé par Décr. nº 2015-861 du 13 juill. 2015, art. 9-15º) « ou le groupement mentionné à l'article L. 752-14 du présent code »* exercent les fonctions dévolues aux caisses primaires d'assurance maladie ;

3º Le contrôle médical mentionné aux articles *(Décr. nº 2006-112 du 2 févr. 2006)* « R. 434-12 et R. 434-13 » du code de la sécurité sociale est le service du contrôle médical de la caisse de mutualité sociale agricole.

Art. D. 752-35 Les rentes mentionnées à l'article L. 752-7 sont payables au titulaire, par trimestre et à terme échu.

Les arrérages des rentes courent du lendemain du décès de la victime ou du premier jour suivant la fin du mois d'arrérages au cours duquel la victime est décédée et sont dus jusqu'à la fin du mois d'arrérages au cours duquel le prestataire est décédé. Ils sont payables aux ayants droit sur production du bulletin de décès et sur présentation des pièces établissant leur qualité.

Les dispositions de l'article *(Décr. nº 2006-112 du 2 févr. 2006)* « R. 434-18 » du code de la sécurité sociale, exception faite du quatrième alinéa dudit article, sont applicables aux rentes mentionnées à l'article L. 752-7 du présent code. Pour l'application de ces dispositions, la caisse de mutualité sociale agricole *(Décr. nº 2015-861 du 13 juill. 2015, art. 9-16º)* « est substituée » à la caisse primaire d'assurance maladie.

SOUS-SECTION 4 **Révision – Rechute**

Art. D. 752-36 Les articles R. 443-1, R. 443-2 et R. 443-4 à R. 443-6 du code de la sécurité sociale sont applicables au régime défini au présent chapitre. Pour l'application de ces articles, les caisses de mutualité sociale agricole *(Décr. nº 2015-861 du 13 juill. 2015, art. 9-17º)* « exercent les fonctions dévolues aux caisses primaires d'assurance maladie ».

Pour l'application des articles R. 443-4 et R. 443-5 du code de la sécurité sociale, le médecin-conseil auquel il est fait référence s'entend du médecin-conseil de la caisse de mutualité sociale agricole.

SOUS-SECTION 5 Frais funéraires

La présente sous-section ne comprend pas de dispositions réglementaires.

SOUS-SECTION 6 Dispositions diverses

La présente sous-section ne comprend pas de dispositions réglementaires.

SECTION 3 Organisation et financement

SOUS-SECTION 1 Organisation

§ 1 Dispositions relatives aux caisses de mutualité sociale agricole

Art. R. 752-37 *(Décr. n° 2015-861 du 13 juill. 2015, art. 9-18°)* **Une caisse départementale ou pluridépartementale de mutualité sociale agricole peut confier par convention à une autre caisse ou à une association régionale de caisses de mutualité sociale agricole la réalisation des missions suivantes :**

1° Exercice du contrôle médical au titre de l'assurance instaurée par le présent chapitre ;

2° Classement des exploitations et entreprises agricoles dans les différentes catégories de risques définies conformément aux dispositions de l'article L. 752-16 et notification de ce classement aux chefs d'exploitation ou d'entreprise agricole ;

3° Mise en œuvre des actions de prévention des risques professionnels définies conformément aux dispositions de l'article L. 752-29.

Art. R. 752-38 *(Décr. n° 2015-861 du 13 juill. 2015, art. 9-19°)* **La Caisse centrale de la mutualité sociale agricole est chargée d'établir et de centraliser sur le plan national toutes statistiques nécessaires au fonctionnement du régime, et notamment de fournir au ministre chargé de l'agriculture toutes statistiques relatives aux opérations du régime.**

§ 2 *[ABROGÉ]* Dispositions relatives aux organismes assureurs autres que les caisses de mutualité sociale agricole

(Abrogé par Décr. n° 2015-861 du 13 juill. 2015, art. 9-20°)

Art. R. 752-39 *à* R. 752-43 *Abrogés par Décr. n° 2015-861 du 13 juill. 2015, art. 9-20°.*

§ 3 *[ABROGÉ]* Dispositions communes aux caisses de mutualité sociale agricole et aux autres organismes assureurs

(Abrogé par Décr. n° 2015-861 du 13 juill. 2015, art. 9-20°)

Art. R. 752-44 *à* R. 752-53 *Abrogés par Décr. n° 2015-861 du 13 juill. 2015, art. 9-20°.*

§ 4 Sanctions

Art. R. 752-54 Est puni de l'amende prévue pour les contraventions de la cinquième classe le fait, pour *(Décr. n° 2015-861 du 13 juill. 2015, art. 9-21°)* **« un organisme assureur » de proposer à une personne mentionnée à l'article L. 752-1 et soumise à l'obligation de cotiser au régime d'assurance mentionné au chapitre II du titre V du présent livre de souscrire ou de faire souscrire ou de renouveler ou de faire renouveler un contrat ou une clause garantissant les risques couverts par ce régime.**

Al. 2 abrogé par Décr. n° 2011-1974 du 26 déc. 2011, art. 2-II.

La récidive de la contravention prévue au présent article est réprimée conformément à l'article 132-15 du code pénal.

Art. R. 752-55 Est puni de l'amende prévue pour les contraventions de la cinquième classe le fait, pour toute personne mentionnée à l'article L. 752-1, légalement tenue de cotiser au régime d'assurance contre les accidents du travail et les maladies professionnelles prévu au présent chapitre, de souscrire ou renouveler en connaissance de cause

un contrat ou une clause de contrat garantissant les risques couverts à titre obligatoire par ce régime auprès d'un organisme assureur *(Décr. nº 2015-861 du 13 juill. 2015, art. 9-22º)* « autre que la mutualité sociale agricole ».

La récidive de la contravention prévue au présent article est réprimée conformément à l'article 132-11 du code pénal.

SOUS-SECTION 2 Financement

§ 1 Modalités de calcul des cotisations

Art. D. 752-56 *(Décr. nº 2015-861 du 13 juill. 2015, art. 9-23º)* L'arrêté mentionné à l'article L. 752-17 détermine la part du produit des cotisations d'accidents du travail et de maladies professionnelles affectée aux dépenses de prévention ainsi qu'aux frais de gestion.

Art. D. 752-57 La Caisse centrale de la mutualité sociale agricole adresse au ministre chargé de l'agriculture des propositions en vue de la détermination des cotisations par catégorie de risques.

Art. D. 752-58 Le taux de risque, prévu au 1º de l'article L. 752-16, est établi à partir de la valeur du risque propre à la catégorie de risque et du nombre d'affiliés de cette catégorie au cours des trois dernières années connues :

1º La valeur du risque calculée pour la période triennale de référence comprend :

a) La totalité des *(Décr. nº 2018-1258 du 27 déc. 2018, art. 2)* « frais de santé » et indemnités autres que les rentes, y compris celles afférentes à la rééducation et à la réadaptation professionnelle versées au cours de cette période ;

b) Les capitaux représentatifs des rentes attribuées en premier règlement définitif au cours de ladite période aux victimes atteintes d'une incapacité permanente, ces capitaux comprenant les frais d'appareillage ;

c) Les capitaux représentatifs des rentes versées aux ayants droit en cas d'accidents mortels dont le caractère professionnel a été reconnu au cours de cette période, que la victime ait ou non laissé des ayants droit. Ces capitaux comprennent les frais funéraires.

d) Le montant des recours contre tiers.

(Décr. nº 2017-1815 du 29 déc. 2017, art. 2-5º) « Les dépenses liées à la reconversion professionnelle prévue à l'article L. 752-3 ne sont pas comprises dans la valeur du risque mentionnée au 1º. »

Les bases d'évaluation forfaitaire des capitaux définis aux *b* et *c* ci-dessus sont déterminées par arrêté du ministre chargé de l'agriculture *(Décr. nº 2009-794 du 23 juin 2009)* « et du ministre chargé de la sécurité sociale ».

2º Ce taux de risque est affecté d'un coefficient correcteur prenant en compte le financement des dépenses de prévention, de gestion, de contrôle médical.

Art. D. 752-59 Les caisses de mutualité sociale agricole notifient aux chefs d'exploitation ou d'entreprise agricole le classement qu'elles ont déterminé dans les différentes catégories de risque prévues par arrêté conformément à l'article L. 752-12 *(Abrogé par Décr. nº 2015-861 du 13 juill. 2015, art. 9-24º)* *« ; elles en informent le groupement dont relève le chef d'exploitation ou d'entreprise agricole ».*

Lorsque l'exploitation ou l'entreprise agricole relève de plusieurs catégories de risques, elle est classée dans la catégorie dans laquelle le chef d'exploitation ou d'entreprise agricole déclare le temps de travail le plus important auprès de la caisse de mutualité sociale agricole dans la circonscription de laquelle est situé le siège de l'exploitation ou de l'entreprise agricole.

Lorsque l'assuré exerce son activité en tant que chef d'exploitation sur plusieurs exploitations relevant de catégories de risques distinctes, la cotisation due au titre de la présente assurance est celle de la catégorie de risques dans laquelle est classée l'exploitation pour laquelle le temps de travail déclaré est le plus important.

Art. D. 752-60 Les caisses de mutualité sociale agricole sont également tenues de notifier toutes nouvelles décisions relatives au classement de l'exploitation ou de l'entreprise agricole *(Abrogé par Décr. nº 2015-861 du 13 juill. 2015, art. 9-25º)* *« et d'en informer le groupement dont relève le chef d'exploitation ou d'entreprise agricole ».*

Le classement d'une exploitation ou d'une entreprise agricole dans une catégorie peut être modifié dès lors que le changement d'activité de l'exploitation ou l'entreprise agricole a été constaté. Le montant de la cotisation correspondant au nouveau classement est applicable à compter du 1er janvier de l'année suivant celle au cours de laquelle a été constaté le changement d'activité.

Art. D. 752-61 Les cotisations dues par les personnes mentionnées *(Décr. nº 2007-1123 du 19 juill. 2007)* « au 1° et au 2° de l'article L. 752-16 » au titre du régime défini au présent chapitre sont recouvrées *(Décr. nº 2015-861 du 13 juill. 2015, art. 9-26°)* « au choix des caisses de mutualité sociale agricole par appels fractionnés ou par appel unique ».

Pour les appels fractionnés, les dates d'exigibilité et la fraction des cotisations dues au titre de l'année en cours sont celles retenues pour l'appel des cotisations dues au titre du régime de sécurité sociale des non-salariés des professions agricoles. *(Abrogé par Décr. nº 2015-861 du 13 juill. 2015, art. 9-26°) « Les caisses de mutualité sociale agricole communiquent au groupement avant le 1er mars de chaque année le nombre d'appels, les fractions de cotisations et leurs dates d'exigibilité. »*

En cas d'appel unique, le paiement des cotisations est effectué, au choix du chef d'exploitation ou d'entreprise agricole, soit en une seule fois à la date d'exigibilité du deuxième appel fractionné, soit, par prélèvement automatique, aux mêmes dates et selon les mêmes fractions que celles retenues pour les appels fractionnés.

Dans tous les cas, les chefs d'exploitation ou d'entreprise agricole peuvent opter pour le prélèvement mensuel des cotisations dues au titre du régime défini au présent chapitre, selon les mêmes modalités que celles applicables au prélèvement mensuel des cotisations dues au titre du régime de sécurité sociale des non-salariés des professions agricoles. En cas d'appel unique assorti de paiements fractionnés, l'option pour un prélèvement automatique s'exerce selon les mêmes modalités que celles applicables au prélèvement mensuel.

Lorsqu'une personne est affiliée au régime défini au présent chapitre dans la quinzaine précédant un appel fractionné de cotisations ou postérieurement à celui-ci, le montant dû au titre de cette fraction peut être recouvré avec la fraction suivante.

Pour les personnes concernées par l'appel unique, soit il est fait application des dispositions de l'alinéa précédent, soit le paiement des cotisations est effectué en une seule fois à la date d'exigibilité de l'appel fractionné suivant.

Pour les personnes affiliées au régime défini au présent chapitre dans la quinzaine précédant l'appel de la dernière fraction de cotisations ou postérieurement à celui-ci, la cotisation fait l'objet d'un appel unique au plus tard le 31 décembre de l'année considérée et d'un paiement unique dans les trente jours qui suivent.

(Décr. nº 2015-861 du 13 juill. 2015, art. 9-26°) « Les cotisations dues par les personnes mentionnées au dernier alinéa de l'article L. 752-16 sont recouvrées par les caisses de mutualité sociale agricole selon les conditions applicables pour le recouvrement de la cotisation de solidarité et prévues à l'article L. 731-23. »

Art. D. 752-61-1 *Abrogé par Décr. nº 2015-861 du 13 juill. 2015, art. 9-27°.*

§ 2 **Financement du régime**

Art. D. 752-62 *Abrogé par Décr. nº 2015-861 du 13 juill. 2015, art. 9-27°.*

Art. D. 752-63 Le fonds de prévention prévu à l'article L. 752-29 comporte :

1° En recettes :

a) La part des cotisations affectées aux dépenses de prévention telle qu'elle est fixée en application de l'article L. 752-29 ;

b) Les dons et legs et autres produits de gestion ;

2° En dépenses :

a) Les dotations attribuées à la Caisse centrale de mutualité sociale agricole et à chacune des caisses de mutualité sociale agricole pour la réalisation des actions de prévention dont elles ont la responsabilité ;

b) Les frais de fonctionnement de la commission de la prévention des non-salariés agricoles et du secrétariat de cette instance.

Art. D. 752-64 Le budget du fonds de prévention est arrêté par le ministre chargé de l'agriculture sur proposition du conseil central d'administration de la Caisse centrale de mutualité sociale agricole et après avis de la commission de la prévention.

SECTION 4 Faute de l'assuré ou d'un tiers

Art. R. 752-64-1 *(Décr. nº 2007-1747 du 12 déc. 2007)* L'assignation délivrée par la victime ou ses ayants droit à *(Décr. nº 2015-861 du 13 juill. 2015, art. 9-28º)* « sa caisse de mutualité sociale agricole aux fins de déclaration de jugement commun, en application de l'article L. 752-23, mentionne, outre la dénomination et l'adresse de cette caisse », le numéro de sécurité sociale de la victime.

Art. R. 752-64-2 *(Décr. nº 2007-1747 du 12 déc. 2007)* Devant les juridictions civiles, le greffe du tribunal informe *(Décr. nº 2015-861 du 13 juill. 2015, art. 9-29º)* « la caisse de mutualité sociale agricole » de la victime de la date de l'audience, dès que celle-ci est fixée.

Art. R. 752-64-3 *(Décr. nº 2012-1160 du 17 oct. 2012, art. 3-2º)* I. — Les dispositions de l'article R. 454-1 du code de la sécurité sociale sont applicables aux dépenses à rembourser *(Abrogé par Décr. nº 2015-861 du 13 juill. 2015, art. 9-30º) « aux organismes gestionnaires »* en application de l'article L. 752-23 du présent code. Pour l'application de l'article R. 454-1 précité, la référence aux caisses d'assurance maladie est remplacée par la référence aux *(Décr. nº 2015-861 du 13 juill. 2015, art. 9-30º)* « caisses de mutualité sociale agricole ».

II. — Les dispositions des articles R. 454-4 et R. 454-5 du code de la sécurité sociale sont applicables aux non-salariés agricoles.

Al. 2 à 4 du II abrogés par Décr. nº 2015-861 du 13 juill. 2015, art. 9-30º.

SECTION 5 Formalités, procédure et contentieux

SOUS-SECTION 1 Déclaration de l'accident du travail ou de la maladie professionnelle

Art. D. 752-65 Lorsque lui-même ou l'une des personnes mentionnées *(Décr. nº 2007-1123 du 19 juill. 2007)* « au I de l'article L. 752-1 » est victime d'un accident du travail, le chef d'exploitation ou d'entreprise agricole dispose d'un délai de huit jours à compter de la date de l'accident pour en effectuer la déclaration à la caisse de mutualité sociale agricole *(Abrogé par Décr. nº 2014-1727 du 30 déc. 2014, art. 2-1º) « ou au groupement mentionné à l'article L. 752-14 »*. En ce qui concerne la déclaration d'une maladie professionnelle, la victime dispose d'un délai de quinze jours suivant la première constatation de l'origine professionnelle de la maladie pour effectuer cette déclaration. Ce délai est remplacé par un délai de trois mois lorsqu'il est fait application des dispositions de l'article R. 751-24.

(Décr. nº 2014-1727 du 30 déc. 2014, art. 2-2º) « Si la déclaration d'accident du travail ou de maladie professionnelle est adressée à la caisse de mutualité sociale agricole au-delà des délais mentionnés au premier alinéa, les indemnités journalières sont attribuées à l'expiration d'un délai de quatre jours à compter de la réception de l'arrêt de travail par la caisse. »

En cas de force majeure ou de défaillance du chef d'exploitation, la déclaration est effectuée par la victime elle-même, les ayants droit du chef d'exploitation ou de la victime, l'établissement de soins dans lequel la victime est hébergée, son médecin traitant ou toute autorité administrative.

(Décr. nº 2014-1727 du 30 déc. 2014, art. 2-3º et 4º) « Le modèle de déclaration d'accident du travail ou de maladie professionnelle est fixé par arrêté du ministre chargé de l'agriculture. Il comporte quatre volets :

« 1º Deux sont adressés à la caisse de mutualité sociale agricole auprès de laquelle est assurée la victime ;

« 2º Un est adressé au ministre chargé de l'agriculture ;

« 3º Le dernier est remis à la victime.

« La caisse de mutualité sociale agricole peut, dès qu'elle a eu connaissance de l'accident, diligenter une enquête permettant d'en établir les circonstances. »

(Décr. n° 2007-1123 du 19 juill. 2007) « Les dispositions du présent article sont applicables aux assurés mentionnés au II de l'article L. 752-1. »

Art. D. 752-66 A réception de la déclaration d'accident du travail ou du certificat médical initial, la caisse de mutualité sociale agricole *(Décr. n° 2015-861 du 13 juill. 2015, art. 9-31°)* « est tenue » de délivrer à la victime la feuille d'accident prévue à l'article L. 752-24. La victime remet celle-ci au praticien consulté. Cette feuille d'accident n'entraîne pas de plein droit la prise en charge de l'indemnisation au titre du régime défini au présent chapitre.

Elle porte désignation de *(Décr. n° 2015-861 du 13 juill. 2015, art. 9-31°)* « la caisse de mutualité sociale agricole chargée » du service des prestations. Il est interdit d'y mentionner le nom et l'adresse d'un praticien, d'un pharmacien, d'une clinique et d'un dispensaire quelconque.

La feuille d'accident du travail est valable pour la durée du traitement consécutif à l'accident ou à la maladie professionnelle. A la fin du traitement, ou dès que la feuille d'accident est entièrement utilisée, la victime adresse celle-ci à la caisse de mutualité sociale agricole *(Décr. n° 2015-861 du 13 juill. 2015, art. 9-31°)* « . Celle-ci » délivre à la victime, s'il y a lieu, une nouvelle feuille d'accident.

Tout praticien, tout auxiliaire médical appelé à donner des soins mentionne sur la feuille d'accident en possession de la victime les actes accomplis et appose sa signature. Il en est de même pour le pharmacien ou le fournisseur, lors de toute fourniture aussi bien que pour l'établissement hospitalier en cas d'hospitalisation.

Le praticien, auxiliaire médical, pharmacien, fournisseur ou établissement utilise la partie de la feuille d'accident qui lui est destinée pour établir sa note d'honoraires ou sa facture ou bien il reproduit sur cette note les mentions figurant sur ladite feuille, en ce qui concerne, notamment, les nom, prénoms et adresse, numéro d'immatriculation de la victime, date de l'accident, ainsi que toutes circonstances particulières qu'il lui paraîtrait utile de signaler. La note d'honoraires ou la facture est adressée à *(Décr. n° 2015-861 du 13 juill. 2015, art. 9-31°)* « la caisse de mutualité sociale agricole, telle qu'elle est désignée » sur la feuille d'accident.

Art. D. 752-67 Le praticien consulté établit, en triple exemplaire, un certificat indiquant l'état de la victime, les conséquences de l'accident et ses suites éventuelles *(Décr. n° 2022-772 du 29 avr. 2022, art. 3)* « si les conséquences ne sont pas exactement connues, ainsi que, en cas d'interruption de travail, l'avis mentionné à l'article D. 732-2-7 ». Il adresse directement, dans les vingt-quatre heures ouvrées, deux *(Décr. n° 2022-772 du 29 avr. 2022, art. 3)* « exemplaires du certificat et, le cas échéant, de l'avis d'interruption de travail, à la caisse de mutualité sociale agricole et remet le troisième exemplaire du certificat et, le cas échéant, un exemplaire de l'avis d'interruption de travail à la victime. Lorsque le praticien, au cours du traitement, établit la nécessité de prolonger l'interruption de travail, il adresse à la caisse l'avis d'interruption de travail mentionné à l'article D. 732-2-7 ».

Lors de la guérison de la blessure ou de la maladie professionnelle sans incapacité permanente ou, s'il y a incapacité permanente, au moment de la consolidation, un certificat médical indiquant les conséquences définitives, si elles n'avaient pu être antérieurement constatées, est établi en triple exemplaire. Deux des certificats sont adressés par le praticien à la caisse de mutualité sociale agricole *(Abrogé par Décr. n° 2015-861 du 13 juill. 2015, art. 9-32°)* ***« ou au groupement »*** et le troisième est remis à la victime, ainsi que toutes pièces ayant servi à l'établissement dudit certificat.

Hormis les cas de force majeure, faute pour le praticien de se conformer aux dispositions qui précèdent, la caisse de mutualité sociale agricole *(Abrogé par Décr. n° 2015-861 du 13 juill. 2015, art. 9-32°)* ***« ou le groupement »***, la victime ou ses ayants droit ne sont pas tenus pour responsables des honoraires.

Art. D. 752-68 Le praticien, l'auxiliaire médical, le pharmacien, le fournisseur ou l'établissement hospitalier adresse sa note d'honoraires ou sa facture à la caisse de mutualité sociale agricole *(Décr. n° 2015-861 du 13 juill. 2015, art. 9-33°)* « mentionnée » sur la feuille d'accident présentée par la victime.

SOUS-SECTION 2 **Enquête et décision**

Art. R. 752-69 La caisse de mutualité sociale agricole *(Décr. n° 2015-861 du 13 juill. 2015, art. 9-34°)* « dispose d'un délai de trente jours à compter de la date à laquelle elle a reçu la déclaration d'accident *(Décr. n° 2009-1767 du 30 déc. 2009)* « et le certificat médical initial » ou de trois mois à compter de la date à laquelle elle » a reçu *(Décr. n° 2016-756 du 7 juin 2016, art. 4-2°)* « le dossier complet comprenant la déclaration de la maladie professionnelle intégrant le certificat médical initial et le résultat des examens médicaux complémentaires le cas échéant prescrits par les tableaux de maladies professionnelles » pour statuer sur le caractère professionnel de l'accident ou de la maladie.

Al. 2 abrogé par Décr. n° 2016-756 du 7 juin 2016, art. 4-2°. — L'art. D. 752-69 devient l'art. R. 752-69 (Décr. n° 2009-1767 du 30 déc. 2009, art. 2-1°, JO 31 déc.).

Art. R. 752-70 Le délai prévu à l'article *(Décr. n° 2009-1767 du 30 déc. 2009)* « R. 752-69 » s'applique lorsque, sans préjudice des dispositions de l'article D. 752-82 en ce qui concerne la contestation d'ordre médical, il est fait état pour la première fois d'une lésion ou maladie présentée comme se rattachant à un accident du travail ou une maladie professionnelle.

Le délai applicable pour produire un certificat médical est le même que celui prévu à l'article D. 752-65 pour la déclaration d'accident du travail ou de la maladie professionnelle. *(Abrogé par Décr. n° 2015-861 du 13 juill. 2015, art. 9-35°)* *« Dans l'hypothèse où l'accident du travail initial ou la maladie professionnelle initiale a été déclaré auprès de la caisse de mutualité sociale agricole, elle est tenue d'en informer le groupement. De même, dans l'hypothèse où l'accident du travail initial ou la maladie professionnelle initiale a été déclaré auprès du groupement, il est tenu d'en informer la caisse de mutualité sociale agricole. »*

Sous réserve des dispositions de l'article D. 752-73 en l'absence de décision de la caisse de mutualité sociale agricole *(Abrogé par Décr. n° 2015-861 du 13 juill. 2015, art. 9-35°)* *« ou du groupement »* dans le délai prévu au premier alinéa, le caractère professionnel de l'accident ou de la maladie est reconnu. — *L'art. D. 752-70 devient l'art. R. 752-70 (Décr. n° 2009-1767 du 30 déc. 2009, art. 2, 2°, JO 31 déc.).*

Art. D. 752-71 *Al. 1er abrogé par Décr. n° 2009-1767 du 30 déc. 2009.*

La caisse de mutualité sociale agricole *(Abrogé par Décr. n° 2015-861 du 13 juill. 2015, art. 9-36°)* *« ou le groupement »* qui l'estime nécessaire envoie à la victime *(Décr. n° 2009-1767 du 30 déc. 2009)* « ou ses ayant droit » un questionnaire portant sur les causes de l'accident ou de la maladie ou procède à une enquête auprès de l'intéressé.

(Décr. n° 2009-1767 du 30 déc. 2009, art. 2 ; Décr. n° 2015-861 du 13 juill. 2015, art. 9-36°) « La caisse informe alors la victime ou ses ayants droit, au moins dix jours francs avant de prendre sa décision, des éléments recueillis et susceptibles de leur faire grief, et de la possibilité de consulter le dossier mentionné à l'article D. 752-77. »

Art. D. 752-72 Après la déclaration de l'accident ou de la maladie, la victime ou ses ayants droit peuvent faire connaître leurs observations et toutes informations complémentaires ou en faire part directement à l'enquêteur de la caisse de mutualité sociale agricole *(Abrogé par Décr. n° 2015-861 du 13 juill. 2015, art. 9-37°)* *« ou au groupement »*.

Art. D. 752-73 Lorsqu'il y a nécessité d'examen ou d'enquête complémentaire, la caisse de mutualité sociale agricole *(Abrogé par Décr. n° 2015-861 du 13 juill. 2015, art. 9-38°)* *« ou le groupement »* doit en informer la victime ou ses ayants droit avant l'expiration du délai prévu à l'article *(Décr. n° 2009-1767 du 30 déc. 2009)* « R. 752-69 » par lettre recommandée avec demande d'avis de réception. A l'expiration d'un nouveau délai, qui ne peut excéder deux mois en matière d'accidents du travail ou trois mois en matière de maladie professionnelle à compter de la date de cette notification et en l'absence de décision de la caisse de mutualité sociale agricole *(Abrogé par Décr. n° 2015-861 du 13 juill. 2015, art. 9-38°)* *« ou du groupement »*, le caractère professionnel de l'accident ou de la maladie est reconnu.

Art. D. 752-74 En cas de refus de prise en charge, la décision motivée de la caisse de mutualité sociale agricole *(Abrogé par Décr. n° 2015-861 du 13 juill. 2015, art. 9-39°)*

« ou du groupement » est notifiée à la victime ou à ses ayants droit par lettre recommandée avec demande d'avis de réception.

Si le caractère professionnel de l'accident, de la maladie ou de la rechute n'est pas reconnu, la caisse de mutualité sociale agricole *(Abrogé par Décr. n° 2015-861 du 13 juill. 2015, art. 9-39°) « ou le groupement »* indique à la victime dans la notification les voies de recours et les délais de recevabilité de sa contestation. Le médecin traitant est informé de cette décision.

A compter de la réception de cette notification, la victime ne peut plus faire usage de la feuille d'accident qu'elle doit remettre à la caisse de mutualité sociale agricole *(Abrogé par Décr. n° 2015-861 du 13 juill. 2015, art. 9-39°) « ou au groupement »*.

Art. D. 752-75 L'enquête mentionnée au deuxième alinéa de l'article D. 752-71 est obligatoire en cas d'accident mortel ou lorsque, d'après les certificats médicaux adressés par le praticien indiquant l'état de la victime et les conséquences éventuelles de l'accident ou d'après un certificat médical produit par les ayants droit à la caisse de mutualité sociale agricole *(Abrogé par Décr. n° 2015-861 du 13 juill. 2015, art. 9-40°) « ou au groupement »*, la lésion paraît devoir entraîner la mort ou une incapacité permanente totale.

Art. D. 752-76 En cas d'enquête effectuée par la caisse de mutualité sociale agricole *(Abrogé par Décr. n° 2015-861 du 13 juill. 2015, art. 9-41°) « ou le groupement »* sur l'agent causal de l'accident ou de la maladie, le chef d'exploitation *(Décr. n° 2007-1123 du 19 juill. 2007)* « ou l'assuré mentionné au II de l'article L. 752-1 » communique, sur demande, les renseignements nécessaires permettant d'identifier le ou les risques ainsi que les produits auxquels la victime a pu être exposée, à l'exclusion de toute formule, dosage ou processus de fabrication.

Al. 2 abrogé par Décr. n° 2015-861 du 13 juill. 2015, art. 9-41°.

Art. D. 752-77 Le dossier constitué par la caisse de mutualité sociale agricole *(Abrogé par Décr. n° 2015-861 du 13 juill. 2015, art. 9-42°) « ou le groupement »* doit comprendre :

1° La déclaration d'accident ;

2° Les divers certificats médicaux *(Décr. n° 2016-756 du 7 juin 2016, art. 4-3°)* « détenus par la caisse » ;

(Décr. n° 2015-861 du 13 juill. 2015, art. 9-42°) « 3° Les constats et informations recueillis par la caisse de mutualité sociale agricole, relatifs au dossier de la victime ; »

4° Abrogé par Décr. n° 2015-861 du 13 juill. 2015, art. 9-42°.

Ce dossier peut être communiqué au chef d'exploitation ou d'entreprise agricole, à la victime, ses ayants droit ou leurs mandataires. Ce dossier ne peut être communiqué à un tiers que sur demande de l'autorité judiciaire.

Art. D. 752-78 Pour l'application de l'article L. 752-24, le certificat médical s'entend de celui prévu au premier alinéa de l'article D. 752-67.

Al. 2 abrogé par Décr. n° 2009-1767 du 30 déc. 2009.

Art. D. 752-79 Les décisions prises en application de l'article L. 752-24 par la caisse de mutualité sociale agricole *(Abrogé par Décr. n° 2015-861 du 13 juill. 2015, art. 9-43°) « ou par le groupement »*, après avis du service du contrôle médical, doivent être médicalement motivées *(Décr. n° 2019-1506 du 30 déc. 2019, art. 7)* « et notifiées à la victime par tout moyen conférant date certaine ».

Art. D. 752-80 Les dispositions de la présente section sont applicables en ce qui concerne la reconnaissance du caractère professionnel des rechutes.

SOUS-SECTION 3 **Contrôle médical et administratif**

Art. D. 752-81 Le contrôle médical s'exerce conformément aux dispositions des articles D. 723-131 à D. 723-153, sous réserve des dispositions *(Décr. n° 2018-1312 du 28 déc. 2018, art. 1er)* « de l'article R. 751-132 » qui sont applicables au régime défini au présent chapitre.

Pour l'application de ces dispositions :

(Décr. n° 2015-861 du 13 juill. 2015, art. 9-44°) « 1° » La feuille d'accident mentionnée au deuxième alinéa de l'article R. 751-132 s'entend de celle mentionnée à l'article L. 752-24 ;

(Décr. n° 2015-861 du 13 juill. 2015, art. 9-44°) « **2° Les honoraires et frais de déplacement dus au médecin traitant du fait du contrôle médical ou** *(Décr. n° 2018-1312 du 28 déc. 2018, art. 1er)* « **au médecin chargé de l'expertise prévue à l'article L. 141-1 du code de la sécurité sociale » sont à la charge du régime défini au présent chapitre et réglés par la caisse de mutualité sociale agricole » selon un tarif fixé par arrêté du ministre chargé de l'agriculture** *(Décr. n° 2009-794 du 23 juin 2009)* « **et du ministre chargé de la sécurité sociale** ».

Art. D. 752-82 **La caisse de mutualité sociale agricole** *(Décr. n° 2015-861 du 13 juill. 2015, art. 9-45°)* « **peut, dès qu'elle a connaissance de l'accident, faire procéder à un examen de la victime par le médecin-conseil de la caisse** ».

S'il y a désaccord entre le médecin-conseil et le médecin traitant sur l'état de la victime, et notamment sur une question d'ordre médical touchant au caractère professionnel de la lésion ou de la maladie, ou si la victime elle-même en fait la demande expresse, *(Décr. n° 2018-1312 du 28 déc. 2018, art. 1er)* « **la procédure d'expertise médicale prévue à l'article L. 141-1 du code de la sécurité sociale est applicable** ».

Art. D. 752-83 **Les frais de déplacement de la victime ou de ses ayants droit, qui doivent répondre à la convocation du médecin-conseil ou se soumettre** *(Décr. n° 2018-1312 du 28 déc. 2018, art. 1er)* « **à une expertise** », **à un contrôle ou à un traitement en vertu de la présente branche d'assurance, sont à la charge du régime défini au présent chapitre et réglés par la caisse de mutualité sociale agricole** *(Abrogé par Décr. n° 2015-861 du 13 juill. 2015, art. 9-46°) « ou le groupement »*. **Ces frais de déplacement sont payés d'après le tarif prévu à l'article L. 322-5 du code de la sécurité sociale.**

Art. D. 752-84 **La caisse de mutualité sociale agricole** *(Abrogé par Décr. n° 2015-861 du 13 juill. 2015, art. 9-47°) « ou le groupement »* **peut faire procéder au contrôle administratif des victimes d'accidents du travail, notamment en ce qui concerne l'observation du repos qui leur a été médicalement prescrit par les agents agréés et assermentés mentionnés à l'article L. 724-7.**

(Décr. n° 2015-861 du 13 juill. 2015, art. 9-47°) « **Pour l'exercice de ce contrôle il est fait application des dispositions des articles R. 323-6 et R. 323-12 du code de la sécurité sociale.** »

SECTION 6 **Prévention**

Art. R. 752-85 *Abrogé par Décr. n° 2015-861 du 13 juill. 2015, art. 9-48°.*

Art. D. 752-85-1 *(Décr. n° 2012-18 du 4 janv. 2012)* **Pour mener des actions de prévention, les caisses de mutualité sociale agricole ont recours aux agents mentionnés à l'article R. 751-158.**

SECTION 7 **Dispositions diverses**

Art. D. 752-86 *(Décr. n° 2007-1123 du 19 juill. 2007)* **La Caisse centrale de mutualité sociale agricole présente chaque année à la section de l'assurance des non-salariés agricoles contre les accidents du travail et les maladies professionnelles du Conseil supérieur des prestations sociales agricoles un bilan de l'affiliation au présent régime des personnes mentionnées au II de l'article L. 752-1.**

SECTION 8 **Indemnisation des victimes de pesticides**

(Décr. n° 2020-1463 du 27 nov. 2020, art. 2)

Art. R. 752-87 **Les assurés mentionnés au** ***b*** **du 1° de l'article L. 491-1 du code de la sécurité sociale bénéficient de l'indemnité journalière mentionnée à l'article L. 752-5 du présent code et du complément d'indemnisation mentionné au onzième alinéa de l'article L. 491-1 du code de la sécurité sociale.**

Ce complément d'indemnisation inclut :

1° Les indemnités journalières, versées entre le premier jour et le septième jour suivant l'arrêt de travail, dont le montant correspond à 60 % du gain forfaitaire journalier ;

2° Les indemnités journalières, versées à compter du huitième jour d'arrêt de travail, dont le montant correspond à la différence entre :

a) Le montant des indemnités journalières calculé en prenant comme référence, jusqu'au vingt-huitième jour d'arrêt de travail, 60 % du gain forfaitaire journalier et, à partir du vingt-neuvième jour d'arrêt de travail, 80 % de ce même gain ;

b) Le montant des indemnités journalières dues à l'assuré en application des règles mentionnées à l'article L. 752-5 du présent code et des dispositions prises pour son application, à l'exception de celles prévues dans la présente section.

Pour l'application du 1° et du *a* du 2°, le gain forfaitaire journalier qui sert de base de calcul est égal à 1/365e du salaire annuel prévu au premier alinéa de l'article L. 434-16 du code de la sécurité sociale.

Art. R. 752-88 Les assurés mentionnés au *b* du 1° de l'article L. 491-1 du code de la sécurité sociale dont le taux d'incapacité permanente est au moins égal à 10 % bénéficient de la rente mentionnée à l'article L. 752-6 du présent code et du complément d'indemnisation mentionné au onzième alinéa de l'article L. 491-1 du code de la sécurité sociale.

Le montant du complément d'indemnisation mentionné à l'alinéa précédent est égal à la différence entre :

1° Le montant de la rente calculé selon les modalités prévues aux articles L. 752-6 et D. 752-26 du présent code, en remplaçant le gain forfaitaire annuel mentionné à l'article D. 752-26 par le salaire annuel prévu au premier alinéa de l'article L. 434-16 du code de la sécurité sociale ;

2° Le montant de la rente calculé en application des seuls articles L. 752-6 et D. 752-26 du présent code.

Art. R. 752-89 Les assurés mentionnés au *b* du 2° de l'article L. 491-1 du code de la sécurité sociale dont le taux d'incapacité permanente est au moins égal à 10 %, bénéficient de la rente mentionnée à l'article L. 752-6 et du complément d'indemnisation mentionné au onzième alinéa de l'article L. 491-1 du code de la sécurité sociale.

Le montant total de l'indemnisation due est égal à la rente calculée selon les modalités prévues aux articles L. 752-6 et D. 752-26 du présent code, en remplaçant le gain forfaitaire annuel mentionné à l'article D. 752-26 par le salaire annuel prévu au premier alinéa de l'article L. 434-16 du code de la sécurité sociale.

Ce complément d'indemnisation est payable mensuellement et à terme échu. Il est viager, incessible et insaisissable. Il est revalorisé selon les modalités prévues à l'article L. 434-17 du code de la sécurité sociale.

Art. R. 752-90 En cas de décès de l'ancien chef d'exploitation retraité mentionné au *b* du 2° de l'article L. 491-1 du code de la sécurité sociale ou *(Décr. nº 2023-139 du 27 févr. 2023, art. 3)* « de l'assuré mentionné au I ou » au II de l'article L. 752-1 des suites de la maladie professionnelle en raison de l'exposition professionnelle aux pesticides au sens de l'article L. 491-1 du code de la sécurité sociale, le conjoint ou le concubin ou la personne liée à lui par un pacte civil de solidarité ainsi que les enfants bénéficient, dans les conditions prévues aux articles L. 434-8 à L. 434-12 du code de la sécurité sociale, de la rente mentionnée à l'article L. 752-7 du présent code et du complément d'indemnisation mentionné au onzième alinéa de l'article L. 491-1 du code de la sécurité sociale.

Le montant du complément d'indemnisation mentionné à l'alinéa précédent est égal à la différence entre :

1° Le montant de la rente d'ayants droit calculé selon les modalités prévues aux articles L. 752-7 et D. 752-34 du présent code, en remplaçant la fraction de gain forfaitaire annuel prévu au 1° de l'article D. 752-34 par la fraction de salaire annuel prévu à l'article L. 434-16 du code de la sécurité sociale ;

2° Le montant de la rente d'ayants droit calculé en application des seuls articles L. 752-7 et D. 752-34 du présent code.

Art. R. 752-91 Les assurés mentionnés au *b* du 1° et au *b* du 2° de l'article L. 491-1 du code de la sécurité sociale dont le taux d'incapacité permanente est inférieur à 10 % bénéficient du complément d'indemnisation mentionné au onzième alinéa de ce même article L. 491-1, qui est égal à l'indemnité en capital mentionnée à l'article L. 434-1 du code de la sécurité sociale.

CHAPITRE III FONDS COMMUN DES ACCIDENTS DU TRAVAIL AGRICOLE

SECTION 1 Dispositions générales

Art. D. 753-1 Il est ouvert dans les écritures du fonds commun des accidents du travail agricole, géré par la Caisse des dépôts et consignations, des comptes destinés à retracer, d'une part, les charges relatives aux dépenses effectuées au profit des victimes salariées agricoles et de leurs ayants droit et, d'autre part, les produits comprenant, notamment, les versements de couverture à opérer par la Caisse centrale de la mutualité sociale agricole.

Le fonds commun établit pour le 1er mars de chaque année le compte rendu des opérations enregistrées entre le 1er janvier et le 31 décembre de l'exercice précédent et le transmet, à cette date, au ministre chargé de l'agriculture, *(Décr. nº 2009-794 du 23 juin 2009)* « au ministre chargé de la sécurité sociale, » au ministre de l'économie et des finances et à la Caisse centrale de la mutualité sociale agricole.

Art. D. 753-2 Le fonds commun des accidents du travail agricole transmet au ministre chargé de l'agriculture, *(Décr. nº 2009-794 du 23 juin 2009)* « au ministre chargé de la sécurité sociale, » au ministre chargé de l'économie et des finances et à la Caisse centrale de la mutualité sociale agricole, un mois avant chaque échéance trimestrielle, un état prévisionnel des charges et des produits.

Les versements de couverture sont effectués par la Caisse centrale de la mutualité sociale agricole au plus tard dix jours avant chacune des échéances trimestrielles.

Art. D. 753-3 En vue de permettre la détermination des ressources annuelles devant couvrir les charges du régime d'assurance obligatoire des salariés agricoles contre les accidents du travail et les maladies professionnelles, le fonds commun des accidents du travail agricole fournit, chaque année, des informations statistiques indiquant, notamment, pour ce qui est de la revalorisation des rentes, le nombre, par tranches d'âges, des salariés et ayants droit bénéficiaires de prestations et le montant correspondant de ces prestations.

Ces documents sont transmis au ministre chargé de l'agriculture, *(Décr. nº 2009-794 du 23 juin 2009)* « au ministre chargé de la sécurité sociale, » et au ministre chargé de l'économie et des finances et à la Caisse centrale de la mutualité sociale agricole.

Art. D. 753-4 Par application de l'article L. 753-2, les entreprises d'assurance qui assument la gestion des rentes dues aux salariés agricoles ou à leurs ayants droit, victimes d'accidents du travail survenus ou de maladies professionnelles contractées antérieurement au 1er juillet 1973, peuvent transférer au fonds commun des accidents du travail agricole géré par la Caisse des dépôts et consignations leurs engagements envers leurs crédirentiers.

Art. D. 753-5 Ces engagements sont calculés d'après les tarifs de la Caisse nationale de prévoyance en vigueur au 1er juillet 1973 pour les transferts opérés jusqu'au 31 décembre 1975.

A compter du 1er janvier 1976, ces engagements sont calculés d'après les tarifs de la Caisse nationale de prévoyance en vigueur au moment du transfert.

Art. D. 753-6 La charge des frais de renouvellement d'appareillage peut également être transférée. La dépense correspondant aux engagements des entreprises d'assurance est calculée dans les conditions prévues à l'article R. 454-1 du code de la sécurité sociale et à l'arrêté du 3 décembre 1954 pris pour son application.

SECTION 2 Ressources du fonds commun des accidents du travail agricole

La présente section ne comprend pas de dispositions réglementaires.

SECTION 3 Dépenses du fonds commun des accidents du travail agricole

SOUS-SECTION 1 Garantie du paiement des rentes

La présente sous-section ne comprend pas de dispositions réglementaires.

SOUS-SECTION 2 Majoration des rentes

Art. R. 753-7 Le salaire annuel minimal servant de base au calcul de la rente lorsque l'accident a occasionné une réduction de capacité au moins égale à 10 %, est fixé à 2 760 francs (420,76 euros).

SOUS-SECTION 3 Allocation pour accidents antérieurs au 1er juillet 1973

Art. D. 753-8 Les dispositions de l'article R. 413-6 du code de la sécurité sociale sont applicables à la victime d'un accident ou de maladie ou à l'ayant droit qui revendique le bénéfice des dispositions des articles L. 753-18 et L. 753-19 du présent code.

Toutefois, conformément aux dispositions de l'article L. 753-17 du présent code, la requête est adressée au président du tribunal judiciaire du lieu de l'accident. Le président peut entendre le requérant. Il statue après avoir entendu le représentant de l'État employeur ou, dans les autres cas, celui du fonds commun des accidents du travail agricole survenus dans la métropole.

Art. D. 753-9 Dans les cas prévus à l'article L. 753-18, le président du tribunal judiciaire constate dans son ordonnance, par référence au présent titre, le caractère professionnel de l'accident ou de la maladie, le lien de cause à effet existant entre celui-ci et l'incapacité permanente ou le décès de la victime et fixe, s'il y a lieu, le taux de cette incapacité.

Il constate, le cas échéant, le droit de la victime à *(Décr. n° 2013-278 du 2 avr. 2013, art. 2-3°, en vigueur le 1er mars 2013)* « la prestation complémentaire pour recours à tierce personne » prévue à l'article L. 753-8.

En outre, dans le cas prévu à l'article L. 753-19, le président du tribunal judiciaire fixe, par la même ordonnance, le droit de la victime à l'appareillage.

Art. D. 753-10 Les dispositions des deux premiers alinéas de l'article R. 413-11 du code de la sécurité sociale sont applicables aux bénéficiaires de l'article L. 753-18 du présent code. En ce cas la déclaration à souscrire est conforme au modèle fixé par arrêté du ministre chargé de l'agriculture.

Art. D. 753-11 Le service compétent pour l'État employeur ou, dans les autres cas, la Caisse des dépôts et consignations liquide le montant de l'allocation et, le cas échéant, de la majoration, sur le vu des déclarations souscrites et des pièces produites par l'intéressé et, éventuellement, des résultats des enquêtes et vérifications auxquelles il fait procéder lorsqu'il l'estime nécessaire.

Ce service ou cet établissement porte à la connaissance de l'intéressé le montant et le point de départ de l'avantage ou des avantages attribués et procède au paiement des sommes dues.

(Décr. n° 2010-332 du 24 mars 2010, art. 2-4°) « La Caisse des dépôts et consignations ou le service compétent pour l'État employeur assure le règlement des frais d'appareillage dans le cas prévu à l'article L. 753-19. »

Art. D. 753-12 L'application des dispositions du deuxième alinéa de l'article L. 753-16 du présent code aux bénéficiaires des dispositions des articles L. 753-14 à L. 753-19 est effectuée selon les règles fixées à l'article R. 413-13 du code de la sécurité sociale.

Les prestations accordées par application de l'article L. 753-18 se substituent pour l'avenir à la pension d'invalidité à laquelle l'intéressé pouvait avoir droit au titre des assurances sociales.

SOUS-SECTION 4 Dispositions diverses

Art. D. 753-13 Les organismes d'assurances habilités à gérer l'assurance complémentaire prévue aux articles L. 752-22 à L. 752-32 et L. 762-35 dans leur rédaction antérieure à la loi n° 2001-1128 du 30 novembre 2001 portant amélioration de la couverture des non-salariés agricoles contre les accidents et les maladies professionnelles sont tenus de déclarer à la Caisse des dépôts et consignations, chargée de la gestion du fonds défini au présent chapitre, toute décision attributive de rente.

Cette déclaration doit être faite dans le délai d'un mois à compter du jour où la décision d'attribution de la rente est devenue définitive.

Art. D. 753-14 Si la déclaration n'est pas faite par l'organisme d'assurance dans le délai prévu à l'article D. 753-13, celui-ci supporte la charge totale de la rente et de sa revalorisation jusqu'au jour où cette déclaration aura été effectuée par ses soins.

L'organisme d'assurance est tenu d'aviser, simultanément, le titulaire de la rente de la déclaration ainsi faite.

TITRE VI DISPOSITIONS SPÉCIALES

CHAPITRE I DÉPARTEMENTS DU HAUT-RHIN, DU BAS-RHIN ET DE LA MOSELLE

SECTION 1 Assurances sociales des salariés agricoles

SOUS-SECTION 1 Bénéficiaires et prestations

§ 1 Régime de base obligatoire des assurances sociales agricoles

Art. R. 761-1 Sont applicables au régime de base obligatoire des assurances sociales agricoles les dispositions suivantes du livre III (deuxième partie : Décrets en Conseil d'État) du code de la sécurité sociale :

1° *(Décr. n° 2021-1496 du 17 nov. 2021, art. 2)* « L'article R. 311-1, les articles R. 315-1 » à R. 315-1-3 et les chapitres III et IV du titre I ;

2° Le titre II, à l'exception des articles R. 321-4, R. 321-5 et R. 325-1 à R. 325-3 ;

3° Les titres III, IV, V, VI ;

4° Le titre VII, à l'exception du chapitre I et de l'article R. 372-2 ;

5° L'article R. 383-1.

Art. D. 761-2 Sont applicables au régime de base obligatoire des assurances sociales agricoles les dispositions du livre III (troisième partie : Décrets) du code de la sécurité sociale, à l'exception de celles du chapitre V du titre II et de celles du titre VIII.

Art. R. 761-3 La caisse de mutualité sociale agricole d'Alsace ou la caisse de mutualité sociale agricole de Moselle ont compétence exclusive pour recevoir la demande, procéder à l'étude et à la liquidation des droits et servir la pension de retraite du régime des assurances sociales agricoles lorsque l'assuré réside dans les départements du Haut-Rhin, du Bas-Rhin ou de la Moselle ou lorsque, résidant hors de ces départements, l'intéressé relève du régime local d'assurance maladie en vertu des 9° et 10° du II de l'article L. 325-1 du code de la sécurité sociale. La caisse compétente est celle à laquelle l'assuré est affilié ou a été affilié en dernier lieu au titre dudit régime local d'assurance maladie. Lorsque l'assuré n'a pas été affilié à l'une des caisses de mutualité sociale agricole mentionnées au présent alinéa, la caisse compétente est celle d'entre elles dans le ressort de laquelle est ou était situé le siège de l'employeur de l'intéressé.

Les caisses de mutualité sociale agricole mentionnées à l'alinéa précédent ont compétence exclusive pour recevoir la demande, procéder à l'étude et à la liquidation des droits et servir les avantages de réversion mentionnés au premier alinéa de l'article R. 354-1 du code de la sécurité sociale et dues par le régime des assurances sociales agricoles, lorsque le bénéficiaire ou, en cas de partage de ces avantages en application de l'article L. 353-3 du code de la sécurité sociale, l'un de ces bénéficiaires réside dans les départements du Haut-Rhin, du Bas-Rhin ou de la Moselle ou lorsque, résidant hors de ces départements, il relève du régime local en application des 9° et 10° du II de l'article L. 325-1 du code de la sécurité sociale. La caisse compétente est celle de laquelle le bénéficiaire ou l'un des bénéficiaires relève ou a relevé en dernier lieu au titre du régime local d'assurance maladie. Lorsque le bénéficiaire ou aucun des bénéficiaires n'a été affilié à l'une des caisses de mutualité sociale agricole mentionnées au présent alinéa, la caisse compétente est celle d'entre elles dans le ressort de laquelle est ou était situé le siège de l'employeur du *de cujus*.

§ 2 Régime local d'assurance maladie complémentaire obligatoire

Art. D. 761-4 Les titulaires d'un avantage vieillesse remplissant les conditions fixées aux 9° et 11° du II de l'article L. 325-1 du code de la sécurité sociale sont avisés par la caisse de mutualité sociale agricole d'Alsace ou de Moselle qui instruit ou liquide l'avantage vieillesse du régime des assurances sociales agricoles qu'ils remplissent les conditions d'ouverture de droits au régime local d'assurance maladie.

Art. D. 761-5 Les titulaires d'un avantage vieillesse remplissant les conditions fixées au 10° du II de l'article L. 325-1 du code de la sécurité sociale peuvent faire une demande d'affiliation au régime local d'assurance maladie dans le délai d'un an à compter de la date de l'attribution de l'avantage vieillesse.

Les personnes mentionnées à l'alinéa ci-dessus adressent leur demande à la caisse de mutualité sociale agricole qui instruit ou liquide l'avantage vieillesse du régime des assurances sociales agricoles. En retour, celle-ci leur délivre un récépissé de leur demande.

Art. D. 761-6 Pour les personnes mentionnées à l'article D. 761-4, l'affiliation au régime local d'assurance maladie devient irrévocable à la date d'envoi du courrier par leur caisse de mutualité sociale agricole avisant ces personnes qu'elles remplissent les conditions d'ouverture du droit au régime local d'assurance maladie.

Pour les personnes mentionnées au premier alinéa de l'article D. 761-5, l'affiliation au régime local d'assurance maladie devient irrévocable à la date de réception de leur demande d'affiliation par leur caisse de mutualité sociale agricole.

Art. D. 761-7 Le chapitre V du titre II du livre III (deuxième partie : Décrets en Conseil d'État) du code de la sécurité sociale est applicable aux assurés mentionnés à l'article L. 761-3.

Le conseil d'administration de l'instance de gestion spécifique mentionnée à l'article L. 761-10 détermine la liste des prestations prises en charge par le régime, leurs taux de remboursement conformément aux dispositions prévues à l'article D. 761-8 ainsi que la liste des bénéficiaires de chacune de ces prestations.

Art. D. 761-8 L'instance de gestion spécifique peut prendre en charge, selon les taux qu'elle détermine et sous réserve des dispositions prévues aux quatrième et cinquième alinéas ci-dessous :

1° La participation laissée à la charge de l'assuré en application de l'article L. 322-2 du code de la sécurité sociale ;

2° Tout ou partie du forfait journalier mentionné à l'article L. 174-4 du code de la sécurité sociale pour tout ou partie du séjour hospitalier, selon des modalités qu'elle détermine.

Sous réserve des cas où, par application de l'article L. 322-3 et du premier alinéa de l'article *(Décr. n° 2015-1865 du 30 déc. 2015, art. 11-V-2°, en vigueur le 1er janv. 2016)* « R. 160-5 » du code de la sécurité sociale, l'assuré en est exonéré, la participation de l'assuré aux frais de soins ambulatoires mentionnés au chapitre II du titre VI du livre I du code de la sécurité sociale et aux frais mentionnés aux articles L. 314-1 et L. 321-1 (2°) de ce code est au minimum égale à 10 %.

La prise en charge par l'instance de gestion spécifique est calculée sur la base des tarifs pris en application du chapitre II du titre VI du livre I du code de la sécurité sociale et de ses articles L. 314-1 et L. 322-5.

Le conseil d'administration de l'instance de gestion spécifique peut instituer une participation de l'assuré aux frais d'hospitalisation. Cette participation est acquittée par l'assuré directement auprès de l'établissement.

En cas d'hospitalisation dans un établissement public ou privé conventionné, le montant des frais d'hospitalisation à la charge de l'instance de gestion spécifique est réglé directement à l'établissement de soins.

Art. R. 761-9 Les titulaires d'avantages de vieillesse mentionnés au 9° du II de l'article L. 325-1 du code de la sécurité sociale doivent faire connaître à la caisse de mutualité sociale agricole à laquelle ils sont affiliés qu'ils demandent le bénéfice du régime local d'assurance maladie.

SOUS-SECTION 2 Financement

§ 1 Régime de base obligatoire des assurances sociales agricoles

Art. R. 761-10 Les dispositions du chapitre I du titre IV du présent livre s'appliquent aux salariés agricoles des départements du Haut-Rhin, du Bas-Rhin et de la Moselle sous réserve des dispositions de la présente sous-section.

Art. D. 761-11 Les taux des cotisations à la charge des employeurs et des salariés au titre des assurances sociales agricoles dans les départements du Haut-Rhin, du Bas-Rhin et de la Moselle sont ceux qui sont fixés au chapitre I du titre IV du présent livre.

Art. D. 761-12 La part de la cotisation d'assurance maladie prévue au 2° de l'article L. 761-5 due au titre d'un ou plusieurs avantages de vieillesse servis au titre de la législation d'un ou plusieurs autres États est prélevée mensuellement sur le montant de la pension acquise au titre du régime des assurances sociales agricoles. Son montant est calculé sur la base du montant mensuel moyen des avantages d'origine étrangère perçus au cours de l'année civile précédente.

Lorsque la cotisation excède la pension acquise au titre du régime des assurances sociales agricoles, l'intéressé effectue directement à la caisse concernée de mutualité sociale agricole d'Alsace ou de Moselle un versement complémentaire de la part correspondant à la partie restant due de ladite cotisation.

Si le versement de la cotisation ou le versement complémentaire ne sont pas effectués dans un délai de deux mois à compter de la demande émise par l'une des caisses mentionnées à l'alinéa précédent, le droit aux prestations du régime local est suspendu. Ce droit peut être rétabli dès la mise à jour de la situation de l'ancien bénéficiaire affilié au régime ; il est alors procédé à une récupération des cotisations non honorées sur l'ensemble de la période.

Art. D. 761-13 Lorsque la caisse de mutualité sociale agricole concernée ne dispose pas des informations permettant de déterminer l'assiette de la cotisation prévue au 2° de l'article L. 761-5 s'agissant des avantages de retraite servis au titre de la législation d'un ou plusieurs autres États, l'assuré produit, à la demande de la caisse, une déclaration des avantages et pensions de retraite perçus à l'étranger et la lui adresse en vue de réaliser le prélèvement de la cotisation.

La déclaration annuelle des avantages et pensions perçus par les retraités au titre d'un ou plusieurs autres États et éventuellement les pièces justificatives à l'appui de cette déclaration devront être produites avant le 1er avril de l'année qui suit celle au titre de laquelle ces avantages ont été perçus. L'organisme qui précompte ou prélève les cotisations procède à tout type de contrôle nécessaire à la détermination de l'assiette.

En l'absence de déclaration dans les délais, les cotisations pour l'année en cours sont calculées sur la base qui a servi au calcul des cotisations prélevées l'année précédente. Les prestations continuent d'être versées jusqu'à la fin de l'année civile au cours de laquelle la déclaration doit être faite. Au-delà de ce délai, si aucune déclaration n'a été transmise, le droit aux prestations du régime local est suspendu. Ce droit peut être rétabli dès la mise à jour de la situation de l'ancien bénéficiaire affilié au régime ; il est alors procédé à une récupération des cotisations non honorées, sur l'ensemble de la période.

S'il est établi que la déclaration prévue au présent article a fait l'objet d'une falsification, le droit aux prestations du régime local est immédiatement suspendu.

Art. D. 761-14 Les caisses de mutualité sociale agricole d'Alsace et de Moselle recouvrent pour le compte de l'instance de gestion prévue à l'article L. 761-10 les cotisations mentionnées à l'article L. 761-5.

Ces caisses procèdent à la liquidation des prestations d'assurance maladie complémentaire obligatoire pour le compte de l'instance de gestion.

Art. D. 761-15 Les dispositions des articles R. 722-34 à R. 722-38 relatives aux déclarations sont applicables aux employeurs de salariés agricoles des départements du Haut-Rhin, du Bas-Rhin, et de la Moselle.

§ 2 Régime local d'assurance maladie complémentaire obligatoire

Art. D. 761-16 Le conseil d'administration de l'instance de gestion spécifique mentionnée à l'article L. 761-10 :

1° Fixe, chaque année, les taux des cotisations mentionnées à l'article L. 761-5. Ils sont fixés dans la limite d'une fourchette de 0,75 % à 2,5 % pour, d'une part, le total des taux mentionnés aux 1° et 3° de cet article et, pour, d'autre part, le taux mentionné au 2° du même article ;

2° Détermine la nature des avantages vieillesse et des autres revenus de remplacement à soumettre à cotisations et les exonérations accordées en cas d'insuffisance de ressources dans les conditions prévues à l'article L. 761-10.

Art. D. 761-17 La cotisation d'assurance maladie prévue au 2° de l'article L. 761-5 est précomptée sur les avantages de retraite servis, au titre d'une activité professionnelle relevant du régime des assurances sociales agricoles, soit qu'ils aient été financés en tout ou partie par une contribution de l'employeur, soit qu'ils aient donné lieu à rachat de cotisations, à l'exclusion des bonifications ou majorations pour enfants autres que les annuités supplémentaires.

Art. D. 761-18 La cotisation mentionnée à l'article D. 761-17, due au titre d'un avantage de retraite versé par un autre organisme que la caisse de mutualité sociale agricole qui assure le paiement des avantages particuliers servis au bénéficiaire du régime local, est recouvrée dans les conditions prévues aux articles R. 741-82 à R. 741-89.

Art. D. 761-19 La cotisation mentionnée à l'article D. 761-17 précomptée sur un avantage de retraite servi par un employeur est recouvrée dans les conditions prévues *(Décr. nº 2016-1567 du 21 nov. 2016, art. 4-12º)* « à l'article L. 133-5-3, *(Décr. nº 2019-1050 du 11 oct. 2019, art. 3, en vigueur le 1er janv. 2020)* « aux articles R. 243-1-1, R. 243-6, R. 243-6-1, R. 243-12 à R. 243-14, R. 243-16 et R. 243-17 » du code de la sécurité sociale ainsi qu'aux articles R. 741-10 et R. 741-24 du présent code ». Pour l'application de ces articles, les avantages de retraite servis sont assimilés à des rémunérations.

Art. D. 761-20 La Caisse centrale de la mutualité sociale agricole centralise le produit de la cotisation mentionnée à l'article D. 761-17 perçue par une caisse de mutualité sociale agricole autre que celle qui assure le paiement des avantages particuliers du régime local d'assurance maladie dus au bénéficiaire de l'avantage de retraite sur lequel cette cotisation a été précomptée. La caisse centrale met le produit de cette cotisation à la disposition de la caisse de mutualité sociale agricole compétente pour le versement des prestations du régime local.

Art. D. 761-21 Le bulletin de pension prévu à l'article R. 741-88 comporte en outre la mention de la cotisation précomptée en application des articles D. 761-17 à D. 761-20.

Art. D. 761-22 Pour l'application des articles L. 725-1 à L. 725-9, L. 725-20, L. 725-21 et D. 761-17 à D. 761-20, le débiteur des avantages de retraite est assimilé à un employeur, l'avantage de retraite à un salaire et le bénéficiaire de cet avantage à un salarié.

SOUS-SECTION 3 **Organisation et contrôle**

§ 1 Régime de base obligatoire des assurances sociales agricoles

Art. R. 761-23 Le ministre chargé de l'agriculture exerce, en ce qui concerne le fonctionnement du régime des assurances sociales agricoles, et notamment celui des tribunaux *(Décr. nº 2018-928 du 29 oct. 2018, art. 6)* « judiciaires spécialement désignés en application de l'article L. 211-16 du code de l'organisation judiciaire » se prononçant sur le degré d'invalidité des assurés, les pouvoirs dévolus au ministre chargé du travail et au ministre chargé de la sécurité sociale par les dispositions du code de la sécurité sociale déclarées applicables par l'article L. 761-2.

§ 2 Régime local d'assurance maladie complémentaire obligatoire

Art. D. 761-24 L'instance de gestion spécifique mentionnée à l'article L. 761-10 compétente pour les départements du Bas-Rhin, du Haut-Rhin et de la Moselle est administrée par un conseil d'administration comprenant :

1° Membres délibérants :

a) Trois représentants des salariés par département désignés en leur sein par les administrateurs du second collège de chacun des conseils d'administration des caisses de mutualité sociale agricole compétentes pour les départements du Bas-Rhin, du Haut-Rhin et de la Moselle ;

b) Un représentant des employeurs par département désigné en leur sein par les administrateurs du troisième collège de chacun des conseils d'administration des caisses mentionnées ci-dessus ;

c) Le président de chacune des caisses ;

d) Un représentant de chacune des organisations syndicales de salariés agricoles représentatives au plan national désigné par lesdites organisations ;

2° Membres consultatifs :

a) Un représentant des associations familiales désigné par l'Union nationale des associations familiales ;

b) Le directeur et *(Décr. n° 2021-1237 du 27 sept. 2021, art. 2)* « le directeur comptable et financier » de l'instance de gestion spécifique ;

c) Les directeurs, *(Décr. n° 2021-1237 du 27 sept. 2021, art. 2)* « directeurs comptables et financiers » et médecins-conseils chefs de service de chacune des caisses de mutualité sociale agricole concernées.

Les directeurs et *(Décr. n° 2021-1237 du 27 sept. 2021, art. 2)* « directeurs comptables et financiers » et, en tant que de besoin, les médecins-conseils chefs de service assistent aux séances des commissions créées au sein de l'instance de gestion spécifique.

Le président du conseil d'administration est élu par les membres délibérants, au scrutin secret, au premier tour, à la majorité absolue des suffrages exprimés, exclusion faite des bulletins blancs ou nuls, et si nécessaire au second tour à la majorité relative des suffrages exprimés et, en cas de partage des voix, au bénéfice de l'âge. Il est élu pour la durée du mandat des administrateurs.

Les membres du conseil d'administration sont nommés par arrêté *(Décr. n° 2021-1237 du 27 sept. 2021, art. 2)* « pris par le responsable du service mentionné à l'article R. 155-1 du code de la sécurité sociale, » pour une durée de cinq ans. *(Décr. n° 2021-1237 du 27 sept. 2021, art. 2)* « Les dispositions des articles L. 231-6 et L. 231-6-1 du code de la sécurité sociale sont applicables aux membres du conseil d'administration visés au *d* du 1° et au *a* du 2°. »

Art. D. 761-25 Le conseil d'administration de l'instance de gestion spécifique :

1° Établit le règlement intérieur du conseil d'administration qui est soumis à l'approbation du *(Décr. n° 2021-1237 du 27 sept. 2021, art. 2)* « responsable du service mentionné à l'article R. 155-1 du code de la sécurité sociale dans les conditions prévues à l'article R. 723-3 du présent code » ;

2° Désigne le directeur et *(Décr. n° 2021-1237 du 27 sept. 2021, art. 2)* « le directeur comptable et financier » de l'instance de gestion spécifique, choisis parmi les directeurs et *(Décr. n° 2021-1237 du 27 sept. 2021, art. 2)* « directeurs comptables et financiers » des caisses de mutualité sociale agricole d'Alsace et de Moselle ;

3° Peut créer une ou des commissions consultatives dont il définit la composition et les missions ;

4° Arrête les comptes annuels de résultats techniques et de gestion présentés par *(Décr. n° 2021-1237 du 27 sept. 2021, art. 2)* « le directeur comptable et financier » ;

5° Fixe le montant du prélèvement sur les cotisations à la charge des personnes mentionnées à l'article L. 761-5, nécessaire à la couverture des frais de gestion ;

6° Délibère au moins deux fois par an sur les prévisions financières du régime ;

7° Prend les mesures nécessaires pour assurer l'équilibre financier du régime ;

8° Se prononce sur le rapport annuel d'activité présenté par le directeur ainsi que sur les projets de loi et de règlement intéressant les matières de sa compétence ;

9° Fixe annuellement un *(Décr. n° 2012-1247 du 7 nov. 2012, art. 2)* « budget » de ce régime, d'une part, dans le cadre de l'évolution des dépenses déterminée par la loi de financement de la sécurité sociale et, d'autre part, dans les limites de l'équilibre financier dudit régime ;

10° Exerce les compétences prévues aux articles D. 761-7, D. 761-8 et D. 761-16.

Art. R. 761-26 L'instance de gestion gère les fonds suivants :

1° Un fonds de l'assurance maladie ;

2° Un fonds de gestion administrative ;

3° Un fonds de réserve.

Les recettes du fonds de l'assurance maladie sont constituées par le produit des cotisations prévues à l'article L. 761-5, par les majorations de retard, par les produits des recours exercés contre tiers et par les revenus des placements effectués sur les disponibilités du fonds de réserve.

Les dépenses du fonds sont constituées par les prestations mentionnées à l'article L. 761-3. La liquidation des prestations est assurée par les caisses de mutualité sociale agricole auxquelles sont affiliés les bénéficiaires du régime local.

Le fonds de gestion administrative comporte, en dépenses, les frais de fonctionnement de l'instance de gestion spécifique. Il rémunère les services rendus au régime local par les organismes de mutualité sociale agricole.

Il est alimenté, en recettes, par un prélèvement, déterminé par le conseil d'administration, sur les cotisations à la charge des personnes mentionnées à l'article L. 761-5.

Ce prélèvement s'effectue dans la limite des dépenses inscrites au budget de fonctionnement de l'instance de gestion spécifique *(Abrogé par Décr. n° 2017-1492 du 25 oct. 2017, art. 26-2°)* **« , *qui est approuvé par le préfet de la région Alsace dans les conditions prévues aux articles* R. 153-1 *et suivants du code de la sécurité sociale* »**. Il ne peut dépasser *(Décr. n° 2021-1153 du 4 sept. 2021, art. 3)* « 1,5 % » du montant total des cotisations mises en recouvrement et des prestations versées au titre de l'exercice précédent.

Art. R. 761-27 Le conseil d'administration établit annuellement un *(Décr. n° 2012-1247 du 7 nov. 2012, art. 2)* « budget » du fonds de l'assurance maladie prévue au 1° de l'article R. 761-26, pour l'année suivante, dans le respect des règles relatives à l'équilibre financier du régime local définies par le présent paragraphe.

En fin d'exercice, après le prélèvement des frais de gestion, le conseil d'administration affecte au fonds de réserve le solde disponible du fonds de l'assurance maladie.

Art. R. 761-28 Lorsque, au 1er octobre, les prévisions financières pour l'exercice en cours font apparaître que le fonds de réserve sera inférieur, à la clôture de l'exercice, à 8 % des prestations versées l'année précédente, le conseil d'administration doit, avant le 15 décembre, prendre les mesures nécessaires au rétablissement de l'équilibre financier et à la reconstitution du fonds de réserve.

Lorsque ces prévisions font apparaître que le fonds de réserve sera, à la même date, supérieur à 20 % des prestations versées l'année précédente, le conseil d'administration peut diminuer les taux des cotisations mentionnées à l'article L. 761-5. La diminution peut être différente pour les cotisations mentionnées aux 1° et 3° et pour celles mentionnées au 2° dudit article.

Art. R. 761-29 Les règles relatives au fonctionnement administratif et à la gestion financière et comptable des caisses de mutualité sociale agricole sont applicables à l'instance de gestion spécifique, sous réserve des dispositions prises pour l'application du premier alinéa de l'article L. 761-10 et de celles prévues au présent paragraphe.

Art. R. 761-30 Les délibérations du conseil d'administration de l'instance de gestion spécifique sont communiquées au *(Décr. n° 2021-1153 du 4 sept. 2021, art. 3)* « responsable du service mentionné à l'article R. 155-1 du code de la sécurité sociale ». Les dispositions des articles R. 152-2 et R. 152-3 du code de la sécurité sociale sont applicables à ces délibérations.

Pour l'application de l'article L. 723-38 à l'instance de gestion spécifique, l'autorité compétente est le *(Décr. n° 2021-1153 du 4 sept. 2021, art. 3)* « responsable du service mentionné à l'article R. 155-1 du code de la sécurité sociale ».

SECTION 2 Assurance accidents et maladies professionnelles des salariés et des non-salariés des professions agricoles

SOUS-SECTION 1 Dispositions communes

§ 1 Comité régional de reconnaissance des maladies professionnelles pour le régime local d'assurance accidents agricole du Haut-Rhin, du Bas-Rhin et de la Moselle

Art. D. 761-31 Sous réserve des adaptations prévues au présent paragraphe, les articles D. 461-26 à D. 461-30 du code de la sécurité sociale s'appliquent au régime d'assurance obligatoire contre les accidents du travail et les maladies professionnelles des ressortissants des caisses d'assurance accidents agricole des départements du Haut-Rhin, du Bas-Rhin et de la Moselle.

Art. D. 761-32 Lorsqu'une demande de reconnaissance de maladie professionnelle est présentée par un ressortissant d'une caisse d'assurance accidents agricole, le médecin-conseil régional mentionné au 1° de l'article D. 461-27 du code de la sécurité sociale est remplacé par un médecin-conseil désigné d'un commun accord par les trois caisses d'assurance accidents. En aucun cas, ce médecin ne peut être celui qui a examiné la victime ou qui a statué sur son taux d'incapacité permanente.

Art. D. 761-33 Le comité régional d'Alsace est compétent pour se prononcer sur les demandes présentées par les ressortissants de chacune des trois caisses d'assurance accidents agricole.

Art. D. 761-34 Le dossier constitué par la caisse d'assurance accidents agricole comprend l'ensemble des éléments énumérés à l'article D. 461-29 du code de la sécurité sociale, sous réserve des adaptations suivantes :

1° Lorsque la demande de reconnaissance émane d'un exploitant, le rapport circonstancié mentionné au 3° est établi par *(Décr. n° 2010-816 du 13 juill. 2010)* « le directeur régional de l'alimentation, de l'agriculture et de la forêt » ;

2° L'enquête mentionnée au 4° est conduite par le conseiller de prévention de la caisse d'assurance accidents agricole concernée ;

3° Le rapport mentionné au 5° est établi par le service du contrôle médical de la caisse d'assurance accidents agricole concernée.

Art. D. 761-35 L'article D. 461-30 du code de la sécurité sociale s'applique, sous réserve des adaptations suivantes :

1° Pour l'application du premier alinéa, la caisse d'assurance accidents agricole saisit le comité régional ;

2° Pour l'application du *(Décr. n° 2010-816 du 13 juill. 2010)* « troisième alinéa », le dossier fait l'objet d'un rapport devant le comité par le médecin-conseil de la caisse d'assurance accidents agricole qui a examiné la victime ou qui a statué sur son taux d'incapacité permanente, ou par le médecin-conseil qu'il a désigné pour le représenter ;

3° Pour l'application du *(Décr. n° 2010-816 du 13 juill. 2010)* « quatrième alinéa, le comité entend obligatoirement le directeur régional de l'alimentation, de l'agriculture et de la forêt » ;

4° L'avis mentionné au dernier alinéa du même article est rendu à la caisse d'assurance accidents agricole.

Art. D. 761-36 Le médecin-conseil de chaque caisse d'assurance accidents agricole adresse tous les ans au médecin-conseil national des régimes agricoles de protection sociale un rapport sur les demandes de reconnaissance de maladies professionnelles émanant de ses ressortissants. Ce rapport est intégré dans celui que le médecin-conseil national établit à l'intention du ministre chargé de l'agriculture en vertu des articles D. 751-38 et D. 752-13.

Art. D. 761-37 Les dépenses de toute nature résultant de l'application des dispositions du présent paragraphe sont à la charge des caisses d'assurance accidents agricole.

Les modalités d'imputation de ces dépenses sont fixées par voie de convention conclue entre chaque caisse d'assurance accidents agricole et la Caisse nationale de l'assurance maladie *(Abrogé par Décr. n° 2020-621 du 22 mai 2020, art. 3)* « *des travailleurs salariés* ».

§ 2 Contentieux de la sécurité sociale dans les départements du Haut-Rhin, du Bas-Rhin et de la Moselle en matière d'assurance accidents agricole

Art. D. 761-38 Les dispositions *(Décr. n° 2018-1312 du 28 déc. 2018, art. 1er)* « des chapitres I et II » du titre IV du livre I du code de la sécurité sociale sont applicables dans les départements du Haut-Rhin, du Bas-Rhin et de la Moselle en matière d'assurance accidents agricole.

(Décr. n° 2018-1312 du 28 déc. 2018, art. 1er) « Toutefois, par dérogation aux dispositions du deuxième alinéa de l'article R. 142-8 du code de la sécurité sociale, la commission médicale de recours amiable compétente pour les litiges mentionnés au 1er alinéa de l'article R. 142-19 du même code, recouvre le périmètre des trois caisses d'assurances accidents agricoles du Haut-Rhin, du Bas-Rhin et de la Moselle. Pour l'application de l'article R. 142-8-1, le responsable du service médical territorialement compétent est celui désigné conjointement par les trois directeurs de caisses ou, à défaut d'accord, par le directeur de la caisse d'assurances accidents agricoles du Bas-Rhin. Le secrétariat de cette commission est placé sous la responsabilité d'un médecin conseil désigné par le directeur de la caisse d'assurances accidents agricoles du Bas-Rhin. »

SOUS-SECTION 2 Salariés agricoles

§ 1 Bénéficiaires

SOUS-§ 1 *Élèves des établissements d'enseignement technique et de formation professionnelle agricoles*

Art. D. 761-39 Entrent par leur objet dans le champ d'application du 1° de l'article L. 761-14 les catégories ci-dessous énumérées d'établissements ou filières de formation fonctionnant dans les départements du Haut-Rhin, du Bas-Rhin et de la Moselle, pour leurs élèves et étudiants qui y reçoivent un enseignement préparant directement à l'exercice d'une profession, à l'exclusion des stagiaires de la formation professionnelle continue mentionnés *(Décr. n° 2017-1492 du 25 oct. 2017, art. 26-4°)* « à l'article L. 6111-1 du code du travail » :

1° Établissements d'enseignement technique supérieur agricole et vétérinaire publics et privés : écoles nationales et instituts ;

2° Établissements d'enseignement technique et de formation professionnelle agricoles publics et privés : lycées d'enseignement général et technique agricole et lycées professionnels agricoles, centres de formation professionnelle agricole, écoles spécialisées et établissements dispensant le même type de formation.

Art. D. 761-40 Pour les élèves et étudiants des établissements d'enseignement technique et des centres de formation professionnelle relevant de l'État, qu'ils soient ou non dotés de l'autonomie financière, les obligations imposées aux employeurs de main-d'œuvre incombent au directeur de l'établissement ou du centre intéressé ; les prestations et indemnités d'accident du travail accordées selon les modalités prévues au présent chapitre pour les salariés agricoles sont à la charge de l'État.

Pour les établissements privés d'enseignement technique et les centres de formation professionnelle relevant du ministre de l'agriculture, les obligations de l'employeur et notamment le versement des cotisations ainsi que la déclaration en vue de l'immatriculation des élèves et étudiants et leur affiliation à la caisse d'assurance accidents agricole du département dans lequel est situé l'établissement ou centre incombent à la personne, à l'organisme ou à l'institution responsable de la gestion dudit établissement ou centre.

Art. D. 761-41 Dans les cas mentionnés au deuxième alinéa de l'article D. 761-40, le salaire servant de base au calcul des cotisations est le salaire minimal de la catégorie, de l'échelon ou de l'emploi qualifié dans laquelle ou lequel l'élève serait normalement classé à sa sortie de l'établissement ou du centre, tel qu'il est déterminé au premier jour du trimestre civil pour lequel la cotisation est due.

Le taux applicable à ce salaire est fixé par arrêté du ministre chargé de l'agriculture *(Décr. nº 2009-794 du 23 juin 2009)* « et du ministre chargé de la sécurité sociale ».

Le salaire mentionné au premier alinéa du présent article, tel qu'il est en vigueur à la date de l'interruption de scolarité consécutive à l'accident, sert de base au calcul de la rente.

La cessation de l'activité scolaire ne donne lieu en aucun cas au paiement d'indemnités journalières.

SOUS-§ 2 ***Membres bénévoles des organismes sociaux créés au profit des professions agricoles***

Art. D. 761-42 Les personnes auxquelles s'appliquent les dispositions du 2° de l'article L. 761-14 sont celles qui ont été élues ou désignées pour exercer à titre bénévole les fonctions de membres des conseils d'administration ou des comités directeurs des organismes mentionnés aux 1° à 4° de l'article D. 761-43 *(Décr. nº 2017-1492 du 25 oct. 2017, art. 26-5º)* « du présent code » ou des comités ou commissions fonctionnant auprès desdits conseils ou comités directeurs ainsi que du comité national et des comités départementaux du fonds mentionné au *d)* du 1° de l'article D. 761-43 *(Décr. nº 2017-1492 du 25 oct. 2017, art. 26-5º)* « du présent code » dès lors qu'elles ne sont pas susceptibles de bénéficier à un autre titre des dispositions du présent titre ou du livre IV du code de la sécurité sociale, ni de l'un des régimes mentionnés à l'article L. 413-12 du code de la sécurité sociale pour les accidents survenus par le fait ou à l'occasion de ces fonctions.

Pour l'application du 5° de l'article D. 761-43 *(Décr. nº 2017-1492 du 25 oct. 2017, art. 26-5º)* « du présent code », sont considérés comme membres bénévoles, outre ceux mentionnés au premier alinéa du présent article, les membres actifs des organismes définis audit paragraphe dûment mandatés pour assurer de manière régulière les missions à but social et médico-social définies à l'article L. 311-1 du code de l'action sociale et des familles.

Art. D. 761-43 Pour l'application du 2° de l'article L. 761-14, les organismes énumérés ci-après sont considérés comme organismes à objet social créés au profit des professions agricoles, en vertu ou pour l'application d'un texte législatif ou réglementaire :

1° Régimes obligatoires de protection sociale agricole :

a) Caisses de mutualité sociale agricole d'Alsace et de Moselle ;

b) Caisses d'assurances accidents agricoles des mêmes départements ;

c) Unions ou fédérations départementales de la Mutualité sociale agricole créées en application de l'article L. 723-7 et dont le siège est situé dans ces mêmes départements ;

(Abrogé par Décr. nº 2017-1492 du 25 oct. 2017, art. 26-6º) ***« d) Fonds social de l'assurance maladie des exploitants agricoles, institué à l'article L. 726-2 ; »***

2° Médecine du travail : associations spécialisées pour la médecine du travail instituées en application de l'article L. 717-3 et dont le siège est situé dans le Haut-Rhin, le Bas-Rhin et la Moselle ;

3° Action sociale pour l'aménagement des structures agricoles : associations départementales du Haut-Rhin, du Bas-Rhin et de la Moselle pour l'amélioration des structures des exploitations agricoles ;

4° Régimes agricoles de prévoyance : organismes de prévoyance et de retraite créés en application de l'article L. 727-2 ;

5° Institutions sociales et médico-sociales : organismes créés dans les départements du Haut-Rhin, du Bas-Rhin et de la Moselle et présentant le caractère d'institutions sociales ou médico-sociales au sens de l'article L. 312-1 du code de l'action sociale et des familles.

Art. D. 761-44 La personne physique ou morale à qui incombe les obligations de l'employeur en application du dernier alinéa de l'article L. 761-14, et notamment l'obligation d'assurance, est la personne, le service ou l'institution responsable du fonctionnement de l'organisme à objet social mentionné à l'article D. 761-43.

Art. D. 761-45 Le salaire servant de base au calcul des cotisations est égal au double du salaire annuel minimal prévu à l'article L. 434-16 du code de la sécurité sociale. Un arrêté du ministre chargé de l'agriculture *(Décr. nº 2009-794 du 23 juin 2009)* « et du ministre chargé de la sécurité sociale » peut fixer des cotisations forfaitaires.

Le salaire servant de base au calcul des indemnités et des rentes est égal au double du salaire minimal prévu à l'article D. 751-12 *(Décr. nº 2017-1492 du 25 oct. 2017, art. 26-7º)* « du présent code », tel qu'il est en vigueur soit à la date de l'arrêt de travail résultant de l'accident, de la rechute ou de l'aggravation, soit, s'il n'y a pas eu d'arrêt de travail, à la date de la constatation de l'incapacité permanente.

SOUS-§ 3 *Salariés agricoles siégeant dans des organismes paritaires*

Art. D. 761-46 Entrent dans le champ d'application du 3º de l'article L. 761-14 les salariés désignés pour siéger dans les organismes dont la liste est fixée par l'arrêté interministériel prévu *(Décr. nº 2017-1492 du 25 oct. 2017, art. 26-8º)* « au deuxième alinéa de l'article L. 3142-42 du code du travail », à l'exception de ceux qui bénéficient de la législation sur les accidents du travail en qualité de membres bénévoles des organismes sociaux énumérés à l'article D. 761-43.

Art. D. 761-47 Sont garantis les accidents survenus par le fait ou à l'occasion des missions effectuées par les personnes mentionnées à l'article D. 761-46. Doivent également être considérés comme survenus à l'occasion de leurs missions les accidents dont pourraient être victimes ces personnes pendant le trajet d'aller et de retour entre leur lieu de travail et les organismes à l'activité desquels elles participent.

Art. D. 761-48 Incombent à la personne, au service, à l'institution ou à l'administration responsable de la gestion de l'organisme les obligations de l'employeur, notamment :

1º L'affiliation des personnes mentionnées à l'article D. 761-46 à la caisse d'assurance accidents agricoles dans la circonscription de laquelle cet organisme a son siège ;

2º Le versement des cotisations ;

3º La déclaration des accidents.

Art. D. 761-49 Le salaire servant de base au calcul des cotisations est égal au double du salaire annuel minimal prévu à l'article L. 434-16 du code de la sécurité sociale. Un arrêté du ministre chargé de l'agriculture *(Décr. nº 2009-794 du 23 juin 2009)* « et du ministre chargé de la sécurité sociale » peut fixer des cotisations forfaitaires.

Le salaire servant de base au calcul des indemnités et des rentes est égal au double de ce salaire minimal tel qu'il est en vigueur soit à la date de l'arrêt de travail résultant de l'accident, de la rechute ou de l'aggravation, soit, s'il n'y a pas eu d'arrêt de travail, à la date de constatation de l'incapacité permanente.

SOUS-§ 4 *Assurés bénéficiaires d'allocations de conversion*

Art. D. 761-50 Pour les assurés bénéficiaires des allocations de conversion mentionnées *(Décr. nº 2017-1492 du 25 oct. 2017, art. 26-9º)* « au 3º de l'article L. 5123-2 » du code du travail dans les départements du Haut-Rhin, du Bas-Rhin et de la Moselle, le salaire servant de base au calcul de l'indemnité journalière et de la rente est déterminé dans les conditions prévues à l'article R. 412-5-1 du code de la sécurité sociale.

SOUS-§ 5 *Salariés bénéficiaires d'un congé de représentation*

Art. D. 761-51 Les dispositions des articles D. 412-95 et D. 412-96 du code de la sécurité sociale sont applicables aux salariés agricoles désignés, dans les conditions définies à l'article *(Décr. nº 2017-1492 du 25 oct. 2017, art. 26-10º)* « L. 3142-60 » du code du travail, pour siéger dans une instance instituée par une disposition législative ou réglementaire auprès d'une autorité de l'État.

§ 2 Prestations

Art. R. 761-52 Sont applicables aux prestations dues aux salariés des professions agricoles les articles *(Décr. nº 2006-111 du 2 févr. 2006 ; Décr. nº 2007-70 du 18 janv.*

2007, art. 2) « R. 433-2, R. 433-3, R. 433-9, R. 434-1, R. 434-1-1, R. 434-1-2, R. 434-1-3, R. 434-2, R. 434-3, R. 434-5 à R. 434-8, R. 434-10 à R. 434-14, R. 434-15, R. 434-16, R. 434-17, R. 434-26, R. 434-27, R. 434-28 à R. 434-30 » et R. 461-1 à R. 461-8 du code de la sécurité sociale.

Art. D. 761-53 Sont applicables aux prestations dues aux salariés des professions agricoles les articles D. 434-1, D. 461-1 à D. 461-5 et D. 461-8 du code de la sécurité sociale.

Art. D. 761-53-1 *(Décr. n° 2015-227 du 27 févr. 2015, art. 1er-1°)* Les dispositions des articles R. 751-23 à R. 751-25 sont applicables aux salariés des professions agricoles et forestières relevant du présent chapitre.

SOUS-SECTION 3 Non-salariés agricoles

§ 1 Bénéficiaires de l'assurance accidents du travail

Le présent paragraphe ne comprend pas de dispositions réglementaires.

§ 2 Prestations de l'assurance accidents du travail

Art. D. 761-54 Les statuts des caisses d'assurance accidents agricoles des départements du Haut-Rhin, du Bas-Rhin et de la Moselle peuvent prévoir en faveur des personnes mentionnées à l'alinéa 2 de l'article 20 de la loi n° 52-898 du 25 juillet 1952, pour la période de la franchise établie à l'article 558 du code local des assurances sociales du 19 juillet 1911, *(Décr. n° 2018-1258 du 27 déc. 2018, art. 2)* « la prise en charge des frais de santé » dans la limite des tarifs bruts de responsabilité des caisses d'assurances sociales agricoles et dans la mesure où le droit à *(Décr. n° 2018-1258 du 27 déc. 2018, art. 2)* « cette prise en charge » n'est pas ouvert au titre d'un régime de sécurité sociale ou de mutualité sociale agricole.

Art. D. 761-55 Les statuts peuvent également stipuler que le droit à la rente prévu à l'article 558 du code local des assurances sociales du 19 juillet 1911 n'est ouvert que si la réduction de la capacité de travail imputable à l'accident est au moins égale à 20 %, à condition que les *(Décr. n° 2018-1258 du 27 déc. 2018, art. 2)* « frais de santé » aient été, pour la période de franchise établie au même article et déduction faite, s'il y a lieu, des *(Décr. n° 2018-1258 du 27 déc. 2018, art. 2)* « frais de santé pris en charge par » un régime de sécurité sociale ou de mutualité sociale agricole :

1° Soit attribuées intégralement au taux des tarifs bruts de responsabilité des caisses d'assurances sociales agricoles ;

2° Soit attribuées sur la base de 50 % au moins desdits tarifs, en cas d'infraction aux prescriptions relatives à la prévention des accidents, en cas d'inobservation du délai fixé pour la déclaration des accidents ou dans les cas prévus à l'article 903 du code précité.

Art. D. 761-56 Lorsque les dispositions de l'article D. 761-55 sont applicables, les statuts doivent prévoir que la victime d'un accident du travail agricole présentant, du fait d'un ou de plusieurs accidents du travail antérieurs, un taux global d'incapacité de 20 % au moins, a droit à la rente calculée sur la base du taux global d'incapacité correspondant aux accidents de travail agricole subis par elle, sous réserve que ce taux soit au moins égal à 10 %.

Art. D. 761-57 Si l'accident de travail ne paraît devoir entraîner qu'une incapacité temporaire, la caisse débitrice à *[a]* la faculté de verser d'avance à la victime le montant des arrérages correspondant à la période d'incapacité prévue, sans préjudice de l'indemnisation due en cas d'aggravation de l'incapacité au cours de ladite période.

Au terme de cette période, les droits éventuels de la victime font, à sa demande, l'objet d'un nouvel examen par la caisse intéressée dont la décision sera susceptible de recours devant les commissions instituées par la loi n° 46-2339 du 24 octobre 1946 relative au contentieux de la sécurité sociale.

Art. D. 761-58 Les rentes attribuées pour une incapacité de travail qui ne dépasse pas le taux de 20 % pourront faire l'objet d'un rachat dans les mêmes conditions que celles prévues à l'article 617 du code local des assurances sociales, après l'expiration d'un délai de cinq ans à compter du point de départ de la rente.

Art. D. 761-59 Sauf convention particulière, les tarifs des honoraires et frais accessoires dus aux praticiens ou aux auxiliaires médicaux à l'occasion de soins de toute nature, les tarifs des médicaments, les frais d'analyse, d'examens de laboratoire et de fournitures pharmaceutiques, les tarifs de transport ainsi que les tarifs d'hospitalisation dans un établissement hospitalier public, dans une clinique ouverte d'un établissement public ou dans un établissement privé, adoptés dans les départements du Haut-Rhin, du Bas-Rhin et de la Moselle en matière de sécurité sociale, sont applicables aux personnes mentionnées à l'article D. 761-54 ou, pour leur compte, aux caisses d'assurance accidents agricoles.

Art. R. 761-60 Le montant maximal de la cotisation uniforme mentionnée à l'article L. 761-12 ne peut dépasser 7,50 €.

Art. D. 761-60-1 *(Décr. nº 2015-227 du 27 févr. 2015, art. 1er-2º)* Les dispositions des articles R. 751-23 à R. 751-25 sont applicables aux personnes non salariées des professions agricoles et forestières relevant du présent chapitre.

§ 2 *BIS* Indemnisation des victimes de pesticides

(Décr. nº 2020-1463 du 27 nov. 2020, art. 2)

Art. R. 761-60-2 Les assurés mentionnés au *c* du 1º de l'article L. 491-1 du code de la sécurité sociale auxquels est attribuée une indemnité journalière, bénéficient du complément d'indemnisation mentionné au onzième alinéa de ce même article L. 491-1.

Le montant du complément d'indemnisation mentionné à l'alinéa précédent est égal à la différence entre :

1º Le montant de l'indemnité journalière calculé dès le premier jour de l'incapacité temporaire de travail selon les modalités prévues par la dernière décision de la caisse d'assurance accidents agricoles du département du Haut-Rhin, du Bas-Rhin ou de la Moselle dont relève l'assuré, sur la base du salaire annuel prévu au premier alinéa de l'article L. 434-16 du code de la sécurité sociale ;

2º Le montant de l'indemnité journalière calculé en application de la dernière décision de la caisse d'assurance accidents agricoles du département du Haut-Rhin, du Bas-Rhin ou de la Moselle dont relève l'assuré, sur la base du salaire annuel prévu au premier alinéa de l'article L. 434-16 du code de la sécurité sociale.

Art. R. 761-60-3 Les assurés mentionnés au *c* du 1º de l'article L. 491-1 du code de la sécurité sociale dont le taux d'incapacité permanente est au moins égal à 10% bénéficient de la rente mentionnée à l'article D. 761-55 du présent code et du complément d'indemnisation mentionné au onzième alinéa de l'article L. 491-1 du code de la sécurité sociale.

Le montant du complément d'indemnisation mentionné à l'alinéa précédent est égal à la différence entre :

1º Le montant de la rente calculé selon les modalités prévues aux articles L. 761-21 et D. 761-55 du présent code, en remplaçant le gain forfaitaire annuel mentionné à l'article D. 761-55 par le salaire annuel prévu au premier alinéa de l'article L. 434-16 du code de la sécurité sociale ;

2º Le montant de la rente calculé en application des seuls articles L. 761-21 et D. 761-55 du présent code.

Art. R. 761-60-4 En cas de décès d'un assuré mentionné à l'article L. 761-19 des suites de la maladie professionnelle en raison de l'exposition professionnelle aux pesticides au sens de l'article L. 491-1 du code de la sécurité sociale, le conjoint ou le concubin ou la personne liée à lui par un pacte civil de solidarité ainsi que les enfants bénéficient de la rente mentionnée au deuxième alinéa de l'article L. 761-21 du présent code et du complément d'indemnisation mentionné au onzième alinéa de l'article L. 491-1 du code de la sécurité sociale.

Le montant du complément d'indemnisation mentionné à l'alinéa précédent est égal à la différence entre :

1° Le montant de la rente d'ayants droit calculé selon les modalités prévues aux articles R. 434-10 à R. 434-18 du code de la sécurité sociale, en remplaçant la fraction de gain annuel moyen prévu au premier alinéa de l'article L. 761-21 du présent code par la fraction de salaire annuel prévu à l'article L. 434-16 du code de la sécurité sociale ;

2° Le montant de la rente d'ayants droit calculé en application du deuxième alinéa de l'article L. 761-21 du présent code.

Art. R. 761-60-5 Les assurés mentionnés au *c* du 1° de l'article L. 491-1 du code de la sécurité sociale dont le taux d'incapacité permanente est inférieur à 10 % bénéficient du complément d'indemnisation mentionné au onzième alinéa de cet article L. 491-1, qui est égal à l'indemnité en capital mentionnée au premier alinéa de l'article L. 434-1 de ce même code.

§ 3 Couverture des accidents de la vie privée

SOUS-§ 1 *Bénéficiaires*

Art. D. 761-61 Dans chacun des départements du Haut-Rhin, du Bas-Rhin et de la Moselle, la caisse d'assurance accidents agricoles est chargée de la couverture obligatoire des accidents de la vie privée survenus aux chefs d'exploitation ou d'entreprise agricole, aux associés d'exploitation définis à l'article L. 321-6, aux aides familiaux et aux conjoints, aux partenaires liés par un pacte civil de solidarité ou aux concubins des uns et des autres, actifs et bénéficiaires des prestations de l'assurance maladie des exploitants agricoles, visés à l'article L. 761-19.

SOUS-§ 2 *Prestations*

Art. D. 761-62 *(Décr. n° 2018-1258 du 27 déc. 2018, art. 2)* « Les frais de santé pris en charge par » l'assurance obligatoire des accidents de la vie privée sont les mêmes que *(Décr. n° 2018-1258 du 27 déc. 2018, art. 2)* « ceux qui sont mentionnés » au 1° de l'article L. 752-3.

En cas d'inaptitude totale à l'exercice de la profession agricole, les personnes mentionnées à l'article D. 761-61 ont droit à l'attribution d'une pension d'invalidité. Elle est attribuée dans les conditions fixées aux articles L. 732-7, L. 732-8, R. 732-3 à R. 732-6, R. 732-8 à R. 732-10, R. 732-9 et R. 732-12.

En outre, dans les conditions fixées par leurs statuts, les caisses peuvent servir des prestations complémentaires dans le cadre de leur budget d'action sociale et professionnelle aux assurés qui en feraient la demande et moyennant le versement d'une cotisation supplémentaire.

Sont applicables au présent article les dispositions des articles L. 724-11, L. 752-8, L. 752-22 et L. 752-23.

Art. D. 761-63 Lorsque les personnes non salariées des professions agricoles et forestières, mentionnées à l'article D. 761-61, sont victimes d'un accident de la vie privée ou sont atteintes de maladie, elles bénéficient des prestations de l'assurance mentionnée à l'article D. 761-62 ou de l'assurance maladie selon les modalités suivantes :

La caisse d'assurance accidents agricoles ou l'organisme d'assurance maladie à qui s'adresse l'assuré suivant la présomption établie par le médecin traitant est tenu de servir les prestations résultant de la législation qui régit cette caisse ou cet organisme tant que n'est pas intervenu un accord entre les organismes ou qu'il n'a pas été statué par la juridiction compétente.

La caisse ou l'organisme d'assurance maladie qui saisit les tribunaux est tenu d'appeler l'assuré en intervention forcée dans l'instance, faute de quoi les décisions judiciaires à intervenir ne sont pas opposables à ce dernier.

Art. D. 761-64 Les charges découlant de l'application de l'article D. 761-61 sont financées par des cotisations, majorées en tant que de besoin, qui sont réparties et perçues dans les conditions déterminées par les articles 3 et 4 de la loi locale du 5 août 1912 d'exécution du code local des assurances sociales du 19 juillet 1911.

Art. D. 761-65 En application de l'article L. 432-1 du code de la sécurité sociale, les caisses versent directement aux praticiens, pharmaciens, auxiliaires médicaux, fournisseurs ainsi qu'aux établissements le montant des prestations en nature prévues au premier alinéa de l'article D. 761-62, à hauteur des tarifs de responsabilité de la sécurité sociale.

La liquidation des prestations prévues au premier et au deuxième alinéas de l'article D. 761-62 est opérée selon les règles de procédure fixées pour la liquidation des prestations de l'assurance des accidents du travail agricole par le livre VI-A du code des assurances sociales du 19 juillet 1911 dans la mesure où ces règles ne sont pas contraires aux dispositions législatives et réglementaires expressément étendues aux départements du Haut-Rhin, du Bas-Rhin et de la Moselle.

Art. D. 761-66 Les litiges nés de l'application des dispositions du présent paragraphe sont réglés dans les conditions fixées par l'article *(Décr. nº 2018-1312 du 28 déc. 2018, art. 1er)* « R. 142-19 » du code de la sécurité sociale.

SECTION 3 Retraite anticipée pour pénibilité des salariés et non-salariés agricoles

(Décr. nº 2015-227 du 27 févr. 2015, art. 1er-3º)

Art. D. 761-67 Pour l'application de l'article L. 761-22, le conseiller en prévention des risques professionnels mentionné au 4º de l'article D. 732-41-4 est remplacé par un conseiller en prévention désigné, d'un commun accord, par les directeurs des caisses d'assurance accidents agricoles du Bas-Rhin, du Haut-Rhin et de la Moselle.

Art. D. 761-68 Pour l'application du 1º de l'article D. 732-41-5 et du deuxième alinéa de l'article R. 732-58-1, la notification du taux d'incapacité permanente et la notification de la date de consolidation sont remplacées par la notification prévue au 1º de l'article 1583 du code local des assurances sociales agricoles du 19 juillet 1911.

Art. D. 761-69 L'article D. 351-1-12 du code de la sécurité sociale est applicable aux salariés relevant du présent chapitre.

CHAPITRE II SALARIÉS ET NON-SALARIÉS DES PROFESSIONS AGRICOLES RÉSIDANT À L'ÉTRANGER *(Décr. nº 2016-781 du 10 juin 2016, art. 8-8º).*

Les art. D. 762-0 à D. 763-5 et les chapitres II, III et III bis sont abrogés ; le chapitre IV devient le chapitre II et les art. R. 764-1 à R. 764-11 deviennent les art. R. 762-1 à R. 762-11 (Décr. nº 2016-781 du 10 juin 2016, art. 8-7º et 8º, JO 12 juin).

SECTION 1 Salariés détachés à l'étranger

Art. R. 762-1 Les travailleurs qui sont détachés temporairement à l'étranger par leur employeur pour y exercer une activité salariée ou assimilée rémunérée par cet employeur et qui ne sont pas soumis à la législation française de sécurité sociale en vertu de conventions ou de règlements internationaux peuvent être admis au bénéfice de l'article *(Décr. nº 2017-1492 du 25 oct. 2017, art. 27-1º)* « L. 762-2 » pour une durée maximale de trois ans, renouvelable une fois.

Les travailleurs détachés qui sont soumis à la législation française de sécurité sociale en vertu de conventions ou de règlements internationaux pendant une durée inférieure à la durée maximale prévue ci-dessus peuvent être admis au bénéfice *(Décr. nº 2017-1492 du 25 oct. 2017, art. 27-1º)* « des dispositions du même article » pour la période restant à couvrir jusqu'au terme de cette durée maximale.

Ces dispositions s'appliquent à l'occasion de tout nouveau détachement du même travailleur.

Toutefois, le travailleur auquel il a été fait application *(Décr. nº 2017-1492 du 25 oct. 2017, art. 27-1º)* « des dispositions de cet article » pendant la durée maximale fixée ci-dessus et qui est détaché à nouveau par le même employeur auprès de la même entreprise ne peut être à nouveau soumis à la législation française de sécurité sociale en application de cette disposition législative qu'à la condition qu'il se soit écoulé au moins deux ans depuis la fin du précédent détachement. Cette condition n'est pas applicable dans le cas du détachement d'une durée inférieure à trois mois.

Art. R. 762-2 La demande formée au titre de l'article *(Décr. nº 2017-1492 du 25 oct. 2017, art. 27-2º)* « L. 762-1 » ou de l'article L. 764-2 *[L. 762-2]* est adressée à la caisse d'affiliation du salarié.

Pour les salariés mentionnés à l'article *(Décr. nº 2017-1492 du 25 oct. 2017, art. 27-2º)* « L. 762-2 », cette demande doit être accompagnée de l'engagement de l'employeur de s'acquitter de l'intégralité des cotisations dues.

En cas d'urgence, l'employeur avise la caisse du détachement. Le maintien du travailleur au bénéfice de la législation française de sécurité sociale est alors prononcé à titre provisoire, sous réserve de régularisation de la demande. Cette régularisation doit intervenir dans les trois mois.

Pour les détachements d'une durée inférieure à trois mois, la décision de la caisse est prise au vu d'un simple avis qui lui est adressé par l'employeur, accompagné, le cas échéant, de l'engagement de s'acquitter de l'intégralité des cotisations dues.

Lorsque sont remplies les conditions requises pour que le travailleur bénéficie des dispositions de l'article *(Décr. nº 2017-1492 du 25 oct. 2017, art. 27-2º)* « L. 762-1 » ou de l'article L. 764-2 *[L. 762-2]*, la caisse délivre à l'intéressé soit le document prévu par la convention ou le règlement international applicable, soit une attestation dont le modèle est fixé par arrêté du ministre chargé de la sécurité sociale.

Art. R. 762-3 En cas d'accident du travail survenant au cours du détachement à l'étranger et sauf exception prévue par les conventions et règlements internationaux, il est fait application des dispositions du paragraphe 4 de la sous-section 1 de la section 6 du chapitre I du titre V du présent livre.

Art. R. 762-4 Pour les soins donnés à l'étranger, *(Décr. nº 2018-1255 du 27 déc. 2018, art. 2)* « la prise en charge des frais de santé au titre de l'assurance maladie et maternité est effectuée » dans les conditions fixées à la section 5 du chapitre I du titre VI du livre VII du code de la sécurité sociale.

Art. R. 762-5 Dans tous les autres cas, les prestations d'assurances sociales sont servies aux travailleurs détachés dans les mêmes conditions que s'ils résidaient en France.

Art. R. 762-6 Sous réserve des dispositions des conventions et règlements internationaux, seuls les enfants qui résident en France ouvrent au travailleur détaché droit aux prestations familiales prévues par la section 1 du chapitre II du titre IV du présent livre.

En cas de pluralité de résidence pour les enfants, les allocations familiales sont calculées par la caisse de mutualité sociale agricole comme si tous les enfants résidaient en France et versées au prorata du nombre des enfants qui résident effectivement en France ou sont réputés y résider.

SECTION 2 *[ABROGÉE]* Salariés expatriés

(Abrogée par Décr. nº 2019-603 du 18 juin 2019, art. 6)

Art. R. 762-7 et R. 762-8 *Abrogés par Décr. nº 2019-603 du 18 juin 2019, art. 6.*

SECTION 3 *[ABROGÉE]* Exploitants agricoles exerçant à l'étranger

(Abrogée par Décr. nº 2019-603 du 18 juin 2019, art. 6)

Art. R. 762-9 *Abrogé par Décr. nº 2019-603 du 18 juin 2019, art. 6.*

SECTION 4 *[ABROGÉE]* Pensionnés des régimes agricoles d'assurance vieillesse résidant à l'étranger

(Abrogée par Décr. nº 2019-603 du 18 juin 2019, art. 6)

Art. R. 762-10 *Abrogé par Décr. nº 2019-603 du 18 juin 2019, art. 6.*

SECTION 5 Dispositions communes

Art. R. 762-11 Les dispositions du chapitre VI du titre VI du livre VII du code de la sécurité sociale (deuxième partie : Décrets en Conseil d'État et troisième partie : Décrets) s'appliquent aux personnes mentionnées aux sections 2, 3 et 4 du présent chapitre.

TITRE VIII DISPOSITIONS RELATIVES À L'OUTRE-MER

(Décr. nº 2016-781 du 10 juin 2016, art. 8-9º, en vigueur le 1er juill. 2016)

CHAPITRE I GUADELOUPE, GUYANE, MARTINIQUE, LA RÉUNION, MAYOTTE, SAINT-BARTHÉLEMY ET SAINT-MARTIN

(Décr. nº 2016-781 du 10 juin 2016, art. 8-9º, en vigueur le 1er juill. 2016)

SECTION 1 Champ d'application et références

Art. D. 781-1 Les dispositions du présent livre (partie réglementaire) s'appliquent en Guadeloupe, en Guyane, en Martinique, à La Réunion, à Mayotte, à Saint-Barthélemy et à Saint-Martin sous réserve des exceptions et adaptations prévues au présent titre.

SECTION 2 Dispositions communes

Art. D. 781-2 Sont applicables en matière de prestations familiales des non-salariés agricoles :

1º Les dispositions réglementaires applicables en matière de sécurité sociale en Guadeloupe, en Guyane, en Martinique, à La Réunion, à Saint-Barthélemy et à Saint-Martin en ce qui concerne le recouvrement des cotisations ;

2º Le chapitre IV du titre IV du livre II du code de la sécurité sociale (deuxième partie : Décrets en Conseil d'État) ;

3º Les articles R. 752-10 à R. 752-15 du même code.

Art. D. 781-3 Sont applicables à l'assurance maladie, invalidité, maternité et à l'assurance vieillesse des non-salariés agricoles les dispositions réglementaires applicables en matière de sécurité sociale en Guadeloupe, en Guyane, en Martinique, à La Réunion, à Mayotte, à Saint-Barthélemy et à Saint-Martin en ce qui concerne le recouvrement des cotisations, les pénalités, le contentieux, la saisissabilité et la cessibilité des prestations et le contrôle médical.

SECTION 3 Assujettissement

Art. D. 781-4 La superficie minimale mentionnée aux articles L. 781-9, L. 781-19 et L. 781-31 et à l'article D. 781-5 est fixée à 2 hectares pondérés.

Art. D. 781-5 Pour la détermination de la superficie pondérée des exploitations prévue à l'article D. 781-4, des coefficients spécifiques à la Guadeloupe, à la Guyane, à la Martinique, à La Réunion, à Mayotte, à Saint-Barthélemy et à Saint-Martin sont affectés aux productions végétales et aux productions animales. Ils sont applicables aux superficies réelles des terres exploitées, aux superficies, exprimées en mètres carrés, des installations utilisées, au cheptel présent ou au nombre de ruches pour obtenir le nombre d'hectares pondérés correspondant.

Lorsque l'exploitation comporte plusieurs productions, la superficie pondérée est égale au total des superficies pondérées de chacune de ces productions.

Les coefficients mentionnés au premier alinéa sont fixés par arrêtés des ministres chargés de l'agriculture, de la sécurité sociale, du budget et de l'outre-mer.

Art. D. 781-6 Pour l'application du quatrième alinéa de l'article L. 781-9, le temps de travail requis par la mise en valeur de l'exploitation ou de l'entreprise agricole est fixé à 1 200 heures par an et par membre ou associé y participant.

Art. D. 781-7 Lorsqu'une personne cumule plusieurs activités agricoles non salariées distinctes et de nature différente et que, pour l'une au moins de ces activités, le coefficient d'équivalence mentionné au troisième alinéa de l'article L. 781-9 n'est pas prévu, le temps de travail pris en compte pour l'application de l'article D. 781-6 est calculé en additionnant le temps consacré à chacune de ces activités.

Pour l'application de l'alinéa précédent, les activités liées à l'exploitation, telles que les activités de conditionnement, de stockage, de transformation ou de commercialisation des produits de l'exploitation, ne peuvent être prises en compte.

Un arrêté des ministres chargés de l'agriculture, de la sécurité sociale, du budget et de l'outre-mer fixe le barème suivant lequel est déterminé, en fonction de l'importance de l'exploitation par rapport à la superficie pondérée, le nombre d'heures de travail afférent à la mise en valeur de cette exploitation.

Art. D. 781-8 Les personnes affiliées aux régimes de protection sociale agricole des membres non salariés des professions agricoles qui, en raison de l'application des coefficients fixés par les arrêtés mentionnés à l'article D. 781-5, ne répondent plus à la condition d'assujettissement déterminée à l'article D. 781-4 continuent de relever de ces régimes.

Toutefois, l'affiliation prend fin à l'issue des deux années civiles suivant la date d'entrée en vigueur de ces coefficients si, à ce moment, la condition susvisée n'est pas remplie.

SECTION 4 Cotisations

Art. D. 781-9 Les cotisations dues par les personnes relevant des sections autres que la section 8 du présent chapitre sont fixées par décret pour chaque année civile.

Pour le calcul de ces cotisations, la situation des exploitants agricoles est appréciée au premier jour de l'année civile au titre de laquelle elles sont dues.

Art. D. 781-10 Les cotisations mentionnées à l'article D. 781-9 sont appelées en deux fractions par le comité de gestion mentionné à l'article D. 781-78.

Ce comité de gestion fixe chaque année les dates d'exigibilité des cotisations faisant l'objet d'appels fractionnés. Pour les appels fractionnés, les dates d'exigibilité des cotisations ne peuvent être postérieures au 30 juin pour la première fraction et au 31 octobre pour la seconde.

Le comité de gestion détermine chaque année le montant de la première fraction de cotisations qui ne peut être inférieur au quart du montant des cotisations dues au titre de l'année précédente, le solde étant appelé avec la seconde fraction.

Art. D. 781-11 Les cotisations sont notifiées aux cotisants par les caisses générales de sécurité sociale au plus tard aux dates d'exigibilité fixées conformément au deuxième alinéa de l'article D. 781-10.

Art. D. 781-12 Les caisses générales de sécurité sociale peuvent proposer à leurs adhérents le recouvrement des cotisations mentionnées à l'article D. 781-9 par prélèvements automatiques mensuels, opérés sur les comptes bancaires ouverts au nom des assurés.

Art. D. 781-13 Les personnes qui optent pour le prélèvement mensuel des cotisations mentionnées à l'article D. 781-9 doivent faire connaître leur choix au plus tard le quinzième jour du mois pour avoir effet le mois suivant. Toutefois, l'adhérent peut demander que l'option ne prenne effet que le 1er janvier de l'année suivante.

L'option est exprimée au moyen d'un formulaire dont le modèle est fixé par arrêté du ministre chargé de l'agriculture. Ce formulaire est transmis aux assurés, sur leur demande, par la caisse générale de sécurité sociale ou est mis à leur disposition sous forme de fichier électronique.

Par ce formulaire, le cotisant donne à l'établissement qui tient son compte l'autorisation de débiter celui-ci du montant des avis de prélèvement émis par la caisse générale de sécurité sociale.

L'option est valable pour l'année en cours et se renouvelle par tacite reconduction, sous réserve des dispositions du deuxième alinéa de l'article D. 781-16 et de celles de l'article D. 781-17.

Art. D. 781-14 Le comité de gestion mentionné à l'article D. 781-78 fixe le jour du mois où le prélèvement mensuel des cotisations mentionnées à l'article D. 781-9 sera effectué sans que celui-ci puisse être postérieur au dixième jour. Cette échéance ne peut être modifiée au cours d'une année civile.

Art. D. 781-15 Avant la première échéance, la caisse générale de sécurité sociale adresse aux personnes qui ont opté pour le prélèvement mensuel un premier échéancier de paiement comportant la date et le montant du prélèvement qui sera effectué chacun des onze premiers mois.

Tant que le montant total des cotisations de l'année n'est pas connu, le prélèvement est égal au onzième des cotisations dues au titre de l'année précédente.

Lorsque l'option pour le prélèvement mensuel prend effet en cours d'année, le montant du prélèvement est calculé au prorata du nombre de mois restant à courir jusqu'au onzième mois inclus, dans la limite du montant des cotisations restant dues à la date d'effet de l'option. Avant la première échéance, la caisse générale de sécurité sociale adresse aux personnes qui ont opté pour le prélèvement mensuel un échéancier de paiement comportant, pour chacun des mois restant à courir jusqu'au onzième mois inclus, le jour fixé pour ce paiement ainsi que le montant du prélèvement qui sera effectué au cours de ces mois.

Dès que le montant total des cotisations de l'année est connu, la caisse générale de sécurité sociale transmet aux personnes intéressées un nouvel échéancier de paiement se substituant au précédent et répartissant le montant des cotisations restant dues en autant de fractions égales qu'il reste d'échéances à courir jusqu'au mois de décembre.

Art. D. 781-16 Si, au cours d'une année, un prélèvement mensuel n'est pas opéré à la date fixée, la somme due est recouvrée avec le prélèvement suivant.

Si, au cours de la même année, deux prélèvements mensuels n'ont pu être effectués, à l'échéance fixée, par la faute du cotisant, celui-ci perd pour cette année le bénéfice de son option et il est soumis aux dispositions de l'article D. 781-10.

Si ce deuxième incident de paiement a lieu entre la date d'exigibilité du dernier appel fractionné et l'échéance du mois de décembre, un appel supplémentaire de cotisations est adressé au cotisant pour le recouvrement du solde dû. Le montant de cet appel est exigible à une date qui ne peut être postérieure au 31 décembre.

Art. D. 781-17 Les cotisants peuvent renoncer au prélèvement mensuel. La dénonciation doit être formulée au plus tard le quinzième jour du mois pour avoir effet le mois suivant. Toutefois, l'adhérent peut demander que la dénonciation ne prenne effet que le 1er janvier de l'année suivante.

La dénonciation est exprimée au moyen d'un formulaire dont le modèle est fixé par arrêté du ministre chargé de l'agriculture. Ce formulaire est transmis aux assurés, sur leur demande, par la caisse générale de sécurité sociale ou est mis à leur disposition sous forme de fichier électronique.

Art. D. 781-18 Toute fraction de cotisations qui n'est pas versée dans le délai d'un mois à compter des dates d'exigibilité prévues à l'article D. 781-10 et au troisième alinéa de l'article D. 781-16 est majorée de 5 %.

(Décr. nº 2018-174 du 9 mars 2018, art. 14) « A cette majoration s'ajoute une majoration complémentaire dont le taux et les modalités d'évaluation sont fixés *(Décr. nº 2019-1050 du 11 oct. 2019, art. 3, en vigueur le 1er janv. 2020)* « au II de l'article R. 243-16 » du code de la sécurité sociale. »

La majoration de retard mentionnée au premier alinéa est portée à 10 % lorsqu'elle porte sur des cotisations sociales dues à titre personnel, à la suite du constat de l'infraction relative au travail dissimulé par dissimulation d'activité défini à l'article L. 8221-3 du code du travail.

Art. D. 781-19 *(Décr. nº 2023-268 du 12 avr. 2023, art. 1er)* « Lorsqu'un chef d'exploitation ou d'entreprise agricole exerçant leur activité en Guadeloupe, en Guyane, en Martinique, à la Réunion, à Mayotte, à Saint-Barthélemy et à Saint-Martin, n'a pas versé les cotisations et contributions sociales dont il est redevable à la date limite d'exigibilité et s'en acquitte dans un délai de trente jours ou a souscrit, dans ce même délai, un échéancier de paiement avec la caisse de mutualité sociale agricole dont il relève dans les conditions prévues par le 4° de l'article R. 726-1 et en respecte les termes, les majorations prévues aux premier et deuxième alinéas de l'article D. 781-18 du présent code ne sont pas dues si les conditions suivantes sont réunies :

« 1° Aucune infraction n'a été constatée au cours des vingt-quatre mois précédents ;

« 2° Le montant des majorations applicables est inférieur à la valeur mensuelle du plafond de la sécurité sociale. »

Les comités de gestion mentionnés à l'article D. 781-78 peuvent accorder en cas de bonne foi dûment prouvée la remise des majorations de retard prévues au premier alinéa de l'article D. 781-18 dans des conditions fixées par arrêté du ministre de l'agriculture.

La majoration *(Abrogé par Décr. n° 2018-174 du 9 mars 2018, art. 14)* « de 0,4 % » mentionnée au deuxième alinéa de l'article D. 781-18 peut faire l'objet d'une remise lorsque les cotisations ont été acquittées dans le délai de trente jours qui suit la date limite d'exigibilité ou en raison de circonstances exceptionnelles ou dans les cas de force majeure.

La demande n'est recevable qu'après paiement de la totalité des cotisations ayant donné lieu aux majorations de retard. Dès paiement de la totalité des cotisations, y compris en cas de recouvrement forcé, la caisse générale de sécurité sociale informe les intéressés de la possibilité de formuler cette demande de remise ainsi que du délai dans lequel cette demande doit être présentée sous peine de forclusion.

Le délai dans lequel doit être présentée la demande de remise des majorations de retard est fixé par arrêté du ministre chargé de l'agriculture. Les décisions sont motivées. Les décisions sont notifiées au demandeur de la remise.

Aucune remise ne peut être accordée sur les majorations portant sur des cotisations dues à titre personnel à la suite du constat de l'infraction relative au travail dissimulé par dissimulation d'activité défini à l'article L. 8221-3 du code du travail.

Art. D. 781-20 Les exploitants agricoles exerçant leur activité sur des exploitations de moins de 40 hectares pondérés sont exonérés des cotisations d'assurance maladie et maternité et d'assurance invalidité, à l'exception de la cotisation prévue pour financer les prestations mentionnées à l'article L. 781-21, et des cotisations d'assurance vieillesse et de prestations familiales fixées aux articles D. 781-27, D. 781-46 à D. 781-48 et D. 781-73 à D. 781-76.

Art. D. 781-21 Pour l'application du cinquième alinéa de l'article L. 781-6 :

1° La diversification s'entend de la mise en place, sans augmentation de la superficie totale de l'exploitation, des productions animales ou végétales prévues par les arrêtés pris en application de l'article D. 781-5 autres que la canne à sucre, et, en Guadeloupe et en Martinique, autres que la banane des cultivars du sous-groupe Cavendish ;

2° La mise en valeur de terres incultes, de terres laissées à l'abandon ou de terres insuffisamment exploitées s'entend de la mise en production agricole ou de la remise en production de parcelles non mises en valeur ou insuffisamment exploitées, dans le cadre de la procédure prévue à la section 3 du chapitre I du titre VIII du livre I.

Art. D. 781-22 Le titulaire du droit d'exploitation justifie de la diversification de la production ou de la mise en valeur de terres incultes, de terres laissées à l'abandon ou de terres insuffisamment exploitées.

Les directeurs de l'alimentation, de l'agriculture et de la forêt de Guadeloupe, de Guyane, de la Martinique, de La Réunion et de Mayotte, ou le représentant de l'État à Saint-Barthélemy et à Saint-Martin vérifient que les conditions ouvrant droit au bénéfice des dispositions prévues au cinquième alinéa de l'article L. 781-6 sont remplies et fournissent à chaque exploitant une attestation permettant de justifier de sa situation auprès de l'organisme chargé de l'appel des cotisations sociales.

Art. D. 781-23 Lorsque le dépassement du seuil de quarante hectares de la surface pondérée d'une exploitation résulte conjointement ou successivement de la diversification ou de la mise en valeur de terres incultes, de terres laissées à l'abandon ou de terres insuffisamment exploitées, et d'agrandissements, le maintien de l'exonération prévu au cinquième alinéa de l'article L. 781-6 ne peut être acquis que si l'augmentation de surface pondérée due à des agrandissements ne suffit pas, à elle seule, à franchir le seuil de quarante hectares pondérés.

Art. D. 781-24 Le plafond de l'exonération prévue à l'article L. 731-13 est égal au produit du taux de l'exonération de l'année considérée par un montant équivalent à la somme des cotisations dues par un chef d'exploitation à titre exclusif ou principal dont l'exploitation a une superficie égale à 40,01 hectares.

Un arrêté des ministres chargés de l'agriculture, de la sécurité sociale, du budget et de l'outre-mer fixe chaque année le montant des plafonds d'exonération selon les modalités de l'alinéa précédent. – *V. Arr. du 26 oct. 2023 relatif au financement du régime de protection sociale des travailleurs indépendants agricoles en Guadeloupe, en Guyane, à la Martinique, à la Réunion, à Mayotte, à Saint-Barthélemy et à Saint-Martin pour l'année 2023, art. 7 (JO 31 oct.).*

Le montant de chaque plafond d'exonération est arrondi au centième d'euro le plus proche.

SECTION 5 Prestations familiales

SOUS-SECTION 1 Financement

Art. R. 781-25 Les dispositions réglementaires prises pour l'application des dispositions de la partie législative du code de la sécurité sociale mentionnées à l'article L. 781-8 sont applicables aux non-salariés agricoles exerçant leur activité en Guadeloupe, en Guyane, en Martinique, à La Réunion, à Saint-Barthélemy et à Saint-Martin.

Art. D. 781-26 La Caisse centrale de mutualité sociale agricole est chargée de mettre à la disposition des caisses d'allocations familiales les fonds nécessaires au règlement des prestations légales d'allocations familiales des exploitants agricoles.

Art. D. 781-27 La cotisation prévue à l'article L. 781-11 est calculée en fonction de la surface pondérée des exploitations.

Le montant de cette cotisation est fixé chaque année par arrêté des ministres chargés de l'agriculture, de la sécurité sociale, du budget et de l'outre-mer. — *V. Arr. du 26 oct. 2023 relatif au financement du régime de protection sociale des travailleurs indépendants agricoles en Guadeloupe, en Guyane, à la Martinique, à la Réunion, à Mayotte, à Saint-Barthélemy et à Saint-Martin pour l'année 2023, art. 6 (JO 31 oct.).*

Le montant de la cotisation est revalorisé annuellement en fonction de l'évolution du SMIC à partir du montant de la cotisation applicable au cours de l'année précédente.

La valeur du SMIC en fonction de laquelle le montant de la cotisation est revalorisé est celle fixée au 1er janvier de l'année au titre de laquelle les cotisations sont dues.

Le montant de cette cotisation est arrondi au centième d'euro le plus proche.

SOUS-SECTION 2 Gestion de la branche

Art. D. 781-28 Au sein de chacune des caisses d'allocations familiales de Guadeloupe, de Guyane, de Martinique et de La Réunion, une section "prestations familiales des exploitants agricoles" est chargée de toutes les opérations, à l'exception de celles qui sont relatives au recouvrement des cotisations de prestations familiales.

Le recouvrement des cotisations dues au titre des prestations familiales et des majorations de retard y afférentes est effectué par les caisses générales de sécurité sociale des départements et collectivités mentionnés ci-dessus et son produit est affecté à une section "prestations familiales des exploitants agricoles" créée à cet effet.

Art. D. 781-29 A l'égard de la section mentionnée au premier alinéa de l'article D. 781-28, les attributions du conseil d'administration de chaque caisse d'allocations familiales sont confiées à un comité de gestion composé du président et d'administrateurs désignés par le conseil d'administration en son sein et appartenant aux professions concernées par cette gestion.

A l'égard de la section mentionnée au deuxième alinéa de l'article D. 781-28 les attributions du conseil d'administration de chaque caisse générale de sécurité sociale sont confiées au comité de gestion prévu à l'article D. 781-78.

Art. D. 781-30 La composition et le fonctionnement du comité de gestion mentionné à l'article D. 781-29 sont déterminés par arrêté du ministre chargé de la sécurité sociale et du ministre chargé de l'agriculture.

Art. D. 781-31 La comptabilité des caisses générales de sécurité sociale et des caisses d'allocations familiales fait apparaître, de manière distincte, les opérations relatives aux recettes et aux dépenses de leurs sections prestations familiales des exploitants agricoles.

SECTION 6 Assurance maladie, invalidité et maternité

SOUS-SECTION 1 Dispositions communes

Art. R. 781-32 Les dispositions réglementaires prises pour l'application des dispositions de la partie législative du code de la sécurité sociale mentionnées à l'article

L. 781-17 sont applicables aux non-salariés agricoles exerçant leur activité en Guadeloupe, en Guyane, à la Martinique, à La Réunion, à Mayotte, à Saint-Barthélemy et à Saint-Martin.

Les dispositions réglementaires prises pour l'application des articles L. 781-14 et L. 781-15 sont applicables aux non-salariés agricoles exerçant leur activité en Guadeloupe, en Guyane, à la Martinique, à La Réunion, à Mayotte, à Saint-Barthélemy et à Saint-Martin dans les conditions et sous les réserves précisées à la présente section.

Art. R. 781-33 Pour l'application des articles R. 732-2 à R. 732-2-0-2 en Guadeloupe, en Guyane, en Martinique, à La Réunion, à Mayotte, à Saint-Barthélemy et à Saint-Martin :

1° La référence à l'article L. 732-4 est remplacée par la référence à l'article L. 781-21 ;

2° En Guadeloupe, en Guyane, en Martinique, à La Réunion, à Saint-Barthélemy et à Saint-Martin, la caisse mentionnée à l'article L. 781-2 exerce les fonctions dévolues à la caisse de mutualité sociale agricole ;

3° A Mayotte, la caisse de mutualité sociale agricole compétente est celle mentionnée au premier alinéa de l'article L. 781-44.

SOUS-SECTION 2 Bénéficiaires et prestations

Art. D. 781-34 L'assujettissement au régime donne lieu à l'immatriculation des assurés. Les conjoints et les enfants mineurs de seize ans ou assimilés font l'objet d'une immatriculation au titre de leur chef de famille. L'immatriculation prend effet du jour où l'intéressé remplit les conditions d'assujettissement à l'assurance.

Chacune des caisses générales de sécurité sociale procède à l'immatriculation des personnes assurées au titre des exploitations ou entreprises dont le siège est situé dans sa circonscription et tient le fichier d'immatriculation.

Les personnes entrant dans le champ d'application de l'assurance sont immatriculées même si elles exercent en outre une activité salariée en dehors de l'exploitation ou de l'entreprise ou relèvent à quelque titre que ce soit d'un autre régime de sécurité sociale.

Art. D. 781-35 Les agents assermentés des caisses générales de sécurité sociale sont chargés de vérifier l'exécution des prescriptions de l'article D. 781-34.

Art. D. 781-36 Les chefs d'exploitation ou d'entreprise agricole sont tenus, dans les conditions fixées par arrêté du ministre chargé de la sécurité sociale, de fournir aux caisses générales de sécurité sociale territorialement compétentes, dans les trente jours suivant la date à laquelle ils ont rempli ou cessé de remplir les conditions d'assujettissement à l'assurance, tous renseignements nécessaires à l'immatriculation ou à la radiation :

1° D'eux-mêmes et de leurs conjoints ;

2° De leurs aides familiaux et des conjoints de ces derniers ;

3° Des enfants mineurs de seize ans ou assimilés à la charge des uns et des autres.

Les titulaires de la retraite ou de l'allocation de vieillesse agricole entrant dans le champ d'application de l'assurance sont soumis aux mêmes obligations tant en ce qui les concerne qu'en ce qui concerne leurs conjoints et les enfants mineurs de seize ans ou assimilés à leur charge.

Il en est de même des sociétés d'exploitation agricole et des groupements agricoles d'exploitation en commun en ce qui concerne leurs membres non salariés entrant dans le champ d'application de l'assurance, les conjoints de ceux-ci et les enfants mineurs de seize ans ou assimilés à leur charge.

Les déclarations sont établies sur un document conforme au modèle approuvé par les ministres chargés de la santé et de la sécurité sociale. Elles sont assorties de copies des justificatifs mentionnés à *(Décr. n° 2017-1492 du 25 oct. 2017, art. 28)* « l'article R. 113-5 du code des relations entre le public et l'administration » et, en ce qui concerne les enfants autres que les enfants légitimes, d'un certificat établi par la mairie de la résidence des intéressés attestant que ces derniers ont les enfants à leur charge.

Art. R. 781-37 Les agents assermentés des caisses générales de sécurité sociale peuvent demander aux chefs d'exploitation ou d'entreprise agricole, aux sociétés d'exploitation ou d'entreprise agricole, aux titulaires d'une retraite ou d'une allocation de vieillesse entrant dans le champ d'application de l'assurance, par lettre recommandée avec demande d'avis de réception, de leur fournir, dans le délai d'un mois au plus, tous renseignements nécessaires à l'immatriculation tant d'eux-mêmes que de leurs aides familiaux ou de leurs ayants droit.

Art. D. 781-38 Les pensions d'invalidité versées au titre de la présente section sont payables trimestriellement et à terme échu.

Art. R. 781-39 Est puni de l'amende prévue pour les contraventions de la quatrième classe, le fait pour un chef d'exploitation ou d'entreprise agricole ou pour le représentant légal d'une société d'exploitation ou d'entreprise agricole de ne pas fournir dans le délai fixé à l'article R. 781-37 les renseignements mentionnés audit alinéa ou de le faire de manière incomplète ou inexacte.

Art. R. 781-40 Est puni de l'amende prévue pour les contraventions de la cinquième classe, le fait de faire obstacle à l'accomplissement des missions des inspecteurs de la sécurité sociale ou des agents assermentés des caisses générales de sécurité sociale.

La récidive de la contravention prévue au présent article est réprimée conformément à l'article 132-11 du code pénal.

SOUS-SECTION 3 **Financement**

Art. D. 781-41 Sous réserve de l'application éventuelle des règles de coordination et de l'exonération prévue aux articles R. 731-85 et D. 781-43, la cotisation annuelle est due pour l'aide familial remplissant les conditions d'assujettissement en cette qualité postérieurement au 1er janvier d'une année déterminée, dès lors qu'il a rempli au cours de l'année précédente ces conditions en la même qualité ou la qualité de chef d'exploitation.

Art. D. 781-42 Ont droit au remboursement d'une fraction de la cotisation annuelle de l'assurance régie par la présente section, au prorata de la fraction de l'année civile restant à courir à compter du premier jour du mois civil suivant la cessation de l'activité agricole non salariée :

1° L'assuré qui exerce simultanément une activité agricole non salariée, d'une part, et une activité non salariée non agricole ou salariée, d'autre part, et qui vient à cesser la première de ces activités ;

2° L'assuré qui, cessant d'exercer la profession agricole non salariée, prend une autre activité professionnelle ou relève des dispositions de l'article L. 722-11.

Art. D. 781-43 Sont applicables à l'assurance prévue par la présente section les dispositions des articles R. 731-82, R. 731-84, R. 731-85, R. 731-86, R. 732-2, R. 732-3 *(Décr. n° 2023-139 du 27 févr. 2023, art. 2)* « à R. 732-12-0-4 » et R. 732-13, sauf dans la mesure où il y est dérogé par les dispositions réglementaires prises pour l'application des articles L. 753-2 à L. 753-4 du code de la sécurité sociale, lesquelles sont étendues audit régime.

Pour l'application des articles R. 732-4 et R. 732-5 du présent code, le salaire horaire minimum garanti à prendre en considération en Guadeloupe, en Guyane, en Martinique, à La Réunion, à Mayotte, à Saint-Barthélemy et à Saint-Martin est celui qui résulte de la réglementation en vigueur localement.

Art. D. 781-44 La réduction des cotisations d'assurance maladie et maternité et d'assurance invalidité prévue par l'article D. 731-87 pour le conjoint succédant à un chef d'exploitation est applicable en Guadeloupe, en Guyane, en Martinique, à La Réunion, à Mayotte, à Saint-Barthélemy et à Saint-Martin.

Art. D. 781-45 L'article D. 731-99 est applicable en Guadeloupe, en Guyane, en Martinique, à La Réunion, à Mayotte, à Saint-Barthélemy et à Saint-Martin sous réserve des dispositions ci-après concernant les exploitants agricoles.

Les cotisations prévues au premier alinéa de l'article L. 781-24, dues par les bénéficiaires du revenu de solidarité active qui mettent en valeur, en Guadeloupe, en

Guyane, en Martinique, à La Réunion, à Mayotte, à Saint-Barthélemy et à Saint-Martin, une exploitation dont la superficie est inférieure au seuil de la première tranche de superficie en application de l'article D. 781-46, sont égales au produit du montant des cotisations minimales fixées par ces articles par le chiffre exprimant le rapport entre la superficie de l'exploitation et celle qui correspond au seuil de la première tranche de superficie.

Lorsque les assurés cessent d'avoir droit au revenu de solidarité active, les comités de gestion des caisses générales de sécurité sociale prévus à l'article D. 781-78 peuvent consentir des échéanciers de paiement pour le versement des cotisations d'assurance maladie et maternité et d'assurance invalidité et des majorations de retard y afférentes, dues au titre des périodes antérieures à la date d'attribution de ce revenu.

Si la situation économique et sociale des intéressés le justifie, les comités de gestion précités peuvent accorder la remise de ces cotisations et majorations de retard. Toutefois, ne peuvent être remises :

1° Pour les personnes mentionnées au quatrième alinéa du présent article, la partie des cotisations calculées dans les conditions prévues au deuxième alinéa de cet article ;

2° Pour les autres personnes, la partie des cotisations correspondant aux minima fixés au titre du premier alinéa de l'article L. 781-24.

Art. D. 781-46 Les cotisations dues au titre des personnes mentionnées aux 1°, 2° et 5° de l'article L. 722-10 pour la couverture des prestations des assurances maladie et maternité et d'assurance invalidité des personnes non salariées des professions agricoles sont calculées en fonction de la superficie pondérée des exploitations.

Le montant de ces cotisations est fixé chaque année par arrêté des ministres chargés de l'agriculture, de la sécurité sociale, du budget et de l'outre-mer. — *V. Arr. du 26 oct. 2023 relatif au financement du régime de protection sociale des travailleurs indépendants agricoles en Guadeloupe, en Guyane, à la Martinique, à la Réunion, à Mayotte, à Saint-Barthélemy et à Saint-Martin pour l'année 2023, art. 1er (JO 31 oct.).*

Le montant de ces cotisations est revalorisé annuellement en fonction de l'évolution du SMIC à partir du montant des cotisations applicables au cours de l'année précédente. La valeur du SMIC en fonction de laquelle le montant de la cotisation est revalorisé est celle fixée au 1er janvier de l'année au titre de laquelle les cotisations sont dues.

Le montant de ces cotisations est arrondi au centième d'euro le plus proche.

Les cotisation dont sont redevables les chefs d'exploitation pour un aide familial sont calculées selon les règles fixées aux alinéas précédents, dans la proportion des deux tiers pour un aide familial de 18 ans ou plus et d'un tiers pour un aide familial de moins de 18 ans.

Art. D. 781-47 La cotisation forfaitaire due par les chefs d'exploitation agricole pour la couverture des prestations d'invalidité prévues à l'article L. 732-8 pour leurs collaborateurs d'exploitation est fixée chaque année par arrêté des ministres chargés de l'agriculture, de la sécurité sociale, du budget et de l'outre-mer. — *V. Arr. du 26 oct. 2023 relatif au financement du régime de protection sociale des travailleurs indépendants agricoles en Guadeloupe, en Guyane, à la Martinique, à la Réunion, à Mayotte, à Saint-Barthélemy et à Saint-Martin pour l'année 2023, art. 3 (JO 31 oct.).*

Le montant de cette cotisation est revalorisé annuellement en fonction de l'évolution du SMIC, à partir du montant de la cotisation applicable au cours de l'année précédente.

La valeur du SMIC en fonction de laquelle le montant de la cotisation est revalorisé est celle fixée au 1er janvier de l'année au titre de laquelle les cotisations sont dues.

Le montant de cette cotisation est arrondi au demi-euro le plus proche.

Art. D. 781-48 La cotisation d'assurance maladie et maternité dont sont redevables pour eux-mêmes les chefs d'exploitation qui bénéficient des prestations d'assurance maladie d'un régime autre que celui des travailleurs indépendants agricoles est calculée en fonction de la superficie pondérée des exploitations selon les modalités prévues à l'article D. 781-46.

Le montant de cette cotisation est fixé chaque année par arrêté des ministres chargés de l'agriculture, de la sécurité sociale, du budget et de l'outre-mer. — *V. Arr. du 26 oct. 2023 relatif au financement du régime de protection sociale des travailleurs indépendants agricoles en*

Guadeloupe, en Guyane, à la Martinique, à la Réunion, à Mayotte, à Saint-Earthélemy et à Saint-Martin pour l'année 2023, art. 2 (JO 31 oct.).

Le montant de la cotisation est revalorisé annuellement en fonction de l'évolution du SMIC à partir du montant de la cotisation applicable au cours de l'année précédente. La valeur du SMIC en fonction de laquelle le montant de la cotisation est revalorisé est celle fixée au 1er janvier de l'année au titre de laquelle les cotisations sont dues.

Le montant de cette cotisation est arrondi au centième d'euro le plus proche.

Les cotisations d'assurance maladie et maternité et d'assurance invalidité dont sont redevables les chefs d'exploitation qui bénéficient des prestations d'assurance maladie d'un régime autre que celui des personnes non salariées agricoles, pour un aide familial, sont calculées selon les règles fixées aux alinéas précédents et selon les modalités prévues à l'article D. 781-46, dans la proportion des deux tiers pour un aide familial de 18 ans ou plus et d'un tiers pour un aide familial de moins de 18 ans.

SOUS-SECTION 4 Action sociale

Art. R. 781-49 La gestion de l'action sociale prévue à l'article L. 781-28 est confiée dans chaque caisse générale de sécurité sociale à la section assurance maladie, invalidité et maternité des exploitants agricoles mentionnée à l'article D. 781-50.

SOUS-SECTION 5 Gestion de la branche

Art. D. 781-50 Au sein de chacune des caisses générales de sécurité sociale de Guadeloupe, de Guyane, de Martinique et de La Réunion, une section assurance maladie, invalidité et maternité des exploitants agricoles est chargée d'assurer la gestion de l'assurance prévue par la présente section.

Cette section est chargée notamment de l'immatriculation des assujettis, du recouvrement des cotisations, de la liquidation et du paiement des prestations.

Art. D. 781-51 Pour la section mentionnée à l'article D. 781-50, les attributions du conseil d'administration de chaque caisse générale de sécurité sociale sont confiées à un comité composé du président du conseil d'administration et d'administrateurs désignés par le conseil d'administration dans son sein et appartenant aux catégories intéressées par cette gestion.

Art. D. 781-52 La comptabilité des caisses générales de sécurité sociale fait apparaître de manière distincte les opérations relatives aux recettes et dépenses de la section des assurances maladie, invalidité et maternité des exploitants agricoles.

Art. D. 781-53 Pour l'application de l'article L. 781-27, les caisses générales de sécurité sociale adressent chaque mois à la Caisse centrale de la mutualité sociale agricole un état conforme au modèle arrêté par le ministre chargé de la santé et le ministre chargé de la sécurité sociale et faisant apparaître la situation de la section d'assurances maladie, invalidité et maternité des exploitants agricoles et les prévisions de recettes et de dépenses.

SECTION 7 Assurance vieillesse

SOUS-SECTION 1 Bénéficiaires et prestations

§ 1 Dispositions communes à la retraite forfaitaire et à la retraite proportionnelle

Art. D. 781-54 Les exploitants agricoles affiliés à l'assurance prévue par la présente section antérieurement au 1er janvier 1970 et qui, postérieurement à cette date, continuent à mettre en valeur des terres dont la superficie est inférieure au minimum de 2 hectares pondérés fixé en application de l'article L. 781-31 peuvent cotiser volontairement au régime précité, sous réserve qu'ils ne relèvent pas, du chef de l'exercice à titre principal, d'une autre activité non salariée, d'un autre régime assurance vieillesse applicable aux personnes non salariées.

Cette faculté est réservée aux exploitants qui, au 1er janvier 1970, ne peuvent justifier soit d'au moins quinze ans d'activité professionnelle agricole non salariée et cinq ans de versement des cotisations, soit de l'une de ces deux conditions.

Art. R. 781-55 Les termes : "durée d'assurance" figurant à l'article L. 781-33 du présent code désignent les périodes définies à l'article R. 351-3 du code de la sécurité sociale.

Les termes : "périodes reconnues équivalentes" figurant à l'article L. 781-33 du présent code désignent les périodes définies à l'article R. 351-4 du code de la sécurité sociale.

Les périodes mentionnées au 3° de l'article R. 351-3 et à l'article R. 351-4 du code de la sécurité sociale sont retenues de date à date, le nombre de trimestres correspondant étant arrondi au chiffre immédiatement supérieur.

Art. R. 781-56 L'âge et la durée minimale d'assurance ou de périodes reconnues équivalentes mentionnés à l'article L. 781-33 en deçà desquels s'applique un coefficient de minoration au montant de la pension de retraite sont ceux fixés à l'article R. 732-39.

Art. D. 781-56-1 *(Décr. n° 2023-436 du 3 juin 2023, art. 3)* Pour l'application de l'article D. 732-40-1 en Guadeloupe, en Guyane, en Martinique, à La Réunion, à Mayotte, à Saint-Barthélemy et à Saint-Martin, la référence : "D. 732-52-1" est remplacée par la référence : "D. 781-60".

Art. D. 781-57 Sont majorés de 10 % dans les mêmes conditions que celles définies à l'article D. 732-38 les avantages de vieillesse servis en application des articles L. 781-29 à L. 781-35.

Art. D. 781-58 Pour l'application du deuxième alinéa de l'article D. 732-78 en Guadeloupe, en Guyane, en Martinique, à La Réunion, à Saint-Barthélemy et à Saint-Martin, les mots : "le 1er juillet 1952 et le 31 décembre 1998 en métropole" sont remplacés par les mots : "le 1er janvier 1964 et le 31 décembre 1998 en Guadeloupe, en Guyane, en Martinique, à La Réunion, à Saint-Barthélemy et à Saint-Martin".

Pour l'application de l'article D. 732-80 en Guadeloupe, en Guyane, en Martinique, à La Réunion, à Saint-Barthélemy et à Saint-Martin, le premier alinéa est remplacé par l'alinéa suivant :

"Le montant de cette cotisation est égal au montant de la cotisation prévu au deuxième alinéa de l'article L. 781-36 due pour douze hectares pondérés."

Art. R. 781-59 L'application des dispositions de la présente sous-section ne peut avoir pour effet de porter le total de la pension de retraite forfaitaire et de la pension de retraite proportionnelle servies à un assuré justifiant de la durée minimale d'activité agricole non salariée mentionnée au 1° de l'article L. 781-32 à un montant supérieur à la pension maximale dont bénéficie une personne relevant du régime général de la sécurité sociale.

Si l'assuré totalise dans le régime d'assurance vieillesse des personnes non salariées des professions agricoles une durée d'activité agricole non salariée inférieure à la durée mentionnée au 1° de l'article L. 781-32, sa pension de retraite ne peut excéder un montant égal au produit du nombre d'années d'assurance dont il justifie dans ce régime par le rapport de la pension maximale mentionnée à l'alinéa précédent sur :

1° Pour les assurés nés avant le 1er janvier 1949, la durée mentionnée au 1° de l'article L. 781-32 ;

2° Pour les assurés nés après le 31 décembre 1948, le quart de la durée d'assurance prévue au troisième alinéa de l'article L. 351-1 du code de la sécurité sociale.

Art. D. 781-60 Pour l'application du deuxième alinéa de l'article L. 781-31, sont prises en compte comme périodes d'interruption de l'activité professionnelle dues à une maladie ou une infirmité graves :

1° Le trimestre civil au cours duquel se situe le soixantième jour d'hospitalisation de l'assuré, un trimestre étant également décompté pour chaque nouvelle période d'hospitalisation de soixante jours ;

2° Le trimestre civil au cours duquel l'assuré a bénéficié, au titre de l'article L. 781-21, du soixantième jour d'indemnisation, un trimestre étant également décompté pour chaque nouvelle période d'indemnisation de soixante jours ;

3° Le trimestre civil comportant une échéance du paiement de la pension d'invalidité prévue à l'article L. 732-8 ;

4° Le trimestre civil au cours duquel l'assuré a bénéficié, au titre de l'article L. 752-5, du soixantième jour d'indemnisation, un trimestre étant également décompté pour chaque nouvelle période d'indemnisation de soixante jours ;

5° Le trimestre civil comportant une échéance du paiement de la rente personnelle d'accident du travail ou de maladie professionnelle prévue à l'article L. 752-6 pour une incapacité permanente au moins égale à 66 % ;

6° Le trimestre civil comportant une échéance du paiement de la pension d'invalidité versée aux personnes mentionnées au 6° de l'article L. 722-10.

L'application des dispositions du présent article ne peut avoir pour effet de porter à un chiffre supérieur à quatre le nombre de trimestres d'assurance valable au titre d'une même année civile.

§ 2 Retraite forfaitaire

Art. R. 781-61 Le montant de la pension de retraite forfaitaire mentionné au 1° de l'article L. 781-32 est déterminé selon les modalités fixées aux I et II de l'article R. 732-61.

Pour l'application de ces dispositions en Guadeloupe, en Guyane, en Martinique, à La Réunion, à Mayotte, à Saint-Barthélemy et à Saint-Martin, la référence à la durée minimale d'assurance ou de périodes reconnues équivalentes mentionnée à l'article L. 732-25 est remplacée par la référence à la durée minimale d'assurance ou de périodes reconnues équivalentes mentionnée à l'article L. 781-33 et la référence à la durée minimale d'activité agricole non salariée mentionnée au 1° de l'article L. 732-24 est remplacée par la référence à la durée minimale d'activité agricole non salariée mentionnée au 1° de l'article L. 781-32.

Art. R. 781-62 Pour l'application de l'article L. 781-32, est considéré comme exerçant une activité agricole à titre exclusif ou principal le chef d'exploitation ou d'entreprise agricole qui bénéficie au titre de cette activité de l'assurance maladie des exploitants agricoles.

Acquièrent également des droits à la retraite forfaitaire les personnes mentionnées aux articles L. 381-19 et suivants du code de la sécurité sociale qui exercent à titre exclusif ou principal une activité non salariée agricole.

Art. R. 781-63 Sont comptées comme périodes d'activité agricole non salariée, pour la détermination du montant de la pension de retraite forfaitaire :

1° Les périodes d'activité exercées dans une exploitation agricole ou assimilée :

a) Qui auraient donné lieu à cotisation avant le 1er janvier 1964 si les dispositions du décret n° 64-906 du 28 août 1964, relatif à l'application du chapitre IV-1 du titre II du livre VII du code rural portant extension de l'assurance vieillesse aux départements d'outre-mer avaient été applicables avant cette date ;

b) Postérieurement au 1er janvier 1964, si elles ont donné lieu au paiement des cotisations d'assurance vieillesse des personnes non salariées des professions agricoles prévues à l'article L. 781-36 ;

2° Les périodes prises en considération au titre de l'assurance volontaire pour les personnes mentionnées à l'article L. 732-52 et les périodes d'interruption d'activité prises en considération en application du second alinéa de l'article L. 781-31 et du 2 de l'article 18 du décret n° 98-312 du 23 avril 1998 relatif à la mise en œuvre d'une mesure de préretraite dans les départements d'outre-mer.

Art. R. 781-64 L'application des dispositions de l'article R. 781-63 ne peut aboutir, pour une même année, à la prise en compte d'une durée supérieure à un an pour le calcul de la retraite forfaitaire.

Art. R. 781-65 Les personnes mentionnées à l'article L. 732-28, qui ont exercé une activité non salariée agricole antérieurement au 1er juillet 1981, bénéficient, en plus de la retraite proportionnelle, d'une retraite forfaitaire calculée dans les conditions prévues à l'article R. 781-61.

§ 3 Retraite proportionnelle

Art. R. 781-66 Lorsque l'assuré justifie de la durée minimale d'assurance ou de périodes reconnues équivalentes tous régimes de base obligatoires confondus mentionnée à l'article L. 781-33 et définie à l'article R. 781-56, le montant de la retraite proportionnelle est égal au produit du nombre total de points acquis par l'assuré au titre de l'assurance vieillesse des non-salariés des professions agricoles par la valeur du point de retraite proportionnelle auquel est appliqué le rapport de trente-sept et demi sur :

1° Pour les assurés nés avant le 1er janvier 1949, la durée minimale mentionnée au 1° de l'article L. 781-32 ;

2° Pour les assurés nés après le 31 décembre 1948, le quart de la durée d'assurance prévue au troisième alinéa de l'article L. 351-1 du code de la sécurité sociale.

Lorsque l'assuré ne justifie pas de la durée minimale d'assurance ou de périodes reconnues équivalentes tous régimes obligatoires de base confondus mentionnée au premier alinéa, le montant de la retraite proportionnelle est égal au montant défini au premier alinéa du présent article auquel est appliquée la minoration définie au deuxième alinéa de l'article R. 732-61. Pour l'application de cette définition en Guadeloupe, en Guyane, en Martinique, à La Réunion, à Mayotte, à Saint-Barthélemy et à Saint-Martin, la référence à la durée minimale d'assurance ou de périodes reconnues équivalentes mentionnée à l'article L. 732-25 est remplacée par la référence à la durée minimale d'assurance ou de périodes reconnues équivalentes mentionnée à l'article L. 781-33.

Art. R. 781-67 La valeur du point est déterminée conformément aux dispositions des articles D. 732-67 et R. 732-68.

Art. R. 781-68 Pour le calcul de la retraite proportionnelle, le nombre de points acquis chaque année par les intéressés en fonction des cotisations versées en application du second alinéa de l'article L. 781-36 est déterminé suivant le barème figurant à l'annexe IV du présent livre.

Toutefois, pour l'application du I de l'article 18 de la loi n° 80-502 du 4 juillet 1980 d'orientation agricole, le nombre de points sur la base duquel sont calculées les retraites proportionnelles peut être majoré par décret.

Art. D. 781-69 Les périodes définies et retenues dans les conditions prévues à l'article D. 781-60 ouvrent droit, sans contrepartie de cotisations, à l'attribution d'un nombre forfaitaire de points de retraite proportionnelle. Ce nombre de points est égal au quart du nombre minimal de points qui aurait pu être acquis annuellement par cotisations par l'assuré compte tenu de son statut et des dispositions alors applicables.

L'application du présent article ne peut conduire, au titre d'une même année civile, à ajouter des points de retraite proportionnelle acquis sans contrepartie de cotisations à des points acquis par cotisations.

§ 4 Pension de réversion

Art. R. 781-70 Les avantages de vieillesse dus par le régime d'assurance vieillesse des personnes non salariées de l'agriculture aux assurés et aux conjoints survivants d'assurés qui ont été affiliés successivement ou simultanément à ce régime et à un ou plusieurs autres régimes obligatoires de retraite sont déterminés sur la base des seules périodes d'activité ou assimilées valables au regard du régime agricole.

Les organismes du régime agricole sont tenus de faire connaître aux organismes des autres régimes de retraite dont l'assuré a relevé la date à laquelle ils ont reçu la demande de liquidation présentée par celui-ci ou par son conjoint survivant, dès réception de cette demande.

Ils sont également tenus de faire connaître aux régimes concernés, après liquidation des avantages de vieillesse dont la charge leur incombe, la date d'effet, le montant et les éléments de calcul de ces avantages, notamment les périodes prises en compte pour le calcul de ces avantages.

SOUS-SECTION 2 Financement

Art. D. 781-71 Les titulaires soit d'une allocation, pension ou rente de vieillesse, soit d'une retraite, âgés d'au moins soixante ans, ainsi que leurs conjoints, ne sont pas redevables de la cotisation prévue au premier alinéa de l'article L. 781-36.

Art. D. 781-72 La Caisse centrale de la mutualité sociale agricole est chargée de mettre à la disposition des caisses générales de sécurité sociale les fonds nécessaires au règlement des prestations légales d'assurance vieillesse agricole.

A cet effet, les caisses générales adressent chaque mois à la Caisse centrale de la mutualité sociale agricole un état, conforme au modèle arrêté par le ministre chargé de la sécurité sociale, et faisant apparaître la situation de la section d'assurance vieillesse agricole et les prévisions de recettes et de dépenses.

Art. D. 781-73 La cotisation prévue au premier alinéa de l'article L. 781-36 est calculée en fonction de la surface pondérée des exploitations.

Le montant de cette cotisation est fixé chaque année par arrêté des ministres chargés de l'agriculture, de la sécurité sociale, du budget et de l'outre-mer. — *V. Arr. du 26 oct. 2023 relatif au financement du régime de protection sociale des travailleurs indépendants agricoles en Guadeloupe, en Guyane, à la Martinique, à la Réunion, à Mayotte, à Saint-Barthélemy et à Saint-Martin pour l'année 2023, art. 4 (JO 31 oct.).*

Le montant de la cotisation est revalorisé annuellement en fonction de l'évolution du SMIC à partir du montant de la cotisation applicable au cours de l'année précédente. La valeur du SMIC en fonction de laquelle le montant de la cotisation est revalorisé est celle fixée au 1er janvier de l'année au titre de laquelle les cotisations sont dues.

Le montant de cette cotisation est arrondi au centième d'euro le plus proche.

Art. D. 781-74 La cotisation prévue au deuxième alinéa de l'article L. 781-36 au titre du chef d'exploitation est calculée en fonction de la surface pondérée des exploitations.

Le montant de cette cotisation est fixé chaque année par arrêté des ministres chargés de l'agriculture, de la sécurité sociale, du budget et de l'outre-mer. — *V. Arr. du 26 oct. 2023 relatif au financement du régime de protection sociale des travailleurs indépendants agricoles en Guadeloupe, en Guyane, à la Martinique, à la Réunion, à Mayotte, à Saint-Barthélemy et à Saint-Martin pour l'année 2023, art. 5 (JO 31 oct.).*

Le montant de la cotisation est revalorisé annuellement en fonction de l'évolution du SMIC à partir du montant de la cotisation applicable au cours de l'année précédente. La valeur du SMIC en fonction de laquelle le montant de la cotisation est revalorisé est celle fixée au 1er janvier de l'année au titre de laquelle les cotisations sont dues.

Le montant de cette cotisation est arrondi au centième d'euro le plus proche.

Art. D. 781-75 La cotisation prévue au deuxième alinéa de l'article L. 781-36 au titre de l'aide familial au sens du 2° de l'article L. 722-10 est égale à la cotisation due à l'article D. 781-74 pour 12 hectares pondérés.

Art. D. 781-76 La cotisation prévue au deuxième alinéa de l'article L. 781-36 au titre du collaborateur d'exploitation au sens de l'article L. 321-5 est égale à la cotisation due à l'article D. 781-74 pour 12 hectares pondérés.

SOUS-SECTION 3 Gestion de la branche

Art. D. 781-77 Au sein de chacune des caisses générales de sécurité sociale de Guadeloupe, de Guyane, de Martinique et de La Réunion, une section "assurance vieillesse agricole" est chargée d'assurer la gestion de l'assurance vieillesse agricole.

Cette section est chargée, notamment, de l'immatriculation des assujettis, du recouvrement des cotisations, de la liquidation et du paiement des allocations ou retraites.

Art. D. 781-78 Pour la section mentionnée à l'article D. 781-77, les attributions du conseil d'administration de chaque caisse générale de sécurité sociale sont confiées au comité prévu à l'article D. 781-51.

Art. D. 781-79 La composition et le fonctionnement du comité de gestion mentionné à l'article D. 781-78 sont déterminés par arrêté du ministre chargé de la sécurité sociale et du ministre chargé de l'agriculture.

Art. D. 781-80 La comptabilité des caisses générales de sécurité sociale fait apparaître de manière distincte les opérations relatives aux recettes et dépenses de la section "assurance vieillesse agricole".

SECTION 8 Assurance vieillesse complémentaire obligatoire

Art. D. 781-81 Les personnes mentionnées au 1° du II de l'article L. 732-56 bénéficient du régime d'assurance vieillesse complémentaire obligatoire à condition de justifier, à la date d'effet de leur pension de retraite de base mentionnée à l'article L. 781-32, de trente-deux années et demie d'activité en qualité de non-salarié agricole et de dix-sept années et demie d'assurance en qualité de chef d'exploitation ou d'entreprise agricole à titre exclusif ou principal.

Pour apprécier la durée minimale d'activité non salariée agricole mentionnée au 1° du II de l'article L. 732-56, sont prises en considération les années qui ont donné lieu soit à versement des cotisations ouvrant droit à la retraite forfaitaire mentionnée à l'article L. 781-32, soit à validation au titre des périodes assimilées pour l'obtention de cette même retraite.

La durée reconstituée d'assurance en qualité de chef d'exploitation ou d'entreprise agricole à titre exclusif ou principal est déterminée en divisant par seize le nombre de points de retraite proportionnelle inscrits, avant application au compte de l'assuré, le cas échéant, des dispositions des articles D. 732-109 à D. 732-140 dans leur rédaction antérieure au 1er janvier 2009. Lorsque l'intéressé a exercé une partie de sa carrière simultanément en qualité de chef d'exploitation ou d'entreprise agricole à titre secondaire et de salarié à titre principal, une minoration forfaitaire de quinze points est appliquée pour chaque année qui n'a pas donné lieu à versement des cotisations ouvrant droit à la retraite forfaitaire ou à validation au titre de périodes assimilées pour l'obtention de cette même retraite. Lorsque au terme de cette reconstitution l'intéressé totalise un nombre d'annuités de chef d'exploitation ou d'entreprise agricole supérieur à sa durée de carrière non salariée agricole telle que définie au deuxième alinéa, ce nombre est ramené à la durée de carrière de non-salarié agricole dans la limite de trente-sept années et demie.

Art. D. 781-82 Les personnes mentionnées au 2° du II de l'article L. 732-56 bénéficient du régime d'assurance vieillesse complémentaire obligatoire pour les non-salariés agricoles à condition de justifier, à la date d'effet de leur pension de retraite de base mentionnée à l'article L. 781-32, d'une durée d'assurance de dix-sept années et demie effectuées en qualité de chef d'exploitation ou d'entreprise agricole à titre exclusif ou principal.

Pour apprécier la durée d'assurance en qualité de chef d'exploitation ou d'entreprise agricole mentionnée au 2° du II de l'article L. 732-56, sont prises en considération les années effectuées en qualité de chef d'exploitation ou d'entreprise agricole à titre exclusif ou principal qui ont donné lieu soit à versement des cotisations ouvrant droit à la retraite forfaitaire mentionnée au 1° de l'article L. 781-32, soit à validation au titre des périodes assimilées pour l'obtention de cette même retraite.

Art. D. 781-83 Les dispositions de l'article D. 732-151-1 sont applicables *(Décr. nº 2016-781 du 10 juin 2016, art. 15-II, en vigueur le 1er janv. 2019)* « en Guadeloupe, en Guyane, à la Martinique, à La Réunion, à Mayotte, à Saint-Barthélemy et à Saint-Martin ».

Art. D. 781-84 Cotisent au régime de retraite complémentaire obligatoire pour les non-salariés agricoles les personnes :

1° Occupées au 1er janvier 2003, ou postérieurement à cette date, mettant en valeur, en qualité de chef d'exploitation ou d'entreprise agricole, une exploitation répondant aux conditions fixées à l'article L. 781-9 ;

2° Mentionnées aux deuxième à sixième alinéas du I de l'article L. 732-56 ;

3° Mentionnées au IV de l'article L. 732-56.

Pour les personnes mentionnées au 3°, la cotisation est due par le chef d'exploitation ou d'entreprise agricole.

Art. D. 781-85 Les dispositions de l'article D. 732-152 sont applicables *(Décr. nº 2016-781 du 10 juin 2016, art. 15-II, en vigueur le 1er janv. 2019)* « en Guadeloupe, en Guyane, à la Martinique, à La Réunion, à Mayotte, à Saint-Barthélemy et à Saint-Martin ».

Art. D. 781-86 La Caisse centrale de la mutualité sociale agricole et les caisses générales de sécurité sociale établissent pour chaque assuré du régime de retraite complémentaire obligatoire un compte personnel de retraite complémentaire obligatoire.

Art. D. 781-87 Les modalités d'attribution de points de retraite complémentaire sans contrepartie de cotisation, définies à l'article D. 732-154 sont applicables aux chefs d'exploitation ou d'entreprise agricole mentionnés à l'article L. 781-32.

Art. D. 781-88 Les modalités d'attribution de points de retraite complémentaire sans contrepartie de cotisations définies aux articles D. 732-154-1 à D. 732-154-3 sont applicables *(Décr. n° 2016-781 du 10 juin 2016, art. 15-II, en vigueur le 1er janv. 2019)* « en Guadeloupe, en Guyane, à la Martinique, à La Réunion, à Mayotte, à Saint-Barthélemy et à Saint-Martin ».

Art. D. 781-89 L'assiette forfaitaire mentionnée à l'article L. 781-38 est fixée à 1 820 fois le montant du salaire minimum de croissance en vigueur au 1er janvier de l'année considérée pour les personnes mentionnées au 1° et 2° de l'article D. 781-84 et à 1 200 fois le montant du salaire minimum de croissance en vigueur au 1er janvier de l'année considérée pour les personnes mentionnées au 3° de ce même article.

Art. D. 781-90 *(Décr. n° 2017-1184 du 20 juill. 2017, art. 1er-1°)* « I. — Le nombre annuel de points de retraite complémentaire obligatoire porté au compte de l'assuré mentionné au 1° de l'article D. 781-84 est ainsi déterminé :

« 1° Lorsque la superficie réelle pondérée de l'exploitation est comprise entre 2 et 14 hectares pondérés, le nombre annuel de points de retraite complémentaire obligatoire est calculé selon la formule suivante :

« $P = A \times HP/7$

« Où :

« P est le nombre de points portés au compte de l'assuré pour l'année considérée ;

« A est égal à 50 pour les périodes postérieures au 31 décembre 2002 et antérieures au 1er janvier 2017, à 58,5 pour l'année 2017 et à 66,5 à compter de l'année 2018 ;

« HP est la superficie réelle pondérée de l'exploitation exprimée en hectares pondérés ;

« 2° Lorsque la superficie réelle pondérée de l'exploitation est comprise entre 14,01 et 40 hectares pondérés, le nombre annuel de points de retraite complémentaire obligatoire est égal à 100 par an pour les périodes postérieures au 31 décembre 2002 et antérieures au 1er janvier 2017, à 117 par an pour l'année 2017 et à 133 par an à compter de l'année 2018 ;

« 3° Lorsque la superficie réelle pondérée de l'exploitation est supérieure à 40 hectares pondérés, le nombre annuel de points de retraite complémentaire obligatoire est calculé selon la formule suivante :

« $P = B + C \times (HP - 40)$

« Où :

« P est le nombre de points portés au compte de l'assuré pour l'année considérée ;

« B est égal à 100 pour les périodes postérieures au 31 décembre 2002 et antérieures au 1er janvier 2017, à 117 pour l'année 2017 et à 133 à compter de l'année 2018 ;

« C est égal à 2,5 pour les périodes postérieures au 31 décembre 2002 et antérieures au 1er janvier 2017, à 2,9 pour l'année 2017 et à 3,3 à compter de l'année 2018 ;

« HP est la superficie réelle pondérée de l'exploitation exprimée en hectares pondérés.

« II. — Le nombre annuel de points de retraite complémentaire obligatoire porté au compte de l'assuré mentionné au 3° de l'article D. 781-84 est ainsi déterminé :

« 1° Lorsque la superficie réelle pondérée de l'exploitation est comprise entre 2 et 14 hectares pondérés, le nombre annuel de points de retraite complémentaire obligatoire est calculé selon la formule suivante :

« $P = D \times HP/7$

« Où :

« P est le nombre de points portés au compte de l'assuré pour l'année considérée ;

« D est égal à 33 pour les périodes postérieures au 31 décembre 2010 et antérieures au 1er janvier 2017, à 38,5 pour l'année 2017 et à 44 à compter de l'année 2018 ;

« HP est la superficie réelle pondérée de l'exploitation exprimée en hectares pondérés ;

« 2° Lorsque la superficie réelle pondérée de l'exploitation est supérieure à 14 hectares pondérés, le nombre annuel de points de retraite complémentaire obligatoire est égal à 66 par an pour les périodes postérieures au 31 décembre 2010 et antérieures au 1er janvier 2017, à 77 par an pour l'année 2017 et à 88 par an à compter de l'année 2018. »

III. – Le nombre annuel de points est porté au compte de l'intéressé, lorsque la cotisation de l'année considérée mentionnée à l'article D. 781-102 est acquittée dans sa totalité, après application, le cas échéant, des dispositions de l'article L. 781-41.

Art. D. 781-91 *(Décr. n° 2017-1184 du 20 juill. 2017, art. 1er-2°)* « Le nombre annuel de points de retraite complémentaire obligatoire porté au compte de l'assuré mentionné au 2° de l'article D. 781-84 est égal à 100/7 pour les périodes postérieures au 31 décembre 2002 et antérieures au 1er janvier 2017, à 117/7 pour l'année 2017 et à 133/7 à compter de l'année 2018. »

Le nombre annuel de points est porté au compte de l'intéressé, lorsque la cotisation de l'année considérée mentionnée à l'article D. 781-102 est acquittée dans sa totalité, après application, le cas échéant, des dispositions de l'article L. 781-41.

Art. D. 781-92 Les caisses générales de sécurité sociale transmettent annuellement à chaque assuré un relevé du nombre de points de retraite complémentaire obligatoire acquis par l'assuré au 31 décembre de l'année écoulée au titre de ladite année et du nombre total de points acquis par l'assuré à la même date au titre du régime de retraite complémentaire obligatoire.

Art. D. 781-93 La liquidation et le service de la pension de retraite complémentaire sont subordonnés à la liquidation et au service de la pension de retraite de base mentionnée à l'article L. 781-41.

Pour les personnes mentionnées à l'article D. 781-84, au deuxième alinéa de l'article D. 732-154 et au deuxième alinéa de l'article D. 732-154-1, la demande de liquidation de la pension de retraite de base est, sauf demande contraire expresse de l'assuré formulée dans un délai maximal de quinze jours après la date d'envoi de l'accusé de réception de ladite demande, réputée valoir également demande de liquidation de la pension de retraite complémentaire obligatoire servie à titre personnel. La date d'effet de la pension de retraite complémentaire est fixée au même jour que la date d'effet de la pension de retraite de base.

Lorsque, à la demande expresse de l'assuré, la demande de liquidation de la pension de retraite de base n'est pas réputée valoir également demande de liquidation de la pension de retraite complémentaire obligatoire, la date d'effet de la pension de retraite complémentaire obligatoire est par dérogation à l'alinéa précédent fixée au premier jour du mois suivant celui au cours duquel l'assuré demande la liquidation de sa retraite complémentaire obligatoire.

Pour les personnes mentionnées aux 1° et 2° de l'article D. 781-84 et au deuxième alinéa de l'article D. 732-154, sont seules prises en considération au titre des années postérieures à 2002, pour le calcul de la pension de la retraite complémentaire obligatoire, les cotisations qui ont été acquittées avant la date de leur prescription.

Les dispositions des articles L. 732-39 et L. 732-40 sont applicables à la pension de retraite complémentaire obligatoire.

Les dispositions des septième à dixième et dernier alinéas de l'article D. 732-157 sont applicables *(Décr. n° 2016-781 du 10 juin 2016, art. 15-II, en vigueur le 1er janv. 2019)* « en Guadeloupe, en Guyane, à la Martinique, à La Réunion, à Mayotte, à Saint-Barthélemy et à Saint-Martin ».

La décision d'attribution ou de rejet de la pension de retraite complémentaire obligatoire est notifiée à l'assuré en même temps que la décision d'attribution ou de rejet de sa pension de retraite de base.

Art. D. 781-94 Les caisses générales de sécurité sociale servent les prestations dues en application de l'article L. 781-37.

Art. D. 781-95 La valeur de service du point de retraite complémentaire obligatoire est fixée par l'arrêté mentionné à l'article L. 732-60-1 ou, à défaut, par le décret mentionné au dernier alinéa du même article.

Art. D. 781-96 Les dispositions du premier alinéa de l'article D. 732-159 s'appliquent en Guadeloupe, en Guyane, en Martinique, à La Réunion, à Mayotte, à Saint-Barthélemy et à Saint-Martin.

La Caisse centrale de la mutualité sociale agricole centralise les cotisations dues au titre du régime de retraite complémentaire obligatoire encaissées par les caisses générales de sécurité sociale selon des modalités identiques à celles applicables pour les cotisations du régime de base d'assurance vieillesse des non-salariés agricoles.

La Caisse centrale de la mutualité sociale agricole procède, à l'échéance des prestations, en fonction des états mensuels de prévisions de dépenses effectuées par les caisses générales de sécurité sociale et compte tenu du solde des avances précédentes, au versement des avances nécessaires au financement des prestations à chaque caisse générale de sécurité sociale.

La Caisse centrale de la mutualité sociale agricole alloue aux caisses générales de sécurité sociale une dotation pour frais de gestion de la retraite complémentaire obligatoire versée par douzièmes. Cette dotation est déterminée par le conseil central d'administration de la Mutualité sociale agricole en accord avec les caisses générales de sécurité sociale.

Art. D. 781-97 Les dispositions fixées aux premier, troisième, quatrième et cinquième alinéas de l'article D. 732-160 s'appliquent à la retraite complémentaire obligatoire en Guadeloupe, en Guyane, en Martinique, à La Réunion, à Mayotte, à Saint-Barthélemy et à Saint-Martin.

Lorsque au terme d'un exercice les avances et dotations attribuées à une caisse générale de sécurité sociale ne lui permettent pas d'assurer la couverture du financement des prestations, l'équilibre financier doit être maintenu ou rétabli par un prélèvement sur le fonds de réserve.

Art. D. 781-98 Les opérations relatives au présent régime doivent faire l'objet, dans les caisses générales de sécurité sociale, d'une comptabilité spéciale établie conformément au plan comptable unique des organismes de sécurité sociale. Les pièces justificatives et les dossiers de liquidation des pensions doivent être conservés en observant les règles applicables au régime de retraite de base des exploitants agricoles.

Art. D. 781-99 Les prestations indûment versées constituent une charge de gestion pour la caisse générale de sécurité sociale dans les mêmes conditions que celles applicables au régime de retraite de base des exploitants agricoles.

Art. D. 781-100 Les comptes annuels relatifs aux opérations du régime en Guadeloupe, en Guyane, en Martinique, à La Réunion, à Mayotte, à Saint-Barthélemy et à Saint-Martin établis par les caisses générales de sécurité sociale sont communiqués à la Caisse centrale de la mutualité sociale agricole en vue de l'établissement des comptes annuels mentionnés à l'article D. 732-163.

Art. D. 781-101 Les caisses générales de sécurité sociale sont soumises, pour les opérations du régime et sans préjudice de tous autres contrôles régulièrement institués, au contrôle du ministre chargé de la sécurité sociale.

Le contrôle de la Cour des comptes s'exerce dans les conditions prévues par le chapitre IV du titre III du livre I du code des juridictions financières.

Art. D. 781-102 *(Décr. nº 2016-2010 du 30 déc. 2016, art. 1er)* Le taux de la cotisation mentionnée à l'article L. 781-38 est fixé selon les modalités suivantes :

1º Pour les affiliés mentionnés au 1º de l'article D. 781-84 :

a) Lorsque la superficie réelle pondérée de l'exploitation est comprise entre 2 et 14 hectares, le taux de la cotisation est égal *(Décr. nº 2019-1573 du 30 déc. 2019, art. 1er)* « à compter de l'année 2019 à 0,565 6 % de l'assiette forfaitaire fixée à l'article D. 781-89, majoré à compter de l'année 2019 » de 0,2829 point par hectare au-delà de 2 hectares pondérés ;

b) Lorsque la superficie réelle pondérée de l'exploitation est supérieure à 14 hectares et inférieure ou égale à 40 hectares, le taux de la cotisation est égal *(Décr. nº 2019-*

1573 du 30 déc. 2019, art. 1er) « à compter de l'année 2019 » à 4,00 % de l'assiette forfaitaire fixée à l'article D. 781-89 ;

c) Lorsque la superficie réelle pondérée de l'exploitation est supérieure à 40 hectares, le taux de la cotisation est égal *(Décr. nº 2019-1573 du 30 déc. 2019, art. 1er)* « à compter de l'année 2019 à 4,00 % de l'assiette forfaitaire fixée à l'article D. 781-89 majoré à compter de l'année 2019 » de 0,0990 point par hectare au-delà de 40 hectares pondérés ;

2° Pour les affiliés mentionnés au 2° de l'article D. 781-84, le taux de la cotisation est égal *(Décr. nº 2019-1573 du 30 déc. 2019, art. 1er)* « à compter de l'année 2019 » à 0,565 6 % de l'assiette forfaitaire fixée à l'article D. 781-89 ;

3° Pour les affiliés mentionnés au 3° de l'article D. 781-84 :

a) Lorsque la superficie réelle pondérée de l'exploitation est comprise entre 2 et 14 hectares, le taux de la cotisation est égal *(Décr. nº 2019-1573 du 30 déc. 2019, art. 1er)* « à compter de l'année 2019 » à 0,565 6 % de l'assiette forfaitaire fixée à 1 200 fois le montant du salaire minimum de croissance en vigueur au 1er janvier de l'année considérée par l'article D. 781-89, majoré *(Décr. nº 2019-1573 du 30 déc. 2019, art. 1er)* « à compter de l'année 2019 » de 0,2829 point par hectare au-delà de 2 hectares pondérés ;

b) Lorsque la superficie réelle pondérée de l'exploitation est supérieure à 14 hectares, le taux de la cotisation est égal *(Décr. nº 2019-1573 du 30 déc. 2019, art. 1er)* « à compter de l'année 2019 » à 4,00 % de l'assiette forfaitaire fixée à 1 200 fois le montant du salaire minimum de croissance en vigueur au 1er janvier de l'année considérée par l'article D. 781-89.

Art. D. 781-102-1 *(Décr. nº 2021-769 du 16 juin 2021, art. 2)* Peuvent bénéficier du complément différentiel de points de retraite complémentaire obligatoire prévu à l'article L. 732-63, selon les conditions prévues aux deux derniers alinéas de l'article L. 781-40, les personnes non salariées agricoles ayant mis en valeur, en qualité de chef d'exploitation ou d'entreprise agricole à titre exclusif ou principal, une exploitation répondant aux conditions fixées à l'article L. 781-9, en Guadeloupe, en Guyane, en Martinique, à La Réunion, à Mayotte, à Saint-Barthélemy et à Saint-Martin, dont la pension de retraite de base de droit propre prend effet :

1° Avant le 1er janvier 1997, à condition de justifier, à la date d'effet de leur pension de retraite de base, soit du droit à une pension à taux plein, soit de trente-deux années et demie d'assurance à titre exclusif ou principal dans le régime d'assurance vieillesse de base des personnes non salariées des professions agricoles ;

2° A compter du 1er janvier 1997, à condition de justifier, à la date d'effet de leur pension de retraite de base, du droit à une pension à taux plein.

La durée minimale d'assurance non salariée agricole mentionnée au 1° est appréciée en prenant en considération les années qui ont donné lieu soit à versement des cotisations ouvrant droit à la pension de retraite forfaitaire mentionnée au 1° de l'article L. 732-24 ou de l'article L. 781-32, soit à validation au titre des périodes assimilées pour l'obtention de cette même retraite.

Art. D. 781-102-2 *(Décr. nº 2021-769 du 16 juin 2021, art. 2)* Pour le calcul du complément différentiel mentionné à l'article L. 732-63, les périodes d'assurance accomplies en qualité de chef d'exploitation ou d'entreprise agricole à titre exclusif ou principal, pour la mise en valeur d'une exploitation répondant aux conditions fixées à l'article L. 781-9, en Guadeloupe, en Guyane, en Martinique, à La Réunion, à Mayotte, à Saint-Barthélemy et à Saint-Martin, sont majorées de 50 %.

L'application de cette majoration ne peut avoir pour effet de porter le nombre des périodes d'assurance accomplies en qualité de chef d'exploitation ou d'entreprise agricole à titre exclusif ou principal au-delà de la durée minimale d'assurance mentionnée au 1° de l'article L. 732-24 et définie au 1° de l'article R. 732-61, dans leur rédaction en vigueur à la date d'effet de la pension de retraite. Le total des périodes d'assurance est arrondi au trimestre inférieur.

SECTION 9 Accidents du travail et maladies professionnelles

Art. R. 781-103 Les prestations dues au titre des accidents du travail survenus et des maladies professionnelles constatées à compter du 1er avril 2002 sont régies par les dispositions de la présente section.

Les prestations dues au titre des accidents du travail survenus et des maladies professionnelles constatées antérieurement au 1er avril 2002 demeurent régies, en vertu du I de l'article 13 de la loi n° 2001-1128 du 30 novembre 2001 portant amélioration de la couverture des non-salariés agricoles contre les accidents du travail et les maladies professionnelles, par les dispositions des articles L. 752-3 à L. 752-17 et L. 752-22 à L. 752-32 dans leur rédaction antérieure à cette loi ainsi que les décrets pris pour leur application.

Ces dispositions sont applicables *(Décr. n° 2016-781 du 10 juin 2016, art. 15-II, en vigueur le 1er janv. 2019)* « en Guadeloupe, en Guyane, à la Martinique, à La Réunion, à Mayotte, à Saint-Barthélemy et à Saint-Martin ».

Art. R. 781-104 Pour l'application en Guadeloupe, en Guyane, à la Martinique, à La Réunion, à Mayotte, à Saint-Barthélemy et à Saint-Martin des dispositions du chapitre II du titre V du présent livre, est considérée comme exploitant agricole toute personne répondant aux conditions prévues à l'article L. 781-9.

Art. R. 781-105 Pour l'application de l'article L. 752-16 *(Décr. n° 2016-781 du 10 juin 2016, art. 15-II, en vigueur le 1er janv. 2019)* « en Guadeloupe, en Guyane, à la Martinique, à La Réunion, à Mayotte, à Saint-Barthélemy et à Saint-Martin », les cotisations dues par les exploitants agricoles mentionnés à l'article R. 781-104 varient en fonction de la superficie pondérée de l'exploitation évaluée conformément à l'article L. 781-9.

Ces cotisations sont modulées en fonction des taux de risque mentionnés à l'article L. 752-16.

Un arrêté du ministre chargé de l'agriculture fixe le montant de ces cotisations.

Art. R. 781-106 Le service du contrôle médical mentionné au 5° de l'article L. 221-1 du code de la sécurité sociale est assuré conformément aux dispositions du chapitre V du titre I du livre III du même code.

SECTION 10 Protection sociale des salariés agricoles

Art. R. 781-107 La protection sociale des salariés employés dans le secteur agricole est régie en Guadeloupe, en Guyane, en Martinique, à La Réunion, à Saint-Barthélemy et à Saint-Martin, par les dispositions du titre V du livre VII du code de la sécurité sociale (deuxième partie : Décrets en Conseil d'État et troisième partie : Décrets).

SECTION 11 Dispositions particulières à Mayotte

SOUS-SECTION 1 Protection sociale des non-salariés agricoles

Art. D. 781-108 Pour son application à Mayotte, les dispositions du présent chapitre sont ainsi adaptées :

1° Les mots : "caisse générale de sécurité sociale" ou "caisses générales de sécurité sociale" sont remplacés par les mots : "caisse de sécurité sociale mentionnée à l'article L. 781-44" ;

2° Les mots : "directeur de l'agriculture et de la forêt" sont remplacés par les mots : "directeur de l'alimentation, de l'agriculture et de la forêt" ;

(Décr. n° 2018-953 du 31 oct. 2018, art. 21) « 3° » Aux articles D. 781-27, D. 781-43, D. 781-46 à D. 781-48, D. 781-73 et D. 781-74, D. 781-89 et D. 781-102, pour la prise en compte du salaire minimum de croissance dans le calcul de la revalorisation de l'assiette ou du montant de diverses cotisations ou prestations, le salaire à prendre en considération est le salaire minimum de croissance applicable en métropole et dans les autres départements d'outre-mer ;

(Décr. n° 2018-953 du 31 oct. 2018, art. 21) « 4° » Les articles D. 781-2, R. 781-25, D. 781-26 et D. 781-28 à D. 781-31 ne sont pas applicables.

Art. R. 781-109 A Mayotte, le régime des prestations familiales des non-salariés agricoles est régi par les dispositions suivantes :

1° En matière de calcul de cotisations, par les modalités prévues aux articles D. 781-26 et D. 781-27 du présent code ainsi que, en matière de recouvrement, par les dispositions réglementaires relatives à la sécurité sociale dans les collectivités mentionnées à l'article L. 751-1 du code de la sécurité sociale ;

2° En matière de prestations, par les dispositions réglementaires prises pour l'application de l'ordonnance n° 2002-149 du 7 février 2002 relative à l'extension et à la généralisation des prestations familiales et à la protection sociale dans la collectivité départementale de Mayotte ;

3° En matière de contentieux, par les dispositions réglementaires du chapitre IV du titre IV du livre II du code de la sécurité sociale et par les articles R. 752-10 à R. 752-15 du même code ;

4° La section "prestations familiales des exploitants agricoles" de la caisse d'allocations familiales de La Réunion est compétente pour le service des prestations familiales aux non-salariés agricoles de Mayotte. La Caisse centrale de la mutualité sociale agricole est chargée de mettre à la disposition de cette caisse les fonds nécessaires au règlement des prestations légales de ce régime. Les cotisations sont calculées et recouvrées par la caisse de sécurité sociale de Mayotte.

SOUS-SECTION 2 Protection sociale des salariés agricoles

Art. R. 781-110 La protection sociale des salariés employés dans le secteur agricole est régie à Mayotte, par les dispositions réglementaires prises pour l'application des ordonnances n° 96-1122 du 20 décembre 1996 modifiée relative à l'amélioration de la santé publique, à l'assurance maladie, maternité, invalidité et décès, au financement de la sécurité sociale à Mayotte et à la caisse de sécurité sociale de Mayotte, n° 2002-149 du 7 février 2002 modifiée relative à l'extension et la généralisation des prestations familiales et à la protection sociale dans la collectivité départementale de Mayotte, n° 2002-411 du 27 mars 2002 modifiée relative à la protection sanitaire et sociale à Mayotte, n° 2006-1588 du 13 décembre 2006 modifiée relative au régime de prévention, de réparation et de tarification des accidents du travail et des maladies professionnelles à Mayotte et n° 2011-1923 du 22 décembre 2011 relative à l'évolution de la sécurité sociale à Mayotte dans le cadre de la départementalisation.

SOUS-SECTION 3 Réglementation du travail des salariés agricoles

Art. D. 781-111 Pour l'application à Mayotte du titre I du présent livre :

1° La référence à l'article L. 713-1 est remplacée par la référence à l'article L. 781-9 ;

2° Les mots : "directeur régional des entreprises, de la concurrence, de la consommation, du travail et de l'emploi" et "directeur départemental du travail, de l'emploi et de la formation professionnelle" sont remplacés par les mots : "au directeur des entreprises, de la concurrence, de la consommation, du travail et de l'emploi" ;

3° Les mots : "chambre régionale d'agriculture" ou "chambre départementale d'agriculture" sont remplacés par les mots : "chambre de l'agriculture, de la pêche et de l'aquaculture de Mayotte".

Art. D. 781-112 *Abrogé par Décr. n° 2018-953 du 31 oct. 2018, art. 21.*

Art. D. 781-113 Pour l'application à Mayotte, les dispositions du chapitre VIII du titre I du livre VII sont ainsi adaptées :

1° A l'article D. 718-6, après les mots : "et de la pêche maritime" sont insérés les mots : "dans sa rédaction issue de l'article L. 781-52" ;

2° Abrogé par Décr. n° 2018-953 du 31 oct. 2018, art. 21.

CHAPITRE II SAINT-PIERRE-ET-MIQUELON

Art. R. 782-1 A l'exception de celles du titre I, les dispositions du présent livre (partie réglementaire) ne sont pas applicables à Saint-Pierre-et-Miquelon.

CHAPITRE III WALLIS-ET-FUTUNA, POLYNÉSIE FRANÇAISE ET NOUVELLE-CALÉDONIE

Art. R. 783-1 Les dispositions du présent livre (partie réglementaire) ne sont pas applicables dans les îles Wallis-et-Futuna, en Polynésie française et en Nouvelle-Calédonie.

LIVRE VIII ENSEIGNEMENT, FORMATION PROFESSIONNELLE ET DÉVELOPPEMENT AGRICOLES – RECHERCHE AGRONOMIQUE

(Décr. n° 80-561 du 11 juill. 1980)

Art. D. 800-1 *(Décr. n° 2006-1154 du 15 sept. 2006)* Les projets communs mentionnés à l'article L. 800-1 comprennent, notamment, des projets de création d'unités mixtes technologiques et de réseaux mixtes technologiques, en partenariat entre les organismes ou établissements énumérés à cet article.

Art. D. 800-2 *(Décr. n° 2006-1154 du 15 sept. 2006)* Une unité mixte technologique est constituée entre au moins un institut technique qualifié au titre du chapitre III du titre II du livre VIII et un organisme de recherche publique ou un établissement d'enseignement supérieur afin de conduire en commun, sur un site géographique déterminé, un programme à vocation nationale de recherche et de développement. Ce programme s'inscrit dans les priorités scientifiques ou techniques des partenaires du projet et vise la production de connaissances scientifiques et la conception d'innovations technologiques ou socio-économiques d'intérêt général.

Sa durée est comprise entre trois et cinq ans. Elle peut être prorogée.

Art. D. 800-3 *(Décr. n° 2006-1154 du 15 sept. 2006)* Un réseau mixte technologique est constitué entre au moins trois instituts techniques qualifiés au titre du chapitre III du titre II du livre VIII ou chambres d'agriculture. Ce réseau mixte associe, en outre, au minimum un établissement d'enseignement technique agricole et un établissement d'enseignement supérieur ou un organisme de recherche publique. D'autres organismes de développement peuvent également participer à sa constitution.

Il a pour objet la mise en commun de ressources humaines ou matérielles par les membres du réseau pour la réalisation de travaux collaboratifs permettant d'apporter une valeur ajoutée à leurs productions propres.

Sa durée est de trois à cinq ans. Elle peut être prorogée.

Art. D. 800-4 *(Décr. n° 2006-1154 du 15 sept. 2006)* Un département technique d'un établissement public sous tutelle du ministre chargé de l'agriculture et doté d'un conseil scientifique peut être assimilé, par décision du ministre chargé de l'agriculture, à un institut technique qualifié au sens du chapitre III du titre II et participer en tant que tel à la constitution d'une unité technologique ou d'un réseau mixte technologique visés aux articles D. 800-2 et D. 800-3.

Art. D. 800-5 *(Décr. n° 2006-1154 du 15 sept. 2006)* Chaque projet d'unité mixte technologique ou de réseau mixte technologique fait l'objet d'une convention entre les organismes ou établissements participants.

Le ministre chargé de l'agriculture agrée ces projets communs après avoir vérifié la conformité de la convention visée à l'alinéa précédent à un cahier des charges, qu'il a approuvé par arrêté.

Le ministre se prononce après avoir recueilli l'avis des conseils scientifiques des structures nationales de coordination, mentionnées à l'article D. 823-3, ou du comité scientifique de *(Ord. n° 2022-583 du 20 avr. 2022, art. 1er)* « Chambres d'agriculture France », lorsque des instituts techniques coordonnés par ces structures ou des chambres d'agriculture sont respectivement concernées par le projet. L'état d'avancement et les produits de ces projets communs font l'objet d'un compte rendu annuel, qui est adressé au ministre chargé de l'agriculture.

Art. R. 800-6 *(Décr. n° 2017-1411 du 27 sept. 2017, art. 2-67°)* Le silence gardé pendant une durée de six mois par le ministre chargé de l'agriculture sur une demande d'agrément des unités mixtes technologiques et des réseaux mixtes technologiques prévus par l'article D. 800-1, mentionnée à l'article D. 800-5, vaut décision d'acceptation.

TITRE I ENSEIGNEMENT ET FORMATION PROFESSIONNELLE AGRICOLES

(Décr. n° 96-405 du 26 avr. 1996)

V. aussi Arr. du 15 juill. 2015 relatif à la création de l'Observatoire de l'enseignement technique agricole (JO 29 juill.).

Art. R. 810-1 *(Décr. n° 2011-191 du 17 févr. 2011, art. 1er)* Pour l'application à l'enseignement agricole des dispositions du code de l'éducation dans les conditions prévues par l'article L. 810-1 du présent code, les mots et expressions : "recteur", "inspecteur d'académie", *(Décr. n° 2012-16 du 5 janv. 2012, art. 7-I)* « "directeur académique des services de l'éducation nationale agissant sur délégation du recteur d'académie" » et "autorité académique" désignent le directeur régional de l'alimentation, de l'agriculture et de la forêt, et, *(Décr. n° 2016-781 du 10 juin 2016, art. 9-1°, en vigueur le 1er juill. 2016)* « en Guadeloupe, en Guyane, en Martinique, à La Réunion et à Mayotte, le directeur de l'alimentation, de l'agriculture et de la forêt ».

Toutefois, pour l'application à l'enseignement agricole des dispositions des articles L. 241-4, L. 444-5, L. 912-1-2, *(Décr. n° 2018-407 du 29 mai 2018, art. 12)* « L. 914-3 », R. 232-38, R. 232-41 et R. 232-43 du code de l'éducation, et par dérogation à l'alinéa précédent, le mot : "recteur" désigne le ministre chargé de l'agriculture. *(Décr. n° 2021-1519 du 23 nov. 2021, art. 4)* « De même, par dérogation à l'alinéa précédent, les mots : "recteur de région académique" désignent le ministre chargé de l'agriculture pour l'application aux établissements d'enseignement supérieur agricole privés sous contrat, mentionnés à l'article L. 813-10, des articles L. 731-2, L. 731-3, L. 731-4, L. 731-17 et R. 913-15 à R. 913-27 du code de l'éducation. »

Art. D. 810-2 *(Décr. n° 2015-457 du 21 avr. 2015, art. 1er)* Le médiateur de l'enseignement agricole technique et supérieur est nommé pour trois ans par arrêté du ministre chargé de l'agriculture.

Il reçoit les réclamations individuelles concernant le fonctionnement du service public de l'enseignement agricole dans ses relations avec les usagers et les agents des établissements d'enseignement agricole technique et supérieur.

Pour l'examen des réclamations qui lui sont adressées, il peut faire appel en tant que de besoin aux services du ministère chargé de l'agriculture.

Il est le correspondant du Défenseur des droits pour les questions mentionnées au deuxième alinéa.

Chaque année, il remet au ministre chargé de l'agriculture un rapport dans lequel il formule les propositions qui lui paraissent de nature à améliorer le fonctionnement du service public de l'enseignement agricole.

(Décr. n° 2023-949 du 13 oct. 2023, art. 1er) « Le médiateur de l'enseignement agricole technique et supérieur peut se faire assister par un médiateur délégué, nommé pour trois ans par arrêté du ministre chargé de l'agriculture. »

Art. D. 810-3 *(Décr. n° 2015-457 du 21 avr. 2015, art. 1er)* Seules les réclamations des usagers ou des agents ayant été précédées de démarches auprès des services et établissements concernés sont examinées par le médiateur.

L'auteur de la réclamation joint toutes les pièces utiles, et notamment la copie de la décision ou du courrier qu'il conteste ou, à défaut, un descriptif des faits à l'origine de sa réclamation ainsi que la réponse aux démarches effectuées auprès des services et établissements concernés, ou la preuve de leur accomplissement.

Le médiateur dispose d'un délai de trois mois pour formuler ses observations à compter de la réception de la réclamation.

Art. D. 810-4 *(Décr. n° 2015-457 du 21 avr. 2015, art. 1er)* Lorsque la réclamation lui paraît fondée, le médiateur de l'enseignement agricole technique et supérieur adresse ses recommandations ou propositions au service ou à l'établissement concerné.

Ceux-ci l'informent des suites qui leur sont données.

Lorsque les réclamations ne relèvent pas de sa compétence ou ne lui paraissent pas fondées, le médiateur de l'enseignement agricole technique et supérieur en informe le demandeur.

Art. D. 810-5 *(Décr. nº 2015-457 du 21 avr. 2015, art. 1er)* Le ministre chargé de l'agriculture peut confier au médiateur de l'enseignement agricole technique et supérieur toute mission de médiation, le cas échéant à titre préventif.

Celui-ci lui rend compte de sa mission et lui propose des solutions.

CHAPITRE I DISPOSITIONS RELATIVES À L'ENSEIGNEMENT ET À LA FORMATION PROFESSIONNELLE PUBLICS AUX MÉTIERS DE L'AGRICULTURE, DE LA FORÊT, DE LA NATURE ET DES TERRITOIRES *(Décr. nº 2011-191 du 17 févr. 2011, art. 1er).*

SECTION 1 Dispositions générales

Art. R. 811-1 L'enseignement et la *(Décr. nº 2011-191 du 17 févr. 2011, art. 1er)* « formation professionnelle aux métiers de l'agriculture, de la forêt, de la nature et des territoires » relèvent du ministre de l'agriculture.

Le ministre de l'agriculture apporte sa collaboration technique au ministre chargé de l'éducation et des universités pour le fonctionnement des établissements d'enseignement public relevant de ce dernier lorsque des orientations ou des options agricoles y sont instituées.

Le ministre chargé de l'éducation et des universités apporte sa collaboration au fonctionnement des établissements d'enseignement et de *(Décr. nº 2011-191 du 17 févr. 2011, art. 1er)* « formation professionnelle publics aux métiers de l'agriculture, de la forêt, de la nature et des territoires », notamment en ce qui concerne le personnel d'enseignement général.

Les projets de création et le régime des établissements d'enseignement agricole public dépendant du ministre chargé des universités sont soumis à l'avis du comité de coordination prévu à l'article R. 814-25 et à celui du ministre de l'agriculture. — *[Anc. art. R. 811-1.]*

Art. R. 811-2 *Abrogé par Décr. nº 2017-1772 du 27 déc. 2017, art. 2-1º.*

Art. R. 811-3 *Abrogé par Décr. nº 2010-815 du 13 juill. 2010.*

SECTION 2 Dispositions relatives aux compétences des régions et de l'État

Néant.

SECTION 3 Dispositions relatives aux établissements publics locaux d'enseignement et de formation professionnelle agricoles

Art. R. 811-4 Les dispositions des *(Décr. nº 2017-1772 du 27 déc. 2017, art. 2-2º)* « sections 1 à 3 du présent chapitre » s'appliquent aux établissements publics locaux d'enseignement et de formation professionnelle agricoles mentionnés à l'article L. 811-8 *(Décr. nº 2020-1171 du 24 sept. 2020, art. 1er, en vigueur le 1er janv. 2021)* « . Ces dispositions ne s'appliquent pas aux écoles spécialisées mentionnées à l'article L. 811-11. »

Al. 2 abrogé par Décr. nº 2001-47 du 16 janv. 2001. — [Décr. nº 85-1265 du 29 nov. 1985, art. 1er.]

SOUS-SECTION 1 Missions

Art. R. 811-5 Les établissements publics locaux d'enseignement et de formation professionnelle agricoles ont vocation à remplir l'ensemble des missions définies aux articles L. 811-1 et L. 811-2.

(Décr. nº 2011-191 du 17 févr. 2011, art. 1er) « Tout établissement public local d'enseignement et de formation professionnelle agricoles peut s'associer par voie de conventions avec d'autres établissements ou organismes, notamment ceux mentionnés aux articles L. 811-8 et L. 812-3 du présent code, L. 421-1 du code de l'éducation et L. 6232-1 du code du travail. » — *[Décr. nº 85-1265 du 29 nov. 1985, art. 2.]*

Art. R. 811-6 *(Décr. nº 2001-47 du 16 janv. 2001)* « Les établissements publics locaux d'enseignement et de formation professionnelle agricoles peuvent être implantés sur plusieurs sites si la nature ou l'importance de leurs activités le justifie. » Si ces activités concernent les formations initiales, leur implantation doit être décidée dans les conditions prévues *(Décr. n° 2009-144 du 9 févr. 2009, art. 6)* « à l'article L. 214-5 du code de l'éducation et à l'article L. 4424-1 du code général des collectivités territoriales ». — *[Décr. n° 85-1265 du 29 nov. 1985, art. 3.] — V.* **C. *éduc.*** *et* **CGCT**.

Art. R. 811-7 Les établissements publics locaux d'enseignement et de formation professionnelle agricoles assurent la mise en œuvre de la formation professionnelle continue.

Cette mission concerne en priorité :

1° La préparation :

a) Aux diplômes et certificats de l'enseignement agricole ;

b) A l'installation des jeunes agriculteurs, principalement par l'acquisition de la capacité professionnelle définie au 4° de l'article *(Décr. n° 2017-1772 du 27 déc. 2017, art. 2-3°)* « D. 343-4 » ;

2° Le perfectionnement des exploitants, salariés, aides familiaux, conjoints d'exploitants et pluri-actifs en milieu rural, des salariés des entreprises du secteur para-agricole et agroalimentaire ;

3° Les programmes de formation décidés par l'État et les collectivités territoriales.

Elle concerne également toute formation décidée par le conseil d'administration. — *[Décr. n° 85-1265 du 29 nov. 1985, art. 4.]*

Art. R. 811-8 Les établissements publics locaux d'enseignement et de formation professionnelle agricoles participent aux programmes de développement agricole nationaux, régionaux et départementaux mis en œuvre par l'ensemble des organismes maîtres d'œuvre du développement agricole et rural. Ils contribuent également à l'animation du milieu rural et au développement local. Les actions de développement et d'animation sont financées par les collectivités territoriales et les organismes publics et privés compétents et au moyen des crédits ouverts par le conseil d'administration de l'établissement public local. — *[Décr. n° 85-1265 du 29 nov. 1985, art. 5.]*

Art. R. 811-9 *(Décr. n° 2001-47 du 16 janv. 2001)* Les exploitations agricoles et les ateliers technologiques des établissements publics locaux d'enseignement et de formation professionnelle agricoles sont des unités de production à vocation pédagogique.

L'exploitation agricole est une unité de production de matières premières, vendues en l'état ou après première transformation, qui assure à ce titre les fonctions économiques, environnementales et sociales prévues à l'article L. 311-1 *(Abrogé par Décr. n° 2017-1772 du 27 déc. 2017, art. 2-4°) « du code rural et de la pêche maritime »*.

L'atelier technologique est une unité de traitement, de transformation et de vente de produits obtenus à partir de matières premières agricoles introduites ou produites sur l'exploitation ou une unité de services vendus à des particuliers ou à des collectivités.

Leur orientation, leur conduite et leur gestion, qui se réfèrent aux usages et pratiques commerciales des professions concernées, sont utilisées comme moyens de formation, d'expérimentation, de démonstration et de développement.

Art. R. 811-10 Les personnels des établissements publics locaux d'enseignement et de formation professionnelle agricoles contribuent, dans le respect des dispositions réglementaires qui régissent leurs statuts, à l'ensemble des missions de l'enseignement agricole définies aux articles L. 811-1 et L. 811-2. — *[Décr. n° 85-1265 du 29 nov. 1985, art. 7.]*

Art. R. 811-11 Les missions pédagogiques et éducatives des établissements publics locaux d'enseignement et de formation professionnelle agricoles s'exercent dans le respect des objectifs pédagogiques et éducatifs fixés par le ministre de l'agriculture.

Les projets pédagogiques qui sont établis dans la limite des prescriptions fixées sur le plan national par le ministre de l'agriculture définissent notamment :

1° L'organisation en unités de formation, classes, groupes d'élèves, stagiaires ou apprentis ;

2° L'emploi des dotations en heures d'enseignement dont dispose l'établissement ;

3° La répartition des différentes séquences de formation ;

4° La définition, en tenant compte des schémas régionaux, des actions de formation complémentaire et de formation continue destinées aux jeunes et aux adultes ;

5° L'ouverture sur l'environnement social, culturel, économique ;

6° Le choix de sujets d'études, en particulier pour compléter ceux qui figurent dans les programmes nationaux ;

7° Sous réserve de l'accord des familles pour les élèves mineurs, les activités facultatives qui concourent à l'action éducative organisées à l'intention des élèves. – *[Décr. nº 85-1265 du 29 nov. 1985, art. 8.]*

SOUS-SECTION 2 Organisation administrative

§ 1 Le conseil d'administration

Art. R. 811-12 Le conseil d'administration de l'établissement public local comprend trente membres ainsi répartis :

1° Au titre des dix représentants de l'État, des collectivités territoriales et des établissements publics intéressés à la formation :

a) Le *(Décr. nº 2017-1772 du 27 déc. 2017, art. 2-5°)* « directeur départemental des territoires ou, le cas échéant, des territoires et de la mer » ou son représentant ;

b) (Décr. nº 2009-1377 du 10 nov. 2009, art. 11-II) « Le directeur régional des entreprises, de la concurrence, de la consommation, du travail et de l'emploi ou son représentant » ;

c) (Décr. nº 2012-16 du 5 janv. 2012, art. 7-I) « Le directeur académique des services de l'éducation nationale agissant sur délégation du recteur d'académie » ou son représentant ;

d) Le directeur du centre d'information et d'orientation ou son représentant ;

e) Le président ou un membre élu de la chambre d'agriculture ;

f) Un représentant d'un établissement public compétent dans les domaines des formations dispensées ;

g) Deux conseillers régionaux ;

h) Un conseiller départemental ;

i) Un représentant de la commune ou, le cas échéant, du groupement de communes ;

2° Au titre des dix représentants élus du personnel :

a) (Décr. nº 2001-47 du 16 janv. 2001) « Six représentants du personnel enseignant, de formation, d'éducation et de surveillance » ;

b) Quatre représentants des personnels d'administration, de service et de l'exploitation ;

3° *(Décr. nº 2001-47 du 16 janv. 2001)* « Au titre des représentants des élèves, des parents d'élèves, des anciens élèves et des organisations professionnelles et syndicales :

« *a)* Deux représentants élus des élèves, étudiants, apprentis ou stagiaires ou trois, en cas d'absence de toute association d'anciens élèves, étudiants, apprentis ou stagiaires mentionnée au *c* ;

« *b)* Deux représentants élus des parents d'élèves, étudiants ou apprentis ;

« *c)* Un représentant des associations d'anciens élèves, étudiants, apprentis ou stagiaires, le cas échéant ;

« *d)* Cinq représentants des organisations professionnelles et syndicales représentatives des employeurs, des exploitants et des salariés des professions agricoles et des professions para-agricoles concernées par les missions de l'établissement public local. »

Pour l'ensemble des membres titulaires, désignés ou élus et en nombre égal à ceux-ci, des suppléants sont désignés ou élus dans les mêmes conditions que les titulaires. Le représentant suppléant siège au conseil d'administration en cas d'empêchement du titulaire.

Le directeur de l'établissement public local, son adjoint, le gestionnaire, l'agent comptable et les directeurs des centres assistent avec voix consultative aux séances du conseil d'administration. *(Décr. nº 2001-47 du 16 janv. 2001 ; Décr. nº 2010-429 du 29 avr. 2010, art. 6)* « Le directeur régional de l'alimentation, de l'agriculture et de la forêt ou son représentant peut assister avec voix consultative aux réunions du conseil d'administration. »

Dans l'hypothèse où l'établissement public local assure principalement des formations professionnelles continues, la représentation des élèves et des parents est respectivement remplacée, en tout ou partie, par celle des stagiaires et des anciens stagiaires. – *[Décr. nº 85-1265 du 29 nov. 1985, art. 9.]*

Art. R. 811-12-1 *(Décr. n° 2017-1822 du 28 déc. 2017, art. 1er-8°)* Pour l'application en Corse de l'article R. 811-12, les deux conseillers régionaux et le conseiller départemental prévus respectivement aux *g* et *h* sont remplacés par un conseiller exécutif désigné par le président du conseil exécutif de Corse et par deux conseillers à l'Assemblée de Corse désignés par celle-ci, renouvelés dans les conditions fixées à l'article R. 811-17.

Art. R. 811-13 Le président est élu au sein du conseil d'administration au scrutin uninominal majoritaire avec majorité relative requise au troisième tour parmi les membres du conseil d'administration mentionnés aux 1° *e, g, h, i,* et 3° *b, c, d,* de l'article R. 811-12.

Le vice-président est élu dans les mêmes conditions.

Tous les membres du conseil d'administration sont électeurs.

Le président, sur proposition du directeur de l'établissement public local, établit l'ordre du jour des réunions.

Il convoque le conseil d'administration et préside les séances. Les séances du conseil d'administration ne sont pas publiques.

Le président peut inviter aux séances à titre consultatif toute personne dont la présence lui paraîtrait utile.

(Décr. n° 2001-47 du 16 janv. 2001) « Le mandat du président est de trois ans ; il est renouvelable. » — *[Décr. n° 85-1265 du 29 nov. 1985, art. 10.]*

Art. R. 811-14 *(Décr. n° 2001-47 du 16 janv. 2001)* « Les représentants des personnels au conseil d'administration sont élus au sein de deux collèges regroupant, le premier tous les personnels enseignants, de formation, d'éducation et de surveillance, le second tous les autres personnels. »

Lorsque l'établissement public local est constitué par plusieurs centres, la représentation des personnels est commune aux divers centres.

Les élections se font au scrutin de liste à la représentation proportionnelle et à la plus forte moyenne.

Les listes peuvent ne pas être complètes.

Les sièges sont attribués dans l'ordre de présentation, dans la limite des postes à pourvoir pour chaque collège.

Tous les personnels sont électeurs et éligibles dès lors qu'ils effectuent au moins un demi-service pendant l'année scolaire. — *[Décr. n° 85-1265 du 29 nov. 1985, art. 11.]*

Art. R. 811-15 *(Décr. n° 2001-47 du 16 janv. 2001)* Les représentants titulaires et suppléants des élèves sont élus au scrutin uninominal à deux tours. Sont électeurs et éligibles tous les élèves, étudiants, apprentis et stagiaires de l'établissement public local d'enseignement et de formation professionnelle agricoles.

Les représentants titulaires et suppléants des parents d'élèves sont élus au scrutin proportionnel au plus fort reste parmi les parents des élèves, étudiants ou apprentis des centres de l'établissement public local. *(Décr. n° 2009-960 du 29 juill. 2009)* « Chaque parent d'élève, d'étudiant ou d'apprenti est électeur et éligible sous réserve, pour les parents d'enfant mineur, d'exercer l'autorité parentale. Il ne dispose que d'une voix quel que soit le nombre de ses enfants inscrits dans le même établissement. Lorsque l'enfant a été confié à un tiers qui accomplit tous les actes usuels relatifs à la surveillance et à l'éducation de l'enfant, ce tiers exerce à la place des parents le droit de voter et de se porter candidat. Ce droit de suffrage est non cumulatif avec celui dont il disposerait déjà au titre de parent d'un ou plusieurs enfants inscrits dans l'établissement. »

Art. R. 811-16 Le directeur de l'établissement public local veille au bon déroulement des élections. L'élection des représentants des personnels, des élèves et des parents d'élèves se fait au cours des sixième et septième semaines à compter de la rentrée scolaire.

Le directeur de l'établissement public local établit les listes électorales, reçoit les bulletins de vote sous double enveloppe, organise le dépouillement public et en publie les résultats.

Les votes sont personnels et secrets.

Les contestations sur la validité des opérations électorales sont portées dans un délai de cinq jours à compter de la proclamation des résultats devant le directeur régional de l'alimentation, de l'agriculture et de la forêt. Celui-ci doit statuer dans un délai de huit jours à l'issue duquel la demande est réputée rejetée. – *[Décr. nº 85-1265 du 29 nov. 1985, art. 13.]*

Art. R. 811-17 Les représentants de la région, du département, de la commune siège ou, le cas échéant, du groupement de communes et de la chambre d'agriculture sont désignés en leur sein par l'assemblée délibérante de la collectivité territoriale ou de l'établissement public. Il est procédé à une nouvelle désignation à la suite de chaque renouvellement partiel ou total de cette assemblée délibérante. – *[Décr. nº 85-1265 du 29 nov. 1985, art. 14.]*

Art. R. 811-18 *(Décr. nº 2001-47 du 16 janv. 2001)* Les membres non élus du conseil d'administration sont nommés dans les conditions suivantes :

1º Les représentants de l'État et ceux des organismes ou établissements publics, par arrêté du préfet de région, sur proposition, pour les organismes ou établissements, de l'assemblée délibérante compétente ;

2º Le représentant des associations d'anciens élèves, étudiants, apprentis ou stagiaires, par arrêté du préfet de région, sur proposition de l'association de l'établissement public local ou par accord entre les différentes associations, s'il en existe plusieurs. A défaut d'accord, le préfet de région désigne, comme membre représentant ces associations, celui dont le nom a été proposé par l'association la plus représentative au regard du nombre de ses adhérents et, le cas échéant, de son ancienneté ;

3º Les représentants des organisations professionnelles et syndicales représentatives des employeurs, des exploitants et des salariés des professions agricoles et para-agricoles concernées par les missions de l'établissement public local, par arrêté du préfet de région, sur proposition de leurs organisations représentatives au plan départemental. Les organisations syndicales d'exploitants agricoles précitées sont celles mentionnées à *(Décr. nº 2017-1772 du 27 déc. 2017, art. 2-6º)* « l'article R. 514-37 ».

Art. R. 811-19 Le mandat des membres du conseil d'administration autres que ceux mentionnés aux alinéas 1º *f*, 2º et 3º de l'article R. 811-12 est de trois ans.

Le mandat de ces membres expire le jour de la première réunion qui suit leur renouvellement.

Un membre élu ne peut siéger qu'au titre d'une seule catégorie.

Aucun directeur, qu'il s'agisse du directeur de l'établissement public local ou du directeur d'un centre, ne peut être membre du conseil d'administration. Un membre du conseil d'administration ne peut prendre part aux délibérations dans lesquelles ses intérêts personnels, professionnels ou financiers sont engagés. – *[Décr. nº 85-1265 du 29 nov. 1985, art. 16.]*

Art. R. 811-20 Lorsqu'un membre du conseil d'administration perd la qualité en vertu de laquelle il a été désigné, ou quand une vacance survient par décès, mutation, démission ou empêchement définitif, il est remplacé par son suppléant jusqu'à la fin du mandat détenu par le titulaire ou par le suivant de la liste dans l'ordre de présentation pour les membres élus au scrutin de liste.

Lorsqu'un représentant titulaire de l'une des collectivités mentionnées à l'article R. 811-17 perd la qualité en vertu de laquelle il a été désigné, ou en cas de décès, de démission ou d'empêchement définitif de l'intéressé constaté par l'exécutif de la collectivité ou de l'établissement public, il est procédé à une nouvelle désignation du représentant titulaire ainsi que du représentant suppléant. – *[Décr. nº 85-1265 du 29 nov. 1985, art. 17.]*

Art. R. 811-21 Nul ne peut être membre du conseil d'administration s'il a fait l'objet d'une condamnation pour un crime ou un délit ou s'il a été privé de tout ou partie des droits civils, civiques et de famille mentionnés *(Décr. nº 2017-1772 du 27 déc. 2017, art. 2-7º)* « à l'article 131-26 du code pénal ». – *[Décr. nº 85-1265 du 29 nov. 1985, art. 18.]*

Art. R. 811-22 La composition du conseil d'administration n'est pas modifiée en cas d'application *(Décr. nº 2009-144 du 9 févr. 2009, art. 6)* « des articles L. 216-5 et L. 216-6 du code de l'éducation ». – *[Décr. nº 85-1265 du 29 nov. 1985, art. 19.]* – *V. C. **éduc.***

Art. R. 811-23 Le conseil d'administration règle par ses délibérations les affaires de l'établissement public local et des centres qui le constituent, après avis des conseils compétents et après avoir entendu le rapport du directeur de l'établissement public local. Il arrête son règlement intérieur.

Ses délibérations portent notamment sur :

(Décr. nº 2009-144 du 9 févr. 2009, art. 1er) « 1º Le projet d'établissement mentionné à l'article L. 811-8 *(Décr. nº 2017-1772 du 27 déc. 2017, art. 2-8º)* « du présent code » et l'organisation des activités complémentaires prévues à l'article L. 216-1 du code de l'éducation ; »

(Décr. nº 2001-47 du 16 janv. 2001) « 2º Les règlements intérieurs des centres » ;

3º *(Décr. nº 2009-144 du 9 févr. 2009, art. 1er)* « Le rapport annuel du directeur sur la gestion de l'établissement public local. » ;

4º *(Décr. nº 2001-47 du 16 janv. 2001)* « L'évolution des structures pédagogiques des centres » ;

5º Le budget et les décisions modificatives ;

6º Le compte financier et l'affectation des résultats ;

7º Les admissions en non-valeur et les remises gracieuses, sous réserve pour ces dernières des dispositions de l'article R. 811-66 *(Décr. nº 2017-1772 du 27 déc. 2017, art. 2-8º)* « du présent code » ;

8º Les emprunts ;

9º La souscription et la vente de parts en capital social des organismes agricoles coopératifs, mutualistes ou d'entraide ;

10º Les acquisitions, aliénations ou échanges d'immeubles ;

11º Les baux emphytéotiques ;

12º L'acquisition ou la cession des valeurs mobilières ;

13º La passation des contrats, conventions ou marchés et les conditions dans lesquelles les dépenses relatives aux exploitations et ateliers technologiques peuvent être financées avant exécution ;

14º Les concessions de logements ;

15º L'utilisation des locaux *(Décr. nº 2009-144 du 9 févr. 2009, art. 1er)* « en application de l'article L. 212-15 du code de l'éducation » ; – *V. **C. éduc.***

16º *(Décr. nº 2001-47 du 16 janv. 2001)* « La création et la définition des emplois rémunérés sur le budget de l'établissement public local ainsi que les conditions d'emploi, de travail et de rémunération fixées dans le respect des lois et règlements en vigueur » ;

17º L'acceptation ou le refus de dons et legs ;

(Décr. nº 2020-1171 du 24 sept. 2020, art. 1er, en vigueur le 1er janv. 2021) « 18º Les actions en justice ;

« 19º La composition et les modalités de fonctionnement de la commission éducative prévue à l'article R. 811-83-5. »

(Décr. nº 2011-191 du 17 févr. 2011, art. 1er) « Le conseil d'administration peut déléguer à la commission permanente qu'il met en place ses attributions mentionnées aux 7º, 12º, 14º, 15º, 17º et 18º. Une délibération du conseil d'administration prévoit le champ de cette délégation, ainsi que sa durée. » – *[Décr. nº 85-1265 du 29 nov. 1985, art. 20.]*

Art. R. 811-24 *(Décr. nº 2011-191 du 17 févr. 2011, art. 1er)* « I. – » Le conseil d'administration se réunit en séance ordinaire sur convocation de son président au moins deux fois par an. Les convocations, le projet d'ordre du jour et les documents préparatoires sont envoyés au moins dix jours à l'avance. Le conseil se réunit en séance extraordinaire sur un ordre du jour déterminé à la demande du président, de la collectivité territoriale de rattachement, de l'autorité académique, du directeur de l'établissement local ou d'un tiers de ses membres.

Le conseil d'administration ne peut siéger valablement que si le nombre de membres présents ayant voix délibérative est au moins égal à la majorité des membres qui le composent.

Si ce quorum n'est pas atteint, le conseil d'administration est convoqué en vue d'une nouvelle réunion qui doit se tenir dans un délai minimal de huit jours et maximal de quinze jours : il délibère alors valablement, quel que soit le nombre des membres présents. En cas d'urgence, ce délai peut être réduit à trois jours.

Les décisions sont prises à la majorité absolue des voix exprimées. Le vote à bulletin secret est de droit s'il a été demandé par un sixième au moins des membres présents au conseil.

Toute décision concernant les personnes doit être prise à bulletin secret. Toute question inscrite à l'ordre du jour et ayant trait aux domaines définis à l'article R. 811-11 doit avoir fait l'objet d'une instruction préalable par les conseils compétents des centres dont les conclusions sont transmises au conseil d'administration.

(Décr. nº 2011-191 du 17 févr. 2011, art. 1er) « II. – La commission permanente est composée de membres titulaires du conseil d'administration. Elle comprend trois membres de chacun des collèges mentionnés aux 1°, 2° et 3° de l'article R. 811-12, dont le président et le vice-président du conseil administration, qui sont membres de droit. Les autres membres sont désignés, par le conseil d'administration, au sein de chaque collège concerné. Le vice-président préside la commission permanente en cas d'absence du président.

« La durée du mandat des membres de la commission permanente est identique à celle de leur mandat au conseil d'administration.

« Le fonctionnement de la commission permanente est soumis aux mêmes dispositions que celle du conseil d'administration.

« Le directeur de l'établissement public local, son adjoint, le gestionnaire, l'agent comptable et les directeurs des centres assistent avec voix consultative aux réunions de la commission permanente. Le directeur régional de l'alimentation, de l'agriculture et de la forêt ou son représentant peut assister avec voix consultative aux réunions de la commission permanente.

« Le relevé des délibérations prises par la commission permanente est communiqué aux membres du conseil d'administration. » – *[Décr. nº 85-1265 du 29 nov. 1985, art. 21.]*

§ 2 Le conseil de l'éducation et de la formation *(Décr. nº 2020-1171 du 24 sept. 2020, art. 1er).*

Art. D. 811-24-1 Le conseil de l'éducation et de la formation de l'établissement public local d'enseignement et de formation professionnelle agricoles comprend les membres suivants :

1° Le directeur de l'établissement, qui le préside ;

2° Le directeur de chaque centre qui compose l'établissement, ou son représentant ;

3° Un représentant élu des personnels enseignants, d'éducation et de surveillance mentionnés au *c* de l'article R. 811-32, du conseil intérieur de chaque lycée, ou son suppléant ;

4° Un représentant élu des formateurs de centre de formation professionnelle et de promotion agricole mentionnés au 2° du I de l'article R. 811-45 du conseil de centre de chaque centre de formation professionnelle et de promotion agricole, ou son suppléant ;

5° Un représentant élu des personnels enseignants mentionnés *(Décr. nº 2019-1143 du 7 nov. 2019, art. 6)* « au quatrième alinéa de l'article R. 811-46 du conseil de perfectionnement ou son suppléant » ;

6° Un représentant élu des personnels, d'éducation et de surveillance mentionnés au *c* de l'article R. 811-47-1 *(Décr. nº 2017-1772 du 27 déc. 2017, art. 2-9°)* « du même code » du conseil de chaque exploitation ou atelier, ou son suppléant ;

7° Des représentants des professeurs principaux, enseignants, formateurs, le cas échéant coordonnateurs de filière, dans un nombre égal à la moitié des membres désignés au titre des 3°, 4°, 5° et 6°, ou leurs suppléants ;

8° Un conseiller principal d'éducation, ou son suppléant.

Chacun des conseils visés aux 3°, 4°, 5° et 6° désigne son représentant titulaire et suppléant.

Le directeur de l'établissement désigne les membres titulaires du conseil de l'éducation et de la formation et leurs suppléants mentionnés aux 7° et 8° parmi les personnes volontaires au sein des équipes concernées, et après consultation de ces dernières.

En cas d'absence ou d'empêchement du directeur de l'établissement, le conseil de l'éducation et de la formation est présidé par le directeur adjoint.

Le président du conseil de l'éducation et de la formation peut inviter toute personne à assister, sans voix délibérative, aux travaux du conseil, notamment sur proposition de membres du conseil.

Art. D. 811-24-2 Pour l'exercice des missions définies à l'article L. 811-9-1, le conseil de l'éducation et de la formation peut être consulté pour avis par le directeur de l'établissement ou le conseil d'administration sur toute question relative à l'enseignement, la formation, l'éducation et la pédagogie.

1° Il est obligatoirement consulté sur :

– les questions qui relèvent de l'autonomie pédagogique ;

– la coordination des enseignements et leur organisation, notamment en groupes de compétences, au sein de l'établissement ;

– la coordination de l'évaluation des activités des élèves, étudiants, apprentis et stagiaires ;

– les dispositifs d'aide et de soutien aux élèves, étudiants, apprentis et stagiaires ;

– les modalités d'accompagnement des changements d'orientation ;

– les modalités d'échanges, notamment linguistiques et culturels avec les établissements d'enseignement européens et étrangers ;

2° En liaison avec les équipes pédagogiques, il formule des propositions qui sont soumises au conseil d'administration par le directeur de l'établissement :

– sur les orientations générales de la politique de l'établissement en matière d'enseignement, de formation, d'éducation et de pédagogie ;

– sur la partie pédagogique du projet d'établissement ;

– sur les modalités d'organisation de l'accompagnement personnalisé et des enseignements à l'initiative de l'établissement ;

3° Il prépare les propositions d'expérimentations pédagogiques, dans les domaines définis par l'article L. 811-8.

Art. D. 811-24-3 Le président fixe l'ordre du jour et convoque les membres du conseil de l'éducation et de la formation au moins huit jours avant la séance, ce délai pouvant être ramené à trois jours en cas d'urgence.

Art. D. 811-24-4 Le conseil de l'éducation et de la formation se réunit au moins deux fois par an et en tant que de besoin à l'initiative de son président ou à la demande de la majorité de ses membres. Il établit son règlement intérieur.

Art. D. 811-24-5 Le conseil de l'éducation et de la formation ne peut valablement siéger que si le nombre des membres présents est égal à la majorité des membres composant le conseil. Si ce quorum n'est pas atteint, le conseil de l'éducation et de la formation est convoqué, au plus tôt le jour suivant celui de sa première convocation et au plus tard avant la tenue du prochain conseil d'administration, en vue d'une nouvelle réunion. Il se prononce alors valablement, quel que soit le nombre des membres présents.

§ 3 Le directeur de l'établissement public local *(Décr. n° 2020-1171 du 24 sept. 2020, art. 1er)*.

Art. R. 811-25 *(Décr. n° 2001-47 du 16 janv. 2001)* Le directeur de l'établissement public local est nommé par le ministre de l'agriculture. Il dirige également le lycée siège de cet établissement.

Le lycée siège de l'établissement public local est désigné par arrêté du préfet de région, dans les conditions prévues *(Décr. n° 2009-144 du 9 févr. 2009, art. 6)* « à l'article L. 421-1 du code de l'éducation ».

Art. R. 811-26 *(Décr. n° 2001-47 du 16 janv. 2001)* Le directeur de l'établissement public local représente l'État au sein de l'établissement public. Son autorité s'étend à toutes les parties et à tous les services de l'établissement. Il peut être assisté par un directeur adjoint nommé dans les mêmes conditions que lui et qui assure la suppléance ou l'intérim. Si l'établissement public n'est pas doté d'un directeur adjoint, un fonctionnaire de l'établissement est désigné, sur proposition du directeur, par le directeur régional de l'alimentation, de l'agriculture et de la forêt, pour assurer, en cas de besoin, cette suppléance ou cet intérim. L'agent comptable en est informé.

Le directeur est l'organe exécutif de l'établissement public ; en cette qualité :

1° Il représente l'établissement en justice et dans tous les actes de la vie civile ;

2° Il recrute et gère le personnel rémunéré sur le budget de l'établissement ;

3° Il est ordonnateur des recettes et des dépenses de l'établissement public local ;

4° Il prépare les travaux du conseil d'administration et notamment le projet de budget de l'établissement public local en fonction des orientations relatives à l'équipement et au fonctionnement matériel fixées par la collectivité de rattachement et dans la limite des ressources dont dispose l'établissement. *(Décr. n° 2011-191 du 17 févr. 2011, art. 1er)* « Il prépare également, le cas échéant, les travaux de la commission permanente ; »

5° *(Décr. n° 2009-144 du 9 févr. 2009, art. 2)* « Il exécute les délibérations du conseil d'administration, *(Décr. n° 2011-191 du 17 févr. 2011, art. 1er)* « et le cas échéant, celles de la commission permanente, » et notamment le budget adopté par le conseil d'administration, dans les conditions fixées aux articles L. 421-11 à L. 421-13 du code de l'éducation ;

« 6° Il soumet au conseil d'administration le projet d'établissement conformément à l'article L. 811-8 » *(Décr. n° 2017-1772 du 27 déc. 2017, art. 2-10°)* « du présent code » ;

7° Par délégation du conseil d'administration, il conclut tout contrat ou convention au nom de l'établissement et notamment toute convention relative aux actions de formation professionnelle continue et d'apprentissage ;

8° *(Décr. n° 2009-144 du 9 févr. 2009, art. 2)* « Il transmet les actes de l'établissement public, dans les conditions fixées aux articles L. 421-11 et L. 421-14 du code de l'éducation et L. 811-10 *(Décr. n° 2017-1772 du 27 déc. 2017, art. 2-10°)* « du présent code », conformément aux dispositions suivantes :

« 8° 1. Sous réserve des dispositions des articles R. 811-52 et R. 811-53 *(Décr. n° 2017-1772 du 27 déc. 2017, art. 2-10°)* « du même code », les actes relatifs au fonctionnement de l'établissement qui, pour devenir exécutoires en application du I de l'article L. 421-14 du code de l'éducation, doivent être transmis au représentant de l'État, *(Décr. n° 2010-380 du 14 avr. 2010)* « ou, par délégation de celui-ci, au directeur régional de l'alimentation, de l'agriculture et de la forêt » sont :

« 1° Les délibérations du conseil d'administration relatives :

« *a)* A la passation des contrats, conventions et marchés, des emprunts, des baux emphytéotiques, des baux ruraux ;

« *b)* A la création et à la suppression des emplois prévus au budget de l'établissement public local ;

« *c)* Aux tarifs des services et produits prévus au second alinéa de l'article R. 811-51 ;

« *d)* Au financement des voyages d'études et scolaires.

« Ces délibérations deviennent exécutoires quinze jours après leur transmission.

« 2° Les décisions du directeur relatives :

« *a)* Au recrutement des personnels rémunérés sur le budget de l'établissement ;

« *b)* Aux contrats, conventions et marchés comportant des incidences financières, à l'exception des marchés passés selon une procédure adaptée en raison de leur montant *(Décr. n° 2017-1772 du 27 déc. 2017, art. 2-10°)* « conformément aux dispositions » *(Décr. n° 2020-1171 du 24 sept. 2020, art. 1er, en vigueur le 1er janv. 2021)* « du code de la commande publique » ;

« *c)* Aux emprunts, aux baux emphytéotiques, aux baux ruraux.

« Ces décisions deviennent exécutoires dès leur transmission.

« Le représentant de l'État, le directeur régional de l'alimentation, de l'agriculture et de la forêt et le président de la collectivité de rattachement ont accès, sur leur demande, à l'ensemble des actes et documents relatifs au fonctionnement de l'établissement.

« 8° 2. Les délibérations du conseil d'administration portant sur le contenu ou l'organisation de l'action éducative dont le caractère exécutoire est, en application du II de l'article L. 421-14 du code de l'éducation, subordonné à leur transmission au directeur régional de l'alimentation, de l'agriculture et de la forêt sont celles relatives :

« *a)* Au projet d'établissement ;

« *b)* A l'organisation des activités complémentaires ;

« *c)* Au règlement intérieur des centres de l'établissement ;

« *d)* Au projet pédagogique *(Abrogé par Décr. n° 2010-380 du 14 avr. 2010) « prévu à l'article L. 811-5 » ;* »

9° Il rend compte de sa gestion au conseil d'administration et en informe le directeur régional de l'alimentation, de l'agriculture et de la forêt et la collectivité de rattachement. *(Décr. n° 2020-1171 du 24 sept. 2020, art. 1er, en vigueur le 1er janv. 2021)* « Il prépare et présente au conseil d'administration un rapport annuel relatif au fonctionnement de l'établissement. A ce titre, il rend compte de la mise en œuvre du projet d'établissement, du fonctionnement pédagogique et éducatif de l'établissement, de ses conditions matérielles de fonctionnement et de la contribution de l'établissement aux missions de l'enseignement agricole conformément aux dispositions de l'article R. 811-5.

« 10° Il présente au conseil d'administration un bilan des décisions rendues en matière disciplinaire. »

Le directeur de l'établissement public local peut déléguer sa signature aux directeurs des centres ou à d'autres fonctionnaires ou agents publics de l'établissement :

a) Pour les actes administratifs à l'exception des marchés, contrats et conventions ;

b) Pour les actes financiers à l'exception de l'ordonnancement.

§ 4 Les centres composant l'établissement public local *(Décr. n° 2020-1171 du 24 sept. 2020, art. 1er).*

A Dispositions communes

(Décr. n° 2001-47 du 16 janv. 2001)

Art. R. 811-27 *(Décr. n° 2001-47 du 16 janv. 2001)* Les directeurs des centres d'enseignement, de formation ou de production qui composent l'établissement public local d'enseignement et de formation professionnelle agricoles sont nommés par le ministre de l'agriculture.

Le directeur de chacun des centres a qualité de représentant de l'État dans le centre.

Art. R. 811-28 *(Décr. n° 2001-47 du 16 janv. 2001)* Chaque centre d'enseignement, de formation ou de production est doté d'un règlement intérieur établi par le conseil d'administration de l'établissement public local sur proposition, selon le cas, du conseil intérieur, pour un lycée, du conseil de centre, pour un centre de formation professionnelle et de promotion agricoles, du conseil de perfectionnement, pour un centre de formation d'apprentis agricoles, ou du conseil d'exploitation ou d'atelier technologique.

Le règlement intérieur détermine notamment les modalités selon lesquelles sont mis en application :

(Décr. n° 2020-1171 du 24 sept. 2020, art. 1er, en vigueur le 1er janv. 2021) « 1° La liberté d'information et la liberté d'expression dont disposent les élèves, dans le respect du pluralisme et du principe de neutralité ; » — *Les 1° à 5° deviennent les 2° à 6° (Décr. n° 2020-1171 du 24 sept. 2020, art. 1er-7°-b).*

2° Le respect des principes de laïcité et de pluralisme ;

3° Le devoir de tolérance et de respect d'autrui dans sa personnalité et dans ses convictions ;

4° Les garanties de protection contre toute agression physique ou morale et le devoir qui en découle pour chacun de n'user d'aucune violence ;

5° L'obligation pour chaque élève, étudiant, stagiaire ou apprenti, de participer à toutes les activités correspondant à sa scolarité ou à sa formation et accomplir les tâches qui en découlent ;

6° La prise en charge progressive par les élèves, étudiants, stagiaires et apprentis eux-mêmes de la responsabilité de certaines de leurs activités ;

(Décr. nº 2020-1171 du 24 sept. 2020, art. 1er, en vigueur le 1er janv. 2021) « 7° L'exercice de la liberté de réunion.

« Le règlement intérieur reproduit l'échelle des sanctions disciplinaires prévues à l'article R. 811-83-3 et prévoit les mesures alternatives aux sanctions, les mesures de prévention et d'accompagnement, notamment lorsqu'elles font suite à la réintégration d'un élève, étudiant, stagiaire ou apprenti pour des faits de violence, ainsi que les modalités de mise en œuvre de la mesure de responsabilisation.

« Il reproduit les dispositions du chapitre II du titre II du livre I du code des relations entre le public et l'administration. »

Le règlement intérieur est porté à la connaissance de tous les usagers. Tout manquement à ce règlement justifie la mise en œuvre d'une procédure disciplinaire ou de poursuites appropriées.

B Les centres d'enseignement et de formation *(Décr. nº 2001-47 du 16 janv. 2001).*

Art. R. 811-29 *(Décr. nº 2001-47 du 16 janv. 2001)* Les centres d'enseignement et de formation sont classés dans l'une des catégories suivantes :

1° Lycées d'enseignement général et technologique agricoles qui assurent principalement les formations initiales conduisant aux brevets de technicien, baccalauréats ou brevets de technicien supérieur ;

2° *(Décr. nº 2009-674 du 11 juin 2009, art. 1er, en vigueur le 1er sept. 2009)* « Lycées professionnels agricoles qui assurent principalement les formations initiales conduisant au certificat d'aptitude professionnelle agricole, au brevet de technicien agricole ou au baccalauréat professionnel ; »

3° Lycées d'enseignement général, technologique et professionnel agricoles qui assurent l'ensemble des missions citées aux 1° et 2° du présent article ;

4° Centres de formation professionnelle et de promotion agricoles qui sont chargés principalement de la formation professionnelle des adultes, conformément *(Décr. nº 2017-1772 du 27 déc. 2017, art. 2-11°)* « à l'article L. 718-2-2 » ;

5° Centres de formation d'apprentis agricoles qui assurent principalement des missions de formation prévues *(Décr. nº 2017-1772 du 27 déc. 2017, art. 2-11° ; Décr. nº 2019-1143 du 7 nov. 2019, art. 6)* « à l'article L. 6231-2 » du code du travail.

Chaque lycée ou centre de formation est placé sous l'autorité d'un directeur, dispose de l'autonomie pédagogique et propose son projet pédagogique au conseil d'administration de l'établissement public local.

Art. R. 811-30 *(Décr. nº 2001-47 du 16 janv. 2001)* Chaque directeur de lycée ou de centre de formation a autorité sur les personnels qui y sont affectés ou qui sont mis à sa disposition. Il peut déléguer sa signature à un fonctionnaire ou à un agent public du centre pour les actes administratifs mentionnés à l'article R. 811-26.

Dans les lycées, le directeur préside le conseil intérieur ainsi que le conseil de discipline et les conseils de classe mentionnés respectivement aux articles R. 811-35, *(Décr. nº 2020-1171 du 24 sept. 2020, art. 1er, en vigueur le 1er janv. 2021)* « R. 811-44 et R. 811-83-6 ».

Les directeurs des lycées et des centres de formation veillent au respect du règlement intérieur ainsi qu'au bon déroulement des enseignements et du contrôle des aptitudes et des connaissances des élèves, stagiaires ou apprentis, ainsi qu'à l'accomplissement des diverses missions prévues à la section 1 du présent chapitre, que celles-ci s'exercent à l'extérieur ou à l'intérieur du centre.

Ils veillent également à la sécurité des personnes et des biens, à l'hygiène et à la salubrité du centre.

(Décr. nº 2020-1171 du 24 sept. 2020, art. 1er, en vigueur le 1er janv. 2021) « Ils engagent les actions disciplinaires dans les conditions prévues aux articles R. 811-83-1 et suivants. »

En cas de difficultés graves dans le fonctionnement de l'établissement, ils peuvent prendre, après consultation du conseil intérieur, du conseil de centre ou du conseil de perfectionnement, toutes les dispositions nécessaires pour assurer le bon fonctionnement du service public.

S'il y a urgence, et notamment en cas de menace ou d'action contre l'ordre dans les enceintes et locaux scolaires, les directeurs des centres d'enseignement et de formation, sans préjudice des dispositions générales réglementant l'accès aux centres, peuvent :

a) Interdire l'accès de ces enceintes ou locaux à toute personne relevant ou non de leur centre ;

b) Suspendre des enseignements ou d'autres activités au sein du centre dont ils ont la charge.

Ils informent le directeur et le conseil d'administration de l'établissement public local des décisions prises et en rendent compte au préfet, au directeur régional de l'agriculture et de la forêt, au maire et au président du conseil régional.

Art. R. 811-31 *(Décr. n° 2001-47 du 16 janv. 2001)* Le conseil intérieur de chaque lycée, le conseil de perfectionnement de chaque centre de formation d'apprentis ou le conseil de centre de chaque centre de formation professionnelle et de promotion agricoles examine les questions qui lui sont soumises par son président, par le conseil d'administration ou par un quart de ses membres. Il est obligatoirement saisi des questions qui relèvent de l'autonomie pédagogique.

Il prépare la partie pédagogique du projet d'établissement, *(Abrogé par Décr. n° 2010-380 du 14 avr. 2010)* *« conformément (Décr. n° 2009-144 du 9 févr. 2009, art. 6) « à l'article L. 421-5 du code de l'éducation ».*

Les équipes pédagogiques ont pour mission de favoriser la concertation entre les enseignants, en particulier, en ce qui concerne la coordination des enseignements, le choix des méthodes pédagogiques, des matériels techniques, des manuels et des supports pédagogiques, le suivi et l'évaluation des élèves, l'organisation du travail des élèves, les relations avec les familles, l'orientation et l'utilisation pédagogiques de l'exploitation agricole et des ateliers technologiques.

Le conseil intérieur, le conseil de perfectionnement ou le conseil de centre peut saisir le directeur du centre des diverses questions intéressant la vie de la communauté, et notamment de celles relatives à la discipline générale, à la sécurité et à l'hygiène.

Le conseil intérieur, le conseil de perfectionnement ou le conseil de centre crée toutes les commissions nécessaires à la vie intérieure du centre, et notamment une commission de la pédagogie et de la vie scolaire.

Art. R. 811-32 *(Décr. n° 2001-47 du 16 janv. 2001)* Chaque lycée est doté d'un conseil intérieur, présidé par le directeur du lycée. Sa composition est ainsi fixée :

a) Six représentants élus des élèves et étudiants ;

b) Trois représentants élus des parents d'élèves ;

c) Six représentants élus des personnels enseignants, d'éducation et de surveillance ;

d) Trois représentants élus des personnels administratifs et de services assimilés ;

e) Deux maîtres de stage ;

f) Un représentant des exploitants agricoles ;

g) Un représentant des salariés des exploitations et des groupements professionnels agricoles ;

h) Un conseiller municipal de la commune siège ;

i) Un agent chargé de la mise en œuvre des règles d'hygiène et de sécurité.

Le directeur adjoint, le directeur de l'exploitation agricole, le gestionnaire, le conseiller principal d'éducation sont membres de plein droit du conseil intérieur. Le président peut inviter à participer aux séances, à titre consultatif, toute personne dont le concours paraît utile, et notamment les directeurs des autres centres.

Les représentants de la région au conseil d'administration de l'établissement public local sont tenus informés des réunions du conseil intérieur.

Par suite de l'insertion d'un art. R. 811-32, les art. R. 811-32, R. 811-33 et R. 811-34 anciens sont devenus respectivement les art. R. 811-33, R. 811-34 et R. 811-35 ci-dessous (Décr. n° 2001-47 du 16 janv. 2001, art. 14 et 15).

Art. R. 811-33 Les représentants des élèves, les représentants des parents d'élèves, les représentants des personnels enseignants, d'éducation et de surveillance, les représentants des personnels administratifs et de service sont élus selon les modalités prévues pour chacune de ces catégories aux articles R. 811-14 et R. 811-15. – *[Décr. n° 85-1265 du 29 nov. 1985, art. 28]. — V. note ss. art. R. 811-32.*

Art. R. 811-34 Les maîtres de stage sont désignés par le chef d'établissement ; les représentants des chefs d'exploitation agricole, les représentants des salariés des exploitations agricoles et des groupements professionnels agricoles sont désignés par la chambre d'agriculture parmi les membres élus de chacun des collèges concernés. Le conseiller municipal est désigné par le conseil municipal de la commune siège. – *[Décr. n° 85-1265 du 29 nov. 1985, art. 29]. – V. note ss. art. R. 811-32.*

Art. R. 811-35 Pour l'ensemble des membres titulaires, désignés ou élus, des suppléants sont désignés ou élus, en nombre égal, dans les mêmes conditions que les titulaires. – *[Décr. n° 85-1265 du 29 nov. 1985, art. 30]. – V. note ss. art. R. 811-32.*

Art. R. 811-36 *(Décr. n° 2001-47 du 16 janv. 2001)* Chaque lycée est doté d'un conseil des délégués des élèves, constitué par l'ensemble des délégués des élèves et étudiants élus :

1° Au conseil d'administration ;

2° Aux conseils intérieurs et aux conseils de classe du lycée.

Il est présidé par le directeur de l'établissement public local d'enseignement.

Peuvent assister aux séances :

1° Le directeur du lycée ou son adjoint ;

2° Le conseiller principal d'éducation ;

3° Un élève représentant chacune des associations mentionnées à l'article R. 811-78.

Le conseil des délégués élit en son sein une commission permanente.

Art. R. 811-37 *(Décr. n° 2001-47 du 16 janv. 2001)* Le conseil des délégués donne son avis et formule des propositions sur les questions relatives à la vie et au travail scolaire. A ce titre, il examine, notamment à l'occasion de l'élaboration ou de la révision du projet d'établissement et du règlement intérieur de l'établissement les questions suivantes :

1° L'organisation du temps scolaire ;

2° Les modalités générales de l'organisation du travail personnel et du soutien des élèves ;

3° L'information liée à l'orientation et portant sur les études scolaires et universitaires, sur les carrières professionnelles ;

4° La santé, l'hygiène et la sécurité ;

5° L'information des élèves sur le rôle des délégués et la formation à la fonction de délégué des élèves, en collaboration avec les conseillers principaux d'éducation.

Le conseil des délégués donne son avis sur le programme des associations qui ont leur siège dans l'établissement scolaire.

Le conseil des délégués est réuni sur convocation du directeur du lycée au moins trois fois par an. Il est en outre réuni en séance extraordinaire à la demande de la moitié de ses membres sur un ordre du jour déterminé.

Il peut créer en son sein des groupes de travail sur des sujets déterminés.

Ses avis et ses propositions sont communiqués aux conseils intérieurs et au conseil d'administration de l'établissement public local.

Art. R. 811-38 à R. 811-42 *Abrogés par Décr. n° 2020-1171 du 24 sept. 2020, art. 1er, à compter du 1er janv. 2021.*

Art. R. 811-43 *Abrogé par Décr. n° 2001-47 du 16 janv. 2001.*

Art. R.* 811-44 *(Décr. n° 2001-47 du 16 janv. 2001)* « Un conseil de classe est institué auprès de chaque classe de lycée, sous la présidence du directeur ou de son représentant.

« Sont membres du conseil de classe :

« *a)* Les personnels enseignants, d'éducation et de surveillance de la classe ;

« *b)* Les deux délégués des parents d'élèves de la classe désignés par le directeur du lycée selon la procédure prévue au troisième alinéa du présent article ;

« *c)* Les deux délégués des élèves de la classe élus au scrutin uninominal à deux tours à la diligence du directeur du centre ;

« *d)* Lorsqu'ils ont eu à connaître du cas personnel d'un ou plusieurs élèves de la classe :

« – le conseiller principal d'éducation ;

« – le médecin de la santé scolaire ou le médecin d'orientation scolaire et professionnelle ou, à défaut, le médecin de l'établissement public local ;

« – l'infirmière ou l'infirmier ;

« – le directeur de l'exploitation agricole ou de l'atelier technologique en tant que de besoin.

« Le directeur du lycée réunit au cours du premier trimestre les responsables des listes de candidats qui ont obtenu des voix lors de l'élection des représentants de parents d'élèves au conseil d'administration. Ces responsables de liste proposent, pour chaque classe, les noms de deux délégués titulaires et deux délégués suppléants des parents d'élèves de la classe. Le directeur du lycée répartit les sièges compte tenu des suffrages obtenus par les différentes listes lors des élections au conseil d'administration. »

Dans le cas où, pour une classe, il s'avère impossible de désigner des parents d'élèves de la classe, les sièges des délégués peuvent être attribués à des parents d'élèves volontaires d'autres classes.

Les parents d'élèves ne sont pas représentés dans le conseil de classe pour les formations postérieures au baccalauréat de l'enseignement secondaire.

Le conseil de classe se réunit au moins trois fois par an et chaque fois que le directeur le juge utile.

Le conseil de classe examine les questions pédagogiques intéressant la vie de la classe, notamment les modalités d'organisation du travail personnel des élèves.

Sur la base de l'évaluation des résultats scolaires établie par le conseil des professeurs de la classe dans le cadre du suivi pédagogique des élèves, le conseil de classe examine le comportement scolaire de chaque élève afin de mieux le guider dans son travail et ses choix d'études en prenant en compte l'ensemble des éléments d'ordre éducatif, médical et social.

Le conseil de classe examine dans les mêmes conditions les propositions d'orientation ou de redoublement élaborées par le conseil des professeurs et, après qu'il a pris en compte tous éléments d'informations complémentaires recueillis à la demande ou avec l'accord de la famille ou de l'élève majeur, il arrête les propositions d'orientation qui sont ensuite notifiées par le directeur à la famille ou à l'élève majeur. Les procédures relatives à l'orientation des élèves sont précisées par un décret particulier. – *[Décr. nº 85-1265 du 29 nov. 1985, art. 37.]*

Art. R.* 811-45 I. – Chaque centre de formation professionnelle et de promotion agricole est doté d'un conseil de centre dont la composition est ainsi fixée :

1º Trois représentants élus des stagiaires ou des anciens stagiaires ;

2º Trois représentants élus des formateurs de centre de formation professionnelle et de promotion agricole et des personnels administratifs ou de service ;

3º *(Décr. nº 2001-47 du 16 janv. 2001)* « Cinq représentants des organisations professionnelles agricoles départementales ou des secteurs concernés par les missions du centre et des organisations syndicales de salariés les plus représentatives dans les domaines de formation dispensées par le centre » ;

4º Un représentant de la chambre d'agriculture ;

5º Le *(Décr. nº 2017-1772 du 27 déc. 2017, art. 2-12º)* « directeur départemental des territoires ou, le cas échéant, des territoires et de la mer » ou son représentant ;

6º Le *(Décr. nº 2017-1772 du 27 déc. 2017, art. 2-12º)* « responsable de l'unité départementale de la direction régionale des entreprises, de la concurrence, de la consommation, du travail et de l'emploi » ou son représentant ;

7º Le directeur de l'établissement public local ;

8º Un représentant d'un organisme public compétent dans les domaines abordés par les formations dispensées par le centre.

Le conseil élit son président parmi les membres cités aux 3º et 4º.

Le directeur du centre assure le secrétariat du conseil.

II. – Les représentants des stagiaires sont élus au scrutin uninominal à deux tours. Le cas échéant, les représentants des anciens stagiaires sont désignés par l'association des anciens stagiaires du centre de formation.

Les formateurs et les personnels administratifs ou de service sont élus au scrutin de liste à la représentation proportionnelle et à la plus forte moyenne.

Les représentants des organisations professionnelles et syndicales les plus représentatives sont désignés par le préfet de région.

Le directeur régional de l'agriculture et de la forêt désigne le représentant de l'organisme public compétent.

III. — Le conseil de centre a à connaître notamment de l'organisation générale de la formation, des objectifs, horaires, rythmes et programmes, méthodes et sanctions de la formation, et des conditions de recrutement des stagiaires.

Le conseil de centre peut siéger en conseil de discipline. Il doit, dans ce cas, suivre à l'égard des stagiaires la procédure prévue aux articles *(Décr. n° 2020-1171 du 24 sept. 2020, art. 1er, en vigueur le 1er janv. 2021)* « R. 811-83-1 et suivants » pour les élèves majeurs.

Les représentants de la région au conseil d'administration sont tenus informés des réunions du conseil de centre. — *[Décr. n° 85-1265 du 29 nov. 1985, art. 38 à 41.]*

Art. R.* 811-46 *(Décr. n° 2001-47 du 16 janv. 2001)* « Les centres de formation d'apprentis sont dotés d'un conseil de perfectionnement auquel s'appliquent les articles *(Décr. n° 2019-1143 du 7 nov. 2019, art. 6)* « R. 6231-3 à R. 6231-5, R. 6352-1 et R. 6352-2 » du code du travail.

« Le conseil de perfectionnement élit son président parmi les membres représentants des organisations professionnelles d'employeurs et de salariés extérieurs au centre de formation d'apprentis. »

Les représentants des apprentis sont élus au scrutin uninominal à deux tours.

Les représentants des personnels d'enseignement et d'encadrement sont élus au scrutin de liste à la représentation proportionnelle et à la plus forte moyenne. *(Décr. n° 2015-375 du 31 mars 2015)* « Lorsqu'une ou plusieurs unités de formation par apprentissage ont été créées dans le cadre d'une convention prévue à l'article *(Décr. n° 2019-1143 du 7 nov. 2019, art. 6)* « L. 6233-1 » *(Décr. n° 2017-1772 du 27 déc. 2017, art. 2-13°)* « du même code », les personnels d'enseignement et d'encadrement de ces unités participent à l'élection des représentants des personnels d'enseignement et d'encadrement du centre de formation d'apprentis au conseil de perfectionnement et y sont également éligibles. »

Les attributions du conseil sont fixées par l'article *(Décr. n° 2019-1143 du 7 nov. 2019, art. 6)* « R. 6231-4 » *(Décr. n° 2017-1772 du 27 déc. 2017, art. 2-13°)* « de ce code ».

Le conseil de perfectionnement *(Abrogé par Décr. n° 2019-1143 du 7 nov. 2019, art. 6)* ***« est obligatoirement consulté sur l'organisation et le déroulement des formations du centre, compte tenu de l'ouverture et la fermeture des sections et du règlement intérieur. Il »*** peut siéger en conseil de discipline. Il doit, dans ce cas, suivre à l'égard des apprentis la procédure prévue aux articles *(Décr. n° 2020-1171 du 24 sept. 2020, art. 1er, en vigueur le 1er janv. 2021)* « R. 811-83-1 et suivants » *(Décr. n° 2017-1772 du 27 déc. 2017, art. 2-13°)* « du présent code ».

(Abrogé par Décr. n° 2019-1143 du 7 nov. 2019, art. 6) ***« Les représentants de la région au conseil d'administration sont tenus informés des réunions du conseil de perfectionnement. »*** — *[Décr. n° 85-1265 du 29 nov. 1985, art. 43.]*

C Les exploitations agricoles et les ateliers technologiques

(Décr. n° 2001-47 du 16 janv. 2001)

Art. R. 811-47 *(Décr. n° 2001-47 du 16 janv. 2001)* Chaque directeur d'exploitation ou d'atelier technologique a autorité sur les personnels qui y sont affectés ou qui sont mis à disposition. Il peut déléguer sa signature à un fonctionnaire ou à un agent public du centre pour les actes administratifs mentionnés à l'article R. 811-26.

Il veille au respect du règlement intérieur ainsi qu'à l'accomplissement des missions qui lui sont assignées à la section 1 du présent chapitre, que celles-ci s'exerçent à l'extérieur ou à l'intérieur du centre.

Il veille à la sécurité des personnes et des biens, à l'hygiène et à la salubrité dans le centre dont il a la charge, ainsi qu'au respect des règles professionnelles.

En cas de difficulté grave dans le fonctionnement du centre, il peut proposer au directeur de l'établissement public local, après consultation du conseil d'exploitation ou du conseil d'atelier, toutes les dispositions nécessaires pour assurer le bon fonctionnement du service.

S'il y a urgence et notamment en cas de menace ou d'action contre l'ordre dans les enceintes ou sur les installations de l'exploitation agricole ou de l'atelier technologique, le directeur du centre, sans préjudice des dispositions générales réglementant l'accès au centre peut interdire l'accès aux installations à toute personne relevant ou non d'un des centres de l'établissement public local. Il informe le directeur et le conseil d'administration de l'établissement public local des décisions prises et en rend compte au préfet, au maire et au président du conseil régional.

Art. R. 811-47-1 *(Décr. n° 2001-47 du 16 janv. 2001)* Chaque exploitation agricole est dotée d'un conseil d'exploitation, chaque atelier technologique est doté d'un conseil d'atelier.

Le conseil de l'exploitation agricole et le conseil d'atelier sont présidés par le directeur de l'établissement public local.

Leur composition est la suivante :

1° Le directeur de l'exploitation agricole ou de l'atelier technologique ;

2° Deux représentants élus des élèves et le cas échéant un représentant élu des apprentis et un représentant élu des stagiaires ;

3° Trois représentants élus des personnels enseignants, d'éducation et de surveillance et le cas échéant un représentant élu du centre de formation professionnelle et de promotion agricole et un représentant élu du centre de formation d'apprentis ;

4° Un représentant élu des personnels administratifs, techniques, ouvriers et de service ;

5° Un représentant des salariés de l'exploitation agricole et des ateliers technologiques ;

6° Un maître de stage ou maître d'apprentissage ;

7° Un représentant des chefs d'exploitation ou un chef d'entreprise de la branche professionnelle concernée ;

8° Un représentant des salariés des exploitations ou des groupements professionnels agricoles ou de la branche professionnelle concernée ;

9° Le président de la chambre d'agriculture ou son représentant ;

10° Le *(Décr. n° 2017-1772 du 27 déc. 2017, art. 2-14°)* « directeur départemental des territoires ou, le cas échéant, des territoires et de la mer » ou son représentant ;

11° Un conseiller municipal de la commune siège.

Un arrêté du ministre *(Décr. n° 2017-1772 du 27 déc. 2017, art. 2-14°)* « chargé » de l'agriculture précise les modalités de désignation de ces représentants. *— V. Arr. du 26 oct. 2001 (JO 10 nov.).*

Le président peut inviter à participer aux séances, à titre consultatif, toute personne dont le concours paraît utile, notamment le gestionnaire de l'établissement public local, les directeurs des autres centres et l'agent chargé de la mise en œuvre des règles d'hygiène et de sécurité.

Les représentants de la région au conseil d'administration sont tenus informés des réunions des conseils. *— Les divisions « a » à « k » sont remplacées par les divisions « 1° » à « 11° » (Décr. n° 2017-1772 du 27 déc. 2017, art. 2-14°).*

Art. R. 811-47-2 *(Décr. n° 2001-47 du 16 janv. 2001)* Le conseil d'exploitation ou le conseil d'atelier propose son règlement intérieur au conseil d'administration de l'établissement public local. Il examine les questions qui lui sont soumises par son président ou par le conseil d'administration. Il élabore notamment le projet technique et économique, le projet pédagogique et le programme d'expérimentation et de démonstration de l'exploitation ou de l'atelier technologique. Il est informé des résultats techniques et technico-économiques de l'exploitation agricole ou des ateliers technologiques.

Il peut saisir le directeur de l'exploitation agricole ou de l'atelier technologique de toutes questions intéressant la vie et l'organisation des centres.

Le conseil crée toutes les commissions nécessaires à la vie intérieure du centre.

Art. R. 811-47-3 *(Décr. n° 2001-47 du 16 janv. 2001)* Dans l'hypothèse où des agissements passibles d'une sanction disciplinaire seraient commis par un élève, un stagiaire ou un apprenti sur l'exploitation agricole ou dans l'atelier technologique, le directeur concerné en informe le directeur du lycée ou du centre de formation dont relève

l'intéressé et lui transmet un rapport sur les faits, afin que soit éventuellement engagée la procédure disciplinaire *(Décr. n° 2020-1171 du 24 sept. 2020, art. 1er, en vigueur le 1er janv. 2021)* **« prévue aux articles R. 811-83-1 et suivants ».**

SOUS-SECTION 3 Organisation financière

Art. R. 811-48 **Sous réserve des dispositions de la présente section, les établissements publics locaux d'enseignement et de formation professionnelle agricoles sont soumis, en ce qui concerne leur régime financier et comptable, aux dispositions** *(Abrogé par Décr. n° 2022-1605 du 22 déc. 2022, art. 21, à compter du 1er janv. 2023) « de l'article 60 de la loi de finances pour 1963 (n° 63-156 du 23 février 1963) et »* *(Décr. n° 2012-1247 du 7 nov. 2012, art. 19)* **« du titre I du décret n° 2012-1246 du 7 novembre 2012 relatif à la gestion budgétaire et comptable publique ».** — *[Décr. n° 85-1265 du 29 nov. 1985, art. 45.]*

Art. R. 811-49 **Le budget de chaque établissement public local comprend trois divisions relatives : A. — Au service d'enseignement, B. — A l'exploitation agricole, C. — Aux ateliers technologiques.**

Chaque division comporte deux sections présentées par chapitres et articles :

***a*) La section de fonctionnement ;**

***b*) La section des opérations en capital.** — *[Décr. n° 85-1265 du 29 nov. 1985, art. 46.]*

Art. R. 811-50 **Les exploitations agricoles et les ateliers technologiques sont gérés selon les règles de la comptabilité publique. Toutefois, il est tenu compte des usages des professions concernées.** — *[Décr. n° 85-1265 du 29 nov. 1985, art. 47.]*

Art. R. 811-51 **Le budget des établissements publics locaux est établi dans les limites de leurs ressources et dans le respect de la nomenclature fixée conjointement par les ministres chargés du budget, de l'intérieur et de l'agriculture.**

Les ressources de l'établissement public local comprennent notamment :

***a*) La participation de la** *(Décr. n° 2009-144 du 9 févr. 2009, art. 6)* **« collectivité de rattachement au titre des articles L. 421-11 et L. 421-13 du code de l'éducation » ;**

***b*) Les produits de l'exploitation agricole et des autres activités ;**

***c*) Les produits de son patrimoine ;**

***d*) Les produits financiers ;**

***e*) Les produits des dons et des legs ;**

***f*) Les emprunts ;**

***g*) Les subventions des collectivités publiques et des organismes privés ;**

***h*) Les produits du service d'hébergement et de restauration.**

Les dépenses de l'établissement public local concernent notamment :

***a*) Les activités pédagogiques éducatives ;**

***b*) Le chauffage et l'éclairage ;**

***c*) L'entretien des matériels et des locaux ;**

***d*) Les charges générales ;**

***e*) Les charges propres à l'exploitation agricole ou à l'atelier technologique ;**

***f*) Les dépenses d'investissement.** — *[Décr. n° 85-1265 du 29 nov. 1985, art. 48.]*

Art. R. 811-52 **Le projet de budget de l'établissement public local est préparé par le directeur. Il doit être soumis au vote du conseil d'administration et adopté en équilibre réel dans le délai de trente jours suivant la notification de la participation de la région. Il est transmis** *(Abrogé par Décr. n° 2015-749 du 24 juin 2015, art. 1er-II) « au représentant de l'État, »* **à la collectivité de rattachement ainsi qu'au directeur régional de l'alimentation, de l'agriculture et de la forêt dans les cinq jours suivant le vote.**

Sans préjudice du contrôle de légalité par le représentant de l'État, le budget devient exécutoire dans un délai de trente jours à compter de la dernière date de réception *(Décr. n° 2015-749 du 24 juin 2015, art. 1er-II)* **« par chacune des autorités mentionnées à l'alinéa précédent sauf si l'une d'elles » a fait connaître son désaccord motivé. Dans ce cas, ou lorsque le budget n'est pas adopté dans les trente jours suivant la notification de la participation de la** *(Décr. n° 2009-144 du 9 févr. 2009, art. 6)* **« collectivité de rattachement, il est fait application de la procédure prévue aux *e* et *f* de l'article L. 421-11 du code de l'éducation ».**

Le budget, dès qu'il est adopté ou réglé, est transmis à l'agent comptable. – *[Décr. nº 85-1265 du 29 nov. 1985, art. 49.]*

Art. R. 811-53 **En cours d'exercice, le directeur propose les modifications éventuelles à apporter au budget : celles-ci donnent lieu à des budgets modificatifs.**

(Décr. nº 2009-144 du 9 févr. 2009, art. 3) **« Les budgets modificatifs sont adoptés et deviennent exécutoires conformément aux dispositions de l'article L. 421-12 du code de l'éducation. »**

Des virements d'article à article au sein d'un même chapitre peuvent être effectués par le directeur ordonnateur qui en rend compte au conseil d'administration. – *[Décr. nº 85-1265 du 29 nov. 1985, art. 50.]*

Art. R. 811-54 **Lorsqu'il est fait application** *(Décr. nº 2009-144 du 9 févr. 2009, art. 6)* **« du premier alinéa de l'article L. 1612-1 du code général des collectivités territoriales » dans le cas où le budget de l'établissement public local n'a pas été adopté avant le 1er janvier de l'exercice auquel il s'applique, le directeur peut, jusqu'à l'adoption de ce budget, mettre en recouvrement les recettes et engager les dépenses de la section de fonctionnement dans la limite de celles inscrites au budget de l'année précédente.** – *[Décr. nº 85-1265 du 29 nov. 1985, art. 51.]*

Art. R. 811-55 **Les postes comptables de plusieurs établissements publics locaux peuvent être confiés à un même agent comptable.** – *[Décr. nº 85-1265 du 29 nov. 1985, art. 52.]*

Art. R. 811-56 **Les fonctions d'agent comptable sont confiées à un fonctionnaire** *(Décr. nº 2009-144 du 9 févr. 2009, art. 4)* **« du corps des attachés d'administration du ministère »** *(Décr. nº 2022-1605 du 22 déc. 2022, art. 21, en vigueur le 1er janv. 2023)* **« chargé de l'agriculture » ou à un fonctionnaire détaché dans ces corps, si l'importance de l'établissement public local justifie un agent comptable à temps plein ou pour les groupements comptables d'établissements publics locaux.**

Dans le cas des groupements, l'agent comptable siège dans l'un des établissements publics locaux choisi par le directeur régional de l'alimentation, de l'agriculture et de la forêt, après avis de la région. L'agent comptable perçoit, outre sa rémunération principale, une indemnité de *(Décr. nº 2022-1605 du 22 déc. 2022, art. 21, en vigueur le 1er janv. 2023)* **« maniement de fonds » pour la gestion des différents postes comptables dont il est titulaire.**

Ces mêmes fonctions sont confiées à un *(Décr. nº 2014-551 du 27 mai 2014, art. 26-15º)* **« agent des services déconcentrés de la direction générale des finances publiques » si l'importance de l'établissement public local ne justifie pas qu'il soit recouru à un agent comptable à temps plein.** – *[Décr. nº 85-1265 du 29 nov. 1985, art. 53.]*

Art. R. 811-57 **Les postes comptables d'un établissement public national et d'établissements publics locaux peuvent être confiés à un même agent comptable dans les conditions indiquées aux articles R. 811-55 et R. 811-56.** – *[Décr. nº 85-1265 du 29 nov. 1985, art. 54.]*

Art. R. 811-58 **L'agent comptable est nommé par arrêté conjoint du ministre chargé du budget et du ministre de l'agriculture après information de la collectivité de rattachement par le préfet de région.** *(Décr. nº 2022-1605 du 22 déc. 2022, art. 21, en vigueur le 1er janv. 2023)* **« Il prête serment conformément aux dispositions de l'article 14-1 du décret nº 2012-1246 du 7 novembre 2012 relatif à la gestion budgétaire et comptable publique. »** – *[Décr. nº 85-1265 du 29 nov. 1985, art. 55.]*

Art. R. 811-59 *Abrogé par Décr. nº 2022-1605 du 22 déc. 2022, art. 21, à compter du 1er janv. 2023.*

Art. R. 811-60 **L'agent comptable tient la comptabilité générale dans les conditions définies par le plan comptable applicable à l'établissement public local.**

Lorsqu'il ne peut tenir lui-même la comptabilité matière, il en exerce le contrôle. Les instructions données à ce sujet au préposé doivent avoir recueilli l'accord de l'agent comptable qui demande qu'il soit procédé à l'inventaire annuel des stocks.

En cas de perte, de destruction ou de vol des justifications remises à l'agent comptable, le directeur pourvoit à leur remplacement en établissant un certificat visé par le

(Décr. n° 2014-551 du 27 mai 2014, art. 26-16°) « directeur départemental ou, le cas échéant, régional des finances publiques » territorialement compétent. – *[Décr. n° 85-1265 du 29 nov. 1985, art. 57.]*

Art. R. 811-61 Lorsqu'il est fait application *(Décr. n° 2009-144 du 9 févr. 2009, art. 6)* « de l'article L. 1617-3 du code général des collectivités territoriales », et qu'il a requis l'agent comptable de payer, le directeur en rend compte à la collectivité de rattachement, au directeur régional de l'alimentation, de l'agriculture et de la forêt et au conseil d'administration. L'agent comptable en rend compte au *(Décr. n° 2014-551 du 27 mai 2014, art. 26-16°)* « directeur départemental ou, le cas échéant, régional des finances publiques » territorialement compétent qui transmet l'ordre de réquisition à la chambre régionale des comptes. – *[Décr. n° 85-1265 du 29 nov. 1985, art. 58.]*

Art. R. 811-62 En cas de décès ou d'empêchement du comptable, le *(Décr. n° 2014-551 du 27 mai 2014, art. 26-16°)* « directeur départemental ou, le cas échéant, régional des finances publiques » territorialement compétent désigne d'urgence, avec l'agrément du directeur, un agent comptable intérimaire. Le directeur rend compte immédiatement au ministre de l'agriculture et au ministre chargé du budget de l'installation de l'agent comptable intérimaire. – *[Décr. n° 85-1265 du 29 nov. 1985, art. 59.]*

Art. R. 811-63 Les recettes de l'établissement public local sont liquidées par le directeur ordonnateur sur les bases fixées par la loi, les règlements, les décisions de justice et les conventions.

Les produits attribués à l'établissement public local avec une destination déterminée, les subventions des organismes publics ou privés, les dons et legs doivent conserver leur affectation. Toutefois, la réduction ou la modification de l'affectation des charges résultant de dons et legs peuvent être prononcées dans les conditions prévues par le code du domaine de l'État.

Dans les mêmes conditions, la périodicité des attributions prévues par le disposant, ou le groupement en une seule attribution des revenus provenant de libéralités assorties de charges analogues peut être autorisé.

Conformément aux usages observés dans le commerce, les établissements publics locaux peuvent recevoir des effets de commerce en règlement des créances relatives à l'exploitation agricole ou à l'atelier technologique. – *[Décr. n° 85-1265 du 29 nov. 1985, art. 60.]*

Art. R. 811-64 Les ordres de recettes sont établis par l'ordonnateur et remis à l'agent comptable qui les prend en charge et les notifie aux débiteurs.

Tous les droits acquis au cours d'un exercice doivent faire l'objet au titre de cet exercice d'un ordre de recette.

Al. 3 abrogé par Décr. n° 2005-387 du 19 avr. 2005, art. 2-I.

L'ordonnateur est autorisé, dans les conditions et limites fixées par arrêté du ministre chargé du budget, à ne pas émettre les ordres de recettes correspondant aux créances dont le montant initial en principal est inférieur à un minimum fixé par décret. – *[Décr. n° 85-1265 du 29 nov. 1985, art. 61.]*

Art. R. 811-65 Les créances de l'établissement public local qui n'ont pu être recouvrées à l'amiable font l'objet d'états rendus exécutoires par l'ordonnateur.

Les états exécutoires peuvent être notifiés aux débiteurs par lettre recommandée avec demande d'avis de réception. Leur recouvrement est poursuivi jusqu'à opposition devant la juridiction compétente.

L'agent comptable procède aux poursuites. Celles-ci peuvent, si la créance est l'objet d'un litige, être à tout moment suspendues sur ordre écrit de l'ordonnateur. – *[Décr. n° 85-1265 du 29 nov. 1985, art. 62.]*

Art. R. 811-66 Les créances de l'établissement public local peuvent faire l'objet soit d'une remise gracieuse en cas de gêne des débiteurs, soit d'une admission en non-valeur en cas d'insolvabilité des débiteurs.

La décision de remise est prise par le conseil d'administration après avis conforme de l'agent comptable sauf lorsqu'elle concerne une dette de l'agent comptable, ou par l'ordonnateur dans le cas où la créance est inférieure au seuil fixé par le conseil d'administration. – *[Décr. n° 85-1265 du 29 nov. 1985, art. 63.]*

Art. R. 811-67 La réalisation des emprunts autres que ceux qui sont garantis par un warrant agricole ne peut être poursuivie qu'après avis motivé du *(Décr. n° 2014-551 du 27 mai 2014, art. 26-16°)* « directeur départemental ou, le cas échéant, régional des finances publiques » territorialement compétent et de l'exécutif de la collectivité de rattachement. — *[Décr. n° 85-1265 du 29 nov. 1985, art. 64.]*

Art. R. 811-68 L'ordonnateur de l'établissement public local et ses délégués ont seuls qualité pour procéder à l'engagement des dépenses. — *[Décr. n° 85-1265 du 29 nov. 1985, art. 65.]*

Art. R. 811-69 Toutes les dépenses doivent être liquidées et ordonnancées au cours de l'exercice auquel elles se rattachent. *(Abrogé par Décr. n° 2005-387 du 19 avr. 2005, art. 2-II) « Toutefois, au début de chaque exercice l'ordonnateur dispose d'un délai de deux mois pour émettre les ordres de dépenses correspondant aux services faits au cours de l'exercice précédent. »* — *[Décr. n° 85-1265 du 29 nov. 1985, art. 66.]*

Art. R. 811-70 Les ordres de dépenses établis par l'ordonnateur dans les conditions prévues à l'*(Décr. n° 2012-1247 du 7 nov. 2012, art. 19)* « article 32 du décret n° 2012-1246 du 7 novembre 2012 relatif à la gestion budgétaire et comptable publique » sont transmis, accompagnés des pièces justificatives, à l'agent comptable qui les prend en charge et procède à leur règlement. *(Abrogé par Décr. n° 2009-144 du 9 févr. 2009, art. 5) « La liste de ces pièces est celle prévue par le décret n° 83-16 du 13 janvier 1983, pris en application du dernier alinéa de l'article 15 de la loi n° 82-213 du 2 mars 1982. »* — *[Décr. n° 85-1265 du 29 nov. 1985, art. 67.]*

Art. D. 811-70-1 *(Décr. n° 2009-144 du 9 févr. 2009, art. 5)* La liste des pièces justificatives que l'agent comptable peut exiger est fixée par décret.

Art. R. 811-71 Les fonds de l'établissement public local sont déposés *(Décr. n° 2006-1115 du 5 sept. 2006, art. 4 ; Décr. n° 2014-551 du 27 mai 2014, art. 26-17°)* « chez un comptable de la direction générale des finances publiques ». Lorsque les fonds d'un établissement public proviennent d'excédents d'exercices antérieurs, de libéralités, du produit de l'aliénation du patrimoine ou d'emprunts et d'annuités d'amortissement momentanément inutilisés, ils peuvent être placés en valeurs du Trésor et en valeurs d'État ou, pour le court terme, en valeurs du Crédit agricole. Les placements en valeurs à court terme du Trésor ou des caisses de Crédit agricole peuvent être autorisés par décision de l'ordonnateur visée par le *(Décr. n° 2014-551 du 27 mai 2014, art. 26-17°)* « directeur départemental ou, le cas échéant, régional des finances publiques » chargé, au terme de l'article R. 811-73, du contrôle de la gestion de l'agent comptable. Les placements à moyen terme en valeurs du Trésor ou en valeurs d'État font l'objet de prévisions et d'autorisations budgétaires. Les valeurs d'État sont déposées à la Caisse des dépôts et consignations. — *[Décr. n° 85-1265 du 29 nov. 1985, art. 68.]*

Art. R. 811-72 A la fin de chaque exercice, l'agent comptable en fonction prépare le compte financier de l'établissement public local pour l'exercice écoulé.

Le compte financier comprend :

a) La balance définitive des comptes ;

b) Le développement, par chapitres, des dépenses et des recettes budgétaires ;

c) Le tableau récapitulatif de l'exécution du budget ;

d) Les documents de synthèse comptable ;

e) La balance des comptes des valeurs inactives.

Le compte financier est visé par l'ordonnateur qui certifie que le montant des ordres de dépenses et des ordres de recettes est conforme à ses écritures.

Avant l'expiration *(Décr. n° 2005-387 du 19 avr. 2005, art. 2-III)* « du quatrième mois » suivant la clôture de l'exercice le conseil d'administration arrête le compte financier après avoir entendu l'agent comptable.

Le compte financier accompagné éventuellement des observations du conseil d'administration et de celles de l'agent comptable est transmis à la collectivité de rattachement et au directeur régional de l'alimentation, de l'agriculture et de la forêt dans les trente jours suivant son adoption.

(Décr. n° 2022-1605 du 22 déc. 2022, art. 21, en vigueur le 1er janv. 2023) « L'agent comptable produit, selon des modalités fixées par arrêté du ministre chargé du budget,

le compte financier et les pièces annexes au plus tard à l'expiration du sixième mois suivant la clôture de l'exercice. » – *[Décr. n° 85-1265 du 29 nov. 1985, art. 69.]*

Art. R. 811-73 Le contrôle de la gestion des agents comptables est assuré par le *(Décr. n° 2014-551 du 27 mai 2014, art. 26-16°)* « directeur départemental ou, le cas échéant, régional des finances publiques » territorialement compétent.

Les agents comptables sont, en outre, soumis aux vérifications de l'inspection générale des finances et éventuellement des corps de contrôle compétents. – *[Décr. n° 85-1265 du 29 nov. 1985, art. 70.]*

Art. R. 811-74 *(Décr. n° 2017-1772 du 27 déc. 2017, art. 2-15°)* Les marchés de travaux, de fournitures et de transport relevant de l'article L. 216-8 du code de l'éducation sont passés directement par l'établissement public local ou par un groupement d'achats publics, conformément aux dispositions de l'ordonnance n° 2015-899 du 23 juillet 2015 relative aux marchés publics et à celles du chapitre IV du titre I du livre IV de la première partie du code général des collectivités territoriales, sauf dans les cas d'adhésion à une coopérative ou à un groupement de producteurs.

Art. R. 811-75 Des régies d'avances et des régies de recettes peuvent être créées auprès des établissements publics locaux. Les régisseurs sont nommés par décision du directeur après agrément de l'agent comptable. Les fonctions de régisseur d'avances et de régisseur de recettes peuvent être confiées à un même agent. Les régisseurs sont soumis au contrôle de l'agent comptable. – *[Décr. n° 85-1265 du 29 nov. 1985, art. 72.]*

Art. R. 811-76 Les ministres chargés du budget, de l'intérieur et de l'agriculture fixent conjointement :

a) Le plan comptable des établissements publics locaux après avis de l'Autorité des normes comptables ;

b) La présentation du budget et des états annexes ;

c) La liste et la présentation des livres, registres et documents à tenir par le directeur, par l'agent comptable et le ou les comptables matière ;

d) La présentation du compte financier. – *[Décr. n° 85-1265 du 29 nov. 1985, art. 73.]*

SOUS-SECTION 3 *BIS* Groupements d'établissements publics locaux d'enseignement et de formation professionnelle agricoles

(Décr. n° 2015-730 du 24 juin 2015, art. 1er)

Art. D. 811-76-1 Conformément à l'article L. 811-12, les établissements publics locaux d'enseignement et de formation professionnelle agricoles peuvent s'associer en groupements d'établissements, le cas échéant avec d'autres partenaires, pour la mise en œuvre d'une ou plusieurs missions de l'enseignement et de la formation professionnelle agricoles définies à l'article L. 811-1 ou d'actions découlant de ces missions, sans que cette association conduise à la fusion des établissements.

Art. D. 811-76-2 Les groupements d'établissements publics locaux d'enseignement et de formation professionnelle agricoles sont créés sous la forme d'un groupement d'intérêt public au sens de l'article 98 de la loi n° 2011-525 du 17 mai 2011 de simplification et d'amélioration de la qualité du droit, ou, dans les conditions prévues *(Décr. n° 2017-1772 du 27 déc. 2017, art. 2-16°)* « par la sous-section 3 *ter* de la présente section », d'un complexe d'enseignement technique agricole.

SOUS-SECTION 3 *TER* Complexes d'enseignement agricole

(Décr. n° 2017-1772 du 27 déc. 2017, art. 2-17°)

Art. D. 811-76-3 Les établissements publics d'enseignement supérieur, d'enseignement technique et de formation professionnelle relevant du ministère chargé de l'agriculture, les établissements de recherche participant aux activités de ces établissements, et éventuellement le ministère chargé de l'agriculture pour ses services, peuvent s'organiser en complexes pour mettre ou utiliser en commun certains de leurs moyens et développer des actions collectives relevant de leurs attributions en vue de faciliter leur fonctionnement et d'accroître leur potentiel scientifique et pédagogique.

V. par exemple Arr. du 15 juill. 2019 portant approbation de la convention constitutive du complexe d'enseignement agricole dénommé « Préférence » (JO 21 juill.).

Art. D. 811-76-4 Les conventions répondant aux conditions de la présente sous-section sont constitutives de complexes après approbation par arrêté du ministre chargé de l'agriculture. Le retrait d'approbation est prononcé si le fonctionnement du complexe ne répond plus à ces conditions, ou si ses objectifs ne correspondent plus à la politique du ministère chargé de l'agriculture.

Art. D. 811-76-5 D'autres membres répondant aux conditions définies à l'article D. 811-76-3 peuvent être intégrés dans le complexe par avenant à la convention. Ces différents membres ont la qualité de membre actif du complexe.

Des personnes morales de droit public ou privé, concernées par les objectifs du complexe, peuvent être associées au fonctionnement du complexe dans le cadre de conventions précisant les modalités de leur participation à des activités spécialisées.

Art. D. 811-76-6 La convention constitutive du complexe :

1° Définit ses finalités ;

2° Énumère ses membres fondateurs ;

3° Fixe sa dénomination, son siège et sa durée ;

4° Désigne l'établissement support de la gestion du complexe ;

5° Détermine les moyens mis en commun et les conditions de leur utilisation ;

6° Précise la répartition des tâches et, selon la nature des services communs mis en place, les responsabilités en matière d'organisation et de gestion ;

7° Prévoit les modalités de retrait des membres, la procédure de dissolution du complexe et le mode de répartition des biens communs.

Les modifications de la convention constitutive des complexes et les avenants à cette convention sont soumis à l'agrément du ministre chargé de l'agriculture.

Art. D. 811-76-7 Un règlement financier annexé à la convention fixe la contribution de base à apporter éventuellement par les membres du complexe au fonctionnement de celui-ci, les clefs de répartition des dépenses communes qui ne seraient pas couvertes par les recettes du complexe, les autres modalités financières d'équipement et de fonctionnement du complexe tenant à la finalité, à la nature des moyens ou des services mis en commun et aux organismes qui le composent.

Art. D. 811-76-8 Les membres du complexe peuvent mettre à la disposition de l'établissement support pour le compte du complexe des éléments mobiliers ou immobiliers de leur patrimoine.

Art. D. 811-76-9 Un conseil d'orientation et de coordination est chargé de la mise en œuvre des objectifs du complexe. Il est composé :

1° Des directeurs ou responsables des établissements membres actifs ;

2° De personnes qualifiées au regard des objectifs du complexe ;

3° D'un représentant du ministre chargé de l'agriculture.

Le ministre chargé de l'agriculture fixe par arrêté la composition du conseil et nomme le président du complexe après consultation des membres actifs.

Les décisions du conseil sont prises à la majorité des membres présents ou représentés, la voix du président étant prépondérante.

La présence de la moitié des membres du conseil est nécessaire pour la validité des délibérations, chaque membre ne pouvant disposer que d'un pouvoir supplémentaire.

Art. D. 811-76-10 Le conseil d'orientation et de coordination propose au conseil d'administration de l'établissement support les mesures à mettre en œuvre et, s'il y a lieu, la participation des membres en vue de la réalisation des objectifs du complexe.

Il donne son avis sur les avenants à la convention constitutive et les avenants prévus à l'article D. 811-76-5.

Le responsable de l'établissement support et les responsables des établissements membres actifs, chacun pour ce qui le concerne, rendent compte de l'activité du complexe au conseil d'orientation et de coordination.

Art. D. 811-76-11 Les opérations de dépenses et de recettes du complexe sont retracées dans une annexe au budget de l'établissement support. Préparée par le conseil

d'orientation et de coordination, elle est soumise au conseil d'administration de l'établissement support.

L'ordonnateur de l'établissement support est de droit l'ordonnateur du complexe. Il peut désigner un ordonnateur délégué pour les opérations liées au complexe, en accord avec le président.

Art. D. 811-76-12 **L'ordonnateur du complexe prépare et, après accord du président, signe les conventions nécessaires à la mise en œuvre des objectifs du complexe.**

Art. D. 811-76-13 **Les personnels mis à la disposition permanente du complexe sont placés sous l'autorité du directeur de l'établissement support pour l'organisation de leur service.**

Art. D. 811-76-14 **La dissolution anticipée du complexe peut intervenir sur proposition du conseil d'orientation et de coordination. Elle est décidée par les membres actifs du complexe à la majorité des deux tiers. Un procès-verbal de dissolution est adressé dans les quinze jours qui suivent la décision au ministre chargé de l'agriculture.**

Art. D. 811-76-15 **A la dissolution du complexe, les biens immobiliers et mobiliers dont l'usage lui a été conféré par les établissements membres sont repris par ceux-ci. Les équipements acquis pour le compte du complexe sont répartis entre les membres selon la procédure prévue dans la convention constitutive.**

SOUS-SECTION 4 **Droits et obligations des élèves**

§ 1 Les droits

Art. R. 811-77 *(Décr. n° 2020-1171 du 24 sept. 2020, art. 1er, en vigueur le 1er janv. 2021)* **Pour l'application de la présente sous-section, on entend par élèves les élèves, étudiants, apprentis ou stagiaires des établissements publics locaux.**

Art. R. 811-77-1 *(Décr. n° 2020-1171 du 24 sept. 2020, art. 1er, en vigueur le 1er janv. 2021)* **Le directeur du lycée ou le directeur de centre mentionné à l'article R. 811-30 et le conseil d'administration veillent, en collaboration avec les conseils des délégués des élèves, à ce que la liberté d'expression dont les élèves disposent individuellement et collectivement s'exerce dans les conditions définies par les articles L. 511-1 et L. 511-2 du code de l'éducation.** – *V. **C. éduc.***

Art. R. 811-78 **Dans les établissements publics locaux d'enseignement et de formation professionnelle agricoles, la liberté d'association s'exerce dans les conditions ci-après :**

Le fonctionnement, à l'intérieur des établissements, d'associations déclarées qui sont composées d'élèves et, le cas échéant, d'autres membres de la communauté éducative *(Abrogé par Décr. n° 2020-1171 du 24 sept. 2020, art. 1er, à compter du 1er janv. 2021)* **« *du centre* » est autorisé par le conseil d'administration, après dépôt auprès du directeur** *(Décr. n° 2020-1171 du 24 sept. 2020, art. 1er, en vigueur le 1er janv. 2021)* **« de l'établissement public local, » d'une copie des statuts de l'association, sous réserve que leur objet et leur activité soient compatibles avec les principes du service public de l'enseignement ; en particulier, elles ne peuvent avoir un objet ou une activité de caractère politique ou religieux.**

Ces associations peuvent contribuer à l'exercice du droit d'expression collective des élèves.

Si les activités d'une telle association portent atteinte aux principes rappelés ci-dessus, le directeur *(Décr. n° 2020-1171 du 24 sept. 2020, art. 1er, en vigueur le 1er janv. 2021)* **« de l'établissement public local » invite le président de l'association à s'y conformer.**

En cas de manquement persistant, le directeur *(Décr. n° 2020-1171 du 24 sept. 2020, art. 1er, en vigueur le 1er janv. 2021)* **« de l'établissement public local » saisit le conseil d'administration, qui peut retirer l'autorisation après avis du conseil des délégués des élèves.**

Les dispositions du présent article ne sont pas applicables aux associations créées en application *(Décr. n° 2009-144 du 9 févr. 2009, art. 6)* **« de l'article L. 552-2 du code de l'éducation ».** – *[Décr. n° 85-1265 du 29 nov. 1985, art. 31-4.]*

Art. R. 811-78-1 *(Décr. nº 2017-1411 du 27 sept. 2017, art. 2-68º)* Le silence gardé pendant une durée de quatre mois par le conseil d'administration de l'établissement sur une demande d'autorisation de fonctionnement d'association d'élèves ou d'autres membres de la communauté éducative, mentionnée à l'article *(Décr. nº 2020-1171 du 24 sept. 2020, art. 1er, en vigueur le 1er janv. 2021)* « R. 811-78 », vaut décision d'acceptation.

Art. R. 811-79 Dans les établissements publics locaux d'enseignement et de formation professionnelle agricoles, la liberté de réunion s'exerce dans les conditions ci-après :

1º A l'initiative des délégués des élèves désignés en application de l'article R. 811-36, pour l'exercice de leurs fonctions ;

2º Dans les centres *(Décr. nº 2020-1171 du 24 sept. 2020, art. 1er, en vigueur le 1er janv. 2021)* « d'enseignement et de formation mentionnés à l'article R. 811-29 », à l'initiative des associations mentionnées à l'article R. 811-78 ou d'un groupe d'élèves de l'établissement pour des réunions qui contribuent à l'information des élèves.

Le droit de réunion s'exerce en dehors des heures de cours prévues à l'emploi du temps des participants. Le règlement intérieur fixe les modalités d'exercice de ce droit après consultation du conseil des délégués des élèves.

Le directeur du centre autorise, sur demande motivée des organisateurs, la tenue des réunions en admettant, le cas échéant, l'intervention de personnalités extérieures. A cette occasion, il peut solliciter l'avis du conseil d'administration.

Il peut opposer un refus à la tenue d'une réunion ou à la participation de personnalités extérieures lorsque celles-ci sont de nature à porter atteinte au fonctionnement normal du centre ou à contrevenir aux dispositions de la présente section.

L'autorisation peut être assortie de conditions tendant à garantir la sécurité des personnes et des biens. – *[Décr. nº 85-1265 du 29 nov. 1985, art. 31-5.]*

Art. R. 811-80 Les publications rédigées par des élèves peuvent être librement diffusées dans le centre.

(Décr. nº 2020-1171 du 24 sept. 2020, art. 1er, en vigueur le 1er janv. 2021) « Toutefois, le directeur de l'établissement public local peut suspendre ou interdire la diffusion dans l'établissement des contenus qui présentent un caractère injurieux ou diffamatoire ou qui portent une atteinte grave aux droits d'autrui ou à l'ordre public. Il en informe le conseil d'administration. » – *[Décr. nº 85-1265 du 29 nov. 1985, art. 31-6.]*

Art. R. 811-81 Afin de permettre l'exercice de la liberté d'expression, le directeur du centre veille à ce que des panneaux d'affichage et, dans la mesure du possible, un local soient mis à la disposition des délégués des élèves, du conseil des délégués et, le cas échéant, des associations d'élèves. – *[Décr. nº 85-1265 du 29 nov. 1985, art. 31-7.]*

§ 2 Les obligations

Art. R. 811-82 Toute atteinte aux personnes ou aux biens peut donner lieu à une sanction disciplinaire *(Décr. nº 2020-1171 du 24 sept. 2020, art. 1er, en vigueur le 1er janv. 2021)* « conformément aux articles R. 811-83-1 et suivants ». – *[Décr. nº 85-1265 du 29 nov. 1985, art. 36-2.]*

Art. R. 811-83 L'obligation d'assiduité *(Décr. nº 2009-144 du 9 févr. 2009, art. 6)* « mentionnée à l'article L. 511-1 du code de l'éducation » consiste, pour les élèves, à se soumettre aux horaires d'enseignement définis par l'emploi du temps de l'établissement ; elle s'impose pour les enseignements et les stages obligatoires, ainsi que pour les enseignements facultatifs dès lors que les élèves se sont inscrits à ces derniers.

Les élèves doivent accomplir les travaux écrits, oraux et pratiques qui leur sont demandés par les enseignants, respecter le contenu des programmes et se soumettre aux modalités de contrôle des connaissances qui leur sont imposées.

Les élèves ne peuvent se soustraire aux contrôles et examens de santé organisés à leur intention.

Le règlement intérieur de l'établissement détermine les modalités d'application du présent article. – *[Décr. nº 85-1265 du 29 nov. 1985, art. 31-8.]*

SOUS-SECTION 4 *BIS* Régime disciplinaire

(*Décr. n° 2020-1171 du 24 sept. 2020, art. 1er, en vigueur le 1er janv. 2021*)

Art. R. 811-83-1 Pour l'application de la présente sous-section, on entend par élèves les élèves, étudiants, apprentis ou stagiaires des établissements publics locaux d'enseignement et de formation professionnelle agricoles.

Art. R. 811-83-2 Préalablement à l'engagement de la procédure disciplinaire, le directeur du lycée ou le directeur de centre mentionné à l'article R. 811-30 recherche, avec les équipes éducatives et, s'il le juge utile, avec la commission éducative prévue à l'article R. 811-83-5, toute mesure utile de nature éducative, sauf dans les cas prévus aux III et IV de l'article R. 811-83-9.

§ 1 Sanctions disciplinaires

Art. R. 811-83-3 I. — Les sanctions qui peuvent être prononcées à l'encontre des élèves sont les suivantes :

1° L'avertissement ;

2° Le blâme ;

3° La mesure de responsabilisation ;

4° L'exclusion temporaire de la classe, qui ne peut excéder quinze jours, et durant laquelle l'élève demeure accueilli dans l'établissement ;

5° L'exclusion temporaire de l'établissement ou de l'un de ses services annexes, qui ne peut excéder quinze jours ;

6° L'exclusion définitive de l'établissement ou de l'un de ses services annexes.

Les sanctions disciplinaires peuvent être assorties, dans les conditions prévues au règlement intérieur, de mesures de prévention et d'accompagnement et, s'agissant des sanctions mentionnées aux 4° et 5°, de mesures alternatives.

Le prononcé des sanctions prévues aux 3°, 4°, 5° et 6° peut être assorti du sursis à leur exécution, total ou partiel, dans les conditions prévues à l'article R. 511-13-1 du code de l'éducation.

Les sanctions prévues au 3° et au 4° ne sont pas applicables aux stagiaires.

La sanction prévue au 3° n'est pas applicable aux apprentis.

II. — La mesure de responsabilisation prévue au 3° du I consiste à participer, en dehors des heures d'enseignement, à des activités de solidarité, culturelles ou de formation à des fins éducatives. Sa durée ne peut excéder vingt heures. Lorsqu'elle consiste en particulier en l'exécution d'une tâche, celle-ci doit respecter la dignité de l'élève, ne pas l'exposer à un danger pour sa santé et demeurer en adéquation avec son âge et ses capacités. Elle peut être exécutée au sein de l'établissement, d'une association, d'une collectivité territoriale, d'un groupement rassemblant des personnes publiques ou d'une administration de l'État. Un arrêté du ministre chargé de l'agriculture fixe les clauses types de la convention qui doit nécessairement être conclue entre l'établissement et la structure susceptible d'accueillir des élèves dans le cadre de mesures de responsabilisation. La convention type est approuvée par délibérations de la commission éducative prévue à l'article R. 811-83-5 et du conseil d'administration. — *V. Arr. du 5 nov. 2020 fixant les clauses types de la convention prévue à l'art. R. 811-83-3 (JO 19 nov.).*

L'accord de l'élève, et, lorsqu'il est mineur, celui de son représentant légal, est recueilli en cas d'exécution à l'extérieur de l'établissement. Un exemplaire de la convention est remis à l'élève ou à son représentant légal.

Quel que soit son lieu de déroulement, la mise en place d'une mesure de responsabilisation est subordonnée à la signature d'un engagement par l'élève à la réaliser.

III. — En cas de prononcé d'une des sanctions prévues aux 4° et 5° du I, le conseil de discipline peut prendre ou proposer une mesure alternative consistant en une mesure de responsabilisation prévue au II. Cette possibilité est également ouverte au directeur statuant seul dans les conditions prévues au II de l'article R. 811-83-9.

Lorsque l'élève respecte l'engagement écrit mentionné au dernier alinéa du II, seule la mesure alternative est inscrite dans le dossier administratif de l'élève. Elle est effacée à l'issue de l'année scolaire suivante. Dans le cas contraire, la sanction d'exclusion temporaire initialement envisagée est exécutée et inscrite au dossier administratif.

Art. R. 811-83-4 Sous réserve des dispositions du III de l'article R. 811-83-3, les sanctions, même assorties du sursis à leur exécution, sont inscrites au dossier administratif de l'élève.

L'avertissement est effacé du dossier administratif à l'issue de l'année scolaire. Le blâme et la mesure de responsabilisation sont effacés du dossier administratif à l'issue de l'année scolaire suivant celle du prononcé de la sanction. Les autres sanctions, hormis l'exclusion définitive, sont effacées du dossier administratif à l'issue de la deuxième année scolaire suivant celle du prononcé de la sanction.

Toutefois, un élève peut demander l'effacement des sanctions inscrites dans son dossier administratif lorsqu'il change d'établissement.

Les sanctions sont effacées du dossier administratif au terme de sa scolarité ou du cycle de formation.

Ces délais peuvent être adaptés à la durée de formation des stagiaires et des apprentis en application des dispositions prévues au règlement intérieur de leur centre respectif.

§ 2 La commission éducative

Art. R. 811-83-5 Il est institué une commission éducative dans chaque établissement public local d'enseignement et de formation professionnelle agricoles.

Cette commission, qui est présidée par le directeur de l'établissement ou son représentant, comprend notamment des personnels de l'établissement, dont au moins un personnel chargé de mission d'enseignement et d'éducation ou de formation et au moins un parent d'élève. Sa composition est arrêtée par le conseil d'administration qui fixe les modalités de son fonctionnement. Peut y être associée toute personne susceptible d'apporter des éléments permettant de mieux appréhender la situation de l'élève concerné.

Elle a notamment pour mission d'examiner la situation d'un élève dont le comportement est inadapté aux règles de vie dans l'établissement ou qui méconnaît ses obligations prévues aux articles R. 811-82 et R. 811-83 et au règlement intérieur. Elle favorise la recherche d'une réponse éducative personnalisée préalablement à l'engagement éventuel de poursuites disciplinaires.

La commission éducative assure le suivi de l'application des mesures de prévention et d'accompagnement, des mesures de responsabilisation ainsi que des mesures alternatives aux sanctions disciplinaires.

Elle peut être saisie dans les conditions prévues à l'article R. 811-83-2.

§ 3 Le conseil de discipline du lycée

Art. R. 811-83-6 Au sein de chaque lycée mentionné aux 1° à 3° de l'article R. 811-29, le conseil de discipline est présidé par le directeur du lycée ou son représentant. Il comprend en outre :

1° Le conseiller principal d'éducation ou celui qui en fait fonction ;

2° Trois représentants des personnels enseignants, d'éducation et de surveillance dans les établissements de plus de cent élèves ou deux représentants seulement dans les établissements de moins de cent élèves ;

3° Un représentant du personnel non enseignant ;

4° Deux représentants des parents d'élèves dans les établissements ayant plus de quatre classes ou un représentant pour les établissements ayant au plus quatre classes ;

5° Un représentant des élèves.

Les membres du conseil intérieur élisent chaque année, au sein de chaque catégorie, au scrutin majoritaire à un tour, ceux de leurs représentants mentionnés aux 2°, 3°, 4° et 5°.

Pour chaque membre titulaire du conseil de discipline, un suppléant est élu dans les mêmes conditions.

Le conseil de discipline s'adjoint, avec voix consultative et sans qu'ils puissent assister au délibéré :

a) Le professeur principal de la classe de l'élève en cause ;

b) Les deux délégués de la classe de l'élève en cause, prévus à l'article R. 811-44.

Le conseil de discipline peut prononcer l'ensemble des sanctions mentionnées à l'article R. 811-83-3.

Art. R. 811-83-6-1 *(Décr. n° 2023-1357 du 28 déc. 2023, art. 1er)* Lorsque le conseil de discipline est saisi pour des actes portant gravement atteinte aux principes de la République, notamment au principe de laïcité, le directeur du lycée ou le directeur de centre mentionné à l'article R. 811-30 peut demander au directeur régional de l'alimentation, de l'agriculture et de la forêt de désigner au sein de ses services une personne compétente dans ce domaine pour siéger avec voix consultative au conseil de discipline.

Par dérogation aux dispositions de l'article R. 811-83-6, la présidence du conseil de discipline peut être assurée, sur demande du directeur de l'établissement, motivée par le souci de garantir la sérénité de la procédure, par le directeur régional de l'alimentation, de l'agriculture et de la forêt ou son représentant.

Art. D. 811-83-7 Le conseil de discipline prend ses décisions à la majorité absolue des voix exprimées. Le vote a lieu à bulletin secret.

Les membres du conseil de discipline sont soumis à l'obligation du secret en ce qui concerne tous les faits et documents dont ils ont eu connaissance en cette qualité.

(Décr. n° 2023-1357 du 28 déc. 2023, art. 1er) « Le conseil de discipline peut, sur décision de son président, être réuni dans un autre établissement ou dans les locaux de la direction régionale de l'alimentation, de l'agriculture et de la forêt. »

Art. D. 811-83-8 Lorsque le représentant des élèves mentionné au 5° de l'article R. 811-83-6 est convoqué devant le conseil de discipline, il est remplacé par son suppléant élu dans les mêmes conditions. Ce remplacement devient définitif pour l'année scolaire en cours si l'élève a fait l'objet d'une sanction du conseil de discipline.

Lorsque l'élève convoqué devant le conseil de discipline est un délégué de classe, il est procédé à une nouvelle élection au sein de la classe pour lui désigner un suppléant.

Un membre élu du conseil de discipline est remplacé par son suppléant pour toute séance où le cas d'un de ses enfants est examiné.

§ 3 *BIS* Le conseil de discipline régional

(Décr. n° 2023-1357 du 28 déc. 2023, art. 1er)

Art. R. 811-83-8-1 Le conseil de discipline régional est présidé par le directeur régional de l'alimentation, de l'agriculture et de la forêt ou son représentant.

Il comprend en outre dix membres :

1° Deux représentants des personnels de direction ;

2° Deux représentants des personnels d'enseignement ;

3° Un représentant des personnels administratifs, sociaux et de santé, techniques, ouvriers et de service ;

4° Un conseiller principal d'éducation ;

5° Deux représentants des parents d'élèves ;

6° Deux représentants des élèves.

La nomination des membres autres que le président leur confère la qualité de membre d'un conseil de discipline d'établissement. Ils sont nommés pour un an par le directeur régional de l'alimentation, de l'agriculture et de la forêt.

Art. R. 811-83-8-2 Les articles R. 811-83-3, D. 811-83-7 et D. 811-83-8, le deuxième alinéa du I, le II et le III de l'article R. 811-83-9 et les articles D. 811-83-10 à R. 811-83-21 sont applicables au conseil de discipline régional.

Art. R. 811-83-8-3 Le conseil de discipline régional peut être saisi pour des faits d'atteinte grave aux personnes ou aux biens par un directeur de lycée ou un directeur de centre mentionné à l'article R. 811-30 lorsque celui-ci engage une action disciplinaire à l'encontre d'un élève qui a déjà fait l'objet d'une sanction d'exclusion définitive de son précédent établissement ou est l'objet de poursuites pénales et que ce directeur estime que la sérénité du conseil de discipline n'est pas assurée ou que l'ordre et la sécurité dans l'établissement seraient compromis. Ce conseil peut également être saisi, pour les mêmes motifs, par un directeur de lycée ou un directeur de centre mentionné à l'article R. 811-30 à l'égard d'un élève à l'encontre duquel il engage une action disciplinaire pour atteinte grave aux principes de la République, notamment au principe de laïcité.

§ 3 *TER* Dispositions communes au conseil de discipline et au conseil de discipline régional

(*Décr. nº 2023-1357 du 28 déc. 2023, art. 1er*)

Art. D. 811-83-8-4 Lorsqu'un élève est traduit devant le conseil de discipline de l'établissement ou le conseil de discipline régional et fait l'objet de poursuites pénales en raison des mêmes faits, l'action disciplinaire peut, en cas de contestation sérieuse sur la matérialité de ces faits ou sur leur imputation à l'élève en cause, être suspendue jusqu'à ce que la juridiction saisie se soit prononcée.

Art. D. 811-83-8-5 Lorsqu'un élève ayant fait l'objet de la mesure prévue à l'article D. 811-83-12 ne s'y conforme pas, l'action disciplinaire se rapportant à cette faute est jointe à l'action en cours et le conseil de discipline de l'établissement ou le conseil de discipline régional statue par une seule décision.

Lorsqu'un élève fait l'objet de poursuites disciplinaires pour des faits distincts, les deux procédures peuvent être jointes et le conseil de discipline de l'établissement ou le conseil de discipline régional peut statuer par une seule décision, à l'initiative du directeur du lycée, du directeur de centre mentionné à l'article R. 811-30 ou du directeur régional de l'alimentation, de l'agriculture et de la forêt.

§ 4 Procédure disciplinaire

Art. R. 811-83-9 I. — Le directeur du lycée ou le directeur de centre mentionné à l'article R. 811-30 engage les actions disciplinaires en cas de manquement aux obligations prévues aux articles R. 811-82 et R. 811-83 et au règlement intérieur.

Il dispose seul du pouvoir de saisir le conseil de discipline du lycée prévu à l'article R. 811-83-6 ou, le cas échéant, le conseil de centre ou le conseil de perfectionnement siégeant en conseil de discipline en application des articles R. 811-45 et R. 811-46.

(*Décr. nº 2023-1357 du 28 déc. 2023, art. 1er*) « Il peut, dans les conditions prévues à l'article R. 811-83-8-3, saisir le conseil de discipline régional. »

II. — Il prononce seul à l'égard des élèves les sanctions de l'avertissement, du blâme, de la mesure de responsabilisation, de l'exclusion temporaire de huit jours au plus de la classe et de l'exclusion temporaire de huit jours au plus de l'établissement ou de ses services annexes, ainsi que les mesures de prévention et d'accompagnement prévues par le règlement intérieur.

(*Décr. nº 2023-1357 du 28 déc. 2023, art. 1er*) « En cas d'atteinte aux principes de la République, notamment au principe de laïcité, le directeur régional de l'alimentation, de l'agriculture et de la forêt ou son représentant peut également, à la demande du directeur du lycée ou du directeur de centre mentionné à l'article R. 811-30 motivée par le souci de garantir la sérénité de la procédure et en lieu et place de celui-ci, engager la procédure disciplinaire dans les conditions prévues à l'article D. 811-83-11 et prononcer seul les sanctions énumérées au premier alinéa.

« III. — Il est tenu d'engager une procédure disciplinaire :

« 1° Lorsque l'élève est l'auteur de violence verbale à l'égard d'un membre du personnel de l'établissement ou lorsqu'il commet un acte grave à l'égard d'un membre du personnel ou d'un autre élève ;

« 2° Lorsque l'élève commet un acte portant une atteinte grave aux principes de la République, notamment au principe de laïcité ;

« 3° Lorsque l'élève commet des actes de harcèlement, notamment de cyber harcèlement, à l'encontre d'un autre élève, y compris lorsque ce dernier est scolarisé dans un autre établissement. »

Il est également tenu de saisir le conseil de discipline lorsqu'un membre du personnel ou un élève a été victime de violence physique.

Art. D. 811-83-10 Le président du conseil de discipline convoque par tout moyen permettant de conférer date certaine, y compris la remise en mains propres contre signature, au moins cinq jours avant la séance, dont il fixe la date :

1° L'élève en cause ;

2° S'il est mineur, son représentant légal ;

3° Le cas échéant, la personne chargée d'assister l'élève pour présenter sa défense.

La convocation comporte les griefs retenus à l'encontre de l'élève et reproduit les dispositions du chapitre II du titre II du livre I du code des relations entre le public et l'administration. Le représentant légal de l'élève mineur est informé du droit à être entendu à sa demande par le directeur et par le conseil de discipline.

Le président du conseil de discipline convoque par tout moyen permettant de conférer date certaine, au moins cinq jours avant la séance, les membres du conseil de discipline ainsi que les témoins ou les personnes susceptibles d'éclairer le conseil sur les faits motivant la comparution de l'élève.

Art. D. 811-83-11 Lorsqu'il se prononce sur le fondement du II de l'article R. 811-83-9, le directeur du lycée ou le directeur de centre mentionné à l'article R. 811-30 informe sans délai l'élève des faits qui lui sont reprochés et lui fait savoir qu'il peut, dans un délai d'au moins deux jours ouvrables, d'une part, présenter sa défense oralement ou par écrit et, d'autre part, se faire assister par une personne de son choix. Si l'élève est mineur, cette communication est également faite à son représentant légal. Dans tous les cas, l'élève et la personne éventuellement chargée de l'assister pour présenter sa défense peuvent prendre connaissance du dossier auprès du directeur. S'il s'agit d'un apprenti, son employeur est informé dans les mêmes conditions lorsque la sanction envisagée est l'une des sanctions d'exclusion temporaire mentionnées aux 4° et 5° du I de l'article R. 811-83-3.

Art. D. 811-83-12 Sous réserve du droit à consultation du dossier, le directeur du lycée ou le directeur de centre mentionné à l'article R. 811-30 peut interdire, à titre conservatoire et afin d'assurer le bon fonctionnement de l'établissement, l'accès de l'établissement à l'élève en attendant la comparution de celui-ci devant le conseil de discipline. S'il est mineur, l'élève est remis à son représentant légal. Cette mesure ne présente pas le caractère d'une sanction.

Art. D. 811-83-13 Au jour fixé pour la séance, le président du conseil de discipline vérifie que le conseil de discipline peut siéger valablement. Le nombre des membres présents doit être égal à la majorité des membres composant le conseil. Si ce quorum n'est pas atteint, le conseil de discipline est convoqué en vue d'une nouvelle réunion, qui se tient dans un délai minimum de cinq jours et un délai maximum de dix jours ; il délibère alors valablement, quel que soit le nombre des membres présents. En cas d'urgence, le délai peut être réduit.

Art. D. 811-83-14 Le président ouvre la séance et désigne un secrétaire de séance parmi les membres du conseil de discipline.

Art. D. 811-83-15 Avant l'examen d'une affaire déterminée, si la nature des accusations le justifie et que les deux tiers au moins des membres du conseil le demandent, les délégués de classe qui ne sont pas majeurs se retirent du conseil.

Art. D. 811-83-16 L'élève et le cas échéant son représentant légal et la personne chargée de l'assister sont introduits.

Le président donne lecture du rapport motivant la proposition de sanction.

Art. D. 811-83-17 Le conseil de discipline entend l'élève et le cas échéant, sur leur demande, le représentant légal de celui-ci et la personne chargée de l'assister. Il entend également :

1° Deux professeurs de la classe de l'élève en cause, désignés par le chef d'établissement qui peut à cet effet consulter l'équipe pédagogique ;

2° Les deux délégués d'élèves de la classe de l'élève en cause ;

3° Toute personne de l'établissement susceptible de fournir des éléments d'information sur l'élève de nature à éclairer les débats ;

4° Les autres personnes convoquées par le président du conseil de discipline, mentionnées à l'article D. 811-83-10 et, si elles sont mineures, leur représentant légal.

Art. D. 811-83-18 Le président conduit la procédure et les débats dans le respect du contradictoire, avec le souci de donner à l'intervention du conseil de discipline une portée éducative.

Art. D. 811-83-19 L'élève ou, s'il est mineur, son représentant légal, ainsi que, le cas échéant, la personne chargée de l'assister sont invités à présenter d'ultimes observations avant que le conseil ne commence à délibérer.

Art. D. 811-83-20 *(Décr. n° 2023-1357 du 28 déc. 2023, art. 1er)* « A l'issue de la délibération, la décision du conseil de discipline est notifiée dans les meilleurs délais à l'élève et, le cas échéant, à son représentant légal, par tout moyen permettant de conférer date certaine. Cette notification mentionne les voies et délais d'appel fixés à l'article R. 811-83-21. »

Le procès-verbal du conseil de discipline mentionne les noms du président, du secrétaire de séance, des membres du conseil et des autres personnes qui ont assisté à la réunion. Il rappelle succinctement les griefs invoqués à l'encontre de l'élève en cause, les réponses qu'il a fournies aux questions posées au cours de la séance, les observations présentées par la personne chargée de l'assister et la décision prise par les membres du conseil après délibération. Le procès-verbal, signé du président et du secrétaire de séance, est conservé par l'établissement.

Une copie en est adressée au directeur régional de l'alimentation, de l'agriculture et de la forêt dans les cinq jours suivant la séance.

§ 5 Appel

Art. R. 811-83-21 I. — Les sanctions prises par le directeur de lycée ou le directeur de centre mentionné à l'article R. 811-30 statuant seul peuvent être déférées, dans un délai de huit jours à compter de leur notification écrite, au directeur régional de l'alimentation, de l'agriculture et de la forêt qui statue seul.

II. — Les sanctions prises par le conseil de discipline *(Décr. n° 2023-1357 du 28 déc. 2023, art. 1er)* « ou par le conseil de discipline régional » peuvent être déférées, dans un délai de huit jours à compter de leur notification écrite, au directeur régional de l'alimentation, de l'agriculture et de la forêt, qui statue après avis d'une commission d'appel régionale.

Art. D. 811-83-22 La commission d'appel régionale est présidée par le directeur régional de l'alimentation, de l'agriculture et de la forêt ou son représentant.

Elle comprend en outre :

1° Le chef du service de la formation et du développement ou son représentant ;

2° Le directeur d'un des centres mentionnés à l'article R. 811-27, désigné par le directeur régional de l'alimentation, de l'agriculture et de la forêt ;

3° Deux représentants des personnels enseignants et d'éducation désignés par le directeur régional de l'alimentation, de l'agriculture et de la forêt sur proposition des organisations syndicales représentées au comité régional de l'enseignement agricole ;

4° Deux représentants des parents d'élèves des établissements d'enseignement agricole publics, membres du comité régional de l'enseignement agricole, désignés par le comité.

Les membres de la commission d'appel sont désignés pour trois ans.

Des suppléants des membres mentionnés aux 2° à 4°sont désignés dans les mêmes conditions.

Les modalités d'exercice des droits de la défense sont celles prévues aux articles D. 811-83-10 et D. 811-83-16 à D. 811-83-19.

Le directeur régional de l'alimentation, de l'agriculture et de la forêt statue dans un délai d'un mois à compter de la date de réception de l'appel.

La décision déférée demeure néanmoins immédiatement exécutoire.

Art. R. 811-83-23 La juridiction administrative ne peut être saisie qu'après mise en œuvre des dispositions de l'article R. 811-83-21.

Art. R. 811-83-24 Le directeur régional de l'alimentation, de l'agriculture et de la forêt a compétence pour représenter l'État devant le tribunal administratif en cas de recours introduit devant cette juridiction contre les décisions prises sur le fondement de l'article R. 811-83-21.

SOUS-SECTION 5 **Hébergement et restauration**

Art. R. 811-84 Des services d'hébergement et de restauration peuvent être annexés à l'établissement public local.

Ces services accueillent les élèves internes, demi-pensionnaires ou internes externes, les apprentis et les stagiaires. Si nécessaire, les élèves peuvent être accueillis dans un service annexé à un autre établissement public local. – *[Décr. n° 85-1265 du 29 nov. 1985, art. 74.]*

Art. R. 811-85 En ce qui concerne les élèves, l'hébergement et la restauration sont supportés par les familles et par l'État.

L'État a en totalité la charge de la rémunération des personnels de direction, de gestion et d'éducation affectés à l'hébergement et à la restauration, à l'exception des charges résultant de l'emploi des maîtres d'internat au pair. La rémunération des personnels infirmiers, ouvriers et de service est partagée entre l'État et les familles. Le ministre de l'agriculture fixe chaque année par arrêté la participation que les familles apportent à ce titre.

Dans l'hypothèse où des personnels ouvriers et de service participant au fonctionnement du service d'hébergement et de restauration sont payés sur le budget de l'établissement public local, la collectivité de rattachement peut fixer la part mise à la charge des familles pour ces personnels.

S'agissant des apprentis et des stagiaires, le prix de l'hébergement et des repas est fixé en tenant compte notamment de toutes les charges de personnel. – *[Décr. n° 85-1265 du 29 nov. 1985, art. 75.]*

Art. R. 811-86 Sur la proposition du directeur, le conseil d'administration fixe les prix de pension dans les conditions définies par arrêté du ministre de l'agriculture. Ces prix comprennent le coût direct des prestations et une participation aux charges générales de fonctionnement de l'établissement public local.

Cette participation tient compte des orientations données par la région ; elle ne peut être inférieure à 30 p. 100 du tarif de pension, à 10 p. 100 du tarif de demi-pension ou du tarif appliqué aux commensaux et hôtes prévus à l'article R. 811-88, ni être supérieure respectivement à 35 p. 100 et 25 p. 100 des mêmes tarifs.

Les tarifs comprennent en outre, le cas échéant, la participation au fonds commun des services d'hébergement déterminé à l'article R. 811-90.

Des tarifs d'hébergement différents peuvent être pratiqués selon les prestations servies en fonction des niveaux ou de la nature des formations, notamment pour les élèves des classes préparatoires aux grandes écoles et sections de techniciens supérieurs. – *[Décr. n° 85-1265 du 29 nov. 1985, art. 76.]*

Art. R. 811-87 Les frais de pension sont forfaitaires, payables d'avance, en trois termes selon une répartition décidée par le conseil d'administration, pouvant tenir compte de la durée réelle des trimestres scolaires.

Des remises d'ordre peuvent être demandées par les familles en remboursement des frais versés, lorsque la pension n'est pas assurée, ou bien lorsque l'absence est supérieure à quinze jours pour raison médicale ou familiale justifiée ou pour raison disciplinaire.

Pour les demi-pensionnaires, le conseil d'administration, sur proposition du directeur, peut autoriser le paiement au ticket. Le prix des repas payés au ticket peut être supérieur à celui qui résulte de l'application du forfait.

En cas de défaut de paiement de la pension, l'exclusion de l'élève, du stagiaire ou de l'apprenti des services de l'hébergement et de la restauration est prononcée par le directeur, sur avis conforme du conseil d'administration. – *[Décr. n° 85-1265 du 29 nov. 1985, art. 77.]*

Art. R. 811-88 Sont admis au service de restauration comme commensaux de droit : les maîtres d'internat, surveillants d'externat et personnels assimilés et les infirmiers, les agents de service et les personnels de laboratoire des catégories C et D de la fonction publique, les ouvriers de l'exploitation agricole.

Les autres personnels peuvent être admis à la table commune à titre d'hôtes permanents ou de passage, sur décision du directeur prise après avis du conseil d'administration.

Sur décision du directeur, des hôtes de passage peuvent également être accueillis : fonctionnaires du ministère de l'agriculture en mission, membres des jurys d'examen, élèves d'autres établissements publics ou privés et toutes personnes dont la présence est liée aux missions ou activités de l'établissement public local.

Le conseil d'administration fixe les tarifs des repas pour les différentes catégories de personnels ainsi que pour les apprentis et les stagiaires, compte tenu des modalités fixées par arrêté du ministre de l'agriculture.

Les repas autres que ceux servis à la table commune font l'objet d'une tarification délibérée en conseil d'administration sur la base du prix de revient incluant toutes les charges.

Le chef de cuisine ou le second de cuisine, lorsque le chef est en congé régulier, est dispensé de tout versement. – *[Décr. n° 85-1265 du 29 nov. 1985, art. 78.]*

Art. R. 811-89 En ce qui concerne la tarification de l'hébergement des hôtes de passage, des stagiaires et des apprentis, les taux applicables sont fixés par délibération du conseil d'administration, compte tenu des modalités fixées par arrêté du ministre de l'agriculture. – *[Décr. n° 85-1265 du 29 nov. 1985, art. 79.]*

Art. R. 811-90 Pour les établissements relevant de sa compétence, chaque région peut instituer un ou plusieurs fonds communs des services d'hébergement et de restauration.

Ces fonds sont destinés à couvrir un déficit accidentel du service d'hébergement et de restauration d'un établissement ainsi que, le cas échéant, toute dépense nécessaire à la continuité de ce service, à laquelle l'établissement public local ne serait pas en mesure de faire face.

Chaque fonds est alimenté par une cotisation fixée en pourcentage, comprise entre 0, 5 et 2 p. 100 du montant du tarif d'hébergement et de restauration. Ce pourcentage est arrêté par la région. La cotisation s'impose à chacun des établissements publics locaux auxquels sont annexés des services d'hébergement et de restauration. Chaque fonds est géré par un établissement public local désigné conjointement par la région et le directeur régional de l'alimentation, de l'agriculture et de la forêt. – *[Décr. n° 85-1265 du 29 nov. 1985, art. 80.]*

SOUS-SECTION 6 Dispositions diverses et d'application

Art. R. 811-91 Les écoles d'enseignement spécialisé et les établissements assimilés relevant du ministère de l'agriculture sont transformés en établissements publics locaux d'enseignement et de formation agricoles. Leurs centres d'enseignement et de formation sont classés dans l'une des catégories prévues à l'article R. 811-27, par arrêté du ministre de l'agriculture. – *[Décr. n° 85-1265 du 29 nov. 1985, art. 82.]*

Art. R. 811-92 L'État et les collectivités locales peuvent attribuer aux élèves des établissements publics mentionnés au présent chapitre et aux sections 2, 3 et 4 du chapitre II du présent titre des bourses entières ou partielles et verser aux élèves diplômés des pécules ou des primes de sortie. – *[Anc. art. R.* 815-2.]*

Art. R. 811-93 A tous les degrés de l'enseignement agricole, certains enseignements peuvent être confiés soit à des fonctionnaires, soit à des spécialistes rémunérés à la vacation. Des décrets fixent le taux de ces vacations. – *[Anc. art. R.* 815-3.]*

Art. D. 811-93-1 *(Décr. n° 2015-1375 du 28 oct. 2015, art. 2)* I. – Lorsque les établissements publics locaux d'enseignement et de formation professionnelle agricole recrutent des agents contractuels de droit public, ces recrutements s'effectuent dans les conditions prévues par les articles 4 à 6 *sexies* de la loi n° 84-16 du 11 janvier 1984 portant dispositions statutaires relatives à la fonction publique de l'État, à l'exception de ceux effectués sur le fondement du septième alinéa du I de l'article L. 811-8 pour répondre aux besoins permanents des centres de formation professionnelle et de promotion agricoles ou des centres de formation d'apprentis.

II. – Les contrats des agents recrutés sur le fondement du septième alinéa du I de l'article L. 811-8 pour pourvoir un emploi correspondant à un besoin permanent sont conclus et renouvelés dans les mêmes conditions que celles fixées par les articles 6 *bis* et 6 *ter* de la loi n° 84-16 du 11 janvier 1984 portant dispositions statutaires relatives à la fonction publique de l'État. Toutefois :

1° La durée de services publics effectifs de six ans mentionnée à l'article 6 *bis* est comptabilisée au titre de l'ensemble des services effectués dans le cadre d'un emploi occupé en application du septième alinéa du I de l'article L. 811-8 ou des articles 4, 6, 6 *quater*, 6 *quinquies*, 6 *sexies* de cette loi ;

2° Un contrat conclu en application du septième alinéa du I de l'article L. 811-8 peut être renouvelé à l'issue d'une durée de trois ans, par une décision expresse, pour une durée indéterminée.

III. — Les dispositions prévues par le décret n° 86-83 du 17 janvier 1986 relatif aux dispositions générales applicables aux agents contractuels de l'État pris pour l'application de l'article 7 de la loi n° 84-16 du 11 janvier 1984 portant dispositions statutaires relatives à la fonction publique de l'État sont applicables aux agents mentionnés au II.

SECTION 4 Dispositions relatives aux établissements publics nationaux d'enseignement et de formation professionnelle agricoles

Art. R. 811-94 Le conseil d'administration des établissements d'enseignement agricole jouissant de la personnalité civile agit en qualité d'organe délibérant de l'école considérée comme établissement public et, s'il y a lieu, en qualité de conseil chargé de fournir au directeur toutes instructions pour une bonne marche de l'exploitation qui y est annexée.

Le conseil d'administration ou l'instance qui en tient lieu comprend outre le président, des membres de droit, des membres désignés par le ministre de l'agriculture et des membres élus par des collectivités ou organismes intéressés par la formation dispensée dans l'établissement.

Des arrêtés du ministre de l'agriculture fixent la structure des conseils d'administration des établissements ou des instances en tenant lieu.

Ces textes déterminent le mode de désignation du président, les membres de droit, les membres nommés par le ministre de l'agriculture, les collectivités ou organismes admis à se faire représenter et les modalités de leur représentation.

Le conseil d'administration doit comprendre obligatoirement un délégué de la collectivité publique qui a mis le domaine de l'établissement à la disposition de l'État.

Les textes prévus ci-dessus fixent la durée des mandats des membres des diverses catégories et les conditions de leur renouvellement.

Cessent de plein droit de faire partie du conseil d'administration les membres désignés au titre de leur fonction au moment où ils perdent cette qualité.

Les fonctions de membres du conseil d'administration sont gratuites. Il peut toutefois leur être attribué une indemnité représentative de frais de déplacement et de séjour effectivement supportés par eux à l'occasion des réunions du conseil.

Un membre du conseil d'administration ne peut prendre part aux délibérations dans lesquelles les intérêts de l'organisme qu'il représente sont engagés.

Le conseil d'administration peut être dissous par arrêté si le ministre de l'agriculture juge cette mesure indispensable au bon fonctionnement de l'établissement. Le conseil doit, dans ce cas, être renouvelé immédiatement dans les conditions fixées au présent article.

Les textes prévus aux alinéas précédents précisent les conditions dans lesquelles les conseils d'administration ou les instances qui en tiennent lieu se réunissent, ainsi que les règles applicables à leurs délibérations. — [*Décr. n° 42-99 du 17 janv. 1942, art. 1er et 2.*]

Art. R. 811-95 I. — Les délibérations sont constatées par des procès-verbaux qui indiquent le nom des membres présents. Ces procès-verbaux sont transcrits sur un registre et signés du président. Une copie conforme doit être adressée, au plus tard huit jours après la séance, au ministre de l'agriculture par le secrétaire.

II. — Les délibérations du conseil d'administration sont exécutoires soit après approbation du ministre de l'agriculture, soit de plein droit.

A. — Sont exécutoires sous condition d'une approbation préalable par le ministre de l'agriculture celles qui portent :

1° Sur les projets du budget primitif et additionnel de l'école et de l'exploitation ;

2° Sur le compte financier ;

3° Sur l'acquisition, l'aliénation et l'échange d'immeubles et de valeurs mobilières ;

4° Sur les emprunts ;
5° Sur les actions en justice, les transactions et les compromis ;
6° Sur la constitution et l'emploi du fonds de réserve ;
7° Sur l'acceptation des dons et legs faits à l'école ;
8° Sur les baux et marchés dont l'exécution s'étend sur plusieurs années ou qui, portant sur des sommes supérieures à *(Décr. n° 2001-318 du 11 avr. 2001)* « 80 000 € », sont relatifs à des objets autres que ceux visés au 2° du B ci-dessous.

B. — Sont exécutoires de plein droit et dans les conditions prévues au troisième alinéa du III ci-dessous celles qui portent :
1° Sur le programme d'exploitation ;
2° Sur les baux et marchés qui, portant sur des sommes supérieures à *(Décr. n° 2001-318 du 11 avr. 2001)* « 80 000 € », ont pour objet, soit des achats d'animaux, d'instruments, engrais, semences et toutes autres fournitures nécessaires à l'exploitation, soit des ventes de récoltes ou d'objets mobiliers.

Le conseil d'administration donne, en outre, son avis sur les questions qui lui sont soumises par le ministre de l'agriculture. Il peut également émettre des vœux sur toutes les questions se rapportant au fonctionnement de l'établissement.

III. — La réalisation des emprunts ne peut être poursuivie qu'après approbation du ministre des finances.

En ce qui concerne les délibérations prévues au B du II ci-dessus, les décisions sont exécutoires, trente jours après la date d'envoi du procès-verbal, sauf opposition du ministre de l'agriculture.

En cas de désaccord entre le directeur de l'établissement et le conseil d'administration, elles doivent être approuvées par le ministre de l'agriculture, pour devenir exécutoires. — *[Décr. n° 42-99 du 17 janv. 1942, art. 3 à 5.]*

Art. R. 811-96 *(Décr. n° 2012-1247 du 7 nov. 2012, art. 40, en vigueur le 1er janv. 2013)* Les établissements publics nationaux d'enseignement et de formation professionnelle agricoles sont soumis, en ce qui concerne leur régime financier et comptable, aux dispositions des titres I et III du décret n° 2012-1246 du 7 novembre 2012 relatif à la gestion budgétaire et comptable publique, ainsi qu'aux dispositions de la présente section.

Art. R. 811-97 Le budget de chaque établissement comprend trois divisions :
— une division A relative aux activités d'enseignement et de recherche ;
— une division B pour les exploitations, unités de production de matières premières, vendues en l'état ou après une première transformation ;
— une division C pour les ateliers technologiques, unités de traitement, de transformation et de vente de produits obtenus principalement à partir de matières premières agricoles ou unités de services vendus à des particuliers ou à des collectivités.

A l'intérieur de chaque division, les chapitres, spécialisés par nature de recettes et de dépenses, sont regroupés dans deux sections, l'une se rapportant aux opérations de fonctionnement et l'autre aux opérations en capital.

La nomenclature budgétaire est établie conformément au plan comptable particulier des établissements publics nationaux et locaux d'enseignement et de formation professionnelle agricoles. — *[Décr. n° 75-1066 du 7 nov. 1975, art. 2.]*

Art. R. 811-98 Le budget est préparé par le directeur de l'établissement. Il doit être délibéré par le conseil départemental ou le conseil d'administration avant le 15 novembre de l'année précédant celle pour laquelle il est établi et transmis pour approbation avec ses annexes au ministre de l'agriculture avant le 30 novembre.

Le ministre de l'agriculture peut modifier les propositions présentées. Il peut établir d'office le budget si celui-ci ne lui a pas été soumis dans les délais prescrits. — *Les divisions « I », « II » et « III » sont supprimées (Décr. n° 2017-1772 du 27 déc. 2017, art. 2-18°).*

Art. R. 811-99 *Abrogé par Décr. n° 2012-1247 du 7 nov. 2012, art. 40, à compter du 1er janv. 2013.*

Art. R. 811-100 Lors de l'approbation des résultats de l'exercice écoulé, le conseil départemental ou le conseil d'administration délibère, pour chacune des trois divisions du budget, sur la part de l'excédent de l'exercice à affecter à la section d'opérations en capital de la division correspondante.

En ce qui concerne l'exploitation agricole et les ateliers technologiques, le conseil départemental ou le conseil d'administration peut décider en outre d'affecter au maximum 10 p. 100 de l'excédent restant à la participation des personnels de l'établissement aux résultats de la production. A cette décision est joint un tableau de répartition entre les personnels concernés.

Le conseil départemental ou le conseil d'administration délibère également sur l'opportunité d'affecter une partie des réserves des exercices antérieurs de l'exploitation agricole et des ateliers technologiques à l'équipement scolaire et éventuellement au fonctionnement des services d'enseignement.

L'autorité de tutelle peut modifier le montant et la répartition des prélèvements ou affectations visés au présent article. – *[Décr. n° 75-1066 du 7 nov. 1975, art. 9.]*

Art. R. 811-101 Les établissements, conformément aux usages observés dans le commerce pour les transactions agricoles ou forestières, peuvent recevoir des traites acceptées en règlement des créances se rattachant à l'exploitation du domaine. Ces traites sont reçues, conservées et endossées par l'agent comptable qui est chargé de les présenter à l'encaissement par l'intermédiaire du Trésor public. – *[Décr. n° 75-1066 du 7 nov. 1975, art. 10.]*

Art. R. 811-102 I. – Le directeur est ordonnateur des dépenses et des recettes. Il est chargé de faire exécuter, dans la limite des crédits régulièrement ouverts au budget de l'établissement et sous le contrôle du conseil d'administration ou du conseil départemental, toutes les opérations nécessaires à la conservation du patrimoine de l'établissement et celles que comporte la bonne exploitation du domaine. Il doit se conformer au programme d'exploitation délibéré par le conseil départemental ou le conseil d'administration.

Le directeur peut recevoir délégation du conseil départemental ou du conseil d'administration auxquels il doit rendre compte, en vue de :

1° Passer, dans les conditions ou selon des modalités prévues par la législation sur la formation professionnelle continue, les conventions de formation professionnelle et d'apprentissage ;

2° Passer les conventions de recherche ;

3° Passer les baux et marchés qui sont destinés à être exécutés pendant l'année en cours ;

4° Engager des procédures judiciaires, conclure des transactions ou compromis.

Il peut déléguer sa signature à un ou plusieurs fonctionnaires de l'établissement ou des établissements rattachés pour l'engagement et la liquidation des recettes et des dépenses.

II. – En cas de décès ou d'empêchement du directeur, ses pouvoirs sont provisoirement exercés par le directeur adjoint ou, lorsque ce poste n'existe pas ou n'est pas pourvu, soit par un fonctionnaire de l'administration de l'établissement, soit par un professeur de l'école, désigné à l'avance par le président du conseil départemental ou du conseil d'administration.

En cas de changement de directeur, la transmission des pouvoirs est effectuée selon les modalités fixées par arrêté du ministre de l'agriculture. – *[Décr. n° 75-1066 du 7 nov. 1975, art. 11 et 12.]*

Art. R. 811-103 *Abrogé par Décr. n° 2012-1247 du 7 nov. 2012, art. 40, à compter du 1er janv. 2013.*

Art. R. 811-104 Le directeur de l'établissement peut, ainsi que le président du conseil départemental ou du conseil d'administration, se faire communiquer à tout moment, contre reçu détaillé, les pièces justificatives des recettes et des dépenses et les registres de comptabilité.

En fin d'année le directeur constate l'encaisse, ainsi que le solde des comptes courants et se fait présenter les titres et valeurs mobilières appartenant à l'établissement. – *[Décr. n° 75-1066 du 7 nov. 1975, art. 18.]*

Art. R. 811-105 *Abrogé par Décr. n° 2012-1247 du 7 nov. 2012, art. 40, à compter du 1er janv. 2013.*

Art. R. 811-106 Des régies d'avances et des régies de recettes peuvent être créées auprès des établissements d'enseignement agricole visés par la présente section. Un arrêté conjoint du ministre de l'agriculture et du ministre des finances fixe les modalités de création et la nature des opérations pouvant être effectuées.

Les régisseurs sont nommés par décision du directeur de l'établissement après agrément par l'agent comptable. Les fonctions de régisseur d'avances et de régisseur de recettes peuvent être confiées à un même agent.

Les régisseurs sont soumis au contrôle de l'agent comptable. — *[Décr. n° 75-1066 du 7 nov. 1975, art. 20.]*

Art. R. 811-107 Les marchés de travaux, de fournitures et de transports passés directement par l'établissement ou par l'intermédiaire d'un groupement d'achats publics sont soumis aux règles en vigueur pour les marchés de l'État.

Toutefois les opérations relatives à l'exploitation agricole portant notamment sur ses productions, en l'état ou après transformation, peuvent être effectuées suivant les lois et usages du commerce. — *[Décr. n° 75-1066 du 7 nov. 1975, art. 21.]*

Art. R. 811-108 Les fonds de l'établissement sont déposés *(Décr. n° 2006-1115 du 5 sept. 2006, art. 4 ; Décr. n° 2014-551 du 27 mai 2014, art. 26-18°)* « chez un comptable de la direction générale des finances publiques ».

Les placements des fonds disponibles sont effectués dans les conditions fixées par l'*(Décr. n° 2012-1247 du 7 nov. 2012, art. 40, en vigueur le 1er janv. 2013)* « article 197 du décret n° 2012-1246 du 7 novembre 2012 relatif à la gestion budgétaire et comptable publique ».

Toutefois les placements en valeurs à court terme du Trésor et des caisses de crédit agricole peuvent être autorisés par décision de l'ordonnateur visée par le *(Décr. n° 2014-551 du 27 mai 2014, art. 26-18°)* « directeur départemental ou, le cas échéant, régional des finances publiques » chargé du contrôle de la gestion de l'agent comptable de l'établissement. — *[Décr. n° 75-1066 du 7 nov. 1975, art. 22.]*

Art. R. 811-109 La réalisation des emprunts, autres que ceux qui sont garantis par un warrant agricole, ne peut être poursuivie qu'après avis du *(Décr. n° 2012-1247 du 7 nov. 2012, art. 40, en vigueur le 1er janv. 2013)* « directeur départemental des finances publiques ». — *[Décr. n° 75-1066 du 7 nov. 1975, art. 23.]*

Art. R. 811-110 *(Décr. n° 2017-1772 du 27 déc. 2017, art. 2-19°)* Le contrôle administratif et financier est exercé sur les établissements mentionnés à la présente section par la mission permanente d'inspection générale et d'audit du Conseil général de l'alimentation, de l'agriculture et des espaces ruraux et par l'inspection de l'enseignement agricole.

Art. R. 811-111 Dès la création d'un nouvel établissement public national d'enseignement ou de formation professionnelle agricoles, il est procédé à l'évaluation des biens meubles et immeubles, des stocks, du cheptel vif et autres valeurs qui sont compris dans sa dotation d'origine ; la valeur de ces apports est inscrite au bilan d'entrée de l'établissement. — *[Décr. n° 75-1066 du 7 nov. 1975, art. 25.]*

Art. R. 811-112 En cas de suppression d'un établissement, l'affectation des meubles et immeubles est déterminée par décret contresigné par le ministre de l'agriculture et le ministre des finances, compte tenu des résultats du bilan établi à la fermeture de l'établissement et, le cas échéant, des dispositions insérées dans la convention passée avec la collectivité propriétaire du domaine. — *[Décr. n° 75-1066 du 7 nov. 1975, art. 26.]*

Art. R. 811-113 Des instructions du ministre de l'agriculture et du ministre des finances fixent :

— le cadre comptable et les règles à observer pour la tenue des comptes et le mode de description des écritures ;

— la contexture du budget et des états annexes ;

— la liste et la contexture des livres, registres et documents à tenir par le directeur et par l'agent comptable tant en ce qui concerne la comptabilité deniers que la comptabilité matières ;

— la contexture du compte financier et la nomenclature des pièces justificatives à produire par l'agent comptable. — *[Décr. n° 75-1066 du 7 nov. 1975, art. 27.]*

SECTION 5 Dispositions relatives à l'enseignement général et à l'enseignement technologique par la voie scolaire

SOUS-SECTION 1 Dispositions générales

Art. R. 811-114 Le brevet de technicien agricole est l'équivalent des brevets de technicien délivrés par le ministre de l'éducation nationale et peut valoir dispense du baccalauréat en vue de l'inscription dans une unité de formations et de recherche à caractère scientifique d'une université.

Le brevet de technicien supérieur agricole, diplôme national de l'enseignement supérieur, est l'équivalent du brevet de technicien supérieur délivré par le ministre chargé de l'éducation nationale. — *[Anc. art. R. 813-10.]*

Art. R. 811-115 En vue de l'adaptation à l'emploi, le brevet de technicien agricole et le brevet de technicien supérieur agricole peuvent être complétés par des certificats de spécialisation créés et délivrés dans les conditions fixées par arrêté du ministre de l'agriculture. — *[Anc. art. R. 813-11.]*

SOUS-SECTION 2 Enseignement général et enseignement technologique du second degré

Art. R. 811-116 L'enseignement technologique du second degré a pour objet de donner, notamment, la formation de technicien agricole à des adolescents se destinant à la profession agricole, aux cadres de l'agriculture et aux professions connexes. — *[Anc. art. R. 813-1.]*

Art. R. 811-117 Cet enseignement commence après l'achèvement du premier cycle de l'enseignement général. Il associe la formation générale à la formation technologique.

(Abrogé par Décr. n° 2022-213 du 18 févr. 2022, art. 1er) ***« Un arrêté du ministre de l'agriculture fixe les conditions d'admission au second degré de l'enseignement technologique agricole des titulaires du brevet d'études professionnelles agricoles reconnus aptes à cet enseignement. »*** — *[Anc. art. R. 813-2.]*

Art. R. 811-118 La formation des techniciens agricoles par la voie scolaire est assurée dans les lycées d'enseignement général et technologique agricoles, dans les lycées professionnels agricoles, dans des établissements spécialisés correspondants ou dans des établissements privés sous contrat, ainsi que par des établissements d'enseignement à distance.

Les conditions d'admission dans ces établissements sont fixées par arrêté du ministre de l'agriculture.

La durée de cette formation est de trois années après l'achèvement du premier cycle de l'enseignement général, sauf dérogations accordées dans les conditions fixées par arrêté du ministre de l'agriculture. — *[Anc. art. R. 813-3.]*

Art. R. 811-119 La formation des techniciens agricoles est sanctionnée par la délivrance du brevet de technicien agricole, soit à la suite d'examens publics, soit selon d'autres modalités.

Les candidats ne peuvent se présenter à ces examens publics que s'ils ont suivi la formation correspondante dans des conditions fixées par le ministre de l'agriculture. — *[Anc. art. R. 813-4.]*

Art. D. 811-120 I. — Le brevet de technicien agricole est un diplôme national qui atteste d'une qualification professionnelle.

Ses titulaires sont aptes à exercer les emplois de technicien dans les professions de la production agricole, de la forêt, des industries agroalimentaires, de l'aménagement de l'espace et de la gestion de l'environnement, des activités commerciales et de services, ainsi que des activités liées au développement et à l'animation du milieu rural, et capables de mobiliser leurs connaissances et leurs aptitudes pour se perfectionner et s'adapter au cours de leur vie professionnelle.

Le diplôme du brevet de technicien agricole porte mention d'une option qui peut, le cas échéant, être précisée par une spécialité professionnelle.

Le titre de technicien agricole breveté est attaché, sauf disposition contraire prévue par un arrêté du ministre de l'agriculture, à la possession du brevet de technicien agricole.

II. – Chaque option du brevet de technicien agricole est créée par arrêté du ministre de l'agriculture. L'option et la spécialité du brevet de technicien agricole sont définies par un référentiel du diplôme, énumérant les capacités que les titulaires du diplôme doivent posséder, précisant les savoirs et savoir-faire. Ce référentiel fait l'objet d'une annexe à l'arrêté mentionné au premier alinéa du présent II. – *[Décr. n° 95-1011 du 12 sept. 1995, art. 1er et 2.]*

Art. D. 811-121 Le brevet de technicien agricole est préparé par la voie scolaire dans :

a) Des établissements publics locaux ou nationaux de l'enseignement technologique et professionnel agricole ;

b) Des établissements privés ayant passé, pour la formation considérée, un contrat au titre des articles L. 813-1 et suivants ;

c) Des établissements relevant d'autres ministères, après avis du Conseil national de l'enseignement agricole, en fonction de critères spécifiques, sur la base d'une convention passée avec le ministre de l'agriculture ;

d) Tout autre établissement privé. – *[Décr. n° 95-1011 du 12 sept. 1995, art. 3.]*

Art. D. 811-122 I. – Le brevet de technicien agricole est accessible par la voie scolaire aux élèves :

1° Issus d'une classe de seconde générale et technologique, après avis favorable du conseil de classe de l'établissement d'origine ;

2° Titulaires du brevet d'études professionnelles agricoles, du brevet d'études professionnelles, du certificat d'aptitude professionnelle préparé en deux ans après la classe de troisième, ou ayant antérieurement terminé une classe de première, après avis favorable du conseil de classe de l'établissement d'origine ou d'un conseiller d'orientation-psychologue et sous réserve de l'accord du chef d'établissement d'accueil ;

3° De nationalité étrangère, sur décision du directeur régional de l'alimentation, de l'agriculture et de la forêt, sous réserve que leurs connaissances et leurs aptitudes soient reconnues suffisantes par une commission formée de professeurs de l'établissement d'accueil, au vu du dossier scolaire, complété si nécessaire par un examen.

Ces candidats effectuent un cycle d'études de deux ans dont les modalités de mise en œuvre sont définies en annexe de chacun des arrêtés créant une option du brevet de technicien agricole.

La formation des candidats des établissements privés assurant des formations selon les modalités prévues à l'article L. 813-9 comprend une durée totale d'au moins 80 semaines, dont 1 400 heures au minimum effectuées dans le centre de formation.

II. – Le brevet de technicien agricole est accessible par la voie de l'apprentissage :

1° Aux candidats justifiant d'un niveau de fin de classe de seconde générale et technologique, ou titulaires du brevet d'études professionnelles agricoles, ou du brevet d'études professionnelles, ou du certificat d'aptitude professionnelle préparé en deux ans après la classe de troisième, ou ayant antérieurement terminé une classe de première. Ces candidats suivent une préparation de *(Décr. n° 2003-1160 du 4 déc. 2003)* « 1 440 heures » au moins d'enseignements généraux, technologiques et professionnels en centre de formation d'apprentis *(Abrogé par Décr. n° 2019-1143 du 7 nov. 2019, art. 6)* « *, en section d'apprentissage* » ou en unité de formation par apprentissage ;

2° Aux candidats relevant *(Décr. n° 2017-1772 du 27 déc. 2017, art. 2-20°)* « des articles R. 6222-9, R. 6222-11 et R. 6222-13 à R. 6222-18 » du code du travail qui ont suivi une préparation d'au moins *(Décr. n° 2003-1160 du 4 déc. 2003)* « 720 heures » d'enseignements généraux, technologiques et professionnels en centre de formation d'apprentis *(Abrogé par Décr. n° 2019-1143 du 7 nov. 2019, art. 6)* « *, en section d'apprentissage* » ou en unité de formation par apprentissage ;

3° Aux candidats mentionnés *(Décr. n° 2017-1772 du 27 déc. 2017, art. 2-20°)* « au 3° du I ».

III. – Le brevet de technicien agricole est accessible, par la voie de la formation professionnelle continue :

1° Aux candidats ayant accompli deux années d'activités professionnelles et qui ont suivi une formation comportant au moins *(Décr. n° 2003-1160 du 4 déc. 2003)* « 1 440 heures » d'enseignements généraux, technologiques et professionnels ;

2° Aux candidats ayant accompli la scolarité complète du cycle terminal des lycées et qui ont suivi une formation comportant au moins *(Décr. n° 2003-1160 du 4 déc. 2003)* « 720 heures » d'enseignements généraux, technologiques et professionnels ;

3° Aux candidats ayant accompli la scolarité de fin de classe de première de l'enseignement général et technologique ou possédant le diplôme du brevet d'études professionnelles et qui ont suivi une formation comportant au moins *(Décr. n° 2003-1160 du 4 déc. 2003)* « 1 440 heures » d'enseignements généraux, technologiques et professionnels ;

4° Aux candidats mentionnés *(Décr. n° 2017-1772 du 27 déc. 2017, art. 2-20°)* « au 3° du I ».

La durée de formation requise peut être réduite après décision dite de "positionnement". Le positionnement prend en compte les études suivies en France ou à l'étranger par le candidat, les titres et diplômes français ou étrangers possédés, les compétences professionnelles qu'il peut faire valoir, ainsi que les dispenses d'épreuves dont il bénéficie, au titre de la validation des acquis professionnels, ou du fait de la possession de certains titres, diplômes, unités capitalisables ou épreuves de diplômes dans la limite de leur validité.

IV. — Le brevet de technicien agricole est accessible aux candidats inscrits dans les établissements dispensant un enseignement à distance qui ont suivi la formation selon les modalités prévues par arrêté du ministre de l'agriculture.

V. — Le brevet de technicien agricole est accessible au titre de "candidat libre". Les postulants doivent avoir occupé un emploi pendant l'équivalent d'au moins trois années d'activité professionnelle à temps plein à la date du début des épreuves. — *[Décr. n° 95-1011 du 12 sept. 1995, art. 4 à 8.] — Les tirets précédant les alinéas 2 à 4 du I et du II sont remplacés successivement par « 1° », « 2° », « 3° » et les tirets précédant les alinéas 2 à 5 du III sont remplacés successivement par « 1° », « 2° », « 3° », « 4° », la lettre minuscule suivant chacune des insertions ainsi effectuées devenant une lettre majuscule (Décr. n° 2017-1772 du 27 déc. 2017, art. 2-20°).*

Art. D. 811-123 I. — La formation est organisée en modules, ensemble d'objectifs de formation. Pour chaque module, les objectifs et les contenus constituent le programme.

La formation comprend des modules de base, des modules communs au secteur, des modules de qualification, et un module d'initiative locale.

Les spécialités professionnelles sont définies par une architecture minimale de quatre modules de qualification. Les architectures minimales de spécialité professionnelle sont déterminées par un arrêté du ministre de l'agriculture.

La formation ci-dessus définie est, le cas échéant, complétée par des enseignements optionnels. La liste de ces enseignements est arrêtée par le ministre de l'agriculture.

Peut également faire l'objet d'un enseignement optionnel le projet conduit par le candidat, individuellement ou collectivement, tout au long de sa formation, en relation avec les objectifs de celle-ci, notamment avec ceux des connaissances et pratiques sociales ou professionnelles. Un descriptif précis du projet doit être fourni préalablement par l'équipe pédagogique au jury.

II. — La formation comprend une période en milieu professionnel organisée dans le cadre du projet pédagogique de l'établissement, soit en exploitation agricole ou entreprise extérieures à l'établissement, en relation avec la spécialité professionnelle, soit dans les ateliers technologiques et sur l'exploitation de l'établissement.

Elle comprend également des séquences d'étude de milieu, de participation au développement agricole et à l'animation du milieu rural, ou organisées dans le cadre de la coopération internationale. — *[Décr. n° 95-1011 du 12 sept. 1995, art. 9 et 10.]*

Art. D. 811-124 Le diplôme est délivré à la suite d'un examen public, organisé sous la forme d'épreuves qui visent à valider les acquis du candidat par rapport à tout ou partie du référentiel caractéristique du diplôme.

La liste, la nature et la durée des épreuves sont définies pour chaque option et, le cas échéant, spécialité par un arrêté du ministre de l'agriculture.

L'examen conduisant à la délivrance du brevet de technicien agricole est organisé dans le cadre régional ou interrégional sous l'autorité du directeur régional de l'alimentation, de l'agriculture et de la forêt, en une session annuelle, selon des modalités fixées par le ministre de l'agriculture.

Cependant, des épreuves de remplacement peuvent être organisées à l'intention des candidats régulièrement inscrits à la session normale et empêchés de s'y présenter, soit pour raison de santé dûment constatée, soit pour obligations militaires dûment certifiées, soit pour cause de force majeure laissée à l'appréciation du directeur régional de l'alimentation, de l'agriculture et de la forêt. — *[Décr. n° 95-1011 du 12 sept. 1995, art. 11.]*

Art. D. 811-125 L'examen en vue de l'attribution du diplôme comporte deux groupes d'épreuves écrites, orales ou pratiques :

1. Le premier groupe se compose de trois épreuves ayant pour objet le contrôle de l'atteinte des objectifs terminaux de la formation, et notamment l'acquisition des savoirs et savoir-faire ;

2. Le deuxième groupe est constitué de six épreuves. Elles ont pour objet le contrôle de l'atteinte des objectifs d'un ou de plusieurs modules. — *[Décr. n° 95-1011 du 12 sept. 1995, art. 12.]*

Art. D. 811-126 Pour les candidats des établissements mentionnés aux *a*, *b* et *c* de l'article D. 811-121, les épreuves du deuxième groupe prennent la forme d'un contrôle en cours de formation.

La disposition ci-dessus s'applique également aux candidats des établissements préparant au diplôme par la voie de la formation professionnelle continue ou de l'apprentissage, à condition que ces établissements obtiennent, au préalable, une habilitation. Un arrêté du ministre de l'agriculture précise les conditions dans lesquelles elle est délivrée et, le cas échéant, retirée.

Le contrôle en cours de formation s'effectue selon des modalités fixées par un arrêté du ministre de l'agriculture. — *[Décr. n° 95-1011 du 12 sept. 1995, art. 13 et 14.]*

Art. D. 811-127 Outre les candidats des établissements non habilités à mettre en œuvre le contrôle en cours de formation, ne peuvent bénéficier de celui-ci :

1. Les candidats ayant suivi un enseignement à distance ;

2. Les candidats n'ayant pas bénéficié du contrôle en cours de formation pendant l'une des années d'un cycle de formation de deux ans ;

3. Les candidats ajournés et redoublants n'ayant pas bénéficié du contrôle en cours de formation lors de leur formation précédente.

Les candidats ajournés non redoublants ayant choisi de ne pas conserver le bénéfice des résultats du contrôle en cours de formation d'une ou plusieurs épreuves du deuxième groupe sont soumis aux épreuves du deuxième groupe correspondantes. — *[Décr. n° 95-1011 du 12 sept. 1995, art. 15.]*

Art. D. 811-128 Les candidats de la voie scolaire des établissements publics et privés sous contrat et des établissements habilités préparant au diplôme par les voies de la formation professionnelle continue et de l'apprentissage suivent obligatoirement l'enseignement du module d'initiative locale. Ce module est évalué sous la forme d'un contrôle en cours de formation dans les conditions fixées par l'arrêté prévu à l'article D. 811-126. — *[Décr. n° 95-1011 du 12 sept. 1995, art. 16.]*

Art. D. 811-129 Peuvent faire l'objet d'une évaluation facultative les enseignements optionnels mentionnés aux quatrième et cinquième alinéas de l'article D. 811-123. Ces enseignements sont évalués sous la forme d'un contrôle en cours de formation dans les conditions fixées par l'arrêté prévu à l'article D. 811-126.

Les langues étrangères, langues régionales et dialectes locaux peuvent donner lieu à *évaluation facultative* sans obligation pour le candidat d'avoir suivi au préalable un enseignement optionnel. Ces évaluations facultatives sont mises en place sous forme d'épreuves ponctuelles.

Deux évaluations facultatives au maximum peuvent être prises en compte pour chaque candidat, dont une au maximum relevant de chacun des alinéas ci-dessus. — *[Décr. n° 95-1011 du 12 sept. 1995, art. 17.]*

Art. D. 811-130 Les candidats qui ne peuvent subir l'épreuve pratique d'éducation physique et sportive pour raison de santé en sont dispensés à condition de produire un certificat délivré par un médecin de la santé publique concourant à l'exercice des tâches médico-scolaires.

Les candidats mentionnés aux III, IV et V de l'article D. 811-122 peuvent être dispensés, sur leur demande, de l'épreuve pratique d'éducation physique et sportive.

Dans ces trois cas, les modalités d'évaluation sont fixées par l'arrêté prévu à l'article D. 811-124. – *[Décr. n° 95-1011 du 12 sept. 1995, art. 18.]*

Art. D. 811-131 Le jury, présidé par un fonctionnaire de catégorie A, membre de l'enseignement agricole public, est désigné par le directeur régional de l'alimentation, de l'agriculture et de la forêt, organisateur de l'examen, conformément à l'article D. 811-124. Il peut opérer en commissions. Le jury est souverain dans ses évaluations et délibérations, dans le cadre de la réglementation en vigueur.

Le jury est composé, pour deux tiers au moins, d'enseignants d'établissements agricoles publics ou privés, justifiant des titres ou diplômes requis pour enseigner dans une section préparant au brevet de technicien agricole, et, pour un tiers au maximum, d'employeurs et de salariés des professions concernées, ainsi que de personnalités qualifiées.

En aucun cas, il ne peut comprendre moins de la moitié d'agents rémunérés par l'État.

Si l'une des proportions n'est pas atteinte à la suite de l'absence d'un ou plusieurs de ses membres, le jury peut néanmoins délibérer valablement.

Un jury peut être commun à plusieurs options ou spécialités du brevet de technicien agricole. – *[Décr. n° 95-1011 du 12 sept. 1995, art. 19.]*

Art. D. 811-132 A l'issue de l'examen, le jury délibère en prenant en compte :

– les notes obtenues aux épreuves du premier groupe ;

– les notes obtenues aux épreuves du deuxième groupe soit sous la forme d'un contrôle en cours de formation, soit sous leur forme d'épreuves terminales ;

– l'examen des livrets scolaires ou de formation des candidats.

Chaque groupe d'épreuves défini à l'article D. 811-125 compte pour 50 p. 100 dans la délivrance du diplôme. Le total des notes affectées d'un coefficient, obtenues aux deux groupes d'épreuves, peut être augmenté par le nombre de points supérieurs à 10 sur 20 de la note du module d'initiative locale et de la note obtenue aux épreuves facultatives prévues à l'article D. 811-129. Le diplôme est délivré si la note moyenne globale obtenue est supérieure ou égale à 10 sur 20.

Si cette note est comprise entre 9 et 10 sur 20, le jury peut décider, au vu des résultats aux épreuves des premier et deuxième groupes et au vu du livret scolaire ou de formation du candidat, soit d'attribuer des points supplémentaires et déclarer le candidat admis, soit de l'ajourner.

Toutefois, une moyenne inférieure à 8 sur 20 aux épreuves du premier groupe, maintenue après délibération du jury, est éliminatoire.

Un candidat ayant fourni un livret scolaire ou de formation ne peut être ajourné sans que le jury ait examiné celui-ci. La mention de cet examen est portée sur le livret sous la signature du président du jury. – *[Décr. n° 95-1011 du 12 sept. 1995, art. 20.]*

Art. D. 811-133 Le brevet de technicien agricole porte mention de l'option et de la spécialité professionnelle. Le module d'initiative locale fait l'objet d'une attestation.

Les mentions suivantes sont accordées :

– passable quand le candidat a obtenu une moyenne au moins égale à 10 et inférieure à 12 ;

– assez bien quand le candidat a obtenu une moyenne au moins égale à 12 et inférieure à 14 ;

– bien quand le candidat a obtenu une moyenne au moins égale à 14 et inférieure à 16 ;

– très bien quand le candidat a obtenu une moyenne au moins égale ou supérieure à 16. – *[Décr. n° 95-1011 du 12 sept. 1995, art. 21.]*

Art. D. 811-134 Un candidat ajourné et se présentant à titre individuel peut, sur sa demande, conserver pendant les trois sessions suivant sa première candidature le bénéfice des notes obtenues aux épreuves du premier et du deuxième groupe.

La disposition ci-dessus s'applique également à un candidat ajourné et redoublant, à condition toutefois que les notes dont il demande à conserver le bénéfice soient égales ou supérieures à 10 sur 20.

Lorsqu'un candidat se représente à une session ultérieure, le diplôme lui est délivré dans les conditions décrites à l'article D. 811-132 en fonction des notes dont il a demandé à conserver le bénéfice et des notes des épreuves à nouveau subies. — *[Décr. n° 95-1011 du 12 sept. 1995, art. 22.]*

Art. D. 811-135 Un arrêté du ministre de l'agriculture fixe les conditions dans lesquelles :

1° Un candidat déjà titulaire du brevet de technicien agricole peut obtenir ce diplôme dans une option ou spécialité différente ;

2° Un candidat titulaire d'un diplôme professionnel homologué au niveau IV peut obtenir le brevet de technicien agricole dans une option ou spécialité proche de celle dont il est titulaire.

Dern. al. abrogé par Décr. n° 2017-1772 du 27 déc. 2017, art. 2-21°. — [Décr. n° 95-1011 du 12 sept. 1995, art. 23.] — Les divisions « 1. » et « 2. » sont remplacées par les divisions « 1° » et « 2° » (Décr. n° 2017-1772 du 27 déc. 2017, art. 2-21°).

Art. D. 811-136 L'enseignement général et technologique agricole du second degré peut également préparer :

1° *(Décr. n° 2018-998 du 15 nov. 2018, art. 1er)* « Au » baccalauréat général organisé par le décret n° 93-1092 du 15 septembre 1993 portant règlement général du baccalauréat général *[C. éduc., art. D. 334-2 s.]* et dont les dispositions s'appliquent dans les établissements d'enseignement relevant du ministre de l'agriculture, sous réserve des compétences particulières définies ci-dessous.

Le ministre de l'agriculture fixe par arrêté le programme des enseignements *(Abrogé par Décr. n° 2018-998 du 15 nov. 2018, art. 2) « de la série scientifique »* du baccalauréat général spécifiques aux établissements relevant de son autorité. Il choisit également, par dérogation à l'article 14 du décret du 15 septembre 1993 précité *[C. éduc., art. D. 336-17]*, les sujets des épreuves pour lesdits enseignements qui peuvent porter en partie sur les enseignements de la classe de première nonobstant les dispositions énoncées à l'article 4 du même décret *[C. éduc., art. D. 334-5]*.

L'organisation et les horaires des enseignements mentionnés ci-dessus sont fixés par arrêté conjoint du ministre chargé de l'éducation nationale et du ministre de l'agriculture ;

2° *(Décr. n° 2018-998 du 15 nov. 2018, art. 3)* « A la série sciences et technologies de l'agronomie et du vivant » du baccalauréat technologique organisées par le décret n° 93-1093 du 15 septembre 1993 portant règlement général du baccalauréat technologique *[C. éduc., art. D. 336-1 s.]*. — *[Anc. art. R. 813-5 ; Décr. n° 94-468 du 1er juin 1994, art. 1er à 3.]*

SECTION 6 **Formation des techniciens supérieurs agricoles** *(Décr. n° 2011-1152 du 22 sept. 2011 ; Décr. n° 2020-687 du 4 juin 2020, art. 1er)*.

Les art. R. 811-137 et R. 811-138 deviennent respectivement les art. D. 811-137 et D. 811-138 (Décr. n° 2011-1152 du 22 sept. 2011, art. 2, JO 24 sept.).

Les dispositions des art. 1er et 2 du Décr. n° 2020-687 du 4 juin 2020 entrent en vigueur, pour chaque spécialité du diplôme, à compter de la rentrée scolaire prévue par le nouvel arrêté de création de chaque spécialité du brevet de technicien supérieur agricole et au plus tard le 1er sept. 2025 (Décr. préc., art. 4).

SOUS-SECTION 1 **Dispositions générales**

(Décr. n° 2020-687 du 4 juin 2020, art. 1er)

Art. D. 811-137 Le brevet de technicien supérieur agricole est un diplôme national de l'enseignement supérieur qui atteste d'une qualification professionnelle et confère à ses titulaires le titre de technicien supérieur agricole breveté.

Il est enregistré dans le répertoire national des certifications professionnelles et classé au niveau 5 du cadre national des certifications professionnelles.

Les formations préparant au brevet de technicien supérieur agricole s'inscrivent dans le cadre de l'architecture européenne des études définie par l'article D. 123-13 du code de l'éducation.

Le diplôme du brevet de technicien supérieur agricole porte mention d'une spécialité qui peut, le cas échéant, être précisée par une option professionnelle.

Il sanctionne un enseignement technologique supérieur court.

Ses titulaires sont aptes à exercer les emplois de technicien supérieur dans les professions de la production agricole, des industries agroalimentaires, de l'aménagement de l'espace et de la gestion de l'environnement, des activités commerciales et de services, ainsi que des activités liées au développement et à l'animation du milieu rural. Ils sont capables de mobiliser leurs connaissances et leurs aptitudes pour se perfectionner et s'adapter au cours de leur vie professionnelle. — *V. Arr. du 9 mars 2018 relatif au cadre national sur les attendus des formations conduisant à un brevet de technicien supérieur agricole (JO 10 mars), mod. par Arr. du 4 nov. 2019 (JO 9 nov.), Arr. du 16 nov. 2021 (JO 1er déc.), Arr. du 23 janv. 2023 (JO 2 févr.), Arr. du 9 nov. 2023 (JO 29 nov.).*

Art. D. 811-138 Chaque spécialité ou option du brevet de technicien supérieur agricole est créée par arrêté du ministre chargé de l'agriculture, après avis de la ou des commissions professionnelles consultatives prévues à l'article R. 6113-21 du code du travail.

Cet arrêté fixe la liste des blocs de compétences, mentionnés à l'article L. 6113-1 du code du travail, qui composent le diplôme.

Il prévoit en annexe pour chaque spécialité ou option, le référentiel de diplôme constitué par :

— un référentiel d'activités qui décrit les situations de travail et les activités exercées, les métiers ou emplois visés ;

— un référentiel de compétences qui identifie les capacités et les connaissances, y compris transversales, qui en découlent ;

— un référentiel d'évaluation qui définit les critères et les modalités d'évaluation des acquis ;

— un référentiel de formation, qui définit les enseignements en vue de la préparation du diplôme.

Chaque arrêté fixe la liste et la nature des épreuves de la spécialité ou de l'option.

Un arrêté du ministre chargé de l'agriculture fixe les modalités selon lesquelles un ou plusieurs enseignements d'initiative locale peuvent être mis en œuvre par un établissement.

Art. D. 811-138-1 *(Décr. nº 2024-93 du 8 févr. 2024, art. 2)* « 1° L'admission dans une section préparant au brevet de technicien supérieur agricole par la voie scolaire et par la voie de l'apprentissage est organisée dans le cadre de la procédure nationale de préinscription prévue à l'article L. 612-3 du code de l'éducation. Elle est placée sous l'autorité du directeur régional de l'alimentation, de l'agriculture et de la forêt. L'admission est prononcée par le chef de l'établissement d'accueil, après consultation de la commission d'examen des vœux prévue à l'article D. 612-1-13 du code de l'éducation.

« L'admission des bacheliers professionnels dans une section de techniciens supérieurs agricoles d'un établissement public d'enseignement fait l'objet d'un examen prioritaire. Parmi les candidats qu'elle estime aptes à être admis, la commission d'admission inclut les bacheliers professionnels ayant reçu, au titre de l'article D. 331-64-1, un avis positif à la poursuite d'études en section de techniciens supérieurs agricoles. Toutefois, ces dispositions ne s'appliquent pas aux candidatures dans les sections de techniciens supérieurs agricoles proposées par la voie de l'apprentissage, ni dans les sections de techniciens supérieurs agricoles, qui sont fixées par arrêté du ministre chargé de l'agriculture, dont le recrutement et le parcours de formation sont soit aménagés dans le cadre de la bi-qualification prévue à l'article L. 815-1, soit aménagés du fait de l'accueil d'étudiants ayant des besoins éducatifs particuliers.

« Tout candidat bachelier professionnel ou technologique de l'année dont la formation est en cohérence avec la spécialité de section de techniciens supérieurs agricoles demandée et qui n'a pas reçu de proposition d'admission peut solliciter une affectation dans une section du même champ professionnel ou d'un champ professionnel voisin auprès de la commission d'accès à l'enseignement supérieur mentionnée à l'article D. 612-1-21 du code de l'éducation, dans les conditions mentionnées aux articles D. 612-1-23 et D. 612-1-24 du même code.

« L'admission est de droit dans une section de techniciens supérieurs agricoles du champ professionnel demandé pour les bacheliers ayant saisi la commission mentionnée au titre de l'article D. 612-1-23 du code de l'éducation, lorsqu'ils ont obtenu, la même année, une mention "très bien" ou "bien" au baccalauréat professionnel ou technologique après avoir suivi une formation au lycée en cohérence avec la spécialité de section demandée.

« L'admission des bacheliers généraux est prononcée sous réserve de l'application des dispositions des alinéas précédents.

« Les dispositions du deuxième alinéa peuvent être étendues aux établissements d'enseignement privés mentionnés aux articles L. 813-8 ou L. 813-9 selon des modalités déterminées par voie de convention entre le ministre chargé de l'agriculture et les représentants de l'enseignement privé sous contrat au niveau national ou, à défaut, par une convention passée avec le directeur régional de l'alimentation, de l'agriculture et de la forêt. »

2° La préparation au brevet de technicien supérieur agricole par la voie scolaire et par la voie de l'apprentissage est ouverte aux candidats :

– titulaires du baccalauréat technologique ;
– titulaires du baccalauréat professionnel ;
– titulaires du baccalauréat général ;
– titulaires du brevet de technicien agricole ;
– titulaires du brevet de technicien ;
– titulaires d'un titre ou diplôme de niveau 4 ou supérieur enregistré dans le répertoire national des certifications professionnelles de la Commission de la certification professionnelle ;
– titulaires du diplôme d'accès aux études universitaires ;
– ayant suivi une formation à l'étranger. Pour ces candidats, la décision d'admission est prononcée par le directeur régional de l'alimentation, de l'agriculture et de la forêt après avis de la commission d'admission de l'établissement.

3° La préparation du brevet de technicien supérieur agricole par la voie de la formation professionnelle continue est ouverte aux candidats mentionnés au 2°. Elle est également ouverte aux candidats suivants :

– les candidats ayant suivi une formation complète conduisant à l'un des grades, titres ou diplômes mentionnés au 2° ;
– les candidats justifiant de l'équivalent de deux années d'activité professionnelle à temps plein à la date du début de la formation. La condition d'activité professionnelle s'apprécie au début de la formation.

SOUS-SECTION 2 Modalités de préparation

(*Décr. n° 2020-687 du 4 juin 2020, art. 1er*)

Art. D. 811-139 Le brevet de technicien supérieur agricole est préparé :

1° Soit par la voie scolaire, dans :

a) Des établissements publics locaux et nationaux de l'enseignement technologique agricole et de l'enseignement supérieur agronomique ;

b) Des établissements privés ayant passé, pour la formation considérée, un contrat au titre des articles L. 813-8 et L. 813-9 ;

c) Des établissements relevant d'autres ministères, après avis du Conseil national de l'enseignement agricole, sur la base d'une convention passée avec le directeur régional de l'alimentation, de l'agriculture et de la forêt ;

d) Tout autre établissement privé.

2° Soit par la voie de l'apprentissage définie au livre II de la sixième partie du code du travail ;

3° Soit par la voie de la formation professionnelle continue définie au livre III de la sixième partie du code du travail.

4° Soit par la voie de l'enseignement à distance, dans les conditions fixées par arrêté du ministre chargé de l'agriculture.

Art. D. 811-139-1 La formation par la voie scolaire des techniciens supérieurs agricoles dure deux années et comporte douze à seize semaines de stages, dont dix sont prises sur la période scolaire.

Pour les établissements privés assurant des formations selon les modalités définies à l'article L. 813-9, la formation comprend une durée totale d'au moins quatre-vingt semaines dont mille quatre cents heures minimum de cours, travaux pratiques, travaux dirigés effectués dans le centre de formation.

La durée de formation peut être aménagée par décision du directeur régional de l'alimentation, de l'agriculture et de la forêt dans les conditions prévues par arrêté du ministre chargé de l'agriculture.

Art. D. 811-139-2 Pour se présenter à l'examen du brevet de technicien supérieur agricole par la voie de l'apprentissage, les candidats doivent :

1° Soit avoir suivi une formation d'au moins mille trois cent cinquante heures en centre de formation d'apprentis ;

2° Soit relever des articles R. 6222-9 à R. 6222-18 du code du travail relatifs à l'adaptation de la durée du contrat ou de la période d'apprentissage, et avoir suivi une formation en centre de formation d'apprentis d'une durée :

— d'au moins sept cent vingt heures si le contrat est d'un an ;

— ou comprise entre quatre cents heures et sept cent vingt heures en fonction de la réduction de parcours prévue si le contrat est d'une durée comprise entre six mois et un an.

Art. D. 811-139-3 Pour se présenter à l'examen du brevet de technicien supérieur agricole par la voie de la formation professionnelle continue, les candidats doivent :

1° Soit avoir suivi une préparation de mille trois cent cinquante heures minimum en centre de formation ;

2° Soit bénéficier d'un parcours individualisé contractualisé à partir d'un positionnement d'entrée.

Art. D. 811-139-4 Les conditions dans lesquelles la durée de formation peut être aménagée pour permettre à des candidats d'intégrer la formation en cours de cursus et dans lesquelles des dispenses d'épreuves peuvent être accordées sont précisées par arrêté du ministre chargé de l'agriculture.

Art. D. 811-139-5 I. — Les établissements mentionnés aux *a*, *b* et *c* du 1° de l'article D. 811-139, et aux articles R. 811-156 et R. 811-157 peuvent, sur leur demande, être habilités par décision du directeur régional de l'alimentation, de l'agriculture et de la forêt à organiser la formation en semestres. La formation semestrielle est organisée, dans le respect du référentiel de diplôme prévu à l'article D. 811-138, selon des modalités pédagogiques et d'évaluation dérogeant aux dispositions de la présente section.

II. — L'habilitation est accordée par le directeur régional de l'alimentation, de l'agriculture et de la forêt, après avis de l'inspection de l'enseignement agricole. Les établissements en font la demande par délibération de leur conseil d'administration ou de l'instance délibérative qui en tient lieu. Pour les établissements publics, elle est précédée par un avis du conseil mentionné au premier alinéa de l'article R. 811-31, ainsi que d'un avis du conseil de l'éducation et de la formation de l'établissement public local d'enseignement et de formation professionnelle agricole. Pour les établissements privés, elle est précédée par un avis du comité social et économique. L'habilitation est accordée pour une durée de cinq ans. Elle peut être retirée en cas de non-respect du référentiel de diplôme et si les modalités pédagogiques et d'évaluation qui ont présidé à sa délivrance ne sont plus réunies.

III. — La durée de la formation en semestres est celle définie aux articles D. 811-139-1 à D. 811-139-4.

La formation est organisée en quatre semestres comportant chacun des unités d'enseignement. Les établissements habilités s'appuient sur le référentiel de diplôme prévu à l'article D. 811-138 pour construire les unités d'enseignement de chaque semestre.

Chaque unité d'enseignement comporte un ensemble cohérent d'enseignements concourant à l'acquisition de capacités du référentiel de compétences de la spécialité du brevet de technicien supérieur agricole.

Pour la formation semestrielle, l'examen prévu au I de l'article D. 811-140-3 prend exclusivement la forme de contrôle en cours de formation.

V. Arr. du 8 juill. 2021 relatif à la formation semestrielle du brevet de technicien supérieur agricole prévue par l'art. D. 811-139-5 (JO 29 juill.), mod. par Arr. du 26 avr. 2022 (JO 3 mai).

SOUS-SECTION 3 Conditions de délivrance

(Décr. nº 2020-687 du 4 juin 2020, art. 1er)

Art. D. 811-140 Le brevet de technicien supérieur agricole est obtenu :

1º Par le succès à un examen, organisé selon les modalités fixées aux articles D. 811-140-1 à D. 811-141-3 ou, à titre dérogatoire, à l'article D. 811-139-5 ;

2º Par la validation des acquis de l'expérience, selon les conditions prévues par le livre IV de la sixième partie du code du travail.

Art. D. 811-140-1 Pour se présenter à l'examen, les candidats doivent :

1º Soit avoir suivi une formation au diplôme par la voie scolaire, de l'apprentissage ou de la formation professionnelle continue dont la durée est fixée conformément aux articles D. 811-139-1 à D. 811-139-5 ;

2º Soit avoir occupé un emploi de niveau technicien dans un secteur professionnel correspondant aux finalités du diplôme pendant l'équivalent d'au moins une année d'activité professionnelle à temps plein au moment où ils se présentent à la première épreuve de l'examen ouvrant droit à la délivrance du diplôme ;

3º Soit avoir suivi la formation par la voie de l'enseignement à distance.

Art. D. 811-140-2 L'examen conduisant à la délivrance du diplôme peut prendre deux formes :

1º Une forme globale dans laquelle le candidat présente l'ensemble des épreuves constitutives du diplôme au cours d'une même session, sous réserve des dispositions de l'article D. 811-140-6 ;

2º Une forme progressive dans laquelle le candidat choisit de ne présenter que certaines épreuves constitutives du diplôme au cours d'une même session, dans les conditions prévues à l'article D. 811-140-5.

Les candidats de la voie scolaire et de la voie de l'apprentissage présentent obligatoirement l'examen sous la forme globale à l'issue de la formation. Les candidats de la voie de la formation professionnelle continue, ceux ayant suivi une préparation par la voie de l'enseignement à distance ainsi que ceux qui se présentent au titre de leur expérience professionnelle en application du 2º de l'article D. 811-140-1 optent, lors de leur inscription à l'examen, soit pour la forme globale, soit pour la forme progressive. Le choix de l'une ou l'autre de ces formes est définitif.

Art. D. 811-140-3 I. — L'examen comporte des épreuves obligatoires qui évaluent chacune l'acquisition d'une capacité.

II. — Les épreuves peuvent prendre la forme :

1º D'une ou plusieurs évaluations ponctuelles terminales organisées en fin de formation, ayant pour objet le contrôle de l'atteinte des objectifs terminaux de la formation.

2º Du contrôle en cours de formation, constitué d'une ou plusieurs évaluations certificatives en cours de formation, pour les candidats suivants :

— Les candidats par la voie scolaire ayant préparé le diplôme dans un établissement mentionné au *a*, *b* ou *c* du 1º de l'article D. 811-139 ;

— Les candidats par la voie de l'apprentissage ou de la formation professionnelle continue ayant préparé le diplôme dans un établissement ou un centre de formation d'apprentis ayant obtenu une habilitation du directeur régional de l'alimentation, de l'agriculture et de la forêt.

Des arrêtés du ministre chargé de l'agriculture déterminent les conditions de délivrance et de retrait de l'habilitation au contrôle en cours de formation, ainsi que les modalités de mise en œuvre et de régulation des épreuves.

Art. D. 811-140-4 A l'issue de l'examen, le jury délibère au vu d'une part, des notes obtenues aux épreuves et, d'autre part, s'il existe, du livret scolaire ou de formation du candidat.

Le diplôme est délivré aux candidats ayant obtenu une moyenne générale supérieure ou égale à dix sur vingt à l'ensemble des épreuves. Une moyenne inférieure à dix sur vingt à l'ensemble des épreuves professionnelles, ou une note inférieure à six sur vingt à l'une des épreuves professionnelles, est éliminatoire.

Si l'arrêté de création d'une spécialité prévoit une épreuve facultative de langue vivante, il détermine les modalités de prise en compte dans la moyenne générale des points supérieurs à dix obtenus lors de l'évaluation de cette épreuve.

Si la moyenne générale est comprise entre neuf et dix sur vingt, le jury peut décider, au vu des éléments d'appréciation à sa disposition, soit d'attribuer des points supplémentaires et de déclarer le candidat admis, soit de l'ajourner.

Les mentions sont accordées selon la moyenne générale obtenue et, le cas échéant, après examen des dossiers individuels des candidats.

Art. D. 811-140-5 Sous la forme progressive, les notes supérieures ou égales à dix sur vingt sont, à la demande des candidats, conservées en vue des sessions ultérieures. Les notes inférieures à dix sur vingt peuvent, à chaque session et au choix des candidats, soit être conservées et reportées dans la limite de cinq ans à compter de leur date d'obtention, soit donner lieu à une nouvelle évaluation. Dans ce dernier cas, c'est la dernière note obtenue qui est prise en compte.

Art. D. 811-140-6 I. – Les candidats par la voie scolaire, par la voie de l'apprentissage ou par la voie de la formation professionnelle continue ayant choisi de présenter l'examen sous la forme globale, et pour lesquels la durée de formation n'est pas aménagée, peuvent se voir proposer un redoublement par le conseil de classe à l'issue de la première année du cycle de formation. Un contrat de redoublement, signé entre le chef d'établissement et le candidat, détermine les modalités d'aménagement de la formation et de l'évaluation. Le candidat peut choisir de conserver le bénéfice des notes obtenues aux évaluations certificatives en cours de formation. S'il décide de repasser les évaluations correspondantes, il conserve la meilleure des deux notes obtenues.

II. – Sous la forme globale, un candidat ajourné conserve, à sa demande, le bénéfice des notes obtenues aux épreuves dans les cinq sessions qui suivent son échec à l'examen. Le candidat ajourné et redoublant la classe terminale de la formation peut conserver le bénéfice des notes obtenues aux évaluations certificatives en cours de formation. S'il décide de repasser les évaluations correspondantes, la note la plus récente est conservée.

Lorsque ce candidat se représente à une session ultérieure, le diplôme lui est délivré dans les conditions décrites à l'article D. 811-140-4 en fonction des notes dont il a demandé à conserver le bénéfice et des notes des épreuves à nouveau présentées. Il ne pourra prétendre à une mention.

III. – Chaque année du cycle de formation ne peut faire l'objet que d'un seul redoublement, dont les modalités sont déterminées par un contrat signé entre le chef d'établissement et le candidat.

Art. D. 811-140-7 Lorsqu'un candidat est déclaré absent à une épreuve, le diplôme du brevet de technicien supérieur agricole ne peut lui être délivré. Toutefois, l'absence d'un candidat à une épreuve pour une cause de force majeure dûment constatée donne lieu à l'organisation d'une épreuve de remplacement. Un arrêté du ministre chargé de l'agriculture précise les dispositifs relatifs à la gestion des absences et aux dispenses d'épreuves. — *V. Arr. du 28 avr. 2022 fixant les conditions dans lesquelles un candidat au brevet de technicien supérieur agricole peut obtenir des dispenses d'épreuves (JO 3 mai) ; Arr. du 30 juin 2022 déterminant les équivalences entre les brevets de technicien supérieur agricole des spécialités « viticulture-œnologie », « agronomie et cultures durables » et « métiers du végétal : alimentation, ornement et environnement » (JO 12 juill.) ; Arr. du 1er août 2023 relatif aux modalités de la période transitoire liées à la rénovation du brevet de technicien supérieur agricole de la spécialité « métiers du végétal : alimentation, ornement et environnement » et de la spécialité « agronomie et cultures durables » (JO 9 août).*

Art. D. 811-140-8 I. — Les candidats qui échouent à l'examen et les candidats ayant choisi la forme progressive de l'examen dans les conditions prévues à l'article D. 811-140-2 qui ne valident que partiellement le diplôme reçoivent une attestation reconnaissant l'acquisition de blocs de compétences correspondant aux épreuves pour lesquelles ils ont obtenu une note supérieure ou égale à dix sur vingt, délivrée par le directeur régional de l'alimentation, de l'agriculture et de la forêt.

Les candidats qui se présentent au titre de la validation des acquis de l'expérience qui n'obtiennent qu'une validation partielle reçoivent une attestation reconnaissant l'acquisition des blocs de compétences correspondant aux capacités qu'ils ont validées, délivrée par le directeur régional de l'alimentation, de l'agriculture et de la forêt.

II. — Un arrêté du ministre chargé de l'agriculture définit les modalités dans lesquelles les candidats titulaires de l'attestation reconnaissant l'acquisition de blocs de compétences mentionnée au I du présent article peuvent être dispensés de l'obtention de la capacité du brevet de technicien supérieur agricole correspondante.

Art. D. 811-140-9 Le diplôme du brevet de technicien supérieur agricole est délivré par le directeur régional de l'alimentation, de l'agriculture et de la forêt.

SOUS-SECTION 4 Organisation et modalités des examens

(Décr. n° 2020-687 du 4 juin 2020, art. 1er)

Art. D. 811-141 Une session d'examen au moins est organisée chaque année scolaire.

Les candidats ne peuvent s'inscrire qu'à une seule spécialité du brevet de technicien supérieur agricole ou du brevet de technicien supérieur par session d'examen.

Lorsque la durée de la formation est de deux ans, les candidats s'inscrivent à l'examen au cours de la deuxième année de préparation, conformément à l'article D. 811-140-2.

Les modalités d'organisation de l'examen sont définies par arrêté du ministre chargé de l'agriculture.

Art. D. 811-141-1 Le président du jury de chaque spécialité est un membre du Conseil général de l'alimentation, de l'agriculture et des espaces ruraux. Il est nommé par arrêté du ministre chargé de l'agriculture. Il est assisté par des présidents-adjoints nommés par l'autorité académique en charge de l'organisation de l'examen.

Le jury est composé, pour deux tiers au moins, d'enseignants d'établissements agricoles publics ou privés sous contrat justifiant sans dérogation possible des titres ou diplômes requis pour enseigner dans une section préparatoire au brevet de technicien supérieur agricole, et, pour un tiers au maximum, d'employeurs ou de salariés des professions concernées et de personnalités compétentes.

Si l'une de ces proportions n'est pas atteinte à la suite de l'absence d'un de ses membres, le jury pourra néanmoins délibérer valablement.

Art. D. 811-141-2 I. — Un arrêté du ministre chargé de l'agriculture détermine les épreuves qui peuvent être organisées par des moyens de communication audiovisuelle, les conditions dans lesquelles il peut être recouru à ces modalités techniques et les précautions à prendre pour garantir le bon déroulement de l'épreuve.

II. — A l'exception du président et du président-adjoint, les membres du jury mentionnés à l'article D. 811-141-1 qui prennent part aux délibérations peuvent y participer par tous moyens de communication audiovisuelle permettant leur identification et garantissant leur participation effective selon des modalités précisées par arrêté du ministre chargé de l'agriculture.

SOUS-SECTION 5 Inscription dans le dispositif européen d'enseignement supérieur

(Décr. n° 2020-687 du 4 juin 2020, art. 1er)

Art. D. 811-142 I. — L'obtention du brevet de technicien supérieur agricole emporte l'acquisition de 120 crédits européens.

II. — Le chef d'établissement au sein duquel est implantée la section de technicien supérieur agricole délivre aux candidats, après consultation du conseil de classe, une attestation descriptive du parcours de formation qu'ils ont suivi et des connaissances et compétences acquises.

L'attestation est établie conformément au référentiel du diplôme correspondant à la spécialité ou à l'option, dans le respect des conditions prévues à l'article D. 611-2 du code de l'éducation.

Art. D. 811-142-1 En vue de faciliter la poursuite d'études et l'orientation des étudiants dans une formation de l'enseignement supérieur, des conventions de coopération pédagogique peuvent être conclues entre les établissements préparant au brevet de technicien supérieur agricole et des établissements, français ou étrangers, dispensant cette formation. Ces conventions précisent, sur la base de l'attestation prévue au II de l'article D. 811-142 et en fonction des divers types de cursus de formation auxquels peuvent postuler les étudiants issus des sections de techniciens supérieurs agricoles, les conditions de validation des acquis de ces étudiants dans le cadre des cursus de formation de l'établissement d'accueil. Elles prévoient, pour l'examen des dossiers individuels, l'organisation de commissions associant des représentants de l'établissement préparant au brevet de technicien supérieur agricole et de l'établissement d'accueil, présidées par un enseignant-chercheur désigné par le chef de l'établissement d'enseignement supérieur.

Art. D. 811-142-2 *Abrogé par Décr. n° 2020-687 du 4 juin 2020, art. 2.*

Art. D. 811-143 Des arrêtés du ministre de l'agriculture précisent les conditions d'application des articles *(Décr. n° 2018-481 du 12 juin 2018, art. 1er)* « D. 811-137 à » *(Décr. n° 2020-687 du 4 juin 2020, art. 1er)* « D. 811-142-1 ». — *[Décr. n° 89-201 du 4 avr. 1989, art. 30.]*

SECTION 7 **Dispositions relatives à l'enseignement professionnel du second degré** *(Décr. n° 2015-555 du 19 mai 2015, art. 1er-1°).*

Art. D. 811-144 *(Décr. n° 2011-468 du 27 avr. 2011)* « L'enseignement professionnel du second degré est dispensé par voie scolaire, soit à l'issue de la classe de troisième relevant du cycle d'orientation prévu à l'article D. 332-3 du code de l'éducation, soit à l'issue des classes de cinquième ou de quatrième relevant du cycle central prévu au même article. »

Cet enseignement est assuré dans des établissements publics ou privés soit de façon permanente, soit selon un rythme approprié. Dans ce dernier cas, cet enseignement comporte un nombre annuel d'heures fixé par arrêté conjoint du ministre de l'agriculture et du ministre de l'éducation nationale. — *[Anc. art. R. 812-1.] — L'art. R. 811-144 devient l'art. D. 811-144 (Décr. n° 2011-468 du 27 avr. 2011, art. 1er, JO 29 avr.).*

Art. D. 811-145 *(Décr. n° 2009-674 du 11 juin 2009, art. 2, en vigueur le 1er sept. 2009)* A l'issue de la classe de troisième, l'enseignement professionnel du second degré comprend :

— un cycle de deux ans conduisant au diplôme du certificat d'aptitude professionnelle agricole ;

— un cycle d'une durée de référence de trois ans conduisant au diplôme du baccalauréat professionnel constitué par les classes de seconde professionnelle, de première professionnelle et de terminale professionnelle. La classe de seconde professionnelle peut être rattachée à *(Décr. n° 2019-262 du 29 mars 2019, art. 1er)* « une ou plusieurs familles de métiers » définis *[définies]* par arrêté du ministre chargé de l'agriculture. La durée de ce cycle peut, le cas échéant, être modifiée s'agissant d'un élève pour lequel une décision de positionnement, prise dans les conditions fixées aux articles D. 337-62 et D. 337-63 du code de l'éducation, le justifie. *(Abrogé par Décr. n° 2021-200 du 22 févr. 2021, art. 1er, à compter du 1er janv. 2022) (Décr. n° 2020-1195 du 28 sept. 2020, art. 1er)* ***« Au cours du cycle, les élèves peuvent se présenter aux épreuves du brevet d'études professionnelles agricole dans les conditions prévues par arrêté du ministre chargé de l'agriculture ou, le cas échéant, bénéficier de l'attestation intermédiaire prévue par l'alinéa suivant. »***

(Décr. n° 2020-1195 du 28 sept. 2020, art. 1er) « Une attestation intermédiaire, remise en fin de classe de première, est délivrée par le directeur régional de l'alimentation, de l'agriculture et de la forêt aux candidats scolarisés dans les établissements d'enseignement agricole. Le modèle et les conditions de délivrance de cette attestation sont fixés selon les conditions définies par arrêté du ministre chargé de l'agriculture. » — *V., à*

compter de la session d'examen 2022, Arr. du 22 déc. 2020 fixant l'attestation intermédiaire délivrée à l'issue de la classe de première des spécialités du baccalauréat professionnel délivrées par le ministère chargé de l'agriculture en application de l'art. D. 811-145 (JO 31 déc.).

Sur la demande de la famille ou de l'élève s'il est majeur et après avis du conseil de classe de l'établissement fréquenté, le directeur régional de l'alimentation, de l'agriculture et de la forêt peut autoriser un titulaire du brevet d'études professionnelles agricoles ou du certificat d'aptitude professionnelle agricole à poursuivre des études en lycée pour y postuler soit le brevet de technicien agricole, soit le baccalauréat général ou technologique. Dans les mêmes conditions, un élève parvenu au terme d'une seconde ou d'une première professionnelle peut être autorisé à poursuivre des études pour postuler un brevet de technicien agricole ou un baccalauréat général ou technologique.

L'élève est accueilli en deuxième ou troisième année de la formation correspondant au diplôme postulé soit directement, soit après une période d'adaptation dont les conditions sont fixées par arrêté du ministre chargé de l'agriculture en fonction de la nature et de la spécialité du diplôme acquis et du diplôme postulé.

Des dispositifs d'aide et d'accompagnement sont mis en place pour les élèves qui en ont besoin, sur proposition de l'équipe pédagogique de la classe.

Les candidats n'ayant pas atteint l'âge de la majorité ne peuvent se présenter aux examens mentionnés au présent article que s'ils ont suivi la formation correspondante définie par arrêté du ministre chargé de l'agriculture.

(Décr. n° 2021-200 du 22 févr. 2021, art. 1er, en vigueur le 1er janv. 2022) **« Le certificat d'aptitude professionnelle agricole est l'équivalent du certificat d'aptitude professionnelle délivré par le ministère de l'éducation nationale. »** *— L'art. R. 811-145 devient l'art. D. 811-145 (Décr. n° 2011-468 du 27 avr. 2011, art. 2, JO 29 avr.).*

V. Arr. du 29 mars 2019 relatif aux familles de métiers pour les spécialités du baccalauréat professionnel relevant de l'art. D. 337-53 C. éduc. (JO 31 mars).

SOUS-SECTION 1 **Le certificat d'aptitude professionnelle agricole**

Art. D. 811-146 *(Décr. n° 2015-555 du 19 mai 2015, art. 1er-2°)* **I. — Le certificat d'aptitude professionnelle agricole est un diplôme national délivré par le ministre chargé de l'agriculture. Il atteste d'un premier niveau de qualification professionnelle.**

Le certificat d'aptitude professionnelle agricole est enregistré au répertoire national des certifications professionnelles. Il est classé au niveau V de la nomenclature interministérielle des niveaux de formation.

II. — Chaque spécialité du certificat d'aptitude professionnelle agricole, et le cas échéant les options qui la précisent, est définie par arrêté du ministre chargé de l'agriculture après avis de la commission professionnelle consultative "métiers de l'agriculture, de la transformation, des services et de l'aménagement des espaces" mentionnée à l'article D. 814-48.

L'arrêté détermine pour chaque spécialité du certificat d'aptitude professionnelle agricole le référentiel de diplôme constitué par :

a) Le référentiel professionnel caractérisant les activités professionnelles des emplois visés par le diplôme ;

b) Le référentiel de certification précisant les capacités requises pour l'obtention du diplôme et fixant le règlement d'examen ;

c) Le référentiel de formation définissant les enseignements en vue de la préparation du diplôme par la voie scolaire.

Le diplôme est structuré en unités qui peuvent être soit communes à plusieurs spécialités, soit équivalentes à des unités d'autres spécialités.

Pour chaque spécialité, les modalités d'organisation de la formation sont précisées par arrêté du ministre chargé de l'agriculture.

Art. D. 811-147 *(Décr. n° 2015-555 du 19 mai 2015, art. 1er-2°)* **I. — Le certificat d'aptitude professionnelle agricole est accessible par la voie scolaire :**

a) Aux candidats ayant effectué un cycle d'études de deux ans préparant au certificat d'aptitude professionnelle agricole à l'issue de la dernière année du cycle *(Décr. n° 2017-275 du 1er mars 2017, art. 2)* **« 4 ».**

Pour les établissements privés assurant des formations selon les modalités définies à l'article L. 813-9, le cycle d'études est réparti sur 80 semaines et comprend une durée totale d'au moins 800 heures effectuées en centre de formation.

b) Aux candidats ayant effectué un cycle d'études d'un an préparant au certificat d'aptitude professionnelle agricole à l'issue du cycle de détermination des lycées.

II. — La formation pour la voie scolaire comporte :

— des enseignements obligatoires dont certains sont communs à toutes les spécialités et comprenant des périodes de formation en milieu professionnel ;

— un enseignement facultatif.

III. — Cette formation est dispensée dans :

a) Des établissements publics locaux d'enseignement et de formation professionnelle agricoles et des établissements publics nationaux ;

b) Des établissements d'enseignement et de formation professionnelle agricoles privés ayant passé, pour le cycle d'études considéré, un contrat dans les conditions mentionnées à l'article L. 813-1 ;

c) Des établissements relevant d'autres ministères ;

d) Des établissements privés autres que ceux mentionnés au *b* du III du présent article, après avis du directeur régional de l'alimentation, de l'agriculture et de la forêt.

Art. D. 811-147-1 *(Décr. n° 2015-555 du 19 mai 2015, art. 1er-2°)* Le certificat d'aptitude professionnelle agricole est accessible par la voie de l'apprentissage aux candidats ayant suivi une préparation dans les conditions prévues au livre II de la sixième partie du code du travail.

Les candidats de la voie de l'apprentissage suivent cette préparation dans des centres de formation d'apprentis.

(Décr. n° 2020-1069 du 17 août 2020, art. 1er) « Conformément aux dispositions du cinquième alinéa de l'article L. 6211-2 du code du travail, la durée de la formation en centre de formation d'apprentis est au moins égale à 800 heures pour deux ans.

« Dans les conditions prévues à l'article L. 6222-7-1 du code du travail, cette durée de formation peut être réduite au *prorata temporis* de la durée du contrat d'apprentissage. »

Art. D. 811-147-2 *(Décr. n° 2015-555 du 19 mai 2015, art. 1er-2°)* Le certificat d'aptitude professionnelle agricole est accessible par la voie de la formation professionnelle continue aux candidats qui justifient d'une préparation d'une durée de 800 heures en centre de formation telle que définie au livre III de la sixième partie du code du travail.

La durée de la formation peut être réduite à 500 heures après une décision dite de "positionnement" pour les candidats justifiant, soit :

a) De l'équivalent d'une année d'activité professionnelle à temps plein à l'entrée en formation, en rapport avec la spécialité ;

b) D'un niveau initial de formation de fin de cycle de détermination des lycées ;

c) D'un certificat d'aptitude professionnelle, d'un certificat d'aptitude professionnelle agricole, d'un brevet d'études professionnelles, d'un brevet d'études professionnelles agricole ou d'un diplôme de niveau supérieur.

Cette décision de positionnement est prise, sur demande du candidat, par le directeur régional de l'alimentation, de l'agriculture et de la forêt après avis du directeur du centre de formation. Lorsque la délivrance du diplôme est demandée selon la modalité des unités capitalisables, la décision de positionnement peut être déléguée au directeur du centre habilité.

(Décr. n° 2017-275 du 1er mars 2017, art. 3) « Pour la préparation d'un bloc de compétences défini au II de l'article D. 811-148-6 du présent code, la durée de la formation n'est pas définie. »

Art. D. 811-147-3 *(Décr. n° 2015-555 du 19 mai 2015, art. 1er-2°)* Le certificat d'aptitude professionnelle agricole est accessible par la voie de l'enseignement à distance, aux candidats justifiant avoir suivi la préparation au diplôme selon les modalités prévues par arrêté du ministre chargé de l'agriculture.

Art. D. 811-147-4 *(Décr. n° 2015-555 du 19 mai 2015, art. 1er-2°)* Le certificat d'aptitude professionnelle agricole est accessible aux candidats majeurs au 31 décembre de l'année de l'examen qui, n'ayant pas suivi la préparation prévue aux articles D. 811-147 à D. 811-147-3, justifient avoir occupé un emploi d'ouvrier qualifié dans un secteur professionnel en rapport avec la spécialité du diplôme pendant l'équivalent d'au moins deux années à temps plein à la date du début des épreuves.

Art. D. 811-147-5 *(Décr. nº 2015-555 du 19 mai 2015, art. 1er-2º)* Pour les candidats des voies scolaire et de l'apprentissage mentionnés aux articles D. 811-147 et D. 811-147-1, des périodes de formation peuvent être réalisées pour partie dans le cadre d'une mobilité effectuée dans un État membre de l'Union européenne.

Art. D. 811-148 *(Décr. nº 2015-555 du 19 mai 2015, art. 1er-2º)* I. — Le certificat d'aptitude professionnelle agricole est obtenu par le succès à un examen organisé dans le cadre régional ou interrégional, sous l'autorité du directeur régional de l'alimentation, de l'agriculture et de la forêt, selon des dispositions définies par arrêté du ministre chargé de l'agriculture.

Le règlement d'examen de chaque spécialité du certificat d'aptitude professionnelle agricole est fixé par arrêté du ministre chargé de l'agriculture. Il définit la liste, la nature, la durée et le coefficient des épreuves.

Les épreuves sont en relation avec les capacités requises pour l'obtention du diplôme précisées dans le référentiel de certification.

II. — Le certificat d'aptitude professionnelle agricole peut être obtenu par la validation des acquis de l'expérience *(Décr. nº 2017-275 du 1er mars 2017, art. 4)* « en application de l'article R. 6412-1 du code du travail ».

Art. D. 811-148-1 *(Décr. nº 2015-555 du 19 mai 2015, art. 1er-2º)* I. — L'examen comporte au maximum huit épreuves obligatoires et, le cas échéant, une épreuve facultative.

Une partie des épreuves obligatoires de l'examen correspond à des épreuves certificatives organisées en cours de formation :

a) Pour les candidats mentionnés au *a* du I de l'article D. 811-147 et ayant préparé le diplôme dans un établissement mentionné aux *a*, *b*, *c* du III de l'article D. 811-147 ;

b) Pour les candidats mentionnés à l'article D. 811-147-1 et ayant préparé le diplôme par la voie de l'apprentissage dans un centre de formation d'apprentis habilité à mettre en œuvre le contrôle en cours de formation selon les conditions définies par arrêté du ministre chargé de l'agriculture.

Les autres épreuves sont des épreuves ponctuelles terminales.

(Décr. nº 2023-942 du 11 oct. 2023, art. 1er) « Lorsque les circonstances le justifient, elles peuvent être organisées en tout ou partie par des moyens de communication audiovisuelle pour la totalité des candidats ou pour une partie d'entre eux, sous réserve que le recours à cette technique permette d'assurer, tout au long de l'épreuve :

« 1º L'identité du candidat qui subit l'épreuve ;

« 2º La présence dans la salle où se déroule l'épreuve des seules personnes autorisées.

« Un arrêté du ministre chargé de l'agriculture détermine les conditions dans lesquelles il peut être recouru à ces modalités techniques et les précautions à prendre pour garantir le bon déroulement de l'épreuve. » — *V. Arr. du 13 déc. 2023 fixant les conditions et modalités de recours à des moyens de communication audiovisuelle pour la tenue à distance d'épreuves et de réunions de jurys du certificat d'aptitude professionnelle agricole et du brevet de technicien supérieur agricole autorisant la tenue à distance d'épreuves du certificat d'aptitude professionnelle agricole et du brevet de technicien supérieur agricole délivrés selon la modalité des examens (JO 30 déc.).*

II. — L'examen est organisé en totalité en épreuves certificatives en cours de formation pour les candidats mentionnés à l'article D. 811-147-2 et ayant suivi la préparation au diplôme dans un établissement habilité à mettre en œuvre le contrôle en cours de formation selon les conditions définies par arrêté du ministre chargé de l'agriculture.

III. — L'examen est organisé en totalité en épreuves ponctuelles terminales :

a) Pour les candidats ayant suivi la préparation au diplôme par la voie scolaire dans un établissement mentionné au *d* du III de l'article D. 811-147 ;

b) Pour les candidats ayant suivi la préparation au diplôme par la voie de l'apprentissage dans un établissement non habilité à mettre en œuvre le contrôle en cours de formation selon des dispositions définies par arrêté du ministre chargé de l'agriculture ;

c) Pour les candidats ayant suivi la préparation au diplôme par la voie de la formation professionnelle continue dans un établissement non habilité à mettre en œuvre le contrôle en cours de formation selon des dispositions définies par arrêté du ministre chargé de l'agriculture ;

d) Pour les candidats ayant suivi la préparation au diplôme par la voie de l'enseignement à distance ;

e) Pour les candidats mentionnés au *b* du I de l'article D. 811-147 ;

f) Pour les candidats mentionnés à l'article D. 811-147-4 ;

g) Pour les candidats ajournés ne suivant pas une nouvelle préparation et se présentant à une nouvelle session de l'examen pour les épreuves dont ils ont choisi de ne pas conserver les résultats acquis lors de la précédente session, en application des dispositions prévues au I de l'article D. 811-148-3 ;

h) Pour les candidats ajournés justifiant avoir suivi une nouvelle préparation au diplôme et n'ayant pas bénéficié du contrôle en cours de formation lors de leur formation précédente.

Art. D. 811-148-2 *(Décr. n° 2015-555 du 19 mai 2015, art. 1er-2°)* Les candidats mentionnés aux articles D. 811-147-2 à D. 811-147-4 peuvent être dispensés, selon des dispositions définies par arrêté du ministre chargé de l'agriculture, des épreuves ou des parties d'épreuves relatives à l'éducation physique et sportive et relatives à la langue vivante. Ils peuvent présenter l'épreuve facultative si le règlement d'examen le prévoit et selon des dispositions définies par arrêté du ministre chargé de l'agriculture.

Les candidats mentionnés aux articles D. 811-147 et D. 811-147-1 qui ne peuvent pas se présenter à l'épreuve ou partie d'épreuve relative à l'éducation physique et sportive pour raison de santé en sont dispensés à condition de produire un certificat délivré par un médecin concourant à l'exercice des tâches médico-scolaires.

Les candidats titulaires d'un certificat d'aptitude professionnelle agricole ou d'un certificat d'aptitude professionnelle ainsi que ceux, ayant suivi une scolarité complète de la classe de seconde générale et technologique ou les deux premières années du cycle de référence en trois ans préparant au baccalauréat professionnel, peuvent être dispensés de certaines épreuves selon des dispositions définies par arrêté du ministre chargé de l'agriculture.

Art. D. 811-148-3 *(Décr. n° 2015-1519 du 23 nov. 2015, art. 1er-1°)* « Les candidats ajournés à l'examen du diplôme du certificat d'aptitude professionnelle agricole préparé par la voie scolaire ou par la voie de l'apprentissage peuvent choisir entre deux formes d'examen pour obtenir le diplôme :

« *a)* Une forme globale dans laquelle le candidat présente l'ensemble des épreuves constitutives du diplôme auxquelles il n'a pas obtenu une note égale ou supérieure à 10 sur 20, au cours d'une même session ;

« *b)* Une forme progressive dans laquelle le candidat choisit de ne présenter que certaines épreuves constitutives du diplôme au cours d'une même session conformément aux dispositions des cinquième, sixième, septième et huitième alinéas du I du présent article. »

(Décr. n° 2015-555 du 19 mai 2015, art. 1er-2°) I. — Les candidats ajournés à l'examen du certificat d'aptitude professionnelle agricole justifiant avoir suivi une nouvelle préparation au diplôme peuvent, à leur demande, conserver pendant les cinq sessions suivant la première candidature le bénéfice des notes obtenues aux épreuves de l'examen sous réserve que ces notes soient égales ou supérieures à 10 sur 20.

(Décr. n° 2015-1519 du 23 nov. 2015, art. 1er-2°) « Les candidats ajournés qui choisissent de présenter à nouveau l'examen au titre de la voie scolaire ou de l'apprentissage sous la forme progressive peuvent aussi à leur demande et à chaque session :

« — conserver les notes inférieures à 10 sur 20 dans la limite de cinq ans à compter de leur date d'obtention ;

« — présenter à nouveau les épreuves auxquelles ils ont obtenu des notes inférieures à 10 sur 20. Dans ce cas, la dernière note obtenue est prise en compte.

« Pour tout candidat ajourné qui conserve des notes, le calcul de la moyenne globale s'effectue sur la base des notes conservées et des notes obtenues aux épreuves à nouveau présentées. »

Les candidats ajournés n'ayant pas suivi la préparation conformément aux articles D. 811-147 à D. 811-147-3, qui se présentent à une nouvelle session de l'examen peuvent, à leur demande, conserver le bénéfice des notes obtenues aux épreuves de l'examen pendant les cinq sessions suivant la première candidature.

Les notes obtenues lors d'une nouvelle session se substituent à celles attribuées précédemment aux épreuves correspondantes.

(Décr. nº 2020-525 du 4 mai 2020, art. 1er) « Les candidats ajournés au certificat d'aptitude professionnelle agricole de la spécialité préparée peuvent, à leur demande, obtenir une attestation reconnaissant l'acquisition de blocs de compétences correspondant aux épreuves auxquelles ils ont obtenu une note égale ou supérieure à 10 sur 20 et qui est délivrée par le directeur régional de l'alimentation, de l'agriculture et de la forêt selon des conditions définies par arrêté du ministre chargé de l'agriculture.

« Les candidats titulaires de l'attestation mentionnée au précédent alinéa peuvent, sur leur demande, être dispensés de la passation des épreuves correspondant aux blocs de compétences acquis, notamment lorsqu'ils se présentent à une autre spécialité du diplôme. »

II. — Les candidats ajournés reçoivent, s'ils ont obtenu pour l'ensemble des épreuves une moyenne globale au moins égale à 8 sur 20, un certificat de fin d'études professionnelles agricoles.

Art. D. 811-148-4 *(Décr. nº 2015-555 du 19 mai 2015, art. 1er-2º)* I. — L'examen est organisé en une session annuelle. Des épreuves peuvent être organisées lors de la session de remplacement, à l'intention des candidats régulièrement inscrits à la session annuelle et empêchés de s'y présenter soit pour raison de santé dûment justifiée, soit pour raison de force majeure laissée à l'appréciation du directeur régional de l'alimentation, de l'agriculture et de la forêt.

II. — Les candidats ne peuvent s'inscrire qu'à une seule spécialité du certificat d'aptitude professionnelle agricole par session d'examen.

Les candidats issus de la voie scolaire ou de la voie de l'apprentissage s'inscrivent, au cours de la deuxième année de préparation, à la totalité des épreuves d'une même session sauf dérogation individuelle accordée par le directeur régional de l'alimentation, de l'agriculture et de la forêt.

Les candidats majeurs mentionnés aux articles D. 811-147-2 à D. 811-147-4, au moment de l'inscription à l'examen, peuvent choisir de présenter l'ensemble des épreuves au cours d'une seule session ou de plusieurs sessions. Ce choix est définitif.

Art. D. 811-148-5 *(Décr. nº 2015-555 du 19 mai 2015, art. 1er-2º)* I. — Le jury est désigné par le directeur régional de l'alimentation, de l'agriculture et de la forêt, organisateur de l'examen. Il est présidé par un fonctionnaire de catégorie A de l'enseignement agricole public.

Le jury peut opérer en commissions. Il est souverain dans ses évaluations et délibérations, dans le cadre de la réglementation en vigueur. *(Décr. nº 2023-942 du 11 oct. 2023, art. 1er)* « A l'exception du président et du président adjoint, les membres du jury qui prennent part à ses délibérations peuvent participer aux réunions et délibérations par tous moyens de communication audiovisuelle permettant leur identification et garantissant leur participation effective selon des modalités précisées par arrêté du ministre chargé de l'agriculture. »

Le jury est composé d'enseignants des établissements d'enseignement agricole publics ou privés sous contrat justifiant des titres ou diplômes requis pour enseigner dans une spécialité préparant au certificat d'aptitude professionnelle agricole pour les deux tiers au maximum et de professionnels représentant les emplois visés par les spécialités du diplôme.

Le jury peut être commun à plusieurs spécialités du diplôme.

II. — A l'issue de l'examen, le jury délibère en prenant en compte, d'une part, les notes obtenues aux épreuves et, d'autre part, le cas échéant, les livrets scolaires ou de formation des candidats.

Le diplôme est délivré aux candidats ayant obtenu une note moyenne globale égale ou supérieure à 10 sur 20.

Le diplôme du certificat d'aptitude professionnelle agricole porte les mentions :

a) Assez bien, quand le candidat a obtenu une moyenne globale à l'examen au moins égale à 12 et inférieure à 14 ;

b) Bien, quand le candidat a obtenu une moyenne globale à l'examen au moins égale à 14 et inférieure à 16 ;

c) Très bien, quand le candidat a obtenu une moyenne globale à l'examen égale ou supérieure à 16.

Le jury peut décider, au vu des résultats aux épreuves, et le cas échéant, des livrets scolaires ou de formation des candidats, si la moyenne globale est comprise entre 9 et 10 sur 20, soit d'attribuer des points supplémentaires et de déclarer le candidat admis, soit de l'ajourner.

Une note inférieure à 8 sur 20 obtenue aux épreuves correspondant aux capacités professionnelles spécifiques de la spécialité préparée est éliminatoire.

Les candidats ayant fourni des livrets scolaires ou de formation ne peuvent être ajournés sans que le jury ait examiné ceux-ci.

L'indication de cet examen par le jury est portée sur les livrets scolaires ou de formation sous la signature du président.

Art. D. 811-148-6 *(Décr. n° 2015-555 du 19 mai 2015, art. 1er-2°) (Décr. n° 2017-275 du 1er mars 2017, art. 5)* « I. — » Les candidats ayant suivi la préparation au titre de la formation professionnelle continue ou de l'apprentissage dans un centre habilité par le directeur régional de l'alimentation, de l'agriculture et de la forêt à mettre en œuvre les unités capitalisables pour le certificat d'aptitude professionnelle agricole, peuvent, lorsque l'arrêté portant création de la spécialité le prévoit, obtenir ce diplôme par unités capitalisables.

Les unités capitalisables visent à valider les acquis des candidats au regard des capacités définies par le référentiel du diplôme.

La liste et la nature des unités capitalisables ainsi que leur correspondance avec les épreuves de l'examen telles que prévues au I de l'article D. 811-148 sont fixées par arrêté du ministre chargé de l'agriculture.

La certification est effectuée sous le contrôle d'un jury compétent pour la spécialité, présidé par un fonctionnaire de catégorie A et désigné par le directeur régional de l'alimentation, de l'agriculture et de la forêt.

L'obtention d'une unité capitalisable donne lieu à la délivrance par le directeur régional de l'alimentation, de l'agriculture et de la forêt d'une attestation *(Abrogé par Décr. n° 2017-275 du 1er mars 2017, art. 5) « dont la durée de validité est de cinq années »*.

L'acquisition de la totalité des unités capitalisables donne lieu à la délivrance du diplôme.

(Décr. n° 2017-275 du 1er mars 2017, art. 5) « II. — Une unité capitalisable correspond à un bloc de compétences mentionné au 1° du II de l'article L. 6323-6 du code du travail.

« L'obtention d'un bloc de compétences donne lieu à la délivrance d'une attestation par le directeur régional de l'alimentation, de l'agriculture et de la forêt.

« Les candidats qui prétendent au diplôme et qui ont déjà obtenu un ou plusieurs blocs de compétences au titre de la formation professionnelle continue ou au titre de la validation des acquis de l'expérience, titulaires de l'attestation définie au précédent alinéa, peuvent être dispensés à leur demande d'une ou plusieurs unités capitalisables du diplôme correspondant aux blocs de compétences obtenus, sous réserve de la validité de la spécialité du diplôme présenté. En cas de rénovation de la spécialité, il est tenu compte d'un tableau de correspondances entre anciennes et nouvelles unités capitalisables. »

Art. D. 811-149 *Abrogé par Décr. n° 2015-555 du 19 mai 2015, art. 1er-2°.*

SOUS-SECTION 2 *[ABROGÉE]* **Le brevet d'études professionnelles agricoles**

(Abrogée par Décr. n° 2021-200 du 22 févr. 2021, art. 1er, à compter du 1er janv. 2022)

Art. D. 811-150 à D. 811-153 *Abrogés par Décr. n° 2021-200 du 22 févr. 2021, art. 1er, à compter du 1er janv. 2022.*

SOUS-SECTION 3 **Le baccalauréat professionnel**

Art. D. 811-154 *(Décr. nº 2009-223 du 24 févr. 2009, en vigueur le 1er sept. 2009)* L'enseignement professionnel agricole du second degré peut également préparer au baccalauréat professionnel organisé par les articles D. 337-51 à D. 337-94 du code de l'éducation. — *V. **C. éduc.***

SOUS-SECTION 4 **Dispositions diverses**

Art. D. 811-155 En vue de l'adaptation à l'emploi, le certificat d'aptitude professionnelle agricole et le brevet d'études professionnelles agricoles peuvent être complétés, le premier par une mention complémentaire, le second par un certificat de spécialisation, créés et délivrés dans les mêmes conditions précisées par arrêté du ministre de l'agriculture. — *[Anc. art. R. 812-3.] — L'art. R. 811-155 devient l'art. D. 811-155 (Décr. nº 2011-468 du 27 avr. 2011, art. 2, JO 29 avr.).*

SECTION 8 **Dispositions relatives à l'enseignement par la voie de l'apprentissage, de la formation professionnelle continue et des formations alternées, ainsi qu'à l'enseignement à distance**

SOUS-SECTION 1 **Enseignement par la voie de l'apprentissage et par la voie de la formation professionnelle continue et des formations alternées**

§ 1 Dispositions générales

Art. R. 811-156 La *(Décr. nº 2011-191 du 17 févr. 2011, art. 1er)* « formation professionnelle aux métiers de l'agriculture, de la forêt, de la nature et des territoires » par la voie de l'apprentissage est assurée dans les centres agricoles publics ou privés de formation d'apprentis, conformément aux dispositions du titre I du livre I du code du travail. Elle est sanctionnée par l'un des diplômes ou titres prévus aux articles D. 811-120, D. 811-139, R. 811-145 et D. 811-154. — *[Anc. art. R. 812-5.]*

Art. R. 811-157 Au titre de la formation professionnelle continue ou des formations alternées prévues par le livre IX du code du travail, peut être préparé l'un des diplômes ou titres énumérés aux articles D. 811-120, D. 811-139, R. 811-145 et D. 811-154 *(Décr. nº 2017-1772 du 27 déc. 2017, art. 2-25º)* « du présent code », ainsi que le brevet professionnel prévu à l'article *(Décr. nº 2022-213 du 18 févr. 2022, art. 1er)* « D. 811-165-1 » *(Décr. nº 2017-1772 du 27 déc. 2017, art. 2-25º)* « du même code ». — *[Anc. art. R. 812-6.]*

§ 2 Dispositions propres à la préparation de chaque titre ou diplôme

Art. D. 811-158 Les candidats au brevet de technicien agricole qui se présentent au titre de la formation professionnelle continue doivent avoir suivi une formation dans un établissement ayant passé, à cet effet, avec l'État ou les régions, une convention de formation professionnelle prévue par *(Décr. nº 2017-1772 du 27 déc. 2017, art. 2-26º)* « l'article L. 6353-2 du code du travail, ou une formation dans le cadre d'un contrat de professionnalisation prévu à l'article L. 6325-1 du même code ».

Toute formation organisée dans le cadre ci-dessus indiqué doit faire l'objet d'un agrément consenti par le directeur régional de l'alimentation, de l'agriculture et de la forêt.

Pour être admis à suivre une formation dans les conditions fixées aux alinéas précédents, les candidats doivent :

1º Soit justifier de deux années d'activité professionnelle ;

2º Soit justifier d'un niveau initial de formation.

Le brevet de technicien agricole est accessible par la voie de l'apprentissage, conformément *(Décr. nº 2017-1772 du 27 déc. 2017, art. 2-26º)* « au livre II de la sixième partie du même code ».

Un arrêté du ministre de l'agriculture précise les modalités d'application du présent article. — *[Décr. nº 85-578 du 4 juin 1985, art. 4.]*

Art. D. 811-159 *Abrogé par Décr. n° 2020-687 du 4 juin 2020, art. 2.*

Art. D. 811-160 *Abrogé par Décr. n° 2020-687 du 4 juin 2020, art. 3, à compter de la rentrée scolaire 2023.*

Art. D. 811-161 et D. 811-162 *Abrogés par Décr. n° 2015-555 du 19 mai 2015, art. 2.*

Art. D. 811-163 et D. 811-164 *Abrogés par Décr. n° 2009-1007 du 24 août 2009, art. 2.*

Art. D. 811-165 *Abrogé par Décr. n° 2003-1160 du 4 déc. 2003.*

Art. D. 811-165-1 *(Décr. n° 2003-1160 du 4 déc. 2003)* Il est créé un brevet professionnel, diplôme national classé au niveau IV de la nomenclature interministérielle des niveaux de formation, délivré par le ministre chargé de l'agriculture, selon les modalités définies par les articles D. 811-165-2 à D. 811-165-8.

Ce diplôme atteste l'acquisition d'une haute qualification professionnelle pour l'exercice des métiers visés au premier alinéa de l'article L. 811-1 *(Abrogé par Décr. n° 2017-1772 du 27 déc. 2017, art. 2-27°)* « *du code rural et de la pêche maritime* ».

En outre, il atteste, lorsque des dispositions réglementaires le prévoient, l'aptitude du titulaire à la gestion d'une entreprise ou d'une exploitation agricole.

Art. D. 811-165-2 *(Décr. n° 2003-1160 du 4 déc. 2003)* Chaque option du brevet professionnel est créée par un arrêté du ministre *(Décr. n° 2017-276 du 1er mars 2017, art. 2)* « chargé » de l'agriculture, après avis de la ou des commissions professionnelles consultatives compétentes.

(Décr. n° 2017-276 du 1er mars 2017, art. 2) « Chaque option s'appuie sur un référentiel de diplôme constitué d'un référentiel professionnel et d'un référentiel de certification. » *(Décr. n° 2007-1305 du 3 sept. 2007)* « Le diplôme du brevet professionnel est structuré en unités capitalisables. Ce référentiel figure en annexe de l'arrêté mentionné au premier alinéa. »

Le diplôme du brevet professionnel porte mention d'une option dont l'intitulé est celui du référentiel professionnel correspondant.

(Décr. n° 2017-276 du 1er mars 2017, art. 2) « Une unité capitalisable mentionnée à l'article D. 811-165-4 du présent code correspond à un bloc de compétences mentionné au 1° du II de l'article L. 6323-6 du code du travail.

« L'obtention d'un bloc de compétences donne lieu à la délivrance d'une attestation par le directeur régional de l'alimentation, de l'agriculture et de la forêt. »

Art. D. 811-165-3 *(Décr. n° 2003-1160 du 4 déc. 2003)* Le brevet professionnel est accessible :

a) Aux candidats âgés de dix-huit ans au moins, qui bénéficient de l'une des modalités de formation prévues *(Décr. n° 2017-276 du 1er mars 2017, art. 3)* « au livre III de la sixième partie du code du travail » ;

b) Aux candidats qui bénéficient des modalités de formation prévues *(Décr. n° 2017-276 du 1er mars 2017, art. 3)* « au livre II de la sixième partie du code du travail ».

Ces candidats doivent justifier de l'équivalent d'une année d'activité professionnelle *(Décr. n° 2017-276 du 1er mars 2017, art. 3)* « salariée, non salariée, bénévole ou de volontariat à temps plein à la date d'évaluation de la dernière unité capitalisable permettant de délivrer le brevet professionnel.

« Ces candidats doivent également justifier, lors de l'entrée en formation, de la possession d'un certificat d'aptitude professionnelle agricole ou d'un diplôme ou titre inscrit au répertoire national des certifications professionnelles de même niveau ou d'un niveau supérieur.

« Les candidats ne justifiant pas des diplômes mentionnés ci-dessus doivent attester, avant l'entrée en formation, soit de l'équivalent d'une année d'activité professionnelle salariée, non salariée, bénévole ou de volontariat à temps plein en lien avec la finalité du diplôme postulé, soit de l'équivalent de trois années à temps plein ;

« *c)* Aux candidats qui demandent la validation des acquis de l'expérience en application de l'article R. 6412-1 du code du travail. »

Art. D. 811-165-4 *(Décr. n° 2017-276 du 1er mars 2017, art. 4)* Le diplôme est délivré selon la modalité des unités capitalisables.

Pour être déclaré admis, le candidat doit avoir obtenu toutes les unités du brevet professionnel. Les modalités de préparation au brevet professionnel et de sa délivrance selon le dispositif des unités capitalisables sont définies par arrêté du ministre chargé de l'agriculture.

Les candidats qui prétendent au diplôme et qui ont déjà obtenu un ou plusieurs blocs de compétences au titre de la formation professionnelle continue ou au titre de la validation des acquis de l'expérience, titulaires de l'attestation mentionnée à l'article D. 811-165-2, peuvent être dispensés à leur demande d'une ou plusieurs unités capitalisables du diplôme correspondant aux blocs de compétences obtenus sous réserve de la validité de l'option du diplôme présentée. En cas de rénovation de l'option, il est tenu compte d'un tableau de correspondances entres anciennes et nouvelles unités capitalisables.

Art. D. 811-165-5 *(Décr. nº 2007-1305 du 3 sept. 2007 ; Décr. nº 2020-1069 du 17 août 2020, art. 2)* « Les candidats doivent avoir suivi une formation générale, technologique et professionnelle en centre de formation et en milieu professionnel. »

(Décr. nº 2020-1069 du 17 août 2020, art. 2) « Pour les candidats préparant le brevet professionnel par la voie de l'apprentissage, conformément aux dispositions du cinquième alinéa de l'article L. 6211-2 du code du travail, la durée de la formation en centre de formation d'apprentis est au moins égale à 800 heures pour deux ans.

« Dans les conditions prévues à l'article L. 6222-7-1 du code du travail, cette durée de formation peut être réduite au *prorata temporis* de la durée du contrat d'apprentissage.

« Pour les candidats préparant le brevet professionnel par la voie de la formation professionnelle continue, la durée de la formation, en centre de formation et en milieu professionnel, est définie pour chaque option par arrêté du ministre chargé de l'agriculture. »

(Décr. nº 2007-1305 du 3 sept. 2007) « Dans le cas de la préparation par la voie de la formation professionnelle continue, la durée de formation, en centre de formation et en milieu professionnel, peut être réduite après une évaluation de positionnement du candidat. » L'évaluation de positionnement prend en compte les études suivies en France ou à l'étranger, les titres et diplômes français ou étrangers possédés, les compétences professionnelles qu'il peut faire valoir, ainsi que les dispenses ou attributions d'unités ou d'épreuves dont il bénéficie au titre de la validation des acquis de l'expérience, ou du fait de la possession de certains titres, diplômes, unités ou épreuves de diplômes dans la limite de leur validité. La décision de positionnement est prise par le directeur régional de l'alimentation, de l'agriculture et de la forêt. *(Abrogé par Décr. nº 2017-276 du 1er mars 2017, art. 5)* ***« Lorsque la délivrance du diplôme est demandée selon la modalité des unités capitalisables, »*** la décision de positionnement peut être déléguée au centre de formation habilité.

Art. D. 811-165-6 *(Décr. nº 2003-1160 du 4 déc. 2003)* Les formations sont assurées par des établissements d'enseignement et de formation professionnelle, par les centres d'apprentis ou par les établissements d'enseignement à distance.

Pour dispenser la formation en vue de l'obtention du brevet professionnel selon les modalités des unités capitalisables, les centres de formation doivent avoir obtenu, préalablement à la mise en place de la formation, une habilitation du ministre chargé de l'agriculture dans les conditions fixées par arrêté.

Art. D. 811-165-7 *(Décr. nº 2003-1160 du 4 déc. 2003)* Le jury est désigné par le ministre *(Décr. nº 2017-276 du 1er mars 2017, art. 6)* « chargé » de l'agriculture. Il est présidé par un fonctionnaire de catégorie A du ministère *(Décr. nº 2017-276 du 1er mars 2017, art. 6)* « chargé » de l'agriculture et est composé paritairement :

a) De membres de l'enseignement et de la *(Décr. nº 2011-191 du 17 févr. 2011, art. 1er)* « formation professionnelle aux métiers de l'agriculture, de la forêt, de la nature et des territoires » ; les membres de l'enseignement et de la *(Décr. nº 2011-191 du 17 févr. 2011, art. 1er)* « formation professionnelle publics aux métiers de l'agriculture, de la forêt, de la nature et des territoires » doivent représenter au moins la moitié de cette catégorie ;

b) De professionnels du secteur d'activité concerné par l'option du brevet professionnel, à parité employeurs ou responsables d'exploitation et salariés, sauf dispositions particulières prévues dans l'arrêté de création d'une option.

Pour chaque membre du jury, un suppléant doit être désigné. Ceux-ci ne peuvent intervenir dans le fonctionnement du jury qu'en l'absence des membres titulaires.

Art. D. 811-165-8 *(Décr. nº 2003-1160 du 4 déc. 2003)* Dans le cas de création conjointe d'une option de brevet professionnel avec d'autres départements ministériels, le diplôme est délivré par les ministres concernés.

De même, la désignation du jury, l'exercice de sa présidence et le choix de ses membres sont fixés par arrêté conjoint des ministres concernés.

Art. D. 811-166 *Abrogé par Décr. nº 2003-1160 du 4 déc. 2003.*

Art. D. 811-166-1 *(Décr. nº 2003-1160 du 4 déc. 2003)* Le brevet professionnel agricole est un diplôme national classé au niveau V de la nomenclature interministérielle des niveaux de formation, délivré par le ministre chargé de l'agriculture, qui atteste d'une qualification professionnelle pour l'exercice des métiers visés à l'article L. 811-1 *(Abrogé par Décr. nº 2017-1772 du 27 déc. 2017, art. 2-27º) « du code rural et de la pêche maritime ».*

Il sanctionne l'acquisition de compétences et de connaissances générales, technologiques et professionnelles nécessaires pour exercer une ou plusieurs activités professionnelles qualifiées ainsi que pour s'adapter à l'évolution des techniques et méthodes de travail, et lorsque les dispositions réglementaires le prévoient, il atteste de l'aptitude du titulaire à la gestion d'une entreprise ou d'une exploitation agricole.

Le diplôme du brevet professionnel agricole porte mention d'une option qui peut, le cas échéant, être précisée par une spécialité professionnelle.

Les formations sont assurées par les centres de formation professionnelle, les centres de formation d'apprentis et les établissements d'enseignement à distance.

Pour dispenser la formation en vue de l'obtention du brevet professionnel agricole selon la modalité des *(Décr. nº 2007-1305 du 3 sept. 2007)* « unités capitalisables », les centres de formation doivent avoir obtenu, préalablement à la mise en place de la formation, une habilitation du ministre chargé de l'agriculture dans des conditions fixées par arrêté.

(Décr. nº 2017-274 du 1er mars 2017, art. 2) « Une unité capitalisable mentionnée à l'article D. 811-166-6 du présent code correspond à un bloc de compétences mentionné au 1º du II de l'article L. 6323-6 du code du travail. »

Art. D. 811-166-2 *(Décr. nº 2003-1160 du 4 déc. 2003)* Les options du brevet professionnel agricole, ainsi que leurs référentiels sont créés par arrêté soit du ministre chargé de l'agriculture, soit des ministres concernés dans le cas de création conjointe d'une option avec d'autres départements ministériels, après avis de la ou des commissions professionnelles consultatives compétentes.

Ces référentiels font l'objet d'annexes à l'arrêté mentionné au présent article.

Art. D. 811-166-3 *(Décr. nº 2003-1160 du 4 déc. 2003)* Le brevet professionnel agricole est accessible par la voie de l'apprentissage à tout candidat dans les conditions fixées au titre I du livre I du code du travail et justifiant :

1. Soit d'un niveau de fin de scolarité de la classe de troisième ;

2. Soit de la possession d'un certificat d'aptitude professionnelle ou d'un certificat d'aptitude professionnelle agricole ;

3. Ou encore d'avoir suivi un cycle complet conduisant au brevet d'études professionnelles ou au brevet d'études professionnelles agricoles.

(Décr. nº 2020-1069 du 17 août 2020, art. 3) « Conformément aux dispositions du cinquième alinéa de l'article L. 6211-2 du code du travail, la durée de la formation en centre de formation d'apprentis est au moins égale à 800 heures pour deux ans.

« Dans les conditions prévues à l'article L. 6222-7-1 du code du travail, cette durée de formation peut être réduite au *prorata temporis* de la durée du contrat d'apprentissage. »

Art. D. 811-166-4 *(Décr. nº 2003-1160 du 4 déc. 2003)* Le brevet professionnel agricole est accessible par la voie de la formation professionnelle continue par tout candidat relevant *(Décr. n° 2017-1772 du 27 déc. 2017, art. 2-28°)* « de la sixième partie du code du travail » et justifiant à la fois :

1° D'au moins douze mois d'activité professionnelle à temps plein ou son équivalent. Cette durée est appréciée avant la présentation de la dernière *(Décr. n° 2007-1305 du 3 sept. 2007)* « unité capitalisable » ou de la première épreuve terminale nécessaire pour obtenir le diplôme ;

2° D'une formation d'au moins 800 heures en centre de formation *(Décr. n° 2007-1305 du 3 sept. 2007)* « et d'une formation en milieu professionnel de 8 à 12 semaines ».

Cette durée de formation peut être réduite après l'évaluation de positionnement qui prend en compte :

a) Les études suivies en France ou à l'étranger ;

b) Les diplômes et les titres français ou étrangers obtenus par le candidat ;

c) Les épreuves ou unités dont il bénéficie au titre de la validation des acquis de l'expérience ou du fait de la possession de certains diplômes, titres, unités ou épreuves de diplômes dans la limite de leur validité ;

d) Les connaissances et compétences professionnelles qu'il peut faire valoir.

La durée éventuellement requise de la formation pour l'obtention du diplôme est fixée à l'issue de l'évaluation de positionnement.

La décision de réduction de durée est prise, sur demande du candidat, par le directeur régional de l'alimentation, de l'agriculture et de la forêt après avis du directeur du centre de formation. Lorsque la délivrance du diplôme est demandée selon la modalité des unités capitalisables, la décision de réduction de durée peut être déléguée au directeur du centre habilité.

(Décr. n° 2017-274 du 1er mars 2017, art. 3) « Pour la préparation d'un bloc de compétences, la durée de la formation n'est pas définie. » — *Les divisions « 1. » et « 2. » sont remplacées par les divisions « 1° » et « 2° » (Décr. n° 2017-1772 du 27 déc. 2017, art. 2-28°).*

Art. D. 811-166-5 *(Décr. n° 2017-274 du 1er mars 2017, art. 4)* Le brevet professionnel agricole peut être obtenu par la validation des acquis de l'expérience en application de l'article R. 6412-1 du code du travail.

Art. D. 811-166-6 *(Décr. n° 2003-1160 du 4 déc. 2003)* Le brevet professionnel agricole peut être délivré selon la modalité des *(Décr. n° 2007-1305 du 3 sept. 2007)* « unités capitalisables », ou sous la forme d'un examen composé d'épreuves terminales.

Lorsque le diplôme est délivré selon la modalité des *(Décr. n° 2007-1305 du 3 sept. 2007)* « unités capitalisables », le candidat, pour être déclaré admis, devra avoir obtenu toutes les unités du brevet professionnel agricole.

Un arrêté du ministre chargé de l'agriculture fixe :

I. — Les conditions de délivrance de chaque option lorsque le diplôme est délivré sous forme d'épreuves terminales.

II. — La liste, la nature et la durée des épreuves de chaque option lorsque le diplôme est délivré sous forme d'épreuves terminales.

III. — Les modalités des sessions de remplacement qui peuvent être organisées à l'intention des candidats régulièrement inscrits et empêchés de se présenter aux unités capitalisables, aux épreuves terminales ou aux entretiens en vue de la validation des acquis de l'expérience.

Art. D. 811-166-7 *(Décr. n° 2003-1160 du 4 déc. 2003)* Le jury, présidé par un fonctionnaire de catégorie A membre de l'enseignement agricole public, est désigné par le directeur régional de l'alimentation, de l'agriculture et de la forêt organisateur de l'examen.

Il peut s'adjoindre à titre consultatif des experts spécialisés.

Les membres du jury et leurs suppléants sont choisis paritairement parmi :

— des membres de l'enseignement et de la formation professionnelle agricoles dont la moitié au moins doit relever de l'enseignement et de la formation professionnelle agricoles publics ;

— des professionnels du secteur d'activité concerné par l'option du brevet professionnel agricole, à parité employeurs ou exploitants agricoles et salariés, sauf dispositions particulières prévues dans l'arrêté de création d'une option.

Art. D. 811-166-8 *(Décr. nº 2003-1160 du 4 déc. 2003)* Le jury déclare admis après délibération et, le cas échéant, après examen du dossier individuel de suivi pédagogique ou du dossier de validation des acquis de l'expérience, les candidats ayant satisfait à l'ensemble des conditions d'obtention du diplôme.

(Décr. nº 2017-274 du 1er mars 2017, art. 5) « L'obtention d'une unité capitalisable donne lieu à la délivrance d'une attestation par le directeur régional de l'alimentation, de l'agriculture et de la forêt.

« Les candidats ajournés à l'issue de la présentation de la totalité des unités capitalisables » doivent se réinscrire à l'examen pour présenter les unités manquantes.

Les conditions de toute nouvelle présentation à une unité capitalisable après échec sont fixées par arrêté du ministre chargé de l'agriculture.

(Décr. nº 2017-274 du 1er mars 2017, art. 5) « L'obtention d'un bloc de compétences donne lieu à la délivrance d'une attestation par le directeur régional de l'alimentation, de l'agriculture et de la forêt.

« Les candidats qui prétendent au diplôme et qui ont déjà obtenu un ou plusieurs blocs de compétences au titre de la formation professionnelle continue ou au titre de la validation des acquis de l'expérience, titulaires de l'attestation, peuvent être dispensés à leur demande d'une ou plusieurs unités capitalisables du diplôme correspondant aux blocs de compétences obtenus sous réserve de la validité de l'option du diplôme présentée. En cas de rénovation de l'option, il est tenu compte d'un tableau de correspondances entre anciennes et nouvelles unités capitalisables. »

Art. D. 811-167 *(Décr. nº 2004-403 du 6 mai 2004)* Le certificat de spécialisation agricole est un titre national à finalité professionnelle délivré par le ministre chargé de l'agriculture dans les conditions définies par les articles D. 811-167-1 à *(Décr. nº 2017-1145 du 7 juill. 2017, art. 1er-1º)* « D. 811-167-8 ».

Art. D. 811-167-1 *(Décr. nº 2017-1145 du 7 juill. 2017, art. 1er-2º)* Le certificat de spécialisation agricole porte mention d'une option qui atteste une qualification professionnelle spécialisée correspondant à un profil particulier d'emploi ou à une activité particulière dans un ou plusieurs métiers mentionnés à l'article L. 811-1 *(Abrogé par Décr. nº 2017-1772 du 27 déc. 2017, art. 2-27º) « du code rural et de la pêche maritime »*. Il sanctionne l'acquisition de compétences professionnelles.

La formation conduisant au certificat de spécialisation agricole est assurée par les centres de formation professionnelle continue ou par les centres de formation d'apprentis. *— V. Arr. du 29 nov. 2018 relatif au cadre national sur les attendus des formations conduisant à un certificat de spécialisation agricole (JO 9 déc.), mod. par Arr. du 25 oct. 2019 (JO 6 nov.), Arr. du 7 déc. 2020 (JO 14 déc.), Arr. du 30 nov. 2022 (JO 10 déc.).*

Art. D. 811-167-2 *(Décr. nº 2017-1145 du 7 juill. 2017, art. 1er-2º)* Le certificat de spécialisation agricole porte mention d'une option créée par arrêté du ministre chargé de l'agriculture après avis de la commission professionnelle consultative des métiers de l'agriculture, de la transformation, des services et de l'aménagement des espaces et classée par arrêté du ministre chargé de l'agriculture au niveau V, IV ou III de la nomenclature des niveaux de formation mentionnée à l'article R. 335-13 du code de l'éducation selon le niveau du diplôme sur lequel il s'appuie.

L'arrêté de création de chaque option du certificat de spécialisation agricole fixe le référentiel professionnel et le référentiel de certification.

Le référentiel professionnel caractérise le profil particulier de l'emploi ou des activités visés.

Le référentiel de certification précise la liste des capacités requises pour l'obtention du titre et les modalités d'évaluation.

La liste des diplômes permettant l'accès en formation est fixée par chaque arrêté portant création d'une option.

Art. D. 811-167-3 *(Décr. nº 2017-1772 du 27 déc. 2017, art. 2-29º)* Le certificat de spécialisation agricole peut être obtenu :

1º Par la voie de l'apprentissage dans les conditions définies au livre II de la sixième partie du code du travail ;

2º Par la voie de la formation continue dans les conditions définies au livre III de la sixième partie du même code ;

3° Par la voie de la validation des acquis de l'expérience en application de l'article R. 6412-1 de ce code.

Art. D. 811-167-3-1 *(Décr. nº 2017-1772 du 27 déc. 2017, art. 2-29º)* Lorsque le certificat de spécialisation agricole est demandé par la voie de l'apprentissage ou de la formation continue, les candidats doivent justifier lors de leur entrée en formation :

1° Soit de la possession de l'un des diplômes figurant sur la liste fixée par l'arrêté de création de l'option ;

2° Soit de la possession d'un diplôme obtenu en France ou à l'étranger autre que ceux figurant sur la liste fixée par l'arrêté de création de l'option, de niveau au moins équivalent et en rapport avec les diplômes figurant sur la liste fixée par l'arrêté de création de l'option ;

3° Soit de l'équivalent d'une année d'activité professionnelle salariée, non salariée, bénévole ou de volontariat à temps plein dans un emploi en rapport direct avec le contenu et le niveau de l'un des diplômes figurant sur la liste fixée par l'arrêté de création de l'option. Ils doivent en outre satisfaire aux évaluations de prérequis organisées par le centre. Le directeur régional de l'alimentation, de l'agriculture et de la forêt détermine la recevabilité des justificatifs présentés.

Art. D. 811-167-3-2 *(Décr. nº 2017-1772 du 27 déc. 2017, art. 2-29º)* Une décision dérogatoire à l'entrée en formation pour le certificat de spécialisation agricole peut être accordée par le directeur régional de l'alimentation, de l'agriculture et de la forêt dans les cas suivants :

1° Aux candidats qui ne possèdent pas l'un des diplômes figurant sur la liste fixée par l'arrêté de création de l'option mais qui justifient du suivi de la formation complète y conduisant, après examen de leur dossier intégrant, le cas échéant, les autres formations suivies ou les activités exercées ;

2° Aux candidats justifiant d'un diplôme obtenu en France ou à l'étranger autre que ceux figurant sur la liste fixée par l'arrêté de création de l'option, de niveau au moins équivalent et sans rapport avec les diplômes figurant sur la liste fixée par l'arrêté de création de l'option. Ils doivent en outre satisfaire aux évaluations de prérequis organisées par le centre de formation ;

3° Aux candidats justifiant de l'équivalent de trois années d'activité professionnelle salariée, non salariée, bénévole ou de volontariat à temps plein dans un emploi sans rapport direct avec le contenu et le niveau de l'un des diplômes figurant sur la liste fixée par l'arrêté de création de l'option. Ils doivent en outre satisfaire aux évaluations de prérequis organisées par le centre de formation.

Art. D. 811-167-4 *(Décr. nº 2017-1145 du 7 juill. 2017, art. 1er-2º)* La formation conduisant à la délivrance du certificat de spécialisation agricole comporte, d'une part, une formation en centre de formation *(Abrogé par Décr. nº 2020-1069 du 17 août 2020, art. 4) « dont la durée est définie pour chaque option par arrêté du ministre chargé de l'agriculture »* et, d'autre part, une formation en milieu professionnel, en une ou plusieurs périodes *(Abrogé par Décr. nº 2020-1069 du 17 août 2020, art. 4) « , dont la durée totale minimale est de douze semaines ».*

Dans le cas d'une préparation par la voie de l'apprentissage, la durée normale du cycle de formation mentionné à l'article L. 6222-7-1 du code du travail est de un an.

(Décr. nº 2020-1069 du 17 août 2020, art. 4) « Pour les candidats préparant le certificat de spécialisation agricole par la voie de l'apprentissage, et conformément aux dispositions du cinquième alinéa de l'article L. 6211-2 du code du travail, la durée de la formation en centre de formation d'apprentis est au moins égale à 400 heures pour un an.

« Dans les conditions prévues à l'article L. 6222-7-1 du code du travail, cette durée de formation peut être réduite au *prorata temporis* de la durée du contrat d'apprentissage.

« Pour les candidats préparant le certificat de spécialisation agricole par la voie de la formation professionnelle continue, la durée de la formation en centre de formation et en milieu professionnel, dont la durée totale minimale est de douze semaines, est définie pour chaque option par arrêté du ministre chargé de l'agriculture. »

Art. D. 811-167-5 *(Décr. nº 2017-1145 du 7 juill. 2017, art. 1er-2º)* Les durées minimales de formation en centre et en milieu professionnel peuvent être réduites après positionnement du candidat organisé par le centre. Le positionnement prend en compte, d'une part, les études suivies en France ou à l'étranger, les diplômes français ou étrangers possédés, les unités ou épreuves de diplômes dont le candidat bénéficie dans la limite de leur validité, d'autre part, les compétences professionnelles que le candidat peut faire valoir.

Sans préjudice de l'application *(Décr. nº 2019-1143 du 7 nov. 2019, art. 6)* « des articles L. 6211-2 et L. 6222-7-1 » du code du travail pour les apprentis, la décision de réduction, après une évaluation de positionnement du candidat organisée par le centre, fixe la durée minimale de la formation qui sera requise pour l'obtention du certificat de spécialisation agricole.

La décision est prise par le directeur du centre habilité.

Art. D. 811-167-6 *(Décr. nº 2017-1145 du 7 juill. 2017, art. 1er-2º)* Le certificat de spécialisation agricole est délivré selon la modalité des unités capitalisables.

Pour être déclaré admis, le candidat doit avoir obtenu toutes les unités *(Décr. nº 2019-888 du 23 août 2019, art. 1er)* « capitalisables constitutives » du certificat de spécialisation agricole.

(Décr. nº 2019-888 du 23 août 2019, art. 1er) « Une ou plusieurs unités capitalisables complémentaires, qui attestent de compétences professionnelles spécialisées répondant à un besoin spécifique et respectant les mêmes exigences que celles fixées pour le diplôme, peuvent être créées pour chaque option du certificat de spécialisation agricole par arrêté du ministre chargé de l'agriculture.

« Les unités capitalisables complémentaires ne sont pas prises en compte pour la délivrance du diplôme.

« Une mention "agriculture biologique" peut être associée à certaines options du certificat de spécialisation agricole. Elle est définie par arrêté du ministre chargé de l'agriculture. »

Les modalités de préparation au certificat de spécialisation agricole et sa délivrance selon le dispositif des unités capitalisables sont définies par arrêté du ministre chargé de l'agriculture.

Une unité capitalisable correspond à un bloc de compétences mentionné *(Décr. nº 2019-888 du 23 août 2019, art. 1er)* « au dernier alinéa de l'article L. 6113-1 du code du travail ».

Pour dispenser la formation en vue de l'obtention du certificat de spécialisation agricole selon la modalité des unités capitalisables, les centres de formation mentionnés à l'article D. 811-167-1 *(Décr. nº 2017-1772 du 27 déc. 2017, art. 2-30º)* « du présent code » doivent avoir obtenu, préalablement à la mise en place de la formation, une habilitation du ministre chargé de l'agriculture dans les conditions fixées par arrêté.

Art. D. 811-167-7 *(Décr. nº 2017-1145 du 7 juill. 2017, art. 1er-2º)* Le jury, présidé par un fonctionnaire de catégorie A membre de l'enseignement agricole public, est désigné par le directeur régional de l'alimentation, de l'agriculture et de la forêt. Il est souverain dans ses délibérations prises dans le cadre de la réglementation en vigueur. Le jury, en tant que de besoin, peut s'adjoindre à titre consultatif des experts spécialisés.

Les membres du jury sont choisis paritairement parmi :

— des membres de l'enseignement et de la formation professionnelle aux métiers de l'agriculture, de la forêt, de la nature et des territoires. Les membres de l'enseignement et de la formation professionnelle agricoles publics doivent représenter au moins la moitié de cette catégorie ;

— des professionnels du secteur d'activité concerné par le certificat de spécialisation agricole, à parité employeurs et salariés, sauf dispositions particulières prévues dans l'arrêté de création de l'option du certificat de spécialisation agricole.

Pour chaque membre de jury, un suppléant doit être désigné qui ne peut intervenir qu'en l'absence du titulaire.

Art. D. 811-167-8 *(Décr. nº 2017-1145 du 7 juill. 2017, art. 1er-2º)* Le jury déclare admis après délibération les candidats ayant satisfait à l'ensemble des conditions d'obtention du certificat de spécialisation agricole.

1. Lorsque le certificat de spécialisation agricole est demandé par la voie de l'apprentissage, l'obtention d'une unité capitalisable donne lieu à la délivrance d'une attestation par le directeur régional de l'alimentation, de l'agriculture et de la forêt.

Les candidats ajournés après délibération du jury à l'issue de la présentation de toutes les unités capitalisables ainsi que les candidats dont une ou plusieurs unités capitalisables ont été obtenues depuis plus de cinq ans doivent se réinscrire au certificat de spécialisation agricole pour présenter les unités capitalisables manquantes.

2. Lorsque le certificat de spécialisation agricole est demandé par la voie de la formation continue ou de la validation des acquis de l'expérience, l'obtention d'un bloc de compétences donne lieu à la délivrance d'une attestation par le directeur régional de l'alimentation, de l'agriculture et de la forêt.

Les candidats qui prétendent au diplôme et qui ont déjà obtenu un ou plusieurs blocs de compétences au titre de la formation professionnelle continue ou au titre de la validation des acquis de l'expérience, titulaires de l'attestation définie au précédent alinéa, peuvent être dispensés à leur demande d'une ou plusieurs unités capitalisables du titre correspondant aux blocs de compétences obtenus, sous réserve de la validité de l'option du titre présentée. En cas de rénovation de l'option, il est tenu compte d'un tableau de correspondances entre anciennes et nouvelles unités capitalisables.

Art. D. 811-167-9 *Abrogé par Décr. n° 2017-1145 du 7 juill. 2017, art. 2.*

Art. D. 811-168 à D. 811-172 *Abrogés par Décr. n° 2003-1160 du 4 déc. 2003.*

SOUS-SECTION 2 Enseignement à distance

Art. D. 811-173 *Abrogé par Décr. n° 2020-687 du 4 juin 2020, art. 2.*

SECTION 9 Dispositions relatives aux examens et concours publics

Art. D. 811-174 Toute fraude, tentative de fraude ou fausse déclaration commise lors de l'inscription à l'un des examens ou concours publics organisés par le ministre de l'agriculture ou placés sous la présidence d'un fonctionnaire désigné par lui entraîne pour son auteur l'annulation de l'examen ou du concours.

Il en est de même de toute fraude ou tentative de fraude commise au cours d'un examen ou d'un concours. Toutefois, si l'acte a été commis au cours d'une épreuve de contrôle continu, il entraîne l'annulation de l'épreuve terminale correspondante.

La décision d'annulation est prise sur rapport et proposition du président du jury, et après que le rapport a été communiqué à l'intéressé, soit par le directeur régional de l'agriculture, soit par le ministre de l'agriculture selon que l'examen ou le concours a été organisé par l'une ou l'autre de ces autorités.

En cas de flagrant délit, le président du jury ou son délégué peut exclure immédiatement le candidat des épreuves, et proposer l'annulation de l'examen ou du concours dans les conditions de l'alinéa précédent.

Les mêmes mesures peuvent être prises à l'encontre des complices de la fraude ou tentative de fraude.

La décision, qui doit être motivée, est notifiée au candidat en cause, avec copie adressée au chef de l'établissement fréquenté en dernier lieu par celui-ci. — *[Anc. art. R. 816-1.]*

Art. D. 811-175 Dans les cas où la gravité des faits l'exige, l'annulation de l'examen ou du concours peut être assortie de l'interdiction de subir pendant deux ans au plus tout examen ou concours public organisé par le ministre de l'agriculture ou placé sous la présidence d'un fonctionnaire désigné par lui. Dans ce cas, la décision d'annulation et d'interdiction est prise par le ministre de l'agriculture, sur rapport et proposition du président du jury et après que le rapport a été communiqué à l'intéressé. Elle est motivée et notifiée à l'intéressé dans les conditions prévues à l'article D. 811-174. — *[Anc. art. R. 816-2.]*

Art. D. 811-176 Dans tous les cas, il peut être fait appel, dans le délai de huit jours, des décisions prises en application des articles D. 811-174 et D. 811-175.

La réclamation est examinée par une commission ainsi composée :

1° Une personnalité qualifiée, choisie en raison de son expérience des examens et concours, président ;

2° Un directeur d'établissement agricole public préparant à l'examen ou au concours en cause ;

3° Un directeur d'établissement agricole privé sous contrat de même niveau.

Les membres de la commission sont désignés par le ministre de l'agriculture.

La commission est convoquée par son président qui, par lettre recommandée avec demande d'avis de réception, informe le président du jury et l'auteur de l'appel de la date et du lieu de la réunion de la commission.

Le président du jury et l'auteur de l'appel peuvent formuler oralement ou par écrit leurs observations devant la commission.

Il est tenu procès-verbal des dires des intéressés. La commission émet un avis motivé et l'adresse avec ses propositions au ministre de l'agriculture qui statue. — *[Anc. art. R. 816-3.]*

SECTION 10 Dispositions relatives à l'inspection des établissements d'enseignement et de formation professionnelle agricoles

Art. R. 811-177 L'inspection des établissements d'enseignement et de formation professionnelle agricoles est assurée par des inspecteurs *(Abrogé par Décr. n° 2017-1772 du 27 déc. 2017, art. 2-31°)* « ***et des inspecteurs principaux*** » de l'enseignement agricole.

(Décr. n° 2017-1772 du 27 déc. 2017, art. 2-31°) « Ils » exercent des missions d'évaluation, de contrôle, d'expertise, d'animation, d'étude et de formation des personnels.

Ils peuvent exercer également leurs missions à la demande des collectivités territoriales dans les conditions prévues *(Décr. n° 2017-1772 du 27 déc. 2017, art. 2-31°)* « à l'article L. 421-14 du code de l'éducation ».

Leurs attributions s'étendent à l'enseignement agricole privé conformément à la réglementation en vigueur. — *[Décr. n° 87-30 du 20 janv. 1987, art. 1er.] — V. Arr. du 27 janv. 2020 relatif à l'organisation et au fonctionnement de l'inspection de l'enseignement agricole (JO 21 mars).*

SECTION 11 Dispositions relatives aux parents d'élèves et aux associations de parents d'élèves

(Décr. n° 2007-869 du 14 mai 2007)

SOUS-SECTION 1 Les parents d'élèves

(Décr. n° 2007-869 du 14 mai 2007)

Art. D. 811-178 Les parents des élèves nouvellement inscrits sont réunis par le directeur du lycée d'enseignement général et technologique agricole ou du lycée professionnel agricole dans les premiers jours suivant la rentrée scolaire.

Les parents des apprentis nouvellement inscrits sont réunis par le directeur du centre de formation d'apprentis dans les premiers jours suivant la rentrée scolaire. Les maîtres d'apprentissage peuvent être associés à cette réunion.

Art. D. 811-179 Le directeur du lycée d'enseignement général et technologique agricole ou du lycée professionnel agricole organise au moins deux fois par an et par classe de cycle court et cycle long une rencontre, qui peut prendre différentes formes, entre les parents et les enseignants. Il y associe tout membre de la communauté éducative, qu'il juge utile, notamment les personnels de la vie scolaire et de santé scolaire. L'information sur l'orientation et l'insertion est organisée dans ce cadre.

Le directeur du centre de formation d'apprentis organise au moins une fois par an et par classe de cycle court et cycle long une rencontre, qui peut prendre différentes formes, entre les parents et les formateurs. Il y associe tout membre de la communauté éducative, qu'il juge utile. L'information sur l'orientation et l'insertion est organisée dans ce cadre. Les maîtres d'apprentissage peuvent être associés à ces réunions.

Art. D. 811-180 Les parents d'élèves, d'étudiants et d'apprentis sont tenus régulièrement informés des résultats et du comportement scolaires de leurs enfants notamment par l'intermédiaire du bulletin scolaire. L'établissement prend toute mesure adaptée pour que les parents prennent connaissance de ces documents. Pour les apprentis, les maîtres d'apprentissage sont destinataires des informations nécessaires à l'exercice de leurs prérogatives.

Art. D. 811-181 Le directeur du lycée d'enseignement général et technologique agricole ou du lycée professionnel agricole, le directeur du centre de formation d'apprentis et les enseignants ou formateurs veillent à ce qu'une réponse soit donnée aux demandes d'information et d'entrevues présentées par les parents. Toute réponse négative doit être motivée.

Art. D. 811-182 Lors de sa première réunion, sur propositions du ou des conseils intérieurs et de perfectionnement, le conseil d'administration examine les conditions d'organisation du dialogue avec les parents. Le conseil d'administration peut prévoir toutes actions supplémentaires pour tenir compte des spécificités locales et des orientations du projet d'établissement. Les parents d'élèves, d'étudiants et d'apprentis sont informés des décisions prises, notamment en ce qui concerne le nombre, la nature et la date des rencontres prévues.

SOUS-SECTION 2 Les associations de parents d'élèves

(Décr. n° 2007-869 du 14 mai 2007)

Art. D. 811-183 Les articles D. 811-184 à D. 811-187 et l'article D. 811-191 sont applicables aux associations de parents d'élèves, regroupant exclusivement des parents d'élèves auxquels sont assimilées les personnes ayant la responsabilité légale d'un ou plusieurs élèves et ayant pour objet la défense des intérêts moraux et matériels communs aux parents d'élèves, représentées au conseil d'administration des établissements publics locaux d'enseignement et de formation professionnelle agricoles. Les mêmes articles sont applicables aux associations de parents d'élèves représentées au Conseil national de l'enseignement agricole et dans les comités régionaux de l'enseignement agricole.

Art. D. 811-184 Dans chaque site géographique d'un établissement public local d'enseignement et de formation professionnelle agricoles comportant un lycée ou un centre de formation d'apprentis, un lieu accessible aux parents permet l'affichage de la liste des associations de parents d'élèves, avec mention des noms et coordonnées des responsables.

Art. D. 811-185 Les associations de parents d'élèves peuvent prendre connaissance et obtenir copie de la liste des parents d'élèves, d'étudiants et d'apprentis de l'établissement mentionnant leurs noms, adresses postale et électronique, à la condition que ceux-ci aient donné leur accord exprès à cette communication.

Dans chaque site géographique d'un établissement public local d'enseignement et de formation professionnelle agricoles comportant un lycée ou un centre de formation d'apprentis, elles doivent bénéficier de moyens matériels d'action, notamment d'une boîte aux lettres et d'un panneau d'affichage situés dans un lieu accessible aux parents.

Art. D. 811-186 Le directeur de l'établissement public local d'enseignement et de formation professionnelle agricoles doit permettre aux associations de parents d'élèves de faire connaître leur action auprès des autres parents d'élèves. A cet effet, les documents remis par les associations sont transmis aux parents d'élèves. Ils peuvent notamment être distribués aux élèves, étudiants, apprentis pour être donnés à leurs parents.

Ces documents ne font pas l'objet d'un contrôle *a priori* et doivent être clairement identifiés comme émanant des associations de parents d'élèves. Leur contenu, qui doit cependant respecter le principe de laïcité et les dispositions relatives à la vie privée et prohibant les injures et diffamations et exclure toute propagande en faveur d'un parti politique ou d'une entreprise commerciale, relève de la seule responsabilité des associations.

Les modalités de diffusion de ces documents sont définies en concertation entre le directeur de l'établissement public local d'enseignement et de formation professionnelle agricoles et les associations de parents d'élèves. Sauf disposition contraire arrêtée par le conseil d'administration, les documents sont remis par l'association en nombre suffisant pour leur distribution.

En cas de désaccord sur les modalités de diffusion des documents ainsi que dans le cas où le directeur de l'établissement public local d'enseignement et de formation professionnelle agricoles estime que leur contenu méconnaît le principe, les dispositions ou l'interdiction mentionnés *[mentionnées]* au deuxième alinéa, l'association de parents d'élèves concernée ou le directeur de l'établissement public local d'enseignement et de formation professionnelle agricoles peut saisir le directeur régional de l'alimentation, de l'agriculture et de la forêt ou *(Décr. n° 2016-781 du 10 juin 2016, art. 9-1°, en vigueur le 1er juill. 2016)* « en Guadeloupe, en Guyane, en Martinique, à La Réunion et à Mayotte, le directeur de l'alimentation, de l'agriculture et de la forêt » qui dispose d'un délai de sept jours pour se prononcer. A défaut de réponse dans ce délai, les documents sont diffusés dans les conditions initialement prévues.

SOUS-SECTION 3 Les représentants des parents d'élèves dans les instances de l'établissement public local d'enseignement et de formation professionnelle agricoles

(Décr. n° 2007-869 du 14 mai 2007)

Art. D. 811-187 Pendant la période de quatre semaines précédant les élections aux différents conseils d'établissement, l'article D. 811-184 et le premier alinéa de l'article D. 811-185 sont applicables aux parents d'élèves, d'étudiants et d'apprentis et aux associations de parents d'élèves, candidats à ces élections.

Art. D. 811-188 Les représentants des parents d'élèves, d'étudiants et d'apprentis dans les différentes instances des établissements publics locaux d'enseignement et de formation professionnelle agricoles facilitent les relations entre les parents et les personnels. Ils peuvent intervenir auprès du directeur du lycée, du directeur du centre de formation d'apprentis pour évoquer un problème particulier et assurer ainsi une médiation à la demande d'un ou des parents concernés. En toute circonstance, les représentants des parents sont tenus à une obligation de confidentialité à l'égard des informations à caractère personnel dont ils peuvent avoir connaissance.

Art. D. 811-189 Les horaires de réunion des conseils intérieurs, conseils de perfectionnement, conseils d'administration, commission hygiène et sécurité, conseils de classe et conseils de discipline sont fixés de manière à permettre la représentation effective des parents d'élèves, d'étudiants et d'apprentis.

Le calendrier de ces réunions doit tenir compte des horaires des classes et, selon les périodes, des spécificités de l'établissement, du calendrier des activités scolaires, du calendrier de l'orientation et de celui des examens. Le directeur de l'établissement, lorsqu'il doit procéder à des adaptations en fonction de ces contraintes, organise une concertation préalable avec les représentants des parents d'élèves, d'étudiants et d'apprentis après consultation des représentants des enseignants ou formateurs et des élèves, étudiants et apprentis.

Art. D. 811-190 Les représentants des parents d'élèves, d'étudiants et d'apprentis sont destinataires pour l'exercice de leur mandat des mêmes documents que les autres membres de l'instance concernée.

Art. D. 811-191 Dans chaque site géographique d'un établissement public local d'enseignement et de formation professionnelle agricoles comportant un lycée ou un centre de formation d'apprentis, un local de l'établissement peut être mis à la disposition des représentants des parents d'élèves, d'étudiants et d'apprentis de manière temporaire ou permanente, notamment pour l'organisation de réunions, pendant ou en dehors du temps scolaire.

Tout représentant des parents d'élèves, d'étudiants et d'apprentis doit pouvoir rendre compte des travaux des instances dans lesquelles il siège. Ces comptes rendus sont diffusés dans les conditions définies à l'article D. 811-186.

CHAPITRE II DISPOSITIONS PROPRES À L'ENSEIGNEMENT SUPÉRIEUR AGRICOLE ET VÉTÉRINAIRE PUBLIC

SECTION 1 Les établissements d'enseignement supérieur agricole publics

(Décr. n° 2005-1476 du 29 nov. 2005)

SOUS-SECTION 1 Organisation générale

Art. D. 812-1 *(Décr. n° 2009-1642 du 24 déc. 2009, art. 29)* L'enseignement supérieur agricole public relevant du ministre chargé de l'agriculture comprend :

1° L'Institut *(Décr. n° 2016-318 du 16 mars 2016, art. 2)* « national » des sciences et industries du vivant et de l'environnement (*(Décr. n° 2020-1748 du 28 déc. 2020, art. 24)* « AgroParisTech ») ;

2° *(Décr. n° 2019-1459 du 26 déc. 2019, art. 32)* « L'Institut national d'enseignement supérieur pour l'agriculture, l'alimentation et l'environnement *(Décr. n° 2021-1723 du 20 déc. 2021, art. 17)* « (l'Institut Agro) » et ses écoles internes » ;

3° abrogé par Décr. n° 2019-1459 du 26 déc. 2019, art. 32.

4° abrogé par Décr. n° 2021-1723 du 20 déc. 2021, art. 17.

5° L'Institut *(Abrogé par Décr. n° 2019-1459 du 26 déc. 2019, art. 32)* *« national »* d'enseignement supérieur et de recherche en alimentation, santé animale, sciences agronomiques et de l'environnement (Vet Agro Sup) ;

6° L'École nationale vétérinaire, agroalimentaire et de l'alimentation, Nantes-Atlantique (ONIRIS) ;

7° L'École nationale vétérinaire d'Alfort ;

8° L'École nationale vétérinaire de Toulouse ;

9° *(Décr. n° 2011-755 du 27 juin 2011, art. 1er)* « L'École nationale supérieure de paysage de Versailles ; »

(Décr. n° 2016-854 du 27 juin 2016, art. 3-1°) « 10° L'École nationale supérieure de formation de l'enseignement agricole » ;

11° *(Décr. n° 2011-1706 du 30 nov. 2011, art. 1er)* « L'École nationale supérieure des sciences agronomiques de Bordeaux Aquitaine (Bordeaux Sciences Agro) ; »

12° L'École nationale du génie de l'eau et de l'environnement de Strasbourg.

Art. R. 812-2 Les établissements d'enseignement supérieur agricole publics, *(Décr. n° 2009-1642 du 24 déc. 2009, art. 29)* « à l'exception des établissements énumérés aux *(Décr. n° 2019-1459 du 26 déc. 2019, art. 32)* « 1° à 6° » de l'article D. 812-1 », sont des établissements publics à caractère administratif régis par les articles R. 812-3 à R. 812-24 suivants. *(Abrogé par Décr. n° 2011-755 du 27 juin 2011, art. 1er)* ***« Toutefois, les articles R. 812-12 à R. 812-17 ne sont pas applicables à l'École nationale supérieure du paysage de Versailles. »***

Art. R. 812-3 Les établissements sont administrés par un conseil d'administration. Ils comportent un conseil scientifique, un conseil des enseignants et un conseil de l'enseignement et de la vie étudiante qui exercent des attributions consultatives. *(Abrogé par Décr. n° 2011-755 du 27 juin 2011, art. 1er)* ***« Toutefois, l'École nationale supérieure du paysage de Versailles comporte seulement un conseil de l'enseignement et de la recherche et un conseil des enseignants dont la composition et les attributions sont fixées par le décret en Conseil d'État relatif à l'organisation de cet établissement. »***

Les établissements sont dirigés par un directeur assisté par un secrétaire général et, le cas échéant, *(Décr. n° 2017-1181 du 19 juill. 2017, art. 1er-1°)* « soit par un directeur adjoint, soit par un ou plusieurs directeurs délégués ».

Ils sont organisés en départements, unités de recherche et services.

Un comité technique *(Décr. n° 2017-1181 du 19 juill. 2017, art. 1er-1°)* « et un comité d'hygiène, de sécurité et des conditions de travail » sont institués dans chaque établissement.

Art. R. 812-4 L'organisation interne des établissements et la composition du conseil d'administration et des organes consultatifs mentionnés à l'article R. 812-3 sont fixées, conformément aux articles R. 812-6, R. 812-12, R. 812-14 et R. 812-16, par des délibérations des conseils d'administration prises en séance plénière à la majorité des deux tiers des membres de ces conseils.

Si cette majorité n'est pas atteinte, une nouvelle réunion du conseil d'administration est convoquée dans un délai de quinze jours. Si lors de cette réunion, la majorité des deux tiers n'est à nouveau pas atteinte, le conseil d'administration se prononce à la majorité simple. Le ministre chargé de l'agriculture peut, dans tous les cas, demander une nouvelle délibération.

Art. R. 812-5 Pour l'accomplissement de leurs missions et notamment valoriser les résultats de leur recherche, les établissements peuvent :

1° Réaliser, éditer et diffuser, à titre gratuit ou onéreux, sur tout support d'information, des études, des publications et, plus généralement, réaliser tout produit en rapport avec leurs activités ;

2° Déposer des marques et exploiter des brevets et des licences ;

3° Participer à toute forme de groupement public ou privé et créer des filiales ;

4° Mettre des moyens à disposition d'entreprises ou de personnes physiques ;

(Décr. n° 2017-1181 du 19 juill. 2017, art. 1er-2°) « 5° Créer des fondations universitaires dans les conditions fixées par l'article L. 719-12 et les articles R. 719-194 et suivants du code de l'éducation. »

SOUS-SECTION 2 Conseil d'administration

Art. R. 812-6 Le conseil d'administration est composé de vingt à quarante membres ainsi répartis :

a) Membres de droit :

(Décr. n° 2017-1181 du 19 juill. 2017, art. 1er-3°) « 10 à 20 % de représentants de l'État désignés ès qualités, dont le directeur général de l'enseignement et de la recherche au ministère chargé de l'agriculture et le directeur général de l'enseignement supérieur et de l'insertion professionnelle au ministère chargé de l'enseignement supérieur, ou leurs représentants ;

« 20 % au plus de représentants de collectivités territoriales sur le territoire desquelles est situé l'établissement ou de leurs groupements ; »

b) 20 à 40 % de personnalités représentatives des professions éducatives, économiques et de recherche présentant un lien avec les missions de l'établissement.

c) Membres élus :

10 à 20 % de *(Décr. n° 2017-1181 du 19 juill. 2017, art. 1er-3°)* « représentants des professeurs et personnels assimilés » ;

10 à 20 % de représentants des maîtres de conférences et des autres enseignants ;

10 à 20 % de représentants des personnels administratifs, ingénieurs, techniques, ouvriers et de service et des personnels exerçant leurs activités de recherche dans le cadre d'une unité mixte de recherche à laquelle l'établissement participe ;

5 à 15 % de représentants des étudiants.

(Décr. n° 2017-1181 du 19 juill. 2017, art. 1er-3°) « Les représentants de l'État mentionnés au *a* sont désignés ès qualités et les personnalités mentionnées au *b* sont nommées, par arrêté du ministre chargé de l'agriculture. » Les représentants des collectivités territoriales et les membres désignés au *c* disposent d'un suppléant.

Le conseil d'administration désigne le vice-président selon les mêmes modalités que celles prévues pour le président par les dispositions du cinquième alinéa de l'article L. 812-3. *(Décr. n° 2017-1181 du 19 juill. 2017, art. 1er-3°)* « Le vice-président supplée le président en cas d'absence ou d'empêchement de celui-ci. »

Art. R. 812-7 Le conseil d'administration fixe les orientations générales de l'établissement. Il délibère notamment sur :

1° Le projet d'établissement et les contrats avec l'État qui le mettent en œuvre ;

2° Le règlement intérieur, l'organisation interne de l'établissement et la création des postes fonctionnels qui en découlent ;

3° La politique de l'enseignement, les créations de diplômes propres à l'établissement et les demandes d'*(Décr. n° 2017-1181 du 19 juill. 2017, art. 1er-4°)* « accréditation » à délivrer des diplômes nationaux ;

4° La politique de recherche de l'établissement ;

5° Le budget *(Décr. n° 2017-1181 du 19 juill. 2017, art. 1er-4°)* « initial et les budgets rectificatifs » ;

6° Le compte financier, l'affectation du résultat et l'utilisation des réserves ;

7° Le montant des droits de scolarité acquittés par les stagiaires de la formation continue et les auditeurs libres ; le montant des rémunérations pour services rendus ;

8° Les acquisitions, locations et cessions d'immeubles ;

9° Les contrats, conventions et marchés *(Décr. n° 2017-1181 du 19 juill. 2017, art. 1er-4°)* « sous réserve des dispositions de l'article 187 du décret n° 2012-1246 du 7 novembre 2012 » ;

10° Les créations, renouvellements et suppressions d'emplois au sein de l'établissement ;

11° Les dépôts de marques, brevets et de tous titres de propriété intellectuelle ;

12° La participation à toute forme de groupement public ou privé et la création de filiales ; la nomination de mandataires dans les conseils d'administration de ces filiales ;

13° L'acceptation des dons et legs *(Décr. n° 2017-1181 du 19 juill. 2017, art. 1er-4°)* « faits avec charges, condition ou affectation immobilière » ;

14° Les emprunts ;

15° Les actions en justice et les transactions.

Il peut déléguer au directeur de l'établissement, dans les limites qu'il fixe, les attributions mentionnées aux 7°, 8°, 9°, 11° et 15°. Le directeur rend compte des décisions prises dans le cadre des attributions ainsi déléguées à la plus prochaine réunion du conseil d'administration.

Le directeur, le secrétaire général, le directeur adjoint, *(Décr. n° 2017-1181 du 19 juill. 2017, art. 1er-4°)* « ou les directeurs délégués » et l'agent comptable assistent aux réunions avec voix consultative.

Art. R. 812-8 Le conseil d'administration peut constituer une commission permanente, dont il fixe la composition. Entre ses séances, il peut déléguer à cette commission le pouvoir de délibérer sur les *(Décr. n° 2017-1181 du 19 juill. 2017, art. 1er-5°)* « budgets rectificatifs » ainsi que les attributions mentionnées aux 7°, 8°, 9°, 10°, 11°, 13° et 15° de l'article R. 812-7.

La commission permanente est présidée par le président du conseil d'administration ou, en son absence, par le vice-président. Outre son président, elle comprend au plus quinze membres parmi lesquels doivent figurer au moins un représentant de l'État, deux représentants des personnels enseignants, un représentant des personnels administratifs, ingénieurs, techniques, ouvriers et de service et des personnels de recherche et un représentant des étudiants.

Le conseil d'administration renouvellera les membres de cette commission chaque année.

La commission est réunie par son président, sur proposition du directeur, qui y assiste avec voix consultative. Elle rend compte au conseil d'administration de ses délibérations à la plus prochaine séance de ce dernier.

Art. R. 812-9 Les délibérations de la commission permanente sont rendues exécutoires dans les conditions prévues au septième alinéa de l'article L. 812-3.

SOUS-SECTION 3 Direction de l'établissement

Art. R. 812-10 Le directeur assure le bon fonctionnement de l'établissement et le représente en justice et à l'égard des tiers dans tous les actes de la vie civile. A cet effet, il exerce notamment les attributions suivantes :

1° Il prépare et exécute les délibérations du conseil d'administration ;

2° Il est ordonnateur des recettes et des dépenses ;

3° Il a autorité sur l'ensemble des personnels. Il affecte dans les différents services les personnels administratifs, techniques, ouvriers et de service ainsi que les ingénieurs ;

4° Il nomme le directeur adjoint, *(Décr. n° 2017-1181 du 19 juill. 2017, art. 1er-6°)* « les directeurs délégués » et les responsables des différents services selon des modalités prévues par le règlement intérieur ;

5° Il décide de l'organisation et du fonctionnement des services généraux ainsi que de l'attribution des locaux ;

6° Il conclut les contrats, conventions et marchés dont la passation a été autorisée par le conseil d'administration ;

7° Il assure le maintien de l'ordre et de la sécurité et peut faire appel à la force publique ;

8° Il rend compte de sa gestion au conseil d'administration.

Il peut déléguer sa signature au secrétaire général, au directeur adjoint *(Décr. n° 2017-1181 du 19 juill. 2017, art. 1er-6°)* « , aux directeurs délégués », ou à d'autres membres du personnel d'encadrement de l'établissement, dans la limite de leurs attributions.

Art. R. 812-11 *Al. 1er abrogé par Décr. n° 2010-362 du 8 avr. 2010, art. 12-I.*

Seul le secrétaire général qui en assure le secrétariat peut assister aux séances du conseil d'administration au cours desquelles sont examinées les candidatures au poste de directeur de l'établissement.

SOUS-SECTION 4 **Conseils consultatifs**

Art. R. 812-12 Le conseil scientifique est composé de seize à vingt-quatre membres ainsi répartis :

a) 30 à 40 % de représentants élus des personnels. Les sièges sont attribués pour la moitié au moins à des professeurs ou à des personnes habilitées à diriger des recherches et doivent comporter, pour l'autre moitié, au moins un docteur d'université n'appartenant pas à la catégorie précédente et au moins un ingénieur, assistant-ingénieur ou technicien ;

b) Au moins un représentant élu des étudiants en formation à la recherche et par la recherche ou en formation de spécialisation ;

c) 45 à 60 % de personnalités désignées sur proposition du conseil d'administration par le ministre chargé de l'agriculture en raison de leur compétence scientifique ou professionnelle.

Le conseil scientifique élit son président parmi les membres désignés au *c*. Le directeur *(Décr. n° 2017-1181 du 19 juill. 2017, art. 1er-7°)* « ou son représentant et, le cas échéant, le directeur délégué concerné » assistent aux réunions avec voix consultative.

Art. R. 812-13 Le conseil scientifique propose au conseil d'administration les orientations à donner aux activités de recherche conduites dans l'établissement ou avec sa participation. Il est consulté sur la répartition des crédits budgétaires de recherche, sur les caractéristiques des emplois d'enseignants-chercheurs et de chercheurs, sur la création ou la transformation d'unités de recherche et sur le projet d'établissement pour les domaines relevant de sa compétence. Il exerce les attributions mentionnées aux articles 18, 29 et 52 du décret n° 92-171 du 21 février 1992 portant statuts particuliers des corps d'enseignants-chercheurs des établissements d'enseignement supérieur publics relevant du ministre chargé de l'agriculture. Il assure la liaison entre l'enseignement et la recherche et donne, à ce titre, son avis sur les projets de création ou de modification de diplômes d'établissement et sur les demandes d'*(Décr. n° 2017-1181 du 19 juill. 2017, art. 1er-8°)* « accréditation » à délivrer des diplômes nationaux. Il évalue périodiquement les activités et les résultats de la recherche.

Art. R. 812-14 Le nombre de sièges au conseil des enseignants est fixé par le conseil d'administration sans pouvoir excéder quarante et un membres.

(Décr. n° 2017-1181 du 19 juill. 2017, art. 1er-9°) « Outre le directeur ou son représentant, qui le préside, il est constitué à parité de représentants élus des professeurs et des personnels assimilés et de représentants élus des maîtres de conférence, des personnels assimilés et des autres personnels chargés d'enseignement.

« Le directeur adjoint ou les directeurs délégués concernés assistent aux réunions avec voix consultative. »

Art. R. 812-15 Le conseil des enseignants est garant de la bonne organisation du contrôle et de la sanction des études. Il propose au conseil d'administration les modalités d'attribution des diplômes sanctionnant les formations dispensées au sein de l'établissement et les conditions d'ajournement ou d'exclusion des étudiants pour insuffisance dans les études. Il émet un avis sur les projets de création ou de modification de diplômes d'établissement, sur les demandes d'*(Décr. n° 2017-1181 du 19 juill. 2017, art. 1er-8°)* « accréditation » à délivrer des diplômes nationaux, sur l'organisation des départements et le projet d'établissement pour les domaines relevant de sa compétence. Il est consulté sur les caractéristiques des emplois d'enseignants-chercheurs et exerce les attributions *(Décr. n° 2011-755 du 27 juin 2011, art. 1er)* « relatives à la gestion des intéressés mentionnées dans le décret » n° 92-171 du 21 février 1992 portant statuts particuliers des corps d'enseignants-chercheurs des établissements d'enseignement supérieur publics relevant du ministre chargé de l'agriculture. Il émet également un avis sur les programmes d'enseignement qui est transmis au conseil d'administration et dont le conseil de l'enseignement et de la vie étudiante est informé.

Art. R. 812-16 Le conseil de l'enseignement et de la vie étudiante comprend, outre le directeur ou son représentant, qui le préside, de seize à vingt membres ainsi répartis :

a) 60 à 75 % de représentants élus des personnels enseignants et des étudiants, les représentations de ces deux catégories étant égales ;

b) 15 à 20 % de représentants élus des personnels administratifs, ingénieurs, techniques, ouvriers et de service ;

c) 10 % à 20 % de personnalités désignées par le conseil d'administration parmi les personnes mentionnées au *b* de l'article R. 812-6.

Le directeur *(Décr. n° 2017-1181 du 19 juill. 2017, art. 1er-10°)* « , le directeur adjoint ou les directeurs délégués concernés assistent » aux réunions avec voix consultative.

Art. R. 812-17 Le conseil de l'enseignement et de la vie étudiante est consulté sur les orientations des enseignements de formation initiale et continue ainsi que sur les programmes et les modalités de contrôle des études. Il émet un avis sur les projets de création ou de modification de diplômes d'établissement, sur les demandes d'*(Décr. n° 2017-1181 du 19 juill. 2017, art. 1er-8°)* « accréditation » à délivrer des diplômes nationaux, sur l'organisation des départements et la rédaction du projet d'établissement pour les domaines relevant de sa compétence. Il prépare les mesures de nature à permettre l'orientation des étudiants, leur entrée dans la vie active, et à favoriser les activités culturelles, sociales ou associatives qui leur sont offertes. Il propose également les améliorations à apporter aux conditions de vie, de sécurité et de travail et les mesures relatives aux activités de soutien aux œuvres sociales, aux services médicaux et sociaux, aux bibliothèques et aux centres de documentation.

SOUS-SECTION 5 **Dispositions communes au conseil d'administration et aux conseils consultatifs**

Art. R. 812-18 La durée du mandat des membres du conseil d'administration et des conseils consultatifs est de *(Décr. n° 2017-1181 du 19 juill. 2017, art. 1er-11°)* « quatre » ans à compter de la date de leur première réunion suivant leur désignation, à l'exception de celui des représentants des étudiants qui est d'un an. En cas de vacance d'un siège pour quelque cause que ce soit, un autre membre est nommé ou élu dans les mêmes conditions pour la durée restante du mandat en cours.

Le ministre chargé de l'agriculture peut proroger le mandat des membres du conseil d'administration, sur proposition de son président, pour une durée maximale d'un an.

Les modalités d'organisation des élections au sein des établissements sont fixées par un arrêté du ministre chargé de l'agriculture.

Art. R. 812-19 Les conseils se réunissent au moins deux fois par an sur convocation de leur président qui fixe l'ordre du jour. Ils sont également réunis, sur un ordre du jour déterminé, à la demande du ministre chargé de l'agriculture, du directeur de l'établissement, ou du tiers de leurs membres.

L'ordre du jour des réunions et les documents s'y rapportant sont communiqués aux membres des conseils au moins huit jours à l'avance.

Le président et le directeur peuvent inviter aux séances toute personne dont ils jugent la présence utile ou dont la présence leur est proposée par l'un des membres.

Art. R. 812-20 Les conseils ne peuvent valablement délibérer que si la moitié de leurs membres en exercice sont présents ou représentés. Si le quorum n'est pas atteint, ils sont à nouveau convoqués dans un délai de quinze jours, avec le même ordre du jour, et peuvent alors délibérer quel que soit le nombre de membres présents.

Les délibérations sont prises à la majorité des membres présents ou représentés. En cas de partage égal des voix, celle du président est prépondérante.

(Décr. n° 2017-1181 du 19 juill. 2017, art. 1er-12°) « Le règlement intérieur précise les cas dans lesquels les membres des conseils peuvent participer aux séances par des

moyens de visioconférence ou de communication électronique satisfaisant à des caractéristiques techniques garantissant la transmission continue et simultanée des débats et la confidentialité des votes lorsque le scrutin est secret, permettant l'identification des intervenants et assurant la participation effective de ceux-ci à une délibération collégiale, ainsi que les modalités de cette participation. Les membres qui participent par ces moyens aux séances sont réputés présents dans le calcul du quorum et de la majorité requise. »

Art. R. 812-21 Tout membre d'un conseil empêché d'assister à tout ou partie d'une séance peut donner procuration à un autre membre. Toutefois, les membres élus sont représentés par leur suppléant et ne donnent procuration qu'en cas d'absence ou d'empêchement de celui-ci. Aucun membre ne peut détenir plus *(Décr. n° 2017-1181 du 19 juill. 2017, art. 1er-13°)* « de deux procurations ».

Tout membre d'un conseil qui n'est pas présent ou représenté à trois séances consécutives est considéré comme démissionnaire et doit être remplacé dans les meilleurs délais.

Art. R. 812-22 Les membres des conseils exercent leurs fonctions à titre gratuit. Toutefois, leurs frais de séjour et de déplacement sont remboursés dans les conditions prévues par la réglementation applicable aux fonctionnaires de l'État.

SOUS-SECTION 6 Régime financier

Art. R. 812-23 *(Décr. n° 2012-1247 du 7 nov. 2012, art. 40, en vigueur le 1er janv. 2013)* Les établissements sont soumis aux dispositions des titres I et III du décret n° 2012-1246 du 7 novembre 2012 relatif à la gestion budgétaire et comptable publique *(Abrogé par Décr. n° 2017-1181 du 19 juill. 2017, art. 1er-14°)* *« , ainsi qu'aux dispositions des articles R. 811-97 à R. 811-101 et R. 811-102 à R. 811-113 ».* — *V. Arr. du 1er mars 2016 relatif aux modalités d'exercice du contrôle budgétaire sur les établissements publics d'enseignement supérieur agricole ayant un caractère administratif mentionnés à l'art. R. 812-2 (JO 9 mars), mod. par Arr. du 10 juin 2020, art. 7 (JO 19 juin), Arr. du 20 déc. 2021 (JO 23 déc.).*

Art. R. 812-24 Un arrêté conjoint du ministre chargé de l'agriculture et du ministre chargé du budget fixe le montant des droits de scolarité acquittés par les étudiants et les conditions d'une exonération éventuelle. — *V. Arr. du 4 août 2023 fixant le montant des droits de scolarité dans les établissements d'enseignement supérieur agricole publics pour l'année universitaire 2023-2024 (JO 9 août).*

SOUS-SECTION 7 Discipline

(Décr. n° 2014-297 du 5 mars 2014, art. 1er)

§ 1 Dispositions générales

Art. R. 812-24-1 Dans les établissements mentionnés à l'article D. 812-1, le pouvoir disciplinaire est exercé à l'égard des enseignants-chercheurs, des personnels exerçant des fonctions d'enseignement et des usagers des établissements d'enseignement supérieur publics relevant du ministre chargé de l'agriculture en premier ressort par une section disciplinaire du conseil d'administration constituée dans les conditions fixées par la présente sous-section. Toutefois, les enseignants-chercheurs des universités affectés à *(Décr. n° 2017-1772 du 27 déc. 2017, art. 3-1°)* « l'établissement mentionné » au 4° de l'article D. 812-1 relèvent du régime disciplinaire prévu aux articles R. 712-9 à R. 712-46 du code de l'éducation.

Les enseignants-chercheurs, les personnels exerçant des fonctions d'enseignement et les usagers des établissements mentionnés à l'article D. 812-1 *(Décr. n° 2017-1772 du 27 déc. 2017, art. 3-1°)* « du présent code » relèvent de la section disciplinaire de l'établissement où les faits ont été commis. Si l'établissement où les faits ont été commis est différent de celui dans lequel l'enseignant-chercheur ou l'enseignant exerce ses fonctions ou dans lequel l'usager est inscrit, cet établissement est tenu informé de la procédure.

Dans les cas où les faits donnant lieu à des poursuites n'ont pas été commis dans un établissement mentionné à l'article D. 812-1 *(Décr. n° 2017-1772 du 27 déc. 2017, art. 3-1°)* « du même code », la section disciplinaire compétente est celle de l'établissement dans lequel l'enseignant-chercheur ou l'enseignant est affecté ou, à défaut, où il exerce principalement ses fonctions, ou dans lequel l'usager est inscrit au moment de l'ouverture de la procédure.

Art. R. 812-24-2 Relèvent du régime disciplinaire prévu à la présente sous-section :

1° Les enseignants-chercheurs exerçant des fonctions d'enseignement dans un établissement mentionné à l'article D. 812-1, à l'exception de ceux relevant du régime disciplinaire prévu aux articles R. 712-9 à R. 712-46 du code de l'éducation, et les personnels exerçant les mêmes fonctions dans un tel établissement ;

2° Tout usager d'un établissement mentionné à l'article D. 812-1 *(Décr. n° 2017-1772 du 27 déc. 2017, art. 3-2°)* « du présent code » lorsqu'il est auteur ou complice :

a) D'une fraude ou d'une tentative de fraude commise à l'occasion d'une inscription, d'une épreuve prévue par le règlement des études, d'un examen ou d'un concours dans un établissement mentionné *(Décr. n° 2017-1772 du 27 déc. 2017, art. 3-2°)* « à cet article » ;

b) D'un fait de nature à porter atteinte à l'ordre ou au bon fonctionnement d'un établissement mentionné *(Décr. n° 2017-1772 du 27 déc. 2017, art. 3-2°)* « au même article ».

§ 2 Composition des juridictions disciplinaires statuant en premier ressort

Art. R. 812-24-3 La section disciplinaire du conseil d'administration compétente à l'égard des enseignants-chercheurs et des personnels exerçant des fonctions d'enseignement comprend :

1° Six professeurs de l'enseignement supérieur agricole ou directeurs de recherche d'un établissement public ;

2° Quatre maîtres de conférences de l'enseignement supérieur agricole ou chargés de recherche d'un établissement public ;

3° Deux représentants des personnels exerçant des fonctions d'enseignement.

Art. R. 812-24-4 La section disciplinaire du conseil d'administration compétente à l'égard des usagers comprend :

1° Deux professeurs, dont au moins un professeur de l'enseignement supérieur agricole et, le cas échéant, un professeur des universités ;

2° Deux personnels exerçant des fonctions d'enseignement, dont au moins un maître de conférences de l'enseignement supérieur agricole et, le cas échéant, un maître de conférences des universités ;

3° Un représentant des personnels appartenant aux personnels administratifs, ingénieurs, techniques, ouvriers et de service et des personnels exerçant leurs activités de recherche dans le cadre d'une unité mixte de recherche à laquelle l'établissement participe ;

4° Cinq représentants des usagers et leurs suppléants.

Art. R. 812-24-5 Les membres de la section disciplinaire mentionnés au 1° de l'article R. 812-24-3 sont élus au sein du conseil d'administration par et parmi les professeurs de l'enseignement supérieur agricole et les directeurs de recherche d'un établissement public.

Les membres de la section disciplinaire mentionnés au 2° de l'article R. 812-24-3 sont élus au sein du conseil d'administration par et parmi les maîtres de conférences de l'enseignement supérieur agricole et les chargés de recherche d'un établissement public.

Les membres de la section disciplinaire mentionnés au 3° de l'article R. 812-24-3 sont élus au sein du conseil d'administration par et parmi les représentants des autres personnels exerçant des fonctions d'enseignement.

Art. R. 812-24-6 Les membres de la section disciplinaire mentionnés au 1° de l'article R. 812-24-4 sont élus au sein du conseil d'administration par et parmi les professeurs de l'enseignement supérieur agricole, le cas échéant les professeurs des universités, et les personnels qui leur sont assimilés.

Les membres de la section disciplinaire mentionnés au 2° de l'article R. 812-24-4 sont élus au sein du conseil d'administration par et parmi les maîtres de conférences de l'enseignement supérieur agricole et les autres personnels exerçant des fonctions d'enseignement, le cas échéant les maîtres de conférences des universités.

Les membres de la section disciplinaire mentionnés au 3° de l'article R. 812-24-4 sont élus au sein du conseil d'administration par et parmi les représentants des personnels appartenant aux personnels administratifs, ingénieurs, techniques et ouvriers et de service et des personnels exerçant leurs activités de recherche dans le cadre d'une unité mixte de recherche à laquelle l'établissement participe.

Les membres de la section disciplinaire mentionnés au 4° de l'article R. 812-24-4 sont élus au sein du conseil d'administration par et parmi les représentants des usagers.

Art. R. 812-24-7 L'élection des membres a lieu au scrutin plurinominal majoritaire à deux tours ou, lorsqu'un seul siège est à pourvoir, au scrutin uninominal majoritaire à deux tours. Sont électeurs et éligibles les membres titulaires du conseil d'administration et leurs suppléants. Le vote est secret.

L'élection de chacun des membres est acquise à la majorité absolue des suffrages exprimés au premier tour, à la majorité relative au second tour. En cas d'égalité des voix, le membre le plus âgé est désigné.

Les membres élus de la section disciplinaire compétente à l'égard des enseignants-chercheurs et des personnels exerçant des fonctions d'enseignement peuvent être élus en tant que membres de la section disciplinaire compétente à l'égard des usagers.

Nul ne peut être membre d'une section disciplinaire s'il est membre du Conseil national de l'enseignement supérieur et de la recherche agricole, agroalimentaire et vétérinaire statuant en matière disciplinaire.

Art. R. 812-24-8 Le président de la section disciplinaire compétente à l'égard des enseignants-chercheurs et des personnels exerçant des fonctions d'enseignement ainsi que son suppléant sont des professeurs de l'enseignement supérieur agricole élus en leur sein par l'ensemble des enseignants-chercheurs membres de la section correspondante au scrutin majoritaire à deux tours. Le scrutin est secret.

Le président de la section disciplinaire compétente à l'égard des usagers et son suppléant sont des professeurs élus par et parmi les professeurs de l'enseignement supérieur agricole et, le cas échéant, les professeurs des universités, selon les mêmes modalités que celles prévues au précédent alinéa.

Dans le cas où les membres de la section disciplinaire appelés à élire le président ne sont pas tous présents, il ne peut être procédé à cette élection que si la moitié au moins des enseignants-chercheurs membres de la section disciplinaire participent à l'élection.

L'élection est acquise à la majorité absolue des suffrages exprimés au premier tour, à la majorité relative au second tour. En cas d'égalité des voix, le membre le plus âgé est désigné.

Lorsqu'une section disciplinaire ne comprend qu'un seul professeur de l'enseignement supérieur, celui-ci la préside sans qu'il y ait lieu à élection.

En cas d'empêchement provisoire du président de chaque section disciplinaire, celui-ci est remplacé par un suppléant élu en même temps que lui et dans les mêmes conditions.

Art. R. 812-24-9 Le directeur général ou le directeur de l'établissement ne peut pas siéger dans une section disciplinaire.

Art. R. 812-24-10 Quand les membres titulaires et suppléants du conseil d'administration appartenant à un ou plusieurs des collèges définis à l'article R. 812-24-3 sont en nombre inférieur ou égal à celui qui est prévu à cet article pour les représenter à la section disciplinaire, ils sont d'office membres de cette section.

Lorsque, après application des dispositions de l'alinéa précédent, l'effectif de la section disciplinaire est incomplet, les membres du conseil d'administration appartenant au collège correspondant, défini à l'article R. 812-24-3, élisent au scrutin majoritaire à deux tours parmi les personnels relevant de la même catégorie et exerçant dans l'établissement ceux qui sont appelés à compléter la section disciplinaire.

Lorsque la section ne peut être complétée dans les conditions prévues à l'alinéa précédent, les membres du conseil d'administration appartenant aux collèges de rang supérieur, le plus proche étant choisi en priorité, élisent au scrutin majoritaire à deux tours parmi les personnels exerçant dans l'établissement et relevant du collège incomplet ou, à défaut, relevant de leur propre collège ceux qui sont appelés à compléter la section disciplinaire.

Lorsqu'un établissement ne peut pas constituer sa section disciplinaire en cas d'inexistence ou d'insuffisance de la représentation dans l'établissement de l'un ou de plusieurs des collèges définis à l'article R. 812-24-3, après application des dispositions prévues aux alinéas précédents, les membres du conseil d'administration appartenant au collège incomplet ou, à défaut, ceux du collège de rang supérieur à ce dernier élisent au scrutin majoritaire à deux tours des enseignants-chercheurs ou des personnels exerçant des fonctions d'enseignement appartenant au collège incomplet et membres des conseils d'administration d'autres établissements publics d'enseignement supérieur.

Les dispositions des alinéas précédents sont applicables aux membres de la section disciplinaire compétente à l'égard des usagers.

Art. R. 812-24-11 Les membres du conseil d'administration sont élus membres des sections disciplinaires pour la durée de leur mandat. Le mandat des membres prend fin selon qu'ils représentent les usagers ou les personnels aux dates d'expiration des mandats des représentants de ces catégories au conseil d'administration. Ces membres demeurent en fonctions jusqu'à la désignation de leurs successeurs ; leur mandat est renouvelable.

Les membres des sections disciplinaires autres que les usagers qui cessent de faire partie du conseil d'administration pour quelque cause que ce soit ou qui ne peuvent siéger en application de l'article R. 812-24-9 sont remplacés, pour la durée du mandat restant à courir, dans les conditions prévues pour leur désignation.

Les usagers membres de la section disciplinaire momentanément empêchés sont remplacés par leurs suppléants pour la durée de cet empêchement. S'ils cessent d'être inscrits dans l'établissement ou d'appartenir au conseil d'administration, ils sont remplacés, pour la durée du mandat restant à courir, par leurs suppléants ; il y a lieu de procéder ensuite à la désignation de nouveaux suppléants.

Art. R. 812-24-12 Les membres des sections disciplinaires sont appelés à siéger dans les formations de jugement dans un ordre déterminé par un tirage au sort effectué lors de leur désignation sous la responsabilité du président de la section.

Art. R. 812-24-13 La formation de jugement de la section disciplinaire appelée à connaître des poursuites engagées contre un professeur de l'enseignement supérieur ou un directeur de recherche d'un établissement public ou un enseignant associé de même niveau est composée de six membres. Elle comprend le président et les cinq autres membres mentionnés au 1° de l'article R. 812-24-3.

Art. R. 812-24-14 La formation de jugement de la section disciplinaire appelée à connaître des poursuites engagées contre un maître de conférences ou un chargé de recherche d'un établissement public ou un enseignant associé de même niveau est composée de huit membres. Elle comprend le président, trois membres mentionnés au 1° de l'article R. 812-24-3 et les quatre membres mentionnés au 2° de l'article R. 812-24-3.

Art. R. 812-24-15 La formation de jugement de la section disciplinaire appelée à connaître des poursuites engagées contre un autre enseignant est composée de quatre membres. Elle comprend le président, un membre mentionné au 2° de l'article R. 812-24-3 et les deux membres mentionnés au 3° de l'article R. 812-24-3.

Art. R. 812-24-16 Nul ne peut siéger dans la formation s'il existe une raison sérieuse de mettre en doute son impartialité.

Les personnels et les usagers membres de la section disciplinaire qui sont déférés devant la formation compétente ou qui sont auteurs des plaintes ou témoins des faits ayant donné lieu aux poursuites ne peuvent siéger dans les formations prévues aux articles R. 812-24-4 et R. 812-24-13 à R. 812-24-15.

Art. R. 812-24-17 Tout membre d'une section disciplinaire empêché d'exercer ses fonctions par application de l'article R. 812-24-16 est provisoirement remplacé par le membre du même collège qui le suit dans l'ordre du tirage au sort. Si le membre empêché est un usager, il est remplacé par son suppléant conformément au dernier alinéa de l'article R. 812-24-11. Celui-ci siège au même rang que le titulaire qu'il remplace.

Art. R. 812-24-18 La section disciplinaire est assistée d'un secrétaire, mis à sa disposition par le directeur général ou le directeur de l'établissement, placé sous la responsabilité du président de la section.

§ 3 Procédure disciplinaire

Art. R. 812-24-19 En cas de flagrant délit de fraude ou tentative de fraude aux examens ou concours, le surveillant responsable de la salle prend toutes mesures pour faire cesser la fraude ou la tentative sans interrompre la participation à l'épreuve du ou des candidats. Il saisit les pièces ou matériels permettant d'établir ultérieurement la réalité des faits. Il dresse un procès-verbal contresigné par les autres surveillants et par le ou les auteurs de la fraude ou de la tentative de fraude. En cas de refus de contresigner, mention est portée au procès-verbal.

Toutefois, en cas de substitution de personne ou de troubles affectant le déroulement des épreuves, l'expulsion de la salle des examens peut être prononcée par le directeur général ou le directeur de l'établissement, ou par le chef du service des concours.

La section disciplinaire est saisie dans les conditions prévues à l'article R. 812-24-20.

Art. R. 812-24-20 Les poursuites sont engagées devant la section disciplinaire compétente par le directeur général ou le directeur de l'établissement dans les cas prévus à l'article R. 812-24-2.

En cas de défaillance de l'autorité responsable, le ministre chargé de l'agriculture ou, le cas échéant, le ministre chargé de l'enseignement supérieur peut engager la procédure après avoir saisi cette autorité depuis au moins un mois.

Art. R. 812-24-21 La section disciplinaire est saisie par une lettre adressée à son président. Ce document mentionne le nom, l'adresse et la qualité des personnes faisant l'objet des poursuites ainsi que les faits qui leur sont reprochés. Il est accompagné de toutes pièces justificatives.

Art. R. 812-24-22 Dès réception du document mentionné à l'article R. 812-24-21 et des pièces jointes, le président de la section disciplinaire en transmet copie par lettre recommandée, avec demande d'avis de réception, à chacune des personnes poursuivies. S'il s'agit de mineurs, une copie de tous les actes de notification relatifs à la procédure est en outre adressée, dans les mêmes formes, aux personnes qui exercent à leur égard l'autorité parentale ou la tutelle.

Le président fait savoir aux personnes poursuivies qu'elles peuvent se faire assister d'un conseil de leur choix et qu'elles peuvent prendre connaissance du dossier pendant le déroulement de l'instruction.

Art. R. 812-24-23 Les membres de la formation de jugement désignent, pour chaque affaire, au scrutin plurinominal majoritaire à deux tours, une commission d'instruction composée de deux membres parmi les enseignants-chercheurs et les personnels exerçant des fonctions d'enseignement au sein de l'établissement ou d'un autre établissement mentionné à l'article D. 812-1. Ils sont choisis parmi les personnels d'un rang au moins équivalent à celui de la personne déférée. L'un d'eux est désigné en tant que rapporteur par le président de la section.

Si les membres de la formation de jugement désignent l'un des leurs pour être membre de la commission d'instruction, celui-ci est remplacé au sein de la formation par le membre qui le suit dans l'ordre du tirage au sort.

Si les poursuites concernent un usager, la commission d'instruction comprend en outre un représentant des usagers désigné, selon les mêmes modalités qu'au précédent alinéa, par et parmi les membres mentionnés au 4° de l'article R. 812-24-4. Si un membre titulaire est désigné, il est remplacé par son suppléant au sein de la formation de jugement. Dans ce cas, l'absence d'un membre de la commission d'instruction dûment convoqué ne fait pas obstacle à la réunion de celle-ci.

Le président ne peut pas être membre de la commission d'instruction.

Art. R. 812-24-24 La commission d'instruction instruit l'affaire par tous les moyens qu'elle juge propres à l'éclairer. Elle convoque la personne déférée, qui peut se faire accompagner de son conseil, afin d'entendre ses observations. Le président fixe un délai pour le dépôt du rapport d'instruction, qui ne doit comporter que l'exposé des faits ainsi que les observations présentées par l'autorité qui a engagé la poursuite et celles présentées par la personne déférée. Ce rapport est transmis au président dans un délai qu'il a préalablement fixé et qui ne peut être supérieur à deux mois. Toutefois, le président peut ordonner un supplément d'instruction s'il estime que l'affaire n'est pas en état d'être jugée. Le rapport et les pièces des dossiers sont tenus à la disposition de la personne déférée et de l'autorité qui a engagé les poursuites, de leur conseil et des membres de la formation appelée à juger dans le délai fixé au troisième alinéa de l'article R. 812-24-26.

Dans le cas où la juridiction est saisie de nouveaux éléments, le président ordonne la réouverture de l'instruction, qui se déroule selon les formes prescrites au premier alinéa du présent article.

Art. R. 812-24-25 Le président de la section disciplinaire fixe la date de la séance de jugement et convoque la formation compétente. Il désigne un secrétaire de séance parmi les membres de la formation de jugement.

Art. R. 812-24-26 Le président de la section disciplinaire convoque la personne déférée devant la formation de jugement, par lettre recommandée avec demande d'avis de réception, quinze jours au moins avant la date de la séance.

La convocation mentionne le droit pour la personne déférée de présenter sa défense oralement, par écrit et par le conseil de son choix.

Elle indique les conditions de lieu et d'heure dans lesquelles la personne déférée peut prendre ou faire prendre connaissance par son conseil du rapport d'instruction et des pièces du dossier dix jours francs avant la date de comparution devant la formation de jugement. Une copie intégrale du dossier est transmise sur leur demande aux parties.

En l'absence de la personne déférée, la formation de jugement apprécie, le cas échéant, les motifs invoqués pour expliquer cette absence et, si elle les juge injustifiés, continue à siéger. En cas d'absence non justifiée, la procédure est réputée contradictoire.

Art. R. 812-24-27 Les séances des formations de jugement sont publiques. Toutefois, le président de la formation de jugement peut, à titre exceptionnel, décider que la séance aura lieu ou se poursuivra hors de la présence du public si la sauvegarde de l'ordre public ou le respect de la vie privée ou de secrets protégés par la loi l'exige. Le président veille à l'ordre de la séance. Il peut faire expulser toute personne qui n'obtempère pas à ses injonctions, sans préjudice des poursuites disciplinaires qui pourraient être exercées contre elle.

Les formations ne peuvent valablement délibérer que si la moitié au moins des membres appelés à siéger sont présents.

La formation statuant à l'égard des usagers ne peut comprendre un nombre de représentants des usagers supérieur à celui des représentants des enseignants et autres personnels. Dans ce cas, les représentants des usagers présents sont appelés à siéger dans l'ordre du tirage au sort effectué au moment de leur désignation.

Art. R. 812-24-28 Au jour fixé pour la séance de jugement, le rapporteur ou, en cas d'absence de celui-ci, un membre de la formation de jugement désigné par le président parmi les enseignants-chercheurs donne lecture du rapport d'instruction. La personne déférée et, s'il en fait la demande, son conseil sont ensuite entendus dans leurs observations.

Si le président estime nécessaire d'entendre des témoins, cette audition a lieu contradictoirement en présence de la personne déférée et, éventuellement, de son conseil.

Peuvent également être entendues, à leur demande et dans les conditions fixées à l'alinéa précédent, les personnes qui ont engagé les poursuites en application de l'article R. 812-24-20, ou leur représentant.

La personne déférée a la parole en dernier.

Après que la personne déférée, son conseil, les membres de la commission d'instruction et le public se sont retirés, le président met l'affaire en délibéré. Nul ne peut délibérer s'il n'a assisté à la totalité de la séance.

La décision est prononcée en séance publique.

Art. R. 812-24-29 Les membres de la section disciplinaire et le secrétaire, mis à disposition en application de l'article R. 812-24-18, sont tenus de respecter le secret sur l'ensemble des opérations d'instruction et de jugement, et notamment sur les opinions exprimées lors des délibérations.

Art. R. 812-24-30 Les sanctions disciplinaires applicables aux enseignants-chercheurs et aux personnels exerçant des fonctions d'enseignement sont fixées respectivement par les articles L. 952-8 et L. 952-9 du code de l'éducation et celles applicables aux usagers par l'article R. 812-24-36 *(Décr. nº 2017-1772 du 27 déc. 2017, art. 3-3º)*, « du présent code ». Si plusieurs sanctions sont proposées au cours des délibérations, la plus forte est mise aux voix la première.

Toutes les décisions sont prises au scrutin secret à la majorité des présents.

Si aucune sanction ne recueille la majorité des voix, la poursuite est considérée comme rejetée.

Lorsque la sanction décidée est susceptible de rendre applicable une précédente sanction assortie du sursis, la section disciplinaire se prononce sur la confusion des sanctions.

Art. R. 812-24-31 La décision doit être motivée et la sanction ne prend effet qu'à compter du jour de sa notification. Elle est signée par le président et par le secrétaire de séance.

La décision est affichée à l'intérieur de l'établissement. La section disciplinaire peut décider que cet affichage ne comprendra pas l'identité ni, le cas échéant, la date de naissance de la personne sanctionnée.

Elle est notifiée par le président de la section disciplinaire à la personne contre laquelle les poursuites ont été intentées, au directeur général ou au directeur d'établissement concerné, au ministre chargé de l'agriculture et, le cas échéant, au ministre chargé de l'enseignement supérieur.

La notification doit mentionner les voies de recours et les délais selon lesquels la décision peut être contestée.

La notification à l'intéressé a lieu par lettre recommandée avec demande d'avis de réception. S'il s'agit d'un mineur, notification est en outre adressée, dans la même forme, aux personnes qui exercent à son égard l'autorité parentale ou la tutelle.

Art. R. 812-24-32 Les sanctions disciplinaires prononcées à l'égard de personnels enseignants ou d'usagers sont inscrites au dossier des intéressés. Le blâme et le rappel à l'ordre pour les premiers, l'avertissement et le blâme pour les seconds sont effacés automatiquement au bout de trois ans si aucune autre sanction n'est intervenue pendant cette période.

Art. R. 812-24-33 L'appel et l'appel incident peuvent être formés devant le Conseil national de l'enseignement supérieur et de la recherche agricole, agroalimentaire et vétérinaire, statuant en matière disciplinaire contre les décisions des sections disciplinaires des établissements de l'enseignement supérieur agricole publics, par les personnes à l'encontre desquelles ces décisions ont été rendues, par leurs représentants légaux, par le directeur général ou le directeur de l'établissement, par le ministre chargé de l'agriculture et, le cas échéant, par le ministre chargé de l'enseignement supérieur.

L'appel est formé dans le délai de deux mois à compter de la notification de la décision.

Art. R. 812-24-34 L'appel est adressé au président de la section disciplinaire. Celui-ci en informe par écrit les personnes mentionnées au troisième alinéa de l'article R. 812-24-31 et transmet immédiatement l'ensemble du dossier au secrétariat du Conseil national de l'enseignement supérieur et de la recherche agricole, agroalimentaire et vétérinaire statuant en matière disciplinaire.

Art. R. 812-24-35 L'appel est suspensif sauf si la section disciplinaire a décidé que sa décision serait immédiatement exécutoire nonobstant appel.

Art. R. 812-24-36 Les sanctions disciplinaires applicables aux usagers des établissements de l'enseignement supérieur agricole publics sont :

1° L'avertissement ;
2° Le blâme ;
3° L'exclusion de l'établissement pour une durée maximum de cinq ans. Cette sanction peut être prononcée avec sursis si l'exclusion n'excède pas deux ans ;
4° L'exclusion définitive de l'établissement ;
5° L'exclusion de tout établissement public d'enseignement supérieur pour une durée maximum *[maximale]* de cinq ans ;
6° L'exclusion définitive de tout établissement public d'enseignement supérieur.

Toute sanction prévue au présent article et prononcée dans le cas d'une fraude ou d'une tentative de fraude commise à l'occasion d'une inscription entraîne la nullité de l'inscription.

Toute sanction prévue au présent article et prononcée dans le cas d'une fraude ou d'une tentative de fraude commise à l'occasion d'une épreuve prévue par le règlement des études, d'un examen ou d'un concours entraîne, pour l'intéressé, la nullité de l'épreuve correspondante. L'intéressé est réputé avoir été présent à l'épreuve sans l'avoir subie. La juridiction disciplinaire décide s'il y a lieu de prononcer, en outre, à l'égard de l'intéressé, la nullité du groupe d'épreuves, de la session d'examen ou du concours.

Les sanctions prévues au 3° du présent article sans être assorties du sursis ainsi qu'aux 4°, 5° et 6° entraînent en outre l'incapacité de prendre des inscriptions dans le ou les établissements publics dispensant des formations post-baccalauréat et de subir des examens sanctionnant ces formations.

Art. R. 812-24-37 Dans le cas prévu au premier alinéa de l'article R. 812-24-19, le jury délibère sur les résultats des candidats ayant fait l'objet du procès-verbal prévu à cet article, dans les mêmes conditions que pour tout autre candidat, sous réserve des dispositions prévues au troisième alinéa du présent article.

Si l'examen comporte un second groupe d'épreuves, les candidats sont admis à y participer si leurs résultats le permettent.

Aucun certificat de réussite ni de relevé de notes ne peuvent *[peut]* être délivrés *[délivré]* avant que la formation de jugement ait statué.

Il en est de même lorsque le jury décide de saisir l'une des autorités mentionnées à l'article R. 812-24-20 des cas de fraudes présumées.

En cas de nullité de l'épreuve ou du groupe d'épreuves correspondant résultant d'une sanction prononcée en application de l'article R. 812-24-36, l'autorité administrative saisit le jury pour une nouvelle délibération portant sur les résultats obtenus par l'intéressé.

Art. R. 812-24-38 La sanction prononcée en application de l'article R. 812-24-36 dans le cas d'une fraude ou d'une tentative de fraude, après l'inscription, l'admission à l'examen ou au concours ou la délivrance du diplôme, entraîne la nullité de l'inscription, de l'admission à l'examen ou au concours ou du diplôme. L'autorité administrative retire en conséquence l'inscription, l'admission à l'examen ou au concours ou le diplôme à l'occasion desquels a été commise la fraude ou la tentative de fraude et saisit, le cas échéant, le jury pour une nouvelle délibération portant sur les résultats obtenus par l'intéressé.

Art. R. 812-24-39 Il peut être institué, par arrêté du ministre chargé de l'agriculture, une section disciplinaire commune à plusieurs conseils d'administration lorsque l'effectif de l'un de ces conseils, à la date de l'institution de cette section commune, ne permet pas la constitution d'une section disciplinaire et qu'il ne peut être fait appel, en nombre suffisant, à des personnels ou usagers de l'établissement.

Lorsqu'une section disciplinaire commune est instituée, les membres des conseils d'administration correspondants et les personnels et usagers des établissements concernés sont considérés, pour l'application de la présente sous-section, comme appartenant au même conseil ou au même établissement. Toutefois, chacun des directeurs généraux ou directeurs d'établissement exerce le pouvoir prévu à l'article R. 812-24-20 ainsi que l'appel des décisions prononcées à l'égard des personnels et usagers relevant de son établissement. De même, les établissements sont considérés comme établissements distincts pour l'application des sanctions.

Art. R. 812-24-39-1 *(Décr. n° 2019-1459 du 26 déc. 2019, art. 32)* Lorsqu'un établissement comprend en son sein une ou plusieurs écoles internes créées par arrêté du ministre chargé de l'agriculture, il peut être institué une section disciplinaire compétente à l'égard des usagers de chacune de ces écoles par délibération du conseil d'administration.

Lorsqu'une section disciplinaire compétente à l'égard des usagers est instituée au sein d'une école interne, les membres du conseil de l'école correspondante et les personnels et usagers de cette école sont considérés, pour l'application de la présente sous-section, comme appartenant au même établissement. Toutefois, le directeur de l'école exerce le pouvoir prévu à l'article R. 812-24-20 ainsi que l'appel des décisions prononcées. De même, les écoles internes sont considérées comme établissements distincts pour l'application des sanctions.

SOUS-SECTION 8 Recrutement d'agents contractuels

(Décr. n° 2015-1375 du 28 oct. 2015, art. 3)

Art. R. 812-24-40 I. — Lorsque les établissements mentionnés à l'article D. 812-1 recrutent des agents contractuels de droit public, ces recrutements s'effectuent dans les conditions prévues par les articles 4 à 6 *sexies* de la loi n° 84-16 du 11 janvier 1984 portant dispositions statutaires relatives à la fonction publique de l'État, à l'exception de ceux effectués sur le fondement du quinzième alinéa de l'article L. 812-1 pour répondre aux besoins permanents de ces établissements.

II. — Les contrats des agents recrutés sur le fondement du quinzième alinéa de l'article L. 812-1 pour pourvoir un emploi correspondant à un besoin permanent sont conclus et renouvelés dans les mêmes conditions que celles fixées par les articles 6 *bis* et 6 *ter* de la loi n° 84-16 du 11 janvier 1984 portant dispositions statutaires relatives à la fonction publique de l'État. Toutefois :

1° La durée de services publics effectifs de six ans mentionnée à l'article 6 *bis* est comptabilisée au titre de l'ensemble des services effectués dans le cadre d'un emploi occupé en application du quinzième alinéa de l'article L. 812-1 ou des articles 4, 6, 6 *quater*, 6 *quinquies*, 6 *sexies* de cette loi ;

2° Un contrat conclu en application du quinzième alinéa de l'article L. 812-1 peut être renouvelé à l'issue d'une durée de trois ans, par une décision expresse, pour une durée indéterminée.

III. — Les dispositions prévues par le décret n° 86-83 du 17 janvier 1986 relatif aux dispositions générales applicables aux agents contractuels de l'État pris pour l'application de l'article 7 de la loi n° 84-16 du 11 janvier 1984 portant dispositions statutaires relatives à la fonction publique de l'État sont applicables aux agents mentionnés au II.

SECTION 2 Dispositions relatives à l'enseignement supérieur agronomique et à l'enseignement supérieur de paysage *(Décr. n° 2020-1520 du 3 déc. 2020, art. 2)*.

Aux termes du Décr. n° 2005-1476 du 29 nov. 2005, art. 1er, les art. R. 812-6 et R. 812-7 C. rur. deviennent les art. R. 812-25 et R. 812-26, les art. D. 812-8 à D. 812-11 deviennent les art. D. 812-27 à D. 812-30, les art. R. 812-12 à R. 812-14 deviennent les art. R. 812-31 à R. 812-33, les art. R. 812-16 à R. 812-31 deviennent les art. R. 812-34 à R. 812-49 et les art. R. 812-33 à R. 812-39 deviennent les art. R. 812-50 à R. 812-56 ; la section 4 du chapitre II du titre I du livre VIII et les art. R. 812-15, R. 812-32, R. 812-40 et R. 812-41 sont abrogés.

SOUS-SECTION 1 Formation des ingénieurs spécialisés en agriculture

Art. R. 812-25 La formation d'ingénieurs spécialisés en agriculture dure normalement trois années.

Elle est donnée dans des écoles nationales spécialisées qui recrutent par voie de concours, soit au niveau du baccalauréat après une préparation d'au moins un an effectuée dans les conditions fixées par arrêté du ministre de l'agriculture, soit parmi les titulaires du diplôme d'études universitaires générales (DEUG), ou dans les écoles privées. La sanction des études est soit un diplôme d'ingénieur des techniques agricoles ou d'ingénieur des techniques de l'horticulture et du paysage ou d'ingénieur des techniques des industries agricoles et alimentaires, soit un diplôme d'ingénieur en agriculture selon que ces études ont été effectuées dans un établissement d'enseignement public ou dans un établissement d'enseignement privé. Ces diplômes portent obligatoirement mention de l'école d'origine. Ils sont soumis à reconnaissance de la commission des titres d'ingénieurs sur proposition du ministre de l'agriculture.

Les écoles nationales spécialisées peuvent comporter une section pédagogique et technique préparant au certificat d'aptitude pédagogique à l'enseignement technique agricole dans les collèges et écoles ou cours professionnels agricoles. Ce certificat est délivré à la suite d'un examen public.

SOUS-SECTION 2 **Formation des spécialistes en horticulture**

Art. R.* 812-26 *Abrogé par Décr. nº 97-1235 du 26 déc. 1997, art. 60.*

SOUS-SECTION 3 **Formation des paysagistes diplômés d'État**

(Décr. nº 2014-1400 du 24 nov. 2014, art. 1er)

Art. D. 812-27 La formation conduisant au diplôme d'État de paysagiste est assurée, sous la tutelle conjointe des ministres chargés de l'agriculture, de l'enseignement supérieur et de l'architecture, par l'École nationale supérieure de paysage de Versailles, par les écoles nationales supérieures d'architecture et de paysage de Bordeaux et de Lille, par *(Décr. nº 2014-1561 du 22 déc. 2014, art. 6)* « l'Institut national des sciences appliquées Centre Val de Loire » ainsi que par les établissements publics d'enseignement supérieur et les écoles d'architecture, autorisés à cet effet par un arrêté conjoint de ces ministres, pris après avis du Conseil national de l'enseignement supérieur et de la recherche et du Conseil national de l'enseignement supérieur et de la recherche agricole, agroalimentaire et vétérinaire.

Cette autorisation peut être renouvelée, dans les mêmes conditions, après une évaluation nationale par le Haut Conseil de l'évaluation de la recherche et de l'enseignement supérieur, conformément aux dispositions des articles L. 114-3-1 à L. 114-3-7 du code de la recherche.

La formation comporte trois années d'enseignement permettant de valider 180 crédits européens.

Le diplôme d'État de paysagiste entre dans la catégorie des diplômes éligibles au grade de master prévu au dernier alinéa de l'article D. 612-34 du code de l'éducation.

Le contenu et les modalités de cette formation ainsi que les conditions de délivrance du diplôme d'État de paysagiste sont fixés par un arrêté conjoint des ministres chargés de l'agriculture, de l'enseignement supérieur et de l'architecture. – *V. Arr. du 9 janv. 2015 relatif à la formation conduisant au diplôme d'État de paysagiste (JO 18 janv.).*

Les établissements délivrant le diplôme d'État de paysagiste peuvent être autorisés, par un arrêté du ministre dont ils relèvent, à organiser en leur sein un cycle préparatoire d'études en paysage permettant l'accès à la voie interne du concours commun prévu à l'article D. 812-28 *(Décr. nº 2017-1772 du 27 déc. 2017, art. 3-4º)* « du présent code ».

Art. D. 812-28 L'accès à la première année de la formation conduisant au diplôme d'État de paysagiste s'effectue par un concours commun qui comporte une voie externe et une voie interne.

La voie externe est ouverte aux titulaires d'un diplôme national de l'enseignement supérieur sanctionnant une formation de deux ans et ayant validé 120 crédits européens ainsi qu'aux candidats ayant obtenu une dispense des titres requis pour faire acte de candidature en application de l'article D. 613-48 du code de l'éducation.

La voie interne est ouverte aux étudiants ayant validé 120 crédits européens dans le cadre du cycle préparatoire d'études en paysage prévu au *(Décr. nº 2017-1772 du 27 déc. 2017, art. 3-5º)* « dernier alinéa de l'article D. 812-27 du présent code », mis en place par un établissement autorisé à délivrer le diplôme d'État de paysagiste.

Peuvent être admis directement en deuxième année de la formation conduisant au diplôme d'État de paysagiste, à l'issue d'une admission sur titre, les titulaires d'un titre ou d'un diplôme conférant 180 crédits européens, dans la limite des capacités d'accueil.

Le concours institué par le présent article est commun à tous les établissements mentionnés à l'article D. 812-27 *(Décr. n° 2017-1772 du 27 déc. 2017, art. 3-5°)* « du même code ». Il relève d'un jury commun national. Le programme et les modalités des différentes voies du concours, la composition et la présidence du jury commun national ainsi que le nombre et la répartition des places offertes sont fixés par arrêtés conjoints des ministres chargés de l'agriculture, de l'enseignement supérieur et de l'architecture. — *V. Arr. du 22 janv. 2021 relatif aux modalités d'admissions dans la formation conduisant au diplôme d'État de paysagiste (JO 29 janv.).*

Art. D. 812-29 Les candidats étrangers sont admis à la formation conduisant au diplôme d'État de paysagiste dans les conditions prévues par l'article D. 613-41 du code de l'éducation.

Art. D. 812-30 *Abrogé par Décr. n° 2011-1073 du 8 sept. 2011, art. 1er-3°.*

SOUS-SECTION 4 Formation des ingénieurs des industries agricoles et alimentaires

Art. R. 812-31 *(Décr. n° 2006-1592 du 13 déc. 2006, art. 31)* La formation d'ingénieurs des industries agricoles et alimentaires est assurée par l'Institut des sciences et industries du vivant et de l'environnement. Les étudiants sont recrutés par voie de concours dont les programmes sont arrêtés par le ministre chargé de l'agriculture ; ces concours peuvent être communs avec ceux des écoles nationales supérieures agronomiques.

Les études durent trois ans. Elles comportent une formation scientifique, technique, économique et humaine se rapportant aux diverses branches des industries agricoles et alimentaires. Ces enseignements sont donnés soit à l'établissement même, soit dans des établissements agréés par le ministre chargé de l'agriculture.

Les titulaires de certains diplômes d'enseignement supérieur peuvent toutefois être admis directement dans des conditions fixées par arrêté du ministre chargé de l'agriculture, après avis du conseil d'administration de l'établissement.

La sanction de cette formation est le diplôme d'ingénieur des industries agricoles et alimentaires.

Art. R. 812-32 Des ingénieurs spécialisés dans diverses branches des industries agricoles et alimentaires peuvent recevoir une formation dans des établissements dépendant soit du ministre de l'agriculture, soit du ministre chargé de l'enseignement supérieur.

SOUS-SECTION 5 Formation des ingénieurs agronomes à vocation générale

§ 1 Dispositions générales

Art. R. 812-33 La formation des ingénieurs agronomes à vocation générale est donnée dans les écoles nationales supérieures agronomiques. Ces écoles sont des établissements d'enseignement et de recherche.

Ces écoles dispensent un enseignement scientifique portant principalement sur les sciences biologiques, physiques, économiques et humaines dans leurs rapports avec l'agriculture. Les écoles nationales supérieures agronomiques sont les suivantes :

a) *(Décr. n° 2006-1592 du 13 déc. 2006, art. 31)* « L'Institut *(Décr. n° 2016-318 du 16 mars 2016, art. 2)* « national » des sciences et industries du vivant et de l'environnement » ;

(Décr. n° 2019-1459 du 26 déc. 2019, art. 32) « *b)* L'Institut national d'enseignement supérieur pour l'agriculture, l'alimentation et l'environnement et ses écoles internes ; »

(Abrogé par Décr. n° 2019-1459 du 26 déc. 2019, art. 32) *« c) (Décr. n° 2015-132 du 6 févr. 2015, art. 2) « L'Institut national d'études supérieures agronomiques de Montpellier », »*

d) L'École nationale supérieure d'agronomie et des industries alimentaires de Nancy, *(Abrogé par Décr. n° 2019-1459 du 26 déc. 2019, art. 32) « et »*

e) L'École nationale supérieure agronomique de Toulouse,

(Décr. n° 2019-1459 du 26 déc. 2019, art. 32) « Les écoles mentionnées au *a* et *b* relèvent du ministre chargé de l'agriculture et les écoles mentionnées au *d* et *e* » relèvent du ministre chargé de l'enseignement supérieur.

Art. R. 812-34 Une commission consultative permanente des écoles nationales supérieures agronomiques, instituée par arrêté du ministre de l'agriculture et du ministre chargé de l'enseignement supérieur, a pour objet d'assurer un développement d'ensemble de l'enseignement dispensé dans ces établissements en liaison avec le comité de coordination prévu à l'article R. 814-25 *[D. 814-41]*.

Elle étudie les propositions dont elle est saisie par les pouvoirs publics ou les conseils généraux de ces écoles et suggère toute mesure appropriée à l'orientation et à l'harmonisation des programmes.

Art. R. 812-35 *(Décr. n° 2008-616 du 27 juin 2008, art. 28, en vigueur le 1er juill. 2008)* Les directeurs des écoles nationales supérieures agronomiques *(Décr. n° 2010-362 du 8 avr. 2010, art. 11)* « mentionnées aux *d* et *e* de l'article R. 812-33 » sont nommés par arrêté conjoint du ministre chargé de l'agriculture et du ministre chargé de l'enseignement supérieur.

Art. R. 812-36 L'admission aux écoles nationales supérieures agronomiques s'effectue par la voie d'un concours unique. Le nombre et la répartition des places mises au concours, les conditions et modalités de ce concours sont fixées par arrêté du ministre chargé de l'enseignement supérieur et du ministre de l'agriculture après avis de la commission consultative permanente prévue à l'article R. 812-34 et après consultation des conseils compétents des deux départements ministériels.

La préparation au concours comporte des études dispensées normalement en deux années dans les classes préparatoires des lycées d'enseignement général et des lycées agricoles ou dans des établissements privés correspondants. Ces études peuvent également être dispensées dans des unités d'enseignement et de recherche à caractère scientifique des universités et dans d'autres établissements d'enseignement supérieur.

Le nombre, l'implantation et les programmes des centres de préparation ainsi que les conditions d'admission dans ces centres sont fixés conjointement par le ministre chargé de l'éducation, par le ministre chargé de l'enseignement supérieur et par le ministre de l'agriculture après avis de la commission consultative permanente.

L'admission au concours consacre la possession d'une formation scientifique de base qui constitue le premier cycle de l'enseignement supérieur agronomique.

Pendant les deux premières années constituant le deuxième cycle de cette formation supérieure agronomique, les écoles nationales supérieures agronomiques dispensent un enseignement agronomique général complété par des stages pratiques. La sanction en est un diplôme d'agronomie générale délivré par l'école selon des conditions qui sont fixées après avis de la commission consultative permanente par arrêté conjoint du ministre chargé de l'enseignement supérieur et du ministre de l'agriculture.

Art. R. 812-37 L'organisation et la sanction des études ainsi que le programme des enseignements et l'orientation générale des recherches dans les écoles nationales supérieures agronomiques sont fixés, sur l'avis de la commission consultative permanente et après consultation des conseils compétents, par arrêté des ministres intéressés.

Le programme des études dans les écoles nationales supérieures agronomiques peut faire l'objet d'adaptations tenant compte des spécialisations de chaque école.

Art. R. 812-38 Des maîtres ès sciences peuvent, après accomplissement d'un stage agricole, être admis, dans chacune des écoles, en deuxième année, dans la limite des proportions prévues pour les écoles nationales supérieures d'ingénieurs. Les conditions d'admissions à ce stage et les modalités de celui-ci sont fixées après avis de la commission permanente, par arrêté du ministre de l'agriculture.

Art. R. 812-39 Les deux années de formation supérieure agronomique générale sont complétées par une année de spécialisation à l'issue de laquelle les élèves peuvent recevoir le diplôme d'agronomie approfondie et le diplôme d'ingénieur agronome portant mention obligatoire de l'école d'origine.

Ces deux diplômes sont délivrés par l'école dans des conditions fixées par arrêté des ministres intéressés après avis de la commission consultative permanente.

Un ou plusieurs professeurs des unités d'enseignement et de recherche désignés en accord avec les directeurs de ces unités participent aux délibérations des jurys ou conseils de professeurs chargés de proposer la collation des diplômes d'agronomie générale et d'agronomie approfondie.

Art. R. 812-40 Le diplôme d'agronomie approfondie vaut dispense, suivant la spécialité qui y est mentionnée, du diplôme d'études approfondies, en vue du doctorat dans des disciplines relevant des sciences, du droit, des sciences économiques, des lettres et des sciences humaines. Les jurys de soutenance des thèses de doctorat comprennent au moins un professeur d'école nationale supérieure agronomique désigné en accord avec le directeur de ladite école.

Art. R. 812-41 Les élèves titulaires du diplôme d'agronomie générale effectuent la troisième année de spécialisation dans l'un des centres ou écoles suivants :

I. – Centre de troisième cycle organisé par une école nationale supérieure agronomique.

Dans ce cas, la troisième année est sanctionnée par les épreuves du diplôme d'agronomie approfondie.

Les candidats qui ont subi ces épreuves avec succès reçoivent le diplôme d'agronomie approfondie ainsi que le diplôme d'ingénieur agronome portant mention de l'école d'origine.

II. – Centre de troisième cycle organisé en commun par une école supérieure agronomique et une université ou un établissement public à caractère scientifique et culturel habilité à délivrer un doctorat.

Dans ce cas, les élèves sont admis, par dérogation à la réglementation en vigueur, à s'inscrire dans une université en vue de l'obtention du diplôme d'études approfondies dans les disciplines mentionnées à l'article R. 812-40.

Les cours et les stages se déroulent soit dans une école nationale supérieure agronomique, soit dans une université, soit dans un centre agréé par l'université et par l'école.

Les élèves doivent satisfaire, devant l'université où ils sont inscrits, aux épreuves du diplôme d'études approfondies.

Les élèves qui ont subi les épreuves avec succès reçoivent de leur école le diplôme d'agronomie approfondie et le diplôme d'ingénieur agronome portant mention de l'école d'origine.

III. – *(Décr. nº 99-813 du 14 sept. 1999)* « Établissement d'enseignement supérieur français ou étranger, notamment un centre de troisième cycle d'une université ou d'un établissement public habilité à délivrer un doctorat, à condition que la formation choisie soit agréée par le directeur de l'École nationale supérieure agronomique où le diplôme d'agronomie générale a été obtenu, après avis des conseils compétents de cette école. Cet agrément peut être assorti d'une obligation de formation complémentaire.

« Les modalités du contrôle des connaissances en vue de la délivrance, à l'issue de la troisième année de spécialisation, du diplôme d'agronomie approfondie et du diplôme d'ingénieur agronome de l'École nationale supérieure agronomique ayant délivré le diplôme d'agronomie générale sont définies par les organes compétents de cette école, le cas échéant par voie de convention avec l'établissement d'accueil. »

IV. – École d'application ou de spécialisation du ministère de l'agriculture dans les conditions fixées par les dispositions concernant l'accès de ces écoles.

La durée des études dans ces écoles est de deux années, la sanction en étant, à la fin de la première année, le diplôme d'agronomie approfondie et le diplôme d'ingénieur agronome portant mention de l'école d'origine et, à la fin de la deuxième année, éventuellement, un diplôme d'ingénieur de l'école d'application ou de spécialisation. Les intéressés peuvent, au cours de la deuxième année, postuler le doctorat délivré par les universités.

Dans ces écoles d'application ou de spécialisation, les programmes des enseignements de première année qui conduisent au diplôme d'agronomie approfondie sont fixés par arrêté conjoint des deux ministres compétents sur l'avis de la commission consultative permanente.

Les dispositions des II et III du présent article concernant les universités sont applicables aux établissements publics à caractère scientifique et culturel habilités à délivrer un doctorat.

§ 2 **Dispositions particulières aux élèves étrangers**

Art. R. 812-42 Outre les élèves étrangers recrutés selon les procédures applicables aux candidats français, *(Décr. n° 2006-1592 du 13 déc. 2006, art. 31)* « l'Institut *(Décr. n° 2016-318 du 16 mars 2016, art. 2)* « national » des sciences et industries du vivant et de l'environnement », *(Décr. n° 2019-1459 du 26 déc. 2019, art. 32)* « l'Institut national d'enseignement supérieur pour l'agriculture, l'alimentation et l'environnement », l'École nationale supérieure agronomique de Toulouse et l'École nationale supérieure d'agronomie et des industries alimentaires de Nancy peuvent admettre des candidats étrangers dans tous les cycles de formation et à chacun des niveaux de recrutement dans les conditions fixées aux articles R. 812-43 à R. 812-48.

Art. R. 812-43 Les candidats mentionnés à l'article R. 812-42 sont recrutés, soit sur épreuves, soit sur titres, soit par combinaison de ces deux procédés.

Pour chaque école, les modalités d'admission sont fixées par le directeur après avis du conseil des enseignants et de la commission consultative permanente. Chaque directeur adresse un rapport annuel à cette commission sur les conditions dans lesquelles les admissions ont été prononcées.

Art. R. 812-44 A défaut des titres français normalement requis pour l'admission, des diplômes et titres étrangers peuvent être reconnus équivalents par le ministre dont relève l'établissement.

Art. R. 812-45 Le nombre maximum de candidats au diplôme d'ingénieur agronome à admettre au titre de l'article R. 812-42 est fixé annuellement, pour chaque établissement, par le ministre dont relève l'établissement, après avis du directeur et de la commission consultative permanente.

Art. R. 812-46 Au même titre et dans les mêmes conditions que les élèves français, les candidats étrangers, admis suivant la procédure fixée par les articles précédents, peuvent obtenir les titres et diplômes délivrés par l'établissement.

Art. R. 812-47 Les candidats étrangers peuvent, dans les conditions fixées à l'article R. 812-45, être admis directement en troisième année en vue de l'obtention d'un diplôme d'agronomie approfondie.

Art. R. 812-48 Des arrêtés conjoints du ministre de l'agriculture et du ministre chargé de l'enseignement supérieur précisent, en tant que de besoin, les conditions d'application des dispositions des articles R. 812-42 à R. 812-47, après avis de la commission consultative permanente.

SOUS-SECTION 6 **Dispositions relatives à la délivrance des diplômes**

Art. R. 812-49 Un arrêté du ministre de l'agriculture fixe les conditions de délivrance des diplômes mentionnés au deuxième alinéa de l'article R. 812-25, au premier alinéa de l'article R.* 812-26 *[abrogé]*, au *(Décr. n° 2017-1772 du 27 déc. 2017, art. 3-6°)* « quatrième » alinéa de l'article D. 812-27, au quatrième alinéa de l'article R. 812-31 et du certificat mentionné au troisième alinéa de l'article R. 812-25.

Le diplôme d'agronomie générale est délivré dans les conditions fixées en application du cinquième alinéa de l'article R. 812-36.

Le diplôme d'agronomie approfondie et le diplôme d'ingénieur agronome sont délivrés dans les conditions fixées en application du deuxième alinéa de l'article R. 812-39.

SECTION 3 **Enseignement supérieur vétérinaire**

(Décr. n° 2020-1520 du 3 déc. 2020, art. 2)

Décret n° 2020-1520 du 3 décembre 2020,

Relatif à l'enseignement vétérinaire (JO 5 déc.).

Art. 7 Lors de l'année universitaire 2020-2021, les étudiants vétérinaires admis dans les écoles nationales vétérinaires à la suite des sessions de concours antérieures à celle de 2021 sont soumis au régime des études vétérinaires prévu par les règlementations antérieures au présent décret.

A compter de la rentrée universitaire 2021, ils sont soumis au présent décret et leurs positions dans les études vétérinaires sont modifiées conformément au tableau de correspondances suivant :

Positions issues des délibérations du conseil des enseignants suite à l'année scolaire 2020-2021	Positions modifiées à la rentrée 2021
étudiant admis à redoubler en 1re année	étudiant admis à redoubler en 2e année
étudiant admis en 2e année	étudiant admis en 3e année
étudiant admis en 3e année	étudiant admis en 4e année
étudiant admis en 4e année	étudiant admis en 5e année
étudiant admis en 5e année (année d'approfondissement)	étudiant admis en 6e année (année d'approfondissement)

Art. 8 Les dispositions des I et II de l'article R. 812-55 du code rural et de la pêche maritime, dans leur rédaction antérieure au présent décret, demeurent applicables jusqu'à la fin de leur formation aux étudiants et aux auditeurs de la formation continue inscrits dans un certificat d'études approfondies vétérinaires à la date de publication de ce décret.

SOUS-SECTION 1 Dispositions générales

§ 1 Contenu de l'enseignement supérieur vétérinaire

Art. R. 812-50 L'enseignement supérieur vétérinaire a pour objet de permettre l'acquisition des compétences nécessaires aux vétérinaires pour :

1° Soigner et protéger les animaux ;

2° Éviter la propagation des maladies dans les populations animales ;

3° Garantir la santé publique, notamment en assurant la sécurité sanitaire et la qualité des aliments en identifiant les risques dus à l'exposition à différents dangers en lien avec les animaux ;

4° Analyser les interactions entre l'animal, l'homme et l'environnement, notamment leurs incidences sur la protection de la santé publique et de l'environnement ;

5° Concevoir et mettre en œuvre une approche scientifique des interactions entre l'homme et l'animal dans la société ;

6° Conduire des actions de recherche et de formation, ainsi que des études de médecine comparée ;

7° Favoriser l'insertion professionnelle des élèves et leur progression professionnelle ;

(Décr. n° 2021-1519 du 23 nov. 2021, art. 5) « 8° Exercer en faisant preuve d'indépendance professionnelle et dans le respect du code de déontologie vétérinaire, y compris dans le cadre des missions effectuées en qualité de vétérinaire sanitaire ou de vétérinaire mandaté. »

L'enseignement supérieur vétérinaire contribue à la recherche dans ces domaines.

Art. R. 812-51 Les études vétérinaires comportent une formation théorique, pratique et clinique permettant aux étudiants d'acquérir l'ensemble des compétences définies par le référentiel professionnel vétérinaire fixé par arrêté du ministre chargé de l'agriculture.

Les études vétérinaires comprennent des périodes de stages ainsi que la participation effective des élèves à l'activité hospitalière de l'école vétérinaire.

Elles comportent également une initiation à la recherche.

Elles sont assurées au sein des écoles vétérinaires ou sous leur contrôle.

(Décr. n° 2021-1519 du 23 nov. 2021, art. 5) « **Les écoles vétérinaires françaises comprennent les écoles nationales vétérinaires et les établissements d'enseignement supérieur agricoles agréés sur le fondement de l'article L. 813-11 pour assurer une formation préparant au diplôme d'État de docteur vétérinaire.** »

V. Arr. du 3 déc. 2020 relatif aux études vétérinaires (JO 5 déc.), mod. par Arr. du 6 juin 2023 (JO 16 juin).

§ 2 Conditions et modalités d'admission pour suivre les études vétérinaires

Art. R. 812-52 **L'admission dans les études vétérinaires a lieu :**

1° Soit en première année immédiatement après l'obtention du baccalauréat et à l'issue de procédures de sélection, pour une durée d'études de six ans comprenant les semestres un à douze ;

2° Soit en deuxième année après des études supérieures, pour une durée d'études de cinq ans comprenant les semestres trois à douze.

Art. R. 812-53 **Les étudiants des écoles vétérinaires de nationalité française ou ressortissants d'un État membre de l'Union européenne ou partie à l'accord sur l'Espace économique européen ou de la Confédération suisse sont recrutés par des concours.** *(Décr. n° 2021-1519 du 23 nov. 2021, art. 5)* « **Est assimilée à un ressortissant de ces États toute personne ayant le statut de réfugié ou d'apatride reconnu par l'Office français de protection des réfugiés et apatrides.** »

Art. R. 812-54 **Les candidats de nationalité étrangère qui ne sont pas ressortissants d'un État membre de l'Union européenne ou partie à l'accord sur l'Espace économique européen ou de la Confédération suisse peuvent être admis sur titres ou diplômes dans les études vétérinaires, en deuxième année, par décision individuelle du ministre chargé de l'agriculture sur proposition du directeur de l'école concernée. Ils doivent justifier d'un titre ou d'un diplôme du premier cycle universitaire français ou étranger et établir qu'ils sont aptes à suivre un enseignement en langue française.**

§ 3 Régime des études vétérinaires

Art. R. 812-55 **I. — Les études vétérinaires sont organisées en semestres :**

1° Les deux premiers semestres, correspondant à la première année, à visée propédeutique ;

2° Les semestres trois à dix formant le tronc commun des études fondamentales vétérinaires. Un arrêté du ministre chargé de l'agriculture fixe pour chaque semestre la part respective des différents types d'enseignement et chacun de leur volume horaire ;

3° Les semestres onze et douze constituent l'année d'approfondissement qui inclut la préparation de la thèse du diplôme d'État de docteur vétérinaire. Les domaines professionnels des enseignements d'approfondissement sont fixés par arrêté du ministre chargé de l'agriculture.

II. — Les stages représentent quatorze à trente-six semaines entre le semestre un et le semestre douze inclus.

III. — Les études des semestres trois à douze s'effectuent en partie dans un pays étranger, soit dans un établissement de formation vétérinaire pour une durée maximale de deux semestres, soit au cours d'un stage d'une durée ne dépassant pas celle fixée par l'article L. 124-5 du code de l'éducation.

Art. R. 812-56 **Les études vétérinaires comprennent des unités d'enseignement concourant à l'acquisition des compétences. La valeur de chaque unité est définie par arrêté du ministre chargé de l'agriculture compte tenu du système européen d'unités d'enseignement capitalisables et transférables "crédits — ECTS" et en fonction de la charge de travail de l'étudiant. Celle-ci est appréciée en tenant compte des heures de formation en présence d'un encadrant, du travail devant être accompli de manière autonome ainsi que du recours aux techniques permettant l'enseignement à distance et la pratique de simulations.**

Art. D. 812-57 **Les étudiants admis à suivre les études vétérinaires ou la formation d'internat prévus au 2° du I° de l'article R. 812-65, sont considérés comme élèves des écoles vétérinaires françaises relevant du 2° de l'article L. 243-3.**

Il en est de même des étudiants vétérinaires ressortissants étrangers d'établissements de formation vétérinaire étrangers qui effectuent une mobilité dans une école vétérinaire.

§ 4 Diplômes et titres délivrés à l'issue des études vétérinaires

Art. R. 812-58 *(Décr. n° 2021-1519 du 23 nov. 2021, art. 5)* **« I. — Les études fondamentales vétérinaires sont sanctionnées :**

« 1° Dans les écoles nationales vétérinaires, par le diplôme d'études fondamentales vétérinaires, qui confère à son titulaire le grade de master en application des dispositions du code de l'éducation ;

« 2° Dans les établissements agréés sur le fondement de l'article L. 813-11, par le certificat d'études fondamentales vétérinaires éligible au grade de master selon les modalités définies par le code de l'éducation.

« Avant la délivrance de l'un de ces diplômes, les étudiants admis à suivre les études vétérinaires ne peuvent se voir délivrer, par leur établissement, aucun autre diplôme. »

II. — *(Décr. n° 2021-1519 du 23 nov. 2021, art. 5)* **« Les études vétérinaires des étudiants des écoles nationales vétérinaires et des établissements agréés sur le fondement de l'article L. 813-11 s'achèvent par l'évaluation de l'année d'approfondissement par le conseil des enseignants de l'établissement et par la soutenance de la thèse de diplôme d'État de docteur vétérinaire. »**

Les modalités de préparation, de soutenance de la thèse et de délivrance du diplôme d'État de docteur vétérinaire sont fixées par arrêté des ministres chargés de l'enseignement supérieur et de l'agriculture. Cet arrêté désigne les universités en charge de la délivrance du diplôme d'État de docteur vétérinaire. — *V. Arr. du 3 déc. 2020 relatif aux modalités de préparation, de soutenance de la thèse d'exercice et de délivrance du diplôme d'État de docteur vétérinaire (JO 5 déc.), mod. par Arr. du 14 sept. 2023 (JO 20 sept.).*

III. — Le diplôme d'État de docteur vétérinaire confère le titre de docteur vétérinaire à son titulaire, lequel fait suivre son titre de docteur du titre de vétérinaire.

Le diplôme d'État de docteur vétérinaire atteste que le diplômé a acquis les connaissances et les compétences prévues par l'article 38 de la directive 2005/36/CE du Parlement européen et du Conseil du 7 septembre 2005 relative à la reconnaissance des qualifications professionnelles modifiée par la directive 2013/55/UE du Parlement européen et du Conseil du 20 novembre 2013.

Art. R. 812-59 **Les étudiants de nationalité étrangère admis dans les études vétérinaires selon les modalités mentionnées à l'article R. 812-54 soutiennent à la fin de leurs études une thèse pour l'obtention du diplôme de docteur vétérinaire des universités délivré par les universités désignées par l'arrêté mentionné au II de l'article R. 812-58.**

Le diplôme de docteur vétérinaire des universités ne leur donne pas droit à exercer la médecine et la chirurgie des animaux en France.

§ 5 Évaluation des études et des écoles vétérinaires

Art. D. 812-60 **Les études vétérinaires sont régulièrement évaluées par le système européen d'évaluation des formations vétérinaires désigné par arrêté du ministre chargé de l'agriculture. Les écoles vétérinaires sont évaluées par le Haut Conseil de l'évaluation de la recherche et de l'enseignement supérieur.**

SOUS-SECTION 2 Dispositions particulières aux études vétérinaires suivies dans les écoles nationales vétérinaires

§ 1 Habilitation des écoles nationales vétérinaires et conseil des directeurs

Art. R. 812-61 **Les écoles nationales vétérinaires sont habilitées par le ministre chargé de l'agriculture, pour la durée du contrat pluriannuel les liant à l'État, à délivrer le diplôme d'études fondamentales vétérinaires ainsi que les diplômes nationaux mentionnés aux 2° et 3° du I de l'article R. 812-65.** — *V. Arr. du 13 avr. 2021 fixant les modalités d'habilitation des écoles nationales vétérinaires (JO 22 avr.) ; Arr. du 20 oct. 2021 habilitant les* *écoles nationales vétérinaires à délivrer des diplômes nationaux d'enseignement vétérinaire (JO 27 oct.), mod. par Arr. du 20 févr. 2023 (JO 26 févr.).*

Art. R. 812-62 Un conseil des directeurs des écoles nationales vétérinaires se réunit au moins deux fois par an à l'initiative et sous la présidence du directeur général de l'enseignement et de la recherche au ministère chargé de l'agriculture.

Ce conseil est consulté sur les arrêtés prévus par les articles R. 812-55 et R. 812-65 ainsi que sur les mesures et décisions prises sur le fondement des articles R. 812-54 et D. 812-64.

Il donne un avis sur les changements d'affectation des étudiants entre écoles nationales vétérinaires, avant la décision du ministre chargé de l'agriculture.

(Décr. nº 2021-1519 du 23 nov. 2021, art. 5) « Lorsque le conseil est consulté sur l'arrêté prévu par l'article R. 812-55 ou sur les mesures et décisions prises sur le fondement de l'article R. 812-54 ou lorsque les questions inscrites à son ordre du jour le justifient, le directeur général de l'enseignement et de la recherche invite les directeurs d'établissements agréés sur le fondement de l'article L. 813-11 ou les directeurs de la formation vétérinaire de ces établissements. »

§ 2 Recrutement des étudiants

Art. R. 812-63 I. — Les étudiants vétérinaires des écoles nationales vétérinaires ressortissants français ou d'un État membre de l'Union européenne ou d'un autre État partie à l'accord sur l'Espace économique européen ou de la Confédération suisse sont recrutés par un concours commun à ces écoles. *(Décr. nº 2021-1519 du 23 nov. 2021, art. 5)* « Est assimilée à un ressortissant de ces États toute personne ayant le statut de réfugié ou d'apatride reconnu par l'Office français de protection des réfugiés et apatrides. »

II. — Le ministre chargé de l'agriculture détermine par arrêté les différentes voies du concours commun. — *V. Arr. du 9 nov. 2023 relatif au concours commun d'accès dans les écoles nationales vétérinaires (JO 21 nov.), mod. par Arr. du 28 nov. 2023, art. 12 (JO 2 déc.).*

Il fixe les conditions d'inscription au concours et d'équivalence des diplômes, les modalités d'organisation des épreuves, ainsi que les modalités d'admissibilité, d'admission et d'affectation dans les écoles. Il peut prendre des mesures favorisant les étudiants en deuxième année d'études supérieures après le baccalauréat s'inscrivant pour la première fois à une voie du concours et limiter le nombre maximal de candidatures au concours commun.

Le ministre fixe chaque année par arrêté le nombre des places ouvertes dans chacune des écoles nationales vétérinaires aux différentes voies du concours commun et le calendrier des épreuves.

III. — L'admission des bacheliers prévue par le 1º de l'article R. 812-52 constitue une voie du concours commun d'accès aux écoles nationales vétérinaires. Elle est réservée aux élèves préparant pour la première fois le baccalauréat général.

Le pourcentage minimal de bacheliers retenus bénéficiaires d'une bourse nationale de lycée mentionné au second alinéa du VI de l'article L. 612-3 du code de l'éducation s'applique à la phase d'admission et est fixé par le ministre chargé de l'agriculture. — *V. Arr. du 3 déc. 2020 relatif au cadre national sur les attendus de l'accès aux études vétérinaires par la voie post-bac du concours commun des écoles nationales vétérinaires (JO 5 déc.).*

IV. — Le jury du concours est constitué par les directeurs des écoles nationales vétérinaires. Ces directeurs désignent chaque année en leur sein le président du jury. Le président du jury nomme les correcteurs et les examinateurs.

§ 3 Contenu des études et déroulement

Art. D. 812-64 I. — Le conseil d'administration de chaque école nationale vétérinaire définit le référentiel de formation et le règlement des études après les avoir soumis pour avis au conseil des directeurs des écoles nationales vétérinaires. Par dérogation, le programme de la première année, qui est commun à toutes les écoles nationales vétérinaires, est fixé par le ministre chargé de l'agriculture.

II. — L'admission des élèves de première année commune aux écoles nationales vétérinaires à suivre l'enseignement du troisième semestre est subordonnée à la validation de toutes les unités d'enseignement des deux premiers semestres. Cette validation comporte des épreuves nationales d'examen.

L'admission en deuxième année, l'autorisation de redoubler ou l'exclusion à l'issue de la première année relèvent de la compétence du directeur de l'école nationale vétérinaire sur proposition du conseil des enseignants, après avis du conseil des directeurs des écoles nationales vétérinaires.

III. – Chaque année d'études dans les écoles nationales vétérinaires ne peut être redoublée qu'une seule fois.

IV. – Seuls les titulaires du diplôme d'études fondamentales vétérinaires peuvent accéder à l'année d'approfondissement des écoles nationales vétérinaires. Le ministre chargé de l'agriculture peut, par arrêté, créer à l'issue du tronc commun mentionné au 2° du I de l'article R. 812-56 un examen national classant pour l'accès à l'année d'approfondissement. Il fixe l'organisation et les modalités de ses épreuves.

§ 4 Diplômes d'enseignements complémentaires délivrés par les écoles nationales vétérinaires

Art. R. 812-65 I. – Les écoles nationales vétérinaires peuvent créer ensemble des enseignements complémentaires donnant lieu à l'attribution conjointe :

1° De diplômes communs aux écoles nationales vétérinaires dénommés "diplômes" inter-écoles nationales vétérinaires (DIE)", ou "certificats" d'études approfondies vétérinaires (CEAV)" pour des formations réservées aux vétérinaires ;

2° De diplômes nationaux d'internat des écoles nationales vétérinaires, délivrés à l'issue d'une formation consécutive aux études vétérinaires aux titulaires du diplôme d'État de docteur vétérinaire ou aux titulaires d'un diplôme, titre ou certificat de vétérinaire d'une faculté vétérinaire étrangère ;

3° De diplômes nationaux d'études spécialisées vétérinaires (DESV) délivrés à l'issue d'une formation de trois années aux titulaires d'un diplôme, titre ou certificat de vétérinaire prévu à l'article L. 241-2.

II. – Les conditions d'accès aux enseignements complémentaires mentionnés au 2° et 3° du I du présent article, leurs programmes, la liste des diplômes sanctionnant ces formations et les modalités de leur délivrance sont définis par arrêté du ministre chargé de l'agriculture après avis :

1° Du conseil national de l'enseignement supérieur et de la recherche agricole, agroalimentaire et vétérinaire pour les diplômes nationaux d'internat des écoles nationales vétérinaires ;

2° Du conseil national de l'enseignement supérieur et de la recherche agricole, agroalimentaire et vétérinaire et du conseil national de l'ordre des vétérinaires pour les diplômes nationaux d'études spécialisées vétérinaires,

V. Arr. du 13 avr. 2021 relatif au diplôme national d'internat des écoles nationales vétérinaires (JO 22 avr.) ; Arr. du 13 avr. 2021 relatif aux diplômes nationaux d'études spécialisées vétérinaires (JO 22 avr.).

SECTION 4 Formation propédeutique aux formations d'ingénieurs ou aux études vétérinaires

(Décr. n° 2023-1015 du 2 nov. 2023, art. 1er)

Art. D. 812-66 Les classes agro véto post BTSA et BTS dispensent une formation propédeutique d'une durée d'un an dont l'objectif est de donner aux étudiants les connaissances et compétences nécessaires à une poursuite d'études d'ingénieur ou d'études vétérinaires prévues au présent chapitre.

La liste des établissements publics d'enseignement autorisés à organiser ces classes est définie par arrêté du ministre chargé de l'agriculture, après avis de l'autorité académique compétente.

V. Arr. du 2 nov. 2023 fixant le régime des études dans les classes mentionnées à l'art. D. 812-66 (JO 4 nov.), mod. par Arr. du 23 nov. 2023 (JO 6 déc.).

Art. D. 812-67 L'admission dans une classe mentionnée à l'article D. 812-66 est réservée aux lauréats des voies ouvertes aux titulaires d'un brevet de technicien supérieur agricole ou d'un brevet de technicien supérieur maritime ou d'un brevet de technicien supérieur du concours commun d'accès aux formations d'ingénieur d'écoles nationales relevant du ministre chargé de l'agriculture et du ministre chargé de l'enseignement supérieur et du concours commun d'accès aux écoles nationales vétérinaires.

Les étudiants de ces classes ne sont pas autorisés à se présenter aux autres voies du concours commun d'accès aux formations d'ingénieur d'écoles nationales relevant du ministre chargé de l'agriculture et du ministre chargé de l'enseignement supérieur et du concours commun d'accès aux écoles nationales vétérinaires.

Art. D. 812-68 La validation de l'année dans une classe mentionnée à l'article D. 812-66 emporte l'acquisition de 60 crédits ECTS.

Le chef d'établissement délivre à chaque étudiant à l'issue de l'année d'études une attestation descriptive du parcours de formation suivi.

Selon le parcours de formation, la validation de l'année conditionne l'accès :

1° Soit en première année du cycle des formations d'ingénieur d'écoles nationales relevant du ministre chargé de l'agriculture et du ministre chargé de l'enseignement supérieur prévues au présent chapitre ;

2° Soit en deuxième année d'études vétérinaires d'une des écoles nationales vétérinaires prévues au présent chapitre.

Un arrêté du ministre chargé de l'agriculture fixe le programme, les modalités d'évaluations des étudiants, d'admission et d'affectation dans les écoles de formations d'ingénieur ou dans les écoles nationales vétérinaires prévues au présent chapitre.

Art. D. 812-69 Une classe mentionnée à l'article D. 812-66 est assimilée à une classe préparatoire accessible aux titulaires de diplômes obtenus après deux années d'études supérieures prévue à l'article D. 612-23 du code de l'éducation pour ce qui concerne les obligations réglementaires de service des enseignants y étant affectés. Les enseignements liés à l'accompagnement personnalisé ou à l'accompagnement à l'orientation sont considérés comme des heures d'interrogation effectuées dans les classes préparatoires aux grandes écoles.

CHAPITRE III DISPOSITIONS RELATIVES AUX ÉTABLISSEMENTS D'ENSEIGNEMENT AGRICOLE PRIVÉS SOUS CONTRAT

SECTION 1 Dispositions générales

Art. R. 813-1 Les dispositions des sections 5, 6, 7, 8 et 9 du chapitre I du présent titre sont applicables aux enseignements technologiques et aux formations professionnelles du second degré dispensés par les établissements d'enseignement agricole privés sous contrat.

SOUS-SECTION 1 Relations entre l'État et les établissements d'enseignement agricole privés

Art. R. 813-2 Pour chaque établissement d'enseignement agricole privé, la demande de souscription d'un contrat avec l'État ou d'un avenant à un contrat en cours est formée par l'association ou l'organisme responsable de l'établissement.

L'établissement est défini par sa localisation principale et par l'existence d'une équipe pédagogique placée sous l'autorité d'une direction unique et travaillant dans le cadre d'un projet pédagogique commun.

Il ne peut être souscrit qu'un seul contrat par établissement. — *[Décr. n° 88-922 du 14 sept. 1988, art. 1er.]*

Art. R. 813-3 La demande de contrat doit comporter :

1° L'exposé du projet pédagogique de l'établissement, qui définit notamment l'organisation en unités de formation, classes ou groupes d'élèves, la répartition des différentes séquences de formation, l'ouverture sur l'environnement social, culturel, économique, le choix de sujets d'études, en particulier pour compléter ceux qui figurent dans les programmes nationaux et les activités facultatives qui concourent à l'action éducative ;

2° La liste des formations concernées, telles qu'elles sont définies à l'article R. 813-5 ;

3° La description des locaux d'enseignement et éventuellement d'internat ainsi que, s'il y a lieu, des moyens et locaux affectés à la documentation et des moyens et installations permettant les travaux pratiques d'exploitation et d'atelier dont dispose l'établissement ;

4° La justification que l'établissement dispose à titre de propriétaire, de locataire, d'usufruitier ou d'occupant à un titre quelconque de ces locaux et moyens et qu'ils répondent aux conditions réglementaires d'hygiène et de sécurité ;

5° Les extraits du règlement intérieur précisant les garanties de fonctionnement pour ce qui concerne notamment les conditions d'admission et le régime disciplinaire des élèves et les recours que l'établissement offre aux familles et aux élèves ;

6° Les statuts de l'association ou de l'organisme responsable de l'établissement. – *[Décr. n° 88-922 du 14 sept. 1988, art. 2.]*

Art. R. 813-4 La demande est adressée au directeur régional de l'alimentation, de l'agriculture et de la forêt territorialement compétent en raison de la localisation principale de l'établissement par lettre recommandée avec demande d'avis de réception, avant le 31 janvier précédant la date de la rentrée scolaire à compter de laquelle le contrat devrait prendre effet. – *[Décr. n° 88-922 du 14 sept. 1988, art. 3.]*

Art. R. 813-5 Les formations faisant l'objet du contrat sont définies par :

1° Le niveau des diplômes d'État de l'enseignement agricole auxquels elles préparent directement ;

2° L'option ou la spécialité professionnelle, choisie parmi celles mentionnées par les arrêtés ministériels organisant les formations et la délivrance des diplômes susmentionnés ;

3° L'année d'étude.

Ces formations peuvent être complétées par d'autres formations correspondant à celles de l'enseignement agricole public.

Le regroupement des années d'études successives préparant à un diplôme constitue une filière de formation. – *[Décr. n° 88-922 du 14 sept. 1988, art. 4.]*

Art. R. 813-6 Le contrat peut porter sur une partie ou sur la totalité des formations initiales relevant du ministre de l'agriculture dispensées au titre du projet pédagogique de l'établissement. Le ministre de l'agriculture se prononce sur les demandes de contrat ou d'avenant compte tenu notamment du schéma prévisionnel national des formations de l'enseignement agricole mentionné à l'article L. 814-2, des moyens pédagogiques de l'établissement et de son implantation géographique. – *[Décr. n° 88-922 du 14 sept. 1988, art. 5.]*

Art. R. 813-7 Le contrat est signé par le ministre de l'agriculture ou par son délégué et par le président ou un représentant de l'association ou organisme, dûment mandaté par le conseil d'administration. Le ministre de l'agriculture peut, à cette fin, donner délégation au directeur régional de l'alimentation, de l'agriculture et de la forêt.

Le contrat est souscrit pour une durée indéterminée. – *[Décr. n° 88-922 du 14 sept. 1988, art. 6.]*

Art. R. 813-8 Toute information ou publicité diffusée par l'établissement doit clairement faire apparaître son caractère privé et indiquer les formations sous contrat et les formations hors contrat. Chaque élève ou sa famille doit être individuellement informé des conséquences de son inscription dans le secteur hors contrat de l'établissement.

En cas de manquements aux dispositions du premier alinéa ci-dessus sont applicables les sanctions relatives aux manquements graves mentionnées à l'article R. 813-13. – *[Décr. n° 88-922 du 14 sept. 1988, art. 7.]*

Art. R. 813-9 Dans les établissements mentionnés au premier alinéa de l'article L. 813-8, le régime de l'externat simple pour le secteur sous contrat est en principe la gratuité.

Toutefois, des contributions individualisées peuvent être demandées aux familles ou aux élèves pour couvrir, d'une part les frais afférents à l'enseignement religieux et plus généralement aux enseignements non prévus par les programmes dont ils souhaitent bénéficier, d'autre part le règlement des annuités correspondant à l'amortissement des bâtiments scolaires et administratifs affectés au secteur sous contrat et aux provisions pour grosses réparations de ces bâtiments et à l'acquisition de matériel d'équipement scientifique, scolaire ou sportif.

Le montant de ces contributions et éventuellement celui de la redevance demandée aux élèves ou aux familles des externes surveillés, des demi-pensionnaires et des internes, justifiés par des pièces comptables, sont communiqués au directeur régional de l'alimentation, de l'agriculture et de la forêt dans la première quinzaine de chaque année scolaire. – *[Décr. nº 88-922 du 14 sept. 1988, art. 8.]*

Art. R. 813-10 Les dispositions des deuxième et troisième alinéas de l'article R. 813-9 sont applicables dans les établissements mentionnés à l'article L. 813-9.

En outre, les externes ou leurs familles peuvent être appelés à verser une redevance de scolarité au titre de l'externat simple. – *[Décr. nº 88-922 du 14 sept. 1988, art. 9.]*

Art. R. 813-11 Les épreuves des examens conduisant à l'obtention des diplômes d'État de l'enseignement agricole peuvent se dérouler dans les établissements d'enseignement agricole privés sous contrat.

Dans ce cas, les associations ou les organismes responsables de ces établissements sont tenus de fournir les locaux et moyens pédagogiques nécessaires au déroulement des épreuves. – *[Décr. nº 88-922 du 14 sept. 1988, art. 10.]*

Art. R. 813-12 Le président de l'association ou de l'organisme responsable d'un établissement d'enseignement agricole privé et le ministre de l'agriculture ou son délégué peuvent demander chaque année la révision ou la résiliation du contrat.

Lorsqu'il y a accord entre les parties sur les conditions de révision du contrat, il est procédé à la passation d'un avenant. Lorsqu'il n'y a pas accord, la commission de conciliation prévue à l'article R. 813-29 est saisie par l'association ou l'organisme responsable.

En cas de résiliation amiable, celle-ci prend effet au terme de l'année scolaire en cours, sous réserve d'un préavis de trois mois, dont les familles et les élèves doivent être tenus informés.

Dans le cas où les conditions prévues aux articles L. 813-1 à L. 813-10 et au présent chapitre ne sont plus remplies ou dans le cas où les stipulations du contrat ne sont pas respectées, le ministre de l'agriculture ou son délégué peut prononcer, dans les conditions indiquées à l'alinéa précédent, la résiliation unilatérale partielle ou totale du contrat, précédée d'une mise en demeure à l'organisme ou à l'association de se conformer aux dispositions législatives ou réglementaires et aux stipulations du contrat. Dans tous les cas, le ministre ne peut prononcer la résiliation qu'après avoir saisi la commission de conciliation, qui doit examiner l'affaire dans un délai de deux mois. – *[Décr. nº 88-922 du 14 sept. 1988, art. 11.]*

Art. R. 813-13 En cas de manquements graves ou répétés de l'association ou de l'organisme responsable d'un établissement d'enseignement agricole privé aux dispositions législatives ou réglementaires ou aux stipulations du contrat, le ministre de l'agriculture ou son délégué peut, après mise en demeure, décider la suspension totale ou partielle du contrat. Cette mesure entraîne la réduction de l'aide financière de l'État ou la suspension du paiement des mandats versés au bénéfice de l'établissement. Si ces dispositions restent sans effet, le ministre peut provoquer la révision ou la résiliation du contrat dans les conditions prévues à l'article R. 813-12. – *[Décr. nº 88-922 du 14 sept. 1988, art. 12.]*

Art. R. 813-14 Dans les établissements mentionnés à l'article L. 813-8, en cas de faute grave du chef d'établissement, le ministre de l'agriculture met en demeure l'association ou l'organisme de décider sa suspension.

L'association ou l'organisme responsable de l'établissement est alors tenu de désigner un suppléant répondant aux conditions de titres prévues par l'article R. 813-23. – *[Décr. nº 88-922 du 14 sept. 1988, art. 13.]*

Art. R. 813-15 L'association ou l'organisme peut demander l'intégration dans l'enseignement public de l'établissement dont il est responsable.

La demande est adressée au ministre de l'agriculture selon les mêmes modalités que les demandes de contrat.

Les conditions d'intégration dans l'enseignement public sont fixées par décret en Conseil d'État. – *[Décr. nº 88-922 du 14 sept. 1988, art. 14.]*

V. par exemple Décr. n° 2020-686 du 4 juin 2020 fixant les conditions d'intégration du lycée privé professionnel horticole Camille Godard du Haillan au sein de l'établissement public local d'enseignement et de formation professionnelle agricoles de Bordeaux-Gironde (JO 6 juin).

Art. R. 813-16 **Les annexes I, II et III du présent livre constituent les contrats types que peuvent passer avec l'État les associations ou organismes responsables d'établissements d'enseignement agricoles privés relevant du ministre de l'agriculture, en application de l'article L. 813-3, ou d'établissements de formation pédagogique en application de l'article L. 813-10 (2°).** – *[Décr. n° 88-922 du 14 sept. 1988, art. 15.] – V. ces annexes au* ***C. rur.*** *🏛.*

SOUS-SECTION 2 Enseignants et formateurs exerçant dans les formations sous contrat

Art. R. 813-17 **Les enseignants ou formateurs sont :**

1° Soit des agents permanents qui interviennent en formation initiale dans le secteur sous contrat de l'établissement pour un demi-service au minimum ;

2° Soit des agents permanents qui interviennent en formation initiale dans le secteur sous contrat de l'établissement pour moins d'un demi-service ;

3° Soit des agents qui interviennent à titre occasionnel pour des prestations d'enseignement ponctuelles et limitées dans le temps. – *[Décr. n° 88-922 du 14 sept. 1988, art. 16.]*

Art. R. 813-18 **I. – Sous réserve des dispositions de l'article R. 813-19, les enseignants et les formateurs permanents qui assurent l'enseignement dans les formations sous contrat doivent, sans préjudice des dispositions des articles 12 et 13 du décret n° 89-406 du 20 juin 1989 relatif aux contrats liant l'État et les enseignants des établissements d'enseignement agricole privés mentionnés** *(Décr. n° 2010-958 du 25 août 2010, en vigueur le 1er sept. 2015)* **« à l'article L. 813-8** *(Abrogé par Décr. n° 2017-1772 du 27 déc. 2017, art. 4-1°)* ***« du code rural et de la pêche maritime »*****, détenir un master ou un titre ou diplôme reconnu équivalent ».**

II. – *(Décr. n° 2010-958 du 25 août 2010, en vigueur le 1er sept. 2015)* **« 60 % » au moins des heures d'enseignement doivent être dispensées par des enseignants ou des formateurs remplissant les conditions prévues par le paragraphe I. Les autres heures peuvent être assurées par des enseignants ou formateurs détenant** *(Décr. n° 2010-958 du 25 août 2010, en vigueur le 1er sept. 2015)* **« un diplôme sanctionnant un cycle d'études d'au moins deux années après le baccalauréat ou un titre de niveau III inscrit au répertoire national des certifications professionnelles ».**

III. – *(Décr. n° 2010-958 du 25 août 2010, en vigueur le 1er sept. 2015)* **« Les enseignants et formateurs permanents en fonction au 1er septembre 2015 demeurent habilités à assurer l'enseignement au niveau de formation pour lesquels ils étaient qualifiés. Ceux dont les heures sont comptabilisées dans le pourcentage prévu à la première phrase du II ci-dessus en application du I, dans la rédaction de ce dernier en vigueur antérieurement à sa modification par le décret n° 2010-958 du 25 août 2010, continuent à avoir leurs heures comptabilisées dans ce pourcentage après ladite modification. »** – *[Décr. n° 88-922 du 14 sept. 1988, art. 17.]*

Art. R. 813-19 *(Décr. n° 2010-958 du 25 août 2010, en vigueur le 1er sept. 2015)* **« Dans les formations des établissements mentionnés à l'article L. 813-9, les formateurs sont réputés remplir les conditions fixées au I de l'article R. 813-18, dès lors qu'ils détiennent un diplôme sanctionnant un cycle d'études d'au moins deux années après le baccalauréat ou un titre de niveau III inscrit au répertoire national des certifications professionnelles et qu'ils ont subi avec succès les épreuves d'un examen professionnel dont les modalités sont arrêtées par le ministre chargé de l'agriculture. Les intéressés ne peuvent se présenter à cet examen plus de trois fois. »**

Au moment de leur recrutement, les intéressés doivent en outre justifier d'une expérience professionnelle à temps plein d'une durée minimale de trois ans dans les spécialités ou les champs d'activités se rapportant aux formations dispensées dans l'établissement. Cette expérience doit avoir été acquise après l'obtention des titres ou diplômes indiqués à l'alinéa précédent. En outre, sont prises en compte pour le calcul de la durée susmentionnée, d'une part, les activités exercées à temps incomplet, d'autre part, l'expérience professionnelle antérieure lorsque le titre ou le diplôme a été acquis par la voie de la formation professionnelle continue.

Al. 3 abrogé par Décr. n° 2010-958 du 25 août 2010, à compter du 1er sept. 2015. – [Décr. n° 88-922 du 14 sept. 1988, art. 18.]

Art. R. 813-20 Les formateurs des établissements mentionnés à l'article L. 813-9 relevant de la catégorie prévue au 1° de l'article R. 813-17 ci-dessus et remplissant les conditions de titres prévues à l'article R. 813-18 doivent en outre, dans un délai de trois ans après leur entrée en fonctions, justifier d'une qualification pédagogique délivrée sous le contrôle du ministre de l'agriculture dans les conditions fixées par un arrêté de ce ministre. – *[Décr. n° 88-922 du 14 sept. 1988, art. 19.]*

Art. R. 813-21 Les établissements mentionnés à l'article L. 813-9 communiquent chaque année au directeur régional de l'alimentation, de l'agriculture et de la forêt un organigramme et un calendrier faisant apparaître l'organisation des formations dispensées ; ce document comprend la liste des formateurs avec leurs titres, diplômes ou qualités et la nature de leurs interventions.

Dans ces établissements, le volume des heures d'enseignement dispensées par des intervenants à titre occasionnel ne peut excéder 15 p. 100 des heures d'enseignement dispensées dans l'établissement au titre des formations sous contrat. – *[Décr. n° 88-922 du 14 sept. 1988, art. 20.]*

Art. R. 813-22 Le décret en Conseil d'État relatif aux contrats entre l'État et les enseignants des établissements mentionnés à l'article L. 813-8 précise les conditions de qualification pédagogique dont doivent justifier ces personnels. – *[Décr. n° 88-922 du 14 sept. 1988, art. 21.]*

Art. R. 813-23 Les chefs d'établissement doivent justifier de l'un des titres, diplômes ou qualités *(Décr. n° 2010-958 du 25 août 2010, en vigueur le 1er sept. 2015)* « sanctionnant un cycle d'études d'au moins deux années après le baccalauréat pour diriger un établissement de cycle court ou sanctionnant un cycle d'études d'au moins trois années après le baccalauréat » pour diriger un établissement comprenant au moins une filière brevet de technicien supérieur (BTS) ou plus de la moitié des classes de l'établissement en cycle long.

Le développement de formations de cycle long ou supérieur court dans un établissement de cycle court est sans effet sur le niveau du titre exigé du chef d'établissement en fonction. – *[Décr. n° 88-922 du 14 sept. 1988, art. 22.]*

Art. R. 813-24 Dans les établissements mentionnés à l'article L. 813-8, le chef d'établissement désigné par l'association ou l'organisme responsable doit en outre justifier :

1° D'une expérience professionnelle acquise dans l'exercice des missions définies par l'article L. 813-2, d'une durée de cinq ans au moins ;

2° D'une attestation de qualification pour la fonction de direction dont le contenu et les modalités de délivrance sont arrêtés par le ministre de l'agriculture. – *[Décr. n° 88-922 du 14 sept. 1988, art. 23.] – V. Arr. du 22 oct. 2004 (JO 9 nov.).*

Art. R. 813-25 Les enseignants et formateurs permanents sont tenus de participer à toutes les épreuves de délivrance des diplômes conformément aux instructions ou convocations du ministre de l'agriculture.

L'association ou l'organisme responsable ne peut en aucun cas s'opposer à cette participation, dès lors que celle-ci reste comparable à celle exigée des enseignants des établissements d'enseignement agricole publics.

Les frais de déplacement correspondants sont pris en charge directement par l'État. L'association ou l'organisme responsable d'un établissement mentionné à l'article L. 813-9 doit maintenir le salaire des formateurs intéressés pendant la période où ils participent au déroulement des épreuves. – *[Décr. n° 88-922 du 14 sept. 1988, art. 24.]*

SOUS-SECTION 3 Contrôle des établissements d'enseignement agricole privés

Art. R. 813-26 Le contrôle administratif et pédagogique des établissements d'enseignement agricole privés sous contrat relève du ministre de l'agriculture.

Il porte sur le respect des contrats passés avec l'État et sur l'observation des dispositions législatives et réglementaires en vigueur.

Le contrôle pédagogique s'exerce sans préjudice des inspections dont sont l'objet les enseignants et les formateurs. – *[Décr. n° 88-922 du 14 sept. 1988, art. 30.]*

Art. R. 813-27 Le *(Décr. nº 2012-1247 du 7 nov. 2012, art. 2)* « contrôle budgétaire » des établissements sous contrat est exercé par le *(Décr. nº 2014-551 du 27 mai 2014, art. 26-14º)* « directeur départemental ou, le cas échéant, régional des finances publiques » du département de leur localisation principale. Il porte sur l'exactitude des données fournies par chaque établissement et sur l'utilisation de l'aide financière de l'État.

Chaque association ou organisme responsable d'un établissement doit tenir une comptabilité propre à l'établissement faisant apparaître dans une section séparée la comptabilité des formations initiales sous contrat.

L'établissement est tenu :

a) De tenir sa comptabilité conformément au plan comptable général approuvé par arrêté du ministre de l'économie et des finances, cette comptabilité devant faire apparaître les charges et les produits de l'exercice, les résultats, la situation des immobilisations et le tableau des amortissements correspondants.

Dans le cas où l'établissement a bénéficié de ressources afférentes à la taxe d'apprentissage, l'emploi de ces ressources doit faire l'objet d'un état annexe ;

b) De faire certifier les documents par un comptable agréé. Les établissements sont en outre soumis aux vérifications de l'inspection générale des finances. – *[Décr. nº 88-922 du 14 sept. 1988, art. 31.]*

Art. R. 813-28 A l'occasion des inspections et contrôles prévus ci-dessus, les documents pédagogiques, administratifs et financiers demandés sont présentés par le directeur de l'établissement, sous la responsabilité du président de l'association ou de l'organisme responsable qui tient le cahier des délibérations et tous autres documents utiles à la disposition des personnels chargés des inspections et contrôles.

L'établissement est tenu de fournir au *(Décr. nº 2014-551 du 27 mai 2014, art. 26-14º)* « directeur départemental ou, le cas échéant, régional des finances publiques » et au directeur régional de l'alimentation, de l'agriculture et de la forêt, dans les trois mois suivant la clôture de l'exercice, le compte rendu d'activité et les comptes de résultat de cet exercice, dûment approuvés par l'instance compétente prévue par les statuts de l'association ou de l'organisme responsable de l'établissement. – *[Décr. nº 88-922 du 14 sept. 1988, art. 32.]*

SOUS-SECTION 4 Commission de conciliation

Art. R. 813-29 La commission de conciliation instituée auprès du ministre de l'agriculture par l'article L. 813-7 est présidée par un membre du Conseil d'État en activité ou honoraire et composée des six membres suivants :

1º *a)* Un représentant de l'État ;

b) Un représentant des associations et des organismes responsables d'établissements d'enseignement agricole privés ayant passé un contrat avec l'État et de leurs fédérations représentatives ;

2º Deux représentants des organisations syndicales représentatives des personnels des établissements d'enseignement agricole publics et privés ;

3º *a)* Un représentant des organisations représentatives des parents d'élèves de l'enseignement agricole ;

b) Un représentant des organisations professionnelles et syndicales représentatives des employeurs, des exploitants et des salariés agricoles. – *[Décr. nº 88-922 du 14 sept. 1988, art. 33.]*

Art. R. 813-30 Le président et les membres de la commission sont nommés par arrêté du ministre de l'agriculture pour une durée de trois ans après consultation des organismes représentatifs pour la désignation des membres autres que le président et le représentant de l'État.

Chaque membre titulaire a un suppléant désigné dans les mêmes conditions et pour la même durée que le titulaire. – *[Décr. nº 88-922 du 14 sept. 1988, art. 34.]*

Art. R. 813-31 La Commission nationale de conciliation se réunit sur la convocation de son président ou sur demande du ministre de l'agriculture.

Pour soumettre un différend à la commission de conciliation, le représentant dûment mandaté de la personne intéressée à agir adresse au président de la commission, sous pli recommandé avec demande d'avis de réception, une demande sur papier libre aux fins de conciliation. Cette demande expose les points sur lesquels porte la contestation.

Les demandes et communications reçues par le président de la commission doivent être inscrites à leur date d'arrivée sur un registre à cet effet.

La commission doit être saisie dans le délai du recours contentieux.

Si la commission a été saisie dans ce délai, un nouveau délai de recours contentieux court à compter de la date de notification du procès-verbal de conciliation ou de non-conciliation, ou à compter de l'expiration d'un délai de cinq mois suivant le jour de l'enregistrement de la demande de conciliation s'il n'y a pas eu notification de procès-verbal dans ces cinq mois. – *[Décr. n° 88-922 du 14 sept. 1988, art. 35.]*

Art. R. 813-32 Le ministre de l'agriculture désigne le représentant de l'État devant la commission.

Les parties au différend doivent comparaître en personne ou se faire représenter par un mandataire dûment habilité. Elles peuvent se faire assister par un conseil. La commission peut consulter ou entendre des experts.

Si les parties ne comparaissent pas, une seconde convocation leur est adressée par pli recommandé avec demande d'avis de réception dans un délai de quinze jours. – *[Décr. n° 88-922 du 14 sept. 1988, art. 36.]*

Art. R. 813-33 Lorsqu'un accord est intervenu devant la commission, procès-verbal en est immédiatement dressé. Ce procès-verbal est signé par le président de la commission et les représentants des intérêts en présence. Au cas où l'un des représentants refuse de signer, il en est fait mention au procès-verbal, qui est notifié par le président dans un délai de huit jours francs, par lettre recommandée avec demande d'avis de réception, aux représentants des intérêts en présence.

Si les représentants des intérêts en présence ne se mettent pas d'accord, ou si les parties convoquées à nouveau dans les conditions prévues au troisième alinéa de l'article R. 813-32 font encore défaut, un procès-verbal de non-conciliation est dressé ; il expose les éléments sur lesquels il y a eu accord et ceux sur lesquels la contestation persiste ainsi que les motifs du désaccord. Ce procès-verbal est notifié comme il est dit à l'alinéa précédent. – *[Décr. n° 88-922 du 14 sept. 1988, art. 37.]*

Art. R. 813-34 Un arrêté conjoint du ministre de l'agriculture et du ministre chargé du budget fixe les conditions dans lesquelles peuvent être allouées des indemnités de déplacement aux membres de la commission et aux experts éventuels, auxquelles peuvent s'ajouter des vacations pour ces derniers. – *[Décr. n° 88-922 du 14 sept. 1988, art. 38.]*

SOUS-SECTION 5 Organisations représentatives de l'enseignement technique agricole privé

Art. R. 813-35 Sont considérés comme fédérations nationales représentatives d'associations ou d'organismes responsables d'établissements d'enseignement agricole privés les organismes qui, les regroupant, leur assurent une assistance pédagogique, technique et administrative, portant sur la formation des maîtres, l'organisation, la vie scolaire et la gestion des établissements, et les représentent auprès des pouvoirs publics. – *[Anc. art. R. 811-49.]*

SECTION 2 Dispositions particulières à chaque catégorie d'établissements sous contrat

SOUS-SECTION 1 Dispositions particulières aux établissements mentionnés à l'article L. 813-8

Art. R. 813-36 Les formations telles que définies à l'article R. 813-5 faisant l'objet d'un contrat entre l'État et l'association ou l'organisme responsable d'un établissement d'enseignement agricole privé, ainsi que les classes sous contrat entre lesquelles sont répartis les élèves inscrits dans ces formations constituent la structure pédagogique du secteur sous contrat de l'établissement.

Une classe est constituée par un groupe d'élèves suivant une même formation. Elle regroupe éventuellement des élèves inscrits dans des formations différentes et dont les programmes sont compatibles. Les conditions de compatibilité sont arrêtées par le ministre de l'agriculture. – *[Décr. n° 88-922 du 14 sept. 1988, art. 40.]*

Art. R. 813-37 L'effectif d'une classe ne doit pas dépasser quarante-cinq élèves, sauf stipulation particulière du contrat.

Une classe ne peut être ouverte dans le secteur sous contrat que si elle compte plus de dix élèves, ou plus de huit si l'établissement est situé en zone de montagne ou dans le cas où il s'agit d'un établissement médical, médico-éducatif ou socio-éducatif.

Lorsque l'effectif d'une classe devient inférieur au seuil indiqué au deuxième alinéa du présent article pendant deux années consécutives, la fermeture de la classe est de droit et donne lieu à avenant au contrat. L'établissement peut poursuivre la formation concernée s'il est possible de constituer une classe de regroupement dans les conditions prévues au deuxième alinéa de l'article R. 813-36.

Lorsque l'effectif cumulé de deux classes identiques ou de deux classes dont les contenus de formation sont compatibles est inférieur à trente-deux élèves pendant deux années consécutives le regroupement des classes est de droit et donne lieu à avenant au contrat. – *[Décr. n° 88-922 du 14 sept. 1988, art. 41.]*

Art. R. 813-38 *(Décr. n° 2004-929 du 31 août 2004)* La subvention de fonctionnement par élève est constituée, selon le mode d'accueil, d'une part correspondant à l'externat simple et, lorsqu'il y a lieu, d'une deuxième part correspondant à la restauration et d'une troisième part correspondant à l'hébergement.

Le montant de chaque part est fixé par référence au coût moyen par élève des dépenses correspondantes des établissements d'enseignement technique agricole publics *(Abrogé par Décr. n° 2022-1429 du 14 nov. 2022, art. 1er)* ***« , calculé à partir d'une enquête quinquennale effectuée par le ministère chargé de l'agriculture, sur la base d'un échantillon de référence d'établissements d'enseignement technique agricole publics dont la répartition des formations est comparable à celle qui existe dans les établissements mentionnés à l'article L. 813-8 »*** *(Abrogé par Décr. n° 2017-1772 du 27 déc. 2017, art. 4-1°)* ***« du code rural et de la pêche maritime »***.

Les dépenses mentionnées à l'alinéa précédent comportent les frais de personnel non enseignant et les dépenses de fonctionnement à la charge de l'État et des collectivités territoriales, selon les compétences qu'ils exercent à l'égard des établissements d'enseignement technique agricole publics.

(Décr. n° 2022-1429 du 14 nov. 2022, art. 1er) « Les dépenses de fonctionnement à la charge de l'État sont celles correspondant aux charges et dépenses mentionnées au dernier alinéa de l'article L. 813-8 du code rural et de la pêche maritime, telles qu'exécutées au titre du dernier exercice budgétaire dont les résultats sont connus.

« Un arrêté des ministres chargés de l'agriculture et du budget fixe, selon le mode d'accueil des élèves, un montant moyen de subvention par élève et par an identique pour toutes les associations ou organismes responsables d'établissements d'enseignement agricole privés. » – *V. Arr. du 22 nov. 2023 fixant au titre de l'année civile 2023 le montant de la subvention de fonctionnement allouée aux associations et organismes responsables des établissements d'enseignement agricole privés mentionnés à l'art. L. 813-8 (JO 29 nov.).*

Art. R. 813-39 La charge d'enseignement de l'établissement est calculée par classe et par discipline ou groupe de disciplines compte tenu :

1° De la structure pédagogique du secteur sous contrat ;

2° Des programmes nationaux des formations ;

3° Des effectifs d'élèves concernés.

La charge de documentation de l'établissement est calculée en fonction des critères 1° et 3° ci-dessus.

Ces charges d'enseignement et de documentation sont assurées par les personnels nommés sur les emplois prévus par le contrat entre l'association ou l'organisme responsable de l'établissement et l'État et, le cas échéant, par des moyens complémentaires selon les modalités prévues à l'article R. 813-40. – *[Décr. n° 88-922 du 14 sept. 1988, art. 43.]*

Art. R. 813-40 Le directeur régional de l'alimentation, de l'agriculture et de la forêt peut autoriser le paiement d'heures de suppléance, d'heures supplémentaires et, dans la limite de 15 p. 100 des heures d'enseignement ou de documentation données dans l'ensemble des classes sous contrat de l'établissement qui relèvent du ministre de l'agriculture, le paiement d'heures d'enseignement ou de documentation dispensées par des enseignants relevant de l'article R. 813-17 (2°).

De plus, des personnes extérieures à l'établissement ou employées dans l'établissement au titre d'activités autres que de formation initiale peuvent être rémunérées pour des heures d'enseignement ou de documentation occasionnel justifiées par le projet pédagogique de l'établissement, dans la limite de 10 p. 100 des heures d'enseignement ou de documentation données dans l'ensemble des classes sous contrat relevant du ministre de l'agriculture.

Le taux moyen de prise en charge de ces heures par l'État est fixé chaque année par arrêté conjoint du ministre chargé du budget et du ministre de l'agriculture.

La subvention correspondant aux heures autorisées est versée à l'établissement dans la limite des crédits budgétaires disponibles à cet effet. — *[Décr. nº 88-922 du 14 sept. 1988, art. 44.]*

Art. R. 813-41 *(Décr. nº 2022-1429 du 14 nov. 2022, art. 2)* Les effectifs d'élèves pris en compte pour le calcul de la subvention annuelle mentionnée à l'article L. 813-8 sont ceux qui sont constatés au cours du premier trimestre de l'année scolaire débutée au mois de septembre de l'année précédant celle au titre de laquelle la subvention est due.

Toutefois, les élèves ayant opté pour le statut d'apprenti à l'issue du premier trimestre de ladite année scolaire ne sont pris en compte dans ces effectifs qu'après application d'un coefficient d'un tiers.

SOUS-SECTION 2 Dispositions particulières aux établissements mentionnés à l'article L. 813-9

§ 1 Contrats entre l'État et les établissements

Art. R. 813-42 Les associations ou organismes mentionnés à l'article L. 813-9 offrent des formations à temps plein en conjuguant selon un rythme approprié les enseignements en établissement et les apports professionnels du milieu rural et des entreprises agricoles ou liées aux professions préparées par les élèves.

Sont réputés offrir des formations à rythme approprié :

1º Les associations ou organismes pratiquant un rythme approprié par alternance caractérisé par :

a) L'alternance de séquences pédagogiques dispensées dans le milieu agricole et rural et de séquences pédagogiques dispensées dans l'établissement, les deux se situant dans des lieux différents ;

b) Une liaison pédagogique constante entre ces deux types de séquences ;

c) Une relation conventionnelle entre les exploitations ou les entreprises et l'établissement de formation.

La durée des séquences pédagogiques dispensées dans le milieu agricole et rural est obligatoirement supérieure à celle des séquences dispensées dans l'établissement ;

2º Les associations ou organismes intégrant selon un rythme approprié les apports professionnels du milieu agricole et rural à l'enseignement assuré dans l'établissement avec les caractères suivants :

a) Est assurée dans l'établissement la totalité des horaires d'enseignement théorique des programmes officiels sur l'ensemble de l'année scolaire ;

b) L'établissement possède lui-même les installations permettant les réalisations de la formation professionnelle pratique ;

c) Les stages obligatoires selon les programmes officiels sont assurés dans des exploitations ou des entreprises liées par convention à l'établissement de formation. — *[Décr. nº 88-922 du 14 sept. 1988, art. 45.]*

Art. R. 813-43 Pendant les séquences pédagogiques dispensées dans ces établissements, peuvent être réunis dans un même groupe de formation des élèves qui sont :

1º Soit inscrits dans la même formation telle que définie à l'article R. 813-5 ;

2º Soit inscrits dans la même année d'études mais dans des options, spécialités professionnelles ou qualifications dominantes différentes ;

3º Soit inscrits dans les deux années d'une filière de formation telle que définie à l'article R. 813-5.

(Abrogé par Décr. nº 2022-213 du 18 févr. 2022, art. 1er) « L'organisation pédagogique de l'établissement peut également prévoir des regroupements d'élèves préparant le certificat

d'aptitude professionnelle agricole et le brevet d'études professionnelles agricoles. » *— [Décr. n° 88-922 du 14 sept. 1988, art. 46.]*

Art. R. 813-44 **Les formations telles que définies à l'article R. 813-5 faisant l'objet d'un contrat entre l'État et l'association ou l'organisme responsable d'un établissement d'enseignement agricole privé constituent la structure pédagogique du secteur sous contrat de l'établissement.**

Le contrat est souscrit pour un effectif maximum d'élèves. Le contrat peut également prévoir un effectif maximum par formation.

Lorsque les années d'études d'une filière sont réparties entre deux établissements, l'association ou l'organisme responsable de chacun des établissements doit fournir, à l'appui de sa demande de contrat ou d'avenant au contrat, une convention avec l'association ou l'organisme responsable de l'autre établissement. *— [Décr. n° 88-922 du 14 sept. 1988, art. 47.]*

Art. R. 813-45 **Lorsque le quotient du nombre d'élèves inscrits dans le secteur sous contrat de l'établissement par le nombre de formations faisant l'objet du contrat devient inférieur à huit pendant deux années consécutives, il y a lieu à révision ou à résiliation du contrat selon les modalités prévues à l'article R. 813-12. Ce quotient peut être abaissé à six dans les établissements situés en zone de montagne et dans les établissements médicaux, médico-éducatifs et socio-éducatifs.** *— [Décr. n° 88-922 du 14 sept. 1988, art. 48.]*

Art. R. 813-46 **L'État contribue à la prise en charge des dépenses de fonctionnement afférentes aux seules formations sous contrat des établissements mentionnés à l'article L. 813-9 en versant aux associations ou organismes responsables de ces établissements une aide financière forfaitaire égale au produit du nombre de postes de formateur par le coût d'un poste tels qu'ils sont respectivement fixés aux articles** *(Décr. n° 2014-492 du 15 mai 2014, art. 2)* **« D. 813-48 et D. 813-49 ».** *— [Décr. n° 88-922 du 14 sept. 1988, art. 49.]*

Art. D. 813-47 **Pour chaque niveau de formation, le nombre de postes de formateur nécessaire par groupe de formation est fixé à l'annexe V du présent livre selon les caractéristiques de rythme approprié précisées à l'article R. 813-42.** *(Décr. n° 2014-492 du 15 mai 2014, art. 3-I)* **« Ce nombre est fixé par année civile. »** *— V. cette annexe au* ***C. rur.*** 🏛.

Pour le calcul du nombre de postes de formateur nécessaire, sont pris en compte :

1° Les actes directs de formation dispensés dans l'établissement, mettant en présence un ou plusieurs formateurs avec un groupe d'élèves.

Pour tenir compte du temps de travail lié à la préparation des actes directs de formation, le service des formateurs est comptabilisé en affectant la durée effective de ces actes de coefficients d'équivalence qui sont fixés à 2 pour les cours proprement dits et 1,5 pour les autres activités directes de formation ;

2° Les autres activités de formation, ainsi que celles liées à l'organisation des épreuves et à la délivrance des diplômes.

Le coefficient d'équivalence est fixé à 1 pour ces activités. *— [Décr. n° 88-922 du 14 sept. 1988, art. 50.] — Les art. R. 813-47 à R. 813-50 deviennent les art. D. 813-47 à D. 813-50 (Décr. n° 2014-492 du 15 mai 2014, art. 1er, JO 17 mai).*

Art. D. 813-48 **Pour chaque établissement, le nombre de postes retenus pour le calcul de l'aide financière de l'État est obtenu en multipliant le nombre de postes nécessaire par groupe de formation par le nombre de groupes de formation pris en compte. Ce nombre de groupes est obtenu en divisant par dix-huit le nombre d'élèves présents dans chaque formation sous contrat, dans la limite de l'effectif maximum susceptible d'être pris en compte en application du deuxième alinéa de l'article R. 813-44.**

Ce nombre peut ne pas être un nombre entier. *— [Décr. n° 88-922 du 14 sept. 1988, art. 51.] — Les art. R. 813-47 à R. 813-50 deviennent les art. D. 813-47 à D. 813-50 (Décr. n° 2014-492 du 15 mai 2014, art. 1er, JO 17 mai).*

Art. D. 813-49 **Le coût d'un poste est calculé pour chaque niveau de formation par référence au coût moyen pour l'État des postes correspondants des enseignants contractuels des établissements d'enseignement agricole privés mentionnés à l'article L. 813-8.**

Il est fixé par décret pris sur le rapport du ministre de l'agriculture et du ministre chargé du budget. – *[Décr. n° 88-922 du 14 sept. 1988, art. 52.] – Les art. R. 813-47 à R. 813-50 deviennent les art. D. 813-47 à D. 813-50 (Décr. n° 2014-492 du 15 mai 2014, art. 1er, JO 17 mai).*

Art. D. 813-50 *(Décr. n° 2022-773 du 2 mai 2022, art. 3)* Les effectifs d'élèves pris en compte pour le calcul de l'aide financière annuelle mentionnée à l'article L. 813-9 sont ceux qui sont constatés au cours du premier trimestre de l'année scolaire débutée au mois de septembre de l'année précédant celle au titre de laquelle l'aide financière est due.

Toutefois, les élèves ayant opté pour le statut d'apprenti à l'issue du premier trimestre de ladite année scolaire ne sont pris en compte dans ces effectifs qu'après application d'un coefficient d'un tiers.

§ 2 Obligations et garanties des formateurs

Art. R. 813-51 Les obligations de service des formateurs sont fixées compte tenu des coefficients d'équivalence mentionnés à l'article R. 813-47. – *[Décr. n° 88-922 du 14 sept. 1988, art. 25.]*

Art. R. 813-52 Sous réserve des dispositions légales et conventionnelles relatives à la période d'essai, le contrat de travail d'un formateur conclu pour une durée indéterminée doit prévoir qu'il ne peut normalement être dénoncé que pour l'expiration de l'année scolaire, fixée ici au 15 juillet, au terme d'un préavis de trois mois, sauf en cas de faute grave.

Le contrat doit prévoir qu'il pourra toutefois être rompu à tout moment, après respect d'un préavis de trois mois, sous réserve du versement par l'employeur d'une indemnité égale à un mois de salaire, sauf dispositions conventionnelles plus favorables, indépendamment de l'indemnité légale ou conventionnelle de licenciement. – *[Décr. n° 88-922 du 14 sept. 1988, art. 26.]*

Art. R. 813-53 Toute sanction disciplinaire est susceptible de recours devant la commission paritaire instituée par la convention collective. – *[Décr. n° 88-922 du 14 sept. 1988, art. 27.]*

Art. R. 813-54 Le formateur qui refuse de participer aux travaux et sessions nécessaires à l'accès à la qualification pédagogique mentionnée à l'article R. 813-20, ou qui a subi deux échecs aux évaluations prévues pour son obtention, ne peut plus enseigner dans une formation sous contrat. – *[Décr. n° 88-922 du 14 sept. 1988, art. 28.]*

Art. R. 813-55 Chaque organisation syndicale signataire d'une convention collective nationale peut désigner au moins un représentant national. La négociation collective prévoit le crédit d'heures alloué. – *[Décr. n° 88-922 du 14 sept. 1988, art. 29.]*

§ 3 Stages et périodes de formation en milieu professionnel

(Décr. n° 2014-1420 du 27 nov. 2014, art. 1er-IV)

Art. D. 813-55-1 Les périodes de formation en milieu professionnel, réalisées dans le cadre des formations du second cycle secondaire mentionnées au livre VIII et qui sont dispensées par les établissements d'enseignement mentionnés à l'article L. 813-9, donnent lieu à gratification lorsque leur durée est supérieure à trois mois, consécutifs ou non, au cours de la même année d'enseignement.

SOUS-SECTION 3 Dispositions particulières aux établissements mentionnés à l'article L. 813-10 (2°)

Art. R. 813-56 Les associations ou organismes responsables d'établissement offrant :

1° Une formation pédagogique aux enseignants ou formateurs permanents intervenant dans les formations sous contrat des établissements d'enseignement agricole privés ;

2° Une formation de qualification pédagogique aux chefs de ces établissements ;

3° Une formation de perfectionnement ou de recyclage pédagogique à ces mêmes personnels, peuvent souscrire avec l'État un contrat pour l'une ou plusieurs des activités précitées. – *[Décr. n° 88-922 du 14 sept. 1988, art. 53.]*

Art. R. 813-57 Le contrat est conclu pour une durée de cinq ans.

Il peut être révisé ou résilié dans les conditions prévues à l'article R. 813-12. – *[Décr. n° 88-922 du 14 sept. 1988, art. 54.]*

Art. R. 813-58 Sous réserve des dispositions prévues aux articles R. 813-20 et R. 813-24 (2°), le contrat précise, pour chaque activité de formation prévue à l'article R. 813-56, son contenu, ses modalités et sa sanction éventuelle, ainsi que le nombre maximum de stagiaires pris en compte financièrement par l'État. – *[Décr. n° 88-922 du 14 sept. 1988, art. 55.]*

Art. R. 813-59 L'aide financière de l'État comprend :

1° Une subvention forfaitaire au titre de l'établissement, fixée compte tenu notamment de l'importance relative des effectifs scolaires concernés ;

2° Une subvention calculée en fonction du nombre de stagiaires en formation et de la durée de ces formations sur la base du coût de l'heure-stagiaire de formation ;

3° Le cas échéant, une subvention, exprimée en nombre d'heures-stagiaires, calculée par stagiaire pour l'encadrement et le suivi de la partie de ces formations dispensée en situation d'emploi ;

4° Une subvention calculée en fonction du coût des déplacements des stagiaires des lieux de stage aux lieux de regroupement en session de formation.

Un arrêté annuel conjoint du ministre chargé du budget et du ministre de l'agriculture fixe par type de formation le coût de l'heure-stagiaire de formation et détermine, pour chaque établissement, le nombre d'heures-stagiaires prises en compte par l'État. – *[Décr. n° 88-922 du 14 sept. 1988, art. 56.]*

Art. R. 813-60 Les directeurs et les formateurs à titre permanent des établissements de formation pédagogique privés sous contrat doivent détenir au minimum l'un des titres ou diplômes *(Décr. n° 2010-958 du 25 août 2010, en vigueur le 1er sept. 2015)* **« sanctionnant un cycle d'études d'au moins trois années après le baccalauréat ».** – *[Décr. n° 88-922 du 14 sept. 1988, art. 57.]*

Art. R. 813-61 Les articles R. 813-5, R. 813-6, R. 813-7 (2e alinéa), R. 813-14, R. 813-18 à R. 813-25, R. 813-29 à R. 813-34 et R. 813-51 à R. 813-55 ne sont pas applicables aux établissements privés de formation pédagogique sous contrat avec l'État. – *[Décr. n° 88-922 du 14 sept. 1988, art. 58.]*

Art. R. 813-62 Les effectifs d'élèves pris en compte sont ceux qui sont constatés au cours du premier trimestre de l'année scolaire. – *[Décr. n° 88-922 du 14 sept. 1988, art. 39.]*

SOUS-SECTION 4 Dispositions particulières aux établissements mentionnés à l'article L. 813-10 (1°)

Art. R. 813-63 *(Décr. n° 2009-791 du 23 juin 2009, art. 1er)* **Le contrat que peuvent passer avec l'État les établissements d'enseignement supérieur agricole privés, relevant du ministre chargé de l'agriculture et remplissant les conditions définies au 1° de l'article L. 813-10, est conforme à un contrat type approuvé par le ministre chargé de l'agriculture.** – *V. Arr. du 20 déc. 2021 relatif au contrat type prévu à l'art. R. 813-63 (JO 29 déc.).*

(Décr. n° 2021-1519 du 23 nov. 2021, art. 6) **« Ce contrat est conclu ou renouvelé pour une durée maximale de sept ans. »**

Le contrat porte sur des filières de formation initiale conduisant à la délivrance d'un titre d'ingénieur, habilité par la commission des titres d'ingénieur dans les conditions prévues aux articles L. 642-1 à L. 642-12 du code de l'éducation, et dans l'un des domaines énumérés au 1° de l'article L. 812-1 *(Décr. n° 2017-1772 du 27 déc. 2017, art. 4-2°)* **« du présent code ». Il peut également, dans les mêmes domaines, porter sur une ou plusieurs filières de formation conduisant à la délivrance de l'un des diplômes nationaux définis à l'article L. 613-1 du code de l'éducation.** *(Décr. n° 2021-1519 du*

23 nov. 2021, art. 6) « Ce contrat peut aussi porter ou sur une filière de formation préparant au diplôme d'État de docteur vétérinaire pour les établissements agréés sur le fondement de l'article L. 813-11. »

Art. R. 813-64 *(Décr. nº 2021-1519 du 23 nov. 2021, art. 6)* Les enseignants à titre permanent des établissements d'enseignement supérieur agricole privés sous contrat doivent détenir l'un des titres, diplômes ou certification professionnelle figurant sur une liste arrêtée par le ministre chargé de l'agriculture. S'ils détiennent des titres ou diplômes étrangers ou s'ils justifient d'une pratique professionnelle d'une durée d'au moins cinq ans, correspondant à l'enseignement dispensé dans l'établissement, ils peuvent être autorisés à enseigner par le ministre chargé de l'agriculture. – *V. Arr. du 23 nov. 2021 relatif aux listes de titres, diplômes ou certifications professionnelles que doivent détenir les enseignants permanents des établissements d'enseignement supérieur agricole privés (JO 25 nov.).*

En complément de ce titre ou diplôme, les enseignants mentionnés à l'alinéa précédent exerçant également une mission de recherche doivent être titulaires d'un des titres ou diplômes figurant sur une liste arrêtée par le ministre chargé de l'agriculture ou l'obtenir après leur recrutement dans un délai maximal fixé par le ministre chargé de l'agriculture ou détenir des titres ou diplômes étrangers admis en équivalence par le ministre chargé de l'agriculture.

Les enseignants mentionnés à l'art. R. 813-64 et recrutés à titre permanent par les établissements d'enseignement supérieur agricole privés qui exercent, avant la date de publication du Décr. nº 2021-1519 du 23 nov. 2021, une mission de recherche restent soumis, pour l'exercice des missions d'enseignement et de recherche, aux dispositions prévues par la réglementation antérieure (Décr. préc., art. 10-II).

Art. R. 813-65 *Abrogé par Décr. nº 2009-791 du 23 juin 2009, art. 6.*

Art. R. 813-66 *(Décr. nº 2009-791 du 23 juin 2009, art. 3)* L'aide financière versée par l'État aux établissements d'enseignement supérieur agricole privés en exécution du contrat passé en application de l'article R. 813-63 est constituée d'une part fixe et d'une part variable.

La part fixe couvre les charges d'enseignement et de fonctionnement pédagogique des filières de formation d'un établissement correspondant à un nombre d'heures pris en compte par le contrat. Elle est égale au produit de ce nombre d'heures par un coût théorique horaire fixé par les ministres chargés de l'agriculture et du budget. – *V. Arr. du 9 mai 2023 relatif au coût théorique horaire servant au calcul de l'aide financière versée par l'État aux établissements d'enseignement supérieur agricole privés (JO 12 mai).*

La part variable correspond à la réalisation d'objectifs fixés par le contrat dans les domaines de l'enseignement, de la recherche, du transfert, de la valorisation et du développement international. Son montant, qui est égal au moins à 10 % et au plus à 25 % du montant de la part fixe, est notifié et versé chaque année par le ministre chargé de l'agriculture en fonction *(Décr. nº 2021-1519 du 23 nov. 2021, art. 6)* « de l'évaluation annuelle de la réalisation des objectifs ».

Des avenants annuels peuvent modifier les éléments de calcul de la part fixe et les objectifs correspondant à la part variable. La modification du coût théorique horaire est appliquée simultanément à tous les établissements.

Art. R. 813-67 *Abrogé par Décr. nº 2021-1519 du 23 nov. 2021, art. 6.*

Art. R. 813-68 Le contrôle pédagogique des établissements d'enseignement supérieur agricole privés sous contrat appartient au ministre de l'agriculture ; il a pour objet de vérifier la conformité de la répartition des différentes disciplines avec les objectifs de formation qui ont servi de références à la commission des titres d'ingénieur pour l'habilitation de chaque établissement à la délivrance de ces titres *(Décr. nº 2021-1519 du 23 nov. 2021, art. 6)* « ou à l'agrément délivré pour assurer une formation préparant au diplôme d'État de docteur vétérinaire ». Ce contrôle s'exerce sans préjudice des inspections qui incombent aux chargés de mission de la commission des titres d'ingénieur *(Décr. nº 2021-1519 du 23 nov. 2021, art. 6)* « ou aux experts mandatés par le système européen d'évaluation des formations vétérinaires désigné par arrêté du ministre chargé de l'agriculture ». – *[Décr. nº 86-1171 du 31 oct. 1986, art. 6.]*

Art. R. 813-69 Le contrôle administratif des établissements sous contrat appartient au ministre de l'agriculture. Il porte sur l'accomplissement des engagements contractuels et sur l'observation des dispositions législatives et réglementaires en vigueur.

(Décr. nº 2009-791 du 23 juin 2009, art. 4) « Les établissements fournissent pour la souscription *(Décr. nº 2021-1519 du 23 nov. 2021, art. 6)* « et le renouvellement » de chaque contrat les documents énumérés au *[aux]* 1º à 3º ci-dessous décrivant la situation de l'enseignement et de la recherche au dernier trimestre de l'année civile précédant celle au cours de laquelle est déposée la demande :

« 1º Enseignants permanents : effectifs, titres ou diplômes, ancienneté, matières enseignées et nombre d'heures assuré globalement par l'établissement dans chaque filière de formation ;

« 2º Effectifs d'élèves pour chaque filière de formation : formations d'ingénieurs, *(Décr. nº 2021-1519 du 23 nov. 2021, art. 6)* « formation préparant au diplôme d'État de docteur vétérinaire » et formations initiales relevant d'autres filières ;

« 3º Recherche et formations doctorales : compte rendu d'activité scientifique approuvé par les instances compétentes de l'établissement, y compris la participation de l'établissement à des formations doctorales.

(Décr. nº 2021-1519 du 23 nov. 2021, art. 6) « Les documents prévus au 2º » « sont actualisés et communiqués chaque année dans le courant du premier semestre de l'année scolaire.

« Le contrat peut également prévoir que des informations supplémentaires seront fournies en fonction des objectifs spécifiques fixés en application du troisième alinéa de l'article R. 813-66. » — *[Décr. nº 86-1171 du 31 oct. 1986, art. 7.]*

Art. R. 813-70 Le *(Décr. nº 2012-1247 du 7 nov. 2012, art. 2)* « contrôle budgétaire » des établissements sous contrat appartient au *(Décr. nº 2014-551 du 27 mai 2014, art. 26-14º)* « directeur départemental ou, le cas échéant, régional des finances publiques » du département où est situé leur siège. Il porte sur l'exactitude des données fournies par chaque établissement en vue de la souscription ou du renouvellement de son contrat et sur l'utilisation de l'aide financière de l'État.

Chaque établissement est tenu :

a) De conserver et de présenter au *(Décr. nº 2014-551 du 27 mai 2014, art. 26-14º)* « directeur départemental ou, le cas échéant, régional des finances publiques » ou à son délégué toutes les pièces justificatives nécessaires à l'exercice du contrôle ;

b) De tenir sa comptabilité conformément au plan comptable général approuvé par arrêté du ministre de l'économie et des finances, cette comptabilité devant faire apparaître les charges et les produits de l'exercice, les résultats, la situation des immobilisations et le tableau des amortissements correspondants ;

c) D'adresser au *(Décr. nº 2014-551 du 27 mai 2014, art. 26-14º)* « directeur départemental ou, le cas échéant, régional des finances publiques », dans les trois mois suivant la clôture de l'exercice, les comptes de résultat de cet exercice. Dans le cas où l'établissement a bénéficié de ressources afférentes à la taxe d'apprentissage, l'emploi de ces ressources doit être retracé sous une rubrique spéciale.

Les établissements sont en outre soumis aux vérifications de l'inspection générale des finances. — *[Décr. nº 86-1171 du 31 oct. 1986, art. 8.]*

SOUS-SECTION 4 *BIS* Dispositions particulières aux établissements mentionnés à l'article L. 813-11

(Décr. nº 2021-1519 du 23 nov. 2021, art. 6)

Art. R. 813-70-1 Une commission consultative est chargée d'émettre un avis sur toutes les demandes de conclusion d'un contrat ou d'un avenant aux contrats en cours entre l'État et les établissements d'enseignement supérieur agricole privés comportant une formation préparant au diplôme d'État de docteur vétérinaire.

Outre le ministre chargé de l'agriculture ou son représentant qui la préside, cette commission est composée :

1º Du président du Conseil national de l'ordre des vétérinaires ;

2º De cinq représentants des syndicats et organisations professionnelles vétérinaires ;

3° De six directeurs des établissements d'enseignement supérieur agricole privés ou directeurs de la formation vétérinaire d'un établissement agréé sur le fondement de l'article L. 813-11.

Les membres de la commission sont nommés pour cinq ans par arrêté du ministre chargé de l'agriculture.

La commission peut faire connaître au ministre chargé de l'agriculture les propositions qui lui paraissent utiles quant au suivi de l'enseignement et de la recherche et à l'évolution des établissements agréés sur le fondement de l'article L. 813-11.

Elle se réunit à l'initiative du ministre chargé de l'agriculture ou de cinq de ses membres.

§ 1 Conditions d'agrément des établissements mentionnés à l'article L. 813-11

Art. R. 813-70-2 I. — Les établissements mentionnés à l'article L. 813-11 peuvent être agréés, à leur demande, pour délivrer un certificat d'études fondamentales vétérinaires et organiser une année d'approfondissement réservée aux titulaires de ce certificat dont la validation permet d'accéder au diplôme d'État de docteur vétérinaire.

II. — Peuvent être agréés les établissements satisfaisant à l'ensemble des conditions suivantes :

1° Présenter des garanties suffisantes d'indépendance vis-à-vis des personnes physiques ou morales, ou de leurs syndicats ou groupements, qui n'exerçant pas la profession de vétérinaire fournissent des services, produits ou matériels utilisés à l'occasion de l'exercice professionnel vétérinaire ;

2° Présenter des garanties suffisantes d'indépendance vis-à-vis des personnes physiques ou morales, ou de leurs syndicats ou groupements, exerçant à titre professionnel ou conformément à leur objet social une activité d'élevage, de production ou de cession, à titre gratuit ou onéreux, d'animaux ou de transformation des produits animaux ou de fourniture de produits ou de services utilisés pour l'élevage des animaux ;

3° Dispenser une formation respectant les dispositions générales applicables à l'enseignement supérieur vétérinaire prévues à la sous-section 1 de la section 3 du chapitre II du présent titre et les dispositions de l'article R. 813-70-4 ;

4° Justifier de l'accréditation par le système européen d'évaluation des formations vétérinaires désigné par arrêté du ministre chargé de l'agriculture ;

5° Délivrer le certificat d'études fondamentales vétérinaires conférant le grade de master attribué par le ministre chargé de l'enseignement supérieur ;

6° Comporter un centre de soins aux animaux dans lequel, dans le respect du bien-être animal, sont organisés des enseignements et de la recherche et dont la dénomination est "centre hospitalier de l'école vétérinaire" complétée par l'indication de la nature des espèces animales ou groupes d'espèces qui y sont soignés. Ce centre dispose de locaux, de matériels et de personnel répondant, en fonction de l'espèce ou des espèces d'animaux pris en charge, aux conditions applicables aux "centres hospitaliers vétérinaires" définies par l'arrêté du ministre chargé de l'agriculture prévu à l'article R. 242-54.

III. — L'agrément est accordé par arrêté du ministre chargé de l'agriculture, après avis du conseil national de l'enseignement agricole, pour une durée maximale de sept ans et pour un nombre maximal d'étudiants admis chaque année par le concours prévu à l'article R. 812-53.

Le contenu du dossier de demande d'agrément est fixé par arrêté du ministre chargé de l'agriculture. — *V. Arr. du 20 déc. 2021 relatif au contenu du dossier de demande d'agrément des établissements d'enseignement supérieur agricole privés d'intérêt général pour assurer une formation préparant au diplôme d'État de docteur vétérinaire prévu à l'art. L. 813-11, art. 1er (JO 29 déc.).*

L'agrément d'un établissement emporte habilitation à délivrer le certificat d'études fondamentales vétérinaires. Il a pour effet de soumettre l'établissement et ses étudiants préparant le diplôme d'État de docteur vétérinaire aux dispositions des articles L. 1453-2 et L. 5141-13-1 du code de la santé publique.

IV. — A tout moment, le ministre chargé de l'agriculture peut demander des documents ou inspecter les installations pour s'assurer du respect des conditions de l'agrément. Il peut mandater des experts à cet effet.

V. – Si les conditions prévues à l'article L. 813-11 ou les conditions d'agrément définies au présent article ne sont plus remplies, le ministre chargé de l'agriculture met en demeure l'établissement de régulariser sa situation dans un délai déterminé. Si la mise en demeure reste sans effet, le ministre peut retirer l'agrément ou le limiter à la durée nécessaire à l'achèvement des études vétérinaires des promotions d'étudiants déjà admis. Dans ce dernier cas, il peut imposer à l'établissement de mettre en œuvre, aux frais de celui-ci, des mesures correctrices.

V. Arr. du 4 mars 2022 relatif à l'agrément provisoire de l'Institut polytechnique UniLaSalle pour délivrer un certificat d'études fondamentales vétérinaires et organiser une année d'approfondissement réservée aux titulaires de ce certificat dont la validation permet d'accéder au diplôme d'État de docteur vétérinaire (JO 8 mars).

Art. R. 813-70-3 **I. – Pour la première demande d'agrément, le ministre chargé de l'agriculture peut délivrer un agrément provisoire.**

Cet agrément provisoire est délivré aux établissements remplissant les conditions prévues à l'article R. 813-70-2 à l'exception des conditions mentionnées aux 4°, 5° et 6° du II du même article.

Avant de délivrer l'agrément provisoire, le ministre chargé de l'agriculture sollicite pour avis des experts européens sur la conformité du dossier de demande d'agrément au regard des exigences du système européen d'évaluation des formations vétérinaires pour l'accréditation des établissements ainsi que des experts proposés par le ministre chargé de l'enseignement supérieur sur la conformité du projet de certificat d'études fondamentales vétérinaires au regard des exigences pédagogiques et scientifiques requises pour l'attribution du grade de master au certificat délivré par l'établissement. Il sollicite également l'avis des experts des conseils régionaux de l'ordre des vétérinaires sur la conformité des plans des locaux et projets d'équipements en matériels et personnel au regard de l'appellation "centre hospitalier vétérinaire" en fonction des espèces animales ou groupes d'espèces ayant vocation à y être soignés.

Ces experts peuvent demander toutes pièces complémentaires au dossier d'agrément et inspecter les installations.

Cet agrément provisoire est accordé jusqu'à ce qu'il soit statué sur la demande de l'accréditation exigée au 4° du II de l'article R. 813-70-2.

II. – Pendant la période pendant laquelle l'établissement bénéficie d'un agrément provisoire, il sollicite, à ses frais, à des échéances fixées par le ministère chargé de l'agriculture, une évaluation par le système européen d'évaluation des formations vétérinaires et transmet le rapport au ministre chargé de l'agriculture.

III. – Si les conditions définies à l'article L. 813-11 ou les conditions d'agrément provisoire prévues au présent article ne sont plus remplies, le ministre chargé de l'agriculture met en demeure l'établissement de régulariser sa situation dans un délai déterminé. Si la mise en demeure reste sans effet, le ministre peut retirer l'agrément ou le limiter à la durée nécessaire à l'achèvement des études vétérinaires des promotions d'étudiants déjà admis. Dans ce dernier cas, il peut imposer à l'établissement de mettre en œuvre, aux frais de celui-ci, des mesures correctrices. – *V. Arr. du 20 déc. 2021 relatif au contenu du dossier de demande d'agrément des établissements d'enseignement supérieur agricole privés d'intérêt général pour assurer une formation préparant au diplôme d'État de docteur vétérinaire prévu à l'art. L. 813-11, art. 2 et 3 (JO 29 déc.).*

§ 2 Conditions particulières de recrutement, d'évaluation et de délivrance des diplômes

Art. R. 813-70-4 **I. – Le certificat d'études fondamentales vétérinaires mentionné à l'article R. 812-58 est un diplôme d'établissement revêtu du visa de l'État. Il est au nombre des diplômes éligibles au grade de master.**

II. – Sur proposition du directeur de l'établissement, le ministre chargé de l'agriculture nomme chaque année le jury du concours d'admission prévu à l'article R. 812-53 et le jury de fin des études fondamentales vétérinaires compétent pour délivrer le certificat de fin d'études fondamentales vétérinaires.

Le ministre désigne le président et le vice-président de chacun des jurys.

Nul ne peut exercer la fonction de président du jury plus de cinq années consécutives au sein d'un même jury.

Chacun des jurys comprend :

1° Le président et le vice-président, qui sont respectivement professeur et maître de conférences, en activité ou émérites, de l'enseignement supérieur agricole de l'une des écoles nationales vétérinaires ;
2° Deux vétérinaires en exercice extérieurs à l'établissement ;
3° Deux à quatre enseignants permanents de l'établissement.
Un représentant du ministre chargé de l'agriculture participe aux délibérations des jurys avec voix consultative.
Le vice-président supplée le président en cas d'empêchement.
Le jury du concours d'admission émet un avis sur les modalités des épreuves du concours d'admission proposées par l'établissement.
Le jury de fin des études fondamentales vétérinaires peut émettre des recommandations sur les modalités d'évaluation pour l'obtention du certificat d'études fondamentales vétérinaires proposées par l'établissement.
Le président du jury établit la liste des correcteurs et des examinateurs sur proposition du directeur de l'établissement.
A la clôture des opérations, le président du jury adresse au ministre chargé de l'agriculture le procès-verbal signé par les membres du jury ainsi que, pour le jury du concours d'admission, la liste des étudiants admis au concours par ordre de mérite et une liste complémentaire par ordre de mérite et que, pour le jury de fin des études fondamentales vétérinaires, la liste des lauréats du certificat.
Le secrétariat et le fonctionnement des jurys sont assurés par le directeur de l'établissement agréé sur le fondement de l'article L. 813-11.
III. — Les diplômes du certificat d'études fondamentales vétérinaires sont signés par le président du jury et le directeur de l'établissement ainsi que par le ministre chargé de l'agriculture qui y appose le visa de l'État.
IV. — Seuls les titulaires du certificat d'études fondamentales vétérinaires accèdent à l'année d'approfondissement de leur établissement dont la validation permet la délivrance, après soutenance avec succès d'une thèse d'exercice, du diplôme d'État de docteur vétérinaire.

SOUS-SECTION 5 **Organismes consultatifs**

(Décr. n° 2014-1218 du 21 oct. 2014)

Art. R. 813-71 Le comité consultatif ministériel institué par l'article L. 813-8-1 *(Abrogé par Décr. n° 2017-1772 du 27 déc. 2017, art. 4-3°)* « *du présent code* » assure la représentation des personnels enseignants et de documentation mentionnés à l'article L. 813-8.
Il est présidé par le ministre chargé de l'agriculture ou son représentant.

Art. R. 813-72 Outre son président, le comité consultatif comprend le responsable de la gestion des ressources humaines de l'enseignement privé agricole sous contrat du ministère chargé de l'agriculture ou son représentant, ainsi que dix représentants titulaires des personnels. Ces représentants titulaires ont un nombre égal de suppléants.
La durée du mandat des représentants du personnel est fixée à quatre ans.
Lors de chaque réunion du comité consultatif, le président est assisté en tant que de besoin par les représentants de l'administration concernés par les questions ou projets de textes soumis à l'avis du comité consultatif.

Art. R. 813-72-1 *(Décr. n° 2018-597 du 10 juill. 2018, art. 1er)* En vue de l'élection des représentants des personnels, les parts respectives de femmes et d'hommes composant les effectifs représentés au sein du comité consultatif sont fixées par arrêté du ministre chargé de l'agriculture, au plus tard six mois avant la date du scrutin. — *V. Arr. du 20 juill. 2018 fixant les parts de femmes et d'hommes au sein des effectifs représentés par le comité consultatif ministériel et la commission consultative mixte de l'enseignement agricole privé (JO 27 juill.).*

Art. R. 813-73 I. — Les élections des représentants du personnel au comité consultatif sont organisées dans les conditions prévues aux articles R. 914-13-5 à R. 914-13-9, R. 914-13-11 à R. 914-13-16, R. 914-13-18 à R. 914-13-21 et R. 914-13-23 du code de l'éducation, sous réserve des adaptations suivantes :

1° La mention des "maîtres contractuels et agréés" figurant au 1° de l'article R. 914-13-9, la mention des "maîtres délégués" figurant au 2° du même article et la mention des "maîtres de l'enseignement public" figurant au 3° du même article sont respectivement entendues comme renvoyant aux "personnels enseignants et de documentation des établissements mentionnés à l'article L. 813-8 du code rural et de la pêche maritime", aux "contractuels de remplacement mentionnés au chapitre VIII du décret n° 89-406 du 20 juin 1989 relatif aux contrats liant l'État et les personnels enseignants et de documentation des établissements mentionnés à l'article L. 813-8 du code rural et de la pêche maritime", et aux "fonctionnaires détachés exerçant leurs fonctions dans les établissements mentionnés à l'article L. 813-8 du code rural et de la pêche maritime" ;

2° La mention des "maîtres" est entendue comme renvoyant aux "personnels".

II. — Pour l'accomplissement des opérations électorales, un bureau de vote central est institué et les électeurs sont répartis en bureaux de vote spéciaux créés par arrêté du ministre chargé de l'agriculture.

La liste des électeurs appelés à voter dans un bureau est arrêtée par l'autorité auprès de laquelle est placé ce bureau.

La liste est affichée dans le bureau de vote ou, le cas échéant, sur le lieu d'affectation, au moins un mois avant la date du scrutin.

Dans les huit jours qui suivent la publication, les électeurs peuvent vérifier les inscriptions et, le cas échéant, présenter des demandes d'inscription. Dans ce même délai, et pendant trois jours à compter de son expiration, des réclamations peuvent être formulées contre les inscriptions ou omissions sur la liste électorale.

Le ministre chargé de l'agriculture statue sans délai sur ces réclamations.

Aucune modification n'est alors admise sauf si un événement postérieur et prenant effet au plus tard la veille du scrutin entraîne, pour un agent, l'acquisition ou la perte de la qualité d'électeur. Dans ce cas, l'inscription ou la radiation est prononcée au plus tard la veille du scrutin soit à l'initiative de l'administration, soit à la demande de l'intéressé, et immédiatement portée à la connaissance des personnels par voie d'affichage.

Le bureau de vote central et les bureaux de vote spéciaux comprennent un président et un secrétaire désignés par le ministre chargé de l'agriculture ainsi qu'un délégué de chaque liste en présence.

Les bureaux de vote spéciaux procèdent au dépouillement du scrutin dans un délai qui ne peut être supérieur, sauf circonstances particulières, à trois jours ouvrables à compter de la date du scrutin.

Les bureaux de vote spéciaux transmettent le procès-verbal de dépouillement au directeur régional de l'alimentation, de l'agriculture et de la forêt qui transmet le résultat constaté dans la région au bureau de vote central, y compris lorsqu'un bureau de vote spécial est créé auprès du directeur régional de l'alimentation, de l'agriculture et de la forêt.

A l'issue du dépouillement et sans délai, le bureau de vote central procède à la proclamation des résultats.

III. — Pour la mesure de la représentativité, lorsqu'une liste a été établie par des organisations syndicales pour l'élection des représentants du personnel, la répartition entre elles des suffrages exprimés se fait conformément à la règle de répartition et est rendue publique par les organisations syndicales concernées lors du dépôt de leur liste commune.

A défaut d'indication, la répartition des suffrages se fait à part égale entre les organisations concernées. Cette répartition est mentionnée sur les listes affichées sur les lieux de vote.

Art. R. 813-74 I. — Le comité consultatif ministériel est consulté sur les questions et projets de textes concernant les personnels enseignants et de documentation mentionnés à l'article L. 813-8 et relatifs aux matières mentionnées au I de l'article R. 914-13-24 du code de l'éducation.

II. — Il est informé des incidences sur la gestion des emplois des principales décisions à caractère budgétaire.

Art. R. 813-75 Le comité fonctionne dans les conditions prévues aux articles R. 914-13-25 et R. 914-13-27 à R. 914-13-39 du code de l'éducation, sous réserve d'entendre la mention "Conseil supérieur de l'éducation" comme renvoyant au "Conseil national de l'enseignement agricole".

SOUS-SECTION 6 **Autorisations d'absence et crédit de temps syndical accordés aux organisations syndicales représentatives des personnels enseignants et de documentation mentionnés à l'article L. 813-8 du code rural et de la pêche maritime**

(Décr. n° 2015-1349 du 23 oct. 2015, art. 1er)

Art. R. 813-76 Sous réserve des nécessités du service, des autorisations spéciales d'absence et un crédit de temps syndical sont accordés aux personnels enseignants et de documentation mentionnés à l'article L. 813-8 *(Abrogé par Décr. n° 2017-1772 du 27 déc. 2017, art. 4-4°) « du code rural et de la pêche maritime »* chargés d'un mandat syndical, afin de leur permettre de remplir les obligations résultant de ce mandat.

Art. R. 813-77 I. — Un crédit de temps syndical, utilisable sous forme de décharges de service ou de crédits d'heures selon les besoins de l'activité syndicale, est déterminé pour l'année scolaire qui suit l'installation puis le renouvellement du comité consultatif ministériel des personnels enseignants et de documentation de l'enseignement privé agricole sous contrat prévu à l'article R. 813-71 *(Abrogé par Décr. n° 2017-1772 du 27 déc. 2017, art. 4-4°) « du code rural et de la pêche maritime ».*

Son montant global, exprimé en effectifs décomptés en équivalents temps plein, est calculé en fonction d'un barème appliqué aux effectifs. Ce montant est reconduit chaque année scolaire jusqu'au renouvellement du comité consultatif ministériel mentionné à l'alinéa précédent.

II. — Le contingent global de crédit de temps syndical des représentants des personnels enseignants et de documentation des établissements d'enseignement privés agricoles sous contrat est calculé par application du barème ci-après :

1° Un équivalent temps plein par tranche de 230 personnels jusqu'à 20 000 personnels ;

2° Un équivalent temps plein par tranche de 650 personnels, au-delà de 20 000 personnels. Les effectifs pris en compte correspondent au nombre des électeurs inscrits sur les listes électorales pour l'élection au comité consultatif ministériel des personnels enseignants et de documentation de l'enseignement privé agricole sous contrat.

Art. R. 813-78 Le contingent global de crédit de temps syndical mentionné au II de l'article R. 813-77-1 *(Abrogé par Décr. n° 2017-1772 du 27 déc. 2017, art. 4-4°) « du code rural et de la pêche maritime »* est réparti entre les organisations syndicales compte tenu de leur représentativité, appréciée de la manière suivante :

1° La moitié du contingent résultant de l'application du barème est répartie entre les organisations syndicales représentées au comité consultatif ministériel des personnels enseignants et de documentation de l'enseignement privé agricole sous contrat, en fonction du nombre de sièges qu'elles détiennent ;

2° L'autre moitié est répartie entre toutes les organisations syndicales ayant présenté leur candidature à l'élection du comité consultatif ministériel des personnels enseignants et de documentation de l'enseignement privé agricole sous contrat, proportionnellement au nombre de voix qu'elles ont obtenues.

Art. R. 813-79 Les organisations syndicales désignent librement parmi leurs représentants les bénéficiaires de crédits de temps syndical.

Les décharges de service sont exprimées sous forme d'une quotité annuelle de temps de travail. Les crédits d'heures sont utilisés sous forme d'autorisations d'absence d'une demi-journée minimum.

La liste nominative des bénéficiaires des crédits de temps syndical sollicités sous forme de décharges de service est communiquée par les organisations syndicales concernées au ministre chargé de l'agriculture. Ces organisations lui communiquent également la part des crédits de temps syndical destinée à être utilisée sous forme de crédits d'heures. Dans la mesure où la désignation d'un personnel enseignant ou de documentation se révèle incompatible avec la bonne marche du service, le ministre motive son refus et invite l'organisation syndicale à porter son choix sur un autre personnel enseignant ou de documentation. La commission consultative mixte compétente doit être informée de cette décision.

Art. R. 813-80 Des autorisations spéciales d'absence sont accordées, sous réserve des nécessités du service, aux représentants des organisations syndicales qui sont mandatés pour assister aux congrès syndicaux ou aux réunions de leurs organismes directeurs, dont ils sont membres élus ou pour lesquels ils sont nommément désignés conformément aux dispositions des statuts de l'organisation, dans les conditions suivantes :

1° La durée des autorisations spéciales d'absence accordées à un même personnel enseignant ou de documentation au cours d'une année ne peut excéder dix jours dans le cas de participations :

a) Aux congrès ou aux réunions des organismes directeurs des unions, fédérations ou confédérations de syndicats non représentés au conseil commun de la fonction publique ;

b) Aux congrès ou aux réunions des organismes directeurs des syndicats nationaux et locaux, des unions régionales et des unions départementales de syndicats, affiliés aux unions, fédérations ou confédérations mentionnées au *a* ;

2° Cette limite est portée à vingt jours par an dans le cas de participations :

a) Aux congrès ou aux réunions des organismes directeurs des organisations syndicales internationales ;

b) Aux congrès ou réunions des organismes directeurs des unions, fédérations ou confédérations de syndicats représentées au conseil commun de la fonction publique ;

c) Aux congrès ou aux réunions des organismes directeurs des syndicats nationaux et locaux, des unions régionales et des unions départementales de syndicats, affiliés aux unions, fédérations ou confédérations mentionnées au *b*.

Les refus d'autorisation d'absence opposés au titre du présent article font l'objet d'une motivation de l'administration.

Art. R. 813-81 I. – Sur simple présentation de leur convocation ou du document les informant de la réunion de ces instances, les représentants syndicaux des personnels enseignants ou de documentation, titulaires et suppléants ainsi que les experts appelés à siéger au comité consultatif ministériel des personnels enseignants et de documentation de l'enseignement privé agricole sous contrat et à la commission consultative mixte se voient accorder une autorisation d'absence.

II. – Les représentants syndicaux des personnels enseignants ou de documentation bénéficient des mêmes droits lorsqu'ils prennent part, en cette qualité, à des réunions de travail convoquées par l'administration.

III. – La durée de l'autorisation d'absence comprend, outre les délais de route et la durée prévisible de la réunion, un temps égal à cette durée pour permettre aux intéressés d'assurer la préparation et le compte rendu des travaux.

Art. R. 813-82 Les droits en matière d'avancement d'un personnel enseignant ou de documentation des établissements d'enseignement privés agricoles sous contrat bénéficiaire d'une décharge totale de service pour l'exercice d'un mandat syndical sont appréciés, durant la période où l'intéressé demeure dans cette situation, par référence à ceux d'un personnel enseignant ou de documentation de la même catégorie ayant à la date de l'octroi de la décharge de service une situation équivalente à celle de l'intéressé et ayant bénéficié d'un avancement moyen depuis cette date.

CHAPITRE IV CONSEILS DE L'ENSEIGNEMENT AGRICOLE

SECTION 1 Conseil national de l'enseignement agricole

Art. R. 814-1 (*Décr. n° 2011-1462 du 7 nov. 2011, art. 1er*) « Le ministre chargé de l'agriculture nomme par arrêté les membres du Conseil national de l'enseignement agricole. La durée de leur mandat est de deux ans pour les représentants des élèves et étudiants et de cinq ans pour les autres membres. Les représentants des élèves et étudiants sont renouvelés par moitié tous les ans.

« Le conseil comprend : »

1° Au titre du 1° de l'article L. 814-1 :

a) Huit représentants de l'État, à raison de :

– quatre représentants du ministre de l'agriculture ;

– un représentant du ministre chargé de l'éducation ;

– un représentant du ministre chargé de l'enseignement supérieur ;

– un représentant du ministre chargé du budget ;

– un représentant du ministre chargé de la formation professionnelle,

désignés respectivement par chacun de ces ministres ;

b) Trois conseillers régionaux, désignés par la conférence des présidents des conseils régionaux ;

c) Trois représentants des établissements publics intéressés, à raison de :

– deux représentants des chambres d'agriculture, désignés par *(Ord. n° 2022-583 du 20 avr. 2022, art. 1er)* « Chambres d'agriculture France » ;

– un directeur d'établissement d'enseignement supérieur agricole public, choisi par le ministre de l'agriculture ;

d) Six représentants des associations et organismes responsables d'établissements d'enseignement agricole privés ayant passé un contrat avec l'État et de leurs fédérations, à raison de :

– trois représentants du Conseil national de l'enseignement agricole privé ;

– deux représentants de l'Union nationale des maisons familiales rurales d'éducation et d'orientation ;

– un représentant de l'Union nationale rurale d'éducation et de promotion,

désignés respectivement par chacun de ces organismes ;

2° Au titre du 2° de l'article L. 814-1 :

a) Quatorze représentants des organisations syndicales représentatives des personnels des établissements d'enseignement agricole publics, désignés par leurs organisations respectives ;

b) Six représentants des organisations syndicales représentatives des personnels des établissements d'enseignement agricole privés ayant passé un contrat avec l'État, désignés par leurs organisations respectives ;

3° Au titre du 3° de l'article L. 814-1 :

a) Trois représentants de l'union fédérale agricole de la fédération des parents d'élèves de l'enseignement public ;

Trois représentants de la fédération des conseils de parents d'élèves des écoles publiques, désignés respectivement par chacun de ces organismes ;

Trois représentants des parents d'élèves des établissements d'enseignement agricole privés ayant passé un contrat avec l'État, désignés respectivement par la Fédération familiale nationale pour l'enseignement agricole privé, par l'Union nationale rurale d'éducation et de promotion et par l'Union nationale des maisons familiales rurales d'éducation et d'orientation ;

Un représentant des associations familiales rurales, désigné par l'Union nationale des associations familiales ;

b) Quatre représentants des organisations professionnelles et syndicales représentatives des employeurs des secteurs de la production agricole, de la transformation et de la commercialisation des produits agricoles ;

Trois représentants des organisations représentatives des exploitants agricoles ;

Trois représentants des organisations représentatives des salariés de l'agriculture et des industries agroalimentaires, désignés par ces organismes ;

(Décr. n° 2011-1462 du 7 nov. 2011, art. 1er) « 4° Au titre du 4° de l'article L. 814-1 :

« Quatre représentants des élèves et étudiants de l'enseignement agricole élus au scrutin plurinominal majoritaire à un tour selon des modalités fixées par arrêté du ministre chargé de l'agriculture, soit :

« *a)* Deux représentants des élèves et étudiants des établissements publics locaux d'enseignement et de formation professionnelle agricoles élus, ainsi que leurs suppléants, par et parmi les membres du Conseil national des délégués des élèves et étudiants de l'enseignement agricole public ;

« *b)* Deux représentants des élèves et étudiants des établissements d'enseignement agricole privés élus, ainsi que leurs suppléants, par et parmi les délégués des élèves et étudiants inscrits dans les établissements ayant conclu un contrat avec l'État en application des articles L. 813-8 et L. 813-9, répartis en collèges selon des modalités fixées par arrêté du ministre chargé de l'agriculture. Lorsqu'au sein d'un collège il n'existe pas de délégué des élèves et étudiants, ces représentants sont élus par et parmi les élèves et étudiants. » – *[Décr. n° 85-620 du 19 juin 1985, art. 1er, al. 1er.]*

Art. R. 814-2 Dans chaque catégorie, la liste des organisations professionnelles ou syndicales représentatives et la répartition des sièges entre elles sont fixées par le ministre de l'agriculture.

Chaque membre titulaire du Conseil national de l'enseignement agricole a un suppléant désigné dans les mêmes conditions et pour la même durée que le titulaire.

Les membres titulaires et suppléants qui perdent en cours de mandat la qualité au titre de laquelle ils ont été nommés sont remplacés à l'initiative de l'autorité ou de l'organisation qui les a désignés pour la durée du mandat restant à courir. – *[Décr. n° 85-620 du 19 juin 1985, art. 1er, al. 2 à 4.]*

Art. R. 814-3 Le ministre de l'agriculture nomme également par arrêté au Conseil national de l'enseignement agricole les personnalités appelées à siéger à titre consultatif, dont le nombre ne peut excéder six et dont le mandat ne peut excéder cinq ans. – *[Décr. n° 85-620 du 19 juin 1985, art. 2.]*

Art. R. 814-4 Lorsqu'il n'est pas en mesure de présider une séance du Conseil national de l'enseignement agricole, le ministre de l'agriculture désigne la personne qui est appelée à le suppléer. – *[Décr. n° 85-620 du 19 juin 1985, art. 3.]*

Art. R. 814-5 Le Conseil national de l'enseignement agricole ne peut délibérer que si la moitié au moins de ses membres est présente. Un membre suppléant ne peut participer aux séances qu'en cas d'absence du membre titulaire. Si le quorum n'est pas atteint, une nouvelle réunion est convoquée dans un délai minimum de quinze jours ; à cette séance le quorum n'est pas exigé.

Les délibérations sont prises dans tous les cas à la majorité des voix des membres présents. – *[Décr. n° 85-620 du 19 juin 1985, art. 4.]*

Art. R. 814-6 Le Conseil national de l'enseignement agricole se réunit au moins deux fois par an sur convocation du ministre de l'agriculture. Il se réunit également si un quart de ses membres en fait la demande.

L'ordre du jour est fixé par le ministre. Sauf en cas d'urgence, il est adressé aux membres titulaires et suppléants quinze jours au moins avant la séance. – *[Décr. n° 85-620 du 19 juin 1985, art. 5.]*

Art. R. 814-7 Le Conseil national de l'enseignement agricole désigne celui ou ceux de ses membres qui représentent l'enseignement agricole au Conseil supérieur de l'éducation. – *[Décr. n° 85-620 du 19 juin 1985, art. 6.]*

Art. R. 814-8 Le ministre de l'agriculture peut, à son initiative ou sur proposition du Conseil national de l'enseignement agricole, constituer au sein de ce dernier des commissions spécialisées dont il fixe les compétences et nomme le président et les membres. – *[Décr. n° 85-620 du 19 juin 1985, art. 7.]*

Art. R. 814-9 Le ministre de l'agriculture peut désigner au sein du conseil un ou plusieurs rapporteurs pour l'étude d'une question particulière. Le conseil et ses commissions spécialisées peuvent entendre toute personne dont l'audition est jugée utile par leur président. – *[Décr. n° 85-620 du 19 juin 1985, art. 8.]*

SECTION 2 Conseil national de l'enseignement supérieur et de la recherche agricole, agroalimentaire et vétérinaire

(Décr. n° 2000-323 du 6 avr. 2000)

SOUS-SECTION 1 Attributions

Art. R. 814-10 Le Conseil national de l'enseignement supérieur et de la recherche agricole, agroalimentaire et vétérinaire est consulté sur les questions relatives aux missions des établissements publics énumérés à l'article R. 812-2 et sur la politique proposée par les pouvoirs publics pour assurer la cohésion de ces formations.

A ce titre, il est saisi pour avis :

1° De tout projet de loi ou de décret concernant l'enseignement supérieur agricole ;

2° De la répartition des moyens, financiers et en personnels attribués à ces établissements pour leurs activités d'enseignement et de recherche, au vu de leurs programmes et compte tenu, le cas échéant, des contrats d'établissements ;

3° A l'occasion de la procédure d'habilitation de ces établissements à délivrer les diplômes nationaux mentionnés à *(Décr. n° 2017-1772 du 27 déc. 2017, art. 5-1°)* « l'article L. 613-1 du code de l'éducation ».

Il est également consulté sur :

1° La création d'un établissement public à caractère scientifique, culturel et professionnel relevant du ministre de l'agriculture ;

2° Le rattachement d'un établissement public d'enseignement supérieur à un établissement public à caractère scientifique, culturel et professionnel, lorsqu'un de ces établissements relève du ministre de l'agriculture ;

3° L'application des dispositions de *(Décr. n° 2017-1772 du 27 déc. 2017, art. 5-1°)* « l'article L. 719-8 du même code » à l'un des établissements publics à caractère scientifique, culturel et professionnel relevant de ce ministre.

SOUS-SECTION 2 **Composition**

Art. R. 814-11 Le Conseil national de l'enseignement supérieur et de la recherche agricole, agroalimentaire et vétérinaire, présidé par le ministre de l'agriculture ou son représentant, comprend quarante-cinq membres ainsi répartis :

I. — Un représentant du ministre chargé de l'enseignement supérieur, nommé sur proposition de celui-ci ;

II. — Un conseiller régional et un conseiller départemental, désignés respectivement par la conférence des présidents de conseils régionaux et par l'assemblée des présidents des conseils départementaux de France.

III. — Deux directeurs d'établissements publics d'enseignement supérieur *(Décr. n° 2019-1459 du 26 déc. 2019, art. 32)* « agricole *(Décr. n° 2021-1723 du 20 déc. 2021, art. 17)* « ou d'écoles internes de ces établissements », ou leurs représentants, mentionnés à l'article D. 812-1 », dont celui siégeant à ce titre au Conseil national de l'enseignement agricole, nommés par arrêté du ministre de l'agriculture.

IV. — Trente représentants des personnels et des étudiants des établissements publics d'enseignement supérieur mentionnés à l'article *(Décr. n° 2019-1459 du 26 déc. 2019, art. 32)* « D. 812-1 », répartis par catégorie à raison de :

a) Six représentants des professeurs régis par le décret n° 92-171 du 21 février 1992 portant statuts particuliers des corps d'enseignants-chercheurs des établissements d'enseignement supérieur publics relevant du ministre chargé de l'agriculture ;

b) Six représentants des maîtres de conférences régis par le même décret ;

c) Deux représentants des chercheurs des établissements publics à caractère scientifique et technologique ;

d) Trois représentants des autres enseignants et des personnels des corps techniques du ministère de l'agriculture exerçant des fonctions d'enseignement ;

e) Un représentant des autres personnels des corps techniques du ministère de l'agriculture ;

f) Deux représentants des personnels administratifs ;

g) Trois représentants des ingénieurs et personnels techniques de formation et de recherche ;

h) Sept représentants des étudiants.

V. — Dix personnalités qualifiées pour leur compétence dans le domaine économique, dans le domaine professionnel et dans celui de l'enseignement et de la recherche publics, dont au moins trois appartiennent au Conseil national de l'enseignement agricole et une au Conseil national de l'enseignement supérieur et de la recherche.

Art. R. 814-12 Les représentants des personnels sont élus au suffrage direct par l'ensemble des personnels de leur catégorie en fonction dans les établissements publics d'enseignement supérieur agronomique et vétérinaire, sous réserve qu'ils remplissent les conditions requises par l'article R. 814-13 pour exercer leur droit de vote.

Les représentants des étudiants sont élus par l'ensemble des étudiants des établissements énumérés à l'article R. 812-2.

Les personnalités qualifiées appartenant au Conseil national de l'enseignement agricole et au Conseil national de l'enseignement supérieur et de la recherche sont nommées sur proposition de ces conseils.

V. Arr. du 28 juill. 2000 fixant la composition des collèges électoraux et les modalités du scrutin en vue de l'élection des représentants des personnels et des étudiants au Conseil national de l'enseignement supérieur et de la recherche agricole, agroalimentaire et vétérinaire (JO 7 sept.) ; Arr. du 19 mars 2021 fixant les dates des élections des représentants des personnels au Conseil national de l'enseignement supérieur et de la recherche agricole, agroalimentaire et vétérinaire et autorisant le vote par procuration (JO 3 avr.).

Art. R. 814-13 Il est établi une liste électorale par établissement, pour chacune des catégories mentionnées à l'article R. 814-11. L'inscription sur les listes électorales est faite sous la responsabilité du directeur de l'établissement.

Les listes électorales sont publiées trente jours au moins avant la date du scrutin. Elles sont communiquées sans délai à la commission de contrôle des opérations électorales instituée à l'article R. 814-22 ci-dessous.

Toute personne remplissant les conditions pour être électeur qui constaterait que son nom ne figure pas sur la liste électorale du collège dont elle relève peut, dans un délai de quinze jours suivant la publication des listes électorales, demander au directeur de faire procéder à son inscription. Si elle n'obtient pas satisfaction dans un délai de deux jours francs, elle peut saisir la commission précitée.

La commission statue dans un délai de huit jours.

Un arrêté du ministre de l'agriculture définit les modalités d'application du présent article.

Art. R. 814-14 Sont électeurs et éligibles les personnels mentionnés au IV de l'article R. 814-11 qui exercent leurs fonctions dans les établissements mentionnés à l'article R. 812-2, titulaires ou stagiaires ainsi que les personnels détachés ou mis à la disposition de ces établissements, à l'exclusion des personnels en position de disponibilité, de congé de longue durée ou de congé parental.

Sont également électeurs et éligibles les agents contractuels bénéficiant d'un contrat à durée indéterminée ou recrutés à titre temporaire pour une durée minimale supérieure à dix mois, à l'exclusion des agents en congé parental ou en congé sans rémunération et des personnels rémunérés à la vacation qui effectuent moins de cinquante heures d'enseignement par an. Ils sont inscrits dans le collège des personnels titulaires exerçant des fonctions comparables.

Art. R. 814-15 Les enseignants-chercheurs et les enseignants sont inscrits sur les listes électorales du collège correspondant à leur grade dans l'établissement où ils exercent à titre principal leurs obligations de service d'enseignement.

Les chercheurs des établissements publics scientifiques et technologiques ou de tout autre établissement public de recherche sont électeurs et éligibles dans les collèges correspondants, sous réserve qu'ils soient affectés à une unité de recherche, propre ou associée, de l'établissement public d'enseignement supérieur agronomique, agroalimentaire et vétérinaire.

Sont électeurs et éligibles dans les collèges des étudiants les personnes régulièrement inscrites en vue de la préparation d'un diplôme ou d'un concours, ayant la qualité d'étudiant dans un établissement de l'article R. 812-2 ou d'élève fonctionnaire. Sont également électeurs et éligibles dans ces collèges les personnes bénéficiant de la formation continue, sous réserve qu'elles soient inscrites à un cycle de formation d'une durée minimum de quatre cents heures sur une période d'au moins six mois et qu'elles soient en formation au moment des opérations électorales.

Art. R. 814-16 Les membres du Conseil national de l'enseignement supérieur et de la recherche agricole, agroalimentaire et vétérinaire sont nommés par le ministre de l'agriculture ou élus pour une période de cinq ans, à l'exception des représentants des étudiants qui sont élus pour un an. La durée de leur mandat commence à compter du jour de la proclamation des résultats des élections.

Chaque membre désigné au titre des II et III de l'article R. 814-11 a un suppléant désigné dans les mêmes conditions et pour la même durée que lui-même pour le remplacer en cas d'absence ou d'empêchement.

Art. R. 814-17 Les membres du Conseil national de l'enseignement supérieur et de la recherche agricole, agroalimentaire et vétérinaire autres que ceux mentionnés à l'article R. 814-18 ci-dessous, qui démissionnent ou perdent en cours de mandat la qualité au titre de laquelle ils ont été désignés, sont remplacés dans des conditions identiques à celles qui ont conduit à leur désignation, pour la durée du mandat restant à courir.

Art. R. 814-18 Au cas où un représentant des personnels ou des étudiants démissionne ou est définitivement empêché d'exercer ses fonctions, il est remplacé jusqu'à l'expiration de ce mandat par son suppléant qui devient titulaire.

Au cas où un suppléant devient titulaire ou s'il cesse de remplir les conditions d'éligibilité, le premier des candidats titulaires non élu de la même liste ou, après épuisement du nombre des candidats titulaires, le premier des candidats suppléants de la même liste lui succède comme suppléant.

Après épuisement du nombre des candidats titulaires et suppléants d'une même liste, des élections partielles sont organisées, selon les dispositions de l'article R. 814-19.

Art. R. 814-19 Les élections des représentants des personnels et des étudiants ont lieu au scrutin de liste à un tour, sans panachage ni vote préférentiel, à la représentation proportionnelle avec répartition des sièges restant à pourvoir selon la règle du plus fort reste. Quand un seul siège est à pourvoir, l'élection a lieu au scrutin majoritaire à deux tours.

Nul ne dispose de plus d'une voix.

Le vote par correspondance est autorisé.

Art. R. 814-20 Les listes de candidats sont établies au plan national pour chaque collège. Chaque liste comporte un nombre de candidats titulaires et un nombre de candidats suppléants égal au nombre de sièges à pourvoir. *(Décr. nº 2019-1459 du 26 déc. 2019, art. 32)* « Les candidats titulaires inscrits sur une même liste doivent appartenir à des établissements différents ou à des écoles internes créées par arrêté du ministre chargé de l'agriculture différentes d'un même établissement. »

Les listes sont transmises au moins cinquante jours avant la date fixée pour les élections au ministre de l'agriculture. Le ministre procède à la vérification des conditions d'éligibilité des candidats et de la conformité des listes aux dispositions du présent décret. Il recueille l'avis de la commission de contrôle des opérations électorales et demande, le cas échéant, la rectification des listes non conformes dans un délai qu'il fixe. A l'expiration de ce délai, le ministre refuse, le cas échéant, par une décision prise après avis de la commission de contrôle, l'enregistrement des listes qui ne remplissent pas les conditions énoncées ci-dessus.

Les listes des candidats sont publiées par le ministre de l'agriculture vingt jours au moins avant la date des élections.

Les modalités d'organisation du scrutin sont définies par arrêté du ministre de l'agriculture.

Art. R. 814-21 Les bureaux de vote institués dans les établissements procèdent au dépouillement des votes et établissent un procès-verbal qui est transmis à la commission de contrôle des opérations électorales.

La commission de contrôle procède au regroupement des résultats, répartit les sièges à pourvoir entre les listes et les candidats en présence ; elle proclame ces résultats qui sont publiés par le ministre et affichés dans chacun des établissements.

Art. R. 814-22 Il est créé une commission de contrôle des opérations électorales. Cette commission est présidée par *(Décr. nº 2006-665 du 7 juin 2006, art. 46)* « un fonctionnaire en activité ou en retraite désigné par le ministre chargé de l'agriculture.

« Le président désigne, parmi les personnes figurant sur les listes électorales, quatre assesseurs titulaires et quatre assesseurs suppléants. »

Art. R. 814-23 La commission de contrôle des opérations électorales connaît de toutes les contestations présentées par les électeurs ou par le ministre de l'agriculture sur

la préparation et le déroulement des opérations de vote, ainsi que sur la proclamation des résultats du scrutin.

Elle est saisie au plus tard le cinquième jour suivant la proclamation des résultats.

Elle statue dans un délai de dix jours, faute de quoi la protestation est réputée rejetée.

La commission de contrôle des opérations électorales peut :

— constater l'inéligibilité d'un candidat et nommer le candidat suivant de la même liste ;

— rectifier le nombre de voix obtenues par les listes de candidats ;

— en cas d'irrégularité de nature à vicier le vote, annuler les opérations électorales du collège dans lequel l'irrégularité a été constatée.

Ses décisions peuvent être déférées au tribunal administratif de Paris dans un délai de cinq jours.

Art. R. 814-24 **Les membres du Conseil national de l'enseignement supérieur et de la recherche agricole, agroalimentaire et vétérinaire exercent leurs fonctions à titre gratuit.**

Ils sont remboursés des frais occasionnés par leur mandat dans le cadre de la réglementation en vigueur.

SOUS-SECTION 3 **Fonctionnement**

Art. R. 814-25 **Il est créé une section permanente du conseil. Celle-ci comprend, outre le ministre ou son représentant, président, le représentant du ministre chargé de l'enseignement supérieur ainsi que quatorze membres répartis ainsi qu'il suit :**

***a*) Dix des représentants des personnels et des étudiants, à savoir :**

— deux représentants des professeurs ;

— deux représentants des maîtres de conférences ;

— un représentant des chercheurs ;

— un représentant des autres enseignants et des personnels des corps techniques du ministère de l'agriculture exerçant des fonctions d'enseignement ;

— un représentant des personnels administratifs ;

— un représentant des ingénieurs et personnels techniques de formation et de recherche ;

— deux représentants des étudiants ;

***b*) Un directeur d'établissement public d'enseignement supérieur** *(Décr. nº 2019-1459 du 26 déc. 2019, art. 32)* **« agricole, ou son représentant mentionné à l'article D. 812-1 » ;**

***c*) Trois personnalités qualifiées.**

Les membres de la section permanente mentionnés aux *a*, *b* et *c* ci-dessus sont élus par et parmi les membres de chaque collège composant le conseil.

Il est procédé, dans les mêmes conditions, à l'élection de suppléants des membres mentionnés aux *a* et *b* ci-dessus.

Art. R. 814-26 **En dehors des séances plénières, la section permanente exerce l'ensemble des attributions dévolues au Conseil national de l'enseignement supérieur et de la recherche agricole, agroalimentaire et vétérinaire. Elle informe ce dernier de ses activités et des avis qu'elle a été amenée à rendre.**

Art. R. 814-27 **Le Conseil national de l'enseignement supérieur et de la recherche agricole, agroalimentaire et vétérinaire se réunit au moins deux fois par an, sur convocation du ministre de l'agriculture. Il peut également se réunir à la demande écrite du quart au moins de ses membres.**

Dans ce dernier cas, la demande écrite adressée au président doit préciser la ou les questions à inscrire à l'ordre du jour. Le conseil est alors réuni dans un délai de deux mois à compter de la demande écrite.

Le conseil et la section permanente siègent valablement quand la moitié de leurs membres est présente. A défaut, ils sont à nouveau convoqués dans un délai de quinze jours suivant la date prévue pour la première réunion. Ils siègent alors valablement, quel que soit le nombre des présents.

Art. R. 814-28 Le ministre de l'agriculture arrête l'ordre du jour de chaque réunion du Conseil national de l'enseignement supérieur et de la recherche agricole, agroalimentaire et vétérinaire et de sa section permanente. Cet ordre du jour, accompagné des documents qui s'y rapportent, est adressé aux membres titulaires en même temps que les convocations quinze jours au moins avant la tenue de la réunion.

Pour chaque point à l'ordre du jour, il peut être fait appel à des experts.

Tout membre du conseil peut demander par écrit qu'une question soit inscrite à l'ordre du jour. La décision est prise par le ministre de l'agriculture ou à la majorité absolue des membres du conseil. Les modalités d'examen de cette question sont fixées par le règlement intérieur du conseil.

Le ministre de l'agriculture peut, de sa propre initiative ou sur la demande du conseil ou de sa section permanente, inviter toute personne compétente, et notamment des fonctionnaires des ministères non représentés, à participer aux séances avec voix consultative.

Art. R. 814-29 Chacune des questions figurant à l'ordre du jour du conseil et de sa section permanente fait l'objet d'un exposé introductif présenté par un rapporteur désigné par le ministre de l'agriculture, le cas échéant en dehors des membres du conseil.

Le conseil ou la section permanente se prononce sur le rapport qui lui est présenté.

Les membres du conseil peuvent obtenir du ministre de l'agriculture tous documents et toutes informations nécessaires à l'exercice de leurs fonctions.

Les séances ne sont pas publiques.

Le vote au scrutin secret est de droit sur décision du président ou sur demande d'un des membres présents.

Art. R. 814-30 Il est dressé un procès-verbal de chacune des séances. Ce procès-verbal est adressé à chacun des membres du Conseil national de l'enseignement supérieur et de la recherche agricole, agroalimentaire et vétérinaire.

L'organisation des élections au conseil, le secrétariat des séances et la diffusion des convocations, documents de travail et procès-verbaux sont assurés par les services du ministère de l'agriculture.

Un règlement intérieur précise les conditions de fonctionnement du conseil et de sa section permanente. Il est arrêté par le ministre de l'agriculture sur proposition du conseil.

SOUS-SECTION 4 Le Conseil national de l'enseignement supérieur et de la recherche agricole, agroalimentaire et vétérinaire statuant en matière disciplinaire

(Décr. nº 2014-297 du 5 mars 2014, art. 2)

§ 1 Procédure disciplinaire

Art. R. 814-30-1 Le Conseil national de l'enseignement supérieur et de la recherche agricole, agroalimentaire et vétérinaire statuant en matière disciplinaire se compose de seize membres titulaires et seize membres suppléants répartis de la façon suivante :

1° Six professeurs de l'enseignement supérieur agricole ou directeurs de recherche d'un établissement public et leurs suppléants ;

2° Quatre maîtres de conférences de l'enseignement supérieur agricole ou chargés de recherche d'un établissement public et leurs suppléants ;

3° Deux représentants des personnels exerçant des fonctions d'enseignement et leurs suppléants ;

4° Quatre représentants des étudiants et leurs suppléants.

Art. R. 814-30-2 Les membres du Conseil national de l'enseignement supérieur et de la recherche agricole, agroalimentaire et vétérinaire statuant en matière disciplinaire sont élus par et parmi les représentants élus des enseignants-chercheurs, des personnels exerçant des fonctions d'enseignement et des étudiants, membres titulaires et suppléants du Conseil national de l'enseignement supérieur et de la recherche agricole, agroalimentaire et vétérinaire, répartis selon leurs collèges électoraux respectifs.

Les élections ont lieu au scrutin plurinominal majoritaire à deux tours ou, lorsqu'un seul siège est à pourvoir, au scrutin uninominal majoritaire à deux tours. Le vote est secret.

Chaque candidat aux fonctions de membre titulaire se présente aux suffrages avec un suppléant nommément désigné. Le suppléant ne siège que pour remplacer le titulaire empêché.

Les membres titulaires sont appelés à siéger dans les formations de jugement dans un ordre déterminé par un tirage au sort effectué lors de leur désignation sous la responsabilité du président. Les membres suppléants siègent au même rang que les titulaires qu'ils remplacent.

Art. R. 814-30-3 Le président est élu au scrutin uninominal majoritaire à deux tours selon les modalités prévues par l'article L. 814-4.

Le vice-président est élu dans les mêmes conditions. Il est notamment appelé à remplacer le président en cas d'empêchement de ce dernier.

Art. R. 814-30-4 Les membres titulaires qui composent la formation disciplinaire et leurs suppléants sont élus pour la durée de leur mandat comme membre *[membres]* du conseil. Leur mandat de membres de la formation disciplinaire est renouvelable.

Ils restent en fonctions jusqu'à la désignation de leurs successeurs.

Art. R. 814-30-5 Les membres de la section disciplinaire momentanément empêchés sont remplacés par leurs suppléants pour la durée de cet empêchement. S'ils perdent la qualité au titre de laquelle ils siègent au Conseil national de l'enseignement supérieur et de la recherche agricole, agroalimentaire et vétérinaire ou s'ils sont définitivement empêchés, ils sont remplacés pour la durée du mandat restant à courir ; il y a lieu de procéder ensuite à la désignation de nouveaux suppléants.

Art. R. 814-30-6 Lorsqu'elle statue à l'égard d'un professeur de l'enseignement supérieur, d'un directeur de recherche d'un établissement public ou d'un enseignant associé de même niveau, la formation de jugement est composée des six membres titulaires mentionnés au 1° de l'article R. 814-30-1.

Art. R. 814-30-7 Lorsqu'elle statue à l'égard d'un maître de conférences de l'enseignement supérieur, d'un chargé de recherche d'un établissement public ou d'un enseignant associé de même niveau, la formation de jugement est composée de huit membres. Elle comprend le président, trois membres titulaires mentionnés au 1° de l'article R. 814-30-1 et quatre membres titulaires désignés au 2° de l'article R. 814-30-1.

Art. R. 814-30-8 Lorsqu'elle statue à l'égard d'un enseignant ou d'un autre personnel exerçant des fonctions d'enseignement, la formation de jugement est composée de quatre membres. Elle comprend le président, un membre titulaire mentionné au 2° de l'article R. 814-30-1 et les deux membres titulaires mentionnés au 3° de l'article R. 814-30-1.

Art. R. 814-30-9 Lorsqu'elle statue à l'égard d'un usager, la formation de jugement comprend, outre le président, un membre titulaire de chacune des catégories mentionnées aux 1°, 2° et 3° de l'article R. 814-30-1 et les quatre membres titulaires mentionnés au 4° de l'article R. 814-30-1.

Toutefois, le nombre des représentants des usagers ne peut pas être supérieur à celui des enseignants-chercheurs et des personnels exerçant des fonctions d'enseignement. Le cas échéant, les représentants des usagers présents sont appelés à siéger dans l'ordre du tirage au sort effectué au moment de leur désignation.

Art. R. 814-30-10 Nul ne peut siéger dans la formation de jugement ou dans la formation mentionnée à l'article R. 814-30-12 s'il existe une raison sérieuse de mettre en doute son impartialité.

Art. R. 814-30-11 Lorsqu'une section disciplinaire n'a pas été constituée ou lorsqu'aucun jugement n'est intervenu six mois après la date à laquelle les poursuites ont été engagées devant la juridiction disciplinaire compétente, l'autorité compétente pour engager les poursuites saisit le Conseil national de l'enseignement supérieur et de la recherche agricole, agroalimentaire et vétérinaire statuant en formation disciplinaire, en premier et dernier ressort.

Art. R. 814-30-12 Le Conseil national de l'enseignement supérieur et de la recherche agricole, agroalimentaire et vétérinaire statuant en matière disciplinaire se réunit sur convocation de son président. La décision fixant la date et le lieu de chaque séance est publiée au *Bulletin officiel* du ministère chargé de l'agriculture.

Art. R. 814-30-13 Les décisions rendues immédiatement exécutoires nonobstant appel par les sections disciplinaires en application de l'article R. 812-24-35 peuvent faire l'objet d'une demande de sursis à exécution devant le Conseil national de l'enseignement supérieur et de la recherche agricole, agroalimentaire et vétérinaire statuant en matière disciplinaire.

Art. R. 814-30-14 La demande de sursis à exécution est, à peine d'irrecevabilité, présentée par requête distincte jointe à l'appel. Elle est immédiatement transmise par la section disciplinaire au secrétariat du Conseil national de l'enseignement supérieur et de la recherche agricole, agroalimentaire et vétérinaire statuant en matière disciplinaire.

Le Conseil national de l'enseignement supérieur et de la recherche agricole, agroalimentaire et vétérinaire statuant en matière disciplinaire peut se prononcer sur cette demande en formation restreinte comprenant, outre le président, deux membres titulaires désignés par ce dernier. Lorsqu'elle statue à l'égard d'un enseignant-chercheur ou d'un enseignant, ne siègent que des membres d'un rang égal ou supérieur à celui de la personne déférée. Lorsqu'elle statue à l'égard d'un usager, elle comprend un membre désigné parmi ceux mentionnés aux 1°, 2° et 3° de l'article R. 814-30-1 et un membre désigné parmi ceux mentionnés au 4° du même article.

Le président confie l'instruction de la demande de sursis à exécution à l'un des membres titulaires ou suppléants mentionnés aux 1°, 2° et 3° de l'article R. 814-30-1, celui-ci devant être d'un rang égal ou supérieur à celui de la personne déférée lorsque celle-ci est un enseignant-chercheur ou un enseignant. Il est choisi parmi les membres qui n'ont pas été désignés pour siéger à la formation restreinte. Il instruit l'affaire et peut fixer le délai accordé à la personne déférée pour déposer ses observations. En cas de non-respect de ce délai, il est passé outre sans mise en demeure.

Le sursis peut être prononcé si les moyens présentés dans la requête paraissent sérieux et de nature à justifier l'annulation ou la réformation de la décision attaquée.

A tout moment, le Conseil national de l'enseignement supérieur et de la recherche agricole, agroalimentaire et vétérinaire statuant en matière disciplinaire peut mettre fin au sursis.

Les décisions accordant le sursis à exécution ou y mettant fin prennent effet à compter de leur notification au demandeur par lettre recommandée avec demande d'avis de réception.

Art. R. 814-30-15 La formation mentionnée à l'article R. 814-30-14 peut donner acte des désistements, rejeter les requêtes ne relevant pas de la compétence du Conseil national de l'enseignement supérieur et de la recherche agricole, agroalimentaire et vétérinaire statuant en matière disciplinaire ou entachées d'une irrecevabilité et constater qu'il n'y a pas lieu de statuer. La formation peut alors être réunie sans instruction préalable.

Art. R. 814-30-16 Le président du Conseil national de l'enseignement supérieur et de la recherche agricole, agroalimentaire et vétérinaire statuant en matière disciplinaire désigne, pour chaque affaire, une commission d'instruction composée de deux membres, dont l'un en tant que rapporteur, parmi les titulaires et les suppléants mentionnés aux 1°, 2° et 3° de l'article R. 814-30-1. Si un membre titulaire est désigné, il est remplacé par son suppléant au sein de la formation de jugement. Le président ne peut pas siéger à la commission d'instruction.

Si les poursuites concernent un professeur de l'enseignement supérieur ou un directeur de recherche d'un établissement public ou un enseignant associé de même niveau, la commission d'instruction comprend exclusivement deux membres mentionnés au 1° de l'article R. 814-30-1.

Si les poursuites concernent un maître de conférences de l'enseignement supérieur ou un chargé de recherche d'un établissement public ou un enseignant associé de même niveau, la commission d'instruction comprend exclusivement deux membres mentionnés respectivement au 1° et au 2° de l'article R. 814-30-1.

Si les poursuites concernent un usager, la commission d'instruction comprend un troisième membre qui doit être étudiant. Dans ce cas, l'absence d'un membre de la commission d'instruction dûment convoqué ne fait pas obstacle à la réunion de celle-ci.

L'instruction n'est pas publique.

Art. R. 814-30-17 La commission d'instruction entend la personne déférée et instruit l'affaire par tous les moyens qu'elle juge propres à l'éclairer et en fait un rapport écrit comprenant l'exposé des faits et moyens des parties. Ce rapport est transmis au président dans un délai qu'il a préalablement fixé et qui ne peut être supérieur à trois mois. Toutefois, le président peut ordonner un supplément d'instruction s'il estime que l'affaire n'est pas en état d'être jugée. Le rapport et les pièces des dossiers sont déposés par le rapporteur au secrétariat du Conseil national de l'enseignement supérieur et de la recherche agricole, agroalimentaire et vétérinaire pour être tenus à la disposition des parties, de leur conseil et des membres du conseil statuant en matière disciplinaire, dix jours francs avant la date fixée pour la séance du jugement. Ce délai est réduit à cinq jours francs lorsque l'affaire est soumise à la formation mentionnée à l'article R. 814-30-14. Une copie intégrale du dossier est transmise sur leur demande aux parties.

Dans le cas où la juridiction est saisie de nouveaux éléments, le président ordonne la réouverture de l'instruction, qui se déroule selon les formes prescrites au premier alinéa.

Art. R. 814-30-18 Le président du Conseil national de l'enseignement supérieur et de la recherche agricole, agroalimentaire et vétérinaire statuant en matière disciplinaire convoque chacune des personnes intéressées devant la formation de jugement par lettre recommandée, avec demande d'avis de réception, quinze jours au moins avant la date de la séance de jugement. Ce délai est réduit à sept jours lorsque l'affaire est soumise à la formation mentionnée à l'article R. 814-30-14.

Au jour fixé pour la séance, un secrétaire est désigné en leur sein par les enseignants-chercheurs siégeant dans la formation de jugement. Le rapport de la commission d'instruction est lu par le rapporteur ou, en cas d'absence de celui-ci, par le secrétaire de séance. S'il l'estime nécessaire, le président peut entendre des témoins à l'audience. Sur sa demande, le directeur général ou le directeur de l'établissement mentionné à l'article R. 812-24-1 ou son représentant, est entendu ainsi que le représentant du ministre chargé de l'agriculture ou, le cas échéant, du ministre chargé de l'enseignement supérieur, s'il est l'auteur des poursuites disciplinaires ou de l'appel. La personne déférée et son conseil sont entendus dans leurs observations. La personne déférée a la parole en dernier.

Après que la personne déférée, son conseil, les membres de la commission d'instruction et le public se sont retirés, le président met l'affaire en délibéré et la formation appelée à connaître de l'affaire statue.

En l'absence de la personne déférée, la formation de jugement apprécie, le cas échéant, les motifs invoqués pour expliquer cette absence et, si elle les juge injustifiés, continue à siéger. En cas d'absence non justifiée, la procédure est réputée contradictoire.

Art. R. 814-30-19 Les séances des formations de jugement sont publiques. Toutefois, le président de la formation de jugement peut, à titre exceptionnel, décider que la séance aura lieu ou se poursuivra hors de la présence du public si la sauvegarde de l'ordre public ou le respect de la vie privée ou de secrets protégés par la loi l'exige. Le président veille à l'ordre de la séance. Il peut faire expulser toute personne qui n'obtempère pas à ses injonctions, sans préjudice des poursuites disciplinaires qui pourraient être exercées contre elle.

Les séances sont présidées par le président du Conseil national de l'enseignement supérieur et de la recherche agricole, agroalimentaire et vétérinaire statuant en matière disciplinaire ou, en cas d'empêchement du président, par le vice-président ou, à défaut, par le membre titulaire le plus âgé parmi ceux qui sont mentionnés au 1° de l'article R. 814-30-1.

Les différentes formations de jugement ne peuvent valablement délibérer que si la moitié au moins des membres appelés à siéger sont présents.

Le Conseil national de l'enseignement supérieur et de la recherche agricole, agroalimentaire et vétérinaire statuant en matière disciplinaire est assisté d'un secrétaire, mis à sa disposition par le ministre chargé de l'agriculture, placé sous la responsabilité du président.

Art. R. 814-30-20 Si plusieurs sanctions différentes sont proposées au cours de la délibération, la sanction la plus forte est mise aux voix la première.

Les décisions qui prononcent une sanction sont prises à la majorité absolue des membres présents.

Le vote est secret.

Art. R. 814-30-21 La décision est prononcée en séance publique.

La décision doit être motivée. Elle est signée par le président et le secrétaire de séance.

Elle est notifiée au ministre chargé de l'agriculture et, le cas échéant, au ministre chargé de l'enseignement supérieur, à la personne contre qui les poursuites ont été intentées et à l'autorité qui a intenté les poursuites.

La notification aux parties a lieu par lettre recommandée avec demande d'avis de réception. S'il s'agit d'un mineur, notification est en outre adressée, dans la même forme, aux personnes qui exercent à son égard l'autorité parentale ou la tutelle.

Art. R. 814-30-22 Les décisions sont publiées au *Bulletin officiel* du ministère chargé de l'agriculture sous une forme anonyme.

Art. R. 814-30-23 La personne déférée, le directeur général ou le directeur de l'établissement qui a engagé les poursuites en première instance, le ministre chargé de l'agriculture et, le cas échéant, le ministre chargé de l'enseignement supérieur peuvent former un recours en cassation devant le Conseil d'État.

§ 2 Relèvement des exclusions, déchéances et incapacités

Art. R. 814-30-24 La demande en relèvement présentée en application de l'article L. 814-4 est adressée au ministre chargé de l'agriculture ou, le cas échéant, au ministre chargé de l'enseignement supérieur, qui la transmet au président du Conseil national de l'enseignement supérieur et de la recherche agricole, agroalimentaire et vétérinaire statuant en matière disciplinaire.

Art. R. 814-30-25 La demande est ensuite transmise au président de la section disciplinaire du conseil d'administration de l'établissement mentionné à l'article R. 812-24-1 devant laquelle la procédure disciplinaire ayant abouti à la décision en cause avait été engagée.

Le président de la section disciplinaire peut inviter le demandeur à fournir par écrit des précisions complémentaires sur sa situation actuelle et ses activités depuis l'intervention de la sanction.

La section disciplinaire statuant dans la formation correspondant à la situation du demandeur à l'époque de l'engagement de la procédure disciplinaire donne un avis motivé sur la demande.

Art. R. 814-30-26 La demande, accompagnée de l'avis motivé de la section disciplinaire et, le cas échéant, de l'échange de correspondances avec le demandeur, est transmise au président du Conseil national de l'enseignement supérieur et de la recherche agricole, agroalimentaire et vétérinaire statuant en matière disciplinaire.

Elle est examinée par la formation du Conseil national de l'enseignement supérieur et de la recherche agricole, agroalimentaire et vétérinaire statuant en matière disciplinaire, dont la composition est prévue aux articles R. 814-30-6 à R. 814-30-8 et selon la procédure fixée aux articles R. 814-30-12 à R. 814-30-19. Les termes "le demandeur" sont substitués dans ce cas aux termes "la personne déférée".

Art. R. 814-30-27 Les décisions de relèvement sont prises à la majorité des deux tiers des membres présents.

Ceux-ci peuvent toutefois décider par un vote à la majorité absolue le renvoi de l'examen de la demande à la session suivante du Conseil national de l'enseignement supérieur et de la recherche agricole, agroalimentaire et vétérinaire statuant en matière disciplinaire pour un complément d'instruction.

Le vote est secret.

Art. R. 814-30-28 La décision est prononcée en séance publique. La décision doit être motivée. Elle est signée par le président et le secrétaire de séance. Elle est notifiée par le ministre chargé de l'agriculture, le cas échéant, au ministre chargé de l'enseignement supérieur, au demandeur et au président de la section disciplinaire du conseil d'administration de l'établissement d'enseignement supérieur agricole public dont l'avis avait été sollicité.

Les décisions portant relèvement d'exclusions, déchéances et incapacités sont publiées au *Bulletin officiel* du ministère chargé de l'agriculture sous une forme anonyme.

SECTION 3 *[ABROGÉE]* Conseils de l'enseignement vétérinaire

(Abrogée par Décr. nº 2020-1520 du 3 déc. 2020, art. 3)

Art. R. 814-31 *Abrogé par Décr. nº 2020-1520 du 3 déc. 2020, art. 3.*

Art. R. 814-32 *Abrogé par Décr. nº 2019-1379 du 18 déc. 2019, art. 3, à compter du 1er janv. 2020.*

SECTION 4 Comités régionaux de l'enseignement agricole

Art. R. 814-33 Le comité régional de l'enseignement agricole, présidé par le préfet de région ou par son représentant, comprend, en outre, les membres suivants :

1° Au titre du 1° de l'article L. 814-1 :

a) Quatre représentants de l'État, à savoir :

– le directeur régional de l'alimentation, de l'agriculture et de la forêt ou, en cas d'absence ou d'empêchement, le chef du service régional de la formation et du développement ; dans les régions d'outre-mer, le directeur de l'agriculture et de la forêt ou son représentant ;

(Décr. nº 2013-703 du 1er août 2013, art. 4) « – le directeur régional de l'alimentation, de l'agriculture et de la forêt adjoint ou, à défaut, une personne désignée par le directeur régional de l'agriculture et de la forêt ou son représentant ; »

(Décr. nº 2015-1616 du 10 déc. 2015, art. 12, en vigueur le 1er janv. 2016) « – le recteur de région académique ou son représentant ; »

(Abrogé par Décr. nº 2013-703 du 1er août 2013, art. 4) « – le trésorier-payeur général de la région ou son représentant ; »

– le délégué régional à la formation professionnelle ou son représentant ;

b) Deux conseillers régionaux désignés par leur assemblée délibérante ;

c) Le président de la chambre régionale d'agriculture ou son représentant, ou, dans les régions d'outre-mer, le président de la chambre départementale d'agriculture ou son représentant ;

d) Un directeur d'établissement public d'enseignement agricole ou vétérinaire ;

e) Quatre représentants au plus des associations ou organismes responsables d'établissements d'enseignement agricole privés ayant passé un contrat avec l'État, ainsi répartis :

– un représentant de chaque organisation fédérative nationale des établissements implantés dans la région et un représentant de l'organisation fédérative des établissements de la région qui scolarise la plus forte proportion d'élèves ;

2° Au titre du 2° de l'article L. 814-1 :

a) Huit représentants des organisations syndicales représentatives des personnels des établissements d'enseignement agricole publics, désignés par leurs organisations respectives. La répartition des sièges entre ces organisations est fixée par le préfet de région au vu des résultats des élections organisées au plan régional ;

b) Quatre représentants des organisations syndicales représentatives des personnels des établissements d'enseignement agricole privés ayant passé un contrat avec l'État implantés dans la région, désignés par leurs organisations respectives. La liste des organisations syndicales représentatives et la répartition des sièges entre elles sont fixées par le préfet de région ;

3° Au titre du 3° de l'article L. 814-1 :

a) Six représentants des organisations représentatives des parents d'élèves de l'enseignement agricole, ainsi répartis :

– trois représentants des organisations représentatives des parents d'élèves des établissements d'enseignement agricole publics, désignés par leurs organisations respectives. La répartition des sièges entre ces organisations est fixée par le préfet de région au vu des résultats des élections aux conseils d'administration organisées dans les établissements de la région ;

– trois représentants des organisations représentatives des parents d'élèves des établissements d'enseignement agricole privés ayant passé un contrat avec l'État implantés dans la région, désignés par leurs organisations respectives. La liste des organisations représentatives et la répartition des sièges entre elles sont fixées par le préfet de région ;

b) Six représentants des organisations professionnelles et syndicales représentatives au plan régional des employeurs, des exploitants et des salariés, ainsi répartis :

– quatre représentants des organisations professionnelles et syndicales représentatives des exploitants et employeurs des secteurs de la production agricole, de la transformation et de la commercialisation des produits agricoles, désignés respectivement par ces organisations ;

– deux représentants des salariés de l'agriculture et des industries agroalimentaires appartenant aux organisations syndicales les plus représentatives au plan régional, désignés respectivement par ces organisations.

La liste des organisations professionnelles et syndicales représentatives et la répartition des sièges entre elles sont fixées par le préfet de région ;

(Décr. n° 2011-1462 du 7 nov. 2011, art. 2) « 4° Au titre du 4° de l'article L. 814-1 :

« *a)* Un représentant des élèves et étudiants des établissements d'enseignement agricole publics élu, ainsi que son suppléant, par et parmi les membres du conseil régional des délégués des élèves et étudiants de l'enseignement agricole public ;

« *b)* Un représentant des élèves et étudiants des établissements d'enseignement agricole privés élu, ainsi que son suppléant, par et parmi les délégués des élèves et étudiants inscrits dans les établissements situés dans le ressort du comité, ayant conclu un contrat avec l'État en application des articles L. 813-8 et L. 813-9. Les élèves et étudiants n'ayant pas de délégués appartiennent à un collège où tous sont électeurs et éligibles.

« Lorsqu'il n'existe pas d'établissement privé dans le ressort d'un comité régional, le siège mentionné au *b* est attribué à un représentant des élèves et étudiants des établissements d'enseignement agricole publics, élu parmi les membres du conseil régional des délégués des élèves et étudiants de l'enseignement agricole public. » – *[Décr. n° 90-124 du 5 févr. 1990, art. 1er.]*

Art. R. 814-33-1 *(Décr. n° 2017-1822 du 28 déc. 2017, art. 1er-9°)* Pour l'application en Corse de l'article R. 814-33, les deux conseillers régionaux prévus au *b* sont remplacés par un conseiller exécutif désigné par le président du conseil exécutif de Corse et par un conseiller à l'Assemblée de Corse désigné par celle-ci.

Chaque conseiller a un suppléant désigné respectivement par le président du conseil exécutif de Corse et par l'Assemblée de Corse en même temps que le titulaire.

Art. R. 814-34 *(Décr. n° 2011-1462 du 7 nov. 2011, art. 3)* « A l'exception des représentants de l'État, de la région et des élèves et étudiants, les membres du comité régional de l'enseignement agricole sont nommés par arrêté du préfet de région pour une durée de trois ans. Les représentants des élèves et étudiants sont élus pour deux ans, au scrutin plurinominal majoritaire à un tour, selon les modalités fixées par arrêté du ministre chargé de l'agriculture. »

Chaque conseiller régional a un suppléant désigné par le conseil régional en même temps que le titulaire.

Chaque membre titulaire du comité nommé par le préfet de région a un suppléant désigné dans les mêmes conditions et pour la même durée que le titulaire.

Lorsqu'un membre titulaire ou suppléant nommé par le préfet de région perd, en cours de mandat, la qualité au titre de laquelle il a été désigné, le préfet de région procède, dans les conditions prévues à l'article R. 814-17 ci-dessus, à une nouvelle nomination pour la durée du mandat restant à courir.

Les membres suppléants du comité ne peuvent siéger qu'en cas d'absence ou d'empêchement des titulaires. – *[Décr. nº 90-124 du 5 févr. 1990, art. 2.]*

Art. R. 814-35 Le préfet de région peut nommer également par arrêté au comité régional de l'enseignement agricole des personnalités qualifiées, notamment dans le domaine de la recherche, qui siègent à titre consultatif. Leur nombre ne peut excéder trois, et leur mandat ne peut être supérieur à trois ans. – *[Décr. nº 90-124 du 5 févr. 1990, art. 3.]*

Art. R.* 814-36 Le comité régional de l'enseignement agricole se réunit au moins une fois par an sur convocation du préfet de région qui en fixe l'ordre du jour. L'ordre du jour, sauf en cas d'urgence, est adressé aux membres titulaires et suppléants, avec les documents y afférents, quinze jours au moins avant la séance. Le comité arrête son règlement intérieur. – *[Décr. nº 90-124 du 5 févr. 1990, art. 4.]*

Art. R. 814-37 Le comité régional de l'enseignement agricole ne peut délibérer que si la moitié au moins de ses membres est présente.

Si le quorum n'est pas atteint, une nouvelle réunion est convoquée dans un délai maximum de quinze jours ; à cette séance le quorum n'est pas exigé.

Les délibérations sont prises dans tous les cas à la majorité des voix des membres présents.

Le comité peut également se réunir à la demande d'un tiers au moins de ses membres sur un ordre du jour particulier. – *[Décr. nº 90-124 du 5 févr. 1990, art. 5.]*

Art. R. 814-38 Le préfet de région peut, à son initiative ou sur proposition de la majorité des membres du comité, constituer au sein de ce dernier des commissions spécialisées suivant les modalités définies par le règlement intérieur prévu à l'article R. 814-20. – *[Décr. nº 90-124 du 5 févr. 1990, art. 6.]*

Art. R. 814-39 Le comité régional de l'enseignement agricole et les commissions spécialisées constituées en son sein peuvent entendre toute personne dont l'audition est jugée utile par leur président, ou demandée par le tiers au moins de leurs membres. – *[Décr. nº 90-124 du 5 févr. 1990, art. 7.]*

Art. R. 814-40 Les dépenses afférentes aux frais de déplacement des membres du comité mentionnés aux 1º *(c, d et e)*, 2º *(a et b)* et 3º *(a et b)* de l'article *(Décr. nº 2017-1772 du 27 déc. 2017, art. 5-3º)* « R. 814-33 » ci-dessus sont remboursées dans les conditions fixées par *(Décr. nº 2017-1772 du 27 déc. 2017, art. 5-3º)* « le décret nº 2006-781 du 3 juillet 2006 fixant les conditions et modalités de règlement des frais occasionnés par les déplacements temporaires des personnels civils de l'État ». – *[Décr. nº 90-124 du 5 févr. 1990, art. 8.]*

SECTION 5 Conseils des délégués et des élèves et étudiants de l'enseignement agricole public

(Décr. nº 2011-1462 du 7 nov. 2011, art. 4)

SOUS-SECTION 1 Conseil national des délégués des élèves et étudiants de l'enseignement agricole public

Art. D. 814-41 Le Conseil national des délégués des élèves et étudiants de l'enseignement agricole public peut être consulté par le ministre chargé de l'agriculture sur les questions relatives au travail scolaire, à l'orientation, à l'insertion des élèves et des étudiants et à la vie matérielle, sociale, culturelle et sportive dans les établissements publics locaux d'enseignement et de formation professionnelle agricoles.

Il est informé des grandes orientations de la politique éducative dans les lycées de l'enseignement agricole public.

Art. R. 814-42 Le Conseil national des délégués des élèves et étudiants de l'enseignement agricole public est présidé par le ministre chargé de l'agriculture ou son représentant.

Ses membres sont élus pour une durée de deux ans par les conseils régionaux des délégués des élèves et étudiants de l'enseignement agricole public, chaque conseil désignant en son sein deux membres titulaires et deux membres suppléants.

Les modalités de cette élection sont fixées par arrêté du ministre chargé de l'agriculture. La liste des membres du conseil est publiée par arrêté du ministre chargé de l'agriculture.

Un membre suppléant ne peut siéger qu'en l'absence du titulaire.

Lorsqu'un membre titulaire perd la qualité d'élève ou d'étudiant, démissionne ou change de collège électoral, il est remplacé jusqu'à l'expiration de son mandat par son suppléant.

Les membres du conseil sont renouvelés par moitié tous les ans.

Art. D. 814-43 Le Conseil national des délégués des élèves et étudiants de l'enseignement agricole public se réunit au moins une fois par an.

Le conseil adopte un règlement intérieur.

Les séances du conseil ne sont pas publiques ; elles peuvent être ouvertes, si le règlement intérieur le prévoit, aux membres suppléants en tant qu'auditeurs.

Le conseil peut entendre, en fonction des thèmes inscrits à l'ordre du jour et avec l'accord de son président, toute personne dont le concours est jugé utile à ses travaux.

SOUS-SECTION 2 **Conseils régionaux des délégués des élèves et étudiants de l'enseignement agricole public**

Art. D. 814-44 Un conseil régional des délégués des élèves et étudiants de l'enseignement agricole public est présidé par le directeur régional de l'alimentation, de l'agriculture et de la forêt ou son représentant. Il peut être consulté par le directeur régional de l'alimentation, de l'agriculture et de la forêt sur les questions relatives à la vie scolaire et au travail scolaire dans les établissements publics locaux d'enseignement et de formation professionnelle agricoles.

Il est informé des grandes orientations de la politique éducative dans les lycées de l'enseignement agricole public.

Art. D. 814-45 Le conseil régional des délégués des élèves et étudiants de l'enseignement agricole public se compose des représentants des délégués des élèves et étudiants des lycées des établissements publics locaux d'enseignement et de formation professionnelle agricoles ayant leur siège dans son ressort géographique.

Ces représentants sont élus pour une durée de deux ans par les conseils des délégués des élèves en leur sein, à raison de deux représentants titulaires et de deux représentants suppléants par lycée, selon des modalités fixées par arrêté du ministre chargé de l'agriculture.

Un membre suppléant ne peut siéger qu'en l'absence du titulaire.

Lorsqu'un membre titulaire perd la qualité d'élève ou d'étudiant, démissionne ou change de collège électoral, il est remplacé jusqu'à l'expiration de son mandat par son suppléant.

Art. D. 814-46 La liste des membres du conseil mentionné à l'article D. 814-44 est publiée par le directeur régional de l'alimentation, de l'agriculture et de la forêt.

Art. D. 814-47 Les règles de fonctionnement définies à l'article D. 814-43 sont applicables aux conseils régionaux des délégués des élèves et étudiants de l'enseignement agricole public.

SECTION 6 *[ABROGÉE]* **Commission professionnelle consultative des métiers de l'agriculture, de la transformation, des services et de l'aménagement des espaces**

(Abrogée par Décr. n° 2019-958 du 13 sept. 2019, art. 16) (Décr. n° 2012-982 du 21 août 2012, art. 1er)

Art. D. 814-48 à D. 814-51 *Abrogés par Décr. n° 2019-958 du 13 sept. 2019, art. 16. — Sur la commission professionnelle consultative « Agriculture, agroalimentaire et aménagement des espaces », V. désormais Décr. n° 2019-958 du 13 sept. 2019 instituant les commissions profession-*

nelles consultatives chargées d'examiner les projets de création, de révision ou de suppression de diplômes et titres à finalité professionnelle délivrés au nom de l'État, art. 1er (JO 15 sept.), mod. par Décr. n° 2022-4 du 4 janv. 2022 (JO 5 janv.).

CHAPITRE V **DISPOSITIONS PARTICULIÈRES**

(Décr. n° 2007-1403 du 28 sept. 2007)

Art. D. 815-1 Afin de garantir l'égalité des chances entre les candidats, les candidats aux examens ou concours de l'enseignement technique agricole et de l'enseignement supérieur agricole qui présentent un handicap tel que défini à l'article L. 114 du code de l'action sociale et des familles bénéficient des aménagements rendus nécessaires par leur situation.

Art. D. 815-2 Les aménagements mentionnés à l'article D. 815-1 concernent tous les examens ou concours de l'enseignement technique agricole et de l'enseignement supérieur agricole organisés par le ministre chargé de l'agriculture, ou par des établissements d'enseignement supérieur agricole.

Ils peuvent concerner toutes les formes d'épreuves de ces examens ou concours, quel que soit le mode d'évaluation des épreuves et, pour un diplôme, quel que soit son mode d'acquisition.

Ils peuvent, selon les conditions individuelles, s'appliquer à tout ou partie des épreuves de ces examens ou concours.

Art. D. 815-3 Les candidats mentionnés à l'article D. 815-1 peuvent bénéficier d'aménagements portant sur :

1. Les conditions de déroulement des épreuves, de nature à leur permettre de bénéficier des conditions matérielles, des aides techniques, des aides humaines, appropriées à leur situation ;

2. Une majoration du temps imparti pour une ou plusieurs épreuves, qui ne peut excéder le tiers du temps normalement prévu pour chacune d'elles ;

3. La conservation, durant cinq ans, des notes à des épreuves ou des unités obtenues à l'un des examens mentionnés à l'article D. 815-2, ainsi que le bénéfice d'acquis obtenus dans le cadre de la procédure de validation des acquis de l'expérience, le cas échéant ;

4. L'étalement sur plusieurs sessions du passage des épreuves de l'un des examens mentionnés à l'article D. 815-2 ;

5. Des adaptations d'épreuves ou des dispenses d'épreuves, rendues nécessaires par certaines situations de handicap, dans les conditions prévues par arrêté du ministre chargé de l'agriculture. — *V. Arr. du 28 juill. 2022 relatif à l'adaptation des épreuves de langue vivante à l'examen du brevet de technicien supérieur agricole pour les candidats en situation de handicap (JO 31 juill.).*

Art. D. 815-4 Les candidats sollicitant un aménagement des conditions d'examen ou de concours adressent leur demande à l'un des médecins désignés par la commission mentionnée à l'article L. 146-9 du code de l'action sociale et des familles.

Le médecin rend un avis, qui est adressé au candidat et à l'autorité administrative compétente pour organiser l'examen ou le concours, dans lequel il propose des aménagements. L'autorité administrative décide des aménagements accordés et notifie sa décision au candidat.

Art. R.* 815-4-1 *(Décr. n° 2017-1411 du 27 sept. 2017, art. 2-69°)* Le silence gardé par l'autorité administrative compétente pour organiser un examen ou un concours sur une demande d'autorisation d'aménagement des conditions d'examen ou de concours en cas de handicap, mentionnée aux articles D. 815-1 et D. 815-4, vaut décision de rejet.

Art. D. 815-4-2 *(Décr. n° 2020-1523 du 4 déc. 2020, art. 4)* Par dérogation aux dispositions du premier alinéa de l'article D. 815-4, les candidats qui bénéficient d'un projet personnalisé de scolarisation, d'un projet d'accueil individualisé ou d'un plan d'accompagnement personnalisé accordé au titre d'un trouble du neuro-développement adressent leur demande d'aménagements des conditions d'examen ou de concours à l'autorité administrative compétente pour ouvrir et organiser l'examen ou le concours dans les délais prévus au deuxième alinéa de l'article D. 815-4, sans solliciter un nouvel avis médical.

Lorsque ces candidats sollicitent des aménagements qui ne sont pas en cohérence avec ceux prévus par le plan ou projet dont ils bénéficient ou lorsqu'ils sollicitent la majoration prévue au 2 de l'article D. 815-3, ils ne peuvent bénéficier de la procédure dérogatoire prévue à l'alinéa précédent.

Art. D. 815-5 L'autorité administrative compétente pour organiser l'examen ou le concours s'assure de l'accessibilité aux personnes handicapées des locaux prévus pour le déroulement des épreuves. Elle met en place les aménagements autorisés pour chaque candidat.

Art. D. 815-6 Le président du jury de l'examen ou du concours est informé par le service organisateur de ce dernier des aménagements dont ont bénéficié les candidats concernés, dans le respect de la règle d'anonymat des candidats. Il informe, le cas échéant, les membres du jury des aménagements mis en œuvre.

TITRE II DÉVELOPPEMENT AGRICOLE

(Décr. nº 2001-961 du 22 oct. 2001)

CHAPITRE I LES INSTANCES DU DÉVELOPPEMENT AGRICOLE

(Décr. nº 2001-961 du 22 oct. 2001)

SECTION 1 Instance nationale

(Décr. nº 2006-906 du 21 juill. 2006)

Art. D. 821-1 La commission technique spécialisée du Conseil supérieur d'orientation et de coordination de l'économie agricole et alimentaire prévue *(Décr. nº 2017-1772 du 27 déc. 2017, art. 6-1º)* « au paragraphe 2 de la sous-section 2 de la section 1 du chapitre I du titre I du livre VI » est consultée sur la cohérence des actions menées en matière de recherche appliquée, d'expérimentation et de développement agricole et rural, et financées par le compte d'affectation spéciale "développement agricole et rural".

SECTION 2 Instances régionales et départementales

Art. D. 821-2 *(Décr. nº 2007-345 du 14 mars 2007)* Avec l'appui du comité mentionné à l'article *(Décr. nº 2017-1772 du 27 déc. 2017, art. 6-2º)* « D. 512-6 », la chambre régionale d'agriculture :

1º Élabore le programme pluriannuel régional de développement agricole mentionné à l'article R. 822-1, en concertation avec les chambres départementales d'agriculture ;

2º Assure la coordination, le suivi et l'évaluation de ce programme ainsi que la gestion des crédits correspondants.

Elle peut contribuer au financement de ce programme. — *L'art. R. 821-13 devient l'art. D. 821-2, les divisions « a » et « b » sont remplacées par les divisions « 1º » et « 2º » (Décr. nº 2017-1772 du 27 déc. 2017, art. 6-2º).*

Art. D. 821-10 à D. 821-12 *Abrogés par Décr. nº 2006-665 du 7 juin 2006, art. 18-II.*

Art. R. 821-13 *Transféré ss. art. D. 821-2.*

Art. R. 821-14 *Abrogé par Décr. nº 2007-345 du 14 mars 2007.*

SECTION 3 *[ABROGÉE]* Dispositions particulières aux départements d'outre-mer

(Abrogée par Décr. nº 2016-781 du 10 juin 2016, art. 9-4º, à compter du 1er juill. 2016)

Art. D. 821-15 et R. 821-16 *Abrogés par Décr. nº 2016-781 du 10 juin 2016, art. 9-4º, à compter du 1er juill. 2016.*

CHAPITRE II PROGRAMMATION ET FINANCEMENT DU DÉVELOPPEMENT AGRICOLE ET RURAL

(Décr. n° 2006-466 du 21 avr. 2006)

Art. R. 822-1 Le ministre chargé de l'agriculture fixe, après concertation avec les organisations professionnelles agricoles, les priorités du développement agricole et rural.

Il conclut, pour leur mise en œuvre, des contrats d'objectifs avec les chambres d'agriculture, *(Décr. n° 2024-80 du 2 févr. 2024, art. 1er)* « Chambres d'agriculture France », les instituts et centres techniques agricoles mentionnés au deuxième alinéa de l'article L. 830-1 et leur association de coordination.

Les chambres régionales d'agriculture, *(Décr. n° 2024-80 du 2 févr. 2024, art. 1er)* « Chambres d'agriculture France », les instituts et centres techniques élaborent leur programme pluriannuel de développement agricole et rural.

Ces programmes sont approuvés par le ministre chargé de l'agriculture après qu'il en a apprécié l'intérêt et la compatibilité avec les priorités définies en application du premier alinéa, en recourant à une expertise indépendante. Ces programmes ainsi que, le cas échéant, ceux d'autres organismes compétents en matière de développement agricole et rural sont ensuite intégrés dans le programme national pluriannuel de développement agricole qui comprend également les actions retenues dans le cadre d'appels à projets. Le ministre approuve le programme national.

Les actions relevant du programme national pluriannuel de développement agricole et rural peuvent faire l'objet d'une subvention financée par le compte d'affectation spéciale "développement agricole et rural". Cette subvention est régie par une convention qui précise en particulier les modalités d'évaluation des actions ainsi que les conditions dans lesquelles l'État peut désigner auprès de l'organisme un représentant chargé de contrôler l'emploi de la subvention.

(Décr. n° 2011-216 du 25 févr. 2011) « L'établissement mentionné à l'article L. 621-1 élabore un programme pluriannuel tendant à favoriser le progrès génétique animal. Les actions relevant de ce programme peuvent faire l'objet d'une subvention financée par le compte d'affectation spéciale "développement agricole et rural". »

Les conditions de mise en œuvre du présent article, notamment le contenu des contrats d'objectifs et des conventions, les modalités d'évaluation ou d'expertise et la nature des consultations auxquelles il peut être procédé, sont précisées en tant que de besoin par arrêté du ministre de l'agriculture. — *V. Arr. du 19 oct. 2006 relatif à l'élaboration et à l'évaluation du programme national de développement agricole et rural (JO 8 nov.).*

CHAPITRE III LES INSTITUTS TECHNIQUES

(Décr. n° 2006-1154 du 15 sept. 2006)

Art. D. 823-1 Dans le cadre des politiques publiques intéressant les domaines *(Décr. n° 2017-1772 du 27 déc. 2017, art. 6-3°)* « mentionnés à l'article L. 800-1 », les instituts techniques agricoles ou agro-industriels ont pour finalité de répondre aux besoins collectifs des acteurs économiques de leur secteur. A cette fin, ils développent des activités techniques ou socio-économiques permettant d'améliorer la compétitivité des exploitations ou des entreprises et leur adaptation aux attentes sociales dans le cadre des objectifs de développement durable, de qualité des produits, de protection de l'environnement, d'aménagement du territoire et de maintien de l'emploi en milieu rural. Ils concourent aux missions de recherche prévues aux articles L. 830-1 du présent code et *(Décr. n° 2012-836 du 29 juin 2012, art. 4-9°, en vigueur le 1er juill. 2012)* « L. 152-1 » du code forestier.

Ils exercent les missions d'intérêt général suivantes :

1° Ils analysent les besoins des exploitations et entreprises de leur secteur en vue du renforcement de leur compétitivité et de leur adaptation aux demandes sociales ;

2° Ils assemblent les connaissances scientifiques, les technologies nouvelles et les savoir-faire, qu'ils soient nationaux ou internationaux, pour mettre au point des procédés, des produits et des services innovants ;

3° Ils réalisent, notamment dans le cadre des projets communs mentionnés à l'article L. 800-1 *(Décr. n° 2017-1772 du 27 déc. 2017, art. 6-3°)* « du présent code :

« *a)* – Des » activités de recherche appliquée à caractère collectif visant à discerner les applications possibles des résultats d'une recherche fondamentale ou à trouver des solutions nouvelles permettant aux entreprises d'atteindre un objectif déterminé ;

(Décr. nº 2017-1772 du 27 déc. 2017, art. 6-3º) « *b)* – Ou » des activités de développement expérimental à caractère collectif effectuées, au moyen de prototypes ou d'installations pilotes, dans le but de réunir toutes les informations nécessaires pour fournir les éléments techniques des décisions, en vue de la production de nouveaux matériaux, dispositifs, produits, procédés, systèmes, services ou en vue de leur amélioration substantielle ;

4º Ils concourent au développement de l'information scientifique et technique en regroupant les connaissances, technologies et savoir-faire ;

5º Ils contribuent à la diffusion et à la valorisation des résultats de la recherche ;

6º Ils effectuent des expertises pour éclairer les décisions des entreprises et des administrations ;

7º Ils concourent à la définition objective de la qualité des produits de leur secteur dans le cadre des procédures de normalisation, de certification ou de qualification. – *Les divisions « a », « b », « c », « d », « e », f » et « g » sont respectivement remplacées par les divisions « 1º », « 2º », « 3º », « 4º », « 5º », « 6º » et « 7º » (Décr. nº 2017-1772 du 27 déc. 2017, art. 6-3º).*

Art. D. 823-2 Les instituts et centres techniques liés aux professions à compétence nationale bénéficient à leur demande de la qualification d'"institut technique agricole" ou d'"institut technique agro-industriel" s'ils exercent les missions d'intérêt général énumérées à l'article D. 823-1 et répondent à un cahier des charges approuvé par arrêté du ministre chargé de l'agriculture.

En particulier ces organismes doivent :

1º Employer des personnels chercheurs, ingénieurs ou techniciens disposant des qualifications pour mener les missions visées à l'article précédent et dont ils veillent à entretenir et enrichir les compétences.

2º Être dotés d'un conseil scientifique, présidé par un chercheur ou enseignant-chercheur. Ce conseil est consulté sur la politique de recherche de l'organisme, son programme de travail et les procédures d'évaluation de ses activités.

Les centres techniques industriels mentionnés à l'article *(Ord. nº 2014-135 du 17 févr. 2014, art. 3-11º)* « L. 521-1 » du code de la recherche sont présumés satisfaire à ces conditions.

Cette qualification est accordée par le ministre chargé de l'agriculture, pour une durée de cinq ans renouvelable. Il se prononce après avoir recueilli l'avis, le cas échéant, des conseils scientifiques mentionnés au 2 de l'article D. 823-3 *(Décr. nº 2017-1772 du 27 déc. 2017, art. 6-4º)* « du présent code » et celui d'experts, qu'il désigne par arrêté. – *Les divisions « 1. » et « 2. » sont remplacées par les divisions « 1º » et « 2º » (Décr. nº 2017-1772 du 27 déc. 2017, art. 6-4º).*

V. Arr. du 22 févr. 2012 relatif à la qualification d'institut technique agricole ou agro-industriel (JO 28 févr.).

Art. D. 823-3 Les structures nationales de coordination des instituts techniques peuvent bénéficier, selon la même procédure, de la qualification mentionnée à l'article D. 823-2, si elles satisfont aux conditions ci-dessous énumérées et répondent à un cahier des charges type approuvé par arrêté du ministre chargé de l'agriculture :

1. Elles exercent les missions d'intérêt général suivantes :

a) Elles élaborent et concluent avec l'État un contrat d'objectifs au nom des membres de leur réseau, impulsent et coordonnent sa mise en œuvre et veillent à son application ;

b) Elles identifient les questions transversales ou innovantes dans les domaines de compétence des instituts techniques de leur réseau et veillent à leur prise en charge ;

c) Elles favorisent l'élaboration de projets communs entre les instituts techniques et entre ceux-ci et les autres organismes ou établissements mentionnés à l'article L. 800-1 ;

d) Elles contribuent au maintien et au développement des compétences scientifiques et techniques des instituts techniques ;

e) Elles favorisent l'insertion des instituts techniques au sein de l'espace européen de la recherche.

2. Elles sont dotées d'un conseil scientifique, présidé par une personnalité de la recherche publique désignée avec l'accord des ministres chargés de l'agriculture et de la recherche, et composé notamment des présidents des conseils scientifiques des instituts techniques membres du réseau ; ce conseil scientifique contribue à l'élaboration du contrat d'objectifs du réseau et à l'évaluation de sa mise en œuvre et de ses résultats.

TITRE III RECHERCHE AGRONOMIQUE

(Décr. n° 84-1120 du 14 déc. 1984)

CHAPITRE UNIQUE INSTITUT NATIONAL DE RECHERCHE POUR L'AGRICULTURE, L'ALIMENTATION ET L'ENVIRONNEMENT

(Décr. n° 2019-1046 du 10 oct. 2019, art. 1er).

SECTION 1 Dispositions générales

Art. R. 831-1 *(Décr. n° 2019-1046 du 10 oct. 2019, art. 2, en vigueur le 1er janv. 2020)* L'Institut national de recherche pour l'agriculture, l'alimentation et l'environnement (INRAE) est un établissement public national à caractère scientifique et technologique placé sous la tutelle conjointe du ministre chargé de la recherche et du ministre chargé de l'agriculture.

L'institut a pour missions de réaliser, d'organiser et de coordonner, à son initiative ou à la demande de l'État, tous travaux de recherche scientifique et technologique dans les domaines de l'agriculture, de l'alimentation, de la forêt, de l'environnement, de l'eau, de la biodiversité, de la bioéconomie, de l'économie circulaire, de la gestion durable des territoires et des risques dans les champs de compétence précités.

A ce titre, l'institut :

1° Produit, publie et diffuse les connaissances scientifiques résultant de ses travaux de recherche et d'expertise ;

2° Organise, en l'absence de dispositions ou clauses contraires, l'accès libre aux données scientifiques et aux publications ;

3° Concourt à l'élaboration de la politique et de la stratégie nationale et européenne de recherche ;

4° Apporte son concours à l'enseignement supérieur et à la formation à la recherche et par la recherche dans ses domaines de compétence ;

5° Établit et met en œuvre des partenariats avec les établissements d'enseignement supérieur et de recherche ;

6° Contribue, par la valorisation de ses compétences, de ses savoir-faire et des résultats de la recherche, à la conception d'innovations technologiques et sociales ;

7° Contribue au développement de la capacité d'expertise scientifique et technologique, conduit des expertises et contribue aux activités de normalisation, en appui aux politiques publiques, aux fondations et associations reconnues d'utilité publique, pour répondre aux enjeux du développement durable ;

8° Participe aux débats qui portent sur la place de la science et de la technologie dans la société.

Art. R. 831-2 *(Décr. n° 2019-1046 du 10 oct. 2019, art. 3, en vigueur le 1er janv. 2020)* Pour l'accomplissement de ses missions, l'institut peut notamment :

1° Créer, gérer et subventionner des unités de recherche ou d'autres formations de recherche ou d'appui à la recherche ;

2° Contribuer aux recherches entreprises dans des laboratoires relevant d'autres organismes publics ou privés de recherche, notamment par l'attribution d'aides financières, le détachement ou la mise à disposition de personnels de recherche ;

3° Participer, en France et à l'étranger, à des actions menées en commun avec des services de l'État, des collectivités territoriales ou d'autres organismes publics ou privés, français ou étrangers ; cette participation peut donner lieu à la mise en place par convention de structures de recherche associées ou communes regroupant des services ou des équipements nécessaires à l'accomplissement de ses missions ;

4° Participer à l'élaboration et à la mise en œuvre d'accords de coopération scientifique internationale et de coopération pour le développement ;

5° Prendre des participations et constituer des sociétés filiales en vue notamment d'assurer la valorisation de ses recherches ;

6° Accueillir et rémunérer temporairement des professeurs et chercheurs, ou d'autres personnalités extérieures appartenant au secteur public ou privé, de nationalité française ou étrangère, afin de s'assurer leur concours à titre de conseillers scientifiques.

SECTION 2 **Administration de l'institut** *(Décr. n° 2019-1046 du 10 oct. 2019, art. 4).*

Art. R. 831-3 *(Décr. n° 2019-1046 du 10 oct. 2019, art. 5, en vigueur le 1er janv. 2020)* **L'institut est administré par un conseil d'administration, présidé par le président de l'institut.**

Le président assure la direction générale.

Il est assisté d'un conseil scientifique et d'un ou plusieurs directeurs généraux délégués.

Art. R. 831-3-1 *(Décr. n° 2019-1046 du 10 oct. 2019, art. 6, en vigueur le 1er janv. 2020)* **Le président de l'institut, choisi parmi les personnalités ayant une compétence reconnue dans le domaine scientifique et technique, est nommé pour une durée de quatre ans, renouvelable une fois, par décret pris sur proposition des ministres chargés de la recherche et de l'agriculture. Cette nomination intervient après un appel public à candidatures établi sous forme d'avis par le ministre chargé de la recherche, publié au *Journal officiel*, et l'examen de ces candidatures par la commission prévue à l'article R. 831-3-2.** – *Le président de l'Institut national de la recherche agronomique en fonction à la date d'entrée en vigueur du Décr. n° 2019-1046 du 10 oct. 2019 poursuit son mandat jusqu'à son terme en qualité de président de l'Institut national de recherche pour l'agriculture, l'alimentation et l'environnement (Décr. préc., art. 17).*

Art. R. 831-3-2 *(Décr. n° 2019-1046 du 10 oct. 2019, art. 6, en vigueur le 1er janv. 2020)* **La commission d'examen des candidatures mentionnée à l'article R. 831-3-1 est composée de quatre ou six personnalités choisies en raison de leur compétence dans les domaines d'activités de l'établissement, parmi lesquelles un président, nommées par arrêté conjoint des ministres chargés de la recherche et de l'agriculture. Elle comprend un nombre égal de femmes et d'hommes.**

Après examen des dossiers de candidature transmis à chacun de ses membres par les ministres chargés de la recherche et de l'agriculture, la commission sélectionne les candidats qu'elle auditionnera, dans la limite de six. En cas de partage égal des avis sur le choix de ces candidats, la voix du président de la commission est prépondérante. La commission transmet un rapport écrit motivant l'avis porté sur chacun des candidats auditionnés aux mêmes ministres afin d'éclairer leur choix.

La liste des candidats, les dossiers de candidature et les débats de la commission sont confidentiels.

Le mandat des membres de la commission cesse de plein droit à compter de la date de nomination du président de l'institut.

Les membres de la commission exercent leurs fonctions à titre gratuit. Toutefois, leurs frais de déplacement et de séjour peuvent être remboursés dans les conditions prévues par la réglementation applicable aux personnels civils de l'État.

Art. R. 831-4 *(Décr. n° 2019-1046 du 10 oct. 2019, art. 7, en vigueur le 1er janv. 2020)* **Le conseil d'administration de l'Institut national de recherche pour l'agriculture, l'alimentation et l'environnement comprend, outre le président, dix-huit membres :**

1° Quatre représentants de l'État, désignés respectivement par les ministres chargés de la recherche, de l'agriculture, de l'environnement et du budget ; un suppléant est désigné dans les mêmes conditions pour chacun de ces membres ;

2° Deux représentants d'établissements publics ayant une mission d'enseignement supérieur ou de recherche ;

3° Sept personnalités qualifiées, choisies :

***a)* Pour cinq d'entre elles en fonction de leurs compétences dans les secteurs de l'agriculture, de l'environnement et de l'alimentation dont deux au moins représentant le monde du travail et de l'économie ;**

b) Pour deux d'entre elles parmi les représentants d'associations agréées de défense des consommateurs mentionnées à l'article L. 811-1 du code de la consommation et d'associations agréées de protection de l'environnement mentionnées à l'article L. 141-1 du code de l'environnement ;

4° Cinq représentants élus du personnel de l'établissement ; les représentants élus ont chacun un suppléant élu dans les mêmes conditions.

Les membres du conseil d'administration autres que les représentants de l'État et les représentants élus du personnel sont nommés par arrêté conjoint des ministres chargés de la recherche et de l'agriculture.

Les administrateurs siègent personnellement au conseil. En cas d'absence ou d'empêchement, un administrateur peut donner pouvoir écrit de le représenter à un administrateur de son choix. Un administrateur ne peut détenir plus de deux pouvoirs.

Les mandats sont de quatre ans, renouvelables une fois.

Les membres du conseil d'administration décédés ou démissionnaires sont remplacés pour la durée du mandat restant à courir. Il en va de même pour ceux qui, en cours de mandat, n'occupent plus les fonctions à raison desquelles ils ont été désignés.

Les fonctions de membre du conseil d'administration sont gratuites. Toutefois, leurs frais de déplacement et de séjour peuvent être remboursés dans les conditions prévues par la réglementation applicable aux personnels civils de l'État.

Le président du conseil scientifique, le ou les directeurs généraux délégués de l'institut, le contrôleur budgétaire et l'agent comptable assistent aux séances du conseil d'administration avec voix consultative.

Le président de l'institut peut inviter à participer aux réunions de ce conseil tout expert jugé utile en fonction de l'ordre du jour. Les experts ont voix consultative.

Un arrêté conjoint des ministres chargés de la recherche et de l'agriculture fixe les modalités d'élection, de suppléance et de remplacement des représentants du personnel.

Art. R. 831-4-1 et R. 831-4-2 *Abrogés par Décr. n° 2019-1046 du 10 oct. 2019, art. 6, à compter du 1er janv. 2020.*

Art. R. 831-5 *(Décr. n° 84-1120 du 14 déc. 1984)* Le conseil d'administration se réunit aussi souvent qu'il est nécessaire et au moins quatre fois par an, sur convocation de son président *(Abrogé par Décr. n° 90-648 du 13 juill. 1990) « qui en fixe l'ordre du jour ».*

Le conseil d'administration ne délibère valablement que si la majorité de ses membres est présente *(Décr. n° 2015-1517 du 23 nov. 2015, art. 7)* « ou représentée, ou participe à la séance par des moyens de conférence téléphonique ou audiovisuelle permettant l'identification de ces membres et leur participation effective à une délibération collégiale ». Si le quorum n'est pas atteint, le conseil est de nouveau convoqué avec le même ordre du jour dans un délai maximal de trois semaines ; il délibère alors valablement sans condition de quorum.

Les délibérations du conseil sont prises à la majorité absolue des votants ; en cas de partage, la voix du président est prépondérante.

Le lieu, la date et l'heure ainsi que l'ordre du jour des séances sont portés au moins quinze jours à l'avance à la connaissance des membres du conseil d'administration ainsi que du contrôleur budgétaire.

(Décr. n° 2015-1517 du 23 nov. 2015, art. 7) « Si cela s'avère nécessaire pour assurer le bon fonctionnement de l'établissement, une délibération peut être organisée à l'initiative du président du conseil d'administration sous la forme d'échanges écrits transmis par voie électronique. La délibération est adoptée conformément aux dispositions du décret n° 2014-1627 du 26 décembre 2014 relatif aux modalités d'organisation des délibérations à distance des instances administratives à caractère collégial. »

Art. R. 831-6 *(Décr. n° 2019-1046 du 10 oct. 2019, art. 8, en vigueur le 1er janv. 2020)* Le conseil d'administration délibère notamment sur :

1° L'orientation de la politique de recherche de l'institut, le projet de contrat pluriannuel prévu à l'article L. 311-2 du code de la recherche, les programmes généraux d'activités et d'investissements et l'exploitation des résultats de la recherche ;

2° Les mesures générales relatives à l'organisation de l'institut et le règlement intérieur du conseil d'administration ;

3° La création, après avis du conseil scientifique, de commissions scientifiques spécialisées ;

4° Le budget et ses modifications, le compte financier ;

5° Le rapport annuel d'activité ;

6° Les contrats et marchés ;

7° Les emprunts ;

8° La participation à des organismes dotés de la personnalité morale ;

9° Les projets d'achats, ventes et échanges d'immeubles, de constitutions d'hypothèques, les projets de baux et de location d'une durée supérieure à neuf ans ;

10° Les prises, extensions ou cessions de participations financières et créations de sociétés filiales ;

11° L'acceptation des dons et legs ;

12° Les actions en justice, les transactions ainsi que le recours à l'arbitrage.

Le conseil d'administration peut demander à l'instance mentionnée à l'article L. 114-3-1 du code de la recherche de procéder à l'évaluation de l'établissement ou de s'assurer de la qualité de cette évaluation, dans les conditions prévues au 1° de cet article. Il peut également lui confier l'organisation des évaluations des unités de recherche dans les conditions prévues au 2° du même article, ou lui demander de s'assurer de la qualité des évaluations conduites par le conseil scientifique en validant la procédure que ce dernier propose.

Le conseil d'administration se prononce en outre sur toutes les questions qui lui sont soumises par le président de l'institut, le ministre chargé de la recherche et le ministre chargé de l'agriculture.

En ce qui concerne les matières énumérées aux 5°, 6°, 8°, 9° et 12° ainsi que, pour les montants inférieurs à un seuil qu'il fixe, au 11°, le conseil peut déléguer une partie de ses pouvoirs au président de l'institut. Celui-ci rend compte lors de sa plus prochaine séance des décisions qu'il a prises en vertu de cette délégation.

Art. R. 831-7 *(Décr. n° 84-1120 du 14 déc. 1984)* Les délibérations du conseil d'administration sont exécutoires quinze jours *(Décr. n° 2015-1517 du 23 nov. 2015, art. 9)* « après leur réception » par le ministre chargé de la recherche et par le ministre chargé de l'agriculture, à moins que l'un ou l'autre de ceux-ci n'y fasse opposition. En cas d'urgence, le ministre chargé de la recherche et le ministre chargé de l'agriculture peuvent autoriser l'exécution immédiate.

(Décr. n° 2012-1247 du 7 nov. 2012, art. 40, en vigueur le 1er janv. 2013) « Les délibérations portant sur le budget et le compte financier sont exécutoires dans les conditions prévues par le titre III du décret n° 2012-1246 du 7 novembre 2012 relatif à la gestion budgétaire et comptable publique.

« Les délibérations portant sur » *(Décr. n° 2001-687 du 30 juill. 2001 ; Décr. n° 2015-1517 du 23 nov. 2015, art. 9)* « les emprunts, les acquisitions, échanges ou aliénations d'immeubles ainsi que la participation aux organismes dotés de la personnalité morale sont exécutoires sauf opposition du ministre chargé de la recherche, du ministre chargé de l'agriculture ou du ministre chargé du budget dans un délai d'un mois à compter de leur réception par chacun de ces ministres.

« Les délibérations portant sur les matières énumérées *(Décr. n° 2019-1046 du 10 oct. 2019, art. 9, en vigueur le 1er janv. 2020)* « au 10° » de l'article R. 831-6 sont exécutoires sauf opposition du ministre chargé de la recherche, du ministre chargé de l'agriculture, du ministre chargé de l'économie ou du ministre chargé du budget dans un délai d'un mois à compter de leur réception par chacun de ces ministres. »

Dernier al. abrogé par Décr. n° 2012-1247 du 7 nov. 2012, art. 40, à compter du 1er janv. 2013.

Art. R. 831-8 *(Décr. n° 2004-704 du 16 juill. 2004)* Le président de l'institut assure la direction scientifique, administrative et financière de l'institut. Il *(Décr. n° 2019-1046 du 10 oct. 2019, art. 10, en vigueur le 1er janv. 2020)* « nomme un » ou plusieurs directeurs généraux délégués qu'il nomme après avis du conseil d'administration et de directeurs scientifiques qu'il nomme après avis du conseil scientifique.

Dans le cadre des orientations arrêtées par le conseil d'administration, il définit la politique générale et assure les relations de l'établissement avec les ministères de tutelle.

Il fixe l'ordre du jour, prépare les délibérations du conseil d'administration et assure leur exécution.

Il représente l'institut dans tous les actes de la vie civile et dans ses rapports avec les tiers et, en particulier, il assure, en liaison avec les départements ministériels intéressés, les relations de l'établissement avec les partenaires socio-économiques ainsi qu'avec les organismes nationaux ou étrangers et les organisations internationales intervenant dans ses domaines d'activité.

Il représente l'institut en justice.

(Décr. n° 2019-1046 du 10 oct. 2019, art. 10, en vigueur le 1er janv. 2020) « Il gère le personnel et nomme aux emplois de l'institut dans les conditions prévues par les dispositions réglementaires applicables. »

Il est ordonnateur principal des dépenses et des recettes. Il peut désigner des ordonnateurs secondaires qui peuvent déléguer leur signature.

Il peut déléguer sa signature.

Il peut déléguer une partie de ses pouvoirs au directeur général délégué ou aux directeurs généraux délégués et à des agents désignés pour exercer des fonctions de responsabilité administrative ou scientifique dans l'établissement ou dans une unité commune avec d'autres organismes. Le ou les directeurs généraux délégués et ces agents peuvent déléguer leur signature.

Art. R. 831-9 *Abrogé par Décr. n° 2004-704 du 16 juill. 2004.*

SECTION 3 **Organisation scientifique** *(Décr. n° 2019-1046 du 10 oct. 2019, art. 11).*

Art. R. 831-10 *(Décr. n° 2019-1046 du 10 oct. 2019, art. 12, en vigueur le 1er janv. 2020)* Un conseil scientifique assiste le président de l'institut.

Le conseil scientifique de l'institut comprend, outre le président et le directeur général délégué chargé des dispositifs scientifiques de l'institut :

1° Quatre membres de droit ou leurs suppléants nommément désignés respectivement par les ministres chargés de la recherche, de l'enseignement supérieur, de l'agriculture et de l'environnement ;

2° Neuf à onze membres élus des personnels de l'institut ;

3° Quatorze à seize personnalités nommées en raison de leur*[s]* compétences scientifiques par arrêté des ministres chargés de la recherche et de l'agriculture sur proposition du président de l'institut, dont trois à quatre appartenant au monde économique, à des instituts, associations ou centres techniques et de développement, ainsi que des industries des secteurs liés à l'agriculture, l'alimentation et l'environnement, et quatre personnalités scientifiques étrangères, dont certaines exercent leur activité dans un pays de l'Union européenne autre que la France.

Le président du conseil scientifique, choisi parmi ses membres nommés au titre du 3°, est nommé par arrêté conjoint des ministres chargés de la recherche et de l'agriculture.

Le mandat des membres élus prend effet à la date de nomination des membres nommés par arrêté au titre du 3°.

Le mandat des membres élus ou nommés est d'une durée de cinq ans. Nul ne peut exercer plus de deux mandats consécutifs. Les membres nommés décédés ou démissionnaires sont remplacés pour la durée du mandat restant à courir.

Les conditions d'application du présent article sont fixées par décision du président de l'institut.

Art. R. 831-11 *(Décr. n° 2019-1046 du 10 oct. 2019, art. 13, en vigueur le 1er janv. 2020)* Le conseil scientifique est l'instance de réflexion et de proposition de l'institut en matière de politique scientifique et technologique, ainsi que d'évaluation des activités de recherche.

Il étudie la situation et les perspectives de développement dans les domaines de la recherche mentionnés à l'article R. 831-1. A cette fin, il veille à la bonne coordination des travaux de recherche entre l'institut et les autres organismes de recherche intéressés.

Il donne son avis sur :

1° L'organisation scientifique de l'institut, notamment la liste des départements de recherche et leurs missions ;

2° La création des commissions scientifiques spécialisées ;

3° Les questions mentionnées au 1° de l'article R. 831-6 ;

4° Le contenu et l'exécution des programmes de recherche, des études et travaux de l'institut ;

5° La nomination des directeurs scientifiques et des chefs de départements.

Il peut conduire des évaluations des unités de recherche de l'établissement dans les conditions prévues au quatorzième alinéa de l'article R. 831-6.

Le conseil scientifique peut être assisté par des conseils scientifiques de département prévus à l'article R. 831-12, des comités restreints ou groupes de travail constitués en son sein.

Ces différentes instances rendent compte périodiquement au conseil scientifique des conclusions de leurs travaux.

Art. R. 831-12 *(Décr. n° 2015-1517 du 23 nov. 2015, art. 11)* Les activités scientifiques sont conduites au sein d'unités de recherche ou d'autres formations de recherche ou d'appui à la recherche. Ces unités de recherche et autres formations de recherche ou d'appui à la recherche peuvent être mixtes, en lien avec d'autres organismes de recherche ainsi qu'avec des établissements d'enseignement supérieur.

Ces unités de recherche et autres formations de recherche ou d'appui à la recherche peuvent être regroupées en départements de recherche correspondant à des disciplines scientifiques ou à des enjeux, finalités et objectifs déterminés.

La liste des départements est arrêtée par le président de l'institut après avis du conseil scientifique. Chaque département de recherche est placé sous la direction d'un chef de département nommé par le président de l'institut après avis du conseil scientifique.

(Abrogé par Décr. n° 2019-1046 du 10 oct. 2019, art. 14, à compter du 1er janv. 2020) « Sous l'autorité du président de l'institut, » le chef de département est chargé d'animer la vie scientifique des unités qui composent le département et d'en assurer le bon fonctionnement. Il est assisté par un conseil scientifique de département et un conseil de gestion dont les membres sont désignés et l'organisation est fixée dans les conditions définies par le président de l'institut.

Art. R. 831-13 *(Décr. n° 2015-1517 du 23 nov. 2015, art. 12)* I. — Les unités de recherche et autres formations de recherche ou d'appui à la recherche ainsi que les services communs sont regroupés géographiquement dans des centres de recherche.

La liste des centres est arrêtée par le président de l'institut après avis du conseil d'administration.

Chaque centre est placé sous l'autorité d'un président de centre désigné par le président de l'institut et assisté d'un conseil qu'il préside.

Le président du centre est principalement chargé de l'administration du centre, de l'orientation de sa vie collective, de son animation scientifique et de ses partenariats. Il est le correspondant de l'institut avec les autorités régionales et avec les organismes en région.

Le conseil de centre est chargé d'assurer l'animation scientifique du centre et de délibérer sur les questions intéressant notamment son fonctionnement et son développement. Les modalités de désignation de ses membres et son organisation sont fixées par décision du président de l'institut.

II. — Les unités de recherche relevant de l'institut sont créées, modifiées ou supprimées par décision du président de l'institut, après avis des instances scientifiques mentionnées à l'article R. 831-11 et, le cas échéant, conjointement avec l'autorité compétente de l'organisme partenaire de l'unité mixte.

Les directeurs d'unités de recherche sont nommés par décision du président de l'institut et, le cas échéant, conjointement avec l'autorité compétente de l'organisme partenaire. La durée maximale d'un mandat est de cinq ans. Nul ne peut diriger la même unité de recherche au-delà de trois mandats consécutifs.

III. — Les formations de recherche ou d'appui à la recherche autres que celles mentionnées au II sont créées, modifiées ou supprimées par décision du président de l'institut, le cas échéant, conjointement avec l'autorité compétente de l'organisme partenaire de la formation de recherche ou d'appui.

Les responsables de ces formations de recherche sont désignés par décision du président de l'institut, le cas échéant conjointement avec l'autorité compétente de l'organisme partenaire.

SECTION 4 Dispositions financières et comptables *(Décr. nº 2019-1046 du 10 oct. 2019, art. 15).*

Art. R. 831-14 *(Décr. nº 2019-1046 du 10 oct. 2019, art. 16, en vigueur le 1er janv. 2020)* « L'institut » *(Décr. nº 2012-1247 du 7 nov. 2012, art. 40, en vigueur le 1er janv. 2013)* « est soumis aux dispositions des titres I et III du décret nº 2012-1246 du 7 novembre 2012 relatif à la gestion budgétaire et comptable publique sous réserve des dispositions du décret nº 2002-252 du 22 février 2002 relatif au régime budgétaire, financier et comptable des établissements publics à caractère scientifique et technologique. »

(Décr. nº 84-1120 du 14 déc. 1984) L'agent comptable de l'établissement est nommé par arrêté conjoint du ministre chargé de la recherche, du ministre chargé de l'agriculture et du ministre chargé du budget, sur proposition du *(Décr. nº 2004-704 du 16 juill. 2004)* « président de l'institut ».

Des comptables secondaires peuvent être désignés par le *(Décr. nº 2004-704 du 16 juill. 2004)* « président de l'institut », après avis de l'agent comptable et avec l'agrément du ministre chargé du budget.

Art. R. 831-15 *Abrogé par Décr. nº 2012-1247 du 7 nov. 2012, art. 40, à compter du 1er janv. 2013.*

CHAPITRE II *[ABROGÉ]* INSTITUT NATIONAL DE RECHERCHE EN SCIENCES ET TECHNOLOGIES POUR L'ENVIRONNEMENT ET L'AGRICULTURE (IRSTEA) *(Décr. nº 2012-209 du 13 févr. 2012, art. 2).*

(Abrogé par Décr. nº 2019-1046 du 10 oct. 2019, art. 1er, à compter du 1er janv. 2020)

Art. R. 832-1 à R. 832-19 *Abrogés par Décr. nº 2019-1046 du 10 oct. 2019, art. 1er, à compter du 1er janv. 2020.*

TITRE IV DISPOSITIONS RELATIVES À L'OUTRE-MER

(Décr. nº 2016-781 du 10 juin 2016, art. 9-5º, en vigueur le 1er juill. 2016)

CHAPITRE I GUADELOUPE, GUYANE, MARTINIQUE, LA RÉUNION ET MAYOTTE

(Décr. nº 2016-781 du 10 juin 2016, art. 9-5º, en vigueur le 1er juill. 2016)

SECTION 1 Champ d'application et références

Art. D. 841-1 Les dispositions du présent livre (partie réglementaire) s'appliquent en Guadeloupe, en Guyane, en Martinique, à La Réunion et à Mayotte sous réserve des exceptions et adaptations prévues au présent chapitre.

Art. D. 841-2 Pour l'application du présent livre en Guyane, les références à la région, au conseil régional et au président du conseil régional sont remplacées respectivement par les références à la collectivité territoriale de Guyane, à l'Assemblée de Guyane et au président de l'Assemblée de Guyane.

Art. D. 841-3 Pour l'application du présent livre en Martinique, les références à la région, au conseil régional et au président du conseil régional sont remplacées respectivement par les références à la collectivité territoriale de Martinique, à l'Assemblée de Martinique et, selon les cas, au président de l'Assemblée de Martinique pour les attributions liées à la présidence de l'assemblée délibérante et au président du conseil exécutif de Martinique pour les attributions dévolues à l'autorité exécutive de la collectivité.

Art. D. 841-4 En Guadeloupe, en Guyane, en Martinique, à La Réunion et à Mayotte, les missions de la conférence régionale pour le développement de l'agriculture sont exercées par le comité mentionné à l'article R. 181-7.

Pour l'exercice de cette mission, ce comité associe à ses travaux :

1° Le *(Décr. n° 2020-1555 du 9 déc. 2020, art. 9, en vigueur le 1er janv. 2021)* « délégué régional académique à la recherche et à l'innovation ou, en Guyane, le délégué régional à la recherche et à la technologie » ;

2° Le président du comité régional du fonds d'assurance formation des exploitants agricoles et du président de la commission paritaire du fonds d'assurance formation des salariés des exploitations et entreprises agricoles ou de leurs représentants, si ces instances ont été constituées ;

3° Trois représentants des organismes publics de recherche ou d'enseignement supérieur.

Art. R. 841-5 Avec l'appui du comité mentionné à l'article D. 512-6, la chambre d'agriculture de Guadeloupe, de Guyane, de Martinique et de La Réunion ainsi que la chambre de l'agriculture, de l'aquaculture et de la pêche de Mayotte :

1° Élabore le programme de développement agricole et rural ;

2° Assure la coordination, le suivi et l'évaluation de ce programme ainsi que la gestion des crédits correspondants.

Le président de la chambre d'agriculture exerce les attributions confiées au président de la chambre régionale d'agriculture par le titre II du présent livre.

La chambre peut contribuer au financement du programme.

SECTION 2 Dispositions particulières à Mayotte

SOUS-SECTION 1 Dispositions communes

Art. D. 841-6 Pour l'application du présent livre à Mayotte :

1° Les références à la région, au conseil régional et à son président sont remplacées par les références au Département de Mayotte, au conseil général et à son président ;

2° Les références au préfet de région sont remplacées par les références au préfet de Mayotte ;

3° Les références à la direction régionale de l'alimentation, de l'agriculture et de la forêt, à la direction départementale de l'agriculture et de la forêt, au directeur régional de l'alimentation, de l'agriculture et de la forêt, au directeur départemental de l'agriculture et de la forêt et au directeur de l'agriculture et de la forêt sont remplacées respectivement par les références à la direction de l'alimentation, de l'agriculture et de la forêt et au directeur de l'alimentation, de l'agriculture et de la forêt ;

4° Les références à la chambre d'agriculture sont remplacées par les références à la chambre de l'agriculture, de la pêche et de l'aquaculture de Mayotte.

Art. R. 841-7 Ne sont pas applicables à Mayotte :

1° Les articles R. 811-4 à R. 811-93 ;

2° à 6° Abrogés par Décr. n° 2018-953 du 31 oct. 2018, art. 21.

7° Les articles D. 811-183 à D. 811-191 ;

8° Les articles R. 814-33 à R. 814-40 ;

9° Les articles D. 814-44 à D. 814-47.

Art. R. 841-8 *à* D. 841-11 *Abrogés par Décr. n° 2018-953 du 31 oct. 2018, art. 21.*

SOUS-SECTION 2 Lycée agricole de Mayotte

Art. D. 841-12 L'établissement public national d'enseignement et de formation professionnelle agricoles de Coconi (Mayotte), dénommé lycée agricole de Mayotte, a pour missions :

1° D'assurer une formation générale, technologique et scientifique initiale qui conduit à des qualifications professionnelles ;

2° D'assurer une formation professionnelle continue ;

3° De participer à l'animation du milieu rural ;

4° De contribuer à la liaison entre les activités de développement, l'expérimentation et la recherche agricoles et para-agricoles.

Il contribue notamment aux actions de développement et d'animation en milieu rural entreprises par les collectivités territoriales et les organismes publics et privés compétents.

Les crédits nécessaires à ces missions sont ouverts, le cas échéant, par le conseil d'administration de l'établissement.

Art. D. 841-13 Les enseignements dispensés au lycée agricole de Mayotte en formation initiale et les enseignements de même nature dispensés par la voie de la formation professionnelle continue sont sanctionnés par des diplômes d'État.

Art. D. 841-14 Sous réserve des dérogations prévues par la présente sous-section, l'organisation administrative et financière du lycée agricole de Mayotte est fixée par la section 4 du chapitre I du titre I du présent livre (partie réglementaire).

Art. D. 841-15 L'établissement est doté d'un conseil intérieur, d'un conseil de discipline et de conseils de classe. La composition de chaque conseil est fixée par arrêté du ministre chargé de l'agriculture.

Art. D. 841-16 L'autorité de tutelle du lycée agricole de Mayotte est le préfet de Mayotte. A ce titre, il approuve le budget et le compte financier de l'établissement.

Art. D. 841-17 Si une dépense obligatoire a été omise ou si le crédit correspondant à cette dépense a été insuffisamment doté au budget de l'établissement, le préfet procède à l'inscription d'office des crédits nécessaires.

CHAPITRE II SAINT-BARTHÉLEMY, SAINT-MARTIN ET SAINT-PIERRE-ET-MIQUELON

(Décr. nº 2016-781 du 10 juin 2016, art. 9-5º, en vigueur le 1er juill. 2016)

Art. D. 842-1 Les dispositions du présent livre (partie réglementaire) s'appliquent à Saint-Barthélemy, Saint-Martin et Saint-Pierre-et-Miquelon.

CHAPITRE III WALLIS-ET-FUTUNA, POLYNÉSIE FRANÇAISE ET NOUVELLE-CALÉDONIE

(Décr. nº 2016-781 du 10 juin 2016, art. 9-5º, en vigueur le 1er juill. 2016)

Art. D. 843-1 Les dispositions du présent livre (partie réglementaire) ne s'appliquent à Wallis-et-Futuna, sous réserve des dispositions applicables de plein droit, que dans la mesure et les conditions prévues par le présent chapitre.

Elles ne sont pas applicables en Polynésie française ni en Nouvelle-Calédonie.

Art. R. 843-2 Sont applicables à Wallis-et-Futuna, sous réserve des adaptations prévues au présent chapitre, les dispositions du présent livre (partie réglementaire) mentionnées dans la colonne de gauche du tableau ci-après, dans leur rédaction indiquée dans la colonne de droite du même tableau : — *Tableau mod. par Décr. nº 2022-213 du 18 févr. 2022, art. 1er.*

DISPOSITIONS APPLICABLES	DANS LEUR RÉDACTION
D. 800-1 à D. 800-5	Résultant du décret nº 2006-1154 du 15 septembre 2006 portant application de l'article 91 de la loi nº 2006-11 du 5 janvier 2006 d'orientation agricole et modifiant le code rural
R. 810-1	Résultant du décret nº 2012-16 du 5 janvier 2012 relatif à l'organisation académique

DISPOSITIONS APPLICABLES	DANS LEUR RÉDACTION
D. 810-2 à D. 810-5	Résultant du décret n° 2015-437 du 21 avril 2015 relatif au médiateur de l'enseignement agricole technique et supérieur
R. 811-1	Résultant du décret n° 2011-191 du 17 février 2011 relatif à l'enseignement et à la formation professionnelle aux métiers de l'agriculture, de la forêt, de la nature et des territoires
R. 811-94	Résultant du décret n° 96-405 du 26 avril 1996 modifiant le livre VIII (nouveau) du code rural (partie réglementaire)
R. 811-95	Résultant du décret n° 2001-318 du 11 avril 2001 portant adaptation de la valeur en euros de certains montants exprimés en francs dans le code rural et le code forestier
R. 811-96	Résultant du décret n° 2012-1247 du 7 novembre 2012 portant adaptation de divers textes aux nouvelles règles de la gestion budgétaire et comptable publique
R. 811-97	Résultant du décret n° 96-405 du 26 avril 1996 modifiant le livre VIII (nouveau) du code rural (partie réglementaire)
R. 811-98	Résultant du décret n° 2013-938 du 18 octobre 2013 portant application de la loi n° 2013-403 du 17 mai 2013 relative à l'élection des conseillers départementaux, des conseillers municipaux et des conseillers communautaires et modifiant le code électoral
R. 811-100	Résultant du décret n° 2013-938 du 18 octobre 2013 portant application de la loi n° 2013-403 du 17 mai 2013 relative à l'élection des conseillers départementaux, des conseillers municipaux et des conseillers communautaires et modifiant le code électoral
R. 811-101	Résultant du décret n° 96-405 du 26 avril 1996 modifiant le livre VIII (nouveau) du code rural (partie réglementaire)
R. 811-102	Résultant du décret n° 2013-938 du 18 octobre 2013 portant application de la loi n° 2013-403 du 17 mai 2013 relative à l'élection des conseillers départementaux, des conseillers municipaux et des conseillers communautaires et modifiant le code électoral

DISPOSITIONS APPLICABLES	DANS LEUR RÉDACTION
R. 811-104	Résultant du décret n° 2013-938 du 18 octobre 2013 portant application de la loi n° 2013-403 du 17 mai 2013 relative à l'élection des conseillers départementaux, des conseillers municipaux et des conseillers communautaires et modifiant le code électoral
R. 811-106	Résultant du décret n° 96-405 du 26 avril 1996 modifiant le livre VIII (nouveau) du code rural (partie réglementaire)
R. 811-107	Résultant du décret n° 96-405 du 26 avril 1996 modifiant le livre VIII (nouveau) du code rural (partie réglementaire)
R. 811-108	Résultant du décret n° 2014-551 du 27 mai 2014 portant adaptation de dispositions pour faire suite à la fusion de la direction générale des impôts et de la direction générale de la comptabilité publique
R. 811-109	Résultant du décret n° 2012-1247 du 7 novembre 2012 portant adaptation de divers textes aux nouvelles règles de la gestion budgétaire et comptable publique
R. 811-110	Résultant du décret n° 2014-551 du 27 mai 2014 portant adaptation de dispositions pour faire suite à la fusion de la direction générale des impôts et de la direction générale de la comptabilité publique
R. 811-111 à R. 811-113	Résultant du décret n° 96-405 du 26 avril 1996 modifiant le livre VIII (nouveau) du code rural (partie réglementaire)
R. 811-114 à R. 811-115	Résultant du décret n° 96-405 du 26 avril 1996 modifiant le livre VIII (nouveau) du code rural (partie réglementaire)
R. 811-116 à R. 811-119	Résultant du décret n° 96-405 du 26 avril 1996 modifiant le livre VIII (nouveau) du code rural (partie réglementaire)
D. 811-121	Résultant du décret n° 2005-368 du 19 avril 2005 relatif à la partie réglementaire du livre VII du code rural et modifiant la partie réglementaire des livres Ier, II, III, IV, V, VI et VIII du même code

DISPOSITIONS APPLICABLES	DANS LEUR RÉDACTION
D. 811-122	Résultant du décret n° 2010-429 du 29 avril 2010 relatif à l'organisation et aux missions des directions régionales de l'alimentation, de l'agriculture et de la forêt
D. 811-126 à D. 811-130	Résultant du décret n° 2005-368 du 19 avril 2005 relatif à la partie réglementaire du livre VII du code rural et modifiant la partie réglementaire des livres Ier, II, III, IV, V, VI et VIII du même code
D. 811-131	Résultant du décret n° 2010-429 du 29 avril 2010 relatif à l'organisation et aux missions des directions régionales de l'alimentation, de l'agriculture et de la forêt
D. 811-132 à D. 811-136	Résultant du décret n° 2005-368 du 19 avril 2005 relatif à la partie réglementaire du livre VII du code rural et modifiant la partie réglementaire des livres Ier, II, III, IV, V, VI et VIII du même code
D. 811-144 à D. 811-145	Résultant du décret n° 2011-468 du 27 avril 2011 relatif à l'enseignement professionnel agricole du second degré
D. 811-146 à D. 811-148-6	Résultant du décret n° 2015-555 du 19 mai 2015 relatif au règlement général du certificat d'aptitude professionnelle agricole
D. 811-154	Résultant du décret n° 2009-223 du 24 février 2009 portant rénovation du baccalauréat professionnel et modifiant le code rural
D. 811-155	Résultant du décret n° 2011-468 du 27 avril 2011 relatif à l'enseignement professionnel agricole du second degré
D. 811-174 à D. 811-176	Résultant du décret n° 2005-368 du 19 avril 2005 relatif à la partie réglementaire du livre VII du code rural et modifiant la partie réglementaire des livres Ier, II, III, IV, V, VI et VIII du même code
D. 811-177	Résultant du décret n° 96-405 du 26 avril 1996 modifiant le livre VIII (nouveau) du code rural (partie réglementaire)

DISPOSITIONS APPLICABLES	DANS LEUR RÉDACTION
D. 811-178 à D. 811-185	Résultant du décret n° 2007-869 du 14 mai 2007 relatif aux parents d'élèves, d'étudiants et d'apprentis, aux associations de parents d'élèves et aux représentants des parents d'élèves, d'étudiants et d'apprentis dans les instances des établissements publics locaux d'enseignement et de formation professionnelle agricoles
D. 811-186	Résultant du décret n° 2010-429 du 29 avril 2010 relatif à l'organisation et aux missions des directions régionales de l'alimentation, de l'agriculture et de la forêt
D. 811-187 à D. 811-191	Résultant du décret n° 2007-869 du 14 mai 2007 relatif aux parents d'élèves, d'étudiants et d'apprentis, aux associations de parents d'élèves et aux représentants des parents d'élèves, d'étudiants et d'apprentis dans les instances des établissements publics locaux d'enseignement et de formation professionnelle agricoles

Art. D. 843-3 L'établissement public national d'enseignement et de formation professionnelle agricoles de Wallis-et-Futuna, dénommé "lycée professionnel agricole de Wallis-et-Futuna", comprend un lycée d'enseignement professionnel agricole et une exploitation agricole.

L'organisation administrative et financière de l'établissement est régie, sous réserve des dispositions du présent chapitre, par la section 4 du chapitre I du titre I du présent livre (partie réglementaire).

Art. D. 843-4 Le lycée professionnel agricole de Wallis-et-Futuna remplit les missions prévues à l'article L. 811-1.

Les enseignements dispensés au lycée professionnel agricole de Wallis-et-Futuna en formation initiale sont sanctionnés par des diplômes d'État.

Art. D. 843-5 Le conseil d'administration règle, par ses délibérations, les affaires de l'établissement public après avis, le cas échéant, des conseils compétents et après avoir entendu le rapport du directeur de l'établissement public. Il arrête son règlement intérieur.

Ses délibérations portent notamment sur :

1° Le projet d'établissement, le projet pédagogique et le programme de l'exploitation agricole ;

2° Le règlement intérieur de l'établissement ;

3° Les besoins et les conditions d'emploi des personnels recrutés sur le budget de l'établissement ;

4° Le budget et les décisions modificatives ;

5° Le compte financier et l'affectation des résultats ;

6° Les admissions en non-valeur et les remises gracieuses ;

7° Les emprunts ;

8° La souscription et la vente de parts en capital social des organismes agricoles coopératifs, mutualistes ou d'entraide ;

9° Les acquisitions, aliénations ou échanges d'immeubles ;

10° Les baux emphytéotiques ;

11° L'acquisition ou la cession des valeurs mobilières ;

12° La passation des contrats, conventions ou marchés et les conditions dans lesquelles les dépenses relatives à l'exploitation agricole peuvent être financées avant exécution ;

13° L'organisation de l'établissement public, et notamment les contrats d'objectifs ;

14° Les concessions de logements ;

15° Les tarifs des frais d'hébergement et de pension ;

16° L'acceptation ou le refus de dons et legs ;

17° Les actions en justice.

Art. D. 843-6 L'établissement est doté d'un conseil de fonctionnement dont les compétences et la composition sont fixées par arrêté du ministre chargé de l'agriculture.

Art. D. 843-7 Le directeur de l'établissement public est nommé par le ministre chargé de l'agriculture. Il peut être secondé par un adjoint nommé dans les mêmes conditions.

Art. D. 843-8 Le directeur est l'organe exécutif de l'établissement. A ce titre, il prépare et exécute les délibérations du conseil d'administration dans les conditions mentionnées à l'article R. 811-102.

Il représente l'établissement en justice et dans tous les actes de la vie civile. Il recrute et gère le personnel n'ayant pas le statut de fonctionnaire de l'État.

Le directeur d'établissement représente l'État au sein de l'établissement. A ce titre :

1° Il a autorité sur l'ensemble des personnels affectés ou mis à disposition de l'établissement. Après consultation des instances concernées, il désigne à toutes les fonctions au sein de l'établissement pour lesquelles aucune autre autorité administrative n'a reçu de pouvoir de nomination. Il organise le service des personnels dans le respect du statut de ces derniers ;

2° Il veille, le cas échéant, au bon déroulement des enseignements, de l'information, de l'orientation et du contrôle des connaissances des élèves ;

3° Il prend toutes dispositions, en liaison avec les autorités administratives compétentes, pour assurer la sécurité des personnes et des biens, l'hygiène et la salubrité de l'établissement ;

4° Il est responsable de l'ordre dans l'établissement. Il veille au respect des droits et des devoirs de tous les membres de la communauté scolaire et assure l'application du règlement intérieur.

Art. D. 843-9 Le préfet, administrateur supérieur des îles Wallis-et-Futuna, est l'autorité de tutelle de l'établissement.

Il exerce les compétences attribuées au ministre chargé de l'agriculture par les articles R. 811-98 à R. 811-100.

Par dérogation au II de l'article R. 811-95, le budget, les décisions modificatives et l'approbation du compte financier de l'exercice écoulé sont transmis à l'autorité de tutelle dans un délai de cinq jours suivant la délibération du conseil d'administration. Ils deviennent exécutoires dans un délai de trente jours à compter de la date de réception par cette autorité, sauf si elle a fait connaître son désaccord motivé. Dans ce cas, ou lorsque le budget n'est pas adopté dans les délais fixés au I de l'article R. 811-98, il est réglé par l'autorité de tutelle.

Art. D. 843-10 Une convention est établie entre le directeur du service d'État de l'agriculture, de la forêt et de la pêche et le vice-recteur. Elle règle les modalités de coopération, de fonctionnement, et de partage des moyens entre le lycée professionnel agricole de Wallis-et-Futuna et le collège du ministère de l'éducation nationale.

Cette convention est approuvée par le préfet, administrateur supérieur des îles Wallis-et-Futuna.

LIVRE IX PÊCHE MARITIME ET AQUACULTURE MARINE

(Décr. n° 2014-1608 du 26 déc. 2014, en vigueur le 1er janv. 2015)

TITRE I DISPOSITIONS COMMUNES

CHAPITRE I DISPOSITIONS GÉNÉRALES

Art. D. 911-1 La limite des affaires maritimes est fixée par le tableau annexé au décret n° 59-951 du 31 juillet 1959 portant fixation des limites de l'inscription maritime dans les estuaires, fleuves, rivières et canaux fréquentés par les bâtiments de mer et par l'article 2 de ce décret. — *[Décr. n° 59-951 du 31 juill. 1959, art. 1er.]*

Art. D. 911-2 La limite de la salure des eaux dans les fleuves, rivières et canaux du littoral de mer du Nord, de la Manche, de l'océan Atlantique, de la Méditerranée et de la Corse est fixée conformément au tableau n° 1 annexé au présent livre. — *V. cette annexe au* **C. rur.**.

Les modalités selon lesquelles cette limite est déterminée sont arrêtées conjointement par les ministres chargés des pêches maritimes et de l'aquaculture marine, de la mer et de l'écologie. — *[Règl. sur la pêche maritime côtière, art. 46 et 57, ecqc limite de la salure des eaux.]*

Art. R.* 911-3 I. — L'autorité administrative de l'État compétente pour prendre les mesures d'application du présent livre est, sauf désignation particulière :

1° Le préfet de la région Haute-Normandie pour les régions Nord-Pas-de-Calais, Picardie, Haute-Normandie et Basse-Normandie ainsi que pour l'ensemble des eaux sous souveraineté ou juridiction française comprises entre la ligne séparative des eaux sous souveraineté ou juridiction française et belge au Nord-Est et à l'Ouest une ligne partant de la limite séparative des départements de la Manche et d'Ille-et-Vilaine et joignant les points suivants (système géodésique WGS84) :

a) Point A : 48° 37'40 N – ; 01° 34'00" W ;
b) Point B : 48° 49'00" N – ; 01° 49'00" W ;
c) Point C : 48° 53'00" N – ; 02° 20'00" W, puis à partir du point C allant en direction d'un point de coordonnée 50° 02'00" N et 05° 40'00" W ;

2° Le préfet de la région Bretagne pour l'ensemble de sa zone de compétence terrestre ainsi que pour l'ensemble des eaux sous souveraineté ou juridiction française comprises entre la limite Ouest définie ci-dessus et une ligne partant de la limite séparative des départements du Morbihan et de la Loire-Atlantique et passant par les points de coordonnées suivants :

a) Point A : 47° 26'05" N – ; 02° 28'00" W ;
b) Point B : 47° 25'17" N – ; 02° 40'00" W ;
c) Point C : 47° 18'48" N – ; 02° 40'00" W ;
d) Point D : 47° 04'42" N – ; 03° 04'18" W, et de ce point plein Ouest ;

3° Le préfet de la région Pays de la Loire pour l'ensemble de sa zone de compétence terrestre ainsi que pour l'ensemble des eaux sous souveraineté ou juridiction française comprises entre, d'une part, une ligne partant de la limite séparative des départements du Morbihan et de la Loire-Atlantique et passant par les points A, B, C et D définis au 2° et, d'autre part, une ligne partant de la limite séparative des départements de la Vendée et de la Charente-Maritime et joignant les points de coordonnées suivants :

a) Point A : 46° 15'30" N – ; 01° 12'00" W ;
b) Point B : 46° 15'30" N – ; 01° 17'30" W ;
c) Point C : 46° 20'30" N (parallèle de la pointe du Grouin du Cou) – 01° 35'30" W, et de ce point plein Ouest ;

4° Le préfet de la région Aquitaine pour les régions Poitou-Charentes et Aquitaine ainsi que pour l'ensemble des eaux sous souveraineté ou juridiction française comprises entre, d'une part, une ligne partant de la limite séparative des départements de la Vendée et de la Charente-Maritime et passant par les points A, B et C définis au 3° et, d'autre part, la ligne séparative des eaux sous souveraineté ou juridiction française et espagnole ;

5° Le préfet de la région Provence-Alpes-Côte d'Azur pour les régions Languedoc-Roussillon et Provence-Alpes-Côte d'Azur ainsi que pour l'ensemble des eaux sous souveraineté ou juridiction française comprises entre la ligne séparative des eaux sous souveraineté ou juridiction française et espagnole à l'Ouest, et la ligne séparative des eaux sous souveraineté ou juridiction française et italienne à l'Est, à l'exception des eaux territoriales autour de la Corse et des eaux sous souveraineté ou juridiction monégasque ;

6° Le préfet de Corse pour sa zone de compétence terrestre ainsi que pour les eaux territoriales autour de la Corse ;

7° Dans les autres régions, le préfet de région et, à Paris, le préfet de police ;

8° Le préfet en Guadeloupe, en Guyane, à la Martinique, à La Réunion et à Mayotte ainsi que pour l'ensemble des eaux sous souveraineté ou juridiction française au large de ces collectivités.

II. — Dans les autres collectivités territoriales d'outre-mer et en Nouvelle-Calédonie, l'autorité administrative de l'État compétente pour prendre celles des mesures d'application du présent livre qui relèvent de la compétence de l'État est, sauf dérogation particulière :

1° A Saint-Barthélemy et à Saint-Martin, le représentant de l'État dans les collectivités de Saint-Barthélemy et de Saint-Martin ;

2° A Saint-Pierre-et-Miquelon, le préfet ;

3° En Polynésie française et en Nouvelle-Calédonie, le haut-commissaire de la République ;

4° A Wallis-et-Futuna, le préfet, administrateur supérieur ;

5° Dans les Terres australes et antarctiques françaises, le préfet, administrateur supérieur ;

6° Pour l'île de Clipperton, le haut-commissaire de la République en Polynésie française.

III. — Lorsque la zone géographique concernée par les mesures d'application du présent livre ne relève pas d'une autorité administrative de l'État au plan local, ou relève de plusieurs autorités administratives de l'État au plan local, ces mesures sont prises par arrêté du ministre chargé des pêches maritimes et de l'aquaculture marine. — *[Décr. n° 90-94 du 25 janv. 1990, art. 1er ; Décr. n° 90-95 du 25 janv. 1991, art. 5 ; Décr. n° 90-719 du 9 août 1990, art. 15 et 16 ; Décr. n° 90-618 du 11 juill. 1990, art. 6 et 7 ; Décr. n° 69-576 du 12 juin 1969, art. 2.]*

Art. R.* 911-4 Les autorités administratives désignées à l'article R.* 911-3 sont responsables de la police des pêches en mer et à terre. Elles animent et coordonnent l'action des services de l'État dans ce domaine. Elles planifient et mettent en œuvre les contrôles. — *[Décr. n° 90-94 du 25 janv. 1990, art. 1er-1.]*

CHAPITRE II ORGANISATIONS PROFESSIONNELLES

SECTION 1 Organisation professionnelle des pêches maritimes et des élevages marins

SOUS-SECTION 1 Comité national des pêches maritimes et des élevages marins

§ 1 Missions

Art. R. 912-1 Pour l'exercice des missions définies aux *a* à *d* de l'article L. 912-2, le Comité national des pêches maritimes et des élevages marins coordonne l'action des comités régionaux, départementaux et interdépartementaux des pêches maritimes et des élevages marins. — *[Décr. n° 2011-776 du 28 juin 2011, art. 1er, al. 3.]*

Art. R. 912-2 Pour l'exercice des missions définies au *c* de l'article L. 912-2, le Comité national des pêches maritimes et des élevages marins fixe les conditions et modalités de fonctionnement du régime de garantie contre les intempéries et avaries, par délibération approuvée par arrêté des ministres chargé des pêches maritimes et de l'aquaculture marine et chargé du budget.

Il établit un statut type des caisses de garantie contre les intempéries et avaries, chargées du versement d'indemnités journalières aux équipages de navires qui, du fait d'intempéries ou d'avaries, sont immobilisés au port ou ne peuvent pratiquer la pêche.

Il agrée, dans la limite d'une caisse par ressort territorial d'un comité régional ou d'un comité départemental ou interdépartemental des pêches maritimes et des élevages marins, les caisses constituées conformément à ce statut type.

Il assure le contrôle de l'application du régime par ces caisses, sur pièces et sur place. A cette fin, il reçoit, pour chaque exercice comptable, le rapport d'activité et les comptes certifiés de chaque caisse de garantie. Il retire l'agrément des caisses dont le fonctionnement ne répond plus aux conditions résultant des dispositions du présent article. — *[Décr. nº 2011-776 du 28 juin 2011, art. 1er, al. 1er et 2.]*

Art. R. 912-3 Le Comité national des pêches maritimes et des élevages marins est consulté par le ministre chargé des pêches maritimes et de l'aquaculture marine sur :

1º Les mesures d'ordre et de précaution destinées à organiser la compatibilité entre les métiers mentionnées à l'article L. 921-2-1 ;

2º Les mesures techniques relatives aux engins de pêche ;

3º Les mesures relatives à l'organisation et à l'exploitation des pêcheries mentionnées à l'article L. 921-2-2 ;

4º Le fonctionnement de l'organisation professionnelle des pêches maritimes et des élevages marins. — *[Décr. nº 2011-776 du 28 juin 2011, art. 2.]*

§ 2 Composition et organisation du conseil et du bureau

Art. R. 912-4 Le conseil du Comité national des pêches maritimes et des élevages marins comprend *(Décr. nº 2016-1978 du 30 déc. 2016, art. 1er)* « quarante » membres *(Décr. nº 2021-1244 du 28 sept. 2021, art. 1er)* « répartis en quatre collèges » :

1º *(Décr. nº 2016-1978 du 30 déc. 2016, art. 1er)* « Douze » représentants des comités régionaux des pêches maritimes et des élevages marins, désignés *(Décr. nº 2021-1244 du 28 sept. 2021, art. 1er)* « parmi les membres du » conseil de chaque comité régional ;

2º Treize représentants des chefs d'entreprise de pêche maritime et un représentant des chefs d'entreprise d'élevage marin ;

3º Trois représentants des coopératives maritimes ;

4º Onze représentants des organisations de producteurs.

En outre, participent aux travaux du conseil, avec voix consultative, deux représentants des entreprises de premier achat et de transformation de la filière des pêches maritimes et des élevages marins.

(Décr. nº 2021-1244 du 28 sept. 2021, art. 1er) « Nul ne peut occuper plus d'un siège au conseil. » — *[Décr. nº 2011-776 du 28 juin 2011, art. 3.]*

Art. R. 912-5 Les membres du conseil du Comité national des pêches maritimes et des élevages marins sont nommés par arrêté du ministre chargé des pêches maritimes et de l'aquaculture marine. — *[Décr. nº 2011-776 du 28 juin 2011, art. 4.]*

Art. R. 912-6 Le conseil du Comité national des pêches maritimes et des élevages marins élit en son sein, au scrutin secret, le président et des vice-présidents, dont le nombre est fixé par le règlement intérieur.

Les noms du président et des vice-présidents sont publiés par arrêté du ministre chargé des pêches maritimes et de l'aquaculture marine.

Il peut être mis fin au mandat du président ou de l'un des vice-présidents sur proposition du conseil statuant à la majorité de 75 % de ses membres.

En cas de vacance de la présidence du comité, les pouvoirs du président sont exercés par le premier vice-président ou à défaut par un vice-président pris dans l'ordre d'élection. Cet intérim est assuré jusqu'à l'élection d'un nouveau président, qui intervient à la réunion du conseil suivant immédiatement la constatation de la vacance. — *[Décr. nº 2011-776 du 28 juin 2011, art. 5.]*

Art. R. 912-7 Le conseil du Comité national des pêches maritimes et des élevages marins élit en son sein, dans des conditions prévues par le règlement intérieur, douze membres représentant l'ensemble des professions et organismes mentionnés aux 1º à 4º de l'article R. 912-4.

Ces membres forment avec le président et les vice-présidents, qui en sont membres de droit, le bureau du comité national.

Le président du comité national assure la présidence du bureau. — *[Décr. nº 2011-776 du 28 juin 2011, art. 6.]*

§ 3 Fonctionnement du conseil et du bureau

Art. R. 912-8 Le conseil du Comité national des pêches maritimes et des élevages marins se réunit au moins quatre fois par an, sur convocation de son président, qui fixe l'ordre du jour.

Il est également convoqué soit à la demande du ministre chargé des pêches maritimes et de l'aquaculture marine, soit à la demande de la majorité de ses membres. L'ordre du jour de la réunion comporte alors prioritairement les questions pour lesquelles elle a été convoquée.

Le conseil ne délibère valablement que si la moitié au moins de ses membres est présente ou représentée. Si ce quorum n'est pas atteint, le conseil se réunit de droit dans un délai d'au moins deux semaines, après une nouvelle convocation portant sur le même ordre du jour et spécifiant qu'aucun quorum ne sera exigé.

Sauf dans les cas où une majorité qualifiée est requise, les décisions sont adoptées à la majorité des membres présents ou représentés.

Le ministre chargé des pêches maritimes et de l'aquaculture marine est informé de toutes les réunions du conseil, auxquelles il peut participer ou se faire représenter et dont les délibérations lui sont transmises. — *[Décr. n° 2011-776 du 28 juin 2011, art. 7, al. 1er à 4.]*

Art. R. 912-9 Le conseil du Comité national des pêches maritimes et des élevages marins peut, par délibération adoptée à la majorité de ses membres, déléguer au bureau les pouvoirs qui relèvent de sa compétence, à l'exception des délibérations relatives au budget, à l'approbation des comptes annuels [,] aux cotisations professionnelles obligatoires et aux actes qui engagent le patrimoine immobilier du comité. — *[Décr. n° 2011-776 du 28 juin 2011, art. 7, al. 5.]*

Art. R. 912-10 Le bureau se réunit sur convocation de son président, qui fixe l'ordre du jour.

Il est également convoqué soit à la demande du ministre chargé des pêches maritimes et de l'aquaculture marine, soit à la demande de la majorité de ses membres. L'ordre du jour de la réunion comporte alors prioritairement les questions pour lesquelles elle a été convoquée.

Le bureau ne délibère valablement que si la moitié de ses membres est présente ou représentée. Si ce quorum n'est pas atteint, il se réunit de droit dans un délai d'au moins deux semaines, après une nouvelle convocation portant sur le même ordre du jour et spécifiant qu'aucun quorum ne sera exigé.

Sauf dans les cas où une majorité qualifiée est requise, les décisions sont adoptées à la majorité des membres présents ou représentés.

Le ministre chargé des pêches maritimes et de l'aquaculture marine est informé de toutes les réunions du bureau, auxquelles il peut participer ou se faire représenter et dont les délibérations lui sont transmises. — *[Décr. n° 2011-776 du 28 juin 2011, art. 9, al. 1er à 4.]*

Art. R. 912-11 Les membres du conseil ou du bureau peuvent, avec l'accord du président, participer aux débats par des moyens de visioconférence ou de communication électronique permettant leur identification et leur participation effective à une délibération collégiale.

Ce moyen ne peut pas être utilisé lorsque le vote est secret et pour des délibérations relatives au budget, à l'approbation des comptes annuels, aux cotisations professionnelles obligatoires et aux actes qui engagent le patrimoine immobilier du comité.

Leur participation est prise en compte pour le calcul du quorum. — *[Décr. n° 2011-776 du 28 juin 2011, art. 9, al. 5.]*

Art. R. 912-12 Un règlement intérieur, approuvé par arrêté du ministre chargé des pêches maritimes et de l'aquaculture marine, fixe les conditions de fonctionnement du comité national. — *[Décr. n° 2011-776 du 28 juin 2011, art. 10.] — V. Arr. du 20 avr. 2017 portant approbation du règlement intérieur du Comité national des pêches maritimes et des élevages marins (JO 28 avr.).*

Art. R. 912-13 Le bureau est responsable de la gestion du régime de garantie contre les intempéries et avaries assurée par des caisses agréées par lui. Ses délibérations relatives au régime de garantie contre les intempéries et avaries sont prises après avis de la commission du comité national en charge du suivi des questions sociales. – *[Décr. n° 2011-776 du 28 juin 2011, art. 9, al. 6 et 7.]*

Art. R. 912-14 En application de l'article L. 921-2-1, les délibérations adoptées à la majorité des membres du conseil du Comité national des pêches maritimes et des élevages marins, ou du bureau par délégation de ce dernier, peuvent être rendues obligatoires par arrêté du ministre chargé des pêches maritimes et de l'aquaculture marine, notamment lorsqu'elles prévoient :

1° Des mesures d'adéquation des capacités de pêche à la ressource disponible, par l'institution et le contingentement d'autorisations de pêche, par l'ajustement de l'effort de pêche et par la définition et la normalisation des caractéristiques des engins de pêche ;

2° Des modalités techniques de coexistence entre les différentes activités d'élevage marin dans les zones de production, en matière de densité des élevages et de compatibilité des espèces élevées dans une même zone, et des modalités techniques d'organisation des différents stades d'élevage marin, de sauvegarde des cheptels, de prophylaxie des produits d'élevage et, le cas échéant, d'éradication des produits contaminés. – *[Décr. n° 2011-776 du 28 juin 2011, art. 11, I, al. 1er à 3.]*

Art. R. 912-15 En application du deuxième alinéa de l'article L. 921-2-2, les délibérations adoptées à la majorité des membres du conseil du Comité national des pêches maritimes et des élevages marins, ou du bureau par délégation de ce dernier, peuvent être rendues obligatoires par arrêté du ministre chargé des pêches maritimes et de l'aquaculture marine, lorsqu'elles prévoient des mesures réglementant la pêche des espèces qui ne sont pas soumises à un total autorisé de captures ou à des quotas de captures en application d'un règlement de l'Union européenne et relatives :

1° A l'organisation des pêcheries en ce qui concerne la limitation du temps de pêche, la fixation des dates d'ouverture et de fermeture de la pêche de certaines espèces, la définition de zonages ou de carroyages particuliers ;

2° A la limitation du volume des captures de certaines espèces, par la définition de quotas de pêche fixés par zone ou par période et par la répartition et la gestion de ces quotas à l'échelon régional ou portuaire ou par unité d'effort (flottille, navires ou nombre d'hommes embarqués). – *[Décr. n° 2011-776 du 28 juin 2011, art. 11, II, al. 4 à 6.]*

Art. R. 912-16 Les délibérations du Comité national des pêches maritimes et des élevages marins fixant le montant des cotisations professionnelles prévues à l'article L. 912-16 font l'objet d'un avis publié au *Journal officiel* de la République française. – *[Décr. n° 2011-776 du 28 juin 2011, art. 11, III, al. 7.]*

§ 4 Compétences du président

Art. R. 912-17 Le président du Comité national des pêches maritimes et des élevages marins prépare et veille à l'exécution des délibérations du conseil et du bureau, auxquels il rend compte.

Il assure la direction des services du comité et le représente dans tous les actes de la vie civile et dans ses rapports avec les tiers.

Il représente le comité national en justice. A ce titre, il peut agir en justice au nom du comité national, après avis du bureau.

Il peut être assisté d'un directeur général qu'il nomme après accord du bureau et auquel il peut déléguer sa signature pour le fonctionnement administratif et financier, dans les conditions fixées par le règlement intérieur prévu à l'article R. 912-12.

Il peut autoriser à assister, avec voix consultative, aux réunions du conseil ou du bureau toute personne dont il juge la présence utile compte tenu de l'ordre du jour.

Le conseil peut autoriser le président à déléguer sa signature à d'autres membres du bureau dans les conditions fixées par le règlement intérieur. – *[Décr. n° 2011-776 du 28 juin 2011, art. 8.]*

SOUS-SECTION 2 Comités régionaux des pêches maritimes et des élevages marins

§ 1 Compétence géographique et missions

Art. R. 912-18 Un arrêté du ministre chargé des pêches maritimes et de l'aquaculture marine fixe la liste des comités régionaux, leur siège et leur ressort géographique ainsi que le nombre de membres de leur conseil. — *V. Arr. du 27 août 2021 fixant la liste des comités régionaux des pêches maritimes et des élevages marins, leur ressort territorial, leur siège ainsi que le nombre de membres de leur conseil (JO 1er sept.).*

Adhèrent obligatoirement à un comité régional les membres des professions qui, quel que soit leur statut, se livrent aux activités de production des produits des pêches maritimes et des élevages marins dans le ressort géographique du comité régional. — *[Décr. no 2011-776 du 28 juin 2011, art. 12.]*

Art. R. 912-19 Le comité régional des pêches maritimes et des élevages marins est consulté par l'autorité administrative mentionnée à l'article R.* 911-3 sur :

1° Les mesures d'ordre et de précaution destinées à organiser la compatibilité entre les métiers mentionnées à l'article L. 921-2-1 ;

2° Les mesures techniques relatives aux engins de pêche ;

3° Les mesures relatives à l'organisation et à l'exploitation des pêcheries, mentionnées à l'article L. 921-2-2, pour les espèces qui ne sont pas soumises à un total autorisé de captures ou à des quotas de captures en application d'un règlement de l'Union européenne. — *[Décr. no 2011-776 du 28 juin 2011, art. 14, al. 1er à 4.]*

Art. R. 912-20 Le comité régional des pêches maritimes et des élevages marins peut, par délibération adoptée à la majorité des membres de son conseil, déléguer certaines de ses compétences aux comités départementaux et interdépartementaux de son ressort, à l'exception des missions définies aux *b*, *c* et *e* du I de l'article L. 912-3. La délibération fixe les règles de financement des missions ainsi déléguées. — *[Décr. no 2011-776 du 28 juin 2011, art. 13 bis.]*

Art. R. 912-21 Le comité régional des pêches maritimes et des élevages marins peut recruter *(Abrogé par Décr. no 2017-243 du 27 févr. 2017, art. 4-1o)* *« et rémunérer »* des gardes-jurés chargés de veiller au respect de l'application des réglementations en matière de gestion des ressources halieutiques dans les conditions prévues par l'article L. 942-2.

(Décr. no 2017-243 du 27 févr. 2017, art. 4-2o) « Afin de pouvoir accomplir leurs missions le dimanche, les comités sont admis à donner le repos hebdomadaire par roulement aux gardes jurés qu'ils salarient. » — *[Décr. no 2011-776 du 28 juin 2011, art. 13.]*

§ 2 Composition et organisation du conseil et du bureau

Art. R. 912-22 Le conseil d'un comité régional des pêches maritimes et des élevages marins ne peut excéder cinquante membres *(Décr. no 2021-1244 du 28 sept. 2021, art. 1er)* « répartis en cinq collèges » :

1° Au moins 30 % de représentants des chefs d'entreprise de pêche maritime et d'élevage marin ;

2° Au moins 30 % de représentants des équipages et salariés des entreprises de pêche maritime et d'élevage marin ;

3° Un ou plusieurs représentants des coopératives maritimes, dans la limite de 10 % ;

4° Un ou plusieurs représentants des organisations de producteurs, lorsqu'il en existe dans le ressort territorial du comité régional, dans la limite de 10 % ;

5° Un ou plusieurs représentants, dans la limite de 10 %, des comités départementaux et interdépartementaux *[,]* lorsqu'il en existe dans le ressort territorial du comité régional, désignés *(Décr. no 2021-1244 du 28 sept. 2021, art. 1er)* « , parmi ses membres, » par le conseil de chaque comité départemental ou interdépartemental des pêches maritimes et des élevages marins.

Les représentants des collèges mentionnés aux 1° et 2° disposent d'un nombre égal de sièges.

(Décr. no 2021-1244 du 28 sept. 2021, art. 1er) « Nul ne peut occuper plus d'un siège au conseil. »

En outre, participent aux travaux du conseil, avec voix consultative, deux représentants des entreprises de premier achat et de transformation de la filière des pêches maritimes et des élevages marins.

Un arrêté du préfet de la région dans laquelle le comité a son siège fixe la composition du conseil et la répartition des sièges du conseil entre les différentes catégories professionnelles. – *[Décr. n° 2011-776 du 28 juin 2011, art. 15.]*

Art. R. 912-23 **Les membres du conseil du comité régional des pêches maritimes et des élevages marins sont nommés par arrêté du préfet de la région dans laquelle le comité a son siège.** – *[Décr. n° 2011-776 du 28 juin 2011, art. 16.]*

Art. R. 912-24 **Le conseil du comité régional des pêches maritimes et des élevages marins élit en son sein, au scrutin secret, le président et des vice-présidents, dont le nombre est fixé par le règlement intérieur.**

Les noms du président et des vice-présidents sont publiés par arrêté du préfet de la région dans laquelle le comité a son siège.

Il peut être mis fin au mandat du président ou de l'un des vice-présidents sur proposition du conseil statuant à la majorité de 75 % de ses membres.

En cas de vacance de la présidence du comité, les pouvoirs du président sont exercés par le premier vice-président ou à défaut par un vice-président pris dans l'ordre d'élection. Cet intérim est assuré jusqu'à l'élection d'un nouveau président, qui intervient à la réunion du conseil suivant immédiatement la constatation de la vacance. – *[Décr. n° 2011-776 du 28 juin 2011, art. 17.]*

Art. R. 912-25 **Le conseil du comité régional des pêches maritimes et des élevages marins élit en son sein, à la majorité, dans des conditions prévues par son règlement intérieur, un maximum de douze membres représentant l'ensemble des professions et organismes mentionnés aux 1° à 5° de l'article R. 912-22.**

Ces membres forment, avec le président et les vice-présidents qui en sont membres de droit, le bureau du comité régional, dont l'effectif total est fixé par le règlement intérieur.

Le président du comité régional assure la présidence du bureau. – *[Décr. n° 2011-776 du 28 juin 2011, art. 18.]*

§ 3 Fonctionnement du conseil et du bureau

Art. R. 912-26 **Le conseil du comité régional des pêches maritimes et des élevages marins se réunit au moins quatre fois dans l'année, sur convocation de son président, qui fixe l'ordre du jour.**

Il est également convoqué soit à la demande du préfet de la région dans laquelle le comité a son siège, soit à la demande de la majorité de ses membres. L'ordre du jour de la réunion comporte alors prioritairement les questions pour lesquelles elle a été convoquée.

Le conseil du comité régional ne délibère valablement que si la moitié au moins de ses membres est présente ou représentée. Si ce quorum n'est pas atteint, le conseil se réunit de droit dans un délai d'au moins une semaine, après une nouvelle convocation portant sur le même ordre du jour et spécifiant qu'aucun quorum ne sera exigé.

Sauf dans les cas où la majorité qualifiée est requise, les délibérations sont adoptées à la majorité des membres présents ou représentés.

Le préfet de la région dans laquelle le comité a son siège est informé des réunions du conseil auxquelles il peut participer ou se faire représenter et dont les délibérations lui sont transmises. – *[Décr. n° 2011-776 du 28 juin 2011, art. 19, al. 1er à 4.]*

Art. R. 912-27 **Le conseil du comité régional des pêches maritimes et des élevages marins peut, par délibération adoptée à la majorité de ses membres, déléguer au bureau les pouvoirs qui relèvent de sa compétence, à l'exception des délibérations relatives au budget, à l'approbation des comptes annuels, aux cotisations professionnelles obligatoires, à la création des antennes locales et aux actes qui engagent le patrimoine immobilier du comité.** – *[Décr. n° 2011-776 du 28 juin 2011, art. 19, al. 5.]*

Art. R. 912-28 **Les conditions de fonctionnement de chaque comité régional des pêches maritimes et des élevages marins sont fixées par un règlement intérieur soumis**

à l'approbation du préfet de la région dans laquelle le comité régional a son siège, conformément au règlement intérieur type défini par arrêté du ministre chargé des pêches maritimes et de l'aquaculture marine. – *[Décr. n° 2011-776 du 28 juin 2011, art. 21.]*

Art. R. 912-29 Le bureau du comité régional des pêches maritimes et des élevages marins se réunit sur convocation de son président, qui fixe l'ordre du jour.

Il est également convoqué soit à la demande du préfet de la région dans laquelle le comité a son siège, soit à la demande de la majorité de ses membres. L'ordre du jour de la réunion comporte alors prioritairement les questions pour lesquelles elle a été convoquée.

Le bureau ne délibère valablement que si la moitié de ses membres est présente ou représentée. Si ce quorum n'est pas atteint, il se réunit de droit dans un délai d'au moins une semaine, après une nouvelle convocation portant sur le même ordre du jour et spécifiant qu'aucun quorum ne sera exigé.

Sauf dans les cas où la majorité qualifiée est requise, les décisions sont adoptées à la majorité des membres présents ou représentés.

Le préfet de la région dans laquelle le comité a son siège est informé de toutes les réunions du bureau, auxquelles il peut participer ou se faire représenter et dont les délibérations lui sont transmises. – *[Décr. n° 2011-776 du 28 juin 2011, art. 20, al. 1er à 4.]*

Art. R. 912-30 Les membres du conseil ou du bureau peuvent, avec l'accord du président, participer aux débats par des moyens de visioconférence ou de communication électronique permettant leur identification et leur participation effective à une délibération collégiale. Ce moyen ne peut pas être utilisé lorsque le vote est secret et pour des délibérations relatives au budget, à l'approbation des comptes annuels, aux cotisations professionnelles obligatoires, à la création des antennes locales et aux actes qui engagent le patrimoine immobilier du comité. Leur participation est prise en compte pour le calcul du quorum. – *[Décr. n° 2011-776 du 28 juin 2011, art. 20, al. 5.]*

Art. R. 912-31 En application de l'article L. 921-2-1, les délibérations adoptées à la majorité des membres du conseil du comité régional des pêches maritimes et des élevages marins, ou du bureau par délégation de ce dernier, peuvent être rendues obligatoires, dans les limites des eaux territoriales, par arrêté de l'autorité administrative désignée à l'article R.* 911-3 à laquelle elles sont notifiées, notamment lorsqu'elles prévoient :

1° Des mesures d'adéquation des capacités de pêche à la ressource disponible, par l'institution et le contingentement d'autorisations de pêche, par l'ajustement de l'effort de pêche et par la définition et la normalisation des caractéristiques des engins de pêche ;

2° Des modalités techniques de coexistence entre les différentes activités d'élevage marin dans les zones de production, en matière de densité des élevages et de compatibilité des espèces élevées dans une même zone, et des modalités techniques d'organisation des différents stades d'élevage marin, de sauvegarde des cheptels, de prophylaxie des produits d'élevage et, le cas échéant, d'éradication des produits contaminés ;

3° La définition des conditions de récolte des végétaux marins et de leur culture. – *[Décr. n° 2011-776 du 28 juin 2011, art. 22, I, al. 1er à 4.]*

Art. R. 912-32 En application de l'article L. 921-2-2, les délibérations adoptées à la majorité des membres du conseil du comité régional des pêches maritimes et des élevages marins, ou du bureau par délégation de ce dernier, peuvent être rendues obligatoires par arrêté de l'autorité administrative désignée à l'article R.* 911-3, à laquelle elles sont notifiées, lorsqu'elles prévoient des mesures réglementant la pêche des espèces qui ne sont pas soumises à un total autorisé de captures ou à des quotas de captures en application d'un règlement de l'Union européenne et relatives :

1° A l'organisation des pêcheries en ce qui concerne la limitation du temps de pêche, la fixation des dates d'ouverture et de fermeture de la pêche de certaines espèces, la définition de zonages ou de carroyages particuliers ;

2° A la limitation du volume des captures de certaines espèces, par la définition de quotas de pêche fixés par zone ou par période et par la répartition et la gestion de ces

quotas à l'échelon régional ou portuaire ou par unité d'effort (flottille, navires ou nombre d'hommes embarqués). – *[Décr. n° 2011-776 du 28 juin 2011, art. 22, II, al. 5 à 7.]*

Art. R. 912-33 **Les délibérations d'un comité régional des pêches maritimes et des élevages marins fixant le montant des cotisations professionnelles prévues à l'article L. 912-16 font l'objet d'un avis publié au recueil des actes administratifs de la préfecture de la région dans laquelle le comité a son siège.** – *[Décr. n° 2011-776 du 28 juin 2011, art. 22, III, al. 8.]*

Art. R. 912-34 **Les délibérations d'un comité régional des pêches maritimes et des élevages marins mentionnées aux articles R. 912-31 et R. 912-32 ne peuvent être contraires aux délibérations du comité national.**

Elles peuvent prévoir les conditions dans lesquelles les modalités de leur mise en œuvre sont définies par décision du président du comité. – *[Décr. n° 2011-776 du 28 juin 2011, art. 22, IV, al. 9.]*

§ 4 Compétences du président

Art. R. 912-35 **Le président du comité régional des pêches maritimes et des élevages marins prépare et veille à l'exécution des délibérations du conseil et du bureau, auxquels il rend compte.**

Il assure la direction des services du comité et le représente dans tous les actes de la vie civile et dans ses rapports avec les tiers.

Il représente le comité régional en justice. A ce titre, il peut agir en justice au nom de son comité, après avis du bureau.

Il peut autoriser à assister, avec voix consultative, aux réunions du conseil ou du bureau toute personne dont il juge la présence utile compte tenu de l'ordre du jour.

Le conseil peut autoriser le président à déléguer sa signature dans les conditions fixées par le règlement intérieur.

SOUS-SECTION 3 Comités départementaux ou interdépartementaux des pêches maritimes et des élevages marins

§ 1 Compétence géographique

Art. R. 912-36 **Un arrêté du ministre chargé des pêches maritimes et de l'aquaculture marine fixe la liste des comités départementaux ou interdépartementaux des pêches maritimes et des élevages marins, leur siège et leur ressort géographique ainsi que le nombre de membres de leur conseil.** – *V. Arr. du 27 août 2021 fixant la liste des comités départementaux ou interdépartementaux des pêches maritimes et des élevages marins, leur ressort territorial, leur siège ainsi que le nombre de membres de leur conseil (JO 1er sept.), mod. par Arr. du 27 oct. 2022 (JO 17 nov.).*

Le ressort géographique d'un comité départemental comprend l'ensemble du territoire d'un département.

Le ressort géographique d'un comité interdépartemental comprend, sans solution de continuité côtière, l'ensemble du territoire d'au moins deux départements relevant du même comité régional.

Le ressort géographique d'un comité départemental ou interdépartemental ne peut pas correspondre au ressort géographique du comité régional.

Adhèrent obligatoirement à un comité départemental ou interdépartemental les membres des professions qui, quel que soit leur statut, se livrent aux activités de production des produits des pêches maritimes et des élevages marins dans le ressort géographique de ce comité. – *[Décr. n° 2011-776 du 28 juin 2011, art. 23.]*

§ 2 Composition et organisation du conseil et du bureau

Art. R. 912-37 **Le conseil d'un comité départemental ou interdépartemental des pêches maritimes et des élevages marins ne peut excéder quarante membres** *(Décr. n° 2021-1244 du 28 sept. 2021, art. 1er)* **« répartis en quatre collèges » :**

1° Au moins 35 % de représentants des chefs d'entreprise de pêche maritime et d'élevage marin ;

2° Au moins 35 % de représentants des équipages et salariés des entreprises de pêche maritime et d'élevage marin ;

3° Un ou plusieurs représentants des coopératives maritimes, dans la limite de 10 % ;

4° Un ou plusieurs représentants des organisations de producteurs *[,]* lorsqu'il en existe dans le ressort territorial du comité, dans la limite de 10 %.

Les représentants des collèges mentionnés aux 1° et 2° disposent d'un nombre égal de sièges.

(Décr. n° 2021-1244 du 28 sept. 2021, art. 1er) « Nul ne peut occuper plus d'un siège au conseil. »

En outre, participent aux travaux du conseil, avec voix consultative, deux représentants des entreprises de premier achat et de transformation de la filière des pêches maritimes et des élevages marins.

Un arrêté du préfet du département dans lequel le comité a son siège fixe la composition du conseil et la répartition des sièges du conseil entre les différentes catégories professionnelles. – *[Décr. n° 2011-776 du 28 juin 2011, art. 24.]*

Art. R. 912-38 Les membres du conseil d'un comité départemental ou interdépartemental des pêches maritimes et des élevages marins sont nommés par arrêté du préfet du département dans lequel le comité a son siège. – *[Décr. n° 2011-776 du 28 juin 2011, art. 25.]*

Art. R. 912-39 Le conseil du comité départemental ou interdépartemental des pêches maritimes et des élevages marins élit en son sein, au scrutin secret, le président et des vice-présidents, dont le nombre est fixé par le règlement intérieur.

Les noms du président et des vice-présidents sont publiés par arrêté du préfet de département dans lequel le comité a son siège.

Il peut être mis fin au mandat du président ou de l'un des vice-présidents sur proposition du conseil statuant à la majorité de 75 % de ses membres.

En cas de vacance de la présidence du comité, les pouvoirs du président sont exercés par le premier vice-président ou à défaut par un vice-président pris dans l'ordre d'élection, jusqu'à l'élection d'un nouveau président, qui intervient à la réunion du conseil qui suit immédiatement la constatation de la vacance. – *[Décr. n° 2011-776 du 28 juin 2011, art. 26.]*

Art. R. 912-40 Le conseil du comité départemental ou interdépartemental des pêches maritimes et des élevages marins élit en son sein, à la majorité, dans des conditions prévues par le règlement intérieur du comité, un maximum de douze membres représentant l'ensemble des professions et organismes mentionnés aux 1° à 4° de l'article R. 912-37.

Ces membres forment, avec le président et les vice-présidents qui en sont membres de droit, le bureau du comité, dont l'effectif total est fixé par le règlement intérieur.

Le président du comité assure la présidence du bureau. – *[Décr. n° 2011-776 du 28 juin 2011, art. 27.]*

Art. R. 912-41 Les conditions de fonctionnement de chaque comité départemental ou interdépartemental des pêches maritimes et des élevages marins sont fixées par un règlement intérieur, soumis à l'approbation du préfet du département dans lequel le comité a son siège, conformément au règlement intérieur type défini par arrêté du ministre chargé des pêches maritimes et de l'aquaculture marine. – *[Décr. n° 2011-776 du 28 juin 2011, art. 30.]*

Art. R. 912-42 Un comité départemental ou interdépartemental des pêches maritimes et des élevages marins peut recruter *(Abrogé par Décr. n° 2017-243 du 27 févr. 2017, art. 4-1°) « et rémunérer »* des gardes-jurés chargés de veiller au respect de l'application des réglementations en matière de gestion des ressources halieutiques dans les conditions prévues par l'article L. 942-2.

(Décr. n° 2017-243 du 27 févr. 2017, art. 4-2°) « Afin de pouvoir accomplir leurs missions le dimanche, les comités sont admis à donner le repos hebdomadaire par roulement aux gardes jurés qu'ils salarient. »

§ 3 Fonctionnement du conseil et du bureau

Art. R. 912-43 Le conseil d'un comité départemental ou interdépartemental des pêches maritimes et des élevages marins se réunit au moins quatre fois dans l'année sur convocation de son président, qui fixe l'ordre du jour.

Il est également convoqué soit à la demande du préfet du département dans lequel le comité a son siège, soit à la demande de la majorité de ses membres. L'ordre du jour de la réunion comporte alors prioritairement les questions pour lesquelles elle a été convoquée.

Le conseil du comité départemental ou interdépartemental ne délibère valablement que si la moitié au moins de ses membres est présente ou représentée. Si ce quorum n'est pas atteint, le conseil se réunit de droit dans un délai d'au moins une semaine, après une nouvelle convocation portant sur le même ordre du jour et spécifiant qu'aucun quorum ne sera exigé.

Sauf dans les cas où la majorité qualifiée est requise, les délibérations sont adoptées à la majorité des membres présents ou représentés.

Le préfet du département dans lequel le comité a son siège est informé des réunions du comité, auxquelles il peut participer ou se faire représenter et dont les délibérations lui sont transmises. – *[Décr. n° 2011-776 du 28 juin 2011, art. 28, I, al. 1er à 4.]*

Art. R. 912-44 Le conseil d'un comité départemental ou interdépartemental des pêches maritimes ou des élevages marins peut, par délibération adoptée à la majorité de ses membres, déléguer au bureau les pouvoirs qui relèvent de sa compétence, à l'exception des délibérations relatives au budget, à l'approbation des comptes annuels, aux cotisations professionnelles obligatoires, à la création des antennes locales et aux actes qui engagent le patrimoine immobilier du comité. – *[Décr. n° 2011-776 du 28 juin 2011, art. 28, I, al. 5.]*

Art. R. 912-45 Les délibérations d'un comité départemental ou interdépartemental des pêches maritimes et des élevages marins fixant le montant des cotisations professionnelles prévues à l'article L. 912-16 font l'objet d'un avis publié au recueil des actes administratifs de la préfecture du département dans lequel le comité a son siège. – *[Décr. n° 2011-776 du 28 juin 2011, art. 28, II, al. 6.]*

Art. R. 912-46 Le bureau du comité départemental ou interdépartemental des pêches maritimes et des élevages marins se réunit sur convocation de son président, qui fixe l'ordre du jour.

Il est également convoqué soit à la demande du préfet du département dans lequel le comité a son siège, soit à la demande de la majorité de ses membres. L'ordre du jour de la réunion comporte alors prioritairement les questions pour lesquelles elle a été convoquée.

Le bureau ne délibère valablement que si la moitié de ses membres est présente ou représentée. Si ce quorum n'est pas atteint, il se réunit de droit dans un délai d'au moins une semaine, après une nouvelle convocation portant sur le même ordre du jour et spécifiant qu'aucun quorum ne sera exigé.

Sauf dans les cas où une majorité qualifiée est requise, les décisions sont adoptées à la majorité des membres présents ou représentés.

Le préfet du département dans lequel le comité a son siège est informé de toutes les réunions du bureau, auxquelles il peut participer ou se faire représenter et dont les délibérations lui sont transmises. – *[Décr. n° 2011-776 du 28 juin 2011, art. 29.]*

Art. R. 912-47 Les membres du conseil ou du bureau peuvent, avec l'accord du président, participer aux débats par des moyens de visioconférence ou de communication électronique permettant leur identification et leur participation effective à une délibération collégiale.

Ce moyen ne peut pas être utilisé lorsque le vote est secret ou pour des délibérations relatives au budget, à l'approbation des comptes annuels, aux cotisations professionnelles obligatoires, à la création des antennes locales et aux actes qui engagent le patrimoine immobilier du comité.

Leur participation est prise en compte pour le calcul du quorum.

§ 4 Compétences du président

Art. R. 912-48 Le président du comité départemental ou interdépartemental des pêches maritimes et des élevages marins prépare et veille à l'exécution des délibérations du conseil et du bureau, auxquels il rend compte.

Il assure la direction des services du comité et le représente dans tous les actes de la vie civile et dans ses rapports avec les tiers.

Il représente le comité en justice. A ce titre, il peut agir en justice au nom de son comité, après avis du bureau.

Il peut autoriser à assister, avec voix consultative, aux réunions du conseil ou du bureau toute personne dont il juge la présence utile compte tenu de l'ordre du jour.

Le conseil peut autoriser le président à déléguer sa signature dans les conditions fixées par le règlement intérieur.

SOUS-SECTION 4 **Antennes locales des comités régionaux, départementaux ou interdépartementaux des pêches maritimes et des élevages marins**

Art. R. 912-49 En application de l'article L. 912-1, les comités régionaux, départementaux et interdépartementaux des pêches maritimes et des élevages marins peuvent, par délibération adoptée à la majorité des membres des conseils des comités concernés, créer des antennes locales. – *[Décr. n° 2011-776 du 28 juin 2011, art. 31.]*

SOUS-SECTION 5 **Règles de fonctionnement communes au Comité national et aux comités régionaux, départementaux ou interdépartementaux des pêches maritimes et des élevages marins**

§ 1 Organes dirigeants

Art. R. 912-50 Les organes dirigeants des comités mentionnés à l'article L. 912-1 sont le conseil, le bureau et le président. – *[Décr. n° 2011-776 du 28 juin 2011, art. 32.]*

§ 2 Règles relatives à la désignation des membres des organes dirigeants

Art. R. 912-51 Les membres des comités régionaux, départementaux et interdépartementaux représentant les équipages et salariés des entreprises de pêche maritime et d'élevage marin ainsi que ceux représentant les chefs de ces entreprises sont élus dans les conditions prévues par la section 6 du présent chapitre. – *[Décr. n° 2011-776 du 28 juin 2011, art. 33, I, al. 1er.]*

Art. R. 912-52 Les représentants des chefs d'entreprise de pêche maritime et d'élevage marin au conseil du comité national, mentionnés au 2° de l'article R. 912-4, sont désignés par les organisations professionnelles représentatives dont les statuts sont régis par le code du travail. – *[Décr. n° 2011-776 du 28 juin 2011, art. 33, II, al. 2.]*

Art. R. 912-53 Les représentants des coopératives maritimes mentionnés au 3° de l'article R. 912-4, au 3° de l'article R. 912-22 et au 3° de l'article R. 912-37 sont proposés par l'organisme confédéral mentionné au 11° de l'article R. 512-43 du code monétaire et financier, désigné sous le nom de "Coopération maritime", parmi les membres des sociétés coopératives maritimes qui *(Abrogé par Décr. n° 2021-1244 du 28 sept. 2021, art. 1er)* ***« ne sont pas membres du conseil d'administration d'une organisation de producteurs et »*** exercent leur activité dans le ressort du comité concerné. – *[Décr. n° 2011-776 du 28 juin 2011, art. 33, III, al. 3.]*

Art. R. 912-54 Les représentants des organisations de producteurs mentionnés au 4° de l'article R. 912-4, au 4° de l'article R. 912-22 et au 4° de l'article R. 912-37 sont proposés par les fédérations d'organisations de producteurs, parmi leurs adhérents représentatifs au niveau territorial concerné et par les organisations de producteurs non affiliées à une fédération, représentatives au même niveau territorial. – *[Décr. n° 2011-776 du 28 juin 2011, art. 33, IV, al. 4.]*

Art. R. 912-55 Les représentants des entreprises du premier achat et de la transformation de la filière des pêches maritimes et des élevages marins mentionnés au sixième

alinéa de l'article R. 912-4, au huitième alinéa de l'article R. 912-22 et au septième alinéa de l'article R. 912-37 sont désignés par les organisations professionnelles représentatives pour le niveau territorial concerné.

(Décr. n° 2021-1244 du 28 sept. 2021, art. 1er) **« En cas d'absence d'organisations professionnelles représentatives au niveau départemental, interdépartemental ou régional, ils sont désignés par les organisations professionnelles représentatives nationales. »** – *[Décr. n° 2011-776 du 28 juin 2011, art. 33, V, al. 5.]*

Art. R. 912-56 **La durée du mandat des membres des comités mentionnés à l'article L. 912-1 est de cinq ans.** – *[Décr. n° 2011-776 du 28 juin 2011, art. 34, I, al. 1er, 1re phrase.]*

Les mandats en cours des membres des organes dirigeants du comité national et des comités départementaux ou interdépartementaux et régionaux des pêches maritimes et des élevages marins élus ou nommés à la suite des élections intervenues le 12 janv. 2017 sont prorogés de quatre mois supplémentaires (Décr. n° 2021-1183 du 13 sept. 2021, JO 15 sept.).

Art. R. 912-57 *Abrogé par Décr. n° 2021-1244 du 28 sept. 2021, art. 1er.*

Art. R. 912-58 **Les membres du conseil et du bureau du comité national et d'un comité régional, départemental ou interdépartemental des pêches maritimes et des élevages marins disposent d'un suppléant, désigné dans les mêmes conditions qu'eux, et chargé de les remplacer en cas d'absence ou d'empêchement.**

En cas d'absence ou d'empêchement de son suppléant, un membre titulaire du conseil peut donner procuration à un membre du conseil appartenant au même collège et à la même catégorie que ceux pour lesquels il a été élu ou désigné.

En cas d'absence ou d'empêchement de son suppléant, un membre titulaire du bureau peut donner procuration à un membre du bureau appartenant au même collège que celui pour lequel il a été élu ou désigné.

Aucun membre d'un comité ne peut détenir plus d'une procuration. – *[Décr. n° 2011-776 du 28 juin 2011, art. 34, II, al. 2.]*

Art. R. 912-59 **La démission des fonctions de membre du conseil, de vice-président ou de président du comité national et d'un comité régional, départemental ou interdépartemental des pêches maritimes et des élevages marins est adressée à l'autorité ayant prononcé sa nomination par tout moyen permettant d'établir date certaine.**

La démission des fonctions de membre du bureau est adressée au président du comité concerné par tout moyen permettant d'établir date certaine.

Une démission est effective à la date de sa réception.

Un membre élu du conseil et du bureau d'un comité décédé ou démissionnaire est remplacé par son suppléant pour la durée du mandat restant à courir, dans un délai de trois mois suivant la constatation de la vacance. Un membre désigné est remplacé, dans les mêmes conditions, par son suppléant ou, à défaut, par toute personne réunissant les mêmes conditions proposée à l'autorité ayant procédé à la nomination. – *[Décr. n° 2011-776 du 28 juin 2011, art. 34, III, al. 3 à 6.]*

§ 3 Règles relatives aux délibérations des comités

Art. R. 912-60 **Lorsque l'adoption d'une délibération du comité national, d'un comité régional, départemental ou interdépartemental est susceptible de compromettre les intérêts confiés à l'organisation professionnelle ou ceux dont l'administration a la charge, le ministre chargé des pêches maritimes et de l'aquaculture marine ou l'autorité administrative désignée à l'article R.* 911-3 ou le préfet de la région ou le préfet du département dans lesquels le comité a son siège, selon la matière dans laquelle la délibération est susceptible de faire grief, peut, dans un délai de quinze jours à compter de la notification qui lui en a été faite, demander au président du comité concerné, par tout moyen permettant d'établir date certaine, une nouvelle convocation de l'organe dirigeant dans un nouveau délai de quinze jours, afin de procéder au réexamen total ou partiel de cette délibération.**

Dans le cas où l'organe dirigeant n'a pas délibéré dans le délai prescrit, le ministre ou le préfet peut s'opposer à l'adoption de la délibération dans un nouveau délai de quinze jours.

Si, à l'issue du réexamen, le ministre ou le préfet estime que la nouvelle délibération ne lève pas les objections qu'ils ont formulées, il peut s'y opposer dans un nouveau délai de quinze jours. – *[Décr. n° 2011-776 du 28 juin 2011, art. 35.]*

Art. R. 912-61 Lorsque l'exécution d'une délibération du comité national, d'un comité régional, départemental ou interdépartemental des pêches maritimes ou des élevages marins est devenue susceptible de compromettre les intérêts confiés à l'organisation professionnelle ou ceux dont l'administration a la charge, le ministre chargé des pêches maritimes et de l'aquaculture marine ou l'autorité administrative désignée à l'article R.* 911-3 ou le préfet de la région ou le préfet du département dans lesquels le comité a son siège, selon la matière dans laquelle la délibération est susceptible de faire grief, peut en suspendre l'exécution.

Cette décision est notifiée au président du comité concerné par tout moyen permettant d'établir date certaine et lui demande de procéder à un nouvel examen de la décision contestée.

Le ministre ou le préfet engage ensuite, s'il l'estime nécessaire, la procédure prévue à l'article R. 912-60. – *[Décr. n° 2011-776 du 28 juin 2011, art. 36.]*

§ 4 Règles financières et comptables

Art. R. 912-62 Les ressources du comité national et des comités régionaux, départementaux et interdépartementaux des pêches maritimes et des élevages marins comprennent notamment :

1° Les cotisations professionnelles prévues à l'article L. 912-16 ;
2° Les contributions consenties par les professionnels ;
3° Les rémunérations pour services rendus ;
4° Les revenus des biens leur appartenant et des produits de placement ;
5° Les subventions ;
6° Les dons et legs ;
7° Les ressources affectées, le cas échéant, au titre des missions de service public et de centre technique industriel.

Le montant des cotisations professionnelles mentionnées au 1° est fixé par délibération, respectivement, du comité national et de chaque comité régional, départemental ou interdépartemental. La délibération énonce les critères objectifs ayant servi à établir *(Décr. n° 2021-1244 du 28 sept. 2021, art. 1er)* « le montant de ces cotisations ». – *[Décr. n° 2011-776 du 28 juin 2011, art. 37.]*

Art. R. 912-63 Le règlement comptable et financier du comité national et des comités régionaux, départementaux et interdépartementaux des pêches maritimes et des élevages marins est défini par arrêté conjoint du ministre chargé des pêches maritimes et de l'aquaculture marine et du ministre chargé du budget. – *[Décr. n° 2011-776 du 28 juin 2011, art. 38, al. 1er.]*

Art. R. 912-64 Les documents budgétaires prévisionnels du comité national et des comités régionaux, départementaux et interdépartementaux des pêches maritimes et des élevages marins sont approuvés par l'autorité administrative ayant prononcé la nomination des membres de leurs conseils. Cette approbation vaut autorisation d'exécution.

Les comptes financiers de ces comités sont approuvés par l'autorité administrative ayant prononcé la nomination des membres de leurs conseils, après certification par un commissaire aux comptes et approbation par le conseil. – *[Décr. n° 2011-776 du 28 juin 2011, art. 38, al. 2 et 3.]*

Art. R. 912-65 Les crédits de la dotation publique accordée au système de garantie contre les intempéries et avaries, prévu aux articles R. 912-2 et R. 912-13, sont retracés sur un compte de bilan détaillé annexé aux documents budgétaires prévisionnels et comptes financiers du Comité national des pêches maritimes et des élevages marins. – *[Décr. n° 2011-776 du 28 juin 2011, art. 38, al. 4.]*

Art. R. 912-66 Les fonctions de membre des conseils, des commissions ou des groupes de travail des comités créés en application de l'article L. 912-1 sont gratuites.

Conformément à l'article L. 912-16-1, le conseil du comité national et les conseils des comités régionaux, départementaux et interdépartementaux fixent, par délibération

adoptée à la majorité de leurs membres, le montant et les modalités de versement des indemnités forfaitaires qui peuvent être allouées à leurs membres.

Les frais de déplacement des membres de ces comités, des commissions et groupes de travail créés par eux sont remboursés par ces organismes aux conditions et selon les modalités de règlement des frais occasionnés par les déplacements des personnels civils de l'État. – *[Décr. n° 2011-776 du 28 juin 2011, art. 39.]*

SOUS-SECTION 6 Modalités d'organisation et de tenue des élections aux comités régionaux, départementaux ou interdépartementaux des pêches maritimes et des élevages marins

§ 1 Dispositions communes

V. Note technique du 21 oct. 2021 précisant les modalités des élections des comités régionaux, interdépartementaux et départementaux des pêches maritimes et des élevages marins les modalités d'organisation et de tenue des consultations électorales prévues par l'art. L. 912-5 (NOR : MERM2131807N, BOTES 20 nov. 2021).

Art. R. 912-67 La présente section est applicable à l'élection des membres des conseils des comités départementaux, interdépartementaux et régionaux des pêches maritimes et des élevages marins, représentant :

1° Les équipages et salariés des entreprises de pêche maritime et d'élevage marin, composant le premier collège ;

2° Les chefs d'entreprise de pêche maritime et d'élevage marin, composant le deuxième collège, divisé en quatre catégories regroupant respectivement les chefs d'entreprise de pêche maritime embarqués, les chefs d'entreprise de pêche maritime non embarqués armant un ou plusieurs navires titulaires d'un *(Décr. n° 2017-942 du 10 mai 2017, art. 7-1°)* **« permis d'armement à la pêche ou aux cultures marines », les chefs d'entreprise de pêche maritime à pied et les chefs d'entreprise d'élevage marin.** – *[Décr. n° 92-376 du 1er avr. 1992, art. 1er.]*

Art. R. 912-68 Les opérations électorales en vue de l'élection des membres des conseils des comités départementaux, interdépartementaux et régionaux des pêches maritimes et des élevages marins mentionnés à l'article R. 912-67 se déroulent sous la responsabilité d'une commission électorale, établie par arrêté du préfet de la région ou du département siège du comité, selon qu'il s'agit d'un comité régional ou d'un comité départemental ou interdépartemental.

Cette commission, dont la compétence s'étend à l'ensemble de la circonscription du comité, est composée :

1° Du préfet mentionné au premier alinéa ou de son représentant, président ;

2° Du directeur départemental des territoires et de la mer du siège du comité, dans le cas d'un comité départemental ou interdépartemental, ou du directeur interrégional de la mer ou du directeur de la mer du siège du comité, dans le cas d'un comité régional, ou de leur représentant ;

3° D'un membre du comité dont l'élection du conseil est l'objet de cette consultation électorale, désigné sur proposition du président en exercice du comité ou, à défaut, directement par le préfet mentionné au premier alinéa. Deux suppléants sont également désignés dans les mêmes conditions, appelés à remplacer le titulaire ou le premier suppléant en cas d'empêchement, de décès ou de démission. – *[Décr. n° 92-376 du 1er avr. 1992, art. 2.]*

Art. R. 912-69 Le jour du scrutin en vue de l'élection des membres des conseils des comités départementaux, interdépartementaux et régionaux des pêches maritimes et des élevages marins est fixé par arrêté du ministre chargé des pêches maritimes et de l'aquaculture marine, publié au *Journal officiel* de la République française. – *[Décr. n° 92-376 du 1er avr. 1992, art. 3.]*

Art. R. 912-70 Les comités départementaux, interdépartementaux et régionaux des pêches maritimes et des élevages marins assument l'ensemble des charges provenant des opérations prévues par la présente section.

Le coût du papier et les frais d'impression réellement exposés des professions de foi et des bulletins de vote sont remboursés par les comités aux organisations qui ont pré-

senté une liste ayant obtenu plus de 5 % des suffrages exprimés dans le collège ou la catégorie concernés, sur présentation des pièces justificatives. – *[Décr. n° 92-376 du 1er avr. 1992, art. 24.]*

§ 2 Listes électorales

Art. R. 912-71 *et* R. 912-72 *Abrogés par Décr. n° 2021-1244 du 28 sept. 2021, art. 1er.*

Art. R. 912-73 Toute personne, qui demande son inscription sur une liste électorale en vue de l'élection des membres des conseils des comités départementaux, interdépartementaux et régionaux des pêches maritimes et des élevages marins doit souscrire une déclaration auprès de la commission électorale mentionnée à l'article R. 912-68. L'inscription peut se faire par voie électronique.

La même demande vaut pour l'inscription sur la liste électorale d'un comité départemental ou interdépartemental et sur celle du comité régional correspondant.

Le demandeur précise :

1° Ses nom et prénoms ;

2° Ses date et lieu de naissance ;

3° Son adresse ;

4° Le collège d'électeurs, au sens de l'article R. 912-67, et éventuellement la catégorie, au titre desquels il demande son inscription ;

5° S'il exerce la profession de marin, son numéro d'identification.

Cette demande est accompagnée des pièces justificatives nécessaires à son examen. Le demandeur atteste ne pas s'être fait inscrire auprès d'un autre comité et s'engage à ne pas demander son inscription auprès d'un autre comité avant d'avoir obtenu sa radiation de celui-ci.

La liste sur laquelle s'effectue l'inscription est celle qui correspond au collège, et éventuellement à la catégorie, dont le demandeur relève à titre principal dans la circonscription électorale où il a le centre de ses activités ou de ses intérêts professionnels.

Les chefs d'entreprise armant des navires ou pratiquant la pêche maritime à pied dans la circonscription de plusieurs comités, ainsi que les salariés de ces entreprises qui exercent eux-mêmes leur activité dans la circonscription de plusieurs comités, peuvent choisir le comité où ils demandent à exercer leur droit de vote. – *[Décr. n° 92-376 du 1er avr. 1992, art. 6, al. 3 à 13.]*

Art. R. 912-74 Les dispositions *(Décr. n° 2021-1244 du 28 sept. 2021, art. 1er)* « de l'article » L. 6 du code électoral sont applicables à l'inscription sur une liste électorale en vue de l'élection des membres des conseils des comités départementaux, interdépartementaux et régionaux des pêches maritimes et des élevages marins. – *[Décr. n° 92-376 du 1er avr. 1992, art. 6, al. 1er.]*

Art. R. 912-75 Les conditions pour être inscrit sur une liste électorale en vue de l'élection des membres des conseils des comités départementaux, interdépartementaux et régionaux des pêches maritimes et des élevages marins s'apprécient au 1er juillet de l'année précédant les élections en vue du renouvellement général de ces conseils. – *[Décr. n° 92-376 du 1er avr. 1992, art. 6, al. 2.]*

Art. R. 912-76 Sont électeurs dans le collège des équipages et salariés des entreprises de pêche maritime et d'élevage marin en vue de l'élection des membres des conseils des comités départementaux, interdépartementaux et régionaux des pêches maritimes et des élevages marins :

1° Les marins en activité ayant accompli au moins trois mois d'embarquement à la pêche au cours des douze mois précédant la date mentionnée à l'article R. 912-75 ;

2° Les salariés des entreprises d'élevage marin ;

3° Les salariés des entreprises de pêche maritime à pied *(Décr. n° 2021-1244 du 28 sept. 2021, art. 1er)* « et des entreprises de récolte de goémons sur le rivage ayant exercé au moins six mois en cette qualité.

« Aux fins du présent article, est assimilée à un embarquement à la pêche toute période de service à terre pouvant être validée pour pension en application des articles L. 5552-13 à L. 5552-18 du code des transports, à la condition que ladite période ait

été précédée d'au moins un jour d'embarquement à la pêche durant les douze mois précédant la date mentionnée à l'article R. 912-75. » – *[Décr. nº 92-376 du 1er avr. 1992, art. 6-1, I, al. 1er à 4, et III, al. 11.]*

Art. R. 912-77 **Sont électeurs dans le collège des chefs d'entreprise de pêche maritime et d'élevage marin et dans leurs catégories respectives en vue de l'élection des membres des conseils des comités départementaux, interdépartementaux et régionaux des pêches maritimes et des élevages marins :**

1° Les chefs d'entreprise de pêche maritime embarqués, armant un ou plusieurs navires *(Décr. nº 2021-1244 du 28 sept. 2021, art. 1er)* **« actifs au sens de l'article R. 921-9 du code rural et de la pêche maritime et » titulaires d'un** *(Décr. nº 2017-942 du 10 mai 2017, art. 7-1°)* **« permis d'armement à la pêche ou aux cultures marines », ayant accompli au moins** *(Décr. nº 2021-1244 du 28 sept. 2021, art. 1er)* **« un jour » d'embarquement à la pêche au cours des douze mois précédant la date mentionnée à l'article R. 912-75 ;**

2° Les chefs d'entreprise de pêche maritime non embarqués, armant un ou plusieurs navires *(Décr. nº 2021-1244 du 28 sept. 2021, art. 1er)* **« actifs au sens de l'article R. 921-9 et » titulaires d'un** *(Décr. nº 2017-942 du 10 mai 2017, art. 7-1°)* **« permis d'armement à la pêche ou aux cultures marines »** *(Décr. nº 2021-1244 du 28 sept. 2021, art. 1er)* **« , n'ayant accompli aucun jour d'embarquement à la pêche au cours des douze mois précédant la date mentionnée à l'article R. 912-75 » ;**

3° Les chefs d'entreprise d'élevage marin ;

4° Les chefs d'entreprise de pêche maritime à pied *(Décr. nº 2021-1244 du 28 sept. 2021, art. 1er)* **« et des entreprises de récolte de goémons sur le rivage ».**

Aux fins du présent article, les chefs d'entreprise sont les chefs d'une entreprise de pêche ou d'élevage marin *(Décr. nº 2021-1244 du 28 sept. 2021, art. 1er)* **« ou de récolte de goémons sur le rivage » immatriculée au registre du commerce et des sociétés ainsi que les personnes pratiquant individuellement leur activité sur des navires d'une longueur inférieure ou égale à douze mètres ou effectuant habituellement des sorties de moins de vingt-quatre heures.** *(Décr. nº 2021-1244 du 28 sept. 2021, art. 1er)* **« En outre, est assimilée à un embarquement à la pêche toute période de service à terre pouvant être validée pour pension en application des articles L. 5552-13 à L. 5552-18 du code des transports, à la condition que ladite période ait été précédée d'au moins un jour d'embarquement à la pêche durant les douze mois précédant la date mentionnée à l'article R. 912-75. »** – *[Décr. nº 92-376 du 1er avr. 1992, art. 6-1, II, al. 5 à 9, et III, al. 10.]*

Art. R. 912-78 *(Décr. nº 2021-1244 du 28 sept. 2021, art. 1er)* **Avant le 15 juin de l'année précédant celle des élections des membres aux conseils des comités départementaux, interdépartementaux et régionaux des pêches maritimes et des élevages marins, le préfet de la région prend un arrêté annonçant l'établissement des listes électorales par la commission électorale.**

Cet arrêté énumère les collèges et les catégories concernés. Il mentionne les dates et heures du scrutin, la composition de la commission électorale ainsi que son siège. Il précise les conditions de dépôt des nouvelles demandes d'inscription sur les listes électorales et les demandes de rectification, et indique les voies et délais de recours contre les listes électorales.

Cet arrêté est affiché dans les services de la direction départementale des territoires et de la mer et dans les services de la direction interrégionale de la mer ou de la direction de la mer, ainsi qu'au siège des comités concernés par les élections. Un avis comportant les mentions obligatoires énoncées à l'alinéa précédent est publié dans un journal diffusé dans le ou les départements intéressés.

Art. R. 912-78-1 *(Décr. nº 2021-1244 du 28 sept. 2021, art. 1er)* **La liste des électeurs est révisée au 1er juillet de l'année précédant les élections des membres aux conseils des comités départementaux, interdépartementaux et régionaux des pêches maritimes et des élevages marins par la commission électorale mentionnée à l'article R. 912-68 compte tenu de l'ensemble des informations disponibles et, notamment, des mises à jour et des demandes d'inscription et de rectification.**

La commission inscrit d'office les électeurs dont la capacité électorale lui est connue, même s'ils n'ont pas demandé leur inscription, et procède aux radiations. Elle statue sur les demandes d'inscription et de rectification qui lui ont été adressées.

Elle peut exiger des intéressés toute pièce de nature à justifier de leur qualité à être inscrits sur les listes.

La commission tient un registre de toutes ses décisions, qui sont motivées et assorties de l'indication des pièces produites.

Art. R. 912-78-2 *(Décr. n° 2021-1244 du 28 sept. 2021, art. 1er)* Avant le 1er juillet de l'année précédant celle des élections des membres aux conseils des comités départementaux, interdépartementaux et régionaux des pêches maritimes et des élevages marins, la commission électorale mentionnée à l'article R. 912-68 établit les listes provisoires des électeurs.

Ces listes, signées par les membres de la commission électorale, sont aussitôt affichées, pour une durée de vingt jours, au siège de la commission, dans les services de la direction départementale des territoires et de la mer et les services de la direction interrégionale de la mer ou de la direction de la mer, ainsi qu'au siège des comités des pêches maritimes et des élevages marins.

La commission électorale transmet au ministre chargé des pêches maritimes un certificat d'affichage daté et signé.

Art. R. 912-78-3 *(Décr. n° 2021-1244 du 28 sept. 2021, art. 1er)* Avant le 21 juillet de l'année précédant celle des élections des membres aux conseils des comités départementaux, interdépartementaux et régionaux des pêches maritimes et des élevages marins, toute personne qui s'estime indûment omise peut demander son inscription sur la liste électorale ou demander la rectification des données la concernant par lettre recommandée avec demande d'avis de réception à la commission électorale mentionnée à l'article R. 912-68. Tout électeur inscrit sur une des listes peut également demander l'inscription d'une personne omise.

Art. R. 912-78-4 *(Décr. n° 2021-1244 du 28 sept. 2021, art. 1er)* Avant le 20 août de l'année précédant celle des élections des membres aux conseils des comités départementaux, interdépartementaux et régionaux des pêches maritimes et des élevages marins, la commission électorale statue à la majorité sur les demandes d'inscription, de modification ou de radiation formulées par toute personne ou tout électeur mentionné au premier alinéa de l'article R. 912-78-3. Lorsque la commission électorale refuse d'inscrire un électeur ou radie un électeur, cette décision est notifiée dans les deux jours à l'intéressé par lettre recommandée avec demande d'avis de réception.

Toute décision de refus est motivée et informe l'intéressé qu'il dispose d'un délai de deux jours à compter de la réception de sa notification pour présenter une réclamation. Toute réclamation dirigée contre une décision relative à l'inscription, à la modification ou à la radiation des listes électorales fait l'objet, préalablement à l'exercice d'un recours contentieux, d'un recours administratif devant la commission électorale régionale territorialement compétente. La réclamation est adressée au président de commission électorale régionale, par lettre recommandée avec demande d'avis de réception. La commission électorale régionale statue à la majorité sur la réclamation avant l'établissement des listes électorales définitives. En cas de non-respect de ce délai, la commission est réputée avoir rejeté la réclamation.

Art. R. 912-78-5 *(Décr. n° 2021-1244 du 28 sept. 2021, art. 1er)* Au 1er septembre de l'année précédant celle des élections des membres aux conseils des comités départementaux, interdépartementaux et régionaux des pêches maritimes et des élevages marins, la clôture de la procédure d'établissement des listes électorales est constatée par arrêté du préfet de la région.

Les listes électorales définitives, signées par les membres de la commission électorale, sont aussitôt affichées, pour une durée de vingt jours, au siège de la commission, dans les services de la direction départementale des territoires et de la mer et les services de la direction interrégionale de la mer ou de la direction de la mer, ainsi qu'au siège des comités des pêches maritimes et des élevages marins.

La commission électorale transmet au ministre chargé des pêches maritimes un certificat d'affichage daté et signé.

Art. R. 912-78-6 *(Décr. nº 2021-1244 du 28 sept. 2021, art. 1er)* Si un événement, postérieur à l'établissement de la liste électorale définitive et prenant effet au plus tard vingt-sept jours avant la date du scrutin, entraîne pour une personne l'acquisition ou la perte de la qualité d'électeur, son inscription ou sa radiation est prononcée au plus tard à cette date, soit à l'initiative de la commission électorale mentionnée à l'article R. 912-68, soit à la demande de l'intéressé.

Art. R. 912-79 Dans les cinq jours qui suivent la fin de la période d'affichage mentionnée à l'article *(Décr. nº 2021-1244 du 28 sept. 2021, art. 1er)* « R. 912-78-5 », les décisions de la commission électorale *(Décr. nº 2021-1244 du 28 sept. 2021, art. 1er)* « régionale prises sur les réclamations mentionnées à l'article R. 912-78-4, » peuvent être contestées devant le tribunal administratif par les électeurs intéressés.

Lorsque le cinquième jour est un samedi, un dimanche ou un jour férié, ce délai expire le premier jour ouvrable suivant.

Le tribunal administratif statue dans les dix jours du recours.

L'appel devant la cour administrative d'appel doit, à peine de nullité, être déposé au greffe de la cour, dans le délai d'un mois, qui court à partir de la notification du jugement, laquelle comporte l'indication dudit délai. Il est jugé comme affaire urgente. — *[Décr. nº 92-376 du 1er avr. 1992, art. 8.]*

§ 3 **Conditions d'éligibilité et déclarations de candidature**

Art. R. 912-80 *Abrogé par Décr. nº 2021-1244 du 28 sept. 2021, art. 1er.*

Art. R. 912-81 Sont éligibles au conseil des comités départementaux, interdépartementaux et régionaux des pêches maritimes et des élevages marins les marins en activité et les chefs d'entreprise de pêche maritime *(Décr. nº 2021-1244 du 28 sept. 2021, art. 1er)* « et d'élevages marins » qui remplissent *(Abrogé par Décr. nº 2021-1244 du 28 sept. 2021, art. 1er)* « , ***outre la condition d'âge mentionnée à l'article R. 912-80,*** » les conditions suivantes :

(Décr. nº 2021-1244 du 28 sept. 2021, art. 1er) « 1º Être âgé de dix-huit ans accomplis le jour de l'élection ;

« 2º » Être inscrit sur la liste électorale ;

(Décr. nº 2021-1244 du 28 sept. 2021, art. 1er) « 3º » Avoir accompli au moins six mois d'embarquement sur un navire armé à la pêche au cours des douze mois précédant la date mentionnée à l'article R. 912-75. Est assimilée à un embarquement à la pêche toute période de service à terre pouvant être validée pour pension en application des articles L. 5552-13 à L. 5552-18 du code des transports, à la condition que *(Décr. nº 2021-1244 du 28 sept. 2021, art. 1er)* « ladite période ait été précédée d'un embarquement à la pêche ou d'une période de service à terre assimilée.

« L'éligibilité d'un candidat est limitée au collège auquel il appartient ou au titre duquel il a demandé son inscription sur la liste des candidats et, dans le cas du collège des chefs d'entreprise, à la catégorie dans laquelle le candidat exerce son droit de vote ou, à défaut, au titre de laquelle il a demandé son inscription sur la liste des candidats. » — *[Décr. nº 92-376 du 1er avr. 1992, art. 9, II, al. 2.]*

Art. R. 912-82 Les listes de candidats au conseil des comités départementaux, interdépartementaux et régionaux des pêches maritimes et des élevages marins sont présentées par les organisations professionnelles ou syndicales représentatives, ayant pour objet social de défendre les droits et intérêts des personnes constituant le collège concerné et dont les statuts sont régis par le code du travail. *(Décr. nº 2021-1244 du 28 sept. 2021, art. 1er)* « La représentativité d'une organisation professionnelle ou syndicale présentant des candidats doit être appréciée au niveau du seul collège concerné. » — *[Décr. nº 92-376 du 1er avr. 1992, art. 10, al. 1er.]*

Art. R. 912-83 Par exception aux dispositions de l'article R. 912-81, peuvent être inscrits sur les listes de candidats au conseil des comités départementaux, interdépartementaux et régionaux des pêches maritimes et des élevages marins sans être inscrits sur la liste électorale :

1º Dans le collège des équipages et salariés des entreprises de pêche maritime et d'élevage marin, dans la limite de 30 % de chaque liste déposée :

a) Les marins ayant cotisé au moins quinze ans au régime d'assurance vieillesse des marins prévu par l'article L. 5551-1 du code des transports, et les pêcheurs à pied professionnels exerçant leur activité à titre principal et ayant cotisé au moins dix ans au régime de protection sociale des salariés des professions agricoles prévu par l'article L. 722-20 du présent code ;

b) Les secrétaires généraux et les présidents des organisations syndicales représentatives ayant pour objet social de défendre les droits et intérêts des personnes constituant ce collège et dont les statuts sont régis par le code du travail, en poste ou ayant exercé cinq ans cette activité ;

2° Dans le collège des chefs d'entreprise de pêche maritime et d'élevage marin, dans la limite de 30 % de chaque liste déposée :

a) Les marins ayant cotisé au moins quinze ans au régime d'assurance vieillesse des marins prévu par l'article L. 5551-1 du code des transports, et les pêcheurs à pied professionnels exerçant leur activité à titre principal ayant cotisé au moins dix ans au régime de protection sociale des non-salariés des professions agricoles au titre d'une activité principale de pêche maritime à pied professionnelle prévu par l'article L. 722-1 du présent code ;

b) Les mandataires sociaux des entreprises de pêche maritime et d'élevage marin ;

c) Les salariés des entreprises de pêche maritime et d'élevage marin ;

d) Les conjoints collaborateurs ;

e) Les secrétaires généraux et les présidents des organisations syndicales représentatives ayant pour objet social de défendre les droits et intérêts des personnes constituant la catégorie concernée et dont les statuts sont régis par le code du travail, en poste ou ayant exercé cinq ans cette activité. — *[Décr. nº 92-376 du 1er avr. 1992, art. 9, III et IV.]*

Art. R. 912-84 Pour être inscrits sur la liste des candidats *(Abrogé par Décr. nº 2021-1244 du 28 sept. 2021, art. 1er)* *« mentionnée à l'article R. 912-82 »*, les personnes mentionnées à l'article R. 912-83 effectuent une demande d'inscription sur la liste des candidats auprès de la commission électorale. Le demandeur précise :

1° Ses nom et prénoms ;

2° Ses date et lieu de naissance ;

3° Son adresse ;

4° Le collège, et éventuellement la catégorie, au titre duquel il demande son inscription.

Cette demande est accompagnée des pièces justificatives nécessaires à son examen.

(Abrogé par Décr. nº 2021-1244 du 28 sept. 2021, art. 1er) *« L'éligibilité d'un candidat est limitée au collège auquel il appartient ou au titre duquel il a demandé son inscription sur la liste des candidats et, dans le cas du collège des chefs d'entreprise, à la catégorie dans laquelle le candidat exerce son droit de vote ou, à défaut, au titre de laquelle il a demandé son inscription sur la liste des candidats. »* — *[Décr. nº 92-376 du 1er avr. 1992, art. 9, V et VI.]*

Art. R. 912-85 Les listes de candidats au conseil des comités départementaux, interdépartementaux et régionaux des pêches maritimes et des élevages marins sont déposées auprès de la commission électorale, à partir de la date de clôture de la liste des électeurs, quarante jours au moins avant le jour du scrutin.

Elles comportent un nombre de noms égal à celui des membres *(Décr. nº 2021-1244 du 28 sept. 2021, art. 1er)* « titulaires » à élire dans le collège ou la catégorie concernés *(Abrogé par Décr. nº 2021-1244 du 28 sept. 2021, art. 1er)* *« , ainsi qu'un nombre égal de suppléants ».*

Toutefois, des listes incomplètes peuvent être présentées au niveau départemental ou interdépartemental, à condition que les organisations professionnelles ou syndicales mentionnées à l'article R. 912-82 aient déposé auprès des commissions électorales des listes, complètes ou non, au sein d'un même collège ou d'une même catégorie, dans au moins trois comités départementaux ou interdépartementaux, répartis dans au moins trois comités régionaux.

Des listes incomplètes peuvent également être présentées au niveau régional par les mêmes organisations professionnelles ou syndicales, à condition qu'elles aient déposé auprès des commissions électorales des listes complètes ou non, au sein d'un même collège ou d'une même catégorie, dans au moins trois comités régionaux.

(Décr. n° 2021-1244 du 28 sept. 2021, art. 1er) « Les listes incomplètes comportent un nombre de noms inférieur à celui des membres titulaires à élire dans le collège ou la catégorie concernés.

« Les listes complètes et incomplètes comportent pour chaque membre titulaire à élire le nom de son suppléant.

« Les suppléants remplissent les conditions d'éligibilité prévues à l'article R. 912-81. »

Nul ne peut figurer sur plusieurs listes de candidats pour un même niveau d'élection. – *[Décr. n° 92-376 du 1er avr. 1992, art. 10, al. 2 à 5.]*

Art. R. 912-86 Chaque liste de candidats au conseil des comités départementaux, interdépartementaux et régionaux des pêches maritimes et des élevages marins fait l'objet d'une déclaration effectuée par un mandataire muni d'une procuration écrite signée de chaque candidat.

La déclaration indique la date de l'élection, le comité, le collège ou la catégorie, ainsi que le nom de l'organisation présentant la liste, à l'exclusion de toute autre mention et précise si les candidats sont inscrits sur la liste électorale.

La déclaration est accompagnée s'il y a lieu de la demande d'inscription prévue à l'article R. 912-84. – *[Décr. n° 92-376 du 1er avr. 1992, art. 10, al. 6 à 8.]*

Art. R. 912-87 La commission électorale statue sur les demandes d'enregistrement des listes de candidats au plus tard cinq jours après la date limite de dépôt de ces listes.

L'enregistrement est refusé dans ce même délai à toute liste ne satisfaisant pas aux conditions fixées aux articles *(Décr. n° 2021-1244 du 28 sept. 2021, art. 1er)* « R. 912-81 » à R. 912-86. Ce refus est immédiatement notifié au mandataire de la liste, qui dispose alors d'un délai de quarante-huit heures :

1° Soit pour saisir le tribunal administratif ;

2° Soit pour déposer une liste comportant les modifications nécessaires ; en ce cas, la commission se réunit au terme du délai de quarante-huit heures précité et prononce soit l'enregistrement, soit le refus d'enregistrement de la liste, un tel refus faisant courir un nouveau délai de quarante-huit heures aux fins de saisine éventuelle du tribunal administratif.

Lorsqu'il est saisi sur le fondement du 2°, le tribunal administratif statue dans les trois jours. Faute pour le tribunal administratif d'avoir statué dans ce délai, la liste est réputée enregistrée. – *[Décr. n° 92-376 du 1er avr. 1992, art. 11.]*

Art. R. 912-88 Le président de la commission publie l'état définitif des listes de candidats au conseil des comités départementaux, interdépartementaux et régionaux des pêches maritimes et des élevages marins au plus tard trente jours avant la date du scrutin. Le ministre chargé des pêches maritimes et de l'aquaculture marine est informé de cette publication.

Les candidats décédés après la date limite de dépôt des listes de candidats ne sont pas remplacés sur ces listes. – *[Décr. n° 92-376 du 1er avr. 1992, art. 12.]*

§ 4 Préparation et déroulement des opérations électorales

Art. R. 912-89 L'élection au conseil des comités départementaux, interdépartementaux et régionaux des pêches maritimes et des élevages marins a lieu à la représentation proportionnelle à un seul tour, suivant la règle du plus fort reste, sans panachage, ni rature, ni vote préférentiel.

Pour chaque liste, les sièges sont attribués aux candidats dans l'ordre où ils figurent sur la liste. En cas d'égalité des restes, le ou les sièges restant à pourvoir sont attribués d'après l'âge des candidats en position d'être élus, en commençant par le plus âgé. – *[Décr. n° 92-376 du 1er avr. 1992, art. 14, al. 2 et 3.]*

Art. R. 912-90 Nul ne peut être admis à voter pour l'élection au conseil des comités départementaux, interdépartementaux et régionaux des pêches maritimes et des élevages marins s'il n'est inscrit sur une liste électorale. – *[Décr. n° 92-376 du 1er avr. 1992, art. 14, al. 1er.]*

Art. R. 912-91 Chaque liste de candidats au conseil des comités départementaux, interdépartementaux et régionaux des pêches maritimes et des élevages marins fait imprimer sa profession de foi sur un feuillet de format maximal *[de]* 210 x 297 millimètres, ainsi qu'un nombre de bulletins de vote égal au nombre d'électeurs dans le collège ou la catégorie soumis à l'élection.

Les bulletins ont un format maximal de 148 x 210 millimètres. Ils ne doivent pas comporter d'autres mentions que la date de l'élection, le comité, le collège ou la catégorie, le nom et le prénom de chaque candidat, le titre de la liste ainsi que le nom de l'organisation syndicale ou professionnelle qui présente la liste *(Décr. n° 2021-1244 du 28 sept. 2021, art. 1er)* « et le cas échéant l'emblème de l'organisation professionnelle ou syndicale nationale d'affiliation ».

Les professions de foi et les bulletins de vote sont transmis par la commission électorale aux électeurs au moins vingt jours avant le jour du scrutin. En cas d'absence de liste de candidats, la commission électorale adresse à chaque électeur la liste des personnes éligibles. – *[Décr. n° 92-376 du 1er avr. 1992, art. 13.]*

Art. R. 912-92 Si, dans un collège ou une catégorie, aucune liste de candidats au conseil des comités départementaux, interdépartementaux et régionaux des pêches maritimes et des élevages marins n'a été enregistrée par la commission électorale, celle-ci adresse à chaque électeur la liste des personnes éligibles de ce collège et, selon le cas, de cette catégorie.

Cette liste est établie dans les conditions prévues à l'article *(Décr. n° 2021-1244 du 28 sept. 2021, art. 1er)* « R. 912-78-1 ». Les électeurs sont alors admis à voter en faveur des personnes éligibles figurant sur cette liste, dans la limite du nombre de sièges de titulaires à pourvoir dans leur collège ou leur catégorie. Les personnes éligibles ayant obtenu le plus grand nombre de suffrages sont proclamées élues en qualité de titulaires à concurrence du nombre de sièges de titulaires à pourvoir, les suivants l'étant en qualité de suppléant à concurrence du même nombre. – *[Décr. n° 92-376 du 1er avr. 1992, art. 18, al. 1er.]*

Art. R. 912-93 Le vote pour l'élection des conseils des comités départementaux, interdépartementaux et régionaux des pêches maritimes et des élevages marins a lieu par correspondance, ou par vote à l'urne au siège de la commission électorale le jour du scrutin.

Peuvent voter par procuration les électeurs qui participent à une campagne de pêche en mer pendant la période de vingt jours précédant le jour du scrutin. A cet effet, ils adressent une demande à la commission électorale, avant la clôture de la procédure d'établissement des listes électorales prévue à l'article *(Décr. n° 2021-1244 du 28 sept. 2021, art. 1er)* « R. 912-78-5 », accompagnée d'une attestation sur l'honneur de leur participation à cette campagne de pêche. Dans cette demande, ils désignent un mandataire, qui doit être inscrit sur une des listes électorales pour l'élection du même conseil. Chaque mandataire ne peut disposer que d'une seule procuration. – *[Décr. n° 92-376 du 1er avr. 1992, art. 15, al. 1er.]*

Art. R. 912-94 Dans le cas de vote par correspondance pour l'élection des conseils des comités départementaux, interdépartementaux et régionaux des pêches maritimes et des élevages marins, les bulletins sont adressés par voie postale dès réception du matériel de vote. Ils doivent parvenir à la commission au plus tard avant la clôture du scrutin.

Le bulletin de vote est placé sous double enveloppe. L'enveloppe extérieure porte mention, à peine de nullité, du nom, des prénoms, de la signature, de l'adresse du votant, du collège ou de la catégorie et du comité concerné. Dans le cas d'un vote par procuration, elle porte également le *[les]* nom, prénom et adresse du mandataire.

L'enveloppe intérieure ne doit porter, à peine de nullité, aucune mention permettant d'identifier le votant et elle doit être close.

Dans le cas d'un vote à l'urne le jour du scrutin, l'électeur, ou son mandataire, émarge la liste électorale après avoir lui-même introduit dans l'urne l'enveloppe contenant son bulletin et justifié de son identité. – *[Décr. n° 92-376 du 1er avr. 1992, art. 15, al. 2 à 4.]*

Art. R. 912-95 *(Décr. nº 2021-1244 du 28 sept. 2021, art. 1er)* « Le dépouillement est effectué, en séance publique, au siège de la commission électorale dès la clôture du scrutin ou au plus tard le lendemain du scrutin. »

Les noms des votants par correspondance sont enregistrés sur la liste électorale par la commission électorale et les bulletins placés dans l'urne correspondant au collège et à la catégorie.

La nullité des bulletins de vote s'apprécie au regard des conditions énoncées à l'article R. 66-2 du code électoral.

Le procès-verbal des opérations, établi en double exemplaire, est signé par les membres de la commission électorale. Il est transmis immédiatement par le président de la commission électorale au préfet de région du siège du comité et au ministre chargé des pêches maritimes et de l'aquaculture marine.

Le résultat du scrutin est affiché dans les soixante-douze heures qui suivent le dépouillement du scrutin au siège de la commission électorale. – *[Décr. nº 92-376 du 1er avr. 1992, art. 16.]*

Art. R. 912-96 Chaque liste de candidats aux conseils des comités départementaux, interdépartementaux et régionaux des pêches maritimes et des élevages marins a le droit de désigner un délégué habilité à contrôler, au siège de la commission électorale, toutes les opérations réalisées en application des articles R. 912-94 et R. 912-95. Le délégué désigné informe la commission de son intention de participer aux opérations électorales par tout moyen permettant d'établir date certaine, au plus tard la veille du scrutin. – *[Décr. nº 92-376 du 1er avr. 1992, art. 17.]*

Art. R. 912-97 Lorsqu'en raison de l'absence de liste de candidats aux conseils des comités départementaux, interdépartementaux et régionaux des pêches maritimes et des élevages marins les électeurs sont appelés à voter pour des personnes inscrites sur la liste mentionnée à l'article R. 912-92, les opérations de vote, de dépouillement et de proclamation des résultats sont conduites conformément aux dispositions des articles R. 912-93 à R. 912-95. – *[Décr. nº 92-376 du 1er avr. 1992, art. 18, al. 2.]*

§ 5 Élections partielles

Art. R. 912-98 Il est procédé à une élection partielle en vue de désigner les membres d'un conseil des comités départementaux, interdépartementaux et régionaux des pêches maritimes et des élevages marins, au titre d'un ou des deux collèges *(Décr. nº 2021-1244 du 28 sept. 2021, art. 1er)* « ou au titre d'une catégorie composant le collège des chefs d'entreprise de pêche maritime et d'élevage marin, » dans les cas suivants :

1° En cas d'annulation des opérations électorales réalisées en vue de la désignation des représentants d'un ou des deux collèges *(Décr. nº 2021-1244 du 28 sept. 2021, art. 1er)* « , ou d'une catégorie composant le collège des chefs d'entreprise de pêche maritime et d'élevage marin » ;

2° En cas de dissolution du conseil prononcée par le préfet, soit après que celui-ci ait *[a]* constaté que le comité est dans l'impossibilité de fonctionner, soit après que le président l'ait *[l'a]* avisé de ce que le nombre des membres siégeant au titre d'un des collèges, après épuisement des possibilités de remplacement, se trouve réduit de plus de la moitié.

Les électeurs composant le ou les collèges sont convoqués par arrêté préfectoral dans les quatre mois suivant soit la notification du jugement à l'administration, soit la date de l'arrêté de dissolution, afin de pourvoir la totalité des sièges attribués au titre du ou des collèges concernés.

Il n'est procédé à aucune élection partielle au cours des douze mois précédant le renouvellement général des conseils.

(Décr. nº 2021-1244 du 28 sept. 2021, art. 1er) « Les conditions d'éligibilité pour être candidat aux élections partielles d'un conseil des comités départementaux, interdépartementaux et régionaux des pêches maritimes et des élevages marins sont identiques à celles qui s'imposent aux candidats lors des élections principales. » – *[Décr. nº 92-376 du 1er avr. 1992, art. 19.]*

Art. R. 912-99 Lorsqu'il y a lieu de procéder à une élection partielle pour l'élection de membres d'un conseil des comités départementaux, interdépartementaux et régionaux des pêches maritimes et des élevages marins, les listes électorales du ou des collèges concernés sont révisées dans les conditions prévues *(Décr. n° 2021-1244 du 28 sept. 2021, art. 1er)* « au paragraphe 2 de la présente sous-section ».

En ce cas, les conditions fixées pour l'inscription sur les listes électorales, et notamment les durées annuelles d'embarquement à la pêche respectivement exigées pour être électeur et éligible, sont appréciées au premier jour du mois au cours duquel a été pris l'arrêté préfectoral portant convocation des électeurs. — *[Décr. n° 92-376 du 1er avr. 1992, art. 20.]*

§ 6 Contentieux

Art. R. 912-100 Dans les cinq jours de l'affichage des résultats des élections aux conseils des comités départementaux, interdépartementaux et régionaux des pêches maritimes et des élevages marins prévu à l'article R. 912-95, les opérations électorales peuvent être contestées devant le préfet du département du siège du comité dans le cas d'un comité départemental ou interdépartemental, ou le préfet de région, dans le cas d'un comité régional. Le préfet statue dans un délai de quinze jours, après consultation, s'il le juge utile, de la commission électorale. A défaut, la contestation est réputée rejetée à l'expiration de ce délai.

La décision du préfet peut être déférée au tribunal administratif qui statue dans un délai de deux mois.

L'appel devant la cour administrative d'appel doit, à peine de nullité, être déposé au greffe de la cour, dans le délai d'un mois à partir de la notification du jugement qui comporte l'indication dudit délai. Il est jugé comme affaire urgente.

Les membres élus restent en fonction jusqu'à ce qu'il ait été définitivement statué sur les réclamations. — *[Décr. n° 92-376 du 1er avr. 1992, art. 21.]*

SECTION 2 Organisation professionnelle de la conchyliculture

SOUS-SECTION 1 Le Comité national de la conchyliculture

§ 1 Missions

Art. R. 912-101 Pour l'exercice des missions définies par l'article L. 912-7, le Comité national de la conchyliculture est chargé :

1° D'étudier et de proposer aux pouvoirs publics et aux organismes compétents toutes mesures d'ordre général concernant la conchyliculture ;

2° D'harmoniser :

a) Les méthodes de production et d'exploitation du domaine conchylicole, notamment en ce qui concerne la coexistence entre les différentes activités conchylicoles dans les mêmes zones de production ;

b) Les bonnes pratiques culturales, en particulier en matière de densité et de durée d'élevage ;

3° De proposer, dans le respect de la réglementation en vigueur, toute mesure technique relative à la sauvegarde des cheptels menacés, la prophylaxie des produits d'élevage et, le cas échéant, l'éradication des produits contaminés ;

4° D'harmoniser les pratiques permettant un bon fonctionnement du marché des produits de la conchyliculture, notamment en ce qui concerne la commercialisation et la traçabilité des produits conchylicoles jusqu'à la vente au détail ;

5° De procéder ou de participer à toute action de promotion ou d'amélioration de la qualité des produits de la conchyliculture et de leur image ;

6° De procéder ou de participer à toutes études, expérimentations, travaux de recherche technique ou socio-économique concernant la conchyliculture et d'en diffuser les résultats au sein de la profession ;

7° De réaliser toute action permettant d'améliorer la prévention et la gestion des risques et des aléas, notamment climatiques, sanitaires et environnementaux affectant la filière ;

8° De participer à la protection et à l'amélioration de la qualité des eaux conchylicoles ;

9° De coordonner l'action des comités régionaux de la conchyliculture et de veiller à ce que l'ensemble de la filière soit informé des questions d'intérêt général la concernant. — *[Décr. n° 2011-1701 du 30 nov. 2011, art. 1er.]*

Art. R. 912-102 Le Comité national de la conchyliculture est consulté par le ministre chargé des pêches maritimes et de l'aquaculture marine sur toute nouvelle mesure législative ou réglementaire concernant :

1° La préservation, la gestion et le développement des ressources conchylicoles ;

2° Les conditions d'exercice de la conchyliculture, à l'exclusion des questions relatives à la réglementation du travail et à la fixation des salaires ;

3° Le fonctionnement de l'organisation interprofessionnelle de la conchyliculture.

Le comité national est tenu informé des orientations de la politique européenne relative à la conchyliculture. — *[Décr. n° 2011-1701 du 30 nov. 2011, art. 2.]*

Art. R. 912-103 Le Comité national de la conchyliculture crée et gère la base de données relative au registre d'immatriculation des entreprises conchylicoles et au répertoire des candidats à l'installation mentionnés à l'article L. 912-7-1.

Cette base de données comporte des informations dont la liste est précisée par arrêté du ministre des pêches maritimes et de l'aquaculture marine, et notamment celles relatives à la forme juridique de l'entreprise et à la consistance des exploitations.

Les modalités de constitution de cette base de données, de sa gestion ainsi que de la communication des données qui en sont issues sont fixées par l'acte réglementaire autorisant cette base de données, pris en application de la loi du 6 janvier 1978 relative à l'informatique, aux fichiers et aux libertés.

Les comités régionaux de la conchyliculture tiennent à jour le registre d'immatriculation des entreprises conchylicoles et le répertoire des candidats à l'installation. — *[Décr. n° 2011-1701 du 30 nov. 2011, art. 25.]*

§ 2 Composition du conseil et du bureau

Art. R. 912-104 Le conseil du Comité national de la conchyliculture comprend entre cinquante et soixante membres.

Il est composé d'un groupe "Production" et d'un groupe "Distribution et transformation".

Le groupe "Production", qui représente au moins 60 % des membres du conseil, est composé de représentants :

1° Des exploitants exerçant les activités conchylicoles mentionnées à l'article R. 923-9, qui représentent au moins 50 % des membres du conseil et qui incluent des représentants :

a) Des organisations de producteurs reconnues ;

b) Des professionnels du secteur coopératif ;

c) Des écloseurs ;

2° Des salariés employés à titre permanent dans les exploitations conchylicoles, désignés sur proposition de leurs organisations représentatives.

Le groupe "Distribution et transformation" est composé de représentants des entreprises de la transformation et de la distribution des produits de la conchyliculture (notamment grossistes, poissonniers-détaillants, restaurateurs, écaillers, grandes surfaces).

Un arrêté du ministre chargé des pêches maritimes et de l'aquaculture marine fixe le nombre et la répartition des membres du conseil du comité national entre les différentes catégories professionnelles mentionnées au présent article, en assurant une représentation équilibrée des différents secteurs de la production et de la distribution, ainsi que des différents bassins de production. — *V. Arr. du 13 déc. 2011 relatif au nombre et à la répartition des membres du conseil du Comité national de la conchyliculture (JO 18 déc.), mod. par Arr. du 8 mars 2018 (JO 17 mars), Arr. du 3 oct. 2018 (JO 10 oct.), Arr. du 23 juill. 2019 (JO 15 août), Arr. du 3 févr. 2023 (JO 29 mars), Arr. du 25 janv. 2024 (JO 31 janv.).*

Chaque membre titulaire a un suppléant, désigné dans les mêmes conditions, chargé de les *[le]* remplacer en cas d'absence ou d'empêchement. — *[Décr. n° 2011-1701 du 30 nov. 2011, art. 3.]*

Art. R. 912-105 Les membres du conseil du Comité national de la conchyliculture sont nommés par arrêté du ministre chargé des pêches maritimes et de l'aquaculture marine. – *[Décr. nº 2011-1701 du 30 nov. 2011, art. 4.]*

Art. R. 912-106 Le président du Comité national de la conchyliculture est, sur proposition du conseil, nommé parmi ses membres par arrêté du ministre chargé des pêches maritimes et de l'aquaculture marine. – *[Décr. nº 2011-1701 du 30 nov. 2011, art. 5.]*

Art. R. 912-107 Le bureau du Comité national de la conchyliculture comprend, outre le président du comité, qui en assure la présidence, quinze membres désignés par le conseil en son sein.

Sa composition répond aux dispositions de l'article L. 912-8. – *[Décr. nº 2011-1701 du 30 nov. 2011, art. 6.]*

§ 3 Fonctionnement du Comité national, du conseil et du bureau

Art. R. 912-108 Le conseil règle par ses délibérations la vie du Comité national de la conchyliculture. Il se réunit sur convocation du président du comité, qui en fixe l'ordre du jour.

Le conseil est également convoqué soit à la demande du ministre chargé des pêches maritimes et de l'aquaculture marine, soit à la demande de la majorité de ses membres. L'ordre du jour de la réunion comporte alors prioritairement les questions pour lesquelles elle a été convoquée.

Le conseil ne délibère valablement que si la moitié de ses membres est présente ou représentée. Si ce quorum n'est pas atteint, le conseil se réunit de droit dans un délai d'au moins deux semaines après une nouvelle convocation portant sur le même ordre du jour et spécifiant qu'aucun quorum ne sera exigé. Les délibérations sont alors adoptées à la majorité des membres présents.

Le ministre chargé des pêches maritimes et de l'aquaculture marine est informé de toutes les réunions, auxquelles il peut participer ou se faire représenter, et dont les projets de délibérations ainsi que les délibérations votées lui sont transmis. – *[Décr. nº 2011-1701 du 30 nov. 2011, art. 7, al. 1er à 4.]*

Art. R. 912-109 Sur décision prise à la majorité de ses membres, le conseil peut déléguer à son bureau les pouvoirs qui relèvent de sa compétence, à l'exception des délibérations relatives au budget, aux comptes de fin d'exercice et aux cotisations professionnelles.

Lorsqu'elles sont adoptées par le bureau, les délibérations du comité ne peuvent pas être rendues obligatoires en application de l'article R. 912-111. – *[Décr. nº 2011-1701 du 30 nov. 2011, art. 7, al. 5 et 6.]*

Art. R. 912-110 Le président du Comité national de la conchyliculture prépare les délibérations du bureau et du conseil et veille à leur exécution. Il en rend compte à ces instances.

Il assure la direction des services du comité national et le représente dans tous les actes de la vie civile et dans ses rapports avec les tiers.

Il représente le comité national en justice.

Il nomme aux emplois.

Il peut autoriser à assister avec voix consultative, aux réunions du conseil ou du bureau, toute personne dont il juge la présence utile compte tenu de l'ordre du jour.

Le conseil peut autoriser le président à déléguer sa signature dans les conditions fixées par le règlement intérieur prévu à l'article R. 912-112. – *[Décr. nº 2011-1701 du 30 nov. 2011, art. 8.]*

Art. R. 912-111 Les délibérations portant sur les missions attribuées au comité national en application des articles L. 912-7 et R. 912-101, adoptées à la majorité des membres du conseil, peuvent être rendues obligatoires par arrêté du ministre chargé des pêches maritimes et de l'aquaculture marine.

Lorsque ces délibérations sont relatives aux normes de commercialisation des produits de la conchyliculture, elles peuvent être rendues obligatoires, pour une période maximale de trois ans, par arrêté du ministre chargé des pêches maritimes et de l'aquaculture marine, après avis du ministre chargé de la consommation.

Les délibérations du comité national fixant le montant annuel des cotisations professionnelles prévues à l'article L. 912-16 font l'objet d'un avis publié au *Journal officiel* de la République française. – *[Décr. nº 2011-1701 du 30 nov. 2011, art. 10.]*

Art. R. 912-112 **Un règlement intérieur, approuvé par arrêté du ministre chargé des pêches maritimes et de l'aquaculture marine, fixe les modalités de fonctionnement du conseil du Comité national de la conchyliculture.** – *V. Arr. du 7 sept. 2012 portant approbation du règlement intérieur du Comité national de la conchyliculture (JO 25 sept.), mod. par Arr. du 4 sept. 2018 (JO 13 sept.), Arr. du 7 janv. 2019 (JO 23 janv.).*

Ce règlement peut prévoir la création de commissions de travail destinées à préparer les délibérations sur des questions particulières.

Ces commissions sont constituées majoritairement de membres titulaires ou suppléants du conseil. – *[Décr. nº 2011-1701 du 30 nov. 2011, art. 9.]*

SOUS-SECTION 2 Les comités régionaux de la conchyliculture

§ 1 Compétence territoriale

Art. R. 912-113 **Le nombre de comités régionaux de la conchyliculture est compris entre cinq et dix. Leur ressort territorial peut couvrir plusieurs régions administratives.**

Un arrêté du ministre chargé des pêches maritimes et de l'aquaculture marine fixe le nombre de comités régionaux. Les limites du ressort territorial de chaque comité régional, son siège et les circonscriptions électorales qui y sont rattachées ainsi que le nombre de membres du conseil sont fixés par le même arrêté. – *[Décr. nº 2011-1701 du 30 nov. 2011, art. 12, al. 1er à 6.] – V. Arr. du 15 oct. 2012 relatif au nombre, aux limites du ressort territorial, au siège et aux circonscriptions électorales des comités régionaux de la conchyliculture (JO 25 oct.), mod. par Arr. du 15 sept. 2017 (JO 21 sept.), Arr. du 3 oct. 2018 (JO 10 oct.), Arr. du 26 juill. 2021 (JO 19 août), Arr. du 25 janv. 2024 (JO 31 janv.).*

§ 2 Missions

Art. R. 912-114 **Pour exercer les missions prévues à l'article L. 912-7, les comités régionaux de la conchyliculture sont, dans leur ressort territorial, chargés :**

1° D'étudier, de formuler et de proposer des recommandations relatives :

***a)* Aux méthodes de production et d'exploitation du domaine conchylicole, notamment en ce qui concerne la coexistence et le développement des différentes activités conchylicoles dans les mêmes zones de production ;**

***b)* Aux bonnes pratiques culturales, en particulier en matière de densité et de durée d'élevage ;**

***c)* A une meilleure adaptation de la production aux besoins du marché ;**

2° De réaliser des actions de promotion en faveur des produits conchylicoles de leur région ;

3° De créer ou de provoquer la création, de faciliter ou d'assurer la gestion d'actions collectives de nature à favoriser l'exercice de la conchyliculture, dont ceux destinés *[celles destinées]* **à améliorer la productivité des exploitations ou à organiser l'exploitation des bassins conchylicoles tels que le balisage, l'entretien des accès et chenaux, le dévasage et l'éradication des parasites ;**

4° De proposer ou de prendre toutes mesures tendant à améliorer la formation professionnelle et l'emploi ;

5° De participer à la protection et à l'amélioration de la qualité des eaux conchylicoles ;

6° D'informer leurs membres des mesures prises par le comité national et d'en assurer l'exécution.

Les comités régionaux assurent en outre, à titre consultatif, la représentation des intérêts conchylicoles de leur ressort territorial auprès des pouvoirs publics. – *[Décr. nº 2011-1701 du 30 nov. 2011, art. 11, al. 1er à 11.]*

Art. R. 912-115 **Les comités régionaux de la conchyliculture peuvent recruter** *(Abrogé par Décr. nº 2017-243 du 27 févr. 2017, art. 4-1º)* *« et rémunérer »* **des gardes-jurés chargés de veiller au respect de l'application des réglementations en matière de gestion**

des ressources halieutiques, et notamment de surveiller le domaine conchylicole et les bancs naturels dont la garde est confiée aux comités régionaux.

(Décr. n° 2017-243 du 27 févr. 2017, art. 4-2°) « Afin de pouvoir accomplir leurs missions le dimanche, les comités sont admis à donner le repos hebdomadaire par roulement aux gardes jurés qu'ils salarient. » — *[Décr. n° 2011-1701 du 30 nov. 2011, art. 11, al. 12.]*

§ 3 Composition

Art. R. 912-116 Le conseil d'un comité régional de la conchyliculture comprend au plus soixante membres.

Il est composé :

1° En majorité, de représentants des exploitants exerçant, dans le ressort territorial du comité régional, les activités conchylicoles mentionnées à l'article R. 923-9 ;

2° D'au moins deux salariés représentant les personnels employés à titre permanent dans ces exploitations désignés sur proposition de leurs organisations représentatives.

Un arrêté du préfet de la région du siège du comité régional fixe la répartition des sièges du conseil entre les différentes catégories mentionnées, en assurant une représentation équilibrée des différents secteurs de la production.

Chaque membre titulaire a un suppléant désigné dans les mêmes conditions. — *[Décr. n° 2011-1701 du 30 nov. 2011, art. 12, al. 2 à 5, et al. 7.]*

Art. R. 912-117 Un arrêté du préfet de la région dans laquelle le comité a son siège constate la désignation ou l'élection des membres du conseil d'un comité régional de la conchyliculture. — *[Décr. n° 2011-1701 du 30 nov. 2011, art. 13.]*

Art. R. 912-118 Le président d'un comité régional de la conchyliculture est, sur proposition du conseil, nommé parmi ses membres par arrêté du préfet de la région dans laquelle le comité a son siège.

Le conseil désigne un ou plusieurs vice-présidents. — *[Décr. n° 2011-1701 du 30 nov. 2011, art. 14.]*

Art. R. 912-119 Le conseil d'un comité régional de la conchyliculture règle par ses délibérations la vie du comité. Il se réunit sur convocation du président, qui en fixe l'ordre du jour.

Le conseil est également convoqué soit à la demande du préfet de la région dans laquelle le comité a son siège, soit à la demande de la majorité de ses membres. L'ordre du jour de la réunion comporte alors prioritairement les questions pour lesquelles elle a été convoquée.

Le conseil ne délibère valablement que si la moitié de ses membres est présente ou représentée. Si ce quorum n'est pas atteint, le conseil se réunit de droit dans un délai d'au moins deux semaines après une nouvelle convocation portant sur le même ordre du jour et spécifiant qu'aucun quorum ne sera exigé. Les délibérations sont alors adoptées à la majorité des membres présents.

Le préfet de la région dans laquelle le comité a son siège est informé de toutes les réunions, auxquelles il peut participer ou se faire représenter, et dont les projets de délibérations ainsi que les délibérations votées lui sont transmis.

Les délibérations du conseil du comité régional ne peuvent être contraires à celles du comité national. Si elles deviennent contraires à une délibération postérieure du comité national, elles deviennent caduques sans qu'il soit besoin d'une nouvelle délibération pour le constater. — *[Décr. n° 2011-1701 du 30 nov. 2011, art. 15.]*

Art. R. 912-120 Les délibérations portant sur les missions attribuées au comité régional de la conchyliculture en application des articles L. 912-7 et R. 912-114, adoptées à la majorité des membres du conseil peuvent être rendues obligatoires par arrêté du préfet de la région dans laquelle le comité a son siège.

Les délibérations des comités régionaux fixant le montant des cotisations professionnelles prévues à l'article L. 912-16 font l'objet d'un avis publié au recueil des actes administratifs de la préfecture de la région dans laquelle le comité a son siège. — *[Décr. n° 2011-1701 du 30 nov. 2011, art. 18.]*

Art. R. 912-121 Le président du comité régional de la conchyliculture prépare les délibérations du conseil et veille à leur exécution. Il en rend compte à cette instance.

Il assure la direction des services du comité régional et le représente dans tous les actes de la vie civile et dans ses rapports avec les tiers.

Il représente le comité régional en justice.

Il nomme aux emplois.

Il peut autoriser à assister, avec voix consultative, aux réunions du conseil toute personne dont il juge la présence utile compte tenu de l'ordre du jour.

Le conseil peut autoriser le président à déléguer sa signature dans les conditions fixées par le règlement intérieur prévu à l'article R. 912-122. – *[Décr. n° 2011-1701 du 30 nov. 2011, art. 16.]*

Art. R. 912-122 Les conditions de fonctionnement de chaque comité régional de la conchyliculture sont fixées par un règlement intérieur approuvé par le préfet de la région dans laquelle ce comité a son siège. – *[Décr. n° 2011-1701 du 30 nov. 2011, art. 17.]*

SOUS-SECTION 3 Règles de fonctionnement communes au Comité national et aux comités régionaux de la conchyliculture

Art. R. 912-123 La durée du mandat des membres du comité national et des comités régionaux de la conchyliculture est fixée à quatre ans.

Les membres du conseil de ces comités décédés ou démissionnaires, ainsi que ceux qui, en cours de mandat, n'occupent plus les fonctions au titre desquelles ils ont été désignés, sont remplacés par leur suppléant pour la durée du mandat restant à courir. – *[Décr. n° 2011-1701 du 30 nov. 2011, art. 19.]*

Art. R. 912-124 Lorsque l'adoption d'une délibération du conseil ou du bureau du comité national, ou d'un comité régional de la conchyliculture, est susceptible de compromettre les intérêts confiés à l'organisation interprofessionnelle ou ceux dont l'administration a la charge, le ministre chargé des pêches maritimes et de l'aquaculture marine ou, selon le cas, le préfet de la région où le comité a son siège peut, dans un délai de quinze jours à compter de la notification qui lui en a été faite, demander au président de l'organisme concerné, par tout moyen permettant d'établir date certaine, une nouvelle convocation de l'organe dirigeant dans un nouveau délai de quinze jours, afin de procéder au réexamen total ou partiel de cette délibération.

Dans le cas où l'organe dirigeant n'a pas délibéré dans le délai imparti, le ministre ou le préfet peut s'opposer à l'adoption de la délibération dans un nouveau délai de quinze jours.

Si, à l'issue du réexamen, le ministre ou le préfet estime que la nouvelle délibération ne lève pas les objections qu'il a formulées, il peut s'y opposer dans un nouveau délai de quinze jours. – *[Décr. n° 2011-1701 du 30 nov. 2011, art. 20.]*

Art. R. 912-125 Lorsque l'exécution d'une délibération du conseil ou du bureau du comité national, ou d'un comité régional de la conchyliculture, est devenue susceptible de compromettre les intérêts confiés à l'organisation interprofessionnelle ou ceux dont l'administration a la charge, le ministre chargé des pêches maritimes et de l'aquaculture marine ou, selon le cas, le préfet de la région où le comité a son siège peut en suspendre l'exécution.

Il avise alors de sa décision le président de l'organisme concerné, par tout moyen permettant d'établir date certaine, et lui demande de procéder à un nouvel examen de la décision contestée.

Il engage ensuite, s'il l'estime nécessaire, la procédure prévue à l'article R. 912-124. – *[Décr. n° 2011-1701 du 30 nov. 2011, art. 21.]*

Art. R. 912-126 Les ressources du comité national et des comités régionaux de la conchyliculture comprennent notamment :

1° Les cotisations professionnelles prévues à l'article L. 912-16 ;

2° Les contributions consenties par les professionnels ;

3° Les rémunérations pour services rendus ;

4° Les revenus des biens et valeurs leur appartenant ;

5° Les subventions ;

6° Les dons et legs.

Le montant des cotisations professionnelles mentionnées au 1° est fixé par délibération du comité national et de chaque comité régional, publiée conformément aux articles R. 912-111 et R. 912-120. La délibération énonce les critères objectifs ayant servi à établir les taux de cette cotisation. – *[Décr. n° 2011-1701 du 30 nov. 2011, art. 22.]*

Art. R. 912-127 Le règlement comptable et financier du comité national et des comités régionaux de la conchyliculture est défini par arrêté conjoint du ministre chargé des pêches maritimes et de l'aquaculture marine et du ministre chargé du budget.

Les documents budgétaires prévisionnels de ces comités sont approuvés par l'autorité administrative ayant procédé à la nomination de leurs membres. Cette approbation vaut autorisation d'exécution.

Les comptes financiers de ces comités sont approuvés par l'autorité administrative ayant procédé à la nomination de leurs membres, après certification par un commissaire aux comptes et approbation par le conseil. – *[Décr. n° 2011-1701 du 30 nov. 2011, art. 23.]*

Art. R. 912-128 Les fonctions de membre des conseils du comité national et des comités régionaux de la conchyliculture sont gratuites.

Conformément à l'article L. 912-16-1, ces conseils fixent, par délibération adoptée à la majorité, le montant et les modalités de versement des indemnités forfaitaires qui peuvent être allouées à leurs membres.

Les frais de déplacement des membres de ces comités et des commissions créées par eux sont remboursés par ces organismes aux conditions et selon les modalités de règlement des frais occasionnés par les déplacements des personnels civils de l'État. – *[Décr. n° 2011-1701 du 30 nov. 2011, art. 24.]*

Art. R. 912-129 Les membres du conseil ou du bureau du comité national et des comités régionaux de la conchyliculture peuvent, avec l'accord du président, participer aux débats par des moyens de téléconférence, de visioconférence ou de communication électronique permettant leur identification et leur participation effective à une délibération collégiale. Ce moyen ne peut pas être utilisé lorsque le vote est secret. Leur participation est prise en compte pour le calcul du quorum. – *[Décr. n° 2011-1701 du 30 nov. 2011, art. 7, al. 7.]*

SOUS-SECTION 4 Modalités d'organisation et de tenue des élections aux comités régionaux de la conchyliculture

§ 1 Dispositions générales

Art. R. 912-130 Les membres du conseil d'un comité régional de la conchyliculture représentant les exploitants des diverses activités conchylicoles sont nommés par le préfet de la région dans laquelle le comité a son siège, sur proposition de leurs organisations représentatives.

Le ministre chargé des pêches maritimes et de l'aquaculture marine fixe par arrêté la date à laquelle les propositions conjointes des organisations doivent parvenir au préfet de région. Cet arrêté est publié au *Journal officiel* de la République française au plus tard quinze jours avant la date ainsi fixée.

Si, à cette date, les organisations ont formulé leurs propositions conjointes, le préfet en prend acte et procède aux nominations.

Si, à cette date, les organisations ne sont pas parvenues à formuler leurs propositions conjointes, le préfet de région constate le défaut d'accord, en informe le ministre chargé des pêches maritimes et de l'aquaculture marine qui arrête la date des élections, commune à tous les comités régionaux pour lesquels elles doivent être organisées. – *[Décr. n° 92-986 du 9 sept. 1992, art. 1er.]*

Art. R. 912-131 Les conditions d'éligibilité au conseil d'un comité régional de la conchyliculture mentionnées à l'article R. 912-137 sont également exigées pour la nomination dans les conditions prévues au troisième alinéa de l'article R. 912-130.

Nul ne peut être élu ou nommé que dans un seul comité régional. – *[Décr. n° 92-986 du 9 sept. 1992, art. 2, al. 2.]*

Art. R. 912-132 Le préfet de région est chargé de l'organisation générale des élections au comité régional de la conchyliculture.

Il fixe par arrêté les heures d'ouverture et de fermeture du scrutin, le nombre de bureaux de vote ainsi que les conditions dans lesquelles le vote peut intervenir par correspondance. – *[Décr. n° 92-986 du 9 sept. 1992, art. 3.]*

Art. R. 912-133 Les comités régionaux de la conchyliculture assument l'ensemble des charges afférentes aux opérations électorales prévues par la présente section. – *[Décr. n° 92-986 du 9 sept. 1992, art. 14.]*

§ 2 Listes électorales

Art. R. 912-134 Sont électeurs en vue de désigner les membres du conseil d'un comité régional de la conchyliculture les exploitants, concessionnaires dans le ressort territorial de ce comité, qui exercent leur activité depuis un an au moins et dont l'établissement a une dimension au moins égale à celle de première installation prévue par l'article D. 923-7. Ces exploitants sont en règle au regard du paiement des cotisations professionnelles prévues à l'article L. 912-16. Ces conditions s'apprécient à la date de clôture des listes électorales.

Les dispositions des articles L. 5 et L. 6 du code électoral sont applicables à l'inscription sur une liste électorale en vue de l'élection des membres du conseil d'un comité régional.

Le demandeur est inscrit sur une liste qui correspond à la catégorie dont il relève, dans la circonscription électorale où il a le centre de ses activités ou de ses intérêts professionnels. – *[Décr. n° 92-986 du 9 sept. 1992, art. 4.]*

Art. R. 912-135 La liste nominative des électeurs pour l'élection d'un comité régional de la conchyliculture est établie par les directeurs départementaux des territoires et de la mer et arrêtée par le préfet de région, au moins deux mois avant la date du scrutin.

Elle est aussitôt affichée, pour une durée de dix jours, dans les locaux des services de la direction départementale des territoires et de la mer, du siège du comité régional et dans les mairies des centres conchylicoles intéressés. – *[Décr. n° 92-986 du 9 sept. 1992, art. 5.]*

Art. R. 912-136 Dans les cinq jours qui suivent la fin de la période d'affichage, la liste électorale pour l'élection d'un comité régional de la conchyliculture peut être contestée devant le tribunal administratif par les électeurs intéressés.

Le tribunal administratif statue dans les dix jours du recours.

L'appel devant la cour administrative d'appel doit, à peine de nullité, être déposé au greffe de la cour, dans le délai d'un mois, qui court à partir de la notification du jugement, laquelle comporte l'indication dudit délai. Il est jugé comme affaire urgente. – *[Décr. n° 92-986 du 9 sept. 1992, art. 6.]*

§ 3 Conditions d'éligibilité et déclarations de candidature

Art. R. 912-137 Sont éligibles en qualité de membres du conseil d'un comité régional de la conchyliculture les exploitants qui exercent leur activité dans la circonscription depuis au moins trois ans et dont l'établissement a une dimension au moins égale à la dimension minimale de référence prévue à l'article D. 923-7 pour le ressort du comité régional concerné, et qui sont en règle au regard du paiement des cotisations professionnelles instituées par l'article L. 912-16. – *[Décr. n° 92-986 du 9 sept. 1992, art. 2, al. 1er.]*

Art. R. 912-138 Les représentants des exploitants des diverses activités conchylicoles au conseil d'un comité régional de la conchyliculture sont élus au scrutin majoritaire à un tour.

Le vote a lieu à bulletin secret.

Nul ne peut être admis à voter s'il n'est inscrit sur une liste électorale.

Chaque électeur vote uniquement pour la désignation des représentants de sa catégorie. – *[Décr. n° 92-986 du 9 sept. 1992, art. 7, al. 1er, et 9.]*

Art. R. 912-139 Les déclarations de candidature au conseil d'un comité régional de la conchyliculture sont adressées auprès des services de la direction départementale des territoires et de la mer au moins un mois avant la date du scrutin.

La liste nominative des candidats titulaires et suppléants est arrêtée par le préfet de région au moins vingt et un jours avant la date du scrutin et aussitôt affichée dans les locaux des services de la direction départementale des territoires et de la mer, au siège du comité régional et dans les mairies des centres conchylicoles intéressés. – *[Décr. n° 92-986 du 9 sept. 1992, art. 7, al. 2 et 3.]*

§ 4 Déroulement des opérations électorales

Art. R. 912-140 Les électeurs composent un bulletin de vote comprenant un nombre de noms de candidats au plus égal au nombre de sièges à pourvoir au conseil d'un comité régional de la conchyliculture. Sont déclarés élus les candidats titulaires, ainsi que leurs suppléants respectifs, ayant recueilli le plus grand nombre de suffrages.

En cas d'égalité des suffrages pour le ou les sièges restant à pourvoir, l'attribution est effectuée d'après l'âge des candidats en position d'être élus en commençant par le plus âgé. – *[Décr. n° 92-986 du 9 sept. 1992, art. 8.]*

Art. R. 912-141 Les bureaux de vote chargés du dépouillement de l'élection du conseil d'un comité régional de la conchyliculture sont composés d'un représentant de l'administration désigné par le préfet, président, et de deux exploitants, remplissant les conditions requises pour être éligibles.

En cas d'absence d'un exploitant désigné pour composer le bureau de vote, le préfet désigne d'office un agent de ses services pour le remplacer. Mention en est portée au procès-verbal.

En cas de contestation, le bureau de vote décide de la validité des bulletins. – *[Décr. n° 92-986 du 9 sept. 1992, art. 10.]*

Art. R. 912-142 Le dépouillement de l'élection du conseil d'un comité régional de la conchyliculture a lieu immédiatement après la clôture du scrutin, en séance publique.

Le procès-verbal des opérations est signé par les membres du bureau de vote. Il est transmis immédiatement par le président au préfet du département dans le ressort duquel est située la circonscription électorale concernée.

Le résultat du scrutin est affiché dans les trois jours qui suivent le dépouillement au siège de la circonscription électorale, au siège du comité régional, dans les locaux des services de la direction départementale des territoires et de la mer et dans les mairies des centres conchylicoles intéressés. – *[Décr. n° 92-986 du 9 sept. 1992, art. 11.]*

Art. R. 912-143 Dans les cinq jours de l'affichage des résultats prévu à l'article R. 912-142, les opérations réalisées en vue de l'élection du conseil d'un comité régional de la conchyliculture peuvent être contestées devant le préfet de département dans le ressort duquel est située la circonscription électorale.

Le préfet statue dans un délai de quinze jours. A défaut, la contestation est réputée rejetée à l'expiration de ce délai.

La décision du préfet peut être déférée au tribunal administratif qui statue dans un délai de deux mois.

L'appel devant la cour administrative d'appel doit, à peine de nullité, être déposé au greffe de la cour, dans le délai d'un mois à partir de la notification du jugement qui comporte l'indication dudit délai. Il est jugé comme affaire urgente. – *[Décr. n° 92-986 du 9 sept. 1992, art. 12.]*

SECTION 3 Organisations de producteurs

SOUS-SECTION 1 Reconnaissance et contrôle

Art. D. 912-144 Toute organisation de producteurs ou association d'organisations de producteurs constituée dans le secteur des pêches maritimes et de l'aquaculture marine qui souhaite être reconnue en application de la réglementation européenne portant organisation commune des marchés dans le secteur des produits de la pêche et de l'aquaculture adresse sa demande de reconnaissance à l'autorité administrative désignée à l'article R.* 911-3 dont relève le siège social de l'organisation ou de l'association.

Cette autorité transmet la demande de reconnaissance au ministre chargé des pêches maritimes et de l'aquaculture marine, en l'accompagnant d'une proposition motivée. – *[Décr. n° 86-1282 du 16 déc. 1986, art. 1er.]*

V. Note technique du 27 juill. 2016 relative à la reconnaissance et au contrôle de la reconnaissance des organisations de producteurs et des associations d'organisations de producteurs dans le secteur des pêches maritimes et de l'aquaculture marine (NOR : DEVM1617669N, BOME n° 2016/14 du 10 août 2016).

Art. D. 912-145 La demande de reconnaissance en tant qu'organisation de producteurs ou association d'organisations de producteurs comprend les informations prévues par la réglementation européenne portant organisation commune des marchés dans le secteur des produits de la pêche et de l'aquaculture, et inclut notamment :

1° L'acte constitutif de l'organisation ou de l'association ;

2° La liste de ses adhérents ;

3° La zone d'activité exprimée en code NUTS (région, département) où l'organisation de producteurs ou l'association d'organisations de producteurs exerce ses compétences ;

4° Le poids relatif de l'organisation de producteurs ou de l'association d'organisations de producteurs sur cette zone, en quantités et en valeur de produits vendus ainsi qu'en nombre de membres ;

5° Ses domaines de compétence ;

6° La liste des principales espèces pêchées ou produites par ses adhérents au cours de l'année précédant la demande, et représentant au moins 5 % de sa production totale en quantité ou en valeur ;

7° Les quotas que l'organisation de producteurs ou l'association d'organisations de producteurs sera susceptible de gérer dans le secteur des pêches maritimes ;

8° Le projet de plan de production et de commercialisation que l'organisation ou l'association entend mettre en œuvre.

Lorsqu'une organisation de producteurs ou une association d'organisations de producteurs souhaite être reconnue pour des activités de pêche et des activités d'aquaculture, les informations nécessaires à l'instruction de sa demande sont présentées pour chacun des domaines de compétence concernés par la demande. — *[Décr. n° 86-1282 du 16 déc. 1986, art. 2.]*

Art. D. 912-146 Une organisation de producteurs ou une association d'organisations de producteurs exerce une activité économique suffisante au sens de la réglementation européenne portant organisation commune des marchés dans le secteur des produits de la pêche et de l'aquaculture lorsqu'une des conditions suivantes est remplie :

1° Le nombre de navires exploités par les adhérents est au moins de 20 % du nombre total de navires habituellement présents sur sa zone d'activité ;

2° La production de l'organisation de producteurs ou de l'association d'organisations de producteurs représente 15 % au moins de la production totale dans sa zone d'activité, exprimée en tonnage ;

3° La production de l'organisation de producteurs ou de l'association d'organisations de producteurs représente 30 % au moins de la production dans un port ou un marché, qui est situé dans sa zone d'activité et qui totalise au moins l'équivalent, toutes espèces confondues, de mille tonnes d'apport annuel de produits entiers.

Lorsqu'une organisation de producteurs ou une association de producteurs regroupe des producteurs dont au moins 30 % exercent habituellement leur activité dans une ou plusieurs zones différentes de celles où les navires exploités par ses membres ont leurs ports d'attache, l'activité économique est considérée comme suffisante si la production de l'organisation de producteurs ou de l'association d'organisations de producteurs représente au moins 4 % de la production nationale exprimée en tonnage.

Lorsque la reconnaissance est demandée pour des productions d'élevage, l'activité économique est considérée comme suffisante si l'organisation de producteurs ou l'association d'organisations de producteurs écoule au moins 25 % de la production totale de sa zone exprimée en tonnage.

Lorsqu'une organisation de producteurs ou une association d'organisations de producteurs souhaite être reconnue pour des activités de pêche et des activités d'aquaculture, le critère d'activité économique est vérifié pour chacun des domaines de compétence concernés.

Art. D. 912-147 La reconnaissance des organisations de producteurs est prononcée par un arrêté du ministre chargé des pêches maritimes et de l'aquaculture marine, publié au *Journal officiel* de la République française. – *[Décr. nº 86-1282 du 16 déc. 1986, art. 3.]*

Art. D. 912-148 *(Décr. nº 2023-791 du 18 août 2023, art. 1er)* A une fréquence bisannuelle et au plus tard le 1er juillet, les organisations de producteurs et leurs associations reconnues communiquent à l'autorité administrative désignée à l'article R.* 911-3 et dont relève leur siège social les informations requises en application des articles D. 912-145 et D. 912-146 lorsqu'elles ont fait l'objet d'une modification ou d'une mise à jour. Ces informations permettent de contrôler le respect des conditions de la reconnaissance.

Avant le 30 septembre, l'autorité administrative propose au ministre chargé des pêches maritimes et de l'aquaculture marine le maintien ou le retrait de la reconnaissance de l'organisation de producteurs ou de l'association d'organisations de producteurs.

En année intermédiaire au contrôle, et au plus tard le 1er juillet, les organisations de producteurs et les associations d'organisations de producteurs communiquent à l'autorité administrative les procès-verbaux des réunions de leurs conseils d'administration et assemblées générales tenus au cours de l'année précédant l'année intermédiaire ainsi que les statuts et le règlement intérieur si ceux-ci ont évolué.

Décret nº 2023-791 du 18 août 2023,

Portant modification des dispositions de l'article D. 912-148 du code rural et de la pêche maritime (JO 20 août).

Art. 2 L'article 1er est applicable aux contrôles de reconnaissance effectués à compter de l'année 2024.

Pour les organisations de producteurs ou les associations d'organisations de producteurs reconnues au plus tard le 31 décembre 2023 et n'ayant pas fait l'objet d'une décision de maintien de reconnaissance, le contrôle de reconnaissance intervient pour la première fois en 2024.

Pour les organisations de producteurs ou les associations d'organisations de producteurs reconnues après le 31 décembre 2023, le contrôle de reconnaissance prévu à l'article D. 912-148 tel qu'issu du présent décret intervient pour la première fois au cours de l'année qui suit l'année d'octroi de la reconnaissance.

Pour les organisations de producteurs ou les associations d'organisations de producteurs ayant fait l'objet d'une décision de maintien de reconnaissance en 2022, cette décision reste valide jusqu'à l'issue de la procédure de contrôle de reconnaissance devant intervenir en 2024.

Pour les organisations de producteurs ou les associations d'organisations de producteurs ayant fait l'objet d'une décision de maintien de reconnaissance en 2023, cette décision reste valide jusqu'à l'issue de la procédure de contrôle de reconnaissance devant intervenir en 2025. Ces organisations de producteurs ou associations d'organisations de producteurs communiquent à l'autorité administrative, au plus tard le 1er juillet 2024, les procès-verbaux des réunions de leurs conseils d'administration et assemblées générales tenus au cours de l'année, ainsi que les statuts et le règlement intérieur si ceux-ci ont évolué.

Art. D. 912-149 Dans le cas où une organisation de producteurs ou une association d'organisation de producteurs reconnue ne satisfait plus aux conditions de reconnaissance prévues par la réglementation européenne portant organisation commune des marchés dans le secteur des produits de la pêche et de l'aquaculture, sa reconnaissance peut être retirée par un arrêté du ministre chargé des pêches maritimes et de l'aquaculture marine.

Le ministre chargé des pêches maritimes et de l'aquaculture marine informe préalablement, par lettre recommandée avec avis de réception, l'organisation de producteurs ou l'association d'organisations de producteurs concernée des motifs pour lesquels il envisage le retrait de sa reconnaissance et l'invite à présenter ses observations dans un délai de deux mois. – *[Décr. nº 86-1282 du 16 déc. 1986, art. 4, al. 5.]*

SOUS-SECTION 2 Extension de certaines règles des organisations de producteurs

Art. R. 912-150 La demande d'extension de règles est adressée par l'organisation de producteurs ou l'association d'organisation de producteurs, dans les conditions prévues par la réglementation européenne portant organisation commune des marchés dans le secteur des produits de la pêche et de l'aquaculture, à l'autorité administrative désignée à l'article R.* 911-3 dont relève le siège social de l'organisation ou de l'association. Cette autorité procède à l'instruction des demandes et transmet au ministre chargé des pêches maritimes et de l'aquaculture marine celles qui remplissent les conditions mises à l'extension par la réglementation européenne, aux fins de notification à la Commission européenne.

Lorsque l'extension des règles envisagée concerne une zone et des produits couverts par plusieurs organisations de producteurs ou associations d'organisations de producteurs, la demande est adressée conjointement par ces organisations de producteurs ou associations d'organisations de producteurs. Pour l'appréciation de leur représentativité, ces organisations sont regardées comme constituant une seule organisation. – *[Décr. nº 86-1282 du 16 déc. 1986, art. 6 et 7.]*

Art. R. 912-151 Après autorisation de la Commission européenne, la décision d'extension est prise par arrêté de l'autorité administrative désignée à l'article R.* 911-3 dont relève le siège social de l'organisation de producteurs ou de l'association d'organisations de producteurs.

Lorsque l'extension des règles envisagée concerne une zone et des produits couverts par plusieurs organisations de producteurs ou associations d'organisations de producteurs, la décision d'extension est prise par arrêté de l'autorité administrative désignée à l'article R.* 911-3 dont relève le siège social de l'organisation ou de l'association la plus représentative en terme *[termes]* d'adhérents.

Par dérogation à l'article R.* 911-3, lorsque la zone d'activité de l'organisation de producteurs ou de l'association d'organisations de producteurs s'étend sur plusieurs régions, la décision d'extension est prise, après consultation des autres autorités administratives désignées à cet article compétentes pour ces régions, par arrêté de l'autorité administrative désignée à l'article R.* 911-3 dont relève le siège social de l'organisation de producteurs ou de l'association d'organisations de producteurs.

L'arrêté d'extension définit les produits concernés, les règles qui sont effectivement étendues, la ou les régions dans lesquelles elles sont applicables ainsi que la durée de l'extension. – *[Décr. nº 86-1282 du 16 déc. 1986, art. 8.]*

CHAPITRE III SYSTÈME D'INFORMATION

Art. R. 913-1 Lorsque ces règles ne résultent pas d'un règlement européen, le ministre chargé des pêches maritimes et de l'aquaculture marine fixe les règles relatives à la forme, au contenu, à la transmission et à la périodicité des obligations déclaratives prévues par l'article L. 932-2 applicables aux navires de pêche battant pavillon français.

Afin d'assurer le respect des possibilités de pêche, il peut imposer la tenue d'un journal de bord qui comporte le détail des espèces détenues à bord, les lieux et les périodes de capture ainsi que le mode de pêche utilisé.

Il fixe également les règles relatives à la périodicité, à la forme, au contenu et à la transmission des déclarations des quantités et des valeurs des produits de la pêche maritime mis sur le marché, par espèce, taille, qualité et mode de présentation, applicables aux pêcheurs, producteurs, premiers acheteurs, transporteurs, importateurs et exportateurs, à leurs organisations reconnues et aux organismes gestionnaires de halles à marée, en ce qui concerne leurs activités respectives, ainsi que les obligations de transmission auxquelles sont soumis les organismes qui détiennent des informations statistiques pour le compte des producteurs. – *[Décr. nº 90-94 du 25 janv. 1990, art. 16, al. 1er et 2, et 23-3 ; Décr. nº 90-95 du 25 janv. 1990, art. 18, al. 1er et 2.]*

V. Arr. du 18 mars 2015 relatif aux obligations déclaratives en matière de pêche maritime (JO 4 avr.), mod. par Arr. du 22 déc. 2016 (JO 30 déc.), Arr. du 9 juin 2022 (JO 22 juin).

V. aussi Arr. du 15 juill. 2016 fixant les prescriptions applicables aux équipements d'enregistrement et de communication électroniques des données relatives aux activités de pêche, embarqués à bord des navires de pêche sous pavillon français, ainsi qu'aux opérateurs de communications qui assurent la transmission des données au format ERS en version 3 (JO 20 juill.) ; Arr. du 3 nov. 2016 fixant les conditions d'approbation des équipements d'enregistrement et de communication électroniques des données relatives aux activités de pêche et des équipements du système de surveillance des navires par satellite embarqués à bord des navires de pêche sous pavillon français ainsi que les conditions de qualification des opérateurs de communications qui assurent les transmissions des données associées (JO 16 nov.) ; Arr. du 28 juill. 2017 fixant les règles d'emport et d'utilisation des équipements d'enregistrement et de communication électroniques des données relatives aux activités de pêche professionnelle au format ERS en version 3, à bord des navires sous pavillon français, ainsi que des navires sous pavillon étranger qui se trouvent dans les eaux sous juridiction française (JO 9 août), mod. par Arr. du 28 févr. 2018 (JO 7 mars) ; Arr. du 24 juin 2021 fixant les prescriptions applicables aux équipements du système de surveillance des navires embarqués à bord des navires de pêche de moins de douze mètres sous pavillon français ainsi qu'aux opérateurs de communications qui assurent la transmission des données associées (JO 1er juill.), mod. par Arr. du 7 juill. 2021 (JO 13 juill.) ; Arr. du 7 juill. 2021 fixant les conditions d'approbation des équipements du système de surveillance des navires embarqués à bord des navires de pêche de moins de douze mètres sous pavillon français ainsi que les conditions de qualification des opérateurs de communications qui assurent les transmissions des données associées (JO 11 juill.) ; Arr. du 27 déc. 2022 relatif à l'obligation d'emport d'équipements du système de surveillance des navires embarqués à bord de navires de pêche de moins de douze mètres sous pavillon français (JO 31 déc.), mod. par Arr. du 27 sept. 2023 (JO 7 oct.), Arr. du 29 janv. 2024 (JO 2 févr.).

CHAPITRE IV INSTANCES CONSULTATIVES ET PARTICIPATION DU PUBLIC

SECTION 1 Commission régionale de gestion de la flotte de pêche *(Décr. nº 2016-1981 du 30 déc. 2016, art. 1er-I).*

Art. D. 914-1 La commission régionale *(Décr. nº 2016-1981 du 30 déc. 2016, art. 1er-II)* « de gestion de la flotte de pêche concourt, dans chaque région disposant d'une façade maritime », à la mise en œuvre de la politique publique de la pêche et de l'aquaculture marine et à l'orientation des choix d'équipement dans ces secteurs *(Décr. nº 2016-1981 du 30 déc. 2016, art. 1er-II)* « conformément aux objectifs de la politique commune de la pêche.

« Ses modalités de fonctionnement sont régies par les articles R. 133-3 à R.* 133-15 du code des relations entre le public et l'administration.

« La commission est consultée par voie écrite ou électronique dans tous les cas et selon les modalités prévues par son règlement intérieur.

« Son avis est réputé rendu quinze jours francs après réception du dossier complet soumis à son examen. »

(Décr. nº 2022-1468 du 24 nov. 2022, art. 1er) « Elle est consultée :

« 1º Sur la délivrance, par le préfet de région du lieu d'immatriculation du navire, des permis de mise en exploitation des navires de 25 mètres ou moins de longueur hors tout destinés à être armés à la pêche professionnelle, dans les conditions prévues à l'article R. 921-10 ;

« 2º Concernant les régimes d'autorisation de pêche mentionnées à l'article R. 921-21, pour tous les navires immatriculés dans les quartiers relevant de son ressort territorial :

« *a)* Sur les demandes de transfert d'éligibilité prévues par les articles R. 921-31 et R. 921-32 ; elle peut également être consultée sur les demandes initiales ou de renouvellement mentionnées aux articles R. 921-21 et R. 921-26 ;

« *b)* Sur les demandes de réservation de capacités des navires qui ne sont pas destinés à être exploités au sein d'une organisation de producteurs mais dont l'activité projetée est soumise à la délivrance d'une autorisation de pêche prévue à l'article R. 921-21 ou à un régime de quotas de captures ou d'effort de pêche. » — *[Décr. nº 2006-665 du 7 juin 2006, art. 22, al. 1er, 2 et 3.]*

Art. D. 914-2 La commission régionale *(Décr. nº 2016-1981 du 30 déc. 2016, art. 1er-III)* « de gestion de la flotte de pêche est présidée par le préfet de région et comprend au maximum vingt membres dont :

« 1º Un à trois représentants du directeur interrégional de la mer ;

« 2º Un représentant du conseil régional du ressort de la commission ;

« 3° Un ou des représentants, en nombre égal, du comité régional des pêches maritimes et des élevages marins du ressort de la commission et des organisations de producteurs. »

Les membres de la commission régionale *(Décr. n° 2016-1981 du 30 déc. 2016, art. 1er-III)* « de gestion de la flotte de pêche » sont désignés pour une durée de quatre ans. Leur mandat est renouvelable. — *[Décr. n° 2006-665 du 7 juin 2006, art. 22, al. 4 à 9.]*

Art. D. 914-2-1 *(Décr. n° 2016-1981 du 30 déc. 2016, art. 1er-IV)* La commission régionale de gestion de la flotte de pêche adopte son règlement intérieur.

Elle se réunit au moins une fois par an.

Son secrétariat est assuré par les services de la direction interrégionale de la mer du ressort de la commission.

SECTION 2 Commission des cultures marines

Art. D. 914-3 Dans chaque circonscription définie par arrêté du ministre chargé des pêches maritimes et de l'aquaculture marine, il est institué une commission des cultures marines, qui est consultée :

1° Sur tout projet d'extension ou de diminution du domaine public maritime affecté aux cultures marines ;

2° Sur les projets d'aménagement ou de réaménagement de zones de cultures marines situées dans la circonscription ;

3° Sur le projet de schéma des structures des exploitations de cultures marines ;

4° Sur les projets de décisions relatifs aux autorisations d'exploitation de cultures marines, de prises d'eau et d'exploitation de viviers flottants. — *[Décr. n° 83-228 du 22 mars 1983, art. 2, al. 1er, 1re phrase, et 3, al. 1er à 5.] — La commission des cultures marines est renouvelée jusqu'au 8 juin 2025 (Décr. n° 2020-781 du 23 juin 2020, JO 26 juin, mod. par Décr. n° 2020-1183 du 28 sept. 2020, JO 29 sept.).*

V. aussi Arr. du 20 janv. 2016 relatif à l'étendue des circonscriptions des commissions de cultures marines, modes de désignation des délégations professionnelles et conditions de fonctionnement des commissions des cultures marines en outre-mer (JO 9 févr.).

Art. D. 914-4 Sont membres de la commission des cultures marines, outre le préfet du département siège de la commission, ou son représentant, qui la préside :

1° Sept autres représentants des services de l'État :

a) Le directeur départemental des territoires et de la mer ;

b) Le responsable du service chargé des affaires maritimes à la direction départementale des territoires et de la mer ;

c) Le directeur départemental des finances publiques ;

d) Le directeur de l'agence régionale de santé ;

e) Le responsable du service chargé de la protection des consommateurs à la direction départementale chargée de la protection des populations ;

f) Le responsable du service chargé des questions de santé animale et d'alimentation à la direction départementale chargée de la protection des populations ;

g) Le directeur régional de l'environnement, de l'aménagement et du logement ;

2° Deux conseillers départementaux *(Décr. n° 2017-1822 du 28 déc. 2017, art. 1er-10°)* « ou, en Corse, deux conseillers à l'Assemblée de Corse désignés par celle-ci ; » ;

3° Neuf représentants professionnels :

a) Le président du comité régional de la conchyliculture ;

b) Huit chefs d'exploitation de cultures marines dont, lorsqu'il en existe, au moins un âgé de moins de 35 ans à la date de sa nomination. En fonction de l'ordre du jour, la délégation professionnelle comprend soit des représentants de la conchyliculture, soit des représentants des cultures marines autres que la conchyliculture, soit des représentants de ces deux activités. — *[Décr. n° 83-228 du 22 mars 1983, art. 2, al. 1er, 2e phrase, et al. 2 à 13.]*

Art. D. 914-5 Participent avec voix consultative aux réunions de la commission des cultures marines :

1° Le préfet maritime ou son représentant ;

2° Un représentant de l'Institut français de recherche pour l'exploitation de la mer (IFREMER) ;

3° Le président du comité régional des pêches maritimes et des élevages marins ou son représentant ;

4° Un représentant des associations environnementales agréées dans les conditions définies à l'article L. 141-1 du code de l'environnement ;

5° Un représentant des organismes à caractère professionnel dans le secteur des activités nautiques ;

6° Un représentant de chacune des aires marines protégées situées pour tout ou partie dans le ressort géographique de la commission, exception faite de celles mentionnées au 3° du III de l'article L. 334-1 du code de l'environnement.

Des personnalités qualifiées, notamment des organismes de crédit spécialisés, et établissements ou centres de formation initiale ou continue peuvent être associées en tant que de besoin, sur invitation du président, à titre consultatif, aux travaux de la commission. – *[Décr. n° 83-228 du 22 mars 1983, art. 2, al. 15 à 23.]*

Art. D. 914-6 Lorsque la circonscription d'une commission des cultures marines comprend plus d'un département :

1° Les représentants des services de l'État mentionnés à l'article D. 914-4 sont soit ceux du département siège de la commission, soit ceux du département concerné par les dossiers à l'ordre du jour ;

2° Les deux conseillers départementaux mentionnés au 2° du même article sont désignés par chaque conseil départemental et siègent lorsque les dossiers examinés concernent leur département ;

3° Le représentant des associations environnementales agréées mentionné au 4° de l'article D. 914-5 est désigné parmi les associations à compétence pluridépartementale ou régionale.

Art. D. 914-7 Un arrêté du ministre chargé des pêches maritimes et de l'aquaculture marine précise les conditions de désignation, sur proposition des comités régionaux concernés, des représentants professionnels à la commission des cultures marines et de leurs suppléants, dans chacune des trois formations. – *[Décr. n° 83-228 du 22 mars 1983, art. 2, al. 14, 1re phrase.]*

Art. R. 914-8 *(Décr. n° 2016-1978 du 30 déc. 2016, art. 8-1°)* « Les articles R. 133-3 à R.* 133-15 du code des relations entre le public et l'administration » sont applicables au fonctionnement de la commission des cultures marines, sous réserve des dispositions suivantes :

1° La durée du mandat des membres professionnels est fixée à quatre ans ;

2° Le quorum n'est considéré comme atteint que si huit membres au moins, dont au minimum quatre représentants professionnels, sont présents.

Un arrêté du ministre chargé des pêches maritimes et de l'aquaculture marine précise les modalités d'examen des dossiers par la commission. – *[Décr. n° 83-228 du 22 mars 1983, art. 2, al. 14, 2e phrase, et al. 15.]*

Art. D. 914-9 S'il le demande, le pétitionnaire dont le dossier de demande d'autorisation est soumis à l'avis de la commission des cultures marines est entendu préalablement à la délibération. – *[Décr. n° 83-228 du 22 mars 1983, art. 3, al. 6.]*

Art. D. 914-10 L'avis de l'Institut français de recherche pour l'exploitation de la mer est communiqué à la commission des cultures marines avant que celle-ci rende son avis. – *[Décr. n° 83-228 du 22 mars 1983, art. 3, al. 7.]*

Art. D. 914-11 La commission des cultures marines se réunit en formation restreinte pour :

1° Proposer chaque année une évaluation globale des concessions existantes, en fonction :

a) Des transactions effectuées les deux années précédentes dans chacun des secteurs géographiques déterminés en application de l'article D. 923-7 et pour chacune des activités existantes du secteur ;

b) De la valeur moyenne des indemnités de transfert versées ;

c) De la valeur de rendement en tenant compte des principaux systèmes de production qui sont mis en œuvre et des caractéristiques du milieu ;

2° Établir un répertoire des valeurs des indemnités de transfert.

Elle peut consulter à cet effet le comité régional de la conchyliculture.

Les informations figurant au répertoire des valeurs des indemnités de transfert sont destinées à servir de référence pour l'estimation de l'indemnité prévue à l'article R. 923-34 et à l'article R. 923-44.

A défaut de références suffisantes pour une espèce ou pour un secteur donné, une valeur moyenne est proposée par la commission des cultures marines après consultation du comité régional de la conchyliculture concerné. – *[Décr. n° 83-228 du 22 mars 1983, art. 4, al. 1er à 7.]*

Art. D. 914-12 Lorsqu'elle se réunit en formation restreinte, la commission des cultures marines comprend exclusivement son président, les sept autres représentants de l'État, le président du comité régional de la conchyliculture et sept chefs d'entreprise désignés par la commission parmi les membres titulaires ou suppléants de la délégation professionnelle. – *[Décr. n° 83-228 du 22 mars 1983, art. 4, al. 8.]*

TITRE II CONSERVATION ET GESTION DES RESSOURCES HALIEUTIQUES

CHAPITRE I DISPOSITIONS GÉNÉRALES

SECTION 1 Dispositions communes aux autorisations des activités de pêche maritime

SOUS-SECTION 1 Définitions et champ d'application

Art. D. 921-1 Pour l'application du présent livre, on entend par :

1° "Navire de pêche professionnelle" : tout navire, autre que ceux exclusivement affectés à des exploitations d'aquaculture marine, à la formation ou à la recherche scientifique, équipé en vue de l'exploitation commerciale de ressources aquatiques vivantes ;

2° "Permis de mise en exploitation (PME)" : autorisation administrative préalable à l'entrée en flotte ou à l'augmentation des caractéristiques maximales physiques d'un navire de pêche professionnelle en mer, à savoir la puissance (en kilowatts), le tonnage (en GT ou UMS) ou le tonnage sécurité (en GTS ou UMSS) ;

3° "Licence de pêche européenne" : licence qui confère à son détenteur, pour un navire donné, le droit, dans les limites fixées par les réglementations nationale et européenne, d'utiliser une certaine capacité de pêche pour l'exploitation commerciale de ressources aquatiques vivantes ;

4° "Autorisation de pêche" : autorisation délivrée conformément à la réglementation internationale, européenne, nationale ou professionnelle en vigueur, qui confère à son détenteur, pour un navire donné, le droit d'accéder à une ou plusieurs pêcheries ;

5° "Producteur" ou "armateur" : personne physique ou morale qui exploite un navire de pêche professionnelle ;

6° "Pêcherie", sauf aux articles R. 922-42 et D. 922-19 : activité de pêche caractérisée par une ou des zones maritimes, par l'utilisation d'un ou d'engins de pêche, par la capture d'une ou d'espèces déterminées, par l'affectation d'un ou de quotas de captures ou d'effort de pêche, par la fixation d'une ou de périodes de pêche ou par une combinaison de ces critères ;

7° "Navire de pêche en organisation de producteurs" : tout navire de pêche battant pavillon français, immatriculé dans l'Union européenne, déclaré actif au fichier de la flotte de pêche européenne et adhérent, par l'intermédiaire de l'acte d'adhésion d'un producteur, d'une organisation de producteurs reconnue au sens de la réglementation européenne ;

8° "Navire de pêche hors organisation de producteurs" : tout navire de pêche battant pavillon français et immatriculé dans l'Union européenne, déclaré actif au fichier de la flotte de pêche européenne et non adhérent d'une organisation de producteurs reconnue au sens de la réglementation européenne ;

9° "Groupement de navires de pêche" : ensemble constitué d'au moins deux navires de pêche défini à l'article D. 921-2 ;

10° "Effort de pêche" : pour un navire, le produit de sa capacité et de son activité, pour un groupe de navires, la somme de l'effort de pêche de l'ensemble des navires du groupe ;

11° "Capacité de pêche" : la jauge d'un navire exprimée en tonnage brut (GT) et sa puissance exprimée en kilowatts (kW) ;

12° "Quota de captures" : la quantité maximale de captures pouvant être réalisées sur un stock donné et pouvant être débarquées, accessible aux navires battant pavillon français et immatriculés dans l'Union européenne ; cette quantité peut être fixée par le Conseil de l'Union européenne (quota de captures européen attribué à la France) ou par les autorités françaises (quota de captures établi par la France) ; un quota de captures est une masse mesurée en tonnes ou en kilogrammes de poids vif ;

13° "Quota d'effort de pêche" : la durée maximale d'activité de pêche ou d'absence du port en vue de capturer une quantité d'un ou de stocks donnés, ou le produit de cette durée par la capacité de pêche, exprimée en unité de puissance (le kilowatt) ou en tonnage (GT ou UMS), accessible aux navires battant pavillon français et immatriculés dans l'Union européenne ; cette durée ou ce produit peuvent être fixés par le Conseil de l'Union européenne (quota d'effort de pêche européen attribué à la France) ou par les autorités françaises (quota d'effort de pêche établi par la France) ; un quota d'effort de pêche est exprimé soit en jours, soit en kW-jours, soit en kW-heures, soit en GT-jours ;

14° "Antériorité" : une référence historique se rapportant à l'activité de pêche maritime ou procédant d'échanges réalisés par une organisation de producteurs à une date donnée. Elle est établie à partir des données déclarées par les capitaines des navires de pêche conformément aux réglementations européennes et nationales, en application de l'article D. 921-5. Elle constitue une base de calcul permettant de procéder à la répartition des quotas et non un droit permettant de revendiquer ces quotas ;

15° "Stock" : l'unité de gestion des ressources halieutiques, correspondant à une espèce ou à un groupe d'espèces marines vivant dans une zone maritime géographique donnée ;

16° "Segment de flotte" : un ensemble de navires en activité dans une zone maritime déterminée, correspondant au plus à une façade maritime, utilisant un engin ou un groupe d'engins de pêche particuliers. — *[Arr. du 18 déc. 2006, art. 1er ; Arr. du 26 déc. 2006, art. 1er.]*

Art. D. 921-2 Un groupement de navires, au sens du présent code, peut être reconnu dès lors qu'il respecte l'ensemble des critères suivants :

1° Regrouper au moins deux navires de pêche de deux producteurs différents non adhérents à une organisation de producteurs depuis au moins trois ans, battant pavillon français, immatriculés dans l'Union européenne et déclarés actifs au fichier de la flotte de pêche européenne ;

2° Disposer de statuts et d'un règlement intérieur qui :

a) Précisent la zone géographique où il exerce sa compétence ;

b) Enoncent le ou les sous-quotas gérés par le groupement de navires ;

c) Précisent les modalités d'adoption au sein du conseil d'administration des règles de gestion des sous-quotas dont le groupement de navires assure la gestion ;

d) Déterminent les règles d'adhésion, de démission et d'exclusion des navires adhérant au groupement de navires ;

e) Précisent les modalités de sanctions vis-à-vis des adhérents pour non-respect des règles de gestion applicables ;

3° Tenir la liste à jour de ses dirigeants et de ses adhérents à disposition de l'administration ;

4° Disposer des moyens matériels et humains nécessaires au suivi et à la gestion des sous-quotas concernés ;

5° Représenter une part significative de quota au sein du ou des quotas alloués à la France.

Les éléments à fournir à l'appui de la demande de reconnaissance sont fixés par arrêté du ministre chargé des pêches maritimes et de l'aquaculture marine. — *V. Arr. du 19 avr. 2016 précisant les modalités de demande de reconnaissance des groupements de navires (JO 29 avr.).*

La reconnaissance d'un groupement de navires est prononcée pour une durée maximale de trois ans par un arrêté de ce ministre, publié au *Journal officiel* de la République française.

Art. D. 921-3 Chaque groupement de navires reconnu communique chaque année, avant le 1er février, au ministre chargé des pêches maritimes et de l'aquaculture marine :

1° Les modifications éventuellement apportées à ses statuts et celles affectant l'un des éléments fournis lors de la demande de reconnaissance ;

2° La production débarquée par ses adhérents au cours de l'année écoulée ;

3° Un rapport d'activité.

Si les conditions qui ont conduit à la reconnaissance du groupement de navires cessent d'être réunies, le ministre demande au groupement de lui fournir dans un délai de deux mois les raisons qui justifient cette nouvelle situation. A défaut de réponse ou de justification dans le délai imparti, le reconnaissance est retirée par arrêté de ce ministre, publié au *Journal officiel* de la République française.

SOUS-SECTION 2 Lien économique réel avec le territoire national

Art. R. 921-4 Un navire battant pavillon français a un lien économique réel avec le territoire français et est dirigé et contrôlé à partir d'un établissement stable situé sur le territoire national, au sens de l'article L. 921-3 lorsque les conditions suivantes sont réunies :

1° La personne identifiée en tant qu'armateur sur le certificat de francisation et le *(Décr. n° 2017-942 du 10 mai 2017, art. 7-4°)* « permis d'armement » du navire, ou son représentant, a sur le territoire national un établissement comportant les infrastructures ainsi que les moyens matériels et humains nécessaires à la gestion et à l'exploitation du navire ;

2° L'établissement de l'armateur sur le territoire français a pour objet l'exercice sur ce territoire d'une activité économique effective.

SOUS-SECTION 3 *[ABROGÉE]* Commission consultative de la gestion des ressources halieutiques

(Abrogée par Décr. n° 2022-1468 du 24 nov. 2022, art. 1er)

Art. D. 921-5 et D. 921-6 *Abrogés par Décr. n° 2022-1468 du 24 nov. 2022, art. 1er.*

SECTION 2 Gestion de la flotte de pêche et accès aux ressources

V. Arr. du 29 avr. 2021 relatif à la mise en œuvre d'un arrêt temporaire aidé des activités de pêche dans le cadre du retrait du Royaume-Uni de Grande-Bretagne et d'Irlande du Nord de l'Union européenne (JO 2 mai), mod. par Arr. du 3 juin 2021 (JO 11 juin), Arr. du 9 sept. 2021 (JO 18 sept.), Arr. du 26 oct. 2021 (JO 30 oct.) ; Décr. n° 2021-806 du 24 juin 2021 instituant un régime d'aide aux arrêts temporaires des activités de pêche dus au retrait du Royaume-Uni de l'Union européenne (JO 25 juin) ; Arr. du 27 juill. 2021 relatif à la mise en œuvre d'un second arrêt temporaire aidé des activités de pêche dans le cadre du retrait du Royaume-Uni de Grande-Bretagne et d'Irlande du Nord de l'Union européenne (JO 30 juill.), mod. par Arr. du 9 sept. 2021 (JO 18 sept.), Arr. du 26 oct. 2021 (JO 30 oct.) ; Décr. n° 2023-88 du 10 févr. 2023 instituant un plan d'accompagnement individuel dans le cadre du retrait du Royaume-Uni de Grande-Bretagne et d'Irlande du Nord de l'Union européenne (JO 14 févr.).

SOUS-SECTION 1 Adaptation des capacités de pêche aux possibilités de pêche

(Décr. n° 2016-1978 du 30 déc. 2016, art. 2-3°)

Art. R. 921-7 Le programme d'adaptation des capacités de capture de la flotte de pêche professionnelle maritime aux ressources halieutiques disponibles *(Décr. n° 2016-1978 du 30 déc. 2016, art. 3-1°)* « , mentionné à l'article L. 921-6, est établi annuellement, pour chaque segment de flotte, en fonction de l'équilibre entre la capacité de pêche de la flotte et les possibilités de pêche, évalué en application de » la réglementation européenne.

Les mesures d'adaptation de la capacité de capture de la flotte de pêche aux ressources disponibles doivent notamment tendre à résoudre le déséquilibre constaté sur un segment de flotte.

A cette fin, ces mesures peuvent consister en des mesures *(Décr. n° 2016-1978 du 30 déc. 2016, art. 3-2°)* **« de conservation et » de gestion telles que définies au titre II du présent livre, ou en des mesures de reconversion et diversification, ou en des mesures financières d'accompagnement de la réduction de la capacité.**

Ces mesures d'adaptation sont fixées par arrêté du ministre chargé des pêches maritimes et de l'aquaculture marine. — *L'art. R. 921-7 devient l'art. R. 921-9 et l'art. R. 921-9 devient l'art. R. 921-7 (Décr. n° 2016-1978 du 30 déc. 2016, art. 2-1°, JO 31 déc.).*

SOUS-SECTION 2 **Permis de mise en exploitation des navires de pêche** *(Décr. n° 2016-1978 du 30 déc. 2016, art. 2-2°).*

Art. R. 921-8 **Le ministre chargé des pêches maritimes et de l'aquaculture marine arrête, pour chaque année civile, les contingents, exprimés en puissance et en jauge, des permis de mise en exploitation susceptibles d'être délivrés, en tenant compte, d'une part, du programme d'adaptation des capacités de capture de la flotte de pêche professionnelle maritime aux ressources halieutiques disponibles, prévu par l'article L. 921-6, et d'autre part,** *(Décr. n° 2016-1978 du 30 déc. 2016, art. 4-1°)* **« du plafond de capacité de pêche attribué à la France par la réglementation européenne ».**

Ces contingents distinguent les projets de renouvellement de navires ne se traduisant pas par une augmentation de la flotte en capacité *(Décr. n° 2016-1978 du 30 déc. 2016, art. 4-1°)* **« de pêche (jauge et puissance), des projets se traduisant par une augmentation de la flotte en capacité de pêche (jauge et puissance),** *(Abrogé par Décr. n° 2019-241 du 27 mars 2019, art. 1er)* ***« et des projets se traduisant par une augmentation du tonnage de sécurité »*** **en application de la réglementation européenne ».**

Ils sont répartis *(Décr. n° 2016-1978 du 30 déc. 2016, art. 4-1°)* **« entre les navires de longueur hors tout inférieure ou égale à vingt-cinq mètres et les navires d'une longueur hors tout supérieure à vingt-cinq mètres ».**

La quotité allouée à la catégorie des navires *(Décr. n° 2016-1978 du 30 déc. 2016, art. 4-1°)* **« d'une longueur hors tout inférieure ou égale à vingt-cinq mètres » est répartie entre les régions.** — *[Décr. n° 93-33 du 8 janv. 1993, art. 2.]*

Art. R. 921-9 **Les navires immatriculés ou destinés à être immatriculés en France métropolitaine ou dans une collectivité territoriale d'outre-mer ayant le statut de région ultrapériphérique de l'Union européenne, et armés ou devant être armés à la pêche professionnelle, sont soumis à l'obligation de disposer d'un permis de mise en exploitation, délivré dans les conditions fixées par la présente sous-section.**

Ce permis est exigé avant :

1° La construction ;

2° L'importation ;

3° L'armement à la pêche d'un navire antérieurement affecté à une autre activité ;

4° La modification de la capacité par augmentation de la jauge ou de la puissance du navire ;

5° Le réarmement à la pêche d'un navire qui a cessé d'être actif ;

6° Le passage d'un navire d'un *(Décr. n° 2016-1978 du 30 déc. 2016, art. 4-2°)* **« plafond de capacité » à un autre, au sens de la réglementation européenne.**

(Décr. n° 2016-1978 du 30 déc. 2016, art. 4-2°) **« Est considéré comme actif à une date donnée un navire dont, dans les douze mois qui précèdent, l'effectif qui a été porté au rôle correspond à celui prévu pour son exploitation pendant une période de six mois au moins, et dont l'activité de pêche est attestée par le débarquement régulier de ressources biologiques de la mer et par l'accomplissement des obligations déclaratives fixées aux articles L. 932-1 à L. 932-3. Par dérogation, sont considérés comme actifs les navires exerçant une activité de pêche saisonnière, dont la liste est fixée par arrêté du ministre chargé des pêches maritimes et de l'aquaculture marine, et réalisant au minimum une sortie en mer au cours de l'année civile. »** — *Sur la liste des activités de pêche saisonnière, V. Arr. du 6 juill. 2017 relatif aux conditions de mise en œuvre du permis de mise en exploitation en application du livre IX, du titre II, du chapitre 1er, de la section 1 et de la sous-*

section 2 de la partie réglementaire du code rural et de la pêche maritime, art. 1er (JO 16 juill.), mod. par Arr. du 10 déc. 2018 (JO 22 déc.).

Est considéré comme inactif au sens du 5°, un navire qui ne remplit pas au moins un des critères mentionnés à l'alinéa précédent. – *[Décr. no 93-33 du 8 janv. 1993, art. 1er.] – L'art. R. 921-7 devient l'art. R. 921-9 et l'art. R. 921-9 devient l'art. R. 921-7 (Décr. no 2016-1978 du 30 déc. 2016, art. 2-1°, JO 31 déc.).*

Art. R. 921-10 **La demande de permis de mise en exploitation est déposée auprès de l'autorité désignée à l'article R.* 911-3 en fonction du lieu d'immatriculation prévu pour le navire par la ou les personnes physiques ou morales figurant ou appelées à figurer sur l'acte de francisation, selon les catégories mentionnées à l'article R. 921-7.** *(Décr. no 2016-1978 du 30 déc. 2016, art. 4-3°)* **« La demande est accompagnée :**

« 1° Lorsque des règles de gestion sont mises en œuvre par le Comité national des pêches maritimes et des élevages marins ou par le comité régional des pêches maritimes et des élevages marins compétent, d'une attestation de disponibilité de la ressource délivrée par le comité concerné ;

« 2° Pour les navires destinés à être exploités au sein d'une organisation de producteurs, d'une attestation de disponibilité de la ressource conforme au plan de gestion mentionné à l'article R. 921-61 délivrée par l'organisation de producteurs. »

Pour les navires *(Décr. no 2016-1978 du 30 déc. 2016, art. 4-3°)* **« d'une longueur hors tout supérieure à » vingt-cinq mètres, le permis de mise en exploitation est délivré par le ministre chargé des pêches maritimes et de l'aquaculture marine, après consultation des organisations représentatives de la pêche hauturière.**

Pour les navires *(Décr. no 2016-1978 du 30 déc. 2016, art. 4-3°)* **« d'une longueur hors tout inférieure ou égale à vingt-cinq mètres », le permis de mise en exploitation est délivré par l'autorité désignée à l'article R.* 911-3 en fonction du lieu d'immatriculation prévu, après consultation de la commission régionale** *(Décr. no 2016-1978 du 30 déc. 2016, art. 4-3°)* **« de gestion de la flotte de pêche, qui rend un avis sur les demandes de permis de mise en exploitation qui lui sont soumises et établit un classement des demandes examinées au cours d'une même séance, au regard tant de l'objectif de gestion durable de la pêche maritime que de la conformité du projet aux réglementations de la pêche applicables ».**

Le silence gardé par l'autorité administrative, pendant un délai de deux mois, sur une demande de permis de mise en exploitation vaut décision de rejet. – *[Décr. no 93-33 du 8 janv. 1993, art. 3.]*

Art. R. 921-11 *(Décr. no 2016-1978 du 30 déc. 2016, art. 4-4°)* **« L'autorité chargée de délivrer le permis de mise en exploitation s'assure de l'adéquation du projet avec :**

« 1° Les contingents d'autorisations de pêche, de quotas de captures et de quotas d'effort de pêche en vigueur ;

« 2° Les mesures de gestion prévues par le programme d'adaptation mentionné à l'article L. 921-6 ;

« 3° Le respect des obligations déclaratives prévues aux articles L. 932-1 à L. 932-3 dans les conditions fixées par arrêté du ministre chargé des pêches maritimes et de l'aquaculture marine ;

« 4° Les mesures de conservation prises en vertu de l'article 13, paragraphe 4, de la directive 2008/56/CE du 17 juin 2008, de l'article 4 de la directive 2009/147/CE du 30 novembre 2009 et de l'article 6 de la directive 92/43/CEE du 21 mai 1992.

« Elle vérifie que le demandeur apporte les garanties nécessaires attestant de l'amélioration des conditions de commercialisation, de sécurité et de travail à bord des navires. »

Pour les projets de renouvellement de navires, qu'ils se traduisent ou non par une augmentation de la flotte en capacité, le demandeur, lors du dépôt de la demande, devra être propriétaire depuis deux ans au moins du ou des navires renouvelés *(Décr. no 2016-1978 du 30 déc. 2016, art. 4-4°)* **« , sauf si les navires ne peuvent plus être réparés en vue de leur réarmement et en cas de construction d'un nouveau navire ». Le permis de mise en exploitation du nouveau navire ne sera délivré que sous réserve que le ou les navires renouvelés soient restés actifs au sens de l'article** *(Décr. no 2016-1978 du 30 déc. 2016, art. 4-4°)* **« R. 921-9 » jusqu'à cette date, et que la radiation du**

ou des navires remplacés du registre d'immatriculation des navires de pêche soit effectuée avant la mise en service du nouveau navire.

Al. 7 à 10 abrogés par Décr. n° 2016-1978 du 30 déc. 2016, art. 4-4°-c. — [Décr. n° 93-33 du 8 janv. 1993, art. 4.]

Art. R. 921-12 *(Décr. n° 2016-1978 du 30 déc. 2016, art. 4-6°)* **L'autorité chargée de statuer sur la demande de permis de mise en exploitation d'un navire notifie au demandeur, après avis des instances mentionnées à l'article R. 921-10, soit une décision de rejet motivée, soit une décision préalable de réservation des capacités de pêche, invitant le demandeur à compléter sa demande en constituant le dossier de financement du projet.**

La réservation de capacité de pêche est valable jusqu'à l'expiration du délai d'un an, délai porté à deux ans pour les navires d'une longueur hors tout supérieure à cinquante mètres.

Le ministre chargé des pêches maritimes et de l'aquaculture marine arrête les pièces à fournir pour constituer le dossier de financement, lequel comprend, notamment, les documents techniques afférents au projet de mise en exploitation. — *Sur la caducité de la décision de réservation et la liste des pièces, V. Arr. du 6 juill. 2017 relatif aux conditions de mise en œuvre du permis de mise en exploitation en application du livre IX, du titre II, du chapitre 1er, de la section 1 et de la sous-section 2 de la partie réglementaire du code rural et de la pêche maritime, art. 2 s. (JO 16 juill.), mod. par Arr. du 10 déc. 2018 (JO 22 déc.).*

La demande de permis de mise en exploitation est rejetée si le dossier de financement du projet n'est pas présenté dans les délais et conditions prévus aux deux alinéas précédents.

Art. R. 921-13 *(Décr. n° 2016-1978 du 30 déc. 2016, art. 4-7°)* **« La réservation des capacités de pêche est accordée de droit : »**

1° Lorsque le demandeur réarme un navire dont il était le propriétaire au moment où celui-ci a cessé d'être actif au sens de l'article *(Décr. n° 2016-1978 du 30 déc. 2016, art. 4-7°)* **« R. 921-9 », pour des raisons tenant à un arrêt d'exploitation imposé par la puissance publique ou par une organisation de producteurs dans le but d'assurer le respect d'un quota, ou à une autre décision de la puissance publique ;**

2° En cas de remplacement à capacité de capture égale d'un navire détruit accidentellement dans l'année précédant la demande et dont le demandeur était propriétaire. Le permis de mise en exploitation peut être délivré au conjoint, concubin ou partenaire lié par un pacte civil de solidarité ou, le cas échéant, aux enfants lorsque le propriétaire est décédé dans l'accident du navire et lorsque ces derniers possèdent les brevets nécessaires pour exercer l'activité de pêche professionnelle. — *[Décr. n° 93-33 du 8 janv. 1993, art. 5.] — L'art. R. 921-12 devient l'art. R. 921-13 (Décr. n° 2016-1978 du 30 déc. 2016, art. 4-5°, JO 31 déc.).*

Art. R. 921-14 **A compter de la date de délivrance du permis, la mise en exploitation doit intervenir, à peine de caducité du permis, dans un délai ainsi fixé :**

1° Pour les opérations de construction de navires :

***a)* Trois ans pour les navires** *(Décr. n° 2016-1978 du 30 déc. 2016, art. 4-8°)* **« d'une longueur hors tout supérieure à vingt-cinq mètres » ;**

***b)* Deux ans pour les navires** *(Décr. n° 2016-1978 du 30 déc. 2016, art. 4-8°)* **« d'une longueur hors tout inférieure ou égale à vingt-cinq mètres » ;**

2° Pour les opérations d'augmentation de jauge ou de puissance :

***a)* Deux ans pour les navires** *(Décr. n° 2016-1978 du 30 déc. 2016, art. 4-8°)* **« d'une longueur hors tout supérieure à vingt-cinq mètres » ;**

***b)* Un an pour les navires** *(Décr. n° 2016-1978 du 30 déc. 2016, art. 4-8°)* **« d'une longueur hors tout inférieure ou égale à vingt-cinq mètres » ;**

3° Dans les autres cas : six mois.

(Décr. n° 2016-1978 du 30 déc. 2016, art. 4-8°) **« Pour les opérations mentionnées au 1° et au *a* du 2°, le permis de mise en exploitation du navire précise les pièces de nature à attester le commencement de réalisation de l'opération projetée, à fournir à l'autorité qui a délivré le permis dans le délai de dix-huit mois en ce qui concerne les opérations mentionnées au *a* du 1°, et dans le délai d'un an, en ce qui concerne les autres opérations. Le permis est caduc faute pour le bénéficiaire de fournir les pièces demandées dans le délai imparti.**

« Un arrêté du ministre chargé des pêches maritimes et de l'aquaculture marine précise, en fonction de la nature du projet considéré, les pièces à produire pour justifier le commencement de réalisation de l'opération, de nature à attester notamment la mise en chantier du projet, l'engagement de dépenses pour sa réalisation, ainsi que l'exécution de contrôles de sécurité en application des dispositions du décret n° 84-810 du 30 août 1984 relatif à la sauvegarde de la vie humaine, à l'habitabilité à bord des navires et à la prévention de la pollution. » — *[Décr. n° 93-33 du 8 janv. 1993, art. 7.] — Sur la caducité de la décision de permis de mise en exploitation et la liste des pièces, V. Arr. du 6 juill. 2017 relatif aux conditions de mise en œuvre du permis de mise en exploitation en application du livre IX, du titre II, du chapitre 1er, de la section 1 et de la sous-section 2 de la partie réglementaire du code rural et de la pêche maritime, art. 5 s. (JO 16 juill.), mod. par Arr. du 10 déc. 2018 (JO 22 déc.).*

SOUS-SECTION 3 **Licence de pêche européenne** *(Décr. n° 2016-1978 du 30 déc. 2016, art. 2-2°).*

Art. R. 921-15 La licence de pêche européenne est obligatoire pour tout producteur qui utilise un navire de pêche professionnelle *(Décr. n° 2016-1978 du 30 déc. 2016, art. 5-1°)* « immatriculé sur un territoire de l'Union européenne pour l'exploitation commerciale de ressources biologiques de la » mer.

Elle vaut autorisation d'exercer une activité de pêche sur ces ressources, sans préjudice des autres autorisations nécessaires :

1° En vertu d'accords internationaux, notamment les accords multilatéraux créant les organisations régionales de pêche ;

2° Dans les zones économiques exclusives ou les zones maritimes sous juridiction de pays tiers ;

3° Au titre de l'exploitation d'une espèce soumise à quota de captures ou d'effort de pêche ;

4° Pour des activités faisant l'objet d'une réglementation européenne ou nationale spécifique. — *[Arr. du 18 déc. 2006, art. 3, I, al. 1er à 5.]*

Art. R. 921-16 La licence de pêche européenne est délivrée à un producteur, pour chacun de ses navires, par l'autorité désignée à l'article R.* 911-3 en fonction du port d'immatriculation du navire. Préalablement à la délivrance de la licence, cette autorité s'assure :

(Décr. n° 2016-1978 du 30 déc. 2016, art. 5-2°) « 1° Que le producteur dispose d'un permis de mise en exploitation et d'un *(Décr. n° 2017-942 du 10 mai 2017, art. 7-4°)* « permis d'armement » valides pour le navire concerné ;

« 2° De la cohérence des informations figurant sur le *(Décr. n° 2017-942 du 10 mai 2017, art. 7-4°)* « permis d'armement » (puissance principale au sens de l'article 5 du règlement n° 2930/86 du 22 septembre 1986 et des articles 61, 62 et 63 du règlement n° 404/2011 du 8 avril 2011) » et sur le certificat de francisation (tonnage en GT ou UMS, longueur hors tout en mètres, longueur entre perpendiculaires en mètres), avec les informations figurant sur la demande de licence. — *[Arr. du 18 déc. 2006, art. 3, II, al. 6, et 4.]*

Art. R. 921-17 Les informations qui figurent sur la licence, conformément à la réglementation, sont identiques à celles qui figurent dans le fichier de la flotte de pêche européenne mentionné à l'article 24 du *(Décr. n° 2016-1978 du 30 déc. 2016, art. 5-3°)* « règlement (UE) n° 1380/2013 du 11 décembre 2013 ». Elles sont fournies par le producteur qui communique sans délai à l'autorité qui délivre la licence toute modification de ces informations. Chaque modification donne lieu à la délivrance d'une nouvelle licence selon les modalités précisées à l'article R. 921-16.

Un extrait du fichier des navires de pêche français déclarés actifs et disposant d'une licence de pêche européenne est disponible sur le site Internet de la Commission européenne. — *[Arr. du 18 déc. 2006, art. 3, III, al. 7, et 14, al. 1er.]*

Art. R. 921-18 Outre les cas résultant de l'application de l'article L. 946-1, la licence de pêche européenne est suspendue par l'autorité qui l'a délivrée dans les cas suivants :

1° Lorsque le navire est soumis à un arrêt temporaire d'activité en application de la réglementation européenne ou nationale ;

2° Lorsque le navire ne dispose pas d'un *(Décr. nº 2017-942 du 10 mai 2017, art. 7-4º)* « permis d'armement » valide pour l'activité de pêche professionnelle, jusqu'à l'obtention éventuelle d'un *(Décr. nº 2017-942 du 10 mai 2017, art. 7-4º)* « permis d'armement » ;

3º Abrogé par Décr. nº 2016-1978 du 30 déc. 2016, art. 5-4º.

4° Lorsque le navire ne respecte pas les conditions d'activité minimale définie par l'article *(Décr. nº 2016-1978 du 30 déc. 2016, art. 5-4º)* « R. 921-9 ».

La suspension d'activité de la capacité de pêche correspondante est immédiatement déclarée dans le fichier de la flotte de pêche européenne par l'autorité mentionnée au premier alinéa. — *[Arr. du 18 déc. 2006, art. 5, al. 1er, 3, 4 et 6.]*

Art. R. 921-19 *(Décr. nº 2016-1978 du 30 déc. 2016, art. 5-5º)* Outre les cas résultant de l'application de l'article L. 946-1, la licence de pêche européenne d'un producteur peut être retirée par l'autorité qui l'a délivrée dans les cas suivants :

1° Lorsque le navire ne respecte pas les limites de capacité déclarées dans le fichier des navires de pêche ;

2° Lorsque les informations obligatoires devant figurer dans le fichier de la flotte de pêche européenne n'ont pas été mises à jour ;

3° Lorsque le navire d'un producteur fait l'objet d'une aide à l'arrêt définitif d'activité ;

4° Lorsque la période de suspension d'une licence en application des 1° et 2° de l'article R. 921-18 entraîne une inactivité supérieure à la période de six mois prévue par l'article R. 921-9. Toutefois, la licence de pêche ne peut pas être retirée si l'arrêt d'activité du producteur est déclaré à la caisse de prévoyance des marins, ou si le producteur a cessé son activité en raison de travaux de longue durée attestés par le centre de sécurité des navires compétent ou lorsqu'une mesure de gestion édictée par l'autorité administrative désignée à l'article R.* 911-3 l'impose ;

5° Lorsque le navire ne respecte pas les conditions d'activité minimale définie par l'article R. 921-9.

L'autorité procédant au retrait de la licence déclare sans délai le retrait de la capacité correspondante dans le fichier de la flotte de pêche européenne.

SECTION 3 Régime général des autorisations de pêche

SOUS-SECTION 1 Délivrance des autorisations et conditions d'exercice du droit de pêche

Art. R. 921-20 Peuvent être soumises à un régime d'autorisation de pêche les activités de pêche pratiquées par un navire de pêche professionnelle qui affectent l'exploitation des ressources halieutiques, les conditions de commercialisation des produits de la pêche maritime ou en fonction d'autres critères déterminés par une réglementation européenne dans le cadre de la politique commune de la pêche.

Un régime d'autorisation est arrêté par l'autorité mentionnée à l'article R.* 911-3 ou, dans leur ressort de compétence, par les organisations professionnelles mentionnées à l'article L. 912-1.

Afin de garantir durablement les ressources halieutiques, l'état des habitats marins et les conditions de commercialisation des produits de la pêche maritime, un régime d'autorisation de pêche fixe les conditions et les limites dans lesquelles un producteur est autorisé :

1° A pêcher, détenir à bord, transborder et débarquer des poissons provenant du stock ou groupe de stocks mentionné par l'autorisation, sans préjudice des dispositions dérogatoires relatives aux captures accessoires lorsqu'elles sont prévues par la réglementation internationale, européenne ou nationale ;

2° A exercer une activité de pêche dans une pêcherie donnée ;

3° A utiliser certains types d'engins de pêche ;

4° A exercer son activité dans le respect de toute autre condition prévue par la réglementation. — *[Arr. du 18 déc. 2006, art. 6, al. 1er à 8, et 10, al. 1er à 9, et 12.]*

V. Arr. du 17 avr. 2020 créant un régime national de gestion pour la pêche professionnelle de corail rouge (Corallium rubrum) en mer Méditerranée (JO 19 avr.).

Art. R. 921-21 L'autorité ou l'organisation professionnelle mentionnée à l'article R. 921-20 fixe s'il y a lieu, pour chaque régime d'autorisations de pêche, le plafond, exprimé en nombre, puissance ou tonnage, des autorisations susceptibles d'être délivrées, en tenant compte notamment des capacités biologiques de la pêcherie concernée, de l'antériorité des producteurs, des orientations du marché et des équilibres socio-économiques définis conformément au présent titre.

Les autorisations de pêche résultant d'un régime d'autorisation de pêche arrêté par les autorités administratives définies à l'article R.* 911-3 sont délivrées, dans un délai de deux mois, soit par ces autorités, soit sous le contrôle de celles-ci, par le comité national ou les comités régionaux des pêches maritimes et des élevages marins ou les organisations de producteurs, par priorité aux demandeurs qui répondent aux critères utilisés pour la fixation du plafond du régime mentionné à l'alinéa précédent. – *[Décr. nº 90-94 du 25 janv. 1990, art. 10 ; Décr. nº 90-95 du 25 janv. 1990, art. 12.]*

Art. R. 921-22 Lorsque la demande d'autorisation mentionnée à l'article R. 921-21 requiert, conformément à la réglementation internationale ou européenne mentionnée à l'article R. 921-20, un avis conforme d'un organisme supranational ou d'un État tiers, le silence gardé par l'autorité administrative mentionnée à l'article R.* 911-3 pendant un délai de deux mois vaut décision de rejet.

Il en va de même lorsque le régime d'autorisation régissant cette demande fait l'objet d'un plafonnement en nombre, puissance ou tonnage en application du premier alinéa de l'article R. 921-21.

Il en va également de même lorsque la demande d'autorisation est présentée pour un navire battant pavillon étranger.

Art. R.* 921-23 Lorsque la demande d'autorisation mentionnée à l'article R. 921-21 est délivrée par le comité national ou un comité régional des pêches maritimes et des élevages marins ou une organisation de producteurs, le silence gardé par cet organisme pendant le délai mentionné à cet article vaut décision de rejet.

Art. R. 921-24 Tout producteur qui souhaite, pour un navire donné, obtenir une autorisation de pêche doit détenir une licence de pêche européenne en cours de validité pour ce même navire. Lors du dépôt ou du renouvellement de sa demande, il doit attester être en règle au regard du paiement de ses cotisations professionnelles prévues à l'article L. 912-16.

L'autorisation de pêche est retirée définitivement lorsque la licence de pêche européenne attachée au navire a été retirée définitivement.

L'autorisation de pêche est suspendue lorsque la licence de pêche européenne a été retirée temporairement. – *[Arr. du 18 déc. 2006, art. 9.]*

Art. R.* 921-25 Par dérogation aux dispositions du dernier alinéa de l'article R.* 911-3 et du second alinéa de l'article R. 921-21, lorsqu'un régime d'autorisations de pêche concerne plusieurs zones géographiques, la délivrance des autorisations individuelles peut être déléguée par le ministre chargé des pêches maritimes et de l'aquaculture marine à chacun des préfets de région mentionnés à l'article R.* 911-3 concerné par ce régime d'autorisation.

Art. R. 921-26 Une autorisation de pêche est délivrée pour un seul armateur et un seul navire de pêche professionnelle.

Par dérogation, les régimes d'autorisation de pêche adoptés par les organisations professionnelles peuvent prévoir que l'autorisation de pêche est délivrée au titulaire d'un *(Décr. nº 2017-942 du 10 mai 2017, art. 7-2º)* « permis d'armement » mentionné à l'article L. 5232-1 du code des transports pour un ou plusieurs navires de pêche professionnelle.

Un même navire de pêche professionnelle peut détenir plusieurs autorisations en application de différentes réglementations internationales, européennes ou nationales.

La durée de validité des autorisations de pêche ne peut excéder une période maximale de douze mois. L'autorisation peut être renouvelée à la demande du titulaire. – *[Arr. du 18 déc. 2006, art. 6, al. 9 à 10, et 10, al. 10 et 11 ; Décr. nº 90-94 du 25 janv. 1990, art. 11 ; Décr. nº 90-95 du 25 janv. 1990, art. 13.]*

Art. R. 921-27 Les demandes d'autorisation de pêche sont adressées à l'autorité compétente pour la délivrer. La liste des informations à fournir à l'appui de la demande est fixée par arrêté de l'autorité ou par délibération de l'organisation professionnelle mentionnées à l'article R. 921-21.

Art. D. 921-28 Pour chaque régime d'autorisation de pêche, la liste des navires autorisés est publiée sur le site Internet spécialisé du ministère chargé des pêches maritimes et de l'aquaculture marine. – *[Arr. du 18 déc. 2006, art. 14, al. 2.]*

SOUS-SECTION 2 **Suspension, retrait, transfert et réattribution des autorisations de pêche**

Art. R. 921-29 Outre les cas résultant de l'application de l'article L. 946-1 et sans préjudice des dispositions des articles R. 921-19 et R. 921-24, l'autorisation de pêche est suspendue sans indemnité par l'autorité qui l'a délivrée dans les cas suivants :

1° Lorsque le navire est soumis à un arrêt temporaire d'activité en application de la réglementation européenne ou nationale ;

2° Lorsque le navire ne respecte pas les limites de capacité déclarées dans le fichier des navires de pêche ou figurant dans l'autorisation de pêche ;

3° Lorsque le navire ne respecte pas les conditions et limitations d'activité définies dans le régime d'autorisation.

La suspension de l'autorisation de pêche est immédiatement déclarée sur le site Internet spécialisé du ministère chargé des pêches maritimes et de l'aquaculture marine par l'autorité mentionnée au premier alinéa.

Art. R. 921-30 Outre les cas résultant de l'application de l'article L. 946-1 et sans préjudice des dispositions des articles R. 921-19 et R. 921-24, l'autorisation de pêche est immédiatement retirée sans indemnité par l'autorité qui l'a délivrée dans les cas où :

1° Le navire a changé d'armateur ;

2° Les renseignements fournis pour l'obtention de l'autorisation sont inexacts ;

3° Les caractéristiques ou le mode d'exploitation du navire ont été modifiés et ne répondent plus aux conditions fixées pour la délivrance de l'autorisation ;

4° Le navire ne remplit plus les conditions d'activité énoncées à l'article *(Décr. nº 2016-1978 du 30 déc. 2016, art. 8-3º)* « R. 921-9 » et aucun projet de renouvellement n'est prévu ;

5° Le navire est sorti de flotte.

Le retrait de l'autorisation de pêche est immédiatement déclaré sur le site internet spécialisé du ministère chargé des pêches maritimes et de l'aquaculture marine par l'autorité mentionnée au premier alinéa. – *[Décr. nº 90-94 du 25 janv. 1990, art. 12 ; Décr. nº 90-95 du 25 janv. 1990, art. 14.]*

Art. R. 921-31 Sans préjudice des dispositions de l'article R. 921-32, les autorisations de pêche non utilisées pour les demandeurs prioritaires mentionnés à l'article R. 921-21 ou rendues disponibles par application de l'article R. 921-30 peuvent être réattribuées par l'autorité compétente pour les délivrer, après consultation de la *(Décr. nº 2022-1468 du 24 nov. 2022, art. 1er)* « commission régionale de gestion de la flotte et des autorisations de pêche » dans les cas où son avis est requis.

Les autorisations de pêche affectées à un navire ayant bénéficié d'aides publiques pour l'arrêt définitif de son activité ne peuvent être réattribuées.

Art. R. 921-32 Une autorisation de pêche délivrée en application du deuxième alinéa de l'article R. 921-21 est, soit lorsque ce navire est vendu, soit lorsqu'il est exploité par un nouveau producteur, réattribuée par le ministre chargé des pêches maritimes et de l'aquaculture marine :

1° Au producteur initial si ce dernier demande le transfert des antériorités à un autre de ses navires ;

2° Au nouveau producteur identifié dans le cadre du protocole de transfert si le producteur initial, le nouveau producteur et leurs organisations de producteurs respectives le proposent ;

3° Au producteur initial qui n'arme qu'un seul navire de pêche professionnelle, qui le renouvelle et auquel un permis de mise en exploitation est accordé dans le cadre de ce renouvellement. Dans ce cas, l'autorisation est affectée à l'organisation de producteurs du navire dont l'exploitant est renouvelé jusqu'à l'entrée en flotte du nouveau navire. L'entrée en flotte ou l'acquisition du nouveau navire interviennent au plus tard avant l'expiration du délai réglementaire de validité du permis de mise en exploitation.

Les dispositions mentionnées au 3° s'appliquent également aux opérations de renouvellement de flotte qui se traduisent par l'entrée en flotte ou l'acquisition de plusieurs navires armés par des producteurs différents. Dans ce cas, sur la base d'un protocole proposé par les producteurs et les organisations de producteurs concernées, le ministre peut transférer à un ou plusieurs producteurs tout ou partie des antériorités, après avis de la *(Décr. n° 2022-1468 du 24 nov. 2022, art. 1er)* « commission régionale de gestion de la flotte et des autorisations de pêche ».

Lorsque l'exploitant de ce navire est renouvelé, une autorisation de pêche délivrée en application du second alinéa de l'article R. 921-21 est confiée à l'organisation de producteurs du producteur initial si celui-ci arrête son activité en cédant son ou ses navires ou leur exploitation, à un ou plusieurs autres producteurs sans disposer de permis de mise en exploitation valide pour un ou plusieurs autres navires. Sur proposition de l'organisation de producteurs, le ministre peut, après avis de la *(Décr. n° 2022-1468 du 24 nov. 2022, art. 1er)* « commission régionale de gestion de la flotte et des autorisations de pêche » réattribuer cette autorisation à un ou plusieurs producteurs désignés dans un protocole de transfert proposé par les producteurs et les organisations de producteurs concernées. A défaut, le ministre peut, après avis de la *(Décr. n° 2022-1468 du 24 nov. 2022, art. 1er)* « commission régionale de gestion de la flotte et des autorisations de pêche » réattribuer cette autorisation à un ou plusieurs producteurs en fonction des critères mentionnés à l'article L. 921-2.

SECTION 4 Répartition et gestion collective des possibilités de pêche

SOUS-SECTION 1 Dispositions générales

Art. R. 921-33 Pour l'application des règles de répartition des quotas et sous-quotas de captures et d'effort de pêche fixées par la présente section, les règles applicables aux organisations de producteurs sont également applicables aux groupements de navires, et à l'exception de celles fixées à l'article R. 921-61, aux navires n'appartenant ni à un groupement de navires, ni à une organisation de producteurs.

Art. D. 921-33-1 *(Décr. n° 2022-1468 du 24 nov. 2022, art. 1er)* Le ministre chargé des pêches maritimes et de l'aquaculture marine peut confier à un groupe de suivi, dont il fixe la composition par arrêté, toute expertise en matière de gestion des quotas de capture ou d'effort de pêche, notamment celles rendues nécessaires en vertu du droit de l'Union européenne.

Arrêté du 1er décembre 2022,

Fixant la composition du groupe de suivi des quotas mentionné à l'article D. 921-33-1 du code rural et de la pêche maritime (JO 8 déc.).

Art. 1er Le groupe de suivi mentionné à l'article D. 921-33-1 du code rural et de la pêche maritime est présidé par le directeur général des affaires maritimes, de la pêche et de l'aquaculture ou son représentant, et comprend au maximum :

1° Six représentants des fédérations nationales des organisations de producteurs, tenant compte de la représentation des différentes façades maritimes ;

2° Trois représentants du Comité national des pêches maritimes et des élevages marins.

Les représentants de ces organisations professionnelles sont désignés par celles-ci en fonction de l'ordre du jour du groupe de suivi.

Pour l'examen de points particuliers, le groupe de suivi peut entendre toute personne extérieure dont l'audition est de nature à éclairer son expertise. Les personnes ainsi entendues sont invitées à assister à tout ou partie seulement des réunions du groupe de suivi.

Art. R. 921-34 Chaque mois, après la déclaration de l'état de la consommation des quotas à la Commission européenne, le ministre chargé des pêches maritimes et de l'aquaculture marine communique *(Décr. n° 2022-1468 du 24 nov. 2022, art. 1er)* « au

groupe de suivi mentionné à l'article D. 921-33-1 » un état récapitulatif de la consommation des quotas de captures et des quotas d'effort de pêche ainsi que des échanges réalisés avec les États membres, depuis le début de la période de gestion qui leur est applicable.

Cet état récapitulatif est établi selon des modalités fixées par arrêté de ce ministre.

Les données de consommation individuelle ainsi recueillies peuvent être communiquées, sur sa demande, au producteur concerné, et, avec son accord préalable, au Comité national des pêches maritimes et des élevages marins, au comité régional des pêches maritimes et des élevages marins dont il relève, à son organisation de producteurs ou au représentant légal du groupement de navires auquel il appartient. — *[Arr. du 26 déc. 2006, art. 15.]*

Quotas. L'autorité de contrôle d'un État membre peut adopter d'autres techniques de comptage de la quantité de poissons pêchés telle que la technique du temps passé si elle a des doutes sur les chiffres produits par les capitaines de navires de pêche. • CJUE 20 févr. 2022, nº C-564/20 : *Europe 2022, nº 137, obs. Bruyas.*

SOUS-SECTION 2 Répartition des quotas et sous-quotas de captures et d'effort de pêche

V. Arr. du 1er févr. 2023 portant répartition des quotas d'effort de pêche pour certaines activités de pêche professionnelle en mer Méditerranée par les navires battant pavillon français pour l'année 2023 (JO 3 févr.), mod. par Arr. du 15 mars 2023 (JO 18 mars) ; Arr. du 31 mars 2023 portant répartition de certains quotas de pêche accordés à la France pour l'année 2023 (JO 5 avr.), mod. par Arr. du 9 juin 2023 (JO 18 juin), Arr. du 19 juin 2023 (JO 22 juin), Arr. du 15 nov. 2023 (JO 6 déc.) ; Arr. du 2 févr. 2024 portant répartition de certains quotas de pêche accordés à la France pour l'année 2024 (JO 3 févr.) ; Arr. du 5 févr. 2024 portant répartition des quotas d'effort de pêche pour certaines activités de pêche professionnelle en mer Méditerranée par les navires battant pavillon français pour l'année 2024 (JO 20 févr.).

Art. R. 921-35 **I. — Les quotas de captures et les quotas d'effort de pêche peuvent être répartis annuellement par le ministre chargé des pêches maritimes et de l'aquaculture marine en sous-quotas, entre les organisations de producteurs, les groupements de navires ou les navires n'appartenant ni à un groupement de navires, ni à une organisation de producteurs.**

II. — Sur demande de l'un des membres *(Décr. nº 2022-1468 du 24 nov. 2022, art. 1er)* **« du groupe de suivi mentionné à l'article D. 921-33-1 », le ministre peut, dans un délai de deux mois, procéder à la répartition de tout quota de captures ou d'effort de pêche non réparti selon les modalités prévues à la présente section.**

III. — Le calcul de chaque sous-quota est effectué en tenant compte de trois composantes :

1° L'antériorité des producteurs, calculée selon les modalités définies aux articles R. 921-38 et R. 921-39 ;

2° L'orientation du marché, déterminée selon les modalités définies à l'article R. 921-49 ;

3° Les équilibres socio-économiques appréciés selon les modalités définies à l'article R. 921-50. — *[Arr. du 26 déc. 2006, art. 4.]*

Art. R.* 921-36 **Pour les demandes mentionnées au II de l'article R. 921-35, le silence gardé par l'autorité administrative pendant le délai mentionné à cet alinéa vaut décision de rejet.**

Art. R. 921-37 **Pour l'application de l'article L. 911-2 et lorsqu'il n'existe pas de quotas de capture ou d'effort de pêche fixés par les autorités européennes, de tels quotas peuvent être fixés par arrêté de l'autorité mentionnée à l'article R.* 911-3.** — *[Décr. nº 90-95 du 25 janv. 1990, art. 14 ; Décr. nº 90-95 du 25 janv. 1990, art. 16.]*

Art. R. 921-38 **I. — Afin de déterminer la répartition d'un quota de captures, pour un stock soumis à quota antérieurement au 1er janvier 2007, l'antériorité d'un producteur est calculée à partir de la référence de captures du producteur et de l'antériorité brute, ainsi définies :**

1° La référence de captures d'un producteur est calculée pour chacun des navires du producteur. Elle est égale, pour une année donnée, à la somme des valeurs des débar-

quements de ses navires, mesurée en kilogrammes. Elle est attestée à partir des données déclarées par le producteur conformément aux réglementations européennes et nationales, comprenant notamment les déclarations de captures et de débarquement, rapprochées des notes de vente, des données issues du réseau intercriées, et des données de suivi par satellite des positions du ou des navires, telles que ces informations ont été transmises à l'autorité administrative à la date à laquelle, pour la première fois, il a été procédé à la répartition de ce quota ;

2° L'antériorité brute d'un producteur est égale à la moyenne de ses références de captures pour les années 2001, 2002, 2003, à l'exception des antériorités des stocks pour lesquels la période de référence a été fixée conformément au II et sous réserve des transferts d'antériorités résultant de l'application des articles R. 921-41 à R. 921-48.

Toutefois, pour un producteur adhérent à une organisation de producteurs, l'antériorité brute est calculée en la diminuant, le cas échéant, de la moyenne des dépassements du sous-quota par son organisation de producteurs durant cette période, répartie au prorata des captures de chaque navire de l'organisation de producteurs, et corrigée le cas échéant de 50 % des références individuelles constituées à la faveur d'un échange de sous-quota entre organisation de producteurs durant cette période.

II. — La période de référence utilisée pour la répartition des quotas est différente de celle indiquée au 2° du I dans les cas suivants :

1° Lorsque l'Union européenne décide d'appliquer un total admissible de captures à un nouveau stock et de le répartir en quotas entre les États membres ; dans ce cas, les antériorités permettant la répartition en sous-quotas de ce quota alloué à la France sont calculées selon la période de référence ou les autres critères techniques pris en compte par l'Union européenne ;

2° Pour la répartition du quota de thon rouge pour les palangriers, ligneurs et canneurs de Méditerranée, la période de référence est du 1er janvier 2009 au 31 août 2010 ;

3° Lorsque le ministre chargé des pêches maritimes et de l'aquaculture marine décide, conformément à l'article R. 921-37, d'appliquer un quota à un stock qui n'est pas sous total admissible de captures, la période de référence utilisée pour la répartition de ce quota en sous-quotas est définie dans l'arrêté de répartition. — *[Arr. du 26 déc. 2006, art. 5, al. 1er à 10 et 12.]*

Art. R. 921-39 Afin de déterminer la répartition d'un quota d'effort de pêche, l'antériorité d'un producteur est calculée à partir de la référence d'effort de pêche du producteur et de l'antériorité brute ainsi définies :

1° La période de référence utilisée pour le calcul des antériorités d'un producteur est celle utilisée par l'Union européenne ou par l'autorité mentionnée à l'article R.* 911-3 compétente pour répartir l'effort de pêche ;

2° La référence d'effort de pêche du producteur est calculée pour chacun des navires du producteur. Elle est égale, pour une année donnée, à la somme de l'effort de pêche déployé par un navire, mesurée en jours, en kW-jours, en kW-heures, en GT-jours ou en GT-heures. Elle est établie à partir des obligations déclaratives, rapprochées des notes de vente, des données issues du réseau intercriées et des données de suivi par satellite du ou des navires ;

3° L'antériorité brute d'un producteur est égale à la moyenne de ses références d'effort de pêche sur la période de référence définie par les autorités européennes ou nationales, selon le régime d'effort de pêche, et sous réserve des transferts d'antériorités résultant de l'application des articles R. 921-41 à R. 921-48. — *[Arr. du 26 déc. 2006, art. 5, al. 11.]*

Art. R. 921-40 Lorsqu'un producteur rejoint une organisation de producteurs ou en démissionne, ses antériorités sont prises en compte pour le calcul de la part relative annuelle de cette organisation de producteurs à compter du premier jour de l'année de gestion du quota concerné.

Il en va de même quand il n'était pas antérieurement adhérent à une organisation de producteurs ou qu'il démissionne d'une organisation de producteurs sans ré-adhérer à une nouvelle.

Lorsque le ministre décide, dans les conditions définies par le 2° de l'article L. 946-1, de suspendre de toute autorisation relative à la pêche de l'espèce considérée un producteur exclu d'une organisation de producteurs pour non-respect des mesures arrêtées par celle-ci aux fins du respect et de la gestion des sous-quotas de captures ou d'effort de pêche qui lui sont affectés, les antériorités de ce producteur pour l'espèce concernée sont affectées à l'organisation de producteurs jusqu'à ce qu'il se voie réattribuer l'autorisation de pêche et des antériorités pour l'espèce considérée.

Lorsque l'autorisation a fait l'objet d'un retrait définitif, cette réattribution intervient *(Décr. n° 2022-1468 du 24 nov. 2022, art. 1er)* « après information du groupe de suivi mentionné à l'article D. 921-33-1 ». — *[Arr. du 26 déc. 2006, art. 10, I, al. 1er à 3.]*

Art. R. 921-41 Le transfert des antériorités d'un navire intervient, par décision du ministre chargé des pêches maritimes et de l'aquaculture marine rendue dans un délai de deux mois, dans les cas et aux conditions suivants :

1° Lorsqu'un producteur fait la demande de transférer des antériorités d'un de ses navires sur un ou plusieurs autres de ses navires. Dans ce cas, le producteur en informe son organisation de producteurs ou, s'il n'est pas adhérent à une organisation de producteurs, le comité régional des pêches maritimes dont il relève ;

2° Lorsqu'un producteur en fait la demande dans le cadre d'un projet de renouvellement de son navire. Dans ce cas, s'il y a lieu, le transfert se fait à titre provisoire sur la réserve de son organisation de producteurs mentionnée à l'article R. 921-47. A la date d'acquisition, les antériorités mises en réserve sont affectées en totalité au nouveau navire de ce producteur. Si, à l'expiration du délai réglementaire, aucun navire n'est entré en flotte en remplacement du navire à renouveler, les antériorités de ce navire sont réallouées conformément aux règles définies à l'article R. 921-44 ;

3° Lorsqu'un producteur dont le statut juridique de l'exploitation d'un navire va être modifié en fait la demande, avec l'accord motivé de son organisation de producteurs. Dans ce cas, s'il y a lieu, le transfert se fait à titre provisoire sur la réserve de l'organisation de producteurs mentionnée à l'article R. 921-47. Lorsque la modification du statut juridique de l'exploitation du navire est intervenue, les antériorités mises en réserve sont réaffectées en totalité à ce navire. Si l'activité du producteur ou celle de son navire ont été modifiées, les antériorités mises en réserve sont réallouées conformément aux règles définies à l'article R. 921-44.

Art. R.* 921-42 Pour les demandes mentionnées à l'article R. 921-41, le silence gardé par l'autorité administrative pendant le délai mentionné au premier alinéa de cet article vaut décision de rejet.

Art. R. 921-43 Un producteur ne peut bénéficier, pour un navire, d'une aide publique lors d'un plan de sortie de flotte si, dans l'année précédant ce plan, il a obtenu le transfert des antériorités de ce navire.

Art. R. 921-44 L'arrêt définitif d'activité du navire d'un producteur entraîne la mise en réserve nationale de 30 % des antériorités du navire considéré. Les 70 % restants sont affectés à la réserve de l'organisation de producteurs à laquelle le producteur était adhérent à la date de sortie de flotte de ce navire. — *[Arr. du 26 déc. 2006, art. 10.] — Ces dispositions s'appliquent aux arrêts définitifs d'activité postérieurs au 1er janv. 2015 (Décr. n° 2014-1608 du 26 déc. 2014, art. 6-III, JO 27 déc.).*

Art. R. 921-45 Le changement de producteur d'un navire entraîne le prélèvement de 20 % des antériorités de ce navire, 80 % restant affectées au navire et au nouveau producteur.

30 % des 20 % prélevés sont affectés à la réserve nationale et 70 % à la réserve de l'organisation de producteurs à laquelle le producteur précédent était adhérent avec le navire considéré. — *[Arr. du 26 déc. 2006, art. 10, § 4.] — Ces dispositions s'appliquent aux changements de producteur postérieurs au 1er janv. 2015 (Décr. n° 2014-1608 du 26 déc. 2014, art. 6-IV, JO 27 déc.).*

Art. R. 921-46 La disparition du producteur et de son navire à la suite d'un événement de mer entraîne l'affectation provisoire de la totalité de son antériorité à la réserve de son organisation de producteurs.

Lorsque le permis de mise en exploitation de droit a été délivré aux ayants droit, ces antériorités peuvent, à la demande du bénéficiaire et *(Décr. n° 2022-1468 du 24 nov.*

2022, art. 1er) « après information du groupe de suivi mentionné à l'article D. 921-33-1 », leur être transférées dès lors qu'ils possèdent les titres nécessaires à l'exercice de l'activité de pêche professionnelle ou qu'ils exploitent le navire faisant l'objet du transfert.

Dans le cas contraire, les antériorités du navire mises en réserve sont réallouées conformément aux règles définies à l'article R. 921-44. – *[Arr. du 26 déc. 2006, art. 10, § 5.]*

Art. R. 921-47 I. – La réserve d'antériorités d'une organisation de producteurs est constituée des antériorités qui lui sont affectées en application des articles R. 921-41 à R.* 921-42 et R. 921-44 à R. 921-46, ou de celles provenant d'un échange définitif avec une autre organisation de producteurs.

Cette réserve d'antériorités est destinée à permettre en priorité :

1° L'installation de producteurs ;

2° Le renouvellement des navires par un producteur dans les cas prévus des *[aux]* articles R. 921-41 et R. 921-46 ;

3° La reconversion des producteurs touchés par des mesures d'interdiction ou de limitation de captures ou d'effort de pêche décidées par l'Union européenne ou par le ministre chargé des pêches maritimes et de l'aquaculture marine ;

4° L'adhésion au sein de l'organisation de producteurs, pour une durée minimale de trois ans, de producteurs non adhérents à une organisation de producteurs ; les antériorités allouées au navire du producteur nouvellement adhérent sont issues, à part égale, de la réserve de l'organisation de producteurs concernée et de la réserve des navires non adhérents à une organisation de producteurs ;

5° Le transfert définitif d'antériorités à une autre organisation de producteurs, afin d'obtenir une meilleure adéquation des capacités de capture de leurs adhérents aux sous-quotas de pêche.

Le projet d'utilisation des antériorités mises en réserve est présenté *(Décr. nc 2022-1468 du 24 nov. 2022, art. 1er)* « au groupe de suivi mentionné à l'article D. 921-33-1 » dans les trois ans suivant leur affectation à l'organisation de producteurs, puis renouvelé chaque année. Il doit être approuvé par le ministre chargé des pêches maritimes et de l'aquaculture marine.

Les antériorités mises en réserve doivent être réattribuées à des producteurs lorsqu'elles atteignent un niveau supérieur à 20 % du total des antériorités de l'organisation de producteurs sur le stock concerné.

Le défaut de présentation du projet d'utilisation de la réserve, d'approbation ou de respect de ce plan, ou de respect du seuil obligeant à l'affectation par producteurs, entraîne l'affectation de ces antériorités à la réserve nationale.

II. – Les antériorités attachées à un navire n'appartenant pas à une organisation de producteurs et mises en réserve sont gérées collectivement par les services du ministre chargé des pêches maritimes et de l'aquaculture marine. Leur gestion suit les règles fixées aux sept premiers alinéas du I. – *[Arr. du 26 déc. 2006, art. 14.]*

Art. R. 921-48 I. – La réserve nationale des antériorités est alimentée dans les conditions mentionnées aux articles R. 921-41 à R.* 921-42 et R. 921-44 à R. 921-47.

II. – Cette réserve nationale peut être affectée :

1° Aux producteurs, en fonction de critères à caractère environnemental, social et économique : ces critères peuvent notamment porter sur l'impact de la pêcherie sur l'environnement, les antécédents en matière de respect des prescriptions, la contribution à l'économie locale et le relevé des captures ; l'affectation des antériorités de la réserve nationale présente un caractère incitatif pour les navires qui déploient des engins sélectifs ou qui utilisent des techniques de pêche ayant des incidences réduites sur l'environnement, notamment une faible consommation d'énergie et des impacts limités sur les habitats ;

2° Aux fusions réalisées par des organisations de producteurs ayant obtenu leur reconnaissance depuis plus de trois ans.

III. – Si, lors de la répartition annuelle d'un quota, la réserve nationale des antériorités n'est pas intégralement affectée, le ministre chargé des pêches maritimes et de l'aquaculture marine peut décider que les sous-quotas correspondant aux antériorités restantes soient affectés, pour l'année considérée, aux organisations de producteurs au prorata de la moyenne de leurs captures déclarées en 2011, 2012 et 2013, afin de prendre en compte l'évolution des flottilles. Cette répartition ne préjuge pas de l'utilisation ultérieure de ces antériorités.

Art. R. 921-49 I. – La répartition des quotas à laquelle procède le ministre chargé des pêches maritimes et de l'aquaculture marine en application de l'article R. 921-35 peut être assortie de limites périodiques de captures, de débarquements et d'effort de pêche, fixées par les organisations de producteurs, afin de permettre une meilleure valorisation des débarquements, en fonction d'une part des orientations du marché et d'autre part des quotas résultant de la réglementation européenne.

II. – Lorsqu'un risque de dépassement du quota est constaté, ou afin d'assurer un étalement approprié des captures au cours de la saison de pêche, le ministre peut décider :

1° La fermeture temporaire de la pêche du sous-quota concerné ;

2° L'instauration de limites périodiques de tonnage de débarquement à respecter. Ces limites peuvent s'appliquer collectivement aux producteurs des organisations de producteurs, ou bien à chacun d'entre eux individuellement, ou bien seulement aux producteurs identifiés comme pratiquant principalement la pêche de ce stock.

III. – Ces limitations périodiques de captures, de débarquement ou d'effort de pêche tiennent compte des différents métiers et engins de pêche, des façades maritimes d'immatriculation des navires des producteurs, des zones de pêche, des lieux de débarquements. – *[Arr. du 26 déc. 2006, art. 6, al. 1er à 3.]*

Art. R. 921-50 Pour effectuer la répartition des quotas en tenant compte des équilibres socio-économiques, le ministre chargé des pêches maritimes et de l'aquaculture marine peut :

1° Fixer des critères d'accès à la pêcherie, le cas échéant au moyen du régime d'autorisations de pêche défini à la section 3 du présent chapitre ; les différents métiers et engins de pêche, les façades maritimes d'immatriculation des navires des producteurs, les zones de pêche, les lieux de débarquements peuvent constituer des critères d'accès ;

2° Prendre en compte les conséquences socio-économiques des mesures d'ordre et de précaution décidées en application soit du 1° de l'article L. 922-2, soit de la réglementation européenne ou internationale. – *[Arr. du 26 déc. 2006, art. 7.]*

Art. R. 921-51 La part du quota national de captures et d'effort de pêche dont dispose chaque organisation de producteurs est déterminée en application des articles R. 921-35 à R. 921-50.

La part du sous-quota d'une organisation de producteurs liée à l'antériorité de ses producteurs est égale au produit du quota annuel réparti par le pourcentage que représente la somme des antériorités de ses producteurs au 1er janvier de l'année de répartition par rapport à la somme globale des antériorités des producteurs.

Pour certaines espèces, la date à laquelle l'adhésion des producteurs est prise en compte peut être déterminée en fonction des contraintes particulières de la campagne de pêche.

La répartition peut être ajustée temporairement en fonction des échanges, des pénalités ou de l'utilisation de la réserve nationale en application des articles R. 921-48, R. 921-63 et R. 921-64. – *[Arr. du 26 déc. 2006, art. 9, al. 1er, 2 et 5.]*

SOUS-SECTION 3 Gestion des quotas et sous-quotas

Art. R. 921-52 Pour sa répartition, le quota attribué à la France par l'Union européenne est augmenté ou diminué en fonction de la flexibilité interannuelle, des pénalités ou des ajustements prévus par la réglementation européenne, ou des échanges réalisés entre la France et un autre État membre de l'Union. – *[Arr. du 26 déc. 2006, art. 8.]*

Art. R. 921-53 Lorsqu'un quota ou un sous-quota de capture ou d'effort de pêche est épuisé, la poursuite de l'activité de pêche concernée est interdite. – *[Décr. no 90-94 du 25 janv. 1990, art. 15 ; Décr. no 90-95 du 25 janv. 1990, art. 17.]*

Art. R. 921-54 Le ministre chargé des pêches maritimes et de l'aquaculture marine peut décider de n'affecter qu'une partie des sous-quotas annuels de captures ou d'effort de pêche. La part des sous-quotas non affectée est versée à la réserve de quotas.

Cette réserve est utilisée soit pour permettre la réalisation d'échanges avec d'autres États membres de l'Union européenne, soit dans le cadre d'une interruption temporaire d'activité, soit à la suite d'une pénalité nationale pour dépassement de quota.

Sur demande motivée de l'une des organisations de producteurs ou de l'un des membres *(Décr. nº 2022-1468 du 24 nov. 2022, art. 1er)* « du groupe de suivi mentionné à l'article D. 921-33-1 », ou sur décision du ministre rendue dans un délai de deux mois, le sous-quota non affecté et versé à la réserve nationale peut être affecté à tout moment, après avis de cette commission *[de ce groupe]*, aux organisations de producteurs, aux groupements de navires ou aux navires n'appartenant ni à un groupement de navires, ni à une organisation de producteurs, selon la méthode de répartition appliquée pour le stock concerné. — *[Arr. du 26 déc. 2006, art. 9, al. 3 et 4.]*

Art. R.* 921-55 Pour les demandes mentionnées au troisième alinéa de l'article R. 921-54, le silence gardé par l'autorité administrative pendant le délai mentionné à cet alinéa vaut décision de rejet.

Art. R. 921-56 I. — La répartition annuelle en sous-quotas de captures ou d'effort de pêche peut être modifiée en cours d'année par arrêté du ministre chargé des pêches maritimes et de l'aquaculture marine à la suite de la modification des quotas correspondants en application des règles internationales, européennes ou nationales. La nouvelle répartition se fait par application des mêmes règles que celles utilisées pour la répartition initiale.

II. — La répartition annuelle en sous-quotas peut être modifiée en cours d'année lorsque le quota est modifié par un échange entre la France et un autre État membre, selon les modalités suivantes :

1° Lorsque le ministre souhaite réaliser un ou plusieurs échanges avec un ou plusieurs autres États membres de l'Union européenne, *(Décr. nº 2022-1468 du 24 nov. 2022, art. 1er)* « il informe le groupe de suivi mentionné à l'article D. 921-33-1 » ;

2° Lorsqu'il y a un risque de dépassement d'un quota national, le ministre peut, en mesure d'urgence, réaliser un échange avec un autre État membre *(Abrogé par Décr. nº 2022-1468 du 24 nov. 2022, art. 1er)* *« sans requérir l'avis préalable de la commission consultative de la gestion de la ressource halieutique »* ;

3° Lorsque l'échange est réalisé avec des sous-quotas mis en réserve en début d'année, les quantités reçues peuvent être mises en réserve ou redistribuées en appliquant la méthode utilisée pour la répartition du quota utilisé pour réaliser l'échange avec l'autre État membre ;

4° Lorsque l'échange est réalisé en utilisant les sous-quotas de certaines organisations de producteurs qui le rétrocèdent à cette fin, seules celles-ci peuvent bénéficier, au prorata des sous-quotas utilisés, du supplément de sous-quotas obtenu en échange.

III. — A la suite d'un échange de quotas faisant intervenir au moins deux stocks, la répartition des quotas supplémentaires est effectuée en tenant compte de la répartition entre les organisations de producteurs qui ont subi une diminution de leurs sous-quotas en raison de l'échange, sauf si ce prélèvement se justifie pour compenser un dépassement de sous-quota sur une autre espèce, ou si une autre répartition est proposée avec l'accord des organisations de producteurs directement concernées.

IV. — Si, en cours d'année, un quota national est, du fait d'une ou plusieurs organisations de producteurs, dépassé ou sur le point de l'être, l'État peut effectuer un échange avec un autre État membre, pour annuler ou éviter ce dépassement, en prélevant une partie des possibilités de pêche des organisations de producteurs en cause pour d'autres stocks.

V. — La demande d'échange ou de transfert de quota ou de sous-quotas mentionnée au présent article peut être présentée par une organisation de producteurs. La réponse de l'autorité administrative intervient dans un délai de deux mois. — *[Arr. du 26 déc. 2006, art. 9, al. 6.]*

Art. R.* 921-57 Pour les demandes mentionnées au V de l'article R. 921-56, le silence gardé par l'autorité administrative pendant le délai mentionné à cet alinéa vaut décision de rejet.

Art. R. 921-58 I. — Un échange de sous-quotas peut être réalisé entre organisations de producteurs, groupements de navires ou avec des navires n'appartenant ni à un groupement de navires ni à une organisation de producteurs.

II. — Un échange temporaire doit respecter les conditions suivantes :

1° La durée de l'échange ne peut excéder la fin de l'année de gestion au cours de laquelle l'échange a lieu ;

2° Le projet d'échange doit être notifié préalablement au ministre chargé des pêches maritimes et de l'aquaculture marine par les partenaires de l'échange ;

3° L'échange est réalisé sans préjudice des répartitions et échanges ultérieurs du quota ;

4° L'échange n'affecte pas les antériorités des producteurs concernés.

III. — Par dérogation aux dispositions de l'article R. 921-56, ces échanges ne font pas l'objet d'un arrêté modificatif. Ils sont recensés sur le tableau de suivi adressé *(Décr. nº 2022-1468 du 24 nov. 2022, art. 1er)* « au groupe de suivi mentionné à l'article D. 921-33-1 ».

IV. — La demande d'échange de quota ou de sous-quotas mentionnée au présent article peut être présentée par une organisation de producteurs. La réponse de l'autorité administrative intervient dans un délai de deux mois. — *[Arr. du 26 déc. 2006, art. 12.]*

Art. R.* 921-59 Pour les demandes mentionnées au IV de l'article R. 921-58, le silence gardé par l'autorité administrative pendant le délai mentionné à cet alinéa vaut décision de rejet.

Art. R. 921-60 Lorsqu'une organisation de producteurs ne consomme pas entièrement son sous-quota et a refusé des demandes d'échanges de sous-quota de manière injustifiée au regard de son plan de gestion et notamment du calendrier prévisionnel de gestion des sous-quotas, le ministre chargé des pêches maritimes et de l'aquaculture marine peut décider *(Décr. nº 2022-1468 du 24 nov. 2022, art. 1er)* « après information du groupe de suivi mentionné à l'article D. 921-33-1 » d'affecter tout ou partie du solde de son sous-quota aux autres organisations de producteurs, qui présentent une demande justifiée au regard de leur plan de gestion, et notamment du calendrier prévisionnel de la consommation des sous-quotas et des mesures destinées à assurer le suivi de la consommation de leurs sous-quotas et la prévision des apports. — *[Arr. du 26 déc. 2006, art. 7, § 5.]*

Art. R. 921-61 Lorsqu'un ou plusieurs sous-quotas ont été attribués à une organisation de producteurs ou à un groupement de navires, ils établissent un plan de gestion de ce ou ces sous-quotas dans le mois qui suit la publication au *Journal officiel* de l'arrêté portant répartition de ce quota.

Ce plan comporte notamment :

1° Le bilan du plan de l'année précédente ;

2° Les règles de répartition de chacun des sous-quotas de captures et d'effort de pêche entre les adhérents ;

3° Le calendrier prévisionnel de la consommation des sous-quotas ;

4° Des plans de capture destinés à prévenir des déséquilibres du marché au cours de la campagne de pêche, et le cas échéant à y remédier, comportant notamment des mesures de limitation des apports ou d'étalement des débarquements ;

5° Les mesures destinées à assurer le suivi de la consommation de leurs sous-quotas et la prévision des apports ;

6° L'utilisation envisagée pour l'année en cours des sous-quotas correspondant à la réserve d'antériorités prévue à l'article R. 921-47 et l'affectation de ces antériorités lorsqu'elles dépassent, pour un stock donné, 20 % des antériorités totales de l'organisation de producteurs ;

7° Les demandes d'affectation de la réserve d'antériorités prévue à l'article R. 921-48.

Lorsqu'un sous-quota est géré collectivement par l'organisation de producteurs ou le groupement de navires, sans répartition entre les adhérents, le plan le mentionne explicitement.

Les plans de gestion ainsi établis sont adressés à chacun des adhérents de l'organisation de producteurs ou du groupement de navires et sont notifiés au ministre chargé

des pêches maritimes et de l'aquaculture marine et à l'Établissement national des produits de l'agriculture et de la mer (FranceAgriMer).

Le plan de gestion est approuvé par décision du ministre. — *[Décr. n° 90-94 du 25 janv. 1990, art. 16 bis ; Décr. n° 90-95 du 25 janv. 1990, art. 18 bis.]*

V. Arr. du 9 juin 2016 établissant un plan de gestion pour les organisations de producteurs (JO 1er juill.).

Art. R. 921-62 Lorsqu'une organisation de producteurs ou un groupement de navires n'a pas mis en place le plan de gestion prévu à l'article R. 921-61 dans le délai imparti, le ministre chargé des pêches maritimes et de l'aquaculture marine peut :

1° Décider de la fermeture temporaire de la pêche du sous-quota concerné ;

2° Décider de limites périodiques de tonnage de débarquement à respecter ;

3° Notifier une répartition du sous-quota entre producteurs, navires ou groupement de navires de producteurs, ainsi que les modalités de gestion de la mise en marché des espèces considérées et les mesures destinées à assurer le suivi de la consommation et le respect du sous-quota. — *[Arr. du 26 déc. 2006, art. 13, al. 2 à 7.]*

SOUS-SECTION 4 Pénalités

Art. R. 921-63 Lorsque le quota de captures ou d'effort de pêche européen est diminué à la suite de l'application, par la Commission européenne, de pénalités pour dépassement l'année précédente, les sous-quotas des organisations de producteurs sont diminués en appliquant à chacun le barème des pénalités prévu par la réglementation européenne. Les pénalités appliquées n'affectent pas les antériorités définies à l'article R. 921-38.

Lorsqu'un dépassement de sous-quota est constaté sans dépassement du quota, ce sous-quota est diminué l'année suivante en fonction du dépassement constaté.

Les sous-quotas non affectés du fait des pénalités sont placés en réserve. Ils peuvent, à tout moment *(Décr. n° 2022-1468 du 24 nov. 2022, art. 1er)* **« après information du groupe de suivi mentionné à l'article D. 921-33-1 » être répartis en fonction de la part relative de chaque organisation de producteurs, à l'exception de celles ayant dépassé leur sous-quota.**

Le ministre chargé des pêches maritimes et de l'aquaculture marine peut utiliser les sous-consommations annuelles des organisations de producteurs afin de réduire les dépassements individuels des organisations de producteurs. — *[Arr. du 26 déc. 2006, art. 16.]*

Art. R. 921-64 Les organisations de producteurs ayant subi un préjudice à cause de la fermeture anticipée de la pêche du fait d'un dépassement de quota par une autre organisation de producteurs peuvent demander au ministre chargé des pêches maritimes et de l'aquaculture marine, qui statue dans un délai de deux mois, une compensation de ce préjudice par prélèvement sur les autres quotas de l'organisation de producteurs responsable de la fermeture.

Le dépassement d'un sous-quota, par une organisation de producteurs, ayant entraîné la fermeture de la pêche pour cause d'épuisement ou de dépassement du quota national, entraîne alors les années suivantes une majoration des sous-quotas des autres organisations de producteurs, correspondant au préjudice qu'elles ont subi du fait de la fermeture de la pêche. Cette majoration est compensée par la réduction des sous-quotas susceptibles d'être attribués aux responsables de la fermeture, à hauteur du dépassement de leur sous-quota.

Cette compensation intervient sans préjudice des prélèvements et des pénalités éventuellement infligées en application des dispositions des articles 37, 105 et 106 du règlement (CE) n° 1224/2009 du Conseil du 20 novembre 2009 instituant un régime communautaire de contrôle afin d'assurer le respect des règles de la politique commune de la pêche.

Lorsqu'une organisation de producteurs a dépassé le sous-quota qui lui était attribué ou lorsqu'une organisation de producteurs a dépassé le sous-quota qui lui était attribué ou n'aura pas respecté les dispositions de l'article R. 921-61, le ministre chargé des pêches maritimes et de l'aquaculture marine peut ne pas lui attribuer de sous-quotas de capture spécifiques au titre de l'année suivante. — *[Décr. n° 90-94 du 25 janv. 1990, art. 16 ter ; Décr. n° 90-95 du 25 janv. 1990, art. 18 ter.]*

Art. R.* 921-65 Pour les demandes mentionnées au titre du premier alinéa de l'article R. 921-64, le silence gardé par l'autorité administrative pendant le délai mentionné à cet alinéa vaut décision de rejet.

SECTION 5 Régimes particuliers d'autorisation de pêche

SOUS-SECTION 1 Pêche dans les installations portuaires

Art. R. 921-66 La pêche à l'intérieur des installations portuaires ne peut être exercée que par des personnes ou des navires autorisés en application de la réglementation internationale, européenne ou nationale, et pour qu'autant qu'elle n'offre d'inconvénients ni pour la conservation des ouvrages, ni pour les mouvements des navires, ni pour l'exploitation des quais et terre-pleins.

Si elle est pratiquée le long des quais, jetées, estacades et appontements à l'aide d'autres engins que les lignes tenues à la main ou si elle est exercée dans les bassins à partir d'une embarcation, elle est soumise à une autorisation particulière délivrée par le préfet de département après avis conforme du président du directoire pour les grands ports maritimes, du président du conseil d'administration pour les ports autonomes *(Décr. n° 2015-1789 du 28 déc. 2015, art. 1er-V)* « , du président du conseil régional pour les ports régionaux, du président du conseil départemental pour les ports départementaux ou du maire pour les ports communaux, du président de l'organe délibérant d'un groupement de collectivités territoriales pour les ports relevant de la compétence d'un groupement de collectivités territoriales », ou de l'autorité mentionnée au 4° de l'article L. 5311-1 du code des transports. — *[Décr. n° 90-94 du 25 janv. 1990, art. 20 ; Décr. n° 90-95 du 25 janv. 1990, art. 25.]*

SOUS-SECTION 2 Pêche maritime à pied à titre professionnel

Art. D. 921-67 La pêche maritime à pied professionnelle, au sens du présent chapitre, s'entend de celle dont l'action, en vue de la vente des animaux marins pêchés, s'exerce sur le domaine public maritime ainsi que dans la partie des fleuves, rivières, étangs ou canaux où les eaux sont salées telle que délimitée par les articles D. 911-1 et D. 911-2.

L'action de pêche proprement dite s'exerce :

1° Sans que le pêcheur cesse d'avoir un appui au sol ;

2° Sans équipement respiratoire permettant de rester immergé. — *[Décr. n° 2001-426 du 11 mai 2001, art. 1er et 8.]*

Art. R. 921-68 L'exercice de la pêche maritime à pied professionnelle est soumis :

1° A la détention d'un permis de pêche national, délivré, pour une durée de douze mois, par le préfet du département dans lequel le demandeur envisage de pratiquer principalement son activité ;

2° Lorsque les délibérations des comités régionaux des pêches maritimes et des élevages marins l'ont prévu, à la détention d'une autorisation de pêche qu'ils délivrent. — *[Décr. n° 2001-426 du 11 mai 2001, art. 2, I, al. 1er.]*

Art. R. 921-69 La personne qui sollicite pour la première fois un permis de pêche maritime à pied professionnelle doit satisfaire aux conditions suivantes :

1° Fournir la description de son projet professionnel mentionnant notamment les animaux marins qu'elle envisage de pêcher, le volume qu'elle envisage de prélever ainsi que les gisements sur lesquels elle envisage de pêcher ;

2° Justifier de son affiliation à un régime de protection sociale correspondant à son activité ;

3° Justifier de sa capacité professionnelle dans les conditions définies aux articles R. 921-70 ou R. 921-71.

Un arrêté du ministre chargé des pêches maritimes et de l'aquaculture marine précise les conditions de délivrance du permis de pêche maritime à pied professionnelle. — *[Décr. n° 2001-426 du 11 mai 2001, art. 2, II, al. 2 à 5, et V, al. 13.] — V. Arr. du 18 déc. 2023 déterminant les conditions de délivrance du permis de pêche à pied professionnelle (JO 27 déc.).*

Art. R. 921-70 Le demandeur d'un premier permis de pêche maritime à pied professionnelle justifie de sa capacité professionnelle par l'accomplissement d'un stage de formation.

Si, lors du dépôt de sa demande de permis de pêche, ce stage n'a pas encore été effectué, le permis peut être délivré et renouvelé une fois sous la condition que l'intéressé s'engage, par une attestation dûment signée, à effectuer ce stage dans les deux ans qui suivent la date de délivrance du permis national.

Le stage de formation est assuré par les établissements d'enseignement mentionnés à l'article 2 du décret n° 85-378 du 27 mars 1985 relatif à la formation professionnelle maritime.

Un arrêté conjoint du ministre chargé des pêches maritimes et de l'aquaculture marine et du ministre chargé de la mer, pris après avis du ministre chargé de l'éducation nationale, précise le contenu des formations conduisant à la capacité professionnelle "pêche à pied". — *[Décr. n° 2001-426 du 11 mai 2001, art. 2, III.]*

Art. R. 921-71 La capacité professionnelle pour obtenir un premier permis de pêche à pied est également reconnue, selon des modalités fixées par arrêté du ministre chargé des pêches maritimes et de l'aquaculture marine, aux professionnels ressortissants d'un État membre de l'Union européenne ou d'un autre État partie à l'accord sur l'Espace économique européen qui justifient d'une attestation de compétence ou d'un titre de formation d'un niveau équivalent ou immédiatement inférieur, au sens des articles 11 et 13 de la directive 2005/36/CE du Parlement européen et du Conseil du 7 septembre 2005 relative à la reconnaissance des qualifications professionnelles, à celui exigé en application du présent article.

Si l'accès, la formation ou l'exercice de ces activités n'est pas réglementé dans l'État membre d'origine, les professionnels doivent en outre justifier de deux années d'expérience professionnelle à temps plein au cours des dix dernières années.

En cas de différences substantielles entre, d'une part, la formation requise en France pour exercer les activités mentionnées à l'article D. 921-67 et, d'autre part, celle reçue par le demandeur, ainsi qu'avec les connaissances qu'il a acquises au cours de son expérience professionnelle, celui-ci doit, au choix, se soumettre à une épreuve d'aptitude ou accomplir un stage d'adaptation d'une durée maximale de trois ans. Leur contenu et les modalités de leur organisation sont fixés par arrêté du ministre chargé des pêches maritimes et de l'aquaculture marine. — *[Décr. n° 2001-426 du 11 mai 2001, art. 2, IV.]*

Art. R. 921-72 Pour bénéficier du renouvellement de son permis de pêche maritime à pied professionnelle, le titulaire doit :

1° Remplir les conditions prévues aux articles R. 921-69 et R. 921-70, à l'exception de l'obligation de fournir la description de son projet professionnel si celui-ci n'a pas changé et de justifier de sa capacité professionnelle s'il a obtenu son premier permis avant le 1er janvier 2011 ;

2° Avoir satisfait l'année précédant sa demande aux obligations prévues au 1° de l'article R. 921-74. — *[Décr. n° 2001-426 du 11 mai 2001, art. 2, V, al. 10 à 12.]*

Art. R. 921-73 Une base nationale de données destinée à gérer les permis de pêche maritime à pied professionnelle recense les informations relatives aux détenteurs du permis national et aux gisements qu'ils exploitent. — *[Décr. n° 2001-426 du 11 mai 2001, art. 3, al. 1er.]*

Art. R. 921-74 Les pêcheurs maritimes à pied professionnels sont soumis :

1° A l'obligation de déclaration prévue par l'article L. 932-2 et dont les modalités sont précisées par arrêté du ministre chargé des pêches maritimes ;

2° A l'obligation de commercialiser par l'intermédiaire d'un centre d'expédition les coquillages destinés à la consommation humaine conformément aux dispositions des articles R. 231-35 à R. 231-59, R. 237-4 et R. 237-5 ;

3° A l'obligation de déclaration d'un danger sanitaire fixée par l'article L. 201-7, selon les modalités prévues à l'article D. 201-7 ;

4° Au respect des conditions et interdictions de transport de coquillages et de crustacés édictées en application des dispositions réglementaires mentionnées au présent article. — *[Décr. n° 2001-426 du 11 mai 2001, art. 4.]*

V. Arr. du 22 oct. 2012 relatif à l'obligation de déclarations statistiques en matière de produits de la pêche maritime à pied professionnelle (JO 30 oct.), mod. par Arr. du 18 déc. 2017 (JO 23 déc.) ;

Arr. du 15 juin 2022 fixant les modalités d'approbation des dispositifs de télédéclaration des fiches de pêche maritime à pied professionnelle et les prescriptions associées (JO 25 juin).

Art. R. 921-75 En vue d'empêcher la dégradation des ressources halieutiques lorsque celles-ci apparaissent menacées et afin d'assurer la sécurité, la salubrité, la santé publique et le bon ordre des activités de pêche, l'autorité administrative désignée à l'article R.* 911-3 peut réglementer les activités des pêcheurs maritimes à pied professionnels en :

1° Limitant leur nombre pour un secteur géographique donné ou pour la pêche d'une espèce déterminée en tenant compte des caractéristiques des engins de pêche utilisés ;

2° Fixant la liste, les caractéristiques et les conditions d'emploi des engins, procédés ou accessoires de pêche qui peuvent être utilisés ;

3° Interdisant de façon permanente ou temporaire l'exercice de la pêche dans certaines zones ou à certaines périodes ;

4° Interdisant la pêche de certaines espèces ou en limitant les quantités pouvant être pêchées ou transportées ;

5° Établissant des zones de protection autour des établissements de cultures marines et des structures artificielles. – *[Décr. n° 2001-426 du 11 mai 2001, art. 6.]*

V. par exemple Arr. du 30 nov. 2021 relatif à l'interdiction de la pêche à pied professionnelle du stock de bar Nord (Dicentrarchus labrax) (JO 3 déc.).

SOUS-SECTION 3 Pêche scientifique ou expérimentale

Art. R. 921-76 Lorsqu'ils remplissent les conditions fixées par la présente sous-section, les navires de pêche professionnelle sont dispensés des obligations mentionnées au premier alinéa de l'article R. 921-82 pendant la période où ils sont affrétés à la pêche scientifique ou expérimentale, sous réserve qu'ils ne se trouvent pas dans les cas mentionnés aux alinéas 2 à 5 du même article.

La pêche scientifique ou expérimentale peut également être pratiquée par les pêcheurs à pied professionnels dans les conditions prévues à la présente sous-section. – *[Décr. n° 90-94 du 25 janv. 1990, art. 19 ; Décr. n° 90-95 du 25 janv. 1990, art. 24.]*

Art. R. 921-77 Toutes les opérations de pêche à des fins scientifiques ou expérimentales réalisées par un navire battant pavillon français et immatriculé dans l'Union européenne sont soumises à la détention d'une autorisation de pêche dénommée : "autorisation de pêche à des fins scientifiques".

Cette autorisation administrative est délivrée à un armateur pour un navire déterminé. – *[Arr. du 28 déc. 2012, art. 1er, al. 1er et 3.]*

Art. R. 921-78 Les autorisations de pêche à des fins scientifiques sont délivrées par l'autorité administrative désignée à l'article R.* 911-3.

Ces actes précisent :

1° L'objet et la finalité du programme de recherche scientifique concerné ;

2° Le protocole scientifique suivi (méthode de collecte, gestion et d'utilisation des données) ;

3° La pêcherie concernée (zone, espèces, engins, période) ;

4° Le cas échéant, les conditions de financement de l'opération. – *[Arr. du 28 déc. 2012, art. 2.]*

Art. R. 921-79 Le titulaire d'une autorisation de pêche à des fins scientifiques n'est pas autorisé à commercialiser les captures faisant l'objet de l'autorisation. La commercialisation de ces captures ne peut, par exception, être autorisée que si la réglementation européenne ne l'interdit pas.

Le titulaire d'une autorisation de pêche à des fins scientifiques doit remettre à la mer les espèces capturées faisant l'objet de l'autorisation. Le débarquement de ces espèces ne peut, par exception, être autorisé que si la réglementation européenne ne l'interdit pas. – *[Arr. du 28 déc. 2012, art. 3.]*

Art. R. 921-80 L'autorisation de pêche à des fins scientifiques mentionne la durée pour laquelle elle est délivrée, qui ne peut excéder quatre ans.

Elle est caduque de plein droit lorsqu'un de ses éléments constitutifs mentionnés à l'article R. 921-78 est modifié. Une nouvelle autorisation peut être demandée pour la période restant à courir. – *[Arr. du 28 déc. 2012, art. 4.]*

Art. R. 921-81 Toute demande d'autorisation de pêche à des fins scientifiques est adressée à l'autorité administrative désignée à l'article R.* 911-3.

Un arrêté du ministre chargé des pêches maritimes et de l'aquaculture marine fixe le contenu de cette demande et des justificatifs qu'elle doit comporter.

Le silence gardé par l'administration pendant un délai de deux mois sur une demande mentionnée au présent article vaut décision de rejet. – *[Arr. du 28 déc. 2012, art. 5.]*

Art. R. 921-82 I. – Le titulaire d'une autorisation de pêche à des fins scientifiques est exempté des mesures techniques et de gestion en vigueur, par autorisation de pêche, limitation de captures, d'effort de pêche ou de capacité, définies par la réglementation internationale, européenne ou nationale.

II. – Lorsque, dans les conditions prévues à l'article R. 921-79, la commercialisation des captures des navires engagés dans une expédition maritime scientifique a été autorisée :

1° Ces captures sont imputées sur le ou les quotas alloués à la France dès lors qu'elles sont supérieures à 2 % de ces quotas ;

2° L'effort de pêche correspondant est décompté de l'effort de pêche maximal alloué à la France ou au navire pour l'année de gestion en cours, dès lors que l'effort déployé pour le prélèvement de ces captures est supérieur à 2 % de l'effort de pêche alloué.

III. – Les navires, dont les captures ou l'effort de pêche autorisés à la commercialisation sont supérieurs à 2 % du quota ou de l'effort de pêche alloué, ne sont pas exemptés des mesures de gestion par autorisations de pêche, limitation de captures, d'effort de pêche ou de capacité mis *[mises]* en œuvre par la réglementation internationale, européenne ou nationale. – *[Arr. du 28 déc. 2012, art. 6.]*

SOUS-SECTION 4 **Pêche maritime de loisir**

Art. R. 921-83 I. – Au sens du présent livre, est autorisée comme pêche maritime de loisir la pêcherie non commerciale :

1° Qu'elle soit sportive, si ceux qui la pratiquent sont membres d'une organisation sportive nationale ou titulaires d'une licence sportive nationale ;

2° Qu'elle soit récréative si ceux qui la pratiquent ne sont pas membres d'une telle organisation ou titulaires d'une telle licence ;

3° Et dont le produit est destiné à la consommation exclusive du pêcheur et de sa famille et ne peut être colporté, exposé à la vente, vendu sous quelque forme que ce soit, ou acheté en connaissance de cause.

Elle peut aussi consister en la relâche du poisson vivant immédiatement après la capture.

II. – Elle est exercée soit à partir d'embarcations ou de navires autres que ceux titulaires d'un *(Décr. nº 2017-942 du 10 mai 2017, art. 7-1°)* « permis d'armement à la pêche ou aux cultures marines », soit en action de nage ou de plongée, soit à pied sur le domaine public maritime ainsi que sur la partie des fleuves, rivières ou canaux où les eaux sont salées.

Elle peut être exercée à partir de navires de pêche armés au commerce et transportant des passagers à titre onéreux en vue d'effectuer une activité de pêche de loisir. – *[Décr. nº 90-618 du 11 juill. 1990, art. 1er.]*

Art. R. 921-84 La pêche maritime de loisir est soumise aux dispositions réglementaires internationales, européennes ou nationales applicables aux pêcheurs professionnels en ce qui concerne la taille minimale des captures autorisées, les caractéristiques et conditions d'emploi des engins de pêche, les modes et procédés ainsi que les zones, périodes, interdictions et arrêtés de pêche.

Le ministre chargé des pêches maritimes et de l'aquaculture marine peut, par arrêté, fixer des règles relatives au poids ou à la taille minima de capture des espèces de poissons et autres animaux marins propres à la pêche de loisir. Dans ce cas, ces règles ne peuvent être plus favorables que celles applicables aux pêcheurs professionnels. – *[Décr. nº 90-618 du 11 juill. 1990, art. 2.]*

V. Arr. du 26 oct. 2012 déterminant la taille minimale ou le poids minimal de capture des poissons et autres organismes marins (pour une espèce donnée ou pour une zone géographique donnée) effectuée dans le cadre de la pêche maritime de loisir (JO 6 nov.), mod. par Arr. du 29 janv. 2013 (JO 22 févr.), Arr. du 21 mars 2017 (JO 25 mars), Arr. du 15 janv. 2018 (JO 19 janv.), Arr. du 3 févr. 2020 (JO 9 févr.), Arr. du 23 août 2022 (JO 31 août), Arr. du 12 mai 2023 (JO 18 mai).

Art. R. 921-85 I. — Peuvent être soumises à un régime d'autorisations de pêche les activités de pêche maritime de loisir qui affectent l'état des ressources halieutiques ou en fonction d'autres critères déterminés par une réglementation internationale ou par une réglementation européenne dans le cadre de la politique commune de la pêche.

La liste des activités soumises à un régime d'autorisations est fixée par l'autorité mentionnée à l'article R.* 911-3.

II. — Les modalités de demande d'autorisation sont définies par arrêté du ministre chargé des pêches maritimes et de l'aquaculture marine. Les autorisations sont délivrées par l'autorité mentionnée à l'article R.* 911-3.

III. — Si la préservation des ressources halieutiques et des habitats marins le nécessite, le régime d'autorisation de pêche peut fixer les limites dans lesquelles un pêcheur de loisir est autorisé :

1° A pêcher, détenir à bord, transborder et débarquer des poissons provenant du stock ou groupe de stocks mentionné par l'autorisation, sans préjudice des dispositions dérogatoires relatives aux captures accessoires lorsqu'elles sont prévues par la réglementation internationale, européenne ou nationale ;

2° A exercer un effort de pêche dans une pêcherie donnée ;

3° A utiliser certains types d'engins de pêche ;

4° A exercer son activité dans le respect de toute autre condition prévue par la réglementation.

Art. R. 921-86 L'autorité mentionnée à l'article R. 921-85 peut fixer, pour chaque régime d'autorisations de pêche, le plafond, exprimé en nombre, puissance ou tonnage, des autorisations susceptibles d'être délivrées, en tenant compte notamment des capacités biologiques de la pêcherie concernée, des antériorités des demandeurs et des équilibres régionaux.

Les autorisations de pêche sont délivrées par l'autorité mentionnée à l'article R.* 911-3 par priorité aux demandeurs répondant aux critères utilisés pour la fixation du plafond du régime mentionné à l'alinéa précédent.

Lorsque la demande d'autorisation requiert, conformément à la réglementation internationale ou européenne mentionnée à l'article R. 921-85, un avis conforme d'un organisme supranational ou d'un État tiers, le silence gardé par l'autorité administrative mentionnée à l'article R.* 911-3 pendant un délai de deux mois vaut décision de rejet.

Il en va de même lorsque le régime d'autorisation régissant cette demande fait l'objet d'un plafonnement en nombre, puissance ou tonnage en application du premier alinéa du présent article.

Il en va également de même lorsque la demande d'autorisation est présentée pour un navire battant pavillon étranger.

Art. R.* 921-87 Par dérogation aux dispositions du dernier alinéa de l'article R.* 911-3 et du troisième alinéa de l'article R. 921-85, lorsqu'un régime d'autorisations de pêche concerne plusieurs zones géographiques, la délivrance des autorisations individuelles peut être déléguée par le ministre chargé des pêches maritimes et de l'aquaculture marine à chacun des préfets de région mentionnés à l'article R.* 911-3.

Les demandes d'autorisation de pêche sont adressées à l'autorité compétente pour la délivrer. La liste des informations à fournir à l'appui de la demande est fixée par arrêté de l'autorité mentionnée à l'article R. 921-85.

Art. R. 921-88 A bord des navires et embarcations mentionnés aux sixième et septième alinéas de l'article R. 921-83, sont seuls autorisés la détention et l'usage de :

1° Deux palangres munies chacune de trente hameçons ;

2° Deux casiers ;

3° Une foëne ;

4° Une épuisette ou "salabre" ;

5° Lignes gréées sous condition que l'ensemble des lignes utilisées en action de pêche soit équipé au maximum de douze hameçons, un leurre étant équivalent à un hameçon ; par dérogation à cette limite, les lignes utilisées en action de pêche sont équipées d'un maximum de cinq hameçons par personne, un leurre étant équivalent à un hameçon, dans les cas prévus par arrêté du ministre chargé des pêches maritimes et de l'aquaculture marine ;

6° En Méditerranée, une grappette à dents ;

7° En mer du Nord, Manche ou Atlantique, un filet maillant calé ou un filet trémail d'une longueur maximale de 50 mètres, d'une hauteur maximale de 2 mètres en pêche, sauf dans la partie des eaux salées des estuaires et des embouchures des fleuves et rivières en amont d'une limite fixée par arrêté des autorités mentionnées à l'article R.* 911-3 ;

8° Dans le ressort des circonscriptions des préfets des régions Bretagne, Pays de la Loire et Aquitaine, telles que définies au même article, un carrelet par navire et trois balances par personne embarquée.

Les engins autorisés à bord des navires autres que ceux mentionnés au premier alinéa peuvent être fixés par arrêté du ministre chargé des pêches maritimes et de l'aquaculture marine. – *[Décr. nº 90-618 du 11 juill. 1990, art. 3.]*

Art. R. 921-89 A bord des navires et embarcations mentionnés à l'article R. 921-83, il est interdit de détenir et d'utiliser tout vire-casier, vire-filet, treuil, potence mécanisée ou mécanisme d'assistance électrique ou hydraulique permettant de remonter les lignes de pêche et engins de pêche à bord.

Toutefois, la détention et l'utilisation d'engins électriques de type vire-lignes électriques ou moulinets électriques est autorisée dans la limite de trois engins électriques par navire, d'une puissance maximale de 800 watts chacun.

Tout dispositif d'immersion empêchant à tout moment la remontée des engins aux fins de contrôle est interdit. – *[Décr. nº 90-618 du 11 juill. 1990, art. 3 bis.]*

Art. R. 921-90 L'exercice de la pêche sous-marine au moyen d'un fusil-harpon est interdit aux personnes âgées de moins de seize ans. – *[Décr. nº 90-618 du 11 juill. 1990, art. 4, I, al. 1er.]*

Art. R. 921-91 Toute personne pratiquant la pêche sous-marine de loisir doit signaler sa présence au moyen d'une bouée permettant de repérer sa position, répondant aux prescriptions édictées par arrêté conjoint du ministre chargé des pêches maritimes et de l'aquaculture marine et du ministre chargé de la mer. – *[Décr. nº 90-618 du 11 juill. 1990, art. 4, IV, al. 11.]*

Art. R. 921-92 I. – Sont interdits, pour l'exercice de la pêche sous-marine de loisir :

1° L'usage de tout équipement respiratoire, qu'il soit autonome ou non, permettant à une personne immergée de respirer sans revenir à la surface ;

2° La détention simultanée à bord d'un navire ou embarcation d'un équipement respiratoire ainsi défini et d'une foëne ou d'un appareil spécial pour la pêche sous-marine, sauf dérogation accordée par le préfet ;

3° Les engins de pêche sous-marine dont la force propulsive développée est empruntée au pouvoir détonant d'un mélange chimique ou à la détente d'un gaz comprimé, sauf si la compression de ce dernier est obtenue par l'action d'un mécanisme manœuvré par le seul utilisateur ;

4° La détention à bord et l'usage simultanés d'un appareil spécial pour la pêche sous-marine et d'un scooter sous-marin.

II. – Il est interdit aux pêcheurs sous-marins :

1° D'exercer la pêche sous-marine entre les heures légales de coucher et de lever du soleil ;

2° De s'approcher à moins de 150 mètres des navires ou embarcations en pêche ainsi que des engins de pêche signalés par un balisage apparent ;

3° De capturer les animaux marins pris dans les engins ou filets placés par d'autres pêcheurs ;

4° De faire usage, pour la pêche sous-marine, d'un foyer lumineux ;

5° D'utiliser, pour la capture des crustacés, une foëne ou un appareil spécial pour la pêche sous-marine ;

6° De tenir chargé hors de l'eau un appareil spécial pour la pêche sous-marine. – *[Décr. n° 90-618 du 11 juill. 1990, art. 4, II et III, al. 2 à 10.]*

Art. R. 921-93 Afin d'assurer une bonne gestion des ressources halieutiques ainsi que la sécurité, la salubrité, la santé publique ou le bon ordre des activités de pêche, l'autorité administrative désigné *[désignée]* à l'article R.* 911-3 peuvent *[peut]*, par arrêté, prendre les mesures limitatives suivantes :

1° Réduire la liste ou le nombre d'engins dont la détention est autorisée à bord des navires ou embarcations mentionnés à l'article R. 921-83 ;

2° Fixer la liste des engins ou procédés de pêche qui peuvent être utilisés pour la pêche sous-marine et la pêche à pied ;

3° Fixer les caractéristiques et conditions d'emploi des engins autorisés ;

4° Interdire de façon permanente ou temporaire l'exercice de la pêche dans certaines zones ou à certaines périodes ;

5° Interdire la pêche de certaines espèces ou en limiter les quantités pouvant être pêchées ou transportées ;

6° Établir des zones de protection autour des établissements de cultures marines, des structures artificielles ou des dispositifs concentrateurs de poissons. – *[Décr. n° 90-618 du 11 juill. 1990, art. 5.]*

SOUS-SECTION 5 Pêche, récolte et ramassage des végétaux marins

Art. R. 921-94 I. – La pêche, la récolte et le ramassage des ressources végétales marines peuvent être soumis à autorisation dès lors que ces activités affectent l'exploitation des ressources marines, les conditions de commercialisation des produits de la pêche maritime ou d'autres critères déterminés par une réglementation internationale ou par une réglementation européenne dans le cadre de la politique commune de la pêche.

II. – Un régime d'autorisation est arrêté par l'autorité mentionnée à l'article R.* 911-3 ou, dans leur ressort de compétence, par les organisations professionnelles mentionnées à l'article L. 921-1.

III. – Afin de garantir durablement les ressources halieutiques, l'état des habitats marins et les conditions de commercialisation des végétaux marins, le régime d'autorisation fixe les conditions et les limites dans lesquelles un producteur est autorisé :

1° Soit à pêcher, récolter, ramasser, détenir à bord, transborder et débarquer des végétaux marins mentionnés par l'autorisation, sans préjudice des dispositions dérogatoires relatives aux pêches accessoires lorsqu'elles sont prévues par la réglementation internationale, européenne ou nationale ;

2° Soit à exercer une activité de pêche dans une pêcherie donnée ;

3° Soit à utiliser certains types d'instruments de récoltes ;

4° Soit à exercer son activité dans le respect de toute autre condition prévue par la réglementation.

Art. R. 921-95 L'autorité ou l'organisation professionnelle mentionnées à l'article R. 921-94 fixe, pour chaque régime d'autorisations, le plafond, exprimé en nombre, puissance ou tonnage, des autorisations susceptibles d'être délivrées, en tenant compte notamment des capacités biologiques de la pêcherie concernée, de l'antériorité des producteurs, des orientations du marché et des équilibres socio-économiques définis conformément à l'article D. 921-1.

Les autorisations de pêche résultant d'un régime d'autorisation de pêche arrêté par les autorités administratives définies à l'article R.* 911-3 sont délivrées, dans un délai de deux mois, soit par ces autorités, soit sous le contrôle de celles-ci, par le comité national ou les comités régionaux des pêches maritimes et des élevages marins ou les organisations de producteurs, par priorité aux demandeurs qui répondent aux critères utilisés pour la fixation du plafond du régime mentionné à l'alinéa précédent.

Art. R. 921-96 Lorsque la demande d'autorisation mentionnée à l'article R. 921-95 requiert, conformément à la réglementation internationale ou européenne mentionnée à l'article R. 921-94, un avis conforme d'un organisme supranational ou d'un État tiers, le silence gardé par l'autorité administrative mentionnée à l'article R.* 911-3 pendant un délai de deux mois vaut décision de rejet.

Il en va de même lorsque le régime d'autorisation régissant cette demande fait l'objet d'un plafonnement en nombre, puissance ou tonnage en application du premier alinéa de l'article R. 921-95.

Il en va également de même lorsque la demande d'autorisation est présentée pour un navire battant pavillon étranger.

Art. R.* 921-97 Lorsque la demande d'autorisation mentionnée à l'article R. 921-95 est délivrée par le comité national ou un comité régional des pêches maritimes et des élevages marins ou une organisation de producteurs, le silence gardé par cet organisme pendant le délai mentionné à cet article vaut décision de rejet.

Art. R.* 921-98 Par dérogation aux dispositions du dernier alinéa de l'article R.* 911-3 et du second alinéa de l'article R. 921-21, lorsqu'un régime d'autorisations de pêche concerne plusieurs zones géographiques, la délivrance des autorisations individuelles peut être déléguée par le ministre chargé des pêches maritimes et de l'aquaculture marine à chacun des préfets de région mentionnés à l'article R.* 911-3 et concerné par ce régime d'autorisation.

Art. R. 921-99 Une autorisation de pêche est délivrée pour une seule personne physique ou morale et, s'il y a lieu, un seul navire de pêche professionnelle.

Par dérogation, les régimes d'autorisation de pêche adoptés par les organisations professionnelles peuvent prévoir que l'autorisation de pêche est délivrée à une ou plusieurs personnes physiques ou morales.

La durée de validité des autorisations de pêche ne peut excéder une période maximale de douze mois. L'autorisation peut être renouvelée à la demande du titulaire.

Art. R. 921-100 Les demandes d'autorisation de pêche sont adressées à l'autorité compétente pour la délivrer. La liste des informations à fournir à l'appui de la demande est fixée par arrêté de l'autorité ou par délibération de l'organisation professionnelle mentionnées à l'article R. 921-20.

CHAPITRE II **MESURES TECHNIQUES RELATIVES À LA PÊCHE MARITIME**

SECTION 1 **Taille minimale et protection des juvéniles**

Art. D. 922-1 I. — Le ministre chargé des pêches maritimes et de l'aquaculture marine peut fixer par arrêté le poids ou la taille en dessous desquels la capture et le débarquement des poissons, crustacés, mollusques et autres animaux marins sont interdits.

II. — Lorsque la pêche maritime d'une espèce est soumise à des totaux admissibles de captures (TAC) ou à un poids ou à une taille minimale de capture et de débarquement fixés par la réglementation européenne, ce ministre peut fixer par un arrêté applicable aux seuls navires battant pavillon français et aux pêcheurs à pied professionnels un poids ou une taille minimale de capture et de débarquement supérieur à celui prévu par la réglementation européenne, en tenant compte :

1° Des moyens à mettre en œuvre pour garantir une gestion durable des stocks, notamment en vue d'obtenir le rendement maximum durable (RMD) ;

2° Des orientations du marché ;

3° Des équilibres socio-économiques.

III. — Pour les espèces autres que celles définies au premier alinéa du II et lorsqu'une bonne gestion de l'espèce le rend nécessaire, le ministre peut fixer par un arrêté applicable aux seuls navires battant pavillon français un poids ou une taille minimale de capture et de débarquement.

(Décr. n° 2016-837 du 24 juin 2016, art. 1er) « IV. — Pour les espèces définies au premier alinéa du II et au III, l'arrêté mentionné à l'article L. 922-1 peut fixer, pour les navires battant pavillon français, des coefficients de conversion en poids vif. » — *[Décr. n° 89-1018 du 22 déc. 1989, art. 1er.]*

V. Arr. du 28 janv. 2013 déterminant la taille minimale ou le poids minimal de capture et de débarquement des poissons et autres organismes marins pour la pêche professionnelle (JO 14 févr.), mod. par Arr. du 23 mars 2016 (JO 27 mars), Arr. du 10 oct. 2016 (JO 12 oct.), Arr. du

21 mars 2017 (JO 26 mars), Arr. du 22 août 2018 (JO 1er sept.), Arr. du 21 juin 2019 (JO 26 juin), Arr. du 10 mars 2020 (JO 12 mars), Arr. du 25 mai 2020 (JO 29 mai), Arr. du 23 août 2022 (JO 31 août), Arr. du 8 mars 2023 (JO 16 mars).

Art. R. 922-2 Sous réserve des dispositions de l'article R. 922-3, sont interdits la pêche, le transbordement, le stockage, le débarquement, le transport, l'exposition à la vente, la vente et l'achat en connaissance de cause de tout poisson, crustacé, mollusque ou autre animal marin ne répondant pas aux spécifications prévues par arrêté du ministre chargé des pêches maritimes et de l'aquaculture marine. – *[Décr. nº 89-1018 du 22 déc. 1989, art. 2.]*

Art. R. 922-3 La pêche, le débarquement et le transport des poissons, crustacés, mollusques et autres animaux marins dont la taille ou le poids n'est pas conforme aux spécifications prévues par la réglementation européenne ou par arrêté du ministre chargé des pêches maritimes et de l'aquaculture marine peuvent être autorisés :

1º Lorsqu'ils ont pour objet soit l'approvisionnement de parcs ou d'autres établissements d'élevage, soit le repeuplement de certains espaces maritimes ;

2º Lorsqu'ils sont effectués à des fins exclusivement scientifiques.

L'autorisation est délivrée par l'autorité administrative désignée à l'article R.* 911-3, selon des modalités fixées par un arrêté de ce ministre. – *[Décr. nº 89-1018 du 22 déc. 1989, art. 3, al. 1er et 2, et 4.]*

Art. R. 922-4 La pêche, la conservation à bord, le débarquement, le transport et la vente des poissons, crustacés, mollusques et autres animaux marins dont la taille ou le poids n'est pas conforme aux spécifications prévues par la réglementation européenne ou par arrêté du ministre chargé des pêches maritimes et de l'aquaculture marine sont autorisés lorsqu'il s'agit d'espèces pour lesquelles les rejets sont expressément interdits par la réglementation en vigueur.

L'utilisation de ces captures est limitée à des fins autres que la consommation humaine directe.

Art. R. 922-5 L'utilisation, comme appât, de poissons, crustacés ou mollusques qui n'auraient pas atteint les dimensions minimales requises est interdite, sauf pour certaines pêcheries situées dans les zones où elles ne sont pas couvertes par une réglementation européenne de conservation et de gestion, et dont la liste est fixée par l'autorité administrative désignée à l'article R.* 911-3.

Toutefois, dans les zones précitées et pour la pêche de certaines espèces, cette autorité peut autoriser, à titre exceptionnel, l'usage de poissons, crustacés ou mollusques ne répondant pas aux conditions fixées par l'alinéa précédent. – *[Décr. nº 90-95 du 25 janv. 1990, art. 22.]*

SECTION 2 Restrictions spatiales et temporelles

Art. R. 922-6 Afin d'assurer une bonne gestion des ressources halieutiques, l'autorité administrative désignée à l'article R.* 911-3 peut, par arrêté, en interdire la pêche, partiellement ou totalement, ou l'interdire avec certains filets, engins ou modes de pêche :

1º Dans une zone géographique définie ;

2º Pour une période limitée ;

3º Dans une zone géographique définie et pour une période limitée. – *[Décr. nº 90-94 du 25 janv. 1990, art. 17 ; Décr. nº 90-95 du 25 janv. 1990, art. 20.]*

Art. R. 922-7 En application du 2º de l'article L. 922-2, l'autorité administrative désignée à l'article R.* 911-3, après consultation de l'Institut français de recherche pour l'exploitation de la mer, détermine l'étendue des gisements naturels d'huîtres, moules et autres coquillages. Elle fixe les époques d'ouverture et de clôture de la pêche sur ces gisements ainsi que les conditions de leur exploitation lorsqu'ils ont été reconnus salubres dans les conditions prévues par l'article R. 231-37. – *[Décr. nº 69-576 du 12 juin 1969, art. 3.]*

Art. R. 922-8 Les réserves ou cantonnements dans les limites desquelles seront interdits soit l'exercice de toute activité de pêche, soit seulement l'utilisation de navires d'un certain tonnage ou d'une certaine force motrice ou l'emploi de certains engins de

pêche sont établis en deçà et au-delà de la limite des trois milles de la laisse de basse mer, par arrêté du ministre chargé *[des]* **pêches maritimes pris après avis de l'Institut français de recherche pour l'exploitation de la mer.** – *[Arr. du 4 juin 1963, art. 1er.] – L'art. D. 922-8 devient l'art. R. 922-8 ; dans les références faites à cet art. dans tous les textes réglementaires, la lettre « D » est remplacée par la lettre « R » (Décr. no 2015-665 du 10 juin 2015, art. 8, JO 14 juin).*

V. Arr. du 27 août 2019 portant renouvellement d'une réserve de pêche aux abords du littoral de la commune de Cagnes-sur-Mer (JO 3 sept.) ; Arr. du 23 oct. 2020 portant création du cantonnement de pêche de la Péquerolle aux abords de la pointe Bacon (commune d'Antibes) (JO 1er nov.) ; Arr. du 23 oct. 2020 portant création du cantonnement de pêche du cap d'Ail (JO 1er nov.) ; Arr. du 5 juin 2023 portant reconduction des mesures de l'Arr. du 30 mai 2016 portant création du cantonnement de pêche du banc rocheux de Porquières devant la commune de Palavas-les-Flots (Hérault) (JO 8 juin) ; Arr. du 10 nov. 2023 portant renouvellement du cantonnement de pêche du golfe de Beauduc devant la commune des Saintes-Maries-de-la-Mer (Bouches-du-Rhône) (JO 15 nov.).

SECTION 3 Engins ou procédés de pêche et mesures techniques associées

Art. D. 922-9 Dans les eaux maritimes où l'exercice de la pêche n'est pas soumis à une réglementation européenne de conservation et de gestion, la pêche maritime ne peut s'exercer qu'à l'aide des filets, engins et modes de pêche suivants :

1° Filets remorqués de type chalut ou gangui ;

2° Dragues à coquillages ou à holothuries ;

3° Tamis à civelles ;

4° Filets maillants ;

5° Filets de type trémail ;

6° Filets de type senne ;

7° Filets soulevés de type carrelet ou balance ;

8° Filets retombants de type épervier ;

9° Pièges de type casier, nasse, verveux, fagots ;

10° Lignes et hameçons ;

11° Engins de pêche par accrochage ou par blessure, tels que couteaux, crochets, ciseaux, piochons, râteaux, pelles, grapettes, harpons, foënes, haveneaux ;

12° Pêche à la lumière, à l'appât et à l'électricité. – *[Décr. no 90-95 du 25 janv. 1990, art. 1er.]*

V. Arr. du 11 juill. 2011 relatif à l'interdiction de pêche à l'aide de filets maillants dérivants (JO 23 juill.).

L'usage des chalut pélagique à panneaux, chalut bœuf pélagique, chalut bœuf de fond, filet trémail et filet maillant calé est interdit dans le Golfe de Gascogne du 22 janv. au 20 févr. inclus pour les années 2024 à 2026 (Arr. du 24 oct. 2023 établissant des mesures spatio-temporelles visant la réduction des captures accidentelles de petits cétacés dans le golfe de Gascogne pour les années 2024, 2025 et 2026, JO 26 oct., dont l'exécution a été partiellement suspendue par l'Ord. du Conseil d'État du 22 déc. 2023, nos 489926, 489932, 489949, Assoc. France Nature Environnement et a.).

V. aussi Arr. du 17 janv. 2024 établissant des mesures spatio-temporelles pour les navires battant pavillon étranger, visant la réduction des captures accidentelles de petits cétacés dans le golfe de Gascogne pour l'année 2024 (JO 18 janv.).

Art. D. 922-10 La liste des engins autorisés spécifiques à l'exercice de la pêche à pied professionnelle est fixée par arrêté du ministre chargé des pêches maritimes et de l'aquaculture marine. – *V. Arr. du 4 janv. 2016 fixant la liste des engins autorisés spécifiques à l'exercice de la pêche à pied professionnelle (JO 16 janv.).*

Art. D. 922-11 Les caractéristiques et conditions d'emploi des filets, engins et modes de pêche sont fixées, soit par arrêté du ministre chargé des pêches maritimes et de l'aquaculture marine, soit par délibérations rendues obligatoires en application de l'article L. 921-2-1 du comité national ou des comités régionaux des pêches maritimes et des élevages marins, en tenant compte :

1° Des espèces ou groupes d'espèces à la capture desquels ils sont destinés, en particulier de leur taille minimale lorsqu'elle a été fixée ;

2° Des zones et périodes de pêche où ils peuvent être utilisés ;

3° Des caractéristiques et de l'équipement des navires autorisés à pratiquer l'activité considérée.

Le ministre peut également fixer des règles de mesure et de contrôle du maillage et de l'épaisseur des filets autorisés. — *[Décr. n° 90-95 du 25 janv. 1990, art. 2.]*

Art. D. 922-12 Lorsqu'un filet, engin ou mode de pêche, du fait de ses caractéristiques et de ses conditions d'emploi, est destiné à la pêche d'une espèce déterminée, les proportions d'autres espèces qui peuvent être conservées à bord sont fixées soit par arrêté du ministre chargé des pêches maritimes et de l'aquaculture marine, soit par délibérations du comité national ou des comités régionaux des pêches maritimes et des élevages marins rendues obligatoires en application de l'article L. 921-2-1.

Les captures effectuées à titre accessoire en sus des quantités dont la conservation à bord est autorisée en application du premier alinéa doivent être immédiatement rejetées à la mer, à l'exception des captures d'espèces pour lesquelles les rejets sont expressément interdits par la réglementation en vigueur. — *[Décr. n° 90-94 du 25 janv. 1990, art. 20-1 et 20-2 ; Décr. n° 90-95 du 25 janv. 1990, art. 19.]*

Art. D. 922-13 La fixation de dispositifs permettant d'obstruer les mailles d'une partie quelconque d'un filet ou d'en réduire effectivement les dimensions est interdite.

Toutefois, le ministre chargé des pêches maritimes et de l'aquaculture marine peut, par arrêté, autoriser l'emploi de certains dispositifs destinés à renforcer ou à protéger le filet ou à en améliorer la sélectivité. — *[Décr. n° 90-95 du 25 janv. 1990, art. 3.]*

Art. D. 922-14 Dans les eaux maritimes où l'exercice de la pêche n'est pas soumis aux dispositions de la réglementation européenne relative à la détermination du maillage des filets de pêche, les mailles des filets de toute nature sont mesurées à l'aide d'une jauge plate de 2 millimètres d'épaisseur.

Le maillage retenu correspond à la moyenne des mesures effectuées sur une série d'au moins vingt mailles consécutives dans le sens du filet, à l'exception des mailles ramendées ou rompues ou sur lesquelles sont fixés des dispositifs autorisés.

Le résultat de la mesure s'entend par la distance intérieure comprise dans une même maille étirée dans sa plus grande dimension :

1° Entre deux nœuds opposés dans une nappe nouée ;

2° Entre deux croisements opposés dans une nappe sans nœud.

Toute mesure du maillage doit s'effectuer filet mouillé. — *[Décr. n° 90-95 du 25 janv. 1990, art. 4.]*

Art. D. 922-15 En vue de protéger la ressource ou d'en assurer une gestion rationnelle, l'autorité administrative désignée à l'article R.* 911-3 peut, par arrêté, dans certaines zones ou pour la pêche de certaines espèces :

1° Limiter le nombre d'engins de pêche autorisés par navire ou par pêcheur ;

2° Fixer les caractéristiques des navires autorisés à pêcher. — *[Décr. n° 90-94 du 25 janv. 1990, art. 2 et 3 ; Décr. n° 90-95 du 25 janv. 1990, art. 6 et 7.]*

Art. D. 922-16 L'usage des filets remorqués est interdit à moins de trois milles de la laisse de basse mer des côtes du continent et de celles des îles ou îlots émergeant en permanence. — *[Décr. n° 90-94 du 25 janv. 1990, art. 4 ; Décr. n° 90-95 du 25 janv. 1990, art. 8.]*

Art. D. 922-17 Par exception aux dispositions de l'article D. 922-16, lorsque la profondeur des eaux le permet ou lorsqu'une telle mesure ne remet pas en cause les exigences de la protection des ressources, l'autorité administrative désignée à l'article R.* 911-3 peut, par arrêté, autoriser l'usage des filets remorqués dans la bande littorale des trois milles.

Elle peut fixer également, dans ce cas, les caractéristiques des navires et celles de leurs filets. — *[Décr. n° 90-94 du 25 janv. 1990, art. 5 ; Décr. n° 90-95 du 25 janv. 1990, art. 9.]*

V. Arr. du 3 mai 1977 réglementant le chalut pélagique (JO 19 mai), mod. par Arr. du 29 juill. 2019 (JO 11 août).

Art. D. 922-18 Il est interdit de former, dans les étangs et les anses des eaux intérieures et des eaux territoriales, des barrages soit en filets, soit en matériaux divers qui occupent plus des deux tiers de la largeur mouillée du plan d'eau.

Si des filets ou dispositifs sont employés simultanément, sur la même rive ou sur deux rives opposées, même par des pêcheurs différents, ils doivent être séparés par une distance égale à trois fois au moins la longueur du plus long d'entre eux. – *[Décr. nº 90-94 du 25 janv. 1990, art. 6 ; Décr. nº 90-95 du 25 janv. 1990, art. 10.]*

Art. D. 922-19 La création et le renouvellement de pêcheries ou d'écluses à poissons en bois, en pierre, en maçonnerie, ou tout autre matériau sont interdits. – *[Décr. nº 90-94 du 25 janv. 1990, art. 7 ; Décr. nº 90-95 du 25 janv. 1990, art. 11, al. 1er.]*

Art. D. 922-20 Toutefois, le renouvellement de pêcheries ou d'écluses à poissons peut être autorisé, après avis de l'Institut français de recherche pour l'exploitation de la mer, par les autorités administratives désignées à l'article R.* 911-3 lorsqu'il ne remet pas en cause la gestion rationnelle de la ressource de pêche. – *[Décr. nº 90-94 du 25 janv. 1990, art. 7-1 ; Décr. nº 90-95 du 25 janv. 1990, art. 11, al. 2.]*

Art. D. 922-21 L'installation sur le domaine public naturel de l'État de tous filets à nappe ou à poche qui ne changent pas de position une fois calés, dont la mise en place nécessite une implantation profonde entraînant une occupation prolongée et privative du domaine public et qui constituent des pêcheries au sens de l'article D. 922-19 est interdite. – *[Décr. nº 90-94 du 25 janv. 1990, art. 8.]*

Art. D. 922-22 L'installation sur le domaine public naturel de l'État de tous filets à nappe ou à poche dont la mise en place ne comporte qu'une implantation rudimentaire au sol et qui sont désignés sous le nom de filets fixes est soumise à autorisation annuelle délivrée par le préfet de département dans des conditions définies par arrêté du ministre chargé des pêches maritimes et de l'aquaculture marine. – *[Décr. nº 90-94 du 25 janv. 1990, art. 9.]*

Art. D. 922-23 Pour assurer la bonne gestion des ressources halieutiques et la traçabilité des captures, le ministre chargé des pêches maritimes et de l'aquaculture marine peut imposer le marquage des captures de certaines espèces. – *[Décr. nº 90-94 du 25 janv. 1990, art. 16, al. 3.]*

SECTION 4 **Mesures d'ordre et de précaution**

Art. R. 922-24 Il est interdit d'effectuer à bord d'un navire de pêche toute transformation physique ou chimique des poissons, à l'exception de leurs déchets, pour la production de farine ou d'huile. – *[Décr. nº 90-94 du 25 janv. 1990, art. 18-1 ; Décr. nº 90-95 du 25 janv. 1990, art. 23.]*

Art. R. 922-25 Lorsque la capture de certaines espèces est soumise à limitation, en poids ou en nombre, ou lorsqu'une taille ou un poids minimum de capture a été fixé, le ministre chargé des pêches maritimes et de l'aquaculture marine peut, par arrêté, interdire certaines opérations de mutilation, de préparation ou de transformation qui auraient pour effet d'interdire le contrôle des mesures ainsi prises. – *[Décr. nº 90-94 du 25 janv. 1990, art. 18 ; Décr. nº 90-95 du 25 janv. 1990, art. 21.]*

Art. R. 922-26 Afin de permettre le bon ordre des activités de pêche, les mesures relatives aux modalités d'utilisation ou de pose des engins de pêche, à leur orientation, à leur longueur, à leur espacement et aux périodes où ils peuvent être posés ou utilisés sont fixés *[fixées]* par l'autorité administrative mentionnée à l'article R.* 911-3 ou par délibération du comité national ou des comités régionaux rendues obligatoires en application de l'article L. 921-2-1. L'utilisation de certains filets ou engins ou de certains modes de pêche en vue de la capture d'une ou de plusieurs espèces déterminées peut également être interdite dans les mêmes conditions.

Tout dispositif d'immersion empêchant à tout moment la remontée des engins aux fins de contrôle est interdit. – *[Décr. nº 90-94 du 25 janv. 1990, art. 23 ; Décr. nº 90-95 du 25 janv. 1990, art. 29.]*

Art. R. 922-27 La composition, les caractéristiques et les modalités d'apposition des marques d'identification des navires de pêche sont fixées par arrêté du ministre chargé des pêches maritimes et de l'aquaculture marine, sans préjudice des dispositions du décret du 17 avril 1928 modifié relatif aux marques extérieures d'identité des navires. – *[Décr. nº 90-94 du 25 janv. 1990, art. 20-3 ; Décr. nº 90-95 du 25 janv. 1990, art. 26.]*

Art. R. 922-28 Dans les eaux territoriales, les filets, lignes et autres engins de pêche mouillés en mer ou dérivants doivent être signalés au moyen de bouées permettant de repérer leur position, leur orientation et leur étendue.

Le nombre et les caractéristiques techniques de ces bouées sont fixés par arrêté conjoint des ministres chargés des pêches maritimes et de l'aquaculture marine et de la mer, qui peut également imposer l'installation d'un réflecteur radar aux engins d'un certain encombrement.

Le matériel de pêche utilisé par les pêcheurs professionnels ou non doit être marqué en surface des lettres et du numéro du navire auquel il appartient.

Lorsque ce matériel n'est pas utilisé à bord d'un navire, une marque permettant d'identifier et de localiser son propriétaire doit également y être apposée. – *[Décr. nº 90-94 du 25 janv. 1990, art. 21 ; Décr. nº 90-95 du 25 janv. 1990, art. 27.]*

Art. R. 922-29 Les éléments d'identification et de signalement des navires ou engins de pêche ne peuvent être effacés ou masqués, même partiellement, par aucun moyen que ce soit.

Les filets, lignes et autres engins de pêche mouillés en mer ou dérivants qui ne portent pas les marques d'identification prévues à l'article précédent sont considérés comme des épaves. – *[Décr. nº 90-94 du 25 janv. 1990, art. 22 ; Décr. nº 90-95 du 25 janv. 1990, art. 28.]*

SECTION 5 Pêche, récolte et ramassage des végétaux marins

SOUS-SECTION 1 Dispositions communes

Art. D. 922-30 Pour l'application de la présente section, sont considérés comme végétaux marins les algues, varechs, plantes marines et halophiles ci-après dénommés goémons. Ces goémons sont classés et définis comme suit :

1° Goémons de rive ;

2° Goémons poussant en mer ;

3° Goémons épaves.

Les goémons de rive sont ceux qui tiennent au sol et sont récoltés à pied soit sur le rivage de la mer, soit sur les îles et îlots inhabités, soit sur les roches découvrant à basse mer.

Les goémons poussant en mer sont ceux qui tenant aux fonds ne peuvent être atteints à pied à la basse mer des marées d'équinoxe.

Les goémons épaves sont ceux qui, détachés par la mer, dérivent au gré des flots ou sont échoués sur le rivage. – *[Décr. nº 90-719 du 9 août 1990, art. 1er.]*

Art. R. 922-31 La pêche des goémons poussant en mer ou qui dérivent au gré des flots ne peut être faite qu'au moyen de navires titulaires d'un *(Décr. nº 2017-942 du 10 mai 2017, art. 7-1°)* « permis d'armement à la pêche ou aux cultures marines ». – *[Décr. nº 90-719 du 9 août 1990, art. 2.]*

Art. R. 922-32 L'arrachage des goémons est interdit.

Les instruments employés pour la récolte des goémons doivent être conçus et utilisés de manière à éviter l'arrachage des crampons ou bases de fixation.

L'interdiction et les prescriptions mentionnées au présent article ne s'appliquent pas à la récolte des laminariées et des lichens. – *[Décr. nº 90-719 du 9 août 1990, art. 3.]*

Art. R. 922-33 La hauteur au-dessus du crampon à partir de laquelle la coupe des algues est autorisée est fixée, selon les variétés d'algues, par arrêté de l'autorité mentionnée à l'article R.* 911-3. – *[Décr. nº 90-719 du 9 août 1990, art. 4.]*

Art. R. 922-34 Les goémons de toute espèce poussant ou déposés par la mer à l'intérieur des établissements ou des concessions de pêche ou de cultures marines ne peuvent être pêchés ou récoltés que par les exploitants de ces établissements ou concessions, ou par les personnes qu'ils ont autorisées à cet effet. – *[Décr. nº 90-719 du 9 août 1990, art. 5.]*

Art. R. 922-35 Les personnes pratiquant la pêche des goémons à partir d'un navire ne doivent pas s'approcher à moins de 100 mètres des navires en action de pêche, des filets et autres engins de pêche et des établissements ou concessions de pêche ou de cultures marines régulièrement signalés.

Les personnes pratiquant la récolte des goémons de rive et le ramassage des goémons épaves ne doivent pas approcher à moins de 50 mètres des mêmes établissements ou concessions.

Les distances prévues aux alinéas précédents peuvent être augmentées par l'autorité administrative désignée à l'article R.* 911-3 lorsqu'une circonstance naturelle exceptionnelle aura provoqué le déplacement des coquillages d'élevage hors des limites de ces établissements ou concessions. – *[Décr. n° 90-719 du 9 août 1990, art. 6.]*

SOUS-SECTION 2 **Goémons de rive**

Art. R. 922-36 La récolte des goémons de rive est autorisée durant toute l'année, à l'exception des lichens dont la récolte ne peut être pratiquée, sur le littoral métropolitain, que du 1er mai au 30 octobre. Cette période peut être modifiée, pour une ou plusieurs des espèces considérées, pour des motifs énoncés à l'article R. 922-37, par l'autorité désignée à l'article R.* 911-3. – *[Décr. n° 90-719 du 9 août 1990, art. 7.]*

Art. R. 922-37 En vue d'empêcher la dégradation des ressources végétales marines lorsque celles-ci apparaissent comme menacées, et afin d'assurer la sécurité, la salubrité, la santé publique et le bon ordre des activités de récolte l'autorité administrative désignée à l'article R.* 911-3 peut par arrêté :

1° Interdire de façon permanente ou temporaire la récolte dans certaines zones ;

2° Limiter pour certaines espèces les quantités pouvant être récoltées ;

3° Limiter les quantités par pêcheur ;

4° Interdire certains procédés ou engins de pêche ou prévoir la limitation du nombre de leurs bénéficiaires ;

5° Autoriser ou préconiser de nouveaux procédés ou engins de pêche. – *[Décr. n° 90-719 du 9 août 1990, art. 8.]*

Art. R. 922-38 La récolte des goémons qui croissent sur le rivage de la mer, les digues, les berges des rivières, des fleuves, des canaux ou le long des quais ou des ouvrages construits en mer est interdite, sauf si elle a été autorisée selon la procédure mentionnée à l'article R. 921-66. – *[Décr. n° 90-719 du 9 août 1990, art. 9.]*

SOUS-SECTION 3 **Goémons poussant en mer**

Art. R. 922-39 La pêche des goémons poussant en mer ne peut être pratiquée sur le littoral métropolitain que du 1er mai au 30 octobre. Pour des motifs énoncés à l'article R. 922-40, cette période peut être modifiée pour une ou plusieurs des espèces considérées par l'autorité désignée à l'article R.* 911-3. – *[Décr. n° 90-719 du 9 août 1990, art. 10.]*

Art. R. 922-40 En vue d'empêcher la dégradation des ressources végétales marines lorsque celles-ci apparaissent comme menacées et afin d'assurer la sécurité, la salubrité, la santé publique et le bon ordre des activités de pêche, l'autorité administrative désignée à l'article R.* 911-3 peut, par arrêté :

1° Interdire de façon permanente ou temporaire la pêche dans certaines zones ;

2° Limiter pour certaines espèces les quantités pouvant être pêchées ;

3° Limiter les quantités par pêcheur ;

4° Interdire certains procédés ou engins de pêche ou prévoir la limitation du nombre de leurs bénéficiaires ;

5° Autoriser ou préconiser de nouveaux procédés de pêche. – *[Décr. n° 90-719 du 9 août 1990, art. 11.]*

Art. R. 922-41 Lorsque la pêche des goémons poussant en mer est réalisée en action de nage ou de plongée par quelque procédé que ce soit, le capitaine du navire doit avoir souscrit la déclaration prévue pour l'exercice de la pêche sous-marine à titre professionnel. – *[Décr. n° 90-719 du 9 août 1990, art. 17.]*

SOUS-SECTION 4 **Goémons épaves**

Art. R. 922-42 L'établissement de pêcheries à goémons au moyen de piquets ou de tout autre procédé est interdit. – *[Décr. n° 90-719 du 9 août 1990, art. 12.]*

Art. R. 922-43 L'autorité administrative désignée à l'article R.* 911-3 peut, pour des raisons de police et après consultation des maires concernés, prendre toute mesure relative à l'organisation du ramassage.

Elle peut également, pour les mêmes raisons et dans les mêmes conditions, interdire certains jours le ramassage des goémons épaves. – *[Décr. n° 90-719 du 9 août 1990, art. 13.]*

SOUS-SECTION 5 Dispositions particulières à la Méditerranée

Art. R. 922-44 La récolte des goémons poussant dans les étangs salés de la Méditerranée est soumise aux dispositions de la présente section. – *[Décr. n° 90-719 du 9 août 1990, art. 14.]*

SECTION 6 Pêche de l'anguille en aval des limites transversales de la mer

Art. R. 922-45 Pour l'application des dispositions réglementant l'exercice de la pêche de l'anguille, sont regardées comme :

1° Anguille de moins de 12 centimètres : l'anguille dont la longueur est inférieure à cette taille, y compris la civelle, alevin d'aspect translucide ;

2° Anguille argentée : l'anguille présentant une ligne latérale différenciée, une livrée dorsale sombre, une livrée ventrale blanchâtre et une hypertrophie oculaire ;

3° Anguille jaune : l'anguille dont la taille et l'aspect diffèrent de ceux décrits au 1° et au 2° ;

4° Anguille : toute anguille, quel que soit le stade de développement décrit aux 1° à 3° auquel elle est parvenue. – *[Décr. n° 2010-1110 du 22 sept. 2010, art. 5, I.]*

Art. R. 922-46 Sans préjudice de l'application de la réglementation générale de la pêche maritime, les dispositions de la présente section régissent la pêche de l'anguille en aval des limites transversales de la mer, dans les aires maritimes des unités de gestion de l'anguille.

Ces unités de gestion correspondent à l'habitat naturel de l'anguille dans les bassins hydrographiques continentaux, y compris les zones colonisables par l'espèce ainsi que celles qui lui sont accessibles après équipement des ouvrages faisant obstacle à son passage, dans les zones estuariennes et dans les aires maritimes de répartition de cette espèce.

Les limites des unités de gestion de l'anguille sont fixées par arrêté du préfet de région, après avis du comité de gestion des poissons migrateurs du bassin dans lequel s'inscrit l'unité de gestion prévue, dans le respect des limites figurant dans le plan de gestion approuvé par la Commission européenne en application de l'article 2 du règlement (CE) n° 1100/2007 du Conseil du 18 septembre 2007 instituant des mesures de reconstitution du stock d'anguilles européennes. – *[Décr. n° 2010-1110 du 22 sept. 2010, art. 4 et 5, II.]*

Art. R. 922-47 La pêche de l'anguille est interdite en dehors des unités de gestion de l'anguille. – *[Décr. n° 2010-1110 du 22 sept. 2010, art. 6.]*

Art. R. 922-48 I. – La pêche de l'anguille de moins de 12 centimètres est interdite.

II. – Toutefois, la pêche de l'anguille de moins de 12 centimètres peut être pratiquée sur la façade atlantique, en Manche et en mer du Nord par les pêcheurs professionnels bénéficiaires d'une autorisation délivrée selon des modalités et pour une période de cinq mois consécutifs au plus, fixées par arrêté du ministre chargé des pêches maritimes et de l'aquaculture marine.

III. – Les quotas de pêche de l'anguille de moins de 12 centimètres sont fixés et répartis par unité de gestion, pour chaque saison de pêche, par arrêté du même ministre. L'arrêté peut instaurer des quotas individuels.

Les modalités de répartition des quotas, de leur suivi et de leur contrôle sont définies par arrêté du même ministre.

IV. – L'arrêté prévu au premier alinéa du III distingue la part qui doit être affectée au repeuplement et celle destinée à la consommation. – *[Décr. n° 2010-1110 du 22 sept. 2010, art. 7.] – V. Arr. du 24 oct. 2023 portant définition, répartition et modalités de gestion du quota d'anguille européenne (Anguilla anguilla) de moins de 12 centimètres pour la campagne de pêche 2023-2024 (JO 27 oct.).*

Art. R. 922-49 I. – La pêche professionnelle et de loisir de l'anguille jaune est autorisée en Manche et en mer du Nord, sur la façade atlantique et sur la façade méditer-

ranéenne pendant une période fixée pour chaque unité de gestion par arrêté du ministre chargé des pêches maritimes et de l'aquaculture marine et du ministre chargé de la pêche en eau douce. — *V. Arr. du 5 févr. 2016 relatif aux périodes de pêche de l'anguille européenne (Anguilla anguilla) aux stades d'anguille jaune et d'anguille argentée (JO 10 févr.), mod. par Arr. du 12 juill. 2017 (JO 14 juill.), Arr. du 14 mars 2018 (JO 17 mars), Arr. du 28 déc. 2018 (JO 10 janv. 2019), Arr. du 9 mars 2023 (JO 18 mars).*

Toutefois, dans le bassin d'Arcachon, cet arrêté fixe une période particulière pour la pêche professionnelle exclusive de l'anguille jaune par les pêcheurs professionnels justifiant d'antériorités.

II. — La pêche de l'anguille jaune par les pêcheurs professionnels, ainsi que par les pêcheurs de loisir en zone maritime lorsqu'ils utilisent des engins ou des filets, est subordonnée à l'obtention d'une autorisation délivrée selon les modalités fixées par arrêté du ministre chargé des pêches maritimes et de l'aquaculture marine.

III. — La pêche de loisir de l'anguille jaune est interdite de nuit, une demi-heure après le coucher et une demi-heure avant le lever du soleil. Elle peut être interdite par ce ministre, partiellement ou totalement, si la conservation de l'espèce le rend nécessaire. — *[Décr. n° 2010-1110 du 22 sept. 2010, art. 8.]*

V. Arr. du 9 mars 2023 portant nouvelles dates de pêche de l'anguille européenne (Anguilla anguilla) aux stades d'anguille de moins de douze centimètres, d'anguille jaune et d'anguille argentée en domaine maritime (JO 16 mars) ; Arr. du 7 avr. 2023 portant nouvelles dates de pêche de l'anguille européenne (Anguilla anguilla) au stade d'anguille jaune en domaine maritime (JO 12 avr.) ; Arr. du 19 juin 2023 portant nouvelles dates de pêche de l'anguille européenne (Anguilla anguilla) au stade d'anguille jaune en domaine maritime en Atlantique (JO 20 juill.) ; Arr. du 19 oct. 2023 portant nouvelles dates de pêche de l'anguille européenne (Anguilla anguilla) aux stades d'anguille de moins de douze centimètres en domaine maritime en Atlantique (JO 27 oct.), mod. par Arr. du 31 janv. 2024 (JO 1er févr.), Arr. du 29 févr. 2024 (JO 6 mars).

Art. R. 922-50 **La pêche de l'anguille argentée est interdite sur la façade atlantique, ainsi qu'en Manche et en mer du Nord.**

Sur la façade méditerranéenne, la pêche de l'anguille argentée peut être pratiquée par les pêcheurs professionnels qui bénéficient d'une autorisation délivrée selon les modalités et pour une période fixées par arrêté du ministre chargé des pêches maritimes et de l'aquaculture marine. — *[Décr. n° 2010-1110 du 22 sept. 2010, art. 9.]*

Art. R. 922-51 **La pêche professionnelle de l'anguille ne peut être autorisée qu'à partir d'un navire de pêche.**

Toutefois, pour les pêcheurs professionnels justifiant d'antériorités de pêche de l'anguille, une autorisation renouvelable peut être délivrée lorsque cette pêche est pratiquée à pied selon les dispositions *[fixées]* **par les articles D. 921-67 à R. 921-75.** — *[Décr. n° 2010-1110 du 22 sept. 2010, art. 10.]*

Art. R. 922-52 **Les modalités et conditions particulières de la pêche de l'anguille, les obligations déclaratives pesant sur les pêcheurs, les premiers acheteurs et les transporteurs d'anguille ainsi que les règles relatives à l'enregistrement, à la déclaration des captures, au débarquement, à la première vente et au transport de l'anguille sont fixées par arrêté du ministre chargé des pêches maritimes et de l'aquaculture marine.** — *[Décr. n° 2010-1110 du 22 sept. 2010, art. 11.] — V. Arr. du 21 oct. 2019 relatif aux mesures de contrôle de la pêcherie professionnelle d'anguille (Anguilla anguilla) dans les eaux maritimes (JO 27 oct.), mod. par Arr. du 21 oct. 2020 (JO 24 oct.), Arr. du 20 oct. 2021 (JO 23 oct.).*

Art. R. 922-53 **Les autorisations accordées en application des articles R. 922-48 à R. 922-51 ne peuvent être renouvelées en cas de manquement par leurs titulaires aux obligations qui leur sont faites par l'article R. 922-52.** — *[Décr. n° 2010-1110 du 22 sept. 2010, art. 12.]*

CHAPITRE III AQUACULTURE MARINE

SECTION 1 Documents d'orientation et de gestion de l'aquaculture marine

SOUS-SECTION 1 Schémas régionaux de développement de l'aquaculture marine

Art. D. 923-1 L'aquaculture marine s'entend de l'ensemble des activités d'élevage d'animaux marins et de culture de végétaux marins. – *[Décr. n° 2011-888 du 26 juill. 2011, art. 1er, al. 1er.]*

Art. D. 923-2 Le schéma régional de développement de l'aquaculture marine s'applique au domaine public maritime ainsi qu'aux eaux sous souveraineté ou juridiction française et au territoire des communes littorales.

Il recense, de façon exhaustive, les sites d'aquaculture marine existants ainsi que ceux propices au développement des différentes productions d'aquaculture marine durable, en indiquant les voies d'accès aux sites, ainsi que les surfaces terrestres nécessaires à leur exploitation.

Le schéma comprend notamment les bassins de production homogènes définis par les schémas des structures des exploitations de cultures marines établis en application de l'article D. 923-6.

L'identification des sites propices au développement de l'aquaculture marine durable est réalisée notamment en fonction de l'évaluation de leurs caractéristiques hydrologiques, océanographiques, biogéographiques, écologiques, trophiques, sanitaires ou socio-économiques, à partir des études ou des analyses disponibles au moment de l'adoption ou de la révision du schéma régional de développement de l'aquaculture marine. Elle tient compte des impacts environnementaux et des bénéfices socio-économiques que l'activité est susceptible d'engendrer, en fonction de la production estimée.

Le schéma régional est pris en compte pour la délivrance des autorisations d'activités autres que de cultures marines sur le domaine public maritime, dans les conditions prévues à l'avant-dernier alinéa de l'article L. 923-1-1. – *[Décr. n° 2011-888 du 26 juill. 2011, art. 1er, al. 2 à 5, et 3, al. 4.]*

Art. D. 923-3 Le conseil maritime de façade ou le conseil maritime ultramarin compétent, respectivement mentionnés aux articles L. 219-6-1 et L. 219-6 du code de l'environnement, est consulté préalablement à l'adoption ou à la révision du schéma régional de développement de l'aquaculture marine selon les modalités prévues à l'article L. 923-1-1 du présent code. Il rend un avis dans les deux mois suivant sa saisine. En absence de réponse dans ce délai, l'avis est réputé rendu. – *[Décr. n° 2011-888 du 26 juill. 2011, art. 1er, al. 6.]*

Art. D. 923-4 Le document stratégique de façade et, dans les collectivités d'outre-mer, le document stratégique de bassin maritime, prévus par les articles L. 219-3 et L. 219-6 du code de l'environnement, prennent en compte les schémas régionaux de développement de l'aquaculture marine. – *[Décr. n° 2011-888 du 26 juill. 2011, art. 2.]*

Art. D. 923-5 Un bilan de la mise en œuvre du schéma régional de développement de l'aquaculture marine intervient au plus tard à l'issue d'une période de cinq années à compter de la date de l'arrêté établissant ou révisant le schéma.

Il est réalisé par l'autorité compétente pour élaborer le schéma, après consultation des personnes mentionnées au deuxième alinéa de l'article L. 923-1-1.

Le bilan est présenté au conseil maritime de façade ou au conseil maritime ultramarin compétent, respectivement mentionnés aux articles L. 219-6-1 et L. 219-6 du code de l'environnement.

A l'occasion de ce bilan, l'opportunité d'une révision du schéma est examinée. Si la révision est décidée, elle intervient dans un délai maximal de six mois à compter de la validation du bilan. – *[Décr. n° 2011-888 du 26 juill. 2011, art. 4.]*

SOUS-SECTION 2 Schémas des structures des exploitations de cultures marines

Art. D. 923-6 I. – Il est établi un schéma des structures des exploitations de cultures marines par département et par type d'activité. Ce schéma est arrêté par le préfet ou, lorsqu'un bassin de production s'étend sur le territoire de plusieurs départements, par les préfets des départements riverains, au vu des éléments produits par les comités régionaux de la conchyliculture concernés et après avis de la ou des commissions des cultures marines.

II. — Ce schéma définit les priorités selon lesquelles les objectifs de la politique d'aménagement des structures des exploitations de cultures marines énoncés ci-dessous sont mis en œuvre dans le secteur considéré :

1° Favoriser l'installation de jeunes exploitants ;

2° Assurer le maintien d'entreprises économiquement viables en évitant leur démembrement et en favorisant leur reprise ;

3° Permettre la création ou la reprise d'exploitations ayant une unité fonctionnelle ;

4° Favoriser l'agrandissement des exploitations n'atteignant pas la dimension minimale de référence ;

5° Favoriser le réaménagement de zones de cultures marines et l'installation de jeunes exploitants, notamment par la mise en réserve de surfaces concédées aux comités régionaux de la conchyliculture.

III. — L'exploitation de cultures marines, au sens du présent livre, regroupe l'ensemble des parcelles, quelle que soit leur localisation, faisant l'objet d'actes de concession, accordées par le préfet à un même exploitant. — *[Décr. nº 83-228 du 22 mars 1983, art. 1er, al. 5, et 5.]*

Art. D. 923-7 Le schéma des structures définit, notamment en fonction de critères hydrologiques, biologiques, économiques et démographiques :

1° Des bassins de production homogènes ;

2° Une dimension de première installation que doit atteindre tout nouvel exploitant par l'obtention d'une concession ou de plusieurs concessions de manière concomitante dans un même bassin ;

3° Une dimension minimale de référence correspondant à la surface dont devrait disposer une entreprise moyenne de type familial pour être viable dans le bassin considéré ;

4° Une dimension maximale de référence par bassin prenant en compte les différents modes d'exploitation existants dans le bassin concerné ;

5° Les priorités au regard desquelles sont examinées les demandes de concession en cohérence avec les objectifs énoncés à l'article D. 923-6 ;

6° Si nécessaire, par bassin de production et par secteur géographique approprié et en fonction des capacités trophiques du secteur en cause, des dispositions propres à favoriser une meilleure répartition des eaux salées nécessaires aux productions biologiques ;

7° Des règles propres à assurer la meilleure croissance des cultures marines, incluant notamment des normes de densité des cultures ;

8° Dans les aires marines protégées, des dispositions propres à assurer le respect des prescriptions applicables dans ces aires. — *[Décr. nº 83-228 du 22 mars 1983, art. 6.]*

Art. D. 923-8 I. — Des projets d'aménagement de zones de cultures marines ou de réaménagement des zones de cultures marines dans un secteur donné peuvent être élaborés en vue d'améliorer la productivité des concessions et la rentabilité des entreprises.

Ces projets sont préparés par les organisations professionnelles concernées ou par l'administration, le cas échéant conjointement.

II. — Les projets d'aménagement prévoient la création de zones de cultures marines dans des sites où n'existent pas d'activités conchylicoles. L'avis de l'Institut français de recherche pour l'exploitation de la mer (IFREMER) est requis pour tout projet d'aménagement. A défaut de réponse dans un délai de trois mois, l'avis est réputé rendu. Ce délai peut, à la demande de l'IFREMER, être porté à six mois.

III. — Les réaménagements prévoient la restructuration de zones conchylicoles existantes ayant fait l'objet de concessions.

Un plan de réaménagement de zone doit être approuvé par au moins les trois quarts des chefs d'entreprise représentant au moins les trois quarts des surfaces concédées concernées avant l'entrée en vigueur du plan. Un arrêté du ministre chargé des pêches maritimes et de l'aquaculture marine précise les conditions de cette approbation.

IV. – Les projets mentionnés au I sont arrêtés par le préfet du département ou, le cas échéant, conjointement par les préfets des départements riverains, après avis de la commission des cultures marines ou des commissions de cultures marines concernées.

Dans le cas d'opérations collectives ayant en vue d'assurer le développement des cultures marines, le demandeur d'un projet d'aménagement ou de réaménagement ne peut être qu'une personne morale de droit public ou une organisation professionnelle relevant du chapitre II du titre I du présent livre. – *[Décr. nº 83-228 du 22 mars 1983, art. 35.]*

SECTION 2 Concessions pour l'exploitation de cultures marines

SOUS-SECTION 1 Dispositions communes

Art. R. 923-9 Doivent faire l'objet d'une concession, sur le domaine public maritime ainsi que dans la partie des fleuves, rivières, étangs et canaux où les eaux sont salées :

1º Les activités d'exploitation du cycle biologique d'espèces marines, végétales ou animales, comprenant, notamment, le captage, l'élevage, l'affinage, la purification, l'entreposage, le conditionnement, l'expédition ou la première mise en marché des produits ;

2º Les activités exercées par un aquaculteur marin, qui sont dans le prolongement des activités mentionnées au 1º, dès lors qu'elles sont réalisées sur des parcelles du domaine public de l'État ou d'une autre personne publique ;

3º Les prises d'eau destinées à alimenter en eau de mer les exploitations de cultures marines situées sur une propriété privée. – *[Décr. nº 83-228 du 22 mars 1983, art. 1er, al. 1er à 4.]*

Art. R. 923-10 Les concessions mentionnées à l'article R. 923-9 sont délivrées par le préfet, sur proposition du directeur départemental des territoires et de la mer, et après avis de la commission des cultures marines, pour une durée maximale de trente-cinq ans. – *[Décr. nº 83-228 du 22 mars 1983, art. 13, al. 1er.]*

Art. R. 923-11 I. – L'acte de concession, complété par un cahier des charges conforme à un modèle établi par arrêté du ministre chargé des pêches maritimes et de l'aquaculture marine, après avis des ministres chargés du domaine, de l'environnement et de la défense :

1º Fixe la durée de la concession, les conditions d'occupation et d'utilisation du domaine public concédé, en particulier les aménagements et ouvrages nécessaires à cette utilisation, ainsi que la nature des cultures autorisées et les techniques utilisées, compte tenu, notamment, de la présence d'aires marines protégées au sens de l'article L. 334-1 du code de l'environnement et des orientations et modalités de gestion ou de conservation qui s'y rapportent ainsi que des activités annexes mentionnées au 2º de l'article R. 923-9 autorisées ;

2º Détermine les modalités selon lesquelles les conditions mentionnées au 1º ci-dessus peuvent être modifiées en cours de concession soit à la demande du concessionnaire, soit par décision du préfet, prise sur proposition du directeur départemental des territoires et de la mer, après avis de la commission des cultures marines ;

3º Indique le montant de la redevance domaniale due à l'État et les modalités de sa révision, tels que déterminés par application des tarifs fixés par arrêté du ministre chargé des domaines après avis du ministre chargé des pêches maritimes et de l'aquaculture marine ; ce même arrêté prévoit les modalités de liquidation, de perception et de révision de la redevance, sa date d'exigibilité ainsi que les conditions dans lesquelles elle peut être temporairement réduite en cas de circonstance dommageable exceptionnelle donnant lieu à intervention financière de l'État ;

4º Prévoit l'obligation pour le concessionnaire de déclarer annuellement sa production ;

5º Rappelle qu'à l'échéance du titre d'occupation les ouvrages, constructions ou installations de caractère immobilier existant sur la dépendance domaniale occupée sont démolis soit par le titulaire de l'autorisation, soit à ses frais. L'acte de concession peut cependant prévoir les modalités de leur maintien en l'état si l'autorité compétente renonce en tout ou partie à leur démolition.

II. – Le cahier des charges prévoit, le cas échéant, un droit de passage, notamment pour la desserte des concessions voisines enclavées.

III. – L'octroi d'une concession ne vaut pas engagement de l'État sur la capacité productive de cette concession. – *[Décr. nº 83-228 du 22 mars 1983, art. 13, al. 2 à 9.] – V. Arr. du 6 juill. 2010 portant approbation du cahier des charges type des autorisations d'exploitation de cultures marines sur le domaine public maritime (JO 17 juill.), mod. par Arr. du 26 juill. 2021 (JO 19 août).*

Art. D. 923-12 Les actes de gestion relatifs aux concessions d'exploitation de cultures marines sont instruits en tenant compte du schéma régional de développement de l'aquaculture marine applicable à la zone concernée.

Toutefois, des concessions peuvent être accordées sur le domaine public maritime dans des zones qui ne seraient pas recensées dans un schéma régional de développement de l'aquaculture marine.

L'instruction des demandes de concessions d'exploitation de cultures marines tient compte, le cas échéant, des études et analyses communiquées aux personnes mentionnées au deuxième alinéa de l'article L. 923-1-1. – *[Décr. nº 2011-888 du 26 juill. 2011, art. 3, al. 1er à 3.]*

Art. R. 923-13 Un arrêté du ministre chargé des pêches maritimes et de l'aquaculture marine définit les mesures d'application du présent chapitre portant sur :

1° Les modalités de gestion administrative des concessions de cultures marines, notamment en ce qui concerne le bornage et le balisage des zones et concessions de cultures marines ;

2° L'établissement et la tenue à jour, au siège de chacune des directions départementales des territoires et de la mer, ou dans tels autres emplacements désignés par les préfets, de la collection officielle des plans généraux et particuliers et de tous documents administratifs permettant les uns et les autres, sous l'appellation de cadastres des établissements de cultures marines, d'identifier, répertorier et immatriculer toutes les parcelles du domaine public concédées à des fins de cultures marines ;

3° Les objectifs et modalités de contrôle de la bonne exécution des règles édictées par le présent chapitre. – *[Décr. nº 83-228 du 22 mars 1983, art. 39.]*

SOUS-SECTION 2 **Conditions de concession**

Art. R. 923-14 La personne physique qui demande l'octroi d'une concession doit être de nationalité française ou ressortissante d'un autre État membre de l'Union européenne ou d'un autre État partie à l'Espace économique européen ou, pour les ressortissants d'autres pays, justifier d'un titre de séjour les autorisant à travailler sur le territoire français pendant une période minimum de cinq ans à compter de la date d'installation. – *[Décr. nº 83-228 du 22 mars 1983, art. 7, al. 1er.]*

Art. R. 923-15 La personne physique qui demande l'octroi d'une concession doit justifier de sa capacité professionnelle par la possession d'un diplôme ou titre homologué comportant un programme d'enseignement au moins égal, par son contenu et son niveau, à celui du baccalauréat professionnel cultures marines et figurant sur une liste arrêtée par le ministre chargé de des pêches maritimes et de l'aquaculture marine après avis des ministres chargés de l'éducation nationale, de l'enseignement agricole, de l'enseignement maritime et de la formation professionnelle.

Le demandeur titulaire d'un diplôme ou titre homologué d'un niveau au moins égal à celui du niveau IV de la nomenclature interministérielle des niveaux de formation mentionnée à l'article R. 335-13 du code de l'éducation, mais ne figurant pas sur la liste mentionnée au précédent alinéa, peut demander au préfet l'autorisation de suivre un stage de formation agréé en cultures marines.

Par dérogation aux deux alinéas précédents, les demandeurs nés avant le 1er janvier 1990 peuvent justifier de leur capacité professionnelle :

1° Soit par la possession d'un diplôme, titre ou certificat d'un niveau équivalent au brevet d'études professionnelles maritimes de cultures marines ou brevet professionnel agricole et maritime et figurant sur une liste arrêtée par le ministre chargé des pêches maritimes et de l'aquaculture marine qui recueille, à cet effet, l'avis des ministres mentionnés au deuxième alinéa ;

2° Soit par la possession d'un certificat d'aptitude professionnelle maritime de conchyliculteur et la preuve d'une expérience professionnelle de trois ans en cultures marines, complétée par un stage de formation en cultures marines agréé par le préfet et sanctionné par la délivrance d'une attestation de réussite ;

3° Soit en apportant la preuve d'une expérience professionnelle d'au moins cinq ans en cultures marines, en navigation à la pêche ou en exploitation agricole, sous réserve d'avoir accompli un stage de formation en cultures marines agréé par le préfet et sanctionné par la délivrance d'une attestation de réussite.

La personne qui doit, pour justifier de sa capacité professionnelle, avoir accompli un stage de formation en cultures marines agréé peut, si elle n'a pas encore réalisé celui-ci, être autorisée à déposer une demande à condition de s'engager, par une attestation dûment signée, à effectuer le stage dans les deux ans qui suivent la date d'entrée en vigueur de l'arrêté portant autorisation d'exploitation de cultures marines.

L'autorisation est subordonnée à l'obtention de l'attestation de réussite au stage de formation en cultures marines agréé par le directeur interrégional de la mer, dans le délai de deux ans précité.

Par dérogation au premier alinéa, les personnes déjà installées en cultures marines avant le 1er janvier 2010 n'ont pas à justifier de leur capacité professionnelle. — *[Décr. n° 83-228 du 22 mars 1983, art. 7, al. 2 à 8.] — V. Arr. du 26 avr. 2023 relatif à la liste des titres de formation professionnelle dont la détention est requise pour l'appréciation de la capacité professionnelle en cultures marines (JO 27 mai).*

Art. R. 923-16 Sont réputés remplir la condition de diplôme prévue aux 1° et 2° de l'article R. 923-15, selon des modalités fixées par arrêté du ministre chargé des pêches maritimes et de l'aquaculture marine, les professionnels ressortissants d'un État membre de l'Union européenne ou d'un autre État partie à l'accord sur l'Espace économique européen qui justifient d'un titre de formation ou d'une attestation de compétence d'un niveau équivalent ou immédiatement inférieur à celui de ces diplômes, au sens des articles 11 et 13 de la directive 2005/36/CE du Parlement européen et du Conseil du 7 septembre 2005 relative à la reconnaissance des qualifications professionnelles. Si l'accès ou l'exercice des activités régies par le présent décret n'est pas réglementé dans l'État membre d'origine, les professionnels doivent en outre justifier de deux années d'expérience professionnelle à temps plein au cours des dix dernières années. En cas de différences substantielles entre, d'une part, la formation requise en France pour exercer ces activités et, d'autre part, celle reçue par le demandeur, ainsi que les connaissances qu'il a acquises au cours de son expérience professionnelle, celui-ci doit, à son choix, se soumettre à une épreuve d'aptitude ou accomplir un stage d'adaptation d'une durée maximale de trois ans. Le contenu et les modalités d'organisation de ce stage et de cette épreuve sont fixés par arrêté du ministre chargé des pêches maritimes et de l'aquaculture marine. — *[Décr. n° 83-228 du 22 mars 1983, art. 7, al. 8.]*

Art. R. 923-17 Sous réserve des dispositions des articles R. 923-28 à R. 923-30, la personne physique qui demande l'octroi d'une concession s'engage à exploiter celle-ci personnellement.

Est réputée personnelle l'exploitation qui est assurée directement par le concessionnaire et sa famille ou, sous sa direction et aux frais de celui-ci, par des ouvriers conchylicoles. — *[Décr. n° 83-228 du 22 mars 1983, art. 8, al. 1er et 2.]*

Art. R. 923-18 Lorsque le demandeur exerce une ou plusieurs activités conchylicoles associées à une activité de pêche ou d'aquaculture marine, la ou les activités conchylicoles doivent être exercées à titre principal.

Est réputée activité principale celle qui procure au chef d'entreprise ou aux dirigeants remplissant les conditions de capacité professionnelle au moins 50 % de leurs revenus professionnels et qui occupe au moins 50 % de leur temps de travail.

La condition prévue à l'alinéa précédent n'est pas applicable pendant les quatre premières années d'installation non plus que pendant les périodes d'épizootie. — *[Décr. n° 83-228 du 22 mars 1983, art. 8, al. 3 et 4.]*

Art. R. 923-19 Un groupe familial limité aux conjoints, concubins ou aux personnes liées par un pacte civil de solidarité et à leurs ascendants et descendants, ainsi qu'aux conjoints, concubins ou aux personnes liées par un pacte civil de solidarité avec ces derniers, peut demander l'octroi d'une concession en codétention.

Chacun des membres du groupe familial codétenteur doit remplir l'une ou l'autre des conditions de capacité professionnelle mentionnées à l'article R. 923-15 et s'engager à exploiter la concession personnellement dans les conditions prévues à l'article R. 923-18.

A la constitution de la codétention, la dimension de première installation à prendre en compte correspond à la dimension de première installation mentionnée dans le schéma des structures, multipliée par le nombre de codétenteurs dans la limite de la dimension minimale de référence.

En cours de concession, un concessionnaire peut demander à s'adjoindre en codétention une ou plusieurs personnes du groupe familial tel que défini au premier alinéa.

Les codétenteurs désignent parmi eux un mandataire, chargé de représenter les intérêts des concessionnaires. Celui-ci présente la demande de concession. Les codétenteurs sont solidaires de l'exécution des clauses de la concession.

Si un codétenteur demande l'octroi d'une concession pour son propre compte, la totalité des surfaces qui font l'objet de la concession en codétention est retenue pour le calcul de la dimension de première installation à prendre en compte pour l'examen de sa demande.

En cas de décès de l'un des codétenteurs, les droits de ce dernier peuvent être transférés dans les conditions prévues à l'article R. 923-38. – *[Décr. n° 83-228 du 22 mars 1983, art. 9.]*

Art. R. 923-20 Une personne morale de droit privé ne peut demander l'octroi d'une concession que si la majorité de son capital social est détenue par des personnes physiques satisfaisant aux conditions de capacité professionnelle mentionnées à l'article R. 923-15 et si la moitié au moins de ses dirigeants remplissent ces mêmes conditions. Ces derniers doivent assurer en tout ou partie la conduite effective de l'exploitation.

La demanderesse s'engage à informer le préfet de toute modification intervenue dans ses statuts. Dans le cas où la personne morale ne remplit plus les conditions prévues ci-dessus, le préfet procède au retrait de la concession. – *[Décr. n° 83-228 du 22 mars 1983, art. 10.]*

Art. R. 923-21 Lorsque la demande de concession est présentée par une personne morale de droit public ou une organisation professionnelle relevant du chapitre II du titre I du présent livre, elle s'engage à faire exploiter la concession qui lui est accordée soit par des personnes physiques satisfaisant aux conditions mentionnées à l'article R. 923-15, soit par des personnes morales de droit privé regroupant exclusivement des personnes physiques satisfaisant à ces mêmes conditions, soit par les unes et les autres simultanément.

Lorsque la concession a été accordée à un comité régional de la conchyliculture, en vue de mettre en réserve des surfaces dans le cadre d'un plan de réaménagement des zones de cultures marines ou dans le but de favoriser l'installation de jeunes exploitants, le comité s'engage à entretenir et, le cas échéant, à réhabiliter la concession, directement ou indirectement, par tout moyen approprié. – *[Décr. n° 83-228 du 22 mars 1983, art. 11.]*

Art. R. 923-22 Un nouvel exploitant ne peut obtenir une ou plusieurs concessions de cultures marines que si celles-ci lui permettent d'atteindre la dimension de première installation mentionnée au 2° de l'article D. 923-7.

Lorsqu'un exploitant bénéficie ou demande à bénéficier de concessions situées dans plusieurs bassins, les dimensions de première installation, les dimensions minimales de référence et les dimensions maximales de référence à prendre en compte lors de l'examen de sa demande sont calculées en fonction des surfaces détenues dans chaque bassin considéré, par pondération des dimensions de première installation et des dimensions minimales et maximales de référence retenues par le ou les schémas des structures respectivement pour chacun des bassins. – *[Décr. n° 83-228 du 22 mars 1983, art. 12.]*

SOUS-SECTION 3 Procédure d'examen et de délivrance des concessions

Art. R. 923-23 La demande de concession est adressée au préfet selon des modalités précisées par arrêté du ministre chargé des pêches maritimes et de l'aquaculture marine. La demande fait l'objet d'une enquête administrative et de l'enquête publique fixée par la présente sous-section, sans préjudice de l'enquête publique réalisée au titre de l'article L. 123-1 du code de l'environnement, lorsqu'elle est requise en application de l'article R. 122-2 *(Décr. n° 2022-422 du 25 mars 2022, art. 7)* « ou, le cas échéant, après application des dispositions de l'article R. 122-2-1 » du même code.

Lorsque le demandeur dispose déjà d'une ou de plusieurs concessions, sa demande mentionne la totalité des surfaces concédées.

Si le demandeur ne satisfait pas aux conditions définies à l'article R. 923-15 du présent code ou si la demande porte sur des surfaces ne permettant pas d'atteindre la dimension de première installation, le préfet rejette la demande sans la soumettre à instruction administrative en précisant les motifs de sa décision. — *[Décr. n° 83-228 du 22 mars 1983, art. 14.] — V. Arr. du 6 juill. 2010 relatif aux demandes d'autorisation d'exploitation de cultures marines (JO 24 juill.), mod. par Arr. du 26 juill. 2021 (JO 19 août).*

Art. R. 923-24 Dans le cadre de l'enquête administrative, le préfet communique simultanément la demande :

1° Pour avis conforme au préfet maritime et à l'autorité militaire compétente mentionnée à l'article R. 2124-56 du code général de la propriété des personnes publiques ;

2° Pour avis, chacun en ce qui concerne les intérêts dont il a la charge, aux membres de la commission des cultures marines mentionnés aux *b* à *g* du 1° de l'article D. 914-4 ;

3° Pour avis au directeur du Conservatoire de l'espace littoral et des rivages lacustres, ou au conseil de gestion du parc naturel marin, au directeur du parc national, à l'organe de gestion de la réserve naturelle, à la commission départementale de la nature, des paysages et des sites, pour la partie maritime d'un site Natura 2000 dès lors que la demande concerne une parcelle située dans le ressort de leur compétence.

Chacune des autorités concernées dispose d'un délai d'un mois pour répondre. Elle peut le faire porter à deux mois sur demande faite dix jours avant la fin du premier mois auprès du préfet qui l'a saisie.

L'absence de réponse équivaut à l'acceptation de la demande. En cas d'opposition du préfet maritime, l'abandon de l'instruction est notifié par avis motivé au demandeur et aux autres autorités mentionnées au présent article. — *[Décr. n° 83-228 du 22 mars 1983, art. 15.]*

Art. R. 923-25 L'enquête publique est ouverte dans la commune où sont situées les parcelles considérées et dans les communes limitrophes. Le comité régional de la conchyliculture, les organisations professionnelles représentant les cultures marines autres que la conchyliculture et le comité départemental des pêches maritimes sont informés de cette enquête.

L'ouverture de l'enquête est annoncée quinze jours à l'avance au moyen d'affiches apposées aux lieux ordinaires des affichages administratifs de la direction départementale des territoires et de la mer et des mairies des communes limitrophes. Ces affiches restent en place pendant toute la durée de l'enquête proprement dite qui est de quinze jours. Les demandes concurrentes peuvent être déposées pendant les quinze jours de l'affichage et les dix premiers jours de l'enquête proprement dite.

Le préfet et les maires mettent à la disposition du public, dans les bureaux où l'enquête est ouverte, un cahier destiné à recevoir ses observations motivées, datées et signées. Les documents concernant la demande initiale et les demandes concurrentes éventuelles peuvent être consultés à la direction départementale des territoires et de la mer pendant la durée de l'enquête. A l'expiration de la période d'enquête, le préfet et les maires arrêtent et signent les cahiers d'observations. En effectuant leur transmission, les maires peuvent y joindre l'avis des conseils municipaux. Tout cahier ouvert dans une mairie non parvenu à la préfecture dans les quinze jours de la clôture de l'enquête est réputé ne contenir aucune observation.

Le préfet recueille l'avis émis par la commission des cultures marines. Il transmet au directeur départemental des finances publiques un extrait du dossier contenant tous renseignements aux fins de fixation de la redevance domaniale. — *[Décr. n° 83-228 du 22 mars 1983, art. 16.]*

Art. R. 923-26 La décision d'octroi de la concession est prise par le préfet.

Toutefois, et sous réserve des dispositions des articles R. 923-48 et R. 923-49, lorsque l'exploitation de cultures marines est située sur le domaine public maritime géré par une personne publique autre que l'État, l'acte de concession est pris conjointement par le préfet et la personne publique gestionnaire des parcelles concédées.

Le silence gardé par le préfet pendant six mois à compter de la date d'accusé de réception de la demande de concession prévue par le présent chapitre vaut décision de rejet de cette demande. – *[Décr. n° 83-228 du 22 mars 1983, art. 17, al. 1er et 2.]*

Art. R. 923-27 L'acte de concession est notifié au concessionnaire. Celui-ci est invité à signer le cahier des charges qui complète cet acte dans le délai de deux mois à compter de la date de notification.

Lorsqu'il est fait application des dispositions de l'article R. 923-43, le titulaire doit également s'acquitter, dans ce délai, de l'indemnité et en apporter la preuve au préfet, ou faire état d'un contrat avec l'ancien titulaire prévoyant un paiement échelonné de l'indemnité.

Lorsque, à l'expiration de ce délai, le cahier des charges n'a pas été signé, ou lorsque le titulaire ne peut apporter la preuve de l'acquittement de l'indemnité ou de l'existence d'un contrat pour le paiement avec l'ancien titulaire, le nouveau concessionnaire est réputé avoir renoncé au bénéfice de la concession, sauf cas de force majeure dûment justifié.

L'acte de concession est en ce cas annulé par le préfet, qui peut accorder la concession à un autre demandeur. S'il n'y a pas d'autre demandeur, il déclare la vacance de la concession. – *[Décr. n° 83-228 du 22 mars 1983, art. 17, al. 3 et 4.]*

SOUS-SECTION 4 **Conditions d'exploitation**

Art. R. 923-28 Les concessions sont accordées à titre personnel.

Toutefois, le concessionnaire qui se trouve momentanément dans l'impossibilité d'exploiter les parcelles concernées peut, à titre exceptionnel, être autorisé à les faire exploiter par un tiers dans la mesure où celui-ci satisfait aux conditions mentionnées au premier alinéa de l'article R. 923-15.

Un arrêté du ministre chargé des pêches maritimes et de l'aquaculture marine fixe les conditions de délivrance de ces autorisations dont la durée ne peut excéder trois ans et qui peuvent être prolongées pour une période n'excédant pas un an.

Dans le cas d'une entraide réalisée entre entreprises de cultures marines en application des dispositions de l'article L. 325-1, les concessionnaires transmettent le contrat écrit conclu entre les parties au préfet qui s'assure de la réalité de l'entraide. – *[Décr. n° 83-228 du 22 mars 1983, art. 18.]*

Art. R. 923-29 Avec l'autorisation du préfet, des concessionnaires peuvent se constituer en société, et, par dérogation aux prescriptions de l'article R. 923-17, confier à cette société l'exploitation des concessions qu'ils détiennent à titre individuel. La demande d'autorisation est adressée au préfet du département du siège du concessionnaire demandeur.

Lorsque la demande concerne l'exploitation de concessions situées dans des départements différents, elle est adressée au préfet du département du siège de l'une d'entre elles. Ce préfet informe les préfets des autres départements dans lesquels sont implantées les concessions confiées à la société d'exploitation.

Le préfet qui a reçu la demande prend sa décision après avis de la commission des cultures marines. – *[Décr. n° 83-228 du 22 mars 1983, art. 19, al. 1er à 3.]*

Art. R. 923-30 La société d'exploitation constituée dans les conditions mentionnées à l'article R. 923-29 peut comprendre, outre les concessionnaires cités, tous autres sociétaires sous la double condition, introduite dans ses statuts, que les sociétaires concessionnaires détiennent la majorité du capital social et occupent un nombre minimal de fonctions dirigeantes, dans les conditions précisées par un arrêté du ministre chargé des pêches maritimes et de l'aquaculture marine.

Le préfet est informé, selon des modalités précisées par le même arrêté, de toutes les modifications qui interviennent dans la société. Il s'assure que les conditions statutaires fixées au premier alinéa sont remplies en permanence.

Dans le cas où la majorité du capital social n'est plus détenue par des concessionnaires ou si ceux-ci n'occupent plus le nombre minimal de postes de dirigeants requis, le préfet met en demeure les sociétaires :

1° Soit de satisfaire aux conditions fixées au premier alinéa du présent article ;

2° Soit de dissoudre la société et, pour chaque concessionnaire, de reprendre l'exploitation à titre individuel. – *[Décr. n° 83-228 du 22 mars 1983, art. 19, al. 4 à 8.]*

SOUS-SECTION 5 **Renouvellement, substitution, échange et transfert de concessions**

Art. R. 923-31 La concession est renouvelable au profit de son titulaire sous réserve que ce dernier s'engage à continuer à exploiter la concession en cause dans les conditions prévues aux articles R. 923-14 à R. 923-22.

La demande de renouvellement est déposée cinq ans au plus et six mois au moins avant la date d'échéance de la concession et soumise à l'instruction prévue aux articles R. 923-23 à R. 923-27.

Si toutefois, au terme d'une concession accordée pour trente-cinq ans, la demande de renouvellement porte sur une période égale ou inférieure à cinq ans, il n'est pas procédé à l'enquête publique prévue à l'article R. 923-25. Un concessionnaire ne peut se prévaloir de cette disposition qu'une seule fois pour chacune des concessions dont il demande le renouvellement.

Lorsqu'il y a enquête publique et dépôt de demandes concurrentes, le concessionnaire sortant jouit d'un droit de priorité à l'attribution.

Le bénéfice de ce droit peut être refusé par le préfet, soit d'initiative, soit sur avis de la commission des cultures marines, pour l'un des motifs mentionnés à l'article R. 923-40.

L'attribution est effectuée conformément aux dispositions de l'article R. 923-11.

En cas de refus de renouvellement de la concession motivé par un avis défavorable du préfet maritime, le concessionnaire se voit proposer prioritairement une surface de substitution d'une productivité équivalente dans le même bassin. – *[Décr. n° 83-228 du 22 mars 1983, art. 20.]*

Art. R. 923-32 Sans préjudice des dispositions de l'article R. 923-28, le titulaire d'une concession peut demander que soit substitué dans ses droits, jusqu'à l'échéance de la concession, un tiers personne physique ou morale. Le titulaire de la concession objet de la demande de substitution doit la détenir depuis dix ans au moins au moment du dépôt de la demande.

La durée de détention de la concession s'apprécie en tenant compte de la durée d'exploitation par le titulaire avant le renouvellement de son titre de concession, les équivalences de titres antérieurs à un plan de restructuration, à un changement d'assiette ou à un échange. Lorsque le titulaire a obtenu la concession à la suite d'un transfert effectué par son conjoint, par un ascendant ou par un ascendant de son conjoint dans le cadre prévu à l'article R. 923-38 et qu'il peut apporter la preuve qu'il a participé, pendant les dix années qui ont précédé la date de dépôt de la demande de substitution, à la mise en valeur de la concession, cette période d'activité est également prise en compte pour l'appréciation de la durée de détention.

Cette condition de durée ne s'applique pas dans les cas suivants :

1° En cas de transmission de la totalité d'une entreprise au bénéfice d'une personne physique ou morale unique ;

2° En cas de transmission permettant l'installation d'une personne physique satisfaisant aux conditions mentionnées à l'article R. 923-15, soit à titre individuel, soit à titre personnel dans le cadre d'une personne morale de droit privé. – *[Décr. n° 83-228 du 22 mars 1983, art. 21.]*

Art. R. 923-33 Le bénéficiaire de la substitution doit répondre aux conditions fixées aux articles R. 923-15 à R. 923-21.

La substitution ne peut bénéficier à une personne physique ou morale dont l'exploitation, compte tenu de cette substitution, n'atteindrait pas la dimension minimale de première installation.

Une demande de substitution n'est pas recevable si elle a pour effet de ramener la surface détenue par le titulaire initial à un niveau inférieur à la dimension minimale de référence mentionnée à l'article D. 923-7. Il en va de même lorsqu'il s'agit de plusieurs propositions de substitutions concomitantes.

Cette ou ces propositions de substitution peuvent cependant faire l'objet d'une décision favorable si elles portent sur l'ensemble des concessions détenues. – *[Décr. n° 83-228 du 22 mars 1983, art. 22.]*

Art. R. 923-34 La demande de substitution doit être accompagnée d'un projet de contrat dont la conclusion est subordonnée à la délivrance de l'autorisation, entre le concessionnaire et le tiers souhaitant bénéficier de la substitution. Le projet de contrat comporte l'indication de l'indemnité à verser par le nouveau concessionnaire à l'ancien.

L'indemnité tient compte, d'une part, de la valeur des locaux d'exploitation et des aménagements fonciers et hydrauliques réalisés par le concessionnaire sur le domaine public, d'autre part, des améliorations de potentiel de production qu'il a apportées à sa concession. – *[Décr. n° 83-228 du 22 mars 1983, art. 23.]*

Art. R. 923-35 La demande de substitution fait l'objet d'un affichage dans les locaux de la direction départementale des territoires et de la mer et du comité régional de la conchyliculture et à la mairie des communes d'assiette des parcelles concédées.

Les affiches restent en place pendant une durée totale de trente jours. Pendant cette période, sont recevables toutes demandes concurrentes.

Le dossier de la demande comportant notamment le montant de l'indemnité demandée par le concessionnaire initial peut être consulté auprès de la direction départementale des territoires et de la mer pendant la période d'affichage. – *[Décr. n° 83-228 du 22 mars 1983, art. 24.]*

Art. R. 923-36 Le dossier constitué par la demande de substitution, les pièces l'accompagnant et les éléments recueillis par l'administration ainsi que les demandes éventuelles de reprise de la concession déposées pendant la période d'affichage de la demande sont soumis pour avis à la commission des cultures marines.

Lorsqu'il existe un écart entre l'indemnité demandée par l'ancien concessionnaire et la valeur moyenne de référence mentionnée à l'article D. 914-11 corrigée par les éléments particuliers de la concession mentionnés au second alinéa de l'article R. 923-34, l'ancien concessionnaire justifie cet écart à la commission des cultures marines.

Dans le cas où plusieurs demandes de reprise sont présentées, la commission des cultures marines examine celles-ci au regard des critères de priorité fixés dans le schéma des structures.

La commission formule un avis sur le caractère prioritaire ou non du bénéficiaire de la substitution proposé par le concessionnaire sortant et sur le montant de l'indemnité.

Au vu de l'avis émis par la commission des cultures marines, le préfet peut retenir le candidat proposé par l'ancien concessionnaire, désigner un autre candidat ou refuser la substitution. – *[Décr. n° 83-228 du 22 mars 1983, art. 25.]*

Art. R. 923-37 Après avoir constaté l'accord des parties sur l'indemnité, le préfet modifie l'acte initial de concession pour la durée restant à courir en y substituant le nouveau concessionnaire.

Toutefois, si le titre arrive à échéance dans un délai inférieur à cinq années à compter du dépôt de la demande de substitution, il peut être délivré un nouveau titre d'occupation dans les formes prévues pour l'octroi d'une nouvelle concession. – *[Décr. n° 83-228 du 22 mars 1983, art. 26.]*

Art. R. 923-38 En cas de décès du concessionnaire, le bénéfice de la concession peut être transféré, jusqu'à la date d'échéance de celle-ci, au conjoint survivant ou à la personne à laquelle il était lié par un pacte civil de solidarité ainsi qu'à ses héritiers en ligne directe et à leurs conjoints ou partenaires liés par un pacte civil de solidarité.

Un délai de trois ans peut être accordé au nouveau bénéficiaire pour prouver sa capacité professionnelle. Ce délai peut être prolongé pour une période n'excédant pas un an. Pendant cette période, le nouveau bénéficiaire peut demander à être autorisé à faire exploiter ladite concession par un tiers dans les conditions fixées à l'article R. 923-28.

Le conjoint survivant, le partenaire lié par un pacte civil de solidarité et les héritiers disposent d'un délai de douze mois à compter du décès pour s'entendre sur le choix du bénéficiaire et pour demander le transfert de la concession au nom de celui-ci. – *[Décr. nº 83-228 du 22 mars 1983, art. 27.]*

Art. R. 923-39 Deux exploitants peuvent échanger des concessions de capacité productive équivalente.

Le préfet peut s'opposer à cet échange après avis de la commission des cultures marines s'il est contraire au schéma des structures des exploitations de cultures marines.

Les droits d'ancienneté acquis au cours des années d'exploitation des concessions faisant l'objet de l'échange sont reportés sur les nouveaux titres de concession. – *[Décr. nº 83-228 du 22 mars 1983, art. 28.]*

SOUS-SECTION 6 Modification, suspension, retrait et vacance des concessions

Art. R. 923-40 Les concessions accordées en application du présent chapitre peuvent être modifiées, suspendues temporairement ou retirées à tout moment par décision motivée du préfet après avis de la commission des cultures marines, sans indemnité à la charge de l'État :

1º Pour défaut de paiement soit de la redevance, soit des cotisations professionnelles obligatoires prévues par l'article L. 912-16 ;

2º En cas d'infraction à la réglementation générale des cultures marines ou aux clauses du cahier des charges annexé à l'acte de concession, au schéma des structures ou en cas de non-respect des normes sanitaires de commercialisation des produits d'aquaculture ;

3º En cas d'atteinte portée à la gestion ou la conservation d'une aire marine protégée définie à l'article L. 334-1 du code de l'environnement ;

4º Dans le cas où une entreprise n'exploite pas au moins un tiers des surfaces qui lui sont concédées ou si l'emplacement concerné est resté inexploité ou insuffisamment exploité pendant une période de trois ans ;

5º Si l'emplacement concédé cesse de répondre aux conditions de salubrité des eaux fixées à l'article R. 231-37 du présent code ;

6º Si le titulaire n'a pas obtenu l'attestation de réussite au stage de formation en cultures marines, dans les deux ans à compter de la date de la décision d'octroi de la concession, en application des dispositions du sixième alinéa de l'article R. 923-15.

L'absence ou l'insuffisance d'exploitation mentionnée au 4º ci-dessus est appréciée sur la base de constatations effectuées par les agents chargés de la police des pêches maritimes énumérés à l'article L. 942-1. Les critères d'insuffisance d'exploitation justifiant l'application du 4º sont définis par le préfet sur proposition de la commission des cultures marines et du directeur départemental des territoires et de la mer.

La durée de la période d'insuffisance ou d'absence d'exploitation à prendre en compte en cas d'épizootie ou de forte pénurie de reproduction est fixée par le préfet sur proposition du comité régional de la conchyliculture ou du directeur départemental des territoires et de la mer, après avis de la commission des cultures marines.

La décision du préfet est précédée d'une mise en demeure, spécifiant les constatations des agents de contrôle, et assortie d'un délai pour que le titulaire se conforme à ses obligations.

Si, à l'issue de ce délai, le titulaire ne s'est pas mis en règle, il est invité, préalablement à la décision de retrait, à présenter ses observations. – *[Décr. nº 83-228 du 22 mars 1983, art. 29.]*

Art. R. 923-41 Les concessions accordées en application du présent chapitre peuvent être retirées ou modifiées à tout moment par décision motivée du préfet pour motif d'utilité publique, et notamment en cas de mise en œuvre d'un plan de réaménagement ou d'un plan d'utilisation de l'espace entraînant modification du secteur concerné. Lorsque la procédure est conduite par application du code de l'expropriation, le concessionnaire évincé a droit aux indemnisations prévues par ce code.

La notification de cette décision est assortie d'un délai de mise en œuvre. – *[Décr. nº 83-228 du 22 mars 1983, art. 30.]*

Art. R. 923-42 Les modalités d'application des articles R. 923-40 et R. 923-41 sont précisées par arrêté du ministre chargé des pêches maritimes et de l'aquaculture marine, à l'exception de celles relatives au retrait pour défaut de paiement de la redevance qui sont fixées par arrêté conjoint du ministre chargé du domaine et du ministre chargé des pêches maritimes et de l'aquaculture marine. – *[Décr. n° 83-228 du 22 mars 1983, art. 31.] – V. Arr. du 6 juill. 2010 relatif aux modifications, suspensions et retraits des autorisations d'exploitation de cultures marines (JO 20 juill.), mod. par Arr. du 28 juin 2021 (JO 10 juill.).*

Art. R. 923-43 Le préfet déclare la vacance d'une concession dans les cas suivants :

1° Renonciation du concessionnaire à ses droits ;

2° Refus de substitution opposé à un tiers pour des raisons fondées sur le non-respect des dispositions des articles R. 923-15 à R. 923-22 ;

3° Décès du concessionnaire non suivi du transfert de concession ;

4° Déchéance du concessionnaire à l'issue de la période probatoire ;

5° Liquidation judiciaire du concessionnaire sans poursuite d'activité ou au terme de la poursuite d'activité autorisée par le tribunal en l'absence de plan de cession. – *[Décr. n° 83-228 du 22 mars 1983, art. 32, al. 1er à 6.]*

Art. R. 923-44 La vacance d'une concession de cultures marines fait l'objet d'une publicité identique à celle de l'enquête publique prévue à l'article R. 923-25.

Cette publicité comporte une estimation de l'indemnité que le nouveau bénéficiaire doit verser à l'ancien ou à ses ayants droit. Cette indemnité tient compte des éléments mentionnés au deuxième alinéa de l'article R. 923-34.

En ce qui concerne le remboursement de la valeur actuelle du matériel et des produits existants, l'ancien bénéficiaire ou ses ayants droit et le nouveau bénéficiaire s'entendent entre eux pour en déterminer le montant. S'il y a désaccord sur le prix, ce prix est fixé à dire d'expert.

Les affiches restent en place pendant une durée totale de trente jours. Pendant cette période sont recevables toutes demandes de reprise de la concession vacante jusqu'à son terme normal. Ces demandes ne sont pas soumises aux formalités d'enquête administrative et d'enquête publique prévues aux articles R. 923-24 et R. 923-25.

Après avis de la commission des cultures marines, le préfet désigne le nouveau titulaire. Après avoir constaté l'accord de ce dernier et de l'ancien concessionnaire sur le montant de l'indemnité, le préfet modifie l'acte initial de concession pour la durée restant à courir.

Si aucune demande n'est déposée ou si les demandes présentées sont rejetées, le préfet procède à l'annulation de la concession. – *[Décr. n° 83-228 du 22 mars 1983, art. 32, al. 7 à 9.]*

SOUS-SECTION 7 **Cas particuliers d'autorisations ou de concessions**

Art. R. 923-45 L'autorisation de prise d'eau de mer destinée à alimenter des exploitations de cultures marines situées sur une propriété privée est délivrée dans les formes prévues à l'article R. 923-11 et accordée à titre personnel.

La demande est présentée par le propriétaire ou le locataire qui doit répondre aux conditions fixées par l'article R. 923-14 lorsqu'il s'agit de personnes physiques, et par l'article R. 923-20 lorsqu'il s'agit de personnes morales. La demande est soumise à l'instruction prévue aux articles R. 923-23 à R. 923-27, mais il n'est pas reçu de demandes concurrentes pendant la consultation publique.

L'autorisation est renouvelable au profit de son titulaire. Sont applicables à cette autorisation les dispositions des articles R. 923-29 à R. 923-31 et R. 923-40.

Tout changement de propriétaire ou de locataire intervenus *[intervenu]* sur la propriété privée, ou toute modification intervenue dans la composition de la société bénéficiaire de l'autorisation doit être porté dans un délai de six mois à la connaissance du préfet pour modification éventuelle de l'autorisation. Celui-ci vérifie au préalable que les conditions fixées au deuxième alinéa du présent article sont respectées. – *[Décr. n° 83-228 du 22 mars 1983, art. 33.]*

Art. R. 923-46 L'autorisation d'exploitation d'un vivier flottant, dont la durée ne peut excéder cinq ans, est délivrée dans les formes prévues à l'article R. 923-11. Est réputé vivier flottant toute structure légère utilisée exclusivement pour entreposer temporairement des poissons, crustacés ou coquillages destinés à une consommation immédiate.

Le demandeur peut être une personne physique répondant aux conditions fixées à l'article R. 923-14 ou une personne morale de droit privé.

Sont applicables à l'autorisation de l'espèce les articles R. 923-23 à R. 923-27 et R. 923-40. Elle peut être renouvelée dans les conditions prévues à l'article R. 923-31. – *[Décr. nº 83-228 du 22 mars 1983, art. 34.]*

Art. R. 923-47 Des concessions dispensées du paiement de la redevance sont délivrées aux organismes scientifiques publics ou privés ou aux organismes professionnels relevant du chapitre II du titre I du présent livre, dans un but expérimental de protection, de conservation, de régénération des fonds ou de la mise en réserve prévue au 5° de l'article D. 923-6 à condition que ces organismes ne se livrent à aucun acte de commercialisation des produits obtenus.

Ces concessions sont délivrées à titre précaire et révocable pour une durée de dix ans renouvelable.

Les articles R. 923-14 à R. 923-22 et R. 923-28 à R. 923-39 ne leurs sont pas applicables.

Les concessions mentionnées au deuxième alinéa de l'article R. 923-21, accordées aux comités régionaux de la conchyliculture dans le but de favoriser le réaménagement des zones de cultures marines ou l'installation de jeunes exploitants, sont accordées dans les mêmes conditions. Toutefois, leur durée est limitée à cinq ans, renouvelable une fois. – *[Décr. nº 83-228 du 22 mars 1983, art. 36.]*

Art. R. 923-48 Les dispositions du présent chapitre sont applicables aux exploitations de cultures marines situées dans la circonscription d'un port autonome ou d'un grand port maritime dans les conditions suivantes :

1° Les compétences attribuées au préfet par les articles R. 923-10 à R. 923-27, R. 923-29 à R. 923-31, R. 923-37, R. 923-40 et R. 923-41, R. 923-43 et R. 923-44 sont exercées, selon le cas, par le directeur du port autonome ou par l'organe exécutif du grand port maritime ;

2° La redevance domaniale est fixée par le port autonome ou par le grand port maritime et perçue à son profit, dans la limite des tarifs fixés par l'arrêté ministériel mentionné au 3° de l'article R. 923-11 ;

3° Le siège attribué au sein de la commission des cultures marines au responsable du service chargé des affaires maritimes à la direction départementale des territoires et de la mer est occupé par le directeur du port autonome ou son représentant ou par le représentant du grand port maritime lorsque cette commission délibère sur le projet de décision.

Dans les ports de Calais, Boulogne-sur-Mer, Dieppe, Caen-Ouistreham, Cherbourg, Saint-Malo, Brest, Le Fret, Roscanvel, Concarneau, Lorient, La Rochelle (port de pêche de Chef de Baie), Bayonne, Port-la-Nouvelle, Sète, Toulon et Nice, l'autorisation d'exploitation est délivrée par le préfet. Si la demande porte sur une dépendance du domaine déjà concédée, le concessionnaire du port délivre l'autorisation d'occupation au bénéficiaire de l'autorisation d'exploitation.

Le concessionnaire fixe le montant de la redevance domaniale dans la limite des tarifs fixés par l'arrêté ministériel mentionné au 3° de l'article R. 923-11. – *[Décr. nº 83-228 du 22 mars 1983, art. 37.]*

Art. R. 923-49 Les dispositions du présent chapitre sont applicables aux exploitations de cultures marines situées dans le périmètre d'un immeuble affecté ou attribué au Conservatoire de l'espace littoral et des rivages lacustres en application des articles L. 322-6 et L. 322-6-1 du code de l'environnement, dans les conditions suivantes :

1° Par exception aux dispositions du 3° de l'article R. 923-11 du présent code, la redevance est fixée par le Conservatoire et perçue à son profit ou au profit du gestionnaire du site conformément à l'article L. 322-9 du code de l'environnement, dans la limite des tarifs fixés par l'arrêté ministériel mentionné au 3° de l'article R. 923-11 précité ;

2° Le siège attribué au sein de la commission des cultures marines au responsable du service chargé des affaires maritimes à la direction départementale des territoires et de la mer est occupé par le directeur du Conservatoire ou, par délégation, au délégué de rivage du Conservatoire territorialement compétent. – *[Décr. nº 83-228 du 22 mars 1983, art. 38.]*

Art. R. 923-50 *(Décr. nº 2021-1015 du 30 juill. 2021, art. 1er)* **Les concessions accordées aux exploitations détenant ou produisant des mollusques bivalves tétraploïdes ou leur matériel reproducteur sont soumises aux dispositions définies par la présente section pour l'exercice des activités mentionnées au 1° ou au 3° de l'article R. 923-9.**

Ces exploitations doivent être situées à terre et disposer d'aménagements garantissant l'absence de dispersion du matériel tétraploïde et sa traçabilité selon des prescriptions techniques définies par arrêté du ministre chargé de l'aquaculture marine. Cet arrêté précise notamment les éléments complémentaires qui doivent figurer dans la demande de concession présentée par ces exploitations. — *V. Arr. du 7 déc. 2021 relatif aux règles générales et prescriptions techniques applicables aux exploitations aquacoles détenant ou produisant des huîtres tétraploïdes ou leur matériel reproducteur (JO 15 déc.).*

Les exploitations faisant l'objet d'une concession au titre des 1° ou 3° de l'art. R. 923-9 et détenant ou produisant des mollusques bivalves tétraploïdes ou leur matériel reproducteur à la date d'entrée en vigueur du Décr. nº 2021-1015 du 30 juill. 2021, adressent au préfet du département sur le territoire duquel elles sont établies une demande de modification de la décision d'octroi de cette concession, au plus tard six mois à compter de la date d'entrée en vigueur de l'arrêté visé à l'art. R. 923-50 (Décr. préc., art. 2, JO 1er août).

CHAPITRE IV **ZONES DE CONSERVATION HALIEUTIQUES**

(Décr. nº 2017-568 du 19 avr. 2017, art. 1er)

Art. R. 924-1 Pour l'application du présent chapitre :

1° Est considéré comme une zone fonctionnelle halieutique, un espace qui est le siège d'au moins une phase du cycle de vie d'une ressource halieutique ;

2° Sont considérés comme une phase du cycle de vie d'une ressource halieutique, la naissance et la vie larvaire, les phases de croissance et d'alimentation, le processus de reproduction et les migrations entre ces stades successifs.

Art. R. 924-2 I. — L'analyse préalable à la création d'une zone de conservation halieutique, prévue au I de l'article L. 924-3, comprend pour la zone considérée :

1° Un état des lieux :

***a)* Des stocks d'espèces, de leur état et de leur importance économique ;**

***b)* De la ou des zones fonctionnelles identifiées, de leur fonctionnalité en termes de frai, de nourricerie ou de migration des ressources halieutiques, et précisant leur caractère stable ainsi que, le cas échéant, leur caractère saisonnier ;**

***c)* Des actions et activités susceptibles d'affecter de manière significative les fonctionnalités de la zone ainsi que des enjeux socioéconomiques associés à ces actions ou activités ;**

***d)* Des mesures existantes de protection de la zone et de gestion des stocks concernés ;**

2° Une étude de l'importance de la zone pour les stocks concernés, établie, notamment, au regard de la production de biomasse, de l'abondance de la ressource, ainsi que de la contribution de la zone au renouvellement du stock, compte tenu de sa superficie et des autres zones remplissant les mêmes fonctionnalités pour ce stock ;

3° L'identification d'objectifs de préservation ou de restauration des fonctionnalités halieutiques, ainsi que des propositions de mesures permettant d'atteindre ces objectifs.

Art. R. 924-3 I. — Le décret de classement mentionné au II de l'article L. 924-3 est pris sur proposition du ministre chargé de l'environnement et du ministre chargé de la pêche maritime et, le cas échéant, du ministre chargé des outre-mer.

II. — L'avis préalable du bureau du Conseil national de la mer et des littoraux est rendu dans un délai de trois mois à compter de sa saisine. A l'expiration de ce délai, cet avis est réputé favorable.

Art. R. 924-4 Le décret de classement est, à la diligence de l'autorité administrative désignée par ce décret :

1° Affiché dans chacune des communes concernées ;

2° Publié dans deux journaux régionaux ou locaux diffusés dans les départements intéressés.

Art. R. 924-5 I. — Sur la base de l'analyse mentionnée à l'article R. 924-2 et des objectifs de conservation fixés par le décret de classement, l'autorité administrative

désignée par ce décret arrête toute mesure de conservation, notamment toute mesure d'interdiction ou de réglementation nécessaires à la réalisation de ces objectifs, en prenant en compte les impacts socio-économiques de ces mesures sur les actions ou activités concernées.

Lorsque l'autorité administrative désignée par le décret de classement n'est pas l'autorité habituellement compétente pour prendre une mesure de conservation donnée, elle recueille au préalable l'avis de cette autorité habituellement compétente. A l'expiration d'un délai d'un mois à compter de la saisine, cet avis est réputé favorable.

II. — Le conseil maritime de façade compétent pour le périmètre géographique de la zone de conservation halieutique, mentionné à l'article L. 219-6-1 du code de l'environnement, ou, outre-mer, le conseil maritime ultramarin, mentionné à l'article L. 219-6 *[du même code]*, est consulté préalablement sur ces différentes mesures. L'avis du conseil maritime est rendu dans un délai de deux mois à compter de sa saisine. A l'expiration de ce délai, cet avis est réputé favorable.

Art. R. 924-6 I. — Un plan de suivi de la zone de conservation halieutique est élaboré et mis en œuvre par l'autorité administrative désignée par le décret de classement, en concertation avec les représentants des secteurs d'activité concernés par les mesures de conservation arrêtées, dans l'année qui suit la publication de ce décret.

Ce plan de suivi établit le protocole scientifique à mettre en œuvre pour évaluer l'efficacité des mesures de conservation adoptées.

II. — Le plan de suivi est notifié au ministre chargé de l'environnement, au ministre chargé des pêches maritimes et, le cas échéant, au ministre chargé des outre-mer.

Art. R. 924-7 I. — Un rapport d'évaluation de la zone de conservation halieutique est réalisé, en concertation avec les représentants des secteurs d'activité concernés par les mesures de conservation arrêtées, par l'autorité administrative désignée par le décret de classement, au moins tous les six ans à compter de la date de publication de ce décret.

Ce rapport est fondé sur les résultats du plan de suivi mentionné à l'article R. 924-5.

Il fait état, en outre, de l'évolution des fonctionnalités de la zone pour les stocks considérés.

II. — Le rapport d'évaluation est notifié au ministre chargé de l'environnement, au ministre chargé des pêches maritimes et, le cas échéant, au ministre chargé des outre-mer.

TITRE III ENTREPRISES ET COMMERCIALISATION DES PRODUITS DE LA MER

CHAPITRE I ENTREPRISES DE LA PÊCHE MARITIME ET DE L'AQUACULTURE MARINE

Art. D. 931-1 L'inscription sur la liste des sociétés coopératives maritimes est prononcée par le préfet du département dans lequel est situé le siège social de cette société.

Une société qui sollicite son inscription en qualité de société coopérative maritime produit à l'appui de sa demande les pièces et informations suivantes :

1° Les statuts de la société ;

2° La dénomination, l'adresse du siège social, la forme juridique et la nature de son activité ;

3° La liste nominative, selon la forme juridique de la société, des membres du conseil d'administration, des membres du directoire et du conseil de surveillance, des gérants, en mentionnant, s'il y a lieu, leur qualité de marin de la marine marchande ou de bénéficiaire d'autorisation d'exploitation de cultures marines ;

4° La liste nominative des commissaires aux comptes ;

5° Le montant du capital social, le nombre, la valeur nominale des parts émises et leur répartition entre les associés et le nombre de parts détenues par les administrateurs ;

6° Les participations éventuelles au capital d'autres sociétés, avec l'indication du montant de ces participations et identification desdites sociétés ;

7° L'indication de la confédération coopérative à laquelle, le cas échéant, se rattache la société.

Une copie de la demande d'inscription et des pièces justificatives est adressée par le préfet à la confédération coopérative concernée qui dispose d'un délai de deux mois pour donner son avis.

La décision du préfet est notifiée à la société coopérative intéressée par tout moyen permettant d'établir date certaine. – *[Décr. n° 87-368 du 1er juin 1987, art. 1er.]*

Art. R. 931-2 Le contrôle prévu par l'article L. 931-26 est exercé par le préfet du département dans lequel est situé le siège social de la coopérative. A cette fin, les sociétés coopératives maritimes lui communiquent avant le 1er septembre de chaque année :

1° Les comptes rendus des assemblées générales accompagnés du bilan du dernier exercice, du compte de résultats, du rapport du commissaire aux comptes et du tableau de répartition des excédents nets de gestion ;

2° Les modifications éventuelles apportées aux statuts ou à l'un quelconque des éléments fournis lors de l'inscription de la coopérative sur la liste mentionnée à l'article D. 931-1. – *[Décr. n° 85-416 du 4 avr. 1985, art. 1er et 4.]*

Art. R. 931-2-1 *(Décr. n° 2015-800 du 1er juill. 2015, art. 2-II, en vigueur le 1er oct. 2015)* Les sociétés coopératives maritimes et leurs unions sont tenues de se soumettre à la révision coopérative mentionnée aux articles 25-1 à 25-5 de la loi n° 47-1775 du 10 septembre 1947 portant statut de la coopération lorsqu'elles dépassent, à chaque clôture de deux exercices consécutifs, les seuils fixés ci-dessous pour deux des trois critères suivants :

1° Trois pour le nombre moyen de salariés employés au cours de chacun des exercices ; le nombre moyen de salariés employés au cours de l'exercice est égal à la moyenne arithmétique des effectifs à la fin de chaque trimestre de l'année civile ou de l'exercice comptable lorsque celui-ci ne coïncide pas avec l'année civile, liés à l'entreprise par un contrat de travail ;

2° 75 000 euros pour le montant hors taxes du chiffre d'affaires ;

3° 100 000 euros pour le total du bilan ; celui-ci est égal à la somme des montants nets des éléments d'actif.

Art. R. 931-3 Dans les cas de violation des obligations législatives et réglementaires mentionnés au premier alinéa de l'article L. 931-26, le préfet met la société coopérative maritime en demeure de régulariser sa situation et fixe le délai dans lequel elle devra lui faire connaître les décisions prises à cet effet par son assemblée générale ou par l'assemblée des associés.

Si les décisions arrêtées par la société entraînent par elles-mêmes la régularisation demandée, il lui en est donné acte par le préfet.

Si ces décisions tendent à réaliser cette régularisation dans un délai approuvé par celui-ci, dans la limite du délai maximum de deux ans prévu par l'article L. 931-26, l'inscription de la société coopérative sur la liste mentionnée à l'article D. 931-1 est maintenue à titre provisoire par décision motivée du préfet.

Dans les cas contraires ou à défaut de réponse, le retrait de l'inscription de la coopérative sur la liste est prononcé par décision motivée du préfet.

Le caractère provisoire de l'inscription prend fin à la date à laquelle la coopérative justifie de la régularisation effective de sa situation. A défaut d'une telle régularisation dans le délai convenu, le retrait de l'inscription est prononcé par décision motivée du préfet.

Les décisions portant retrait d'inscription ne peuvent intervenir qu'après que les sociétés coopératives concernées ont été mises à même de présenter leurs observations sur les griefs retenus à leur égard.

Les décisions du préfet mentionnées au présent article sont notifiées par celui-ci aux sociétés coopératives intéressées par tout moyen permettant d'établir date certaine. – *[Décr. n° 85-416 du 4 avr. 1985, art. 2.]*

Art. R. 931-4 Dans les cas prévus au deuxième alinéa de l'article L. 931-26, les décisions portant retrait d'inscription sur la liste mentionnée à l'article D. 931-1 sont prononcées directement par le préfet, après que les sociétés coopératives ont été mises à même de présenter leurs observations sur les griefs articulés à leur égard, dès lors que les faits qui leur sont reprochés font obstacle, par leur nature ou par leur gravité, à la mise en œuvre de la procédure de régularisation prévue à l'article R. 931-3.

Ces décisions, qui sont motivées, sont notifiées dans les formes mentionnées au dernier alinéa de cet article. – *[Décr. nº 85-416 du 4 avr. 1985, art. 3.]*

Art. R. 931-5 Le préfet ou son représentant peut assister, avec voix consultative, aux assemblées générales ou aux assemblées des associés, aux séances des conseils d'administration et des conseils de surveillance des sociétés coopératives maritimes et de leurs unions.

Toutes convocations utiles lui sont adressées à cet effet dans les mêmes formes et délais que ceux prévus pour les envois faits aux membres desdits conseils et assemblées. – *[Décr. nº 85-416 du 4 avr. 1985, art. 5.]*

Art. R. 931-6 Les dispositions du présent chapitre et de l'article R. 931-2 sont applicables aux sociétés coopératives d'intérêt maritime mentionnées à l'article L. 931-29 et aux unions de coopératives mentionnées à l'article L. 931-30. – *[Décr. nº 85-416 du 4 avr. 1985, art. 6.]*

CHAPITRE II COMMERCIALISATION, TRANSBORDEMENT, DÉBARQUEMENT ET TRANSFORMATION DES PRODUITS DE LA MER

SECTION 1 Conditions et modalités de transbordement, débarquement et transformation des produits de la mer

Art. D. 932-1 Pour l'application du présent livre, on entend par "produits de la pêche maritime et de l'aquaculture marine" les produits de la pêche maritime d'origine animale et de l'aquaculture marine, vivants, frais, réfrigérés, congelés ou surgelés. – *[Décr. nº 2012-64 du 19 janv. 2012, art. 1er ; Décr. nº 2013-1073 du 27 nov. 2013, art. 1er.]*

Art. R. 932-2 Les opérations de débarquement et de transbordement des produits de la pêche maritime et de l'aquaculture marine issus d'espèces soumises à des plans pluriannuels établis conformément au régime de la politique commune de la pêche ou faisant l'objet de restrictions relatives au débarquement et au transbordement prévues par des réglementations internationale ou européenne effectuées par des navires professionnels sont exécutées dans les ports et rades désignés par le ministre chargé des pêches maritimes et de l'aquaculture marine, sur proposition des autorités mentionnées au deuxième alinéa. Celui-ci fixe également les lieux où sont autorisées les opérations de débarquement et de transbordement des produits de la pêche maritime et de l'aquaculture marine effectuées par les navires professionnels battant pavillon d'un État tiers à l'Union européenne.

Les opérations de débarquement et de transbordement des produits de la pêche maritime et de l'aquaculture marine, issus des autres espèces, effectuées par les navires professionnels battant pavillon d'un État membre de l'Union européenne sont exécutées dans les lieux désignés par les autorités mentionnées à l'article R.* 911-3, sur proposition des préfets de départements *[département]* territorialement compétents et après avis de la commission régionale *(Décr. nº 2016-1978 du 30 déc. 2016, art. 8-4º)* « de gestion de la flotte de pêche » territorialement compétente.

En complément des garanties prévues par l'article L. 932-1, les autorités mentionnées aux premier et deuxième alinéas peuvent fixer, pour les lieux qu'elles désignent et pour certaines espèces, des conditions et modalités de débarquement et de transbordement supplémentaires relatives notamment aux horaires de débarquement ou de transbordement ou à la nécessité d'une autorisation préalable au-delà de certaines quantités. – *[Décr. nº 2013-1073 du 27 nov. 2013, art. 2.]*

V. Arr. du 13 mars 2023 précisant les conditions de débarquement et de transbordement de certaines espèces soumises à des plans pluriannuels (JO 29 mars), mod. par Arr. du 27 oct. 2023 (JO 24 déc.).

Art. R. 932-3 I. – Lorsque les règlements européens l'exigent ou le permettent, ou lorsque la pêche maritime s'exerce dans le cadre d'activités ne relevant pas du champ d'application de ces règlements, ou lorsque la préservation des espèces et l'efficacité des contrôles le requièrent, le ministre chargé des pêches maritimes et de l'aquaculture marine fixe par arrêté les conditions et les modalités relatives aux notifications et autorisations préalables de débarquement et de transbordement des produits de la pêche maritime et de l'aquaculture marine par les navires professionnels.

II. – Cet arrêté précise en particulier :

1° Les dimensions des navires assujettis à la notification et à l'autorisation préalable de débarquement et aux notifications et autorisations préalables de transbordement ainsi que les espèces et les quantités minimales concernées ;

2° Le délai minimum de transmission de la notification préalable de débarquement et des notifications préalables de transbordement ;

3° La forme, le contenu et les modalités de transmission de la notification préalable de débarquement et des notifications préalables de transbordement ;

4° L'autorité administrative compétente pour recevoir la notification préalable de débarquement et les notifications préalables de transbordement et surseoir, le cas échéant, aux opérations de débarquement et de transbordement ainsi que pour les autoriser.

III. – En outre, l'opération de débarquement ou de transbordement ne peut commencer s'il est donné l'ordre au capitaine du navire d'y surseoir dans l'intérêt de la bonne exécution des contrôles. Le débarquement ou le transbordement ne peut être suspendu pour une durée supérieure à deux heures, lorsque la notification préalable est conforme aux obligations requises. – *[Décr. n° 2013-1073 du 27 nov. 2013, art. 3.]*

Art. R. 932-4 Tous les produits de la pêche maritime et de l'aquaculture marine sont, au plus tard avant la première mise sur le marché, triés, pesés, mis en lots pour la vente et étiquetés conformément aux règlements (CE) n° 2406/96 du Conseil du 26 novembre 1996, (CE) n° 850/98 du Conseil du 30 mars 1998, (CE) n° 104/2000 du Conseil du 17 décembre 1999, (CE) n° 178/2002 du Parlement européen et du Conseil du 28 janvier 2002, (CE) n° 1967/2006 du Conseil du 21 décembre 2006 et (CE) n° 1224/2009 du Conseil du 20 novembre 2009, notamment en ce qui concerne les instruments utilisés, les normes de traçabilité et de commercialisation. – *[Décr. n° 2013-1073 du 27 nov. 2013, art. 4.]*

Art. R. 932-5 Au plus tard à l'issue du débarquement ou du transbordement, sauf exception prévue par les réglementations internationale, européenne ou nationale, le producteur trie ou fait trier ses produits de la pêche maritime afin de se conformer aux mesures techniques des règlements (CE) n° 850/98 du Conseil du 30 mars 1998, (CE) n° 1967/2006 du Conseil du 21 décembre 2006 et (CE) n° 1224/2009 du Conseil du 20 novembre 2009. Le producteur est responsable de l'exactitude des opérations de tri sauf lorsque ces opérations sont effectuées par les halles à marées enregistrées, telles que définies à l'article D. 932-11, ou par les organismes ou personnes prenant en charge les produits avant la première mise sur le marché, qui en assument alors la responsabilité. – *[Décr. n° 2013-1073 du 27 nov. 2013, art. 5.]*

Art. R. 932-6 Le producteur est responsable des opérations de pesée des produits de la pêche maritime lorsque ces opérations ont lieu à bord de son navire. Dans le cas contraire, cette responsabilité incombe aux acheteurs ayant rempli la condition d'inscription à l'un des registres mentionnés au 1° de l'article D. 932-9, aux halles à marées enregistrées ou aux organismes ou personnes prenant en charge les produits avant la première mise sur le marché, qui l'effectuent. Ces opérateurs sont également responsables des nouvelles opérations de pesée des produits qu'ils effectuent postérieurement à celles ayant eu lieu à bord d'un navire. – *[Décr. n° 2013-1073 du 27 nov. 2013, art. 6.]*

Art. R. 932-7 Le producteur est responsable des opérations de mise en lots commerciaux et d'étiquetage des produits de la pêche maritime et de l'aquaculture marine qu'il réalise. Lorsque ces opérations sont réalisées par les halles à marées enregistrées ou les organismes ou personnes prenant en charge les produits avant la première mise sur le marché, la responsabilité de ces opérations leur incombe. Ces opérateurs sont aussi responsables des nouvelles opérations de mise en lots commerciaux et d'étiquetage des produits qu'ils effectuent postérieurement aux opérations réalisées par le producteur. – *[Décr. n° 2013-1073 du 27 nov. 2013, art. 7.]*

SECTION 2 Première mise sur le marché dans les halles à marée

Art. D. 932-8 I. – La première mise sur le marché des produits de la pêche maritime et de l'aquaculture marine, en vue de leur vente en gros, peut s'effectuer dans des lieux spécialement affectés à cet usage appelés "halles à marée".

II. – Les halles à marée :

1° Regroupent les apports des produits de la pêche maritime et de l'aquaculture marine dont la première vente n'est pas effectuée conformément au *b* ou au *c* de l'article L. 932-5 ;

2° Garantissent les conditions permettant d'assurer la salubrité et la traçabilité des produits, conformément aux exigences du règlement (CE) n° 178/2002 du Parlement européen et du Conseil du 28 janvier 2002, ainsi que le respect des règles relatives aux captures et aux normes communes de commercialisation fixées par les règlements (CE) n° 2406/96 du Conseil du 26 novembre 1996 et (CE) n° 1224/2009 du Conseil du 20 novembre 2009, notamment en matière de tri et de pesée, ainsi que l'observation des obligations professionnelles résultant de décisions des organisations de producteurs ou de leurs associations ; dans ce cas, des conventions sont passées entre l'organisme gestionnaire de la halle à marée et les organisations de producteurs ou leurs associations ;

3° Organisent les ventes mentionnées au *a* de l'article L. 932-5 et garantissent leur sincérité et leur publicité de telle sorte que les intérêts des vendeurs et des acheteurs soient sauvegardés ;

4° Assurent l'enregistrement et la transmission des informations relatives aux produits proposés à la vente conformément aux exigences des règlements (CE) n° 2065/2001 de la Commission du 22 octobre 2001 et (CE) n° 1224/2009 du Conseil du 20 novembre 2009 ;

5° Enregistrent la déclaration prévue par l'article D. 932-9 et tiennent une liste des acheteurs qui se sont ainsi déclarés, régulièrement mise à jour, dont elles assurent la publicité par voie d'affichage ou tout autre support approprié.

III. – La gestion des halles à marée situées sur le domaine public est assurée par l'autorité chargée de la gestion du domaine public ou par toute personne morale de droit public ou privé désignée à cet effet par cette autorité. – *[Décr. n° 2012-64 du 19 janv. 2012, art. 2 ; Décr. n° 2013-1073 du 27 nov. 2013, art. 8.]*

Art. D. 932-9 I. – Les acheteurs qui participent à la vente aux enchères publiques se déclarent auprès de l'organisme gestionnaire de la halle à marée. Ces déclarations comportent :

1° La justification de leur inscription au registre du commerce et des sociétés ou au *(Décr. n° 2022-1015 du 19 juill. 2022, art. 6, en vigueur le 1er janv. 2023)* « Registre national des entreprises en tant qu'entreprise du secteur des métiers et de l'artisanat » dans le domaine alimentaire ou dans un secteur lié à la transformation des produits de la pêche maritime et de l'aquaculture marine, ou dans un registre équivalent à l'étranger ;

2° Leur numéro de TVA ou leur numéro d'identification fiscal ;

3° Les informations relatives au dépôt d'un cautionnement correspondant à la couverture financière nécessaire à la garantie des achats auxquels les acheteurs procèdent ou envisagent de procéder.

II. – Toute modification des éléments de la déclaration doit être portée à la connaissance de l'organisme gestionnaire de la halle à marée. A défaut, ou lorsque les éléments déclarés sont erronés, l'acheteur concerné est retiré de la liste mentionnée au 5° de l'article D. 932-8 par l'organisme gestionnaire de la halle à marée. – *[Décr. n° 2013-1073 du 27 nov. 2013, art. 9.]*

Art. D. 932-10 Le règlement d'exploitation mentionné à l'article D. 932-11 prévoit, sous réserve de conserver le caractère d'achat en gros, des modalités simplifiées de déclaration répondant à la seule condition d'enregistrement au registre du commerce et des sociétés pour les producteurs et organisations de producteurs reconnues afin de permettre la reprise de leur propre production. – *[Décr. n° 2013-1073 du 27 nov. 2013, art. 10.]*

Art. D. 932-11 Les conditions de fonctionnement des halles à marée sont fixées par un règlement d'exploitation établi conformément à l'article D. 932-12.

Le règlement d'exploitation d'une halle à marée, dit "règlement local d'exploitation" est arrêté par le préfet, sur proposition de l'organisme gestionnaire de la halle à marée. Lorsqu'il est commun à plusieurs halles à marée, le règlement d'exploitation, dit "règlement d'exploitation inter-halles à marée", est arrêté par le ou les préfets compétents, sur proposition conjointe des organismes gestionnaires des halles à marée concernées. Pour des motifs dûment justifiés, l'arrêté peut fixer des règles de fonctionnement spécifiques à l'une des halles à marée. Ces règles spécifiques ne peuvent pas être contraires aux règles générales de fonctionnement fixées par le règlement d'exploitation inter-halles à marée.

La publication de l'arrêté préfectoral fixant les conditions de fonctionnement d'une halle à marée et portant règlement d'exploitation vaut enregistrement de la halle à marée au sens des articles 59 à 63 du règlement (CE) n° 1224/2009 du Conseil du 20 novembre 2009. — *[Décr. n° 2013-1073 du 27 nov. 2013, art. 11.]*

Art. D. 932-12 I. — Pour assurer la mise en œuvre des réglementations européenne et nationale relatives à la sécurité sanitaire des aliments et à la politique commune de la pêche et dans le respect des prescriptions qu'elles édictent, le règlement d'exploitation fixe :

1° Les règles de prise en charge des produits par la halle à marée ;

2° Les opérations de tri, de pesée et de mise en lots commerciale, les règles d'utilisation du matériel mis à disposition par la halle à marée et le dispositif de traçabilité des produits prévu par le règlement (CE) n° 1224/2009 du Conseil du 20 novembre 2009 susvisé ;

3° Les modalités de déclaration des acheteurs qui participent à la vente aux enchères publiques, conformément à l'article D. 932-9, et les modalités selon lesquelles est tenue la liste des acheteurs déclarés ;

4° L'organisation et le déroulement de la première mise en *[sur le]* marché des produits présentés aux enchères publiques ;

5° La mise en œuvre des mécanismes d'intervention communautaires prévus par le règlement (CE) n° 104/2000 du Conseil du 17 décembre 1999 susvisé ;

6° Les conditions de paiement des produits issus de la vente aux enchères publiques, les obligations et responsabilités de l'organisme gestionnaire de la halle à marée et des acheteurs. Lorsque interviennent des associations d'acheteurs, des conventions doivent être passées avec l'organisme gestionnaire de la halle à marée ;

7° Les conditions d'enlèvement et de prise en charge des produits après la vente ;

8° L'enregistrement des informations relatives aux produits pris en charge par la halle à marée et aux produits proposés à la vente concernant les apports et les transactions et leur transmission aux autorités compétentes, aux organisations de producteurs définies à l'article L. 912-11 et aux acteurs économiques concernés ;

9° Les obligations et responsabilités de l'organisme gestionnaire de la halle à marée, des producteurs, de leurs organisations et de leurs associations, des acheteurs et de leurs associations, des mandataires qui agissent pour le compte des vendeurs et des acheteurs, à chaque étape de la première mise en *[sur le]* marche des produits présentés aux enchères publiques de leur arrivée jusqu'à leur enlèvement ;

10° Les sanctions prononcées en cas de manquement des usagers aux règles régissant la halle à marée ;

11° Les dispositions communes concernant la réalisation d'un bilan annuel sur le fonctionnement de la halle à marée, avec proposition, le cas échéant, d'actions correctives. Ce bilan est présenté au conseil consultatif prévu à l'article D. 932-15.

II. — Le règlement intérieur incluant, notamment, la description du fonctionnement de la halle à marée, les modalités d'utilisation des parties communes et les règles d'hygiène à respecter par les usagers, les acheteurs, les vendeurs et le personnel est annexé au règlement d'exploitation.

III. — Les modalités d'application du présent article sont précisées par arrêté du ministre chargé des pêches maritimes et de l'aquaculture marine. — *[Décr. n° 2013-1073 du 27 nov. 2013, art. 12.] — V. Arr. du 13 déc. 2013 fixant les dispositions communes aux règlements d'exploitation des halles à marée (JO 20 déc.).*

Art. D. 932-13 Le règlement d'exploitation peut également préciser :

1° Les modalités simplifiées de déclaration des acheteurs participant à la vente aux enchères publiques, mentionnées à l'article D. 932-10 ;

2° Les conditions des ventes autres qu'aux enchères publiques (ventes de gré à gré, avec ou sans l'intermédiaire de la halle à marée) ;

3° L'affectation de lieux spécifiques pour la vente de gré à gré sans l'intermédiaire des halles à marée ;

4° Les modalités d'inscription, auprès des halles à marée, des acheteurs ayant rempli la condition d'inscription à l'un des registres mentionnés au 1° de l'article D. 932-9, au titre des ventes autres qu'aux enchères publiques ;

5° Les obligations et responsabilités des producteurs, des acheteurs et de leurs associations respectives ainsi que de l'organisme gestionnaire de la halle à marée pour les ventes autres qu'aux enchères publiques ;

6° Les conditions de paiement, d'enlèvement et de prise en charge des produits issus des ventes autres qu'aux enchères publiques ;

7° Des contrats types destinés à remplir les obligations prévues par le *b* de l'article L. 932-5 et établis en accord avec les producteurs, les acheteurs et leurs organisations respectives ;

8° L'organisation des prévisions des apports de pêche.

Les modalités d'application du présent article sont précisées par arrêté du ministre chargé des pêches maritimes et de l'aquaculture marine. — *[Décr. n° 2013-1073 du 27 nov. 2013, art. 13.]*

Art. D. 932-14 L'organisme gestionnaire de la halle à marée peut prononcer des sanctions à l'encontre des usagers de la halle à marée.

Ces sanctions sont prévues par le règlement d'exploitation selon la gravité et la nature des manquements constatés et peuvent être d'ordre pécuniaire.

Les intéressés sont avisés au préalable des faits relevés à leur encontre, des dispositions qu'ils ont enfreintes et des sanctions qu'ils encourent. L'organisme gestionnaire de la halle à marée leur fait connaître le délai dont ils disposent pour faire valoir leurs observations écrites et, le cas échéant, les modalités, s'ils en font la demande, selon lesquelles ils peuvent être entendus. Il les informe de leur droit à être assisté du conseil de leur choix.

La contestation de la sanction ne peut être portée devant la juridiction compétente qu'après une tentative de règlement amiable avec l'organisme gestionnaire de la halle à marée dans le mois qui suit sa notification.

L'usager peut, dans le même délai, saisir le conseil consultatif d'exploitation aux fins de conciliation du litige. — *[Décr. n° 2013-1073 du 27 nov. 2013, art. 14.]*

Art. D. 932-15 Pour l'étude des questions intéressant directement l'exploitation d'une ou de plusieurs halles à marée, l'organisme gestionnaire de la halle à marée est assisté par un conseil consultatif local d'exploitation ou par un conseil consultatif inter-halles à marée d'exploitation.

Le conseil consultatif se réunit au moins une fois par an. Il est obligatoirement consulté lors de l'élaboration et de la modification du règlement d'exploitation. Le conseil consultatif peut être consulté sur toutes questions relatives au fonctionnement et à l'exploitation de la ou des halles à marée, à l'exception de celles relatives à la déclaration des acheteurs mentionnée à l'article D. 932-9.

Il peut être saisi, aux fins de conciliation, des litiges survenus entre les usagers et les services de la ou des halles à marée. Il peut se saisir d'une question de sa compétence sur proposition du président ou d'un tiers au moins de ses membres et adresser aux gestionnaires les avis ou suggestions qu'il lui paraîtrait opportun de formuler.

Le règlement d'exploitation prévoit le mode de fonctionnement du conseil consultatif. — *[Décr. n° 2013-1073 du 27 nov. 2013, art. 15.]*

Art. D. 932-16 Les membres du conseil consultatif local d'exploitation sont nommés pour trois ans par l'autorité chargée de la gestion du domaine public portuaire ou du domaine public. Ils ont voix délibérative. Des suppléants peuvent être désignés dans les mêmes conditions que les titulaires.

Ce conseil comprend :

1° Un représentant de l'autorité chargée de la gestion du domaine public ;

2° Un à trois membres n'appartenant pas aux professions de la pêche, nommés sur proposition de l'organisme gestionnaire de la halle à marée ;

3° Un représentant de la commune d'implantation de la halle à marée ;

4° Des représentants des vendeurs, nommés après avis du préfet, sur proposition des organisations de producteurs reconnues compétentes pour la zone où se trouve la halle à marée ou, en leur absence, par le comité régional des pêches maritimes et des élevages marins ;

5° Des représentants des acheteurs, nommés, après avis du préfet, sur proposition des organisations professionnelles ou à défaut des professionnels intéressés.

Le nombre total des représentants des acheteurs doit être égal à celui des représentants des vendeurs. Acheteurs et vendeurs doivent être majoritaires au sein du conseil. — *[Décr. nº 2013-1073 du 27 nov. 2013, art. 16.]*

Art. D. 932-17 Les membres du conseil consultatif inter-halles à marée d'exploitation sont nommés pour trois ans sur décision conjointe des autorités chargées de la gestion des domaines publics portuaires ou du domaine public. Ils ont voix délibérative. Des suppléants peuvent être désignés.

Ce conseil comprend :

1° Un représentant de chaque autorité chargée de la gestion du domaine public portuaire ou du domaine public ;

2° Un à trois membres n'appartenant pas aux professions de la pêche, nommés sur proposition de chaque organisme, gestionnaire des halles à marée ;

3° Un représentant de chaque commune d'implantation des halles à marée ;

4° Des représentants des vendeurs, nommés après avis du ou des préfets, sur proposition des organisations de producteurs reconnues compétentes pour la zone où se trouvent les halles à marée ou, en leur absence, par le comité régional des pêches maritimes ;

5° Des représentants des acheteurs, nommés après avis du ou des préfets, sur proposition des organisations professionnelles intéressées ou à défaut des professionnels intéressés.

Le nombre total des représentants des acheteurs doit être égal à celui des représentants des vendeurs. Acheteurs et vendeurs doivent être majoritaires au sein du conseil. — *[Décr. nº 2013-1073 du 27 nov. 2013, art. 17.]*

Art. D. 932-18 Le conseil consultatif d'exploitation choisit parmi ses membres un président et deux vice-présidents. Le président est choisi parmi les représentants des vendeurs ou des acheteurs. L'un des deux vice-présidents appartient à une catégorie différente de celle du président. Pour le conseil consultatif inter-halles à marée d'exploitation, l'un des vice-présidents doit être le représentant d'une halle à marée différente de celle représentée par le président.

En outre, sont membres de droit du conseil consultatif d'exploitation, sans voix délibérative :

1° Les représentants de l'autorité chargée de la direction du port ou, le cas échéant, de la gestion des installations situées sur le domaine public ;

2° Le ou les directeurs départementaux des territoires et de la mer et, outre-mer, les directeurs des services de l'État chargés de la mer, ou leurs représentants ;

3° Le ou les directeurs départementaux des services de l'État chargés de la protection des populations, ou leurs représentants ;

4° Le ou les directeurs des halles à marée.

Le conseil peut désigner un bureau, présidé par le président du conseil. Il assiste par délégation l'organisme gestionnaire dans le fonctionnement courant de la halle à marée. Les membres de droit du conseil sont également membres de droit du bureau. — *[Décr. nº 2013-1073 du 27 nov. 2013, art. 18.]*

SECTION 3 Autres modalités de commercialisation

Art. D. 932-19 Constitue une vente de gré à gré au sens du *b* de l'article L. 932-5, la vente par un producteur de tout ou partie de la production de ses navires à un acheteur inscrit au registre du commerce et des sociétés ou au *(Décr. nº 2022-1015 du 19 juill. 2022, art. 6, en vigueur le 1er janv. 2023)* « Registre national des entreprises en tant qu'entreprise du secteur des métiers et de l'artisanat », dans le domaine alimentaire ou dans un secteur lié à la transformation des produits de la pêche maritime et de l'aquaculture marine, ou dans un registre équivalent à l'étranger.

Les produits concernés par la vente de gré à gré sont les produits de la pêche maritime et de l'aquaculture *[marine]* débarqués en France par des navires français immatriculés dans l'Union européenne.

Les clauses de ce contrat relatives aux caractéristiques du produit, caractéristiques mentionnées au I de l'article L. 631-24, sont, le cas échéant, le nom de l'espèce, la qualité, la taille ou le poids, la présentation tels que définis par la législation de l'Union européenne relative aux normes communes de commercialisation.

La durée minimale du contrat s'étend sur deux débarquements, espacés de six heures au moins.

Si la situation du marché l'exige et, le cas échéant, sur proposition d'une organisation professionnelle compétente, le ministre chargé des pêches maritimes et de l'aquaculture marine peut modifier par arrêté la durée minimale du contrat pour un ou plusieurs produits ou catégories de produits ou utilisations de produit. Ces dispositions ne s'appliquent pas aux contrats en cours. — *[Décr. nº 2012-64 du 19 janv. 2012, art. 3.]*

Art. D. 932-20 Sont seules qualifiées de vente au détail au sens du *c* de l'article L. 932-5, les ventes par un producteur à des fins de consommation privée de produits n'excédant pas trente kilogrammes de poids vif par acheteur et par jour.

En application de l'article 58, paragraphe 8, du règlement (CE) nº 1224/2009 du Conseil du 20 novembre 2009 instaurant un régime communautaire de contrôle afin d'assurer le respect des règles de la politique commune de la pêche, les achats dont la valeur n'excède pas un euro sont exemptés des exigences relatives à la traçabilité prévues à cet article. — *[Décr. nº 2012-64 du 19 janv. 2012, art. 4.]*

SECTION 4 Fonds national de cautionnement des achats des produits de la mer

Art. D. 932-21 Le Fonds national de cautionnement des achats de produits de la mer, mentionné à l'article L. 932-6, a pour objet de compléter partiellement le cautionnement auquel sont soumis les acheteurs en halle à marée pour garantir les achats auxquels ils procèdent ou envisagent de procéder, en application de l'article D. 932-9. Ce fonds est doté de l'autonomie financière. — *[Décr. nº 99-928 du 8 nov. 1999, art. 1er ; Arr. du 2 nov. 2011, art. 1er.]*

Art. D. 932-22 Le Fonds national de cautionnement des achats des produits de la mer peut bénéficier de dotations de FranceAgriMer, de l'Union européenne et des collectivités territoriales dans les conditions, pour ces dernières, mentionnées à l'article L. 932-6.

Le bénéfice des contributions des collectivités territoriales est réservé aux opérateurs agréés dans les ports situés sur leur territoire.

Ses ressources comprennent également les primes versées par les bénéficiaires de ses actions ainsi que les intérêts perçus au titre de la rémunération des sommes constituant le fonds. — *[Décr. nº 99-928 du 8 nov. 1999, art. 2 ; Arr. du 2 nov. 2011, art. 3.]*

Art. D. 932-23 Le Fonds national de cautionnement des achats des produits de la mer réunit deux régimes de garanties distincts, l'un en faveur des très petites entreprises et des petites et moyennes entreprises (TPE-PME), l'autre à destination des entreprises de plus grande taille, dans les conditions prévues par le règlement (CE) nº 800/2008 de la Commission du 6 août 2008 déclarant certaines catégories d'aides compatibles avec le marché commun en application des articles 87 et 88 du traité (règlement général d'exemption par catégorie). — *[Arr. du 2 nov. 2011, art. 2, al. 1er et 2.]*

Art. D. 932-24 La garantie du Fonds national de cautionnement des achats des produits de la mer ne peut être supérieure ni au montant des cautionnements volontaires déposés par les bénéficiaires de la garantie auprès des sociétés de cautionnement mutuel ni à 6 % du montant des achats nets réalisés par les acheteurs sociétaires à la société de cautionnement mutuel au cours de l'année précédant la demande de mise en place de la garantie ou de sa réévaluation.

En rémunération de la garantie accordée, les bénéficiaires versent au fonds une prime de garantie annuelle, conforme au coût du marché et suffisante pour assurer l'autofinancement des deux régimes dont ils dépendent.

Les autres caractéristiques de la garantie, notamment le montant maximal par catégorie d'entreprise, le plafond de couverture des créances, la durée et les conditions de son octroi, le mode de calcul des primes versées par les bénéficiaires et les risques couverts, sont fixées par arrêté des ministres chargés des pêches maritimes et de l'aquaculture marine et du budget.

Sont exclues de la garantie du fonds les entreprises en difficulté au sens des lignes directrices de la Commission européenne concernant les aides d'État au sauvetage et à la restructuration d'entreprises en difficulté (2004/C 244/02). – *[Arr. du 2 nov. 2011, art. 2, al. 3 à 16.]*

Art. D. 932-25 Le montant total des engagements du fonds ne peut excéder la somme de ses dotations augmentée des éventuels intérêts et commissions générés. – *[Décr. nº 99-928 du 8 nov. 1999, art. 3, al. 7.]*

Art. D. 932-26 Les conditions mises à l'octroi de la garantie du Fonds national de cautionnement des achats des produits de la mer sont fixées par un acte de caution qui précise notamment le montant, la durée, la portée, les modalités de mise en jeu et en particulier les autres sûretés qui doivent être prises ainsi que leur rang.

La garantie du fonds ne pourra être appelée qu'au plus tôt en troisième rang, après mise en jeu du dépôt d'épargne volontaire et du cautionnement obligatoire prévu par l'article D. 932-9.

Le comité de direction peut prévoir des conditions de mise en jeu de la garantie du fonds qui lui sont plus favorables. – *[Arr. du 2 nov. 2011, art. 8 et 9.]*

Art. D. 932-27 Le comité de direction du Fonds national de cautionnement des achats des produits de la mer comprend :

1º Le directeur de FranceAgriMer ou son représentant, qui le préside ;

2º Un représentant du ministre chargé du budget ;

3º Un représentant du ministre chargé des pêches maritimes et de l'aquaculture marine ;

4º Un représentant de chaque collectivité territoriale participant à la dotation, pour les décisions qui concernent les opérateurs agréés dans les ports situés sur son territoire.

Le comité se prononce à l'unanimité. – *[Décr. nº 99-928 du 8 nov. 1999, art. 3, al. 1er à 6.]*

Art. D. 932-28 Le comité de direction dispose des plus larges pouvoirs d'appréciation en matière d'engagement de la caution apportée par le Fonds national de cautionnement des achats des produits de la mer.

Il fixe, pour chaque opération, les conditions qu'il juge utile d'exiger des demandeurs ainsi que les caractéristiques des engagements pris par le fonds. Il précise notamment les modalités de mise en jeu de la garantie, la durée et les conditions éventuelles de renouvellement, les primes de garanties.

Pour chaque engagement, il a le pouvoir de choisir l'établissement de crédit dans lequel le dépôt de caution est réalisé et de fixer d'un commun accord avec cet établissement de crédit une éventuelle rémunération du dépôt.

Il reçoit communication du règlement intérieur de l'organisme gérant les transactions financières en halles à marée et peut demander la transmission de tout document nécessaire à l'appréciation de l'engagement du fonds. – *[Arr. du 2 nov. 2011, art. 5.]*

Art. D. 932-29 L'exécution des décisions et la gestion technique du Fonds national de cautionnement des achats des produits de la mer sont assurées par le directeur de FranceAgriMer, qui en rend compte au comité de direction.

Il signe les actes engageant le fonds, il prend ou fait prendre toute garantie pour le compte du fonds et représente celui-ci dans toutes les actions judiciaires ou contentieuses consécutives aux opérations engagées.

Après avis du comité de direction, il fixe le cadre des opérations susceptibles de bénéficier de l'appui du fonds ainsi que le montant des dotations apportées en caution partielle pour chaque opération.

Il veille au respect des conditions d'engagement des différentes sources d'alimentation du fonds définies à l'article D. 932-22. – *[Décr. nº 99-928 du 8 nov. 1999, art. 3, al. 8 ; Arr. du 2 nov. 2011, art. 4 et 7.]*

Art. D. 932-30 Le comité de direction du Fonds national de cautionnement des achats des produits de la mer se réunit au moins une fois par an pour arrêter le bilan relatif à l'exercice écoulé.

La réunion est de droit si elle est demandée par l'un des membres. Sauf circonstances exceptionnelles, elle se tient dans les quinze jours suivant la réception de la demande au secrétariat du comité.

Le secrétariat du comité est assuré par le directeur général de FranceAgriMer ou son représentant. – *[Arr. du 2 nov. 2011, art. 6.]*

Art. D. 932-31 Les disponibilités du Fonds national de cautionnement des achats des produits de la mer sont versées dans un compte ouvert au nom de l'agent comptable de FranceAgriMer dans les livres d'un établissement bancaire.

La rémunération des sommes ainsi déposées est fixée d'un commun accord entre l'établissement bancaire choisi et l'agent comptable de FranceAgriMer. – *[Arr. du 2 nov. 2011, art. 10.]*

TITRE IV CONTRÔLES ET SANCTIONS

CHAPITRE I CONTRÔLES DE POLICE ADMINISTRATIVE

Art. R. 941-1 Les contrôles de police administrative prévus aux articles L. 941-1 et L. 941-2 sont exercés par les agents désignés ci-après :

1º Les administrateurs et officiers du corps technique et administratif des affaires maritimes ;

2º Les commandants, commandants en second ou officiers des bâtiments de la marine nationale et les commandants des aéronefs militaires affectés à la surveillance maritime ainsi que les officiers mariniers désignés conjointement par le ministre chargé de la pêche maritime et de l'aquaculture marine et par le ministre de la défense ;

3º Les fonctionnaires affectés dans les services exerçant des missions de contrôle dans le domaine des affaires maritimes sous l'autorité ou à la disposition du ministre chargé de la mer ;

4º Les agents des douanes ;

5º Les agents mentionnés *(Décr. nº 2021-1858 du 28 déc. 2021, art. 8)* « à l'article R. 206-1 et au 2º du I de l'article R. 231-3-7-1 » ;

6º Les agents de la concurrence, de la consommation et de la répression des fraudes ;

7º Les militaires de la gendarmerie nationale ;

8º Les gardes jurés et les prud'hommes pêcheurs ;

9º Les agents de la *(Décr. nº 2022-473 du 4 avr. 2022, art. 6)* « direction générale des affaires maritimes, de la pêche et de l'aquaculture » et du Centre national de surveillance des pêches, désignés par le ministre chargé des pêches maritimes et de l'aquaculture marine. – *[Décr. nº 2010-1056 du 3 sept. 2010, art. 1er, al. 1er à 10 et 15.]*

Art. R. 941-2 Sont également chargés des contrôles de police administrative prévus aux articles L. 941-1 et L. 941-2 dans la limite des missions dévolues à l'établissement dont ils relèvent :

1º Les agents de *(Décr. nº 2019-1580 du 31 déc. 2019, art. 5)* « l'Office français de la biodiversité » ;

2º *Abrogé par Décr. nº 2019-1580 du 31 déc. 2019, art. 5.*

3º Les agents des parcs nationaux, dans la zone maritime de ces parcs et des réserves naturelles confiées en gestion aux organismes chargés de ces parcs ;

4º Les agents des réserves naturelles, dans la zone maritime de ces réserves et, le cas échéant, des périmètres de protection institués autour de ces réserves ;

5º Les agents des parcs naturels marins dans les limites de ces parcs ;

6º Les agents de l'Établissement national des produits de l'agriculture et de la mer, désignés par le ministre chargé des pêches maritimes et de l'aquaculture marine. – *[Décr. nº 2010-1056 du 3 sept. 2010, art. 1er, al. 11 à 14 et 16.]*

Art. R. 941-3 Sont également chargés des contrôles de police administrative prévus aux articles L. 941-1 et L. 941-2 les observateurs chargés du contrôle en application des articles 42 et 73 du règlement (CE) n° 1224/2009 du Conseil du 20 novembre 2009 instituant un régime communautaire de contrôle afin d'assurer le respect des règles de la politique commune de la pêche. – *[Décr. n° 2010-1056 du 3 sept. 2010, art. 1er, al. 17.]*

Art. R. 941-4 I. – Sont habilités à effectuer les opérations de contrôle prévues aux articles L. 941-3 à L. 941-8 :

1° Les agents mentionnées *[mentionnés]* aux 1° à 9° de l'article R. 941-1 ;

2° Les agents mentionnés au 6° de l'article R. 941-2 ;

3° Les agents mentionnés à l'article R. 941-3 ;

4° Les agents mentionnés à l'article R. 958-10.

II. – Sont habilités à effectuer les opérations de contrôle prévues aux articles L. 941-3 et L. 941-4, au premier alinéa de l'article L. 941-5 et à l'article L. 941-7 :

1° Les agents mentionnés au 9° de l'article R. 941-1 ;

2° Les agents mentionnés au *[aux]* 1° à 5° de l'article R. 941-2. – *[Décr. n° 2010-1056 du 3 sept. 2010, art. 2.]*

CHAPITRE II RECHERCHE ET CONSTATATION DES INFRACTIONS

SECTION 1 Agents chargés de la recherche et de la constatation des infractions

Art. R. 942-1 La liste nominative des officiers mariniers mentionnés au 2° du I de l'article L. 942-1 du code rural et de la pêche maritime est arrêtée conjointement par le ministre chargé des pêches maritimes et de l'aquaculture marine et le ministre de la défense. – *[Décr. n° 2010-1056 du 3 sept. 2010, art. 3.]*

V. Arr. du 6 oct. 2023 (JO 14 oct.) fixant la liste des officiers mariniers de la marine nationale habilités à effectuer des opérations de contrôle de police administrative et de police judiciaire des activités de pêche en mer.

Art. R. 942-1-1 *(Décr. n° 2017-243 du 27 févr. 2017, art. 2)* Les gardes jurés mentionnés à l'article L. 942-2 sont agréés par l'autorité administrative mentionnée à l'article R.* 911-3 pour une durée de cinq ans renouvelable.

Nul ne peut être agréé en qualité de garde juré s'il n'est âgé de dix-huit ans au moins.

Le contenu du dossier de demande d'agrément et la procédure d'agrément sont fixés par arrêté du ministre chargé des pêches maritimes et de l'aquaculture marine. – *V. Arr. du 19 juill. 2017 fixant le contenu du dossier de demande d'agrément et la procédure d'agrément de garde juré (JO 27 juill.).*

Les comités mentionnés aux articles R. 912-21, R. 912-42 et R. 912-115 informent sans délai l'autorité mentionnée à l'article R.* 911-3 de la modification ou de la cessation des fonctions des gardes jurés chargés d'assurer la surveillance de zones relevant de leur ressort.

L'agrément peut être retiré par l'autorité mentionnée à l'article R.* 911-3 lorsque son titulaire ne respecte pas les conditions prévues aux 1° à 3° de l'article L. 942-2 ou les obligations prévues aux articles R. 942-1-2, R. 942-1-3 et R. 942-3-1.

Art. R. 942-1-2 *(Décr. n° 2017-243 du 27 févr. 2017, art. 2)* Les gardes jurés agréés suivent une formation avant leur entrée en fonction.

Le contenu de cette formation est fixé par arrêté du ministre chargé des pêches maritimes et de l'aquaculture marine. – *V. Arr. du 28 juill. 2017 fixant les conditions et le contenu de la formation de garde juré (JO 8 août).*

Art. R. 942-1-3 *(Décr. n° 2017-243 du 27 févr. 2017, art. 2)* Dans l'exercice de leurs fonctions, les gardes jurés sont tenus de détenir en permanence et de présenter à toute personne qui en fait la demande la carte de garde juré nominative délivrée par les comités mentionnés aux articles R. 912-21, R. 912-42 et R. 912-115 et revêtue du visa de l'autorité administrative mentionnée à l'article R.* 911-3.

Les gardes jurés doivent en outre porter, lors de leurs missions de contrôle, la tenue prescrite par les comités dont ils relèvent et sur laquelle figure, de manière visible, la mention "Garde Juré".

Art. R. 942-1-4 *(Décr. nº 2017-243 du 27 févr. 2017, art. 2)* Outre la recherche et la constatation des infractions dans la zone relevant du ressort des comités mentionnés aux articles R. 912-21, R. 912-42 et R. 912-115, les gardes jurés adressent à l'autorité mentionnée à l'article R.* 911-3 tout signalement ou observation recueilli dans l'exercice de leurs missions et qu'il leur paraît utile de porter à sa connaissance.

SECTION 2 Opérations de recherche et de constatation des infractions

Art. R. 942-2 Lorsqu'ils procèdent à l'appréhension prévue par l'article L. 942-8, les officiers et agents qui ont qualité pour appréhender notifient au contrevenant ou à son préposé le procès-verbal établi et en adressent la copie à l'autorité territorialement compétente pour opérer la saisie mentionnée à l'article L. 943-2.

En cas de saisie, l'autorité compétente dresse procès-verbal, le notifie au contrevenant ou à son préposé et le transmet au procureur de la République accompagné du procès-verbal d'appréhension. Lorsqu'il y a lieu, elle informe le commettant de cette mesure.

Si elle décide de ne pas opérer la saisie, l'autorité compétente restitue les choses appréhendées, en dresse procès-verbal et en informe le procureur de la République. – *[Décr. nº 84-846 du 12 sept. 1984, art. 4.]*

SECTION 3 Assermentation et valeur probante des procès-verbaux

Art. R. 942-3 Les agents civils de l'État mentionnés à l'article L. 942-1, qui ne sont pas assermentés pour l'exercice d'une autre mission de police judiciaire, prêtent devant le tribunal judiciaire de leur résidence administrative le serment suivant : "Je jure et promets de bien et loyalement remplir mes fonctions et d'observer en tout les devoirs qu'elles m'imposent. Je jure également de ne rien révéler ou utiliser de ce qui sera porté à ma connaissance dans l'exercice de mes fonctions."

La prestation de serment n'est pas renouvelée en cas de changement de grade, d'emploi ou de résidence administrative.

Art. R. 942-3-1 *(Décr. nº 2017-243 du 27 févr. 2017, art. 3)* Le garde juré mentionné à l'article L. 942-2 prête le serment prévu à l'article R. 942-3 devant le tribunal judiciaire dans le ressort duquel est établi le siège du comité dont il relève.

La prestation de serment n'est pas renouvelée en cas de modification des limites géographiques de la zone que le garde juré est chargé de surveiller, à condition qu'elle reste localisée dans le ressort du tribunal ayant reçu le serment.

Art. R. 942-4 Les procès-verbaux d'appréhension et de saisie contiennent toutes les indications de nature à justifier l'existence de l'infraction et la régularité de l'appréhension ou de la saisie.

Le procès-verbal d'appréhension comporte les indications de la date et de l'heure de la notification de cette mesure.

Le procès-verbal de saisie fait mention, lorsqu'il y a lieu, du gardien de saisie désigné, comporte une estimation de la valeur des choses saisies lorsqu'elles sont commercialisables ainsi qu'un état des frais résultant des différentes opérations requises par la procédure. Il mentionne également la destination donnée aux choses saisies et les opérations requises à cette fin. – *[Décr. nº 84-846 du 12 sept. 1984, art. 6.]*

CHAPITRE III MESURES CONSERVATOIRES

Art. R. 943-1 Lors de la notification du procès-verbal de saisie du navire ou de l'embarcation, l'autorité ayant prononcé la saisie informe le contrevenant ou son préposé, et lorsqu'il y a lieu le commettant, de l'adresse du juge des libertés et de la détention compétent pour prononcer la mainlevée de la saisie par le dépôt d'un cautionnement. – *[Décr. nº 84-846 du 12 sept. 1984, art. 8, al. 1er.]*

Art. R. 943-2 L'autorité compétente pour opérer la saisie mentionnée à l'article L. 943-2 peut désigner un gardien de saisie pour la durée nécessaire au déroulement de la procédure et jusqu'à ce que les choses saisies aient reçu destination. Notification de cette désignation est faite au gardien. Le gardien désigné peut être le contrevenant, son préposé ou son commettant, le patron ou le propriétaire du navire ou de l'embarcation, le consignataire ou l'armateur ; ce peut être également, selon le cas, le fabricant, l'entrepositaire, le détenteur, le gestionnaire de la halle, le mareyeur, l'industriel, ou toute autre personne choisie par l'autorité compétente pour opérer la saisie. – *[Décr. n° 84-846 du 12 sept. 1984, art. 5.]*

Art. R. 943-3 Dans le cas où elle a désigné un gardien de saisie, l'autorité ayant prononcé la saisie en fait la mention dans la requête qu'elle adresse au juge des libertés et de la détention aux fins de confirmation de la saisie. – *[Décr. n° 84-846 du 12 sept. 1984, art. 8, al. 2.]*

Art. R. 943-4 L'autorité qui a prononcé la saisie fixe l'endroit auquel le service qu'elle dirige met en dépôt les filets, engins, instruments de pêche prohibés en tout temps et en tous lieux ainsi que les filets, engins, matériels, équipements utilisés en plongée et en pêche sous-marines, ainsi que tous les instruments qui ont servi à pêcher en infraction. Ce dépôt peut être fait auprès d'un autre service administratif ou, à défaut, à titre onéreux aux frais du contrevenant, auprès d'une entreprise privée. Dans ce cas, une convention précise les modalités techniques et financières du dépôt, les conditions de gardiennage et les limites de la responsabilité qui en résultent.

Sauf dans le cas des filets, engins, instruments prohibés en tout temps et en tous lieux qui sont déposés jusqu'à ce que la décision judiciaire ordonnant leur destruction soit rendue, l'autorité ayant prononcé la saisie peut décider de ne mettre en dépôt que tels agrès, matériels mobiles ou pièces de machine pour lesquels elle estime cette mesure nécessaire. Elle doit alors constituer pour le surplus un gardien de la saisie dans les conditions prévues par l'article R. 943-2.

Les matières explosives ou toxiques appréhendées ou saisies sont remises à tout service spécialisé de l'État compétent pour les détenir, et le cas échéant les détruire. La destruction en est ordonnée par le tribunal. En cas de danger imminent, il y est procédé à la diligence de l'autorité mentionnée à l'article L. 943-2. – *[Décr. n° 84-846 du 12 sept. 1984, art. 7.]*

Art. R. 943-5 Lorsqu'une partie seulement des produits des pêches est susceptible de saisie, le tri est placé sous le contrôle de l'autorité désignée à l'article L. 943-2 et réalisé aux frais du contrevenant. En cas de refus de procéder à ce tri ou lorsqu'il n'est pas praticable en raison de la présence simultanée dans les mêmes lots de pêche de produits illicites et de produits autorisés, la saisie est opérée sur l'ensemble des lots. – *[Décr. n° 84-846 du 12 sept. 1984, art. 3, al. 3.]*

Art. R. 943-6 L'autorité ayant prononcé la saisie décide de la destination des produits des pêches, et notamment de leur mise en vente lorsque celle-ci est possible. Elle fixe également les modalités de la vente.

Dans le cas où les produits des pêches saisis sont vivants et spécialement dans le cas où ils n'atteignent pas les dimensions imposées par la réglementation pour leur mise sur le marché, l'autorité ayant prononcé la saisie peut décider leur ré-immersion, soit en mer libre ou sur un cantonnement, soit dans les installations appropriées d'un établissement industriel, moyennant paiement aux frais du contrevenant.

Les sommes résultant de la vente ou de la remise à titre onéreux des produits des pêches effectuées sous le contrôle de l'autorité ayant prononcé la saisie ainsi que celles saisies en application de l'article L. 943-8 sont déposées par l'autorité ayant prononcé la saisie auprès d'un comptable public de l'État. – *[Décr. n° 84-846 du 12 sept. 1984, art. 9, al. 1er, 2 et 4.]*

Art. R. 943-7 Lorsqu'elle est ordonnée conformément au premier alinéa de l'article L. 943-7, la destruction des filets, engins et instruments de pêche prohibés en tout temps et en tous lieux est assurée par l'autorité désignée à l'article L. 943-2 ou par tout autre service ou personne désigné à cet effet par cette autorité. – *[Décr. n° 84-846 du 12 sept. 1984, art. 10, al. 1er.]*

Art. R. 943-8 La mise en vente des filets, engins, matériels, équipements et instruments utilisés en plongée et en pêche sous-marines, lorsqu'elle est ordonnée conformément au deuxième alinéa de l'article L. 943-7, est assurée par l'autorité ayant opéré la saisie, aux enchères publiques et en présence du comptable public de l'État, qui en encaisse le prix. Les sommes ainsi obtenues, déduction faite des frais, sont acquises au Trésor.

La remise des filets, engins, matériels, équipements et instruments aux établissements de formation professionnelle maritime, lorsqu'elle est ordonnée conformément au deuxième alinéa de l'article L. 943-7, est assurée par l'autorité ayant opéré la saisie.

Les sommes résultant de la vente ou de la remise à titre onéreux des produits des pêches effectuées sous le contrôle de l'autorité ayant opéré la saisie, ou les sommes provenant de la vente réalisée par le contrevenant dont la confiscation est ordonnée conformément au deuxième alinéa de l'article L. 943-7 sont acquises au Trésor. – *[Décr. n° 84-846 du 12 sept. 1984, art. 10, al. 2 à 4.]*

Art. R. 943-9 En cas de relaxe ou d'abandon des poursuites, les filets, engins, matériels, équipements et instruments, ainsi que les sommes saisies en application des articles L. 943-8 et R. 943-6, ou les titres de paiement correspondants, sont restitués aux intéressés. Les frais impayés restent en ce cas à la charge de l'État. – *[Décr. n° 84-846 du 12 sept. 1984, art. 10, al. 5.]*

CHAPITRE IV POURSUITES JUDICIAIRES

(Néant.)

CHAPITRE V SANCTIONS PÉNALES

Art. R. 945-1 Le fait, pour un producteur non adhérent d'une organisation de producteurs d'avoir méconnu les règles résultant d'un arrêté d'extension et prises conformément aux dispositions de l'article R. 912-151 est puni de l'amende prévue pour les contraventions de la cinquième classe. – *[Décr. n° 86-1282 du 16 déc. 1986, art. 9-1.]*

Art. R. 945-2 Est puni de l'amende prévue pour les contraventions de la cinquième classe le fait de :

1° Procéder à l'arrachage des goémons ;

2° Récolter des goémons poussant en mer à partir d'un navire dépourvu d'un *(Décr. n° 2017-942 du 10 mai 2017, art. 7-1°)* « permis d'armement à la pêche ou aux cultures marines » ;

3° Dépasser les limitations de quantité arrêtées en application des articles R. 922-37, R. 922-40 et R. 922-44. – *[Décr. n° 90-719 du 9 août 1990, art. 18.]*

Art. R. 945-3 Est puni de l'amende prévue pour les contraventions de la cinquième classe :

1° Le fait de pratiquer la pêche à pied maritime professionnelle sans permis de pêche valide ;

2° Le fait de ne pas satisfaire aux obligations de déclaration prévues à l'article R. 921-74 ;

3° Le fait de commercialiser ou transporter des coquillages ou crustacés en infraction aux dispositions du même article. – *[Décr. n° 2001-426 du 11 mai 2001, art. 5.]*

Art. R. 945-4 Est puni de la peine d'amende prévue pour les contraventions de la cinquième classe le fait, pour une personne pratiquant la pêche maritime de loisir, de contrevenir, dans l'exercice de cette pêche, aux dispositions des articles R. 921-90, R. 921-91 et R. 921-92. – *[Décr. n° 90-618 du 11 juill. 1990, art. 8, al. 1er et 4.]*

Art. R. 945-5 Les personnes reconnues coupables des infractions réprimées par les articles R. 945-1 à R. 945-4 encourent, outre l'amende prévue à ces articles :

1° Pour les personnes physiques, la suspension, pour trois ans au plus, du permis de conduire, la confiscation de la chose qui a servi ou était destinée à commettre l'infraction ou de la chose qui en est le produit, la confiscation de l'animal ayant été utilisé pour commettre l'infraction ou à l'encontre duquel l'infraction a été commise, en application des 1°, 5° et *(Décr. n° 2022-1354 du 24 oct. 2022, art. 3)* « 8° » de l'article 131-16 du code pénal ;

2° Pour les personnes morales, les peines mentionnées aux 5° et *(Décr. n° 2022-1354 du 24 oct. 2022, art. 3)* « 8° » de cet article.

La récidive des contraventions prévues aux articles R. 945-1 à R. 945-4 du présent code est réprimée conformément aux articles 132-11 et 132-15 du code pénal.

CHAPITRE VI SANCTIONS ADMINISTRATIVES

SECTION 1 Sanctions administratives résultant de la réglementation nationale

Art. R. 946-1 Les sanctions prévues aux articles L. 946-1 et suivants sont prononcées par les autorités administratives désignées à l'article R.* 911-3. – *[Décr. n° 90-94 du 25 janv. 1990, art. 24-1, al. 1er ; Décr. n° 90-95 du 25 janv. 1990, art. 30 bis.]*

Art. R. 946-2 Les amendes administratives sont recouvrées selon les modalités prévues pour les créances de l'État dans les conditions prévues par le décret n° 2012-1246 du 7 novembre 2012 relatifs *[relatif]* à la gestion budgétaire et comptable publique. – *[Décr. n° 90-94 du 25 janv. 1990, art. 24-1.]*

Art. R. 946-3 Le capitaine de tout navire de pêche professionnelle effectuant des opérations de pêche doit être en mesure de justifier de l'ensemble des autorisations requises lors de tout contrôle effectué en mer ou lors du débarquement.

Toutefois, pour la licence européenne de pêche et pour les autorisations de pêche dont la liste est fixée par arrêté du ministre chargé des pêches maritimes et de l'aquaculture marine, l'inscription du navire sur les listes de navires autorisés vaut justification et la détention des documents à bord n'est pas requise.

En cas de manquement à ces dispositions, sans préjudice des sanctions pénales encourues, la suspension de toute autorisation délivrée en application du présent livre peut être prononcée dans les conditions définies au 2° de l'article L. 946-1 et à l'article L. 946-5. – *[Arr. du 18 déc. 2006, art. 15.]*

SECTION 2 Système de points pour les infractions graves

Art. R. 946-4 La présente section définit les "infractions graves", au sens de l'article 42 du règlement (CE) n° 1005/2008 du Conseil du 29 septembre 2008 établissant un système communautaire destiné à prévenir, à décourager et à éradiquer la pêche illicite, non déclarée et non réglementée ainsi que du paragraphe 1er de l'article 90 du règlement (CE) n° 1224/2009 du Conseil du 20 novembre 2009 instituant un régime communautaire de contrôle afin d'assurer le respect des règles de la politique commune de la pêche.

Ces infractions donnent lieu à l'attribution de points de pénalité au titulaire d'une licence de pêche et au capitaine d'un navire de pêche en vertu de l'article 92 du règlement (CE) n° 1224/2009 précité et des dispositions prises pour son application.

Le nombre de points de pénalité est fonction des catégories d'infractions mentionnées à l'annexe XXX du règlement d'exécution (UE) n° 404/2011 de la Commission du 8 avril 2011 portant modalités d'application du règlement (CE) n° 1224/2009 du Conseil du 20 novembre 2009 instituant un régime communautaire de contrôle afin d'assurer le respect des règles de la politique commune de la pêche.

Ces dispositions sont applicables aux ressortissants français, quel que soit le pavillon des navires dont ils assurent le commandement, ainsi qu'aux navires de pêche battant pavillon français immatriculés dans l'Union européenne.

Les dispositions de l'article 92 du règlement (CE) n° 1224/2009 du Conseil du 20 novembre 2009, celles prises pour son application ainsi que celles de la présente section sont applicables aux navires de pêche battant pavillon français non immatriculés dans l'Union européenne conformément à l'article L. 913-1. – *[Décr. n° 2014-54 du 24 janv. 2014, art. 1er, al. 1er à 3.]*

Art. R. 946-5 I. – Constituent une "infraction grave" entrant dans la catégorie n° 1 mentionnée au troisième alinéa de l'article R. 946-4 et donnent lieu à l'attribution de trois points de pénalité lorsqu'ils sont commis dans une ou plusieurs des conditions définies au II :

1° Les manquements aux obligations déclaratives concernant le navire, ses déplacements, les opérations de pêche, les captures et les produits qui en sont issus, l'effort de pêche, le stockage, la transformation, le transbordement, le transfert ou le débarquement des captures et des produits de la pêche et de l'aquaculture marine ;

2° Les manquements aux obligations relatives à l'enregistrement et à la communication des données requises dans le cadre du système de surveillance des navires de pêche par satellite ou tout autre moyen de repérage ainsi que dans le cadre du système de déclarations par voie électronique.

II. – Les conditions mentionnées au I sont les suivantes :

1° Lors d'une action de pêche, d'un transbordement ou d'un débarquement réalisés sur une espèce régulée ou interdite pour des quantités supérieures à 100 kg ou à 20 % des quantités totales mentionnées dans le journal de pêche, la fiche de pêche, la déclaration de transbordement ou la déclaration de débarquement ;

2° Lors d'une action de pêche dans une zone interdite, ou à une profondeur interdite, ou à une période interdite ;

3° Lors d'une action de pêche en dehors des eaux sous souveraineté ou juridiction française ou des eaux de l'Union européenne ;

4° Concomitamment à une erreur d'enregistrement supérieure à 20 % en poids ou en nombre de quantités d'espèces régulées dans le journal de pêche, la fiche de pêche, la déclaration de transbordement, la déclaration de transfert ou la déclaration de débarquement ;

5° Ces manquements sont constatés à trois reprises dans une période de trois mois consécutifs ;

6° La valeur de vente des captures réalisées en infraction est supérieure à 10 000 € ou représente au moins 20 % de la valeur des captures totales de l'expédition maritime au cours de laquelle les manquements ont été commis. – *[Décr. n° 2014-54 du 24 janv. 2014, art. 3, I.]*

Art. R. 946-6 I. – Constituent une "infraction grave" entrant dans la catégorie n° 2 mentionnée au troisième alinéa de l'article R. 946-4 et donnent lieu à l'attribution de quatre points de pénalité :

1° La détention à bord ou l'utilisation pour la pêche des explosifs, des armes à feu, des substances soporifiques ou toxiques de nature à détruire ou à altérer les animaux, les végétaux marins et leur milieu ;

2° La pêche avec un engin ou l'utilisation, à des fins de pêche, de tout instrument, appareil, moyen de détection ou de recueil d'information embarqué ou extérieur au navire, dont l'usage est interdit ou la pratique de tout mode de pêche interdite.

II. – Constituent également une "infraction grave" entrant dans la catégorie n° 2 lorsqu'ils *[elles]* sont commis *[commises]* dans une ou plusieurs des circonstances définies au III :

1° La détention à bord de tout engin, dispositif, instrument ou appareil prohibé, ou en méconnaissance des règles relatives à sa détention ;

2° L'utilisation d'un nombre d'engins ou d'appareils destinés à la pêche supérieur à celui autorisé ;

3° La pêche avec un engin ou l'utilisation à des fins de pêche de tout instrument ou appareil dans une zone ou à une période où son emploi est interdit ;

4° La détention à bord d'un engin ou son utilisation de manière non conforme aux dispositions fixant des mesures techniques de conservation et de gestion des ressources.

III. – Les circonstances mentionnées au II sont les suivantes :

1° En dehors des eaux sous souveraineté ou juridiction française ou des eaux de l'Union européenne ;

2° En utilisant un engin ou un dispositif de pêche dont le maillage est inférieur d'au moins 2 mm au maillage réglementaire ;

3° En utilisant un nombre d'engins ou de dispositifs de pêche supérieur d'au moins 10 % au nombre d'engins ou de dispositifs de pêche autorisé ;

4° La longueur de l'engin ou du dispositif de pêche utilisé est supérieure d'au moins 10 % à la longueur maximale autorisée ;

5° En utilisant un dispositif altérant gravement la sélectivité de l'engin de pêche. – *[Décr. n° 2014-54 du 24 janv. 2014, art. 3, II.]*

Art. R. 946-7 Constituent une "infraction grave" entrant dans la catégorie n° 3 mentionnée au troisième alinéa de l'article R. 946-4 et donnent lieu à l'attribution de cinq points de pénalité la falsification ou la dissimulation du marquage, de l'identité ou de l'immatriculation d'un navire. – *[Décr. n° 2014-54 du 24 janv. 2014, art. 3, III.]*

Art. R. 946-8 Constituent une "infraction grave" entrant dans la catégorie n° 4 mentionnée au troisième alinéa de l'article R. 946-4 et donnent lieu à l'attribution de cinq points de pénalité la dissimulation, l'altération ou le fait de faire disparaître des éléments de preuve intéressant une enquête. – *[Décr. n° 2014-54 du 24 janv. 2014, art. 3, IV.]*

Art. R. 946-9 I. – Constituent une "infraction grave" entrant dans la catégorie n° 5 mentionnée au troisième alinéa de l'article R. 946-4 et donnent lieu à l'attribution de cinq points de pénalité lorsqu'ils sont commis dans une ou plusieurs des conditions définies au II :

1° La pêche, la détention à bord, le transbordement, le transfert, le débarquement, le transport, l'exposition, la vente, le stockage de produits de la pêche et de l'aquaculture marine qui n'ont pas la taille, le calibre ou le poids requis ;

2° La méconnaissance des obligations ou interdictions relatives à l'arrimage, au tri, à la pesée, au rejet, au marquage, à la mutilation, à la préparation et à la transformation des captures.

II. – Les conditions mentionnées au I sont les suivantes :

1° Lors d'une action de pêche, d'un transbordement ou d'un débarquement réalisés sur une espèce régulée ou interdite pour des quantités supérieures à 100 kg ou à 20 % des captures ;

2° Lors d'une action de pêche en dehors des eaux sous souveraineté ou juridiction française ou des eaux de l'Union européenne ;

3° Concomitamment à une erreur d'enregistrement supérieure à 20 % en poids ou en nombre de quantités d'espèces régulées dans le journal de pêche, la fiche de pêche, la déclaration de transbordement, la déclaration de transfert ou la déclaration de débarquement ;

4° La valeur de vente des captures réalisées en infraction est supérieure à 10 000 € ou représente au moins 20 % de la valeur des captures totales de l'expédition maritime au cours de laquelle l'infraction a été commise. – *[Décr. n° 2014-54 du 24 janv. 2014, art. 3, V.]*

Art. R. 946-10 Constitue une "infraction grave" entrant dans la catégorie n° 6 mentionnée au troisième alinéa de l'article R. 946-4 et donne lieu à l'attribution de cinq points de pénalité le fait d'exercer des activités de pêche dans la zone couverte par une organisation régionale de gestion des pêches d'une manière incompatible avec les mesures de conservation et de gestion de cette organisation ou en violation de ces mesures lorsque ces faits sont commis dans une ou plusieurs des conditions suivantes :

1° Lors d'une action de pêche, d'un transbordement ou d'un débarquement réalisés sur une espèce régulée ou interdite pour des quantités supérieures à 100 kg ou à 20 % des captures ;

2° Lors d'une action de pêche dans une zone interdite, ou à une profondeur interdite, ou à une période interdite ;

3° Concomitamment à une erreur d'enregistrement supérieure à 20 % en poids ou en nombre de quantités d'espèces régulées dans le journal de pêche, la fiche de pêche, la déclaration de transbordement, la déclaration de transfert ou la déclaration de débarquement ;

4° En utilisant un engin ou un dispositif de pêche dont le maillage est inférieur d'au moins 2 mm au maillage réglementaire ;

5° En utilisant un nombre d'engins ou de dispositifs de pêche supérieur d'au moins 10 % au nombre d'engins ou de dispositifs de pêche autorisé ;

6° La longueur de l'engin ou du dispositif de pêche utilisé est supérieure d'au moins 10 % à la longueur maximale autorisée ;

7° En utilisant un dispositif altérant gravement la sélectivité de l'engin de pêche ;

8° La valeur de vente des captures réalisées en infraction est supérieure à 10 000 € ou représente au moins 20 % de la valeur des captures totales de l'expédition maritime au cours de laquelle l'infraction a été commise. – *[Décr. n° 2014-54 du 24 janv. 2014, art. 3, VI.]*

Art. R. 946-11 Constitue une "infraction grave" entrant dans la catégorie n° 7 mentionnée au troisième alinéa de l'article R. 946-4 et donne lieu à l'attribution de sept points de pénalité la pêche sans autorisation de pêche délivrée en application de la réglementation lorsqu'elle est commise dans une ou plusieurs des circonstances suivantes :

1° Lors d'une action de pêche, de transbordement ou de débarquement sur une espèce régulée ou interdite pour des quantités supérieures à 100 kg ou à 20 % des captures ;

2° Dans une zone interdite, ou à une profondeur interdite, ou à une période interdite ;

3° En dehors des eaux sous souveraineté ou juridiction française ou des eaux de l'Union européenne ;

4° Lorsque la valeur de vente des captures réalisées en infraction est supérieure à 10 000 € ou représente au moins 20 % de la valeur des captures totales de l'expédition maritime au cours de laquelle l'infraction a été commise. — *[Décr. nº 2014-54 du 24 janv. 2014, art. 3, VII.]*

Art. R. 946-12 I. — Constituent une "infraction grave" entrant dans la catégorie nº 8 mentionnée au troisième alinéa de l'article R. 946-4 et donnent lieu à l'attribution de six points de pénalité lorsqu'ils sont commis dans une ou plusieurs des circonstances définies au II :

1° La pêche dans une zone ou à une profondeur interdite ;

2° La pêche de certaines espèces dans une zone, à une profondeur ou période où leur pêche est interdite ;

3° La détention à bord, le transbordement le transfert, le débarquement de produits de la pêche réalisée dans les conditions du 1° ou du 2°.

II. — Les circonstances définies au I sont les suivantes :

1° Lors d'une action de pêche, d'un transbordement ou d'un débarquement réalisés sur une espèce régulée ou interdite pour des quantités supérieures à 100 kg ou à 20 % des captures ;

2° L'action de pêche est réalisée en dehors des eaux sous souveraineté ou juridiction française ou des eaux de l'Union européenne ;

3° Lorsque la valeur de vente des captures réalisées en infraction est supérieure à 10 000 € ou représente au moins 20 % de la valeur des captures totales de l'expédition maritime au cours de laquelle l'infraction a été commise. — *[Décr. nº 2014-54 du 24 janv. 2014, art. 3, VIII.]*

Art. R. 946-13 I. — Constituent une "infraction grave" entrant dans la catégorie nº 9 mentionnée au troisième alinéa de l'article R. 946-4 et donnent lieu à l'attribution de sept points de pénalité lorsqu'ils sont commis dans une ou plusieurs des circonstances définies au II.

1° La pêche dirigée sur un stock faisant l'objet d'un moratoire ou dont la pêche est interdite ;

2° La détention à bord, le transbordement, le transfert, le débarquement de produits de la pêche réalisée dans les conditions du 1°.

II. — Les circonstances mentionnées au I sont les suivantes :

1° Lorsqu'il s'agit d'une espèce régulée ou interdite, pour des quantités supérieures à 100 kg ou à 20 % des captures ;

2° Lorsque l'action de pêche est réalisée en dehors des eaux sous souveraineté ou juridiction française ou des eaux de l'Union européenne ;

3° Lorsque la valeur de vente des captures réalisées en infraction est supérieure à 10 000 € ou représente au moins 20 % de la valeur des captures totales de l'expédition maritime au cours de laquelle l'infraction a été commise. — *[Décr. nº 2014-54 du 24 janv. 2014, art. 3, IX.]*

Art. R. 946-14 Constituent une "infraction grave" entrant dans la catégorie nº 10 mentionnée au troisième alinéa de l'article R. 946-4 et donnent lieu à l'attribution de sept points de pénalité :

1° La destruction, le détournement ou la tentative de détruire ou de détourner les filets, engins, matériels, équipements, véhicules, navires, engins flottants ou produits de la pêche appréhendés ou saisis et confiés à la garde de l'auteur de l'infraction ;

2° Le fait de faire obstacle à l'appréhension ou à la saisie des filets, engins, matériels, équipements, véhicules, instruments, navires, engins flottants utilisés pour les pêches en infraction à la réglementation prévue par les dispositions du présent livre, par les règlements de l'Union européenne pris au titre de la politique commune de la pêche, par les textes pris pour leur application, par les engagements internationaux de la

France ainsi que par les délibérations rendues obligatoires en application des articles L. 912-10 et L. 921-2-1 et du second alinéa de l'article L. 921-2-2 ainsi que des produits de ces pêches ou des sommes provenant de leur vente ;

3° Le fait de se soustraire ou de tenter de se soustraire, en mer, aux contrôles en refusant d'obtempérer aux sommations de stopper faites en application des articles L. 941-4 et L. 942-5 ;

4° Le fait de refuser ou d'entraver les contrôles et visites à bord des navires ou engins flottants ainsi qu'à l'intérieur des installations, des locaux et des véhicules à usage professionnel, effectués par les agents chargés de la police des pêches maritimes en application de l'article L. 941-1 ou par les agents mentionnés à l'article L. 942-1 ;

5° Le fait de dissimuler ou de tenter de dissimuler à la vue des officiers et agents chargés de la police des pêches les captures ou engins et documents détenus à bord. — *[Décr. n° 2014-54 du 24 janv. 2014, art. 3, X.]*

Art. R. 946-15 Constitue une "infraction grave" entrant dans la catégorie n° 11 mentionnée au troisième alinéa de l'article R. 946-4 et donne lieu à l'attribution de sept points de pénalité le fait :

1° D'accepter un engagement à bord d'un navire entrant dans l'un des cas énumérés aux *a*, *b* ou *c* du II de l'article L. 945-2 ;

2° De participer à des opérations conjointes de pêche avec un tel navire ;

3° D'aider ou de ravitailler un tel navire ;

4° De transborder des produits de la pêche avec un tel navire. — *[Décr. n° 2014-54 du 24 janv. 2014, art. 3, XI.]*

Art. R. 946-16 Constitue une "infraction grave" entrant dans la catégorie n° 12 mentionnée au troisième alinéa de l'article R. 946-4 et donne lieu à l'attribution de sept points de pénalité l'utilisation d'un navire de pêche n'ayant pas de nationalité et qui est donc un navire apatride au sens du droit international. — *[Décr. n° 2014-54 du 24 janv. 2014, art. 3, XII.]*

Art. R. 946-17 Le titulaire de la licence de pêche ou le capitaine de navire de pêche ayant fait l'objet d'une attribution de points et d'une inscription au registre national des infractions à la pêche maritime est informé du nombre de points attribués ainsi que du nombre total de points attribués et n'ayant pas encore fait l'objet d'une suppression. — *[Décr. n° 2014-54 du 24 janv. 2014, art. 4.]*

Art. R. 946-18 Lorsque deux "infractions graves" ou plus commises par le même capitaine sont détectées au cours d'une inspection, les points concernant chaque infraction grave concernée lui sont attribués jusqu'à concurrence de douze points.

Le ou les titres de commandement, en tant qu'ils permettent le commandement d'un navire de pêche, sont suspendus pour une période minimale de :

1° Un mois lorsque le nombre total de points atteint ou dépasse dix-huit points ;

2° Deux mois lorsque le nombre total de points atteint ou dépasse trente-six points ;

3° Quatre mois lorsque le nombre total de points atteint ou dépasse cinquante-quatre points ;

4° Huit mois lorsque le nombre total de points atteint ou dépasse soixante-trois points ;

5° Douze mois lorsque le nombre total de points atteint ou dépasse soixante-douze points.

La suspension n'entraîne pas la suppression des points qui en sont à l'origine. Les nouveaux points attribués, le cas échéant, au capitaine sont ajoutés aux points existants. — *[Décr. n° 2014-54 du 24 janv. 2014, art. 5, I et II.]*

Art. R. 946-19 L'accumulation de quatre-vingt-dix points par le capitaine entraîne le retrait définitif du ou de ses titres de commandement, en tant qu'ils permettent le commandement d'un navire de pêche.

Le retrait définitif du ou des titres en tant qu'ils permettent le commandement d'un navire de pêche ne remet pas en cause le droit de son détenteur à reprendre un cursus de qualification permettant le commandement d'un navire de pêche. — *[Décr. n° 2014-54 du 24 janv. 2014, art. 5, III.]*

Art. R. 946-20 Dès réception de la notification de suspension ou de retrait définitif, le détenteur du ou des titres est rayé en tant que capitaine *(Décr. n° 2017-942 du*

10 mai 2017, art. 7-3°) « de la liste d'équipage » du navire de pêche dont il assure le commandement par l'autorité administrative compétente en matière d'armement du navire.

Si le navire est en mer, il doit immédiatement regagner son port d'attache ou un port désigné par l'autorité administrative mentionnée *(Décr. n° 2017-942 du 10 mai 2017, art. 7-3°)* « à l'article R.* 911-3 et la liste d'équipage » n'est modifiée qu'à l'arrivée. Pendant le voyage, les engins de pêche sont arrimés et rangés conformément à l'article 47 du règlement (CE) n° 1224/2009 du Conseil du 20 novembre 2009 instituant un régime communautaire de contrôle afin d'assurer le respect des règles de la politique commune de la pêche.

En cas de suspension ou de retrait définitif, le fichier national des marins mentionne que le capitaine est dépourvu de ces titres, en tant qu'ils permettent le commandement d'un navire de pêche. Le nombre de points de pénalité attribué est enregistré dans le registre national des infractions aux règles de la politique commune de la pêche prévu par l'article 93 du règlement (CE) n° 1224/2009 du Conseil du 20 novembre 2009 précité. – *[Décr. n° 2014-54 du 24 janv. 2014, art. 5, IV.]*

Art. R. 946-21 Le capitaine qui a commis une infraction ayant donné lieu à attribution de points peut obtenir la suppression de quatre points s'il suit une formation de sensibilisation au respect des règles de la politique commune de la pêche et à la lutte contre la pêche illicite, dans la limite d'une formation tous les deux ans. Le contenu de celle-ci est fixé par arrêté conjoint du ministre chargé des pêches maritimes de l'aquaculture marine et du ministre chargé de la mer. Cette formation peut être suivie dans un autre État membre, lorsque son contenu est équivalent.

La décision de suppression mentionne le nombre total de points restant attribués après application de cette suppression.

Si le capitaine ne commet aucune infraction grave dans le délai de deux ans suivant la date de la dernière infraction grave, tous ses points sont supprimés. – *[Décr. n° 2014-54 du 24 janv. 2014, art. 6.]*

TITRE V DISPOSITIONS RELATIVES À L'OUTRE-MER

(Décr. n° 2016-781 du 10 juin 2016, art. 10, en vigueur le 1er juill. 2016)

CHAPITRE I GUADELOUPE, GUYANE, MARTINIQUE, LA RÉUNION ET MAYOTTE

(Décr. n° 2016-781 du 10 juin 2016, art. 10, en vigueur le 1er juill. 2016)

SECTION 1 Champ d'application et références

Art. D. 951-1 Les dispositions du présent livre (partie réglementaire) sont applicables en Guadeloupe, en Guyane, en Martinique, à La Réunion et à Mayotte sous réserve des exceptions et adaptations prévues au présent chapitre.

Art. D. 951-2 Pour l'application en Guadeloupe, en Guyane, en Martinique, à La Réunion et à Mayotte des dispositions du présent livre, les mots : "directeurs départementaux des territoires et de la mer" et "direction départementale des territoires et de la mer" sont respectivement remplacés par les mots : "directeurs de la mer" et "direction de la mer".

SECTION 2 Dispositions communes

Art. R. 951-3 Conformément à l'article L. 921-2-2, les comités régionaux des pêches maritimes de Guadeloupe, Guyane, Martinique et La Réunion sont consultés par le préfet sur les mesures énoncées à l'article R. 912-19 et en outre sur les mesures relatives à l'organisation et à l'exploitation des pêcheries pour les espèces soumises à un total autorisé de captures ou à des quotas de captures en application d'un règlement de l'Union européenne.

Art. D. 951-3-1 *(Décr. n° 2019-242 du 27 mars 2019, art. 1er)* Pour l'application du 2° de l'article D. 914-2 en Guyane, en Martinique et à Mayotte, la référence au conseil régional est remplacée, respectivement, par la référence à l'assemblée de Guyane, à l'assemblée de Martinique et au conseil départemental de Mayotte.

Pour son application en Guadeloupe, en Guyane, en Martinique, à La Réunion et à Mayotte, le 3° de l'article D. 914-2 est complété par les mots : "lorsqu'il en existe".

Art. D. 951-4 Pour son application en Guadeloupe, en Guyane, en Martinique, à La Réunion et à Mayotte, l'article D. 914-4 est ainsi rédigé :

Art. D. 914-4 Sont membres de la commission des cultures marines, outre le préfet, ou son représentant, qui la préside :

1° Six autres représentants des services de l'État :

a) Le directeur de la mer ;

b) Le directeur régional des finances publiques ;

c) Le directeur des entreprises, de la concurrence, de la consommation, du travail et de l'emploi ;

d) Le directeur de l'agence régionale de santé ;

e) Le directeur de l'environnement, de l'aménagement et du logement ;

f) Le directeur de l'alimentation, de l'agriculture et de la forêt ;

2° En Guyane et en Martinique, deux membres de l'assemblée de Guyane ou de l'assemblée de Martinique, désignés par cette assemblée ; en Guadeloupe et à La Réunion, un conseiller départemental et un conseiller régional désignés par leur assemblée respective ; à Mayotte, deux conseillers départementaux désignés par le conseil départemental ; un suppléant est désigné à chacun d'eux dans les mêmes conditions ;

3° Une délégation professionnelle composée du président du comité régional de la conchyliculture, ou de son représentant, et d'au plus six chefs d'exploitation de cultures marines.

En fonction de l'ordre du jour, la délégation professionnelle comprend soit des représentants de la conchyliculture, soit des représentants des autres cultures marines, soit des représentants de ces deux catégories d'activités.

En l'absence de comité régional de la conchyliculture, la délégation professionnelle comprend un ou plusieurs représentants d'organismes professionnels agréés et des chefs d'exploitation, dans la limite de six membres.

Art. D. 951-5 Pour son application en Guadeloupe, en Guyane, en Martinique, à La Réunion et à Mayotte, le 1° de l'article D. 914-5 est ainsi rédigé :

"1° Le délégué du gouvernement pour l'action de l'État en mer, ou son représentant ;".

Art. D. 951-6 Pour l'application en Guadeloupe, en Guyane, en Martinique, à La Réunion et à Mayotte de l'article D. 914-7, en l'absence de comité régional de la conchyliculture, le pouvoir de proposition mentionné à cet article est exercé par les organisations professionnelles agréées par le préfet.

Art. R. 951-7 Pour l'application en Guadeloupe, en Guyane, en Martinique, à La Réunion et à Mayotte de l'article R. 914-8, au 2° le chiffre : "huit" est remplacé par le chiffre : "six" et le chiffre : "quatre" par le chiffre : "trois".

Art. D. 951-8 Pour l'application en Guadeloupe, en Guyane, en Martinique, à La Réunion et à Mayotte de l'article D. 914-11, en l'absence de comité régional de la conchyliculture, la consultation mentionnée à cet article se fait auprès des organisations professionnelles agréées par le préfet.

Art. R. 951-9 En Guadeloupe, en Guyane, en Martinique, à La Réunion et à Mayotte, les contingents, exprimés en puissance et en jauge, des permis de mise en exploitation susceptibles d'être délivrés à la catégorie des navires de 25 mètres ou moins, et au sein de cette catégorie entre les différents segments, sont, par exception aux dispositions de l'article R. 921-8, arrêtés pour chaque année civile par l'autorité mentionnée à l'article R.* 911-3.

Cette décision tient compte, d'une part, des plafonds de capacité arrêtés par le ministre chargé des pêches maritimes et de l'aquaculture marine, du programme d'adaptation des capacités de capture de la flotte de pêche professionnelle maritime aux ressources halieutiques disponibles, prévu par l'article L. 921-6, et d'autre part, de l'évolution de la flotte de pêche constatée au cours de l'année précédente.

Ces contingents distinguent les projets de renouvellement de navires ne se traduisant pas par une augmentation de la flotte en capacité (jauge et puissance) des autres projets.

Art. R. 951-10 Pour son application en Guadeloupe, en Guyane, en Martinique, à La Réunion et à Mayotte, le premier alinéa de l'article R. 921-35 est ainsi rédigé :

"Les quotas de captures et les quotas d'effort de pêche peuvent être répartis chaque année en sous-quotas par le ministre chargé des pêches maritime et de l'aquaculture marine pour les navires battant pavillon français immatriculés en Guadeloupe, en Guyane, en Martinique, à La Réunion et à Mayotte et déclarés actifs au fichier de la flotte de pêche européenne."

Art. R. 951-11 Pour l'application en Guadeloupe, en Guyane, en Martinique, à La Réunion et à Mayotte de l'article R. 923-9, le premier alinéa est ainsi rédigé :

"Doivent faire l'objet d'une concession, sur le domaine public maritime ainsi que dans la partie des fleuves, rivières, étangs, canaux et résurgences où les eaux sont salées :"

Art. R. 951-12 Pour l'application en Guadeloupe, en Guyane, en Martinique et à La Réunion des articles R. 923-9 à R. 923-49 :

1° En l'absence de comité régional de la conchyliculture, la référence à cet organisme est remplacée par la référence à des organisations professionnelles agréées par le préfet ;

2° Au dernier alinéa de l'article R. 923-26, le chiffre : "six" est remplacé par le chiffre : "quatre".

Art. R. 951-13 Pour son application en Guadeloupe, en Guyane, en Martinique, à La Réunion et à Mayotte, l'article R. 923-18 est ainsi rédigé :

Art. R. 923-18 Lorsque le demandeur exerce une ou plusieurs activités de cultures marines associées à une activité de pêche, la ou les activités de cultures marines doivent être exercées à titre principal.

Est réputée activité principale celle qui procure au chef d'entreprise ou aux dirigeants remplissant les conditions de capacité professionnelle au moins 50 % de leurs revenus professionnels et qui occupe au moins 50 % de leur temps de travail.

La condition prévue à l'alinéa précédent n'est pas applicable pendant les quatre premières années d'installation non plus que pendant les périodes d'épizootie ou à la suite d'un événement météorologique faisant l'objet d'un arrêté de catastrophe naturelle. Cette période de quatre ans peut être renouvelée deux fois sur décision motivée du préfet, après avis favorable de la commission des cultures marines.

Art. R. 951-14 *Abrogé par Décr. nº 2016-781 du 10 juin 2016, art. 15-III, à compter du 1er janv. 2023.*

SECTION 3 Dispositions particulières à Mayotte

Art. R. 951-15 Pour l'application du présent livre à Mayotte, les missions dévolues aux comités régionaux, interdépartementaux ou départementaux des pêches maritimes et de l'aquaculture ainsi que celles dévolues aux comités régionaux de la conchyliculture sont exercées, conformément à l'article D. 571-8, par la chambre de l'agriculture, de la pêche et de l'aquaculture de Mayotte. Les consultations prévues à l'article L. 921-2-1 ainsi qu'au premier alinéa de l'article L. 921-2-2 sont faites auprès de cette compagnie consulaire.

Art. R. 951-16 Pour l'application du présent livre à Mayotte, les mesures de gestion des pêches et de l'aquaculture applicables aux navires battant pavillon français immatriculés à Mayotte sont exercées conformément au dispositif dérogatoire défini par le règlement (UE) nº 1385/2013 du Conseil du 17 décembre 2013 portant modification des règlements du Conseil (CE) nº 850/98 et (CE) nº 1224/2009 et des règlements du Parlement européen et du Conseil (CE) nº 1069/2009, (UE) 1379/2013 et (UE) 1380/2013, à la suite de la modification du statut de Mayotte à l'égard de l'Union européenne.

Art. R. 951-17 *(Décr. nº 2019-241 du 27 mars 2019, art. 1er)* Pour l'application à Mayotte du 4º de l'article R. 921-19, les mots : "caisse de prévoyance des marins" sont remplacés par les mots : "caisse de sécurité sociale de Mayotte".

CHAPITRE II SAINT-BARTHÉLEMY

(Décr. nº 2016-781 du 10 juin 2016, art. 10, en vigueur le 1er juill. 2016)

Art. D. 952-1 Les dispositions du présent livre (partie réglementaire) sont applicables à Saint-Barthélemy sous réserve des exceptions et adaptations prévues au présent chapitre.

Art. R. 952-2 Ne sont pas applicables à Saint-Barthélemy :

1º Le chapitre II du titre I ;

(Décr. nº 2017-568 du 19 avr. 2017, art. 2-1º) « 2º Les chapitres I, II et IV du titre II ; »

3º La section 2 du chapitre II du titre III.

Art. R. 952-3 Le présent chapitre est applicable dans les eaux territoriales de Saint-Barthélemy, et dans la zone économique située au large de cette île telle qu'elle est définie à l'article 1er du décret nº 78-276 du 6 mars 1978 portant création, en application de la loi du 16 juillet 1976, d'une zone économique au large des côtes du département de la Guadeloupe.

Art. R. 952-4 Conformément à l'article L. 921-9, la pêche est interdite aux navires battant pavillon d'un État étranger dans la zone économique de Saint-Barthélemy.

Toutefois, par dérogation à ces dispositions, des autorisations de pêche pourront être délivrées par l'autorité compétente de Saint-Barthélemy à certains navires battant pavillon étranger dans les conditions prévues par les accords internationaux et résultant des dispositions de l'article L.O. 6214-6 du code général des collectivités territoriales.

Ces autorisations de pêche sont délivrées à ces navires, après avis du ministre des affaires étrangères, du ministre chargé des pêches maritimes et de l'aquaculture marine et du ministre chargé de l'outre-mer, en fonction de l'état de la ressource et de sa disponibilité.

Art. D. 952-5 Pour l'application à Saint-Barthélemy du chapitre III du titre II du présent livre :

1º Aux articles D. 923-2 à D. 923-5, la référence au schéma régional de développement de l'aquaculture marine est remplacée par la référence au schéma territorial de développement de l'aquaculture marine ;

2º Le schéma territorial de développement de l'aquaculture marine tient lieu de schéma des structures des exploitations de cultures marines mentionné aux articles D. 923-6 à D. 923-8 ;

3º La référence à la commission des cultures marines est remplacée par la référence à la commission territoriale de l'agriculture, de la pêche et de l'aquaculture mentionnée à l'article R. 182-5.

Art. R. 952-6 Pour son application à Saint-Barthélemy, l'article R. 941-1 est complété par un alinéa ainsi rédigé :

"Les agents commissionnés et assermentés de la collectivité territoriale sont habilités à exercer les contrôles de police administrative relatifs à la réglementation prise en application de l'article L. 952-4."

CHAPITRE III SAINT-MARTIN

(Décr. nº 2016-781 du 10 juin 2016, art. 10, en vigueur le 1er juill. 2016)

Art. D. 953-1 Les dispositions du présent livre (partie réglementaire) sont applicables à Saint-Martin sous réserve des exceptions et adaptations prévues au présent chapitre.

Art. R. 953-1-1 *(Décr. nº 2017-568 du 19 avr. 2017, art. 2-2º)* Le chapitre IV du titre II n'est pas applicable à Saint-Martin.

Art. R. 953-2 Le présent chapitre est applicable dans les eaux territoriales de Saint-Martin, et dans la zone économique située au large de la partie française de cette île telle qu'elle est définie à l'article 1er du décret n° 78-276 du 6 mars 1978 portant création, en application de la loi du 16 juillet 1976, d'une zone économique au large des côtes du département de la Guadeloupe.

Art. R. 953-3 Pour l'application du présent livre à Saint-Martin, les missions dévolues aux comités régionaux, interdépartementaux ou départementaux des pêches maritimes et de l'aquaculture ainsi que celles dévolues aux comités régionaux de la conchyliculture peuvent être exercées, dans les conditions prévues à la deuxième phrase de l'article L. 573-2, par la chambre consulaire interprofessionnelle de Saint-Martin. Dans ce cas, les consultations prévues à l'article L. 921-2-1 ainsi qu'au premier alinéa de l'article L. 921-2-2 sont faites auprès de cette compagnie consulaire.

Art. R. 953-4 Conformément à l'article L. 921-9, la pêche est interdite aux navires battant pavillon d'un État étranger et immatriculés hors de l'Union européenne dans la zone économique de Saint-Martin.

Toutefois, par dérogation à ces dispositions, des autorisations de pêche pourront être délivrées par l'autorité compétente de Saint-Martin à certains de ces navires dans les conditions prévues par les accords internationaux et résultant des dispositions de l'article L.O. 6314-6 du code général des collectivités territoriales.

Ces autorisations de pêche sont délivrées à ces navires, après avis du ministre des affaires étrangères, du ministre chargé des pêches maritimes et de l'aquaculture marine et du ministre chargé de l'outre-mer, en fonction de l'état de la ressource et de sa disponibilité.

Art. R. 953-5 Dans les eaux situées à moins de 100 milles marins des lignes de base de Saint-Martin, la pêche est limitée aux navires immatriculés dans les ports de cette collectivité, sauf dérogation accordée par l'État.

Ces limitations ne s'appliquent pas aux navires immatriculés dans l'Union européenne pêchant traditionnellement dans ces eaux, pour autant que ces navires ne dépassent pas l'effort de pêche qui y est traditionnellement exercé.

Art. R.* 953-6 *Abrogé par Décr. n° 2016-781 du 10 juin 2016, art. 15-III, à compter du 1er janv. 2023.*

Art. D. 953-7 Pour l'application à Saint-Martin du chapitre III du titre II du présent livre :

1° Aux articles D. 923-2 à D. 923-5, la référence au schéma régional de développement de l'aquaculture marine est remplacée par la référence au schéma territorial de développement de l'aquaculture marine ;

2° Le schéma territorial de développement de l'aquaculture marine tient lieu de schéma des structures des exploitations de cultures marines mentionné aux articles D. 923-6 et D. 923-8 ;

3° La référence à la commission des cultures marines est remplacée par la référence au comité d'orientation stratégique mentionné à l'article R. 183-5.

CHAPITRE IV SAINT-PIERRE-ET-MIQUELON

(Décr. n° 2016-781 du 10 juin 2016, art. 10, en vigueur le 1er juill. 2016)

SECTION 1 Champ d'application et références

Art. D. 954-1 Les dispositions du présent livre (partie réglementaire) sont applicables à Saint-Pierre-et-Miquelon sous réserve des exceptions et adaptations prévues au présent chapitre.

Art. R. 954-2 Le chapitre II du titre I n'est pas applicable à Saint-Pierre-et-Miquelon.

SECTION 2 Pêche maritime

Art. R. 954-3 Le présent chapitre est applicable dans les eaux territoriales de Saint-Pierre-et-Miquelon et dans la zone économique situées au large de cet archipel telle qu'elle est définie à l'article 1er du décret n° 77-169 du 25 février 1977 portant création, en application des dispositions de la loi n° 76-655 du 16 juillet 1976, d'une zone économique au large des côtes du département de Saint-Pierre-et-Miquelon.

Art. R. 954-4 Conformément à l'article L. 921-9, la pêche est interdite aux navires battant pavillon d'un État étranger dans la zone économique de Saint-Pierre-et-Miquelon.

Toutefois, par dérogation à ces dispositions, des autorisations de pêche pourront être délivrées à certains navires battant pavillon étranger par l'autorité mentionnée à l'article R.* 911-3 dans les conditions prévues par les accords internationaux et sous réserve des articles L.O. 6414-2 et L.O. 6414-3 du code général des collectivités territoriales.

Le silence gardé par l'autorité administrative pendant un délai de deux mois sur les demandes d'autorisation mentionnées au présent article vaut décision de rejet.

Art. R. 954-5 La durée de validité d'une autorisation ne peut excéder celle d'une campagne de pêche ou du temps nécessaire à la capture des quantités autorisées et au maximum celle d'une année civile.

Art. R. 954-6 L'exercice du chalutage, du dragage ainsi que la pose des filets, casiers, lignes ou de tout autre engin de pêche fixe ou dérivant sont subordonnés à l'octroi d'une autorisation propre à chaque navire à partir duquel sont pratiquées ces activités.

Pour les navires de pêche de loisir non soumis à autorisation, le nombre maximal des engins autorisés et les conditions de pêche sont fixés par arrêté du ministre chargé des pêches maritimes et de l'aquaculture marine.

Art. R. 954-7 Le nombre des autorisations susceptibles d'être accordées est fixé par l'autorité désignée à l'article R.* 911-3 en tenant compte :

1° Des prélèvements totaux des captures autorisées dans les eaux définies à l'article R. 953-1 et de leur répartition en quotas comme il est dit à l'article R. 954-8 ;

2° Des conditions antérieures d'exercice de la pêche dans lesdites eaux ;

3° De la longueur, de la puissance ou du tonnage des navires au profit desquels les autorisations sont demandées ;

4° De l'intérêt de l'exploitation de ces navires pour les besoins économiques et sociaux de l'archipel.

Art. R. 954-8 La demande d'autorisation doit être adressée par l'armateur ou le pêcheur, français ou étranger, à l'autorité chargée de la délivrer soixante jours au moins avant le début de la période de validité. Elle doit comporter :

1° Le nom et l'adresse du demandeur ainsi que, le cas échéant, sa raison sociale ;

2° Le nom et le numéro d'immatriculation du navire au bénéfice duquel elle est demandée ;

3° Le nom et l'adresse du capitaine ;

4° Les caractéristiques du navire et des engins de pêche utilisés ;

5° L'engagement pris par le demandeur ainsi que par le capitaine de permettre l'embarquement d'un observateur.

L'autorisation peut être retirée si ces renseignements se révèlent inexacts ou si l'engagement souscrit n'est pas respecté.

La demande doit en outre mentionner les lieux et périodes d'activité envisagés ainsi qu'une estimation des captures prévues.

Lorsque la demande d'autorisation requiert, conformément à la réglementation internationale, un avis conforme d'un organisme supranational ou d'un État tiers, le silence gardé par l'autorité administrative mentionnée à l'article R.* 911-3 pendant un délai de deux mois vaut décision de rejet.

Il en va de même lorsque le régime d'autorisation régissant cette demande fait l'objet d'un plafonnement en nombre, puissance ou tonnage.

Art. R. 954-9 Pour assurer la gestion et la conservation des ressources halieutiques dans les eaux territoriales et la zone économique de Saint-Pierre-et-Miquelon, le ministre chargé des pêches maritimes et de l'aquaculture marine, peut, par arrêté pris après avis de l'Institut français de recherche pour l'exploitation de la mer, fixer par période de douze mois des prélèvements totaux de captures autorisés.

Le ministre peut répartir ces prélèvements en un quota affecté aux pêcheurs français et un ou plusieurs quotas affectés aux pêcheurs étrangers. Il détermine les espèces ou groupes d'espèces soumis aux dispositions du présent article.

Lorsque de tels quotas ont été établis, l'autorité mentionnée à l'article R.* 911-3 peut, par arrêté, les répartir entre les différents navires auxquels il a délivré des autorisations. Cette répartition se fait selon les mêmes critères que ceux prévus pour l'attribution des autorisations.

V. Arr. du 30 mars 2023 portant régime national de gestion pour la pêche professionnelle du crabe des neiges (Chionoecetes opilio) dans les eaux sous souveraineté ou juridiction française au large des côtes de Saint-Pierre-et-Miquelon (pour l'année 2023) (JO 1er avr.) ; Arr. du 20 juill. 2023 créant un régime national de gestion pour la pêche professionnelle du concombre de mer (Cucumaria frondosa) dans les eaux sous souveraineté ou juridiction française au large des côtes de Saint-Pierre-et-Miquelon (JO 30 juill.), mod. par Arr. du 29 août 2023 (JO 9 sept.).

Art. R. 954-10 **Lorsqu'un quota de pêche est épuisé, un arrêté de l'autorité mentionnée à l'article R.* 911-3 le constate. Cet arrêté est porté à la connaissance des pêcheurs auxquels une autorisation a été délivrée pour cette espèce ou groupe d'espèces. Il entraîne l'interdiction de poursuivre la pêche de l'espèce ou du groupe d'espèces par les pêcheurs concernés.**

Art. R. 954-11 **Un observateur peut être désigné par l'autorité désignée à l'article R.* 911-3 pour embarquer sur les navires titulaires d'une autorisation. Il surveille la conduite des opérations de pêche et en fait rapport à cette autorité. A cette fin, il est mis en mesure de communiquer avec celle-ci quand il le demande.**

Art. R. 954-12 **Pour son application à Saint-Pierre-et-Miquelon, l'article R. 913-1 est ainsi rédigé :**

Art. R. 913-1 Les pêcheurs exerçant leur activité sur une espèce ou un groupe d'espèces dont le prélèvement est soumis à un quota en application de l'article R. 954-9, doivent tenir un journal de pêche sur lequel sont mentionnés les quantités capturées et conservées à bord, les dates et lieux de capture ainsi que les engins de pêche utilisés.

Ils doivent également déclarer à l'autorité désignée à l'article R.* 911-3 :

1° Lorsqu'ils entrent ou sortent des eaux définies à l'article R. 953-1, les quantités de poisson détenues à bord ;

2° Chaque semaine, les quantités pêchées ;

3° Les quantités débarquées ou transbordées.

Un arrêté du ministre chargé des pêches maritimes et de l'aquaculture marine précise la forme, le contenu, la périodicité et les modalités de transmission de ces obligations déclaratives.

Art. R. 954-13 **A l'exception de l'exploitation des concessions de cultures marines régulièrement attribuées, il est interdit de chaluter ou de draguer à moins de 3 milles des côtes de l'archipel de Saint-Pierre-et-Miquelon et des rochers des Veaux-Marins.**

Pour assurer la gestion et la conservation des ressources halieutiques dans les eaux territoriales et la zone économique située autour de l'archipel de Saint-Pierre-et-Miquelon, le ministre chargé des pêches maritimes et de l'aquaculture marine peut, par arrêté :

1° Interdire la pêche d'une ou de plusieurs espèces, l'utilisation de certains navires et l'emploi de certains modes de pêche ;

2° Limiter la pêche d'une ou de plusieurs espèces à certaines périodes de l'année, à certaines zones et déterminer les caractéristiques des navires, les modes de pêche et les engins autorisés.

Art. R. 954-14 **Sont interdites :**

1° Les activités de nettoyage, conservation et décorticage de coquillages réalisées à bord ; *toutefois*, ces activités peuvent être autorisées pour certaines espèces et pour une quantité limitée, et sous réserve du respect de prescriptions techniques fixées par arrêté de l'autorité mentionnée à l'article R.* 911-3 ;

2° La transformation physique ou chimique des poissons pour la production de farine, d'huile ou de produits similaires ; ces interdictions ne concernent pas la transformation des déchets de poissons.

Art. R. 954-15 Les filets, casiers, lignes et autres engins de pêche mouillés ou dérivant en mer doivent être signalés au moyen de bouées permettant de repérer leur position, leur orientation et leur étendue et dont le nombre, les caractéristiques techniques et les équipements sont fixés par arrêté du ministre chargé des pêches maritimes et de l'aquaculture marine et du ministre chargé de la mer. Ces bouées doivent être marquées du numéro d'immatriculation du navire qui les a posées.

Les engins de pêche dépourvus de marques d'identification ou dont les marques ont été effacées sont considérés comme des épaves.

Art. D. 954-16 Un arrêté du ministre chargé des pêches maritimes et de l'aquaculture marine fixe les mesures techniques nécessaires à une gestion rationnelle de la ressource, et notamment :

1° La taille maximum des mailles de filets autorisés en fonction des espèces dont la capture est autorisée ;

2° Les règles de détention à bord de ces filets ;

3° Le pourcentage de captures accessoires admissible ainsi que le mode de calcul de ce pourcentage ;

4° Le mode de calcul de la taille des poissons, crustacés ou mollusques dont la capture est autorisée.

SECTION 3 Cultures marines

Art. D. 954-17 Pour l'application à Saint-Pierre-et-Miquelon du chapitre III du titre II du présent livre :

1° Aux articles D. 923-2 à D. 923-5, la référence au schéma régional de développement de l'aquaculture marine est remplacée par la référence au schéma territorial de développement de l'aquaculture marine ;

2° Le schéma territorial de développement de l'aquaculture marine tient lieu de schéma des structures des exploitations de cultures marines mentionné aux articles D. 923-6 et D. 923-8 ;

3° La référence à la commission des cultures marines est remplacée par la référence à la commission territoriale de l'agriculture et de l'aquaculture mentionnée à l'article R. 184-6.

CHAPITRE V WALLIS-ET-FUTUNA

(Décr. n° 2016-781 du 10 juin 2016, art. 10, en vigueur le 1er juill. 2016)

Art. D. 955-1 Sous réserve des dispositions applicables de plein droit, les dispositions du présent livre (partie réglementaire) ne s'appliquent dans les îles Wallis-et-Futuna que dans la mesure et les conditions prévues par le présent chapitre.

Art. D. 955-2 Conformément à l'article L. 955-2, la pêche est interdite aux navires battant pavillon d'un État étranger dans la zone économique des îles Wallis-et-Futuna. Toutefois, par dérogation à ces dispositions, des autorisations de pêche pourront être délivrées par l'autorité compétente de Wallis-et-Futuna à certains navires battant pavillon d'un État étranger dans les conditions prévues par les accords internationaux et résultant des dispositions de la loi n° 61-814 du 29 juillet 1961 modifiée conférant aux îles Wallis-et-Futuna le statut de territoire d'outre-mer.

Ces autorisations de pêche sont délivrées à ces navires, après avis du ministre des affaires étrangères, du ministre chargé des pêches maritimes et de l'aquaculture marine et du ministre chargé de l'outre-mer, en fonction de l'état de la ressource et de sa disponibilité.

Art. R. 955-3 Les dispositions du présent livre (partie réglementaire) mentionnées dans la colonne de gauche du tableau ci-après, sont applicables aux eaux sous souveraineté ou juridiction française s'étendant au large des îles Wallis-et-Futuna, pour l'exercice des compétences de l'État mentionnées à l'article L. 955-3, dans leur rédaction indiquée dans la colonne de droite du même tableau, sous réserve des adaptations prévues au présent chapitre et des adaptations suivantes : — *Tableau mod. par Décr. n° 2017-568 du 19 avr. 2017, art. 2-3° ; Décr. n° 2017-942 du 10 mai 2017, art. 3-IV-1°.*

1° La référence au préfet est remplacée par la référence à l'administrateur supérieur ;

2° La référence au tribunal judiciaire est remplacée par la référence au tribunal de première instance ;

(Décr. n° 2017-942 du 10 mai 2017, art. 3-IV-1°) « 3° La référence au règlement (CE) n° 1224/2009 du Conseil du 20 novembre 2009 instituant un régime communautaire de contrôle afin d'assurer le respect des règles de la politique commune de la pêche est remplacée par la référence aux règles applicables en métropole en vertu du règlement (CE) n° 1224/2009 du Conseil du 20 novembre 2009 instituant un régime communautaire de contrôle afin d'assurer le respect des règles de la politique commune de la pêche. »

DISPOSITIONS APPLICABLES	DANS LEUR RÉDACTION
R. 924-1 à R. 924-7	Résultant du décret n° 2017-568 du 19 avril 2017 relatif aux zones de conservation halieutiques
R. 941-1	Résultant du décret n° 2014-1608 du 26 décembre 2014 relatif à la codification de la partie réglementaire du livre IX du code rural et de la pêche maritime
R. 941-4	Résultant du décret n° 2014-1608 du 26 décembre 2014 relatif à la codification de la partie réglementaire du livre IX du code rural et de la pêche maritime
R. 942-1 à R. 942-4	Résultant du décret n° 2014-1608 du 26 décembre 2014 relatif à la codification de la partie réglementaire du livre IX du code rural et de la pêche maritime
R. 943-1 à R. 943-9	Résultant du décret n° 2014-1608 du 26 décembre 2014 relatif à la codification de la partie réglementaire du livre IX du code rural et de la pêche maritime
R. 946-7 et R. 946-8	Résultant du décret n° 2014-1608 du 26 décembre 2014 relatif à la codification de la partie réglementaire du livre IX du code rural et de la pêche maritime
R. 946-14 (premier, quatrième, cinquième et sixième alinéas)	Résultant du décret n° 2014-1608 du 26 décembre 2014 relatif à la codification de la partie réglementaire du livre IX du code rural et de la pêche maritime
R. 946-15 à R. 946-19	Résultant du décret n° 2014-1608 du 26 décembre 2014 relatif à la codification de la partie réglementaire du livre IX du code rural et de la pêche maritime
R. 946-20 (premier alinéa)	Résultant du décret n° 2017-942 du 10 mai 2017
R. 946-20 (première phrase du deuxième alinéa, première phrase du troisième alinéa)	Résultant du décret n° 2014-1608 du 26 décembre 2014

DISPOSITIONS APPLICABLES	DANS LEUR RÉDACTION
R. 946-21	Résultant du décret n° 2014-1608 du 26 décembre 2014 relatif à la codification de la partie réglementaire du livre IX du code rural et de la pêche maritime

Les dispositions des articles R. 946-7, R. 946-8 et R. 946-14 à R. 946-21 dans leur rédaction mentionnée au tableau ci-dessus ne sont, à Wallis-et-Futuna, applicables qu'aux titulaires d'un titre de commandement de navire de pêche répondant aux conditions mentionnées à l'article L. 5785-2 du code des transports.

Art. R. 955-4 A défaut de représentants des administrations prévues à l'article 31 du décret n° 71-360 du 6 mai 1971 portant application de la loi n° 68-1181 du 30 décembre 1968 relative à l'exploration du plateau continental et à l'exploitation de ses ressources naturelles pour siéger à la commission d'études des programmes mentionnée à l'article 8 de ce décret, des représentants des administrations concernées ou des organismes scientifiques compétents pour le territoire leur sont substitués par l'autorité désignée à l'article R.* 911-3.

CHAPITRE VI POLYNÉSIE FRANÇAISE

(Décr. n° 2016-781 du 10 juin 2016, art. 10, en vigueur le 1er juill. 2016)

Art. D. 956-1 Sous réserve des dispositions applicables de plein droit, les dispositions du présent livre (partie réglementaire) ne s'appliquent en Polynésie française que dans la mesure et les conditions prévues par le présent chapitre.

Art. D. 956-2 Conformément à l'article L. 956-2, la pêche est interdite aux navires battant pavillon d'un État étranger dans la zone économique de la Polynésie française. Toutefois, par dérogation à ces dispositions, des autorisations de pêche pourront être délivrées par l'autorité compétente de la Polynésie française à certains navires battant pavillon d'un État étranger dans les conditions prévues par les accords internationaux et résultant des dispositions de la loi organique n° 2004-192 du 27 février 2004 modifiée portant statut d'autonomie de la Polynésie française.

Ces autorisations de pêche sont délivrées à ces navires, après avis du ministre des affaires étrangères, du ministre chargé des pêches maritimes et de l'aquaculture marine et du ministre chargé de l'outre-mer, en fonction de l'état de la ressource et de sa disponibilité.

Art. R. 956-3 Les dispositions du présent livre (partie réglementaire) mentionnées dans la colonne de gauche du tableau ci-après, sont applicables aux eaux sous souveraineté ou juridiction française s'étendant au large de la Polynésie française pour l'exercice des compétences de l'État mentionnées à l'article L. 956-3, dans leur rédaction indiquée dans la colonne de droite du même tableau, sous réserve des adaptations prévues au présent chapitre et des adaptations suivantes :

1° La référence au préfet est remplacée par la référence au haut-commissaire de la République ;

2° La référence au tribunal judiciaire est remplacée par la référence au tribunal de première instance.

DISPOSITIONS APPLICABLES	DANS LEUR RÉDACTION
R. 941-1	Résultant du décret n° 2014-1608 du 26 décembre 2014 relatif à la codification de la partie réglementaire du livre IX du code rural et de la pêche maritime

DISPOSITIONS APPLICABLES	DANS LEUR RÉDACTION
R. 941-4	Résultant du décret n° 2014-1608 du 26 décembre 2014 relatif à la codification de la partie réglementaire du livre IX du code rural et de la pêche maritime
R. 942-1 à R. 942-4	Résultant du décret n° 2014-1608 du 26 décembre 2014 relatif à la codification de la partie réglementaire du livre IX du code rural et de la pêche maritime
R. 943-1 à R. 943-9	Résultant du décret n° 2014-1608 du 26 décembre 2014 relatif à la codification de la partie réglementaire du livre IX du code rural et de la pêche maritime
R. 946-7 et R. 946-8	Résultant du décret n° 2014-1608 du 26 décembre 2014 relatif à la codification de la partie réglementaire du livre IX du code rural et de la pêche maritime
R. 946-14 (premier, quatrième, cinquième et sixième alinéas)	Résultant du décret n° 2014-1608 du 26 décembre 2014 relatif à la codification de la partie réglementaire du livre IX du code rural et de la pêche maritime
R. 946-15 à R. 946-19	Résultant du décret n° 2014-1608 du 26 décembre 2014 relatif à la codification de la partie réglementaire du livre IX du code rural et de la pêche maritime
R. 946-20 (premier alinéa, première phrase du deuxième alinéa, première phrase du troisième alinéa)	Résultant du décret n° 2014-1608 du 26 décembre 2014 relatif à la codification de la partie réglementaire du livre IX du code rural et de la pêche maritime
R. 946-21	Résultant du décret n° 2014-1608 du 26 décembre 2014 relatif à la codification de la partie réglementaire du livre IX du code rural et de la pêche maritime

Les dispositions des articles R. 946-7, R. 946-8 et R. 946-14 à R. 946-21 dans leur rédaction mentionnée au tableau ci-dessus ne sont, en Polynésie française, applicables qu'aux titulaires d'un titre de commandement de navire de pêche répondant aux conditions mentionnées à l'article L. 5775-2 du code des transports.

CHAPITRE VII NOUVELLE-CALÉDONIE

(Décr. n° 2016-781 du 10 juin 2016, art. 10, en vigueur le 1er juill. 2016)

Art. D. 957-1 Sous réserve des dispositions applicables de plein droit, les dispositions du présent livre (partie réglementaire) ne s'appliquent en Nouvelle-Calédonie que dans la mesure et les conditions prévues par le présent chapitre.

Art. D. 957-2 Conformément à l'article L. 957-2, la pêche est interdite aux navires battant pavillon d'un État étranger dans la zone économique de la Nouvelle-Calédonie.

Toutefois, par dérogation à ces dispositions, des autorisations de pêche pourront être délivrées par l'autorité compétente de la Nouvelle-Calédonie à certains navires battant pavillon d'un État étranger dans les conditions prévues par les accords internationaux

et résultant des dispositions de la loi organique n° 99-209 du 19 mars 1999 modifiée relative à la Nouvelle-Calédonie.

Ces autorisations de pêche sont délivrées à ces navires, après avis du ministre des affaires étrangères, du ministre chargé des pêches maritimes et de l'aquaculture marine et du ministre chargé de l'outre-mer, en fonction de l'état de la ressource et de sa disponibilité.

Art. R. 957-3 **Les dispositions du présent livre (partie réglementaire) mentionnées dans la colonne de gauche du tableau ci-après sont applicables aux eaux sous souveraineté ou juridiction française s'étendant au large de la Nouvelle-Calédonie pour l'exercice des compétences de l'État mentionnées à l'article L. 957-3 dans leur rédaction indiquée dans la colonne de droite du même tableau, sous réserve des adaptations prévues au présent chapitre et des adaptations suivantes :**

1° La référence au préfet est remplacée par la référence au haut-commissaire de la République ;

2° La référence au tribunal judiciaire est remplacée par la référence au tribunal de première instance.

DISPOSITIONS APPLICABLES	DANS LEUR RÉDACTION
R. 941-1	Résultant du décret n° 2014-1608 du 26 décembre 2014 relatif à la codification de la partie réglementaire du livre IX du code rural et de la pêche maritime
R. 941-4	Résultant du décret n° 2014-1608 du 26 décembre 2014 relatif à la codification de la partie réglementaire du livre IX du code rural et de la pêche maritime
R. 942-1 à R. 942-4	Résultant du décret n° 2014-1608 du 26 décembre 2014 relatif à la codification de la partie réglementaire du livre IX du code rural et de la pêche maritime
R. 943-1 à R. 943-9	Résultant du décret n° 2014-1608 du 26 décembre 2014 relatif à la codification de la partie réglementaire du livre IX du code rural et de la pêche maritime
R. 946-7 et R. 946-8	Résultant du décret n° 2014-1608 du 26 décembre 2014 relatif à la codification de la partie réglementaire du livre IX du code rural et de la pêche maritime
R. 946-14 (premier, quatrième, cinquième et sixième alinéas)	Résultant du décret n° 2014-1608 du 26 décembre 2014 relatif à la codification de la partie réglementaire du livre IX du code rural et de la pêche maritime
R. 946-15 à R. 946-19	Résultant du décret n° 2014-1608 du 26 décembre 2014 relatif à la codification de la partie réglementaire du livre IX du code rural et de la pêche maritime
R. 946-20 (premier alinéa, première phrase du deuxième alinéa, première phrase du troisième alinéa)	Résultant du décret n° 2014-1608 du 26 décembre 2014 relatif à la codification de la partie réglementaire du livre IX du code rural et de la pêche maritime

DISPOSITIONS APPLICABLES	DANS LEUR RÉDACTION
R. 946-21	Résultant du décret n° 2014-1608 du 26 décembre 2014 relatif à la codification de la partie réglementaire du livre IX du code rural et de la pêche maritime

Les dispositions des articles R. 946-7, R. 946-8 et R. 946-14 à R. 946-21 dans leur rédaction mentionnée au tableau ci-dessus ne sont, en Nouvelle-Calédonie, applicables qu'aux titulaires d'un titre de commandement de navire de pêche répondant aux conditions mentionnées à l'article L. 5765-2 du code des transports.

CHAPITRE VIII TERRES AUSTRALES ET ANTARCTIQUES FRANÇAISES ET ÎLE DE CLIPPERTON

(Décr. n° 2016-781 du 10 juin 2016, art. 10, en vigueur le 1er juill. 2016)

SECTION 1 Champ d'application

Art. D. 958-1 Sous réserve des dispositions applicables de plein droit, les dispositions du présent livre (partie réglementaire) ne s'appliquent dans le territoire des Terres australes et antarctiques françaises ainsi qu'à l'île de Clipperton que dans la mesure et les conditions prévues par le présent chapitre.

SECTION 2 Dispositions particulières aux Terres australes et antarctiques françaises

SOUS-SECTION 1 Dispositions générales

Art. R. 958-2 La zone économique, définie à l'article 1er de la loi du 16 juillet 1976, s'étend au large des côtes des îles Saint-Paul et Amsterdam, de l'archipel Crozet, de l'archipel Kerguelen et des îles Tromelin, Glorieuses, Juan de Nova, Bassas da India et Europa (territoire des Terres australes et antarctiques françaises) depuis la limite extérieure des eaux territoriales jusqu'à 188 milles marins au-delà de cette limite sous réserve d'accords de délimitation avec les États voisins.

Art. R. 958-3 La réglementation de la pêche prévue au présent chapitre a pour objet d'assurer la conservation à long terme et l'exploitation optimale des ressources halieutiques dans les zones des Terres australes et antarctiques placées sous souveraineté ou sous juridiction française situées au large des côtes des îles Saint-Paul et Amsterdam, de l'archipel Crozet, de l'archipel Kerguelen et des îles Tromelin, Glorieuses, Juan de Nova, Bassas da India et Europa. L'exercice de la pêche par tous les navires battant pavillon français, immatriculés dans l'Union européenne ou dans les Terres australes et antarctiques françaises, ou battant pavillon étranger, est mené dans le souci de préserver les écosystèmes marins dans lesquels ces ressources se déploient.

Art. R. 958-4 Les dispositions du présent chapitre ne sont pas applicables à l'exercice de la pêche expérimentale ou scientifique, qui est subordonnée à l'obtention d'une autorisation particulière délivrée par l'autorité désignée à l'article R.* 911-3. Cette autorité réglemente l'exercice de cette pêche dans les conditions prévues aux articles R. 921-76 à R. 921-82 qui sont applicables aux Terres australes et antarctiques françaises.

Art. R. 958-5 L'exercice de la pêche, autre qu'expérimentale ou scientifique, est subordonné à la délivrance à l'armateur d'une autorisation, par navire ou groupe de navires, par l'autorité désignée à l'article R.* 911-3. Cette autorisation détermine la période autorisée, les zones géographiques, les espèces ou groupes d'espèces concernés et les engins de pêche autorisés.

Lorsque la demande d'autorisation requiert, conformément à la réglementation internationale, un avis conforme d'un organisme supranational ou d'un État tiers, le silence gardé par l'autorité administrative mentionnée à l'article R.* 911-3 pendant un délai de deux mois vaut décision de rejet.

Il en va de même lorsque le régime d'autorisation régissant cette demande fait l'objet d'un plafonnement en nombre, puissance ou tonnage.

Art. R. 958-6 Les autorisations de pêche sont délivrées après vérification de la capacité juridique, économique, financière et technique de l'armateur du ou des navires bénéficiaires et en tenant compte notamment :

1° D'un lien économique réel du navire avec le territoire de l'État dont il bat le pavillon, notamment de la direction et du contrôle des navires à partir d'un établissement stable situé sur le territoire de l'État dont le navire bat le pavillon ;

2° Des antériorités des armements dans la pêcherie ;

3° Des orientations du marché ;

4° Des équilibres socio-économiques ;

5° De la participation de l'armateur à des campagnes expérimentales visant à atténuer l'impact des activités de pêche sur l'environnement ;

6° De la participation de l'armateur à des initiatives tendant à la protection de la ressource et de l'environnement ;

7° De l'engagement par l'armateur d'embarquer un contrôleur de pêche, si l'autorité compétente en fait la demande.

Ces critères n'ont pas de caractère cumulatif.

L'autorité désignée à l'article R.* 911-3 fixe, le cas échéant, le nombre d'autorisations susceptibles d'être délivrées, en tenant compte notamment des capacités biologiques de la zone concernée.

Lorsque cette autorité attribue des quotas de pêche en fonction des totaux admissibles de captures prévus aux articles R. 958-12 et R. 958-18, elle peut délivrer aux armateurs qui en font la demande, pour chacun des navires, une autorisation attribuée dans la limite du quota applicable.

Art. R. 958-7 La durée de validité de l'autorisation de pêche ne peut excéder une année. Elle ne peut être ni cédée ni vendue. Le refus opposé à une demande de l'autorisation doit être motivé et notifié au demandeur.

Art. R. 958-8 L'autorisation peut être retirée sans indemnité par l'autorité qui l'a délivrée après que l'intéressé a été mis en mesure de présenter ses observations, dans les cas où :

1° Les caractéristiques ou le mode d'exploitation du navire ont été modifiés et ne répondent plus aux conditions fixées pour la délivrance de l'autorisation ;

2° Le navire a été vendu ou cédé à un titre quelconque.

Lorsque l'autorisation est retirée avant son terme de validité, une autorisation peut être réattribuée à un autre navire.

Le reliquat du quota qui n'a pas été pêché à la date du retrait peut donner lieu à réattribution d'une autorisation, soit à un autre armateur, soit au même armateur pour un autre navire. Les conditions de réattribution d'un reliquat de quota sont identiques à celles de l'attribution d'un quota prévues à l'article R. 958-14.

Art. R. 958-9 Pour les zones maritimes classées en réserve naturelle nationale, les totaux admissibles de captures doivent être conformes aux orientations de leur plan de gestion.

Art. R.* 958-10 Par dérogation aux dispositions de l'article R.* 911-4, l'autorité responsable de la police des pêches dans les eaux sous souveraineté ou juridiction françaises au large du territoire des Terres australes et antarctiques françaises est le préfet de La Réunion.

Art. R. 958-11 Sont applicables aux Terres australes et antarctiques françaises ainsi qu'aux eaux sous souveraineté ou juridiction française s'étendant au large des Terres australes et antarctiques françaises, sous réserve des adaptations prévues au présent chapitre, les dispositions du présent livre (partie réglementaire) mentionnées dans la colonne de gauche du tableau ci-après, dans leur rédaction indiquée dans la colonne de droite du même tableau, sous réserve des adaptations suivantes : — *Tableau mod. par Décr. n° 2017-568 du 19 avr. 2017, art. 2-4° ; Décr. n° 2017-942 du 10 mai 2017, art. 3-IV-2°.*

1° La référence au préfet est remplacée par la référence à l'administrateur supérieur ;
2° La référence au tribunal judiciaire est remplacée par la référence aux juridictions mentionnées à l'article R. 541-1 du code de l'organisation judiciaire ;
3° Outre les agents désignés aux articles R. 941-1 et R. 941-2, sont également chargés des contrôles de police administrative prévus aux articles L. 941-1 et L. 941-2 dans la zone définie à l'article R. 958-2, les personnes chargées d'une mission de contrôle à bord désignées conformément à l'article L. 958-14 ;
(Décr. n° 2017-942 du 10 mai 2017, art. 3-IV-2°) « 4° La référence au règlement (CE) n° 1224/2009 du Conseil du 20 novembre 2009 instituant un régime communautaire de contrôle afin d'assurer le respect des règles de la politique commune de la pêche est remplacée par la référence aux règles applicables en métropole en vertu du règlement (CE) n° 1224/2009 du Conseil du 20 novembre 2009 instituant un régime communautaire de contrôle afin d'assurer le respect des règles de la politique commune de la pêche. »

DISPOSITIONS APPLICABLES	DANS LEUR RÉDACTION
R. 924-1 à R. 924-7	Résultant du décret n° 2017-568 du 19 avril 2017 relatif aux zones de conservation halieutiques
R. 941-1	Résultant du décret n° 2014-1608 du 26 décembre 2014 relatif à la codification de la partie réglementaire du livre IX du code rural et de la pêche maritime
R. 941-4	Résultant du décret n° 2014-1608 du 26 décembre 2014 relatif à la codification de la partie réglementaire du livre IX du code rural et de la pêche maritime
R. 942-1 à R. 942-4	Résultant du décret n° 2014-1608 du 26 décembre 2014 relatif à la codification de la partie réglementaire du livre IX du code rural et de la pêche maritime
R. 943-1 à R. 943-9	Résultant du décret n° 2014-1608 du 26 décembre 2014 relatif à la codification de la partie réglementaire du livre IX du code rural et de la pêche maritime
R. 946-1 à R. 946-19	Résultant du décret n° 2014-1608 du 26 décembre 2014
R. 946-20	Résultant du décret n° 2017-942 du 10 mai 2017
R. 946-21	Résultant du décret n° 2014-1608 du 26 décembre 2014

SOUS-SECTION 2 Dispositions particulières aux Terres australes

Art. R. 958-12 Afin d'assurer la réalisation des objectifs figurant à l'article R. 958-3 au large des côtes des îles Saint-Paul et Amsterdam, de l'archipel Crozet et de l'archipel Kerguelen, l'autorité désignée à l'article R.* 911-3 fixe par arrêté, pour une durée maximum de trois ans, des totaux admissibles de captures par espèces ou groupes d'espèces pour des zones, des périodes d'activité et des engins donnés, après recommandation du Muséum national d'histoire naturelle et avis du ministre des affaires étrangères, du ministre chargé des pêches maritimes et de l'aquaculture marine et du ministre chargé de l'outre-mer.

Art. R. 958-13 Les totaux admissibles de captures peuvent être répartis, par arrêté de l'autorité désignée à l'article R.* 911-3, entre les armements disposant d'une autorisation en cours de validité pour au moins un navire de pêche dans la zone économique mentionnée à l'article R. 958-12.

La répartition de chaque total admissible de captures est effectuée en tenant compte :

1° Des antériorités des armements dans la pêcherie ;

2° Des antériorités de pêche dans les autres pêcheries des Terres australes et antarctiques françaises ;

3° Du respect par leur capitaine de navire de la réglementation en vigueur ;

4° Des orientations du marché ;

5° Des équilibres socio-économiques ;

6° De la participation à des campagnes expérimentales visant à atténuer l'impact des activités de pêche sur l'environnement ;

7° De la participation à des initiatives tendant à la protection de la ressource et de l'environnement.

Ces critères n'ont pas de caractère cumulatif.

La répartition peut être effectuée pour plusieurs années en définissant la part relative de chaque armement pour la période retenue. Dans ce cas, le quota annuel de chaque armement est calculé en fonction du niveau du total admissible de captures retenu pour l'année considérée.

Art. R. 958-14 Au cours de la période de gestion, un quota sous-consommé peut être transféré, par arrêté de l'autorité désignée à l'article R.* 911-3, d'un armement vers un autre navire du même armement ou vers un autre armement disposant d'une autorisation en cours de validité. Les modalités de ce transfert sont précisées par arrêté de cette autorité.

Art. R. 958-15 L'autorité désignée à l'article R.* 911-3 détermine par arrêté, sur la base des éléments communiqués par le ou les instituts scientifiques concernés, après avis du ministre des affaires étrangères, du ministre chargé des pêches maritimes et de l'aquaculture marine et du ministre chargé de l'outre-mer, les règles relatives à :

1° L'interdiction permanente ou temporaire et la réglementation de l'exercice de la pêche de toutes ou de certaines espèces dans certaines zones ;

2° La taille ou le poids des captures en dessous desquels celles-ci doivent être aussitôt rejetées ;

3° La proportion de captures inférieures à la taille ou au poids minimaux mentionnés au 2° au-dessus de laquelle les opérations de pêche peuvent être interrompues ;

4° Les règles relatives au traitement des espèces non commercialisées ;

5° Les règles encadrant la mise en œuvre de procédés expérimentaux ;

6° Les obligations et interdictions relatives à l'atténuation des captures accidentelles d'oiseaux, de reptiles et de mammifères marins ;

7° Les règles relatives aux engins, instruments et appareils utilisés à des fins de pêche, à la dimension du maillage des filets et aux caractéristiques techniques des navires ;

8° Les règles relatives aux heures et aux saisons ouvertes à la pêche ;

9° Les profondeurs de pêche autorisées ;

10° L'autorisation ou l'interdiction de certains types ou procédés de pêche ;

11° La définition du pourcentage maximal de prises accessoires de certaines espèces pour certains types de pêche ou avec certains engins ;

12° La réglementation de l'emploi des appâts ;

13° Les conditions d'exécution d'opérations accessoires de la pêche à bord des navires ;

14° Les règles relatives aux rejets de captures, principales ou accessoires, et aux rejets de résidus d'usine ou d'appâts ;

15° Les obligations en matière de marquage et de recapture ;

16° Les obligations à l'égard des observateurs, contrôleurs et inspecteurs des pêcheries, et du matériel qui est mis à leur disposition ;

17° Le lieu de débarquement des captures ;

18° La prohibition de la mise en vente, de l'achat et du transport des produits dont la pêche est interdite ;

19° La définition des conditions de récolte des végétaux marins ;

20° Les conditions de délimitation des zones interdites à toute pêche ou la définition des restrictions de pêche destinées à favoriser l'implantation des structures artificielles aux fins d'exploitation et de mise en valeur des ressources biologiques ;

21° L'enregistrement des captures, l'établissement de documents obligatoires par le producteur ou, le cas échéant, l'acheteur des produits de la pêche, les délais de transmission de ces documents à l'autorité compétente ;

22° L'enregistrement et la communication des données requises dans le cadre du système de surveillance des navires de pêche par satellite ou de tout autre moyen de repérage ;

23° La détermination des conditions de conservation, de reproduction, de reconstitution des ressources de pêche et d'enrichissement ou de repeuplement des fonds ;

24° La détermination des secteurs et sous-secteurs de pêche à l'intérieur d'une zone économique exclusive et les règles de fréquentation de ces secteurs et sous-secteurs ;

25° Les interdictions de rejets en mer d'objets en matière non dégradable.

Ces règles peuvent être différentes pour chaque zone de pêche, selon ses spécificités.

Art. R. 958-16 Lorsqu'un total admissible de captures est réputé épuisé, la poursuite de la pêche de l'espèce ou du groupe d'espèces par les armements concernés est interdite par arrêté de l'autorité désignée à l'article R.* 911-3.

SOUS-SECTION 3 **Dispositions particulières aux îles Éparses**

Art. R. 958-17 A défaut de représentants des administrations prévues à l'article 31 du décret n° 71-360 du 6 mai 1971 portant application de la loi n° 68-1181 du 30 décembre 1968 relative à l'exploration du plateau continental et à l'exploitation de ses ressources naturelles pour siéger à la commission d'études des programmes mentionnée à l'article 8 de ce décret, des représentants des administrations concernées ou des organismes scientifiques compétentes pour le territoire leur sont substitués par l'autorité désignée à l'article R.* 911-3.

Art. R. 958-18 Afin d'assurer la réalisation des objectifs figurant à l'article R. 958-3 au large des côtes des îles Tromelin, Glorieuses, Juan de Nova, Bassas da India et Europa, l'autorité désignée à l'article R.* 911-3 peut fixer par arrêté, pour une durée maximum de trois ans, des totaux admissibles de captures, par espèces ou groupes d'espèces pour des zones, des périodes d'activité et des engins donnés, après avis des instituts scientifiques concernés ainsi que du ministre des affaires étrangères, du ministre chargé des pêches maritimes et de l'aquaculture marine et du ministre chargé de l'outre-mer.

Art. R. 958-19 L'autorité désignée à l'article R.* 911-3 détermine par arrêté, sur la base des éléments communiqués par le ou les instituts scientifiques concernés, après avis du ministre des affaires étrangères, du ministre chargé des pêches maritimes et de l'aquaculture marine et du ministre chargé de l'outre-mer, les règles relatives à :

1° L'interdiction permanente ou temporaire et la réglementation de l'exercice de la pêche de toutes ou de certaines espèces dans certaines zones ;

2° La taille ou le poids des captures en dessous desquels celles-ci doivent être aussitôt rejetées ;

3° La proportion de captures inférieures à la taille ou au poids minimaux mentionnés au 2° au-dessus de laquelle les opérations de pêche peuvent être interrompues ;

4° Les règles relatives au traitement des espèces non commercialisées ;

5° Les règles encadrant la mise en œuvre de procédés expérimentaux ;

6° Les obligations et interdictions relatives à l'atténuation des captures accidentelles d'oiseaux, de reptiles et de mammifères marins ;

7° Les règles relatives aux engins, instruments et appareils utilisés à des fins de pêche, à la dimension du maillage des filets et aux caractéristiques techniques des navires ;

8° Les règles relatives aux heures et aux saisons ouvertes à la pêche ;

9° Les profondeurs de pêche autorisées ;

10° L'autorisation ou l'interdiction de certains types ou procédés de pêche ;
11° La définition du pourcentage maximal de prises accessoires de certaines espèces pour certains types de pêche ou avec certains engins ;
12° La réglementation de l'emploi des appâts ;
13° Les conditions d'exécution d'opérations accessoires de la pêche à bord des navires ;
14° Les règles relatives aux rejets de captures, principales ou accessoires, et aux rejets de résidus d'usine ou d'appâts ;
15° Les obligations en matière de marquage et de recapture ;
16° Les obligations à l'égard des observateurs, contrôleurs et inspecteurs des pêcheries, et du matériel qui est mis à leur disposition ;
17° Le lieu de débarquement des captures ;
18° La prohibition de la mise en vente, de l'achat et du transport des produits dont la pêche est interdite ;
19° La définition des conditions de récolte des végétaux marins ;
20° Les conditions de délimitation des zones interdites à toute pêche ou la définition des restrictions de pêche destinées à favoriser l'implantation des structures artificielles aux fins d'exploitation et de mise en valeur des ressources biologiques ;
21° L'enregistrement des captures, l'établissement de documents obligatoires par le producteur ou, le cas échéant, l'acheteur des produits de la pêche, les délais de transmission de ces documents à l'autorité compétente ;
22° L'enregistrement et la communication des données requises dans le cadre du système de surveillance des navires de pêche par satellite ou de tout autre moyen de repérage ;
23° La détermination des conditions de conservation, de reproduction, de reconstitution des ressources de pêche et d'enrichissement ou de repeuplement des fonds ;
24° La détermination des secteurs et sous-secteurs de pêche à l'intérieur d'une zone économique exclusive et les règles de fréquentation de ces secteurs et sous-secteurs ;
25° Les interdictions de rejets en mer d'objets en matière non dégradable.
Ces règles peuvent être différentes pour chaque zone de pêche, selon ses spécificités.

Art. R. 958-20 Lorsqu'un total admissible de captures est réputé épuisé, la poursuite de la pêche de l'espèce ou du groupe d'espèces par les armements concernés est interdite par arrêté de l'autorité désignée à l'article R.* 911-3.

Art. R. 958-21 La pêche, le débarquement et le transport des poissons, crustacés, mollusques et autres animaux marins dont la taille ou le poids n'est pas conforme aux spécifications prévues par la réglementation en vigueur peuvent être autorisés lorsqu'ils ont pour objet soit l'approvisionnement de parcs ou d'autres établissements d'élevage, soit le repeuplement de certains espaces maritimes.
L'autorisation est délivrée par l'autorité désignée à l'article R.* 911-3.

SOUS-SECTION 4 **Dispositions particulières aux navires battant pavillon d'un État étranger**

Art. R. 958-22 Des autorisations peuvent être accordées par l'autorité désignée à l'article R.* 911-3 dans les conditions définies à l'article R. 958-6 et après avis du ministre des affaires étrangères, du ministre chargé de la pêche maritime et du ministre chargé de l'outre-mer, aux navires battant pavillon d'un État étranger. Ces autorisations de pêche sont délivrées en fonction de l'état de la ressource et de sa disponibilité dans les conditions prévues par le présent chapitre.
Le silence gardé par l'autorité administrative mentionnée à l'article R.* 911-3 pendant un délai de deux mois vaut décision de rejet.

Art. R. 958-23 Toute demande d'autorisation comporte les informations suivantes :
1° Nom du navire ;
2° Numéro et port d'immatriculation ;
3° Marques extérieures d'identification ;
4° Nom et adresse du propriétaire ou de l'affréteur ;
5° Tonnage brut ;
6° Longueur hors tout ;

7° Puissance du moteur ou des moteurs ;
8° Signal distinctif ;
9° Fréquences radios utilisées ;
10° Méthode de pêche ;
11° Espèces qu'il est prévu de capturer ;
12° Période de pêche pour laquelle l'autorisation est sollicitée.

Art. R. 958-24 Dans le cas où plusieurs navires participent à une même opération de pêche, chacun des navires doit être détenteur d'une autorisation de pêche individuelle.

Art. R. 958-25 Un navire détenteur d'une autorisation doit, pour pouvoir pêcher, se conformer aux prescriptions suivantes :

1° L'original de l'autorisation est détenu à bord ;

2° Le capitaine tient un journal de pêche ;

3° Le capitaine communique, par messages radiotéléphoniques ou électroniques, les mouvements d'entrée et de sortie du navire, les captures effectuées, les secteurs fréquentés ;

4° Le nom du navire est indiqué de manière très visible en caractères latins de 6 cm au moins d'épaisseur de trait et de 45 cm au moins de hauteur, en lettres blanches sur fond noir, de chaque côté de la passerelle de navigation et à hauteur de celle-ci ;

5° Le signal distinctif du navire est peint sur la partie supérieure des superstructures en lettres de couleur rouge sur fond blanc, d'une épaisseur de trait de 6 cm au moins et de 45 cm de hauteur au moins, disposées de telle sorte qu'elles soient visibles par un observateur aérien survolant le navire en suivant la même route que ce dernier.

Art. R. 958-26 Les autorisations sont délivrées par décision l'autorité désignée à l'article R.* 911-3.

Le modèle et la durée des autorisations, la forme et les indications du journal de pêche, la périodicité, le contenu et les modalités de transmission des messages prévus à l'article R. 958-25 et toutes autres formalités pratiques rendues nécessaires pour l'application du présent chapitre sont fixés de la même manière.

SECTION 3 Dispositions particulières à l'île de Clipperton

Art. R. 958-27 Sans préjudice des dispositions d'accords spécifiques conclus avec des États tiers, l'exercice de la pêche par des navires autorisés battant pavillon d'un État étranger dans la zone économique de l'île de Clipperton est subordonné à l'octroi d'une autorisation dans les conditions prévues à la présente section.

Les navires d'assistance étrangers opérant dans la zone économique exclusive de Clipperton doivent également disposer d'une autorisation et sont soumis aux mêmes obligations.

L'exercice de la pêche par d'autres navires étrangers que ceux disposant d'une autorisation est interdite.

Les dispositions de la présente section ne sont pas applicables à l'exercice de la pêche scientifique.

Le silence gardé par l'autorité administrative mentionnée à l'article R.* 911-3 pendant un délai de deux mois sur les demandes d'autorisation mentionnées au présent article vaut décision de rejet.

Art. D. 958-28 Les autorisations sont délivrées par décision de l'autorité mentionnée à l'article R.* 911-3, après avis du ministre des affaires étrangères, du ministre chargé des pêches maritimes et de l'aquaculture marine et du ministre chargé de l'outre-mer.

Le cas échéant, cette autorité fixe par arrêté, après avis conforme de ces ministres, le nombre maximal d'autorisations susceptibles d'être délivrées, en tenant compte notamment des capacités biologiques de la zone concernée.

Elle peut également fixer par arrêté une limite de capture par navire.

Art. R. 958-29 Les informations qui doivent être communiquées par l'armement lors de la demande d'autorisation ainsi que la procédure de délivrance sont définies par arrêté de l'autorité mentionnée à l'article R.* 911-3, après avis conforme du ministre des affaires étrangères, du ministre chargé des pêches maritimes et de l'aquaculture marine et du ministre chargé de l'outre-mer.

Les autorisations de pêche sont délivrées après vérification de la capacité juridique, économique, financière et technique de l'armement bénéficiaire en tenant compte notamment :

1° D'un lien économique réel du navire avec le territoire de l'État dont il bat le pavillon, notamment de la direction et du contrôle des navires à partir d'un établissement stable situé sur le territoire de l'État dont le navire bat le pavillon ;

2° Des antériorités dans la pêcherie ;

3° Des orientations du marché ;

4° Des équilibres socio-économiques ;

5° De l'engagement d'embarquer un contrôleur de pêche ou un observateur scientifique, si le préfet en fait la demande ;

6° De la participation de l'armateur à des campagnes expérimentales visant à atténuer l'impact des activités de pêche sur l'environnement ou à des initiatives tendant à la protection de la ressource et de l'environnement ;

7° Des infractions éventuellement commises lors des années précédentes ;

8° De l'éventuelle inscription du navire ou de l'armateur sur une liste de navires ou d'opérateurs impliqués dans des activités de pêche illégale (pêche illicite, non déclarée et non réglementée) établie par l'Union européenne ou par une organisation régionale de gestion des pêches.

Art. R. 958-30 Chaque autorisation peut déterminer, en particulier, la période et les zones de pêche autorisées, les espèces ou groupes d'espèces concernés et les engins de pêche autorisés.

Un navire détenteur d'une autorisation doit, pour pouvoir pêcher, se conformer à la réglementation applicable, aux mesures de conservation ou de gestion applicables adoptées par une organisation régionale de gestion des pêches compétente et aux prescriptions techniques annexées à l'autorisation.

Ces prescriptions techniques peuvent fixer notamment les modalités :

1° D'interdiction de pêche de certaines espèces ou d'utilisation de certains engins de pêche ;

2° De déclaration des captures des espèces principalement ciblées et des prises accessoires ;

3° D'atténuation des captures accidentelles d'oiseaux, de reptiles et de mammifères marins ;

4° D'interdiction de certaines espèces ;

5° D'interdiction de rejet en mer d'objets en matière non dégradable ;

6° De déclaration d'entrée et de sortie de la zone économique de Clipperton ;

7° D'identification et de suivi par tout moyen des navires autorisés ;

8° D'embarquement ou de transfert et d'accueil d'un contrôleur de pêche ou d'un observateur scientifique.

Art. R. 958-31 La durée de validité de l'autorisation de pêche, qui ne peut excéder une année, cesse au 31 décembre de l'année de délivrance.

L'autorisation doit être conservée à bord en permanence ; elle ne peut être ni cédée ni vendue.

Le refus opposé à une demande d'autorisation doit être motivé et notifié au demandeur.

Art. D. 958-32 La délivrance d'une autorisation peut donner lieu au versement d'une contrepartie financière par l'armement, selon des modalités fixées par arrêté de l'autorité mentionnée à l'article R.* 911-3, après avis conforme du ministre des affaires étrangères, du ministre chargé des pêches maritimes et de l'aquaculture marine et du ministre chargé de l'outre-mer.

La contrepartie financière annuelle comprend une part fixe, qui doit être réglée avant la délivrance des autorisations, et une part variable.

La part fixe comprend un montant couvrant un poids forfaitaire de captures dans la zone économique de Clipperton. Elle peut également comprendre une redevance pour frais de surveillance et d'observation.

La part variable s'applique pour les captures au-delà d'un certain tonnage et doit être payée dans un délai de deux mois après la fin de la campagne et au plus tard le 1er novembre de l'année en cours.

Les captures accessoires, dont la comptabilité doit être tenue, font également l'objet d'une contrepartie financière.

Tout manquement des armements aux obligations du présent article entraîne la suspension immédiate de la licence par l'autorité qui l'a délivrée.

Art. R. 958-33 L'autorisation peut être retirée sans indemnité par l'autorité mentionnée à l'article R.* 911-3 après que l'armement concerné a été mis en mesure de présenter ses observations, dans les cas où :

1° Les dispositions de la présente section ou prises en application de la présente section ou les prescriptions techniques annexées à l'autorisation n'ont pas été respectées ;

2° Le contrôleur de pêche ou l'observateur scientifique embarqué a été entravé de quelque manière que ce soit dans l'exercice de ses fonctions ou missions, y compris du fait d'un manque de coopération de la part de l'équipage ;

3° Les caractéristiques ou le mode d'exploitation du navire ont été modifiés et ne répondent plus aux conditions fixées pour la délivrance de l'autorisation ;

4° Le navire a été vendu ou cédé à un titre quelconque.

Art. R. 958-34 A défaut de représentants des administrations prévues à l'article 31 du décret n° 71-360 du 6 mai 1971 portant application de la loi n° 68-1181 du 30 décembre 1968 relative à l'exploration du plateau continental et à l'exploitation de ses ressources naturelles pour siéger à la commission d'études des programmes mentionnée à l'article 8 de ce décret, des représentants des administrations concernées ou des organismes scientifiques compétents pour le territoire leur sont substitués par l'autorité désignée à l'article R.* 911-3.

Code rural *[ancien]*

Aux termes de l'art. 11 de l'Ord. n° 2000-550 du 15 juin 2000 (JO 22 juin), les articles ci-dessous, résiduels du code rural issu des décrets des 16 avr. 1955 et 27 sept. 1955, sont regroupés sous l'appellation de code rural ancien.

ANIMAUX ET VÉGÉTAUX

Médecine vétérinaire

Art. 317 Ne peuvent faire partie d'un conseil régional de l'Ordre ou du conseil supérieur de l'Ordre les vétérinaires ou docteurs vétérinaires qui ont fait l'objet :

Soit d'une sanction prononcée en application de l'ordonnance du 28 novembre 1944 modifiée, relative à la répression des faits de collaboration ;

Soit d'une condamnation pour indignité nationale en application de l'ordonnance du 26 décembre 1944 modifiée, portant modification et codification des textes relatifs à l'indignité nationale ;

Soit d'une sanction prononcée en application de l'ordonnance du 27 juin 1944 modifiée, relative à l'épuration administrative.

Contrôle sanitaire des végétaux

Art. 357 Le contrôle sanitaire donne lieu à la perception de droits dont le taux et le mode de recouvrement sont fixés par des arrêtés concertés des ministres des finances et de l'agriculture.

CHAMBRES D'AGRICULTURE

Art. 545-2 *Al. 1er abrogé par Décr. n° 81-276 du 18 mars 1981.*

(Décr. n° 61-1065 du 21 sept. 1961) Indépendamment des ressources spéciales qui lui seront attribuées, notamment sous forme de dotations, subventions, avances, annuités ou prêts, le fonds national de péréquation et d'action professionnelle des chambres d'agriculture est alimenté par la fraction qui lui est affectée de l'imposition additionnelle à la contribution foncière des propriétés non bâties ou, dans les départements du Bas-Rhin, du Haut-Rhin et de la Moselle, à la taxe foncière sur les propriétés non bâties visée à l'article 30 précité de la loi *[n° 59-1472]* du 28 décembre 1959.

Un décret pris sur le rapport du ministre de l'agriculture et du ministre des finances et des affaires économiques fixe les conditions de fonctionnement et de gestion du fonds national de péréquation et d'action professionnelle des chambres d'agriculture.

CRÉDIT À COURT TERME - GARANTIE SUR RÉCOLTES DE VIN

Art. 661 Les prêts consentis à des producteurs de vin, à leurs coopératives agricoles et aux unions constituées par ces dernières peuvent, dans les conditions ci-après indiquées, faire l'objet, si ces récoltes ne sont pas déjà warrantées, d'un engagement de garantie sur récoltes souscrit auprès de l'administration des contributions indirectes dans les conditions fixées par le décret du 23 octobre 1935 accordant des facilités nouvelles aux viticulteurs pour le financement de leurs récoltes.

1. La qualité de commerçant du débiteur ne fait pas obstacle à la souscription par lui d'un engagement de garantie sur récoltes dès lors que sa qualité de producteur de vin est établie. • Com. 12 janv. 2010, ☎ n° 08-17.420.

2. L'engagement de garantie est mis à la disposition des producteurs de vin, dont l'activité, qui est plus large que celle de viticulteur, doit notamment s'étendre au négociant manipulant, comme la société CD, qui élabore le vin de champagne avant de le commercialiser. • Com. 26 janv. 2016, ☎ n° 14-23.390 : *RD rur. 2016, n° 167, note Georgopoulos.*

Art. 662 La caisse nationale de crédit agricole et les caisses régionales de crédit agricole mutuel peuvent recevoir les engagements de garantie sur récoltes de vin comme effets de commerce avec dispense d'une des signatures habituellement exigées.

Le privilège et les droits qui y sont attachés peuvent être transmis par voie d'endossement.

ASSURANCE VIEILLESSE DES PERSONNES NON SALARIÉES

Art. 1107 Une allocation de vieillesse est versée, sauf aux artisans ruraux, aux personnes non salariées exerçant les professions énumérées à l'article 1060 *[C. rur., art. L. 722-4]* ou dont la dernière activité professionnelle a consisté dans l'exercice de l'une de ces professions.

Le privilège et les droits qui y sont attachés peuvent être transmis par voie d'endossement.

ASSURANCES ET FONDS SPÉCIAUX AUX ACCIDENTS DU TRAVAIL AGRICOLE

Art. 1207 Toutes les fois qu'un militaire, titulaire d'une pension militaire d'invalidité, a été victime d'un accident du travail survenu dans les conditions prévues au chapitre I du présent titre *[sur l'assurance obligatoire des salariés contre les accidents du travail et les maladies professionnelles : V. C. rur., art. L. 751-1 s.]* l'ordonnance du président ou le jugement du tribunal qui fixe le montant des rentes pouvant résulter tant de sa mort que de la réduction permanente de sa capacité de travail doit indiquer expressément :

1° Si l'accident a eu pour cause exclusive l'infirmité de guerre préexistante ;

2° Si la réduction permanente de capacité résultant de l'accident a été aggravée par le fait de ladite infirmité et dans quelle proportion.

Dans le premier cas, le chef d'entreprise est exonéré de la totalité des rentes allouées à la victime ou à ses ayants droit par l'ordonnance ou le jugement et, dans le second cas, de la quotité desdites rentes correspondant à l'aggravation ainsi déterminée.

Le capital représentatif des rentes auxquelles s'applique cette exonération est versé à la Caisse nationale d'assurance sur la vie, par prélèvement sur les ressources *(L. n° 83-1071 du 14 déc. 1983)* « du fonds commun des accidents du travail agricole ».

Art. 1211 Sous réserve des dispositions ci-après, la réparation des accidents du travail résultant directement de faits de guerre étrangère, survenus depuis le 3 septembre 1939, est assurée dans les conditions fixées au présent titre.

Art. 1212 Sauf cas de force majeure dûment établi, l'accident doit faire, dans un délai d'un mois au plus, l'objet d'une déclaration spéciale adressée par l'employeur au ministre de l'agriculture. — *V. note ss. art. 1213.*

Cette déclaration doit être accompagnée d'une copie certifiée conforme de la déclaration adressée à la mairie et du certificat médical joint à celle-ci.

Elle doit en outre contenir l'énonciation des circonstances qui établissent que l'accident résulte directement d'un fait de guerre et être accompagnée des attestations écrites que l'employeur est en mesure de produire à ce sujet.

Art. 1213 A peine de forclusion, l'employeur doit, soit par lui-même, soit par l'assureur qui a accepté de le représenter, mettre en cause le ministre de l'agriculture devant le président du tribunal judiciaire et dans toute instance engagée au sujet des accidents.

Il doit fournir au ministre, ou à son représentant, tous les renseignements et documents qui lui sont demandés à raison de l'instance engagée et lui transmettre les significations et autres actes de procédure qu'il reçoit. — *La Caisse des dépôts et consignations exerce les attributions dévolues au ministre de l'agriculture par les articles 1212 et 1213 (Décr. n° 57-1360 du 30 déc. 1957, art. 2-IV).*

Art. 1214 *(L. n° 60-774 du 30 juill. 1960)* « Lorsqu'il est établi que l'accident résulte directement d'un des faits de guerre visés à l'article 1211, *(L. n° 83-1071 du 14 déc. 1983)* « le fonds commun des accidents du travail agricole » prend les lieu et place » de l'employeur dans l'instance engagée et lui est substitué *(L. n° 72-965 du 25 oct. 1972)* « dans les conditions prévues par la législation en vigueur pour les professions agricoles antérieurement au 1er juillet 1973 », pour le règlement des indemnités dues à la victime de l'accident ou à ses ayants droit.

(Décr. n° 57-1360 du 30 déc. 1957) Le service des rentes prises en charge par *(L. n° 83-1071 du 14 déc. 1983)* « le fonds commun des accidents du travail agricole » est assuré par la Caisse nationale d'assurance sur la vie après versement à celle-ci par le fonds, des capitaux constitutifs desdites rentes.

Art. 1215 Un décret rendu sur la proposition du ministre de l'agriculture et du ministre des finances fixe :

Les modalités du règlement des sinistres par *(L. n° 83-1071 du 14 déc. 1983)* « le fonds commun des accidents du travail agricole » ;

Les conditions d'application des articles 1211 et suivants aux employeurs ayant obtenu d'un organisme d'assurance contre les accidents du travail la couverture des risques définis au présent chapitre, la garantie de l'assurance ayant cessé de plein droit à la date du 25 octobre 1940 ;

Les mesures administratives propres à l'exécution des dispositions des articles 1211 et suivants.

Art. 1228 Conformément aux dispositions de l'article 25 de la loi du 2 septembre 1954, le bénéfice des dispositions des articles 1217 à 1222 *[C. rur., art. L. 753-8 et L. 753-15]* est accordé de plein droit, avec effet du 1er septembre 1954, aux victimes ou ayants droit de victimes d'accidents du travail si, à la date du 12 septembre 1954, ils bénéficiaient des dispositions législatives antérieures ayant même objet ou si, remplissant les conditions pour en bénéficier, ils avaient, à la même date, adressé une demande à cet effet au directeur général de la Caisse des dépôts et consignations.

Les victimes ou ayants droit de victimes d'accidents du travail visés au précédent alinéa, dont les rentes sont revalorisables conformément aux dispositions des articles 1217 et suivants, mais qui, avant le 12 septembre 1954, n'avaient pas réclamé le bénéfice de majorations de rentes ou qui ne pouvaient y prétendre, ainsi que *(L. n° 72-965 du 25 oct. 1972)* « les bénéficiaires du supplément de rente accordé en vertu de la législation en vigueur pour les professions agricoles antérieurement au 1er juillet 1973 en raison de la faute inexcusable de l'employeur », doivent adresser une demande au directeur général de la Caisse des dépôts et consignations.

Si cette demande est antérieure au 1er septembre 1955, le bénéfice de la revalorisation leur est accordé avec effet du 1er septembre 1954.

Les demandes présentées à partir du 1er septembre 1955 n'auront effet qu'à compter de la première échéance trimestrielle de la Caisse nationale d'assurances sur la vie qui suivra la présentation de la demande. Toutefois, elles auront effet de la date d'entrée en jouissance de la rente principale si elles sont présentées dans le délai de six mois à compter de la date de la décision qui a fixé le montant de ladite rente. Quelle que soit la date d'effet de la demande, il est toujours tenu compte des augmentations appliquées aux rentes à cette date.

DISPOSITIONS SPÉCIALES CONCERNANT LES DÉPARTEMENTS DU HAUT-RHIN, DU BAS-RHIN ET DE LA MOSELLE

Art. 1253 Les accidents du travail qui se sont produits à un moment où la profession des victimes n'était pas encore assujettie à l'assurance-accidents et qui, s'ils étaient survenus après cet assujettissement, auraient été indemnisés conformément au livre III du code des assurances sociales en vigueur dans les départements du Bas-Rhin, du Haut-Rhin et de la Moselle, donnent droit à une allocation au profit desdites victimes ou, en cas d'accidents mortels, au profit de leurs ayants droit.

Ces allocations sont attribuées, sans condition de résidence, dans les conditions et sur les bases prévues pour les allocations instituées par l'article 1231 *[C. rur., art. L. 753-14 s.]* compte tenu des dispositions en vigueur de la loi locale.

Les allocations prévues à l'alinéa précédent sont égales aux rentes éventuellement majorées que les titulaires auraient obtenues par application des dispositions du livre III dudit code local des assurances sociales et de l'article 1231, deuxième alinéa *[C. rur., art. L. 753-15]*, du présent code.

Les demandes tendant à l'obtention desdites allocations sont adressées à la caisse d'assurances-accidents à laquelle incomberait l'indemnisation de l'accident s'il était survenu au moment de la demande. Les demandes présentées à partir du 1er juin 1946 prennent effet du premier jour du mois suivant leur réception par la caisse.

La caisse, saisie d'une demande conformément à l'alinéa 4 du présent article, statue dans les mêmes conditions que sur les demandes de rentes, sans préjudice des voies de recours instituées par le code rural.

Les allocations sont à la charge des caisses qui les ont liquidées. — *V. pour la suppression de la subvention annuelle prévue à l'art. 2 de la loi du 27 juill. 1930, pour les accidentés du travail, Décr. n° 57-904 du 5 août 1957, art. 15 (JO 9 août).*

Art. 1254 *(L. n° 66-419 du 18 juin 1966)* Les dispositions de l'article 1253 sont également applicables aux assurés des professions agricoles et forestières visés à l'article 1251 *[C. rur., art. L. 761-16]*, victimes d'accidents survenus ou de maladies constatées alors que lesdits accidents ou maladies ne pouvaient donner lieu à indemnisation aux termes de la législation alors en vigueur, ou à leurs ayants droit, lorsqu'ils apportent la preuve qu'ils auraient rempli et continuent à remplir l'ensemble des conditions exigées pour obtenir une rente par les dispositions nouvelles modifiant ou complétant ladite législation.

Toutefois, l'allocation prend effet de la date de présentation de la demande.

Art. 1254-1 *(L. n° 66-419 du 18 juin 1966)* Les bénéficiaires des articles 1253 et 1254, dont le droit à l'appareillage a été reconnu dans les formes légales, reçoivent les appareils de prothèse ou d'orthopédie nécessaires en raison de leur infirmté, suivant les modalités techniques de fourniture, de réparation et de renouvellement prévues pour les victimes d'accidents du travail régis par le livre IV du code de la sécurité sociale.

Les caisses statuent sur le droit à l'appareillage dans les conditions fixées à l'article 1253 et supportent les dépenses résultant de l'application du présent article.

Art. 1255 *(L. n° 66-419 du 18 juin 1966)* Dans les cas visés aux articles 1253, 1254 et 1254-1, la caisse d'assurances-accidents ou, selon le cas, l'État employeur sont subrogés dans les droits que la victime pourrait faire valoir contre les tiers responsables.

Si l'accident ou la maladie a donné lieu à réparation, l'allocation est réduite du montant de la rente correspondant à la réparation accordée, éventuellement revalorisée dans les conditions fixées par un décret en Conseil d'État. — *V. Décr. n° 67-1075 du 4 déc. 1967, art. 16-I (JO 9 déc.).*

Art. 1261 Un décret pris sur le rapport du ministre de l'agriculture et du ministre du travail et de la sécurité sociale fixe les règles relatives à la coordination entre le régime d'assurances sociales prévu par les articles 1257 à 1263 *[C. rur., art. L. 761-1 s.]* et le régime général de la sécurité sociale. Il fixe spécialement :

Dans quelles conditions sera supportée par chacun des deux régimes la charge des pensions de vieillesse, d'invalidité, de veufs et de veuves actuellement en cours ;

Dans quelles mesures la propriété et l'usage des institutions et du patrimoine appartenant, à la date du 1er juin 1947, au régime d'assurances sociales alors commun aux professions agricoles et non agricoles et gérés à la date du 5 juin 1951 par les caisses de sécurité sociale des trois départements seront transférées aux organismes agricoles d'assurances sociales et dans quelles conditions les assurés agricoles peuvent bénéficier de ces institutions.

Les allocations prévues à l'alinéa précédent sont égales aux rentes éventuellement majorées que les titulaires auraient obtenues par application des dispositions du livre III dudit code local des assurances sociales et de l'article 1231, deuxième alinéa [C. rur., art. L. 753-15], du présent code.

Les demandes tendant à l'obtention desdites allocations sont adressées à la caisse d'assurances accidents à laquelle incomberait l'indemnisation de l'accident s'il était survenu au moment de la demande. Les demandes présentées à partir du 1er juin 1946 prennent effet du premier jour du mois suivant leur réception par la caisse.

La caisse, saisie d'une demande conformément à l'alinéa 4 du présent article, statue dans les mêmes conditions que sur les demandes de rentes, sans préjudice des voies de recours instituées par le code rural.

Les allocations sont à la charge des caisses qui les ont liquidées. — *V. pour la suppression de la subvention annuelle prévue à l'art. 2 de la loi du 22 juill. 1930, pour les accidents du travail, Décr. n° 57-904 du 5 août 1957, art. 15 (JO 9 août).*

Art. 1254 *(L. n° 66-419 du 18 juin 1966)* Les dispositions de l'article 1253 sont également applicables aux assurés des professions agricoles et forestières visés à l'article 1251 [C. rur., art. L. 761-16], victimes d'accidents survenus ou de maladies constatées alors que lesdits accidents ou maladies ne pouvaient donner lieu à indemnisation aux termes de la législation alors en vigueur, ou à leurs ayants droit, lorsqu'ils apportent la preuve qu'ils auraient rempli et continuent à remplir l'ensemble des conditions exigées pour obtenir une rente par les dispositions nouvelles modifiant ou complétant ladite législation.

Toutefois, l'allocation prend effet de la date de présentation de la demande.

Art. 1254-1 *(L. n° 66-419 du 18 juin 1966)* Les bénéficiaires des articles 1253 et 1254, dont le droit à l'appareillage a été reconnu dans les formes légales, reçoivent les appareils de prothèse ou d'orthopédie nécessaires en raison de leur infirmité, suivant les modalités techniques de fourniture, de réparation et de renouvellement prévues pour les victimes d'accidents du travail régis par le livre IV du code de la sécurité sociale.

Les caisses statuent sur le droit à l'appareillage dans les conditions fixées à l'article 1253 et supportent les dépenses résultant de l'application du présent article.

Art. 1255 *(L. n° 66-419 du 18 juin 1966)* Dans les cas visés aux articles 1253, 1254 et 1254-1, la caisse d'assurances accidents ou, selon le cas, l'État employeur sont subrogés dans les droits que la victime pourrait faire valoir contre les tiers responsables.

Si l'accident ou la maladie a donné lieu à réparation, l'allocation est réduite du montant de la rente correspondant à la réparation accordée, éventuellement revalorisée dans les conditions fixées par un décret en Conseil d'État. — *V. Décr. n° 67-1075 du 4 déc. 1967, art. 1er-1 (JO 9 déc.).*

Art. 1261 Un décret pris sur le rapport du ministre de l'agriculture et du ministre du travail et de la sécurité sociale fixe les règles relatives à la coordination entre le régime d'assurances sociales prévu par les articles 1257 à 1263 [C. rur., art. L. 761-4 s.] et le régime général de la sécurité sociale. Il fixe spécialement :

Dans quelles conditions sera supportée par chacun des deux régimes la charge des pensions de vieillesse, d'invalidité, de veufs et de veuves actuellement en cours ;

Dans quelles mesures la propriété et l'usage des institutions et du patrimoine appartenant, à la date du 1er juin 1947, au régime d'assurances sociales alors commun aux professions agricoles et non agricoles et gérés à la date du 5 juin 1951 par les caisses de sécurité sociale des trois départements seront transférés aux organismes agricoles d'assurances sociales et dans quelles conditions les assurés agricoles peuvent bénéficier de ces institutions.

CODE FORESTIER

PREMIÈRE PARTIE : *LÉGISLATIVE*

(Ord. n° 2012-92 du 26 janv. 2012, en vigueur le 1er juill. 2012)

Les dispositions de l'Ord. n° 2012-92 du 26 janv. 2012 entrent en vigueur en même temps que la partie réglementaire du code forestier, soit le 1er juill. 2012 (Ord. préc., art. 8-I, JO 27 janv.).

L'Ord. n° 2012-92 du 26 janv. 2012 relative à la partie législative du code forestier est ratifiée (L. n° 2014-1170 du 13 oct. 2014, art. 66, JO 14 oct.).

BIBL. GÉN. ▶ COUTURIER et PANONACLE, Adaptation au changement climatique de la politique forestière, *Rapport d'information n° 1178, 2 mai 2023.* – DUCRET, Guide juridique de la propriété forestière privée, *Éditions du Puits Fleuri 2013.* – FROMAGEAU et CORNU, La forêt en France au XXIe siècle, enjeux politiques et juridiques, *L'Harmattan 2004.* – GRANDJEAN, La forêt et le droit. La définition de la forêt en droit français, *L'Harmattan 2020.* – LAGARDE, Code forestier pratique. Forêts privées, *2019* ; Forêts publiques, *2017.* – PERRON, La forêt française, *Éditions de l'Aube 2021.* – SAURAT, L'arbre et le droit, *Thèse Montpellier 2017.* – Programme national de la forêt et du bois 2016-2026, *Ministère de l'Agriculture janv. 2017.* – La structuration de la filière forêt-bois, *Rapport de la Cour des comptes mai 2020.* – Inventaire forestier national, *Memento Institut national de l'information géographique et forestière 2022.*

▶ Forêts, *DP Environnement et nuisances.* – ARNAUD-EMERY, *RD rur. 2020. Étude 27* (acquisition de biens et droits forestiers : une oasis de fiscalité). – LIAGRE, *Revue forestière française 2021. 515* (application du régime forestier et respect de la Constitution). – LORMANT, MORIN, SIGNOLES, CREVEL et LEBEL, *RD rur. mai 2012, dossier spécial* (l'Ord. n° 2012-92 du 26 janv. 2012 relative à la partie législative du code forestier). – MORIN, *RD rur. 2016. Étude 23* (le « régime forestier »). – RADISSON, *Dr. envir. 2023. 255* (déforestation importée, la nouvelle législation européenne entre en vigueur). – RONDEAU, *RD rur. 2022. Étude 13* (loi Climat et résilience et Code forestier). – TORRE-SCHAUB, *EEI 2019. Étude 13* (quelle protection juridique pour les forêts ? réflexions autour de la fragmentation du droit). – Forêts en crise, *Revue forestière française juin 2023.*

RÉP. PÉN. v° *Forêts,* par LAGARDE.

LIVRE I DISPOSITIONS COMMUNES À TOUS LES BOIS ET FORÊTS

TITRE I CHAMP D'APPLICATION, PRINCIPES GÉNÉRAUX ET INSTITUTIONS

CHAPITRE I CHAMP D'APPLICATION

Art. L. 111-1 Le présent code est applicable aux bois et forêts indépendamment de leur régime de propriété.

Art. L. 111-2 Sont considérés comme des bois et forêts au titre du présent code les plantations d'essences forestières et les reboisements ainsi que les terrains à boiser du fait d'une obligation légale ou conventionnelle.

Le titre III du présent livre et les dispositions pénales qui s'y rapportent s'appliquent également aux landes, maquis et garrigues.

Le titre IV du présent livre et les dispositions pénales qui s'y rapportent s'appliquent également aux dunes.

Art. L. 111-3 Sans préjudice des dispositions du présent code qui leur sont applicables, notamment en matière de défrichement et de coupe, les dispositions relatives aux espaces boisés classés, en particulier aux règles de classement et de gestion, sont fixées par les articles *(Ord. n° 2015-1174 du 23 sept. 2015, art. 9-VIII-1°, en vigueur le 1er janv. 2016)* « L. 113-1 à L. 113-5 » du code de l'urbanisme. – *V.* **C. *urb.***

Art. L. 111-4 Les dispositions relatives à la protection des haies, boisements linéaires ou arbres isolés sont fixées au chapitre VI du titre II du livre I du code rural et de la pêche maritime. Les dispositions relatives à leur classement sont fixées à l'article *(Ord. n° 2015-1174 du 23 sept. 2015, art. 9-VIII-2°, en vigueur le 1er janv. 2016)* « L. 113-1 » du code de l'urbanisme. – *V.* **C. *rur.*** *et* **C. *urb.***

CHAPITRE II PRINCIPES GÉNÉRAUX

Art. L. 112-1 Les forêts, bois et arbres sont placés sous la sauvegarde de la Nation, sans préjudice des titres, droits et usages collectifs et particuliers.

(L. n° 2014-1170 du 13 oct. 2014, art. 67-I-1°) « Sont reconnus d'intérêt général :

« 1° La protection et la mise en valeur des bois et forêts ainsi que le reboisement dans le cadre d'une gestion durable ;

« 2° La conservation des ressources génétiques et de la biodiversité forestières ;

« 3° La protection de la ressource en eau et de la qualité de l'air par la forêt dans le cadre d'une gestion durable ;

(L. n° 2021-1104 du 22 août 2021, art. 50) « 4° La préservation de la qualité des sols forestiers, notamment au regard des enjeux de biodiversité, ainsi que la fixation, notamment en zone de montagne, des sols par la forêt ; »

« 5° *(L. n° 2021-1104 du 22 août 2021, art. 50)* « Le rôle de puits de carbone par la fixation du dioxyde de carbone par les bois et forêts et le stockage de carbone dans les sols forestiers, » bois et forêts, le bois et les produits fabriqués à partir de bois, contribuant ainsi à la lutte contre le changement climatique. »

Il est tenu un inventaire permanent des ressources forestières de la Nation. – *[Anc. art. L. 1er, al. 1er, phrase 1re, L. 521-1, ecqc principe de l'inventaire, L. 511-1.]*

Art. L. 112-2 Tout propriétaire exerce sur ses bois et forêts tous les droits résultant de la propriété dans les limites spécifiées par le présent code et par la loi, afin de contribuer, par une gestion durable, à l'équilibre biologique et à la satisfaction des besoins en bois et autres produits forestiers.

Il en réalise le boisement, l'aménagement et l'entretien conformément à une *(L. n° 2021-1104 du 22 août 2021, art. 50)* « gestion durable et multifonctionnelle ». – *[Anc. art. L. 5, al. 1er, ecqc obligations propriétaire, al. 2.]*

Art. L. 112-3 Les informations établies ou détenues en application du présent code par des autorités publiques au sens du chapitre IV du titre II du livre I du code de l'environnement sont accessibles au public dans les conditions fixées par ce chapitre, sous réserve des dispositions particulières du présent code.

Art. L. 112-4 Les conditions et limites dans lesquelles le principe de participation du public est applicable aux décisions publiques ayant une incidence sur l'environnement prises en application du présent code sont, sous réserve des dispositions particulières que celui-ci édicte, énoncées *(Ord. n° 2013-714 du 5 août 2013, art. 6, en vigueur le 1er sept. 2013)* « aux articles L. 120-1 à L. 120-2 du code de l'environnement ».

CHAPITRE III INSTITUTIONS

SECTION 1 Institutions nationales

Art. L. 113-1 Le Conseil supérieur de la forêt *(L. n° 2014-1170 du 13 oct. 2014, art. 67-I-2°)* « et du bois » participe à la définition, à la coordination, à la mise en œuvre et à l'évaluation de la politique forestière et de ses modulations régionales. A cette fin, il concourt à l'élaboration de la stratégie de recherche en matière de forêts *et de produits forestiers.* Il est associé à l'évaluation du rôle économique, social et environnemental des activités liées à la forêt et à l'exploitation et à la transformation des produits forestiers, ainsi qu'au suivi du financement de la politique forestière.

Il est composé de *(L. n° 2018-699 du 3 août 2018, art. 74)* « deux députés et deux sénateurs » ainsi que de représentants des ministères intéressés, des collectivités territoriales et de leurs groupements, des établissements publics intéressés, des organisa-

tions professionnelles représentatives, des organisations syndicales de salariés représentatives, des associations de protection de l'environnement agréées mentionnées aux articles L. 141-1 et L. 141-3 du code de l'environnement qui exercent leurs activités sur l'ensemble du territoire national, et des intérêts associés à la forêt.

(L. n° 2014-1170 du 13 oct. 2014, art. 67-I-2°) **« Lorsque les questions sur lesquelles il doit se prononcer ont une incidence sur les productions agricoles, le Conseil supérieur d'orientation et de coordination de l'économie agricole et alimentaire y est représenté à titre consultatif.**

« Le Conseil supérieur de la forêt et du bois est informé de tout projet d'implantation industrielle de transformation du bois et formule un avis dès lors qu'il estime que ce projet implique une modification du programme national de la forêt et du bois, défini à l'article L. 121-2-2. » – *[Anc. art. L. 3, al. 1er, al. 2, R. 3-6.]*

SECTION 2 **Institutions régionales**

Art. L. 113-2 La commission régionale de la forêt et *(L. n° 2014-1170 du 13 oct. 2014, art. 67-I-3°)* **« du bois » est chargée notamment d'élaborer les** *(L. n° 2014-1170 du 13 oct. 2014, art. 67-I-3°)* **« programmes régionaux de la forêt et du bois mentionnés » à l'article L. 122-1 ainsi que de donner un avis à l'autorité administrative sur les directives et schémas régionaux mentionnés à l'article L. 122-2. Elle comprend des représentants des collectivités territoriales, des administrations déconcentrées de l'État, des établissements publics intéressés, des organisations professionnelles, des associations de protection de l'environnement** *(L. n° 2014-1170 du 13 oct. 2014, art. 67-I-3°)* **« , des fédérations départementales ou interdépartementales des chasseurs »,** *(L. n° 2023-580 du 10 juill. 2023, art. 28)* **« des services départementaux d'incendie et de secours, des associations syndicales autorisées mentionnées à l'article L. 332-1 et de leurs fédérations régionales, » d'associations d'usagers de la forêt ainsi que des personnalités qualifiées.**

(L. n° 2014-1170 du 13 oct. 2014, art. 67-I-3°) **« Un comité composé paritairement de représentants des propriétaires forestiers et des chasseurs est rattaché à la commission. Il établit, en concertation avec les commissions départementales de la chasse et de la faune sauvage territorialement compétentes, le bilan des dégâts de gibier recensés au cours de l'année écoulée. Il adopte, à la majorité des deux tiers de ses membres et après consultation des commissions départementales de la chasse et de la faune sauvage territorialement compétentes, un programme d'actions permettant de favoriser l'établissement d'un équilibre sylvocynégétique dans les zones les plus affectées. Si la majorité des deux tiers n'est pas atteinte, le programme d'actions est élaboré et arrêté par le représentant de l'État dans la région.**

« Le programme d'actions mentionné au deuxième alinéa est transmis aux représentants de l'État dans les départements que comporte la région avant l'établissement des schémas départementaux de gestion cynégétique prévus à la section 1 du chapitre V du titre II du livre IV du code de l'environnement. » – *[Anc. art. L. 4, al. 1er, ecqc élaboration, R. 4-2, ecqc catégories membres commissions régionales.]*

TITRE II **POLITIQUE FORESTIÈRE ET GESTION DURABLE**

CHAPITRE I **ORIENTATIONS GÉNÉRALES**

Art. L. 121-1 La politique forestière relève de la compétence de l'État. Ses orientations, ses financements et ses investissements s'inscrivent dans le long terme *(L. n° 2021-1104 du 22 août 2021, art. 50)* **« et sont conformes aux principes mentionnés au présent article ».**

(L. n° 2014-1170 du 13 oct. 2014, art. 1er-III) **« L'État** *(L. n° 2021-1104 du 22 août 2021, art. 50)* **« , en concertation avec les collectivités territoriales et leurs groupements et en mobilisant les autres parties prenantes, » veille :**

« 1° A l'adaptation des essences forestières au milieu *(L. n° 2021-1104 du 22 août 2021, art. 50)* **« , en prenant en compte la problématique du changement climatique afin de favoriser la résilience des forêts en mobilisant l'ensemble des techniques sylvicoles, notamment la diversification des essences, la migration assistée ou la régénération naturelle quand elles sont appropriées » ;**

« 2° A l'optimisation du stockage de carbone dans les bois et forêts, le bois et les produits fabriqués à partir de bois *(L. n° 2021-1104 du 22 août 2021, art. 50)* « , afin de contribuer à l'objectif de neutralité carbone à l'horizon 2050 énoncé à l'article L. 100-4 du code de l'énergie » ;

« 3° Au maintien de l'équilibre et de la diversité biologiques et à l'adaptation des forêts au changement climatique ;

« 4° A la régénération des peuplements forestiers dans des conditions satisfaisantes d'équilibre sylvocynégétique, au sens du dernier alinéa de l'article L. 425-4 du code de l'environnement ;

« 5° A la satisfaction des besoins des industries du bois, notamment par l'équilibre des classes d'âge des peuplements forestiers au niveau national ;

« 6° Au renforcement de la compétitivité et de la durabilité des filières d'utilisation du bois, par la valorisation optimale des ressources forestières nationales et par l'accompagnement en formation des nouveaux métiers du bois ;

« 7° Au développement des territoires ;

(L. n° 2021-1104 du 22 août 2021, art. 50) « 8° A la promotion de l'utilisation de bois d'œuvre provenant notamment de feuillus ;

« 9° A l'impulsion et au financement de la recherche et à la diffusion des connaissances sur les écosystèmes forestiers, afin d'anticiper les risques et les crises ;

(L. n° 2021-1104 du 22 août 2021, art. 54) « 10° A la promotion de l'utilisation de bois d'œuvre, en favorisant sa transformation industrielle sur le territoire de l'Union européenne afin d'optimiser le bénéfice de son stockage de carbone » ;

(L. n° 2023-580 du 10 juill. 2023, art. 58) « 11° A la défense de la forêt contre les incendies. »

« La politique forestière a pour objet d'assurer la gestion durable et la vocation multifonctionnelle, à la fois écologique, sociale et économique, des bois et forêts. » Elle concourt au développement de la qualification des emplois en vue de leur pérennisation. Elle vise à favoriser le regroupement technique et économique des propriétaires et l'organisation interprofessionnelle de la filière forestière pour en renforcer la compétitivité. Elle tend à satisfaire les demandes sociales relatives à la forêt. – *[Anc. art. L. 1er, al. 1er, phrase 2, al. 2, ecqc fonctions politique forestière, al. 4, phrase 2, et al. 7, L. 2, phrase 1re, L. 5, ecqc l'équilibre biologique du pays.]*

Une convention passée entre l'État et la collectivité de Corse prévoit les conditions de mise en œuvre en Corse de la politique forestière (CGCT, art. L. 4424-33, al. 2).

Art. L. 121-2 La politique forestière privilégie les mesures incitatives et contractuelles, notamment *(L. n° 2014-1170 du 13 oct. 2014, art. 67-I-4°)* « à l'égard des propriétaires organisés en groupement. Elle favorise la recherche de contreparties pour les services rendus en matière environnementale et sociale par les bois et forêts qui présentent une garantie de gestion durable. »

(L. n° 2021-1104 du 22 août 2021, art. 50) « L'État encourage le déploiement de méthodes et de projets pouvant donner lieu à l'attribution de crédits carbone au titre du label "Bas-Carbone" en faveur des pratiques sylvicoles durables, sur l'ensemble du territoire. »

(L. n° 2021-1104 du 22 août 2021, art. 54) « La politique forestière favorise tous dispositifs incitatifs ou contractuels visant à ce que le bois d'œuvre issu de forêts françaises gérées durablement soit transformé sur le territoire de l'Union européenne, contribuant ainsi à optimiser le bénéfice de son stockage de carbone. »

L'État assure la cohérence de la politique forestière avec les autres politiques publiques relatives notamment au développement rural, à l'aménagement du territoire, à la protection des sols et des eaux et à la prévention des risques naturels.

(L. n° 2014-1170 du 13 oct. 2014, art. 67-I-4°) « L'État favorise les démarches territoriales et privilégie les initiatives des propriétaires forestiers, à l'échelle d'un massif forestier cohérent, en faveur d'une gestion durable et multifonctionnelle. »

Les collectivités territoriales et leurs groupements peuvent passer des contrats avec l'État, notamment dans le cadre des stratégies locales de développement forestier, en vue de concourir à la mise en œuvre de cette politique. – *[Anc. art. L. 1er, al. 4, phrases 1 et 8, L. 2, phrase 2.]*

Art. L. 121-2-1 *(L. nº 2014-1170 du 13 oct. 2014, art. 67-I-14º-b)* La politique conduite dans le but de promouvoir la qualité des produits forestiers et de garantir leur origine doit répondre de façon globale et équilibrée aux objectifs suivants :

1º Promouvoir la diversité des produits et l'identification de leurs caractéristiques, ainsi que les garanties de gestion durable des forêts, pour renforcer l'information du consommateur et satisfaire ses attentes ;

2º Renforcer le développement de la filière de production, de récolte, de transformation et de commercialisation des produits forestiers et accroître l'adaptation des produits à la demande ;

3º Fixer sur le territoire les capacités de transformation des produits forestiers et assurer le maintien de l'activité économique, notamment en zone rurale défavorisée. – *L'art. L. 125-1 devient l'art. L. 121-2-1 (L. nº 2014-1170 du 13 oct. 2014, art. 67-I-14º-b, JO 14 oct.).*

Art. L. 121-2-2 *(L. nº 2014-1170 du 13 oct. 2014, art. 67-I-6º)* Un programme national de la forêt et du bois précise les orientations de la politique forestière pour une durée maximale de dix ans. Il détermine des objectifs économiques, environnementaux et sociaux fondés sur des indicateurs de gestion durable *(L. nº 2021-1104 du 22 août 2021, art. 50)* « conformément aux principes énoncés à l'article L. 121-1 ». Il définit les territoires interrégionaux qui justifient, de par leurs caractéristiques communes, une coordination des programmes régionaux de la forêt et du bois, définis à l'article L. 122-1. Il assure le partage de l'information sur la production de produits forestiers et de produits issus de la transformation du bois, en vue d'une meilleure valorisation du bois et du développement des entreprises, ainsi que sur la production d'aménités environnementales et sociales de la forêt en vue de leur développement et de l'évaluation des modalités de leur rémunération. *(L. nº 2023-580 du 10 juill. 2023, art. 1er)* « Il comprend des actions contribuant à la mise en œuvre de la stratégie nationale de défense des forêts et des surfaces non boisées contre les incendies élaborée en application de l'article 1er de la loi nº 2023-580 du 10 juillet 2023 visant à renforcer la prévention et la lutte contre l'intensification et l'extension du risque incendie. » *(L. nº 2021-1104 du 22 août 2021, art. 56)* « Il vise en particulier à renforcer la résilience du patrimoine forestier et à garantir dans toutes les forêts une gestion durable et multifonctionnelle des ressources forestières, permettant à la fois de valoriser les forêts en tant que milieu naturel et puits de carbone et de développer les filières économiques françaises liées au bois. »

Le projet de programme national est soumis à la participation du public par l'autorité administrative compétente de l'État, dans les conditions prévues aux articles L. 120-1 à L. 120-2 du code de l'environnement. Il est approuvé par décret, après avis du Conseil supérieur de la forêt et du bois. Ses modalités d'élaboration sont fixées par décret. – *V. art. D. 121-1 s.*

Loi nº 2023-580 du 10 juillet 2023,

Visant à renforcer la prévention et la lutte contre l'intensification et l'extension du risque incendie (JO 11 juill.).

Art. 1er I. — La stratégie nationale de défense des forêts et des surfaces non boisées contre les incendies est élaborée, dans un délai d'un an à compter de la promulgation de la présente loi, par les ministères chargés de la forêt, de l'environnement, de l'urbanisme et de la sécurité civile, en concertation avec l'Office national des forêts, le Centre national de la propriété forestière, les représentants des professionnels chargés des missions de sécurité civile, les représentants des collectivités territoriales et de leurs groupements, les organisations professionnelles agricoles, les organisations professionnelles de la filière forêt-bois, les associations syndicales mentionnées aux articles L. 132-2 et L. 133-1-1 du code forestier, les chambres d'agriculture ainsi que les associations agréées de protection de l'environnement.

II. — *Mod. art. L. 121-2-2 ci-dessus.*

Art. L. 121-3 Les bois et forêts relevant du régime forestier satisfont de manière spécifique à des besoins d'intérêt général soit par l'accomplissement des obligations particulières prévues par ce régime, soit par une promotion d'activités telles que l'accueil du public, la conservation des milieux, la prise en compte de la biodiversité et la recherche scientifique. – *[Anc. art. L. 1er, al. 9.]*

Art. L. 121-4 *(L. nº 2014-1170 du 13 oct. 2014, art. 67-I-5º)* Les documents de politique forestière mentionnés à l'article L. 122-2 traduisent, de manière adaptée aux spécificités respectives des bois et forêts relevant du régime forestier ou appartenant à des particuliers, les objectifs d'une gestion durable des bois et forêts, définis à l'article L. 121-1.

Art. L. 121-5 Les documents de politique forestière mentionnés aux articles L. 122-2 et L. 122-3 prennent en compte les spécificités respectives des forêts relevant du régime forestier et des forêts appartenant à des particuliers. Ils modulent l'importance accordée aux fonctions économique, écologique et sociale de la forêt selon les enjeux régionaux et locaux, au nombre desquels les contraintes naturelles et les spécificités d'exploitation des forêts montagnarde, méditerranéenne et tropicale, ainsi que selon les objectifs prioritaires des propriétaires. – *[Anc. art. L. 1er, al. 2 ecqc modulation locale et régionale, 3 et 10.]*

Art. L. 121-6 Le bénéfice des aides publiques destinées à la mise en valeur et à la protection des bois et forêts est subordonné à l'existence d'un des documents de gestion mentionnés aux articles L. 124-1 et L. 124-2 et à l'engagement de l'appliquer pendant une durée de cinq ans au moins et quinze ans au plus.

(L. nº 2023-580 du 10 juill. 2023, art. 59) « Il est subordonné à la compatibilité avec les objectifs mentionnés à l'article L. 121-1 ainsi que, dans le cas de travaux de reboisement ou favorisant la régénération naturelle et dans des conditions définies par décret, au fait :

« 1º De respecter des seuils de diversification des essences ;

« 2º D'être adaptés à la station forestière et à son évolution prévisible en raison du changement climatique ;

« 3º De respecter les prescriptions des arrêtés pris pour l'application de la section 2 du chapitre III du titre V du présent livre ;

« 4º Dans les territoires exposés aux risques d'incendie ou réputés particulièrement exposés aux risques d'incendie définis au titre III du présent livre, de permettre le maintien de zones pare-feu d'une largeur définie par l'autorité de l'État dans la région, après avis des établissements publics chargés de la politique forestière et des services départementaux d'incendie et de secours. »

Les règles et conditions d'attribution et de modulation de ces aides sont précisées par décret, en fonction des difficultés particulières de mise en œuvre ou de conservation de la forêt. Ce décret précise les exceptions aux conditions mentionnées au premier alinéa lorsque l'objet des aides publiques est la réalisation de projets collectifs ou de travaux urgents.

En cas de sinistre de grande ampleur, le ministre chargé des forêts peut prévoir par arrêté des dérogations à la mise en œuvre des engagements mentionnés au premier alinéa. – *[Anc. art. L. 7, al. 1er, al. 2, al. 4 phrase 1re, al. 5.]*

CHAPITRE II INSTRUMENTS ET MISE EN ŒUVRE DE LA POLITIQUE FORESTIÈRE

SECTION 1 Documents d'orientation et de gestion

Art. L. 122-1 *(L. nº 2014-1170 du 13 oct. 2014, art. 67-I-7º)* Dans un délai de deux ans suivant l'édition du programme national de la forêt et du bois, un programme régional de la forêt et du bois adapte à chaque région les orientations et les objectifs du programme national de la forêt et du bois. Il fixe, par massif forestier, les priorités économiques, environnementales et sociales et les traduit en objectifs. Il définit des critères de gestion durable et multifonctionnelle et des indicateurs associés. Il identifie les massifs forestiers à enjeux prioritaires pour la mobilisation du bois. Il précise les conditions nécessaires au renouvellement des peuplements forestiers, notamment au regard de l'équilibre sylvocynégétique, en intégrant, le cas échéant, le programme d'actions mentionné au deuxième alinéa de l'article L. 113-2. Il définit un itinéraire de

desserte des ressources forestières en s'appuyant sur les référentiels géographiques et forestiers de l'Institut national de l'information géographique et forestière. *(L. n° 2023-580 du 10 juill. 2023, art. 28)* **« Il comporte un volet qui recense les pratiques et les itinéraires sylvicoles compatibles avec la résilience des forêts face aux risques, en particulier avec la défense des forêts contre les incendies, ou susceptibles de l'améliorer. » Il définit les actions à mettre en œuvre dans la région.**

Il est élaboré par la commission régionale de la forêt et du bois mentionnée à l'article L. 113-2 du présent code, soumis à la participation du public par l'autorité administrative compétente de l'État, dans les conditions prévues aux articles L. 120-1 à L. 120-2 du code de l'environnement, et arrêté par le ministre chargé des forêts.

Pour la Corse, le programme régional de la forêt et du bois est arrêté par le ministre chargé des forêts, après avis conforme du président du conseil exécutif de la collectivité territoriale de Corse.

La commission régionale de la forêt et du bois établit un bilan de la mise en œuvre du programme régional de la forêt et du bois et propose, si besoin, les modifications nécessaires. Ce bilan est transmis au ministre chargé des forêts, qui communique au Conseil supérieur de la forêt et du bois une synthèse de l'ensemble des bilans des programmes régionaux.

Les documents d'orientation régionaux, départementaux et locaux arrêtés par l'État ou par les collectivités publiques ayant une incidence sur la forêt et la filière bois et figurant sur une liste établie par décret tiennent compte du programme régional de la forêt et du bois de la région concernée. *(Abrogé par L. n° 2016-1087 du 8 août 2016, art. 144-I)* ***« Les orientations régionales de gestion de la faune sauvage et de ses habitats prévues à l'article L. 414-8 du code de l'environnement et »*** **les schémas départementaux de gestion cynégétique prévus à l'article L. 425-1 du** *(L. n° 2016-1087 du 8 août 2016, art. 144-I)* **« code de l'environnement » sont compatibles avec le programme régional de la forêt et du bois.** — *V. art. D. 122-1 s.*

Art. L. 122-1-1 *(L. n° 2014-1170 du 13 oct. 2014, art. 86-I)* **Le programme régional de la forêt et du bois, mentionné à l'article L. 122-1, prévoit, en Guadeloupe, en Guyane, en Martinique et à La Réunion, que soient caractérisées et qualifiées les performances techniques des produits issus de la transformation du bois dans la construction, avec un volet spécifique aux essences présentes dans les outre-mer.**

V. Décr. n° 2018-325 du 3 mai 2018 portant création d'un dispositif d'aide pour la compensation des surcoûts de la filière de valorisation du bois en Guyane (JO 4 mai) ; Arr. du 3 mai 2018 relatif à l'aide pour la compensation des surcoûts de la filière de valorisation du bois en Guyane (JO 4 mai).

Art. L. 122-2 **Dans le cadre défini par les** *(L. n° 2014-1170 du 13 oct. 2014, art. 67-I-8°)* **« programmes régionaux de la forêt et du bois », le ministre chargé des forêts arrête, après avis de la commission régionale de la forêt et** *(L. n° 2014-1170 du 13 oct. 2014, art. 67-I-9°)* **« du bois » et dans les conditions prévues à l'article L. 122-8 du code de l'environnement :**

1° Les directives d'aménagement des bois et forêts relevant du 1° du I de l'article L. 211-1 du présent code et du 2° de l'article L. 211-2 ;

2° Les schémas régionaux d'aménagement des bois et forêts relevant du 2° du I de l'article L. 211-1 ;

3° Les schémas régionaux de gestion sylvicole des bois et forêts des particuliers, après avis du Centre national de la propriété forestière mentionné à l'article L. 321-1. — *[Anc. art. L. 4, al. 2.]*

Art. L. 122-2-1 *(L. n° 2023-580 du 10 juill. 2023, art. 28)* **Le schéma régional de gestion sylvicole des bois et forêts des particuliers, mentionné au 3° de l'article L. 122-2, comprend, par région ou par groupe de régions naturelles :**

1° L'étude des aptitudes forestières, la description des types de bois et de forêts existants ainsi que l'analyse des principaux éléments à prendre en compte pour leur gestion, notamment celle de leur production actuelle de biens et de services et de leurs débouchés ;

2° L'indication des objectifs de gestion et de production durables de biens et de services dans le cadre de l'économie régionale et de ses perspectives de développement ainsi que l'exposé des méthodes de gestion préconisées pour les différents types de bois et de forêts ;

3° L'indication des essences recommandées, le cas échéant, par grand type de milieu, et des possibilités de diversification de ces essences ;

4° L'indication des enjeux de préservation de la biodiversité et de qualité des sols et de l'eau ;

5° L'identification des grandes unités de gestion cynégétique adaptées à chacune des espèces de gibier faisant l'objet d'un plan de chasse en application de l'article L. 425-2 du code de l'environnement, dans des conditions définies par voie réglementaire ;

6° L'indication des périmètres les plus exposés au risque d'incendie ainsi que l'exposé des pratiques et des itinéraires sylvicoles qui augmentent la résilience des forêts.

Le schéma régional de gestion sylvicole des bois et forêts des particuliers mentionné au 3° de l'article L. 122-2 du présent code est transmis au service départemental d'incendie et de secours.

Art. L. 122-3 Les documents de gestion, établis conformément aux directives et schémas régionaux, sont :

1° Pour les bois et forêts relevant du régime forestier :

a) Les documents d'aménagement ;

b) Les règlements types de gestion.

2° Pour les bois et forêts des particuliers :

a) Les plans simples de gestion ;

b) Les règlements types de gestion ;

c) Les codes des bonnes pratiques sylvicoles. — *[Anc. art. L. 4, al. 3 à 8.] — Abrogé par la L. n° 2014-1170 du 13 oct. 2014, art. 69-I-3° et 93-XIX, à compter du 1er janv. 2022, le c) est implicitement rétabli par la L. n° 2021-1104 du 22 août 2021, art. 53-I-1°.*

Art. L. 122-3-1 *(L. n° 2014-1170 du 13 oct. 2014, art. 67-I-10°)* Les documents de gestion mentionnés à l'article L. 122-3 et régulièrement entrés en vigueur disposent d'un délai de cinq ans pour prendre en compte toute évolution réglementaire.

Art. L. 122-4 *(L. n° 2016-1888 du 28 déc. 2016, art. 52)* Un document d'aménagement ou un plan simple de gestion peut être arrêté ou agréé à la demande du ou des propriétaires de parcelles forestières lorsqu'elles constituent un ensemble d'une surface totale d'au moins dix hectares et sont situées sur un territoire géographique cohérent d'un point de vue sylvicole, économique et écologique. En cas de pluralité de propriétaires, le document de gestion concerté engage chacun d'entre eux pour la ou les parcelles qui lui appartiennent.

Art. L. 122-5 Un décret en Conseil d'État fixe les conditions dans lesquelles l'obligation d'établir et de présenter un document d'aménagement ou un plan simple de gestion peut être supprimée ou adaptée pour certaines catégories de forêts offrant de faibles potentialités économiques et ne présentant pas d'intérêt écologique important. — *[Anc. art. L. 6, I, al. 2.]*

Art. L. 122-6 Sans préjudice des dispositions de l'article L. 112-3 et de celles de l'article 4 de la loi n° 78-753 du 17 juillet 1978 portant diverses mesures d'amélioration des relations entre l'administration et le public et diverses dispositions d'ordre administratif, social et fiscal, les *(L. n° 2014-1170 du 13 oct. 2014, art. 67-I-8°)* « programmes régionaux de la forêt et du bois », les directives et schémas régionaux ainsi que les documents d'aménagement pour leur partie technique sont communicables à toute personne, à sa demande et à ses frais. — *[Anc. art. L. 4, al. 9.]*

Les informations concernant la stratégie commerciale de l'ONF ne sont pas communicables car de nature à influer sur les conditions de concurrence entre les opérateurs de vente de bois. Mais celles concernant la prévision des volumes de bois et celles relatives aux indicateurs nationaux de suivi pour la mise en œuvre de l'aménagement forestier ne sauraient être regardées comme se rapportant à la stratégie commerciale et doivent être communiquées à l'association requérante. • CE 27 sept. 2022, n° 451627 B : *RD rur. 2023, n° 9, note Rondeau ; Dr. envir. 2023. 31, note Blairon.*

SECTION 2 Coordination des procédures administratives

Art. L. 122-7 Le propriétaire peut, lorsqu'il dispose d'un des documents de gestion mentionnés au 1° et aux *a* et *b* du 2° de l'article L. 122-3, effectuer les opérations d'exploitation et les travaux qu'il comporte sans être soumis aux formalités prévues par les législations mentionnées à l'article L. 122-8 dans l'un ou l'autre des cas suivants :

1° Le document de gestion est conforme aux dispositions spécifiques arrêtées conjointement par l'autorité administrative chargée des forêts et l'autorité administrative compétente au titre de l'une de ces législations, et portées en annexe des directives ou schémas régionaux mentionnés à l'article L. 122-2 ;

2° Le document de gestion a recueilli, avant son approbation ou son agrément, l'accord explicite de l'autorité administrative compétente au titre de ces législations. — *[Anc. art. L. 11, al. 1er, al. 2.]*

Art. L. 122-7-1 *(L. nº 2014-1170 du 13 oct. 2014, art. 68)* Pour l'application du 2° de l'article L. 122-7 au document d'aménagement défini au *a* du 1° de l'article L. 122-3 :

1° Le document d'aménagement est approuvé par l'autorité compétente chargée des forêts après vérification de sa conformité aux législations mentionnées à l'article L. 122-8. L'Office national des forêts recueille l'accord, explicite lorsqu'une prescription légale ou internationale l'impose, des autorités compétentes au titre de ces législations ;

2° L'accord des autorités compétentes au titre des législations mentionnées au même article L. 122-8 peut être assorti de prescriptions qui doivent être intégrées au document d'aménagement. Pour les coupes et travaux définis dans le document d'aménagement, l'accord de ces autorités ne peut être subordonné à l'application de nouvelles formalités pendant la mise en œuvre du document d'aménagement.

Art. L. 122-8 Les législations faisant l'objet de la coordination des procédures administratives mentionnée à l'article L. 122-7 sont celles qui protègent ou classent les habitats d'espèces de la faune ou de la flore ainsi que les périmètres, monuments, sites ou zones concernés par les dispositions suivantes :

1° Dispositions relatives aux forêts de protection figurant au chapitre I du titre IV ;

2° Dispositions relatives aux parcs nationaux figurant à la section 1 du chapitre I du titre III du livre III du code de l'environnement ;

3° Dispositions relatives aux réserves naturelles figurant au chapitre II du titre III du livre III du même code ;

4° Dispositions relatives aux sites inscrits et classés figurant à la section 1 du chapitre I du titre IV du livre III du même code ;

5° Dispositions relatives à la préservation du patrimoine biologique figurant à la section 1 du chapitre I du titre I du livre IV du même code ;

6° Dispositions relatives aux sites Natura 2000 figurant à la section 1 du chapitre IV du titre I du livre IV du même code ;

(L. nº 2016-925 du 7 juill. 2016, art. 102) « 7° Dispositions relatives aux monuments historiques, aux abords des monuments historiques et aux sites patrimoniaux remarquables figurant au livre VI du code du patrimoine. » — *[Anc. art. L. 11, al. 3 à al. 10.]*

SECTION 3 Prise en compte dans les documents de gestion de l'accueil du public

Art. L. 122-9 Dans les espaces boisés et forestiers ouverts au public, le document d'aménagement répondant aux conditions prévues à l'article L. 212-2 intègre les objectifs d'accueil du public.

Le plan simple de gestion agréé en application de l'article L. 312-1 intègre ces mêmes objectifs lorsqu'il concerne des espaces boisés ouverts au public en vertu d'une convention signée avec une collectivité publique, notamment en application *(Ord. nº 2015-1174 du 23 sept. 2015, art. 9-VIII-3°, en vigueur le 1er janv. 2016)* « des articles L. 113-6 et L. 113-7 » du code de l'urbanisme. — *[Anc. art. L. 380-1, al. 2.]*

Art. L. 122-10 Dans les bois et forêts relevant du régime forestier, en particulier dans ceux appartenant à l'État mentionnés au 1° du I de l'article L. 211-1, l'ouverture au public doit être recherchée le plus largement possible. Celle-ci implique des mesures permettant la protection des bois et forêts et des milieux naturels, notamment pour garantir la conservation des sites les plus fragiles *[,]* ainsi que des mesures nécessaires à la sécurité du public. — *[Anc. art. L. 380-1, al. 1er.]*

Art. L. 122-11 Le plan départemental des espaces, sites, itinéraires relatifs aux sports de nature, prévu par l'article L. 311-3 du code du sport, ne peut inscrire des terrains situés dans les bois et forêts dotés d'un des documents de gestion mentionnés à l'article L. 122-3 du présent code qu'avec l'accord exprès du propriétaire. Cette inscription est en outre soumise à l'avis, pour les bois et forêts mentionnés au 2° du I de l'article L. 211-1, de l'Office national des forêts ou, pour les bois et forêts des particuliers, du Centre national de la propriété forestière.

Le propriétaire peut demander, après avis de la commission départementale des espaces, sites, itinéraires relatifs aux sports de nature, prévue au livre III du code du sport, le retrait du plan départemental des bois et forêts qui y avaient été inscrits en cas de modification sensible du milieu naturel forestier due à des causes naturelles ou extérieures au propriétaire ou à ses ayants droit. Pour justifier le retrait de l'inscription, cette modification du milieu, notamment à la suite d'un incendie ou de toute autre catastrophe naturelle, doit soit impliquer des efforts particuliers de reconstitution de la forêt, soit compromettre la conservation du milieu ou la sécurité du public. Le retrait de l'inscription n'entraîne, pour le propriétaire, aucune charge financière et matérielle de mesures compensatoires. — *[Anc. art. L. 380-1, al. 3 et 4.]*

SECTION 4 *[ABROGÉE]* Plan pluriannuel régional de développement forestier

(Abrogée par L. n° 2014-1170 du 13 oct. 2014, art. 67-I-11°)

Art. L. 122-12 à L. 122-15 *Abrogés par L. n° 2014-1170 du 13 oct. 2014, art. 67-I-11°.*

CHAPITRE III STRATÉGIES LOCALES DE DÉVELOPPEMENT FORESTIER

Art. L. 123-1 Sur un territoire pertinent au regard des objectifs poursuivis, une stratégie locale de développement forestier peut être établie à l'initiative d'une ou de plusieurs collectivités territoriales, d'une ou plusieurs organisations de producteurs, de l'Office national des forêts, du centre régional de la propriété forestière ou de la chambre d'agriculture. Elle se fonde sur un état des lieux et consiste en un programme d'actions pluriannuel visant à développer la gestion durable des forêts situées sur le territoire considéré, et notamment à :

1° Mobiliser du bois en favorisant une véritable gestion patrimoniale, dynamique et durable ;

2° Garantir la satisfaction de demandes environnementales ou sociales particulières concernant la gestion des forêts et des espaces naturels qui leur sont connexes ;

3° Contribuer à l'emploi et à l'aménagement rural, notamment par le renforcement des liens entre les agglomérations et les massifs forestiers ;

4° Favoriser le regroupement technique et économique des propriétaires forestiers, la restructuration foncière ou la gestion groupée à l'échelle d'un massif forestier ;

5° Renforcer la compétitivité de la filière de production, de récolte, de transformation et de valorisation des produits forestiers ;

(L. n° 2023-580 du 10 juill. 2023, art. 38) « 6° Préserver la ressource en bois des incendies, par la mise en œuvre de mesures de prévention et par une gestion des massifs permettant d'en améliorer le financement, la résilience, l'aménagement, la surveillance et la connaissance. »

(L. n° 2014-1170 du 13 oct. 2014, art. 67-I-12°) « Elle doit être compatible avec le programme régional de la forêt et du bois. » — *[Anc. art. L. 12, al. 1er à 7.]*

Art. L. 123-2 L'élaboration et la mise en œuvre de la stratégie locale de développement forestier sont conduites par un comité associant les propriétaires forestiers, leurs mandataires ou leurs organisations représentatives, les professionnels de l'exploitation forestière ou leurs organisations représentatives, des représentants des établissements publics, des associations d'usagers de la *(L. n° 2014-1170 du 13 oct. 2014, art. 67-I-13°)* « forêt et » de protection de l'environnement ainsi que des collectivités territoriales concernées. Ce comité est présidé par un représentant élu d'une des collectivités territoriales.

La stratégie retenue définit les objectifs poursuivis, des indicateurs relatifs aux actions à mettre en œuvre et des indicateurs de résultats. Un compte rendu annuel de sa mise en œuvre est établi et adressé à la commission régionale de la forêt et *(L. n° 2014-1170 du 13 oct. 2014, art. 67-I-9°)* « du bois » où il fait l'objet d'un débat. — *[Anc. art. L. 12, al. 8 et 10.]*

Art. L. 123-3 La stratégie locale de développement forestier, qui peut prendre la dénomination de charte forestière de territoire ou de plan de développement de massif, donne lieu à des conventions conclues entre, d'une part, un ou plusieurs propriétaires forestiers, leurs mandataires ou leurs organisations représentatives et, d'autre part, des professionnels de l'exploitation forestière et de la transformation du bois ou leurs organisations représentatives, des établissements publics, des associations d'usagers de la *(L. n° 2014-1170 du 13 oct. 2014, art. 67-I-13°)* « forêt et » de protection de l'environnement, des collectivités territoriales ou l'État. Ces conventions, sous réserve du respect des dispositions du présent code et des règles applicables aux aides d'État, peuvent donner lieu à des aides publiques dans des conditions fixées par décret. — *[Anc. art. L. 12, al. 11.]*

CHAPITRE IV **GESTION DURABLE**

SECTION 1 **Garanties de gestion durable**

Art. L. 124-1 *(L. n° 2014-1170 du 13 oct. 2014, art. 69-I-1°)* « Présentent des garanties de gestion durable, sous réserve de la mise en œuvre effective du programme de coupes et travaux prévu, les bois et forêts gérés conformément à : »

1° Un document d'aménagement arrêté ;

2° Un plan simple de gestion agréé ;

3° Un règlement type de gestion approuvé, à condition que le propriétaire respecte celles des prescriptions mentionnées aux articles L. 122-5 et L. 313-2 qui lui sont applicables.

Présentent également des garanties de gestion durable, dès lors qu'ils disposent du document de gestion spécifique à leur situation, les bois et forêts :

1° Inclus dans le cœur d'un parc national ou dans une réserve naturelle ;

2° Classés comme forêt de protection en application de l'article L. 141-1 ;

3° Gérés principalement en vue de la préservation d'espèces ou de milieux forestiers ;

4° Appartenant à des personnes publiques sans relever du I de l'article L. 211-1 et gérés conformément à un règlement type de gestion agréé, que le propriétaire s'est engagé à appliquer pour une durée et selon des modalités fixées par décret en Conseil d'État. — *[Anc. art. L. 8, I et II, al. 1er à 4.]*

Art. L. 124-2 Sont présumés présenter des garanties de gestion durable les bois et forêts dont le propriétaire adhère au code des bonnes pratiques sylvicoles applicable et le respecte pendant une durée d'au moins dix ans. — *[Anc. art. L. 8, III.] — Abrogé par la L. n° 2014-1170 du 13 oct. 2014, art. 69-I-2° et 93-XIX, à compter du 1er janv. 2022, cet art. est implicitement rétabli par la L. n° 2021-1104 du 22 août 2021, art. 53-I-1°.*

Art. L. 124-3 Les parties de bois et forêts situés dans un site Natura 2000 pour lequel un document d'objectifs a été approuvé par l'autorité administrative présentent des garanties ou des présomptions de gestion durable lorsque leur propriétaire dispose d'un document de gestion mentionné *(L. n° 2016-1888 du 28 déc. 2016, art. 54)* « à l'article L. 122-3 » et se trouve dans l'un des cas suivants :

1° Avoir adhéré à une charte Natura 2000 ou conclu un contrat Natura 2000 ;

2° Disposer d'un document de gestion établi dans les conditions mentionnées à l'article L. 122-7. — *[Anc. art. L. 8, IV.] — Abrogés par la L. n° 2014-1170 du 13 oct. 2014, art. 69-I-4° et 93-XIX, à compter du 1er janv. 2022, les mots « ou des présomptions » sont implicitement rétablis par la L. n° 2021-1104 du 22 août 2021, art. 53-I-1°.*

Art. L. 124-4 Les manquements aux garanties ou aux engagements prévus aux articles L. 124-1 à L. 124-3 ne peuvent être retenus contre le propriétaire lorsque ces manquements résultent d'éléments qui ne sont pas de son fait. — *[Anc. art. L. 8, V.]*

SECTION 2 **Autorisation de coupe à défaut de gestion durable**

Art. L. 124-5 Dans les bois et forêts ne présentant pas de garantie de gestion durable, les coupes d'un seul tenant supérieures ou égales à un seuil fixé par le représentant de l'État dans le département et enlevant plus de la moitié du volume des arbres de futaie ne peuvent être réalisées que sur autorisation de cette autorité, après avis, pour les bois et forêts des particuliers, du Centre national de la propriété forestière.

Le seuil mentionné au premier alinéa est déterminé, pour chaque département, après avis du Centre national de la propriété forestière et de l'Office national des forêts.

L'autorisation, éventuellement assortie de conditions particulières de réalisation de la coupe et de travaux complémentaires, est délivrée conformément aux directives ou schémas régionaux dont ces bois et forêts relèvent.

Les coupes effectuées dans les peupleraies, ainsi que celles autorisées au titre d'une autre disposition du présent code ou de l'article *(Ord. nº 2015-1174 du 23 sept. 2015, art. 9-VIII-4º, en vigueur le 1er janv. 2016)* « L. 421-4 » du code de l'urbanisme, ne relèvent pas des dispositions du présent article. – *[Anc. art. L. 10.]*

Refus d'autorisation de coupes rases. Le peuplement des parcelles concernées par la demande de coupe rase n'est pas arrivé à maturité et avait déjà fait l'objet d'une éclaircie seulement 3 ans auparavant. Cette coupe prématurée n'est donc pas compatible avec le schéma régional de gestion sylvicole. Le préfet n'a ainsi pas commis d'erreur d'appréciation en refusant ces coupes, et la demande d'annulation de refus de coupe rase est rejetée. • CAA Lyon, 3 mai 2023, *Groupement forestier de Thaix,* nº 20LY02615 : *Dr. envir. 2023. 318, note Deliancourt.*

SECTION 3 **Reconstitution après coupe**

Art. L. 124-6 Dans un massif forestier d'une étendue supérieure à un seuil arrêté par le représentant de l'État dans le département, après avis du Centre national de la propriété forestière et de l'Office national des forêts, après toute coupe rase d'une surface supérieure à un seuil arrêté par la même autorité dans les mêmes conditions, la personne pour le compte de qui la coupe a été réalisée ou, à défaut, le propriétaire du sol est tenu, en l'absence d'une régénération ou reconstitution naturelle satisfaisante, de prendre, dans un délai de cinq ans à compter de la date de début de la coupe définitive, les mesures nécessaires au renouvellement de peuplements forestiers.

Ces mesures doivent être conformes selon le cas :

1º Aux dispositions d'un des documents de gestion mentionnés à l'article L. 122-3 ;

2º A l'autorisation de coupe délivrée pour la propriété ou la parcelle concernée en application du présent code ou d'autres législations ;

3º Aux prescriptions imposées par l'administration ou une décision judiciaire, à l'occasion d'une autorisation administrative ou par suite d'une infraction.

A défaut de mention, dans l'acte de vente d'un terrain, des travaux de reconstitution forestière obligatoires par suite des coupes de bois réalisées sur ce terrain avant sa vente et de l'engagement par l'acquéreur d'en assurer à ses frais la réalisation, le vendeur reste responsable de leur paiement à l'acquéreur. – *[Anc. art. L. 9, al. 1er, L. 332-1, al. 2 ecqc obligation.]*

Charge des travaux. Il revient au vendeur de supporter les frais de reconstitution forestière, faute pour l'acte de faire mention de l'accord exprès de l'acquéreur pour assumer ces frais. • Rennes, 17 oct. 2023, nº 21/04401 : *RD rur. 2024, nº 5, note Rondeau.*

CHAPITRE V **PROTECTION CONTRE LES ATTEINTES À LA PROPRIÉTÉ FONCIÈRE FORESTIÈRE** *(L. nº 2014-1170 du 13 oct. 2014, art. 67-I-14º-a).*

Art. L. 125-1 *(L. nº 2014-1170 du 13 oct. 2014, art. 67-I-14º-c)* Sans préjudice des poursuites pénales encourues en cas de coupes et enlèvements d'arbres non autorisés, toute occupation de bois et forêts par des ouvrages, infrastructures ou équipements implantés sous terre sans l'accord écrit des propriétaires ou hors de toute servitude d'utilité publique régulièrement déclarée, dans le but d'assurer le transport d'énergie, les télécommunications, le captage ou la distribution d'eau, donne lieu au paiement, au profit du propriétaire ou, pour les forêts qui lui sont confiées en gestion conformément au second alinéa de l'article L. 221-2, de l'Office national des forêts, d'une indemnité annuelle d'occupation par mètre linéaire ou mètre carré dont le montant est fixé par décret, dans la limite de 20 € par mètre linéaire ou mètre carré. – *V. art. D. 125-1.*

Si la date de début de l'occupation n'est pas déterminée, et sauf preuve contraire, l'indemnité est calculée sur une durée d'occupation de trois ans avant la découverte de celle-ci.

En l'absence de toute régularisation au-delà de six années d'occupation sans titre, l'indemnité est majorée de 20 % chaque année supplémentaire.

Art. L. 125-2 *Abrogé par L. nº 2014-1170 du 13 oct. 2014, art. 67-I-15º.*

TITRE III DÉFENSE ET LUTTE CONTRE LES INCENDIES DE FORÊTS

BIBL. ▸ PINAUDEAU, Échec aux feux de forêt. Étude sur la défense des forêts contre l'incendie (DFCI), *L'Harmattan 2020.* – SEILLAN, LALO, LACOMBLEZ et CHAVENT, Le risque feu de forêt, *Éditions Préventique 2006.*

V. aussi Instr. du 4 mai 2023 relative à la prévention des feux de forêts d'espaces naturels et agricoles (IOME2308325J).

CHAPITRE I MESURES APPLICABLES SUR L'ENSEMBLE DU TERRITOIRE NATIONAL

SECTION 1 Dispositions générales

Art. L. 131-1 Il est défendu à toute personne autre que le propriétaire de terrains, boisés ou non, ou autre que les occupants de ces terrains du chef de leur propriétaire, de porter ou d'allumer du feu sur ces terrains et jusqu'à une distance de 200 mètres des bois et forêts ainsi que des terrains assimilés soumis aux dispositions de l'article L. 131-4. – *[Anc. art. L. 322-1.]*

Art. L. 131-1-1 *(L. nº 2023-580 du 10 juill. 2023, art. 49)* Il est interdit de fumer dans les bois et forêts et jusqu'à une distance de 200 mètres de ceux-ci pendant la période à risque d'incendie définie par arrêté du représentant de l'État dans le département.

Art. L. 131-2 Lorsqu'une décharge présente un danger d'incendie pour les bois et forêts, le maire prend toutes mesures utiles pour faire cesser ce danger. – *[Anc. art. L. 322-2.]*

Art. L. 131-3 Le commandant des opérations de secours peut, même en l'absence d'autorisation du propriétaire ou des occupants du chef du propriétaire des fonds concernés, recourir à des feux tactiques pour les nécessités de la lutte contre l'incendie.

(L. nº 2023-580 du 10 juill. 2023, art. 56) « Le représentant de l'État dans le département, sur proposition du commandant des opérations de secours, peut faire procéder par réquisition à des coupes tactiques pour les nécessités de la lutte contre l'incendie. » – *[Anc. art. L. 321-12, III.]*

Art. L. 131-3-1 *(L. nº 2023-580 du 10 juill. 2023, art. 45)* Le représentant de l'État dans le département établit une liste des personnes et des organismes pouvant être mobilisés en soutien aux actions de lutte contre les incendies de forêt, de surfaces agricoles et de végétation et prévoit leurs conditions d'intervention. Cette liste inclut les agriculteurs disponibles et volontaires dans chaque commune ainsi que leurs citernes d'eau.

Sur proposition du commandant des opérations de secours et pour les nécessités de la lutte contre l'incendie, le représentant de l'État dans le département peut faire appel par réquisition aux agriculteurs et aux entreprises de travaux forestiers, notamment pour l'approvisionnement en eau. Les personnes réquisitionnées sont dédommagées selon les règles prévues à l'article L. 2215-1 du code général des collectivités territoriales.

Art. L. 131-4 Le pâturage après incendie dans les bois et forêts ne relevant pas du régime forestier est interdit pendant une durée de dix ans.

Pendant une deuxième période pouvant aller jusqu'à dix ans, le pâturage peut être interdit par l'autorité administrative compétente de l'État sur tout ou partie de l'étendue ainsi incendiée et reboisée.

Dans les départements déterminés par décret, les dispositions des deux alinéas précédents sont applicables en cas d'incendie aux terrains assimilés aux bois et forêts. Lorsque les propriétaires ou les occupants du chef du propriétaire des fonds concernés s'engagent à réaliser des aménagements et des opérations d'entretien améliorant la protection contre les incendies, la période d'interdiction du pâturage peut être réduite par l'autorité administrative compétente de l'État. – *[Anc. art. L. 322-10, al. 1er à 3.]*

Art. L. 131-5 Lorsqu'un immeuble est inclus dans le périmètre d'une association syndicale de défense contre l'incendie, toute mutation fait l'objet, en application des dispositions de l'article 4 de l'ordonnance n° 2004-632 du 1er juillet 2004 relative aux associations syndicales de propriétaires, d'une notification par le notaire au président de l'association.

Le cédant informe le futur propriétaire de l'existence éventuelle de servitudes.

A l'occasion de toute conclusion ou renouvellement de bail, le propriétaire en informe également le locataire.

SECTION 2 **Actions de prévention**

Art. L. 131-6 Le représentant de l'État dans le département peut, indépendamment des pouvoirs du maire et de ceux qu'il tient lui-même du code général des collectivités territoriales :

1° Réglementer l'usage du feu, pour des périodes de l'année et selon des modalités d'information précisées par décret en Conseil d'État ;

2° Interdire, en cas de risque exceptionnel d'incendie et sur un périmètre déterminé :

a) L'apport et l'usage sur les terrains inclus dans ce périmètre de tout appareil ou matériel pouvant être à l'origine d'un départ de feu ;

b) La circulation et le stationnement de tout véhicule, ainsi que toute autre forme de circulation, sauf aux propriétaires des biens menacés et aux occupants de ces biens du chef de celui-ci ;

(L. n° 2023-580 du 10 juill. 2023, art. 45) « *c)* En cas de risque incendie très sévère et en lien avec les organisations professionnelles d'exploitants agricoles, la réalisation de certains travaux agricoles lors des plages horaires les plus à risque ; »

3° Édicter toute autre mesure de nature à assurer la prévention des incendies de forêt *(L. n° 2023-580 du 10 juill. 2023, art. 5)* « ou de surfaces agricoles et de végétation proches des massifs forestiers », à faciliter la lutte contre ces incendies et à en limiter les conséquences. – *[Anc. art. L. 322-1-1, al. 1er, 2, 6, 7, 8 et 9.]*

Art. L. 131-6-1 *(L. n° 2023-580 du 10 juill. 2023, art. 37)* En cas de vente d'une propriété classée en nature de bois et forêt au cadastre qui n'est pas dotée d'un document de gestion prévu au 2° de l'article L. 122-3 et qui est située dans un massif forestier inclus dans le périmètre d'un plan mentionné au premier alinéa du I de l'article L. 133-2, la commune sur le territoire de laquelle se trouve cette propriété bénéficie d'un droit de préemption. La propriété acquise relève du régime forestier défini au titre I du livre II.

Ce droit de préemption ne peut primer le droit de préemption prévu à l'article L. 331-23, mais prime le droit de préemption prévu à l'article L. 331-22 ainsi que les droits de préférence prévus aux articles L. 331-19 et L. 331-24.

BIBL. ▸ BESSON et BOSSE-PLATIÈRE, *RD rur. 2023. Focus 214* (la flambée des droits de préemption et autres droits de préférence forestiers communaux).

Art. L. 131-7 Hors des territoires exposés au risque d'incendie mentionnés aux chapitres II à IV du présent titre, le représentant de l'État dans le département peut, en cas de risque exceptionnel d'incendies, décider sur un territoire déterminé :

1° Qu'après une exploitation forestière, le propriétaire nettoie les coupes des rémanents et branchages ;

2° Qu'en cas de chablis précédant la période à risque dans le massif forestier, le propriétaire nettoie les parcelles des chicots, volis, chablis, rémanents et branchages.

En cas de carence du propriétaire, l'administration peut exécuter les travaux d'office aux frais de celui-ci. – *[Anc. art. L. 322-1-1, al. 4 et 5.]*

Art. L. 131-8 Dans la mesure où la protection contre les incendies le rend nécessaire, le représentant de l'État dans le département peut, au voisinage des voies ouvertes à la circulation publique, prescrire aux propriétaires de respecter des règles spéciales de gestion forestière sur des bandes latérales sans que le total des largeurs de ces bandes n'excède 100 mètres. – *[Anc. art. L. 322-6.]*

Art. L. 131-9 Par dérogation aux dispositions de l'article L. 131-1, des incinérations et des brûlages dirigés peuvent être réalisés, avec l'accord écrit ou tacite des propriétaires, au titre des autres mesures de prévention des incendies de forêts par :

1° L'État ;

2° Les collectivités territoriales et leurs groupements ;

3° Les associations syndicales autorisées.

Ces travaux peuvent être confiés à des mandataires tels que les services départementaux *(L. n° 2021-1520 du 25 nov. 2021, art. 8)* « et territoriaux » d'incendie et de secours ou l'Office national des forêts. – *[Anc. art. L. 321-12, II.]*

SECTION 3 Débroussaillement

Art. L. 131-10 On entend par débroussaillement pour l'application du présent titre les opérations de réduction des combustibles végétaux de toute nature dans le but de diminuer l'intensité et de limiter la propagation des incendies. Ces opérations assurent une rupture suffisante de la continuité du couvert végétal. Elles peuvent comprendre l'élagage des sujets maintenus et l'élimination des rémanents de coupes.

(L. n° 2023-580 du 10 juill. 2023, art. 15) « Pour l'application des articles L. 341-1 et L. 341-10 du code de l'environnement et de l'article L. 621-32 du code du patrimoine, les travaux de débroussaillement sont considérés comme des travaux d'exploitation courante et d'entretien des fonds concernés qui ne sont pas soumis à autorisation ou à une obligation de déclaration, à l'exclusion des abattages d'arbres de haute tige en principe assujettis à autorisation pour lesquels des procédures d'autorisation simplifiées sont définies par décret. »

(L. n° 2023-580 du 10 juill. 2023, art. 19) « Les travaux de débroussaillement menés en application des obligations prévues au présent titre constituent des travaux d'intérêt général de prévention des risques d'incendie qui visent à garantir la santé et la sécurité publiques et à protéger les forêts, en particulier les habitats naturels forestiers susceptibles d'abriter des espèces protégées. Un arrêté des ministres chargés de la forêt et de l'environnement précise les conditions d'exécution de ces obligations de débroussaillement, notamment leur articulation avec la protection de la faune et de la flore sauvages. »

(L. n° 2023-580 du 10 juill. 2023, art. 20) « Lorsqu'il est fait obligation de débroussaillement, les coupes réalisées en application des arrêtés du représentant de l'État dans le département sont réputées autorisées au titre de l'article L. 124-5. »

Le représentant de l'État dans le département arrête les modalités de mise en œuvre du débroussaillement selon la nature des risques. *(L. n° 2021-1104 du 22 août 2021, art. 51)* « Dans les territoires qui ne sont pas réputés particulièrement exposés aux risques d'incendie au sens de l'article L. 133-1, s'ils identifient des risques d'incendie dans des zones de leurs communes qui ne sont pas couvertes par un plan de prévention des risques naturels prévisibles en matière d'incendies de forêt prévu à l'article L. 131-17 ou dont des bois et forêts ne sont pas classés à risque d'incendie au sens de l'article L. 132-1, les maires ou les présidents des établissements publics de coopération intercommunale les indiquent au représentant de l'État dans le département. » – *[Anc. art. L. 321-5-3.]*

Art. L. 131-11 Dans des zones particulièrement exposées aux incendies, situées hors des territoires exposés aux risques d'incendie mentionnés aux chapitres II à IV du présent titre, le représentant de l'État dans le département peut, indépendamment des pouvoirs du maire, décider qu'il sera pourvu au débroussaillement d'office aux frais du propriétaire, faute pour ce dernier ou pour les occupants de son chef de débroussailler son terrain jusqu'à une distance maximum de 50 mètres des constructions, chantiers et installations de toute nature lui appartenant.

Lorsque la nature de la fréquentation ou de l'occupation d'un bâtiment d'habitation justifie des précautions particulières pour la protection des vies humaines, il peut en outre rendre obligatoire le débroussaillement sur les fonds voisins jusqu'à une distance de 50 mètres de l'habitation et, éventuellement, y pourvoir d'office aux frais du propriétaire de cette habitation. – *[Anc. art. L. 322-1-1, al. 3.]*

Art. L. 131-12 Lorsque la présence sur une propriété de constructions, chantiers et installations de toute nature entraîne, en application des articles L. 131-11, L. 134-6 et L. 134-10 à L. 134-12, une obligation de débroussaillement qui s'étend au-delà des limites de cette propriété, le propriétaire, ou l'occupant, des fonds voisins compris dans le périmètre soumis à cette obligation ne peut s'opposer à leur réalisation par celui de qui résulte l'obligation et à qui en incombe la charge *(L. n° 2023-580 du 10 juill. 2023, art. 16)* « ou par celui à qui ce dernier a donné son accord écrit ou tacite pour les effectuer en application de l'article L. 131-14 ». Il peut réaliser lui-même ces travaux.

En cas de refus d'accès à sa propriété, l'obligation de débroussaillement ou de maintien en état débroussaillé est mise à sa charge. — *[Anc. art. L. 322-3-1.]*

Art. L. 131-13 Sous réserve des dispositions de l'article *(L. n° 2023-580 du 10 juill. 2023, art. 12, en vigueur le 1er oct. 2023)* « L. 134-11 », en cas de superposition d'obligations de débroussailler sur une même parcelle, la mise en œuvre de l'obligation incombe au propriétaire de la parcelle dès lors qu'il y est lui-même soumis.

(L. n° 2023-580 du 10 juill. 2023, art. 14, en vigueur le 1er oct. 2023) « Lorsque des obligations de débroussaillement ou de maintien en état débroussaillé en application du présent titre se superposent sur la parcelle d'un tiers lui-même non tenu à une telle obligation, chacune des personnes soumises à ces obligations débroussaille les parties les plus proches des limites de parcelles abritant la construction, le chantier, l'équipement ou l'installation de toute nature qui est à l'origine de l'obligation dont elle a la charge. »

Art. L. 131-14 *(L. n° 2023-580 du 10 juill. 2023, art. 16)* « L'État, les collectivités territoriales et leurs groupements, les syndicats mixtes, les services locaux de l'Office national des forêts, les services des centres régionaux de la propriété forestière, les associations syndicales autorisées mentionnées aux articles L. 132-2 et L. 133-1-1, les gestionnaires d'infrastructures publiques ou les entreprises ayant une délégation de service public ont la faculté » d'effectuer ou de faire effectuer, *(L. n° 2023-580 du 10 juill. 2023, art. 16)* « avec l'accord écrit ou tacite » des propriétaires, les actions de débroussaillement et de maintien en état débroussaillé prescrites en application des articles L. 131-18, L. 134-5 *(L. n° 2023-580 du 10 juill. 2023, art. 16)* « , L. 134-6, L. 134-10 et L. 134-12. L'accord écrit ou tacite est recueilli dans des conditions définies par décret. »

(L. n° 2023-580 du 10 juill. 2023, art. 17) « Dans ces cas, ils se font rembourser, par les propriétaires concernés, les frais de travaux et les frais annexes associés à la prise en charge des actions de débroussaillement et de maintien en état débroussaillé. » — *[Anc. art. L. 322-4-2.]*

Art. L. 131-15 Le débroussaillement et le maintien en l'état débroussaillé des terrains concernés par les obligations résultant du présent titre peuvent être confiés à une association syndicale constituée conformément à l'ordonnance n° 2004-632 du 1er juillet 2004 relative aux associations syndicales de propriétaires. — *[Anc. art. L. 322-3, al. 14.]*

Art. L. 131-16 Lorsqu'il existe des bois et forêts à moins de 20 mètres de la limite de l'emprise d'une voie ferrée, le *(L. n° 2023-580 du 10 juill. 2023, art. 13)* « gestionnaire » des infrastructures ferroviaires a le droit, sous réserve de l'application de *(Ord. n° 2016-131 du 10 févr. 2016, art. 6-VII, en vigueur le 1er oct. 2016)* « l'article 1240 » du code civil et après en avoir avisé les propriétaires des bois et forêts, de débroussailler une bande longitudinale sur une largeur de 20 mètres à partir du bord extérieur de la voie.

Dans le mois qui suit le débroussaillement, les propriétaires des bois et forêts peuvent enlever tout ou partie des produits, le *(L. n° 2023-580 du 10 juill. 2023, art. 13)* « gestionnaire » d'infrastructures ferroviaires restant chargé de faire disparaître le surplus.

Les contestations auxquelles peuvent *[peut]* donner lieu l'exercice de la servitude sont portées *(Ord. n° 2019-964 du 18 sept. 2019, art. 10, en vigueur le 1er janv. 2020)* « devant le tribunal judiciaire ».

L'exercice de la servitude ne doit restreindre en rien le droit pour le propriétaire d'exploiter sa propriété à son gré, sous réserve des prescriptions de l'article L. 341-3. – *[Anc. art. L. 322-8, al. 1er à 4.]*

Art. L. 131-16-1 *(L. nº 2023-580 du 10 juill. 2023, art. 11)* **Les périmètres des terrains concernés par des obligations de débroussaillement et de maintien en l'état débroussaillé résultant du présent titre sont indiqués sur un ou plusieurs documents graphiques et annexés au plan local d'urbanisme ou au document d'urbanisme en tenant lieu ou à la carte communale.**

Un décret définit les modalités de mise en œuvre du présent article.

SECTION 4 Plan de prévention des risques naturels prévisibles en matière d'incendies de forêt

Art. L. 131-17 **Afin de définir les mesures de prévention à mettre en œuvre dans les zones où la protection contre les incendies les rend nécessaires, l'autorité administrative compétente de l'État élabore des plans de prévention des risques naturels prévisibles en matière d'incendies de forêt, établis dans les conditions définies aux articles L. 562-1 et suivants du code de l'environnement.** – *[Anc. art. L. 322-4-1, I.]*

Art. L. 131-18 **Dans les zones délimitées par un plan de prévention des risques naturels prévisibles en matière d'incendies de forêt, toute opération nouvelle d'aménagement mentionnée au titre I du livre III et au chapitre II du titre IV du livre IV du code de l'urbanisme comporte dans son périmètre une bande de terrain non bâtie à maintenir en état débroussaillé, d'une largeur d'au moins 50 mètres et d'au plus 200 mètres, isolant les constructions des bois et forêts.**

En outre, le plan de prévention peut imposer une servitude de débroussaillement sur des terrains délimités en vue de la protection des constructions. Ces interventions sont à la charge des propriétaires des constructions bénéficiaires de la servitude.

Les dispositions relatives aux associations syndicales mentionnées à l'article L. 131-15 sont applicables à ces opérations de débroussaillement. – *[Anc. art. L. 322-4-1, II, R. 322-6-4.]*

CHAPITRE II MESURES APPLICABLES AUX BOIS ET FORÊTS CLASSÉS À « RISQUE D'INCENDIE »

Art. L. 132-1 **Les bois et forêts situés dans les territoires exposés aux risques d'incendies peuvent faire l'objet d'un classement à ce titre,** *(L. nº 2023-580 du 10 juill. 2023, art. 2)* **« par arrêté conjoint des ministres chargés de la forêt, de l'environnement et de la sécurité civile, après avis des personnes morales concernées par la défense des forêts contre les incendies ».**

Les dispositions du chapitre I, sauf mention particulière, et celles du chapitre IV du présent titre leur sont applicables.

(L. nº 2023-580 du 10 juill. 2023, art. 4) **« Dans les départements dont les bois et forêts sont classés à risque d'incendie, l'autorité administrative compétente de l'État élabore, dans un délai de deux ans à compter de ce classement, un plan de protection des forêts contre les incendies, décliné pour chaque massif forestier, dans les conditions prévues à l'article L. 133-2. »** – *[Anc. art. L. 321-1.]*

Arrêté du 6 février 2024,

Classant les bois et forêts exposés au risque d'incendie au titre des articles L. 132-1 et L. 133-1 du code forestier (JO 9 févr.).

Art. 1er Conformément aux articles L. 111-1 et L. 111-2 du code forestier, est entendu comme bois et forêts au titre du présent arrêté l'ensemble des occupations du sol suivantes : bois, forêts, plantations d'essences forestières, reboisements, landes, maquis et garrigues.

Art. 2 Les bois et forêts listés en annexe 1 du présent arrêté sont classés à risque d'incendie au titre de l'article L. 132-1 du code forestier. – *V. cette annexe 1 au JO 9 févr. 2024.*

Art. 3 et 4 *V. ss. art. L. 133-1.*

Art. L. 132-2 Lorsque, dans un délai d'un an à compter de la date de la décision de classement, les propriétaires de bois et forêts situés dans les zones classées à risque d'incendie ne sont pas constitués en association syndicale libre pour l'exécution des travaux de défense contre les incendies, l'autorité administrative compétente de l'État peut provoquer, conformément aux dispositions de l'article 43 de l'ordonnance nº 2004-632 du 1er juillet 2004 relative aux associations syndicales de propriétaires, la réunion des propriétaires en association syndicale autorisée. Il *[elle]* leur soumet un programme sommaire des travaux à entreprendre.

Si une association n'a pu se former, ou si elle ne fournit pas, dans le délai de six mois à compter de sa création, des projets jugés appropriés à la prévention des incendies, elle peut être constituée d'office sur les travaux arrêtés par l'autorité administrative compétente de l'État conformément aux dispositions de l'article 30 de l'ordonnance précitée.

Les règles de procédure énoncées aux articles L. 215-16 et L. 215-17 du code de l'environnement sont applicables aux actions réalisées au titre du présent article. – *[Anc. art. L. 321-2.]*

Art. L. 132-3 En cas d'incendie de forêt dans les communes pourvues d'une association syndicale ayant pour mission la prévention ou la défense des forêts contre l'incendie, les personnes préalablement désignées par l'association et agréées par le maire ont pour mission d'assister le commandant des opérations de secours. – *[Anc. art. L. 321-4.]*

CHAPITRE III MESURES APPLICABLES AUX TERRITOIRES RÉPUTÉS PARTICULIÈREMENT EXPOSÉS AUX RISQUES D'INCENDIE

SECTION 1 Champ d'application territorial

Art. L. 133-1 Sont réputés particulièrement exposés au risque d'incendie les bois et forêts situés dans les *(L. nº 2023-580 du 10 juill. 2023, art. 2)* « départements définis par arrêté conjoint des ministres chargés de la forêt, de l'environnement et de la sécurité civile, à l'exclusion de ceux situés dans des massifs forestiers à moindres risques listés par le même arrêté.

« Les services de l'État organisent, avant la publication de l'arrêté mentionné au premier alinéa, une concertation avec les personnes morales concernées par la défense contre les incendies dans le département. Le conseil départemental peut demander au représentant de l'État dans le département le classement de son département. »

Les dispositions du chapitre I, sauf mention particulière, et celles du chapitre IV du présent titre *(L. nº 2023-580 du 10 juill. 2023, art. 2)* « sont applicables aux bois et forêts réputés particulièrement exposés au risque d'incendie au sens du présent article ». – *[Anc. art. L. 321-6, al. 1er.]*

Arrêté du 6 février 2024,

Classant les bois et forêts exposés au risque d'incendie au titre des articles L. 132-1 et L. 133-1 du code forestier (JO 9 févr.).

Art. 1er et 2 *V. ss. art. L. 132-1.*

Art. 3 Sont réputés au titre de l'article L. 133-1 du code forestier particulièrement exposés au risque d'incendie les bois et forêts situés dans les départements suivants :

— Alpes-de-Haute-Provence ;
— Hautes-Alpes ;
— Alpes-Maritimes ;
— Ardèche ;
— Ariège ;
— Aude ;
— Aveyron ;
— Bouches-du-Rhône ;
— Corse-du-Sud ;
— Haute-Corse ;
— Dordogne ;

— Drôme ;
— Gard ;
— Gironde ;
— Hérault ;
— Landes ;
— Lot ;
— Lot-et-Garonne ;
— Lozère ;
— Pyrénées-Atlantiques ;
— Hautes-Pyrénées ;
— Pyrénées-Orientales ;
— Tarn ;
— Var ;
— Vaucluse.

Art. 4 Sont exclus des bois et forêts particulièrement exposés au risque :
— les massifs forestiers d'une taille inférieure à 0,5 hectare d'un seul tenant ;
— ainsi que les autres massifs forestiers à moindre risque d'incendie listés en annexe 2 au titre de l'article L. 133-1 du code forestier. — *V. cette annexe 2 au JO 9 févr. 2024.*

Art. L. 133-1-1 *(L. n° 2023-580 du 10 juill. 2023, art. 3)* **Lorsque, dans un délai d'un an à compter de la décision de classement d'un département au titre de l'article L. 133-1, les propriétaires de bois et forêts situés dans un département particulièrement exposé au risque d'incendie ne sont pas constitués, pour chaque massif forestier, en association syndicale libre pour l'exécution des travaux de défense contre les incendies, l'autorité administrative compétente de l'État peut provoquer, après consultation du Centre national de la propriété forestière, dans les conditions prévues à l'article 43 de l'ordonnance n° 2004-632 du 1er juillet 2004 relative aux associations syndicales de propriétaires, la réunion des propriétaires en association syndicale autorisée. L'autorité administrative lui soumet un programme sommaire des travaux à entreprendre. Le présent alinéa n'est pas applicable aux propriétaires de bois et forêts situés dans les massifs forestiers à moindres risques identifiés en application de l'article L. 133-1 du présent code.**

Si une association n'a pu se former ou si elle ne fournit pas, dans un délai de six mois à compter de sa création, des projets de travaux de prévention des incendies, l'autorité administrative peut, dans les conditions prévues au 1° de l'article 30 de l'ordonnance n° 2004-632 du 1er juillet 2004 précitée, faire procéder aux travaux qu'elle arrête.

Les règles de procédure énoncées aux articles L. 215-16 et L. 215-17 du code de l'environnement sont applicables aux actions réalisées au titre du présent article.

Art. L. 133-1-2 *(L. n° 2023-580 du 10 juill. 2023, art. 3)* **En cas d'incendie de forêt dans les communes pourvues d'une association syndicale ayant pour mission la prévention ou la défense des forêts contre l'incendie, les personnes préalablement désignées par l'association et agréées par le maire ont pour mission d'assister le commandant des opérations de secours.**

SECTION 2 Plan départemental ou interdépartemental de protection des forêts contre les incendies

Art. L. 133-2 *(L. n° 2023-580 du 10 juill. 2023, art. 10)* **« I. — » Pour les** *(Abrogé par L. n° 2023-580 du 10 juill. 2023, art. 2) **« régions ou »*** **départements relevant du présent chapitre, l'autorité administrative compétente de l'État élabore un plan départemental ou interdépartemental de protection des forêts contre les incendies, définissant des priorités par territoire constitué de massifs ou de parties de massif forestier. A ce titre, ce plan peut prévoir des dispositions relatives à l'aménagement de l'espace rural ayant pour finalité la protection des bois et forêts.** *(L. n° 2023-580 du 10 juill. 2023, art. 5)* **« Il intègre le risque d'incendie de surfaces agricoles et de végétation. »**

Dans l'intérêt de la sécurité des personnes, des biens, des activités économiques et sociales et des milieux naturels, le plan a pour objectifs la diminution du nombre de départs de feux de forêts *(L. n° 2023-580 du 10 juill. 2023, art. 5)* **« , de surfaces agri-**

coles et de végétation proches des massifs forestiers » et la réduction des surfaces brûlées ainsi que la prévention des risques d'incendies et la limitation de leurs conséquences.

(L. nº 2023-580 du 10 juill. 2023, art. 36) « Le plan mentionné au premier alinéa détermine et contribue à mobiliser des sources de financement, publiques et privées, pour la création et l'entretien de voies de défense des bois et forêts contre l'incendie.

« Le plan mentionné au même premier alinéa est décliné en plans de protection des massifs contre les incendies établissant, pour chaque massif forestier homogène, une stratégie collective concertée associant les parties prenantes des stratégies locales de développement forestier mentionnées à l'article L. 123-3, les services départementaux et territoriaux d'incendie et de secours, l'Office national des forêts, le Centre national de la propriété forestière, les représentants du réseau des chambres d'agriculture ainsi que, le cas échéant, les gestionnaires d'aires protégées et les associations syndicales mentionnées aux articles L. 132-2 et L. 133-1-1. Ces plans de protection des massifs contre les incendies comportent un programme de sensibilisation et de conseils personnalisés de la part de techniciens habilités, tendant à la réalisation effective des obligations légales de débroussaillement et d'actions d'aménagement ou de valorisation de la forêt contribuant à la protection des forêts contre les incendies. »

Le projet de plan est soumis, pour avis, aux collectivités concernées et à leurs groupements *(L. nº 2023-580 du 10 juill. 2023, art. 5)* « ainsi qu'aux chambres départementales d'agriculture ». L'avis est réputé favorable s'il n'est pas donné dans un délai de deux mois.

(L. nº 2023-580 du 10 juill. 2023, art. 10) « II. — A l'occasion de leur élaboration ou de leur révision, les plans de gestion des sites relevant du domaine du Conservatoire de l'espace littoral et des rivages lacustres, mentionnés à l'article L. 322-9 du code de l'environnement, les chartes des parcs nationaux prévus à l'article L. 331-1 du même code, les plans de gestion des réserves naturelles prévues à l'article L. 332-1 dudit code, les chartes des parcs naturels régionaux prévus à l'article L. 333-1 du même code, les plans de gestion des sites prévus à l'article L. 414-1 du même code sur lesquels un conservatoire d'espaces naturels détient une maîtrise foncière ou d'usage, les documents d'objectifs des sites Natura 2000 prévus au même article L. 414-1 et les plans de gestion des réserves biologiques créées dans une zone identifiée par un document d'aménagement en application de l'article L. 212-2-1 du présent code précisent les modalités de mise en œuvre des objectifs du plan départemental ou interdépartemental de protection des forêts contre les incendies, en veillant à leur compatibilité avec les objectifs de protection de ces espaces protégés. » — *[Anc. art. L. 321-6, al. 2, R. 321-15, al. 1er.]*

SECTION 3 Travaux déclarés d'utilité publique

SOUS-SECTION 1 Dispositions communes

Art. L. 133-3 Dans les massifs forestiers mentionnés à l'article L. 133-2, lorsque, par leur ampleur, leur fréquence ou leurs conséquences, les incendies risquent de compromettre la sécurité publique ou de dégrader les sols et les peuplements forestiers, les travaux d'aménagement et d'équipement pour prévenir les incendies, en limiter les conséquences et reconstituer la forêt sont déclarés d'utilité publique à la demande de l'État, d'une collectivité territoriale ou d'un groupement de collectivités territoriales.

La déclaration d'utilité publique est prononcée après consultation des collectivités territoriales intéressées et enquête publique menée dans les formes prévues *(Ord. nº 2014-1345 du 6 nov. 2014, art. 5-V-1º, en vigueur le 1er janv. 2015)* « par le livre I du code de l'expropriation pour cause d'utilité publique ».

L'acte déclarant l'utilité publique détermine le périmètre de protection et de reconstitution forestière à l'intérieur duquel ces travaux sont exécutés et les dispositions prévues aux articles L. 133-4 à L. 133-10 sont applicables.

Cette déclaration d'utilité publique emporte, si nécessaire, le déclassement des espaces boisés classés à protéger ou à créer en application de l'article *(Ord. nº 2015-1174 du 23 sept. 2015, art. 9-VIII-2º, en vigueur le 1er janv. 2016)* « L. 113-1 » du code de l'urbanisme. — *[Anc. art. L. 321-6, al. 3 phrase 1re, al. 4 phrases 1 et 3, al. 5 phrase 2.]*

Art. L. 133-4 La personne publique à la demande de laquelle a été prononcée la déclaration d'utilité publique peut, dans les conditions prévues aux articles L. 151-36 à L. 151-40 du code rural et de la pêche maritime, faire participer aux dépenses relatives aux travaux d'aménagement et d'équipement mentionnés à l'article L. 133-3, à l'exclusion des travaux de mise en culture, les personnes qui ont rendu ces travaux et aménagements nécessaires ou qui y trouvent un intérêt.

A leur demande, les propriétaires peuvent exécuter eux-mêmes les travaux et en assurer l'entretien. Ils passent à cet effet une convention avec la personne publique mentionnée au premier alinéa. – *[Anc. art. L. 321-7, L. 321-8, al. 1er.]*

Art. L. 133-5 Le produit des cessions mentionnées *(Ord. nº 2014-1345 du 6 nov. 2014, art. 5-V-2º, en vigueur le 1er janv. 2015)* « au 6° de l'article L. 411-1 » du code de l'expropriation pour cause d'utilité publique ainsi que les soultes en argent attribuées à la collectivité publique dans les échanges immobiliers intéressant les périmètres de protection et de reconstitution forestière sont employés par l'État, sous forme de fonds de concours, pour des dépenses d'intérêt public en vue d'achat de terrains ou d'exécution de travaux dans ces périmètres. – *[Anc. art. L. 321-10.]*

Art. L. 133-6 Dans les périmètres de protection et de reconstitution forestière, ou pour les travaux déclarés d'utilité publique en application des articles L. 151-36 à L. 151-40 du code rural et de la pêche maritime, les travaux de prévention des incendies de forêt peuvent, en dehors des périodes d'interdiction, comprendre l'emploi du feu, par dérogation aux dispositions de l'article L. 131-1 du présent code, et en particulier le brûlage dirigé des pâturages ainsi que des périmètres débroussaillés en application des articles L. 131-6 à L. 131-8, L. 131-13 à L. 131-18 et L. 134-5 à L. 134-12, sous réserve du respect d'un cahier des charges arrêté par l'autorité administrative compétente de l'État.

Les propriétaires ou occupants des fonds concernés sont informés de ces opérations dans un délai et selon des modalités fixés par décret. L'acte déclarant l'utilité publique détermine, le cas échéant, les zones dans lesquelles il est interdit d'utiliser cette technique. – *[Anc. art. L. 321-12, I.]*

SOUS-SECTION 2 Dispositions particulières aux Landes de Gascogne

Art. L. 133-7 Dans la zone géographique délimitée en application de l'article 1er de l'ordonnance nº 45-852 du 28 avril 1945 relative à la mise en valeur et au reboisement de la région des Landes de Gascogne, les travaux mentionnés à l'article L. 133-3 peuvent comporter les travaux sur les canaux et fossés d'assainissement mentionnés aux articles 3 et 4 de cette ordonnance.

L'article 9 de cette ordonnance est applicable aux travaux ainsi réalisés.

SECTION 4 Coupures agricoles

Art. L. 133-8 Le plan départemental ou interdépartemental de protection des forêts contre les incendies précise les terrains qui, à l'intérieur d'un périmètre de protection et de reconstitution forestière, peuvent faire l'objet de travaux d'aménagement et d'équipement pour maintenir ou développer une utilisation agricole afin de constituer les coupures nécessaires au cloisonnement des massifs.

Ces travaux, lorsqu'ils contribuent au cloisonnement des massifs par une utilisation agricole et à l'exclusion de la mise en culture proprement dite, peuvent être déclarés d'utilité publique dans les conditions définies à l'article L. 133-3.

Les dispositions de l'article L. 133-4 s'appliquent à l'entretien de ces travaux. – *[Anc. art. L. 321-6, al. 3 phrase 2, al. 4 phrase 4.]*

Art. L. 133-8-1 *(L. nº 2023-580 du 10 juill. 2023, art. 46)* L'autorité administrative compétente de l'État peut prescrire des actions de réduction de combustibles végétaux dans le but de diminuer l'intensité de ces incendies et de limiter la propagation de ces derniers au sein des espaces limitrophes entre les parcelles agricoles et forestières.

Si le foncier agricole limitrophe de la parcelle forestière est manifestement en gestion agricole ou pastorale, les actions de réduction de combustibles sont prescrites sur la parcelle forestière. Si le foncier agricole limitrophe de la parcelle forestière n'est pas en gestion agricole ou pastorale, les actions de réduction de combustibles peuvent être réalisées sur l'espace en friche.

Art. L. 133-9 Dans les périmètres où les travaux ont été déclarés d'utilité publique, au titre de la protection ou de la reconstitution forestière ou en application des articles L. 151-36 à L. 151-40 du code rural et de la pêche maritime, l'autorité administrative compétente de l'État peut, dans les formes et conditions prévues à l'article L. 125-3 du même code, mettre en demeure les propriétaires et, le cas échéant, les titulaires du droit d'exploitation de fonds boisés ou couverts d'une végétation arbustive, d'y réaliser, en complément desdits travaux, une mise en valeur agricole ou pastorale dans les zones où la déclaration d'utilité publique l'a jugée possible et opportune. — *[Anc. art. L. 321-11, al. 1er.]*

Art. L. 133-10 Le dernier alinéa de l'article L. 125-5 et les articles L. 125-6 à L. 125-8 et L. 125-13 du code rural et de la pêche maritime sont applicables aux mises en valeur agricole ou pastorale réalisées dans les conditions prévues à l'article L. 133-8 du présent code.

Le propriétaire peut, par dérogation aux dispositions du troisième alinéa de l'article L. 125-6 du code rural et de la pêche maritime, faire exploiter les fonds concernés par la mise en demeure sous le régime de la convention pluriannuelle de pâturage prévue à l'article L. 481-1 du même code.

Lorsque ces fonds relèvent du régime forestier, le pâturage est concédé dans les conditions fixées aux articles L. 213-24 et L. 214-12 du présent code. La concession peut, avec l'accord de l'autorité administrative compétente de l'État et sous réserve du respect d'un cahier des charges, autoriser le pâturage d'espèces animales non mentionnées dans ces articles. Cette disposition peut s'appliquer aux massifs mentionnés à l'article L. 133-2.

Les dispositions du IV de l'article 1509 du code général des impôts et l'article 16 de la loi no 80-502 du 4 juillet 1980 d'orientation agricole ne sont pas applicables aux fonds en nature de bois et forêts à la date de la mise en demeure mentionnée à l'article L. 133-9.

A la demande des propriétaires concernés, l'autorité administrative compétente de l'État rapporte cette décision de mise en demeure lorsqu'elle constate que la mise en valeur agricole ou pastorale occasionne des dégâts répétés de nature à compromettre l'avenir des peuplements forestiers subsistant après les travaux, ou celui des fonds forestiers voisins.

L'autorité administrative compétente de l'État peut, après avis du conseil départemental des départements intéressés, déterminer les cultures susceptibles d'être entreprises sur les terrains situés dans ces périmètres. Une priorité est donnée à la réalisation de réseaux de desserte hydraulique des exploitations. — *[Anc. art. L. 321-11, al. 2 à 5.]*

Art. L. 133-11 Les dispositions des titres I à III du livre I du code rural et de la pêche maritime sont applicables aux coupures agricoles créées en application de la présente section.

CHAPITRE IV MESURES COMMUNES AUX BOIS ET FORÊTS CLASSÉS À RISQUE D'INCENDIE ET AUX TERRITOIRES RÉPUTÉS PARTICULIÈREMENT EXPOSÉS AUX RISQUES D'INCENDIE *(L. no 2023-580 du 10 juill. 2023, art. 49).*

SECTION 1 Dispositions générales

Art. L. 134-1 Les dispositions du présent chapitre s'appliquent aux territoires classés à risque d'incendie définis à l'article L. 132-1 ainsi qu'aux départements où les bois et forêts sont particulièrement exposés, mentionnés à l'article L. 133-1.

SECTION 1 *BIS* Servitudes de voirie

(L. no 2023-580 du 10 juill. 2023, art. 49)

Art. L. 134-2 Pour créer des voies de défense des bois et forêts contre l'incendie, en assurer la continuité et la pérennité ainsi que pour établir et entretenir des équipements de protection et de surveillance des bois et forêts, une servitude de passage et d'aménagement est établie par l'État à son profit ou au profit d'une autre collectivité publique, d'un groupement de collectivités territoriales ou d'une association syndicale.

Si la bande de roulement de ces voies excède 6 mètres ou si la surface au sol de ces équipements excède 500 mètres carrés, l'établissement de cette servitude est précédé d'une enquête publique, réalisée conformément aux dispositions du code de l'expropriation pour cause d'utilité publique.

Dans les autres cas, le projet d'instauration d'une servitude est porté à la connaissance des propriétaires dans des conditions fixées par décret en Conseil d'État, en leur précisant les modalités selon lesquelles ils peuvent faire valoir leurs observations à l'autorité administrative compétente de l'État.

En aucun cas, la servitude ne peut grever les terrains attenants à des maisons d'habitation, clos de murs ou de clôtures équivalentes selon les usages locaux.

Si l'exercice de cette servitude rend impossible l'utilisation normale des terrains grevés, leurs propriétaires peuvent demander l'acquisition de tout ou partie du terrain d'assiette de la servitude et, éventuellement, du reliquat des parcelles. A défaut d'accord amiable, le juge fixe l'indemnité comme en matière d'expropriation.

Le bénéficiaire de la servitude peut procéder à ses frais au débroussaillement des abords de la voie ou de l'équipement sur deux bandes latérales sans que le total des largeurs de ces bandes n'excède 100 mètres.

(L. nº 2023-580 du 10 juill. 2023, art. 40) « Lorsqu'une servitude de passage et d'aménagement a été instituée dans les conditions prévues au présent article, il est interdit aux propriétaires de terrains, à leurs ayants droit et aux usagers de modifier la continuité des ouvrages, des aménagements et des travaux de défense des bois et forêts contre l'incendie sans l'accord de la personne morale mentionnée au premier alinéa qui a établi cette servitude de passage et d'aménagement. » — *[Anc. art. L. 321-5-1, al. 1er, 3, 4, 5, L. 321-5-2.]*

Pour les voies de défense des bois et forêts contre les incendies existantes et n'ayant pas fait l'objet d'une servitude de passage et d'aménagement, le représentant de l'État dans le département met en œuvre l'art. L. 134-2 avant le 1er janv. 2028 (L. nº 2023-580 du 10 juill. 2023, art. 40-II).

Art. L. 134-3 Les voies de défense des bois et forêts contre l'incendie ont le statut de voies spécialisées, non ouvertes à la circulation générale.

L'acte instituant la servitude énonce les catégories de personnes ayant accès à ces voies et fixe les conditions de leur accès. — *[Anc. art. L. 321-5-1, al. 6.]*

Art. L. 134-4 *(L. nº 2023-580 du 10 juill. 2023, art. 18)* « I. — » Le maire peut, en cas de risque exceptionnel d'incendies, décider sur un territoire déterminé :

1° Qu'après une exploitation forestière, le propriétaire nettoie les coupes des rémanents et branchages ;

2° Qu'en cas de chablis précédant la période à risque dans le massif forestier, le propriétaire nettoie les parcelles des chicots, volis, chablis, rémanents et branchages.

En cas de carence du propriétaire, le maire peut exécuter les travaux d'office aux frais de ce dernier.

(L. nº 2023-580 du 10 juill. 2023, art. 18) « II. — Sans préjudice du I du présent article, dans les périmètres d'application des obligations de débroussaillement et de maintien en l'état débroussaillé résultant du présent titre, après une exploitation forestière d'une parcelle, le propriétaire de la parcelle nettoie les coupes des rémanents et des branchages. » — *[Anc. art. L. 322-3, al. 9, 11 et 12.]*

SECTION 2 Débroussaillement

Art. L. 134-5 En vue de la protection des constructions, chantiers et installations de toute nature, le plan de prévention des risques naturels prévisibles prévoit le débroussaillement et le maintien en état débroussaillé dans les zones qu'il délimite et selon les modalités qu'il définit. — *[Anc. art. L. 322-3, al. 1er et al. 6 phrase 2.]*

Art. L. 134-6 L'obligation de débroussaillement et de maintien en état débroussaillé s'applique, pour les terrains situés à moins de 200 mètres des bois et forêts, dans chacune des situations suivantes :

1° Aux abords des constructions, chantiers et installations de toute nature, sur une profondeur de 50 mètres ; le maire peut porter cette obligation à 100 mètres ;

2° Aux abords des voies privées donnant accès à ces constructions, chantiers et installations de toute nature, sur une profondeur fixée par le préfet dans une limite maximale de 10 mètres de part et d'autre de la voie ;

3° Sur les terrains situés dans les zones urbaines délimitées par un plan local d'urbanisme rendu public ou approuvé, ou un document d'urbanisme en tenant lieu ;

4° Dans les zones urbaines des communes non dotées d'un plan local d'urbanisme ou d'un document d'urbanisme en tenant lieu ; le représentant de l'État dans le département peut, après avis du conseil municipal et de la commission départementale compétente en matière de sécurité et après information du public, porter l'obligation énoncée au 1° au-delà de 50 mètres, sans toutefois excéder 200 mètres ;

5° Sur les terrains servant d'assiette à l'une des opérations régies par les articles L. 311-1, L. 322-2 et L. 442-1 du code de l'urbanisme ;

6° Sur les terrains mentionnés *(L. n° 2023-580 du 10 juill. 2023, art. 21)* « à l'article » L. 444-1 du même code ;

(L. n° 2023-580 du 10 juill. 2023, art. 21) « 7° Sur les terrains mentionnés aux articles L. 443-1 à L. 443-3 dudit code, sur une profondeur de 50 mètres ; le maire peut porter cette obligation à 100 mètres ;

« 8° Aux abords des installations mentionnées à l'article L. 515-32 du code de l'environnement, sur une profondeur de 100 mètres à compter des limites de propriété de l'établissement ; le représentant de l'État dans le département peut augmenter cette profondeur, sans toutefois qu'elle excède 200 mètres. » — *[Anc. art. L. 322-3, al. 2 à 5, al. 10.]*

Art. L. 134-7 Sans préjudice des dispositions de l'article L. 2212-1 du code général des collectivités territoriales, le maire assure le contrôle de l'exécution des obligations énoncées aux articles L. 134-5 et L. 134-6. — *[Anc. art. L. 322-3, al. 13.]*

Art. L. 134-8 Les travaux mentionnés à l'article L. 134-5 sont à la charge du propriétaire des constructions, chantiers ou installations de toute nature pour la protection desquels la servitude est établie.

Les travaux mentionnés à l'article L. 134-6 sont à la charge :

1° Dans les cas mentionnés aux 1° et 2° de cet article, du propriétaire des constructions, chantiers et installations de toute nature, pour la protection desquels la servitude est établie ;

2° Dans les cas mentionnés aux 3° à 6° de cet article, du propriétaire du terrain ;

(L. n° 2023-580 du 10 juill. 2023, art. 21) « 3° Dans les cas mentionnés au 7° du même article L. 134-6, du gestionnaire du terrain ou, en l'absence de gestionnaire, du propriétaire du terrain ;

« 4° Dans le cas mentionné au 8° dudit article L. 134-6, de l'exploitant de l'installation mentionnée à l'article L. 515-32 du code de l'environnement, pour la protection de laquelle la servitude est établie. » — *[Anc. art. L. 322-3, al. 6 phrase 2, al. 7 et 8.]*

Art. L. 134-9 *(L. n° 2019-1461 du 27 déc. 2019, art. 52)* « I. — » Si les intéressés n'exécutent pas les travaux prescrits en application des articles L. 134-4 à L. 134-6, la commune y pourvoit d'office après mise en demeure du propriétaire et à la charge de celui-ci.

Les dépenses auxquelles donnent lieu les travaux sont des dépenses obligatoires pour la commune.

Il est procédé au recouvrement des sommes correspondantes comme en matière de créances de l'État étrangères à l'impôt et au domaine.

En cas de carence du maire dans l'exercice de ses pouvoirs de police définis par les articles L. 134-4 à L. 134-6 et par le présent article, le représentant de l'État dans le département se substitue à celui-ci après une mise en demeure restée sans résultat. Le coût des travaux de débroussaillement effectués par l'État est mis à la charge de la commune qui procède au recouvrement de cette somme dans les conditions prévues à l'alinéa précédent.

(L. n° 2019-1461 du 27 déc. 2019, art. 52) « II. — Le maire peut assortir la mise en demeure prévue au I d'une astreinte d'un montant maximal de 100 € par jour de retard. Le montant total des sommes demandées ne peut être supérieur à 5 000 €.

« L'astreinte court à compter de la date de notification de la mise en demeure et jusqu'à l'exécution complète des mesures prescrites ou jusqu'à l'exécution d'office par la commune. Le recouvrement des sommes est engagé par trimestre échu.

« Le maire peut, lors de la liquidation trimestrielle de l'astreinte, consentir une exonération partielle ou totale de son produit si le redevable établit que la non-exécution de l'intégralité de ses obligations est due à des circonstances qui ne sont pas de son fait.

« L'astreinte est recouvrée dans les conditions prévues par les dispositions relatives aux produits communaux.

« L'application de l'astreinte et sa liquidation ne font pas obstacle à l'exécution d'office des mesures prescrites, dans les conditions prévues au premier alinéa du I. » — *[Anc. art. L. 322-4, al. 1er à 4.]*

Art. L. 134-10 L'État et les collectivités territoriales ou leurs groupements propriétaires de voies ouvertes à la circulation publique, ainsi que les sociétés concessionnaires d'autoroutes, procèdent à leurs frais au débroussaillement et au maintien en l'état débroussaillé, sur une bande dont la largeur est fixée par l'autorité administrative compétente de l'État et qui ne peut excéder 20 mètres de part et d'autre de l'emprise de ces voies, dans la traversée des bois et forêts et dans les zones situées à moins de 200 mètres de bois et forêts. Les propriétaires des fonds ne peuvent s'opposer à ce débroussaillement dans la limite d'une bande de terrain d'une largeur maximale de 20 mètres de part et d'autre de l'emprise des voies.

Ces dispositions sont applicables aux voies privées ouvertes à la circulation publique.

Les voies ouvertes à la circulation publique peuvent être répertoriées comme des voies assurant la prévention des incendies ou inscrites à ce titre au plan départemental ou interdépartemental de protection des forêts contre les incendies, à la demande des collectivités territoriales sur le territoire desquelles elles se situent, ou de leurs groupements intéressés, et avec l'accord du propriétaire de ces voies. Dans ce cas, ces collectivités ou groupements procèdent à leurs frais, au-delà des obligations mentionnées au premier alinéa, au débroussaillement et au maintien en état débroussaillé de bandes latérales dont les largeurs sont fixées par l'autorité administrative compétente de l'État sans que la largeur totale débroussaillée n'excède 100 mètres. Les propriétaires des fonds ne peuvent s'opposer à ce débroussaillement.

En cas de débroussaillement, les dispositions des deuxième à quatrième alinéas de l'article L. 131-16 sont applicables. — *[Anc. art. L. 322-7.]*

Art. L. 134-11 L'autorité administrative compétente de l'État prescrit au transporteur ou au distributeur d'énergie électrique exploitant des lignes aériennes de prendre à ses frais les mesures spéciales de sécurité nécessaires, et notamment la construction de lignes en conducteurs isolés ou toutes autres dispositions techniques appropriées telles que l'enfouissement, ainsi que le débroussaillement et le maintien en état débroussaillé d'une bande de terrain dont la largeur de part et d'autre de l'axe de la ligne est fixée en fonction de la largeur et de la hauteur de la ligne et de ses caractéristiques.

(L. n° 2023-580 du 10 juill. 2023, art. 12, en vigueur le 1er oct. 2023) « Lorsque les obligations de débroussaillement ou de maintien en état débroussaillé résultant du premier alinéa se superposent à des obligations de même nature résultant du présent titre, la mise en œuvre de l'ensemble de ces obligations incombe aux responsables des infrastructures mentionnées au premier alinéa pour ce qui les concerne. »

En cas de débroussaillement, les dispositions des deuxième à quatrième alinéas de l'article L. 131-16 sont applicables. — *[Anc. art. L. 322-5.]*

Art. L. 134-12 Lorsqu'il existe des terrains en nature de bois et forêts à moins de 20 mètres de la limite de l'emprise des voies ferrées, les *(L. n° 2023-580 du 10 juill. 2023, art. 13)* « gestionnaires » d'infrastructures ferroviaires ont l'obligation de débroussailler et de maintenir en état débroussaillé à leurs frais une bande longitudinale dont la largeur est fixée par l'autorité administrative compétente de l'État et qui ne peut excéder 20 mètres à partir du bord extérieur de la voie, selon les dispositions de l'article L. 131-16.

(L. n° 2023-580 du 10 juill. 2023, art. 13) « En cas de risque élevé de feux de forêt ou de végétation, le représentant de l'État dans le département peut étendre cette obligation par arrêté aux terrains en nature de bois et forêts à moins de 200 mètres de la

limite de l'emprise des voies ferrées. Il tient compte de la configuration de l'infrastructure ferroviaire, de la nature de l'occupation du sol au droit de cette infrastructure et des mesures alternatives possibles prévues à l'article L. 134-13. » — *[Anc. art. L. 322-8, al. 5.]*

Art. L. 134-13 L'autorité administrative compétente de l'État peut arrêter, sur proposition des propriétaires *(L. n° 2023-580 du 10 juill. 2023, art. 13)* « ou des gestionnaires » des équipements mentionnés aux articles L. 134-10 à L. 134-12, des mesures alternatives au débroussaillement permettant de supprimer les bandes de terrain à débroussailler ou à maintenir en état débroussaillé ou d'en réduire la largeur, dès lors que ces mesures assurent la sécurité des biens et des personnes avec la même efficacité.

Art. L. 134-14 *(Abrogé par L. n° 2023-580 du 10 juill. 2023, art. 12, à compter du 1er oct. 2023) Lorsque les obligations de débroussaillement ou de maintien en état débroussaillé résultant des dispositions des articles L. 134-10 à L. 134-12 se superposent à des obligations de même nature mentionnées au présent titre, la mise en œuvre de l'ensemble de ces obligations incombe aux responsables des infrastructures mentionnées à ces articles pour ce qui les concerne.*

Art. L. 134-15 *Abrogé par L. n° 2023-580 du 10 juill. 2023, art. 11.*

Art. L. 134-16 *(L. n° 2023-580 du 10 juill. 2023, art. 22)* « La mutation d'un terrain, d'une construction, d'un chantier ou d'une installation concerné par une obligation de débroussaillement ou de maintien en l'état débroussaillé résultant du présent titre est conditionnée au respect de cette obligation sur ce terrain ou aux abords de cette construction, de ce chantier ou de cette installation, dans la limite de la propriété sur laquelle cette construction, ce chantier ou cette installation est installé. Un décret précise les modalités d'application du présent alinéa, notamment les modalités de contrôle du respect de l'obligation de débroussaillement ou de maintien en l'état débroussaillé. »

En cas de mutation, le cédant informe le futur propriétaire de l'obligation de débroussailler ou de maintenir en état débroussaillé ainsi que de l'existence d'éventuelles servitudes résultant *(Abrogé par L. n° 2023-580 du 10 juill. 2023, art. 23, à compter du 1er janv. 2025) « des dispositions des chapitres II à IV »* du présent titre. *(L. n° 2023-580 du 10 juill. 2023, art. 23, en vigueur le 1er janv. 2025)* « Ces informations sont transmises dans les conditions définies à l'article L. 125-5 du code de l'environnement, quand elles portent sur l'obligation de débroussailler ou de maintenir en état débroussaillé. »

A l'occasion de toute conclusion ou renouvellement de bail, le propriétaire porte ces informations à la connaissance du preneur. *(L. n° 2023-580 du 10 juill. 2023, art. 23, en vigueur le 1er janv. 2025)* « Ces informations sont transmises dans les conditions définies au même article L. 125-5, quand elles portent sur l'obligation de débroussailler ou de maintenir en état débroussaillé. »

Art. L. 134-17 Lorsque la personne soumise aux obligations de débroussailler ou de maintien en état débroussaillé définies aux articles L. 134-10 à L. 134-12 ne s'est pas acquittée de cette obligation après une mise en demeure demeurée sans effet pendant deux mois, il peut y être pourvu à ses frais par l'autorité administrative compétente de l'État.

Art. L. 134-18 Lorsque la personne soumise aux obligations mentionnées à l'article L. 134-11 autres que celles de débroussaillement et de maintien en état débroussaillé n'a pas procédé aux travaux résultant de ces obligations après une mise en demeure demeurée sans effet pendant un an, l'autorité administrative peut prononcer une amende dont le montant ne peut dépasser 300 euros par mètre de ligne électrique n'ayant pas fait l'objet des mesures spéciales de sécurité prescrites.

CHAPITRE V CONTRÔLE

Art. L. 135-1 Les agents désignés à l'article L. 161-4 ainsi que les agents commissionnés à cet effet par le maire et assermentés ont accès aux propriétés privées, à l'exclusion des locaux à usage de domicile et de leurs dépendances bâties, aux seules fins de constater, le cas échéant, la nécessité de mettre en œuvre les pouvoirs d'exécution

d'office prévus au présent titre. *(L. n° 2023-580 du 10 juill. 2023, art. 24)* **« En cas d'absence du propriétaire au moment du contrôle, une notification est laissée sur place ou envoyée par courrier recommandé avec demande d'avis de réception. Cette notification fixe un délai dans lequel un nouveau contrôle est effectué. Si le propriétaire n'est pas connu, la notification est affichée en mairie.**

« Le propriétaire peut refuser cet accès. » Dans ce cas, l'accès peut être autorisé par l'autorité judiciaire dans les conditions mentionnées à l'article L. 206-1 du code rural et de la pêche maritime. — *[Anc. art. L. 322-12.]*

Art. L. 135-2 En cas de violation constatée de l'obligation de débroussailler résultant des dispositions du présent titre, et indépendamment des poursuites pénales qui peuvent être exercées, le maire ou, le cas échéant, le représentant de l'État dans le département met en demeure la personne tenue à l'obligation de débroussailler d'exécuter les travaux de débroussaillement ou de maintien en état débroussaillé dans un délai qu'il fixe.

Lorsque cette personne n'a pas procédé aux travaux prescrits par la mise en demeure à l'expiration du délai fixé, *(L. n° 2023-580 du 10 juill. 2023, art. 25)* **« l'autorité administrative compétente de l'État peut prononcer une amende dont le montant ne peut excéder 50 euros » par mètre carré soumis à l'obligation de débroussaillement.** — *[Anc. art. L. 322-9-2, al. 1er et 2.]*

CHAPITRE VI **APPLICATION**

Art. L. 136-1 Les conditions d'application du présent titre sont fixées par décret en Conseil d'État. — *[Anc. art. L. 322-13.]*

TITRE IV **RÔLE DE PROTECTION DES FORÊTS**

CHAPITRE I **FORÊTS DE PROTECTION**

SECTION 1 **Classement des massifs**

Art. L. 141-1 Peuvent être classés comme forêts de protection, pour cause d'utilité publique, après enquête publique réalisée conformément aux dispositions du chapitre III du titre II du livre I du code de l'environnement :

1° Les bois et forêts dont la conservation est reconnue nécessaire au maintien des terres sur les montagnes et sur les pentes, à la défense contre les avalanches, les érosions et les envahissements des eaux et des sables ;

2° Les bois et forêts situés à la périphérie des grandes agglomérations ;

3° Les bois et forêts situés dans les zones où leur maintien s'impose soit pour des raisons écologiques, soit pour le bien-être de la population. — *[Anc. art. L. 411-1, al. 1 à 3.]*

Art. L. 141-2 Le classement comme forêt de protection interdit tout changement d'affectation ou tout mode d'occupation du sol de nature à compromettre la conservation ou la protection des boisements. — *[Anc. art. L. 412-2.]*

Art. L. 141-3 Dès la notification au propriétaire de l'intention de classer une forêt en forêt de protection, aucune modification ne peut être apportée à l'état des lieux, aucune coupe ne peut être effectuée ni aucun droit d'usage créé pendant quinze mois à compter de la date de notification, sauf autorisation de l'autorité administrative compétente de l'État. — *[Anc. art. L. 411-2.]* — *Le silence gardé par l'administration pendant un délai de deux mois vaut décision de rejet pour les demandes d'autorisation de modification d'état des lieux de coupe ou de création de droit d'usage durant la période de quinze mois suivant la notification au propriétaire de classer une forêt en forêt de protection (Décr. n° 2014-1298 du 23 oct. 2014, JO 1er nov., Rect. JO 8 nov.).*

SECTION 2 **Régime spécial des forêts de protection**

Art. L. 141-4 Les forêts de protection sont soumises à un régime spécial, déterminé par décret en Conseil d'État, en ce qui concerne notamment l'aménagement et les

règles d'exploitation, l'exercice du pâturage et des droits d'usage, les fouilles et extractions de matériaux ainsi que la recherche et l'exploitation de la ressource en eau par les collectivités publiques ou leurs délégataires. – *[Anc. art. L. 412-1.]*

Art. L. 141-5 Des travaux de recherche et d'exploitation de la ressource en eau destinée à l'alimentation humaine, lorsqu'ils sont le fait des collectivités publiques ou de leurs délégataires, qu'ils ont fait l'objet d'une déclaration d'utilité publique et qu'ils ne modifient pas fondamentalement la destination forestière des terrains, peuvent être effectués sous les conditions déterminées par le régime spécial des forêts de protection. – *[Anc. art. L. 412-2-1.]*

Art. L. 141-6 Un décret en Conseil d'État détermine les conditions dans lesquelles les projets de travaux et ouvrages nécessaires au captage de l'eau dans les forêts de protection sont soumis, selon leur importance, à enquête publique réalisée conformément aux dispositions du chapitre III du titre II du livre I du code de l'environnement, ou à mise à disposition préalable du public. – *[Anc. art. L. 411-1, al. 4.]*

SECTION 3 Indemnités et acquisitions par l'État

Art. L. 141-7 Les indemnités qui pourraient être réclamées par les propriétaires et les titulaires d'un droit d'usage, dans le cas où le classement de leurs bois et forêts en forêt de protection entraînerait une diminution de revenu, sont réglées, compte tenu des plus-values éventuelles résultant des travaux exécutés et des mesures prises par l'État, soit par accord direct avec l'administration, soit, à défaut, par décision de la juridiction administrative.

L'État peut également procéder à l'acquisition des bois et forêts ainsi classés. Le propriétaire peut exiger cette acquisition s'il justifie que le classement en forêt de protection le prive de la moitié du revenu normal qu'il retire de sa forêt. L'acquisition a lieu soit de gré à gré, soit par voie d'expropriation. – *[Anc. art. L. 413-1.]*

CHAPITRE II CONSERVATION ET RESTAURATION DES FORÊTS EN MONTAGNE

SECTION 1 Mise en défens

Art. L. 142-1 L'autorité administrative compétente de l'État décide la mise en défens des terrains et pâturages en montagne, à quelque propriétaire qu'ils appartiennent, toutes les fois que l'état de dégradation du sol n'exige pas de travaux de restauration.

Lorsqu'au cours de l'enquête préalable une opposition est formulée, la décision intervient sous la forme d'un décret en Conseil d'État. – *[Anc. art. L. 421-1.]*

Art. L. 142-2 La décision administrative prévue à l'article L. 142-1 détermine la nature et les limites du terrain à interdire. Elle fixe en outre la durée de la mise en défens, qui ne peut excéder dix ans, ainsi que le délai pendant lequel les parties intéressées peuvent procéder au règlement amiable de l'indemnité à accorder aux propriétaires pour privation de jouissance.

A défaut d'accord amiable, cette indemnité est fixée par le tribunal administratif.

Dans le cas où l'État voudrait, à l'expiration du délai de dix ans, maintenir la mise en défens, il sera tenu, s'il en est requis par les propriétaires, d'acquérir les terrains à l'amiable ou par voie d'expropriation. – *[Anc. art. L. 421-2.]*

Art. L. 142-3 Lorsque le bénéficiaire de l'indemnité mentionnée à l'article L. 142-2 est une commune, celle-ci peut par délibération du conseil municipal :

1° Soit affecter cette indemnité aux besoins communaux, pour une fraction correspondant à la suppression du droit d'amodier les pâturages ou de les soumettre à des taxes locales, en en partageant le surplus entre les habitants ;

2° Soit en répartir la totalité entre ces derniers. – *[Anc. art. L. 421-3.]*

Art. L. 142-4 Pendant la durée de la mise en défens, l'État peut exécuter sur les terrains mis en défens les travaux jugés nécessaires à la consolidation rapide du sol pourvu que ces travaux n'en changent pas la nature, et sans qu'une indemnité quelconque puisse être exigée du propriétaire, à raison des améliorations que ces travaux auraient procurées à sa propriété. – *[Anc. art. L. 421-4.]*

SECTION 2 Réglementation des pâturages communaux en montagne

Art. L. 142-5 Avant le 1er janvier de chaque année, les communes désignées par décret doivent transmettre au représentant de l'État dans le département un règlement indiquant la nature et la limite des terrains communaux soumis au pacage, les diverses espèces de bestiaux et le nombre de têtes à y introduire, l'époque du commencement et de la fin du pâturage ainsi que les autres conditions relatives à son exercice. – *[Anc. art. L. 422-1.]*

Art. L. 142-6 Si, à la date mentionnée à l'article L. 142-5, les communes n'ont pas transmis au représentant de l'État dans le département le projet de règlement prescrit par le même article, il y est pourvu d'office par l'administration, après avis d'une commission comprenant, outre deux représentants de l'État, un conseiller général et un délégué du conseil municipal de la commune. – *[Anc. art. L. 422-2, al. 1er.]*

SECTION 3 Mise en valeur des terrains en montagne

La présente section ne comprend pas de dispositions législatives.

SECTION 4 Restauration des terrains en montagne

Art. L. 142-7 L'utilité publique des travaux de restauration et de reboisement nécessaires pour le maintien et la protection des terrains en montagne et pour la régularisation du régime des eaux est déclarée par décret en Conseil d'État, à la demande du ministre chargé des forêts, d'une collectivité territoriale ou d'un groupement de collectivités territoriales.

Ce décret, qui fixe le périmètre des terrains sur lesquels les travaux doivent être exécutés, est pris après :

1° Une enquête ouverte dans chacune des communes intéressées ;

2° Une délibération des conseils municipaux de ces communes ;

3° L'avis du conseil départemental ;

4° L'avis d'une commission spéciale, dont la composition, fixée par décret, comprend à part égale des représentants de l'État et des représentants des collectivités territoriales intéressées. Le conseiller départemental représentant le canton où se trouvent les terrains compris dans le périmètre d'exécution des travaux, ainsi que les propriétaires de ces terrains, ne peuvent siéger au sein de cette commission. – *[Anc. art. L. 424-1, L. 424-2.]*

Art. L. 142-8 Les travaux de restauration et de reboisement sont réalisés et l'entretien assuré à ses frais par le bénéficiaire de la déclaration d'utilité publique.

Les propriétaires peuvent exécuter eux-mêmes les travaux et en assurer l'entretien dans les conditions fixées par une convention à passer entre eux et la collectivité publique à la demande de laquelle a été prononcée la déclaration d'utilité publique. – *[Anc. art. L. 424-3, al. 1er et 2.]*

Art. L. 142-9 L'Office national des forêts instruit pour le compte de l'État *(L. no 2016-1888 du 28 déc. 2016, art. 55)* « ou » à la demande des collectivités territoriales les dossiers nécessaires à l'application des dispositions prévues aux sections 3 et 4 du présent chapitre. – *[Anc. art. L. 424-5, al. 1er.]*

CHAPITRE III FIXATION DES DUNES

SECTION 1 Dispositions générales

Art. L. 143-1 L'autorité administrative compétente de l'État peut prendre des mesures pour l'ensemencement, la plantation et la culture des végétaux les plus favorables à la fixation des dunes.

Elle peut déclarer obligatoires l'exécution et l'entretien des semis ou plantations assurant la fixation des dunes.

Ces travaux, s'ils ne sont pas réalisés par le propriétaire, sont déclarés d'utilité publique après une enquête réalisée conformément aux dispositions du code de l'expropriation pour cause d'utilité publique régissant la procédure spécifique aux enquêtes préalables portant sur des opérations entrant dans le champ d'application des articles L. 123-1 à L. 123-16 du code de l'environnement. – *[Anc. art. L. 431-1.]*

Art. L. 143-2 *(L. nº 2014-1170 du 13 oct. 2014, art. 69-I-6º)* Sur les dunes côtières fixées par des plantes aréneuses et, le cas échéant, par des arbres épars, sans préjudice de l'application des dispositions relatives au défrichement prévues au titre IV du livre III, aucune coupe de ces végétaux ne peut être réalisée sans autorisation préalable de l'autorité administrative compétente de l'État, hormis si elle est programmée par un document de gestion mentionné au *a* des 1º ou 2º de l'article L. 122-3.

Cette autorisation peut être subordonnée à l'exécution de travaux de restauration dans un secteur de dunes comparables du point de vue de la protection de l'environnement et de l'intérêt du public, pour une surface correspondant au moins à la surface faisant l'objet de l'autorisation.

Le demandeur qui ne souhaite pas réaliser par lui-même les travaux mentionnés au deuxième alinéa peut proposer de s'acquitter de ses obligations par la cession à l'État, à une collectivité territoriale ou à un établissement public de dunes côtières fixées par des plantes aréneuses d'une surface au moins égale à celle faisant l'objet de l'autorisation.

L'autorisation peut être refusée lorsque la conservation de ces végétaux est reconnue nécessaire au titre d'un ou plusieurs des motifs mentionnés aux 1º, 2º, 4º, 8º et 9º de l'article L. 341-5.

La durée, limitée à cinq ans, la forme ainsi que les conditions et délais de délivrance de l'autorisation sont fixés par voie réglementaire.

SECTION 2 Dispositions spéciales aux dunes du département du Pas-de-Calais

Art. L. 143-3 Aucune fouille ne peut être effectuée dans les dunes de mer du Pas-de-Calais en dehors des espaces urbanisés au sens *(Ord. nº 2015-1174 du 23 sept. 2015, art. 9-VIII-5º, en vigueur le 1er janv. 2016)* « de la section 1 du chapitre I du titre II du livre I de la partie législative » du code de l'urbanisme, et ce, jusqu'à la distance de 200 mètres de la laisse de haute mer.

Toutefois, des fouilles nécessitées par le maintien ou la restauration des dunes peuvent faire l'objet d'une autorisation administrative. – *[Anc. art. L. 432-1, al. 1er.]*

Art. L. 143-4 Il est défendu, sauf aux propriétaires ou leurs ayants droit, de couper ou d'arracher aucune herbe, plante ou broussaille sur les digues et dunes de mer du Pas-de-Calais. – *[Anc. art. L. 432-2.]*

CHAPITRE IV PRÉVENTION DES RISQUES NATURELS

Art. L. 144-1 Les plans de prévention des risques naturels prévisibles, établis en application des articles L. 562-1 et suivants du code de l'environnement, dont l'objet est de prévenir les inondations, les mouvements de terrains ou les avalanches, peuvent prévoir des règles de gestion et d'exploitation forestière dans les zones de risques qu'ils déterminent.

Ces règles approuvées s'imposent :

1º Aux propriétaires et exploitants forestiers ;

2º Aux autorités chargées de l'approbation des documents de gestion forestière établis en application du présent code, ainsi qu'à celles chargées de l'instruction des autorisations de coupes prévues par le présent code ou de la déclaration préalable prévue par le code de l'urbanisme.

Les propriétaires forestiers et les titulaires d'un droit d'usage bénéficient des garanties prévues par l'article L. 141-7 et les textes pris pour son application. – *[Anc. art. L. 425-1.]*

TITRE V MISE EN VALEUR DES FORÊTS

CHAPITRE I INVENTAIRE FORESTIER NATIONAL

Art. L. 151-1 L'inventaire permanent des ressources forestières nationales est réalisé indépendamment de toute question de propriété *(L. nº 2021-1104 du 22 août 2021,* *art. 58, en vigueur le 1er janv. 2023)* « , pour tous les bois et forêts de France, y compris ceux des collectivités mentionnées à l'article 72-3 de la Constitution, selon des modalités adaptées à leurs particularités ». — *[Anc. art. L. 521-1, ecqc la réalisation de l'inventaire.]*

Art. L. 151-2 En vue de la réalisation de l'inventaire prévu à l'article L. 151-1, les dispositions des articles 1er à 4, 6 et 7 de la loi n° 43-374 du 6 juillet 1943 relative à l'exécution des travaux géodésiques et cadastraux, modifiée et validée par la loi n° 57-391 du 28 mars 1957, sont applicables à l'exécution des travaux nécessaires à la localisation topographique des placettes de comptage, au recensement du matériel ligneux sur pied qu'elles renferment et à l'évaluation de sa production.

Ces dispositions sont également applicables à la connaissance du sol, de la végétation et de tous renseignements d'ordre écologique ou phytosanitaire sur la forêt. — *[Anc. art. L. 521-2.]*

Art. L. 151-3 *Abrogé par L. n° 2021-1104 du 22 août 2021, art. 58, à compter du 1er janv. 2023.*

CHAPITRE II RECHERCHE

Art. L. 152-1 La recherche appliquée sur la forêt et le bois concourt à la gestion durable des bois et forêts, *(L. n° 2023-580 du 10 juill. 2023, art. 9)* « à leur adaptation au changement climatique et aux risques associés, à l'élaboration d'une politique de diversification des essences, à la promotion de pratiques et d'itinéraires sylvicoles qui augmentent leur résilience face à ces perturbations, à la lutte contre l'intensification et l'extension du risque incendie, à la préservation de la biodiversité » au renforcement de la compétitivité de la filière de production, de récolte, de valorisation des produits forestiers et dérivés du bois et à la satisfaction des demandes sociales. Elle s'appuie sur la recherche fondamentale.

Elle est conduite dans les organismes publics ou privés exerçant des missions de recherche et les établissements d'enseignement supérieur, et avec le concours des instituts et centres techniques. Elle fait l'objet d'évaluations périodiques mettant en regard les différents moyens engagés et les résultats.

L'autorité administrative compétente de l'État définit, après avis du Conseil supérieur de la forêt *(L. n° 2014-1170 du 13 oct. 2014, art. 67-I-17°)* « et du bois », les modes de coordination des programmes de recherche concernant la forêt, le bois et les produits dérivés. Elle veille à l'adaptation des activités de recherche aux objectifs de la politique forestière et à la prise en compte des spécificités forestières, notamment au regard de la durée dans les procédures de programmation et de financement.

Les organismes publics de recherche exercent auprès des pouvoirs publics une mission d'expertise permanente, notamment dans le domaine de la gestion durable des forêts métropolitaines et d'outre-mer. — *[Anc. art. L. 521-3.]*

CHAPITRE III RESSOURCES GÉNÉTIQUES FORESTIÈRES ET MATÉRIELS FORESTIERS DE REPRODUCTION *(L. n° 2014-1170 du 13 oct. 2014, art. 67-I-18°).*

SECTION 1 Principes généraux et champ d'application

(L. n° 2014-1170 du 13 oct. 2014, art. 67-I-19°)

Art. L. 153-1 Sont soumis au présent chapitre les matériels de reproduction des essences forestières produits pour la commercialisation ou commercialisés en tant que plants ou parties de plantes destinés à des fins forestières ou en tant que semences, à l'exception des matériels dont il est prouvé qu'ils sont destinés à l'exportation ou à la réexportation vers des pays tiers.

Art. L. 153-1-1 Lors de la création ou du renouvellement de bois et de forêts par la plantation de matériels de reproduction commercialisés appartenant à des espèces réglementées par le présent code, seuls des matériels forestiers produits et commercialisés dans le respect du présent chapitre peuvent être utilisés. Il en est de même pour toute plantation susceptible d'avoir un impact sur les ressources génétiques des arbres forestiers.

Art. L. 153-1-2 Sont définies par décret en Conseil d'État :

1° Les modalités d'accès aux ressources génétiques forestières et aux connaissances traditionnelles associées, ainsi que les conditions d'un partage équitable des avantages découlant de leur utilisation en recherche et développement ;

2° Les conditions dans lesquelles les ressources génétiques forestières peuvent être récoltées sur le territoire français à des fins d'expérimentation, à des fins scientifiques ou en vue de travaux de sélection ou de conservation, et peuvent être utilisées dans le cadre d'actions de recherche et développement ;

3° Les conditions de récolte, de commercialisation et d'utilisation durable des matériels forestiers de reproduction destinés à des expérimentations, à des fins scientifiques, à des travaux de sélection, à des fins de conservation génétique ou à des fins autres que forestières.

La liste des essences forestières soumises aux dispositions mentionnées aux 1° et 2° et celle des essences forestières dont le commerce des matériels forestiers de reproduction est réglementé par le présent chapitre sont arrêtées par le ministre chargé de la forêt.

SECTION 2 Conditions de commercialisation et de garantie de qualité des matériels forestiers de reproduction et admission des matériels de base

Art. L. 153-2 Les matériels forestiers de reproduction ne peuvent être commercialisés que s'ils proviennent de matériels de base admis dans les conditions prévues à l'article L. 153-3 et que s'ils satisfont aux normes de qualité extérieure déterminées par l'autorité administrative compétente de l'État. — *[Anc. art. L. 552-1.]*

Art. L. 153-3 Un décret en Conseil d'État détermine les conditions dans lesquelles l'admission des matériels de base est prononcée, ainsi que les règles relatives à la production et notamment à la récolte, au conditionnement et à la commercialisation des matériels forestiers de reproduction, propres à garantir les qualités génétiques et extérieures de ces matériels.

Ce décret fixe également les conditions de déclaration des activités auxquelles sont soumises les entreprises de récolte, de production et de conditionnement des matériels forestiers de reproduction. — *[Anc. art. L. 552-2.]*

SECTION 3 Commerce avec les pays membres de l'Union européenne et les pays tiers

Art. L. 153-4 Les règles de commercialisation à l'utilisateur final des matériels forestiers de reproduction mentionnés à l'article L. 153-1 sont fixées par décret en Conseil d'État.

S'ils sont produits à l'extérieur de l'Union européenne, ces matériels peuvent être librement introduits en France dans les conditions et sous les réserves fixées par décret en Conseil d'État, lorsqu'ils présentent des garanties équivalentes à celles des matériels produits dans les États membres. Le même décret pourra prévoir des dérogations en faveur de certaines importations. — *[Anc. art. L. 554-1.]*

SECTION 4 Surveillance et police administrative

Art. L. 153-5 Outre les *(Ord. n° 2022-839 du 1er juin 2022, art. 1er)* « agents mentionnés aux 1° et 2° du I » de l'article L. 161-4 du présent code, *(Ord. n° 2016-301 du 14 mars 2016, art. 9-1°)* « les agents mentionnés à l'article L. 511-3 et L. 511-22 » du code de la consommation sont habilités à exercer un contrôle à tous les stades de la récolte, de la production, du conditionnement et de la commercialisation des matériels forestiers de reproduction et à effectuer des recherches sur l'origine de ces matériels. — *[Anc. art. L. 555-1.]*

Art. L. 153-6 *(Ord. n° 2016-301 du 14 mars 2016, art. 9-2°, en vigueur le 1er juill. 2016)* « Les agents mentionnés aux articles L. 511-3 et L. 511-22 du code de la consommation disposent des pouvoirs mentionnés au I de l'article L. 511-22 du même code. »

Les autres agents mentionnés à l'article L. 153-5 peuvent, en outre, dans l'exercice de leurs fonctions, visiter les peuplements forestiers, pépinières forestières, locaux ou immeubles à usage professionnel, se faire présenter et saisir tous documents relatifs aux matériels contrôlés.

Si l'accès leur est refusé, ils peuvent saisir l'autorité judiciaire dans les conditions mentionnées à l'article L. 206-1 du code rural et de la pêche maritime. – *[Anc. art. L. 555-2.]*

Art. L. 153-7 Les manquements aux dispositions du présent chapitre et des règlements pris pour son application peuvent entraîner la retenue et la confiscation des produits ainsi que leur destruction aux frais de l'intéressé. – *[Anc. art. L. 555-4.]*

CHAPITRE III *BIS* DESSERTE DES FORÊTS

(L. nº 2014-1170 du 13 oct. 2014, art. 67-I-20º)

Art. L. 153-8 Le département élabore chaque année un schéma d'accès à la ressource forestière, en concertation avec les communes et les établissements publics de coopération intercommunale concernés *(L. nº 2023-580 du 10 juill. 2023, art. 39)* « et après avis du service départemental ou territorial d'incendie et de secours ». Ce schéma prévoit des itinéraires empruntant des routes départementales, communales et intercommunales et permettant d'assurer le transport de grumes depuis les chemins forestiers jusqu'aux différents points de livraison.

En Corse, le schéma d'accès à la ressource forestière est élaboré par la collectivité territoriale de Corse en concertation avec les départements, les communes et les établissements publics de coopération intercommunale concernés, *(L. nº 2023-580 du 10 juill. 2023, art. 39)* « et après avis du service départemental ou territorial d'incendie et de secours, » dans le respect du plan d'aménagement et de développement durable de Corse. Il inclut les routes territoriales.

Art. L. 153-9 *(L. nº 2023-580 du 10 juill. 2023, art. 39)* I. – Les services départementaux ou territoriaux d'incendie et de secours, le centre régional de la propriété forestière, les organisations représentatives des communes forestières, les services locaux de l'Office national des forêts et, le cas échéant, les groupements d'associations syndicales mentionnées aux articles L. 132-2 et L. 133-1-1 établissent un cahier des charges visant à améliorer la mutualisation des voies d'accès aux ressources forestières et des voies de défense des bois et forêts contre l'incendie. Ce cahier des charges définit les responsabilités de chaque acteur en matière de remise en état de ces voies après usage. Il est mis à jour au moins tous les cinq ans.

II. – Chaque département établit et met à jour, au moins tous les cinq ans, une carte des voies d'accès aux ressources forestières, des voies de défense des bois et forêts contre l'incendie et des points d'eau. Cette carte est mise à disposition gratuitement et librement sous une forme dématérialisée, sur un portail national commun au plus tard le 1er janvier 2026.

Les modalités d'élaboration de la carte mentionnée au présent II, ses modalités de consultation à différentes échelles, y compris à l'échelle régionale, et les informations affichées sont déterminées par décret.

CHAPITRE IV RÈGLES APPLICABLES AU TRAVAIL EN MILIEU FORESTIER

Art. L. 154-1 Sont considérés comme des travaux de récolte de bois au sens du présent code, outre les éclaircies, les travaux forestiers mentionnés au 1º de l'article L. 722-3 du code rural et de la pêche maritime, à l'exception de l'élagage et du débroussaillement. – *[Anc. art. L. 371-1.]*

Art. L. 154-2 Les entreprises qui réalisent des travaux de récolte de bois définis à l'article L. 154-1 dans les forêts d'autrui sont responsables de la sécurité et de l'hygiène sur les chantiers. A ce titre, elles s'assurent de la qualification professionnelle des personnes y travaillant.

Sont définies par décret *(Abrogé par L. nº 2014-1170 du 13 oct. 2014, art. 67-I-21º)* *« en Conseil d'État »* :

1° Les conditions de formation initiale ou continue ou d'expérience professionnelle et les modalités selon lesquelles cette qualification professionnelle est reconnue ;

2° Les conditions dans lesquelles toute personne, notamment tout exploitant agricole, qui, à la date de la publication de ce décret, exerce effectivement l'une des activités définies au présent article, ou en assure le contrôle, est réputée justifier de la qualification requise ;

3° Les modalités d'information des donneurs d'ordre leur permettant de s'assurer que les personnes mentionnées au premier alinéa possèdent la qualification professionnelle requise et bénéficient de la levée de présomption de salariat prévue à l'article L. 722-23 du code rural et de la pêche maritime, notamment par la délivrance d'une attestation administrative. — *[Anc. art. L. 371-2, L. 371-4.]*

Art. L. 154-3 Le statut des experts forestiers est fixé par les articles L. 171-1 et suivants du code rural et de la pêche maritime. — *V.* ***C. rur.***

Art. L. 154-4 *(L. nº 2021-1104 du 22 août 2021, art. 55)* Les personnes qui achètent du bois en vue de sa revente et sans transformation au sein de l'Union européenne doivent disposer d'une carte professionnelle attestant de leurs qualifications, notamment de leur connaissance des règles applicables en matière de traitement sanitaire du bois, et de leur prise en compte des enjeux climatiques et environnementaux dans leur activité, tant en termes de préservation du puits de carbone forestier que de bilan carbone global de leur activité.

Les conditions selon lesquelles cette carte professionnelle est obtenue, notamment en matière de formation initiale ou continue ou d'expérience professionnelle, sont définies par décret.

CHAPITRE V VALORISATION DES PRODUITS DE LA SYLVICULTURE

Art. L. 155-1 En zone de montagne, une servitude de passage et d'aménagement nécessaire à l'enlèvement des bois bénéficie à tout propriétaire. Cette servitude est établie selon les modalités énoncées à l'article L. 134-2. — *[Anc. art. L. 321-5-1, al. 2.]*

Art. L. 155-2 *(L. nº 2014-344 du 17 mars 2014, art. 124)* Lorsque les ventes se font à un prix global déterminé au moment de la vente et sur pied, l'acheteur exploite les bois signalés ou marqués comme objet de la vente, dans le respect des conditions d'exploitation définies par le contrat. Le contrat fixe, au sein de la période d'exploitation, une ou plusieurs dates auxquelles tout ou partie des bois objet de la vente seront regardés comme livrés. Ces dates de livraison constituent le point de départ des délais de règlement, sans pouvoir excéder les délais de quarante-cinq jours fin de mois ou soixante jours mentionnés *(Ord. nº 2019-698 du 3 juill. 2019, art. 5)* « aux deuxième et troisième alinéas du I de l'article L. 441-10 » du code de commerce, à compter de la date de livraison. Une facture peut néanmoins être émise dès la signature du contrat pour la totalité des bois vendus.

CHAPITRE VI DISPOSITIONS ÉCONOMIQUES ET FINANCIÈRES

SECTION 1 Organisations professionnelles

Art. L. 156-1 Les modalités de reconnaissance en qualité d'organisations interprofessionnelles des organisations professionnelles les plus représentatives du secteur de la forêt et des produits forestiers sont celles définies par l'article L. 632-1-2 du code rural et de la pêche maritime. — *V.* ***C. rur.***

SECTION 2 Créances du Fonds forestier national

Art. L. 156-2 La créance de l'État relative à l'exécution par le Fonds forestier national de contrats de travaux conclus avec des propriétaires est garantie, sur le produit des coupes et exploitations réalisées, par un privilège qui prend rang immédiatement après les privilèges fiscaux établis au profit du Trésor.

Ce privilège est opposable aux ayants cause du propriétaire à dater de la publication du contrat au bureau des hypothèques.

Les clauses des contrats de travaux s'appliquent quelles que soient les mutations de propriété intervenues, et notamment dans le cas de transfert de propriété effectué en application du chapitre III du titre II du livre I du code rural et de la pêche maritime relatif à l'aménagement foncier agricole et forestier des exploitations rurales, jusqu'au recouvrement complet de la créance du Fonds forestier national et pendant au moins dix ans. – *[Anc. art. L. 532-1.]*

Art. L. 156-3 L'hypothèque destinée à garantir un prêt accordé sur les disponibilités du Fonds forestier national peut être consentie sous la forme des actes administratifs mentionnés à l'article L. 1212-4 du code général de la propriété des personnes publiques. La mainlevée de l'inscription hypothécaire peut être donnée dans la même forme.

En cas de retard dans le paiement des sommes exigibles sur ces prêts, l'autorité administrative compétente de l'État peut, indépendamment de tous autres moyens d'action, se mettre en possession à titre de séquestre des biens hypothéqués. – *[Anc. art. L. 532-3.]*

SECTION 3 Fonds stratégique de la forêt et du bois

(L. nº 2014-1170 du 13 oct. 2014, art. 67-I-23º)

Art. L. 156-4 En application des articles L. 112-1 et L. 121-1 et afin de permettre la valorisation de l'ensemble des fonctions économiques, sociales et environnementales des bois et forêts, l'État concourt par le fonds stratégique de la forêt et du bois au financement de projets d'investissements, prioritairement en forêt, et d'actions de recherche, de développement et d'innovation qui s'inscrivent dans le cadre des orientations stratégiques du programme national de la forêt et du bois et des priorités arrêtées dans les programmes régionaux de la forêt et du bois. Ces projets et ces actions visent notamment à améliorer la gestion durable et multifonctionnelle de la forêt *(L. nº 2023-580 du 10 juill. 2023, art. 43)* « ainsi qu'à préserver la ressource en bois et les ressources forestières des aléas, notamment du risque incendie ».

Les mécanismes d'abondement du fonds stratégique de la forêt et du bois intègrent les fonctions d'intérêt général de la forêt mentionnées à l'article L. 112-1.

Un décret définit les modalités de gouvernance du fonds et les règles d'éligibilité à son financement.

TITRE VI DISPOSITIONS PÉNALES

CHAPITRE I RÈGLES DE PROCÉDURE PÉNALE APPLICABLES AUX INFRACTIONS FORESTIÈRES

SECTION 1 Définitions

Art. L. 161-1 Constituent des infractions forestières tous les délits et contraventions prévus par le présent code et par les textes pris pour son application.

Sont également des infractions forestières lorsqu'elles sont commises dans les bois et forêts ou les autres terrains ou espaces soumis aux dispositions du présent code :

1º Les infractions prévues et réprimées par le code pénal en matière de dépôt ou abandon de matières, d'ordures, de déchets ou d'épaves ;

2º Les contraventions aux arrêtés de police du maire pris en application :

a) Du 5º de l'article L. 2212-2 du code général des collectivités territoriales, en vue de prévenir ou de faire cesser les incendies, les éboulements de terre ou de rochers ainsi que les avalanches ;

b) Du 7º du même article ;

c) Du 2º de l'article L. 2213-2 du même code, lorsqu'ils concernent l'arrêt et le stationnement dans les espaces naturels et notamment forestiers des caravanes et camping-cars sur les voies publiques ou privées ouvertes à la circulation publique. – *[Anc. art. L. 122-7, ecqc la définition des infractions forestières, L. 122-3, al. 2 ecqc la définition des infractions forestières à al. 5, L. 321-9, L. 323-1, al. 1er ecqc la définition des infractions forestières, L. 343-1, al. 2 à al. 9, L. 421-5.]*

Art. L. 161-2 Le fait de faire obstacle à la réalisation ou de porter atteinte à l'intégrité des travaux réalisés sur les terrains compris dans les périmètres de restauration des terrains en montagne, mentionnés à l'article L. 142-7, est constaté et poursuivi selon les modalités fixées au présent titre pour les infractions forestières. — *[Anc. art. L. 424-4.]*

Art. L. 161-3 Les contraventions aux règlements de pâturage intervenus dans les conditions prévues à la section 2 du chapitre II du titre IV sont constatées dans les formes prescrites par le présent titre et poursuivies conformément aux dispositions des articles 531 et suivants du code de procédure pénale. — *[Anc. art. L. 422-4.]*

SECTION 2 Recherche et constatation des infractions

SOUS-SECTION 1 Agents habilités à rechercher et à constater les infractions *(Ord. n° 2022-839 du 1er juin 2022, art. 2).*

Art. L. 161-4 *(Ord. n° 2022-839 du 1er juin 2022, art. 2)* I. — Sont habilités à rechercher et constater les infractions forestières, outre les officiers et agents de police judiciaire :

1° Les agents des services de l'État chargés des forêts, commissionnés à raison de leurs compétences en matière forestière et assermentés à cet effet ;

2° Les agents publics en service à l'Office national des forêts ainsi que les agents de l'établissement public du domaine national de Chambord, commissionnés à raison de leurs compétences en matière forestière et assermentés à cet effet ;

3° Les gardes champêtres et les agents de police municipale.

Les agents mentionnés aux 1° à 3° peuvent rechercher et constater d'autres infractions, dans les conditions prévues par les dispositions législatives les désignant à cet effet. Lorsqu'ils sont investis par le code de l'environnement de missions de recherche et de constatation d'infractions, ils interviennent dans les conditions définies aux articles L. 172-5 à L. 172-15 et à l'article L. 174-2 de ce code.

II. — Sont habilités à constater, sans les rechercher, les infractions forestières, les agents contractuels de droit privé de l'Office national des forêts, commissionnés à raison de leurs compétences en matière forestière et assermentés à cet effet.

Ces agents peuvent constater d'autres infractions, dans les conditions prévues par les dispositions législatives les désignant à cet effet. Lorsqu'ils sont investis par le code de l'environnement de missions de constatation d'infractions, ils interviennent dans les conditions définies à l'article L. 172-7, au premier alinéa de l'article L. 172-8, au deuxième alinéa de l'article L. 172-10, aux articles L. 172-12 à L. 172-14 et à l'article L. 174-2 de ce code. — *Les dispositions du II de l'art. L. 161-4 sont conformes à la Constitution (Décis. Cons. const. n° 2023-1042 QPC du 31 mars 2023, JO 4 avr.).*

En prévoyant, au premier alinéa du II de l'art. L. 161-4 dans sa rédaction issue de l'art. 2 de l'ordonnance attaquée, que ces agents sont habilités à constater, sans les rechercher, « les infractions forestières », qui sont limitativement énumérées à l'art. L. 161-1, et au second alinéa du même II que ces mêmes agents peuvent constater « d'autres infractions, dans les conditions prévues par les dispositions législatives les désignant à cet effet », le Gouvernement ne les a pas dotés d'une compétence générale de constatation de toute infraction et n'a pas méconnu le champ défini par les dispositions du 1° du I de l'art. 79 de la L. n° 2020-1525 du 7 déc. 2020 d'accélération et de simplification de l'action publique qui ont autorisé le Gouvernement, pendant dix-huit mois, à prendre par ordonnances les mesures relevant du domaine de la loi nécessaires pour « modifier les dispositions du code forestier relatives à l'Office national des forêts afin d'élargir les possibilités de recrutement d'agents contractuels de droit privé et de leur permettre de concourir à l'exercice de l'ensemble des missions confiées à l'office, y compris la constatation de certaines infractions et à l'exclusion de leur recherche, par certains d'entre eux commissionnés et assermentés à cet effet ». Le Syndicat national unifié des personnels des forêts et de l'espace naturel n'est pas fondé à demander l'annulation de l'ordonnance qu'il attaque. • CE 13 oct. 2023, n° 466224.

Art. L. 161-5 *(L. n° 2019-773 du 24 juill. 2019, art. 7)* « Outre les agents mentionnés à l'article L. 161-4, » sont également habilités, dans l'exercice de leurs fonctions, à rechercher et constater les infractions forestières :

1° Les fonctionnaires et agents publics commissionnés et assermentés, habilités par une disposition du code de l'environnement à constater les infractions pénales en matière de chasse, de pêche, de protection de l'eau, des milieux aquatiques, des parcs nationaux ou des espaces naturels ;

(L. n° 2019-773 du 24 juill. 2019, art. 7) **« Ils interviennent dans les conditions définies à la section 2 du chapitre II du titre VII du livre I du code de l'environnement. »** *(L. n° 2016-1087 du 8 août 2016, art. 164-IV)* **« Toutefois, l'article L. 161-12 du présent code leur est applicable ; »**

2° Les agents publics habilités par la loi ou le règlement à effectuer des missions de surveillance, des inspections ou des contrôles de police administrative dans les bois et forêts, lorsqu'ils sont assermentés et habilités par la loi à rechercher et constater des infractions. — *[Anc. art. L. 323-1, al. 5, 6, 7, 8, L. 371-3, II.]*

Art. L. 161-6 **Les gardes des bois et forêts des particuliers, dûment agréés et assermentés dans les conditions mentionnées à l'article 29-1 du code de procédure pénale, sont habilités à constater par procès-verbaux les infractions forestières dans les propriétés dont ils ont la garde.** — *[Anc. art. L. 231-1, al. 1er ecqc gardes particuliers.]*

Art. L. 161-7 **Les** *(Ord. n° 2022-839 du 1er juin 2022, art. 2)* **« agents mentionnés au premier alinéa et au 1° du I » de l'article L. 161-4 peuvent rechercher et constater les infractions forestières dans tous les bois et forêts quel que soit leur régime de propriété.**

(Ord. n° 2022-839 du 1er juin 2022, art. 2) **« Les agents mentionnés au 2° du I de l'article L. 161-4 peuvent rechercher et constater les infractions au titre III du présent livre et aux réglementations prises pour son application dans tous les bois et forêts, quel que soit leur régime de propriété. Les agents mentionnés au II de l'article L. 161-4 peuvent constater, sans les rechercher, ces infractions dans tous les bois et forêts, quel que soit leur régime de propriété. »** — *[Anc. art. L. 323-1, ecqc compétence DFCI, L. 343-1, al. 1er ecqc poursuites pénales, L. 342-1, al. 2.]*

SOUS-SECTION 2 Compétence territoriale

Art. L. 161-8 **I. — Sans préjudice des règles de compétence territoriale applicables aux officiers et agents de police judiciaire, les agents de l'État mentionnés à l'article L. 161-4 exercent leurs compétences sur l'étendue :**

1° Du territoire national lorsqu'ils sont affectés à un service de compétence nationale ;

2° De la région dans laquelle se trouve leur résidence administrative lorsqu'ils sont affectés dans un service déconcentré ;

3° Du territoire concerné par leur mission, lorsque, affectés à un service déconcentré, ils sont chargés d'une mission dépassant les limites territoriales de ce service.

II. — Dans les bois et forêts *(L. n° 2014-1170 du 13 oct. 2014, art. 73-I-2°)* **« relevant du régime forestier ou gérés contractuellement » par l'Office national des forêts, les agents de l'établissement habilités à rechercher et constater des infractions** *(Ord. n° 2022-839 du 1er juin 2022, art. 2)* **« et ceux habilités à les constater, sans les rechercher, » exercent leurs compétences dans les mêmes conditions que les agents de l'État.**

Il en est de même, dans le domaine national de Chambord, des agents de l'établissement public.

III. — Les agents mis temporairement à disposition d'un service autre que celui dans lequel ils sont affectés ont la même compétence territoriale que celle des agents du service d'accueil.

IV. — Lorsque les nécessités de l'enquête l'exigent, les agents peuvent se transporter dans les ressorts des tribunaux de grande instance limitrophes de la région dans laquelle ils sont affectés à l'effet d'y poursuivre les opérations de recherche ou de constatation initiées dans leur ressort de compétence. Le procureur de la République du lieu où les opérations sont poursuivies en est informé sans délai. — *[Anc. art. L. 152-1, ecqc compétence territoriale, L. 341-5, L. 342-1, al. 1er.]*

Art. L. 161-9 **I. — Les gardes champêtres et les agents de police municipale exercent leurs compétences sur l'étendue du territoire communal ou du groupement de communes qui les emploie.**

II. — Les gardes champêtres et les agents de police municipale mis temporairement à disposition d'une collectivité autre que celle dans laquelle ils sont affectés ont la même compétence territoriale que celle des agents de la collectivité d'accueil.

III. — Lorsque les nécessités de l'enquête l'exigent, les gardes champêtres et les agents de police municipale peuvent se transporter dans les communes limitrophes de celles

dans lesquelles ils sont affectés à l'effet d'y poursuivre les opérations de recherche ou de constatation initiées dans leur ressort de compétence. Le maire de la commune où les opérations sont poursuivies en est informé sans délai, ainsi que le procureur de la République si cette commune n'est pas située dans le même ressort de tribunal de grande instance que celui dans lequel l'intéressé est normalement habilité à exercer. – *[Anc. art. L. 231-1, al. 1er ecqc compétence territoriale gardes champêtres.]*

SOUS-SECTION 3 Assermentation et valeur probante des procès-verbaux

Art. L. 161-10 Les agents de l'État chargés des forêts et les agents de l'Office national des forêts et de l'établissement public du domaine national de Chambord habilités à rechercher et constater des infractions ainsi que les gardes forestiers particuliers agréés *(Ord. nº 2022-839 du 1er juin 2022, art. 2)* « et les agents de l'Office national des forêts habilités à constater, sans les rechercher, des infractions » sont assermentés à cet effet dans des conditions fixées par décret en Conseil d'État. – *[Anc. art. L. 122-6, L. 224-1, al. 2 ecqc serment, L. 341-1, al. 1er, L. 341-2.]*

Art. L. 161-11 Les procès-verbaux dressés par les agents mentionnés aux articles L. 161-4 à L. 161-6 font foi jusqu'à preuve contraire. – *[Anc. art. L. 153-6, L. 223-4 phrase 1re ecqc valeur PV, L. 231-1, al. 2, L. 323-2 ecqc valeur PV.]*

SOUS-SECTION 4 Transmission des procédures

Art. L. 161-12 L'original du procès-verbal dressé pour constater des infractions forestières est transmis, dans les cinq jours ouvrés à dater de sa clôture, par les *(Ord. nº 2022-839 du 1er juin 2022, art. 2)* « agents mentionnés aux 1° et 2° du I et au II » de l'article L. 161-4 et à l'article L. 161-5 :

1° Lorsque l'infraction est constitutive d'un délit, au procureur de la République ;

2° Lorsque l'infraction est constitutive d'une contravention, au directeur régional de l'administration chargée des forêts.

Une copie du procès-verbal est adressée simultanément à l'autorité qui n'est pas destinataire de l'original. *(L. nº 2018-727 du 10 août 2018, art. 39)* « Sauf instruction contraire du procureur de la République, une copie du procès-verbal est également transmise au contrevenant, lorsqu'il est connu, dans un délai fixé par décret en Conseil d'État. » *(L. nº 2019-773 du 24 juill. 2019, art. 4)* « Sur autorisation du procureur de la République, les nom et prénoms des personnes apparaissant dans les copies de ce procès-verbal, à l'exception de ceux du contrevenant, peuvent être cancellés lorsque ces mentions sont susceptibles de mettre en danger la vie ou l'intégrité physique de ces personnes ou celles de leurs proches. » – *V. art. R. 161-7-1.*

Les procès-verbaux dressés pour constater des infractions forestières par les *(Ord. nº 2022-839 du 1er juin 2022, art. 2)* « agents mentionnés au 3° du I » de l'article L. 161-4 sont transmis selon les modalités énoncées à l'article 27 du code de procédure pénale.

Les procès-verbaux dressés pour constater des infractions forestières par les gardes des bois et forêts des particuliers mentionnés à l'article L. 161-6 sont transmis selon les modalités énoncées à l'article 29 du code de procédure pénale. – *[Anc. art. L. 323-2, L. 343-1, al. 1er, ecqc transmission PV.]*

Art. L. 161-13 A réception des procès-verbaux constatant les infractions forestières, le directeur régional de l'administration chargée des forêts ordonne les mesures de constatation complémentaires, d'instruction ou d'examen technique qui s'imposent.

SOUS-SECTION 5 Pouvoirs de police judiciaire

Art. L. 161-14 Les agents et gardes mentionnés aux articles L. 161-4 à L. 161-6 sont habilités à relever l'identité des personnes à l'encontre desquelles ils entendent dresser procès-verbal.

Si la personne refuse ou se trouve dans l'impossibilité de justifier de son identité, l'agent ou le garde en rend compte immédiatement à tout officier de police judiciaire territorialement compétent qui peut lui ordonner de la retenir sur place ou de la conduire dans un local de police aux fins de vérification de son identité, conformément aux dispositions de l'article 78-3 du code de procédure pénale.

Art. L. 161-15 Les *(Ord. nº 2022-839 du 1er juin 2022, art. 2)* « agents mentionnés aux 1° et 3° du I » de l'article L. 161-4 ont accès, après en avoir informé le procureur de la République, qui peut s'y opposer, entre 8 heures et 20 heures, ou en dehors de ces heures lorsqu'une activité est en cours :

1° Aux bois et forêts clos ;

2° Aux propriétés closes comportant des bâtiments qui ne sont pas à usage de domicile ;

3° Aux aires de stockage, de stationnement et de déchargement, ainsi qu'aux hangars et ateliers de transformation du bois ;

4° Aux véhicules professionnels destinés au transport du bois.

Munis des insignes extérieurs et apparents de leur qualité, ils peuvent sommer de s'arrêter tout véhicule circulant sur une voie forestière.

Sur réquisition écrite du procureur de la République, ils peuvent, à toute heure et en tout lieu ouvert à la circulation, munis des insignes extérieurs et apparents de leur qualité, sommer de s'arrêter tout véhicule professionnel destiné au transport de bois afin de procéder au contrôle de son chargement.

Dans les mêmes conditions, les *(Ord. nº 2022-839 du 1er juin 2022, art. 2)* « agents mentionnés au 2° du I » de l'article L. 161-4 ont, dans l'exercice de leurs fonctions, accès aux véhicules mentionnés au présent article. – *[Anc. art. L. 152-3, L. 342-3, ecqc pvrs PJ, L. 231-3, ecqc forêts des particuliers.]*

Art. L. 161-16 Lorsque la gravité des faits l'exige, les agents mentionnés à l'article L. 161-4 conduisent devant un officier de police judiciaire toute personne surprise en flagrant délit. – *[Anc. art. L. 152-4, L. 342-2.]*

Art. L. 161-17 Les agents mentionnés aux articles L. 161-4 et L. 161-5 peuvent, dans l'exercice des fonctions mentionnées au présent chapitre, requérir directement la force publique. – *[Anc. art. L. 152-2, L. 231-3, ecqc forêt des particuliers, L. 342-3, ecqc saisie cautionnement.]*

SECTION 3 Saisie conservatoire et cautionnement

Art. L. 161-18 Les agents mentionnés à l'article L. 161-4 sont autorisés à saisir les bestiaux trouvés en situation d'infraction, les véhicules et autres biens ayant servi ou destinés à la commission d'une infraction forestière et à les mettre en séquestre.

Ils recherchent les objets enlevés par les auteurs d'infractions jusque dans les lieux où ils ont été transportés et les mettent également en séquestre.

A cette fin, ils peuvent pénétrer, en présence de l'occupant des lieux ou de son représentant, dans les locaux à usage professionnel, dans les enclos et cours adjacentes, et dans les véhicules de transport à usage professionnel, entre 8 heures et 20 heures ou, en dehors de ces heures, lorsque l'accès au public est autorisé ou lorsqu'une activité est en cours.

Lorsque les lieux comportent des parties à usage de domicile, celles-ci ne peuvent être visitées qu'entre 8 heures et 20 heures, en présence de l'occupant et avec son accord, ou en présence d'un officier de police judiciaire agissant conformément aux dispositions du code de procédure pénale relatives aux perquisitions, visites domiciliaires et saisies de pièces à conviction. Cet accord fait l'objet d'une déclaration écrite de la main de l'intéressé ; si celui-ci ne sait *[pas]* écrire, il en est fait mention au procès-verbal, ainsi que de son accord. – *[Anc. art. L. 152-6, L. 231-3, ecqc saisie et JLD, L. 342-3, ecqc saisie et JLD.]*

Art. L. 161-19 Copie du procès-verbal portant saisie est transmis*[e]* au juge des libertés et de la détention le jour même où *[ou]*, au plus tard le premier jour ouvré qui suit la saisie pour qu'il puisse en être donné communication à ceux qui réclameraient des objets saisis. – *[Anc. art. L. 152-7, al. 1er, L. 231-3, ecqc mainlevée de saisie, L. 342-3, ecqc mainlevée de saisie.]*

Art. L. 161-20 Le juge des libertés et de la détention peut donner mainlevée de la saisie contre le dépôt d'un cautionnement dont il fixe le montant et les modalités de versement dans les conditions prévues à l'article 142 du code de procédure pénale.

A défaut de versement du cautionnement au jour où il statue, le tribunal peut prononcer la confiscation. – *[Anc. art. L. 152-8, L. 231-3, ecqc animaux saisis, L. 342-3, ecqc animaux saisis.]*

Art. L. 161-21 Si les animaux, véhicules et autres biens saisis ne sont pas réclamés dans les cinq jours qui suivent le séquestre, ou si le cautionnement ordonné n'est pas versé, le juge des libertés et de la détention en ordonne la vente. Il y est procédé, selon la nature et la valeur des biens à vendre, par l'administration chargée des domaines ou, sur décision motivée du juge, par un huissier de justice.

Les frais de séquestre et de vente sont taxés par le juge et prélevés sur le produit de la vente ; le surplus est consigné entre les mains du régisseur de la juridiction jusqu'à ce qu'il ait été statué en dernier ressort.

Si la réclamation n'a lieu qu'après la vente, le propriétaire n'a droit qu'à la restitution de son produit, tous frais déduits.

SECTION 4 **Poursuites et alternatives aux poursuites**

Art. L. 161-22 Dans le cas où des infractions forestières sont soumises au tribunal de police ou à la juridiction de proximité, le directeur régional de l'administration chargée des forêts, ou le fonctionnaire qu'il désigne, remplit toutes les fonctions du ministère public, sous l'autorité du procureur de la République dans les conditions prévues à l'article 44 du code de procédure pénale.

Le procureur de la République peut occuper les fonctions du ministère public à la place du directeur régional de l'administration chargée des forêts chaque fois qu'il l'estime opportun. – *[Anc. art. L. 135-9, al. 2.]*

Art. L. 161-23 Lorsque les faits constatés lui paraissent constitutifs d'un délit, le directeur régional de l'administration chargée des forêts adresse au procureur de la République, dans le mois qui suit la clôture des opérations, la procédure accompagnée d'un avis technique et de son avis sur l'opportunité de saisir la juridiction compétente ou de proposer des mesures alternatives aux poursuites adaptées au cas d'espèce. – *[Anc. art. L. 153-1, ecqc poursuite des délits, L. 313-5, al. 2, ecqc poursuite des délits.]*

Art. L. 161-24 Lorsque les faits constatés lui paraissent constitutifs d'une contravention, si l'amende forfaitaire ne peut s'appliquer et si la transaction pénale n'est pas appropriée, le directeur régional de l'administration chargée des forêts peut, dans le mois qui suit la clôture des opérations :

1° Adresser au procureur de la République la procédure accompagnée d'une proposition d'avertissement ou de classement sous condition de régularisation ;

2° Après en avoir informé le procureur de la République, qui peut s'y opposer :

a) Faire citer le contrevenant devant le tribunal compétent dans les formes prévues au présent chapitre et aux articles 550 et suivants du code de procédure pénale ;

b) Adresser au juge compétent des réquisitions à fin d'ordonnance selon la procédure simplifiée prévue aux articles 524 à 528-2 de ce code.

Lorsqu'il a engagé l'action pénale, le directeur régional de l'administration chargée des forêts peut exercer toutes les voies de recours ouvertes au ministère public, sans préjudice du droit du procureur de la République et du procureur général à les exercer concurremment. – *[Anc. art. L. 153-1, ecqc transaction, L. 153-8, L. 153-9, L. 313-5, al. 2 ecqc contrav., al. 3, L. 421-5, ecqc exercice des poursuites, L. 153-3, al. 1er.]*

Art. L. 161-25 Le directeur régional de l'administration chargée des forêts peut, tant que l'action publique n'a pas été mise en mouvement, proposer au mis en cause de transiger sur la poursuite des infractions forestières.

Cette faculté n'est pas applicable aux contraventions des quatre premières classes pour lesquelles l'action pénale est éteinte par le paiement d'une amende forfaitaire en application de l'article 529 du code de procédure pénale, non plus qu'au délit mentionné à l'article L. 163-1.

La proposition de transaction est déterminée en fonction des circonstances et de la gravité de l'infraction, de la personnalité de son auteur ainsi que de ses ressources et de ses charges.

Cette proposition précise l'amende transactionnelle que l'auteur de l'infraction devra payer, dont le montant ne peut pas excéder le tiers du montant de l'amende encourue,

ainsi que, le cas échéant, les obligations qui lui seront imposées tendant à faire cesser l'infraction, à éviter son renouvellement, à réparer le dommage ou à remettre en conformité les lieux. Elle fixe également le délai imparti pour le paiement et, s'il y a lieu, l'exécution des obligations.

La transaction proposée par l'administration et acceptée par l'auteur de l'infraction doit être homologuée par le procureur de la République.

Les actes tendant à la mise en œuvre de la procédure de transaction ou à sa réalisation sont interruptifs de la prescription de l'action publique.

L'action publique est éteinte lorsque l'auteur de l'infraction a exécuté dans les délais impartis l'intégralité des obligations résultant pour lui de l'acceptation de la transaction. – *[Anc. art. L. 153-2, L. 223-5, L. 313-5, al. 3.]*

Art. L. 161-26 **Les agents mentionnés à l'article** *(L. nº 2014-1170 du 13 oct. 2014, art. 73-I-3º)* **« L. 161-22 » peuvent, dans les actions et poursuites exercées au nom de l'administration, faire toutes citations et significations, sans pouvoir procéder aux saisies-exécutions.**

L'acte de citation contient une copie du procès-verbal. – *[Anc. art. L. 153-3, al. 2, L. 153-4, L. 343-2.]*

Art. L. 161-27 **Le directeur régional de l'administration chargée des forêts, ou tout agent placé sous son autorité qu'il désigne à cet effet, peut présenter des observations à l'appui de ses conclusions devant toute juridiction saisie d'un délit forestier.** – *[Anc. art. L. 153-5.]*

Art. L. 161-28 **Le directeur régional de l'administration chargée des forêts exerce dans l'intérêt de l'État l'action civile en réparation de tout préjudice causé aux bois et forêts de l'État.**

Lorsque l'action publique est engagée à l'initiative du procureur de la République, le directeur régional de l'administration chargée des forêts exerce, sans mandat spécial, l'action civile :

1º Dans l'intérêt des collectivités et personnes morales propriétaires de bois et forêts relevant du régime forestier lorsqu'elles ne sont ni présentes ni représentées à l'audience ;

2º Dans l'intérêt des propriétaires de bois et forêts des particuliers qui ne sont ni présents ni représentés à l'audience lorsque les infractions ont été commises :

***a)* Dans une forêt de protection ;**

***b)* Sur des terrains mis en défens ;**

***c)* A l'intérieur d'un périmètre de restauration des terrains en montagne ;**

***d)* En matière de défrichement ;**

***e)* En matière de défense et de protection des forêts contre l'incendie ;**

***f)* En matière d'interdiction de circulation de véhicules et de dépôts de matières, d'ordures ou de déchets dans les territoires exposés au risque d'incendie mentionnés aux chapitres II à IV du titre III ainsi que dans les bois et forêts concernés par un arrêté préfectoral pris en application de l'article L. 131-6.** – *[Anc. art. L. 153-1, al. 1er, L. 313-5, al. 2 ecqc action civile, L. 343-1, al. 1er ecqc action civile.]*

Art. L. 161-29 **Lorsque le directeur régional de l'administration chargée des forêts exerce l'action civile dans l'intérêt des particuliers dans les conditions prévues à l'article L. 161-28, les dispositions de l'article L. 262-1 sont applicables au recouvrement des restitutions, frais et dommages.** – *[Anc. art. L. 344-1, ecqc action civile.]*

CHAPITRE II **DISPOSITIONS RELATIVES AUX PEINES**

Art. L. 162-1 **Les peines encourues sont doublées lorsque les infractions sont commises la nuit.** – *[Anc. art. L. 351-1, al. 1er.]*

Art. L. 162-2 **Le tribunal peut ajourner le prononcé de la peine dans les conditions prévues aux articles 132-66 à 132-70 du code pénal.** – *[Anc. art. L. 223-3, al 1er phrase 2, L. 322-9-1, I, L. 332-1, al. 1er phrase 2.]*

Art. L. 162-3 **La procédure prévue aux articles 529 à 529-2 et 530 à 530-2 du code de procédure pénale est applicable aux contraventions des quatre premières classes**

intéressant les bois et forêts, punies seulement d'une peine d'amende et énumérées ci-après :

1° Contraventions réprimées par le présent code en matière de protection contre l'incendie, d'introduction de véhicules, bestiaux, animaux de charge ou de monture et d'infraction aux règles édictées en application de l'article L. 212-2 ;

2° Contraventions réprimées par le code pénal en matière de dépôt ou d'abandon de matières, d'ordures, d'épaves ou de déchets.

Un décret en Conseil d'État fixe le montant des amendes forfaitaires et amendes forfaitaires majorées et précise les modalités d'application du présent article. – *[Anc. art. L. 351-9, L. 351-10.]*

Art. L. 162-4 Les dispositions des articles 131-8-1, 131-15-1, 131-39-1 et 131-44-1 du code pénal relatives à la peine de sanction-réparation sont applicables aux délits prévus par le présent code ainsi qu'aux contraventions forestières de la 5ᵉ classe.

Le procureur de la République délègue le directeur régional de l'administration chargée des forêts pour constater l'exécution de la réparation. – *[Anc. art. L. 154-2, al. 3 à 7, L. 363-20.]*

CHAPITRE III INFRACTIONS COMMUNES À TOUS LES BOIS ET FORÊTS

SECTION 1 Obstacle à fonctions

Art. L. 163-1 Le fait de faire obstacle ou d'entraver l'exercice des fonctions des agents mentionnés aux articles L. 161-4 et L. 161-5 est puni de six mois d'emprisonnement et de 15 000 euros d'amende.

Les personnes coupables de cette infraction encourent également la peine complémentaire de l'affichage ou de la diffusion de la décision prononcée, dans les conditions prévues par l'article 131-35 du code pénal pour les personnes physiques et par le 9° de l'article 131-39 du même code pour les personnes morales.

SECTION 2 Infractions relatives aux coupes

Art. L. 163-2 Le fait, pour les propriétaires, de ne pas respecter les dispositions prévues à l'article L. 124-6 est puni d'une amende de 1 200 euros par hectare exploité.

Est passible de l'amende prévue à l'alinéa précédent le vendeur mentionné au dernier alinéa de cet article qui entrave, par son refus sans fondement légitime, l'exécution dans le délai fixé des travaux de reconstitution. – *[Anc. art. L. 332-1, al. 1ᵉʳ phrase 1ʳᵉ, al. 2 ecqc sanction, L. 223-3, al. 1ᵉʳ phrase 1ʳᵉ, al. 2.]*

SECTION 3 Défense des forêts contre l'incendie

Art. L. 163-3 Le fait de provoquer volontairement un incendie dans les bois et forêts est réprimé dans les conditions prévues par le code pénal.

Art. L. 163-4 Le fait de provoquer involontairement l'incendie des bois et forêts appartenant à autrui, par des feux allumés à moins de 200 mètres de ces terrains, par des feux allumés ou laissés sans précautions suffisantes, par des pièces d'artifice allumées ou tirées, *(L. nº 2023-580 du 10 juill. 2023, art. 49)* « par l'abandon de déchets issus de produits à fumer définis aux articles L. 3512-1 et L. 3514-1 du code de la santé publique » ou par tout engin ou appareil générant des matières inflammables ou de fortes chaleurs, est sanctionné conformément aux dispositions des articles 322-5, 322-15, 322-17 et 322-18 du code pénal.

Le fait, pour la personne qui vient de causer un incendie dans les conditions mentionnées au présent article, de ne pas intervenir aussitôt pour arrêter le sinistre et, si son action était insuffisante, de ne pas avertir immédiatement une autorité administrative ou de police, entraîne l'application du deuxième alinéa de l'article 322-5 du code pénal.

Le tribunal peut, en outre, ordonner, aux frais du condamné, la publication intégrale ou par extraits de sa décision ou la diffusion d'un message dont il fixe explicitement les termes, informant le public des motifs et du contenu de sa décision, dans un ou plusieurs journaux qu'il désigne. – *[Anc. art. L. 322-9.]*

Art. L. 163-5 I. — Le propriétaire qui n'a pas procédé aux travaux de débroussaillement prescrits par la mise en demeure prévue à l'article L. 135-2 est passible, à l'expiration du délai fixé, de poursuites devant le tribunal correctionnel et peut être condamné au paiement d'une amende de *(L. nº 2023-580 du 10 juill. 2023, art. 25)* « 50 euros » par mètre carré soumis à l'obligation de débroussaillement.

II. — La personne coupable de cette infraction encourt également la peine complémentaire de l'affichage ou de la diffusion de la décision prononcée, dans les conditions prévues par l'article 131-35 du code pénal pour les personnes physiques et par le 9° de l'article 131-39 du même code pour les personnes morales.

III. — En cas de poursuite pour infraction à l'obligation mentionnée au I et à l'article L. 134-6, de débroussailler ou de maintenir en état débroussaillé, le tribunal peut, après avoir déclaré le prévenu coupable, décider l'ajournement du prononcé de la peine assorti d'une injonction de respecter ces dispositions.

Il impartit un délai pour l'exécution des travaux nécessaires. L'injonction est assortie d'une astreinte dont il fixe le montant, qui ne peut être inférieur à *(L. nº 2023-580 du 10 juill. 2023, art. 25)* « 50 euros et supérieur à 100 » par jour et par hectare soumis à l'obligation de débroussaillement. Il fixe également la durée maximale pendant laquelle cette astreinte est applicable.

Lorsque les travaux ont été exécutés avec retard ou ne l'ont pas été, le tribunal liquide l'astreinte et prononce les peines prévues.

La décision sur la peine intervient dans le délai fixé par le tribunal, compte tenu du délai imparti pour l'exécution des travaux.

Le montant de l'astreinte, tel qu'il a été fixé par la décision d'ajournement, ne peut être modifié.

Pour la liquidation de l'astreinte, la juridiction apprécie l'inexécution, ou le retard dans l'exécution des travaux, en tenant compte, s'il y a lieu, de la survenance d'événements qui ne sont pas imputables au prévenu. L'astreinte est recouvrée par le comptable public de l'État comme en matière pénale au vu d'un extrait de la décision prononcée par le tribunal. Son montant est versé au budget de la commune du lieu de l'infraction et est affecté au financement de travaux de débroussaillement obligatoire exécutés d'office en application de l'article L. 134-9. — *[Anc. art. L. 322-9-1, L. 322-9-2, al. 2.]*

Art. L. 163-6 Le fait de passer outre aux interdictions de pâturage prévues par l'article L. 131-4 est puni d'une amende de 3 750 euros. — *[Anc. art. L. 322-10, al. 4.]*

SECTION 4 **Infractions commises en forêt d'autrui**

Art. L. 163-7 La coupe ou l'enlèvement d'arbres ayant au moins 20 centimètres de circonférence est puni conformément aux dispositions des articles 311-3, 311-4, 311-13, 311-14 et 311-16 du code pénal.

La circonférence est mesurée à 1,30 mètre du sol. Si les arbres ont été enlevés et façonnés, elle est mesurée sur la souche. Si la souche a été également enlevée, la circonférence est calculée dans la proportion d'un cinquième en sus de la dimension totale des quatre faces de l'arbre équarri. Lorsque l'arbre et la souche ont disparu, la grosseur de l'arbre est appréciée par le juge.

Le fait d'enlever des chablis et des bois coupés illégalement est puni des mêmes peines que l'abattage sur pied. — *[Anc. art. L. 331-2, L. 331-3, L. 331-5, L. 331-6.]*

Art. L. 163-8 Le fait d'avoir, dans les bois et forêts, éhoupé, écorcé ou mutilé des arbres, ou d'en avoir coupé les principales branches, ou d'avoir enlevé de l'écorce de liège, est puni comme l'abattage sur pied. — *[Anc. art. L. 331-4.]*

Art. L. 163-9 Les propriétaires et les gardiens d'animaux trouvés en délit dans les semis ou plantations réalisés depuis moins de dix ans sont punis d'une amende de 3 750 euros. — *[Anc. art. L. 331-7, L. 137-2 ecqc propriétaire.]*

Art. L. 163-10 Le fait, sans l'autorisation du propriétaire du terrain, de procéder à l'extraction ou l'enlèvement d'un volume supérieur à 2 mètres cubes de pierres, sable, minerai, terre, gazon ou mousses, tourbe, bruyère, genêts, herbes, feuilles vertes ou mortes, engrais est puni conformément aux dispositions des articles 311-3, 311-4, 311-13, 311-14 et 311-16 du code pénal. — *[Anc. art. R. 331-1, ecqc délit.]*

Art. L. 163-11 Le fait, sans l'autorisation du propriétaire du terrain, de prélever des truffes, quelle qu'en soit la quantité, ou un volume supérieur à 10 litres d'autres champignons, fruits ou semences des bois et forêts est puni conformément aux dispositions des articles 311-3, 311-4, 311-13, 311-14 et 311-16 du code pénal. – *[Anc. art. R. 331-2, ecqc délit.]*

SECTION 5 Rôle de protection des forêts

Art. L. 163-12 Les amendes encourues pour les délits forestiers sont doublées lorsque ces délits sont commis dans une forêt de protection. – *[Anc. art. L. 412-3, al. 2.]*

Art. L. 163-13 Le fait de détruire, abattre, mutiler ou dégrader les ouvrages, boisements et plantations établis en application de l'article L. 142-7 est puni conformément aux dispositions des articles 322-2, 322-3, 322-4, 322-15 et 322-17 du code pénal.

Art. L. 163-14 Lorsque la violation des règles mentionnées aux articles L. 163-12 et L. 163-13 est le fait du propriétaire, elle est considérée comme une infraction forestière commise dans la forêt d'autrui et punie des mêmes peines. – *[Anc. art. L. 412-3, al. 1er.]*

SECTION 6 Protection des dunes

Art. L. 163-15 Les infractions aux dispositions de l'article L. 143-2 sont punies d'une amende de 150 euros par mètre carré de dune parcouru par la coupe.

Les peines prévues à l'article L. 363-1 ainsi que les dispositions des articles L. 341-10 et L. 363-3 à L. 363-5 sont applicables en cas d'infraction aux dispositions de l'article L. 143-2. – *[Anc. art. L. 431-3.]*

Art. L. 163-16 Dans les dunes du Pas-de-Calais mentionnées à l'article L. 143-3, le fait de pratiquer une fouille est sanctionné d'une amende de 150 euros par mètre carré fouillé. – *[Anc. art. L. 432-1, al. 2.]*

SECTION 7 Commercialisation des matériels forestiers de reproduction

Art. L. 163-17 Le fait de faire obstacle de quelque manière que ce soit à l'accomplissement de leurs fonctions par les agents mentionnés à l'article L. 153-5 est passible des peines prévues *(Ord. nº 2016-301 du 14 mars 2016, art. 9-3º, en vigueur le 1er juill. 2016)* « aux articles L. 531-1 et L. 531-2 du code de la consommation ». – *[Anc. art. L. 555-3.]*

SECTION 8 Qualification professionnelle

Art. L. 163-18 Le fait d'exercer ou de faire exercer une des activités citées à l'article L. 154-1 en méconnaissance des obligations d'hygiène, de sécurité et de qualification professionnelle prévues par cet article est puni des peines prévues aux articles L. 4741-1 à L. 4741-14 du code du travail. – *[Anc. art. L. 371-3, I.]*

TITRE VII DISPOSITIONS PARTICULIÈRES À L'OUTRE-MER

CHAPITRE I GUADELOUPE

Le présent chapitre ne comprend pas de dispositions législatives.

CHAPITRE II GUYANE

Art. L. 172-1 Ne sont pas applicables en Guyane les dispositions :

1º Du titre III, à l'exception des articles L. 131-1 et L. 131-4 ;

2º Des chapitres II et III du titre IV ;

3º Des chapitres I, II, V et VI du titre V. – *[Anc. art. L. 362-2, L. 442-1, L. 562-1 ecqc titres II et III.]*

Art. L. 172-2 Pour leur application en Guyane, à l'article L. 122-1, les mots : "des conseils régionaux et des conseils départementaux" et aux articles L. 132-1, L. 133-10

et L. 142-7, les mots : "du conseil départemental" sont remplacés par les mots : "de l'Assemblée de Guyane". – *[Anc. art. L. 14, al. 7.]*

Art. L. 172-3 Pour son application en Guyane, l'article L. 121-4 est ainsi rédigé :

Art. L. 121-4 *(L. n° 2014-1170 du 13 oct. 2014, art. 87-X)* « Les documents de politique forestière mentionnés à l'article L. 122-2 traduisent de manière adaptée aux spécificités respectives des bois et forêts relevant du régime forestier, appartenant à des particuliers ou utilisés par les communautés d'habitants qui en tirent traditionnellement leurs moyens de subsistance, les objectifs d'une gestion durable des bois et forêts, définis à l'article L. 121-1 : »

1° Garantir leur diversité biologique, leur productivité, leur capacité de régénération, leur vitalité et leur capacité à satisfaire, actuellement et pour l'avenir, leurs fonctions économique, écologique et sociale, pertinentes aux niveaux local, national et international, sans causer de préjudice à d'autres écosystèmes ;

2° Assurer un équilibre sylvo-cynégétique, tel que défini à l'article L. 425-4 du code de l'environnement, permettant la régénération des peuplements forestiers dans des conditions économiques satisfaisantes pour le propriétaire. – *[Anc. art. L. 362-3.]*

Art. L. 172-4 Pour son application en Guyane, l'article L. 131-1 est ainsi rédigé :

Art. L. 131-1 A l'exception des feux réalisés à l'occasion d'un campement en forêt, il est interdit à toute personne autre que le propriétaire de terrains, boisés ou non, ou ses ayants droit, de porter ou d'allumer du feu sur ces terrains et jusqu'à une distance de 200 mètres des bois et forêts. – *[Anc. art. L. 362-4 al. 1er.]*

Art. L. 172-5 Pour l'application en Guyane de l'article L. 163-7, un alinéa ainsi rédigé est inséré après le premier alinéa :

"Toutefois, cette infraction ne s'applique pas aux coupes d'arbres ayant au plus 100 centimètres de tour destinés à la construction de bivouacs en forêt pour une utilisation non professionnelle." – *[Anc. art. L. 362-5.]*

Art. L. 172-6 Pour son application en Guyane, l'article L. 163-8 est ainsi rédigé :

Art. L. 163-8 Le fait d'avoir, dans les bois et forêts, éhoupé, écorcé ou mutilé des arbres est puni comme l'abattage sur pied. Toutefois, ces dispositions ne sont pas applicables à l'entaillage des arbres pour le marquage d'itinéraires en forêt ou pour la détermination de l'espèce. – *[Anc. art. L. 362-4 al. 2.]*

Art. L. 172-7 Le fait de transporter ou de faire transporter par flottage, embarcation ou véhicule du bois dont l'origine et la propriété ne peuvent être attestées est puni d'un an d'emprisonnement et de 45 000 euros d'amende, sans préjudice de restitution ou de l'allocation de dommages-intérêts.

CHAPITRE III **MARTINIQUE**

Art. L. 173-1 Pour leur application en Martinique, à l'article L. 122-1, les mots : "des conseils régionaux et des conseils départementaux" et aux articles L. 132-1, L. 133-10 et L. 142-7, les mots : "du conseil départemental" sont remplacés par les mots : "de l'Assemblée de Martinique".

CHAPITRE IV **LA RÉUNION**

SECTION 1 **Dispositions générales**

Art. L. 174-1 Toute concession de droits d'usage est interdite dans les bois et les forêts relevant ou non du régime forestier. – *[Anc. art. L. 173-7, L. 363-22, L. 443-4, L. 563-1, L. 253-3.]*

Art. L. 174-2 Le défrichement, l'exploitation et le pâturage sont interdits sur :

1° Les pentes d'encaissement des cirques et le sommet de ces mêmes pentes, ainsi que les pitons et les mornes ;

2° Les versants des rivières, bras ou ravines et de leurs affluents ;

3° Les abords des sources ou des captages d'eau et des réservoirs d'eau naturels ;
4° Les dunes littorales.

Toute personne reconnue coupable, conformément aux dispositions de l'article L. 174-12, d'une infraction aux dispositions du présent article est tenue d'assurer le reboisement des superficies exploitées, pâturées ou défrichées, dans un délai qui ne peut excéder dix-huit mois. Faute pour cette personne d'effectuer les plantations dans le délai prescrit, il y est pourvu à ses frais par l'Office national des forêts après autorisation de l'autorité administrative compétente de l'État, qui arrête le mémoire des travaux faits et le rend exécutoire.

Un décret en Conseil d'État précise les conditions d'application du présent article. – *[Anc. art. L. 363-11.]*

Art. L. 174-3 Aucun chou palmiste ne peut être transporté, mis en vente ou détenu sans être poinçonné et accompagné d'un laissez-passer délivré dans les conditions fixées par décret en Conseil d'État. – *[Anc. art. L. 363-12, L. 363-14, al. 2.]*

SECTION 2 Forêts de protection

Art. L. 174-4 Pour son application à La Réunion, l'article L. 141-1 est complété par un alinéa ainsi rédigé :

"4° Les forêts dont la conservation est reconnue nécessaire à la régularité du régime des sources et des cours d'eau". – *[Anc. art. L. 363-15, al. 2.]*

Art. L. 174-5 Pour son application à La Réunion, l'article L. 142-7 est ainsi rédigé :

Art. L. 142-7 L'utilité publique des travaux reconnus nécessaires :

1° Au maintien des terres sur les versants des montagnes ;
2° A la défense des sols contre les érosions et les envahissements des fleuves, rivières ou torrents ;
3° A l'existence des sources et cours d'eau ;
4° A la régularisation du régime des eaux ;
5° A l'équilibre biologique de La Réunion ;

Peut être déclarée par décret en Conseil d'État, à la demande du ministre chargé des forêts, d'une collectivité territoriale ou de l'Office national des forêts, après les enquêtes, délibérations et avis prévus au présent article.

Ces dispositions sont applicables aux terrains mentionnés à l'article L. 174-2 appartenant à des particuliers.

Ce décret fixe les périmètres des terrains sur lesquels les travaux doivent être exécutés. Il précise les parcelles qui, après exécution des travaux obligatoires, pourront être exploitées par leurs propriétaires selon les modalités qu'il détermine.

Ce décret est pris après :

1° Une enquête ouverte dans chacune des communes intéressées ;
2° Une délibération des conseils municipaux de ces communes ;
3° L'avis du conseil départemental ;
4° L'avis d'une commission spéciale dont la composition, fixée par décret, comprend à part égale des représentants de l'État et des représentants des collectivités locales intéressées. Le conseiller départemental représentant le canton où se trouvent les terrains compris dans le périmètre d'exécution des travaux ainsi que les propriétaires de ces terrains ne peuvent siéger au sein de la commission spéciale. – *[Anc. art. L. 443-1.]*

Art. L. 174-6 Pour son application à La Réunion, l'article L. 142-8 est ainsi rédigé :

Art. L. 142-8 Lorsque les terrains inclus dans un périmètre défini en application de l'article L. 142-7 applicable à La Réunion peuvent faire l'objet d'une exploitation privée après exécution des travaux obligatoires, l'exécution de ces travaux et l'entretien ultérieur des ouvrages et boisements réalisés peuvent être effectués par les propriétaires eux-mêmes. Ils doivent souscrire à cet effet l'engagement d'appliquer toutes les clauses et conditions stipulées au décret constitutif du périmètre et peuvent bénéficier d'une indemnité, dans les conditions fixées par décret en Conseil d'État.

Lorsque les terrains inclus dans le périmètre ne peuvent pas faire l'objet d'une exploitation privée après exécution des travaux obligatoires, le propriétaire peut exiger de l'État qu'il soit procédé à l'acquisition de ces terrains. A défaut d'accord amiable, le juge de l'expropriation, saisi par le propriétaire, prononce le transfert de propriété et fixe le prix des terrains. – *[Anc. art. L. 443-2, al. 1er à 9.]*

Art. L. 174-7 Pour son application à La Réunion, l'article L. 142-9 est ainsi rédigé :

Art. L. 142-9 L'Office national des forêts peut être chargé de la réalisation des travaux sur les terrains mentionnés à l'article L. 142-7 applicable à La Réunion, quel que soit leur régime de propriété. – *[Anc. art. L. 443-2, al. 10 et 12.]*

SECTION 3 **Dunes**

Art. L. 174-8 Pour son application à La Réunion, l'article L. 143-1 est ainsi rédigé :

Art. L. 143-1 Les dispositions des articles L. 142-7 à L. 142-9 applicables à La Réunion sont applicables aux travaux reconnus nécessaires à la protection des dunes contre les érosions de la mer et les envahissements de sable. – *[Anc. art. L. 443-2, al. 14.]*

SECTION 4 **Dispositions pénales**

SOUS-SECTION 1 **Règles de procédure**

Art. L. 174-9 *(Ord. nº 2022-839 du 1er juin 2022, art. 3)* **Pour son application à La Réunion, l'article L. 161-7 est ainsi rédigé :**

Art. L. 161-7 Les agents mentionnés aux trois premiers alinéas du I de l'article L. 161-4 peuvent rechercher et constater les infractions forestières dans tous les bois et forêts. Les agents mentionnés au II de l'article L. 161-4 peuvent constater, sans les rechercher, les infractions forestières dans tous les bois et forêts.

Art. L. 174-10 Pour l'application à La Réunion de l'article L. 161-19 dans le cas où le procès-verbal porte saisie, le délai prévu pour la transmission au juge des libertés et de la détention est porté à deux jours ouvrés. – *[Anc. art. L. 363-17, al. 1er.]*

Art. L. 174-11 Pour l'application du présent code à La Réunion, dans tous les cas où l'amende est calculée à l'hectare, toute fraction d'hectare est comptée pour un hectare. – *[Anc. art. L. 363-17, al. 2.]*

SOUS-SECTION 2 **Infractions pénales**

Art. L. 174-12 Le fait de défricher, exploiter ou faire pâturer un terrain en infraction aux dispositions de l'article L. 174-2 est puni d'une amende calculée à raison de 3 750 euros par hectare. – *[Anc. art. L. 363-14, al. 1er et L. 363-21.]*

Art. L. 174-13 Les dispositions de l'article L. 163-10 sont, à La Réunion, applicables aux terrains ou pâturages en montagne mis en défens. – *[Anc. art. R. 443-1, ecqc délit.]*

Art. L. 174-14 Le fait, y compris pour le propriétaire, de détruire, abattre, mutiler ou dégrader des ouvrages, boisements ou plantations établis en application de l'article L. 142-7 applicable à La Réunion est puni des peines prévues à l'article L. 163-13. – *[Anc. art. L. 443-2, al. 13.]*

Art. L. 174-15 Le fait de couper ou d'enlever des choux palmistes sans l'autorisation administrative mentionnée à l'article L. 174-3 est puni de deux ans d'emprisonnement et de 30 000 euros d'amende.

Les personnes coupables de cette infraction encourent également la peine complémentaire de l'affichage ou de la diffusion de la décision prononcée, dans les conditions prévues par l'article 131-35 du code pénal pour les personnes physiques et par le 9° de l'article 131-39 du même code pour les personnes morales. – *[Anc. art. L. 363-15, al. 1er.]*

Art. L. 174-16 Le fait de transporter, mettre en vente ou détenir un chou palmiste sans qu'il soit poinçonné et accompagné d'un laissez-passer dans les conditions prévues à l'article L. 174-3 est puni de la confiscation des choux palmistes ainsi que d'une amende fixée, pour chaque chou palmiste, par voie réglementaire, sans préjudice des peines encourues du fait de la coupe ou de l'enlèvement non autorisé si la personne mise en cause en est reconnue auteur principal ou complice. – *[Anc. art. L. 363-15, al. 2 et 3.]*

Art. L. 174-17 Les dispositions des articles L. 174-15 et L. 174-16 à l'exception de celles relatives au poinçonnage s'appliquent à la coupe, l'enlèvement, le transport, la mise en vente et la détention des fougères arborescentes dénommées fanjans et des produits qu'elles servent à fabriquer. – *[Anc. art. L. 363-16.]*

CHAPITRE V **MAYOTTE**

SECTION 1 **Champ d'application**

Art. L. 175-1 Pour son application à Mayotte, l'article L. 111-1 est ainsi rédigé :

Art. L. 111-1 Le présent code est applicable aux bois et forêts indépendamment de tout régime de propriété. Il est également applicable aux biens agroforestiers. – *[C. for. Mayotte, art. L. 011.]*

Art. L. 175-2 Sont des biens agroforestiers les biens qui, ne pouvant être reconnus comme bois et forêts, portent toutefois des essences forestières nécessaires à la conservation et à la restauration des sols ou au maintien des ressources en eau, concurremment avec des utilisations agricoles. – *[C. for. Mayotte, art. L. 013.]*

Art. L. 175-3 Pour l'application à Mayotte de l'article L. 111-2, le premier alinéa est ainsi rédigé :

"Sont considérés comme des bois et forêts au titre du présent code, les plantations d'essences forestières et les reboisements, les terrains à boiser du fait d'une obligation légale ou conventionnelle, ainsi que les terrains couverts de végétation ligneuse communément désignés sous le nom de mangroves." – *[C. for. Mayotte, art. L. 012.]*

SECTION 2 **Dispositions générales**

Art. L. 175-4 Pour son application à Mayotte, l'article L. 112-2 est ainsi rédigé :

Art. L. 112-2 Tout propriétaire exerce sur ses bois et forêts et ses biens agroforestiers tous les droits résultant de la propriété dans les limites spécifiées par le présent code et par la loi, afin d'assurer l'équilibre biologique et l'approvisionnement en eau douce de l'île de Mayotte, ainsi que la satisfaction des besoins en bois et autres produits forestiers ou agroforestiers *(L. n° 2014-1170 du 13 oct. 2014, art. 86-III-1°)* « conformément aux objectifs d'intérêt général définis à l'article L. 112-1 ».

Il en réalise, suivant la destination forestière ou agroforestière du bien, le boisement, l'aménagement ou l'entretien, en vue d'assurer la rentabilité, conformément aux règles d'une *(L. n° 2021-1104 du 22 août 2021, art. 50)* « gestion durable et multifonctionnelle ». – *[C. for. Mayotte, art. L. 211-1.]*

Art. L. 175-5 Les propriétaires riverains des bois et forêts ne peuvent se prévaloir de l'article 673 du code civil pour l'élagage des limites des bois et forêts et des biens agroforestiers en ce qui concerne les essences de qualité dont la liste est arrêtée par l'autorité administrative compétente de l'État. – *[C. for. Mayotte, art. L. 331-1, al. 1er.]*

SECTION 3 **Institutions**

Art. L. 175-6 Pour son application à Mayotte, l'article L. 113-2 est ainsi rédigé :

Art. L. 113-2 La commission de la forêt et *(L. n° 2014-1170 du 13 oct. 2014, art. 86-III-2°)* « du bois » du Département de Mayotte est chargée notamment de donner un avis à l'autorité administrative *(Abrogé par L. n° 2014-1170 du 13 oct. 2014, art. 86-III-2°)« sur les orientations forestières du Département de Mayotte définies à l'article L. 122-1 applicable à Mayotte ainsi que »* sur les directives et schémas mentionnés à l'article L. 122-2 applicable à Mayotte. Elle comprend des représentants des collectivités territoriales, des administrations déconcentrées de l'État, des établissements publics intéressés, des organisations professionnelles, des associations de protection de l'environnement, d'associations d'usagers de la forêt ainsi que des personnalités qualifiées.

Dans toutes les autres dispositions du présent code, pour leur application à Mayotte, la référence à "la commission régionale de la forêt et *(L. nº 2014-1170 du 13 oct. 2014, art. 86-III-2º)* « du bois »" est remplacée par la référence à "la commission de la forêt et *(L. nº 2014-1170 du 13 oct. 2014, art. 86-III-2º)* « du bois » du Département de Mayotte".

SECTION 4 **Politique forestière et gestion durable**

Art. L. 175-7 *(L. nº 2014-1170 du 13 oct. 2014, art. 86-III-3º)* **Pour son application à Mayotte, l'article L. 122-1 est ainsi rédigé :**

Art. L. 122-1 Le programme de la forêt et du bois du Département de Mayotte adapte les orientations et les objectifs du programme national de la forêt et du bois. Il fixe, par massif forestier, les priorités économiques, environnementales et sociales et les traduit en objectifs. Il définit des critères de gestion durable et multifonctionnelle et des indicateurs associés. Il identifie les massifs forestiers à enjeux prioritaires pour la mobilisation du bois. Il précise les conditions nécessaires au renouvellement des peuplements forestiers, notamment au regard de l'équilibre sylvocynégétique. Il définit les actions à mettre en œuvre dans le département.

Il est élaboré par la commission de la forêt et du bois du Département de Mayotte, soumis à la participation du public par l'autorité administrative compétente de l'État dans les conditions prévues aux articles L. 120-1 et L. 120-2 du code de l'environnement et arrêté par le ministre chargé des forêts, après avis du président du conseil départemental.

La commission de la forêt et du bois du Département de Mayotte établit un bilan de la mise en œuvre du programme de la forêt et du bois et propose, si besoin, les modifications nécessaires. Ce bilan est transmis au ministre chargé des forêts.

Dans toutes les autres dispositions du présent code, pour leur application à Mayotte, les mots :"programme régional de la forêt et du bois" sont remplacés par les mots :"programme de la forêt et du bois du Département de Mayotte".

V. Arr. du 22 oct. 2015 portant approbation des orientations forestières du Département de Mayotte, préfigurant le programme de la forêt et du bois du Département de Mayotte et valant directive régionale d'aménagement, schéma régional d'aménagement et schéma régional de gestion sylvicole du Département de Mayotte (JO 7 nov.).

Art. L. 175-8 **Pour l'application à Mayotte du titre II du présent livre, la référence à la région est remplacée par la référence au Département de Mayotte** *(Abrogé par L. nº 2014-1170 du 13 oct. 2014, art. 86-III-4º)* ***« et la référence au "plan pluriannuel régional de développement forestier" par la référence au "plan pluriannuel de développement forestier du Département de Mayotte" ».***

Art. L. 175-9 **Pour son application à Mayotte, l'article L. 124-1 est complété par un alinéa ainsi rédigé :**

"Constitue également une garantie de gestion durable la gestion contractuelle de bois et forêts appartenant à des particuliers par l'Office national des forêts." – *[C. for. Mayotte, art. L. 021, al. 3.]*

SECTION 5 **Défense et lutte contre les incendies de forêts**

Art. L. 175-10 **L'autorité administrative compétente de l'État est habilitée à réglementer l'utilisation du feu à usage agricole ou pastoral.** – *[C. for. Mayotte, art. L. 322-11-1.]*

Art. L. 175-11 **Pour son application à Mayotte, l'article L. 131-4 est complété d'un alinéa ainsi rédigé :**

"Le pâturage après incendie sur les biens agroforestiers ne relevant pas du régime forestier est interdit pendant une durée d'un an suivant la réalisation du sinistre. En cas de nécessité, cette période peut être prolongée par l'autorité compétente de l'État pour une durée maximum de dix ans." – *[C. for. Mayotte, art. L. 322-10, al. 1er.]*

SECTION 6 **Rôle des forêts de protection**

Art. L. 175-12 **Pour son application à Mayotte, l'article L. 142-7 est ainsi rédigé :**

Art. L. 142-7 L'utilité publique des travaux nécessaires :

1° Au maintien des terres sur les pentes ;

2° A la défense des sols contre les érosions et les envahissements de fleuves, rivières ou torrents ;

3° A l'existence des sources et cours d'eau ;

4° A la régularisation du régime des eaux ;

5° A l'équilibre biologique de Mayotte ;

Peut être déclarée par décret en Conseil d'État, à la demande du ministre chargé des forêts, d'une collectivité territoriale ou de l'Office national des forêts, après les enquêtes *[,]* délibérations et avis prévus au présent article.

Ces dispositions sont également applicables aux terrains appartenant à des particuliers, dans les conditions prévues par la loi du 29 décembre 1892 relative aux dommages causés à la propriété privée par l'exécution de travaux publics.

Ce décret est pris après :

1° Une enquête ouverte dans chacune des communes intéressées ;

2° Une délibération des conseils municipaux de ces communes ;

3° L'avis du conseil départemental ;

4° L'avis d'une commission spéciale dont la composition, fixée par décret, comprend à part égale des représentants de l'État et des représentants des collectivités locales intéressées. Le conseiller départemental représentant le canton où se trouvent les terrains compris dans le périmètre d'exécution des travaux ainsi que les propriétaires de ces terrains ne peuvent siéger au sein de la commission spéciale. – *[C. for. Mayotte, art. L. 451-1, L. 451-6.]*

Art. L. 175-13 **Pour son application à Mayotte, l'article L. 142-8 est ainsi rédigé :**

Art. L. 142-8 Lorsque les terrains inclus dans un périmètre de travaux d'utilité publique, défini en application de l'article L. 142-7 applicable à Mayotte peuvent faire l'objet d'une exploitation privée après exécution des travaux obligatoires, l'exécution de ces travaux et l'entretien ultérieur des ouvrages et boisements réalisés peuvent être effectués par les propriétaires eux-mêmes. Ils doivent souscrire à cet effet l'engagement d'appliquer toutes les clauses et conditions stipulées au décret constitutif du périmètre et peuvent bénéficier d'une indemnité, dans les conditions fixées par décret en Conseil d'État.

Lorsque les terrains inclus dans le périmètre ne peuvent pas faire l'objet d'une exploitation privée après exécution des travaux obligatoires, le propriétaire peut exiger de l'État qu'il soit procédé à l'acquisition de ces terrains. A défaut d'accord amiable, le juge de l'expropriation, saisi par le propriétaire, prononce le transfert de propriété et fixe le prix des terrains. – *[C. for. Mayotte, art. L. 451-3.]*

SECTION 7 **Dispositions pénales**

Art. L. 175-14 **La peine prévue à l'article L. 163-6 est applicable aux infractions aux dispositions de l'article L. 131-4 applicable à Mayotte.**

Art. L. 175-15 **Le fait d'élaguer des arbres en infraction aux dispositions de l'article L. 175-5 est puni comme les infractions mentionnées à l'article L. 163-8.** – *[C. for. Mayotte, art. L. 331-1, al. 2.]*

CHAPITRE VI **SAINT-BARTHÉLEMY**

Art. L. 176-1 **Ne sont pas applicables à Saint-Barthélemy :**

1° Les articles *(L. nº 2014-1170 du 13 oct. 2014, art. 86-III-5º)* **« L. 111-2, » L. 111-3 et L. 111-4 ;**

2° L'article *[les articles]* **L. 112-3 et L. 112-4 ;**

(L. nº 2014-1170 du 13 oct. 2014, art. 86-III-5º) **« 2° *bis* L'article L. 113-2 ;**

« 3° Les articles L. 122-1, L. 122-7 et L. 122-8 et le deuxième alinéa de l'article L. 122-9 ; »

4° A l'article L. 131-17, les mots : "établis dans les conditions définies aux articles L. 562-1 et suivants du code de l'environnement" ;

5° L'article L. 131-18 ;

6° Les articles L. 132-2 et L. 134-6.

Art. L. 176-2 et L. 176-3 *Abrogés par L. n° 2014-1170 du 13 oct. 2014, art. 86-III-6°.*

Art. L. 176-4 Pour son application à Saint-Barthélemy, le dernier alinéa de l'article L. 122-2 est ainsi rédigé :

"Leur adoption est précédée d'une évaluation environnementale réalisée selon les règles applicables localement. L'information et la participation du public à la définition des documents d'orientation sont réalisées selon les dispositions de nature législative applicables localement."

Art. L. 176-5 A l'article L. 141-1, pour son application à Saint-Barthélemy, les mots : "après enquête publique réalisée conformément aux dispositions du chapitre III du titre II du livre I du code de l'environnement" sont remplacés par les mots : "après enquête publique réalisée selon les règles applicables localement".

Art. L. 176-6 A l'article L. 161-5, pour son application à Saint-Barthélemy, les mots : "disposition du code de l'environnement" sont remplacés par les mots : "disposition de nature législative applicable localement".

Art. L. 176-7 Pour l'application du présent code à Saint-Barthélemy :

(L. n° 2014-1170 du 13 oct. 2014, art. 86-III-13°) **« 1° La référence au "programme régional de la forêt et du bois" est remplacée par la référence au "programme territorial de la forêt et du bois" ;**

« 2° La référence à la "commission régionale de la forêt et du bois" est remplacée par la référence à la "commission territoriale de la forêt et du bois" ; »

3° Abrogé par L. n° 2014-1170 du 13 oct. 2014, art. 86-III-13°.

4° La référence au conseil régional ou au conseil départemental est remplacée par la référence au conseil territorial ;

5° La référence au représentant de l'État dans la région ou dans le département est remplacée par la référence au représentant de l'État à Saint-Barthélemy ;

6° La référence au directeur régional de l'administration chargée des forêts est remplacée par la référence au directeur régional de l'administration chargée des forêts en Guadeloupe.

CHAPITRE VII SAINT-MARTIN

Art. L. 177-1 Ne sont pas applicables à Saint-Martin :

(Abrogé par L. n° 2014-1170 du 13 oct. 2014, art. 86-III-7°) « 1° L'article L. 122-15 ; »

2° A l'article L. 131-18, les mots : "mentionnée au titre I du livre III et au chapitre II du titre IV du livre IV du code de l'urbanisme" ;

3° L'article L. 134-6.

Art. L. 177-2 Pour son application à Saint-Martin, l'article L. 113-2 est ainsi rédigé :

Art. L. 113-2 La commission territoriale de la forêt et *(L. n° 2014-1170 du 13 oct. 2014, art. 86-III-8°)* « du bois » est chargée notamment de donner un avis à l'autorité administrative *(Abrogé par L. n° 2014-1170 du 13 oct. 2014, art. 86-III-8°) « sur les orientations territoriales forestières définies à l'article L. 122-1 applicable à Saint-Martin ainsi que »* sur les directives et schémas mentionnés à l'article L. 122-2. Elle comprend des représentants de la collectivité territoriale, des administrations déconcentrées de l'État, des établissements publics intéressés, des organisations professionnelles, des associations de protection de l'environnement et d'associations d'usagers de la forêt, ainsi que des personnalités qualifiées.

Art. L. 177-3 *(L. n° 2014-1170 du 13 oct. 2014, art. 86-III-9°)* **Pour son application à Saint-Martin, l'article L. 122-1 est ainsi rédigé :**

Art. L. 122-1 Le programme territorial de la forêt et du bois adapte les orientations et les objectifs du programme national de la forêt et du bois. Il est élaboré par la commission territoriale de la forêt et du bois et arrêté par le ministre chargé des forêts, après avis du président du conseil territorial.

Art. L. 177-4 Pour l'application du présent code à Saint-Martin :

(L. n° 2014-1170 du 13 oct. 2014, art. 86-III-13°) « 1° La référence au "programme régional de la forêt et du bois" est remplacée par la référence au "programme territorial de la forêt et du bois" ;

« 2° La référence à la "commission régionale de la forêt et du bois" est remplacée par la référence à la "commission territoriale de la forêt et du bois" ; »

3° Abrogé par L. n° 2014-1170 du 13 oct. 2014, art. 86-III-13°.

4° La référence au conseil régional ou au conseil départemental est remplacée par la référence au conseil territorial ;

5° La référence au représentant de l'État dans la région ou dans le département est remplacée par la référence au représentant de l'État à Saint-Martin ;

6° La référence au directeur régional de l'administration chargée des forêts est remplacée par la référence au directeur régional de l'administration chargée des forêts en Guadeloupe.

CHAPITRE VIII SAINT-PIERRE-ET-MIQUELON

Art. L. 178-1 Ne sont pas applicables à Saint-Pierre-et-Miquelon :

(Abrogé par L. n° 2014-1170 du 13 oct. 2014, art. 86-III-10°) « 1° L'article L. 122-15 ; »

2° A l'article L. 131-18, les mots : "mentionnée au titre I du livre III et au chapitre II du titre IV du livre IV du code de l'urbanisme" ;

3° L'article L. 134-6.

Art. L. 178-2 Pour son application à Saint-Pierre-et-Miquelon, l'article L. 113-2 est ainsi rédigé :

Art. L. 113-2 La commission territoriale de la forêt et *(L. n° 2014-1170 du 13 oct. 2014, art. 86-III-11°)* « du bois » est chargée notamment de donner un avis à l'autorité administrative *(Abrogé par L. n° 2014-1170 du 13 oct. 2014, art. 86-III-11°) « sur les orientations territoriales forestières définies à l'article L. 122-1 applicable à Saint-Pierre-et-Miquelon ainsi que »* sur les directives et schémas mentionnés à l'article L. 122-2. Elle comprend des représentants des collectivités territoriales, des administrations déconcentrées de l'État, des établissements publics intéressés, des organisations professionnelles, des associations de protection de l'environnement, d'associations d'usagers de la forêt ainsi que des personnalités qualifiées.

Art. L. 178-3 *(L. n° 2014-1170 du 13 oct. 2014, art. 86-III-12°)* Pour son application à Saint-Pierre-et-Miquelon, l'article L. 122-1 est ainsi rédigé :

Art. L. 122-1 Le programme territorial de la forêt et du bois adapte les orientations et les objectifs du programme national de la forêt et du bois. Il est élaboré par la commission territoriale de la forêt et du bois et arrêté par le ministre chargé des forêts, après avis du président du conseil territorial.

Art. L. 178-4 Pour l'application du présent code à Saint-Pierre-et-Miquelon :

(L. n° 2014-1170 du 13 oct. 2014, art. 86-III-13°) « 1° La référence au "programme régional de la forêt et du bois" est remplacée par la référence au "programme territorial de la forêt et du bois" ;

« 2° La référence à la "commission régionale de la forêt et du bois" est remplacée par la référence à la "commission territoriale de la forêt et du bois" ; »

3° Abrogé par L. n° 2014-1170 du 13 oct. 2014, art. 86-III-13°.

4° La référence au conseil régional ou au conseil départemental est remplacée par la référence au conseil territorial ;

5° La référence au représentant de l'État dans la région ou dans le département est remplacée par la référence au représentant de l'État à Saint-Pierre-et-Miquelon ;

6° La référence au directeur régional de l'administration chargée des forêts est remplacée par la référence au directeur des services de l'agriculture.

CHAPITRE IX **POLYNÉSIE FRANÇAISE ET TERRES AUSTRALES ET ANTARCTIQUES FRANÇAISES** *(L. nº 2014-1170 du 13 oct. 2014, art. 86-III-14º).*

Art. L. 179-1 Par dérogation aux dispositions de l'article 8 de la loi nº 55-1052 du 6 août 1955 modifiée portant statut des Terres australes et antarctiques françaises et de l'île de Clipperton, sont applicables aux îles Bassas da India, Europa, Glorieuses, Juan da Nova et Tromelin les dispositions du présent code applicables à La Réunion.

Art. L. 179-2 *(L. nº 2014-1170 du 13 oct. 2014, art. 86-III-14º)* Sont habilités à rechercher et à constater les infractions pénales aux dispositions légales en vigueur en Polynésie française en matière de régime des forêts et des sols, dans les conditions mentionnées aux articles L. 161-12 à L. 161-21 qui sont applicables en Polynésie française sous réserve des adaptations prévues à l'article L. 179-3 :

1º Les agents de la Polynésie française, commissionnés à raison de leur compétence technique par le président de la Polynésie française, après avoir été agréés par le haut-commissaire de la République et le procureur de la République, et assermentés ;

2º Les agents de police municipale.

Art. L. 179-3 *(L. nº 2014-1170 du 13 oct. 2014, art. 86-III-14º)* Pour l'application en Polynésie française des articles L. 161-12 à L. 161-21 :

1º L'article L. 161-12 est ainsi rédigé :

Art. L. 161-12 L'original du procès-verbal dressé pour constater les infractions forestières est transmis, dans les cinq jours à dater de sa clôture, par les agents mentionnés à l'article L. 179-2 au procureur de la République.

2º A la fin du 2º, les mots : "directeur régional de l'administration chargé des forêts" sont remplacés par les mots : "chef du service de l'administration territoriale chargé des forêts" ;

3º A l'article L. 161-19, les mots : "le jour même, ou au plus tard le premier jour ouvré qui suit" sont remplacés par les mots : "dans les trois jours qui suivent" ;

4º A la première phrase du premier alinéa de l'article L. 161-21, le mot : "cinq" est remplacé par le mot : "quinze".

Art. L. 179-4 *(L. nº 2014-1170 du 13 oct. 2014, art. 86-III-14º)* Le fait de faire obstacle ou d'entraver l'exercice des fonctions des agents mentionnés à l'article L. 179-2 est puni des peines prévues à l'article L. 163-1 sous réserve de l'expression du montant de l'amende dans son équivalent applicable en monnaie locale.

LIVRE II BOIS ET FORÊTS RELEVANT DU RÉGIME FORESTIER

(Ord. n° 2012-92 du 26 janv. 2012)

TITRE I RÉGIME FORESTIER

CHAPITRE I CHAMP D'APPLICATION

Art. L. 211-1 I. – Relèvent du régime forestier, constitué des dispositions du présent livre, et sont administrés conformément à celui-ci :

1° Les bois et forêts qui appartiennent à l'État, ou sur lesquels l'État a des droits de propriété indivis ;

2° Les bois et forêts susceptibles d'aménagement, d'exploitation régulière ou de reconstitution qui appartiennent aux collectivités et personnes morales suivantes, ou sur lesquels elles ont des droits de propriété indivis, et auxquels ce régime a été rendu applicable dans les conditions prévues à l'article L. 214-3 :

a) Les régions, la collectivité territoriale de Corse, les départements, les communes ou leurs groupements, les sections de communes ;

b) Les établissements publics ;

c) Les établissements d'utilité publique ;

d) Les sociétés mutualistes et les caisses d'épargne.

II. – Cessent de relever du régime forestier les bois et forêts de l'État mis à disposition d'une administration de l'État ou d'un établissement public national pour l'exercice de leurs missions. – *[Anc. art. L. 111-1, al. 1er, al. 2, al. 3.]*

Art. L. 211-2 Relèvent également du régime forestier et sont gérés conformément au présent livre :

1° En Corse, les bois et forêts qui faisaient partie du domaine privé de l'État, ou sur lesquels l'État avait des droits de propriété indivis, dont la propriété a été transférée à la collectivité territoriale de Corse par la loi n° 2002-92 du 22 janvier 2002 relative à la Corse et selon des modalités réglées par une convention conclue entre l'État, la collectivité territoriale de Corse et l'Office national des forêts ;

2° Les bois et forêts remis en dotation au domaine national de Chambord ;

(L. n° 2014-1170 du 13 oct. 2014, art. 69-II-1°) « 3° Les forêts de Chantilly et de Chaalis appartenant à l'Institut de France. » – *[Anc. art. L. 181-1, al. 1er, al. 2, L. 111-1, al. 6.]*

CHAPITRE II PRINCIPES D'AMÉNAGEMENT

SECTION 1 Document d'aménagement

Art. L. 212-1 Les bois et forêts relevant du régime forestier sont gérés conformément à un document d'aménagement approuvé :

1° Pour les biens de l'État mentionnés au 1° du I de l'article L. 211-1, par arrêté du ministre chargé des forêts ;

2° Pour les biens des collectivités et personnes morales mentionnées au 2° du I du même article, par arrêté du représentant de l'État dans la région, après accord de la collectivité ou de la personne morale intéressée ;

3° Pour les bois et forêts du domaine national de Chambord, par arrêté du ministre chargé des forêts, après accord du conseil d'administration de l'établissement public.

Le document d'aménagement, s'il est commun à une forêt relevant des dispositions du 1° et à une ou plusieurs autres forêts relevant des dispositions du 2°, est arrêté dans les conditions prévues au 1°. – *[Anc. art. L. 143-1, al. 1er, L. 133-1, al. 1er, al. 4, L. 6, I al. 1er.]*

Si le document d'aménagement forestier est exigé par des dispositions législatives et est adopté par l'État, il n'a ni pour objet, ni pour effet de définir un ensemble significatif de critères et de modalités devant être mis en œuvre par les autorités compétentes pour autoriser des projets, au sens de la Dir. 2011/92/UE du 13 déc. 2011 concernant l'évaluation des incidences de certains projets publics et privés sur l'environnement, affectant les bois et forêts concernés, mais permet directement la réalisation des coupes prévues, sans autorisation préalable. Par suite, il ne constitue pas un plan ou programme au sens de de la Dir. 2001/42/CE du 27 juin 2001 relative à l'évaluation des incidences de certains plans et programmes sur l'environnement et de l'art. L. 122-4 C. envir. • CE 21 avr. 2023, n° 453009. ♦ Dans l'hypothèse où le projet de document d'aménagement ou de plan de gestion serait susceptible d'affecter de manière significative un site Natura 2000 et n'aurait pas fait l'objet d'une évaluation des incidences Natura 2000, l'autorité compétente ne saurait procéder à l'examen qui lui incombe sans avoir préalablement sollicité une telle évaluation. Le moyen tiré de ce que les dispositions du code forestier et du code de l'environnement applicables aux documents d'aménagement et aux plans de gestion ne soumettraient pas ces documents à une évaluation de leurs incidences dans toutes les hypothèses où ils sont susceptibles d'affecter un site Natura 2000, et méconnaîtraient ce faisant les objectifs de la Dir. 92/43/CEE du 21 mai 1992 (Natura 2000), doit être écarté. • Même décision. ♦ Il appartient à l'autorité administrative compétente d'apprécier les incidences des coupes et travaux prévus par ces documents sur les espèces protégées au titre des Dir. 92/43/CEE du 21 mai 1992 et 2009/147/CE du 30 nov. 2009 et leurs habitats et, par suite, l'éventuelle nécessité de solliciter une dérogation au titre du 1° du I de l'art. L. 411-2 C. envir. Les dispositions du code forestier et du code de l'environnement applicables aux documents d'aménagement et aux plans de gestion forestiers ne méconnaissent ni les objectifs et exigences des directives précitées, ni les dispositions des art. L. 411-1 et L. 411-2 C. envir. • Même décision.

Art. L. 212-2 **Le document d'aménagement, établi conformément aux directives et schémas régionaux mentionnés à l'article L. 122-2, prend en compte les objectifs de gestion durable, notamment la contribution actuelle et potentielle de la forêt à l'équilibre des fonctions écologique, économique et sociale du territoire où elle se situe, ainsi que les caractéristiques des bassins d'approvisionnement des industries du bois.**

Dans les forêts soumises à une forte fréquentation du public, la préservation et l'amélioration du cadre de vie des populations constituent une priorité.

Il fixe l'assiette des coupes.

L'arrêté d'aménagement peut, pour certaines zones, interdire ou soumettre à des conditions particulières les activités susceptibles de compromettre la réalisation des objectifs de l'aménagement. – *[Anc. art. L. 133-1, al. 2, al. 6, L. 143-1, al. 2.]*

Art. L. 212-2-1 *(L. n° 2016-1087 du 8 août 2016, art. 163-I-1°)* **Le document d'aménagement peut identifier des zones susceptibles de constituer des réserves biologiques dans un objectif de préservation ou de restauration du patrimoine naturel.**

Ces réserves biologiques sont créées par arrêté conjoint des ministres chargés de la forêt et de l'environnement, après avis du Conseil national de la protection de la nature, puis accord de la collectivité ou de la personne morale intéressée lorsque tout ou partie des bois et forêts concernés appartient à une collectivité ou à une personne morale mentionnée au 2° du I de l'article L. 211-1.

L'arrêté de création d'une réserve biologique définit son périmètre et ses objectifs et peut interdire ou soumettre à des conditions particulières les activités susceptibles de compromettre la réalisation de ces objectifs.

Toute modification du périmètre, des objectifs ou de la réglementation d'une réserve biologique est décidée par arrêté pris dans les conditions prévues au deuxième alinéa du présent article.

Les réserves biologiques sont gérées conformément à un plan de gestion, approuvé par arrêté conjoint des ministres chargés de la forêt et de l'environnement. Ce plan de gestion fait partie intégrante du document d'aménagement auquel il est annexé. – *Pour les réserves biologiques créées avant la publication de la L. n° 2016-1087 du 8 août 2016, un nouvel arrêté de création est approuvé dans les conditions prévues à l'art. L. 212-2-1 dans un délai de dix ans à compter de la promulgation de ladite loi. Sauf en cas de modifications prévues à l'avant-dernier al. du même art. L. 212-2-1, cet arrêté est approuvé sans avis du Conseil national de la protection de la nature ni accord de la collectivité territoriale ou de la personne morale intéressée même lorsque tout ou partie de ces bois et forêts appartient à une collectivité territoriale ou à une personne morale mentionnée au 2° du I de l'art. L. 211-1 (L. n° 2016-1087 du 8 août 2016, art. 163-II, JO 9 août).*

Art. L. 212-3 **La commune où se trouvent les bois et forêts est consultée pour accord lors de l'élaboration du document d'aménagement dans les cas prévus au 2° de l'article L. 212-1 pour les bois et forêts lui appartenant.**

(L. nº 2016-1087 du 8 août 2016, art. 163-I-2º) « Le cas échéant, elle est également consultée pour accord lors de la création d'une réserve biologique et lors de l'élaboration de son plan de gestion en application de l'article L. 212-2-1. »

Dans les autres cas, elle est consultée pour avis.

L'avis d'autres collectivités territoriales peut être recueilli dans des conditions fixées par décret. – *[Anc. art. L. 133-1, al. 3.]*

SECTION 2 Règlement type de gestion

Art. L. 212-4 Pour les bois et forêts bénéficiant du régime dérogatoire prévu à l'article L. 122-5, un règlement type de gestion est approuvé, sur proposition de l'Office national des forêts :

1º Par le ministre chargé des forêts, pour les bois et forêts mentionnés au 1º du I de l'article L. 211-1 ;

2º Par le représentant de l'État dans la région, après accord de la collectivité ou de la personne morale concernée, pour les bois et forêts mentionnés au 2º du I de l'article L. 211-1. – *[Anc. art. L. 133-1, al. 5, L. 143-1, al. 3.]*

CHAPITRE III BOIS ET FORÊTS DE L'ÉTAT

SECTION 1 Acquisition, affectation et aliénation

Art. L. 213-1 Conformément aux dispositions de l'article L. 3211-5 du code général de la propriété des personnes publiques, les bois et forêts de l'État ne peuvent être aliénés qu'en vertu d'une loi ou, par dérogation, dans les cas et conditions définis au même article. – *[Anc. art. L. 131-2, al. 1er.] – Le 2e al. de l'art. L. 213-1 devient l'art. L. 213-1-1 (L. nº 2014-1170 du 13 oct. 2014, art. 69-II-2º, JO 14 oct.).*

Art. L. 213-1-1 *(L. nº 2014-1170 du 13 oct. 2014, art. 69-II-2º)* En cas d'aliénation de biens relevant du régime forestier en vertu du 1º du I de l'article L. 211-1, le produit de l'opération est encaissé par le Trésor à titre de fonds de concours en vue d'être employé à l'achat par l'État de terrains boisés ou à boiser.

Art. L. 213-2 Lorsque des biens cessent de relever du régime forestier, dans le cas prévu au II de l'article L. 211-1 et conformément aux dispositions du code général de la propriété des personnes publiques, des indemnités déterminées dans des conditions fixées par décret en Conseil d'État sont mises à la charge du service ou de l'établissement bénéficiaire.

Ces indemnités sont versées au Trésor public par voie de fonds de concours. Dans le cas où le bénéficiaire est un service de l'État, elles font l'objet d'un rattachement de crédits au sens de l'article 17 de la loi nº 2001-692 du 1er août 2001 organique relative aux lois de finances, pour être employées à l'achat de terrains boisés ou à boiser. – *[Anc. art. L. 131-1.]*

Art. L. 213-3 Les dispositions de l'article *(L. nº 2014-1170 du 13 oct. 2014, art. 69-II-3º)* « L. 213-1-1 » sont applicables aux soultes en argent attribuées à l'État dans les échanges immobiliers intéressant le domaine forestier de l'État. – *[Anc. art. L. 131-2, al. 2.]*

SECTION 2 Délimitation et bornage

Art. L. 213-4 La séparation entre les bois et forêts de l'État et les propriétés riveraines peut faire l'objet soit d'une délimitation générale selon une procédure définie par décret, soit d'une délimitation partielle.

La séparation par délimitation partielle est requise soit par l'Office national des forêts agissant pour le compte de l'État, soit par les propriétaires riverains, et l'action est intentée dans les formes de droit commun en matière de délimitation des propriétés riveraines.

Il est sursis à statuer sur cette action si l'Office national des forêts offre, dans le délai de quatre mois, d'ouvrir la procédure de délimitation générale. – *[Anc. art. L. 132-1, al. 1er, 2, 3, 5.]*

SECTION 3 Aménagement et assiette des coupes

Art. L. 213-5 Dans les bois et forêts de l'État, toute coupe non prévue par un document d'aménagement approuvé doit être autorisée par le ministre chargé des forêts, à peine de nullité des ventes. – *[Anc. art. L. 133-2.]*

SECTION 4 Ventes des coupes et produits des coupes

Art. L. 213-6 Les coupes et produits des coupes dans les bois et forêts de l'État sont vendus par l'Office national des forêts soit par adjudication ou appel d'offres, soit de gré à gré, dans les conditions fixées par décret en Conseil d'État. Toute vente non conforme est nulle. – *[Anc. art. L. 134-7, al. 1er, L. 134-1.]*

Art. L. 213-7 Ne peuvent prendre part aux ventes, ni par eux-mêmes ni par personne interposée, directement ou indirectement, soit comme partie principale, soit comme associé ou caution :

1° Les agents de l'État chargés des forêts, les agents de l'Office national des forêts ainsi que, dans le territoire où ils exercent leurs fonctions, les fonctionnaires chargés de présider ou de concourir aux ventes et les receveurs du produit des coupes ;

2° Les membres des tribunaux administratifs, les magistrats et greffiers des *(Ord. nº 2019-964 du 18 sept. 2019, art. 10, en vigueur le 1er janv. 2020)* « tribunaux judiciaires », dans le ressort de leur juridiction.

Toute vente faite en violation des dispositions du présent article est déclarée nulle. – *[Anc. art. L. 134-2, al. 1er, al. 2, al. 4, al. 6.]*

Art. L. 213-8 Faute par l'acheteur de coupes de fournir les cautions exigées par les clauses de la vente dans le délai prescrit, il est déclaré déchu de la vente et il est procédé, dans les formes mentionnées à l'article L. 213-6, à une nouvelle vente de la coupe.

L'acheteur déchu est tenu au paiement de la différence entre son prix et celui de la revente sans pouvoir réclamer l'excédent s'il y en a. – *[Anc. art. L. 134-5.]*

Art. L. 213-9 Les clauses de la vente fixent les conditions dans lesquelles les cautions sont solidairement tenues au paiement du prix principal, des accessoires et des dommages dont l'acheteur de coupes aura été tenu pour responsable à dater du permis d'exploiter et jusqu'à ce qu'il ait obtenu décharge. – *[Anc. art. L. 134-3.]*

Art. L. 213-10 Les ventes de coupes obtenues par le recours à des pratiques prohibées par l'article L. 420-1 du code de commerce ou réprimées par le I de l'article *(Ord. nº 2019-698 du 3 juill. 2019, art. 5)* « L. 442-9 » du même code sont déclarées nulles. – *[Anc. art. L. 134-4, phrase 2.]*

Art. L. 213-11 Tout procès-verbal de vente a force exécutoire envers les acheteurs, leurs associés et cautions, tant pour le paiement du prix principal de la vente que pour ses accessoires et frais. – *[Anc. art. L. 134-6.]*

SECTION 5 Exploitation des coupes

Art. L. 213-12 Après la vente, il ne peut être fait aucun changement à l'assiette des coupes ni ajouté ou échangé aucun arbre ou portion de bois sous quelque prétexte que ce soit.

En cas d'infraction, l'interdiction de participer aux ventes diligentées par l'Office national des forêts pour une durée de deux ans au plus peut être ordonnée contre l'acheteur, sans préjudice de la restitution des bois non compris dans la vente ou de leur valeur. – *[Anc. art. L. 135-1, al. 1er.]*

Art. L. 213-13 Il est interdit à l'acheteur de commencer l'exploitation de ses coupes avant d'avoir obtenu, par écrit, le permis d'exploiter. – *[Anc. art. L. 135-2, ecqc définition de l'infraction.]*

Art. L. 213-14 L'acheteur de coupes doit respecter tous les arbres désignés par martelage ou tout autre moyen que ce soit pour demeurer en réserve, quelle que soit leur qualification, même si leur nombre excède le décompte établi par écrit lors de la désignation. Il ne peut y avoir compensation entre arbres coupés en infraction aux dispositions du présent article et arbres compris dans la vente.

En cas d'infraction, il y a lieu à la restitution des arbres ou, s'ils ne peuvent être représentés, de leur valeur. – *[Anc. art. L. 135-4, L. 135-5, al. 2.]*

Art. L. 213-15 Il est interdit à un acheteur de coupes de déposer dans ses coupes d'autres bois que ceux qui en proviennent. – *[Anc. art. L. 135-8, ecqc infraction.]*

Art. L. 213-16 Dans le cours de l'abattage ou de la vidange des bois, il peut être dressé procès-verbal pour infraction ou vice d'exploitation, sans attendre le récolement. – *[Anc. art. L. 135-9, al. 1er.]*

Art. L. 213-17 L'acheteur de coupes est responsable solidairement avec sa caution, ou avec ses autres garants, de la réparation de tout dommage commis par les personnes ou les entreprises intervenant en son nom et pour son compte. – *[Anc. art. L. 135-10, L. 135-11.]*

Art. L. 213-18 Les dispositions de la présente section sont applicables aux entrepreneurs chargés, en tout ou partie, de l'exploitation des coupes dont les produits sont vendus façonnés. – *[Anc. art. L. 135-12.]*

SECTION 6 **Récolements**

Art. L. 213-19 A compter de la date à laquelle l'acheteur a notifié l'achèvement de la coupe ou à l'expiration des délais consentis pour la vidange de la coupe, l'Office national des forêts peut, dans un délai d'un mois, procéder au récolement, sauf report d'une durée maximale d'un mois, justifié par écrit par l'établissement public pour motifs techniques. Passé ce délai, l'acheteur est dégagé des obligations afférentes à l'exécution de la coupe. – *[Anc. art. L. 136-1.]*

Art. L. 213-20 L'Office national des forêts ou l'acheteur des coupes peuvent requérir l'annulation du procès-verbal relatif aux opérations de récolement pour vice de forme ou fausse énonciation dans un délai de quinze jours à compter de sa notification.

En cas d'annulation du procès-verbal par la juridiction administrative, l'Office national des forêts peut, dans les dix jours qui suivent la notification de la décision, faire dresser un nouveau procès-verbal. – *[Anc. art. L. 136-2.]*

Art. L. 213-21 A l'expiration des délais fixés par l'article L. 213-20 et si l'Office national des forêts n'a élevé aucune contestation, l'acheteur de coupes reçoit la décharge d'exploitation. – *[Anc. art. L. 136-3.]*

Art. L. 213-22 Les dispositions des articles L. 213-19 et L. 213-20 sont applicables aux réarpentages des coupes. – *[Anc. art. L. 136-4, al. 1er.]*

Art. L. 213-23 Les agents de l'Office national des forêts chargés du récolement des coupes sont tenus civilement responsables des erreurs commises, lorsqu'il en résultera une différence d'un vingtième de l'étendue de la coupe. – *[Anc. art. L. 136-4, al. 2.]*

SECTION 7 **Pâturage, chasse et produits accessoires**

Art. L. 213-24 Le pâturage des bovins, ovins, équidés et porcins ainsi que l'utilisation des aires apicoles peuvent être concédés s'il n'en résulte aucun inconvénient pour la gestion forestière du fonds.

La concession est prononcée, après publicité, soit de gré à gré, soit, à défaut, avec appel à la concurrence dans les conditions prévues à l'article L. 213-6, après avis d'une commission composée de représentants de l'Office national des forêts et d'exploitants agricoles. La concession peut être pluriannuelle.

Lorsque le droit de pâturage fait l'objet d'une concession de gré à gré, celle-ci peut être accordée en priorité à un groupement pastoral ou à un agriculteur de la commune de situation des fonds domaniaux concernés ou des communes voisines. En cas de pluralité des demandes, l'attributaire de la concession est désigné après avis de la commission départementale d'orientation de l'agriculture.

Lorsque la demande de concession de pâturage concerne un usage pastoral extensif saisonnier, une convention pluriannuelle de pâturage est établie dans les formes et conditions prévues aux articles L. 481-3 et L. 481-4 du code rural et de la pêche maritime. – *[Anc. art. L. 137-1.]*

Art. L. 213-25 Les dispositions de l'article L. 163-9 sont applicables au concessionnaire en cas de divagation de bestiaux. – *[Anc. art. L. 137-2 ecqc concessionnaire.]*

Art. L. 213-26 En cas d'adjudication publique en vue de la location du droit de chasse, l'autorité compétente pour l'exploitation de la chasse peut accorder au locataire sortant une priorité, au prix de l'enchère la plus élevée, dans les conditions fixées par décret en Conseil d'État. – *[Anc. art. L. 137-3.]*

CHAPITRE IV BOIS ET FORÊTS DES COLLECTIVITÉS TERRITORIALES ET DE CERTAINES PERSONNES MORALES

SECTION 1 Dispositions générales

Art. L. 214-1 La propriété des bois communaux ne peut jamais donner lieu à partage entre les habitants. – *[Anc. art. L. 141-3, al. 1er.]*

Art. L. 214-2 Lorsque deux ou plusieurs communes possèdent un bois en indivision, chacune conserve le droit d'en provoquer le partage. – *[Anc. art. L. 141-3, al. 2.]*

Art. L. 214-3 Dans les bois et forêts des collectivités territoriales et des autres personnes morales mentionnées au 2° du I de l'article L. 211-1 susceptibles d'aménagement, d'exploitation régulière ou de reconstitution, l'application du régime forestier est prononcée par l'autorité administrative compétente de l'État, après avis de la collectivité ou de la personne morale intéressée. En cas de désaccord, la décision est prise par arrêté du ministre chargé des forêts. – *[Anc. art. L. 141-1, al. 1er.]*

BIBL. ▶ DE LOS ANGELES, BOULANGER et DUPUIS, *RD rur. 2021. Étude 15* (ne pas oublier d'être distrait en forêt communale).

1. Cession d'une parcelle. La cession d'une parcelle relevant du régime forestier ne peut intervenir qu'après que l'autorité compétente a préalablement distrait la parcelle dudit régime. • CAA Marseille, 23 déc. 2020, n° 19MA04554.

2. Transfert de propriété. Le transfert d'une parcelle d'une section de commune à une commune n'a pas à être précédé d'une procédure de distraction du régime forestier dès lors qu'il n'a pas pour effet de changer son aménagement ou son mode d'exploitation. • CAA Lyon, 12 juin 2018, n° 16LY02803 : *Dr. envir. 2019. 70, concl. Deliancourt.*

Art. L. 214-4 Les dispositions applicables aux bois et forêts de l'État définies aux sections 2 à 6 du chapitre III du présent titre sont applicables aux bois et forêts des collectivités et autres personnes morales mentionnées au 2° du I de l'article L. 211-1 sous réserve des dispositions particulières définies au présent chapitre. – *[Anc. art. L. 141-2.]*

SECTION 2 Délimitation et bornage

La présente section ne comprend pas de dispositions législatives.

SECTION 3 Aménagements

Art. L. 214-5 Tout changement dans le mode d'exploitation ou l'aménagement des terrains relevant du régime forestier appartenant aux collectivités ou personnes morales mentionnées au 2° du I de l'article L. 211-1 fait l'objet d'une décision de l'autorité administrative compétente de l'État après avis du représentant de la collectivité ou de la personne morale intéressée.

L'autorité administrative compétente de l'État peut déléguer à des personnels de l'Office national des forêts ses pouvoirs en matière d'autorisation de coupes non prévues par un aménagement.

(L. n° 2014-1170 du 13 oct. 2014, art. 69-II-4°) « Lorsque l'état d'assiette est partiellement approuvé, l'ajournement des coupes fait l'objet d'une notification motivée à l'autorité administrative compétente de l'État, dans des conditions fixées par décret. » – *[Anc. art. L. 143-2.]* – *V. art. D. 214-21-1.*

SECTION 4 **Ventes des coupes et produits des coupes**

Art. L. 214-6 Les ventes des coupes de toutes natures dans les bois et forêts des collectivités et personnes morales mentionnées au 2° du I de l'article L. 211-1 sont faites à la diligence de l'Office national des forêts, dans les mêmes formes que pour les bois et forêts de l'État, et en présence, selon le cas, du représentant de la collectivité ou de l'administrateur de la personne morale.

Les ventes réalisées en infraction aux dispositions du présent article sont déclarées nulles.

Toutefois, l'absence du représentant de la collectivité ou de l'administrateur de la personne morale, lorsqu'ils ont été régulièrement convoqués, n'emporte pas la nullité des opérations. – *[Anc. art. L. 144-1, al. 1er, al. 2 phrase 2.]*

Art. L. 214-7 Avec l'accord des collectivités ou personnes morales propriétaires de bois et forêts relevant du régime forestier, l'Office national des forêts procède à la vente de lots groupant des coupes ou produits de coupes de ces bois et forêts.

Ces lots peuvent aussi comporter des coupes ou produits de coupes de bois et forêts de l'État. Les ventes de lots groupés se déroulent dans les mêmes conditions que pour les bois et forêts de l'État.

La délibération de la collectivité ou personne morale propriétaire précise la quantité mise en vente en lots groupés et détermine si les bois sont mis à disposition de l'Office national des forêts sur pied ou façonnés.

Lorsque les bois mis à disposition sur pied sont destinés à être vendus façonnés, l'office est maître d'ouvrage des travaux nécessaires à leur exploitation. – *[Anc. art. L. 144-1-1, al. 1er, al. 2 phrase 1re.]*

Art. L. 214-8 L'Office national des forêts assure en son nom le recouvrement des recettes correspondant aux ventes réalisées en application de l'article L. 214-7. Il reverse à chaque collectivité ou personne morale la part des produits nets encaissés qui lui revient, à proportion de la quotité mise en vente en lots groupés par cette collectivité ou personne morale. Un décret détermine les frais qui pourront être déduits des sommes à reverser par l'office à la collectivité ou personne morale titulaire de la créance.

Lorsque l'Office national des forêts est maître d'ouvrage de l'exploitation des bois mis à disposition sur pied et destinés à être vendus façonnés, la créance de la collectivité ou personne morale est diminuée des charges engagées par l'office pour cette exploitation, selon des modalités fixées par le conseil d'administration de l'établissement. – *[Anc. art. L. 144-1-1, al. 2 phrase 2, al. 3.]*

Art. L. 214-9 Les incapacités et interdictions prononcées en matière de ventes de bois par l'article L. 213-7 sont applicables, outre aux personnes mentionnées à cet article, aux représentants élus, aux comptables publics, aux administrateurs et trésoriers des collectivités et autres personnes morales mentionnées au 2° du I de l'article L. 211-1, pour les ventes de bois des communes et des personnes morales dont l'administration leur est confiée.

S'ils passent outre à ces interdictions, les ventes sont déclarées nulles. – *[Anc. art. L. 144-2, al. 1er, al. 2 ecqc nullité des ventes.]*

Art. L. 214-10 Lors des ventes de coupes et produits de coupes des collectivités et autres personnes morales mentionnées au 2° du I de l'article L. 211-1, il est fait réserve en leur faveur et suivant les formes qui sont prescrites par l'autorité administrative compétente de l'État de la quantité de bois, tant de chauffage que de construction, nécessaire pour leur propre usage.

Les bois ainsi délivrés ne peuvent être employés qu'à la destination pour laquelle ils ont été réservés et ne peuvent, à peine de nullité, être vendus ni échangés sans autorisation administrative.

Le représentant de la collectivité ou personne morale qui aurait consenti ces ventes ou échanges de bois en infraction aux dispositions du présent article est tenu à la restitution, au profit des collectivités ou autres personnes morales intéressées, de ces mêmes bois ou de leur valeur. – *[Anc. art. L. 144-3.]*

Art. L. 214-11 Sous réserve des dispositions du dernier alinéa de l'article L. 214-7, les coupes dont les produits sont vendus après façonnage sont explcitées, au choix de la collectivité ou autre personne morale propriétaire, soit en régie, soit par l'intermédiaire d'entrepreneurs auxquels s'appliquent les dispositions de l'article L. 213-18.

Un représentant de l'Office national des forêts assiste le président des séances de vente de produits façonnés provenant de la forêt des collectivités territoriales ou des établissements publics communaux ou intercommunaux. Ces séances sont présidées selon le cas :

1° Par le représentant de la collectivité ;

2° Par le président de la commission syndicale ou de l'établissement public mentionné à l'article L. 5222-5 du code général des collectivités territoriales ;

3° Par le président du conseil d'administration d'un établissement public communal ou intercommunal. – *[Anc. art. L. 144-4.]*

SECTION 5 Pâturage, produits accessoires et droits de jouissance collectifs

Art. L. 214-12 Le pâturage des porcins, des bovins, des équidés ou des ovins, lorsqu'il n'est pas réservé au troupeau commun des habitants, peut être concédé après publicité, soit de gré à gré, soit, à défaut, selon les procédures prévues à l'article L. 214-6 sur décision de la collectivité ou autre personne morale propriétaire et aux conditions techniques arrêtées par une commission composée de représentants de l'Office national des forêts et d'exploitants agricoles.

Toute autorisation, concession ou location consentie en méconnaissance des dispositions du présent article est nulle.

Lorsque la demande de concession de pâturage concerne un usage pastoral extensif saisonnier, une convention pluriannuelle de pâturage est établie dans les formes et conditions prévues aux articles L. 481-3 et L. 481-4 du code rural et de la pêche maritime. – *[Anc. art. L. 146-1.]*

SECTION 6 Défrichement

Art. L. 214-13 *(L. n° 2014-1170 du 13 oct. 2014, art. 69-II-5°)* Les collectivités et autres personnes morales mentionnées au 2° du I de l'article L. 211-1 ne peuvent faire aucun défrichement dans leurs bois et forêts, qu'ils relèvent ou non du régime forestier, sans autorisation de l'autorité administrative compétente de l'État.

Les articles L. 341-1 et L. 341-2 leur sont applicables.

Art. L. 214-13-1 *(L. n° 2014-1170 du 13 oct. 2014, art. 69-II-6°)* Dans le cadre d'un schéma communal concerté approuvé par la commission régionale de la forêt et du bois mentionnée à l'article L. 113-2 et conforme au programme régional de la forêt et du bois défini à l'article L. 122-1, toute commune classée en zone de montagne dont le taux de boisement dépasse 70 % de son territoire peut procéder à du défrichement pour des raisons paysagères ou agricoles. Ce défrichement ne peut porter sur des forêts soumises au régime forestier. Il ne peut entraîner une réduction du taux de boisement de la commune inférieur à 50 % de son territoire.

Art. L. 214-14 Les dispositions des articles *(L. n° 2014-1170 du 13 oct. 2014, art. 69-II-7°)* « L. 341-3 à L. 341-10 relatives aux conditions du défrichement et celles des 3° et 4° de l'article L. 342-1 relatives aux exemptions » sont applicables aux décisions prises en application de l'article L. 214-13. – *[Anc. art. L. 312-2.]*

CHAPITRE V BOIS ET FORÊTS INDIVIS RELEVANT DU RÉGIME FORESTIER

Art. L. 215-1 Les frais de délimitation et de garde des bois et forêts indivis sont supportés par les indivisaires, chacun dans la proportion de ses droits. – *[Anc. art. L. 161-3.]*

Art. L. 215-2 Aucun indivisaire ne peut, à peine de nullité de la vente, effectuer de coupe, d'exploitation ou de vente dans les bois et forêts indivis. – *[Anc. art. L. 161-2, ecqc nullité des ventes.]*

Art. L. 215-3 Les indivisaires des bois et forêts indivis ont, dans les restitutions et dommages-intérêts, la même part que dans le produit des ventes, chacun dans la proportion de ses droits. — *[Anc. art. L. 161-4.]*

TITRE II OFFICE NATIONAL DES FORÊTS

CHAPITRE I MISSIONS

Art. L. 221-1 L'Office national des forêts est un établissement public national à caractère industriel et commercial placé sous la tutelle de l'État. — *[Anc. art. L. 121-1, al. 1er.]*

Art. L. 221-2 L'Office national des forêts est chargé de la mise en œuvre du régime forestier et exerce cette mission dans le cadre des arrêtés d'aménagement prévus à l'article L. 212-1.

Il est également chargé de la gestion et de l'équipement des bois et forêts mentionnés au 1° du I de l'article L. 211-1. — *[Anc. art. L. 121-2, L. 121-3.]*

Art. L. 221-3 Un contrat pluriannuel passé entre l'État et l'Office national des forêts détermine :

1° Les orientations de gestion et les programmes d'actions de l'établissement public ainsi que les moyens de leur mise en œuvre ;

2° Les obligations de service public procédant de la mise en œuvre du régime forestier ;

3° Les missions d'intérêt général qui lui sont confiées par l'État, ainsi que l'évaluation des moyens nécessaires à leur accomplissement ;

(L. n° 2014-1170 du 13 oct. 2014, art. 74) « 4° Les conditions dans lesquelles l'Office national des forêts contribue à la mise en œuvre, dans les bois et forêts soumis au régime forestier, des politiques publiques relatives à la gestion de la forêt et des milieux lorsqu'elle ne relève pas des missions définies au présent chapitre » ;

(L. n° 2016-1888 du 28 déc. 2016, art. 25) « 5° Les conditions dans lesquelles l'Office national des forêts apporte son expertise à l'État, aux collectivités territoriales, à leurs groupements et aux agences de l'eau dans l'évaluation et la gestion des risques naturels prévisibles, notamment en montagne. » — *[Anc. art. L. 121-1, al. 2, al. 3.]*

Art. L. 221-4 L'Office national des forêts réalise les travaux de fixation des dunes mentionnés à l'article L. 143-1, lorsque ces travaux s'effectuent sur les dunes littorales du domaine de l'État dont la gestion est assurée par l'établissement public en application de l'article L. 221-2. Il est indemnisé de cette mission dans des conditions prévues par convention. — *[Anc. art. L. 431-4.]*

Art. L. 221-5 L'Office national des forêts peut, dans le cadre des missions confiées aux *(L. n° 2022-217 du 21 févr. 2022, art. 160)* « services portant le label "France Services" prévus » à l'article 27 de la loi n° 2000-321 du 12 avril 2000 relative aux droits des citoyens dans leurs relations avec les administrations, contribuer, en *(L. n° 2023-1322 du 29 déc. 2023, art. 73)* « zones France ruralités revitalisation mentionnées aux II et III de l'article 44 *quindecies* A », au maintien de services au public ne relevant pas de ses compétences. — *[Anc. art. L. 121-4, al. 15.]*

Art. L. 221-6 L'Office national des forêts peut être chargé, en vertu de conventions passées avec des personnes publiques ou privées, de la réalisation, en France ou à l'étranger, d'opérations de gestion, d'études, d'enquêtes et de travaux en vue de :

1° La valorisation de la biomasse forestière ;

2° La protection, l'aménagement et le développement durable des ressources naturelles, notamment des ressources forestières ;

3° La prévention *(L. n° 2016-1888 du 28 déc. 2016, art. 26)* « et la gestion » des risques *naturels* ;

4° La protection, la réhabilitation, la surveillance et la mise en valeur des espaces naturels et des paysages ;

5° L'aménagement et le développement rural, dès lors que ces opérations concernent principalement les arbres, la forêt et les espaces naturels ou qu'elles contribuent au maintien de services publics dans les zones rurales fragiles.

Lorsque ces opérations de gestion ou de travaux portent sur des forêts de particuliers, elles sont soumises aux dispositions de l'article L. 315-2. — *[Anc. art. L. 121-4, I.]*

Art. L. 221-7 L'Office national des forêts peut vendre des bois façonnés.

Il ne peut en assurer l'exploitation en régie directe, en dehors des départements du Bas-Rhin, du Haut-Rhin et de la Moselle, que dans les cas suivants :

1° En cas d'urgence ;

2° Pour la réalisation, après consultation des organisations professionnelles intéressées, de programmes expérimentaux ;

3° En cas de carence de l'initiative privée. — *[Anc. art. L. 121-5.]*

Art. L. 221-8 *(Ord. nº 2015-1242 du 7 oct. 2015, art. 5)* L'Office national des forêts participe à la surveillance des dangers sanitaires que peuvent présenter les végétaux dans les bois et forêts relevant du régime forestier mentionné à l'article L. 211-1.

CHAPITRE II ORGANISATION

SECTION 1 Conseil d'administration

Art. L. 222-1 L'Office national des forêts est administré par un conseil d'administration dont la composition est fixée par décret, qui comprend des représentants de l'État, des collectivités territoriales et des personnels ainsi que des personnalités choisies en raison de leur compétence particulière dans le domaine professionnel, technique, économique, scientifique, social *(L. nº 2014-1170 du 13 oct. 2014, art. 67-I-22º)* « , cynégétique » ou de la protection de la nature. — *[Anc. art. L. 122-1, al. 1er.]*

Art. L. 222-2 Le conseil d'administration veille notamment à ce que l'établissement développe le patrimoine forestier national, facilite la gestion des bois et forêts relevant du régime forestier appartenant à des collectivités territoriales, aux autres personnes morales mentionnées au 2° du I de l'article L. 211-1 ou à des établissements publics, applique à son personnel titulaire les garanties du statut général des fonctionnaires.

Il peut créer, sous la présidence d'un de ses membres, des comités consultatifs comportant des représentants des différentes activités intéressées à la forêt *(L. nº 2020-1525 du 7 déc. 2020, art. 84)* « ainsi qu'un comité d'audit assurant, sous sa responsabilité, le suivi des questions relatives à l'élaboration et au contrôle des informations comptables et financières ». — *[Anc. art. L. 122-1, al. 2, al. 3.]*

Art. L. 222-3 Le conseil d'administration de l'Office national des forêts fixe, sur proposition du directeur général et dans les limites des dotations prévues dans le chapitre des frais de personnel du budget de l'office, les effectifs des personnels et leur répartition dans les différentes catégories d'emplois. — *[Anc. art. L. 122-5.]*

SECTION 2 Directeur général

Art. L. 222-4 L'Office national des forêts est dirigé par un directeur général nommé par décret. — *[Anc. art. L. 122-2.]*

Art. L. 222-5 Le directeur général de l'Office national des forêts nomme à tous les emplois, sous réserve des dispositions particulières applicables à certains emplois dont la liste est déterminée par décret. — *[Anc. art. L. 122-4, al. 1er.]*

SECTION 3 Personnels

Art. L. 222-6 *(Ord. nº 2022-839 du 1er juin 2022, art. 4)* « L'Office national des forêts emploie :

« 1° Des fonctionnaires, régis par des statuts particuliers pris en application du code général de la fonction publique, pour la réalisation de l'ensemble de ses missions. Ces statuts particuliers peuvent déroger au statut général des fonctionnaires conformément au 5° de l'article L. 414-2 du code général de la fonction publique ;

« 2° Des agents contractuels de droit privé, régis par le code du travail, pour la réalisation de l'ensemble de ses missions, sous réserve des dispositions du II de l'article L. 161-4 du présent code ; — *Les dispositions du 2º de l'art. L. 222-6 sont conformes à la Constitution (Décis. Cons. const. nº 2023-1042 QPC du 31 mars 2023, JO 4 avr.).*

« 3° Des agents contractuels de droit public pour l'exercice de fonctions ne participant pas à ses missions de service public industriel et commercial, dans les conditions prévues par les articles L. 332-2 à L. 332-7 et aux articles L. 332-22 et L. 332-28 du code général de la fonction publique et les dispositions réglementaires générales applicables aux agents contractuels de l'État.

« Les agents contractuels sont recrutés par le directeur général de l'Office national des forêts. »

Le statut particulier des ingénieurs des ponts, des eaux et des forêts et celui des ingénieurs de l'agriculture et de l'environnement définissent les modalités selon lesquelles ces ingénieurs peuvent être placés sous l'autorité du directeur général de l'office. – *[Anc. art. L. 122-3.]*

BIBL. ▶ CINOTTI, *Revue française forestière sept. 2023* (des pouvoirs de police judiciaire donnés à des agents contractuels de droit privé de l'Office national des forêts).

Art. L. 222-7 *Abrogé par Ord. n° 2022-839 du 1er juin 2022, art. 4.*

Art. L. 222-8 Les dispositions de l'ordonnance n° 59-76 du 7 janvier 1959 relative aux actions en réparation civile de l'État et de certaines autres personnes publiques sont applicables à l'Office national des forêts. – *[Anc. art. L. 122-9.]*

CHAPITRE III DISPOSITIONS FINANCIÈRES

Art. L. 223-1 Les ressources de l'Office national des forêts doivent permettre de faire face à l'ensemble des charges d'exploitation et d'équipement correspondant aux missions qui lui sont confiées. Elles comprennent, en particulier :

1° Les produits des bois et forêts de l'État mentionnés au 1° du I de l'article L. 211-1 ainsi que le produit des réparations, restitutions, dommages-intérêts, recettes d'ordre et produits divers afférents à ces bois et forêts ;

2° Les frais de garderie et d'administration fixés dans les conditions prévues par l'article L. 224-1 et versés par les collectivités et autres personnes morales mentionnées au 2° du I de l'article L. 211-1 ;

3° Une subvention du budget général dans le cas où le montant des ressources prévues à l'article L. 224-1 n'atteindrait pas la valeur réelle des dépenses de l'office résultant de ses interventions de conservation et de régie dans les bois et forêts de ces collectivités et autres personnes morales ;

4° Les produits des ventes de lots groupés mentionnés à l'article L. 214-8, sous réserve de la distribution à chaque collectivité de la part des produits nets encaissés qui lui revient.

D'autres catégories de ressources définies par décret pourront être affectées à l'établissement. – *[Anc. art. L. 123-1.]*

Art. L. 223-2 Les autorités de tutelle fixent, au vu des résultats de chaque exercice, la part du bénéfice net après impôts qui, après affectation aux réserves pour financer le cycle d'exploitation et les investissements, et en tenant compte du niveau de la provision pour variation de conjoncture, sera versée à l'État. Une partie de ce versement est affectée au financement de l'achat de bois et forêts par l'État. – *[Anc. art. L. 123-2.]*

Art. L. 223-3 La compensation financière résultant du transfert à la collectivité territoriale de Corse des revenus, charges et obligations afférents aux bois et forêts mentionnés à l'article L. 211-2 est calculée dans les conditions prévues à l'article *(L. n° 2019-1461 du 27 déc. 2019, art. 80)* « L. 4425-24 » du code général des collectivités territoriales. – *[Anc. art. L. 181-1, al. 3.]*

Art. L. 223-4 Lorsqu'une commune demande à l'Office national des forêts que ses agents assermentés procèdent à la constatation des infractions forestières constituées par les contraventions aux arrêtés de police du maire mentionnés au 2° de l'article L. 161-1, une convention passée entre l'office et la commune précise les modalités financières de la mise en œuvre de cette disposition. – *[Anc. art. L. 122-8, al. 6.]*

Art. L. 223-5 L'Office national des forêts ne peut acquérir d'immeubles que s'ils sont destinés à son fonctionnement. Il ne devient pas propriétaire des forêts et terrains qu'il est chargé de gérer. Il peut souscrire des parts ou actions de sociétés civiles ou

commerciales dès lors que ces investissements concourent à l'exercice de ses missions. – *[Anc. art. L. 121-6.]*

CHAPITRE IV **FRAIS DE GARDERIE ET D'ADMINISTRATION**

Art. L. 224-1 **Moyennant les perceptions ordonnées par la loi pour indemniser l'Office national des forêts des frais de garderie et d'administration des bois et forêts relevant du régime forestier, toutes les opérations de conservation et de régie dans les bois et forêts des collectivités et autres personnes morales définies au 2° du I de l'article L. 211-1 sont faites, sans aucun frais, par l'établissement public.**

Les poursuites dans l'intérêt de ces collectivités et autres personnes morales pour délits ou contraventions commis dans leurs bois et forêts, ainsi que la perception des restitutions et dommages-intérêts prononcés en leur faveur, sont effectuées sans frais par la direction générale des finances publiques, en même temps que celles qui ont pour objet le recouvrement des amendes dans l'intérêt de l'État.

Aucun droit de vacation ni de prélèvement ne peut être exigé de ces collectivités et autres personnes morales, ni pour les agents de l'office, ni pour le remboursement soit des frais des instances dans lesquelles l'office succomberait, soit de ceux qui seraient admis en non-valeur du fait de l'insolvabilité des personnes condamnées. – *[Anc. art. L. 147-1.]*

Art. L. 224-2 **Les coupes de toutes natures sont en priorité affectées au paiement des frais de garde, de la taxe foncière et des sommes qui reviennent au Trésor public.**

Dans les communes dont les coupes sont délivrées en nature pour l'affouage et qui n'auraient pas d'autres ressources, il est distrait une portion suffisante des coupes, pour être vendue aux enchères avant toute distribution, et le prix en être employé au paiement de ces charges. – *[Anc. art. L. 147-2.]*

TITRE III **GROUPEMENTS DE GESTION EN COMMUN DES BOIS ET FORÊTS DES COLLECTIVITÉS TERRITORIALES ET DE CERTAINES PERSONNES MORALES**

CHAPITRE I **SYNDICAT INTERCOMMUNAL DE GESTION FORESTIÈRE**

Art. L. 231-1 **Un syndicat intercommunal de gestion forestière est constitué en vue de la mise en valeur, la gestion et l'amélioration de la rentabilité des bois et forêts appartenant aux communes et relevant du régime forestier, lorsque ces bois et forêts constituent un ensemble permettant une gestion forestière commune.**

Les dispositions du chapitre I du titre I du livre II de la cinquième partie du code général des collectivités territoriales ainsi que les articles L. 5212-1 à L. 5212-34 du même code sont applicables à ce syndicat sous réserve des dispositions particulières prévues par le présent chapitre. – *[Anc. art. L. 148-1, al. 1er, al. 2.]*

Art. L. 231-2 **Un syndicat intercommunal de gestion forestière peut être créé à la demande :**

1° Soit des conseils municipaux des deux tiers au moins des communes intéressées propriétaires en propre ou en indivision de plus de la moitié de la superficie des bois et forêts ;

2° Soit des conseils municipaux de la moitié au moins des communes intéressées propriétaires en propre ou en indivision de plus des deux tiers de cette superficie. – *[Anc. art. L. 148-2.]*

Art. L. 231-3 **La durée d'un syndicat intercommunal de gestion forestière ne peut être inférieure à cinquante ans.** – *[Anc. art. L. 148-3, al. 2.]*

Art. L. 231-4 **Le syndicat est compétent pour tout ce qui concerne :**

1° L'application du régime forestier, y compris la perception des produits des ventes de bois ;

2° La conception, le financement et la réalisation des investissements forestiers.

Chaque conseil municipal peut demander au syndicat d'exercer tout ou partie des droits attachés à la propriété de la forêt communale. – *[Anc. art. L. 148-4.]*

Art. L. 231-5 La décision instituant le syndicat désigne les parcelles des bois et forêts ainsi que leurs annexes inséparables et fixe notamment la quote-part dévolue à chaque membre dans la répartition des revenus nets.

Cette quote-part peut faire l'objet de modifications dans les cas suivants :

1° Adjonction de bois et forêts ;

2° Retrait de bois et forêts en vue de la réalisation d'ouvrages d'intérêt général, après distraction du régime forestier.

Ces modifications sont décidées dans les mêmes conditions que la création ou l'extension du syndicat. – *[Anc. art. L. 148-5, al. 1er, al. 2, L. 148-7.]*

Art. L. 231-6 Un syndicat de communes à vocation multiple peut assumer les fonctions d'un syndicat intercommunal de gestion forestière à condition de se conformer aux dispositions des articles L. 231-2 à L. 231-5. – *[Anc. art. L. 148-1, al. 3.]*

CHAPITRE II SYNDICAT MIXTE DE GESTION FORESTIÈRE

Art. L. 232-1 Les dispositions des articles L. 5721-1 à L. 5722-8 du code général des collectivités territoriales relatives aux syndicats mixtes sont applicables, sous réserve des dispositions prévues aux articles L. 231-3 à L. 231-5 et L. 232-3 du présent code, aux syndicats mixtes de gestion forestière créés en vue de faciliter la mise en valeur, la gestion et l'amélioration de la rentabilité des bois et forêts. – *[Anc. art. L. 148-9.]*

Art. L. 232-2 Un syndicat mixte de gestion forestière peut, outre les personnes morales énumérées à l'article L. 5721-2 du code général des collectivités territoriales, comprendre des sections de communes, des établissements d'utilité publique, des sociétés mutualistes et des caisses d'épargne propriétaires de bois et forêts. – *[Anc. art. L. 148-10.]*

Art. L. 232-3 Conformément aux dispositions de l'article 239 *quinquies* du code général des impôts, le syndicat mixte de gestion forestière n'est pas passible de l'impôt sur les sociétés. Les personnes morales membres du syndicat qui sont passibles de cet impôt y sont personnellement soumises à raison de la part correspondant à leurs droits dans les revenus du syndicat, déterminés selon les règles prévues aux articles 38 et 39 du même code. – *[Anc. art. L. 148-12.]*

CHAPITRE III GROUPEMENT SYNDICAL FORESTIER

Art. L. 233-1 Un groupement syndical forestier est un établissement public à caractère administratif constitué en vue de faciliter la mise en valeur, la gestion et l'amélioration de la rentabilité des bois et forêts, et de favoriser leur équipement ou leur boisement.

Il peut être créé, dans les conditions prévues aux articles L. 233-3 et L. 233-10, par accord entre des personnes morales énumérées au 2° du I de l'article L. 211-1, propriétaires de bois et de forêts relevant du régime forestier ou qui, du fait de la création du groupement, remplissent les conditions pour en relever. – *[Anc. art. L. 148-13, al. 1er.]*

Art. L. 233-2 La propriété des bois et forêts des collectivités et autres personnes morales adhérant à un groupement forestier est transférée au groupement.

Ce transfert emporte l'application du régime forestier à ces bois et forêts, y compris ceux qui n'en relevaient pas préalablement. – *[Anc. art. L. 148-13, al. 2, L. 148-16.]*

Art. L. 233-3 Les projets de statuts sont soumis à la délibération des assemblées des collectivités et autres personnes morales intéressées.

L'autorité administrative compétente de l'État prononce par arrêté la constitution du groupement.

Les lois et règlements concernant les délibérations des conseils municipaux sont applicables aux délibérations des comités des groupements syndicaux forestiers. – *[Anc. art. L. 148-15.]*

Art. L. 233-4 Le groupement syndical forestier est administré par un comité composé de délégués élus par les assemblées délibérantes des collectivités et autres personnes morales membres du groupement selon la répartition fixée par les statuts de celui-ci. – *[Anc. art. L. 148-17.]*

Art. L. 233-5 Le budget du groupement syndical forestier pourvoit aux dépenses de gestion et d'investissement des bois et forêts dont il est propriétaire.

Les recettes de ce budget comprennent notamment :

1° Le revenu des biens du groupement ;

2° Les contributions des membres du groupement ;

3° Les subventions de l'État et du département ;

4° Le produit des dons et legs ;

5° Le produit des emprunts, dont le remboursement peut être garanti notamment par les personnes morales membres du groupement.

Au vu des résultats d'exploitation de chaque exercice, le comité du groupement détermine la part des excédents qui, après affectation des sommes nécessaires aux investissements et alimentation du fonds de roulement, sera répartie entre les personnes morales membres du groupement. – *[Anc. art. L. 148-18.]*

Art. L. 233-6 Le groupement syndical peut être élargi à des collectivités ou personnes morales mentionnées au 2° du I de l'article L. 211-1 autres que celles faisant partie initialement du groupement. – *[Anc. art. L. 148-19, al. 1er.]*

Art. L. 233-7 Les membres du groupement peuvent céder tout ou partie de leurs droits de participation au groupement soit à d'autres collectivités ou personnes morales mentionnées au 2° du I de l'article L. 211-1, soit, à défaut, à l'État ou à des établissements publics à caractère industriel et commercial ou à des entreprises publiques.

Ces cessions ne sont possibles que si les autres membres du groupement ne se sont pas portés acquéreurs au prix de cession envisagé et dans la mesure où les droits détenus dans le groupement par les collectivités ou autres personnes morales restent d'au moins 51 % de l'ensemble.

Le comité du groupement délibère sur un projet de modification des statuts concernant les quotes-parts dévolues à chaque membre ainsi que la répartition du nombre de délégués au sein du comité. – *[Anc. art. L. 148-20, al. 1er, al. 2.]*

Art. L. 233-8 A l'expiration du délai pour lequel le groupement a été constitué et sauf prorogation demandée à l'unanimité des membres, l'autorité administrative compétente de l'État, au vu d'une délibération du comité exposant le point de vue de ses membres, prononce la dissolution du groupement et détermine les conditions dans lesquelles s'opère la liquidation.

Le groupement peut également être dissous avant l'expiration du temps pour lequel il a été formé, par décret pris sur avis conforme du Conseil d'État, sur la demande motivée de la majorité des assemblées délibérantes des membres du groupement. Ce décret, pris après consultation des collectivités et autres personnes morales intéressées, détermine les conditions dans lesquelles s'opère la liquidation du groupement. – *[Anc. art. L. 148-21.]*

Art. L. 233-9 Conformément aux dispositions de l'article 239 *quinquies* du code général des impôts, un groupement syndical forestier n'est pas passible de l'impôt sur les sociétés. Les personnes morales membres du groupement qui sont passibles de cet impôt y sont personnellement soumises à raison de la part, correspondant à leurs droits, dans les bénéfices du groupement déterminés selon les règles prévues aux articles 38 et 39 du même code.

Tous les actes relatifs à l'application du présent chapitre sont dispensés de tout droit de timbre, d'enregistrement et de publicité foncière en application des articles 824-II et 977 du même code. – *[Anc. art. L. 148-22.]*

Art. L. 233-10 Un décret en Conseil d'État fixe les conditions d'application du présent chapitre relatives :

1° A la constitution d'un groupement syndical forestier ;

2° Aux clauses obligatoires que doivent comporter les statuts ;

3° A la procédure d'approbation des statuts ;

4° Aux conditions, notamment de majorité, ainsi qu'à la procédure d'extension du groupement ;

5° Aux modifications de la répartition des quotes-parts dévolues à chaque membre en cas d'extension. – *[Anc. art. L. 148-24, L. 148-14, L. 148-19, al. 2.]*

TITRE IV DROITS D'USAGE ET D'AFFOUAGE

CHAPITRE I DROITS D'USAGE DANS LES BOIS ET FORÊTS DE L'ÉTAT

SECTION 1 Généralités

Art. L. 241-1 Il ne peut être fait dans les bois et forêts de l'État aucune concession de droit d'usage de quelque nature et sous quelque prétexte que ce soit. – *[Anc. art. L. 138-1.]*

Art. L. 241-2 Ne sont admis à exercer un droit d'usage quelconque, dans les bois et forêts de l'État, que ceux dont les droits étaient le 31 juillet 1827 reconnus fondés soit par des actes du gouvernement, soit par des jugements ou arrêts définitifs ou reconnus tels par suite d'instances administratives ou judiciaires engagées devant les tribunaux dans le délai de deux ans à dater du 31 juillet 1827 par des usagers en jouissance à ce moment. – *[Anc. art. L. 138-2.]*

Art. L. 241-3 Lorsqu'un projet est susceptible d'affecter durablement l'exercice des droits d'usage sur des pâturages du domaine de l'État, tel que le boisement ou l'exploitation de carrières, la commission syndicale représentant les communautés titulaires du droit d'usage, ou en l'absence de commission syndicale le conseil municipal, est consultée sur ce projet.

Sont exceptés de cette consultation les travaux de reconstitution de l'état boisé des anciens terrains forestiers réduits à l'état de landes ou de friches et affectés en fait au pâturage, à la suite de dégradations progressives ou soudaines de l'état boisé initial. – *[Anc. art. L. 133-3.]*

Art. L. 241-4 Le titulaire d'un droit d'usage qui, en cas d'incendie, refuse de porter secours dans les bois et forêts de l'État où s'exerce ce droit peut en être privé pendant un an au moins et cinq ans au plus. – *[Anc. art. L. 322-11, ecqc bois et forêts de l'État.]*

SECTION 2 Affranchissement

Art. L. 241-5 L'autorité administrative compétente de l'État peut affranchir les bois et forêts de l'État de droits d'usage au bois existants, moyennant le cantonnement de ces droits dans des limites définies de gré à gré et, en cas de contestation, par le juge judiciaire.

L'action en affranchissement d'usage par voie de cantonnement n'appartient qu'à l'État. – *[Anc. art. L. 138-16.]*

Art. L. 241-6 Les droits d'usage autres que celui mentionné à l'article L. 241-5 ainsi que ceux de pâturage, panage et glandée dans les mêmes bois et forêts ne peuvent être cantonnés, mais peuvent être rachetés moyennant des indemnités qui sont fixées de gré à gré ou, en cas de contestation, par le juge judiciaire.

Le rachat ne peut être requis par l'Office national des forêts dans les lieux où l'exercice du droit de pâturage est devenu une absolue nécessité pour les habitants d'une ou de plusieurs communes. Si cette nécessité est contestée par l'Office national des forêts, les parties peuvent saisir le juge administratif qui statue après enquête. – *[Anc. art. L. 138-17.]*

Art. L. 241-7 Lorsqu'il n'a pas été procédé à l'affranchissement ou au rachat des droits d'usage conformément aux articles L. 241-5 et L. 241-6, leur exercice peut être réduit, conformément aux dispositions du présent chapitre, par l'Office national des forêts lorsque l'état et la possibilité des forêts le rendent nécessaire. La juridiction administrative statue en cas de contestation. – *[Anc. art. L. 138-3.]*

SECTION 3 Exercice des droits de pâturage, panage et glandée

Art. L. 241-8 Les chemins par lesquels les bestiaux doivent passer pour aller au pâturage et au panage et en revenir sont désignés par l'Office national des forêts.

Si ces chemins traversent des taillis ou des recrûs de futaie justifiant une mise en défens, des fossés suffisamment larges et profonds ou toute autre clôture pour empêcher les bestiaux de s'introduire dans les bois et forêts peuvent être réalisés, selon les indications de l'Office national des forêts et à frais partagés entre les titulaires du droit d'usage et l'office. – *[Anc. art. L. 138-4.]*

Art. L. 241-9 La durée du panage et de la glandée ne peut excéder trois mois. – *[Anc. art. L. 138-5.]*

Art. L. 241-10 Quel que soit l'âge ou l'essence des bois, les titulaires du droit d'usage ne peuvent exercer leurs droits de pâturage et de panage que sur les terrains dont l'Office national des forêts a estimé qu'ils ne justifiaient pas une mise en défens, quelles qu'aient été les modalités antérieures de l'exercice de leur droit d'usage. La juridiction administrative statue en cas de contestation. – *[Anc. art. L. 138-6.]*

Art. L. 241-11 Chaque année, le maire d'une commune dans laquelle existent des droits d'usage assure la publication de la liste des terrains qui n'ont pas fait l'objet d'une mise en défens et du nombre de bestiaux admis au pâturage et au panage, qui ont été portés à sa connaissance par l'Office national des forêts. Il dresse, s'il y a lieu, dans un délai *(L. nº 2022-217 du 21 févr. 2022, art. 6)* « compatible avec la communication par l'Office », un état de répartition, entre les titulaires d'un droit d'usage, du nombre des bestiaux admis. – *[Anc. art. L. 138-7.]*

Art. L. 241-12 Le titulaire d'un droit d'usage ne peut exercer son droit de pâturage et de panage que pour des activités agricoles au sens de l'article L. 311-1 du code rural et de la pêche maritime. – *[Anc. art. L. 138-8, ecqc l'interdiction.]*

Art. L. 241-13 Une commune, ou une section de commune, dans laquelle existe un droit d'usage est responsable des condamnations civiles prononcées contre le gardien de troupeaux communs des titulaires d'un droit d'usage, tant pour les infractions aux dispositions du présent chapitre que pour les autres infractions forestières commises par ce gardien pendant le temps de son service et dans les limites du parcours. – *[Anc. art. L. 138-9.]*

Art. L. 241-14 Il est défendu au titulaire d'un droit d'usage, quelles qu'aient été les modalités antérieures d'exercice de ce droit, et sous réserve de l'application du dernier alinéa, de conduire ou de faire conduire des chèvres ou moutons dans les bois et forêts de l'État.

Le pacage des brebis et moutons peut être autorisé dans certaines localités par une décision spéciale de l'autorité administrative compétente de l'État.

Celui qui prétend avoir joui d'un droit de pacage en vertu de titres valables ou d'une possession équivalente à un titre peut, s'il y a lieu, réclamer une indemnité réglée de gré à gré ou, en cas de contestation, par les tribunaux judiciaires. – *[Anc. art. L. 138-10, al. 1er ecqc interdiction, al. 2 et 3.]*

SECTION 4 **Exercice des droits d'usage au bois**

Art. L. 241-15 Aucun bois ne peut être partagé sur pied ni abattu individuellement par le titulaire d'un droit d'usage.

Le titulaire d'un droit d'usage qui a droit à des livraisons de bois, de quelque nature que ce soit, ne peut prendre ces bois qu'après que la délivrance lui en a été faite. – *[Anc. art. L. 138-11, ecqc interdiction, L. 138-12, al. 2 phrase 1re.]*

Art. L. 241-16 Si les bois de chauffage se délivrent par coupe, l'exploitation en est faite par un entrepreneur qui se conforme à tout ce qui est prescrit aux acheteurs de coupes pour l'usage et la vidange des coupes. L'entrepreneur est soumis à la même responsabilité et passible des mêmes peines que l'acheteur en cas de délit ou contravention.

Les lots ne peuvent être faits qu'après l'entière exploitation de la coupe, à peine de confiscation de la portion de bois abattu afférente à chacun des contrevenants.

Les titulaires d'un droit d'usage, ainsi que la commune où existe un droit d'usage, sont garants solidaires des condamnations civiles prononcées contre l'entrepreneur. – *[Anc. art. L. 138-12, al. 1er, al. 2 phrase 2, al. 3.]*

Art. L. 241-17 Il est interdit au titulaire d'un droit d'usage de vendre ou d'échanger les bois qui lui sont délivrés et de les employer à une autre destination que celle pour laquelle le droit d'usage a été accordé. – *[Anc. art. L. 138-14.]*

Art. L. 241-18 Les bois de construction doivent être utilisés dans un délai de deux ans, qui peut être prorogé par l'Office national des forêts. Ce délai expiré, l'office peut disposer des arbres non utilisés. – *[Anc. art. L. 138-15.]*

SECTION 5 Suspension des droits d'usage

Art. L. 241-19 Lorsqu'un pâturage du domaine de l'État grevé de droits d'usage ne fait l'objet, pendant deux années consécutives, que d'une utilisation partielle par les communautés titulaires de ce droit d'usage, le représentant de l'État dans le département peut, à la demande ou avec l'accord des commissions syndicales représentant ces communautés, ou des conseils municipaux, et après l'accomplissement des mesures de publicité, autoriser l'Office national des forêts à passer, dans les conditions prévues à l'article L. 213-24, des concessions pluriannuelles de pâturage.

Les communes intéressées peuvent participer dans le cadre de ces concessions au financement des travaux d'équipement ou d'entretien des pâturages.

Pendant toute la durée des concessions consenties en application du présent article, l'exercice des droits d'usage est suspendu sur les terrains concédés sans que cette suspension puisse conduire à l'extinction des droits d'usage par prescription. – *[Anc. art. L. 138-18, al. 1er, al. 2, al. 3.]*

CHAPITRE II DROITS D'USAGE DANS LES BOIS ET FORÊTS DES COLLECTIVITÉS TERRITORIALES ET DE CERTAINES PERSONNES MORALES

Art. L. 242-1 Les bois appartenant aux collectivités et autres personnes morales définies au 2° du I de l'article L. 211-1 peuvent être affranchis sous les conditions prévues à l'article L. 241-5 de tous droits d'usage au bois. – *[Anc. art. L. 146-2.]*

Art. L. 242-2 Les dispositions relatives à l'exercice des droits d'usage dans les bois et forêts de l'État, prévues aux articles L. 241-1, L. 241-5 à L. 241-16, sont applicables à la jouissance des collectivités et autres personnes morales définies au 2° du I de l'article L. 211-1 dans leurs propres bois et forêts, ainsi qu'aux droits d'usage dont ces mêmes bois et forêts pourraient être grevés, sous réserve des dispositions particulières résultant du présent titre. – *[Anc. art. L. 146-3.]*

Art. L. 242-3 Le titulaire d'un droit d'usage qui, en cas d'incendie, refuse de porter secours dans les bois et forêts des collectivités ou autres personnes morales définies au 2° du I de l'article L. 211-1 où s'exerce ce droit peut en être privé pendant un an au moins et cinq ans au plus. – *[Anc. art. L. 322-11, ecqc bois et forêts collectivités.]*

CHAPITRE III COUPES DÉLIVRÉES POUR L'AFFOUAGE

Art. L. 243-1 Pour chaque coupe des bois et forêts appartenant à des communes et sections de commune, le conseil municipal ou, selon le cas, la commission syndicale, le syndicat ou l'établissement public mentionnés respectivement aux articles L. 5222-1, L. 5222-3 et L. 5222-5 du code général des collectivités territoriales, peut décider d'affecter tout ou partie du produit de la coupe au partage en nature entre les bénéficiaires de l'affouage pour la satisfaction de leur consommation rurale et domestique. Ces bénéficiaires ne peuvent pas vendre les bois qui leur ont été délivrés en nature.

L'Office national des forêts délivre les bois au vu d'une délibération du conseil municipal déterminant le mode de partage choisi en application de l'article L. 243-2 ainsi que les délais et les modalités d'exécution et de financement de l'exploitation.

Les bois sont délivrés lorsqu'ils sont en état d'être livrés aux bénéficiaires soit sur pied lorsque la totalité des bois issus de la coupe est destinée au partage en nature, soit, dans les autres cas, après identification des bois abattus non destinés au partage.

Les bois destinés à la délivrance après façonnage sont exploités dans les conditions prévues à l'article L. 214-11.

Lorsque le conseil municipal décide de partager des bois sur pied entre les bénéficiaires de l'affouage, l'exploitation s'effectue sous la garantie de trois bénéficiaires solvables, désignés avec leur accord par le conseil municipal, et soumis solidairement à la responsabilité prévue à l'article L. 241-16.

Faute d'avoir exploité leurs lots ou enlevé les bois dans les délais fixés par le conseil municipal, les titulaires du droit d'affouage sont déchus des droits qui s'y rapportent. – *[Anc. art. L. 145-1, al. 1er, al. 3 à al. 7.]*

Art. L. 243-2 Sauf s'il existe des titres contraires, le partage de l'affouage, qu'il s'agisse des bois de chauffage ou des bois de construction, se fait de l'une des trois manières suivantes :

1° Ou bien par foyer dont le chef de famille a son domicile réel et fixe dans la commune avant la date de publication du rôle de l'affouage ;

2° Ou bien moitié par foyer et moitié par habitant remplissant les mêmes conditions de domicile. Les ascendants vivant avec leurs enfants ont droit à l'affouage sans qu'il y ait lieu de rechercher s'ils ont la charge effective d'une famille ;

3° Ou bien par habitant ayant son domicile réel et fixe dans la commune avant la date mentionnée au 1°.

Chaque année, avant une date fixée par décret, le conseil municipal détermine lequel de ces trois modes de partage sera appliqué. — *[Anc. art. L. 145-2.]*

Art. L. 243-3 Dans les cas mentionnés au *[aux]* 2° et 3° de l'article L. 243-2, le conseil municipal a la faculté de décider que, pour avoir droit de participer au partage par habitant de l'affouage, il est nécessaire, à la date de la publication du rôle de l'affouage, de posséder depuis un temps qu'il détermine, mais qui n'excède pas six mois, un domicile réel et fixe dans la commune.

Les usages contraires à ces modes de partage sont et demeurent abolis.

Le conseil municipal peut aussi décider la vente de tout ou partie de l'affouage au profit du budget communal ou des titulaires du droit d'affouage. Dans ce dernier cas, la vente a lieu dans les conditions prévues au chapitre I du présent titre, par les soins de l'Office national des forêts. — *[Anc. art. L. 145-3.]*

CHAPITRE IV APPLICATION

Art. L. 244-1 Les modalités d'application du présent titre sont, sauf dispositions particulières, fixées par décret en Conseil d'État. — *[Anc. art. L. 145-4.]*

TITRE V FINANCEMENT DES ACTIONS DES COMMUNES FORESTIÈRES

CHAPITRE UNIQUE

Art. L. 251-1 Pour financer les actions figurant dans la liste mentionnée à l'article L. 322-1, conduites par les communes forestières, ainsi que les actions de formation destinées aux élus de celles-ci, les chambres d'agriculture sont tenues de verser une cotisation aux organisations représentatives de communes forestières par l'intermédiaire du Fonds national de *(L. n° 2022-1726 du 30 déc. 2022, art. 114)* « modernisation, de performance et de péréquation ».

Cette cotisation est fixée annuellement par arrêté du ministre chargé des forêts, après avis de *(Ord. n° 2022-583 du 20 avr. 2022, art. 1er)* « Chambres d'agriculture France », dans la limite de 5 % du montant des taxes perçues par l'ensemble des chambres d'agriculture sur tous les immeubles classés au cadastre en nature de bois et forêts. — *[Anc. art. L. 141-4, phrase 1re, phrase 2.]*

Art. L. 251-2 Les conditions de versement par les chambres d'agriculture et de répartition entre les organisations représentatives de communes forestières de la cotisation prévue par l'article L. 251-1 sont fixées par décret. — *[Anc. art. L. 141-4, phrase 4.]*

TITRE VI DISPOSITIONS PÉNALES RELATIVES AUX BOIS ET FORÊTS RELEVANT DU RÉGIME FORESTIER

CHAPITRE I INFRACTIONS

SECTION 1 Infractions en matière de marquage

Art. L. 261-1 La contrefaçon ou la falsification du marteau de l'Office national des forêts, ou l'usage de marteau contrefaisant ou falsifié, sont punis des peines prévues aux articles 444-3 et 444-6 à 444-9 du code pénal.

SECTION 2 Ventes de coupes ou produits de coupes du domaine de l'État

Art. L. 261-2 Le fait de passer outre aux interdictions édictées aux articles L. 213-7 et L. 214-9 est puni des peines prévues aux articles 432-12 et 432-17 du code pénal réprimant la prise illégale d'intérêts. — *[Anc. art. L. 134-2, al. 3, L. 144-2, al. 2, ecqc sanction.]*

Art. L. 261-3 Lors des ventes de coupes, le recours à des pratiques prohibées par l'article L. 420-1 du code de commerce est puni des peines prévues à l'article L. 420-6 de ce code. Il en va de même des pratiques prohibées et réprimées par *(Ord. nº 2019-698 du 3 juill. 2019, art. 5)* « l'article L. 442-9 » du même code. — *[Anc. art. L. 134-4, phrase 1re.]*

Art. L. 261-4 La modification de l'assiette d'une coupe en infraction aux dispositions de l'article L. 213-12, qu'elle soit le fait d'un acheteur, d'un entrepreneur ou d'un agent de l'Office national des forêts, est passible d'une amende de 7 500 euros. — *[Anc. art. L. 135-1, al. 1er phrase 2 ecqc amende, al. 2.]*

Art. L. 261-5 Le fait, pour toute personne, de contrevenir aux dispositions de l'article L. 213-14 interdisant l'abattage d'arbres réservés ou la compensation en cas de déficit est puni des peines prévues à l'article L. 163-7, dans le cas où la circonférence des arbres peut être constatée. Dans le cas contraire, l'amende est fixée par des dispositions réglementaires. — *[Anc. art. L. 135-5, al. 1er.]*

Art. L. 261-6 Le fait pour un acheteur de coupes de contrevenir aux dispositions de l'article L. 213-15 est puni d'une amende de 3 750 euros. — *[Anc. art. L. 135-8, ecqc sanction.]*

SECTION 3 Coupes, ventes de coupes ou produits de coupes des collectivités ou de certaines personnes morales

Art. L. 261-7 *(L. nº 2016-1888 du 28 déc. 2016, art. 57-I)* Le fait pour une collectivité ou une autre personne morale mentionnée au 2° du I de l'article L. 211-1, ou son représentant, d'ordonner ou de procéder à des coupes en infraction à l'article L. 124-5 est puni des peines prévues à l'article L. 362-1, ces coupes étant considérées comme illicites et abusives en application du dernier alinéa de l'article L. 312-11.

Art. L. 261-8 Le fait pour une collectivité ou une autre personne morale mentionnée au 2° du I de l'article L. 211-1 ou son représentant d'ordonner une vente ou une coupe en infraction aux dispositions de l'article L. 214-6 est puni d'une amende de 4 500 euros. — *[Anc. art. L. 144-1, al. 2 phrase 1re.]*

SECTION 4 Droits d'usage et d'affouage

Art. L. 261-9 Le fait, pour un titulaire du droit d'usage, d'exercer son droit de pâturage ou de panage pour des activités non agricoles en infraction aux dispositions de l'article L. 241-12 est puni d'une amende de 3 750 euros. — *[Anc. art. L. 138-8, ecqc sanction.]*

Art. L. 261-10 Le fait de conduire ou de faire conduire des chèvres ou moutons dans les bois et forêts de l'État en infraction aux dispositions de l'article L. 241-14 est puni d'une amende de 3 750 euros. — *[Anc. art. L. 138-10, al. 1er ecqc sanction.]*

Art. L. 261-11 Le fait, pour le titulaire d'un droit d'usage, de prendre ces bois sans que la délivrance lui en ait été faite, en infraction aux dispositions de l'article L. 241-15, est puni d'une amende de 3 750 euros. — *[Anc. art. L. 138-11, ecqc sanction.]*

SECTION 5 Défrichement dans les bois et forêts des collectivités ou de certaines personnes morales

Art. L. 261-12 Le fait d'ordonner ou de réaliser un défrichement de bois et forêts de collectivités ou d'autres personnes morales mentionnées au 2° du I de l'article L. 211-1 en infraction aux dispositions de l'article L. 214-13 est puni des peines prévues pour les infractions de même nature au chapitre II du titre VI du livre III.

La même peine peut être prononcée contre les utilisateurs du sol et les bénéficiaires du défrichement. – *[Anc. art. L. 313-4.]*

CHAPITRE II MODALITÉS DE RECOUVREMENT

Art. L. 262-1 Les comptables publics de l'État chargés du recouvrement des amendes forestières sont également chargés du recouvrement des restitutions, frais et dommages-intérêts résultant des jugements rendus pour délits et contraventions dans les bois relevant du régime forestier. – *[Anc. art. L. 154-2, al. 1er, al. 2.]*

TITRE VII DISPOSITIONS PARTICULIÈRES À L'OUTRE-MER

CHAPITRE I GUADELOUPE

Art. L. 271-1 Les bois et forêts du domaine de l'État situés dans le département de la Guadeloupe sont imprescriptibles. – *[Anc. art. L. 171-2, ecqc Guadeloupe.]*

Art. L. 271-2 En Guadeloupe, outre les bois et forêts désignés à l'article L. 211-1, relèvent du régime forestier :

1° Les bois et forêts qui font partie du domaine public maritime et lacustre de l'État et ceux qui font partie du domaine départemental ;

2° Les terrains couverts de végétation ligneuse et désignés communément sous le nom de broussailles. – *[Anc. art. R. 171-1, ecqc Guadeloupe, R. 171-3, ecqc Guadeloupe.]*

Art. L. 271-3 Le fait d'occuper sans titre ou de procéder à un empiètement de toute nature entraînant la destruction de l'état boisé dans les bois et forêts relevant du régime forestier est puni d'une amende de 3 750 euros par hectare détruit, sans préjudice de la confiscation des récoltes, des outils et des installations. Toute fraction d'hectare est comptée pour un hectare. – *[Anc. art. L. 173-4, al. 1er ecqc Guadeloupe, L. 171-3, ecqc Guadeloupe.]*

Art. L. 271-4 Dès l'établissement d'un procès-verbal constatant une occupation sans titre ou un empiètement de toute nature entraînant la destruction de l'état boisé dans les bois et forêts relevant du régime forestier, l'Office national des forêts peut procéder, sur autorisation de l'autorité administrative compétente de l'État, au rétablissement de ces derniers en l'état primitif aux frais du délinquant. L'autorité administrative compétente de l'État arrête le mémoire des travaux exécutés et le rend exécutoire. – *[Anc. art. L. 173-4, al. 2 ecqc Guadeloupe.]*

Art. L. 271-5 Quiconque réside sur une parcelle relevant du régime forestier sans titre valable de location ou s'y est installé temporairement sans autorisation est passible d'expulsion immédiate, sans préjudice des amendes prévues par des dispositions réglementaires. – *[Anc. art. L. 173-4, al. 3 ecqc Guadeloupe.]*

CHAPITRE II GUYANE

Art. L. 272-1 Ne sont pas applicables en Guyane les dispositions suivantes du présent livre :

1° La section 7 du chapitre III et la section 5 du chapitre IV du titre I ;

(L. nº 2017-256 du 28 févr. 2017, art. 120) « 1° *bis* Le 2° de l'article L. 223-1, s'agissant de la cession de foncier forestier par l'État à la collectivité territoriale de Guyane pour une période de trois ans à compter de la publication de la loi nº 2017-256 du 28 février 2017 de programmation relative à l'égalité réelle outre-mer et portant autres dispositions en matière sociale et économique ; »

2° L'article L. 223-4 ;

3° Le titre IV, à l'exception des articles L. 241-1, L. 242-3 et L. 241-4. – *[Anc. art. L. 172-1.]*

Art. L. 272-2 Les bois et forêts faisant partie du domaine de l'État, ou sur lesquels l'État a des droits de propriété indivis, qui relèvent du régime forestier et doivent être gérés conformément à un document d'aménagement arrêté, sont déterminés par décret.

Le seuil à partir duquel un ensemble de parcelles forestières peut, à la demande des propriétaires, faire l'objet d'un document d'aménagement en application de l'article L. 122-4 est de 100 hectares. – *[Anc. art. L. 172-2, L. 14, al. 4, al. 6 ecqc document d'aménagement.]*

Art. L. 272-3 Les conditions dans lesquelles les bois et forêts dépendant du domaine de l'État et relevant du régime forestier peuvent être cédés gratuitement aux collectivités territoriales sur le territoire desquelles elles sont situées sont celles prévues aux articles L. 5142-2 et L. 5145-1 du code général de la propriété des personnes publiques.

Les forêts cédées dans ces conditions relèvent du régime forestier dans les conditions prévues à l'article L. 214-3 et sont gérées conformément aux dispositions du chapitre IV du titre I du présent livre. Elles sont, en matière de défrichement, soumises dès leur cession aux dispositions de l'article L. 372-4. – *[Anc. art. L. 172-3.]*

Art. L. 272-4 Par dérogation à l'article L. 241-1, l'autorité administrative compétente de l'État constate, au profit des seules communautés d'habitants qui tirent traditionnellement leurs moyens de subsistance de la forêt, l'existence sur les terrains domaniaux de l'État et des collectivités territoriales de droits d'usage collectifs pour l'exercice de toute activité nécessaire à la subsistance de ces communautés. En ce qui concerne les forêts des collectivités territoriales, le constat est prononcé après avis de la collectivité propriétaire. – *[Anc. art. L. 172-4, I.]*

Art. L. 272-5 Les conditions dans lesquelles les forêts dépendant du domaine de l'État peuvent être cédées ou concédées gratuitement à des personnes morales en vue de leur utilisation par les communautés d'habitants qui tirent traditionnellement leurs moyens de subsistance de la forêt sont fixées par l'article L. 5143-1 du code général de la propriété des personnes publiques. – *[Anc. art. L. 172-4, II.]*

Art. L. 272-6 Les forêts appartenant au domaine privé des collectivités territoriales peuvent faire l'objet de cessions ou de concessions gratuites à des personnes morales en vue de leur utilisation par les communautés d'habitants qui tirent traditionnellement leurs moyens de subsistance de la forêt dans les conditions fixées par l'article L. 5143-1 du code général de la propriété des personnes publiques.

Lorsque les immeubles cédés gratuitement ne sont pas utilisés conformément à l'objet qui a justifié leur cession, ceux-ci reviennent gratuitement dans le patrimoine de la collectivité qui les a cédés à moins que le cessionnaire ne soit autorisé à en conserver la propriété contre paiement d'un prix correspondant à leur valeur vénale. – *[Anc. art. L. 172-4, III.]*

Art. L. 272-7 Lorsqu'une forêt de l'État objet d'une concession mentionnée à l'article L. 272-4 est cédée à une collectivité territoriale en application de l'article L. 272-3, les obligations assumées par l'État au titre de cette concession sont transférées à la collectivité bénéficiaire de la cession. – *[Anc. art. L. 172-4, IV.]*

Art. L. 272-8 Les autorisations de prélèvement de produits végétaux de toute nature dans les bois et forêts du domaine de l'État gérés par l'Office national des forêts sont délivrées par lui aux conditions techniques et financières qu'il fixe, sans préjudice des dispositions de l'article L. 331-15 du code de l'environnement. – *[Anc. art. L. 172-5.]*

Art. L. 272-9 Le fait d'occuper sans titre ou de procéder à un empiètement de toute nature entraînant la destruction de l'état boisé dans les bois et forêts relevant du régime forestier est puni d'une amende de 3 750 euros par hectare détruit sans préjudice de la confiscation des récoltes, des outils et des installations. Toute fraction d'hectare est comptée pour un hectare. – *[Anc. art. L. 173-4, al. 1er ecqc Guyane, L. 172-6.]*

Art. L. 272-10 Dès l'établissement d'un procès-verbal constatant une occupation sans titre ou un empiètement de toute nature entraînant la destruction de l'état boisé dans les bois et forêts relevant du régime forestier, l'Office national des forêts peut procéder, sur autorisation de l'autorité administrative compétente de l'État, au rétablissement de ces derniers en l'état primitif aux frais du délinquant. L'autorité administrative compétente de l'État arrête le mémoire des travaux exécutés et le rend exécutoire. – *[Anc. art. L. 173-4, al. 2 ecqc Guyane.]*

Art. L. 272-11 Quiconque réside sur une parcelle relevant du régime forestier sans titre valable de location ou s'y est installé temporairement sans autorisation est passible d'expulsion immédiate, sans préjudice des amendes prévues par des dispositions réglementaires. – *[Anc. art. L. 173-4, al. 3 ecqc Guyane.]*

Art. L. 272-12 Les modalités d'application du présent chapitre sont, sauf disposition particulière, fixées par décret en Conseil d'État. – *[Anc. art. L. 172-7.]*

CHAPITRE III **MARTINIQUE**

Art. L. 273-1 Les bois et forêts du domaine de l'État situés à la Martinique sont imprescriptibles. – *[Anc. art. L. 171-2, ecqc Martinique.]*

Art. L. 273-2 A la Martinique outre les bois et forêts désignés à l'article L. 211-1, relèvent du régime forestier :

1° Les bois et forêts qui font partie du domaine public maritime et lacustre de l'État et ceux qui font partie du domaine départemental ;

2° Les terrains couverts de végétation ligneuse et désignés communément sous le nom de broussailles. – *[Anc. art. R. 171-1, ecqc Martinique, R. 171-3, ecqc Martinique.]*

Art. L. 273-3 Le fait d'occuper sans titre ou de procéder à un empiètement de toute nature entraînant la destruction de l'état boisé dans les bois et forêts relevant du régime forestier est puni d'une amende de 3 750 euros par hectare détruit sans préjudice de la confiscation des récoltes, des outils et des installations. Toute fraction d'hectare est comptée pour un hectare. – *[Anc. art. L. 173-4, al. 1er ecqc Martinique, L. 171-3, ecqc Martinique.]*

Art. L. 273-4 Dès l'établissement d'un procès-verbal constatant une occupation sans titre ou un empiètement de toute nature entraînant la destruction de l'état boisé dans les bois et forêts relevant du régime forestier, l'Office national des forêts peut procéder, sur autorisation de l'autorité administrative compétente de l'État, au rétablissement de ces derniers en l'état primitif aux frais du délinquant. L'autorité administrative compétente de l'État arrête le mémoire des travaux exécutés et le rend exécutoire. – *[Anc. art. L. 173-4, al. 2 ecqc Martinique.]*

Art. L. 273-5 Quiconque réside sur une parcelle relevant du régime forestier sans titre valable de location ou s'y est installé temporairement sans autorisation est passible d'expulsion immédiate, sans préjudice des amendes prévues par des dispositions réglementaires. – *[Anc. art. L. 173-4, al. 3 ecqc Martinique.]*

CHAPITRE IV **LA RÉUNION**

Art. L. 274-1 Les bois et forêts relevant du régime forestier et appartenant au département de La Réunion sont inaliénables et imprescriptibles.

Peuvent être acquis par le département, par voie d'expropriation pour cause d'utilité publique :

1° Les enclaves comprises dans ces bois et forêts ;

2° Tout ou partie des propriétés riveraines de ces bois et forêts, en cas d'insuffisance d'accès à la voie publique pour assurer leur exploitation ou pour permettre l'exécution des travaux de construction de routes et d'établissements de tous ouvrages permanents servant à l'exploitation. – *[Anc. art. L. 173-2.]*

Art. L. 274-2 Lorsque la délimitation entre les bois et forêts relevant du régime forestier et les propriétés riveraines consiste à ouvrir et à rouvrir les lignes anciennes dites du sommet des montagnes, seuls font foi les plans et les actes officiels détenus par l'Office national des forêts, l'administration chargée des domaines et les archives départementales. – *[Anc. art. L. 173-3.]*

Art. L. 274-3 Le fait d'occuper sans titre ou de procéder à un empiètement de toute nature entraînant la destruction de l'état boisé dans les bois et forêts relevant du régime forestier est puni d'une amende de 3 750 euros par hectare détruit, sans préjudice de la confiscation des récoltes, des outils et des installations. – *[Anc. art. L. 173-4, al. 1er, ecqc Réunion.]*

Art. L. 274-4 Dès l'établissement d'un procès-verbal constatant une occupation sans titre ou un empiètement de toute nature entraînant la destruction de l'état boisé dans les bois et forêts relevant du régime forestier, l'Office national des forêts peut procéder, sur autorisation de l'autorité administrative compétente de l'État, au rétablissement de ces derniers en l'état primitif aux frais du délinquant. L'autorité administrative compétente de l'État arrête le mémoire des travaux exécutés et le rend exécutoire. – *[Anc. art. L. 173-4, al. 2 ecqc Réunion.]*

Art. L. 274-5 Quiconque réside sur une parcelle relevant du régime forestier sans titre valable de location ou s'y est installé temporairement sans autorisation est passible d'expulsion immédiate, sans préjudice des amendes prévues par des dispositions réglementaires. – *[Anc. art. L. 173-4, al. 3 ecqc Réunion.]*

CHAPITRE V **MAYOTTE**

SECTION 1 **Généralités**

Art. L. 275-1 Pour son application à Mayotte, l'article L. 211-1 est ainsi rédigé :

Art. L. 211-1 I. — Relèvent du régime forestier et sont administrés conformément aux dispositions du présent livre :

1° Les bois et forêts et les biens agroforestiers qui appartiennent à l'État ou sur lesquels l'État a des droits de propriété indivis ;

2° Les bois et forêts et les biens agroforestiers, appartenant aux personnes morales de droit public, ou aux personnes que celles-ci contrôlent directement ou indirectement, et notamment au Département de Mayotte ou aux communes, ainsi qu'aux établissements d'utilité publique, sociétés mutualistes et caisses d'épargne, ou sur lesquels ces collectivités et autres personnes morales ont des droits de propriété indivis ;

3° Les îlots entourant les îles principales et appartenant à l'État ou à l'une des personnes mentionnées au 2°

II. — Cessent de relever du régime forestier les bois et forêts et les biens agroforestiers de l'État mis à disposition d'une administration de l'État ou d'un établissement public national pour l'exercice de leurs missions. – *[C. for. Mayotte, art. L. 111-1, al. 1er, al. 2, al. 3, al. 5.]*

Art. L. 275-2 Les bois et forêts et les biens agroforestiers relevant du régime forestier et appartenant à l'État ou au Département de Mayotte sont inaliénables et imprescriptibles. – *[C. for. Mayotte, art. L. 111-4.]*

Art. L. 275-3 Peuvent être acquis par l'État ou le Département de Mayotte, par voie d'expropriation pour cause d'utilité publique :

1° Les enclaves comprises dans les biens mentionnés à l'article L. 275-2 ;

2° Tout ou partie des propriétés riveraines de ces biens, en cas d'insuffisance d'accès à la voie publique pour assurer leur exploitation ou pour permettre l'exécution des travaux de construction de routes et d'établissement de tous ouvrages permanents servant à l'exploitation. – *[C. for. Mayotte, art. L. 111-5.]*

Art. L. 275-4 Au cours des opérations de délimitation entre les bois et forêts ou les biens agroforestiers de l'État et les propriétés riveraines, seuls font foi les plans et les actes officiels détenus par l'autorité administrative chargée des forêts, l'administration chargée des domaines et les archives du Département de Mayotte.

En cas d'absence ou d'insuffisance manifeste de ces plans et actes officiels, il peut y être suppléé par les moyens de preuve de droit commun prévus par le code civil. – *[C. for. Mayotte, art. L. 132-2.]*

Art. L. 275-5 L'autorité administrative compétente de l'État détermine sur les biens agroforestiers de l'État la nature des cultures autorisées et leur mode d'exploitation dans le cadre d'un aménagement agroforestier. – *[C. for. Mayotte, art. L. 133-1, al. 2.]*

Art. L. 275-6 Pour son application à Mayotte, l'article L. 214-3 est ainsi rédigé :

Art. L. 214-3 L'application du régime forestier à des bois et forêts ou à des biens agroforestiers appartenant aux personnes morales de droit public, ou aux personnes que celles-ci contrôlent directement ou indirectement, et notamment au Département de Mayotte ou aux communes, ainsi qu'aux établissements d'utilité publique, sociétés mutualistes et caisses d'épargne, est de plein droit.

L'application du régime forestier, en vue de leur conversion en bois et forêts ou en biens agroforestiers, à des terrains en nature de pâturage appartenant à une commune ou à un établissement public, est prononcée par l'autorité administrative compétente de l'État, après avis de la collectivité ou de la personne morale intéressée. En cas de désaccord, la décision est prise par le ministre chargé des forêts. – *[C. for. Mayotte, art. L. 141-1.]*

SECTION 2 Exploitation, coupes et droits d'usage des bois et forêts relevant du régime forestier

Art. L. 275-7 **Sans préjudice des dispositions de la section 2 du chapitre I du titre IV du présent livre relatives à l'affranchissement des droits d'usage, dans le cas où s'exercent, sur un bien de l'État susceptible de constituer une unité de gestion forestière ou agroforestière, des droits d'usage ou d'exploitation incompatibles avec la réalisation de l'aménagement de cette unité, l'Office national des forêts peut à défaut d'accord amiable, demander au tribunal de grande instance une modification des modalités d'exercice de ces droits, notamment leur localisation sur d'autres terrains propriété de l'État. Le tribunal alloue, s'il y a lieu, des indemnités compensatrices. Les dispositions du présent article sont applicables aux servitudes de droit privé.** – *[C. for. Mayotte, art. L. 133-4.]*

Art. L. 275-8 **Le fait d'occuper sans titre ou de procéder à un empiètement de toute nature entraînant la destruction de l'état boisé dans les bois et forêts ou les biens agroforestiers de l'État est puni d'une amende de 3 750 euros par hectare détruit, sans préjudice de la confiscation des récoltes, des outils et des installations. Toute fraction d'hectare est comptée pour un hectare.** – *[C. for. Mayotte, art. L. 138-2-1, al. 1er.]*

Art. L. 275-9 **Dès l'établissement d'un procès-verbal constatant une occupation sans titre ou un empiètement de toute nature entraînant la destruction de l'état boisé dans les bois et forêts et les biens agroforestiers relevant du régime forestier, l'Office national des forêts peut procéder, sur autorisation de l'autorité administrative compétente de l'État, au rétablissement de ces derniers en l'état primitif aux frais du délinquant. L'autorité administrative compétente de l'État arrête le mémoire des travaux exécutés et le rend exécutoire.** – *[Anc. art. L. 173-4, al. 2 ecqc Mayotte.]*

Art. L. 275-10 **Quiconque réside sur une parcelle relevant du régime forestier sans titre valable de location ou s'y est installé temporairement sans autorisation est passible d'expulsion immédiate, sans préjudice des amendes prévues par des dispositions réglementaires.** – *[Anc. art. L. 173-4, al. 3 ecqc Mayotte.]*

Art. L. 275-11 **Pour son application à Mayotte, l'article L. 241-8 est ainsi rédigé :**

Art. L. 241-8 Les chemins par lesquels les bestiaux doivent passer pour aller au pâturage et en revenir sont désignés par l'Office national des forêts.

Si ces chemins traversent des taillis ou des recrûs de futaie justifiant une mise en défens, ou d'autres formations végétales présentant un intérêt scientifique ou pour la protection du sol ou du régime des eaux, des fossés suffisamment larges et profonds ou toute autre clôture pour empêcher les bestiaux de s'introduire dans les biens forestiers ou les autres formations végétales précités peuvent être réalisés, selon les indications de l'office et à frais partagés entre les titulaires du droit d'usage et l'office. – *[C. for. Mayotte, art. L. 138-4.]*

Art. L. 275-12 **Pour son application à Mayotte, l'article L. 241-9 est ainsi rédigé :**

Art. L. 241-9 La durée de pâturage du bétail est réglementée par l'Office national des forêts. – *[C. for. Mayotte, art. L. 138-5.]*

SECTION 3 Protection des bois et forêts relevant du régime forestier

Art. L. 275-13 **Aucune briqueterie ou tuilerie, aucun puits de charbon de bois ne peuvent être établis à l'intérieur et à moins d'un kilomètre des bois et forêts et des**

biens agroforestiers relevant du régime forestier sans autorisation administrative, sous peine d'une amende contraventionnelle et de démolition des établissements. – *[C. for. Mayotte, art. L. 151-1.]*

Art. L. 275-14 Aucune maison sur perches, loge, baraque ou hangar, aucun alambic ou appareil quelconque consommant du bois, ne peut être établi sans autorisation administrative, sous quelque prétexte que ce soit, à l'intérieur et à moins de 500 mètres des bois et forêts ou des biens agroforestiers relevant du régime forestier, sous peine d'une amende contraventionnelle et de la démolition des installations, dans le mois à dater du jour du jugement qui l'aura ordonné*[e]*. – *[C. for. Mayotte, art. L. 151-2.]*

Art. L. 275-15 Aucun atelier à façonner le bois, aucun chantier ou magasin pour faire le commerce du bois ne peut être établi sans autorisation administrative dans tout lieu d'habitation prolongée ou temporaire situé dans un rayon de 500 mètres des bois et forêts et des biens agroforestiers relevant du régime forestier, sous peine d'une amende contraventionnelle et de la confiscation des bois.

L'autorisation administrative peut être retirée lorsque les bénéficiaires ont subi une condamnation pour infraction forestière. – *[C. for. Mayotte, art. L. 151-3.]*

Art. L. 275-16 Aucune usine à scier le bois ne peut être établie à l'intérieur et à moins de deux kilomètres de distance des bois et forêts ou des biens agroforestiers relevant du régime forestier qu'avec une autorisation administrative, sous peine d'une amende contraventionnelle et de la démolition, dans le mois à dater du jugement qui l'aura ordonné*[e]*. – *[C. for. Mayotte, art. L. 151-4.]*

Art. L. 275-17 Les usines, hangars et autres établissements autorisés en vertu des articles L. 275-13 à L. 275-16 sont soumis, exclusion faite des locaux à usage de domicile et de leurs dépendances bâties, aux visites des agents commissionnés et assermentés de l'Office national des forêts.

Si l'accès leur est refusé, ces agents peuvent saisir l'autorité judiciaire dans les conditions mentionnées à l'article L. 206-1 du code rural et de la pêche maritime. – *[C. for. Mayotte, art. L. 151-6.]*

CHAPITRE VI SAINT-BARTHÉLEMY

Art. L. 276-1 Les bois et forêts du domaine de l'État situés dans la collectivité de Saint-Barthélemy sont imprescriptibles. – *[Anc. art. L. 171-2, ecqc Saint-Barthélemy.]*

Art. L. 276-2 *Abrogé par L. nº 2014-1170 du 13 oct. 2014, art. 86-IV.*

Art. L. 276-3 Le fait d'occuper sans titre ou de procéder à un empiètement de toute nature entraînant la destruction de l'état boisé dans les bois et forêts relevant du régime forestier est puni d'une amende de 3 750 euros par hectare détruit sans préjudice de la confiscation des récoltes, des outils et des installations. Toute fraction d'hectare est comptée pour un hectare. – *[Anc. art. L. 173-4, al. 1er ecqc SB, L. 171-3, ecqc SB.]*

Art. L. 276-4 Dès l'établissement d'un procès-verbal constatant une occupation sans titre ou un empiètement de toute nature entraînant la destruction de l'état boisé dans les bois et forêts relevant du régime forestier, l'Office national des forêts peut procéder, sur autorisation de l'autorité administrative compétente de l'État, au rétablissement de ces derniers en l'état primitif aux frais du délinquant. L'autorité administrative compétente de l'État arrête le mémoire des travaux exécutés et le rend exécutoire. – *[Anc. art. L. 173-4, al. 2 ecqc SB.]*

Art. L. 276-5 Quiconque réside sur une parcelle relevant du régime forestier sans titre valable de location ou s'y est installé temporairement sans autorisation est passible d'expulsion immédiate, sans préjudice des amendes prévues par des dispositions réglementaires. – *[Anc. art. L. 173-4, al. 3 ecqc SB.]*

CHAPITRE VII SAINT-MARTIN

Art. L. 277-1 Les bois et forêts du domaine de l'État situés dans la collectivité de Saint-Martin sont imprescriptibles. – *[Anc. art. L. 171-2, ecqc Saint-Martin.]*

Art. L. 277-2 A Saint-Martin, outre les bois et forêts désignés à l'article L. 211-1, relèvent du régime forestier :

1° Les bois et forêts qui font partie du domaine public maritime et lacustre de l'État et ceux qui font partie du domaine de la collectivité ;

2° Les terrains couverts de végétation ligneuse et désignés communément sous le nom de broussailles. — *[Anc. art. R. 171-1, ecqc SM, R. 171-3, ecqc SM.]*

Art. L. 277-3 Le fait d'occuper sans titre ou de procéder à un empiètement de toute nature entraînant la destruction de l'état boisé dans les bois et forêts relevant du régime forestier est puni d'une amende de 3 750 euros par hectare détruit sans préjudice de la confiscation des récoltes, des outils et des installations. Toute fraction d'hectare est comptée pour un hectare. — *[Anc. art. L. 173-4, al. 1er ecqc SM, L. 171-3, ecqc SM.]*

Art. L. 277-4 Dès l'établissement d'un procès-verbal constatant une occupation sans titre ou un empiètement de toute nature entraînant la destruction de l'état boisé dans les bois et forêts relevant du régime forestier, l'Office national des forêts peut procéder, sur autorisation de l'autorité administrative compétente de l'État, au rétablissement de ces derniers en l'état primitif aux frais du délinquant. L'autorité administrative compétente de l'État arrête le mémoire des travaux exécutés et le rend exécutoire. — *[Anc. art. L. 173-4, al. 2 ecqc SM.]*

Art. L. 277-5 Quiconque réside sur une parcelle relevant du régime forestier sans titre valable de location ou s'y est installé temporairement sans autorisation est passible d'expulsion immédiate, sans préjudice des amendes prévues par des dispositions réglementaires. — *[Anc. art. L. 173-4, al. 3 ecqc SM.]*

CHAPITRE VIII SAINT-PIERRE-ET-MIQUELON

Le présent chapitre ne comprend pas de dispositions législatives.

CHAPITRE IX TERRES AUSTRALES ET ANTARCTIQUES FRANÇAISES

Le présent chapitre ne comprend pas de dispositions législatives.

LIVRE III BOIS ET FORÊTS DES PARTICULIERS

TITRE I GESTION DES BOIS ET FORÊTS DES PARTICULIERS

CHAPITRE I CHAMP D'APPLICATION

Art. L. 311-1 Pour l'application du présent code, les bois et forêts des particuliers sont ceux qui appartiennent à des personnes physiques ou à des personnes morales de droit privé et qui ne relèvent pas du régime forestier.

CHAPITRE II PLANS SIMPLES DE GESTION

SECTION 1 Contenu et agrément du plan simple de gestion

Art. L. 312-1 Doivent être gérés conformément à un plan simple de gestion agréé, sous réserve des dispositions de l'article L. 122-5, les bois et forêts des particuliers constitués soit d'une parcelle forestière d'un seul tenant d'une surface égale ou supérieure à *(L. n° 2023-580 du 10 juill. 2023, art. 30)* « 20 » hectares, soit d'un ensemble de parcelles forestières d'une surface totale égale ou supérieure à *(L. n° 2023-580 du 10 juill. 2023, art. 30)* « 20 » hectares appartenant à un même propriétaire, situées dans une même zone géographique définie par décret.

Les parcelles isolées d'une superficie inférieure à un seuil fixé par décret ne sont pas prises en compte pour l'application du premier alinéa. Le propriétaire peut toutefois les inclure dans son plan simple de gestion.

(L. n° 2023-580 du 10 juill. 2023, art. 30) « Le ministre chargé des forêts peut en outre fixer, pour chaque région, un seuil de surface inférieur, compris entre 10 et 20 hectares, sur proposition du conseil d'administration du Centre national de la propriété forestière, en tenant compte des potentialités de production, de l'intérêt écologique et social, de la structure foncière des forêts de la région et des programmes régionaux de la forêt et du bois. » — *[Anc. art. L. 6, I al. 2, al. 3.]*

Le plan simple de gestion, bien qu'exigé par des dispositions législatives, ne constitue pas un document élaboré ou adopté par l'État, les collectivités territoriales ou leurs groupements et les établissements publics en dépendant. Au demeurant, il n'a ni pour objet, ni pour effet de définir un ensemble significatif de critères et de modalités devant être mis en œuvre par les autorités compétentes pour autoriser des projets, au sens de la Dir. 2011/92/UE du 13 déc. 2011 concernant l'évaluation des incidences de certains projets publics et privés sur l'environnement, affectant les bois et forêts concernés, mais autorise directement le propriétaire à réaliser, sans formalité supplémentaire, les coupes et travaux qu'il prévoit. Par suite, il ne constitue pas un plan ou programme au sens de la Dir. 2001/42/CE du 27 juin 2001 relative à l'évaluation des incidences de certains plans et programmes sur l'environnement et de l'art. L. 122-4 C. envir. • CE 21 avr. 2023, n° 453009. ♦ Dans l'hypothèse où le projet de document d'aménagement ou de plan de gestion serait susceptible d'affecter de manière significative un site Natura 2000 et n'aurait pas fait l'objet d'une évaluation des incidences Natura 2000, l'autorité compétente ne saurait procéder à l'examen qui lui incombe sans avoir préalablement sollicité une telle évaluation. Le moyen tiré de ce que les dispositions du code forestier et du code de l'environnement applicables aux documents d'aménagement et aux plans de gestion ne soumettraient pas ces documents à une évaluation de leurs incidences dans toutes les hypothèses où ils sont susceptibles d'affecter un site Natura 2000, et méconnaîtraient ce faisant les objectifs de la Dir. 92/43/CEE du 21 mai 1992 (Natura 2000), doit être écarté. • Même décision. ♦ Il appartient à l'autorité administrative compétente d'apprécier les incidences des coupes et travaux prévus par ces documents sur les espèces protégées au titre des Dir. 92/43/CEE du 21 mai 1992 et 2009/147/CE du 30 nov. 2009 et leurs habitats et, par suite, l'éventuelle nécessité de solliciter une dérogation au titre du 1° du I de l'art. L. 411-2 C. envir. Les dispositions du code forestier et du code de l'environnement applicables aux documents d'aménagement et aux plans de gestion forestiers ne méconnaissent ni les objectifs et exigences des directives précitées, ni les dispositions des art. L. 411-1 et L. 411-2 C. envir. • Même décision.

Décret nº 2023-1281 du 26 décembre 2023,

Précisant la mise en œuvre de l'obligation instituée par l'article L. 312-1 du code forestier dans sa rédaction issue de l'article 30 de la loi nº 2023-580 du 10 juillet 2023 visant à renforcer la prévention et la lutte contre l'intensification et l'extension du risque incendie (JO 28 déc.).

Art. 1er Le centre national de la propriété forestière informe les propriétaires nouvellement soumis à l'obligation d'élaborer un plan simple de gestion en application du premier alinéa de l'article L. 312-1 du code forestier dans sa rédaction issue de la loi nº 2023-480 du 10 juillet 2023 visant à renforcer la prévention et la lutte contre l'intensification et l'extension du risque incendie.

Art. 2 Le centre régional de la propriété forestière détermine le délai imparti à chaque propriétaire mentionné à l'article 1er pour présenter à son agrément un projet de plan.

Ce délai est déterminé de façon à ce que tous les projets de plan simple de gestion soient présentés dans le respect des échéances suivantes, sans que le délai dont dispose chaque propriétaire pour présenter son projet de plan puisse être inférieur à un an :

1º Lorsque les bois et forêts des propriétaires concernés ne sont pas gérés conformément à un règlement type de gestion ou à un code des bonnes pratiques sylvicoles en vigueur à la date du 12 juillet 2023, les projets de plan doivent être présentés à l'agrément du centre régional de la propriété forestière avant le 12 juillet 2026 ;

2º Lorsque les bois et forêts des propriétaires concernés sont gérés conformément à un règlement type de gestion ou à un code des bonnes pratiques sylvicoles expirant entre le 12 juillet 2023 et le 12 juillet 2026, les projets de plan doivent être présentés à l'agrément du centre régional de la propriété forestière avant le 12 juillet 2026 ;

3º Lorsque les bois et forêts des propriétaires concernés sont gérés conformément à un règlement type de gestion ou à un code des bonnes pratiques sylvicoles en vigueur à la date du 12 juillet 2023 et expirant après le 12 juillet 2026, les projets de plan doivent être présentés à l'agrément du centre régional de la propriété forestière avant le 12 juillet 2028.

Art. 3 Ne relèvent pas du régime d'autorisation administrative prévu par l'article L. 312-9 du code forestier les bois et forêts nouvellement soumis à l'obligation d'un plan simple de gestion en application du premier alinéa de l'article L. 312-1 du code forestier dans sa rédaction issue de la loi susvisée du 10 juillet 2023, tant que le délai de présentation du plan simple de gestion au centre régional n'est pas expiré.

Art. L. 312-2 **Un plan simple de gestion comprend :**

1º Une brève analyse des enjeux économiques, environnementaux et sociaux de la forêt *(L. nº 2023-580 du 10 juill. 2023, art. 28)* **« , des enjeux de défense des forêts contre les incendies » et, en cas de renouvellement, de l'application du plan précédent ;**

2º Un programme d'exploitation des coupes ;

3º Un programme des travaux de reconstitution après coupe.

Lorsqu'il comporte un programme des travaux d'amélioration, il mentionne ceux qui ont un caractère obligatoire.

(L. nº 2023-580 du 10 juill. 2023, art. 28) **« Il identifie les mesures de prévention pouvant contribuer, directement ou indirectement, à la défense des forêts contre les incendies et précise celles qui ont un caractère obligatoire. Il fait figurer les débroussaillements, obligatoires ou facultatifs, dans le programme d'exploitation des coupes et dans le programme des travaux de reconstitution après coupe. »**

Il précise aussi la stratégie de gestion des populations de gibier faisant l'objet d'un plan de chasse fixé sur tout le territoire national, en application du troisième alinéa de l'article L. 425-6 du code de l'environnement, proposée par le propriétaire en conformité avec ses choix de gestion sylvicole.

(L. nº 2023-580 du 10 juill. 2023, art. 31) **« Le centre régional de la propriété forestière met à la disposition des propriétaires des exemples de plan simple de gestion les invitant à hiérarchiser les enjeux en fonction des caractéristiques du massif forestier où se trouvent les parcelles. »** — *[Anc. art. L. 222-1, al. 1er phrases 2 et 3.]*

Art. L. 312-3 Le plan simple de gestion est présenté à l'agrément du centre régional de la propriété forestière, qui tient compte s'il y a lieu des usages locaux. *(L. n° 2023-580 du 10 juill. 2023, art. 31-I-2°, en vigueur le 1er janv. 2025)* « Cette présentation s'effectue uniquement sous une forme dématérialisée. » — *L'art. 31-I-2° de la L. n° 2023-580 du 10 juill. 2023 s'applique à compter du 1er janv. 2025 aux organismes de gestion et d'exploitation forestière en commun mentionnés à l'art. L. 332-6, aux groupements d'intérêt économique et environnemental forestiers mentionnés à l'art. L. 332-7 et aux experts forestiers mentionnés à l'art. L. 171-1 C. rur. Il s'applique à compter du 1er janv. 2027 à l'ensemble des propriétaires concernés. Par dérogation, jusqu'au 1er janv. 2030, une remise sous forme physique peut être effectuée, uniquement pour les particuliers qui sont dans l'impossibilité de remettre un plan simple de gestion sous une forme dématérialisée (L. préc., art. 31-II).*

Les délais dans lesquels les propriétaires nouvellement soumis à l'obligation d'élaborer un plan simple de gestion, en application de l'article L. 312-1 dans sa rédaction issue de la loi n° 2010-874 du 27 juillet 2010 de modernisation de l'agriculture et de la pêche, sont tenus de présenter ce plan au centre régional de la propriété forestière, sont fixés par décret en Conseil d'État. Les obligations du présent chapitre ne sont pas opposables à ces propriétaires avant l'expiration du délai fixé individuellement à chacun par le centre dont il relève.

Les recours formés, le cas échéant, par les propriétaires en cas de refus d'agrément sont portés devant le ministre chargé des forêts. — *[Anc. art. L. 222-1, al. 1er, phrases 1re et 4, al. 2.]*

SECTION 2 Droits et obligations résultant des plans simples de gestion

Art. L. 312-3-1 *(L. n° 2023-580 du 10 juill. 2023, art. 32)* Le propriétaire peut bénéficier d'une visite et d'un bilan à mi-parcours de l'exécution de son plan simple de gestion, par un technicien du Centre national de la propriété forestière, en vue d'encourager la dynamisation de la gestion forestière ainsi que son adaptation au changement climatique.

Art. L. 312-4 Le propriétaire réalise, sans formalité particulière, les coupes prévues au programme d'exploitation du plan simple de gestion agréé. Il exécute les travaux mentionnés comme obligatoires dans le plan simple de gestion. Il exécute également, dans les cinq ans qui suivent l'exploitation, les travaux de reconstitution après coupe. — *[Anc. art. L. 222-2, al. 2, R. 222-12, al. 1er.]*

Art. L. 312-5 Toute coupe prévue au plan simple de gestion peut être avancée ou retardée de *(L. n° 2014-1170 du 13 oct. 2014, art. 69-III-1°)* « quatre » ans au plus.

Des coupes extraordinaires, en deçà et au-delà de cette limite, ou non inscrites au programme peuvent être autorisées par le centre régional de la propriété forestière.

Le propriétaire peut procéder, en dehors du programme d'exploitation, à des coupes de bois pour sa consommation rurale et domestique, sous réserve que cet abattage reste l'accessoire de sa production forestière et ne compromette pas l'exécution du plan simple de gestion.

En cas d'événements fortuits, accidents, maladies ou sinistres, qui impliquent des mesures d'urgence, le propriétaire peut procéder aux coupes nécessaires. Il doit au préalable en aviser le centre régional de la propriété forestière et observer un délai fixé par décret pendant lequel le centre peut faire opposition à cette coupe. En cas de sinistre de grande ampleur constaté par arrêté du ministre chargé des forêts, il est dispensé de cette formalité préalable. — *[Anc. art. L. 222-2, al. 1er, al. 3, al. 4.]*

Art. L. 312-6 En cas de mutation au bénéfice d'un particulier d'une propriété forestière dotée d'un plan simple de gestion agréé, l'application de ce plan est obligatoire jusqu'à son terme.

Peut toutefois être substitué à ce plan :

1° Soit un nouveau plan lorsque les propriétés forestières résultant de cette mutation relèvent de l'obligation d'un plan simple de gestion ;

2° Soit, dans les autres cas, une nouvelle garantie de gestion durable.

L'acte constatant la mutation doit, à peine de nullité, mentionner l'existence de ce plan simple de gestion agréé et les obligations qui en résultent. — *[Anc. art. L. 222-4.]*

Art. L. 312-7 En cas de mutation à titre gratuit de bois et forêts relevant de l'obligation d'un plan simple de gestion, l'engagement prévu au *b* du 2° du 2 de l'article 793 du code général des impôts est remplacé par l'engagement d'appliquer pendant trente ans :

1° Soit le plan simple de gestion déjà agréé ou modifié après nouvel agrément, puis d'appliquer les plans successifs ;

2° Soit, dans le cas où au moment de la mutation aucun plan simple de gestion n'est agréé pour les bois et forêts, un plan agréé dans un délai de trois ans à compter de la date de la mutation. Dans ce cas, le bénéficiaire prend, en outre, l'engagement d'appliquer à ces bois et forêts le régime d'exploitation normale prévu par des dispositions précitées du code général des impôts, pendant le délai où le plan simple de gestion de cette forêt n'aura pas été agréé. – *[Anc. art. L. 222-3, al. 1er à al. 4.]*

Art. L. 312-8 Les dispositions du dernier alinéa de l'article L. 124-6 sont applicables aux mutations réalisées par des particuliers. – *[Anc. art. L. 223-3, al. 2 ecqc obligation, L. 332-1, al. 2 ecqc obligation particuliers.]*

SECTION 3 Régime d'autorisation administrative

Art. L. 312-9 Toute propriété forestière soumise à l'obligation d'un plan simple de gestion et qui n'en est pas dotée se trouve placée sous un régime d'autorisation administrative.

Aucune coupe ne peut y être faite sans l'autorisation préalable de l'autorité administrative, après avis du centre régional de la propriété forestière. Cette autorisation peut être assortie de l'obligation, pour le bénéficiaire, de réaliser certains travaux liés aux coupes ou qui en sont le complément indispensable.

Après une période de trois ans à compter soit de la date d'expiration d'un plan simple de gestion agréé, soit de la notification de l'invitation faite au propriétaire, par le centre régional de la propriété forestière ou l'administration, à présenter un premier projet de plan simple de gestion, l'autorisation peut être refusée par l'autorité administrative, après avis du centre régional de la propriété forestière :

1° Soit en raison du caractère répété des demandes ;

2° Soit en raison de l'importance de la coupe ou sa nature ;

3° Soit dans le cas où l'évolution des peuplements présents sur la propriété nécessite de ne plus différer la présentation d'un plan simple de gestion.

Les dispositions du présent article s'appliquent, quelles que soient les mutations de propriété, tant qu'un plan simple de gestion n'a pas été agréé. – *[Anc. art. L 222-5, al. 1er.]*

Art. L. 312-10 Le régime d'autorisation administrative défini à l'article L. 312-9 ne s'applique pas aux coupes de bois destinées à la consommation rurale et domestique, hors bois d'œuvre, du propriétaire.

En cas d'évènements fortuits, accidents, maladies ou sinistres, qui impliquent des mesures d'urgence, le propriétaire peut procéder aux coupes nécessaires. Il doit au préalable en aviser le centre régional de la propriété forestière et observer un délai fixé par décret pendant lequel le centre peut faire opposition à cette coupe. En cas de sinistre de grande ampleur constaté par arrêté du ministre chargé des forêts, il est dispensé de cette formalité préalable. – *[Anc. art. L. 222-5, al. 2, al. 3.]*

V. Arr. du 6 oct. 2022 portant reconnaissance de sinistre de grande ampleur concernant les feux de forêt dans les départements de Gironde et des Landes (JO 13 oct.), mod. par Arr. du 26 janv. 2023 (JO 28 janv.).

SECTION 4 Coupes illicites et coupes abusives

Art. L. 312-11 Une coupe effectuée en méconnaissance des dispositions des articles L. 312-1, L. 312-5 et L. 312-7 est une coupe illicite.

Cette coupe illicite est considérée comme abusive lorsqu'elle a des effets dommageables pour la gestion durable des bois et forêts telle que définie par les schémas régionaux de gestion sylvicole des bois et forêts des particuliers.

Une coupe effectuée en méconnaissance des dispositions des articles L. 124-5 et L. 312-9 est une coupe illicite et abusive. – *[Anc. art. L. 223-1, al. 1er ecqc définition.]*

Art. L. 312-12 Un propriétaire qui a été condamné pour coupe illicite doit, à la demande de l'autorité administrative compétente de l'État, présenter au centre régional de la propriété forestière selon le cas un avenant au plan simple de gestion ou un projet de plan simple de gestion, applicable aux bois et forêts concernés par la coupe.

A défaut d'avenant présenté dans le délai imparti, le plan simple de gestion est réputé caduc.

En outre, l'autorité administrative, après avis du centre régional de la propriété forestière, peut imposer au propriétaire du fonds la réalisation, dans un délai fixé par elle, de travaux de reconstitution forestière sur les fonds parcourus par la coupe. – *[Anc. art. L. 223-2, II et III.]*

CHAPITRE III RÈGLEMENTS TYPES DE GESTION ET CODES DES BONNES PRATIQUES SYLVICOLES

SECTION 1 Règlements types de gestion

Art. L. 313-1 Le règlement type de gestion prévu à l'article L. 124-1 définit des modalités d'exploitation de la forêt, adaptées aux grands types de peuplements forestiers identifiés régionalement *(L. n° 2023-580 du 10 juill. 2023, art. 29)* « , et les enjeux de défense des forêts contre les incendies ». Ce document est élaboré par un ou plusieurs organismes de gestion en commun agréés, un ou plusieurs experts forestiers agréés ou l'Office national des forêts et soumis à l'approbation du centre régional de la propriété forestière selon les modalités prévues pour les plans simples de gestion. – *[Anc. art. L. 222-6, al. 1er phrases 1re et 2.]*

Art. L. 313-2 Sont considérés comme présentant des garanties de gestion durable les bois et forêts des particuliers qui sont gérés conformément à un règlement type de gestion et dont le propriétaire est soit adhérent à un organisme agréé comme organisme de gestion et d'exploitation en commun des forêts, soit recourt, par contrat d'une durée d'au moins dix ans, aux conseils en gestion d'un expert forestier agréé ou à ceux de l'Office national des forêts pour les forêts gérées par cet établissement en application de l'article L. 315-2. – *[Anc. art. L. 8, al. 4 et 5.]*

SECTION 2 Code des bonnes pratiques sylvicoles

Abrogés par la L. n° 2014-1170 du 13 oct. 2014, art. 69-I-2° et 93-XIX, à compter du 1er janv. 2022, la section 2 et l'art. L. 313-3 sont implicitement rétablis par la L. n° 2021-1104 du 22 août 2021, art. 53-I-1°.

Art. L. 313-3 Le code des bonnes pratiques sylvicoles prévu à l'article L. 124-2 comprend, par région naturelle ou groupe de régions naturelles, des recommandations, prenant en compte les usages locaux, essentielles à la conduite des grands types de peuplements et aux conditions rendant possible la gestion durable d'une parcelle forestière *(L. n° 2023-580 du 10 juill. 2023, art. 29)* « , et les enjeux de défense des forêts contre les incendies ». Ce document est élaboré par le centre régional de la propriété forestière et approuvé par le représentant de l'État dans la région, après avis de la commission régionale de la forêt et des produits forestiers. – *[Anc. art. L. 222-6, al. 2.]*

Art. L. 313-4 *(L. n° 2021-1104 du 22 août 2021, art. 53)* Lorsqu'il adhère au code des bonnes pratiques sylvicoles, le propriétaire forestier soumet à l'approbation du Centre national de la propriété forestière un programme de coupes et travaux.

CHAPITRE IV DROITS D'USAGE

Art. L. 314-1 Un particulier a la faculté d'affranchir ses bois et forêts de tous droits d'usage au bois. Il met en œuvre cette faculté dans les conditions prévues pour l'État par l'article L. 241-5.

Lorsque des bois et forêts où s'exercent des droits d'usage appartiennent à plusieurs propriétaires, la décision d'affranchissement est prise par la moitié au moins des propriétaires représentant les deux tiers au moins de la surface des bois et forêts ou par les deux tiers au moins des propriétaires représentant la moitié au moins de cette surface. – *[Anc. art. L. 224-3.]*

Art. L. 314-2 Les droits de pâturage, parcours, panage et glandée dans les bois et forêts des particuliers ne peuvent être exercés que dans les parcelles que l'administration chargée des forêts n'a pas considéré justifier une mise en défens et en fonction de l'état et de la possibilité des bois et forêts qu'elle a constatés.

Les chemins par lesquels les bestiaux doivent passer pour aller au pâturage et pour en revenir sont désignés par le propriétaire. – *[Anc. art. L. 224-4.]*

Art. L. 314-3 Les dispositions des articles L. 241-6, L. 241-9, L. 241-12, L. 241-13, des premier et troisième alinéas de l'article L. 241-14 et de l'article L. 241-15 sont applicables à l'exercice des droits d'usage dans les bois et forêts des particuliers. Ces derniers y exercent à cet effet les mêmes droits et la même surveillance que les personnels de l'Office national des forêts dans les forêts relevant du régime forestier. – *[Anc. art. L. 224-5.]*

CHAPITRE V MODALITÉS CONTRACTUELLES DE GESTION

SECTION 1 Gestionnaires forestiers professionnels

Art. L. 315-1 Lorsque des propriétaires particuliers font appel à des gestionnaires forestiers professionnels pour gérer durablement leurs bois et forêts conformément à un document de gestion, ces gestionnaires doivent satisfaire à des conditions de qualification et d'indépendance définies par décret.

L'activité de gestionnaire forestier professionnel comprend notamment la conservation et la régie des bois et forêts au sens du présent code ainsi que la mise en marché de bois façonnés et sur pied. Elle ne constitue pas une activité relevant de la gestion immobilière évoquée au 6° de l'article 1er de la loi n° 70-9 du 2 janvier 1970 réglementant les conditions d'exercice des activités relatives à certaines opérations portant sur les immeubles et les fonds de commerce. – *[Anc. art. L. 224-7.]*

V. Arr. du 13 déc. 2012 relatif à la prise en compte des honoraires des experts forestiers et des gestionnaires forestiers professionnels dans le cadre de demandes d'aides financières (JO 19 déc.).

V. aussi, sur la communication des données cadastrales aux gestionnaires forestiers, LPF, art. 166 G. – ***C. pr. fisc.***

SECTION 2 Gestion contractuelle par l'Office national des forêts

Art. L. 315-2 L'Office national des forêts peut se voir confier, par un particulier, tout ou partie de la conservation et de la régie, au sens du présent code, de ses bois et forêts sous des conditions fixées contractuellement. Les contrats doivent avoir une durée d'au moins dix années.

Dans ce cas, les conventions et les ventes conclues par les propriétaires ou les administrateurs de ces bois et forêts, qui consentent à des tiers des droits d'usage ou procèdent à des coupes de toutes natures sans l'autorisation de l'office ou en dehors des conditions fixées par cet établissement, sont déclarées nulles.

Les dispositions des articles L. 161-4 à L. 161-22, de l'article L. 214-13, du deuxième alinéa de l'article L. 224-1, du premier alinéa de l'article L. 224-2, des articles L. 261-12 et L. 262-1 sont applicables à ces bois et forêts. – *[Anc. art. L. 224-6.]*

TITRE II INSTITUTIONS INTERVENANT DANS LA MISE EN VALEUR DES BOIS ET FORÊTS DES PARTICULIERS

CHAPITRE I CENTRE NATIONAL DE LA PROPRIÉTÉ FORESTIÈRE

SECTION 1 Centre national

SOUS-SECTION 1 Missions

Art. L. 321-1 Le Centre national de la propriété forestière est un établissement public de l'État à caractère administratif.

Il est compétent pour développer, orienter et améliorer la gestion forestière des bois et forêts des particuliers.

Il a en particulier pour missions de :

1° Développer le regroupement foncier et les différentes formes de regroupement technique et économique des propriétaires forestiers, notamment les organismes de gestion et d'exploitation en commun des forêts ;

2° Faciliter la gestion et la commercialisation des produits et services des forêts ainsi que l'organisation de la prise en charge des demandes particulières à caractère environnemental et social, en concertation s'il y a lieu avec les représentants des usagers ;

3° Encourager l'adoption de méthodes de sylviculture conduisant à une gestion durable *(L. n° 2014-1170 du 13 oct. 2014, art. 69-III-2°)* **« et multifonctionnelle » des forêts compatibles avec une bonne valorisation économique du bois, de la biomasse et des autres produits et services des forêts, par la formation théorique et pratique des propriétaires forestiers et par le développement et la vulgarisation sylvicoles, à l'exclusion de tout acte de gestion directe, de maîtrise d'œuvre de travaux ou de commercialisation ;**

4° Élaborer les schémas régionaux de gestion sylvicole des bois et forêts des particuliers et les codes de bonnes pratiques sylvicoles ; *— Abrogés par la L. n° 2014-1170 du 13 oct. 2014, art. 69-I-5° et 93-XIX, à compter du 1er janv. 2022, les mots « et les codes de bonnes pratiques sylvicoles » sont implicitement rétablis par la L. n° 2021-1104 du 22 août 2021, art. 53-I-1°.*

(L. n° 2014-1170 du 13 oct. 2014, art. 69-III-4°) **« 5° Agréer les plans simples de gestion, dans les conditions prévues aux articles L. 312-2 à L. 312-10, approuver les règlements types de gestion, dans les conditions prévues à l'article L. 313-1, et approuver les programmes des coupes et travaux des adhérents aux codes des bonnes pratiques sylvicoles prévus aux articles L. 124-2 et L. 313-3 ; »**

(L. n° 2023-580 du 10 juill. 2023, art. 33) **« 5° *bis* Contribuer, par l'adaptation de la sylviculture au changement climatique, en concertation, le cas échéant, avec les associations syndicales mentionnées aux articles L. 132-2 et L. 133-1-1, les services départementaux et territoriaux d'incendie et de secours, les représentants des forestiers-sapeurs, les gestionnaires, entreprises de travaux, propriétaires forestiers et leurs représentants ainsi que l'Office national des forêts, à la défense des forêts contre les incendies sur l'ensemble du territoire, notamment par l'action du réseau mentionné à l'article L. 321-4-1 ; »**

(L. n° 2023-580 du 10 juill. 2023, art. 60) **« 5° *ter* Contribuer à sensibiliser les propriétaires forestiers quant à l'intérêt d'assurer leurs parcelles contre les risques de tempête et d'incendie ; »**

6° Concourir au développement durable et à l'aménagement rural, en particulier au développement économique des territoires par la valorisation des produits et des services de la forêt des particuliers et de la contribution de ces forêts à la lutte contre l'effet de serre ;

7° Contribuer selon ses moyens à la mise en œuvre d'actions exercées pour la protection de la santé des forêts ;

8° Participer à l'action des pouvoirs publics en matière de protection de l'environnement ou de gestion de l'espace, lorsqu'il s'agit d'espace rural, conformément à l'article L. 132-2 du code de l'environnement ;

9° Contribuer aux actions de développement concernant la forêt, les arbres, le bois et la biomasse par l'animation, la coordination, la recherche et la formation ; réaliser et diffuser toutes études et publications se rapportant au développement de la forêt et contribuer au rassemblement des données françaises, européennes et internationales, notamment économiques, concernant la forêt privée et en assurer la diffusion ;

10° Favoriser les échanges entre les organismes participant au développement de la forêt en France et sur le territoire de l'Union européenne et des pays tiers ;

11° Donner un avis sur l'agrément des sociétés de gestion des sociétés d'épargne forestière en application de l'article *(Ord. n° 2013-676 du 25 juill. 2013, art. 40)* **« L. 214-124 » du code monétaire et financier.**

Il peut être consulté par les pouvoirs publics et émettre des propositions sur toutes les questions relatives à la filière forêt-bois, au développement durable des forêts et de leurs fonctions économiques, environnementales et sociales, et à leur contribution à l'aménagement rural. — *[Anc. art. L. 221-1.]*

SOUS-SECTION 2 **Conseil d'administration**

Art. L. 321-2 Le conseil d'administration du Centre national de la propriété forestière est composé :

1° D'un ou plusieurs représentants du conseil de chacun des centres régionaux ; leur nombre est fixé en fonction de la surface des bois et forêts appartenant à des particuliers situées *[situés]* dans le ressort de chacun de ces centres ;

2° De représentants des organisations syndicales du personnel représentatives au plan national ;

3° Du président de *(Ord. n° 2022-583 du 20 avr. 2022, art. 1er)* « Chambres d'agriculture France » ou de son représentant désigné parmi les membres de cette assemblée ;

4° De personnalités qualifiées désignées par le ministre chargé des forêts.

Le président est élu par le conseil d'administration en son sein. – *[Anc. art. L. 221-4.]*

SOUS-SECTION 3 **Personnel**

Art. L. 321-3 Un décret en Conseil d'État fixe le statut des personnels du Centre national de la propriété forestière. – *[Anc. art. L. 221-7, al. 1er.]*

Art. L. 321-4 Afin de remplir les missions mentionnées aux 9° et 10° de l'article L. 321-1, le Centre national de la propriété forestière peut créer un service d'utilité forestière.

Le service d'utilité forestière est géré, et ses opérations comptabilisées, conformément aux lois et usages du commerce.

Les personnels de ce service sont des personnels de droit privé dont les conditions d'emploi, de promotion, de rémunération et de représentation sont établies en référence à celles des personnels relevant du statut prévu à l'article L. 321-3. – *[Anc. art. L. 221-3, L. 221-7, al. 2.]*

SOUS-SECTION 4 **Réseau national de référents pour la défense des forêts contre les incendies**

(L. n° 2023-580 du 10 juill. 2023, art. 33)

Art. L. 321-4-1 Un réseau national de référents compétents en matière de défense des forêts contre les incendies est institué au sein du Centre national de la propriété forestière.

Il est composé d'au moins un référent par centre régional de la propriété forestière et d'un coordonnateur au niveau central, chargé de la mutualisation des retours d'expérience entre territoires.

Ce réseau est chargé de promouvoir les actions du Centre national de la propriété forestière en matière de conseil aux propriétaires concernant les mesures de prévention du risque d'incendie, l'amélioration de la desserte forestière et l'identification des espaces non gérés présentant une vulnérabilité aux feux de forêt.

SECTION 2 **Centres régionaux**

SOUS-SECTION 1 **Missions**

Art. L. 321-5 Le Centre national de la propriété forestière comprend, dans chaque région ou groupe de régions, une délégation dénommée centre régional de la propriété forestière qui est dotée d'un organe délibérant appelé conseil.

Outre les missions qui peuvent lui être confiées par le conseil d'administration du Centre national de la propriété forestière, chaque centre régional exerce, pour sa circonscription, les missions mentionnées aux 1° à 8° de l'article L. 321-1.

Un centre régional de la propriété forestière peut assurer, de façon accessoire, des prestations rémunérées d'étude, de formation et d'animation, à l'exclusion des actes relevant de la gestion directe, de la maîtrise d'œuvre de travaux ou de l'activité de commercialisation. – *[Anc. art. L. 221-2, al. 1er, al. 2, al. 4 ecqc prestations.]*

Art. L. 321-6 Les personnels peuvent, sur instruction du centre où ils sont affectés et pour la réalisation des missions confiées à celui-ci, pénétrer dans les bois et forêts relevant de la compétence de celui-ci, à condition que le propriétaire ait été avisé, quinze jours avant, de la date de leur visite, sauf dispense par accord de l'intéressé, et qu'il ne s'y soit pas formellement opposé. – *[Anc. art. L. 221-8.]*

SOUS-SECTION 2 **Composition du conseil et élection des conseillers**

Art. L. 321-7 Le conseil d'un centre régional de la propriété forestière est composé :

1° De membres élus :

a) Par un collège départemental qui désigne les représentants des propriétaires particuliers en fonction de deux catégories : ceux qui disposent d'un plan simple de gestion agréé et ceux dotés d'un autre document de gestion prévu à l'article L. 122-3 ;

b) Par les organisations professionnelles les plus représentatives de la forêt des particuliers, groupées en collège régional ;

2° D'un représentant du personnel désigné par les organisations syndicales représentatives.

Avant chaque renouvellement général de ses administrateurs, le conseil d'administration du centre national fixe, pour chaque conseil de centre régional et selon des règles communes, le nombre de conseillers élus au titre du 1°, par collège et catégorie. Les membres élus au titre du *a* du 1° disposent d'une majorité de sièges parmi les membres élus. Le nombre total de conseillers de l'ensemble des conseils des centres régionaux n'excède pas cent soixante. – *[Anc. art. L. 221-5, al. 1er, al. 2, al. 3 ecqc collège, al. 4 phrase 2, al. 5, al. 6, al. 8.]*

Art. L. 321-8 Le collège départemental pour l'élection des conseillers d'un centre régional de la propriété forestière est constitué, pour chaque département, par les personnes physiques et morales autres que celles mentionnées à l'article L. 211-1, propriétaires de parcelles boisées classées au cadastre en nature de bois et forêts, sises sur le territoire du même département, et qui sont soit gérées conformément à un document de gestion prévu à l'article L. 122-3, soit d'une surface totale d'au moins 4 hectares. – *[Anc. art. L. 221-5, al. 3 ecqc composition du collège.]*

Art. L. 321-9 Les candidats élus au titre du 1° de l'article L. 321-7 doivent être membres de ce collège et propriétaires de parcelles boisées gérées conformément à un document de gestion mentionné à l'article L. 122-3. – *[Anc. art. L. 221-5, al. 4 phrase 1re.]*

Art. L. 321-10 Les dispositions des articles L. 49, L. 61, L. 86 à L. 92, L. 94 et L. 114 à L. 117-1 du code électoral sont applicables aux élections des conseillers des centres régionaux de la propriété forestière. L'article L. 93 du même code est également applicable à ces élections, sauf dans le cas où les règles de ces élections autorisent l'inscription et le vote au titre de plusieurs collèges départementaux ou dans le ressort de plusieurs centres régionaux. – *[Anc. art. L. 221-5, al. 7.]*

Art. L. 321-11 Le président du centre régional de la propriété forestière est élu parmi les membres du conseil mentionnés au 1° de l'article L. 321-7. – *[Anc. art. L. 221-6, al. 1er.]*

Art. L. 321-12 Les conseillers d'un centre régional de la propriété forestière élus dans les conditions définies au *a* du 1° de l'article L. 321-7 sont membres de droit de la chambre d'agriculture du département où ils sont propriétaires.

Le président du centre régional de la propriété forestière, ou son suppléant désigné parmi les administrateurs élus du centre, est membre de droit de la chambre régionale d'agriculture. Dans le cas où la compétence territoriale d'un centre excède celle d'une seule chambre régionale d'agriculture, le président, ou son suppléant, siège de droit *dans chacune des chambres* régionales concernées.

Le président de la chambre régionale d'agriculture, ou son représentant désigné parmi les membres élus de la chambre régionale d'agriculture, est membre de droit du conseil du centre régional de la propriété forestière. Dans le cas où la compétence territoriale d'un centre excède celle d'une seule chambre régionale, chaque président siège de droit. – *[Anc. art. L. 221-5, al. 9, al. 10, L. 221-6, al. 2.]*

SECTION 3 Dispositions financières communes au Centre national et aux centres régionaux de la propriété forestière

Art. L. 321-13 L'État contribue au financement du Centre national de la propriété forestière, au titre de ses missions de développement forestier, reconnues d'intérêt général.

Les chambres d'agriculture versent une cotisation au Centre national de la propriété forestière par l'intermédiaire du Fonds national de *(L. nº 2022-1726 du 30 déc. 2022, art. 114)* « modernisation, de performance et de péréquation ».

Cette cotisation est fixée à 50 % du montant des taxes perçues par l'ensemble des chambres d'agriculture sur tous les immeubles classés au cadastre en nature de bois et forêts.

La cotisation est répartie entre les chambres d'agriculture départementales en fonction notamment de la superficie forestière constatée dans la statistique agricole.

Un décret fixe les conditions de versement de ces cotisations par les chambres d'agriculture.

Al. 6 et 7 abrogés par L. nº 2013-1278 du 29 déc. 2013, art. 47-IV. — [Anc. art. L. 221-9.]

Loi nº 2013-1278 du 29 décembre 2013,

De finances pour 2014 (JO 30 déc.).

Art. 47-V Les chambres départementales d'agriculture contribuent, par l'intermédiaire du Fonds national de péréquation et d'action professionnelle des chambres d'agriculture mentionné à l'article L. 251-1 du code forestier, au financement des actions portées par le fonds stratégique de la forêt et du bois inscrit au programme "Forêt" de la mission "Agriculture, alimentation, forêt et affaires rurales", à savoir des projets d'investissements et des actions de recherche, de développement et d'innovation qui s'inscrivent dans le cadre de la politique forestière. Cette contribution prend la forme d'une cotisation fixée à 43 % du montant de la taxe perçue sur tous les immeubles classés au cadastre en nature de bois et forêts, minorée du versement au Fonds national de péréquation et d'action professionnelle des chambres d'agriculture prévu au deuxième alinéa de l'article L. 321-13 du même code et du versement prévu à l'article L. 251-1 dudit code. *— V. Arr. du 27 févr. 2024 fixant pour 2024 le montant de la contribution globale due par les chambres d'agriculture au Fonds stratégique de la forêt et du bois (JO 1er mars).*

Art. L. 321-14 Les concours des collectivités ou d'autres partenaires aux missions mises en œuvre par les centres régionaux de la propriété forestière sont versés au Centre national de la propriété forestière et abondent l'enveloppe budgétaire attribuée au centre régional concerné.

Les prestations rémunérées mentionnées au troisième alinéa de l'article L. 321-5 donnent lieu à la perception, pour le compte du Centre national de la propriété forestière, de redevances pour services rendus. — *[Anc. art. L. 221-2, al. 3, al. 4 ecqc redevances.]*

SECTION 4 Application

Art. L. 321-15 Un décret en Conseil d'État, pris après avis des organisations professionnelles les plus représentatives de la forêt des particuliers, précise les modalités de désignation des administrateurs et conseillers mentionnés aux articles L. 321-2 et L. 321-7 ainsi que les conditions d'organisation et de fonctionnement du Centre national de la propriété forestière. Il précise également les attributions des représentants de l'État placés en qualité de commissaires du Gouvernement auprès du Centre national de la propriété forestière et de chaque centre régional, notamment en ce qui concerne la suspension des délibérations du conseil d'administration du centre national ou du conseil du centre régional.

La circonscription des centres régionaux est fixée par décret, pris après avis des organisations professionnelles les plus représentatives de la forêt des particuliers. — *[Anc. art. L. 221-10.]*

CHAPITRE II Rôle des chambres d'agriculture en matière forestière

Art. L. 322-1 Les chambres départementales et régionales d'agriculture ont compétence pour contribuer à la mise en valeur des bois et forêts et promouvoir les activités agricoles en lien avec la forêt. Elles conduisent des actions concernant :

1° La mise en valeur des bois et forêts appartenant à des particuliers ;

2° Le développement des activités associant agriculture et forêt, notamment l'agroforesterie ;

3° La promotion de l'emploi du bois d'œuvre et de l'utilisation énergétique du bois ;

4° L'assistance juridique et comptable dans le domaine de l'emploi en forêt ;

5° La formation et la vulgarisation des techniques nécessaires à la mise en œuvre de ces objectifs ;

(L. nº 2023-580 du 10 juill. 2023, art. 44) « 6° La sensibilisation des actifs agricoles et des propriétaires fonciers au risque d'incendies de forêt, de surfaces agricoles et de végétation, notamment lorsqu'ils recourent à la pratique de l'écobuage, ainsi que leur accompagnement dans la création et l'entretien d'ouvrages de défense des forêts contre les incendies, en lien avec le service départemental d'incendie et de secours, l'autorité administrative compétente de l'État et les associations syndicales mentionnées aux articles L. 132-2 et L. 133-1-1. »

Ces actions sont mises en œuvre par les chambres d'agriculture en liaison avec les centres régionaux de la propriété forestière, les organisations représentatives des communes forestières et l'Office national des forêts. Elles excluent tout acte relevant du secteur marchand de gestion directe, de maîtrise d'œuvre de travaux ou de commercialisation. – *[Anc. art. L. 221-11.]*

TITRE III REGROUPEMENT DE LA PROPRIÉTÉ ET DE LA GESTION FORESTIÈRE

CHAPITRE I REGROUPEMENT DE LA PROPRIÉTÉ

BIBL. ▶ DELORME, *Defrénois 2013. 73* (comparaison des groupements forestiers et des groupements fonciers ruraux).

SECTION 1 Groupements forestiers

Art. L. 331-1 Un groupement forestier est une société civile créée en vue de la constitution, l'amélioration, l'équipement, la conservation ou la gestion d'un ou plusieurs massifs forestiers ainsi que de l'acquisition de bois et forêts.

Il est régi par les articles 1832 et suivants du code civil, sous réserve des dispositions particulières figurant au présent chapitre.

Il est constitué pour une durée maximale de quatre-vingt-dix-neuf ans. – *[Anc. art. L. 241-1, L. 241-2, L. 241-3, phrase 1re ecqc objet.]*

Art. L. 331-2 Un groupement forestier réalise des opérations pouvant se rattacher à son objet ou en dérivant normalement, pourvu qu'elles ne modifient pas son caractère civil. La transformation des produits forestiers qui ne constituerait pas un prolongement normal de l'activité agricole ne lui est pas autorisée. – *[Anc. art. L. 241-3, phrase 1re ecqc limite d'activité, phrase 2.]*

Art. L. 331-3 Conformément aux dispositions de l'article 238 *ter* du code général des impôts, les groupements forestiers constitués dans les conditions prévues au présent chapitre ne sont pas assujettis à l'impôt sur les sociétés. Chacun de ses membres est personnellement passible, pour la part des bénéfices sociaux correspondant à ses droits dans le groupement, soit de l'impôt sur le revenu, soit de l'impôt sur les sociétés dans les conditions mentionnées au même article.

Art. L. 331-4 Le capital d'un groupement forestier ne peut être représenté par des titres négociables. Les parts d'intérêt représentant ce capital ne peuvent être cédées que par les voies civiles, dans les conditions prévues à l'article 1690 du code civil ou, si les statuts le stipulent, par transfert sur les registres de la société. – *[Anc. art. L. 241-4.]*

Art. L. 331-4-1 *(L. n° 2014-1170 du 13 oct. 2014, art. 70)* I. — Tout groupement forestier mentionné à l'article L. 331-1 qui lève des capitaux auprès d'investisseurs en vue de les investir, dans l'intérêt de ces derniers et conformément à une politique d'investissement que ce groupement ou sa société de gestion définit, est un groupement forestier d'investissement. Ce groupement est soumis à l'article L. 214-24 du code monétaire et financier.

II. — L'offre au public de ses parts sociales par un groupement forestier d'investissement est soumise aux articles L. 214-86 à L. 214-113 du même code et respecte les conditions suivantes :

1° A concurrence de 15 % au moins, le capital maximal du groupement, tel que fixé par ses statuts, doit être souscrit par le public dans un délai de deux années après la date d'ouverture de la souscription. A défaut, le groupement est dissous et ses associés sont remboursés du montant de leur souscription ;

2° L'assemblée générale des associés approuve les plans simples de gestion des bois et forêts détenus par le groupement forestier ;

3° L'actif du groupement forestier est constitué, d'une part, de bois ou forêts, de terrains nus à boiser et des accessoires et dépendances inséparables des bois et forêts et, d'autre part, de liquidités ou valeurs assimilées.

(Ord. n° 2019-1067 du 21 oct. 2019, art. 23) « II *bis*. — Les dispositions du II ne sont pas applicables lorsque le groupement forestier procède à une offre au public de ses parts mentionnée au 1° de l'article L. 411-2 du code monétaire et financier. »

III. — Le groupement forestier mentionné au II est soumis aux articles L. 231-8 à L. 231-21 du code monétaire et financier.

IV. — Pour l'application des articles L. 321-1, L. 411-1 à L. 412-1, L. 621-1, L. 621-8 à L. 621-8-3 et du I de l'article L. 621-9 du code monétaire et financier, les parts des groupements forestiers d'investissement sont assimilées à des instruments financiers.

V. — Pour l'application des articles L. 621-5-3, L. 621-5-4 et L. 621-8-4 du code monétaire et financier, les groupements forestiers d'investissement sont assimilés à des organismes de placement collectif.

VI. — Le règlement général de l'Autorité des marchés financiers précise les conditions d'exercice de l'activité de gestion des groupements forestiers relevant du présent article.

Art. L. 331-5 Les parts d'intérêt d'un groupement forestier ne peuvent être cédées à des tiers étrangers à ce groupement qu'après autorisation dans les conditions fixées par les statuts.

Un associé peut se retirer totalement ou partiellement de la société dans les conditions prévues par les statuts. Dans le silence des statuts, le retrait ne peut être autorisé que par une décision unanime des autres associés. — *[Anc. art. L. 241-5, al. 1er, al. 2 phrases 1re et 2.]*

Art. L. 331-6 I. — Un groupement forestier peut *(Abrogé par Ord. n° 2015-1682 du 17 déc. 2015, art. 1er-1°, à compter du 1er janv. 2016)* « , ***sur autorisation administrative,*** » inclure, parmi les immeubles qu'il possède, leurs accessoires ou dépendances inséparables destinés à la réalisation de son objet social ainsi que les terrains à vocation pastorale nécessaires pour cantonner la pratique du pâturage hors des parties boisées justifiant d'une mise en défens ou des terrains à boiser du groupement. *(Ord. n° 2015-1682 du 17 déc. 2015, art. 1er-2°, en vigueur le 1er janv. 2016)* « Cette opération fait l'objet d'une déclaration auprès de l'autorité administrative, qui dispose d'un délai de deux mois pour s'y opposer. » Le pourcentage maximum des surfaces qui peuvent être consacrées par un groupement forestier aux activités pastorales est fixé par décision de l'autorité administrative. — *Le silence gardé par l'administration pendant quatre mois sur une demande d'autorisation tendant à permettre à un groupement forestier d'inclure, parmi les immeubles qu'il possède, leurs accessoires ou dépendances inséparables destinés à la réalisation de son objet social ainsi que les terrains à vocation pastorale nécessaires pour cantonner la pratique du pâturage hors des parties boisées justifiant d'une mise en défense ou des terrains à boiser du groupement vaut décision d'acceptation (Décr. n° 2014-1297 du 23 oct. 2014, JO 1er nov.).*

II. — Les immeubles dont les collectivités et les autres personnes morales mentionnées au 2° du I de l'article L. 211-1 peuvent faire apport aux groupements forestiers ne doivent consister qu'en fonds ne relevant pas du régime forestier. *(Abrogé par Ord.*

n° 2015-1682 du 17 déc. 2015, art. 1er-3°, à compter du 1er janv. 2016) **« Pour les personnes morales mentionnées au c du 2° de cet article, l'apport est subordonné à une autorisation administrative préalable. »**

III. — Tout propriétaire d'une parcelle boisée qui en fait l'apport à un groupement forestier peut continuer, à titre personnel, à disposer de son droit de chasse sur cette parcelle pendant une durée de dix ans à condition qu'il reste propriétaire de la totalité des parts représentatives de cet apport. — *[Anc. art. L. 241-6 ; L. n° 85-1273 du 4 déc. 1985 relative à la gestion, la valorisation et la protection de la forêt, art. 17.]*

Art. L. 331-7 Lorsqu'un immeuble apporté à un groupement forestier a une valeur vénale inférieure à une limite fixée par décret en Conseil d'État, l'apporteur peut, à défaut de titre régulier de propriété et sous réserve de l'exercice éventuel de l'action en revendication, justifier de faits de possession dans les termes de l'article 2261 du code civil par la déclaration qui en sera faite par deux témoins.

Les parts d'intérêt représentatives de l'apport d'un immeuble mentionné au premier alinéa font mention des conditions dans lesquelles la possession de l'immeuble a été établie.

En cas de revendication d'un immeuble mentionné au premier alinéa, le propriétaire peut seulement prétendre à l'attribution des parts d'intérêt représentatives dudit apport ou obliger le groupement à lui racheter lesdites parts à un prix fixé d'après la valeur vénale actuelle de l'immeuble, compte tenu de son état au moment de l'apport. — *[Anc. art. L. 246-1.]*

SECTION 2 Transformation d'une indivision en groupement forestier

Art. L. 331-8 Lorsque des bois et forêts sont indivis, les indivisaires, représentant au moins les deux tiers de la valeur de l'immeuble, peuvent décider de faire cesser l'indivision en constituant selon des modalités fixées par des dispositions réglementaires un groupement forestier auquel est apporté cet immeuble. Les statuts du groupement sont soumis à l'approbation préalable de l'autorité administrative. — *[Anc. art. L. 242-1.]*

Art. L. 331-9 La décision de constituer un groupement forestier dans les conditions fixées par l'article L. 331-8 est signifiée aux indivisaires. A compter de la date de cette signification, les indivisaires disposent d'un délai de trois mois pour mettre en demeure les promoteurs de l'opération d'acquérir à l'amiable leurs droits dans l'indivision moyennant des prix payés comptant.

En cas de contestation, le tribunal de grande instance, saisi par la partie la plus diligente, fixe le prix de vente, sur le rapport d'un expert qu'il désigne. La vente doit être passée par acte authentique dans un délai de deux mois. Ce délai court soit du jour de la fixation du prix par les parties, soit du jour où la fixation du prix par l'autorité judiciaire est devenue définitive. Faute d'observer ledit délai, la procédure antérieure est réputée non intervenue.

A défaut d'avoir procédé à la mise en demeure prévue au premier alinéa du présent article, l'indivisaire minoritaire est réputé donner son adhésion à la constitution du groupement. En cas d'opposition ou de carence, il lui est nommé un représentant provisoire, dans les conditions prévues à l'article L. 331-12.

En cas de désaccord entre les promoteurs de l'opération sur l'étendue de l'acquisition des droits par chacun d'eux, celle-ci sera réalisée, dans chaque cas, au prorata de leurs propres droits dans l'indivision.

En cas de désaccord entre les apporteurs sur la valeur de leurs apports, le tribunal de grande instance, saisi par la partie la plus diligente, fixe cette valeur sur le rapport d'un expert qu'il désigne. — *[Anc. art. L. 242-2, al. 1er à al. 5.]*

Art. L. 331-10 La signification, prévue par l'article L. 331-9, de la décision de constituer le groupement suspend toute procédure tendant à faire cesser l'indivision par un autre moyen. — *[Anc. art. L. 242-7.]*

Art. L. 331-11 La constitution d'un groupement forestier dans les conditions prévues à l'article L. 331-8 doit être effective dans le délai de trois mois à compter du jour de l'acte authentique réalisant la vente.

En cas de pluralité de ventes, ce délai est porté à un an à compter du jour de la première vente. Pour la computation de ce délai, les procédures ayant abouti à la fixation du prix par décision de justice ou à la nomination d'un représentant provisoire sont suspensives.

Si, à l'expiration du délai déterminé aux deux alinéas précédents, le groupement n'est pas constitué, tout vendeur dispose d'un délai de trois mois pour demander au tribunal de grande instance de constater, après audition des promoteurs de l'opération, la nullité de la vente de ses droits.

Le président du tribunal peut, toutefois, à la demande d'un des promoteurs de l'opération, proroger le délai à l'expiration duquel le groupement doit être constitué. — *[Anc. art. L. 242-3.]*

Art. L. 331-12 Lorsque, par empêchement ou pour toute autre cause, un indivisaire n'accomplit pas un des actes ou formalités nécessaires à la constitution du groupement, les autres indivisaires peuvent, dans le délai d'un mois suivant une mise en demeure restée infructueuse, demander au président du tribunal de grande instance de désigner à l'indivisaire défaillant un représentant provisoire. Ce représentant exerce tous les droits de l'indivisaire en vue d'accomplir ces actes et formalités, et notamment de régulariser ses apports au groupement ou la vente de ses droits. L'indivisaire peut être contraint, sous astreinte prononcée par le président du tribunal de grande instance, de remettre à son représentant provisoire tous documents estimés utiles. — *[Anc. art. L. 242-5.]*

Art. L. 331-13 En cas d'inscription d'une hypothèque légale contre un des apporteurs, mainlevée pourra en être ordonnée par le tribunal de grande instance compétent, qui devra, en ce cas, prescrire toutes mesures conservatoires pour garantir les droits des créanciers. — *[Anc. art. L. 242-6.]*

Art. L. 331-14 Les dispositions de la présente section peuvent être mises en œuvre au cours de toutes instances ayant pour objet de faire cesser l'indivision. Cependant, si les instances concernent des biens ne faisant pas l'objet de la procédure décrite à l'article L. 331-9, elles suivent leur cours pour tout ce qui regarde ces biens. — *[Anc. art. L. 242-8.]*

Art. L. 331-15 Un décret en Conseil d'État fixe les conditions d'application de la présente section. — *[Anc. art. L. 246-2.]*

SECTION 3 Groupements fonciers ruraux

Art. L. 331-16 Les biens en nature de bois et forêts peuvent être apportés à un groupement foncier rural défini à l'article L. 322-22 du code rural et de la pêche maritime.

SECTION 4 Aménagement foncier

Art. L. 331-17 Les aménagements fonciers en zone forestière sont régis par les dispositions des titres II et III du livre I du code rural et de la pêche maritime. — *[Anc. art. L. 512-1.]*

Art. L. 331-18 Les échanges et cessions amiables d'immeubles forestiers ont pour objet d'améliorer la structure des fonds forestiers par voie d'échanges et de cessions de parcelles et au moyen d'un regroupement des îlots de propriété, en vue de favoriser une meilleure gestion sylvicole. Ils sont régis par les dispositions des articles L. 124-1 à L. 124-12 du code rural et de la pêche maritime. — *[Anc. art. L. 513-1.]*

SECTION 5 Droit de préférence des propriétaires de terrains boisés

BIBL. ▶ BESSON, BOSSE-PLATIÈRE, COLLARD et TRAVELY, *JCP N 2015. 1090* (droit(s) de préférence forestiers et autres droits de préemption épineux). – BOSSE-PLATIÈRE, *RD rur. 2018, n° 183* (bois taillis et droit de préférence). – DELORME et BARBIÈRI, *Defrénois 2012. 40476* (La loi Warsmann, dispositions intéressant le notariat). – GIBAULT, *Dr. et patr. 2017, n° 263, p. 30* (composantes du droit de préférence de l'article L. 331-19). – DE LOS ANGELÈS, *RD rur. 2015. Fiche pratique 1* (les droits de préférence et de préemption forestiers en 10 questions) ; *JCP N 2018. Actu. 725* (le taillis, nouveau loup du ministère). – ROUSSEL, *Defrénois 16 nov. 2017* (dix questions posées par le droit de préférence des propriétaires de terrains boisés). – DE THIEULLOY, *Propriété privée rurale 2023, n° 482, p. 16* (le droit de préférence forestier du voisin). – WALRAVENS, *RD rur. 2018.*

Étude 20 (analyse des droits de préférence forestiers à partir des premières décisions jurisprudentielles).

V. Instruction technique DGPE/SDFCB/2015-489 du 3 juin 2015 relative aux droit de préférence et droit de préemption en cas de vente de parcelles forestières de moins de 4 hectares. Modalités de mise en œuvre des articles L. 331-19 à L. 331-24 du code forestier (NOR : AGRT1512498C).

Art. L. 331-19 **En cas de vente d'une propriété classée au cadastre en nature de bois et forêts et d'une superficie totale inférieure à 4 hectares, les propriétaires d'une parcelle boisée contiguë, tels qu'ils sont désignés sur les documents cadastraux, bénéficient d'un droit de préférence dans les conditions définies au présent article. Les mêmes dispositions sont applicables en cas de cession de droits indivis ou de droits réels de jouissance relatifs à cette propriété.**

(L. n° 2014-1170 du 13 oct. 2014, art. 69-III-5°) **« Le vendeur est tenu de notifier aux propriétaires des parcelles boisées contiguës mentionnées au premier alinéa le prix et les conditions de la cession projetée, par lettre recommandée avec demande d'avis de réception, à l'adresse enregistrée au cadastre ou par remise contre récépissé. Lorsque le nombre de notifications est égal ou supérieur à dix, le vendeur peut rendre publics le prix et les conditions de la cession projetée par voie d'affichage en mairie durant un mois et de publication d'un avis** *(L. n° 2019-486 du 22 mai 2019, art. 3)* **« sur un support habilité à recevoir des annonces » légales. »**

(L. n° 2012-387 du 22 mars 2012, art. 82) **« Tout propriétaire d'une parcelle boisée contiguë dispose d'un délai de deux mois à compter de la date d'affichage en mairie ou à compter de la notification pour faire connaître au vendeur, par lettre recommandée avec demande d'avis de réception ou par remise contre récépissé, qu'il exerce son droit de préférence aux prix et conditions qui lui sont indiqués par le vendeur. »**

Lorsque plusieurs propriétaires de parcelles contiguës exercent leur droit de préférence, le vendeur choisit librement celui auquel il souhaite céder son bien.

(L. n° 2014-1170 du 13 oct. 2014, art. 69-III-5°) **« Le droit de préférence n'est plus opposable au vendeur en l'absence de réalisation de la vente résultant d'une défaillance de l'acheteur dans un délai de quatre mois à compter de la réception de la déclaration d'exercice de ce droit dans les conditions mentionnées au troisième alinéa.**

« Ce droit de préférence s'exerce sous réserve du droit de préemption, et de la rétrocession qui en découle, prévu au bénéfice de personnes morales chargées d'une mission de service public par le code rural et de la pêche maritime ou par le code de l'urbanisme. » — *[Anc. art. L. 514-1.]*

La notification ou l'affichage du prix et des conditions de la vente projetée ne vaut pas offre ferme de vente au profit du bénéficiaire du droit de préférence, de sorte que l'exercice de ce droit par le propriétaire d'une parcelle boisée contiguë ne prive pas le vendeur de la liberté de renoncer à la vente. • Civ. 3e, 28 sept. 2023, n° 22-15.576 B : *D. actu. 8 nov. 2023, note Labelle ; RD rur. 2024, n° 4, note de Los Angelès.*

Art. L. 331-20 **Est nulle toute vente opérée en violation de l'article L. 331-19. L'action en nullité se prescrit par cinq ans. Elle ne peut être exercée que par ceux à qui la notification mentionnée au deuxième alinéa de cet article devait être adressée ou par leurs ayants droit.** — *[Anc. art. L. 514-2.]*

Art. L. 331-21 **Le droit de préférence prévu à l'article L. 331-19 ne s'applique pas lorsque la vente doit intervenir :**

1° Au profit d'un propriétaire d'une parcelle contiguë en nature de bois et forêts ;

2° En application du titre II du livre I du code rural et de la pêche maritime ;

3° Au profit du conjoint, du partenaire lié par un pacte civil de solidarité, du concubin ou de parents ou alliés du vendeur jusqu'au quatrième degré inclus ;

4° Pour la mise en œuvre d'un projet déclaré d'utilité publique ;

(L. n° 2021-1104 du 22 août 2021, art. 230) **« 4° *bis* Au profit d'un conservatoire régional d'espaces naturels agréé au titre de l'article L. 414-11 du code de l'environnement dans le cadre d'une stratégie et d'un périmètre d'intervention définis à l'avance et approuvés par le représentant de l'État dans la région, ou au profit du Conservatoire de l'espace littoral et des rivages lacustres mentionné à l'article L. 322-1 du même code dans le cadre de sa stratégie validée par le conseil d'administration. L'État**

veille, dans ses avis sur ces stratégies, à garantir la prise en compte des enjeux forestiers définis à l'article L. 121-1 du présent code ; »

5° Au profit d'un co-indivisaire *[coïndivisaire]* quand elle porte sur tout ou partie des droits indivis relatifs aux parcelles mentionnées à l'article L. 331-19 ;

6° Au profit du nu-propriétaire du bien vendu en usufruit ou de l'usufruitier du bien vendu en nue-propriété ;

(L. n° 2012-387 du 22 mars 2012, art. 83) « 7° Sur un terrain classé entièrement au cadastre en nature de bois mais dont la partie boisée représente moins de la moitié de la surface totale ; »

(L. n° 2014-1170 du 13 oct. 2014, art. 69-III-6°) « 8° Sur une propriété comportant une ou plusieurs parcelles classées au cadastre en nature de bois et un ou plusieurs autres biens bâtis ou non ;

« 9° Au profit d'un exploitant de carrières ou d'un propriétaire de terrains à usage de carrières, lorsque la parcelle se situe dans ou en contiguïté d'un périmètre d'exploitation déterminé par arrêté préfectoral. » – *[Anc. art. L. 514-3.]*

SECTION 6 Prérogatives des communes et de l'État

(L. n° 2014-1170 du 13 oct. 2014, art. 69-III-7°)

Art. L. 331-22 En cas de vente d'une propriété classée au cadastre en nature de bois et forêts et d'une superficie totale inférieure à quatre hectares, ou sans limitation de superficie lorsque le vendeur est une personne publique dont les bois et forêts relèvent du régime forestier en application du 2° du I de l'article L. 211-1, la commune sur le territoire de laquelle se trouve cette propriété et qui possède une parcelle boisée contiguë soumise à un document de gestion mentionné au *a* du 1° de l'article L. 122-3 bénéficie d'un droit de préemption.

Le vendeur est tenu de notifier au maire le prix et les conditions de la vente projetée par lettre recommandée avec demande d'avis de réception. Le maire dispose d'un délai de deux mois à compter de la notification pour faire connaître au vendeur qu'il exerce le droit de préemption de la commune au prix et aux conditions indiqués.

Le droit de préférence prévu à l'article L. 331-19 n'est pas applicable.

Art. L. 331-23 En cas de vente d'une propriété classée au cadastre en nature de bois et forêts et d'une superficie totale inférieure à quatre hectares, l'État bénéficie d'un droit de préemption si une forêt domaniale jouxte la parcelle en vente. L'officier public chargé de la vente informe le représentant de l'État dans le département. En cas de silence pendant trois mois, l'État est réputé renoncer à son droit. L'exercice de son droit de préemption par l'État prive d'effet les droits de préférence et de préemption définis aux articles L. 331-19 à L. 331-22.

Art. L. 331-24 En cas de vente d'une propriété classée au cadastre en nature de bois et forêts et d'une superficie totale inférieure à quatre hectares, la commune sur le territoire de laquelle se trouve cette propriété bénéficie d'un droit de préférence. La commune bénéficie du même droit en cas de vente de droits indivis ou de droits réels de jouissance relatifs à cette propriété.

Le vendeur est tenu de notifier au maire le prix et les conditions de la vente projetée par lettre recommandée avec demande d'avis de réception. Le maire dispose d'un délai de deux mois à compter de la notification pour faire connaître au vendeur qu'il exerce le droit de préférence de la commune au prix et aux conditions indiqués.

Lorsqu'un ou plusieurs propriétaires de parcelles contiguës à la propriété exercent concurremment à la commune le droit de préférence prévu à l'article L. 331-19, le vendeur choisit librement à qui céder son bien.

Le droit de préférence ne s'applique pas dans les cas énumérés à l'article L. 331-21.

Le droit de préférence n'est plus opposable au vendeur en l'absence de réalisation de la vente dans un délai de deux mois à compter de la réception de la déclaration d'exercice de ce droit.

Est nulle toute vente opérée en violation du droit de préférence de la commune. L'action en nullité se prescrit par cinq ans.

Les bois et forêts acquis dans les conditions prévues au présent article sont soumis au régime forestier prévu à l'article L. 211-1 à l'expiration d'un délai de cinq ans à compter de leur incorporation au domaine communal.

CHAPITRE II REGROUPEMENT POUR LA GESTION

SECTION 1 Association syndicale de gestion forestière

Art. L. 332-1 Une association syndicale de gestion forestière, libre ou autorisée, peut être créée en vue de constituer une unité de gestion forestière.

Elle regroupe des propriétaires de bois et forêts ainsi que de terrains à vocation pastorale inclus à titre accessoire dans leur périmètre. Des collectivités et personnes morales mentionnées au 2° du I de l'article L. 211-1 peuvent être membres d'une association syndicale de gestion forestière pour leurs fonds qui ne sont pas susceptibles de relever du régime forestier.

(L. n° 2023-580 du 10 juill. 2023, art. 32) « Elle peut bénéficier de majorations dans l'attribution des aides publiques dont les objectifs correspondent aux finalités du plan simple de gestion qui leur est applicable. »

Elle est constituée et fonctionne conformément aux dispositions de l'ordonnance n° 2004-632 du 1er juillet 2004 relative aux associations syndicales de propriétaires, sous réserve des dispositions particulières énoncées à la présente section. – *[Anc. art. L. 247-1, al. 1er à 3, al. 6.]*

Art. L. 332-2 Dès lors qu'elle remplit les conditions prévues par l'article L. 312-1, l'association syndicale de gestion forestière élabore, pour la partie forestière de son périmètre, un plan simple de gestion qui est présenté à l'agrément du centre régional de la propriété forestière au nom des propriétaires.

Elle peut, à titre accessoire, autoriser ou réaliser des équipements à des fins autres que forestières ou pastorales, à condition qu'ils soient de nature à contribuer au maintien de la vie rurale. – *[Anc. art. L. 247-1, al. 4 et 5.]*

Art. L. 332-3 Une association syndicale de gestion forestière libre peut :

1° Assurer tout ou partie de la gestion durable des bois et forêts qu'elle réunit : travaux de boisement et de sylviculture, réalisation et entretien d'équipements, exploitation et mise sur le marché des produits forestiers ;

2° Autoriser et réaliser des travaux d'équipement pastoral ;

3° Donner à bail des terrains pastoraux inclus dans leur périmètre.

Une association syndicale de gestion forestière autorisée peut assurer tout ou partie de la gestion durable des bois et forêts qu'elle réunit dans les conditions prévues au*[aux]* 1° à 3°, à condition d'avoir été mandatée à cet effet par les propriétaires. Ce mandat peut aussi lui donner pouvoir, au nom des propriétaires, de présenter à l'agrément l'un des documents de gestion prévus à l'article L. 122-3 ou d'y souscrire.

Les statuts d'une association syndicale autorisée peuvent également prévoir des règles particulières pour assurer le rôle socio-économique et environnemental des forêts incluses dans son périmètre, sous forme d'un cahier des charges. – *[Anc. art. L. 247-1, al. 8 à al. 13.]*

Art. L. 332-4 Une association syndicale de gestion forestière peut adhérer, comme membre associé coopérateur, à une société coopérative ayant avec elle un objet commun, pour l'élaboration d'un plan simple de gestion, l'exploitation et la commercialisation des produits forestiers et, d'une manière générale, pour tous travaux et opérations concernant les terrains inclus dans son périmètre. – *[Anc. art. L. 247-7.]*

SECTION 2 Protection des peuplements forestiers contre les dégâts du gibier

Art. L. 332-5 Une association syndicale libre peut être créée en vue de protéger les peuplements forestiers contre les dégâts provoqués par le gibier. Elle est constituée et administrée dans les conditions prévues par l'ordonnance n° 2004-632 du 1er juillet 2004 relative aux associations syndicales de propriétaires. Ses statuts prévoient les modalités selon lesquelles celle-ci représente ses adhérents auprès de l'autorité administrative compétente en matière d'attribution du plan de chasse ainsi qu'auprès des fédérations départementales des chasseurs. – *[Anc. art. L. 247-8.]*

SECTION 3 Organismes de gestion et d'exploitation forestière en commun

Art. L. 332-6 Un organisme de gestion et d'exploitation forestière en commun a pour activité principale la mise en valeur des forêts de ses adhérents par la mise en commun de moyens humains et matériels permettant l'organisation de la gestion sylvicole, la récolte et la commercialisation des produits forestiers, notamment en vue de l'approvisionnement des industries de la transformation du bois.

Son statut juridique et les conditions de son agrément sont fixés par décret. – *[Anc. art. L. 248-1.]*

SECTION 4 Le groupement d'intérêt économique et environnemental forestier

(L. n° 2014-1170 du 13 oct. 2014, art. 69-III-3°)

Art. L. 332-7 I. – Est reconnu comme groupement d'intérêt économique et environnemental forestier tout regroupement volontaire de propriétaires forestiers de bois et forêts relevant de l'article L. 311-1, quelle que soit sa forme juridique, répondant aux conditions suivantes :

1° Les bois et forêts regroupés sont situés dans un territoire géographique cohérent d'un point de vue sylvicole, économique et écologique et constituent un ensemble de gestion d'au moins trois cents hectares ou, s'il rassemble au moins vingt propriétaires, d'au moins cent hectares. En zone de montagne, le programme régional de la forêt et du bois peut fixer une surface minimale différente lorsque l'ensemble de gestion rassemble au moins vingt propriétaires ;

2° Un document de diagnostic, rédigé par un expert forestier, un gestionnaire forestier professionnel, une société coopérative forestière ou tout professionnel compétent en matière d'ingénierie des territoires, dont le contenu minimal est défini par décret, justifie de la cohérence du territoire et expose les modalités de gestion retenues et les conditions de suivi de l'atteinte des objectifs assignés à cette gestion ;

3° Les propriétaires concernés doivent avoir adopté un plan simple de gestion, dans les conditions prévues à l'article L. 122-4, et s'engager à mettre en œuvre des modalités de gestion conformes à celles décrites dans le diagnostic mentionné au 2° du présent I.

II. – Dans le cadre du groupement d'intérêt économique et environnemental forestier, il est proposé aux propriétaires la mise en place d'un mandat de gestion avec un gestionnaire forestier, qui peut être un expert forestier, un gestionnaire forestier professionnel ou une société coopérative forestière, et des projets de commercialisation de leurs bois, notamment par voie de contrats d'approvisionnement reconductibles, annuels ou pluriannuels, pour les produits qui le justifient.

III. – Quelle que soit la forme juridique du groupement d'intérêt économique et environnemental forestier, lorsqu'une ou plusieurs des propriétés le constituant sont gérées par un organisme de gestion et d'exploitation forestière en commun, celui-ci formule un avis simple sur le mandat de gestion et sur les projets de commercialisation mentionnés au II. En cas d'avis explicitement défavorable, ils ne sont pas proposés aux propriétaires forestiers adhérents à l'organisme.

IV. – La reconnaissance et le retrait de la qualité de groupement d'intérêt économique et environnemental forestier sont décidés par l'autorité administrative compétente de l'État, selon des modalités prévues par décret. – *V. art. R. 332-13 s.*

Art. L. 332-8 Les propriétaires membres du groupement d'intérêt économique et environnemental forestier sont tenus de mettre en œuvre le plan simple de gestion ou la partie de plan simple de gestion qui concerne leur propriété et restent personnellement responsables de la mise en œuvre de leur gestion.

Ils peuvent bénéficier de majorations dans l'attribution des aides publiques dont les objectifs correspondent aux finalités du plan simple de gestion qui leur est applicable.

Si le plan simple de gestion n'est pas appliqué pour une surface au moins égale à la moitié de l'ensemble des surfaces comprises dans le groupement d'intérêt économique et environnemental forestier, la qualité de groupement d'intérêt économique et environnemental forestier peut être retirée.

L'inclusion de tout ou partie d'une propriété au sein d'un groupement d'intérêt économique et environnemental forestier n'ouvre pas droit à celui-ci, au propriétaire ou au détenteur du droit de chasse sur des superficies inférieures aux superficies minimales mentionnées à l'article L. 422-13 du code de l'environnement de former opposition au titre du 3° de l'article L. 422-10 du même code.

TITRE IV DÉFRICHEMENTS

BIBL. ▶ Défrichement des bois et forêts, *DP Environnement et nuisances.*

V. Instruction technique DGPE/SDFCB/2017-712 du 29 août 2017 relative aux règles applicables en matière de défrichement suite à la loi biodiversité, à la loi montagne II, aux ordonnances relatives à la recodification du livre I du code de l'urbanisme, à l'autorisation environnementale, à la participation du public aux décisions ayant un impact sur l'environnement, à l'évaluation environnementale et à leurs décrets d'application (NOR : AGRT1722232J, BOM Agriculture n° 35, 31 août 2017).

CHAPITRE I RÉGIME D'AUTORISATION PRÉALABLE

Art. L. 341-1 Est un défrichement toute opération volontaire ayant pour effet de détruire l'état boisé d'un terrain et de mettre fin à sa destination forestière.

Est également un défrichement toute opération volontaire entraînant indirectement et à terme les mêmes conséquences, sauf si elle est entreprise en application d'une servitude d'utilité publique.

La destruction accidentelle ou volontaire du boisement ne fait pas disparaître la destination forestière du terrain, qui reste soumis aux dispositions du présent titre. — *[Anc. art. L. 311-1, al. 1er.]*

1. Les souches de tous les arbres rasés étant restées, il n'a pas été mis fin ni à l'état boisé ni à la destination forestière des parcelles. • Crim. 4 janv. 2023, n° 22-80.393 B.

2. Le classement d'une parcelle en espace boisé empêche la mise en œuvre d'une servitude de passage prévue antérieurement au classement. • Civ. 3e, 15 mars 2018, n° 17-14.366 P : *RD rur. 2018, n° 227, note Rondeau.*

3. Les juges du fond apprécient souverainement le fait de savoir si un terrain comportant un nombre limité d'arbres de qualité médiocre est boisé et donc soumis à autorisation de défrichement. • CE 13 mars 2017, n° 395643 : *RD rur. 2017, n° 208, note Rondeau.*

Art. L. 341-2 *(L. n° 2014-1170 du 13 oct. 2014, art. 69-III-8°)* « I. — » Ne constituent pas un défrichement :

1° Les opérations ayant pour but de remettre en valeur d'anciens terrains de culture *(L. n° 2014-1170 du 13 oct. 2014, art. 69-III-8°)* « , de pacage ou d'alpage » envahis par une végétation spontanée, ou les terres occupées par les formations telles que garrigues, landes et maquis ;

2° Les opérations portant sur les noyeraies, oliveraies, plantations de chênes truffiers et vergers à châtaignes ;

3° Les opérations portant sur les taillis à courte rotation normalement entretenus et exploités, implantés sur d'anciens sols agricoles depuis moins de trente ans ;

4° Un déboisement ayant pour but de créer à l'intérieur des bois et forêts les équipements indispensables à leur mise en valeur et à leur protection *(L. n° 2016-1087 du 8 août 2016, art. 167-I-1°)* « ou de préserver ou restaurer des milieux naturels, sous réserve que ces équipements ou ces actions de préservation ou de restauration » ne modifient pas fondamentalement la destination forestière de l'immeuble bénéficiaire et n'en constituent que les annexes indispensables *(Abrogé par L. n° 2023-580 du 10 juill. 2023, art. 42)* « *, y compris les opérations portant sur les terrains situés dans les zones délimitées et spécifiquement définies comme devant être défrichées pour la réalisation d'aménagements, par un plan de prévention des risques naturels prévisibles établi en application des articles L. 562-1 à L. 562-7 du code de l'environnement* » ;

(L. n° 2023-580 du 10 juill. 2023, art. 20) « 5° Les opérations ayant pour but la mise en œuvre d'une obligation de débroussaillement ou de maintien en l'état débroussaillé prévue au titre III du livre I du présent code ; »

(L. n° 2023-580 du 10 juill. 2023, art. 41) « 6° Les opérations destinées à créer une coupure agricole ayant pour effet de renforcer la défense des forêts contre les incendies, dans le cadre d'un contrat de mise en valeur agricole ou pastorale conclu avec l'autorité compétente de l'État et dans un périmètre défini par le plan mentionné au premier alinéa du I de l'article L. 133-2 du présent code. La nature du contrat, les

modalités de contrôle de sa mise en œuvre et les sanctions associées en cas de non-respect sont déterminées par décret en Conseil d'État ; »

(L. n° 2023-580 du 10 juill. 2023, art. 56) **« 7° Les feux et les coupes tactiques mentionnés à l'article L. 131-3. Ces opérations ne peuvent mettre fin à la destination forestière de la parcelle concernée. »**

(L. n° 2014-1170 du 13 oct. 2014, art. 69-III-8°) **« II. — Le défrichement destiné à la réouverture des espaces à vocation pastorale est autorisé après que le représentant de l'État dans le département a soumis, pour avis, le projet à la commission de la préservation des espaces naturels, agricoles et forestiers prévue à l'article L. 112-1-1 du code rural et de la pêche maritime. Cet avis est réputé favorable s'il n'est pas intervenu dans un délai d'un mois à compter de la saisine de la commission. »** — *[Anc. art. L. 315-1, al. 1er à 3, al. 4.]*

Art. L. 341-3 **Nul ne peut user du droit de défricher ses bois et forêts sans avoir préalablement obtenu une autorisation.**

L'autorisation est délivrée à l'issue d'une procédure fixée par décret en Conseil d'État.

La validité des autorisations de défrichement est *(Décr. n° 2015-656 du 10 juin 2015, art. 1er-1°)* **« fixée par décret ».**

L'autorisation est expresse lorsque le défrichement :

1° Est soumis à enquête publique réalisée conformément aux dispositions du chapitre III du titre II du livre I du code de l'environnement ;

(Ord. n° 2022-534 du 13 avr. 2022, art. 6) **« 2° A pour objet de permettre la recherche et l'exploitation de substances relevant du régime légal des mines ou l'exploitation d'une carrière autorisée sur le fondement du titre VIII du livre I du code de l'environnement. Toute autorisation de défrichement accordée à ce titre comporte un échéancier des surfaces à défricher, dont les termes sont fixés en fonction du rythme prévu pour l'exploitation. Sa durée peut être portée à trente ans. En cas de non-respect de l'échéancier, après mise en demeure restée sans effet, l'autorisation est suspendue. »** — *[Anc. art. L. 311-1, al. 2, al. 3.]*

Art. L. 341-4 *(L. n° 2019-1461 du 27 déc. 2019, art. 51)* **« L'autorité administrative compétente de l'État notifie dès sa réception le dépôt de toute demande d'autorisation au maire de la commune sur laquelle se situe le terrain dont le défrichement est envisagé. »**

L'autorisation de défrichement fait l'objet, par les soins du bénéficiaire, d'un affichage sur le terrain de manière visible de l'extérieur ainsi qu'à la mairie de situation du terrain. L'affichage a lieu quinze jours au moins avant le début des opérations de défrichement ; il est maintenu à la mairie pendant deux mois et sur le terrain pendant la durée des opérations de défrichement.

En cas d'autorisation tacite, une copie du courrier informant le demandeur que le dossier de sa demande est complet est affichée dans les conditions prévues au premier alinéa.

Le demandeur dépose à la mairie de situation du terrain le plan cadastral des parcelles à défricher, qui peut être consulté pendant la durée des opérations de défrichement. Mention en est faite sur les affiches apposées en mairie et sur le terrain.

Un arrêté du ministre chargé des forêts précise les modalités et les formes de l'affichage. — *[Anc. art. R. 312-6.]*

Art. L. 341-5 **L'autorisation de défrichement peut être refusée lorsque la conservation des bois et forêts ou des massifs qu'ils complètent, ou le maintien de la destination forestière des sols, est reconnu nécessaire à une ou plusieurs des fonctions suivantes :**

1° Au maintien des terres sur les montagnes ou sur les pentes ;

2° A la défense du sol contre les érosions et envahissements des fleuves, rivières ou torrents ;

3° A l'existence des sources, cours d'eau et zones humides, et plus généralement à la qualité des eaux ;

4° A la protection des dunes et des côtes contre les érosions de la mer et les envahissements de sable ;

5° A la défense nationale ;

6° A la salubrité publique ;

7° A la valorisation des investissements publics consentis pour l'amélioration en quantité ou en qualité de la ressource forestière, lorsque les bois ont bénéficié d'aides publiques à la constitution ou à l'amélioration des peuplements forestiers ;

8° A l'équilibre biologique d'une région ou d'un territoire présentant un intérêt remarquable et motivé du point de vue de la préservation des espèces animales ou végétales et de l'écosystème ou au bien-être de la population ;

9° A la protection des personnes et des biens et de l'ensemble forestier dans le ressort duquel ils sont situés contre les risques naturels, notamment les incendies et les avalanches. – *[Anc. art. L. 311-3.]*

1. Risque d'incendie. Le préfet n'a pas fait une inexacte application du 9° de l'art. L. 341-5 et du 4° de l'art. L. 341-6 en se fondant sur le risque d'incendie encouru par les biens et les personnes pour refuser à une société exploitant un camping l'autorisation de défricher une futaie dense de pins d'Alep. • CAA Marseille, 5 juin 2023, n° 21MA03580. ♦ La réalisation du projet faisant l'objet de la demande d'autorisation de défrichement serait de nature à favoriser le risque d'incendie dans ce secteur boisé isolé, non desservi en voirie et réseau, dans des peuplements sensibles au feu et dans un secteur du département classé en risque moyen au regard de l'atlas risque incendie de forêt en Dordogne. Alors même que ladite parcelle est classée en zone urbanisable par la carte communale approuvée en 2007, et que le défrichement porterait sur une superficie limitée de 3 300 m², les requérantes ne sont pas fondées à soutenir qu'en refusant l'autorisation de défricher leur parcelle, le préfet de la Dordogne aurait commis une erreur d'appréciation. • CAA Bordeaux, 2 juill. 2020, n° 18BX00462.

2. Glissement de terrain. La présence d'une végétation dense contribue au maintien des sols et à la limitation du ruissellement, et son retrait augmenterait les risques de glissement de terrain et de coulées de boue auxquels le terrain est déjà sujet. En outre, le préfet n'avait pas, pour examiner la condition posée par le 9° de l'art. L. 341-5 dans le cadre de l'instruction de l'autorisation de défrichement, à apprécier si le projet de construction qu'elle portait par ailleurs était de nature à atténuer ou à ne pas aggraver le risque naturel en question. • CAA Marseille, 15 mai 2023, n° 22MA02332. ♦ La conservation du boisement en cause était nécessaire au maintien des terres et à la défense du sol contre les érosions, sur un terrain présentant par ailleurs une forte déclivité. Le préfet n'a pas fait une inexacte application des dispositions des 1° et 2° de l'art. L. 341-5. • CAA Marseille, 23 févr. 2023, n° 20MA01732.

3. Espace remarquable. La parcelle en cause, située sur un terrain boisé, fait partie, d'une part, des ensembles boisés existants les plus significatifs de la commune, et, d'autre part, d'une unité paysagère, caractéristique du patrimoine naturel et culturel du littoral méditerranéen. C'est donc à bon droit que le tribunal a admis le caractère remarquable des lieux, qu'il a estimé par conséquent méconnu, et a par suite annulé l'autorisation de défrichement qui avait été accordée. • CAA Marseille, 17 sept. 2020, n° 18MA00970. ♦ Il ressort d'une carte extraite du schéma applicable de mise en valeur de la mer protégeant les espaces remarquables en termes de biodiversité et de naturalité que les parcelles concernées, implantées en limite sud d'un vaste espace boisé dans un milieu non urbanisé, se situent bien dans un espace remarquable couvert par ce schéma. Le procès-verbal de reconnaissance de l'état des bois réalisé le 2 mai 2017 indique, à cet égard, à juste titre, que l'impact du défrichement serait élevé d'un point de vue paysager. Ainsi, c'est à bon droit que le préfet de la Martinique a estimé, pour rejeter la demande, qu'il était nécessaire de préserver l'équilibre biologique de la zone présentant un intérêt remarquable en application de l'art. L. 341-5, 8°. • CAA Bordeaux, 16 févr. 2021, n° 19BX00389.

4. Rôle de protection. En relevant que la réalisation du projet faisant l'objet de la demande d'autorisation de défrichement serait de nature à porter atteinte aux espaces naturels et forestiers, le massif ayant à la fois un rôle de protection (eau de ruissellement) et un intérêt économique et environnemental, le préfet de la Dordogne, qui a par ailleurs expressément mentionné le 8° et le 9° de l'art. L. 341-5, a suffisamment motivé sa décision. • CAA Bordeaux, 2 juill. 2020, n° 18BX00462.

5. Zones humides et préservation d'espèces animales et végétales. Le terrain pour lequel une demande d'autorisation a été sollicitée, inclus dans un massif forestier de plusieurs hectares, est traversé par un ru correspondant à une résurgence dans sa partie nord-ouest et abrite une mare d'eau permanente dans sa partie sud-ouest, le secteur dans son ensemble présentant toutes les caractéristiques des zones humides avec une végétation typique des ripisylves constituée, notamment, de cannes de Provence, de joncs, de prêles, de laîches, de cornouillers sanguins, de saules et de figuiers. En outre, le procès-verbal de reconnaissance de bois à défricher fait état de la présence d'une richesse végétale importante malgré les travaux de débroussaillement déjà entrepris, notamment de la présence de chênes pubescents en partie est, et d'une grande quantité de pieds de fragon de petit houx en partie ouest, lequel est inscrit sur la liste des espèces végétales pouvant faire l'objet d'une réglementation préfectorale permanente ou temporaire. Enfin, ce rapport précise, d'une part, que la présence permanente d'eau sert d'abreuvoir pour la faune locale, notamment les amphibiens, protégés au niveau national, dont la présence est attestée par le relevé d'empreintes de pattes sur le site, et, d'autre part, que les arbres morts présentant des cavités constituent des gîtes préférentiels pour bon nombre d'insectes et de chauves-souris. Le préfet n'a pas, pour refuser l'autorisation sollicitée, inexactement apprécié les nécessités de la conservation des bois et forêts au regard des intérêts mentionnés aux 3° et 8° de l'art. L. 341-5. • CAA Marseille, 10 nov. 2021, n° 20MA00341. ♦ Le site constitue une zone propice aux reptiles, aux rapaces (diurnes et nocturnes) et aux chauves-souris et présente différents types de milieux remarquables du point de vue de la biodiversité, susceptibles d'offrir un habitat privilégié pour plusieurs espèces protégées. Le préfet des Alpes-Maritimes n'a pas fait une inexacte application du 8° de l'art. L. 341-5 en refusant l'autorisation demandée. • CAA Marseille, 17 oct. 2022, n° 20MA04712.

6. Bien-être de la population. L'autorisation de défrichement est refusée sur une parcelle qui constitue, dans un environnement déjà fortement urbanisé, un corridor reliant des bois situés au nord et au sud d'un lotissement. Par ailleurs, l'intégrité boisée du massif, qui longe un chemin de grande randonnée fréquenté par les promeneurs, contribue au maintien du cadre de vie de la population. • CAA Marseille, 16 juin 2020, n° 18MA05372.

7. Intégrité du massif. Le défrichement d'une parcelle représentant 0,18 % des espaces boisés de la commune a fait l'objet d'une mesure compensatoire consistant en la réalisation de travaux de reboisement sur une surface deux fois supérieure. Ce reboisement est efficace pour empêcher l'atteinte à l'intégrité du massif forestier resultant du défrichement et ne provoque pas une fragmentation de ce massif. C'est donc à tort que, par le jugement attaqué, le tribunal administratif de Bordeaux a annulé l'autorisation de défrichement. • CAA Bordeaux, 30 juin 2020, n° 18BX01702.

Art. L. 341-6 *(L. n° 2016-1087 du 8 août 2016, art. 167-I-2°)* **« Sauf lorsqu'il existe un document de gestion ou un programme validé par l'autorité administrative dont la mise en œuvre nécessite de défricher, pour un motif de préservation ou de restauration du patrimoine naturel ou paysager, dans un espace mentionné aux articles L. 331-1, L. 332-1, L. 333-1, L. 341-2 ou L. 414-1 du code de l'environnement, dans un espace géré dans les conditions fixées à l'article L. 414-11 du même code ou dans une réserve biologique créée dans une zone identifiée par un document d'aménagement en application des articles L. 212-1 à L. 212-3 du présent code, l'autorité administrative compétente de l'État subordonne son autorisation à l'une ou plusieurs des conditions suivantes : »**

(L. n° 2014-1170 du 13 oct. 2014, art. 69-III-9°) **« 1° L'exécution, sur d'autres terrains, de travaux de boisement ou reboisement pour une surface correspondant à la surface défrichée, assortie, le cas échéant, d'un coefficient multiplicateur compris entre 1 et 5, déterminé en fonction du rôle économique, écologique et social des bois et forêts objets du défrichement, ou d'autres travaux d'amélioration sylvicoles d'un montant équivalent. Le représentant de l'État dans le département peut imposer que le boisement compensateur soit réalisé dans un même massif forestier ou dans un secteur écologiquement ou socialement comparable ; »** – *Les 3°, 4° et 5° deviennent respectivement les 2°, 3° et 4° (L. n° 2014-1170 du 13 oct. 2014, art. 69-III-9°, JO 14 oct.).*

2° La remise en état boisé du terrain lorsque le défrichement a pour objet l'exploitation du sous-sol à ciel ouvert ;

(L. n° 2016-1087 du 8 août 2016, art. 167-I-2°) **« 3° L'exécution de mesures ou de travaux de génie civil ou biologique en vue de réduire les impacts sur les fonctions définies à l'article L. 341-5 et exercées soit par les bois et forêts concernés par le défrichement, soit par le massif qu'ils complètent ; »**

4° L'exécution de travaux ou mesures visant à réduire les risques naturels, notamment les incendies et les avalanches.

(L. n° 2014-1170 du 13 oct. 2014, art. 69-III-9°) **« L'autorité administrative compétente de l'État peut également conditionner son autorisation à la conservation sur le terrain de réserves boisées suffisamment importantes pour remplir les rôles utilitaires définis à l'article L. 341-5.**

« Le demandeur peut s'acquitter d'une obligation mentionnée au 1° du présent article en versant » *(L. n° 2014-1655 du 29 déc. 2014, art. 85)* **« une indemnité équivalente, dont le montant est déterminé par l'autorité administrative et lui est notifié en même temps que la nature de cette obligation. Le produit de cette indemnité est affecté à l'établissement mentionné à l'article L. 313-1 du code rural et de la pêche maritime pour alimenter le fonds stratégique de la forêt et du bois mentionné à l'arti-**

cle L. 156-4 du présent code, dans la limite » *(L. n° 2023-1322 du 29 déc. 2023, art. 156)* « d'un plafond annuel ».

(Abrogé par L. n° 2023-580 du 10 juill. 2023, art. 42) (L. n° 2016-1888 du 28 déc. 2016, art. 56) « *En zone de montagne, le 1° du présent article ne s'applique pas au défrichement de boisements spontanés de première génération sans aucune intervention humaine et âgés de moins de quarante ans.* » — *[Anc. art. L. 311-4.]*

Art. L. 341-7 Lorsque la réalisation d'une opération ou de travaux soumis à une autorisation administrative, à l'exception de *(Ord. n° 2017-80 du 26 janv. 2017, art. 9, en vigueur le 1er mars 2017)* « celles prévues au chapitre unique du titre VIII du livre I » *(L. n° 2014-1170 du 13 oct. 2014, art. 69-III-10°)* « et au chapitre V du titre V » du livre V du code de l'environnement, nécessite également l'obtention d'une autorisation de défrichement, celle-ci doit être obtenue préalablement à la délivrance de cette autorisation administrative. — *[Anc. art. L. 311-5.]*

Art. L. 341-8 L'autorité administrative compétente de l'État peut ordonner au propriétaire, ou à toute autre personne, condamné pour infraction aux dispositions de l'article L. 341-3 de rétablir les lieux en nature de bois et forêts dans le délai que fixe cette autorité. Ce délai ne peut excéder trois années. — *[Anc. art. L. 313-1, al. 3, ecqc sanction, L. 313-1-1 I al. 3.]*

Art. L. 341-9 *(L. n° 2014-1170 du 13 oct. 2014, art. 69-III-11°)* « Lorsque l'autorisation de défrichement est subordonnée à une des conditions mentionnées au 1° de l'article L. 341-6, le titulaire de cette autorisation dispose d'un délai maximal *(Décr. n° 2015-656 du 10 juin 2015, art. 1er-2°)* « fixé par décret » à compter de la notification de l'obligation à laquelle il est tenu pour transmettre à l'autorité administrative un acte d'engagement des travaux à réaliser ou verser au Fonds stratégique de la forêt et du bois une indemnité équivalente. A défaut, l'indemnité est mise en recouvrement dans les conditions prévues pour les créances de l'État étrangères à l'impôt et au domaine, sauf s'il renonce au défrichement projeté. »

En cas de non-exécution dans un délai maximum *(Décr. n° 2015-656 du 10 juin 2015, art. 1er-2°)* « fixé par décret des travaux imposés en application de l'article L. 341-6, les lieux défrichés doivent être rétablis en nature de bois et forêts dans un délai fixé par l'autorité administrative compétente de l'État. »

L'autorité administrative peut en outre, dans les conditions fixées à l'alinéa précédent, ordonner la remise en nature de bois des terrains devant être maintenus à l'état de réserves boisées. — *[Anc. art. L. 313-2, al. 2, al.3.]*

Art. L. 341-10 *(L. n° 2014-1170 du 13 oct. 2014, art. 69-III-12°)* L'article L. 171-8 du code de l'environnement est applicable au propriétaire qui n'a pas *(L. n° 2016-1087 du 8 août 2016, art. 167-I-3°)* « exécuté les obligations prévues » aux articles L. 341-6, L. 341-8 et L. 341-9 du présent code, dans le délai prescrit par la décision administrative.

CHAPITRE II EXEMPTIONS

Art. L. 342-1 Sont exemptés des dispositions de l'article L. 341-3 les défrichements envisagés dans les cas suivants :

1° Dans les bois et forêts de superficie inférieure à un seuil compris entre 0,5 et 4 hectares, fixé par département ou partie de département par le représentant de l'État, sauf s'ils font partie d'un autre bois dont la superficie, ajoutée à la leur, atteint ou dépasse ce seuil ;

2° Dans les parcs ou jardins clos et attenants à une habitation principale, lorsque l'étendue close est inférieure à 10 hectares. Toutefois, lorsque les défrichements projetés dans ces parcs sont liés à la réalisation d'une opération d'aménagement prévue au titre I du livre III du code de l'urbanisme ou d'une opération de construction soumise à autorisation au titre de ce code, cette surface est abaissée à un seuil compris entre 0,5 et 4 hectares, fixé par département ou partie de département par le représentant de l'État ;

3° Dans les zones définies en application du 1° de l'article L. 126-1 du code rural et de la pêche maritime dans lesquelles la reconstitution des boisements après coupe rase est interdite ou réglementée, ou ayant pour but une mise en valeur agricole et pasto-

rale de bois situés dans une zone agricole définie en application de l'article L. 123-21 du même code ;

4° Dans les jeunes bois de moins de *(L. n° 2014-1170 du 13 oct. 2014, art. 69-III-13°)* **« trente » ans sauf s'ils ont été conservés à titre de réserves boisées ou plantés à titre de compensation en application de l'article L. 341-6 ou bien exécutés dans le cadre de la restauration des terrains en montagne ou de la protection des dunes ;**

(L. n° 2023-580 du 10 juill. 2023, art. 42) **« 5° Dans les boisements spontanés de première génération sans aucune intervention humaine et âgés de moins de quarante ans en zone de montagne, sauf s'ils ont été conservés à titre de réserve boisée ;**

« 6° Dans les zones délimitées et spécifiquement définies comme devant être défrichées pour la réalisation d'aménagements par un plan de prévention des risques naturels prévisibles établi en application des articles L. 562-1 à L. 562-7 du code de l'environnement.

« Les exemptions prévues au présent article ne s'appliquent pas lorsque le maintien des bois est prescrit par un plan de prévention des risques naturels prévisibles mentionné au 6°. » — *[Anc. art. L. 311-2, L. 315-1, al. 5 à 7.]*

Superficie. La superficie à prendre en compte pour faire application de l'exception prévue par le 1° de l'art. L. 342-1 n'est pas celle de l'espace défriché mais celle du bois dans lequel il est procédé à un défrichement. Ainsi, est soumis à autorisation un défrichement de 0,8892 ha situé dans un vaste espace boisé très nettement supérieur à 4 ha. • CAA Marseille, 6 juill. 2023, n° 22MA00529. ♦ Le tribunal administratif de Montpellier a dénaturé les pièces du dossier en estimant que le secteur boisé du lotissement ne faisait pas partie d'un autre bois dont la superficie, ajoutée à la sienne, atteignait ou dépassait le seuil de 4 ha au sens des dispositions du 1° de l'art. L. 342-1. • CE 26 juin 2023, n° 461946. ♦ Il ressort des pièces du dossier que la parcelle litigieuse est située au cœur d'un massif forestier dont la surface est supérieure à 4 ha d'un seul tenant. Par suite, les requérantes ne sont pas fondées à soutenir que la constructibilité de cette parcelle ne serait pas soumise à autorisation de défrichement. • CAA Bordeaux, 2 juill. 2020, n° 18BX00462.

TITRE V DISPOSITIONS RELATIVES À L'ASSURANCE

CHAPITRE I DISPOSITIONS GÉNÉRALES

Art. L. 351-1 **Les surfaces forestières considérées comme assurables contre le risque de tempête sont celles :**

1° Pour lesquelles il existe des possibilités de couverture contre ce risque au moyen de produits d'assurance ;

2° Et qui sont reconnues comme répondant à la condition mentionnée au 1° par arrêté conjoint des ministres chargés des forêts, de l'économie et du budget, après avis du Comité national de la gestion des risques en forêt. — *[Anc. art. L. 261-4, al. 9.]*

Les dommages causés aux bois sur pied par le vent n'étaient pas assurables. L'État est fautif de ne pas avoir inclus dans les dommages couverts par l'état de catastrophe naturelle ceux causés aux bois sur pied par la tempête Klaus. • CAA Bordeaux, 30 juin 2016, n° 15BX01109 : *RD rur. 2017, n° 17, note Rondeau.*

Art. L. 351-2 **La prise en charge partielle par l'État du nettoyage et de la reconstitution des peuplements forestiers endommagés par des tempêtes d'ampleur exceptionnelle intervenant entre le 1er janvier 2011 et le 31 décembre 2016 est, pour les surfaces en nature de bois et forêts considérées comme assurables contre le risque de tempête dans les conditions prévues à l'article L. 351-1 mais non assurées contre ce risque, significativement inférieure au montant global des indemnisations versées au titre des surfaces assurées.**

Pour les tempêtes intervenant à compter du 1er janvier 2017, les surfaces forestières considérées comme assurables contre le risque de tempête dans les conditions prévues au même article ne peuvent plus faire l'objet d'une prise en charge de l'État en matière de nettoyage et reconstitution des peuplements forestiers. — *[Anc. art. L. 261-4, al. 7 et 8.]*

CHAPITRE II COMPTE D'INVESTISSEMENT FORESTIER ET D'ASSURANCE

(L. n° 2013-1279 du 29 déc. 2013, art. 32-I)

Art. L. 352-1 Le compte d'investissement forestier et d'assurance est ouvert aux personnes physiques domiciliées et aux groupements forestiers et sociétés d'épargne forestière établis en France, dans un autre État membre de l'Union européenne ou dans un État ou un territoire ayant conclu avec la France une convention d'assistance administrative en vue de lutter contre la fraude et l'évasion fiscales, qui remplissent les conditions suivantes :

1° Être propriétaire de bois et forêts et s'engager à y appliquer l'une des garanties de gestion durable mentionnées *(L. n° 2016-1918 du 29 déc. 2016, art. 38-II-1°)* « aux articles L. 124-1 et L. 124-3 » ;

2° Avoir souscrit, pour tout ou partie de la surface forestière détenue, une assurance, couvrant notamment *(L. n° 2023-580 du 10 juill. 2023, art. 61)* « les risques de tempête ou d'incendie ».

Le compte d'investissement forestier et d'assurance peut être ouvert auprès d'un établissement financier teneur de compte de dépôt ou d'une entreprise d'assurance. Il ne peut être ouvert qu'un seul compte d'investissement forestier et d'assurance par propriétaire forestier.

*Sur les dispositions relatives aux bénéficiaires du compte d'investissement forestier et d'assurance, V. C. mon. fin., art. D. 221-121 s. — **C. mon. fin.***

Art. L. 352-2 Le montant des dépôts autorisés sur un compte d'investissement forestier et d'assurance est égal à 2 500 € par hectare de forêt assuré conformément au 2° de l'article L. 352-1.

(L. n° 2023-580 du 10 juill. 2023, art. 61) « A compter de la cinquième année d'ouverture du compte d'investissement forestier et d'assurance, le montant des dépôts autorisés est porté à 5 000 € par hectare de forêt assuré conformément au même 2°. »

Le compte ne peut être alimenté que par des produits de coupe issus de l'exploitation des parcelles en nature de bois et forêts dont le titulaire du compte est propriétaire. *(Abrogé par L. n° 2016-1918 du 29 déc. 2016, art. 38-II-2°)* « ***Le titulaire du compte doit démontrer, lors de chaque dépôt, que les sommes qu'il dépose proviennent uniquement des parcelles en nature de bois et forêts dont il est propriétaire.*** »

La condition prévue au *(L. n° 2023-580 du 10 juill. 2023, art. 61)* « troisième » alinéa ne s'applique pas lors du premier dépôt effectué à la suite de l'ouverture du compte, dans la limite de 2 000 €.

Le titulaire du compte *(L. n° 2016-1918 du 29 déc. 2016, art. 38-II-2°)* « fournit à l'ouverture du compte les pièces qui attestent que les conditions prévues aux 1° et 2° de l'article L. 352-1 sont satisfaites ».

Art. L. 352-3 Les sommes déposées sur le compte d'investissement forestier et d'assurance sont employées pour financer les travaux de reconstitution forestière à la suite de la survenance d'un sinistre naturel d'origine sanitaire, climatologique, météorologique ou lié à l'incendie, ou les travaux de prévention d'un tel sinistre.

Elles peuvent également être utilisées au titre d'une année, dans la limite de 30 % des sommes déposées sur le compte, *(L. n° 2016-1918 du 29 déc. 2016, art. 38-II-3°)* « pour le financement d'un document de gestion durable prévu au 2° de l'article L. 122-3 ou » pour procéder à des travaux forestiers de nature différente de ceux mentionnés au premier alinéa. — *Sur les travaux de reconstitution forestière et les travaux forestiers, V. art. D. 352-1.*

Art. L. 352-4 *Abrogé par L. n° 2016-1918 du 29 déc. 2016, art. 38-II-4°.*

Art. L. 352-5 Le compte d'investissement forestier et d'assurance est clos dans les cas suivants :

1° La cessation totale ou partielle de la souscription de l'assurance mentionnée au 2° de l'article L. 352-1 a pour effet que les sommes déposées sur le compte excèdent le plafond de dépôt, exprimé en proportion du nombre d'hectares assurés contre le risque de tempête, mentionné *(L. n° 2023-580 du 10 juill. 2023, art. 61)* « aux deux premiers alinéas » de l'article L. 352-2 ;

2° Les sommes retirées du compte ne sont pas employées pour financer les travaux mentionnés à l'article L. 352-3 ;

3° Le titulaire du compte cède l'intégralité de la surface de bois et forêts dont il est propriétaire.

Art. L. 352-6 Les comptes épargne d'assurance pour la forêt demeurent soumis au présent chapitre dans sa rédaction antérieure à l'entrée en vigueur de la loi n° 2013-1279 du 29 décembre 2013 de finances rectificative pour 2013 ou peuvent être, à la demande de leurs titulaires, convertis en compte d'investissement forestier et d'assurance.

TITRE VI DISPOSITIONS PÉNALES

CHAPITRE I SURVEILLANCE

Art. L. 361-1 Un propriétaire peut avoir, pour la conservation de ses bois et forêts, un garde particulier agréé par l'autorité administrative compétente de l'État dans les conditions mentionnées à l'article 29-1 du code de procédure pénale, et assermenté. – *[Anc. art. L. 224-1, al. 1er, al. 2 ecqc assermentation.]*

Art. L. 361-2 Lorsqu'ils constatent des infractions forestières, les procès-verbaux dressés par les gardes particuliers sont transmis dans les conditions prévues à l'article L. 161-12. – *[Anc. art. L. 231-2.]*

CHAPITRE II INFRACTIONS AUX RÈGLES DE GESTION

SECTION 1 Infractions aux règles de coupe et de repeuplement

Art. L. 362-1 Le fait de procéder à une coupe abusive définie à l'article L. 312-11 est puni d'une amende *(L. n° 2016-1888 du 28 déc. 2016, art. 57-II)* « qui ne peut être supérieure à quatre fois et demie le montant estimé de la valeur des bois coupés dans la limite » de 20 000 euros par hectare parcouru par la coupe pour les deux premiers hectares et de 60 000 euros par hectare supplémentaire.

Les personnes physiques encourent les peines complémentaires suivantes :

1° L'affichage de la décision prononcée, selon les modalités prévues à l'article 131-35 du code pénal ;

2° L'interdiction d'exercer une activité professionnelle ou sociale selon les modalités prévues aux articles 131-27 et 131-29 du même code ;

3° L'exclusion des marchés publics pour une durée de trois ans au plus ;

4° La confiscation de la chose qui a servi ou était destinée à commettre l'infraction et de la chose qui en est le produit, selon les modalités prévues à l'article 131-21 du même code.

Les personnes morales encourent les peines complémentaires suivantes :

1° Pour une durée de trois ans au plus, les peines mentionnées aux 2°, 4° et 5° de l'article 131-39 du même code ;

2° Les peines mentionnées aux 8° et 9° de l'article 131-39 du même code. – *[Anc. art. L. 223-1, al. 1er ecqc sanction, al. 2 à 10, L. 332-2.]*

Art. L. 362-2 En cas de coupe non conforme à un plan simple de gestion ou non autorisée, mentionnée à l'article L. 312-11, l'interruption de la coupe ou de l'enlèvement des bois ainsi que la saisie des matériaux et du matériel de chantier peuvent être ordonnées dans les conditions prévues à l'article L. 363-4 pour les travaux de défrichement illicite.

Est puni d'un emprisonnement de six mois et de l'amende prévue au premier alinéa de l'article L. 362-1 le fait de continuer la coupe en violation d'une décision en ordonnant l'interruption. – *[Anc. art. L. 223-2, I.]*

Art. L. 362-3 Lorsque les conditions auxquelles est subordonnée l'exécution d'une coupe autorisée ou assise en vertu des articles L. 312-2, L. 312-4 et L. 312-5 ne sont pas respectées dans le délai fixé ou, à défaut, dans les cinq ans à compter du début de l'exploitation, ceux qui ont vendu les bois ou les ont exploités eux-mêmes sont passibles d'une amende de 2 000 euros par hectare exploité. – *[Anc. art. L. 223-3, al. 1er phrase 1re.]*

SECTION 2 Infraction en matière de marquage

Art. L. 362-4 Le fait de contrefaire ou de falsifier le marteau d'un particulier servant aux marques forestières, ou d'en faire un usage préjudiciable aux intérêts ou aux droits de ce particulier, est puni des peines prévues aux articles 441-1 et 441-9 à 441-12 du code pénal. – *[Anc. art. L. 224-2.]*

CHAPITRE III Infractions aux règles de défrichement

Art. L. 363-1 En cas d'infraction aux dispositions de l'article L. 341-3, lorsque la surface défrichée est supérieure à 10 mètres carrés, les auteurs, les complices ou les bénéficiaires sont chacun condamnés à une amende qui ne peut excéder 150 euros par mètre carré de bois défriché.

Les dispositions du présent article, de même que celles des articles L. 341-3, L. 341-5 et L. 341-10, sont applicables aux semis et plantations exécutés en remplacement de bois défrichés, conformément à la décision administrative mentionnée à l'article L. 341-8.

Les personnes physiques encourent les peines complémentaires suivantes :

1° L'affichage de la décision prononcée, selon les modalités prévues à l'article 131-35 du code pénal ;

2° L'interdiction d'exercer une activité professionnelle ou sociale selon les modalités prévues aux articles 131-27 et 131-29 du même code, notamment celles résultant des opérations ou activités au profit desquelles le défrichement a été réalisé ;

3° L'exclusion des marchés publics pour une durée de trois ans au plus ;

4° La confiscation de la chose qui a servi ou était destinée à commettre l'infraction et de la chose qui en est le produit, selon les modalités prévues à l'article 131-21 du même code.

Les personnes morales encourent les peines complémentaires suivantes :

1° Pour une durée de trois ans au plus, les peines mentionnées aux 2°, 4° et 5° de l'article 131-39 du même code ;

2° Les peines mentionnées aux 8° et 9° de l'article 131-39 du même code. – *[Anc. art. L. 313-1, al. 1er, al. 2, al. 4, L. 313-1-1, sauf al. 3.]*

Art. L. 363-2 Le fait de défricher des réserves boisées dont la conservation est imposée en application de l'article L. 341-6 est puni d'une amende de 3 750 euros lorsque la surface défrichée est inférieure ou égale à 10 mètres carrés. Lorsqu'elle est supérieure, l'amende est de 450 euros par mètre carré défriché. – *[Anc. art. L. 313-2, al. 1er.]*

Art. L. 363-3 L'action ayant pour objet les défrichements effectués en infraction à l'article L. 341-3 se prescrit par six ans à compter de l'époque où le défrichement a été consommé. – *[Anc. art. L. 313-5, al. 1er.]*

Art. L. 363-4 Lorsqu'un *(Ord. no 2022-839 du 1er juin 2022, art. 5)* « agent désigné au 1° ou au 2° du I ou au II » de l'article L. 161-4 constate par procès-verbal un défrichement réalisé en infraction aux dispositions du présent livre, ce procès-verbal peut ordonner l'interruption des travaux et la consignation des matériaux et du matériel de chantier. Copie en est transmise sans délai au ministère public.

La juridiction saisie des faits ou, pendant l'enquête préliminaire, le juge des libertés et de la détention peuvent à tout moment, d'office ou à la demande du bénéficiaire de l'opération, se prononcer sur la mainlevée ou le maintien des mesures conservatoires prises pour assurer l'interruption des travaux.

Le représentant de l'État dans le département est avisé de la décision judiciaire et en assure, le cas échéant, l'exécution.

Lorsque aucune poursuite n'a été engagée, le procureur de la République en informe le représentant de l'État dans le département, qui met fin aux mesures prises. – *[Anc. art. L. 313-6.]*

Art. L. 363-5 Le fait de continuer un défrichement illicite nonobstant la décision judiciaire ou le procès-verbal, mentionnés à l'article L. 363-4, en ordonnant l'interruption est puni de six mois d'emprisonnement et d'une amende de 3 750 euros lorsque la surface défrichée est inférieure ou égale à 10 mètres carrés ou de 450 euros par mètre carré défriché lorsque la surface est supérieure à 10 mètres carrés.

(L. n° 2014-1170 du 13 oct. 2014, art. 69-III-14°) « Ces peines sont également applicables en cas de continuation d'un défrichement nonobstant la décision de la juridiction administrative prononçant la suspension ou le sursis à exécution de l'autorisation de défrichement. » — *[Anc. art. L. 313-7.]*

TITRE VII DISPOSITIONS PARTICULIÈRES À L'OUTRE-MER

CHAPITRE I GUADELOUPE

Art. L. 371-1 *(L. n° 2014-1170 du 13 oct. 2014, art. 86-V-1°)* En Guadeloupe, les missions assignées par le présent code au Centre national de la propriété forestière sont exercées par le centre régional de la propriété forestière ou, lorsqu'il n'a pas été constitué, par le préfet, après avis de la commission régionale de la forêt et du bois.

CHAPITRE II GUYANE

Art. L. 372-1 Ne sont pas applicables en Guyane :

1° Les dispositions du chapitre I du titre II du présent livre ;

2° *(L. n° 2023-580 du 10 juill. 2023, art. 31)* « L'avant-dernier » alinéa de l'article L. 312-2 ;

3° Les articles L. 331-17 et L. 331-18. — *[Anc. art. L. 252-1, al. 1er, L. 562-1, L. 252-2.]*

Art. L. 372-2 En Guyane, les missions assignées par le présent code au Centre national de la propriété forestière sont exercées *(L. n° 2014-1170 du 13 oct. 2014, art. 86-V-2°)* « par le centre régional de la propriété forestière ou, lorsqu'il n'a pas été constitué, par le préfet, après avis de la commission régionale de la forêt et du bois ». — *[Anc. art. L. 14, al. 2, L. 252-1, al. 2.]*

Art. L. 372-3 En Guyane, le seuil mentionné à l'article L. 312-1 au-delà duquel les bois et forêts des particuliers doivent être gérés conformément à un plan simple de gestion agréé est de 100 hectares. — *[Anc. art. L. 14, al. 5, al. 6 ecqc PSG.]*

Art. L. 372-4 Les dispositions du titre IV du présent livre, à l'exception de l'article L. 341-6, sont applicables en Guyane dans les périmètres définis par l'autorité administrative compétente de l'État, après enquête publique réalisée conformément au chapitre III du titre II du livre I du code de l'environnement, en tenant compte de l'intérêt de la conservation des bois et forêts ou des massifs qu'ils complètent ou du maintien de la destination forestière des sols, au regard de l'une ou plusieurs des neuf fonctions énoncées à l'article L. 341-5.

Un refus d'autorisation peut être prononcé pour une parcelle située dans un des périmètres mentionnés au premier alinéa lorsqu'une des neuf fonctions se trouve menacée. — *[Anc. art. L. 362-1.]*

CHAPITRE III MARTINIQUE

Art. L. 373-1 *(L. n° 2014-1170 du 13 oct. 2014, art. 86-V-3°)* En Martinique, les missions assignées par le présent code au Centre national de la propriété forestière sont exercées par le centre régional de la propriété forestière ou, lorsqu'il n'a pas été constitué, par le préfet, après avis de la commission régionale de la forêt et du bois.

CHAPITRE IV LA RÉUNION

SECTION 1 Défrichement

Art. L. 374-1 Pour son application à La Réunion, l'article L. 341-3 est ainsi rédigé :

Art. L. 341-3 Nul ne peut user du droit de défricher ses bois et forêts sans avoir préalablement obtenu une dérogation à l'interdiction générale de défrichement.

La dérogation est délivrée à l'issue d'une procédure fixée par décret en Conseil d'État. – *[Anc. art. L. 363-1.]*

Art. L. 374-2 **Pour son application à La Réunion, l'article L. 341-5 est ainsi rédigé :**

Art. L. 341-5 Une dérogation à l'interdiction de défricher énoncée à l'article L. 341-3 applicable à La Réunion peut être accordée par l'autorité administrative compétente de l'État lorsque la conservation des bois et forêts n'est nécessaire à aucune des fonctions suivantes :

1° Au maintien des terres sur les montagnes ou sur les pentes ;

2° A la défense du sol contre les érosions et envahissements des fleuves, rivières ou torrents ;

3° A l'existence des sources, cours d'eau et zones humides, et plus généralement à la qualité des eaux ;

4° A la protection des dunes et des côtes contre les érosions de la mer et les envahissements de sable ;

5° A la défense nationale ;

6° A la salubrité publique ;

7° A la nécessité d'assurer l'approvisionnement local en bois et produits dérivés ;

8° A l'équilibre biologique d'une région ou d'un territoire présentant un intérêt remarquable et motivé du point de vue de la préservation des espèces animales ou végétales et de l'écosystème ou au bien-être de la population ;

9° A la protection des personnes et des biens et de l'ensemble forestier dans le ressort duquel ils sont situés contre les risques naturels ;

10° A l'aménagement des périmètres retenus pour les opérations d'aménagement foncier agricole et forestier en zone forestière, mentionnées aux articles L. 123-18 à L. 123-23 du code rural et de la pêche maritime.

Le droit de défricher ne peut être exercé que pendant dix ans à compter de la date de la dérogation. – *[Anc. art. L. 363-2.]*

Art. L. 374-3 **Pour son application à La Réunion, l'article L. 341-6 est ainsi rédigé :**

Art. L. 341-6 La dérogation à l'interdiction de défrichement peut être subordonnée à la conservation sur le terrain considéré des réserves boisées nécessaires ou à l'exécution de travaux de reboisement sur d'autres terrains.

Obligation peut être faite au particulier bénéficiant du droit de défricher d'exécuter sur le terrain considéré des travaux de défense des sols contre l'érosion et de n'y pratiquer que certaines cultures à l'exclusion de toute autre. – *[Anc. art. L. 363-4.]*

Art. L. 374-4 **Pour son application à La Réunion, l'article L. 341-7 est ainsi rédigé :**

Art. L. 341-7 Préalablement à toute demande d'autorisation de lotissement dans un terrain boisé ne rentrant pas dans les exemptions prévues à l'article L. 342-1 applicable à La Réunion, l'intéressé est tenu d'obtenir une dérogation à l'interdiction générale de défrichement. – *[Anc. art. L. 363-5.]*

Art. L. 374-5 **Pour son application à La Réunion, l'article L. 341-10 est ainsi rédigé :**

Art. L. 341-10 Faute pour le propriétaire d'effectuer la plantation ou le semis dans le délai prescrit, il *[y]* est pourvu à ses frais par l'Office national des forêts après autorisation de l'autorité administrative compétente de l'État, qui arrête le mémoire des travaux et le rend exécutoire.

Les dispositions de l'alinéa précédent sont applicables si, dix-huit mois après la mise en demeure, le tiers au moins de la superficie à reboiser n'est pas replanté. – *[Anc. art. L. 363-7, al. 4 et 5.]*

Art. L. 374-6 **Pour son application à La Réunion, l'article L. 342-1 est ainsi rédigé :**

Art. L. 342-1 Sont exemptés des dispositions de l'article L. 341-5 applicable à La Réunion :

1° Les jeunes bois pendant les dix premières années après leur semis ou plantation, sauf dans les cas prévus par le troisième alinéa de l'article L. 341-10 applicable à La Réunion, ou si les semis ou plantations ont été exécutés en application des chapitres II et V du titre IV du livre I ;

2° Les parcs ou jardins clos et attenants à une habitation principale, lorsque l'étendue close est inférieure à 10 hectares ;

3° Les bois de moins de 4 hectares, sauf s'ils font partie d'un autre bois qui complète la contenance à 4 hectares ou s'ils sont situés sur le sommet ou la pente d'une montagne, ou bien s'ils se trouvent à l'origine d'une source permanente, ou s'ils proviennent de reboisements exécutés en application des chapitres II et V du titre IV du livre I. – *[Anc. art. L. 363-3.]*

SECTION 2 **Végétations spécifiques à La Réunion**

Art. L. 374-7 Les dispositions du présent chapitre s'appliquent également aux terrains portant des végétations éricoïdes semi-arborescentes ou des formations ligneuses secondaires. – *[Anc. art. L. 363-10.]*

Art. L. 374-8 Les propriétaires riverains des bois et forêts relevant du régime forestier ne peuvent se livrer à aucune exploitation de végétation ligneuse ou de choux palmistes ni à aucun défrichement sans que leurs propriétés aient été au préalable délimitées et abornées.

Les propriétaires des bois et forêts ne peuvent se livrer à aucune exploitation de végétation ligneuse ou de choux palmistes ni à aucun défrichement sans que leurs propriétés aient été délimitées ou balisées entre elles. – *[Anc. art. L. 253-2, al. 1er et 2.]*

SECTION 3 **Dispositions pénales**

Art. L. 374-9 Le fait de se livrer à l'exploitation de végétation ligneuse ou de choux palmistes en infraction aux dispositions de l'article L. 374-8 est puni d'une amende de 7 500 euros. – *[Anc. art. L. 253-2, al. 3.]*

SECTION 4 **Missions assignées au Centre national de la propriété forestière**

(L. n° 2014-1170 du 13 oct. 2014, art. 86-V-4°)

Art. L. 374-10 A La Réunion, les missions assignées par le présent code au Centre national de la propriété forestière sont exercées par le centre régional de la propriété forestière ou, lorsqu'il n'a pas été constitué, par le préfet, après avis de la commission régionale de la forêt et du bois.

CHAPITRE V **MAYOTTE**

SECTION 1 **Généralités**

Art. L. 375-1 A Mayotte, les missions assignées par le présent code au Centre national de la propriété forestière sont exercées *(L. n° 2014-1170 du 13 oct. 2014, art. 86-V-5°)* « par le centre régional de la propriété forestière ou, lorsqu'il n'a pas été constitué, par le préfet, après avis de la commission de la forêt et du bois du Département de Mayotte ».

Art. L. 375-2 Dans les bois et forêts ou les biens agroforestiers des particuliers, l'ouverture ou la modification de toute voie destinée à l'exploitation des fonds est soumise à déclaration.

L'autorité administrative compétente de l'État peut subordonner la réalisation des travaux à des prescriptions particulières de lutte contre l'érosion, de meilleure desserte des exploitations ou de continuité avec la voirie publique ou forestière. – *[C. for. Mayotte, art. L. 451-5.]*

SECTION 2 **Défrichement**

Art. L. 375-3 Les propriétaires riverains des bois et forêts et des biens agroforestiers relevant du régime forestier ne peuvent se livrer à aucune exploitation d'essences forestières ni à aucun défrichement sans que leurs propriétés aient été au préalable délimitées et abornées.

Les propriétaires des bois et forêts et des biens agroforestiers ne peuvent se livrer à aucune exploitation d'essences forestières ni à aucun défrichement sans que leurs propriétés aient été délimitées ou balisées entre elles. – *[C. for. Mayotte, art. L. 224-7, al. 1er, al. 2.]*

Art. L. 375-4 **Pour son application à Mayotte, l'article L. 341-3 est ainsi rédigé :**

Art. L. 341-3 Nul ne peut user du droit de défricher ses bois et forêts et biens agroforestiers sans avoir préalablement obtenu une dérogation à l'interdiction générale de défrichement.

La dérogation est délivrée à l'issue d'une procédure fixée par décret en Conseil d'État. – *[C. for. Mayotte, art. L. 311-1.]*

Art. L. 375-5 **Pour son application à Mayotte, l'article L. 341-5 est ainsi rédigé :**

Art. L. 341-5 Une dérogation à l'interdiction de défricher énoncée à l'article L. 341-3 applicable à Mayotte peut être accordée par l'autorité administrative compétente de l'État lorsque la conservation des bois et forêts et des biens agroforestiers n'est nécessaire à aucune des fonctions suivantes :

1° Au maintien des terres sur les montagnes ou sur les pentes ;

2° A la défense du sol contre les érosions et envahissements des cours d'eau ;

3° A l'existence des sources et cours d'eau ;

4° A la protection des côtes contre les érosions de la mer et les envahissements de sable ou tous autres matériaux, ou à la protection des eaux du lagon contre les envahissements de tous matériaux ;

5° A la défense nationale ;

6° A la salubrité publique ;

7° A la nécessité d'assurer le ravitaillement local en bois et produits dérivés ;

8° A l'équilibre biologique d'un site ou au bien-être de la population.

Le droit de défricher ne peut être exercé que pendant cinq ans à compter de la date de la dérogation.

Toute dérogation tacite est exclue. – *[C. for. Mayotte, art. L. 311-3.]*

Art. L. 375-6 **Pour l'application à Mayotte de l'article L. 341-6, le premier alinéa est ainsi rédigé :**

"L'autorité administrative compétente de l'État peut subordonner la dérogation à l'interdiction de défricher énoncée à l'article L. 341-3 applicable à Mayotte au respect d'une ou plusieurs des conditions suivantes :" – *[C. for. Mayotte, art. L. 311-4.]*

Art. L. 375-7 **Pour son application à Mayotte, l'article L. 341-10 est complété d'un alinéa ainsi rédigé :**

"La procédure d'exécution d'office prévue à l'alinéa ci-dessus est également applicable si, dix-huit mois après la mise en demeure, le tiers au moins de la superficie à reboiser n'est pas replanté." – *[C. for. Mayotte, art. L. 313-3, al. 2.]*

Art. L. 375-8 **Pour son application à Mayotte, l'article L. 342-1 est ainsi rédigé :**

Art. L. 342-1 Sont exemptés des dispositions de l'article L. 341-5 applicable à Mayotte :

1° Les jeunes bois pendant les dix premières années après leur semis ou plantation, sauf dans les cas prévus par l'article L. 341-10 applicable à Mayotte, ou si les semis ou plantations ont été exécutés en application des chapitres II et V du titre IV du livre I ;

2° Les parcs ou jardins clos et attenants à une habitation principale, lorsque l'étendue close est inférieure à 10 hectares ;

3° Les bois de moins de 4 hectares, sauf s'ils font partie d'un autre bois qui complète la contenance à 4 hectares ou s'ils sont situés sur le sommet ou la pente d'une montagne, ou bien s'ils se trouvent à l'origine d'une source permanente, ou s'ils proviennent de reboisements exécutés en application des chapitres II et V du titre IV du livre I. – *[C. for. Mayotte, art. L. 311-2.]*

SECTION 3 **Dispositions pénales**

Art. L. 375-9 **Le fait de se livrer à l'exploitation d'essences forestières ou à un défrichement en infraction aux dispositions de l'article L. 375-3 est puni d'une amende de 7 500 euros.** – *[C. for. Mayotte, art. L. 224-7, al. 3.]*

CHAPITRE VI SAINT-BARTHÉLEMY

Le présent chapitre ne comprend pas de dispositions législatives.

CHAPITRE VII SAINT-MARTIN

Le présent chapitre ne comprend pas de dispositions législatives.

CHAPITRE VIII SAINT-PIERRE-ET-MIQUELON

Art. L. 378-1 Ne sont pas applicables à Saint-Pierre-et-Miquelon :

1° Les dispositions du chapitre II du titre I ;

2° Les dispositions du chapitre I du titre II ;

3° L'article L. 362-2.

Les dispositions de l'article L. 362-3 ne sont applicables qu'en ce qui concerne les infractions aux dispositions de l'article L. 362-1. – *[Anc. art. L. 254-1.]*

CHAPITRE IX TERRES AUSTRALES ET ANTARCTIQUES FRANÇAISES

Le présent chapitre ne comprend pas de dispositions législatives.

DEUXIÈME PARTIE : RÉGLEMENTAIRE

(Décr. n° 2012-836 du 29 juin 2012, en vigueur le 1er juill. 2012)

LIVRE I DISPOSITIONS COMMUNES À TOUS LES BOIS ET FORÊTS

(Décr. n° 2012-836 du 29 juin 2012)

TITRE I CHAMP D'APPLICATION, PRINCIPES GÉNÉRAUX ET INSTITUTIONS

CHAPITRE I CHAMP D'APPLICATION

Le présent chapitre ne comporte pas de dispositions réglementaires.

CHAPITRE II PRINCIPES GÉNÉRAUX

Le présent chapitre ne comporte pas de dispositions réglementaires.

CHAPITRE III INSTITUTIONS

SECTION 1 Institutions nationales

SOUS-SECTION 1 Conseil supérieur de la forêt et du bois *(Décr. n° 2015-1256 du 8 oct. 2015, art. 1er-1°).*

Art. D. 113-1 *(Décr. n° 2015-1256 du 8 oct. 2015, art. 1er-2°)* Le Conseil supérieur de la forêt et du bois comprend, outre le ministre chargé des forêts, ou son représentant, *(Décr. n° 2023-180 du 15 mars 2023, art. 1er)* « qui en assure la présidence, et les ministres chargés de l'environnement et de l'industrie, ou leurs représentants, qui en assurent la vice-présidence » :

A. — Des représentants de l'État :

1° Le directeur général de la performance économique et environnementale des entreprises au ministère chargé des forêts ;

2° Le *(Décr. n° 2021-268 du 10 mars 2021, art. 1er)* « directeur du budget » ;

3° Le directeur de l'eau et de la biodiversité ;

4° Le *(Décr. n° 2021-268 du 10 mars 2021, art. 1er)* « directeur général de l'énergie et du climat » ;

5° Le directeur général des collectivités locales ;

6° Le directeur de l'habitat, de l'urbanisme et des paysages ;

(Décr. n° 2022-273 du 28 févr. 2022, art. 11) « 7° Le directeur général des infrastructures, des transports et des mobilités » ;

8° Le directeur général des entreprises ;

9° Le directeur général de la recherche et de l'innovation ;

10° Le directeur général des outre-mer ;

11° Le vice-président du Conseil général de l'alimentation, de l'agriculture et des espaces ruraux ;

B. — Un collège d'élus comprenant :

12° Deux députés et deux sénateurs ;

(Décr. n° 2023-180 du 15 mars 2023, art. 1er) « 13° Trois représentants des conseils régionaux, dont un représentant des conseils régionaux de Guadeloupe ou de La Réunion ou des assemblées de Martinique ou de Guyane ou du conseil départemental de Mayotte désignés par l'association Régions de France ;

« 14° Trois représentants des conseils départementaux, dont un des conseils départementaux de Guadeloupe ou de La Réunion ou de Mayotte ou des assemblées de Martinique ou de Guyane désignés par l'Assemblée des départements de France ; » — *Les 14° à 26° deviennent respectivement les 15° à 27° (Décr. n° 2023-180 du 15 mars 2023, art. 1er-1°-d).*

15° Deux représentants des communes dont un désigné par l'Association des maires de France et un désigné par la Fédération nationale des communes forestières de France ;

16° Le président de la Fédération des parcs naturels régionaux ;

C. — Un collège de représentants d'établissements publics et d'institutions comprenant :

17° Le président du conseil d'administration du Centre national de la propriété forestière ;

18° Le président du conseil d'administration de l'Office national des forêts ;

19° Le président du conseil d'administration de l'*(Décr. n° 2019-1580 du 31 déc. 2019, art. 4)* « Office français de la biodiversité » ;

20° Le président du conseil d'administration de l'Institut national de l'information géographique et forestière ;

21° Le président du conseil d'administration de l'Institut technologique forêt, cellulose, bois-construction et ameublement ;

22° Le président du conseil d'administration du Centre technique du papier ;

23° Le président du conseil d'administration de l'Agence de l'environnement et de la maîtrise de l'énergie ;

24° Le président de l'Institut national de la recherche agronomique ;

25° Le président de l'interprofession nationale de la filière forêt bois France Bois Forêt ;

26° *(Décr. n° 2021-268 du 10 mars 2021, art. 1er)* « Le directeur général de l'Agence nationale de la cohésion des territoires » ;

27° Le président de *(Ord. n° 2022-583 du 20 avr. 2022, art. 1er)* « Chambres d'agriculture France » ;

(Décr. n° 2023-180 du 15 mars 2023, art. 1er) « 28° Le président du conseil de l'École nationale supérieure des technologies et industries du bois ;

« 29° Le président du conseil d'administration de l'École supérieure du bois ;

« 30° Le président du conseil d'administration de l'Institut des sciences et industries du vivant AgroParistech ;

« 31° Le directeur général de Bpifrance ;

« 32° Le président du Haut Conseil pour le climat ;

« 33° Le président de l'Académie d'agriculture de France ; » — *Les 27° à 37° deviennent, respectivement, les 34° à 44° (Décr. n° 2023-180 du 15 mars 2023, art. 1er-1°-f).*

34° En application du troisième alinéa de l'article L. 113-1, un représentant du Conseil supérieur d'orientation et de coordination de l'économie agricole et alimentaire, lorsque les questions abordées ont une incidence sur les productions agricoles ;

D. — Un collège de représentants de l'amont de la filière forêt bois comprenant :

35° Quatre représentants des propriétaires forestiers particuliers ;

36° Le président de l'Association des sociétés et groupements fonciers et forestiers ;

37° *(Décr. n° 2021-268 du 10 mars 2021, art. 1er)* « Le président de la Fédération Les coopératives forestières » ;

38° *(Décr. n° 2021-268 du 10 mars 2021, art. 1er)* « Le président d'Experts Forestiers de France ;

« 39° Le président de l'Association nationale des techniciens et gestionnaires forestiers indépendants ; »

40° Un représentant des producteurs de plants forestiers ;

41° *(Décr. n° 2021-268 du 10 mars 2021, art. 1er)* « Le président de la Fédération nationale des entrepreneurs du territoire ;

« 42° Le président de l'Union nationale des entreprises du paysage ; »

43° Un représentant des exploitants forestiers ;

E. — Un collège de représentants de l'aval de la filière forêt bois comprenant :

44° Un représentant des scieurs ;

(Décr. n° 2023-180 du 15 mars 2023, art. 1er) « 45° Cinq » représentants des industries du bois et de l'ameublement ; — *Les 39° à 42° deviennent, respectivement, les 46° à 49° (Décr. n° 2023-180 du 15 mars 2023, art. 1er-1°-h).*

46° Un représentant des producteurs de pâtes pour papiers et textiles artificiels ;

47° Le président de France Bois Industrie Entreprises ;

48° Un représentant du commerce du bois ;

49° *(Décr. n° 2021-268 du 10 mars 2021, art. 1er)* **« Le président du Conseil national de l'ordre des architectes » ;**

(Décr. n° 2023-180 du 15 mars 2023, art. 1er) **« 50° Deux » représentant***[s]* **des professionnels de la construction ;**

51° Le président du Syndicat des énergies renouvelables ; — *Le 44° devient le 51° (Décr. n° 2023-180 du 15 mars 2023, art. 1er-1°-j).*

(Décr. n° 2023-180 du 15 mars 2023, art. 1er) **« 52° Le président-directeur général de la Société forestière de la Caisse des dépôts et consignations ;**

« 53° Le président du Comité interprofessionnel du bois-énergie ;

« 54° Le président du réseau d'interprofessions régionales de la filière forêt-bois FIBOIS France ;

« 55° Le président de la Fédération des magasins de bricolage et de l'aménagement de la maison ; »

F. — Un collège des représentants des autres parties intéressées comprenant :

56° Trois représentants des salariés de la forêt et des professions du bois ; — *Les 45° et 46° deviennent les 56° et 57° (Décr. n° 2023-180 du 15 mars 2023, art. 1er-1°-l).*

57° Deux représentants des associations d'usagers de la forêt ;

(Décr. n° 2023-180 du 15 mars 2023, art. 1er) **« 58° Six » représentants des associations de protection de l'environnement agréées ;**

59° Le président de la Fédération nationale des chasseurs ; — *Les 48° et 49° deviennent les 59° et 60° (Décr. n° 2023-180 du 15 mars 2023, art. 1er-1°-n).*

60° Le président de l'Assemblée générale du groupement d'intérêt public "ECOFOR" ;

(Décr. n° 2023-180 du 15 mars 2023, art. 1er) **« 61° Le président de la Société botanique de France ;**

« 62° Le président de l'Institute for Climate Economics ;

« 63° Le président de l'Institut du développement durable et des relations internationales ;

« 64° Le président du Centre interprofessionnel technique d'études de la pollution atmosphérique ;

« 65° Le président du conseil d'administration du Programme for the Endorsement of Forest Certification (PEFC) France ;

« 66° Le président du conseil d'administration de Forest Stewardship Council (FSC) France ; »

(Décr. n° 2021-268 du 10 mars 2021, art. 1er) **« Les membres mentionnés aux »** *(Décr. n° 2023-180 du 15 mars 2023, art. 1er)* **« 35°, 40°, 43° à 46°, 48°, 50°, 56° et 57° » sont nommés par le ministre chargé des forêts sur proposition des organisations représentatives du secteur concerné.**

(Décr. n° 2021-268 du 10 mars 2021, art. 1er) **« Les membres mentionnés au »** *(Décr. n° 2023-180 du 15 mars 2023, art. 1er)* **« 58° » sont nommés par le ministre chargé des forêts sur proposition du ministre chargé de l'environnement.**

Art. D. 113-2 *(Décr. n° 2021-268 du 10 mars 2021, art. 1er)* **« La durée du mandat des membres du Conseil supérieur de la forêt et du bois mentionnés aux** *(Décr. n° 2023-180 du 15 mars 2023, art. 1er)* **« 12° à 15°, 34°, 35°, 40°, 43° à 46°, 48°, 50°, 56° à 58° » de l'article D. 113-1 est de six ans renouvelable une fois. »**

Les membres du conseil exercent leurs fonctions à titre gratuit. — *[Anc. art. R. 3-2, al. 1er, al. 5.]*

Le Conseil supérieur de la forêt et du bois, dans sa composition antérieure à l'entrée en vigueur du Décr. n° 2021-268 du 10 mars 2021, délibère valablement jusqu'à l'expiration du mandat de ses membres autres que ceux nommés au titre de leurs fonctions (Décr. préc., art. 2, JO 11 mars).

Art. D. 113-3 Le Conseil supérieur de la forêt *(Décr. n° 2015-1256 du 8 oct. 2015, art. 1er-4°)* **« et du bois » est réuni au moins une fois par an.**

Son secrétariat est assuré par les services du ministre chargé des forêts. — *[Anc. art. R. 3-3, al. 1er phrase 1re, R. 3-4, al. 2.]*

Art. D. 113-4 Le Conseil supérieur de la forêt *(Décr. n° 2015-1256 du 8 oct. 2015, art. 1er-5°)* **« et du bois » peut être consulté** *(Décr. n° 2023-180 du 15 mars 2023, art. 1er)* **« par les ministres chargés des forêts, de l'environnement et de l'industrie » et formuler des propositions sur toute question relative au secteur de la forêt et du bois.**

(Décr. n° 2023-180 du 15 mars 2023, art. 1er) **« A leur demande » ou à celle d'un autre**

ministre, il examine l'incidence des autres politiques nationales ou européennes d'intérêt général sur la forêt, ses produits et ses services, et formule un avis transmis au ministre demandeur, au Premier ministre, au président du Sénat et à celui de l'Assemblée nationale.

Il est tenu informé de l'évolution des dotations budgétaires provenant du budget de l'État ou de l'Union européenne, affectées à des actions menées dans le secteur de la forêt et du bois, et de leur emploi. Il formule des recommandations sur la politique de contractualisation entre l'État et les régions, et est informé du contenu et de la mise en œuvre des contrats État-régions signés pour autant qu'ils comportent une partie relative à la forêt et aux industries du bois. *(Décr. n° 2015-1256 du 8 oct. 2015, art. 1er-5°)* « Les travaux du Conseil national de l'industrie relatifs à la filière bois lui sont régulièrement présentés. Il est associé à l'élaboration, au suivi et à l'évaluation du programme national de la forêt et du bois.

« Certains de ses travaux peuvent être confiés, par arrêté du ministre chargé des forêts, à des comités spécialisés constitués en son sein qui lui en rendent compte régulièrement. L'arrêté prévoit également les règles de fonctionnement de ces comités spécialisés. Ces comités peuvent s'adjoindre des experts extérieurs au conseil et qui ne peuvent avoir qu'un rôle consultatif. » — *[Anc. art. R. 3-5, R. 3-10, al. 3.]*

V. Arr. du 5 juill. 2021 portant renouvellement du comité spécialisé chargé du suivi du Programme national et des Programmes régionaux de la forêt et du bois au sein du Conseil supérieur de la forêt et du bois (JO 29 août) ; Arr. du 5 juill. 2021 portant renouvellement du comité spécialisé chargé de la gestion durable des forêts au sein du Conseil supérieur de la forêt et du bois (JO 29 août), mod. par Arr. du 16 oct. 2023 (JO 25 oct.) ; Arr. du 5 juill. 2021 portant renouvellement du comité spécialisé « Europe et international » au sein du Conseil supérieur de la forêt et du bois (JO 29 août) ; Arr. du 5 juill. 2021 portant renouvellement du comité spécialisé « Forêt, bois et territoire » au sein du Conseil supérieur de la forêt et du bois (JO 29 août) ; Arr. du 17 oct. 2023 relatif à la commission scientifique des essences d'avenir [rattachée au comité spécialisé chargé de la gestion durable des forêts] (JO 25 oct.).

Art. D. 113-5 *(Décr. n° 2015-1256 du 8 oct. 2015, art. 1er-6°)* Le Conseil supérieur de la forêt et du bois est tenu informé des travaux des commissions régionales de la forêt et du bois. Il est informé des projets de programmes régionaux de la forêt et du bois lors de leur élaboration et du suivi de leur mise en œuvre.

Art. D. 113-6 *Abrogé par Décr. n° 2015-1256 du 8 oct. 2015, art. 1er-7°.*

SOUS-SECTION 2 Comité de gouvernance du fonds stratégique de la forêt et du bois

(Décr. n° 2015-776 du 29 juin 2015, art. 1er)

Art. D. 113-7 Le Conseil supérieur de la forêt et du bois comprend un comité chargé de la gouvernance du fonds mentionné à l'article L. 156-4.

Le comité est consulté sur les axes stratégiques et les priorités d'utilisation du fonds stratégique de la forêt et du bois ; il peut proposer des priorités d'utilisation du fonds.

Il s'assure de la cohérence des financements dédiés au secteur de la forêt et du bois en tenant compte en particulier des politiques menées par les régions.

Il assure le suivi des crédits du fonds stratégique de la forêt et du bois et notamment de leur répartition régionale. Il est consulté sur les critères déterminant cette répartition. Il rend compte de ce suivi au Conseil supérieur de la forêt et du bois.

Art. D. 113-8 Le comité de gouvernance du fonds stratégique de la forêt et du bois comprend, outre le ministre chargé des forêts qui en assure la présidence :

1° Le président de la Fédération nationale des syndicats de forestiers privés ;
2° Le président de l'Interprofession nationale de la filière forêt bois ;
3° Le président de la Fédération nationale du bois ;
4° Le président de France bois industries entreprises, ainsi que deux délégués désignés par lui ;
5° Le président de la Fédération nationale des entrepreneurs des territoires ;
6° Le président du Syndicat national des pépiniéristes forestiers ;
7° Le président du Syndicat des sylviculteurs du Sud-Ouest ;
8° Le président de la Compagnie nationale des ingénieurs et experts forestiers et des experts bois ;

9° Le président de l'Union de la coopération forestière française ;
10° Le président de France Nature Environnement ;
11° Le président de l'Union internationale pour la conservation de la nature ;
12° Le président de la Fédération nationale des communes forestières ;
13° Le président de l'Association des régions de France ;
14° Le président de *(Ord. nº 2022-583 du 20 avr. 2022, art. 1er)* « Chambres d'agriculture France » ;
15° Le directeur général de l'Office national des forêts ;
16° Le directeur général du Centre national de la propriété forestière ;
17° Le directeur général de l'Agence de l'environnement et de la maîtrise de l'énergie ;
18° Le directeur général de la Banque publique d'investissement ;
19° Le directeur général de la performance économique et environnementale des entreprises ;
20° Le directeur général de l'énergie et du climat ;
21° Le directeur général de l'aménagement, du logement et de la nature ;
22° Le directeur général des entreprises ;
23° Le directeur général des finances publiques ;
24° Le directeur du budget ;
25° Un représentant des directions régionales de l'alimentation, de l'agriculture et de la forêt ;
26° Un représentant des directions départementales des territoires et des directions départementales des territoires et de la mer.

Les membres mentionnés aux 25° et 26° ainsi que leurs suppléants sont désignés par arrêté du ministre chargé des forêts.

Le président du comité et les membres mentionnés aux 1° à 24° peuvent se faire représenter dans les conditions prévues par l'article 3 du décret nº 2006-672 du 8 juin 2006 relatif à la création, à la composition et au fonctionnement de commissions administratives à caractère consultatif.

Art. D. 113-9 Le comité de gouvernance du fonds stratégique de la forêt et du bois se réunit au moins deux fois par an. Ses règles de fonctionnement sont identiques à celles du conseil mentionné à l'article D. 113-1.

SOUS-SECTION 3 Dispositions communes

Art. R. 113-10 Les règles de fonctionnement du Conseil supérieur de la forêt *(Décr. nº 2017-512 du 7 avr. 2017, art. 1er-1º)* « et du bois, de ses comités spécialisés et du comité de gouvernance du fonds stratégique de la forêt et du bois », autres que celles énoncées à la présente section, sont fixées par le décret nº 2006-672 du 8 juin 2006 relatif à la création, à la composition et au fonctionnement de commissions administratives à caractère consultatif *[CRPA, art. R. 133-3 s.]*.

SECTION 2 Commissions régionales de la forêt et du bois *(Décr. nº 2015-778 du 29 juin 2015, art. 1er-1º et 2º).*

Art. D. 113-11 *(Décr. nº 2015-778 du 29 juin 2015, art. 1er-3º)* La commission régionale de la forêt et du bois concourt à l'élaboration et à la mise en œuvre dans la région des orientations de la politique forestière définies à l'article L. 121-1 et précisées dans le programme national de la forêt et du bois en prenant en compte les fonctions économiques, environnementales et sociales de la forêt. A cette fin, elle est informée des financements publics affectés à des actions conduites dans les secteurs de la forêt et de la transformation du bois.

Elle est notamment chargée :

1° D'élaborer le programme régional de la forêt et du bois, qu'elle soumet pour avis, lorsqu'il y a lieu, aux établissements publics des parcs nationaux et aux syndicats mixtes d'aménagement et de gestion des parcs naturels régionaux intéressés, et de le mettre en œuvre ;

2° D'élaborer, le cas échéant, le contrat de la filière bois au niveau régional et de le mettre en œuvre ;

3° D'identifier les besoins et les contraintes de la filière de la forêt et du bois afin notamment de faciliter l'approvisionnement en bois des industries de cette filière ;

4° D'adapter et de mettre en œuvre en région, en cohérence avec les politiques régionales de la forêt et du bois et avec le contrat de la filière bois au niveau régional le cas échéant, les actions inscrites dans le contrat national de filière du comité stratégique de la filière bois ;

5° D'assurer la cohérence entre le programme régional de la forêt et du bois et les politiques publiques régionales, nationales ou communautaires ainsi que les programmes d'investissement et d'aides publiques ayant une incidence sur la forêt, ses produits et ses services ;

6° De faire toute proposition visant à organiser le dialogue entre les acteurs intervenant dans le domaine de la forêt et du bois ;

7° D'émettre un avis sur les projets de directives régionales d'aménagement des forêts et de schémas régionaux d'aménagement des forêts relevant du régime forestier, ainsi que sur les projets de schémas régionaux de gestion sylvicole des bois et forêts des particuliers ;

8° D'assurer le suivi du programme régional de la forêt et du bois et d'en réaliser un bilan annuel qui est adressé au conseil supérieur de la forêt et du bois.

La liste mentionnée à l'article D. 122-13 est portée annuellement à sa connaissance.

Art. D. 113-12 *(Décr. n° 2015-778 du 29 juin 2015, art. 1er-3°)* La commission régionale de la forêt et du bois est présidée conjointement par le préfet de région et le président du conseil régional. Elle comprend :

1° Le directeur régional des services de l'État compétents en matière de forêt ;

2° Le directeur régional des services de l'État compétents en matière d'environnement ;

3° Le directeur régional des services de l'État compétents en matière de construction ;

4° Le directeur régional des services de l'État compétents en matière de transport ;

5° Le directeur régional des services de l'État compétents en matière d'entreprises, de concurrence, de consommation, du travail et de l'emploi ;

6° Un représentant du conseil régional ;

7° Des représentants des conseils départementaux de la région ;

8° Un représentant des maires des communes de la région désigné par la Fédération nationale des communes forestières de France ou sa structure régionale lorsqu'elle existe ;

9° Le cas échéant, un représentant des parcs naturels régionaux situés dans la région ;

10° Le président du centre régional de la propriété forestière ;

11° Un représentant de l'Office national des forêts ;

12° Un représentant de l'Office national de chasse et de la faune sauvage ;

13° Un représentant de l'Agence de l'environnement et de la maîtrise de l'énergie ;

14° Un représentant de la chambre régionale d'agriculture, un représentant de la chambre de commerce et d'industrie de région et un représentant de la chambre régionale des métiers et de l'artisanat ;

15° Deux représentants de la propriété forestière des particuliers ;

16° Un membre du conseil du centre régional de la propriété forestière ;

17° Un représentant de la propriété forestière des bois et forêts relevant du 2° du I de l'article L. 211-1 ;

18° Un représentant des coopératives forestières ;

19° Un représentant des entreprises de travaux forestiers ;

20° Un représentant des experts forestiers ;

21° Un représentant des producteurs de *(Décr. n° 2016-1885 du 26 déc. 2016, art. 2-1°)* « plants » forestiers ;

22° Cinq représentants des industries du bois ;

23° Le président de la structure interprofessionnelle régionale du secteur de la forêt et du bois ;

24° Un représentant du secteur de la production d'énergie renouvelable ;

25° Trois représentants des salariés de la forêt et des professions du bois ;

26° Un représentant d'associations d'usagers de la forêt ;

27° Deux représentants d'associations de protection de l'environnement agréées ;
28° Un représentant des gestionnaires d'espaces naturels ;
29° Un représentant des fédérations départementales des chasseurs ;
30° Des personnalités qualifiées, dans la limite de cinq, nommées sur proposition conjointe du préfet de région et du président du conseil régional.

Le préfet de région et le président du conseil régional peuvent inviter des experts désignés en raison de leurs compétences notamment en matière scientifique ou environnementale à leur initiative conjointe ou à la demande d'un des membres de la commission régionale de la forêt et du bois. Ces experts n'ont pas voix délibérative.

Le nombre des représentants mentionnés au 7° est fixé, dans la limite de cinq, par le président du conseil régional en fonction du nombre de départements qui composent la région.

Les règles de fonctionnement de la commission régionale de la forêt et du bois, notamment les modalités de prise de décision sont prévues par son règlement intérieur.

Les membres de la commission régionale de la forêt et du bois autres que ceux mentionnés aux 1° à 5°, au 10° et au 23° sont nommés par arrêté du préfet de région après avis du président du conseil régional. Leur mandat est de cinq ans, renouvelable une fois.

Art. D. 113-13 *(Décr. nº 2015-778 du 29 juin 2015, art. 1er-3º)* Le comité mentionné au deuxième alinéa de l'article L. 113-2 est chargé d'élaborer le programme d'action permettant de favoriser l'établissement et le maintien d'un équilibre sylvo-cynégétique, après évaluation des dégâts de gibier réalisée en concertation avec les commissions départementales de la chasse et de la faune sauvage mentionnée à l'*(Décr. nº 2016-1885 du 26 déc. 2016, art. 2-2º)* « article R. 421-29 » du code de l'environnement. Il exerce ses attributions dans le cadre des orientations fixées par la commission régionale de la forêt et du bois. Il est également chargé de lui faire toute proposition pour atteindre et maintenir cet équilibre et lui rend compte de son évolution.

Il est composé paritairement de représentants des propriétaires forestiers et des chasseurs. Il est présidé conjointement par le préfet de région et le président du conseil régional. Il comprend, au maximum, vingt membres qui sont nommés par arrêté du préfet de région après avis du président du conseil régional. Leur mandat est de cinq ans, renouvelable une fois.

Art. D. 113-14 *(Décr. nº 2015-778 du 29 juin 2015, art. 1er-3º)* La commission régionale de la forêt et du bois peut créer en son sein des comités spécialisés auxquels elle confie la préparation de certains de ses travaux dans les conditions prévues par son règlement intérieur. Ces comités peuvent s'adjoindre des experts extérieurs à la commission, qui ne peuvent avoir qu'un rôle consultatif.

Art. R. 113-15 En Corse, la commission régionale de la forêt et *(Décr. nº 2017-512 du 7 avr. 2017, art. 1er-2º)* « du bois » est présidée conjointement par le préfet de Corse et le président du conseil exécutif ou leurs représentants, qui nomment les membres.

(Décr. nº 2017-1822 du 28 déc. 2017, art. 2-1º) « Les représentants du conseil régional et des conseils départementaux sont remplacés par un conseiller exécutif désigné par le président du conseil exécutif de Corse et un conseiller à l'Assemblée de Corse désigné par celle-ci. » — *[Anc. art. R. 4-3.]*

Art. R. 113-16 Les règles de fonctionnement de la commission régionale de la forêt et *(Décr. nº 2017-512 du 7 avr. 2017, art. 1er-2º)* « du bois », autres que celles énoncées à la présente section, sont fixées par le décret nº 2006-672 du 8 juin 2006 relatif à la création, à la composition et au fonctionnement de commissions administratives à caractère consultatif *[CRPA, art. R. 133-3 s.]* ainsi que par les dispositions des articles 8 et 9 du décret nº 2006-665 du 7 juin 2006 relatif à la réduction du nombre et à la simplification de la composition de diverses commissions administratives. — *[Anc. art. R. 4-1, al. 1er phrase 2.]*

Art. D. 113-17 et D. 113-18 *Abrogés par Décr. nº 2015-778 du 29 juin 2015, art. 1er-4º.*

TITRE II POLITIQUE FORESTIÈRE ET GESTION DURABLE

CHAPITRE I ORIENTATIONS GÉNÉRALES

Art. D. 121-1 *(Décr. nº 2015-666 du 10 juin 2015, art. 1er-1º)* **Le programme national de la forêt et du bois mentionné à l'article L. 121-2-2 est élaboré par le ministre chargé des forêts sur la base des contributions des comités spécialisés prévus au troisième alinéa de l'article D. 113-4. En matière d'économie de la filière de la forêt et du bois, il s'appuie notamment sur les travaux menés par le Conseil national de l'industrie prévu par le décret nº 2010-596 du 3 juin 2010 relatif au Conseil national de l'industrie. En matière environnementale, le programme national de la forêt et du bois concourt à la mise en œuvre des objectifs de la stratégie nationale pour la biodiversité et du plan national d'adaptation au changement climatique.**

Sur la base d'un état des lieux concerté entre les différents acteurs, il identifie les enjeux de la politique forestière notamment en termes de gestion forestière durable, de valorisation des forêts dans les territoires, d'économie de la filière forêt-bois, de recherche, de développement et d'innovation, de coopérations européennes et internationales.

Le programme national de la forêt et du bois planifie les actions stratégiques à l'échelle nationale. Il comporte des recommandations sur les outils et les moyens à mobiliser en vue de la réalisation des objectifs mentionnés à l'article L. 121-2-2. Il fixe les actions prioritaires et hiérarchisées ainsi que les efforts d'amélioration des connaissances à mettre en œuvre pour y parvenir. Il fixe également les conditions de suivi et d'évaluation des actions stratégiques.

Le programme national de la forêt et du bois est compatible avec les orientations nationales pour la préservation et la remise en bon état des continuités écologiques prévues à l'article L. 371-2 du code de l'environnement. Il précise les mesures permettant d'éviter, de réduire et, le cas échéant, de compenser les atteintes aux continuités écologiques que sa mise en œuvre est susceptible d'entraîner. — *V. Décr. nº 2017-155 du 8 févr. 2017 portant approbation du programme national de la forêt et du bois (JO 10 févr.).*

Art. D. 121-2 *(Décr. nº 2015-666 du 10 juin 2015, art. 1er-1º)* **Le programme national de la forêt et du bois fait l'objet d'une évaluation environnementale réalisée dans les conditions prévues à la section 2 du chapitre II du titre II du livre I du code de l'environnement.**

Art. D. 121-3 **Lorsque la finalité des aides publiques est l'élaboration du premier plan simple de gestion, la prévention des risques naturels ou d'incendie ou la desserte forestière de plusieurs propriétés, l'attribution de ces aides n'est pas subordonnée aux conditions mentionnées au premier alinéa de l'article L. 121-6.**

(Décr. nº 2015-666 du 10 juin 2015, art. 1er-2º) **« L'attribution des aides publiques encourage les démarches territoriales et les opérations menées par les propriétaires** *(Décr. nº 2016-1885 du 26 déc. 2016, art. 2-3º)* **« forestiers » pour une gestion regroupée de leurs forêts et des produits qui en sont issus. »**

Lorsque ces aides publiques sont prévues dans le cadre d'un contrat Natura 2000, seules les propriétés devant être gérées conformément à un document d'aménagement arrêté ou à un plan simple de gestion agréé sont soumises à la vérification des conditions mentionnées au premier alinéa de l'article L. 121-6, sous réserve que cela n'ait pas pour conséquence d'empêcher un projet collectif ou d'entraver la réalisation de travaux urgents.

L'attribution des aides publiques tient compte des difficultés particulières de mise en valeur ou de conservation des bois et forêts, notamment en montagne et en forêt méditerranéenne, et de l'intérêt économique, environnemental ou social que présentent la conservation et la gestion durable des bois et forêts considérés.

(Abrogé par Décr. nº 2016-1885 du 26 déc. 2016, art. 2-4º) ***« Elle encourage par des dispositifs spécifiques les opérations réalisées avec le concours d'un organisme de gestion et d'exploitation forestière en commun. »*** — *[Anc. art. L. 7, al. 2 à 4.] — L'art. D. 121-1 devient l'art. D. 121-3 (Décr. nº 2015-666 du 10 juin 2015, art. 1er, JO 14 juin).*

CHAPITRE II **INSTRUMENTS ET MISE EN ŒUVRE DE LA POLITIQUE FORESTIÈRE**

SECTION 1 **Documents d'orientation et de gestion**

SOUS-SECTION 1 **Programme régional de la forêt et du bois** *(Décr. nº 2015-666 du 10 juin 2015, art. 2-1º).*

Art. D. 122-1 *(Décr. nº 2015-666 du 10 juin 2015, art. 2-2º)* **Le programme régional de la forêt et du bois est élaboré pour une durée maximale de dix ans.**

Il fixe les orientations de gestion forestière durable dont celles relatives aux itinéraires sylvicoles dans lesquelles s'inscrivent les directives, schémas et documents de gestion des bois et forêts. Il détermine également les conditions nécessaires au renouvellement des peuplements forestiers, notamment au regard de l'équilibre sylvo-cynégétique.

En matière d'enjeux environnementaux et sociaux, il définit l'ensemble des orientations à prendre en compte dans la gestion forestière à l'échelle régionale et interrégionale, notamment celles visant à assurer la compatibilité de cette politique avec les orientations nationales pour la préservation et la remise en bon état des continuités écologiques prévues à l'article L. 371-2 du code de l'environnement, avec le schéma régional de cohérence écologique prévu à l'article L. 371-3 de ce code ainsi qu'avec les orientations prévues dans les déclinaisons régionales de la stratégie nationale pour la biodiversité et du plan national d'adaptation au changement climatique.

En matière d'économie de la filière forêt-bois, il indique notamment les éléments et caractéristiques pertinents de structuration du marché à l'échelle régionale et interrégionale afin d'adapter les objectifs de développement et de commercialisation des produits issus de la forêt et du bois ainsi que les besoins de desserte pour la mobilisation du bois.

Il indique également les éléments et caractéristiques nécessaires à la prévention de l'ensemble des risques naturels, en cohérence avec les plans départementaux ou interdépartementaux prévus aux articles L. 562-1 du code de l'environnement et L. 133-2 du présent code.

V. Arr. du 19 juin 2019 relatif au contrat « Forêt-Bois » de la région Bourgogne-Franche-Comté (JO 27 juin) ; Arr. du 19 juin 2019 relatif au programme régional de la forêt et du bois de la région Bretagne (JO 27 juin) ; Arr. du 19 juin 2019 relatif au programme régional de la forêt et du bois de la région Occitanie (JO 27 juin) ; Arr. du 23 sept. 2019 relatif au programme régional de la forêt et du bois de la région Grand Est (JO 28 sept.) ; Arr. du 28 nov. 2019 relatif au programme régional de la forêt et du bois de la région Auvergne-Rhône-Alpes (JO 4 déc.) ; Arr. du 21 janv. 2020 relatif au programme régional de la forêt et du bois de la région Île-de-France (JO 29 janv.) ; Arr. du 29 sept. 2020 relatif au programme régional de la forêt et du bois de Guyane (JO 1er oct.) ; Arr. du 18 nov. 2020 relatif au programme régional de la forêt et du bois de la région Provence-Alpes-Côte d'Azur (JO 25 nov.) ; Arr. du 4 déc. 2020 relatif au programme régional de la forêt et du bois de la région Centre-Val de Loire (JO 8 déc.) ; Arr. du 8 déc. 2020 relatif au programme régional de la forêt et du bois de Guadeloupe (JO 10 déc.) ; Arr. du 30 déc. 2020 relatif au programme régional de la forêt et du bois de la région Normandie (JO 5 janv. 2021) ; Arr. du 30 déc. 2020 relatif au programme régional de la forêt et du bois de la région Hauts-de-France (JO 5 janv. 2021) ; Arr. du 30 déc. 2020 relatif au programme régional de la forêt et du bois de la région Nouvelle-Aquitaine (JO 5 janv. 2021) ; Arr. du 22 janv. 2021 relatif au programme régional de la forêt et du bois de la région Pays de la Loire (JO 28 janv.) ; Arr. du 22 janv. 2021 relatif au programme régional de la forêt et du bois de Martinique (JO 28 janv.) ; Arr. du 29 mars 2021 relatif au programme régional de la forêt et du bois de La Réunion (JO 3 avr.).

Art. D. 122-1-1 *(Décr. nº 2015-666 du 10 juin 2015, art. 2-3º)* **L'autorité administrative compétente de l'État mentionnée au deuxième alinéa de l'article L. 122-1 est le préfet de région.**

Art. D. 122-1-2 *(Décr. nº 2015-666 du 10 juin 2015, art. 2-3º)* **Le programme régional de la forêt et du bois fait l'objet d'une évaluation environnementale réalisée dans les conditions prévues à la section 2 du chapitre II du titre II du livre I du code de l'environnement.**

SOUS-SECTION 2 Directives régionales d'aménagement

Art. D. 122-2 La directive régionale d'aménagement précise les objectifs et la stratégie de gestion durable des bois et forêts relevant du 1° du I de l'article L. 211-1 situés dans son ressort. Elle comprend une analyse des caractéristiques de ces bois et forêts et des recommandations techniques, en fonction *(Décr. n° 2015-666 du 10 juin 2015, art. 2-4°)* « du programme régional de la forêt et du bois » et de l'objectif de compétitivité de la filière de production.

Elle identifie les grandes unités de gestion cynégétique adaptées à chacune des espèces de gibier faisant l'objet d'un plan de chasse en application de l'article L. 425-2 du code de l'environnement *(Décr. n° 2015-666 du 10 juin 2015, art. 2-4°)* « , en prenant en compte le programme d'actions mentionné au deuxième alinéa de l'article L. 113-2 s'il existe ou le programme régional de la forêt et du bois » ; pour chacune de ces unités, elle évalue l'état d'équilibre entre les populations d'animaux et les habitats forestiers, son évolution prévisible au regard de chaque grande option sylvicole régionale et identifie les périmètres les plus exposés aux dégâts de gibier. *(Abrogé par Décr. n° 2015-666 du 10 juin 2015, art. 2-4°)* ***« Elle définit, le cas échéant, les modalités de mise en place d'un observatoire du renouvellement des peuplements. »***

La directive est présentée selon une déclinaison par territoire ou groupe de territoires définis par *(Décr. n° 2015-666 du 10 juin 2015, art. 2-4°)* « le programme régional de la forêt et du bois », ou par région ou groupe de régions naturelles forestières définies par l'Inventaire forestier national. – *[Anc. art. R. 133-1, sauf phrases 1 et 3 al. 1er.]*

Art. D. 122-3 La directive régionale d'aménagement fait l'objet d'une évaluation environnementale réalisée dans les conditions *(Décr. n° 2015-666 du 10 juin 2015, art. 2-5°)* « prévues à la section 2 du chapitre II du titre II du livre I du code de l'environnement ». – *[Anc. art. R. 133-1, al. 1er phrase 3.]*

Art. D. 122-4 La directive régionale d'aménagement mentionnée à l'article L. 122-2 du présent code, ainsi que le rapport environnemental mentionné à l'article L. 122-6 du code de l'environnement, sont préparés par l'Office national des forêts. – *[Anc. art. R. 133-1, partie phrase 1re al. 1er.]*

Art. D. 122-5 Le projet de directive et le rapport environnemental sont transmis pour avis au préfet de région, qui consulte la commission régionale de la forêt et *(Décr. n° 2015-666 du 10 juin 2015, art. 2-6°)* « du bois ». A défaut d'avis rendu dans un délai de trois mois, ils sont réputés ne pas avoir d'observation à formuler.

L'Office national des forêts adresse au ministre chargé des forêts le projet de directive accompagné du rapport environnemental, de l'avis du préfet de région, de l'avis de l'autorité compétente de l'État en matière d'environnement mentionnée à l'article L. 122-7 du code de l'environnement et de l'avis de l'établissement public du parc national s'il y a lieu.

L'arrêté approuvant la directive est publié dans deux journaux diffusés dans les départements intéressés. Il mentionne les modalités selon lesquelles le dossier est mis à disposition du public.

SOUS-SECTION 3 Schémas régionaux d'aménagement

Art. D. 122-6 Le schéma régional d'aménagement des bois et forêts relevant du 2° du I de l'article L. 211-1 comprend les éléments d'analyse, les critères de décision et les recommandations techniques communs aux bois et forêts ou à l'ensemble des bois et forêts auxquelles il s'applique. Il précise, compte tenu *(Décr. n° 2015-666 du 10 juin 2015, art. 2-7°)* « du programme régional de la forêt et du bois », des éléments de stratégie de gestion durable de ces bois et forêts.

Il identifie les grandes unités de gestion cynégétique adaptées à chacune des espèces de gibier faisant l'objet d'un plan de chasse en application de l'article L. 425-2 du code de l'environnement *(Décr. n° 2015-666 du 10 juin 2015, art. 2-7°)* « , en prenant en compte le programme d'actions mentionné au deuxième alinéa de l'article L. 113-2 s'il existe ou le programme régional de la forêt et du bois » ; pour chacune de ces unités, il évalue l'état d'équilibre entre les populations d'animaux et les habitats forestiers, son évolution prévisible au regard de chaque grande option sylvicole régionale et identifie les périmètres les plus exposés aux dégâts de gibier. Il définit, le cas échéant, les modalités de mise en place d'un observatoire du renouvellement des peuplements.

Le schéma est présenté selon une déclinaison par territoire ou groupe de territoires définis par *(Décr. n° 2015-666 du 10 juin 2015, art. 2-7°)* « le programme régional de la forêt et du bois », ou par région ou groupe de régions naturelles forestières définies par l'Inventaire forestier national. – *[Anc. art. D. 143-1, sauf phrases 1re et 3 al. 1er.]*

Art. D. 122-7 Le schéma régional d'aménagement des forêts et son évaluation environnementale sont préparés par l'Office national des forêts et adoptés selon les modalités prévues pour les directives régionales d'aménagement aux articles D. 122-3 à R. 122-5. – *[Anc. art. D. 143-1, al. 1er phrases 1 et 3.]*

SOUS-SECTION 4 **Schémas régionaux de gestion sylvicole des bois et forêts des particuliers**

Art. D. 122-8 Le schéma régional de gestion sylvicole des bois et forêts des particuliers, mentionné au 3° de l'article L. 122-2, comprend par région ou groupe de régions naturelles :

1° L'étude des aptitudes forestières, la description des types de bois et forêts existants et l'analyse des principaux éléments à prendre en compte pour leur gestion, notamment celle de leur production actuelle de biens et de services et de leurs débouchés ;

2° L'indication des objectifs de gestion et de production durable de biens et services dans le cadre de l'économie régionale et de ses perspectives de développement, ainsi que l'exposé des méthodes de gestion préconisées pour les différents types de bois et forêts ;

3° L'indication des essences recommandées, le cas échéant, par grand type de milieu.

Il identifie les grandes unités de gestion cynégétique adaptées à chacune des espèces de gibier faisant l'objet d'un plan de chasse en application de l'article L. 425-2 du code de l'environnement *(Décr. n° 2015-666 du 10 juin 2015, art. 2-8°)* « , en prenant en compte le programme d'actions mentionné au deuxième alinéa de l'article L. 113-2 s'il existe ou le programme régional de la forêt et du bois » ; pour chacune de ces unités, il évalue l'état d'équilibre entre les populations d'animaux et les habitats forestiers, son évolution prévisible au regard de chaque grande option sylvicole régionale et identifie les périmètres les plus exposés aux dégâts de gibier. *(Abrogé par Décr. n° 2015-666 du 10 juin 2015, art. 2-8°)* ***« Il définit, le cas échéant, les modalités de mise en place d'un observatoire du renouvellement des peuplements. »*** – *[Anc. art. R. 222-1, al. 2 à 7.]*

Art. D. 122-9 Le schéma régional de gestion sylvicole fait l'objet d'une évaluation environnementale réalisée dans les conditions prévues *(Décr. n° 2015-666 du 10 juin 2015, art. 2-9°)* « à la section 2 du chapitre II du titre II du livre I du code de l'environnement ».

Le projet de schéma régional de gestion sylvicole, ainsi que le rapport environnemental mentionné à l'article L. 122-6 du même code, sont élaborés par le centre régional de la propriété forestière. – *[Anc. art. R. 222-1, al. 1er, al. 8.]*

Art. D. 122-10 Le projet de schéma ainsi que le rapport environnemental sont soumis pour avis au préfet de région, qui consulte la commission régionale de la forêt et *(Décr. n° 2015-778 du 29 juin 2015, art. 2-1°)* « du bois ». A défaut d'avis rendu dans un délai de trois mois, ils sont réputés ne pas avoir d'observation à formuler.

Le centre régional de la propriété forestière adresse au ministre chargé des forêts le projet de schéma régional accompagné du rapport environnemental, de l'avis du préfet de région, de l'avis de l'autorité compétente de l'État en matière d'environnement mentionnée à l'article L. 122-7 du code de l'environnement et de l'avis de l'établissement public du parc national s'il y a lieu.

Après avoir recueilli l'avis de la commission régionale de la forêt et *(Décr. n° 2015-778 du 29 juin 2015, art. 2-1°)* « du bois » et du Centre national de la propriété forestière et demandé au centre régional, le cas échéant, de lui apporter les modifications nécessaires dans le délai d'un an, le ministre approuve le projet.

Si le centre régional n'a pas établi ou rectifié un projet de schéma régional dans le délai prescrit à l'alinéa précédent, le ministre chargé des forêts, après une mise en demeure restée quatre mois sans effet, arrête ce projet après avis de la commission régionale de la forêt et *(Décr. n° 2015-778 du 29 juin 2015, art. 2-1°)* « du bois » et du Centre national de la propriété forestière.

L'arrêté approuvant le schéma régional de gestion sylvicole est publié dans deux journaux diffusés dans les départements sur le territoire desquels s'applique le schéma. Il mentionne les modalités selon lesquelles le dossier est mis à disposition du public. – *[Anc. art. R. 222-2.]*

V. 9 Arr. du 4 nov. 2023 portant approbation du schéma régional de gestion sylvicole de la région d'Île-de-France, ... de la région Bourgogne-Franche-Comté, ... de la région Bretagne, ... de la région Centre-Val de Loire, ...de la région Hauts-de-France, ... de la région Normandie, ... de la région Pays de la Loire, ... de la région Provence-Alpes-Côte d'Azur, ... de la région Auvergne-Rhône-Alpes (JO 14 déc.).

Art. D. 122-11 Les modifications d'un schéma régional de gestion sylvicole approuvé, proposées soit à l'initiative d'un centre régional de la propriété forestière, soit à la demande du ministre chargé des forêts, sont approuvées selon la procédure fixée à l'article D. 122-10. – *[Anc. art. R. 222-3.]*

Art. D. 122-12 Le schéma régional de gestion sylvicole des bois et forêts des particuliers ainsi que ses annexes peuvent être consultés auprès du centre régional de la propriété forestière, des chambres départementales et régionale d'agriculture ainsi que sur le site internet des préfectures et dans les sous-préfectures de la région. – *[Anc. art. R. 222-3-1.]*

SECTION 2 Coordination des procédures administratives

SOUS-SECTION 1 Élaboration et approbation des annexes aux directives ou aux schémas régionaux

Art. D. 122-13 Dans les bois et forêts, les périmètres, monuments, sites ou zones concernés par les législations énoncées à l'article L. 122-8 et par toute autre législation de protection et de classement, les habitats d'espèces de la faune ou de la flore sont recensés sur une liste mise à jour annuellement.

Cette liste comporte également le recensement des annexes comportant les dispositions particulières résultant des dispositions de l'article D. 122-14.

Le préfet de région élabore ce document et le porte à la connaissance de la commission régionale de la forêt et *(Décr. n° 2015-778 du 29 juin 2015, art. 2-1°)* « du bois », de l'Office national des forêts et du Centre national de la propriété forestière. – *[Anc. art. R. 4-1, al. 4, L. 11, al. 11.]*

Art. D. 122-14 Les dispositions particulières nécessaires à la coordination des procédures administratives mentionnée à l'article L. 122-7 font l'objet d'annexes aux directives ou aux schémas régionaux d'aménagement et aux schémas régionaux de gestion sylvicole.

Elles sont élaborées par l'Office national des forêts ou par le centre régional de la propriété forestière, avec les autorités administratives chargées de l'application de ces législations. – *[Anc. art. R. 11-2.]*

Art. D. 122-15 Chaque annexe précise, pour la législation au titre de laquelle elle est établie :

1° Les zones auxquelles cette législation s'applique ;

2° Les prescriptions et les règles de gestion ou, le cas échéant, les recommandations particulières à chacune de ces zones, à une échelle pertinente, ainsi que leurs conséquences sur les méthodes de gestion préconisées par la directive, le schéma régional d'aménagement ou le schéma régional de gestion sylvicole. – *[Anc. art. R. 11-3.]*

Art. R. 122-16 L'Office national des forêts ou le centre régional de la propriété forestière adresse le projet d'annexe au préfet de région.

Les règles relatives aux consultations sur ce projet d'annexe et à son adoption suivent celles définies à la section 1 du présent chapitre pour les projets de directive régionale d'aménagement.

Le projet d'annexe fait en outre l'objet, pour les dispositions particulières qu'il comporte, des consultations mentionnées aux articles R. 122-18 et R. 122-19. – *[Anc. art. R. 11-4, al. 1er partie.]*

Art. R. 122-17 Le préfet de région recueille sur le projet d'annexe l'avis, lorsqu'il est requis au titre de la réglementation applicable énoncée au code de l'environnement :

1° Du conseil d'administration de l'établissement public concerné, pour l'application de la législation relative aux parcs nationaux figurant à la section 1 du chapitre I du titre III du livre III de ce code ;

2° Des conseils municipaux, des commissions départementales de la nature, des paysages et des sites et du conseil scientifique régional du patrimoine naturel, pour l'application de la législation relative aux réserves naturelles figurant au chapitre II du titre III du livre III du même code ;

3° Des services de l'État ou de l'architecte des Bâtiments de France chargés de la protection des sites et des commissions départementales de la nature, des paysages et des sites, pour l'application de la législation relative aux sites inscrits et classés figurant à la section 1 du chapitre I du titre IV du livre III du même code ;

4° Des commissions départementales de la nature, des paysages et des sites et du conseil scientifique régional du patrimoine naturel, pour l'application de la législation relative à la préservation du patrimoine biologique, figurant à la section 1 du chapitre I du titre I du livre IV du même code.

Il adresse ce projet accompagné des avis recueillis pour approbation, selon le cas au ministre chargé des forêts et au ministre chargé de l'environnement ou au président du conseil régional ou du conseil exécutif de Corse. – *[Anc. art. R. 11-4, al. 1er partie, al. 2 à 8, al. 11.]*

V. Note technique du 19 juin 2019 relative à l'application du régime d'évaluation des incidences Natura 2000 aux documents d'orientation et de gestion forestière et aux coupes et autres travaux forestiers (NOR : TREL1920052N, BOTES 12 sept. 2019).

Art. R. 122-18 Le préfet de région recueille sur le projet d'annexe l'avis de l'architecte des Bâtiments de France, lorsqu'il est requis par le code du patrimoine :

1° Pour l'application de la législation relative à la protection des espaces figurant au chapitre II du titre IV du livre VI de ce code ;

2° Pour l'application de la législation relative à la protection des monuments historiques figurant au titre II du livre VI du même code.

Lorsque est en cause l'application d'une réglementation relevant du code du patrimoine, le préfet de région approuve les annexes. – *[Anc. art. R. 11-4, al. 10 et 12.]*

Art. R. 122-19 Les avis mentionnés aux articles R. 122-17 et R. 122-18 sont réputés favorables s'ils n'ont pas été rendus dans un délai de trois mois.

Les avis exprès, ou les pièces établissant l'existence d'un avis tacite, sont transmis par le préfet de région au ministre chargé des forêts en vue de la consultation mentionnée à l'article D. 122-10. – *[Anc. art. R. 11-4, al. 9.]*

SOUS-SECTION 2 **Approbation ou agrément d'un document de gestion au titre de la coordination des procédures**

Art. R. 122-20 Le bénéfice des procédures spéciales d'approbation ou d'agrément d'un document de gestion prévues à l'article L. 122-7 est subordonné à une demande écrite du propriétaire ou du gestionnaire de bois et forêts, adressée, accompagnée du projet de document de gestion, à l'autorité chargée de l'approuver ou de l'agréer. Cette demande a pour objet d'obtenir soit la déclaration de la conformité de ce projet à une annexe aux directives ou aux schémas régionaux d'aménagement et aux schémas régionaux de gestion sylvicole, soit son approbation au regard d'autres législations. – *[Anc. art. R. 11-1.]*

Art. R. 122-21 Lorsque des bois et forêts relèvent d'une ou plusieurs des législations mentionnées à l'article L. 122-8 et que leur propriétaire ou leur gestionnaire demande l'application de la procédure d'approbation ou d'agrément prévue à l'article L. 122-7, le document de gestion ou, le cas échéant, son avenant doivent être conformes à l'annexe ou aux annexes concernées. Le document de gestion agréé ou approuvé mentionne les législations concernées.

Lorsque le document de gestion est conforme aux règles prévues au présent code, mais n'est pas conforme à une ou plusieurs annexes, l'autorité compétente pour l'agréer ou l'arrêter informe le propriétaire ou l'Office national des forêts, par décision motivée, que la dispense des formalités prévues par la ou les autres législations concernées ne lui est pas accordée. — *[Anc. art. R. 11-6.]*

Art. D. 122-22 Lorsque la conformité d'un document de gestion ou d'un de ses avenants à une des annexes mentionnées au 1° de l'article L. 122-7 a été reconnue, l'Office national des forêts ou le centre régional de la propriété forestière en informe l'autorité chargée de l'application de la législation en cause, et lui transmet ledit document. — *[Anc. art. R. 11-9.]*

Art. R. 122-23 Lorsque des bois et forêts sont concernés par l'application de législations mentionnées à l'article L. 122-8 et que leur propriétaire demande l'application des dispositions du 2° de l'article L. 122-7, l'Office national des forêts ou le centre régional de la propriété forestière transmet pour accord le document de gestion ou, le cas échéant, son avenant :

1° A l'établissement public concerné lorsque ces bois et forêts sont situés dans un parc national mentionné au chapitre I du titre III du livre III du code de l'environnement ;

2° Au préfet du département de situation de ces bois et forêts lorsque les dispositions du chapitre I du titre IV du présent livre, de la section 4 du chapitre I du titre II du livre VI du code du patrimoine ou du titre IV du livre III du code de l'environnement s'appliquent aux bois et forêts concernés ;

3° A l'architecte des Bâtiments de France lorsque les dispositions des chapitres I du titre II et II du titre IV du livre VI du code du patrimoine s'appliquent aux bois et forêts concernés ;

4° Au ministre chargé des sites lorsque les bois et forêts sont classés en application des dispositions du titre IV du livre III du code de l'environnement ;

5° Selon le cas, au préfet du département de situation des bois et forêts ou au président du conseil régional, ou au président du conseil exécutif de Corse, lorsqu'ils sont situés dans une réserve classée en application de la section 1 du chapitre II du titre III du livre III du code de l'environnement ;

6° Au préfet de région lorsque les dispositions relatives au *[aux]* travaux du chapitre I du titre II du livre VI du code du patrimoine s'appliquent aux bois et forêts concernés.

Lorsqu'elle est saisie en application des alinéas qui précèdent, l'autorité compétente pour autoriser les coupes et les travaux au titre d'une législation recueille, le cas échéant, les avis requis en application de celle-ci et notifie sa décision à l'Office national des forêts ou au centre régional de la propriété forestière dans un délai de quatre mois à compter de la réception de la demande. A défaut de réponse dans ce délai, l'accord est réputé refusé.

Lorsque l'accord de l'autorité compétente est refusé, l'agrément ou l'approbation des documents de gestion forestière est prononcé sur le fondement du présent code. L'autorité chargée de l'approbation ou de l'agrément du document de gestion sylvicole informe le propriétaire ou l'Office national des forêts que la dispense des formalités prévues par la ou les autres législations ne lui est pas accordée. — *[Anc. art. R. 11-7.]*

Art. R. 122-24 Lorsque des bois et forêts sont, en totalité ou en partie, situés dans un site Natura 2000 et que leur propriétaire demande le bénéfice de la procédure prévue au 2° de l'article L. 122-7 au titre de la législation propre à ce site, l'autorité chargée de l'approbation ou de l'agrément de son document de gestion vérifie que la réalisation des travaux ou des coupes mentionnés dans ce document n'est pas de nature à affecter ce site de façon notable et qu'elle peut agréer ou approuver le document de gestion.

Dans le cas contraire, elle informe, par décision motivée, le propriétaire ou le gestionnaire de la forêt que la dispense de l'évaluation préalable prévue à l'article L. 414-4 du code de l'environnement ne lui est pas accordée. — *[Anc. art. R. 11-8.]*

Il résulte de la combinaison des dispositions des art. R. 414-19 et R. 414-27 C. envir. et R. 122-24 C. for. qu'ainsi que le soutient le requérant, celles-ci n'imposent de procéder à une évaluation des incidences Natura 2000 que dans les bois et forêts présentant des garanties de gestion durable ou, dans ceux ne présentant pas de telles garanties, pour les seules coupes soumises à autorisation et lorsque ces coupes portent sur des forêts situées, en tout ou partie, dans le périmètre de sites Natura 2000. Il appartient toutefois à l'autorité administrative de soumettre d'office, par décision motivée, les coupes d'arbres dans les bois et forêts ne présentant pas de garantie de gestion durable, que ces coupes soient ou non soumises à autorisation, à une évaluation de leurs incidences sur un site Natura 2000 si elles sont susceptibles d'affecter de manière significative un tel site. • CE 5 févr. 2024, n° 462924 : *Dr. envir. 2024. 84.*

SOUS-SECTION 3 **Reconstitution après coupe**

Art. R. 122-25 Lorsque des mesures de reconstitution de l'état boisé sont ordonnées au titre du présent code, l'avis des autorités chargées de l'application des législations mentionnées à l'article L. 122-8 doit être recueilli.

Lorsque des mesures de remise en état sont ordonnées par l'autorité chargée de l'application de ces législations, l'avis de l'autorité ayant approuvé ou agréé le document de gestion doit être recueilli.

L'avis est réputé favorable en l'absence de réponse dans un délai de trois mois. — *[Anc. art. R. 11-10.]*

SECTION 3 *[ABROGÉE]* **Plan pluriannuel régional de développement forestier**

(Abrogée par Décr. n° 2015-666 du 10 juin 2015, art. 2)

Art. D. 122-26 et D. 122-27 *Abrogés par Décr. n° 2015-666 du 10 juin 2015, art. 2-10°.*

CHAPITRE III STRATÉGIES LOCALES DE DÉVELOPPEMENT FORESTIER

Art. D. 123-1 Les collectivités territoriales et leurs groupements peuvent passer des contrats avec l'État, notamment dans le cadre des chartes forestières de territoire mentionnées à l'article L. 123-3, en vue de concourir à la mise en œuvre de la politique forestière.

Les stratégies locales de développement forestier sont soumises à l'évaluation environnementale si, dans les conditions prévues à l'article R. 122-17 du code de l'environnement, *(Décr. n° 2016-1110 du 11 août 2016, art. 6-1°)* « l'autorité environnementale » l'estime nécessaire. Dans ce cas, elle est réalisée dans les conditions prévues *(Décr. n° 2015-666 du 10 juin 2015, art. 3)* « à la section 2 du chapitre II du titre II du livre I du même code ». — *[Anc. art. L. 2, phrase 2.]*

Art. D. 123-2 Les conditions auxquelles doivent répondre les aides publiques accordées pour la mise en œuvre des stratégies locales de développement forestier sont celles mentionnées aux articles D. 156-7 à D. 156-11.

CHAPITRE IV GESTION DURABLE

Art. R. 124-1 L'autorisation de coupe mentionnée à l'article L. 124-5 est demandée par le propriétaire ou l'acquéreur de la coupe et instruite dans les conditions prévues à l'article R. 312-20. Toutefois, lorsque l'autorisation est demandée pour une des forêts relevant du régime forestier pour laquelle aucun document d'aménagement ou règlement type de gestion n'est en vigueur, l'avis du centre régional de la propriété forestière est remplacé par l'avis de l'Office national des forêts. — *[Anc. art. R. 10.]*

Art. R. 124-2 Les bois et forêts appartenant à des personnes publiques et ne relevant pas du régime forestier, mentionnés au dernier alinéa de l'article L. 124-1, présentent une garantie de gestion durable lorsqu'ils sont gérés :

1° Conformément au règlement type de gestion agréé mentionné au deuxième alinéa de l'article D. 212-10, correspondant à la catégorie de bois et forêts dont ils relèvent dans le ressort de la directive régionale d'aménagement ou du schéma régional d'aménagement applicable dans la région où ils sont situés ;

2° Soit par l'Office national des forêts, selon les modalités prévues pour les bois et forêts des particuliers aux articles D. 315-1 à D. 315-7, soit par un organisme de gestion en commun des forêts ou un expert forestier mentionnés à l'article L. 313-2, soit par un gestionnaire forestier professionnel répondant aux conditions mentionnées à l'article L. 315-1 ; dans chaque cas, le contrat doit être d'une durée au moins égale à dix ans.

CHAPITRE V PROTECTION CONTRE LES ATTEINTES À LA PROPRIÉTÉ FONCIÈRE FORESTIÈRE

(Décr. n° 2015-228 du 27 févr. 2015, art. 8)

Art. D. 125-1 Le montant de l'indemnité annuelle d'occupation mentionnée à l'article L. 125-1 est de 20 euros par mètre carré ou linéaire.

TITRE III DÉFENSE ET LUTTE CONTRE LES INCENDIES DE FORÊTS

CHAPITRE I MESURES APPLICABLES SUR L'ENSEMBLE DU TERRITOIRE NATIONAL

SECTION 1 Dispositions générales

Art. D. 131-1 Les mesures relatives au pâturage après incendie prévues aux deuxième et troisième alinéas de l'article L. 131-4 sont prises par arrêté préfectoral.

Les dispositions de cet article sont applicables aux landes, garrigues et maquis dans les départements suivants :

Ain, Alpes-de-Haute-Provence, Hautes-Alpes, Alpes-Maritimes, Ardèche, Ariège, Aude, Aveyron, Bouches-du-Rhône, Cantal, Charente, Charente-Maritime, Corrèze, Haute-Corse, Corse-du-Sud, Côtes-d'Armor, Creuse, Dordogne, Drôme, Finistère, Gard, Haute-Garonne, Gers, Gironde, Hérault, Ille-et-Vilaine, Indre-et-Loire, Isère, Landes, Loire, Haute-Loire, Lot, Lot-et-Garonne, Lozère, Morbihan, Puy-de-Dôme, Pyrénées-Atlantiques, Pyrénées-Orientales, Haut-Rhin, Rhône, Haute-Savoie, Seine-Maritime, Tarn, Tarn-et-Garonne, Var, Vaucluse, Vienne, Haute-Vienne, Territoire de Belfort. – *[Anc. art. R. 322-8.]*

SECTION 2 Actions de prévention

Art. R. 131-2 Dans le cadre des pouvoirs de police qui leur sont conférés par l'article L. 131-6, les préfets peuvent :

1° Rendre applicables l'interdiction prévue à l'article L. 131-1 aux propriétaires et aux occupants de leur chef, ou réglementer l'emploi du feu par les mêmes personnes à l'intérieur et jusqu'à une distance de 200 mètres des terrains mentionnés par cet article. L'interdiction ne peut s'étendre aux habitations, à leurs dépendances ainsi qu'aux chantiers et installations de toute nature, dès lors qu'ils respectent les prescriptions légales qui leur sont applicables ;

2° Réglementer l'incinération de végétaux sur pied à moins de 200 mètres des terrains mentionnés à l'article L. 131-1 ;

3° Interdire de fumer sur les terrains mentionnés au même article ; cette interdiction s'applique également aux usagers des voies publiques traversant ces terrains. – *[Anc. art. R. 322-1, al. 1er à 4.]*

Art. R. 131-3 Les mesures prévues à l'article R. 131-2 ne peuvent être rendues applicables que pendant certaines périodes de l'année dont la durée totale n'excède pas sept mois. Les arrêtés pris à cet effet par les préfets sont affichés au moins quinze jours avant la date fixée pour leur application. – *[Anc. art. R. 322-3.]*

Art. R. 131-4 Les mesures prescrites en application du 2° de l'article L. 131-6 en cas *de risque exceptionnel d'incendie* sont prises par un arrêté préfectoral qui, compte tenu de l'urgence, est applicable dès sa publication par voie d'affiche dans les communes intéressées. Il fait l'objet d'une signalisation routière en ce qui concerne les interdictions de stationnement et de circulation. En outre, ces dispositions sont diffusées par voie de presse, de radio ou par tout autre moyen approprié. – *[Anc. art. R. 322-4.]*

Art. R. 131-5 Conformément à l'article L. 131-7, et en dehors des zones mentionnées aux articles L. 134-5 et L. 134-6, le préfet peut prescrire au propriétaire, après une exploitation forestière, de nettoyer les coupes des rémanents et branchages dans le délai qu'il détermine. – *[Anc. art. R. 322-1, al. 11.]*

Art. R. 131-6 Le préfet arrête et rend exécutoires les mémoires des travaux exécutés d'office en application de l'article L. 131-7. – *[Anc. art. R. 322-2.]*

Art. R. 131-7 Pour l'application de l'article L. 131-9, il est entendu par brûlage dirigé la destruction par le feu des herbes, broussailles, litières, rémanents de coupe, branchages, bois morts, sujets d'essence forestière ou autres lorsqu'ils présentent de façon durable un caractère dominé et dépérissant, et que leur maintien est de nature à favoriser la propagation des incendies.

Cette opération est réalisée :

1° Sur un périmètre défini au préalable ;

2° Avec l'obligation de mise en sécurité des personnes, des biens, des peuplements forestiers et des terrains limitrophes, conformément aux dispositions du cahier des charges mentionné à l'article L. 133-6 ou du cahier des charges mentionné à l'article R. 131-9 ;

3° De façon planifiée et sous contrôle permanent. – *[Anc. art. R. 321-33.]*

Art. R. 131-8 Pour l'application de l'article L. 131-9, il est entendu par incinération la destruction par le feu des rémanents de coupe, branchages et bois morts, lorsqu'ils sont regroupés en tas ou en andains et que leur maintien est de nature à favoriser la propagation des incendies.

Cette opération est réalisée :

1° Sur un périmètre défini au préalable ;

2° Avec l'obligation de mise en sécurité des personnes, des biens, des peuplements forestiers et des terrains limitrophes, conformément aux dispositions du cahier des charges mentionné à l'article R. 131-9 ;

3° De façon planifiée et sous contrôle permanent. – *[Anc. art. R. 321-34.]*

Art. R. 131-9 Les cahiers des charges relatifs respectivement aux brûlages dirigés et aux incinérations mentionnés à l'article L. 131-9 sont arrêtés par le préfet après avis de la commission consultative départementale de sécurité et d'accessibilité. – *[Anc. art. R. 321-35.]*

Art. R. 131-10 L'État, les collectivités territoriales et leurs groupements, les associations syndicales autorisées ainsi que leurs mandataires, qui projettent d'effectuer les incinérations et brûlages dirigés mentionnés à l'article L. 131-9, recueillent préalablement l'accord des propriétaires des terrains concernés ou des occupants de leur chef.

A cet effet, ils leur adressent une notification par tout moyen permettant d'établir date certaine, mentionnant un délai de réponse d'un mois. A défaut de réponse à l'issue de ce délai, leur accord est réputé acquis.

Lorsque les propriétaires ou les occupants de leur chef ne sont pas identifiés, un affichage en mairie est effectué pendant une durée d'un mois.

Les propriétaires ou les occupants de leur chef des fonds concernés sont informés de la période de réalisation des opérations prévues sur leur terrain, par affichage en mairie un mois au moins avant le début de cette période. – *[Anc. art. R. 321-38.]*

Art. R. 131-11 Lorsque l'État, les collectivités territoriales ou leurs groupements, ou des associations syndicales autorisées réalisent des incinérations et brûlages dirigés mentionnés à l'article L. 131-9, leur représentant ou leur mandataire est responsable de la sécurité et de la salubrité de ces opérations. A cette fin, il s'assure que la personne chargée des travaux a participé à une formation au brûlage dirigé ou à l'incinération, organisée par un établissement figurant sur une liste arrêtée conjointement par le ministre chargé des forêts et le ministre de l'intérieur. – *[Anc. art. R. 321-37, al. 1er.]*

Art. R. 131-12 Lorsque le préfet, en application du 2° de l'article L. 131-7, prescrit au propriétaire de nettoyer les parcelles des chicots, volis, chablis, rémanents et branchages, il lui précise les aides publiques auxquelles il peut avoir droit.

Lorsqu'en cas de carence du propriétaire l'administration fait exécuter les travaux d'office à ses frais, les aides financières auxquelles il peut prétendre sont plafonnées à 50 % de la dépense éligible. – *[Anc. art. L. 322-1-1, al. 5.]*

SECTION 3 Débroussaillement

Art. R. 131-13 La décision par laquelle le préfet prescrit au propriétaire les obligations de débroussaillement qui lui incombent en application de l'article L. 131-11 mentionne le délai au-delà duquel, faute pour celui-ci d'avoir rempli ses obligations, il y sera pourvu d'office à ses frais. Le préfet arrête et rend exécutoire les mémoires de ces travaux. – *[Anc. art. R. 322-1, al. 10.]*

Art. R. 131-14 Lorsqu'en application de l'article L. 131-12 une opération de débroussaillement ou de maintien en état débroussaillé s'étend au-delà des limites de sa propriété, celui à qui incombe la charge des travaux, en application de l'article L. 134-8, prend les dispositions suivantes à l'égard du propriétaire et de l'occupant du fonds voisin s'il n'est pas le propriétaire :

1° Les informer par tout moyen permettant d'établir date certaine des obligations qui s'étendent à ce fonds ;

2° Leur demander l'autorisation de pénétrer sur ce fonds aux fins de réaliser ces obligations ;

3° Rappeler au propriétaire qu'à défaut d'autorisation donnée dans un délai d'un mois *(Décr. n° 2023-706 du 1er août 2023, art. 1er)* « , et tant que celle-ci n'a pas été accordée, » ces obligations sont mises à sa charge.

Lorsque l'autorisation n'a pas été donnée, il en informe le maire.

(Décr. n° 2023-706 du 1er août 2023, art. 1er) « L'autorisation d'accès est valable trois ans. Celui qui l'a accordée peut toutefois la révoquer, selon des modalités permettant de conférer date certaine à la notification de cette révocation au propriétaire mentionné au premier alinéa, auquel incombait initialement la charge des travaux de débroussaillement ou de maintien en état débroussaillé. Dans ce cas, les obligations qui s'étendent au fonds voisin sont mises à la charge de son propriétaire. » – *[Anc. art. R. 322-6.]*

Art. R. 131-15 Les personnes morales habilitées à débroussailler, en application des articles L. 134-2 et L. 134-10 à L. 134-12, avisent les propriétaires intéressés par tout moyen permettant d'établir date certaine, dix jours au moins avant le commencement des travaux.

L'avis indique les endroits par lesquels seront commencés les travaux. Sauf en cas de force majeure, ces travaux sont conduits sans interruption.

Faute pour les personnes mentionnées au premier alinéa d'avoir commencé les travaux dans un délai d'un mois à compter de la date indiquée, l'avis devient caduc. – *[Anc. art. R. 322-7.]*

Art. R. 131-16 Une association syndicale de propriétaires peut avoir, parmi ses objets, simultanément et en tout ou en partie, l'exécution de travaux de défense contre les incendies ainsi que l'achat et l'entretien d'un outillage approprié à la lutte contre le feu. – *[Anc. art. R. 321-7, al. 1er.]*

SECTION 4 Plan de prévention des risques naturels prévisibles en matière d'incendies de forêt

Art. R. 131-17 Le règlement du plan de prévention des risques naturels prévisibles en matière d'incendies de forêt fixe la profondeur de la bande de terrain non bâtie, d'une profondeur comprise entre 50 mètres et 200 mètres, mentionnée à l'article L. 131-18. – *[Anc. art. R. 322-6-4.]*

CHAPITRE II MESURES APPLICABLES AUX BOIS ET FORÊTS CLASSÉS « À RISQUE D'INCENDIE »

SECTION 1 Procédure de classement

Art. R. 132-1 Pour permettre le classement prévu à l'article L. 132-1, le préfet établit des propositions en fonction des facteurs particuliers de vulnérabilité, tels que la sécheresse du climat, la violence des vents, la prédominance des essences fortement inflammables ou combustibles, la présence de peuplements dépérissants ou l'état broussailleux des bois et forêts.

Ces propositions désignent les bois et forêts à classer par massifs forestiers avec indication des communes sur le territoire desquelles s'étend chaque massif, sans qu'il soit nécessaire de préciser les limites et la contenance exacte desdits massifs. – *[Anc. art. R. 321-1, R. 321-2.]*

Art. R. 132-2 Le préfet consulte le conseil municipal de chaque commune sur les propositions la concernant.

Les propositions de classement sont ensuite soumises au conseil départemental.

En l'absence d'avis formulé dans un délai de deux mois, celui-ci est réputé favorable. – *[Anc. art. R. 321-3, phrases 2 et 3.]*

Art. R. 132-3 En application de l'article L. 132-1, le préfet :

1° Prend un arrêté prononçant le classement ;

2° Transmet le projet, avec son avis et celui des assemblées locales, au ministre chargé des forêts, en vue du classement prononcé par décret en Conseil d'État si des réserves ou des objections ont été formulées. – *[Anc. art. R. 321-4.]*

Art. R. 132-4 L'arrêté préfectoral ou le décret prononçant le classement des bois et forêts au titre de l'article L. 132-1 est publié et affiché dans les communes intéressées à la diligence du préfet. – *[Anc. art. R. 321-5.]*

Art. R. 132-5 L'État peut accorder une aide technique et financière aux personnes publiques et privées qui entreprennent des travaux pour protéger ou reconstituer des massifs particulièrement exposés aux incendies, notamment des coupures de combustibles, des voies d'accès, des points d'eau.

Lorsque cette aide prend la forme d'une participation technique aux études ou à l'exécution de travaux, son montant est estimé en espèces. Quelle que soit sa forme, l'aide peut être récupérée par l'État en cas d'inexécution des travaux à la charge du bénéficiaire ou de mauvaise exécution. – *[Anc. art. L. 321-5, R. 321-13, al. 1er.]*

SECTION 2 **Travaux proposés par les associations syndicales libres ou autorisées**

Art. R. 132-6 Un programme sommaire des travaux à entreprendre est établi par la commission consultative départementale de sécurité et d'accessibilité lorsque, dans le cas prévu au premier alinéa de l'article L. 132-2, les propriétaires de bois et forêts classés au titre de l'article L. 132-1 sont invités par le préfet à se constituer en association syndicale autorisée.

Ce programme ainsi que le projet d'acte d'association sont soumis à enquête administrative.

Une notice, indiquant le périmètre sur lequel doit s'étendre l'activité de l'association, le tracé général des travaux, les dispositions des ouvrages les plus importants et l'appréciation sommaire des dépenses, est déposée avec le projet d'acte d'association à la mairie de chaque commune pendant un délai d'un mois. Ce délai court à compter de la publication et de l'affichage en mairie d'un avis informant les intéressés de l'ouverture de l'enquête et du dépôt de la notice. Durant ce délai, les intéressés font, s'il y a lieu, parvenir leurs observations au préfet.

Après l'enquête, le préfet prend un arrêté convoquant en assemblée générale l'ensemble des propriétaires des forêts comprises dans le périmètre de l'association. Ampliation de cet arrêté est adressée au maire de chacune des communes intéressées pour être, un mois au moins avant la date de la réunion, publiée, affichée et diffusée. – *[Anc. art. R. 321-9, al. 1er à 4.]*

Art. R. 132-7 Les associations syndicales libres ou autorisées soumettent à la commission consultative départementale de sécurité et d'accessibilité les projets mentionnés par l'article L. 132-2, dans un délai de six mois à compter du classement pour les associations déjà constituées, ou dans un délai de six mois après leur création pour les associations créées en application de cet article.

Si la commission juge suffisants les travaux proposés, les associations doivent en assurer l'exécution et l'entretien. A défaut, ces travaux peuvent être exécutés d'office. – *[Anc. art. R. 321-8, R. 321-10.]*

Art. R. 132-8 Lorsque, conformément à l'article L. 132-2, il est procédé à la constitution d'office d'une association syndicale en application de l'article 43 de l'ordonnance n° 2004-632 du 1er juillet 2004 relative aux associations syndicales de propriétaires, l'enquête s'effectue selon les règles prescrites au chapitre I du titre III et à l'article 74 du décret n° 2006-504 du 3 mai 2006 portant application de l'ordonnance précitée.

Le préfet recueille l'avis de la commission consultative départementale de sécurité et d'accessibilité avant d'ordonner l'ouverture de l'enquête et avant de prendre l'arrêté portant constitution d'office de l'association. – *[Anc. art. R. 321-11.]*

Art. R. 132-9 Dans les bois et forêts relevant du régime forestier, à défaut de personnes désignées au titre de l'article L. 132-3, l'agent de l'Office national des forêts le plus élevé en grade présent sur les lieux assiste le commandant des opérations de secours. – *[Anc. art. R. 321-12.]*

CHAPITRE III **MESURES APPLICABLES AUX TERRITOIRES RÉPUTÉS PARTICULIÈREMENT EXPOSÉS AUX RISQUES D'INCENDIE**

SECTION 1 **Plan départemental ou interdépartemental de protection des forêts contre les incendies**

SOUS-SECTION 1 **Contenu du plan de protection des forêts contre les incendies**

Art. R. 133-1 Lorsque la situation le justifie, le préfet de région élabore, après accord des préfets de département intéressés, un plan interdépartemental de protection des forêts contre les incendies. – *[Anc. art. R. 321-15, al. 2.]*

Art. R. 133-2 Le plan de protection des forêts contre les incendies comprend un rapport de présentation et un document d'orientation assorti de documents graphiques.

Il prend en compte, s'il y a lieu, les zones agricoles protégées définies à l'article L. 112-2 du code rural et de la pêche maritime. – *[Anc. art. R. 321-16.]*

Art. R. 133-3 Le rapport de présentation du plan de protection des forêts contre les incendies comporte :

1° Un diagnostic de situation par massif forestier, comprenant :

a) Une évaluation de la stratégie mise en œuvre en matière de prévention et de surveillance et de sa cohérence avec la stratégie mise en œuvre dans le domaine de la lutte contre les incendies ;

b) Une description et une évaluation du dispositif de prévention et de surveillance ainsi que des moyens de lutte contre les incendies disponibles, ainsi qu'une évaluation de leur cohérence ;

c) Une description et une analyse des méthodes et des techniques employées ;

2° Un bilan descriptif des incendies intervenus depuis au moins les sept dernières années ainsi qu'une analyse de leurs principales causes. – *[Anc. art. R. 321-17.]*

Art. R. 133-4 Le document d'orientation du plan de protection des forêts contre les incendies précise par massif forestier, et pour la durée du plan :

1° Les objectifs prioritaires à atteindre en matière d'élimination ou de diminution des causes principales de feux, ainsi qu'en matière d'amélioration des systèmes de prévention, de surveillance et de lutte ;

2° La description des actions envisagées pour atteindre les objectifs ;

3° La nature des opérations de débroussaillement déterminée en application de l'article L. 131-11 et les largeurs de débroussaillement fixées en application des articles L. 134-10, L. 134-11 et L. 134-12 ;

4° Les territoires sur lesquels les plans de prévention des risques naturels prévisibles doivent être prioritairement élaborés en application de l'article L. 131-17 ;

5° Les structures ou organismes associés à la mise en œuvre des actions, ainsi que les modalités de leur coordination ;

6° Les critères ou indicateurs nécessaires au suivi de la mise en œuvre du plan et à son évaluation. – *[Anc. art. R. 321-18.]*

Art. R. 133-5 Les documents graphiques du plan de protection des forêts contre les incendies délimitent, par massif forestier, les territoires exposés à un risque d'incendie fort, moyen ou faible, ainsi que les territoires qui génèrent un tel risque.

Ils indiquent les aménagements et équipements préventifs existants, ceux dont la création ou la modification est déjà programmée ainsi que ceux qui sont susceptibles d'être créés.

Ils identifient, en application de l'article L. 134-6, les zones qui sont situées à moins de 200 mètres de terrains en nature de bois et forêts.

Ils localisent les territoires sur lesquels des plans de prévention des risques naturels prévisibles sont prioritairement élaborés. – *[Anc. art. R. 321-19.]*

SOUS-SECTION 2 **Modalités d'élaboration et de révision du plan de protection des forêts contre les incendies**

Art. R. 133-6 Le préfet élabore le plan de protection des forêts contre les incendies. Il associe à la préparation de ce plan le directeur du service départemental d'incendie et de secours pour ce qui relève de ses attributions.

Lorsqu'il est décidé d'établir un plan interdépartemental de protection des forêts, les directeurs des services départementaux d'incendie et de secours concernés sont associés à cette élaboration, pour ce qui relève de leurs attributions. – *[Anc. art. R. 321-20.]*

Art. R. 133-7 Le projet de plan de protection des forêts contre les incendies est soumis pour avis à la commission consultative départementale de sécurité et d'accessibilité. Cette commission dispose d'un délai de deux mois pour se prononcer. A défaut de réponse, son avis est réputé favorable.

Le projet de plan interdépartemental est soumis pour avis, dans les mêmes conditions, aux commissions consultatives départementales de sécurité et d'accessibilité des départements intéressés. – *[Anc. art. R. 321-21.]*

Art. R. 133-8 Après la consultation de la commission départementale de sécurité et d'accessibilité, le préfet transmet pour avis le projet de plan de protection des forêts contre les incendies aux collectivités territoriales concernées et à leurs groupements. Ils disposent d'un délai de deux mois pour faire connaître leurs observations éventuelles. A défaut de réponse, leur avis est réputé favorable. – *[Anc. art. R. 321-22.]*

Art. R. 133-9 Le projet de plan est également soumis pour avis à la commission régionale de la forêt et *(Décr. n° 2017-512 du 7 avr. 2017, art. 1er-2°)* « du bois », qui dispose d'un délai de deux mois pour se prononcer. A défaut de réponse, son avis est réputé favorable. – *[Anc. art. R. 321-23.]*

Art. R. 133-10 I. – Le plan de protection des forêts contre les incendies est arrêté, pour une période qu'il détermine et d'au maximum dix ans, par le préfet responsable de son élaboration.

L'arrêté est publié au recueil des actes administratifs de l'État dans le département ou, le cas échéant, au recueil des actes administratifs de l'État dans la région et aux recueils des actes administratifs de l'État dans chacun des départements concernés.

Il fait en outre l'objet d'une publication dans deux journaux régionaux ou locaux diffusés dans le département ou la région, selon le cas. Une copie de l'acte d'approbation du plan est affichée en mairie pendant une durée de deux mois. Le plan approuvé est tenu à la disposition du public en préfecture durant sa période de validité ainsi que sur le site internet des administrations de l'État concernées dans le département ou la région.

II. – Les plans départementaux ou régionaux de protection des forêts contre les incendies approuvés en application de l'article L. 321-6, dans sa rédaction antérieure à l'entrée en vigueur de l'ordonnance n° 2012-92 du 26 janvier 2012, peuvent être prorogés par arrêté motivé du préfet qui les a approuvés, pour une durée qui ne peut excéder trois ans. Cet arrêté fait l'objet des mesures de publicité énoncées au I. – *[Anc. art. R. 321-24.]*

Art. R. 133-11 Le plan peut être modifié avant la fin de sa validité selon la procédure décrite aux articles R. 133-6 à R. 133-10.

Au terme de la période mentionnée à l'article R. 133-10, un nouveau plan est élaboré. Le rapport de présentation mentionné à l'article R. 133-3 est complété par une évaluation du plan précédemment en vigueur. – *[Anc. art. R. 321-25.]*

SECTION 2 Travaux déclarés d'utilité publique

Art. R. 133-12 L'enquête préalable à la déclaration d'utilité publique et l'enquête parcellaire relatives aux travaux d'aménagement et d'équipement prévus à l'article L. 133-3 sont effectuées *(Décr. nº 2014-1635 du 26 déc. 2014, art. 4-V, en vigueur le 1er janv. 2015)* « conformément aux dispositions prévues pour les enquêtes relevant du premier alinéa de l'article L. 110-1 du code de l'expropriation pour cause d'utilité publique » et à celles de la présente section. – *[Anc. art. R. 321-26.]*

Art. R. 133-13 Pour l'application *(Décr. nº 2014-1635 du 26 déc. 2014, art. 4-V, en vigueur le 1er janv. 2015)* « de l'article R. 112-4 du code de l'expropriation pour cause d'utilité publique » :

1º La notice explicative expose notamment la configuration des lieux, leurs caractéristiques écologiques, les risques particuliers d'incendie, ainsi que les risques de dégradation des sols et des peuplements forestiers, les dommages susceptibles d'être entraînés par les feux de forêts et la gravité de leurs conséquences pour la sécurité publique, les conditions dans lesquelles les travaux de défense de la forêt contre l'incendie prévus dans le périmètre satisfont aux préoccupations d'environnement définies à l'article R. 122-1 du code de l'environnement ;

2º Le plan de situation fixe les limites du périmètre et indique les sections cadastrales ou parties de sections comprises à l'intérieur de celui-ci. – *[Anc. art. R. 321-27, al. 1er à 3.]*

Art. R. 133-14 Avant l'ouverture de l'enquête préalable à la déclaration d'utilité publique, le dossier prévu *(Décr. nº 2014-1635 du 26 déc. 2014, art. 4-V, en vigueur le 1er janv. 2015)* « à l'article R. 112-4 du code de l'expropriation pour cause d'utilité publique » est communiqué par le préfet au président du conseil départemental, aux maires des communes intéressées, à la commission consultative départementale de sécurité et d'accessibilité et au centre régional de la propriété forestière.

Le conseil départemental, les conseils municipaux, la commission départementale de sécurité et d'accessibilité et le centre régional de la propriété forestière font connaître dans un délai de trois mois leurs observations sur le dossier qui leur a été communiqué.

En outre, lorsque le projet de périmètre comprend des terrains relevant du régime forestier, l'Office national des forêts est consulté dans les mêmes conditions et délais. – *[Anc. art. R. 321-28.]*

Art. R. 133-15 Trois mois au moins avant l'ouverture de l'enquête parcellaire, les propriétaires sont informés dans les formes prévues par l'article *(Décr. nº 2014-1635 du 26 déc. 2014, art. 4-V, en vigueur le 1er janv. 2015)* « R. 131-6 » du code de l'expropriation pour cause d'utilité publique qu'ils ont la possibilité d'exécuter eux-mêmes les travaux conformément aux dispositions de l'article L. 133-4 du présent code. Ils peuvent, pendant ce délai, se concerter avec la collectivité publique à la demande de laquelle a été prononcée la déclaration d'utilité publique en vue de la mise au point du projet de convention relatif à ces travaux. A cet effet, la notification individuelle prévue à l'article *(Décr. nº 2014-1635 du 26 déc. 2014, art. 4-V, en vigueur le 1er janv. 2015)* « R. 131-6 » du code de l'expropriation pour cause d'utilité publique est accompagnée d'un projet de convention proposé à l'approbation du propriétaire, en vue de l'exécution éventuelle des travaux par celui-ci.

Les propriétaires doivent, lors de l'enquête parcellaire, faire connaître s'ils acceptent d'effectuer les travaux conformément au projet de convention. – *[Anc. art. R. 321-29.]*

Art. R. 133-16 Lorsque les propriétaires n'usent pas de la faculté qui leur est offerte par l'article R. 133-15 ou lorsque, après mise en demeure, ils n'exécutent pas les travaux de premier établissement ou les travaux d'entretien dans les conditions fixées par la convention passée en application de cet article, il y est pourvu par la collectivité mentionnée au même article. – *[Anc. art. R. 321-30.]*

Art. R. 133-17 Pour l'application *(Décr. n° 2014-1635 du 26 déc. 2014, art. 4-V, en vigueur le 1er janv. 2015)* « du 6° de l'article L. 411-1 et de l'article L. 411-5 du code de l'expropriation pour cause d'utilité publique », les immeubles peuvent être cédés de gré à gré aux personnes ci-dessous désignées selon l'ordre de préférence suivant :

1° Propriétaires expropriés ou ayant cédé leurs terrains à l'amiable, ainsi que leurs descendants, en ce qui concerne leurs anciennes parcelles ;

2° Département de la situation des biens ;

3° Commune de la situation des biens ;

4° Sociétés d'aménagement foncier et d'établissement rural en ce qui concerne les immeubles destinés à être mis en culture, ou société d'économie mixte d'aménagement pour les terrains affectés à l'habitation.

Lorsque le produit des cessions et soultes est attribué à l'État en application de l'article L. 133-5 du présent code, les crédits correspondants sont mis à la disposition du ministre chargé des forêts. — *[Anc. art. R. 321-31.]*

SECTION 3 **Coupures agricoles**

Art. R. 133-18 Lorsque la mise en valeur agricole et pastorale paraît possible et opportune, le plan de situation mentionné à l'article R. 133-13 délimite les zones appelées à en faire l'objet et la notice précise les raisons qui justifient ce choix. — *[Anc. art. R. 321-27, al. 4.]*

Art. R. 133-19 L'autorité administrative compétente de l'État mentionnée aux articles L. 133-9 et L. 133-10 est le préfet. — *[Anc. art. R. 321-32.]*

CHAPITRE IV **SERVITUDES DE VOIRIE ET OBLIGATIONS DE DÉBROUSSAILLEMENT COMMUNES AUX TERRITOIRES, BOIS ET FORÊTS EXPOSÉS AUX RISQUES D'INCENDIE**

SECTION 1 **Dispositions générales**

Art. R. 134-1 La commission consultative départementale de sécurité et d'accessibilité règle tout différend de nature technique qui s'élèverait entre les associations syndicales du département, formées pour la défense des forêts contre l'incendie, ou entre les membres d'une même association, à la demande des intéressés. — *[Anc. art. R. 321-6, al. 2.]*

Art. R. 134-2 La servitude prévue par l'article L. 134-2 est créée par arrêté préfectoral.

Le préfet prend l'avis du conseil municipal des communes intéressées et celui de la commission consultative départementale de sécurité et d'accessibilité ; à défaut de réponse dans un délai de deux mois, cet avis est réputé favorable.

L'arrêté est précédé d'une enquête publique dans les cas prévus à l'article L. 134-2. Cette enquête est réalisée dans les conditions prévues *(Décr. n° 2016-308 du 17 mars 2016, art. 6-III)* « par le chapitre IV du titre III du livre I du code des relations entre le public et l'administration ».

Pour la détermination de l'emprise de la servitude, il est tenu compte de l'espace de retournement nécessaire aux engins de surveillance et de lutte. — *[Anc. art. R. 321-14-1, al. 1er à 6.]*

Art. R. 134-3 Dans les cas autres que ceux mentionnés à l'article R. 134-2, le projet de servitude, dûment motivé, est affiché en mairie pendant une durée de deux mois et publié par extraits dans deux journaux régionaux ou locaux diffusés dans tout le département ou dans les départements intéressés, ainsi que sur le site internet des préfectures de ces départements. Cette publicité informe les propriétaires qu'ils peuvent faire connaître au préfet leurs observations pendant un délai de deux mois.

Le dossier comportant l'indication des parcelles concernées est déposé en mairie pendant la durée de l'affichage.

L'arrêté du préfet qui crée la servitude indique la référence cadastrale de ces parcelles. Un plan de situation lui est annexé.

Cet arrêté est publié au recueil des actes administratifs et adressé aux maires aux fins d'affichage pendant deux mois ; il est notifié par tout moyen permettant d'obtenir date certaine au propriétaire de chacun des fonds concernés.

Lorsque des aménagements sont nécessaires, le propriétaire de chacun des fonds concernés en est avisé par le bénéficiaire de la servitude dix jours au moins avant le commencement des travaux, par tout moyen permettant d'établir date certaine. Cet avis indique la date du début des travaux ainsi que leur durée probable. — *[Anc. art. R. 321-14-1, al. 7 à 11.]*

SECTION 2 Débroussaillement

Art. R. 134-4 Lorsque, en application du 4° de l'article L. 134-6, le préfet entend rendre obligatoire, par arrêté, le débroussaillement aux abords des constructions, chantiers, travaux ou installations, sur une profondeur de plus de 50 mètres, il consulte le conseil municipal des communes intéressées et la commission consultative départementale de sécurité et d'accessibilité. A défaut de réponse dans un délai de deux mois, leur avis est réputé favorable.

Le projet d'arrêté préfectoral est affiché en mairie pendant deux mois et publié dans deux journaux régionaux ou locaux diffusés dans le département. Cette publicité informe les propriétaires qu'ils peuvent faire connaître au préfet leurs observations pendant un délai de deux mois. Le dossier comportant l'indication des zones concernées est déposé en mairie pendant la durée d'affichage.

A l'expiration de ce délai, le préfet signe l'arrêté accompagné d'un plan de situation des zones soumises à l'obligation. L'arrêté préfectoral est publié au recueil des actes administratifs de l'État dans le département. Une copie de l'arrêté est affichée en mairie pendant deux mois. — *[Anc. art. R. 322-6-2.]*

Art. R. 134-5 Il ne peut être procédé à l'exécution d'office des travaux de débroussaillement prévue à l'article L. 134-9 que si, un mois après la mise en demeure mentionnée au même article, il est constaté par le maire que ces travaux n'ont pas été exécutés. Le maire arrête le mémoire des travaux faits et le rend exécutoire. — *[Anc. art. R. 322-6-3.]*

Art. R. 134-6 Les obligations à caractère permanent qui sont annexées au plan local d'urbanisme ou au document en tenant lieu sont celles mentionnées à l'article L. 134-5 et aux 3°, 5° et 6° de l'article L. 134-6.

CHAPITRE V CONTRÔLE

Le présent chapitre ne comporte pas de dispositions réglementaires.

CHAPITRE VI APPLICATION

Le présent chapitre ne comporte pas de dispositions réglementaires.

TITRE IV RÔLE DE PROTECTION DES FORÊTS

CHAPITRE I FORÊTS DE PROTECTION

SECTION 1 Classement des massifs

Art. R. 141-1 La liste des bois et forêts susceptibles d'être classés comme forêts de protection au titre de l'article L. 141-1 est établie par le préfet selon les modalités prévues à la présente section.

Lorsqu'un bois ou une forêt s'étend sur plusieurs départements, un des préfets est chargé de coordonner la procédure par arrêté du Premier ministre. — *[Anc. art. R. 411-1.]*

Art. R. 141-2 Le préfet établit, en liaison avec l'Office national des forêts, le centre régional de la propriété forestière et le maire des communes intéressées, un procès-verbal de reconnaissance des bois et forêts à classer et un plan des lieux, compte tenu des documents et règlements affectant l'utilisation des sols, et notamment des documents d'urbanisme, des plans d'aménagement foncier et rural en vigueur ainsi que des chartes constitutives des parcs naturels régionaux.

Dans les cas prévus au deuxième alinéa de l'article R. 141-1, les éléments relatifs au déroulement de la procédure sont adressés simultanément au préfet coordonnateur et au préfet de chacun des départements intéressés. – *[Anc. art. R. 411-2.]*

Art. R. 141-3 Le procès-verbal de reconnaissance prévu à l'article R. 141-2 expose la configuration des lieux, leur altitude moyenne, les conditions dans lesquelles ils se trouvent au point de vue géologique et climatique, l'état et la composition moyenne des peuplements forestiers ; il constate et précise les circonstances qui rendent le classement nécessaire pour l'un ou plusieurs des motifs mentionnés à l'article L. 141-1. Il est accompagné d'un tableau parcellaire établi d'après les documents cadastraux donnant, pour chaque parcelle ou portion de parcelle comprise dans les bois et forêts à classer, le territoire communal, la section et le numéro de la matrice cadastrale, la contenance, le nom du propriétaire, le revenu cadastral et le mode de traitement adopté.

Le plan des lieux est dressé d'après le cadastre et porte l'indication des sections et les numéros des parcelles ainsi que les limites du territoire concerné. – *[Anc. art. R. 411-3.]*

Art. R. 141-4 Le préfet soumet le projet de classement à une enquête dans les formes prévues au chapitre III du titre II du livre I du code de l'environnement, sous réserve des dispositions figurant aux articles R. 141-5, R. 141-6 et R. 141-7 du présent code. – *[Anc. art. R. 411-4.]*

Art. R. 141-5 Le dossier d'enquête comprend, outre les documents définis à l'article R. 141-3 :

1° Le texte des articles législatifs et réglementaires du chapitre I du présent titre ;

2° Une notice explicative indiquant l'objet et les motifs du classement envisagé ainsi que la nature des sujétions et interdictions susceptibles d'être entraînées par le régime spécial des forêts de protection prévu par l'article L. 141-4 et défini par la section 2 du présent chapitre, notamment en ce qui concerne le règlement d'exploitation à soumettre à l'approbation du préfet conformément aux dispositions de l'article R. 141-19 ;

(Décr. nº 2018-254 du 6 avr. 2018, art. 1er) « 3° Le cas échéant, un recensement des opérations de fouilles et sondages archéologiques mentionnées à l'article R. 141-38-4 et des carrières souterraines de gypse mentionnées à l'article R. 141-38-9 incluses dans le projet de périmètre. » – *[Anc. art. R. 411-5.]*

Art. R. 141-6 Le préfet donne avis de l'ouverture de l'enquête par tout moyen permettant d'établir date certaine à chacun des propriétaires connus de l'administration ou, à défaut, à ceux dont les noms sont indiqués au tableau parcellaire prévu à l'article R. 141-3 ; en cas de domicile inconnu, la notification est faite, en double copie, au maire, qui en fait afficher un exemplaire. – *[Anc. art. R. 411-6, al. 3.]*

Art. R. 141-7 Le rapport du commissaire enquêteur ou du président de la commission d'enquête est communiqué à chacun des maires des communes intéressées. Le maire saisit le conseil municipal, qui doit donner son avis dans un délai de six semaines après réception du rapport par le maire ; passé ce délai, l'avis est réputé favorable. – *[Anc. art. R. 411-6, al. 4.]*

Art. R. 141-8 La commission départementale de la nature, des paysages et des sites donne un avis sur le projet de classement, au vu du rapport d'enquête et des avis des conseils municipaux. En l'absence d'avis formulé dans un délai de deux mois, celui-ci est réputé rendu. – *[Anc. art. R. 411-7.]*

Art. R. 141-9 La décision de classement, ou de modification du classement, est prise par décret en Conseil d'État.

(Décr. nº 2023-1402 du 29 déc. 2023, art. 1er) « Toutefois, la décision de modification du classement est prise par arrêté du ministre chargé des forêts si elle remplit les trois conditions suivantes :

« 1° Elle a pour seul objet le retrait de certaines parcelles ou parties de parcelles du périmètre de la forêt de protection ;

« 2° Elle n'aboutit pas à ce que les retraits cumulés de parcelles ou parties de parcelles effectués par arrêté depuis le dernier décret fixant ou modifiant ce périmètre excèdent 2 % de la superficie classée en application de ce décret, dans la limite de 100 hectares au total ;

« 3° Elle ne compromet pas les enjeux qui ont motivé le classement. » – *[Anc. art. R. 411-8.]*

V. Décr. du 9 nov. 2012 portant classement comme forêt de protection du massif du Kreutzwald sur le territoire des communes de Monswiller, Saverne, Steinbourg et Waldolwisheim dans le département du Bas-Rhin (JO 11 nov.) ; Décr. n° 2016-678 du 25 mai 2016 portant classement comme forêt de protection du massif de l'Arc boisé du Val-de-Marne sur le territoire des communes de Yerres et Crosne dans le département de l'Essonne, sur le territoire des communes de Boissy-Saint-Léger, Limeil-Brevannes, La Queue-en-Brie, Marolles-en-Brie, Noiseau, Santeny, Sucy-en-Brie, Valenton et Villecresnes dans le département du Val-de-Marne, sur le territoire des communes de Lésigny, Ozoir-la-Ferrière, Pontault-Combault, Roissy-en-Brie et Servon dans le département de Seine-et-Marne (JO 27 mai) ; Décr. n° 2017-1521 du 31 oct. 2017 portant classement comme forêt de protection du massif du Vogelgesang sur le territoire de la commune de Steinbourg dans le département du Bas-Rhin et portant déclassement d'une partie de la forêt de protection du massif du Kreutzwald sur le territoire de la commune de Monswiller (JO 3 nov.) ; Décr. n° 2018-930 du 29 oct. 2018 portant classement comme forêt de protection du massif de Haye, sur une partie des communes de Aingeray, Chaligny, Champigneulles, Chavigny, Fontenoy-sur-Moselle, Frouard, Gondreville, Houdemont, Laxou, Liverdun, Ludres, Maron, Maxéville, Messein, Neuves-Maisons, Sexey-les-Bois, Vandœuvre-lès-Nancy, Velaine-en-Haye, Villers-lès-Nancy et Villey-le-Sec dans le département de Meurthe-et-Moselle (JO 30 oct.) ; Décr. n° 2019-1136 du 5 nov. 2019 portant classement comme forêt de protection du massif de Saint-Germain-en-Laye sur une partie des communes de Saint-Germain-en-Laye et du Mesnil-le-Roi dans le département des Yvelines (JO 7 nov.) ; Décr. n° 2022-1105 du 1er août 2022 portant classement comme forêt de protection de la forêt de Bondy sur une partie des communes de Clichy-sous-Bois, Coubron et Montfermeil dans le département de la Seine-Saint-Denis (JO 3 août).

Art. R. 141-10 La décision de classement est affichée pendant quinze jours dans chacune des mairies des communes intéressées. Un plan de délimitation est déposé à la mairie. L'accomplissement de ces formalités est certifié par le maire, qui adresse à cette fin un bulletin d'affichage et de dépôt au préfet. – *[Anc. art. R. 411-9.]*

Art. R. 141-11 La décision de classement et le plan de délimitation de la forêt de protection sont reportés au plan d'occupation des sols ou au document d'urbanisme en tenant lieu. – *[Anc. art. R. 411-10.]*

SECTION 2 Régime spécial des forêts de protection

SOUS-SECTION 1 Dispositions applicables à toutes les forêts de protection

Art. R. 141-12 Les règles d'exploitation applicables à chacun des bois et forêts classés comme forêt de protection sont fixées dans le document de gestion qui leur est applicable ou, pour les bois et forêts des particuliers qui en sont dépourvus, dans le règlement d'exploitation.

Art. R. 141-13 Les propriétaires et titulaires d'un droit d'usage ne peuvent exercer le pâturage dans une forêt de protection que dans les parties qui ne sont pas mises en défens.

S'il s'agit d'une forêt relevant du régime forestier, il est fait application des articles L. 241-8 à L. 241-14 et R. 241-17 à R. 241-26.

Dans les bois et forêts des particuliers classés comme forêts de protection, les propriétaires et titulaires d'un droit d'usage qui désirent exercer le pâturage l'année suivante remettent, à cet effet, avant le 1er septembre de chaque année, une déclaration au préfet qui en accuse réception. Celui-ci constate, par des procès-verbaux, d'après l'âge, la nature et la situation des bois, l'état des parties qui pourront être ouvertes au pâturage et indique l'espèce et le nombre d'animaux qui pourront y être admis, ainsi que les époques où l'exercice du pâturage pourra commencer et devra finir.

Au vu de ces procès-verbaux, la décision, prise par le préfet, est notifiée aux pétitionnaires avant le 1er mars de l'année qui suit celle de la déclaration. Si aucune décision ne leur a été notifiée à cette date, les pétitionnaires peuvent exercer le pâturage pendant l'année en cours dans les mêmes conditions que l'année précédente. – *[Anc. art. R. 412-13.]*

Art. R. 141-14 *(Décr. n° 2023-1402 du 29 déc. 2023, art. 1er)* « Les défrichements définis par les articles L. 341-1 et L. 341-2, les fouilles, extractions de matériaux, emprises d'infrastructure publique ou privée, exhaussements du sol ou dépôts ne peuvent être réalisés en forêt de protection qu'à l'occasion des travaux prévus par les dispositions de la présente section et dans les conditions qu'elles fixent.

« Le propriétaire peut procéder à des travaux qui ont pour objet de créer les équipements indispensables à la mise en valeur et à la protection de la forêt, à la prévention des risques naturels, ainsi qu'à la restauration des habitats naturels et au rétablissement des continuités écologiques, en privilégiant, pour ces dernières, les solutions fondées sur la nature, sous réserve que ces ouvrages ne modifient pas fondamentalement la destination forestière des terrains, ne compromettent pas les exigences, fixées à l'article L. 141-2, de conservation ou de protection des boisements, et à condition que le préfet, avisé deux mois à l'avance par tout moyen permettant d'établir date certaine, n'y ait pas fait opposition. Il peut également, dans les mêmes conditions, procéder à des travaux ayant pour but de créer des équipements légers indispensables à l'accueil du public, hors installations touristiques à caractère économique, pourvu qu'ils soient démontables et ne compromettent ni les objectifs du classement ni un retour du site à son état initial. »

La déclaration du propriétaire indique la nature et l'importance des travaux et est accompagnée d'un plan de situation.

Lorsque les travaux ont été exécutés en méconnaissance des dispositions du présent article, le rétablissement des lieux peut être ordonné et exécuté comme il est dit à l'article R. 141-25. – *[Anc. art. R. 412-14.]*

Art. R. 141-15 Dans les forêts de protection, les travaux nécessaires à la consolidation des sols, à la protection contre les avalanches, à la défense contre les incendies, au repeuplement des vides, à l'amélioration des peuplements, au contrôle de la fréquentation de la forêt par le public et, d'une manière générale, au maintien de l'équilibre biologique peuvent être réalisés et entretenus à la charge de l'État. – *[Anc. art. R. 412-18.]*

Art. R. 141-16 *(Abrogé par Décr. n° 2023-1402 du 29 déc. 2023, art. 1er) « Par dérogation aux dispositions de l'article R. 141-14, »* les travaux de surveillance, d'entretien et de maintenance mentionnés à l'article L. 555-27 du code de l'environnement et relatifs à des canalisations de transport de gaz, d'hydrocarbures et de produits chimiques implantées antérieurement au 31 décembre 2010 sont autorisés à condition que ces travaux soient effectués conformément à une convention établie entre le propriétaire des parcelles concernées et l'exploitant de la canalisation.

(Décr. n° 2023-1402 du 29 déc. 2023, art. 1er) « Les travaux de surveillance, d'entretien, de remplacement et de maintenance relatifs à des canalisations, des réseaux enterrés d'eau, d'électricité ou des réseaux filaires, sont également autorisés à condition d'être effectués conformément à une convention entre les mêmes parties. » – *[Anc. art. R. 412-14-1.]*

Art. R. 141-17 La fréquentation par le public de toute forêt de protection peut être réglementée ou même interdite s'il s'avère nécessaire d'assurer ainsi la pérennité de l'état boisé. Ces mesures sont prises par arrêté du préfet, sur proposition de l'Office national des forêts pour les bois et forêts relevant du régime forestier et du directeur départemental des territoires pour les autres bois et forêts. – *[Anc. art. R. 412-15.]*

Art. R. 141-18 Dans toutes les forêts de protection, la circulation et le stationnement de véhicules motorisés ou de caravanes ainsi que le camping sont interdits en dehors des voies et des aires prévues à cet effet et signalées au public. Ces dispositions ne sont pas applicables aux véhicules motorisés utilisés pour la gestion, l'exploitation et la défense de la forêt contre les incendies. – *[Anc. art. R. 412-16, ecqc interdiction.]*

SOUS-SECTION 2 **Dispositions applicables aux forêts de protection ne relevant pas du régime forestier**

Art. R. 141-19 Le propriétaire de bois et forêts classés comme forêt de protection et ne relevant pas du régime forestier peut faire approuver un règlement d'exploitation résultant soit d'un usage constant, soit d'un aménagement régulier. Ce projet de règlement précise la situation, la nature et la quotité en surface ou en volume de chaque coupe, l'année de la décision de coupe et la durée de son exécution ainsi que les travaux de reboisement que le propriétaire s'engage éventuellement à exécuter. Le propriétaire joint à sa demande une déclaration sur l'existence, la nature et l'importance des droits d'usage qui grèvent les bois et forêts en cause.

Le règlement est approuvé par le préfet.

L'approbation du règlement peut être subordonnée à des prescriptions spéciales portant notamment sur le mode de traitement de la forêt, les techniques d'exploitation, le respect de certains peuplements et l'obligation de procéder à des travaux de reconstitution forestière.

Le règlement précise sa durée d'application, qui ne peut être inférieure à dix ans ni supérieure à vingt ans. – *[Anc. art. R. 412-1.]*

Art. R. 141-20 Le propriétaire qui désire procéder à une coupe non prévue dans un règlement d'exploitation approuvé ne peut l'effectuer qu'après autorisation spéciale du préfet. La demande d'autorisation contient les indications prévues au premier alinéa de l'article R. 141-19. L'autorisation peut être subordonnée aux prescriptions spéciales mentionnées au troisième alinéa de cet article.

Le propriétaire dont le règlement d'exploitation n'a pas été approuvé et celui qui s'abstient d'en soumettre un est soumis, pour toute coupe, aux mêmes dispositions. – *[Anc. art. R. 412-2.]*

Art. R. 141-21 Les demandes d'approbation d'un règlement d'exploitation et celles d'autorisation spéciale de coupe sont adressées au préfet, qui en délivre récépissé. Si la propriété concernée s'étend sur plusieurs départements, la demande est présentée au préfet du département sur le territoire duquel est située la majeure partie de la forêt. – *[Anc. art. R. 412-3.]*

Art. R. 141-22 La décision du préfet est notifiée au propriétaire dans le délai de six mois à dater du dépôt de la demande pour ce qui concerne l'approbation d'un règlement d'exploitation, ou dans le délai de quatre mois à dater du dépôt de la demande pour ce qui concerne une autorisation de coupe. Faute de décision dans ces délais, le règlement d'exploitation est considéré comme approuvé ou la coupe comme autorisée. – *[Anc. art. R. 412-4.]*

Art. R. 141-23 Le propriétaire dont le règlement d'exploitation a été approuvé ou qui a obtenu l'autorisation spéciale prévue à l'article R. 141-20 procède, sans autre formalité, aux exploitations et aux travaux dans les conditions mentionnées dans le règlement ou l'autorisation. La coupe autorisée pour une année déterminée, dans l'un ou l'autre de ces actes, peut être réalisée dans le délai de cinq ans suivant cette année. – *[Anc. art. R. 412-5, al. 1er.]*

Art. R. 141-24 Aucune autorisation n'est nécessaire pour procéder :

1° A l'enlèvement des arbres dangereux, des chablis et des bois morts ;

2° A la coupe de bois pour la consommation rurale et domestique du propriétaire, d'un volume inférieur, par année civile, à un seuil fixé par le préfet. Ce seuil est inférieur ou égal à 10 mètres cubes. – *[Anc. art. R. 412-5, al. 2.]*

Art. R. 141-25 Lorsqu'une coupe a été exécutée en méconnaissance des dispositions du dernier alinéa de l'article R. 141-20 ou de celles de l'article R. 141-28 ou lorsque les travaux prescrits dans le règlement approuvé ou l'autorisation spéciale n'ont pas été exécutés dans les délais prévus, le préfet peut ordonner par arrêté le rétablissement des lieux en nature de bois ou l'exécution de ces travaux.

Faute par le propriétaire de s'être conformé à cet arrêté dans le délai prescrit par celui-ci, il est pourvu d'office à ces travaux par l'État. Le mémoire des travaux est arrêté et rendu exécutoire par le préfet. – *[Anc. art. R. 412-7.]*

Art. R. 141-26 Les coupes réalisées conformément à un règlement d'exploitation approuvé ou à une autorisation spéciale délivrée en application du présent chapitre sont dispensées de la demande d'autorisation prévue à l'article *(Décr. nº 2015-1783 du 28 déc. 2015, art. 9-VI, en vigueur le 1er janv. 2016)* « R. 421-23 » du code de l'urbanisme. – *[Anc. art. R. 412-8.]*

Art. R. 141-27 La demande d'approbation d'un règlement d'exploitation ou d'autorisation spéciale de coupe vaut demande d'approbation du règlement d'exploitation ou de l'autorisation de coupe prévue par le décret n° 2007-746 du 9 mai 2007 pris pour l'application des articles 793 et 885 H du code général des impôts, et relatif aux modalités de délivrance du certificat de garantie de gestion durable ainsi qu'au régime d'exploitation normale, et modifiant le décret du 28 juin 1930 fixant les conditions d'application de l'article 15 de la loi de finances du 16 avril 1930.

L'instruction est engagée conjointement au titre des deux réglementations. – *[Anc. art. R. 412-10.]*

Art. R. 141-28 En cas de mutation d'une partie d'une forêt de protection qui a fait l'objet d'un règlement d'exploitation ou d'une autorisation spéciale de coupe, le nouveau propriétaire est tenu, en application de l'article L. 141-3, de respecter ce règlement ou cette autorisation spéciale ou de solliciter leur modification. Il informe le préfet de la mutation. – *[Anc. art. R. 412-6.]*

Art. R. 141-29 Dans les forêts de protection ne relevant pas du régime forestier, aucun droit d'usage ne peut, à peine de nullité, être établi sans autorisation délivrée par le préfet. – *[Anc. art. R. 412-12.]*

Art. R. 141-29-1 *(Décr. n° 2017-1411 du 27 sept. 2017, art. 1er-1°)* Le silence gardé par le préfet sur une demande d'autorisation d'établissement de droits d'usage dans une forêt de protection ne relevant pas du régime forestier, mentionnée à l'article R. 141-29, vaut décision de rejet.

SOUS-SECTION 3 Dispositions relatives aux travaux de recherche et aux captages d'eau destinée à la consommation humaine dans les forêts de protection

§ 1 Dispositions communes

Art. R. 141-30 *(Abrogé par Décr. n° 2023-1402 du 29 déc. 2023, art. 1er) « Par dérogation aux dispositions de l'article R. 141-14, »* le préfet peut déclarer d'utilité publique l'exécution de travaux nécessaires à la recherche d'eau destinée à la consommation humaine, ou à l'implantation d'ouvrages de captage, projetés par une collectivité publique compétente en matière de distribution d'eau, ou par son délégataire, dans le périmètre d'une forêt de protection à la condition que soient réunies les conditions suivantes :

1° La ressource disponible en dehors du périmètre de protection est insuffisante en quantité ou en qualité pour répondre aux besoins de la population des communes intéressées ;

2° Les travaux ou ouvrages envisagés ne modifient pas fondamentalement la destination forestière des terrains ;

3° Le prélèvement sur les eaux souterraines ou superficielles n'est pas susceptible de nuire à la conservation de l'écosystème forestier ou à la stabilité des sols dans le périmètre de protection.

Seules les installations nécessaires au captage peuvent être autorisées dans le périmètre de protection, à l'exclusion des installations de traitement de l'eau ou de mise en pression en vue de la distribution dans le réseau public.

Le tracé des canalisations de transport de l'eau prélevée ou les réseaux nécessaires à l'alimentation énergétique ou au contrôle de la station de captage dans la forêt est déterminé de façon à limiter le plus possible la traversée des parcelles forestières classées. Il est établi en priorité dans l'emprise des voies ou autres alignements exclus du périmètre de classement ou, à défaut, dans celle des routes forestières ou chemins d'exploitation forestiers. – *[Anc. art. R. 412-19.]*

Art. R. 141-31 Le préfet statue au vu des engagements de la collectivité pétitionnaire et, le cas échéant, de son délégataire quant aux modalités d'exécution des travaux en vue de limiter leurs incidences sur la stabilité des sols, la végétation forestière et les écosystèmes forestiers. Il prend acte de ces engagements dans la déclaration d'utilité publique et peut les compléter par des prescriptions particulières.

Lorsque ces engagements ou prescriptions particulières sont méconnus, le préfet peut, après mise en demeure, suspendre l'exécution des travaux ou de l'exploitation des ouvrages. Si des travaux ont été entrepris en l'absence de déclaration d'utilité publique, le préfet suspend leur exécution sans délai. – *[Anc. art. R. 412-20.]*

Art. R. 141-32 La collectivité publique est tenue, le cas échéant solidairement avec son délégataire, de remettre les lieux en état au terme des travaux, en cas d'abandon de ceux-ci ou en fin d'exploitation du captage, notamment de combler les forages, de démanteler toutes constructions et canalisations et de reboiser le site en essences forestières conformément *(Décr. nº 2017-512 du 7 avr. 2017, art. 1er-3º)* « au programme régional de la forêt et du bois ».

En cas de manquement à cette obligation, le préfet peut ordonner le rétablissement des lieux en l'état et, le cas échéant, son exécution d'office dans les conditions prévues à l'article R. 141-25. – *[Anc. art. R. 412-21.]*

§ 2 Travaux nécessaires à la recherche de la ressource en eau dans les forêts de protection

Art. R. 141-33 La demande de déclaration d'utilité publique de travaux de recherche de la ressource en eau est présentée au préfet par la collectivité publique intéressée, par tout moyen permettant d'établir date certaine. Elle comporte :

1º Un rapport établissant l'insuffisance de la ressource disponible telle que mentionnée à l'article R. 141-30 et indiquant les actions qui ont été menées pour améliorer la quantité ou la qualité de l'eau prélevée à partir des captages existants ;

2º La description des travaux envisagés et le calendrier prévisionnel de leur réalisation ;

3º Les engagements mentionnés à l'article R. 141-31 quant aux modalités d'exécution des travaux ;

4º Les éléments énumérés à l'article R. 214-32 du code de l'environnement ;

5º Si des défrichements sont nécessaires, les éléments prévus à l'article R. 341-1 du présent code.

La demande vaut déclaration au titre du II de l'article L. 214-3 du code de l'environnement. Elle vaut également, le cas échéant, demande d'autorisation de défrichement au titre des articles L. 214-13 ou L. 341-3 du présent code. – *[Anc. art. R. 412-22.]*

§ 3 Travaux et ouvrages nécessaires au captage d'eau dans les forêts de protection

Art. R. 141-34 L'établissement d'un captage d'eau destinée à la consommation humaine dans une forêt de protection est soumis aux dispositions du chapitre I du titre II du livre III de la première partie du code de la santé publique, ainsi qu'aux dispositions de la présente sous-section.– *[Anc. art. R. 412-23.]*

Art. R. 141-35 Lorsqu'elle entend procéder à l'implantation d'un captage d'eau dans une forêt de protection dans les conditions prévues à l'article R. 141-30, la collectivité publique intéressée dépose auprès du préfet une demande qui comprend :

1º La description des caractéristiques des installations de captage, des réseaux destinés au transport de l'eau, à l'alimentation en énergie ou au contrôle de la station, des bâtiments, des voies d'accès et autres installations connexes ;

2º Un plan à l'échelle du 1/10 000 désignant les emprises des équipements ;

3º L'indication pour chaque parcelle de la superficie des terrains d'emprise ;

4º L'exposé des motifs d'intérêt général qui s'attachent à l'installation d'un captage dans la forêt de protection au regard des conditions prévues à l'article R. 141-30 ;

5º Un rapport, établi par un hydrogéologue agréé en matière d'hygiène publique, démontrant l'insuffisance de la ressource disponible hors de ce périmètre ;

(Décr. nº 2016-1110 du 11 août 2016, art. 6-2º) « 6º L'étude d'impact prévue à l'article L. 122-1 du code de l'environnement ou la décision de l'autorité environnementale dispensant le demandeur de réaliser une évaluation environnementale ; »

7º Les engagements de la collectivité publique compétente et, s'il y a lieu, ceux de son délégataire quant aux modalités d'exécution des travaux ;

8º Si le projet nécessite des défrichements, les éléments prévus à l'article R. 341-1 du présent code. – *[Anc. art. R. 412-24.]*

Art. R. 141-36 L'étude d'impact mentionnée au 6º de l'article R. 141-35 précise notamment :

1° Les incidences prévisibles des infrastructures projetées, y compris celles des voies et réseaux nécessaires, sur les boisements existants, sur la faune et la flore environnantes, sur l'érosion des sols et sur les risques naturels à l'intérieur du périmètre de protection ;

2° Les effets à terme des prélèvements en eau sur la préservation des écosystèmes forestiers et sur la stabilité des sols ;

3° Les effets des mêmes prélèvements sur le régime des eaux. En cas de prélèvement d'eau dans une nappe alluviale, l'étude apprécie en particulier l'absence d'impact significatif sur la qualité des cours d'eau alimentés par cette nappe, sur leur débit d'étiage compte tenu des autres captages existants. — *[Anc. art. R. 412-25.]*

Art. R. 141-37 Après réception du dossier complet, le préfet soumet la demande de déclaration d'utilité publique mentionnée à l'article R. 141-35 à l'enquête publique prévue à l'article L. 123-1 du code de l'environnement.

Le dossier d'enquête publique comprend, outre les éléments prévus *(Décr. nº 2017-626 du 25 avr. 2017, art. 10)* « à l'article R. 123-8 » du même code, les pièces mentionnées aux 5° et 6° de l'article R. 141-35 du présent code.

Dans le cas où le préfet décide de regrouper l'enquête publique avec celle prévue pour l'application de l'article L. 215-13 du code de l'environnement et, le cas échéant, *[de l'article]* L. 214-4 du même code, le dossier est complété par les éléments prévus pour l'application de ces dispositions. — *[Anc. art. R. 412-26.]*

Art. R. 141-38 L'arrêté du préfet, prévu à l'article R. 1321-8 du code de la santé publique, vaut déclaration d'utilité publique en application de l'article L. 141-5 du présent code. — *[Anc. art. R. 412-27.]*

SOUS-SECTION 4 **Dispositions relatives aux fouilles et sondages archéologiques dans les forêts de protection**

(Décr. nº 2018-254 du 6 avr. 2018, art. 1er)

Art. R. 141-38-1 *(Abrogé par Décr. nº 2023-1402 du 29 déc. 2023, art. 1er)* *« Par dérogation aux dispositions de l'article R. 141-14, »* le préfet, le cas échéant celui désigné en application du deuxième alinéa de l'article R. 141-1, peut autoriser la réalisation d'une opération archéologique dans le périmètre d'une forêt de protection, lorsque cette opération :

1° Relève, selon les cas, d'une autorisation de fouilles ou de sondages délivrée en application des articles R. 531-1 ou R. 531-2 du code du patrimoine ou d'une décision d'exécution de fouilles ou de sondages en application de l'article R. 531-5 du même code ;

2° Ne compromet pas les exigences, fixées à l'article L. 141-2, de conservation ou de protection des boisements et ne modifie pas fondamentalement la destination forestière des terrains ;

3° N'est pas susceptible de nuire à la conservation des écosystèmes forestiers ou à la stabilité des sols dans le périmètre de protection.

Art. R. 141-38-2 I. — La demande d'autorisation de fouilles ou de sondages archéologiques en forêt de protection est transmise au préfet mentionné à l'article R. 141-38-1 par le préfet de région, par tout moyen permettant d'établir la date certaine de cette transmission.

II. — Cette demande comporte :

1° Un rapport de présentation des objectifs scientifiques de l'opération projetée ;

2° La description des travaux envisagés accompagnée d'un calendrier prévisionnel de leur réalisation, d'un plan parcellaire et d'un plan au 1/10 000 de la zone concernée ;

3° Une analyse des incidences négatives et positives, directes et indirectes, temporaires et permanentes, à court, moyen et long terme de l'opération archéologique sur la destination forestière des lieux et les écosystèmes forestiers ; cette analyse est proportionnée à l'importance de l'opération et de ses incidences ;

4° Les mesures prévues afin d'éviter les incidences négatives identifiées par l'analyse prévue au 3°, de réduire les incidences n'ayant pu être évitées et de compenser, lorsque cela est possible, les incidences négatives du projet qui n'ont pu être ni évitées ni suffisamment réduites, en précisant les conditions de remise en état des lieux au terme des travaux de fouille ou de sondage qui prévoient, sans modifier fondamentalement la topographie initiale des terrains concernés, le reboisement du site en essences forestières conformément aux directives et schémas mentionnés à l'article L. 122-2 ;

5° Le cas échéant, les éléments énumérés à l'article R. 214-32 du code de l'environnement.

Lorsque le dossier comporte les éléments énumérés à l'article R. 214-32 du code de l'environnement, le délai prévu à l'article R. 214-33 du même code court à compter de cette transmission.

Le demandeur est informé de la date de la transmission prévue au I.

III. — Par dérogation au I, le préfet de région n'est pas tenu de transmettre la demande d'autorisation en application du présent article s'il décide de ne pas délivrer l'autorisation prévue aux articles R. 531-1 ou R. 531-2 du code du patrimoine ou de ne pas exécuter les fouilles ou les sondages en application de l'article R. 531-5 du même code.

Art. R. 141-38-3 I. — Le préfet dispose d'un délai de deux mois à compter de la réception du dossier complet de la demande pour rendre sa décision. Le silence gardé pendant ce délai vaut décision de rejet.

II. — Le préfet statue au vu du dossier de demande prévu à l'article R. 141-38-2 sur les modalités d'exécution de l'opération archéologique en vue de limiter ses incidences sur la stabilité des sols, la végétation forestière et les écosystèmes forestiers, ainsi que sur les modalités de remise en état des lieux aux termes des travaux. Il prend acte de ces modalités dans sa décision et peut les compléter par des prescriptions particulières.

III. — Lorsque ces modalités ou prescriptions particulières sont méconnues, le préfet peut, après mise en demeure, ordonner leur exécution dans un délai qu'il fixe et qui ne peut être inférieur à un mois. Si le manquement persiste à l'issue de ce délai, le préfet peut ordonner la suspension des opérations de fouilles ou de sondages archéologiques, le rétablissement des lieux en l'état et, le cas échéant, son exécution d'office dans les conditions prévues à l'article R. 141-25.

Art. R. 141-38-4 Les opérations de fouilles et de sondages archéologiques autorisées ou décidées en application des articles R. 531-1, R. 531-2 ou R. 531-5 du code du patrimoine avant l'entrée en vigueur d'un classement comme forêt de protection, peuvent être poursuivies sans l'autorisation prévue à l'article R. 141-38-1. Dans les six mois suivant cette entrée en vigueur, le responsable de chaque opération archéologique se fait connaître du préfet de région et lui transmet les éléments permettant d'apprécier les incidences de l'opération sur la conservation et la protection des boisements faisant l'objet du classement. Le préfet de région les adresse sans délai au préfet, le cas échéant celui désigné en application du deuxième alinéa de l'article R. 141-1.

Le préfet examine si les modes d'occupation du sol générés par les opérations mentionnées au premier alinéa sont de nature à porter atteinte aux intérêts mentionnés aux 2° et 3° de l'article R. 141-38-1. Dans l'affirmative, il impose, après avoir porté le projet d'arrêté à la connaissance du responsable de l'opération archéologique en lui laissant quinze jours pour présenter ses observations éventuelles par écrit et après en avoir informé le préfet de région, toutes prescriptions complémentaires qu'il estime nécessaires en vue de limiter les incidences des travaux sur la stabilité des sols, la végétation forestière et les écosystèmes forestiers, dans les conditions prévues au II de l'article R. 141-38-3. ***Ces prescriptions sont proportionnées afin de ne pas compromettre l'opération.*** — *Le Décr. n° 2018-254 du 6 avr. 2018 relatif au régime spécial applicable dans les forêts de protection prévu à l'art. L. 141-4 du C. for. est annulé en tant qu'il introduit au C. for. un art. R. 141-38-4 dont le 2e al. comporte la phrase : « Ces prescriptions sont proportionnées afin de ne pas compromettre l'opération » (Décis. n° 424290 du 18 déc. 2020 du Conseil d'État statuant au contentieux, JO 10 janv. 2021).*

Dans les forêts de protection, les changements d'affectation et modes d'occupation du sol qui ne compromettent pas la conservation ou la protection des boisements peuvent être autorisés. • CE 18 déc. 2020, n° 424290 : *RD rur. 2021, n° 175, note Rondeau.*

SOUS-SECTION 5 Dispositions relatives à la recherche ou à l'exploitation souterraine des gisements d'intérêt national de gypse dans les forêts de protection

(Décr. n° 2018-254 du 6 avr. 2018, art. 1er)

§ 1 Dispositions communes

Art. R. 141-38-5 I. — *(Abrogé par Décr. n° 2023-1402 du 29 déc. 2023, art. 1er)* « *Par dérogation aux dispositions de l'article R. 141-14,* » le préfet peut autoriser, dans le périmètre d'une forêt de protection, l'exécution de travaux nécessaires à la recherche et l'exploitation souterraine de gisements d'intérêt national de gypse identifiés dans un schéma régional des carrières pris en application de l'article L. 515-3 du code de l'environnement.

En l'absence d'un tel schéma, sont regardés comme des gisements d'intérêt national de gypse pour l'application des dispositions de la présente sous-section ceux d'intérêt national identifiés dans une zone spéciale de carrière prévue à l'article L. 321-1 du code minier ou, en Île-de-France, dans le schéma directeur de la région d'Île-de-France prévu à l'article L. 123-1 du code de l'urbanisme.

II. — *(Décr. n° 2023-1402 du 29 déc. 2023, art. 1er)* « L'autorisation » prévue au I ne peut être accordée que si les travaux :

1° Ne compromettent pas les exigences, fixées à l'article L. 141-2, de conservation ou de protection des boisements et ne modifient pas fondamentalement la destination forestière des terrains ;

2° Ne sont pas susceptibles de nuire à la conservation de l'écosystème forestier ou à la stabilité des sols dans le périmètre de protection ;

3° Sont limités en surface :

— aux emprises temporaires nécessaires aux travaux de recherche et aux travaux préalables à la mise en exploitation du gypse, qui sont déterminées de façon à limiter le plus possible l'occupation des parcelles forestières classées ;

— aux équipements, constructions, aménagements et infrastructures indispensables à l'exploitation souterraine et à la sécurité de celle-ci, qui sont déterminés de façon à limiter le plus possible l'occupation des parcelles forestières classées.

Pour les équipements, constructions, aménagements et infrastructures indispensables à l'exploitation souterraine et à la sécurité de celle-ci, l'emprise correspondante ne peut pas dépasser six hectares de la surface de la forêt protégée hors :

— les chemins existant avant l'exploitation du gypse ;

— ceux des chemins et celles des emprises, établis pour permettre l'installation des puits d'aération, qui seront remis en état dans un délai maximum de six mois à compter de la mise en service du puits d'aération.

§ 2 Travaux nécessaires à la recherche des gisements d'intérêt national de gypse dans les forêts de protection

Art. R. 141-38-6 I. — La demande d'autorisation de travaux de recherche de gypse en forêt de protection est transmise au préfet, le cas échéant celui désigné en application du deuxième alinéa de l'article R. 141-1, par le pétitionnaire, par tout moyen permettant d'établir date certaine.

II. — Cette demande comporte :

1° Les pièces justifiant l'intérêt national du gisement au regard des documents mentionnés au I de l'article R. 141-38-5 ;

2° Un rapport de présentation des travaux de recherche projetés accompagné d'un calendrier prévisionnel, d'un plan parcellaire, d'un plan au 1/10 000 de la zone, des schémas d'accès et de circulation et des équipements dont la mise en œuvre est envisagée ;

3° L'analyse de l'incidence des travaux de recherche projetés sur la destination forestière des lieux et les modalités de reconstitution de l'état boisé au terme des travaux ;

4° Une analyse des incidences négatives et positives, directes et indirectes, temporaires et permanentes, à court, moyen et long terme, du projet sur l'environnement, en particulier sur la faune et la flore, les habitats naturels et les continuités écologiques telles que définies par l'article L. 371-1 du code de l'environnement ainsi que l'addition et l'interaction de ces incidences entre elles ; cette analyse est proportionnée à l'importance du projet et de ses incidences ;

5° Les mesures prévues afin d'éviter les incidences négatives, identifiées par les analyses prévues aux 3° et 4°, de réduire les incidences n'ayant pu être évitées et de compenser, lorsque cela est possible, les incidences négatives du projet qui n'ont pu être ni évitées ni suffisamment réduites, en précisant les conditions de remise en état des lieux au terme des travaux de recherche qui prévoient, sans modifier fondamentalement la topographie initiale des terrains concernés, le reboisement du site en essences forestières conformément aux directives et schémas mentionnés à l'article L. 122-2.

Art. R. 141-38-7 I. — Le préfet dispose d'un délai de deux mois à compter de la réception du dossier complet de la demande pour prendre sa décision, après consultation du conseil scientifique régional du patrimoine naturel prévu à l'article L. 411-1 A du code de l'environnement et de la commission départementale de la nature, des paysages et des sites prévue à l'article L. 341-16 du même code.

Le silence gardé par le préfet pendant le délai mentionné au premier alinéa vaut décision de rejet.

II. — Le préfet statue au vu du dossier de demande prévu à l'article R. 141-38-6 sur les modalités d'exécution des travaux de recherche en vue de limiter leurs incidences sur la stabilité des sols, la végétation forestière et les écosystèmes forestiers ainsi que sur les modalités de remise en état des lieux aux termes des travaux. Il prend acte de ces modalités dans sa décision et peut les compléter par des prescriptions particulières.

III. — Lorsque ces modalités ou prescriptions particulières sont méconnues, le préfet peut, après mise en demeure, ordonner leur exécution dans un délai qu'il fixe et qui ne peut être inférieur à un mois. Si le manquement persiste à l'issue de ce délai, le préfet peut ordonner la suspension des travaux de recherche, le rétablissement des lieux en l'état et, le cas échéant, son exécution d'office dans les conditions prévues à l'article R. 141-25.

§ 3 Travaux et ouvrages nécessaires à l'exploitation souterraine des gisements d'intérêt national de gypse dans les forêts de protection

Art. R. 141-38-8 L'autorisation prévue à l'article R. 141-38-5 est instruite et délivrée dans le cadre de l'autorisation environnementale prévue à l'article L. 181-1 du code de l'environnement.

Art. R. 141-38-9 Les carrières souterraines de gypse, autorisées au titre de la nomenclature mentionnée à l'article R. 511-9 du code de l'environnement avant l'entrée en vigueur d'un classement comme forêt de protection, peuvent continuer à être exploitées sans l'autorisation prévue à l'article R. 141-38-8. Dans les six mois suivant cette entrée en vigueur, les exploitants se font connaître du préfet et lui transmettent les éléments permettant d'apprécier les incidences de leur exploitation sur la conservation et la protection des boisements faisant l'objet du classement.

Le préfet examine si les modes d'occupation du sol générés par l'exploitation des carrières mentionnées au premier alinéa sont de nature à porter atteinte aux intérêts mentionnés aux 1° et 2° du II de l'article R. 141-38-5. Dans l'affirmative, il impose, après avoir porté le projet d'arrêté à la connaissance de l'exploitant en lui laissant quinze jours pour présenter ses observations éventuelles par écrit, toutes prescriptions complémentaires qu'il estime nécessaires en vue de limiter les incidences des travaux sur la stabilité des sols, la végétation forestière et les écosystèmes forestiers. Ces prescriptions sont proportionnées afin de ne pas compromettre l'exploitation de la carrière.

SOUS-SECTION 6 Dispositions relatives aux autorisations de travaux autres que ceux mentionnés aux sous-sections 3, 4 et 5 dans les forêts de protection

(Décr. n° 2023-1402 du 29 déc. 2023, art. 1er)

Art. R. 141-38-10 I. — Les défrichements, fouilles, extractions de matériaux, emprises, exhaussements du sol ou dépôts mentionnés au premier alinéa de l'article R. 141-14 peuvent être admis dans le périmètre d'une forêt de protection, sous réserve de l'obtention d'une autorisation délivrée par le préfet, à l'occasion de la réalisation :

1° De travaux de maintenance, réhabilitation, entretien et extension limitée d'immeubles, d'infrastructures et d'installations existantes, à condition qu'ils soient en harmonie avec le site et les constructions existantes ;

2° De travaux d'implantation de canalisations, de réseaux enterrés d'eau ou d'électricité ou de réseaux filaires, à condition qu'ils soient réalisés sur des emprises non boisées déjà existantes, qu'ils ne puissent être réalisés ailleurs qu'en forêt de protection, qu'ils correspondent à des nécessités techniques et que les terrains soient remis en état à l'issue des travaux ;

3° De nouveaux aménagements légers et nécessaires à l'exercice des activités agricoles, pastorales et forestières, dont la surface de plancher et l'emprise au sol, au sens de l'article R*. 420-1 du code de l'urbanisme, n'excèdent pas cinquante mètres carrés, à condition qu'ils soient en harmonie avec le site et les constructions existantes ;

4° Sur une emprise temporaire, de travaux nécessaires à l'entretien et à l'aménagement d'une infrastructure publique située en dehors d'une forêt de protection, à condition qu'ils ne puissent être réalisés ailleurs qu'en forêt de protection, qu'ils correspondent à des nécessités techniques et que les terrains soient remis en état à l'issue des travaux ;

5° Sur une emprise temporaire, de travaux nécessaires à la réalisation d'un projet d'utilité publique dont l'emprise est située en dehors d'une forêt de protection, pour la durée du chantier uniquement, à condition qu'ils ne puissent être réalisés ailleurs qu'en forêt de protection et que les terrains soient remis en état à l'issue des travaux.

II. — L'autorisation mentionnée au I ne peut être délivrée que si les travaux ne compromettent pas les exigences, fixées à l'article L. 141-2, de conservation ou de protection des boisements, ne modifient pas fondamentalement la destination forestière des terrains et ne sont pas susceptibles de nuire à la conservation de l'écosystème forestier ou à la stabilité des sols dans le périmètre de protection.

Art. R. 141-38-11 La demande d'autorisation est transmise au préfet, le cas échéant celui désigné en application du second alinéa de l'article R. 141-1, par le pétitionnaire, par tout moyen permettant d'établir date certaine.

Elle comporte :

1° Un rapport de présentation des travaux projetés accompagné d'un calendrier prévisionnel, d'un plan parcellaire, d'un plan de la zone à l'échelle 1/10 000, des schémas d'accès et de circulation et d'un schéma indiquant la nature et l'emplacement des équipements dont la mise en œuvre est envisagée ;

2° L'analyse de l'incidence des travaux projetés sur la destination forestière des lieux et les modalités de reconstitution de l'état boisé au terme des travaux ;

3° Une analyse des incidences négatives et positives, directes et indirectes, temporaires et permanentes, à court, moyen et long terme, du projet sur le bien-être des populations et la prévention des risques naturels, sur l'environnement, en particulier sur la faune et la flore, les habitats naturels et les continuités écologiques telles que définies par l'article L. 371-1 du code de l'environnement ainsi que de l'addition et l'interaction de ces incidences entre elles ;

4° Les mesures prévues afin d'éviter les incidences négatives, identifiées par les analyses prévues aux 2° et 3°, de réduire les incidences n'ayant pu être évitées et de compenser, lorsque cela est possible, les incidences négatives du projet qui n'ont pu être ni évitées ni suffisamment réduites, en précisant les conditions de remise en état des lieux au terme des travaux qui prévoient, sans modifier fondamentalement la topographie initiale des terrains concernés, le reboisement du site en essences forestières conformément aux directives et schémas mentionnés à l'article L. 122-2.

Art. R. 141-38-12 I. — Le préfet dispose d'un délai de quatre mois à compter de la réception du dossier complet de demande d'autorisation pour prendre sa décision, après consultation du conseil scientifique régional du patrimoine naturel prévu à l'article L. 411-1 A du code de l'environnement et de la commission départementale de la nature, des paysages et des sites prévue à l'article L. 341-16 du même code (formations nature et paysage). Si le conseil scientifique régional du patrimoine naturel ou la commission départementale de la nature, des paysages et des sites n'a pas formulé d'avis dans un délai de trois mois à compter de la date de sa saisine, son avis est réputé favorable.

Le silence gardé par le préfet pendant le délai mentionné au premier alinéa vaut décision de rejet.

II. — Le préfet statue au vu du dossier de demande d'autorisation prévu à l'article R. 141-38-11 sur les modalités d'exécution des travaux prévus à l'article R. 141-38-10 en vue de limiter leurs incidences sur la stabilité des sols, la végétation forestière et les écosystèmes forestiers ainsi que sur les modalités de remise en état des lieux au terme des travaux. Il prend acte de ces modalités dans sa décision et peut les compléter par des prescriptions particulières.

III. — Lorsque ces modalités ou prescriptions particulières sont méconnues, le préfet peut, après mise en demeure, ordonner leur exécution dans un délai qu'il fixe et qui ne peut être inférieur à un mois. Si le manquement persiste à l'issue de ce délai, le préfet peut ordonner la suspension des travaux, le rétablissement des lieux en l'état et, le cas échéant, son exécution d'office dans les conditions prévues à l'article R. 141-25.

SECTION 3 **Indemnités et acquisitions par l'État**

Art. R. 141-39 Les indemnités auxquelles peuvent prétendre, en application de l'article L. 141-7, les propriétaires autres que l'État et les titulaires de droits d'usage sont réglées par périodes de cinq ans. Elles courent du jour de l'affichage du décret de classement prescrit à l'article R. 141-10.

Les indemnités concernent la diminution de revenu normal de la forêt subie durant cette période par les intéressés ou, le cas échéant, par leurs ayants droit, déduction faite, s'il y a lieu, des plus-values de revenus pouvant résulter de travaux exécutés par l'État ; mais, en aucun cas, quelle que soit l'augmentation de revenu procurée par ces travaux, l'État ne peut exiger, de ce fait, une indemnité du propriétaire.

Les propriétaires et titulaires d'un droit d'usage adressent leur demande au préfet, déterminé comme il est dit à l'article R. 141-21. La demande précise la date à partir de laquelle l'indemnité est réclamée. Récépissé est délivré de cette demande. — *[Anc. art. R. 413-1.]*

Art. R. 141-40 En cas d'accord avec le demandeur, le montant de l'indemnité est définitivement arrêté par le ministre chargé des forêts, sur proposition du préfet. Si l'accord n'a pu s'établir dans les six mois de la production de la demande, celle-ci est renvoyée à son auteur avec attestation du défaut d'accord et indication que l'intéressé peut se pourvoir devant le tribunal administratif. — *[Anc. art. R. 413-2.]*

Art. R. 141-41 Lorsque le ministre chargé des forêts décide l'acquisition par l'État d'immeubles en nature de bois et forêts classés comme forêts de protection, il est procédé, à défaut d'accord avec le propriétaire, à l'expropriation de ces immeubles conformément aux dispositions du code de l'expropriation pour cause d'utilité publique. — *[Anc. art. R. 413-3.]*

Art. R. 141-42 Le propriétaire de bois et forêts classés qui pense être fondé à exiger, en application du deuxième alinéa de l'article L. 141-7, l'acquisition par l'État de sa forêt de protection adresse au ministre chargé des forêts une demande accompagnée de la justification d'une perte d'au moins la moitié du revenu qu'il tire de cette forêt.

Si le ministre reconnaît que le classement a privé l'intéressé d'au moins la moitié du revenu normal de sa forêt, il est procédé à l'acquisition de cette forêt, conformément aux règles prescrites par l'article R. 141-41. Si, au contraire, le ministre estime qu'il n'est pas établi que le revenu normal de la forêt a été réduit de moitié, il en avise, dans les deux mois de la demande, le propriétaire en le renvoyant à se pourvoir devant le tribunal administratif.

En cas de décision juridictionnelle favorable aux prétentions du propriétaire, il est procédé, par le ministre chargé des forêts, à l'acquisition de la forêt et, en cas de désaccord sur le prix, à la fixation de ce prix *(Décr. nº 2014-1635 du 26 déc. 2014, art. 4-V, en vigueur le 1er janv. 2015)* « conformément aux dispositions du livre III du code de l'expropriation pour cause d'utilité publique ». — *[Anc. art. R. 413-4.]*

CHAPITRE II CONSERVATION ET RESTAURATION DES FORÊTS EN MONTAGNE

SECTION 1 Mise en défens

Art. R. 142-1 Le préfet dresse un procès-verbal de reconnaissance des terrains dont la mise en défens est estimée nécessaire dans l'intérêt public, et établit un plan des lieux. – *[Anc. art. R. 421-1.]*

Art. R. 142-2 Le procès-verbal de reconnaissance mentionné à l'article R. 142-1 expose la configuration des lieux, leur altitude moyenne, leurs conditions au point de vue de la géologie et du climat, l'état de dégradation du sol et ses causes, les dommages qui en résultent et les dangers qu'il présente.

Le procès-verbal est accompagné d'un tableau parcellaire précisant, pour chaque parcelle ou partie de parcelle comprise dans le périmètre, la section et le numéro de la matrice cadastrale, la contenance, le nom du propriétaire, le revenu imposable et le mode de jouissance adopté.

Le procès-verbal de reconnaissance indique, en outre, la nature, la situation et les limites des terrains à interdire au parcours, la durée de la mise en défens, laquelle ne peut excéder dix ans, et le délai pendant lequel les parties intéressées peuvent procéder au règlement des indemnités à accorder aux propriétaires pour privation de jouissance.

Le plan des lieux est établi d'après le cadastre et porte l'indication des sections et des numéros de parcelles. – *[Anc. art. R. 421-2.]*

Art. R. 142-3 La décision prononçant la mise en défens en application de l'article L. 142-1 est prise après :

1° Une enquête dans chacune des communes intéressées ;

2° Une délibération du conseil municipal de ces communes ;

3° L'avis de la commission spéciale prévue à l'article R. 142-6 ;

4° L'avis du conseil départemental. – *[Anc. art. R. 421-3.]*

Art. R. 142-4 Le préfet ouvre, dans chacune des communes intéressées, l'enquête mentionnée au 1° de l'article R. 142-3 dans les conditions prévues *(Décr. n° 2016-308 du 17 mars 2016, art. 6-III)* « par le chapitre IV du titre III du livre I du code des relations entre le public et l'administration » et dans celles précisées à la présente section.

Le commissaire enquêteur désigné reçoit, à la mairie, les observations des habitants et propriétaires sur l'intérêt de la mise en défens pendant au moins trois journées. – *[Anc. art. R. 421-4, al. 1er, al. 4 phrase 2.]*

Art. R. 142-5 Dans les huit jours suivant la clôture de l'enquête, le conseil municipal exprime son avis dans la délibération prévue à l'article R. 142-3 dont le procès-verbal est adressé au préfet. Il désigne, en outre, dans les conditions fixées à l'article R. 142-6, ses deux délégués à la commission spéciale mentionnée au 3° de l'article R. 142-3. – *[Anc. art. R. 421-5.]*

Art. R. 142-6 Le dossier est ensuite transmis à une commission spéciale composée :

1° Du préfet ou de son représentant, président, avec voix prépondérante ;

2° D'un membre du conseil départemental délégué par cette assemblée et ne représentant pas le canton où se trouvent les terrains en cause *(Décr. n° 2017-1822 du 28 déc. 2017, art. 2-2°)* « ou, en Corse, un conseiller à l'Assemblée de Corse désigné par celle-ci » ;

3° De deux délégués de chaque commune intéressée, désignés par le conseil municipal, en dehors des propriétaires de terrains compris dans le périmètre ;

4° De deux agents des services de l'État, nommés par le préfet. – *[Anc. art. R. 421-6.]*

Art. R. 142-7 La commission spéciale se réunit sur convocation du préfet. Elle examine le dossier de chaque commune séparément et donne son avis motivé sur l'intérêt public de la mise en défens.

Cet avis doit être formulé sous forme de procès-verbal dans le délai de deux mois à partir de la convocation. – *[Anc. art. R. 421-7.]*

Art. R. 142-8 Si le projet de mise en défens reçoit un avis favorable du commissaire enquêteur, de la commission spéciale et du conseil départemental, le préfet prononce la mise en défens.

Dans le cas contraire, la mise en défens est prononcée, conformément aux dispositions de l'article L. 142-1, par décret en Conseil d'État, sur rapport du ministre chargé des forêts, après avis motivé du préfet. – *[Anc. art. R. 421-8.]*

Art. R. 142-9 Si la mise en défens s'étend sur plusieurs départements, il est procédé simultanément dans chaque département à l'accomplissement des formalités prescrites à la présente section. – *[Anc. art. R. 421-9.]*

Art. R. 142-10 L'arrêté préfectoral ou le décret prononçant la mise en défens est publié et affiché dans les communes intéressées et notifié sous forme d'extrait aux divers propriétaires concernés. Cet extrait contient les indications spéciales relatives à chaque parcelle. Il fait connaître le jour initial et la durée de la mise en défens, ainsi que le délai pendant lequel il pourra être procédé au règlement amiable de l'indemnité annuelle due pour privation de jouissance.

Le préfet assure l'accomplissement de ces formalités. – *[Anc. art. R. 421-10.]*

Art. R. 142-11 En cas d'accord avec le propriétaire, le montant de l'indemnité annuelle est fixé par le préfet.

Si, à l'expiration du délai fixé par l'arrêté ou le décret prononçant la mise en défens, aucun accord n'est intervenu, il est procédé au règlement de l'indemnité fixée conformément aux dispositions du deuxième alinéa de l'article L. 142-2.

L'indemnité court à compter de la date à laquelle a été prononcée la mise en défens et se calcule d'après le montant de l'indemnité annuelle, au prorata du nombre de mois et de jours écoulés. – *[Anc. art. R. 421-11.]*

Art. R. 142-12 Dans le cas où le délai fixé par le décret ou l'arrêté prononçant la mise en défens est inférieur à dix ans, s'il apparaît nécessaire de maintenir les terrains en défens jusqu'à l'expiration du délai de dix ans, le préfet notifie sa décision aux propriétaires de ces terrains avant la fin de la dernière année du délai fixé par le décret ou l'arrêté. – *[Anc. art. R. 421-12.]*

Art. R. 142-13 S'il apparaît nécessaire de maintenir les terrains en défens après l'expiration du délai de dix ans fixé par l'article L. 142-2, le préfet notifie sa décision aux propriétaires de ces terrains avant la fin de la dernière année.

Il est alors procédé à l'acquisition des terrains par l'État, en vue notamment d'entreprendre la restauration des terrains en montagne, dans les conditions prévues aux articles L. 142-7 et suivants et R. 142-21 à R. 142-30.

Cette acquisition est réalisée à l'amiable ou par voie d'expropriation dans les formes prescrites par le code de l'expropriation pour cause d'utilité publique. – *[Anc. art. R. 421-13.]*

SECTION 2 **Réglementation des pâturages communaux en montagne**

Art. R. 142-14 Les communes désignées par décret en application de l'article L. 142-5, sur le territoire desquelles des périmètres de restauration obligatoire ou de mise en défens ont été créés, sont inscrites sur un tableau établi par département, annexé à ce décret. Le décret, publié au recueil des actes administratifs, est adressé aux fins d'affichage au maire des communes intéressées.

Le tableau est révisé annuellement et, au plus tard, le 1er octobre de chaque année. Dans le délai d'un mois suivant sa publication, un extrait de ces modifications est notifié par le préfet à chaque commune. – *[Anc. art. R. 422-1.]*

Art. R. 142-15 Le conseil municipal de chaque commune désignée en application de l'article L. 142-5 délibère, avant le 1er janvier de chaque année, sur un règlement de l'exercice du pâturage sur les terrains appartenant à la commune qu'ils soient ou non situés sur son territoire.

Le règlement indique notamment :

1° La nature, les limites et la superficie totale des terrains communaux soumis au pâturage ;

2° Les limites et l'étendue des espaces où il y a lieu de cantonner les troupeaux dans le cours de l'année ;

3° Les chemins par lesquels les bestiaux doivent passer pour aller au pacage et en revenir ;

4° Les diverses espèces de bestiaux et le nombre de têtes qu'il convient d'y introduire ;

5° L'époque à laquelle commence et finit l'exercice du pâturage, suivant les espaces et la catégorie des bestiaux ;

6° La désignation du berger ou des bergers communs choisis par l'autorité municipale pour conduire le troupeau de chaque commune ou section de commune ;

7° Toutes autres conditions de police relatives à l'exercice du pâturage.

Les cahiers des charges et de baux concernant les pâturages communaux à affermer sont assimilés aux règlements de pâturage et soumis aux mêmes formalités.

L'autorité municipale assure la publicité de ce règlement. – *[Anc. art. R. 422-2, R. 422-3, al. 1er.]*

Art. R. 142-16 Les règlements établis par le préfet, en exécution des dispositions de l'article L. 142-6 et après accomplissement de la procédure mentionnée à cet article, sont exécutoires après notification au maire de la commune intéressée. – *[Anc. art. R. 422-5.]*

SECTION 3 Mise en valeur des terrains en montagne

Art. D. 142-17 Dans les départements de montagne, où l'érosion active, les mouvements de terrain ou l'instabilité du manteau neigeux créent des risques pour les personnes, le site lui-même et les biens, des subventions peuvent être accordées aux collectivités territoriales et à leurs groupements, aux établissements publics, aux associations syndicales ou pastorales et aux particuliers, pour la réalisation d'études et de travaux destinés à prévenir l'érosion et à limiter l'intensité des phénomènes naturels générateurs de risques.

Ces travaux peuvent consister en reboisement et reverdissement, coupes et travaux sylvicoles nécessaires à la pérennité des peuplements à rôle protecteur, stabilisation des terrains sur les pentes et du manteau neigeux et correction torrentielle.

Les programmes de travaux peuvent comprendre, subsidiairement, des ouvrages complémentaires de protection passive, réalisés à proximité immédiate des objectifs existants à protéger, tels que digues, épis et plages de dépôt. – *[Anc. art. L. 423-1.]*

Art. D. 142-18 Les subventions de l'État relatives aux travaux mentionnés à l'article D. 142-17 sont accordées par le préfet. – *[Anc. art. R. 423-1, al. 1er.]*

Art. D. 142-19 Les travaux sont exécutés sous le contrôle des agents de l'État. Le montant des subventions peut être récupéré par l'État, en cas d'inexécution ou de mauvaise exécution des travaux constatées contradictoirement ou en l'absence des propriétaires dûment convoqués. – *[Anc. art. R. 423-2, al. 1er phrase 2, al. 2.]*

Art. D. 142-20 Lorsque la mise en valeur de terrains de montagne emporte l'application du régime forestier par application de l'article L. 214-3 en vue de les convertir en bois et forêts ou de les aménager en pâturages, la part de subventions de l'État afférente aux travaux de reboisement, allouée aux communes, aux établissements publics ou aux associations d'utilité publique, est au moins égale aux deux tiers des dépenses effectuées pour cet objet. – *[Anc. art. R. 423-3.]*

SECTION 4 Restauration des terrains en montagne

Art. R. 142-21 Le préfet établit le procès-verbal de reconnaissance des terrains dont la restauration doit faire l'objet d'une déclaration d'utilité publique.

Ce projet peut comprendre l'ensemble des terrains à restaurer dans un même bassin de rivière torrentielle. – *[Anc. art. R. 424-1, R. 424-5, phrase 2.]*

Art. R. 142-22 *(Décr. n° 2014-1635 du 26 déc. 2014, art. 4-V, en vigueur le 1er janv. 2015)* « Sous réserve de l'article R. 142-23 du présent code, l'enquête préalable à la déclaration d'utilité publique prévue à l'article L. 142-7 du présent code est conduite conformément aux dispositions relatives aux enquêtes préalables à une déclaration d'utilité publique régies par le titre I du livre I du code de l'expropriation pour cause d'utilité publique ainsi qu'à celles des articles R. 142-5 et R. 142-7 du présent code relatifs à la mise en défens. »

Les représentants de l'administration à la commission spéciale mentionnés à l'article L. 142-7 sont :

1° Le préfet ou son représentant, président, avec voix prépondérante ;

2° Deux agents des services de l'État nommés par le préfet. – *[Anc. art. R. 424-2.]*

Art. R. 142-23 *(Décr. n° 2014-1635 du 26 déc. 2014, art. 4-V, en vigueur le 1er janv. 2015)* « Le procès-verbal de reconnaissance prévu à l'article R. 142-21 tenant lieu de notice explicative prévue par l'article R. 112-4 du code de l'expropriation pour cause d'utilité publique » expose la configuration des lieux, leur altitude moyenne, leurs conditions au point de vue de la géologie et du climat, l'état de dégradation du sol et ses causes, les dommages qui en résultent et les dangers qu'il présente, les conditions dans lesquelles l'avant-projet des travaux satisfait aux préoccupations d'environnement définies à l'article L. 122-1 du code de l'environnement.

Le procès-verbal est accompagné d'un tableau précisant, pour chaque parcelle ou partie de parcelle comprise dans le périmètre, la section et le numéro de la matrice cadastrale, la contenance, le nom du propriétaire, le revenu cadastral et le mode de jouissance adopté.

Le plan des lieux est dressé d'après le cadastre et porte l'indication des sections et les numéros des parcelles. – *[Anc. art. R. 424-3.]*

Art. R. 142-24 Il est procédé à l'enquête parcellaire dans les conditions définies *(Décr. n° 2014-1635 du 26 déc. 2014, art. 4-V, en vigueur le 1er janv. 2015)* « au titre III du livre I du code de l'expropriation pour cause d'utilité publique ».

La notification individuelle prévue à l'article *(Décr. n° 2014-1635 du 26 déc. 2014, art. 4-V, en vigueur le 1er janv. 2015)* « R. 131-6 » de ce code propose un projet de convention en vue de l'exécution des travaux par les propriétaires, en application de l'article L. 142-8 du présent code. – *[Anc. art. R. 424-4.]*

Art. R. 142-25 Le préfet transmet les enquêtes et avis prescrits par l'article L. 142-7 au ministre chargé des forêts, qui soumet au Conseil d'État le projet de décret prévu à cet article. – *[Anc. art. R. 424-5, phrase 1re.]*

Art. R. 142-26 Le décret est publié et affiché dans les communes intéressées à la diligence du préfet.

Le préfet fait, en outre, notifier aux communes, aux établissements publics et aux particuliers, un extrait du décret et du plan contenant les indications relatives aux terrains qui leur appartiennent. – *[Anc. art. R. 424-6.]*

Art. R. 142-27 Dans un délai de trente jours après la notification prescrite par l'article R. 142-26, les propriétaires particuliers et les associations syndicales libres qui désirent bénéficier des dispositions de l'article L. 142-8 et conserver la propriété de leurs terrains font connaître par écrit au préfet leur acceptation du projet de convention proposé au cours de l'enquête parcellaire et qui contient la justification des moyens d'exécution.

Le préfet notifie aux intéressés les travaux à effectuer sur leurs terrains, les clauses, conditions et délais d'exécution, ainsi que le montant des indemnités qui pourront leur être accordées par l'État. En cas d'acceptation des conditions, les intéressés adressent au préfet, dans un délai de quinze jours, la convention signée en double exemplaire. Un des exemplaires, signé par le préfet, est retourné à l'intéressé pour valoir acceptation.

A défaut de déclaration ou d'acceptation dans les délais précités, les intéressés sont réputés renoncer au bénéfice des dispositions du second alinéa de l'article L. 142-8 et les travaux sont exécutés dans les conditions prévues par le premier alinéa du même article. – *[Anc. art. R. 424-7.]*

Art. R. 142-28 Lorsque le propriétaire des terrains compris dans les périmètres fixés par le décret déclaratif de l'utilité publique est une commune, un établissement public ou que les propriétaires particuliers sont constitués en association syndicale autorisée, la procédure et les délais mentionnés à l'article R. 142-27 sont applicables. L'acceptation des termes de la convention est faite par une délibération motivée. – *[Anc. art. R. 424-8, al. 1er.]*

Art. R. 142-29 Le fait, pour l'organe délibérant d'une commune, d'un établissement public ou d'une association syndicale autorisée, de ne pas inscrire à son budget les crédits nécessaires à l'exécution des travaux neufs ou d'entretien entraîne de plein droit la caducité de la convention prévue au second alinéa de l'article L. 142-8. – *[Anc. art. R. 424-9.]*

Art. R. 142-30 Les travaux neufs ou d'entretien effectués sur leurs terrains, avec ou sans indemnité, par les particuliers, les associations syndicales, les communes ou les établissements publics sont soumis au contrôle des services de l'État.

L'indemnité n'est payée qu'après exécution des travaux au vu d'un procès-verbal de réception.

En cas d'inexécution dans les délais fixés, de mauvaise exécution ou de défaut d'entretien constatés contradictoirement, ou en l'absence des propriétaires dûment convoqués, une décision du ministre chargé des forêts ordonne que les travaux de restauration et de reboisement soient exécutés dans les conditions prescrites au premier alinéa de l'article L. 142-8. – *[Anc. art. R. 424-10.]*

CHAPITRE III **FIXATION DES DUNES**

SECTION 1 **Dispositions générales**

Art. R. 143-1 La demande d'autorisation de coupe de plantes fixant les dunes ou d'arbres épars prévue à l'article L. 143-2 est adressée au préfet du département où sont situées ces dunes, par tout moyen permettant d'établir date certaine.

La demande est présentée par le propriétaire des terrains ou son mandataire. Elle est accompagnée d'un dossier comprenant les informations et documents suivants :

1° Les pièces justifiant que son auteur a qualité pour présenter la demande et l'accord exprès du propriétaire si ce dernier n'est pas le demandeur ;

2° Lorsque le demandeur est une personne morale, l'acte autorisant son représentant à déposer la demande ;

3° L'adresse du propriétaire du terrain et, le cas échéant, celle du mandataire ;

4° La dénomination des terrains et un plan de situation permettant de localiser la zone où la coupe doit être effectuée ;

5° Un extrait du plan cadastral ;

6° La superficie par parcelle cadastrale et la superficie totale de la coupe ;

Lorsque la demande concerne des formations dunaires qui relèvent du régime forestier, les informations et documents prévus aux 4°, 5° et 6° peuvent être produits, pour le compte de la personne morale, par les services de l'Office national des forêts. – *[Anc. art. R. 431-1.]*

Art. R. 143-2 La demande d'autorisation mentionnée à l'article R. 143-1 est réputée acceptée à défaut de décision du préfet notifiée dans un délai de quatre mois à compter de la réception du dossier complet. – *[Anc. art. R. 431-2, al. 2.]*

Art. R. 143-3 Dans le cas où le service instructeur décide de procéder à la reconnaissance du terrain, il en informe le demandeur, par tout moyen permettant d'établir date certaine, en l'invitant à y assister ou à s'y faire représenter, huit jours au moins avant la date fixée pour l'opération de reconnaissance. Une copie du procès-verbal est notifiée par tout moyen permettant d'établir date certaine au demandeur, qui dispose d'un délai de quinze jours pour formuler ses observations. – *[Anc. art. R. 431-3.]*

Art. R. 143-4 L'autorisation de coupe fait l'objet, par les soins du bénéficiaire, d'un affichage sur le terrain de manière visible de l'extérieur, ainsi qu'à la mairie de la commune où est situé le terrain.

L'affichage a lieu quinze jours au moins avant le début des opérations de coupe. Il est maintenu à la mairie pendant deux mois et sur le terrain pendant la durée des opérations.

En cas d'autorisation tacite, une copie du courrier informant le demandeur que le dossier de sa demande est complet, ou de l'attestation d'autorisation tacite si elle a été délivrée, est affichée dans les conditions prévues au premier alinéa.

Le demandeur dépose à la mairie de la commune où est situé le terrain le plan cadastral des parcelles sur lesquelles la coupe peut être effectuée. Ce plan peut être consulté pendant la durée des opérations. Mention en est faite sur les affiches apposées en mairie et sur le terrain.

Un arrêté du ministre chargé des forêts précise les modalités et les formes de l'affichage. — *[Anc. art. R. 431-4.]*

SECTION 2 Dispositions spéciales aux dunes du département du Pas-de-Calais

Art. R. 143-5 La demande d'autorisation de fouilles mentionnée à l'article L. 143-3 est adressée, par tout moyen permettant d'établir date certaine, au préfet du Pas-de-Calais.

Cette demande précise le motif et la nature des travaux pour lesquels l'autorisation est demandée. Il en est accusé réception dans un délai de quinze jours.

Elle est accompagnée des informations mentionnées aux 1° et 5° de l'article R. 143-1 ainsi que de l'indication de la superficie par parcelle cadastrale et de la superficie totale de la fouille.

Lorsque la demande concerne des formations dunaires qui relèvent du régime forestier, les informations prévues aux 4° et 5° de cet article peuvent être apportées, pour le compte de la personne morale, par les services de l'Office national des forêts. — *[Anc. art. R. 432-1.]*

Art. R. 143-6 L'autorisation de fouilles ne peut être accordée sans reconnaissance préalable des terrains.

Huit jours au moins avant la date fixée pour l'opération de reconnaissance, le préfet en informe le demandeur par tout moyen permettant d'établir date certaine, en l'invitant à y assister ou à s'y faire représenter. Une copie du procès-verbal est notifiée par tout moyen permettant d'établir date certaine au demandeur qui dispose d'un délai de quinze jours pour formuler ses observations. — *[Anc. art. R. 432-2.]*

Art. R. 143-7 *(Décr. nº 2017-1411 du 27 sept. 2017, art. 1er-2°)* Le silence gardé par le préfet du Pas-de-Calais pendant un délai de quatre mois sur une demande d'autorisation de fouilles, mentionnée à l'article R. 143-5, vaut décision d'acceptation.

Art. R. 143-8 L'autorisation de fouilles vaut autorisation de coupe des plantes aréneuses ainsi que des arbres épars qui sont situés sur le terrain faisant l'objet des travaux de fouilles. — *[Anc. art. R. 432-4.]*

Art. R. 143-9 L'autorisation de fouilles fait l'objet, par les soins du bénéficiaire, d'un affichage sur le terrain selon les modalités énoncées à l'article R. 143-4. — *[Anc. art. R. 432-5.]*

CHAPITRE IV PRÉVENTION DES RISQUES NATURELS

Le présent chapitre ne comporte pas de dispositions réglementaires.

TITRE V MISE EN VALEUR DES FORÊTS

CHAPITRE I INVENTAIRE FORESTIER NATIONAL

Art. R. 151-1 L'inventaire permanent des ressources forestières nationales prévu par l'article L. 151-1 est réalisé par l'établissement public à caractère administratif institué par le décret nº 2011-1371 du 27 octobre 2011 relatif à l'Institut national de l'information géographique et forestière (IGN). — *[Anc. art. R. 521-1.] — Le Décr. nº 2011-1371 du 27 oct. 2011, publié au JO 28 oct. 2011, est mod. par Décr. nº 2012-1247 du 7 nov. 2012, art. 276 (JO 10 nov.), Décr. nº 2015-1613 du 9 déc. 2015 (JO 11 déc.) ; V. aussi Arr. du 19 oct. 2016 relatif aux missions de l'Institut national de l'information géographique et forestière en matière d'information forestière (JO 29 oct.).*

CHAPITRE II **RECHERCHE**

Le présent chapitre ne comporte pas de dispositions réglementaires.

CHAPITRE III **COMMERCIALISATION DES MATÉRIELS FORESTIERS DE REPRODUCTION**

SECTION 1 **Champ d'application**

Art. D. 153-1 La liste des essences forestières prévue à l'article L. 153-1 comprend au moins les essences figurant sur la liste mentionnée à l'annexe 1 de la directive 1999/105/CE du Conseil du 22 décembre 1999 concernant la commercialisation des matériels forestiers de reproduction. — *[Anc. art. R. 551-1, al. 1er.] — V. Arr. du 3 nov. 2015 relatif à la commercialisation des matériels forestiers de reproduction, Annexe 1 (JO 24 nov.), mod. par Arr. du 22 mai 2017 (JO 8 juin).*

Art. D. 153-2 Pour l'application du présent chapitre, on entend par :

1° Matériels de base, générateurs des matériels de reproduction :

a) La source de graines : les arbres situés dans une zone de récolte de graines déterminée ;

b) Le peuplement : une population délimitée d'arbres dont la composition est suffisamment uniforme ;

c) Le verger à graines : une plantation de clones ou de familles sélectionnés, isolée ou traitée de manière à éviter ou réduire le risque de contamination par du pollen étranger et gérée de façon à produire fréquemment et en abondance des semences faciles à récolter ;

d) Les parents de famille : les arbres utilisés pour produire une descendance par pollinisation libre ou artificielle d'un parent identifié, utilisé comme parent maternel, à partir du pollen d'un parent (pleins-frères) ou d'un certain nombre de parents identifiés ou non (demi-frères) ;

e) Le clone : un groupe d'individus (ramets) obtenus par voie végétative à partir d'un seul individu originel (ortet), par exemple par bouturage, micropropagation, greffage, marcottage, division ;

f) Le mélange clonal : un mélange de clones identifiés dans des proportions déterminées ;

2° Unité d'admission : un ensemble de matériel de base admis recensé sous une référence unique dans le registre national des matériels de base des essences forestières ;

3° Matériels de reproduction :

a) Les semences : les cônes, infrutescences, fruits et graines destinés à la production de plants ;

b) Les parties de plantes : les boutures de tiges, de feuilles et de racines, explants ou embryons destinés à la micropropagation, bourgeons, marcottes, racines, greffons, plançons et toute partie de plante destinée à la production de plants ;

c) Les plants : les plantes élevées au moyen de semences, de parties de plantes ou les plantes provenant de semis naturels ;

4° Peuplement autochtone ou source de graines autochtone : un peuplement ou une source de graines soit renouvelé normalement de façon continue par régénération naturelle, soit renouvelé artificiellement à partir de matériels de reproduction récoltés dans le même peuplement ou la même source de graines, ou à défaut, dans des peuplements autochtones ou des sources de graines autochtones très proches ;

5° Peuplement indigène ou source de graines indigène : un peuplement ou une source de graines soit autochtone, soit obtenu artificiellement à partir de semences dont l'origine se situe dans la même région de provenance ;

6° Origine : pour un peuplement autochtone ou une source de graines autochtone, le lieu précis où poussent les arbres. Pour un peuplement non autochtone ou une source de graines non autochtone, le lieu d'où proviennent primitivement les semences ou les plants ;

7° Provenance : le lieu précis où se trouve un peuplement d'arbres ; la provenance d'un matériel forestier de reproduction est celle du matériel de base dont il est issu ;

8° Région de provenance : pour une espèce, une sous-espèce ou une variété déterminée, le territoire ou l'ensemble de territoires soumis à des conditions écologiques suffisamment homogènes, où se trouvent des peuplements ou des sources de graines présentant des caractères phénotypiques ou génétiques analogues. Le cas échéant, la délimitation des régions de provenance peut tenir compte des limites altitudinales. La liste des régions de provenance au sens du présent article est fixée par arrêté du ministre chargé des forêts ; — *V. Arr. du 24 oct. 2003 portant fixation des régions de provenance des essences forestières (JO 25 oct.), mod. par Arr. du 23 déc. 2004 (JO 27 janv. 2005), Arr. du 12 juill. 2007 (JO 26 août), Arr. du 26 sept. 2008 (JO 14 oct.), Arr. du 29 juin 2009 (JO 4 août), Arr. du 20 mai 2010 (JO 6 juill.), Arr. du 16 nov. 2010 (JO 26 nov.), Arr. du 16 nov. 2012 (JO 12 déc.), Arr. du 9 avr. 2014 (JO 23 avr.), Arr. du 14 nov. 2014 (JO 28 nov.), Arr. du 11 avr. 2016 (JO 22 avr.), Arr. du 12 déc. 2016 (JO 22 déc.), Arr. du 4 déc. 2019 (JO 13 déc.), Arr. du 24 oct. 2022 (JO 3 nov.), Arr. du 13 oct. 2023 (JO 11 nov.).*

9° Conditionnement des semences : l'ensemble des opérations permettant d'obtenir, à partir des produits récoltés, les produits qui seront effectivement semés ;

10° Production : toutes les phases depuis la récolte jusqu'à la livraison des semences, plants et parties de plantes, comprenant notamment le traitement en sécherie et l'élevage en pépinière ;

11° Commercialisation : l'exposition ou la détention en vue de la vente, la mise en vente, la vente, la livraison à un tiers y compris la livraison dans le cadre d'un contrat de services ;

12° Fournisseur : l'Office national des forêts, les pépinières d'État ou toute personne, inscrite à un régime obligatoire de protection sociale des professions agricoles comme producteur de matériel forestier de reproduction sous la rubrique "productions spécialisées", au registre *(Décr. n° 2022-1015 du 19 juill. 2022, art. 3, en vigueur le 1er janv. 2023)* « national des entreprises en tant qu'entreprise du secteur des métiers et de l'artisanat » ou au registre du commerce et des sociétés, faisant profession de récolter, d'élever, de commercialiser, de conditionner ou d'importer des matériels forestiers de reproduction ;

13° Organisme officiel : l'autorité publique responsable du contrôle de la commercialisation et de la qualité des matériels forestiers de reproduction, à savoir le ministère chargé des forêts, le ministère chargé de la concurrence, de la consommation et de la répression des fraudes et l'Office national des forêts ;

14° Multiplication végétative en vrac : technique qui permet d'augmenter le nombre de plants produits à partir d'une petite quantité de graines et d'amplifier la diffusion d'un lot de plants issus de semis sans distinction de génotype. — *[Anc. art. R. 551-2.]*

Art. D. 153-3 Les matériels forestiers de reproduction sont répartis en quatre catégories : "identifiée", "sélectionnée", "qualifiée" et "testée".

Un matériel de base peut être admis :

1° En catégorie "identifiée", si la source de graines est située dans une région de provenance de l'essence considérée. La liste des essences pour lesquelles un matériel de base peut être admis en catégorie "identifiée" est fixée par arrêté du ministre chargé des forêts et du ministre chargé de la consommation ; — *V. Arr. du 3 nov. 2015 relatif à la commercialisation des matériels forestiers de reproduction, Annexe 2 (JO 24 nov.).*

2° En catégorie "sélectionnée", s'il constitue un peuplement qui est situé dans une seule région de provenance et dont la population a fait l'objet d'une sélection phénotypique ;

3° En catégorie "qualifiée", s'il constitue un verger à graines, des parents de famille, un clone ou un mélange clonal dont les composants ont fait l'objet d'une sélection phénotypique individuelle ; — *V. Arr. du 5 mai 2008 relatif au règlement technique d'admission de mélanges clonaux destinés à la production, par voie végétative, de matériels forestiers de reproduction en catégorie qualifiée (JO 6 juin).*

4° En catégorie "testée", s'il constitue un peuplement, un verger à graines, des parents de famille, un clone ou un mélange clonal. La supériorité des matériels de reproduction par rapport à des matériels témoins doit avoir été démontrée par des tests comparatifs ou par une estimation établie à partir de l'évaluation génétique des composants des matériels de base.

Des arrêtés du ministre chargé des forêts précisent les règlements techniques régissant l'admission en catégorie "sélectionnée", "qualifiée" et "testée", qui prennent en compte les exigences minimales prévues respectivement aux annexes III, IV et V de la directive 1999/105/CE du Conseil du 22 décembre 1999 concernant la commercialisation des matériels forestiers de reproduction. — *[Anc. art. R. 551-1, al. 2, R. 552-5, R. 552-6, R. 552-7, R. 552-8, R. 552-9.] — V. 3 Arr. du 24 oct. 2003 relatifs au règlement technique d'admission de matériels de base destinés à la production, par voie générative, de matériels forestiers de reproduction en catégorie testée, ... en catégorie qualifiée, ... en catégorie sélectionnée (JO 25 oct.).*

V. aussi Arr. du 15 oct. 2012 relatif au règlement technique d'admission de clones d'eucalyptus destinés à la production par voie végétative de matériels de reproduction en catégorie testée (JO 25 oct.) ; Arr. du 8 oct. 2013 relatif au règlement technique d'admission de clones de peuplier destinés à la production, par voie végétative, de matériels forestiers de reproduction en catégorie testée (JO 26 oct.).

SECTION 2 Conditions de commercialisation et de garantie de qualité des matériels forestiers de reproduction et admission des matériels de base

SOUS-SECTION 1 Admission des matériels de base

Art. R. 153-4 Le ministre chargé des forêts inscrit les matériels admis sur le registre national des matériels de base des essences forestières. Ce registre regroupe toutes les informations relatives à l'identification des unités d'admission des matériels de base, et notamment :

1° L'identification de référence ;

2° La région de provenance ;

3° La localisation (la zone des latitudes et longitudes pour les catégories "identifiée" et "sélectionnée" ; la position géographique précise pour les catégories "qualifiée" et "testée") ;

4° L'altitude ou la tranche altitudinale des unités d'admission ;

5° Le caractère indigène ou non indigène ;

6° L'origine connue ou inconnue. — *[Anc. art. R. 552-2.]*

V. Arr. du 24 oct. 2003 portant admission sur le territoire français de matériels de base des essences forestières (JO 25 oct.), mod. par Arr. du 27 janv. 2004 (JO 26 févr.), Arr. du 4 mai 2004 (JO 5 juin), Arr. du 23 déc. 2004 (JO 12 févr. 2005), Arr. du 17 mars 2005 (JO 5 mai), Arr. du 8 juill. 2005 (JO 23 août), Arr. du 4 nov. 2005 (JO 23 nov.), Arr. du 18 juill. 2006 (JO 18 août), Arr. du 10 nov. 2006 (JO 1er déc.), Arr. du 12 juill. 2007 (JO 26 août), Arr. du 22 oct. 2007 (JO 6 nov.), Arr. du 5 mai 2008 (JO 6 juin), Arr. du 26 sept. 2008 (JO 14 oct.), Arr. du 26 janv. 2009 (JO 12 févr.), Arr. du 29 juin 2009 (JO 10 juill.), Arr. du 20 nov. 2009 (JO 2 déc.), Arr. du 11 févr. 2010 (JO 20 févr.), Arr. du 20 mai 2010 (JO 8 juill.), Arr. du 16 nov. 2010 (JO 26 nov.), Arr. du 31 mai 2011 (JO 15 juin), Arr. du 4 nov. 2011 (JO 6 déc.), Arr. du 16 nov. 2012 (JO 1er déc.), Arr. du 8 avr. 2013 (JO 20 avr.), Arr. du 29 nov. 2013 (JO 10 déc.), Arr. du 9 avr. 2014 (JO 23 avr.), Arr. du 14 nov. 2014 (JO 28 nov.), Arr. du 15 mai 2015 (JO 27 mai), Arr. du 27 nov. 2015 (JO 11 déc.), Arr. du 26 avr. 2016 (JO 11 mai), Arr. du 28 nov. 2016 (JO 6 déc.), Arr. du 14 avr. 2017 (JO 2 mai), Arr. du 27 oct. 2017 (JO 3 nov.), Arr. du 23 mars 2018 (JO 5 avr.), Arr. du 20 nov. 2018 (JO 29 nov.), Arr. du 6 mai 2019 (JO 17 mai), Arr. du 4 déc. 2019 (JO 13 déc.), Arr. du 26 juin 2020 (JO 18 juill.), Arr. du 12 nov. 2020 (JO 21 nov.), Arr. du 21 avr. 2021 (JO 2 mai), Arr. du 24 nov. 2021 (JO 5 déc.), Arr. du 21 avr. 2022 (JO 3 mai), Arr. du 24 oct. 2022 (JO 3 nov.), Arr. du 24 avr. 2023 (JO 3 mai), Arr. du 13 oct. 2023 (JO 22 oct.).

V. aussi Arr. du 5 mai 2008 relatif aux conditions d'inscription sur le registre national de matériels de base destinés à la conservation ex situ de ressources génétiques forestières d'intérêt national (JO 5 juin) ; Arr. du 5 mai 2008 relatif aux conditions d'inscription sur le registre national de matériels de base destinés à la conservation in situ de ressources génétiques forestières d'intérêt national (JO 5 juin).

Art. R. 153-5 La demande d'admission d'un matériel de base en vue de son inscription sur le registre national mentionné à l'article R. 153-4 est adressée par le propriétaire ou le gestionnaire au ministre chargé des forêts, selon des modalités établies par ce dernier. Dans un délai de douze mois à compter de la réception d'un dossier complet, le ministre, après avis du comité technique permanent pour la sélection des plan-

tes cultivées, prend un arrêté d'inscription au registre national. En l'absence de réponse du ministre dans le délai indiqué, la demande d'admission est réputée rejetée.

Pour les matériels de base relevant de la catégorie "testée" définie à l'article D. 153-3, l'arrêté d'inscription peut avoir un caractère provisoire pour une période de dix ans au plus, sur tout ou partie du territoire national, si les résultats provisoires des tests comparatifs ou de l'évaluation génétique laissent présumer que ces matériels de base rempliront, à l'issue des tests, les conditions requises pour l'admission. L'admission provisoire n'interrompt pas le suivi de l'expérimentation. L'admission définitive n'est prononcée qu'après présentation d'un nouveau dossier. – *[Anc. art. R. 552-1.]*

Art. R. 153-6 Les matériels de base admis dans les catégories "sélectionnée", "qualifiée" et "testée" font l'objet d'une inspection par les agents mentionnés à l'article L. 153-5, au moins tous les dix ans à compter de leur admission. – *[Anc. art. R. 552-3.]*

Art. R. 153-7 La radiation d'un matériel de base du registre national est proposée par les agents mentionnés à l'article L. 153-5 au ministre chargé des forêts. Ce dernier y procède, après avis du comité technique permanent pour la sélection des plantes cultivées, si le matériel de base ne remplit plus les conditions d'admission. – *[Anc. art. R. 552-4.]*

Art. R. 153-8 Si les matériels de base définis à l'article D. 153-3 sont des organismes génétiquement modifiés au sens de l'article 2, points 1 et 2, de la directive 2001/18/CE du Parlement européen et du Conseil du 12 mars 2001 relative à la dissémination volontaire d'organismes génétiquement modifiés dans l'environnement, ces matériels ne peuvent être admis que s'ils ne présentent aucun danger pour la santé humaine et l'environnement. L'évaluation des risques est réalisée conformément aux dispositions de l'annexe II de la même directive. – *[Anc. art. R. 552-10.]*

SOUS-SECTION 2 **Obligations incombant aux entreprises de commercialisation des matériels forestiers de reproduction**

Art. R. 153-9 Les fournisseurs de matériels forestiers de reproduction sont tenus de déclarer leur activité lors de la création de l'entreprise au préfet de la région où se trouve son siège social. Si le siège social est situé à l'étranger, la déclaration est faite auprès du préfet de la région dont dépend la production.

Un registre des fournisseurs de matériels forestiers de reproduction est tenu à jour par le préfet de région. – *[Anc. art. R. 552-11.] – V. Arr. du 24 oct. 2003 relatif aux modalités de déclaration de l'activité de fournisseur de matériels forestiers de reproduction (JO 25 oct.).*

V. aussi Décr. nº 2023-9 du 6 janv. 2023 instituant un régime d'aide en faveur des investissements en actifs corporels et incorporels des entreprises de production de semences forestières (JO 7 janv.) ; Arr. du 20 janv. 2023 relatif au régime d'aide en faveur des investissements en actifs corporels et incorporels des entreprises de production de semences forestières (JO 27 janv.).

Art. R. 153-10 Un fournisseur de matériels forestiers de reproduction est tenu aux obligations suivantes :

1° A tous les stades de la production et de la commercialisation, établir et tenir à jour un fichier de suivi permettant à tout moment le contrôle de l'identité des lots de semences, plants ou parties de plantes qu'il détient et commercialise. Le fichier de suivi doit comprendre un relevé précis des entrées et sorties de matériels forestiers de reproduction et des flux de ceux-ci à l'intérieur de l'entreprise. Il doit pouvoir être consulté à tout moment par les agents mentionnés à l'article L. 153-5 ;

2° Lorsqu'il récolte des semences à partir de matériels de base admis, communiquer au préfet de région du lieu de récolte, au minimum quinze jours avant le début des opérations, les informations nécessaires au contrôle de celles-ci ;

3° Déclarer chaque opération de multiplication végétative en vrac au sens de l'article R. 153-17, au minimum quinze jours avant le début des opérations de prélèvement, auprès du préfet de région du lieu de production ;

4° Lorsqu'il réalise un mélange dans les conditions prévues à l'article R. 153-18, informer le préfet de région du lieu de production, au minimum quinze jours avant la date de l'opération, en précisant le lieu et la date de celle-ci et la nature du mélange ;

5° Lorsqu'il exporte un lot de matériels forestiers de reproduction vers un autre État membre de l'Union européenne, adresser au préfet de la région où se trouve son siège social, dans les quinze jours suivant la date de commercialisation, une copie du document du fournisseur relatif à ce lot ;

6° Remettre annuellement au préfet de région des bordereaux contenant les détails de tous les lots qu'il détient et commercialise. – *[Anc. art. R. 552-12.]*

Art. R. 153-11 Chaque lot de matériels de reproduction doit être identifié avec précision au sein du fichier de suivi. Cette identification comprend des indications relatives, en particulier, au certificat-maître délivré dans les conditions définies à l'article R. 153-14 et aux caractéristiques du lot concerné, dont la liste est fixée par arrêté du ministre chargé des forêts. – *[Anc. art. R. 552-13.] – V. Arr. du 3 nov. 2015 relatif à la commercialisation des matériels forestiers de reproduction, art. 6 (JO 24 nov.).*

Art. R. 153-12 Lorsqu'un fournisseur traite à la fois des matériels soumis aux dispositions du présent titre et des matériels qui n'y sont pas soumis, ces derniers, qu'il s'agisse de lots de graines, plants et parties de plantes ou planches en pépinière, doivent être, à tous les stades de la production, clairement séparés des autres lots. Ils doivent être accompagnés d'un étiquetage portant la mention :

1° "Fins non forestières", pour les matériels destinés à des fins autres que forestières au sens de l'article L. 153-1 ;

2° "Exportation hors UE", pour les matériels destinés à l'exportation ou à la réexportation vers des États non membres de l'Union européenne. – *[Anc. art. R. 552-14.]*

Art. R. 153-13 Le fichier de suivi ainsi que la copie des certificats-maîtres délivrés dans les conditions fixées à l'article R. 153-14 et des documents du fournisseur définis à l'article R. 153-16 doivent être conservés pendant dix ans par les fournisseurs. – *[Anc. art. R. 552-15.]*

SOUS-SECTION 3 Commercialisation des matériels forestiers de reproduction

Art. R. 153-14 Les matériels forestiers de reproduction issus de matériels de base admis font l'objet, après leur récolte, d'un certificat-maître délivré par les agents mentionnés à l'article R. 153-25. Lorsqu'une multiplication végétative de matériels forestiers de reproduction issus de matériels de base admis est prévue, dans les conditions de l'article R. 153-17, un nouveau certificat-maître est délivré. Il en est de même lorsqu'un mélange est réalisé dans les conditions prévues à l'article R. 153-18. – *V. Arr. du 3 nov. 2015 relatif à la commercialisation des matériels forestiers de reproduction, art. 5 (JO 24 nov.).*

Pour tout lot de matériels forestiers de reproduction, le certificat-maître est délivré au fournisseur dès lors qu'il a respecté celle des trois prescriptions indiquées aux 2°, 3° ou 4° de l'article R. 153-10 qui correspond à sa situation. – *[Anc. art. R. 552-16, al. 1er et 2.]*

Art. R. 153-15 Seule est autorisée la commercialisation des matériels forestiers de reproduction suivants :

1° Matériels figurant sur la liste prévue à l'article D. 153-1 et issus de matériels de base admis ou bénéficiant d'une équivalence en application de l'article 19 de la directive 1999/105/CE du Conseil du 22 décembre 1999 concernant la commercialisation des matériels forestiers de reproduction, à condition que ces matériels satisfassent aux normes de qualité définies par arrêté du ministre chargé des forêts s'ils sont produits en France ou, au minimum, aux dispositions de l'article 6.3 de la même directive s'ils sont produits dans un autre État ;

2° Matériels autres que les hybrides artificiels, appartenant aux catégories "identifiée", "sélectionnée", "qualifiée" et "testée" ;

3° Matériels hybrides artificiels appartenant aux catégories "sélectionnée", "qualifiée" et "testée" ;

4° Matériels reproduits par voie végétative, y compris les hybrides artificiels, appartenant aux catégories "qualifiée" et "testée" ;

5° Matériels reproduits par voie végétative, y compris les hybrides artificiels, qui ont fait l'objet d'une multiplication végétative en vrac à partir de semences, appartenant à la catégorie "sélectionnée" ;

6° Matériels, y compris les hybrides artificiels, correspondant pour tout ou partie à des organismes génétiquement modifiés mentionnés à l'article R. 153-8, appartenant à la catégorie "testée". — *[Anc. art. R. 552-17.]*

V. Arr. du 29 nov. 2003 relatif à certaines normes qualitatives applicables à la production sur le territoire national de matériels forestiers de reproduction (JO 30 déc.), mod. par Arr. du 14 nov. 2006 (JO 8 déc.), Arr. du 16 nov. 2012 (JO 12 déc.), Arr. du 31 déc. 2015 (JO 16 janv. 2016), Arr. du 5 août 2016 (JO 1er sept.), Arr. du 27 déc. 2017 (JO 10 janv. 2018), Arr. du 7 déc. 2018 (JO 13 déc.), Arr. du 3 sept. 2020 (JO 12 sept.), Arr. du 10 nov. 2021 (JO 23 nov.).

Sur la liste des matériels forestiers de reproduction bénéficiant d'une équivalence, V. Arr. du 3 nov. 2015 relatif à la commercialisation des matériels forestiers de reproduction, Annexe 3 (JO 24 nov.), mod. par Arr. du 22 mai 2017 (JO 8 juin).

Art. R. 153-16 Sans préjudice des dispositions relatives aux organismes génétiquement modifiés mentionnés à la section 4 du chapitre IV du titre I du livre II du code de la consommation (partie réglementaire), la commercialisation des matériels forestiers de reproduction est autorisée dans les conditions suivantes :

1° Les lots de semences doivent être contenus dans des emballages munis d'un système de fermeture tel que, lors de l'ouverture, il devient inutilisable ;

2° Les lots de matériels forestiers de reproduction doivent être :

a) Munis d'une étiquette qui indique le numéro de référence du certificat-maître ;

b) Accompagnés d'un document du fournisseur sur lequel sont mentionnées les informations relatives à l'identité du lot déterminées par l'arrêté prévu à l'article R. 153-11 ainsi que des indications complémentaires, dont la liste est fixée par arrêté du ministre chargé des forêts et relatives, en particulier, au destinataire, au fournisseur, à la quantité, à l'origine et aux caractéristiques des graines ou plants constituant le lot. — *[Anc. art. R. 552-22.] — V. Arr. du 3 nov. 2015 relatif à la commercialisation des matériels forestiers de reproduction, art. 7 (JO 24 nov.).*

Art. R. 153-17 La commercialisation de matériels forestiers de reproduction obtenus par multiplication végétative en vrac de matériels issus de graines est autorisée, pour des matériels issus d'une même unité d'admission, s'ils appartiennent aux catégories "sélectionnée", "qualifiée" ou "testée". Ces matériels doivent être maintenus séparés et identifiés comme tels.

Un arrêté du ministre chargé des forêts fixe les conditions dans lesquelles cette multiplication végétative en vrac peut être réalisée. — *[Anc. art. R. 552-18.] — V. Arr. du 24 oct. 2003 relatif à la multiplication végétative en vrac de matériels forestiers de reproduction issus de graines (JO 25 oct.).*

Art. R. 153-18 La commercialisation de mélanges de matériels forestiers de reproduction provenant de différentes unités d'admission ou de différentes années de récolte est autorisée lorsqu'elle est réalisée :

1° Pour les matériels de reproduction issus d'unités d'admission appartenant à la catégorie "sélectionnée" : à l'intérieur d'une région de provenance donnée ;

2° Pour des semences de différentes années de récolte : au sein d'une même unité d'admission. — *[Anc. art. R. 552-19.]*

Art. R. 153-19 Hors des cas prévus à l'article R. 153-15, la commercialisation de matériels forestiers de reproduction non issus de matériels de base admis et destinés à des expérimentations à des fins scientifiques, à des travaux de sélection ou à des fins de conservation génétique est autorisée, lorsque les dispositifs expérimentaux, cohérents avec les pratiques reconnues, sont conduits par des organismes scientifiques figurant sur une liste déterminée par arrêté du préfet de région ou par des établissements travaillant en liaison avec de tels organismes. — *[Anc. art. R. 552-20.]*

Art. R. 153-20 Hors des cas prévus à l'article R. 153-15, la commercialisation de semences non issues de matériels de base admis et non destinées à des fins forestières peut être autorisée, pour un objet et dans des limites quantitatives déterminées par le ministre chargé des forêts.

Les dispositions de l'article R. 153-16 ne s'appliquent pas à ces semences. — *[Anc. art. R. 552-21.]*

SECTION 3 Commerce avec les pays membres de l'Union européenne et les pays tiers

Art. R. 153-21 Peuvent être commercialisés en France les matériels de reproduction produits dans l'Union européenne et issus de matériels de base inscrits par les États membres sur leur registre national des matériels de base admis pour la production de matériels forestiers de reproduction. – *[Anc. art. R. 554-1.]*

Art. R. 153-22 La commercialisation à l'utilisateur final des matériels forestiers de reproduction issus de matériels de base inscrits par des États membres de l'Union européenne sur leur registre national des matériels de base admis pour la production de matériels forestiers de reproduction, peut être interdite sur le territoire français pour les essences ne figurant pas sur la liste prévue à l'article D. 153-3, dans les conditions prévues à l'article 17 de la directive 1999/105/CE du Conseil du 22 décembre 1999 concernant la commercialisation des matériels forestiers de reproduction. La liste de ces matériels est fixée par arrêté du ministre chargé des forêts. – *[Anc. art. R. 554-2.] – V. Arr. du 3 nov. 2015 relatif à la commercialisation des matériels forestiers de reproduction, Annexe 4 (JO 24 nov.).*

Art. R. 153-23 Le ministre chargé des forêts peut autoriser la commercialisation sur le territoire français de matériels forestiers de reproduction produits dans des États non membres de l'Union européenne dans les conditions prévues par l'article 19 de la directive 1999/105/CE du Conseil du 22 décembre 1999 concernant la commercialisation des matériels forestiers de reproduction. – *[Anc. art. R. 554-3.] – V. Arr. du 3 nov. 2015 relatif à la commercialisation des matériels forestiers de reproduction, Annexe 3 (JO 24 nov.), mod. par Arr. du 22 mai 2017 (JO 8 juin).*

SECTION 4 Surveillance et police administrative

Art. R. 153-24 La commercialisation de matériels forestiers de reproduction récoltés sur des matériels de base admis en catégorie "identifiée" en méconnaissance des règles relatives à leur récolte fixées par arrêté du ministre chargé des forêts peut entraîner le retrait des certificats et la saisie des lots de matériels forestiers de reproduction en vue de leur destruction, qui sera réalisée aux frais de l'entreprise récoltante. – *[Anc. art. R. 552-16, al. 3.] – V. Arr. du 24 oct. 2003 relatif aux conditions de récolte des matériels forestiers de reproduction dans les matériels de base admis en catégorie identifiée (JO 25 oct.), mod. par Arr. du 26 sept. 2008 (JO 11 oct.).*

Art. R. 153-25 Pour les besoins des contrôles mentionnés à l'article L. 153-5 et en vue de s'assurer de l'origine des lots de matériels forestiers de reproduction, les agents mentionnés à l'article R. 161-1 peuvent prélever des échantillons depuis la récolte jusqu'à la commercialisation.

Les agents mentionnés à l'article R. 161-2 sont habilités à réaliser les contrôles des récoltes de semences et de délivrance de certificats maîtres. – *[Anc. art. R. 555-1, al. 1er à 3 et 5.]*

CHAPITRE IV RÈGLES APPLICABLES AU TRAVAIL EN MILIEU FORESTIER

Art. R. 154-1 Les dispositions des articles R. 717-77 à R. 717-83 du code rural et de la pêche maritime relatives à la santé et à la sécurité au travail sur les chantiers forestiers sont applicables aux travaux de récolte de bois définis à l'article L. 154-1.

CHAPITRE V VALORISATION DES PRODUITS DE LA SYLVICULTURE

Art. D. 155-1 Les spécifications techniques prévues à l'article L. 224-1 du code de l'environnement en matière d'utilisation du bois dans la construction de certains bâtiments neufs sont fixées par le décret n° 2010-273 du 15 mars 2010 relatif à l'utilisation du bois dans certaines constructions.

CHAPITRE VI DISPOSITIONS ÉCONOMIQUES ET FINANCIÈRES

SECTION 1 Créances du Fonds forestier national

Art. R. 156-1 Un arrêté conjoint du ministre chargé des forêts et du ministre chargé de l'économie fixe les modalités selon lesquelles leurs services exercent, postérieurement à leur réception, un contrôle sur les terrains ayant fait l'objet des travaux suivants :

1° Reconstitution, amélioration et extension forestières, y compris les travaux connexes et les travaux d'entretien indispensables à leur réussite, réalisés dans un délai de quatre ans à compter du 31 décembre de l'année de la décision accordant le prêt du Fonds forestier national ;

2° Équipement forestier et protection de la forêt contre les incendies réalisés dans un délai de trois ans à compter du 31 décembre de l'année de la décision accordant le prêt du Fonds forestier national. – *[Anc. art. R. 532-10, al. 1er, R. 532-14, al. 1er, R. 532-15, al. 2 et 3, R. 532-12.]*

Art. R. 156-2 Le bénéficiaire ou ses ayants cause sont tenus de rembourser au Fonds forestier national le montant de l'aide reçue majoré de 25 % s'il est constaté, pendant cette période, que les travaux et entretiens indispensables à la bonne fin de l'opération n'ont pas été exécutés.

Il en va de même dans le cas d'une aide attribuée au bénéfice de la priorité définie au deuxième alinéa de l'article 2 de la loi n° 85-1273 du 4 décembre 1985 relative à la gestion, la valorisation et la protection de la forêt alors en vigueur, lorsque les conditions exigées cessent d'être remplies. Il en est également de même dans les autres cas lorsque la parcelle ou la fraction de parcelle ayant bénéficié de l'aide est soit détournée de sa destination forestière, soit divisée, à moins que la division ne résulte d'une opération d'utilité publique ou d'un aménagement foncier agricole et forestier, ou que les conditions posées aux alinéas 3 à 5 de l'article 2 de la loi du 4 décembre 1985 précitée ne soient satisfaites. – *[Anc. art. R. 532-10, al. 2 et 3, R. 532-14, al. 2 et 3.]*

Art. R. 156-3 Pour obtenir un prêt, les demandeurs autres que les personnes morales de droit public doivent constituer, au profit du Trésor et sur tout ou partie de leurs biens, l'hypothèque prévue par l'article L. 156-3 ou fournir toute autre sûreté jugée suffisante par l'administration. La valeur de ces garanties doit être au moins égale au montant du prêt.

Si, pendant la durée du prêt, la créance du Trésor devient supérieure à la valeur des garanties par suite de leur dépréciation, l'emprunteur est tenu de fournir une garantie complémentaire.

Toutefois, les garanties exigées des groupements forestiers peuvent, quel que soit le montant du prêt accordé, être limitées aux biens dont ils sont propriétaires. – *[Anc. art. R. 532-16.]*

Art. R. 156-4 Lorsque à la suite d'une mutation entre vifs ou d'un décès il y a partage des terrains définis au contrat comme étant ceux dont les produits garantissent le remboursement de la créance du Fonds forestier national, le remboursement des sommes restant dues par l'emprunteur est exigé à l'expiration d'un délai d'un an, à moins que l'ensemble des terrains en cause n'ait été apporté à un même groupement forestier. – *[Anc. art. R. 532-22, al. 3.]*

Art. R. 156-5 Les services désignés à l'article R. 156-1 exercent un contrôle sur les terrains définis au contrat comme étant ceux dont les produits assureront le remboursement de la créance du Fonds forestier national, sauf dans le cas où le propriétaire est une des collectivités ou personnes morales énumérées au 2° du I de l'article L. 211-1. Ce contrôle, qui est poursuivi jusqu'au remboursement complet de cette créance augmentée des intérêts, s'exerce notamment selon les modalités suivantes :

1° Il est procédé au marquage des coupes et à leur vente. Les produits divers sont également vendus à sa diligence ;

2° Les propriétaires sont redevables envers l'État des frais résultant de l'intervention de l'administration. Ces frais sont incorporés dans la créance du Fonds forestier national. Ils sont calculés suivant un pourcentage des dépenses effectuées, fixé par le ministre chargé des forêts de telle manière qu'ils n'excèdent pas la charge supportée par les collectivités ou personnes morales précitées, en application de l'article L. 224-1. – *[Anc. art. R. 532-23.]*

SECTION 2 Aides publiques en matière forestière

Art. D. 156-6 Les collectivités et personnes morales mentionnées au 2° du I de l'article L. 211-1 ne peuvent bénéficier d'aides publiques attribuées par l'État ou pour son compte que si le régime forestier est appliqué à leurs bois et forêts susceptibles d'aménagement, d'exploitation régulière ou de reconstitution.

Ces aides publiques peuvent également être accordées pour la transformation de terrains en nature de bois et forêts, lorsque les collectivités et personnes morales propriétaires s'y sont engagées par délibération. – *[Anc. art. R. 532-4.]*

Art. D. 156-7 Les subventions que l'État peut accorder en matière d'investissement forestier sont destinées à permettre la réalisation des opérations suivantes :

1° Les travaux de boisement, reboisement et régénération de peuplement ;

2° Les travaux d'amélioration des forêts *(Décr. n° 2015-1282 du 13 oct. 2015, art. 1er)* « y compris de leur résilience, de leur valeur environnementale, de leur adaptation aux évolutions du climat et de leur capacité d'atténuation du changement climatique » ;

3° Les travaux de desserte forestière ;

4° Les travaux de protection de la forêt y compris les travaux de restauration des terrains en montagne, les opérations d'investissement de prévention et de défense des forêts contre les incendies et de fixation des dunes côtières ;

5° Les travaux de nettoyage, reconstitution et lutte phytosanitaire dans les peuplements forestiers sinistrés par des phénomènes naturels exceptionnels ;

6° Les travaux de protection ou restauration de la biodiversité.

(Décr. n° 2015-1282 du 13 oct. 2015, art. 1er) « Un arrêté du préfet de région précise les travaux éligibles pour chacune des opérations mentionnées au 1° à 6°. »

Les durées maximales autorisées pour commencer et réaliser les travaux sont fixées à l'article D. 156-11. – *[Décr. n° 2007-951 du 15 mai 2007, art. 1er.] – V. Arr. du 26 oct. 2015 relatif aux subventions de l'État en matière d'investissement forestier par le Fonds stratégique de la forêt et du bois (JO 28 oct.), mod. par Arr. du 30 juin 2016 (JO 17 juill.), Arr. du 9 août 2017 (JO 12 août), Arr. du 29 avr. 2019 (JO 5 mai) ; Arr. du 20 nov. 2023 relatif aux subventions de l'État accordées en matière d'investissement forestier en faveur des actions de prévention pour la défense des forêts contre les incendies, la restauration des terrains de montagne et la fixation des dunes côtières (JO 28 nov.).*

V. aussi Décr. n° 2015-1283 du 13 oct. 2015 relatif aux subventions accordées par l'État en matière d'investissement dans les équipements visant à l'exploitation forestière, aux travaux sylvicoles et à la production de plants forestiers (JO 15 oct.) ; Arr. du 26 oct. 2015 relatif aux subventions de l'État accordées par le fonds stratégique de la forêt et du bois en matière d'investissement dans les équipements visant à l'exploitation forestière, aux travaux sylvicoles et à la production de plants forestiers (JO 28 oct.), mod. par Arr. du 30 juin 2016 (JO 17 juill.), Arr. du 9 mai 2017 (JO 10 mai).

V. aussi Décr. n° 2021-54 du 22 janv. 2021 instituant un régime d'aide en faveur du renouvellement forestier dans le cadre du plan de relance de l'économie (JO 23 janv.), mod. par Décr. n° 2022-1428 du 10 nov. 2022 (JO 13 nov.) ; Arr. du 12 févr. 2021 relatif au régime d'aide en faveur du renouvellement forestier dans le cadre du plan de relance de l'économie (JO 17 févr.), mod. par Arr. du 21 avr. 2022 (JO 27 avr.), Arr. du 27 juill. 2022 (JO 30 juill.) ; Décr. n° 2021-193 du 22 févr. 2021 instituant un régime d'aide en faveur des investissements en matériels des entreprises de travaux sylvicoles et des pépinières forestières dans le cadre du plan de relance de l'économie (JO 23 févr.) ; Arr. du 26 févr. 2021 relatif au régime d'aide en faveur des investissements en matériels des entreprises de travaux sylvicoles et des pépinières forestières dans le cadre du plan de relance de l'économie (JO 2 mars), mod. par Arr. du 11 avr. 2022 (JO 14 avr.).

Art. D. 156-8 *(Décr. n° 2015-1282 du 13 oct. 2015, art. 2)* Le bénéfice des subventions est accordé aux titulaires de droits réels et personnels sur les immeubles sur lesquels sont exécutées les opérations justifiant les aides de l'État ou à leurs représentants légaux. Peuvent également bénéficier des aides les personnes morales de droit public ou leurs groupements, les personnes morales reconnues en qualité de groupements d'intérêt économique et environnemental forestiers et leurs unions, les coopératives forestières et leurs unions, les associations syndicales libres, autorisées ou constituées d'office, ainsi que leurs unions ou fédérations, ne détenant pas de droit de propriété sur les immeubles en cause, lorsqu'elles réalisent des opérations justifiant l'aide de l'État.

L'octroi des aides est subordonné au respect des dispositions des articles L. 121-6 et D. 121-1 et au respect des conditions fixées dans les arrêtés du préfet de région mentionnés dans la présente section.

Art. D. 156-9 Les subventions sont accordées sur la base d'un devis estimatif et descriptif *(Décr. nº 2015-1282 du 13 oct. 2015, art. 3)* « hors taxes », conformément aux règles générales applicables aux subventions de l'État pour des projets d'investissement.

(Décr. nº 2020-1206 du 29 sept. 2020, art. 1er) « Toutefois, pour les plantations en plein, les montants des subventions pour les opérations de reboisement mentionnées au 1º et les opérations mentionnées au 2º de l'article D. 156-7 sont établis sur la base d'un barème national, sauf pour les opérations dont le coût, en raison de contraintes techniques ou d'enjeux environnementaux, est d'un montant significativement supérieur aux montants fixés par ce barème.

« Les » montants des subventions pour les opérations mentionnées au 5º de l'article D. 156-7 peuvent être établis sur la base de barèmes régionaux arrêtés par les préfets de région, dans les conditions prévues à l'article D. 156-10.

(Décr. nº 2015-1282 du 13 oct. 2015, art. 3) « Pour les opérations prévues aux 1º, 2º et 3º de l'article D. 156-7, les subventions sont imputées sur les crédits du fonds stratégique de la forêt et du bois mis en œuvre par l'établissement mentionné à l'article L. 313-1 du code rural et de la pêche maritime ou, en Corse, par l'établissement mentionné à l'article L. 112-11 du même code. » — *[Décr. nº 2007-951 du 15 mai 2007, art. 3 et 4.]*

V. Arr. du 29 sept. 2020 instituant un barème national de coûts standards de travaux et prestations associées pour le calcul des aides publiques accordées par l'État au titre des travaux de reboisement par plantations en plein (JO 1er oct.).

Art. D. 156-10 *(Décr. nº 2020-1206 du 29 sept. 2020, art. 2)* « I. — Les barèmes régionaux prévus à l'article D. 156-9 sont établis par arrêté du préfet de région, après avis de la commission régionale de la forêt et du bois, conformément aux principes suivants : »

1º Catégories de travaux autorisés sur barème :

a) Travaux de nettoyage ;

b) Travaux de reconstitution ;

c) Travaux d'entretien ;

2º Nombre de barèmes autorisés selon le type de travaux :

a) Travaux de nettoyage : 3.

Chaque niveau de barème peut être décliné en trois tranches de surfaces maximum ;

b) Travaux de reconstitution par régénération artificielle : 5, dont 2 pour les techniques de semis et 3 pour les techniques de plantation.

Quatre options sont possibles :

— une option *(Décr. nº 2015-1282 du 13 oct. 2015, art. 4)* « maîtrise d'œuvre » ;

— une option étude écologique ou paysagère ;

— une option de protection contre le gibier ;

— une option technique laissée à l'appréciation du préfet lorsque celle-ci est justifiée par l'adaptation aux spécificités locales ;

c) *(Décr. nº 2015-1282 du 13 oct. 2015, art. 4)* « Travaux de reconstitution par régénération naturelle » : 3. Chaque niveau de barème peut être décliné en trois tranches de surfaces maximum.

Cinq options sont possibles :

— une option *(Décr. nº 2015-1282 du 13 oct. 2015, art. 4)* « maîtrise d'œuvre » ;

— une option étude écologique ou paysagère ;

— une option de protection contre le gibier ;

— une option spécifique à la régénération naturelle sur la base d'un enrichissement par plantation d'un nombre de *(Décr. nº 2015-1282 du 13 oct. 2015, art. 4)* « plants » à l'hectare, protégés individuellement contre le gibier ;

– une option technique laissée à l'appréciation du préfet lorsque celle-ci est justifiée par l'adaptation aux spécificités locales ;

(Décr. n° 2015-1282 du 13 oct. 2015, art. 4) « *d)* Travaux d'entretien : 1.

« Un seul niveau de barème est autorisé.

« Une seule option est possible : maîtrise d'œuvre ».

(Décr. n° 2020-1206 du 29 sept. 2020, art. 2) « II. – Le barème national prévu au deuxième alinéa de l'article D. 156-9 est établi par arrêté du ministre chargé de la forêt, après avis du comité de gouvernance du Fonds stratégique de la forêt et du bois, conformément aux principes suivants :

« 1° Le barème fixe la liste des catégories de travaux et prestations associées autorisées, y compris optionnelles, ainsi que les essences auxquelles ils s'appliquent ;

« 2° Le barème précise, par zone territoriale, le niveau des coûts afférents à ces travaux, achats de fournitures et prestations associées.

« Le barème peut être décliné par tranche de surface de chantiers forestiers pour chacune des catégories de travaux autorisés, essences et zones territoriales sur lesquelles il s'applique. » – *[Décr. n° 2007-951 du 15 mai 2007, Annexe 1.]*

Art. D. 156-11 Pour tous les travaux énumérés à l'article D. 156-7, le délai pour commencer l'exécution est fixé à un an maximum à compter de la notification de la subvention.

Le délai qui court à compter de la date de déclaration du début d'exécution et au terme duquel le bénéficiaire doit avoir déclaré l'achèvement du projet est de :

1° Deux ans maximum pour les opérations de :

(Décr. n° 2015-1282 du 13 oct. 2015, art. 5) « *a)* Desserte forestière ;

« *b)* Nettoyage des peuplements sinistrés ;

« *c)* Protection ou restauration de la biodiversité. »

2° Quatre ans maximum pour les opérations de :

a) Régénération naturelle des peuplements ;

b) Reconstitution des peuplements sinistrés par régénération naturelle *(Décr. n° 2015-1282 du 13 oct. 2015, art. 5)* « ou artificielle » ;

c) Protection de la forêt et restauration des terrains en montagne ;

d) Défense des forêts contre l'incendie ;

e) Fixation des dunes côtières ;

(Décr. n° 2015-1282 du 13 oct. 2015, art. 5) « *f)* Boisement, reboisement ;

« *g)* Amélioration des peuplements ». – *[Décr. n° 2007-951 du 15 mai 2007, Annexe 2.]*

SECTION 3 Fonds stratégique de la forêt et du bois

(Décr. n° 2015-776 du 29 juin 2015, art. 2)

Art. D. 156-12 Sont éligibles au financement du fonds stratégique de la forêt et du bois, dans les conditions prévues à la section 2, les mesures qui sont conformes aux orientations et aux objectifs nationaux du programme national de la forêt et du bois et, pour les mesures mises en œuvre au niveau régional, aux objectifs des programmes régionaux de la forêt et du bois. Ces mesures permettent, notamment, d'atteindre les objectifs fixés pour chacune des actions inscrites dans le programme national de la forêt et du bois, dans la limite des enveloppes budgétaires allouées au fonds.

Art. D. 156-13 Le ministre chargé des forêts présente au comité mentionné à l'article D. 113-7 les axes stratégiques et les priorités d'utilisation du fonds stratégique de la forêt et du bois, qui sont conformes aux orientations du programme national de la forêt et du bois. Le ministre consulte le comité sur les critères utilisés pour répartir entre les services déconcentrés régionaux ceux des crédits qui leur sont délégués.

Art. D. 156-14 Un rapport financier, budgétaire et technique relatif à l'activité du fonds stratégique de la forêt et du bois, établi par les services du ministre chargé des forêts, est présenté chaque année au comité mentionné à l'article D. 113-7. Ce rapport précise notamment le montant des crédits engagés par le fonds, leur répartition régionale et l'échéancier des restes à payer à échoir au cours des exercices suivants.

Il comporte une description des conditions de financement de la filière forêt-bois par le fonds stratégique de la forêt et du bois et par les autres opérateurs de l'État, les fonds structurels et d'investissement européens, les collectivités territoriales et les organismes privés.

Ce rapport est communiqué au Conseil supérieur de la forêt et du bois et au comité mentionné à l'article D. 113-7.

TITRE VI DISPOSITIONS PÉNALES

CHAPITRE I RÈGLES DE PROCÉDURE PÉNALE APPLICABLES AUX INFRACTIONS FORESTIÈRES

SECTION 1 Recherche et constatations des infractions

SOUS-SECTION 1 Agents habilités à rechercher et à constater les infractions *(Décr. nº 2022-841 du 1er juin 2022, art. 1er).*

Art. R. 161-1 Les agents des services de l'État chargés des forêts pouvant être désignés afin d'être assermentés et commissionnés pour rechercher et constater les infractions forestières sont :

1° Les ingénieurs des ponts, des eaux et des forêts exerçant des attributions en matière de forêts ;

2° Les ingénieurs de l'agriculture et de l'environnement ;

3° Les autres ingénieurs et techniciens exerçant des attributions en matière de forêts dans les services déconcentrés de l'État ;

4° Les agents techniques et adjoints techniques exerçant des attributions en matière de forêts dans les services déconcentrés de l'État.

Le commissionnement est prononcé par le directeur régional de l'alimentation, de l'agriculture et de la forêt. — *[Anc. art. R. 341-1, R. 341-2.]*

Art. R. 161-2 *(Décr. nº 2022-841 du 1er juin 2022, art. 1er)* I. — Les fonctionnaires de l'Office national des forêts pouvant être désignés afin d'être commissionnés et assermentés pour rechercher et constater les infractions forestières sont :

1° Les techniciens supérieurs forestiers ;

2° Les cadres techniques de l'Office national des forêts.

II. — Le commissionnement de ces fonctionnaires ainsi que celui des agents contractuels de droit privé mentionnés au II de l'article L. 161-4 est prononcé par le directeur général de l'Office national des forêts.

Art. R. 161-3 Les agents mentionnés *(Décr. nº 2022-841 du 1er juin 2022, art. 1er)* « à l'article R. 161-1 et au I de l'article R. 161-2 » sont autorisés, sur la décision de l'autorité compétente pour les commissionner, à porter *(Décr. nº 2013-723 du 12 août 2013, art. 3, en vigueur le 6 sept. 2013)* « , pour leur défense dans l'exercice de leurs fonctions, une arme de catégorie B à l'exception des 3°, 6° et 7° et une arme classée au *b* *(Abrogé par Décr. nº 2018-542 du 29 juin 2018, art. 26)* « *du 2°* » de la catégorie D, conformément » *(Décr. nº 2014-1253 du 27 oct. 2014, art. 7)* « aux articles R. 312-22, R. 312-24 et R. 312-25 du code de la sécurité intérieure ». — *[Anc. art. R. 341-6, R. 122-18.]*

V. Arr. du 5 sept. 2014 portant autorisation de port d'armes pour les agents en service à l'Office national des forêts (JO 11 sept.).

Art. R. 161-4 Les agents mentionnés aux articles R. 161-1 et R. 161-2 sont dotés chacun d'un marteau particulier dont l'empreinte et les conditions d'utilisation sont déterminées par arrêté du ministre chargé des forêts.

L'empreinte de ces marteaux particuliers est déposée au greffe du tribunal de grande instance de *(Décr. nº 2017-512 du 7 avr. 2017, art. 1er-4°)* « Paris ». — *[Anc. art. R. 341-3, R. 122-22, R. 122-23, R. 122-24.]*

SOUS-SECTION 2 Assermentation et valeur probante des procès-verbaux

Art. R. 161-5 Les agents mentionnés aux articles R. 161-1 et R. 161-2, qui ne sont pas assermentés pour l'exercice d'une autre mission judiciaire, prêtent, *(Décr. nº 2019-*

913 du 30 août 2019, art. 13, en vigueur le 1er janv. 2020) « au siège du tribunal judiciaire ou, le cas échéant, de l'une de ses chambres de proximité » de leur résidence administrative, le serment suivant : "Je jure et promets de bien et loyalement remplir mes fonctions et d'observer en tout les devoirs qu'elles m'imposent. Je jure également de ne rien révéler ou utiliser de ce qui sera porté à ma connaissance à l'occasion de l'exercice de mes fonctions."

La prestation de serment n'est pas renouvelée en cas de changement de grade ou d'emploi ou de changement de résidence administrative.

Art. R. 161-6 *(Décr. n° 2017-512 du 7 avr. 2017, art. 1er-5°)* I. — Les agents mentionnés aux articles R. 161-1 et R. 161-2 transcrivent les procès-verbaux qu'ils ont dressés, les significations et citations dont ils ont été chargés ainsi que les reconnaissances d'infractions sur un registre tenu par tout moyen.

II. — Le directeur régional de l'administration chargée des forêts tient le registre des procès-verbaux qui lui sont transmis dans le système de traitement de données à caractère personnel dénommé ILEX, selon les modalités prévues par l'acte réglementaire instituant ce fichier.

V. Arr. du 13 mai 2014 autorisant l'adaptation du système de traitement de données à caractère personnel concernant les infractions forestières dénommé « ILEX » (JO 29 mai).

SOUS-SECTION 3 Transmission des procédures

Art. R. 161-7 Les agents mentionnés aux articles R. 161-1 et R. 161-2 remettent à leurs supérieurs hiérarchiques les procès-verbaux de constatation des infractions forestières qu'ils établissent. Ces procès-verbaux sont transmis à l'autorité compétente en fonction de la nature des infractions mentionnée à l'article L. 161-12, selon les modalités et dans les délais définis à cet article. — *[Anc. art. R. 342-1.]*

Art. R. 161-7-1 *(Décr. n° 2018-1177 du 18 déc. 2018, art. 3)* Le délai prévu au quatrième alinéa de l'article L. 161-12 est de cinq jours au moins et de dix jours au plus suivant la transmission du procès-verbal de constatation d'infraction au procureur de la République ou au directeur régional de l'administration chargée des forêts.

SECTION 2 Saisie conservatoire et cautionnement

Art. R. 161-8 Lorsque le juge des libertés et de la détention accorde la mainlevée provisoire de saisie en exécution de l'article L. 161-19, il en informe :

1° Le directeur régional de l'alimentation, de l'agriculture et de la forêt dans tous les cas ;

2° L'Office national des forêts lorsqu'il s'agit de saisies effectuées par les agents mentionnés à l'article R. 161-2. — *[Anc. art. R. 152-3, R. 342-3.]*

SECTION 3 Poursuites et alternatives aux poursuites

Art. R. 161-9 La proposition de transaction mentionnée à l'article L. 161-25 est adressée par le directeur régional de l'alimentation, de l'agriculture et de la forêt, en double exemplaire, au mis en cause par tout moyen permettant d'établir date certaine, dans le délai de deux mois pour les contraventions et de six mois pour les délits, à compter de la clôture du procès-verbal.

Elle comporte *(Décr. n° 2018-721 du 3 août 2018, art. 4)* « la nature des faits reprochés et leur qualification juridique ainsi que » toutes les mentions prévues à cet article et l'indication que la proposition, une fois acceptée par le contrevenant, doit être homologuée par le procureur de la République.

Le mis en cause dispose d'un délai d'un mois pour accepter cette proposition. En ce cas, il en retourne un exemplaire signé.

Lorsqu'après *[Lorsque, après]* acceptation par l'intéressé, le procureur de la République a homologué cette proposition, le directeur régional la notifie au mis en cause par tout moyen permettant d'établir date certaine. Cette notification fait courir les délais d'exécution des obligations prévues par la transaction.

A défaut de réponse dans le délai mentionné au troisième alinéa, le mis en cause est réputé avoir refusé la proposition. — *[Anc. art. R. 153-1, R. 343-1.]*

Art. R. 161-10 Les significations et citations faites en application des dispositions de l'article L. 161-26 peuvent être réalisées par les agents assermentés mentionnés aux articles R. 161-1 et R. 161-2.

Dans ce cas, elles donnent lieu à des frais fixés conformément aux taux prévus aux articles R. 181 et R. 182 du code de procédure pénale pour les actes de même nature faits par les huissiers de justice.

Le directeur régional de l'alimentation, de l'agriculture et de la forêt dresse trimestriellement, pour le ressort de chaque tribunal, un mémoire des citations et significations faites par les agents mentionnés aux articles R. 161-1 et R. 161-2 du présent code pendant le trimestre précédent. Cet état est rendu exécutoire, visé et ordonnancé conformément aux dispositions des articles R. 222 et suivants du code de procédure pénale. – *[Anc. art. R. 122-14, R. 343-2, R. 153-3, R. 343-3.]*

CHAPITRE II DISPOSITIONS RELATIVES AUX PEINES

Art. R. 162-1 Lorsqu'il a exercé l'action publique dans les conditions prévues à l'article L. 161-22, le directeur régional de l'alimentation, de l'agriculture et de la forêt remplit également les fonctions du ministère public pour l'application des dispositions des articles 554, 707-1, D. 48 et D. 48-5 du code de procédure pénale, ainsi que pour l'application des dispositions du décret n° 64-1333 du 22 décembre 1964 relatif au recouvrement des amendes et condamnations pécuniaires par les comptables de la direction générale des finances publiques. – *[Anc. art. R. 344-1, R. 154-1, R. 154-2.]*

Art. R. 162-2 Les dispositions des articles R. 49 à R. 49-8 du code de procédure pénale sont applicables aux amendes forfaitaires et aux amendes forfaitaires majorées prévues à l'article L. 162-3 du présent code.

Dans le cas de contravention prévue à cet article et impliquant un véhicule, l'avis de contravention et la carte de paiement mentionnés à l'article R. 49-1 du code de procédure pénale sont, lorsqu'ils ne peuvent être remis au contrevenant, laissés sur le véhicule ou, en cas d'impossibilité, envoyés au titulaire du certificat d'immatriculation. – *[Anc. art. R. 351-1.]*

Art. R. 162-3 En cas de récidive, le montant de l'amende encourue pour une infraction mentionnée au présent code et punie de l'amende prévue pour les contraventions de la 5e classe est fixé au maximum prévu au premier alinéa de l'article 132-11 du code pénal et à l'article 132-15 du même code, sans préjudice des dispositions de l'article L. 162-1 du présent code.

Art. R. 162-4 Lorsque les dispositions réglementaires du présent code prévoient des peines complémentaires à une peine d'amende, elles sont prononcées dans les conditions énoncées aux articles 131-18 et 131-21 à 131-21-2 du code pénal.

CHAPITRE III INFRACTIONS COMMUNES À TOUS LES BOIS ET FORÊTS

SECTION 1 Infractions relatives aux coupes

Art. R. 163-1 Dans les bois et forêts, la coupe ou l'enlèvement de bois qui n'ont pas 20 centimètres de tour, qu'ils aient été plantés ou non depuis moins de dix ans, est puni de l'amende prévue pour les contraventions de la 5e classe.

Le contrevenant encourt également la peine complémentaire de confiscation de la chose qui a servi ou était destinée à commettre l'infraction ainsi que de la chose qui en est le produit. – *[Anc. art. R. 331-5.]*

SECTION 2 Défense des forêts contre l'incendie

Art. R. 163-2 Est puni de l'amende prévue pour les contraventions de la 4e classe :

1° Le fait de porter ou d'allumer du feu en contravention avec les dispositions de l'article L. 131-1 ;

2° Le fait de contrevenir aux mesures édictées par les préfets en application des articles L. 131-6 à L. 131-8 et R. 131-2. – *[Anc. art. R. 322-5.]*

Art. R. 163-3 *(Décr. nº 2023-706 du 1er août 2023, art. 2)* Le fait, pour la personne qui en a la charge, de ne pas procéder aux travaux de débroussaillement ou de maintien en état débroussaillé, prescrits par les dispositions des articles L. 131-11, L. 134-5 et L. 134-6 ou en application de ces dispositions, est puni de l'amende prévue pour les contraventions de la 5e classe.

SECTION 3 Infractions commises en forêt d'autrui

Art. R. 163-4 Le fait, sans l'autorisation du propriétaire du terrain, de procéder sur celui-ci à l'extraction ou l'enlèvement d'un volume inférieur à 2 mètres cubes de pierres, sable, minerai, terre, gazon ou mousses, tourbe, bruyère, genêts, herbes, feuilles vertes ou mortes, engrais est puni de l'amende prévue pour les contraventions de la 4e classe. — *[Anc. art. R. 331-1, al. 1er.]*

Art. R. 163-5 Le fait, sans l'autorisation du propriétaire du terrain, de prélever un volume inférieur à 10 litres de champignons, fruits et semences dans les bois et forêts est puni de l'amende prévue pour les contraventions de la 4e classe. Toutefois, dans les bois et forêts relevant du régime forestier, sauf s'il existe une réglementation contraire, l'autorisation est présumée lorsque le volume prélevé n'excède pas 5 litres.

Lorsque l'infraction est le fait du concessionnaire d'un pâturage, ou de son préposé, et qu'elle est commise sur le terrain concédé, elle est punie de l'amende prévue pour les contraventions de la 3e classe lorsque le volume prélevé est inférieur à 5 litres, et de celle prévue pour les contraventions de la 5e classe lorsqu'il est compris entre 5 et 10 litres. — *[Anc. art. R. 331-2, R. 138-20, R. 137-4, al. 1er.]*

Art. R. 163-6 Est puni de la peine d'amende prévue pour les contraventions de la 4e classe tout conducteur, ou à défaut tout détenteur, de véhicules, bestiaux, animaux de charge ou de monture trouvés dans les bois et forêts, sur des routes et chemins interdits à la circulation de ces véhicules et animaux.

Est puni de la peine d'amende prévue pour les contraventions de la 5e classe tout conducteur, ou à défaut tout détenteur, de véhicules, bestiaux, animaux de charge ou de monture trouvés dans les bois et forêts, hors des routes et chemins.

Le contrevenant à l'infraction mentionnée au deuxième alinéa encourt également les peines complémentaires suivantes :

1° La confiscation des animaux ayant été utilisés pour commettre l'infraction ;

2° La suspension du permis de conduire, pour une durée de trois ans au plus, le cas échéant limitée à la conduite en dehors de l'activité professionnelle. — *[Anc. art. R. 331-3.]*

Art. R. 163-7 Le fait d'arracher des plants dans les bois et forêts est puni de l'amende prévue pour les contraventions de la 5e classe.

Le contrevenant encourt également la peine complémentaire de confiscation de la chose qui a servi ou était destinée à commettre l'infraction ainsi que de la chose qui en est le produit. — *[Anc. art. R. 331-4.]*

Art. R. 163-8 Les propriétaires d'animaux trouvés en infraction dans les bois et forêts autres que ceux mentionnés à l'article L. 163-9 sont punis de l'amende prévue pour les contraventions de la 5e classe.

Le contrevenant encourt également la peine complémentaire de confiscation des animaux ayant été utilisés pour commettre l'infraction. — *[Anc. art. R. 331-6.]*

Art. R. 163-9 Le fait de briser, dégrader, détruire ou faire disparaître des bornes, repères, signes et clôtures quelconques, servant à limiter les parcelles forestières, est puni de l'amende pour les contraventions de la 4e classe. — *[Anc. art. R. 363-12.]*

SECTION 4 Rôle de protection des forêts

Art. R. 163-10 Est puni de l'amende prévue pour les contraventions de la 5e classe, le fait dans une forêt de protection :

1° De réaliser des défrichements, fouilles, extractions de matériaux, infrastructures, exhaussements de sol, ou dépôts, *(Décr. nº 2023-1402 du 29 déc. 2023, art. 2)* « à l'exception des travaux autorisés par les dispositions de la section 2 du chapitre I du titre IV dans les conditions qu'elles fixent » ; dans ce cas, le contrevenant encourt également la peine complémentaire de confiscation de la chose qui a servi ou était destinée à commettre l'infraction ainsi que de la chose qui en est le produit ;

2° De procéder aux travaux autorisés *(Décr. nº 2023-1402 du 29 déc. 2023, art. 2)* « par le deuxième alinéa de l'article R. 141-14 » sans en avoir avisé le préfet deux mois à l'avance par tout moyen permettant d'établir date certaine, ou malgré l'opposition de celui-ci. – *[Anc. art. R. 412-17, al. 1er à 3.]*

Art. R. 163-11 Est puni de la peine d'amende prévue pour les contraventions de la 5e classe le camping, la circulation ou le stationnement de véhicules motorisés ou de caravanes, dans une forêt de protection, en dehors des voies et aires prévues à cet effet, à l'exception des véhicules motorisés utilisés pour la gestion, l'exploitation et la défense de la forêt contre les incendies.

Le contrevenant encourt également la peine complémentaire de suspension du permis de conduire, pour une durée de trois ans au plus, le cas échéant limitée à la conduite en dehors de l'activité professionnelle. – *[Anc. art. R. 412-17, al. 4, R. 412-16, ecqc sanction.]*

Art. R. 163-12 Le fait de contrevenir aux obligations édictées par les règlements de pâturage pris en application du titre IV du présent livre est puni de l'amende prévue pour les contraventions de la 3e classe.

Le contrevenant encourt également la peine complémentaire de confiscation des animaux ayant été utilisés pour commettre l'infraction. – *[Anc. art. R. 422-7.]*

SECTION 5 **Protection des dunes**

Art. R. 163-13 Le fait pour le bénéficiaire de ne pas procéder, dans les conditions prévues à l'article R. 143-4, à l'affichage sur le terrain de l'autorisation de coupe est puni de l'amende prévue pour les contraventions de la 3e classe. – *[Anc. art. R. 431-5.]*

Art. R. 163-14 Dans les dunes du Pas-de-Calais, le fait pour le demandeur de ne pas procéder, dans les conditions prévues à l'article R. 143-9, à l'affichage sur le terrain de l'autorisation de fouilles est puni de l'amende prévue pour les contraventions de 3e classe. – *[Anc. art. R. 432-6.]*

Art. R. 163-15 Dans les dunes du Pas-de-Calais, le fait pour les personnes autres que les propriétaires ou leurs ayants droit de couper ou d'arracher des herbes, plantes ou broussailles en méconnaissance de l'article L. 143-4 est puni de l'amende prévue pour les contraventions de la 5e classe.

Le contrevenant encourt également la peine complémentaire de confiscation de la chose qui a servi ou était destinée à commettre l'infraction ainsi que de la chose qui en est le produit. – *[Anc. art. R. 432-7.]*

SECTION 6 **Commercialisation de matériels forestiers de reproduction**

Art. R. 163-16 Est puni de l'amende prévue pour les contraventions de la 5e classe le fait de :

1° Commercialiser des matériels forestiers de reproduction sans avoir effectué la déclaration prévue à l'article R. 153-9 ;

2° Pour le fournisseur ou le responsable d'une entreprise de commercialisation de matériels forestiers de reproduction, ne pas effectuer les communications et déclarations prévues à l'article R. 153-10 ou ne pas identifier à tous les stades de production les lots de matériels forestiers de reproduction définis aux articles R. 153-11 et R. 153-12 ;

3° Produire ou commercialiser des semences non récoltées à partir de matériels de base inscrits aux registres prévus aux articles R. 153-4 et R. 153-21, hormis le cas des dérogations prévues aux articles R. 153-19 et R. 153-20 ;

4° Produire ou commercialiser des plants ou parties de plantes à fin forestière issus de semences non récoltées à partir de matériels de base inscrits aux registres prévus aux articles R. 153-4 et R. 153-21, hormis le cas des dérogations prévues à l'article R. 153-19 ;

5° Commercialiser des matériels forestiers de reproduction qui ne respectent pas les dispositions prévues à l'article R. 153-15, ainsi que les conditions d'emballage et d'identification définies à l'article R. 153-16.

Dans tous les cas mentionnés au présent article, le contrevenant encourt également la peine complémentaire de confiscation de la chose qui a servi ou était destinée à commettre l'infraction ainsi que de la chose qui en est le produit. — *[Anc. art. R. 555-2, I.]*

TITRE VII DISPOSITIONS PARTICULIÈRES À L'OUTRE-MER

CHAPITRE I GUADELOUPE

Art. R. 171-1 Pour la mise en œuvre des dispositions de l'article L. 121-4, l'arrêté mentionné à l'article L. 122-1 et approuvant *(Décr. nº 2017-512 du 7 avr. 2017, art. 1er-6º)* « le programme régional de la forêt et du bois » de la Guadeloupe précise les conditions d'exploitation des essences forestières en voie de disparition ou de régression dont le maintien ou le développement se justifie dans l'intérêt général ainsi que les conditions de la circulation et de la vente des produits provenant de ces essences. — *[Anc. art. R. 361-4, al. 1er, ecqc Guadeloupe.]*

Art. D. 171-1-1 *(Décr. nº 2016-1885 du 26 déc. 2016, art. 3-1º)* Pour l'application de l'article D. 113-12, le représentant des maires des communes de la région mentionné au 8° est désigné par l'association départementale des maires de Guadeloupe.

L'absence de représentants d'une catégorie ne fait pas obstacle à la constitution de la commission.

Art. R. 171-2 Le fait d'enlever, transporter ou commercialiser des essences forestières en infraction aux dispositions de l'article R. 171-1 est puni comme la coupe ou l'enlèvement d'arbres en forêt d'autrui mentionnés à l'article L. 163-7. Lorsqu'en raison de l'enlèvement des arbres et de leurs souches ou de toute autre circonstance, il y a impossibilité de constater la dimension des arbres, ce fait est puni des peines prévues par l'article R. 163-1. — *[Anc. art. R. 361-4, al. 2, ecqc Guadeloupe.]*

CHAPITRE II GUYANE

Art. R. 172-1 Pour l'application en Guyane de la partie réglementaire du présent code, les références au "conseil départemental" et au "conseil régional", au "président du conseil départemental" et au "président du conseil régional" sont remplacées respectivement par les références à "l'Assemblée de Guyane" et au "président de l'Assemblée de Guyane".

Art. D. 172-2 Pour l'application de l'article L. 172-7, le mot : "bois" s'entend des bois bruts et des bois transformés. — *[Anc. art. R. 362-9.]*

Art. D. 172-3 *(Décr. nº 2016-1885 du 26 déc. 2016, art. 3-2º)* Pour son application à la Guyane, l'article D. 113-12 est ainsi rédigé :

Art. D. 113-12 La commission régionale de la forêt et du bois est présidée conjointement par le préfet de région et le président de l'Assemblée de Guyane. Elle comprend :

1° Le directeur régional des services de l'État compétents en matière de forêt ;

2° Le directeur régional des services de l'État compétents en matière d'environnement ;

3° Le directeur régional des services de l'État compétents en matière de construction ;

4° Le directeur régional des services de l'État compétents en matière de transport ;

5° Le directeur régional des services de l'État compétents en matière d'entreprises, de concurrence, de consommation, du travail et de l'emploi ;

6° Deux représentants de l'Assemblée de Guyane ;

7° Un représentant des maires des communes de la collectivité territoriale de Guyane désigné par l'association départementale des maires de Guyane ;

8° Des représentants des autorités coutumières des communautés d'habitants mentionnées à l'article L. 172-3, désignés par le préfet ;

9° Le cas échéant, un représentant des parcs naturels régionaux situés sur le territoire de la collectivité territoriale de Guyane ;

10° Un représentant de l'Office national des forêts ;

11° Un représentant de la délégation interrégionale outre-mer de l'*(Décr. n° 2019-1580 du 31 déc. 2019, art. 4)* « Office français de la biodiversité » ;

12° Un représentant de l'Agence de l'environnement et de la maîtrise de l'énergie ;

13° Un représentant de la chambre régionale d'agriculture, un représentant de la chambre de commerce et d'industrie de région et un représentant de la chambre régionale des métiers et de l'artisanat ;

14° Deux représentants de la propriété forestière des particuliers ;

15° Un représentant de la propriété forestière des bois et forêts relevant du 2° du I de l'article L. 211-1 ;

16° Un représentant des coopératives forestières ;

17° Un représentant des entreprises de travaux forestiers ;

18° Un représentant des experts forestiers ;

19° Un représentant des producteurs de plants forestiers ;

20° Deux représentants des industries du bois ;

21° Le président de la structure interprofessionnelle régionale du secteur de la forêt et du bois ;

22° Un représentant du secteur de la production d'énergie renouvelable ;

23° Un représentant des salariés de la forêt et des professions du bois ;

24° Un représentant d'associations d'usagers de la forêt ;

25° Deux représentants d'associations de protection de l'environnement agréées ;

26° Un représentant de l'établissement public gérant le Parc amazonien de Guyane.

27° Un représentant des gestionnaires d'espaces naturels ;

28° Un représentant des fédérations départementales des chasseurs ;

29° Des personnalités qualifiées, dans la limite de cinq, nommées sur proposition conjointe du préfet de région et du président l'Assemblée de Guyane ;

Le préfet de région et le président de l'Assemblée de Guyane peuvent inviter des experts désignés en raison de leurs compétences notamment en matière scientifique ou environnementale à leur initiative conjointe ou à la demande d'un des membres de la commission régionale de la forêt et du bois. Ces experts n'ont pas voix délibérative.

L'absence de représentants d'une catégorie ne fait pas obstacle à la constitution de la commission.

Les règles de fonctionnement de la commission territoriale de la forêt et du bois, notamment les modalités de prise de décision sont prévues par son règlement intérieur.

Les membres de la commission régionale de la forêt et du bois autres que ceux mentionnés aux 1° à 5° et au 21° sont nommés par arrêté du préfet de région après avis du président de l'Assemblée de Guyane. Leur mandat est de cinq ans, renouvelable une fois.

Art. D. 172-4 **Pour l'application en Guyane du chapitre I du titre IV du présent livre relatif au classement de massifs forestiers en forêts de protection, lorsque les terrains concernés par un projet de classement ne sont en tout ou partie pas portés au cadastre, des plans de situation identifiant les limites du périmètre envisagé pour le classement définies soit par référence à des limites naturelles, soit, à défaut, comme un polygone dont les sommets sont identifiés par leurs coordonnées géographiques sont substitués aux documents cadastraux.** – *[Anc. art. D. 442-2.]*

Art. D. 172-4-1 *(Décr. n° 2018-239 du 3 avr. 2018, art. 2)* **Pour l'application à la** *Guyane du deuxième* **alinéa de l'article D. 122-1, le programme régional comporte, en annexe, pour les bois et forêts mentionnés au premier alinéa de l'article L. 272-2, outre les orientations de gestion relatives aux itinéraires sylvicoles, un schéma pluriannuel de desserte forestière préparé par l'Office national des forêts.**

Ce schéma décrit et planifie, pour chaque massif exploité, les évolutions du réseau de voies destinées aux engins d'exploitation forestière et d'entretien des parcelles fores-

tières accessibles aux ensembles routiers de transport de bois. Il contient des cartes au 1/100.000 réalisées sur la base des données disponibles et présentant les zones prévisionnelles d'emprise des pistes à créer.

Art. D. 172-5 Pour l'application en Guyane de l'article D. 122-2, le document d'aménagement :

1° Ne comporte pas de dispositions relatives à la gestion cynégétique ;

2° Prend en compte les droits d'usage collectifs mentionnés à l'article L. 272-4 dans les zones où ils s'exercent et en mentionne la localisation et la nature. Le document est soumis pour avis soit aux autorités coutumières, soit aux personnes morales représentant les communautés au bénéfice desquelles des droits d'usage collectifs ont été constatés en application des dispositions de cet article. Ces autorités ou personnes morales disposent d'un délai de deux mois à compter de la réception du projet pour faire connaître leur avis. – *[Anc. art. R. 172-2, III, ecqc document d'aménagement.]*

Art. D. 172-6 Pour son application en Guyane, l'article D. 122-9 est ainsi rédigé :

Art. D. 122-9 Le schéma régional de gestion sylvicole des bois et forêts des particuliers, mentionné au 3° de l'article L. 122-2, comprend pour chaque région naturelle ou groupe de régions naturelles :

1° L'étude des aptitudes forestières, la description des types de forêts existantes et l'analyse des principaux éléments à prendre en compte pour leur gestion, notamment celle de leur production actuelle de biens et de services et de leurs débouchés ;

2° L'indication des objectifs de gestion et de production durable de biens et services dans le cadre de l'économie régionale et de ses perspectives de développement, ainsi que l'exposé des méthodes de gestion préconisées pour les différents types de forêts ;

3° L'indication des essences recommandées, le cas échéant, par grand type de milieu.

Il définit, le cas échéant, les modalités de mise en place d'un observatoire du renouvellement des peuplements.

Le schéma régional peut être complété par des modèles de plans de gestion. – *[Anc. art. R. 252-2, al. 1er et 2.]*

Art. R. 172-7 Les dispositions prévues à l'article R. 163-1 ne sont pas applicables aux coupes réalisées dans le cadre de bivouacs en forêt et à des fins non professionnelles. – *[Anc. art. R. 362-7.]*

Art. R. 172-8 Pour son application en Guyane, au premier alinéa de l'article R. 163-4, les mots : "gazon ou mousses, tourbes, bruyère, genêts, herbes, feuilles vertes ou mortes, engrais" sont remplacés par les mots : "plantes ou parties de plantes de toutes espèces". – *[Anc. art. R. 362-8.]*

CHAPITRE III **MARTINIQUE**

Art. R. 173-1 Pour l'application en Martinique de la partie réglementaire du présent code, les références au "conseil départemental" et au "conseil régional", au "président du conseil départemental" et au "président du conseil régional" sont remplacées respectivement par les références à "l'Assemblée de Martinique" et au "président de l'Assemblée de Martinique".

Art. D. 173-1-1 *(Décr. n° 2016-1885 du 26 déc. 2016, art. 3-3°)* Pour son application à la Martinique, l'article D. 113-12 est ainsi rédigé :

Art. D. 113-12 La commission régionale de la forêt et du bois est présidée conjointement par le préfet de région et le président du conseil exécutif de Martinique. Elle comprend :

1° Le directeur régional des services de l'État compétents en matière de forêt ;

2° Le directeur régional des services de l'État compétents en matière d'environnement ;

3° Le directeur régional des services de l'État compétents en matière de construction ;

4° Le directeur régional des services de l'État compétents en matière de transport ;

5° Le directeur régional des services de l'État compétents en matière d'entreprises, de concurrence, de consommation, du travail et de l'emploi ;

6° Un représentant de l'Assemblée de Martinique ;

7° Un représentant des maires des communes de la collectivité territoriale de Martinique désigné par l'association départementale de Martinique ;

8° Un représentant du parc naturel régional de la Martinique ;

9° Un représentant de l'Office national des forêts ;

10° Un représentant de la délégation interrégionale outre-mer de l'*(Décr. n° 2019-1580 du 31 déc. 2019, art. 4)* « Office français de la biodiversité » ;

11° Un représentant de l'Agence de l'environnement et de la maîtrise de l'énergie ;

12° Un représentant de la chambre régionale d'agriculture, un représentant de la chambre de commerce et d'industrie de région et un représentant de la chambre régionale des métiers et de l'artisanat ;

13° Deux représentants de la propriété forestière des particuliers ;

14° Un représentant de la propriété forestière des bois et forêts relevant du 2° du I de l'article L. 211-1 ;

15° Un représentant des coopératives forestières ;

16° Un représentant des entreprises de travaux forestiers ;

17° Un représentant des experts forestiers ;

18° Un représentant des producteurs de plants forestiers ;

19° Trois représentants des industries du bois ;

20° Le président de la structure interprofessionnelle régionale du secteur de la forêt et du bois ;

21° Un représentant du secteur de la production d'énergie renouvelable ;

22° Deux représentants des salariés de la forêt et des professions du bois ;

23° Un représentant d'associations d'usagers de la forêt ;

24° Deux représentants d'associations de protection de l'environnement agréées ;

25° Un représentant des gestionnaires d'espaces naturels ;

26° Un représentant des fédérations départementales des chasseurs ;

27° Des personnalités qualifiées, dans la limite de cinq, nommées sur proposition conjointe du préfet de région et du président du conseil exécutif de Martinique.

Le préfet de région et le président du conseil exécutif de Martinique peuvent inviter des experts désignés en raison de leurs compétences notamment en matière scientifique ou environnementale à leur initiative conjointe ou à la demande d'un des membres de la commission régionale de la forêt et du bois. Ces experts n'ont pas voix délibérative.

L'absence de représentants d'une catégorie ne fait pas obstacle à la constitution de la commission.

Les règles de fonctionnement de la commission régionale de la forêt et du bois, notamment les modalités de prise de décision sont prévues par son règlement intérieur.

Les membres de la commission régionale de la forêt et du bois autres que ceux mentionnés aux 1° à 5° et au 20° sont nommés par arrêté du préfet de région après avis du président du conseil exécutif de Martinique. Leur mandat est de cinq ans, renouvelable une fois.

Art. R. 173-2 Pour la mise en œuvre des dispositions de l'article L. 121-4, l'arrêté mentionné à l'article L. 122-1 et approuvant *(Décr. n° 2017-512 du 7 avr. 2017, art. 1er-6°)* « le programme régional de la forêt et du bois » de la Martinique précise les conditions d'exploitation des essences forestières en voie de disparition ou de régression dont le maintien ou le développement se justifie dans l'intérêt général ainsi que les conditions de la circulation et de la vente des produits provenant de ces essences. – *[Anc. art. R. 361-4, al. 1er, ecqc Martinique.]*

Art. R. 173-3 Le fait d'enlever, transporter ou commercialiser des essences forestières en infraction aux dispositions de l'article R. 173-2 donne lieu aux peines prévues par l'article L. 163-7, ou lorsqu'en raison de l'enlèvement des arbres et de leurs

souches ou de toute autre circonstance, il y a impossibilité de constater la dimension des arbres à celles prévues par l'article R. 163-1. – *[Anc. art. R. 361-4, al. 2, ecqc Martinique.]*

CHAPITRE IV **LA RÉUNION**

SECTION 1 **Dispositions générales**

Art. R. 174-1 **Sans préjudice des dispositions de l'article L. 131-1, aucun débroussaillement de prévention contre les incendies de forêt ne peut être effectué par le feu avant le lever ou après le coucher du soleil.** – *[Anc. art. R. 363-6, ecçc l'interdiction.]*

Art. D. 174-1-1 *(Décr. nº 2016-1885 du 26 déc. 2016, art. 3-4º)* **Pour son application à La Réunion, l'article D. 113-12 est ainsi rédigé :**

Art. D. 113-12 La commission régionale de la forêt et du bois ce La Réunion est présidée conjointement par le préfet de région et le président du conseil régional. Elle comprend :

1º Le directeur régional des services de l'État compétents en matière de forêt ;

2º Le directeur régional des services de l'État compétents en matière d'environnement ;

3º Le directeur régional des services de l'État compétents en matière de construction ;

4º Le directeur régional des services de l'État compétents en matière de transport ;

5º Le directeur régional des services de l'État compétents en matière d'entreprises, de concurrence, de consommation, du travail et de l'emploi ;

6º Un représentant du conseil régional ;

7º Un représentant du conseil départemental de la région ;

8º Un représentant des maires des communes de la région désigné par l'association départementale des maires de La Réunion ;

9º Un représentant de l'Office national des forêts ;

10º Un représentant de la délégation interrégionale outre-mer de l'*(Décr. nº 2019-1580 du 31 déc. 2019, art. 4)* « Office français de la biodiversité » ;

11º Un représentant de l'Agence de l'environnement et de la maîtrise de l'énergie ;

12º Un représentant de la chambre régionale d'agriculture, un représentant de la chambre de commerce et d'industrie de région et un représentant de la chambre régionale des métiers et de l'artisanat ;

13º Deux représentants de la propriété forestière des particuliers ;

14º Un représentant de la propriété forestière des bois et forêts relevant du 2º du I de l'article L. 211-1 ;

15º Un représentant des coopératives forestières ;

16º Un représentant des entreprises de travaux forestiers ;

17º Un représentant des experts forestiers ;

18º Un représentant des producteurs de plants forestiers ;

19º Trois représentants des industries du bois ;

20º Le président d'une structure professionnelle régionale représentative du secteur de la forêt et du bois ;

21º Un représentant du secteur de la production d'énergie renouvelable ;

22º Un représentants des salariés de la forêt et des professions du bois ;

23º Un représentant d'associations d'usagers de la forêt ;

24º Deux représentants d'associations de protection de l'environnement agréées ;

25º Un représentant des gestionnaires d'espaces naturels ;

26º Un représentant des fédérations départementales des chasseurs ;

27º Des personnalités qualifiées, dans la limite de cinq, nommées sur proposition conjointe du préfet de région et du président du conseil régional.

Le préfet de région et le président du conseil régional peuvent inviter des experts désignés en raison de leurs compétences notamment en matière scientifique ou environnementale à leur initiative conjointe ou à la demande d'un des membres de la commission régionale de la forêt et du bois. Ces experts n'ont pas voix délibérative.

L'absence de représentants d'une catégorie ne fait pas obstacle à la constitution de la commission.

Les règles de fonctionnement de la commission régionale de la forêt et du bois, notamment les modalités de prise de décision sont prévues par son règlement intérieur.

Les membres de la commission régionale de la forêt et du bois autres que ceux mentionnés aux 1° à 5° et au 20° sont nommés par arrêté du préfet de région après avis du président du conseil régional. Leur mandat est de cinq ans, renouvelable une fois.

Art. R. 174-2 Les dispositions de l'article L. 174-2 s'appliquent :

1° En ce qui concerne les pentes d'encaissement des cirques et le sommet de ces mêmes pentes, ainsi que les pitons et les mornes :

a) Aux pentes d'encaissement et à une zone de 100 mètres au-dessus des pentes d'encaissement :

– du cirque de Salazie, à partir d'une ligne Sud-Est – Nord-Ouest passant par le confluent du Bras de Caverne et la rivière du Mât ;

– du cirque de Cilaos à partir d'une ligne Sud-Est – Nord-Ouest passant par le confluent du Petit Bras et du Bras de Cilaos ;

– du cirque de Mafate à partir d'une ligne Nord-Sud passant par le confluent du Bras de Sainte-Suzanne et de la rivière des Galets ;

– du cirque de la plaine des Palmistes, dans les limites du plan dressé pour les concessions ;

– du cirque du Grand-Brûlé, pour la totalité de l'enclos du Volcan ;

b) Aux pitons et aux mornes dans le tiers supérieur de leur hauteur ;

2° En ce qui concerne les versants des rivières, bras ou ravines et de leurs affluents, aux pentes supérieures ou égales à 30 grades ;

3° En ce qui concerne les abords des sources et captages d'eau ou des réservoirs d'eau naturels ;

a) Aux abords des sources ou des captages d'eau, dans un rayon de 100 mètres, et au bord des rivières, bras ou ravines et de leurs affluents sur une largeur de 10 mètres de chaque côté, à partir du niveau atteint par les plus hautes eaux. Toutefois, dans les agglomérations, cette limite de 10 mètres pourra être diminuée sur autorisation du préfet, après avis du directeur de l'alimentation, de l'agriculture et de la forêt et du directeur de l'environnement, de l'aménagement et du logement. Cette autorisation pourra être subordonnée à l'exécution de travaux de défense par le propriétaire ;

b) Aux périmètres des réservoirs naturels, tels que bassins, mares, étangs, sur une largeur minimale de 50 mètres, à partir du niveau atteint par les plus hautes eaux ;

4° En ce qui concerne les dunes littorales, aux dunes sur une largeur de 200 mètres à partir de la laisse de la plus haute mer. – *[Anc. art. R. 363-7.]*

Art. R. 174-3 Sur les terrains ne relevant pas du régime forestier mentionnés à l'article R. 174-2, les opérations de gestion et d'équipement compatibles avec la destination de ces terrains doivent être autorisées par le préfet dans les conditions suivantes :

1° Pour l'exploitation d'arbres isolés, sous réserve de la reconnaissance et du martelage préalables de ces arbres par un agent assermenté de l'Office national des forêts ;

2° Pour l'exploitation de faibles surfaces d'un seul tenant, moyennant passation d'une convention de reboisement immédiate et sous réserve du balisage du parterre de la coupe par un agent assermenté de l'Office national des forêts.

Les demandes des propriétaires ou ayants droit doivent indiquer, avec précision, les arbres ou les surfaces à exploiter et doivent être accompagnées d'un plan sommaire des lieux, si l'administration le demande.

Les autorisations accordées en application du présent article deviennent caduques si l'exploitation n'est pas commencée dans les six mois suivant la date de délivrance, si l'exploitation est interrompue pendant plus de six mois ou si elle n'est pas terminée dans un délai d'un an à compter de la date de délivrance. – *[Anc. art. R. 363-8.]*

Art. R. 174-4 La convention de reboisement mentionnée au troisième alinéa de l'article R. 174-3 peut prévoir des plantations d'essences fruitières dont la liste est fixée par arrêté préfectoral, en fonction de leurs caractères forestiers et de leur aptitude à protéger le sol et à assurer un couvert suffisant.

En cas d'exécution défectueuse ou d'inexécution dans les délais prescrits des clauses de cette convention, l'autorisation est de plein droit réputée nulle et non avenue, sans préjudice des sanctions prévues par les articles L. 174-2 et L. 174-12. – *[Anc. art. R. 363-9.]*

Art. R. 174-5 Les dispositions des articles R. 174-2 et R. 174-3 s'appliquent à l'enlèvement *[des]* plantes éricacées semi-arborescentes et aux formations ligneuses secondaires. – *[Anc. art. R. 363-10.]*

Art. R. 174-6 Le préfet est l'autorité administrative compétente pour autoriser, en application de l'article L. 174-2, l'exécution d'office du reboisement des superficies indûment défrichées, exploitées ou pâturées. Il arrête le mémoire des travaux et le rend exécutoire. – *[Anc. art. R. 363-11.]*

Art. R. 174-7 Un arrêté du préfet fixe les modèles de laissez-passer exigés en application des articles L. 174-3 et L. 174-17 pour tout transport, mise en vente et détention de choux-palmistes, fougères arborescentes ou fanjans. – *[Anc. art. R. 363-16.]*

SECTION 2 **Forêts de protection**

Art. R. 174-8 Dans les cas prévus au premier alinéa de l'article L. 142-8 applicable à La Réunion, le préfet doit, dans sa notification aux propriétaires des parcelles comprises dans le périmètre fixé par le décret de déclaration d'utilité publique, indiquer quels sont les travaux obligatoires, aux termes de ce décret, qui pourront être exécutés par les propriétaires, les modalités de l'aide technique et financière que l'État est susceptible de leur apporter ainsi que, le cas échéant, les règles de gestion des boisements.

Cette notification indique notamment :

1° La nature des travaux obligatoires et leurs clauses d'exécution précises ;

2° Le délai de début d'exécution des travaux et la durée de ces travaux ;

3° La constitution éventuelle d'une association syndicale et les indications relatives à cette constitution ;

4° L'aide en nature qui peut éventuellement être apportée aux propriétaires ou à leurs associations en matière de reboisement, et l'évaluation en espèces de cette subvention ;

5° Le montant de l'indemnité qui pourra être accordée, en principe après exécution des travaux, mais avec versement éventuel d'un acompte après commencement d'exécution de ceux-ci et avant leur achèvement, s'ils sont d'une importance particulière ou à titre d'alternative à la subvention mentionnée au 4° ;

6° Les obligations auxquelles les parcelles seront soumises en matière d'entretien des travaux, de surveillance de leur exploitation et de leur entretien par les agents de l'Office national des forêts ;

7° Les dispositions qui peuvent résulter pour les propriétaires du refus de s'engager à exécuter les travaux prescrits, du non-respect des engagements pris, ainsi que la possibilité d'exécution d'office, moyennant remboursement des travaux par les propriétaires ou expropriation, qui peut suivre le refus d'exécution des travaux ou le non-respect éventuel de ses engagements par le propriétaire ;

8° Les cas dans lesquels devra être restituée la subvention ou l'acompte sur l'indemnité qui accompagnerait les mesures mentionnées au 7°, sous réserve néanmoins de la valeur estimée de la fraction des travaux effectivement réalisés de façon valable par les propriétaires ou par leurs associations syndicales.

Cette notification du préfet est accompagnée d'un projet de convention à passer avec les propriétaires désireux de réaliser eux-mêmes les travaux. Cette convention comporte la possibilité pour les intéressés soit de la signer ou de la renvoyer, soit de signer une option de renonciation à l'exécution des travaux par eux, qui sera également proposée lors de l'envoi de la notification et du projet de convention.

Lorsque les intéressés optent pour l'exécution des travaux, cette option entraîne application d'office de toutes les clauses de la convention.

Dans l'hypothèse où l'intéressé choisit l'option de refus, les dispositions prévues au 7° deviennent par le fait même applicables sans délai. – *[Anc. art. R. 443-2.]*

Art. R. 174-9 Lorsque la notification du préfet, accompagnée de l'offre d'option mentionnée à l'article R. 174-8, n'est suivie d'aucune réponse du propriétaire, le préfet met celui-ci en demeure de répondre dans un délai déterminé.

Cette mise en demeure peut, le cas échéant, être notifiée au propriétaire par un acte d'agent assermenté de l'Office national des forêts. En cas de non-réponse persistante ou d'impossibilité de joindre ou de connaître le propriétaire, il est fait application du deuxième alinéa de l'article L. 142-8 applicable à La Réunion. – *[Anc. art. R. 443-3.]*

SECTION 3 Dispositions pénales

Art. R. 174-10 Les infractions mentionnées à l'article R. 163-4 sont, à La Réunion, applicables aux terrains ou pâturages en montagne mis en défens, par application de l'article L. 142-1, et punies de l'amende prévue pour les contraventions de la 5e classe.

Le contrevenant encourt également la peine complémentaire de confiscation de la chose qui a servi ou était destinée à commettre l'infraction ainsi que de la chose qui en est le produit. – *[Anc. art. R. 443-1.]*

Art. R. 174-11 Sans préjudice des peines encourues pour infraction aux dispositions réglementaires relatives à la protection contre l'incendie et des peines prévues par les articles L. 163-3 et L. 163-4 en cas d'incendie de forêts, le fait de débroussailler par le feu avant le lever ou après le coucher du soleil en contravention avec les dispositions de l'article R. 174-1 est puni de l'amende prévue pour les contraventions de la 4e classe. – *[Anc. art. R. 363-6, ecqc sanctions.]*

CHAPITRE V MAYOTTE

SECTION 1 Champ d'application

Art. D. 175-1 Pour l'application de l'article L. 175-2, le préfet détermine :

1° Les essences forestières nécessaires à la conservation et à la restauration des sols ou au maintien des ressources en eau ;

2° Les seuils de densité des essences forestières au-dessus desquels les biens constituent des biens agroforestiers ainsi que leurs modalités de mise en valeur agricole compatibles avec la gestion forestière. – *[C. for. Mayotte, art. R.* 011.]*

SECTION 2 Dispositions générales

Art. D. 175-2 Lorsque l'État ou le Département de Mayotte ont décidé d'accorder une aide aux personnes publiques ou privées qui entreprennent des travaux de défense des biens forestiers et agroforestiers contre l'incendie, les subventions, sous forme de participation aux études ou d'exécution de travaux, sont estimées en espèces. Leur montant peut être réclamé en cas d'inexécution ou de mauvaise exécution des travaux à la charge du bénéficiaire.

Les subventions en espèces sont payées après l'exécution des travaux au vu d'un procès-verbal de réception établi contradictoirement ou, en l'absence du propriétaire dûment convoqué, par lettre recommandée avec demande d'avis de réception adressée quinze jours au moins avant la réception.

L'autorité qui attribue la subvention en détermine les conditions d'attribution et les taux maxima et approuve le procès-verbal de réception des travaux. – *[C. for. Mayotte, art. R.* 321-2.]*

SECTION 3 Institutions

Art. D. 175-3 La commission de la forêt et *(Décr. n° 2015-778 du 29 juin 2015, art. 2-1°)* « du bois » du Département de Mayotte exerce pour ce département les mêmes attributions que la commission définie à l'article D. 113-11 pour les régions de métropole.

Elle peut être consultée et formuler des propositions sur toute question liée aux conditions d'application à Mayotte de directives nationales tenant, notamment, au maintien des équilibres naturels en milieu forestier, au développement de l'économie du bois et au rôle social de la forêt. – *[C. for. Mayotte, art. R. 021.]*

Art. D. 175-4 *(Décr. nº 2016-1885 du 26 déc. 2016, art. 3-5º)* La commission départementale de la forêt et du bois du Département de Mayotte est présidée conjointement par le préfet de Mayotte et le président du conseil départemental. Elle comprend :

1º Le directeur de l'alimentation, de l'agriculture et de la forêt ;

2º Le directeur de l'environnement, de l'aménagement et du logement ;

3º Le directeur des entreprises, de la concurrence, de la consommation, du travail et de l'emploi ;

4º Un représentant du conseil départemental ;

5º Un représentant des maires des communes du département de Mayotte désigné par l'association départementale des maires de Mayotte ;

6º Un représentant de la propriété forestière des particuliers ;

7º Un représentant de la propriété forestière des bois et forêts relevant du 2º du I de l'article L. 211-1 ;

8º Un représentant de l'Office national des forêts ;

9º Un représentant de la délégation interrégionale outre-mer de l'*(Décr. nº 2019-1580 du 31 déc. 2019, art. 4)* « Office français de la biodiversité » ;

10º Un représentant de l'Agence de l'environnement et de la maîtrise de l'énergie ;

11º Cinq représentants des activités économiques privées dans le secteur de la forêt et du bois ;

12º Trois représentants d'associations d'usagers de la forêt, de protection de l'environnement et de gestionnaires d'espaces naturels ;

13º Un représentant de la chambre d'agriculture, de la pêche et de l'aquaculture, un représentant de la chambre de commerce et d'industrie et un représentant de la chambre des métiers et de l'artisanat ;

14º Des personnalités qualifiées, dans la limite de cinq, nommées sur proposition conjointe du préfet de Mayotte et du président du conseil départemental de Mayotte.

Le préfet de Mayotte et le président du conseil départemental de Mayotte peuvent inviter des experts désignés en raison de leurs compétences notamment en matière scientifique ou environnementale à leur initiative conjointe ou à la demande d'un des membres de la commission départementale de la forêt et du bois. Ces experts n'ont pas voix délibérative.

L'absence de représentants d'une catégorie ne fait pas obstacle à la constitution de la commission.

Les règles de fonctionnement de la commission départementale de la forêt et du bois, notamment les modalités de prise de décision sont prévues par son règlement intérieur.

Les membres de la commission départementale de la forêt et du bois autres que ceux mentionnés aux 1º à 3º sont nommés par arrêté du préfet de Mayotte après avis du président du conseil départemental de Mayotte. Leur mandat est de cinq ans, renouvelable une fois.

Art. D. 175-5 Le mandat des membres de la commission de la forêt et des produits forestiers du Département de Mayotte est de cinq ans. Il est renouvelable. – *[C. for. Mayotte, art. R. 023, phrases 1 et 2.]*

Art. R. 175-6 Les règles de composition et de fonctionnement de la commission *(Décr. nº 2017-512 du 7 avr. 2017, art. 1er-7º)* « départementale de la forêt et du bois » du Département de Mayotte, autres que celles énoncées au présent chapitre, sont fixées par le décret nº 2006-672 du 8 juin 2006 relatif à la création, à la composition et au fonctionnement de commissions administratives à caractère consultatif.

SECTION 4 **Rôle des forêts de protection**

Art. R. 175-7 Le préfet établit, en liaison avec l'Office national des forêts, le conseil départemental et le maire des communes intéressées, un procès-verbal de reconnaissance des bois et forêts et biens agroforestiers à classer comme forêt de protection au sens de l'article L. 141-1, et un plan des lieux, compte tenu des documents et règlements affectant l'utilisation des sols, et notamment des documents d'urbanisme, des plans d'aménagement foncier et rural en vigueur. – *[C. for. Mayotte, art. R. 411-2.]*

Art. R. 175-8 Le procès-verbal de reconnaissance prévu à l'article R. 175-7 expose la configuration des lieux, leur altitude moyenne, les conditions dans lesquelles ils se trouvent au point de vue géologique et climatique, l'état et la composition moyenne des peuplements forestiers ; il constate et précise les circonstances qui rendent le classement nécessaire pour l'un ou plusieurs des motifs mentionnés à l'article L. 141-1. Il est accompagné d'un tableau donnant, pour chaque parcelle ou portion de parcelle comprise dans les bois, forêts et biens agroforestiers à classer, le territoire communal, la contenance des parcelles privées, le nom du propriétaire, le revenu cadastral et le mode de traitement adopté.

Le plan des lieux est dressé et porte l'indication des sections et les numéros des parcelles ainsi que les limites du territoire concerné.

A défaut de cadastre, les références des sections et des numéros de parcelles ne sont pas indiquées sur le plan des lieux. – *[C. for. Mayotte, art. R. 411-3.]*

SECTION 5 Commercialisation des matériels forestiers de reproduction

Art. D. 175-9 Pour l'application du chapitre III du titre V du présent livre à Mayotte :

1° La référence au préfet de région est remplacée par la référence au préfet de Mayotte ;

2° La référence à la directive 1999/105/CE du Conseil du 22 décembre 1999 concernant la commercialisation des matériels forestiers de reproduction n'est pas applicable.

CHAPITRE VI SAINT-BARTHÉLEMY

Art. R. 176-1 Pour la mise en œuvre des dispositions de l'article L. 121-4, l'arrêté mentionné à l'article L. 122-1 et approuvant les orientations territoriales forestières de Saint-Barthélemy précise les conditions d'exploitation des essences forestières en voie de disparition ou de régression dont le maintien ou le développement se justifie dans l'intérêt général ainsi que les conditions de la circulation et de la vente des produits provenant de ces essences. – *[Anc. art. R. 361-4, al. 1er, ecqc SB.]*

Art. R. 176-2 Le fait d'enlever, transporter ou commercialiser des essences forestières en infraction aux dispositions de l'article R. 176-1 donne lieu aux peines prévues par l'article L. 163-7, ou lorsqu'en raison de l'enlèvement des arbres et de leurs souches ou de toute autre circonstance, il y a impossibilité de constater la dimension des arbres à celles prévues par l'article R. 163-1. – *[Anc. art. R. 361-4, al. 2, ecqc SB.]*

Art. D. 176-3 *Abrogé par Décr. nº 2015-778 du 29 juin 2015, art. 2-2º.*

CHAPITRE VII SAINT-MARTIN

Art. R. 177-1 Pour la mise en œuvre des dispositions de l'article L. 121-4, l'arrêté mentionné à l'article L. 122-1 et approuvant *(Décr. nº 2017-512 du 7 avr. 2017, art. 1er-8º)* « le programme territorial de la forêt et du bois » de Saint-Martin précise les conditions d'exploitation des essences forestières en voie de disparition ou de régression dont le maintien ou le développement se justifie dans l'intérêt général ainsi que les conditions de la circulation et de la vente des produits provenant de ces essences. – *[Anc. art. R. 361-4, al. 1er, ecqc SM.]*

Art. R. 177-2 Le fait d'enlever, transporter ou commercialiser des essences forestières en infraction aux dispositions de l'article R. 177-1 donne lieu aux peines prévues par l'article L. 163-7, ou lorsqu'en raison de l'enlèvement des arbres et de leurs souches ou de toute autre circonstance il y a impossibilité de constater la dimension des arbres à celles prévues par l'article R. 163-1. – *[Anc. art. R. 361-4, al. 2, ecqc SM.]*

Art. D. 177-3 Pour son application à Saint-Martin, l'article D. 113-12 est ainsi rédigé :

Art. D. 113-12 *(Décr. n° 2016-1885 du 26 déc. 2016, art. 3-6°)* « La commission territoriale de la forêt et du bois est présidée conjointement par le préfet délégué et le président du conseil territorial. Elle comprend : »

1° Le directeur des services de l'État compétents en matière de forêts ;

2° Le directeur des services de l'État compétents en matière d'environnement ;

3° Le directeur des services de l'État compétent *[compétents]* en matière d'entreprises, de concurrence et de consommation, de travail et d'emploi ;

4° Des représentants du conseil territorial ;

5° Des représentants de la propriété forestière des particuliers ;

6° Des représentants de la propriété forestière des bois et forêts relevant du 2° du I de l'article L. 211-1 ;

7° Des représentants de l'Office national des forêts ;

8° Des représentants des structures interprofessionnelles, de l'industrie et des prestataires de services dans le secteur de la forêt et du bois ;

9° Des représentants d'associations d'usagers de la forêt, de protection de l'environnement et de gestionnaires d'espaces naturels ;

10° Des représentants de la chambre consulaire interprofessionnelle ;

11° Des personnalités qualifiées.

Le nombre de membres de la commission nommés au titre du 5°, du 6° et du 7° est fonction des surfaces respectives de chacun des régimes de propriété forestière dans la collectivité.

L'absence de représentants d'une catégorie ne fait pas obstacle à la constitution de la commission.

CHAPITRE VIII SAINT-PIERRE-ET-MIQUELON

Art. D. 178-1 *(Décr. n° 2016-1885 du 26 déc. 2016, art. 3-7°)* **Pour son application à Saint-Pierre-et-Miquelon, l'article D. 113-12 est ainsi rédigé :**

Art. D. 113-12 La commission territoriale de la forêt et du bois est présidée par le préfet de Saint-Pierre-et-Miquelon et le président du conseil territorial. Elle comprend :

1° Le directeur des territoires, de l'alimentation et de la mer ;

2° Le directeur *[de]* la cohésion sociale, du travail, de l'emploi et de la formation ;

3° Un représentant du conseil territorial ;

4° Un représentant du conseil municipal de Saint-Pierre et un représentant de celui de Miquelon ;

5° Un représentant de la propriété forestière des particuliers ;

6° Un représentant de l'Office national des forêts ;

7° Un représentant de la délégation interrégionale outre-mer de l'*(Décr. n° 2019-1580 du 31 déc. 2019, art. 4)* « Office français de la biodiversité » ;

8° Un représentant des structures interprofessionnelles, de l'industrie et des prestataires de services dans le secteur de la forêt et du bois ;

9° Trois représentants d'associations d'usagers de la forêt, de protection de l'environnement et de gestionnaires d'espaces naturels ;

10° Un représentant de la chambre d'agriculture, de commerce, d'industrie, de métiers et de l'artisanat ;

11° Des personnalités qualifiées, dans la limite de cinq, nommées sur proposition conjointe du représentant de l'État à Saint-Pierre-et-Miquelon et du président du conseil territorial.

L'absence de représentants d'une catégorie ne fait pas obstacle à la constitution de la commission.

CHAPITRE IX TERRES AUSTRALES ET ANTARCTIQUES FRANÇAISES

Le présent chapitre ne comporte pas de dispositions réglementaires.

LIVRE II BOIS ET FORÊTS RELEVANT DU RÉGIME FORESTIER

TITRE I RÉGIME FORESTIER

CHAPITRE I CHAMP D'APPLICATION

Le présent chapitre ne comporte pas de dispositions réglementaires.

CHAPITRE II PRINCIPES D'AMÉNAGEMENT

SECTION 1 Document d'aménagement

Art. D. 212-1 Le document d'aménagement mentionné à l'article L. 212-1 est un document de gestion qui prévoit l'aménagement forestier nécessaire à chaque bois ou forêt relevant du régime forestier, dans le respect de la directive régionale d'aménagement ou du schéma régional d'aménagement qui lui est applicable.

Il comprend :

1° Des analyses préalables portant sur le milieu naturel, le patrimoine culturel et les besoins, en matière économique, sociale et environnementale, des utilisateurs et des titulaires de droits réels ou personnels. Ces analyses prennent en compte les prescriptions et recommandations contenues dans les documents de référence arrêtés par l'État ou les collectivités territoriales en matière de protection de l'environnement, d'aménagement de l'espace et de développement des politiques sportives, éducatives et de loisirs. Elles mentionnent l'existence de droits d'usage au sens de l'article L. 241-2 ;

2° Une partie technique qui rassemble des renseignements généraux sur la forêt, une évaluation de sa gestion passée, la présentation des objectifs de gestion durable poursuivis ainsi que les moyens à mettre en œuvre pour les atteindre, compte tenu des analyses mentionnées au 1° ; y figure, en particulier, la programmation des coupes et des travaux sylvicoles ;

3° Une partie économique, qui comprend notamment le bilan financier prévisionnel des programmes d'action envisagés. – *[Anc. art. R. 133-2.]*

Art. D. 212-2 Le document d'aménagement est préparé par l'Office national des forêts. – *[Anc. art. R. 133-3, al. 1er.]*

Art. R. 212-3 L'arrêté qui approuve le document d'aménagement, appelé arrêté d'aménagement, prévoit la durée de validité de ce document.

Toutefois, les règles prévues par le document d'aménagement en matière de coupes de taillis ou de taillis sous futaie restent en vigueur après son expiration, jusqu'à l'intervention d'un nouvel arrêté. – *[Anc. art. R. 133-4.]*

Art. R. 212-4 Lorsqu'il est envisagé de réglementer dans certaines zones, en application du dernier alinéa de l'article L. 212-2, les activités susceptibles de compromettre la réalisation des objectifs de l'aménagement, le préfet des départements et le maire des communes où se situent ces zones sont préalablement consultés par l'Office national des forêts sur le projet de réglementation. Ils disposent d'un délai de trois mois pour faire connaître leur avis. – *[Anc. art. R. 133-5, al. 1er.]*

Art. D. 212-5 L'arrêté d'aménagement, comprenant s'il y a lieu la réglementation particulière mentionnée au dernier alinéa de l'article L. 212-2, est publié :

1° Au bulletin officiel des services du ministre chargé des forêts lorsqu'il est signé de ce ministre ;

2° Au recueil des actes administratifs des départements sur le territoire desquels se trouvent les bois et forêts lorsqu'il est signé du ou des préfets. Il entre en vigueur lorsqu'il a été publié dans l'ensemble des départements intéressés, le lendemain du jour de publication le plus tardif.

Il est porté à la connaissance du public par tout moyen, notamment par affichage à la mairie des communes sur le territoire desquelles se trouvent les bois et forêts. – *[Anc. art. R. 133-5, al. 2.]*

Art. D. 212-6 La directive régionale d'aménagement, le schéma régional d'aménagement, la déclaration qui leur est annexée et la partie technique des documents d'aménagement mentionnée au 2° de l'article D. 212-1 peuvent être consultés sur le site internet des préfectures ou dans les sous-préfectures concernées. – *[Anc. art. R. 133-5, D. 143-4.]*

SECTION 2 Règlement type de gestion

Art. R. 212-7 Le règlement type de gestion prévu à l'article L. 212-4 se substitue, pour les bois et forêts répondant aux conditions énoncées à l'article L. 122-5, au document d'aménagement mentionné à l'article D. 212-1. Il définit les modalités de gestion durable et d'équipement de ces bois et forêts, dans le respect des caractéristiques propres au régime forestier. – *[Anc. art. R. 133-7, al. 1er.]*

Art. R. 212-8 Seuls peuvent être considérés comme offrant de faibles potentialités économiques au sens de l'article L. 122-5 les bois et forêts relevant du 1° du I de l'article L. 211-1 d'une superficie inférieure à 25 hectares, notamment ceux dont les potentialités de production sont inférieures à la moitié des seuils de production minimale fixés régionalement pour l'accès aux aides de l'État.

Seuls peuvent être considérés comme ne présentant pas un intérêt écologique important au sens de l'article L. 122-5, les bois et forêts ne faisant l'objet d'aucune mesure de classement ou de protection en application du présent code ou du code de l'environnement. – *[Anc. art. R. 133-8.]*

Art. D. 212-9 Le règlement type de gestion comprend, pour chaque grand type de peuplements et pour chaque grande option sylvicole régionale :

1° L'indication de la nature des coupes ;

2° Une appréciation de l'importance et du type des prélèvements proposés ;

3° Des indications sur la durée de rotation prévue entre deux coupes, l'âge et le diamètre d'exploitabilité ;

4° La description des travaux nécessaires à la bonne conduite du peuplement et, le cas échéant, à sa régénération ;

5° Des indications sur les stratégies recommandées de gestion des populations de gibier faisant l'objet d'un plan de chasse en application de l'article L. 425-2 du code de l'environnement, en fonction des orientations sylvicoles et des grandes unités de gestion cynégétique identifiées par la directive régionale d'aménagement.

Il comprend en outre les analyses, propositions de travaux d'équipement ou d'intervention jugés nécessaires pour répondre aux enjeux d'intérêt général qui s'attachent à la gestion des forêts de l'État.

Il est soumis pour avis à l'établissement public du parc national en tant qu'il le concerne. – *[Anc. art. R. 133-7, al. 2, al. 4 à 11.]*

Art. D. 212-10 L'Office national des forêts propose à l'approbation du ministre chargé des forêts la liste des bois et forêts répondant aux critères énoncés à l'article R. 212-8 pour lesquelles il propose de mettre en œuvre un règlement type de gestion.

Il propose également à son approbation pour chaque catégorie de bois et forêts dans le ressort d'une directive régionale d'aménagement ou d'un schéma régional d'aménagement, un projet de règlement type de gestion conforme à cette directive ou à ce schéma. – *[Anc. art. R. 133-7, al. 3, R. 133-9.]*

Forêts communales. Les bois et forêts de la commune requérante ne peuvent présenter de garanties de gestion durable que s'ils sont gérés conformément à un règlement type de gestion. Il résulte des dispositions de l'art. L. 124-1, du 2° de l'art. R. 124-2 et de l'art. D. 212-10 qu'il incombe à l'ONF de proposer à l'approbation du ministre chargé des forêts, dans le ressort de chaque directive régionale ou schéma régional d'aménagement, un projet de règlement type de gestion pour chaque catégorie de bois et forêts appartenant à des personnes publiques et auxquels le régime forestier n'a pas été rendu applicable. En refusant, respectivement, d'élaborer et d'approuver un règlement type de gestion pour la ou les catégories dont relèvent les bois et forêts de la commune requérante, auxquels, ainsi qu'il a été dit, le régime forestier n'a pas été rendu applicable, l'ONF et le ministre ont méconnu ces dispositions législatives et réglementaires. La commune requérante est donc fondée à demander l'annulation de leurs décisions rejetant sa demande tendant à l'adoption d'un règlement type de gestion. • CE 21 déc. 2018, n° 404912 A : *RD rur. 2019, n° 78, note Rondeau ; Dr. envir. 2019. 60, concl. Barrois de Sarigny.*

CHAPITRE III BOIS ET FORÊTS DE L'ÉTAT

SECTION 1 Acquisition, affectation et aliénation

Art. R. 213-1 Les achats de terrains au nom de l'État prévus à l'article L. 213-3 sont décidés par le ministre chargé des forêts. – *[Anc. art. R. 131-2.]*

Art. R. 213-2 La dation en paiement d'un immeuble en nature de bois et forêts pouvant être incorporé au domaine forestier de l'État en application de l'article 1716 *bis* du code général des impôts vaut remise de cet immeuble aux services du ministre chargé des forêts. – *[Anc. art. R. 131-3.]*

SECTION 2 Délimitation et bornage

SOUS-SECTION 1 Délimitation générale

Art. R. 213-3 Un projet de délimitation générale et de bornage de bois et forêts de l'État est annoncé deux mois à l'avance par un arrêté du préfet, publié et affiché dans les communes limitrophes et notifié au domicile des propriétaires riverains ou au domicile de leurs fermiers, gardes ou agents. Cette notification est faite par tout moyen permettant d'établir date certaine.

L'arrêté indique le jour fixé pour le commencement des opérations et le point de départ de la délimitation. – *[Anc. art. R. 132-2, R. 132-3, phrase 2.]*

Art. D. 213-4 Le maire des communes où doit être affiché l'arrêté destiné à annoncer les opérations de délimitation générale adresse au préfet un certificat constatant la publication et l'affichage dans la commune. – *[Anc. art. R. 132-4.]*

Art. R. 213-5 A la date fixée pour le commencement des opérations, compte tenu du délai de publicité prévu à l'article R. 213-3, les agents de l'Office national des forêts procèdent à la délimitation tant en présence qu'en l'absence des propriétaires riverains. – *[Anc. art. R. 132-5.]*

Art. R. 213-6 Le procès-verbal de délimitation générale est rédigé par les experts suivant l'ordre dans lequel l'opération a été faite. Il est divisé en autant d'articles qu'il y a de propriétés riveraines et chacun des articles est clos séparément et signé par les parties intéressées.

Si les propriétaires riverains sont absents ou ne se font pas représenter par un fondé de pouvoir, ou s'ils ne peuvent ou ne veulent pas signer le procès-verbal, il en est fait mention à chacun des articles qui les concernent. – *[Anc. art. R. 132-6, al. 1er, R. 132-8.]*

SOUS-SECTION 2 Délimitation partielle

Art. R. 213-7 Les demandes en délimitation partielle et bornage entre les bois et forêts de l'État et les propriétés riveraines sont adressées au directeur départemental des finances publiques ou à l'Office national des forêts.

Le préfet, par arrêté pris sur proposition du directeur départemental des finances publiques et sur l'avis de l'Office national des forêts, nomme un ou plusieurs ingénieurs de cet office comme experts dans l'intérêt de l'État. – *[Anc. art. R. 132-1, al. 1er et 2, R. 132-3, phrase 1re.]*

SOUS-SECTION 3 Dispositions communes

Art. R. 213-8 Chaque fois que la rectification du périmètre de bois et forêts entraîne l'abandon d'une portion de sol forestier, le procès-verbal doit énoncer les motifs de cette rectification, même en l'absence de toute contestation à ce sujet entre les experts.

En cas de difficultés sur la fixation des limites, les réquisitions, dires et observations contradictoires sont consignés au procès-verbal. – *[Anc. art. R. 132-1, al. 3 et 4, R. 132-7, R. 132-6, al. 2.]*

Art. R. 213-9 Le procès-verbal de la délimitation est immédiatement déposé à la préfecture et par extrait à la sous-préfecture en ce qui concerne chaque arrondissement. Il en est donné avis par un arrêté du préfet, publié et affiché dans les communes limitrophes. Les intéressés peuvent en prendre connaissance et former leur opposition dans le délai de quatre mois à dater du jour où l'arrêté a été publié. – *[Anc. art. R. 132-9.]*

Art. R. 213-10 Les intéressés peuvent requérir des extraits certifiés conformes du procès-verbal de délimitation en ce qui concerne leurs propriétés. Les frais d'expédition de ces extraits sont à la charge des requérants et réglés conformément aux tarifs en vigueur. – *[Anc. art. R. 132-10.]*

Art. D. 213-11 Les réclamations que les propriétaires peuvent former avant l'expiration du délai d'opposition prévu à l'article R. 213-9 sont adressées au préfet qui les communique pour observation à l'Office national des forêts et au directeur départemental des finances publiques. – *[Anc. art. R. 132-11.]*

Art. R. 213-12 Au terme du délai de quatre mois prévu à l'article R. 213-9, le préfet approuve ou refuse d'homologuer en tout ou en partie le procès-verbal de délimitation.

Sa décision est publiée dans les conditions mentionnées au même article. – *[Anc. art. R. 132-12.]*

Art. R. 213-13 Si, au terme du délai de quatre mois mentionné à l'article R. 213-9, il n'a été élevé aucune réclamation par les propriétaires riverains contre le procès-verbal de délimitation et si le préfet n'a pas refusé d'homologuer les articles concernant ces mêmes propriétaires, l'opération est définitive à leur égard. – *[Anc. art. R. 132-13.]*

Art. R. 213-14 En cas de contestations élevées soit pendant les opérations, soit par suite d'oppositions formées par les riverains, celles-ci sont portées par les parties intéressées devant les tribunaux compétents et il est sursis à l'abornement jusque après leur décision définitive. – *[Anc. art. R. 132-15, al. 1er.]*

SOUS-SECTION 4 Bornage

Art. R. 213-15 Le bornage des propriétés ainsi délimitées doit s'effectuer dans le mois suivant la date où la délimitation est devenue définitive. L'Office national des forêts y procède en présence ou en l'absence des parties intéressées dûment convoquées par un arrêté du préfet, publié et signifié dans les conditions prévues aux articles R. 213-3 et D. 213-4.

En cas de refus de la part de l'Office national des forêts de procéder au bornage, les propriétaires riverains peuvent saisir les tribunaux compétents. – *[Anc. art. R. 132-14, R. 132-15, al. 2.]*

Art. R. 213-16 Lorsque la séparation est effectuée par un simple bornage, elle est faite à frais communs.

Les fossés et tous autres types de clôture sont exécutés aux frais de la partie requérante et pris en entier sur son terrain. – *[Anc. art. R. 132-16.]*

Art. R. 213-17 L'état des frais de délimitation et de bornage, établi par articles séparés pour chaque propriété riveraine, est arrêté par l'Office national des forêts et rendu exécutoire par le préfet. Il est remis au comptable public chargé des recettes domaniales de l'État qui poursuit le recouvrement des sommes mises à la charge des riverains, sauf en cas d'opposition devant les tribunaux. – *[Anc. art. R 132-17.]*

Art. R. 213-18 Conformément aux dispositions du décret n° 55-22 du 4 janvier 1955 portant réforme de la publicité foncière, la minute du procès-verbal de bornage est déposée au rang des minutes des actes de l'État par acte administratif passé, à la diligence du directeur départemental des finances publiques, par devant le préfet et présenté à la formalité de la publicité foncière par les soins de ce directeur et aux frais de l'État. – *[Anc. art. R. 132-18.]*

SECTION 3 Aménagement et assiette des coupes

Art. R. 213-19 L'Office national des forêts consulte sur le projet de document d'aménagement les communes sur le territoire desquelles se trouvent les bois et forêts et l'établissement public du parc national en tant qu'il le concerne. Il informe en outre les communes limitrophes de l'existence du projet de document d'aménagement en leur demandant de lui faire connaître, dans le délai qu'il fixe, si elles souhaitent être associées à la concertation sur ce projet et, en cas de réponse positive, le leur communique.

Les collectivités territoriales consultées disposent d'un délai de deux mois à compter de la réception du projet de document d'aménagement pour faire connaître leur avis. – *[Anc. art. R. 133-3, al. 2, al. 4 ecqc communes.]*

Art. R. 213-20 Chaque année, l'Office national des forêts adresse aux conseils régionaux et aux conseils départementaux la liste des projets d'aménagement forestier des forêts du domaine de l'État situées dans leur ressort géographique. Il consulte sur ces projets ceux qui ont exprimé le souhait d'être associés à la concertation.

Ces collectivités disposent d'un délai de deux mois pour faire connaître leur avis. – *[Anc. art. R. 133-3, al. 3, al. 4 ecqc départements et régions.]*

Art. R. 213-21 Pour l'application de l'article L. 213-5, sont considérées comme réglées par un aménagement :

1° Les coupes conformes à un document d'aménagement qui en a fixé la nature et l'emplacement, dès lors que leur exécution a lieu au cours de la période prévue par ce document ou n'est ni avancée ni reportée d'une durée excédant le délai fixé par arrêté du ministre chargé des forêts ;

2° Les coupes conformes à un règlement type de gestion mentionné à l'article D. 212-9 ;

3° Les coupes conformes à un usage constant, s'agissant de taillis et de taillis sous futaie, dans les parties de bois et forêts non couvertes par un document d'aménagement ou un règlement type de gestion. – *[Anc. art. R. 133-10.]*

Art. R. 213-22 Les coupes autres que celles mentionnées à l'article R. 213-21 sont considérées comme non réglées au sens de l'article L. 213-5 et requièrent l'autorisation du ministre chargé des forêts. – *[Anc. art. R. 133-11.]*

Art. R. 213-23 Les personnels habilités de l'Office national des forêts établissent les états d'assiette des coupes et autorisent la récolte des produits accidentels.

Les coupes ne sont délimitées sur le terrain et marquées qu'après inscription à l'état d'assiette. – *[Anc. art. R. 133-12.]*

SECTION 4 Ventes des coupes et produits des coupes

SOUS-SECTION 1 Procédure et dispositions communes

Art. R. 213-24 Les clauses générales applicables aux ventes de coupes ou de produits de coupes sont adoptées par le conseil d'administration de l'Office national des forêts sur proposition du directeur général.

Les clauses propres à chaque vente et à chaque lot sont arrêtées par les services de l'Office.

Les clauses tant générales que propres à chaque vente et à chaque lot sont toutes de rigueur. – *[Anc. art. R. 134-2.]*

Art. R. 213-25 Un règlement des ventes est adopté par le conseil d'administration de l'Office national des forêts sur proposition du directeur général. Il précise le déroulement des ventes selon la procédure choisie par le représentant habilité de l'Office en application de l'article R. 213-26. – *[Anc. art. R. 134-4.]*

Art. R. 213-26 Le choix entre la procédure d'adjudication, d'appel d'offres ou de gré à gré est fait par l'Office national des forêts en vue d'assurer la meilleure valorisation et en fonction de la nature et du volume des bois à céder, du nombre et de la taille des entreprises susceptibles de se porter acquéreurs.

Des contrats d'approvisionnement pluriannuels peuvent être conclus. – *[Anc. art. R. 134-1, L. 134-7, al. 2.]*

Art. R. 213-27 Toute vente par adjudication ou sur appel d'offres doit être annoncée publiquement au moins quinze jours à l'avance par affichage à la mairie du lieu de vente et par au moins deux publications dans un journal local, un journal professionnel ou sur le site internet de l'Office national des forêts. Le délai de quinze jours peut être réduit à sept jours en cas d'urgence. – *[Anc. art. R. 134-6.]*

Art. R. 213-28 Le droit de se porter acquéreur est ouvert à toute personne sous réserve que ses capacités financières soient jugées suffisantes par le bureau d'adjudication, par la commission d'appel d'offres ou par le représentant de l'Office habilité à signer le contrat de vente de gré à gré.

(Décr. n° 2015-1129 du 11 sept. 2015, art. 1er) « Le droit de se porter acquéreur peut être subordonné par le règlement des ventes à la présentation d'engagements permettant d'assurer la prise en compte effective des objectifs mentionnés à l'article L. 121-2-1. » – *[Anc. art. R. 134-5.]*

Art. R. 213-29 Toute vente par adjudication ou sur appel d'offres donne lieu à l'attribution de chaque lot au plus offrant, à condition que le prix offert soit au moins égal au prix minimum fixé. – *[Anc. art. R. 134-7.]*

Art. R. 213-30 La déchéance prévue à l'article L. 213-8 est prononcée par l'autorité qui a attribué la coupe ou signé le contrat. – *[Anc. art. R. 134-3.]*

SOUS-SECTION 2 Adjudication

Art. R. 213-31 Le bureau d'adjudication comprend :

1° Le préfet du département dans lequel se tient la séance ou son délégué, président ;

2° Le représentant de l'Office national des forêts ;

3° Le comptable chargé du recouvrement du prix ou son délégué. – *[Anc. art. R. 134-8.]*

Art. R. 213-32 Toute contestation qui s'élève pendant une séance d'adjudication est tranchée immédiatement par le bureau. – *[Anc. art. R. 134-9.]*

Art. R. 213-33 Toute adjudication est définitive dès qu'elle est prononcée. – *[Anc. art. R. 134-10.]*

Art. R. 213-34 Le procès-verbal d'adjudication signé par les membres du bureau est un acte authentique. Il a force exécutoire dans les conditions prévues par les articles L. 213-9 et L. 213-11. – *[Anc. art. R. 134-11.]*

SOUS-SECTION 3 Appel d'offres

Art. R. 213-35 Les soumissions sont examinées par une commission qui comprend :

1° Deux représentants de l'Office national des forêts, dont l'un assure la présidence de la commission ;

2° Le comptable chargé du recouvrement du prix ou son délégué. – *[Anc. art. R. 134-12.]*

Art. R. 213-36 L'avis d'appel d'offres peut prévoir l'agrément préalable des soumissionnaires en fonction de leurs capacités financières et techniques ; il précise alors les justifications à fournir par les candidats. Les demandes d'agrément sont examinées par la commission mentionnée à l'article R. 213-35. – *[Anc. art. R. 134-13, phrases 1 à 3.]*

Art. R. 213-37 La séance d'examen des soumissions est publique, sauf si le président de la commission décide de n'admettre en séance que les soumissionnaires. – *[Anc. art. R. 134-14.]*

SOUS-SECTION 4 Ventes de gré à gré

Art. R. 213-38 Les ventes de gré à gré font l'objet de contrats écrits, conclus par le directeur général de l'Office national des forêts ou son délégataire. Elles donnent lieu soit à des contrats d'approvisionnement à exécution ou à livraisons successives et pour une durée ne pouvant excéder *(Décr. n° 2017-512 du 7 avr. 2017, art. 1er-10°)* « dix années », soit à des ventes à exécution ou à livraison immédiate lorsque les produits sont disponibles à la vente. – *[Anc. art. R. 134-15.]*

SECTION 5 **Exploitation des coupes**

Art. R. 213-39 Le permis d'exploiter prévu par l'article L. 213-13 est délivré par le représentant habilité de l'Office national des forêts. – *[Anc. art. R. 135-1.]*

SECTION 6 **Récolements**

Art. R. 213-40 La décharge d'exploitation prévue par l'article L. 213-21 est délivrée par le représentant habilité de l'Office national des forêts. – *[Anc. art. R. 136-1.]*

SECTION 7 **Pâturage, chasse et produits accessoires**

SOUS-SECTION 1 **Pâturage**

Art. R. 213-41 L'Office national des forêts détermine chaque année par département les périmètres dans lesquels le pâturage des bovins, des ovins, des équidés ou des porcins pourra être cantonné sans nuire au repeuplement et à la conservation des bois et forêts.

Il détermine également le nombre et l'espèce des animaux qui peuvent être introduits dans chacun des périmètres de cantonnement reconnus ne pas justifier d'une mise en défens.

Les conditions techniques d'exploitation du pâturage et les conditions financières de la concession sont, dans chaque département, soumises pour avis à une commission réunie à l'initiative de l'Office national des forêts et composée de trois représentants de l'Office et de trois représentants des éleveurs locaux désignés par la chambre d'agriculture ; cette commission est présidée par le préfet ou son représentant. – *[Anc. art. R. 137-1, al. 1er à 3.]*

Art. R. 213-42 La publicité prévue à l'article L. 213-24 est faite par affichage en mairie dans les communes de situation des biens et par insertion dans au moins un journal régional ou local dont la diffusion couvre toute la zone intéressée, quinze jours au moins avant la réunion de la commission mentionnée au même article, avec indication de la date limite de dépôt des demandes de concession. – *[Anc. art. R. 137-1, al. 4.]*

Art. R. 213-43 Lorsque la concession de pâturage ne peut pas être conclue à l'amiable, il est procédé à un appel d'offres sur soumissions cachetées après une nouvelle publicité faite comme prescrit à l'article R. 213-42 quinze jours au moins avant la date d'ouverture des plis. Les soumissions cachetées sont ouvertes par une commission qui comprend :

1° Le représentant de l'Office national des forêts dans le département, président ;

2° Le directeur départemental des finances publiques ou son représentant ;

3° L'un des exploitants agricoles membres de la commission mentionnée à l'article R. 213-41 désigné par la chambre d'agriculture. – *[Anc. art. R. 137-1, al. 5 à 8.]*

Art. R. 213-44 Toutes les concessions de pâturage sont consenties, sous forme de vente d'herbe ou de produits, pour un nombre maximal d'animaux appartenant à une ou plusieurs espèces déterminées.

Les actes de concession conclus de gré à gré ou après appel à la concurrence pour une durée n'excédant pas neuf ans sont passés, par dérogation aux dispositions de l'article D. 221-3, par l'Office national des forêts, suivant un contrat type approuvé par le ministre chargé des forêts et le ministre chargé du domaine. Lorsque leur durée est supérieure à trois ans, ces actes sont approuvés par le directeur départemental des finances publiques.

Les actes de concession prévoient que la constatation de l'infraction réprimée par l'article R. 261-11 ouvre la faculté pour l'Office national des forêts de faire exécuter d'office les travaux de rétablissement des lieux dans leur état initial, aux frais du concessionnaire.

Les concessions pluriannuelles comportent une clause de résiliation annuelle en cas de nécessité justifiée par la conservation des terrains, et une clause permettant au concessionnaire d'obtenir une réduction de la redevance en proportion du nombre d'animaux admis au pâturage, si ce nombre est réduit par l'office en cours de concession. – *[Anc. art. R. 137-1, al. 9 à 12.]*

SOUS-SECTION 2 Exploitation de la chasse

(Décr. nº 2015-260 du 4 mars 2015, art. 1er)

§ 1 Dispositions communes

Art. R. 213-45 L'Office national des forêts détermine les parties des bois et forêts de l'État sur lesquelles le droit de chasse sera exploité et en arrête le lotissement.

Il détermine pour chaque lot de chasse son mode d'exploitation, soit :

– la location de gré à gré ;
– la location après mise en adjudication publique ;
– la concession de licences collectives ou individuelles.

Art. R. 213-46 Les locations de gré à gré et les adjudications mentionnées à l'article R. 213-45 sont régies par un cahier des charges qui comprend un règlement des locations de gré à gré ou un règlement des adjudications et un cahier des clauses générales adoptés par le conseil d'administration de l'Office national des forêts sur proposition de son directeur général et approuvés par les ministres chargés des forêts, de la chasse et du domaine.

Les locations sont consenties pour une durée maximale de douze ans.

Art. R. 213-47 L'Office national des forêts procède par concession de licences collectives ou individuelles lorsqu'il l'estime nécessaire pour la bonne gestion technique ou financière du domaine, en vue d'assurer notamment la sécurité des usagers de la forêt ou un meilleur contrôle des effectifs des diverses espèces de gibier susceptibles de causer des dommages aux cultures riveraines, à la forêt ou aux travaux de reboisement.

Art. R. 213-48 L'Office national des forêts, détenteur du droit de chasse, bénéficie, à sa demande, d'un plan de chasse individuel au sens des articles L. 425-6 à L. 425-12 du code de l'environnement pour assurer l'équilibre sylvo-cynégétique prévu au dernier alinéa de l'article L. 425-4 du même code.

L'Office national des forêts en délègue l'exécution, selon les modalités fixées dans le cahier des charges applicable à l'exploitation de la chasse dans les bois et forêts de l'État, à ses ayants droit, qui demeurent seuls responsables au regard de la réglementation en vigueur du respect du plan de chasse, du marquage des animaux, des conditions de leur transport, le cas échéant, de leur présentation au contrôle et de l'établissement des comptes rendus de prélèvement.

Art. R. 213-49 L'Office national des forêts peut se voir confier, par convention passée avec le propriétaire, l'exploitation du droit de chasse dans les bois et forêts autres que ceux appartenant à l'État. Lorsque ceux-ci appartiennent à des particuliers, la convention est conclue pour une durée d'au moins dix années.

Afin d'améliorer la gestion de la faune sauvage sur les terrains dont il assure la gestion, l'Office national des forêts peut prendre en location le droit de chasse sur des propriétés voisines.

Art. R. 213-50 L'Office national des forêts peut proposer la constitution de réserves de chasse et de faune sauvage dans les conditions prévues par l'article L. 422-27 du code de l'environnement.

§ 2 Locations de gré à gré

Art. R. 213-51 Les locations de gré à gré sont ouvertes :

1° Aux locataires sortants qui sont locataires depuis au moins trois ans sur un lot ;

2° Aux associations communales et intercommunales de chasse agréées mentionnées à l'article L. 422-2 du code de l'environnement ;

3° A l'*(Décr. nº 2019-1580 du 31 déc. 2019, art. 4)* « Office français de la biodiversité » ou *[à]* tout organisme scientifique ou de recherche agréé afin de conduire des recherches ou des expérimentations sur la gestion de la faune sauvage et ses habitats ;

4° Aux locataires des territoires de chasse voisins, lorsque la location d'un terrain domanial d'un seul tenant d'une surface au plus égale à 100 hectares permet de résorber des enclaves cynégétiques ou lorsque le terrain domanial est en situation enclavée au sein d'un seul territoire de chasse ;

5° A l'initiative de l'Office national des forêts, aux titulaires de licences collectives annuelles successives depuis au moins trois ans sur le même lot.

Pour les lots n'ayant pas trouvé preneur à l'adjudication publique, les locations de gré à gré sont ouvertes à tous les candidats intéressés y compris ceux qui n'auraient pas pris part à l'adjudication.

Art. R. 213-52 Par dérogation aux dispositions de l'article R. 213-51, une location de gré à gré peut être consentie à une association de chasse non agréée, dans le cas où il n'existe pas sur le territoire de la commune d'association de chasse agréée ou pour des territoires qui n'ont pas été loués à une association agréée. Cette location de gré à gré ne peut être accordée que si l'association remplit les conditions suivantes :

1° Être constituée en association déclarée, conformément à la loi du 1er juillet 1901, depuis au moins trois ans à la date de la demande ;

2° Justifier qu'elle a pour objectifs l'exploitation de la chasse et l'amélioration de la pratique cynégétique dans le respect de l'équilibre agro-sylvo-cynégétique et la régulation des animaux nuisibles et qu'elle dispose des moyens nécessaires pour les atteindre ;

3° Être affiliée à la fédération départementale des chasseurs ;

4° Comprendre au moins un tiers du total de ses membres domiciliés dans le ou les cantons dans lesquels le territoire de chasse est situé ou dans les cantons limitrophes ;

5° Justifier soit de droits de chasse sur un territoire contigu, de sorte que la location de gré à gré sollicitée permette la création d'un ensemble susceptible d'être l'objet d'une gestion rationnelle, soit d'une location de gré à gré en cours de la totalité ou de la majeure partie du territoire demandé. La mise en valeur du territoire précédemment géré par l'association est prise en considération par l'Office national des forêts.

Le bail peut être résilié par le bailleur s'il est créé, dans les communes où se trouve le territoire intéressé, une association communale de chasse agréée qui en sollicite la location.

Art. R. 213-53 Pour l'application du dernier alinéa de l'article R. 213-52, l'association évincée bénéficie d'un préavis de deux ans à compter de la date de notification par l'Office national des forêts de la résiliation. Les résiliations prennent effet au 1er avril.

Toutefois, ces délais peuvent être réduits sous réserve de l'accord de l'association bénéficiaire de la location résiliée, notamment lorsque cette association se transforme en association communale de chasse agréée.

Art. R. 213-54 Les demandes de location de gré à gré sont adressées à l'Office national des forêts conformément au règlement des locations prévu à l'article R. 213-46.

§ 3 Adjudications

Art. R. 213-55 Les adjudications mentionnées à l'article R. 213-45 sont effectuées devant le préfet, assisté du représentant de l'Office national des forêts.

Art. R. 213-56 La priorité mentionnée à l'article L. 213-26 en faveur du locataire sortant ne peut bénéficier qu'à celui qui est locataire depuis au moins trois années du lot ou de la majeure partie du lot pour lequel il la demande, qui a satisfait aux obligations de son bail et qui remplit les conditions pour participer à l'adjudication.

Le locataire sortant fait connaître son intention de demander, le cas échéant, la priorité lors du dépôt de son dossier de candidature à l'adjudication. Si l'Office national des forêts estime qu'il remplit les conditions fixées à l'alinéa précédent, il lui notifie son acceptation dans un délai de trois semaines après la date limite de dépôt des candidatures.

La liste des lots sur lesquels le locataire sortant est admis à demander la priorité peut être consultée au plus tard deux jours avant la date de l'adjudication. Une fois les enchères ou l'ouverture des soumissions cachetées terminées, le locataire sortant est invité à dire s'il accepte le lot au prix de l'enchère ou de l'offre la plus élevée ou, à défaut, au prix de retrait annoncé. S'il ne demande pas la priorité lors de la clôture des enchères du lot considéré, il est réputé y avoir renoncé.

Le règlement des adjudications mentionné à l'article R. 213-46 fixe les conditions dans lesquelles plusieurs bénéficiaires de la priorité se trouvant en concurrence sur un même lot sont départagés.

§ 4 Concessions de licences

Art. R. 213-57 Les licences sont des permissions de chasser qui ne confèrent pas de droit privatif à leurs titulaires. Elles sont individuelles et nominatives. Lorsque l'autorité chargée de l'exploitation du droit de chasse l'estime techniquement nécessaire, elles peuvent avoir un caractère collectif, sous réserve qu'y soit mentionnée l'identité de la personne responsable de la licence et, le cas échéant, l'identité du représentant légal de la personne morale bénéficiaire de la licence collective.

Art. R. 213-58 Les licences sont valables jusqu'au 31 mars suivant leur date de délivrance.

Art. R. 213-59 Le nombre des licences et l'étendue des droits qu'elles confèrent sont déterminés par l'Office national des forêts qui procède à leur délivrance. Le libellé de la licence précise notamment les limites du territoire intéressé, le ou les modes de chasse autorisés, le ou les jours de la semaine où il peut en être usé et, s'il y a lieu, le nombre de pièces de gibier de chaque espèce que le permissionnaire peut prélever.

Art. R. 213-60 à R. 213-68 *Abrogés par Décr. n° 2015-260 du 4 mars 2015, art 1er.*

SOUS-SECTION 3 **Produits accessoires**

Art. R. 213-69 Le directeur général de l'Office national des forêts détermine les conditions dans lesquelles les autres produits accessoires peuvent être concédés ainsi que les conditions dans lesquelles le mode d'extraction, les conditions d'enlèvement et le prix sont fixés. — *[Anc. art. R. 137-30.]*

SECTION 8 **Extraction et dépôt de matériaux pour les travaux publics**

Art. R. 213-70 Les clauses et conditions de l'extraction et du dépôt, dans les bois et forêts relevant du régime forestier, de matériaux nécessaires à l'exécution de travaux publics ou de travaux de voirie communale, en application des lois du 16 septembre 1807 relative au dessèchement des marais et du 29 décembre 1892 sur les dommages causés à la propriété privée par l'exécution des travaux publics, sont rédigées par l'Office national des forêts qui les notifie au maître de l'ouvrage, pour être insérées dans le cahier des charges des travaux et être imposées aux entrepreneurs. — *[Anc. art. R. 151-10, R. 151-9, al. 1er.]*

Art. R. 213-71 Le directeur départemental des territoires ou le représentant des services de la collectivité territoriale maître d'ouvrage propose préalablement à l'Office national des forêts les lieux où ces extractions et dépôts sont envisagés.

Il procède conjointement avec le représentant de l'office à la reconnaissance des lieux. En cas d'accord, ils déterminent les limites de l'emprise ainsi que le nombre d'arbres et les dimensions des arbres dont l'abattage est reconnu nécessaire. Ils désignent également les chemins à suivre pour le transport des matériaux et fixent la durée de fouilles et dépôts ainsi que les conditions de remise en bon état des lieux.

En cas de contestation, la décision est prise par le préfet. — *[Anc. art. R. 151-9, al. 2, al. 3.]*

Art. R. 213-72 Les indemnités dues à raison de l'occupation, de la fouille ou du dépôt ainsi que les troubles et les dégâts qu'ils ont causés sont évaluées conformément aux dispositions des articles 13 à 15 de la loi du 29 décembre 1892 sur les dommages causés à la propriété privée par l'exécution des travaux publics.

L'Office national des forêts remplit les fonctions d'expert dans l'intérêt du propriétaire de la forêt. — *[Anc. art. R. 151-11.]*

Art. R. 213-73 Lorsqu'il s'agit d'extractions ou de dépôts pour travaux de voirie départementale ou communale, les départements et communes demeurent dans tous les cas responsables du paiement de tous dommages-intérêts, ou de la remise en état des lieux si l'extraction ou le dépôt est fait sur un terrain appartenant aux départements et communes intéressés. – *[Anc. art. R. 151-12.]*

Art. R. 213-74 L'Office national des forêts et les représentants des services de l'État ou de la collectivité territoriale maître d'ouvrage sont expressément chargés de veiller à ce que les entrepreneurs n'emploient pas les matériaux provenant des fouilles à d'autres travaux que ceux pour lesquels les extractions ont été autorisées. – *[Anc. art. R. 151-13, al. 1er.]*

Art. R. 213-75 Les contestations relatives à l'exécution des travaux d'extraction ou de dépôt pour travaux publics ou de voirie communale ou à l'évaluation des indemnités y afférentes sont de la compétence des tribunaux administratifs. – *[Anc. art. R. 151-14.]*

CHAPITRE IV **BOIS ET FORÊTS DES COLLECTIVITÉS TERRITORIALES ET DE CERTAINES PERSONNES MORALES**

SECTION 1 **Dispositions générales**

Art. R. 214-1 Les dispositions des sections 2 à 6 et 8 du chapitre III du présent titre sont applicables aux terrains relevant du régime forestier qui appartiennent aux collectivités et aux personnes morales mentionnées au 2° du I de l'article L. 211-1, sous réserve des dispositions particulières définies au présent chapitre. – *[Anc. art. R. 141-1.]*

Art. R. 214-2 Pour l'application de l'article L. 214-3, le préfet prononce l'application du régime forestier sur la proposition de l'Office national des forêts, après avis de la collectivité ou personne morale propriétaire.

En cas de désaccord entre la collectivité ou personne morale intéressée et l'Office national des forêts, l'application du régime forestier est prononcée par arrêté du ministre chargé des forêts après avis, selon le cas, des autres ministres concernés. – *[Anc. art. R. 141-5.]*

Art. R. 214-3 Le président du conseil régional pour les propriétés forestières des régions, le président du conseil exécutif pour celles de la collectivité de Corse, le président du conseil départemental pour celles des départements et les administrateurs pour celles des établissements d'utilité publique, sociétés mutualistes et caisses d'épargne, exercent respectivement pour l'application du régime forestier les attributions dévolues en la matière au maire des communes et aux administrateurs des établissements publics mentionnés au 2° du I de l'article L. 211-1. – *[Anc. art. R. 141-7.]*

Art. D. 214-4 Lorsqu'un avis doit être donné ou une décision prise par un ministre en application des dispositions du présent chapitre, cet avis est donné ou cette décision est prise par le ministre de l'intérieur dans le cas des collectivités ou personnes morales mentionnées au 2° du I de l'article L. 211-1 relevant de ses attributions.

Pour les autres personnes morales, l'avis est donné ou la décision est prise par le ou les ministres chargés de leur contrôle administratif et financier. – *[Anc. art. R. 141-8.]*

Art. R. 214-5 Les terrains appartenant aux communes et aux établissements publics sur lesquels des travaux de reboisement sont entrepris à l'aide de subventions de l'État sont soumis au régime forestier. La restitution des subventions peut être exigée dans le cas où les terrains à restaurer seraient distraits du régime forestier. Cette restitution est ordonnée par un arrêté du préfet. – *[Anc. art. R. 423-4.]*

Art. R. 214-6 Lorsqu'il est proposé d'appliquer le régime forestier à des bois et forêts appartenant à des collectivités territoriales ou à des personnes morales mentionnées au 2° du I de l'article L. 211-1, l'Office national des forêts procède sur place à la reconnaissance de ces bois et forêts en présence du maire, du président de la commission administrative ou de tout autre représentant légal de la collectivité ou personne morale propriétaire et contradictoirement avec lui.

Les observations du représentant du propriétaire sont consignées au procès-verbal de reconnaissance qui est dressé séance tenante par l'Office national des forêts et signé par les deux parties. Au cas où le représentant du propriétaire ferait défaut ou refuserait de signer, mention en est faite au procès-verbal. – *[Anc. art. R. 141-3.]*

Art. R. 214-7 Le procès-verbal de reconnaissance mentionné à l'article R. 214-6 est annexé au dossier qui est transmis au préfet par l'Office national des forêts, avec l'avis de cet établissement public sur l'opportunité de l'application du régime forestier. – *[Anc. art. R. 141-4.]*

Art. R. 214-8 Le régime forestier est appliqué aux bois et forêts mentionnés à l'article L. 214-3, à compter de la publication de l'arrêté préfectoral ou ministériel prononçant l'application de ce régime. Cette publication est faite par le maire en application du 1° de l'article L. 2122-27 du code général des collectivités territoriales, dans les communes de situation des bois et forêts concernés. L'arrêté est inséré au recueil des actes administratifs du département. – *[Anc. art. R. 141-6.]*

Art. R. 214-9 L'acquisition à titre onéreux de bois et forêts ainsi que la conservation d'une propriété de cette nature acquise à titre gratuit par un établissement d'utilité publique ou par une caisse d'épargne est subordonnée à l'avis favorable de l'Office national des forêts sur l'application du régime forestier à la propriété en cause. L'office est informé par l'établissement ou la caisse d'épargne des projets d'acquisitions, et leur réalisation est portée à sa connaissance par le directeur départemental des finances publiques. – *[Anc. art. R. 141-2.]*

SECTION 2 **Délimitation et bornage**

Art. R. 214-10 En cas de délimitation tant partielle que générale, l'avis de l'Office national des forêts et celui du maire ou du représentant des collectivités propriétaires ou administrateurs est transmis au préfet qui nomme le ou les ingénieurs de l'Office national des forêts chargés d'opérer comme experts dans l'intérêt de la collectivité ou personne morale propriétaire. – *[Anc. art. R. 142-1.]*

Art. R. 214-11 Le maire de la commune ou l'un des représentants de la collectivité ou administrateurs de la personne morale propriétaire peut assister à toutes les opérations aux côtés de l'ingénieur de l'Office national des forêts nommé expert.

Ses observations ou oppositions sont consignées au procès-verbal.

Le conseil régional, l'assemblée de Corse, le conseil départemental, le conseil municipal ou le conseil d'administration sont appelés à délibérer sur les conclusions du procès-verbal avant qu'il soit soumis à l'homologation du préfet. – *[Anc. art. R. 142-2.]*

Art. R. 214-12 En cas de contestation ou d'opposition, les collectivités ou personnes morales propriétaires intentent l'action judiciaire ou y défendent dans les formes ordinaires. – *[Anc. art. R. 142-3.]*

Art. R. 214-13 Lorsque les délimitations ou les bornages, partiels ou généraux, ont été entrepris à l'initiative de la collectivité ou personne morale propriétaire, celle-ci règle directement et intégralement aux ayants droit et à l'Office national des forêts les frais des opérations et recouvre ensuite, auprès des propriétaires riverains, les quotes-parts de ces frais mises à leur charge.

Lorsque la délimitation et le bornage partiels ont été requis par les riverains, la collectivité ou personne morale propriétaire peut faire l'avance des frais des opérations. Si elle n'en fait pas l'avance, le règlement de ces frais incombe à chacune des parties et leur recouvrement est assuré, dans les conditions prévues à l'article R. 214-14, à la diligence du comptable de la collectivité ou personne morale propriétaire. – *[Anc. art. R. 142-4.]*

Art. R. 214-14 Dans tous les cas, l'état des frais de délimitation et de bornage, dressé par l'ingénieur de l'Office national des forêts nommé expert, est remis au comptable de la collectivité ou personne morale propriétaire, qui poursuit le recouvrement des sommes mises à la charge des riverains par toutes voies de droit au profit et pour le compte de ceux à qui ces frais sont dus.

S'il y a lieu, l'état des frais mis en recouvrement au profit des collectivités et établissements publics est rendu exécutoire dans les conditions prévues par la réglementation propre à ces collectivités et établissements publics. – *[Anc. art. R 142-5.]*

SECTION 3 Aménagements

Art. D. 214-15 Des bois et forêts appartenant à des sections différentes d'une même commune peuvent faire l'objet d'un seul document d'aménagement mentionné à l'article D. 212-1. — *[Anc. art. D. 143-2, al. 6.]*

Art. D. 214-16 Le document d'aménagement est préparé par l'Office national des forêts en concertation avec la collectivité ou la personne morale propriétaire. Ce document est, sans préjudice des dispositions de l'article L. 122-7, soumis pour avis à l'établissement public du parc national en tant qu'il le concerne.

Avant de le transmettre au préfet de région en vue de son approbation dans les conditions prévues à l'article L. 212-3, l'Office national des forêts recueille l'accord des collectivités propriétaires sur le projet de document d'aménagement. Lorsque la ou les forêts en cause appartiennent à une ou plusieurs sections de communes, l'accord est sollicité auprès du conseil municipal sauf si le projet d'aménagement entraîne un changement d'usage des terrains au sens du 3° de l'article L. 2411-6 du code général des collectivités territoriales ; dans ce cas, conformément à cet article, l'accord des commissions syndicales intéressées est recueilli. — *[Anc. art. D. 143-3.]*

Art. R. 214-17 L'Office national des forêts propose à l'approbation du préfet de région, pour chaque catégorie de bois et forêts mentionnés au dernier alinéa de l'article L. 212-4, un projet de règlement type de gestion conforme au schéma régional d'aménagement.

Ce projet est soumis, pour avis, à l'établissement public du parc national en tant qu'il le concerne. — *[Anc. art. R. 143-5, al. 1er phrase 3.]*

Art. D. 214-18 L'Office national des forêts soumet à l'accord du préfet de région la liste des bois et forêts répondant aux critères énoncés à l'article R. 212-8 pour lesquelles *[lesquels]* il envisage, en accord avec les collectivités propriétaires, de mettre en œuvre un règlement type de gestion. Il annexe à cette liste, le cas échéant, un document propre à chaque forêt précisant les conditions particulières d'application de ce règlement. — *[Anc. art. R. 143-6.]*

Art. R. 214-19 La décision prévue au premier alinéa de l'article L. 214-5 est prise par le préfet de région après consultation de l'Office national des forêts et avis de la collectivité ou personne morale propriétaire.

Le représentant de la collectivité ou personne morale propriétaire consulte l'Office national des forêts sur la compatibilité, avec l'aménagement arrêté, des projets de travaux ou d'occupation concernant des terrains relevant du régime forestier. — *[Anc. art. R. 143-8.]*

Art. R. 214-20 Lorsque le préfet de région a délégué, en application du deuxième alinéa de l'article L. 214-5, à un responsable territorial compétent de l'Office national des forêts ses pouvoirs en matière de délivrance des autorisations de coupes non réglées par un aménagement, il statue dans les cas où une collectivité ou personne morale propriétaire forme un recours contre le refus opposé par l'Office national des forêts à l'assiette d'une coupe non réglée. — *[Anc. art. R. 143-9.]*

Art. D. 214-21 Les travaux à réaliser dans les bois et forêts, qu'ils aient ou non été prévus par l'aménagement, font l'objet de propositions de l'Office national des forêts aux collectivités ou personnes morales propriétaires. Si elles les approuvent, elles prévoient les crédits nécessaires à leur réalisation.

En application des dispositions de l'article L. 221-6, l'Office national des forêts peut être chargé par convention des études et projets ainsi que de l'assistance technique, de la maîtrise d'œuvre et, le cas échéant, de l'exécution des travaux à réaliser. — *[Anc. art. R. 143-10.]*

Art. D. 214-21-1 *(Décr. n° 2015-678 du 16 juin 2015, art. 1er)* L'Office national des forêts propose, le cas échéant, à la collectivité ou personne morale propriétaire les coupes à inscrire à l'état d'assiette.

Dans le cas de coupes prévues par le document d'aménagement de la forêt, la collectivité ou personne morale propriétaire dispose d'un délai d'un mois à compter de la date de réception de cette proposition pour faire connaître son éventuelle opposition.

Le silence gardé au-delà de ce délai vaut acceptation de l'inscription des coupes à l'état d'assiette.

Toute opposition doit faire l'objet d'une décision écrite et motivée, adressée au préfet de région. Si celui-ci considère, après avis de l'Office national des forêts, que les motifs d'ajournement invoqués par la collectivité ou personne morale propriétaire ne présentent pas de caractère réel et sérieux, il le notifie au représentant de la collectivité ou de la personne morale propriétaire dans les deux mois suivant la réception de la décision d'ajournement.

Cette notification rappelle les termes de l'article L. 124-1.

SECTION 4 Ventes des coupes et produits des coupes

Art. D. 214-22 **En application de l'article L. 214-8, les frais liés au recouvrement et au reversement des sommes dues à la collectivité ou à la personne morale titulaire de la créance donnent lieu à un prélèvement par l'Office national des forêts fixé à 1 % des sommes recouvrées.** – *[Anc. art. D. 144-1-1.]*

Art. D. 214-23 **Le produit net encaissé mentionné à l'article L. 214-8 s'entend des sommes hors taxes perçues par l'Office national des forêts sur le produit de la vente du lot groupé, y compris, le cas échéant, les intérêts de retard relatifs au paiement de ce produit, après déduction des frais mentionnés à l'article D. 214-22.**

Le versement par l'Office national des forêts de la part due à chaque collectivité ou personne morale titulaire de la créance intervient au plus tard à la fin du deuxième mois suivant l'encaissement effectif des sommes versées par l'acquéreur du lot. – *[Anc. art. D. 144-1-2.]*

Art. R. 214-24 **Lorsqu'il est procédé à un appel d'offres, ces offres sont examinées par une commission qui comprend :**

1° Un représentant de la collectivité territoriale ou de la personne morale propriétaire, président ;

2° Le comptable chargé du recouvrement du prix ou son délégué ;

3° Le représentant de l'Office national des forêts.

En cas d'absence du représentant de la collectivité ou personne morale propriétaire régulièrement convoqué, la présidence est exercée par le représentant de l'Office national des forêts. – *[Anc. art. R. 144-2.]*

Art. R. 214-25 **Toute vente de gré à gré concernant les bois et forêts relevant du régime forestier en vertu du 2° du I de l'article L. 211-1 est subordonnée à l'accord préalable de la collectivité ou personne morale propriétaire.** – *[Anc. art. R. 144-3.]*

Art. R. 214-26 **Les indemnités que les acheteurs des bois et forêts des collectivités et personnes morales mentionnées au 2° du I de l'article L. 211-1 doivent payer au titre des prorogations de délais pour la coupe et la vidange de ces bois et forêts sont versées dans la caisse du receveur de la collectivité ou personne morale propriétaire.** – *[Anc. art. R. 144-4.]*

Art. R. 214-27 **Les administrateurs des collectivités et personnes morales mentionnées au 2° du I de l'article L. 211-1 font connaître à l'Office national des forêts, dans le délai qu'il leur indique, la quantité de bois, tant de chauffage que de construction, dont ces collectivités ou personnes morales ont besoin.**

Les quantités de bois ainsi déterminées sont alors délivrées à la collectivité ou personne morale propriétaire qui les fait exploiter en régie ou par l'entreprise de son choix.

L'autorisation administrative prévue au deuxième alinéa de l'article L. 214-10 est donnée par le préfet. – *[Anc. art. R. 144-5.]*

SECTION 5 Pâturage, produits accessoires et droits de jouissance collectifs

Art. R. 214-28 **L'Office national des forêts fait connaître à la collectivité ou personne morale propriétaire, dans les conditions prévues à l'article R. 241-21, les périmètres de cantonnement ne justifiant pas d'une mise en défens ainsi que le nombre et l'espèce des animaux qui peuvent être admis au pâturage.**

La collectivité ou personne morale propriétaire, si elle décide de concéder le pâturage, fait connaître les conditions techniques qu'elle propose d'inclure dans l'acte de concession.

La commission chargée d'arrêter les conditions techniques de la concession est celle qui est prévue à l'article L. 213-24 et dont la composition est définie au troisième alinéa de l'article R. 213-41. Un représentant de la collectivité ou personne morale propriétaire peut assister aux séances avec voix consultative.

Les concessions de gré à gré de pâturage sont conclues dans les conditions définies à l'article R. 214-25 pour les ventes de gré à gré de coupes et produits des coupes.

En cas d'appel d'offres, la commission chargée de l'ouverture des plis est composée comme il est dit à l'article R. 214-24. — *[Anc. art. R. 146-1.]*

Art. R. 214-29 Les cessions de produits accessoires autres que les produits des coupes sont autorisées par l'Office national des forêts qui règle leur mode d'extraction et les conditions de leur enlèvement. Le prix est fixé par l'assemblée délibérante pour les forêts des collectivités territoriales et par l'Office national des forêts, sur proposition des administrateurs, pour les autres bois et forêts relevant du 2° du I de l'article L. 211-1. — *[Anc. art. R. 146-2.]*

SECTION 6 Défrichement

Art. R. 214-30 Lorsque la demande est présentée sur le fondement de l'article L. 214-13 et dans les formes mentionnées aux articles R. 341-1 et R. 341-4, l'autorisation est accordée par le préfet *(Décr. n° 2015-656 du 10 juin 2015, art. 2)* « et, si cette demande porte sur des bois et forêts relevant du régime forestier, » après avis de l'Office national des forêts. Elle ne prend effet qu'après l'intervention, lorsqu'elle est nécessaire du fait des conséquences définitives du défrichement, d'une décision mettant fin à l'application du régime forestier aux terrains en cause.

(Abrogé par Décr. n° 2017-1411 du 27 sept. 2017, art. 1er-3°) ***« Sous réserve des dispositions de l'article R. 214-31, la demande d'autorisation est réputée rejetée à défaut de décision du préfet dans le délai de deux mois à compter de la réception du dossier complet. »*** — *[Anc. art. R. 312-4.]*

Art. R.* 214-30-1 *(Décr. n° 2017-1411 du 27 sept. 2017, art. 1er-4°)* Sous réserve des dispositions de l'article R. 214-31, le silence gardé par le préfet sur une demande d'autorisation de défrichement, mentionnée à l'article R. 214-30, vaut décision de rejet.

Art. R. 214-31 *(Décr. n° 2022-422 du 25 mars 2022, art. 5)* Lorsque la demande est présentée sur le fondement de l'article L. 214-13, les dispositions des articles R. 341-6 et R. 341-7 s'appliquent. L'avis de l'Office national des forêts mentionné au premier alinéa de l'article R. 214-30 est joint au dossier soumis à l'enquête publique ou à la participation du public par voie électronique.

CHAPITRE V BOIS ET FORÊTS INDIVIS RELEVANT DU RÉGIME FORESTIER

Art. R. 215-1 En cas d'indivision entre les bois et forêts d'une collectivité mentionnée au 2° du I de l'article L. 211-1 et ceux de particuliers, telle que mentionnée à l'article L. 215-1, il est fait application du chapitre IV du présent titre ainsi que des autres dispositions réglementaires régissant les bois et forêts relevant du 2° du I de l'article L. 211-1. – *[Anc. art. R. 161-1, al. 2.]*

Art. R. 215-2 Lorsqu'il y a lieu d'effectuer des travaux non prévus par l'aménagement pour l'amélioration des bois indivis, l'Office national des forêts communique aux indivisaires les propositions et projets de travaux. – *[Anc. art. R. 161-3.]*

Art. R. 215-3 Lorsque le partage de bois et forêts indivis entre l'État et d'autres propriétaires peut être effectué sans inconvénient, la décision est prise sur proposition du directeur général de l'Office national des forêts, par décision conjointe du ministre chargé des forêts et du ministre chargé du domaine. L'action est intentée et suivie par le directeur départemental des finances publiques, conformément au droit commun et dans les formes ordinaires.

S'il y a lieu de nommer des experts à la demande des parties, ceux-ci sont nommés :

1° Dans l'intérêt de l'État, parmi les ingénieurs en service à l'Office national des forêts, par le directeur départemental des finances publiques, sur proposition de l'Office national des forêts ;

2° Dans l'intérêt des communes, par le maire après délibération du conseil municipal ;

3° Dans l'intérêt des autres collectivités et personnes morales, par le président de l'exécutif de ces collectivités, après accord de l'assemblée délibérante, ou par les administrateurs. — *[Anc. art. R. 161-4.]*

TITRE II OFFICE NATIONAL DES FORÊTS

CHAPITRE I MISSIONS

Art. D. 221-1 La tutelle de l'État sur l'Office national des forêts est assurée par les ministres chargés des forêts et de l'environnement. — *[Anc. art. R. 121-1.]*

Art. D. 221-2 Dans le cadre des arrêtés d'aménagement, l'Office national des forêts :

1° Assure la gestion et l'équipement des bois et forêts qui lui sont confiés en application du 1° du I de l'article L. 211-1. Il peut, sur ces bois et forêts, avec ou sans l'aide de l'État et des collectivités publiques, exécuter ou faire exécuter tous travaux d'entretien, d'équipement et de restauration. Il a, sur ces bois et forêts, tous pouvoirs techniques et financiers d'administration, notamment en matière d'exploitation des droits de chasse et de pêche ;

2° Exécute ou fait exécuter, dans les bois et forêts mentionnés au 2° du I de l'article L. 211-1, les travaux qui lui sont confiés par les propriétaires de ces bois et forêts. — *[Anc. art. R. 121-2, al. 1er phrases 1 et 3, al. 2, R. 121-3.]*

Art. D. 221-3 *(Décr. nº 2015-1584 du 4 déc. 2015, art. 2)* L'administration chargée des domaines établit et passe en la forme administrative, pour le compte de l'Office national des forêts, les actes, contrats et conventions constitutifs de droits réels sur les bois et forêts de l'État ou sur lesquels l'État a des droits de propriété indivis, dont l'Office assure la gestion et l'équipement conformément au second alinéa de l'article L. 221-2. Les conditions financières de ces actes, contrats et conventions sont fixées par le directeur départemental des finances publiques, sur proposition du représentant de l'Office.

Les autres actes, contrats et conventions ayant pour objet l'utilisation ou l'occupation des bois et forêts mentionnés au premier alinéa sont passés par l'Office national des forêts. Lorsque ces actes sont de nature à compromettre la réalisation des objectifs fixés dans le document d'aménagement de la forêt concernée, prévu à l'article L. 212-1, ou lorsque l'acte porte sur une durée égale ou supérieure à dix-huit ans, l'Office national des forêts recueille l'accord préalable du ministre chargé des forêts.

Un rapport retraçant les actes, contrats et conventions relatifs à l'utilisation ou l'occupation des bois et forêts de l'État est adressé, chaque année, par l'Office national des forêts au ministre chargé des forêts.

Art. D. 221-4 Le ministre chargé des forêts et le ministre chargé de l'environnement peuvent conjointement, en vue de la satisfaction de besoins d'intérêt général, imposer à l'Office national des forêts des obligations particulières excédant celles prévues par le contrat pluriannuel prévu à l'article L. 221-3, entraînant pour cet établissement des charges supplémentaires de gestion, une perte de revenu ou un trouble dans la mise en valeur économique des bois et forêts. Ils fixent, après consultation du directeur général de l'office, l'étendue et les conditions d'exécution de ces obligations.

Lorsque l'office accepte, en vue de la satisfaction des besoins d'intérêt général, de supporter des charges et obligations particulières pour des personnes publiques autres que l'État, les obligations des parties et la rémunération du service rendu sont fixées par convention. — *[Anc. art. R. 121-4, al. 1er, R. 121-5.]*

Art. D. 221-5 Chaque année, à l'occasion du vote de la loi de finances, le rapport de gestion de l'Office national des forêts est déposé sur le bureau de l'Assemblée nationale et sur celui du Sénat. — *[Anc. art. L. 124-2.]*

Art. D. 221-6 L'Office national des forêts est chargé d'établir et de mettre à la disposition du public la liste des bois et forêts relevant du régime forestier en application du 1° du I de l'article L. 211-1, approuvée par arrêté du ministre chargé des forêts. Cette liste fait l'objet d'une mise à jour annuelle. – *[Anc. art. L. 121-2, ecqc liste régime forestier.]*

CHAPITRE II **ORGANISATION**

SECTION 1 **Conseil d'administration**

SOUS-SECTION 1 **Composition**

Art. D. 222-1 Le conseil d'administration de l'Office national des forêts comprend *(Décr. n° 2016-408 du 5 avr. 2016, art. 1er)* « trente » membres :

1° Un représentant du Premier ministre ;

2° Deux personnalités choisies parmi les membres du Conseil d'État, de la Cour des comptes et de l'inspection générale des finances ;

(Décr. n° 2016-408 du 5 avr. 2016, art. 1er) « 3° Trois représentants du ministre chargé des forêts :

« *a)* Le secrétaire général ou son représentant ;

« *b)* Deux représentants de la direction générale de la performance économique et environnementale des entreprises :

« – le directeur général ou son représentant ;

« – le sous-directeur chargé de la forêt ou son représentant ;

« 4° Deux représentants du ministre chargé du budget :

« *a)* Le directeur général des finances publiques ou son représentant ;

« *b)* Le directeur du budget ou son représentant ;

« 5° Le directeur général des entreprises au ministère chargé de l'industrie ou son représentant ;

« 6° Deux représentants du ministre chargé de l'environnement :

« *a)* Le directeur de l'eau et de la biodiversité ou son représentant ;

« *b)* Le directeur général de la prévention des risques ou son représentant ;

« 7° *(Décr. n° 2019-1190 du 18 nov. 2019, art. 3, en vigueur le 1er janv. 2020)* « Un représentant du ministre chargé de l'aménagement du territoire désigné par celui-ci » ;

« 8° Le directeur de la modernisation et de l'action territoriale au ministère de l'intérieur ou son représentant ;

« 9° Le directeur général des outre-mer au ministère des outre-mer ou son représentant ; »

10° Quatre représentants des personnes publiques autres que l'État, propriétaires de forêts relevant du régime forestier ;

11° Un conseiller régional désigné par l'Association des régions de France ;

12° Deux représentants des personnels de droit privé employés par l'établissement ;

13° Quatre représentants des personnels de droit public employés par l'établissement, hors personnels d'encadrement ;

14° Un représentant des personnels d'encadrement employés par l'établissement ;

15° *(Décr. n° 2016-408 du 5 avr. 2016, art. 1er)* « Quatre » personnalités choisies en raison de leur compétence particulière dans les domaines professionnel, technique, économique, scientifique, social *(Décr. n° 2016-408 du 5 avr. 2016, art. 1er)* « , cynégétique » ou de la protection de la nature, dont une au titre de la protection de la nature. L'une d'entre elles peut être un parlementaire.

Ne peuvent être membres du conseil d'administration que des personnes ressortissantes de pays membres de l'Union européenne et jouissant de leurs droits civiques. – *[Anc. art. R. 122-1, al. 1er à 10, al. 11 phrase 1re, al. 12 phrase 1re, al. 13 phrase 1re, al. 14 et 15.]*

Art. D. 222-2 *(Décr. n° 2016-408 du 5 avr. 2016, art. 2)* « Les membres du conseil d'administration autres que ceux mentionnés aux 3° à 9° de l'article D. 222-1 sont nommés pour cinq ans par arrêté des ministres chargés des forêts et de l'environnement. Le représentant du Premier ministre est nommé pour cinq ans par arrêté. »

Les représentants des personnels de droit privé sont désignés par les organisations syndicales représentatives, à partir des résultats obtenus aux dernières élections aux comités régionaux d'établissement, selon la méthode de la représentation proportionnelle au plus fort reste.

Les représentants des personnels de droit public sont désignés par les organisations syndicales représentatives, à partir des résultats obtenus aux dernières élections aux commissions administratives paritaires, selon la méthode de la représentation proportionnelle au plus fort reste.

Le représentant des personnels d'encadrement est désigné par l'organisation syndicale ayant recueilli le plus de suffrages lors des élections aux commissions administratives paritaires des personnels d'encadrement.

S'ils cessent d'exercer leurs fonctions pour quelque cause que ce soit, il est pourvu à leur remplacement pour la période restant à courir jusqu'à l'expiration de leur mandat. Le mandat des membres sortants peut être renouvelé.

Le mandat des membres du conseil d'administration est personnel ; toutefois, chacun des membres du conseil, à l'exception de ceux mentionnés au 2° et 15° de l'article D. 222-1 peut se faire représenter par un suppléant désigné dans les mêmes conditions. — *[Anc. art. R. 122-2, al. 1er à 3, R. 122-1, phrase 2 al. 11, al. 12, al. 13.]*

Art. D. 222-3 Les membres du conseil d'administration reçoivent, à titre de jetons de présence, une indemnité dont le montant est fixé par arrêté conjoint des ministres chargés du budget, des forêts et de l'environnement. — *V. Arr. du 18 juill. 2013 fixant l'indemnité annuelle allouée au président du conseil d'administration de l'Office national des forêts (JO 15 nov.).*

Ces membres bénéficient en outre du remboursement des frais de déplacement ou de séjour effectivement supportés par eux à l'occasion des réunions du conseil, sur la base des taux prévus pour les fonctionnaires. — *[Anc. art. R. 122-2, al. 4, al. 5.]*

Art. D. 222-4 Le président du conseil d'administration est nommé parmi les membres du conseil par décret en conseil des ministres, sur proposition des ministres chargés des forêts et de l'environnement.

Les fonctions du président du conseil d'administration prennent fin au plus tard lorsque le titulaire atteint l'âge de soixante-huit ans.

Le conseil d'administration désigne chaque année parmi ses membres deux vice-présidents chargés, dans l'ordre fixé par le conseil, de remplacer le président absent ou empêché. — *[Anc. art. R. 122-3.]*

SOUS-SECTION 2 Compétences et règles de délibération

Art. D. 222-5 Le conseil d'administration se réunit au moins trois fois par an sur la convocation de son président, qui fixe l'ordre du jour. Il est également convoqué si le ministre chargé des forêts, le ministre chargé de l'environnement, le ministre chargé du budget, le ministre chargé du domaine ou le directeur général de l'Office national des forêts le demande.

(Décr. n° 2012-1247 du 7 nov. 2012, art. 32, en vigueur le 1er janv. 2013) « Le directeur général de l'Office, l'agent comptable et l'autorité chargée du contrôle économique et financier assistent aux séances avec voix consultative. »

Le directeur général peut se faire assister de toute personne de son choix. En cas d'empêchement, il est représenté. — *[Anc. art. R. 122-4.]*

Art. D. 222-6 Le conseil d'administration ne peut délibérer valablement que si la moitié au moins de ses membres sont présents. Ses décisions sont prises à la majorité des voix des membres présents et représentés. En cas de partage, la voix du président est prépondérante.

Les délibérations du conseil d'administration font l'objet de procès-verbaux, qui indiquent notamment le nom des membres présents. Les procès-verbaux sont signés du président et adressés aux ministres chargés des forêts et de l'environnement dans le mois qui suit la date de la séance. — *[Anc. art. R. 122-5.]*

Art. D. 222-7 Le conseil d'administration délibère sur les matières suivantes :

1° Les programmes généraux d'activité et d'investissement, le contrat pluriannuel passé avec l'État, les programmes d'action pluriannuels de l'établissement ainsi que les moyens nécessaires à la mise en œuvre de ces actions ;

2° L'état de prévision des recettes et des dépenses et les modifications à lui apporter ;

3° Le compte financier ;

4° L'affectation du résultat de l'exercice après fixation par les autorités de tutelle de la part du bénéfice net après impôts qui sera versée à l'État en vertu de l'article L. 223-2 ;

5° Les acquisitions, aliénations et échanges des biens immobiliers de l'office dont la valeur dépasse un montant fixé par le conseil d'administration sur proposition du directeur général ;

6° Les souscriptions ou acquisitions de parts ou d'actions de société ;

7° Les adhésions à des organismes sans capital social, à des associations ou à des groupements sans personnalité juridique ;

8° Les emprunts ;

9° Le rapport annuel de gestion ;

10° La fixation des effectifs des personnels et leur répartition dans les différentes catégories d'emplois dans les conditions fixées *(Décr. n° 2022-841 du 1er juin 2022, art. 2)* « par l'article L. 222-6 » et par leurs textes d'application, cette fixation pouvant intervenir soit à l'occasion de l'établissement de l'état de prévision des recettes et des dépenses, soit séparément ;

11° Les mesures relatives à l'organisation générale de l'office ;

12° L'acceptation des dons et legs ;

13° Les conditions générales des conventions et contrats autres que les marchés passés par l'office ainsi que les conditions générales d'intervention de l'établissement à l'étranger ;

14° Les conditions générales de passation, de financement et de contrôle des marchés ;

15° Les conventions, contrats et marchés dont le montant excède une limite fixée par le conseil d'administration sur proposition du directeur général ;

16° La constitution et la composition de comités consultatifs de représentants des diverses activités intéressées à la forêt créés en application de l'article L. 222-2 ;

17° Les actions en justice, acquiescements, désistements et mainlevées avec ou sans paiement, les transactions civiles, à l'exception des transactions accordées en exécution de l'article L. 161-25.

Le conseil d'administration donne son avis sur les questions qui lui sont soumises par le ministre chargé des forêts, par le ministre chargé de l'environnement, par le ministre chargé du domaine, par le président du conseil d'administration ou par le directeur général de l'office. – *[Anc. art. R. 122-6.]*

Art. D. 222-8 Le conseil d'administration peut déléguer au directeur général de l'office dans les conditions et sous les réserves qu'il juge utiles certaines de ses attributions, à l'exception de celles mentionnées aux 1° à 6°, 8°, 9°, 15° et 16° de l'article D. 222-7.

La délégation est renouvelée après renouvellement du conseil d'administration. – *[Anc. art. R. 122-7.]*

Art. D. 222-9 Les délibérations du conseil d'administration relatives aux matières prévues au 5° de l'article D. 222-7 deviennent exécutoires après décision conjointe des ministres chargés des forêts, de l'environnement, du budget et du domaine ou après un silence de trois mois suivant la réception des délibérations par les ministres.

Les délibérations relatives aux matières prévues aux 6°, 8° et 14° du même article deviennent exécutoires après décision conjointe de ces ministres ou après un silence d'un mois suivant la réception des délibérations par les ministres.

(Décr. n° 2012-1247 du 7 nov. 2012, art. 32, en vigueur le 1er janv. 2013) « Les délibérations portant sur le budget et le compte financier sont exécutoires dans les conditions prévues par le titre III du décret n° 2012-1246 du 7 novembre 2012 relatif à la gestion budgétaire et comptable publique. »

Les délibérations prévues au 10° du même article, lorsqu'elles concernent des emplois classés hors échelle ou occupés par des fonctionnaires appartenant à des corps dont les grades supérieurs sont classés hors échelle, ne deviennent exécutoires qu'après décision conjointe des ministres chargés des forêts, de l'environnement et du budget ou après un silence de trois mois suivant la réception des délibérations par les ministres. – *[Anc. art. R. 122-8.]*

Art. D. 222-10 Les marchés de l'Office national des forêts qui font l'objet d'une délibération du conseil d'administration en application du 15° de l'article D. 222-7 sont soumis pour avis préalable à une commission des marchés. Les règles concernant la composition et le fonctionnement de cette commission sont fixées par une délibération du conseil d'administration de l'office, sur proposition du directeur général. – *[Anc. art. R. 123-18.]*

SECTION 2 **Directeur général**

Art. D. 222-11 La nomination du directeur général de l'Office national des forêts intervient dans les conditions prévues par le décret n° 85-834 du 6 août 1985 relatif aux nominations aux emplois de direction de certains établissements publics, entreprise publiques et sociétés nationales, sur proposition des ministres chargés des forêts et de l'environnement. – *[Anc. art. R. 122-9.]*

Art. D. 222-12 Le directeur général dirige l'Office national des forêts et assure le fonctionnement de l'ensemble des services. Il gère les personnels dans les conditions prévues *(Décr. n° 2022-841 du 1er juin 2022, art. 2)* « à l'article L. 222-6 ».

Il représente l'office en justice et dans tous les actes de la vie civile.

Il assure la préparation des réunions du conseil d'administration, fait appliquer les décisions de celui-ci et le tient informé de leur exécution. – *[Anc. art. R. 122-10.]*

Art. D. 222-13 Le directeur général peut, sous sa responsabilité, donner délégation de pouvoir ou de signature à des agents de l'Office national des forêts pour accomplir en son nom soit certains actes, soit les actes relatifs à certaines de ses attributions.

Toutefois, dans les matières qui lui ont été déléguées en application de l'article D. 222-8, le directeur général ne peut user de cette faculté qu'avec l'accord du conseil d'administration. – *[Anc. art. R. 122-11.]*

Art. D. 222-14 Le directeur général prononce les mutations, à l'intérieur de l'Office national des forêts, des personnels relevant du statut général des fonctionnaires et mis à la disposition de l'office *(Abrogé par Décr. n° 2021-1392 du 26 oct. 2021, art. 167)* « ***, après avoir recueilli l'avis de commissions paritaires dont les règles de composition, d'organisation et de fonctionnement sont fixées par arrêté conjoint du ministre chargé des forêts et du ministre chargé de la fonction publique*** ». – *[Anc. art. R. 122-12.]*

SECTION 3 **Personnels**

Art. D. 222-15 Le ministre chargé des forêts peut déléguer à un ou plusieurs responsables territoriaux compétents de l'Office national des forêts les pouvoirs qui lui sont confiés par l'article L. 213-5. – *[Anc. art. R. 124-1.]*

Art. D. 222-16 Les préfets peuvent consentir au responsable territorial compétent de l'Office national des forêts des délégations de pouvoir en ce qui concerne leurs pouvoirs de décision prévus aux articles R. 213-30 et R. 214-27. – *[Anc. art. R. 124-2.]*

Art. D. 222-17 Nul ne peut exercer un emploi forestier à l'Office national des forêts dans la circonscription de la région administrative où s'approvisionne en bois une entreprise d'exploitation forestière, de scierie ou autres travaux du bois dans laquelle il a des intérêts. – *[Anc. art. R. 122-20.]*

SECTION 4 **Comité scientifique**

Art. D. 222-18 Un comité scientifique, instance consultative de réflexion, de proposition et d'évaluation en matière scientifique, est placé auprès du directeur général de l'Office national des forêts. Il est composé de dix membres au moins et quinze au plus, nommés pour quatre ans, par arrêté des ministres chargés des forêts et de l'environnement, sur proposition du directeur général. Les modalités de fonctionnement de ce conseil sont définies par un règlement intérieur élaboré par le directeur général. – *[Anc. art. R. 122-25.]*

SECTION 5 Publicité des délibérations, décisions et avis

(Décr. n° 2016-319 du 16 mars 2016, art. 1er)

Art. D. 222-19 Les délibérations, décisions et avis du conseil d'administration et du directeur général de l'Office national des forêts sont publiés dans un bulletin officiel dématérialisé accessible au public depuis son site internet.

Les actes mentionnés au précédent alinéa sont accessibles pendant une durée minimale de deux mois à compter de la date de leur première mise en ligne, puis sont archivés.

Les avis relatifs aux procédures d'adjudication, d'appels d'offres, de mise en concurrence lors de ventes de bois, de location du droit de chasse ou de pêche sont également publiés dans ce bulletin.

Le directeur général de l'Office national des forêts arrête les modalités de gestion du bulletin officiel dématérialisé de manière à garantir l'authenticité des dates de mise ligne et à sécuriser l'archivage des publications. Il s'assure de la conservation de la version papier des documents publiés.

CHAPITRE III DISPOSITIONS FINANCIÈRES

SECTION 1 Organisation financière et comptable

Art. D. 223-1 *(Décr. n° 2012-1247 du 7 nov. 2012, art. 32, en vigueur le 1er janv. 2013)* L'Office national des forêts est soumis aux dispositions des titres I et III du décret n° 2012-1246 du 7 novembre 2012 relatif à la gestion budgétaire et comptable publique à l'exception des 1° et 2° de l'article 175, des articles 178 à 185, 204 à 208 et 220 à 228.

Art. D. 223-2 Le directeur général de l'Office national des forêts est ordonnateur principal. Les ordonnateurs secondaires peuvent être institués par décision du conseil d'administration, sur proposition du directeur général. — *[Anc. art. R. 123-2.]*

Art. D. 223-3 *Al. 1er abrogé par Décr. n° 2012-1247 du 7 nov. 2012, art. 32, à compter du 1er janv. 2013.*

Des comptables secondaires peuvent être désignés par le directeur général de l'office sur la proposition de l'agent comptable. — *[Anc. art. R. 123-3.]*

Art. D. 223-4 Les ressources de l'Office national des forêts comprennent notamment :

1° Celles prévues à l'article L. 223-1, soit :

a) Les produits des bois et forêts de l'État mentionnés à l'article L. 221-2, y compris le montant des réparations, restitutions, dommages-intérêts, recettes d'ordre et produits divers afférents à ces bois et forêts ;

b) Les frais de garderie et d'administration versés en application de l'article L. 224-1 par les collectivités et personnes morales mentionnées au 2° du I de l'article L. 211-1, ainsi qu'une subvention du budget général dans le cas où le montant de ces frais n'atteindrait pas la valeur réelle des dépenses de l'office résultant de ses interventions de conservation et de régie dans les forêts de ces collectivités et personnes morales ;

2° La rémunération des services rendus ;

3° Le produit des emprunts ;

4° Les dons et legs ;

5° Les subventions du budget général de l'État et des autres personnes publiques et privées au titre d'opérations d'intérêt général faites par l'office. — *[Anc. art. R. 123-4.]*

Art. D. 223-5 La décision mentionnée à l'article L. 223-2 est prise conjointement par les ministres chargés du budget, des forêts et de l'environnement, au vu des résultats d'exploitation de chaque exercice et de l'estimation des ventes à réaliser l'année suivante. — *[Anc. art. R. 123-5.]*

Art. D. 223-6 *Abrogé par Décr. n° 2012-1247 du 7 nov. 2012, art. 32, à compter du 1er janv. 2013.*

Art. D. 223-7 L'Office national des forêts est autorisé à effectuer toutes les opérations nécessaires à une bonne gestion de sa trésorerie et, pour les besoins de son fonctionnement, à effectuer toutes opérations ayant pour finalité l'attribution de droits immobiliers.

Il peut, notamment, prendre des participations dans des sociétés intervenant en matière de gestion des bois et forêts des particuliers dans la mesure où ceux-ci sont gérés dans les conditions mentionnées à l'article L. 315-2. – *[Anc. art. R. 121-7.]*

SECTION 2 **État prévisionnel des recettes et des dépenses**

Art. D. 223-8 L'état de prévision des recettes et des dépenses est établi pour la période de douze mois commençant le 1er janvier. Il fait apparaître sous deux sections distinctes les opérations relatives à l'exploitation et les opérations en capital. Il est présenté en chapitres, conformément à la nomenclature du plan comptable de l'Office national des forêts.

Les opérations en capital peuvent donner lieu à l'ouverture d'autorisations de programme, valables sans limitation de durée, et à l'établissement d'un échéancier des paiements correspondants.

Sont limitatifs les crédits concernant :

1° Les personnels, à l'exception de ceux qui sont recrutés à titre temporaire ou occasionnel et des ouvriers ;

2° Les frais de publicité et de réception ;

3° Les subventions accordées ;

4° Les autorisations de programme, en ce qui concerne les dépenses en capital. – *[Anc. art. R. 123-6.]*

Art. D. 223-9 L'état de prévision des recettes et des dépenses préparé par le directeur général de l'Office national des forêts est présenté au conseil d'administration qui en délibère dans le courant de l'avant-dernier mois de l'année précédant celle pour laquelle il est établi.

Dans le cas où l'état de prévision des recettes et des dépenses n'est pas approuvé avant le début de l'année à laquelle il se rapporte, les opérations de recettes et de dépenses sont faites sur la base des prévisions de l'exercice précédent. Toutefois, s'il est nécessaire et après accord *(Décr. nº 2012-1247 du 7 nov. 2012, art. 32, en vigueur le 1er janv. 2013)* « de l'autorité chargée du contrôle économique et financier », ces opérations peuvent être faites dans la limite des prévisions figurant au projet non encore approuvé. – *[Anc. art. R. 123-7, R. 123-8, al. 1er.]*

Art. D. 223-10 En cours d'année, des décisions peuvent modifier des prévisions de recettes et de dépenses de l'Office national des forêts. Elles sont approuvées dans les mêmes formes que l'état de prévision des recettes et des dépenses ; cependant, lorsque les modifications n'intéressent que les crédits à caractère non limitatif, l'approbation est donnée par *(Décr. nº 2012-1247 du 7 nov. 2012, art. 32, en vigueur le 1er janv. 2013)* « l'autorité chargée du contrôle économique et financier ». – *[Anc. art. R. 123-8, al. 2.]*

SECTION 3 **Recouvrement des produits**

Art. D. 223-11 Les produits de l'Office national des forêts sont recouvrés soit directement par l'agent comptable, soit par l'intermédiaire des comptables de la direction générale des finances publiques constitués comme correspondants de l'agent comptable.

Les produits de l'office recouvrés par l'agent comptable peuvent faire l'objet d'effets de commerce remis à l'escompte dans des conditions générales arrêtées par le conseil d'administration, après visa *(Décr. nº 2012-1247 du 7 nov. 2012, art. 32, en vigueur le 1er janv. 2013)* « de l'autorité chargée du contrôle économique et financier ».

Un arrêté du ministre chargé du budget, sur proposition du directeur général de l'office, fixe l'étendue et les conditions du concours que l'État apporte à l'office par l'intermédiaire des comptables désignés au premier alinéa du présent article et précise la nature des produits qu'ils recouvrent. – *[Anc. art. R. 123-10.]*

Art. D. 223-12 *Abrogé par Décr. nº 2012-1247 du 7 nov. 2012, art. 32, à compter du 1er janv. 2013.*

SECTION 4 Paiement des charges

Art. D. 223-13 *Al. 1er abrogé par Décr. n° 2012-1247 du 7 nov. 2012, art. 32, à compter du 1er janv. 2013.*

Certaines dépenses peuvent être réglées, pour le compte de l'agent comptable de l'office, par les comptables de la direction générale des finances publiques dans les conditions précisées par arrêté du ministre chargé du budget, sur proposition du directeur général de l'office. – *[Anc. art. R. 123-13.]*

V. Arr. du 13 févr. 2014 pris pour l'application de l'art. D. 223-13 et relatif aux dépenses de personnel de l'Office national des forêts (JO 25 févr.).

Art. D. 223-14 **Les modalités de création et de fonctionnement des régies de dépenses et de recettes sont fixées par arrêté du ministre chargé du budget, sur proposition du directeur général de l'office, conformément aux dispositions du décret n° 2019-798 du 26 juillet 2019 relatif aux régies de recettes et d'avances des organismes publics.** – *[Anc. art. R. 123-14.]*

SECTION 5 Contrôle

Art. D. 223-15 **L'Office national des forêts est soumis au contrôle économique et financier de l'État prévu par le décret n° 55-733 du 26 mai 1955 portant codification et aménagement des textes relatifs au contrôle économique et financier de l'État. Un membre du corps du contrôle général économique et financier, placé sous l'autorité du ministre chargé de l'économie, assure le contrôle de l'office.** – *[Anc. art. R. 123-16.]*

Art. D. 223-16 **La Cour des comptes assure le contrôle de la gestion de l'Office national des forêts.**

Le compte financier est préparé, adopté et approuvé dans les conditions prévues aux articles *(Décr. n° 2012-1247 du 7 nov. 2012, art. 32, en vigueur le 1er janv. 2013)* **« 210 à 214 du décret n° 2012-1246 du 7 novembre 2012 relatif à la gestion budgétaire et comptable publique ».**

CHAPITRE IV FRAIS DE GARDERIE ET D'ADMINISTRATION

Art. D. 224-1 **S'il y a lieu de procéder conformément aux dispositions du deuxième alinéa de l'article L. 224-2, le préfet, sur les propositions de l'Office national des forêts et du maire, détermine la portion de coupe affouagère qui doit être vendue aux enchères pour acquitter les frais et contributions mentionnés au premier alinéa du même article.** – *[Anc. art. R. 147-1.]*

TITRE III GROUPEMENTS DE GESTION EN COMMUN DES BOIS ET FORÊTS DES COLLECTIVITÉS TERRITORIALES ET DE CERTAINES PERSONNES MORALES

CHAPITRE I SYNDICAT INTERCOMMUNAL DE GESTION FORESTIÈRE

Art. D. 231-1 **Les délibérations relatives à la création d'un syndicat intercommunal de gestion forestière, ou à son extension à de nouveaux membres, sont prises au vu d'études préalables, réalisées pour le compte de l'État par l'Office national des forêts dans les conditions fixées par la présente section.**

Les frais d'études exposés par l'Office national des forêts lui sont remboursés par l'État, selon les modalités prévues par l'article D. 221-4. – *[Anc. art. R. 148-1.]*

Art. D. 231-2 **Pour chaque projet de création d'un syndicat intercommunal de gestion forestière, le préfet demande à l'Office national des forêts un rapport préalable qui comprend :**

1° L'énumération des bois et forêts appartenant aux collectivités et personnes morales intéressées et formant un ensemble boisé susceptible de gestion commune ;

2° Un avis sur l'opportunité de l'opération ;

3° Une estimation du coût de l'étude à effectuer.

Lorsque le projet de création concerne des communes de plusieurs départements, le préfet de région désigne un préfet coordonateur. Lorsque ces départements sont situés

dans des régions différentes, le préfet coordonateur est désigné par arrêté du Premier ministre. – *[Anc. art. R. 148-2.]*

Art. D. 231-3 Si, au vu du rapport préalable prévu à l'article D. 231-2, le préfet décide de poursuivre l'étude du projet, l'Office national des forêts élabore un rapport technique qui comprend :

1° L'estimation précise de la valeur des bois et forêts en cause ;

2° Un bilan prévisionnel sommaire de leur gestion ;

3° Une proposition de fixation de la quote-part des revenus nets dévolus à chaque membre du syndicat ;

4° Les grandes lignes de l'aménagement envisagé pour les bois et forêts concernés, qui serviront de base au projet définitif d'aménagement proposé ultérieurement au syndicat.

Les dispositions des articles D. 5212-8 à D. 5212-16 et R. 5212-17 du code général des collectivités territoriales sont applicables aux syndicats intercommunaux de gestion forestière. – *[Anc. art. R. 148-3.]*

CHAPITRE II SYNDICAT MIXTE DE GESTION FORESTIÈRE

Art. D. 232-1 L'accord des collectivités territoriales et personnes morales mentionnées au 2° du I de l'article L. 211-1 en vue de constituer un syndicat mixte de gestion forestière est constaté par arrêté préfectoral.

Les articles D. 231-1 à D. 231-3 du présent code ainsi que l'article R. 5721-1 du code général des collectivités territoriales sont applicables aux syndicats mixtes de gestion forestière. – *[Anc. art. R. 148-4.]*

CHAPITRE III GROUPEMENT SYNDICAL FORESTIER

SECTION 1 Dispositions générales

Art. R. 233-1 Les groupements syndicaux forestiers sont constitués pour une durée qui ne peut être inférieure à cinquante ans. Ils peuvent être prorogés au-delà de la durée prévue.

Les dispositions de l'alinéa précédent ne font pas obstacle à la fusion de groupements syndicaux forestiers avant le terme de la durée pour laquelle chacun a été constitué ou prorogé. La durée du groupement résultant d'une telle fusion ne peut elle-même être inférieure à cinquante ans. – *[Anc. art. R. 148-5.]*

Art. R. 233-2 Le patrimoine d'un groupement syndical forestier est constitué des biens meubles et immeubles et des droits soit apportés par les membres, soit acquis ultérieurement par le groupement.

En dehors des bois et forêts dont il est propriétaire, le groupement ne peut posséder et administrer que les biens nécessaires à son objet. – *[Anc. art. R. 148-6.]*

SECTION 2 Constitution et statuts

Art. R. 233-3 La procédure de constitution d'un groupement syndical forestier est la suivante :

1° Après consultation des collectivités territoriales et des autres personnes morales intéressées, le préfet porte à leur connaissance les études préalables à la constitution d'un groupement syndical forestier effectuées dans les conditions et formes prévues par les articles D. 231-1 à D. 231-3. Ce porté à connaissance énumère les collectivités et personnes morales invitées à le constituer ;

2° Si la constitution du groupement est jugée opportune, les assemblées délibérantes des collectivités et personnes morales intéressées délibèrent simultanément sur le projet de statuts du groupement et sur le transfert de propriété des biens qui doivent être remis au groupement. Les actes de transfert de propriété sont préparés immédiatement pour être signés et prendre effet aussitôt que le groupement est constitué ;

3° La décision constatant la création du groupement et prononçant l'application du régime forestier des bois et forêts apportés au groupement est prise par arrêté du préfet. Cette décision est publiée au recueil des actes administratifs et une expédition en est obligatoirement notifiée à l'Office national des forêts ainsi que, le cas échéant, aux officiers ministériels qui ont reçu les actes de transfert de propriété.

Lorsque le projet de groupement concerne des immeubles situés dans des communes de plusieurs départements, l'arrêté est pris conjointement par les préfets concernés et publié au recueil des actes administratifs de chacun de ces départements. – *[Anc. art. R. 148-7.]*

Art. R. 233-4 Les statuts d'un groupement syndical forestier comportent obligatoirement des clauses indiquant :

1° La dénomination et la durée du groupement ;

2° L'objet du groupement, qui doit être conforme aux dispositions de l'article L. 233-1 ;

3° Le siège du groupement ;

4° La nature, la consistance et la valeur estimative des apports de chaque membre ;

5° La nature, l'origine et la valeur estimative des servitudes, droits d'usage et autres droits réels qui grèvent les propriétés transférées au groupement ;

6° La répartition entre les membres du groupement des droits de participation ;

7° La répartition des délégués représentant chaque membre au sein du comité et celle des quotes-parts des revenus nets et des charges ;

8° Les conditions de constitution de la dotation initiale et d'alimentation du fonds de roulement ;

9° Les règles essentielles de l'administration et du fonctionnement du groupement ;

10° Les conditions dans lesquelles les dispositions statutaires peuvent être modifiées. – *[Anc. art. R. 148-8.]*

Art. R. 233-5 Les modifications statutaires n'entrent en vigueur qu'après leur approbation par les assemblées délibérantes des collectivités territoriales et des personnes morales adhérentes du groupement syndical forestier, constaté par les préfets intéressés. – *[Anc. art. R. 148-9.]*

SECTION 3 Administration et fonctionnement

Art. R. 233-6 Un groupement syndical forestier est administré par un comité comprenant des délégués élus par les assemblées délibérantes des collectivités et personnes morales membres du groupement.

Chaque membre du groupement est représenté au comité, selon la répartition fixée par les statuts :

1° Soit par un nombre de délégués fixé au prorata de ses droits de participation ;

2° Soit par un seul délégué disposant d'un nombre de voix proportionnel à ses droits de participation.

Dans ce dernier cas, les conditions de quorum sont appréciées en fonction du nombre de voix détenues par les délégués présents. – *[Anc. art. R. 148-10.]*

Art. R. 233-7 Les fonctions de délégué d'un groupement syndical forestier sont incompatibles avec :

1° Les fonctions d'agent de l'Office national des forêts ;

2° Les fonctions d'agent du service régional de l'administration chargée des forêts ;

3° Un emploi salarié du groupement. – *[Anc. art. R. 148-11.]*

Art. R. 233-8 Le mandat des délégués des communes et des sections de communes d'un groupement syndical forestier expire deux mois après celui des membres du conseil municipal. En cas de suspension ou de dissolution d'un ou de plusieurs conseils municipaux, ou de démission de tous les membres en exercice, le mandat des délégués est prorogé jusqu'à ce qu'il ait été pourvu à leur remplacement.

Le mandat des délégués des départements expire deux mois après le renouvellement triennal du conseil départemental.

Les autres délégués sont élus pour quatre ans.

Les délégués sortants du comité sont rééligibles.

La démission des délégués des communes et des départements est régie respectivement par les dispositions des articles L. 2121-4 et L. 3121-3 du code général des collectivités territoriales.

La démission des autres délégués ne devient effective qu'après son acceptation par l'assemblée qui les a élus.

En cas de vacance parmi les délégués, par suite de décès, démission ou toute autre cause, il est pourvu au remplacement du délégué dans le délai d'un mois. – *[Anc. art. R. 148-12.]*

Art. R. 233-9 Les fonctions de délégué d'un groupement syndical forestier sont gratuites.

L'intéressé peut prétendre au remboursement des frais que nécessite l'exécution de son mandat.

Les frais ainsi exposés sont remboursés par le groupement dans les conditions fixées par les statuts et dans la limite du montant des indemnités journalières allouées à cet effet aux fonctionnaires de l'État appartenant au groupe I. – *[Anc. art. R. 148-13.]*

Art. R. 233-10 Le bureau du comité d'un groupement syndical forestier comprend un président, un ou plusieurs vice-présidents et, éventuellement, un secrétaire élus par le comité dans les conditions prévues aux articles L. 2122-4 à L. 2122-14, R. 2122-1 et D. 2122-2 du code général des collectivités territoriales.

La durée du mandat des membres du bureau est fixée par les statuts du groupement. Elle ne peut être inférieure à un an ni supérieure à quatre ans. Il est cependant procédé à une nouvelle élection du bureau après le renouvellement de la moitié au moins des membres du comité. Les fonctions de membre du bureau prennent fin avec la perte de la qualité de délégué.

Les dispositions de l'article L. 2122-15 du même code relatives à la démission des maires et adjoints sont applicables aux membres du bureau du groupement. – *[Anc. art. R. 148-14.]*

Art. R. 233-11 Le comité d'un groupement syndical forestier se réunit au moins une fois par semestre. Le président est tenu de le convoquer soit sur l'invitation du préfet, soit à la demande du tiers au moins de ses membres.

Le représentant de l'Office national des forêts est informé des réunions du comité et reçoit communication des procès-verbaux de ces réunions. Il peut demander à être entendu par le comité.

Les séances du comité ne sont pas publiques. – *[Anc. art. R. 148-15.]*

Art. R. 233-12 Le président exécute les décisions du comité ; il représente le groupement syndical forestier en justice et pour tous les actes de la vie civile.

Le président ou le bureau peuvent, par délégation du comité, être chargés du règlement de certaines affaires ; ils rendent compte au comité de leurs travaux. – *[Anc. art. R. 148-16.]*

Art. R. 233-13 Les règles de la comptabilité des communes s'appliquent à la comptabilité des groupements syndicaux forestiers.

Les fonctions de comptable du groupement sont exercées par le comptable de la commune du siège du groupement. – *[Anc. art. R. 148-17.]*

Art. R. 233-14 Toute location de terrains ou concessions de droit, y compris les droits de chasse et de pêche, s'effectue dans les conditions déterminées par les lois et règlements pour les opérations de même nature réalisées au nom et pour le compte des communes. – *[Anc. art. R. 148-18.]*

Art. R. 233-15 Les marchés de fournitures et de travaux d'un groupement syndical forestier sont soumis au code des marchés publics. – *[Anc. art. R. 148-19.]*

Art. R. 233-16 Un groupement syndical forestier réalise en son nom et pour son propre compte toutes les opérations immobilières. Les dispositions de l'article R. 214-9, relatives aux acquisitions à titre gratuit ou onéreux des bois et forêts, sont applicables aux groupements syndicaux forestiers.

Les opérations immobilières de toute nature réalisées par le groupement ne donnent pas lieu à modification de la répartition des droits de participation.

Ces opérations sont constatées par un acte administratif dont une expédition est obligatoirement annexée aux statuts du groupement. – *[Anc. art. R. 148-20.]*

SECTION 4 Extension et fusion

Art. R. 233-17 Le groupement syndical peut être étendu à d'autres collectivités ou personnes morales dans les mêmes conditions et selon les mêmes procédures que celles prévues à l'article R. 233-3.

Les études préalables à l'extension sont effectuées dans les mêmes conditions que pour la constitution d'un groupement syndical, à la demande conjointe du comité du groupement initial et des assemblées délibérantes des collectivités ou personnes morales désireuses de faire partie du groupement.

La délibération du comité, relative à l'extension et aux modifications statutaires qui en résultent, est prise à la majorité des deux tiers des suffrages exprimés. – *[Anc. art. R. 148-21.]*

Art. R. 233-18 Des groupements syndicaux peuvent fusionner entre eux pour constituer selon la procédure prévue à l'article R. 233-17 un nouveau groupement dont le patrimoine est réparti, sous forme de droits de participation, entre les collectivités et personnes morales membres du nouveau groupement. – *[Anc. art. R. 148-22.]*

Art. R. 233-19 L'extension résultant d'apports de droits immobiliers par les membres d'un groupement, postérieurement à sa constitution, est soumise à la même procédure que celle prévue à l'article R. 233-17. – *[Anc. art. R. 148-23.]*

SECTION 5 Cession des droits de participation

Art. R. 233-20 Les cessions de droits de participation entre membres d'un groupement syndical forestier sont libres. Elles ne sont opposables au groupement qu'à condition d'être notifiées au comité.

Lorsqu'un des membres du groupement envisage de céder tout ou partie de ses droits de participation à une collectivité ou à une personne morale étrangère au groupement, il doit notifier son intention au comité. Tout membre du groupement peut se porter acquéreur au prix de cession envisagé. A défaut, le comité peut, à la majorité des deux tiers et à condition de se porter lui-même acquéreur, refuser d'autoriser la cession.

Lorsque le groupement achète des droits de participation, ceux-ci sont répartis entre ses membres.

Les modifications statutaires des cessions de droits de participation sont approuvées par les assemblées délibérantes des membres du groupement et constatées par arrêté préfectoral. – *[Anc. art. R. 148-24, al. 1er à 3, al. 5.]*

SECTION 6 Dissolution

Art. R. 233-21 La dissolution d'un groupement syndical forestier prévue au premier alinéa de l'article L. 233-8 est constatée par arrêté ou arrêté conjoint du ou des préfets de département intéressés. – *[Anc. art. R. 148-25.]*

TITRE IV DROITS D'USAGE ET D'AFFOUAGE

CHAPITRE I DROITS D'USAGE DANS LES BOIS ET FORÊTS DE L'ÉTAT

SECTION 1 Affranchissement

SOUS-SECTION 1 Procédure

Art. R. 241-1 Lorsqu'il y a lieu d'affranchir les forêts de l'État de droits d'usage au bois au moyen d'un cantonnement, le directeur général de l'Office national des forêts en adresse la proposition, avec l'avis du directeur départemental des finances publiques et avec son propre avis, au ministre chargé des forêts qui statue sur l'opportunité de l'opération conjointement avec le ministre chargé du domaine.

Si cette opportunité est reconnue, l'Office national des forêts nomme deux agents chargés de procéder aux études nécessaires pour déterminer les offres à faire au titulaire du droit d'usage. – *[Anc. art. R. 138-21.]*

Art. R. 241-2 Les offres sont soumises par le directeur général de l'Office national des forêts au ministre chargé des forêts : celui-ci prend l'avis du ministre chargé du domaine.

Elles sont signifiées au titulaire du droit d'usage sur décision conjointe des deux ministres par les soins du directeur départemental des finances publiques. – *[Anc. art. R. 138-22.]*

Art. R. 241-3 Si le titulaire du droit d'usage accepte l'offre, son engagement est constaté par un acte passé en la forme administrative devant le préfet, assisté du directeur départemental des finances publiques et du représentant habilité de l'Office national des forêts, qui représentent l'État. L'acte est homologué par décret, pris en application de l'article L. 241-5. – *[Anc. art. R. 138-23.]*

Art. R. 241-4 Si le titulaire du droit d'usage propose des modifications au projet qui lui a été signifié ou refuse d'y adhérer, le ministre chargé des forêts et le ministre chargé du domaine statuent et ordonnent conjointement au directeur départemental des finances publiques d'intenter l'action en cantonnement. – *[Anc. art. R. 138-24.]*

Art. R. 241-5 Les procès-verbaux portant proposition de cantonnement sont établis en deux exemplaires. Un plan de cantonnement indiquant au titulaire du droit d'usage le lot qui lui serait concédé y est joint. – *[Anc. art. R. 138-37.]*

Art. R. 241-6 Lorsqu'il y a lieu d'effectuer le rachat d'un droit d'usage quelconque, soit en application de l'article L. 241-6, soit parce que le cantonnement prévu à l'article L. 241-5 s'avère sans intérêt, le ministre chargé des forêts et le ministre chargé du domaine statuent conjointement sur les propositions d'indemnisation du directeur général de l'Office national des forêts et au vu de l'avis du directeur départemental des finances publiques.

S'il s'agit d'un droit de pâturage au profit des habitants d'une commune, le préfet est préalablement appelé, pour l'application des dispositions du deuxième alinéa de l'article L. 241-6, à donner son avis motivé sur l'opportunité et, s'il y a lieu, l'absolue nécessité de l'usage pour les habitants.

Lorsque le ministre chargé des forêts et le ministre chargé du domaine ont conjointement décidé le rachat d'un droit de pâturage, le préfet notifie la décision au maire de la commune dont les habitants sont titulaires du droit d'usage, en lui prescrivant de faire délibérer le conseil municipal. Le maire peut alors exercer auprès du tribunal administratif le recours prévu au même article. L'enquête ordonnée à cet effet par le tribunal a lieu conformément aux dispositions des articles R. 623-1 et suivants du code de justice administrative.

Il est ensuite procédé conformément aux dispositions de l'alinéa 2 de l'article R. 241-1 et des articles R. 241-2 à R. 241-4 du présent code. – *[Anc. art. R. 138-25.]*

SOUS-SECTION 2 **Évaluation**

Art. R. 241-7 Le revenu d'un droit d'usage fait l'objet d'une estimation distincte par catégorie de droit. – *[Anc. art. R. 138-26.]*

Art. R. 241-8 Le revenu annuel du droit d'usage en bois de construction est déterminé en divisant le volume total des bois dus aux titulaires du droit d'usage et employés dans leurs bâtiments, par le nombre d'années correspondant à la durée moyenne de ces bois, compte tenu de leurs essences, de leur âge, de leur dimension, ainsi que des conditions écologiques et d'usages locaux.

Toutefois ce revenu annuel peut être déterminé d'après la moyenne annuelle des bois délivrés aux titulaires du droit d'usage, lorsque les délivrances se sont poursuivies régulièrement depuis un nombre d'années significatif.

Pour tenir compte des risques d'incendie, la valeur en argent du revenu annuel en bois de construction est majorée d'une somme correspondant à la valeur de la prime d'assurance annuelle des bâtiments construits ou réparés avec les bois d'usage. – *[Anc. art. R. 138-27.]*

Art. R. 241-9 Toutes les fois que les délivrances stipulées par les titres dépassent la possibilité de la forêt, la détermination de cette possibilité forme l'évaluation du revenu annuel du droit d'usage.

Cette règle s'applique à l'évaluation de chacune des espèces de droits à servir. – *[Anc. art. R. 138-29.]*

Art. R. 241-10 La valeur en espèces des délivrances annuelles est fixée d'après le prix courant des marchandises dans la région. – *[Anc. art. R. 138-30.]*

Art. R. 241-11 Il est défalqué de la somme représentant la valeur annuelle des délivrances :

1° Les redevances payées ou dues par les titulaires du droit d'usage, en vertu des titres ;

2° La part des frais de garde payée annuellement par eux ;

3° Les frais d'exploitation des bois délivrés, si ces frais ne se trouvent pas défalqués dans l'évaluation des délivrances.

En revanche, les droits d'enregistrement et la taxe foncière sur les propriétés non bâties ne sont pas défalqués, à moins que cette taxe n'ait été à la charge des titulaires du droit d'usage – *[Anc. art. R. 138-31, al. 1er à 4, al. 6.]*

Art. R. 241-12 Les produits en bois que les titulaires du droit d'usage retirent annuellement de leurs propres bois et forêts ne sont pas défalqués du revenu annuel de ce droit d'usage dans les bois et forêts de l'État, sauf dans le cas où la délivrance du bois a été faite aux titulaires après emploi de leurs propres ressources ou en complément de ces ressources, en vertu soit de stipulations expresses du titre défini à l'article L. 241-2, soit de faits de jouissance ou d'usage équivalents. – *[Anc. art. R. 138-32.]*

Art. R. 241-13 Le revenu net du droit d'usage est capitalisé au taux de 5 %.

A la valeur ainsi déterminée du droit d'usage sont ajoutés :

1° 15 % de ladite valeur ;

2° La valeur capitalisée au taux de 5 % des frais de garde et d'impôts que les titulaires du droit d'usage, après réalisation du cantonnement, supporteront comme propriétaires. – *[Anc. art. R. 138-33.]*

Art. R. 241-14 Lorsque la forêt à affranchir de droit d'usage en bois est grevée en outre de droits de parcours, il est ajouté au capital déterminé à l'article R. 241-13 un montant égal à la capitalisation à 5 % du revenu annuel susceptible d'être tiré du parcours sur la partie de forêt considérée, en vue de tenir compte au titulaire du droit d'usage de ses droits grevant la partie de forêt attribuée en cantonnement. – *[Anc. art. R. 138-34.]*

Art. R. 241-15 Il est tenu compte dans la mesure du possible de la convenance des titulaires du droit d'usage pour déterminer le cantonnement. – *[Anc. art. R. 138-35.]*

Art. R. 241-16 La superficie entière du cantonnement est estimée à sa valeur vénale actuelle.

Pour ce faire, le sol est estimé d'après la valeur des bois et forêts similaires, compte tenu de la valeur des plantations d'arbres selon leur âge et leur essence et du produit des pâturages ou produits assimilés.

Il n'est en revanche pas tenu compte du droit de chasse et de pêche.

S'il y a lieu, les taux d'intérêt ou d'actualisation à retenir sont ceux des placements fonciers dans la région. – *[Anc. art. R. 138-36.]*

SECTION 2 **Exercice des droits de pâturage, panage et glandée**

Art. R. 241-17 Le maire de chacune des communes ainsi que les particuliers titulaires d'un droit de pâturage ou de panage dans les bois et forêts de l'État remettent annuellement à l'Office national des forêts, avant le 31 décembre pour le pâturage et avant le 30 juin pour le panage, l'état des bestiaux que chaque titulaire du droit d'usage possède, avec la distinction entre ceux qui sont destinés à un usage agricole au sens de l'article L. 241-12 et ceux dont il fait commerce. – *[Anc. art. R. 138-1.]*

Art. R. 241-18 L'époque de l'ouverture de la glandée et du panage est fixée chaque année par l'Office national des forêts. – *[Anc. art. R. 138-2.]*

Art. R. 241-19 L'Office national des forêts fixe, d'après les droits des titulaires d'un droit d'usage, le nombre des porcs qui peuvent être mis au panage et des bestiaux qui peuvent être admis au pâturage. – *[Anc. art. R. 138-3.]*

Art. R. 241-20 Chaque année, l'Office national des forêts constate par procès-verbal, d'après la nature, l'âge et la situation des bois et forêts, l'état des cantons où peuvent s'exercer le pâturage, la glandée ou le panage dans les forêts soumises à ces droits ; il indique le nombre d'animaux qui peuvent y être admis et les époques où l'exercice de ces droits d'usage pourra commencer et devra finir conformément aux dispositions des articles L. 241-9 et R. 241-18 pour le panage et la glandée. – *[Anc. art. R. 138-4.]*

Art. R. 241-21 Chaque année, avant le 1er mars pour le pâturage et un mois avant l'époque qu'il a fixée pour l'ouverture du panage et de la glandée, l'Office national des forêts fait connaître aux communes et aux particuliers titulaires des droits d'usage les périmètres de cantonnement qui ne justifient pas d'une mise en défens et le nombre de bestiaux qui sont admis au pâturage et au panage. – *[Anc. art. R. 138-5.]*

Art. R. 241-22 En cas de contestation sur l'état et la possibilité des forêts et sur le refus d'admettre des animaux au pâturage et au panage dans certains cantons ne justifiant pas une mise en défens, l'appel contre les jugements du tribunal administratif a effet suspensif jusqu'à la décision définitive. – *[Anc. art. R. 138-6.]*

Art. R. 241-23 Le troupeau de chaque commune ou section de commune doit être conduit par des gardiens communs choisis par l'autorité municipale : en conséquence, les habitants des communes où s'exerce le droit d'usage ne peuvent ni conduire eux-mêmes, ni faire conduire leurs bestiaux à garde séparée.

Toutefois, s'il existe dans une commune des groupes d'habitations trop éloignés de l'agglomération principale pour que les bestiaux puissent se joindre au troupeau commun, le préfet peut, sur la demande du conseil municipal et après avis de l'Office national des forêts, autoriser les intéressés à avoir des troupeaux particuliers dont les gardiens sont choisis, comme ceux du troupeau commun, par l'autorité municipale.

Le gardien veille à ce que les porcs ou bestiaux de chaque commune, section de commune ou groupe d'habitants autorisé à avoir un troupeau distinct forment un troupeau particulier et sans mélange avec ceux d'une autre commune, section de commune ou d'un autre groupe d'habitants. – *[Anc. art. R. 138-7, ecqc obligations.]*

Art. R. 241-24 Les gardiens des troupeaux des communes où s'exerce le droit d'usage sont choisis par le maire et agréés par le conseil municipal. – *[Anc. art. R. 138-8.]*

Art. R. 241-25 Le titulaire d'un droit d'usage communique à l'Office national des forêts l'identifiant, au sens des articles L. 212-6 et suivants du code rural et de la pêche maritime, de chacun des animaux admis au pacage et au panage, dans un délai et selon des modalités que l'Office détermine dans la notification prévue à l'article R. 241-21 du présent code. – *[Anc. art. R. 138-9, R. 138-10, ecqc obligation.]*

Art. R. 241-26 L'autorisation du pacage des brebis et moutons prévue au deuxième alinéa de l'article L. 241-14 est donnée par le préfet sur proposition de l'Office national des forêts. – *[Anc. art. R. 138-14, al. 2.]*

SECTION 3 **Exercice des droits d'usage au bois**

Art. R. 241-27 Il est défendu à ceux qui n'ont d'autre droit que celui de prendre le bois mort, sec et gisant de se servir, pour l'exercice de ce droit, de crochets ou ferrements d'aucune espèce. – *[Anc. art. R. 138-15, ecqc interdiction.]*

Art. R. 241-28 La délivrance des bois aux titulaires du droit d'usage, prévue par l'article L. 241-15, est faite par l'Office national des forêts.

L'entrepreneur mentionné à l'article L. 241-16 est désigné par les titulaires du droit d'usage et agréé par l'Office national des forêts. – *[Anc. art. R. 138-16, al. 1er et 2.]*

Art. R. 241-29 Après inscription de la coupe à l'état d'assiette, les bois de chauffage destinés à être délivrés sont exploités à l'initiative de l'Office national des forêts et remis aux titulaires du droit d'usage.

Pour les communes ou sections de communes où s'exerce un droit d'usage, les bois de chauffage sont délivrés au maire qui en fait effectuer le partage entre les habitants. – *[Anc. art. R. 138-17.]*

Art. R. 241-30 La délivrance de bois pour constructions ou réparations est faite aux titulaires du droit d'usage en fonction des devis dressés par les gens de l'art et constatant les besoins.

Les demandes, obligatoirement accompagnées de ces devis, sont remises avant le 1er février de chaque année au représentant de l'Office national des forêts.

Elles sont transmises à l'Office national des forêts qui statue après avoir fait procéder aux vérifications qu'il juge nécessaires.

En dehors de la décision générale annuelle concernant chaque forêt, des délivrances exceptionnelles peuvent être autorisées par l'Office national des forêts, en cas d'urgence dûment constatée par le maire de la commune. L'abattage et le façonnage des arbres ont lieu aux frais du titulaire du droit d'usage et les branchages et rémanents sont vendus dans les conditions prévues à l'article R. 213-38. – *[Anc. art. R. 138-18, al. 1er à 3, al. 5.]*

SECTION 4 Suspension des droits d'usage

Art. R. 241-31 En cas d'utilisation partielle d'un pâturage grevé de droit d'usage pendant deux années consécutives, la surface à réserver à l'exercice du droit d'usage et sa localisation sont déterminées par la commission syndicale représentant la communauté titulaire du droit d'usage, ou à défaut, par le conseil municipal, sur proposition de l'Office national des forêts.

En cas d'absence d'utilisation résultant de la disparition complète du troupeau de la communauté titulaire du droit d'usage, le pâturage est concédé dans les conditions prévues par l'article L. 213-24. – *[Anc. art. D. 138-38.]*

Art. D. 241-32 La délibération du conseil municipal ou de la commission syndicale est affichée à la mairie des communes de situation des pâturages pendant quinze jours au moins avant d'être communiquée par le maire au préfet.

La décision du préfet autorisant l'Office national des forêts à concéder le pâturage est affichée en mairie pendant quinze jours au moins.

L'Office national des forêts procède à la publicité prescrite par l'article L. 213-24 selon les modalités prévues à l'article R. 213-42. – *[Anc. art. D. 138-39.]*

CHAPITRE II DROITS D'USAGE DANS LES BOIS ET FORÊTS DES COLLECTIVITÉS TERRITORIALES ET DE CERTAINES PERSONNES MORALES

Art. R. 242-1 Les dispositions relatives à l'exercice des droits d'usage dans les bois et forêts de l'État, prévues aux articles R. 241-17 à R. 241-24, R. 241-26 à R. 241-29 et R. 261-9 à R. 261-16 sont applicables à la jouissance des communes et des établissements publics dans leurs propres bois, ainsi qu'aux droits d'usage dont ces mêmes bois pourraient être grevés sauf dispositions particulières résultant du présent chapitre. – *[Anc. art. R. 146-3.]*

Art. R. 242-2 Les collectivités ou personnes morales propriétaires qui veulent affranchir leurs bois et forêts d'un droit d'usage au bois par voie de cantonnement en adressent la demande au préfet qui statue sur l'opportunité après avoir pris l'avis de l'Office national des forêts.

S'il s'agit d'un droit rachetable moyennant indemnités, conformément aux articles L. 241-6 et L. 242-2, ou lorsque le préfet estime que le rachat d'un droit d'usage au bois est préférable à son cantonnement, le conseil municipal ou les administrateurs délibèrent sur l'opportunité de l'opération.

Si le droit d'usage appartient à une autre commune, le préfet territorialement compétent est préalablement appelé à donner son avis motivé sur l'absolue nécessité de l'usage pour les habitants. La décision du conseil municipal ou des administrateurs est transmise au préfet qui la notifie au maire de la commune dont les habitants sont titulaires du droit d'usage, comme il est dit au troisième alinéa de l'article R. 241-6. – *[Anc. art. R. 146-4.]*

Art. R. 242-3 Les études préalables pour déterminer les offres de cantonnement ou de rachat des droits d'usage sont faites selon les dispositions du deuxième alinéa de l'article R. 241-1 et il est procédé aux estimations conformément aux articles R. 241-7 à R. 241-16.

Toutefois, sur la demande de la collectivité ou personne morale propriétaire, un troisième expert désigné par cette dernière est adjoint pour participer concurremment avec les ingénieurs de l'Office national des forêts aux études et estimations. – *[Anc. art. R. 146-5.]*

Art. R. 242-4 La collectivité ou personne morale propriétaire déclare si elle entend donner suite aux offres de cantonnement ou de rachat des droits d'usage.

Dans l'affirmative et sur avis favorable du préfet, le ministre chargé des forêts statue sur l'opportunité des offres. En cas d'avis défavorable du préfet, il statue après avis du ministre de l'intérieur ou du ministre de tutelle de la personne morale propriétaire.

Il est ensuite procédé conformément aux articles R. 241-3 et R. 241-4.

Toutefois, les modifications proposées par le titulaire du droit d'usage dans le cas prévu à ce dernier article doivent être acceptées par la collectivité ou personne morale propriétaire sous réserve, s'il y a lieu pour cette dernière, de l'approbation de l'autorité de tutelle, avant d'être soumises à l'homologation par arrêté du ministre chargé des forêts. Si le titulaire du droit d'usage refuse d'adhérer aux offres, l'action devant les tribunaux judiciaires ne peut être intentée que par le maire ou les administrateurs, selon les formes prescrites par la loi. – *[Anc. art. R. 146-6.]*

Art. R. 242-5 Pour l'application des articles R. 242-3 et R. 242-4, les indemnités et frais exposés par l'Office national des forêts et les vacations du troisième expert sont à la charge de la collectivité ou personne morale propriétaire. – *[Anc. art. R. 146-7.]*

CHAPITRE III COUPES DÉLIVRÉES POUR L'AFFOUAGE

Art. R. 243-1 La quotité annuelle de l'affouage, toutes les fois qu'elle ne consiste pas en une délivrance fixe, et le revenu annuel de tous droits d'usage en bois, autres que le droit d'usage en bois de construction, sont déterminés par des moyennes calculées sur le plus grand nombre d'années possible. – *[Anc. art. R. 138-28.]*

Art. R. 243-2 Les communes font connaître à l'Office national des forêts, dans le délai qu'il leur indique, la quantité de bois qui leur est nécessaire tant pour le chauffage que pour la construction et les réparations.

Lorsqu'il n'y a pas lieu de délivrer tout ou partie de la coupe en vue de son exploitation dans les conditions prévues à l'article L. 243-1, la quantité de bois demandée est imputée et délivrée dans les conditions prévues au deuxième alinéa de l'article R. 214-27. – *[Anc. art. R. 145-2.]*

Art. R. 243-3 Lorsque les communes décident, en application de l'article L. 243-3, de vendre tout ou partie de la coupe affouagère après son exploitation, les dispositions de la section 4 du chapitre III du titre I du présent livre sont applicables à ces ventes. – *[Anc. art. R. 145-3.]*

TITRE V FINANCEMENT DES ACTIONS DES COMMUNES FORESTIÈRES

Art. D. 250-1 Le ministre chargé de l'agriculture répartit chaque année (*n*) entre les chambres départementales d'agriculture, après avis de *(Ord. n° 2022-583 du 20 avr. 2022, art. 1er)* « Chambres d'agriculture France », la cotisation globale due aux organisations représentatives des communes forestières. Cette cotisation est fixée par l'article L. 251-1 à un montant maximum de 5 % des taxes perçues l'année (*n* – 2), par l'ensemble des chambres d'agriculture sur tous les immeubles classés au cadastre en nature de bois.

En l'absence de réponse de *(Ord. n° 2022-583 du 20 avr. 2022, art. 1er)* « Chambres d'agriculture France » à l'expiration d'un délai d'un mois suivant la transmission de la proposition du ministre, son avis est réputé favorable.

La part de la cotisation globale annuelle incombant à chaque chambre départementale est calculée sur la base d'une répartition de cette cotisation globale due à hauteur de 75 % entre toutes les chambres d'agriculture, à égalité de montant, et de 25 % entre ces mêmes chambres, au prorata du produit de la taxe effectivement perçue sur les immeubles classés au cadastre en nature de bois. – *[Anc. art. D. 141-9.]*

V. Arr. du 27 févr. 2024 fixant pour 2024 le montant de la cotisation globale due par les chambres d'agriculture aux organisations représentatives des communes forestières (JO 2 mars).

Art. D. 250-2 La décision *(Décr. nº 2023-539 du 29 juin 2023, art. 1er)* « de répartition » mentionnée à l'article D. 250-1 est notifiée au *(Décr. nº 2023-539 du 29 juin 2023, art. 1er)* « Fonds national de modernisation, de performance et de péréquation » et aux organisations représentatives des communes forestières. – *[Anc. art. D. 141-10.]*

Art. D. 250-3 *(Décr. nº 2023-539 du 29 juin 2023, art. 1er)* La cotisation des chambres d'agriculture est versée au Fonds national de modernisation, de performance et de péréquation mentionné à l'article D. 514-6 du code rural et de la pêche maritime, par parts égales au plus tard les 1er mars et 1er septembre.

Art. D. 250-4 La part revenant à chaque organisation représentative des communes forestières sur la cotisation globale annuelle due par les chambres d'agriculture est fixée par le ministre chargé de l'agriculture, au prorata de la surface des propriétés forestières des communes adhérentes, appréciée en fonction des comptes des deux dernières années civiles produits par les organisations concernées. – *[Anc. art. D. 141-12.]*

Art. D. 250-5 *(Décr. nº 2023-539 du 29 juin 2023, art. 1er)* Le Fonds national de modernisation, de performance et de péréquation mentionné à l'article D. 514-6 du code rural et de la pêche maritime verse les montants arrêtés à l'article D. 250-4, à chaque organisation représentative des communes forestières, en deux versements égaux effectués les 1er avril et 1er octobre.

TITRE VI DISPOSITIONS PÉNALES RELATIVES AUX BOIS ET FORÊTS RELEVANT DU RÉGIME FORESTIER

CHAPITRE I INFRACTIONS

SECTION 1 Arrêtés d'aménagement

Art. R. 261-1 Le fait de se livrer en méconnaissance des dispositions de l'arrêté d'aménagement à des activités réglementées en application du dernier alinéa de l'article L. 212-2 est puni des peines prévues pour les contraventions de la 4e classe. – *[Anc. art. R. 133-5, al. 3.]*

SECTION 2 Règles de coupes, de ventes de coupes ou produits de coupes du domaine de l'État

Art. R. 261-2 Le fait, pour des indivisaires mentionnés à l'article L. 215-1 de réaliser une coupe, exploitation ou vente de bois est puni de l'amende prévue pour les contraventions de la 5e classe.

Le contrevenant encourt également la peine de confiscation de la chose qui a servi ou était destinée à commettre l'infraction ainsi que de la chose qui en est le produit. – *[Anc. art. R. 161-2.]*

Art. R. 261-3 Le fait de procéder à l'enlèvement des bois en méconnaissance des dispositions des clauses générales de vente mentionnées à l'article R. 213-24 est puni de l'amende prévue pour les contraventions de la 5e classe.

Le contrevenant encourt également la peine de confiscation de la chose qui a servi ou était destinée à commettre l'infraction ainsi que de la chose qui en est le produit. – *[Anc. art. R. 135-2.]*

Art. R. 261-4 Le fait, pour un acheteur de coupes, d'abattre des arbres réservés ou de les compenser en cas de déficit, en infraction aux dispositions de l'article L. 213-14, est puni de l'amende prévue pour les contraventions de la 5e classe, lorsqu'en raison de l'enlèvement des arbres et de leurs souches ou de toute autre circonstance, il y a impossibilité de constater la dimension des arbres. – *[Anc. art. R. 135-3.]*

Art. R. 261-5 Le fait pour un acheteur d'effectuer un enlèvement de bois avant le lever ou après le coucher du soleil est puni de l'amende prévue pour les contraventions de la 4e classe. – *[Anc. art. R. 135-4.]*

Art. R. 261-6 Le fait de contrevenir au mode d'abattage et à l'obligation de nettoiement des coupes prévus par les clauses de la vente résultant des dispositions de l'article R. 213-24 est punie de l'amende prévue pour les contraventions de la 5e classe. – *[Anc. art. R. 135-5.]*

Art. R. 261-7 Le fait de ne pas débarder les bois par les chemins désignés par les clauses de la vente résultant des dispositions de l'article R. 213-24 est puni de l'amende prévue pour les contraventions de la 5e classe. – *[Anc. art. R. 135-6.]*

Art. R. 261-8 Sans préjudice de l'application des dispositions de l'article L. 163-10, le dépôt sans autorisation, ou l'utilisation à d'autres fins que celles pour laquelle l'autorisation a été délivrée, en infraction aux clauses et conditions mentionnées à l'article R. 213-71, de matériaux destinés à des travaux publics est puni, par tonne de matériaux, de l'amende prévue pour les contraventions de la 5e classe.

Le contrevenant encourt également la peine de confiscation de la chose qui a servi ou était destinée à commettre l'infraction ainsi que de la chose qui en est le produit. – *[Anc. art. R. 151-13, al. 2.]*

SECTION 3 Droits d'usage et d'affouage

Art. R. 261-9 Le fait d'avoir introduit, sur les terrains où le pâturage a été concédé, des animaux appartenant à une espèce autre que celles dont l'introduction est autorisée par l'acte de concession, d'avoir des animaux dont l'identifiant n'a pas été communiqué à l'Office national des forêts en infraction aux dispositions de l'article R. 241-25 ou de dépasser le nombre maximal d'animaux autorisé est puni de la peine d'amende prévue pour les contraventions de la 5e classe.

Le contrevenant encourt également la peine complémentaire de confiscation des animaux ayant été utilisés pour commettre l'infraction. – *[Anc. art. R. 137-2, R. 138-13, R. 138-10, ecqc sanction.]*

Art. R. 261-10 Le fait, pour un concessionnaire de pâturage, d'avoir des animaux au pâturage dans des conditions autres que celles prévues par l'acte de concession, est puni de l'amende prévue pour les contraventions de la 2e classe. – *[Anc. art. R. 137-3.]*

Art. R. 261-11 Le fait, pour un concessionnaire de pâturage, de faucher, labourer ou mettre en culture sans autorisation tout ou partie des surfaces concédées ou d'implanter sans autorisation des barrières, clôtures, parcs fixes ou mobiles ou toute autre installation est puni de l'amende prévue pour les contraventions de la 4e classe. – *[Anc. art. R. 137-4, al. 2.]*

Art. R. 261-12 Le fait, pour le ressortissant d'une commune où s'exerce le droit d'usage, de conduire lui-même au pâturage ou de faire conduire ses bestiaux à garde séparée, en infraction aux dispositions de l'article R. 241-23 est puni de l'amende prévue pour les contraventions de la 5e classe.

Le contrevenant encourt également la peine complémentaire de confiscation des animaux ayant été utilisés pour commettre l'infraction. – *[Anc. art. R. 138-7, al. 1er, ecqc sanction.]*

Art. R. 261-13 Le fait, pour le gardien des porcs ou bestiaux d'une commune, section de commune ou groupe d'habitants autorisé à avoir un troupeau au panage ou au pâturage, de laisser ces animaux se mélanger avec ceux d'une autre commune, section de commune ou d'un autre groupe d'habitants, en infraction aux dispositions de l'article R. 241-23 est puni de l'amende prévue pour les contraventions de la 2e classe. – *[Anc. art. R. 138-7, al. 3, ecqc sanction.]*

Art. R. 261-14 Sans préjudice des dispositions de l'article L. 163-9, le fait, pour le gardien, de laisser divaguer des porcs et bestiaux appartenant à des titulaires d'un droit d'usage hors des périmètres de cantonnement désignés à cet effet, ou hors des chemins indiqués pour s'y rendre, est puni de l'amende prévue pour les contraventions de la 4e classe. – *[Anc. art. R. 138-12.]*

Art. R. 261-15 Le fait de conduire, ou de faire conduire, des chèvres ou des moutons dans les bois et forêts de l'État en infraction aux dispositions de l'article L. 241-14, en puni de l'amende prévue pour les contraventions de la 5e classe.

Le contrevenant encourt également la peine complémentaire de confiscation des animaux ayant été utilisés pour commettre l'infraction. – *[Anc. art. R. 138-14, al. 1er.]*

Art. R. 261-16 Le fait, pour le titulaire d'un droit d'usage limité à celui de prendre le bois mort, sec et gisant de se servir, pour l'exercice de ce droit, de crochets ou ferrements en infraction aux dispositions de l'article R. 241-27, est puni de l'amende prévue pour les contraventions de la 1re classe. – *[Anc. art. R. 138-15, ecqc sanction.]*

Art. R. 261-17 Le fait, pour le titulaire d'un droit d'usage, de vendre ou d'échanger les bois qui lui sont délivrés, ou de les employer à une autre destination que celle pour laquelle le droit d'usage a été délivré, en infraction avec les dispositions de l'article L. 241-17, est puni :

1° S'il s'agit de bois de chauffage, de l'amende prévue pour les contraventions de la 4e classe ;

2° S'il s'agit de bois à bâtir ou de tout autre bois non destiné au chauffage, de l'amende prévue pour les contraventions de la 5e classe.

Dans tous les cas mentionnés au présent article, le contrevenant encourt également la peine complémentaire de confiscation de la chose qui a servi ou était destinée à commettre l'infraction ainsi que de la chose qui en est le produit. – *[Anc. art. R. 138-19.]*

CHAPITRE II MODALITÉS DE RECOUVREMENT

Le présent chapitre ne comporte pas de dispositions réglementaires.

TITRE VII DISPOSITIONS PARTICULIÈRES À L'OUTRE-MER

CHAPITRE I GUADELOUPE

Art. R. 271-1 Les bois et forêts qui sont l'objet d'un litige entre les diverses catégories de propriétaires désignés à l'article L. 211-1, ou entre l'un quelconque de ces propriétaires et des particuliers, et sur lesquels l'État ou les collectivités et les personnes morales mentionnées à cet article revendiquent des droits de propriété, relèvent du régime forestier jusqu'à ce qu'il soit statué sur la propriété de ces biens.

Le montant des revenus de ces bois et forêts est versé à la Caisse des dépôts et consignations jusqu'à règlement définitif du litige. – *[Anc. art. R. 171-2, ecqc Guadeloupe.]*

CHAPITRE II GUYANE

SECTION 1 Dispositions générales

Art. R. 272-1 Ne sont pas applicables en Guyane :

1° Les articles R. 213-24 et R. 213-25 ;

2° La section 7 du chapitre III et la section 5 du chapitre IV du titre I ;

3° Le titre IV. – *[Anc. art. R. 172-1.]*

SECTION 2 Mise en œuvre du régime forestier

Art. R. 272-2 Pour son application en Guyane, l'article D. 212-1 est ainsi rédigé :

Art. D. 212-1 Le document d'aménagement mentionné à l'article L. 212-2 est un document de gestion qui prévoit l'aménagement forestier nécessaire à chaque bois ou forêt relevant du régime forestier, dans le respect de la directive régionale d'aménagement ou du schéma régional d'aménagement qui lui est applicable.

Il comprend :

1° Des analyses préalables portant sur le milieu naturel, le patrimoine culturel et les besoins, en matière économique, sociale et environnementale, des utilisateurs et des titulaires de droits réels ou personnels. Ces analyses prennent en compte les prescriptions et recommandations contenues dans les documents de référence arrêtés par l'État ou les collectivités territoriales en matière de protection de l'environnement, d'aménagement de l'espace et de développement des politiques sportives, éducatives et de loisirs. Elles mentionnent l'existence de droits d'usage au sens de l'article L. 241-2 ;

2° Une partie technique qui rassemble des renseignements généraux sur la forêt, une évaluation de sa gestion passée, la présentation des objectifs de gestion durable poursuivis ainsi que les moyens à mettre en œuvre pour les atteindre, compte tenu des analyses mentionnées au 1° ; y figure, en particulier, la programmation des coupes et des travaux sylvicoles ;

3° Une partie économique, qui comprend notamment le bilan financier prévisionnel des programmes d'action envisagés ;

4° Une partie relative aux droits d'usage mentionnés à l'article L. 272-4 dans les zones où ils s'exercent afin que soient satisfaits les besoins des communautés intéressées. Elle mentionne leur localisation et leur nature.

Avant son approbation dans les conditions prévues à l'article L. 212-1, le projet de document d'aménagement est communiqué pour avis par l'Office national des forêts aux autorités coutumières ou aux personnes morales représentant les communautés d'habitants intéressées. En l'absence de réponse dans un délai de deux mois, cet avis est réputé favorable. Lorsqu'il concerne les bois et forêts de l'État, il est également communiqué pour avis au préfet de région.

Les documents de gestion des bois et forêts prévus par cet article ne comportent pas de dispositions relatives à la gestion cynégétique. — *[Anc. art. R. 172-2, al. 3, D. 172-5, al. 1er.]*

Art. R. 272-3 **Pour l'application en Guyane du 1° de l'article R. 212-8 :**

1° Le seuil de 25 ha est porté à 200 ha ;

2° Les critères de potentialité de production sont arrêtés par le préfet sur proposition de l'Office national des forêts et après avis de la commission régionale de la forêt et *(Décr. n° 2017-512 du 7 avr. 2017, art. 1er-2°)* **« du bois ».** — *[Anc. art. R. 172-2, al. 4.]*

Art. R. 272-4 **Pour l'application en Guyane de l'article D. 212-9, le sixième alinéa n'est pas applicable.** — *[Anc. art. R. 172-2, al. 3 ecqc règlement type de gestion.]*

Art. D. 272-5 **Pour l'application en Guyane de l'article D. 214-18, la détermination des forêts faisant l'objet d'un règlement type de gestion est arrêtée en fonction des seuils et des critères prévus à l'article R. 272-3.** — *[Anc. art. D. 172-5, al. 2.]*

Art. R. 272-6 **Pour l'application en Guyane de l'article D. 221-2, au deuxième alinéa, les mots : ", notamment en matière d'exploitation des droits de chasse et de pêche" ne sont pas applicables.** — *[Anc. art. R. 172-2, al. 1er.]*

Art. R. 272-7 **En Guyane, les opérations de gestion, d'études, d'enquêtes ou de travaux susceptibles d'être confiées à l'Office national des forêts par voie de convention conformément à l'article L. 221-6 peuvent inclure les opérations de réhabilitation de sites dégradés en forêt.** — *[Anc. art. R. 172-2, al. 2.]*

Art. R. 272-8 **L'Office national des forêts assure la gestion et l'équipement des bois et forêts de l'État qui lui sont confiés en application de l'article 2 du décret n° 95-622 du 6 mai 1995 fixant la liste des forêts et terrains à boiser ou à restaurer appartenant à l'État dont la gestion et l'équipement sont confiés à l'Office national des forêts.**

Une convention conclue en application de l'article L. 221-6 et dans le cadre du contrat pluriannuel mentionné à l'article L. 221-3 définit les modalités particulières du mandat donné à l'Office national des forêts pour la gestion de ces bois et forêts. — *[Anc. art. R. 172-3.]*

Art. R. 272-9 **Les cessions gratuites des forêts dépendant du domaine privé de l'État relevant du régime forestier, prévues à l'article L. 272-3 du présent code et à l'article L. 5142-2 du code général de la propriété des personnes publiques, sont consenties dans les formes et conditions fixées aux articles R. 170-55-1, R. 170-55-2 et R. 170-65 et suivants du code du domaine de l'État.** — *[Anc. art. R. 172-6.]*

SECTION 3 **Ventes des coupes et produits des coupes**

Art. R. 272-10 **Les clauses de ventes de bois et le règlement des ventes de bois applicables en Guyane sont arrêtés par le directeur général de l'Office national des forêts.** — *[Anc. art. R. 172-2, al. 5.]*

SECTION 4 Exercice des droits d'usage

Art. R. 272-11 La constatation des droits d'usage collectifs, mentionnés à l'article L. 272-4, sur les terrains de l'État est réalisée dans les conditions fixées par les articles R. 170-56 et R. 170-57 du code du domaine de l'État.

Sur les terrains des collectivités territoriales, la constatation est faite par arrêté du préfet pris après avis de l'Office national des forêts et de la collectivité propriétaire. Cet arrêté :

1° Détermine la localisation géographique, la superficie et la nature des terrains ;

2° Indique l'identité et la composition de la communauté d'habitants bénéficiaire et précise la nature et le mode de répartition des droits d'usage dont l'exercice est reconnu ;

3° Précise que les droits d'usage reconnus ne peuvent être exercés que sous réserve, notamment, de l'application des dispositions relatives à la recherche et à l'exploitation de substances minières et des dispositions relatives à la protection de la nature et des espèces animales et à la défense de l'environnement et qu'ils ne font pas obstacle à la réalisation de travaux d'aménagement ou d'équipements collectifs.

La caducité des droits d'usage du titulaire qui ne les exerce plus sur tout ou partie des terrains est constatée par le préfet par un arrêté pris et publié selon les mêmes formes et procédures. — *[Anc. art. R. 172-7, I et II.]*

Art. R. 272-12 Les cessions et concessions gratuites de forêts du domaine privé de l'État au bénéfice de personnes morales en vue de leur utilisation par des communautés d'habitants tirant traditionnellement leurs moyens de subsistance de la forêt prévues à l'article L. 272-5 sont consenties dans les conditions définies aux articles R. 170-58 à R. 170-61 et R. 170-65 à R. 170-71 du code du domaine de l'État.

Les cessions et concessions gratuites de forêts appartenant au domaine privé des collectivités territoriales au bénéfice des personnes morales mentionnées à l'article R. 272-11 du présent code et réalisées en application de l'article L. 272-6 sont consenties dans les conditions suivantes :

1° Une demande motivée de cession ou de concession est présentée par la personne morale. La collectivité propriétaire examine, après avis de l'Office national des forêts, si la contribution de ces terrains à la satisfaction des besoins de la communauté concernée justifie la cession ou la concession ;

2° L'acte de cession ou de concession indique la localisation, la nature et la destination des immeubles et comporte en annexe un extrait du plan cadastral. L'acte de concession précise que les biens concédés doivent recevoir la destination prévue sous peine de déchéance de la concession. L'acte de cession mentionne les conditions auxquelles le transfert de propriété est consenti dont l'inobservation entraîne la résolution de la cession. — *[Anc. art. R. 172-7, III et IV.]*

CHAPITRE III MARTINIQUE

Art. R. 273-1 Les bois et forêts qui sont l'objet d'un litige entre les diverses catégories de propriétaires désignés à l'article L. 211-1, ou entre l'un quelconque de ces propriétaires et des particuliers, et sur lesquels l'État ou les collectivités et les personnes morales mentionnées à cet article revendiquent des droits de propriété relèvent du régime forestier jusqu'à ce qu'il soit statué sur la propriété de ces biens.

Le montant des revenus de ces bois et forêts est versé à la Caisse des dépôts et consignations jusqu'à règlement définitif du litige. — *[Anc. art. R. 171-2, ecqc Martinique.]*

CHAPITRE IV LA RÉUNION

SECTION 1 Dispositions générales

Art. R. 274-1 Toute expertise judiciaire concernant la délimitation des bois et forêts relevant du régime forestier doit, à peine de nullité, être faite en présence du directeur régional de l'Office national des forêts et du directeur départemental des finances publiques, ou de leurs représentants, dûment convoqués. — *[Anc. art. R. 173-2.]*

Art. R. 274-2 Le rétablissement en leur état primitif des lieux indûment déboisés, prévu par l'article L. 274-4, est autorisé par le préfet qui arrête et rend exécutoires les mémoires des frais de remise en état. Ceux-ci sont émis au bénéfice de l'Office national des forêts ou de la collectivité publique qui a fait l'avance des frais. – *[Anc. art. R. 173-3.]*

Art. R. 274-3 Les coupes et les produits de coupe sont vendus de gré à gré, dans les conditions prévues aux articles R. 213-24 et R. 213-38, sous réserve des dispositions de l'article R. 214-25 relatives aux ventes de coupes effectuées pour le compte des collectivités et personnes morales mentionnées au 2° du I de l'article L. 211-1.

Le cas échéant, il peut être procédé, avec publicité et appel à la concurrence, à des ventes sous la forme d'appel d'offres, dans les conditions prévues par les articles R. 213-24 à R. 213-29, R. 213-35 à R. 213-37 et R. 214-24.

En ce qui concerne les coupes et produits des coupes provenant des forêts et terrains du département de La Réunion gérés par l'État en application du décret n° 47-2222 du 6 novembre 1947 relatif à l'attribution de l'ancien domaine colonial dans les départements de la Guadeloupe, de la Guyane française, de la Martinique et de La Réunion, les ventes sont réalisées dans les mêmes conditions que pour les coupes et produits des coupes des forêts de l'État. – *[Anc. art. R. 173-5.]*

Art. R. 274-4 En matière de chasse, les dispositions des articles R. 213-46 à R. 213-68 s'appliquent aux forêts et terrains du département de La Réunion gérés par l'État en application du décret n° 47-2222 du 6 novembre 1947 relatif à l'attribution de l'ancien domaine colonial dans les départements de la Guadeloupe, de la Guyane française, de la Martinique et de La Réunion. – *[Anc. art. R. 173-6.]*

SECTION 2 Dispositions pénales

Art. R. 274-5 Le fait de résider sur une parcelle relevant du régime forestier sans titre valable de location, ou de s'y être installé temporairement sans autorisation, est puni de l'amende prévue pour les contraventions de la 4e classe, sans préjudice de l'application, s'il y a lieu, des dispositions de l'article L. 274-4. – *[Anc. art. R. 173-4.]*

CHAPITRE V MAYOTTE

SECTION 1 Régime forestier

Art. R. 275-1 Pour son application à Mayotte, l'article R. 212-4 est ainsi rédigé :

Art. R. 212-4 Lorsqu'il est envisagé de réglementer dans certaines zones, en application du dernier alinéa de l'article L. 212-2, les activités susceptibles de compromettre la réalisation des objectifs de l'aménagement ou la protection des habitats et des espèces, l'Office national des forêts consulte sur ce projet de réglementation le conseil départemental, les maires des communes où se situent ces zones et, pour les bois et forêts de l'État, le préfet de Mayotte. Ils disposent d'un délai de trois mois pour faire connaître leur avis. – *[C. for. Mayotte, art. R. 133-1, al. 2 phrase 2.]*

Art. R. 275-2 Pour son application à Mayotte, il est inséré, à l'article R. 213-7, un troisième alinéa ainsi rédigé :

"A défaut de cadastre, le procès-verbal de délimitation générale, rédigé par les experts, décrit au mieux l'opération. Il doit, s'il en existe, y être fait mention des titres des propriétaires riverains consultés au cours des travaux." – *[C. for. Mayotte, art. R. 132-6, al. 2.]*

SECTION 2 Ventes de coupes et produits de coupes

Art. R. 275-3 Pour son application à Mayotte, l'article R. 213-26 est complété par les alinéas suivants :

"L'Office national des forêts peut, en application de l'article L. 213-6, procéder à des ventes de gré à gré dans les cas suivants :

"1° Pour les lots restés invendus en adjudication ou après appel d'offres ;

"2° Pour les lots dont l'exploitation revêt un caractère d'urgence ;

"3° Pour les lots d'une valeur très faible ;

"4° Pour les chablis dans les coupes en exploitation ;

"5° Lorsque la concurrence ne peut jouer efficacement, en raison notamment du très petit nombre d'intéressés ;

"6° Lorsque la continuité de l'écoulement régulier des produits de la forêt ou les besoins spécifiques des industries du bois à Mayotte nécessite la passation de contrats de longue durée qui ne peuvent être établis que par négociation de gré à gré ;

"7° Pour les lots concernés par des recherches, des études ou des expériences ;

"8° Pour les lots dont l'exploitation ne peut être confiée qu'à l'entreprise chargée d'exécuter des travaux sur la coupe.

"Le préfet fixe par arrêté les seuils permettant de définir les lots de valeur très faible ainsi que les conditions de vente de gré à gré des lots restés invendus en adjudication ou après appel d'offres infructueux.

"Les ventes de gré à gré font l'objet de contrats écrits." – *[C. for. Mayotte, art. R.* 134-16.]*

Art. R. 275-4 Le représentant de l'Office national des forêts indique, par écrit, aux acheteurs de coupes les lieux où il peut être établi des fosses ou fourneaux pour charbon, des loges ou ateliers. – *[C. for. Mayotte, art. R. 135-7, ecqc interdiction.]*

Art. R. 275-5 Les établissements et constructions mentionnés aux articles L. 275-13 à L. 275-17 sont autorisés, sans préjudice de l'application d'autres dispositions législatives ou réglementaires, et notamment celles du code de l'urbanisme, par arrêté du préfet pris sur avis du directeur de l'alimentation, de l'agriculture et de la forêt. – *[C. for. Mayotte, art. R. 151-5.]*

Art. R. 275-5-1 *(Décr. n° 2017-1411 du 27 sept. 2017, art. 1er-5°)* Le silence gardé par le préfet de Mayotte sur une demande d'autorisation de réaliser, au sein ou dans l'entourage de bois et forêts relevant du régime forestier, certains établissements ou constructions, mentionnée à l'article R. 275-5, vaut décision de rejet.

SECTION 3 Réglementation des scieries

Art. R. 275-6 L'exploitant d'une scierie autorisée conformément à l'article L. 275-16 tient un registre spécial sur lequel il mentionne, à la date de leur réception, le nombre et la provenance des arbres, billes ou tronces reçus et leur lieu de dépôt.

Ce registre doit être présenté à tout contrôle des ingénieurs et agents assermentés de la direction de l'alimentation, de l'agriculture et de la forêt. – *[C. for. Mayotte, art. R. 151-6.]*

Art. R. 275-7 Le préfet peut, par arrêté et pour une période éventuellement renouvelable, imposer pour une scierie déterminée que tout arbre, bille ou tronce soit marqué à sa réception dans les conditions suivantes :

1° Les possesseurs de scierie sont tenus, chaque fois qu'ils font transporter, dans leur scierie ou dans les bâtiments ou enclos qui en dépendent, des arbres, billes ou tronces, d'en remettre à la direction de l'alimentation, de l'agriculture et de la forêt une déclaration détaillée, indiquant de quelles propriétés ces bois proviennent ;

2° Ces déclarations énoncent le nombre et le lieu de dépôt des bois ; elles sont faites en double exemplaire dont l'un est visé et remis au déclarant, l'autre étant conservé par la direction de l'alimentation, de l'agriculture et de la forêt ;

3° Les arbres, billes ou tronces sont marqués, sans frais, par l'agent de la direction de l'alimentation, de l'agriculture et de la forêt dans le délai de cinq jours après la déclaration. – *[C. for. Mayotte, art. R. 151-7.]*

SECTION 4 Dispositions pénales

Art. R. 275-8 Le fait, pour un acheteur de coupe, de peler ou d'écorcer sur pied un des arbres de la coupe à moins que les clauses de la vente n'en contiennent l'autorisation expresse, est puni de l'amende prévue pour les contraventions de la 5e classe. – *[C. for. Mayotte, art. R. 135-5.]*

Art. R. 275-9 Le fait, pour un acheteur de coupe, d'établir des fosses ou fourneaux pour charbon, des loges ou ateliers en dehors des lieux autorisés par le représentant de l'Office national des forêts en application de l'article R. 275-4 est puni de l'amende prévue pour les contraventions de la 2e classe. – *[C. for. Mayotte, art. R. 135-7, ecqc sanction.]*

Art. R. 275-10 Lorsque l'occupation sans titre mentionnée à l'article L. 275-8 n'a pas entraîné de destruction de l'état boisé, le contrevenant est puni de l'amende prévue pour les contraventions de la 3e classe. – *[C. for. Mayotte, art. R. 331-5.]*

Art. R. 275-11 Les contrevenants aux dispositions de l'article L. 275-11 sont punis de l'amende prévue pour les contraventions de la 5e classe.

Le contrevenant encourt également la peine complémentaire de confiscation des animaux ayant été utilisés pour commettre l'infraction. – *[C. for. Mayotte, art. R. 151-1.]*

Art. R. 275-12 Les contrevenants aux dispositions de l'article L. 275-12 sont punis de l'amende prévue pour les contraventions de la 4e classe.

Le contrevenant encourt également la peine complémentaire de confiscation des animaux ayant été utilisés pour commettre l'infraction. – *[C. for. Mayotte, art. R. 151-2.]*

Art. R. 275-13 Les contrevenants aux dispositions de l'article L. 275-13 sont punis de l'amende prévue pour les contraventions de la 4e classe. – *[C. for. Mayotte, art. R. 151-3.]*

Art. R. 275-14 Les contrevenants aux dispositions de l'article L. 275-14 sont punis de l'amende prévue pour les contraventions de la 5e classe. – *[C. for. Mayotte, art. R. 151-4.]*

Art. R. 275-15 Le fait, pour l'exploitant d'une scierie, d'accepter un arbre, bille ou tronce qui n'a pas été marqué conformément aux dispositions de l'article R. 275-7 est puni de l'amende prévue pour les contraventions de la 5e classe. – *[C. for. Mayotte, art. R. 151-8.]*

CHAPITRE VI SAINT-BARTHÉLEMY

Art. R. 276-1 Les bois et forêts qui sont l'objet d'un litige entre les diverses catégories de propriétaires désignés à l'article L. 211-1, ou entre l'un quelconque de ces propriétaires et des particuliers, et sur lesquels l'État ou les collectivités et les personnes morales mentionnées à cet article revendiquent des droits de propriété relèvent du régime forestier jusqu'à ce qu'il soit statué sur la propriété de ces biens.

Le montant des revenus de ces bois et forêts est versé à la Caisse des dépôts et consignations jusqu'à règlement définitif du litige. – *[Anc. art. R. 171-2, ecqc SB.]*

CHAPITRE VII SAINT-MARTIN

Art. R. 277-1 Les bois et forêts qui sont l'objet d'un litige entre les diverses catégories de propriétaires désignés à l'article L. 211-1, ou entre l'un quelconque de ces propriétaires et des particuliers, et sur lesquels l'État ou les collectivités et les personnes morales mentionnées à cet article revendiquent des droits de propriété relèvent du régime forestier jusqu'à ce qu'il soit statué sur la propriété de ces biens.

Le montant des revenus de ces bois et forêts est versé à la Caisse des dépôts et consignations jusqu'à règlement définitif du litige. – *[Anc. art. R. 171-2, ecqc SM.]*

CHAPITRE VIII SAINT-PIERRE-ET-MIQUELON

Le présent chapitre ne comporte pas de dispositions réglementaires.

CHAPITRE IX TERRES AUSTRALES ET ANTARCTIQUES FRANÇAISES

Le présent chapitre ne comporte pas de dispositions réglementaires.

LIVRE III BOIS ET FORÊTS DES PARTICULIERS

TITRE I GESTION DES BOIS ET FORÊTS DES PARTICULIERS

CHAPITRE I CHAMP D'APPLICATION

Le présent chapitre ne comporte pas de dispositions réglementaires.

CHAPITRE II PLANS SIMPLES DE GESTION ET PLAN SIMPLE DE GESTION CONCERTÉ *(Décr. nº 2016-734 du 2 juin 2016, art. 1er-1º).*

SECTION 1 Contenu et agrément du plan simple de gestion et du plan simple de gestion concerté *(Décr. nº 2016-734 du 2 juin 2016, art. 1er-2º).*

SOUS-SECTION 1 Critères d'application

Art. R. 312-1 Le ministre chargé des forêts arrête pour chaque région, sur proposition du conseil d'administration du Centre national de la propriété forestière et après avoir recueilli l'avis du préfet de région, le seuil de superficie en dessous duquel certaines catégories de bois et forêts peuvent être considérées comme offrant de faibles potentialités économiques au sens de l'article L. 122-5.

Ces seuils ne peuvent être modifiés qu'à l'issue d'un délai d'application de trois ans. – *[Anc. art. R. 222-4.]*

Art. R. 312-2 Seuls peuvent être considérés comme offrant de faibles potentialités économiques au sens de l'article L. 122-5, les bois et forêts de superficie inférieure à un seuil fixé dans les conditions prévues à l'article R. 312-1, notamment ceux dont les potentialités de production sont inférieures à la moitié des seuils de production minimale fixés régionalement pour l'accès aux aides de l'État.

Seuls peuvent être considérés comme ne présentant pas un intérêt écologique important au sens de l'article L. 122-5 les bois et forêts ne faisant l'objet d'aucune mesure de classement ou de protection en application du présent code ou du code de l'environnement. – *[Anc. art. R. 222-4-1.]*

Art. R. 312-3 Si le propriétaire de bois et forêts répondant aux caractéristiques définies aux articles L. 122-5 et R. 312-2 souhaite être dispensé de l'obligation de présenter un plan simple de gestion, il en fait la déclaration au centre régional de la propriété forestière, par tout moyen permettant d'établir date certaine.

Le centre transmet la déclaration au commissaire du Gouvernement un mois au moins avant la date du conseil d'administration au cours duquel elle sera examinée.

Le centre fait connaître au propriétaire, dans un délai de six mois à compter de la réception de sa déclaration, si ses bois et forêts doivent être dotés d'un plan simple de gestion, en lui indiquant le seuil applicable compte tenu des caractéristiques qu'ils présentent, ou s'ils en sont dispensés.

Si le centre ne répond pas dans le délai imparti, le propriétaire est dispensé de présenter un plan simple de gestion.

Dans les deux mois de la notification de la décision du centre, le propriétaire peut adresser un recours au ministre chargé des forêts qui statue dans les conditions et délais prévus au troisième alinéa de l'article R. 312-8.

Lorsque seule une partie des bois et forêts présente les caractéristiques définies au premier alinéa et que la partie ne présentant pas ces caractéristiques n'atteint pas le seuil de surface à partir duquel un plan simple de gestion est exigible, la dispense de plan simple de gestion porte sur la totalité des bois et forêts. – *[Anc. art. R. 222-11.]*

SOUS-SECTION 2 Contenu

Art. R. 312-4 Le plan simple de gestion comprend :

1º Une brève analyse des enjeux économiques, environnementaux et sociaux des bois et forêts précisant notamment si l'une des réglementations mentionnées à l'article L. 122-8 leur est applicable ;

2° Une description sommaire des types de peuplements présents dans les bois et forêts par référence aux grandes catégories de peuplements du schéma régional de gestion sylvicole ;

3° La définition des objectifs assignés aux bois et forêts par le propriétaire, notamment en matière d'accueil du public, lorsqu'il fait l'objet d'une convention prévue à l'article L. 122-9 ;

4° Le programme fixant, en fonction de ces objectifs et de ces enjeux, la nature, l'assiette, la périodicité des coupes à exploiter dans les bois et forêts ainsi que leur quotité soit en surface pour les coupes rases, soit en volume ou en taux de prélèvement, avec l'indication des opérations qui en conditionnent ou en justifient l'exécution ou en sont le complément indispensable, en particulier le programme des travaux nécessaires à la reconstitution du peuplement forestier ;

5° Le programme fixant la nature, l'assiette, l'importance et l'époque de réalisation, le cas échéant, des travaux d'amélioration sylvicole ;

6° L'identification des espèces de gibier faisant l'objet d'un plan de chasse en application de l'article L. 425-2 du code de l'environnement, qui sont présentes ou dont la présence est souhaitée par le propriétaire dans ses bois et forêts, la surface des espaces ouverts en forêt permettant l'alimentation des cervidés ainsi que des indications sur l'évolution souhaitable des prélèvements, notamment en fonction des surfaces sensibles aux dégâts du gibier ;

7° La mention, le cas échéant, de l'engagement, souscrit en application des articles 199 *decies* H, 793 ou 885 H du code général des impôts, dont tout ou partie des bois et forêts a fait l'objet en contrepartie du bénéfice de leurs dispositions particulières relatives aux biens forestiers.

S'il s'agit d'un renouvellement, il comporte une brève analyse de l'application du plan précédent, en particulier de la mise en œuvre du programme de coupes et travaux.

Le propriétaire fixe la durée d'application de ce plan, qui ne peut être inférieure à dix ans, ni supérieure à vingt ans. — *[Anc. art. R. 222-5, al. 1er à 7, al. 8 ecqc renouvellement, R. 222-6, al. 2.]*

Art. R. 312-4-1 *(Décr. nº 2016-734 du 2 juin 2016, art. 1er-3º)* I. — Le plan simple de gestion concerté mentionné à l'article L. 122-4 comprend :

1° Pour l'ensemble du périmètre concerné, les éléments prévus aux 1°, 2°, 3° et 6° de l'article R. 312-4 ;

2° Pour chacune des propriétés concernées, les éléments prévus aux 4°, 5° et 7° de l'article R. 312-4. Les programmes de coupes et de travaux de chaque propriétaire sont établis en cohérence entre eux et entre les différentes interventions ;

3° La liste des parcelles cadastrales appartenant à chaque propriétaire.

Les deux derniers alinéas de l'article R. 312-4 lui sont applicables.

II. — Dans le cas de la reconnaissance d'un groupement d'intérêt économique et environnemental forestier prévue au I de l'article L. 332-7, le plan simple de gestion concerté prévu par l'article L. 122-4 et dont le contenu est précisé au I du présent article, peut être élaboré en prenant notamment en compte, lorsqu'ils sont applicables à tout ou partie des parcelles concernées :

1° Les plans simples de gestion agréés ;

2° Les règlements types de gestion ;

3° Les codes des bonnes pratiques sylvicoles.

Art. R. 312-5 Le plan simple de gestion *(Décr. nº 2016-734 du 2 juin 2016, art. 1er-4º)* « et le plan simple de gestion concerté doivent être conformes » au schéma régional de gestion sylvicole ainsi qu'aux prescriptions du deuxième alinéa de l'article L. 112-2 et, le cas échéant, au règlement approuvé en application de l'article L. 144-1.

Les éléments obligatoires du contenu du plan simple de gestion et la liste des documents annexes indispensables à sa compréhension qui peuvent être exigés sont fixés par arrêté du ministre chargé des forêts, pris après avis du Centre national de la propriété forestière. — *V. Arr. du 19 juill. 2012 déterminant les éléments obligatoires du contenu du plan simple de gestion des forêts privées et les documents annexes à joindre (JO 27 juill.), mod. par Arr. du 22 oct. 2021 (JO 27 janv. 2022).*

(Abrogé par Décr. n° 2016-734 du 2 juin 2016, art. 1er-4°) « Lorsqu'un plan simple de gestion est présenté collectivement en application de l'article L. 122-4, il comporte la liste des parcelles cadastrales appartenant à chaque propriétaire. » — [Anc. art. R. 222-6, al. 1er, R. 222-5, al. 8 ecqc contenu, al. 9.]

SOUS-SECTION 3 Modalités d'agrément

Art. R. 312-6 Tout propriétaire de bois et forêts remplissant les conditions fixées à l'article L. 312-1 présente un plan simple de gestion à l'agrément du centre régional de la propriété forestière dans le ressort duquel est située la totalité ou la majeure partie de cette forêt.

Un ensemble de bois et forêts appartenant à un même propriétaire doit faire l'objet d'un plan simple de gestion dès lors que la surface cumulée de la plus grande des parcelles forestières et des parcelles forestières isolées situées dans la même commune et sur le territoire des communes limitrophes de celle-ci est égale ou supérieure à 25 hectares.

Le seuil de superficie en dessous duquel les parcelles forestières isolées ne sont pas prises en compte pour le calcul de la surface cumulée est fixé à 4 hectares.

Lorsque l'application des conditions mentionnées au premier alinéa conduit à soumettre à l'obligation de plan simple de gestion des parcelles forestières qui n'en relevaient pas antérieurement à l'entrée en vigueur de l'article L. 312-1 dans sa rédaction issue de la loi n° 2010-874 du 27 juillet 2010 de modernisation de l'agriculture, le centre régional de la propriété forestière détermine le délai imparti à chaque propriétaire pour présenter à son agrément un projet de plan. Ce délai est déterminé de façon à ce que tous les projets de plan soient présentés au plus tard le 31 décembre 2022, sans que le délai dont dispose chaque propriétaire pour présenter son projet de plan puisse être inférieur à deux ans.

Jusqu'à l'agrément du plan simple de gestion présenté dans le délai fixé par le centre régional de la propriété forestière, les propriétés gérées conformément à un règlement type de gestion ou à un code des bonnes pratiques sylvicoles demeurent régies par ces documents.

Si la propriété en cause dispose au 1er juillet 2011 d'un plan simple de gestion n'incluant pas les parcelles forestières répondant aux conditions énoncées au présent article, celles-ci seront incluses dans le plan lors de son renouvellement. — *[Anc. art. D. 222-7.]*

Art. R. 312-7 Le projet de plan simple de gestion est adressé par le propriétaire au centre régional de la propriété forestière dont il relève. Celui-ci le transmet au commissaire du Gouvernement, deux mois au moins avant la séance du conseil *(Abrogé par Décr. n° 2016-472 du 14 avr. 2016, art. 1er) « d'administration »* au cours de laquelle il sera examiné. — *[Anc. art. R. 222-8.]*

Art. R.* 312-7-1 *(Décr. n° 2017-1411 du 27 sept. 2017, art. 1er-6°)* Sous réserve des dispositions de l'article R. 312-10, le silence gardé par le centre régional de la propriété forestière sur une demande d'agrément d'un plan simple de gestion, mentionnée à l'article R. 312-7, vaut décision de rejet.

Art. R. 312-7-2 *(Décr. n° 2017-1411 du 27 sept. 2017, art. 1er-6°)* La décision mentionnée à l'article R.* 312-7-1 naît au terme d'un délai de six mois.

Art. R. 312-8 *(Abrogé par Décr. n° 2017-1411 du 27 sept. 2017, art. 1er-7°) « Le centre régional de la propriété forestière notifie sa décision sur le plan simple de gestion au propriétaire dans le délai de six mois à compter du jour de la réception de celui-ci ; à défaut de réponse dans ce délai, le plan est réputé rejeté. »*

Si l'agrément est refusé, le centre notifie sa décision et les motifs du refus au propriétaire par tout moyen permettant d'établir date certaine.

Le propriétaire peut, dans le délai de deux mois à compter de la notification de la décision du centre, adresser un recours contre cette décision au ministre chargé des forêts. Le ministre statue dans un délai de quatre mois. En l'absence de réponse à l'expiration de ce délai, le plan est réputé rejeté. — *[Anc. art. R. 222-9.]*

Art. R. 312-9 Avant l'expiration d'un plan, le propriétaire soumet à l'examen du centre un nouveau plan simple de gestion de sa forêt en temps voulu pour permettre son agrément au plus tard le 31 décembre de l'année suivant celle de l'expiration du plan précédent. Si, pendant ce délai, le propriétaire veut exploiter une coupe, celle-ci doit faire l'objet d'une autorisation préalable comme coupe extraordinaire, dans les conditions prévues aux articles R. 312-12 et R. 312-13. – *[Anc. art. R. 222-12, al. 3.]*

Art. R. 312-10 Le propriétaire peut à tout moment, et en motivant sa demande, soumettre à l'agrément du centre un nouveau plan simple de gestion. Il peut également présenter un avenant au plan simple de gestion agréé. Jusqu'à l'agrément par le centre du nouveau plan ou de l'avenant, le propriétaire applique le plan simple de gestion en vigueur.

Par dérogation aux dispositions de l'article R. 312-8, un avenant qui ne porte que sur des travaux dont la réalisation est facultative est réputé agréé si, dans un délai d'un mois après sa réception, le centre n'a pas fait connaître son opposition motivée aux modifications proposées. Toutefois, l'agrément d'un tel avenant nécessite une décision expresse lorsque l'application de l'une des procédures spéciales d'agrément prévues par l'article L. 122-7 est demandée. – *[Anc. art. R. 222-12, al. 2.]*

SECTION 2 **Droits et obligations résultant des plans simples de gestion**

Art. R. 312-11 En cas de mutation de bois et forêts ayant un plan simple de gestion agréé, le nouveau propriétaire en informe le centre régional de la propriété forestière. Lorsque ces bois et forêts font l'objet de l'engagement fiscal mentionné à l'article L. 312-7, le centre informe la direction départementale des territoires du changement de propriétaire. – *[Anc. art. R. 222-9-1.]*

Art. R. 312-12 Sont considérées comme coupes extraordinaires soumises à l'autorisation préalable du centre régional de la propriété forestière :

1° Les coupes qui, à l'exception de celles prévues aux troisième et quatrième alinéas de l'article L. 312-5, dérogent au programme fixé par le plan simple de gestion soit par leur nature, soit par leur assiette, soit par leur époque, soit par leur quotité ;

2° Les coupes effectuées dans les conditions prévues à l'article R. 312-9.

Lorsqu'une coupe extraordinaire est liée à un projet de défrichement autorisé en application des articles R. 341-1 et suivants, elle est dispensée de l'autorisation pour la superficie objet du défrichement. – *[Anc. art. R. 222-13, R. 222-14, al. 2.]*

Art. R. 312-13 Le propriétaire qui désire procéder à une coupe extraordinaire définie à l'article R. 312-12 en informe, par tout moyen permettant d'établir date certaine, le centre régional de la propriété forestière dont il relève en motivant sa demande. Il ne peut procéder à la coupe sollicitée qu'après l'autorisation du centre.

Le centre, dans un délai de six mois :

1° Soit autorise la coupe qui constitue un acte de gestion conforme tant aux règles d'une sage gestion économique qu'au schéma régional de gestion sylvicole ;

2° Soit subordonne son autorisation à des modifications pouvant porter sur la nature, l'assiette, l'époque ou la quotité de la coupe ainsi qu'à l'exécution de travaux ultérieurs de repeuplement et d'entretien à réaliser dans un délai déterminé ;

3° Soit refuse son autorisation.

Le propriétaire peut, dans le délai d'un mois après la notification de la décision par le centre régional de la propriété forestière, former une réclamation auprès du ministre chargé des forêts. – *[Anc. art. R. 222-14, al. 1er, al. 3 à 6, R. 222-16, al. 1er.]*

Art. R. 312-14 Une autorisation délivrée par le centre régional de la propriété forestière conformément aux dispositions de l'article R. 312-13, assortie ou non de conditions d'exécution, est valable cinq ans à dater de sa notification. – *[Anc. art. R. 222-15.]*

Art. R. 312-15 L'absence de réponse du centre régional de la propriété forestière dans le délai mentionné à l'article R. 312-13 vaut autorisation tacite.

Le propriétaire peut, un mois après l'expiration de ce délai, procéder à la coupe extraordinaire sollicitée.

Pendant ce mois, le commissaire du Gouvernement peut demander au président du centre de soumettre le dossier au ministre chargé des forêts qui statue sur la demande de coupe, après avis du Centre national de la propriété forestière, dans un délai de quatre mois. A défaut de réponse dans ce délai, le propriétaire peut procéder à la coupe.

Le propriétaire, avisé par tout moyen permettant d'établir date certaine, sursoit à la coupe jusqu'à réception de la décision du ministre ou à l'expiration du délai de quatre mois. — *[Anc. art. R. 222-16, al. 2 à 4.]*

Art. R. 312-16 Dans le cas de coupe d'urgence prévue au quatrième alinéa de l'article L. 312-5, le propriétaire avise le centre régional de la propriété forestière, par tout moyen permettant d'établir date certaine, des raisons, des lieux et de l'importance de la coupe projetée.

Le centre peut, dans un délai de quinze jours à compter de la réception de cet avis, notifier son opposition à la coupe par tout moyen permettant d'établir date certaine. Dans ce cas, le propriétaire peut saisir le ministre chargé des forêts par tout moyen permettant d'établir date certaine dans les dix jours suivant la réception de la notification du centre régional. Le ministre statue sur la demande de coupe, après avis du président du Centre national de la propriété forestière, dans un délai d'un mois. A défaut de réponse dans ce délai, le propriétaire peut procéder à la coupe. — *[Anc. art. R. 222-17.]*

Art. R. 312-17 Le propriétaire adresse au centre régional de la propriété forestière une copie de sa réclamation motivée au ministre chargé des forêts, dirigée contre la décision du centre le concernant et prise en application des articles R. 312-8, R. 312-15 ou R. 312-16. — *[Anc. art. R. 222-18.]*

Art. R. 312-18 Pour l'application du présent titre, lorsque les bois et forêts sont grevés d'un droit réel de jouissance, notamment d'usufruit, d'emphytéose ou d'un droit d'usage ouvrant droit à l'exploitation de coupes, la présentation d'un plan simple de gestion, d'une demande d'autorisation de coupe ou d'un engagement de gérer ces bois et forêts conformément à un document de gestion durable, est réalisée conjointement par le propriétaire et le titulaire de ce droit réel.

Ces formalités peuvent être accomplies par l'emphytéote seul, si ce dernier justifie qu'il est pleinement propriétaire du boisement par droit d'accession.

Dans le cas prévu à l'article R. 312-16, la demande est présentée soit par le propriétaire, soit par le titulaire du droit réel. — *[Anc. art. R. 222-31.]*

SECTION 3 **Régime d'autorisation administrative**

Art. R. 312-19 Sans préjudice des dispositions de l'article L. 124-5, ne relèvent pas du régime d'autorisation administrative prévu par l'article L. 312-9 :

1° Les bois et forêts dont le plan simple de gestion est en cours de renouvellement dans les conditions prévues à l'article R. 312-9, pendant le délai prévu par cet article ;

2° Les bois et forêts nouvellement soumis à l'obligation d'un plan simple de gestion en application du deuxième alinéa de l'article R. 312-6 ou du deuxième alinéa de l'article L. 312-1 tant que le délai de présentation du plan simple de gestion au centre régional n'est pas expiré ;

3° Les bois et forêts nouvellement soumis à l'obligation d'un plan simple de gestion, tant que le centre régional ne s'est pas prononcé sur l'agrément dans le délai prévu au premier alinéa de l'article R. 312-8. — *[Anc. art. R. 222-19.]*

Art. R. 312-20 Dans les bois et forêts assujettis au régime spécial d'autorisation administrative, toute exploitation doit être préalablement autorisée par le préfet après avis du centre régional de la propriété forestière. Le propriétaire de ces bois et forêts doit, quatre mois avant d'entreprendre la coupe, adresser sa demande par tout moyen permettant d'établir date certaine.

La demande comporte les renseignements figurant sur le modèle établi par le ministre chargé des forêts. Dans les quinze jours suivant la réception de la demande, le préfet sollicite l'avis du centre régional de la propriété forestière. Celui-ci dispose d'un délai de trois mois à compter de sa saisine pour donner son avis sur la demande d'autorisation de coupe. Si, à l'expiration de ce délai, le centre régional de la propriété forestière n'a pas fait connaître son avis, le préfet prend sa décision sans cet avis.

Le préfet peut, dans un délai de quatre mois suivant la réception de la demande, soit autoriser la coupe, soit la refuser, soit la subordonner à des modifications relatives à l'époque, à la nature, au volume ou à l'assiette de la coupe.

A défaut de réponse dans le délai imparti, l'autorisation de coupe est réputée accordée.

Le préfet peut également subordonner son autorisation à l'engagement du propriétaire d'exécuter des travaux ultérieurs de reconstitution et d'entretien dans un délai indiqué.

L'autorisation est valable jusqu'à la date d'agrément du plan simple de gestion qui devra reprendre les engagements de reconstitution et, au plus tard, cinq ans à compter de sa délivrance.

Le silence gardé pendant plus de quatre mois par le préfet sur la demande vaut décision d'autorisation. – *[Anc. art. R. 222-20, al. 1er, al. 3 à 9.]*

Art. R. 312-21 Lorsque, dans les bois et forêts assujettis au régime spécial d'autorisation administrative, une coupe est liée à un projet de défrichement autorisé en application des articles R. 341-1 et suivants, elle est dispensée de l'autorisation prévue à l'article R. 312-20 pour la superficie objet du défrichement. – *[Anc. art. R. 222-20, al. 2.]*

Art. R. 312-21-1 *(Décr. n° 2017-512 du 7 avr. 2017, art. 1er-9°)* Le délai mentionné à l'article L. 312-10 est de quinze jours à compter de la réception de la notification par le propriétaire au centre régional de la propriété forestière de la coupe qu'il envisage. Le contenu de cette notification est précisé par arrêté du ministre chargé des forêts. – *V. Arr. du 1er sept. 2017 fixant le contenu de la notification de coupes d'urgence au centre régional de la propriété forestière et prévue à l'art. L. 312-10 (JO 9 sept.).*

La notification se fait par tout moyen permettant d'établir une date certaine.

SECTION 4 Coupes illicites et coupes abusives

Art. D. 312-22 L'autorité administrative compétente de l'État mentionnée à l'article L. 312-12 est le préfet de région. – *[Anc. art. R. 223-4.]*

CHAPITRE III RÈGLEMENTS TYPES DE GESTION ET CODES DES BONNES PRATIQUES SYLVICOLES

SECTION 1 Règlements types de gestion

Art. D. 313-1 Pour chaque grand type de peuplement et pour chaque grande option sylvicole régionale, le règlement type de gestion comprend :

1° L'indication de la nature des coupes ;

2° Une appréciation de l'importance et du type des prélèvements proposés ;

3° Des indications sur les durées de rotation des coupes et les âges ou diamètres d'exploitabilité ;

4° La description des travaux nécessaires à la bonne conduite du peuplement et, le cas échéant, à sa régénération ;

5° Des indications sur les essences recommandées ou possibles par grands types de milieu ;

6° Des indications sur la prise en compte des principaux enjeux écologiques ;

7° Des indications sur les stratégies recommandées de gestion des populations de gibier faisant l'objet d'un plan de chasse en application de l'article L. 425-2 du code de l'environnement, en fonction des orientations sylvicoles identifiées par le schéma régional de gestion sylvicole et des grandes unités de gestion cynégétique. – *[Anc. art. R. 222-21.]*

Art. D. 313-2 Un organisme de gestion et d'exploitation forestière en commun agréé, un expert forestier agréé ou, pour les forêts faisant l'objet des contrats prévus par l'article L. 315-2, l'Office national des forêts peuvent présenter, séparément ou conjointement, un règlement type de gestion à l'approbation des centres régionaux de la propriété forestière du secteur géographique où ils exercent leurs activités.

Le centre se prononce sur le projet de règlement type selon les modalités prévues pour les plans simples de gestion aux articles R. 312-7 et R. 312-8.

Toute personne dont le projet a été rejeté peut adresser un recours au ministre chargé des forêts dans les conditions énoncées à l'article R. 312-8. Celui-ci statue selon les modalités énoncées au même article. – *[Anc. art. R. 222-22, L. 222-6, I phrase 3.]*

Art. D. 313-3 Le propriétaire qui s'engage à appliquer le règlement type de gestion dans les conditions mentionnées à l'article L. 313-2 transmet à l'organisme auquel il adhère ou avec lequel il contracte un état des propriétés concernées précisant les références cadastrales des parcelles.

L'organisme de gestion et d'exploitation forestière en commun agréé, l'Office national des forêts ou l'expert forestier transmettent annuellement au centre régional de la propriété forestière la liste des propriétaires qui ont adhéré à un règlement type de gestion et les superficies concernées. – *[Anc. art. R. 222-24, al. 4 et 5.]*

Art. D. 313-4 Pour que les bois et forêts d'un propriétaire adhérent à un organisme de gestion et d'exploitation forestière en commun agréé soient considérés comme présentant une garantie de gestion durable en application de l'article L. 313-2, la durée d'adhésion requise pour la validité de l'engagement de gestion conformément au règlement type de gestion approuvé est celle prévue par les statuts de l'organisme. – *[Anc. art. R. 222-24, al. 1er, al. 2.]*

Art. D. 313-5 La liste des règlements types de gestion approuvés, précisant l'organisme ou l'expert qui les a présentés, peut être consultée auprès du centre régional de la propriété forestière, de la chambre régionale et des chambres départementales d'agriculture ainsi que de la direction régionale de l'alimentation, de l'agriculture et de la forêt. – *[Anc. art. R. 222-23.]*

Art. D. 313-6 Lorsque le propriétaire cesse d'être adhérent à l'organisme de gestion et d'exploitation forestière en commun agréé ou en cas de rupture du contrat entre le propriétaire et l'Office national des forêts ou l'expert forestier agréé, la garantie de gestion durable dont bénéficient ses bois et forêts est maintenue si le propriétaire souscrit, dans un délai de trois mois, un nouveau contrat auprès de l'Office national des forêts ou d'un expert forestier agréé ayant fait approuver un règlement type de gestion ou adhère dans le même délai à un organisme de gestion et d'exploitation forestière en commun agréé ayant fait approuver un règlement type de gestion. – *[Anc. art. R. 222-25.]*

Art. D. 313-7 Le règlement type de gestion peut être révisé :

1° A la demande de l'organisme de gestion et d'exploitation forestière en commun agréé, de l'expert forestier agréé ou de l'Office national des forêts par avenant agréé, selon la procédure prévue à l'article D. 313-2 ;

2° En cas de révision du schéma régional de gestion sylvicole, lorsque le centre régional de la propriété forestière établit que cette révision nécessite la mise en conformité des règlements types de gestion existants au nouveau schéma ; dans ce cas, un nouveau règlement type de gestion conforme au schéma révisé doit être présenté à l'approbation dans un délai de deux ans ; si, à l'expiration de ce délai, un nouveau règlement n'a pas été proposé, aucun nouvel engagement ne peut être pris en application de l'article L. 313-2.

Dans les deux cas de révision prévus ci-dessus, le règlement précédent subsiste pour les engagements souscrits antérieurement, jusqu'à leur expiration. – *[Anc. art. R. 222-26.]*

SECTION 2 Code des bonnes pratiques sylvicoles

Art. D. 313-8 Le projet de code des bonnes pratiques sylvicoles mentionné à l'article L. 313-3 est adressé par le centre régional de la propriété forestière au préfet de région. Celui-ci recueille l'avis de la commission régionale de la forêt et *(Décr. no 2015-778 du 29 juin 2015, art. 2-1o)* « du bois », qui se prononce dans un délai de six mois à compter de la réception du projet ; à défaut, l'avis est réputé favorable.

Le préfet de région fait connaître sa décision sur le projet du code des bonnes pratiques sylvicoles dans le délai d'un mois à compter de l'avis exprès ou tacite de la commission.

En cas de recours hiérarchique contre la décision du préfet de région, le ministre statue dans les conditions prévues à l'article R. 312-8. – *[Anc. art. R. 222-27.]*

Art. D. 313-9 L'arrêté préfectoral approuvant le code des bonnes pratiques sylvicoles est notifié au centre régional de la propriété forestière et transmis au ministre chargé des forêts.

Le code des bonnes pratiques sylvicoles peut être consulté auprès du centre régional de la propriété forestière, de la chambre régionale et des chambres départementales d'agriculture, de la direction régionale de l'alimentation, de l'agriculture et de la forêt et des directions départementales des territoires. – *[Anc. art. R. 222-28.]*

Art. D. 313-10 Le propriétaire forestier adhère au code des bonnes pratiques sylvicoles approuvé, auprès du centre régional de la propriété forestière dans le ressort duquel est située la totalité ou la majeure partie de ses bois et forêts.

Il s'engage à le respecter pour une durée de dix ans. L'engagement est accompagné d'un état des propriétés précisant les références cadastrales des parcelles, ainsi que d'un plan de situation de ces parcelles. – *[Anc. art. R. 222-29.]*

Art. D. 313-11 En cas de révision du schéma régional de gestion sylvicole, le centre régional de la propriété forestière vérifie la conformité du code des bonnes pratiques sylvicoles existant au nouveau schéma et présente, si nécessaire, à l'approbation du préfet de région, dans un délai de deux ans, un code des bonnes pratiques sylvicoles conforme au schéma régional de gestion sylvicole nouvellement approuvé. Si, à l'expiration de ce délai, un nouveau code n'a pas été proposé, aucune nouvelle adhésion ne peut être souscrite. Le code précédent subsiste pour les engagements souscrits antérieurement, jusqu'à leur expiration. – *[Anc. art. R. 222-30.]*

CHAPITRE IV **DROITS D'USAGE**

Art. R. 314-1 Les dispositions des articles R. 163-5, R. 241-23, R. 241-25, R. 241-27 et R. 261-12 à R. 261-17 sont applicables à l'exercice des droits d'usage dans les bois et forêts des particuliers, lesquels exercent à cet effet les mêmes droits et la même surveillance que les personnels de l'Office national des forêts dans les bois et forêts relevant du régime forestier.

En cas de contestation entre le propriétaire et le titulaire du droit d'usage, tant au titre des articles mentionnés à l'article L. 314-3 que de ceux mentionnés au premier alinéa, il sera statué par les tribunaux judiciaires. – *[Anc. art. R. 224-2.]*

Art. D. 314-2 Lorsque les propriétaires ou les titulaires d'un droit d'usage demandent l'intervention d'un agent de l'État en vue de constater l'état et la possibilité de ces bois et forêts ou de déclarer qu'ils ne justifient pas d'une mise en défens, ils adressent leur demande au préfet qui désigne un agent pour procéder à cette visite.

Cet agent dresse procès-verbal de ses constatations et le transmet à la sous-préfecture où les parties peuvent en obtenir copie. – *[Anc. art. R. 224-3.]*

CHAPITRE V **MODALITÉS CONTRACTUELLES DE GESTION**

SECTION 1 **Gestionnaires forestiers professionnels**

(Décr. n° 2012-1042 du 11 sept. 2012, art. 1er)

***NDLR** : Le Décr. n° 2012-1042 du 11 sept. 2012 portant application de l'art. L. 315-1 du code forestier relatif au gestionnaire forestier professionnel (JO 13 sept.) a créé les art. D. 314-3 à D. 314-8 : cette numérotation est erronée, ces art. appartenant à la section 1 du chapitre V devraient être numérotés D. 315-1 à D. 315-6, les art. D. 315-1 à D. 315-9 de la section 2 devant être renumérotés en conséquence D. 315-7 à D. 315-15.*

Art. D. 314-3 *[D. 315-1]* L'attestation reconnaissant la qualité de "gestionnaire forestier" professionnel au sens de l'article L. 315-1 est délivrée à toute personne physique, salariée ou non d'une entreprise, justifiant au minimum :

1° D'un brevet de technicien supérieur agricole, spécialité "gestion forestière", ou de toute autre certification professionnelle en gestion forestière de niveau III inscrite au registre national des certifications professionnelles ;

2° D'une pratique professionnelle des activités de gestion forestière d'une durée de trois ans au moins.

A défaut, l'attestation reconnaissant la qualité de gestionnaire forestier professionnel est délivrée à toute personne justifiant d'une pratique professionnelle en gestion forestière de sept ans au moins, correspondant à l'exercice des compétences décrites dans le référentiel professionnel du diplôme de brevet de technicien supérieur agricole option "gestion forestière".

Art. D. 314-4 *[D. 315-2]* L'attestation reconnaissant la qualité de gestionnaire forestier professionnel au sens de l'article L. 315-1 est également délivrée à tout ressortissant d'un État membre de l'Union européenne ou d'un autre État partie à l'accord sur l'Espace économique européen qui justifie :

1° D'un titre de formation ou d'une attestation de compétence d'un niveau équivalent ou immédiatement inférieur, au sens des articles 11 et 13 de la directive 2005/36 du 7 septembre 2005 relative à la reconnaissance des qualifications professionnelles, à celui exigé en France ;

2° D'une pratique professionnelle des activités de gestion forestière d'une durée de trois ans au moins.

En cas de différences substantielles entre, d'une part, la formation qu'il a reçue et les connaissances acquises au cours de son expérience professionnelle et, d'autre part, la formation requise en France pour exercer l'activité mentionnée à l'article L. 315-1, celui-ci doit, au choix, se soumettre à une épreuve d'aptitude ou accomplir un stage d'adaptation d'une durée maximale de trois ans. Leur contenu et les modalités de leur organisation sont fixés par arrêté du ministre chargé des forêts.

A défaut de satisfaire aux conditions prévues par le présent article, les personnes mentionnées au premier alinéa peuvent obtenir l'attestation reconnaissant la qualité de gestionnaire forestier professionnel si elles satisfont aux dispositions du dernier alinéa de l'article D. 314-3.

Art. D. 314-5 *[D. 315-3]* Les professionnels ressortissants d'un État membre de l'Union européenne ou d'un État partie à l'accord sur l'Espace économique européen qui effectuent à titre temporaire et occasionnel des prestations de service sont réputés gestionnaires forestiers professionnels au sens des dispositions de l'article L. 315-1, sous réserve :

1° D'être légalement établis dans un de ces États pour y exercer l'activité de gestionnaire forestier professionnel ;

2° Lorsque ni l'activité ni la formation y conduisant n'y sont réglementées, de l'avoir exercée, dans l'État dans lequel ils sont établis, pendant au moins deux ans au cours des dix années qui précèdent la prestation.

Lorsqu'ils effectuent pour la première fois leur prestation en France, ils doivent en informer au préalable le préfet de la région dans laquelle elle est exercée.

La déclaration comporte les informations relatives aux assurances ou autres moyens de protection personnelle ou collective souscrits par le déclarant pour couvrir sa responsabilité professionnelle.

Elle est accompagnée des documents suivants :

1° Une preuve de sa nationalité ;

2° Une attestation certifiant qu'il est légalement établi dans un État membre de l'Union européenne ou dans un État partie à l'accord sur l'Espace économique européen et qu'il n'encourt, lors de la délivrance de l'attestation, aucune interdiction, même temporaire, d'exercer ;

3° Une preuve de ses qualifications professionnelles ;

4° Lorsque ni la formation validée par l'intéressé ni l'accès ou l'exercice de l'activité ne sont réglementés dans l'État membre d'origine, la preuve par tout moyen qu'il a exercé cette profession pendant au moins deux années au cours des dix années précédentes.

La déclaration et les documents joints peuvent être transmis par tout moyen.

Cette déclaration est renouvelée en cas de changement de situation professionnelle.

A ces documents est jointe, en tant que de besoin, leur traduction en langue française.

Art. D. 314-6 *[D. 315-4]* La demande d'attestation mentionnée à l'article D. 314-3 et D. 314-4 est adressée au préfet de la région dans le ressort de laquelle est situé le lieu principal d'exercice de l'activité du demandeur ou le siège social de l'entreprise dans laquelle il travaille.

(Décr. n° 2017-1411 du 27 sept. 2017, art. 1er-8°) « Après » réception d'un dossier complet, attestée par récépissé, le préfet de région délivre, après avis du Centre national de la propriété forestière, une attestation reconnaissant au demandeur la qualité de gestionnaire forestier professionnel.

Cette attestation, nominative, est délivrée pour une durée de cinq ans. Un arrêté du ministre chargé des forêts fixe le contenu du dossier de demande d'attestation. – *V. Arr. du 29 nov. 2012 relatif au dossier à établir pour obtenir l'attestation reconnaissant la qualité de gestionnaire forestier professionnel (JO 7 déc.), mod. par Arr. du 22 oct. 2021 (JO 23 janv. 2022).*

Art. R. 314-6-1 *(Décr. n° 2017-1411 du 27 sept. 2017, art. 1er-9°)* Le silence gardé par le préfet pendant un délai de quatre mois sur une demande d'attestation reconnaissant la qualité de gestionnaire forestier professionnel, mentionnée aux articles D. 314-3 et D. 314-4, vaut décision d'acceptation.

Art. D. 314-7 ***[D. 315-5]*** Le préfet de région établit une liste, régulièrement tenue à jour, des gestionnaires forestiers professionnels auxquels il a délivré une attestation.

Cette liste est consultable à la préfecture de région, au Centre national de la propriété forestière et sur leurs sites internet.

Le préfet procède à la radiation du gestionnaire forestier professionnel de la liste en cas de manquement aux interdictions prescrites au premier alinéa de l'article D. 314-8.

Art. D. 314-8 ***[D. 315-6]*** Le gestionnaire forestier professionnel et, le cas échéant, l'entreprise dans laquelle il travaille ne peuvent acheter directement ou indirectement les bois issus des forêts qu'ils gèrent sous mandat de gestion.

Les dispositions de l'alinéa précédent ne sont pas applicables aux sociétés coopératives qui ont un objet conforme à l'article L. 332-6 et dont les salariés sont titulaires de l'attestation reconnaissant la qualité de gestionnaire forestier professionnel dans leurs relations avec leurs adhérents.

SECTION 2 Gestion contractuelle par l'Office national des forêts

Art. D. 315-1 Lorsque l'Office national des forêts est chargé, conformément à l'article L. 315-2, de la conservation ou de la régie des bois et forêts d'un particulier, il le fait par un contrat passé conformément aux dispositions de la présente section et moyennant une redevance annuelle. – *[Anc. art. R. 224-4.]*

Art. D. 315-2 La conservation des bois et forêts, pour l'application de l'article L. 315-2, comprend :

1° La garderie et la surveillance de l'exploitation des coupes et de l'exercice des droits d'usage ;

2° La répression des infractions forestières ainsi que, sauf stipulation contraire du contrat, la répression des infractions de chasse. – *[Anc. art. R. 224-6, al. 1er.]*

Art. D. 315-3 La régie des bois et forêts, pour l'application de l'article L. 315-2, comprend :

1° La marque et l'estimation des coupes, la préparation des ventes ;

2° Le récolement des coupes ;

3° La marque et l'estimation des chablis, des bois dépérissants et, en général, de tous les produits accidentels et accessoires ;

4° L'étude, la surveillance et la direction des travaux de repeuplement et des travaux d'entretien.

La régie confiée à l'Office national des forêts s'étend soit à la totalité de ces opérations, soit à l'une ou plusieurs d'entre elles. – *[Anc. art. R. 224-7.]*

Art. D. 315-4 La garderie des bois et forêts est assurée soit par les agents assermentés de l'Office national des forêts, soit par les gardes particuliers du propriétaire. Dans ce dernier cas, ces gardes sont placés sous l'autorité du responsable territorial compétent de l'Office. Ils lui adressent simultanément une copie de leurs procès-verbaux. – *[Anc. art. R. 224-6, al. 2.]*

Art. D. 315-5 Lorsqu'il a accepté tout ou partie de la gestion courante des bois et forêts d'un particulier, l'Office national des forêts peut être chargé, en outre, d'opérations ponctuelles, telles que : études de plans simples de gestion, délimitations, partages, règlements d'usufruit, ventes de gré à gré, études et direction ou exécution de travaux d'amélioration.

Ces opérations font l'objet de conventions spéciales. – *[Anc. art. R. 224-8.]*

Art. D. 315-6 Le contrat, par lequel l'Office national des forêts se charge, en tout ou en partie, de la conservation et de la régie de bois et forêts, est passé soit dans la forme administrative, soit par devant notaire, au choix du propriétaire. Il est conclu entre le directeur général de l'Office, qui peut déléguer ses pouvoirs aux responsables territoriaux compétents, et le propriétaire. Si le bois est grevé d'usufruit, le contrat est passé à la fois par le nu-propriétaire et l'usufruitier.

La demande, adressée par l'intéressé à l'Office national des forêts, indique la désignation cadastrale des immeubles en cause et la nature des opérations mentionnées à la présente section, dont l'Office aurait la charge ainsi que la durée pour laquelle le demandeur est disposé à s'engager dans le contrat à intervenir.

Les frais afférents au contrat et à sa préparation sont à la charge du demandeur. – *[Anc. art. R. 224-9.]*

Art. D. 315-7 Chaque contrat détermine les opérations de conservation et de régie confiées à l'Office national des forêts et acceptées par lui ainsi que la durée de la gestion et les formes de sa dénonciation ou de son renouvellement à l'expiration de sa durée, le montant des redevances annuelles à payer à l'Office, le lieu, les époques et les formes de paiement de ces redevances et, d'une façon générale, toutes les conditions de cette gestion.

Le contrat contient l'engagement par le propriétaire ou usufruitier de se soumettre aux règles et décisions de l'Office national des forêts pour les opérations confiées à cet établissement.

Il peut comporter une clause de tacite reconduction d'année en année à l'expiration du délai pour lequel il est intervenu.

Le contrat stipule qu'en cas de décès du propriétaire les héritiers, sauf l'exception prévue à l'article R. 315-8, sont tenus solidairement des redevances. – *[Anc. art. R. 224-10.]*

Art. R. 315-8 Lorsqu'en cas de décès du propriétaire les héritiers procèdent au partage des bois et forêts, ils peuvent demander la modification ou la résiliation du contrat de gestion avec l'Office national des forêts.

Dans ce cas, par dérogation aux dispositions de l'article D. 315-7, l'Office national des forêts, sur la production de justifications nécessaires, signifie aux héritiers la répartition des redevances dues par chacun d'entre eux. – *[Anc. art. R. 224-11.]*

Art. D. 315-9 Le propriétaire ou l'usufruitier demeure seul responsable de l'exécution de ses obligations légales en ce qui concerne la présentation des plans simples de gestion à l'agrément du centre régional de la propriété forestière.

Toutefois, l'Office national des forêts peut, dans des conditions prévues au contrat, se substituer au propriétaire pour effectuer les démarches prévues au dernier alinéa de l'article L. 312-5 et à l'article L. 312-10. – *[Anc. art. R. 224-12.]*

TITRE II INSTITUTIONS INTERVENANT DANS LA MISE EN VALEUR DES BOIS ET FORÊTS DES PARTICULIERS

CHAPITRE I CENTRE NATIONAL DE LA PROPRIÉTÉ FORESTIÈRE

SECTION 1 Centre national

SOUS-SECTION 1 Dispositions générales

Art. R. 321-1 Le Centre national de la propriété forestière est placé sous la tutelle du ministre chargé des forêts.

Les activités de l'établissement public s'inscrivent dans le cadre d'un contrat passé avec l'État qui énonce ses orientations de gestion, définit ses programmes d'actions, détermine les objectifs liés à l'exercice de ses missions et évalue les moyens nécessaires à leur mise en œuvre. – *[Anc. art. R. 221-1, al. 1er, al. 2.]*

Art. R. 321-2 Sauf décision contraire du ministre chargé des forêts, prise sur proposition du conseil d'administration, le siège du Centre national de la propriété forestière est fixé à Paris. – *[Anc. art. R. 221-1, al. 3.]*

Art. R. 321-3 Le Centre national de la propriété forestière peut faire partie de coopératives forestières, sociétés, associations, comités ou groupements ayant un objet entrant dans son champ de compétences, ou y être représenté, sous réserve du droit du commissaire du Gouvernement de s'y opposer dans le délai prévu à l'article R. 321-41. — *[Anc. art. R. 221-2.]*

SOUS-SECTION 2 Conseil d'administration

§ 1 Composition

Art. R. 321-4 Le Centre national de la propriété forestière est administré par un conseil d'administration de trente membres qui, à l'exception du président de *(Ord. nº 2022-583 du 20 avr. 2022, art. 1er)* « Chambres d'agriculture France », membre de droit, sont désignés dans les conditions fixées par les articles R. 321-5 à R. 321-7. — *[Anc. art. R. 221-4.]*

Art. R. 321-5 Le conseil de chaque centre régional de la propriété forestière élit, en même temps que son bureau, un ou plusieurs de ses conseillers pour siéger au conseil d'administration du centre national ainsi qu'un nombre égal de suppléants. Leur mandat est de trois ans renouvelables.

Le nombre d'administrateurs du centre national désignés par chaque centre régional est fixé par le ministre chargé des forêts et figure au tableau constituant l'annexe II de la partie réglementaire du présent livre. — *V. cette annexe au* **C. *for.*** 🏛.

En cas de vacance survenant, pour quelque cause que ce soit, avant l'expiration du mandat d'un administrateur titulaire ou suppléant, le conseil du centre régional procède, lors de sa plus prochaine réunion, à son remplacement pour la durée du mandat restant à courir. — *[Anc. art. R. 221-5.]*

Art. R. 321-6 Le ministre chargé des forêts désigne par arrêté deux personnalités qualifiées comme administrateurs du Centre national de la propriété forestière. Leur mandat est de trois ans renouvelables. — *[Anc. art. R. 221-6.]*

Art. R. 321-7 Les organisations syndicales les plus représentatives des personnels du Centre national de la propriété forestière désignent, parmi les personnels du centre, deux représentants au conseil d'administration ainsi qu'un suppléant pour chacun d'eux. A cette fin, tous les trois ans, il est procédé, dans des conditions fixées par arrêté du ministre chargé des forêts, à une consultation de l'ensemble du personnel du centre national en vue de constater la représentativité des organisations syndicales. — *[Anc. art. R. 221-7.]*

§ 2 Délibérations

Art. R. 321-8 Le conseil d'administration du Centre national de la propriété forestière règle par ses délibérations les affaires de l'établissement.

Il délibère en particulier sur :

1° Les orientations générales du programme d'activité et le rapport annuel de l'établissement ;

2° Le budget et ses décisions modificatives et le compte financier de l'établissement ;

3° Son règlement intérieur ;

4° Les acquisitions, aliénations et échanges d'immeubles, les baux et locations le concernant ;

5° Les contrats ainsi que les marchés publics et conventions d'un montant supérieur à un seuil qu'il détermine ;

6° Les emprunts ;

7° L'acceptation des dons et legs ;

8° Les subventions ;

9° Les redevances pour services rendus et rémunérations de toute nature dues à l'établissement ;

10° Les actions en justice intentées au nom du centre ;

11° Les transactions ;

12° La création du service d'utilité forestière, prévu par l'article L. 321-4 et la composition de son comité de direction ;

13° Les adhésions prévues à l'article R. 321-3.

Dans les limites qu'il détermine, le conseil d'administration peut déléguer au conseil de chacun des centres régionaux de la propriété forestière celles des attributions qui lui sont confiées par les textes législatifs et réglementaires qui sont relatives aux avis, propositions et désignation relevant de la circonscription de ces centres. – *[Anc. art. R. 221-42.]*

Art. R. 321-9 Le conseil d'administration du centre national est également compétent pour présenter au ministre chargé des forêts les avis, études et projets prévus notamment à l'article L. 321-1. – *[Anc. art. R. 221-43.]*

Art. R. 321-10 Le directeur général, *(Décr. nº 2012-1247 du 7 nov. 2012, art. 2)* « le contrôleur budgétaire » ou son représentant et l'agent comptable assistent aux réunions du conseil d'administration avec voix consultative. Les directeurs des centres régionaux de la propriété forestière y assistent sur invitation du président du conseil d'administration.

Les séances du conseil ne sont pas publiques. Le conseil peut entendre toutes personnes ou recueillir tous avis qu'il juge utiles. Le directeur général peut se faire assister des personnes de son choix. – *[Anc. art. R. 221-44.]*

Art. R. 321-11 Les délibérations du conseil d'administration sont adoptées à la majorité. En cas de partage égal des voix, la voix du président est prépondérante. – *[Anc. art. R. 221-45.]*

Art. R. 321-12 Les délibérations du conseil d'administration mentionnées aux 4°, 6°, 11° et 12° de l'article R. 321-8 sont communiquées au ministre chargé des forêts et au ministre chargé du budget. Elles sont exécutoires dans le délai d'un mois après leur réception, à moins que l'un de ces ministres n'y fasse opposition dans ce délai.

(Décr. nº 2012-1247 du 7 nov. 2012, art. 32, en vigueur le 1er janv. 2013) « Les délibérations portant sur le budget et le compte financier sont exécutoires dans les conditions prévues par le titre III du décret nº 2012-1246 du 7 novembre 2012 relatif à la gestion budgétaire et comptable publique. »

Dans le cas où le budget n'est pas arrêté par le conseil d'administration avant le début de l'année, les opérations de recettes et de dépenses sont effectuées sur la base des prévisions de l'exercice précédent. – *[Anc. art. R. 221-46.]*

Art. R. 321-13 Le conseil d'administration du centre national siège au moins trois fois par an. Il ne peut siéger valablement que si la majorité des membres sont présents ou représentés. Lorsque ce quorum n'est pas atteint, le conseil siège à nouveau dans un délai de quinze jours sur convocation de son président et délibère alors quel que soit le nombre des membres présents.

L'administrateur qui, sans demander à son suppléant de le remplacer, se sera abstenu d'assister à trois séances consécutives du conseil d'administration pourra être déclaré démissionnaire d'office par le ministre chargé des forêts après avis du conseil d'administration.

En cas d'urgence, les délibérations du conseil peuvent être adoptées par des modalités de consultation électronique ou audiovisuelle préservant la collégialité des débats selon les modalités définies par le règlement intérieur du conseil d'administration. – *[Anc. art. R. 221-47.]*

SOUS-SECTION 3 **Président**

Art. R. 321-14 Au cours de sa première réunion après l'élection des administrateurs, le conseil d'administration, présidé par son doyen d'âge, élit à la majorité simple, un président et un ou plusieurs vice-présidents qui forment le bureau.

Ce bureau est élu pour trois ans ; toutefois, le bureau en exercice lors du renouvellement des membres du conseil demeure en fonctions jusqu'à l'ouverture de la session suivant la désignation des nouveaux administrateurs.

Ses compétences sont fixées par le règlement intérieur de l'établissement. – *[Anc. art. R. 221-48.]*

Art. R. 321-15 La limite d'âge applicable aux fonctions de président du conseil d'administration est fixée à soixante-huit ans. Cette limite d'âge ne fait toutefois pas obstacle à ce qu'un président élu ou réélu avant cet âge aille au terme de son mandat. – *[Anc. art. R. 221-49.]*

Art. R. 321-16 Le conseil d'administration est convoqué par son président, qui en fixe l'ordre du jour.

Toutefois, le ministre chargé des forêts convoque les administrateurs du centre national à la première réunion qui a lieu dans les trois mois suivant le renouvellement des administrateurs représentant les centres régionaux de la propriété forestière.

Hors de ce cas, la convocation du conseil d'administration du centre national est de droit si elle est demandée par le ministre chargé des forêts ou le tiers de ses membres en exercice.

Le président ne peut s'opposer à l'inscription à l'ordre du jour du conseil d'administration du centre national des affaires qui lui sont soumises par le ministre. – *[Anc. art. R. 221-50.]*

Art. R. 321-17 Sauf dispositions réglementaires contraires, le président ne peut agir que sur délégation du conseil d'administration. Dans le cas où le conseil d'administration lui a expressément délégué sa compétence pour régler une question particulière ou si une décision urgente est nécessaire, le président peut agir sans le consulter préalablement, mais il doit ensuite faire ratifier par le conseil, lors de sa prochaine séance, la décision ainsi prise.

Le président peut, avec l'accord du conseil d'administration, déléguer pendant une période déterminée tout ou partie de ses pouvoirs à un vice-président nommément désigné et au directeur général. – *[Anc. art. R. 221-51.]*

Art. R. 321-18 Le président décédé, démissionnaire ou d'une manière générale se trouvant, pour quelque cause que ce soit, dans l'impossibilité d'exercer son mandat de président avant l'expiration normale de celui-ci est remplacé par le conseil d'administration lors de sa prochaine séance. En attendant cette élection, ses fonctions sont remplies par le premier vice-président. – *[Anc. art. R. 221-52.]*

Art. R. 321-19 Les fonctions de président et d'administrateur du Centre national de la propriété forestière sont exclusives de toute rémunération sous quelque forme que ce soit. Toutefois, les administrateurs peuvent percevoir une indemnité représentative du temps passé à l'exercice de leur mandat dans des conditions fixées par arrêté conjoint du ministre chargé du budget et du ministre chargé des forêts.

Le président peut percevoir une indemnité de fonction dont le montant est fixé par arrêté conjoint du ministre chargé du budget et du ministre chargé des forêts.

Les dispositions du présent article ne sont pas applicables aux administrateurs représentant les personnels, ni aux personnalités qualifiées lorsqu'elles sont rémunérées par l'État. – *[Anc. art. R. 221-53, al. 1er à 3.]*

Art. R. 321-20 Sont remboursés dans les conditions et modalités fixées pour le remboursement des frais occasionnés par les déplacements des personnels civils sur le territoire métropolitain lorsqu'ils sont à la charge des budgets des établissements publics nationaux à caractère administratif :

1° Les frais exposés par le président et les administrateurs à l'occasion des réunions plénières ou restreintes du conseil d'administration et des réunions des commissions administratives auxquelles ils représentent le centre, lorsque ces frais ne sont pas déjà indemnisés au titre d'autres dispositions législatives ou réglementaires ;

2° Les frais exposés par le président pour assumer ses fonctions ;

3° Les frais exposés par les personnes qui ne reçoivent de l'État, d'un établissement public national à caractère administratif, aucune rémunération ou aucun salaire au titre de leur activité lorsqu'elles sont convoquées par le conseil d'administration pour être entendues ou donner un avis. – *[Anc. art. R. 221-53, al. 4 à 7.]*

SOUS-SECTION 4 **Direction**

Art. R. 321-21 Le Centre national de la propriété forestière est dirigé par un directeur général nommé par arrêté du ministre chargé des forêts, sur proposition du conseil d'administration du centre national.

Il est notamment chargé de :

1° Préparer les délibérations du conseil d'administration du centre et en assurer l'exécution ;

2° Assurer le fonctionnement des services du centre ;

3° Recruter, nommer et gérer les personnels de l'établissement ;

4° Exercer son autorité sur l'ensemble des personnels de l'établissement ;

5° Soumettre à l'avis du conseil d'administration le règlement fixant les conditions d'emploi, de promotion et de rémunération des personnels affectés dans les services d'utilité forestière.

Il est ordonnateur des recettes et des dépenses du budget de l'établissement et représente le centre en justice et dans tous les actes de la vie civile.

Il peut recevoir une délégation de pouvoir de la part du conseil d'administration et, sans délibération préalable de celui-ci, faire tous actes conservatoires et interruptifs de déchéance. — *[Anc. art. R. 221-59.]*

Art. R. 321-22 Le conseil d'administration détermine les domaines dans lesquels son avis sera nécessairement requis préalablement à toute délégation de signature consentie par le directeur général aux directeurs des centres régionaux ou à des agents placés sous son autorité dans les domaines où il a reçu délégation de pouvoirs. Dans les matières qui lui ont été déléguées en application de l'article R. 321-17, le directeur général ne peut user de cette faculté qu'avec l'accord du conseil d'administration. — *[Anc. art. R. 221-60.]*

SOUS-SECTION 5 Dispositions financières et comptables

Art. R. 321-23 *(Décr. n° 2012-1247 du 7 nov. 2012, art. 32, en vigueur le 1er janv. 2013)* Le Centre national de la propriété forestière est soumis aux dispositions des titres I et III du décret n° 2012-1246 du 7 novembre 2012 relatif à la gestion budgétaire et comptable publique.

Les marchés conclus par le Centre national de la propriété forestière sont passés dans les formes et les conditions prévues pour les marchés de l'État. — *V. Arr. du 7 mai 2015 relatif aux modalités d'exercice du contrôle budgétaire sur le Centre national de la propriété forestière (CNPF) (JO 14 mai), mod. par Arr. du 10 juin 2020, art. 1er (JO 19 juin), Arr. du 10 mars 2022 (JO 16 mars).*

Art. R. 321-24 Le budget du Centre national de la propriété forestière comporte notamment :

1° En recettes :

a) Les contributions et subventions de l'État, des collectivités territoriales, d'organismes publics ou privés, nationaux ou internationaux, et de l'Union européenne ;

b) Le produit de la cotisation des chambres d'agriculture mentionnée à l'article L. 321-13 ;

c) Les remboursements d'avances et de prêts ;

d) Le produit des redevances pour services rendus ;

e) Le produit des ventes, travaux et prestations ;

f) Le produit du placement des fonds disponibles ;

g) Les dons et legs ;

h) Les emprunts ;

i) Le produit des actions de formation ;

j) Les revenus procurés par les participations financières ;

k) Le produit des cessions ;

l) Des recettes diverses ;

2° En dépenses

a) Les dépenses de personnel ;

b) Les dépenses de fonctionnement ;

c) Les dépenses d'investissement.

Des comptabilités spéciales peuvent être mises en place pour des activités ou services particuliers. — *[Anc. art. R. 221-63.]*

Art. R. 321-25 *(Décr. n° 2012-1247 du 7 nov. 2012, art. 32, en vigueur le 1er janv. 2013)* Des agents comptables secondaires peuvent être nommés, par arrêté des ministres chargés du budget et de la forêt, auprès d'un ou de plusieurs centres régionaux.

Art. R. 321-26 *Al. 1er abrogé par Décr. no 2012-1247 du 7 nov. 2012, art. 32, à compter du 1er janv. 2013.*

Les projets d'actes et de documents émanant des centres régionaux sont soumis au contrôle financier des directeurs régionaux des finances publiques territorialement compétents. Ces derniers rendent compte *(Décr. no 2012-1247 du 7 nov. 2012, art. 2)* **« au contrôleur budgétaire » du Centre national de la propriété forestière selon des modalités définies dans l'arrêté de contrôle.** – *[Anc. art. R. 221-65.]*

Art. R. 321-27 **La comptabilité analytique est tenue par l'agent comptable ou sous son contrôle, selon un plan établi par le directeur général et approuvé par les ministres chargés des forêts et du budget. Un état retraçant les résultats de la comptabilité analytique est joint au compte financier adressé aux ministres de tutelle.** – *[Anc. art. R. 221-66.]*

Art. R. 321-28 **Le ministre chargé de l'agriculture répartit chaque année *n* entre toutes les chambres d'agriculture la cotisation globale due au Centre national de la propriété forestière et fixée par l'article L. 321-13 à la moitié du montant des taxes perçues la même année par l'ensemble de ces organismes consulaires sur tous les immeubles classés au cadastre en nature de bois et forêts.**

La part de cette cotisation globale d'année *n* incombant à chaque chambre départementale d'agriculture est donnée par la formule suivante :

$$0{,}5\ (Ri/S1) + 0{,}5\ (A/S2)$$

Dans laquelle :

R est le revenu imposé au bénéfice de la chambre départementale d'agriculture, pour l'année (*n* – 2) et pour le département considéré des immeubles en nature de bois et forêts de chaque département, établi par la direction générale des finances publiques : R est le produit de la surface forestière départementale par le revenu moyen à l'hectare des terrains en nature de bois et forêts, tels qu'ils résultent de la centralisation des informations contenues dans le fichier parcellaire ;

i est, pour le département considéré et pour l'année (*n* – 2), le taux de la taxe perçue au profit de la chambre d'agriculture, plafonné à 9 % ;

S1 est la somme des produits Ri définis ci-dessus, pour l'année (*n* – 2), pour l'ensemble des départements ;

A est le montant de la taxe perçue, pour le département considéré et pour l'année (*n* – 2), au profit de la chambre d'agriculture, plafonnée à équivalence du taux de 9 % ;

S2 est la somme des termes A relatifs à l'année (*n* – 2), pour l'ensemble des chambres d'agriculture.

Toutefois, la part de chaque chambre d'agriculture est plafonnée au produit de la taxe qu'elle a effectivement perçue sur les immeubles classés au cadastre en nature de bois et forêts pour l'année (*n* – 2). Le montant global des écrêtements ainsi réalisés est réparti entre toutes les chambres d'agriculture dont la part de cotisation, calculée conformément aux dispositions de l'alinéa précédent, est inférieure au produit réel de leur taxe perçue sur les immeubles classés au cadastre en nature de bois et forêts. Cette répartition s'effectue au prorata de ladite cotisation. Elle ne peut conduire à porter la part d'une chambre à un niveau supérieur au produit de la taxe. – *[Anc. art. D. 221-67.]*

V. Arr. du 27 févr. 2024 fixant pour 2024 le montant de la cotisation globale due par les chambres d'agriculture au Centre national de la propriété forestière (CNPF) (JO 2 mars).

Art. R. 321-29 **La cotisation annuelle des chambres d'agriculture déterminée dans les conditions fixées à l'article R. 321-28 est inscrite en dépense à une ligne spéciale du budget de ces organismes consulaires.**

La cotisation des chambres d'agriculture est versée à l'agent comptable de *(Ord. no 2022-583 du 20 avr. 2022, art. 1er)* **« Chambres d'agriculture France » pour être inscrite au compte "Cotisation affectée au Centre national de la propriété forestière" ouvert dans la comptabilité du Fonds national de péréquation et d'action professionnelle des chambres d'agriculture mentionné à l'article R. 514-6** *[D. 514-6]* **du code rural et de la pêche maritime.**

Les versements sont effectués en quatre termes égaux au plus tard les 1er mars, 1er juin, 1er septembre et 1er novembre. – *[Anc. art. D. 221-68.]*

Art. R. 321-30 A la diligence du président de son comité de gestion, le Fonds national de péréquation et d'action professionnelle des chambres d'agriculture met à la disposition du Centre national de la propriété forestière, en quatre versements égaux effectués les 1er avril, 1er juillet, 1er octobre et 1er décembre, la part des cotisations qui lui sont affectées pour l'année en cours selon les modalités indiquées à l'article R. 321-28. – *[Anc. art. D. 221-69.]*

Art. R. 321-31 En vue de faciliter la trésorerie du Centre national de la propriété forestière, et sur décision du ministre chargé de l'agriculture, des avances peuvent lui être accordées par le Fonds national de péréquation et d'action professionnelle des chambres d'agriculture.

Le maximum des avances susceptibles d'être accordées pour une année déterminée ne peut excéder 10 % du montant global des sommes versées par le fonds au cours de l'année précédente.

Les avances consenties doivent être remboursées au plus tard le 1er décembre de l'année au titre de laquelle elles ont été accordées. – *[Anc. art. D. 221-70.]*

Art. R. 321-32 Les redevances dues par les propriétaires au titre de la gestion déléguée à l'Office national des forêts sont versées dans les caisses de l'agent comptable de cet établissement et affectées au paiement des charges assumées par l'office. – *[Anc. art. R. 224-13.]*

SOUS-SECTION 6 **Service d'utilité forestière**

Art. R. 321-33 Lorsque le Centre national de la propriété forestière décide, en application de l'article L. 321-4, de créer un service d'utilité forestière, celui-ci est administré par un comité de direction.

Ce comité est chargé :

1° D'élaborer et de proposer les programmes d'activités et le budget du service ;

2° De veiller à la bonne exécution de ces programmes ;

3° D'émettre un avis sur le compte financier ;

4° De formuler toutes propositions au conseil d'administration du centre concernant les attributions et les moyens du service. – *[Anc. art. R. 221-71.]*

Art. R. 321-34 Le comité de direction du service d'utilité forestière est présidé par le président du conseil d'administration du Centre national de la propriété forestière ou son représentant.

Le nombre des membres ayant voix délibérative, qui ne peut excéder seize, est fixé par le conseil d'administration du centre.

Le comité de direction comprend, pour moitié, des membres du conseil d'administration du Centre national de la propriété forestière désignés par son président et, pour la moitié restante et à parts égales, des représentants des organisations professionnelles nationales de la forêt privée française, désignées par elles, et des personnalités qualifiées désignées par le conseil d'administration du centre.

Assistent, avec voix consultative, aux travaux du comité de direction :

1° Un représentant des personnels salariés du service d'utilité forestière, élu par eux tous les trois ans ;

2° Un représentant du ministre chargé des forêts ;

3° Le directeur général, le membre du corps du contrôle général économique et financier et l'agent comptable du centre national ou leurs représentants.

Le comité de direction est désigné pour la première fois dans les six mois suivant la délibération du conseil d'administration du Centre national de la propriété forestière décidant la création du service d'utilité forestière. Il est renouvelé après chaque renouvellement du conseil d'administration du Centre national de la propriété forestière.

Les délibérations du comité de direction sont adoptées à la majorité des voix. En cas de partage égal des voix, celle du président est prépondérante. – *[Anc. art. R. 221-72.]*

Art. R. 321-35 Les prévisions de recettes et de dépenses, proposées par son comité de direction, sont votées par le conseil d'administration du Centre national de la propriété forestière en même temps que le budget ordinaire du centre et intégrées à celui-ci.

Ces prévisions comportent notamment :

1° En recettes :

a) Les dotations, subventions et autres versements de l'État, des collectivités et de tous organismes publics et privés, nationaux et internationaux ;

b) Les produits des activités du service d'utilité forestière ;

2° En dépenses :

a) Les frais nécessaires au fonctionnement et à l'équipement du service ;

b) Les subventions éventuellement accordées par le service.

Les recettes et les dépenses du service font l'objet d'une comptabilité distincte de celle du centre national.

Les résultats et les réserves du service sont intégrés, respectivement, au résultat et aux réserves du centre.

Le résultat du service pourra, sur décision du conseil d'administration du centre, être reporté l'année suivante, en tout ou partie, sur le budget du service. – *[Anc. art. R. 221-73.]*

Art. R. 321-36 Les dispositions de l'article R. 321-19 sont applicables aux membres des comités de direction des services d'utilité forestière ayant voix délibérative, à l'exception des personnalités qualifiées rémunérées par l'État. – *[Anc. art. R. 221-74.]*

SOUS-SECTION 7 **Tutelle**

Art. R. 321-37 Un commissaire du Gouvernement placé auprès du Centre national de la propriété forestière est désigné par arrêté du ministre chargé des forêts. – *[Anc. art. R. 221-75.]*

Art. R. 321-38 Le commissaire du Gouvernement est tenu régulièrement informé par le président de l'activité du Centre national de la propriété forestière. Il peut obtenir de lui communication de tous documents établis par les services du centre sur lesquels le conseil d'administration fonde ses décisions. – *[Anc. art. R. 221-76.]*

Art. R. 321-39 Le commissaire du Gouvernement assiste de droit avec voix consultative à toutes les réunions du conseil d'administration. Il en est avisé et l'ordre du jour lui en est communiqué au moins quinze jours à l'avance. Il peut se faire représenter par un fonctionnaire placé sous son autorité. – *[Anc. art. R. 221-77.]*

Art. R. 321-40 Après chaque séance du conseil d'administration, le procès-verbal détaillé est adressé par le président au commissaire du Gouvernement dans un délai de quinze jours. Ce dernier dispose du même délai, après réception du procès-verbal, pour inviter le président à soumettre à nouveau à l'examen du conseil une de ses délibérations. La délibération faisant l'objet d'une telle demande est suspendue jusqu'à la prochaine session du conseil, au cours de laquelle l'affaire est obligatoirement réexaminée. La délibération suspendue ne peut alors être confirmée qu'à la majorité des deux tiers d'un conseil réunissant un quorum d'au moins la moitié de ses membres. – *[Anc. art. R. 221-78.]*

Art. R. 321-41 Le commissaire du Gouvernement dispose d'un droit de veto à l'égard des délibérations du conseil d'administration. Il exerce ce droit dans les quinze jours après réception du procès-verbal. Il en informe le président du centre en lui indiquant les motifs. Son veto a un caractère suspensif jusqu'à ce que le ministre chargé des forêts statue dans les conditions définies ci-après.

Le ministre se prononce, par décision motivée adressée au président du centre, dans le délai de vingt jours à compter de la notification de la décision du commissaire du Gouvernement. Dans le cas où la décision du conseil est annulée, celui-ci est appelé, s'il y a lieu, à prendre une nouvelle délibération à sa prochaine séance.

Si le ministre n'a pas statué dans le délai imparti, la délibération est considérée comme confirmée. – *[Anc. art. R. 221-79.]*

SECTION 2 Centres régionaux

SOUS-SECTION 1 Dispositions générales

Art. D. 321-42 La circonscription de chaque centre régional est fixée conformément aux dispositions de l'article L. 321-15 et figure au tableau constituant l'annexe I de la partie réglementaire du présent livre. Le conseil d'administration donne son avis au ministre chargé des forêts, après avoir consulté les conseils des centres concernés. – *[Anc. art. D. 221-3.] — V. cette annexe au* ***C. for.***

SOUS-SECTION 2 Conseils des centres régionaux

§ 1 Composition du collège départemental des propriétaires forestiers

Art. R. 321-43 Le collège départemental mentionné au *a* du 1° de l'article L. 321-7 comprend les personnes physiques, les indivisions et les personnes morales autres que celles mentionnées à l'article L. 211-1 qui sont propriétaires dans le département de parcelles classées au cadastre en nature de bois et forêts, gérées conformément à un document de gestion durable prévu à l'article L. 122-3 ou d'une surface d'au moins 4 hectares en un seul ou plusieurs tenants et qui remplissent les conditions suivantes :

1° Soit être de nationalité française et remplir les conditions prévues pour participer aux élections au suffrage universel ;

2° Soit, pour les personnes physiques qui n'ont pas la nationalité française, être âgé de dix-huit ans accomplis, jouir de ses droits civils et ne pas avoir fait l'objet de condamnations qui, prononcées par une juridiction française ou étrangère, feraient, selon la législation française, obstacle à sa participation aux élections au suffrage universel ;

3° Soit, pour les personnes morales ou les indivisions, être représentée par une personne physique, satisfaisant aux conditions mentionnées au 1° ou au 2°, habilitée à exercer le droit de vote en leur nom ; pour les personnes morales, il s'agit soit de leur représentant légal, soit d'une autre personne désignée à cet effet. – *[Anc. art. R. 221-8.]*

Art. R. 321-44 Pour la constitution du collège départemental, une liste électorale est établie dans chaque département.

Les personnes morales et les indivisions sont inscrites sur cette liste avec mention du représentant habilité à voter en leur nom. Pour les personnes morales, ce représentant est "le représentant légal", ainsi mentionné, à défaut de désignation par celles-ci d'un autre représentant pour voter en leur nom.

Un propriétaire forestier ne peut être inscrit à ce titre qu'une fois sur la liste électorale d'un même département.

Une même personne peut représenter dans le département plusieurs indivisions ou personnes morales.

Une personne représentant une ou plusieurs indivisions ou personnes morales peut, en outre, être inscrite comme propriétaire, à titre personnel, sur la liste du même département. – *[Anc. art. R. 221-9.]*

Art. R. 321-45 Les membres du collège départemental des propriétaires forestiers ne peuvent être inscrits sur une autre liste électorale pour les élections aux chambres d'agriculture que s'ils possèdent, pour participer à ces élections, d'autres titres que ceux prévus au premier alinéa de l'article R. 321-43. – *[Anc. art. R. 221-10.]*

§ 2 Établissement de la liste électorale du collège départemental des propriétaires forestiers

Art. R. 321-46 *(Décr. n° 2016-472 du 14 avr. 2016, art. 2-1°)* La liste électorale prévue à l'article R. 321-44 est établie, pour chaque département, par le centre régional de la propriété forestière, à partir du fichier cadastral et des documents de gestion mentionnés à l'article L. 122-3. Le centre adresse copie de cette liste au préfet de région.

Art. R. 321-47 *(Décr. n° 2016-472 du 14 avr. 2016, art. 2-2°)* Avant le 31 mai de l'année précédant les élections, le centre régional de la propriété forestière informe les propriétaires forestiers concernés de l'établissement de la liste électorale et tient le projet de liste de chaque département à leur disposition.

Les demandes formées en application de l'article R. 321-49 doivent être adressées au centre au plus tard le 30 juin.

Le centre régional de la propriété forestière informe le préfet de région de la mise en œuvre de la procédure d'établissement des listes électorales prévue au présent article.

Art. R. 321-48 *(Décr. nº 2016-472 du 14 avr. 2016, art. 2-3º)* « Après le 30 juin », toute personne remplissant les conditions d'inscription sur la liste électorale ou habilitée à représenter une personne morale ou une indivision remplissant ces conditions dans le département peut faire *(Abrogé par Décr. nº 2016-472 du 14 avr. 2016, art. 2-3º)* ***« une demande ou »*** une réclamation tendant à inscrire un électeur omis, à radier un électeur inscrit à tort ou à rectifier d'autres erreurs des projets de liste électorale. Les demandes d'inscription comportent les indications et sont accompagnées des documents prévus à l'article R. 321-49.

(Décr. nº 2016-472 du 14 avr. 2016, art. 2-3º) « Le centre régional de la propriété forestière » peut exiger des intéressés toute pièce de nature à justifier de leur qualité pour être inscrit sur la liste électorale et peut également, de sa propre initiative, modifier la liste électorale. *(Décr. nº 2016-472 du 14 avr. 2016, art. 2-3º)* « Il en informe le préfet de région.

« Dans le cas où le centre régional refuse d'inscrire ou radie un propriétaire ou le représentant d'une personne morale ou d'une indivision pour d'autres causes que le décès, cette décision motivée est notifiée dans les meilleurs délais à l'intéressé par tout moyen permettant d'établir date certaine. L'intéressé peut faire une réclamation auprès du centre régional jusqu'au 10 septembre. Le centre régional en informe le préfet de région.

« Avant le 30 septembre, après examen des réclamations, notification à leur auteur de la réponse apportée et examen des éventuelles observations des réclamants, le centre régional de la propriété forestière établit la liste électorale de chaque département et l'envoie au préfet de région qui arrête la liste électorale de chaque département avant le 30 octobre. Cette liste est déposée aux sièges respectifs de la direction régionale de l'alimentation, de l'agriculture et de la forêt, du centre régional de la propriété forestière et de la chambre départementale d'agriculture. Le préfet de région informe les électeurs du dépôt des listes électorales, par voie d'affiches apposées aux sièges de la direction régionale de l'alimentation, de l'agriculture et de la forêt, du centre régional de la propriété forestière et de la chambre départementale de l'agriculture, par mise en ligne sur le site internet du Centre national de la propriété forestière et, le cas échéant, par tout autre moyen. »

La liste électorale peut être consultée sans frais, dans les lieux où elle a été déposée en application de l'alinéa précédent, par tout intéressé qui peut en prendre copie, à ses frais, à condition de s'engager à ne pas en faire un usage commercial, conformément aux dispositions de l'*(Décr. nº 2018-350 du 14 mai 2018, art. 3, en vigueur le 1er janv. 2019)* « alinéa 1 de l'article L. 37 du code électoral ». — *[Anc. art. R. 221-12, al. 9 à 13.]*

Art. R. 321-49 I. — Toute personne qui sollicite :

1º Soit son inscription sur la liste électorale, celle d'une personne morale ou d'une indivision, en tant que propriétaire ;

2º Soit la mention de son nom sur la liste électorale en tant que représentant d'une indivision ou en tant que représentant d'une personne morale dont il n'est pas le représentant légal,

adresse une demande écrite, dans le délai mentionné au *(Décr. nº 2016-472 du 14 avr. 2016, art. 2-4º)* « deuxième » alinéa de l'article R. 321-47, *(Décr. nº 2016-1724 du 13 déc. 2016, art. 1er-1º)* « au centre régional de la propriété forestière ».

II. — L'intéressé indique dans cette demande datée et signée :

1º Ses nom et prénoms et, le cas échéant, la dénomination de la personne morale ou de l'indivision ;

2º Pour une personne physique, ses date et lieu de naissance ;

3º Pour une personne physique, sa nationalité et, en cas de naturalisation, la référence du décret ayant prononcé celle-ci ;

4º Son adresse et, le cas échéant, celle de la personne morale ou de l'indivision ;

5º La qualité en laquelle l'inscription est demandée ;

6° Les références cadastrales et la surface des parcelles en nature de bois et forêts justifiant l'inscription demandée ;

7° Pour une personne physique, la ou les communes du département dans laquelle, ou dans lesquelles, il remplit également les conditions pour être inscrit comme propriétaire ou mentionné comme représentant d'une ou plusieurs indivisions ou personnes morales.

III. — Cette demande est accompagnée :

1° Pour une personne physique de nationalité française, de la justification qu'elle remplit les conditions prévues pour être inscrite sur les listes établies pour les élections au suffrage universel ;

2° Pour une personne physique qui n'a pas la nationalité française, d'une attestation de sa capacité électorale dans son État d'origine et de la justification qu'elle remplit les conditions légales autres que la nationalité pour être inscrite sur une liste électorale en France ;

3° Pour le représentant d'une personne morale dont il n'est pas le représentant légal, d'une pièce justificative l'habilitant à voter en son nom ;

4° Pour le représentant de propriétaires indivis, soit d'un document le désignant comme gérant ou titulaire d'un mandat général d'administration de l'indivision, soit de toute autre pièce justifiant de son habilitation à voter au nom de l'indivision.

IV. — A l'exception des réclamations mentionnées au premier alinéa de l'article R. 321-48, qui doivent être faites par lettre recommandée, les demandes d'inscription prévues au présent article, ainsi que les autres demandes de modification du projet de liste électorale peuvent être faites par message électronique si l'avis mentionné au cinquième alinéa de l'article R. 321-47 le prévoit. — *[Anc. art. R. 221-13.]*

Art. R. 321-50 *(Décr. n° 2016-472 du 14 avr. 2016, art. 2-5°)* Jusqu'au 10 novembre de l'année précédant le scrutin, les réclamants et les personnes intéressées peuvent saisir le tribunal d'instance dans le ressort duquel la direction régionale de l'alimentation, de l'agriculture et de la forêt a son siège.

Le tribunal d'instance est saisi par *(Décr. n° 2019-1333 du 11 déc. 2019, art. 22)* « requête » faite, remise ou adressée au greffe. Il statue sans frais ni forme et sur avertissement donné trois jours à l'avance à toutes les parties intéressées, dans les dix jours du recours.

La décision prise par le tribunal d'instance est notifiée dans les trois jours par le greffe aux personnes intéressées et au préfet de région, par lettre recommandée avec demande d'avis de réception. Le préfet de région en informe le centre régional de la propriété forestière.

La décision du tribunal d'instance n'est pas susceptible d'appel, ni d'opposition.

Le pourvoi en cassation est formé, instruit et jugé dans les conditions prévues par les articles 999 à 1008 du code de procédure civile. Le greffe de la Cour de cassation transmet copie de l'arrêt au préfet de région, qui en informe le centre régional de la propriété forestière.

Art. R. 321-51 *(Décr. n° 2016-472 du 14 avr. 2016, art. 2-6°)* Par dérogation aux dispositions des articles R. 321-43 et R. 321-44, les propriétaires forestiers des départements des Yvelines, de l'Essonne, des Hauts-de-Seine, de la Seine-Saint-Denis, du Val-de-Marne et du Val-d'Oise constituent un seul collège électoral départemental. Cette liste interdépartementale est assimilée à une liste départementale.

§ 3 Modalités de l'élection du collège départemental des propriétaires forestiers

Art. R. 321-52 Les collèges départementaux élisent les *(Décr. n° 2016-472 du 14 avr. 2016, art. 2-7°)* « conseillers » au scrutin uninominal majoritaire à un tour, dans le courant des six premiers mois de l'année du renouvellement général des conseils des centres régionaux, à une date fixée par arrêté du ministre chargé des forêts.

En même temps que chaque *(Décr. n° 2016-472 du 14 avr. 2016, art. 2-7°)* « conseiller » titulaire et dans les mêmes conditions est élu un suppléant, appelé à le remplacer, en cas d'empêchement, et à lui succéder dans le cas où il cesserait d'exercer ses fonctions par suite de décès ou de démission volontaire ou d'office, survenant avant l'expiration normale de son mandat.

Le vote a lieu par correspondance adressée au préfet *(Décr. n° 2016-472 du 14 avr. 2016, art. 2-7°)* « de région » suivant des modalités fixées par arrêté du ministre chargé des forêts. – *[Anc. art. R. 221-16.]*

Art. R. 321-53 Les fonctions *(Décr. n° 2016-472 du 14 avr. 2016, art. 2-8°)* « de conseiller » titulaire ou suppléant d'un centre régional élu par le collège départemental sont incompatibles :

1° Dans le ressort de ce centre, avec les fonctions de membre d'une chambre d'agriculture élu en application des 1 à 5 de l'article R. 511-6 du code rural et de la pêche maritime ;

2° Avec les fonctions *(Décr. n° 2016-472 du 14 avr. 2016, art. 2-8°)* « de conseiller » titulaire ou suppléant d'un autre centre régional. – *[Anc. art. R. 221-18, al. 1er à 3.]*

Art. R. 321-54 Pour être candidat aux fonctions de conseiller élu par le collège départemental, il faut :

1° Faire partie de ce collège ou être le représentant d'une personne morale ou indivision faisant partie de ce collège, habilité à voter en son nom ;

2° Être âgé de vingt et un ans révolus au jour de l'élection ;

3° Être propriétaire, dans le département, de parcelles boisées gérées conformément à un document de gestion prévu à l'article L. 122-3 ou être représentant de propriétaires indivis ou d'une personne morale possédant de telles parcelles ;

4° Ne pas avoir exercé au cours des six derniers mois et dans le ressort du centre régional de fonction dans les services déconcentrés du ministère chargé des forêts ;

5° Ne pas avoir fait partie, au cours des trois derniers mois, du personnel salarié du Centre national de la propriété forestière.

Les suppléants doivent remplir les mêmes conditions que les candidats. – *[Anc. art. R. 221-17, sauf al. 2.]*

Art. R. 321-55 Tout candidat à un mandat *(Décr. n° 2016-472 du 14 avr. 2016, art. 2-8°)* « de conseiller » établit une déclaration mentionnant :

1° Ses nom et prénoms ;

2° Ses date et lieu de naissance ;

3° Sa profession et son adresse ;

4° Le cas échéant, les propriétaires indivis ou la personne morale dont il est le représentant ;

5° La catégorie mentionnée au *a* du 1° de l'article L. 321-7 au titre de laquelle il présente sa candidature.

Le candidat affirme sur l'honneur qu'il satisfait aux conditions énoncées aux 1°, 2°, 4° ou 5° de l'article R. 321-54.

Il justifie qu'il remplit une des conditions prévues au 3° du même article par la présentation d'un certificat, joint à sa déclaration, et établi par le centre régional de la propriété forestière indiquant qu'il dispose d'un des documents de gestion durable prévus à l'article L. 122-3 en fonction de la catégorie pour laquelle il se présente.

Pour le candidat suppléant, les renseignements, l'affirmation sur l'honneur et les documents prévus aux trois premiers alinéas du présent article sont compris dans la déclaration ou figurent en annexe.

Sur demande du préfet de région, les candidats sont tenus de fournir toutes justifications complémentaires.

La déclaration est datée et signée par le candidat titulaire et le candidat suppléant. Chaque déclaration ne peut associer qu'un seul titulaire et un seul suppléant. Nul ne peut figurer sur plusieurs déclarations de candidature, que ce soit en qualité de titulaire ou de suppléant. – *[Anc. art. R. 221-19, sauf al. 4.]*

Art. R. 321-56 Les déclarations de candidature sont déposées à la préfecture de région où le centre à son siège au moins soixante jours avant la date de l'élection. Lorsque ce délai se termine un dimanche ou un jour férié, il est prolongé jusqu'au premier jour ouvrable suivant.

Il est donné au déposant un reçu de déclaration n'impliquant pas que celle-ci est réglementairement recevable.

Le préfet de région rejette les déclarations déposées hors délai ou non conformes aux dispositions des articles R. 321-54 et R. 321-55 dans un délai de cinq jours. *(Abrogé par Décr. nº 2016-472 du 14 avr. 2016, art. 2-9º)* « ***Il transmet alors aux préfets des départements la liste des déclarations recevables.*** » — *[Anc. art. R. 221-20.]*

Art. R. 321-57 *(Décr. nº 2016-472 du 14 avr. 2016, art. 2-10º)* A la date fixée par l'arrêté ministériel prévu à l'article R. 321-52, il est procédé publiquement au dépouillement des bulletins de vote par le préfet de région ou son représentant, le président du centre régional de la propriété forestière ou son représentant et des scrutateurs désignés par le préfet de région ou son représentant, parmi les électeurs présents.

Art. R. 321-58 L'élection d'un candidat aux fonctions de conseiller a lieu à la majorité relative des suffrages exprimés. En cas d'égalité de suffrages, le candidat le plus *(Décr. nº 2016-472 du 14 avr. 2016, art. 2-11º)* « jeune » est déclaré élu.

Le *(Décr. nº 2016-472 du 14 avr. 2016, art. 2-11º)* « préfet de région » proclame les résultats du scrutin, dresse en double exemplaire le procès-verbal des opérations et le fait signer par les scrutateurs. Le préfet en adresse un exemplaire au ministre chargé des forêts. — *[Anc. art. R. 221-22, al. 1er et 3.]*

Art. R. 321-59 Un candidat élu qui se trouve dans l'un des cas d'incompatibilité mentionnés à l'article R. 321-53 doit, dans les dix jours suivant l'élection, faire connaître son option aux présidents de la chambre d'agriculture et des centres régionaux intéressés. S'il n'a pas opté dans ce délai, il est regardé comme ayant opté, dans l'hypothèse prévue au 1º de cet article, pour le mandat résultant de l'élection la plus récente, et, dans l'hypothèse prévue au 2º du même article, pour le siège de conseiller du centre régional dans le ressort duquel se trouve la plus grande surface de bois lui ayant permis de satisfaire aux conditions d'éligibilité définies au 3º de l'article R. 321-54.

Lorsqu'un élu titulaire n'a pas opté dans les délais impartis pour les fonctions de conseiller d'un centre régional, il est fait appel à son suppléant pour siéger au conseil d'administration de ce centre. — *[Anc. art. R. 221-18, al. 4 et 5.]*

Art. R. 321-60 Tout électeur peut contester devant la juridiction administrative la régularité des opérations électorales du département dans lequel il est inscrit.

Les réclamations doivent, à peine de nullité, être formées dans les cinq jours de la proclamation des résultats du scrutin. Elles peuvent être adressées au préfet *(Décr. nº 2016-472 du 14 avr. 2016, art. 2-12º)* « de région » qui les transmet, après délivrance d'un récépissé, au tribunal administratif.

Si le préfet estime que les formes et conditions légalement prescrites n'ont pas été respectées, il peut également, dans les quinze jours de l'élection, déférer les opérations électorales au tribunal administratif.

Le tribunal administratif statue d'urgence.

Dans les départements mentionnés à l'article R. 321-51, pour l'application du présent article :

1º Tout électeur inscrit sur la liste électorale interdépartementale peut contester la régularité des opérations électorales de cette circonscription interdépartementale ;

2º Le tribunal administratif compétent est celui de Versailles. — *[Anc. art. R. 221-24.]*

Art. R. 321-61 Dans tous les cas où une réclamation formée en vertu de l'article R. 321-60 pose une question préjudicielle, le tribunal administratif renvoie les parties à se pourvoir devant les juges compétents et fixe un bref délai dans lequel la partie qui a soulevé cette question doit justifier de ses diligences.

A défaut de cette justification dans le délai indiqué, le tribunal administratif rend sa décision. — *[Anc. art. R. 221-25.]*

§ 4 Collège régional des organisations professionnelles

Art. R. 321-62 Le collège régional est composé des organisations professionnelles constituées sous la forme de syndicats ou d'associations qui ont pour objet la représentation et la défense des intérêts de la propriété forestière des particuliers.

Ces organisations doivent :

1º Être ouvertes à tous les propriétaires de parcelles en nature de bois et forêts autres que ceux mentionnés à l'article L. 211-1 ;

2° Grouper exclusivement des propriétaires forestiers ;
3° Exercer leurs actions dans un ou plusieurs départements du ressort du centre régional. – *[Anc. art. R. 221-26.]*

Art. R. 321-63 Au cours de l'année précédant celle de l'élection : – *Le 1° est abrogé et les 2° et 3° deviennent le 1° et le 2° (Décr. n° 2016-472 du 14 avr. 2016, art. 2-13°, JO 16 avr.).*
(Décr. n° 2016-472 du 14 avr. 2016, art. 2-13°) « 1° Avant le 1er octobre, chaque organisation désirant participer au scrutin adresse au préfet de région où le centre régional a son siège » une demande d'inscription. Cette demande précise la nature et le champ d'action de l'organisation, la date de sa fondation, la composition de son conseil d'administration ou de l'organe qui en tient lieu, le nombre de ses adhérents ayant payé leur cotisation pour l'année précédente et la surface totale des bois et forêts appartenant à ces adhérents. Elle est accompagnée du texte des statuts, de l'extrait des comptes des deux dernières années civiles et de l'indication du taux et du montant des cotisations effectivement encaissées pendant cette période.
Si l'organisation comprend des collectivités locales et des personnes morales mentionnées à l'article L. 211-1, les renseignements relatifs au nombre de ces adhérents, aux cotisations qu'ils ont versées et aux surfaces qu'ils possèdent sont distingués de ceux concernant les propriétaires particuliers ;
(Décr. n° 2016-472 du 14 avr. 2016, art. 2-13°) « 2° Avant le 15 octobre, le préfet de région » dresse la liste des organisations admises à prendre part à l'élection et fixe le nombre de voix attribuées à chacune d'elles en application de l'article R. 321-64. *(Décr. n° 2016-472 du 14 avr. 2016, art. 2-13°)* « Il » fait immédiatement afficher la liste ainsi établie et notifie à chaque organisation ayant présenté une demande d'inscription la décision à son égard. – *[Anc. art. R. 221-27.]*

Art. R. 321-64 Le nombre de voix attribuées à chacune des organisations admises à participer au scrutin résulte de l'application de la formule suivante :

$$V = 1 + (N/10) + (S/1\,000)$$

Dans laquelle :
V est le nombre de voix ;
N, le nombre des adhérents, à l'exception des collectivités locales et personnes morales mentionnées à l'article L. 211-1, ayant payé leur cotisation pour l'année précédant celle de l'établissement de la liste ;
S, la somme exprimée en hectares des surfaces boisées appartenant à ces adhérents.
Le nombre V est arrondi à l'entier le plus proche. – *[Anc. art. R. 221-28.]*

Art. R. 321-65 *(Décr. n° 2016-472 du 14 avr. 2016, art. 2-14°)* Les réclamations contre l'établissement de la liste électorale des organisations professionnelles peuvent être formées par les organisations ayant déposé une demande d'inscription, ou par tout adhérent de l'une d'elles, dans les cinq jours suivant l'affichage de cette liste.
Ces réclamations sont adressées au préfet de région, qui se prononce dans un délai de quinze jours.
Les décisions du préfet peuvent, dans les dix jours de leur notification, être contestées par les réclamants devant le ministre chargé des forêts, qui dispose d'un délai de quinze jours pour se prononcer.
La liste électorale, rectifiée s'il y a lieu en vertu des décisions du préfet ou du ministre, est arrêtée par le préfet de région du siège du centre au plus tard le 15 décembre de l'année précédant celle de l'élection.

Art. R. 321-66 Les collèges régionaux élisent les conseillers des centres régionaux et leurs suppléants *(Décr. n° 2016-472 du 14 avr. 2016, art. 2-15°)* « au scrutin de liste à un tour, avec représentation proportionnelle au plus fort reste », trente jours après la date fixée par l'arrêté ministériel prévu à l'article R. 321-52 pour l'élection des conseillers par les collèges départementaux des propriétaires forestiers. – *[Anc. art. R. 221-30.]*

Art. R. 321-67 Pour être candidat aux fonctions de conseiller, élu par le collège régional des organisations professionnelles, ou candidat suppléant, il faut remplir, dans un département du ressort du centre régional, les conditions exigées à l'article R. 321-54.

Les fonctions de conseiller élu par le collège régional sont incompatibles avec celles de conseiller ou la qualité de suppléant dans un autre centre régional. Lorsqu'une de ces incompatibilités apparaît, il est fait application, selon le cas, des dispositions prévues à l'article R. 321-59. – *[Anc. art. R. 221-31.]*

Art. R. 321-68 Les listes de candidatures sont déposées, vingt jours au moins avant la date du scrutin, auprès *(Décr. n° 2016-472 du 14 avr. 2016, art. 2-16°)* « du préfet de région ». Il en est accusé réception par écrit.

Toute liste comprend autant de candidats *(Décr. n° 2016-472 du 14 avr. 2016, art. 2-16°)* « conseillers » qu'il y a de postes à pourvoir et associe à chacun de ces candidats un candidat suppléant.

A l'appui de la liste sur laquelle ils figurent, chaque candidat *(Décr. n° 2016-472 du 14 avr. 2016, art. 2-16°)* « conseiller » et chaque candidat suppléant fournissent ensemble la déclaration de candidature, la déclaration sur l'honneur et le certificat, » conformément aux articles R. 321-55 et R. 321-67.

(Décr. n° 2016-472 du 14 avr. 2016, art. 2-16°) « Le préfet de région vérifie que les listes de candidatures sont établies et présentées conformément aux prescriptions du présent article et que les candidats conseillers » et suppléants remplissent les conditions d'éligibilité ; elle *[il]* enregistre les listes recevables.

Si une liste est déposée hors délai ou si elle ne satisfait pas aux dispositions du présent article, son enregistrement est refusé. – *[Anc. art. R. 221-32.]*

Art. R. 321-69 Le vote a lieu par correspondance adressée au préfet de région suivant des modalités fixées par arrêté du ministre chargé des forêts. *(Décr. n° 2016-1724 du 13 déc. 2016, art. 1er-2°)* « En cas d'égalité des restes pour l'attribution du dernier siège, le candidat le plus jeune est proclamé élu. »

Procès-verbal du dépouillement est dressé en double exemplaire et signé par le *(Décr. n° 2016-472 du 14 avr. 2016, art. 2-17°)* « préfet de région ou son représentant et les scrutateurs. Le préfet de région » proclame les résultats du scrutin et les fait afficher à la préfecture de région et aux préfectures des départements intéressés. Le préfet de région transmet un exemplaire du procès-verbal au ministre chargé des forêts. – *[Anc. art. R. 221-33, al. 1er phrases 1re à 3, al. 2.]*

Art. R. 321-70 Les réclamations relatives aux opérations électorales peuvent être immédiatement consignées dans les procès-verbaux de ces opérations. Elles doivent être transmises au tribunal administratif dans le délai de cinq jours à dater de celui où les résultats des élections ont été proclamés. Il est donné récépissé de toute réclamation. Le tribunal administratif statue d'urgence. – *[Anc. art. R. 221-34.]*

§ 5 Dispositions communes et élections partielles

Art. R. 321-71 La durée du mandat des conseillers des centres régionaux de la propriété forestière est de six ans. Les conseillers sont rééligibles. *(Décr. n° 2016-472 du 14 avr. 2016, art. 2-18°)* « Les conseillers des centres régionaux de la propriété forestière restent en fonctions jusqu'à l'élection des nouveaux conseillers. » – *[Anc. art. R. 221-35.]*

Art. R. 321-72 Les frais d'établissement ou de révision des listes électorales des collèges départementaux et du collège régional désignant les conseillers d'un centre régional sont, ainsi que les frais d'élection de ces conseillers, à la charge du Centre national de la propriété forestière. – *[Anc. art. R. 221-36.]*

Art. R. 321-73 Dans le cas où l'annulation d'opérations électorales concernant un centre régional de la propriété forestière est devenue définitive, le ou les collèges intéressés procèdent à un nouveau scrutin en vue de pourvoir les sièges vacants, à une date fixée par arrêté du ministre chargé des forêts et dans les cinq mois de la notification de la décision d'annulation à l'administration. – *[Anc. art. R. 221-37, al. 1er.]*

Art. R. 321-74 Lorsque, par décès ou démission, le nombre des conseillers d'un centre régional de la propriété forestière est réduit d'un tiers ou que la représentation d'un des collèges est réduite de plus de moitié, le président du centre en avise immédiatement le ministre chargé des forêts qui fixe par arrêté la date d'une ou plusieurs élections partielles. Celles-ci ont lieu dans les cinq mois de la réception, par le ministre, de l'avis précité.

Toutefois, il n'est procédé à aucune élection partielle dans l'année précédant celle du renouvellement général des conseillers des centres régionaux. – *[Anc. art. R. 221-37, al. 3, al. 4.]*

Art. R. 321-75 Au cas où des élections partielles sont nécessaires en application de l'article R. 321-74, les listes électorales des collèges départementaux et du collège régional restent valables. Dans ce cas, le dépôt des candidatures et les opérations de votes s'effectuent conformément aux articles R. 321-51 et R. 321-56 à R. 321-58 ou R. 321-68 et R. 321-69. – *[Anc. art. R. 221-38.]*

Art. R. 321-76 Pour l'application des dispositions du présent paragraphe, le préfet de région *(Décr. nº 2016-1724 du 13 déc. 2016, art. 1er-3º)* « peut » confier au directeur du centre régional de la propriété forestière l'exécution matérielle des tâches *(Décr. nº 2016-1724 du 13 déc. 2016, art. 1er-3º)* « correspondantes ». Dans ce cas, les agents désignés par le directeur exécutent ces tâches sous l'autorité du préfet de région *(Abrogé par Décr. nº 2016-1724 du 13 déc. 2016, art. 1er-3º) « ou du préfet concerné ».* – *[Anc. art. R. 221-40.]*

§ 6 Représentant du personnel au conseil des centres régionaux

Art. R. 321-77 Un représentant du personnel au conseil du centre régional de la propriété forestière, ainsi qu'un suppléant, sont désignés parmi les personnels en fonctions dans le centre par les organisations syndicales représentatives. La liste des organisations représentatives est arrêtée par le directeur du centre compte tenu notamment des résultats au niveau du centre régional de la consultation prévue à l'article R. 321-7. Par dérogation aux dispositions de l'article R. 321-71, cette désignation est effectuée pour trois ans et intervient dans les deux mois qui suivent la consultation prévue à l'article R. 321-7. Lorsque le représentant du personnel, titulaire ou suppléant, cesse ses fonctions pour quelque cause que ce soit, l'organisation syndicale qui l'avait désigné désigne un remplaçant pour la durée du mandat restant à courir. – *[Anc. art. D. 221-41.]*

§ 7 Compétences

Art. R. 321-78 Le conseil du centre régional de la propriété forestière délibère notamment sur :

1º Les projets de schéma régional de gestion sylvicole ;

2º Les projets de plans simples de gestion, les demandes de coupes extraordinaires ainsi que les projets de règlement type de gestion et de codes de bonnes pratiques sylvicoles ;

3º Le programme d'activités, dans le cadre des orientations générales d'activité fixées au plan national par le centre national, ainsi que sur le rapport annuel du centre ;

Il émet un avis sur le projet de dotations budgétaires proposé par le directeur du centre. Chaque centre régional gère les dotations attribuées par le Centre national de la propriété forestière après vote du budget par le conseil d'administration. – *[Anc. art. R. 221-54.]*

Art. R. 321-79 Le directeur, *(Décr. nº 2012-1247 du 7 nov. 2012, art. 2)* « le contrôleur budgétaire » ou son représentant et l'agent comptable secondaire placés auprès du centre assistent aux réunions du conseil avec voix consultative. Les séances du conseil ne sont pas publiques. Le conseil peut entendre toutes personnes ou recueillir tous avis qu'il juge utiles. – *[Anc. art. R. 221-55.]*

Art. R. 321-80 Les délibérations du conseil sont exécutoires dans le délai d'un mois à compter de leur adoption. Toutefois, celles prises par délégation du conseil d'administration du centre national dans les matières visées aux 4º, 6º et 11º de l'article R. 321-8 sont exécutoires dans les conditions fixées au premier alinéa de l'article R. 321-12. – *[Anc. art. R. 221-56.]*

Art. R. 321-81 Le conseil est convoqué par son président.

Toutefois, le commissaire du Gouvernement du centre convoque les conseillers à la première réunion qui a lieu au plus tard trois mois après l'élection des conseillers par le collège des propriétaires forestiers.

La convocation du conseil est de droit si elle est demandée par le tiers de ses membres en exercice ou, dans les conditions fixées par le conseil d'administration du centre national, par le président du centre national. – *[Anc. art. R. 221-57.]*

Art. R. 321-82 Les dispositions des articles R. 321-11, R. 321-13, R. 321-14 et R. 321-17 à *(Décr. nº 2016-472 du 14 avr. 2016, art. 2-19º)* « R. 321-20 » sont applicables aux conseils et aux conseillers des centres régionaux de la propriété forestière.

Les dispositions de l'article R. 321-15 relatives à la limite d'âge du président du centre national sont applicables aux présidents des conseils des centres régionaux. – *[Anc. art. R. 221-58.]*

SOUS-SECTION 3 Direction

Art. R. 321-83 Le centre régional de la propriété forestière est dirigé par un directeur nommé par le directeur général sur proposition du conseil du centre régional.

Il est notamment chargé :

1º De préparer les délibérations du conseil du centre et d'en assurer l'exécution ;

2º D'assurer le fonctionnement des services du centre et la bonne fin des missions qui lui sont confiées, et d'en diriger les personnels.

Il est ordonnateur délégué des recettes et des dépenses du centre régional.

Il exerce en outre les pouvoirs qui lui sont délégués par le directeur général.

Il peut, sous sa responsabilité, déléguer sa signature à des personnels du centre, sous réserve, lorsqu'il s'agit de matières pour lesquelles il a lui-même reçu délégation, qu'il y ait été autorisé par l'autorité délégante. – *[Anc. art. R. 221-61.]*

SOUS-SECTION 4 Tutelle

Art. R. 321-84 Le commissaire du Gouvernement placé auprès de chaque centre régional de la propriété forestière est le préfet de la région où le centre a son siège. Il peut se faire représenter par un fonctionnaire placé sous son autorité. – *[Anc. art. R. 221-80.]*

Art. R. 321-85 Les dispositions des articles R. 321-39 à R. 321-41 s'appliquent au commissaire du Gouvernement placé auprès de chaque centre régional, sous les réserves suivantes :

1º Dans ces dispositions, le conseil du centre régional se substitue au conseil d'administration du centre national ;

2º Lorsque le droit de veto du commissaire du Gouvernement s'exerce contre une délibération relative à l'approbation d'un document de gestion ou d'une autorisation de coupe pour des motifs de non-conformité au schéma régional de gestion sylvicole, le délai accordé au ministre pour se prononcer est porté à quatre mois ;

3º Lorsque le droit de veto concerne une délibération relative à l'application des dispositions de l'article L. 414-4 du code de l'environnement, il est statué conjointement par le ministre chargé des forêts et le ministre chargé de l'environnement ;

4º Les décisions du ministre chargé des forêts et, le cas échéant, du ministre chargé de l'environnement intervenant en application des 2º et 3º sont prises après avis du conseil d'administration du Centre national de la propriété forestière. – *[Anc. art. R. 221-81.]*

CHAPITRE II RÔLE DES CHAMBRES D'AGRICULTURE EN MATIÈRE FORESTIÈRE

Le présent chapitre ne comporte pas de dispositions réglementaires.

TITRE III REGROUPEMENT DE LA PROPRIÉTÉ ET DE LA GESTION FORESTIÈRE

CHAPITRE I REGROUPEMENT DE LA PROPRIÉTÉ

SECTION 1 Groupements forestiers

Art. R. 331-1 Les propriétaires de bois et forêts qui se réunissent dans un groupement forestier apportent au groupement les droits nécessaires à la réalisation des activités civiles prévues à l'article L. 331-1 que le groupement se propose d'exercer et, dans le cas de cessation d'indivision prévue à l'article L. 331-8, l'ensemble des droits qu'ils possèdent sur les bois et forêts. Ils peuvent, en outre, faire apport au groupement d'espèces, de droits mobiliers ou de leur industrie. – *[Anc. art. R. 241-1.]*

Art. R. 331-2 L'autorisation prévue au II de l'article L. 331-6 est donnée par le préfet du département où sont situés les biens du groupement et, le cas échéant, conjointement par les préfets intéressés lorsque les biens sont situés dans plusieurs départements.

Un arrêté du préfet, pris après avis du directeur départemental des finances publiques, fixe les pourcentages des surfaces mentionnées à cet article. – *[Anc. art. R. 241-2.]*

Art. R. 331-3 Dans tous les actes, annonces, publications ou autres documents émanant d'un groupement forestier, la dénomination sociale doit toujours être précédée ou suivie immédiatement des mots écrits visiblement en toutes lettres : groupement forestier. – *[Anc. art. R. 241-3.]*

SECTION 2 Transformation d'une indivision en groupement forestier

Art. R. 331-4 Pour l'application de la présente section, la référence aux indivisaires désigne ceux qui possèdent un droit soit de pleine propriété, soit de nue-propriété, soit d'usufruit sur l'immeuble indivis destiné à être apporté à un groupement forestier.

Si un droit d'usufruit a été constitué sur l'immeuble, les valeurs respectives de la nue-propriété et de l'usufruit sont, pour la computation de la majorité des deux tiers prévue à l'article L. 331-8, déterminées, sauf convention contraire des parties, conformément aux règles prescrites par le I de l'article 669 du code général des impôts, en matière de droits de mutation à titre gratuit. – *[Anc. art. R. 242-4.]*

Art. R. 331-5 L'autorité administrative chargée d'approuver les statuts lorsque, conformément aux dispositions de l'article L. 331-8, un ou plusieurs indivisaires veulent mettre fin à une indivision par la constitution d'un groupement forestier est le préfet.

A ces statuts est annexé un certificat délivré sans frais par le préfet attestant que l'immeuble est soit une forêt susceptible de présenter une des garanties de gestion durable prévues aux articles L. 124-1 et suivants, soit un terrain pouvant être opportunément boisé. – *[Anc. art. R. 242-1.]*

Art. R. 331-6 Le ou les indivisaires, mentionnés à l'article L. 331-8, qui désirent constituer un groupement forestier dans les conditions fixées par cet article, adressent au préfet, qui en accuse réception :

1° Le projet de statuts du groupement en double exemplaire, avec l'attestation que ce projet a été communiqué à l'ensemble des indivisaires ;

2° Une demande tendant à obtenir l'approbation des statuts et la délivrance du certificat prévu à l'article R. 331-5 ;

3° Une attestation de propriété, délivrée par un notaire, mentionnant les noms, prénoms et domiciles de tous les indivisaires de l'immeuble destiné à être apporté au groupement et leurs droits respectifs dans l'indivision, ainsi que la désignation cadastrale complète de cet immeuble ;

4° Un plan de situation de l'immeuble.

Si l'immeuble est grevé d'un usufruit, l'attestation mentionnée au 3° indique, en outre, les noms, prénoms, domiciles et âges des usufruitiers, ainsi que leurs droits respectifs dans l'usufruit, évalués conformément à la règle énoncée à l'article R. 331-4. – *[Anc. art. R. 242-2.]*

Art. R. 331-7 La demande mentionnée à l'article R. 331-6 doit être signée par tous les promoteurs de l'opération ou par leurs représentants légaux. Elle porte l'indication que les promoteurs donnent mandat soit à l'un des intéressés, soit à un tiers, de les représenter vis-à-vis de l'administration chargée des forêts. Elle contient élection de domicile chez ce mandataire ou dans un lieu choisi par lui dans l'arrondissement de la situation des biens forestiers.

L'administration peut exiger la production, à l'appui de cette demande, de toutes pièces justificatives utiles et, notamment, d'une copie des délibérations ou ordonnances mentionnées aux articles L. 331-12 et L. 331-13. – *[Anc. art. R. 242-3.]*

Art. R. 331-8 Le préfet fait procéder à la reconnaissance des bois et forêts ou du terrain à boiser. Huit jours au moins avant cette reconnaissance, il fait connaître à chacun des indivisaires de l'immeuble, par tout moyen permettant d'établir date certaine, le jour où il sera procédé à la reconnaissance et les invite à assister à l'opération ou à s'y faire représenter. Le certificat délivré à la suite de cette reconnaissance est valable pendant six mois. – *[Anc. art. R. 242-5.]*

Art. R. 331-9 Lorsque le préfet a approuvé le projet de statuts, il adresse un des exemplaires de ce projet revêtu de la mention d'approbation par tout moyen permettant d'établir date certaine, ainsi que le certificat mentionné à l'article R. 331-5, au mandataire des promoteurs de l'opération désigné dans la demande. – *[Anc. art. R. 242-6.]*

Art. R. 331-10 Lorsque des indivisaires désirent constituer un groupement forestier dans les conditions mentionnées aux articles L. 331-8 et suivants, ils signifient leur décision à chacun des indivisaires minoritaires, soit à la requête d'un mandataire, soit en élisant domicile commun à tous les promoteurs de l'opération. La signification remplit à peine de nullité les conditions suivantes :

1° Elle précise l'étendue des droits indivis appartenant aux promoteurs en distinguant, le cas échéant, les droits de nue-propriété et les droits d'usufruit, de manière à faire apparaître que la condition de majorité prévue à l'article L. 331-8 se trouve remplie ;

2° Elle est accompagnée des copies, sur papier libre, du projet de statuts, revêtu de la mention d'approbation et du certificat délivré par le préfet en application de l'article R. 331-5 ;

3° Elle indique expressément au destinataire, en lui faisant connaître les modalités de cette adhésion, qu'il peut adhérer à la constitution du groupement en apportant ses droits et qu'il sera, dans ce cas, considéré comme un des promoteurs du groupement ; que, dans le cas contraire et conformément aux dispositions de l'article L. 331-9, il dispose d'un délai de trois mois pour mettre en demeure, par signification d'huissier, chacun des promoteurs de l'opération ou leur mandataire unique d'acquérir à l'amiable ses droits dans l'indivision ; et que, faute de procéder à cette mise en demeure, il sera réputé donner son adhésion à la constitution du groupement. – *[Anc. art. R. 242-7.]*

Art. R. 331-11 L'indivisaire minoritaire peut faire connaître aux promoteurs ou à leur mandataire, par tout moyen permettant d'établir date certaine, qu'il adhère expressément à la constitution du groupement en apportant à celui-ci ses droits dans l'indivision. Cette adhésion entraîne pour lui la renonciation au droit d'obliger le ou les promoteurs de l'opération à acquérir lesdits droits. L'indivisaire est regardé, à dater de la notification de son adhésion, comme un des promoteurs ; il jouit, en conséquence, des mêmes droits et est soumis aux mêmes obligations que ceux-ci. – *[Anc. art. R. 242-8.]*

Art. R. 331-12 Lorsqu'un minoritaire oblige les promoteurs à acquérir ses droits dans l'indivision, cette acquisition peut être réalisée par un ou plusieurs des promoteurs, sans que le minoritaire puisse élever d'objections tirées de la qualité des acquéreurs. Si les promoteurs ne s'accordent pas sur l'étendue de l'acquisition des droits par chacun d'eux, celle-ci est réalisée pour chaque acquisition, au prorata de leurs propres droits dans l'indivision, tels qu'ils existaient au moment où ils ont signifié au minoritaire leur décision de constituer le groupement forestier. Les minoritaires qui ont déclaré, dans les conditions prévues à l'article R. 331-11, adhérer à la constitution du groupement sont, à dater de la notification de cette déclaration, considérés comme des promoteurs pour les acquisitions restant à réaliser. – *[Anc. art. R. 242-9.]*

Art. R. 331-13 Lorsqu'un usufruit a été établi sur l'immeuble destiné à être apporté à un groupement forestier, les droits des acquéreurs sont, pour la détermination du prorata prévu à l'article R. 331-12, évalués conformément aux dispositions de l'article R. 331-4. – *[Anc. art. R. 242-10.]*

Art. R. 331-14 Le représentant provisoire de l'indivisaire défaillant mentionné à l'article L. 331-12 peut être désigné pour représenter soit un indivisaire promoteur du groupement, soit un indivisaire minoritaire ; selon le cas, il peut procéder soit à la constitution du groupement et à l'apport des droits, soit à la cession de droits indivis. – *[Anc. art. R. 242-11.]*

Art. R. 331-15 Le jugement rendu par le tribunal de grande instance pour l'application du troisième alinéa de l'article L. 331-11 est publié au bureau des hypothèques. – *[Anc. art. R. 242-13.]*

Art. R. 331-16 La valeur vénale maximale des immeubles dont l'apport à un groupement forestier peut être réalisé dans les conditions définies par l'article L. 331-7, en matière de preuve de la propriété des apports immobiliers, est fixée à 100 euros.

La déclaration de faits de possession mentionnée au premier alinéa du même article est reçue par le notaire dans l'acte d'apport. – *[Anc. art. R. 246-1.]*

CHAPITRE II REGROUPEMENT POUR LA GESTION

SECTION 1 Protection des peuplements forestiers contre les dégâts du gibier

Art. D. 332-1 L'autorité administrative compétente de l'État mentionnée à l'article L. 332-5 est le préfet du département dans le ressort duquel l'association ou l'union a ou a prévu d'avoir son siège. – *[Anc. art. R. 247-1.]*

SECTION 2 Organismes de gestion et d'exploitation forestière en commun

SOUS-SECTION 1 Conditions d'agrément

Art. D. 332-2 Peut demander son agrément en qualité d'organisme de gestion et d'exploitation forestière en commun (OGEC) un organisme qui satisfait aux conditions définies à l'article L. 332-6 et qui relève d'un des statuts juridiques suivants :

1° Société coopérative agricole et forestière ;

2° Association de propriétaires forestiers sylviculteurs soumise à la loi du 1er juillet 1901 ;

3° Syndicat professionnel, autre que les syndicats à vocation générale, régi par les dispositions du livre I de la deuxième partie du code du travail.

Les statuts de cet organisme précisent le périmètre détaillé de la circonscription territoriale où s'exerce son activité ainsi que les critères de souscription au capital social ou de perception de cotisation.

Ils doivent en outre prévoir l'obligation pour les adhérents :

1° De s'engager pour une durée de cinq ans au moins à utiliser exclusivement tout ou partie des compétences de l'organisme soit pour la totalité ou une partie déterminée de la surface de leurs bois et forêts, soit pour la totalité ou une partie déterminée du volume de bois et de produits forestiers issus de leurs bois et forêts ; cette condition est réputée remplie lorsque l'organisme est une société coopérative agricole et forestière dont les statuts prévoient une durée d'adhésion de trois ans renouvelable par tacite reconduction ;

2° De communiquer à l'organisme, pour les parcelles concernées par l'engagement ci-dessus, le document de gestion décrivant le parcellaire forestier et le programme des travaux et coupes à y réaliser ;

3° De respecter le programme opérationnel des chantiers établi sur la base de leurs commandes conformément au document de gestion ;

4° De s'acquitter des droits d'adhésion et des cotisations fixés par l'assemblée générale.

Les statuts mentionnent l'obligation pour l'organisme de mettre tous les moyens en œuvre pour la bonne application du règlement type de gestion approuvé ou du plan simple de gestion ou du code de bonnes pratiques sylvicoles applicable aux parcelles forestières pour lesquelles ses adhérents ont souscrit des engagements. – *[Anc. art. D. 244-1.]*

Art. D. 332-3 Pour bénéficier de l'agrément comme organisme de gestion et d'exploitation forestière en commun, l'organisme doit :

1° Employer au moins deux salariés qualifiés à temps complet, ou l'équivalent à temps partiel, rémunérés sur des ressources propres, dont au moins un titulaire de compétences techniques ;

2° Tenir un registre des adhérents précisant, le cas échéant, la nature de leur engagement ;

3° Tenir une comptabilité conforme à un plan comptable approprié à son statut et approuvée par un commissaire aux comptes ;

4° Justifier que plus de 70 % de son chiffre d'affaires, hors consolidation éventuelle, de chacun des deux derniers exercices clos au moment du dépôt de la demande d'agrément provient d'activités contribuant à l'organisation d'opérations de gestion sylvicole, de commercialisation et d'exploitation forestière liées à la mise en valeur des parcelles confiées par les adhérents ;

5° Justifier de sa capacité à favoriser l'organisation économique des sylviculteurs, par :

a) La mise en place d'instruments lui permettant d'évaluer l'offre prévisionnelle d'une part significative de ses adhérents et de structurer cette offre par catégories de produits ;

b) L'encadrement technique de la gestion et de la récolte ;

c) La formalisation et la contractualisation d'exigences de qualité avec ses prestataires, notamment la promotion de pratiques de gestion et de récolte respectueuses de l'environnement ;

d) La passation de contrats avec des acheteurs déterminés pour la livraison de produits dans des conditions définies de quantité, qualité et régularité ou l'élaboration de conventions-cadres définissant les conditions commerciales de valorisation des produits ;

e) La diffusion d'informations économiques auprès des adhérents ;

6° Justifier de sa participation aux enquêtes mises en place par le ministère chargé des forêts pour améliorer la connaissance de la filière et des prix du bois. – *[Anc. art. D. 244-2.]*

Art. D. 332-4 La demande d'agrément est accompagnée des pièces suivantes :

1° Les statuts et le règlement intérieur de l'organisme ;

2° La liste des dirigeants avec indication de leur profession ;

3° Le nom du ou des commissaires aux comptes ;

4° Une copie du récépissé du dépôt des statuts pour les syndicats professionnels et les associations ou une copie de la notification d'agrément pour les sociétés coopératives ; *(Décr. n° 2021-632 du 21 mai 2021, art. 4, en vigueur le 1er nov. 2021)* « le numéro unique d'identification pour les organismes soumis à l'obligation d'immatriculation au registre du commerce et des sociétés » ;

5° Un état nominatif et quantitatif par nature de souscription des adhésions à l'organisme ;

6° Un extrait de la délibération autorisant le représentant qualifié de l'organisme à demander l'agrément de celui-ci en tant qu'organisme de gestion et d'exploitation forestière en commun ;

7° Les bilans, comptes de résultat et leurs annexes, les documents comptables, consolidés si l'organisme a des filiales, relatifs aux deux derniers exercices clos, les rapports des dirigeants aux assemblées générales, les rapports des commissaires aux comptes, les copies des procès-verbaux des assemblées ayant examiné ces comptes ;

8° Une déclaration précisant l'objet, les activités, les moyens de l'organisme en personnel et en matériel comportant des indicateurs prévisionnels de réalisation sur trois années en ce qui concerne le regroupement de la gestion et de l'offre de bois.– *[Anc. art. D. 244-3.]*

Art. D. 332-5 La demande d'agrément est adressée par tout moyen permettant d'établir date certaine au préfet du département où se situe le siège social de l'organisme. – *[Anc. art. D. 244-4.]*

Art. D. 332-6 La décision d'agrément prise par le préfet est notifiée au président de l'organisme et publiée au recueil des actes administratifs de la préfecture de département du siège de l'organisme. Une copie est adressée au ministre chargé des forêts.

La liste des organismes agréés comme organismes de gestion et d'exploitation forestière en commun et leurs statuts peuvent être consultés dans les directions départementales des territoires, au siège des centres régionaux de la propriété forestière ainsi que dans les chambres départementales d'agriculture du ressort géographique de l'organisme. – *[Anc. art. D. 244-5.]*

Art. D. 332-7 L'organisme issu de la fusion de deux ou plusieurs organismes de gestion et d'exploitation forestière en commun agréés et qui en reprend les activités, le patrimoine, les adhérents et le périmètre d'intervention est agréé comme organisme de gestion et d'exploitation forestière en commun. – *[Anc. art. D. 244-6.]*

Art. D. 332-8 Lorsque l'organe délibérant d'un organisme de gestion et d'exploitation forestière en commun envisage de scinder les activités, le patrimoine, les adhérents et le périmètre d'intervention de celui-ci entre plusieurs personnes morales créées à cet effet, ces dernières doivent demander leur agrément en qualité d'organisme de gestion et d'exploitation forestière en commun dans les conditions prévues par les dispositions de la présente sous-section.

Pour être agréé, chaque organisme issu de la scission doit disposer de moyens indépendants de ceux de l'organisme antérieur.

La décision approuvant l'agrément de la nouvelle personne morale précise explicitement que l'agrément de l'organisme antérieur est retiré, pour le territoire et les activités transférées. – *[Anc. art. D. 244-7.]*

SOUS-SECTION 2 **Modalités de contrôle**

Art. D. 332-9 L'organisme agréé comme organisme de gestion et d'exploitation forestière en commun communique chaque année à l'autorité compétente pour délivrer l'agrément, dans le délai de trois mois à compter de l'assemblée générale qui a approuvé les comptes de l'exercice écoulé, les pièces permettant d'apprécier les conditions de maintien de l'agrément :

1° La copie des documents mis à la disposition des adhérents avant l'assemblée générale : comptes afférents au dernier exercice écoulé : bilan, compte de résultats, les documents comptables, consolidés si l'organisme a des filiales, le rapport des dirigeants à l'assemblée générale et la copie du procès-verbal de cette assemblée ;

2° Les documents relatifs aux modifications des statuts ou du règlement intérieur ;

3° Un état indiquant les entrées et les sorties des adhérents et la nature des engagements ;

4° Tous documents permettant de justifier de sa capacité à favoriser l'organisation économique des sylviculteurs ;

5° Tous documents permettant de justifier sa participation aux dispositifs mis en place par le ministère chargé des forêts pour améliorer la connaissance de la filière et des prix du bois. – *[Anc. art. D. 244-8.]*

Art. D. 332-10 Lorsque les activités, le patrimoine ou les adhérents d'un organisme de gestion et d'exploitation forestière en commun sont transférés à un autre organisme de gestion et d'exploitation forestière en commun de la même nature juridique déjà agréé, l'organisme issu de cette restructuration ajoute aux pièces mentionnées à l'article D. 332-9 :

1° Une déclaration de fusion précisant les modalités de fixation du nouveau périmètre d'intervention ainsi que celles de la reprise des engagements des adhérents à l'issue de l'opération ;

2° Une version actualisée des pièces communiquées en application de l'article D. 332-4, notamment en cas de modification des statuts. – *[Anc. art. D. 244-9.]*

Art. D. 332-11 Les organismes de gestion et d'exploitation forestière en commun agréés communiquent, sur demande, aux agents de l'administration chargée des forêts tous documents et renseignements relatifs à la nature et à l'étendue de leurs activités, à leur fonctionnement et à leur situation financière. – *[Anc. art. D. 244-10.]*

SOUS-SECTION 3 Retrait d'agrément

Art. D. 332-12 Lorsqu'il apparaît que les conditions de l'agrément mentionnées aux articles D. 332-2 et D. 332-3 ne sont plus réunies, le préfet, après avoir mis l'organisme de gestion et d'exploitation forestière en commun en mesure de présenter ses observations, le met en demeure de se mettre en conformité dans un délai qui ne peut être inférieur à trois mois.

Le délai de mise en conformité peut éventuellement être prorogé pour une durée équivalente si l'organisme en justifie la nécessité.

Si aucune régularisation n'est intervenue à l'issue du délai imparti, le préfet retire l'agrément.

La décision de retrait d'agrément est notifiée au président de l'organisme. Elle est publiée au recueil des actes administratifs de la préfecture du département du siège de l'organisme. Une copie est adressée au ministre chargé des forêts. – *[Anc. art. D. 244-11.]*

SECTION 3 Le groupement d'intérêt économique et environnemental forestier

(Décr. nº 2015-728 du 24 juin 2015, art. 1er)

Art. R. 332-13 *(Décr. nº 2015-758 du 24 juin 2015, art. 2)* L'autorité administrative compétente de l'État mentionnée au IV de l'article L. 332-7 est le préfet de la région dans le ressort de laquelle se situe la majorité des surfaces d'un groupement d'intérêt économique et environnemental forestier.

Si la demande de reconnaissance de la qualité de groupement d'intérêt économique et environnemental forestier est déposée par une organisation de producteurs dans le secteur forestier, reconnue en application des dispositions du chapitre 1er du titre V du livre V du code rural et de la pêche maritime, l'autorité compétente est le préfet de la région dans le ressort de laquelle se situe le siège social de cette organisation.

Art. D. 332-14 Le dossier de demande de reconnaissance de la qualité de groupement d'intérêt économique et environnemental forestier comprend les documents suivants :

1° La composition du groupement, ses statuts ou sa convention constitutive ;

2° Le document de diagnostic dont le contenu est précisé à l'article D. 332-15 ;

3° Le plan simple de gestion concerté mentionné à l'article L. 122-4, agréé par le centre régional de la propriété forestière dans le ressort duquel se situe la majorité des surfaces du projet.

Le dossier est déposé par le groupement demandeur auprès du préfet de la région où se situe la majorité des superficies concernées.

Art. R. 332-14-1 *(Décr. nº 2016-734 du 2 juin 2016, art. 2-1°)* Le silence gardé par le préfet de région pendant un délai de quatre mois à compter de la date de dépôt du dossier mentionné aux *articles* D. 332-14 *et* D. 332-17 vaut acceptation de la *demande* de reconnaissance de la qualité de groupement d'intérêt économique et environnemental forestier.

Art. D. 332-15 Le document de diagnostic mentionné au 2° de l'article D. 332-14 démontre que les objectifs, éventuellement chiffrés, et les modalités de gestion du peuplement sont conformes aux orientations du schéma régional de gestion sylvicole et du programme régional de la forêt et du bois, que le territoire en cause est cohérent d'un point de vue sylvicole, économique et écologique avec ces objectifs et que les indicateurs mentionnés au 5° en permettent le suivi. Il comporte :

1° La présentation, au regard du territoire dans lequel ils sont situés, des bois et forêts des propriétaires, tels que décrits dans le plan simple de gestion ;

2° Une description qualitative et quantitative des objectifs assignés à la gestion des peuplements et visant une amélioration de la performance économique et environnementale ; cette description s'appuie sur une analyse sylvicole, économique, environnementale et sociale du territoire dans lequel s'inscrit le groupement ; elle peut notamment intégrer une description des travaux menés dans le cadre de stratégies locales de développement forestier au sens de l'article L. 123-1 ;

3° Une description des modalités de gestion mises en œuvre pour atteindre les objectifs assignés à la gestion des peuplements ainsi que la présentation du mandat de gestion proposé aux propriétaires ;

4° Une description des modalités de mise en marché concertée des coupes, ainsi que des travaux qui lui sont liés, notamment les travaux de desserte et d'équipement ;

5° Les indicateurs de suivi des orientations de gestion et des objectifs suivants :

a) Le taux annuel de réalisation des opérations de coupes et de travaux prévues dans le plan simple de gestion ;

b) Le volume de bois récolté annuellement, en distinguant bois d'œuvre, bois d'industrie et bois d'énergie ;

c) Le volume de bois commercialisé annuellement au travers de contrats d'approvisionnement reconductibles ;

d) Le nombre de contrats Natura 2000 signés ;

e) Le nombre de tiges à l'hectare désignées comme devant être conservées au titre de la biodiversité lors des passages en coupe.

Art. D. 332-16 Le suivi de la mise en œuvre du plan simple de gestion est assuré par le centre régional de la propriété forestière sur la base des bilans réalisés par le groupement d'intérêt économique et environnemental forestier, notamment au regard des indicateurs prévus au 5° de l'article D. 332-15.

Le groupement établit un bilan au moins tous les cinq ans à compter de la date de publication de l'arrêté lui reconnaissant la qualité de groupement d'intérêt économique et environnemental forestier. Il l'adresse au centre régional de la propriété forestière au plus tard le 31 mars de l'année qui suit la période en cause. Avant la fin de la même année, après délibération de son conseil, le centre régional de la propriété forestière transmet le bilan accompagné de son analyse et de ses propositions au préfet de région.

Au terme du plan simple de gestion, le groupement réalise un bilan final qui est transmis dans les mêmes conditions que le bilan périodique.

Art. D. 332-17 Toute organisation de producteurs du secteur forestier reconnue en application des articles D. 551-99 et D. 551-100 du code rural et de la pêche maritime qui souhaite se voir reconnaître la qualité de groupement d'intérêt économique et environnemental forestier dépose auprès du préfet de la région dans laquelle se situe son siège social un dossier de demande comprenant :

1° *(Décr. nº 2016-734 du 2 juin 2016, art. 2-2º)* « L'arrêté » de reconnaissance comme organisation de producteurs ;

2° Une analyse économique, environnementale et sociale du territoire concerné ;

3° Les indicateurs de suivi mentionnés au 5° de l'article D. 332-15 ;

4° La description des modalités de desserte et d'équipements nécessaires à l'activité du groupement ;

5° Le plan simple de gestion concerté prévu à l'article L. 122-4 agréé par le centre régional de la propriété forestière.

Art. D. 332-18 La qualité de groupement d'intérêt économique et environnemental forestier peut être retirée si les conditions de sa reconnaissance ne sont plus remplies ou, sur la base du rapport transmis par le centre régional de la propriété forestière, si les objectifs prévus n'ont pas été atteints ou si le plan simple de gestion n'a pas été appliqué sur au moins la moitié de la surface du groupement.

Art. D. 332-19 Le préfet de région établit chaque année un rapport de présentation des groupements d'intérêt économique et environnemental forestiers reconnus au cours de l'année précédente. Ce document est transmis à la commission régionale de la forêt et du bois.

Le centre régional de la propriété forestière élabore chaque année une synthèse des bilans établis l'année précédente par les groupements d'intérêt économique et environnemental forestiers existants. Cette synthèse est transmise à la commission régionale de la forêt et du bois.

TITRE IV DÉFRICHEMENTS

CHAPITRE I RÉGIME D'AUTORISATION PRÉALABLE

SECTION 1 Demande

Art. R. 341-1 La demande d'autorisation de défrichement est adressée par tout moyen permettant d'établir date certaine au préfet du département où sont situés les terrains à défricher.

La demande est présentée soit par le propriétaire des terrains ou son mandataire, soit par une personne morale ayant qualité pour bénéficier sur ces terrains de l'expropriation pour cause d'utilité publique, *(Décr. nº 2013-1272 du 27 déc. 2013, art. 5)* « des servitudes prévues aux articles L. 323-4 et L. 433-6 du code de l'énergie et à l'article L. 555-27 du code de l'environnement » ou de la servitude instituée par l'article 53 de la loi nº 85-30 du 9 janvier 1985 relative au développement et à la protection de la montagne, soit par une personne susceptible de bénéficier de l'autorisation d'exploiter une carrière en application de l'article L. 512-1 ou de l'article L. 512-7-1 du code de l'environnement, d'une autorisation de recherches ou d'un permis exclusif de carrières prévus aux articles L. 322-1 et L. 333-1 du code minier.

La demande est accompagnée d'un dossier comprenant les informations et documents suivants :

1º Les pièces justifiant que le demandeur a qualité pour présenter la demande et, hors le cas d'expropriation, l'accord exprès du propriétaire si ce dernier n'est pas le demandeur ou, *(Décr. nº 2013-1272 du 27 déc. 2013, art. 5)* « en cas d'application des articles L. 323-4 et L. 433-6 du code de l'énergie et de l'article L. 555-27 du code de l'environnement », l'accusé de réception de la notification au propriétaire de la demande d'autorisation ;

2º L'adresse du demandeur et celle du propriétaire du terrain si ce dernier n'est pas le demandeur ;

3º Lorsque le demandeur est une personne morale, l'acte autorisant le représentant qualifié de cette personne morale à déposer la demande ;

4º La dénomination des terrains à défricher ;

5º Un plan de situation permettant de localiser la zone à défricher ;

6º Un extrait du plan cadastral ;

7º L'indication de la superficie à défricher par parcelle cadastrale et du total de ces superficies ;

(Décr. nº 2022-422 du 25 mars 2022, art. 5) « 8º S'il y a lieu, l'étude d'impact réalisée en application de l'article L. 122-1 du code de l'environnement ou la décision de ne pas prescrire d'évaluation environnementale prise en application du IV de l'article R. 122-3-1 du même code ; »

9º Une déclaration du demandeur indiquant si, à sa connaissance, les terrains ont été ou non parcourus par un incendie durant les quinze années précédant l'année de la demande ;

10º La destination des terrains après défrichement ;

11º Un échéancier prévisionnel dans le cas d'exploitation de carrière ;

(Décr. nº 2022-422 du 25 mars 2022, art. 5) « 12º Le cas échéant, la mention des demandes d'autorisation ou des déclarations déjà déposées au titre d'une autre législation pour le projet pour lequel la demande d'autorisation de défrichement est adressée, avec la date de dépôt et la mention de l'autorité compétente. » — *[Anc. art. R. 311-1, al. 1er à 14.]*

Art. R. 341-2 Lorsque la demande d'autorisation de défrichement est relative à des bois et forêts relevant du régime forestier, les pièces énumérées aux 5°, 6°, 7°, 8° et 9° de l'article R. 341-1 sont produites, pour le compte de la collectivité ou la personne morale propriétaire des terrains, par l'Office national des forêts. – *[Anc. art. R. 311-1, al. 15.]*

Art. R. 341-3 Les dispositions des articles R. 214-30 et R. 341-1 relatives au défrichement sont applicables aux bois et forêts des particuliers gérés contractuellement par l'Office national des forêts. – *[Anc. art. R. 224-15.]*

SECTION 2 **Instruction et décision**

Art. R. 341-4 Sous réserve des dispositions *(Décr. n° 2022-422 du 25 mars 2022, art. 5)* « des articles R. 341-6 et R. 341-7 », la demande présentée sur le fondement de l'article L. 341-3 est réputée acceptée à défaut de décision du préfet notifiée dans le délai de deux mois à compter de la réception du dossier complet.

(Décr. n° 2022-422 du 25 mars 2022, art. 5) « Lorsque le préfet soumet le projet à un examen au cas par cas en application des dispositions de l'article R. 122-2-1 du code de l'environnement dans le délai de quinze jours à compter de la réception du dossier complet, le délai qui lui est imparti pour se prononcer sur la demande est suspendu à compter de l'envoi de cette décision au demandeur. Cette suspension est levée à la réception, par le préfet, d'une des pièces prévues au 8° de l'article R. 341-1. »

(Décr. n° 2015-656 du 10 juin 2015, art. 3-1°) « Le préfet fixe par arrêté les travaux dont devra s'acquitter tout bénéficiaire d'une autorisation tacite de défrichement, ainsi que la base de calcul et le montant de l'indemnité équivalente qu'il devra acquitter à défaut de réaliser ces travaux, conformément au dernier alinéa de l'article L. 341-6. Ces travaux sont choisis parmi ceux mentionnés au 1° de l'article L. 341-6, sans application de coefficient multiplicateur. L'accusé de réception du dossier complet rappelle les termes de cet arrêté. »

Lorsque le préfet estime, compte tenu des éléments du dossier, qu'une reconnaissance de la situation et de l'état des terrains est nécessaire, il porte le délai d'instruction à *(Décr. n° 2015-836 du 9 juill. 2015, art. 6-1°)* « quatre mois » et en informe le demandeur dans les deux mois suivant la réception du dossier complet. Il peut, par une décision motivée, proroger ce délai d'une durée complémentaire de trois mois, notamment lorsque les conditions climatiques ont rendu la reconnaissance impossible. – *[Anc. art. R. 312-1.]*

Art. R. 341-5 Huit jours au moins avant la date fixée pour l'opération de reconnaissance, le préfet en informe le demandeur par tout moyen permettant d'établir date certaine, en l'invitant à y assister ou à s'y faire représenter. Au cas où la demande d'autorisation n'est pas présentée par le propriétaire, le préfet adresse à ce dernier le même avertissement.

Si le préfet estime, au vu des constatations et des renseignements portés sur le procès-verbal, que la demande peut faire l'objet d'un rejet pour un ou plusieurs des motifs mentionnés à l'article L. 341-5 ou que l'autorisation peut être subordonnée au respect d'une ou plusieurs des conditions définies à l'article L. 341-6, il notifie par tout moyen permettant d'établir date certaine le procès-verbal au demandeur, qui dispose d'un délai de quinze jours pour formuler ses observations. – *[Anc. art. R. 312-2.]*

Art. R. 341-6 *(Décr. n° 2022-422 du 25 mars 2022, art. 5)* « Lorsque la demande d'autorisation présentée sur le fondement de l'article L. 341-3 du présent code porte sur un défrichement soumis à enquête publique en application des articles L. 123-1 et L. 123-2 du code de l'environnement ou à une procédure de participation du public par voie électronique en application de l'article L. 123-19 de ce code, la durée de l'enquête publique ou de la participation du public par voie électronique est celle prévue respectivement à aux articles L. 123-9 et L. 123-19 du même code. Si une reconnaissance des terrains est effectuée, le procès-verbal de cette reconnaissance est joint au dossier soumis à l'enquête publique ou à la participation du public par voie électronique. »

Lorsque l'opération en vue de laquelle l'autorisation de défrichement est demandée fait l'objet d'une enquête publique organisée *(Décr. n° 2014-1635 du 26 déc. 2014, art. 4-V, en vigueur le 1er janv. 2015)* « en application du second alinéa de l'article L. 110-1 du code de l'expropriation pour cause d'utilité publique », cette enquête tient lieu de l'enquête mentionnée au premier alinéa si l'avis de mise à l'enquête indique que celle-ci porte également sur le défrichement et si le dossier soumis à l'enquête fait apparaître la situation et l'étendue des bois concernés et des défrichements envisagés. *(Décr. n° 2022-422 du 25 mars 2022, art. 5)* « Ces dispositions s'appliquent également lorsqu'est requise la participation du public par voie électronique pour les projets non soumis à enquête publique en application du 5° du II de l'article R. 123-1 du code de l'environnement, sans préjudice des dispositions prévues au troisième alinéa du II de l'article L. 122-1-1 du même code en cas d'actualisation de l'étude d'impact. » — *[Anc. art. R. 312-3, al. 1er et 2.]*

Art. R. 341-7 La demande d'autorisation de défrichement *(Décr. n° 2015-656 du 10 juin 2015, art. 3-2°)* « mentionnée au premier alinéa de l'article R. 341-6 » est réputée rejetée à défaut de décision du préfet notifiée dans le délai de *(Décr. n° 2015-836 du 9 juill. 2015, art. 6-2°)* « six mois » à compter de la réception du dossier complet. — *[Anc. art. R. 312-3, al. 3.]*

Art. D. 341-7-1 *(Décr. n° 2015-656 du 10 juin 2015, art. 3-3°)* La validité des autorisations de défrichement est de cinq ans.

Ce délai est prorogé, dans une limite globale de *(Décr. n° 2018-575 du 3 juill. 2018, art. 1er)* « cinq » ans :

a) En cas de recours devant la juridiction administrative contre l'autorisation de défrichement ou contre une autorisation nécessaire à la réalisation des travaux en vue desquels le défrichement est envisagé, d'une durée égale à celle écoulée entre la saisine de la juridiction et le prononcé d'une décision juridictionnelle définitive au fond ou la date à laquelle aurait expiré l'autorisation de défrichement ;

b) Sur décision de l'autorité administrative qui les a autorisés, en cas d'impossibilité matérielle d'exécuter les travaux de défrichement, établie par tous moyens par le bénéficiaire de l'autorisation, de la durée de la période pendant laquelle cette exécution est impossible. — *Le Décr. n° 2018-575 du 3 juill. 2018 est applicable aux autorisations en cours de validité à la date de sa publication (Décr. préc., art. 2, JO 5 juill.).*

Art. D. 341-7-2 *(Décr. n° 2015-656 du 10 juin 2015, art. 3-3°)* Le délai mentionné au premier alinéa de l'article L. 341-9 est au maximum d'un an.

Le délai mentionné au deuxième alinéa de cet article est au maximum de cinq ans.

En cas de non-exécution des travaux imposés en application de l'article L. 341-6 dans ce délai de cinq ans, le délai fixé par le préfet pour rétablir les lieux défrichés en nature de bois et forêts ne peut excéder trois années.

Si la durée de validité de l'autorisation est prorogée en application de l'article D. 341-7-1, les délais mentionnés aux deux premiers alinéas sont prorogés de la même durée.

SECTION 3 Suites données aux infractions constatées en matière de défrichement

Art. R. 341-8 Lorsqu'en application des articles L. 341-8 à L. 341-10, le préfet ordonne au propriétaire de rétablir les lieux en nature de bois et forêts, il lui notifie sa décision en lui indiquant le délai imparti pour effectuer la plantation ou le semis et en lui précisant que, faute d'exécution des travaux dans le délai prescrit, il y sera pourvu à ses frais par l'administration. — *[Anc. art. R. 313-1.]*

Art. R. 341-9 Lorsque des maires et adjoints ont dressé des procès-verbaux pour constater des défrichements effectués en contravention aux dispositions du présent chapitre, ils sont tenus, outre la transmission qu'ils doivent en faire au procureur de la République, d'en communiquer une copie au préfet. — *[Anc. art. R. 313-2.]*

CHAPITRE II Exemptions

Le présent chapitre ne comporte pas de dispositions réglementaires.

TITRE V DISPOSITIONS RELATIVES À L'ASSURANCE

CHAPITRE I DISPOSITIONS GÉNÉRALES

Art. D. 351-1 Il est institué un Comité national de la gestion des risques en forêt compétent en matière de gestion des risques sanitaire, climatologique, météorologique ou liés à l'incendie.

Ce comité est consulté sur tous les textes d'application du présent chapitre.

Il peut être consulté par le ministre chargé de la forêt et, lorsqu'ils sont compétents, par le ministre chargé de l'environnement, le ministre chargé de l'économie et le ministre chargé de l'outre-mer à des fins d'expertise sur :

1° La connaissance des risques sanitaire, climatologique, météorologique ou liés à l'incendie ainsi que tout autre risque affectant la forêt ;

2° Les instruments appropriés de gestion de ces risques, y compris les techniques autres que l'assurance. – *[Anc. art. L. 261-4, al. 1er à 5.]*

Art. D. 351-2 Le Comité national pour la gestion des risques en forêt comprend :

1° Un président choisi parmi les conseillers d'État ou les conseillers maîtres à la Cour des comptes ;

2° Deux représentants du ministre chargé des forêts ;

3° Un représentant du ministre chargé de l'économie ;

4° Un représentant du ministre chargé du budget ;

5° Quatre représentants des organisations de propriétaires forestiers ;

6° Deux représentants des entreprises d'assurance, désignés sur proposition de la *(Décr. nº 2022-188 du 15 févr. 2022, art. 1er)* « Fédération française de l'assurance » ;

7° Un représentant des entreprises de réassurance, désigné sur proposition de l'Association des professionnels de la réassurance en France ;

8° Un représentant des entreprises bancaires, désigné sur proposition de l'Association française des établissements de crédit et des entreprises d'investissement.

A la demande de son président ou du représentant d'un ministre, le comité peut faire appel en tant que besoin à tout expert ou personne qualifiée non membre du comité.

Les membres du comité *(Décr. nº 2022-188 du 15 févr. 2022, art. 1er)* « mentionnés au 1° et du 5° au 8° » sont nommés pour trois ans par arrêté des ministres chargés des forêts, de l'économie et du budget. Pour chacun des membres titulaires, un suppléant est nommé dans les mêmes conditions. Les membres du comité peuvent se faire suppléer et sont remplacés en cas de vacance, dans les conditions prévues par les articles 3 et 4 du décret nº 2006-672 du 8 juin 2006 relatif à la création, à la composition et au fonctionnement de commissions administratives à caractère consultatif. – *[Anc. art. D. 261-1.]*

Art. D. 351-3 Le Comité national de la gestion des risques en forêt se réunit sur convocation de son président ou à la demande du ministre chargé de la forêt ou du ministre chargé de l'économie.

Il fonctionne dans les conditions prévues par les articles 5 à 15 du décret nº 2006-672 du 8 juin 2006 relatif à la création, à la composition et au fonctionnement de commissions administratives à caractère consultatif.

Le secrétariat du comité est assuré par le ministère chargé des forêts. Le secrétariat organise les travaux du comité sous l'autorité du président. – *[Anc. art. D. 261-2.]*

CHAPITRE II COMPTE ÉPARGNE D'ASSURANCE POUR LA FORÊT

Art. D. 352-1 *(Décr. nº 2022-188 du 15 févr. 2022, art. 1er)* Sont considérées comme des travaux de reconstitution forestière les opérations permettant d'obtenir un nouveau peuplement forestier telles que l'exploitation des arbres chablis, le nettoyage, l'ébranchage, le débardage, les travaux connexes portant sur l'ouverture de fossés, le rétablissement de passages busés, la replantation et la régénération, la maîtrise d'œuvre, le dégagement de plantations, le dépressage et la protection contre le gibier.

Sont considérées comme des travaux de prévention d'un sinistre naturel d'origine sanitaire, climatologique, météorologique ou lié à l'incendie les opérations telles que la mise en place de coupure pare-feu, de bassins et citernes, le débroussaillement, le brûlage dirigé, l'aménagement de desserte, le broyage sur place des bois, l'exploitation et le traitement des arbres et bois dépéris et des arbres environnants atteints par les parasites, le traitement des piles de bois, la maîtrise d'œuvre.

Sont considérés comme des travaux forestiers au sens du deuxième alinéa de l'article L. 352-3 du code forestier les travaux mentionnés à l'article L. 722-3 du code rural et de la pêche maritime.

Art. D. 352-2 *(Décr. nº 2022-188 du 15 févr. 2022, art. 1er)* I. – Le titulaire du compte d'investissement forestier et d'assurance mentionné à l'article L. 352-1 tient à la disposition de l'administration fiscale et des agents des services déconcentrés de l'État chargés de la forêt :

1º L'ensemble des pièces prévues au I de l'article D. 221-121 du code monétaire et financier ;

2º Les pièces justificatives permettant d'attester que les dépôts et retraits intervenus sur le compte respectent les conditions prévues au deuxième alinéa de l'article L. 352-2 et à l'article L. 352-3.

Ces pièces doivent être conservées par le titulaire du compte pendant un délai de six ans à compter de la date de réalisation des dépôts et retraits.

II. – Les dispositions du I s'appliquent également aux personnes ayant pris l'engagement prévu au *b* du 3 de l'article 793 du code général des impôts.

TITRE VI DISPOSITIONS PÉNALES

CHAPITRE I SURVEILLANCE

Art. R. 361-1 Un garde des bois et forêts des particuliers est agréé par le préfet, assermenté et exerce ses fonctions dans les conditions définies aux articles R. 15-33-24 à R. 15-33-29-2 du code de procédure pénale. Les bois et forêts dont il a la surveillance sont mentionnés dans la commission. – *[Anc. art. R. 224-1.]*

Art. R. 361-2 Dans le cadre de la recherche et de la constatation des infractions aux règles de coupes dans les bois et forêts gérés conformément à un plan simple de gestion agréé, les *(Décr. nº 2022-841 du 1er juin 2022, art. 3)* « agents mentionnés au 1º du I » de l'article L. 161-4 ont accès, pour vérifier la matérialité de l'infraction, aux informations détenues par les centres régionaux de la propriété forestière relatives aux documents de gestion. – *[Anc. art. L. 223-4, phrase 2.]*

CHAPITRE II INFRACTIONS AUX RÈGLES DE GESTION

Art. R. 362-1 Le fait de procéder ou de faire procéder à une coupe illicite en infraction aux dispositions du premier alinéa de l'article L. 312-11 est puni de l'amende prévue pour les contraventions de la 5e classe.

Le contrevenant encourt également la peine complémentaire de confiscation de la chose qui a servi ou était destinée à commettre l'infraction ainsi que de la chose qui en est le produit. – *[Anc. art. R. 223-1.]*

CHAPITRE III INFRACTIONS AUX RÈGLES DE DÉFRICHEMENT

Art. R. 363-1 Le fait pour le demandeur de ne pas procéder, dans les conditions prévues à l'article L. 341-4, à l'affichage régulier, sur le terrain, de l'autorisation de défrichement est puni de l'amende prévue pour les contraventions de la 3e classe. – *[Anc. art. R. 313-3.]*

TITRE VII DISPOSITIONS PARTICULIÈRES À L'OUTRE-MER

CHAPITRE I GUADELOUPE

Art. R. 371-1 L'autorisation de défrichement prévue à l'article L. 341-5 peut être refusée, outre les cas prévus à cet article, lorsque la conservation des bois ou des massifs que ces bois complètent est reconnue nécessaire à la protection des sols contre l'aridité et la dégradation. – *[Anc. art. R. 361-1, ecqc Guadeloupe.]*

CHAPITRE II **GUYANE**

Art. R. 372-1 Les dispositions du chapitre I du titre II du présent livre de la partie réglementaire ne sont pas applicables en Guyane. – *[Anc. art. R. 252-1.]*

Art. R. 372-2 Pour son application en Guyane, l'article R. 312-1 est ainsi rédigé :

Art. R. 312-1 Le seuil au-delà duquel les bois et forêts des particuliers doivent être gérés conformément à un plan simple de gestion est de 200 hectares.

Les critères de potentialité de production sont arrêtés par le préfet sur proposition de l'Office national des forêts et après avis de la commission régionale de la forêt et *(Décr. nº 2017-512 du 7 avr. 2017, art. 1er-2º)* « du bois ». – *[Anc. art. R. 252-2, al. 3 à 5.]*

CHAPITRE III **MARTINIQUE**

Art. R. 373-1 L'autorisation de défrichement prévue à l'article L. 341-5 peut être refusée, outre les cas prévus à cet article, lorsque la conservation des bois ou des massifs que ces bois complètent est reconnue nécessaire à la protection des sols contre l'aridité et la dégradation. – *[Anc. art. R. 361-1, ecqc Martinique.]*

CHAPITRE IV **LA RÉUNION**

SECTION 1 **Défrichement**

Art. R. 374-1 Pour l'application à La Réunion de l'article R. 341-1, le premier alinéa est ainsi rédigé :

"Toute demande de dérogation à l'interdiction générale de défrichement applicable au département de La Réunion est irrecevable en ce qui concerne les terrains définis à l'article L. 341-5 applicable à La Réunion. Cette irrecevabilité est constatée par le préfet. Dans les autres cas, le préfet a compétence pour accorder la dérogation à l'interdiction générale de défrichement, le cas échéant sous réserve des conditions prévues à l'article L. 341-6 applicable à La Réunion." – *[Anc. art. R. 363-2, al. 1er et 2.]*

Art. R. 374-2 Pour l'application à La Réunion de l'article R. 341-2, les mots : "d'autorisation de défrichement" sont remplacés par les mots : "de dérogation à l'interdiction de défrichement".

Art. R. 374-3 Pour l'application à La Réunion de l'article R. 341-4, le premier alinéa est ainsi rédigé :

"Toute dérogation à l'interdiction générale de défrichement fait l'objet d'une décision expresse. L'accord tacite ne peut se présumer quel que soit le délai de l'instruction." – *[Anc. art. R. 363-2, al. 3.]*

Art. R. 374-3-1 *(Décr. nº 2017-1411 du 27 sept. 2017, art. 1er-10º)* Le silence gardé par le préfet de La Réunion sur une demande de dérogation à l'interdiction générale de défrichement, mentionnée à l'article R. 374-3, vaut décision de rejet.

SECTION 2 **Végétations spécifiques à La Réunion**

Art. R. 374-4 Pour l'application de l'article L. 174-3, les propriétaires ou, le cas échéant, les fermiers de parcelles contenant des palmistes, fougères arborescentes ou fanjans adressent au préfet de La Réunion, dans le courant du second semestre de chaque année, une demande d'autorisation d'exploitation valable pour l'année civile suivante. Le modèle type de ces demandes, fixé par le préfet, comporte notamment :

1º L'identité précise du demandeur et, s'il s'agit d'un fermier, celle du propriétaire ;

2º L'adresse du demandeur dans le département ;

3º La justification de la qualité juridique en laquelle le demandeur intervient ou, s'il y a lieu, pour les fermiers, toutes précisions utiles sur le bail et les accords éventuels avec le propriétaire ;

4º La désignation topographique de l'exploitation ou fraction d'exploitation concernée ;

5º La quantité de palmistes, fougères arborescentes ou fanjans qu'il est demandé d'exploiter ;

6° La mention que la propriété est dûment délimitée et abornée avec le domaine relevant du régime forestier riverain et délimitée et balisée avec les propriétés privées voisines, conformément aux dispositions de l'article L. 374-8. – *[Anc. art. R. 363-14.]*

Art. R. 374-4-1 *(Décr. n° 2017-1411 du 27 sept. 2017, art. 1er-11°)* Le silence gardé par le préfet de La Réunion sur une demande d'autorisation d'exploiter des parcelles portant des végétations spécifiques, mentionnée à l'article R. 374-4, vaut décision de rejet.

Art. R. 374-5 Dans les deux mois qui suivent l'enregistrement de la demande mentionnée à l'article R. 374-4, il est procédé à la reconnaissance de l'état des bois et forêts, qui donne lieu à l'établissement d'un procès-verbal.

Au vu de ce procès-verbal, le préfet arrête la quantité de palmistes, fougères arborescentes ou fanjans, dont la coupe ou l'enlèvement est autorisé au cours de l'année suivante en assortissant éventuellement cette décision de clauses ou recommandations destinées à entourer l'exploitation de ces végétaux du maximum de garanties. L'autorisation ne peut en aucun cas être implicite. – *[Anc. art. R. 363-15.]*

Art. R. 374-6 Les propriétaires ou fermiers autorisés à exploiter, en application de l'article R. 374-5, sont tenus de demander les laissez-passer mentionnés à l'article R. 174-7 à l'agent assermenté de l'Office national des forêts chargé du contrôle, qui les délivre après avoir, s'il s'agit de palmistes, apposé sur chaque chou, à l'une de ses extrémités, l'empreinte de son marteau particulier.

Lorsque ces propriétaires ou fermiers sont autorisés à exploiter habituellement des palmistes, des fougères arborescentes ou des fanjans, sur au moins 30 hectares, ils peuvent être habilités, par arrêté préfectoral, à détenir et utiliser sous leur responsabilité et le contrôle de l'administration des carnets à souches de laissez-passer du modèle réglementaire. Ils assurent alors eux-mêmes le marquage des choux palmistes prévu par l'article L. 174-3 en appliquant sur chaque chou, à une de ses extrémités, leurs marques ou poinçons particuliers. – *[Anc. art. R. 363-17, R. 363-18.]*

Art. R.* 374-6-1 *(Décr. n° 2017-1411 du 27 sept. 2017, art. 1er-12°)* Le silence gardé par l'Office national des forêts sur une demande de laissez-passer pour le transport, la mise en vente et l'enlèvement de choux palmistes, mentionnée à l'article R. 374-6, vaut décision de rejet.

Art. R. 374-7 Toute personne faisant commerce de choux palmistes, fougères arborescentes ou fanjans peut être autorisée, par arrêté préfectoral, à détenir et utiliser, sous sa responsabilité et sous le contrôle de l'administration, des carnets à souches de laissez-passer du modèle réglementaire, différents de ceux mentionnés à l'article R. 374-6.

Seuls peuvent être régulièrement commercialisés les choux palmistes poinçonnés conformément aux dispositions de cet article. – *[Anc. art. R. 363-19.]*

Art. R. 374-8 Les propriétaires ou fermiers et les commerçants autorisés, conformément aux dispositions des articles R. 374-6 ou R. 374-7, ou leurs employés sont tenus de présenter leur carnet de laissez-passer à tout contrôle des agents mentionnés à l'article L. 161-4.

Les laissez-passer doivent, à peine de nullité, ne comporter ni rature, ni surcharge. Sont nuls de plein droit les laissez-passer extraits d'un carnet à souches qui ne sont pas revêtus d'une signature conforme à l'une de celles qui sont déposées au moment de la demande par le titulaire.

Le carnet épuisé est restitué à l'occasion de la remise de tout nouveau carnet. – *[Anc. art. R. 363-20, R. 363-22.]*

Art. R. 374-9 Le fait pour toute personne de ne pas présenter de laissez-passer ou de présenter un laissez-passer entaché de nullité en infraction aux dispositions de l'article R. 374-8 est punie de l'amende prévue pour les contraventions de la 3e classe. – *[Anc. art. R. 363-21, al. 1er.]*

Art. R. 374-10 Ceux qui transportent, vendent ou détiennent, sans laissez-passer valable, des choux palmistes non poinçonnés ou marqués, en infraction aux dispositions de l'article L. 174-16 sont punis d'une amende calculée sur la base de 4,5 euros par chou sans que le montant total de l'amende ne puisse être supérieur à celui prévu pour les contraventions de la 5e classe.

Les mêmes peines sont applicables à ceux qui transportent, vendent ou détiennent, sans laissez-passer valable soit un ou plusieurs choux palmistes régulièrement poinçonnés et marqués, soit une ou plusieurs fougères arborescentes, soit un ou plusieurs fanjans. — *[Anc. art. R. 363-23.]*

CHAPITRE V MAYOTTE

Art. R. 375-1 Les dispositions du chapitre I du titre II du présent livre de la partie réglementaire ne sont pas applicables à Mayotte.

Art. R. 375-2 Pour son application à Mayotte, l'article R. 341-1 est ainsi rédigé :

Art. R. 341-1 Les demandes de dérogation à l'interdiction générale de défrichement ou d'autorisation préalable à toute demande d'autorisation de lotissement dans des bois et forêts ou un bien agroforestier, prévues par les articles L. 341-3 applicable à Mayotte et L. 341-7, sont adressées au préfet.

Ces demandes doivent comporter, sous peine d'irrecevabilité :

1° L'indication précise de l'identité du demandeur ;

2° La justification de ses qualités et celle de son droit de propriété sur la parcelle dont le défrichement est souhaité. En cas de copropriété, il doit être justifié de l'accord de la majorité requise des copropriétaires par une décision de leur assemblée générale devenue définitive. En cas d'indivision, un accord conforme aux clauses régissant l'indivision considérée doit être établi. Les demandes au nom de personnes morales sont faites conformément aux dispositions de leur statut ; l'indication de l'adresse du demandeur qui, s'il ne réside pas à Mayotte, doit y faire élection de domicile ;

3° La désignation, la localisation et la surface de chaque parcelle et, s'il y a lieu, l'indication très précise de la fraction à défricher ;

4° La justification, en application de l'article L. 375-3, que la propriété est dûment délimitée et abornée, lorsqu'elle est riveraine de bois et forêts ou de biens agroforestiers relevant du régime forestier, ou délimitée et balisée avec les propriétés voisines, lorsque celles-ci ne relèvent pas du régime forestier ;

(Décr. n° 2016-1110 du 11 août 2016, art. 6-4°) « 5° L'étude d'impact définie à l'article R. 122-5 du code de l'environnement lorsqu'elle est requise en application de l'article R. 122-2 du même code ; »

6° Une déclaration de l'auteur de la demande indiquant si, à sa connaissance, les terrains ont été ou non parcourus par un incendie durant les quinze années précédant l'année de la demande ;

7° L'indication des motifs pour lesquels le défrichement est demandé.

Le préfet peut demander toutes précisions complémentaires qu'il estime utiles pour l'instruction du dossier. — *[C. for. Mayotte, art. R. 311-1.]*

CHAPITRE VI SAINT-BARTHÉLEMY

Le présent chapitre ne comporte pas de dispositions réglementaires.

CHAPITRE VII SAINT-MARTIN

Le présent chapitre ne comporte pas de dispositions réglementaires.

CHAPITRE VIII SAINT-PIERRE-ET-MIQUELON

Art. R. 378-1 Le chapitre II du titre I et le chapitre I du titre II du présent livre ne sont pas applicables à Saint-Pierre-et-Miquelon. — *[Anc. art. R. 254-1.]*

CHAPITRE IX TERRES AUSTRALES ET ANTARCTIQUES FRANÇAISES

Le présent chapitre ne comporte pas de dispositions réglementaires.

par chou sans que le montant total de l'amende ne puisse être supérieur à celui prévu pour les contraventions de la 5e classe.

Les mêmes peines sont applicables à ceux qui transportent, vendent ou détiennent sans laissez-passer valable soit un ou plusieurs choux palmistes régulièrement poinçonnés et marqués, soit une ou plusieurs fougères arborescentes, soit un ou plusieurs fanjans. — *[Anc. art. R. 163-3.]*

CHAPITRE V MAYOTTE

Art. R. 375-1 Les dispositions du chapitre I du titre II du présent livre de la partie réglementaire ne sont pas applicables à Mayotte.

Art. R. 375-2 Pour son application à Mayotte, l'article R. 341-1 est ainsi rédigé :

« Art. R. 341-1. Les demandes de dérogation à l'interdiction générale de défrichement ou d'autorisation préalable à toute demande d'autorisation de lotissement dans des bois et forêts ou un bien agroforestier, prévues par les articles L. 375-5 applicable à Mayotte et L. 341-7, sont adressées au préfet.

Ces demandes doivent comporter, sous peine d'irrecevabilité :

1° L'indication précise de l'identité du demandeur ;

2° La justification de ses qualités et celle de son droit de propriété sur la parcelle dont le défrichement est sollicité. En cas de copropriété, il doit être justifié de l'accord de la majorité requise des copropriétaires par une décision de leur assemblée générale devenue définitive. En cas d'indivision, un accord conforme aux clauses régissant l'indivision considérée doit être établi. Les demandes au nom de personnes morales sont faites conformément aux dispositions de leur statut. L'indication de l'adresse du demandeur qui, s'il ne réside pas à Mayotte, doit y faire élection de domicile ;

3° La désignation, la localisation et la surface de chaque parcelle et, s'il y a lieu, l'indication très précise de la fraction à défricher ;

4° La justification, en application de l'article L. 375-3, que la propriété est dûment délimitée et abornée lorsqu'elle est riveraine de bois et forêts ou de biens agroforestiers relevant du régime forestier ou de limites bâties avec les propriétés voisines, lorsque celles-ci ne relèvent pas du régime forestier ;

(Décr. n° 2016-1110 du 11 août 2016, art. 5 4°) « 5° L'étude d'impact définie à l'article R. 122-5 du code de l'environnement lorsqu'elle est requise en application de l'article R. 122-2 du même code ; »

6° Une déclaration de l'auteur de la demande indiquant si, à sa connaissance, les terrains ont été ou non parcourus par un incendie durant les quinze années précédant l'année de la demande ;

7° L'indication des motifs pour lesquels le défrichement est demandé.

Le préfet peut demander toutes précisions complémentaires qu'il estime utiles pour l'instruction du dossier. » — *[C. for. Mayotte, anc. art. R. 341-1.]*

CHAPITRE VI SAINT-BARTHÉLEMY

Le présent chapitre ne comporte pas de dispositions réglementaires.

CHAPITRE VII SAINT-MARTIN

Le présent chapitre ne comporte pas de dispositions réglementaires.

CHAPITRE VIII SAINT-PIERRE-ET-MIQUELON

Art. R. 378-1 Le chapitre II du titre I et le chapitre I du titre II du présent livre ne sont pas applicables à Saint-Pierre-et-Miquelon. — *[Anc. art. R. 254-1.]*

CHAPITRE IX TERRES AUSTRALES ET ANTARCTIQUES FRANÇAISES

Le présent chapitre ne comporte pas de dispositions réglementaires.

APPENDICE

AMÉNAGEMENT FONCIER ET ÉQUIPEMENT RURAL

Ordonnance nº 2004-632 du 1er juillet 2004,

Relative aux associations syndicales de propriétaires (JO 2 juill.). – V. ce texte au ***C. rur.*** 🏛.

RÉP. CIV. vº *Association syndicale libre,* par PITTARD.

BIBL. ▶ Association syndicale, *DP entr. agric.* - ATIAS, *AJDI 2013. 11* (associations syndicales libres antérieures à l'ord. du 1er juill. 2004, statuts non mis en harmonie). - DASSONVILLE, *JCP N 2006. 1288* (réforme des associations syndicales de propriétaires). - FLAMENT, *LPA 1er mars 2012, nº 44, p. 6* (les associations syndicales libres : évolutions et pratiques) - GILARDEAU et GRIMONPREZ, *RD rur. 2004. 537* (ordonnance du 1er juill. 2004). - LIET-VEAUX, *JCP N 2005. 1074* (le nouvel objet des associations syndicales). - PONTIER, *Dr. adm. 2021. Étude 11* (des institutions mésestimées : les associations syndicales). - ROUZET, *Defrénois 2005. 1095* (les améliorations aux associations syndicales libres par l'ordonnance du 1er juillet 2004).

BAUX RURAUX

Code civil

Règles communes aux baux des maisons et des biens ruraux

Art. 1714 à 1751-1 *V. ces art. au* ***C. rur.*** 🏛.

Règles particulières aux baux à ferme

Art. 1764 à 1778 *V. ces art. au* ***C. rur.*** 🏛.

Code de commerce

Cession de l'entreprise

Art. L. 642-1 *V. cet art. au* ***C. rur.*** 🏛.

Code de procédure civile

TITRE V (DU LIVRE II) DISPOSITIONS PARTICULIÈRES AU TRIBUNAL PARITAIRE DE BAUX RURAUX

RÉP. PR. CIV. vº *Tribunaux paritaires des baux ruraux,* par M. LAGARDE.

BIBL. GÉN. ▶ BARBIÈRI, *RD rur. 2008. Étude 2* (pièges procéduraux). - LACHAUD, *Ann. loyers 1976. 401* (réforme de la procédure) ; *Ann. loyers 1985. 318* (juridiction des baux ruraux) ; *Gaz. Pal. 1990. 2. Doctr. 483* (constitutionnalité des juridictions des baux ruraux). - PEIGNOT, *Gaz. Pal. 12-14 sept. 1999. 2* (déclaration de pourvoi en cassation). - VIATTE, *Rev. loyers 1976. 258* (juridiction des baux ruraux) ; *Rev. loyers 1976. 482* (nouvelle procédure).

CHAPITRE I *LA PROCÉDURE ORDINAIRE*

Art. 880 à 892 *V. ces art. au* ***C. rur.*** 🏛.

CHAPITRE II *LES ORDONNANCES DE RÉFÉRÉ*

Art. 893 à 896 *V. ces art. au* ***C. rur.*** 🏛.

CHAPITRE III *LES ORDONNANCES SUR REQUÊTE*

Art. 897 à 898-1 *V. ces art. au* ***C. rur.***

Loi du 19 février 1889,

Relative à la restriction du privilège du bailleur d'un fonds rural et à l'attribution des indemnités dues par suite d'assurances (DP 89. 4. 29). — V. ce texte au ***C. rur.***

Loi du 8 février 1897,

Portant modification de la loi du 6 août 1791 sur les domaines congéables (DP 97. 4. 13). — V. ce texte au ***C. rur.***

Loi du 28 mai 1943,

Relative à l'application aux étrangers des lois en matière de baux à loyer et de baux à ferme (DC 1944. L. 34, commentaire Basdevant). — V. ce texte au ***C. rur.***

CONCURRENCE

Traité de Rome du 25 mars 1957,

Sur le fonctionnement de l'Union européenne (Traité de Lisbonne du 13 déc. 2007).

TITRE II L'AGRICULTURE ET LA PÊCHE

Art. 38 à 44 *V. ces art. au* ***C. rur.***

Règlement (CE) du Conseil n° 1184/2006 du 24 juillet 2006,

Portant application de certaines règles de concurrence à la production et au commerce de certains produits agricoles (JOUE n° L 214 du 4 août). — Intitulé mod. par Règl. n° 1234/2007 du 22 oct. 2007, art. 200 (JOUE n° L 299 du 16 nov.) (version codifiée). — V. ce texte au ***C. rur.***

BIBL. ▶ Courades, *Thèse Paris I 2019* (le droit de la concurrence appliqué au secteur agricole). – Debroux, *Concurrence 2011, n° 3, art. 37072* (agriculture et concurrence). – Gransard et Le Thieis, *RD rur. 2015. Étude 5* (régulation concurrentielle du secteur agricole). – Olszak, *RD rur. nov. 2008. Focus 148*. – Perron, *RD rur. 2009. Étude 2* (la production laitière et les ententes).

ENVIRONNEMENT

BIBL. ▶ Blumann, *RD rur. 2014. Dossier 18* (écologisation de la PAC) ; *RD rur. 2023. Dossier 14* (écologisation de la PAC : nouvelle illustration de la politique des petits pas). – Boy et Doussan, *RD rur. 2000. 60* (principe pollueur-payeur et activité agricole). – Charlez, *RD rur. déc. 2005. 24* (loi Territoires ruraux et environnement). – Conan, Le statut du fermage et la protection de l'environnement, *Thèse Nantes 1998*. – Doussan, Activité agricole et droit de l'environnement, l'impossible conciliation ?, *L'Harmattan 2002, coll. Logiques juridiques* ; Le contrat, l'agriculture et l'environnement, *Mél. Hélin, Litec 2004, p. 207* ; *Dr. envir. juin 2002. 156* (droit, agriculture, environnement) ; *RJ envir. 2006. 387* (LOA 2006 et protection de l'environnement). – Hermon et Doussan, Production agricole et droit de l'environnement, *LexisNexis 2012*. – Langlais, *RD rur. 2013. Étude 7* et *Envir. 2013. Étude 4* (paiements pour services environnementaux). – Mestre, *RD rur. 2014. Dossier 17* (les paiements directs). – Petit, *RD rur. 2020. Étude 14* (l'architecture écologique de la future PAC). – Romi, *RJ envir. 4/2005* (loi Territoires ruraux, droit de l'environnement et ruralisme). – Sarlat et Olivier, *Envir. 2011. Étude 7* (la servitude conventionnelle environnementale). – Thieffry, *Envir. août-sept. 2005. 9* (PAC et environnement). – Van Lang, *Envir. juill. 2005. 58* (usage agricole de l'eau : entre incitation et répression).

Directive (CEE) du Conseil n° 91/676 du 12 décembre 1991,

Concernant la protection des eaux contre la pollution par les nitrates à partir de sources agricoles (JOCE n° L 375 du 31 déc.). — V. ce texte au ***C. rur.***

Arrêté du 14 mars 2023,

Relatif aux règles de bonnes conditions agricoles et environnementales (BCAE) (JO 19 mars). — V. ce texte au **C. rur.**.

MONTAGNE

Loi n° 85-30 du 9 janvier 1985,

Relative au développement et à la protection de la montagne. — V. ce texte au **C. rur.**.

BIBL. ► Y. Jégouzo, La loi n° 85-30 du 9 janv. 1985 relative au développement et à la protection de la montagne, *ALD 1985. 65 et 71.* – C. Devès, Sociétés d'économie mixte et développement de la montagne, *RD rur. 1986. 189.* – Mambrini, Loi du 28 déc. 2016 pour dynamiser les territoires de montagne, *DP entr. agric., Bull. n° 503, p. 5.* – Inserguet-Brisset, Préservation des espaces agricoles, *DP entr. agric., Bull. n° 503, p. 7.*

Loi n° 2001-602 du 9 juillet 2001,

D'orientation sur la forêt (JO 11 juill.). — V. ce texte au **C. rur.**.

Décret n° 2002-955 du 4 juillet 2002,

Relatif aux compétences interdépartementales et interrégionales des préfets et aux compétences des préfets coordonnateurs de massif (JO 5 juill.). — V. ce texte au **C. rur.**.

PÊCHE MARITIME ET AQUACULTURE MARINE

Décret du 5 novembre 1891,

Tendant à l'interdiction de l'emploi de la dynamite comme procédé de pêche. — V. ce texte au **C. rur.**.

Loi n° 70-1264 du 23 décembre 1970,

Relative à la procédure à suivre en matière de contrôle international des pêches maritimes prévu par les conventions internationales (JO 29 déc.). — V. ce texte au **C. rur.**.

Décret n° 73-372 du 14 mars 1973,

Portant application de la loi n° 70-1264 du 23 décembre 1970 relative à la procédure à suivre en matière de contrôle international des pêches maritimes prévu par les conventions internationales (JO 30 mars). — V. ce texte au **C. rur.**.

Règlement (UE) n° 1379/2013 du Parlement européen et du Conseil du 11 décembre 2013,

Portant organisation commune des marchés dans le secteur des produits de la pêche et de l'aquaculture, modifiant les règlements (CE) n° 1184/2006 et (CE) n° 1224/2009 du Conseil et abrogeant le règlement (CE) n° 104/2000 du Conseil (JOUE n° L 354 du 28 déc.). — V. ce texte au **C. rur.**.

V. aussi Règl. d'exécution (UE) n° 1418/2013 de la Commission du 17 déc. 2013 concernant les plans de production et de commercialisation prévus au Règl. (UE) n° 1379/2013 (JOUE n° L 353 du 28 déc.) ; Règl. d'exécution (UE) n° 1419/2013 de la Commission du 17 déc. 2013 concernant la reconnaissance des organisations de producteurs et des organisations interprofessionnelles, l'extension des règles de ces organisations et la publication des prix de déclenchement comme le prévoit le Règl. (UE) n° 1379/2013 (JOUE n° L 353 du 28 déc.).

BIBL. ► Curtil, *RD rur. 2014. Dossier 15* (la réforme de la politique commune de la pêche).

Règlement (UE) n° 1380/2013 du Parlement européen et du Conseil du 11 décembre 2013,

Relatif à la politique commune de la pêche, modifiant les règlements (CE) n° 1954/2003 et (CE) n° 1224/2009 du Conseil et abrogeant les règlements (CE) n° 2371/2002 et (CE) n° 639/2004 du Conseil et la décision 2004/585/CE du Conseil (JOUE n° L 354 du 28 déc.). — V. ce texte au **C. rur.**.

V. aussi Règl. (CE) n° 1224/2009 du 20 nov. 2009 instituant un régime communautaire de contrôle afin d'assurer le respect des règles de la politique commune de la pêche (JOUE n° L 343 du 22 déc., Rect. JOUE n° L 149 du 16 juin), mod. par Règl. (UE) n°s 1379/2013 (art. 45) et 1380/2013 (art. 48-5) du 11 déc. 2013 (JOUE n° L 354 du 28 déc.), Règl. (UE) n° 1385/2013 du 17 déc. 2013, art. 5 (JOUE n° L 354 du 28 déc.), Règl. (UE) 2015/812 du 20 mai 2015 (JOUE n° L 133 du 29 mai), Règl. (UE) 2019/1241 du 20 juin 2019 (JOUE n° L 198 du 25 juill., Rect. JOUE n° L 200 du 29 juill.) ; Règl. d'exécution (UE) n° 404/2011 du 8 avr. 2011 portant modalités d'application du Règl. (CE) n° 1224/2009 (JOUE n° L 112 du 30 avr., Rect. JOUE n° L 328 du 10 déc., Rect. JOUE n° L 125 du 12 mai 2012), mod. par Règl. d'exécution (UE) 2015/1962 du 28 oct. 2015 (JOUE n° L 287 du 31 oct.) ; Décis. d'exécution (UE) 2016/706 de la Commission du 3 mai 2016 établissant la liste des inspecteurs de l'Union autorisés à effectuer des inspections conformément au règlement (CE) n° 1224/2009 du Conseil (JOUE n° L 122 du 12 mai) ; Règl. (UE) 2019/473 du Parlement européen et du Conseil du 19 mars 2019 sur l'Agence européenne de contrôle des pêches (JOUE n° L 83 du 25 mars).

BIBL. ► CURTIL, *RD rur. 2014. Dossier 15* (la réforme de la politique commune de la pêche).

PRODUCTION ET MARCHÉS

BIBL. ► ADAM, Réforme de la PAC, *L'Harmattan 2003*. – BAUDOUIN, *RD rur. 2009. Étude 13* (bilan de la PAC) ; *RD rur. 2010. Focus 1* (le traité de Lisbonne et la PAC). – BIANCHI, La politique agricole commune, *Bruylant 2e éd. 2012* ; *RD rur. 2014. Dossier 14* (rôle des institutions européennes et des États dans la gestion de la PAC après 2013). – BLUMANN, Politique agricole commune, droit communautaire agricole et agroalimentaire, *Litec 1996* ; *RD rur. 2013. Étude 14* (la politique agricole commune face aux nouveaux défis planétaires et européens). – COURADES, Le droit de la concurrence appliqué au secteur agricole, le cadre d'intervention des organisations économiques agricoles, *Thèse Paris I 2020*. – FOYER, *RD rur. 2007. Étude 1*. – GABORIAU et SORIN, *RD rur. 2007, n° 363* (règlement OCM unique : consolidation de l'existant ?). – GADBIN, *RD rur. 2009. Dossier 21* (agriculture et droit européen des affaires, l'irréductible droit communautaire agricole) ; *RD rur. 2011. Repère 7* (légitimité de la PAC en question) ; *RD rur. 2022. Étude 23* (réforme de la PAC : le projet de programme stratégique national aux prises avec les objectifs issus du Pacte vert). – GENCARELLI, *RDUE 2001. 666* (l'évolution du droit agricole communautaire). – HOCHART, La future PAC après 2013, *Avis et rapports du Conseil économique, social et environnemental mai 2011*. – PETIT, *RD rur. nov. 2006. 17* (de la dernière à la prochaine réforme de la PAC) ; *RD rur. 2014. Dossier 8* (18 nov. 2010-20 déc. 2013 : l'itinéraire au long cours de la réforme de la PAC 2014-2020) ; *RD rur. 2018. Étude 9* (règlement omnibus : simplification ou préfiguration de la PAC post-2020 ?) ; *RD rur. 2023. Dossier 13* (la PAC 2023-2027 : quelles ambitions ?). – ROCHDI, *RTD eur. 2005. 37* (la politique agricole commune dans le commerce mondial des produits agroalimentaires) ; *RD rur. 2023. Étude 2* (dispositions vitivinicoles de la PAC 2023-2027). – VELILLA, *RD rur. 2011. Étude 8* (PAC et cycle de Doha).

RÉP. EUR. v^is^ *Agriculture* et *Organisation commune de marchés*, par PETIT.

Code général des collectivités territoriales

Art. L. 2224-18 *(halles et marchés, droits de place) V. cet art. au* ***C. rur.***

Décret du 30 septembre 1928,

Portant institution d'une carte d'identité spéciale pour les personnes se livrant à des transactions dans les foires et marchés de bétail, à l'exception des producteurs et de leurs représentants. — V. ce texte au ***C. rur.***

Ordonnance n° 59-169 du 7 janvier 1959,

Instituant des sanctions en matière de transport de produits agricoles normalisés (D. 1959. 289). — V. ce texte au ***C. rur.***

Décret n° 61-664 du 27 juin 1961,

Relatif à la normalisation des produits agricoles alimentaires. — V. ce texte au ***C. rur.***

Règlement (UE) n° 1308/2013 du Parlement européen et du Conseil du 17 décembre 2013,

Portant organisation commune des marchés des produits agricoles et abrogeant les règlements (CEE) n° 922/72, (CEE) n° 234/79, (CE) n° 1037/2001 et (CE) n° 1234/2007 du Conseil (JOUE n° L 347 du 20 déc., Rect. JOUE n° L 251 du 1er oct. 2019, Rect. JOUE n° L 3 du 7 janv. 2021). — V. ce texte au **C. rur.**.

Le Règl. (UE) n° 1308/2013 abroge et remplace le Règl. (CE) n° 1234/2007 du 22 oct. 2007 à partir du 1er janv. 2014.

V. aussi Règl. (UE) n° 1370/2013 du Conseil du 16 déc. 2013 établissant les mesures relatives à la fixation de certaines aides et restitutions liées à l'organisation commune des marchés des produits agricoles établie par le Règl. (UE) n° 1308/2013 (JOUE n° L 346 du 20 déc., Rect. JOUE n° L 130 du 19 mai 2016), mod. par Règl. (UE) 2016/795 du 11 avr. 2016 (JOUE n° L 135 du 24 mai), Règl. (UE) 2016/2145 du 1er déc. 2016 (JOUE n° L 333 du 8 déc.) ; Règl. délégué (UE) 2017/1183 de la Commission du 20 avr. 2017 complétant les Règl. (UE) n° 1307/2013 et (UE) n° 1308/2013 en ce qui concerne la communication à la Commission d'informations et de documents (JOUE n° L 171 du 4 juill.) ; Règl. d'exécution (UE) 2017/1185 de la Commission du 20 avr. 2017 portant modalités d'application des Règl. (UE) n° 1307/2013 et (UE) n° 1308/2013 en ce qui concerne les notifications à la Commission d'informations et de documents (JOUE n° L 171 du 4 juill.), mod. par Règl. d'exécution (UE) 2019/1746 du 1er oct. 2019 (JOUE n° L 268 du 22 oct., Rect. JOUE n° L 155 du 18 mai 2020, Rect. JOUE n° L 230 du 17 juill. 2020, Rect. JOUE n° L 359 du 29 oct. 2020) ; Règl. délégué (UE) 2019/33 de la Commission du 17 oct. 2018 complétant le Règl. (UE) n° 1308/2013 en ce qui concerne les demandes de protection des appellations d'origine, des indications géographiques et des mentions traditionnelles dans le secteur vitivinicole, la procédure d'opposition, les restrictions d'utilisation, les modifications du cahier des charges, l'annulation de la protection, l'étiquetage et la présentation (JOUE n° L 9 du 11 janv. 2019, Rect. JOUE n° L 269 du 23 oct.), mod. par Règl. délégué (UE) 2021/1375 de la Commission du 11 juin 2021 (JOUE n° L 297 du 20 août) ; Règl. d'exécution (UE) 2019/34 de la Commission du 17 oct. 2018 portant modalités d'application du Règl. (UE) n° 1308/2013 en ce qui concerne les demandes de protection des appellations d'origine, des indications géographiques et des mentions traditionnelles dans le secteur vitivinicole, la procédure d'opposition, les modifications du cahier des charges, le registre des dénominations protégées, l'annulation de la protection et l'utilisation des symboles, et du Règl. (UE) n° 1306/2013 en ce qui concerne un système de contrôle approprié (JOUE n° L 9 du 11 janv. 2019) ; Règl. délégué (UE) 2020/760 de la Commission du 17 déc. 2019 complétant le règlement (UE) n° 1308/2013 en ce qui concerne les règles pour la gestion des contingents tarifaires d'importation et d'exportation soumis à des certificats et complétant le règlement (UE) n° 1306/2013 en ce qui concerne la constitution de garanties dans le cadre de la gestion des contingents tarifaires (JOUE n° L 185 du 12 juin 2020) ; Règl. d'exécution (UE) 2020/761 de la Commission du 17 déc. 2019 portant modalités d'application des règlements (UE) n° 1306/2013, (UE) n° 1308/2013 et (UE) n° 510/2014 en ce qui concerne le système de gestion des contingents tarifaires sur la base de certificats (JOUE n° L 185 du 12 juin 2020, Rect. JOUE n° L 214 du 17 juin 2021) ; Règl. délégué (UE) 2020/1987 de la Commission du 14 juill. 2020 complétant le Règl. (UE) n° 1308/2013 et le Règl. (UE) n° 1306/2013 en ce qui concerne la constitution et la libération des garanties dans le cadre de la gestion des contingents tarifaires sur la base de l'ordre chronologique de présentation des demandes (JOUE n° L 422 du 14 déc.) ; Règl. d'exécution (UE) 2020/1988 de la Commission du 11 nov. 2020 portant modalités d'application des règlements (UE) n° 1308/2013 et (UE) n° 510/2014 en ce qui concerne la gestion des contingents tarifaires d'importation conformément au principe du « premier arrivé, premier servi » (JOUE n° L 422 du 14 déc.) ; Règl. délégué (UE) 2023/1225 de la Commission du 22 juin 2023 relatif à des mesures temporaires exceptionnelles dérogeant à certaines dispositions du Règl. (UE) n° 1308/2013 en vue de remédier aux perturbations du marché dans le secteur vitivinicole dans certains États membres et dérogeant au règlement délégué (UE) 2016/1149 de la Commission (JOUE n° L 160 du 26 juin) ; Règl. d'exécution (UE) 2023/2466 de la Commission du 17 août 2023 portant modalités d'application du Règl. (UE) n° 1308/2013 en ce qui concerne les normes de commercialisation applicables aux œufs (JOUE L 8 nov.) ; Règl. délégué (UE) 2023/2835 de la Commission du 10 oct. 2023 complétant le Règl. (UE) n° 1308/2013 concernant les règles sur l'importation dans les secteurs du riz, des céréales, du sucre et du houblon (JOUE L 21 déc.).

BIBL. ▶ Gadbin, *RD rur. 2014. Dossier 9* (l'OCM unique : le déclin de la régulation publique des marchés) ; *RD rur. 2014. Dossier 10* (l'OCM unique : l'organisation économique des professions en première ligne). – Del Cont, *RD rur. 2015. Dossier 16* (contrats, concurrence et agriculture dans le règlement n° 1308/2013). – Courades, Le droit de la concurrence appliqué au secteur agricole : le cadre d'intervention des organisations économiques agricoles, *Thèse Paris I, 2020.*

Règlement (UE) 2021/2115 du Parlement européen et du Conseil du 2 décembre 2021,

Établissant des règles régissant l'aide aux plans stratégiques devant être établis par les États membres dans le cadre de la politique agricole commune (plans stratégiques relevant de la PAC) et financés par le Fonds européen agricole de garantie (FEAGA) et par le Fonds européen agricole pour le développement rural (Feader), et abrogeant les règlements (UE) n° 1305/2013 et (UE) n° 1307/2013 (JOUE n° L 435 du 6 déc., Rect. JOUE n° L 181 du 7 juill. 2022). — V. ce texte au **C. rur.** 🏛.

V. Règl. d'exécution (UE) 2021/2289 de la Commission du 21 déc. 2021 portant modalités d'application du Règl. (UE) 2021/2115 en ce qui concerne la présentation du contenu des plans stratégiques relevant de la PAC et le système électronique d'échange sécurisé d'informations (JOUE n° L 458 du 22 déc., Rect. JOUE n° L 156 du 9 juin 2022) ; Règl. d'exécution (UE) 2021/2290 de la Commission du 21 déc. 2021 établissant des règles relatives aux méthodes de calcul des indicateurs communs de réalisation et de résultat définis à l'annexe I du Règl. (UE) 2021/2115 (JOUE n° L 458 du 22 déc.) ; Règl. délégué (UE) 2022/126 de la Commission du 7 déc. 2021 complétant le Règl. (UE) 2021/2115 en ce qui concerne les exigences supplémentaires pour certains types d'intervention spécifiés par les États membres dans leurs plans stratégiques relevant de la PAC pour la période 2023-2027 au titre dudit règlement ainsi que les règles relatives au ratio concernant la norme 1 relative aux bonnes conditions agricoles et environnementales (BCAE) (JOUE n° L 20 du 31 janv. 2022), mod. par Règl. délégué (UE) 2023/330 du 22 nov. 2022 (JOUE n° L 44 du 14 févr. 2023) ; Règl. d'exécution (UE) 2022/129 de la Commission du 21 déc. 2021 fixant les règles applicables aux types d'interventions concernant les graines oléagineuses, le coton et les sous-produits de la vinification au titre du Règl. (UE) 2021/2115 et aux exigences en matière d'information, de publicité et de visibilité relatives au soutien de l'Union et aux plans stratégiques relevant de la PAC (JOUE n° L 20 du 31 janv. 2022) ; Règl. d'exécution (UE) 2022/1317 de la Commission du 27 juill. 2022 prévoyant des dérogations au Règl. (UE) 2021/2115 en ce qui concerne l'application des normes relatives aux bonnes conditions agricoles et environnementales des terres (normes BCAE) 7 et 8 pour l'année de demande 2023 (JOUE n° L 199 du 28 juill.) ; Règl. d'exécution (UE) 2022/1475 de la Commission du 6 sept. 2022 portant modalités d'application du Règl. (UE) 2021/2115 en ce qui concerne l'évaluation des plans stratégiques relevant de la PAC et la communication d'informations à des fins de suivi et d'évaluation (JOUE n° L 232 du 7 sept.), mod. par Règl. d'exécution (UE) 2023/2157 du 17 oct. 2023 (JOUE L 18 oct.) ; Règl. délégué (UE) 2023/370 de la Commission du 13 déc. 2022 complétant le Règl. (UE) 2021/2115 en ce qui concerne les procédures, les délais de présentation par les États membres des demandes de modification des plans stratégiques relevant de la PAC et les autres cas pour lesquels le nombre maximal de modifications desdits plans ne s'applique pas (JOUE n° L 51 du 20 févr.) ; Règl. d'exécution (UE) 2023/1620 de la Commission du 8 août 2023 relatif à des mesures d'urgence temporaires dérogeant, pour l'année 2023, à certaines dispositions du Règl. (UE) 2021/2115 en vue de résoudre des problèmes spécifiques dans le secteur des fruits et légumes provoqués par des phénomènes climatiques défavorables et des mesures y afférentes (JOUE n° L 199 du 9 août) ; Règl. d'exécution (UE) 2024/587 de la Commission du 12 févr. 2024 prévoyant une dérogation au Règl. (UE) 2021/2115 en ce qui concerne l'application de la norme relative aux bonnes conditions agricoles et environnementales des terres (norme BCAE 8), les dates d'éligibilité des dépenses admissibles au bénéfice d'une contribution du FEAGA et les règles concernant les modifications des plans stratégiques relevant de la PAC liées aux modifications de certains éco-régimes pour l'année de demande 2024 (JOUE L 13 févr.).

BIBL. ▸ Gadbin, *RD rur. 2022. Étude 23* (réforme de la PAC : le projet de programme stratégique national aux prises avec les objectifs issus du Pacte vert) ; *ibid. 2023. Dossier 15* (le PSN de la France, vers un hypothétique développement durable de l'agriculture). – Petit, *RD rur. 2023, n° 86* (faut-il réduire le cheptel bovin en France ?). – *DP entr. agric., Bull. n° 566-1* (le PSN français pour la PAC 2023-2027).

Règlement (UE) 2021/2116 du Parlement européen et du Conseil du 2 décembre 2021,

Relatif au financement, à la gestion et au suivi de la politique agricole commune et abrogeant le règlement (UE) n° 1306/2013 (JOUE n° L 435 du 6 déc., Rect. JOUE n° L 29 du 10 févr. 2022). — V. ce texte au **C. rur.** 🏛.

V. aussi Règl. délégué (UE) 2022/127 de la Commission du 7 déc. 2021 complétant le Règl. (UE) 2021/2116 en ce qui concerne les organismes payeurs et autres entités, la gestion financière, l'apurement des comptes, les garanties et l'utilisation de l'euro (JOUE n° L 20 du 31 janv. 2022), mod. par Règl. délégué (UE) 2023/57 du 31 oct. 2022 (JOUE n° L 5 du 6 janv. 2023), Règl. délégué (UE) 2023/1309 du 26 avr. 2023 (JOUE n° L 162 du 28 juin), Règl. délégué (UE) 2023/1448 du 10 mai 2023 (JOUE n° L 179 du 14 juill.) ; Règl. d'exécution (UE) 2022/128 de la Commission du 21 déc. 2021 portant modalités d'application du Règl. (UE) 2021/2116 en ce qui concerne les organismes payeurs et autres entités, la gestion financière, l'apurement des comptes, les contrôles, les garanties et la transparence (JOUE n° L 20 du 31 janv. 2022, Rect. JOUE L 24 nov. 2023), mod. par Règl. d'exécution (UE) 2023/2155 du 17 oct. 2023 (JOUE L 18 oct.) ; Règl. délégué (UE) 2022/1172 de la Commission du 4 mai 2022 complétant le Règl. (UE) 2021/2116 en ce qui concerne le système intégré de gestion et de contrôle lié à la politique agricole commune et l'application et le calcul des sanctions administratives en matière de conditionnalité (JOUE n° L 183 du 8 juill.), mod. par Règl. délégué (UE) 2023/744 de la Commission du 2 févr. 2023 (JOUE n° L 99 du 12 avr.) ; Règl. d'exécution (UE) 2022/1173 de la Commission du 31 mai 2022 établissant les modalités d'application du Règl. (UE) 2021/2116 en ce qui concerne le système intégré de gestion et de contrôle dans la politique agricole commune (JOUE n° L 183 du 8 juill.).

QUALITÉ DES PRODUITS AGRICOLES

BIBL. GÉN. ▸ Bianchi, *RD rur. 2017. Étude 8* (politique européenne de qualité des produits agroalimentaires et sophistication réglementaire). – Chaltiel, *LPA 7 sept. 2004. p. 3.* – Fontaine, *RD rur. 2022. Étude 27* (les spécialités traditionnelles garanties, quel avenir pour ces signes européens de la qualité ?). – Gadbin, *RD rur. 2011. Dossier 22* (le Livre vert de la Commission sur la qualité des produits agricoles). – Gencarelli, *Rev. Dr. Union européenne, 4. 2005, p. 761* (signes distinctifs de qualité dans le secteur agroalimentaire et droit communautaire). – Lecerf et Durodez, *JCP E 1994. I. 402.* – Robbe et Millard, *RD rur. 2014. Étude 17* (protection des mentions traditionnelles). – Rochard, *RD rur. 1996. 362.* – Salignon, *Rev. Marché unique eur. 1994, n° 4, p. 107.*

▸ Sur les règlements du 20 mars 2006 : Chaltiel, *CCC juill. 2006. 12* (protection de l'identité des produits en Europe). – Olszak, *RD rur. mai 2006. 9* (nouveaux règlements sur AO, IGP et STG).

RÉP. EUR. v° *Appellations d'origine,* par Grynfogel.

Décret n° 2002-631 du 25 avril 2002,

Relatif à la qualification des exploitations agricoles au titre de l'agriculture raisonnée (JO 28 avr.). — V. ce texte au ***C. rur.*** *🏛.*

Arrêté du 30 avril 2002,

Relatif au référentiel de l'agriculture raisonnée (JO 4 mai). — V. ce texte au ***C. rur.*** *🏛.*

Décret n° 2004-293 du 26 mars 2004,

Relatif aux conditions d'utilisation du qualificatif "agriculture raisonnée" (JO 28 mars). — V. ce texte au ***C. rur.*** *🏛.*

Règlement (UE) n° 1151/2012 du Parlement européen et du Conseil du 21 novembre 2012,

Relatif aux systèmes de qualité applicables aux produits agricoles et aux denrées alimentaires (JOUE n° L 343 du 14 déc., Rect. JOUE n° L 55 du 27 févr. 2013). — V. ce texte au ***C. rur.*** *🏛.*

Le Règl. (UE) n° 1151/2012 abroge les deux Règl. (CE) du 20 mars 2006 n° 509/2006 relatif aux spécialités traditionnelles garanties des produits agricoles et des denrées alimentaires et n° 510/2006 relatif à la protection des indications géographiques et des appellations d'origine des produits agricoles et des denrées alimentaires.

V. aussi Règl. délégué (UE) n° 664/2014 de la Commission du 18 déc. 2013 complétant le Règl. (UE) n° 1151/2012 en ce qui concerne l'établissement des symboles de l'Union pour les appellations d'origine protégées, les indications géographiques protégées et les spécialités traditionnelles garanties et en ce qui concerne certaines règles relatives à la provenance, certaines règles procédurales et certaines règles transitoires supplémentaires (JOUE n° L 179 du 19 juin), mod. par Règl. délégué (UE) 2022/891 de la Commission du 1er avr. 2022 (JOUE n° L 155 du 8 juin) ; Règl. d'exécution (UE) n° 668/2014 de la Commission du 13 juin 2014 portant modalités d'application du Règl. (UE) n° 1151/2012 (JOUE n° L 179 du 19 juin, Rect. JOUE n° L 39 du 14 févr. 2015), mod. par Règl. d'exécution (UE) 2022/892 de la Commission du 1er avr. 2022 (JOUE n° L 155 du 8 juin, Rect. JOUE n° L 192 du 21 juill., Rect. JOUE n° L 310 du 1er déc.).

TABLE CHRONOLOGIQUE

NOTA. Avant la table chronologique proprement dite, on trouvera ci-dessous la liste des différents codes reproduits en extraits dans le présent ouvrage.

Code civil

– Art. 564 *(propriété des animaux)*, reproduit par C. rur., art. L. 211-4.
– Art. 703 *(servitudes sur les fonds remembrés)*, reproduit par C. rur., art. L. 123-14.
– Art. 1714 à 1751-1 *(règles communes aux baux)*, App., v° *Baux ruraux*, .
– Art. 1764 à 1778 *(baux à ferme)*, App., v° *Baux ruraux*, .
– Art. 2331 (4°) *(créances nées à l'occasion d'un accord professionnel à long terme)*, reproduit par C. rur., art. L. 631-15.

Code de commerce

– Art. L. 642-1 *(redressement judiciaire, cession du droit à un bail rural)*, App., v° *Baux ruraux*, .

Code général des collectivités territoriales

– Art. L. 2224-18 *(halles et marchés, droits de place)*, App., v° *Production et marchés*, .
– Art. L. 2331-11 *(taxes locales)*, reproduit par C. rur., art. L. 161-7.
– Art. L. 4424-33 *(développement agricole et rural de la Corse)*, reproduit par C. rur., art. L. 112-10.

Code général des impôts

– Art. 730 *ter (cession de parts de GFA)*, reproduit par C. rur., art. L. 322-17.
– Art. 746, 748 *bis* et 750 *bis (partage d'un GFA)*, reproduits par C. rur., art. L. 322-14.
– Art. 810-I *(apports à un GFA)*, reproduit par C. rur., art. L. 322-15.
– Art. 1021 *(actes relatifs à l'entretien des canaux d'irrigation)*, reproduit par C. rur., art. L. 152-11.
– Art. 1023 *(actes relatifs au remembrement)*, reproduit par C. rur., art. L. 127-2.
– Art. 1025, al. 1er *(actes relatifs aux terres incultes)*, reproduit par C. rur., art. L. 125-14.
– Art. 1028 *quater (mise à disposition d'immeubles aux SAFER)*, reproduit par C. rur., art. L. 142-6.
– Art. 1045-I *(servitude de passage des conduites d'irrigation)*, reproduit par C. rur., art. L. 152-5.

Code général de la propriété des personnes publiques

– Art. R. 3211-24 *(cession des immeubles domaniaux aux SAFER)*, ss. C. rur., art. R. 142-10.

Code de procédure civile

– Art. 880 à 898-1, App., v° *Baux ruraux*, .

Code rural ancien

– Art. 317 *(vétérinaire)*, 357 *(contrôle sanitaire)*, 545-2 *(chambres d'agriculture)*, 661, 662 *(garantie sur récoltes de vin)*, 1107 *(assurance vieillesse)*, 1207, 1211 à 1215, 1228, 1253 à 1255 *(accidents du travail)*, 1261 *(coordination des régimes d'assurances)*, ss. C. rur., art. R. 958-34.

Livre des procédures fiscales

– Art. L. 164 *(dérogations au secret fiscal au profit des SAFER)*, reproduit par C. rur., art. L. 143-9.

1889	19 févr.	Loi. Restriction du privilège du bailleur d'un fonds rural, App., v° *Baux ruraux*, .
1891	5 nov.	Décret. Interdiction de l'emploi de la dynamite comme procédé de pêche, App., v° *Pêche maritime et aquaculture marine*, .
1897	8 févr.	Loi. Domaines congéables. – Art. 5, App., v° *Baux ruraux*, .
1928	30 sept.	Décret. Carte d'identité des commerçants des foires et marchés de bétail, App., v° *Production et marchés*, .
1943	28 mai	Loi. Application aux étrangers des lois en matière de baux à loyer et de baux à ferme, App., v° *Baux ruraux*, .
1957	25 mars	Traité de Rome. Fonctionnement de l'Union européenne. – Art. 38 à 44, App., v° *Concurrence*, .
1959	7 janv.	Ordonnance n° 59-169. Transport de produits agricoles normalisés, App., v° *Production et marchés*, .
1961	27 juin	Décret n° 61-664. Normalisation des produits alimentaires, App., v° *Production et marchés*, .
1970	23 déc.	Loi n° 70-1264. Contrôle international des pêches maritimes, App., v° *Pêche maritime et aquaculture marine*, .
1973	14 mars	Décret n° 73-372. Contrôle international des pêches maritimes, App., v° *Pêche maritime et aquaculture marine*, .
1980	11 juill.	Décret n° 80-560. Enseignement, formation professionnelle, développement agricoles et recherche agronomique. – V. C. rur., art. L. 811-1 s.
1980	11 juill.	Décret n° 80-561. Enseignement, formation professionnelle, développement agricoles et recherche agronomique. – V. C rur., art. R. 811-1 s.
1981	18 mars	Décret n° 81-254. Centre national d'études agronomiques des régions chaudes. – V. C. rur., art. D. 814-44 à R. 814-61.
1981	18 mars	Décret n° 81-276. Chambres d'agriculture, organismes professionnels agricoles et jardins familiaux. – V. C. rur., art. L. 511-1 s.
1981	18 mars	Décret n° 81-277. Chambres d'agriculture, organismes professionnels agricoles et jardins familiaux. – V. C. rur., art. D. 511-1 s.
1982	3 août	Décret n° 82-688. Chambres d'agriculture. – V. C. rur., art. R. 511-6, R. 511-8 à R. 511-40, R. 511-42, R. 511-50 à R. 511-53, D. 511-63, D. 512-1, R. 512-4, D. 512-8.
1983	16 mars	Décret n° 83-212. Baux ruraux. – V. C. rur., art. L. 411-1 s.
1983	16 mars	Décret n° 83-213. Baux ruraux. – V. C. rur., art. R. 411-1 s.
1984	9 févr.	Décret n° 84-96. Déconcentration en matière forestière et agricole. – Art. 13 à 37. – V. C. rur., art. D. 511-61, D. 511-71, R. 511-75, R. 511-76, R. 511-89, D. 512-8.
1984	19 mars	Décret n° 84-195. Modification des articles R. 812-2 et R. 813-10 du code rural. – V. C. rur., art. R. 812-2, R. 813-10.

1984	1er août	Loi n° 84-741. Structures des exploitations agricoles et statut du fermage. – V. C. rur., art. L. 411-1, L. 411-3, L. 411-4, L. 411-6, L. 411-29, L. 411-39, L. 411-71, L. 415-10, L. 416-5, L. 416-8, L. 417-11.
1984	14 déc.	Décret n° 84-1120. INRA. – V. C. rur., art. R. 831-5, R. 831-7, R. 831-14.
1985	3 janv.	Loi n° 85-10. Dispositions d'ordre social. – Art. 48. – V. C. rur., art. L. 515-1 à L. 515-5.
1985	9 janv.	Loi n° 85-30. Montagne, App., v° *Montagne*, ⌂.
1985	1er mars	Décret n° 85-295. Prévention et règlement des difficultés des entreprises. – Art. 27 à 32. – V. C. rur., art. R.* 524-32, R. 531-6, R. 531-7.
1985	12 juill.	Loi n° 85-703. Activités d'économie sociale. – Art. 6, 7. – V. C. rur., art. L. 523-8, L. 531-1.
1986	14 mars	Décret n° 86-484. Développement agricole. – V. C. rur., art. R. 511-4.
1986	18 mars	Convention européenne de Strasbourg. Expérimentation sur animaux. – V. avant C. rur., art. R. 214-87.
1986	28 juill.	Décret n° 86-881. Comité technique départemental. – V. C. rur., art. R. 411-20 à R. 411-27.
1986	17 oct.	Décret n° 86-1122. Chambres d'agriculture. – V. C. rur., art. D. 511-1, D. 511-57, D. 511-58.
1986	17 oct.	Décret n° 86-1123. Chambres d'agriculture. – V. C. rur., art. D. 511-2.
1986	17 oct.	Décret n° 86-1124. Régime financier et comptable des chambres d'agriculture. – V. C. rur., art. D. 511-71, R. 511-82, D. 512-8.
1986	17 oct.	Décret n° 86-1126. Services d'utilité agricole interchambres d'agriculture. – V. C. rur., art. D. 512-9 à D. 512-11.
1987	13 nov.	Convention européenne pour la protection des animaux de compagnie. – V. avant C. rur., art. L. 214-6.
1987	24 déc.	Décret n° 87-1058. Chambres d'agriculture. – V. C. rur., art. R. 511-6 à R. 511-8, R. 511-24, R. 511-33, R. 511-42, R. 512-3 à R. 512-5.
1988	12 août	Décret n° 88-877. Chambres d'agriculture. – V. C. rur., art. R. 511-9, R. 511-12, R. 511-44.
1988	29 nov.	Décret n° 88-1070. Chambres d'agriculture. – V. C. rur., art. R. 511-6, R. 511-43, R. 512-3.
1988	30 déc.	Loi n° 88-1202. Exploitation agricole. – Art. 4, 10, 12 à 19. – V. C. rur., art. L. 411-6, L. 411-11, L. 411-35, L. 411-37, L. 411-73, L. 412-5, L. 412-8, L. 417-11, L. 441-1, L. 521-3.
1990	23 janv.	Loi n° 90-85. Exploitation agricole. – Art. 37, 38, 41 à 43, 45, 58, 59, 88. – V. C. rur., art. L. 411-30, L. 411-46, L. 411-64, L. 411-75, L. 411-76, L. 481-1.

1990	5 févr.	Décret n° 90-120. Modifications des articles R. 411-1 et R. 411-18 du code rural. – V. C. rur., art. R. 411-18.
1990	13 juill.	Décret n° 90-648. INRA. – V. C. rur., art. R. 831-5.
1990	25 sept.	Décret n° 90-870. Mandat et indemnisation des membres des chambres d'agriculture. – V. C. rur., art. D. 511-55, D. 511-61, R. 511-85.
1991	3 janv.	Loi n° 91-5. Agriculture et forêt. – Art. 1er à 5, 7 à 11, 15, 26, 27, 35, 36. – V. C. rur., art. L. 411-9, L. 411-17, L. 522-2-1, L. 522-3, L. 523-5-1, L. 523-10 à L. 523-13, L. 533-1, L. 534-1, L. 535-5, L. 554-1.
1991	15 avr.	Loi n° 91-363. Partie législative des livres II, IV et V du code rural. – Art. 3. – V. C. rur., art. L. 441-8.
1991	12 déc.	Directive n° 91/676/CE du Conseil. Pollution des eaux par les nitrates, App., v° *Environnement*, 🏛.
1992	13 juill.	Loi n° 92-643. Modernisation des entreprises coopératives. – Art. 64 à 67. – V. C. rur., art. L. 521-3, L. 522-3, L. 523-1, L. 523-2-1, L. 524-1, L. 524-6, L. 531-1, L. 534-1.
1992	11 déc.	Loi n° 92-1283. Nouveau code rural. – V. C. rur., art. L. 111-1 s.
1992	11 déc.	Décret n° 92-1290. Nouveau code rural. – V. C. rur., art. D. 111-1 s.
1992	24 déc.	Décret n° 92-1363. Organismes coopératifs agricoles. – V. C. rur., art. R.* 523-6, R.* 523-7, R. 523-9, R. 527-9, R.* 531-1, R. 532-6, R. 533-1, R.* 534-1.
1993	8 janv.	Loi n° 93-24. Protection et mise en valeur des paysages. – Art. 2, 9 à 15, 17 à 19. – V. C. rur., art. L. 121-1, L. 121-3, L. 121-4, L. 121-8, L. 121-11, L. 121-19, L. 121-22, L. 133-2.
1993	22 juill.	Loi n° 93-934. Nouveau code rural. – V. C. rur., art. L. 151-36, L. 311-1 s.
1993	22 juill.	Loi n° 93-935. Nouveau code rural. Livre VIII. – V. C. rur., art. L. 810-1 s.
1993	18 août	Décret n° 93-1009. SAFER. – V. C. rur., art. D. 141-2, R. 141-9.
1993	26 août	Décret n° 93-1033. Budget de l'assemblée permanente des chambres d'agriculture. – V. C. rur., art. D. 513-22.
1994	10 févr.	Loi n° 94-114. Dispositions concernant l'agriculture. – Art. 33. – V. C. rur., art. L. 353-1.
1994	10 juin	Loi n° 94-475. Prévention et traitement des difficultés des entreprises. – Art. 10. – V. C. rur., art. L. 351-5.
1994	12 août	Décret n° 94-711. Emprunts des chambres d'agriculture. – V. C. rur., art. D. 512-11.
1994	30 déc.	Décret n° 94-1224. École nationale supérieure d'horticulture. – V. C. rur., art. R. 814-6.

1995	2 janv.	Loi n° 95-2. Prix des fermages. – Art. 1er, 2. – V. C. rur., art. L. 411-11, L. 411-12.
1995	27 janv.	Décret n° 95-88. Aménagement foncier. – Art. 1er à 15. – V. C. rur., art. R.* 121-1, R.* 121-7, R. 121-20 à R. 121-22, R. 121-24, R. 121-25, R.* 121-29 à R. 121-31, R. 123-8-1, R. 123-10.
1995	1er févr.	Loi n° 95-95. Modernisation de l'agriculture. – Art. 3, 10 à 14, 22 à 24, 27, 32, 33, 44, 47-I, 48 à 50, 52-I à III et V, 54 à 56-I, 77-II et III. – V. C. rur., art. L. 113-2, L. 121-3, L. 121-4, L. 121-8, L. 121-19, L. 123-4, L. 123-25, L. 123-26, L. 135-2, L. 136-1, L. 136-12, L. 142-6, L. 313-2, L. 321-5, L. 322-1, L. 322-18, L. 322-22, L. 322-23, L. 341-3, L. 411-35, L. 411-75.
1995	2 févr.	Loi n° 95-101. Protection de l'environnement. – Art. 33, 34, 45, 54. – V. C. rur., art. L. 126-1, L. 411-28, L. 564-1 à L. 564-3.
1995	4 févr.	Loi n° 95-115. Aménagement du territoire. – Art. 38. – V. C. rur., art. L. 112-16, L. 112-17.
1995	9 mars	Décret n° 95-274. Chambres d'agriculture. – V. C. rur., art. D. 512-7.
1995	28 avr.	Décret n° 95-488. Boisements linéaires, haies et plantations d'alignement susceptibles d'être protégés. – V. C. rur., art. R. 126-15 à R. 126-17.
1995	6 mai	Décret n° 95-623. Modalités de calcul et variation de l'indice des fermages. – Art. 1er. – V. C. rur., art. R. 411-9-5 à R. 411-9-11.
1995	6 mai	Décret n° 95-624. Prix du bail. – V. C. rur., art. R. 411-1 à R. 411-8.
1996	15 mars	Décret n° 96-205. Partie réglementaire du livre III du code rural. – V. C. rur., art. R. 313-1 à R. 361-52.
1996	12 avr.	Loi n° 96-314. Dispositions d'ordre économique et financier. – Art. 67. – V. C. rur., art. L. 121-24.
1996	26 avr.	Décret n° 96-405. Modification du livre VIII du code rural. – V. C. rur., art. R. 811-1 à R. 814-26.
1996	2 mai	Décret n° 96-373. Application des articles 10 et 15 de la loi n° 95-95 du 1er février 1995 de modernisation de l'agriculture. – V. C. rur., art. R.* 113-4, R.* 113-5, R. 141-3, D. 354-7.
1996	29 mai	Décret n° 96-462. Aides à l'installation des jeunes agriculteurs. – V. C. rur., art. D. 343-5, D. 343-9, D. 343-12, D. 343-13, D. 343-18.
1996	18 juin	Décret n° 96-548. Procédures d'aménagement foncier. – V. C. rur., art. R. 121-27, R. 121-33 à R. 121-35, R. 123-30 à R. 123-43, R. 126-15, R. 126-16.
1997	10 févr.	Décret n° 97-118. Modifications des articles R. 343-33 et R. 344-28 à R. 344-30 du code rural. – V. C. rur., art. D. 343-33.
1997	27 févr.	Décret n° 97-197. Prêts spéciaux d'élevage. – V. C. rur., art. D. 347-2, D. 347-7-1.

1997	3 avr.	Décret n° 97-305. Chambres d'agriculture et Fonds national d'aide à la gestion de l'emploi. – V. C. rur., art. D. 514-5 à D. 514-15.
1997	21 mai	Décret n° 97-503. Simplification administrative. – Art. 4 à 10. – V. C. rur., art. D. 511-71, R.* 534-2, R.* 534-3.
1997	18 nov.	Loi n° 97-1051. Pêche maritime et cultures marines. – Art. 40, 41. – V. C. rur., art. L. 311-1, L. 325-1.
1997	24 déc.	Décret n° 97-1203. Déconcentration des décisions administratives individuelles. – Art. 3. – V. C. rur., art. R. 527-4.
1998	6 mars	Décret n° 98-142. Aides à la transmission des exploitations agricoles. – V. C. rur., art. D. 343-34 à D. 343-36.
1998	2 juill.	Loi n° 98-546. Dispositions d'ordre économique et financier. – Art. 66. – V. C. rur., art. L. 112-16.
1998	8 juill.	Loi n° 98-565. Partie législative du livre VI du code rural. – Art. 1er. – V. C. rur., art. L. 611-1 s.
1998	9 juill.	Décret n° 98-591. Modification de l'article R. 323-32 du code rural. – V. C. rur., art. R. 323-32.
1998	2 sept.	Ordonnance n° 98-776. Chambres d'agriculture de Nouvelle-Calédonie et de Polynésie française. – V. C. rur., art. L. 513-3.
1999	15 avr.	Décret n° 99-297. Indemnisation des membres des chambres d'agriculture. – V. C. rur., art. R. 511-85, D. 513-29.
1999	25 juin	Loi n° 99-533. Aménagement du territoire. – Art. 29-II. – V. C. rur., art. L. 161-2, L. 161-10-1.
1999	9 juill.	Loi n° 99-574. Orientation agricole : – Art. 2. – V. ss. C. rur., art. L. 121-8. – Art. 4 à 17, 19 à 22, 25-I, 35, 46, 59, 60, 62 à 64, 67 à 70, 72, 75 à 81, 83-II, 84, 85-III, 86, 87, 89, 90, 97-III, 104, 105, 107, 108, 111 à 117, 118 à 122, 124 à 138. – V. C. rur., art. L. 111-1 à L. 111-3, L. 112-2, L. 112-3, L. 121-24, L. 121-25, L. 123-17, L. 135-3-1, L. 135-4, L. 136-7-1, L. 136-8, L. 141-1, L. 142-5, L. 321-5, L. 321-21-1, L. 331-4 à L. 331-11, L. 341-1, L. 411-1, L. 411-27, L. 411-37, L. 411-57, L. 411-69, L. 411-71, L. 411-73, L. 511-4-1, L. 513-1, L. 513-4, L. 522-1, L. 522-2, L. 524-6, L. 528-1, L. 611-1, L. 621-1, L. 621-3, L. 632-4, L. 632-6, L. 632-8-1, L. 811-1, L. 811-2, L. 811-4-1, L. 811-8, L. 811-10, L. 812-1, L. 812-3, L. 813-1, L. 813-2, L. 814-1, L. 814-2, L. 814-5, L. 820-1 à L. 820-5, L. 830-1.
1999	26 août	Décret n° 99-731. Commission départementale d'orientation de l'agriculture. – V. C. rur., art. R. 313-3.
1999	14 sept.	Décret n° 99-813. Formation des ingénieurs agronomes. – V. C. rur., art. R. 812-23.
1999	15 sept.	Décret n° 99-816. Chambres d'agriculture. – V. C. rur., art. D. 511-64.

1999	29 déc.	Loi n° 99-1140. De financement de la sécurité sociale pour 2000. – Art. 18. – V. C. rur., art. L. 353-1.
1999	30 déc.	Loi n° 99-1172. De finances pour 2000. – Art. 116-II. – V. C. rur., art. L. 321-5.
2000	19 janv.	Décret n° 2000-54. Commission des recours (contrôle des structures). – V. C. rur., art. R. 331-8 à R. 331-12.
2000	6 avr.	Décret n° 2000-323. Conseil national de l'enseignement supérieur et de la recherche agricole, agroalimentaire et vétérinaire. – V. C. rur., art. R. 812-2, R. 814-10 à R. 814-42.
2000	22 juin	Décret n° 2000-554. Élection des membres des chambres d'agriculture. – V. C. rur., art. R. 511-6 à R. 511-12, R. 511-15, R. 511-17, R. 511-20 à R. 511-23, R. 511-27 à R. 511-30, R. 511-33, R. 511-37, R. 511-42, R. 511-50, R. 511-51, R. 511-53, D. 511-54, D. 511-63, R. 511-84.
2000	10 juill.	Décret n° 2000-671. Sociétés d'aménagement foncier et d'établissement rural. – V. C. rur., art. R. 141-1, R. 141-3 à R. 141-7, R. 141-11, R. 141-12, R. 142-1 à R. 142-5, R. 143-8, R. 143-11, R. 143-13.
2000	30 déc.	Loi n° 2000-1352. De finances pour 2001. – Art. 39-III, 97 à 99, 101 à 103-I. – V. C. rur., art. L. 321-5, L. 724-9, L. 731-11, L. 731-42, L. 732-24, L. 732-34, L. 732-35.
2000	30 déc.	Loi n° 2000-1353. De finances rectificative pour 2000. – Art. 34. – V. C. rur., art. L. 514-1.
2001	4 janv.	Loi n° 2001-6. Santé des animaux et qualité sanitaire des denrées d'origine animale. – V. C. rur., art. L. 231-2, L. 234-4, L. 236-6, L. 241-6 à L. 241-12, L. 242-3, L. 251-18-1.
2001	16 janv.	Décret n° 2001-47. Établissements publics locaux d'enseignement et de formation professionnelle agricoles. – V. C. rur., art. R. 811-4 à R. 811-47-3.
2001	19 févr.	Loi n° 2001-152. Épargne salariale. – Art. 13. – V. C. rur., art. L. 523-13.
2001	20 mars	Décret n° 2001-244. Affectation de l'espace agricole et forestier. – V. C. rur., art. R. 112-1-1 à R. 112-1-10.
2001	11 avr.	Ordonnance n° 2001-313. Médicaments vétérinaires. – Art. 22. – V. C. rur., art. L. 234-2.
2001	11 avr.	Décret n° 2001-318. Adaptation de la valeur en euros de certains montants exprimés en francs dans le code rural et le code forestier. – Art. 1er à 4. – V. C. rur., art. R. 141-1, D. 141-2, R. 323-27, R. 811-95.
2001	21 juin	Décret n° 2001-535. Agriculture de montagne et des autres zones défavorisées. – V. C. rur., art. D. 113-18 à D. 113-21.
2001	9 juill.	Loi n° 2001-602. Loi d'orientation sur la forêt : – Art. 8, 14, 19, 22, 26, 28, 30-I à IV, 33-XX, 59, 72-2°. – V. C. rur., art. L. 121-5-1, L. 121-9, L. 121-24, L. 126-1, L. 151-36, L. 151-38, L. 151-38-1, L. 171-1, L. 632-5, L. 722-3, L. 731-13, L. 761-4-1.

		– Art. 32, App., v° *Montagne*, 🏛.
2001	9 juill.	Décret n° 2001-611. Aménagement foncier rural. – V. C. rur., art. R. 123-8, R. 123-31, R. 123-34, R. 123-43 à R. 123-45.
2001	30 juill.	Décret n° 2001-687. Exercice de la tutelle sur certains établissements publics à caractère scientifique et technologique. – V. C. rur., art. R. 831-7.
2001	15 nov.	Loi n° 2001-1062. Sécurité quotidienne. – Art. 45, 47. – V. C. rur., art. L. 211-11, L. 215-3-1.
2001	30 nov.	Loi n° 2001-1128. Amélioration de la couverture des non-salariés agricoles contre les accidents du travail et les maladies professionnelles. – Art. 1er à 11, 14. – V. C. rur., art. L. 722-8, L. 722-10, L. 722-19, L. 723-3, L. 723-11, L. 723-35, L. 723-38, L. 724-7, L. 724-8, L. 725-1, L. 725-7, L. 731-38, L. 732-3, L. 752-1 à L. 752-32, L. 753-1, L. 753-8, L. 753-20, L. 761-13, L. 761-20.
2001	21 déc.	Loi n° 2001-1246. De financement de la sécurité sociale pour 2002. – Art. 8-II, 15-III, 55-XVIII, 56-IV, 63-II, 73-II, 73-IV. – V. C. rur., art. L. 732-12-1, L. 732-13, L. 732-21.
2001	28 déc.	Loi n° 2001-1275. De finances pour 2002 : – Art. 83, 117, 120, 122. – V. C. rur., art. L. 731-35, L. 732-8, L. 732-24, L. 732-30 à L. 732-33, L. 732-35. – Art. 124. – V. ss. C. rur., art. L. 121-8.
2001	28 déc.	Loi n° 2001-1276. De finances rectificative pour 2001. – Art. 74. – V. C. rur., art. L. 722-10.
2002	2 janv.	Loi n° 2002-1. Statut des sociétés d'économie mixte locales. – Art. 16. – V. C. rur., art. L. 112-9.
2002	17 janv.	Loi n° 2002-73. Modernisation sociale. – Art. 22-I, 24, 26 à 34, 37-I à IV, 200-II et III. – V. C. rur., art. L. 722-1, L. 722-20, L. 723-3, L. 723-11, L. 723-15 à L. 723-19, L. 723-21, L. 723-28 à L. 723-30, L. 723-35, L. 723-36-1, L. 741-23, L. 751-24, L. 761-5, L. 761-10-1, L. 761-15, L. 761-21.
2002	22 janv.	Loi n° 2002-92. Corse. – Art. 3-II-E-5, 20, 41, 45-II, 46. – V. C. rur., art. L. 112-10, L. 112-11, L. 112-12, L. 112-14, L. 314-1, L. 314-1-1.
2002	14 févr.	Décret n° 2002-227. Aliénation des chemins ruraux. – V. C. rur., art. R. 161-25 à R. 161-27.
2002	4 mars	Loi n° 2002-308. Régime de retraite complémentaire obligatoire pour les non-salariés agricoles. – V. C. rur., art. L. 723-3, L. 724-7, L. 732-56 à L. 732-62.
2002	25 avr.	Décret n° 2002-631. Qualification des exploitations agricoles au titre de l'agriculture raisonnée, App., v° *Qualité des produits agricoles*, 🏛.
2002	30 avr.	Arrêté. Référentiel de l'agriculture raisonnée, App., v° *Qualité des produits agricoles*, 🏛.

2002	4 juill.	Décret n° 2002-955. Compétences des préfets coordonnateurs de massif. – Art. 3 à 5, App., v° *Montagne*, 🏛.
2002	20 déc.	Loi n° 2002-1487. De financement de la sécurité sociale pour 2003. – Art. 29-X, 46-II. – V. C. rur., art. L. 732-5, L. 732-39.
2002	30 déc.	Loi n° 2002-1575. De finances pour 2003. – Art. 113. – V. C. rur., art. L. 732-60.
2003	17 janv.	Loi n° 2003-47. Salaires, temps de travail et développement de l'emploi. – Art. 7, 11-III. – V. C. rur., art. L. 741-4, L. 741-15, L. 751-17.
2003	12 mars	Décret n° 2003-237. Plantations d'essences forestières. – V. C. rur., art. R. 126-1 à R. 126-4, R. 126-6 à R. 126-20.
2003	19 juin	Décret n° 2003-531. Échanges et cessions d'immeubles forestiers. – Art. 1er. – V. C. rur., art. R. 121-33, R.* 121-35-1.
2003	2 juill.	Loi n° 2003-591. Habilitation du Gouvernement à simplifier le droit. – Art. 31. – V. C. rur., art. L. 231-2-1, L. 236-9, L. 723-15.
2003	30 juill.	Loi n° 2003-699. Prévention des risques technologiques et naturels. – Art. 49-II, 50, 54, 55-I. – V. C. rur., art. L. 114-1 à L. 114-3, L. 151-36, L. 151-37, L. 151-37-1, L. 411-79.
2003	1er août	Loi n° 2003-721. Initiative économique. – Art. 36-III. – V. C. rur., art. L. 741-28.
2003	21 août	Loi n° 2003-775. Réforme des retraites. – Art. 18-V, 93-IV, 98 à 106. – V. C. rur., art. L. 723-39, L. 731-6, L. 731-42, L. 731-43, L. 731-44, L. 732-18-1, L. 732-18-2, L. 732-25-1, L. 732-27-1, L. 732-34, L. 732-35-1, L. 732-39, L. 732-41, L. 732-50, L. 732-55, L. 742-3, L. 751-2.
2003	29 août	Décret n° 2003-839. Conservatoire de l'espace littoral et des rivages lacustres. – Art. 4. – V. C. rur., art. R. 143-1.
2003	4 sept.	Ordonnance n° 2003-850. Organisation et fonctionnement du système de santé. – Art. 24-XVII. – V. C. rur., art. L. 241-1.
2003	9 oct.	Décret n° 2003-967. Code de déontologie vétérinaire. – V. C. rur., art. R. 242-32 à R. 242-84.
2003	26 nov.	Décret n° 2003-1151. Tableau de l'ordre et chambres de discipline des vétérinaires. – V. C. rur., art. R. 242-88-1, R. 242-101.
2003	4 déc.	Décret n° 2003-1160. Diplômes technologiques et professionnels agricoles. – V. C. rur., art. D. 811-122, D. 811-165 à D. 811-166-8.
2003	8 déc.	Décret n° 2003-1175. Office national interprofessionnel des céréales. – V. C. rur., art. R. 661-20, R. 661-22.
2003	11 déc.	Ordonnance n° 2003-1187. Modification de la partie législative du code rural. – V. C. rur., art. L. 221-4, L. 223-2, L. 231-2, L. 231-5, L. 231-6, L. 234-2, L. 234-3, L. 237-1, L. 241-6, L. 241-10, L. 241-11, L. 722-20, L. 732-13, L. 761-20, L. 762-3.

2003	18 déc.	Loi n° 2003-1199. De financement de la sécurité sociale pour 2004. – Art. 70-II, 71-II. – V. C. rur., art. L. 725-7, L. 741-1-1.
2004	22 janv.	Décret n° 2004-80. Relations entre les citoyens et les administrations. – V. C. rur., art. R. 235-1, R.* 352-16-1, R.* 411-9-12.
2004	12 févr.	Ordonnance n° 2004-141. Simplification des élections à la mutualité sociale agricole. – V. C. rur., art. L. 723-17 à L. 723-19, L. 723-22, L. 723-24, L. 723-25, L. 723-30, L. 723-35.
2004	9 mars	Décret n° 2004-210. Matériels de multiplication végétative de la vigne. – V. C. rur., art. R. 661-25 à R. 661-29-1, R. 661-34, R. 661-36.
2004	26 mars	Décret n° 2004-293. Qualificatif « agriculture raisonnée », App., v° *Qualité des produits agricoles*.
2004	4 mai	Loi n° 2004-391. Formation professionnelle et dialogue social. – Art. 43-II. – V. C. rur., art. L. 714-2, L. 714-3.
2004	6 mai	Décret n° 2004-403. Diplômes technologiques et professionnels. – V. C. rur., art. D. 811-167.
2004	1er juill.	Ordonnance n° 2004-632. Associations syndicales de propriétaires : – V. App., v° *Aménagement foncier et équipement rural*. – Art. 52. – V. C. rur., art. L. 131-1, L. 133-5 à L. 133-7, L. 135-3, L. 135-3-1, L. 135-6, L. 135-7, L. 135-12, L. 136-4, L. 136-7, L. 136-7-1, L. 151-6, L. 151-41, L. 161-6, L. 161-7, L. 161-11.
2004	1er juill.	Ordonnance n° 2004-637. Simplification et réduction des commissions administratives. – V. C. rur., art. L. 121-3, L. 121-5-1, L. 121-8.
2004	16 juill.	Décret n° 2004-704. Institut national de la recherche agronomique. – V. C. rur., art. R. 831-8, R. 831-9, R. 831-14.
2004	22 juill.	Décret n° 2004-757. Mise sur le marché de denrées alimentaires issues d'animaux ayant fait l'objet d'essais cliniques. – V. C. rur., art. D. 234-6, R. 234-8, R. 241-29.
2004	28 juill.	Décret n° 2004-779. Mandat sanitaire des vétérinaires. – V. C. rur., art. R. 241-23.
2004	6 août	Loi n° 2004-801. Protection des personnes physiques à l'égard des traitements de données à caractère personnel. – Art. 17-VI. – V C. rur., art. L. 723-43.
2004	13 août	Loi n° 2004-809. Libertés et responsabilités locales : – Art. 36-I. – V. ss. C. rur., art. L. 112-8. – Art. 36-II et III, 75-III, 82-XII, 85-III. – V. C. rur., art. L. 112-8, L. 112-9, L. 811-7, L. 814-2.
2004	13 août	Loi n° 2004-810. Assurance maladie. – Art. 59, 60. – V. C. rur., art. L. 723-2, L. 723-12-1.
2004	24 août	Décret n° 2004-860. Assurance vieillesse des non-salariés agricoles. – V. C. rur., art. L. 732-39.
2004	31 août	Décret n° 2004-929. Modification des articles R. 813-18 et R. 813-38 du code rural. – V. C. rur., art. R. 813-18, R. 813-38.

2004	26 nov.	Décret n° 2004-1283. Prêts bonifiés à l'investissement. – V. C. rur., art. D.* 344-1 à D. 344-26.
2004	26 nov.	Décret n° 2004-1308. Aides à l'installation des jeunes agriculteurs et prêts à moyen terme. – V. C. rur., art. D. 341-4, D. 343-3 à D. 343-18-2.
2004	9 déc.	Loi n° 2004-1343. Simplification du droit. – Art. 48-II, 78-XII et XXXII. – V. C. rur., art. L. 227-2, L. 231-2, L. 231-5, L. 231-6, L. 411-11, L. 611-1, L. 723-18, L. 723-18-1, L. 723-21, L. 723-38, L. 723-39, L. 723-44.
2004	20 déc.	Loi n° 2004-1370. De financement de la sécurité sociale pour 2005. – Art. 5, 10, 31. – V. C. rur., art. L. 722-24-2, L. 723-12, L. 725-3-1.
2004	30 déc.	Loi n° 2004-1485. De finances rectificative pour 2004. – Art. 90. – V. C. rur., art. L. 251-17.
2005	5 janv.	Loi n° 2005-5. Maîtres des établissements de l'enseignement privé sous contrat. – V. C. rur., art. L. 813-8.
2005	26 janv.	Ordonnance n° 2005-57. Actualisation et adaptation du droit du travail outre-mer. – Art. 6. – V. C. rur., art. L. 717-1.
2005	7 févr.	Décret n° 2005-115. Application de l'article L. 151-37-1 du code rural. – V. C. rur., art. R. 152-29 à R. 152-35.
2005	11 févr.	Loi n° 2005-102. Égalité des droits et des chances des personnes handicapées. – Art. 53. – V. C. rur., art. L. 211-30.
2005	23 févr.	Loi n° 2005-157. Développement des territoires ruraux. – Art. 17, 19, 22-IV, 23, 25 à 29, 31, 35 à 38-I, 44 à 48, 53, 62, 66, 70 à 72, 74-IV à VI, 75, 76 à 80, 82 à 92, 94, 97, 115, 116, 120, 121-I, 122, 124, 125, 131, 136-II et III, 156, 181, 195, 198, 199, 205, 208 à 211, 214, 216, 217 à 223, 233. – V. C. rur., art. L. 111-2 à L. 111-3, L. 112-18, L. 113-1, L. 113-2, L. 121-1 à L. 121-5-1, L. 121-7 à L. 121-24, L. 122-1 à L. 122-12, L. 123-3 à L. 123-4-1, L. 123-9, L. 123-10, L. 123-13, L. 123-17 à L. 123-29-1, L. 123-30-1, L. 123-31, L. 124-1 à L. 124-13, L. 125-1, L. 125-3 à L. 125-7, L. 125-9, L. 126-1, L. 126-2, L. 127-1, L. 127-3, L. 128-1, L. 132-1 à L. 132-3, L. 133-1, L. 133-4, L. 134-1 à L. 134-4, L. 135-3, L. 135-6, L. 143-2, L. 143-4, L. 143-7-1, L. 151-12, L. 151-14 à L. 151-29, L. 151-36, L. 151-38, L. 171-1, L. 201-1 à L. 201-3, L. 202-1 à L. 202-5, L. 211-23, L. 222-1, L. 223-8, L. 223-20 à L. 223-22, L. 226-1, L. 226-6 à L. 226-10, L. 227-3, L. 241-16, L. 251-3-1, L. 251-9, L. 311-1, L. 313-1, L. 321-5, L. 324-1, L. 324-2, L. 324-8, L. 411-37, L. 411-39-1, L. 411-57, L. 481-1, L. 481-3, L. 481-4, L. 511-1, L. 511-3, L. 511-4, L. 511-4-1, L. 512-1, L. 513-1, L. 513-4, L. 514-2, L. 514-3, L. 611-4, L. 611-4-1, L. 611-4-2, L. 632-7, L. 714-1, L. 717-1 à L. 717-4, L. 723-35, L. 732-17, L. 752-1, L. 752-29-1, L. 761-4-1, L. 811-1, L. 811-8, L. 813-1, L. 813-2.
2005	19 avr.	Décret n° 2005-387. Délais de traitement des opérations financières dans les établissements publics. – Art. 1er, 2. – V. C. rur., art. R. 511-73, R. 511-82, R. 511-92, R. 811-64, R. 811-69, R. 811-72.

2005	23 avr.	Loi n° 2005-380. Avenir de l'école. – Art. 84. – V. C. rur., art. L. 810-1.
2005	26 mai	Ordonnance n° 2005-554. Mesures de simplification dans le domaine agricole. – V. C. rur., art. L. 314-3, L. 529-1, L. 654-33, L. 671-1-1.
2005	6 juin	Ordonnance n° 2005-651. Droits des cotisants à l'égard des organismes de recouvrement. – Art. 2. – V. C. rur., art. L. 725-23.
2005	8 juill.	Décret n° 2005-769. Coefficient multiplicateur entre l'achat et la vente de fruits et légumes. – V. C. rur., art. R. 616-1 à R. 616-3, R. 671-17.
2005	18 juill.	Ordonnance n° 2005-804. Mesures de simplification en matière de sécurité sociale. – Art. 15. – V. C. rur., art. L. 751-7.
2005	18 juill.	Décret n° 2005-820. Application des articles 27-I et 29 de la loi n° 2005-157 du 23 février 2005 relative au développement des territoires ruraux. – V. C. rur., art. D. 324-1, D. 411-9-13.
2005	26 juill.	Loi n° 2005-845. Sauvegarde des entreprises. – Art. 183. – V. C. rur., art. L. 351-7.
2005	8 sept.	Ordonnance n° 2005-1127. Mesures de simplification dans le domaine agricole. – V. C. rur., art. L. 211-5, L. 212-2, L. 212-5, L. 213-4, L. 214-9, L. 215-8, L. 223-8, L. 241-6, L. 311-1, L. 640-3, L. 653-7, L. 654-2 à L. 654-20, L. 731-22.
2005	12 sept.	Décret n° 2005-1173. Présidence des commissions d'aménagement foncier. – V. C. rur., art. R.* 121-1, R.* 121-7.
2005	28 sept.	Décret n° 2005-1219. Délais de déclaration et de conservation mentionnés à l'article L. 226-6 du code rural. – V. C. rur., art. R. 226-13.
2005	28 sept.	Décret n° 2005-1220. Application de l'article L. 226-1 du code rural. – V. ss. C. rur., art. L. 226-1.
2005	7 oct.	Décret n° 2005-1264. Rescrit social. – V. C. rur., art. R. 725-27.
2005	24 oct.	Arrêté. Application de l'article L. 221-1 du code rural. – V. ss. C. rur., art. L. 221-1.
2005	31 oct.	Décret n° 2005-1351. Cotisations d'assurance vieillesse des salariés à temps partiel. – V. C. rur., art. R. 741-51 à R. 741-57.
2005	31 oct.	Décret n° 2005-1352. Cotisations d'assurance vieillesse des salariés non rémunérés selon un nombre d'heures de travail. – V. C. rur., art. D. 741-51.
2005	25 nov.	Décret n° 2005-1458. Régimes de soutien direct aux producteurs dans le cadre de la politique agricole commune. – V. C. rur., art. D. 615-1 à D. 615-61.
2005	29 nov.	Décret n° 2005-1476. Établissements d'enseignement supérieur agricole publics. – V. C. rur., art. D. 812-1 à R. 812-56.
2005	7 déc.	Ordonnance n° 2005-1512. Mesures de simplification en matière fiscale. – Art. 24-V. – V. C. rur., art. L. 142-3.

2005	13 déc.	Décret n° 2005-1557. Identification des animaux des espèces ovine et caprine. – V. C. rur., art. R. 653-29 à R. 653-39, R. 671-5.
2005	15 déc.	Décret n° 2005-1572. Recouvrement des cotisations sociales des non-salariés agricoles. – V. C. rur., art. R. 731-60-1, R. 731-65.
2005	15 déc.	Décret n° 2005-1573. Assiette des cotisations sociales des non-salariés agricoles. – V. C. rur., art. D. 731-17-1, D. 731-18, D. 731-27, D. 731-33.
2005	19 déc.	Loi n° 2005-1579. De financement de la sécurité sociale pour 2006. – Art. 31-II et III, 73-IV, 92-VI. – V. C. rur., art. L. 723-46, L. 725-13, L. 732-12, L. 751-40, L. 752-28.
2005	28 déc.	Décret n° 2005-1716. Commissions administratives compétentes en agriculture. – V. C. rur., art. R. 214-76.
2005	30 déc.	Loi n° 2005-1719. De finances pour 2006. – Art. 13-IV, 52, 122, 151. – V. C. rur., art. L. 226-1, L. 226-9, L. 415-3, L. 514-1, L. 820-3, L. 820-4.
2005	30 déc.	Décret n° 2005-1774. Majoration de pension des assurés sociaux handicapés bénéficiant de l'abaissement de l'âge de la retraite. – V. C. rur., art. D. 732-41.
2005	30 déc.	Décret n° 2005-1782. Mensualisation du versement de la pension d'invalidité des non-salariés agricoles. – V. C. rur., art. R. 732-5, R. 732-12.
2006	5 janv.	Loi n° 2006-11. Orientation agricole. – V. C. rur., art. L. 111-2, L. 111-3, L. 112-2, L. 113-1, L. 125-5, L. 135-6, L. 142-6, L. 143-1, L. 143-7-2, L. 144-6, L. 144-7, L. 151-36, L. 311-3, L. 314-6, L. 321-1, L. 321-5, L. 323-7, L. 323-13, L. 323-14, L. 331-6, L. 353-1, L. 362-16, L. 362-26, L. 411-2, L. 411-6, L. 411-11, L. 411-27, L. 411-34, L. 411-35, L. 411-37, L. 411-39-1, L. 411-46, L. 411-48, L. 411-51, L. 411-55, L. 411-58, L. 411-60, L. 412-5, L. 417-10, L. 418-1 à L. 418-5, L. 522-2-1, L. 522-6, L. 523-4-1, L. 523-5-1, L. 523-7, L. 524-2-1, L. 525-1, L. 527-1, L. 528-1, L. 611-7, L. 622-1, L. 631-8, L. 632-4, L. 632-7, L. 654-27-1, L. 671-1-1, L. 671-11, L. 716-2, L. 718-3, L. 722-10, L. 722-20, L. 723-3, L. 723-11, L. 731-24, L. 741-4-2, L. 751-17-1, L. 751-17-2, L. 820-5, L. 830-1.
2006	23 janv.	Décret n° 2006-66. Application de l'article L. 717-2-1 du code rural. – V. C. rur., art. D. 717-68, D. 717-69.
2006	2 févr.	Décret n° 2006-111. Allégement des procédures relatives aux accidents du travail. – V. C. rur., art. R. 751-18, R. 751-40, R. 751-41, R. 751-53, R. 751-54, R. 751-57, R. 751-60, R. 751-61, R. 751-66, R. 761-52.
2006	2 févr.	Décret n° 2006-112. Allégement des procédures relatives aux accidents du travail. – V. C. rur., art. D. 752-34, D. 752-35.
2006	15 févr.	Décret n° 2006-170. Sections ou commissions consacrées aux produits issus de l'agriculture biologique au sein des organisations interprofessionnelles. – V. C. rur., art. D. 632-5, D. 632-6.

2006	17 févr.	Décret n° 2006-177. Lutte contre les maladies animales. – V. C. rur., art. R. 228-6, R. 228-9, R. 228-10.
2006	17 févr.	Décret n° 2006-180. Plans d'urgence liés à certaines maladies réputées contagieuses. – V. C. rur., art. D. 223-22-1 à D. 223-22-17.
2006	13 mars	Décret n° 2006-312. Équarrissage. – V. C. rur., art. R. 226-1 à R. 226-3, R. 226-5 à R. 226-13, R. 228-11.
2006	23 mars	Loi n° 2006-340. Égalité salariale entre hommes et femmes. – Art. 15-III. – V. C. rur., art. L. 732-12.
2006	30 mars	Décret n° 2006-376. Identification du cheptel bovin. – V. C. rur., art. R. 653-16, R. 653-18.
2006	30 mars	Décret n° 2006-377. Procédure de cession de bail. – V. C. rur., art. R. 418-1.
2006	30 mars	Décret n° 2006-394. Procédures d'aménagement foncier rural. – V. C. rur., art. R. 120-1, R.* 121-1 à R. 121-7, R. 121-9, R. 121-10, R. 121-12, R. 121-17 à R. 121-32, R. 123-3, R. 123-5 à R. 123-15, R. 123-17 à R. 123-35, R. 123-38, R. 123-39, R. 123-43 à R. 123-46, R. 124-1 à R. 124-23, R. 125-2, R. 125-5 à R. 125-8, R. 125-13, R. 126-1, R. 126-3 à R. 126-11, R. 126-12 à R. 126-17, D. 127-1 à D. 127-7, D. 127-9, D. 127-11, D. 127-13.
2006	31 mars	Décret n° 2006-397. Application de l'article L. 121-16 du code rural. – V. C. rur., art. D. 121-25-2.
2006	21 avr.	Ordonnance n° 2006-460. Partie législative du code général de la propriété des personnes publiques. – Art. 3-XII. – V. C. rur., art. L. 124-12, L. 125-13, L. 415-11.
2006	21 avr.	Décret n° 2006-466. Actions de développement agricole et rural. – V. C. rur., art. R. 822-1 à R. 822-6.
2006	28 avr.	Décret n° 2006-493. Sanction des infractions à la réglementation des produits laitiers. – V. C. rur., art. R. 671-10 à R. 671-12, R. 671-18.
2006	3 mai	Décret n° 2006-504. Associations syndicales de propriétaires. – Art. 2-II-*a*, 84. – V. C. rur., art. R. 131-1, R. 133-3, R. 133-5 à R. 133-14, R. 135-1, R. 135-4 à R. 135-6, R. 135-8, R. 135-10, R. 136-2, R. 136-7 à R. 136-9, R. 151-17, R. 151-18, R. 151-38.
2006	11 mai	Décret n° 2006-542. Rachat de cotisations des années accomplies en qualité d'aide familial. – V. C. rur., art. D. 732-47-1 à D. 732-47-10.
2006	23 mai	Ordonnance n° 2006-594. Adaptation de la législation relative aux céréales. – V. C. rur., art. L. 621-14 à L. 621-31, L. 621-33 à L. 621-37, L. 622-1, L. 623-1, L. 623-2.
2006	29 mai	Décret n° 2006-628. Amélioration génétique des équidés. – V. C. rur., art. R. 653-81 à R. 653-81-2, R. 653-83, R. 653-95 à R. 653-101.
2006	31 mai	Décret n° 2006-634. Organismes d'intervention agricoles. – V. C. rur., art. R. 622-3 à R. 622-6, R. 671-1.

2006	7 juin	Décret n° 2006-665. Commissions administratives. – Art. 16, 17, 18, 41 à 46. – V. C. rur., art. R. 313-1 à R. 313-3, R. 313-5, R. 313-6, R. 313-8, R. 313-45 à R. 313-47, R. 323-1, R. 323-5, R. 323-7, R. 411-2, R. 414-2, R. 718-1 à D. 718-3, R. 814-22, D. 821-10 à D. 821-12.
2006	8 juin	Ordonnance n° 2006-673. Refonte du code de l'organisation judiciaire. – Art. 7. – V. C. rur., art. L. 491-1 à L. 493-1.
2006	23 juin	Loi n° 2006-728. Réforme des successions et des libéralités. – Art. 2-IV, 4-II, 13-II. – V. C. rur., art. L. 143-6, L. 321-17, L. 321-23, L. 321-24, L. 321-25, L. 322-14, L. 323-6, L. 411-2, L. 412-14.
2006	29 juin	Décret n° 2006-758. Élection des membres des chambres d'agriculture. – V. C. rur., art. R. 511-9, R. 511-20 à R. 511-24, R. 511-28, R. 511-29, R. 511-33, R. 511-35 à R. 511-44, R. 511-48, R. 511-49.
2006	29 juin	Décret n° 2006-765. Contrat emploi-formation agricole. – V. C. rur., art. D. 718-6 à D. 718-8.
2006	7 juill.	Décret n° 2006-821. Protection et mise en valeur des espaces agricoles et naturels périurbains. – V. C. rur., art. R. 141-9, R. 142-1, R. 143-15 à R. 143-23.
2006	13 juill.	Ordonnance n° 2006-870. Statut du fermage. – V. C. rur., art. L. 324-11, L. 411-3, L. 411-6, L. 411-10, L. 411-11, L. 411-15, L. 411-18, L. 411-19, L. 411-23 à L. 411-26, L. 411-31 à L. 411-33, L. 411-36, L. 411-38, L. 411-39, L. 411-45, L. 411-46, L. 411-52 à L. 411-54, L. 411-58, L. 411-59, L. 411-61, L. 411-63 à L. 411-65, L. 411-73, L. 411-76, L. 415-1, L. 415-2, L. 415-5, L. 416-1 à L. 416-3, L. 417-1, L. 417-2, L. 417-11, L. 417-13, L. 418-3, L. 492-1.
2006	13 juill.	Loi n° 2006-872. Engagement national pour le logement. – Art. 103, 104. – V. C. rur., art. L. 411-1, L. 716-3 à L. 716-5.
2006	17 juill.	Décret n° 2006-879. Versement pour la retraite au titre de certaines périodes d'études supérieures et d'activité. – Art. 5. – V. C. rur., art. D. 732-44, D. 732-47.
2006	20 juill.	Ordonnance n° 2006-905. Assurance contre les accidents du travail et les maladies professionnelles en agriculture. – V. C. rur., art. L. 722-10, L. 751-6, L. 751-29, L. 751-30, L. 752-7.
2006	21 juill.	Décret n° 2006-906. Actions de développement agricole et rural. – V. C. rur., art. D. 611-14 à D. 611-17, D. 821-1.
2006	24 juill.	Règlement (CE) n° 1184/2006. Application de certaines règles de concurrence à la production et au commerce des produits agricoles, App., v° *Concurrence*, 🏛.
2006	28 juill.	Décret n° 2006-944. Parcs nationaux. – Art. 5. – V. C. rur., art. R. 313-2.
2006	31 juill.	Décret n° 2006-960. Modification du chapitre V du titre I du livre VI du code rural. – V. C. rur., art. D. 615-49.

2006	1er août	Décret n° 2006-989. Modalités de déclaration du fonds agricole – V. C. rur., art. D. 311-3 à D. 311-7.
2006	1er août	Décret n° 2006-990. Prestations d'accidents du travail des non-salariés agricoles. – V. C. rur., art. D. 752-26.
2006	1er août	Décret n° 2006-991. Livres généalogiques pour les espèces canine et féline. – V. C. rur., art. D. 214-7 à D. 214-11, D. 214-13, D. 214-15.
2006	5 sept.	Décret n° 2006-1115. Régulation des activités postales. – Art. 4. – V. C. rur., art. R. 511-95, R. 731-62, R. 741-46, R. 741-79, R. 811-71.
2006	5 sept.	Décret n° 2006-1116. Régulation des activités postales. – Art. 3. – V. C. rur., art. D. 723-192, D. 723-203, D. 723-204, D. 723-207.
2006	8 sept.	Décret n° 2006-1134. Taux réduits de cotisations pour l'emploi de travailleurs occasionnels et de demandeurs d'emploi. – V. C. rur., art. D. 741-58.
2006	8 sept.	Décret n° 2006-1135. Exonérations de cotisations sociales. – V. C. rur., art. D. 741-70-1 à D. 741-70-6, D. 751-80-1, D. 751-80-2.
2006	15 sept.	Décret n° 2006-1154. Application de l'article 91 de la loi du 5 janvier 2006 d'orientation agricole. – V. C. rur., art. D. 800-1 à D. 800-5, D. 823-1 à D. 823-3.
2006	2 oct.	Ordonnance n° 2006-1207. Chambres d'agriculture. – V. C. rur., art. L. 510-1, L. 511-2, L. 511-4, L. 511-6, L. 512-2, L. 513-1 à L. 513-4, L. 514-2, L. 514-4.
2006	5 oct.	Ordonnance n° 2006-1224. Application de l'article 71-II de la loi du 5 janvier 2006 d'orientation agricole. – V. C. rur., art. L. 211-19-1, L. 211-20, L. 211-29, L. 213-6, L. 215-5, L. 221-4, L. 231-1, L. 231-2-1, L. 231-5, L. 232-1, L. 233-2, L. 234-1, L. 235-1, L. 236-1, L. 236-2, L. 236-5, L. 236-7, L. 236-9, L. 237-2, L. 237-3, L. 257-1 à L. 257-12, L. 671-1.
2006	5 oct.	Ordonnance n° 2006-1225. Coopératives agricoles. – V. C. rur., art. L. 524-1-1, L. 524-1-2, L. 524-2-2, L. 524-2-3, L. 524-4, L. 524-4-1, L. 524-6 à L. 524-6-4, L. 526-3 à L. 526-10, L. 527-1, L. 527-1-1, L. 529-2, L. 529-3.
2006	10 oct.	Décret n° 2006-1241. Modification du livre VII du code rural. – V. C. rur., art. D. 723-150, D. 731-131, D. 732-42, D. 732-56, D. 732-101-1.
2006	20 oct.	Décret n° 2006-1293. Procédure relative aux accidents du travail et aux maladies professionnelles. – V. C. rur., art. D. 751-96 à D. 751-113, D. 751-122.
2006	25 oct.	Décret n° 2006-1313. Option du conjoint de chef d'exploitation ou d'entreprise agricole. – V. C. rur., art. R. 321-1.
2006	6 nov.	Décret n° 2006-1345. Conseil national de l'expertise foncière, agricole et forestière. – V. C. rur., art. R. 171-1 à R. 171-29.
2006	9 nov.	Décret n° 2006-1364. Épidémiologie dans le domaine de la sécurité sanitaire des denrées animales et des végétaux. – V. C. rur., art. D. 201-1 à R. 201-13, R. 202-1.

2006	5 déc.	Décret n° 2006-1528. Haut Conseil de la coopération agricole. – V. C. rur., art. R. 521-5, R. 525-1 à R. 525-5, R. 525-8, R. 525-9, R. 527-6, R. 527-7, R. 527-10, R. 528-1 à R. 528-14, R.* 531-3 à R. 531-3-7, R. 531-4-1.
2006	7 déc.	Ordonnance n° 2006-1547. Valorisation des produits agricoles. – V. C. rur., art. L. 111-5, L. 640-1, L. 640-2, L. 641-1 à L. 641-24, L. 642-1 à L. 642-35, L. 643-1 à L. 643-5, L. 644-2 à L. 644-8, L. 671-4 à L. 671-7.
2006	7 déc.	Ordonnance n° 2006-1548. Identification et contrôle sanitaire des activités de reproduction et amélioration génétique des animaux d'élevage. – V. C. rur., art. L. 212-8 à L. 212-10, L. 212-12, L. 212-13, L. 214-9, L. 222-1, L. 228-8, L. 653-10 à L. 653-12, L. 653-15, L. 671-8 à L. 671-11.
2006	13 déc.	Décret n° 2006-1592. Création de l'Institut des sciences et industries du vivant et de l'environnement. – Art. 31. – V. C. rur., art. R. 812-31, R. 812-33, R. 812-42.
2006	13 déc.	Décret n° 2006-1598. Élection des membres des chambres régionales d'agriculture. – V. C. rur., art. R. 512-3.
2006	15 déc.	Décret n° 2006-1611. Surcote applicable à la pension de retraite. – V. C. rur., art. D. 732-42.
2006	15 déc.	Décret n° 2006-1613. Procédure de recouvrement des indus de prestations. – V. C. rur., art. R. 725-22-1 à R. 725-22-4.
2006	18 déc.	Décret n° 2006-1628. Congé de formation des exploitants agricoles. – V. C. rur., art. D. 352-21 à D. 352-30.
2006	21 déc.	Loi n° 2006-1640. De financement de la sécurité sociale pour 2007. – Art. 10-II, 14-IV, 16-V, 25-VI, 26, 27, 28, 41-III, 107, 108, 137. – V. C. rur., art. L. 723-3, L. 723-7, L. 723-30, L. 726-3, L. 731-23, L. 732-38, L. 752-23.
2006	21 déc.	Ordonnance n° 2006-1647. Protection sociale des personnes exploitant des terres d'une superficie inférieure à la moitié de la surface minimum d'installation. – V. C. rur., art. L. 752-1, L. 752-3, L. 752-7, L. 752-16.
2006	21 déc.	Décret n° 2006-1662. Identification et amélioration génétique des animaux. – V. C. rur., art. R. 212-14 à D. 212-71, D. 212-78, R. 221-26 à R. 221-35, D. 653-6 à R. 653-115, R. 671-6, R. 671-7.
2006	21 déc.	Loi n° 2006-1666. De finances pour 2007. – Art. 92-II. – V. C. rur., art. L. 621-12-1.
2006	23 déc.	Décret n° 2006-1822. Suppression de l'Agence centrale des organismes d'intervention dans le secteur agricole. – V. C. rur., art. R. 622-3, R. 622-5.
2006	30 déc.	Loi n° 2006-1771. De finances rectificative pour 2006. – Art. 92-II. – V. C. rur., art. L. 142-3.

2006	30 déc.	Loi n° 2006-1772. Eau et milieux aquatiques. – Art. 8-III, 35 à 37, 41, 98-II. – V. C. rur., art. L. 151-36, L. 214-10, L. 256-1, L. 256-2.
2007	5 janv.	Décret n° 2007-30. Valorisation des produits agricoles. – V. C. rur., art. R. 641-1 à R. 644-6.
2007	11 janv.	Décret n° 2007-58. Application du cinquième alinéa de l'article L. 632-7 du code rural. – V. C. rur., art. R. 632-8-1 à R. 632-8-9.
2007	12 janv.	Décret n° 2007-57. Minimum vieillesse. – Art. 3-II. – V. C. rur., art. D. 732-89.
2007	18 janv.	Décret n° 2007-70. Dispositions diverses dans le domaine agricole. – V. C. rur., art. R. 121-28, R.* 121-30, R. 123-8, R. 123-10, R.* 123-40 à R. 123-42, D. 127-4, D. 127-6, D. 127-10, R. 725-25-1, R. 732-30, R. 732-36, R. 761-52.
2007	22 janv.	Décret n° 2007-83. Majoration de durée d'assurance au profit des personnes élevant un enfant handicapé. – V. C. rur., art. D. 732-74.
2007	29 janv.	Décret n° 2007-126. Accueil en milieu professionnel des élèves de l'enseignement et de la formation professionnelle agricoles. – V. C. rur., art. R. 715-1 à R. 715-1-5.
2007	5 mars	Décret n° 2007-311. Contrôle de conformité des réactifs. – V. C. rur., art. R. 202-35 à R. 202-41.
2007	8 mars	Décret n° 2007-326. Clauses visant au respect de pratiques culturales dans les baux ruraux. – V. C. rur., art. R. 411-9-11-1, R. 411-9-11-3, R. 411-9-11-4.
2007	12 mars	Ordonnance n° 2007-329. Code du travail, partie législative. – V. C. rur., art. L. 713-22, L. 717-7 à L. 717-9, L. 718-2-1 à L. 718-2-2, L. 718-4 à L. 718-9, L. 719-4, L. 719-5, L. 719-8, L. 719-9.
2007	14 mars	Décret n° 2007-345. Chambres d'agriculture. – V. C. rur., art. D. 511-3, D. 511-5, R. 511-7, D. 511-54-1, D. 511-60, D. 511-63, D. 511-64, D. 511-68, D. 511-69, D. 511-71, D. 511-73 à D. 511-75, R. 511-79, R. 511-86 à R. 511-90, R. 511-91, D. 512-6, D. 512-6-1, D. 512-10, D. 513-1 à D. 513-18, D. 513-23, D. 513-29, D. 513-30, D. 514-1 à D. 514-4, D. 514-12, D. 821-2, R. 821-14.
2007	14 mars	Décret n° 2007-346 Application du point V de l'article L. 251-1 du code rural. – V. C. rur., art. D. 251-42.
2007	23 mars	Décret n° 2007-419. Financement des services de santé au travail en agriculture. – V. C. rur., art. R. 717-64, D. 717-70 à R. 717-73.
2007	3 avr.	Décret n° 2007-508. Conservation des documents comptables des organismes de MSA. – V. C. rur., art. D. 723-223, D. 723-224, D. 732-161.
2007	24 avr.	Décret n° 2007-594. Soulte relative à l'agriculture biologique dans les aménagements fonciers agricoles et forestiers. – V. C. rur., art. D. 123-8-2.
2007	27 avr.	Décret n° 2007-637. Calcul des cotisations dues au régime de protection sociale des non-salariés agricoles. – V. C. rur., art. D. 731-31, D. 731-45, D. 731-46, D. 732-165.

2007	4 mai	Décret n° 2007-716. Amélioration génétique des animaux d'élevage. – V. C. rur., art. D. 653-11, D. 653-30-1, D. 653-30-2, D. 653-31-1, D. 653-32 à D. 653-32-2, D. 653-34, D. 653-34-1, D. 653-37-1, D. 653-51, D. 653-59.
2007	9 mai	Décret n° 2007-755. Mécanismes de solidarité au sens de l'article L. 251-9 du code rural. – V. C. rur., art. D. 251-2-3.
2007	11 mai	Décret n° 2007-818. Agréments et règles sanitaires des activités de reproduction animale. – V. C. rur., art. R. 222-1 à R. 222-12, R. 228-13, R. 653-43, R. 653-44, R. 653-78, R. 653-88, R. 653-89, R. 653-97, R. 653-105.
2007	11 mai	Décret n° 2007-821. Retraite progressive des chefs d'exploitation agricole. – V. C. rur., art. D. 732-167 à D. 732-169, D. 732-171, D. 732-174 à D. 732-182.
2007	14 mai	Décret n° 2007-865. Contrôle des structures des exploitations agricoles. – V. C. rur., art. R. 331-4, R. 331-6, R. 331-7.
2007	14 mai	Décret n° 2007-866. Aides accordées aux agriculteurs en difficulté par les caisses de MSA. – V. C. rur., art. R. 726-1.
2007	14 mai	Décret n° 2007-868. Modalités de fusion des caisses de MSA. – V. C. rur., art. D. 723-9.
2007	14 mai	Décret n° 2007-869. Parents d'élèves des établissements publics locaux d'enseignement agricole. – V. C. rur., art. D. 811-178 à D. 811-191.
2007	14 mai	Décret n° 2007-882. Zones soumises à contraintes environnementales. – V. C. rur., art. R. 114-2 à R. 114-10.
2007	15 mai	Décret n° 2007-943. Participation des employeurs agricoles à l'effort de construction. – V. C. rur., art. R. 716-27 à R. 716-37.
2007	15 mai	Décret n° 2007-945. Statut du fermage. – V. C. rur., art. D. 410-1, D. 411-9-12-1, D. 411-9-14.
2007	19 juill.	Décret n° 2007-1122. Application des II et VI de l'article L. 741-16 du code rural. – V. C. rur., art. D. 741-63-5.
2007	19 juill.	Décret n° 2007-1123. Assurance contre les accidents du travail des personnes mentionnées au II de l'article L. 752-1 du code rural. – V. C. rur., art. D. 752-1-1, D. 752-9, D. 752-13, D. 752-26, D. 752-33, D. 752-34, D. 752-61, D. 752-65, D. 752-76, D. 752-86.
2007	10 août	Décret n° 2007-1211. Agrément des groupements autorisés à délivrer des médicaments vétérinaires. – Art. 4. – V. C. rur., art. R. 227-2 à R. 227-7.
2007	10 août	Décret n° 2007-1218. Coopératives agricoles. – V. C. rur., art. R. 521-1, R. 521-2, R. 521-5, R. 521-9, R. 521-10, R. 521-12 à R. 521-14, R. 522-2 à R. 522-4, R. 522-6, R. 523-1 à R. 523-5-1, R. 524-1 à R. 524-24, R. 524-31, R.* 524-32, R. 524-34, R. 524-40, R. 525-3, R. 525-4, R. 526-3, R. 526-4, R. 529-3.
2007	21 août	Loi n° 2007-1223. Travail, emploi et pouvoir d'achat. – Art. 1er-IX. – V. C. rur., art. L. 713-1, L. 741-4, L. 741-15.

2007	21 août	Décret n° 2007-1261. Financement des exploitations agricoles. – V. C. rur., art. L. 341-1, D. 341-1, D. 341-2, D. 341-7 à D. 341-20, D.* 344-11, R. 344-11-1.
2007	27 août	Décret n° 2007-1273. Menaces sanitaires de grande ampleur. – Art. 5. – V. C. rur., art. R. 751-18-1, R. 751-131-1.
2007	29 août	Décret n° 2007-1281. Zones de protection des aires d'alimentation des captages. – Art. 1er. – V. ss. C. rur., art. R. 114-8.
2007	3 sept.	Décret n° 2007-1305. Diplômes technologiques et professionnels. – V. C. rur., art. D. 811-160, D. 811-165-2, D. 811-165-5, D. 811-166-1, D. 811-166-4, D. 811-166-6.
2007	6 sept.	Décret n° 2007-1316. Durée d'assurance prise en compte pour le calcul de la pension de retraite des non-salariés agricoles. – V. C. rur., art. R. 732-60, R. 732-61, R. 732-66.
2007	24 sept.	Décret n° 2007-1380. Application de l'article 1er de la loi n° 2007-1223 du 21 août 2007 en faveur du travail, de l'emploi et du pouvoir d'achat. – Art. 5. – V. C. rur., art. D. 741-104.
2007	28 sept.	Décret n° 2007-1403. Aménagement des examens et concours pour les handicapés. – V. C. rur., art. D. 815-1 à D. 815-6.
2007	17 oct.	Décret n° 2007-1491. Allocation de remplacement pour congé maternité des non-salariés agricoles. – V. C. rur., art. R. 732-17, R. 732-19-1.
2007	17 oct.	Décret n° 2007-1492. Allocation de remplacement pour congé paternité des non-salariés agricoles. – V. C. rur., art. D. 732-27.
2007	18 oct.	Décret n° 2007-1499. Financement de la protection sociale des non-salariés agricoles pour 2007. – V. C. rur., art. D. 731-43, D. 731-77, D. 731-90 à D. 731-93, D. 731-123.
2007	18 oct.	Décret n° 2007-1500. Responsabilité personnelle et pécuniaire des agents comptables des organismes de sécurité sociale. – Art. 3, 4. – V. C. rur., art. D. 723-154, D. 723-155, D. 723-179, D. 723-191, D. 723-192, D. 723-194 à D. 723-196, D. 723-198 à D. 723-201, D. 723-204, D. 723-210, D. 723-222.
2007	18 oct.	Décret n° 2007-1501. Accidents du travail imputables au service dans la réserve sanitaire. – V. C. rur., art. D. 751-83-1.
2007	7 nov.	Décret n° 2007-1580. Repos dominical dans les jardineries et graineteries coopératives. – V. C. rur., art. R. 714-1.
2007	12 déc.	Décret n° 2007-1747. Recours contre les tiers responsables de lésions occasionnées à un assuré social. – V. C. rur., art. R. 752-64-1, R. 752-64-2.
2007	19 déc.	Loi n° 2007-1786. De financement de la sécurité sociale pour 2008. – Art. 17, 18, 22-IV, 24, 57, 101-III, 102, 109-III, 112-II. – V. C. rur., art. L. 722-24-2, L. 723-4-1, L. 723-11, L. 723-13, L. 731-13, L. 732-12, L. 741-27, L. 751-17, L. 751-17-1, L. 751-17-2.

2007	19 déc.	Décret n° 2007-1792. Contrôles relatifs à l'identification et à l'enregistrement des animaux. – V. C. rur., art. D. 212-16-1.
2007	24 déc.	Loi n° 2007-1821. Valorisation des produits agricoles. – V. C. rur., art. L. 640-1, L. 640-2, L. 641-2, L. 641-24, L. 642-20, L. 642-21, L. 643-4, L. 644-9-1.
2007	24 déc.	Loi n° 2007-1822. De finances pour 2008. – Art. 31-III, 87, 88, 89. – V. C. rur., art. L. 256-2-1, L. 642-13.
2008	8 janv.	Décret n° 2008-27. Calcul du loyer des bâtiments d'habitation. – V. C. rur., art. R. 411-1.
2008	8 janv.	Décret n° 2008-28. Création de zones protégées de production de semences ou plants. – V. C. rur., art. R. 661-13.
2008	8 févr.	Loi n° 2008-111. Pouvoir d'achat. – Art. 9-II. – V. C. rur., art. L. 411-11.
2008	27 févr.	Décret n° 2008-197. Modalités de fusion des caisses de MSA. – V. C. rur., art. D. 723-5.
2008	7 mars	Décret n° 2008-244. Code du travail (partie réglementaire). – Art. 7. – V. C. rur., art. R. 717, R. 717-74, R. 717-86 à R. 717-95, D. 718-16 à R. 718-25, R. 718-27, R. 719-1-1, R. 719-4-1, R. 719-10.
2008	17 avr.	Décret n° 2008-375. Coopératives agricoles. – V. C. rur., art. R. 521-15, R. 522-2, R. 523-1-1, R. 523-5, R. 523-5-1, R. 523-9, R. 524-8, R. 524-15, R. 524-21, R. 524-22-1, R. 524-22-2, R. 524-23, R. 524-31, R. 524-40, R. 525-1, R. 525-5-1, R. 525-8, R. 525-9, R. 526-1 à R. 526-11, R. 528-2.
2008	15 mai	Décret n° 2008-460. Modalités de contrôle des organismes de sécurité sociale par la Cour des comptes. – Art. 2. – V. C. rur., art. R. 723-23, R. 723-106.
2008	22 mai	Décret n° 2008-485. Contrôles de la Caisse centrale de la mutualité sociale agricole. – V. C. rur., art. D. 723-248 à D. 723-253.
2008	30 mai	Ordonnance n° 2008-507. Reconnaissance des qualifications professionnelles. – Art. 44 à 46. – V. C. rur., art. L. 171-2, L. 171-3, L. 204-1, L. 211-17, L. 241-2, L. 653-11.
2008	5 juin	Décret n° 2008-536. Allocation de remplacement pour congé de maternité ou d'adoption des personnes non salariées des professions agricoles. – V. C. rur., art. R. 732-17, R. 732-19, R. 732-21.
2008	11 juin	Décret n° 2008-553. Redressement d'assiette appliqué en cas de travail dissimulé pour le calcul des cotisations de sécurité sociale. – Art. 8. – V. C. rur., art. R. 742-22.
2008	16 juin	Décret n° 2008-564. Conditions d'exonération partielle en début d'activité des cotisations dues au régime de protection sociale des personnes non salariées agricoles. – V. C. rur., art. D. 731-51, D. 731-54.
2008	20 juin	Loi n° 2008-582. Mesures de prévention et de protection des personnes contre les chiens dangereux. – Art. 2 à 8, 10 à 12, 14 à 16, 19

		à 24. – V. C. rur., art. L. 211-11, L. 211-12, L. 211-13-1, L. 211-14, L. 211-14-1, L. 211-14-2, L. 211-18, L. 211-20, L. 211-21, L. 211-27, L. 211-28, L. 211-29, L. 212-2, L. 212-10, L. 214-8, L. 215-2-1.
2008	25 juin	Loi n° 2008-595. Organismes génétiquement modifiés. – Art. 5 à 10. – V. C. rur., art. L. 251-1, L. 642-5-1, L. 663-1 à L. 663-5, L. 671-14, L. 671-15.
2008	26 juin	Décret n° 2008-615. Composition de la commission technique spécialisée du Conseil supérieur d'orientation et de coordination de l'économie agricole et alimentaire. – V. C. rur., art. D. 611-4 à D. 611-6, D. 611-8.
2008	27 juin	Décret n° 2008-616. Institut supérieur des sciences agronomiques, agroalimentaires, horticoles et du paysage (Agro campus Ouest). – Art. 28. – V. C. rur., art. R. 812-35.
2008	2 juill.	Décret n° 2008-657. Recouvrement des cotisations dues au titre des régimes de protection sociale agricole. – V. C. rur., art. R. 725-8, R. 725-9, R. 726-1, R. 731-68, R. 731-75, R. 741-26, R. 741-83.
2008	3 juill.	Loi n° 2008-649. Adaptation du droit des sociétés au droit communautaire. – Art. 21, 24, 25. – V. C. rur., art. L. 521-3, L. 522-3, L. 524-6-5, L. 526-2.
2008	24 juill.	Décret n° 2008-731. Procédure d'admission en non-valeur des créances d'organismes de sécurité sociale. – Art. 1er, 2. – V. C. rur., art. R. 725-3, R. 725-4.
2008	28 juill.	Décret n° 2008-742. Assiette forfaitaire pour le calcul de la contribution de la formation professionnelle des non-salariés agricoles des nouveaux chefs d'exploitation ou d'entreprise agricoles. – V. C. rur., art. D. 718-16.
2008	4 août	Loi n° 2008-776. Modernisation de l'économie. – Art. 5-II et IV, 23, 31, 73-VIII, 129-II. – V. C. rur., art. L. 332-1, L. 529-2, L. 529-3, L. 665-3.
2008	20 août	Loi n° 2008-789. Rénovation de la démocratie sociale et réforme du temps de travail. – Art. 18-V, 21. – V. C rur., art. L. 713-6 à L. 713-12, L. 713-14 à L. 713-18.
2008	28 août	Décret n° 2008-871. Protection des animaux de compagnie. – V. C. rur., art. D. 214-19, R. 214-19-1, R. 214-21 à R. 214-24, R. 214-28 à R. 214-31-1, R. 214-32-1 à R. 214-34, R. 214-98, R. 215-2, R. 215-4, R. 215-5, R. 215-5-1, R. 215-15.
2008	28 août	Décret n° 2008-872. Transmission des relevés d'activité d'abattage. – Art. 2 à 4. – V. C. rur., art. R. 228-12, R. 654-7.
2008	4 sept.	Décret n° 2008-897. Permis provisoire de détention d'un chien. – V. C. rur., art. D. 211-5-2.
2008	18 sept.	Décret n° 2008-982. Modalités de recouvrement des cotisations sociales des personnes non salariées des professions agricoles. – V. C. rur., art. R. 731-58 à R. 731-60, R. 731-62 à R. 731-65, R. 731-67.

2008	18 sept.	Décret n° 2008-983. Financement du régime de protection sociale des personnes non salariées des professions agricoles pour 2008. – V. C. rur., art. D. 731-15, D. 731-43, D. 731-77, D. 731-91, D. 731-92, D. 731-123.
2008	22 sept.	Décret n° 2008-995. Sociétés d'aménagement régional. – V. C. rur., art. R. 112-6, R. 112-7, R. 112-9, R. 112-10, R. 112-13.
2008	23 sept.	Décret n° 2008-998. Appellations d'origine et valorisation des produits. – V. C. rur., art. D. 644-1 à D. 644-18, D. 645-1 à D. 645-24.
2008	10 oct.	Décret n° 2008-1053. Liste des prescriptions relatives à la santé et à la sécurité des travailleurs effectuant des travaux en hauteur dans les arbres. – V. C. rur., art. R. 717-85-1 à R. 717-96.
2008	10 oct.	Décret n° 2008-1054. Établissements d'abattage de volailles et de lagomorphes. – V. C. rur., art. D. 654-2 à D. 654-5.
2008	4 nov.	Décret n° 2008-1141. Modification du livre II du code rural (partie réglementaire). – V. C. rur., art. R. 212-79, R. 215-6, R. 223-4-1, R. 228-6.
2008	10 nov.	Décret n° 2008-1158. Évaluation comportementale des chiens. – V. C. rur., art. D. 211-3-1 à D. 211-3-3.
2008	25 nov.	Décret n° 2008-1216. Certificat vétérinaire. – V. C. rur., art. D. 214-32-2.
2008	1er déc.	Décret n° 2008-1254. Contrôle des matériels destinés à l'application de produits phytopharmaceutiques. – V. C. rur., art. R. 256-29 à R. 256-31.
2008	1er déc.	Décret n° 2008-1255. Matériels destinés à l'application de produits phytopharmaceutiques et contrôle périodique obligatoire des pulvérisateurs. – V. C. rur., art. D. 256-1, D. 256-11 à D. 256-16, D. 256-19, D. 256-21 à D. 256-24.
2008	1er déc.	Décret n° 2008-1256. Validations de retraite des périodes de perception de la préretraite. – V. C. rur., art. D. 732-88.
2008	16 déc.	Décret n° 2008-1335. Spécialisation vétérinaire et traduction des diplômes, certificats ou titres de vétérinaire. – V. C. rur., art. R. 242-85.
2008	17 déc.	Loi n° 2008-1330. De financement de la sécurité sociale pour 2009. – Art. 14-II, 17-I, 18, 19, 24-II, 74-IV et V, 77, 78, 83-II, 88-VII, 98-II, 112-II. – V. C. rur., art. L. 721-1, L. 723-12, L. 723-12-2, L. 723-34, L. 723-38, L. 723-48, L. 731-1 à L. 731-5, L. 731-10, L. 731-10-1, L. 731-16, L. 732-34 à L. 732-35-1, L. 732-39, L. 732-41, L. 732-51-1, L. 732-54-1 à L. 732-54-4, L. 741-4, L. 741-15, L. 741-29, L. 742-3, L. 751-1, L. 751-8, L. 751-42, L. 761-10.
2008	17 déc.	Décret n° 2008-1336. Aides à l'installation des jeunes agriculteurs. – V. C. rur., art. D. 343-13 à D. 343-16, D. 343-19.
2008	19 déc.	Décret n° 2008-1383. Versement pour la retraite au titre de certaines périodes d'études supérieures et d'activités. – Art. 6. – V. C. rur., art. D. 732-46.

2008	22 déc.	Décret n° 2008-1426. Devoirs professionnels des experts fonciers et agricoles et des experts forestiers. – V. C. rur., art. R. 172-1 à R. 172-10.
2008	27 déc.	Loi n° 2008-1425. De finances pour 2009. – Art. 113-III, 139, 140-II, 141. – V. C. rur., art. L. 226-1, L. 226-7, L. 415-3.
2008	30 déc.	Loi n° 2008-1443. De finances rectificative pour 2008. – Art. 146. – V. C. rur., art. L. 251-17.
2008	30 déc.	Décret n° 2008-1495. Caisse centrale de la mutualité sociale agricole. – Art. 7. – V. C. rur., art. R. 731-1 à R. 731-11
2008	30 déc.	Décret n° 2008-1496. Conditions d'exonération partielle en début d'activité des cotisations dues au régime de protection sociale des personnes non salariées agricoles. – V. C. rur., art. D. 731-52.
2008	30 déc.	Décret n° 2008-1509. Assurance vieillesse. – Art. 2-III et IV, 5-II. – V. C. rur., art. D. 732-42, D. 732-92, D. 732-92-1.
2008	31 déc.	Décret n° 2008-1555. Assurance vieillesse. – Art. 4-II. – V. C. rur., art. R. 742-20.
2009	9 janv.	Décret n° 2009-28. Organisation du dispositif d'accompagnement à l'installation des jeunes agriculteurs. – V. C. rur., art. D. 343-22 à D. 343-24.
2009	22 janv.	Ordonnance n° 2009-80. Appel public à l'épargne. – Art. 18. – V. C. rur., art. L. 322-3, L. 523-9, L. 524-6-1, L. 524-6-3.
2009	22 janv.	Décret n° 2009-87. Dispositif de soutien en faveur des exploitations agricoles en difficulté. – V. C. rur., art. D. 353-1 à D. 353-9, D. 354-1 à D. 354-4, D. 354-7, D. 354-8, D. 354-10, D. 354-14, D. 354-15.
2009	28 janv.	Décret n° 2009-99. Levée de présomption de salariat des personnes occupées dans les exploitations ou entreprises de travaux forestiers. – V. C. rur., art. D. 722-3-1, D. 722-32.
2009	9 févr.	Décret n° 2009-144. Établissements publics locaux d'enseignement et de formation professionnelle agricoles. – V. C. rur., art. R. 811-6, R. 811-22, R. 811-23, R. 811-25, R. 811-26, R. 811-31, R. 811-51 à R. 811-54, R. 811-56, R. 811-61, R. 811-70, D. 811-70-1, R. 811-77, R. 811-78, R. 811-83.
2009	11 févr.	Décret n° 2009-153. Prime à l'arrachage de vignes. – V. avant C. rur., art. D. 665-1.
2009	13 févr.	Décret n° 2009-173. Majoration des pensions de retraite de base des personnes non salariées des professions agricoles. – V. C. rur., art. D. 732-78, D. 732-79, D. 732-80, D. 732-83, D. 732-109 à D. 732-114.
2009	13 févr.	Décret n° 2009-174. Modification de l'article D. 723-8 du code rural. – V. C. rur., art. D. 723-8.
2009	16 févr.	Décret n° 2009-180. Application des articles L. 171-2 et L. 171-3 du code rural. – V. C. rur., art. R. 171-9, R. 171-12 à R. 171-12-3, R. 171-17-1 à R. 171-17-3.

2009	18 févr.	Décret n° 2009-189. Création de l'Institut national supérieur des sciences agronomiques, de l'alimentation et de l'environnement (Agrosup Dijon). – Art. 26. – V. C. rur., art. D. 812-1.
2009	24 févr.	Décret n° 2009-223. Rénovation du baccalauréat professionnel. – V. C. rur., art. D. 811-154.
2009	10 mars	Décret n° 2009-274. Notification des déplacements des animaux des espèces ovine et caprine. – V. C. rur., art. D. 212-30-1.
2009	13 mars	Décret n° 2009-289. Code du travail. – Art. 3. – V. C. rur., art. R. 718-19.
2009	20 mars	Décret n° 2009-315. Harmonisation des dates de dépôt des déclarations annuelles des professionnels. – Art. 10. – V. C. rur., art. R. 716-28.
2009	20 mars	Décret n° 2009-319. Meunerie. – V. C. rur., art. D. 621-115, D. 666-1 à D. 666-25.
2009	25 mars	Ordonnance n° 2009-325. Création de l'Agence de services et de paiement et de l'Établissement national des produits de l'agriculture et de la mer. – V. C. rur., art. L. 226-1, L. 226-8, L. 226-9, L. 313-1 à L. 313-7, L. 314-1, L. 355-2, L. 621-1 à L. 621-12, L. 621-21, L. 621-22, L. 621-30, L. 621-32 à L. 621-34, L. 622-1, L. 631-9, L. 641-17, L. 642-15, L. 654-1, L. 654-33, L. 664-2, L. 671-1.
2009	25 mars	Décret n° 2009-326. Élections des délégués cantonaux aux assemblées générales de la mutualité sociale agricole. – V. C. rur., art. R. 723-26 à R. 723-29, R. 723-31-1, R. 723-31-2, R. 723-42, R. 723-43, R. 723-45, R. 723-48 à R. 723-49, R. 723-52, R. 723-64 à R. 723-66, R. 723-69, R. 723-76.
2009	25 mars	Décret n° 2009-327. Reconnaissance des qualifications professionnelles pour l'exercice des activités et professions réglementées dans le domaine de l'insémination animale. – V. C. rur., art. R. 653-88, R. 653-96.
2009	25 mars	Décret n° 2009-328. Reconnaissance des qualifications professionnelles pour l'exercice de diverses professions agricoles réglementées ayant des implications en matière de santé et de sécurité publiques. – V. C. rur., art. R. 204-1, R. 214-25-1.
2009	27 mars	Décret n° 2009-340. Agence de services et de paiement, Établissement national des produits de l'agriculture et de la mer et Office de développement de l'économie agricole d'outre-mer. – V. C. rur., art. R. 228-12, D. 313-13 à D. 313-44, D. 621-1 à R. 621-60, R. 622-1 à R. 622-6, D. 666-1, D. 666-7, D. 666-8, D. 666-11 à D. 666-15, D. 666-20, D. 666-23 à R. 666-30, R. 671-18.
2009	31 mars	Décret n° 2009-364. Reconnaissance des qualifications professionnelles pour l'exercice des professions d'identificateur d'équidés et de carnivores domestiques. – V. C. rur., art. D. 212-68.
2009	1er avr.	Décret n° 2009-376. Agrément des personnes habilitées à dispenser la formation prévue à l'article L. 211-13-1 du code rural et contenu de la formation. – V. C. rur., art. R. 211-5-3 à R. 211-5-6.

2009	7 avr.	Décret n° 2009-386. Réforme des règles d'établissement et d'arrêté des comptes des régimes et organismes de sécurité sociale. – Art. 21 à 23. – V. C. rur., art. R. 723-107, R. 723-108, R. 723-214.
2009	7 avr.	Décret n° 2009-387. Réforme des règles d'établissement et d'arrêté des comptes des régimes et organismes de sécurité sociale. – Art. 15 à 19. – V. C. rur., art. D. 723-178, D. 723-189, D. 723-190, D. 723-218.
2009	15 avr.	Décret n° 2009-404. Revenu de solidarité active. – Art. 8. – V. C. rur., art. D. 731-99.
2009	30 avr.	Décret n° 2009-499. Mise en œuvre de la conditionnalité. – V. C. rur., art. D. 615-49, D. 615-56, D. 615-58, D. 615-60.
2009	5 mai	Décret n° 2009-504. Administration aux animaux de substances réglementées. – V. C. rur., art. D. 234-6.
2009	7 mai	Décret n° 2009-521. Consultation de la Caisse centrale de la mutualité sociale agricole. – V. C. rur., art. R. 723-24-1 à R. 723-24-6.
2009	12 mai	Loi n° 2009-526. Simplification et clarification du droit et allègement des procédures. – Art. 10-III, 51-II, 62-I, 63, 64-II, 75-II, 113-II, 125-XX, 138-XIV, 139-VI. – V. C. rur., art. L. 123-15, L. 214-9, L. 215-10, L. 215-11, L. 215-13, L. 257-12, L. 441-9, L. 523-9, L. 524-4-1, L. 526-4, L. 526-6, L. 526-8, L. 640-2, L. 641-7, L. 642-3, L. 642-22, L. 642-24, L. 654-2, L. 654-5, L. 654-8, L. 654-9, L. 671-10, L. 722-7, L. 723-43, L. 725-3-2, L. 731-29.
2009	14 mai	Ordonnance n° 2009-537. Extension et adaptation à Mayotte, dans les îles Wallis-et-Futuna, en Polynésie française, dans les Terres australes et antarctiques françaises et en Nouvelle-Calédonie de diverses dispositions de nature législative. – Art. 13 à 17. – V. C. rur., art. L. 328-3, L. 328-5 à L. 328-7.
2009	14 mai	Décret n° 2009-541. Sanction des infractions au décret relatif aux conditions d'utilisation des mentions valorisantes « fermier », « produit de la ferme » ou « produit à la ferme » pour les œufs de l'espèce *Gallus gallus*. – V. C. rur., art. R. 671-4.
2009	19 mai	Décret n° 2009-557. Offre au public, déclarations de franchissement de seuils et déclarations d'intentions. – Art. 9. – V. C. rur., art. R. 526-6.
2009	26 mai	Décret n° 2009-599. Rachat de cotisations des années accomplies en qualité d'aide familial. – V. C. rur., art. D. 732-47-4, D. 732-47-6, D. 732-47-8.
2009	27 mai	Loi n° 2009-594. Développement économique des outre-mer. – Art. 7-III. – V. C. rur., art. L. 415-3.
2009	29 mai	Décret n° 2009-605. Application de l'article L. 212-12-1 *[devenu L. 212-2]* du code rural. – V. C. rur., art. R. 212-14 à D. 212-14-5, D. 212-66, D. 212-67.
2009	11 juin	Décret n° 2009-674. Rénovation de l'enseignement professionnel agricole du second degré. – V. C. rur., art. R. 811-29, D. 811-145.

2009	11 juin	Décret n° 2009-676. Création du comité technique permanent de la sélection des plantes cultivées. – V. C. rur., art. D. 661-1 à D. 661-11.
2009	12 juin	Décret n° 2009-686. Contribution au dispositif de la formation professionnelle des non-salariés agricoles. – V. C. rur., art. D. 718-16.
2009	15 juin	Décret n° 2009-698. Organisation de la Commission supérieure des maladies professionnelles en agriculture. – V. C. rur., art. D. 751-20, D. 751-21.
2009	18 juin	Loi n° 2009-715. Organe central des caisses d'épargne et des banques populaires. – Art. 1er-II. – V. C. rur., art. L. 527-3.
2009	18 juin	Décret n° 2009-716. Traitements automatisés de données à caractère personnel accompagnant la mise en œuvre du revenu de solidarité active. – Art. 4. – V. C. rur., art. D. 718-7, D. 731-100.
2009	19 juin	Décret n° 2009-738. Tribunal paritaire des baux ruraux et commissions consultatives paritaires départementales des baux ruraux. – V. C. rur., art. R. 491-1 à R. 492-33.
2009	19 juin	Décret n° 2009-739. Hébergement des travailleurs saisonniers agricoles. – V. C. rur., art. R. 716-16.
2009	23 juin	Décret n° 2009-771. Retraite progressive des chefs d'exploitation ou d'entreprise agricole. – V. C. rur., art. D. 732-89, D. 732-175, D. 732-176-1, D. 732-180.
2009	23 juin	Décret n° 2009-789. Conditions d'attribution de la majoration de la pension de réversion et de la pension de retraite de base des personnes non salariées des professions agricoles. – Art. 2. – V. C. rur., art. D. 732-100-1 à D. 732-100-4, D. 732-115.
2009	23 juin	Décret n° 2009-791. Contrats entre l'État et les établissements d'enseignement supérieur agricole privés. – V. C. rur., art. R. 813-63, R. 813-65, R. 813-66, R. 813-69.
2009	23 juin	Décret n° 2009-793. Organisation de la tutelle des régimes de protection sociale agricole. – V. C. rur., art. R. 723-106, R. 724-2, R. 724-16 à R. 724-21, R. 725-4, R. 725-22-3, R. 731-75, R. 731-88, R. 732-3, R. 741-67, R. 741-70, R. 742-10, R. 742-20, R. 742-25, R. 751-52.
2009	23 juin	Décret n° 2009-794. Organisation de la tutelle des régimes de protection sociale agricole. – V. C. rur., art. D. 723-160, D. 723-185, D. 723-208, D. 723-215, D. 723-216, D. 723-228, D. 723-233, D. 723-234, D. 723-238, D. 731-41, D. 732-148, D. 751-8, D. 751-12, D. 751-74, D. 751-76, D. 751-77, D. 751-81, D. 752-58, D. 752-81, D. 753-1, D. 753-2, D. 753-3, D. 761-41, D. 761-45, D. 761-49.
2009	21 juill.	Loi n° 2009-879. Réforme de l'hôpital. – Art. 135. – V. C. rur., art. L. 722-20.
2009	29 juill.	Décret n° 2009-960. Élection des représentants des parents d'élèves dans les conseils d'administration des établissements publics locaux d'enseignement et de formation professionnelle agricoles. – V. C. rur., art. R. 811-15.

2009	20 août	Décret n° 2009-990. Application de l'article L. 741-10-4 du code rural. – V. C. rur., art. D. 751-3, D. 751-4, D. 751-79, D. 751-80, D. 751-128-1.
2009	20 août	Décret n° 2009-996. Étiquetage et contenu du cahier des charges d'une appellation d'origine, d'une indication géographique protégée ou d'une spécialité traditionnelle garantie. – Art. 2, 3. – V. C. rur., art. R. 641-12, R. 641-21-1.
2009	24 août	Décret n° 2009-1007. Règlement général du brevet d'études professionnelles agricoles. – V. C. rur., art. D. 811-163, D. 811-164.
2009	7 oct.	Décret n° 2009-1195. Mise en conformité du code rural avec la réglementation communautaire en matière vitivinicole. – V. C. rur., art. R. 313-45 à R. 313-47, R. 641-12 à R. 641-18, R. 641-21 à R. 641-25-1, R. 641-57, R. 642-4, R. 642-6, R. 642-10, R. 642-13, R. 642-30, R. 642-39, R. 642-41, R. 642-57.
2009	7 oct.	Décret n° 2009-1196. Dénomination « montagne ». – V. C. rur., art. R. 671-3.
2009	12 oct.	Décret n° 2009-1226. Financement du régime de protection sociale des personnes non salariées des professions agricoles pour 2009. – V. C. rur., art. D. 731-123.
2009	14 oct.	Décret n° 2009-1236. Modalités de recouvrement des cotisations sociales des personnes non salariées agricoles. – V. C. rur., art. D. 731-57-1.
2009	11 nov.	Décret n° 2009-1392. Taux de cotisations complémentaires du régime des salariés agricoles. – V. C. rur., art. D. 723-115, D. 731-13.
2009	24 nov.	Loi n° 2009-1437. Orientation et formation professionnelle tout au long de la vie. – Art. 55, 56-II, 57-IV. – V. C. rur., art. L. 512-1, L. 718-2-1, L. 718-2-3, L. 811-8, L. 813-2, L. 814-4.
2009	4 déc.	Décret n° 2009-1497. Conditions selon lesquelles une parcelle est présumée conduite conformément aux dispositions d'un cahier des charges d'une appellation d'origine contrôlée dans le domaine des vins et eaux-de-vie. – V. C. rur., art. D. 645-3, D. 645-19, D. 645-21.
2009	10 déc.	Ordonnance n° 2009-1534. Compétence du Conseil national de l'enseignement supérieur et de la recherche agricole, agroalimentaire et vétérinaire en matière disciplinaire. – V. C. rur., art. L. 811-2, L. 811-5, L. 811-8, L. 811-10, L. 811-11, L. 812-1, L. 812-3, L. 813-1, L. 813-2, L. 814-3 à L. 814-5, L. 815-2.
2009	18 déc.	Décret n° 2009-1658. Modifications des livres II et VI du code rural. – V. C. rur., art. R. 201-14, R. 205-1, R. 205-2, R. 214-16, R. 214-64, R. 214-67, R. 214-68, R. 214-69, R. 214-70 R. 214-72, R. 214-77, R. 214-78, R. 214-80, R. 226-1, R. 226-14, R. 226-15, R. 231-1 à R. 231-34, R. 231-60, R. 232-1, R. 233-1 à R. 233-5, R. 234-2, R. 234-7, R. 235-1, R. 235-2, R. 236-2, R. 236-3, R. 236-4, D. 653-115.
2009	24 déc.	Loi n° 2009-1646. De financement de la sécurité sociale pour 2010. – Art. 13-III, 67-II, 72-II, 85. – V. C. rur., art. L. 722-18, L. 723-12-3, L. 732-36, L. 732-52.

2009	24 déc.	Décret n° 2009-1642. Création de l'École nationale vétérinaire, agroalimentaire et de l'alimentation, Nantes-Atlantique (ONIRIS). – Art. 29. – V. C. rur., art. D. 812-1, R. 812-2.
2009	28 déc.	Décret n° 2009-1668. Identification des équidés et enregistrement et certification de la parenté des bovins. – V. C. rur., art. D. 653-57.
2009	29 déc.	Décret n° 2009-1693. Répartition des compétences entre le tribunal de grande instance et le tribunal d'instance. – Art. 6. – V. C. rur., art. R. 162-1.
2009	30 déc.	Loi n° 2009-1674. De finances rectificative pour 2009. – Art. 92. – V. C. rur., art. L. 642-13.
2009	30 déc.	Décret n° 2009-1739. Retraite progressive des artisans, des commerçants et des chefs d'exploitation ou d'entreprise agricole. – Art. 3. – V. C. rur., art. D. 732-45.
2009	30 déc.	Décret n° 2009-1767. Procédure d'instruction des déclarations d'accidents du travail et maladies professionnelles des salariés et des non-salariés des professions agricoles. – V. C. rur., art. R. 751-115, R. 751-116, D. 751-117, D. 751-120, R. 751-121, D. 751-121-1, R. 752-69, R. 752-70, D. 752-71, D. 752-73, D. 752-78.
2009	30 déc.	Décret n° 2009-1768. Permis de détention de chien et protection des animaux de compagnie. – V. C. rur., art. R. 211-5, R. 211-5-1, R. 214-21, R. 215-2.
2009	30 déc.	Décret n° 2009-1769. Établissements d'abattage. – Art. 1er. – V. C. rur., art. R. 654-1.
2009	30 déc.	Décret n° 2009-1770. Établissements d'abattage. – V. C. rur., art. D. 654-4, D. 654-13 à D. 654-17, D. 654-21, D. 654-22.
2010	7 janv.	Ordonnance n° 2010-18. Création d'une agence nationale chargée de la sécurité sanitaire de l'alimentation, de l'environnement et du travail. – Art. 3. – V. C. rur., art. L. 211-27, L. 223-9, L. 234-2, L. 261-1, L. 261-2.
2010	22 janv.	Décret n° 2010-90. Institut français du cheval et de l'équitation. – Art. 3. – V. C. rur., art. R. 313-47, D. 653-8, R. 653-13 à R. 653-28, R. 653-82.
2010	28 janv.	Ordonnance n° 2010-104. Protection sociale agricole. – Art. 1er à 5. – V. C. rur., art. L. 714-1, L. 718-9, L. 718-10, L. 719-1, L. 719-2, L. 723-13-1, L. 723-43, L. 724-2, L. 724-4, L. 724-5, L. 724-6, L. 724-8, L. 724-11, L. 724-12, L. 731-35, L. 731-42, L. 732-8, L. 741-4, L. 741-10 à L. 741-14, L. 741-24, L. 751-13.
2010	8 févr.	Décret n° 2010-126. Majoration des pensions de retraite de base des personnes non salariées des professions agricoles. – V. C. rur., art. D. 732-80, D. 732-81, D. 732-115.
2010	23 févr.	Ordonnance n° 2010-177. Coordination avec la loi n° 2009-879 du 21 juillet 2009 portant réforme de l'hôpital et relative aux patients, à la santé et aux territoires. – Art. 20-III. – V. C. rur., art. L. 671-1.

2010	9 mars	Loi n° 2010-237. De finances rectificative pour 2010. – Art. 13. – V. C. rur., art. L. 741-16, L. 751-10.
2010	22 mars	Décret n° 2010-312. Tarification de l'identification des espèces bovine, ovine, caprine et porcine. – V. C. rur., art. R. 212-16-2.
2010	22 mars	Décret n° 2010-313. Sanctions applicables en cas de non-respect des règles de notification des mouvements des animaux des espèces ovine et caprine. – V. C. rur., art. R. 212-32, R. 215-12.
2010	22 mars	Décret n° 2010-326. Centre national de la propriété forestière. – Art. 3-IV. – V. C. rur., art. R. 126-5, R. 133-3, R. 511-6, R. 511-9, R. 511-32.
2010	24 mars	Décret n° 2010-332. Prise en charge de certains appareillages médicaux et contentieux des soins médicaux gratuits délivrés aux titulaires de pensions militaires d'invalidité. – Art. 2. – V. C. rur., art. R. 732-14, R. 751-43, R. 751-44, R. 751-148, D. 752-20, D. 753-11.
2010	31 mars	Décret n° 2010-344. Conséquences, au niveau réglementaire, de l'intervention de la loi n° 2009-879 du 21 juillet 2009 portant réforme de l'hôpital. – Art. 348. – V. C. rur., art. R. 732-30, R. 742-2, R. 751-160.
2010	1er avr.	Décret n° 2010-357. Organisation du Conseil supérieur des prestations sociales agricoles. – V. C. rur., art. R. 721-1 à R. 721-19, D. 751-74.
2010	8 avr.	Décret n° 2010-362. Conditions de nomination et d'avancement dans les emplois de directeur général et de directeur des établissements d'enseignement supérieur agricole publics. – Art. 11, 12-I. – V. C. rur., art. R. 812-11, R. 812-35.
2010	13 avr.	Décret n° 2010-368. Installations classées pour la protection de l'environnement et procédure d'enregistrement applicable à certaines de ces installations. – Art. 44. – V. C. rur., art. R. 214-28.
2010	14 avr.	Décret n° 2010-380. Modification du livre VIII du code rural. – V. C. rur., art. R. 811-26, R. 811-31.
2010	23 avr.	Décret n° 2010-400. Exonérations de cotisations patronales pour l'emploi de travailleurs occasionnels et de demandeurs d'emploi en agriculture. – V. C. rur., art. D. 741-58 à D. 741-62, D. 741-63-5, D. 751-81.
2010	26 avr.	Décret n° 2010-409. Soumission de l'Assemblée permanente des chambres d'agriculture au contrôle économique et financier de l'État. – V. C. rur., art. D. 513-6, D. 513-28-1.
2010	27 avr.	Ordonnance n° 2010-420. Fusion de la direction générale des impôts et de la direction générale de la comptabilité publique. – Art. 117. – V. C. rur., art. L. 121-3, L. 121-4, L. 121-5-1, L. 671-1.
2010	6 mai	Ordonnance n° 2010-459. Modifications des livres I, V et VI du code rural. – V. C. rur., art. L. 113-4, L. 522-4, L. 523-1, L. 523-10,

		L. 524-5-1, L. 525-1, L. 526-4, L. 526-7-1, L. 526-8, L. 526-10, L. 621-16 à L. 621-34, L. 640-2, L. 641-2, L. 641-5, L. 641-6, L. 641-10, L. 641-11, L. 641-11-1, L. 641-13, L. 641-19, L. 641-21, L. 642-1, L. 642-2, L. 642-17, L. 642-27, L. 642-28, L. 642-32, L. 643-2, L. 644-1, L. 644-2, L. 644-5-1, L. 644-6, L. 644-8, L. 661-2 à L. 661-5, L. 661-7, L. 664-3 à L. 668-2, L. 671-1, L. 671-17.
2010	6 mai	Ordonnance n° 2010-460. Modernisation des missions d'inspection et de contrôle. – V. C. rur., art. L. 205-1 à L. 206-2, L. 211-11, L. 211-14-2, L. 211-29, L. 211-31, L. 211-32, L. 212-4, L. 212-5, L. 212-14, L. 214-10, L. 214-19, L. 214-21 à L. 214-25, L. 215-6, L. 215-7, L. 215-9, L. 215-10, L. 221-6 à L. 221-8, L. 221-10, L. 223-23 à L. 223-25, L. 231-2-1, L. 231-2-2, L. 236-4, L. 236-6, L. 237-1, L. 237-3, L. 243-2, L. 250-3, L. 250-5, L. 250-7, L. 250-8, L. 251-10, L. 251-18 à L. 251-21, L. 256-2, L. 257-2, L. 257-4.
2010	6 mai	Ordonnance n° 2010-461. Adaptation des renvois à des dispositions réglementaires d'application dans la partie législative du code rural. – V. C. rur., art. L. 111-5, L. 112-8, L. 112-15, L. 123-31, L. 125-1, L. 125-3, L. 125-5, L. 125-6, L. 125-15, L. 135-12, L. 136-13, L. 151-4, L. 151-6, L. 151-40, L. 171-2, L. 171-3, L. 204-1, L. 211-19, L. 215-5, L. 222-1, L. 223-16, L. 223-18, L. 226-1, L. 226-5, L. 231-5, L. 234-2, L. 236-12, L. 241-1, L. 241-10, L. 241-13, L. 242-14, L. 313-2, L. 313-7, L. 321-5, L. 322-24, L. 323-16, L. 362-19, L. 362-22, L. 362-23, L. 411-11, L. 416-9, L. 441-2, L. 529-6, L. 532-1, L. 541-4, L. 564-1, L. 621-12, L. 621-38, L. 623-2, L. 631-23, L. 640-3, L. 654-6, L. 668-1, L. 671-12, L. 722-1, L. 731-41, L. 732-8, L. 741-1-1, L. 751-8, L. 751-13.
2010	6 mai	Ordonnance n° 2010-462. Création du livre IX du code rural relatif à la pêche maritime et à l'aquaculture marine. – V. C. rur., art. L. 911-1 s.
2010	10 juin	Ordonnance n° 2010-638. Suppression du régime des conservateurs des hypothèques. – Art. 9-VI, 13-XI. – V. C. rur., art. L. 124-1, L. 441-7, L. 441-8, L. 632-11, L. 666-3.
2010	15 juin	Loi n° 2010-658. Entrepreneur individuel à responsabilité limitée. – Art. 7-II. – V. C. rur., art. L. 324-4, L. 725-12-1, L. 731-23.
2010	17 juin	Décret n° 2010-668. Modalités d'attribution de la pension d'invalidité du régime de l'assurance maladie, invalidité et maternité du régime des non-salariés agricoles. – V. C. rur., art. R. 732-3 à R. 732-3-2.
2010	18 juin	Décret n° 2010-671. Signature électronique et numérique en matière pénale. – Art. 5-XII. – V. C. rur., art. R. 152-35, R. 671-3.
2010	24 juin	Décret n° 2010-687. Organisation et missions des services de l'État dans la région et les départements d'Île-de-France. – Art. 49. – V. C. rur., art. R. 141-4, R. 414-4.
2010	5 juill.	Loi n° 2010-751. Rénovation du dialogue social. – Art. 35. – V. C. rur., art. L. 313-6.

2010	8 juill.	Décret n° 2010-780. Adaptation du livre II à la directive 2006/123/CE relative aux services dans le marché intérieur. – V. C. rur., art. R. 202-9, R. 202-15, R. 202-23, R. 202-24, R. 202-27, R. 241-79, R. 241-82, R. 241-103, R. 242-48, R. 242-64.
2010	12 juill.	Loi n° 2010-788. Engagement national pour l'environnement. – Art. 94, 95, 96, 100 à 103, 105, 109, 110, 113 à 115, 116-II, 117, 118, 151-I, 170, 185-III, 225-V, 240-XI, 241-V, 242-V. – V. C. rur., art. L. 111-3, L. 121-14, L. 123-4, L. 123-15, L. 124-5, L. 151-5, L. 151-37, L. 151-37-1, L. 254-1 à L. 254-12, L. 258-1, L. 258-2, L. 411-27, L. 510-1, L. 514-5, L. 611-6, L. 631-10, L. 640-2, L. 641-19-1, L. 644-15, L. 661-2, L. 669-1.
2010	13 juill.	Décret n° 2010-813. Bonnes conditions agricoles et environnementales. – V. C. rur., art. D. 615-46.
2010	13 juill.	Décret n° 2010-815. Contrôle de la protection sociale agricole. – V. C. rur., art. R. 714-4, R. 714-7, R. 718-27, R. 722-20, R. 722-35, R. 722-37, R. 723-21, R. 723-86, R. 724-3, R. 725-5, R. 725-8, R. 725-9, R. 725-20, R. 725-23, R. 725-24, R. 725-25, R. 731-74, R. 741-47, R. 741-66, R. 741-85, R. 741-94, R. 751-1, R. 751-28, R. 751-49, R. 751-53, R. 751-162, R. 811-3.
2010	13 juill.	Décret n° 2010-816. Contrôle de la protection sociale agricole. – V. C. rur., art. D. 723-157, D. 723-187, D. 723-201, D. 724-8, D. 725-26, D. 732-164, D. 761-34, D. 761-35.
2010	23 juill.	Décret n° 2010-865. Conditions de déclaration des détenteurs d'équidés et des lieux de stationnement. – V. C. rur., art. D. 212-47, D. 212-48, D. 212-50.
2010	27 juill.	Loi n° 2010-874. Modernisation de l'agriculture et de la pêche. – Art. 1er-I, IV, 6 à 9, 12, 15-II, 18 à 20, 22 à 26, 31, 32, 35 à 37, 41 à 47, 49 à 51-I, 54, 56, 59 à 63, 64-II, 70 à 76,78, 82, 85 à 90, 92-I, 95. – V. C. rur., art. L. 111-2, L. 111-2-1, L. 111-4, L. 111-5, L. 112-1, L. 113-1, L. 123-8, L. 124-4-1, L. 136-2, L. 141-5, L. 143-10, L. 214-4, L. 230-2, L. 230-4, L. 230-5, L. 233-4, L. 241-1, L. 241-2-1, L. 311-1, L. 311-2-2, L. 311-3, L. 323-2, L. 323-7, L. 361-1 à L. 361-8, L. 362-5, L. 362-26, L. 411-3, L. 411-11, L. 411-27, L. 411-39-1, L. 411-73, L. 417-3, L. 418-2, L. 418-5, L. 492-7, L. 510-1, L. 511-13, L. 512-3, L. 512-4, L. 513-3, L. 514-2, L. 514-4, L. 525-1, L. 551-2, L. 551-3, L. 611-1, L. 611-4, L. 611-4-1, L. 621-3, L. 621-8, L. 621-8-1, L. 631-1 à L. 631-3, L. 631-22, L. 631-23, L. 631-26, L. 632-1 à L. 632-4, L. 632-6, L. 632-7, L. 632-9, L. 640-2, L. 641-11, L. 642-5, L. 642-13, L. 642-22, L. 660-1, L. 665-2, L. 665-4-1, L. 666-1 à L. 666-5, L. 667-2, L. 682-1, L. 722-20, L. 723-12, L. 723-13-2, L. 724-8, L. 724-9, L. 731-22-1, L. 751-1, L. 811-1, L. 811-2, L. 811-8, L. 811-9-1, L. 813-1, L. 813-2, L. 814-2, L. 912-1 à L. 912-10, L. 912-12-1, L. 912-16-1, L. 921-2 à L. 921-2-2, L. 921-4, L. 921-5, L. 921-10, L. 922-2, L. 922-4, L. 923-1-1, L. 932-5, L. 941-1, L. 942-4 à L. 942-6, L. 943-1, L. 943-2, L. 943-7, L. 943-9, L. 944-4, L. 944-5, L. 945-1, L. 946-1, L. 946-2, L. 946-7.
2010	30 juill.	Décret n° 2010-899. Adaptations de la partie réglementaire du code rural. – V. C. rur., art. R. 641-14, R. 641-15, R. 641-20-1, R. 641-21.

2010	24 août	Décret n° 2010-944. Organismes d'inspection des matériels destinés à l'application de produits phytopharmaceutiques et centres de formation des inspecteurs chargés de ces contrôles. – V. C. rur., art. D. 256-16, D. 256-24-1.
2010	25 août	Décret n° 2010-958. Mastérisation des enseignants de l'enseignement agricole privé et revalorisation des taux d'encadrement pour les établissements d'enseignement agricole privés. – V. C. rur., art. R. 813-18, R. 813-19, R. 813-23, R. 813-47, R. 813-60.
2010	25 août	Décret n° 2010-959. Exercice de la profession d'expert foncier et agricole et d'expert forestier dans le cadre d'une société. – V. C. rur., art. R. 171-12.
2010	25 août	Décret n° 2010-960. Collecteurs de céréales et d'oléagineux. – V. C. rur., art. D. 666-1 à D. 666-9, D. 667-1, D. 667-2.
2010	14 sept.	Décret n° 2010-1086. Aménagement des dispositions relatives au contrat à durée déterminée afin de favoriser le retour à l'emploi des salariés âgés des professions agricoles. – V. C. rur., art. D. 718-4, D. 718-5.
2010	16 sept.	Décret n° 2010-1093. Indemnisation du salarié agricole déclaré inapte suite à un accident du travail ou à une maladie professionnelle. – V. C. rur., art. R. 717-28-1, D. 751-47-1 à D. 751-47-7.
2010	27 sept.	Décret n° 2010-1126. Modalités de calcul de l'indice national des fermages et de ses composantes. – Art. 1er. – V. C. rur., art. R. 411-9-1 à R. 411-9-4, R. 411-9-6, R. 411-9-8.
2010	22 oct.	Loi n° 2010-1249. Régulation bancaire et financière. – Art. 12-VIII. – V. C. rur., art. L. 727-2.
2010	28 oct.	Décret n° 2010-1301. Observatoire de la formation des prix et des marges des produits alimentaires. – V. C. rur., art. D. 682-1 à D. 682-4.
2010	29 oct.	Décret n° 2010-1305. Calcul des indemnités journalières. – Art. 2. – V. C. rur., art. R. 751-51.
2010	29 oct.	Décret n° 2010-1306. Calcul des indemnités journalières. – Art. 2. – V. C. rur., art. D. 752-23.
2010	5 nov.	Décret n° 2010-1327. Modalités d'agrément des opérateurs et de certification des vins ne bénéficiant pas d'une appellation d'origine protégée ou d'une indication géographique protégée et portant une mention de cépage ou de millésime. – V. C. rur., art. R. 665-18 à R. 665-29.
2010	8 nov.	Décret n° 2010-1329. Commercialisation des matériels de multiplication des plantes fruitières et des plantes fruitières destinées à la production de fruits. – Art. 1er. – V. C. rur., art. R. 661-37 à R. 661-50.
2010	9 nov.	Loi n° 2010-1330. Réforme des retraites. – Art. 21, 83, 84, 90, 93-II, 97. – V. C. rur., art. L. 722-8, L. 722-16, L. 723-3, L. 725-18, L. 731-3,

		L. 731-10, L. 731-42, L. 732-18, L. 732-18-3, L. 732-25, L. 732-54-5, L. 732-56, L. 732-58, L. 732-59, L. 732-60, L. 741-9, L. 742-3, L. 751-12, L. 751-13-1, L. 752-17.
2010	9 nov.	Décret n° 2010-1340. Institut français du cheval et de l'équitation. – Art. 1er. – V. C. rur., art. R. 653-17.
2010	12 nov.	Décret n° 2010-1416. Financement du régime de protection sociale des personnes non salariées des professions agricoles. – V. C. rur., art. D. 731-56, D. 731-79, D. 731-93, D. 731-97.
2010	22 nov.	Décret n° 2010-1438. Modification des chapitres IV et V du titre IV du livre VI du code rural. – V. C. rur., art. D. 644-10, D. 645-1 à D. 645-31.
2010	17 déc.	Décret n° 2010-1590. Modalités de financement du régime de retraite complémentaire obligatoire pour les non-salariés agricoles pour l'année 2010. – V. C. rur., art. D. 732-165.
2010	17 déc.	Décret n° 2010-1603. Règles d'hygiène et de sécurité sur les chantiers forestiers et sylvicoles. – V. C. rur., art. R. 717-77 à R. 717-77-5, R. 717-81 à R. 717-81-4, R. 717-81-6 à R. 717-81-8, R. 717-83 à R. 717-83-2.
2010	20 déc.	Loi n° 2010-1594. De financement de la sécurité sociale pour 2011. – Art. 12-II, 24-I, 25, 26, 30-II, 96. – V. C. rur., art. L. 731-16, L. 741-16, L. 751-17, L. 751-21, L. 751-49, L. 752-1.
2010	23 déc.	Décret n° 2010-1627. Conditions de la dissolution de l'Agence française d'information et de communication agricole et rurale. – V. C. rur., art. D. 111-1 à R. 111-12.
2010	23 déc.	Décret n° 2010-1644. Modalités du système de cotation des vins. – V. C. rur., art. D. 665-30, D. 665-31.
2010	28 déc.	Décret n° 2010-1654. Administration et gestion des coopératives agricoles. – V. C. rur., art. R. 524-22-1, R. 527-8.
2010	29 déc.	Loi n° 2010-1657. De finances pour 2011. – Art. 144, 200-IV. – V. C. rur., art. L. 741-16, L. 741-27.
2010	29 déc.	Loi n° 2010-1658. De finances rectificative pour 2010. – Art. 87-I et II. – V. C. rur., art. L. 254-3-1.
2010	29 déc.	Décret n° 2010-1683. Conditions de participation des chambres départementales d'agriculture à la politique d installation en agriculture. – V. C. rur., art. D. 330-2, D. 330-3, D. 511-4.
2010	29 déc.	Décret n° 2010-1706. Entrepreneur individuel à responsabilité limitée. – Art. 30. – V. C. rur., art. R. 311-1.
2010	29 déc.	Arrêté. Liste des risques considérés comme assurables pour la gestion du Fonds national de gestion des risques en agriculture. – V. ss. C. rur., art. L. 361-5.
2010	30 déc.	Décret n° 2010-1734. Âge d'ouverture du droit à pension de retraite. – Art. 6. – V. C. rur., art. D. 732-40, D. 732-42, D. 732-58, D. 732-89, D. 732-95, D. 732-96, D. 732-98, D. 732-100-3.

2010	30 déc.	Décret n° 2010-1737. Versement pour la retraite au titre de certaines périodes d'études supérieures et d'activité. – Art. 2. – V. C. rur., art. D. 732-46, D. 732-47.
2010	30 déc.	Décret n° 2010-1738. Assurance volontaire vieillesse et rachat de cotisations. – Art. 2. – V. C. rur., art. D. 722-25, D. 732-103 à D. 732-106, D. 732-108, D. 742-28 à D. 742-30, D. 742-32 à D. 742-35, D. 742-37.
2010	30 déc.	Décret n° 2010-1753. Application de l'article L. 631-24 du code rural et de la pêche maritime dans le secteur laitier. – V. C. rur., art. D. 654-35.
2010	30 déc.	Décret n° 2010-1757. Extension du régime de retraite complémentaire obligatoire aux collaborateurs d'exploitation ou d'entreprise agricole et aux aides familiaux. – V. C. rur., art. D. 732-151, D. 732-152, D. 732-155, D. 732-157, D. 732-165.
2010	30 déc.	Décret n° 2010-1758. Rétablissement de l'assurance veuvage pour les conjoints de non-salariés agricoles. – V. C. rur., art. D. 732-116 à D. 732-128.
2010	31 déc.	Décret n° 2010-1776. Assurance volontaire vieillesse et invalidité et rachat de cotisations. – Art. 2. – V. C. rur., art. R. 742-25.
2010	31 déc.	Décret n° 2010-1779. Modalités de calcul de la réduction générale de cotisations patronales de sécurité sociale. – Art. 2. – V. C. rur., art. D. 741-60.
2011	10 janv.	Décret n° 2011-41. Comité des abus de droit et procédure de répression des abus de droit en matière de prélèvements de sécurité sociale. – Art. 4. – V. C. rur., art. R. 725-28, R. 725-29.
2011	20 janv.	Ordonnance n° 2011-78. Conditions dans lesquelles certains actes peuvent être réalisés par des personnes n'ayant pas la qualité de vétérinaire. – V. C. rur., art. L. 243-1 à L. 243-4.
2011	24 janv.	Décret n° 2011-93. Observatoire de la formation des prix et des marges des produits alimentaires. – V. C. rur., art. D. 682-3.
2011	24 janv.	Décret n° 2011-98. Montant en deçà duquel l'intervention d'un commissaire aux apports pour l'évaluation des apports en nature à une exploitation agricole à responsabilité limitée n'est pas obligatoire. – V. C. rur., art. D. 324-4.
2011	7 févr.	Décret n° 2011-158. Protection sociale contre les accidents du travail et les maladies professionnelles des personnes mentionnées aux 8°, 9°, 10° et 11° de l'article L. 751-1 du code rural et de la pêche maritime. – V. C. rur., art. D. 751-3, D. 751-5, D. 751-16-1, D. 751-16-2, D. 751-82-1, D. 751-128-1.
2011	16 févr.	Décret n° 2011-189. Commission départementale de la consommation des espaces agricoles. – V. C. rur., art. D. 112-1-11.
2011	16 févr.	Décret n° 2011-190. Modalités de production et de commercialisation agricoles de biogaz, d'électricité et de chaleur par la méthanisation. – V. C. rur., art. D. 311-18.

2011	17 févr.	Décret n° 2011-191. Enseignement et formation professionnelle aux métiers de l'agriculture, de la forêt, de la nature et des territoires. – Art. 1er, 2. – V. C. rur., art. D. 718-7, R. 810-1 à R. 810-4, R. 811-1, R. 811-5, R. 811-23 à D. 811-24-5, R. 811-26, R. 811-156, D. 811-165-7.
2011	25 févr.	Décret n° 2011-216. Actions de développement agricole et rural. – V. C. rur., art. R. 822-1.
2011	2 mars	Décret n° 2011-229. Transmission d'informations par la Caisse centrale de mutualité sociale agricole aux ministres chargés de l'agriculture et de la sécurité sociale. – V. C. rur., art. D. 723-254, D. 723-255.
2011	3 mars	Décret n° 2011-239. Modalités d'agrément des centres de rassemblement et de déclaration des opérateurs commerciaux prévus à l'article L. 233-3 du code rural et de la pêche maritime. – V. C. rur., art. R. 233-3-1 à R. 233-3-7, R. 233-6 à R. 233-10, R. 237-2.
2011	4 mars	Décret n° 2011-247. Communication, par les SAFER, des informations sur l'évolution des prix et l'ampleur des changements de destination des terres agricoles aux services de l'État. – V. C. rur., art. D. 141-2, D. 141-7-1.
2011	10 mars	Décret n° 2011-259. Coordination de l'action de l'État dans les bassins laitiers. – V. C. rur., art. R.* 654-114-1, R. 654-114-2.
2011	10 mars	Décret n° 2011-260. Création des conférences de bassin laitier. – V. C. rur., art. D. 654-114-3 à D. 654-114-7.
2011	10 mars	Décret n° 2011-261. Conditions de reconnaissance et de fonctionnement des groupements agricoles d'exploitation en commun. – V. C. rur., art. D. 323-31-1, R. 323-34.
2011	18 mars	Décret n° 2011-293. Application des articles L. 723-43 et L. 725-2 du code rural et de la pêche maritime. – V. C. rur., art. R. 723-116 à R. 723-118, R. 725-2.
2011	30 mars	Décret n° 2011-352. Application des articles L. 351-1-4 du code de la sécurité sociale et L. 732-18-3 du code rural et de la pêche maritime. – Art. 4, 5. – V. C. rur., art. R. 732-3-2, R. 732-58-1, R. 732-88-1, R. 742-20.
2011	30 mars	Décret n° 2011-353. Réforme des retraites. – Art. 1er-II, 2-II. – V. C. rur., art. D. 732-41-2 à D. 732-41-5, D. 742-3-1, D. 751-75.
2011	11 avr.	Décret n° 2011-385. Conséquences, au niveau réglementaire, de la création d'une agence nationale chargée de la sécurité sanitaire de l'alimentation, de l'environnement et du travail. – Art. 11 à 13. – V. C. rur., art. R. 223-41, R. 261-1.
2011	22 avr.	Décret n° 2011-456. Régime de financement de la collecte des céréales avec l'aval de FranceAgriMer. – V. C. rur., art. D. 666-10 à D. 666-14.
2011	27 avr.	Décret n° 2011-468. Enseignement professionnel agricole du second degré. – V. C. rur., art. D. 811-144, D. 811-145, D. 811-155.

2011	16 mai	Décret n° 2011-531. Plan régional de l'agriculture durable. – V. C. rur., art. D. 111-1 à D. 111-5, R. 112-1-1, R. 112-1-2, R. 313-45, R. 313-46.
2011	17 mai	Loi n° 2011-525. Simplification et amélioration de la qualité du droit. – Art. 28, 30 à 36, 94-XII-8°, 96, 118-7°, 119-XXI, 175-I-28°. – V. C. rur., art. L. 123-17, L. 211-15, L. 212-10, L. 215-12, L. 231-2-2, L. 241-1, L. 241-4, L. 243-1, L. 525-1, L. 535-3, L. 611-3, L. 642-2, L. 642-35, L. 663-3, L. 671-1, L. 671-1-1, L. 671-16, L. 717-1, L. 722-20, L. 741-1, L. 812-5, L. 814-4, L. 912-4, L. 921-8, L. 945-2, L. 945-4.
2011	17 mai	Décret n° 2011-537. Modernisation des missions d'inspection et de contrôle et mise en cohérence de diverses dispositions du livre II du code rural et de la pêche maritime. – V. C. rur., art. R. 205-1 à R. 205-5, R. 211-13 à R. 211-24, D. 212-16-1, R. 212-23, D. 212-28, D. 212-31, D. 212-33, D. 212-41, D. 214-12, R. 214-25-1, R. 214-27, R. 214-33, R. 214-51, R. 214-54, R. 214-64, R. 214-79, R. 215-12, R. 222-3 à D. 222-5, R. 223-5, R. 223-20, D. 223-22-7, D. 223-22-8, D. 223-22-11, D. 223-22-12, R. 223-25, R. 223-27, R. 223-31 à R. 223-36, R. 223-42, R. 223-45, R. 223-52, R. 224-1, R. 228-2, R. 228-3, R. 228-6, R. 228-8, R. 228-12, R. 231-13, R. 231-15, R. 233-5, R. 234-3, D. 256-1.
2011	17 mai	Décret n° 2011-538. Composition de la commission consultative paritaire interdépartementale des baux ruraux de la région d'Île-de-France. – V. C. rur., art. R. 414-4-1.
2011	20 mai	Décret n° 2011-553. Accords de modération des marges de distribution dans le secteur des fruits et légumes frais. – V. C. rur., art. R. 616-4 à D. 616-7.
2011	25 mai	Décret n° 2011-596. Fusions de chambres d'agriculture. – V. C. rur., art. D. 511-1 à D. 511-3, D. 511-54 à D. 511-73, D. 511-75, D. 511-76, D. 511-82 à D. 511-85, D. 511-95, D. 511-96-1 à D. 511-96-9, D. 511-106, D. 511-108, D. 512-1, D. 512-6 à D. 512-11, D. 513-1 à D. 513-5, D. 513-8, D. 513-9, D. 513-12 à 513-14, D. 513-22, D. 514-1 à D. 514-15.
2011	26 mai	Décret n° 2011-597. Composition de la commission nationale technique du Conseil supérieur d'orientation et de coordination de l'économie agricole et alimentaire. – V. C. rur., art. D. 611-5.
2011	27 mai	Décret n° 2011-603. Transmission de données sanitaires par les établissements d'équarrissage. – V. C. rur., art. D. 226-4, R. 228-11.
2011	31 mai	Décret n° 2011-620. Âge d'attribution d'une pension de retraite à taux plein. – Art. 7-I. – V. C. rur., art. R. 732-3, R. 732-3-1, R. 732-39, R. 732-61, R. 732-70.
2011	14 juin	Décret n° 2011-670. Conditions de réalisation de l'inventaire des vergers exploités à titre professionnel. – V. C. rur., art. D. 311-19 à D. 311-22.
2011	16 juin	Ordonnance n° 2011-673. Adaptation de certaines dispositions à l'évolution de la législation de l'Union européenne dans le domaine du médicament vétérinaire. – V. C. rur., art. L. 234-2.

2011	16 juin	Décret n° 2011-684. Retrait de reconnaissance en qualité d'organisation interprofessionnelle agricole. – V. C. rur. art. R. 611-22, R. 632-1, R. 632-3, R. 632-4-1.
2011	20 juin	Décret n° 2011-694. Certification environnementale des exploitations agricoles. – V. C. rur., art. D. 611-18 à D. 611-21, D. 617-1 à D. 617-27.
2011	24 juin	Décret n° 2011-731. Obligation de formation en matière d'hygiène alimentaire de certains établissements de restauration commerciale. – V. C. rur., art. D. 233-11 à D. 233-13.
2011	27 juin	Décret n° 2011-755. École nationale supérieure de paysage de Versailles. – Art. 1er. – V. C. rur., art. D. 812-1 à R. 812-3, R. 812-15.
2011	28 juin	Décret n° 2011-768. Observation du comportement canin. – V. C. rur., art. D. 211-3-4.
2011	28 juin	Décret n° 2011-778. Fonctionnement et composition de l'Observatoire de l'alimentation mentionné à l'article L. 230-3 du code rural et de la pêche maritime. – V. C. rur., art. D. 230-1 à D. 230-8.
2011	28 juin	Décret n° 2011-785. Gestion comptable et financière du Fonds national de gestion des risques en agriculture, Comité national de gestion des risques en agriculture et comités départementaux d'expertise. – Art. 1er. – V. C. rur., art. D. 361-1 à D. 361-3, D. 361-5 à D. 361-18.
2011	28 juin	Décret n° 2011-786. Observatoire national de la consommation des espaces agricoles. – V. C. rur., art. D. 112-1-12 à D. 112-1-17.
2011	13 juill.	Décret n° 2011-841. Déclaration de mise en culture de végétaux génétiquement modifiés. – V. C. rur., art. D. 663-1 à D. 663-6.
2011	15 juill.	Ordonnance n° 2011-840. Mise en conformité des dispositions nationales avec le droit de l'Union européenne sur la mise sur le marché et l'utilisation des produits phytopharmaceutiques. – V. C. rur., art. L. 205-1, L. 253-1 à L. 253-18, L. 254-1 à L. 254-6, L. 254-7-1, L. 254-8, L. 254-9, L. 256-1 à L. 256-4.
2011	20 juill.	Loi n° 2011-850. Libéralisation des ventes volontaires de meubles aux enchères publiques. – Art. 48-I. – V. C. rur., art. L. 342-11.
2011	20 juill.	Loi n° 2011-867. Organisation de la médecine du travail. – Art. 15, 17. – V. C. rur., art. L. 717-1, L. 717-2, L. 717-3, L. 717-7.
2011	22 juill.	Ordonnance n° 2011-862. Organisation de l'épidémiosurveillance, de la prévention et de la lutte contre les maladies animales et végétales. – V. C. rur., art. L. 201-1 à L. 201-13, L. 223-2 à L. 223-6-1, L. 223-8, L. 224-1 à L. 224-3, L. 225-1, L. 228-1, L. 243-3, L. 251-5, L. 251-9, L. 251-10.
2011	22 juill.	Ordonnance n° 2011-863. Modernisation des missions des vétérinaires titulaires d'un mandat sanitaire. – V. C. rur., art. L. 202-5, L. 202-6, L. 203-1 à L. 203-11, L. 221-11 à L. 221-13, L. 223-10, L. 236-2, L. 241-16, L. 243-2.

2011	22 juill.	Ordonnance n° 2011-866. Adaptation à l'outre-mer de dispositions relatives à la pêche de la loi de modernisation de l'agriculture et de la pêche. – V. C. rur., art. L. 912-3.
2011	27 juill.	Décret n° 2011-897. Pouvoirs du ministre chargé de l'agriculture en matière d'agrément des organismes chargés de la certification environnementale des exploitations agricoles. – V. C. rur., art. R. 617-28.
2011	28 juill.	Loi n° 2011-893. Développement de l'alternance et sécurisation des parcours professionnels. – Art. 27-IV. – V. C. rur., art. L. 751-1.
2011	28 juill.	Décret n° 2011-909. Reconnaissance des qualifications professionnelles pour l'exercice d'activités et professions agricoles réglementées. – V. C. rur., art. R. 204-1, R. 214-99.
2011	26 août	Décret n° 2011-1027. Adaptation de certaines dispositions du code rural et de la pêche maritime et du code de la santé publique à l'évolution de la législation de l'Union européenne dans le domaine du médicament vétérinaire. – Art. 2. – V. C. rur., art. R. 234-3.
2011	8 sept.	Décret n° 2011-1073. Suppression de commissions et instances administratives. – Art. 1er-3°. – V. C. rur., art. D. 812-30.
2011	16 sept.	Décret n° 2011-1115. Conditions de désignation des vétérinaires mandatés en application de l'article L. 203-9 du code rural et de la pêche maritime pour l'exercice de missions de certification officielle en matière d'échanges d'animaux vivants, de semences, ovules et embryons. – V. C. rur., art. D. 236-6 à D. 236-9.
2011	30 sept.	Décret n° 2011-1227. Qualité nutritionnelle des repas servis dans le cadre de la restauration scolaire. – V. C. rur., art. D. 230-25, D. 230-30.
2011	5 oct.	Décret n° 2011-1244. Conditions dans lesquelles certaines personnes peuvent réaliser des actes de médecine et de chirurgie vétérinaires. – V. C. rur., art. D. 243-1 à D. 243-3.
2011	18 oct.	Décret n° 2011-1325. Délivrance, renouvellement, suspension et retrait des agréments des entreprises et des certificats individuels pour la mise en vente, la distribution, l'application et le conseil à l'utilisation des produits phytopharmaceutiques. – Art. 1er, 5. – V. C. rur., art. R. 254-1 à R. 254-29.
2011	7 nov.	Décret n° 2011-1462. Représentation des élèves et étudiants dans les instances consultatives de l'enseignement agricole. – V. C. rur., art. R. 814-1, R. 814-33, R. 814-34, D. 814-41 à D. 814-47.
2011	8 nov.	Décret n° 2011-1481. Détermination de l'assiette des cotisations sociales des entrepreneurs individuels à responsabilité limitée. – Art. 2. – V. C. rur., art. R. 731-32-1.
2011	15 nov.	Décret n° 2011-1536. Création du comité technique permanent de la sélection des plantes cultivées. – V. C. rur., art. D. 661-5, D. 661-7, D. 661-9.

2011	21 nov.	Décret n° 2011-1601. Contenu et modalités de délivrance de l'attestation prévue aux articles L. 8222-1 et L. 8222-4 du code du travail et L. 243-15 du code de la sécurité sociale. – Art. 4. – V. C. rur., art. D. 725-22-5.
2011	22 nov.	Décret n° 2011-1612. Première, deuxième, troisième et quatrième parties réglementaires du code général de la propriété des personnes publiques. – Art. 11. – V. C. rur., art. R. 142-11.
2011	23 nov.	Décret n° 2011-1628. Dispositions particulières relatives aux vins bénéficiant d'une indication géographique protégée. – V. C. rur., art. D. 646-1 à D. 646-19.
2011	25 nov.	Décret n° 2011-1650. Modalités de déclaration et de reversement de la redevance pour pollutions diffuses et modalités de tenue des registres mentionnés aux articles L. 254-3-1 et L. 254-6 du code rural et de la pêche maritime. – Art. 9 à 13. – V. C. rur., art. R. 254-23 à R. 254-26, R. 254-38.
2011	30 nov.	Décret n° 2011-1706. École nationale supérieure des sciences agronomiques de Bordeaux Aquitaine (Bordeaux Sciences Agro). – V. C. rur., art. D. 812-1.
2011	5 déc.	Décret n° 2011-1775. Commission de l'informatique, de la bureautique et de la télématique de la Mutualité sociale agricole. – V. C. rur., art. D. 723-121, D. 723-122.
2011	8 déc.	Loi n° 2011-1843. Certificats d'obtention végétale. – Art. 2, 18. – V. C. rur., art. L. 660-2 à L. 660-4, L. 661-8 à L. 661-18.
2011	12 déc.	Décret n° 2011-1866. Adaptation des infractions contraventionnelles prévues par le livre II du code rural et de la pêche maritime aux règlements européens en matière de sécurité sanitaire des denrées alimentaires et des aliments pour animaux. – V. C. rur., art. R. 205-6, R. 237-1 à R. 237-6, R. 237-8.
2011	19 déc.	Décret n° 2011-1901. Composition de la commission interdépartementale de la consommation des espaces agricoles pour les départements de Paris, des Hauts-de-Seine, de la Seine-Saint-Denis et du Val-de-Marne. – V. C. rur., art. D. 112-1-11-1.
2011	20 déc.	Décret n° 2011-1914. Mention valorisante « issus d'une exploitation de haute valeur environnementale ». – V. C. rur., art. D. 617-4, R. 617-4-1, R. 641-57 à R. 641-57-5.
2011	21 déc.	Loi n° 2011-1906. De financement de la sécurité sociale pour 2012. – Art. 16-VI et VII, 27-II, 38, 85-V, 86-IV, 89 à 91, 114-IX, 120-V. – V. C. rur., art. L. 722-17, L. 725-21, L. 731-2, L. 731-3, L. 732-25-1, L. 732-39, L. 732-54-1, L. 742-3, L. 752-23.
2011	23 déc.	Décret n° 2011-1958. Modalités de financement du régime de retraite complémentaire obligatoire pour les non-salariés agricoles pour l'année 2011. – V. C. rur., art. D. 732-165.
2011	26 déc.	Décret n° 2011-1974. Recouvrement des cotisations au régime de protection sociale des salariés agricoles. – V. C. rur., art. R. 752-54.

2011	28 déc.	Loi n° 2011-1977. De finances pour 2012. – Art. 46-V, 58, 114-I. – V. C. rur., art. L. 236-2, L. 236-4, L. 251-17-1, L. 642-13, L. 741-4-1.
2011	28 déc.	Loi n° 2011-1978. De finances rectificative pour 2011. – Art. 59-III. – V. C. rur., art. L. 612-1 à L. 612-6, L. 621-13, L. 621-14.
2011	28 déc.	Décret n° 2011-2006. Conditions d'autorisation des établissements d'abattage à déroger à l'obligation d'étourdissement des animaux. – V. C. rur., art. R. 214-70, R. 215-8.
2011	28 déc.	Décret n° 2011-2007. Médiateur des contrats agricoles. – V. C. rur., art. D. 631-1, D. 631-3.
2011	29 déc.	Loi n° 2011-2012. Renforcement de la sécurité sanitaire du médicament et des produits de santé. – Art. 5-IV-B. – V. C. rur., art. L. 234-2.
2011	29 déc.	Décret n° 2011-2019. Réforme des études d'impact des projets de travaux, d'ouvrages ou d'aménagements. – Art. 7. – V. C. rur., art. R. 151-32.
2011	29 déc.	Décret n° 2011-2020. Parcs nationaux. – Art. 24, 25. – V. C. rur., art. R. 313-46, R. 480-1.
2011	29 déc.	Décret n° 2011-2039. Taux de cotisations complémentaires des régimes de protection sociale des personnes salariées et non salariées agricoles. – V. C. rur., art. D. 731-77, D. 731-124.
2011	30 déc.	Décret n° 2011-2088. Agrément des repères destinés à l'identification des animaux des espèces bovine, ovine, caprine, porcine et équine. – Art. 1er. – V. C. rur., art. R. 212-72.
2011	30 déc.	Décret n° 2011-2089. Fonds de mutualisation des risques sanitaires et environnementaux en agriculture. – V. C. rur., art. D. 361-20 à D. 361-29, D. 361-34 à D. 361-46, R. 361-50, R. 361-52 à R. 361-62, R. 361-64.
2011	30 déc.	Décret n° 2011-2090. Participation du personnel de l'abattoir au contrôle de la production de viande de volailles et de lagomorphes. – V. C. rur., art. D. 231-3-1 à D. 231-3-7.
2011	30 déc.	Décret n° 2011-2091. Conditions d'agrément des repères destinés à l'identification officielle des animaux des espèces bovine, ovine, caprine, porcine et équine. – V. C. rur., art. D. 212-73 à D. 212-77.
2011	30 déc.	Décret n° 2011-2092. Matériels destinés à l'application de produits phytopharmaceutiques et au contrôle périodique obligatoire des pulvérisateurs. – V. C. rur., art. D. 256-1, D. 256-13, D. 256-20-1, D. 256-27.
2011	30 déc.	Décret n° 2011-2093. Modalités de création de services communs entre les établissements du réseau des chambres d'agriculture. – V. C. rur., art. D. 514-25 à D. 514-27.
2012	4 janv.	Décret n° 2012-17. Mesures de protection sociale agricole en application de l'ordonnance n° 2010-104 du 28 janvier 2010. – Art. 1er, 2. – V. C. rur., art. R. 712-6, R. 723-3, R. 723-106, R. 741-36, R. 741-37, R. 741-38, R. 741-42-1, R. 741-43, R. 741-65, R. 742-12-1, R. 742-22, R. 751-40, R. 751-48-1, R. 751-158, R. 751-160, R. 751-162.

2012	4 janv.	Décret n° 2012-18. Mesures de protection sociale agricole en application de l'ordonnance n° 2010-104 du 28 janvier 2010. – V. C. rur., art. D. 723-255, D. 741-34-1, D. 741-39, D. 741-59, D. 741-64, D. 741-65-1, D. 751-4, D. 751-79, D. 752-85-1.
2012	5 janv.	Ordonnance n° 2012-11. Clarification et simplification des procédures d'élaboration, de modification et de révision des documents d'urbanisme. – Art. 13. – V. C. rur., art. L. 112-18.
2012	11 janv.	Ordonnance n° 2012-34. Simplification, réforme et harmonisation des dispositions de police administrative et de police judiciaire du code de l'environnement. – Art. 23. – V. C. rur., art. L. 253-14, L. 256-2.
2012	16 janv.	Décret n° 2012-48. Agrément des établissements procédant à des échanges d'animaux, de spermes, d'ovules ou d'embryons. – V. C. rur., art. D. 212-34, D. 236-10 à D. 236-14.
2012	16 janv.	Décret n° 2012-49. Conditions de reconnaissance, d'évaluation et d'indemnisation des calamités agricoles. – V. C. rur., art. D. 361-20 à D. 361-42.
2012	23 janv.	Décret n° 2012-80. Accords collectifs mentionnés à l'article L. 230-4 du code rural et de la pêche maritime. – V. C. rur., art. R. 230-37, R. 230-38.
2012	23 janv.	Décret n° 2012-81. Conditions d'intervention de la première section du Fonds national de gestion des risques en agriculture. – V. C. rur., art. D. 361-13, D. 361-67 à D. 361-70, D. 361-72 à D. 361-75, D. 361-77, D. 361-78, D. 361-80.
2012	25 janv.	Décret n° 2012-93. Modalités de mise en œuvre des articles L. 612-1 à L. 612-6 et L. 621-13 et L. 621-14 du code rural et de la pêche maritime. – V. C. rur., art. D. 612-1 à D. 612-14.
2012	25 janv.	Décret n° 2012-94. Identification des opérateurs souhaitant intervenir dans la production, la transformation, l'élaboration ou le conditionnement d'un produit bénéficiant d'un label rouge, d'une spécialité traditionnelle garantie ou d'une indication géographique protégée. – V. C. rur., art. D. 642-39-1.
2012	26 janv.	Ordonnance n° 2012-92. Partie législative du code forestier, **p. 2825.** – Art. 4. – V. C. rur., art. L. 121-9, L. 121-16, L. 121-19, L. 121-23, L. 124-10, L. 125-10, L. 126-1, L. 143-4, L. 163-1, L. 322-22, L. 511-3, L. 717-9, L. 761-4-1.
2012	26 janv.	Décret n° 2012-91. Groupements d'intérêt public. – Art. 13-3°. – V. C. rur., art. D. 514-17 à D. 514-24.
2012	27 janv.	Décret n° 2012-104. Écolabel des produits de la pêche maritime. – V. C. rur., art. D. 621-27-1 à D. 621-27-7, D. 646-20 à D. 646-37.
2012	27 janv.	Décret n° 2012-115. Transmission de donnees par les producteurs, transformateurs et distributeurs de produits alimentaires. – V. C. rur., art. R. 230-31 à R. 230-35.
2012	30 janv.	Décret n° 2012-138. Majorations de durée d'assurance pour enfants. – Art. 7. – V. C. rur., art. D. 732-48.

2012	30 janv.	Décret n° 2012-140. Conditions d'autorisation d'entrée sur le territoire et d'introduction dans l'environnement de macro-organismes non indigènes utiles aux végétaux, notamment dans le cadre de la lutte biologique. – Art. 1er. – V. C. rur., art. R. 258-1 à R. 258-9.
2012	30 janv.	Décret n° 2012-141. Qualité nutritionnelle des repas servis dans le cadre de la restauration universitaire. – V. C. rur., art. D. 230-24-1 à D. 230-26.
2012	30 janv.	Décret n° 2012-142. Qualité nutritionnelle des repas servis dans le cadre des services de restauration des établissements pénitentiaires. – V. C. rur., art. D. 230-26, D. 230-27.
2012	30 janv.	Décret n° 2012-143. Qualité nutritionnelle des repas servis dans le cadre des services de restauration des établissements de santé. – V. C. rur., art. D. 230-27, D. 230-30.
2012	30 janv.	Décret n° 2012-144. Qualité nutritionnelle des repas servis dans le cadre des services de restauration des établissements sociaux et médico-sociaux. – V. C. rur., art. D. 230-29.
2012	30 janv.	Décret n° 2012-145. Qualité nutritionnelle des repas servis dans le cadre des services de restauration des établissements d'accueil des enfants de moins de six ans. – V. C. rur., art. D. 230-28.
2012	6 févr.	Décret n° 2012-175. Dispositif d'établissement des cotations pour les marchés des viandes et des œufs. – V. C. rur., art. D. 654-24 à D. 654-26.
2012	27 févr.	Décret n° 2012-271. Fonds d'intervention régional des agences régionales de santé. – Art. 2-III. – V. C. rur., art. R. 732-31.
2012	27 févr.	Décret n° 2012-277. Composition et compétence de la commission technique spécialisée du Conseil supérieur d'orientation et de coordination de l'économie agricole et alimentaire. – V. C. rur., art. D. 611-4, D. 611-5.
2012	14 mars	Loi n° 2012-354. De finances rectificative pour 2012. – Art. 2-III. – V. C. rur., art. L. 741-4.
2012	14 mars	Loi n° 2012-355. Gouvernance de la sécurité sociale et de la mutualité. – Art. 1er-IV. – V. C. rur., art. L. 761-3.
2012	14 mars	Décret n° 2012-363. Sociétés d'aménagement foncier et d'établissement rural. – V. C. rur., art. R. 141-5, R. 142-3, R. 143-3, R. 143-6, R. 144-7.
2012	15 mars	Décret n° 2012-367. Titre emploi simplifié agricole. – V. C. rur., art. R. 712-12, R. 712-13.
2012	22 mars	Loi n° 2012-387. Simplification du droit et allégement des démarches administratives : – Art. 27-II, 39, 42, 67-II, 68-III, 70, 76-I, 77, 81, 84 à 86, 89-II. – V. C. rur., art. L. 143-12, L. 151-37, L. 151-38, L. 351-4, L. 514-6, L. 529-5, L. 716-2, L. 718-5, L. 741-30. – Art. 82, 83. – V. C. for., art. L. 331-19, L. 331-21.

2012	18 avr.	Décret n° 2012-509. Organisation et action de l'État dans les régions et départements. – Art. 11. – V. C. rur., art. R. 621-28.
2012	2 mai	Décret n° 2012-630. Modalités de paiement du lait de vache. – V. C. rur., art. D. 654-29 à D. 654-31.
2012	3 mai	Décret n° 2012-634. Fusion des professions d'avocat et d'avoué près les cours d'appel. – Art. 21-8°-b. – V. C. rur., art. R. 121-17.
2012	4 mai	Décret n° 2012-665. Révision des tableaux des maladies professionnelles en agriculture annexés au livre VII du code rural et de la pêche maritime. – V. ss. C. rur., art. R. 751-25, .
2012	7 mai	Décret n° 2012-675. Programme d'action à mettre en œuvre dans les bassins connaissant d'importantes marées vertes sur les plages. – Art. 2. – V. C. rur., art. R. 114-6.
2012	7 mai	Décret n° 2012-705. Sanctions applicables en cas de non-respect des règles de transmission des informations nécessaires à la connaissance des productions et des marchés des viandes et des œufs prévues en application de l'article L. 621-8 du code rural et de la pêche maritime. – V. C. rur., art. R. 654-27, R. 654-28.
2012	7 mai	Décret n° 2012-706. Services de santé au travail et prévention des risques professionnels en agriculture. – V. C. rur., art. D. 717-1 à R. 717-3-1, R. 717-6 à R. 717-12, R. 717-17, R. 717-17-1, R. 717-28, R. 717-31, R. 717-32, R. 717-50 à R. 717-51-1, R. 717-52, R. 717-52-3, R. 717-52-5, R. 717-52-6, R. 717-52-11 à R. 717-52-13, R. 717-53 à R. 717-67, R. 751-23, R. 751-156, R. 751-157-1, R. 751-162.
2012	9 mai	Décret n° 2012-755. Mise en conformité des dispositions nationales avec le droit de l'Union européenne en ce qui concerne la mise sur le marché et l'utilisation des produits phytopharmaceutiques. – Art. 1er, 2. – V. C. rur., art. R. 253-1 à R. 253-54, R. 254-20.
2012	30 mai	Décret n° 2012-783. Partie réglementaire du code des procédures civiles d'exécution. – Art. 7-2°. – V. C. rur., art. D. 513-25, D. 723-202.
2012	29 juin	Décret n° 2012-836. Partie réglementaire du code forestier, **p. 2937.** – Art. 4. – V. C. rur., art. R. 135-3, R. 717-77, D. 823-1.
2012	29 juin	Décret n° 2012-837. Organisation et fonctionnement des services de santé au travail en agriculture. – V. C. rur., art. D. 717-1, D. 717-2.
2012	29 juin	Décret n° 2012-838. Élections aux chambres d'agriculture. – Art. 1er. – V. C. rur., art. R. 511-8, R. 511-15 à R. 511-17, R. 511-22, R. 511-28, R. 511-33, R. 511-43, R. 511-46, R. 511-49, R. 512-3, R. 512-4, D. 513-1, D. 513-12.
2012	30 juin	Décret n° 2012-842. Reconnaissance des organismes à vocation sanitaire, des organisations vétérinaires à vocation technique, des associations sanitaires régionales et conditions de délégations de missions liées aux contrôles sanitaires. – Art. 1er à 13. – V. C. rur., art. D. 200-5, D. 200-6, R. 201-5 à R. 201-45, R. 202-21-1, R. 202-21-2, R. 213-1, R. 214-63, D. 221-1 à R. 221-38, D. 223-1 à

		R. 223-10, R. 223-12, R. 223-16, R. 223-19, D. 223-21, D. 223-22-1, D. 223-22-3 à D. 223-22-17, R. 223-27, R. 223-35, R. 223-42, R. 223-54, R. 224-1 à R. 224-3, R. 228-1, R. 228-2, R. 228-6, R. 228-9, R. 228-10, R. 231-1, R. 231-13, R. 233-3-7, R. 236-1, R. 237-1-1, R.* 653-58.
2012	30 juin	Décret n° 2012-843. Modernisation des missions des vétérinaires titulaires d'un mandat sanitaire. – V. C. rur., art. R. 202-2 à R. 202-41, R. 203-1 à R. 203-16, R. 214-17-1, R. 214-30, R. 214-30-3, R. 214-31, R. 214-54, R. 221-18 à R. 221-20, R. 231-1-1, R. 241-13, R. 241-24, R. 241-83.
2012	30 juin	Décret n° 2012-844. Modalités selon lesquelles les interventions mentionnées à l'article L. 203-8 du code rural et de la pêche maritime peuvent être exécutées par des vétérinaires titulaires d'un mandat sanitaire. – V. C. rur., art. D. 203-17 à D. 203-21, D. 214-19, D. 214-61.
2012	30 juin	Décret n° 2012-845. Prévention, surveillance et lutte contre les dangers sanitaires de première et deuxième catégorie. – Art. 1er. – V. C. rur., art. D. 201-1, D. 201-4, D. 201-5-1, D. 201-7, D. 201-30 à D. 201-36, D. 347-1.
2012	30 juin	Décret n° 2012-846. Conseil national d'orientation de la politique sanitaire animale et végétale. – V. C. rur., art. D. 200-2 à D. 200-4.
2012	2 juill.	Décret n° 2012-847. Âge d'ouverture du droit à pension de vieillesse. – Art. 3, 12. – V. C. rur., art. D. 731-121 à D. 731-123, D. 732-40.
2012	31 juill.	Décret n° 2012-928. Registre du commerce et des sociétés. – Art. 21, 22. – V. C. rur., art. R. 521-9, R. 524-22-1.
2012	8 août	Arrêté. Incidents environnementaux pour lesquels les pertes économiques sont éligibles à indemnisation par un fonds de mutualisation. – V. ss. C. rur., art. R. 361-52.
2012	16 août	Loi n° 2012-958. De finances rectificative pour 2012. – Art. 1er-III, 3-III. – V. C. rur., art. L. 741-4, L. 741-15.
2012	20 août	Décret n° 2012-972. Délivrance de certains certificats exigés par le droit de l'Union européenne pour les échanges intracommunautaires, les importations et les exportations de produits agricoles. – V. C. rur., art. D. 621-1 à D. 621-27.
2012	22 août	Décret n° 2012-987. Observatoire de la formation des prix et des marges des produits alimentaires. – V. C. rur., art. D. 682-3.
2012	7 sept.	Décret n° 2012-1032. Procédures relatives à la répétition des indus et pénalités financières prononcées par les organismes de sécurité sociale. – Art. 6. – V. C. rur., art. R. 725-22-1 à R. 725-22-3.
2012	7 sept.	Décret n° 2012-1036. Identification et déclaration de détention des équidés domestiques. – V. C. rur., art. D. 212-47 à D. 212-51, D. 212-56, D. 212-57, D. 212-59, D. 653-62.

2012	11 sept.	Décret n° 2012-1042. Gestionnaire forestier professionnel. – V. C. for., art. D. 314-3 à D. 314-8.
2012	21 sept.	Décret n° 2012-1074. Réduction générale de cotisations patronales de sécurité sociale et déduction forfaitaire de cotisations patronales sur les heures supplémentaires. – Art. 1er-IV et V, 3. – V. C. rur., art. D. 741-33, D. 741-60, D. 741-104.
2012	12 oct.	Décret n° 2012-1150. Critères et modalités de modulation de la redevance sanitaire d'abattage. – Art. 2, 3. – V. C. rur., art. D. 233-11 à D. 233-19.
2012	17 oct.	Décret n° 2012-1160. Pénalités instituées par l'article 120 de la loi du 21 décembre 2011 de financement de la sécurité sociale pour 2012. – Art. 3. – V. C. rur., art. R. 752-64-3.
2012	31 oct.	Décret n° 2012-1220. Conditions sanitaires de production et de mise sur le marché des coquillages vivants. – V. C. rur., art. R. 231-35 à R. 231-43, R. 237-2, R. 237-4, R. 237-5.
2012	7 nov.	Décret n° 2012-1247. Adaptation aux nouvelles règles de la gestion budgétaire et comptable publique : – Art. 19, 40. – V. C. rur., art. R. 112-30, R. 112-49, R. 313-23, D. 313-26, D. 313-27, R. 313-34, R. 313-35, R. 313-39, D. 511-79 à D. 511-82, D. 511-95, R. 513-26, D. 513-27, D. 514-3, D. 621-6, D. 621-24, D. 621-26, R. 621-39 à R. 621-43, R. 621-45 à R. 621-50, R. 621-52, R. 621-54, R. 642-29, R. 642-31, R. 642-32, R. 653-21, R. 653-28, R. 725-12, R. 811-48, R. 811-70, R. 811-96, R. 811-98, R. 811-99, R. 811-103, R. 811-105, R. 811-108, R. 811-109, R. 812-23, R. 831-7, R. 831-14, R. 831-15. – Art. 32. – V. C. for., art. D. 222-5, D. 222-9, D. 223-1, D. 223-3, D. 223-6, D. 223-9 à D. 223-13, D. 223-16, R. 321-12, R. 321-23, R. 321-25, R. 321-26.
2012	9 nov.	Décret n° 2012-1250. Modalités de paiement du lait de vache, de brebis et de chèvre en fonction de sa composition et de sa qualité. – V. C. rur., art. D. 654-29 à D. 654-38.
2012	14 nov.	Décret n° 2012-1263. Fonctionnement et composition de l'Observatoire de l'alimentation. – V. C. rur., art. D. 230-1, D. 230-3, D. 230-7.
2012	15 nov.	Décret n° 2012-1265. Tableaux de maladies professionnelles annexés au livre VII du code rural et de la pêche maritime. – V. ss. C. rur., art. R. 751-25, .
2012	21 nov.	Règlement (UE) n° 1151/2012. Systèmes de qualité applicables aux produits agricoles et aux denrées alimentaires, App., v° *Qualité des produits agricoles*, .
2012	29 nov.	Décret n° 2012-1332. Modalités de calcul et de recouvrement de la cotisation de solidarité mentionnée à l'article L. 731-23 du code rural et de la pêche maritime. – V. C. rur., art. D. 731-35, D. 731-36, D. 731-42, D. 731-44, D. 731-45, D. 731-47 à D. 731-49.
2012	30 nov.	Décret n° 2012-1335. Identification et livres généalogiques des équidés. – V. C. rur., art. R. 212-60, D. 212-61, R. 653-14.

2012	6 déc.	Décret n° 2012-1362. Contrôle des organismes locaux de sécurité sociale. – Art. 1er. – V. C. rur., art. L. 724-1, L. 724-2, L. 724-4, R. 723-3, R. 724-3, R. 724-5, R. 725-20, R. 725-28.
2012	11 déc.	Décret n° 2012-1392. Sociétés de participations financières de profession libérale de vétérinaires. – V. C. rur., art. R. 241-104 à R. 241-114.
2012	17 déc.	Loi n° 2012-1404. De financement de la sécurité sociale pour 2013. – Art. 14-III, 24-III, 37-I, 41, 71-I et III, 73-VIII-C, 77, 85-III, 94-VIII, 98-III. – V. C. rur., art. L. 722-1, L. 722-4, L. 722-9, L. 722-20, L. 723-11, L. 725-3-2, L. 725-22-1, L. 731-2, L. 731-3, L. 731-10, L. 731-13, L. 731-13-1, L. 731-28, L. 731-35-1, L. 731-35-2, L. 731-38, L. 731-45, L. 732-4, L. 732-4-1, L. 732-6, L. 732-15, L. 732-21, L. 741-1, L. 741-1-2, L. 741-27, L. 751-43, L. 752-6, L. 753-8.
2012	26 déc.	Décret n° 2012-1462. Application de l'ordonnance n° 2010-638 du 10 juin 2010 portant suppression du régime des conservateurs des hypothèques et adaptation de la publicité foncière. – Art. 35-XIII. – V. C. rur., art. D. 124-4, D. 124-10, D. 124-11, D. 127-2, D. 127-4, D. 127-6, D. 127-7, R. 127-10, R. 152-4.
2012	27 déc.	Loi n° 2012-1460. Mise en œuvre du principe de participation du public défini à l'article 7 de la Charte de l'environnement. – Art. 10. – V. C. rur., art. L. 914-3.
2012	27 déc.	Décret n° 2012-1502. Modalités de financement du régime de retraite complémentaire obligatoire pour les non-salariés agricoles pour l'année 2012. – V. C. rur., art. D. 732-165.
2012	28 déc.	Décret n° 2012-1521. Contrôle des organismes de sécurité sociale. – Art. 2. – V. C. rur., art. D. 723-157, D. 723-187.
2012	28 déc.	Décret n° 2012-1549. Modalités de recrutement et de formation des praticiens-conseils des régimes agricoles de protection sociale. – V. C. rur., art. D. 723-134, D. 723-135, D. 723-139, D. 723-147.
2012	29 déc.	Loi n° 2012-1509. De finances pour 2013. – Art. 93, 94. – V. C. rur., art. L. 642-13, L. 751-18.
2012	29 déc.	Loi n° 2012-1510. De finances rectificative pour 2012. – Art. 86. – V. C. rur., art. L. 642-13.
2012	31 déc.	Décret n° 2012-1565. Montant de déduction forfaitaire par heure de travail pour les particuliers employeurs et adaptation des pièces justificatives à fournir pour le bénéfice de l'exonération en faveur des publics fragiles disposant d'une aide à domicile. – Art. 3. – V. C. rur., art. D. 741-98, D. 741-100, D. 741-101, D. 741-103.
2013	1er févr.	Décret n° 2013-118. Protection des animaux utilisés à des fins scientifiques. – Art. 1er, 2. – V. C. rur., art. R. 214-87 à R. 214-137, R. 215-10.
2013	5 févr.	Décret n° 2013-119. Participation des employeurs agricoles à l'effort de construction. – V. C. rur., art. R. 716-26 à R. 716-29, R. 716-32 à R. 716-37.

2013	5 févr.	Décret n° 2013-120. Durée maximale de l'agrément provisoire délivré pour des repères destinés à l'identification des animaux des espèces bovine, ovine, caprine, porcine et équine. – V. C. rur., art. D. 212-74.
2013	8 févr.	Décret n° 2013-132. Exonérations de cotisations patronales pour l'emploi de travailleurs occasionnels et de demandeurs d'emploi en agriculture. – V. C. rur., art. D. 741-63-2 à D. 741-63-4.
2013	7 mars	Décret n° 2013-199. Modalités de validation de la retraite de base du régime des personnes non salariées des professions agricoles en cas d'interruption de l'activité pour cause de maladie ou d'infirmité graves. – V. C. rur., art. D. 732-52-1, D. 732-74-1.
2013	15 mars	Décret n° 2013-227. Organisation de l'Assemblée permanente des chambres d'agriculture. – V. C. rur., art. D. 511-64, D. 513-1, D. 513-3, D. 513-5, D. 513-8 à D. 513-10, D. 513-12 à D. 513-17, D. 513-19, D. 513-22, D. 513-23.
2013	2 avr.	Décret n° 2013-276. Prestation complémentaire pour recours à tierce personne. – Art. 2. – V. C. rur., art. R. 751-40, R. 751-145, R. 751-146.
2013	2 avr.	Décret n° 2013-278. Modalités d'évaluation des besoins d'assistance par une tierce personne pour l'ouverture du droit à la prestation complémentaire pour recours à tierce personne mentionnée à l'article L. 434-2 du code de la sécurité sociale et à l'exercice du droit d'option pour cette prestation. – Art. 2. – V. C. rur., art. D. 752-33, D. 753-9.
2013	22 avr.	Décret n° 2013-340. Exercice sous forme de société de la profession d'expert foncier et agricole et d'expert forestier et sociétés de participations financières de profession libérale d'experts fonciers et agricoles et d'experts forestiers. – V. C. rur., art. R. 171-10, R. 173-1 à R. 174-13.
2013	17 mai	Loi n° 2013-404. Mariage de personnes de même sexe. – Art. 17. – V. C. rur., art. L. 732-10-1 à L. 732-12.
2013	23 mai	Décret n° 2013-420. Suppression de commissions administratives à caractère consultatif. – Art. 33-I et II, 52-I. – V. C. rur., art. L. 914-1, L. 914-2.
2013	27 mai	Loi n° 2013-428. Régime des sections de commune. – Art. 21. – V. C. rur., art. L. 411-31.
2013	28 mai	Loi n° 2013-431. Infrastructures et services de transports. – Art. 31-VI. – V. C. rur., art. L. 205-1, L. 942-1, L. 942-4, L. 942-7.
2013	19 juin	Décret n° 2013-523. Établissement national des produits de l'agriculture et de la mer (FranceAgriMer). – V. C. rur., art. D. 621-27.
2013	20 juin	Décret n° 2013-528. Levée de présomption de salariat des personnes occupées dans les exploitations ou entreprises de travaux forestiers. – V. C. rur., art. D. 722-32.
2013	27 juin	Ordonnance n° 2013-544. Établissements de crédit et sociétés de financement. – Art. 13. – V. C. rur., art. L. 342-9, L. 411-70, L. 522-3, L. 723-44, L. 771-4.

2013	28 juin	Décret n° 2013-566. Extension et adaptation à la Nouvelle-Calédonie de dispositions du code rural et de la pêche maritime (partie réglementaire) relatives aux formes juridiques de l'exploitation agricole. – V. C. rur., art. R. 323-15, R. 323-16, R. 323-28, R. 323-50.
2013	16 juill.	Loi n° 2013-619. Adaptation au droit de l'Union européenne dans le domaine du développement durable. – Art. 11-IV, 16. – V. C. rur., art. L. 203-1, L. 241-1 à L. 241-3, L. 241-14, L. 241-17, L. 241-18, L. 242-1 à L. 242-3, L. 242-7, L. 524-2-2.
2013	22 juill.	Loi n° 2013-660. Enseignement supérieur et recherche. – Art. 38-VI, 59. – V. C. rur., art. L. 812-1, L. 812-5.
2013	24 juill.	Décret n° 2013-679. Section de l'assurance maladie, invalidité, maternité des non-salariés agricoles du Conseil supérieur des prestations sociales agricoles. – V. C. rur., art. D. 721-1 à D. 721-3, D. 751-74.
2013	25 juill.	Ordonnance n° 2013-676. Cadre juridique de la gestion d'actifs. – Art. 40. – V. C. for., art. L. 321-1.
2013	1er août	Décret n° 2013-703. Suppression de la participation de la direction générale des finances publiques à divers organismes collégiaux. – Art. 4. – V. C. rur., art. R. 814-33.
2013	5 août	Ordonnance n° 2013-714. Mise en œuvre du principe de participation du public défini à l'article 7 de la Charte de l'environnement : – Art. 6. – V. C. for., art. L. 112-4. – Art. 7. – V. C. rur., art. L. 914-3.
2013	12 août	Décret n° 2013-723. Contrôle des armes moderne, simplifié et préventif. – Art. 3. – V. C. for., art. R. 161-3.
2013	14 août	Décret n° 2013-754. Extension et adaptation à Mayotte de certaines dispositions du code rural et de la pêche maritime. – V. C. rur., art. R. 112-56, D. 113-9, D. 115-1 à D. 115-7, R. 211-9, R. 211-16, R. 254-27, R. 328-1 à R. 328-4, D. 348-1 à D. 348-6, D. 353-4, D. 353-5, D. 353-9, R. 355-1, R. 355-2, R. 362-1, R. 527-1, R. 527-3, D. 718-7.
2013	12 sept.	Décret n° 2013-819. Modification de la section 4 du chapitre I du titre VI du livre III du code rural et de la pêche maritime. – V. C. rur., art. R. 361-50, R. 361-54, R. 361-56, R. 361-64.
2013	20 sept.	Décret n° 2013-844. Création d'un dispositif d'indemnités journalières pour les personnes non salariées des professions agricoles en cas de maladie ou d'accident de la vie privée. – V. C. rur., art. D. 731-98, R. 732-2 à D. 732-2-10.
2013	9 oct.	Décret n° 2013-905. Congé de paternité et d'accueil de l'enfant des personnes non salariées des professions agricoles. – V. C. rur., art. D. 732-27, D. 732-29.
2013	14 oct.	Décret n° 2013-917. Contrôle interne des régimes obligatoires de base de sécurité sociale et des organismes concourant à leur financement. – Art. 2-II. – V. C. rur., art. D. 723-240 à D. 723-242, D. 723-244 à D. 723-247.

2013	16 oct.	Décret n° 2013-925. Modalités de financement du régime de retraite complémentaire obligatoire pour les non-salariés agricoles pour l'année 2013. – V. C. rur., art. D. 732-165.
2013	22 nov.	Décret n° 2013-1051. Volume complémentaire individuel pour les vins blancs tranquilles bénéficiant d'une appellation d'origine contrôlée. – V. C. rur., art. D. 645-4, D. 645-7, D. 645-7-1, D. 645-13 à D. 645-15-3, D. 645-18-1, D. 645-18-2.
2013	3 déc.	Décret n° 2013-1107. Redressements des cotisations et contributions sociales en cas de constat de travail dissimulé ou d'absence de mise en conformité. – Art. 9 à 22. – V. C. rur., art. R. 723-130, R. 731-68.
2013	11 déc.	Règlement (UE) n° 1379/2013. Organisation commune des marchés dans le secteur des produits de la pêche et de l'aquaculture, App., v° *Pêche maritime et aquaculture marine*.
2013	11 déc.	Règlement (UE) n° 1380/2013. Politique commune de la pêche, App., v° *Pêche maritime et aquaculture marine*.
2013	11 déc.	Décret n° 2013-1145. Rachat de cotisations des années accomplies en qualité d'aide familial. – V. C. rur., art. D. 732-47-4.
2013	17 déc.	Règlement (UE) n° 1308/2013. Organisation commune des marchés des produits agricoles, App., v° *Production et marchés*.
2013	23 déc.	Loi n° 2013-1203. De financement de la sécurité sociale pour 2014. – Art. 9-I, 17-VIII, 27-II-C, 59-II et III, 71, 82-I, 84-I, 86-IV. – V. C. rur., art. L. 722-14, L. 723-11, L. 723-43, L. 725-1, L. 725-4, L. 725-7, L. 725-8, L. 725-22, L. 725-23, L. 726-2, L. 726-3, L. 731-10, L. 731-17, L. 731-30, L. 731-31 à L. 731-34, L. 731-35-1, L. 732-4, L. 732-6-1, L. 732-7, L. 732-8-1, L. 732-15, L. 751-37, L. 751-40, L. 752-1, L. 752-4, L. 752-6, L. 752-12 à L. 752-15, L. 752-17, L. 752-20, L. 752-23 à L. 752-26, L. 752-28, L. 752-29.
2013	23 déc.	Décret n° 2013-1222. Financement de la gestion administrative, de l'action sanitaire et sociale et du contrôle médical des régimes de protection sociale agricole et gestion de ces régimes. – Art. 1er, 2. – V. C. rur., art. R. 724-10, R. 725-24, R. 725-25-2, R. 726-1, R. 741-31.
2013	23 déc.	Décret n° 2013-1223. Financement de la gestion administrative, de l'action sanitaire et sociale et du contrôle médical des régimes de protection sociale agricole. – Art. 1er à 5. – V. C. rur., art. D. 723-229 à D. 723-232, D. 723-234, D. 723-237, D. 723-239, D. 731-12, D. 731-14, D. 731-43, D. 731-50, D. 731-51, D. 731-77, D. 731-79, D. 731-90, D. 731-94, D. 731-99, D. 731-120, D. 731-122, D. 731-124 à D. 731-126, D. 731-130, D. 741-1, D. 741-35, D. 741-35-1.
2013	27 déc.	Loi n° 2013-1229. Missions de l'Établissement national des produits agricoles et de la pêche maritime. – V. C. rur., art. L. 621-2, L. 621-3.
2013	27 déc.	Décret n° 2013-1248. Montants minimum et maximum de la contribution au dispositif de la formation professionnelle des chefs d'exploitation ou d'entreprise agricoles. – V. C. rur., art. D. 718-16.

2013	27 déc.	Décret n° 2013-1272. Canalisations de transport de gaz naturel ou assimilé, d'hydrocarbures ou de produits chimiques. – Art. 5. – V. C. for., art. R. 341-1.
2013	27 déc.	Décret n° 2013-1290. Taux des cotisations d'assurance vieillesse de divers régimes de sécurité sociale et des cotisations d'allocations familiales. – Art. 2. – V. C. rur., art. D. 731-77.
2013	27 déc.	Décret n° 2013-1311. Extension du dispositif d'indemnités journalières des personnes non salariées des professions agricoles en cas de maladie ou d'accident de la vie privée aux assurés des départements de l'outre-mer ainsi que des collectivités de Saint-Barthélemy et de Saint-Martin. – V. C. rur., art. D. 731-98.
2013	27 déc.	Décret n° 2013-1312. Modification du montant de la contribution des chefs d'exploitation des départements d'outre-mer au développement de la formation professionnelle tout au long de la vie. – V. C. rur., art. D. 718-17.
2013	29 déc.	Loi n° 2013-1278. De finances pour 2014 : – Art. 26-III. – V. C. rur., art. L. 321-13. – Art. 47-IV. – V. C. for., art. L. 321-13. – Art. 47-V. – V. ss. C. for., art. L. 321-13.
2013	29 déc.	Loi n° 2013-1279. De finances rectificative pour 2013 : – Art. 32-I. – V. C. for., art. L. 352-1 à L. 352-3, L. 352-5, L. 352-6. – Art. 61. – V. C. rur., art. L. 251-17-1.
2013	31 déc.	Décret n° 2013-1330. Élection des conseils régionaux et du Conseil supérieur de l'ordre des vétérinaires. – V. C. rur., art. R. 241-81, R. 242-7 à R. 242-9, R. 242-12, R. 242-13, R. 242-15 à R. 242-20, R. 242-24 à R. 242-26, R. 242-28, R. 242-30.
2014	20 janv.	Loi n° 2014-40. Avenir et justice du système de retraites. – Art. 2-V, 7-IV, 19-VI, 20-IV, 26-II, 27-IV, 32-II à 36-I, 38-IV, 47-I. – V. C. rur., art. L. 722-17, L. 732-18-1 à L. 732-18-3, L. 732-25, L. 732-27-1, L. 732-38, L. 732-39, L. 732-54-1, L. 732-54-3-1, L. 732-56, L. 732-58 à L. 732-63.
2014	27 janv.	Loi n° 2014-58. Modernisation de l'action publique territoriale et affirmation des métropoles. – Art. 56-V. – V. C. rur., art. L. 151-36.
2014	6 févr.	Loi n° 2014-110. Utilisation des produits phytosanitaires sur le territoire national. – V. C. rur., art. L. 253-7, L. 253-9, L. 253-15.
2014	28 févr.	Ordonnance n° 2014-275. Simplification des obligations déclaratives des entreprises en matière de participation des employeurs et des employeurs agricoles à l'effort de construction. – Art. 2. – V. C. rur., art. L. 716-3.
2014	28 févr.	Décret n° 2014-277. Simplification des obligations déclaratives des entreprises en matière de participation des employeurs et des employeurs agricoles à l'effort de construction. – Art. 2. – V. C. rur., art. R. 716-27 à R. 716-30.

2014	5 mars	Loi n° 2014-288. Formation professionnelle, emploi et démocratie sociale. – Art. 21-III, 23-XI. – V. C. rur., art. L. 512-1, L. 718-2-2, L. 811-8, L. 813-2, L. 814-5.
2014	5 mars	Décret n° 2014-297. Procédure disciplinaire dans les établissements d'enseignement supérieur agricole publics et au Conseil national de l'enseignement supérieur et de la recherche agricole, agroalimentaire et vétérinaire statuant en matière disciplinaire – V. C. rur., art. R. 812-24-1 à R. 812-24-39, R. 814-30-1 à R. 814-30-28.
2014	12 mars	Ordonnance n° 2014-326. Réforme de la prévention des difficultés des entreprises et des procédures collectives. – Art. 102 à 107. – V. C. rur., art. L. 351-5 à L. 351-8.
2014	17 mars	Loi n° 2014-344. Consommation : – Art. 112-IV à VII, 125-IV, 128, 133, 140-I et II. – V. C. rur., art. L. 237-2, L. 237-3, L. 251-20, L. 253-15 à L. 253-17, L. 611-8, L. 621-8-2, L. 654-21, L. 654-22, L. 654-23, L. 671-9. – Art. 124. – V. C. for., art. L. 155-2.
2014	24 mars	Loi n° 2014-366. Accès au logement et urbanisme rénové. – Art. 113-II, 129-XI, 157-V. – V. C. rur., art. L. 112-3, L. 451-2.
2014	15 mai	Décret n° 2014-492. Modalités de détermination de l'aide financière de l'État aux établissements d'enseignement agricole privés fonctionnant selon le rythme approprié. – V. C. rur., art. R. 813-46 à R. 813-50.
2014	16 mai	Décret n° 2014-493. Conditions d'ouverture du droit à la majoration des pensions de retraite de base des personnes non salariées des professions agricoles. – V. C. rur., art. D. 732-109.
2014	16 mai	Décret n° 2014-494. Régime de retraite complémentaire obligatoire pour les non-salariés agricoles. – V. C. rur., art. D. 732-151-1, D. 732-152, D. 732-154-1 à D. 732-154-3, D. 732-157.
2014	21 mai	Décret n° 2014-519. Modification de l'article R. 214-17 du code rural et de la pêche maritime. – Art. 1er. – V. C. rur., art. R. 214-17.
2014	22 mai	Décret n° 2014-524. Modification des règles relatives à l'organisation et au fonctionnement de Pôle emploi. – Art. 24. – V. C. rur., art. D. 353-2, D. 741-58.
2014	22 mai	Décret n° 2014-525. Missions et modalités de fonctionnement des conférences de bassins laitiers. – V. C. rur., art. D. 654-114-3, D. 654-114-5.
2014	27 mai	Décret n° 2014-551. Adaptation de dispositions pour faire suite à la fusion de la direction générale des impôts et de la direction générale de la comptabilité publique. – Art. 26. – V. C. rur., art. R. 123-37, R. 151-17, R. 151-20 à R. 151-22, R. 313-3, R. 313-6, R. 511-38, R. 725-20, R. 725-21, R. 811-56, R. 811-60 à R. 811-62, R. 811-67, R. 811-71, R. 811-73, R. 811-108, R. 813-27, R. 813-28, R. 813-70.
2014	27 mai	Décret n° 2014-552. Adaptation de dispositions pour faire suite à la fusion de la direction générale des impôts et de la direction générale de la comptabilité publique. – Art. 13. – V. C. rur., art. D. 361-38, D. 513-24, D. 666-26, D. 723-187, D. 723-208.

2014	4 juin	Décret n° 2014-578. Introduction du vote électronique par internet pour les élections des délégués cantonaux de la Mutualité sociale agricole. – V. C. rur., art. L. 723-23, R. 723-44, R. 723-54, R. 723-59, R. 723-61 à R. 723-61-6, R. 723-62, R. 723-68 à R. 723-71, R. 723-84-1, R. 723-86, R. 723-100, R. 723-101.
2014	26 juin	Ordonnance n° 2014-691. Suppression des compétences contentieuses et disciplinaires du Conseil supérieur de l'éducation et des conseils académiques de l'éducation nationale. – Art. 6. – V. C. rur., art. L. 814-4.
2014	27 juin	Décret n° 2014-732. Détermination du capital social et des sommes versées en compte courant d'associés pour l'application de l'article L. 731-14 du code rural et de la pêche maritime. – V. C. rur., art. R. 731-32.
2014	30 juin	Décret n° 2014-736. Réforme de la prévention des difficultés des entreprises et des procédures collectives. – Art. 136 à 142. – V. C. rur., art. R. 351-3, R. 351-5 à R. 351-8.
2014	31 juill.	Loi n° 2014-856. Économie sociale et solidaire. – Art. 25-IV et V, 45, 46-I. – V. C. rur., art. L. 521-3, L. 522-6, L. 527-1-2, L. 931-27.
2014	4 août	Loi n° 2014-873. Égalité réelle entre les femmes et les hommes. – Art. 26-III, 70. – V. C. rur., art. L. 511-7.
2014	8 août	Loi n° 2014-892. De financement rectificative de la sécurité sociale pour 2014. – Art. 2-IV, 3-II, 9-V. – V. C. rur., art. L. 731-10, L. 731-25, L. 732-24, L. 741-1, L. 741-3, L. 751-17.
2014	18 août	Décret n° 2014-903. Valorisation des résidus de la vinification. – V. C. rur., art. D. 665-31 à D. 665-36.
2014	19 août	Décret n° 2014-927. Comité technique permanent de la sélection des plantes cultivées. – V. C. rur., art. D. 661-5, D. 661-7, D. 661-9.
2014	20 août	Décret n° 2014-953. Modalités de calcul des indemnités journalières dues au titre de la maladie, de la maternité, des accidents du travail et des maladies professionnelles. – Art. 2. – V. C. rur., art. R. 751-47, R. 751-48, R. 751-51.
2014	22 août	Décret n° 2014-974. Calcul des cotisations et contributions sociales dues par les chefs d'exploitation ou d'entreprise agricole. – V. C. rur., art. D. 731-30, R. 731-75, D. 731-131.
2014	5 sept.	Décret n° 2014-1012. Bonnes conditions agricoles et environnementales. – V. C. rur., art. D. 615-50-2.
2014	6 oct.	Décret n° 2014-1135. Assiette et modalités de déclaration et de reversement de la redevance pour pollutions diffuses et modalités de tenue des registres prévus aux articles L. 254-3-1 et L. 254-6 du code rural et de la pêche maritime. – Art. 2. – V. C. rur., art. R. 254-23 à R. 254-23-2, R. 254-26.
2014	6 oct.	Décret n° 2014-1139. Modification des articles R. 653-63 à R. 653-65 du code rural et de la pêche maritime. – V. C. rur., art. R. 653-63 à R. 653-65.

2014	13 oct.	Loi n° 2014-1170. Avenir pour l'agriculture, l'alimentation et la forêt : – Art. 1er-I et II à 15, 17, 19, 20, 22 à 25, 27 à 37, 39-I à III, 41-I, 42, 45, 47, 50-I, 52, 53-I à VI, 56-II, 59, 60, 63-II, 64-I à IV, 67-II, 77, 83 à 85, 87-I à VI, 89, 90, 93-XXI, 95, 96. – V. C. rur., art. L. 1, L. 2, L. 111-2 à L. 111-2-2, L. 111-5, L. 112-1 à L. 112-3, L. 113-3, L. 121-16, L. 123-4-2, L. 125-5, L. 126-1, L. 126-5, L. 135-3, L. 135-5, L. 141-1 à L. 141-1-2, L. 141-6, L. 141-8-1, L. 141-9, L. 142-5-1, L. 142-6, L. 143-1 à L. 143-2, L. 143-4, L. 143-7 à L. 143-7-2, L. 143-12, L. 151-37, L. 152-1, L. 161-10-1, L. 171-1, L. 201-2, L. 201-4, L. 201-8, L. 213-1, L. 214-5, L. 221-4, L. 223-4, L. 223-5, L. 223-6-2, L. 223-8, L. 230-1, L. 231-1, L. 233-1, L. 235-2, L. 243-3, L. 251-9, L. 253-1, L. 253-5 à L. 253-8-1, L. 253-14, L. 253-16 à L. 253-17-1, L. 254-1, L. 254-3-1, L. 254-6 à L. 254-7-1, L. 258-1, L. 311-1, L. 312-1, L. 312-5, L. 312-6, L. 314-1-1, L. 315-1 à L. 315-6, L. 322-3, L. 323-2, L. 323-7, L. 323-11 à L. 323-13, L. 325-1, L. 330-2, L. 330-3, L. 330-5, L. 331-1 à L. 331-5, L. 331-7, L. 331-10, L. 341-2, L. 361-7, L. 411-27, L. 411-33 à L. 411-35, L. 411-37, L. 411-39, L. 411-40, L. 411-58, L. 411-64, L. 411-69, L. 411-71, L. 411-74, L. 412-5, L. 416-5, L. 418-3, L. 510-1, L. 511-4, L. 512-1, L. 513-1, L. 513-3, L. 514-3 à L. 514-4, L. 521-1-1, L. 521-3, L. 521-3-1, L. 522-3 à L. 522-5, L. 524-1-3, L. 524-2-1, L. 524-3, L. 524-3-1, L. 527-1, L. 527-1-3, L. 528-1, L. 611-1, L. 611-8, L. 621-2, L. 621-3, L. 621-5, L. 621-8, L. 621-8-1, L. 631-25-1, L. 631-27, L. 632-1, L. 632-1-2 à L. 632-2-1, L. 632-4, L. 632-6 à L. 632-8, L. 632-9, L. 632-13, L. 632-14, L. 641-6, L. 643-3-1 à L. 643-3-3, L. 661-8, L. 665-6, L. 712-2, L. 712-4 à L. 712-8, L. 717-10, L. 718-1, L. 718-2-1, L. 718-2-2, L. 719-8, L. 719-9, L. 722-2, L. 722-3, L. 722-5 à L. 722-7, L. 723-3, L. 723-18-1, L. 731-23, L. 732-39, L. 741-10, L. 751-1, L. 761-22 à L. 761-24, L. 800-1, L. 810-2, L. 811-1, L. 811-2, L. 811-5, L. 811-6, L. 811-8, L. 811-12, L. 812-1, L. 812-6, L. 812-10, L. 812-11, L. 813-1, L. 813-2, L. 813-8-1, L. 813-8-2, L. 813-10, L. 814-2, L. 815-1, L. 820-1, L. 820-2, L. 830-1, L. 912-7-1, L. 932-6, L. 943-1, L. 943-4, L. 943-5, L. 943-6-1, L. 945-4-1. – Art. 1er-III, 67-I à 70, 73-I, 74, 79, 86, 87-X. – V. C. for., art. L. 112-1, L. 113-1, L. 113-2, L. 121-1 à L. 121-2-2, L. 121-4, L. 122-1, L. 122-2, L. 122-6, L. 122-7-1, L. 122-12 à L. 122-15, L. 123-1 à L. 123-3, L. 124-1, L. 125-1, L. 125-2, L. 133-3, L. 143-2, L. 152-1, L. 153-1 à L. 153-1-2, L. 153-8, L. 154-2, L. 156-4, L. 161-7, L. 161-8, L. 161-26, L. 172-3, L. 175-4, L. 175-6 à L. 175-8, L. 176-1 à L. 176-3, L. 176-7, L. 177-1 à L. 177-4, L. 178-1 à L. 178-4, L. 179-2 à L. 179-4, L. 211-2, L. 213-1, L. 213-1-1, L. 213-3, L. 214-5, L. 214-13, L. 214-13-1, L. 214-14, L. 221-3, L. 222-1, L. 312-5, L. 321-1, L. 331-4-1, L. 331-19, L. 331-21 à L. 331-24, L. 332-7, L. 332-8, L. 341-2, L. 341-6, L. 341-7, L. 341-9, L. 341-10, L. 342-1, L. 363-5, L. 371-1, L. 372-2, L. 373-1, L. 374-10, L. 375-1.
2014	13 oct.	Décret n° 2014-1173. Groupement d'intérêt économique et environnemental. – V. C. rur., art. D. 315-1 à D. 315-9.
2014	21 oct.	Décret n° 2014-1218. Comité consultatif ministériel des personnels enseignants et de documentation mentionnés à l'article L. 813-8 du code rural et de la pêche maritime, institué auprès du ministre chargé de l'agriculture. – V. C. rur., art. R. 813-71 à R. 813-75.

2014	27 oct.	Décret n° 2014-1253. Dispositions des livres III, VI et VII de la partie réglementaire du code de la sécurité intérieure. – Art. 7. – V. C. for., art. R. 161-3.
2014	3 nov.	Décret n° 2014-1315. Dispositions d'adaptation au droit de l'Union européenne en matière financière et sociétés de financement. – Art. 15. – V. C. rur., art. R. 141-1.
2014	3 nov.	Décret n° 2014-1316. Dispositions d'adaptation au droit de l'Union européenne en matière financière et sociétés de financement. – Art. 12. – V. C. rur., art. D. 141-2, D. 341-3, D. 343-16, D.* 344-11, D.* 344-13, D.* 344-17, D.* 344-20, D.* 344-23, D. 347-1, D. 347-8, D. 361-68.
2014	6 nov.	Ordonnance n° 2014-1345. Partie législative du code de l'expropriation pour cause d'utilité publique : – Art. 5-V. – V. C. for., art. L. 133-3, L. 133-5. – Art. 5-XIII. – V. C. rur., art. L. 123-3 à L. 123-4-1, L. 152-1, L. 152-5.
2014	17 nov.	Décret n° 2014-1375. Tableaux de maladies professionnelles annexés au livre VII du code rural et de la pêche maritime. – V. ss. C. rur., art. R. 751-25, .
2014	24 nov.	Décret n° 2014-1400. Création du diplôme d'État de paysagiste et conditions de recrutement par concours et de formation des étudiants. – V. C. rur., art. D. 812-27 à D. 812-29.
2014	27 nov.	Décret n° 2014-1420. Encadrement des périodes de formation en milieu professionnel et des stages. – Art. 1er-IV. – V. C. rur., art. D. 813-55-1.
2014	15 déc.	Décret n° 2014-1515. Conditions d'accès des groupements agricoles d'exploitation en commun totaux aux aides de la politique agricole commune. – V. C. rur., art. D. 323-54.
2014	16 déc.	Décret n° 2014-1513. Retraite progressive. – Art. 3. – V. C. rur., art. D. 732-167, D. 732-168, D. 732-176.
2014	17 déc.	Décret n° 2014-1531. Taux des cotisations d'allocations familiales et d'assurance vieillesse de divers régimes de sécurité sociale. – Art. 2, 5, 12-II. – V. C. rur., art. D. 731-77, D. 731-78, D. 731-124, D. 741-32, D. 741-33, D. 741-35.
2014	20 déc.	Loi n° 2014-1545. Simplification de la vie des entreprises et dispositions de simplification et de clarification du droit et des procédures administratives. – Art. 26, 35, 51 à 53-III. – V. C. rur., art. L. 523-5, L. 523-5-1, L. 524-2-1, L. 524-2-3, L. 529-6, L. 534-1, L. 723-43.
2014	22 déc.	Loi n° 2014-1554. De financement de la sécurité sociale pour 2015. – Art. 7-IV, 8-II, 9-III, 13-II, 16-II, 24-II, 29-I, 31-II, 32-III, 45-II, 83, 91-II. – V. C. rur., art. L. 722-20, L. 723-35, L. 724-7, L. 724-7-1, L. 725-12-2, L. 731-5, L. 732-9, L. 732-11, L. 732-12-2, L. 733-1, L. 741-13, L. 751-19, L. 752-3, L. 752-5, L. 761-3, L. 761-10, L. 761-16, L. 761-19.

2014	22 déc.	Décret n° 2014-1561. Intégration de l'École nationale supérieure de la nature et du paysage à l'Institut national des sciences appliquées Centre Val de Loire. – Art. 6. – V. C. rur., art. D. 812-27.
2014	23 déc.	Décret n° 2014-1596. Règles d'organisation, de fonctionnement et modalités des contrôles de l'Agence nationale de contrôle du logement social. – Art. 6-XIII. – V. C. rur., art. R. 716-35.
2014	26 déc.	Décret n° 2014-1608. Codification de la partie réglementaire du livre IX du code rural et de la pêche maritime. – V. C. rur., art. D. 911-1 s.
2014	26 déc.	Décret n° 2014-1635. Partie réglementaire du code de l'expropriation pour cause d'utilité publique : – Art. 4-V. – V. C. for., art. R. 133-12 à R. 133-15, R. 133-17, R. 141-42, R. 142-4, R. 142-22 à R. 142-24, R. 341-6. – Art. 4-XII. – V. C. rur., art. R. 123-31, R. 136-8, R. 152-7, R. 152-10, R. 152-19, R. 152-20, R. 152-22, R. 152-23, R. 152-30, R. 643-1.
2014	26 déc.	Décret n° 2014-1645. Identification des animaux de l'espèce porcine. – V. C. rur., art. D. 212-37.
2014	26 déc.	Décret n° 2014-1646. Modalités de financement du régime de retraite complémentaire obligatoire pour les non-salariés agricoles pour 2014. – V. C. rur., art. D. 732-165.
2014	29 déc.	Loi n° 2014-1654. De finances pour 2015. – Art. 34-II, 84. – V. C. rur., art. L. 514-1, L. 741-16.
2014	29 déc.	Loi n° 2014-1655. De finances rectificative pour 2014 : – Art. 85. – V. C. for., art. L. 341-6. – Art. 102 à 104. – V. C. rur., art. L. 236-2, L. 236-2-2, L. 251-17-2, L. 253-8-2.
2014	29 déc.	Décret n° 2014-1688. Mise en œuvre de la réduction générale des cotisations et contributions patronales. – Art. 7. – V. C. rur., art. D. 741-102.
2014	30 déc.	Décret n° 2014-1695. Seuil d'exonération de la cotisation d'assurance maladie, maternité, invalidité, décès due sur les avantages de retraite. – Art. 2. – V. C. rur., art. D. 741-71, D. 741-72, D. 741-74.
2014	30 déc.	Décret n° 2014-1727. Application de l'article 59 de la loi n° 2013-1203 du 23 décembre 2013 de financement de la sécurité sociale pour 2014. – V. C. rur., art. R. 732-3, R. 732-7, R. 732-8, D. 752-65.
2014	30 déc.	Décret n° 2014-1728. Conditions dans lesquelles l'Institut français du cheval et de l'équitation assure les missions d'organisme de sélection en application de l'article L. 653-12 du code rural et de la pêche maritime. – V. C. rur., art. D. 653-40-1, D. 653-40-2.
2015	8 janv.	Décret n° 2015-14. Versements pour la retraite au titre de certaines périodes d'études supérieures, de périodes d'activité exercées en tant qu'assistant maternel et de périodes d'apprentissage. – Art. 2. – V. C. rur., art. D. 732-44.

2015	6 févr.	Décret n° 2015-132. Centre international d'études supérieures en sciences agronomiques (Montpellier Sup Agro). – Art. 2. – V. C. rur., art. R. 812-33.
2015	9 févr.	Décret n° 2015-145. Observatoire de la formation des prix et des marges des produits alimentaires. – V. C. rur., art. D. 682-3.
2015	25 févr.	Décret n° 2015-215. Conditions et modalités d'agrément des groupements agricoles d'exploitation en commun et dispositions d'adaptation réglementaire. – V. C. rur., art. R. 313-7-1, R. 313-7-2, R. 323-1 à R. 323-15, R. 323-17 à R. 323-23, R. 323-27, R. 323-29, R. 323-31 à R. 323-36, R. 323-44, R. 323-45, R. 323-47 à R. 323-51.
2015	25 févr.	Décret n° 2015-216. Agrément en tant que groupement agricole d'exploitation en commun. – V. C. rur., art. R.* 323-11.
2015	26 févr.	Décret n° 2015-226. Modalités d'extension des accords conclus par les organisations interprofessionnelles agricoles. – V. C. rur., art. D. 632-4-2 à D. 632-4-4.
2015	27 févr.	Décret n° 2015-227. Modalités d'application dans les départements du Bas-Rhin, du Haut-Rhin et de la Moselle du dispositif de compensation de la pénibilité prévu par la loi n° 2010-1330 du 9 novembre 2010 portant réforme des retraites. – V. C. rur., art. D. 761-53-1, D. 761-60-1, D. 761-67 à D. 761-69.
2015	27 févr.	Décret n° 2015-228. Mesures d'application de la loi n° 2014-1170 du 13 octobre 2014 d'avenir pour l'agriculture, l'alimentation et la forêt et clarification du droit : – Art. 1er à 7. – V. C. rur., art. D. 233-20, D. 253-43-1, D. 254-1-1, D. 330-3, D. 332-1 à D. 332-41, D. 411-9-12-2. – Art. 8. – V. C. for., art. D. 125-1.
2015	2 mars	Décret n° 2015-244. Modalités du pilotage du régime d'assurance vieillesse complémentaire obligatoire des non-salariés agricoles. – V. C. rur., art. R. 732-61, R. 732-164-1, R. 732-164-2.
2015	4 mars	Décret n° 2015-260. Exploitation de la chasse dans les bois et forêts de l'État. – V. C. for., art. R. 213-45 à R. 213-59.
2015	11 mars	Décret n° 2015-285. Observatoire des établissements d'abattage. – V. C. rur., art. D. 621-27-8, D. 654-8.
2015	13 mars	Décret n° 2015-289. Code de déontologie vétérinaire et dispositions liées à l'exercice professionnel vétérinaire. – V. C. rur., art. R. 242-32 à R. 242-41, R. 242-43 à R. 242-65, R. 242-68, R. 242-70 à R. 242-77, R. 242-81 à R. 242-83, R. 242-85.
2015	18 mars	Décret n° 2015-310. Conditions d'assujettissement au régime de protection sociale des non-salariés agricoles. – V. C. rur., art. D. 722-5 à D. 722-9, R. 722-14.
2015	18 mars	Décret n° 2015-311. Conditions d'assujettissement au régime de protection sociale des non-salariés agricoles. – V. C. rur., art. D. 722-10, D. 731-30, D. 731-33, D. 731-34, D. 731-51, D. 732-169, D. 732-171, D. 752-1-1.

2015	24 mars	Décret n° 2015-332. Versements pour la retraite au titre de certaines périodes d'études supérieures ou d'activité. – Art. 1er-I. – V. C. rur., art. D. 732-46.
2015	30 mars	Décret n° 2015-369. Organisation de l'administration centrale du ministère chargé de l'agriculture, de l'alimentation, de l'agroalimentaire et de la forêt. – Art. 7. – V. C. rur., art. D. 611-7, D. 611-20.
2015	31 mars	Décret n° 2015-375. Conseil de perfectionnement des centres de formation d'apprentis de l'enseignement agricole. – V. C. rur., art. R.* 811-46.
2015	7 avr.	Décret n° 2015-398. Bonnes conditions agricoles et environnementales des terres. – V. C. rur., art. D. 615-45 à D. 615-51.
2015	17 avr.	Décret n° 2015-443. Procédure de dérogation prévue à l'article L. 4153-9 du code du travail pour les jeunes âgés de moins de dix-huit ans. – Art. 4. – V. C. rur., art. R. 715-1 à R. 715-3.
2015	17 avr.	Décret n° 2015-446. Fonds national de solidarité et de péréquation du réseau des chambres d'agriculture. – V. C. rur., art. D. 514-7, D. 514-15.
2015	21 avr.	Décret n° 2015-457. Médiateur de l'enseignement agricole technique et supérieur. – V. C. rur., art. D. 810-2 à D. 810-5.
2015	22 avr.	Décret n° 2015-461. Levée de présomption de salariat des personnes occupées dans les exploitations ou entreprises de travaux forestiers. – V. C. rur., art. D. 722-3, D. 722-3-1, D. 722-32.
2015	23 avr.	Décret n° 2015-467. Compétence et modalités d'intervention de la commission régionale de l'économie agricole et du monde rural sur les demandes de reconnaissance de groupements d'intérêt économique et environnemental. – V. C. rur., art. R. 313-45, R. 313-46.
2015	29 avr.	Décret n° 2015-490. Établissement national des produits de l'agriculture et de la mer (FranceAgriMer). – V. C. rur., art. D. 200-4, D. 611-5, D. 611-7, D. 611-19, D. 611-20, D. 682-3.
2015	15 mai	Décret n° 2015-536. Substitution de la dénomination « CCI France » à la dénomination « assemblée des chambres françaises de commerce et d'industrie ». – V. C. rur., art. L. 631-10.
2015	18 mai	Décret n° 2015-548. Médiateur des relations commerciales agricoles. – V. C. rur., art. D. 631-1 à D. 631-4.
2015	18 mai	Décret n° 2015-549. Commission nationale de concertation et de proposition du réseau des chambres d'agriculture. – V. C. rur., art. D. 514-28 à D. 514-36.
2015	19 mai	Décret n° 2015-555. Règlement général du certificat d'aptitude professionnelle agricole. – V. C. rur., art. D. 811-146 à D. 811-149, D. 811-161, D. 811-162.
2015	1er juin	Décret n° 2015-591. Clauses visant au respect de pratiques environnementales pouvant être incluses dans les baux ruraux. – V. C. rur., art. R. 411-9-11-1 à R. 411-9-11-3.

2015	4 juin	Ordonnance n° 2015-615. Mise sur le marché et utilisation des matières fertilisantes, des adjuvants pour matières fertilisantes et des supports de culture. – Art. 1er. – V. C. rur., art. L. 255-1 à L. 255-18.
2015	4 juin	Ordonnance n° 2015-616. Mise en conformité des dispositions du code rural et de la pêche maritime avec le droit de l'Union européenne et modification des dispositions relatives à la recherche et à la constatation des infractions aux dispositions de son livre II. – Art. 1er à 8. – V. C. rur., art. L. 201-6, L. 205-1, L. 205-2, L. 206-2, L. 212-8, L. 212-13, L. 212-14, L. 214-9, L. 214-12, L. 214-13, L. 214-20, L. 214-23, L. 215-13, L. 221-4, L. 221-5, L. 221-8, L. 221-9, L. 226-1 à L. 226-8, L. 228-5, L. 230-5, L. 231-1, L. 231-2-1, L. 231-2-2, L. 231-5, L. 233-1, L. 234-1, L. 235-2, L. 236-1, L. 236-2, L. 236-4, L. 236-5, L. 236-7, L. 236-9, L. 237-3, L. 250-2 à L. 250-5, L. 251-9, L. 251-10, L. 251-17, L. 251-17-1, L. 251-18-1, L. 251-20, L. 253-7-1, L. 253-13, L. 253-17, L. 256-2, L. 653-15, L. 654-6, L. 671-1, L. 942-1.
2015	5 juin	Décret n° 2015-636. Tableaux de maladies professionnelles annexés au livre VII du code rural et de la pêche maritime. – V. ss. C. rur., art. R. 751-25, .
2015	9 juin	Décret n° 2015-644. Commissions départementales et interdépartementale de la préservation des espaces naturels, agricoles et forestiers en métropole. – V. C. rur., art. D. 112-1-11 à D. 112-1-11-2.
2015	10 juin	Décret n° 2015-653. Application au partenaire d'un pacte civil de solidarité et au concubin de dispositions prévues en matière de rentes d'ayants droit au livre IV du code de la sécurité sociale et extension aux régimes des salariés et des non-salariés agricoles de dispositions prévues au même code en matière d'accidents du travail et de maladies professionnelles. – Art. 2-I. – V. C. rur., art. R. 751-40, R. 751-69, R. 751-71.
2015	10 juin	Décret n° 2015-656. Autorisations de défrichement. – V. C. for., art. L. 341-3, L. 341-9, R. 214-30, R. 341-4, R. 341-7 à D. 341-7-2.
2015	10 juin	Décret n° 2015-665. Dispositions d'application de la loi n° 2014-1170 du 13 octobre 2014 d'avenir pour l'agriculture, l'alimentation et la forêt et mesures de clarification et de simplification. – V. C. rur., art. R. 323-21, D. 330-1, R. 523-8, R. 524-22-1, R. 525-2 à R. 525-4, R. 528-5, D. 611-1 à D. 611-3, R. 922-8.
2015	10 juin	Décret n° 2015-666. Programme national de la forêt et du bois et programmes régionaux de la forêt et du bois. – V. C. for., art. D. 121-1 à D. 121-3, D. 122-1 à D. 122-3, D. 122-5, D. 122-6, D. 122-8, D. 122-9, D. 122-26, D. 122-27, D. 123-1.
2015	10 juin	Décret n° 2015-667. Composition du Conseil supérieur d'orientation et de coordination de l'économie agricole et alimentaire et de sa commission nationale technique. – V. C. rur., art. D. 611-1, D. 611-4, D. 611-5, D. 611-7, D. 611-8, D. 611-19.
2015	16 juin	Décret n° 2015-678. Conditions de mise en œuvre du troisième alinéa de l'article L. 214-5 du code forestier. – V. C. for., art. D. 214-21-1.

2015	17 juin	Décret n° 2015-686. Plan régional de l'agriculture durable. – V. C. rur., art. D. 111-1, D. 111-5.
2015	18 juin	Ordonnance n° 2015-682. Simplification des déclarations sociales des employeurs. – Art. 7. – V. C. rur., art. L. 712-8.
2015	22 juin	Décret n° 2015-713. Schéma directeur régional des exploitations agricoles et contrôle des structures des exploitations agricoles. – V. C. rur., art. R. 142-3, R. 142-4, R. 312-1 à R. 312-3, R. 331-1 à R. 331-8, R. 331-11 à R. 331-15.
2015	24 juin	Décret n° 2015-728. Groupement d'intérêt économique et environnemental forestier. – V. C. for., art. D. 332-14 à D. 332-19.
2015	24 juin	Décret n° 2015-729. Informations de suivi économique dans le secteur du lait et des produits laitiers. – V. C. rur., art. D. 654-114-8 à D. 654-114-16.
2015	24 juin	Décret n° 2015-730. Groupements d'établissements publics locaux d'enseignement et de formation professionnelle agricoles constitués en application de l'article L. 811-12 du code rural et de la pêche maritime. – V. C. rur., art. D. 811-76-1, D. 811-76-2.
2015	24 juin	Décret n° 2015-749. Modalités de transmission du budget des établissements publics locaux d'enseignement. – Art. 1er-II. – V. C. rur., art. R. 811-52.
2015	24 juin	Décret n° 2015-756. Coopération en matière de sécurité et de protection de la santé instituée à l'article L. 717-10 du code rural et de la pêche maritime. – V. C. rur., art. R. 717-97.
2015	24 juin	Décret n° 2015-757. Conditions dans lesquelles les micro-distributeurs peuvent être dispensés de certaines obligations pour exercer l'activité de distribution de produits phytopharmaceutiques. – V. C. rur., art. R. 254-1, R. 254-15-1, R. 254-16, R. 254-18.
2015	24 juin	Décret n° 2015-758. Autorité administrative compétente de l'État en matière de reconnaissance et de retrait de la qualité de groupement d'intérêt économique et environnemental forestier. – Art. 2. – V. C. for., art. R. 332-13.
2015	29 juin	Décret n° 2015-769. Assurance volontaire vieillesse des travailleurs non salariés. – Art. 2. – V. C. rur., art. D. 722-25, D. 722-25-1, D. 731-131, D. 731-131-1.
2015	29 juin	Décret n° 2015-776. Gouvernance du fonds stratégique de la forêt et du bois et règles d'éligibilité à son financement. – V. C. for., art. D. 113-7 à D. 113-9, D. 156-12 à D. 156-14.
2015	29 juin	Décret n° 2015-777. Aide aux exploitations agricoles employant un salarié ou un stagiaire dans la perspective de lui transmettre l'entreprise. – V. C. rur., art. D. 343-37 à D. 343-43.
2015	29 juin	Décret n° 2015-778. Commissions régionales de la forêt et du bois. – V. C. for., art. D. 113-11 à D. 113-18, D. 122-10, D. 122-13, D. 175-3, D. 176-3, D. 313-8.

2015	29 juin	Décret n° 2015-779. Observatoire des espaces naturels, agricoles et forestiers. – V. C. rur., art. D. 112-1-12 à D. 112-1-17.
2015	29 juin	Décret n° 2015-781. Conditions de participation des chambres d'agriculture à la politique d'installation en agriculture. – V. C. rur., art. D. 330-2, D. 343-17-2, D. 511-4.
2015	30 juin	Décret n° 2015-791. Conditions d'exercice par l'Agence nationale de sécurité sanitaire de l'alimentation, de l'environnement et du travail (ANSES) de ses missions concernant les autorisations préalables à la mise sur le marché et à l'expérimentation des produits phytopharmaceutiques et de leurs adjuvants. – Art. 1er. – V. C. rur., art. R. 253-5 à D. 253-17, D. 253-19, D. 253-22 à R. 253-26, R. 253-28, R. 253-30 à R. 253-33, D. 253-35, D. 253-37-1, R. 253-38, R. 253-40, R. 253-42, D. 253-43-2, D. 253-45-1, R. 253-46, D. 253-46-1, R. 253-48.
2015	1er juill.	Décret n° 2015-800. Seuils au-delà desquels les sociétés coopératives sont soumises à la procédure de révision et adaptation de la révision coopérative aux sociétés coopératives de production. – Art. 2. – V. C. rur., art. R. 525-9-1, R. 931-2-1.
2015	9 juill.	Décret n° 2015-836. Réduction des délais d'instruction des autorisations d'urbanisme. – Art. 6. – V. C. for., art. R. 341-4, R. 341-7.
2015	13 juill.	Décret n° 2015-861. Suppression de la pluralité d'assureurs dans les branches d'assurance maladie et d'accidents du travail du régime de protection sociale des personnes non salariées agricoles et Conseil supérieur des prestations sociales agricoles. – Art. 1er à 10. – V. C. rur., art. R. 721-1-1, D. 721-5, D. 721-5-1, R. 722-16 à R. 722-19, R. 722-22, R. 723-116, R. 723-118, D. 723-131, D. 723-145, D. 723-149, D. 723-158, D. 723-213, R. 725-1 à R. 725-3, R. 725-5 à R. 725-9, R. 725-20, R. 725-22, R. 726-1, R. 726-6 à R. 726-19, D. 731-14, R. 731-71 à R. 731-74, R. 731-82, R. 731-101 à R. 731-119, D. 732-2-7, D. 732-2-9, R. 732-12, R. 732-14, R. 732-24 à D. 732-27, R. 751-154, R. 752-1 à R. 752-6, D. 752-10 à D. 752-12, D. 752-17, D. 752-18, D. 752-22, D. 752-25, D. 752-31 à D. 752-56, D. 752-59 à D. 752-62, R. 752-64-1 à R. 752-64-3, D. 752-66 à D. 752-77, D. 752-79, D. 752-81 à R. 752-85.
2015	16 juill.	Décret n° 2015-877. Règles d'affiliation des personnes relevant de plusieurs régimes de sécurité sociale. – Art. 10 à 12. – V. C. rur., art. D. 731-96, D. 732-2-0-1, D. 732-2-0-2.
2015	21 juill.	Décret n° 2015-890. Mise sur le marché et utilisation des matières fertilisantes, des adjuvants pour matières fertilisantes et des supports de culture. – Art. 1er. – V. C. rur., art. R. 255-1 à R. 255-34.
2015	31 juill.	Ordonnance n° 2015-953. Réforme de l'ordre des vétérinaires. – V. C. rur., art. L. 241-2-1, L. 241-8, L. 241-9, L. 241-12, L. 242-1, L. 242-3 à L. 242-8, L. 243-3.
2015	31 juill.	Décret n° 2015-954. Sociétés d'aménagement foncier et d'établissement rural. – V. C. rur., art. R. 141-1 à R. 141-2-2, R. 141-2-4,

		R. 141-3 à R. 141-5, R. 141-7, R. 141-9, R. 141-11, R. 141-13, R. 141-14, R. 142-1, R. 142-2 à R. 142-4, R. 142-8, R. 143-1, R. 143-2, R. 143-4 à R. 143-6, R. 143-8 à R. 143-12, R. 143-15, R. 143-20, R. 143-21.
2015	31 juill.	Décret n° 2015-955. Enquête publique préalable à l'aliénation des chemins ruraux. – V. C. rur., art. R. 161-25 à R. 161-27.
2015	31 juill.	Décret n° 2015-972. Contrat de couverture sociale pour l'installation en agriculture. – V. C. rur., art. D. 330-4 à D. 330-8, D. 343-24.
2015	6 août	Loi n° 2015-990. Croissance, activité et égalité des chances économiques. – Art. 33-II, 113-II, 213-II. – V. C. rur., art. L. 141-1-1, L. 143-8, L. 143-16, L. 524-6-6, L. 631-25-1.
2015	17 août	Loi n° 2015-992. Transition énergétique pour la croissance verte. – Art. 68-III à V. – V. C. rur., art. L. 253-8, L. 254-7.
2015	18 août	Décret n° 2015-1018. Modalités de préemption par les sociétés d'aménagement foncier et d'établissement rural de terrains à vocation agricole et de droits à paiements de base. – V. C. rur., art. D. 141-7-1, D. 142-1-1.
2015	19 août	Décret n° 2015-1031. Conditions d'utilisation des mentions valorisantes « fermier », « produit de la ferme » ou « produit à la ferme » pour les œufs de poules pondeuses de l'espèce *Gallus gallus*. – V. C. rur., art. D. 641-57-6 à D. 641-57-11, R 671-4.
2015	25 août	Décret n° 2015-1061. Volume complémentaire individuel pour les vins rouges tranquilles bénéficiant d'une appellation d'origine contrôlée. – V. C. rur., art. D. 645-7, D. 645-7-1, D. 645-15-2, D. 645-15-3, D. 645-18-1.
2015	31 août	Décret n° 2015-1107. Attribution d'un complément différentiel de points de retraite complémentaire obligatoire aux chefs d'exploitation ou d'entreprise agricole. – V. C. rur., art. D. 732-166-1 à D. 732-166-6.
2015	10 sept.	Décret n° 2015-1128. Respect des plafonds nationaux et mise en œuvre de la discipline financière dans le cadre de la politique agricole commune. – V. C. rur., art. D. 615-5, D. 615-6.
2015	11 sept.	Décret n° 2015-1129. Conditions pour se porter acquéreur des ventes des coupes de bois réalisées par l'Office national des forêts. – V. C. for., art. R. 213-28.
2015	17 sept.	Décret n° 2015-1156. Régime de paiement de base. – V. C. rur., art. D. 615-19 à D. 615-24, D. 615-28, D. 615-28.
2015	23 sept.	Ordonnance n° 2015-1174. Partie législative du livre I du code de l'urbanisme : – Art. 9-VIII. – V. C. for., art. L. 111-3, L. 111-4, L. 122-9, L. 124-5, L. 133-3, L. 143-3. – Art. 9-XIV. – V. C. rur., art. L. 111-2-1, L. 112-1-1, L. 112-2, L. 112-18, L. 126-1, L. 142-6, L. 143-1, L. 143-2, L. 143-7-1, L. 411-57, L. 511-3.

2015	7 oct.	Ordonnance n° 2015-1242. Organisation de la surveillance en matière de santé animale, de santé végétale et d'alimentation : – Art. 1er à 3. – V. C. rur., art. L. 201-4, L. 201-7, L. 201-10, L. 201-14, L. 202-2, L. 203-5-1, L. 250-9, L. 251-1, L. 251-10, L. 252-1 à L. 252-5, L. 255-5. – Art. 5. – V. C. for., art. L. 221-8.
2015	7 oct.	Ordonnance n° 2015-1243. Commerce et protection des animaux de compagnie. – V. C. rur., art. L. 211-18, L. 214-6 à L. 214-6-3, L. 214-7 à L. 214-8-1, L. 215-10, L. 251-11.
2015	7 oct.	Ordonnance n° 2015-1245. Reconnaissance des qualifications professionnelles des professions réglementées par le code rural et de la pêche maritime. – V. C. rur., art. L. 171-2, L. 171-3, L. 204-1 à L. 204-3, L. 211-17, L. 241-3.
2015	7 oct.	Ordonnance n° 2015-1246. Signes d'identification de l'origine et de la qualité. – V. C. rur., art. L. 640-2, L. 640-3, L. 641-4, L. 641-6, L. 641-7, L. 641-10 à L. 641-16, L. 641-18, L. 641-21, L. 642-1 à L. 642-5, L. 642-8, L. 642-11, L. 642-13, L. 642-14, L. 642-26, L. 642-28, L. 642-29, L. 642-31, L. 642-32, L. 644-2, L. 644-4, L. 644-7, L. 644-9, L. 644-14.
2015	7 oct.	Ordonnance n° 2015-1247. Produits de la vigne. – Art. 1er à 3. – V. C. rur., art. L. 613-1, L. 661-7-1, L. 665-2, L. 665-4, L. 665-5 à L. 665-5-5, L. 665-7 à L. 665-9, L. 671-17.
2015	7 oct.	Ordonnance n° 2015-1248. Adaptation du code rural et de la pêche maritime au droit de l'Union européenne. – V. C. rur., art. L. 243-3, L. 551-1 à L. 554-1, L. 623-2, L. 632-1, L. 632-1-1, L. 632-1-3, L. 632-2, L. 632-2-2, L. 632-5 à L. 632-7, L. 632-12, L. 654-28, L. 654-29, L. 654-32 à L. 654-34, L. 741-15-1, L. 912-11, L. 912-12, L. 912-12-1, L. 912-13, L. 912-14, L. 921-1, L. 921-4, L. 921-5, L. 921-7, L. 931-11.
2015	8 oct.	Décret n° 2015-1256. Conseil supérieur de la forêt et du bois. – V. C. for., art. D. 113-1 à D. 113-6.
2015	9 oct.	Décret n° 2015-1265. Système intégré de gestion et de contrôle, admissibilité des surfaces au régime de paiement de base et agriculteur actif. – V. C. rur., art. D. 615-1 à D. 615-4, D. 615-7 à D. 615-17.
2015	13 oct.	Décret n° 2015-1282. Subventions accordées par l'État en matière d'investissement forestier. – V. C. for., art. D. 156-7 à D. 156-11.
2015	16 oct.	Décret n° 2015-1300. Aides ovines et caprines relevant de la politique agricole commune. – V. C. rur., art. D. 615-41 à D. 615-43, D. 615-43-14, D. 615-43-15, D. 615-62 à D. 615-74.
2015	21 oct.	Décret n° 2015-1330. Missions de l'Agence de services et de paiement. – V. C. rur., art. D. 313-15-1.
2015	22 oct.	Décret n° 2015-1339. Composition du Conseil supérieur d'orientation et de coordination de l'économie agricole et alimentaire. – V. C. rur., art. D. 611-1.

2015	23 oct.	Ordonnance n° 2015-1341. Code des relations entre le public et l'administration. – Art. 5-II. – V. C. rur., art. L. 161-10-1.
2015	23 oct.	Décret n° 2015-1349. Personnels enseignants et de documentation mentionnés à l'article L. 813-8 du code rural et de la pêche maritime. – Art. 1er. – V. C. rur., art. R. 813-76 à R. 813-82.
2015	28 oct.	Décret n° 2015-1375. Agents contractuels de droit public des établissements publics locaux d'enseignement et de formation professionnelle agricole et des établissements d'enseignement supérieur agricole. – V. C. rur., art. D. 811-93-1, R. 812-24-40.
2015	12 nov.	Décret n° 2015-1477. Paiement pour les pratiques agricoles bénéfiques pour le climat et l'environnement dit « paiement vert » prévu par la politique agricole commune. – V. C. rur., art. D. 615-31, D. 615-32, D. 615-34 à D. 615-36.
2015	23 nov.	Décret n° 2015-1517. Institut national de la recherche agronomique. – V. C. rur., art. R. 831-5, R. 831-7, R. 831-12, R. 831-13.
2015	23 nov.	Décret n° 2015-1519. Acquisition progressive du certificat d'aptitude professionnelle agricole. – V. C. rur., art. D. 811-148-3.
2015	26 nov.	Décret n° 2015-1539. Adaptation des chambres d'agriculture à la réforme régionale. – Art. 9. – V. C. rur., art. D. 512-1, D. 513-14.
2015	2 déc.	Loi n° 2015-1567. Dispositions d'adaptation au droit de l'Union européenne dans le domaine de la prévention des risques. – Art. 21. – V. C. rur., art. L. 663-2.
2015	4 déc.	Décret n° 2015-1584. Modalités de passation des actes, contrats et conventions d'occupation ou d'utilisation des bois et forêts de l'État gérés par l'Office national des forêts. – Art. 2. – V. C. for., art. D. 221-3.
2015	9 déc.	Décret n° 2015-1626. Taux de la contribution au dispositif de formation professionnelle continue des personnes mentionnées au deuxième alinéa de l'article L. 718-2-1 du code rural et de la pêche maritime. – V. C. rur., art. D. 718-16.
2015	10 déc.	Décret n° 2015-1616. Régions académiques. – Art. 12. – V. C. rur., art. R. 814-33.
2015	10 déc.	Ordonnance n° 2015-1628. Garanties consistant en une prise de position formelle, opposable à l'administration, sur l'application d'une norme à la situation de fait ou au projet du demandeur. – Art. 3. – V. C. rur., art. L. 331-4-1 à L. 331-4-3, L. 725-24.
2015	17 déc.	Ordonnance n° 2015-1682. Simplification de certains régimes d'autorisation préalable et de déclaration des entreprises et des professionnels : – Art. 1er. – V. C. for., art. L. 331-6. – Art. 2. – V. C. rur., art. L. 212-9, L. 243-3, L. 653-11, L. 654-25 à L. 654-27, L. 661-5, L. 661-6, L. 668-1 à L. 668-3, L. 671-10.
2015	21 déc.	Loi n° 2015-1702. De financement de la sécurité sociale pour 2016. – Art. 14, 32-I-A-4° et IX, 59-XI-O et XII-D, 89-III, 92-II. – V. C. rur.,

		art. L. 721-2, L. 722-5, L. 722-6, L. 722-10, L. 722-11, L. 724-7, L. 724-11, L. 725-14, L. 725-15, L. 731-2, L. 731-11, L. 731-16, L. 731-22-1, L. 731-35, L. 732-24, L. 742-3, L. 751-46, L. 753-8, L. 761-2, L. 761-3.
2015	21 déc.	Décret n° 2015-1710. Prime d'activité. – Art. 4-II. – V. C. rur., art. D. 718-7.
2015	21 déc.	Décret n° 2015-1724. Reconnaissance des qualifications professionnelles pour les professions réglementées par le code rural et de la pêche maritime. – V. C. rur., art. D. 256-11, D. 256-27, D. 256-28.
2015	22 déc.	Décret n° 2015-1731. Conservation des ressources phytogénétiques pour l'agriculture et l'alimentation. – V. C. rur., art. D. 660-1 à D. 660-6.
2015	24 déc.	Décret n° 2015-1768. Reconnaissance des qualifications professionnelles pour les professions réglementées par le code rural et de la pêche maritime. – V. C. rur., art. R. 171-4, R. 171-6, R. 171-8 à R. 171-12-3, R. 171-17-1, R. 204-1 à R. 204-4, R. 204-6, R. 211-9, R. 214-25-1, R. 214-57, R. 214-115, R. 214-116, R. 254-9, R. 653-87 à R. 653-87-2, R. 653-96.
2015	24 déc.	Décret n° 2015-1769. Bonnes conditions agricoles et environnementales des terres. – V. C. rur., art. D. 615-47, D. 615-50, D. 615-50-2.
2015	28 déc.	Décret n° 2015-1783. Partie réglementaire du livre I du code de l'urbanisme et modernisation du contenu du plan local d'urbanisme : – Art. 9-VI. – V. C. for., art. R. 141-26. – Art. 9-XI. – V. C. rur., art. D. 112-1-11, D. 112-1-11-1, R. 126-6, R. 142-1, R. 143-15, R. 143-16, R. 152-33.
2015	28 déc.	Décret n° 2015-1789. Dispositions en matière portuaire. – Art. 1er-V. – V. C. rur., art. R. 921-66.
2015	29 déc.	Loi n° 2015-1786. De finances rectificative pour 2015. – Art. 98. – V. C. rur., art. L. 253-8-2.
2015	29 déc.	Décret n° 2015-1900. Fixation pour l'année 2015 des modalités de financement du régime de retraite complémentaire obligatoire pour les non-salariés agricoles. – V. C. rur., art. D. 732-165.
2015	30 déc.	Décret n° 2015-1856. Cotisations et contributions de sécurité sociale des travailleurs indépendants. – Art. 2, 8. – V. C. rur., art. D. 718-16, D. 731-31, D. 731-51, D. 731-56, D. 731-87, D. 731-89, D. 731-91, D. 731-92, D. 731-93, D. 731-96, D. 731-99.
2015	30 déc.	Décret n° 2015-1865. Bénéficiaires et prestations de la protection universelle maladie et cotisation forfaitaire prévue à l'article L. 381-8 du code de la sécurité sociale. – Art. 11-I et V-2°. – V. C. rur., art. R. 732-3-2, R. 742-6, R. 742-9, R. 742-15, R. 742-16, D. 761-8.
2015	30 déc.	Décret n° 2015-1869. Affiliation au régime général de sécurité sociale des personnes participant de façon occasionnelle à des missions de service public. – Art. 2. – V. C. rur., art. D. 741-99.

2015	30 déc.	Décret n° 2015-1882. Modalités de prise en charge des frais de santé en cas de maladie ou de maternité des bénéficiaires de la protection universelle maladie. – Art. 3. – V. C. rur., art. D. 732-2-0-2.
2015	30 déc.	Décret n° 2015-1901. Mise en œuvre de la conditionnalité des aides de la politique agricole commune. – V. C. rur., art. D. 341-21, D. 615-4-1, D. 615-45, D. 615-52 à D. 615-59, D. 615-61.
2015	30 déc.	Décret n° 2015-1903. Régime d'autorisation de plantations de vigne. – V. C. rur., art. D. 661-25-1, D. 665-1 à D. 665-15.
2016	26 janv.	Loi n° 2016-41. Modernisation de notre système de santé. – Art. 116. – V. C. rur., art. L. 811-1.
2016	27 janv.	Décret n° 2016-50. Aides bovines relevant de la politique agricole commune. – V. C. rur., art. D. 615-41, D. 615-42.
2016	5 févr.	Décret n° 2016-119. Identification des camélidés. – V. C. rur., art. D. 212-46, D. 212-50-1 à D. 212-50-4, D. 212-57-1 à D. 212-57-5.
2016	10 févr.	Ordonnance n° 2016-131. Réforme du droit des contrats, du régime général et de la preuve des obligations : – Art. 6-VII. – V. C. for., art. L. 131-16. – Art. 6-XV. – V. C. rur., art. L. 211-1, L. 325-3, L. 411-76, L. 415-6, L. 418-3, L. 666-3.
2016	15 févr.	Décret n° 2016-154. Procédure de transaction en matière de recouvrement de cotisations et contributions de sécurité sociale. – Art. 3. – V. C. rur., art. R. 725-30.
2016	17 févr.	Décret n° 2016-161. Commission territoriale de la préservation des espaces naturels, agricoles et forestiers en Corse. – V. C. rur., art. D. 112-1-11-3.
2016	25 févr.	Décret n° 2016-192. Simplification et harmonisation du recouvrement des cotisations et contributions de sécurité sociale des travailleurs indépendants non agricoles. – Art. 3. – V. C. rur., art. R. 731-32, R. 731-32-1.
2016	25 févr.	Décret n° 2016-193. Recouvrement des cotisations et contributions de sécurité sociale des travailleurs indépendants non agricoles relevant du régime prévu à l'article L. 133-6-8 du code de la sécurité sociale. – Art. 6. – V. C. rur., art. R. 731-80.
2016	11 mars	Décret n° 2016-294. Dépôt de la demande unique dans le cadre de la politique agricole commune. – V. C. rur., art D. 615-1.
2016	14 mars	Ordonnance n° 2016-301. Partie législative du code de la consommation : – Art. 9. – V. C. for., art. L. 153-5, L. 153-6, L. 163-17. – Art. 16. – V. C. rur., art. L. 202-6, L. 230-5, L. 251-18, L. 253-14, L. 254-11, L. 255-17, L. 643-2.
2016	16 mars	Décret n° 2016-318. Institut supérieur des sciences agronomiques, agroalimentaires, horticoles et du paysage (AGROCAMPUS OUEST). – Art. 2. – V. C. rur., art. D. 812-1, R. 812-33, R. 812-42.

2016	16 mars	Décret n° 2016-319. Bulletin officiel dématérialisé de l'Office national des forêts. – V. C. for., art. D. 222-19.
2016	17 mars	Décret n° 2016-308. Réutilisation des informations publiques et modification du code des relations entre le public et l'administration : – Art. 6-III. – V. C. for., art. R. 134-2, R. 142-4. – Art. 6-VI. – V. C. rur., art. R. 152-30, R. 161-25.
2016	17 mars	Décret n° 2016-330. Régimes de soutien couplé du domaine végétal dans le cadre de la politique agricole commune. – V. C. rur., art. D. 615-38 à D. 615-40.
2016	31 mars	Ordonnance n° 2016-391. Recodification des dispositions relatives à l'outre-mer du code rural et de la pêche maritime. – Art. 1er à 11, 18 à 20. – V. C. rur., art. L. 3, L. 125-14, L. 141-8, L. 181-1 à L. 185-1, L. 211-15, L. 234-2, L. 271-1 à L. 275-14, L. 331-12, L. 371-1 à L. 375-4, L. 461-1 à L. 462-1, L. 571-1 à L. 575-1, L. 632-1-4, L. 641-9, L. 682-1, L. 691-1 à L. 696-1, L. 762-1 à L. 762-8, L. 781-1 à L. 783-1, L. 841-1 à L. 843-4, L. 951-1 à L. 958-15.
2016	5 avr.	Décret n° 2016-408. Composition du conseil d'administration de l'Office national des forêts. – V. C. for., art. D. 222-1, D. 222-2.
2016	7 avr.	Ordonnance n° 2016-413. Contrôle de l'application du droit du travail. – Art. 11. – V. C. rur., art. L. 719-3, L. 719-6, L. 719-7, L. 719-10, L. 719-11.
2016	14 avr.	Décret n° 2016-471. Agrément et missions des organismes de sélection d'équidés, contrôle des performances des équidés et adaptation aux équidés du service universel de distribution et de mise en place de la semence des ruminants. – V. C. rur., art. D. 653-36, D. 653-36-1, D. 653-37, D. 653-37-2 à R. 653-40, D. 653-61 à D. 653-61-4, D. 653-62, R. 653-97, R. 653-99.
2016	14 avr.	Décret n° 2016-472. Élections des conseillers des centres régionaux de la propriété forestière. – V. C. for., art. R. 312-7, R. 321-46 à R. 321-53, R. 321-55 à R. 321-58, R. 321-60, R. 321-63, R. 321-65, R. 321-66, R. 321-68, R. 321-69, R. 321-71, R. 321-82.
2016	25 avr.	Décret n° 2016-510. Contrôle de l'application du droit du travail. – Art. 12. – V. C. rur., art. R. 718-26.
2016	27 avr.	Décret n° 2016-523. Création de l'Agence nationale de santé publique. – Art. 4-IV-3°. – V. C. rur., art. R. 751-18-1, R. 751-131-1.
2016	27 avr.	Décret n° 2016-532. Procédure d'autorisation des substances naturelles à usage biostimulant. – V. C. rur., art. D. 255-30-2, D. 255-30-3.
2016	13 mai	Décret n° 2016-610. Réseau des chambres d'agriculture. – V. C. rur., art. D. 511-1-1, D. 511-69, D. 511-80, D. 511-83, D. 511-96, D. 512-1-1 à D. 512-1-3, D. 512-2, D. 512-5, D. 513-1, D. 513-17, D. 513-20 à D. 513-21-1, D. 513-29, D. 514-2, D. 514-16.
2016	17 mai	Décret n° 2016-614. Commission « développement agricole et rural ». – V. C. rur., art. D. 611-15.

2016	2 juin	Décret n° 2016-734. Plan simple de gestion concerté et procédure de reconnaissance de la qualité de groupement d'intérêt économique et environnemental forestier. – V. C. for., art. R. 312-4-1, R. 312-5, R. 332-14-1, D. 332-17.
2016	2 juin	Décret n° 2016-735. Option pour l'assiette de cotisations du conjoint survivant en cas de décès du chef d'exploitation ou d'entreprise agricole et option pour l'assiette annuelle de cotisations des chefs d'exploitation ou d'entreprise agricole. – V. C. rur., art. D. 731-26, D. 731-33-2, D. 731-99.
2016	7 juin	Décret n° 2016-756. Amélioration de la reconnaissance des pathologies psychiques comme maladies professionnelles et fonctionnement des comités régionaux de reconnaissance des maladies professionnelles (CRRMP). – Art. 3, 4. – V. C. rur., art. R. 751-115, D. 751-119, D. 752-11, R. 752-69, D. 752-77.
2016	7 juin	Décret n° 2016-758. Commerce et protection des animaux de compagnie. – V. C. rur., art. R. 211-8, R. 212-14-4, R. 214-25 à R. 214-26, R. 214-27-1 à R. 214-30-1, R. 214-30-3 à R 214-33, R. 215-5, R. 215-5-1, R. 242-50, R. 242-54, R. 242-73.
2016	7 juin	Décret n° 2016-759. Fonds de mutualisation des risques sanitaires et environnementaux en agriculture. – V. C. rur., art. R. 361-50, R. 361-52, R. 361-56, R. 361-63.
2016	9 juin	Décret n° 2016-768. Commission nationale d'identification. – V. C. rur., art. D. 200-2, D. 200-3.
2016	10 juin	Décret n° 2016-781. Recodification des dispositions relatives à l'outre-mer du code rural et de la pêche maritime (partie réglementaire). – V. C. rur., art. R. 113-1, R. 144-1 à R. 144-6, D. 181-1 à D. 185-1, D. 212-41, D. 271-1 à D. 275-1, R. 313-2, R. 313-6, D. 343-19, D. 371-1 à R. 375-2, D. 461-1 à R. 462-1, R. 555-1 à R. 555-4, D. 571-1 à D. 575-1, D. 611-1, D. 615-4-1, D. 615-45, D. 615-52, D. 615-55, D. 615-56, D. 615-61, R. 641-45 à R. 641-56, D. 682-1 à D. 682-4, D. 691-1 à R. 696-9, D. 718-17, R. 718-20, D. 732-47-2, D. 732-110, D. 741-73, D. 751-129, D. 751-130, D. 781-1 à R. 783-1, R. 810-1, D. 811-186, D. 821-15, R. 821-16, D. 841-1 à D. 843-10, D. 951-1 à R. 958-34.
2016	20 juin	Loi n° 2016-816. Pour l'économie bleue. – Art. 16-IV, 73 à 76, 78, 81, 83. – V. C. rur., art. L. 2, L. 640-1, L. 911-1, L. 911-2, L. 912-4, L. 912-16, L. 921-7, L. 923-1-1, L. 931-2, L. 931-31, L. 942-2, L. 945-4, L. 946-8, L. 951-1 A.
2016	24 juin	Décret n° 2016-837. Conditions de fixation des coefficients de conversion en poids vif des ressources halieutiques. – V. C. rur., art. D. 922-1.
2016	27 juin	Décret n° 2016-854. Missions de l'École nationale supérieure de formation de l'enseignement agricole. – Art 3-1°. – V. C. rur., art. D. 812-1.
2016	28 juin	Décret n° 2016-873. Composition des comités régionaux des céréales. – V. C. rur., art. D. 621-31, D. 621-33.

2016	7 juill.	Loi n° 2016-925. Liberté de la création, architecture et patrimoine. – Art. 102. – V. C. for., art. L. 122-8.
2016	8 juill.	Décret n° 2016-941. Renforcement des droits des cotisants. – Art. 22 à 35. – V. C. rur., art. D. 731-41, R. 731-75, R. 741-26, R. 741-28, R. 741-84.
2016	8 juill.	Décret n° 2016-942. Organisation du développement professionnel continu des professionnels de santé. – Art. 2-V. – V. C. rur., art. D. 723-139.
2016	22 juill.	Décret n° 2016-1013. Régime de paiement de base et dispositif retenu pour la constitution et l'utilisation des réserves de droits à paiement de base, critères d'attribution du paiement redistributif et paiement en faveur des jeunes agriculteurs. – V. C. rur., art. D. 615-26, D. 615-27, D. 615-29, D. 615-30, D. 615-37.
2016	22 juill.	Décret n° 2016-1014. Mesures de simplification pour la gestion et le contrôle des organisations de producteurs et des associations d'organisations de producteurs. – V. C. rur., art. D. 571-40.
2016	1er août	Loi n° 2016-1048. Modalités d'inscription sur les listes électorales. – Art. 11-III. – V. C. rur., art. L. 723-24.
2016	1er août	Décret n° 2016-1050. Conditions d'attribution des indemnités compensatoires des handicaps naturels permanents dans le cadre de l'agriculture de montagne et des autres zones défavorisées. – V. C. rur., art. D. 113-18 à D. 113-21.
2016	8 août	Loi n° 2016-1087. Reconquête de la biodiversité, de la nature et des paysages : – Art. 11, 12, 64-I, 75, 80, 88, 90, 92-II, 98, 100, 116, 125, 140 à 142, 154-II, 164-III. – V. C. rur., art. L. 123-1, L. 135-1, L. 151-36, L. 212-10, L. 253-7-2, L. 253-14 à L. 253-16, L. 254-7, L. 254-12, L. 255-17, L. 315-5, L. 411-39-1, L. 415-9, L. 661-8 à L. 661-12, L. 911-2, L. 912-2, L. 912-3, L. 912-7, L. 924-1 à L. 924-6, L. 942-1, L. 942-2, L. 942-4, L. 942-10, L. 942-11, L. 943-1, L. 944-2, L. 945-4, L. 945-4-2, L. 945-5, L. 955-3, L. 956-3, L. 957-3, L. 958-2. – Art. 144-I, 163, 164-IV, 167-I. – V. C. for., art. L. 122-1, L. 161-5, L. 212-2-1, L. 212-3, L. 341-2, L. 341-6, L. 341-10.
2016	8 août	Loi n° 2016-1088. Travail, modernisation du dialogue social et sécurisation des parcours professionnels. – Art. 8-VIII, 21-VII, 59, 69-II, 102-IV, 111-III, 114. – V. C. rur., art. L. 514-3-1, L. 712-6, L. 713-2 à L. 713-5, L. 713-13, L. 713-19, L. 714-1, L. 714-5, L. 714-6, L. 714-8, L. 717-2, L. 719-10.
2016	11 août	Décret n° 2016-1094. Aides ovines et bovines relevant de la politique agricole commune. – V. C. rur., art. D. 615-41, D. 615-42.
2016	11 août	Décret n° 2016-1110. Modification des règles applicables à l'évaluation environnementale des projets, plans et programmes : – Art. 6. – V. C. for., art. D. 123-1, R. 141-35, R. 375-2. – Art. 8. – V. C. rur., art. R. 123-10, R. 152-4, R. 352-1.

2016	11 août	Décret n° 2016-1125. Conditions de délivrance et de renouvellement des certificats individuels pour l'application des produits phytopharmaceutiques. – V. C. rur., art. R. 254-9 à R. 254-14.
2016	17 août	Décret n° 2016-1131. Plafonds régionaux déterminés pour l'application du régime de paiement de base. – V. C. rur., art. D. 615-20.
2016	22 août	Décret n° 2016-1140. Organisation de la préparation à l'installation en agriculture. – V. C. rur., art. D. 343-20 à D. 343-22, D. 343-24, D. 371-10.
2016	22 août	Décret n° 2016-1141. Aides à l'installation des jeunes agriculteurs. – V. C. rur., art. D. 343-3 à D. 343-18-3, D. 343-22.
2016	31 août	Décret n° 2016-1190. Étude préalable et mesures de compensation prévues à l'article L. 112-1-3 du code rural et de la pêche maritime. – V. C. rur., art. D. 112-1-18 à D. 112-1-21, D. 112-1-23.
2016	20 sept.	Décret n° 2016-1239. Dérogations en matière d'hébergement collectif des travailleurs saisonniers agricoles. – V. C. rur., art. R. 716-16-1.
2016	23 sept.	Décret n° 2016-1247. Dérogation aux conditions d'exercice de l'activité professionnelle à titre exclusif et à temps complet dans les groupements agricoles d'exploitation en commun. – V. C. rur., art. D. 323-31-1.
2016	3 oct.	Décret n° 2016-1307. Compétences adaptées à la réalisation d'actes de médecine vétérinaire par les techniciens sanitaires apicoles. – V. C. rur., art. D. 243-4.
2016	12 oct.	Décret n° 2016-1373. Définition des produits considérés comme relevant de la même production en application de l'article L. 631-24 du code rural et de la pêche maritime. – V. C. rur., art. R. 631-5.
2016	12 oct.	Décret n° 2016-1374. Compétences adaptées à la réalisation d'actes de dentisterie sur les équidés. – V. C. rur., art. D. 243-5.
2016	18 oct.	Décret n° 2016-1401. Modification du titre II du livre V du code rural et de la pêche maritime relatif aux sociétés coopératives agricoles. – V. C. rur., art. R. 521-2, R. 521-3, R. 522-1, R. 522-3, R. 522-6, R. 522-8-1, R. 522-9, R. 523-3, R. 523-5, R. 523-9, R. 524-5 à R. 524-7, R. 524-13, R. 524-15 à R. 524-17, R. 524-22-3, R. 524-23, R. 524-31, R. 524-39, R. 525-8, R. 525-9, R. 526-11, R. 527-2, R. 527-4 à R. 527-7, R. 527-11, R. 527-12, R. 528-2 à R. 528-4, R. 528-14.
2016	25 oct.	Décret n° 2016-1435. Application de l'ordonnance n° 2015-1628 du 10 décembre 2015 relative aux garanties consistant en une prise de position formelle, opposable à l'administration, sur l'application d'une norme à la situation de fait ou au projet du demandeur. – Art. 2. – V. C. rur., art. R. 331-16, R. 725-27.
2016	4 nov.	Décret n° 2016-1496. Laboratoires réalisant des analyses sur les semences et plants. – V. C. rur., art. R. 661-52 à R. 661-72.
2016	8 nov.	Décret n° 2016-1512. Déclaration de chantiers forestiers et sylvicoles. – V. C. rur., art. R. 718-27.

2016	18 nov.	Loi n° 2016-1547. Modernisation de la justice du XXIe siècle. – Art. 12-V, 99-XI, 104. – V. C. rur., art. L. 351-4, L. 351-6, L. 375-2, L. 492-2 à L. 492-4, L. 492-7, L. 751-16, L. 752-19.
2016	21 nov.	Ordonnance n° 2016-1562. Mesures institutionnelles relatives à la collectivité de Corse. – Art. 29. – V. C. rur., art. L. 128-2, L. 128-3.
2016	21 nov.	Décret n° 2016-1567. Généralisation de la déclaration sociale nominative. – Art. 4, 7-2°. – V. C. rur., art. R. 741-1-1 à R. 741-12, R. 741-14 à R. 741-26, R. 741-42, R. 741-86, R. 741-92, R. 741-96, R. 742-22, D. 761-19.
2016	24 nov.	Décret n° 2016-1595. Phytopharmacovigilance et protection des végétaux. – Art. 1er à 3. – V. C. rur., art. R. 253-5, R. 253-23, R. 253-29, R. 253-30, R. 253-32, R. 253-46-2 à R. 253-46-9, R. 258-2, R. 258-4, R. 258-6 à R. 258-9.
2016	25 nov.	Décret n° 2016-1611. Comité national de gestion des risques en agriculture, comités départementaux d'expertise et procédure de reconnaissance des calamités agricoles. – V. C. rur., art. D. 361-8, D. 361-9, D. 361-11, D. 361-13 à D. 361-16, D. 361-20, D. 361-21, D. 361-30, D. 361-36, D. 361-37, D. 361-40 à D. 361-42.
2016	30 nov.	Décret n° 2016-1637. Composition de la commission de l'écolabel des produits de la pêche maritime et accréditation des organismes certifiant les produits bénéficiant de l'écolabel des produits de la pêche maritime. – V. C. rur., art. D. 621-27-2, D. 621-27-3, D. 646-20, D. 646-24, D. 646-25, D. 646-26, D. 646-28, D. 646-29, D. 646-31, D. 646-36-1 à D. 646-36-3.
2016	5 déc.	Décret n° 2016-1678. Règles d'hygiène et de sécurité sur les chantiers forestiers et sylvicoles. – V. C. rur., art. R. 717-77-1, R. 717-77-3 à R. 717-77-5, R. 717-78 à R. 717-78-17, R. 717-79 à R. 717-79-4, R. 717-80 à R. 717-81-8, R. 717-82 à R. 717-82-2, R. 717-83 à R. 717-83-2, R. 717-84 à R. 717-84-5, R. 717-85.
2016	9 déc.	Loi n° 2016-1691. Transparence, lutte contre la corruption et modernisation de la vie économique. – Art. 94, 95, 98, 104, 105. – V. C. rur., art. L. 621-3, L. 621-8, L. 631-24-4, L. 631-24-5, L. 631-27, L. 631-27-1, L. 682-1.
2016	13 déc.	Décret n° 2016-1723. Représentation territoriale de l'Office de développement de l'économie agricole d'outre-mer. – V. C. rur., art. D. 696-10 à D. 696-13.
2016	13 déc.	Décret n° 2016-1724. Organisation des élections des conseillers des centres régionaux de la propriété forestière. – V. C. for., art. R. 321-49, R. 321-69, R. 321-76.
2016	15 déc.	Décret n° 2016-1750. Organisation de la publication des résultats des contrôles officiels en matière de sécurité sanitaire des aliments. – V. C. rur., art. D. 231-3-8 à D. 231-3-12.
2016	19 déc.	Décret n° 2016-1789. Aides animales relevant de la politique agricole commune. – V. C. rur., art. D. 615-2.

2016	20 déc.	Décret n° 2016-1801. Adaptation des dispositions du code rural et de la pêche maritime relatives à l'Agence de services et de paiement aux dispositions du décret n° 2012-1246 du 7 novembre 2012 relatif à la gestion budgétaire et comptable publique. – V. C. rur., art. D. 313-13 à D. 313-33, D. 313-35 à D. 313-38, D. 313-40 à D. 313-44.
2016	21 déc.	Décret n° 2016-1820. Modification du titre II du livre V du code rural et de la pêche maritime relatif aux sociétés coopératives agricoles. – V. C. rur., art. R. 522-1, R. 522-2, R. 522-4, R. 522-5, R. 522-8, R. 522-8-1, R. 524-9, R. 525-3.
2016	22 déc.	Décret n° 2016-1834. Organisation, missions, composition et fonctionnement du Conseil d'orientation des conditions de travail et des comités régionaux. – Art. 2-V et VI. – V. C. rur., art. R. 717-74.
2016	23 déc.	Loi n° 2016-1827. De financement de la sécurité sociale pour 2017. – Art. 12-I et IV, 16-IV, 21-II, 23-II, 24-II, 34-II, 63, 64-III, 79-II. – V. C. rur., art. L. 723-11, L. 724-9, L. 724-11, L. 724-13, L. 725-3, L. 725-7, L. 725-12, L. 725-26, L. 731-2, L. 731-16, L. 731-23, L. 732-4, L. 732-54-1, L. 732-58, L. 741-9, L. 751-1, L. 751-37, L. 752-5-1, L. 752-5-2, L. 753-1, L. 753-2, L. 753-4 à L. 753-7, L. 753-12, L. 753-15, L. 753-19, L. 753-20, L. 753-22, L. 761-10.
2016	23 déc.	Décret n° 2016-1864. Mise en œuvre de la conditionnalité des aides de la politique agricole commune. – V. C. rur., art. D. 615-51, D. 615-57.
2016	26 déc.	Décret n° 2016-1885. Commissions de la forêt et du bois pour les collectivités d'outre-mer. – V. C. for., art. D. 113-12, D. 113-13, D. 121-3, D. 171-1-1, D. 172-3, D. 173-1-1, D. 174-1-1, D. 175-4, D. 177-3, D. 178-1.
2016	26 déc.	Décret n° 2016-1886. Modalités d'application de l'article L. 112-1-1 du code rural et de la pêche maritime relatif à la réduction substantielle des surfaces affectées à des productions bénéficiant d'une appellation d'origine protégée et à l'atteinte substantielle aux conditions de production de l'appellation. – V. C. rur., art. D. 112-1-24, D. 112-1-25.
2016	27 déc.	Décret n° 2016-1913. Cahier des charges technique des dispositifs d'authentification unitaire des contenants de vins et de boissons spiritueuses bénéficiant d'une appellation d'origine. – V. C. rur., art. D. 643-3.
2016	28 déc.	Loi n° 2016-1888. Modernisation, développement et protection des territoires de montagne : – Art. 25, 26, 52, 54 à 57. – V. C. for., art. L. 122-4, L. 124-3, L. 142-9, L. 221-3, L. 221-6, L. 261-7, L. 341-6, L. 362-1. – Art. 53, 58 à 60-I, 62, 63. – V. C. rur., art. L. 1, L. 113-3, L. 135-1, L. 135-5, L. 135-6, L. 143-1, L. 323-2, L. 481-1.
2016	28 déc.	Décret n° 2016-1907. Divorce prévu à l'article 229-1 du code civil et diverses dispositions en matière successorale. – Art. 16. – V. C. rur., art. D. 731-87.

2016	28 déc.	Décret n° 2016-1961. Fixation pour les années 2016 à 2018 des modalités de financement du régime de retraite complémentaire obligatoire pour les non-salariés agricoles. – V. C. rur., art. D. 732-165.
2016	29 déc.	Loi n° 2016-1918. De finances rectificative pour 2016 : – Art. 38-II. – V. C. for., art. L. 352-1 à L. 352-4. – Art. 68-II, 143, 148-II. – V. C. rur., art. L. 361-3, L. 661-5, L. 661-6.
2016	30 déc.	Décret n° 2016-1978. Modalités d'entrée et de sortie de flotte des navires de pêche professionnelle et composition du Comité national des pêches maritimes et des élevages marins. – V. C. rur., art. R. 912-4, R. 914-8, R. 921-7 à R. 921-19, R. 921-30, R. 932-2.
2016	30 déc.	Décret n° 2016-1981. Commission régionale des pêches maritimes et de l'aquaculture marine et commission consultative de la gestion de la ressource halieutique. – V. C. rur., art. D. 914-1 à D. 914-2-1.
2016	30 déc.	Décret n° 2016-2010. Modalités de financement du régime de retraite complémentaire obligatoire des non-salariés agricoles pour les années 2016 à 2018 en Guadeloupe, en Guyane, en Martinique, à La Réunion, à Saint-Barthélemy et à Saint-Martin. – V. C. rur., art. D. 781-102.
2016	30 déc.	Décret n° 2016-2011. Certification environnementale des exploitations agricoles. – V. C. rur., art. D. 617-4, D. 617-6.
2017	26 janv.	Ordonnance n° 2017-80. Autorisation environnementale : – Art. 9. – V. C. for., art. L. 341-7. – Art. 12. – V. C. rur., art. L. 643-5, L. 643-6.
2017	9 févr.	Décret n° 2017-167. Modalités d'inscription et de retrait des vétérinaires sur une liste départementale en vue de réaliser des évaluations comportementales des chiens susceptibles d'être dangereux. – V. C. rur., art. D. 211-3-1 à D. 211-3-1-3.
2017	14 févr.	Décret n° 2017-190. Composition du conseil d'administration de l'Institut français du cheval et de l'équitation. – V. C. rur., art. R. 653-17.
2017	27 févr.	Décret n° 2017-243. Statut particulier de garde juré. – V. C. rur., art. R. 912-21, R. 912-42, R. 912-115, R. 942-1-1 à R. 942-1-4, R. 942-3-1.
2017	28 févr.	Loi n° 2017-256. Programmation relative à l'égalité réelle outre-mer et autres dispositions en matière sociale et économique : – Art. 72, 103, 142. – V. C. rur., art. L. 331-3-1, L. 461-3. – Art. 120. – V. C. for., art. L. 272-1.
2017	28 févr.	Loi n° 2017-257. Statut de Paris et aménagement métropolitain. – Art. 46. – V. C. rur., art. L. 143-2-1.
2017	1er mars	Décret n° 2017-274. Reconnaissance de l'acquisition de blocs de compétences par les candidats préparant l'examen du brevet professionnel agricole dans le cadre de la formation professionnelle continue ou de la validation des acquis de l'expérience. – V. C. rur., art. D. 811-166-1, D. 811-166-4, D. 811-166-5, D. 811-166-8.

2017	1er mars	Décret n° 2017-275. Reconnaissance de l'acquisition de blocs de compétences par les candidats préparant l'examen du certificat d'aptitude professionnelle agricole dans le cadre de la formation professionnelle continue ou de la validation des acquis de l'expérience. – V. C. rur., art. D. 811-147, D. 811-147-2, D. 811-148, D. 811-148-6.
2017	1er mars	Décret n° 2017-276. Règlement général du brevet professionnel délivré par le ministère chargé de l'agriculture et modification du règlement général du brevet professionnel délivré par le ministère de l'agriculture et de la forêt. – V. C. rur., art. D. 811-165-2 à D. 811-165-5, D. 811-165-7.
2017	20 mars	Loi n° 2017-348. Lutte contre l'accaparement des terres agricoles et développement du biocontrôle. – V. C. rur., art. L. 142-4, L. 143-5, L. 253-7, L. 254-1, L. 254-3, L. 254-10 à L. 254-10-9, L. 312-3, L. 312-4, L. 322-2, L. 322-22, L. 322-24.
2017	6 avr.	Décret n° 2017-500. Réforme du financement des établissements de soins de suite et de réadaptation. – Art. 4. – V. C. rur., art. D. 723-135.
2017	7 avr.	Décret n° 2017-512. Modification de diverses dispositions du code forestier et du code rural et de la pêche maritime : – Art. 1er. – V. C. for., art. R. 113-10, R. 113-15 R. 113-16, R. 133-9, R. 141-32, R. 161-4, R. 161-6, R. 171-1, R. 173-2, R. 175-6, R. 177-1, R. 213-38, R. 272-3, R. 312-21-1, R. 372-2. – Art. 2. – V. C. rur., art. R. 343-17-1.
2017	7 avr.	Décret n° 2017-513. Reconnaissance des qualifications professionnelles pour les professions réglementées par le code rural et de la pêche maritime. – Art. 1er à 9. – V. C. rur., art. R. 204-1, R. 204-5, R. 204-7, R. 211-9, R. 212-65, R. 214-25-1, R. 214-25-2, R. 653-87, R. 653-96.
2017	10 avr.	Décret n° 2017-514. Réforme de l'ordre des vétérinaires. – V. C. rur., art. R. 241-15 à R. 241-22, R. 241-25 à R. 241-27, R. 241-94, R. 241-95, R. 241-102-1, R. 241-106, R. 241-109, R. 242-1 à R. 242-7-1, R. 242-9 à R. 242-11, R. 242-14 à R. 242-16, R. 242-18, R. 242-20 à R. 242-23, R. 242-27 à R. 242-31, R. 242-85 à R. 242-91-2, R. 242-92-1 à R. 242-109, R. 242-110 à R. 242-114.
2017	19 avr.	Décret n° 2017-568. Zones de conservation halieutiques. – V. C. rur., art. R. 924-1 à R. 924-7, R. 952-2, R. 953-1-1, R. 955-3, R. 958-11.
2017	19 avr.	Décret n° 2017-572. Règles de déontologie applicables aux personnes réalisant des actes d'ostéopathie animale et modalités de leur inscription sur la liste tenue par l'ordre des vétérinaires. – V. C. rur., art. R. 243-6, R. 243-8 à R. 243-11.
2017	19 avr.	Décret n° 2017-573. Compétences exigées des personnes réalisant des actes d'ostéopathie animale. – V. C. rur., art. D. 243-7.
2017	20 avr.	Décret n° 2017-590. Mise en œuvre du dispositif expérimental de certificats d'économie de produits phytopharmaceutiques. – V. C. rur., art. R. 254-32 à R. 254-37.

2017	21 avr.	Décret n° 2017-595. Contrôle et gestion de l'introduction et de la propagation de certaines espèces animales et végétales. – Art. 3-III. – V. C. rur., art. R. 214-112.
2017	25 avr.	Décret n° 2017-626. Procédures destinées à assurer l'information et la participation du public à l'élaboration de certaines décisions susceptibles d'avoir une incidence sur l'environnement. – Art. 10. – V. C. for., art. R. 141-37.
2017	26 avr.	Décret n° 2017-649. Aide à la réinsertion professionnelle des agriculteurs en difficulté appelés à cesser leur activité. – V. C. rur., art. D. 352-20, D. 352-21.
2017	2 mai	Décret n° 2017-716. Régime de retraite complémentaire obligatoire des non-salariés agricoles. – V. C. rur., art. D. 732-155.
2017	3 mai	Décret n° 2017-737. Mise en œuvre de la liquidation unique des pensions de retraite de base des pensionnés affiliés au régime général de sécurité sociale, au régime des salariés agricoles et au régime social des indépendants. – Art. 3-II. – V. C. rur., art. D. 732-89.
2017	3 mai	Décret n° 2017-758. Création d'un service commun dénommé « Valorisation du bois et territoire » au sein des chambres régionales d'agriculture. – V. C. rur., art. D. 512-2-1 à D. 512-2-5, D. 514-7.
2017	4 mai	Décret n° 2017-775. Valorisation des produits agricoles, forestiers ou alimentaires et des produits de la mer. – V. C. rur., art. R. 641-1 à R. 641-4, R. 641-6, R. 641-9 à R. 641-13, R. 641-15 à R. 641-22, R. 641-24, R. 641-25, R. 641-25-1, R. 641-27 à R. 641-30-2, R. 641-32 à R. 641-42, R. 641-61, R. 641-65-1, R. 642-2, R. 642-4, R. 642-6, R. 642-9, R. 642-10, R. 642-13, R. 642-15, R. 642-18, R. 642-19, R. 642-24, R. 642-34, R. 642-36, R. 642-37, R. 642-39, D. 642-39-1, R. 642-41 à R. 642-43, R. 642-45, R. 642-47, R. 642-49, R. 642-50, R. 642-53, R. 642-54, R. 642-57 à R. 642-59, D. 644-2, D. 645-25 à D. 645-31, R. 671-3.
2017	5 mai	Décret n° 2017-830. Conditions d'intervention de la première section du Fonds national de gestion des risques en agriculture. – V. C. rur., art. D. 361-65 à D. 361-70, D. 361-72, D. 361-73, D. 361-75, D. 361-76, D. 361-79, D. 361-80.
2017	10 mai	Décret n° 2017-942. Permis d'armement. – Art. 3-IV, 7. – V. C. rur., art. R. 912-67, R. 912-77, R. 921-4, R. 921-16, R. 921-18, R. 921-26, R. 921-83, R. 922-31, R. 945-2, R. 946-20, R. 955-3, R. 958-11.
2017	10 mai	Décret n° 2017-1035. Titre emploi-service agricole. – V. C. rur., art. D. 712-14 à D. 712-20.
2017	15 juin	Décret n° 2017-1100. Tribunaux paritaires des baux ruraux et commissions consultatives paritaires départementales des baux ruraux. – Art. 1er, 2, 4-I. – V. C. rur., art. R. 173-50, R. 241-49, R. 411-20, R. 414-1 à R. 414-3, R. 414-4-1, R. 441-3, R. 492-1, R. 492-4 à R. 492-7, R. 511-23, R. 723-81.
2017	5 juill.	Décret n° 2017-1141. Assiette des cotisations et contributions sociales des travailleurs indépendants agricoles soumis au régime d'imposition

		prévu à l'article 64 *bis* du code général des impôts. – V. C. rur., art. D. 731-14, D. 731-17-1, D. 731-18, D. 731-19, D. 731-23, D. 731-26, D. 731-29-1, D. 731-29-2, D. 731-33-2, D. 731-39, D. 731-40, D. 731-45, D. 731-46.
2017	7 juill.	Décret n° 2017-1145. Règlement général du certificat de spécialisation agricole délivré par le ministère chargé de l'agriculture. – V. C. rur., art. D. 811-167 à D. 811-167-9.
2017	19 juill.	Ordonnance n° 2017-1180. Publication d'informations non financières par certaines grandes entreprises et certains groupes d'entreprises. – Art. 12. – V. C. rur., art. L. 524-2-1.
2017	19 juill.	Décret n° 2017-1181. Organisation et fonctionnement des établissements d'enseignement supérieur agricole constitués sous la forme d'établissements publics à caractère administratif. – V. C. rur., art. R. 812-3, R. 812-5 à R. 812-8, R. 812-10, R. 812-12 à R. 812-18, R. 812-20, R. 812-21, R. 812-23.
2017	20 juill.	Décret n° 2017-1184. Régime de retraite complémentaire obligatoire des non-salariés agricoles en Guadeloupe, en Guyane, en Martinique, à La Réunion, à Saint-Barthélemy et à Saint-Martin. – V. C. rur., art. D. 781-90, D. 781-91.
2017	2 août	Décret n° 2017-1225. Dispositions régissant les professionnels intervenant dans les procédures relatives aux entreprises en difficulté, en application de la loi n° 2016-1547 du 18 novembre 2016. – Art. 19 à 23. – V. C. rur., art. R. 351-3 à R. 351-4-9, R. 375-2.
2017	7 août	Décret n° 2017-1246. Modification des livres I et II de la partie réglementaire du code rural et de la pêche maritime. – V. C. rur., art. R. 111-3 à R. 111-3-2, R. 112-1-6, R. 112-1-7, D. 112-1-11, D. 112-1-11-1, D. 112-1-11-3, R. 112-2-1 à R. 112-2-5, R. 112-14, R. 112-16 à R. 112-18, R. 112-21, R. 112-24, R. 112-26, R. 112-28, R. 112-30, R. 112-32, R. 112-34 à R. 112-38, R. 112-40, R. 112-43, R. 112-45, R. 112-47, R. 112-49, D. 112-51 à D. 112-54, R. 113-1, R. 113-4, R. 113-5, R. 113-8, R. 113-12, D. 113-17, R. 114-1, R. 114-4, R. 114-8, R. 121-1, R. 121-7, R. 121-18, R. 121-20-1, R. 121-21, R. 121-29, R. 121-30, R. 121-35-1, R. 123-3, R. 123-8, R. 123-10, R. 123-11, R. 123-14, R. 123-24, R. 123-25, R. 123-30, R. 123-35, D. 124-5, D. 124-7, D. 124-8, D. 124-9, D. 124-10, D. 124-12, R. 124-14, R. 124-18, R. 124-19, R. 124-21 à R. 124-23, R. 125-6, D. 125-12, R. 126-1 à R. 126-3, R. 126-11 à R. 126-17, D. 127-4, D. 127-5, D. 127-9, R. 133-2, R. 133-12, R. 135-3, R. 136-1 à R. 136-10, R. 141-4, R. 141-5, R. 142-1 à R. 142-3, R. 142-8, R. 142-10, R. 143-15, R. 143-16, R. 151-2, R. 151-4, R. 151-5, R. 151-7, R. 151-8, R. 151-10, R. 151-15, R. 151-30 à R. 151-38, R. 152-5, R. 152-6, R. 152-8, R. 152-9 à R. 152-11, R. 152-18, R. 152-19, R. 152-24, R. 152-30, D. 161-3, D. 161-7, D. 161-18, R. 161-28, R. 172-10, R. 173-22, R. 173-63, R. 181-31, D. 200-4, D. 201-5-1 à D. 201-7, R. 201-45, R. 202-8, R. 202-35, R. 202-36, R. 202-39, R. 203-1, D. 211-3-1, R. 211-4 à R. 211-4-2, R. 211-16, R. 212-14, R. 212-14-1, R. 212-15, D. 212-18, D. 212-19, D. 212-26, D. 212-35, D. 212-50-1, D. 212-55, R. 212-72, D. 212-75, D. 212-78,

		R. 213-1, R. 213-7, D. 214-8, D. 214-11, D. 214-15, D. 214-19, R. 214-28, R. 214-29, R. 214-30-3, R. 214-37, R. 214-51, R. 214-82, R. 214-83, R. 214-112, R. 215-4, R. 215-6, R. 215-9, R. 215-11, R. 222-6, R. 222-8, R. 223-13, R. 223-14, D. 223-22-2, D. 223-22-7, D. 223-22-9, D. 223-22-12, D. 223-22-13, D. 223-23, D. 223-24, R. 223-38, R. 223-39, R. 223-40 à R. 223-54, R. 224-1 à R. 224-7, R. 226-14, R. 226-15, D. 227-1, R. 228-6, R. 228-9 à R. 228-13, D. 230-25, R. 230-36 à R. 230-36-3, R. 231-1, R. 231-1-1, D. 231-3-12, R. 231-5, R. 231-7, R. 231-15, R. 231-44 à R. 231-50, R. 234-3, R. 234-8, R. 234-9, R. 235-3, R. 237-7, R. 237-8, R. 241-20, R. 241-25, R. 241-36, R. 241-38, R. 241-50, R. 241-69, R. 241-75, R. 241-93, R. 242-32, R. 242-44, R. 242-78, R. 242-80, D. 243-4, D. 253-2, D. 253-36, R. 253-37, R. 253-46, R. 253-46-4, R. 253-46-9, R. 254-23, R. 254-38, R. 255-2, R. 255-6, D. 256-1, D. 256-11, R. 514-37 à R. 514-40.
2017	9 août	Décret n° 2017-1283. Application de l'article L. 274-12 du code rural et de la pêche maritime. – V. C. rur., art. D. 274-26-1, D. 274-26-2.
2017	21 août	Décret n° 2017-1286. Paiements agroenvironnementaux et climatiques, aides en faveur de l'agriculture biologique, paiements au titre de Natura 2000 et de la directive-cadre sur l'eau. – V. C. rur., art. D. 341-7 à D. 341-14.
2017	29 août	Décret n° 2017-1311. Modernisation de la médecine du travail en agriculture. – V. C. rur., art. R. 717-3 à R. 717-5, R. 717-11-1 à R. 717-31, R. 717-50, R. 717-51-2, R. 717-52-1 à R. 717-52-4, R. 717-52-7 à R. 717-52-12, R. 717-54.
2017	7 sept.	Décret n° 2017-1326. Identification des équidés et identificateurs d'équidés. – V. C. rur., art. D. 212-46 à D. 212-49, D. 212-51 à D. 212-53, D. 212-55 à D. 212-59, D. 212-62, D. 653-62.
2017	8 sept.	Décret n° 2017-1327. Irrigation des vignes aptes à la production de vins à appellation d'origine contrôlée. – V. C. rur., art. D. 645-5, D. 645-7.
2017	22 sept.	Ordonnance n° 2017-1385. Renforcement de la négociation collective. – Art. 10-II. – V. C. rur., art. L. 514-3-1.
2017	22 sept.	Ordonnance n° 2017-1389. Prévention et prise en compte des effets de l'exposition à certains facteurs de risques professionnels et compte professionnel de prévention. – Art. 4. – V. C. rur., art. L. 717-7, L. 732-18-3, L. 741-9, L. 751-12, L. 751-13-1, L. 752-3, L. 752-4.
2017	25 sept.	Décret n° 2017-1409. Amélioration des outils de recouvrement en matière de travail dissimulé. – Art. 3. – V. C. rur., art. R. 725-5, R. 725-12 à R. 725-21, R. 741-26.
2017	27 sept.	Décret n° 2017-1411. Modification du code forestier et du code rural et de la pêche maritime : – Art. 1er. – V. C. for., art. R. 141-29-1, R. 143-7, R. 214-30, R.* 214-30-1, R. 275-5-1, R.* 312-7-1, R. 312-7-2, R. 312-8, D. 314-6, R. 314-6-1, R. 374-3-1, R. 374-4-1, R.* 374-6-1.

		– Art. 2. – V. C. rur., art. R. 124-24, R. 124-25, R. 126-13, R. 136-8 à R. 136-8-2, R. 171-9-1, R. 201-14, R. 201-14-2, R. 201-20 à R. 201-20-2, R. 201-26 à R. 201-26-2, R.* 202-12-1, R. 202-24-1, R. 211-5-2-1, R. 211-5-5-1, R. 211-9-1, R.* 212-65-1, R.* 212-74-1, R.* 214-11-1, R. 214-57-1, R. 214-70, R.* 214-70-1, R.* 214-75-1, R. 214-94-1, R. 214-95-1, R. 214-98-1, R. 214-100-1, R. 214-108-1, R. 214-112-1, R. 214-113-1, R.* 214-117-1, R. 214-122-1, R. 214-126-1, R. 222-6-1, R.* 233-3-3-1, R. 236-11-1, R.* 241-25-1, R.* 242-87-1, R. 253-38 à R. 253-38-2, R.* 254-2-1, R.* 254-14-1, R. 254-17, R. 256-22-1, R. 258-2-1, R.* 343-22-1, R.* 344-25-1, R.* 352-17-1, R.* 361-60-1, R.* 411-9-12 à D. 411-9-12-3, R. 527-5-1, R. 642-42-1, R. 653-82-1, R.* 654-114-1, R.* 661-27-1, R.* 661-30-1, R.* 665-6-1, R. 717-51-1, R. 717-52, R. 800-6, R. 811-78-1, R.* 815-4-1.
2017	4 oct.	Décret n° 2017-1444. Financement du régime de protection sociale des travailleurs indépendants agricoles. – V. C. rur., art. D. 731-52, D. 731-53, D. 731-56, D. 731-79, D. 731-93, D. 731-97.
2017	5 oct.	Décret n° 2017-1445. Aides ovines et caprines relevant de la politique agricole commune. – V. C. rur., art. D. 615-41, D. 615-42.
2017	16 oct.	Décret n° 2017-1475. Paiement en faveur des jeunes agriculteurs. – V. C. rur., art. D. 615-37.
2017	25 oct.	Ordonnance n° 2017-1491. Extension et adaptation de la partie législative du code du travail, et de diverses dispositions relatives au travail, à l'emploi et à la formation professionnelle à Mayotte. – Art. 24. – V. C. rur., art. L. 371-15, L. 781-49, L. 781-50, L. 781-52, L. 781-53.
2017	25 oct.	Décret n° 2017-1492. Modifications du livre VII de la partie réglementaire du code rural et de la pêche maritime. – V. C. rur., art. R. 712-5, R. 712-6, R. 712-8, R. 712-9, R. 712-10, R. 714-12, R. 715-1, R. 715-3, R. 716-2, R. 716-12, R. 716-15, R. 716-16-1, R. 716-17, R. 716-19, R. 716-32 à R. 716-35, R. 717-3-1, R. 717-6, R 717-51, R. 717-52-5, D. 717-69, D. 717-72, R. 717-77-2, R. 717-78-13, R. 717-79, R. 717-81-8, R. 717-82-2, R. 717-84, R. 717-85-3, R. 717-85-6, R. 717-97, D. 718-5, D. 718-6, D. 718-16, R. 718-24, R. 719-6 à R. 719-8, R. 719-10, R. 721-1-1, D. 721-3, D. 722-1, D. 722-2, D. 722-3-1, R. 723-44, R. 723-47, R. 723-60, R. 723-106, R. 723-108, R. 723-112, R. 723-130, D. 723-133, D. 723-154, D. 723-186, D. 723-223, D. 723-224, D. 723-234, D. 723-254, R. 725-22-2, D. 725-22-5, R. 725-23, R. 726-1, D. 731-33-1, D. 731-51, R. 731-74, R. 731-75, D. 731-128, D. 731-131-1, D. 732-2-1, D. 732-2-9, D. 732-2-10, R. 732-3-2, R. 732-6, D. 732-27, R. 732-32, R. 732-36, D. 732-41, D. 732-41-4, R. 732-43, D. 732-44, D. 732-45, D. 732-47-4, D. 732-52, D. 732-54, R. 732-61, R. 732-66, R. 732-69, R. 732-71, D. 732-80, D. 732-85, D. 732-89, D. 732-100-1, D. 732-100-2, D. 732-111, D. 732-118, D. 732-159, D. 732-167, D. 732-168, D. 732-174, D. 732-177, D. 732-181, D. 741-34, D. 741-35, R. 741-36, R. 741-38, R. 741-41 R. 741-50, D. 741-51, D. 741-70-1, D. 741-70-2, D. 741-71, R. 741-84, D. 742-3-1, R. 742-5, D. 742-30, D. 742-33, R. 751-1, D. 751-2, D. 751-3,

		D. 751-5, D. 751-6, D. 751-9, D. 751-13, D. 751-15, D. 751-20, D. 751-22 à R. 751-24, R. 751-30, D. 751-38, D. 751-47-7, R. 751-52, R. 751-61, D. 751-83-1, D. 751-87, D. 751-88, D. 751-93, D. 751-129, D. 751-140, R. 751-157-1, D. 752-11, D. 752-26, D. 752-33, D. 752-34, R. 761-26, D. 761-39, D. 761-42, D. 761-43, D. 761-45, D. 761-46, D. 761-50, D. 761-51, R. 762-1, R. 762-2, D. 781-36.
2017	9 nov.	Décret n° 2017-1554. Durée du travail en agriculture. – V. C. rur., art. R. 713-2 à R. 713-9, R. 713-11 à R. 713-14, R. 713-34, R. 713-37, R. 713-38, R. 713-40, R. 713-43 à R. 713-49, R. 714-14, D. 714-16 à D. 714-21, R. 719-1-1, R. 719-3.
2017	15 nov.	Décret n° 2017-1573. Composition du comité de pilotage de l'Observatoire de la formation des prix et des marges des produits alimentaires. – V. C. rur., art. D. 682-3.
2017	20 déc.	Ordonnance n° 2017-1718. Compléter et mettre en cohérence les dispositions prises en application de la loi n° 2017-1340 du 15 septembre 2017 d'habilitation à prendre par ordonnances les mesures pour le renforcement du dialogue social. – Art. 2-I. – V. C. rur., art. L. 330-4, L. 514-3-1, L. 514-3-2, L. 515-4, L. 714-3, L. 717-7, L. 718-1, L. 719-10, L. 719-11, L. 723-29, L. 723-30, L. 723-32, L. 723-41, L. 732-18-3, L. 751-49, L. 761-16, L. 761-19, L. 761-23, L. 813-8.
2017	27 déc.	Décret n° 2017-1769. Prévention et prise en compte des effets de l'exposition à certains facteurs de risques professionnels et au compte professionnel de prévention. – Art. 4. – V. C. rur., art. D. 751-74, D. 751-75.
2017	27 déc.	Décret n° 2017-1771. Modification des livres III à VII de la partie réglementaire du code rural et de la pêche maritime. – V. C. rur., art. D. 311-18, R. 312-3, R. 313-1 à R. 313-4, R. 313-6, R. 313-7, D. 313-14, D. 313-17, D. 313-27, D. 321-6, R. 322-1, R. 323-28, R. 323-32, D. 324-2, R. 331-9, D. 341-5, D. 343-23, D. 343-24, D. 343-34 à D. 343-36, D. 344-1 à D. 344-3, D. 344-5, D. 344-8, D. 344-10, D. 344-18, D. 344-23 à D. 344-25, D. 345-2, D. 345-3, D. 346-10, D. 346-11, D. 347-1 à D. 347-4, D. 347-7-1, R. 351-6-2, R. 352-1, R. 352-2, R. 352-4, R. 352-7, D. 352-15, D. 352-17, D. 353-4, D. 354-2, D. 354-4, D. 361-8, D. 361-13, D. 361-21, D. 361-24, D. 361-27, D. 361-30, D. 361-40, R. 361-50, R. 411-2, R. 411-9, R. 411-9-1, R. 411-9-11-2, R. 411-9-11-4, R. 411-10, R. 411-13, R. 411-16, R. 414-1, R. 414-3, R. 414-4-1, R. 414-5, D. 415-8, R. 415-9, R. 416-3, R. 417-3, R. 441-1, D. 511-1, R. 511-6, R. 511-8 à R. 511-12, R. 511-14, R. 511-16, R. 511-23, R. 511-30, R. 511-32, R. 511-38, R. 511-50, R. 511-51, D. 511-57, D. 511-58, D. 511-65, D. 511-72, D. 511-75, D. 511-85, R. 511-102 à D. 511-115, R. 512-3, D. 512-5, D. 513-1, D. 513-11, D. 513-14, D. 514-2, D. 514-12, D. 514-13, D. 514-29, R. 521-8, R. 523-9, R. 524-1, R. 524-15, R. 524-22, R. 524-22-2, R. 524-28, R. 526-6, R. 528-10, R. 531-6, R. 531-7, R. 532-1, R. 533-1, R. 533-3, R. 534-4, R. 535-1, R. 556-1 à R. 556-5, R. 562-2, R. 564-2, D. 564-3, D. 611-1, D. 611-3, D. 611-15, R. 611-22 à D. 611-25, D. 612-1 à D. 612-14,

		D. 613-1 à D. 613-6, D. 615-41, D. 615-42, D. 621-27-2, D. 621-31, R. 621-40, R. 621-59, D. 621-61, R. 622-1 à D. 622-7, R. 631-5, R. 632-3, R. 632-4-1, D. 632-5, D. 632-9, D. 632-10, R. 642-39-1-1, D. 645-19, D. 645-21, R. 653-20, D. 653-32, R. 653-43, R. 653-45, R. 653-46, R. 653-82, R. 653-88, D. 653-111, D. 654-39 à D. 654-114, D. 654-114-3, D. 654-114-5, D. 660-6, D. 661-5, R. 661-13, R. 661-17, R. 661-19, R. 661-20, R. 661-23 à R. 661-25, R. 661-28, R. 661-28-1, R. 661-28-3, R. 661-29 à R. 661-31, R. 661-33, R. 661-35, R. 661-37, R. 661-43, D. 663-2, D. 663-3, D. 665-16 à D. 665-17-2, D. 665-17-5, D. 665-30-1, D. 665-36, D. 665-37, D. 666-3, D. 666-8, D. 666-10 à D. 666-12, R. 671-1, R. 671-9, R. 671-12, R. 671-16, D. 682-1, D. 682-3, D. 682-4.
2017	27 déc.	Décret n° 2017-1772. Modification du livre VIII de la partie réglementaire du code rural et de la pêche maritime. – V. C. rur., art. R. 811-2, R. 811-4, R. 811-7, R. 811-9, R. 811-12, R. 811-18, R. 811-21, R. 811-23, D. 811-24-1, R. 811-26, R. 811-29, R.* 811-45, R.* 811-46, R. 811-47-1, R. 811-74, D. 811-76-2 à D. 811-76-15, R. 811-98, R. 811-110, D. 811-122, D. 811-135, R. 811-157, D. 811-158, D. 811-165-1, D. 811-166-1, D. 811-166-4, D. 811-167-1, D. 811-167-3 à D. 811-167-3-2, D. 811-167-6, R. 811-177, R. 812-24-1, R. 812-24-2, R. 812-24-30, D. 812-27, D. 812-28, R. 812-49, R. 813-18, R. 813-38, R. 813-63, R. 813-71, R. 813-76 à R. 811-78, R. 814-10, R. 814-40, D. 821-1, D. 821-2, D. 823-1, D. 823-2.
2017	28 déc.	Loi n° 2017-1775. De finances rectificative pour 2017. – Art. 73-X. – V. C. rur., art. L. 253-12.
2017	28 déc.	Décret n° 2017-1822. Adaptation du code rural et de la pêche maritime et du code forestier à la création de la collectivité de Corse : – Art. 1er. – V. C. rur., art. D. 112-1-11-3, R. 113-4, R. 128-1 à R. 128-5, R. 133-3, R. 151-10, D. 313-4, R. 313-7, R. 811-12-1, R. 814-33-1, D. 914-4. – Art. 2. – V. C. for., art. R. 113-15, R. 142-6.
2017	28 déc.	Décret n° 2017-1823. Création de la chambre d'agriculture de région Île-de-France. – Art. 12. – V. C. rur., art. D. 513-1-2.
2017	28 déc.	Décret n° 2017-1828. Modification de l'article D. 665-11 du code rural et de la pêche maritime. – V. C. rur., art. D. 665-11.
2017	29 déc.	Décret n° 2017-1814. Modalités de l'abondement du compte personnel de formation des victimes d'accident du travail ou de maladie professionnelle. – Art. 4. – V. C. rur., art. R. 751-40.
2017	29 déc.	Décret n° 2017-1815. Conditions d'octroi et modalités de financement de l'abondement du compte personnel de formation des victimes d'accident du travail ou de maladie professionnelle. – Art. 2. – V. C. rur., art. D. 751-76, D. 752-20, D. 752-21-1, D. 752-58.
2017	29 déc.	Décret n° 2017-1819. Comité social et économique. – Art. 5. – V. C. rur., art. R. 713-2, R. 713-3, R. 713-35, R. 713-48, R. 714-1,

		R. 714-5, R. 714-12, R. 717-3-1, R. 717-4, R. 717-5, R. 717-11, R. 717-11-1, R. 717-16, R. 717-26-6, R. 717-29, R. 717-31, R. 717-51-1, R. 717-52, R. 717-53, R. 723-98, D. 751-88.
2017	29 déc.	Décret n° 2017-1884. Indemnités journalières versées en cas de maladie, d'accidents du travail et de maladies professionnelles aux personnes non salariées des professions agricoles. – V. C. rur., art. D. 732-2-4, D. 732-2-5, D. 752-22, D. 752-23.
2017	29 déc.	Décret n° 2017-1885. Mesures de soutien couplé aux productions animales relevant de la politique agricole commune. – V. C. rur., art. D. 615-42.
2017	30 déc.	Loi n° 2017-1836. De financement de la sécurité sociale pour 2018. – Art. 8-II, 9-II et IV, 14-V, 15-IX, 24-II, 28-IV. – V. C. rur., art. L. 722-20, L. 725-26, L. 731-3, L. 731-25, L. 731-35, L. 732-22, L. 741-1, L. 741-1-1, L. 741-9, L. 751-1.
2017	30 déc.	Décret n° 2017-1891. Taux des cotisations d'assurance maladie du régime général et de divers régimes de sécurité sociale. – Art. 2. – V. C. rur., art. D. 731-90 à D. 731-92, D. 741-35, D. 741-71, D. 741-76.
2017	30 déc.	Décret n° 2017-1894. Modalités de calcul et dispositifs d'exonération des cotisations de sécurité sociale des travailleurs indépendants. – Art. 4-III, 5-II. – V. C. rur., art. D. 731-43, D. 731-78, D. 731-91.
2018	5 janv.	Décret n° 2018-10. Valorisation des résidus de la vinification. – V. C. rur., art. D. 665-34, D. 665-36.
2018	17 janv.	Ordonnance n° 2018-20. Service de santé des armées. – Art. 33, 34-III. – V. C. rur., art. L. 231-2-2, L. 241-1-1, L. 241-3-1, L. 241-3-2, L. 241-8-1, L. 242-1, L. 242-9 à L. 242-14, L. 243-3, L. 243-4, L. 275-5, L. 275-9-1, L. 275-10, L. 275-15.
2018	22 janv.	Décret n° 2018-39. Programme d'options spécifiques à l'éloignement et à l'insularité (POSEI-France). – V. C. rur., art. D. 691-18 à D. 691-21, D. 693-15 à D. 693-17.
2018	7 févr.	Décret n° 2018-77. Sociétés d'aménagement foncier et d'établissement rural. – V. C. rur., art. R. 142-4, R. 143-11.
2018	16 févr.	Décret n° 2018-110. Mesures de soutien couplé aux productions végétales. – V. C. rur., art. D. 615-38, D. 615-39.
2018	5 mars	Décret n° 2018-161. Composition et fonctionnement de la Commission supérieure des maladies professionnelles en agriculture. – V. C. rur., art. D. 751-20, D. 751-21.
2018	6 mars	Décret n° 2018-162. Taux particuliers des cotisations d'assurance maladie des personnes visées à l'article L. 131-9 du code de la sécurité sociale. – Art. 2. – V. C. rur., art. D. 731-90, D. 731-92, D. 741-71, D. 741-76.
2018	8 mars	Loi n° 2018-166. Orientation et réussite des étudiants. – Art. 11-III. – V. C. rur., art. L. 732-27-1.

2018	8 mars	Décret n° 2018-171. Indemnisation des calamités agricoles. – V. C. rur., art. D. 361-24, D. 361-25, D. 361-34, D. 361-39.
2018	9 mars	Décret n° 2018-174. Mise en œuvre de la réforme de la protection sociale des travailleurs indépendants prévue par l'article 15 de la loi de financement de la sécurité sociale pour 2018. – Art. 14-III. – V. C. rur., art. R. 731-68, R. 731-75, R. 741-1-1, R. 741-83, D. 781-18, D. 781-19.
2018	29 mars	Loi n° 2018-217. Ratification de diverses ordonnances prises sur le fondement de la loi n° 2017-1340 du 15 septembre 2017 d'habilitation à prendre par ordonnances les mesures pour le renforcement du dialogue social. – Art. 23-III. – V. C. rur., art. L. 811-2, L. 813-2.
2018	3 avr.	Décret n° 2018-239. Adaptation en Guyane des règles applicables à l'évaluation environnementale des projets, plans et programmes susceptibles d'avoir des incidences notables sur l'environnement. – Art. 2-II. – V. C. for., art. D. 172-4-1.
2018	6 avr.	Décret n° 2018-254. Régime spécial applicable dans les forêts de protection prévu à l'article L. 141-4 du code forestier. – Art. 1er. – V. C. for., art. R. 141-5, R. 141-38-1 à R. 141-38-9.
2018	27 avr.	Décret n° 2018-313. Organisations de producteurs, associations d'organisations de producteurs et groupements de producteurs. – V. C. rur., art. D. 551-1 à D. 553-5, D. 571-40, D. 571-41.
2018	14 mai	Décret n° 2018-350. Application de la loi organique n° 2016-1046 du 1er août 2016 rénovant les modalités d'inscription sur les listes électorales des ressortissants d'un État membre de l'Union européenne autre que la France pour les élections municipales et de la loi n° 2016-1048 du 1er août 2016 rénovant les modalités d'inscription sur les listes électorales : – Art. 3-III. – V. C. for., art. R. 321-48. – Art. 3-VII. – V. C. rur., art. R. 723-31-1.
2018	14 mai	Décret n° 2018-353. Dispositions relatives à la gestion des organismes de sécurité sociale et à l'École nationale supérieure de sécurité sociale. – Art. 2. – V. C. rur., art. R. 723-125.
2018	16 mai	Ordonnance n° 2018-358. Traitement juridictionnel du contentieux de la sécurité sociale et de l'aide sociale. – Art. 3. – V. C. rur., art. L. 725-3, L. 751-21.
2018	17 mai	Décret n° 2018-364. Aides directes de la politique agricole commune. – V. C. rur., art. D. 615-15, D. 615-18, D. 615-33.
2018	29 mai	Décret n° 2018-407. Application de la loi n° 2018-266 du 13 avril 2018 visant à simplifier et mieux encadrer le régime d'ouverture et de contrôle des établissements d'enseignement scolaire privés hors contrat. – Art. 12. – V. C. rur., art. R. 810-1.
2018	5 juin	Décret n° 2018-455. Mise en œuvre de la conditionnalité des aides de la politique agricole commune. – V. C. rur., art. D. 615-57, D. 615-58-1.

2018	12 juin	Ordonnance n° 2018-470. Regroupement et mise en cohérence des dispositions du code de la sécurité sociale applicables aux travailleurs indépendants. – Art. 6-II, 9. – V. C. rur., art. L. 717-7, L. 731-2, L. 732-10-1.
2018	12 juin	Ordonnance n° 2018-474. Simplification et harmonisation des définitions des assiettes des cotisations et contributions de sécurité sociale. – Art. 5. – V. C. rur., art. L. 716-2, L. 731-16, L. 731-20, L. 741-3, L. 741-4, L. 741-9 à L. 741-11, L. 741-13, L. 741-15, L. 741-15-2, L. 741-18, L. 741-20, L. 751-13, L. 761-5.
2018	12 juin	Décret n° 2018-481. Dispositif dérogatoire d'obtention du brevet de technicien supérieur agricole. – V. C. rur., art. D. 811-143.
2018	29 juin	Décret n° 2018-542. Régime de la fabrication, du commerce, de l'acquisition et de la détention des armes. – Art. 26. – V. C. for., art. R. 161-3.
2018	3 juill.	Décret n° 2018-575. Délais de prorogation de la durée de validité des autorisations de défrichement. – V. C. for., art. D. 341-7-1.
2018	10 juill.	Décret n° 2018-597. Représentation des femmes et des hommes au sein des organismes consultatifs des personnels enseignants et de documentation des établissements d'enseignement agricole privés. – Art. 1er. – V. C. rur., art. R. 813-72-1.
2018	11 juill.	Décret n° 2018-598. Détermination de la date assimilée à la date de l'accident pour l'indemnisation des maladies professionnelles des personnes non salariées agricoles. – V. C. rur., art. D. 752-7.
2018	19 juill.	Décret n° 2018-640. Organisation des élections des membres des chambres d'agriculture. – V. C. rur., art. R. 511-6 à R. 511-10, R. 511-12, R. 511-13, R. 511-16 à R. 511-19, R. 511-21 à R. 511-23, R. 511-33 à R. 511-36, R. 511-39, R. 511-41 à R. 511-43, R. 511-45 à R. 511-45-8, R. 511-46, R. 511-48-1 à R. 511-48-3, R. 511-49-1, R. 511-51, R. 511-52, R. 511-96-3, R. 511-96-5, R. 511-96-10, R. 511-96-11, R. 512-3, R. 512-12, R. 512-14 à R. 512-16, R. 571-8-1, R. 571-8-2, R. 571-24-1.
2018	30 juill.	Loi n° 2018-670. Protection du secret des affaires. – Art. 4-X. – V. C. rur., art. L. 201-3, L. 253-2, L. 612-5.
2018	3 août	Loi n° 2018-699. Garantir la présence des parlementaires dans certains organismes extérieurs au Parlement et à simplifier les modalités de leur nomination : – Art. 19, 65, 74-VIII, 75-VIII. – V. C. rur., art. L. 112-1, L. 621-5, L. 682-1, L. 721-3. – Art. 74-VI. – V. C. for., art. L. 113-1.
2018	3 août	Décret n° 2018-721. Contraventions prévues au livre II du code rural et de la pêche maritime et procédures d'amende forfaitaire et de transaction pénale en matière agricole et forestière : – Art. 1er, 3. – V. C. rur., art. R. 201-45, R. 205-4, R. 205-6, R. 215-11 à R. 215-15, R. 228-6, R. 228-7, R. 253-54-1, R. 254-38 à R. 254-41, D. 256-13, R. 256-32.

		– Art. 4. – V. C. for., art. R. 161-9.
2018	10 août	Loi n° 2018-727. Pour un État au service d'une société de confiance : – Art. 35, 38. – V. C. rur., art. L. 512-1-1, L. 723-34-1. – Art. 39. – V. C. for., art. L. 161-12.
2018	5 sept.	Loi n° 2018-771. Liberté de choisir son avenir professionnel. – Art. 37-X, 51-IV, 101. – V. C. rur., art. L. 716-3, L. 719-10-1, L. 732-21.
2018	6 sept.	Décret n° 2018-775. Régime de sanctions dans le cadre du programme POSEI-France. – V. C. rur., art. D. 691-22 à D. 691-33, D. 693-18 à D. 693-24.
2018	25 sept.	Décret n° 2018-806. Calcul du paiement en faveur des jeunes agriculteurs. – V. C. rur., art. D. 615-37.
2018	27 sept.	Décret n° 2018-819. Sociétés d'aménagement foncier et d'établissement rural. – V. C. rur., art. R. 141-9.
2018	27 sept.	Décret n° 2018-820. Modification de l'article D. 211-3-1 du titre I du livre II de la partie réglementaire du code rural et de la pêche maritime. – V. C. rur., art. D. 211-3-1.
2018	27 sept.	Décret n° 2018-821. Mise en conformité des textes réglementaires avec l'ordonnance n° 2018-474 du 12 juin 2018 relative à la simplification et à l'harmonisation des définitions des assiettes des cotisations et contributions de sécurité sociale. – Art. 2. – V. C. rur., art. D. 717-70, R. 725-25-2, R. 726-1, D. 741-33, R. 741-41, R. 741-42-1, D. 741-59, D. 741-65-1, R. 741-68, D. 741-70-3 à D. 741-70-6, D. 741-76, D. 751-4.
2018	29 oct.	Décret n° 2018-928. Contentieux de la sécurité sociale et de l'aide sociale. – Art. 6. – V. C. rur., art. R. 725-6, R. 725-8 à R. 725-10, R. 725-22-4, R. 731-75, R. 732-36, R. 741-26, R. 751-45, R. 751-56, R. 751-64, R. 751-72, R. 751-131 à R. 751-137, R. 751-143-1, R. 751-149, R. 761-23.
2018	30 oct.	Loi n° 2018-938. Pour l'équilibre des relations commerciales dans le secteur agricole et alimentaire et une alimentation saine, durable et accessible à tous : – Art. 1er à 8, 10, 14, 24, 28, 29, 38, 44 à 47, 50 à 52, 54 57, 61, 64, 67, 68, 70, 72, 74, 77, 79, 80, 83 à 85, 95, 98. – V. C. rur., art. L. 1, L. 111-2-2, L. 201-3, L. 201-7, L. 202-3, L. 205-7-1, L. 214-11, L. 215-11, L. 230-3, L. 230-5 à L. 230-5-2, L. 230-5-4, L. 230-5-5, L. 230-5-7, L. 230-5-8, L. 230-6, L. 236-1 A, L. 237-2, L. 237-4, L. 253-1, L. 253-5 à L. 253-5-2, L. 253-6, L. 253-8, L. 254-3, L. 255-12, L. 271-10, L. 272-9-1, L. 273-6-1, L. 274-8-1, L. 510-1, L. 523-7, L. 611-6, L. 631-24, L. 631-24-1, L. 631-24-3 à L. 631-25, L. 631-26, L. 631-27, L. 631-28, L. 632-1, L. 632-2-1, L. 642-3, L. 654-3-1, L. 654-3-2, L. 665-2, L. 682-1, L. 694-4, L. 811-1, L. 932-5, L. 952-5, L. 953-3. – Art. 71, 73. – V. avant C. rur., art. L. 654-2. – Art. 82. – V. ss. C. rur., art. L. 253-8.

2018	31 oct.	Décret n° 2018-953. Extension et adaptation de la partie réglementaire du code du travail, et de diverses dispositions relatives au travail, à l'emploi et à la formation professionnelle à Mayotte. – Art. 21. – V. C. rur., art. R. 571-46, D. 781-108, D. 781-112, D. 781-113, R. 841-7 à R. 841-11.
2018	15 nov.	Décret n° 2018-998. Enseignement général et enseignement technologique par la voie scolaire. – V. C. rur., art. D. 811-136.
2018	30 nov.	Décret n° 2018-1067. Chambres interdépartementales d'agriculture et chambre d'agriculture de Guyane. – V. C. rur., art. R. 511-96-2, D. 511-97-1 à D. 511-100-3, R. 571-8.
2018	4 déc.	Décret n° 2018-1090. Conditions d'identification du cheptel porcin. – V. C. rur., art. D. 212-34.
2018	11 déc.	Décret n° 2018-1126. Protection du secret des affaires. – Art. 3-V. – V. C. rur., art. R. 230-34, D. 253-17, R. 255-7.
2018	12 déc.	Ordonnance n° 2018-1125. Application de l'article 32 de la loi n° 2018-493 du 20 juin 2018 relative à la protection des données personnelles et diverses dispositions concernant la protection des données à caractère personnel. – Art. 20. – V. C. rur., art. L. 644-9-1, L. 723-43.
2018	18 déc.	Décret n° 2018-1177. Délai de transmission des procès-verbaux de constatation des infractions au code de l'environnement et au code forestier. – Art. 3. – V. C. for., art. R. 161-7-1.
2018	22 déc.	Loi n° 2018-1203. De financement de la sécurité sociale pour 2019. – Art. 7-III, 8-III, 18-II, 26-IV, 52-III, 71-II, 72-I, 78-II. – V. C. rur., art. L. 712-2, L. 712-3, L. 722-10, L. 723-2, L. 723-11, L. 724-7-2, L. 725-3, L. 725-24, L. 731-2, L. 732-10, L. 732-10-1, L. 732-12-1, L. 732-12-2, L. 741-5, L. 741-15, L. 741-16, L. 741-16-1, L. 741-17, L. 751-20.
2018	24 déc.	Loi n° 2018-1214. Réforme de la Caisse des Français de l'étranger. – Art. 7-II. – V. C. rur., art. L. 762-4 à L. 762-6.
2018	27 déc.	Décret n° 2018-1255. Simplification et modification de la gestion des droits aux indemnités journalières et pour la prise en charge des frais de santé. – Art. 2. – V. C. rur., art. R. 732-2, R. 732-13, R. 732-18, R. 751-60, R. 762-4.
2018	27 déc.	Décret n° 2018-1256. Utilisation en droits à formation professionnelle des points acquis au titre du compte professionnel de prévention et droit à formation professionnelle de certaines victimes d'accidents du travail ou de maladies professionnelles. – Art. 3. – V. C. rur., art. R. 751-40.
2018	27 déc.	Décret n° 2018-1258. Simplification de la gestion des droits pour la prise en charge des frais de santé. – Art. 2. – V. C. rur., art. D. 722-23, D. 732-2-0-1, D. 732-2-0-2, D. 732-2-1, D. 732-28, D. 751-76, D. 752-58, D. 761-54, D. 761-55, D. 761-62.
2018	28 déc.	Loi n° 2018-1317. De finances pour 2019. – Art. 26-V, 199-III. – V. C. rur., art. L. 661-5, L. 661-6, L. 731-3.

2018	28 déc.	Décret n° 2018-1312. Contentieux de la sécurité sociale pour les régimes d'accidents du travail et de maladies professionnelles. – Art. 1er. – V. C. rur., art. D. 751-95, D. 751-114, D. 751-126, D. 751-129, D. 752-21, D. 752-27, D. 752-30-1, D. 752-81 à D. 752-83, D. 761-38, D. 761-66.
2018	28 déc.	Décret n° 2018-1337. Extension et adaptation de la partie réglementaire du code du travail, et diverses dispositions relatives au travail, à l'emploi et à la formation professionnelle à Mayotte. – Art. 5. – V. C. rur., art. D. 271-16, D. 571-42.
2018	28 déc.	Décret n° 2018-1357. Modalités d'application de certains dispositifs d'exonérations ciblées de cotisations sociales. – Art. 1er. – V. C. rur., art. D. 741-58, D. 741-60 à D. 741-63-1, D. 741-63-5, D. 741-63-6.
2019	30 janv.	Ordonnance n° 2019-59. Exercice et transfert, à titre expérimental, de certaines missions dans le réseau des chambres d'agriculture. – V. ss. C. rur., art. L. 510-1.
2019	31 janv.	Décret n° 2019-63. Aides animales relevant de la politique agricole commune. – V. C. rur., art. D. 615-41, D. 615-42.
2019	26 févr.	Décret n° 2019-143. Liste des agents en charge de la constatation des manquements mentionnés à l'article L. 631-25 du code rural et de la pêche maritime. – V. C. rur., art. R. 631-15.
2019	15 mars	Décret n° 2019-198. Dispositifs simplifiés de déclaration et de recouvrement de cotisations et de contributions sociales. – Art. 3. – V. C. rur., art. D. 712-14, D. 712-15, D. 712-17 à D. 712-21.
2019	23 mars	Loi n° 2019-222. Programmation 2018-2022 et réforme pour la justice. – Art. 11-III, 96-III. – V. C. rur., art. L. 723-24, L. 725-3, L. 751-16, L. 751-32, L. 752-6, L. 752-19.
2019	27 mars	Décret n° 2019-241. Adaptation du régime d'entrée et sortie de flotte des navires de pêche professionnelle. – V. C. rur., art. R. 921-8, R. 951-17.
2019	27 mars	Décret n° 2019-242. Adaptation de la composition de la commission régionale de gestion de la flotte de pêche en Guadeloupe, en Martinique, en Guyane, à La Réunion et à Mayotte. – V. C. rur., art. D. 951-3-1.
2019	27 mars	Décret n° 2019-243. Révision des critères de délimitation des zones agricoles défavorisées autres que les zones de montagne. – V. C. rur., art. D. 113-15, D. 113-17.
2019	29 mars	Décret n° 2019-262. Enseignement professionnel du second degré. – V. C. rur., art. D. 811-145.
2019	11 avr.	Décret n° 2019-310. Abrogation des dispositions du code rural et de la pêche maritime relatives aux contrats de vente de fruits et légumes frais. – V. C. rur., art. R. 631-11 à R. 631-14.
2019	11 avr.	Décret n° 2019-311. Élections des délégués cantonaux aux assemblées générales de la mutualité sociale agricole. – V. C. rur., art. R. 723-27,

		R. 723-29, R. 723-31, R. 723-31-2, R. 723-32, R. 723-34 à R. 723-39, R. 723-42, R. 723-44, R. 723-45, R. 723-49, R. 723-52, R. 723-53, R. 723-59, R. 723-64.
2019	11 avr.	Décret n° 2019-312. Révision des tableaux de maladies professionnelles annexés au livre VII du code rural et de la pêche maritime. – V. ss. C. rur., art. R. 751-25, .
2019	12 avr.	Décret n° 2019-313. Comité régional de l'alimentation. – V. C. rur., art. D. 230-8-1, D. 230-8-2.
2019	12 avr.	Décret n° 2019-321. Conditions de présentation de la publicité destinée aux utilisateurs professionnels de produits phytopharmaceutiques. – V. C. rur., art. D. 253-43-2.
2019	16 avr.	Décret n° 2019-329. Substances naturelles à usage biostimulant et préparations naturelles peu préoccupantes en contenant. – V. C. rur., art. D. 255-30-1.
2019	16 avr.	Décret n° 2019-330. Composition de la Commission nationale technique du Conseil supérieur d'orientation et de coordination de l'économie agricole et alimentaire. – V. C. rur., art. D. 611-5.
2019	17 avr.	Décret n° 2019-332. Conditions de mise en œuvre des analyses d'autocontrôle dans les secteurs alimentaire, des sous-produits animaux et de l'alimentation animale. – V. C. rur., art. D. 202-32-1 à D. 202-32-6.
2019	23 avr.	Décret n° 2019-351. Composition des repas servis dans les restaurants collectifs en application de l'article L. 230-5-1 du code rural et de la pêche maritime. – V. C. rur., art. R. 230-30-1 à R. 230-30-4.
2019	24 avr.	Ordonnance n° 2019-361. Indépendance des activités de conseil à l'utilisation des produits phytopharmaceutiques et dispositif de certificats d'économie de produits phytopharmaceutiques. – V. C. rur., art. L. 254-1 à L. 254-2, L. 254-6-2 à L. 254-7-1, L. 254-10 à L. 254-10-5, L. 254-10-9, L. 273-3.
2019	24 avr.	Ordonnance n° 2019-362. Coopération agricole. – V. C. rur., art. L. 521-1-1, L. 521-3 à L. 521-3-3, L. 524-2-1, L. 524-4-1, L. 525-1, L. 527-1, L. 527-1-3, L. 527-1-4, L. 528-1 à L. 528-3.
2019	24 avr.	Ordonnance n° 2019-363. Extension des pouvoirs de police judiciaire des agents mentionnés à l'article L. 205-1 du code rural et de la pêche maritime et à l'article L. 511-3 du code de la consommation. – Art. 1er. – V. C. rur., art. L. 205-7.
2019	26 avr.	Décret n° 2019-378. Conditions de collecte et de traitement de données épidémiologiques par des personnes agréées. – V. C. rur., art. R. 201-6-1 à R. 201-6-7.
2019	20 mai	Loi n° 2019-469. Protection foncière des activités agricoles et des cultures marines en zone littorale. – V. C. rur., art. L. 142-5-1, L. 143-1, L. 143-1-1, L. 143-16, L. 311-1.

2019	22 mai	Loi n° 2019-486. Croissance et transformation des entreprises : – Art. 1er-III, 3-II-H, 9, 11-VIII, 47-III, 67-II, 169-V, 220-VI. – V. C. rur., art. L. 135-3, L. 214-6-2, L. 214-8-1, L. 215-10, L. 311-3, L. 321-5, L. 331-5, L. 351-8, L. 374-5, L. 375-2, L. 511-4, L. 521-7, L. 524-6-6, L. 716-2. – Art. 3-II-E. – V. C. for., art. L. 331-19.
2019	24 mai	Décret n° 2019-519. Établissement national des produits de l'agriculture et de la mer (FranceAgriMer). – V. C. rur., art. D. 621-1-1 à D. 621-27, D. 665-16-2, D. 665-17-1, D. 665-17-2.
2019	4 juin	Décret n° 2019-555. Dispositions relatives au détachement de travailleurs et au renforcement de la lutte contre le travail illégal. – Art. 5. – V. C. rur., art. R. 719-1-2, R. 719-1-3, R. 719-10.
2019	4 juin	Décret n° 2019-556. Dispositif de soutien en faveur des exploitations agricoles en difficulté. – V. C. rur., art. D. 354-1 à D. 354-9, D. 354-11, D. 354-12, D. 354-15.
2019	14 juin	Décret n° 2019-591. Amélioration de la protection maternité pour les exploitantes agricoles. – V. C. rur., art. R. 732-17, R. 732-19, R. 732-20, R. 732-24 à D. 732-26-2, D. 732-29, D. 732-29-1.
2019	14 juin	Décret n° 2019-597. Modification de l'article D. 665-11 du code rural et de la pêche maritime. – V. C. rur., art. D. 665-11.
2019	18 juin	Décret n° 2019-603. Réforme de la Caisse des Français de l'étranger. – Art. 6. – V. C. rur., art. R. 762-7 à R. 762-10.
2019	19 juin	Décret n° 2019-613. Simplification des déclarations sociales des employeurs. – Art. 3. – V. C. rur., art. R. 712-22, R. 725-25-2, R. 726-1.
2019	24 juin	Décret n° 2019-630. Création d'un congé de paternité en cas d'hospitalisation de l'enfant. – Art. 2. – V. C. rur., art. D. 732-28 à D. 732-29.
2019	27 juin	Décret n° 2019-649. Composition de l'instance de concertation et de suivi du plan national pour une utilisation des produits phytopharmaceutiques compatible avec le développement durable. – V. C. rur., art. D. 253-44-1 à D. 253-44-3.
2019	28 juin	Décret n° 2019-674. Suppression de taxes à faible rendement. – Art. 3. – V. C. rur., art. D. 666-3, D. 666-9.
2019	3 juill.	Ordonnance n° 2019-698. Mise en cohérence des dispositions législatives des codes et lois avec celles du code de commerce dans leur rédaction résultant de l'ordonnance n° 2019-359 du 24 avril 2019 portant refonte du titre IV du livre IV du code de commerce relatif à la transparence, aux pratiques restrictives de concurrence et aux autres pratiques prohibées : – Art. 5. – V. C. for., art. L. 155-2, L. 213-10, L. 261-3. – Art. 8. – V. C. rur., art. L. 253-5-1, L. 611-4, L. 631-24, L. 665-3.
2019	4 juill.	Décret n° 2019-703. Lutte contre la précarité alimentaire. – Art. 1er. – V. C. rur., art. R. 230-9 à R. 230-18, R. 230-23, R. 230-24.

2019	5 juill.	Décret n° 2019-718. Regroupement et mise en cohérence des dispositions du code de la sécurité sociale applicables aux travailleurs indépendants. – Art. 2-III-8°, 7-II. – V. C. rur., art. R. 725-27, R. 732-17, R. 732-20, R. 732-29-2, R. 732-29-3.
2019	17 juill.	Ordonnance n° 2019-738. Application de l'article 28 de la loi n° 2019-222 du 23 mars 2019 de programmation 2018-2022 et de réforme pour la justice. – Art. 11. – V. C. rur., art. L. 181-29, L. 181-30, L. 183-24, L. 183-25, L. 411-76, L. 665-3.
2019	19 juill.	Arrêté. Liste des organisations syndicales à vocation générale d'exploitants agricoles habilitées à siéger au sein des commissions, comités ou organismes à caractère national mentionnés au I de l'article 2 de la loi n° 99-574 du 9 juillet 1999 d'orientation agricole. – V. ss. C. rur., art. R. 514-39.
2019	24 juill.	Loi n° 2019-773. Création de l'Office français de la biodiversité, modification des missions des fédérations des chasseurs et renforcement de la police de l'environnement : – Art. 4-VIII, 7. – V. C. for., art. L. 161-4, L. 161-5, L. 161-12. – Art. 5, 21-IV, 22-I. – V. C. rur., art. L. 205-1, L. 205-2, L. 944-4.
2019	26 juill.	Décret n° 2019-794. Attribution des denrées achetées au moyen du Fonds européen d'aide aux plus démunis et appel à candidatures pour en bénéficier. – V. C. rur., art. D. 230-19 à D. 230-22.
2019	6 août	Loi n° 2019-828. Transformation de la fonction publique. – Art. 4-VIII et XI, 20, 27-V. – V. C. rur., art. L. 313-6, L. 811-9-2, L. 812-1, L. 813-8.
2019	21 août	Ordonnance n° 2019-861. Assurer la cohérence de diverses dispositions législatives avec la loi n° 2018-771 du 5 septembre 2018 pour la liberté de choisir son avenir professionnel. – Art. 5. – V. C. rur., art. L. 171-1, L. 171-3, L. 718-2-1, L. 724-7, L. 725-3, L. 725-24, L. 813-8.
2019	23 août	Décret n° 2019-888. Modification de l'article D. 811-167-6 du code rural et de la pêche maritime relatif aux unités capitalisables du certificat de spécialisation agricole. – V. C. rur., art. D. 811-167-6.
2019	30 août	Décret n° 2019-913. Application de l'article 95 de la loi n° 2019-222 du 23 mars 2019 de programmation 2018-2022 et de réforme pour la justice : – Art. 1er. – V. C. rur., art. R. 492-1, R. 751-158, R. 751-162. – Art. 13. – V. C. for., art. R. 161-5.
2019	30 août	Décret n° 2019-914. Modification du code de l'organisation judiciaire et diverses adaptations pour l'application de l'article 95 de la loi n° 2019-222 du 23 mars 2019 de programmation 2018-2022 et de réforme pour la justice. – Art. 11. – V. C. rur., art. D. 274-2, D. 491-2.
2019	13 sept.	Décret n° 2019-958. Commissions professionnelles consultatives chargées d'examiner les projets de création, de révision ou de suppression de diplômes et titres à finalité professionnelle délivrés au nom de l'État. – Art. 16. – V. C. rur., art. D. 814-48 à D. 814-51.

2019	18 sept.	Ordonnance n° 2019-964. Application de la loi n° 2019-222 du 23 mars 2019 de programmation 2018-2022 et de réforme pour la justice : – Art. 10. – V. C. for., art. L. 131-16, L. 213-7. – Art. 21. – V. C. rur., art. L. 491-1, L. 492-1.
2019	18 sept.	Décret n° 2019-970. Organisation économique dans le secteur des autres produits pour la catégorie des plantes à parfum, aromatiques et médicinales. – V. C. rur., art. D. 551-48 à D. 551-51, D. 696-3.
2019	20 sept.	Décret n° 2019-976. Allocation des travailleurs indépendants. – Art. 2. – V. C. rur., art. D. 732-52-2.
2019	25 sept.	Décret n° 2019-987. Simplification du droit de l'entrepreneur individuel à responsabilité limitée, qualification artisanale et répertoire des métiers. – Art. 36, 41. – V. C. rur., art. R. 311-1.
2019	30 sept.	Décret n° 2019-1012. Autorisation de l'Institut national de l'origine et de la qualité à conclure des transactions. – V. C. rur., art. R. 642-3, R. 642-5.
2019	10 oct.	Décret n° 2019-1046. Organisation et fonctionnement de l'Institut national de recherche pour l'agriculture, l'alimentation et l'environnement. – V. C. rur., art. R. 653-12, R. 831-1 à R. 831-4-2, R. 831-6 à R. 831-8, R. 831-10 à R. 831-12, R. 831-14, R. 832-1 à R. 832-19.
2019	11 oct.	Décret n° 2019-1050. Prise en compte du droit à l'erreur par les organismes chargés du recouvrement des cotisations de sécurité sociale. – Art. 3. – V. C. rur., art. D. 712-19, R. 712-22, R. 731-68, R. 741-1-1, R. 741-24 à R. 741-30, R. 741-83, R. 741-86, R. 741-92, R. 741-96, D. 741-98, D. 761-19, D. 781-18.
2019	21 oct.	Ordonnance n° 2019-1067. Dispositions relatives aux offres au public de titres : – Art. 20. – V. C. rur., art. L. 322-3, L. 523-9. – Art. 23. – V. C. for., art. L. 331-4-1.
2019	24 oct.	Décret n° 2019-1086. Dispositions relatives à la mobilité à l'étranger des apprentis et des bénéficiaires de contrats de professionnalisation. – Art. 3. – V. C. rur., art. D. 751-2, D. 751-4-1.
2019	25 oct.	Décret n° 2019-1092. Déclarations effectuées par le chef d'exploitation ou d'entreprise agricole auprès du centre de formalités des entreprises concernant le statut de son conjoint, de son partenaire lié par un pacte civil de solidarité ou de son concubin. – V. C. rur., art. D. 321-1-1.
2019	30 oct.	Ordonnance n° 2019-1110. Adaptation du livre II du code rural et de la pêche maritime au droit de l'Union européenne. – V. C. rur., art. L. 201-1, L. 201-2, L. 201-4, L. 201-5, L. 201-7, L. 201-13, L. 201-14, L. 202-1, L. 203-1, L. 203-7, L. 203-8, L. 205-1, L. 205-5, L. 205-11, L. 206-3, L. 231-1 à L. 231-4, L. 232-2, L. 234-1, L. 234-3, L. 234-4, L. 236-1, L. 236-2-1, L. 236-4, L. 236-6, L. 236-9, L. 237-2, L. 237-3, L. 250-1, L. 250-5 à L. 250-7, L. 251-2 à L. 251-4, L. 251-6 à L. 251-9, L. 251-12 à L. 251-18, L. 251-20, L. 251-21, L. 253-7,

		L. 253-13, L. 253-17, L. 254-1, L. 254-6-2, L. 254-6-4, L. 254-7, L. 255-5, L. 257-3, L. 257-5, L. 257-6, L. 257-8 à L. 257-10, L. 257-12, L. 271-5 à L. 271-10, L. 272-11-1, L. 273-6-2, L. 274-12, L. 274-13.
2019	31 oct.	Décret n° 2019-1116. Modification de l'article D. 551-24 du code rural et de la pêche maritime. – V. C. rur., art. D. 551-24.
2019	5 nov.	Décret n° 2019-1137. Coopération agricole. – V. C. rur., art. R. 522-3-1, R. 522-4, R. 524-1-3, R. 524-12, R. 524-13, R. 524-16 à R. 524-18, R.* 524-32, R. 524-32-1, R. 525-2, R. 525-6 à R. 525-8, R. 528-6, R. 528-6-1, R. 528-9, R. 528-14 à R. 528-16.
2019	7 nov.	Décret n° 2019-1143. Dispositions spécifiques applicables aux centres de formation d'apprentis et obligations des organismes prestataires d'actions de développement des compétences. – Art. 6. – V. C. rur., art. D. 811-24-1, R. 811-29, R.* 811-46, D. 811-122, D. 811-167-5.
2019	7 nov.	Décret n° 2019-1157. Dispositions d'adaptation des règles relatives aux certificats d'économie de produits phytopharmaceutiques. – V. C. rur., art. R. 254-31 à R. 254-39.
2019	8 nov.	Décret n° 2019-1163. Reconnaissance d'organisations de producteurs dans le secteur du sucre pour la betterave sucrière. – V. C. rur., art. D. 551-52 à D. 551-55.
2019	13 nov.	Ordonnance n° 2019-1169. Marques de produits ou de services. – Art. 13-XI. – V. C. rur., art. L. 643-3, L. 643-3-1.
2019	14 nov.	Décret n° 2019-1182. Contrôles exercés par les caisses de mutualité sociale agricole. – V. C. rur., art. R. 724-7, R. 724-9, D. 724-12, R. 725-6, R. 725-28, R. 731-60-1, R. 741-1-1, R. 741-40.
2019	15 nov.	Décret n° 2019-1188. Désignation de l'autorité administrative mentionnée à l'article L. 201-7 du code rural et de la pêche maritime. – V. C. rur., art. D. 200-2, D. 201-7, D. 221-3.
2019	18 nov.	Décret n° 2019-1190. Agence nationale de la cohésion des territoires : – Art. 3-III. – V. C. rur., art. D. 313-17. – Art. 3-IV. – V. C. for., art. D. 222-1.
2019	19 nov.	Décret n° 2019-1205. Protection sociale contre les accidents du travail et les maladies professionnelles des personnes mentionnées aux 9° et 12° du II de l'article L. 751-1 du code rural et de la pêche maritime. – V. C. rur., art. D. 751-16-3 à D. 751-16-5.
2019	11 déc.	Décret n° 2019-1333. Réforme de la procédure civile : – Art. 22. – V. C. for., art. R. 321-50. – Art. 32, 56-VIII. – V. C. rur., art. R. 351-1, R. 351-7, R. 375-2, R. 491-1, R. 723-34, R. 723-51, R. 723-81, R. 725-10.
2019	11 déc.	Décret n° 2019-1348. Modification de la durée de l'agrément des opérateurs du service universel de mise en place et de distribution de la semence des ruminants en monte publique. – V. C. rur., art. R. 653-98.

2019	12 déc.	Décret n° 2019-1349. Adaptation du livre II du code rural et de la pêche maritime au droit de l'Union européenne. – V. C. rur., art. D. 200-2, D. 201-1 à D. 201-3, D. 251-2, D. 251-3, D. 251-16-1, D. 251-16-2, D. 251-17 à D. 251-19, D. 251-21 à D. 251-24.
2019	18 déc.	Décret n° 2019-1379. Suppression de commissions administratives à caractère consultatif. – Art. 1er à 3. – V. C. rur., art. D. 653-1 à D. 653-5, R. 653-12, R. 653-29, R. 653-43, R. 653-64, R. 653-77, R. 653-78, R. 718-9 à R. 718-15, R. 814-32.
2019	18 déc.	Décret n° 2019-1393. Déconcentration des décisions administratives individuelles dans le domaine de l'agriculture. – V. C. rur., art. R. 201-12, R. 201-14, R.* 201-14-1, R. 201-16, R. 201-17, R. 201-18, R. 201-20, R.* 201-20-1, R. 201-23, R. 201-24, R. 201-26, R.* 201-26-1, R. 201-29, D. 253-2, R. 253-34.
2019	19 déc.	Décret n° 2019-1408. Rectification des erreurs matérielles dans les tableaux fixant le siège et ressort des tribunaux de commerce (annexé au code de commerce) et des tribunaux paritaires des baux ruraux (annexé au code rural et de la pêche maritime). – Art. 4. – V. C. rur., art. D. 491-2.
2019	20 déc.	Décret n° 2019-1419. Procédure accélérée au fond devant les juridictions judiciaires. – Art. 7. – V. C. rur., art. R. 411-17.
2019	24 déc.	Loi n° 2019-1428. Orientation des mobilités. – Art. 106-III. – V. C. rur., art. L. 205-1.
2019	24 déc.	Loi n° 2019-1446. De financement de la sécurité sociale pour 2020. – Art. 9, 18-I, 22-II, 25-II, 70-II, 82-II, 84-II, 85-II. – V. C. rur., art. L. 253-8-2, L. 722-20, L. 723-13-3, L. 724-7, L. 724-11, L. 725-3, L. 731-2, L. 732-4, L. 732-8, L. 732-30, L. 741-10, L. 752-5-1.
2019	26 déc.	Décret n° 2019-1459. Institut national d'enseignement supérieur pour l'agriculture, l'alimentation et l'environnement. – Art. 32. – V. C. rur., art. D. 812-1, R. 812-2, R. 812-24-39-1, R. 812-33, R. 812-42, R. 814-11, R. 814-20, R. 814-25.
2019	27 déc.	Loi n° 2019-1461. Engagement dans la vie locale et proximité de l'action publique : – Art. 51, 52, 80-IV. – V. C. for., art. L. 134-9, L. 223-3, L. 341-4. – Art. 77. – V. C. rur., art. L. 181-12.
2019	27 déc.	Décret n° 2019-1500. Mesures de protection des personnes lors de l'utilisation de produits phytopharmaceutiques à proximité des zones d'habitation. – V. C. rur., art. D. 253-45-1, D. 253-46-1-2.
2019	30 déc.	Décret n° 2019-1506. Simplification du contentieux de la sécurité sociale. – Art. 7. – V. C. rur., art. R. 732-36, R. 751-62 à R. 751-65, R. 751-72, D. 751-125, R. 751-143-1, R. 751-149, D. 752-28 à D. 752-30-1, D. 752-79.
2019	30 déc.	Décret n° 2019-1572. Modalités de financement du régime de retraite complémentaire obligatoire pour les non-salariés agricoles. – V. C. rur., art. D. 732-165.

2019	30 déc.	Décret n° 2019-1573. Modalités de financement du régime de retraite complémentaire obligatoire des non-salariés agricoles en Guadeloupe, en Guyane, en Martinique, à La Réunion, à Saint-Barthélemy, à Saint-Martin et à Mayotte. – V. C. rur., art. D. 781-102.
2019	31 déc.	Décret n° 2019-1580. Office français de la biodiversité : – Art. 4. – V. C. for., art. D. 113-1, D. 172-3, D. 173-1-1, D. 174-1-1, D. 175-4, D. 178-1, R. 213-51. – Art. 5. – V. C. rur., art. D. 181-34, D. 200-4, R. 254-32, R. 941-2.
2020	6 janv.	Ordonnance n° 2020-7. Prise en compte des besoins de la défense nationale en matière de participation et de consultation du public, d'accès à l'information et d'urbanisme. – Art. 12. – V. C. rur., art. L. 643-5.
2020	6 janv.	Décret. Mise en œuvre de la conditionnalité des aides de la politique agricole commune. – V. C. rur., art. D. 615-46, D. 615-47.
2020	8 janv.	Décret n° 2020-16. Modification des conditions de l'intervention publique en faveur des fonds de mutualisation des risques sanitaires et environnementaux en agriculture. – V. C. rur., art. D. 361-68, D. 361-71 à D. 361-73.
2020	28 janv.	Loi n° 2020-48. Lutte contre le mitage des espaces forestiers en Île-de-France. – V. C. rur., art. L. 143-2-1.
2020	30 janv.	Décret n° 2020-68. Déconcentration des décisions administratives individuelles dans les domaines de l'action et des comptes publics. – Art. 15. – V. C. rur., art. R. 141-7.
2020	10 févr.	Loi n° 2020-105. Lutte contre le gaspillage et économie circulaire. – Art. 45, 115. – V. C. rur., art. L. 255-12, L. 642-4-1.
2020	17 févr.	Décret n° 2020-131. Aides à l'installation en agriculture. – V. C. rur., art. D. 343-5, D. 343-6, D. 343-18-2.
2020	17 mars	Décret n° 2020-274. Dispositions relatives à la protection des animaux utilisés à des fins scientifiques. – V. C. rur., art. R. 214-88 à R. 214-91, R. 214-94, R. 214-99, R. 214-105, R. 214-114, R. 214-115, R. 214-118, R. 214-130 à R. 214-134, R. 214-136, R. 214-137.
2020	16 avr.	Arrêté. Établissement des listes d'organismes nuisibles au titre du 6° de l'article L. 251-3 du code rural et de la pêche maritime. – V. ss. C. rur., art. L. 251-3.
2020	4 mai	Décret n° 2020-525. Délivrance d'une attestation reconnaissant l'acquisition de blocs de compétences pour les candidats ajournés au certificat d'aptitude professionnelle agricole. – V. C. rur., art. D. 811-148-3.
2020	19 mai	Décret n° 2020-602. Mode de calcul et revalorisation de la pension d'invalidité des non-salariés agricoles. – V. C. rur., art. D. 731-89, R. 732-3 à R. 732-3-2, R. 732-4 à R. 732-4-5, R. 732-7, R. 732-9 à R. 732-11.

2020	22 mai	Décret n° 2020-621. Regroupement et mise en cohérence des dispositions du code de la sécurité sociale applicables aux travailleurs indépendants (décrets simples). – Art. 3-III et VI. – V. C. rur., art. D. 723-181, D. 723-182, D. 723-184, D. 732-89, D. 732-160, D. 742-18, D. 751-39, D. 752-14, D. 761-37.
2020	26 mai	Décret n° 2020-633. Paiements agroenvironnementaux et climatiques, aides en faveur de l'agriculture biologique, paiements au titre de Natura 2000 et de la directive-cadre sur l'eau. – V. C. rur., art. D. 341-13.
2020	4 juin	Décret n° 2020-687. Règlement général du brevet de technicien supérieur agricole. – V. C. rur., art. D. 811-137 à D. 811-143, D. 811-159, D. 811-160, D. 811-173.
2020	8 juin	Loi n° 2020-692. Accompagnement des familles après le décès d'un enfant. – Art. 1er-IV. – V. C. rur., art. L. 732-12-3.
2020	10 juin	Loi n° 2020-699. Transparence de l'information sur les produits agricoles et alimentaires. – Art. 6, 10, 12-II. – V. C. rur., art. L. 641-19, L. 644-5-1, L. 661-8, L. 665-4, L. 665-5.
2020	11 juin	Décret n° 2020-717. Missions des organisations de producteurs et associations d'organisations de producteurs. – V. C. rur., art. D. 551-19, D. 551-22, D. 551-34.
2020	17 juin	Ordonnance n° 2020-745. Rationalisation de la hiérarchie des normes applicable aux documents d'urbanisme. – Art. 5. – V. C. rur., art. L. 923-1-1.
2020	29 juin	Décret n° 2020-809. Conditions d'attribution automatique aux bénéficiaires de l'allocation aux adultes handicapés de leur pension de retraite. – Art. 2. – V. C. rur., art. D. 732-86.
2020	3 juill.	Loi n° 2020-839. Revalorisation des pensions de retraite agricoles en France continentale et dans les outre-mer. – Art. 1er, 3. – V. C. rur., art. L. 732-63, L. 781-40.
2020	29 juill.	Ordonnance n° 2020-920. Prévention et gestion des déchets. – Art. 14. – V. C. rur., art. L. 255-9-1.
2020	31 juill.	Décret n° 2020-960. Obligation de conclure des contrats de vente écrits pour la vente de lait de vache cru. – V. C. rur., art. R. 631-8 à R. 631-10.
2020	6 août	Décret n° 2020-1005. Carrière des praticiens-conseils des régimes agricoles de protection sociale et désignation des membres de la commission disciplinaire nationale des praticiens-conseils. – V. C. rur., art. D. 723-143, D. 723-144, D. 723-148 à D. 723-150.
2020	7 août	Décret n° 2020-1020. Reconnaissance des procédures des organisations interprofessionnelles agricoles. – V. C. rur., art. R. 632-1, R. 632-4 à R. 632-4-1-1.
2020	17 août	Décret n° 2020-1069. Durées de formation en centre de formation d'apprentis et formation professionnelle continue pour la préparation

		aux diplômes du certificat d'aptitude professionnelle agricole, du brevet professionnel, du brevet professionnel agricole et du certificat de spécialisation agricole. – V. C. rur., art. D. 811-147-1, D. 811-165-5, D. 811-166-3, D. 811-167-4.
2020	27 août	Décret n° 2020-1097. Capacité professionnelle agricole et structures départementales chargées de la préparation à l'installation en agriculture. – V. C. rur., art. D. 343-4, D. 343-4-1, D. 343-5.
2020	28 août	Décret n° 2020-1100. Conditions de prolongation du mandat des membres du comité de pilotage de l'Observatoire de la formation des prix et des marges des produits alimentaires. – V. C. rur., art. D. 682-3.
2020	10 sept.	Décret n° 2020-1125. Révision des tableaux de maladies professionnelles annexés au livre VII du code rural et de la pêche maritime. – V. ss. C. rur., art. R. 751-25, .
2020	14 sept.	Décret n° 2020-1131. Reconnaissance en maladies professionnelles des pathologies liées à une infection au SARS-CoV2. – Art. 2. – V. ss. C. rur., art. R. 751-25, .
2020	24 sept.	Décret n° 2020-1171. Discipline au sein des établissements publics d'enseignement technique agricole. – V. C. rur., art. R. 811-4, R. 811-23, R. 811-26, R. 811-28, R. 811-30, R. 811-38 à R. 811-42, R.* 811-45, R.* 811-46, R. 811-47-3, R. 811-77 à R. 811-80, R. 811-82, R. 811-83-1 à R. 811-83-24.
2020	28 sept.	Décret n° 2020-1195. Suppression de l'obligation de présenter la certification intermédiaire du baccalauréat professionnel. – V. C. rur., art. D. 811-145.
2020	29 sept.	Décret n° 2020-1206. Établissement et utilisation d'un barème de coûts standards de travaux et prestations associées pour le calcul des aides publiques accordées par l'État en matière d'investissement forestier. – V. C. for., art. D. 156-9, D. 156-10.
2020	2 oct.	Décret n° 2020-1218. Conditions techniques du transport des denrées périssables sous température dirigée. – V. C. rur., art. R. 231-44, R. 231-45, R. 231-48 à R. 231-49-4, R. 231-50, R. 237-7.
2020	7 oct.	Décret n° 2020-1234. Fonctionnement et composition de l'Observatoire de l'alimentation mentionné à l'article L. 230-3 du code rural et de la pêche maritime. – V. C. rur., art. D. 230-1 à D. 230-4, D. 230-8.
2020	8 oct.	Décret n° 2020-1233. Modalités de fractionnement du congé institué par la loi visant à améliorer les droits des travailleurs et l'accompagnement des familles après le décès d'un enfant. – Art. 3. – V. C. rur., art. D. 732-29-4, D. 732-29-5.
2020	16 oct.	Décret n° 2020-1265. Conseil à l'utilisation de produits phytopharmaceutiques et certification de leurs distributeurs et utilisateurs professionnels. – V. C. rur., art. R. 254-1, R. 254-3, R. 254-5, R. 254-12, R. 254-15, R. 254-19, R. 254-22 à R. 254-23-2, R. 254-26-1 à D. 254-26-6, R. 254-27, R. 254-39.

2020	16 oct.	Arrêté. Liste des démarches ou pratiques ayant des incidences favorables sur la réduction de l'usage et des impacts de produits phytopharmaceutiques permettant l'exemption prévue au 2° du III de l'article L. 254-6-2 du code rural et de la pêche maritime. – V. ss. C. rur., art. L. 254-6-2.
2020	2 nov.	Décret n° 2020-1332. Modification de l'article D. 621-19 du code rural et de la pêche maritime. – V. C. rur., art. D. 621-19.
2020	4 nov.	Décret n° 2020-1353. Adaptation à l'outre-mer des dispositions des chapitres VI et VII du titre VI du livre VI du code rural et de la pêche maritime. – V. C. rur., art. R. 691-4, R. 694-2.
2020	4 nov.	Décret n° 2020-1354. Transmission des informations nécessaires au suivi économique du secteur des céréales, oléagineux et protéagineux. – V. C. rur., art. D. 666-31, D. 667-2, D. 667-3, D. 691-2, D. 693-1-1.
2020	27 nov.	Décret n° 2020-1463. Indemnisation des victimes de pesticides. – Art. 2. – V. C. rur., art. R. 723-24-7 à D. 723-24-22, R. 752-87 à R. 752-91, R. 761-60-2 à R. 761-60-5.
2020	1er déc.	Décret n° 2020-1489. Prise en compte des périodes d'activité partielle pour les assurés de certains régimes spéciaux. – Art. 6. – V. C. rur., art. D. 732-121, D. 732-124.
2020	3 déc.	Loi n° 2020-1508. Dispositions d'adaptation au droit de l'Union européenne en matière économique et financière. – Art. 24, 29-IV, 30-II à 32. – V. C. rur., art. L. 242-1, L. 243-3, L. 255-1, L. 255-18, L. 513-1.
2020	3 déc.	Décret n° 2020-1520. Enseignement vétérinaire : – Art. 1er à 3. – V. C. rur., art. D. 241-1 à D. 241-8, R. 241-14, R. 241-28, R. 812-50 à R. 812-65, R. 814-31, R. 814-32. – Art. 7, 8. – V. avant C. rur., art. R. 812-50.
2020	4 déc.	Décret n° 2020-1523. Dispositions relatives à l'aménagement des épreuves des examens et concours de l'enseignement scolaire et modification du code de l'éducation et du code rural et de la pêche maritime. – Art. 4. – V. C. rur., art. D. 815-4-2.
2020	7 déc.	Loi n° 2020-1525. Accélération et simplification de l'action publique : – Art. 1er, 2, 17-II, 22, 23, 82, 83. – V. C. rur., art. L. 112-16, L. 124-2, L. 142-6, L. 143-1, L. 181-10, L. 256-2, L. 256-2-1, L. 411-11, L. 642-9, L. 723-9. – Art. 84. – V. C. for., art. L. 222-2.
2020	9 déc.	Décret n° 2020-1555. Délégations régionales académiques à la recherche et à l'innovation. – Art. 9-II-4°. – V. C. rur., art. D. 841-4.
2020	10 déc.	Décret n° 2020-1563. Création de la chambre de proximité de Louviers et transfert du siège de la chambre de proximité des Andelys du tribunal judiciaire d'Évreux au sein de la commune de Louviers. – Art. 2. – V. C. rur., art. D. 491-2.
2020	10 déc.	Décret n° 2020-1570. Procédure de reconnaissance des organisations interprofessionnelles agricoles. – V. C. rur., art. D. 611-5.

2020	14 déc.	Loi n° 2020-1576. De financement de la sécurité sociale pour 2021. – Art. 25-I, 27, 28-I, 32-IV, 67, 73-III, 77-II, 82-I, 100-I, 103-III. – V. C. rur., art. L. 723-12-1, L. 725-3, L. 726-4, L. 731-2, L. 731-13-2, L. 732-4, L. 732-12-1, L. 732-41-1, L. 732-62, L. 751-26, L. 752-5-1, L. 781-5.
2020	14 déc.	Loi n° 2020-1578. Conditions de mise sur le marché de certains produits phytopharmaceutiques en cas de danger sanitaire pour les betteraves sucrières. – V. C. rur., art. L. 236-1 A, L. 253-8, L. 253-8-3.
2020	16 déc.	Décret n° 2020-1600. Composition, organisation et fonctionnement du conseil de surveillance prévu à l'article L. 253-8 du code rural et de la pêche maritime. – V. C. rur., art. D. 253-54-2 à D. 253-54-4.
2020	16 déc.	Décret n° 2020-1601. Liste des substances actives de la famille des néonicotinoïdes ou présentant des modes d'action identiques à ceux de ces substances interdites en application de l'article L. 253-8 du code rural et de la pêche maritime. – V. C. rur., art. D. 253-46-1.
2020	16 déc.	Décret n° 2020-1734. Partie réglementaire du code de l'entrée et du séjour des étrangers et du droit d'asile. – Art. 10. – V. C. rur., art. D. 313-15-1.
2020	18 déc.	Décret n° 2020-1625. Mesures relatives au bien-être des animaux d'élevage et de compagnie. – V. C. rur., art. R. 214-17, R. 215-15.
2020	24 déc.	Loi n° 2020-1674. Programmation de la recherche pour les années 2021 à 2030 et diverses dispositions relatives à la recherche et à l'enseignement supérieur. – Art. 45-I, 46. – V. C. rur., art. L. 241-6, L. 812-1, L. 812-7 à L. 812-9, L. 813-10, L. 813-11.
2020	28 déc.	Décret n° 2020-1748. Institut des sciences et industries du vivant et de l'environnement (AgroParisTech). – Art. 24. – V. C. rur., art. D. 812-1.
2020	29 déc.	Loi n° 2020-1721. De finances pour 2021 : – Art. 64-VI, 82-VI, 229. – V. C. rur., art. L. 236-2-2, L. 251-17-2, L. 253-6, L. 813-8. – Art. 140. – V. ss. C. rur., art. L. 253-1. – Art. 151. – V. ss. C. rur., art. L. 611-6.
2020	29 déc.	Décret n° 2020-1739. Recouvrement et répartition des contributions dédiées au financement de l'apprentissage et de la formation professionnelle. – Art. 6. – V. C. rur., art. R. 718-20.
2020	30 déc.	Décret n° 2020-1813. Conditions de constitution d'un volume complémentaire individuel pour les vins rosés, rouges et blancs tranquilles bénéficiant d'une appellation d'origine protégée. – Art. 1er. – V. C. rur., art. D. 645-7-1.
2020	30 déc.	Décret n° 2020-1814. Transfert de la mission de service public liée à la politique d'installation aux chambres d'agriculture d'outre-mer. – V. C. rur., art. D. 371-5, D. 371-14-1.
2021	8 janv.	Décret n° 2021-14. Modification de l'article D. 253-54-3 du code rural et de la pêche maritime. – V. C. rur., art. D. 253-54-3.

2021	2 févr.	Décret n° 2021-106. Matériels destinés à l'application de produits phytopharmaceutiques et leur contrôle périodique obligatoire – V. C. rur., art. D. 256-11, D. 256-16 à D. 256-18, D. 256-20, D. 256-20-1, D. 256-22, D. 256-24 à D. 256-26.
2021	10 févr.	Décret n° 2021-143. Compétences des agents de contrôle de l'inspection du travail. – Art. 6. – V. C. rur., art. R. 714-10, R. 717-30, R. 717-31, D. 751-85, D. 751-93, R. 751-158, R. 751-160.
2021	19 févr.	Décret n° 2021-187. Prorogation de la période de conversion des droits de plantation et de replantation en autorisations de plantation de vigne. – V. C. rur., art. D. 665-12.
2021	19 févr.	Décret n° 2021-189. Révision des tableaux de maladies professionnelles annexés au livre VII du code rural et de la pêche maritime. – V. ss. C. rur., art. R. 751-25, .
2021	22 févr.	Décret n° 2021-200. Suppression du brevet d'études professionnelles agricole. – V. C. rur., art. D. 811-145, D. 811-150 à D. 811-153.
2021	24 févr.	Décret n° 2021-211. Modification du code de commerce et mise en cohérence de dispositions réglementaires. – Art. 11. – V. C. rur., art. D. 212-78, annexe, .
2021	10 mars	Décret n° 2021-261. Direction régionale et interdépartementale de l'environnement, de l'aménagement et des transports d'Île-de-France. – Art. 4-I. – V. C. rur., art. D. 112-1-11-1.
2021	10 mars	Décret n° 2021-268. Conseil supérieur de la forêt et du bois. – V. C. for., art. D. 113-1, D. 113-2.
2021	18 mars	Décret n° 2021-300. Application de l'article 1er de la loi n° 2019-486 du 22 mai 2019 relative à la croissance et la transformation des entreprises et introduction de diverses mesures applicables aux formalités incombant aux entreprises. – Art. 12, 37. – V. C. rur., art. D. 311-3, D. 311-5, D. 311-6, D. 321-1-1.
2021	23 mars	Décret n° 2021-306. Mise en œuvre de l'ordonnance n° 2019-765 du 24 juillet 2019 relative au droit de rectification des informations concernant les bénéficiaires des prestations sociales et des minima sociaux en cas de notification d'indus. – Art. 4. – V. C. rur., art. R. 725-22-0.
2021	12 avr.	Décret n° 2021-428. Calcul des indemnités journalières maladie et maternité. – Art. 2, 3-II. – V. C. rur., art. D. 712-21, R. 742-13.
2021	21 avr.	Ordonnance n° 2021-485. Reproduction, amélioration et préservation du patrimoine génétique des animaux d'élevage. – V. C. rur., art. L. 243-3, L. 653-1 à L. 653-18, L. 671-1-2, L. 671-10, L. 694-5.
2021	29 avr.	Décret n° 2021-526. Modalités de déclaration des accidents du travail n'entraînant ni arrêt de travail ni soins médicaux. – Art. 2. – V. C. rur., art. D. 751-87 à D. 751-89, D. 751-91.
2021	10 mai	Décret n° 2021-574. Allongement et obligation de prise d'une partie du congé de paternité et d'accueil de l'enfant. – Art. 3. – V. C. rur., art. D. 732-27, D. 732-29.

2021	21 mai	Décret n° 2021-631. Suppression de l'exigence de présentation par les entreprises d'un extrait d'immatriculation au registre du commerce et des sociétés ou au répertoire des métiers dans leurs démarches administratives. – Art. 12. – V. C. rur., art. R. 201-6-1, R. 241-109, R. 242-86, R. 323-13, R. 525-3, R. 525-8.
2021	21 mai	Décret n° 2021-632. Suppression de l'exigence de présentation par les entreprises d'un extrait d'immatriculation au registre du commerce et des sociétés ou au répertoire des métiers dans leurs démarches administratives. – Art. 4. – V. C. for., art. D. 332-4.
2021	25 mai	Loi n° 2021-646. Pour une sécurité globale préservant les libertés. – Art. 12-II. – V. C. rur., art. L. 211-18.
2021	28 mai	Décret n° 2021-680. Avantages liés à la pratique du sport en entreprise en application du *f* du 4° du III de l'article L. 136-1-1 du code de la sécurité sociale. – Art. 2. – V. C. rur., art. D. 741-65-1.
2021	16 juin	Décret n° 2021-769. Revalorisation du complément différentiel de points de retraite complémentaire obligatoire des exploitants agricoles. – V. C. rur., art. D. 732-166-1 à D. 732-166-5-3, D. 781-102-1, D. 781-102-2.
2021	16 juin	Décret n° 2021-775. Certification du houblon. – V. C. rur., art. D. 665-38.
2021	28 juin	Décret n° 2021-828. Application du régime des calamités agricoles aux dommages causés sur les récoltes lors de l'épisode de gel survenu du 4 au 14 avril 2021. – V. ss. C. rur., art. D. 361-30.
2021	30 juin	Décret n° 2021-872. Recodification de la partie réglementaire du livre I du code de la construction et de l'habitation et conditions de mise en œuvre des solutions d'effet équivalent. – Art. 7-XI. – V. C. rur., art. R. 716-5, R. 716-19.
2021	20 juill.	Décret n° 2021-965. Remplacement de la dénomination du Groupement national interprofessionnel des semences, graines et plants (GNIS) par celle de SEMAE. – V. C. rur., art. D. 200-4, D. 661-5, R. 661-13.
2021	26 juill.	Décret n° 2021-985. Harmonisation des dispositions relatives à la durée, à la reconduction et à la résiliation de divers contrats types relatifs au transport routier de marchandises. – Art. 7. – V. C. rur., art. D. 212-78, annexe, 🏛.
2021	30 juill.	Décret n° 2021-1015. Concessions pour les exploitations aquacoles détenant ou produisant des mollusques bivalves tétraploïdes ou leur matériel reproducteur. – V. C. rur., art. R. 923-50.
2021	30 juill.	Décret n° 2021-1026. Modalités de transmission et de lecture du rapport devant les chambres régionales et nationale de discipline des vétérinaires. – V. C. rur., art. R. 242-95, R. 242-99, R. 242-102, R. 242-112 à R. 242-114.
2021	2 août	Loi n° 2021-1018. Pour renforcer la prévention en santé au travail. – Art. 2, 11-III, 13-II. – V. C. rur., art. L. 717-2, L. 717-2-1, L. 717-3-1.

2021	9 août	Décret n° 2021-1065. Visite médicale des travailleurs avant leur départ à la retraite. – Art. 2. – V. C. rur., art. R. 717-16-3.
2021	19 août	Décret n° 2021-1099. Labellisation des structures départementales chargées de la préparation à l'installation en agriculture. – V. C. rur., art. D. 343-21, D. 343-21-1.
2021	22 août	Loi n° 2021-1104. Lutte contre le dérèglement climatique et renforcement de la résilience face à ses effets : – Art. 50, 51, 53 à 56, 58, 230. – V. C. for., art L. 112-1, L. 112-2, L. 121-1, L. 121-2, L. 121-2-2, L. 122-3, L. 124-2, L. 124-3, L. 131-10, L. 151-1, L. 151-3, L. 154-4, L. 175-4, L. 313-3, L. 313-4, L. 321-1, L. 331-21. – Art. 196, 252, 254, 257, 261 à 269, 274, 276, 278, 283. – V. C. rur., art. L. 1, L. 4, L. 111-2-2, L. 112-1-1, L. 230-2, L. 230-5 à L. 230-5-4, L. 230-5-6, L. 230-5-6-1, L. 230-5-8, L. 255-1-1, L. 255-13-1, L. 640-1, L. 640-2-1, L. 941-9.
2021	4 sept.	Décret n° 2021-1153. Répartition des sièges au sein des conseils et conseils d'administration des organismes de sécurité sociale et modification du fonctionnement de ces instances. – Art. 3. – V. C. rur., art. R. 726-3, R. 761-26, R. 761-30.
2021	15 sept.	Ordonnance n° 2021-1189. Création du Registre national des entreprises. – Art. 32. – V. C. rur., art. L. 311-2, L. 311-2-1, L. 331-5, L. 374-4, L. 722-4.
2021	15 sept.	Ordonnance n° 2021-1192. Réforme du droit des sûretés. – Art. 31-VII, 34-XIV. – V. C. rur., art. L. 321-11, L. 321-21, L. 321-21-1, L. 342-2 à L. 342-4, L. 342-6 à L. 342-8, L. 342-10, L. 342-11, L. 342-15, L. 342-16, L. 631-15.
2021	23 sept.	Décret n° 2021-1221. Mesures d'harmonisation des procédures de recouvrement forcé des créances publiques et compétences territoriales des huissiers des finances publiques. – Art. 3. – V. C. rur., art. R. 719-1-3.
2021	23 sept.	Décret n° 2021-1226. Révision du dispositif de contrôle périodique obligatoire des matériels destinés à l'application de produits phytopharmaceutiques. – V. C. rur., art. D. 256-13, R. 256-14-1, R. 256-32.
2021	25 sept.	Décret n° 2021-1235. Adaptation à l'outre-mer des seuils prévus à l'article L. 230-5-1 du code rural et de la pêche maritime concernant la composition des repas servis dans les restaurants collectifs. – V. C. rur., art. R. 271-7-1, R. 273-9, R. 274-25-1.
2021	27 sept.	Décret n° 2021-1237. Gouvernance du conseil d'administration du régime local d'assurance maladie complémentaire obligatoire des départements du Haut-Rhin, du Bas-Rhin et de la Moselle et du conseil d'administration de l'instance de gestion du régime local d'assurance maladie complémentaire obligatoire, spécifique aux assurés des professions agricoles et forestières. – Art. 2. – V. C. rur., art. D. 723-115, D. 723-155 à D. 723-158, D. 723-162, D 723-163, D. 723-172, D. 723-175 à D. 723-179, D. 723-183, D. 723-186 à D. 723-188,

		D. 723-190, D. 723-191, D. 723-193, D. 723-194, D. 723-197, D. 723-198, D. 723-201, D. 723-202, D. 723-204, D. 723-206 à D. 723-210, D. 723-218, D. 723-223, D. 723-224, D. 723-227, D. 723-243, D. 761-24, D. 761-25.
2021	27 sept.	Décret n° 2021-1240. Vétérinaires des armées. – Art. 1er à 7. – V. C. rur., art. R. 203-1, R. 203-16-1 à R. 203-16-4, R. 214-37, R. 223-9, R. 224-2, R. 233-4, D. 233-20, R. 241-27, R. 242-1-1, R. 242-88-2, R. 242-89, R. 242-90-2, R. 242-91, R. 242-108, R. 242-115 à R. 242-122.
2021	28 sept.	Décret n° 2021-1244. Composition des comités de pêches maritimes et des élevages marins et élection de leurs membres. – V. C. rur., art. R. 912-4, R. 912-22, R. 912-37, R. 912-53, R. 912-55, R. 912-57, R. 912-62, R. 912-71, R. 912-72, R. 912-74, R. 912-76 à R. 912-82, R. 912-84, R. 912-85, R. 912-87, R. 912-91 à R. 912-93, R. 912-95, R. 912-98, R. 912-99.
2021	29 sept.	Ordonnance n° 2021-1247. Garantie légale de conformité pour les biens, les contenus numériques et les services numériques. – Art. 19. – V. C. rur., art. L. 213-1.
2021	13 oct.	Ordonnance n° 2021-1325. Réforme de l'évaluation des biotechnologies et simplification de la procédure applicable aux utilisations confinées d'organismes génétiquement modifiés présentant un risque nul ou négligeable. – Art. 6. – V. C. rur., art. L. 663-2.
2021	14 oct.	Décret n° 2021-1348. Consignation des fonds destinés au financement des mesures de compensation prévues à l'article L. 112-1-3 du code rural et de la pêche maritime. – V. C. rur., art. D. 112-1-22 à D. 112-1-25.
2021	18 oct.	Loi n° 2021-1357. Protection de la rémunération des agriculteurs. – Art. 1er, 3, 5-III, 11. – V. C. rur., art. L. 521-3-1, L. 631-24 à L. 631-24-3, L. 631-25, L. 631-27, L. 631-28 à L. 631-28-4, L. 631-29, L. 632-2-1, L. 682-1.
2021	20 oct.	Ordonnance n° 2021-1370. Mesures de surveillance, de prévention et de lutte contre les maladies animales transmissibles. – Art. 1er à 8. – V. C. rur., art. L. 201-1 à L. 201-5, L. 201-7, L. 201-9 à L. 201-12, L. 201-14, L. 203-1, L. 203-8, L. 206-2, L. 211-5, L. 211-24, L. 212-1 à L. 212-3, L. 212-6 à L. 212-11, L. 212-13, L. 212-14, L. 215-12, L. 221-1 à L. 221-4, L. 222-1, L. 222-2, L. 223-1, L. 223-4, L. 223-5, L. 223-6-1, L. 223-6-2, L. 223-8, L. 223-13, L. 223-14, L. 228-1, L. 228-2, L. 228-8, L. 233-3, L. 234-1, L. 236-1, L. 236-2, L. 236-4, L. 236-5, L. 236-7, L. 236-8, L. 237-2, L. 237-3, L. 242-1, L. 243-3, L. 271-5, L. 271-11, L. 272-3, L. 272-7, L. 272-8-1, L. 273-4, L. 273-6, L. 274-5, L. 274-15, L. 653-12.
2021	25 oct.	Décret n° 2021-1388. Modification de certaines dispositions relatives à la protection des animaux utilisés à des fins scientifiques. – V. C. rur., art. R. 214-90, R. 214-105.
2021	26 oct.	Décret n° 2021-1392. Adaptation de divers statuts particuliers de corps de la fonction publique de l'État aux évolutions législatives et réglementaires relatives aux compétences des commissions administratives paritaires. – Art. 167. – V. C. for., art. D. 222-14.

2021	17 nov.	Décret n° 2021-1496. Durée du maintien de droit aux prestations en espèces de sécurité sociale en cas de reprise d'une activité professionnelle insuffisante pour ouvrir des droits à ces prestations. – Art. 2. – V. C. rur., art. R. 742-2, R. 761-1.
2021	20 nov.	Arrêté. Protection des abeilles et des autres insectes pollinisateurs et préservation des services de pollinisation lors de l'utilisation des produits phytopharmaceutiques. – V. ss. C. rur., art. L. 253-7.
2021	23 nov.	Décret n° 2021-1519. Formation des vétérinaires et modifications de diverses dispositions du code rural et de la pêche maritime. – Art. 1er à 6. – V. C. rur., art. R. 223-11, R. 223-27, R. 224-2, R. 241-9 à R. 241-12, R. 241-15, R. 241-28, R. 242-32, R. 242-34, R. 242-50, R. 810-1, R. 812-50, R. 812-51, R. 812-53, R. 812-58, R. 812-62, R. 812-63, R. 813-63, R. 813-64, R. 813-66 à R. 813-69, R. 813-70-1 à R. 813-70-4.
2021	25 nov.	Loi n° 2021-1520. Consolider notre modèle de sécurité civile et valoriser le volontariat des sapeurs-pompiers et les sapeurs-pompiers professionnels : – Art. 8-V. – V. C. for., art. L. 131-9. – Art. 38-I. – V. C. rur., art. L. 242-3-1.
2021	30 nov.	Loi n° 2021-1539. Lutter contre la maltraitance animale et conforter le lien entre les animaux et les hommes. – Art. 1er à 10, 12, 13, 15 à 21, 23, 24, 37, 38, 42, 50. – V. C. rur., art. L. 206-2, L. 211-10-1, L. 211-24, L. 211-25, L. 211-27, L. 212-2, L. 212-7, L. 212-9-1, L. 212-10, L. 212-12-1, L. 212-13, L. 213-10, L. 214-6, L. 214-6-1, L. 214-6-3 à L. 214-6-6, L. 214-8 à L. 214-8-2, L. 214-9-1, L. 214-10-1, L. 214-23, L. 215-3-1, L. 215-10, L. 215-11, L. 215-14, L. 215-15, L. 236-1, L. 236-5, L. 241-5, L. 275-2, L. 275-5, L. 275-10.
2021	2 déc.	Règlement (UE) 2021/2115. Règles régissant l'aide aux plans stratégiques devant être établis par les États membres dans le cadre de la politique agricole commune (plans stratégiques relevant de la PAC) et financés par le Fonds européen agricole de garantie (FEAGA) et par le Fonds européen agricole pour le développement rural (Feader), et abrogeant les règlements (UE) n° 1305/2013 et (UE) n° 1307/2013, App., v° *Production et marchés*, 🏛.
2021	2 déc.	Règlement (UE) 2021/2116. Financement, gestion et suivi de la politique agricole commune et abrogation du règlement (UE) n° 1306/2013 du 17 déc. 2013, App., v° *Production et marchés*, 🏛.
2021	10 déc.	Décret n° 2021-1618. Dispositif des certificats d'économie de produits phytopharmaceutiques et son application pour la période 2022-2023. – V. C. rur., art. R. 254-31 à R. 254-33, R. 254-35.
2021	14 déc.	Décret n° 2021-1647. Modalités d'application de l'article L. 214-11 du code rural et de la pêche maritime portant interdiction de la mise en production de tout bâtiment nouveau ou réaménagé d'élevage de poules pondeuses élevées en cages. – V. C. rur., art. D. 214-38.
2021	15 déc.	Ordonnance n° 2021-1659. Variétés rendues tolérantes aux herbicides. – V. C. rur., art. L. 250-1, L. 259-1, L. 259-2.

2021	17 déc.	Loi n° 2021-1679. Assurer la revalorisation des pensions de retraites agricoles les plus faibles. – Art. 1er, 3. – V. C. rur., art. L. 321-5, L. 732-54-2, L. 732-54-3.
2021	20 déc.	Décret n° 2021-1723. Intégration de l'Institut national supérieur des sciences agronomiques, de l'alimentation et de l'environnement (Agrosup Dijon) à l'Institut national d'enseignement supérieur pour l'agriculture, l'alimentation et l'environnement. – Art. 17. – V. C. rur., art. D. 812-1, R. 814-11.
2021	20 déc.	Décret n° 2021-1724. Tableaux de maladies professionnelles annexés au livre VII du code rural et de la pêche maritime. – V. ss. C. rur., art. R. 751-25, .
2021	22 déc.	Ordonnance n° 2021-1747. Suppression de la carte des formations supérieures. – Art. 3. – V. C. rur., art. L. 812-1.
2021	22 déc.	Ordonnance n° 2021-1843. Partie législative du code des impositions sur les biens et services et transposition de diverses normes du droit de l'Union européenne. – Art. 13. – V. C. rur., art. L. 253-8-2, L. 723-43, L. 731-2, L. 731-3, L. 732-58.
2021	23 déc.	Loi n° 2021-1754. De financement de la sécurité sociale pour 2022. – Art. 20, 29-II, 88-II, 98-I, 104-II, 110-III. – V. C. rur., art. L. 723-3, L. 723-11, L. 725-3-1, L. 731-22, L. 732-8, L. 732-9-1, L. 732-10, L. 732-12-1, L. 742-3, L. 751-1, L. 752-5-2, L. 752-7, L. 781-43, L. 781-48.
2021	23 déc.	Loi n° 2021-1756. Mesures d'urgence pour assurer la régulation de l'accès au foncier agricole au travers de structures sociétaires : – Art. 1er à 6. – V. C. rur., art. L. 141-1 à L. 141-1-2, L. 143-15-1, L. 312-1, L. 331-3-1, L. 333-1 à L. 333- 5. – Art. 7-I. – V. avant C. rur., art. L. 333-1.
2021	23 déc.	Décret n° 2021-1800. Circonscriptions des centres régionaux de la propriété forestière. – V. C. for., art. D. 321-42, annexe, .
2021	23 déc.	Arrêté. Répartition des représentants des centres régionaux de la propriété forestière au conseil d'administration du Centre national de la propriété forestière. – V. C. for., art. R. 321-5, annexe, .
2021	24 déc.	Décret n° 2021-1801. Seuils de chiffre d'affaires annuel en dessous desquels les dispositions de l'article L. 631-24 du code rural et de la pêche maritime ne sont pas applicables. – V. C. rur., art. R. 631-7, R. 631-8, R. 631-10.
2021	24 déc.	Décret n° 2021-1833. Règles de sécurité applicables aux travaux agricoles dans les parcs et jardins et à d'autres travaux d'entretien de la végétation. – V. C. rur., art. R. 717-85-1, R. 717-85-11 à R. 717-85-25.
2021	28 déc.	Décret n° 2021-1858. Dispositions d'adaptation au droit de l'Union européenne dans le domaine de la protection contre les organismes nuisibles et de mise en œuvre du régime des contrôles en cette matière. – Art. 1er à 8. – V. C. rur., art. R. 200-1, R. 201-5, D. 201-5-1,

		R. 201-14-2, R. 201-20-2, D. 201-39, R. 201-39-1, R. 201-40 à D. 201-44, R. 202-3 à R. 202-6, R. 202-8, R. 202-10, R. 202-11, R. 202-17, R. 202-19, R. 202-23, R. 202-27, D. 202-32-1, D. 203-22, R. 205-2, R. 205-7 à R. 205-10, R. 206-1 à R. 206-5, R. 210-1, R. 212-14-4, D. 212-30-1, R. 214-34, R. 214-59, R. 214-75, R. 214-79, R. 214-80, R. 214-104, R. 214-129, R. 220-1, R. 231-1 à D. 231-3-2, D. 231-3-6 à R. 231-3-7-3, D. 231-3-8, R. 231-13, R. 231-36 à R. 231-39, R. 231-42, R. 231-45, R. 233-2-1, R. 233-3-4, R. 233-3-7, D. 233-14, R. 234-2, R. 234-7, R. 234-10 à R. 234-13, R. 235-3, R. 237-1 à R. 237-4, R. 250-1, D. 250-1-1, R. 250-2, D. 251-1-1 à R. 251-2-7, R. 251-3-1 à D. 251-3-4, D. 251-4 à D. 251-18, R. 251-20, R. 251-22, R. 251-25, R. 251-26 à R. 251-27-1, R. 251-28 à R. 251-41-1, R. 253-1-1, R. 253-49, R. 253-50, R. 253-52, R. 253-53, R. 253-54, D. 254-1-1, R. 254-27, R. 254-28, R. 255-33, R. 257-1 à R. 257-6, R. 361-51, R. 361-54, R. 941-1.
2021	29 déc.	Décret n° 2021-1887. Registre des sûretés mobilières et autres opérations connexes. — Art. 5. — V. C. rur., art. R. 342-1 à R. 342-7.
2021	29 déc.	Décret n° 2021-1888. Application de l'ordonnance n° 2021-1192 du 15 septembre 2021 portant réforme du droit des sûretés. — Art. 5-X, 6-IV. — V. C. rur., art. R. 151-18, R. 181-23, R 183-17.
2021	29 déc.	Décret n° 2021-1889. Mesures d'application et de coordination de l'ordonnance n° 2021-1192 du 15 septembre 2021 portant réforme du droit des sûretés. — Art. 2-IV. — V. C. rur., art. D. 124-4, D. 124-5, D. 124-11, D. 127-2, D. 127-4, D. 127-6.
2021	29 déc.	Décret n° 2021-1897. Revalorisation des indemnités journalières versées en cas de maladie ou d'accident de la vie privée et en cas d'accident du travail ou de maladie professionnelle des non-salariés agricoles. — V. C. rur., art. D. 732-2-5, D. 752-23.
2021	30 déc.	Décret n° 2021-1905. Application de l'ordonnance n° 2021-1325 du 13 octobre 2021 réformant l'évaluation des biotechnologies et simplifiant la procédure applicable aux utilisations confinées d'organismes génétiquement modifiés présentant un risque nul ou négligeable. — Art. 7. — V. C. rur., art. R. 253-5, D. 253-19, D. 253-21, R. 253-33, R. 253-39, R. 255-28.
2021	30 déc.	Décret n° 2021-1916. Recouvrement, affectation et contrôle des contributions des employeurs au titre du financement de la formation professionnelle et de l'apprentissage. — Art. 2. — V. C. rur., art. R. 718-18 à R. 718-22.
2021	30 déc.	Décret n° 2021-1919. Majoration des pensions de retraite de base des personnes non salariées des professions agricoles. — V. C. rur., art. D. 732-110, D. 732-111, D. 732-166-4.
2022	17 janv.	Décret n° 2022-35. Conditions d'inscription sur les listes des produits de biocontrôle mentionnées aux articles L. 253-5 et L. 253-7 du code rural et de la pêche maritime. — V. C. rur., art. D. 253-33-1.
2022	20 janv.	Ordonnance n° 2022-43. Organisation du réseau des chambres d'agriculture à l'échelle régionale. — V. C. rur., art. L. 510-1, L. 512-4 à L. 512-11.

2022	25 janv.	Décret n° 2022-62. Mesures de protection des personnes lors de l'utilisation de produits phytopharmaceutiques à proximité des zones d'habitation. – V. C. rur., art. D. 253-46-1-2 à D. 253-46-1-5.
2022	26 janv.	Ordonnance n° 2022-68. Gestion du Fonds européen agricole pour le développement rural au titre de la programmation débutant en 2023. – Art. 3. – V. C. rur., art. L. 314-1.
2022	5 févr.	Décret n° 2022-137. Interdiction de mise à mort des poussins des lignées de l'espèce *Gallus gallus* destinées à la production d'œufs de consommation et protection des animaux dans le cadre de leur mise à mort en dehors des établissements d'abattage : – Art. 1er, 2. – V. C. rur., art. R. 214-17, R. 214-78, R. 215-4. – Art. 3. – V. ss. C. rur., art. R. 214-17.
2022	14 févr.	Loi n° 2022-172. En faveur de l'activité professionnelle indépendante. – Art. 5-II, 12-I, 18-IV. – V. C. rur., art. L. 351-1, L. 351-8, L. 375-2, L. 718-2-1, L. 723-11.
2022	15 févr.	Décret n° 2022-188. Assurance des bois et forêts des particuliers. – Art. 1er. – V. C. for., art. D. 351-2, D. 352-1, D. 352-2.
2022	18 févr.	Décret n° 2022-213. Suppression du brevet d'études professionnelles agricoles. – V. C. rur., art. R. 811-117, R. 811-157, R. 813-43, R. 843-2.
2022	21 févr.	Loi n° 2022-217. Différenciation, décentralisation, déconcentration et diverses mesures de simplification de l'action publique locale : – Art. 6-II, 160-IV. – V. C. for., art. L. 221-5, L. 241-11. – Art. 60, 99-II, 102 à 104, 128-III, 129-II, 208, 261, 269-V. – V. C. rur., art. L. 112-1-1, L. 112-1-2, L. 124-12, L. 125-13, L. 161-2, L. 161-6-1, L. 161-8, L. 161-10-2, L. 161-11, L. 181-2, L. 181-39, L. 181-47, L. 201-10-1, L. 241-13, L. 371-2, L. 511-4, L. 653-13-2 à L. 653-13-6, L. 741-4.
2022	23 févr.	Décret n° 2022-248. Chambres d'agriculture de région. – V. C. rur., art. D. 511-96-4, R. 512-13, R. 512-15-1 à R. 512-15-19.
2022	23 févr.	Décret n° 2022-257. Cumul de la pension d'invalidité avec d'autres revenus et diverses dispositions relatives aux pensions d'invalidité. – Art. 1er-II. – V. C. rur., art. R. 732-5, R. 732-6.
2022	26 févr.	Décret n° 2022-263. Liste des filières exemptées du recours obligatoire au comité mentionné à l'article L. 631-28 du code rural et de la pêche maritime. – Art. 1er. – V. C. rur., art. D. 631-4-1.
2022	26 févr.	Décret n° 2022-264. Indemnités susceptibles d'être allouées au président et aux membres du comité mentionné à l'article L. 631-28-1 du code rural et de la pêche maritime. – V. C. rur., art. D. 631-4-2.
2022	28 févr.	Décret n° 2022-273. Organisation de l'administration centrale du ministère de l'écologie, de l'énergie, du développement durable et de l'aménagement du territoire. – Art. 11-XI. – V. C. for., art. D. 113-1.

2022	2 mars	Loi n° 2022-298. Meilleure diffusion de l'assurance récolte en agriculture et réforme des outils de gestion des risques climatiques en agriculture : – Art. 2 à 11, 13. – V. C. rur., art. L. 361-4 A à L. 361-6, L. 361-8, L. 361-9, L. 372-5, L. 373-11, L. 374-12, L. 411-24, L. 521-3, L. 521-3-2. – Art. 13-I, 17. – V. avant C. rur., art. L. 361-1.
2022	11 mars	Arrêté. Établissement des listes d'organismes nuisibles au titre du 5° de l'article L. 251-3 du code rural et de la pêche maritime. – V. ss. C. rur., art. L. 251-3.
2022	14 mars	Loi n° 2022-355. De financement de la sécurité sociale. – Art. 1er-II. – V. C. rur., art. L. 723-12.
2022	16 mars	Décret n° 2022-372. Surveillance post-exposition, visites de préreprise et de reprise des travailleurs. – Art. 4. – V. C. rur., art. R. 717-16-3.
2022	17 mars	Décret n° 2022-397. Composition de la Commission nationale de la certification environnementale. – V. C. rur., art. D. 611-19.
2022	23 mars	Ordonnance n° 2022-408. Régime de responsabilité financière des gestionnaires publics. – Art. 23. – V. C. rur., art. L. 723-38.
2022	23 mars	Décret n° 2022-411. Interdiction de production, de stockage et de circulation de certains produits phytopharmaceutiques pour des raisons liées à la protection de la santé humaine ou animale et de l'environnement. – V. C. rur., art. D. 253-46-1-6.
2022	23 mars	Ordonnance n° 2022-414. Adaptation des dispositions du code de la santé publique et du code rural et de la pêche maritime au droit de l'Union européenne dans le domaine des médicaments vétérinaires et aliments médicamenteux. – Art. 12. – V. C. rur., art. L. 227-1, L. 231-1, L. 234-2 à L. 234-3-1, L. 234-5, L. 235-1, L. 235-2, L. 237-1, L. 237-2, L. 242-1, L. 272-10-1, L. 274-10-1.
2022	25 mars	Décret n° 2022-422. Évaluation environnementale des projets : – Art. 5. – V. C. for., art. R. 214-31, R. 341-1, R. 341-4, R. 341-6. – Art. 7. – V. C. rur., art. R. 923-23.
2022	4 avr.	Décret n° 2022-473. Actualisation de la dénomination de différentes entités du ministère de la transition écologique et du ministère de la mer. – Art. 6. – V. C. rur., art. R. 941-1.
2022	13 avr.	Ordonnance n° 2022-534. Autorisation environnementale des travaux miniers. – Art. 6. – V. C. for., art. L. 341-3.
2022	20 avr.	Ordonnance n° 2022-583. Missions et compétences de l'établissement « Chambres d'agriculture France ». – V. C. rur., art. L. 212-3, L. 254-1-2, L. 315-3, L. 321-9, L. 510-1, L. 512-1-1, L. 513-1 à L. 513-4, L. 514-3, L. 514-3-1, L. 631-10, D. 112-1-13, D. 200-4, D. 253-44-2, D. 253-54-3, D. 313-17, D. 361-8, R. 414-5, R. 511-7, R. 511-31, D. 511-63, D. 511-69, D. 512-1-1 à D. 512-1-3, D. 512-2-3, D. 512-2-4, D. 513-20, D. 513-21, D. 513-27, D. 513-28-1, D. 513-29, D. 514-1, D. 514-7, D. 514-13, D. 514-14,

		D. 514-25, D. 514-27, D. 514-30, D. 514-31, D. 514-34, D. 611-1, D. 611-15, D. 611-19, D. 613-4, D. 621-7 à D. 621-12, D. 621-18, D. 682-3, R. 718-19, D. 721-3, D. 800-5, R. 814-1.
2022	20 avr.	Ordonnance n° 2022-584. Chambre de l'agriculture, de la pêche et de l'aquaculture de Mayotte. – V. C. rur., art. L. 511-14, L. 571-2, L. 571-4 à L. 571-10, L. 951-11.
2022	26 avr.	Décret n° 2022-677. Extension et modalités de service de la retraite progressive. – Art. 4. – V. C. rur., art. D. 732-176.
2022	26 avr.	Décret n° 2022-679. Délégations de missions par les médecins du travail, aux infirmiers en santé au travail et à la télésanté au travail. – Art. 4, 5. – V. C. rur., art. R. 717-15, R. 717-17-1-1, R. 717-18, R. 717-23-1 à R. 717-23-6, R. 717-52-2, R. 717-52-3, R. 717-52-12, R. 717-52-13, R. 717-54, R. 717-56-1.
2022	28 avr.	Décret n° 2022-744. Commission chargée de l'orientation et du développement des assurances garantissant les dommages causés aux récoltes. – V. C. rur., art. D. 361-1, D. 361-6, D. 361-8, D. 361-10, D. 361-11, D. 361-19 à D. 361-19-3.
2022	29 avr.	Décret n° 2022-772. Simplification et modernisation des prestations en espèces des ressortissants des régimes agricoles. – V. C. rur., art. D. 732-2-2, D. 732-12-1 à D. 732-12-4, D. 732-26-1, D. 732-26-3, D. 732-26-4, D. 732-29, D. 751-86, D. 752-22, D. 752-67.
2022	2 mai	Décret n° 2022-773. Modalités de détermination de l'aide financière de l'État aux établissements d'enseignement agricole privés relevant de l'article L. 813-9 du code rural et de la pêche maritime. – V. C. rur., art. D. 813-47 (annexe), D. 813-50.
2022	3 mai	Arrêté. Liste des maladies animales réglementées d'intérêt national en application de l'article L. 221-1 du code rural et de la pêche maritime. – V. ss. C. rur., art. L. 221-1.
2022	1er juin	Ordonnance n° 2022-839. Agents de l'Office national des forêts. – Art. 2 à 5. – V. C. for., art. L. 153-5, L. 161-4, L. 161-7, L. 161-8, L. 161-10, L. 161-12, L. 161-15, L. 174-9, L. 222-6, L. 222-7, L. 363-4.
2022	1er juin	Décret n° 2022-841. Agents de l'Office national des forêts. – V. C. for., art. R. 161-2, R. 161-3, D. 222-7, D. 222-12, R. 361-2.
2022	14 juin	Décret n° 2022-890. Traitement des difficultés de l'entrepreneur individuel. – Art. 3, 4-III. – V. C. rur., art. R. 351-5, R. 351-6-3, R. 375-2.
2022	27 juin	Décret n° 2022-941. Modalités et calendrier de la dissolution de l'établissement public administratif « Haras national du Pin ». – V. C. rur., art. D. 653-28-1 à D. 653-28-9.
2022	18 juill.	Décret n° 2022-1012. Protection des animaux de compagnie et des équidés contre la maltraitance animale. – V. C. rur., art. D. 211-2-1, D. 214-32, D. 214-32-2 à D. 214-32-4, D. 214-37-1.

2022	19 juill.	Décret n° 2022-1014. Registre national des entreprises et adaptation d'autres registres d'entreprises. – Art. 19. – V. C. rur., art. R. 311-1 à R. 311-2-6, D. 321-1, R. 351-5, R. 372-3.
2022	19 juill.	Décret n° 2022-1015. Droits dus au titre du Registre national des entreprises et adaptation d'autres registres d'entreprises : – Art. 3. – V. C. for., art. D. 153-2. – Art. 6. – V. C. rur., art. D. 256-1, D. 311-8 à D 311-18, D. 311-23 à D. 311-36, D. 371-13, D. 932-9, D. 932-19.
2022	29 juill.	Ordonnance n° 2022-1075. Développement des outils de gestion des risques climatiques en agriculture : – Art. 1er, 4. – V. C. rur., art. L. 361-4 A à L. 361-4-7, L. 361-5, L. 361-6, L. 361-8, L. 411-24. – Art. 4-I, 5. – V. avant C. rur., art. L. 361-1.
2022	1er août	Décret n° 2022-1100. Application du régime des calamités agricoles aux dommages causés sur les récoltes lors de l'épisode de gel survenu du 1er au 5 avril 2022. – V. ss. C. rur., art. D. 361-30.
2022	4 août	Décret n° 2022-1118. Création de la chambre interdépartementale d'agriculture de la Charente-Maritime et des Deux-Sèvres. – V. C. rur., art. D. 511-101-1 à D. 511-101-3.
2022	5 août	Décret n° 2022-1130. Conditions d'acquittement de la redevance prévue à l'article L. 236-2 du code rural et de la pêche maritime. – V. C. rur., art. D. 236-1 A, D. 236-1 B, D. 236-6, D. 236-9.
2022	5 août	Décret n° 2022-1131. Dispositif de soutien en faveur des exploitations agricoles en difficulté. – V. C. rur., art. D. 354-1, D. 354-2-1, D. 354-3 à D. 354-3-2, D. 354-5, D. 354-7, D. 354-9, D. 354-11 à D. 354-13.
2022	5 août	Arrêté. Montant et modalités de mise en œuvre des aides pour les exploitations agricoles en difficulté. – V. ss. C. rur., art. D. 354-1.
2022	16 août	Loi n° 2022-1157. De finances rectificative pour 2022. – Art. 9-VII. – V. C. rur., art. L. 731-3.
2022	16 août	Loi n° 2022-1158. Mesures d'urgence pour la protection du pouvoir d'achat. – Art. 3-II. – V. C. rur., art. L. 731-13, L. 731-35.
2022	24 août	Décret n° 2022-1179. Formation des gestionnaires de fourrière en matière de bien-être des chiens et des chats. – V. C. rur., art. D. 211-12-2.
2022	22 sept.	Décret n° 2022-1247. Mesures de publicité et d'information de la décision de suspension de l'instruction d'une demande d'autorisation d'exploiter en cas d'agrandissement excessif ou de concentration excessive. – V. C. rur., art. D. 331-6-1.
2022	28 sept.	Décret n° 2022-1262. Reconnaissance des organisations de producteurs dans le secteur des olives de table et de l'huile d'olive. – V. C. rur., art. D. 551-56 à D. 551-58.
2022	30 sept.	Décret n° 2022-1283. Contrôle interne des organismes de sécurité sociale et des organismes concourant à leur financement. – Art. 3. – V. C. rur., art. D. 723-183, D. 723-184, D. 723-191, D. 723-199.

2022	21 oct.	Décret n° 2022-1343. Interventions dans les secteurs des fruits et légumes, des produits de l'apiculture, du vin, de l'huile d'olive et des olives de table. – V. C. rur., art. D. 611-26 à D. 611-32, D. 654-116 à D. 654-123, D. 664-1 à D. 664-13, D. 665-39 à D. 665-45, D. 668-1 à D. 669-1.
2022	24 oct.	Décret n° 2022-1354. Protection des animaux de compagnie. – V. C. rur., art. R. 203-1, R. 205-6, R. 211-3, R. 211-5, R. 214-20, R. 214-28, R. 214-30, R. 215-5 à R. 215-5-2, R. 215-11 à R. 215-14, R. 228-7, R. 237-8, R. 945-5.
2022	10 nov.	Décret n° 2022-1420. Indemnisation des calamités agricoles dans le cadre des dommages causés sur les récoltes lors de l'épisode de sécheresse de l'année 2022. – V. ss. C. rur., art. D. 361-30.
2022	14 nov.	Décret n° 2022-1429. Modalités de prise en charge par l'État des dépenses de fonctionnement afférentes aux formations sous contrat des établissements d'enseignement agricole privés. – V. C. rur., art. R. 813-38, R. 813-41.
2022	15 nov.	Décret n° 2022-1434. Dossier médical en santé au travail. – Art. 2, 4. – V. C. rur., art. R. 717-13, R. 717-16-1, R. 717-26-8, R. 717-27.
2022	18 nov.	Décret n° 2022-1447. Certification environnementale. – V. C. rur., art. D. 617-4, D. 617-6.
2022	23 nov.	Ordonnance n° 2022-1457. Contrôles et sanctions dans le cadre de la réforme des outils de gestion des risques climatiques en agriculture. – V. C. rur., art. L. 361-7, L. 361-9 à L. 361-11.
2022	24 nov.	Décret n° 2022-1468. Commission régionale de gestion de la flotte et des autorisations de pêche. – V. C. rur., art. D. 914-1, D. 921-5, D. 921-6, R. 921-31 à R. 921-35, R. 921-40, R. 921-46, R. 921-47, R. 921-54, R. 921-56, R. 921-58, R. 921-60, R. 921-63.
2022	28 nov.	Décret n° 2022-1486. Encadrement de l'utilisation de produits phytopharmaceutiques dans les sites Natura 2000. – V. C. rur., art. R. 253-45.
2022	30 nov.	Décret n° 2022-1510. Référentiels et principes guidant l'élaboration du cahier des charges de certification des services de santé au travail en agriculture. – V. C. rur., art. D. 717-49-1 à D. 717-49-7.
2022	1er déc.	Arrêté. Composition du groupe de suivi des quotas mentionné à l'article D. 921-33-1 du code rural et de la pêche maritime. – V. ss. C. rur., art. D. 921-33-1.
2022	2 déc.	Décret n° 2022-1515. Procédure de délivrance de l'autorisation préalable à la prise de contrôle des sociétés possédant ou exploitant du foncier agricole. – V. C. rur., art. R. 141-2-1, R. 141-2-3, R. 142-1, R. 333-1 à R. 333-16, R. 334-1 à R. 334-6.
2022	7 déc.	Décret n° 2022-1525. Mise en œuvre de la politique agricole commune et du plan stratégique national pour la programmation qui démarre en 2023. – V. avant C. rur., art. D. 614-1.

2022	7 déc.	Décret n° 2022-1529. Modalités de mise en œuvre de l'option prévue au second alinéa de l'article L. 731-13 du code rural et de la pêche maritime. – Art. 3. – V. C. rur., art. D. 731-51, D. 731-54.
2022	20 déc.	Décret n° 2022-1594. Volume complémentaire individuel pour les vins de base destinés à l'élaboration des vins mousseux ou pétillants bénéficiant d'une appellation d'origine protégée. – V. C. rur., art. D. 645-7-1.
2022	21 déc.	Loi n° 2022-1598. Mesures d'urgence relatives au fonctionnement du marché du travail en vue du plein emploi. – Art. 10-IV. – V. C rur., art. L. 812-1.
2022	22 déc.	Décret n° 2022-1605. Application de l'ordonnance n° 2022-408 du 23 mars 2022 relative au régime de responsabilité financière des gestionnaires publics et modification de dispositions relatives aux comptables publics. – Art. 21, 64. – V. C. rur., art. D. 511-96, D. 513-21, D. 513-24, D. 723-179, D. 723-186, D. 723-187, D. 723-210, D. 723-210-1, D. 723-223, D. 723-225, D. 723-243, R. 811-48, R. 811-56, R. 811-58, R. 811-59, R. 811-72.
2022	22 déc.	Décret n° 2022-1618. Droit de gage des organismes de sécurité sociale sur les patrimoines professionnels et personnels des entrepreneurs individuels. – Art. 2-II. – V. C. rur., art. R. 731-32-1.
2022	23 déc.	Loi n° 2022-1616. De financement de la sécurité sociale pour 2023. – Art. 6-II, 9, 20-II, 92-I-B, 94-II, 98-VIII, 100-III, 102-V. – V. C. rur., art. L. 722-24 à L. 722-24-2, L. 724-11, L. 724-13, L. 725-3 à L. 725-3-2, L. 725-12-1, L. 731-2, L. 732-56, L. 741-4, L. 741-9, L. 752-6, L. 752-7, L. 781-44.
2022	26 déc.	Décret n° 2022-1652. Modalités de l'enquête publique portant sur le recensement des chemins ruraux. – V. C. rur., art. R. 161-11-1 à D. 161-11-4.
2022	26 déc.	Décret n° 2022-1668. Produits et catégories de produits pour lesquels le contrat de vente ou l'accord-cadre peut ne pas être conclu sous forme écrite. – V. C. rur., art. R. 631-6-1.
2022	26 déc.	Décret n° 2022-1669. Seuils de chiffre d'affaires annuel en dessous desquels les dispositions de l'article L. 631-24 du code rural et de la pêche maritime ne sont pas applicables. – V. C. rur., art. R. 631-6.
2022	26 déc.	Décret n° 2022-1670. Traçabilité des animaux des espèces avicoles. – V. C. rur., art. D. 212-77-1.
2022	27 déc.	Décret n° 2022-1664. Formation spécifique des infirmiers de santé au travail. – Art. 2. – V. C. rur., art. R. 717-52-14 à R. 717-52-16.
2022	27 déc.	Décret n° 2022-1671. Adaptation du code rural et de la pêche maritime à la nouvelle gouvernance des aides à l'installation. – V C. rur., art. D. 343-2, D. 343-12, D. 343-17, D. 343-17-2, D. 343-18, D. 343-18-1, D. 511-4.
2022	28 déc.	Décret n° 2022-1715. Encadrement des conventions conclues par les sociétés d'aménagement foncier et d'établissement rural en vue de leur

		instruction des demandes d'autorisation préalable à la prise de contrôle des sociétés possédant ou exploitant du foncier agricole. – V. C. rur., art. D. 141-2-5.
2022	28 déc.	Décret n° 2022-1752. Agrément et rapports d'activité des services de santé au travail en agriculture. – V. C. rur., art. D. 717-33 à D. 717-48.
2022	29 déc.	Décret n° 2022-1716. Développement de l'assurance contre les risques climatiques en agriculture et aux conditions d'intervention de la solidarité nationale en cas de pertes de récoltes exceptionnelles dues à des aléas climatiques. – V. C. rur., art. D. 361-1, D. 361-43 à D. 361-44-4.
2022	30 déc.	Loi n° 2022-1726. De finances pour 2023 : – Art. 55-VII, 99, 163. – V. C. rur., art. L. 325-2, L. 361-2, L. 523-13, L. 722-4. – Art. 114-II. – V. C. for., art. L. 251-1, L. 321-13.
2022	30 déc.	Décret n° 2022-1735. Application de l'article 31 de la loi de n° 2020-1576 du 14 décembre 2020 de financement de la sécurité sociale pour 2021 et des articles 12 et 19 de la loi n° 2021-1754 du 23 décembre 2021 de financement de la sécurité sociale pour 2022. – Art. 1er-II. – V. C. rur., art. D. 725-4-3.
2022	30 déc.	Décret n° 2022-1753. Modification des conditions de l'intervention publique en faveur des fonds de mutualisation des risques sanitaires et environnementaux en agriculture. – V. C. rur., art. D. 361-65.
2022	30 déc.	Décret n° 2022-1755. Aides du plan stratégique national de la politique agricole commune. – V. C. rur., art. D. 114-14, D. 614-1 à D. 614-67.
2022	30 déc.	Décret n° 2022-1756. Aide à la protection des exploitations et des troupeaux contre la prédation du loup et de l'ours. – V. C. rur., art. D. 114-11 à D. 114-13.
2023	24 janv.	Loi n° 2023-22. Orientation et programmation du ministère de l'intérieur. – Art. 25-V, 28-IX. – V. C. rur., art. L. 215-2, L. 215-2-1, L. 215-3, L. 275-2, L. 275-5, L. 275-10.
2023	1er févr.	Décret n° 2023-52. Adaptation à l'outre-mer de dispositions du code rural et de la pêche maritime relatives aux aides de la politique agricole commune. – V. C. rur., art. D. 691-5-1 à D. 691-10, D. 693-1-3 à D. 693-6.
2023	6 févr.	Décret n° 2023-70. Travailleurs agricoles bénéficiaires des actions de prévention de la désinsertion professionnelle. – V. C. rur., art. D. 732-2-4, D. 742-3-2, D. 751-16-6, D. 752-22, D. 752-23.
2023	8 févr.	Ordonnance n° 2023-77. Exercice en société des professions libérales réglementées. – Art. 133-IV. – V. C. rur., art. L. 241-17.
2023	11 févr.	Décret n° 2023-90. Déclaration des éléments nécessaires au calcul des cotisations et contributions sociales des travailleurs indépendants agricoles. – Art. 1er. – V. C. rur., art. R. 725-30, R. 726-1, R. 731-17-2, R. 731-20, R. 731-21, R. 731-37, R. 731-69, R. 731-70, R. 731-75.

2023	13 févr.	Loi n° 2023-87. Calcul de la retraite de base des non-salariés agricoles en fonction des vingt-cinq années d'assurance les plus avantageuses. – V. C. rur., art. L. 732-24-1.
2023	16 févr.	Décret n° 2023-110. Service universel de distribution et de mise en place de la semence des ruminants en monte publique. – V. C. rur., art. R. 653-96-1, R. 653-98, R. 653-99.
2023	27 févr.	Décret n° 2023-139. Suivi médical professionnel des salariés agricoles, pensions d'invalidité et rente pour accident du travail ou maladie professionnelle des non-salariés agricoles et complément d'indemnisation au titre de leur exposition aux pesticides. – V. C. rur., art. R. 717-17, R. 717-17-1, R. 732-3-2, R. 732-12-0-1 à R. 732-12-0-4, R. 752-90, D. 781-43.
2023	8 mars	Décret n° 2023-168. Mise en œuvre du programme volontaire pour le climat, l'environnement et le bien-être animal dit « écorégime », et aides couplées au revenu dans le domaine végétal. – V. C. rur., art. D. 614-9, D. 614-13, D. 614-38, D. 614-41, D. 614-50, D. 614-68 à D. 614-91, D. 614-109 à D. 614-115.
2023	9 mars	Loi n° 2023-171. Dispositions d'adaptation au droit de l'Union européenne dans les domaines de l'économie, de la santé, du travail, des transports et de l'agriculture. – Art. 38. – V. C. rur., art. L. 330-1, L. 374-8, L. 613-1, L. 621-5-1.
2023	10 mars	Loi n° 2023-175. Accélération de la production d'énergies renouvelables. – Art. 54-IV. – V. C. rur., art. L. 112-1-3.
2023	14 mars	Arrêté. Règles de bonnes conditions agricoles et environnementales (BCAE), App., v° *Environnement*, 🏛.
2023	15 mars	Décret n° 2023-180. Modification de la composition du Conseil supérieur de la forêt et du bois. – V. C. for., art. D. 113-1, D. 113-2, D. 113-4.
2023	15 mars	Décret n° 2023-181. Reconnaissance des organisations de producteurs dans le secteur des plantes vivantes et des produits de la floriculture. – V. C. rur., art. D. 551-66 à D. 551-71.
2023	16 mars	Décret n° 2023-184. Reconnaissance des organisations de producteurs dans le secteur du houblon. – V. C. rur., art. D. 551-59 à D. 551-65.
2023	30 mars	Loi n° 2023-221. Renforcement de l'équilibre dans les relations commerciales entre fournisseurs et distributeurs. – Art. 5, 20-II, 21. – V. C. rur., art. L. 631-24, L. 631-25-1, L. 682-1.
2023	30 mars	Décret n° 2023-229. Demandes de réévaluation des pertes de récolte ou de culture pour le groupe de cultures mentionné au 5° du II de l'article D. 361-43-1. – V. C. rur., art. D. 361-43-2.
2023	3 avr.	Décret n° 2023-245. Conditions d'attribution des indemnités compensatoires de handicaps naturels dans le cadre de l'agriculture de montagne et des autres zones défavorisées et modification de certaines

		dispositions du décret n° 2023-52 du 1er février 2023 portant adaptation à l'outre-mer de dispositions du code rural et de la pêche maritime relatives aux aides de la politique agricole commune. – V. C. rur., art. D. 113-22 à D. 113-28-2, D. 181-34-1, D. 181-44 à D. 181-47, D. 183-23, D. 691-9, D. 693-5.
2023	3 avr.	Décret n° 2023-246. Mesures agroenvironnementales et climatiques et aides en faveur de l'agriculture biologique. – V. C. rur., art. D. 341-6-1 à D. 341-6-9, D. 341-13-1, D. 371-8-1, D. 373-8-1.
2023	3 avr.	Décret n° 2023-247. Liste de produits prévue au VI de l'article L. 521-3-1 du code rural et de la pêche maritime. – V. C. rur., art. D. 521-4.
2023	4 avr.	Décret n° 2023-253. Gestion de l'indemnisation fondée sur la solidarité nationale par l'État. – V. C. rur., art. D. 361-43, D. 361-43-7 à D. 361-43-9, D. 361-44, D. 361-44-3, D. 361-44-5 à D. 361-44-8, D. 361-44-10.
2023	12 avr.	Décret n° 2023-262. Améliorations relatives aux contrôles réalisés par les organismes chargés du recouvrement des cotisations et contributions sociales du régime général et du régime agricole. – Art. 2. – V. C. rur., art. R. 724-9, R. 724-12-1, R. 731-70, R. 741-1-1.
2023	12 avr.	Décret n° 2023-268. Calcul des cotisations et contributions des travailleurs indépendants agricoles. – V. C. rur., art. D. 731-17, D. 731-18, D. 731-38, D. 731-40 à D. 731-42, D. 781-19.
2023	14 avr.	Loi n° 2023-270. De financement rectificative de la sécurité sociale pour 2023. – Art. 1er-VII, 5-II, 10-V, 11-IV, 17-II, 18-II, 25-II, 26-III. – V. C. rur., art. L. 254-1, L. 411-64, L. 722-24-2, L. 732-17-1, L. 732-18-1, L. 732-18-2, L. 732-18-3, L. 732-18-4, L. 732-23, L. 732-25, L. 732-25-2, L. 732-27-1, L. 732-29, L. 732-30, L. 732-39, L. 732-40, L. 732-41, L. 732-54-1, L. 732-54-2, L. 732-54-3, L. 732-56, L. 732-58, L. 732-60, L. 732-63, L. 742-3, L. 751-15, L. 781-33, L. 781-40.
2023	25 avr.	Arrêté. Bonnes conditions agricoles et environnementales. – V. Arr. du 14 mars 2023, art. 3 à 5, annexe IX *bis*, App., v° *Environnement*, 🏛.
2023	3 mai	Décret n° 2023-334. Conditions d'accès des groupements agricoles d'exploitation en commun totaux aux aides de la politique agricole commune de la programmation débutant en 2023. – V. C. rur., art. D. 323-52 à D. 323-55, R. 374-3, D. 614-65, D. 614-69, D. 614-90.
2023	3 mai	Décret n° 2023-335. Adaptation du code rural et de la pêche maritime à la gouvernance des aides à l'installation au titre de la programmation de la politique agricole commune ayant débuté en 2014. – V. C. rur., art. D. 343-4, D. 343-12.
2023	10 mai	Décret n° 2023-358. Majoration des indemnités journalières maladie des non-salariés agricoles et élargissement du versement d'une rente accident du travail ou maladie professionnelle à l'ensemble des non-salariés agricoles. – V. C. rur., art. D. 732-2-5, D. 752-26.

2023	13 mai	Décret n° 2023-366. Modification de la définition de l'agriculteur actif. – V. C. rur., art. D. 614-1 à D. 614-3, D. 614-13.
2023	24 mai	Ordonnance n° 2023-393. Réforme du régime des fusions, scissions, apports partiels d'actifs et opérations transfrontalières des sociétés commerciales. – Art. 12-IV. – V. C. rur., art. L. 526-7.
2023	25 mai	Décret n° 2023-409. Mise en œuvre des aides découplées hors « écorégime ». – V. C. rur., art. D. 614-92 à D. 614-108.
2023	2 juin	Décret n° 2023-430. Réforme du régime des fusions, scissions, apports partiels d'actifs et opérations transfrontalières des sociétés commerciales. – Art. 9-II. – V. C. rur., art. R. 526-10.
2023	3 juin	Décret n° 2023-435. Application des articles 10, 11 et 17 de la loi n° 223-270 du 14 avril 2023 de financement rectificative de la sécurité sociale pour 2023. – Art. 5-II, 6-II. – V. C. rur., art. R. 732-3 à R. 732-3-2, R. 732-58-1.
2023	3 juin	Décret n° 2023-436. Application des articles 10 et 11 de la loi n° 2023-270 du 14 avril 2023 de financement rectificative de la sécurité sociale pour 2023. – Art. 2, 3-II, 4-I, 5-I, 6-I. – V. C. rur., art. D. 732-40, D. 732-40-1, D. 732-41, D. 732-41-1, D. 732-58, D. 732-85, D. 732-86, D. 732-86-1, D. 781-56-1.
2023	28 juin	Décret n° 2023-516. Productions de semences et de plants d'espèces fruitières. – V. C. rur., art. R. 661-51.
2023	29 juin	Décret n° 2023-539. Fonds national de modernisation, de performance et de péréquation : – Art. 1er. – V. C. for., art. D. 250-2, D. 250-3, D. 250-5. – Art. 2. – V. C. rur., art. D. 511-72, D. 511-77, D. 512-2-3, D. 514-5 à D. 514-11, D. 514-13, D. 514-15.
2023	30 juin	Décret n° 2023-547. Suivi de l'état de santé des travailleurs ayant plusieurs employeurs. – Art. 2. – V. C. rur., art. D. 717-25-1 à D. 717-25-6.
2023	7 juill.	Loi n° 2023-567. Accompagnement des couples confrontés à une interruption spontanée de grossesse dite fausse couche. – Art. 2-IV. – V. C. rur., art. L. 732-4, L. 781-21.
2023	7 juill.	Décret n° 2023-573. Conditions d'éligibilité des aides agricoles et forestières du Fonds européen agricole pour le développement rural prévues par le VI de l'article 78 de la loi n° 2014-58 du 27 janvier 2014 de modernisation de l'action publique territoriale et d'affirmation des métropoles, en l'absence d'autorité de gestion régionale. – V. C. rur., art. D. 343-25 à D. 343-25-4, D. 371-15, D. 371-16, D. 373-6, D. 373-6-1, D. 614-116 à D. 614-127, D. 691-4-1, D. 693-1-2, D. 693-1-3.
2023	10 juill.	Loi n° 2023-580. Renforcement de la prévention et de la lutte contre l'intensification et l'extension du risque incendie : – Art. 1er-I. – V. ss. C. for., art. L. 121-2-2.

		– Art. 1er à 5, 9 à 25, 28 à 33, 36 à 46, 49-I, 56, 58 à 61. – V. C. for., art. L. 113-2, L. 121-1, L. 121-2-2, L. 121-6, L. 122-1, L. 122-2-1, L. 123-1, L. 131-1-1, L. 131-3, L. 131-3-1, L. 131-6, L. 131-6-1, L. 131-10, L. 131-12 à L. 131-14, L. 131-16, L. 131-16-1, L. 132-1, L. 133-1 à L. 133-2, L. 133-8-1, L. 134-2, L. 134-4, L. 134-6, L. 134-8, L. 134-11 à L. 134-16, L. 135-1, L. 135-2, L. 152-1, L. 153-8, L. 153-9, L. 156-4, L. 163-4, L. 163-5, L. 312-1 à L. 312-3-1, L. 313-1, L. 313-3, L. 321-1, L. 321-4-1, L. 322-1, L. 332-1, L. 341-2, L. 341-6, L. 342-1, L. 352-1, L. 352-2, L. 352-5, L. 372-1.
2023	12 juill.	Décret n° 2023-599. Délégation de tâches de contrôle en matière de sécurité sanitaire des aliments. – V. C. rur., art. R. 201-39-1, R. 201-41, R. 201-42.
2023	12 juill.	Décret n° 2023-600. Catégories d'organismes auxquels peuvent être déléguées certaines tâches de contrôle officiel ou liées aux autres activités officielles. – V. C. rur., art. D. 201-39.
2023	18 juill.	Loi n° 2023-610. Donner à la douane les moyens de faire face aux nouvelles menaces. – Art. 2-II. – V. C. rur., art. L. 236-6, L. 251-18, L. 251-18-1.
2023	18 juill.	Décret n° 2023-628. Traçabilité et suivi statistique et administratif des animaux dont l'identification est obligatoire. – V. C. rur., art. R. 212-14 à R. 212-14-4, R. 212-14-6.
2023	31 juill.	Décret n° 2023-705. Commissions paritaires d'hygiène, de sécurité et des conditions de travail en agriculture. – V. C. rur., art. D. 717-76 à D. 717-76-8.
2023	1er août	Décret n° 2023-706. Obligations de débroussaillement. – V. C. for., art. R. 131-14, R. 163-3.
2023	1er août	Décret n° 2023-707. Reconnaissance des organisations de producteurs dans le secteur des semences d'espèces végétales. – V. C. rur., art. D. 551-72 à D. 551-76.
2023	1er août	Décret n° 2023-714. Reconnaissance des organisations de producteurs dans les secteurs du riz, des fourrages séchés et des oléagineux, protéagineux à graines, soja et légumes secs. – V. C. rur., art. D. 551-77 à D. 551-88.
2023	8 août	Décret n° 2023-735. Irrigation des vignes. –V. C. rur., art. D. 665-17-5.
2023	10 août	Décret n° 2023-751. Cumul emploi retraite et retraite progressive. – Art. 1er. – V. C. rur., art. R. 732-172-1, R. 732-173.
2023	10 août	Décret n° 2023-753. Application de l'article 26 de la loi n° 2023-270 du 14 avril 2023 de financement rectificative de la sécurité sociale pour 2023 relatif au cumul emploi retraite et à la retraite progressive. – Art. 2. – V. C. rur., art. D. 732-167 à D. 732-170, D. 732-172, D. 732-174 à D. 732-176, D. 732-177 à D. 732-179, D. 732-181, D. 732-182, D. 742-24.

2023	10 août	Décret n° 2023-754. Application des articles 18 et 25 de la loi du 14 avril 2023 de financement rectificative de la sécurité sociale pour 2023 relatifs à la revalorisation des minima de pension, à la pension d'orphelin, à l'allocation de solidarité aux personnes âgées et à l'assurance vieillesse des aidants. – Art. 1er. – V. C. rur., art. D. 732-111, D. 732-113, D. 732-154, D. 732-154-1, D. 742-18.
2023	10 août	Décret n° 2023-759. Fonds d'investissement dans la prévention de l'usure professionnelle et compte professionnel de prévention. – Art. 3. – V. C. rur., art. R. 751-40.
2023	11 août	Décret n° 2023-773. Révision des tableaux de maladies professionnelles annexés au livre VII du code rural et de la pêche maritime. – V. ss. C. rur., art. D. 751-25, .
2013	17 août	Décret n° 2023-790. Réduction de la durée d'affiliation requise pour ouvrir droit aux indemnités journalières de l'assurance maternité dans le cadre des congés de maternité, de paternité et d'accueil de l'enfant et d'adoption. – Art. 2. – V. C. rur., art. R. 732-17, D. 732-27.
2023	18 août	Décret n° 2023-791. Modification des dispositions de l'article D. 912-148 du code rural et de la pêche maritime : – Art. 1er. – V. C. rur., art. D. 912-148. – Art. 2. – V. ss. C. rur., art. D. 912-148.
2023	21 août	Décret n° 2023-799. Application des articles 10, 11, 22 et 23 de la loi n° 2023-270 du 14 avril 2023 de financement rectificative de la sécurité sociale pour 2023. – Art. 3. – V. C. rur., art. R. 732-42-1.
2023	23 août	Décret n° 2023-815. Conditionnalité des aides, mécanismes financiers et régimes de sanction de l'écorégime et sanctions pour les mesures de soutien couplé aux productions animales de la politique agricole commune. – Art. 1er. – V. C. rur., art. D. 614-56, D. 614-67, D. 614-70-1 à D. 614-70-4, D. 614-114.
2023	29 août	Décret n° 2023-834. Date de mise à la consommation des vins d'appellation d'origine protégée. – V. C. rur., art. D. 645-17.
2023	26 sept.	Arrêté. Moyens équivalents à un déplacement sur place pour les contrôles des aides du plan stratégique national de la PAC non gérées dans le système intégré de gestion et de contrôle. – V. ss. C. rur., art. D. 614-20.
2023	4 oct.	Décret n° 2023-919. Régime des indemnités compensatoires de handicaps naturels et aides directes dans le cadre du programme POSEI-France. – V. C. rur., art. D. 113-28-2, D. 181-34-1, D. 181-44, D. 181-47, D. 691-22, D. 691-31, D. 691-31-1, D. 691-32, D. 693-25, D. 693-25-1.
2023	11 oct.	Décret n° 2023-942. Tenue à distance d'épreuves du certificat d'aptitude professionnelle agricole et du brevet de technicien supérieur agricole délivrés selon la modalité des examens. – V. C. rur., art. D. 811-148-1, D. 811-148-5.
2023	13 oct.	Décret n° 2023-949. Médiateur de l'enseignement agricole technique et supérieur. – V. C. rur., art. D. 810-2.

2023	25 oct.	Décret n° 2023-990. Certification environnementale. – V. C. rur., art. D. 617-2, D. 617-5, D. 617-6, D. 617-8.
2023	2 nov.	Décret n° 2023-1015. Création de classes accessibles aux titulaires d'un brevet de technicien supérieur agricole ou d'un brevet de technicien supérieur maritime ou d'un brevet de technicien supérieur pour l'accès aux formations d'ingénieur d'écoles nationales relevant du ministre chargé de l'agriculture et du ministre chargé de l'enseignement supérieur ou aux écoles nationales vétérinaires. – Art. 1er. – V. C. rur., art. D. 812-66 à D. 812-69.
2023	7 nov.	Décret n° 2023-1030. Transmission aux autorités compétentes des rapports des commissaires aux comptes au titre de la certification des comptes des organismes nationaux de sécurité sociale. – Art. 2. – V. C. rur., art. D. 723-219, D. 732-163.
2023	15 nov.	Décret n° 2023-1040. Contrats de vente de lait cru de brebis. – V. C. rur., art. R. 631-7, R. 631-8, R. 631-10.
2023	20 nov.	Décret n° 2023-1065. Gestion de l'indemnisation fondée sur la solidarité nationale par l'État pour le groupe de cultures mentionné au 5° du II de l'article D. 361-43-1. – V. C. rur., art. D. 361-43-6, D. 361-44, D. 361-44-3, D. 361-44-9, D. 361-44-10.
2023	22 nov.	Décret n° 2023-1079. Adaptation des dispositions du code de la santé publique et du code rural et de la pêche maritime au droit de l'Union européenne dans le domaine des médicaments vétérinaires. – Art. 4. – V. C. rur., art. R. 234-3 à R. 234-5, R. 272-9-1, R. 274-20-1.
2023	28 nov.	Décret n° 2023-1112. Rapports d'activité des services de santé au travail en agriculture. – V. C. rur., art. D. 717-39-7.
2023	6 déc.	Ordonnance n° 2023-1142. Publication et certification d'informations en matière de durabilité et obligations environnementales, sociales et de gouvernement d'entreprise des sociétés commerciales. – Art. 24, 31-VI. – V. C. rur., art. L. 524-2-1, L. 524-6-7, L. 527-1-1.
2023	7 déc.	Arrêté. Moyens équivalents à un déplacement sur place pour les contrôles des aides du plan stratégique national de la PAC non gérées dans le système intégré de gestion et de contrôle. – V. Arr. du 26 sept. 2023, ss. C. rur., art. D. 614-20.
2023	14 déc.	Décret n° 2023-1190. Valeur de service du point de retraite dans le régime de retraite complémentaire obligatoire des non-salariés agricoles. – V. C. rur., art. D. 732-166.
2023	18 déc.	Loi n° 2023-1196. Pour le plein emploi. – Art. 6-II. – V. C. rur., art. L. 741-16.
2023	20 déc.	Ordonnance n° 2023-1210. Création du titre V du livre IV du code des impositions sur les biens et services et autres mesures de recodification de mesures non fiscales. – Art. 33, 34, 36, 38. – V. C. rur., art. L. 342-8, L. 644-10 à L. 644-13, L. 664-4 à L. 664-31, L. 665-3, L. 665-10 à L. 665-26, L. 693-2, L. 694-2.
2023	26 déc.	Loi n° 2023-1250. De financement de la sécurité sociale pour 2024. – Art. 5-II, 9-II, 13-III, 16-II, 17, 18-II, 19-II, 55, 64-I, 101-I, 110. –

		V. C. rur., art. L. 712-1, L. 712-2, L. 712-4 à L. 712-7, L. 717-1, L. 718-2-1, L. 722-5, L. 722-6, L. 722-12, L. 723-13-2, L. 724-11, L. 725-3, L. 725-3-3, L. 725-12, L. 725-12-3, L. 725-16, L. 725-25, L. 731-3, L. 731-14 à L. 731-16, L. 731-18, L. 731-19, L. 731-21, L. 731-22, L. 731-23, L. 731-25, L. 731-26, L. 731-35, L. 731-42, L. 732-4, L. 732-12-1, L. 732-54-6, L. 732-58, L. 732-59, L. 741-1-1, L. 741-9, L. 781-17, L. 781-21.
2023	26 déc.	Décret n° 2023-1276. Application du dispositif des certificats d'économie de produits phytopharmaceutiques pour la période 2024-2025. – V. C. rur., art. R. 254-32, R. 254-36, R. 254-38 à R. 254-42, R. 271-12-1.
2023	26 déc.	Décret n° 2023-1278. Conditions d'éligibilité des aides rurales et règles relatives aux modalités du remboursement de l'indu et aux sanctions applicables à l'octroi des aides agricoles, forestières et rurales du Fonds européen agricole pour le développement rural prévues par le VI de l'article 78 de la loi n° 2014-58 du 27 janvier 2014 de modernisation de l'action publique territoriale et d'affirmation des métropoles, en l'absence d'autorité de gestion régionale. – V. C. rur., art. D. 343-25-5, D. 343-25-6, D. 371-15, D. 373-6-1, D. 614-117, D. 614-128 à D. 614-132, D. 691-4-1, D. 693-1-2.
2023	26 déc.	Décret n° 2023-1279. Régime de sanction applicable à l'aide à la protection des troupeaux et des exploitations contre la prédation du loup et de l'ours. – V. C. rur., art. D. 114-15 à D. 114-17.
2023	26 déc.	Décret n° 2023-1281. Mise en œuvre de l'obligation instituée par l'article L. 312-1 du code forestier dans sa rédaction issue de l'article 30 de la loi n° 2023-580 du 10 juillet 2023 visant à renforcer la prévention et la lutte contre l'intensification et l'extension du risque incendie. – V. ss. C. for., art. L. 312-1.
2023	26 déc.	Décret n° 2023-1282. Adaptation des aides au revenu de la politique agricole commune sous forme de soutien couplé. – V. C. rur., art. D. 614-69, D. 614-70-1 à D. 614-70-4, D. 614-72, D. 614-88.
2023	27 déc.	Décret n° 2023-1302. Médecin praticien correspondant. – Art. 2. – V. C. rur., art. R. 717-56-6 à R. 717-56-10.
2023	28 déc.	Décret n° 2023-1357. Respect des principes de la République et protection des élèves dans les établissements d'enseignement relevant du ministre chargé de l'agriculture. – V. C. rur., art. R. 811-83-6-1, D. 811-83-7, R. 811-83-8-1 à D. 811-83-8-5, R. 811-83-9, D. 811-83-20, R. 811-83-21.
2023	28 déc.	Décret n° 2023-1358. Obligations de service public dont sont chargés les laboratoires agréés en application des troisième et cinquième alinéas de l'article L. 202-1 du code rural et de la pêche maritime. – V. C. rur., art. R. 202-18, R. 202-20 à R. 202-20-7.
2023	29 déc.	Loi n° 2023-1322. De finances pour 2024 : – Art. 21-III, 73-VII, 156-IX. – V. C. rur., art. L. 112-18, L. 141-1, L. 236-2, L. 253-8-2, L. 522-6, L. 642-13.

		– Art. 68. – V. L. n° 2020-1721 du 29 déc. 2020, art. 151, ss. C. rur., art. L. 611-6. – Art. 73-IV, 156-XIV. – V. C. for., art. L. 221-5, L. 341-6.
2023	29 déc.	Décret n° 2023-1360. Recouvrement de la contribution à la formation professionnelle continue des cotisants de solidarité. – V. C. rur., art. D. 731-48.
2023	29 déc.	Décret n° 2023-1361. Bonnes conditions agricoles et environnementales applicables aux aides de la politique agricole commune. – V. C. rur., art. D. 614-45, D. 614-46, D. 614-50.
2023	29 déc.	Décret n° 2023-1362. Interventions dans les secteurs de la viande bovine, cunicole, de l'horticulture, du riz, des protéines végétales et des fruits et légumes. – V. C. rur., art. D. 611-26, D. 611-29, D. 611-32, D. 654-124 à D. 654-133, D. 664-2, D. 664-14 à D. 664-22, D. 666-32 à D. 666-36, D. 667-4 à D. 667-15.
2023	29 déc.	Décret n° 2023-1384. Modalités de vérification et de correction des déclarations sociales nominatives. – Art. 2. – V. C. rur., art. R. 725-4-1, R. 725-4-2.
2023	29 déc.	Décret n° 2023-1402. Modification du classement comme forêt de protection et régime spécial prévu à l'article L. 141-4 du code forestier. – V. C. for., art. R. 141-9, R. 141-14, R. 141-16, R. 141-30, R. 141-38-1, R. 141-38-5, R. 141-38-10 à R. 141-38-12, R. 163-10.
2023	29 déc.	Décret n° 2023-1403. Reconnaissance des organisations de producteurs dans les secteurs de l'élevage en vue de la production de la viande et dans le secteur de la reproduction animale. – V. C. rur., art. D. 551-18, D. 551-21, D. 551-22 à D. 551-24, D. 551-26, D. 551-27, D. 551-30.
2023	30 déc.	Décret n° 2023-1394. Application de l'ordonnance n° 2023-1142 du 6 décembre 2023 relative à la publication et à la certification d'informations en matière de durabilité et aux obligations environnementales, sociales et de gouvernement d'entreprise des sociétés commerciales. – Art. 13. – V. C. rur., art. R. 524-22, R. 524-22-2.
2023	31 déc.	Décret n° 2023-1433. Ordre de prélèvement des cotisations et contributions mentionnées à l'article L. 133-4-11 du code de la sécurité sociale pour les travailleurs non-salariés agricoles. – V. C. rur., art. D. 725-4-3.
2024	30 janv.	Décret n° 2024-55. Volume complémentaire individuel pour les vins blancs bénéficiant d'une appellation d'origine protégée issus de raisins récoltés à surmaturité et manuellement par tries successives. – V. C. rur., art. D. 645-7-1.
2024	2 févr.	Décret n° 2024-80. Missions et compétences de l'établissement Chambres d'agriculture France. – V. C. rur., art. D. 512-1-2, D. 513-1-1, D. 513-12, R. 513-31 à R. 513-35, D. 513-42.
2024	6 févr.	Arrêté. Classement des bois et forêts exposés au risque d'incendie au titre des articles L. 132-1 et L. 133-1 du code forestier : – Art. 1er, 2. – V. ss. C. for., art. L. 132-1. – Art. 3, 4. – V. ss. C. for., art. L. 133-1.

2024	8 févr.	Décret n° 2024-93. Modalités d'admission dans une section de techniciens supérieurs ou dans une section de techniciens supérieurs agricoles et modification du code de l'éducation et du code rural et de la pêche maritime. – Art. 2. – V. C. rur., art. D. 811-138-1.
2024	28 févr.	Ordonnance n° 2024-153. Gestion du risque climatique en agriculture en outre-mer. – V. C. rur., art. L. 361-7, L. 361-10, L. 371-13, L. 371-14, L. 372-3, L. 372-5, L. 373-3, L. 373-11, L. 374-3, L. 374-12, L. 374-13.
2024	28 févr.	Décret n° 2024-157. Dispositions complémentaires pour favoriser le développement de l'assurance contre certains risques agricoles à compter de l'année 2024. – V. C. rur., art. D. 361-43-1, D. 361-44-1, D. 361-44-2, D. 361-44-4, D. 361-44-9.
2024	4 mars	Décret n° 2024-172. Reconnaissance des organisations de producteurs dans le secteur du lait pour la catégorie « lait de brebis ». – V. C. rur., art. D. 551-39.
2024	12 mars	Décret n° 2024-214. Contrôles de la conditionnalité des aides de la politique agricole commune. – V. C. rur., art. D. 614-56.

TABLE ALPHABÉTIQUE

NOTA. Sauf indication contraire, les nombres renvoient aux articles du Code rural et de la pêche maritime. Les caractères italiques indiquent un mot de renvoi. Ceux de ces mots qui sont en caractères gras et précédés d'une flèche rouge renvoient à un autre mot en caractères gras de la table ; les autres, en caractères maigres et sans flèche rouge, renvoient à une autre subdivision du même mot en caractères gras. Il est rappelé qu'un tableau explicatif des abréviations utilisées figure au début de l'ouvrage.

A

C

F

H

L

M

P

Z

Photocomposé, traité sur ordinateur par :
LUMINESS SAS, 561 rue Saint Léonard - 53100 MAYENNE

Achevé d'imprimer en avril 2024 sur les presses de
Druckerei C.H.Beck
Dépôt légal : avril 2024
722976 – OFM - Px 31 – JOU – (JB)
Imprimé en Allemagne